DICTIONNAIRE

GÉOGRAPHIQUE, HISTORIQUE, ADMINISTRATIF, INDUSTRIEL ET COMMERCIAL

DE TOUTES LES COMMUNES

DE LA FRANCE

ET DE PLUS DE 20,000 HAMEAUX EN DÉPENDANT,

CONTENANT : L'HISTOIRE ET LA DESCRIPTION DE TOUTES LES VILLES DE FRANCE, AINSI QUE L'ARCHÉOLOGIE, LA BIOGRAPHIE, LA BIBLIOGRAPHIE ET L'ARMORIAL COLORIÉ DES VILLES, BOURGS, VILLAGES, CHATEAUX, ETC. ;
ET INDIQUANT POUR CHAQUE COMMUNE LE NOM FRANÇAIS ET LE NOM LATIN SOUS LEQUEL ELLE ÉTAIT AUTREFOIS DÉSIGNÉE ; LA PROVINCE ET LES DIFFÉRENTES JURIDICTIONS AUXQUELLES ELLE APPARTENAIT AVANT LA RÉVOLUTION ; SON ORIGINE ET LES ÉVÉNEMENTS HISTORIQUES QUI S'Y RATTACHENT ; LE NOM DU CANTON ET LA DISTANCE DE LA COMMUNE AU CHEF-LIEU D'ARRONDISSEMENT ; LES CURES ; LA POPULATION D'APRÈS LE DERNIER RECENSEMENT ; LES BUREAUX ET RELAIS DE POSTE ET LEUR DISTANCE DE PARIS ; LES GÎTES D'ÉTAPE ; LA FORMATION GÉOLOGIQUE OU LE TERRAIN SUR LEQUEL LA COMMUNE EST ASSISE ; LES NOMS DES HOMMES QUI SE SONT RENDUS ILLUSTRES DANS LES CAMPS, DANS LES SCIENCES, LA LITTÉRATURE, LES BEAUX-ARTS ET L'INDUSTRIE ; L'ARCHÉOLOGIE DES ÉDIFICES CIVILS ET RELIGIEUX ; LES SITES PITTORESQUES ET LES BUTS D'EXCURSIONS QU'OFFRENT LES ENVIRONS ; LES DIFFÉRENTS GENRES D'INDUSTRIE ET DE COMMERCE ; LES MANUFACTURES, FABRIQUES, USINES, MINES ET CARRIÈRES EXPLOITÉES ; LES FOIRES ET MARCHÉS ; LA SITUATION ET L'ANALYSE DES SOURCES D'EAUX MINÉRALES ET THERMALES ; LES PHARES ET FANAUX ; L'ÉTABLISSEMENT DE LA MARÉE DE TOUS LES PORTS DE L'OCÉAN ; ENFIN LA BIBLIOGRAPHIE, COMPRENANT LES TITRES DE TOUS LES OUVRAGES PUBLIÉS SUR CHAQUE VILLE, BOURG OU VILLAGE, SUR CHAQUE PROVINCE ET SUR CHAQUE DÉPARTEMENT.

AVIS AU RELIEUR POUR LE PLACEMENT DES GRAVURES,

REMPLAÇANT L'AVIS PRÉCÉDEMMENT DISTRIBUÉ, QUI DOIT ÊTRE SUPPRIMÉ.

(LE TITRE DE LA GRAVURE DOIT TOUJOURS ÊTRE PLACÉ DU COTÉ DE LA MARGE ROGNÉE).

	Pages.		Pages.
N° 1. Titre gravé, après le faux titre.		N° 21. Hôtel de ville de Bourges.	380
N°ˢ 2, 3, 4, 5. Planche des armes coloriées des villes, après le titre gravé.		N° 22. Eglise de Caudebec.	486
		N° 23. Cathédrale de Chartres.	542
N° 6. Vue d'Aiguemortes.	14	N° 24. Vue de Châteaudun.	548
N° 7. Cathédrale d'Amiens.	88	N° 25. Château de Chaumont-sur-Loire.	566
N° 8. Vue d'Antibes.	118	N° 26. Château de Chenonceaux.	572
N° 9. Cathédrale d'Autun.	202	N° 27. Vue de Cherbourg.	576
N° 10. Vue d'Avignon.	218	N° 28. Vue de Clermont-Ferrand.	600
N° 11. Cathédrale de Bayeux.	268	N° 29. Château de Clisson.	604
N° 12. Vue de Beauvais.	288	N° 30. Vue de Saint-Cloud.	604
N° 13. Vue de Besançon.	314	N° 31. Costumes corses.	640
N° 14. Beffroi de Béthune.	316	N° 32. Château de la Grange-Bleneau, près de Courpalay.	656
N° 15. Bains de mer de Biarritz.	322		
N° 16. Vue de Bordeaux.	552	N° 33. Vue de Dijon.	708
N° 17. Cathédrale de Bordeaux.	552	N° 34. Saut du Doubs.	726
N° 18. Théâtre de Bordeaux.	554	N° 35. Vue d'Eu.	784
N° 19. Vue de Boulogne-sur-Mer.	370	N° 36. Eglise d'Eu.	786
N° 20. Eglise de Brou près de Bourg.	378	N° 37. Cathédrale d'Evreux.	794

N. B. Les gravures qui ont été distribuées avec les précédentes livraisons, et qui ne sont pas indiquées dans cet avis au relieur, appartiennent au 2ᵉ ou au 3ᵉ volume; celles comprises sous les n°ˢ 2, 3, 4, 5, 26, 27 et 32 seront distribuées avec les premières livraisons de texte du 2ᵉ volume.

DICTIONNAIRE

GÉOGRAPHIQUE, HISTORIQUE, INDUSTRIEL ET COMMERCIAL

DE TOUTES LES COMMUNES

DE LA FRANCE

ET DE PLUS DE 20,000 HAMEAUX EN DÉPENDANT.

Illustré de 100 Gravures, de Costumes coloriés, Plans et Armes des Villes, etc.

PUBLIÉ AVEC LES ENCOURAGEMENTS DU MINISTRE DE L'INTÉRIEUR.

PAR A. GIRAULT DE SAINT FARGEAU.

PARIS.

Librairie de **FIRMIN DIDOT**, Rue Jacob, 56.

GUSTAVE HAVARD, ÉDITEUR, 24, RUE DES MATHURINS - SAINT - JACQUES.

1844.

AVIS DE L'ÉDITEUR.

En annonçant la publication de ce Dictionnaire nous avons fait remarquer que, tout en possédant les éléments d'une description générale de la France, nous manquions cependant d'un livre où ces éléments, disséminés dans des milliers de volumes, fussent réunis en un corps d'ouvrage dans lequel on pût, sans fatigue et sans recherches pénibles, acquérir instantanément une connaissance exacte de la topographie, de l'histoire, de la bibliographie et de toutes les ressources du pays.

Nous livrons aujourd'hui le premier des trois volumes dont doit se composer cette vaste publication, avec toute l'humilité d'un éditeur convaincu de l'immense difficulté de sa tâche; mais aussi avec l'intime conviction de n'avoir rien négligé pour rendre cette description de la France aussi exacte et aussi complète que possible.

L'inspection de ce premier volume prouvera que le *Dictionnaire des Communes de la France* est un livre exécuté sur un plan entièrement neuf, composé d'éléments élaborés avec le plus grand soin et provenant, pour la plupart, de documents fournis par les fonctionnaires publics, ou puisés dans plus de dix mille ouvrages relatifs à chacun de nos départements; ouvrages dont les titres sont indiqués à la fin de chacun des articles qu'ils concernent.

Nous n'entreprendrons pas d'énumérer tout ce que cet ouvrage renferme de faits intéressants, curieux et peu connus; il suffit, pour en avoir une idée, d'en parcourir quelques pages. Nous nous bornerons seulement à fixer l'attention des lecteurs instruits sur ses différentes divisions, et sur les principaux éléments dont se compose l'article de chaque ville, bourg ou village, selon leur degré d'importance.

LE NOM DE CHAQUE COMMUNE ET LE CHIFFRE DE LA POPULATION ont été relevés sur les états du dernier recensement que M. le ministre de l'intérieur a bien voulu mettre à notre disposition. A la suite de chaque nom de commune nous avons ajouté, toutes les fois que cela nous a été possible, les diverses dénominations latines sous lesquelles la commune se trouve indiquée dans des titres authentiques ou dans les anciens auteurs, tels qu'Hadrien de Valois, Ogée, Toussaint Duplessis, l'abbé Lebeuf, etc., etc. — Les noms de quelques communes ayant été remplacés par des dénominations particulières à l'époque de la révolution, nous avons indiqué ces noms de nouvelle création, qui figurent seuls dans les titres de l'époque révolutionnaire; et, pour en faciliter la recherche, nous avons reproduit les noms révolutionnaires à la nomenclature alphabétique, avec renvoi au nom actuel de la commune à laquelle avait été imposée la nouvelle dénomination.

NOUVELLES CIRCONSCRIPTIONS, RÉUNIONS OU ÉRECTIONS DE COMMUNES. Chaque année les chambres votent des projets de loi relatifs, soit à la création ou à la suppression de diverses communes, soit au changement des noms de quelques-unes d'entre elles. Ces mutations, insérées au *Bulletin des lois*, ont été collationnées avec soin; aussi, sous ce rapport, notre nouveau *Dictionnaire des Communes* est-il, sans contredit, le seul où se trouvent consignées ces nombreuses mutations, qui, depuis dix années seulement, ont changé la circonscription de près de mille communes.

DISTANCES. La distance de la commune au chef-lieu d'arrondissement a été indiquée d'après les tableaux officiels dressés pour la fixation des frais de justice, et mis à notre disposition par M. le ministre de la justice. — La distance d'un relais à l'autre a été indiquée d'après le dernier livre de poste. — La distance de Paris à chaque bureau de poste a été relevée sur l'*Annuaire des postes* de l'année courante.

FOIRES. Les jours de tenue des foires sont indiqués à la suite de l'article concernant chaque commune. Les nouvelles créations de foires et les changements opérés relativement à la tenue des foires créées précédemment ont été indiqués d'après les nombreuses mutations insérées au *Bulletin des lois*. Ces mutations, qui dépassent le nombre de 2,000 depuis dix ans seulement, en vieillissant prématurément les ouvrages spéciaux, donnent un degré d'intérêt de plus au *Dictionnaire des Communes*.

ETAT ANCIEN. Sous le titre d'AUTREFOIS le *Dictionnaire* indique, à la suite de l'état moderne de chaque commune de quelque importance, quelle était avant la révolution la juridiction, le bailliage, le parlement d'où elle ressortissait, le nombre de ses paroisses, de ses couvents, commanderie de Malte, etc.

ARMES DES VILLES. Les armoiries de nos cités n'ont été jusqu'à ce jour l'objet d'aucun travail sérieux, et, ce qui pourra paraître surprenant, aucune collection spéciale n'a été formée, ni avant, ni depuis la révolution. Les seuls documents que l'on possède sont disséminés dans d'anciens armoriaux de province et dans quelques histoires particulières; aussi nous aurait-il été on ne peut plus difficile de rassembler les matériaux nécessaires pour la publication d'un armorial de France, sans l'extrême obligeance d'un savant de nos amis, qui a bien voulu mettre à notre disposition un manuscrit du XVIIe siècle, où sont représentées et décrites les armoiries de plus de mille localités. Ce précieux manuscrit, joint aux recherches auxquelles nous nous sommes livré, a permis de compléter cette partie indispensable de notre livre.

HISTORIQUE. L'histoire générale des villes et des communes de France est encore à faire. Quelques villes ont bien à la vérité une ou plusieurs histoires; mais le plus grand nombre d'entre elles attend et attendra peut-être encore longtemps son historien. Nous avons essayé de remplir cette lacune en indiquant, à l'article concernant chaque localité, les événements les plus remarquables dont elle a été le théâtre, ou qui se sont passés dans ses environs.

ARCHÉOLOGIE. La description des édifices et des monuments civils ou religieux est traitée dans le *Dictionnaire* avec autant d'étendue que le comporte un ouvrage de ce genre. Nous n'avons pas la prétention toutefois de n'avoir rien omis; mais nous avons la conscience d'avoir fait d'immenses recherches pour compléter cette partie intéressante de notre ouvrage.

GÉOLOGIE. Sous l'indication de *Terrain*, nous avons mentionné, pour les 2,834 chefs-lieux de canton et pour plus de 3,000 autres localités, d'après le savant travail et l'admirable carte de MM. Dufrenoy et Elie de Beaumont, la formation géologique sur laquelle repose chaque commune. Ce travail, entièrement nouveau, sera, nous l'espérons, apprécié par les géologues et par les savants de tous les pays.

BIOGRAPHIE. Les noms des hommes qui se sont rendus illustres dans les camps, dans les sciences, la littérature, les beaux-arts, l'industrie, etc., etc.; sont consignés, *pour la première fois*, à l'article concernant la commune où ils ont reçu le jour. Il en résulte souvent, que telle commune, qui par elle-même n'a aucune importance, en acquiert une quelquefois très-grande par l'illustration d'un ou de plusieurs de ses enfants.

BIBLIOGRAPHIE. La bibliographie topographique est publiée *pour la première fois* dans le *Dictionnaire des Communes*, où elle occupe une place étendue, dont nous saurons gré tous les amis des lettres. A la suite de l'article concernant chaque province, on a indiqué les titres de tous les ouvrages anciens et modernes qui ont été publiés, soit sur cette province en général, soit sur quelques-unes de ses parties, la même méthode a été suivie pour chaque département, pour chaque ville, bourg ou village en particulier. Cette curieuse bibliographie, qui ne comporte pas moins de douze mille titres d'ouvrages (dont plus de mille sont relatifs à la ville de Paris), sera complété par la publication du catalogue, de plus de 5,000 ouvrages, classés sous le titre de traités généraux de l'histoire de France, qui servira d'introduction au deuxième volume du *Dictionnaire des Communes*.

En résumé nous croyons n'avoir rien omis pour rendre cet ouvrage digne des encouragements qu'on a bien voulu nous accorder. Il nous est arrivé cependant, malgré toute notre attention, de commettre quelques erreurs, ce qui ne paraîtra point extraordinaire, si l'on considère l'immensité de notre publication; celles qui nous ont été signalées ont été rectifiées dans l'errata qui termine ce premier volume. Quant à celles qui auraient pu nous échapper, nous prions instamment qu'on veuille bien nous les indiquer, afin que nous puissions en faire opérer la rectification dans la partie qui terminera le troisième volume du dictionnaire.

DICTIONNAIRE DES COMMUNES DE FRANCE, par GIRAULT DE SAINT-FARGEAU. T. I.

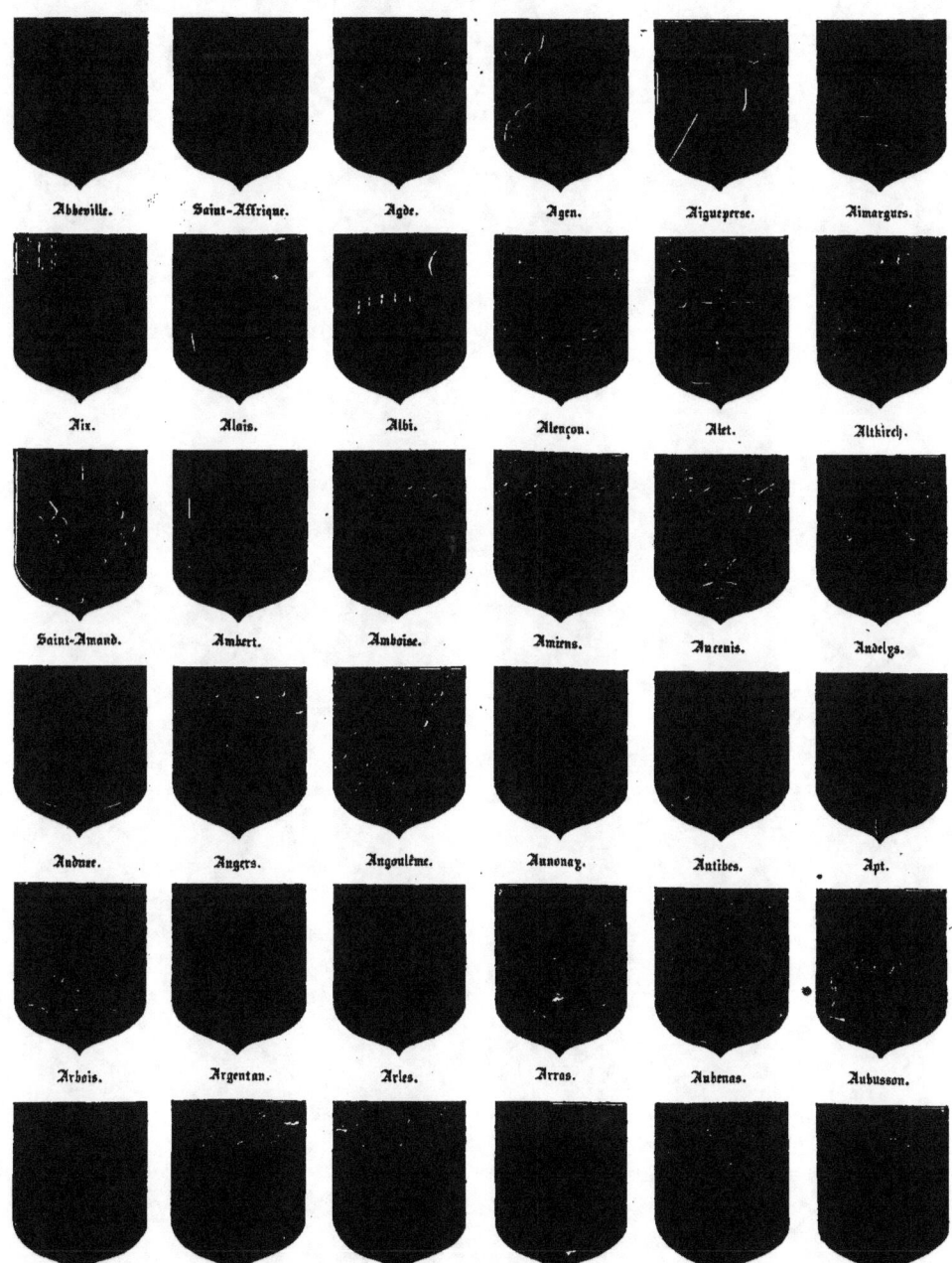

DICTIONNAIRE DES COMMUNES DE FRANCE, par GIRAULT DE SAINT-FARGEAU.   T. I.

Avesnes.	Avallon.	Avignon.	Avranches.	Bapaume.	Barbezieux.
Bar-le-Duc.	Bar-sur-Aube.	Bar-sur-Seine.	Bayeux.	Bayonne.	Bazas.
Beaucaire.	Beauvais.	Bernay.	Besançon.	Béthune.	Béziers.
Billom.	Blaye.	Blois.	Bordeaux.	Boulogne.	Bourbon-Lancy.
Bourg.	Bourges.	Brest.	Briançon.	Saint-Brieuc.	Brioude.

DICTIONNAIRE DES COMMUNES DE FRANCE, par GIRAULT DE SAINT-FARGEAU. T. I.

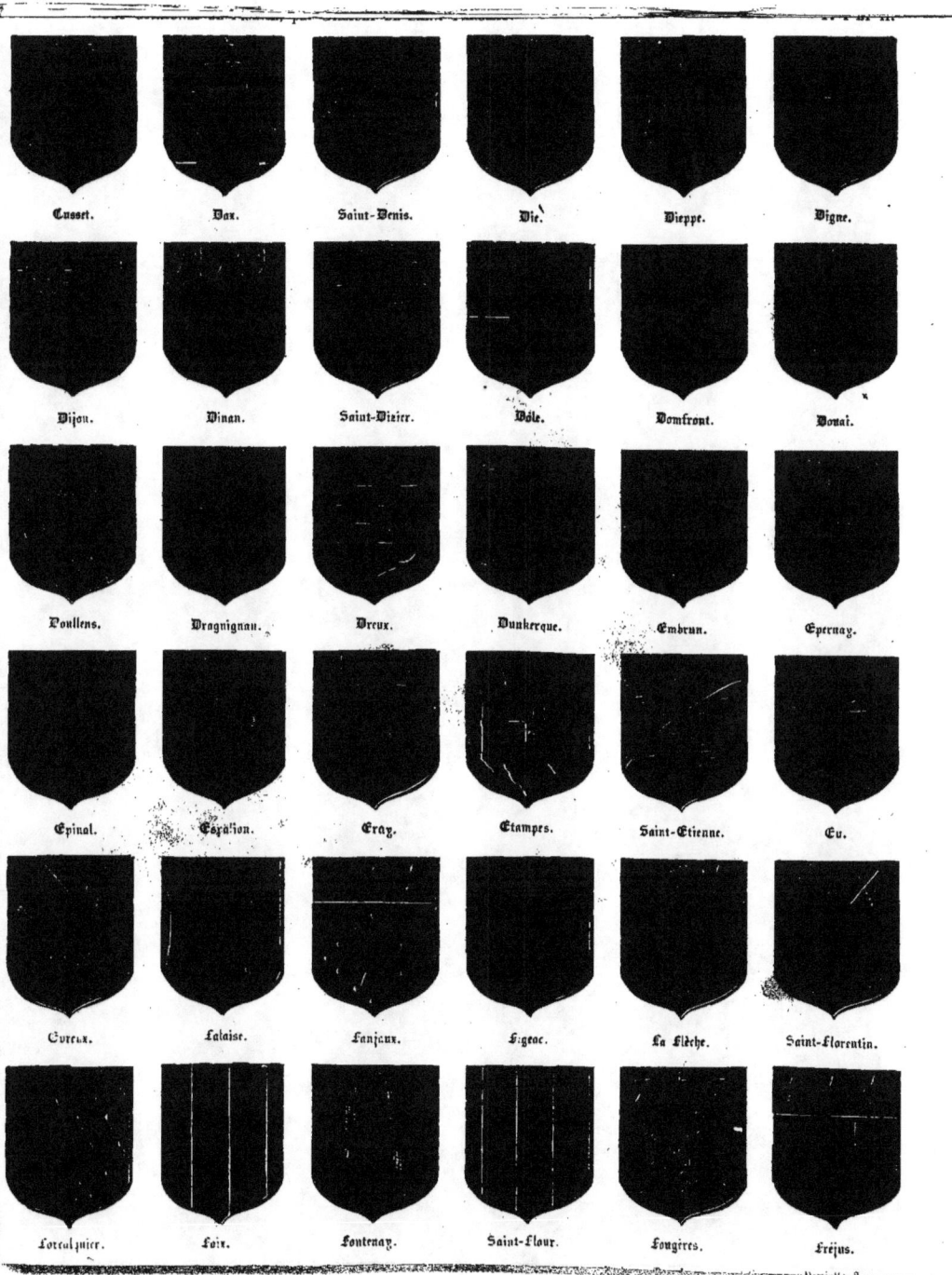

DICTIONNAIRE
GÉOGRAPHIQUE, HISTORIQUE, ADMINISTRATIF, INDUSTRIEL ET COMMERCIAL
DE TOUTES LES COMMUNES
DE LA FRANCE.

A (l'), *Agnio*, petite rivière qui prend sa source dans le département de *Loir-et-Cher* (Sologne). Elle sort de l'étang des Perrets à 2 k. du bourg de Fontaine, et se jette dans le Beuvron près de la forêt de Chambord. On la nomme A, parce que près de sa source elle forme une petite île qui a la forme d'un delta; elle porte aussi le nom de Conon ou de Baignon. L'A est une rivière très-poissonneuse; dans son cours, qui n'est que de 12 k., elle fait mouvoir un grand nombre de moulins.

AA (l'), *Agnio*, petit fleuve qui prend sa source dans le département du *Pas-de-Calais* (Boulonnais), au-dessous du village de Bourthes; il traverse Fauquemberg, Arques, Saint-Omer, passe à Watten où il se divise en deux bras, dont l'un, à droite, prend successivement le nom de haute et basse Colme, et va se jeter dans la mer par les canaux de Furnes et de Niewport à Ostende : le bras de gauche conservé le nom d'Aa, et se rend à la mer en traversant le port de Gravelines. — La rivière d'Aa, au moyen de laquelle se prolonge jusqu'à la mer la ligne de navigation passant par Lille, et dont le canal de Saint-Omer fait partie, a été rendue navigable depuis Saint-Omer jusqu'à la mer dès l'an 1320, au moyen d'un droit de navigation qui fut établi sur son cours ; de nouveaux et d'importants ouvrages furent exécutés pendant l'année 1665. Le cours de l'Aa est d'environ 80 k. ; la longueur de la partie navigable est de 29,315 m., sa largeur est de 18 m., et sa profondeur généralement de 1 m. 70 c. — L'Aa communique à la Lys par la partie supérieure du canal de Saint-Omer, et ensuite avec les canaux de Calais et de Bourbourg (V. CANAL DE SAINT-OMER) ; ayant peu de pente, deux écluses ont suffi pour établir le niveau nécessaire à la navigation : la première de ces écluses est située à la sortie de Saint-Omer ; la deuxième, construite par Vauban, est à l'entrée du port de Gravelines; elle est à deux passages, l'un avec porte tournante de chasse, et l'autre avec doubles portes busquées. — La navigation de l'Aa est très importante, et consiste principalement en charbon de terre, tourbe, bois de construction et de chauffage, pierres, grains, foins, vins et eau-de-vie. Indépendamment des transports qui se font à l'aide de grands bateaux, il y a une multitude de petits bateaux qui servent à l'approvisionnement des marchés et au transport des grains et des récoltes. Chaque jour il part de Saint-Omer une barque ou coche d'eau pour Dunkerque ; tous les deux jours un autre coche d'eau pour Calais, et deux fois la semaine un autre pour Bergues. On compte qu'il passe annuellement sur l'Aa 6,800 bateaux.

AARON, presqu'île du département d'*Ille-et-Vilaine* (Bretagne), sur l'emplacement de laquelle fut bâtie dans le VIe siècle la ville de St-Malo (V. ST-MALO). Lat. 48° 39' 3", long. O. 4° 21' 26".

AARON (St-), vg. *Côtes-du-Nord* (Bretagne), arr. et à 29 k. de St-Brieuc, cant. ⊠ de Lamballe. Pop. 673 h.

AAS, vg. *Basses-Pyrénées* (Béarn), arr. et à 36 k. d'Oloron, cant. de Laruns. Cure. ⊠ des Eaux-Bonnes.—TERRAIN de transition(1). Pop. 470 h. — Aas est célèbre par ses sources thermales, situées au village des Eaux-Bonnes. On trouve aussi dans les environs une carrière d'ardoise de bonne qualité, des mines de plomb susceptibles d'être exploitées, du minerai de fer assez abondant, et des pierres calcaires jaunâtres, incrustées de pyrites cuivreuses d'un bel effet.

EAUX-BONNES. Le village des Eaux-Bonnes est situé au fond d'une gorge étroite, à 4 k. de Laruns (2). Pour y arriver, on traverse un pont de pierre récemment construit sur le Valentin, torrent dont on côtoie la rive gauche par un chemin montueux, mais facile ; ses bords sont couverts d'énormes masses de poudingues, composés de divers cailloux liés par un ciment calcaire. On rencontre une succession de belles cascades, produites, sur divers points du terroir que sillonne le gave, par la saillie des roches qui ont résisté à son action ; de l'autre côté de ce torrent, on remarque plusieurs villages, entre autres ceux d'Assouste et d'Aas, placés en amphithéâtre sur le penchant d'une montagne, dont la base est composée de bancs de chaux carbonatée et de schistes feuilletés. Parmi ces riantes perspectives est celle du château de Livron ; près du moulin qui en dépend est une cascade qui dépose, à la surface des roches sur lesquels elle jaillit, des incrustations formées par les parties calcaires que les gouttes vaporeuses de l'eau tiennent en dissolution.

Après ces roches recouvertes d'incrustations, la gorge est rétrécie par des mamelons plantés de bois et par d'immenses atterrissements. M. de Castellane, ancien préfet des Basses-Pyrénées, a fait pratiquer une chaussée et jeter un pont sur un petit ravin qui descend du midi, dans la roche ; et cette belle chaussée ou avenue, ombragée par des arbres majestueux, conduit au village des Eaux-Bonnes, qui ne se découvre que lorsqu'on est près d'y entrer.

Près des sources est la rivière de la Sonde, qui, à quelque distance de là, va se jeter dans le gave ou torrent voisin. Ce pays est tout à fait la patrie de Henri IV, qui visita souvent les Eaux-Bonnes dans sa jeunesse ; c'est aussi le berceau des Bordeu ; et le plus célèbre des médecins de ce nom, Théophile, est un de ceux qui ont le plus préconisé l'usage des Eaux-Bonnes.

Le village n'est composé que d'une quinzaine de maisons, dont quelques-unes, nouvellement construites, sont grandes et assez bien bâties. Elles sont adossées de tous côtés au roc, qu'il a fallu faire sauter avec la mine pour se procurer l'espace nécessaire à la construction de l'hôpital, destiné aux militaires qui viennent prendre les eaux. M. le docteur Boin, qui a visité ces thermes il y a quatre années, comme inspecteur des eaux minérales, en fait la description suivante : « A quelques pas en arrière d'un petit nombre de maisons rangées autour de la seule rue qui forme le village s'élèvent à pic d'énormes rochers dépouillés ; leurs sommets, cachés dans les nues, forment l'horizon de l'est à l'ouest, et paraissent être les barrières du monde ; tandis que l'établissement thermal, appliqué contre la butte du Trésor, dominée par le Gabison, semble placé là comme le terme obligé du voyage. Ce plateau, si resserré sous tous ses aspects, s'ouvre au nord, et s'abaisse pour se confondre avec une belle et riche vallée qui reçoit son nom des Eaux-Bonnes. De ce côté le paysage est délicieux. De vieux chênes, de beaux ormes, des allées d'acacias, des plantations variées et disposées avec goût, offrent aux malades de nombreuses promenades et des lieux de repos ravissants. »

On respire dans l'étroit vallon des Eaux-Bonnes un air tempéré très convenable aux santés délicates et altérées. Les promenades en labyrinthe, les belles avenues qui embellissent ce séjour, datent de l'administration de M. de Castellane ; elles ajoutent aux beautés naturelles du voisinage, parmi lesquelles doit être citée l'une des plus jolies cascades des Pyrénées. Elle est formée par un petit torrent, qui, à peu de distance du village, se précipite d'un rocher escarpé dans un gouffre d'où l'air, foulé par la chute d'eau, fait rejaillir à quinze ou vingt pieds de haut une magnifique gerbe d'écume. L'eau, suivant ensuite un plan légèrement incliné, va calmer sa fureur dans un petit bassin de la vitesse jusqu'à un nouveau point de repos, d'où elle s'écoule comme un simple ruisseau. Rien de plus frais que les ombrages qu'on rencontre au-dessus de cette cascade, où la chute du torrent entretient un courant d'air perpétuel, et qui pourrait être dangereux, si on s'y arrêtait trop, ou si l'on ne rétablissait par l'exercice la transpiration supprimée par une atmosphère glaciale. On peut s'y asseoir sur des roches plates en forme de sièges, au pied de superbes hêtres qui interceptent tout à fait les rayons du soleil au plus haut de son cours.

Pour s'enfoncer dans la gorge et atteindre les hauteurs, on sort de Bonnes par une avenue d'acacias d'un admirable effet, au milieu des buis et des hêtres séculaires qui ornent les pentes voisines, et s'élèvent de la base au sommet des monts. En remontant aux sources du Valentin, on traverse des solitudes couvertes de bois d'une verdure et d'une fraîcheur admirable, et qui n'offrent que quelques granges pour toute trace humaine. On arrive, par des sentiers plus ou moins escarpés et difficiles, jusqu'aux sommités qui séparent la vallée des Eaux-Bonnes de la vallée d'Azun. Le col de Tortès, qui communique de l'une à l'autre, est assez accessible de ce côté, quoique les approches et les entours aient un aspect repoussant par la nudité des immenses rocs qui forment sa base ; on est frappé de l'air de destruction des pics qui le dominent comme d'immenses obélisques déchirés par le temps, et laissent voir le voyageur de la chute de leurs assises en partie détachées. Il faut trois heures de marche pour atteindre ce passage peu fréquenté, d'où l'on parvient, par le revers de la montagne, dans le vallon d'Argelès.

Les habitués de Bonnes, qui boivent beaucoup d'eau, sont obligés par cela même, lorsque leurs forces le permettent, de faire quelques pèlerinages dans les montagnes. Tantôt on se dirige vers Laruns, d'autres fois on va aux Eaux-Chaudes ; quelques baigneurs, plus forts ou plus téméraires, dirigent leur course vers Barèges, qui est à 16 kilomètres de là, et c'est un voyage qu'on n'a pas coutume de regretter. Ces courses, ces promenades dans les montagnes, sont fort utiles aux malades ; outre la distraction qu'elles leur procurent, elles facilitent la digestion des eaux, et servent ainsi de préservatif contre les ballonnements de l'estomac, et l'assoupissement auquel les buveurs d'eaux minérales sont quelquefois exposés.

— Aux Eaux-Bonnes, dit un auteur mo-

---

(1) La désignation des terrains a été relevée sur la carte géologique de la France, dressée par MM. Dufrenoy et Élie de Beaumont.

(2) Labouliniere, *Itinéraire descriptif des hautes Pyrénées françaises*, t. 1, p. 166 et suiv.

derne (1), tout se ressent de la nouveauté de la création. Les maisons sont propres, élégantes ; les promenades à l'entour bien tracées. Une d'elles serpente sur les flancs du monticule escarpé au pied duquel est l'établissement thermal ; c'est un monticule qui a été nommé la butte du Trésor. Du point de repos au sommet la vue est délicieuse : le regard, dans la direction du torrent, qui semble lutter avec lui de vitesse, jouit du spectacle de la plaine agricole de la vallée d'Ossau, et se repose sur les hautes masses qui la séparent de la vallée d'Aspe ; vers l'est, on découvre les deux gorges sauvages qui mènent dans Azun et au pic calcaire de Ger, qui termine d'une manière grandiose un vallon d'abord riant, et dans lesquelles semble répandu un mystère qui excite le hardi voyageur. Le Valentin, qui s'enfonce brusquement dans les entrailles des monts, offre une multitude de cascades remarquables.—Mais si dans ces lieux tous les aspects sont beaux, la nature humaine s'y montre sous les tristes aspects de la décadence et de la douleur. Les établissements thermaux dans les sites riants, comme les Eaux-Bonnes, St-Sauveur, Cauteretz, font plus péniblement sentir cette discordance entre les malades et le paysage, qui ne semble demander que des heureux aux couleurs rosées, et le sourire. Peut-être la gaieté du site se communiquait-elle à ce jeune homme pâle et amaigri, qui causait dans la rue avec deux dames placées à la croisée d'un premier étage : tous les trois paraissaient atteints de pulmonie, pour laquelle les Eaux-Bonnes sont spécialement recommandées. L'une de ces dames toussait presque convulsivement à chaque phrase, mais ne paraissait qu'impatiente de recommencer sa conversation ; son rire et le discours léger et frivole échappé de ses lèvres flétries étonnaient péniblement l'observateur ; le jeune homme, effilé, à la voix caverneuse, était évidemment le plus malade et le plus facétieux. A une question sur sa santé, faite du ton de la plaisanterie, il répondit qu'il allait au mieux, et que par la force de sa constitution il avait fait monter, le matin, le thermomètre de trois degrés dans le bain. Du même ton il parla du wauxhall prochain, des plaisirs qu'il s'y promettait, et le premier mouvement en l'entendant était d'aller le soutenir, tant il paraissait chancelant. Il est ainsi, dans les positions désespérées, une insouciance, une fuite de l'épuisement de l'âme, qui, après s'être saturée d'angoisses, se lasse de les sentir, oublie le mal, et menaçant l'avenir, et revient, pour se distraire, aux idées de la gaieté. Dans les âmes faibles, cette insouciance est une illusion qu'elles aiment entretenir ; dans les âmes fortes, elle est un effet du courage qui donne comme une ivresse dans le danger, une sorte de fièvre morale, qui, comme toutes les fièvres, est la réaction de la vie contre les causes qui la menacent : alors l'extrême énergie produit cette hilarité, ces saillies qui, par le contraste avec la position, ont l'apparence de la folie, et plongent le spectateur dans une profonde stupeur.

(1) Arbanère, *Tableau des Pyrénées françaises*.

Ainsi on a vu cette gaieté de désespoir sur les côtes du naufrage, dans l'ombre des cachots, près du tranchant de l'échafaud, et s'exhaler enfin du lit de l'agonie. »

Les sources minérales sourdent au pied de la montagne calcaire, au confluent des ruisseaux de la Sonde et du Valentin. Elles sont au nombre de trois. La première, appelée la Vieille, sort d'une grotte qui semble formée par la nature. L'eau est renfermée dans un bassin qui fournit, par un canal pratiqué pour cet usage, non-seulement trois bains, mais encore à la boisson par le moyen d'un robinet. La seconde source, nommée la Neuve, est située au peu au-dessous de la précédente, le long du ruisseau de la Sonde. La troisième, appelée source d'Ortechy, est à peu près environ des autres. Ces trois sources alimentent seize baignoires en marbre.

La découverte des eaux minérales de Bonnes est très-ancienne. Ces eaux acquirent une grande célébrité par les bons effets qu'elles produisirent sur les soldats béarnais blessés à la bataille de Pavie, et qui avaient été conduits par Jean d'Albret, grand-père de Henri IV. Depuis cette époque, elles étaient presque ignorées, lorsque le célèbre docteur Antoine Bordeu et son illustre fils Théophile les mirent en vogue ; le second les assimilait, pour leurs qualités douces, onctueuses, balsamiques, à celles de Barèges, après lesquelles il plaçait, sous ces trois rapports, les eaux de Cauteretz et de Luchon ; réservant la troisième place à celles de Bagnères-de-Bigorre, comme les plus sèches, les plus dures. Ce grand médecin a contribué beaucoup à la célébrité des eaux minérales des Pyrénées.

SAISON DES EAUX. On prend les eaux de Bonnes depuis le mois de mai jusqu'à celui d'octobre. L'établissement est annuellement fréquenté par environ six cents personnes des deux sexes. Les quatorze ou quinze maisons des Eaux-Bonnes renferment environ deux cent trente chambres tant de maîtres que de domestiques.

ANALYSE DES EAUX. M. le docteur Poumier, dans l'analyse qu'il a faite de l'eau de la source dite la Vieille, a trouvé que vingt litres de cette eau contenaient, outre le gaz hydrogène sulfuré,

	Gros. Grains.
Muriate de magnésie	0 19 1/2
Muriate de soude	0 27
Sulfate de magnésie	1 6
Sulfate de chaux	1 57
Carbonate de chaux	0 41 1/2
Soufre	0 4
Silice	0 4 1/2
Perte	0 5
	4 20

PROPRIÉTÉS PHYSIQUES. Les eaux à la sortie de la source sont en général claires et limpides ; elles charrient pourtant des matières floconneuses d'une couleur blanchâtre, qui se déposent par le repos. Elles pétillent dans le vase qui les reçoit et forment de petites bulles, qui, après bien des mouvements, viennent crever à leur surface. Ces eaux sont grasses, douces et onctueuses au toucher, d'une saveur d'abord aigrelette, puis fade au goût ; elles ont une odeur d'œufs cuits durs, bien moins désagréable que celle des œufs couvis. Ce sont les eaux les plus douces des Pyrénées parmi les eaux sulfureuses. La température de la Vieille source est de 26 degrés du thermomètre de Réaumur ; celle de la source Neuve est de 24 degrés.

PROPRIÉTÉS MÉDICINALES. Les eaux de Bonnes s'emploient avec succès dans les affections chroniques des viscères abdominaux, les fièvres intermittentes rebelles, les maladies de la peau, l'hystérie, l'hypocondrie. Elles sont spécifiques dans les affections catarrhales vulgairement connues sous le nom de rhumes et dans la plupart des maladies chroniques de la poitrine. Théophile Bordeu, riche de son expérience et de celle de son père, regarde les eaux de Bonnes comme un des meilleurs vulnéraires dont on puisse user dans les vieilles plaies ; il rapporte des cas où elles ont combattu efficacement des ulcérations fistuleuses au rectum, en les donnant en injections. Ces eaux sont en grande réputation pour les phthisiques des deux sexes ; qui y affluent de toutes parts. On y voit une foule de jeunes personnes qui s'y rendent pour arrêter les progrès du marasme : elles se vivifient en quelque sorte dans ces eaux, et semblent se relever de leur état de langueur.

En général, les Eaux-Bonnes conviennent à tous les malades trop faibles, trop délicats ou trop susceptibles pour tenter des autres eaux thermales des Pyrénées. Mais il ne faut pas trop ajourner le voyage quand on est malade des poumons, lorsqu'on est menacé de devenir phtisinaire. Pour peu qu'on éprouve de petites douleurs dans la poitrine, qu'on soit un peu haletant, un peu maigre, particulièrement si l'on est souvent enrhumé, si de légers rhumes durent longtemps, si quelquefois on a rejeté un peu de sang, si la voix est faible, si la toux est fréquente, si la gorge est souvent douloureuse, si la glotte est sujette à s'irriter, si l'on rend de mets petits flocons grisâtres ou de petites boules jaunâtres ressemblant à de la pomme de terre cuite, si, l'on voit parmi l'expectoration comme des grains de riz crevé, vite alors il faut courir aux Eaux-Bonnes par un beau temps et en doux équipage ; il n'existe peut-être pas d'eau thermale, et à coup sûr aucun remède, qui soit plus efficace que Bonnes dans les cas que nous venons de spécifier.

Ces eaux sont également propices, comme celles de Cauteretz, à la guérison des chevaux, à qui on les donne surtout pour les traiter de la pousse, à laquelle sont sujets particulièrement les étalons (trop nourris sans travail). On en envoie régulièrement plusieurs, chaque année, du haras de Pau.

MODE D'ADMINISTRATION. Les eaux de Bonnes se prennent principalement en boisson. On les administre aussi en injections, en douches et en bains ; mais l'eau de la source de la Vieille est si peu abondante, qu'on peut à peine emplir six ou sept baignoires. On boit les eaux de Bonnes, soit le matin à jeun, soit avant ou après le repas, et même en boisson ordinaire dans quelques circonstances : la dose est depuis trois verres jusqu'à quinze, et même plus, si l'on est bien disposé.

INDICATIONS UTILES AUX VOYAGEURS. Dans le temps de la grande affluence, les chambres se payent fort cher ; 3, 5, 10 ou 15 francs par jour, suivant leur grandeur. Les hôtels garnis sont généralement bien tenus ; les principaux sont l'hôtel de France, l'hôtel du Petit-Paris, l'hôtel de l'Europe. — Cabinet littéraire. — Jolies promenades. — On trouve à toute heure des chevaux et des voitures de louage ; les chevaux se payent 3 francs pour la journée et 2 francs pour une promenade.

Buts d'excursions : à la *cascade des Eaux-Bonnes* ; à la *cascade du pont de Discoo* (2 k.) ; à la *cascade du gros Hêtre* (3 k.) ; à la *cascade de Larrèse* (9 k.) ; aux *Eaux-Chaudes*. V. ce mot.

Bonnes est à 6 k. d'Oloron, 40 k. S. de Pau, 800 S.-S.-E. de Paris pour la taxe des lettres.

Bibliographie. — BORDEU (Th.). *Lettres contenant des essais sur les eaux minérales du Béarn*, etc., in-12, 1746, 1748 (la huitième lettre et les trois suivantes concernent les Eaux-Bonnes).

BORDEU (Ant.). *Dissertation sur les eaux minérales du Béarn*, in-12, 1750.

LABAIG. *Parallèle des Eaux-Bonnes, des Eaux-Chaudes et des eaux de Cauteretz et de celles de Barèges*, in-8, 1750, p. 70.

Moniteur universel, 21 août 1841.

POUMIER. *Analyse et propriétés médicales des eaux des Pyrénées*, in-8, 1813 (l'auteur y traite des Eaux-Bonnes, p. 12).

VOSTEL (Ed.). *Guide des voyageurs et des malades aux Eaux-Bonnes*, in-8, 1838.

AAST, vg. Basses-Pyrénées (Béarn), arr. et à 24 k. de Pau, cant. de Montaner. Pop. 167 h. ✉ de Pau.

ABAINVILLE, riant vg. du dép. de la Meuse (Lorraine), arr. à 30 k. de Commercy, 46 k. de Saint-Mihiel, cant. et ✉ de Gondrecourt. Cure. Pop. 572 h. — Ce village est situé sur l'Ornain, et offre d'agréables points de vue, qu'embellissent plusieurs maisons habitées par de riches propriétaires. On voit aux environs les belles forges anglo-françaises, et leurs dépendances, dont M. Muel-Doublat a enrichi le département de la Meuse. Tout y a été renouvelé, ou plutôt tout y a été créé par cet estimable industriel. Son beau domaine est l'ornement de la plaine fertile arrosée par l'Ornain, qui l'environne de ses eaux distribuées avec art et profit ; la presqu'île où il est placé est sillonnée de canaux, couverte de plantations, d'ateliers et d'usines secondaires, qui occupent quantité de bras. Les forges d'Abainville occupent dans l'intérieur de l'établissement deux cent soixante-cinq ouvriers, travaillant par moitié nuit et jour alternativement, et ayant chacun un logement, un jardin et le chauffage au compte du maître de forges; quatre cents ouvriers sont employés à l'extérieur. — Les fers se fabriquent avec des fontes dites de roche, dont les minerais proviennent des territoires de Ribeaucourt, Ormesson et Montreuil, près de Joinville ; ils ont conservé le nom de fers de roche laminés, et jouissent d'une réputation qui les rend intermédiaires entre les fers de Berry et de Comté. — Ces fers sont très-bien fabriqués, et la réputation de l'usine d'Abainville dans le commerce est excellente. Les fers creux soudés, fabriqués depuis quelque temps à Abainville d'après les procédés anglais, sont remarquables par leur bonne exécution, l'égalité de leur épaisseur, et la beauté de leur surface extérieure ; ces fers trouvent un emploi très-utile à plusieurs industries ; on en fait surtout usage avantageusement pour la conduite du gaz destiné à l'éclairage. — Les usines d'Abainville se composent de trois hauts fourneaux, marchant au charbon de bois, et cinq trains de laminoirs ; une machine à vapeur de la force de cent chevaux y a été récemment établie. — La fabrication des usines d'Abainville s'élève annuellement à 3,500,000 kil. de fer, dont 500,000 kil. sont livrés à la tréfilerie ; on y fabrique aussi, à un feu de forge spécial, des arbres à manivelles pour machines à vapeur. ⓑ 1827, 1834, ⓒ 1839.

ABALIUM. V. AVALLON.

ABALLO (lat. 48°, long. 22°). «L'Itinéraire d'Antonin et la Table théodosienne en font mention entre *Autissiodurum* ou Auxerre, et *Sidolocum* ou Saulieu. La distance, à l'égard d'*Autissiodurum*, est marquée dans l'Itinéraire MP. XXXIII, *leugas* XXII, ce qui convient à la correspondance de ces mesures ; et le même nombre XXII, qui se rapporte à des lieues gauloises, paraît aussi dans la Table. Ce qu'il y a d'espace entre la position actuelle d'Avallon, qui est *Aballo*, et celle d'Auxerre, paraît, en droite ligne, d'environ 22,000 toises ; mais il m'a paru en même temps que des détours dans la route, par des replis des rivières qui s'y rencontrent, allongeaient assez la mesure itinéraire pour la faire estimer d'environ 24,000 toises, dont il résulte plus de 21 l. gauloises. Une position sous le nom de *Chora*, dans cet intervalle d'*Aballo* à *Autissiodurum*, sur la même route, est connue par d'autres endroits que par les Itinéraires, et il en est question dans un article particulier. Mais, en se tournant vers *Sidolocum*, la distance marquée par l'Itinéraire est XXIV mil., autrement XVII l., et la Table indique pareillement XVI. Or, l'espace correspondant vaut environ 17,500 toises, conséquemment 15 à 16 l. gauloises, et par la topographie du pays, la voie, en circulant, donne au moins 19,000 toises, ce qui excède le calcul des 16 l. gauloises. Ainsi, par une comparaison que l'on trouve quelquefois d'un intervalle à l'autre en les rassemblant, la somme ici donnée, d'environ 43,000 toises, est très-convenable au calcul des 38 l. gauloises entre Auxerre et Saulieu, en passant par Avallon, puisque ce calcul est en rigueur de 43,092 toises. Cependant, il est à propos de remarquer qu'on a découvert des vestiges d'une ancienne voie qui, en partant de Saulieu, tendait plus directement vers Auxerre, laissant la position d'*Aballo*, par laquelle nous conduisent les Itinéraires, et celle de *Chora* à quelque distance sur la gauche. La trace de cette voie près d'un lieu qui porte le nom de Ste-Maixence, se rapporte précisément à ce que dit Erric, moine d'Auxerre, qui écrivait dans le IXe siècle, en parlant de cette sainte et de ses compagnes, *quæ in publico aggere nobilem accepere sepulturam*. Le terme d'*agger publicus* n'est point équivoque pour désigner une chaussée romaine. » D'Anville. *Notice de l'ancienne Gaule*, p. 29 (1).

ABANCOURT, *Abankourt*, *Abenkurt*, vg. Nord (Cambrésis), arr., cant. ouest, ✉ et à 7 k. de Cambray. Cure. Pop. 676 h. — Le village est très-ancien ; les étymologistes donnent à son nom une origine celtique, et on le trouve mentionné dans des chartes du XIIe siècle. Pendant les horribles guerres du XVIe siècle, Abancourt fut incendié le 26 novembre 1553. Une anecdote trouvée dans une chronique manuscrite de Cambray, donne une idée de la barbarie de ce temps-là ; nous la rapportons textuellement : « L'an 1600 fut bruslée au village d'Abancourt une sorcière avec son fils ; icelui avoit cogneu charnellement sa mère, dont elle eut un enfant qu'ils occirent ; puis a aussi cogneu charnellement sa sœur ; puis encore une[e] diablesse. Il brusla sept fois la sainte hostie. Il fit mourir aussi plusieurs personnes et bestiaux. » — Quelques restes ou vestiges de métairies romaines se voient sur le territoire de cette commune. — Fabriques de lin, brasseries, tuileries et briqueteries.

ABANCOURT ou ABANCOURT-LA-MONTAGNE, vg. Oise (Beauvoisis), arr. et à 43 k. de Beauvais, cant. et ✉ de Formerie. Cure. Pop. 700 h.

ABANCOURT-EN-BRAY, vg. Seine-Inf. (haute Normandie), arr. et à 32 k. de Neufchâtel, cant. et ✉ de Forges, comm. de Saumons-la-Poterie. Pop. 310 h.

ABANCOURT-WARFUSÉ. V. WARFUSÉ-ABANCOURT.

ABAUCOURT, vg. Meurthe (Lorraine), arr. et à 28 k. de Nancy, cant. et ✉ de Nomeny. Cure. Pop. 632 h. Il est bâti sur la rive gauche de la Seille, et remarquable par les ruines pittoresques d'un ancien château.

ABAUCOURT, vg. Meuse (Lorraine), arr. et à 13 k. de Verdun, cant. et ✉ d'Etain. Pop. 110 h.

ABBANS-DESSOUS, vg. Doubs (Franche-Comté), arr. et à 18 k. de Besançon, cant. de Boussières. ✉ de Quingey. Pop. 212 h.

ABBANS-DESSUS, vg. Doubs (Franche-Comté), arr. et à 18 k. de Besançon, cant. de Boussières. ✉ de Quingey. Pop. 236 h.

ABBARETZ, bg Loire-inf. (Bretagne), arr. et à 23 k. de Châteaubriant, cant. et ✉ de Nozay. Cure. — TERRAIN de transition moyen. Pop. 1,814 h. — Ce bourg est situé sur

---

(1) La *Notice de l'ancienne Gaule*, de d'Anville, un des plus beaux monuments géographiques que l'on possède et que, vu sa rareté et son prix élevé, il est assez difficile de se procurer, sera réimprimée dans notre Dictionnaire, et sans aucun changement au texte original. Toutefois, comme il existe un grand nombre de dissertations sur plusieurs positions indiquées par d'Anville, nous donnerons en notes l'extrait ou l'analyse de ces dissertations, lorsqu'elles nous paraîtront offrir assez d'intérêt pour être reproduites.

le penchant d'une colline très-élevée, dont une chapelle occupe le sommet : on y jouit d'un point de vue magnifique. Les regards s'étendent au sud sur un espace uniforme, dans les vastes communes de Héric et de Saffré ; dans le nord, borné par des bois, on découvre le bassin du Don. Abbaretz est le point culminant entre cette rivière et l'Isac. M. Buron y avait établi son point de partage pour joindre la Loire à la Vilaine ; c'est le point le plus élevé du département. Abbaretz a été fondé par les seigneurs de Châteaubriant. Le territoire renferme, avec quelques prairies de landes, la forêt de Larche plantée en taillis, et quelques bois particuliers.

C'est dans cette commune, à la Jahotière, que se trouvent les anciennes forges de ce nom, et qu'existe maintenant le bel établissement de M. de Jouffroy. Depuis de longues années les forges de Moisdon, de la Provotière et de la Hunaudière, étaient en possession de traiter les minerais de fer de l'arrondissement de Châteaubriant, mais seulement d'après les procédés anciens, et à l'aide du charbon de bois. Chacun sait aujourd'hui combien la méthode anglaise de fondre le minerai et d'affiner le fer avec la houille est préférable sous les rapports de l'économie et de la perfection des produits. M. de Jouffroy, qui est venu, il y a quelques années, faire présent au département de ses vues d'amélioration, appuyé d'une grande fortune et dont les travaux considérables en agriculture avaient déjà prouvé par le succès ce que peuvent le génie et l'argent contre la routine qui entretient en Bretagne tant de terres incultes, M. de Jouffroy, possesseur du terrain le plus riche en minerai de fer qui existe dans l'arrondissement, a entrepris de l'exploiter d'après la méthode anglaise, et son établissement, connu et édifié en une seule campagne, est depuis plusieurs années en pleine activité. Cet établissement, créé sur une vaste échelle, se compose de deux hauts fourneaux, deux afûneries et un moulin à fer. Il emploie la vapeur pour puissance motrice, et la force appliquée à toutes les machines équivaut à 120 chevaux. Au moyen d'un traité passé pour un certain nombre d'années, les mines de Mouzeil doivent fournir toute la houille nécessaire à l'établissement. Un problème était à résoudre ; c'était la conversion plus ou moins facile, plus ou moins parfaite de cette houille, d'une nature sèche, en coke : cette difficulté a été levée. Après quelques essais peu satisfaisants, M. de Jouffroy est parvenu, au moyen d'une manipulation particulière et de fourneaux d'une certaine forme, à convertir avec économie toute la houille de Mouzeil en coke propre à la fonte.—Toutes les conditions de succès sont réunies dans l'établissement de la Jahotière. Le minerai de fer, reconnu pour le meilleur du pays, s'extrait presque au pied des fourneaux. Le flux, ou castine, provient d'un terrain acquis dans les environs ; le sable, l'argile réfractaire, la pierre sont en abondance sur les lieux mêmes. Une route ferrée conduit jusqu'à Nort, où les produits sont embarqués sur l'Erdre. La plupart des ouvriers employés à la Jahotière sont des enfants du pays, qui ont été formés dans l'établissement.

La terre de la Jahotière, de la contenance de 1,000 arpents métriques environ, mérite une mention spéciale dans les fastes de l'agriculture et de l'industrie de ce département. A la vue de ces terres cultivées, de ces prairies, de ces canaux, de ces plantations, de ces vastes et élégantes fabriques, de ces ateliers, de cette population en mouvement, ceux qui se rappellent que le bassin de la Jahotière n'était, il y a peu d'années, qu'une terre en friche et presque déserte, ne peuvent se défendre d'applaudir aux soins de l'homme qui a employé aussi utilement ses connaissances et sa fortune. — *Foire le 20 juillet.*

ABBAS, vg. *Aveyron* (Rouergue), arr., cant. et ⊠ de Rodez, comm. de Moyrazès.

ABBAYE, vg. *Charente*, arr. d'Angoulême. Papeterie.

ABBAYE (l'), *Ille-et-Vilaine*, comm. et ⊠ de Dol.

ABBAYE, vg. *Jura* (Franche-Comté), arr., cant., ⊠ et à 8 k. de Dôle. Pop. 700 h.

ABBAYE (l'), vg. *Jura* (Franche-Comté), comm. de Rivière-Devant, ⊠ de St-Laurent.

ABBAYE (l'), vg. *Loiret* (Orléanais), comm. et ⊠ de Pithiviers.

ABBAYE (l'), vg. *Seine-et-Oise* (Ile-de-France), comm. de Gif, ⊠ d'Orçay.

ABBAYE (l'), vg. *Somme* (Picardie), comm. et ⊠ de Roye.

ABBAYE-AUX-BOIS, h. *Seine-et-Oise*, arr. de Versailles, cant. et ⊠ de Palaiseau. C'était anciennement une abbaye dont les bâtiments forment aujourd'hui une belle ferme située au milieu des bois de Verrières, dans la vallée de Bièvre ; il dépend de la commune de ce nom. Les religieuses de ce monastère furent transférées dans celui de l'abbaye du Val-de-Grâce, que la reine Anne d'Autriche, mère de Louis XIV, avait fait bâtir exprès pour elles.

ABBAYE-BLANCHE, vg. *Manche* (Normandie), comm. et ⊠ de Mortain.

ABBAYE-D'ÉVAUX (Meuse), haut fourneau.

ABBAYE-DE-BELLEVAUX, h. *Haute-Saône* (Franche-Comté), comm. de Cirey, ⊠ de Rioz.

ABBAYE-DE-LA-CHARITÉ, vg. *Haute-Saône* (Franche-Comté), comm. de Neuvelle-lez-la-Charité, ⊠ de Frétigney.

ABBAYE-D'IGNY, h. *Marne* (Champagne), comm. d'Arcis-le-Ponsard, ⊠ de Fismes.

ABBAYE-DU-VAL. V. Mériel.

ABBAYE-NOUVELLE, vg. *Lot* (Quercy), comm. de Léobard, ⊠ de Gourdon. Autrefois abbaye de l'ordre de Cîteaux.

ABBAYE-SOUS-PLANCY, *Abbatia juxta Planceyum*, vg. *Aube* (Champagne), arr. et à 19 k. d'Arcis-sur-Aube, cant. de Méry-sur-Seine. ⊠ de Plancy. Pop. 144 h. Ce village, situé près de la rive droite de l'Aube, qui y est navigable, doit son origine à un prieuré sous l'invocation de Notre-Dame, fondé avant l'an 1206 par Hodéaldis, dame de Plancy.—*Commerce de grains.*

ABBAYE-ST-LAURENT (l'), h. de l'île de Ré, *Charente-Inf.*, comm. et ⊠ de la Flotte.

ABBECOURT, vg. *Aisne* (Picardie), arr. et à 42 k. de Laon, cant. et ⊠ de Chauny. Pop. 661 h. Il est dans une situation agréable, près de l'Oise, et entouré de belles plantations de pommiers. — Briqueterie.

ABBECOURT, vg. *Oise*, arr., ⊠ et à 13 k. de Beauvais, cant. de Noailles. Pop. 408 h.— Sur le territoire de cette commune, au lieu dit *des Novales*, on a trouvé en 1839 un tombeau gaulois, long de 7 m. 60 c., et dirigé de l'est à l'ouest. Il avait la forme d'un corridor allongé, séparé en deux compartiments, dans l'un desquels se trouvaient trente-trois têtes et une multitude d'ossements, des fragments de poterie et deux haches en silex.

Fabriques de brosses à dents et à ongles.

ABBECOURT, *Alba Curia*, h. et chât. *Seine-et-Oise* (Ile-de-France), comm. et ⊠ de Poissy.—Terrain tertiaire inférieur, calcaire grossier.— Ce hameau, situé dans un vallon entouré de plusieurs collines couvertes de bois, possédait autrefois une célèbre abbaye de prémontrés fondée en 1080, et consacrée par le fameux Thomas Becquet, archevêque de Cantorbéry, lequel vint en France pour échapper aux persécutions de Jean II, roi d'Angleterre. L'église de ce monastère et les autres bâtiments encore existants représentent dans leur ensemble un vaste et beau château. Le jardin est traversé par un beau canal qui passe au milieu d'une allée d'arbres en berceau, formant une promenade agréable.

On trouve, à peu de distance d'Abbecourt, dans un pré attenant à la ci-devant abbaye, une fontaine d'eau minérale froide, regardée comme ferrugineuse, enfermée dans une salle carrée de 4 m. 54 c. de haut sur 5 m. 84 c. de large. Au milieu de cette salle, où l'on descend par treize degrés en pierre de taille, est le bassin de la fontaine, aussi en pierre, long de 1 m., large de 66 c., et ayant 30 c. de profondeur d'eau. Une soupape est établie au fond de ce bassin, pour en vider l'eau toutes les fois qu'on veut nettoyer la fontaine.

La source minérale d'Abbecourt fut découverte en 1708 par Ferragus, médecin de l'abbaye de Poissy, qui en fit l'analyse avec Gouttard, médecin du roi. En 1713, Louis XIV, à la sollicitation de Fagon, son premier médecin, fit construire la salle au milieu de laquelle est situé le bassin de la fontaine.

Les eaux d'Abbecourt ont joui, lors de leur découverte, d'une assez grande réputation, qu'elles sont loin d'avoir conservée, malgré le grand nombre de cures qu'elles ont, dit-on, faites dans le temps. M. Gouttard, auteur d'un traité sur les eaux minérales d'Abbecourt, en a beaucoup exagéré les vertus.

L'eau d'Abbecourt est froide, claire, limpide, d'une odeur un peu sulfureuse, et d'un goût éminemment ferrugineux. Elle s'emploie avec succès dans les chaleurs d'entrailles, les maux de tête, les faiblesses d'estomac, les fièvres intermittentes, la jaunisse, etc.

La saison la plus favorable est depuis la fin de juin jusqu'au 15 septembre.
Bibliographie. GOUTTARD. *Traité des eaux minérales d'Abbecourt*, in-12, **1718**.

ABBÉE (l'), h. *Seine-et-Oise*, ✉ et comm. d'Ablis.

ABBENANS, vg. *Doubs* (Franche-Comté), arr. et à 19 k. de Baume-les-Dames, cant. et ✉ de Rougemont. Cure. Pop. 1063 h.

ABBETOT, vg. *Seine-Inf.*, comm. de la Cerlangue, ✉ de St-Romain.

ABBEVILLE, vg. *Calvados*, comm. de Vaudeloges, ✉ de St-Pierre-sur-Dives.

ABBEVILLE, vg. *Moselle* (Barrois), arr., ✉ et à 15 k. de Briey, cant. de Conflans. Pop. 406 h.

ABBEVILLE, vg. *Seine-et-Oise* (Ile-de-France), arr., ✉ et à 15 k. d'Etampes, cant. d'Angerville. Pop. 346 h. Il est situé dans une vallée étroite, où le ru de Climont, qui y arrose de belles prairies.

ABBEVILLE, *Abbatis Villa, Alba Villa*, ancienne, grande et forte ville maritime, *Somme*, ci-devant capitale du Ponthieu (Picardie), chef-lieu de sous-préfecture et de deux cantons, place de guerre de 4e classe, bonne ville no 40. Tribunaux de 1re instance et de comm., chambre de comm., conseil de prud'h., ch. consult. des manuf., société royale d'émulation pour les sciences et belles-lettres, collège comm.; 4 cures, direction des douanes, entrepôt réel, syndicat maritime de St-Valery, dépôt royal d'étalons, gîte d'étape, ✉ et ✆. Pop. 17,582 h.—*Terrain tertiaire moyen.—Etablissement de la marée du port*, 11 h. 20 m.

Autrefois capitale du comté de Ponthieu, diocèse et intendance d'Amiens, parlement de Paris, bureau des postes, élection, gouvern. particulier, présidial, bailliage, sénéchaussée, maîtrise des eaux et forêts, amirauté, juridiction consulaire, grenier à sel, bureau des aides et cinq grosses fermes, traites foraines, bureau du tabac, lieutenance de maréchaussée, casernes, eaux minérales, moulins à poudre, 14 paroisses; prieuré ordre de St-Benoît; 2 abbayes de filles ordre de Citeaux, commanderie de Malte, chartreuse, couvent de cordeliers, de minimes, de carmes déchaussés, de dominicains et de capucins; de carmélites et de minimesses.

Suivant d'anciens historiens, il existait avant la conquête des Gaules par César, sur l'emplacement occupé aujourd'hui par la ville d'Abbeville, une antique bourgade, qui ne pouvait plus contenir tous les habitants des environs qui s'y étaient réfugiés. Alarmés par l'approche des troupes romaines, les habitants s'établirent sur le terrain environné par la Somme, et formèrent par la suite de cet emplacement une ville fortifiée. Cependant, s'il faut en croire les auteurs de la description historique du département de la Somme, Abbeville, *Abbatis Villa*, n'est pas une cité fort ancienne. Ce n'était, dans le xe siècle, qu'une maison de campagne, appartenant à l'abbé de St-Riquier, que Hugues fit fortifier en 992,

et où il établit Hugues Capet, son gendre, pour arrêter de nouvelles incursions des Danois et des Normands, par l'embouchure de la Somme; ces anciens travaux de défense ont été remplacés par des fortifications élevées d'après le système de Vauban. Vers ce temps, Abbeville devint la capitale du Ponthieu, et la résidence des comtes de ce nom. — Cette ville servit de boulevard contre la puissance des comtes de Flandre. En 1130, Guillaume de Talvas accorda aux habitants d'Abbeville le droit de commune, qui leur fut authentiquement confirmé par une charte que leur vendit Jean, comte de Ponthieu. La commune d'Abbeville faisait, dans ces temps reculés, battre monnaie en son nom. Pendant le xive siècle, cette ville eut beaucoup à souffrir de l'invasion des Anglais; les habitants parvinrent à s'en délivrer en 1369. Plus tard, elle retomba sous la domination anglaise, qui respecta ses privilèges. Charles VII, après avoir chassé les Anglais, abandonna au duc de Bourgogne Abbeville et toutes les places sur la Somme. Louis XI racheta cette ville pour 400,000 écus d'or, stipulés au traité d'Arras, en 1463; mais il fut forcé de l'abandonner de nouveau au duc de Bourgogne, qui fit serment de garder ses privilèges et ses franchises, et qui, au mépris de cette promesse, éleva dans son enceinte, en 1471, une forteresse que les habitants rasèrent en peu d'heures, en 1587, époque où la place était commandée par le duc d'Aumale, qui suivait alors le parti de la Ligue. On trouva dans les décombres cette inscription, gravée sur une pierre :

> L'an mil quatre cent soixante onze,
> Moi, Charles, duc de Bourgogne,
> J'ai ce château ici mis,
> En dépit de mes ennemis.

Abbeville a réuni dans ses murs les chefs de la troisième croisade. C'est dans cette ville que Louis XII épousa, avec une pompe vraiment royale, la sœur de Henri VIII, roi d'Angleterre, le 9 octobre 1514; c'est également dans Abbeville que Louis XIII, pendant le siège d'Hesdin, en 1637, voua son royaume à la Vierge, en présence du cardinal de Richelieu. C'est aussi dans cette ville que fut assassiné juridiquement le jeune chevalier de la Barre, âgé de quinze ans, accusé d'avoir chanté des chansons licencieuses, et d'être passé près d'une procession sans avoir ôté son chapeau; les juges d'Abbeville, par sentence rendue le 28 février 1766, le condamnèrent à recevoir la question ordinaire et extraordinaire, à avoir la main coupée à la porte de la principale église, à souffrir l'amputation de la langue, à être décapité et ensuite jeté dans les flammes. Cette abominable sentence, confirmée par le parlement de Paris le 5 juin 1766, fut exécutée à Abbeville le 1er juillet de la même année.

Les armes d'Abbeville sont *d'or, à trois bandes d'azur à la bordure de gueule, au chef d'azur chargé de trois fleurs de lis d'or*, avec la devise SEMPER FIDELIS. Ces armes lui furent accordées par lettres patentes de

Charles V, datées du bois de Vincennes, juin 1369, en récompense de la fidélité qu'elle avait gardée au roi de France.

Cette ville est située dans une agréable et fertile vallée, de 4,000 mètres de large environ; la rivière de la Somme, en y entrant, s'y divise en plusieurs bras, et communique à l'Oise par le canal de St-Quentin; le reflux de la mer y remonte d'environ 2 mètres au-dessus du niveau ordinaire, et y amène des bâtiments de 100 à 150 tonneaux. — Abbeville peut se diviser en 3 parties : la 1re est le milieu, qui est l'île; la 2e, la partie habitée sur la rive droite du côté de St-Riquier, sur une pente douce et imperceptible; la 3e, qui est la moindre, est sur la rive gauche de la Somme. Trois autres petites rivières arrosent encore la principale partie d'Abbeville, y font tourner un grand nombre de moulins, et alimentent plusieurs manufactures. A l'exception d'un petit nombre d'hôtels en pierre de taille, de quelques maisons en pans de bois, qui fixent l'attention des amateurs d'antiquités, la ville est presque entièrement construite en brique. Une maison, celle de Shlincourt, située place St-Pierre, mérite d'attirer les regards; une autre maison, moins remarquable, mais plus agréable peut-être, à l'hôtel de l'Europe, le plus vaste de la ville et peut-être de la Picardie; il est voisin de la porte d'Amiens. Plus près de la même porte est l'hospice des enfants trouvés, dont la façade se présente avantageusement lorsqu'on l'aperçoit des remparts, du haut desquels on voit sa façade s'élever au bout d'une enfilade de jardins. L'intérieur de la ville offre quelques rues assez larges; mais pour la plupart elles sont étroites, mal percées et mal pavées. Le rempart est la principale promenade d'Abbeville; il offre une continuité de belles allées, mais point de belle vue, parce que les campagnes environnantes, exclusivement consacrées à la culture des céréales, sont aussi tristes que bornées. La vue serait plus belle du côté de la Somme; mais les remparts ne règnent point jusque-là; ils sont remplacés de ce côté par des promenades en forme de quai, qui s'étendent sur le bras de la Somme destiné à la navigation. Sur la rive droite de ce bras est une fontaine d'eau minérale ferrugineuse, très-renommée, dont les habitants du quartier font usage pour leur boisson ordinaire. L'eau de cette fontaine a été analysée, en 1739, par le Maire, qui a reconnu que l'eau contenait du vitriol martial en assez grande quantité, du sel marin, du sel de Glauber, du sel séléniteux et du bitume liquide (2). L'eau minérale d'Abbeville, de même que toutes les eaux minérales ferrugineuses, a la propriété rafraîchissante, émolliente, apéritive, diurétique et purgative, et, comme cette eau abonde en principes qui ont toutes ces propriétés, il s'ensuit qu'elle est une de celles de la même nature qui a le plus d'efficacité.

Parmi les monuments qui décorent Abbe-

---

(2) *Analyse de l'eau minérale d'Abbeville*. In-12, 1740.

ville, on distingue surtout l'église St-Vulfran, la tour du beffroi, la caserne et l'hospice des enfants trouvés. — L'église de St-Vulfran a été désignée par l'autorité comme un des édifices susceptibles d'être classés au nombre des monuments historiques. Le portail, construit sous le règne de Louis XII et par les soins du cardinal Georges d'Amboise, est vraiment magnifique : il présente une ordonnance régulière et élégante. Les statues de saints qui le décorent sont remarquables par la singularité de leurs costumes, et les divers ornements dont ils sont chargés. Les tours ont environ 66 mètres de hauteur ; elles portent, comme tout le reste de cette église, l'empreinte du style du xve siècle. La partie inférieure de la façade présente trois grands portiques pratiqués sous de profondes voussures en ogive, et surmontés de frontons évidés. On y arrive par un perron formant parvis bordé par un parapet en pierre, auquel on monte par deux marches. La porte en bois du grand portail est curieuse, à cause de ses sculptures ; elles représentent les douze apôtres et les mystères de la Vierge. On lit sur cette porte, à l'intérieur de l'église :

VIERGE AULX HUMAINS LA PORTE D'AMOUR ESTE. IN VIRTUTE LABOR 1550.

L'intérieur de l'édifice est resté incomplet ; il n'offre qu'une nef, deux bas côtés, et six chapelles d'une structure régulière, élégante et hardie, dont les voûtes en ogive présentent plusieurs sections formées par le croisement de nervures disposées en différents sens. Toutes les clefs des voûtes de la nef et des bas côtés sont décorées d'écussons armoriés des bienfaiteurs de cette église.

La bibliothèque d'Abbeville, fondée avant 1680, contient 15,000 vol. On y voit les bustes des hommes célèbres à qui la ville a donné le jour, et un Évangile sur vélin pourpré et en lettres d'or, dont Charlemagne fit, dit-on, présent à Angilbert, son gendre, abbé de St-Riquier.

La salle de spectacle est moins belle que certaines maisons d'Abbeville ; le champ de foire mérite d'être vu. Il en est de même de la manufacture d'étoffes si renommée de Van-Robais, établie par Colbert, et où l'on continue à fabriquer des draps fins. — Dans la rue Barbafust, on voit les restes d'une ancienne maison, qui était autrefois un refuge de l'abbaye du Gard. C'est là que furent imprimées en 1486 la *Cité de Dieu*, de saint Augustin, la *Somme rurale*, de Bouteiller, et le *Triomphe des Neuf Preux*. De belles et vastes caves sont, avec la façade et deux arcades ogivales, que l'on voit encore dans la cour, tout ce qui reste de la construction primitive.

INDUSTRIE. Manufactures de draps fins, bouracans, calmouks, moquettes, velours d'Utrecht, serges, tiretaines, calicots, mousselines, croisés, basins, piqués, toiles peintes, toiles de lin et de chanvre, toiles à voiles et d'emballage. Fabriques de cordages, cordes, ficelles, fil à voiles, produits chimiques, savon gras,

noir de fumée, colle forte. Filatures de laine ; blanchisseries de toiles ; teintureries ; tanneries, papeteries ; construction de bateaux. Les produits de la fabrication d'Abbeville s'élèvent annuellement à environ 13,000,000 de francs, et occupent 13,000 ouvriers. On distingue parmi les établissements industriels l'importante manufacture de tapis de M. Vayson, dont les riches produits ont figuré avantageusement aux diverses expositions de l'industrie nationale. La filature de M. Vayson est établie à Pont-Remy, un peu au-dessus d'Abbeville. — Extraction de tourbe, dont le dépôt a, dans les environs d'Abbeville, plus de trente pieds de puissance.

Commerce. Abbeville est une cité avantageusement située pour le commerce ; sept grandes routes y aboutissent, et offrent une facile communication entre les départements de la Picardie, de l'Artois, de la Champagne et d'une partie de la Normandie. Outre la Somme qui traverse la ville, le canal de St-Valery lui fournit encore un moyen facile pour correspondre avec les ports situés sur les côtes voisines. — Le port d'Abbeville reçoit annuellement environ 350 navires. Les principaux objets de commerce consistent en blé, menus grains, graines oléagineuses, graines de trèfle et de luzerne, vins, eaux-de-vie, cidre, huile, épiceries, lins filés, chanvre, laines, draps fins, étoffes de laine et de coton, linge de table, toiles de toute espèce, emballages communs, toiles à voiles, corderies, serrurerie d'Escarbotin. La ficellerie d'Abbeville, connue par la bonne qualité et le bas prix de ses produits, est aussi un article de commerce important ; il en existe à Paris de nombreux dépôts. Foire de 20 jours le 22 juill.

Abbeville est à 50 k. N.-O. d'Amiens, et 157 k. N.-N.-O. de Paris par Beauvais, 174 k. par Amiens. — Distance de Paris pour la taxe des lettres, 157 k. — Lat. 50° 7′ 4″, long. 0° 30′ 17″.

L'arrondissement d'Abbeville est composé de onze cantons : Abbeville N., Abbeville S., Ailly-Haut-Clocher, Ault, Crécy, Gamaches, Hallencourt, Moyenneville, Nouvion, Rue, St-Valery.

Biographie. Abbeville est la patrie de plusieurs hommes célèbres, parmi lesquels on distingue P. DUVAL, auteur de plusieurs traités et cartes de géographie.

J. D'ESTRÉES, grand maître de l'artillerie de France, mort en 1567. Il rendit de grands services aux rois François Ier et Henri II, fut le premier qui sut donner une bonne direction à l'arme de l'artillerie, se signala à la prise de Calais en 1558, et donna, dans plusieurs autres occasions, des preuves d'un grand courage.

PH. HECQUET, célèbre médecin, mort en 1737. On connaît de lui plus de trente ouvrages de médecine, dont les plus remarquables sont : *le Brigandage de la chirurgie* (posth.), in-12, 1738. *De l'indécence aux hommes d'accoucher les femmes, et de l'obligation aux femmes de nourrir leurs en-*

fants, in-12, 1708. *Le Naturalisme des convulsions dans l'épidémie convulsionnaire*, in-12, 1733. Cet ouvrage fut suivi de plusieurs autres écrits qui se rattachent à l'histoire des convulsions, et qui honorent la mémoire de Hecquet, puisqu'il les consacra uniquement à combattre des superstitions qui, malheureusement, se sont en partie prolongées jusqu'à notre temps, mais qui du moins n'osent plus se montrer au grand jour. *Traité de la saignée*, in-12, 1707. Ce traité fut attaqué par Audry, et il en résulta entre les deux médecins un débat assez animé, qui donna lieu à plusieurs écrits. C'est à Hecquet, dit-on, que faisait allusion le Sage, dans le roman de *Gil-Blas*, en parlant du docteur Sangrado, qui ordonnait la saignée et l'eau chaude à ses malades. *Traité des dispenses de carême*, 2 vol. in-12, 1741. Ce traité est celui de tous les ouvrages de Hecquet qui lui a procuré le plus de réputation.

F. DE POILLY, célèbre graveur-dessinateur, mort en 1693, et NICOLAS DE POILLY, son frère, mort en 1696, qui se distingua dans le même art. Ces deux artistes ont laissé des enfants qui ont suivi leurs traces.

N. SANSON et G. SANSON, géographes, auteurs de plusieurs ouvrages et d'un grand nombre de cartes géographiques estimées.

C.-H. MILLEVOYE, l'un des poètes français les plus agréables du xixe siècle, né en 1782, mort en 1816. Ses principaux ouvrages sont : *Belzunce ou la Peste de Marseille*, poëme in-18, 1808 ; *l'Amour maternel*, poëme in-12, 1805 ; *Charlemagne*, poëme en 10 chants, in-18, 1813 ; *la Bataille d'Austerlitz*, poëme in-12, 1806 ; *les Embellissements de Paris*, in-4, 1811 ; *Satire des romans du jour*, in-8, 1808 ; *le Voyageur*, pièce qui a remporté le prix décerné par l'Académie française le 1er avril 1807.

SANSON DE PONGERVILLE, membre de l'Institut, élégant traducteur de Lucrèce, et l'un des poètes les plus distingués de notre époque, né en 1782. On a de lui : *Amours mythologiques*, trad. d'Ovide, in-18, 1826 ; *De la nature des choses*, trad. de Lucrèce, poëme en vers, 1823 ; *le Paradis perdu*, trad. en prose, de Milton, 1838.

LERMINIER (N.-Théod.), médecin de l'hôpital de la Charité, membre de l'académie de médecine.

CORDIER (P.-Ant.), savant minéralogiste, membre de l'académie royale des sciences, pair de France, auteur d'un grand nombre de mémoires importants imprimés dans plusieurs recueils, et notamment dans le *Journal des mines*.

E. LERMINIER, professeur d'histoire au collége de France, auteur de l'*Introduction générale à l'histoire du droit*, in-8, 1829, et de l'*Influence de la philosophie du xviiie siècle sur la législation et la société du xixe siècle*, in-8, 1833.

BEAUVARLET CHARPENTIER, célèbre organiste.

ANDRÉ DUMONT, membre de la convention

nationale, sous-préfet d'Abbeville, et préfet du Pas-du-Calais sous l'empire..

BARROU (Gab.), lieutenant général.

BOUCHER DE PERTHES, auteur de *la Marquise de Montalte*, comédie en 5 actes, in-8, 1820, et de plusieurs opuscules lyriques.

Plusieurs graveurs célèbres sont aussi originaires d'Abbeville ; les plus connus sont BEAUVARLET, les deux DANZEL, DAULLÉ, HECQUET, HUBERT et MELLAN.

Bibliographie. * *Entrée de la reine Marie, femme de Louis XII, à Abbeville*, l'an 1514 (recueil sous le n° 10898, bibliothèque Mazarine).

SAMSON (N.). *Britania, ou Recherches de l'antiquité d'Abbeville*, in-8, 1637.

IGNACE-JOSEPH DE JESUS-MARIA. *Histoire ecclésiastique de la ville d'Abbeville et de l'archidiaconé de Ponthieu au diocèse d'Amiens*, in-4, 1646.

* *Histoire généalogique des comtes de Ponthieu et des majeurs d'Abbeville*, par J. V. J. M. C. D., in-f°, 1657.

* *Observations sur Abbeville et le comté de Ponthieu* (Journal de Verdun, sept. 1759, p. 185).

LABBÉ (Ph.). *Les Véritables Antiquités d'Abbeville opposées à la fausse Bretagne*, de N. Samson (Tableaux méthodiques de la géographie royale, p. 26, in- f°, 1646).

DEVÉRITÉ (Louis-Alex.). *Histoire du comté de Ponthieu, de Montreuil et de la ville d'Abbeville, sa capitale, avec la notice de leurs hommes dignes de mémoire*, 2 vol. in-12, 1767.

LOUANDRE (C.). *Histoire ancienne et moderne d'Abbeville et de son arrondissement*, in-8, 1834-35.

LE MAIRE. *Analyse de l'eau minérale ferrugineuse qui se trouve dans Abbeville*, in-12, 1740.

* *Compte rendu de la société d'émulation d'Abbeville*, in-8.....

ABBEVILLERS, vg. *Doubs* (Franche-Comté), arr. et à 14 k. de Montbéliard, cant. d'Audincourt. Pop. 465 h. ⊠ de Pont-de-Roide.

On remarque sur le territoire de cette commune le moulin pittoresque de la Doue, bâti près de l'entrée d'une caverne d'où s'échappent les eaux du ruisseau de Glan, qui y prend sa source. Cette caverne est ouverte dans un rocher, et se divise en deux parties ; la plus reculée renferme la source du ruisseau, dont le lit n'a que deux mètres de profondeur dans les eaux ordinaires ; mais quelquefois ces eaux sont si élevées et si impétueuses, qu'elles s'échappent par toute la largeur de l'entrée de la grotte. — Foires les 27 février, 19 mars et 21 mai.

ABBEVILLE-ST-LUCIEN, vg. *Oise* (Picardie), arr. et à 29 k. de Clermont, cant. de Froissy, ⊠ de Breteuil. Cure. Pop. 350 h.

ABBREVERACH. V. HABREVRACH.

ABECTOFF (l'), vg. *Nord* (Flandre), ⊠ et cant. de Bailleul. Pop. 120 h.

ABEELE (l'), vg. *Nord* (Flandre), ⊠ de Bailleul, comm. de Boeschèpe.

ABEILHAN, bg (autrefois justice royale) *Hérault* (Languedoc), arr., ⊠ et à 12 k. de Béziers, cant. de Servian. Cure. Pop. 854 h. Il est sur une hauteur, près de la rive droite de la Tongue.

ABEILLES (les), h. *Vaucluse* (Comtat), comm. de Monieux, ⊠ de Sault.

ABEIN, vg. *Puy-de-Dôme*, arr. de Clermont, cant. de Rochefort. Il est situé dans les montagnes, et remarquable par des sources d'eaux minérales chaudes, que l'on croit ferrugineuses. — A 16 k. de Queilh, près de la Croix-Moroud et du Mont-d'Or.

ABELCOURT, vg. *Haute-Saône* (F.-Comté), arr. et à 22 k. de Lure, cant. de Saulx, ⊠ de Luxeuil. Pop. 401 h.

ABENON, vg. *Calvados* (Normandie), ⊠ d'Orbec, comm. de la Folletière.

ABENSE-DE-BAS, vg. *B.-Pyrénées*, comm. de Viodos-Abense, ⊠ de Mauléon.

ABENSE-DE-HAUT, vg. *B.-Pyrénées* (P. de Soule), arr. et à 14 k. de Mauléon, 35 k. de St-Palais, cant. et ⊠ de Tardets. Pop. 375 h.

ABER-BENOIT (l'), h. et petit port sur l'Océan, *Finistère* (Bretagne), ⊠ de St-Renan, comm. de St-Pabu. Établ. de la marée, 3 h. 50 m.

ABER-ILDUT (l'), vg. *Finistère* (Bretagne), comm. de Porspoder, ⊠ de St-Renan.

ABER-VRACH (l'). V. HABREVRACH.

ABÈRE, vg. *B.-Pyrénées* (Béarn), arr. et à 20 k. de Pau, cant. et ⊠ de Morlaas. Cure. Pop. 285 h.

ABERGEMENT, vg. *Jura* (F.-Comté), comm. de Rozay, ⊠ de Beaufort. Pop. 128 h.

ABERGEMENT-DE-CUISERY (l'), vg. *Saône-et-Loire* (Bourgogne), arr. et à 25 k. de Louhans, comm. et ⊠ de Cuisery. Pop. 1013.

ABERGEMENT-DE-MESSEY, vg. *Saône-et-Loire* (F.-Comté), ⊠ de Buxy, comm. de Messey.

ABERGEMENT-DE-VAREY (l'), vg. *Ain* (Valromey), arr. et à 46 k. de Belley, cant. d'Ambérieux, ⊠ de Pont-d'Ain. Cure. Pop. 549 h.

ABERGEMENT-DU-NAVOIS (l'), vg. *Doubs* (F.-Comté), arr. et à 32 k. de Besançon, cant. d'Amancey, ⊠ d'Ornans. Pop. 214 h.

ABERGEMENT-FOIGNET (l'), vg. *Côte-d'Or* (Bourgogne), arr. et à 20 k. de Dijon, cant. et ⊠ de Genlis. Pop. 349 h.

ABERGEMENT-LA-RONCE, vg. *Jura* (F.-Comté), arr., cant. et à 12 k. de Dôle. Pop. 335 h.

ABERGEMENT-LE-GRAND, bg sur le Séran, *Ain* (Valromey), arr., ⊠ et à 31 k. de Nantua, cant. de Brenod. Cure. Pop. 767 h.

ABERGEMENT-LE-GRAND (l'), vg. *Jura* (F.-Comté), arr. et à 10 k. de Poligny, 8 k. d'Arbois, cant. et ⊠ d'Arbois. Pop. 223 h.

ABERGEMENT-LE-PETIT (l'), vg. *Ain* (Valromey), arr., à 27 k. et ⊠ de Nantua, cant.

de Brenod. Pop. 626 h. Scierie hydraulique de bois.

ABERGEMENT-LE-PETIT, vg. *Jura* (F.-Comté), arr., cant., ⊠ et à 8 k. de Poligny, 8 k. d'Arbois. Pop. 167 h.

ABERGEMENT-LEZ-AUXONNE (l'), Albergamentum, vg. *Côte-d'Or* (Bourgogne), arr. et à 37 k. de Dijon, comm. et ⊠ d'Auxonne, près de la Saône. Pop. 382 h.

ABERGEMENT-LEZ-MALANGE (l'), vg. *Jura* (F.-Comté), comm. de Malange, ⊠ d'Orchamps.

ABERGEMENT-LEZ-MOLOY (l'), vg. *Côte-d'Or*, comm. de Moloy, ⊠ d'Is-sur-Tille. — Forges et haut fourneau.

ABERGEMENT-LEZ-SEURRES (l'), ou ABERGEMENT-LE-DUC, *Abergamentum, Albergamentium*, vg. *Côte-d'Or* (Bourgogne), arr. et à 21 k. de Beaune, cant. et ⊠ de Seurres. Pop. 1,104 h. Autrefois prévôté royale.

ABERGEMENT-LEZ-THEZY, vg. *Jura* (F.-Comté), arr. et à 24 k. de Poligny, 21 k. d'Arbois, cant. et ⊠ de Salins. Pop. 167 h.

ABERGEMENT-STE-COLOMBE (l'), vg. *Saône-et-Loire* (Bourgogne), arr., ⊠ et à 13 k. de Chalons-sur-Saône. Pop. 886 h.

ABERGEMENT-ST-JEAN, vg. *Jura* (F.-Comté), arr. et à 33 k. de Dôle, cant. de Chaussin, ⊠ de Deschaux. Pop. 211 h.

ABERGEMENT-STE-MARIE, vg. *Doubs* (F.-Comté), arr. et à 19 k. de Pontarlier, cant. de Mouthe, ⊠ de Jougne. Pop. 462 h. — Mines de cuivre.

ABESSE, vg. *Landes*, comm. de St-Paul-lez-Dax, ⊠ de Dax.

ABETO (les), vg. *Charente*, comm. de Lignières, ⊠ de Barbezieux.

ABIDOS, vg. *B.-Pyrénées* (Béarn), arr., ⊠ et à 18 k. d'Orthez, cant. de Lagor. Pop. 167 h. — Scieries hydr. et moulins à farine sur le gave de Pau.

ABILLI-SUR-CLAISE, vg. *Indre-et-Loire* (Touraine), arr. et à 37 k. de Loches, cant. et ⊠ de la Haye-Descartes. Pop. 986 h. — Belle et consid. fab. de farines.

ABIT (St-), vg. *B.-Pyrénées* (Béarn), arr. et à 13 k. de Pau, cant. et ⊠ de Nay. Pop. 312 h.

ABITAIN, vg. *B.-Pyrénées* (Béarn), arr. et à 24 k. d'Orthez, cant. et ⊠ de Sauveterre. Pop. 336 h.

ABJAT-DE-NONTRON, vg. *Dordogne* (Périgord), arr., cant., ⊠ et à 12 k. de Nontron. Pop. 1,621 h. Il est sur la rive gauche du Baudiat, et possède des carrières abondantes de granit. — Forges. — Foires le dernier mardi de février, et les derniers mardis d'avril et de décembre.

ABLAINCOURT, vg. *Somme* (Picardie), arr. et à 15 k. de Péronne, cant. de Chaulnes, ⊠ de Lihons. Pop. 464 h.

ABLAIN-ST-NAZAIRE, vg. *Pas-de-Calais* (Artois), arr., ⊠ et à 13 k. d'Arras, cant. de Vimy. Pop. 902 h.

ABLAINZEVELLE, vg. *Pas-de-Calais* (Artois), arr. et à 18 k. d'Arras, cant. de

Croisilles, ✉ de Bapaume. Pop. 336 h. — Autrefois seigneurie.

ABLANCOURT, vg. *Marne* (Champagne), arr., cant. et à 13 k. de Vitry-le-F., ✉ de la Chaussée, près de la Marne. Pop. 239 h.

ABLEIGES, vg. *Seine-et-O.* (Vexin), arr. et à 12 k. de Pontoise, cant. et ✉ de Marines. Pop. 301 h. Il est situé dans une belle vallée, sur la Viosne, qui y fait tourner trois moulins. Il possédait naguère un magnifique château dont il ne reste plus que le parc ; c'était autrefois une seigneurie, que posséda le trop célèbre chancelier Maupeou, qui y réunissait, dans le temps, tout ce que Paris renfermait d'opulent.

ABLEMONT, vg. *Seine-et-O.* (Ile-de-France), comm. de Juziers, ✉ de Meulan.

ABLEUVENETTES (les), vg. *Vosges* (Lorraine), arr. et à 15 k. de Mirecourt, cant. et ✉ de Dompaire. Pop. 245 h.

ABLEVILLE, *Calvados* (Normandie), comm. d'Ablon, ✉ de Honfleur.

ABLIS, bg *Seine-et-O.* (Beauce), arr. et à 14 k. de Rambouillet, cant. de Dourdan, ✉, ⚒. — Pop. 964 h. Il avait autrefois le titre de comté. — *Commerce* de bestiaux. — *Foires* le 18 juillet et le 1er jeudi de la Chandeleur. — A 62 k. de Paris, 62 k. pour la taxe des lettres.

ABLOIS-ST-MARTIN, bg *Marne* (Champagne), arr., cant., ✉ et à 9 k. d'Epernay. Pop. 1,501 h. — *Fabrique* de papier et cartons d'apprêt. — *Foires* le lundi avant le 4 juillet, et le lundi avant le 11 novembre.

ABLON, vg. *Calvados* (Normandie), arr. et à 15 k. de Pont-l'Evêque, cant. de ✉ de Honfleur Pop. 702 h.

ABLON, bg *Seine-et-O.* (Ile-de-Fr.), arr. et à 12 k. de Corbeil, cant. de Longjumeau, ✉ de Choisy-le-Roi. Pop. 307 h. Ce village, situé sur la rive gauche de la Seine, que l'on y passe sur un bac, et sur le chemin de fer de Paris à Orléans, a quelque célébrité dans l'histoire, parce que ce fut là qu'après l'édit de Nantes les protestants établirent l'un des deux temples qui leur avaient été accordés dans les environs de Paris : Sully se rendait régulièrement tous les dimanches au prêche d'Ablon. Cependant la distance de Paris à cet endroit ayant été trouvée trop grande, un temple fut construit, en 1606, à Charenton-St-Maurice, et celui d'Ablon fut affecté au service du culte catholique ; c'est une petite église fort simple, qui est desservie par le curé d'Athis-Mons.

Ablon est orné de maisons de campagne agréablement situées, et presque toutes bâties sur le bord de la Seine : la belle Agnès Sorel y avait autrefois un château, qui a été démoli vers la fin du siècle dernier. Rien n'est plus riant que l'aspect de ce petit village dans la belle saison. Les points de vue qu'il présente de tous côtés sont variés par les plaines de la rive gauche, les coteaux de la rive droite et le cours de la Seine. Les environs offrent de délicieuses promenades, telles que la vallée de l'Yères, la forêt de Senart, et la vallée de la

Seine jusqu'à Corbeil. Les rues sont pavées ou ferrées avec le plus grand soin. Fête patronale le jour de l'Assomption de la Vierge. — *Fabrique* d'acides minéraux, vermillon français. — *Commerce* de vins ; les belles caves d'Ablon servaient autrefois d'entrepôt aux marchands de vin de Paris.

ABLOUX, *Indre* (Berry), comm. de St-Gilles, ✉ de St-Benoît-du-Saut.

ABON, *Nièvre* (Nivernais), comm. de Maux, ✉ de Moulins-en-Gilbert.

ABONCOURT, *Moselle* (P. Messin), arr., ✉ et à 20 k. de Thionville, cant. de Metzerwisse. Pop. 396 h. — Tuilerie.

ABONCOURT, *H.-Saône* (F.-Comté), arr. et à 24 k. de Vesoul, cant. de Combeaufontaine, ✉ de Jussey. Pop. 300 h.

ABONCOURT-EN-VOSGES, vg. *Meurthe* (Lorraine), arr. et à 8 k. de Toul, cant. et ✉ de Colombey. Pop. 356 h. — Tuilerie et fours à chaux.

ABONCOURT-SUR-SEILLE, vg. *Meurthe* (Lorraine), arr., cant., ✉ et à 11 k. de Château-Salins, 43 k. de Vic. Pop. 172 h. Il doit son surnom à sa situation sur la rive droite de la Seille.

ABONDANCE (Ste-), vg. *Lot-et-Gar.*, comm. de Virazeil, ✉ de Marmande.

ABONDANT, vg. *Eure-et-L.* (Beauce), arr., ✉ et à 8 k. de Dreux, cant. d'Anet. Pop. 1,132 h. On y voit un beau château, avec un parc de 50 hectares, dans lequel sont de belles allées de haute futaie, qui touchent à la forêt de Dreux. — *Fabriques* de poterie renommée. Exploitation des carrières de terre à porcelaine.

ABOS, vg. *B.-Pyrénées* (Béarn), arr. à 25 k. d'Oloron, cant. et ✉ de Monein. Pop. 528 h.

ABOS, vg. *B.-Pyrénées* (Navarre), comm. de Peyrelongue, ✉ de Lembeye. Pop. 255 h.

ABOUL, *Aveyron*, comm. de Bozouls, ✉ d'Espalion.

ABRAHAM (St-), vg., arr., ✉ et à 10 k. de Ploërmel, cant. de Malestroit. Pop. 401 h.

ABRESCHEWILLER, vg. *Meurthe* (Lorraine), arr. et à 13 k. de Sarrebourg, cant. et ✉ de Lorquin. Pop. 2,082 h. Il est sur la Rouge-Eau, près de la forêt de St-Quirin, où se trouvent les ruines d'un ancien château. — Scieries hydrauliques ; mécanique à polir les glaces ; brasserie, verrerie, papeterie, moulin à farine, feux d'affinerie.

ABREST, vg. *Allier* (Bourbonnais), arr. de Lapalisse, cant., ✉ et à 7 k. de Cusset. Pop. 906 h.

ABRETS (les), bg *Isère* (Dauphiné), arr. et à 10 k. de la Tour du Pin, 20 k. de Bourgoin, cant. de Pont-de-Beauvoisin, ✉. Pop. 1,347 h. — *Foire* le 1er jeudi de septembre. — A 532 k. de Paris pour la taxe des lettres.

ABREVERACK (l'), havre dép. de la *Loire-Inf.* (Bretagne), au N.-E. du passage du Tour. On y entre par trois passages : le canal des Malouins à l'E. ; celui de la Pendante au milieu ; et le grand Chenal à l'O. Les marées y sont de 4 h. 30 m. — Lat. de la Pendante, 48° 39' 40", long. O. 7°.

ABRIÈS, bg *H.-Alpes* (Dauphiné), arr. et à 64 k. de Briançon, cant. d'Aiguilles, ✉. Pop. 1,616 h. Il est situé sur la rive d. du Guil. — *Foires* les 1er juin et 29 sept., pour best. et grains. — A 740 k. de Paris pour la taxe des lettres.

ABRIN, vg. *Gers*, comm. de Castelnau, ✉ et arr. de Condom, autrefois chef-lieu de juridiction.

ABRINCATUI (lat. 49°, long. 17°). «Ils sont cités dans Pline comme étant de la Gaule lyonnaise, et dans Ptolémée pareillement, quoique ils les ait étrangement déplacés en les établissant sur la Seine, loin de la mer et de l'Avranchin. Sanson, ne rencontrant point le nom d'*Abrincatui* dans César, croit que celui d'*Ambibarii* en tient la place. Mais on peut être dans l'incertitude sur ce nom même d'*Ambibarii*, en déférant au témoignage de Clavier (German., lib. II), qui dit qu'au lieu d'*Ambibarii*, on lit *Ambiliates* ou *Ambialites* dans les manuscrits des Commentaires. Il y a des positions sur lesquelles il faut convenir ingénument que les lumières nous manquent ; les *Ambialates*, de quelque manière qu'ils soient écrits, me paraissent de ce nombre. » D'Anville. *Notice de l'ancienne Gaule*, p. 30. V. aussi Walckenaer. *Géographie des Gaules*, t. I, p. 384, et t. II, p. 261.

ABRINCATES, canton de la Normandie qui forme aujourd'hui l'Avranchin.

ABRON, rivière qui prend sa source près de St-Bonnet (*Allier*). Elle se joint à l'Acolin, et se jette dans la Loire, près d'Avry, après un cours d'environ 40 k.

ABS. V. Ars.

ABSCON, vg. *Nord* (Flandre), arr. et à 17 k. de Douai, cant. et ✉ de Bouchain. Pop. 1,221 h. — Brasseries et moulins à huile.

ABSIE (l'), vg. *D.-Sèvres* (Poitou), arr. et à 5 k. de Parthenay, cant. de Moncoutant, ✉. Pop. 1,031 h. A 376 k. de Paris pour la taxe des lettres. — C'était jadis un village important, où il y avait une abbaye de bénédictins, fondée en 1120. On trouve, sur son territoire, plusieurs étangs et une source d'eau minérale ferrugineuse, froide. — *Foires* renommées pour le commerce des bestiaux, le 20 de chaque mois, excepté en février, mars et avril.

ABUSSARGUES, vg. *Gard* (Languedoc), arr. et à 7 k. d'Uzès, comm. de St-Chaptes. Pop. 282 h.

ABZAC, bg *Charente* (Poitou), arr., cant., ✉ et à 10 k. de Confolens. Pop. 1,235 h. Il est dominé par deux collines élevées, sur l'une desquelles fut bâti le château de Serres, où naquit madame de Montespan.

ABZAC, vg. *Gironde* (Guienne), arr. et à 16 k. de Libourne, cant. et ✉ de Coutras. Pop. 1,503 h. Il est sur la rive gauche de l'Isle, où l'on voit un beau moulin à farine, à huit paires de meules, où l'on peut moudre 8,000 kilog. de blé en 24 heures. Le château d'Abzac, dont le législateur Romme avait voulu faire, dans temps, une fonderie de canons, a porté, pendant la révolution, le nom de *Gar-*

Dor-Isle, par allusion aux rivières de la Garonne, de la Dordogne et de l'Isle. — *Foires*, 1er mardi de janv., mars, mai, juillet, sept., nov. et 29 sept.

ABZAC-AVAILLES. V. **AVAILLES.**

ACATES (les), vg. *Bouches-du-R.* (Provence), comm. et ✉ de Marseille.

ACCOLANS, vg. *Doubs* (F.-Comté), arr. et à 23 k. de Baume-les-D., cant. et ✉ de l'Isle-sur-le-Doubs. Pop. 298 h.

ACCOLAY, vg. *Yonne* (Champagne), arr. et à 22 k. d'Auxerre, cant. et ✉ de Vermanton. Pop. 1,152 h. Sur la Cure. — *Commerce* de bois.

ACCONS, vg. *Ardèche* (Vivarais), arr. et à 52 k. de Tournon, cant. et ✉ du Chaylard. Pop. 1,111 h.

ACCOUS (*Aspa Luca*), bg *B.-Pyrénées* (Navarre), chef-l. de cant., arr. et à 26 k. d'Oloron, ✉ de Bedous. Pop. 1,586 h. — TERRAIN de transition.

Accous paraît être la capitale des *Apiates*, qui sont évidemment les habitants de la vallée d'Aspe, dont le chef-l. est indiqué dans l'Itinéraire sous le nom d'*Aspa Luca*, que les mesures anciennes et la position de ce lieu fixent à Accous. C'est un lieu fort ancien, qui possédait ce que l'on appelait autrefois la métrocomie, ou la prééminence sur toutes les autres paroisses de la vallée. — La vallée d'Accous avait le surnom de Capduth, mot dérivé de *capitalium*, *capitalis locus*, ou capitale. Plusieurs inscriptions réunies par Palassou, dans un petit ouvrage sur la vallée d'Aspe, attestent le passage d'une voie romaine dans cette vallée, où l'on voit encore quelques vestiges de constructions romaines (V. ASPE). Ce bourg est situé sur la rive droite du gave d'Aspe. Il possède plusieurs sources thermales, dont la température est peu élevée ; la principale, nommée Suberlachée, est, selon Bordeu, sulfureuse et ferrugineuse, et s'emploie avec succès contre les rhumatismes. L'église d'Accous a été désignée par l'autorité locale comme un des édifices susceptibles d'être classés au nombre des monuments historiques.

ACEY, vg. *Jura* (F.-Comté), comm. de Vitreux, ✉ d'Orchamps. Il y avait **autrefois** une abbaye de l'ordre de Citeaux.

ACGUETEBIA, vg. *Pyrénées-Or.* (Roussillon), arr. de Prades, cant. et ✉ d'Olette. Pop. 516 h.

ACHAIN, vg. *Meurthe* (Lorraine), arr., cant., ✉ et à 11 k. de Château-Salins, 18 k. de Vic. Pop. 293 h. Il est sur un ruisseau affluent de la petite Seille, et possède des carrières de plâtre.

ACHATEL, vg. *Moselle* (P. Messin), arr. et à 23 k. de Metz, cant. de Verny, ✉ de Solgne. Pop. 264 h.

ACHE, ruisseau qui prend sa source dans l'étang de Mosé (Meurthe), et qui se perd dans la Moselle à Pont-à-Mousson, après un cours de 40 k. Il passe à Anseauville, Gros-Rouvre, Minorville, Manonville, St-Jean, Pierrefort, Gezoucourt, Villers, Griscourt et Gezaiuville.

ACHEN, vg. *Moselle* (Lorraine), arr. et à 15 k. de Sarguemines, cant. et ✉ de Rorbach.

Pop. 900 h. Il est sur la rive droite de la Sarre. — Huilerie.

ACHENEAU (l'), petite rivière ou plutôt canal qui a son origine dans le lac du Grand-Lieu (*Loire-Inf.*). Ce canal, appelé aussi Etier-de-Buzay, passe à Port-St-Père, à Messan, et se jette dans la Loire à Buzay. Il conduit à cette rivière les eaux du lac du Grand-Lieu, alimenté par les petites rivières navigables l'Ognon, la Boulogne et le Tenu. L'Acheneau est navigable sur tout son cours, qui est de 19,000 mètres ; c'est par là qu'arrivent à Nantes les denrées du pays de Retz. Il existe à Messan et à Buzay des portes d'èbe et de flot, larges de 4 m. 88 c. — Sur la rive gauche de l'Acheneau se prolongent dès prairies immenses, où l'on engraisse beaucoup de bestiaux pour la consommation de Nantes. V. GRAND-LIEU.

ACHENHEIM, vg. *Bas-Rhin* (Alsace), arr., ✉ et à 10 k. de Strasbourg, cant. d'Oberhausbergen. Pop. 842 h. Près du canal Molsheim.

ACHÈRES, vg. *Cher* (Berry), arr. et à 30 k. de Sancerre, cant. et ✉ d'Henrichemont. Pop. 631 h.

ACHÈRES, vg. *Eure-et-Loire*, comm. de Theuvy, et ✉ de Château-Neuf en Thimerais.

ACHÈRES, vg. *Seine-et-Marne* (Gatinais), arr. et à 12 k. de Fontainebleau, près de la forêt de ce nom, cant. et ✉ de la Chapelle-la-Reine. Pop. 756 h.

ACHÈRES, vg. *Seine-et-Oise* (Ile-de-Fr.), arr. et à 22 k. de Versailles, cant. de St-Germain-en-Laye, ✉ de Poissy. Pop. 508 h. Il est situé entre la forêt de St-Germain et la rive gauche de la Seine.

ACHÈRES (plaines d'), *Campi Apiariæ*. Pays de l'ancienne Gaule, dont Achères était la capitale.

ACHÈRES-LE-MARCHÉ, bg, **autrefcis** prieuré, *Loiret* (Gatinais), arr., ✉ et à 20 k. de Pithiviers, cant. d'Outarville. Pop. 1,433 h. — *Foires* le 1er mai, 6 sept., 25 nov.

ACHERY, *Echerecum*, vg. *Aisne* (Picardie), arr. et à 25 k. de Laon, cant. et ✉ de la Fère. Pop. 1,125 h. Sur la rive droite de l'Oise. — *Commerce* de lin, chanvre, beurre, fromages et bestiaux.

ACHEUL (St-), *Abbatia sancti Acheoli*, vg. *Somme* (Picardie), arr., cant., et à 2 k. d'Amiens. Il doit son origine à une ancienne abbaye de l'ordre de St-Benoît, qui était occupée avant la révolution par des chanoines réguliers de la congrégation de Ste-Geneviève. C'était autrefois l'église cathédrale de la ville d'Amiens, avant qu'elle eût été transférée au VIIe siècle dans la cité, par l'évêque saint Sauve. Les bâtiments de cette abbaye ont été réparés et considérablement augmentés sous la restauration pour y établir un séminaire.

Bibliographie. * *Souvenirs de St-Acheul, Ste-Anne, Aix, Bordeaux, Forcalquier, Montmorillon, Dôle, Billom, depuis le mois d'octobre 1814, jusqu'au mois d'août 1828, ou Vies de plusieurs jeunes étudiants élevés dans ces huit maisons d'éducation.* 3e édit., in-12, 1836.

ACHEUL (St-), vg. *Somme* (Picardie), arr.

et à 14 k. de Doullens, cant. et ✉ de Bernaville. Pop. 104 h.

ACHEUX, vg. *Somme* (Picardie), arr. et à 15 k. d'Abbeville, cant. de Moyenneville, ✉ de Valines. Pop. 946 h.

ACHEUX, vg. *Somme* (Picardie), chef-lieu de cant., arr. et à 19 k. de Doullens, ✉, bur. d'enregistrement à Mailly. Pop. 911 h. TERRAIN tertiaire supérieur. — *Fabrique* de toiles à matelas, toiles vertes et d'emballage, etc. — A 162 k. de Paris pour la taxe des lettres.

ACHEVILLE, vg. *Pas-de-Calais* (Artois), arr. et à 13 k. d'Arras, cant. et ✉ de Vimy, ✉ de Lens. Pop. 287 h. — *Fabrique* de sucre indigène.

ACHEY, vg. *Haute-Saône* (Franche-Comté), arr. et à 17 k. de Gray, cant. et ✉ de Dampierre. Il est près de la rive gauche du Salon.

ACHICOURT, vg. *Pas-de-Calais* (Artois), arr., cant., ✉ et à 2 k. d'Arras. Pop. 1,290 h.

ACHIET-LE-GRAND, vg. *Pas-de-Calais* (Artois), arr. et à 18 k. d'Arras, cant. et ✉ de Bapaume. Pop. 485 h.

ACHIET-LE-PETIT, vg. *Pas-de-Calais* (Artois), arr. et à 18 k. d'Arras, cant. et ✉ de Bapaume. Pop. 639 h.

ACHINGEAY. V. **ARCHINGEAY.**

ACHSBACH. V. **ASCHPACH.**

ACHUN, vg. *Nièvre* (Nivernais), arr. et à 25 k. de Château-Chinon, cant. et ✉ de Châtillon-en-Bazois. Pop. 700 h.

ACHY, vg. et joli bourg, *Oise* (Picardie), arr. et à 19 k. de Beauvais, cant. et ✉ de Marseille. Pop. 642 h. Il est bâti dans la vallée du Thérinet, près de ce ruisseau, et traversé par la route de Paris à Calais. On y remarque un château construit en briques, qui fait un effet pittoresque dans le prolongement de la vallée. Le parc a été arrangé, dans ces derniers temps, par les soins de M. de Clermont-Tonnerre, propriétaire actuel. On voit encore les ruines de l'ancien château ou forteresse d'Achy, qui était situé à mi-côte à l'entrée du village. — Le village de BEAUPRÉ est une dépendance de cette commune. Il possède les restes d'une célèbre abbaye de l'ordre de Citeaux, fondée en 1035 par Manassès, seigneur d'Achy. — *Fabriques* de draps, de bonneterie, filatures de duvet, cachemire et de laines.

ACIGNÉ, vg. *Ille-et-Vilaine* (Bretagne), arr., cant. et à 13 k. de Rennes. Pop. 1,990 h. Il est sur la rive droite de la Vilaine, qui y arrose de belles prairies. Il avait **autrefois** le titre de marquisat ; on y voit les ruines d'un château antérieur à 1239.

ACK (pays d'), *Agnensis Pagus*. Pays de l'ancienne Gaule, dont Lesneven était le chef-lieu.

ACITODUNUM (lat. 47°, long. 20°). « La Table théodosienne en fait mention sur la route d'*Augustoritum*, ou de Limoges, à *Augustonemetum*, ou Clermont en Auvergne : *Ausrito* (lisez *Augustorito*) XIV, *Prætorio* XVIII, *Acitodunum*, etc. Cette position convient précisément à celle d'Ahun ; et je trouve que sa distance de Limoges revient, en droite ligne, à 314 gauloises, ou à peu près. La position intermédiaire de *Prætorium* doit rompre un peu la direction, parce qu'en considérant la Table, on voit que ce même lieu de *Prætorium* est commun à une autre route qui conduisait de Bourges à Limoges par Argenton. Au moyen de ce coude, j'observe que les 32 l. marquées dans la table entre Limoges et Ahun se retrouvent complétement. Il ne paraît pas que M. de Valois ait connu *Acitodunum*, puisqu'il ne parle qu'en passant d'Ahu ou Ahun, sous le nom d'*Agedunum* (*Art. Crosa Fl.*, p. 163). Avant que l'ancien nom d'*Acitodunum* fût altéré au point qu'on le retrouve dans celui d'Ahun, il avait déjà souffert quelque contradiction, lorsque Eoson, comte de la Marche, fonda, en 997, une abbaye que l'on nomme le Moutier d'Ahun, près de la Creuse : car, dans le titre de fondation, le bourg d'Ahun, *vicus*, distingué de l'église, est nommé *Agidunum*. » D'Anville. *Notice de l'ancienne Gaule*, p. 30.

ACKERBACH, h. *Moselle*, comm. de Hellimer, ⊠ de Putlange. C'était autrefois une commanderie de l'ordre de Malte.

ACLOU, vg. *Eure* (Normandie), arr. et à 14 k. de Bernay, cant. et ⊠ de Brionne. Pop. 428 h. — On a découvert sur son territoire, vers la fin du siècle dernier, des débris d'armes, une grande quantité d'ossements humains, ainsi que de nombreuses pièces de monnaie de cuivre et d'argent du XVIᵉ siècle, qui font supposer qu'un combat acharné s'est livré sur ce point au temps de la Ligue.

ACOLIN (l'), rivière qui prend sa source non loin de Jaligny (*Allier*). Elle passe à Thiel, Chavanes-le-Roi, Chassenay, et se jette dans la Loire au-dessous de Decize, après un cours d'environ 40 k.

ACON, vg. *Eure* (Normandie), arr. et à 34 k. d'Evreux, cant. de Nonancourt, ⊠ de Tillières-sur-Avre. Pop. 677 h. Sur l'Avre.

ACONIN, vg. *Aisne* (Picardie), comm. de Noyant, ⊠ de Soissons.

ACOSTA, h. *Seine-et-Oise* (Ile-de-France), comm. d'Aubergenville, ⊠ de Maule.

ACQ, vg. *Pas-de-Calais* (Artois), arr. et à 10 k. d'Arras, cant. de Vimy. Pop. 411 h. Près de la Scarpe. A l'entrée de la plaine d'Acq, on remarque deux pierres énormes, monuments de la défaite des armées de Charles le Chauve, par Baudouin, en 863.

ACQS. V. Dax.

ACQUALE, vg. *Corse*, comm. de Lozzi, ⊠ de Corte.

ACQUET, h. *Somme*, comm. de Neuilly-le-Dieu, ⊠ d'Auxi.

ACQUEVILLE, vg. *Calvados* (Normandie), arr. et à 16 k. de Falaise, cant. de Thury-Harcourt, ⊠ de Tournebu. Pop. 423 h. — L'église d'Acqueville a été désignée par l'autorité locale comme un des édifices susceptibles d'être classés au nombre des monuments historiques.

ACQUEVILLE, vg. *Manche* (Normandie), arr. et à 10 k. de Cherbourg, cant. et ⊠ de Beaumont. Pop. 444 h.

ACQUIGNY, *Achineium*, *Achinnum*, *Aquineium*, bg *Eure* (Normandie), arr., cant., ⊠

et à 5 k. de Louviers. Pop. 815 h. Ce bourg fut brûlé en 1136, pendant la guerre que se firent Roger de Tosny et le comte de Meulan. Il était défendu par un château dont Philippe Auguste s'empara en 1199, et où des Normands et des Anglais échappés à la bataille de Cocherel soutinrent pendant quelque temps un siége contre 2,000 hommes de troupes royales. Occupé de nouveau par les partisans de Charles le Mauvais, ce château fut rendu en 1378 à Charles V, qui en ordonna la démolition. Le château actuel a été bâti sous François Iᵉʳ.

C'est à Acquigny que saint Maxe et saint Vénérand ont souffert le martyre au xvᵉ siècle.

ACQUIN, *Pas-de-Calais* (Artois), arr., ⊠ et à 12 k. de St-Omer, cant. de Lumbres. Pop. 780 h.

ACQUILIN-D'AUGERON (St-), vg. *Eure* (Normandie), arr. et à 22 k. de Bernay, cant. de Broglie, ⊠ de Montreuil-l'Argillé. Pop. 257 h.

ACQUILIN-DE-PACY (St-), vg. *Eure* (Normandie), arr. et à 22 k. d'Evreux, cant. et ⊠ de Pacy-sur-Eure. Pop. 411 h. Il est dans une belle situation, près du confluent de l'Iton et de l'Eure.

ACRAIGNE. V. Frolois.

ACRES (les), h. *Seine-Inf.*, comm. de Beauvoir-en-Lions, ⊠ d'Argueil.

ACRONIUS LACUS (lat. 48°, long. 27°). « Selon Mela (lib. III, cap. 2), le Rhin, descendu des Alpes, forme deux lacs, *Venetum* et *Acronium*, que l'on ne connaît point sous ces noms par d'autres endroits. V. *Venetus Lacus*, vel *Brigantinus*. Il faut prendre l'*Acronius* pour celui qui, beaucoup moins étendu que le Bonden-Sée, et au-dessous de Constance, se nomme Unter-Sée, ou le lac inférieur. » D'Anville, p. 31.

ACUNUM (lat. 45°, long. 23°). « On trouve ce nom dans la Table théodosienne, et plus distinctement dans l'Itinéraire de Bordeaux à Jérusalem, entre *Arausio*, ou Orange, et *Valentia*, Valence ; pour ne point parler de quelques lieux plus obscurs qui y ont un rapport plus immédiat, ce qui est discuté dans les articles qui contiennent ces lieux en particulier, il suffit ici de dire que la position d'*Acunum* se fait connaître par celle qui conserve le nom d'Ancône. La situation qui distingue ce lieu, sur une pointe avancée dans le Rhône, paraît nous rendre raison de la dénomination d'*Acunum*, elle est foncièrement la même que celle d'*Ancona*, et tient du terme de *cuneus*, qui, pour être du langage romain, n'en est pas moins propre à l'idiome celtique. Ceux qui ont pris Montélimart, *Montilium Adhemari*, pour *Acunum*, ne se sont déterminés que par la considération que c'est le lieu qui prévaut sur tout autre dans ce canton, fondement peu solide, et qui ne sert que trop ordinairement d'appui dans l'application qu'on veut faire des positions que donnent les anciens Itinéraires. Mais il doit être question d'une autre circonstance à l'égard d'*Acunum*, qui est de savoir s'il faut la rapporter Acusion, que cite Ptolémée comme une colonie, et comme étant du district des *Cavares*.

Lucas Holstenius est de cette opinion dans ses annotations sur le Trésor géographique d'Ortelius ; et j'avoue que, n'ayant d'ailleurs aucune connaissance de cette ville indiquée par Ptolémée, j'incline vers le même sentiment. Si la position d'*Acunum* ne paraît qualifiée que *mansio* dans l'Itinéraire de Jérusalem, elle n'est point déprisée par cet endroit, puisque plusieurs autres (comme on peut citer *Hebridunum* ou *Ebrodunum*) que l'on voit dans un rang égal à celles qui sont qualifiées du titre de *civitas*, ne paraissent qu'avec la même qualification de *mansio* dans cet Itinéraire. Et si l'on veut encore objecter qu'*Acunum* n'est point renfermé précisément dans le territoire des *Cavares*, étant plutôt de celui des *Segalauni*, séparés des *Cavares* par les *Tricastini*, Strabon fournit un moyen de réponse (lib. IV, p. 186), en disant que les anciens habitants de cette contrée d'au delà du Rhône, à l'égard des *Arecomici*, sont compris en général sous le nom de *Cavares*. Or, cette dénomination peut s'étendre ainsi à d'autres districts que celui qui appartenait proprement aux *Cavares*. Strabon dit même formellement un peu plus haut que les *Cavares* s'étendent jusqu'à la jonction de l'Isère avec le Rhône. Ce n'est que par ces allégations qu'on pourrait sauver Pline du reproche de se méprendre (lib. III, cap. 4), selon la manière dont il lit les éditions, *in agro Cavarum Valentia*. Mais on ne doit attribuer qu'à un défaut de ponctuation de voir ainsi Valence donnée aux *Cavares*, comme je le remarque en parlant de *Valentia*. » D'Anville, p. 31 et suiv.

ACY, vg. *Aisne* (Picardie), arr., ⊠ et à 10 k. de Soissons, cant. de Braisne. Pop. 691 h. — *Commerce de chevaux*.

ACY, ancienne abbaye. V. Aumale.

ACY-EN-MULTIEN, bg *Oise* (Picardie), arr. et à 35 k. de Senlis, cant. et ⊠ de Betz. Pop. 788 h. — Terrain tertiaire inférieur, calcaire grossier. — Il est situé dans une vallée sur le ruisseau de Gergogne. C'était autrefois la capitale du Multien, et le siége d'une prévôté royale du bailliage de Crépy. — Sous Charlemagne, il y avait une abbaye dont le reste encore une chapelle, où tous les ans, le 12 juillet, il se fait un pèlerinage. L'église paroissiale, surmontée d'une flèche très-élevée, a été désignée par l'autorité locale, comme un des édifices susceptibles d'être classés au nombre des monuments historiques. — *Commerce* de chevaux. — On voit dans cette commune une maison en pierre qui date du XIVᵉ siècle, et dont l'étage supérieur offre cinq fenêtres en ogive. — Foires les premiers jeudis de mai et d'octobre. Fête patronale le premier jeudi de mai. Pèlerinage dit *de St-Prix*, le 12 juillet.

ACY-ROMANCE, vg. *Ardennes* (Champagne), arr., cant., ⊠ et à 2 k. de Rethel. Pop. 626 h.

ADAINCOURT, vg. *Moselle* (P. Messin), arr. et à 28 k. de Metz, cant. et ⊠ de Faulquemont. Pop. 196 h.

ADAINVILLE, vg. *Seine-et-Oise* (Beauce), arr. et à 37 k. de Mantes, cant. et ⊠ de Houdan. Pop. 518 h.

ADAM-LEZ-PASSAVANT, vg. *Doubs* (Franche-Comté), arr., cant., ⌧ et à 2 k. 1/2 de Baume-les-Dames. Pop. 278 h.

ADAMS-LEZ-VERCEL, vg. *Doubs* (Fr.-Comté), arr. et à 5 k. de Baume, canton de Vercel, ⌧ du Valdahon. Pop. 81 h.

ADAMSWILLER, vg. *Bas-Rhin* (Alsace), arr. et à 31 k. de Saverne, cant. et ⌧ de Drulingen. Pop. 308 h.

ADAST, vg. *Hautes-Pyrénées* (Gascogne), arr., cant. et à 18 k. d'Argelès. Pop. 130 h. Près du gave de Pau.

ADE, vg. *Hautes-Pyrénées* (Gascogne), arr. et à 6 k. d'Argelès, cant. et ⌧ de Lourdes. Pop. 682 h. A la source du Rieutor.

ADEILHAC, vg. *Haute-Garonne*, comm. de Lussan.

ADELANGE, *Moselle* (P. Messin), arr. et à 40 k. de Metz, cant. et ⌧ de Faulquemont. Pop. 454 h.

ADELANS, vg. *Haute-Saône* (Franche-Comté), arr., cant., ⌧ et à 9 k. de Lure. Pop. 527 h.

ADERVIELLE, vg. *Hautes-Pyrénées* (Béarn), arr. et à 40 k. de Bagnères, cant. de Bordères, ⌧ d'Arreau. Pop. 190 h.—Carrières d'ardoise.

ADILLY, vg. *Deux-Sèvres* (Poitou), arr., cant., ⌧ et à 7 k. de Parthenay. Pop. 330.— *Commerce* de bestiaux.

ADINFER, vg. *Pas-de-Calais* (Artois), arr., ⌧ et à 12 k. d'Arras, cant. de Beaumetz. Pop. 317 h.

ADISSAN, vg. *Hérault* (Languedoc), arr. et à 33 k. de Béziers, cant. de Montagnac, ⌧ de Pézénas. Pop. 567 h.

ADJOTS (les), vg. *Charente* (Angoumois), arr., ⌧, cant. et à 6 k. de Ruffec. Pop. 821 h. Il est situé dans une contrée fertile en excellents marrons, dont il se fait un grand commerce. On trouve sur le territoire de cette commune du minerai de fer en globules détachés d'une grosseur variable : souvent ces globules sont réunis et forment masse en veines ou filons plus ou moins considérables. Ces filons, quelquefois très-riches, sont inclinés en tous sens, souvent horizontaux ; les ouvriers les suivent par-dessous terre, où à une très-petite profondeur. La mine rend en fonte de fer environ moitié de son poids ; le fer qui en provient est d'une excellente qualité.

ADJUTORY (St-), vg. *Charente* (Poitou), arr. et à 32 k. de Confolens, cant. de Montemboeuf, ⌧ de La Rochefoucauld. Pop. 771 h.

ADOMÉNIL, h. et ancien chât., *Meurthe*, comm. de Rehainviller, ⌧ de Lunéville. Il est au confluent de la Vezouze et de la Mortagne avec la Meurthe.

ADOMPT, vg. *Vosges*, comm. de Gelvecourt, ⌧ de Dompaire.

ADON, vg. *Ardennes* (Champagne), arr. et à 20 k. de Rethel, cant. et ⌧ de Château-Porcien. Pop. 189 h.

ADON, vg. *Loiret* (Gatinais), arr. et à 18 k. de Gien, cant. de Briare, ⌧ de Châtillon-sur-Loing. Pop. 418 h.—*Commerce* de bois.

ADOULINS, vg. *Gers*, comm. de Bellegarde-Adoulins, ⌧ de Masseube.

ADOUR (l'), *Aturrus*, *Atur flui*, rivière considérable qui prend naissance au mont Tourmalet, *Hautes-Pyrénées*. Elle se forme de 3 ruisseaux qui se réunissent à Beaudean, au-dessus de Bagnères-de-Bigorre : sa navigation commence à St-Séver, dép. des Landes, et s'étend sur 114 k. de longueur. L'Adour passe à Campan, Bagnères-de-Bigorre, Tarbes, Maubourguet, Plaisance, Aire, Cazères, Grenade, St-Séver, Mugron, Dax, Port-de-Lanne, St-Esprit et Bayonne ; à 4 k. N.-O. de cette dernière ville, elle se jette dans l'Océan par le Boucaut-Neuf, canal ouvert par Louis de Foix, en 1559. En quittant la chaîne des Pyrénées à Grip, 12 k. au-dessus de Bagnères, cette rivière forme une belle cascade d'environ 33 m. de chute : c'est dans cet endroit que commence la délicieuse vallée de Campan. Dans son cours, qui est d'environ 280 k., l'Adour reçoit le Lechez, le Louts, l'Arros, le Gabas, la Midouze, le Luy, le gave de Pau, la Bidouze, le Laran, le Lardanibia, la Nive, la Nivelle et la Bidassoa. L'Adour est sujette aux débordements pendant la fonte des neiges, c'est-à-dire dans la saison des moissons ; elle ravage alors les champs, et roule de gros cailloux qui obstruent son lit et la font quelquefois dévier de sa direction. L'Adour est la rivière la plus importante du département des Hautes-Pyrénées. Son volume d'eau est peu considérable, parce qu'il est beaucoup diminué par le grand nombre de dérivations que l'on a faites pour l'arrosement des terres, le service des canaux et à l'amélioration des moulins et usines.

L'Adour forme à Bayonne un bon port, au-dessous duquel il se jette dans la mer dans la baie de Biscaye, où elle forme une petite anse que l'on nomme quelquefois baie de Bayonne. L'entrée est entre deux côtes de sable, et gît E. 1/4 N.-E. Mais les bancs sont sujets à changer de place par le violent cours de la rivière, lorsqu'elle est gonflée par les eaux qui descendent des Pyrénées. Il y a deux mâts au sud du canal pour indiquer aux vaisseaux du passage de la barre, sur laquelle il ne reste quelquefois pas un mètre d'eau à basse mer. — La marée se fait sentir sur l'Adour jusqu'à Dax ; elle remonte ordinairement au pont de Bayonne de 3 m. 25 c. lors des vives eaux. Cette rivière peut porter des vaisseaux de 30 à 40 pièces de canon jusqu'au-dessous de Bayonne. Les bois des Pyrénées et des Landes, les goudrons, les résines, les grains, les eaux-de-vie d'Armagnac, etc., descendent par l'Adour à Bayonne, qui expédie en retour des denrées coloniales et autres articles.

ADREICH (l'), h. *Var* (Provence), comm. de Verignon, ⌧ d'Aups.

ADRESCHS (les), h. *Var* (Provence), comm. de Montauroux, ⌧ de Fayence.

ADRESSE (Ste-), joli vg. *Seine-Inf.*, arr., cant., ⌧ et à 5 k. du Havre. Pop. 789 h. Ce village était anciennement situé sur un promontoire qui faisait partie du Banc de l'Eclat, maintenant séparé de la côte par un espace de 800 m. Aujourd'hui il est bâti près de la côte, à l'extrémité d'une belle vallée, sur une colline pittoresque, d'où sourdent plusieurs sources qui alimentent les fontaines de la ville du Havre ; c'est un des villages les plus agréables des environs de cette ville : ses eaux limpides, les douces collines qui l'embrassent, et ses jolis jardins, en font un séjour véritablement enchanteur.—Au delà du vallon de Ste-Adresse, on aperçoit, à l'ouest, le cap élevé de la Hève, que les eaux de la mer minent chaque année, et dont le sommet est couronné par deux phares magnifiques, composés de deux tours quadrangulaires, éloignées l'une de l'autre de 50 m., de 28 m. de hauteur au-dessus du sol, et de 123 m. au-dessus du niveau de la mer. Ces phares sont éclairés par vingt-quatre becs alimentés d'huile, dont la lumière est réfléchie par douze réflecteurs plaqués en argent : de leur plate-forme, on jouit d'une vue immense, que plusieurs voyageurs ont comparée à celle de Corinthe ou de Constantinople. Lorsque le ciel est pur, on découvre, à 70 k. (18 lieues) sud-ouest, la pointe de Barfleur, dont les feux correspondent avec ceux des phares d'Ailly et du Havre.

ADRETS (les), vg., anciennement baronnie, *Isère* (Dauphiné), arr. et à 26 k. de Grenoble, cant. et ⌧ de Goncelin. Pop. 831 h. — Exploitation considérable de houille d'excellente qualité, qui alimente les manufactures du département et les arsenaux de Toulon.

ADRIEN (St-), vg. *Côtes-du-Nord* (Bretagne), arr. et à 8 k. de Guingamp, cant. de Bourbriac, ⌧ de Plésidy. Pop. 624 h.

ADRIEN (St-), h. *Finistère* (Bretagne), comm. de Briec, ⌧ de Quimper.

ADRIEN (St-), vg. *Seine-Inf.* V. Bosc-Guérard.

ADRIERS, vg. *Vienne* (Poitou), arr. et à 20 k. de Montmorillon, cant. et ⌧ de l'Isle-Jourdain. Pop. 1,593 h.

ADRISSANS, *Doubs*, comm. de Cosse, ⌧ de Baume.

ADROIT (l'), vg. *Hautes-Alpes*, comm. et ⌧ d'Abriès.

ADROIT (l'), vg. *Hautes-Alpes*, comm. de St-Crépin, ⌧ de Mont-Dauphin.

ADUATICI (lat. 51°, long. 23°). « César, après avoir remporté une grande victoire au bord de la Sambre sur les *Nervii* et leurs confédérés, marcha contre les *Aduatici* ou *Attuatici* ; et Dion Cassius dit précisément qu'ils étaient limitrophes des *Nervii* (lib. xxxiv). Ils confinaient d'un autre côté aux *Eburones*, puisqu'on lit au v° livre des Commentaires qu'Ambiorix, roi des *Eburones*, ayant détruit une légion romaine qui avait son quartier dans le lieu où est Tongres, entra chez les *Aduatici*, ⌧ de Plésidy. Pop. 624 h. — On peut donc juger qu'ils habitaient vers le bas de la Sambre sur la gauche de son cours, sur la frontière de l'évêché de Liège et dans le comté de Namur. Sansen veut même que le château de Namur soit l'*Oppidum Aduaticorum* de César. Cette ville était située sur des rochers et environnée de précipices, à un seul endroit près qui n'avait que 200 pieds d'étendue.

Mais on a peine à croire qu'une ville dont César fit sortir près de 60,000 âmes, fût contenue dans un espace qui n'occupe en longueur qu'environ 300 toises, sur 100 dans sa plus grande largeur. On ne conçoit point d'ailleurs que des lignes de contrevallation qui avaient XV milles ou 5 l. françaises de circuit, puissent convenir aux environs du château de Namur, serré entre la Meuse et la Sambre, dont César n'aurait pas manqué de faire mention en parlant de ces lignes, lesquelles auraient été coupées et interrompues par le cours de ces rivières. En faisant ainsi difficulté d'adopter la situation du château de Namur pour la ville des *Aduatici*, ce n'est pas qu'on soit assuré d'une autre position. En se livrant à la conjecture, on voit sur la Mehaigne, qui traverse le pays qu'ont occupé les *Aduatici*, que l'emplacement élevé du lieu dont le nom est Falais, et qui est presque entouré par cette rivière et par des ravines profondes, selon la topographie du pays que j'ai devant les yeux, pourrait représenter l'assiette de la ville dont il s'agit. Au reste, il n'est plus fait mention des *Aduatici* depuis la conquête des Gaules par César. Il nous apprend qu'une troupe de Cimbres et de Teutons, qui n'avaient point accompagné le gros de ces nations, avaient formé celle qui existait de son temps sous le nom d'*Aduatici*. » D'Anville, p. 33 et suiv.

ÆDUI (lat. 47°, long. 23°). « Les *Ædui* étaient les plus célèbres des Celtes, selon l'expression de Mela (lib. III, cap. 2) : *Clarissimi Celtarum*. César (*Com.*, I) témoigne qu'ils avaient joui en tout temps de la plus grande autorité dans la Gaule : *Omni tempore totius Galliæ principatum Ædui tenuissent*; et qu'ils méritèrent le titre de frères et d'alliés du peuple romain : *Æduos fratres consanguineosque sæpe numero ab senatu appellatos*. Ils furent les premiers admis dans le sénat, en considération de l'ancienneté de leur alliance et de cette prérogative de fraternité avec le peuple romain qui les distinguaient entre tous les autres peuples de la Gaule. Tacite (*Ann.*, II) s'en explique ainsi : *Primi Ædui senatorum in urbe jus adepti sunt. Datum id fœderi antiquo, et quia soli Gallorum fraternitatis nomen cum populo romano usurpant*. Pline (lib. IV, cap. 184) les qualifie du titre de confédérés, *Hedui fœderati*. La puissance des *Ædui* répondait au rang qu'ils tenaient. Leur territoire comprenait, *inter clientes*, le diocèse d'Autun, ceux de Châlons, de Mâcon et de Nevers, qui en sont autant de démembrements. Ils avaient dans leur dépendance, *inter clientes*, les *Segusiani*, les *Insubres*, les *Ambarri*, les *Aulerci Brannovices*, les *Mandubii* ; et, après la défaite des *Helvetii* par César, ils reçurent chez eux les *Boii*, et les incorporèrent à leur cité. On peut encore remarquer que les *Ædui* sont distingués par leurs richesses ; Tacite (*Ann.*, III), parlant de la révolte de Sacrovir : *Apud Æduos major moles exorta, quanto civitas opulentior*. Dans Tite Live comme dans Pline , le nom des *Ædui* se lit *Hedui*; mais il faut en croire le rhéteur Eumène, qui professait l'élo-

quence à Autun, sur la manière dont ce nom doit être écrit ; on peut citer en même temps une inscription rapportée par Reinesius (*Class.*, I), sur laquelle on lit : *Apud Æduos et Lingonas*. Strabon aurait dû placer les *Ædui* entre l'*Arar*, ou la Saône, et la Loire, au lieu de les placer entre la Saône et le Doubs. » D'Anville. *Notice de l'ancienne Gaule*, p. 34. V. aussi Walcknaer, *Géographie des Gaules*, t. I, p. 54.

ÆGITNA (lat. 44°, long. 25°). « Polybe (*Excerp. legat.*, sect. 14) cite la ville des *Oxybii* sous le nom d'*Ægitna*, à laquelle on abordait par mer, et, comme Strabon (lib. IV, p. 185) fait mention du port *Oxybius*, il y a toute apparence que ces lieux ont entre eux une liaison mutuelle. On peut voir dans l'article *Oxybii* quel est le canton qu'il convient de leur attribuer, et, quoiqu'on ne soit pas assez instruit pour pouvoir déterminer une position qui soit précisément celle d'*Ægitna*, on ne saurait presque douter qu'elle ne convienne aux environs de la plage de Canes, et de ce qu'on appelle communément le Goulfe Jan, ou Gourjan, vis-à-vis des îles de Ste-Marguerite. En parlant de l'expédition de Q. Opimius contre les *Oxybii*, la rivière dont Polybe fait mention sous le nom d'*Apros*, sur le bord de laquelle le général romain s'arrêta, avant que de s'avancer à *Ægitna*, pourrait être celle qui coule en deçà du Var, et au delà d'Antibe, et qu'on appelle le Loup. On ne manquera pas d'allusion entre la signification du terme grec qui viendrait des Marseillais, fondateurs d'Antibe, et le nom actuel de ce torrent. » D'Anville. *Notice de l'ancienne Gaule*, p. 35.

ÆMINES PORTUS (lat. 44°, long. 24°). « J'ai trouvé beaucoup de difficultés à savoir quelles peuvent être les positions citées dans l'Itinéraire maritime entre Toulon et Marseille. L'étude que j'y ai employée me persuade qu'il y a du désordre dans cette partie de l'Itinéraire ; et c'est la matière d'une discussion dont le résultat doive influer sur plusieurs autres. Il m'a paru d'abord que les dénominations locales se faisaient connaître distinctement, qu'on ne pouvait douter d'acquérir par ce moyen la position des lieux représentés par ces dénominations. Comment méconnaître *Carcici*, ou , comme une inscription veut qu'on écrive, *Carcici*, dans le nom de Cassis ? *Tauroëntum* dans *Taurenti* ? Cependant l'ordre des lieux, dans l'Itinéraire, ne répond point à ces positions : car le lieu qui suit immédiatement *Telo Martius*, selon l'Itinéraire, et dont la distance n'est marquée que XII, ne peut convenir aux vestiges de *Tauroëntum*, sous le nom de *Taurenti*, dans la baie de la Ciotat. En séparant *Carcici*, qui succède à *Tauroëntum* d'avec *Immadra*, par les ports de *Citharista* et d'*Æmines*, et la somme des distances que ces positions intermédiaires produisent se montant jusqu'à 36, ces diverses circonstances de positions et de distances ne conviennent aucunement à Cassis. L'inspection du

local me fait voir que, depuis l'enfoncement du port de Cassis jusqu'à l'île de Maire, qui est incontestablement *Immadra*, on ne peut admettre que 11 à 12 milles ; et j'en prends occasion de remarquer que la distance qui précède *Immadra*, ou qui sépare cette position d'un autre lieu antérieur quelconque, est marquée XII dans l'Itinéraire. Or, cette indication de distance étant aussi analogue qu'on le voit à ce qu'il y a de route dans la réalité entre *Carcici* et *Immadra*, il faut en conséquence reconnaître que *Carcici* est la position immédiate à l'égard d'*Immadra*, et que ce n'est point *Portus Æmines*, comme il paraît dans l'Itinéraire. On doit ajouter que, pareillement *Citharista*, sont hors de place, et doivent être transportés ailleurs. En examinant fort en détail tout ce qui est connu sur la côte, je crois retrouver le nom d'*Æmines* dans celui que porte l'île d'Embiez, qui se présente devant la rade du Brue ou des Embiez, après avoir tourné le cap Cicier, en partant de Toulon. Ce nouveau dans cette position qu'elle peut cadrer à la distance marquée XII dans l'Itinéraire, entre *Telo Martius* et le lieu qui lui succède, lequel ne saurait être *Tauroëntum*, parce que *Taurenti* est dans un plus grand éloignement que Toulon. En revenant d'Embiez vers Toulon, je trouve que 12 milles de route conduisent au goulet qui sépare la grande rade de Toulon d'avec la rade intérieure. Une circonstance tirée du local qui se concilie avec le rapport qui paraît entre le nom actuel d'Embiez et l'ancienne dénomination d'*Æmines*. » D'Anville. *Notice de l'ancienne Gaule*, p. 36.

AERIA (lat. 45°, long. 23°). « Strabon (lib. IV, p. 185) nomme cette ville entre celles des *Cavares*, savoir : *Avenio* et *Arausio*. Pline en fait aussi mention (lib. III, cap. 4). Etienne de Byzance cite pareillement *Aëria* comme une ville de la Gaule, d'après Apollodore. Selon Artémidore, au rapport de Strabon, le nom que portait cette ville était très-convenable à sa situation, à une élévation très-élevée. Le P. Briet, en prenant Vaison pour *Aëria*, n'a pas fait mention que *Vasio*, capitale des *Vocontii*, et qu'il appartient point aux *Cavares*, est citée séparément d'*Aëria* dans Pline, et Cellarius l'a déjà remarqué. Je ne vois, dans le canton du pays où il convient de se renfermer, de situation qui représente mieux *Aëria* que le mont Ventoux, à l'extrémité du diocèse de Carpentras. Cette situation répond encore à ce qu'ajoute Strabon, savoir : que d'*Aëria* à la Durance, dont le nom se lit *Duriona* pour *Druentia*, en cet endroit, le pays est montueux et sauvage. Car telle est, en effet, la disposition du local, qui forme une chaîne de montagnes sans interruption, depuis le mont Ventoux jusqu'au bord de la Durance, entre Sisteron et Forcalquier. » D'Anville. *Notice de l'ancienne Gaule*, p. 37.

Suivant M. Walckenaer, les fragments d'Artémidore et d'Apollodore ne nous étant connus que parce qu'ils ont été cités par Strabon et par Etienne de Byzance, au sujet de cette ville, il s'ensuit que cinq auteurs anciens en ont fait mention sans qu'on puisse trouver dans leurs textes réunis aucun moyen suffisant pour en déterminer la situation. La conjecture la plus vraisemblable est celle de Ménard, qui fit la place au château de Lers, près duquel est un domaine nommé Auriac; cette position est celle qui satisfait le mieux au texte de Strabon. Il nous apprend, d'après Artémidore, que le mot d'*Aëria* signifie un lieu élevé, et était indicatif de cette ville; mais ce n'est pas une raison pour aller placer ce lieu sur le mont Ventoux, comme a fait d'Anville. Jamais il ne parait avoir existé de ville sur le mont Ventoux, et ce mont ne se trouve pas dans la direction de la route indiquée par Strabon. (Walckenaer. *Géographie des Gaules*, part. 1, ch. 8, p. 187).

AFA, vg. *Corse*, comm. et ✉ de Bocognano.

AFF (l'), petite rivière qui prend sa source dans la forêt de Paimpoint (*Ille-et-Vilaine*). Elle forme sur tout son cours la limite de ce département et de celui du Morbihan, passe à Gacilly, et se jette dans l'Oust, près de Glenac, après un cours d'environ 50 kil. L'Aff est flottable au-dessous de Guer, et navigable à Gacilly; la longueur du flottage est de 20,000 m., et celle de la navigation de 6,000 m. — Les objets de transport consistent en grains, cidre, cire, miel, lin, chanvre, fils, toiles, bois de chauffage et de construction, et notamment en fers de première qualité, qui sortent des forges de Paimpoint.

AFFIEUX, vg. *Corrèze* (Limousin), arr. et à 41 k. de Tulle, cant. et ✉ de Treignac. Pop. 1,041 h.

AFFLEVILLE, vg. *Moselle* (Lorraine), arr., ✉ et à 15 k. de Briey, cant. de Conflans. Pop. 335 h.

AFFOUX, vg. *Rhône* (Beaujolais), arr. et à 36 k. de Villefranche, cant. et ✉ de Tarare. Pop. 766 h. — *Fabriques* de mousseline et de toile de coton. — *Foire* le 17 août.

AFFRACOURT, vg. situé sur une hauteur. *Meurthe* (Lorraine), arr. et à 31 k. de Nancy, cant. d'Haroué, ✉ de Neuviller. Pop. 328 h.

AFFRINGUES, vg. *Pas-de-Calais*, arr., ✉ et à 17 k. de St-Omer, cant. de Lumbres. Pop. 173 h.

AFFRIQUE (St-), ou ST-FRIQUE, jolie ville, *Aveyron* (Rouergue), chef-lieu du 3ᵉ arr. ou sous-préfect., et d'un cant. Trib. de 1ʳᵉ inst. et de comm., ch. cons. des manuf., soc. d'agric., collége comm., cure, église consistoriale (protestants réformés), gîte d'étape, ✉, ⌾. A 637 k. de Paris, pour la taxe des lettres. TERRAIN jurassique, calcaire à gryphées. — Pop. 6,336 h.

L'origine de cette ville remonte à une époque très-reculée, sans qu'on puisse toutefois en assigner la date précise. Les protestants s'en emparèrent dans le XVIᵉ siècle, en firent une de leurs places fortes, et bientôt la plupart des habitants embrassèrent la religion nouvelle. Le prince de Condé en fit le siége en 1628, mais tous ses efforts échouèrent contre l'intrépidité des habitants secondés par les troupes que le duc de Rohan avait envoyées à leur secours; l'armée royale fut repoussée dans trois assauts successifs, et dut abandonner son entreprise après un combat des plus meurtriers, où les femmes et les filles donnèrent des preuves d'un courage au-dessus de leur sexe. L'année suivante, la ville de St-Affrique se vit forcée de se soumettre à Louis XIII, qui la fit démanteler; depuis cette époque elle a acquis une certaine importance sous le rapport commercial et industriel.

Cette ville est située entre deux montagnes, dans un des plus agréables vallons du département de l'Aveyron, entrecoupé de prairies, de vergers et de vignes, vallon que l'on trouve plus délicieux encore lorsqu'on le compare au pays nu et hérissé de rochers qui entoure St-Affrique sur presque tous les points. Elle se présente fort bien par une belle avenue et par une belle rue spacieuse, qui l'entoure en arc de cercle et en forme de boulevards, ou qui la traverse en la séparant de ses faubourgs. Les rues sont en général assez larges, mais elles sont bordées de maisons anciennes, pour la plupart mal bâties. Deux ponts, dont l'un a été construit, dit-on, par les Anglais, sont jetés sur la Sorgue, qui traverse la ville, et vont rejoindre l'ancien faubourg de Vabres, où se trouvent des habitations modernes, qui formeront bientôt de ce côté un fort beau quartier. — Le principal édifice que l'on remarque à St-Affrique, en y arrivant d'Albi, est l'hôpital, qu'on voit à droite avant de passer le pont : on y a établi la mairie et le collége. En face est le palais de justice, nouvellement construit. L'église paroissiale est moderne et assez jolie. Une belle fontaine décore le milieu de la principale rue. A peu de distance des murs de la ville est une source d'eau minérale froide nommée *Vailhansy*, à laquelle on attribue diverses propriétés. — PATRIE du lieutenant général comte MATHIEU; du comte L.-CH. DE WAROQUIER.

Fabriques de draps, cadis, molletons, couvertures de laine. Filatures de coton et de laine. Tanneries et mégisseries. — *Commerce* considérable de laines, dont St-Affrique approvisionne les fabriques de Castres et de Carcassonne; de fromages de Roquefort, etc. — *Foires* les 6 fév., 24 mars, 4 mai, 16 juin, 14 sept., 9 nov., 3 déc.

L'arrondissement de St-Affrique renferme 6 cantons: Belmont, Camarès, Cornus, St-Affrique, St-Rome-du-Tarn et St-Sernin.

A 75 kil. S.-E. de Rodez, 56 kil. S.-O. de Millau, 34 k. d'Albi, 653 k. de Paris pour la taxe des lettres.

AFFRIQUE-DU-CAUSE (St-), vg. *Aveyron*, comm. de Gabriac. Pop. 44 h.

AFFRIQUE-LEZ-MONTAGNES (St-), vg. *Tarn* (Languedoc), arr., ✉ et à 10 k. de Castres, cant. de Labruguière. Pop. 529 h.

AGADEZ (l') *Agatheusis Pagus*, petit pays de l'ancienne Gaule, qui forma au Vᵉ siècle l'évêché d'Agde. Il rapportait à son évêque 40,000 liv. Son diocèse s'étendait à 6 lieues de long sur 5 de large et 20 de circuit. On y comptait dix-neuf paroisses et deux abbayes.

AGASSAC, vg., autrefois chef-lieu de juridiction, *Haute-Garonne* (Gascogne), arr. et à 38k. de St-Gaudens, cant. et ✉ de l'Isle-en-Dodon. Pop. 501 h.

AGASSAS, h. *Lot-et-Garonne*, comm. de Labretonnerie, ✉ de Tonneins.

AGASSENS, h. *Aude*, comm. de Payra, ✉ de Salles-sur-l'Hers.

AGASSER, h. *Var*, comm. de St-Raphël, ✉ de Fréjus.

AGATHA (lat. 44°, long. 22°). « Selon Scymnus de Chio (*Orbis desc.*), cette ville doit sa fondation aux Phocéens; selon Strabon (lib. IV, p. 182), aux Marseillais, ce qui revient au même. Denys Périégète s'explique sans équivoque, en disant que les Phocéens, qui ont bâti Marseille, ont occupé *Agatha*. Etienne de Byzance, en donnant les Ligouriens pour fondateurs de cette ville, est contredit par la dénomination purement grecque d'*Agatha*, et qui, selon Timosthène, cité par Etienne, était Ἀγαθὴ Τύχη, ou bonne fortune. César ayant privé les Marseillais de leurs établissements, on trouve dans Pline (lib. III, cap. 4), *Agatha*, *quondam Massiliensium*. Ptolémée fait mention d'*Agathépolis*, et même d'une ile en mer sous le nom d'*Agatha*, que l'on ne retrouve point, comme on peut voir dans l'article Blascon Insula. Il y a un endroit dans Strabon (p. 180), où il nomment *Rhoen-Agathan*, les critiques l'accusent de confondre *Agatha* avec une autre ville dont il a parlé dans l'antiquité sous le nom de *Rhode*, autrement *Rhodanusia*, et dont la situation est inconnue. La plus ancienne des Notices de la Gaule ne fait point mention d'*Agatha*, et on n'a point connaissance que ce fût un siége épiscopal avant le concile qui y fut assemblé en 506. » D'Anville. *Notice de la Gaule*, p. 38.

AGATHE (St-), vg. *Gers*, comm. d'Encausse, ✉ de l'Isle-en-Jourdain.

AGATHE (Ste-), h. *Meurthe*, comm. d'Ancerviller, ✉ de Blamont.

AGATHE (Ste-), h. *Moselle*, comm. de Woipy, ✉ de Metz.

AGATHE-D'ALIERMONT (Ste-), vg. *Seine-Inf.* (Normandie), arr., ✉ et à 16 k. de Neufchâtel, cant. de Londinières. Pop. 375 h.

AGATHE-EN-DONZY (Ste-), vg. *Loire* (Forez), arr. et à 35 k. de Roanne, cant. de Néronde, ✉ de St-Simphorien-de-Lay. Pop. 330 h.

AGATHE-LA-BOUTERESSE (Ste-), vg. *Loire* (Forez), arr. et à 16 k. de Montbrison, près du Lignon, cant. de Boen. Pop. 343 h. — *Foires* le 13 janv., et le 21 sept. (3 jours).

AGATHON (St-), vg. *Côtes-du-Nord* (Bretagne), arr., cant., ✉ et à 2 k. de Guingamp. Pop. 972 h.

AGAY, *Agathon Portus, Athenopolis* (*Portus Agatonis*), petit port de mer du dép. du *Var* (Provence), comm. de St-Raphaël, à 2 k. de Fréjus. Il est sur la Méditerranée, à l'embouchure de la rivière, et au fond de l'anse de son nom qui y forme un port servant de relâche aux vaisseaux, entre la tour de Darmont et la redoute d'Agay, qui en défendent l'entrée. La voie Aurélienne passant près de ce port, les Romains y bâtirent une ville qui, d'après l'Itinéraire d'Antonin, s'appelait *Portus Agatonis*, dont on a fait Agay.

AGDE, *Agatha*, *Hérault* (Languedoc), très-ancienne ville maritime, chef-lieu de cant. de l'arr. de Béziers. Trib. et bourse de comm. Conseil de prud'h. pêcheurs. Place de guerre de 4ᵉ classe. École d'hydrographie de 4ᵉ classe. Syndicat marit. Vice-cons. étrangers. Cure. Gîte d'étape. ⊠, ⚒ — Terrain d'alluvions et tourbe. — Pop. 8,202 h. — Sur le mont d'Agde est un phare de premier ordre, à feu tournant à éclipses d'une minute en une minute, de 126 m. d'élévation au-dessus de la mer, et de 35 k. de portée. Lat. 43° 18', long. 1° 9'. Sur la jetée de l'est, à droite de l'entrée du chenal, il y a un feu de port fixe de 9 m. de hauteur et de 8 k. de portée. Lat. 43° 17', long. 1° 6'.

Autrefois évêché et comté en Languedoc, ement de Toulouse et intendance de Montpellier; amirauté, gouvernement particulier; cinq grosses fermes, trois paroisses; couvent de capucins.

La ville d'Agde (ἀγαθή, bonne) fut un des premiers et des plus considérables établissements des Phocéens de Marseille. Scymnus de Chio dit qu'Agde a été fondée par les Phocéens, et Strabon s'accorde avec lui en disant qu'elle l'a été par les Marseillais. On place sa fondation vers l'an 163 de Rome. On croit que Maguelonne et quelques autres pays des environs étaient des dépendances d'Agde, qui devait être une ville riche et puissante, parce qu'elle était l'entrepôt des Marseillais pour le commerce intérieur de la Gaule. Son premier évêque (incertain) vivait, dit-on, dans le milieu du Vᵉ siècle. L'évêque d'Agde était seigneur de la ville et de toute la vicomté d'Agde, sous la suzeraineté des comtes de Toulouse, auxquels il faisait hommage, et porta jusqu'au XVIIIᵉ siècle le titre de comte d'Agde. Il avait aussi le droit de battre monnaie, et de ne pouvoir être excommunié ou suspendu que par le pape. Ce diocèse, le plus petit du royaume, ne renfermait que dix-neuf paroisses; cependant le revenu de l'évêque était, au commencement du XVIIIᵉ siècle de 30,000 liv., et sa taxe de 1,500 flor. Abbayes, deux: revenu, 15,000 liv.; taxe, 2,400 flor. — Alaric, roi des Visigoths, convoqua à Agde un concile en 506; il s'y est tenu un second concile en 1535.

En 580, Agde était une des villes les plus importantes et les plus commerçantes de la Septimanie. Elle fut remise à Pépin, fils de Charles Martel, par le roi des Goths, nommé Misemont, en 743. Le roi d'Aragon céda ses droits sur cette ville à saint Louis en 1258. — Louis XIII y avait établi un siège d'amirauté. En 1629, le cardinal de Richelieu, ayant visité les côtes de la Méditerranée, fit ordonner l'établissement d'un port sous le cap d'Agde, en face du fort et de la petite île de Brescou. En 1634, une digue qui subsiste encore, et qui porte le nom de digue de Richelieu, fut construite à l'O. du cap.

Les **armes d'Agde** sont *d'or à trois faces ondées d'azur*.

La ville d'Agde est dans une position très-avantageuse, au milieu d'une plaine riche et fertile, à l'embouchure d'une des branches du canal du Midi, sur la rive gauche de l'Hérault, que l'on traverse sur un pont suspendu construit récemment. Elle est entièrement bâtie en laves basaltiques, et flanquée de tours rondes et noires; les quais et une grande partie des maisons sont construits en laves, les rues en sont pavées, et les environs sont couverts de produits volcaniques, provenant de la petite montagne de St-Loup, dont les flancs sont embellis de vignes et de maisons de campagne. Le port, précédé d'un beau chenal, formé par l'embouchure de l'Hérault, est fréquenté par un grand nombre de petits bâtiments qui font un cabotage actif et très-avantageux; il peut contenir 450 navires de 60 à 200 tonneaux, il y en a 30 à 40 pour l'ordinaire. Plus de quarante petites tartanes, continuellement occupées à la pêche, alimentent en poisson frais tout le département de l'Hérault et partie de celui du Gard. La largeur moyenne du chenal est de 200 m.; il est bordé, jusqu'à la mer, de beaux quais en laves. Près de la ville, la largeur de la rivière n'est plus que de 70 m. La profondeur du chenal est partout de 3 m.; l'entrée, défendue par un fort situé à l'embouchure de l'Hérault, est très facile par tous les vents, excepté celui du nord. La station du port est très-sûre.

L'ancienne cathédrale, surmontée d'un clocher qui domine la ville, offre un caractère de gothicité que sa teinte basaltique noire rend très-piquant. Ce bel édifice a été originairement un temple païen; il n'a été consacré au culte catholique que vers le VIIᵉ siècle. Les artistes regardent le rétable de cette église comme un chef-d'œuvre d'architecture: le clocher, construit en pierres de taille, est une tour de forme carrée de la plus grande solidité, dont la hauteur est de 35 m.; il est très-utile aux navigateurs qui fréquentent les côtes du département. Cette église a été désignée par l'autorité locale comme un des édifices susceptibles d'être classés au nombre des monuments historiques.

Les environs d'Agde méritent d'être visités: la promenade de la chapelle Notre-Dame du Grau, longue de deux kilomètres, borde la rivière; on y voit, de distance en distance, les restes de douze chapelles ou stations. C'est le but d'un pèlerinage et d'une affluence considérable de marins et de peuple les 15 août et 8 septembre. — On doit visiter aussi, dans le voisinage, les bords charmants du canal des Deux-Mers; le cratère du volcan St-Loup, élevé de 292 m. au-dessus de la mer; on y voit les vestiges d'un sémaphore romain, sur le sommet duquel on doit s'élever un phare de premier ordre, mentionné plus haut, pour guider la marche des navires qui se dirigent vers le port d'Agde. — On ne doit pas non plus manquer de voir au bord de la mer le cirque volcanique, appelé les Conques, et un joli château, construit à l'italienne, formé de trois terrasses superposées, d'où la vue s'étend sur un horizon magnifique qui embrasse les deux tiers de l'anse du golfe de Lyon. — Le fort Brescou est situé à 1 k. d'Agde; les magasins, les casernes et les batteries, qui sont taillés dans le roc, sont à remarquer. V. Brescou.

Fabriques de savon et de verdet. Distillerie d'eaux-de-vie. Construction de navires. — *Commerce* de vins, eaux-de-vie, liqueurs, huiles, poison frais, salicor, soies, laines, bois de charpente, cordages, fer, goudron. Commerce actif de grains et de farines avec l'Espagne; de vin avec l'Italie, dont il reçoit des huiles et du riz. Entrepôt de sel. Entrepôt du commerce entre l'ouest et le midi de la France. — Navigation sur la Méditerranée et sur le canal du Midi. Cabotage. — Le commerce d'Agde possède 120 bâtiments de 100 à 300 tonneaux. — *Foire* de 4 jours, 3 août. — A 22 k. S.-S.-E. de Béziers, 51 k. S.-O. de Montpellier, et à 772 k. de Paris pour la taxe des lettres.

Biographie. Agde est le lieu de naissance de M. Victor de Moléon, fondateur de la société philotechnique, et auteur des *Annales de l'industrie française et étrangère* (1820-26), et d'un grand nombre d'ouvrages philanthropiques et industriels.

Bibliographie. Jordan. *Histoire de la ville d'Agde*, in-8, 1824.
**Monuments des anciens diocèses de Maguelonne, Montpellier, Béziers, Agde, etc.*, in-4, 1835.

AGÉA, h. *Jura*, comm. de Légna, ⊠ d'Arinthod.

AGEDINCUM, postea Senones (lat. 49°, longit. 21°). « Il est fait plus d'une fois mention, dans les Commentaires, de cette capitale d'un peuple qui était puissant dans la Gaule. Quoique, selon les éditions des Commentaires, le nom soit *Agendicum*, M. de Valois (N. G., p. 6) veut qu'on préfère la leçon *Agedincum*, sur le témoignage de Surita, qu'elle est plus conforme aux manuscrits, et sur ce que, dans quelques écrivains du moyen âge, et même auteur des Annales de St-Bertin, qui affecte d'employer les anciens noms des villes, on lit *Agedincum*. Le même nom, écrit *Agetincum* dans la Table théodosienne, favorise encore cette leçon. On lit dans Ptolémée Ἀγηδικόν. Au reste, le nom du peuple a pris la place du nom primitif, comme il est arrivé à la plupart des capitales. On trouve le nom de *Senones* pour celui d'une ville dans Ammien Marcellin (lib. XV, cap. 2). Il cite cette ville comme une des plus considérables de la Lyonnaise première, dans un temps où il n'y avait encore que deux provinces Lyonnaises. Mais, lorsque le nombre fut de quatre, la quatrième étant distinguée des autres par le nom de *Senonia*, Sens, capitale des *Senones*, parvint au rang de métropole, et c'est ainsi qu'il en est mention dans la Notice des provinces de la Gaule: *Metropolis* (*Lugdunensis Senoniæ*) *civitas Senonium*. On a dit *Senonæ* également comme *Senones*. » D'Anville. *Notice de l'ancienne Gaule*, p. 38.

On s'est beaucoup occupé, dans ces derniers

temps, de la situation d'*Agendicum*. Les anciens traducteurs font d'*Agendicum*, Provins, et quelques modernes en font Sens : et l'on peut citer pour ou contre ces deux opinions beaucoup d'autorités. On peut consulter sur cette question les ouvrages suivants : Opoix, *Histoire et Description de Provins*, in-8, 1823. Id., *Dissertation sur l'ancien Provins*. — *Commentaires de César*, édit. Panckoucke, t. ii, p. 126 (notes). — Tarbé, *Almanach historique de la ville de Sens*, année 1819, p. 130. Achaintre, *Dissertation sur la ville d'Agendicum* (notes des Commentaires de César, édition de Lemaire). — Walckenaer, *Géographie des Gaules*. — Doé, *Mémoires de la société des antiquaires de France. — Rapport fait à la société d'agriculture, sciences et arts de l'Aube, par M. Thiéron père*, séance du 17 mai 1839, *sur la question de savoir si l'Agendicum des Commentaires de J. César est Sens ou Provins*, dissertation savante de 98 pages, où se trouvent résumées avec clarté et impartialité les opinions des précédents commentateurs. Ne pouvant donner ici l'analyse de cet écrit remarquable, où l'auteur a déployé une immense érudition, nous nous bornerons à indiquer les noms des auteurs anciens et modernes qui se sont prononcés en faveur de Sens ou de Provins.

Au nombre des écrivains partisans de l'opinion qu'*Agendicum* est Sens, on place les auteurs de la *Gallia christiana*, Hadrien de Valois, Scaliger, Moreri, Lancelot, Nicolas Bergier, l'abbé Belley, Dulaure, Tarbé, Perrot d'Ablancourt, Turpin de Crissé, de Montchal, etc. Parmi les auteurs qui pensent qu'*Agendicum* est Provins, on remarque Jacundus Glarcau, Rhellican, Robert Gaguin, Ramus, Jacques de Charron, André Duchesne, J. de la Barre, P. Ferrario, Bangier, Baudran, Camusat, Opoix, Barrau, le comte d'Allonville, Eusèbe Salverte, Achaintre, le docteur Doé, etc.

AGEL, vg. Hérault (Languedoc), arr. et à 29 k. de St-Pons, cant. et ✉ de St-Chinian. Près de la forêt de Palonges. Pop. 359 h.

AGEN, vg. Aveyron (Querçy), arr., ✉ et à 10 k. de Rhodez, cant. de Pont-de-Salars. Pop. 725 h.

AGEN, *Aginnum Nitiobrigum, Antobrogum*, grande, belle et très-ancienne ville, chef-lieu du département de *Lot-et-Garonne*, ancienne capitale de l'Agenois (Guienne), chef-lieu de préfecture et de 2 cantons. Cour royale d'où ressortissent les départements de Lot-et-Garonne, du Lot et du Gers. Trib. de première inst. et de com. Chambre consult. des manuf. Société d'agr., sciences et arts. École normale. Collège com. de 1re classe. Évêché. 4 cures. Grand et petit séminaire. ✉, ⌀. — **Terrain** tertiaire moyen. Pop. 14,987 h.

Autrefois comté et évêché, capitale de l'Agenois, parlement et intendance de Bordeaux, gouvernement particulier, présidial et sénéchaussée, élection, lieutenance de maréchaussée, juges-consuls, deux paroisses, une collégiale, collège et séminaire, commanderie de Malte.— L'évêché d'Agen fut fondé vers 350. Revenu, 60,000 livres. Taxe, 2,440 florins. Paroisses, 564. Abbayes, 5 ; d'un revenu de 31,000 livres ; taxe, 3,095 florins.

L'origine de cette ville se perd dans la nuit des temps, et n'est pas plus connue que celle de toutes les autres anciennes cités des Gaules ; on sait seulement qu'elle existait au temps de la domination romaine sous le nom d'*Aginnum* (V. ce nom), ville antique dont on voit encore quelques vestiges, et qu'elle est ainsi désignée dans Ptolémée comme capitale des *Nitiobriges*, l'un des peuples de la seconde Aquitaine. César, Strabon, Ptolémée font mention des Nitiobriges ; ce dernier auteur leur donne *Aginnum* pour capitale. Dans l'Itinéraire d'Antonin et la Table de Peutinger, les mesures de quatre routes qui partent de *Burdigala*, Bordeaux, *Ausci*, Auch, *Vesunna*, Périgueux, et *Cadurci*, Cahors, se joignent à Agen pour la position d'*Aginnum*. Sous les empereurs, *Aginnum* devint ville prétorienne, et les Romains l'ornèrent d'édifices aujourd'hui détruits, mais dont on a retrouvé des débris à différentes époques.

Cette ville fut plusieurs fois prise et ruinée par les Visigoths, les Huns et les Vandales ; les Normands et les Danois la ravagèrent dans le ixe siècle ; ensuite elle passa tour à tour sous la domination des rois de France, des ducs d'Aquitaine, des rois d'Angleterre et des comtes de Toulouse. Les Français la prirent en 1322, et la rendirent en 1330 aux Anglais, dont elle secoua le joug quelque temps après ; ceux-ci, après l'avoir assiégée sans succès, la recouvrent par le traité de Brétigny, en 1360. La ville d'Agen, ayant de nouveau pris parti pour la France, fut assiégée et prise d'assaut, en 1418, par les troupes du comte d'Armagnac, qui y commirent de grandes cruautés. Les protestants s'en emparèrent en 1562, et l'évacuèrent peu de temps après. En 1584, elle prit parti pour la Ligue. Le comte de la Roche, fils du maréchal de Matignon, la prit en 1591, aidé d'un habile pétardier qui fit sauter la porte à deux heures du matin. Marguerite de Valois, qui était alors retirée à Agen, fut obligée d'en sortir lors de ce siége, « avec tant de hâte (dit le *Divorce satirique*) qu'à peine le put-il trouver un cheval de croupe pour l'emporter, et des chevaux de louage ou de poste pour la moitié de ses filles, dont plusieurs le suivoient à la file, qui sans masque, qui sans devantier, et le teint sans tous les deux, avec désarroi si pitoyable, qu'elles ressembloient mieux à des g...... de lansquenets à la route d'un camp, qu'à des filles de bonne maison. » Agen se rendit à Henri IV en 1592.

Les armes d'Agen sont : Parti : au premier de gueules à l'aigle essorant d'argent, tenant dans ses sères une légende d'argent, sur laquelle est écrit Agen ; au deuxième aussi de gueules à la tour d'or crénelée de 4 pièces, ouverte et maçonnée de sable, donjonnée de 3 tourelles, couvertes en clocher, girouettée d'or. Dans un manuscrit du xviie siècle, elles sont désignées ainsi : *De gueules au griffon d'or, tenant dans ses pates un écriteau avec cette devise* : Nisi Dominus custodierit *et à dextre d'un château d'argent*.

La ville d'Agen est située au milieu d'une vaste et riche plaine, sur la rive droite de la Garonne, que l'on y passe sur un beau pont de onze arches. C'est une ville mal bâtie et mal percée. L'avenue de la route de Bordeaux y forme un faubourg qui en est le plus beau quartier. Vers le S., cette avenue se développe en une magnifique promenade, où de gigantesques ormeaux s'arrondissent en voûte impénétrable aux rayons du soleil. Cette promenade, une des plus belles qui existent dans le midi de la France, était autrefois recouverte par la Garonne, et elle en a conservé le nom de Gravier ; un péristyle formé d'élégantes arcades la borne d'un côté ; de l'autre, elle est liée à la rive gauche du fleuve par un majestueux pont de pierre de onze arches et par une gracieuse et aérienne passerelle.

On remarquait à Agen, il y a peu d'années, les ruines de l'église St-Etienne, détruite en 1797, et sur l'emplacement de laquelle on a élevé une fort belle halle. On doit visiter la belle cathédrale, dédiée à saint Caprais ; l'église des Jacobins, renfermant une galerie centrale formée de colonnes qui la divisent en deux nefs, et un baptistère en rotonde supporté par six colonnes doriques ; l'hôtel de la préfecture, bel édifice d'un plan vaste et régulier, orné d'un frontispice de deux ordres avec attique, et précédé d'une vaste cour où l'on arrive par une porte en arc de triomphe et entouré d'un magnifique parc : c'est l'ancien palais épiscopal ; le grand séminaire, beau et vaste bâtiment ; la bibliothèque publique, renfermant 15,000 volumes ; le dépôt de mendicité. Le mont Pompéian ou de l'Ermitage, dont les falaises, coupées à pic, semblent menacer la ville, est particulièrement remarquable ; on y voit un curieux monument creusé dans le roc, ouvrage de pieux solitaires qui l'ont successivement habité pendant près de trois siècles ; l'église, plusieurs chapelles, un escalier d'une construction remarquable, y sont taillés en pleine roche. Du haut de ce rocher, on jouit d'une vue magnifique ; on découvre, pour ainsi dire, sous ses pieds la ville entière, le cours superbe de la Garonne, de vastes prairies, les plus riants paysages, et dans le lointain la chaine orientale des Pyrénées ; le beffroi de l'hôtel de ville, vieux château autrefois habité par Blaise Montluc.— Les églises St-Caprais, St-Hilaire et St-Etienne ; le beffroi, la maison de Montluc, et les ruines connues sous le nom de murs des Romains, ont été désignées par l'autorité locale comme étant susceptibles d'être classés au nombre des monuments historiques.

Buts d'excursion. A 4 k. S. d'Agen, on doit visiter les deux églises de *Moirax* et de *Layrac*, remarquables par leur architecture.

Biographie. Agen est le lieu de naissance de Sulpice Sévère, historien ecclésiastique latin, né vers 360, auteur de : *Sacræ Historiæ a mundi exordio ad sua usque tempora deductæ*, etc., in-8, 1556. La plus belle édition de cet ouvrage est celle donnée par les Elzevier, *Lugd. Batav.*, petit in-12, 1635.

Just.-Jos. Scaliger, savant philologue, regardé comme le créateur de la science de la chronologie, né en 1540. Il a publié deux grands ouvrages relatifs à ce sujet, savoir : *Opus de emendatione temporum*, in-f°, 1583, et *Thesaurus temporum, complectens Eusebii Chronicon*, in-f°, 1609. Comme philologue, il a commenté Varron, *De lingua latina*, Verrius Flaccus, Festus, César, Sénèque, Tertullien, Catulle, Tibulle, Properce, Perse, Ausone, Manilius, Théocrite, Nonnus, Hippocrate ; il a traduit en vers latins la *Cassandre* de Lycophron, l'*Ajax* de Sophocle, les épigrammes d'Agathias, et en vers grecs quelques-unes des épigrammes de Martial, et les Sentences de Publius Syrus.

Bernard de Palissy, qui, de simple potier de terre, devint, dit Fontenelle, aussi grand physicien que la terre puisse en former, mort en prison, en 1589, à l'âge de 90 ans. Ses principaux ouvrages sont : *la Nature des eaux et fontaines, des métaux, sels et salines, des pierres, des terres, du feu, des émaux*, in-8, 1580 ; *Recette véritable par laquelle tous les hommes pourront apprendre à augmenter leurs trésors*, etc., petit in-4, 1663 ; *le Moyen de devenir riche*, 2 t. en 1 vol. in-8. Faujas de St-Fond a donné une nouvelle édition de tous ces ouvrages, sous le titre d'*OEuvres de Bernard de Palissy*, in-4, 1777.

J.-J. Boileau, biographe et épistolaire, mort en 1735, auteur de *Lettres sur différents sujets de morale et de piété*, in-12, 1737 ; d'une *Relation abrégée de la vie de madame de Combé*, in-12, 1700 ; d'une *Vie de madame de Liancourt* ; et d'une *Vie de madame d'Epernon* (inédite).

Le comte de Valence, général en chef de l'armée des Ardennes, membre du sénat conservateur.

Bern. de la Ville-sur-Illon, comte de Lacépède, célèbre naturaliste, de l'académie des sciences, grand chancelier de la Légion d'honneur sous l'empire, sénateur, pair de France, né en 1756, mort en 1825. Ses principaux ouvrages sont : *Poétique de la musique*, 2 vol. in-8, 1785 ; *Histoire naturelle des reptiles*, in-4, ou 2 vol. in-12, 1789 ; *Histoire des quadrupèdes ovipares et des serpents*, 2 vol. in-4, ou 4 vol. in-12, 1788-89 ; *Histoire naturelle des poissons*, 6 vol. en 5 t. in-4, ou 11 vol. in-12, fig., 1798-1803 ; *Histoire des cétacés*, in-4 et pl., ou 2 vol. in-12, 1804 ; *Histoire naturelle de l'homme*, in-8 ou in-18, 1827 ; *Histoire générale, physique et civile de l'Europe, depuis les dernières années du v° siècle jusque vers le milieu du XVIII°*, 18 vol. in-8, 1826.

J.-B.-G.-M. Bory de St-Vincent, colonel du génie, géographe, naturaliste et littérateur, né en 1780, auteur d'un grand nombre d'ouvrages, dont les principaux sont : *Essai sur les îles Fortunées et l'antique Atlantide, ou Précis de l'histoire générale de l'archipel des Canaries*, in-4, 1802 ; *Voyage dans les quatre principales îles des mers d'Afrique*, etc., 3 vol. in-8 et atlas in-4, 1803 ; *Samuel, ou le Livre du Seigneur, traduit d'un manuscrit hébreu, histoire authentique de l'empereur Apollyon et du roi Béhémot, par le Très-Saint-Esprit* (livre singulier, dédié à M. de Chateaubriand, et attribué à M. Bory de St-Vincent), in-18, 1816 ; *Voyage souterrain, ou Description du plateau de St-Pierre de Maëstricht et de ses vastes cryptes*, etc., in-8, cartes et vues, 1821 ; *Microscopiques et articles généraux, polypes, polypiers, psychodiaires*, etc., in-8, 1827 ; l'*Homme* (homo), *essai zoologique sur le genre humain*, 2 vol. in-8, 1827. M. Bory de St-Vincent est auteur d'un grand nombre d'articles insérés dans divers ouvrages d'histoire naturelle ; il a été le principal rédacteur du *Dictionnaire classique d'histoire naturelle*, 16 vol. in-8 et pl., 1822-30. Enfin, comme littérateur, il est auteur d'une comédie ayant pour titre : *la Fille grenadier* (Barba, 1817), et de plusieurs *fables et contes* en vers.

J.-V.-F. Lamouroux, professeur d'histoire naturelle, mort en 1825, auteur de l'*Histoire des polypiers, vulgairement nommés zoophytes*, in-8, 1817 ; d'un *Cours de géographie physique*, 2° édition, in-8, 1829, et de plusieurs autres ouvrages remarquables.

Boudon de Saint-Amans, archéologue, historien et naturaliste distingué, mort en 1831, auteur d'un *Essai sur les antiquités du département du Lot* (Mém. de la soc. des antiq. de France, t. III et VII) ; d'une *Flore agénoise*, in-8, 1820 ; d'un *Fragment d'un voyage sentimental dans les Pyrénées*, in-8, 1789, et d'une multitude d'autres ouvrages du plus haut intérêt, dont la notice détaillée se trouve dans l'excellent ouvrage publié par M. Quérard, sous le titre de *la France littéraire*.

Le baron J.-C. Chaudruc de Crazannes, savant antiquaire, auteur des *Antiquités de la ville de Saintes et du département de la Charente-Inférieure*, in-4, 1820, et de plusieurs autres ouvrages.

Jasmin, poëte provençal, qui manie avec correction et pureté l'idiome d'Agen, le plus pur des patois provençaux. Ses principaux ouvrages sont : *le Charivari*, poëme burlesque ; *les Papillotes*, recueil de poésies, où se trouve le charmant récit intitulé *Mes Souvenirs* ; l'*Aveugle de Castel-Cueillé*, poëme où il raconte avec beaucoup de pathétique et de mélancolie une tradition populaire très-touchante du pays ; enfin un autre poëme intitulé *Francounetto*.

Industrie. Manufacture de toiles à voiles et de ménage, 1802, 1806, 1818. S. E. Tuyaux de fil pour pompes et incendie. Fabriques de serges, molletons, toiles peintes, amidon, chandelles. Distillerie d'eaux-de-vie. Tanneries. — *Commerce* de grains, de farines dites de minot qu'on expédie pour les colonies, de vins, eaux-de-vie, pruneaux renommés, dits pruneaux d'entes d'Agen, draperies, coton filé, plumes et duvet, etc. Entrepôt du commerce de Bordeaux et de Toulouse. — *Foires* de 3 jours, les 15 septembre et lundi saint, premier lundi de juin, deuxième lundi de décembre, quinze jours avant le lundi gras.

L'arrondissement d'Agen renferme 9 cantons : Agen (prem. partie), Agen (deux. partie), Astaffort, Beauville, la Plume, la Roque, Port-Ste-Marie, Prayssas et Puymirol.

Agen est à 104 k. E. de Mont-de-Marsan, 68 k. N. d'Auch, 148 k. S.-E. de Bordeaux, 74 k. S.-O. de Cahors, 74 k. N.-N.-O. de Montauban, 109 k. N.-O. de Toulouse, 608 S. de Paris pour la taxe des lettres et les relais de poste.

Bibliographie. Loisel (A.). *De la ville et pays d'Agénois, et des hommes signalés qui y ont vécu*, in-8, 1605.

Darnal (J.). *Les Antiquités de la ville d'Agen et pays Agénois*, imprimées dans le livre intitulé : *Remontrances faites aux ouvertures des plaidoyers d'après saint Luc, en sénéchaussée d'Agen*, in-8, 1606.

Pithou (P.). *Remarques sur les antiquités de la ville d'Agen* (OEuvres de P. Pithou, p. 886, in-4, 1609).

Chaudruc de Crazannes (le baron). *Notice sur les antiquités de la ville d'Agen, et du pays des Nitiobriges*, in-8, 1820.

Brecy (B.). *Esquisses historiques, archéologiques et pittoresques sur St-Etienne, ancienne cathédrale d'Agen*, in-4, 8 pl., 1836.

V. aussi A. Duchesne, *Antiquités des villes de France*, t. II, p. 125 ; St-Amans, *Mémoires de la société des arts et belles-lettres d'Agen*, t. I et II ; Dubarry, *Recherches sur les amphithéâtres du Midi* (Mémoires de la société archéologique du Midi, t. II, p. 107).

AGENCOURT, vg. Côte-d'Or (Bourgogne), arr. à 17 k. de Beaune, cant. et ✉ de Nuits. Pop. 167 h.

AGENDICUM. V. Agedincum.

AGÉNOIS (l'), *Pagus Aginnensis, Aginnensis Tractus*, pays de l'ancienne Gaule dont Agen était la capitale. C'est un pays très-fertile, qui forme actuellement la plus grande partie du département de Lot-et-Garonne. Il dépendait autrefois de l'ancienne province de Guienne. Son territoire, qui est environ de 96 k. de long sur 24 de large, abonde en blé et en vins, lin, fruits, châtaignes, tabac, garance, et autres productions du sol ; les plaines de cette province, voisines du Lot et de la Garonne, produisent une immense quantité de chanvre. On y trouve d'excellents pâturages, des mines de fer abondantes, plusieurs fabriques et manufactures, beaucoup de forges, fonderies et autres usines. Les principales rivières qui l'arrosent sont : la Garonne, la Dordogne, le Lot, le Lez et le Dropt. V. Lot-et-Garonne.—L'Agénois fut possédé par les Carlovingiens jusque vers la fin du règne de Charles le Simple, où il passa aux ducs de Gascogne, qui le conservèrent pendant plus de cent ans. Gombaud, évêque de Bazas et d'Agen, et comte de cette dernière ville, le laissa à son fils Hugues, qui lui succéda, tant à l'évêché qu'au comté, et depuis ce temps les évêques d'Agen prirent le titre de comtes, mais toutefois que ce titre leur donnât aucun droit temporel sur la ville. L'Agénois fut possédé par les ducs de Guienne, comtes de Poitiers, jusqu'à Eléonore, femme du roi d'Angleterre, dont le fils jouit de cette province jusqu'à l'an 1196 qu'il la donna en dot à sa sœur Jeanne, lorsqu'elle épousa Raymond le Vieux, comte de Toulouse. Sous Philippe le Bel et ses enfants, l'Agénois fut occupé par les Français; il fut cédé aux Anglais par le traité de Brétigny, et réuni à la couronne par Charles V. Cette province était du gouvernement général de la Guienne, du ressort du parlement et de la généralité de Bordeaux, de l'élection et de l'évêché d'Agen. Le diocèse d'Agen s'étendait à 56 k. de long sur 24 de large, et 128 k. de circuit; renfermait 400 paroisses et 5 abbayes. Cet évêché, érigé au IIIe siècle, rapportait à son évêque 35,000 liv. — L'Agénois forme aujourd'hui le département de Lot-et-Garonne, à l'exception du territoire de Ste-Foy, qui fait partie de celui de la Gironde.

Bibliographie. Boudon de St-Amans (H). *Essai sur l'histoire et les antiquités de l'Agénois* (inédit). V. aussi Agen.

AGENVILLE, vg. *Somme* (Picardie), arr. et à 20 k. de Doullens, cant. et ⌧ de Bernaville. Pop. 226 h.

AGENVILLERS, vg. *Somme* (Picardie), arr., ⌧ et à 12 k. d'Abbeville, cant. de Nouvion. Pop. 511 h.

AGERT, vg. *Ariége*, comm. de Balaguères, ⌧ de Castillon.

AGESINATES (lat. 47°, long. 16°). « Leur nom est tiré de Pline, dans l'énumération des peuples de l'Aquitaine (lib. IV, cap. 19); et il nous donne un moyen de les connaître plus particulièrement, en ajoutant *Pictonibus juncti*. Mais le nom de *Cambolectri*, qui précède celui d'*Agesinates*, n'en est point séparé par une virgule dans l'édition du P. Hardouin, comme il l'est dans quelques autres : et le savant éditeur a pensé que Pline (lib. III, cap. 4), citant dans la Narbonnaise des *Cambolectri* distingués par un surnom, *qui Atlantici cognominantur*, d'autres *Cambolectri*, qu'indique le même auteur dans une autre partie de la Gaule, sont de même distingués par le surnom d'*Agesinates*. Il semble que c'est s'épargner une conjecture, que de s'en tenir au nom d'*Agesinates*. Je crois du moins que ce nom peut suffire, pour trouver l'emplacement qu'il convient de lui donner dans la carte de la Gaule, ne connaissant rien au contraire qui montre quelque rapport à celui de *Cambolectri*, que l'on n'a point tiré de l'obscurité où plusieurs noms de peuples qu'on lit dans Pline sont restés. Personne n'ignore que Luçon, ainsi que Maillezais ou la Rochelle, est un nouveau diocèse dans l'ancien territoire des *Pictones*. Or, je retrouve le nom des *Agesinates* dans celui d'Aisenai, qui est un des trois archidiaconés qui composent le diocèse de Luçon, et en même temps un doyenné particulier. On ne saurait disconvenir que l'ancienne dénomination ne subsiste dans la dénomination actuelle d'une manière plus distincte, et avec moins d'altération que dans beaucoup d'autres, sur le rapport desquelles on ne forme néanmoins aucun doute. Ceux qui sont à portée de consulter les titres particuliers du pays doivent être invités, par cette découverte, à rechercher le nom que porte Aisenai dans ces titres. Il est à présumer qu'on le trouvera employé dans des actes de plus ancienne date que la bulle du pape Jean XXII, de l'an 1317, pour l'érection de Luçon en siége épiscopal. Dans le dénombrement des doyennés qui sont distraits du diocèse de Poitiers pour composer celui de Luçon, le doyenné d'Aisenai est appelé *Asianensis*. Mais ce n'est pas d'une pièce aussi récente que le XIVe siècle, qu'on doit attendre la vraie nomenclature d'Aisenai. On croirait devoir le trouver dans les titres de Marmoutier, parce qu'à Aisenai on connaît un prieuré dépendant de cette célèbre abbaye, sous le nom de St-Benoît. Mais les huguenots n'épargnèrent point les archives de Marmoutier, en pillant le trésor de l'église, l'an 1562. Je suis néanmoins redevable au P. R. prieur D. Rouault, de savoir que, dans quelques donations particulières, il est mention du prieuré d'Azenais; et dans cette dénomination on ne saurait méconnaître celle de *Agesinates* presque toute pure. L'emplacement que Sanson et plusieurs autres ont donné aux *Agesinates*, dans le diocèse d'Angoulême, n'est appuyé sur aucun indice qui serve de fondement à cette opinion. » D'Anville. *Notice de la Gaule*, p. 39 et suiv. V. aussi Walckenaer. *Géographie des Gaules*, t. I, p. 367, et t. II, p. 245.

AGEUX (les), vg. *Oise* (Ile-de-France), arr. et à 18 k. de Clermont-Oise, cant. de Liancourt, ⌧ de Pont-Ste-Maxence. Pop. 281 h. — *Commerce de vins, chanvre et bois*.

AGEUX (Bois-d'), h. *Oise*, comm. de Longueil, ⌧ de Verberie.

AGEVILLE, vg. *Haute-Marne* (Champagne), arr. et à 18 k. de Clermont, cant. et ⌧ de Nogent-le-Rotrou. Pop. 498 h.

AGEY, vg. *Côte-d'Or* (Bourgogne), arr. et à 30 k. de Dijon, cant. et ⌧ de Sombernon. Pop. 448 h. Il est près de la source de l'Ouche.

AGIL (St-), vg. *Loir-et-Cher* (Maine), arr. et à 35 k. de Vendôme, cant. et ⌧ de Moutdoubleau. Pop. 683 h.

AGIMONT. V. Charlemont.

AGINCOURT, vg. *Meurthe* (Lorraine), arr., cant., ⌧ et à 7 k. de Nancy. Pop. 226 h. On y trouve une source d'eau minérale ferrugineuse froide.

AGINENSE, ou Ack, petite contrée de la Bretagne, s'étendait depuis Plouarzel jusqu'à Tremenach, et dont la ville de Tolente était la principale cité. Le pays d'Ack ou d'Aginense est célèbre par la religion des Celtes. C'est là que l'on plaçait le séjour des bienheureux, les îles Fortunées dont parlent Hésiode, Homère, Euripide. Ces îles étaient Euez-Seizhûn, l'île des Sept-Dormants ou des Sept-Génies (aujourd'hui l'île de Sein); Euz-Euez, l'île d'Ezus du dieu de la terreur (l'île d'Ouessant); et l'île Beniguet, l'île bénite. « Démétrius, dit Plutarque, raconte qu'entre les îles voisines de la Bretagne il y en a quelques-unes de désertes, que l'on appelle les îles des Génies et des Héros. Il suit un jour par curiosité un roi du pays qui s'embarquait pour la plus voisine de ces îles, où ils ne trouvèrent qu'un petit nombre d'habitants qui y vivaient dans une pleine sécurité, parce que les Bretons les tenaient pour sacrées. »

AGINNUM (lat. 45°, long. 19°. « Ptolémée nous indique cette ville comme capitale des *Nitiobriges*. L'Itinéraire d'Antonin et la Table théodosienne font également mention d'*Aginnum*; et dans la Table, c'est une position distinguée par la figure qui désigne la plupart des capitales. On lit de même *Aginnum* dans Ausone mais, dans la Notice des provinces de la Gaule, *Civitas Agennensium*; et ce qui est remarquable, le siége d'Agen y suit immédiatement la métropole de la seconde Aquitaine. » (D'Anville. *Notice de la Gaule*, p. 41. V. aussi Walckenaer. *Géographie des Gaules*, t. I, p. 358.

AGIOT, h. *Seine-et-Oise*, comm. de la Verrière, ⌧ de Trappes.

AGLAN, h. *Lot*, comm. de Soturac, ⌧ de Fumel.

AGLAN, h. *Nièvre*, comm. de Challuy, ⌧ de Nevers.

AGLAN, h. *Nièvre*, comm. de Bona, ⌧ de St-Saulge.

AGLY, rivière. V. Gly.

AGMÉ, vg. *Lot-et-Garonne* (Agénois), arr., cant. et à 16 k. de Marmande, ⌧ de Tonneins. Pop. 329 h.

AGNAC, vg. *Aveyron*, comm. de St-Parthem, ⌧ d'Aubin.

AGNAC, h. *Aveyron*, comm. de Vors, ⌧ de Rodez.

AGNAC, vg. *Lot-et-Garonne* (Agénois), arr. et à 25 k. de Marmande, cant. de Lauzun, ⌧ de Miramont. Pop. 709 h.

AGNAN (St-), vg. *Aisne* (Picardie), arr., et à 22 k. de Château-Thierry, cant. de Condé-en-Brie. Pop. 328 h.

AGNAN (St-), vg. *Aveyron*, comm. de Ségur, ⌧ de Pont-de-Salars. Pop. 167 h.

AGNAN (St-), h. *Dordogne*, comm. de Hautefort, ⌧ d'Exideuil.

AGNAN (St-), h. *Gers*, comm. de Laromieu, ⌧ de Condom.

AGNAN (St-), h. *Gironde*, comm. et ⌧ de la Réole.

AGNAN (St-), h. *Lot*, comm. de Valprionde, ⌧ de Montcuq.

AGNAN (St-), vg. *Lot-et-Garonne*, comm. de Penne, ⌧ de Villeneuve-sur-Lot.

AGNAN (St-), vg. *Moselle*, comm. d'Ogy, ⌧ de Metz.

AGNAN (St-), vg. *Nièvre* (Nivernais), arr. et à 35 k. de Château-Chinon, cant. de Montsauche, ⌧ de Saulieu. Pop. 841 h.

AGNAN (St-), vg. *Saône-et-Loire* (Bourgogne), arr., cant. et à 34 k. de Charolles, cant. et ⌧ de Digoin. Pop. 1,760 h.

AGNAN (St-), vg. *Tarn* (Languedoc), arr., cant., ⌧ et à 8 k. de Lavaur. Pop. 322 h.

AGNAN (St-), h. *Tarn*, comm. du Bez-de-Belfourte, ⌧ de Brassac.

AGNAN, vg. *Yonne* (Champagne), arr. et à 22 k. de Sens, cant. de Pont-sur-Yonne, ⌧ Villeneuve-la-Guyard. Pop. 338 h.

AGNAN-DE-CERNIÈRES (St-), vg. *Eure* (Normandie), arr. et à 19 k. de Bernay, cant. de Broglie, ✉ de Montreuil-l'Argillé. Pop. 402 h. On trouve dans un vallon, à peu de distance de ce village, une source d'eau minérale acidule froide.
Ouvrage à consulter. TERREDE. *Examen analytique des eaux minérales des environs de l'Aigle*, etc., in-12, 1776 (le chapitre 37 traite des eaux minérales de Cernières, et le chapitre 47 des eaux de Ganville ou de St-Agnan).

AGNAN-DE-COSNE (St-), vg. *Nièvre*, comm. et ✉ de Cosne.

AGNAN-DE-PONT-AUDEMER (St-), vg. *Eure*, comm. et ✉ de Pont-Audemer.

AGNAN-DE-SÉGUR (St-), h. *Aveyron*, comm. de Ségur, ✉ de Pont-de-Salars.

AGNAN-EN-VERCORS (St-), vg. *Drôme* (Dauphiné), arr., ✉ et à 28 k. de Die, cant. de la Chapelle-en-Vercors. Pop. 1,213 h. — *Foires* les 12 mai, 20 septembre, 9 octobre et premier lundi après le 17 juillet (au hameau de Rousset). — *Fabrique* d'excellents fromages dits de Sassenage.

AGNAN-LE-MALHERBE, vg. *Calvados* (Normandie), arr. et à 24 k. de Caen, cant. et ✉ de Villers-Bocage. Pop. 217 h.

AGNAN-SUR-ERRE (St-), vg. *Orne* (Perche), arr. et à 30 k. de Mortagne, cant. du Theil, ✉ de Bellême. Pop. 513 h.

AGNAN-SUR-SARTHE (St-), vg. *Orne* (Normandie), arr. et à 46 k. d'Alençon, cant. de Courtomer, ✉ de Moulins-la-Marche. Pop. 419 h.

AGNANT (St-), vg. *Charente-Inférieure* (Saintonge), chef-lieu de cant., arr. et à 19 k. de Marennes, ✉ de Rochefort. Pop. 1,107 h. — TERRAIN crétacé inférieur, grès vert. — *Foires* les premiers samedis de février, avril, juin, août, octobre et décembre.

AGNANT (St-), vg. *Creuse* (Pays de Combrailles), arr. et à 22. k. d'Aubusson, cant. du Crocq, ✉ de la Villeneuve. Pop. 1,244 h. Près de la source de la Roseille.

AGNANT (St-), vg. *Meuse* (Lorraine), arr. et à 12 k. de Commercy, cant., ✉ et à 8 k. de Saint-Mihiel. Pop. 301 h.

AGNAT, vg. *Haute-Loire* (Auvergne), arr., ✉ et à 9 k. de Brioude, cant. d'Auzon. Pop. 755 h.

AGNE, h. *Charente*, comm. d'Aignes, ✉ de Blayzac.

AGNEAUX, vg. *Manche* (Normandie), arr., cant., ✉ et à 1 k. de St-Lô. Pop. 934 h. Près de la Vire. Il y avait autrefois un prieuré de l'ordre de St-Augustin — Pêche du saumon.

AGNEAUX, h. *Seine-et-Marne*, comm. d'Ozouer-la-F., ✉ de la Queue-en-Brie. On y voit un joli château. — *Foire* le 9 octobre.

AGNEAUX (les), h. *Seine-et-Oise*, comm. d'Orgeras, ✉ de Tournan.

AGNELIERS, vg. *Basses-Alpes*, comm. d'Uvernet, ✉ de Barcelonnette.

AGNERQ (Bas-), h. *Basses-Alpes*, comm. de Castelles-les-Sausses, ✉ d'Entrevaux.

AGNES, h. *Aveyron*, comm. de Vimenet, ✉ de Laissac.

AGNES, h. *Charente*, comm. de Blanzac.

AGNÈS (Ste-), ou STE-ANNE, vg. *Doubs* (Franche-Comté), arr. et à 40 k. de Besançon, cant. d'Amancey, ✉ de Salins. Pop. 132 h.

AGNÈS (Ste-), vg. *Isère* (Dauphiné), arr. et à 24 k. de Grenoble, cant. et ✉ de Domène. Pop. 851 h. — *Foire* le 20 septembre. — Mines de houille non exploitées.

AGNÈS (Ste-), vg. *Jura* (Franche-Comté), arr. et à 10 k. de Lons-le-Saulnier, cant. et ✉ de Beaufort. Pop. 385 h. — Mines de houille.

AGNET (St-), vg. *Landes* (Gascogne), arr. et à 36 k. de St-Sever, cant. d'Aire, ✉ de Garlin. Pop. 385 h. — *Foire* le 27 juillet.

AGNETZ (les), vg. *Oise*, comm. de Roche, ✉ de la Verpillière.

AGNETZ, vg. *Oise* (Ile-de-France), arr., cant., ✉ et à 3 k. de Clermont - Oise. Pop. 1,191 h. Il est situé à mi-côte, dans une contrée boisée et abondante en sources d'eaux vives, qui vivifient un charmant paysage et embellissent plusieurs maisons de campagne réparties sur son territoire. L'église, dédiée à saint Léger, est d'une ancienne et belle architecture; on y voit, dans une niche grossière, pratiquée dans un des gros piliers du chœur, une statue de la Vierge qui attire chaque année un grand nombre de pèlerins. Cette église a été désignée récemment par l'autorité locale comme un des édifices susceptibles d'être classés au nombre des monuments historiques. — Tuileries, fours à chaux, extraction de tourbe, exploitation de carrières de pierres dures. — A BOULINCOURT, dépendance d'AGNETZ, mine de lignite pyriteux en exploitation, dont l'emploi est utile en agriculture.

AGNEZ-LES-DUISANS, vg. *Pas-de-Calais* (Artois), arr., ✉ et à 8 k. d'Arras, cant. de Beaumetz-les-Loges. Pop. 540 h.

AGNICOURT-ET-SÉCHELLES, vg. *Aisne* (Picardie), arr. et à 35 k. de Laon, cant. de Marle, ✉ de Montcornet. Pop. 673 h. Sur la Serre. — Filature de laine.

AGNIELLES-EN-BEAUCHÊNE, vg. *Hautes-Alpes* (Dauphiné), arr. et à 33 k. de Gap, cant. et ✉ d'Apres-les-Veynes. Pop. 232 h.

AGNIÈRES, vg. *Hautes-Alpes* (Dauphiné), arr. et à 44 k. de Gap, cant. de St-Étienne-en-Dévoluy, ✉ de Corps. Pop. 430 h. — *Foire* le 29 août.

AGNIÈRES, vg. *Somme* (Picardie), arr. et à 44 k. d'Amiens, cant. de Poix, ✉ de Grandvilliers. Pop. 336 h.

AGNIÈRES-LES-AUBIGNY, vg. *Pas-de-Calais* (Artois), arr., ✉ et à 25 k. de St-Pol, cant. et ✉ d'Aubigny. Pop. 129 h. Près de la Scarpe.

AGNIN, vg. *Isère* (Dauphiné), arr. et à 23 k. de Vienne, cant. de Roussillon, ✉ de Bougé-Chambelland. Pop. 733 h.

AGNIN, Isère (Dauphiné), arr. et à 32 k. de Vienne, cant. de St-Jean-de-Bournay, ✉ de Bourgoin. Pop. 733 h.

AGNIO. V. AA.

AGNOHA, vg. *Basses-Pyrénées*, arr. et à 24 k. de Bayonne, 25 k. de *Mona* (Espagne). Gîte d'étape.

AGNOH, vg. *Basses-Pyrénées* (Béarn), arr., ✉ et à 4 k. d'Oloron, cant. de Ste-Marie. Pop. 473 h. Près de la Mielle.

AGNOTES (lat. 49o, long. 13e). «Artémidore, dans Étienne de Byzance, nomme ainsi un peuple de la Celtique, sur le rivage de l'Océan. On pourrait, ce semble, reconnaître le même nom dans celui du *Pagus Agnensis*, dont il est mention dans la vie de saint Paul de Léon, où il est dit que le roi Childebert 1er donna à ce prélat *Agnensem Leonensemque pagos*. Quoi qu'il en soit de cette donation, et ce qu'il y a de certain, c'est que la partie occidentale du diocèse de Léon, enveloppé par la mer de trois côtés, conserve le nom d'*Ack* dans un des districts ecclésiastiques de ce diocèse : et un des ports de la côte en tire son nom, qui est *Aber-Ack*. Cette position des *Agnotes* ne permettra pas de les confondre avec *Anagnutes* de Pline, si l'on ne se croit pas autorisé de l'accuser d'erreur, pour avoir placé dans l'Aquitaine un peuple qu'il aurait dû nommer dans la Lyonnaise.» D'Anville. *Notice de l'ancienne Gaule*, p. 41. V. aussi Walckenaer. *Géogr. des Gaules*, t. 1, p. 199).

AGNY, vg., autrefois châtellenie , *Pas-de-Calais* (Thiérache), arr., cant., ✉ et à 3 k. d'Arras. Pop. 1,006 h.

AGOLS, h. *Aveyron*, comm. de Montpeyroux, ✉ de Laguiole.

AGON, bg maritime du dép. de la *Manche* (Normandie), arr., ✉ et à 11 k. de Coutances, cant. de St-Malo-de-la-Lande. Pop. 1,561 h. — TERRAIN de transition moyen. — Il est près de la mer, où il a un petit port où les bateaux arrivent et apportent ordinairement de l'ardoise fine du Châtaulin. Établissement de la marée du port, 5 h. 55 m. — *Fabrique* d'hameçons en fer et en acier, de toute espèce. Armements au long cours et pour la pêche de la morue au banc de Terre-Neuve. — *Commerce* de sapins du Nord, merrain, etc.

La foire d'Agon, établie par Jean sans Terre, comte de Mortain et roi d'Angleterre, en 1201, était jadis célèbre dans toute l'Europe. Les vaisseaux des royaumes d'Espagne, de Portugal, d'Angleterre, d'Irlande, de Flandre et de Hollande, y venaient à grandes flottes. Ceux des villes hanséatiques s'y rendaient aussi. Cette foire, comparable à celle de Beaucaire, ayant été pillée plusieurs fois par les Anglais, notamment en 1451, pour prévenir de nouveaux pillages, et rassurer les marchands qui n'osaient plus s'y rendre, elle fut éloignée de la côte et réunie à celle de Guibray.

AGONAC, vg. *Dordogne* (Périgord), arr., ✉ et à 15 k. de Périgueux. Pop. 1,719 h. — *Foires* les 17 janv., 16 août, 12 nov. et le lendemain de l'Ascension.

AGONÈS, vg. *Hérault* (Languedoc), arr. et à 40 k. de Montpellier, cant. et ✉ de Ganges. Pop. 114 h.

AGONGES, vg. *Allier* (Bourbonnais), arr. et à 17 k. de Moulins, cant. et ✉ de Souvigny. Pop. 646 h.

AGONNAY, vg. *Charente-Inf.* (Saintonge), arr. et à 18 k. de St-Jean-d'Angely, cant. et ✉ de St-Savinien. Pop. 219 h. Il est sur la côte, près de la Charente.

AGOS, h. *Landes*, comm. de Bougue, ✉ de Mont-de-Marsan. Sur le Midou.

AGOS, vg. *Hautes-Pyrénées* (Gascogne), arr., cant., ✉ et à 8 k. d'Argelès. Pop. 245 h. Sur la Neste.—*Carrières de marbre gris.*

AGOULIN (St-), vg. *Puy-de-Dôme* (Bourbonnais), arr. et à 15 k. de Riom, cant. et ✉ d'Aigueperse. Pop. 512 h.

AGOUT (l'), *Acutus, Augustius*, rivière qui prend sa source au mont Carroux (*haut Languedoc*), non loin de St-Gervais *Hérault*). Elle passe à la Salvetat, Brassac, Roquecourbe, Castres, Lavaur et St-Sulpice, peu après lequel elle se jette dans le Tarn, au-dessous de Rabastens (*Tarn*). Dans son cours, qui est de 23 l., elle reçoit le Tauré, l'Adou, etc. L'Agout rend le Tarn considérable par sa jonction.

AGRANVILLE, b. *Seine-Inf.*, comm. de Douvrend, ✉ d'Envermeu.

AGREAUX (les), h. *Landes*, comm. de Luyant, ✉ de Roquefort.

AGRÈS, h. *Aveyron*, comm. de St-Parthem, ✉ d'Aubin.

AGRÈVE (St-), petite ville, *Ardèche* (Vivarais), chef-lieu de cant., arr. et à 48 k. de Tournon, ✉, gîte d'étape. A 539 k. de Paris p. la taxe des lettres. Pop. 2,485 h.—Terrain cristallisé ou primitif; et ter. volcanique, basalte.

Cette ville, bâtie sur le mont Chiniac, passe pour être très-ancienne : on y remarque les ruines d'un château fort qui existait dans le XVᵉ siècle, et qui a soutenu plusieurs siéges dans les guerres de religion. En 1579, St-Agrève était une des places de sûreté accordées aux protestants, qui s'y fortifièrent. St-Vidal eut ordre de s'en emparer. La place fut investie le 16 septembre 1580. Une batterie de 12 pièces de canon fut dirigée contre les murailles, et l'évêque du Puy, Antoine de Senectère, accourut dévotement aider de ses conseils les assiégeants sur les meilleurs moyens d'exterminer promptement la population de la ville. Malheureusement Chambaud, commandant de St-Agrève, en était quelques jours avant pour une expédition. Il tenta vainement de rentrer dans la place, fut forcé de faire retraite, et les habitants se virent réduits à leur seul courage pour se défendre. Le siège dura longtemps ; l'attaque, ainsi que la défense, furent également opiniâtres. Les assiégés ne cédérent que pied à pied les ouvrages extérieurs aux assiégeants, et ce ne fut qu'après avoir perdu beaucoup de monde que ces derniers parvinrent au pied de la dernière muraille, que se déterminèrent à donner assaut. Les assiégés jugèrent alors qu'ils étaient perdus, et, ne prenant conseil que de leur désespoir, choisirent la nuit pour exécuter le dessein qu'il leur inspira. Ils rassemblèrent leurs femmes, leurs enfants, leurs vieillards, et les placèrent au centre de leur bataillon ; chaque habitant, en abandonnant sa maison, y mit le feu et courut se réunir à la troupe, qui, à la faveur des ténèbres, sortit de la place, et essaya, par des chemins détournés, de s'enfoncer dans les montagnes. Les assiégeants, qui se disposaient à livrer l'assaut au lever de l'aurore, à l'aspect subit de cette ville embrasée tout entière en moins d'une heure, soupçonnèrent quelque ruse de guerre, pensèrent que les habitants allaient fondre sur eux, et tenter de se frayer un passage, ou de périr dans leurs rangs ; mais au bout de quelque temps, ne voyant paraître personne, quelques-uns des plus téméraires escaladèrent la muraille, pénétrèrent dans les rues à travers les flammes, et, surpris de les trouver désertes, revinrent apprendre à leurs compagnons cet étrange événement. Les assiégeants suivirent aussitôt les traces des fuyards, les atteignirent, et massacrèrent sans pitié les hommes, les mères, les filles, les enfants et les vieillards ; leur rage ne s'arrêta que lorsque aucun être vivant ne s'offrit plus à leurs yeux. Toute la ville fut consumée et les murailles furent rasées.

St-Agrève est l'entrepôt des vins, huiles, savons, châtaignes, et autres objets importés des cantons voisins ou des départements méridionaux. — *Commerce* de grains, vins, fruits, châtaignes, légumes, beurre, fromages et bestiaux de toute espèce pour l'agriculture et la boucherie. Marchés très-considérables. — *Foires* les 2 et 28 janvier, deuxième lundi de la Pentecôte, 11 juillet, premier et quatrième lundi de carême, deuxième lundi après Pâques, 6 octobre, le vendredi avant le dimanche des Rameaux.

AGRIÉE, *Nièvre*, comm. de Moraches, ✉ de St-Révérien.

AGRIS, bg *Charente* (Angoumois), arr. et à 20 k. d'Angoulème, cant. et ✉ de la Rochefoucauld. Pop. 1,389 h.

AGUDELLE, vg. *Charente-Inf.* (Saintonge), arr., cant., ✉ et à 8 k. de Jonsac. Pop. 253 h.

AGUÈDE, h., anciennement prieuré de l'ordre de Cluny, à 5 k. de Crépy.

AGUESSAC, vg. *Aveyron* (Rouergue), arr., cant., ✉ et à 7 k. de Millau, au confluent du Menson et du Tarn. Pop. 763 h. Il possède une source d'eau minérale froide. — *Foires* les 5 novembre, vingt-troisième jour de carême, et quatrième jour après Pâques.

AGUILCOURT, vg. *Aisne* (Picardie), arr. à 40 k. de Laon, cant. de Neufchâtel-sur-la-Serre, ✉ de Béry-au-Bac. Pop. 307 h. Le comte de Rouay accorda des franchises aux habitants de ce village en 1339.

AGUILAN, vg. *Drôme*, comm. de Mérindol, ✉ du Buis.

AGUIN, vg. *Gers* (Gascogne), comm. et ✉ de Lombez.

AGUST, vg. *Tarn* (Languedoc), arr. et à 25 k. de Lavaur, cant. de Cuq-Toulza, ✉ de Puylaurens. Pop. 662 h.

AGUZAN, h. *Gard*, comm. de Conquerac, ✉ de St-Hippolyte.

AGY, vg. *Calvados* (Normandie), arr., cant., ✉ et à 7 k. de Bayeux. Pop. 319 h.

AHAICE, vg. *B.-Pyrénées*, comm. d'Ossès, ✉ de St-Jean-Pied-de-Port.

AHAXE. V. Ahaxe-Alciette-Bascassan.

AHAXE - ALCIETTE - BASCASSAN, vg. *B.-Pyrénées* (Béarn), arr. de Mauléon, à 28 k. de St-Palais, cant. et ✉ de St-Jean-Pied-de-Port. Pop. 606 h. Il a reçu le surnom d'Alciette-Bascassan en 1842, époque de la réunion à son territoire de celui de cette commune.

AHETZE, vg. *B.-Pyrénées* (Béarn), arr. et à 5 k. de Bayonne, cant. d'Ustaritz, ✉ de St-Jean-de-Luz. Pop. 579 h.

AHÉVILLE, vg. *Vosges* (Lorraine), arr., ✉ et à 6 k. de Mirecourt, cant. de Dompaire. Pop. 215 h.

AHUEUILLÉ, bg *Mayenne* (Maine), arr., cant. ouest, ✉ et à 10 k. de Laval. Pop. 1,408 h.—Four à chaux.

AHUN, *Agedunum*, petite ville ancienne, *Creuse* (Marche), chef-lieu de cant., arr. et à 16 k. de Gueret. A 353 k. de Paris pour la taxe des lettres. Cure. ✉. Pop. 2,212 h.—Terrain primitif.—*Autrefois* ville et châtellenie royale, *haute Marche*, diocèse de Limoges, parlement de Paris, intendance de Moulins et élection de Gueret.

L'origine de cette ville remonte à une époque fort reculée ; il en est fait mention dans la Table théodosienne, sous le nom d'*Acitodunum*. V. ce mot. Une voie romaine la traversait et se dirigeant d'*Augustonemetum* (Clermont) sur *Augustoritum* (Limoges). Les monuments antiques qu'on y a découverts attestent qu'elle existait avant l'ère chrétienne, puisque ces monuments sont des traces du druidisme, ainsi que l'a savamment expliqué M. Jouilleton dans son intéressante Histoire de la Marche et du pays de Combrailles. Sous les rois de la première race, Ahun possédait un atelier monétaire : on voit dans les cabinets des pièces d'or qui ont été frappées dans cette ville. Elle avait autrefois un gouverneur particulier, et était défendue par un château fort, qu'on appelait le château du Rocher.

La ville d'Ahun est bâtie dans une position charmante, sur une montagne au pied de laquelle coule la Creuse ; l'air y est pur, les points de vue sont étendus et agréables. On remarque au bas de la montagne, dans un site pittoresque entouré de rochers escarpés, baignés par la Creuse, les restes d'une célèbre abbaye de l'ordre de Cluny, fondée par Boson en 997 ; les bâtiments, les jardins et les dépendances qui existent encore, font assez connaître l'importance de cet ancien monastère : on voit dans le chœur et le sanctuaire de l'église, qui heureusement a été conservée, de très-beaux ouvrages de sculpture et de menuiserie, et, sur le mur septentrional, un bas-relief représentant un jeune homme ayant les cheveux coupés, revêtu d'une robe qui descend jusqu'aux chevilles ; au bas de la pierre on lit : D. M. M. E. ALPIN.—Le 16 août, fête de saint Roch, cette église est l'objet d'un pèlerinage fameux, qui attire un grand concours de peuple, et surtout de jeunes villageoises, qui viennent y échanger leurs chevelures contre un fichu ou quelques morceaux d'étoffes. V. Moutier d'Ahun.—L'église paroissiale a été rebâtie à grands frais dans le style grec, à la fin du xviii° siècle. Le vaisseau moderne se soude à deux absides romanes d'une grande beauté, seul reste de l'ancienne église. Sous cette partie de l'édifice, est une crypte dont la voûte est soutenue par six colonnes coniques d'un petit diamètre; au fond est un tombeau nu et sans ornement, objet du culte populaire. A l'entrée de l'église est une niche surbaissée, remplie par une Piété d'un beau travail, dont les six personnages en calcaire et polychromes, ont 1 m. 30 c. de proportion. Ce groupe, précieux par sa conservation et l'éclat des peintures, a tous les caractères du xv° siècle.

Près d'Ahun existe un bassin houiller qui s'étend depuis cette ville jusqu'à Lioreix, sur une longueur d'un myriamètre et demi et une largeur moyenne de 600 m. Deux concessions, nommées l'une d'Ahun du nord, et l'autre d'Ahun du midi, y ont été instituées; elles comprennent ensemble une surface de 1,920 hect. *Fabrique* de toiles.—*Exploit.* de houille.— *Commerce* considérable de bestiaux renommés: le canton d'Ahun est de toute la Creuse celui où le beurre, le lait, le fromage et les veaux de lait sont les meilleurs. — *Foires* les 15 janv., 26 mai, 22 juin, 2 sept., 1er et 22 déc., mercredi des Cendres.

AHUY, vg. *Côte-d'Or* (Bourgogne), arr., cant., ✉ et à 6 k. de Dijon. Pop. 141 h. Il est situé près du Suzon sur un coteau élevé, et tire son nom d'un aqueduc souterrain qui existe au midi du village sur presque toute sa longueur, et dont on ignore la fondation. A peu de distance de l'église, on voit les restes de l'ancien château de Vergy, consistant en deux tourelles, placées de chaque côté de la porte d'entrée de cet ancien édifice. — Carrières de pierres de taille.

AI, ou AY, *Aggeium*, petite ville, *Marne* (Champagne), chef-lieu de cant., arr. et à 26 k. de Reims, ✉. A 140 k. de Paris pour la taxe des lettres. Cure. Pop. 3,130 h. — TERRAIN crétacé supérieur, craie blanche.

Aï est une ancienne ville, située au pied d'un riche coteau planté de vignes, au bord d'une vaste prairie qui s'étend sur la rive droite de la Marne.—Il serait difficile d'assigner l'origine de cette ville, dont on ne contestera pas l'ancienneté à l'aspect de ses nombreuses rues étroites et tortueuses. Une charte latine de 1312, donnée par Louis le Hutin, accorde aux habitants d'Aï le droit de justice sur tout les délits qui ne dépassent pas l'évaluation monétaire de 7 sols 6 den. tournois, et dont il paraît qu'ils jouissaient depuis un temps immémorial. Par cette même charte, une permission d'Henri IV, il leur est accordé le droit d'élire un maire et deux échevins.—Des lettres patentes de Henri III, du 23 octobre 1578 et 25 mai 1583, confirment la permission accordée aux habitants d'Aï, en 1514, par François Ier, *de faire clore et fermer la ville* de tours, murailles, portes et fossés, pour éviter les *pilleries des gens de guerre.*—Henri IV et Sully possédaient à Aï, suivant la tradition, des maisons dont l'on voit encore des sculptures curieuses et des plafonds peints dont il est difficile aujourd'hui de distin-

guer les sujets. Plusieurs autres maisons de ce quartier, bâties en bois, offrent, comme celle dite *de Henri IV*, d'anciennes sculptures, et passent pour avoir servi à loger les ouvriers qui travaillèrent à la restauration de l'église, ordonnée par Thibault, comte de Champagne, qui est représenté en guerrier sur le portail à gauche en entrant, et son épouse à droite.— Dans le *Recueil des villes de France*, par Châtillon, imprimé vers 1600, se trouve un plan d'Aï, avec ses fossés, tours et portes. Les fossés sont presque entièrement comblés au nord; ceux du sud ont été depuis environ 60 ans convertis en promenades.—L'église d'Aï a été désignée par l'autorité locale comme un des édifices susceptibles d'être classés au nombre des monuments historiques.

La situation d'Aï est des plus agréables, et sous peu d'années l'intérieur de la ville répondra à cette belle situation. Les rues s'élargissent et les maisons s'alignent insensiblement; la propreté y est entretenue par des fontaines publiques, dont l'établissement a été facilité par le patriotisme de M. Bigot, propriétaire d'une belle source qui en envoie les eaux par un long développement de 2 k., et en grande partie par des conduits en terre cuite.

Le vignoble d'Aï est le premier des vignobles dits *de la rivière de Marne*; il fournit les vins mousseux fins, pétillants, délicats et pourvus d'un joli bouquet, auxquels s'associent toutes les idées de gaieté, d'esprit de compagnie aimable et piquante. Plus légers et plus moelleux que les vins de Sillery, les vins d'Aï leur disputent la priorité lorsqu'ils ne moussent pas, et on les préfère souvent en France, où ils prennent quelquefois le nom de ce rival. — La situation d'Aï est tellement heureuse qu'on y voit la vigne fleurir et le raisin mûrir toujours en temps opportun. En tirant vers Dizy, au bas du bois des Ecarnots, est une petite gorge de 3 hect. qui produit la crème des vins; viennent ensuite les environs de cette gorge, la contrée au-dessous du moulin de Chézelles, et quelques autres en tirant vers Mareuil.

Les vins du canton d'Aï se partagent en vins de rivière, qui sont ceux de Mareuil, Aï, Dizy, Hautvillers et Cumières; et en vins de montagne, tels que ceux d'Ambonnay, de Bouzy et d'Avenay. — Sur 17,930 hect., superficie du canton, il y a 1,884 hect. plantés en vignes, réparties sur 16 communes, et dans 13 desquelles la culture de la vigne est la principale occupation des habitants. Les 1,884 hect. produisent année moyenne 21,220 pièces de vin, du prix de 40 à 150 fr. la pièce, et produisant ensemble annuellement 1,802,600 fr. — Le prix de l'hectare de vigne des communes vignobles du canton, classées par le cadastre, varie de 2,000 à 10,000 fr., selon que ces vignobles sont classés dans la 1re, 2e, 3e, 4e ou 5e classe.

PATRIX du conventionnel HÉMART, membre du conseil des cinq cents et du corps législatif. — *Fabrique* d'eau-de-vie. — *Commerce* important de vins de Champagne. Exploitation d'argile pour poterie et gozettes à porcelaine. — *Foires* les 22 avril et 8 sept.

AIBES, vg. *Nord* (Hainaut), arr. et à 20 k. d'Avesnes, cant. et ✉ de Solre-le-Château. Pop. 358 h.

AIBRE, vg. *Doubs* (Fr.-Comté), arr., cant., ✉ et à 10 k. de Montbéliard. Pop. 344 h.

AICIRITS, vg. *Basses-Pyrénées* (Béarn), arr. et à 26 k. de Mauléon, cant., ✉ et à 2 k. de St-Palais. Pop. 262 h.

AIDES, vg. *Loiret*, comm. et ✉ d'Orléans.

AIDLING, vg. *Moselle*, comm. et ✉ de Bouzonville.

AIFFRES, vg. *Deux-Sèvres* (Poitou), arr., ✉ et à 6 k. de Niort, cant. de Prahecq. Pop. 935 h.

AIGALADES (les), vg. *Bouches-du-Rhône*, comm. et ✉ de Marseille.

AIGALIERS, vg. *Gard* (Languedoc), arr., cant., ✉ et à 9 k. d'Uzès. Pop. 528 h.

AIGLANDE, vg. *Manche*, ✉ de St-Lô.— Carrières abondantes de pierre calcaire.

AIGLE (l'), h. *Doubs*, comm. et ✉ de Baume-les-Dames.

AIGLE (l'), *Castrum Aquilense*, *Aquila Castrum*, jolie ville, *Orne* (Normandie), chef-lieu de cant., arr. et à 3½ k. de Mortagne. A 138 k. de Paris pour la taxe des lettres.—Trib. de commerce, chamb. cons. des manuf. Cure. ✉, 〒. Pop. 5,505 h. — TERRAIN tertiaire moyen.

Autrefois château et marquisat, diocèse d'Evreux, parlement de Rouen, intendance d'Alençon, élection de Verneuil; sergenterie, brigade de maréchaussée, deux paroisses, couvents de Piepus et de bénédictines, grenier à sel. La ville de l'Aigle fut fondée, au commencement du xie siècle, par Fulbert de Beina. Suivant Orderic Vital, son nom *Aquila* ou *Castrum Aquilense* vient de ce que, lorsqu'on la bâtissait, un aigle vint placer son nid sur les constructions commencées, ce qui engagea les habitants à donner à leur ville le nom de cet oiseau, dont on voit une image colossale, aux ailes étendues, au sommet de la grande tour de l'église principale.

L'Aigle avait d'abord pour origine un château fort considérable, où, en 1354, Charles d'Espagne, connétable de France, fut assassiné par les ordres de Charles le Mauvais, roi de Navarre. Cette ville a soutenu plusieurs sièges. Les Français la prirent sur les Anglais en 1418. — Le vicomte de Dreux, chef des protestants, s'en empara en 1563.

L'Aigle est dans une situation agréable, sur le penchant de deux coteaux, près d'une belle forêt; elle est traversée par la Rille, qui l'entoure en partie, où elle conserve encore quelques restes de murailles et de fossés. C'est une ville bien bâtie, propre, et qui tend à s'embellir tous les jours; il n'y a point de monuments publics remarquables, mais on y voit de belles constructions particulières et des manufactures dignes de fixer l'attention. — Aux environs sont les eaux minérales de St-Santin.

L'église principale, dédiée à saint Martin, est une construction assez vaste de plusieurs époques. La petite tour en pierres grises peut remonter à la fondation de la ville; elle aura échappé par sa construction aux saccagements survenus dans les premiers siècles. La nef est du XIIIe siècle, le côté latéral gauche est du XVe, celui de droite du XVIe; quelques-uns des vitraux sont assez curieux; la chasse de saint Hubert, le crucifiement et les autres sujets que l'on voit à gauche sont les plus grossiers et les plus anciens; les miracles de saint Porcien, à droite, sont de 1550 à peu près. La grosse tour est un bel ouvrage du XVe siècle; la cloche principale date de 1498.

L'église de St-Barthélemy, dans le faubourg, est romane brute, avec un portail de transition; elle date de 1113; le chevet du chœur n'est arrondi en abside. — L'église de St-Jean est gothique, de plusieurs époques et peu remarquable: celle de l'hôpital est moderne et du XVIIe siècle.

Le château, placé au centre de la ville, offre une masse peu gracieuse, élevée, dit-on, sur les dessins de Mansard; il est bâti en briques comme toutes les maisons du pays; à l'entour sont d'immenses tilleuls qui font l'étonnement et l'admiration des voyageurs : sur le devant, vers l'est, sont de beaux jardins et une large terrasse, d'où la vue s'étend au loin sur le vallon de la Rille : là autrefois étaient le vieux donjon et la forteresse. Aujourd'hui, la position de ce château sur la place principale et dans le quartier le plus habité nuit beaucoup au développement de la ville, et empêchera toujours qu'elle ne s'accroisse d'une manière agréable. Elle s'étend en longueur sur les routes, mais son centre n'est point compacte et rempli; des hauteurs, vers l'ouest, elle présente la forme d'un aigle étendu, ou plutôt d'un X très-allongé.

L'hôtel de ville a été placé dans les bâtiments de l'ancien hôpital : c'est un édifice peu remarquable, malgré les restaurations que l'on y a faites depuis quelques années; on a réuni dans son enceinte les salles d'audience et la caserne de gendarmerie.

INDUSTRIE. L'Aigle se distingue par son industrie entre toutes les villes environnantes. Il s'y fait un commerce immense de clouterie, de quincaillerie, d'épingles, d'aiguilles, de fil de carde et de laiton que l'on prépare dans le pays. Plus de dix mille ouvriers sont occupés à ces diverses branches d'industrie dans les nombreux ateliers de la ville et dans ceux établis à plusieurs lieues aux environs. On compte qu'il ne se fait guère moins de six millions d'affaires par année dans toutes ces parties.

Sur la Rille et l'Iton, le commerce de l'Aigle a fait élever plusieurs usines de fil à cardes, ⒷⒶ 1827-34-39, une douzaine de clouteries mues par l'eau, une grande manufacture d'aiguilles et d'hameçons, Ⓑ 1823-34, Ⓐ 1827-39, une fabrique de chaudrons de cuivre, des fonderies et laminoirs pour fil de laiton et cuivre, Ⓒ 1806-23-27, une fabrique de vis à bois, etc.; il existe de plus dans la ville, outre les ateliers nombreux des épingliers, des clouteries mues par les chevaux, une manufacture de rubans, une filature de laine, pouvant occuper jusqu'à cinq cents ouvriers; cinq à six tanneries, plusieurs fabriques de quincaillerie normande, de rubans façon Suisse et façon d'Allemagne, etc., etc.—Tout le monde travaille dans ces établissements, les hommes, les enfants et les femmes; les salaires sont proportionnés à la force, à la capacité de l'ouvrier, et aussi au plus ou moins de prospérité du commerce de la ville; dans les jours heureux, l'homme fort peut gagner 3 fr., la femme 1 fr. 50 c. ou 2 fr., et l'enfant 75 c.—La fabrique d'épingles de l'Aigle, déjà considérable sous Louis XIV, est la plus importante de France. C'est dans cette fabrique qu'on peut acquérir la certitude des avantages que présente le principe économique de la division du travail.—*Foires* le premier mardi de juill., 12 nov., deuxième mardi de fév., deuxième mardi de Pâques, premier vendredi de septembre.

PATRIE du célèbre compositeur de musique CATEL, membre de l'Institut, mort à Paris en 1830, auteur de la musique de *Sémiramis*, des *Bayadères*, d'*Alexandre chez Apelle*, etc. *Bibliographie.* GABRIEL VAUGEOIS. *Histoire des antiquités de la ville de l'Aigle et de ses environs* (ouvrage posthume).

HUET DE LA MARTINIÈRE. *Eaux de St-Santin* (Hist. de l'acad. de médecine, t. I, p. 338).

TERREDE. *Examen analytique des eaux minérales des environs de l'Aigle*, in-12, 1776, chap. 11.

METON (G.). *Traité des eaux médicinales trouvées en l'an 1598 près de la ville de l'Aigle*, in-12, 1629.

AIGLE (l'). V. MARTIN D'EMBLAY (St-).

AIGLEMONT, vg. *Ardennes* (Champagne), arr. et à 5 k. de Mézières, cant., ✉ et à 5 k. de Charleville. Pop. 742 h. On voit aux environs les traces d'un camp romain.

AIGLEPIERRE, vg. *Jura* (Fr.- Comté), arr. et à 14 k. de Poligny, cant. d'Arbois, cant. et ✉ de Salins. Pop. 504 h.

AIGLEVILLE, *Aquila Villa*, vg. *Eure* (Normandie), arr. et à 27 k. d'Évreux, cant. et ✉ de Pacy-sur-Eure. Pop. 143 h.

AIGLUN, *Aiglodanum*, vg. *Basses-Alpes* (Provence), arr., cant., ✉ et à 10 k. de Digne. Pop. 352 h.

AIGLUN, vg. *Var* (Provence), arr. et à 43 k. de Grasse, cant. et ✉ de St-Auban, près de l'Esteron. Pop. 351 h.—On y remarque une grotte curieuse en cristal de roche, et une jolie cascade formée par la petite rivière de la Gironde.

AIGNAN, vg. *Ardennes* (Champagne), arr., cant. sud, ✉ et à 10 k. de Sédan. P. 300 h.

AIGNAN, vg. *Gers* (Armagnac), chef-lieu de cant., arr. à 36 k. de Mirande, ✉. P. 1,630 h. A 739 k. de Paris p. la taxe des lettres.—TERRAIN tertiaire peu.—L'origine de cette ville remonte au VIIe siècle. Elle était autrefois fortifiée, et a été brûlée dans le XVIe siècle pendant les guerres de religion. On y remarque une belle église de construction gothique, surmontée d'un clocher fort élevé. Le pourtour du sanctuaire de cette église est assis sur un mur plein et tout uni. L'ouverture d'une baie, qu'on fut obligé de pratiquer en 1842 dans ce mur fit découvrir que le pourtour entier était orné d'une arcature en cintre dont les arceaux, au nombre de neuf, reposaient sur des colonnettes hautes de 2 m. 43 c., assises sur une banquette en forme de siége. On ignore à quelle époque a été engagée dans le mur cette arcature, qui paraît être du XIe ou du XIIe siècle.—*Foires* les 10 mars, 11 juin, 22 sept. et 28 déc.

AIGNAN (St-), vg. *Gironde* (Guienne), arr., ✉ et à 7 k. de Libourne, cant. de Fronsac. Pop. 300 h.

AIGNAN (St-), petite ville, *Loir-et-Cher* (Berry), chef-lieu de cant., arr. et à 38 k. de Blois. Chamb. cons. des manuf. Cure. ✉. A 213 k. de Paris pour la taxe des lettres. Pop. 1,340 h.—TERRAIN crétacé inférieur, grès vert.—Cette ville est située sur la rive gauche du Cher, où elle a un port qui facilite un commerce assez considérable. Elle était autrefois défendue par un château fort, dont on voit encore les ruines, entre autres une tour assez bien conservée qui porte le nom d'Agar.—St-Aignan doit son origine à une maison d'ermites sortis de l'abbaye de St-Martin de Tours. Par l'effet du concours des pèlerins à la chapelle de ces ermites, des habitations se formèrent successivement autour de l'ermitage et du château; et, au mois d'août 1019, les ermites dédièrent l'église qui existe encore aujourd'hui à saint Aignan, dont la ville a pris le nom.—On remarque aux environs les immenses carrières de silex pyromaque de Meusne et de Couffy, qui fournissent des pierres à fusil à tout le royaume et à plusieurs pays étrangers. V. MEUSNE.—*Fabriques* de draps et de poterie, tanneries.—*Commerce* de bois et de vin.—*Foires* les 15 janv., 22 fév., 15 avr., 30 juin, 11 août, 16 sept., 29 oct. et 1er déc.

AIGNAN (St-), vg. *Loire-Inf.* (Bretagne), arr., ✉ et à 14 k. de Nantes, cant. de Bouage, près du lac de Grandlieu. Pop. 249 h. On voit aux environs les restes d'un vaste retranché attribué aux Normands.—*Commerce* de bestiaux.—*Foires* les 9 avr. et 15 juin.

AIGNAN (St-), h. *Lot-et-Garonne*, comm. de Madaillan, ✉ d'Agen.

AIGNAN (St-), vg. *Morbihan* (Bretagne), arr., ✉ et à 8 k. de Pontivy, cant. de Cléguerec. Pop. 1,230 h.

AIGNAN (St-), vg. *Sarthe* (Maine), arr. et à 18 k. de Mamers, cant. de Marolles, ✉ de Bonnetable. Pop. 953 h.

AIGNAN (St-), vg. *Seine-Inf.* (Normandie), arr. et à 23 k. de Dieppe, cant. et ✉ d'Envermeu.

AIGNAN (St-), vg. *Tarn-et-Gar.* (Languedoc), arr., ✉ et à 5 k. de Castel-Sarrazin, cant. de St-Nicolas-de-la-Grave. Pop. 522 h.—*Foires* les 30 mars et 24 nov.

AIGNAN-DE-CRAMESNIL (St-), vg. *Calvados* (Normandie), arr. et à 14 k. de Caen, cant. de Bourguebus, ✉ de May. Pop. 417 h.

AIGNAN-DES-GUÉS (St-), vg. *Loiret* (Orléanais), arr. et à 34 k. d'Orléans, cant. et ✉ de Châteauneuf-sur-Loire. Pop. 135 h.

AIGNAN-EN-LASSAY (St-), vg. *Mayenne* (Maine), arr. et à 28 k. de Laval, cant. de

Couptrain, ⊠ de Prez-en-Pail. Pop. 1,201 h.

AIGNAN-LE-JAILLARD (St-), vg. *Loiret* (Gatinais), arr. et à 16 k. de Gien, cant. et ⊠ de Sully. Pop. 467 h.

AIGNAN-SUR-ROË (St-), vg. *Mayenne* (Maine), chef-lieu de cant., arr. et à 35 k. de Château-Gontier. Pop. 574 h., ⊠ et bureau d'enregistrement à Craon.—*Foires* les 26 mai et 10 août.

AIGNAN-SUR-RY (St-), vg. *Seine-Inf.* (Normandie), arr. et à 20 k. de Rouen, cant. et ⊠ de Buchy. Pop. 326 h.

AIGNAN-SUR-SARTHE (St-). V. A-GNAN-SUR-SARTHE.

AIGNANT-DES-NOYERS (St-), vg. *Cher* (Berry), arr. et à 25 k. de St-Amand, cant. et ⊠ de Sancoins. Pop. 249 h.—*Fabriques* de pierres à fusil.

AIGNANT-DU-VERSILLAT, vg. *Creuse* (Limousin), arr. et à 30 k. de Gueret, cant. et ⊠ de la Souterraine. Pop. 2,162 h.

AIGNAY-COTE-D'OR, nom donné pendant la révolution à la ville d'Aignay-le-Duc.

AIGNAY, vg. *Côte-d'Or*, comm. de Mursange, ⊠ de Beaune.

AIGNAY-LE-DUC, petite ville, *Côte-d'Or* (Bourgogne), chef-lieu de cant., arr. et à 31 k. de Châtillon.—A 259 k. de Paris pour la taxe des lettres, ⊠. Pop. 947 h. Cure. — TERRAIN jurassique. — Elle est située dans une contrée couverte de bois, sur une montagne au pied de laquelle coule l'Aignay.

Autrefois diocèse d'Autun, parlement et intendance de Dijon, prévôté royale.—A l'époque de la révolution, elle avait reçu le nom d'Aignay-Côte-d'Or.

Aignay est la PATRIE de A.-B. CAILLARD, diplomate, mort en 1807, auteur d'un bon *Catalogue des livres de son cabinet*, in-8, 1805, réimprimé en 1810 pour la vente de cette magnifique collection.

Fabrique de toiles. Forges. Tanneries.— *Foires* les 22 janv., 28 mars, 13 mai, 28 juin, 27 août, 28 sept., 30 oct. et 18 déc.

AIGNE (St-), vg. *Dordogne* (Périgord), arr. et à 16 k. de Bergerac, cant. de Lalinde, ⊠ de Mouleydier. Pop. 279 h. Près de la Dordogne.

AIGNE, vg. *Hérault* (Languedoc), arr., ⊠ et à 25 k. de St-Pons, cant. d'Olonzac. Pop. 360 h.

AIGNÉ, vg. *Sarthe* (Maine), arr., cant., ⊠ et à 10 k. du Mans. Pop. 819 h.

AIGNE, vg. *Vienne*, comm. d'Iteuil, ⊠ de Vivonne.

AIGNERVILLE, vg. *Calvados* (Normandie), arr. et à 20 k. de Bayeux, cant. et ⊠ de Trévières. Pop. 483 h.

AIGNES, vg. *Charente* (Angoumois), arr. et à 22 k. d'Angoulême, cant. et ⊠ de Blanzac. Pop. 621 h.

AIGNEVILLE, vg. *Eure-et-Loire*, comm. de Pré-St-Martin, ⊠ de Bonneval.

AIGNEVILLE, vg. *Somme* (Picardie), arr. et à 22 k. d'Abbeville, cant. et ⊠ de Gamaches. Pop. 763 h.

AIGNOZ, vg. *Ain*, comm. de Ceyzerieu, ⊠ de Culoz.

AIGNY, vg. *Aisne*, comm. d'Oigny, ⊠ de Villers-Cotterets.

AIGNY, vg. *Marne* (Champagne), arr., cant., ⊠ et à 15 k. de Châlons. Pop. 292 h.

AIGNY (St-), vg. *Indre* (Berry), arr., cant., ⊠ et à 4 k. du Blanc. Pop. 414 h.

AIGONNAY, vg. *Deux-Sèvres* (Poitou), arr., cant. et à 17 k. de Melle, ⊠ de Celles. Pop. 680 h.

AIGOU, h. *Tarn*, comm. de St-Cirgues, ⊠ de Valence en Albigeois. Pop. 30 h.

AIGRE, petite ville, *Charente* (Angoumois), chef-lieu de cant., arr. et à 21 k. de Ruffec. A 421 k. de Paris pour la taxe des lettres, ⊠. — TERRAIN jurassique, étage supérieur du système oolitique. Pop. 1,662 h. — Autrefois diocèse de Saintes, parlement de Bordeaux, intendance de la Rochelle, élection de Cognac. — Elle est fort agréablement située, dans une île formée par une petite rivière affluent de la Charente. — *Fabrique* d'eau-de-vie; nombreuses distilleries. — *Commerce* de grains, oignons, lins, chanvre, vins, et principalement d'eau-de-vie, dite *cognac*. — *Foires* les 1ers jeudis de janv., fév., mars, mai, juill., août, sept., oct., déc., et les 24, 25 et 26 juin.

AIGREFEUILLE, bg *Charente-Inf.* (Aunis), chef-lieu de cant., arr. et à 20 k. de Rochefort. A 390 k. de Paris pour la taxe des lettres, ⊠ et bureau d'enregistrement à Surgères. Pop. 1,688 h. — TERRAIN jurassique, étage moyen du système oolitique. — Autrefois bureau des cinq grosses fermes. — Distilleries d'eau-de-vie. — *Foires* les 1ers mardis de janv., mars, août, nov., 30 avr. et 1er lundi de sept.

AIGREFEUILLE, vg. *Haute-Garonne* (Languedoc), arr. et à 23 k. de Villefranche-de-L., cant. et ⊠ de Lanta. Pop. 165 h.

AIGREFEUILLE, petit bg *Loire-Inf.* (Bretagne), chef-lieu de cant., arr. et à 20 k. de Nantes. Cure, ⊠. A 412 k. de Paris pour la taxe des lettres, ⊠. Pop. 1,369 h. — TERRAIN cristallisé, granit.

Il est situé dans une contrée fertile, sur le penchant d'un coteau, au pied duquel coule la pittoresque rivière de la Maine. — *Fabrique* de coutils et rayés bon teint pour lits de plumes, qui s'exportent au loin. — *Commerce* de fil. — *Foires* les 2es jeudis de fév., mars, avril et mai.

AIGREFIN (l'), h. *Indre-et-Loire*, comm. de Ballan, ⊠ de Tours.

AIGREFOIN, h. *Seine-et-Oise*, comm. de St-Remy, ⊠ de Chevreuse.

AIGREMONT, vg. *Gard* (Languedoc), arr. et à 20 k. d'Alais, cant. et ⊠ de Ledignan. Pop. 402 h.

AIGREMONT, vg. et ancien prieuré, *Seine-et-Oise* (Ile-de-France), arr. et à 20 k. de Versailles, cant. et ⊠ de St-Germain-en-Laye. Pop. 156 h.

AIGREMONT, vg. et ancienne baronnie, *Yonne* (Champagne), arr. et à 28 k. d'Auxerre, cant. et ⊠ de Chablis. Pop. 181 h.

AIGREMONT-LE-DUC, vg. *Haute-Marne* (Champagne), arr. et à 45 k. de Langres, cant. et ⊠ de Bourbonne. Pop. 208 h. Il est situé sur une haute montagne très-escarpée, au sommet de laquelle s'élevait jadis un gothique manoir, siége d'une baronnie dont les seigneurs étaient de l'une des plus anciennes et des plus puissantes familles du Bassigny. Par sa position sur les frontières de la Lorraine et du comté de Bourgogne, Aigremont dut être souvent exposé aux attaques des ennemis : aussi voyons-nous qu'en outre du château fort la ville, car c'était le nom qu'on lui donnait alors, était entourée de fortifications. Guillaume de Vergy s'en empara en 1498 ou 1499, mais cette place fut aussitôt reprise par les Français. Les Langrois la prirent et en démolirent les murailles et les tours en 1636. Il paraît que ces fortifications furent relevées peu de temps après, car on voit que le comte de Rosnay livra la ville et le château d'Aigremont au duc de Lorraine, en 1650. Les Langrois s'en emparèrent de nouveau en 1651, et en rasèrent les fortifications. — Il ne reste rien du gothique manoir d'Aigremont. Les fortifications ont aussi entièrement disparu, mais des rochers à pic et des débris de murailles indiquent encore l'enceinte de cette place. L'église paroissiale renferme deux tombes des seigneurs d'Aigremont : sur l'une on avait sculpté un chevalier couvert de son armure et foulant aux pieds un lion; l'autre représente une châtelaine ayant à ses pieds un chien.

AIGUATABIA, vg. *Pyrénées-Orientales* (Roussillon), arr., ⊠ et à 40 k. de Prades, cant. d'Olette. Pop. 527 h.

AIGUE (l'), *Aigarus*, rivière qui prend sa source à 8 k. E. de Nyoul (*Drôme*); elle traverse cette ville, et se jette dans le Rhône à 6 k. O. d'Orange.

AIGUEBELLE, vg. *Isère*, comm. d'Estrablin, ⊠ de Vienne.

AIGUEBELLE, *Aqua Bella*, h. *Drôme*, comm. de Réauville, ⊠ de Grignan. Il doit son origine à une abbaye de l'ordre de Citeaux filiation de Morimond, dont une inscription latine indique l'époque de la fondation. En voici la traduction. « Le VIe jour des kalendes de juin, l'an de l'incarnation du Seigneur M.C.XXXVII, Gontardus, fils de Lupus, seigneur de Rochefort, a donné ce lieu à l'abbaye de Morimond, pour y bâtir une abbaye en l'honneur de la Vierge. » L'abbé de Morimond, Othon, aida en 1137 à la construction de ce monastère.

AIGUEBÈRE, vg. *Gers* (Languedoc), comm. de Garbie, ⊠ de Gimont.

AIGUEFONDE, vg. *Tarn* (Languedoc), arr. et à 17 k. de Castres, cant. et ⊠ de Mazamet. Pop. 2,113 h. — *Foires* les 1er mai et 2 nov.

AIGUEMORTE, vg. *Gironde*, arr. et à 21 k. de Bordeaux, cant. de la Brède, ⊠ de Castres. Pop. 234 h.

AIGUEMORTE. V. AIGUES-MORTES.

AIGUEPARSE, h. *Dordogne*, comm. de Fonteuilles, ⊠ de Villefranche-de-Belvez.

AIGUEPERSE, *Aquæ Calidæ Arvernorum*, *Aqua Sparsa*, petite ville, *Puy-de-Dôme* (Auvergne), chef-lieu de cant., arr. et à 13 k. de Riom, à 351 k. de Paris pour la taxe des lettres. Cure, ⊠, ⚘. Gîte d'étape. Pop. 3,053

h. — TERRAIN tertiaire moyen, touchant au terrain cristallisé.

Autrefois cette ville avait le titre de duché, diocèse de Clermont, parlement de Paris, intendance de Moulins, élection de Gannat, justice royale, dépôt de sel, chapitre, abbaye de filles, ordre de Ste-Claire.

Cette ville, nommée au moyen âge *Aquæ Cerulæ*, existait au XIIe siècle, et au XIVe elle avait des privilèges et des établissements qui supposent une population considérable. La peste y fit de grands ravages en 1565, 1580 et 1581. Le duc de Nemours, ligueur, la prit par capitulation le 27 octobre 1591, et y fit beaucoup de mal. Le comte d'Auvergne la reprit le 29 janvier 1592.

Les armes d'Aigueperse sont : *gironné d'argent et de gueules de six pièces à un écusson d'azur à une fleur de lis d'or sur le tout; au chef d'azur chargé de trois fleurs de lis d'or*.

Aigueperse est une petite ville assez agréable, bâtie dans une plaine très-fertile en grains, sur le ruisseau de Bureau, le long duquel elle s'étend et ne forme qu'une seule rue fort longue, bordée de belles maisons. On y remarque l'église de Notre-Dame, où se voit un bon tableau représentant le martyre de saint Sébastien, et une sainte chapelle, fondée en 1475 par Louis de Bourbon, dauphin d'Auvergne. Ces deux édifices ont été désignés par l'autorité locale comme étant susceptibles d'être classés au nombre des monuments historiques. — L'hôtel de ville possède la statue du chancelier de l'Hôpital, né au château de la Roche, situé à peu de distance d'Aigueperse. — A un kilomètre d'Aigueperse se trouve une source d'eau minérale d'où il se dégage une très-grande quantité de gaz acide carbonique pur. Près de cette fontaine s'élève la butte de Montpensier, d'où l'on jouit d'une vue magnifique, et dont le sommet est couronné par les ruines d'un antique château, démoli en 1637 par ordre du cardinal de Richelieu.

Fabriques de toiles, chapeaux de feutre, chandelles. — *Commerce* de grains. — *Foires* les 11 mai, 26 août, deuxième mardi d'octobre, 1er décembre et deuxième mardi de carême.

Biographie. Aigueperse est la patrie de l'illustre chancelier DE L'HÔPITAL, mort en 1573, et dont on voit le tombeau dans l'église de Champmoteux, village du département de Seine-et-Oise. Il s'éleva par son mérite, et se conduisit avec la plus rigoureuse intégrité; devenu chef de la justice, il empêcha l'établissement de l'inquisition en France. On a de lui : *Carmina*, 1584; deuxième édition in-8, 1732; *Discours sur le sacre de François II*, nouvelle édition in-12, 1825; *le Bonheur que procure l'étude*, in-8, 1817, et plusieurs autres ouvrages, réunis dans ses œuvres complètes, 5 vol. in-8, 1826.

C'est aussi le lieu de naissance du poète JACQUES DELILLE, né en 1738, mort en 1813. Ses principaux ouvrages sont : *les Jardins*, poëme en quatre chants, in-4; dernière édition, in-12, 1813; *la Pitié*, poëme en quatre chants, in-4 et in-8, 1802; *l'Homme des champs, ou les Géorgiques françaises*, poëme en quatre chants, in-4, 1802; *l'Imagination*, poëme en huit chants, 2 vol. in-4, 1806; *Poésies fugitives*, in-4, 1807; *les Trois Règnes de la nature*, poëme en huit chants, 2 vol. in-8, 1808, etc., etc. Les œuvres complètes de cet auteur, publiées en 16 vol. in-8, Paris, 1824, renferment en outre la traduction de l'*Enéide* et des *Géorgiques*, de Virgile, et la traduction du *Paradis perdu*, de Milton.

AIGUEPERSE, bg, anciennement seigneurie, *Rhône* (Beaujolais), arr. et à 43 k. de Villefranche, cant. de Montsols, ✉ de Beaujeu. Pop. 1,003 h. — *Foires* les 16 janv., 1er mars, 16 avril, 18 mai, 11 juin, 23 juillet, 2 septembre, 23 novembre, 9 octobre et 23 décembre.

AIGUEPERSE, vg. *Haute-Vienne*, comm. de St-Bonnet, ✉ de Pierre-Buffière.

AIGUES-BONNES, vg. *Aude*, comm. de Puilaurens, ✉ de Quillan.

AIGUES-BONNES, h. *Aude*, arr. de Limoux, cant. et à 12 k. de Roquefort. On y trouve une source d'eau thermale sulfureuse dont la température est de 24 à 25° R.

AIGUES-BONNES. V. AAS.

AIGUES-BONNES. V. CAUDIÈS.

AIGUES-CAUDES. V. EAUX-CHAUDES.

AIGUES-CHAUDES. V. CHAUDES-AIGUES.

AIGUESE, vg. *Gard* (Languedoc), arr. et à 35 k. d'Uzès, cant. et ✉ du Pont-St-Esprit. Pop. 523 h.

AIGUES-JUNTES, vg. *Ariége* (Languedoc), arr. et à 18 k. de Foix, cant. et ✉ de la Bastide-de-Serou. Pop. 329 h.

AIGUES-MORTES, *Rhodanusia, Aquæ Mortuæ*, jolie petite ville, *Gard* (Languedoc), chef-lieu de cant., arr. et à 36 k. de Nîmes, à 737 k. de Paris pour la taxe des lettres. Cure, ✉. Pop. 3,393 h. — TERRAIN d'alluvions et de tourbes. — Aigues-Mortes a un phare de 20 m. de hauteur et de 20 k. de portée, varié par éclats de 4 minutes en 4 minutes, placé sur le môle N.-O. Grau-du-Roi. Lat. 43° 32', long. 1° 48'.

Autrefois diocèse de Nîmes, parlement de Toulouse, intendance de Montpellier, justice royale, amirauté, bureau des gabelles, et cinq grosses fermes, gouvernement particulier, une paroisse, couvent de capucins et de frères mineurs.

La ville d'Aigues-Mortes doit son origine à une abbaye de bénédictins, du nom de Psalmodi, détruite par les Sarrasins vers l'année 725, et rebâtie par Charlemagne en 788. Près de là était la tour de Métafère, forteresse autour de laquelle se groupèrent quelques maisons, dont la réunion forma dans la suite une bourgade qui ne tarda pas à recevoir son nom des eaux mortes environnantes. Aigues-Mortes obtint une charte de commune en 1246. En 1248, saint Louis acquit des moines de Psalmodi cette ville naissante, en fit restaurer le port, y rassembla une flotte nombreuse, et s'y embarqua le 25 août pour la Palestine. Des écrivains célèbres ont avancé que la mer baignait alors les murs d'Aigues-Mortes; mais il est aujourd'hui démontré qu'au siècle de saint Louis la mer était déjà resserrée dans ses limites actuelles, et que la ville se trouvait alors, comme aujourd'hui, à 4 kilomètres environ du rivage. Ce qui a pu produire l'erreur dans laquelle sont tombés la plupart des auteurs qui ont décrit la position d'Aigues-Mortes, c'est qu'il existe en face du Grau-Louis une vaste rade susceptible de recevoir une flotte nombreuse, où mouillèrent sans doute la plus grande partie des vaisseaux de l'expédition de saint Louis, et où les pilotes viennent encore de nos jours chercher un abri contre la fureur des flots; mais ce n'était point là ce qu'on appelait le port d'Aigues-Mortes. Lorsque les navires voulaient y remonter, ils entraient par le Grau-Louis dans le Canal-Vieil, qu'ils suivaient jusqu'à la Grande-Roubine, et de là, par une ouverture qui subsiste encore, mais qui s'est beaucoup rétrécie, pénétraient dans l'Etang-de-la-Ville, qui baigne la partie méridionale d'Aigues-Mortes, et qui était alors très-large, très-profond, et formait le véritable port. — Le 1er juillet 1270, saint Louis s'embarqua une seconde fois à Aigues-Mortes pour une nouvelle croisade; le 25 août suivant, il expira au milieu des ruines de Carthage, exprimant le désir que son successeur fit entourer de remparts la ville d'Aigues-Mortes, ce qui fut exécuté sous le règne de Philippe le Hardi. Pendant près d'un siècle après la mort de saint Louis, le port d'Aigues-Mortes fut dans l'état le plus florissant ; chaque jour voyait entrer dans son enceinte les navires de toutes les nations commerçantes ; mais, vers le milieu du XIVe siècle, les sables en encombrèrent tellement l'entrée, qu'il devint impossible aux vaisseaux d'y aborder. Le roi Jean y fit faire, en 1363, de grandes réparations, qui furent bientôt détruites par les sédiments qu'apportaient la mer et le Rhône. En peu de temps, toutes les communications furent encore fermées; la navigation intérieure cessa, et les navires étrangers, contraints de s'arrêter sur la plage, où ils restaient exposés aux déprédations des pirates, allèrent chercher ailleurs un port plus assuré. De nouveaux travaux furent entrepris sous le règne de Charles VI, mais ils ne purent rappeler la vie et l'activité dans cette ville, qui, entourée d'eaux croupissantes dont les miasmes délétères occasionnaient les plus funestes maladies, dépeuplée peu à peu et devint presque déserte. De nouvelles réparations furent exécutées sous les règnes de François Ier, de Henri IV et de Louis XIII ; c'est à ce dernier monarque que l'on est redevable de l'ouverture du Grau-du-Roi, regardé actuellement comme le port d'Aigues-Mortes. — Sous le règne de Napoléon, si remarquable par l'exécution de grands travaux d'utilité publique, on entreprit de restaurer le port d'Aigues-Mortes : on se proposait d'abord de recreuser le Grau-Louis, ainsi que le canal de la Grande-Roubine, et de construire ensuite, à la jonction de ce canal et de ceux de la Radelle, de Beaucaire et du Bourgidou, un vaste bassin bordé de quais, dans lequel se seraient réunis les bâtiments de mer, et où ils auraient pu commodément déposer leur cargaison et recevoir leur chargement. Ces travaux, dont la dépense était évaluée à 695,140 francs, furent mis en adjudica-

en 1816, et les entrepreneurs s'engageaient à les terminer de 1816 à 1817; mais on s'est borné jusqu'ici à l'entretien du Grau et du canal. Toutefois une nouvelle source de prospérité pour Aigues-Mortes fut créée en 1811, par l'achèvement du canal de Beaucaire. V. BEAUCAIRE.

— Aigues-Mortes n'a maintenant un port qu'à l'aide du canal appelé la Grande-Robine; il aboutit à un chenal qui s'avance de quelques mètres dans la Méditerranée, et qui porte le nom de Grau d'Aigues-Mortes. La Robine a de 40 à 45 m. de largeur et environ 3 m. de profondeur dans le milieu de son lit. Des chaussées en terre, revêtues solidement, le bordent des deux côtés. La profondeur de l'eau à l'entrée du chenal est d'environ 4 m.

Vers la fin du malheureux règne de Charles VI, les Bourguignons, auxquels il ne restait plus dans le Languedoc que les places de Sommières et d'Aigues-Mortes, entreprirent de résister dans cette dernière ville au sénéchal de Beaucaire, qui avait reçu l'ordre d'en faire le siége. La place, pourvue d'abondantes provisions et défendue par des remparts qui redoutaient peu les assauts, tenait depuis plus de cinq mois, lorsque, dans une nuit de la fin de janvier 1421, la garnison fut surprise par les assiégeants, auxquels s'étaient joints les habitants, et passée au fil de l'épée. Les cadavres étaient si nombreux qu'on prit le parti, pour éviter le pernicieux effet de leur putréfaction, de les entasser sous des monceaux de sel, dans une des tours de la ville, qui porte encore aujourd'hui le nom de tour des Bourguignons. C'est de là qu'est venue l'épithète de *Bourguignon salé*.

— Après la trêve de Nice, François Ier et Charles-Quint eurent une entrevue à Aigues-Mortes, en 1538. Dans les guerres de religion, cette ville passa plus d'une fois de la domination des réformés à celle des catholiques; ces derniers y furent presque tous égorgés, et leurs maisons livrées au pillage par leurs adversaires, le 12 janvier 1575. Après la paix de 1576, les calvinistes obtinrent Aigues-Mortes et Beaucaire pour places de sûreté. — Avant la révolution, cette ville était exempte de tous péages et impôts de ville et de province, de la taille, logements de gens de guerre, étapes, réparations de rivières, chaussées, chemins, digues, etc.; elle avait en outre le droit de prendre tous les ans aux salines de Peccais, près et quittes de tous droits de gabelle, trente gros muids de sel, ou 4,320 minots.

Lors de la terrible inondation du mois d'octobre 1840, la ville d'Aigues-Mortes servit de refuge aux habitants des faubourgs et des campagnes environnantes; on parvint à se garantir entièrement de l'invasion des eaux, en fermant les portes et en les terrassant, et la solidité des murs résista aux efforts de l'eau, qui baignait les remparts jusqu'à la hauteur de 3 m.

La ville d'Aigues-Mortes est située dans une contrée marécageuse, non loin des importantes salines de Peccais, à la jonction des canaux de Beaucaire, de la Radelle, du Bourgidou et de la Grande-Roubine, par lequel elle communique la Méditerranée. Elle est entourée de remparts d'une belle conservation, construits sur le plan de ceux de la ville de Damiette. Leur figure est celle d'un parallélogramme rectangle, émoussé sur l'un de ses angles, et dont la longueur est de 545 m. 74 c., et la largeur de 45 m. 42 c. Bâtis en larges pierres taillées en bossage, les murs s'élèvent à la hauteur d'environ 11 m. Percés de meurtrières, garnis de mâchicoulis, couronnés de créneaux, ils sont flanqués de quinze tours, dont les unes sont carrées et servent seulement de passage, et dont les autres, doubles et cylindriques, renferment des chambres propres à recevoir des combattants. Au-dessous de celles-ci s'ouvrent de grandes portes en ogives, qui donnent entrée à la ville, où l'on a pratiqué des coulisses intérieures pour les fermer solidement au besoin. Pour compléter ce système antique de défense, on avait creusé au pied des remparts un large fossé, actuellement comblé, et remplacé, sous le mur méridional, par un terrassement qui recule l'Etang-de-la-Ville, et sert de promenade pendant l'hiver. — Vers l'angle émoussé des remparts, dans la partie intérieure, est assis le château, vaste bâtiment militaire, et à l'extérieur, au milieu d'un mur circulaire, s'élève la tour de Constance, dont la hauteur est de 29 m., le diamètre de 66, et dont les murs ont 2 m. 65 c. d'épaisseur; on pénètre dans l'intérieur par deux portes doublées de fer, et roulant avec peine sur leurs gonds. Là se présentent deux vastes chambres voûtées et placées l'une au-dessus de l'autre. La première était sans doute occupée par la garnison, comme l'indique un four creusé dans le mur ; dans la seconde, on renfermait pêle-mêle les prisonniers. L'une et l'autre ne sont éclairées que par l'étroite fente des meurtrières, et par une ouverture circulaire percée au milieu de leurs voûtes. Un escalier obscur et tortueux, ménagé dans l'épaisseur du mur, et muni de mâchicoulis qui plongent sur la porte d'entrée, conduit à la chambre supérieure, et puis à la plate-forme de la tour. Cette plate-forme, entourée de créneaux, était à la fois un lieu de défense et d'observation ; elle servait en outre à retenir les eaux pluviales, qui de là s'écoulent dans une citerne pratiquée dans le mur. Sur ses bords s'élève une tourelle de 11 m. de hauteur, dont l'unique destination était de soutenir le phare qui la couronne. Ce phare, se trouvant ainsi à 40 m. au-dessus du sol, pouvait facilement, malgré son éloignement de la mer, être aperçu par les navires, comme il le serait encore aujourd'hui, si on le tenait allumé.

Au commencement du XVIIIe siècle, à l'époque désastreuse où les Cévennes étaient ravagées, dévastées comme un pays conquis par les barbares, la tour de Constance fut convertie en prison où l'on enfermait les femmes et les enfants des camisards dont on était parvenu à s'emparer, et où plusieurs furent *oubliées* pendant près d'un demi-siècle. M. de Boufflers décrit de la manière suivante la visite qu'il fit à la tour de Constance en 1768. « Je suivais M. de Beauveau dans une reconnaissance qu'il faisait sur les côtes du Languedoc. Nous arrivons à Aigues-Mortes, au pied de la tour de Constance ; nous trouvons à l'entrée un concierge empressé qui, après nous avoir conduits par des escaliers obscurs et tortueux, nous ouvre à grand bruit une effroyable porte, sur laquelle on croyait lire l'inscription du Dante : *Lasciate ogni speranza, ó voi ch'intrate*. — Les couleurs me manquent pour peindre l'horreur d'un aspect auquel nos regards étaient si peu accoutumés ; tableau affreux et touchant à la fois, où le dégoût ajoutait encore à l'intérêt ! — Nous voyons une grande salle ronde privée d'air et de jour ; quatorze femmes y languissaient dans la misère et dans les larmes : le commandant eut peine à contenir son émotion ; et, pour la première fois sans doute, ces infortunées aperçurent la compassion sur un visage humain. Je les vois encore, à cette apparition subite, tomber toutes à la fois à nos pieds, les inonder de pleurs ; essayer des paroles, ne trouver que des sanglots ; puis, enhardies par nos consolations, raconter toutes ensemble leurs communes douleurs. Hélas ! tout leur crime était d'avoir été élevées dans la même religion que Henri IV. La plus jeune de ces martyres était âgée de cinquante ans : elle en avait huit lorsqu'on l'avait arrêtée allant au prêche avec sa mère, et la punition durait encore ! » Les effroyables orgies de la régence et le parc aux cerfs contemporains de la tour de Constance !

Aux fortifications d'Aigues-Mortes se rattache une tour, nommée tour Carbonnière, située à mi-chemin de la chaussée qui conduit à Psalmodi. Cette tour, bâtie dans le même style que les remparts, et ayant la même origine, défendait l'approche de la ville ; elle est ouverte en arceau pour le passage de la grande route, et fermée d'une double porte. — La tour de Constance et les remparts d'Aigues-Mortes ont été désignés par l'autorité locale comme étant susceptibles d'être classés au nombre des monuments historiques.

Le climat de la ville d'Aigues-Mortes est loin d'être aussi meurtrier qu'on le croit généralement, et, depuis bien années, il est rare que l'on y compte un plus grand nombre de malades, proportion gardée, que dans les localités situées comme elle au milieu d'un pays marécageux. Toutefois elle est exposée au vent du sud-est (*le marin*), dont l'influence maligne engendre des fièvres intermittentes qui exercent leurs ravages le milieu de l'été jusqu'à la fin de l'automne, mais qui nuisent plus à la longévité qu'elles ne causent de mortalité. Si l'on considère l'espace compris dans les remparts, on peut conjecturer qu'à l'époque de leur construction la ville renfermait près de 10,000 habitants; en 1774, on n'y en comptait plus que 1,600 ; depuis cette époque, la population s'est un peu augmentée, et s'élève aujourd'hui à 3,393 habitants. Il s'en faut beaucoup que cette population occupe toute l'enceinte des remparts. En divers lieux, les maisons ont fait place à des jardins, à des champs labourés. Le reste de la ville se compose de rues larges, tirées au cordeau, et bordées de maisons qui n'ont toutes qu'un seul étage au-dessus du rez-de-chaussée. Dans chacune de ces maisons se trouve un puits, dont l'eau saumâtre ne peut servir qu'aux usages les plus communs ; ce qui oblige les habitants à se procurer, pour boisson, des eaux pluviales ou celles du Rhône.

Patrie du fécond et spirituel auteur dramatique Théaulon de Lambert.

Fabrique de soude, dite d'Aigues-Mortes, qui s'extrait, entre Aigues-Mortes et Frontignan, de toutes les plantes salées qui croissent sans culture sur le bord de la mer. — *Commerce* considérable de poisson frais et salé, et de sel que produisent les salines de Peccais. V. Peccais. — *Foires* les 8 septembre (18 j.) et le 30 nov. (15 j.). — Lat. 43° 34′, long. E. 1° 45′.

Bibliographie. Pietro (F.-M. di) *Notice sur la ville d'Aigues-Mortes*, in-8 et pl., 1821.

AIGUES-MORTES, h. *Gers*, comm. de Taybose, ✉ de Mauvesin.

AIGUE-VIVE, *Aquæ Vivæ*, h. *Loir-et-Cher* (Touraine), comm. de Faverolles, ✉ de Montrichard. Il doit son origine à une abbaye de l'ordre de St-Augustin, fondée, au xi° siècle, par Hugues, archevêque de Tours, mort en 1023. Ce monastère, qui portait dans l'origine le nom de *Belle-Val*, reçut en 1147 celui d'*Aigue-Vive*, qu'il dut à sa situation, au confluent de deux vallées dominées par des coteaux boisés, au pied desquels sourdent des eaux fraîches et limpides. Le nombre des religieux, jadis assez considérable, était réduit à quatre au temps où écrivait Piganiol de la Force. Quelque temps avant la révolution, les liens de la discipline s'étant relâchés, et le scandale de leur conduite ayant dépassé toutes les bornes, ils furent renvoyés de leur abbaye, et à leur place l'autorité ecclésiastique mit un prêtre séculier qu'elle chargea de desservir l'église. En 1789 le monastère d'Aigue-Vive fut vendu, et le cloître ainsi que la toiture de l'église furent démolis ; il n'en reste plus aujourd'hui que des ruines que surmonte une belle tour octogone terminée par une élégante flèche en pierre, de même forme, parfaitement conservée.

AIGUEVIVES, h. *Lot-et-Gar.*, comm. ✉ de St-Pastour, ✉ de Carcon.

AIGUES-VIVES, vg. *Ariège* (Languedoc), arr. de Pamiers, cant. à 33 k. de Mirepoix. Pop. 423 h. ✉ de la Roque.

AIGUES-VIVES, vg. *Aude* (Languedoc), arr. ✉ et à 17 k. de Carcassonne, cant. de Peyriac-Minervois. Pop. 304 h. Près de l'étang desséché de Marseillette.

AIGUES-VIVES, vg. *Gard* (Languedoc), et à 20 k. de Nîmes, cant. de Sommières, ✉ de Lunel. Pop. 1,648 h. — Nombreuses distilleries d'eaux-de-vie.

AIGUES-VIVES, vg. *H.-Garonne* (Languedoc), arr. et à 13 k. de Villefranche de L., cant. de Montgiscard, ✉ de Baziège. Pop. 736 h.

AIGUES-VIVES, vg. *Hérault* (Languedoc), arr. et à 26 k. de St-Paul, cant. et ✉ de St-Chinian. Pop. 543 h.

AIGUETABIA. V. Aiguatabia.

AIGUIERS (les), h. *Var*, comm. de Solliès-Ville, ✉ de Solliès-Pont.

AIGUILLE, vg. *Haute-Loire* (Velay), arr., cant. N.-O., ✉ et à 1 k. du Puy. Pop. 493 h.

Au milieu du village d'Aiguilhe s'élève un rocher pyramidal de 87 m. d'élévation sur 165 m. de circonférence. C'est une brèche volcanique escarpée de toute part, sur laquelle a été bâtie par Truanus, vers la fin du x° siècle, la chapelle de St-Michel. Ce morceau gothique, surmonté d'un clocher en aiguille, et confondu dans l'éloignement avec le roc pyramidal qu'il couronne, offre l'aspect d'un superbe obélisque : on y monte par un escalier de 218 marches, taillées en spirale dans le roc même, où l'on rencontre trois oratoires, consacrés l'un à saint Raphaël, l'autre à saint Gabriel, et le troisième à Guinefort, martyr célèbre à Pavie. La singularité de cette pyramide, parfaitement isolée et façonnée par les mains de la nature, de manière à laisser soupçonner le concours de l'art, attire les regards et l'examen des curieux et des voyageurs.

La chapelle de St-Michel, plantée si pittoresquement sur la pointe du rocher, pourrait bien avoir été un temple du Soleil ou d'Osiris. Cet édifice irrégulier est formé de parties dissemblables, construites les unes après les autres, mais toutes très-anciennes, et chargées de figures qui auraient besoin d'être expliquées. Il y avait au fond trois autels ou sanctuaires, dont un, celui à droite, paraît avoir été fermé, et n'avoir reçu le jour que par une ouverture circulaire recevant les rayons du soleil levant. On voit sur la balustrade des barres de fer qui servaient à le fermer. Une communication, aboutissant derrière l'autel du milieu, permettait au prêtre ou à l'initié de passer dans ce sanctuaire fermé, ou d'en sortir sans être vu du public. Sur le mur qui est à côté, on remarque une mauvaise peinture qui représente un soleil rayonnant. Les chapiteaux de toutes les colonnes sont différents, et ornés de figures emblématiques. Au-dessus de la porte extérieure qui fait la principale entrée est un bas-relief en pierre, aussi ancien que l'édifice, représentant une face humaine, ronde, au-dessus de laquelle est un aigle avec les ailes déployées, et, à chaque côté, une figure de femme, dont celle qui est à droite se termine par une queue de poisson, et celle qui est à gauche par une queue de serpent.

Au-dessous du roc d'Aiguilhe, et dans l'espace qui le sépare du mont Corneille, sur lequel s'élève une partie de la ville de Puy, est une ancienne chapelle dédiée à saint Clair, qui sert aujourd'hui de grange. Elle est bâtie jusqu'au comble en heptagone, et était éclairée par sept fenêtres. L'intérieur de la nef a 6 m. de diamètre, et il faut monter deux marches pour parvenir au sanctuaire, dont le sommet se termine en cône. La chapelle St-Clair a été désignée par l'autorité locale comme étant susceptible d'être classée au nombre des monuments historiques.

AIGUILLANES, vg. *Aude*, comm. de Villac, ✉ de Ste-Colombe-sur-l'Hers.

AIGUILLE, vg. *Charente-Inf.*, comm. d'Agonnay, ✉ de St-Savinien.

AIGUILLE (l'), montagne du dép. de l'Isère, dite l'Inaccessible, et regardée autrefois comme une des sept merveilles du Dauphiné. Le mont Aiguille se voit à gauche de la route de Grenoble à Gap, entre le hameau des Souchons et le bourg de Corps. Il est isolé, escarpé de tous côtés, et offre, vers les deux tiers de sa hauteur, une espèce de cône tronqué au-dessus duquel s'élève un rocher vertical de forme cubique, qui semble une seconde montagne placée au-dessus de la première. Ce mont a plus de 2,000 m. au-dessus du niveau de l'Océan. Non loin de là est le gigantesque mont Obioux, dont la hauteur est d'environ 3,000 m.

AIGUILLES, vg. *Hautes-Alpes* (Dauphiné), chef-lieu de canton, arr. et à 57 k. de Briançon, ✉ de Queyras. P. 933 h. Il est bâti en amphithéâtre sur le penchant d'un coteau au pied duquel coule le Guil, près de l'extrême frontière, entre le mont Genèvre et le mont Viso. — *Fabrique* et *commerce* de fromages, qu'expédient pour Marseille, Toulon, Montpellier et Perpignan. — *Foires* les 25 juin et 7 octobre.

AIGUILLON. V. Montaiguillon, Louan.

AIGUILLON, *Acillio, Aiguillonum, Esguillonum*, *Lot-et-Gar.* (Agénois), petite ville située près du confluent de la Garonne et du Lot, arr. et à 30 k. d'Agen, cant. de Port-Ste-Marie, gîte d'étape, ✉, ♀. A 626 k. de Paris pour la taxe des lettres. — Terrain d'alluvions et tourbe. Pop. 4,079 h. — *Autrefois* duché-pairie, parlement et intendance de Bordeaux, élection d'Agen, juridiction.

Aiguillon est une ville fort ancienne dont l'origine est inconnue ; on se doute à peine qu'elle ait existé au temps des Romains ; cependant on retrouve sous son château des débris de constructions évidemment romaines ; ce sont, des arcs à plein cintre dont les pieds-droits sont encore revêtus de leur incrustation réticulaire. A une époque très-reculée, Aiguillon, protégée par sa situation, était une place forte presque imprenable. Elle tomba au pouvoir des Anglais. Jean, duc de Normandie, fils de Philippe de Valois, l'assiégea avec une armée de 60,000 hommes, en 1346 ; l'attaque fut très-vive, et on donna jusqu'à quatre assauts par jour avec des troupes fraîches, sans qu'aucune partie de l'enceinte fût entamée. Le prince, après avoir perdu devant cette place une partie de son armée, fut forcé de l'abandonner après cinq mois d'un siège très-meurtrier, pour aller secourir son père, qui venait de perdre la fatale bataille de Crécy ; malgré les serments qu'il fit sous ses murs de ne pas décamper, sans avoir emporté la place, après vingt assauts qu'il fit exécuter en sept jours, Jean s'en alla comme il était venu. En 1430, les Anglais prirent cette ville et la pillèrent ; ne pouvant se rendre maîtres du château, ils l'abandonnèrent et emmenèrent tous les prisonniers qu'ils y avaient faits.

Aiguillon fut érigé en duché-pairie par Henri IV, en faveur du duc de Mayenne. A la mort de ce seigneur, cette ville resta à la couronne, et fut donnée au même titre par Louis XIII au perfide seigneur de Puylaurens.

Cette pairie étant éteinte par sa mort, Richelieu, en 1638, la fit revivre en faveur d'une femme et *de tels héritiers qu'elle voudroit choisir*. Louis XIII y consentit, et Madeleine de Vignerod fut créée duc et pair, titres qui par elles parvinrent, en 1731, au trop fameux comte d'Agénois, duc d'Aiguillon.

Aiguillon s'élève en amphithéâtre sur le penchant et le sommet d'un mamelon, au pied duquel coule le Lot, qu'on passe sur un beau pont de sept arches, haut de 10 m. et terminé en 1825.—Le château occupe le sommet d'un mamelon, et s'élève au bord de sa pente la plus rapide. Cette vaste et curieuse construction offre un assemblage de styles divers; sa base, comme nous l'avons dit, est romaine; une partie considérable du château du moyen âge est d'architecture sarrasine et gothique, et offre parmi les murailles gigantesques, les tours et les tourelles délabrées, de fort beaux débris de sculptures. Le château moderne, construit par les derniers ducs, et que la révolution empêcha de terminer, est de style italien, de plan régulier, et se compose d'un grand corps de trois étages, et de deux ailes embrassant une cour où courait le centre du mamelon; de l'autre s'étendait un parc spacieux où l'on descendait par un double escalier. L'antique chapelle du château, bien conservée, est devenue l'église paroissiale; à côté était un couvent qui loge l'école d'enseignement mutuel. Le château se déploie devant une place carrée où l'on voit un joli bâtiment dont le rez-de-chaussée est la halle, et le premier étage la mairie.

La ville est encore ceinte de ses fossés et des débris des anciennes fortifications. Ses maisons, éparses et entourées de leurs clos, offrent moins l'apparence d'une petite ville que d'un charmant village : on n'y voit qu'une seule et véritable rue, celle qui sert de passage à la route; mais on y trouve deux agréables promenades, l'une à l'entrée et l'autre au milieu de la ville.

A peu de distance d'Aiguillon, on voit à gauche de la route qui conduit à Port-Ste-Marie, un reste de tour romaine construite en petites pierres carrées, et désignée sous le nom de Tour de St-Côme. C'est un beau reste d'antiquité qui a été désigné par l'autorité locale, comme susceptible d'être classé au nombre des monuments historiques, et que nous signalons particulièrement à l'attention des archéologues. — *Fabriques* de serges, droguets. — *Commerce* de grains, vins, eaux-de-vie, chanvre, tabac, etc. — *Foires* les 20 mars, 12 juin, 6 sept., 2 oct., 19 nov. et prem. déc.

AIGUILLON (pointe d'), *Santonum Promontorium*. V. AIGUILLON-SUR-MER.

AIGUILLON-SUR-MER, vg. *Vendée* (Poitou), arr. et à 41 k. de Fontenay, cant. et ✉ de Luçon. Pop. 112 h. Il est situé au bord de l'Océan, près de la rade d'Aiguillon, formée par une pointe de sable qui s'étend à 6 k. du N.-O. au S.-E.

AIGUILLON-SUR-VIE (l'), vg. *Vendée* (Poitou), arr. et à 20 k. des Sables d'Olonne, cant. et ✉ de St-Gilles-sur-Vie. Pop. 632 h.

AIGUILLY, vg. *Loire*, comm. de Vougy, ✉ de Roanne.

AIGUINES, vg. *Var* (Provence), arr. et à 45 k. de Draguignan, cant. et ✉ d'Aups. Pop. 1,033 h. Il est situé sur une hauteur, près de la rive gauche du Verdon, et possède un beau château d'où l'on jouit d'une vue étendue. — *Fabriques* d'ouvrages en belles racines de buis, que produisent les environs. — *Foire* le 1er juin et le 8 nov.

AIGUISI, h. *Oise*, comm. de la Chelle, ✉ d'Estrées-St-Denis.

AIGUIZY, h. *Aisne*, comm. de Villers-Agron, ✉ de Fère-en-Tardenois.

AIGULIN (St-), vg. *Charente-Inf.* (Saintonge), arr. et à 51 k. de Jonzac, cant. de Montguyon, ✉ de Montlieu. Pop. 1,406 h.

AIGUMONT, vg. *Seine-Inf.*, comm. d'Avesne, ✉ d'Envermeu.

AIGURANDE, *Igorandis Biturigum*, petite ville, *Indre* (Berry), chef-lieu de cant., arr. et à 20 k. de la Châtre, gîte d'étape. A 312 k. de Paris pour la taxe des lettres. ✉. Pop. 2,005 h. — TERRAIN cristallisé. — Elle est située, partie sur une hauteur, et partie dans la plaine, près de la source de la Boulzanne et des confins du département de la Creuse. C'était anciennement une châtellenie ; on y voyait autrefois, sur la place publique, un édifice antique en pierres de taille, de forme octogone, élevé sur un stylobate de huit marches, couvert d'un dôme, et éclairé par de très-petites fenêtres. — *Commerce* considérable de bestiaux. — *Foires* les 20 janv., 6 mai, 25 juin, 30 juillet, 29 août, 14 sept., 28 nov., 28 déc., premier jeudi de carême, jeudi de la mi-carême, mercredi saint, jeudi de Quasimodo, lundi après la Pentecôte, lundi avant la Toussaint, tous les lundis depuis Pâques jusqu'à la St-Jean, tous les lundis depuis le 25 déc. jusqu'au carnaval.

AIL (St-), vg. *Moselle* (Lorraine), arr., cant., ✉ et à 8 k. de Briey. Pop. 162 h. Sur la rive droite de l'Orne.

AILHON, vg. *Ardèche* (Vivarais), arr. et à 35 k. de Privas, cant. et ✉ d'Aubenas. Pop. 660 h.

AILLAC, vg. *Dordogne* (Périgord), arr., ✉ et à 11 k. de Sarlat, cant. de Carlux. Pop. 333 h. Sur la Dordogne.

AILLANT-SUR-MILLERON, vg. *Loiret* (Gatinais), arr. et à 30 k. de Montargis, cant. et ✉ de Châtillon-sur-Loing. Pop. 451 h.

AILLANT-SUR-THOLON, bg *Yonne* (Champagne), chef-lieu de cant., arr. et à 14 k. de Joigny. A 153 k. de Paris pour la taxe des lettres. Cure. ✉. Pop. 1,303 h.—TERRAIN crétacée. — Il est agréablement situé, près de la rive gauche du Tholon. — *Fabriques* de grosse draperie. — *Foires* les 17 janv., jeudi saint, 14 juillet et 10 nov.

AILLAS (pays d'), *Pagus Aliardensis*, pays de l'ancienne Gaule, dont Aillas-le-Vieux était le chef-lieu.

AILLAS-LA-VILLE, vg. *Gironde* (Condomois), autrefois chef-lieu de juridiction, arr. et à 13 k. de Bazas, cant. d'Auros, ✉ de Grignols. Pop. 1,988 h. L'église et l'ancien château d'Aillas ont été classés par le ministre de l'intérieur au nombre des monuments historiques. — *Foires* le premier lundi après le 8 mai, le premier lundi après le 29 sept., et le 10 de chacun des mois de janv., de fév., de mars, d'avril, de juin, de juillet, d'août, d'octobre, de novembre et de décembre.

AILLAS-LE-VIEUX, vg. *Gironde*, comm. d'Aillas, ✉ de Grignols.

AILLES, vg. *Aisne* (Picardie), arr. et à 15 k. de Laon, cant. de Craonne, ✉ de Corbeny. Pop. 256 h. Il est situé au pied d'une montagne sur laquelle se livra, le 7 mars 1814, la bataille de Craonne. — Ailles fut érigé en commune en 1308 par l'évêque et le comte de Soissons. — Tuilerie. — Commerce de cendres noires.

AILLET, vg. *Eure*, comm. d'Epégard, ✉ du Neubourg.

AILLEVANS, vg. *Haute-Saône* (Franche-Comté), arr. et à 14 k. de Lure, cant. et ✉ de Villersexel. Pop. 447 h. Sur la rive droite de l'Oignon. — Filatures de coton.

AILLEVILLE, vg. *Aube* (Champagne), arr., cant., ✉ et à 3 k. de Bar-sur-Aube. Pop. 241 h.

AILLEVILLERS, vg. *Haute-Saône* (Franche-Comté), arr. et à 33 k. de Lure, cant. et ✉ de St-Loup. Pop. 2,767 h. D'Aillevillers dépend la forge de Chaudeau, renfermant une fabrique de fer-blanc et de tôles noires, une tréflerie, sept paires de cylindres cannelés pour l'étirage du fer, et deux paires de laminoirs à tôle par la méthode anglaise. Les produits de ces usines jouissent d'une réputation justement méritée.

AILLIANVILLE, vg. *Haute-Marne* (Bassigny), arr. et à 40 k. de Chaumont, cant. et ✉ de St-Blin. Pop. 509 h.

AILLICOURT, h. *Ardennes*, comm. de Remilly, ✉ de Sédan.

AILLIEL, *Somme*, comm. d'Ailly-le-Haut-Clocher, ✉ de Flexcourt.

AILLIÈRES, vg. *Sarthe* (Maine), arr., ✉ et à 8 k. de Mamers, cant. de la Fresnaye. Pop. 296 h.

AILLONCOURT, vg. *Haute-Saône* (Franche-Comté), arr. et à 13 k. de Lure, cant. et ✉ de Luxeuil. Pop. 425 h. Sur la rive gauche de la Lanterne.

AILLY, (phare de l'), *Seine-Inf.*, arr. de Dieppe, cant. d'Offranville. En suivant à l'ouest de Dieppe le bord de la mer, entre les communes de Pourville et de Varengeville, on trouve les rochers du cap de l'Ailly, dont la pointe s'avançait autrefois à une grande distance dans la mer, mais que les courants ont minée par degrés, et qu'ils n'auront pour englouter tout à fait. A l'extrémité nord-ouest du cap de l'Ailly, est un phare élevé en 1775 par les soins de la chambre de commerce de Rouen. Ce phare, situé au bord d'une falaise escarpée, est une tour carrée, haute de 27 m., large de 7 m. d'élévation, vitrée sur toutes ses faces et surmontée d'une coupole en cuivre, terminée par une girouette. Il fut d'abord éclairé par la houille et ensuite par des fourneaux à soufflets, auxquels on a substitué des lampes à réverbères qui produisent une lumière qu'on aperçoit d'une très-grande distance en mer. De la galerie qui entoure la lanterne, on découvre une étendue de mer considérable, et du côté de la terre de hautes futaies qui annoncent les grandes et belles fermes du pays de Caux. — Le phare de l'Ailly est à feu tournant à éclipses de 80 secondes en 80 secondes; il a 93 m. de hauteur au-dessus du niveau de la mer, et 23 k. de portée. Lat. 49° 55', long. 1° 23'.

AILLY, vg., autrefois prieuré, *Calvados* (Normandie), arr. et à 11 k. de Falaise, cant. de Coulibœuf. Pop. 126 h. Près de la Dive, ✉ de Jort.

AILLY, *Alliacum*, *Aillium*, bg *Eure* (Normandie), arr. et à 10 k. de Louviers, cant. et ✉ de Gaillon. Pop. 1,182 h. — Patrie de Guill. Dagoumer, célèbre professeur de philosophie du xviiie siècle.

AILLY, vg. *Meuse* (Lorraine), arr. et à 13 k. de Commercy, cant., ✉ et à 3 k. de St-Mihiel. Pop. 145 h. Près de la Meuse.

AILLY-LE-HAUT-CLOCHER, vg. *Somme* (Picardie), chef-l. de cant., arr. à 15 k. d'Abbeville, cure, ✉ de Flixecourt, ⚘. Bureau d'enreg. à St-Riquier. Pop. 1,423 h. — Terrain tertiaire moyen. — Papeterie.

AILLY-PÁRYGNY, vg. *Loire*, arr. de Roanne. — Moulins à l'anglaise à 4 paires de meules.

AILLY-SUR-NOYE, bg *Somme* (Picardie), chef-l. de cant., arr. et à 22 k. de Montdidier, cure, ✉ de Flers. Pop. 933 h. — Terrain crétacé sup., craie. Il est sur la Noye, sur laquelle il y a de belles papeteries. Dans l'aile gauche de l'église paroissiale, on remarque des fonts baptismaux fort anciens, et près de ces fonts se trouve la tombe, en marbre noir, de Jehan Hautbourdin et de Jacqueline de la Trémoille, son épouse. L'art héraldique semble avoir épuisé ses richesses à orner cette tombe précieuse d'écussons et d'armoiries, malheureusement aujourd'hui fort mutilés, ainsi que les statues de ces hauts personnages. Cette tombe a été désignée par l'autorité locale comme étant susceptible d'être classée au nombre des monuments historiques. — *Fab.* de corroieries. — *Foires* le 12 octobre, et le jeudi après Pâques.

AILLY-SUR-SOMME, vg. *Somme* (Picardie), arr. et à 10 k. d'Amiens, cant. et ✉ de Picquigny. Pop. 526 h.

AIMARGUES, *Armasanicæ*, petite ville, *Gard* (Languedoc), arr. à 24 k. de Nîmes, cant. de Vauvert, ✉ de Lunel. Cure. Pop. 2,347 h. — Terrain d'alluvion, diluvium alpin. Elle est située au milieu des marais entre le Vistre et le Vidourle. C'est là que saint Louis et son frère, le comte de Toulouse, assemblèrent leurs troupes avant leur départ pour la croisade. — *Fabriques* et *comm.* d'eau-de-vie.

AIMOUTIERS. V. Exmoutiers.

AIN (l'), *Amnis*, *Danus Idanus*, rivière qui prend sa source dans le dép. du *Jura*. Elle se forme de plusieurs ruisseaux qui descendent du mont Jura; la principale source vient de la commune de Comte, à 4 kilom. de Nozeroy, et sort de deux réservoirs curieux taillés naturellement dans le roc au fond d'un précipice en cul-de-sac, formé par deux montagnes très-rapprochées, dont les parois ont plus de 1,200 mètres de hauteur verticale et laissent à peine entre elles pénétrer la lumière du jour. Après avoir reçu le torrent de Nozeroy, l'Ain coule dans une gorge très-resserrée, d'où il s'échappe pour s'élancer d'un rocher de 16 m. de haut, et forme, en tombant, une superbe nappe qui a plus de 42 m. de large. Cette chute est la plus belle du Jura; elle ne cesse en aucun temps, mais elle est plus ou moins écumante ou tumultueuse, selon l'abondance des eaux. En suivant le cours de cette rivière, qui dans plusieurs endroits est resserrée entre les rochers, on remarque plus de vingt chutes d'où elle se précipite avec un énorme fracas, et qui ne sont qu'une transition pour arriver à la belle cascade du Port-de-la-Seez; là, le rocher se coupant net et perpendiculairement sur le lit de la rivière, les eaux tombent tout à coup d'une hauteur de 16 m., sur une largeur de 130 m.; c'est vraisemblablement une des plus belles cascades de l'Europe.

L'Ain donne son nom au département qu'il arrose principalement; il commence à être flottable à l'aval du pont de Navoy, et à être navigable à la Chartreuse de Vaucluse. La longueur de la partie flottable est de 53,000 m., et celle de la partie navigable est de 97,000 m. Il n'existe sur cette rivière ni pertuis, ni écluses; les bateaux franchissent en descendant les barrages qui y sont construits pour l'usage des moulins. L'Ain passe à Poncin, Pont-d'Ain, Varambon, Loye, et se jette dans le Rhône vis-à-vis du village d'Authon, département de l'Ain. Dans son cours, qui est d'environ 160 k., il reçoit la Bienne, l'Oignon, l'Albarine, la Valouze et le Suran.

Le flottage sur la rivière d'Ain est assez considérable; il se fait en trains. On transporte annuellement à Lyon par ce moyen 8 à 9 mille douzaines de planches de sapin, et environ 33,000 m. cubes de bois de construction; la marine flotte environ 200 pièces de bois de chêne. On construit, le long de ses bords, quantité de bateaux qui descendent à vide à Lyon pour y être employés au service de la navigation du Rhône et de la Saône. Les lieux de commerce et d'entrepôt situés sur son cours sont : Condes, Thoirette, Neuville et Varambon.

La navigation n'a lieu qu'en descendant, et seulement pendant la durée des moyennes eaux; la navigation ascendante serait, tant à cause des bords escarpés de la rivière qui ne permettent pas d'établir un chemin de halage, qu'à cause des sauts des moulins qui y sont multipliés et de la forte pente des eaux évaluée à 1 m. 50 c. par kilomètre.

AIN (département de l'). Ce département est formé de la Bresse, du Bugey, du Valromey et de l'ancienne principauté de Dombes, qui dépendait de la Bourgogne. Il tire son nom de la rivière de l'Ain, qui le traverse du nord au sud.
— Ses limites sont : au nord, le département du Jura et une partie du département de Saône-et-Loire; à l'est, la Suisse; au sud, le département de l'Isère; à l'ouest, ceux du Rhône et de Saône-et-Loire.

Sous le rapport physique, le territoire du département de l'Ain peut se diviser en quatre parties : celle de l'est, celle du sud-est, celle du sud-ouest, et celle du nord. — La partie de l'est est traversée, du nord-est au sud-sud-ouest, par plusieurs chaînes de montagnes parallèles entre elles, qui sont un prolongement du Jura. On trouve aussi vers le centre une chaîne de petites montagnes et de coteaux, que l'on appelle Reveremont, dont une partie est couverte de vignes. Les vallées de l'est sont profondes, bordées de montagnes élevées, de rochers taillés à pic, et sillonnées par des torrents extrêmement rapides; elles abondent en excellents pâturages, et fournissent de très-bons fromages; les pentes extérieures des collines les plus favorablement exposées sont plantées en vignes; des forêts de sapin occupent le centre des chaînes, et il y croît aussi diverses autres essences de bois. En général, on trouve dans cette partie peu de terres labourables, et les récoltes en blé sont insuffisantes pour la consommation des habitants. — Dans la partie du sud, environnée de trois côtés par le Rhône et l'Ain, les chaînes de montagnes sont moins resserrées, leurs sommets moins âpres, moins déchirés; on y trouve des vignes assez bien cultivées, des terrains aussi fertiles qu'agréables, où l'on recueille toute sorte de grains, de fruits et de légumes. Dans cette partie, de charmants paysages, de beaux villages, des sources abondantes, de belles rivières, des prairies, de riches vignobles, beaucoup d'arbres et une végétation vigoureuse, présentent le plus riant tableau.
— La partie occidentale, jusqu'à la Saône, est une plaine basse, dont le sol compacte et argileux retient les eaux, en même temps que le défaut de pente les empêche de s'écouler; des marais considérables, des étangs nombreux, des bois en assez mauvais état, peu de terres à froment, quelque champs de seigle et beaucoup d'avoine, voilà l'aspect général que présente cette division. On ne peut pas dire cependant que ce pays soit infertile; mais les récoltes n'y suffisent pas à la consommation. Quand les étangs sont en eau, on y pêche d'excellent poisson, et, lorsqu'ils sont à sec, on y récolte de l'orge et de l'avoine en abondance. Néanmoins, il n'y a guère que les bords de la Saône qui soient bien peuplés et cultivés avec soin : on y voit beaucoup de vignobles et des paysages riants et animés. — Au nord se trouve la quatrième division; l'arrondissement de Bourg, les montagnes exceptées, et la partie septentrionale de l'arrondissement de Trévoux, la composent en entier. Le sol y est bon en général, bien cultivé, et produit du froment, du seigle, de l'orge, du sarrasin, du maïs, du chanvre, des légumes, etc. D'immenses et superbes prairies embellissent les bords de la Saône, et les bassins de la Reyssouse et de la Chalaronne sont couverts de prés très-productifs.

Dans les deux premières parties, l'élévation

des montagnes, la profondeur des vallées, les torrents impétueux, les rochers suspendus au-dessus des précipices, l'aspect auguste et sombre des forêts, la variété pittoresque des sites, offrent une nature grande et imposante ; tandis que les bords escarpés de l'Ain, son accroissement dans les montagnes taillées à pic, la perte du Rhône et celle de la fougueuse Valserine, des cascades remarquables, des grottes, des scissures énormes, de grands accidents de la nature, fournissent à l'observateur de nombreux sujets d'admiration.

La contenance totale du département de l'Ain est de 592,674 hectares, divisés ainsi :

Terres labourables.	246,608
Prés.	81,143
Vignes.	16,869
Bois.	119,863
Vergers, pépinières et jardins. . .	2,102
Oseraies, aunaies et saussaies. . .	247
Étangs, mares, canaux d'irrigation.	19,834
Landes et bruyères.	76,587
Superficie des propriétés bâties. .	4,198
Contenance imposable. . .	567,451
Routes, chemins, places, rues, etc.	8,904
Rivières, lacs et ruisseaux. . . .	4,119
Forêts et domaines non productifs.	12,139
Cimetières, églises, bâtiments publics.	61
	592,674

On y compte :
71,027 maisons.
561 moulins à eau et à vent.
15 forges et fourneaux.
302 fabriques et manufactures.

soit 71,905 propriétés bâties.
Le nombre des propriétaires est de 137,619, et celui des parcelles de 1,256,468.

HYDROGRAPHIE. Un grand nombre de cours d'eau arrosent le département de l'Ain ; deux le bornent sur divers points ; quatre s'y perdent, et plusieurs y ont tout leur cours. Le *Rhône* l'entoure à l'E. et au S., le sépare de la Savoie et du département de l'Isère, et y forme, au-dessus de Seyssel, le phénomène connu sous le nom de *perte du Rhône*, que divers travaux entrepris pour assurer le flottage et pour l'utilité de divers établissements industriels ont fait en partie disparaître. La *Saône* le limite à l'O. et le sépare des départements de Saône-et-Loire et du Rhône. L'*Ain*, qui lui donne son nom, le traverse du N.-E. au S.-O., y favorise le transport des bois et s'y jette ainsi que le Rhône. Les autres rivières qui l'arrosent sont : la *Bienne*, la *Seille*, la *Semine*, le *Seran*, le *Furan*, l'*Albarine*, l'*Oignon*, le *Suran*, la *Reyssouse*, la *Veyle*, la *Chalaronne*. Les seuls cours d'eau navigables sont : la Saône et le Rhône, sur lesquels il y a dix ports ; l'Ain, la Bienne et le canal de Pont-de-Vaux à la Saône.

L'arrondissement de Nantua renferme quatre lacs qui font une espèce de petite Suisse de cette partie du département : ce sont les lacs de Nantua, de Silan, de Meyriat et de Génin dont les eaux bleues et poissonneuses occupent ensemble une superficie de 5,859 hectares. Rien n'y manque, ni les convulsions du sol, ni les anfractuo-

sités des vallées, ni les chalets aux toits de planches, ni les moutons, ni les chèvres surtout, ni les majestueuses solitudes ; l'Ain qui roule et gronde, profondément encaissé entre des rochers, complète le tableau. Le seul lac véritablement digne de ce nom est celui de Nantua ; il a environ 2 kilomètres de long sur 1 kilomètre de large, et 425 mètres d'élévation au-dessus du niveau de l'Océan. — Les rivières sont très-poissonneuses ; les aloses et les truites de l'Ain sont estimées ; les saumons remontent quelquefois la Saône ; les ruisseaux abondent en excellentes écrevisses. — Les étangs, au nombre de 1,667, couvrent une surface de 20,445 hectares, tant dans l'arrondissement de Bourg que dans celui de Trévoux. Le sol de la Bresse, composé de petits coteaux élevés, très-rapprochés et de nature argileuse, facilite la construction de ces étangs ; il suffit, pour les former, de réunir et de retenir les eaux ou de les laisser écouler à volonté. On pêche ordinairement les étangs tous les deux ans, et on les ensemence une fois en trois ans. Après qu'on en a retiré les eaux, le fond est ensemencé en blé et plus généralement en avoine. Le produit en blé est de 7 à 9 pour un, et en avoine, de 10 à 15 ; ce qui diffère beaucoup du produit moyen qui n'est guère que de 3 à 5 pour un dans la plupart des terres du département. Dès que la récolte est levée, on remplit l'étang et on l'empoissonne proportionnellement à son étendue. On pêche depuis le 1er novembre jusqu'au 1er avril ; le produit de cette pêche, pour un étang de 8 à 10 hectares de superficie, est d'environ 1,000 francs.

COMMUNICATIONS. Les voies de communication consistent en 6 routes royales et 16 routes départementales qui se croisent dans tous les sens, et favorisent un grand commerce de transit. Les principales sont : la route de Lyon à Genève, la route de Lyon à Besançon et la route de Mâcon à Bourg.

MÉTÉOROLOGIE. La température du département est variable ; humide dans l'arrondissement de Trévoux, beaucoup moins dans l'arrondissement de Bourg, et excellente dans les arrondissements de Nantua, de Belley et de Gex. L'arrondissement de Trévoux et une partie de celui de Bourg sont exposés à des brouillards épais et méphitiques, occasionnés par des étangs et des marais considérables qui produisent de funestes effets sur la santé des habitants : dans toutes les autres contrées, le climat est en général fort sain. Dans le Bugey, le ciel est presque toujours découvert et sans nuages. Il tombe beaucoup de neige dans les arrondissements de Nantua et de Belley, où elle règne surtout depuis la fin d'octobre jusqu'au mois d'avril ; elle est beaucoup moins abondante dans les arrondissements de Bourg et de Trévoux, où elle séjourne peu et revient à plusieurs reprises. — Le vent du sud règne en octobre et en novembre. Celui du nord domine en décembre, janvier et février, cesse en mars, et reprend en avril et mai, époque où les gelées font beaucoup de tort aux récoltes.

PRODUCTIONS. L'industrie agricole du département est variée et bien entendue. La culture se fait avec des bœufs ou avec des mulets. Les récoltes en céréales suffisent au delà des besoins de la consommation locale. — Les vignes sont en général productives et bien entretenues : les trois cinquièmes des produits en vins sont livrés à l'exportation. Le chanvre et le lin sont cultivés avec succès dans plusieurs localités. L'arrondissement de Belley produit des truffes noires assez estimées. Le châtaignier prospère dans le département, et le mûrier est cultivé avec avantage dans l'arrondissement de Belley. Les essences qui dominent dans les forêts sont le hêtre, le chêne et le sapin. — Les volailles si renommées de la Bresse et les porcs gras sont l'objet d'une exportation assez considérable. On élève et on engraisse beaucoup de bêtes à cornes de belle race, pour la consommation de Lyon. La race des chevaux, qui étaient autrefois recherchés comme chevaux de selle, est malheureusement dégénérée, et il serait à désirer qu'on s'occupât de l'améliorer. L'éducation des abeilles est assez bien entendue, mais les ruches sont loin d'être assez multipliées. Quelques cantons se livrent avec succès à l'éducation des vers à soie. — Les moutons mérinos, métis et indigènes, sont l'objet d'un soin particulier : le troupeau de l'association rurale de Naz, près de Gex, composé de 3,000 bêtes superfines, et qui peut mettre chaque année dans le commerce plus de 1,500 béliers ou brebis, est justement renommé, et ses produits ont figuré avec honneur à la dernière exposition des produits de l'industrie nationale. On évalue à 200,000 kilog. de laine le produit annuel des troupeaux élevés dans le département, qui renferme environ 200,000 moutons, 10,000 chevaux, 3,000 ânes et mulets, 150,000 bêtes à cornes, 15,000 chèvres et 50,000 porcs. — L'ours, le loup, le renard, le chat sauvage se rencontrent dans les forêts du département. On y trouve peu de sangliers, point de cerfs, et généralement peu de gibier ; mais le gibier à plumes y est très-abondant, surtout les oiseaux aquatiques, tels que les cygnes, les oies et les canards sauvages ; les grues, les hérons, les cigognes, les cormorans, l'outarde, s'y montrent assez fréquemment. Les cousins sont extraordinairement multipliés dans le voisinage des étangs. — Le produit annuel du sol est d'environ :

En céréales et parmentières.	1,950,000 hect.
En avoine.	230,000
En vins.	500,000
En fruits.	1,300,000 kil.
En foins.	180,000,000
En poisson d'étangs. . .	1,200,000
En fromages.	1,200,000

MINÉRALOGIE. Mines de fer en grains, oxyde de fer et géodes ferrugineuses ; indices de cuivre ; sables aurifères dans le Rhône ; ocres ; bleu de Prusse naturel. Carrières de différents marbres, d'albâtre, de pierres lithographiques ; spaths transparents ; stalactites en grandes masses et arborisées en rameaux très-fragiles (celles de la belle grotte de Corveissiat, dont la situation, l'entrée et la rivière qui s'en échappe en bouillonnant forment un tableau remarquable, sont colorées en gris de lin et lilas d'une grande fraîcheur).—Marne abondante sur plusieurs points. Argile à potier excellente qui s'exporte en Suisse pour les fabriques de faïence. Carrières de pierres ; celles de Villebois occupent environ 300 ouvriers. — D'immenses couches bitumineuses existent dans un bassin de grande étendue, entre Châtillou-de-Michaille, Seyssel et le fort de l'Ecluse ; elles y sont engagées en bancs épais et prolongés, souvent à la superficie, et apparentes au dehors en divers endroits, sur les bords escarpés du Rhône ; ces bancs sont disposés dans des couches d'argile, et reposent sur un lit calcaire.

Tourbières exploitées. . . .	1
Nombre d'ouvriers. . . .	30
Produit en stères. . . .	4,000
Valeur.	6,000
Minerai de fer produit en q. mét. .	9,600
Valeur en francs. . .	14,784
Valeur créée par l'extr. et la prép.	14,802
Bitumes minéraux ; mines exploitées.	1
Nombre d'ouvriers employés. .	18
Roche asphaltique, q. métr.	93,371
Valeur en francs. . .	280,110
Mastic bitumineux, q. métr.	2,700
Valeur en francs. . .	40,500
Valeur totale.	320,610

SOURCES MINÉRALES à Ceyzeriat, Pont-de-Vaux, St-Jean-sur-Reyssouse, St-Jean-sur-Veyle, Servignat, Biziat, Polliac, Seyssel, etc.

INDUSTRIE ET COMMERCE. L'industrie est peu active dans le département de l'Ain, mais elle tend chaque jour à s'accroître. Dans l'arrondissement de Bourg, on trouve des fabriques de toiles de chanvre, des filatures de laine, des tuileries et des tanneries à Bagé-le-Châtel, une fabrique de poterie de terre, de briques réfractaires, de poêles et de creusets, à Maillonas. A Pont-d'Ain, on construit des bateaux pour Lyon et le Rhône. St-Laurent possède une fonderie de fer, et de grands ateliers de construction pour machines à vapeur, moulins à l'anglaise, etc. — Dans l'arrondissement de Belley, on fabrique des draps pour l'habillement des troupes, et des couvertures à Amberieux ; des fromages, façon de gruyère, à Champagne, à Hauteville, à Lompnes. Artemare a des scieries hydrauliques de bois et une fabrique d'outils ; il y a des moulins à soie à Argis. Lagnieu fabrique des chapeaux de paille, façon d'Italie, d'une grande beauté. St-Rambert est renommée pour ses fabriques de toiles et de linge de table (M. H. 1835), ses filatures de laine et ses papeteries. Seyssel est connu pour l'exploitation de ses mines de bitume (Ⓑ 1834) et ses scieries hydrauliques ; Tenay pour sa blanchisserie de toiles et ses filatures de laine et de duvet cachemire (Ⓐ 1827, Ⓐ 1834) ; Villebois a des forges et des carrières d'excellentes pierres de taille. — On distingue dans l'arrondissement de Gex le bel établissement agricole de Naz, les papeteries de Divonne, les fabriques d'horlogerie de Ferney et de verres chevés de Pouilly-St-Genis. Dans cet arrondissement la branche de commerce la plus considérable est celle des fromages. Chaque commune a plusieurs fruitières qui ne fabriquent ordinairement qu'en hiver, parce que les vaches sont renvoyées pendant l'été dans la campagne, où elles restent depuis le premier jour de juin jusqu'au 8 ou 10 octobre. Pendant ce court espace de temps une vache s'amodie depuis 40 jusqu'à 60 fr., non compris le beurre et le fromage, qui sont réservés par le propriétaire. La quantité de fromage qui se fabrique annuellement peut être de 8 à 10,000 quintaux dont la plus grande partie s'introduit en France en franchise de droits au moyen d'une autorisation qu'on obtient du ministre des finances.—Dans l'arrondissement de Nantua, il y a, dans la ville de nom, des filatures de coton et de laine, des fabriques de peignes de corne et des papeteries. Dortan possède une superbe filature de coton, des scieries hydrauliques et des fabriques d'ouvrages au tour. Meyriat fabrique des produits chimiques, Neyrolles des pointes de Paris, Oyonnax de la tabletterie, Menetruel des étoffes de fantaisie ; le Parc exploite de l'asphalte de qualité supérieure.—A Jujurieux est un vaste établissement pour le tissage de la soie, où 200 jeunes filles trouvent de l'occupation. — Dans l'arrondissement de Trévoux, à Montluel, on trouve une manufacture de drap pour les troupes (Ⓐ 1819, Ⓐ 1827) ; des tuileries à Montmerle, et une papeterie à Châtillon-lez-Dombe. Près de Montluel est l'institut agricole de la Saulsaie, fondé dans le but de former des régisseurs, et d'ajouter aux connaissances des fermiers ou propriétaires qui exploitent en grand.

Le département de l'Ain étant, en général, plus agricole que manufacturier, le commerce s'exerce plutôt sur les productions du sol que sur les produits de l'industrie. Les grains, les trois cinquièmes des vins, les bœufs, les porcs et les volailles qu'on y engraisse, le produit de la pêche des étangs, les bois et planches de sapin et de chêne, les fromages de Gex et façon de gruyère, les laines de Naz, l'asphalte, sont les principaux objets de commerce. Les deux grands marchés à blé sont ceux de Bourg et de St-Laurent. Viennent ensuite les produits des tanneries, des corroieries et des mégisseries, les toiles de St-Rambert et des environs, les papiers de Châtillon et autres lieux, les chapeaux de paille, façon Italie, de Lagnieu, les draps et les toiles peintes de Montluel, les futailles de Nantua, quelques articles de boissellerie, etc. — La position géographique de ce département en fait un passage pour le commerce entre le nord et le midi de la France, de Strasbourg à Marseille, et pour l'ouest, de Genève à Bordeaux. Le transit est incessant dans les temps d'importation des grains de Barbarie qui sont reçus à Marseille, et se dirigent sur la Suisse.

Le département de l'Ain a des foires assez fréquentées, où, indépendamment des objets de mercerie, de quincaillerie, de draperie, à l'usage des habitants de la campagne, on vend des produits de la chapellerie et de la cordonnerie, du bétail et des bestiaux de toute espèce, tels que chevaux, mulets, ânes, bœufs gras, vaches, veaux, moutons, porcs, et notamment les volailles renommées de la Bresse.

MŒURS ET USAGES. Les habitants de l'Ain, laborieux et actifs dans la montagne, sont moins vifs et moins industrieux dans la plaine. Ils ne se distinguent pas, en général, par leur imagination ; leur caractère le plus prononcé est le calme et la patience ; mais, si les passions y manquent de vivacité, les liens de famille y sont respectables et respectés. Les habitants du Bugey sont généralement d'une taille élevée, bruns, vifs et même un peu bourrus. Ceux de la Bresse sont grands, bien faits, plutôt blonds que bruns, doux, assez lents, et d'un commerce facile. Les femmes sont très-blanches de peau et d'une belle carnation, leur costume est gracieux et élégant ; leur coiffure varie suivant les cantons ; c'est tantôt un bonnet à fond étroit, orné de dentelles ; tantôt des cheveux relevés en chignon ; mais la tête est toujours surmontée d'un infiniment petit chapeau noir, de forme plate, coquettement incliné sur le devant ou sur le côté, et orné assez souvent de rubans ou de galon d'or ou d'argent.

Une partie de la population de la montagne émigre chaque année, pour économiser ses faibles récoltes, et va chercher sa nourriture et un peu d'argent dans les départements de la Sarthe, de la Meurthe, du Haut et du Bas-Rhin, où elle s'occupe du peignage du chanvre et du commerce de boissellerie : on évalue à plus de 500,000 fr. la somme que les émigrants rapportent annuellement dans le département.

DIVISION ADMINISTRATIVE. Le département de l'Ain envoie cinq représentants à la chambre des députés. Il a pour chef-lieu Bourg, et est divisé en cinq arrondissements :

Bourg. .	10 cant.	. . . . .	121,447 h.
Belley. .	9.	. . . .	79,919
Gex. . .	3.	. . . .	23,040
Nantua. .	6.	. . . .	52,242
Trévoux.	7.	. . . .	79,040
	35		355,694 h.

Direction des douanes à Belley ; — 12e conserv. des forêts (chef-lieu, Mâcon) ; — 13e arrond. des mines (ch.-lieu, St-Étienne) ; — 7e div. militaire (ch.-lieu, Lyon) ; deux places fortes, l'Ecluse et Pierre-Châtel ; — Evêché à Belley ; 34 cures, 329 succursales, 108 vicariats ; séminaire diocésain à Brou ; écoles secondaires ecclésiastiques à Belley et à Meximieux ; — oratoire annexe de l'église consistoriale de Lyon à Ferney. — Il y a en outre dans le département un temple protestant, une société bibl., une société des missions évangéliques, une 4 écoles protestantes. — Collège communal à Bourg et à Nantua ; école normale primaire à Bourg ; société d'agriculture à Bourg, Nantua et Trévoux. Musée départemental et jardin de botanique à Bourg.

Biographie. Parmi les hommes distingués nés dans le département, nous citerons les deux VAUGELAS ; l'historien GUICHENON ; le mathématicien OZANAM ; les missionnaires MAILLAT et PIQUET ; le naturaliste COMMERSON ; le savant DUPUY ; les conventionnels CARRA et

GODON, victimes de nos troubles révolutionnaires; le médecin DUBET, commentateur d'Hippocrate; le célèbre BICHAT, immortalisé par ses *Recherches physiologiques sur la vie et la mort*; le professeur RICHERAND; le célèbre astronome JÉROME LALANDE; feu M. MICHAUD, historien des croisades; le général JOUBERT, mort glorieusement à la bataille de Novi; les généraux DALLEMAGNE, PUTHOD, SIBUET, ROBIN, etc.; le spirituel et célèbre gastronome BRILLAT SAVARIN, l'ex-ministre GIROD DE L'AIN, et son fils, fondateur du bel établissement agricole de Naz, etc.

Bibliographie. LANCELOT DE VOISIN. *Histoire de la conquête de Bresse*, etc., in-8, 1601.

GUICHENON (Samuel). *Histoire de la Bresse et du Bugey*, in-f°, 1650.

Bibliotheca Sebusiana (recueil des actes et des titres les plus curieux de la province de Bresse et du Bugey, pour servir de preuves à l'histoire précédente), in-4, Lyon, 1660.

COLLET (Phil.). *Statuts de la Bresse; Histoire de Dombes; Histoire du pays de Gex; Histoire naturelle de la Bresse*: manuscrits qui, dit-on, se trouvent dans la bibliothèque publique de Bourg.

* *La Bresse, ses cultures et ses étangs, ou Description historique et locale de la Bresse et du département de l'Ain*, 2 vol. in-12.

PINSON (F.) *Pouillés des bénéfices des provinces de Bresse, Bugey*, etc. (p. 999-1002 de son *Traité des régales*, in-4, 1688).

COLLET. *Dissertation sur les noms des peuples qui ont autrefois habité le pays de Bresse*, in-f°, 1698.

GUICHENON (Germain). *Histoire de Bresse*, in-8, 1709.

LALANDE (Jérôme de). *Etrennes historiques de la province de Bresse, pour l'année 1750, dans lesquelles on trouve les événements remarquables de l'histoire de cette province, et une description des principales villes qui s'y trouvent*, in-24, 1756.

RIBOUD (Th.). *Discours sur l'ancienne organisation de la Bresse*; mémoires statistiques sur la topographie, les antiquités, etc., du département de l'Ain, publiés dans les annuaires du département de l'Ain, qui renferment en outre de précieux renseignements statistiques.

MONT-MONT. *Abrégé de l'histoire de la Bresse et du Bugey* (fait suite à la Description de la Bourgogne).

BERNARD (V.). *Notice géologique sur le terrain de transport et les puits artésiens en Bresse*, in-8, 1842.

ROUX. *Antiquités bugésiennes*.

MONNIER (D.). *Etudes archéologiques sur le Bugey*, in-4, 1841.

SIRAND (A.). *Courses archéologiques dans le bas Bugey*, in-8, 1842.

* *Mémoire sur le pays de Gex* (Nouvelles Recherches sur la France, in-12, 1766, t. I, p. 357-371).

COLLET (Ph.). *Dissertation sur les peuples qui ont autrefois habité le pays de Gex et le Valromey*, in-f°, 1698.

CACHET (Cl.). *Abrégé de l'histoire de la souveraineté de Dombes*, in-f°, 1696.

SAUGRAIN. *Détail de la principauté de Dombes* (c'est un Dictionnaire géographique et historique placé à la fin du t. III du Dictionnaire universel de la France, 3 vol. in-f°, 1736).

BOUTHIER DE BORGARD. *Notice sur l'utilité incontestable des étangs de la Dombe*, in-8, 1839.

* *Fragments d'une notice historique sur la Dombe*, in-8, 1842.
* *Principales Hauteurs du Jura* (Ain, Jura). (Annales des voyages, 2ᵉ série, t. XI, p. 135).

COQUEBERT DE MONTBRET (le baron). *Description géographique et minéralogique du département de l'Ain* (Journal des mines, t. IV, 1796).

PEUCHET et CHANLAIRE. *Statistique de l'Ain*, in-4, 1808.

RIBOUD (Th.). *Recherches sur l'origine, les mœurs et les usages de quelques communes du département de l'Ain, voisines de la Saône*, in-8, 1810.

BERRIAT ST-PRIX. *Archéologie de l'Ain*, (Mém. de la société des antiquaires de France, t. I, p. 436).

PUVIS (A.). *Notice statistique sur le département de l'Ain en 1828*, in-8, 1829.

RIBOUD (Th.). *Origines, mœurs et usages des habitants du département de l'Ain* (Mém. de l'académie celtique, t. V, p. 1).

* *Recherches sur les substances minérales inflammables qui peuvent exister dans le département de l'Ain* (Ann. de statistique, 25ᵉ livraison, 1804).

GIRAULT DE SAINT-FARGEAU (A.). *Guide pittoresque du voyageur en France* (Description de l'Ain, in-8, 1835.

LATEYSONNIÈRE (A.-C. de). *Recherches historiques sur le département de l'Ain*, 4 vol. in-8, 1838-48.

* *Chroniques sur le département de l'Ain, ou Recueils d'articles sur l'histoire du pays*, publiés dans le Journal de l'Ain, in-8, 1839.

MOYRIA (Gab. de). *Esquisses historiques et poétiques du département de l'Ain* (avec Pommier Lacombe), in-8, 1841.

V. aussi, pour compléter cette bibliographie, les titres des ouvrages imprimés à la suite des articles BELLEY, BOURG-EN-BRESSE, FERNEY-VOLTAIRE, MIRIBEL, PONT-DE-VEYLE, BRESSE.

AINAC, vg. *B.-Alpes* (Provence), arr., cant., ✉ et à 20 k. de Digne. Pop. 122 h.

AINAY-LE-CHATEAU, *Atanacum*, *Ænaium Castrum*, petite ville, *Allier* (Bourbonnais), arr. et à 50 k. de Montluçon, cant. de Cérilly, ✉ de Meaulne. Pop. 1310 h. — TERRAIN du trias, marnes irisées. — Autrefois justice royale, 3 couvents de récollets. — Cette ville est située dans un fond sur la Sologne, près de son confluent avec la Marmande; elle doit son surnom à un château flanqué de tours et entouré de fossés, bâti, à ce que l'on croit, par Archambaud XI, et ruiné dans le XVIᵉ siècle. Les protestants la prirent et la saccagèrent en 1568.

Les armes d'Ainay sont: *d'argent à trois YYY d'argent, deux en chef et un en pointe*.

Fabrique de draps; comm. de bas de laine, draps, poterie, etc. — Foires les 25 janvier, 26 mars, 25 avril, 2 et 22 juin, 17 juillet, 24 août, 9 septembre, 9 et 29 octobre, 9 déc.

AINAY-LE-VIEIL, bg *Cher* (Bourbonnais), arr., ✉ et à 8 k. de St-Amand, cant. de Saulzais-le-Potier. Pop. 378 h.

AINCILLE, vg. *B.-Pyrénées* (Béarn), arr. et à 40 k. de Mauléon, 27 k. de St-Palais, cant. et ✉ de St-Jean-Pied-de-Port. Pop. 558 h. — Puits d'eau salée exploité.

AINCOURT, h. *Oise*, comm. de Parnes, ✉ de Magny.

AINCOURT, vg. *Seine-et-Oise* (Vexin français), arr. et à 11 k. de Mantes, cant. et ✉ de Magny. Pop. 362.

AINCREVILLE, vg. *Meuse* (Lorraine), arr. et à 27 k. de Montmédy, cant et ✉ de Dun-sur-Meuse. Pop. 242 h.

AINE, vg. *Saône-et-Loire*, comm. d'Azé, ✉ de St-Oyen.

AINGERY, vg. *Meurthe* (Lorraine), arr., cant., ✉ et à 12 k. de Toul. Pop. 440 h. Il est sur la rive droite de la Moselle. Aux environs, on voit l'enceinte d'un camp fortifié de tours, dont les ruines ne sont pas encore entièrement ensevelies.

AINGEVILLE, vg. *Vosges* (Lorraine), arr. et à 20 k. de Neufchâteau, cant. et ✉ de Bulgnéville. Pop. 248 h.

AINGOULAINCOURT, vg. *H.-Marne* (Champagne), arr. et à 30 k. de Vassy, cant. de Poisson, ✉ de Sailly. Pop. 60 h.

AINHARP, vg. *B.-Pyrénées* (P. de Soule), arr., cant., ✉ et à 5 k. de Mauléon, 14 k. de St-Palais. Pop. 411 h.

AINHICE-MONCELOS, vg. *B.-Pyrénées* (Navarre), arr. et à 31 k. de Mauléon, 20 k. de St-Palais, cant. et ✉ de St-Jean-Pied-de-Port. Pop. 549 h.

AINHOUE, ou AINHOA, beau village, *B.-Pyrénées* (Labour), arr. et à 24 k. de Bayonne, cant. d'Espelette, ✉ d'Ustarits. Pop. 858 h.

Ainhoa est un village tout particulier composé de 200 maisons. Aux heures des repas, tous les habitants siègent sur leurs portes, et l'on dirait d'autant mieux la communauté de Lacédémone, que la grande rue, la seule de la bourgade, possède aussi son gymnase. C'est une large arène pour la pelote: les Basques excellent à un jeu qui demande autant de vigueur que d'agilité; ils charment par cet exercice le loisir des fêtes et des dimanches; et, tandis qu'ils reçoivent la balle de plomb sur un gant de fer, les filles se réunissent pour d'autres amusements sur l'esplanade, située devant la principale hôtellerie. — Forges.

AINS, h. *B.-Pyrénées*, comm. de Montaner, ✉ de Vic-en-Bigorre.

AINSAIS, vg. *Deux-Sèvres*, comm. de Souvigné, ✉ de St-Maixent.

AINVAL, vg. *Somme* (Picardie), arr., ✉ et à 13 k. de Montdidier, cant. d'Ailly-sur-Noye. Pop. 178 h.

AINVELLE, vg. *Haute-Saône* (Franche-Comté), arr. et à 30 k. de Lure, cant. de St-Loup, ✉ de Luxeuil. Pop. 323 h.—*Fabrique de chapeaux de paille.*

AINVELLE, vg. *Vosges*, arr. et à 46 k. de Neufchâteau, cant. et ✉ de Lamarche. Pop. 623 h.

AIRAINES, joli bourg, *Somme* (autrefois bailliage et prévôté en Picardie), arr. à 35 k. d'Amiens, cant. de Mollieus-le-Vidame, gîte d'étape, ✉, ⚘. A 138 k. de Paris pour la taxe des lettres. Pop. 1,967 h. — Il est joli bien bâti et agréablement situé sur trois petites rivières qui y font mouvoir 30 moulins, dont 20 à huile. On voit à l'extrémité de ce bourg les ruines d'un château fort, où l'on parvient par des chemins escarpés. Edouard III, roi d'Angleterre, s'empara d'Airaines en 1346.—L'église Notre-Dame est un édifice remarquable, qui a été désigné par l'autorité locale, comme un des édifices susceptibles d'être classés au nombre des monuments historiques.—*Fabrique de grosses toiles, de tamis et de cribles de toute espèce pour les grains, de savon vert, de sacs d'emballage, d'huile de navette et de toute sorte de graines, etc.* — *Tanneries et corroieries.*—*Commerce de toiles, fil, filasse, cuirs, toiles picardes, chevaux, bestiaux, etc.* Marchés considérables tous les vendredis.—*Foires* les 16 mai, 1ᵉʳ oct. et 23 nov.

AIRAN, *Heidra Cadetum*, vg. *Calvados* (Normandie), arr. et à 23 k. de Caen, cant. de Bourguébus, ✉ de Vimont. Pop. 631 h.

AIRE, vg. *Ardennes* (Champagne), arr. et à 17 k. de Rethel, cant. d'Asfeld, ✉ de Tagnon. Près de l'Aisne. Pop. 454 h.

AIRE, *Aturæ, Vicus Julius, Adurensis*, ancienne et jolie ville, *Landes* (Gascogne), chef-lieu de cant., arr. et à 34 k. de St-Sever. Évêché. Petit séminaire, gîte d'étape, ✉, ⚘. A 706 k. de Paris pour la taxe des lettres. Pop. 4,432 h.—**Terrain** tertiaire supérieur, alluvions anciennes.

Les armes d'Aire sont : *d'azur à un saint Jean-Baptiste d'argent, à nimbe et ceinture d'or, tenant une croix d'or à oriflamme d'argent, posant sur une terrasse de sinople.*

Aire est une ville très-ancienne, et autrefois siège d'un évêché : on présume qu'elle fut bâtie par l'empereur Honorius. Alaric II s'en empara au commencement du vıᵉ siècle, et y fixa son séjour : on voit encore sur le coteau appelé le Mas-d'Aire quelques restes du palais où ce roi des Visigoths fit publier le Code théodosien.—Aire était autrefois une place forte entourée de hautes murailles. Les Normands la saccagèrent dans le ıxᵉ siècle ; les Gascons, les Sarrasins et les Anglais s'en emparèrent tour à tour, et les guerres civiles de religion achevèrent de la ruiner.

L'évêché d'Aire fut fondé vers l'an 500. Cette ville ayant été, ainsi que la plupart des villes de la Gascogne, ruinée par les Sarrasins, resta cent quarante ans sans prélats ; mais, en 1056, Raymond dit *le Vieux*, qui occupait, sous le titre d'évêque des Gascons, tous les évêchés de cette province ayant été déposé, Aire eut de nouveau un évêque particulier. Revenu dans les années ordinaires, 20,000 liv. ; dans les années bissextiles, 30,000 liv. ; taxe, 1,000 fl. Paroisses, 241 ; abbayes, 8 : revenu, 22,000 liv. ; taxe, 1,000 fl. Quelques années avant la révolution, le revenu de cet évêché était de 45,000 liv.

Cette ville est située dans un pays agréable et fertile, sur le penchant d'une montagne qui borde la rive gauche de l'Adour, rivière sur laquelle on construit en ce moment un beau pont en pierres de taille. Elle est assez bien bâtie et formée de rues propres et assez belles. On y remarque les bâtiments de l'ancien grand séminaire, où sont établis le collège et une école secondaire ecclésiastique. L'église est un édifice très-ancien dont l'architecture n'a rien de fort remarquable.

Fabrique de chapeaux. Tanneries.—*Foires* les derniers mardis de fév., mardi de la dernière semaine d'avr., dernier mardi de juill., 2ᵉ mardi de sept. et de nov., 3ᵉ mardi de déc.

AIRE, *Æria, Aria Atrebatum*, jolie et forte ville, *Pas-de-Calais* (Artois), chef-lieu de cant., arr. et à 16 k. de St-Omer. Place de guerre de 4ᵉ classe. Collège comm. Cure, gîte d'étape, ✉, ⚘. — A 223 k. de Paris pour la taxe des lettres. Pop. 9,391 h.—**Terrain** d'alluvions modernes, voisin du terrain crétacé sup.

Autrefois diocèse de St-Omer, intendance de Lille, gouv. d'Arras, cons. prov. d'Artois, parlement de Paris ; bailliage, collégiale, collège, gouv. de place, couvents de capucines et de claristes anglaises.

Aire fut fondé par Lidoric, premier comte de Flandre, vers l'an 630, en entièrement et en grande partie par les Normands, en 881. Depuis cette époque, la ville fut entourée de fossés profonds, et très-bien fortifiée. Le maréchal de la Meilleraye la prit en 1641 ; les Espagnols la reprirent peu de temps après, et la rendirent en vertu du traité de Nimègue. Louis XIV s'en rendit maître en 1674. Le traité d'Utrecht en assura la possession à la France en 1713.

Les armes d'Aire sont : *de gueules à l'aigle d'argent au vol étendu.*

Cette ville est dans une situation agréable, au confluent de la Lys et de la Laquette, à la jonction des canaux de St-Omer et de la Bassée avec lesquels elle communique d'un côté avec l'Aa, et de l'autre avec la Deule. Elle est généralement bien bâtie, et ornée de plusieurs belles fontaines publiques. On y remarque un bâtiment d'un bel effet, surmonté d'un beffroi, élevé vers le milieu du xvıııᵉ siècle sur une place publique assez vaste. L'église St-Paul est un bel édifice gothique. L'église St-Pierre d'Aire est une ancienne collégiale d'une construction qui peut être rapportée à la seconde moitié du xıvᵉ siècle : on y a découvert récemment des peintures à l'huile, qui étaient recouvertes d'une couche de badigeon et masquées par des boiseries, qui datent de l'année où Henri IV entra dans Paris.—Aire possède de vastes casernes, qui peuvent contenir 6,000 hommes, etc.

Fabrique d'étoffes de fil, chapeaux, savon, amidon, huile, ouvrages en osier, carreaux de faïence recherchés. — *Foires* de 9 jours le mardi de la Pentecôte, 28 nov. et 2ᵉ vendredi de janv., fév., mars, avril, juill., août, sept. et oct.

Biographie. Patrie de BERRIER (J.-F.-Constant), poëte et auteur dramatique, mort en 1824 ; du comte DE LAFOREST, qui a été successivement consul général, ambassadeur, ministre des affaires étrangères et pair de France.

Bibliographie. * *Réduction de la ville d'Aire à l'obéissance du roi*, in-4, 1641.—*Journal du siège d'Aire.*—*Relation de ce qui s'est passé devant Aire*, in-4, 1641.
* *Remarques journalières des actions militaires les plus signalées durant les deux sièges d'Aire*, in-4, 1641.
* *La prise de la ville d'Aire*, in-4, 1676.
* *Relation de la campagne de Flandre et des sièges de Douai, Aire*, etc., in-12, 1711.

AIRE A LA BASSÉE (canal d'). Ce canal, qui continue celui de la Bassée, prend son origine où se terminait ce dernier canal, passe au-dessus de Chambrin, de Béthune, au-dessous de Robecq, et se termine à Aire ; son développement est de 41,000 m. Concédé en 1822, il a été ouvert à la navigation le 1ᵉʳ mars 1825.

AIRE (l'), rivière qui prend sa source près de Ligny (*Meuse*). Elle passe à Pierrefitte, Autrecourt, Varennes, Grandpré, et se jette dans l'Aisne au-dessous de Soissons, après un cours d'environ 80 k.

AIREL, vg. *Manche* (Normandie), arr. et à 13 k. de St-Lô, cant. de Cerisy-la-Forêt. Pop. 609 h. Près de la Vire.— *Foires* les 22 avr. et 23 oct.

AIRES (les), vg. *Hérault*, comm. de Mourcairol, ✉ de Bédarieux.

AIRES (les), h. *Lozère*, comm. de St-Hilaire-de-Lavis, ✉ de Pompidou.

AIRES (les), *Vendée*, comm. de Lussas, ✉ de Villeneuve-de-Berg.

AIRIN, h. *Haute-Vienne*, comm. de St-Yrieix-sous-Aixe, ✉ d'Aixe.

AIRION, vg. *Oise* (Picardie), arr., cant., ✉ et à 5 k. de Clermont. Pop. 227 h.

AIRON-NOTRE-DAME, vg. *Pas-de-Calais* (Artois), arr., cant., ✉ et à 10 k. de Montreuil. Pop. 250 h.

AIRON-SAINT-VAAST, vg. *Pas-de-Calais* (Artois), arr., cant., ✉ et à 10 k. de Montreuil. Pop. 169 h.

AIROUX, vg. *Aude* (Languedoc), arr., cant., ✉ et à 23 k. de Castelnaudary. Pop. 330 h. Il est situé dans une jolie plaine, à peu de distance de Fresquel.

AIRVAULT, *Ara Vallis, Aurea Vallis*, jolie petite ville, *Deux-Sèvres* (Poitou), chef-lieu de cant., arr. et à 23 k. de Parthenay. Cure. ✉. A 344 k. pour la taxe des lettres. Pop. 1,957 h.—**Terrain** jurassique, étage inférieur du système oolitique.

Autrefois abbaye de St-Augustin, diocèse de la Rochelle, parlement de Paris, intendance et élection de Poitiers, bailliage, justice royale, et dépôt de sel.

Cette ville est généralement bien bâtie, sur la rive droite du Thouet. Au milieu de la principale rue est une fontaine qui, à peu de distance de la ville, fait tourner un moulin; le canal qui y conduit l'eau passe par-dessous la ville, et forme dans chaque maison un bassin propre et commode. — Sous le régime féodal, Airvault fut entouré de murailles et soutint plusieurs siéges; on y voit les ruines d'un vieux château qui dominait la ville, et qui fut détruit après la bataille de Moncontour par l'amiral Coligny. L'église paroissiale, d'architecture gothique, est surmontée d'une tour élevée sur quatre piliers d'une grande légèreté. Cette église a été classée par le ministre de l'intérieur au nombre des monuments historiques. — On remarque aussi les débris d'un monastère brûlé dans les guerres de religion du XVIIᵉ siècle. — *Fabriques* d'étoffes de laine, de toiles de chanvre et de lin. — *Commerce* de grains, vins, eau-de-vie, lin, chanvre, étoffes dites *serges frisées*, grande quantité de toile, etc. — *Foires* les lundi gras, 30 juin, le 1ᵉʳ lundi d'août, 1ᵉʳ et dernier lundi de sept., lundi avant la Toussaint, lundi avant Noël.

AISENAI. V. Aizenai.

AISEREY, vg. *Côte-d'Or* (Bourgogne), arr. et à 19 k. de Dijon, cant. et ⊠ de Genlis. Pop. 668 h. Les troupes de Galas furent défaites près de ce village en 1636. — *Foires* les 1ᵉʳ mai et 17 sept.

AISEY, vg. *H.-Saône* (Franche-Comté), arr. et à 39 k. de Vesoul, cant. et ⊠ de Jussey. Pop. 377 h. Aux environs on remarque, sur un coteau qui borde la rive droite de la Saône, les ruines du château de Richecourt, détruit sous Louis XIV, dont il reste encore deux tours d'une grande élévation, qui couronnent le sommet du coteau. En faisant des fouilles sur le bord d'un ruisseau qui traverse la partie inférieure de ce lieu, on a trouvé des débris de constructions présumées romaines, notamment des fragments d'un pavé en mosaïque.

AISEY-SUR-SEINE ou LE-DUC, bg, autrefois baronnie et châtellenie, *Côte-d'Or* (Bourgogne), arr., cant., ⊠ et à 15 k. de Châtillon, ✉. Pop. 324 h. Il est agréablement situé sur la rive gauche de la Seine. — Grande *fabrique* de feuillettes à Aisey et dans les communes environnantes.

AISNAY (abbaye d'). V. Lyon.

AISNE (l'), *Addua*, *Adduas*, *Axona*, rivière considérable qui prend sa source à Somme-Aisne, près du village de Soulières, départ. de la *Meuse*. Elle commence à être flottable à Mouron, départ. des *Ardennes*, et navigable à Château-Porcien. La longueur de la partie flottable est de 53,000 m.; et celle de la partie navigable de 125,000 m. Les objets de transport consistent en grains, vins, marbre, fer, ardoises, charbon de terre, bois de chauffage et de construction, provenant en partie des forêts des Ardennes, et destiné particulièrement pour la ville de Paris.

Il y a peu de rivières qu'on puisse comparer à l'Aisne, pour l'agrément, la variété des sites, et la fertilité du sol qu'elle arrose. Ici, c'est la belle forêt d'Argonne qu'elle côtoie; là, de riantes prairies où elle se plait à serpenter; plus loin elle baigne de riches coteaux plantés de vignes dont elle réfléchit la verdure; ailleurs s'étendent sur ses bords des champs fertiles, des oseraies et des vergers. Cette rivière est sujette à de fréquents débordements, qui déposent sur le sol un limon gras et fertile.

L'Aisne passe à Vaubecourt, Ste-Menehould, Autrey, Vouziers, Attigny, Rethel, Château-Porcien, Neufchâtel, Béry-au-Bac, Pontavert, Beaurieux, Vailly, Soissons, Vic, Saulzy, Attichy et Choisy-au-Bac, au-dessous duquel elle se jette dans l'Oise, après un cours d'environ 234 k.

La navigation de l'Aisne acquerra une grande importance par suite de l'ouverture du canal des Ardennes. D'après la loi qui a ordonné l'exécution de ce canal, la navigation devra être perfectionnée sur l'Aisne, depuis Neufchâtel jusqu'à Semuy, et elle pourra même être établie en montant de ce point jusqu'à Senuc, au-dessous de la jonction de l'Aire. — Les principaux affluents de l'Aisne sont la Tourbe, l'Aire, le Vaux, le canal des Ardennes, la Vaudi, la Retourne, la Suippe et la Veyle.

AISNE (départ. de l'). Ce département est formé du Soissonnais, du Laonnais, du Tardenais, du Vermandois et de la Thiérache, petits pays compris dans la Picardie méridionale, d'une petite partie du Valois, appartenant à l'Ile-de-France, et de la Brie champenoise. Il tire son nom de l'Aisne qui le traverse de l'est à l'ouest et le divise en deux parties inégales. Ses bornes sont: au nord, la Belgique et le département du Nord; à l'est, les départ. des Ardennes et de la Marne; au sud, celui de la Marne; et à l'ouest, ceux de l'Oise et de la Somme.

La surface de ce département offre une suite continuelle de plaines ondulées, entrecoupées çà et là de collines et de vallons. La nature semble l'avoir divisé en deux parties bien distinctes: l'une septentrionale, offrant une plaine sans bornes, et qui paraît horizontale; l'autre méridionale, couverte d'une chaîne de collines ou montagnes qui affectent toutes sortes de sinuosités, et s'étendent de l'est à l'ouest. Cette chaîne a partout 100 m. d'élévation au-dessus des plaines, et 200 m. au-dessus du niveau de la mer. Elle est très-sinueuse et très-anguleuse, surtout au sud-est de Laon; elle se divise encore en une infinité d'embranchements, qui, eux-mêmes très-sinueux, prennent diverses directions.

La montagne de Laon est une des plus remarquables du département, par son isolement au milieu de la vaste plaine qui l'entoure; elle n'a que 100 m. d'élévation au-dessus de cette plaine. — Les parties montagneuses du département ne s'étendent que sur les arrondissements de Château-Thierry, de Soissons, et sur une partie de celui de Laon. Vers l'extrémité nord de l'arrondissement de Vervins, il n'existe pas de chaînes de montagnes, mais le pays est montueux, déchiré par des vallées profondes et bordées d'escarpements qui paraissent être l'effet de bouleversements considérables.

Le territoire de l'arrondissement de St-Quentin présente un aspect très-varié. Depuis la fin du siècle dernier l'agriculture y a fait de grands progrès, quoiqu'elle soit encore susceptible d'amélioration. Il produit en abondance toutes sortes de grains, des fruits, et des lins d'une qualité très-estimée, qui sont le principal aliment de l'industrie de St-Quentin. Les prairies, quoique peu nombreuses, y sont abondantes et nourrissent quantité de bestiaux. — Les terres de la partie septentrionale de l'arrondissement de Vervins sont argileuses, aquatiques et froides; elles n'ont que peu de profondeur, et ne sont susceptibles que de légers labours. Celles de la partie méridionale sont d'assez bonne qualité, mais des ravins considérables enlèvent beaucoup de terrain à l'agriculture. Les productions dominantes sont le froment, le seigle, l'épeautre, l'orge et l'avoine. Le long du cours de l'Oise, qui traverse une vallée renommée par sa richesse agricole, il y a des prairies où l'on élève des chevaux, des moutons et des bêtes à cornes. Une des principales productions est le bois: il y en a de propre à la marine, mais il n'est guère possible de l'y employer, à cause du défaut de communications et de moyens de transport vers l'intérieur. Les forêts les plus considérables sont celles de Nouvion, d'Andigny, du Regnaval, d'Aubenton et de St-Michel. — Dans l'arrondissement de Laon, les terres sont médiocres et ne produisent en général qu'un tiers en froment et deux tiers en seigle; mais elles sont fertiles en légumes et surtout en artichauts excellents, dont il se fait un grand commerce. On compte, dans cet arrondissement, 76,000 hect. de prairies naturelles; mais elles sont loin d'être également réparties; dans les contrées où elles manquent, on les remplace par des prairies artificielles assez productives, où l'on élève des chevaux et des bêtes à laine. Les forêts y occupent une étendue considérable, évaluée à 33,000 hect. Les principales sont celles de Coucy, de Villequier et de Samoussy. — Les terres de l'arrondissement de Soissons sont en général bonnes, surtout dans les parties élevées dites de montagnes: elles produisent beaucoup de froment, de seigle et autres grains. Dans les environs de Soissons et de Braisne, on cultive en grand les haricots, dont il se fait un commerce assez considérable. Le chanvre et la navette sont aussi des productions de cet arrondissement, et quelques essais ont fait connaître qu'on pourrait avec succès y cultiver le lin. Les foins y sont de médiocre qualité, et l'usage des prairies artificielles n'y est pas assez répandu. Les forêts y sont belles et d'une exploitation facile. La plus considérable est celle de Retz ou de Villers-Cotterets, dont la contenance est de 15,000 hect. — Le sol de l'arrondissement de Château-Thierry est montueux et très-varié. Les coteaux situés sur les rives de la Marne sont en général plantés de vignes que l'on y cultive avec avantage. Les terres dominantes sont les argileuses et les sablonneuses, elles produisent toutes sortes de grains, principalement du froment et de l'avoine; les légumes et les plantes oléagineuses s'y cultivent avec succès. Les prairies naturelles sont belles et abondantes; la culture des prairies artificielles y a fait de grands progrès depuis quelques années. On y trouve de belles forêts qui fournissent beaucoup de bois de corde et de charpente : les principales sont celles de la Fère, de Ris et de la Dole.

La superficie du département est de 728,530 hect., répartis ainsi :

Terres labourables.	496,730
Prés.	42,568
Vignes.	9,076
Bois.	96,287
Vergers, pépinières et jardins.	20,906
Oseraies, aunaies et saussaies.	5,276
Étangs, mares, canaux d'irrigation.	1,462
Landes et bruyères.	11,420
Superficie des propriétés bâties.	4,344
Cultures diverses.	11,972
Contenance imposable.	700,048
Routes, chemins, places publiques, etc.	16,945
Rivières, lacs et ruisseaux.	2,537
Forêts et domaines non productifs.	8,859
Cimetières, églises, bâtiments publics.	137
Contenance non imposable.	28,482

On y compte :
116,794 maisons.
1,089 moulins à eau et à vent.
2 forges et fourneaux.
529 fabriques et manufactures.

Soit : 118,414

Le nombre des propriétaires est de 209,256, et celui des parcelles de 2,262,992.

HYDROGRAPHIE. Le département de l'Aisne est arrosé par plusieurs cours d'eau, dont quelques-uns sont considérables. L'*Escaut*, la *Sambre*, la *Somme*, et l'*Ourcq* y prennent leurs sources; l'*Aisne*, l'*Oise*, et la *Marne* y sont navigables, ainsi que le canal des *Ardennes*, le canal latéral à l'*Oise*, le canal de *St-Quentin*, le canal de *Manicamp*, et le canal de la *Sambre à l'Oise*. L'étendue des cours d'eau navigables est de 280,048 m., savoir :

La Marne	36,000
L'Ourcq	5,000
L'Oise.	11,300
L'Aisne.	92,500
Canal des Ardennes.	2,000
Canal latéral à l'Oise.	2,000
Canal de Manicamp.	4,831
Canal de la Sambre à l'Oise.	58,000
Canal de St-Quentin.	68,397

Parmi les autres rivières, les plus considérables sont : le *Petit Morin*, la *Serre*, le *Ton*, l'*Hurtaud*, la *Suippe*, la *Vesle*, le *Surmelin*, le *Noirieu*, le *Vilpion*, la *Brune*, le *Peron*, la *Souche*, la *Miette*, la *Lette*, le *Dhuis*, le ru de *Savières*, la *Clignon*, etc.

Les étangs sont au nombre de 80, et on évalue leur superficie à environ 1,000 hect. Le plus considérable, celui de St-Lembert, dont la superficie, dans les basses eaux, était de 102 hect., et d'environ 130 dans les hautes eaux, est aujourd'hui desséché et livré à la culture.

COMMUNICATIONS. Le département est traversé par douze routes royales dont deux de 1re classe et dix de 2e classe; la longueur totale du parcours est de 611,804 m.; et par vingt-neuf routes départementales, dont la longueur totale du parcours est évaluée à environ 641,076 m.

MÉTÉOROLOGIE. Le climat du département de l'Aisne est tempéré, et l'air en général y est vif et sain; on n'y connaît point de maladie ou d'infirmités qui soient occasionnées par la mauvaise qualité de l'air ou des eaux. Cependant il y a des parties marécageuses d'où il s'élève de fréquents brouillards, et dont le desséchement ne pourrait qu'ajouter encore à la salubrité de l'atmosphère. Les vents les plus dominants sont ceux du sud, pendant janvier et février; du nord, en mars et avril; du nord-ouest, en mai; du nord et du sud, en juin; du nord-ouest et du sud-ouest, en juillet et août; du sud-ouest en septembre; du nord-ouest et du sud-ouest, en octobre; du sud, en novembre; et enfin du sud-ouest, en décembre. — La température des arrondissements de Soissons et de Château-Thierry est à peu près semblable à celle de Paris. Celui de Laon a des étés moins longs et des hivers plus prolongés. Le ciel est âpre et la végétation moins précoce dans les arrondissements de Vervins et de St-Quentin, qui confinent aux Ardennes.

PRODUCTIONS. Les terres labourables forment les deux tiers de la contenance productive du département; les céréales qu'on y cultive sont le froment, l'épeautre, le seigle, le sarrasin, l'orge d'été, l'escourgeon et l'avoine. Les récoltes en blé sont plus que suffisantes pour la consommation des habitants; il s'en exporte annuellement environ 800,000 hectolitres. Le sol est généralement cultivé avec des chevaux. Les légumes sont abondants et d'excellente qualité; Laon et Chauny cultivent en grand l'artichaut; les haricots sont cultivés en grand depuis les environs de Soissons jusqu'à Braisne. — Le lin est cultivé en grand dans l'arrondissement de St-Quentin et dans quelques communes de celui de Vervins; le chanvre est cultivé sur tous les points du département, à l'exception de l'arrondissement de St-Quentin, où cette culture est presque nulle. — L'osier est cultivé dans cet arrondissement, et employé pour la fabrication de la vannerie fine dans le bourg d'Origny. — Les bords de l'Oise, de la Marne, de l'Aisne, de la Serre, de la Vesle et de l'Ourcq offrent de belles prairies naturelles où l'on récolte d'excellents foins. Les prairies artificielles se sont considérablement multipliées sur tous les points du département depuis cinquante ans. La vigne est cultivée sur environ les deux tiers du territoire des arrondissements de Château-Thierry et de Laon, et dans une petite partie de celui de Soissons, mais les vins sont en général de qualité médiocre. — Les arrondissements de Vervins et de St-Quentin ont quelques plantations de houblon. — Les essences dominantes des forêts, dont nous avons parlé précédemment, sont le chêne, le charme, le hêtre, le bouleau et le tremble. — Depuis une quinzaine d'années on fait dans le département beaucoup d'élèves de chevaux et d'ânes, et l'on s'y livre avec une attention particulière à l'engrais des bestiaux. On s'y occupe aussi avec succès de l'éducation des mérinos, qui sont l'objet d'un commerce fort important; le produit annuel en laines est évalué à plus d'un million de kilog. Le nombre des moutons est d'environ 700,000, celui des chevaux de 69,414, celui des bêtes à cornes de 85,000. — L'éducation des abeilles est assez bien entendue, mais les ruches pourraient être beaucoup plus nombreuses. — Les dindons, les oies, et surtout les œufs, sont l'objet de spéculations avantageuses. — Le sanglier, le renard, le putois, peuplent les forêts. Le blaireau est plus rare; le cerf et le daim ne se trouvent que dans la forêt de Villers-Cotterets. Parmi les oiseaux de passage on remarque le cygne, l'outarde et la bécasse. — Le produit annuel du sol est d'environ :

En céréales et parmentières.	2,800,000 h.
En avoine.	570,000
En vins.	280,000
En bière.	150,000

MINÉRALOGIE. Ce département n'a point de mines de fer exploitées; on a cependant trouvé quelques indices de minerai de fer dans l'arrondissement de Vervins, mais ce minerai est trop peu abondant pour donner lieu à des exploitations utiles. A Aubenton et à St-Michel, dans l'arrondissement de Vervins; à Colligis, à Presles, à Veslud et à Poissy, dans l'arrondissement de Laon; à Vignolles, à Septmont, à Billy, à Soupir et à St-Pierre-d'Aigle, dans l'arrondissement de Soissons; à Coulonges et aux environs de la Ferté-Milon, dans l'arrondissement de Château-Thierry, on trouve des carrières de pierres dures, propres à toutes espèces de constructions. Les pierres calcaires se rencontrent dans tous les arrondissements; on trouve quelques marbres dans le département, mais d'une qualité inférieure; on y trouve aussi de l'ardoise, mais en couches qui n'ont pas assez d'épaisseur et de régularité pour qu'on établisse avec avantage une exploitation suivie. Le plâtre ne se trouve que dans l'arrondissement de Château-Thierry. La pierre propre à faire de la chaux existe dans toute l'étendue du département. 110 fours à chaux sont en activité dans les arrondissements de Vervins, de Laon, de St-Quentin et de Soissons : la rareté du combustible s'oppose à ce qu'on en établisse aussi celui de Château-Thierry. L'argile à briques et à tuiles est abondamment répandue dans tout le département. L'argile à potier se trouve aussi en abondance; elle est mise en œuvre avec succès dans plusieurs arrondissements. La tourbe existe dans les vallées de la haute Somme, de l'Omignon, de la Souche, de l'Elette et de la Pêcherie. — Une grande couche de lignite, d'environ 72 k. de longueur sur 28 à 32 k. de largeur moyenne, s'étend entre le Câtelet et Reims, et depuis Homblières jusqu'au delà de Golancourt. Cette substance paraît être un mélange de parties végétales plus ou moins voisines de l'état de terreau, de sulfure de fer, et de bitume, unis à des quantités variables de terre alumineuse, argileuse ou calcaire. On en fait usage pour l'amendement des terres, et on en extrait divers produits chimiques en les lessivant. Plus de cinquante exploitations de ces terres pour engrais sont en activité dans le département, et on en extrait de l'alun et de la couperose dans quatre principaux établissements.

Mines de lignites exploitées.	1
Nombre d'ouvriers employés.	60
Produits en quintaux métriques.	15,200
Valeur en francs.	3,800
Tourbières exploitées.	143
Produits en stères.	60,997
Valeur en francs.	183,909
Fabricat. de gros fer, prod. q. m.	3,324
Valeur.	160,112
Valeur créée par la fabrication.	66,680
Expl. des terres pyriteuses et alumineuses.	
Mines exploitées.	3
Nombre d'ouvriers employés à l'expl.	149
L'alun (produit de), quint. métr.	14,210
Valeur en francs.	474,680
Produit du magma en quint. métr.	20,000
Valeur en francs.	83,080
Produit du sulfate de fer en q. métr.	15,013
Valeur en francs.	139,743
Valeur totale.	697,503

INDUSTRIE ET COMMERCE. L'industrie manufacturière est active et très-variée dans plusieurs parties du département. L'arrondissement de St-Quentin possède des fabriques importantes de batistes, de linons, de toiles claires, de gaze-coton, de linge de table damassé, de tissus laine et soie, de châles façon cachemire, de tulle bobin, de calicots et tissus de coton de toute espèce. On y trouve de nombreuses filatures hydrauliques de coton, de belles blanchisseries, des fabriques de savon vert et des huileries. — Dans l'arrondissement de Vervins, on trouve des fabriques de bonneterie au tricot, de fils retors pour dentelles, de calicots, de vannerie fine, des filatures de coton et des verreries. — L'arrondissement de Laon compte plusieurs manufactures de treillis, de toiles de chanvre et de lin, et des savonneries; la manufacture royale des glaces de St-Gobain et la belle verrerie de Follembray. — Des filatures de coton, des fabriques de moulins à cribler le grain, des tanneries et des corroieries sont établies dans l'arrondissement de Château-Thierry. — Dans l'arrondissement de Soissons, on trouve des fabriques de châles façon cachemire, et de peignes de corne; une manufacture de tapisseries et des huileries; le dépôt de mendicité de Villers-Cotterets; des fabriques de couvertures de laine, des bas de fil et de chaussons tricotés. — Enfin, dans plusieurs parties du département, il existe des fabriques de boissellerie, de raclerie, de vannerie fine, de fil à dentelle, des fenderies,

des laminoirs, des clouteries, des papeteries, des verreries, 140 tuileries et briqueteries, des faïenceries, des manufactures d'acides minéraux et de produits chimiques, etc.; on y compte 175 brasseries, dont un tiers seulement est en activité dans les années où la récolte des vins et des cidres n'a point manqué.

Le département de l'Aisne est un des plus importants de la France sous le rapport du commerce; St-Quentin a été justement appelé le Manchester de la France. Le mouvement commercial du département s'exerce sur l'excédant des produits du sol qu'il exporte, tels que blés, légumes verts et secs, quelques vins; beaucoup d'avoine, de foin, de houblon, chevaux, laines, belles pierres de taille (dont une est renommée au loin pour les tables à couler le plomb), plâtre, etc., etc. Les produits de ses fabriques, qui alimentent le commerce de presque toutes les villes de la France, consistent principalement en toiles, batistes, linons, et tissus divers de St-Quentin, en linge de table damassé, en châles façon cachemire, et dont la fabrication est répandue dans les villages. Un des articles principaux du commerce de l'Aisne est aussi l'alun et la couperose, que fournissent ses cendres vitrioliques; viennent ensuite, dans l'ordre de leur importance, les huiles, les graines, la boissellerie, la sparterie, la corderie fort estimée, la clouterie, les charbons de bois, les cordages d'écorce de tilleul, quelques fers forgés, la poterie, la faïence et surtout la verrerie : c'est dans ce département qu'est situé le magnifique établissement des glaces de St-Gobain auquel a été adjointe récemment une immense fabrique de produits chimiques. On doit citer encore les importantes fabriques de bouteilles, de cloches pour couches, et de verre à vitres de Prémontré et de Follembray, la verrerie à bouteilles de Quincangrogne, dont les produits sont fort recherchés par les expéditeurs de vins mousseux en Russie, à cause de leur résistance et de leur solidité. Les grains, les farines et les légumes secs sont l'objet d'un commerce étendu : l'agence des grains, supprimée pendant quelque temps, a été rétablie à Soissons, en 1822, pour toutes ventes sur échantillon.

FOIRES. La plupart des foires du département de l'Aisne sont très-fréquentées. Indépendamment des objets de consommation locale dont la vente fait le fond de toutes ces foires, plusieurs tirent une grande importance de la vente des grains, des articles de St-Quentin, du fil de chanvre, de lin, de la toile écrue, de la lingerie, de la grosse bonneterie, tous produits du pays; des chevaux de pays, du gros et du menu bétail, des mulets, des ânes, des porcs gras et maigres. On vend aussi, sur quelques-unes, de la friperie en grand. Les foires de Plomion sont remarquables par la grande quantité d'œufs qu'on y amène de toutes les communes environnantes et qui sont achetés pour l'approvisionnement de Paris; celle de Chauny, en août, par la vente des chevaux de prix. A celle de Château-Thierry, du vendredi avant l'Ascension, il se vend, année commune, 25 à 30,000 bêtes à laine. Il se tient à St-Quentin, le 29 juin de chaque année,

une foire pour la vente des laines : la foire dure ordinairement quinze jours environ; elle se tient sur la place de St-Quentin, où l'on dépose les laines renfermées dans des draps sur lesquels on étend des couvertures épaisses, afin de pouvoir les garantir de la pluie, et surtout de l'action du soleil qui, en desséchant la laine, en diminuerait d'autant le poids.

MŒURS ET USAGES. Le département de l'Aisne offre peu de traits particuliers distinctifs dans le caractère et les mœurs de ses habitants. Les hommes y sont en général d'une taille au-dessous de la moyenne, mais bien proportionnés; ils sont vifs, intelligents, laborieux, généralement peu instruits et très-enclins à la raillerie. La loyauté, l'amour de l'ordre et l'aptitude au métier des armes sont les qualités qui les distinguent. — La plus grande partie de la population partage son temps entre les travaux agricoles et les occupations industrielles, telles que la filature et le tissage. L'exploitation des bois de la forêt de Nouvion, où l'on rencontre des fontaines et de petits ruisseaux d'une eau très-pure, fournit aux habitants de cette localité un genre d'occupation salutaire; ceux qui s'y vouent ne rentrent que les dimanches au village, ont ils ont une petite propriété et quelques bestiaux; leur vie est assez agréable et leur nourriture saine; mais les bûcherons de la forêt de Villers-Cotterets sont loin de jouir du même degré d'aisance, n'ayant ni propriétés ni bestiaux qui puissent les aider à faire subsister leur famille. — Dans les villages, les fêtes patronales, particulières à chaque localité, sont presque partout l'objet de nombreux rassemblements, terminés par des banquets animés par une joie bruyante. Ces fêtes durent un jour ou deux dans les villes du Soissonnais et du Laonnais; elles se prolongent la plus grande partie de la semaine dans les communes de l'arrondissement de Vervins, limitrophes du département du Nord.

DIVISION ADMINISTRATIVE. Le département de l'Aisne envoie 7 représentants à la chambre des députés. Il a pour chef-lieu Laon, et se divise en cinq arrondissements :

Laon.	11 cant.	168,554 h.
Château-Thierry.	5 —	63,465
Soissons.	6 —	72,038
St-Quentin.	7 —	120,534
Vervins.	8 —	117,622
	37 —	542,213

Il fait partie de la 7e conserv. des forêts (chef-l. Laon), — 2e arr. des mines (chef-l. Abbeville), — 1re division militaire (chef-l. Paris); deux places de guerre, la Fère et Soissons; école d'artillerie à la Fère. Evêché à Soissons; 38 cures, 492 succursales, 36 vicariats; séminaire diocésain à Soissons; écoles secondaires ecclésiastiques à Laon, à Liesse et à Oulchy-le-Château; Eglise consistoriale à Monneaux, divisée en 4 sections : Monneaux, Hargicourt, Lerné et St-Quentin; 15 temples; sociétés bibl., soc. des missions évangéliques et des traités religieux. — Collèges communaux à Château-Thierry, Laon, St-Quentin, Soissons et Vervins. Ecole normale primaire à Laon. —

Société d'agriculture, sciences, arts et belles-lettres, à St-Quentin.

Biographie. Un grand nombre de personnages célèbres ou distingués ont pris naissance dans le département de l'Aisne. Les principaux sont : les rois de France, CARIBERT, CHILPÉRIC Ier, CLOTAIRE II, LOTHAIRE Ier; la reine FRÉDÉGONDE : ANTOINE BOURBON, roi de Navarre ; le duc de MAYENNE, chef de la Ligue ; les maréchaux D'ARMENTIÈRES, DE BEZON, DE CHOISEUL, D'ESTRÉES, DE PUYSÉGUR; LA HIRE; BUSSY DE CASTELNEAU ; le vertueux évêque HENNUYER ; le bienfaisant CHAROST ; le philanthrope BENEZET ; le philosophe RAMUS ; le géomètre AUBRY ; le géographe CHARLEVOIX ; le commentateur THULLIER ; l'historien ABEL DE STE-MARTHE ; le duc de ST-SIMON, renommé par ses mémoires ; les bibliographes PROSPER MARCHAND et MERCIER, dit l'abbé de ST-LÉGER ; l'astronome MÉCHAIN ; le chirurgien LECAT ; le médecin PETIT ; le célèbre peintre de portrait DELATOUR ; le maréchal SERRURIER ; les généraux SCHÉRER, D'ABOVILLE, CAULINCOURT, BALLAND, BEAUMONT, BONNAIRE, ALEX. DUMAS, FAVREAU, D'ANGEST, HÉDOUVILLE, LESUEUR, MARTILLÈRE, NOIRFOSSE, PAULET, ST-HILAIRE, THOLMÉ, URRE, URTUBIE, VINOT, WATTIER ST-ALPHONSE, etc., etc. ; le général vendéen d'HERVILLY ; les conventionnels CAMILLE DESMOULINS, ST-JUST, QUINETTE, RONSIN, FOUQUIER-TAINVILLE, COLLOT-D'HERBOIS ; le révolutionnaire BABOEUF ; le célèbre J. RACINE ; l'inimitable LA FONTAINE ; le poète DEMOUSTIERS ; le spirituel critique COLNET ; les auteurs dramatiques LUCE DE LANCIVAL et ALEX. DUMAS ; l'annaliste LESUR, etc., etc.

Bibliographie. LEDEUF (l'abbé). *Dissertation sur l'état des anciens habitants du Soissonnais, (et sur les villes) avant la conquête des Gaules,* etc., in-12, 1735.

DUPLESSIS (Toussaint). *Lettres au sujet de la Dissertation sur le Soissonnais,* in-12, 1736.

LONGUEMARE (G. de). *Dissertation sur l'état du Soissonnais sous les enfants de Clovis,* in-12, 1743.

* *Jardin des villes et villages ressortissant du bailliage de Vermandois* (cette table se trouve dans les Coutumes de Vermandois, in-4, 1571, 1631 et dans le 1 du Coutumier général de Vermandois, p. 858, in-f°, 1728.

FOUQUIER-CHOLET. *Histoire des comtes héréditaires du Vermandois aux* IXe, X^e, XIe *et* XIIe *siècles,* in-8, 1832.

COLLIETTE (L.-P.). *Mémoire pour servir à l'histoire ecclésiastique civile et militaire de la province de Vermandois, depuis J. César jusqu'à l'an 1767,* 3 vol. in-4, 1771.

LELONG (dom Nic.). *Histoire ecclésiastique et civile du diocèse de Laon et de tout le pays compris entre l'Oise et la Meuse, l'Aisne et la Sambre,* etc., in-4, 1783.

COQUEBERT DE MONTBRET (le baron). *Description géographique et minéralogique du département de l'Aisne* (Journal des mines, t. v, 1797).

DAUCHY (le comte Ed.). *Statistique du département de l'Aisne,* gr. in-8, 1800.

PEUCHET et CHANLAIRE. *Statistique de l'Aisne,* in-4, 1811.

PINGRÉ (Ed.). *Monuments, établissements et sites les plus remarquables du départ. de l'Aisne lithographiés, avec des notes explicatives par Brayer,* in-f°, 1821.

BRAYER. *Statistique du départ. de l'Aisne,* 2 vol. in-4, 1824-25.

LEMAISTRE. *Mémoire sur les voies romaines du département de l'Aisne* (Mémoires de la société royale des antiquités de France, t. IV).

CAYLUS (de). *Plan du camp romain du Vielan, ou vieux Laon, à 12 k. de Laon, avec quelques remarques sur une voie romaine près de laquelle il était placé* (Recueil d'antiq., etc., t. v, p. 316).

DEVISMES (J.-Fr.). *Manuel historique du département de l'Aisne,* in-8, 1826.

GIRAULT DE ST-FARGEAU. *Histoire nationale. Dictionnaire géographique de toutes les communes du département de l'Aisne,* in-8, carte, gravures et portraits, 1830.

* *Guide pittoresque du voyageur en France* (Description de l'Aisne), in-8, 1836.

* *Annales agricoles du département de l'Aisne,* in-8, 1832.

BAGET (J.-J.). *Dictionnaire des communes du département de l'Aisne,* in-12, 1837.

MIROY DES TOURNELLES. *Mémoires du département de l'Aisne,* in-18, 1811-26.

LECOINTE. *Annuaire de l'Aisne,* in-8, 1827-43.

V. aussi pour compléter cette bibliographie les titres des ouvrages mentionnés à la suite des articles : PICARDIE, CHAMPAGNE, ANTILLY, AUBENCHEUL, BAURIN, BIBRAX, BRAINE, CHATEAU-THIERRY, CHAUNY, CORBENY, COUCY, LA FÈRE, LAON, NOTRE-DAME DE LIESSE, NOYON, ORIGNY-STE-BENOITE, ST-QUENTIN, SOMARODRIVA, SOISSONS, ST-THOMAS, VERVINS, VILLERS-COTTERETS.

AISNE, ou VESINE, vg. *Ain* (Bresse), arr. et à 39 k. de Bourg, cant. de Bagé, ✉ de Mâcon. Pop. 198 h.

AISONVILLE et BERNEVILLE, vg. *Aisne* (Picardie), arr. et à 35 k. de Vervins, cant. et ✉ de Guise. Pop. 830. — *Fabriques* de tissus de soie et laine et de châles.

AISSENE-BROQUIÈS, vg. *Aveyron,* comm. du Truel, ✉ de St-Affrique.

AISSEY, vg. *Doubs* (Franche-Comté), arr., cant., ✉ à 11 k. et demi de Baume-les-Dames. Pop. 402 h.

AISSIALS, h. *Aveyron,* comm. de Florentin-la-Chapelle, ✉ d'Entraygues.

AISSIAS, h. *Aveyron,* comm. d'Onet-de-Château, ✉ de Rodez.

AISY, h. *Calvados,* comm. de Soumont, ✉ de Langannerie.

AISY-SOUS-THIL, vg. *Côte-d'Or* (Bourgogne), arr. et à 13 k. de Semur, cant. de Precy, ✉ de la Maison-Neuve. Pop. 427 h.

AISY-SUR-ARMANÇON, vg. *Yonne* (Champagne), arr. et à 31 k. de Tonnerre, cant. d'Ancy-le-Franc, ✉ de Nuits-sur-Armançon, ⌖. Pop. 443 h. — Forges et hauts fourneaux.

AITI, vg. *Corse,* arr., ✉ et à 15 k. de Corte, cant. de St-Laurent. Pop. 340 h.

AIX (pays d'), *Pagus Aquensis,* pays de l'ancienne Gaule dont Aix était la capitale.

AIX (les), h. *Allier,* comm. de Meillard, ✉ du Montet.

AIX, *Aquœ Sextiœ, Aquensis Civitas,* grande, belle et très-ancienne ville, *Bouches-du-Rhône,* jadis capitale de la Provence. Chef-lieu de sous-préfect. et de 2 cant. Cour royale à laquelle ressortissent les dép. des Bouches-du-Rhône et du Var. Trib. de 1re inst. et de com. Ch. consult. des manuf. Académie universitaire. Facultés de droit et de théologie. Collège comm. Ecole ap. de dessin. Soc. d'agr., sciences et arts. Mont-de-piété. Archevêché. 3 cures, grand et petit séminaires, gîte d'étape. Chef-lieu de la 28e conserv. forestière. ✉, ⌖. Pop. 26,698 h. — TERRAIN de transition moyen.

Autrefois archevêché, parlement, cour des aides, chambre souveraine du clergé, généralité, commanderie de Malte. Université, bureau des trésoriers de France, sénéchaussée, justice et prévôté royale, prévôté générale de maréchaussée, hôtel des monnaies, maîtrise des eaux et forêts, bureau de tabac, chambre syndicale, trois paroisses, bibliothèque publique, collège, séminaire, couvents de dominicains, de carmes, de cordeliers, d'observantins, de la Merci, de Piepus, d'augustins, de mathurins, de chartreux, de minimes ; couvents de dominicaines et religieuses de la Visitation. — L'archevêché d'Aix fondé vers la fin du VIIIe siècle ; il avait pour suffragants : les évêchés de Gap, Fréjus, Sisteron, Riez et Apt ; son revenu était de 30,000 liv. — Ce ne fut qu'au temps de Charlemagne que la ville d'Aix, métropole civile de la seconde Narbonnaise, obtint d'être considérée comme métropole ecclésiastique. S'il faut en croire les traditions locales, saint Maximin et saint Célidoine, compagnons de Marthe et Marie Madeleine, seraient les premiers apôtres d'Aix. Un critique qui voulut contester l'authenticité de cette histoire vit son livre condamné au feu par arrêt du parlement. Deux abbayes de ce diocèse rapportaient 18,000 liv. ; la taxe de l'archevêque était de 2,400 flor.

Aix fut la première colonie romaine en deçà des Alpes. Sa fondation est due au consul Caius Sextius Calvinus, proconsul romain, qui, y ayant découvert des sources d'eaux thermales, s'y établit 123 ans avant l'ère chrétienne, après avoir vaincu les Saliens, peuplade celto-ligurienne, dont le chef-lieu était, dit-on, sur le plateau couvert de ruines qui domine la ville au nord : ces ruines, dont le mur d'enceinte conservé en partie rappelle les constructions cyclopéennes, méritent d'être visitées. — Le consul C. Marius remporta, presque sous les murs d'Aix, la célèbre victoire qui anéantit les Teutons, victoire dont le nom est resté à la montagne qui s'élève à 8 kilomètres de distance, vers l'est ; il embellit la ville de monuments, fit dessécher les marais qui l'environnaient, et y fit construire de beaux aqueducs. Environ 40 ans avant J.-C., Jules César y établit une colonie qu'il avait tirée de la vingt-cinquième légion. Devenue métropole de la seconde Narbonnaise, Aix fut le siège du préteur ou comte romain qui gouvernait la province, et que les légendes appellent *rex aquensis*. Vers l'année 430, les Visigoths et les Bourguignons dévastèrent les environs ; mais, grâce à l'intervention de l'archevêque Basile, ils respectèrent la cité d'Aix. Après la bataille de Poitiers, Gondebaud, roi des Bourguignons, vint mettre le siège devant Aix, qu'il abandonna pour aller assiéger Marseille. Les Sarrasins saccagèrent Aix, en massacrèrent les habitants, détruisirent les monuments et renversèrent les murailles, qu'on ne releva qu'en 796, sous le règne de Lothaire. — Cette cité ne commença à acquérir une nouvelle importance que sous le règne d'Alphonse II, roi d'Aragon, prince protecteur de la poésie et poète lui-même, qui, sur la fin du XIIe siècle, y attira ces aimables conteurs connus sous le nom de troubadours. A cette époque, la cour des comtes de Provence devint le séjour de la galanterie, de l'esprit et de la politesse. Raymond-Béranger IV et Béatrix, son épouse, portèrent encore plus loin cette galanterie délicate ; les questions galantes, les cours d'amour, les différents tournois, les spectacles, les fêtes où la folie et la piété étaient confondues, furent journellement célébrées dans la ville d'Aix sous leur règne, et surtout sous celui du bon roi René, dont le souvenir est encore cher aux habitants de la Provence. Ce roi institua la célèbre procession de la Fête-Dieu, espèce de représentation mêlée de sacré et de profane, de paganisme et de chevalerie, qui attirait annuellement à Aix un nombre considérable d'étrangers : l'enfer ancien et moderne, l'Olympe et le paradis, les personnages de la Bible et du Nouveau Testament y figuraient au milieu de la pompe des tournois. Cette procession reparut en 1803 et a été célébrée plusieurs fois depuis, au grand contentement de la population provençale. — En 1481, après la mort de Charles III, héritier du roi René, la Provence ayant été réunie à la couronne, la ville d'Aix perdit les avantages que lui assurait le séjour des souverains, et la création d'un parlement par Louis XII ne l'en dédommagea qu'imparfaitement. Toutefois cette ville n'a pas cessé d'être la capitale de la Provence pour les lettres et par les arts. — Aix fut pillé par les Marseillais sous le règne de François Ier. Charles-Quint s'en empara et s'y fit couronner roi d'Arles en 1535. Cette ville souffrit considérablement dans les guerres de religion.

Du temps des Romains, la ville était située plus au nord-ouest. Son enceinte passait à l'Hôtel-Dieu, aux Bains d'eau thermale, aux Minimes, et de là elle embrassait l'enclos de Sylvacane. Cette circonscription ne paraît pas avoir sensiblement varié jusqu'à l'établissement du siège épiscopal. Plus tard, l'ancienne ville se dépeupla, et les habitants refluèrent vers le sud-est, dans la partie qui est comprise aujourd'hui dans la ville basse. Des maisons furent construites alors dans le quartier de la ville dit *des Bagniers*, et formèrent un faubourg, qui prit dans la suite le nom de Ville-Comitale. Ainsi, dès le XIIe siècle, la ville d'Aix se trouvait composée de trois parties distinctes : l'ancienne ville, à laquelle on donna le nom de Ville des Tours ; la ville nouvelle ou Comitale, et le faubourg ou bourg St-Sauveur. La Ville des Tours fut abandonnée vers la fin du XVe siècle. Un siècle après, la place des Prêcheurs, le quartier St-Louis et celui de Bellegarde furent ajoutés aux deux faubourgs, et le tout fut entouré de murailles. Enfin, dans le XVIIe siècle, on renferma dans la même enceinte le Cours et tous les quartiers situés plus au sud : le faubourg actuel est postérieur à cette époque.

Les armes d'Aix sont : *d'or, à cinq pals de gueules ; au chef de Jérusalem, de Sicile et d'Anjou : le premier d'argent à une croix potencée d'or, cantonnée de quatre croisettes de même ; le deuxième semé de france, au lambel de trois pendants de gueules ; le troisième de france à la bordure de gueules*. Ces armes lui furent concédées en 1432, par lettres patentes de Charles VI, à l'occasion d'un secours donné à la ville de Marseille par les troupes d'Aix. Sous l'empire, le chef triparti fut remplacé par le franc quartier des villes du second ordre, qui était à *dextre d'azur chargé d'un N d'or*, surmontée d'une étoile rayonnante de même. La ville a pour devise : GENEROSO SANGUINE PARTA.

La ville d'Aix est située dans un bassin fermé d'un côté par une chaîne de collines parallèles à la Durance, et de l'autre par le revers des arides montagnes qui séparent ce bassin de celui de Marseille. A quelques lieues vers l'est s'élève dans les nues la montagne calcaire de Ste-Victoire, présentant au midi une face de roc décharné, que les éboulements successifs ont rendue presque verticale ; du côté de l'ouest, on découvre à perte de vue de belles campagnes couvertes d'oliviers. — L'entrée d'Aix, en y arrivant du côté d'Avignon, ressemble à celle d'un magnifique château ; elle est fermée par une grille élégante, devant laquelle passe la route de Marseille. Un large et superbe Cours, composé de quatre rangs d'arbres, et bordé de deux haies de maisons plus belles les unes que les autres, vient, à travers le quartier neuf, aboutir à cette grille. La forme de la ville est à peu près carrée. Sa circonférence est d'environ 3,000 m. : elle est ceinte d'un mur ruiné dans quelques-unes de ses portions, et flanqué de tours placées à des distances inégales ; les remparts sont percés de dix portes.

Aix se divise en trois quartiers principaux : la vieille ville, au nord du Cours ; la ville neuve, y compris le quartier St-Jean, et le quartier St-Louis : le faubourg qui est à l'ouest forme un quatrième quartier. La vieille ville est d'une construction assez peu régulière ; mais les rues qui aboutissent aux portes sont d'une largeur convenable, et les maisons ont de l'apparence. Le Cours et les quartiers neufs sont bâtis avec régularité, et ornés d'un grand nombre d'hôtels et de belles maisons d'une architecture noble et de bon goût, décorés pour la plupart de balcons supportés quelquefois par des termes. Les places publiques sont vastes et assez régulières, les principales sont celles de l'Hôtel-de-Ville, de l'Université, de St-Honoré et des Prêcheurs : elles sont ornées de belles fontaines, dont plusieurs sont surmontées de colonnes antiques de granit. La fontaine de la place des Prêcheurs se distingue de toutes les autres par une pyramide portant à son sommet un aigle aux ailes déployées, qui tient un globe dans ses serres.

Le Cours forme une magnifique promenade, composée naguère de deux rangs d'ormes séculaires qui viennent d'être renouvelés. La grande allée est ornée de trois fontaines, dont une verse de l'eau chaude ; à son extrémité est la statue en marbre du roi René, par David, élevée à la mémoire de ce bon roi, trois siècles et demi après sa mort, par les Provençaux reconnaissants. La première pierre du soubassement a été posée en 1819 ; une médaille frappée à ce sujet a été déposée dans les fondations du piédestal ; elle porte au revers :

AU
BON ROI
RENÉ,
DONT LA MÉMOIRE
SERA TOUJOURS CHÈRE
AUX PROVENÇAUX.
1819.

Indépendamment du Cours, il existe des promenades tout autour de la ville ; toutes les lices ont été plantées et forment des boulevards extérieurs fort agréables ; les grandes routes de Marseille et d'Avignon sont aussi plantées d'arbres, et la porte St-Louis donne entrée à un Cours extérieur dont les arbres sont d'une grosseur peu commune.

L'ÉGLISE CATHÉDRALE, sous l'invocation de St-Sauveur, date du XIe siècle ; mais, par les agrandissements successifs, cette première église est devenue une nef collatérale de celle d'aujourd'hui, qui commence à la petite porte d'entrée et finit au point de la voûte est le plus exhaussée : à côté est un cloître qui date de la même époque, entouré de colonnes bizarrement sculptées, dignes de fixer l'attention. La nef principale, d'une beauté fort remarquable, est du XIVe siècle, ainsi que le clocher ; la troisième nef est une construction du temps de Louis XIV. La longueur entière du vaisseau est de 64 m., et la largeur de la grande nef est de 12 m. 33 c. Le clocher consiste en un massif carré qui s'élève au-dessus du comble de l'édifice ; sur ce premier corps est une tour octogone percée sur chaque face d'une fenêtre qui en occupe toute la hauteur. Le portail, commencé en 1476, était orné de sculptures d'une grande délicatesse de travail, et de statues de plusieurs grands personnages, dont les têtes avaient été faites avec soin d'après des portraits ressemblants. Ces figures et une partie des ornements ont été détruits pendant les orages révolutionnaires et refaits depuis quelques années. Les portes de la grande nef, en bois de noyer, sont remarquables par des sculptures du xiv° siècle, représentant des prophètes, des sibylles, et un grand nombre de détails précieusement travaillés : elles sont recouvertes par des portes modernes, qui en assurent la conservation.—L'intérieur de cette cathédrale est majestueux. Le chœur, construit en 1285, est vaste et fait dans de belles proportions : on y voit deux buffets d'orgues placés vis-à-vis l'un de l'autre; celui de droite est un simple placage; le véritable, qui est à gauche, est un seize-pieds, composé de quarante-quatre jeux et quatre claviers, dont un d'écho. Le baptistère est un temple antique, formé par huit magnifiques colonnes de marbre et de granit du meilleur style, malheureusement couronnées par une coupole moderne. Dans le sanctuaire et près de l'autel est un monument élevé en l'honneur de Fabri de Pieresc. Les charmantes sculptures de la crédence sont dues au ciseau de Chastel; elles sont surmontées d'un groupe de marbre représentant deux lions qui dévorent un enfant, que le roi René avait fait placer sous son trône. Au-dessus de l'autel St-Mitre, dans la chapelle de ce nom, est un beau sarcophage décoré de bas-reliefs représentant Jésus-Christ prêchant sur la montagne et ayant à ses pieds Marie et Joseph : dans la longueur sont les douze apôtres. La chapelle des âmes du purgatoire renferme le tombeau de l'archevêque Olivier Pénard, au-dessus duquel on a placé une statue équestre de saint Martin. — On conserve dans la sacristie du chapitre une curieuse collection de missels qui remontent à des temps très-anciens. — Parmi les tableaux qui ornent cette église, on en remarque un très-curieux, que la tradition attribue au roi René : c'est un triptyque dont le milieu représente le buisson ardent dans le haut duquel apparaît la Vierge Marie : sur l'un des volets, on voit le roi René à genoux, ayant à ses côtés saint Maurice et plusieurs autres figures ; sur l'autre volet est Jeanne de Laval, sa seconde épouse, dans la même attitude et entourée de saints personnages ; les revers représentent l'Annonciation, peinte en camaïeu. La tradition qui regarde ce tableau comme un ouvrage de la main du roi René est dénuée de tout fondement ; l'art de peindre du bon roi ne s'étendait pas au delà des devises, emblèmes, rébus, et tout au plus de quelques portraits qu'il s'amusait à faire. René fit faire ce tableau pour l'autel de la chapelle des carmes d'Aix ; on y reconnaît sans le moindre doute le pinceau de l'école de Bruges, et l'on pourrait même l'attribuer à Hugo d'Anvers.

L'église St-Jean, ancien prieuré de l'ordre de Malte, est entièrement gothique; elle fut construite en 1231, par Raymond-Béranger IV. La flèche du clocher a 66 m. d'élévation, et une des plus remarquables du Midi. Cette église renferme le magnifique tombeau des comtes de Provence, rétabli en 1828 ; elle est décorée de plusieurs beaux tableaux, parmi lesquels on distingue un Saint François, de Jouvenet, et une Notre-Dame du Mont-Carmel, de Miguard.

L'église Ste-Marie-Madeleine est un bel édifice de 63 m. de longueur, orné de plusieurs bons tableaux de Vien, Vanloo, Daret, etc.; dans la sacristie est une Annonciation d'Albert Durer, dont la pensée est singulière.

Les autres édifices religieux sont : l'église St-Jérôme, l'église St-Jean-Baptiste, l'église des Missions de Provence, les chapelles de l'Archevêché, des Pénitents gris, des Pénitents bleus, des Pénitents blancs.

L'hôtel de ville est un assez beau bâtiment carré terminé en 1668, mais non encore dégagé des maisons appliquées à deux de ses côtés. Sur le palier du grand escalier qui conduit à la bibliothèque publique, est la statue en marbre du maréchal de Villars par Coustou.

Porte de la Tour de l'Horloge. La tour est un ouvrage des premières années du xvi° siècle, élevé sur une porte de la Ville-Comitale, ainsi que l'attestent encore deux gonds qui se voient sous la voûte et au bas des piliers ; cette première construction paraît appartenir au xiii° siècle. Quatre figures représentant les saisons paraissent à leur période annuelle sous le cadran de l'horloge.

Palais de justice. Il occupe l'ancien palais des comtes de Provence, construit, selon toute probabilité, sous les Antonins, et démoli en 1782. Ce palais était immense, élevé de deux vastes étages décorés d'un ordre d'architecture, et flanqué de grandes tours ornées de colonnes de granit disposées en rotonde, dont il ne reste plus aucune trace.

Le palais de justice, édifice commencé en 1787, a été achevé en 1831 : la cour intérieure est d'une grande magnificence, et l'escalier d'une légèreté remarquable.

Hôpitaux et hospices. L'Hôtel-Dieu, situé hors de la ville, a été fondé en 1519, par Jacques de Laroque, et considérablement augmenté par l'archevêque d'Embrun de Gérente, et par M. de Brancas, archevêque d'Aix. L'acte de fondation porte qu'on y admettra tout homme souffrant, *quelle que soit sa croyance*, et qu'on exclura du nombre des administrateurs *tout ecclésiastique, quelque rang qu'il ait dans l'Église*. Ce vaste édifice a deux cents lits, et pourrait facilement en contenir trois cents. L'église des Capucins, aujourd'hui chapelle de cet hospice, renferme un calvaire qui provient de l'ancienne église des Augustins : le portail de cette église est d'un beau travail.

La maison de charité occupe l'ancien local du Refuge. On voit dans l'église quelques tableaux, entre autres une belle Nativité, de Levieux, et un Christ en croix, ancien tableau sur bois.

L'hôpital des pauvres honteux est de fondation du xv° siècle. Une lingerie et une pharmacie y sont établies, et c'est de ce lieu que les secours de toute espèce se distribuent dans toute la ville.

Fontaines. Les plus remarquables sont : la fontaine de l'hôtel de ville, qui date de l'année 1755. C'est une colonne de granit reposant sur une base bien proportionnée, dont le chapiteau supporte une boule environnée d'une branche de laurier doré.

La fontaine de la place de la Madeleine, construite en 1761, est un obélisque surmonté d'un aigle aux ailes déployées, et soutenu par quatre lions reposant sur une élégante base, ornée sur chaque face de médaillons représentant C. Sextius Calvinus, Charles III, comte de Provence, Louis XV et Louis XVIII.

La fontaine des Augustins, élevée en 1620, a été reconstruite en 1820. C'est une colonne antique de granit, élevée sur un massif de pierre.

Les trois fontaines du Cours, dont nous avons déjà parlé. L'une d'elles est ornée de la statue du roi René, qui est représenté tenant dans sa main le raisin muscat qu'il introduisit en Provence. A ses pieds sont des livres, une palette, etc. Sur le piédestal sont les portraits de Matheron, ministre de René et son compère, et de Palamède de Forbin.

La fontaine des quatre Dauphins, surmontée d'une aiguille en pierre; elle verse de l'eau par quatre tuyaux, dont deux donnent de l'eau minérale chaude.

La fontaine de la rue Boulegon, dont le réservoir est orné de sculptures intéressantes.

Bibliothèque publique. Cette bibliothèque fut fondée, dans le principe, par la ville, en 1418, mais les livres furent dispersés peu à peu. En 1705, A. Tournon, avocat, légua à la ville environ 7,000 vol., avec un fonds de 7,000 liv. pour fonder une bibliothèque publique, qui fut placée à l'hôtel de ville. Plus tard, Donnat Pellas, qui en était le conservateur, légua ses livres à cet établissement, auquel M. Margaillan fit don d'environ 2,000 vol. Cette collection, qui commençait à devenir considérable, fut de nouveau dispersée.

Le fondateur de la bibliothèque actuelle est le marquis de Méjanes, qui légua ses livres et ses manuscrits à la province de Provence, sous la condition d'établir à Aix une bibliothèque qui serait ouverte au public quatre fois par semaine. Cette ville s'est montrée digne de cette honorable préférence en la conservant intacte pendant les orages révolutionnaires, en l'augmentant considérablement d'un grand nombre d'ouvrages importants, et en l'établissant à grands frais dans les salles de l'hôtel de ville, où elle est ouverte au public depuis 1810. Près de 100,000 volumes et 1,100 manuscrits composent ce riche dépôt, bien plus remarquable encore par le choix des éditions, par la rareté et la beauté des exemplaires, que par le nombre. Les premiers monuments de l'imprimerie, les chefs-d'œuvre de la typographie de tous les temps et de tous les pays, s'y trouvent à côté des belles éditions classiques grecques et latines. Il serait beaucoup trop long d'indiquer ici les raretés et les principaux ouvrages, ainsi que les manuscrits curieux. On doit consulter pour les uns et pour les autres la notice précédée d'un essai sur l'histoire de cette ville, sur les anciennes bibliothèques publiques, sur ses monuments, etc., par E. Rouard, bibliothécaire, in-8. Paris, Didot, 1831. — Cette bibliothèque est ornée des bustes des illustres Provençaux, entre autres de celui de Méjanes par Houdon; d'une belle mosaïque représentant Thésée domptant le Minotaure; de plusieurs urnes curieuses, dont une en porphyre.

Musée. Il est placé depuis 1832 dans l'ancien prieuré de St-Jean, auprès de l'école de dessin. C'est le cabinet du vénérable et savant président de St-Vincens, acheté par la ville, qui en forme la plus grande partie. On y remarque, entre autres monuments curieux, le célèbre bas-relief de l'accouchement de Léda; l'inscription grecque du jeune navigateur, dont plusieurs savants se sont occupés; de beaux bas-reliefs égyptiens, beaucoup d'inscriptions grecques, romaines et arabes. On y voit aussi le commencement d'une galerie de tableaux, parmi lesquels il faut distinguer la Nuit du vingt mars aux Tuileries, par Gros; la Prise de Grenade, de M. de Forbin; une Sainte Catherine, du Calabrèse, et quelques autres tableaux intéressants pour l'histoire de l'art.

École gratuite de dessin. Cette école a été fondée en 1771, par le testament du duc de Villars, gouverneur de la Provence. Elle possède une belle collection de plâtres donnés par le gouvernement, et est très-fréquentée. Peu d'établissements publics ont mieux atteint leur but; des élèves distingués en plusieurs genres en sont sortis, et plusieurs se sont fait remarquer à diverses expositions du Louvre.

En terminant cet article, nous ferons observer que peu de villes ont possédé successivement un si grand nombre de livres, de tableaux, d'antiquités et d'objets d'art, que la ville d'Aix. Depuis Pieresc, qui servit, qui protégea les lettres et les sciences en souverain, et les cultiva en savant, jusqu'aux St-Vincens et aux Sallier, un grand nombre d'hommes instruits les ont aussi honorées et cultivées, et se sont plu à former des cabinets remarquables, dont les débris ont plus d'une fois enrichi les musées de la capitale. Outre l'immense collection de tableaux de M. Bourguignon-Fabregoule, on doit voir encore les restes du cabinet de M. Sallier; c'est là que Champollion le jeune a découvert le célèbre papyrus où il a lu le récit d'une expédition de Sésostris contre les Scythes, récit qu'il a retrouvé sculpté avec des bas-reliefs sur les murs d'un palais à Thèbes.

On remarque encore à Aix: l'établissement thermal, dont nous parlons ci-après; l'hôtel de l'Université, où fut établie la première imprimerie de la Provence, en 1574, et où sont placées les facultés de droit et de théologie; les hôtels d'Albertas, de Lauris, de l'Estang-Parade, de Réguse, de la Tour d'Aigues, etc.; les casernes St-Louis et St-Jean, la façade des greniers publics, dont le fronton est orné des statues du Rhône et de la Saône; près la porte Notre-Dame, le tombeau de J. Sec, monument dédié *à la municipalité d'Aix, observatrice de la loi*, 1792; la salle de spectacle, le collège, etc., etc.

Les églises St-Sauveur, St-Jean, de Fos, la Tour des guerriers, et des restes d'anciens bains ont été désignés comme étant susceptibles d'être classés au nombre des monuments historiques.

Les alentours d'Aix sont intéressants pour les naturalistes et les géologues, qui doivent visiter surtout les Gypsières, ou carrières de plâtre de la montée d'Avignon, décrites par Saussure. On y trouve non-seulement des feuilles de végétaux, mais beaucoup d'insectes plus ou moins connus, parfaitement conservés à l'état fossile dans le plâtre, que l'on y exploite à une très-grande profondeur. Aux environs sont plusieurs belles maisons de campagne ou châteaux; entre autres la Mignarde, la Pioline, et surtout le Tholonet, dont le vallon romantique, les belles vues, les ombrages font un endroit délicieux auquel il n'a manqué qu'un grand poëte pour l'illustrer. Des ruines romaines imposantes, le voisinage de la montagne de la Victoire, etc., tout concourt à rendre ce beau site digne d'être visité par les naturalistes, par les peintres et par les poëtes.

Commerce et industrie. Le génie industriel de la ville d'Aix, jadis célèbre par ses manufactures d'armes sous les Romains, semble absorbé par le voisinage de Marseille, qui peut-être un jour l'alimentera. — Cependant, indépendamment du commerce des huiles, qui, malgré la diminution des produits de son territoire, occasionnée par la mortalité des oliviers, est encore fort considérable, grâce à la juste célébrité de l'huile d'Aix, nom sous lequel se vendent la plupart de celles de la Provence, il se fait encore au dehors de nombreux envois d'amandes, de fruits secs, de confitures, d'une espèce de biscuits appelés biscotins, etc., d'un vin d'alimentera. Ses vins, quoique consommés en partie dans des distilleries, sont aussi exportés dans la haute Provence et le Dauphiné; et s'ils supportaient le transport au loin, ou s'ils étaient faits avec plus de soin, ils pourraient acquérir de la renommée. — Il existe encore à Aix plusieurs manufactures dont il serait à désirer de voir se multiplier: entre autres, des filatures de coton et de soie, plusieurs imprimeries d'indiennes, dont les produits peuvent rivaliser avec ceux de Lyon et de Mulhausen. Le commerce des livres y a de l'activité. — Belles carrières de pierres de taille. Exploitation de gypse. — *Foires* le 9 fév. (5 jours), la veille de la Fête-Dieu (8 jours), les 17, 18 et 19 sept., et le 4 déc. (5 jours). Marchés importants pour la vente des moutons tous les jeudis.

Aix est à 32 k. de Marseille, 70 k. de Toulon, 78 k. d'Avignon, 772 k. de Paris, 762 pour la taxe des lettres.

Biographie. Il n'y a point de ville d'une égale population, excepté Dijon, dit Millin dans son *Voyage du Midi*, qui ait produit autant d'hommes distingués dans les lettres et dans les arts qu'Aix. Nous nous contenterons de citer:

Constantin II dit le Jeune ou Flavius Julius Constantinus.

J. Pitton de Tournefort, célèbre botaniste, né en 1656, mort en 1708. Ses principaux ouvrages sont: *Eléments de botanique*, 3 vol. gr. in-8 avec 451 pl., 1694; *Relation d'un voyage au Levant, fait par ordre du roi*, 3 vol. in-4, fig., 1717; *Histoire des plantes des environs de Paris*, 2 vol. in-12, 1698.

Michel Adanson, naturaliste, né en 1727, mort en 1806, auteur d'une *Histoire naturelle du Sénégal, avec une relation abrégée d'un voyage fait dans ce pays pendant les années 1749-57; Nouvelle Méthode pour apprendre à connaître les différentes familles de plantes*, 2 vol. in-8, fig., 1764, etc.

François de Cormis, jurisconsulte, mort en 1734.

B. Debrézieux, jurisconsulte.

Fr. Etienne, un des plus savants jurisconsultes du xvie siècle.

Annibal Fabrot, autre jurisconsulte du xvie siècle, auteur d'une *Collection des lois romaines*, 7 vol. in-f[o].

Jos. Dubreuil, jurisconsulte distingué, mort en 1824.

Honoré Gaillard, célèbre prédicateur, né en 1641.

Jean Meynier, baron d'Oppède, fanatique premier président du parlement d'Aix, né en 1495, trop célèbre par la manière barbare dont il sévit contre les malheureux vaudois; par ses ordres plus de quatre mille personnes furent massacrées, les femmes furent enfermées dans une grange où l'on mit le feu, et quarante-quatre villages furent brûlés.

La Touloubre (L. Ventre de), professeur de droit, né en 1732, auteur, entre autres ouvrages de droit, de " *Jurisprudence féodale suivie en Provence*, in-8, 1756, en 2 vol.; in-8, 1765. Ouvrage estimé.

Cabasse (Prosp.), jurisconsulte, auteur des *Essais historiques sur le parlement de Provence*, où il n'a pas eu honte d'entreprendre la justification de la sanglante exécution des vaudois.

D. Colonia, antiquaire et bibliographe, mort en 1741, auteur, entre autres ouvrages, d'une *Rhétorique en latin*, in-12, et d'une *Bibliothèque et dictionnaire des livres jansénistes*, in-12, 1722, ou 4 vol. in-12, 1732.

Fauris de St-Vincens (J.-F.-P.), antiquaire, de l'académie des inscriptions, mort en 1778. On a de lui: *Tables des monnaies de Provence*, in-4, 1770; *Mémoires sur les monnaies et les monuments des anciens Marseillais*, in-4, et pl., 1771.

Fauris de Saint-Vincens (Alex.-J.), antiquaire, fils du précédent, mort en 1819. On a de lui: *Mémoires sur les antiquités et curiosités de la ville d'Aix*, in-8, 1818, et plusieurs autres mémoires sur divers objets d'antiquités de la Provence.

J.-B. Vanloo, peintre célèbre, mort en 1684.

Fr. Granet, membre de l'Institut, et l'un des plus célèbres peintres de notre époque. Le grand tableau de *Stella*, peignant l'image de la *Vierge sur les murailles de sa prison*; *Saint Paul prêchant les prisonniers dans les souterrains du Capitole*; la *Scène effrayante d'un cachot de l'inquisition*; *Saint Louis délivrant les prisonniers français à Damiette*; le *Chœur des capucins à Rome*, et une multitude d'autres belles productions, sont des monuments durables de son génie.

J.-F. Peyron, peintre d'histoire, mort en 1820, auquel on doit, entre beaucoup d'autres productions remarquables, *Curius refusant les présents des Samnites*, et *la Mort de Socrate*.

Esprit-Ant. Gibelin, peintre et littérateur, mort en 1814. On a de lui quelques bons tableaux à l'huile, des fresques qui ont été admirées dans le temps, et plusieurs ouvrages sur les beaux-arts, notamment un *Mémoire sur la statue dite le Gladiateur Borghèse*.

Amédée Jaubert, voyageur et célèbre orientaliste, membre de l'Institut, né en 1779. On a de lui : *Eléments de grammaire turque*, in-4, 1823; *Voyage en Arménie et en Perse, fait dans les années 1805 et 1806*, in-8, 1821, et plusieurs traductions d'ouvrages orientaux.

Forbin (Gasp.-F. de), chevalier de Malte, mort vers la fin du xviiie siècle, auteur de plusieurs ouvrages de géométrie et de physique, parmi lesquels on remarque : *Eléments des forces centrales*, ou *Observations sur les lois que suivent les corps mus autour de leur centre de pesanteur*, etc., in-8, 1774.

Clapier de Vauvenargues, célèbre moraliste, mort en 1747. Son principal ouvrage a pour titre : *Introduction à la connaissance de l'esprit humain*. On a publié ses œuvres en 2 vol. in-12, 1797.

J.-C. de Boyer, marquis d'Argens, littérateur, mort en 1770, auteur d'un grand nombre d'ouvrages, parmi lesquels on distingue : *Lettres cabalistiques*, 6 vol. in-8, ou 7 vol. in-12, 1769; *Lettres chinoises*, 6 vol. in-8", 1739, ou 8 vol. in-12, 1755 et 1779; *Lettres juives*, 6 vol. in-8, 1738, ou 8 vol. in-12, 1766; *Mémoires secrets de la république des lettres*, 14 vol. in-8, 1763; *Philosophie du bon sens*, 3 vol. in-12, 1768.

Emeric David, de l'académie des inscriptions et belles-lettres, né en 1755, auteur de plusieurs ouvrages estimés sur les beaux-arts, dont le plus remarquable a pour titre : *Recherches sur l'art du statuaire, considéré chez les anciens et chez les modernes*, ouvrage couronné par l'Institut, in-8, 1805.

F.-A.-A. Mignet, membre de l'Institut, né en 1796, auteur des ouvrages suivants : *De la féodalité, des institutions de saint Louis, et de la législation de ce prince*, ouvrage couronné par l'académie des inscriptions, in-8, 1822; *Histoire de la révolution française, depuis 1789 jusqu'en 1814*, 2 vol. in-8, 1824, livre qui jouit d'un succès mérité, et dont il a déjà été publié six éditions tirées à très-grand nombre.

Ch. du Perrier, poëte latin, mort en 1692.
M.-Fr.-A. Bardon, poète, mort en 1783.
J.-B. Bonardi, historien, mort en 1756. On a de lui en manuscrit : *Bibliothèque des écrivains de Provence*, et un *Dictionnaire des écrivains anonymes et pseudonymes*.

Joseph Duranti, traducteur. On lui doit *Lettres de saint Ambroise*, 3 vol. in-12.

Jos.-Balth. Gibert, de l'académie des inscriptions, mort en 1772, auteur de plusieurs *Mémoires sur l'histoire, sur la chronologie ancienne, et pour servir à l'histoire des Gaules*.

F.-Ch. Montjoie, littérateur, mort conservateur de la bibliothèque Mazarine. Ses principaux ouvrages sont *Histoire de la conjuration de Robespierre*, et un roman en 4 vol. in-12, intitulé : *Histoire de quatre Espagnols*, qui a eu cinq éditions.

Pontier (Aug.), bibliographe distingué, mort en 1833, auteur d'une bibliographie provençale qui n'a jamais été imprimée.

Senty, littérateur, né en 1803, auteur de plusieurs comédies politiques, et d'un petit poème satirique plein d'une ironie mordante, composé à l'occasion de la fameuse loi Peyronnet contre la liberté de la presse.

Desorgues (Jos.-Th.), poëte lyrique, auteur de l'hymne à l'Etre suprême,

Père de l'univers, suprême intelligence,

mis en musique par Gossec, et qui obtint une grande célébrité. Arrêté sous l'empire comme auteur d'une chanson contre Napoléon, il fut conduit comme fou à Charenton, où il resta enfermé jusqu'à sa mort, qui eut lieu en 1808.

P.-A. d'Adaoust, traducteur de l'*Art poétique* d'Horace.

Vergi (de), traducteur et littérateur.

Mme de Montanclos, littérateur et auteur dramatique.

David-Aug. Brueys, auteur dramatique et controversiste. Ses ouvrages de controverse sont oubliés, mais il n'en est pas de même de ses comédies, parmi lesquelles on distingue *le Grondeur*, *l'Avocat patelin*, *le Muet*, etc.

And. Campra, compositeur de musique, auteur de plusieurs ballets, du *Carnaval de Venise*, de l'*Europe galante*, etc., etc.

P.-L. Thomassin, savant canoniste, auteur de l'*Ancienne et Nouvelle Discipline de l'Eglise*, etc.

Dom Benoit Vincent, bénédictin de la congrégation de St-Maur.

J.-B.-Nic. Boyer, médecin célèbre, né en 1693, auteur du *Codex medicamentarius* et d'une *Pharmacopœa parisiensis*, in-4.

Jos. Lieutault, médecin et astronome, auteur de la *Connaissance des temps* depuis 1703 jusqu'en 1729, 17 vol.

J. Gibelin, médecin et botaniste.

Honoré Bouche, géographe, mort en 1671, auteur de la *Chorographie ou Description de la Provence*, et de l'*Histoire chronologique* du même pays, 2 vol. in-f°.

Entrecasteaux, contre-amiral, mort en 1793, commandant de l'expédition chargée d'aller à la recherche de Lapeyrouse.

Miollis, lieutenant général, compagnon de la Fayette et de Rochambeau en Amérique, lieutenant de Bonaparte et de Masséna en Italie, et gouverneur général de Rome sous l'empire.

Espariat, ancien maire d'Aix, qui donna en 1790 un des plus beaux exemples de courage civil, en se jetant au milieu de deux régiments prêts à s'entr'égorger, qu'il sut réconcilier par son héroïque dévouement.

Siméon (le comte Jos.-Jérémie), orateur distingué, membre du conseil des cinq-cents, qu'il présidait le 18 fructidor, membre du tribunat, ministre de la justice et de l'intérieur du royaume de Westphalie, préfet du Nord, député, ministre de l'intérieur, président de la cour des comptes, pair de France, membre de l'Institut, né en 1749. On a de lui : *Choix de discours et d'opinions* (prononcés par M. de Siméon aux diverses législatures dont il a fait partie), in-8, 1824.

Siméon (le vicomte), fils du précédent, né en 1781, pair de France, ancien préfet du Var et du Pas-de-Calais, membre de la soc. roy. des antiq. de France.

Portalis (le comte J.-M.), ex-ministre des affaires étrangères et de la justice, pair de France, membre de l'Institut, né en 1778. On a de lui : *Du devoir de l'historien de bien considérer l'influence et le caractère de chaque siècle, en jugeant les hommes qui y ont vécu*, discours couronné par l'académie royale des inscriptions, in-8, 1800, et plusieurs autres discours ou dissertations.

Albertas (le marquis), préfet des Bouches-du-Rhône en 1814.

André (le baron d'), député aux états généraux, directeur général de la police et intendant de la maison du roi sous la restauration.

Bonneval (l'abbé de), député aux états généraux.

Terrasson (Henri), littérateur.

EAUX THERMALES D'AIX.

Aix possède des sources d'eaux thermales qui jouissent d'une assez grande réputation, et dont la découverte remonte à la plus haute antiquité. Pendant longtemps ces eaux thermales furent désertes et oubliées. Ce n'est qu'en 1600 que des médecins d'Aix, qui avaient été à même d'apprécier leurs propriétés médicinales, les rétablirent dans leur ancienne splendeur. M. le docteur Raynaud, longtemps inspecteur des eaux d'Aix, a beaucoup contribué à faire restaurer l'établissement thermal, édifice vaste et commode de construction moderne, où l'on trouve plusieurs appartements bien garnis. Les recherches et les observations de M. Raynaud ont répandu beaucoup de lumière sur l'histoire et les propriétés médicinales des eaux d'Aix.

La source principale naît au pied des collines de la chaîne de St-Eutrope, et se rend dans le canton de Barret, éloigné d'environ 400 pas de la ville, au nord-est; les eaux s'y rassemblent dans un bassin de 2 m. de large, sur 4 m. de long et 5 m. de profondeur. L'eau s'élève dans ce bassin à la hauteur d'un mètre, et elle en sort par un canal naturel qui s'est pratiqué à travers un terrain marneux. Elle met vingt-deux jours à se rendre de ce bassin à la fontaine de Sextius, et dans ce court trajet la température augmente de 14°,50. De la fontaine de Sextius les eaux se rendent dans le bâtiment des bains, et sont distribuées dans quatorze baignoires en marbre. Des cabinets particuliers sont disposés pour des douches ascendantes.

Près de l'emplacement des thermes modernes existent encore des restes considérables de ceux des Romains; ils consistent en plusieurs chambres voûtées, qui ont de chaque côté un banc en maçonnerie destiné aux baigneurs. Ces beaux restes, absolument ignorés des étrangers et peu connus à Aix même, mériteraient d'être reconnus avec soin, dessinés et publiés. — On montre aussi dans l'établissement des bains les restes d'un bas-relief antique, représentant un phallus placé sur un autel, avec les lettres I. H. C.

SAISON DES EAUX. La saison des eaux commence en mai et finit en octobre. Plusieurs médecins assurent les avoir prescrites en toutes saisons à des malades qui n'en ont jamais éprouvé d'inconvénient. Deux ou trois cents personnes fréquentent annuellement ces eaux.

PROPRIÉTÉS PHYSIQUES. Les eaux d'Aix sont légères, inodores, limpides et transparentes comme l'eau la plus pure. Leur saveur est faible et presque nulle; on y remarque cependant un peu d'amertume et de stypticité.

La température de la source de Sextius est à 35° centig.; celle de la source Barret n'est qu'à 21,50.

ANALYSE CHIMIQUE. D'après l'analyse de M. Laurent, 12,50 kilog. d'eau thermale évaporée ont donné :

Grains.
Carbonate de magnésie . . 18
Carbonate de chaux. . . 12
Sulfate calcaire 7
Oxygène. . . . . quantité inappréciable.
Matière végéto-animale.

Cette dernière substance est manifestement la cause de l'onctuosité qui caractérise ces eaux.

PROPRIÉTÉS MÉDICINALES. L'expérience de chaque année témoigne de l'efficacité des eaux d'Aix dans plusieurs maladies. Comme eaux tièdes, elles assouplissent la peau, relâchent les tissus qui sont dans un état de tension et de rigidité morbide. Elles conviennent dans les douleurs rhumatismales chroniques, les paralysies récentes, les affections cutanées, qui sont assez communes sur le sol de la Provence. En boisson, on les emploie dans les leucorrhées, dans l'ictère et dans les diverses maladies du foie. On les croit pareillement utiles dans les embarras des voies urinaires. La boisson des eaux d'Aix est nuisible aux personnes âgées, bilieuses, faibles, aux jeunes gens maigres et secs, aux mélancoliques adultes; elles sont très-avantageuses aux personnes replètes, d'un tempérament lymphatique.

MODE D'ADMINISTRATION. La douce chaleur des eaux thermales d'Aix les rend très-agréables pour les bains, qui se prennent le matin. M. Patissier recommande de ne pas s'y plonger brusquement et, dans quelques cas, de se borner, pendant les deux premiers jours, à les prendre que jusqu'à la ceinture, surtout lorsqu'on a lieu de craindre une congestion cérébrale.

Quelle que soit la maladie dont on est affecté, il faut commencer par prendre les eaux thermales en boisson; leur action est apéritive, diaphorétique. La dose est depuis cinq verres jusqu'à quinze. On peut en faire usage aux repas.

L'arrondissement d'Aix renferme 10 cantons, Aix (N.), Aix (S.), Berre, Gardanne, Istres, Lambesc, Martigues, Peyrolles, Salon et Trest.

Bibliographie. FAURIS DE ST-VINCENS (Alex.-J.-A.). *Mémoire sur la position de l'ancienne cité d'Aix*, in-8, 1816.
* *Priviléges, franchises et immunités concédés par les rois et comtes de Provence à la ville d'Aix et à ses habitants*, in-4, 1620-1683.
* *Recueil de priviléges, statuts, etc., de la ville d'Aix*, in-4, 1741.
PELEGRIN (A.). *Dissertation sur le mal contagieux de la ville d'Aix en* 1720, in-8.
SABBATHIER (J.). *Lettre à S. A. R. Madame (d'Orléans), abbesse de Chelles, sur ce qui s'est passé de plus édifiant à Aix pendant la contagion*, in-12, 1721, 1723.
PITTON (J.-Sch.). *Description de la ville d'Aix, capitale de la Provence*, in-f°, 1666.
HAITZE (J.-Jos. de). *Les Curiosités les plus remarquables de la ville d'Aix*, in-8, 1679.
* *Indicateur de la ville d'Aix*, par J.-F. P***, in-8, 1826.
PORTE (J.-F.). * *Aix ancien et moderne, ou Description de ses édifices, monuments, bibliothèques, etc.; suivie de l'indication des châteaux, maisons de campagne, etc.*, in-8, 1823; deuxième édition, in-8, 1833.
* *Souvenirs de St-Acheul, Ste-Anne, Aix, Bordeaux*, etc., etc., in-12, 1826.
FAURIS DE ST-VINCENS (Alex.-J.-A.). *Mémoire sur les antiquités et curiosités de la ville d'Aix*, in-8, 1818.
Mémoire sur les antiquités et curiosités de l'église cathédrale de St-Sauveur d'Aix, in-8, 1818.
Découverte d'antiquités à Cénil près d'Aix (Mag. encyclopéd., t. I, 1806).
VILLENEUVE (le comte de). *Restauration du mausolée des comtes de Provence, Ildefonse et Raymond-Béranger IV, dans l'église paroissiale de St-Jean à Aix*, in-4, 1829.
CASZYNSKI (Constantin). *L'Eglise cathédrale St-Sauveur à Aix*, in-8, 1836.
ESTRANGIN. *Explication des cérémonies de la Fête-Dieu d'Aix en Provence*, in-12, fig.
GIBELIN (Esprit-Ant.). *Observations critiques sur un bas-relief antique conservé dans l'hôtel de ville d'Aix, et sur les mosaïques découvertes près des bains de Sextius*, in-8, fig., 1809.
Lettres sur les tours antiques qu'on a démolies à Aix, et sur les antiquités qu'elle renferme, in-4, 1787.
Institution et règlement de l'hôpital de la Miséricorde établi dans la ville d'Aix, in-8, 1688.
HENRICY (A.). *Notice sur l'ancienne université d'Aix* (Mém. de la soc. d'Aix, t. III), in-8, 1827.
GALAUP DE CHASTEUIL (P.). *Discours sur les arcs triomphaux dressés en la ville d'Aix, à l'heureuse arrivée du duc de Bourgogne et du duc de Berry*, in-f°, 1701.
ROUARD. *Notice sur la bibliothèque d'Aix, dite de Méjanes; précédée d'un essai sur l'histoire littéraire de cette ville, sur ses anciennes bibliothèques publiques, sur ses monuments*, etc., in-8, 1831.
LOQUI (Ed.-Mich. de). *Recherches sur les mines d'Entremonts, situées près d'Aix*, in-8, 1839.
Mémoires de l'académie d'Aix, 3 vol. in-4.
DARLUC. *Histoire naturelle de la Provence*, in-8, 1782-86 (le chap. 43 traite des eaux d'Aix).
MONTVALON (de). *Observations météorologiques faites à Aix* (Mém. de l'acad. des sciences, 1730, p. 1 et 7; 1731, p. 1 et 3).
MERINDOL (A.). *Des bains d'Aix et moyen de les remettre*, in-8, 1600.
* *Apologie pour les bains d'Aix*, in-8, 1618.
CASTELMONT. *Traité des bains de la ville d'Aix, et la manière d'en user*, in-8, 1600.
* *Lettre écrite à M*** sur une source d'eau chaude et minérale découverte en l'an 1604 à Aix*.
PITTON (J.-Sch.). *Les Eaux chaudes de la ville d'Aix, de leur vertu, à quelle maladie elles sont utiles, et de la façon de s'en servir*, in-8, 1678.
LAUTIER (H.-Marie). *Histoire naturelle des eaux chaudes d'Aix en Provence, avec les avis de la méthode nécessaire pour s'en servir*, in-8, 1705.
ARNAUD (Louis). *Traité des eaux minérales d'Aix en Provence, avec les observations sur différentes maladies guéries par l'usage de ces eaux*, in-12, 1705.
EMERICH (Ant.-Aucane). *Analyse des eaux minérales d'Aix en Provence, avec les réflexions sur leurs vertus et l'usage qu'on doit en faire*, in-12, 1705.
BURET. *Topographie médicale de la Provence* (Journal de médecine militaire, t. II, p. 13. Il y est question des eaux d'Aix).
ROBERT (Louis). *Essai historique et médical sur les bains thermales d'Aix, connues sous le nom d'eaux de Sextius*, in-8, 1812.
VALENTIN. *Notice sur les eaux d'Aix* (Journal de médecine, t. XXI, p. 198).
LAURENS. *Analyse des eaux d'Aix* (Annales de chimie, novembre 1813, p. 214).
Mémoires de l'académie des sciences, arts et belles-lettres d'Aix, 4 vol. in-8, 1819, 1840.
Commission d'archéologie d'Aix. Rapport sur les fouilles d'antiquités faites à Aix en 1842, in-4, 1843.

AIX, vg. *Corrèze* (Limousin), arr., ✉ et à 13 k. d'Ussel, cant. d'Eygurande. Pop. 1,161 h.

AIX, *Aquæ Vocontiorum*, vg. *Drôme* (Dauphiné), arr., cant., ✉ et à 5 k. de Die. Pop. 225 h. Il est dominé par un château flanqué de quatre tours, au bas desquelles sont les cachots qui n'avaient d'entrée et ne recevaient l'air et la lumière que par une ouverture ronde, pratiquée au sommet de la voûte. On y remarque deux sources tout à fait rapprochées, dont l'une donne de l'eau douce et l'autre de l'eau salée. Au quartier des Solores, on voit une grotte, curieuse par les stalactites qu'elle renferme. — Source d'eau salée. — *Foire* le 3 mai.

AIX, vg. *Moselle*, comm. de Gondrecourt, ⊠ de Briey.

AIX, vg. *Nord* (Flandre), arr. et à 22 k. de Douai, cant. et ⊠ d'Orchies. Pop. 987 h. — Brasserie et moulin à huile.

AIX, vg. *Somme*, comm. de Bernes, ⊠ de Péronne.

AIX (île d'), *Charente-Inf.* Cette île située vis-à-vis de l'embouchure de la Charente, entre la terre ferme et l'île d'Oléron, forme une commune de l'arrondissement, du canton et à 19 k. de Rochefort. Elle a environ un kilomètre de long sur à peu près un demi-kilomètre de large, et offre un territoire fertile en vins et en pâturages. On y trouve un village dont la population est de 236 habitants, pour la plupart occupés à la pêche. ⊠. Atelier des militaires condamnés au boulet. La population totale de l'île est de 400 à 500 habitants.

Phare à feu fixe situé sur le port, à la pointe de l'île ; il a 8 k. de portée, et est élevé de 17 m. au-dessus du niveau de la mer. Lat. 46° 1', long. E. 3° 31'. *Etablissement de la marée du port*, 3 heures 20 minutes. — Le banc de sable le Long est à 2 k. S.-O. de l'île d'Aix ; il s'étend sur 10 k. dans une ligne parallèle à la côte de l'île d'Oléron. Ses deux extrémités couvrent à basse mer ; mais il reste deux à trois brasses au milieu. — L'île d'Aix a une baie à l'O., où l'on mouille par 5 brasses ; mais la pointe S. est garnie de rochers, ainsi que la partie N., depuis le N.-O. jusqu'au N.-E.

L'île d'Aix est bien fortifiée et défendue par un château fort ; c'est un point militaire important qui contribue à la sûreté du port de Rochefort. Les Anglais s'en emparèrent en 1757, et l'abandonnèrent après en avoir fait sauter les forts. En 1806, il se donna en rade de l'île d'Aix un brillant combat entre la frégate française *la Minerve*, commandée par le capitaine Collet, contre la frégate anglaise *la Pallas*, commandée par lord Cochrane ; la frégate fut démâtée, et s'échappa par une prompte fuite. Le 12 avril 1809, les Anglais tentèrent sans succès, près de cette île, à l'aide d'une machine infernale, d'incendier la flotte française, commandée par l'amiral Gambier ; 1,500 barils de poudre, 400 bombes chargées de fusées à la Congrève, et plus de 3,000 grenades furent employés à cet horrible artifice. Jamais explosion ne fut plus terrible, et jamais tant de bruit ne fit si peu d'effet. Des batteries formidables mettent aujourd'hui cette île à l'abri de toute nouvelle tentative.

C'est dans la rade de l'île d'Aix que les vaisseaux partis de Rochefort complètent leur équipage, et mouillent en attendant les vents favorables pour appareiller. C'est de l'île d'Aix que Napoléon quitta, pour ne plus le revoir, le territoire français.

AIX-D'ANGILLON (les), *Firmitas Dominii Gilonis*, bg *Cher* (Berry), chef-l. de cant., arr. et à 19 k. de Bourges. Cure, ⊠. A 211 k. de Paris pour la taxe des lettres. P. 1,426 h. — TERRAIN jurassique, étage moyen du système oolitique. — **Autrefois** châtellenie, diocèse, intendance et élection de Bourges, parlement de Paris.

Ce bourg, situé sur le ruisseau de Longis, était jadis une ville importante, entourée de fossés et de murailles, qui paraît devoir son origine à un château appartenant, au XIIe siècle, à un seigneur de Sully, nommé Gillon. Cette ville, saccagée dans les guerres civiles du XIVe et du XVe siècle, n'a pu se relever de ses anciennes ruines ; on voit encore quelques vestiges de ses anciennes fortifications. L'église paroissiale est un édifice remarquable, qui a été désigné pour l'autorité locale, comme étant susceptible d'être classé au nombre des monuments historiques. — *Foires* les 1er mai et 29 août. Il s'y vend une grande quantité de chevaux, bœufs, vaches, ânes et porcs.

AIXE, *Elsa*, petite ville, *H.-Vienne* (Limousin), chef-l. de cant., arr. et à 11 k. de Limoges. Cure, ⊠, ⚒. A 392 k. de Paris pour la taxe des lettres. Pop. 2,631.

L'époque de la première fondation de cette ville remonte à un temps très-reculé. Une foule de ruines attestent qu'elle était bâtie autrefois sur une éminence où est actuellement le faubourg de Bourgneuf : on voit encore les restes d'un vieux pont, dont on attribue la construction aux Romains ; on aperçoit aussi quelques vestiges de portes de ville et de plusieurs forteresses, notamment de l'ancien château d'Aixe, autour duquel a été bâtie la nouvelle ville. Ce château fut le refuge de Henri le Vieux, roi d'Angleterre, après qu'il eut été battu à Nogeac ; la tradition rapporte que Jeanne d'Albret, reine de Navarre, en fit sa résidence pendant les dernières années de sa vie, et qu'elle y est enterrée. — Il ne reste plus aujourd'hui que des ruines de cet antique château, situé sur une roche élevée qui domine la Vienne. La date de sa fondation est inconnue ; il fut assiégé en 1181 par Henri le Jeune, en 1180. Après la mort de Richard Cœur de lion, Jean sans Terre s'empara du château d'Aixe et se l'appropria. Il paraît toutefois que ce château fut détruit dans les guerres des Anglais en Limousin, puisque Gui III, vicomte de Limoges, le rebâtit en 1206, pour s'y défendre contre Jean sans Terre. Les Anglais furent définitivement chassés de la ville d'Aixe en 1426, ou seulement en 1444 (Bonav. t. III, p. 582). — La vicomtesse Marguerite en avait fait sa principale forteresse, et y plaça, disent les chroniques du temps, comme capitaine et receveur, Aymar de Maumont, dont les terres se trouvaient dans le voisinage. Ce dernier, aidé de ses frères Gérald et Hélie, exerça tant de vexations contre les habitants, que ceux-ci vinrent les assiéger dans le château, et ne se retirèrent qu'en vertu d'un accommodement. Ce fut à Aixe que la vicomtesse fut frapper la monnaie appelée limousine, que les bourgeois de Limoges refusèrent de recevoir, et qui fut enfin supprimée par décision du roi Philippe le Hardi. Dans les querelles souvent renouvelées entre les habitants de Limoges et les partisans de la vicomtesse, les dépendances des deux villes eurent également à souffrir ; il est remarquable que les dévastations principales se portaient sur les vignes et les pressoirs souvent incendiés de part et d'autre. Ce genre de culture, qui se retrouve encore auprès d'Aixe, a totalement disparu des environs de Limoges. — Pendant les guerres de la Ligue, la ville d'Aixe fut plusieurs fois prise et reprise, et servit souvent d'asile aux deux partis. L'emplacement du château, entièrement rasé depuis longtemps, est aujourd'hui cultivé en partie. — Non loin d'Aixe est un gouffre où la Vienne perd une partie de ses eaux. — Aux environs, nombreuses tuileries. — *Foires* les 5 janv., 15 fév. et 3 nov., et le 2e jeudi de chaque mois.

AIX-EN-ERGUY, vg. *Pas-de-Calais* (Boulonnais), arr. et à 22 k. de Montreuil, cant. et ⊠ de Henquelliers. Pop. 308 h. Près de la source de l'Aa.

AIX-EN-GŒHELLE, vg. *Pas-de-Calais* (Artois), arr. et à 15 k. de Béthune, cant. et ⊠ de Lens. Pop. 917 h.

AIX-EN-ISSART, vg. *Pas-de-Calais* (Boulonnais), arr., ⊠ et à 7 k. de Montreuil, cant. de Campagne-le-Hesdin. Pop. 565 h.

AIX-EN-OTHE, *Aquae in Utta Silva*, bg *Aube* (Champagne), chef-lieu de cant., arr. et à 30 k. de Troyes. Cure, ⊠ d'Estissac. P. 1,997 h. — TERRAIN crétacé sup. — La tradition porte que ce bourg fut fermé de murs. Les évêques de Troyes y avaient un château fortifié, où ils allaient jouir du plaisir de la campagne, et où le roi Charles le Chauve fit ses pâques en 841. Les Anglais incendièrent le bourg et le château en 1358. Le château fut réparé et fortifié par l'évêque Henri de Poitiers ; plus tard, il fut démoli par ordre de M. de Barras, parce qu'il était d'un entretien trop dispendieux. L'église paroissiale est un assez bel édifice dont le chœur est d'une construction beaucoup plus ancienne que la nef. L'église St-Avit est un édifice du XIIIe siècle, dont la charpente est admirable. — *Fabrique* de bonneterie, tannerie, tuilerie. — *Commerce* de grains, laines et bestiaux. — *Foires* les 22 janv., 18 juin, 3 sept. et 4 nov.

AIX-LA-FAYETTE, vg. *Puy-de-Dôme* (Auvergne), arr. et à 20 k. d'Ambert, cant. et ⊠ de St-Germain-l'Herm. Pop. 904 h.

AIZAC, vg. *Ardèche* (Languedoc), arr. et à 30 k. de Privas, cant. d'Antraigues, ⊠ d'Aubenas. Pop. 687 h.

AIZANVILLE, vg. *H.-Marne* (Champagne), arr. et à 20 k. de Chaumont, cant. et ⊠ de Châteauvillain. Pop. 152 h.

AIZE, vg. *Indre* (Berry), arr. et à 28 k. d'Issoudun, cant. et ⊠ de Vatan. Pop. 439 h.

AIZECOURT-LE-BAS, vg. *Somme* (Picardie), arr. et à 10 k. de Péronne, cant. et ⊠ de Roisel. Pop. 353 h.

AIZECOURT-LE-HAUT, vg. *Somme* (Picardie), arr., caut., ⌷ et à 6 k. de Péronne. Pop. 291 h.

AIZE-LA-VILLE, h. *Calvados* (Normandie), arr. de Caen, cant. de Coulibœuf.

AIZECQ, vg. *Charente* (Angoumois), arr., ⌷ et à 8 k. de Ruffec. Pop. 484 h. Sur l'Argenton.

AIZELLES, vg. *Aisne* (Picardie), arr. et à 20 k. de Laon, cant. de Craonne, ⌷ de Corbeny. Pop. 296 h.

AIZENAI, bg *Vendée* (Poitou), arr. et à 15 k. de Bourbon-Vendée, cant. du Poiré, ⌷ de Palluau. Pop. 3,519 h. Le 28 mai 1815, le général Travot surprit les Vendéens à Aizenai, et s'empara de ce bourg, après une action où fut tué M. de Beauregard, beau-frère de M. Larochejaquelin — *Foires* le 1er lundi de chaque mois.

AIZIER, bg *Eure* (Normandie), arr., ⌷ et à 15 k. de Pont-Audemer, cant. de Quillebœuf. Pop. 231 h. Il est sur la rive gauche de la Seine, où il a un petit port pour l'embarquement des grains et du cidre (b. de douanes). L'église paroissiale, surmontée d'un beau clocher de style roman, a été désignée par l'autorité locale comme un des édifices susceptibles d'être classés au nombre des monuments historiques; près de cette église est un petit phare de 4 k. de portée. — Deux voies romaines se réunissaient à Aizier, qui paraît avoir été un lieu de passage pour Juliabona.

AIZY, vg. *Aisne* (Picardie), arr. et à 22 k. de Soissons, cant. de Vailly, ⌷ de Chavignon. Pop. 431 h.

AJAC, vg. *Aude* (Languedoc), arr., cant., ⌷ et à 7 k. de Limoux. Pop. 228 h.

AJAC, vg. *Dordogne* (Périgord). V. AJAT.

AJACCIO, *Adjacium*, ancienne, jolie et forte ville maritime, chef-lieu du départ. de la *Corse*. Trib. de 1re inst. et de 2me. Place de guerre de 3e classe. Evêché. Collége comm. Ecole royale de navigation. Société d'agr. ⌷, ✶. Pop. 11,266 h. — TERRAIN cristallisé ou primitif.

Quelques auteurs prétendent que cette ville fut fondée par les Lesbiens, qui lui donnèrent le nom d'Ajasso, d'après une petite ville de l'île de Lesbos, qui existe encore près de Mitylène : les Romains l'appelaient *Urcinium*, à cause de la bonne qualité des vases de terre que l'on y fabriquait pour conserver le vin. Cette ville était autrefois située plus au fond du golfe d'Ajaccio, à un mille de la ville actuelle, dont la fondation date de 1495. A cette époque, les directeurs de la compagnie de St-Georges, qui gouvernaient l'île pour les Génois, ne se croyant pas rassurés au sujet de leurs possessions dans la partie ultramontaine de l'île, résolurent de fortifier une bonne position, propre à servir de centre aux opérations militaires qu'une insurrection pourrait rendre indispensables. Ils cherchèrent un endroit convenable sur les bords de la mer afin de s'assurer les communications avec la Ligurie, et les fondements d'Ajaccio furent jetés sur l'emplacement où la ville existe aujourd'hui : les priviléges et les immunités accordés à la nouvelle ville y attirèrent bientôt une grande partie des habitants de l'ancienne, qui finit par être entièrement abandonnée. Cette ville avait déjà dû beaucoup souffrir pendant les excursions des Sarrasins, qui paraissent même y avoir fait quelque résidence, car on découvre encore des tombeaux qui rappellent le culte mahométan.

Ajaccio était le siège d'un évêché, qui fut établi dans Urcinium, ainsi qu'on le voit dans une des lettres de saint Grégoire le Grand, évêché qui était connu sous le nom d'Adjazzo, du temps du concile de Rome, sous Martin Ier.

La ville d'Ajaccio est bâtie sur une langue de terre, vers le fond et au nord du golfe de son nom, à l'entrée d'une baie qui offre d'excellents mouillages : la citadelle occupe l'extrémité de cap. Cette ville, destinée à prendre de jour en jour un nouvel accroissement, est une des plus jolies et des plus agréables de l'île; son site surtout est admirable. Ses principales rues sont larges, droites, bordées de belles maisons, et leurs pentes sont très-douces. On y remarque deux places publiques, et un cours de 20 m. de largeur, ouvert en partie dans le granit sur le prolongement de la route de Bastia, qui longe la côte jusqu'au fond de l'anse; le chemin qui conduit à la chapelle des Grecs et suit aussi le bord de la mer, sert encore de promenade aux habitants. Le soir la route de Bastia offre l'aspect le plus animé; les propriétaires, les marins, les vignerons, les femmes du peuple, reviennent tous par cette seule route des campagnes environnantes; les premiers à cheval, armés et graves, les autres contents d'avoir fini leur journée pénible et d'approcher du gîte. Le paysage de la grandeur : à droite, on a le fond du golfe et les bâtiments à l'ancre; à gauche, des vignobles et des bouquets d'oliviers; au fond, plusieurs plans de montagnes sévères et le ciel de l'Italie. Du côté de la chapelle des Grecs, le tableau est entièrement différent : on découvre une assez grande étendue de mer, les montagnes qui se prolongent au sud-ouest jusqu'au cap di Muro, les îles Sanguinaires, les barques des pêcheurs qui rentrent au port ou qui en sortent, et quelquefois les bâtiments qui passent lentement devant le golfe. Vues le soir, la chapelle des Grecs, la ville et les montagnes sur lesquelles cette charmante cité se détache, forment un tableau ravissant. Sur la grande place est une fontaine en marbre qui doit être surmontée d'une colonne en granit couronnée par la statue de Napoléon : le fût de cette colonne, dont la première pierre a été posée le 25 juin 1837, aura 120 m.; l'élévation du monument, statue et piédestal compris, sera de 132 m.

Le port d'Ajaccio n'est point fermé et n'est pas susceptible de l'être; mais le fond de la baie spacieuse sur laquelle est située la ville est un des meilleurs mouillages de l'île. La baie elle-même offre plusieurs autres bons mouillages, où les bâtiments trouvent un abri sûr contre la plupart des vents, mais qui ne sont pas tenables lorsque celui du sud-ouest se fait sentir. Le mouillage du quai est de ce nombre : les vagues amenées par le vent du sud-ouest et réfléchies par la côte opposée viennent battre le quai avec violence, et donnent une idée des difficultés qu'a dû présenter la construction de ce bel ouvrage. Tous les bâtiments se réfugient alors au mouillage des Cannes, qui occupe le fond de la baie. Excepté dans cette circonstance, les plus forts navires de commerce peuvent aborder le quai et y effectuer leur chargement.

LA CATHÉDRALE D'AJACCIO, en forme de croix grecque, et surmontée d'une majestueuse coupole, fut terminée en 1585, et rappelle la belle architecture italienne de la même époque. On y montre la cuve de marbre blanc où Napoléon (né le 15 août 1769) fut baptisé le 21 juillet 1771; ainsi qu'un riche maître-autel en marbre provenant d'une église de Lucques, et donné par la princesse Elisa Bacciochi.

LA CHAPELLE DES GRECS, située sur une éminence qui domine un horizon fort étendu, est une jolie église fondée vers le commencement du siècle dernier, par P. E. Pozzo di Borgo. On y jouit d'une magnifique vue du golfe, des îles Sanguinaires et des montagnes qui s'étendent jusqu'au cap di Muro.

LA MAISON OÙ NAQUIT NAPOLÉON occupe un des côtés d'une petite place carrée plantée aux quatre angles de quatre acacias. Cette habitation de peu d'apparence est visitée avec empressement par tous les étrangers qui abordent dans l'île. Dans le salon où Mme Letitia, prise subitement des douleurs de l'enfantement, accoucha de Napoléon sur un canapé, on remarque un beau portrait de l'empereur en costume impérial, par Gérard. La chambre à coucher est obscure et n'a qu'une seule fenêtre. — La maison européenne de Napoléon appartenait naguère à un membre de la famille maternelle de l'empereur, qui en a fait don à la ville où est né le plus grand capitaine du siècle.

On remarque encore à Ajaccio le nouvel hôtel de ville, bel édifice commencé en 1827 et non encore achevé; la salle de spectacle; la bibliothèque publique, renfermant 14,000 vol.; le nouveau bâtiment des enfants trouvés; les maisons de M. Pozzo di Borgo et du cardinal Fesch; les casernes; la citadelle, jolie forteresse régulière élevée par le maréchal de Thermes; la pépinière et le jardin de botanique, qui occupent l'emplacement d'une ancienne propriété de la famille Bonaparte, etc., etc. — Sur la route de la pépinière, à gauche, est le terrain dit la Villetta, planté uniquement d'orangers et de citronniers. Les Melelli, jardin d'oliviers, autrefois propriété de la famille Bonaparte, était le lieu de prédilection de Napoléon pendant sa jeunesse; c'est là qu'il écrivit sa lettre au comte Matthieu Buttafuoco, député de la noblesse corse à l'assemblée nationale, qui avait refusé de se réunir au tiers état et s'opposait au grand et légitime mouvement de 1789. On y remarque un antique chêne vert, à l'ombre duquel Napoléon aimait à se livrer à de profondes méditations. — Vis-à-vis Ajaccio et de l'autre côté du golfe, la tour blanche de Capitello rappelle un des premiers et des plus graves périls de la vie de Napoléon, lors de l'expédition contre les paysans corses insurgés, soutenus par les Anglais.

PATRIE de Napoléon et de tous les membres de la ci-devant famille impériale.

Fabriques de cuirs. Briqueteries — *Commerce* de vins, huile d'olive renommée, oranges, citrons, coril que l'on pêche sur les côtes et qui se prépare à Ajaccio, etc. — Diligences pour Bastia. Bateaux à vapeur pour Toulon et Bastia.

L'arrondissement d'Ajaccio comprend 12 cantons : Ajaccio, Bastilica, Bocoguano, Evisa, Piana, Ste-Marie, Salice, Sari, Sarrola, Soccia, Zicavo et Vico.

A 112 k. S.-S.-O. de Bastia, 260 k. S.-E. de Toulon, dont la traversée se fait avec un seul vent en vingt-quatre heures, 1,080 k. de Paris pour la taxe des lettres. — Lat. 40° 55′ 1″, long. E. 6° 23′ 49″.

AJAIN, joli village, *Creuse* (Marche), arr., cant., ✉ et à 11 k. de Guéret. Pop. 1,815 h. Il est dans une situation agréable, sur une hauteur, et traversé par la grande route de Moulins à Limoges. On y remarque l'ancien château, habitation fort agréable, embellie par M. le marquis de la Celle.

AJAT, vg. *Dordogne* (Périgord), arr. et à 28 k. de Périgueux, cant. de Thenon, ✉ d'Azerac. Pop. 908 h.

AJONCOURT, vg. *Meurthe* (Lorraine), arr., cant. et à 16 k. de Château-Salins, 24 k. de Vic, ✉ de Delme. Pop. 258 h. Sur la Seille.

AJOU, vg. *Eure* (Normandie), arr., ✉ et à 20 k. de Bernay, cant. de Beaumesnil. Pop. 501 h. Il est situé sur la Rille, qui disparaît en grande partie sous terre, à 1 k. du moulin de la Chapelle. — *Fabriques* de toiles.

AJOUX, vg. *Ardèche* (Languedoc), arr., cant., ✉ et à 12 k. de Privas. Pop. 558 h.

ALAC, h. *Aveyron*, comm. de Bozouls, ✉ d'Espalion. Pop. 79 h.

ALAGNON, (l'), rivière qui prend sa source au Puy-de-Grieu, dans le mont Cantal, département du Cantal ; elle passe à Murat, Massiac, Lempde, et se jette dans l'Allier, entre Brioude et Issoire, après un cours d'environ 64 k. Sa grande rapidité s'oppose à ce qu'elle soit navigable.

ALAIGNE, bg *Aude* (Languedoc), chef-l. de cant., arr. et à 15 k. de Limoux. ✉. A 818 k. de Paris pour la taxe des lettres. Cure. Pop. 524 h. — TERRAIN tertiaire moyen. — Il est situé au pied d'une colline, dans un territoire fertile en grains. C'était autrefois un bourg important, occupé par les religionnaires. — Les armes d'**Alaigne** sont : *d'argent au lion passant de gueules, accompagné de trois croissants de même*.

Foire le 14 août.

ALAINCOURT, vg. *Aisne* (Picardie). Il est sur la rive droite de l'Oise, arr., ✉ et à 13 k. de St-Quentin, cant. de Moy. Pop. 736 h.

ALAINCOURT, *Alaincuria*, h. *Eure*, com.
et ✉ de Tillière-sur-Avre. Sur la rive gauche de l'Avre.

ALAINCOURT, vg. *Meurthe* (Lorraine). Il est situé au pied de la côte de Delme, arr. et à 15 k. de Château-Salins, 24 k. de Vic, cant. et ✉ de Delme. Pop. 237 h.

ALAINCOURT, vg. *H.-Saône* (Franche-Comté), arr. et à 48 k. de Lure, cant. et ✉ de Vauvilliers. Pop. 214 h.

ALAIRAC, vg. *Aude* (Languedoc), arr. et à 12 k. de Carcassonne, cant. de Montréal, ✉ d'Alzonne. Pop. 614 h. Le hameau de Villesèque-Basse en dépend. C'était autrefois un bourg important, dont on ne trouve plus aujourd'hui même les ruines. C'est là qu'a été trouvée cette colonne dédiée à Numérien, qui, après avoir longtemps servi de borne dans une rue de Carcassonne, décore depuis quelques années le jardin de la préfecture.

ALAIS (pays d'), *Pagus Alesiensis*, pays de l'ancienne Gaule dont Alais était la capitale.

ALAIS, *Alesia Nova Mandubiorum, Alesium*, ancienne ville, *Gard* (Languedoc), chef-lieu de sous-préfecture. Tribun. de 1ʳᵉ inst. et de comm. Conseil de prud'h. Soc. d'agric. Collège comm. Cure. Gîte d'étape. ✉, ⚒. Pop. 15,884 h. — TERRAIN jurassique, calcaire à gryphées, et tertiaire moyen.

Autrefois évêché, capitale des Cévennes, comté et baronnie, gouvernement militaire, recette particulière, brigade de maréchaussée. — Alais appartenait au moyen âge à l'évêque de Maguelone ; il fut érigé en évêché en 1692, pour activer la conversion des protestants des Cévennes. Ce diocèse, qui appartenait autrefois à celui de Nîmes, renfermait 97 paroisses. Revenu, 18,000 liv. ; taxe, 300 flor. Abbaye, 1 : revenu, 3,000 liv. ; taxe, 300 flor.

Cette ville est située au pied des Cévennes, dans une belle prairie, sur la rive gauche du Gardon d'Alais, et sur le chemin de fer de Beaucaire à Nîmes et à la Grand'Combe. Elle est assez bien bâtie, et remarquable par une belle église de construction gothique. En 1689, après la révocation de l'édit de Nantes, et après avoir employé les échafauds, l'exil et les dragonnades pour convertir ses habitants qui étaient presque tous protestants, Louis XIV y fit bâtir une citadelle, au bas de laquelle est une promenade assez vaste d'où l'on jouit d'une vue fort agréable sur les riantes prairies qui bordent le cours du Gardon.

Les armes d'**Alais** sont : *d'azur à un demi-vol ou aile d'argent*.

La ville d'Alais a acquis depuis quelques années une grande prospérité. La population, qui n'était en 1819 que de 8,000 habitants, s'élève aujourd'hui à plus de 15,000, et tend journellement à s'accroître. Elle doit cet avantage principalement à son riche bassin houiller, dont l'extraction est depuis peu organisée sur une très-grande échelle par plusieurs compagnies riches et puissantes. Ce bassin comprend des concessions occupant ensemble une surface de 26,888 hectares, et entre pour 23/1000ᵉˢ dans le chiffre de la production française. Il n'est exploité que depuis 1809, et c'est un de ceux
sur lesquels le pays doit le plus compter. Le développement de notre industrie dans le sud-est du royaume, l'essor de la navigation à la vapeur, et celui de notre commerce dans le Levant, sont intimement liés à l'avenir de ce bassin ; mais les avantages qu'il promet ne seront obtenus que lorsqu'il sera mis, par un chemin de fer, en communication avec la grande ligne de navigation du Rhône. Certains gîtes produisent de la houille collante, propre, soit à l'état de menu, soit à l'état de mottes, à donner du coke de bonne qualité ; d'autres fournissent une houille sèche, qui brûle sans flamme et sans fumée, et qui par cela même est fort recherchée par les éleveurs de vers à soie. La partie du bassin d'Alais contiguë à la ville renferme dix-huit à vingt couches de houille ; le peu de profondeur des travaux, presque tous par galeries ouvertes sur le flanc des collines, fait présumer qu'on n'a pas encore exploré toute la richesse de cet important dépôt de combustible. En 1835, ce bassin a fourni seulement 463,000 quintaux.

A côté de cette entreprise importante s'élèvent chaque jour des exploitations nouvelles de plomb, de zinc, de manganèse, de couperose, etc. Partout dans le bassin d'Alais on rencontre le fer et la houille en couches nombreuses, étendues, d'une qualité presque toujours supérieure ; partout le minerai et le combustible y sont mêlés, superposés de la manière la plus favorable à l'exploitation ; partout enfin, l'extraction de l'un et de l'autre est si facile, qu'ils se livrent sur place à des prix égaux et souvent inférieurs à ceux des localités les plus favorisées.

Les fonderies d'Alais, en activité seulement depuis quelques années, sont aujourd'hui animées par la construction des chemins de fer ; elles produisent par mois 250,000 kilog. de moulages, qui ne le cèdent ni en qualité, ni en bon marché aux moulages anglais, ⊙ 1834, 1839.

Fabriques de bas, de gants de soie et filoselle, de serges, ratines, soie à coudre, rubans, régule d'antimoine, litharge. Filatures de soie, Ⓐ 1823, ⊙ 1839. Exploitation de houille. Tanneries. Verreries considérables. Manufactures de faïence et poterie. Verrerie à bouteilles. Usine pour la fabrication de la couperose. Hauts fourneaux, forges et fonderies. — *Commerce* de grains, vins, olives, bestiaux, sulfate de fer, charbon de terre, etc. Commerce considérable de soies grèges et ouvrées et de rubans de soie.

— *Foires* les 27 janv. (3 jours), 27 avril et 24 août (8 jours). — A 45 k. N.-O. de Nîmes, à 674 k. de Paris pour la taxe des lettres.

L'arrondissement d'Alais renferme 9 cantons : Alais, St-Ambroix, Anduze, Barjac, Genolhac, St-Jean-du-Gard, Lediguan, St-Martin-de-Valgagne et Vezenobre.

Biographie. Alais est la patrie de C.-Ph. GUIRAUDET, mort en 1804, traducteur de *Machiavel*, 9 vol. in-8, 1799, et auteur de plusieurs ouvrages sur l'*économie politique*.

De F. BOISSIER DE SAUVAGES DE LA CROIX, botaniste célèbre, mort en 1767, auteur d'un grand nombre de dissertations sur différents points de *médecine* et d'*histoire naturelle*.

abbé P.-Aug. Boissier de Sauvages Croix, frère du précédent, mort en 1795, .r d'un *Dictionnaire languedocien-français*, troisième édition, 2 vol. in-8, 1821 ; de l'*Art d'élever les vers à soie*, troisième édition, in-8, 1798; de plusieurs mémoires sur la *physique* et l'*histoire naturelle*.

Du littérateur Denis Vairasse.

Du colonel Boyer Peyreleau, commandant en second de la Guadeloupe ; il y arbora le drapeau tricolore, et fut, après les cent jours, condamné pour ce fait à la peine de mort, sentence qui fut commuée en 20 années de détention. On a de lui *les Antilles françaises*, 3 vol. in-8.

Du savant chimiste J.-B. Dumas, professeur à la faculté des sciences, membre de l'académie des sciences, né en 1800, auteur d'un *Traité de chimie appliquée aux arts*.

EAUX MINÉRALES D'ALAIS.

On trouve aux environs d'Alais des sources d'eaux minérales froides, ferrugineuses et vitrioliques. Le sol des alentours renferme des minières considérables qui fournissent du sulfate de fer, du cuivre, du plomb, de l'antimoine, du mercure, du naphte et du soufre.

Les sources minérales, nommées fontaines de Daniel, sont situées à un kilomètre de la ville : on en distingue deux, qui coulent chacune des deux côtés d'un vallon. La plus haute porte le nom de la Comtesse ; la plus basse est appelée la Marquise. La source de la Comtesse n'est que ferrugineuse, mais celle de la Marquise est vitriolique.

Saison des eaux. La saison des eaux d'Alais commence avec le mois de juillet, et se prolonge jusqu'à la fin de septembre. On les prend ordinairement pendant une quinzaine de jours.

Propriétés physiques. Les eaux de la fontaine de Daniel sont froides, ont un goût de fer très-prononcé, et déposent un sédiment ocracé. Leur pesanteur spécifique est égale, à très-peu de chose près, à celle de l'eau commune.

Propriétés chimiques. Le sulfate de fer est le principal minéralisateur des eaux d'Alais, au rapport des chimistes qui les ont examinées.

Propriétés médicales. Les eaux de Daniel passent pour excellentes dans les dyssenteries épidémiques, les flueurs blanches, les maladies bilieuses, et dans presque toutes les maladies de l'estomac. M. Patissier les regarde comme nuisibles dans les maladies soporeuses, la phthisie.

Mode d'administration. Ces eaux se prennent en boisson, en lavements et en injections. On les boit à la dose de quatre à cinq verres : elles sont légèrement vomitives et purgatives.

— M. Sauvages les conseille en lavements dans les diarrhées chroniques, et en lotions pour déterger les ulcères externes.

Bibliographie. Mandajors (de). *Recherches sur la position de Prusianum, maison de campagne de Ferréol, préfet du prétoire des Gaules* (Mémoire de l'acad. des belles-lettres, t. III, p. 259, 262).

Sauvages de la Croix (F. Boissier de). *Mémoire sur les eaux minérales d'Alais*, in-4, 1736.

Recueil de pièces sur les eaux d'Alais, in-12.

Sauvages de la Croix (l'abbé). *Mémoire sur les fossiles des environs d'Alais* (Recueil de l'acad. des sciences, 1747).

Blavier. *Rapport sur les mines de fer d'Alais* (Journal des mines, t. III, 1796).

ALAISE, vg. *Doubs* (Franche-Comté), arr. et à 30 k. de Besançon, cant. d'Amancey, ✉ d'Ornans. Pop. 169 h.

ALAMONS (lat. 45°, long. 24°). « L'Itinéraire d'Antonin conduit de *Vapincum* à *Segustero*, par un lieu dont le nom ne se lit *Alabonte*. On lit *Alarante* dans la Table théodosienne, avec une répétition superflue du même nom et d'une distance qui y a rapport. Cette distance est XVI, également dans l'Itinéraire comme dans la Table, à l'égard de *Segustero* ; et, à l'égard de *Vapincum*, la Table et l'Itinéraire sont aussi d'accord à marquer XVIII. Ce qu'il y a d'espace en droite ligne de Sisteron à Gap n'est que de 22 à 23,000 toises, dont il ne résulte que 30 milles romains. Mais le coude de la Durance au-dessus de Sisteron, et l'inégalité du pays entre la Durance et Gap, doivent allonger sensiblement la mesure itinéraire. Or, le nom de ce lieu paraît devoir s'écrire *Alamons*, et il subsiste dans celui de Monestier d'Alamont, sur le bord de la Durance. On trouve *Monasterium Alamonis* dans Léon d'Ostie, qui le dit situé également à 4 lieues de Gap comme de Sisteron, ce qui convient aux indications précédentes, à une fraction de lieue près, et cadre, généralement parlant, à l'estime qu'on doit faire de la lieue de ce pays sur le pied d'environ 4 milles romains. Honoré Bouche (*Chorog. de Prov.*, liv. III, chap. 3) cite, en date de l'an 1193, des lettres d'un comte de Forcalquier qui font mention de *Castrum Alamonis*. Il est surprenant que ce judicieux historien veuille après cela distinguer *Alamons* de la position nommée *Alarante* dans la Table, et qu'il approuve Sanson de la placer à Tallard, comme il l'a fait séparément d'un autre lieu sous le nom d'*Alabons*. De combien faudra-t-il excéder ce qu'il y a d'intervalle entre Gap et Sisteron, s'il faut ajouter une troisième distance au delà des deux précédentes. » D'Anville. *Notice de l'ancienne Gaule*, p. 41.

ALAN, vg. *H.-Garonne* (Comminges), arr. et à 26 k. de St-Gaudens, cant. d'Aurignac, ✉ de Martres. Pop. 1,115 h. — *Fabriques d'étoffes de laine*. — *Foires* les vendredis après le 3 fév., les 1ers vendredis de juin, d'oct. et après la St-Nicolas (déc.).

ALAN, vg. *Meurthe* (Lorraine), arr. et à 12 k. de Toul. — Verrerie.

ALANCIA. V. Allanche.

ALANDO, vg. *Corse*, arr., ✉ et à 14 k. de Corte, cant. de Germano. Pop. 149 h. Ce petit village, après avoir été illustré par les faits d'armes de deux Sambucuccio, fut le théâtre du beau trait de Thomas Cervoni, père du général de ce nom. Menacé de la malédiction de sa mère, ardente patriote, qui lui commande de sacrifier à la liberté son ressentiment contre Paoli, il vole le secourir à la tête de ses amis et de ses parents. Paoli, renfermé dans l'église du couvent de Bozio, près d'Alando, avec une cinquantaine d'hommes seulement, et réfugié derrière l'autel, allait périr ; déjà le furieux Marius Matra ébranlait et incendiait la porte, lorsque le bruit des cornets de la troupe de Cervoni ranima le courage du nouveau défenseur de l'indépendance corse. Matra, blessé au genou, recule ; son détachement, croyant qu'il fuyait, se disperse, et l'on montre encore, près d'un châtaignier, au delà du couvent, la place où, renversé par la balle de Cervoni, il fut tué et mutilé d'une manière barbare.

ALANGIS, vg. *Vosges*, comm. de Ruaux, ✉ de Plombières. — Forges considérables, feux d'affinerie et martinets sur la Semouze.

ALARIC (canal d'), dép. des *H.-Pyrénées*. Ce canal a été ouvert en 507, sur la rive droite de l'Adour, au-dessous de Bagnères, par ordre du roi Alaric. Il a sa prise d'eau vis-à-vis le village de Pouzac, passe à l'E. et à 2 k. de Tarbes, à Rabastens, et se joint au-dessous de cette ville à la petite rivière d'Estreux, qui se jette dans l'Adour au-dessous de Maubourguet. La longueur du canal d'Alaric est d'environ 40 k., non compris la partie de l'Estreux, qui est d'environ 16 k. ; il sert aux irrigations de la plaine de la rive droite de l'Adour, et à faire mouvoir cinquante-neuf moulins.

ALAS, vg. *Ariège*, comm. de Balagnère, ✉ de Castillon.

ALATA, bg *Corse*, arr., ✉ et à 8 k. d'Ajaccio, cant. de Sari-d'Orcino. Pop. 364 h. Il est agréablement situé sur le penchant d'une montagne, d'où l'on découvre la plaine riante et fertile de Campo del Oro et l'admirable golfe d'Ajaccio. C'est le lieu de naissance de M. Pozzo di Borgo, un des premiers diplomates des temps modernes : une route percée à ses frais entre Alata et Ajaccio, et quelques dotations dues à la libéralité de ce diplomate, prouvent que, quoiqu'il fût au service d'une puissance étrangère depuis longtemps, il n'avait pas oublié entièrement son pays natal. Chaque année, une jeune fille était par lui dotée de trois mille francs, et cette fondation a été perpétuée à la mort du donateur.

A un kilomètre ouest d'Alata se trouve dans la montagne l'ancien Pozzo-di-Borgo, au-dessus duquel on voit les restes des trois tours de Moutichi.

ALAUNA (lat. 30°, long. 16°). « On voit dans la Table théodosienne que ce lieu est le terme d'une route, étant près de la mer : et on reconnaît cette position, ainsi que la dénomination même, dans celle des Moutiers d'Alonne, qui sont deux paroisses contiguës, Notre-Dame et St-Pierre, immédiatement au-dessus de Barneville, où il y a un port de marée, de même que le Port-Bail, qui n'en est pas éloigné. La valeur est à l'égard de *Crociatonum*, qui est Valognes, quoiqu'elle paraisse marquée VII dans la Table, veut être prise sur le pied de XII ; et, dans la nécessité de se conformer à ce qu'exige le local, il est aisé de substituer un X à un V, en croisant les jambages du V. On trouvera la même observation sur cette distance dans l'article *Crociatonum*. Il est aussi fait mention d'*Alauna* dans l'Itinéraire d'Antonin, quoique le savant commentateur de cet Itinéraire paraisse douter que ce lieu soit le même dans l'Itinéraire que dans la Table. On peut consulter l'article dont le titre est *Cosedia*, pour connaître ce qui concerne la position d'Alauna, relativement à la mention qu'en fait l'Itinéraire, et spécialement à l'égard de la position de *Cosedia*. » D'Anville. *Notice de l'ancienne Gaule*, p. 42. V. aussi *Mercure de France*, février 1743, p. 311 ; *Antiquités de Caylus*, t. VII, p. 314.

ALAUNIUM (lat. 43°, long. 24°). « L'Itinéraire d'Antonin donne une route qui, en la prenant à un lieu connu, comme est *Segustero*, conduit à *Apta Julia*. La même route est tracée dans la Table théodosienne ; et les lieux intermédiaires, à partir de *Segustero*, sont *Alaunium* et *Catuiaca*. La distance de *Segustero* à *Alaunium* est marquée XXIV dans l'Itinéraire, XIII dans la Table. Entre *Alaunium* et *Catuiaca*, l'Itinéraire et la Table sont d'accord à marquer XVI : de *Catuiaca* à *Apta Julia*, XV suivant l'Itinéraire, XII suivant la Table. Le total dans l'Itinéraire est 55, dans la Table 42 : or, ce qu'il y a d'espace absolu et direct entre Apt et Sisteron, selon l'estime qu'il m'est permis d'en faire, est d'environ 29,000 toises, dont il ne résulte guère que 38 milles romains. Ainsi le compte de la Table est préférable à celui de l'Itinéraire, parce qu'il lui est inférieur. Car, quoique la route traverse un pays fort inégal, et particulièrement une chaîne de montagnes, qui s'étend depuis la rive droite de la Durance au-dessous de Sisteron, jusqu'au mont Ventoux, et que l'on nomme les monts de Lurs, toutefois il est hors de vraisemblance que la différence entre la mesure directe et la mesure itinéraire soit autant disproportionnée que de 38 à 55. Cette analyse ne regarde que l'objet général de cette route, et n'avoue qu'elle ne m'instruit point de la position d'*Alaunium* en particulier. Je présume seulement que la route, en s'éloignant de Sisteron, sortait des montagnes de Lurs vers un endroit, dont le nom d'Hospitalet désigne communément le passage d'une grande route, le débouché d'un col de montagne, et l'hospice ou la retraite préparée pour le voyageur dans ce passage. Les Alpes et les Pyrénées en fournissent des exemples. Et la distance, à l'égard de Sisteron, sur le pied de XIII, où la duplication de l'X est un excès manifeste dans l'Itinéraire, fait juger qu'*Alaunium* n'ait pas dû être fort éloigné du lieu désigné ci-dessus. Il coûte peu, à Nicolas Sanson d'attribuer plus d'un nom au même lieu ; et, comme si celui de *Forum Neronis* ne suffisait pas à Forcalquier, il ajoute celui d'*Alaunium*. » D'Anville. *Notice de l'ancienne Gaule*, p. 43.

ALAUZIE (Ste-), vg. *Lot* (Quercy), arr. et à 21 k. de Cahors, cant. et ✉ de Castelnau de Montratier. Pop. 536 h.

ALAUX, h. *Aveyron*, comm. de Rodelle, ✉ de Rodez.

ALAYRAC, vg. *Aveyron*, comm. et ✉ d'Espalion.

ALAYRAC, *Drôme*. V. ALEYRAC.

ALAYRAC, vg. *Hérault*. V. ALEYRAC (Languedoc).

ALAYRAC, vg. *Tarn*, comm. de Vindrac-Alayrac, ✉ de Cordes.

ALBA AUGUSTA (lat. 45°, long. 23°). « La capitale des *Helvii* est citée dans Pline sous le nom d'*Alba*, entre plusieurs autres villes de la Narbonnaise (lib. III, cap. 4). Dans Ptolémée, son nom est *Albaugusta*, par une élision. Mais c'est un étrange déplacement à lui reprocher que de faire sa position plus orientale de trois degrés que l'entrée de l'Isère et de la Durance dans le Rhône, et de la rejeter au delà d'*Aquæ Sextiæ*, en tirant vers les Alpes. Il faut attribuer à cette fausse position la conjecture de Surita, que ce pourrait être celle d'*Augusta*, placée dans les Itinéraires et dans la Table entre Valence et Die, mais qui ne peut se transporter aux *Helvii*, dont il est question dans Ptolémée en citant *Albaugusta*. Quoique M. de Valois (p. 145) paraisse persuadé qu'*Alba Augusta* des *Helvii* n'est différente de Viviers que pour avoir changé de nom, *quæ Alba primum dicta est, postea dici cœpit Vivarium, vel Vivaria*; et qu'il blâme Papire Masson de vouloir qu'*Alba* soit un lieu appelé Alps, on ne peut néanmoins se refuser à l'évidence des restes d'une ville selon l'idée qu'on peut avoir d'une capitale, comme on les voit en ce lieu d'Alps. Il faut sur ce sujet recourir à ce que rapporte M. Lancelot, dans le VII° vol. de l'Académie, p. 235. Quand Grégoire de Tours appelle Viviers *Civitatem Vivariensem*, dans un siècle où le siége épiscopal des *Helvii* était transféré en cette ville, celle d'*Alba* n'avait point perdu la prérogative de capitale dans le temps qui convient à la plupart des provinces de la Gaule, où *Civitas Albensium* tient son rang dans la Viennoise. » D'Anville. *Notice de l'ancienne Gaule*, p. 44.

ALBAGNAC, vg. *Aveyron*, comm. de Castelnau-Peyralès, ✉ de Sauveterre.

ALBAIN (St-), vg. *Saône-et-Loire* (Bourgogne), arr. et à 13 k. de Mâcon, cant. de Lugny. ⚭, ✉ de St-Oyen. Pop. 774 h. Il est sur un coteau, à 4 k. de la Saône.—*Fabrique de fécule de pomme de terre.—Foires les 8 mars et 6 nov.

ALBAGNAN, vg. *Hérault*, comm. de St-Etienne d'Albagnan, ✉ de St-Paul.

ALBAN (St-), vg. *Ain* (Bourgogne), arr. et à 17 k. de Nantua, cant. de Poncin, ✉ de Cerdon. Pop. 564 h.

ALBAN (St-), vg. *Côtes-du-Nord* (Bretagne), arr. et à 22 k. de St-Brieuc, cant. de Pléneuf, ✉ Lamballe. Pop. 1,378 h.

ALBAN (St-), h. *Gard*, comm. de St-Privat-des-Vieux, ✉ d'Alais.

ALBAN (St-), vg. *H.-Garonne* (Languedoc), arr., cant., ✉ à 12 k. de Toulouse. Pop. 260 h.

ALBAN (St-), *Loire*, comm. de St-André-d'Apchon. Pop. 100 h.—TERRAIN tertiaire moyen.

EAUX MINÉRALES DE SAINT-ALBAN.

Le hameau de St-Alban possède des eaux minérales très-fréquentées à cause de leur proximité de Lyon. M. le docteur Cartier indique trois sources principales, très-abondantes, renfermées dans une enceinte de cinq mètres carrés qui occupe le fond d'un vallon étroit. Les eaux minérales qui jaillissent dans cet endroit sont connues depuis longtemps ; mais elles ne sont fréquentées que depuis qu'on y a établi des logements très-commodes pour les malades, qui s'y rendent annuellement au nombre d'environ deux cents. St-Alban est environné de promenades agréables ; la nourriture y est saine, abondante et à un prix modéré. On y trouve des salles de bains très-propres. La source est d'une propriété particulière.

Les sources de St-Alban ont été exploitées très-anciennement, ainsi que l'attestent deux grandes piscines exhumées récemment, et le grand nombre de médailles qu'on y a trouvées à différentes époques. Ces sources ont appartenu à l'ordre de Malte, puis aux seigneurs de St-Georges, et ensuite à différents propriétaires ; elles sont aujourd'hui exploitées en grand par une société de capitalistes, qui n'ont rien négligé pour en rendre l'usage confortable aux malades.

SAISON DES EAUX. On prend les eaux de St-Alban depuis le 1er mai jusqu'au 30 septembre.

Les hôtels sont spacieux, les tables d'hôtes sont bien servies, les chambres sont propres, commodes, et quelques unes même fort élégamment décorées. Le prix de la dépense journalière est de 4, 5 et 6 fr. — Des omnibus font journellement le service de St-Alban à Roanne, où elles correspondent avec les voitures de Paris, Lyon, St-Etienne et Clermont.

PROPRIÉTÉS PHYSIQUES. Ces eaux sont claires et limpides : elles ont un goût piquant et aigrelet ; elles déposent sur les parois du bassin un sédiment ocracé. Leur température, d'après M. le docteur Cartier, est constamment de 15° du thermomètre de R. Leur pesanteur spécifique est de 11°.

PROPRIÉTÉS CHIMIQUES. D'après l'analyse de MM. Cartier et Barbe, une pinte d'eau minérale de St-Alban contient :

	Grains.
Nitrate de chaux.	6
Carbonate de soude. . . .	32 1/2
Sulfate de chaux.	2 1/2
Carbonate de chaux. . . .	6 1/2
Oxyde de fer.	1 5/6
Terre argileuse.	4
Gaz acide carbonique. . . .	47

PROPRIÉTÉS MÉDICINALES. Les eaux de St-Alban s'emploient avec succès dans les maladies chroniques, la suppression des règles, l'épuisement qui succède à l'excès des plaisirs vénériens, dans différentes affections nerveuses, et surtout dans les maladies qui surviennent au temps critique. On prend les eaux de St-Alban en boisson, à la dose de quatre à six verres chaque matin. Dans la plupart des cas, on joint l'usage des bains d'eau minérale et d'eau commune. Comme ces eaux sont très-agréables à boire, et que leurs qualités alcaline, gazeuse et ferrugineuse, en rendent l'emploi très-multiplié, on en exporte environ 200,000 bouteilles par an.

Buts d'excursion. Les promenades qu'offrent les environs de St-Alban, quoique sauvages, sont variées, faciles et agréables. Les malades affectionnent particulièrement celle de la vallée du Désert, remarquable par ses rochers, ses ombrages et son silence. Les promeneurs voudront étudier les ruines des châteaux de St-Georges et de Jacques Cœur, l'architecture de l'église d'Embierle, et enfin Pierre-sur-Haute, qui, bien qu'éloignée d'une journée de St-Alban, n'en est pas moins visitée journellement pour son site admirable d'où l'on découvre vingt départements.

Bibliographie. RICHARD DE LA PRADE. *Analyse des eaux minérales de St-Alban* (Journal de médecine, août 1774, p. 132).
— *Analyse et vertu des eaux minérales du Forez*, in-12, 1778 (il y est question des eaux de St-Alban).
PAULIN. *Traité analytique des eaux minérales*, in-12, 1778 (il y est question des eaux de St-Alban).
CARTIER. *Notice et analyse des eaux minérales de St-Alban*, 1816.
NEFFLE. *Des eaux minérales de St-Alban et de leur vertu thérapeutique*, in-8, 1843.

ALBAN (St-), petite ville, *Lozère* (Languedoc), arr. et à 34 k. de Marvejols, cant. de Serverette. Pop. 2,138 h. On y voit un ancien château, siège d'une baronnie du Gévaudan, qui a été converti en hospice pour les femmes aliénées. — *Fabrique* d'étoffes de laine. — *Foires* les 17 janv., 4 fév., mardi saint, 23 avr, 15 mai, 18 juill., 4 sept., 4 oct., 4 nov. et 9 déc.

ALBAN (St-), vg. *Rhône*, comm. de la Guillotière, ✉ de Lyon.

ALBAN, jadis ALBAING, petit bourg, *Tarn* (Languedoc), chef-lieu de cant., arr. et à 27 k. d'Albi, ✉. Cure. A 706 k. de Paris pour la taxe des lettres. Pop. 676 h. — TERRAIN cristallisé. — C'était encore dans le xve siècle une place forte, avec un bon château. Pendant toute la fin du xvie siècle, cette place passa successivement des calvinistes aux ligueurs, et de ceux-ci aux royalistes. Ces cruelles vicissitudes des guerres civiles sont sans doute la cause que sous la plupart des maisons d'Alban se trouvent de grandes salles taillées à pic dans le roc, avec des sièges ménagés pour la commodité des habitants qui s'y réfugiaient. — Exploitation de mines de fer très-riches. Mine de plomb non exploitée. — *Commerce* de seigle et de bestiaux. — *Foires* de 2 jours le 4 de chaque mois.

ALBAN-D'AY (St-), vg. *Ardèche* (Vivarais), arr. à 24 k. de Tournon, cant. de Satilieu, ✉ d'Annonay. Pop. 1,211 h.

ALBAN-DE-VAREIZE (St-), vg. *Isère*, comm. de Vernioz, ✉ du Péage.

ALBAN-DE-VAULX (St-), *Isère* (Dauphiné), arr. et à 31 k. de Vienne, cant. de la

Verpillière, ✉ de Bourgoin. Pop. 1,050 h.— Manufacture d'indiennes. — *Foires* les 8 août et 2 nov.

ALBAN-DU-RHONE (St-), vg. *Isère* (Dauphiné), arr. et à 13 k. de Vienne, cant. de Roussillon, ✉ de Condrieu. Pop. 303 h. — *Foire* le 20 sept.

ALBAN-EN-MONTAGNE (St-), vg. *Ardèche* (Vivarais), arr. et à 51 k. de Largentière, cant. de St-Etienne de Lugdarès, ✉ de Langogne. Pop. 355 h.

ALBAN-LES-ALAIS (St-), h. *Gard*, arr., cant. et à 4 k. d'Alais. On y voit un banc fort curieux de spath d'Islande.

ALBAN-SOUS-SAMPZON (St-), vg. *Ardèche* (Vivarais), arr. et à 17 k. de Largentière, cant. et ✉ de Joyeuse. Pop. 880 h.

ALBANHAC, h. *Aveyron*, comm. de Villeneuve, ✉ de Villefranche.

ALBANIES, vg. *Cantal*, comm. de Menet, ✉ de Bort.

ALBARET, h. *Aveyron*, comm. de Ste-Geneviève, ✉ de Laguiole.

ALBARET-LE-COMPTAL, vg. *Lozère* (Languedoc), arr. et à 49 k. de Marvejols, cant. de Fourcels, ✉ de St-Chély. Pop. 697 h.

ALBARET-STE-MARIE, vg. *Lozère* (Languedoc), arr. et à 47 k. de Marvejols, cant. de St-Chély, ✉ de Malzieu-Ville. Pop. 528 h. On remarque sur son territoire les ruines du château de la Garde et d'Arfeuillède.— *Foires* les 6 et 27 juin, 16 août, 1er oct.

ALBARON (l'), *Castrum Albaroni*, vg. *Bouches-du-Rhône*, comm. et ✉ d'Arles.

ALBAS, vg. *Aude* (Languedoc), arr. et à 42 k. de Narbonne, cant. de Durban, ✉ de Sijean. Pop. 387 h.

ALBAS, bg *Lot* (Quercy), arr. et à 25 k. de Cahors, cant. et ✉ de Castelfranc. Pop. 1,911 h. Sur le Lot. — *Foires* les 1ers lundis de janv. et de mai.

ALBEFEUILLE, vg. *Tarn-et-Garonne* (Languedoc), arr., cant., ✉ et à 14 k. de Castel-Sarrasin. Pop. 731 h.

ALBENC (l'), bg *Isère* (Dauphiné). Il est situé dans une contrée riante et fertile, arr. et à 12 k. de St-Marcellin, cant. et ✉ de Vinay. Pop. 1,323 h.— *Foires* les 1ers lundis de mars, de mai, de sept., et 1er lundi après la St-Martin.

ALBENQUE (l'), *Lot*. V. LALBENQUE.

ALBEPIERRE, vg., autrefois châtellenie, *Cantal*, comm. de Bredon, ✉ de Murat.

ALBÈRE (l'), ou l'ALBERA, vg. *Pyrénées-Orientales* (Roussillon), arr., ✉ et à 18 k. de Ceret, cant. d'Argelès. P. 354 h.— *Fabrique* de liège. — Le 4me mai 1794, les Français, commandés par Dumorbier, remportèrent, près d'Albère, une victoire signalée sur les Espagnols. Ce beau fait d'armes fit tomber au pouvoir des républicains 2,000 prisonniers, 200 pièces de canon, un camp tout tendu, un butin immense, et força à la retraite les Espagnols, qui, après avoir évacué le fort de Bains, Pratz-de-Mollo et St-Laurent de la Cerda, ne reparurent plus sur les Pyrénées ni dans le Roussillon.

ALBÈRES (les), montagnes situées à l'extré-

mité orientale de la chaîne des Pyrénées ; elles commencent au col de Bellegarde et forment la limite S.-E. du département des Pyrénées-Orientales du côté de l'Espagne.

ALBERT, *Albertum, Anchora*, petite ville, *Somme* (Picardie), chef-lieu de cant., arr. et à 23 k. de Péronne. Cure, gîte d'étape, ✉, ⚓. Pop. 2,828 h. A 157 k. de Paris pour la taxe des lettres. — TERRAIN crétacée supérieur, craie.

Autrefois marquisat, diocèse et intendance d'Amiens, parlement de Paris, élection de Péronne, brigade de maréchaussée, cinq grosses fermes.

L'ancien nom de cette petite ville était *Ancre* : il fut changé après que le fameux Concini, qui en était seigneur, eut été sacrifié à la vengeance du duc de Luynes. La ville est traversée par un bras de la rivière d'Ancre dont les eaux, réunies à l'extrémité de la place, se précipitent avec fracas du haut d'un roc factice, et forment une belle cascade.—En 1752 on a découvert à Albert une magnifique carrière renfermant, dans un espace de 345 m. de long sur 2 m. de large, une voûte de pétrifications, composée d'un nombre infini de roseaux, d'argentines, de mousse et d'autres plantes marécageuses. Cette belle carrière attire chaque année un grand nombre de naturalistes. — L'église d'Albert possède une image de la Vierge fort révérée dans le département, où elle est connue sous le nom de Notre-Dame Brebière ; chaque année les bergers et les bergères des environs, précédés de plusieurs joueurs de cornemuse, portant de gros gâteaux sur la tête et sous les bras, viennent offrir leurs hommages à cette Vierge.

PATRIE de A.-ATH. ROUX DE LA BORIE, membre de la majorité de la chambre introuvable, secrétaire du gouvernement provisoire en 1815, auteur de l'*Éloge du cardinal d'Estouteville*, couronné à Rouen en 1788 ; de divers rapports faits à la chambre des députés, et de plusieurs ouvrages en vers et en prose, parmi lesquels on distingue l'*Unité du culte public, principe social chez tous les peuples*, in-8, 1789.

Fabriques de toiles, indiennes, étoffes de laine, papiers peints. Filatures de laine et de coton. Blanchisseries de toiles. Tanneries. Papeteries. — *Commerce* de grains, chevaux et bestiaux. — *Foires* les 24 fév., 25 juin et 28 oct.

ALBERTACCE, vg. *Corse*, arr., ✉ à 25 k. de Corte, cant. de Calacuccia. Pop. 1,020 h.

ALBERTAS, ou Bouc, vg. *Bouches-du-Rhône* (Provence), arr., ✉ à 8 k. d'Aix, cant. de Gardanne. Pop. 1,404 h. — Ce village a porté, jusqu'en 1767, le nom de Bouc (qu'il ne faut pas confondre avec le PORT-DE-BOUC, du même département) ; depuis cette époque il est nommé Albertas, ou plutôt il porte indifféremment l'un de ces deux noms. Il était autrefois défendu par un château très-fort construit sur le sommet d'une colline escarpée. Albertas est bâti sur une éminence, et adossé à une barre de rochers, sur lesquels était le château, creusé en partie dans cette barre, et dont il ne reste plus que la citerne, et la partie des logements excavés dans le roc. Sur la plate-forme qui est au-dessus de la barre, on jouit d'une vue magnifique. Le village en lui-même ne présente rien de remarquable; il est décoré d'une belle fontaine que font jaillir les eaux du beau château actuel d'Albertas, dont le parc, les jardins, les belles promenades, forment le séjour le plus agréable. — Sous la Ligue, les habitants résistèrent avec succès du haut de leur forteresse aux attaques des ligueurs commandés par Vins.

ALBERTS (les), vg. *Hautes-Alpes*, comm. de Montgenèvre, ⊠ de Briançon. Il est sur la Clarée, qui s'y jette dans la Durance.

ALBESTROFF, bg, autrefois châtellenie, situé dans une contrée boisée, *Meurthe* (pays Messin), chef-l. de cant., arr. et à 36 k. de Château-Salins, 35 k. de Vic. Cure. ⊠ de Dieuze. Pop. 842 h. — *Foire le 28 juillet*.

ALBI, *Albiga, Alba Augusta*, ville ancienne, chef-l. du département du *Tarn*, ancienne capitale de l'Albigeois (Languedoc), chef-l. d'un cant. Trib. de 1ʳᵉ inst. et de comm. Chamb. cons. des manuf. Bourse de comm. Archevêché. Séminaire diocésain. Collége com. Cure, ⊠, ✧. Pop. 12,408 h. — Terrain tertiaire moyen.

Autrefois archevêché, intendance et parlement de Toulouse, justice royale, gren. à sel, gruerie, brigade de maréchaussée.

L'origine d'Albi se perd dans la nuit des temps. Scipion Dupleix attribue sa fondation à Galates, onzième du nom et vingtième roi des Gaulois, qui aurait fait bâtir, en mémoire de son père Albius ou Olbius, l'an du monde 2700, 1301 ans avant l'ère chrétienne, dans le même temps, ajoute-t-il, que Janus foudait le royaume des Latins en Italie. Ces faits, établis du reste d'une manière peu digne de l'histoire, tombent devant le plus léger examen. Moins hardi que cet historien, nous nous bornerons à dire que, située dans l'ancienne Celtique, la ville d'Albi n'est mentionnée dans les Notices de l'empire que sous le titre de *Civitas Albiensium*; elle fournissait déjà à cette époque aux maîtres du monde des cuirassiers désignés sous le nom d'*equites Albienses*, etc., qui tenaient garnison dans la Thrace. Limitrophe de la contrée habitée par les Volces Tectosages, qui conserve encore tant de précieux restes de son origine séculaire, le pays des *Albienses* n'était point étranger à la magnificence. Des voies militaires traversaient le territoire; des temples, des palais y furent élevés; des bustes, des statuettes, des mosaïques, des médailles, des tombeaux attestent le séjour des Romains dans la cité des Albigeois.

Les Sarrasins prirent la ville d'Albi et la ravagèrent en 730, et Pépin s'en empara en 765. Cette ville a été gouvernée par des vicomtes depuis le viiiᵉ siècle jusque vers le milieu du xiiiᵉ: le premier fut le vicomte Bernard Iᵉʳ, et le dernier Raymond-Roger, qui, pour avoir pris le parti des Albigeois avec Raymond IV, comte de Toulouse, partagea ses malheurs. Par suite des confiscations qui signalèrent la fin des croisades contre les Albigeois, Albi fut donné à leur plus fougeux ennemi, Simon de Montfort, qui en jouit, tant lui que son fils Amaury, jusqu'en 1249, époque où ce pays fut cédé à saint Louis, quant à la souveraineté; mais le domaine profitable passa à l'évêque, qui s'est trouvé par là un des plus riches prélats du Languedoc. Sous le règne de Louis XIII, Albi, où il existait beaucoup de protestants, se soumit à ce roi ou plutôt au cardinal de Richelieu. — L'évêché d'Albi, fondé en 1297, fut érigé en archevêché en 1676, par Innocent XI, en faveur d'Hyacinthe Ferroni, gentilhomme romain, auparavant évêque d'Ostende et de Mende. Il avait pour suffragants les évêques de Cahors, Rodez, Mende, Castres et Vabres, qui étaient auparavant sous la juridiction métropolitaine de Bourges. Revenu, 100,000 liv.; taxe, 2,000 flor. Paroisses, 327. Abbayes, 3.: revenu, 15,800 liv., taxe, 1,756 flor. — Il s'est tenu à Albi deux conciles, en 1176 et en 1254.

Albi eut beaucoup à souffrir de la révocation de l'édit de Nantes, qui força une grande partie des habitants à s'expatrier.

Les armes d'Albi sont : *de gueules à la croix archiépiscopale d'or, en pal; à la tour d'argent crénelée de quatre pièces, et ouverte de deux portes, les herses levées, et au léopard du second émail, les pattes posées sur les quatre créneaux, brochant sur la croix; en chef à dextre, un soleil rayonnant, d'or, et à senestre, une lune en décours, d'argent.* Pour devise : STAT BACULUS, VIGILATQUE LEO, TURRESQUE TUETUR.

Cette ville est située dans une belle plaine, sur une éminence dont la base est baignée par le Tarn. Comme la plupart des anciennes villes, ses rues sont étroites, mal pavées et bordées de maisons en général fort mal construites. Les places intérieures sont petites et peu remarquables, à l'exception de celle du nouveau quartier du Vigan, qui est vaste et régulière, sans pourtant être belle. Les avenues et les promenades qui aboutissent à cette place sont charmantes. Jadis elles furent célébrées par tous les géographes sous le nom de lices d'Albi : c'étaient alors de longues terrasses bordées de grands arbres, séparées des remparts de la ville par un fossé très-profond qui servait au jeu de mail. Sur ces lices sans doute s'étaient rassemblées, dans les temps chevaleresques, les seigneurs de toute la contrée, pour se livrer au plaisir des courses et des tournois ; c'était là aussi que se rassemblait le peuple pour assister à ces duels juridiques et à les épreuves de l'eau ou du feu, dont l'atroce cérémonie est décrite dans quelques manuscrits de la bibliothèque publique d'Albi. Aujourd'hui tous les fossés sont comblés et les remparts abattus. De la place du Vigan aux bords de la rivière, vers le nord, s'étend une large voie publique entre des terrasses uniformes et des parapets à hauteur de siége, garantissant une double allée d'ormes. De cette place, en se dirigeant un peu vers le sud, est un beau jardin public planté de tilleuls et de marronniers, entouré pareillement d'ormes de haute futaie, qui aboutissent à trois grandes allées conduisant, entre deux chemins, sur une double rampe de marronniers, de laquelle on découvre au loin la belle façade de l'hospice ; tandis que de toutes les autres allées ne débouchaient dans le Tarn, après avoir toutefois mis en mouvement deux moulins à blé.

Les faubourgs d'Albi, depuis qu'il n'existe plus de remparts, agrandissent la ville et l'embellissent ; leurs rues sont plus larges et plus populeuses. Un seul pourtant, celui de Castelviel, se trouve dans une position qui ne lui permet ni de s'agrandir ni de s'embellir ; on y voit les vestiges d'un château fort qui commandait le Tarn et qui garantissait cette petite cité, aujourd'hui réunie à la ville d'Albi. Ce qu'on appelle le faubourg du Pont est un quartier sur la rive droite du Tarn, traversé par deux grandes rues principales, dont l'une aboutit à la route de Cahors et l'autre à celle de Rodez. C'est principalement dans ce faubourg que se trouvent les manufactures.

La cathédrale d'Albi, dédiée à sainte Cécile, est l'un des édifices les plus remarquables du département ; elle a été désignée récemment par l'autorité locale, comme un des édifices susceptibles d'être classés au nombre des monuments historiques. L'évêque Bernard de Castanet en posa la première pierre en 1282, et elle ne fut entièrement achevée qu'en 1512, deux cent trente ans après sa fondation. La longueur totale du vaisseau dans œuvre, y compris deux chapelles des extrémités opposées, est de 105 m. 25 c.; la largeur est de 27 m. 28 c.; l'épaisseur des murs, avec les chapelles des deux côtés, prend 15 m. 6 c.; la hauteur de la voûte, au-dessus du pavé de l'église, est de 30 m.; celle du clocher, prise du même pavé, est de 94 m. 2 c., et de 130 m., prise du niveau des eaux du Tarn. Ce clocher est terminé sans flèche par une plate-forme octogone symétrique de 64 m. de surface.

Dominique de Florence, qui fut deux fois évêque d'Albi, fit construire le premier portail, qu'il orna de statues de saints exécutées avec autant d'art que de perfection. On doit en regretter vivement la perte. Un escalier majestueux conduit à une plate-forme sur laquelle s'ouvre la principale porte d'entrée ; des pyramides élégantes et hardies supportent, à une grande hauteur, des arcs décorés dans le style arabe ; le ciseau du sculpteur a vaincu toutes les difficultés, et les pierres les plus dures ont été transformées en feuillages et en ornements du goût le plus pur.

L'église est divisée en deux parties : la nef et le chœur. Trois portes, pratiquées dans le jubé et décorées avec la plus grande recherche, conduisent dans celui-ci. La plupart des niches sont privées des statues qu'elles contenaient autrefois, et qui ont été enlevées ou détruites pendant nos troubles civils. La magnificence de ce jubé étonne l'imagination ; son aspect riant et varié enchante. Les pierres dont il est composé sont taillées avec tant de facilité et de délicatesse, qu'on les croirait plutôt moulées que sculptées. Le vaisseau offre cela de singulier, qu'il n'a ni croix ni bas côtés, ce qui le fait paraître en dedans d'une longueur au-dessus de la réalité. L'intérieur des murs est décoré de pilastres peu saillants qui soutiennent la voûte, laquelle est entièrement recouverte de peintures appliquées sur un fond d'azur éclatant et remarquable par sa belle conservation. Ces peintures, commencées en 1502, forment un vaste tableau de l'Ancien et du Nouveau Testament. Les arêtes des voûtes servent de cadres aux différents sujets représentés sur cette vaste surface ; des arabesques, peintes en blanc, et rehaussées d'or, présentent aux yeux des artistes le type de la grâce et du bon goût, des formes enchanteresses, un contour non moins pur qu'élégant. Des anges s'y balancent dans les enroulements des feuillages ; les patriarches, les prophètes, les saints, les vierges, les martyrs paraissent au milieu des arabesques, sur ces voûtes étincelantes d'or et d'azur. Le style du dessin, le jet des draperies, la simplicité des poses de ces peintures magnifiques, tout annonce en elles l'école italienne à l'époque de sa gloire. Dans le coin d'une chapelle, on a découvert une inscription ainsi conçue, qui fait connaître le nom d'un de ces peintres : JOANNES FRANCISCVS DONNELA PICTOR ITALVS DE CARPA FECIT 1513.

Il existait autrefois dans cette église un monument astronomique digne d'être conservé : du haut de la voûte partait une chaîne attachée à un christ placé au milieu du jubé, et interrompue dans sa longueur par une grande lanterne en fer doré, qu'un rayon de soleil, introduit par un trou pratiqué à la fenêtre qui regarde le levant, traversait au moment de son lever, le jour des équinoxes.

Le chœur, remarquable par l'élégance et la délicatesse des sculptures qui le décorent, est entouré de soixante-douze statues d'une grande beauté. Dans ce sanctuaire sont placées les statues des douze apôtres, et au-dessus des portes latérales on voit deux empereurs chrétiens, Constantin et Charlemagne. La porte extérieure du chœur est ornée de statues de tous les prophètes, de patriarches, de vierges, remplissant les niches creusées dans les piliers qui supportent les arcs en ogive ; les figures sont d'un travail remarquable, le jet des draperies, la simplicité des poses sont dignes d'admiration ; les rinceaux légers, dont les ramifications sont exécutées avec un grand bonheur, figurent de jolies dentelles, parsemées de fleurs et de délicatesses arabesques. — « Il n'existe pas en France, dit M. Alex. du Mége, de plus vaste édifice construit en briques que la cathédrale d'Albi ; sa masse, qui paraît de loin et qui se confond avec celle du vieux palais archiépiscopal, arrête les regards et frappe l'imagina-

tion ; on la recherche avec empressement lorsqu'on est entré dans la ville. Bientôt un large escalier conduit les voyageurs sous un arc, où toutes les richesses du XIIIᵉ et du XIVᵉ siècle ont été prodiguées. On entre, et soudain l'attention est partagée entre les vieilles et naïves peintures dont le cardinal d'Arros avait fait recouvrir les murs, les élégantes sculptures du jubé, et la développée des voûtes couvertes des magnifiques peintures de la renaissance. Il faut voir ces sculptures délicates, ces peintures délicieuses qui ne laissent pas une place nue, pas un point où l'on puisse ajouter à tant d'art et de magnificence. On entreprend de longs voyages pour aller voir l'Italie, bien digne sans doute de l'amour des artistes ; il faut, pour l'honneur de la France, pour l'honneur des arts, entreprendre aussi un pèlerinage à Albi, pour voir, pour admirer son immense cathédrale. »

L'ÉGLISE DE ST.-SALVI paraît occuper l'emplacement d'un édifice religieux bâti dès les premiers siècles du christianisme. Son architecture annonce qu'il a été construit au plus tôt vers le XIIIᵉ siècle. On remarque, il est vrai, quelques chapelles qui indiquent le style du IXᵉ ou du Xᵉ siècle, et l'on pourrait penser qu'elles appartiennent à une construction antérieure à celle de la plus grande porte de l'église. Le côté du cloître qui subsiste encore est un mélange des styles gothico-lombard et arabe ; on y trouve des inscriptions dont la date ne remonte qu'au XIIIᵉ siècle. — La tour du clocher, à laquelle on a cru devoir donner une haute antiquité, est entièrement dans le goût arabe ; elle est ornée de pilastres, de colonnes, de chapiteaux, qui sont de très-bon goût, et forment un ensemble qui plaît à tous les connaisseurs. La tradition veut que cette tour, placée sur le point le plus élevé de la ville, ait servi de fanal pour guider les voyageurs pendant la nuit, lorsque d'Albi à Toulouse le territoire était presque entièrement couvert d'épaisses forêts. — Les formes extérieures de l'église sont très-pittoresques ; les proportions de l'intérieur sont très-bien entendues, et la nef offre un aspect majestueux. A côté et en dehors de la porte qui conduit dans le cloître, on remarque une petite chapelle pratiquée dans l'épaisseur du mur ; elle paraît avoir été construite pour accomplir un vœu fait à la Vierge. Des figures, placées dans des niches latérales, représentent sans doute les fondateurs de cet élégant édifice ; leur nom et l'époque de la fondation ne nous seraient pas inconnus, si une longue inscription placée à la droite de la chapelle n'avait pas été entièrement effacée et mutilée. Cette église a été classée par le ministre de l'intérieur au nombre des monuments historiques, et des fonds ont été affectés à sa conservation.

L'HOTEL DE LA PRÉFECTURE, ci-devant palais épiscopal, et dans des temps plus reculés celui des anciens comtes de l'Albigeois, est un immense édifice qui a plus de majesté que d'élégance. Une maçonnerie massive paraît lui servir de base, et il semblerait qu'on a eu pour

but d'amonceler des matériaux dans un petit espace : les murs sont entièrement en briques. Il est agréablement situé sur la rive gauche du Tarn qui en baigne les murs, et jouit d'une vue délicieuse. Vu de la rive opposée, il présente une masse des plus imposantes ; et quoiqu'il soit, en quelque sorte, groupé avec l'église Ste-Cécile, dont les proportions gigantesques ne sont en rapport avec aucun autre monument d'Albi, il offre encore l'image d'un palais électoral d'Allemagne. Les tours qui ornent cet édifice de toutes parts, et les formes qu'on lui a données, sont très-pittoresques. Les murs en sont d'une telle épaisseur, que M. de Choiseul fit tailler à pic deux pièces dans l'une des tours massives qu'on y voit, sans que les parties latérales s'en soient jamais ressenties.

L'HOSPICE d'Albi est un superbe bâtiment, placé entre une grande cour précédée d'une belle avenue plantée de mûriers, et un jardin spacieux. Ce bâtiment a deux ailes. Le corps de logis regarde le levant du côté de l'entrée, et le couchant du côté du jardin ; il est situé sur une hauteur, hors la ville ; il n'est borné par rien, et sa position est très-favorable à la santé de ceux qui y sont logés. Les salles sont vastes ; elles communiquent entre elles par de grandes portes, et sont éclairées par un nombre suffisant de fenêtres qui entretiennent la libre circulation de l'air.

L'ensemble de cet établissement, qui honore infiniment ses fondateurs, forme un enclos bien fermé de 17,188 m. 231 c. d'étendue, ayant deux jardins, deux grandes cours, et deux petites pour les insensés ; des bâtiments très-solides, très-réguliers, très-élevés et bien percés, de belles caves souterraines et voûtées, et tous les accessoires qui rendent le service des malades facile et commode.

On remarque encore à Albi le pont sur le Tarn, composé de sept arches (non compris deux petites arches latérales), dont six sont en ogive et la septième à plein cintre ; le collège ; la bibliothèque publique, contenant 12,000 vol. ; le musée ; le cabinet d'histoire naturelle ; la salle de spectacle, etc.

Manufactures de draps et tricots de laine pour l'habillement des troupes. Fabriques de toiles d'emballage, linge de table, couvertures de coton, molletons, coutils, toiles de lin et de coton, mouchoirs, tricots et étoffes communes en laine, passementerie, cierges, bougies, chandelles, vermicelle et autres pâtes d'Italie, pastel ou indigo français ; minoterie très-importante, etc., forges, fonderies de boulets. — Fabrique d'absinthe et d'essence d'anis, M. H. 1834, ⑤ 1839 (le commerce d'anis a une grande importance dans les environs d'Albi ; les cultivateurs en vendent, quelques années, pour une valeur de 800,000 fr.). — Aux environs, extraction de houille ; nombreuses papeteries. — *Commerce* de grains, vins, fruits secs, anis vert, essence d'anis, pruneaux, coriandre, graine de luzerne et de trèfle, droguerie, teinture, etc., pastel-indigo, amandes, cuirs, bestiaux ; laminoirs pour le cuivre, etc.

— *Foires* les 17 janv., 13 mai, 16 juin, 22

juillet, 5 sept., 16 oct., 23 nov., 21 déc. et le mercredi de carême.

L'arrond. d'Albi renferme 8 cantons : Alban, Albi, Monestiès, Pampelonne, Réalmont, Valderiès, Valence et Villefranche. — A 72 k. de Toulouse, 684 k. de Paris pour la taxe des lettres et les frais de poste. Lat. N. 43°55'46", long. O. 0°14'42".

Biographie. Albi est le lieu de naissance de plusieurs personnages célèbres, dont les principaux sont : le conventionnel CAMPMAS. Mme BALZAD, poète, auteur de l'*Amour maternel*, poème en IV chants, in-18, 1811, et de plusieurs poésies couronnées par l'académie des Jeux floraux.

L'infortuné chef d'escadre LAPEYROUSE, un des plus grands hommes de mer que la France ait produits ; sa statue en bronze a été érigée en 1844 sur une des places d'Albi.

Le général DUGUA, mort au champ d'honneur.

Le général d'HAUTPOULT, mort des blessures reçues à la bataille d'Eylau, etc.

Bibliographie. *Notice historique et descriptive sur l'église métropolitaine de Ste-Cécile d'Albi, suivie de la biographie des évêques et archevêques d'Albi, des évêques de Castres et de Lavaur*, par M. H. C. in-8, 1841.

ALBI (St-), vg. *Tarn*, comm. d'Aiguefonde, ⊠ de Mazamet.

ALBIAC, vg. *H.-Garonne* (Rouergue), arr. et 22 k. de Villefranche, cant. et ⊠ de Caraman. Pop. 232 h.

ALBIAC, vg. *Lot* (Quercy), arr. et 29 k. de Figeac, cant. de la Capelle-Marival, ⊠ de Gramat. Pop. 244 h.

ALBIAC-DE-COMTE, h. *Aveyron*, comm. de Ste-Geneviève, ⊠ de la Guiole.

ALBIAS, bg *Tarn-et-Garonne* (Quercy), arr. et 12 k. de Montauban, cant. de Negrepelisse, ⊠ de Réalville. Pop. 1,257 h.

Ce bourg consiste principalement en une fort belle rue, que traverse la grande route. Il est bâti à peu de distance de la rive gauche de l'Aveyron, que l'on passe sur un beau pont en pierre de taille de construction récente. Albias fut pris en 1621 par les catholiques, après une vigoureuse résistance ; le commandant de la place, les consuls et vingt des principaux bourgeois furent pendus ; les autres furent mis à rançon, et ceux qui ne purent le payer furent liés de cordes et envoyés servir de pionniers au siège de Montauban. Albias fut pillé et brûlé ; il n'y eut que les filles et les femmes qui furent sauvées.

ALBICI, peuples de la troisième Viennoise, qui, du temps de César, étaient alliés des Marseillais, et leur aidèrent à soutenir le siège que César avait mis devant Marseille, pendant les guerres civiles entre César et Pompée, duquel Pompée Marseille soutenait les intérêts. Ces peuples occupaient le pays de l'ancien évêché de Riez en Provence. L'on croit même que leur nom est resté à un des villages de ce diocèse, que l'on appelle *Albiosc*. V. Walckenaer, *Géographie des Gaules*, t. I, p. 64, 185, 256.

ALBIÈRES, vg. *Aude* (Languedoc), arr. et à 57 k. de Carcassonne, cant. de Mouthoumet, ⊠ de Davejean. Pop. 305 h.

ALBIÈS, vg. *Ariège* (comté de Foix), arr. et 27 k. de Foix, c. et ⊠ des Cabanes. P. 461 h.

ALBIGA (lat. 44°, long. 20°). « *Civitas Albiensium* est au nombre des villes de l'Aquitaine première, dans la Notice des provinces de la Gaule. Il est mention des *Cataphractarii Albigentes* dans la Notice des dignités de l'empire, et dans une inscription rapportée par Goltzius. Ainsi nous n'avons pas de notion concernant *Albi*, que l'on sache positivement être antérieure à la fin du IVe siècle, ou au commencement du Ve. La manière d'écrire *Albiga*, plutôt qu'*Albia*, s'est conservée dans le nom de l'*Albigeois*. Il y a toute apparence que ce territoire avait dépendu des *Ruteni*, comme on peut le voir à l'article *Ruteni provinciales*. » D'Anville, *Notice de l'ancienne Gaule*, p. 45.

ALBIGEOIS, *Albigensis Ager*, *Aquitani Albigenses*, pays de l'ancienne Gaule, dont Albi était le chef-lieu. L'Albigeois était compris dans la partie septentrionale du ci-devant haut Languedoc, qui forme actuellement le département du Tarn. Sous les Romains, il faisait partie de la première Aquitaine, et, après la chute de l'empire, il fut soumis aux Visigoths. Plus tard, il passa sous la domination des Francs, et subit toutes les révolutions qui signalèrent le règne des Mérovingiens. Ce pays passa ensuite aux comtes de Toulouse en 972, aux vicomtes de Béziers vers le milieu du XIe siècle, aux comtes de Carcassonne en commencement du XIIe siècle. Après la guerre des Albigeois, il fut donné à Simon de Montfort qui l'avait conquis. Amaury, son fils, céda, l'an 1226, tous ses droits à Louis VIII, dont le fils, saint Louis, obtint la cession du comte Trincavel, et en fit la réunion à la couronne. L'Albigeois renfermait un archevêché, celui d'Albi, et un évêché, celui de Castres. Le premier fut érigé en archevêché en 1676 ; son diocèse avait 60 k. de long sur 45 k. de large et 48 k. de circuit. On y comptait 327 paroisses et 2 abbayes, et rapportait à son archevêque 120,000 liv. L'évêché de Castres, érigé l'an 1332, rapportait 30,000 liv. Son diocèse s'étendait à 50 k. de long sur 36 de large et 100 de circuit. On y comptait 100 paroisses et 2 abbayes.

Les armes de l'Albigeois étaient : *de gueules à la croix vidée et cléchée poncetée d'or de douze pièces*.

Après les croisades, ce pays, jusqu'alors peu connu dans l'histoire, acquit une sinistre renommée. Un riche négociant de Lyon, Pierre de Vaux, après avoir distribué sa fortune aux pauvres, s'érigea en réformateur des mœurs, prêcha contre l'irréligion et la débauche, contre les dissolutions du clergé et les abus de la discipline ecclésiastique. Bientôt, attaquant le dogme, de Vaux (ou ses successeurs) prêcha une doctrine analogue en tous points à celle de Luther et de Calvin. De Lyon et des environs, l'esprit d'innovation et de mysticisme se répandit dans la Provence et le Languedoc, au commencement du XIIIe siècle. Allant beaucoup plus loin que les premiers vaudois, les nouveaux sectaires enseignaient que la loi du Christ avait été abolie par celle du Saint-Esprit. — Connus d'abord sous le nom d'hérétiques de la Provence, ces religionnaires, le furent plus tard sous celui d'Albigeois, parce que les premiers soldats de la croix qui les combattirent furent envoyés contre Raymond-Roger, vicomte d'Albi et de Béziers. Ce fut le pape Alexandre III, qui, s'écartant de la sage politique de Grégoire VII, autorisa, l'an 1179, la persécution contre les sectaires de la Provence. L'an 1181, son légat, Henri, abbé de Clairvaux, unissant l'épée à la crosse, prit d'assaut Lavaur, et obligea Roger II, vicomte de Béziers, à abjurer les nouvelles doctrines ; mais rien ne put arrêter le torrent des opinions nouvelles, et, seize après, Innocent III fut obligé d'envoyer de nouveaux légats. Leur faste, encore plus que leur cruauté, souleva tous les esprits. Le fougueux Pierre de Castelnau, l'un des légats du pape, passa bientôt à des mesures d'une violence inouïe ; il excita secrètement une ligue de quelques seigneurs voisins contre Raymond VI, comte de Toulouse, qui refusait de prendre l'épée pour convertir ses sujets, lança contre lui l'excommunication, et écrivit au pape pour obtenir la confirmation de cette sentence. Innocent III ne démentit point l'audacieuse démarche de Castelnau ; il adressa des lettres à tous les princes de la chrétienté pour les inviter à se croiser contre l'arrière-petits-fils de ce Raymond de St-Gilles qui avait joué un rôle si brillant dans la première croisade en Palestine. Castelnau ayant été assassiné par un gentilhomme de Beaucaire qu'il avait offensé, le soupçon d'avoir commandé ce meurtre tomba sur le comte de Toulouse. Innocent III fulmina contre lui de nouveaux anathèmes, et délia ses sujets du serment de fidélité. Au printemps de l'an 1209, 300,000 croisés selon les uns, 500,000 selon les autres, et, selon l'abbé de Vaux-Cernay, 50,000 seulement vinrent fondre sur le Languedoc. Le comte de Toulouse espère conjurer l'orage par une prompte soumission. Innocent III feint de s'adoucir, et accueille ses envoyés. Ici se place la scène de l'église de St-Gilles, où l'on vit le comte Raymond fustigé de la main du légat. Une honte, sans doute encore plus poignante pour le prince, fut l'obligation de se croiser contre ses propres sujets, contre son neveu, le vaillant Raymond-Roger, vicomte d'Albi et de Béziers. — Tous les peuples de la langue de France marchèrent à la suite d'Eudes III, duc de Bourgogne, de Henri, comte de Nevers, des évêques de Sens, d'Autun, de Clermont, de Lisieux, de Bayeux, etc. Mais le nom de tous ces chefs s'efface devant celui de Simon de Montfort, qui aujourd'hui vit encore dans la mémoire des peuples pour être exécré. Nul ne fit la guerre avec plus de férocité : à l'incendie de Béziers, un seul fait, « il fit passer par le fer et par le feu tout ce qui s'y rencontra, pour donner de la terreur aux autres, et les obliger à se soumettre à la force, puisque la douceur n'avait fait que les irriter davantage. » Dans ce massacre il ne périt pas moins de 35,000 à 40,000 individus tant catholiques que sectaires. Les prêtres mêmes ne furent pas épargnés. Des contemporains comptent jusqu'à 60,000 victimes. *Tuez-les tous*, avait dit de sang-froid, avant l'assaut, et dans le conseil de guerre, Arnaud Amalric, légat du pape, *le Seigneur connaîtra bien ceux qui sont à lui*. Il y eut 7,000 cadavres dans une seule église.—Attaqué dans Carcassonne, le vicomte Raymond-Roger, après avoir deux fois repoussé les croisés, se rendit pour négocier dans le camp du légat, qui le fit enfermer dans la tour de St-Paul, où il mourut, dit-on, empoisonné.

Après ce premier acte de la croisade contre les Albigeois, commence une suite de campagnes, dans lesquelles on voit Simon de Montfort se couvrir de gloire comme guerrier, mais déshonorer complètement chacun de ses succès par les plus atroces cruautés. S'écartant du but d'une guerre religieuse, il conduisit l'armée des croisés dans l'Agénois et dans d'autres contrées catholiques dont la conquête était à sa convenance. L'évêque de Toulouse, Foulques, avait dans cette cité organisé la guerre civile entre les catholiques et les dissidents; il se mêla avec tout son clergé dans les rangs des croisés, ne cessant d'appeler sur son troupeau les fléaux de la guerre et de la persécution. Toulouse, assiégée jusqu'à trois fois par le comte de Montfort, brava, la première fois, ses efforts; la seconde fois elle voulut bien se donner au prince Louis, fils de Philippe Auguste; la troisième fois cette ville fut l'écueil où se brisa l'existence agitée du nouveau Gédéon. Une pierre, lancée par un mangonneau, emporta la tête de cet homme, qui, en faisant tant de mal, avait acquis tant de renommée. Amaury de Montfort, qui succéda à Simon, soutint faiblement la guerre contre les comtes de Toulouse, Raymond VI et Raymond VII, et finit par céder ses prétentions sur le comté de Languedoc au roi de France Louis VIII.—On sait quel fut le résultat de la croisade royale de ce prince contre les Albigeois. Après avoir, à la tête de 200,000 hommes, ravagé le Languedoc, et assiégé la puissante commune d'Avignon, dont il n'avait reçu aucune offense, il périt frappé de la contagion qui dévorait son armée (1226).

Durant la minorité de saint Louis, la guerre entre les Français du Nord et les habitants du Languedoc ne discontinua point; Humbert de Beaujeu, lieutenant du roi de France, et Gui de Montfort, frère de Simon, étaient à la tête des croisés. Gui trouva la mort dans un combat. Le vieux Raymond VI avait cessé de vivre, et ses ossements ne trouvèrent point de tombeau. On sait qu'avant la révolution de 1789 dans un coffre, tout profanés et à moitié rongés des rats, dans le coin obscur d'une église de Toulouse.—Le jeune Raymond VII se défendit avec assez de persévérance; mais cette guerre, qui fut marquée par un nouveau siège de Toulouse, ne présente plus la même importance.—Enfin le traité de Meaux vint, en 1229, mettre fin à cette odieuse continuité de massacres et de guerre civile. Le comté de Toulouse et l'Albigeois furent réunis à la couronne; quelques parties de ces Etats héréditaires furent laissées à Raymond VII, et le mariage de sa fille Jeanne fut stipulé avec Alphonse de Poitiers, frère du roi de France Louis IX. Dès ce moment les peuples de la langue de Provence cessèrent de former une nation distincte; la couronne capétienne recueillit le fruit des crimes de Montfort; elle acquit de nouvelles et vastes provinces, mais flétries, mais dévastées et dépeuplées.

L'Albigeois est un pays très-peuplé; ses plaines sont d'une inépuisable fertilité; ses coteaux fournissent des fruits excellents et des vins renommés. V. TARN.

Bibliographie. * *Conciles de Tholose, de Beziers et de Narbonne, ensemble les ordonnances du comte Raymond contre les Albigeois*, etc., in-8, 1569.

PIERRE (moine de Vaux de Cernay). *Histoire de la ligue sainte sous la conduite de Simon de Montfort contre les Albigeois*, etc. (traduite du latin par Sorbin), in-8, 1569.

* *Histoire des guerres faites en plusieurs lieux de la France tant en Guyenne et Languedoc contre les hérétiques qu'ailleurs*, etc. (traduit du latin par Jean Fournier de Montauban).—De Catel croit que Pierre V, évêque de Lodève, est l'auteur de cette histoire, qu'on appelle communément : la *Chronique de Simon de Montfort*.

NOGUIER (Ant.). *Guerre de Simon, comte de Montfort, contre les comtes de Tolose*, (imprimée dans son *Histoire tolosaine*, in-f°, 1556.

GUY (Jean). *Histoire du schisme et des hérésies des Albigeois*, in-8, 1561.

TILLET (Jean du). *Sommaire de l'histoire de la guerre faite contre les Albigeois*, extraite du Trésor des chartes, in-12, 1590.

CHAVANON (Jean de). *Histoire des Albigeois, touchant leur doctrine et leur religion, contre les faux fruits qui ont été semés d'eux*, etc., in-8, 1595.

PERRIN (J.-Paul). *Histoire des chrétiens albigeois, contenant les longues guerres qu'ils ont souffertes à cause de la doctrine de l'Evangile*, in-8, 1618.

VALETTE (de la). *Parallèle de l'hérésie des Albigeois et de celle du calvinisme*, in-4, 1686.

BENOÎT DE ST-DOMINIQUE (Jean). *Histoire des Albigeois, des vaudois et des barbets*, 2 vol. in-12, 1691.

LANGLOIS (J.-Bapt.). *Histoire des croisades contre les Albigeois*, in-12, 1703.

VIC (dom de) et dom VAISSETTE. *Histoire des Albigeois*, forme le tom. III de l'*Histoire du Languedoc*.

ALBIGNAC, vg. *Corrèze* (Limousin), arr. et à 16 k. de Brives, c. de Beynac. P. 636 h.

ALBIGNY, vg., autrefois baronnie, *Rhône* (Lyonnais), arr. et à 11 k. de Lyon, cant. de Neuville-sur-Saône, ⊠ de Chasselay. P. 405 h. —Albigny est situé sur la Saône. On prétend que son nom vient du séjour qu'y avait fait Albin, compétiteur de Sévère, et que la ba-

taille qui décida du sort de l'empire romain se donna à peu de distance sur l'autre rive; en effet, on trouve çà et là des traces d'un camp retranché, des armes, des débris d'armures et des médailles de cette époque.

ALBIN, vg. *Tarn*, comm. et ⊠ de St-Amans-la-Bastide.

ALBIN (St-), vg. *Pas-de-Calais*, comm. et ⊠ de Bapaume.

ALBIN (St-), vg. *H.-Saône*, comm. de Scey-sur-Saône, ⊠ de Port-sur-Saône.

ALBINATUM. V. AUBENAS.

ALBIN-DE-VAULSERRE (St-), vg. *Isère* (Dauphiné), arr. à 22 k. de la Tour-du-Pin, 29 k. de Bourgoin, cant. et ⊠ du Pont-de-Beauvoisin. Pop. 570 h.

ALBINE, vg. *Tarn*, comm. et ⊠ de St-Amans-la-Bastide.

ALBINIANA (lat. 53°, long. 23°). L'Itinéraire d'Antonin et la Table théodosienne en font mention. La distance à l'égard de *Lugdunum des Batavi*, ou de Leyde, est marquée X dans l'Itinéraire, et on la compte également dans la Table en trois distances : *Lugduno* II, *Pratorium Agrippinæ* III, *Matilone* V, *Albamanis*; c'est ainsi qu'on lit dans la Table. Il existe un indice de cette position dans le nom d'Alfen, sur le bord méridional du bras du Rhin qui se rend à Leyde. En mesurant ce qu'il y a d'espace entre le lieu nommé Alfen, et le point de Leyde qu'on appelle *den Burght*, troisième éminence, qui est l'ancien *Dunum*, je trouve 3,150 roues ou verges du Rhin en droite ligne. C'est la mesure que me donne une carte fort circonstanciée, intitulée *Rhenolandia*, dont j'ai pris la précaution de vérifier l'échelle que j'ai trouvée conforme aux triangles de Snellius, revus par M. Muschenbroek (*Erastothenes Batavus*). La verge du Rhin étant composée de 12 pieds du Rhin, et le pied du Rhin, selon la mesure qu'en a donnée M. Picard, d'après l'étalon qui est à Leyde, étant de 1,392 parties du pied de Paris, divisé en 1,440; la longueur de cette verge est de 14 pieds 7 pouces 2 lignes. Ainsi, les 3,150 verges font 6,088. toises; mais cette mesure d'espace de Leyde à Alfen est directe, et il y a grande apparence que la chaussée romaine dans cet intervalle suivait le cours du fleuve; son élévation pouvait servir de digue contre les inondations, et former le long de ce canal un rempart qui couvrait cette frontière de l'empire à l'extrémité de la Gaule. En assujettissant donc la mesure aux circuits du fleuve, je trouve environ 3,900 verges, qui valent 7,558 toises. Or, le résultat de ce calcul est singulièrement conforme à ce que portent les Itinéraires, et il faut convenir que le compte des Itinéraires, qui est également de 10, doit se rapporter au mille, et que la lieue gauloise y est étrangère. On trouvera à peu près la même chose dans l'article qui concerne *Pratorium Agrippinæ*, dont la distance de *Lugdunum* est marquée II. D'Anville, *Notice de l'ancienne Gaule*, p. 45.

ALBINS, ALBICERIENS, ancien peuple de Provence sur lequel on doit consulter BAREN, VILLE DE ST-QUENTIN, *Dissertation sur les Albins et les Albiceriens, ancien peuple de* la Provence, pour servir d'éclaircissements à plusieurs endroits de l'Histoire de Pline mal entendue jusque aujourd'hui par ses commentateurs, in-12, 1701.

ALBINIACUM. V. AUBIGNY.

ALBIOSC, vg. B.-*Alpes* (Provence), arr. et à 62 k. de Digne, cant. et ⊠ de Riez. Pop. 98 h. Ce village passe pour être l'ancienne capitale des *Albiœci*. V. ALBICI.

ALBICŒCI, vel REII (lat. 44°, long. 24°). « On lit dans Strabon (lib. IV, p. 263), que près des *Salyes* sont des peuples qu'il nomme Ἀλϐίεις καὶ Ἀλϐίοικοι. Cet endroit a paru suspect à Casaubon : *Suspectus mihi locus*, dit-il dans une note : *neque enim Albienses aut Albiœcos ullos reperio.* La suspicion de Casaubon ne devait tomber que sur la répétition d'un même nom avec une finale différente. A cela près, il fallait reconnaître un peuple dont le nom se lit *Albici* dans le premier et le second livre *De bello civili*, où il en est parlé comme de montagnards exercés aux armes : *Barbari homines, qui in Massiliensium fide antiquitus erant, montesque supra Massiliam incolebant*, et dont la bravoure, presque égale à celle des Romains, fut d'un grand secours aux Marseillais, tant sur mer que sur terre, dans le siège qu'ils soutinrent contre César. On retrouve le même nom dans celui de la capitale, qui est *Alebece* dans Pline (lib. III, cap. 4); et que le P. Hardouin témoigne qu'il aimerait mieux avoir lu *Albiœce* dans les manuscrits, qu'*Albece* qu'il y a trouvé. On est redevable à ce savant éditeur d'avoir purgé cet endroit d'une fausse leçon dans les éditions antérieures à la sienne, savoir *Aleberiorum Apollinarium*, au lieu d'*Alebece Reiorum Apollinarium*. Nous voyons que la nation a porté le nom de *Reii* ainsi que le nom d'*Albiœci*. Celui-ci a dû même faire place à l'autre, et cesser d'être en usage, puisque la capitale, en prenant le nom du peuple, a été appelée *Reii*. Je remarque aussi, à environ deux lieues de cette capitale, ou de *Riez*, en approchant du Verdon, un lieu nommé Albiose paraîtrait avoir tiré ce nom des *Albiœci*. On peut être étonné qu'il ne soit pas plus question des *Reii* ou des *Albiœci* dans Ptolémée. Je pense que M. de Valois (p. 9 et 319) donne beaucoup à la conjecture, en prenant les *Reii*, qui sont fort écartés de la mer, pour les *Segoregii* (ou *Segobrigii*, selon Bongars), que les Marseillais trouvèrent en arrivant sur la côte, comme Justin le raconte d'après Trogue Pompée (lib. XLIII). Il semble même que le nom de *Reii* soit moins sauvent celui d'*Albiœci*. » D'Anville. *Notice de l'ancienne Gaule*, p. 46.

ALBION (l'), *Pagus Albionensis*, pays de l'ancienne Gaule, dont St-Christol-d'Albion était le chef-lieu.

ALBITRECCIA, vg. *Corse*, arr., ⊠ et à 24 k. d'Ajaccio. Pop. 518 h.

ALBON, *Albo*, bg *Drôme* (Dauphiné), arr. et à 42 k. de Valence, cant. et ⊠ de St-Vallier. Pop. 2,158 h. Il est bâti près de la rive gauche du Rhône, et dépendait par les ruines d'un antique château fort où se retirèrent les comtes de Grésivaudan, quand les Sarrasins s'emparèrent de Grenoble en 730. Il reste encore une tour de cette forteresse, d'où l'on jouit d'une fort belle vue sur le cours du Rhône. — Foires les 10 mars et 10 oct.

ALBOUSSIÈRE, vg. *Ardèche*, comm. de St-Didier, ⊠ de St-Péray.

ALBRES (les), h. *Aveyron*, comm. d'Asprières, ⊠ de Villefranche.

ALBRET. V. LABRIT.

ALBRET (pays d'), *Pagus Leporetanus*, pays de l'ancienne Gaule, dont Labrit était le chef-lieu et dont Nérac fut plus tard la capitale. Le pays d'Albret dépendait de la ci-devant province de Gascogne. C'était une ancienne vicomté dont le seigneur portait ordinairement le titre de sire d'Amanjeu. Le premier sire d'Albret vivait l'an 1050. Sa postérité mâle a joui de cette seigneurie jusqu'à Henri d'Albret, roi de Navarre, qui fut créé premier duc d'Albret. Jeanne d'Albret, sa fille, épousa Antoine de Bourbon. Henri IV, leur fils, réunit ce duché à la couronne ; mais il en fut démembré en 1651 par Louis XIV, qui le donna au duc de Bouillon en échange de la principauté de Sédan et de Raucourt, supprimée en 1789.

Les armes d'Albret étaient : *écartelé le premier et le quatrième d'azur à trois fleurs de lis d'or ; le deuxième et le troisième de gueules tout plein*.

ALBUCUM. V. AUBUSSON.

ALBUSSAC, vg. *Corrèze* (Limousin), arr. et à 25 k. de Tulle, cant. et ⊠ d'Argentat. P. 1,336 h.

ALCABÉHÉTY, vg. B.-*Pyrénées*, comm. d'Alçay, ⊠ de Tardets.

ALCAY, vg. B.-*Pyrénées* (Gascogne), arr. et à 13 k. de Mauléon, 35 k. de St-Palais, cant. et ⊠ de Tardets. Pop. 804 h. — L'église paroissiale est un édifice remarquable qui a été désigné par l'autorité locale comme un des édifices susceptibles d'être classés au nombre des monuments historiques.

ALCAYLE, vg. *Lot*, comm. d'Arcambal, ⊠ de Cahors.

ALCIETTE-BASCASSAN, vg. B.-*Pyrénées*, comm. d'Abaxe-Alciette-Bascassan, ⊠ de St-Jean-Pied-de-Port.

ALCOLY, h. *Lot*, comm. de la Roque-des-Arcs, ⊠ de Cahors. Pop. 14 h.

ALCONIS, (lat. 44°, long. 25°). « L'Itinéraire maritime en fait mention, entre *Heraclea Caccabaria* et *Pomponiana*, marquant la distance à l'égard d'*Heraclea* XII, et XXX à l'égard de *Pomponiana*. Si l'on se guide par ces indications, desquelles uniquement peut dépendre la connaissance de cet endroit de la côte, on se trouve fixé sous le cap Taillat, dans un lieu que l'on nomme Aigue-Bone sur une grande carte manuscrite de la Provence. L'emplacement au port nommé Cavalaire, que pense Honoré Bouche (*Chorog. de Prov.*), ne convient ni à l'une ni à l'autre des distances données, étant trop loin d'*Heraclea*, et trop près de *Pomponiana*. Ces indications paraissent néanmoins convenables au local, comme une carte particulière de la côte qui a été bien levée me le fait connaître, en ce qu'elles remplissent exactement la course de la mer depuis St-Tropez, qui est *Heraclea*, en doublant le cap ci-dessus, jusqu'à *Giens*, qui est *Pomponiana*. » D'Anville. *Notice de l'ancienne Gaule*, p. 47. V. aussi Walckenaer. *Géographie des Gaules*, t. I, p. 280.

ALCORN, vg. *Aveyron*, comm. et ⊠ de Laguiole.

ALDUADUBIS. V. DOUBS.

ALDUDES (les), *Alduidenses Montes*, vg. B.-*Pyrénées* (Gascogne), arr. et à 63 k. de Mauléon, 57 k. de St-Palais, cant. de St-Etienne-de-Baigorry, ⊠ de St-Jean-Pied-de-Port. Pop. 2,329 h. — Ce village, situé à l'extrême frontière, est, de ce côté, un des principaux points de passage entre la France et l'Espagne.

Le 5 juin 1794, quinze cents Français de l'armée des Pyrénées-Occidentales s'emparèrent de la gorge des Aldudes et d'une redoute très-forte armée de trois pièces de canon, défendue par les émigrés français et par les Espagnols, qui, forcés d'évacuer les cols d'Ispegni et de Maya, abandonnèrent aussi le village des Aldudes après y avoir mis le feu.

ALEMBON, vg. *Pas-de-Calais* (Picardie), arr. et à 24 k. de Boulogne, cant. de Guines. Pop. 511 h.

ALEMONT, vg. *Moselle*, comm. de St-Jure, ⊠ de Sologne.

ALEMPS. V. ST-FONT-D'ALEMPS.

ALENÇON, vg. *Maine-et-Loire*. V. ALENÇON.

ALENÇON, *Alercium, Alenconium, Alentio Factorum*, jolie ville, chef-lieu du départ. de l'Orne et de deux cantons. Trib. de 1re inst. et de comm., chamb. de comm., conseil de prud'h. 2 cures, collège com., ✉, ⚓. — Pop. 13,917 h. — TERRAIN jurassique, étage inférieur du système oolitique.

Autrefois château et duché-pairie en Normandie, diocèse de Séez, parlement de Paris, siège d'intendance, gouvernement général, bailliage, présidial, vicomté, maîtrise des eaux et forêts, bureau des finances, prévôté générale et lieutenance de maréchaussée, chef-lieu d'élection, grenier à sel, recette générale des tailles, direction générale des aides, grandes entrées, collège, abbaye de Ste-Claire, prieuré de filles ordre de St-Benoît, couvent d'ursulines et de filles de la Visitation, couvent de capucins. — La généralité d'Alençon comprenait neuf élections : Alençon, Bernay, Lisieux, Conches, Verneuil, Domfront, Falaise, Argentan, Mortagne.

Alençon n'est pas une ville ancienne. Au IXe siècle, ce n'était encore qu'un bourg, qui fut cédé aux Normands par Charles le Simple. En 1026, Guillaume de Belesme y fit construire un château au confluent de la Sarthe et de la Briante, où il fut assiégé l'année suivante par Robert, duc de Normandie. Geoffroi Martel, comte d'Anjou, s'empara de cette ville, qui fut reprise en 1048 par Guillaume le Conquérant. Henri II, roi d'Angleterre, la prit en 1135 : c'était une place forte très-importante, qui eut depuis lors des comtes particuliers, vassaux, comme le reste de la Normandie, du roi d'Angleterre. Un de ces comtes, Robert II de Belesme, s'est rendu fameux par ses cruautés. C'était, dit un contemporain, pour ses prisonniers, un Pluton, une Mégère, un Cerbère; il ne se souciait pas de leur rançon, mais préférait les faire mourir dans les tourments, condamnant les uns, hommes ou femmes, à être empalés ; infligeant à d'autres différentes tortures, et faisant quelquefois lui-même le métier de bourreau. Le dernier de cette race homicide, Robert IV, étant mort sans postérité, Alix, sa sœur et son héritière, céda à Philippe Auguste Alençon et ses dépendances, qui firent partie du domaine de la couronne jusqu'en 1268, que Louis IX le donna pour apanage à Pierre, son cinquième fils. A la mort de ce prince, Alençon revint à la couronne et fut donné, par Philippe le Bel, à Charles de Valois, son frère. Le comté d'Alençon fut, à cette époque, érigé en comté-pairie.—Dans le xiv° siècle, Alençon eut beaucoup à souffrir des ravages des grandes compagnies. On fut obligé de raser les faubourgs, le prieuré de St-Ysiges et l'Hôtel-Dieu de Montsort, afin d'empêcher l'ennemi de s'y fortifier. Le pays, gouverné ensuite par des princes bons et aimés de leurs sujets, jouit pendant un demi-siècle d'une grande prospérité et d'un complet repos.

Vers la fin du xiv° siècle, Alençon fut érigé en duché, par Charles VI, roi de France. Henri V, roi d'Angleterre, s'en empara en 1417, et en fit don au duc de Bedfort, son frère. En 1421, les Français reprirent la ville, qui retomba au pouvoir des Anglais en 1428, puis revint à Charles VII eu 1440 ; mais les Anglais y rentrèrent en 1444 ; enfin, en 1450, ils en furent définitivement chassés. — Le duché d'Alençon fut réuni à la couronne en 1525. En 1559, la ville devint le douaire de Catherine de Médicis, mère de Charles IX ; elle renfermait alors un grand nombre de calvinistes et, eut beaucoup à souffrir des querelles religieuses. Les protestants, étant en majorité, pillèrent les églises et dévastèrent les couvents; néanmoins, lorsque arriva la St-Barthélemy, le brave Matignon, chef des catholiques, vint à bout d'empêcher toute sanglante représaille, et sauva la vie aux protestants. Les ligueurs s'emparèrent de la ville en 1589; elle fut reprise en 1590 par Henri IV lui-même, qui put alors détruire une partie du château. En 1603, il engagea cette ville au duc de Wirtemberg, auquel il devait des sommes considérables; Marie de Médicis, sa veuve, remboursa cet engagement, et fut subrogée aux droits du duc. A sa mort, Alençon échut à Gaston d'Orléans; puis, après avoir formé, en 1660, le douaire de la veuve de ce prince, passa par mariage au duc de Guise. — Les guerres religieuses continuèrent à désoler la ville; pendant le xvii° siècle, les prédications des pasteurs protestants et les réfutations des prêtres catholiques furent souvent l'occasion de graves désordres. La révocation de l'édit de Nantes, en 1681, porta aux calvinistes un coup terrible, et fut signalée à Alençon par des atrocités épouvantables.

Les armes d'Alençon sont : *semé de France, à la bordure cousue de gueules, chargée de dix besants d'or.*—Dans un manuscrit de 1610, elles sont indiquées : *d'azur à trois faux d'argent*, et dans un autre manuscrit de 1669, elles sont indiquées : *d'azur à l'aigle d'or au vol abaissé becqué et membré de gueules.*

La ville d'Alençon est située dans une grande et fertile plaine entourée de forêts, au confluent de la Sarthe et de la Briante ; elle est grande, bien bâtie, et entourée de cinq faubourgs très-agréables. Les rues sont généralement larges, bien pavées, propres et assez bien percées. La principale de ses places publiques, sur laquelle s'élèvent l'hôtel de ville et le palais de justice, communique à une magnifique promenade plantée de beaux arbres, qui a beaucoup de ressemblance avec le Bois et la grande allée du jardin du Luxembourg à Paris.

La cathédrale, sous l'invocation de Notre-Dame, est un édifice gothique dont la construction fut commencée en 1553 ; le portail, remarquable par ses sculptures, ne fut achevé qu'en 1617 ; il offre trois grandes entrées que précède une façade légère et hardie ; les trois arches sont surmontées de pyramides, et garnies de galeries et de niches ; la nef date du xvi° siècle, et est décorée d'ornements gothiques très-riches ; elle a 31 m. 30 c. de longueur, 9 m. 75 c. de largeur et 19 m. 30 c. de hauteur. De chaque côté cinq arcades à ogive y soutiennent des galeries à jour, au-dessus desquelles sont cinq grandes croisées à vitraux coloriés, qui rappellent plusieurs traits de l'histoire des seigneurs du lieu. Les piliers de cette nef sont massifs; les bas côtés sont étroits et nuisent également à la grâce de l'édifice. L'église a la forme d'une croix latine. L'autel, placé sous la première arcade du chœur, est fort beau ; il est décoré d'une Assomption en marbre blanc, et surmonté d'un baldaquin en cuivre, soutenu par quatre colonnes de marbre blanc. Malheureusement le chœur, qui, au milieu du xviii° siècle, avait été entièrement détruit par un incendie, a été reconstruit sans aucune sculpture, et cette nudité présente un contraste avec la richesse du reste de l'édifice. On remarque aussi la chaire, qui date du xvi° siècle, à laquelle on arrive par un escalier pratiqué dans le pilier auquel elle est adossée. L'église Notre-Dame avait autrefois une flèche de 47 m. d'élévation, qui a été renversée par la foudre en 1744. On y voyait les tombeaux des anciens ducs d'Alençon, détruits lors de la révolution. On n'y remarque plus que la statue agenouillée de Marguerite de Lorraine. — L'église Notre-Dame, ainsi que les restes de l'ancien château, ont été désignés par l'autorité locale, comme étant susceptibles d'être classés au nombre des monuments historiques.

L'église St-Léonard est une reconstruction du xv° siècle, dont quelques chapelles seulement rappellent un monument plus ancien qui remontait à 1402.

L'hôtel de la préfecture, autrefois l'intendance, est un bel édifice en briques, construit par Froment de la Benardière et augmenté par la duchesse de Guise.

L'hôtel de ville a été construit en 1783, sur l'emplacement de l'ancien château, dont il reste encore trois vieilles tours couronnées de créneaux, parfaitement conservées, qui servent aujourd'hui de prison. Ce château fut fondé dans le x° siècle par Yves de Belesme ; mais la forteresse, dont les trois tours sont encore debout, date du xii°, du xiii° et du xiv° siècle ; un donjon, renversé en 1784, était l'ouvrage de Henri I°, roi d'Angleterre. Les deux grosses tours massives formant la porte d'entrée, et la tour couronnée avec ses mâchicoulis, son créneaulage, ses fenêtres carrées et son toit arrondi, dénotent des constructions de la fin du xiv° siècle.

La bibliothèque publique, renfermant environ 8,000 vol., est placée dans la partie supérieure de l'église du collège.

On remarque encore à Alençon : le palais de justice, de construction moderne ; l'hôpital général et l'hospice des aliénés ; la halle aux grains, rotonde massive à peu près semblable à celle de Paris, mais beaucoup moins gracieuse ; la halle aux toiles ; la poissonnerie; l'abattoir public ; l'église de Montsort, construite dans le viii° siècle ; la salle de spectacle ; l'hippodrome, destiné aux courses de chevaux de premier ordre pour vingt et un départements, etc., etc.

On doit visiter à 8 k. ouest d'Alençon la butte de Chaumont, qui domine au loin une grande étendue de pays. A 500 pas de son sommet, à l'est, on trouve une première enceinte de pierres sèches avec des traces de bastions qui annoncent une première ligne de défense. Parvenu au point le plus élevé, une seconde enceinte du même genre, plus apparente, avec un large fossé en dehors, présente un camp fort difficile à forcer. Enfin, au point central, on rencontre les fondements d'un donjon, et un puits aujourd'hui comblé (*Mém. de la soc. des ant. de Normandie*, t. ix).

Industrie et commerce. Les environs d'Alençon produisent beaucoup de fruits, du cidre, du poiré, des laines, des plumes, des chevaux renommés, des bestiaux, des volailles, etc. On y trouve du minerai de fer, de l'argile à potier, des carrières de granit, dans lesquelles on rencontre des quartz enfumés, connus sous le nom de diamants d'Alençon, ainsi que des béryls ou émeraudes jaunes. — L'industrie de cette ville a bien changé depuis vingt ans. Elle consiste maintenant en quelques tanneries, brûleries ou distilleries de lies de cidre, brasseries, blanchisseries de toiles ; filatures de chanvre et de coton ; fabriques de mousseline de laine à impression et pour meubles, fabrique de bougran. Une industrie plus active est celle des toiles connues sous le nom de toiles d'Alençon. Suivant une statistique de l'Orne, publiée en 1834, il s'en est vendu cette année-là 21,670 pièces, savoir: 1,016 pièces 4/4, de 70 à 80 aunes pour draps ; 3,082 pièces 15/16 ; 1,308 pièces 7/8 ; 4,832 pièces 2/3 pour chemises ; 6,166 pièces 5/8 ; 2,366 pièces de serviettes de diverses largeurs, et 3,000 pièces pour torchons. Alençon possède en outre une filature produisant annuellement 80,000 kilog. de fils de coton des n°s 28 à 45; une filature de lin à la mécanique de 3,000 broches; trois manufactures occupant 20 métiers marchant par la vapeur, et 405 métiers à bras tissant des mousselines de laine, de coton et autres étoffes. La broderie emploie environ 400 ouvrières, et la couture des gants à peu près autant; la dentelle ou point d'Alençon occupe encore cinq ou six maisons principales, dont les produits ont été distingués aux diverses expositions de l'industrie nationale.

Alençon est le centre d'un commerce d'environ 5 à 6 millions. Ses productions donnent lieu à un mouvement de capitaux également assez important. Le cidre et le poiré, boissons du pays, s'y vendent en pièces nommées pipes, contenant environ 300 pots avec la lie, et 280 sans lie. Le pot équivaut à 2 pintes anciennes de Paris. — Les *foires* les plus célèbres de cette ville sont celles de la Chandeleur, tombant le 3 février, et du Grand Lundi (2e lundi de carême); mais la première est une foire spéciale pour les chevaux; les plus beaux s'y vendent dans les écuries, sans paraître en foire, dès le 25 janvier. On peut évaluer le nombre à 300 ou 400, variant de 7 à 1,200 fr. pièce. Le jour de la foire est réservé pour la vente de 15 à 1,600 chevaux de travail. Les autres foires se tiennent le 2e jeudi après Pâques, jeudi avant la Pentecôte, 1er jeudi de sept., 3e jeudi de nov.

L'arrondissement d'Alençon renferme 6 cantons: Alençon (E.), Alençon (S.-O.), Carrouges, Courtomer, Mesle-sur-Sarthe et Séez.

Alençon est à 48 k. N. du Mans, 193 k. de Paris par Mortagne, 201 k. par Regmalard, 193 k. pour la taxe des lettres. — Lat. N. 48° 13' 30", long. O. 2° 14' 2".

Biographie. Alençon est la patrie de Mme Dujardin de Villedieu, femme galante et bel esprit du XVIIe siècle, auteur des *Exilés*, des *Désordres de l'amour*, et de plusieurs autres ouvrages.

D'Odolant-Desnos (P.-Joseph), auteur de *Mémoires historiques sur la ville d'Alençon*, 2 vol. in-8, 1787.

De J. Odolant-Desnos, fils du précédent, auteur de la *Description géographique et statistique du département de l'Orne*, in-8, 1834, et de plusieurs autres ouvrages.

De Dufriche-Valazé, député à la convention nationale, auteur d'un *Traité estimé sur les lois pénales*; proscrit au 31 mai, il refusa de s'évader, fut condamné à mort, se perça le cœur avec un poignard qu'il tenait caché sous ses vêtements, et tomba mort devant ses juges.

Du folliculaire Hébert, rédacteur du journal intitulé *le Père Duchesne*, mort sur l'échafaud révolutionnaire en 1794.

Des lieutenants généraux Bonnet et Ernouf.

Du célèbre Desgenettes, médecin en chef de l'armée d'Égypte, auteur de l'*Histoire médicale de l'armée d'Orient*, in-8, 1802, et de plusieurs autres ouvrages de médecine.

Du naturaliste Labillardière, auteur de la relation du *Voyage à la recherche de la Peyrouse*, 2 vol. in-4 ou 2 vol. in-8, 1799, et de plusieurs savants ouvrages d'histoire naturelle, etc.

Du poète Vieille de Boisjolin, ex-sous-préfet de Louviers.

De Mlle Lenormand, célèbre sibylle moderne, auteur de plusieurs ouvrages de cartonomancie.

Bibliographie. * *Reddition et Prise de la ville et château d'Alençon, faite le 22 mai, etc., par M. le duc de Mayenne*, in-12, 1589.

Bry (Gilles). *Histoire des pays et comtés de Perche et duché d'Alençon*, in-4, 1620.
— *Additions aux recherches d'Alençon et du Perche*, etc., in-4, 1621.

Odolant-Desnos (P.-Jos.). *Mémoires historiques sur la ville d'Alençon et sur ses seigneurs*, 2 vol. in-8, 1787.

Gautier (J.-J.). *Histoire d'Alençon*, in-8, 1805; et *Supplément*, in-8, 1821.

Chaufailly. *Antiquaire de la ville d'Alençon*, br. in-12.

Dubois (L.). *Histoire d'Alençon*, in-8, 1805.

Sicotière (Léon de la). *Histoire du collège d'Alençon*, in-8, 1842.

ALENÇON-LE-PETIT, h. Sarthe, comm. de Louvigny, ⊠ de Mamers.

ALÉNYA, vg. *Pyrénées-Or.* (Roussillon), arr., cant. et à 10 k. de Perpignan, ⊠ d'Elne. Pop. 937 h.

ALEREA (lat. 47°, long. 20°). « Ce lieu est placé dans la Table théodosienne entre *Argantomagus*, ou Argenton en Berry, et *Avaricum*, Bourges. La distance est marquée XIIII, à l'égard d'*Argantomagus*, et XXVIII à l'égard d'*Avaricum*. L'Itinéraire d'Antonin, où l'on trouve la même route, ne fait point mention d'*Alerea*; elle convient au passage de la rivière d'Indre, à l'endroit où sont deux paroisses sous un même nom, qui est Ardantes. L'Indre est nommée *Angera* par Théodulfe d'Orléans, *Anger* par Grégoire de Tours, *Andra* dans l'acte de fondation de l'abbaye de Deols, au-dessous d'Ardantes, en 917. Comme il y a beaucoup de dénominations altérées dans la Table, on pourrait soupçonner celle d'*Alerea* d'être de ce nombre. Quoi qu'il en soit, la distance estimée d'environ 15,000 toises en droite ligne d'Argenton à Ardantes, peut à peu près admettre la mesure itinéraire de 14 lieues gauloises que marque la Table, entre Argenton et Bourges; un intervalle qui passe 34,000 toises approche encore plus près par proportion du calcul de 28 lieues gauloises, qui est de 31,700 toises environ. J'observe, dans l'article *Ernodurum*, que l'Itinéraire d'Antonin donne que 40 au lieu de 42, entre *Argantomagus* et *Avaricum*; et si l'on prend le terme moyen, ou 41 plutôt que 42, le calcul de la mesure itinéraire devient plus convenable à la mesure directe. » D'Anville. *Notice de l'ancienne Gaule*, p. 48.

ALERIA, *Corse*, ancienne ville ruinée, autrefois évêché, située sur le penchant d'une colline très-élevée qui se prolonge sur les bords de la mer. Ce n'est plus aujourd'hui qu'un village, arr., ⊠ et à 48 k. de Corte, c. de Moïta. Pop. 75 h. — Terrain d'alluvions et de tourbe.

À en juger par sa position, par la fertilité prodigieuse de son territoire, par les ruines et les débris d'ornements qu'on y rencontre, par les monnaies et les cornalines gravées qu'on y trouve, Aleria dut être une ville opulente, où il se faisait un grand commerce. Les débris de cette antique cité consistent en une maison prétoriale, que les habitants nomment *casa reale*, où l'on voit des caves profondes assez bien conservées. Un cirque de forme elliptique, dans lequel on aperçoit quelques gradins en mauvais état, paraît avoir pu convenir par ses dimensions à une ville d'environ 12 ou 15,000 âmes. Les murs de la partie septentrionale de la ville, du côté de Tavignano, étaient bâtis sur les bords d'un escarpement haut et presque vertical, et étaient flanqués par des tours très-rapprochées; ceux de la partie méridionale en étaient séparés par un fossé qui existe encore. Un mur intermédiaire, dont il est facile de suivre les traces, coupait en deux cette ville, dont le plateau supérieur contenait la maison prétoriale, le cirque et le præsidium. On indique encore, comme restes de constructions romaines, dans le voisinage d'Aleria, les piles d'un pont qui traversait le Tagnone, près de l'embouchure de ce torrent dans le Tavignano, et un pavé en briques sur le bord de l'étang d'Orbino. L'étang de Diana paraît avoir servi de port à Aleria, ainsi que l'indiquent encore de gros anneaux de fer fixés sur ses bords. — Les ruines d'Aleria ont été désignées par l'autorité locale, comme étant susceptibles d'être classées au nombre des monuments historiques qui méritent d'être conservés.

ALES. V. Alais.

ALESANI. V. Valle.

ALESIA, *Alestum*. V. Alais.

ALESIA (lat. 48°, long. 23°). « Le siège d'*Alesia* par César, et dont le succès assura aux Romains la domination de la Gaule, a rendu cette ville très-célèbre. Les opérations de ce fameux siège, pendant lequel César se vit investi de toute la Gaule confédérée contre le nom romain, et animée du désir de recouvrer sa liberté, sont décrites fort en détail dans les éclaircissements géographiques sur l'ancienne Gaule, qui ont paru en 1741. Cette description est accompagnée d'un plan, qui est la représentation positive, et non figurée d'imagination, comme on l'avait hasardée auparavant, du local d'*Alesia* et des environs; ce plan ayant été levé par D. Jourdain, bénédictin qui joint aux qualités essentielles à son état, beaucoup de connaissances et du talent pour les arts. La correspondance que l'on remarque entre la disposition du local, et les circonstances du siège, comme elles sont rapportées dans le livre des Commentaires, ne permet pas de douter qu'Alise, ou plutôt le sommet du mont Auxois, n'ait été l'assiette et l'emplacement d'*Alesia*. Si l'opinion qu'Alise pouvait être un vestige d'*Alesia* n'était pas absolument nouvelle, cette opinion n'avait pas acquis le degré d'évidence et de certitude que la comparaison la plus exacte du local avec les faits lui a procuré. *Alesia* appartenait aux *Mandubii*, qui étaient dans la dépendance des *OEdui*, et, selon ce que rapporte Diodore de Sicile (lib. iv), Hercule, en revenant de l'Ibérie, avait jeté les fondements de cette ville. C'est une leçon fautive que celle d'*Alexia* dans quelques éditions des Commentaires. On lit *Alesia* dans les plus anciens manuscrits de César, dans Strabon, Pline, Florus, Plutarque, Polyænus, Dion Cassius. Quoique Florus prétende (lib. III, cap. 10) que César détruisit *Alesia*, cependant les vestiges de plusieurs voies romaines, qui tendent à cette ville, sont un témoignange qu'elle existait dans un état florissant sous ces empereurs ; et Pline nous apprend qu'on y argentait au feu les ornements des harnais de chevaux. Mais Alise avait été ensevelie dans ses ruines au IXᵉ siècle, selon le moine Errie, qui a écrit en vers la vie de saint Germain d'Auxerre :

Nunc restant veteris tantum vestigia castri.

Les reliques de sainte Reine, qui étaient vénérées à Alise dès le temps de la première race de nos rois, y ont fait subsister un bourg sous le nom de cette sainte. Ce qui a perpétué l'ancienne dignité d'Alise, c'est que le nom de *Pagus Alisiensis*, comme on dit dans la vie de saint Germain de Paris, écrite à la fin du VIᵉ siècle par Fortunat, ou *Alsinsis*, selon les actes postérieurs, est demeuré au canton de pays qui faisait véritablement le territoire des *Mandubii*, dont *Alesia* était la ville principale : et ce canton a conservé le même nom dans celui d'*Auxois*, dérivé de la dénomination primitive, de même que la montagne sur laquelle *Alesia* était située, se nomme le mont Auxois.» D'Anville. *Notice de l'ancienne Gaule*, p. 49.

« La position d'Alesia sur le mont Auxois résulte non-seulement du nom d'Alise que portait Ste-Reine, qui est au pied du mont, mais encore de la correspondance parfaite du local avec la description de César, convenance qui se vérifie jusque dans les plus petits détails, et qui nous prouve avec combien de soin et d'exactitude César a écrit ses mémoires.» Walckenaer. *Géographie des Gaules*, p. 328. V. ALISE.
Bibliographie. * *Dissertation sur les frontières de la Gaule et de la province romaine où l'on découvre la fameuse Alesia assiégée par César*, in-4, 1707, et in-12, 1712.
* *Eclaircissements de la dissertation sur Alesia, où l'on découvre l'assiette de divers peuples et les lieux de la Gaule, avec quelques remarquables critiques sur la carte de l'ancienne Gaule*, in-12, 1712.
LEMPEREUR (Jacq.). *Dissertation sur la ville d'Alesia*, in-12, 1706.
* *Eclaircissements sur la dispute d'Alise en Bourgogne, et de la ville d'Alez, au sujet de la fameuse Alesia assiégée par César*, in-12, 1713.
* *Recherches géographiques sur quelques villes de l'ancienne Gaule* (Mém. de Trévoux, 1739).

* *La Suite sur l'entier éclaircissement de la dissertation sur Alesia*, in-4.
BELLEY (l'abbé). *Eclaircissements géographiques*, in-12, 1741.
CAYLUS (le comte de). *Recueil d'antiquités*, t. v, p. 293.

ALET, *Alectum, Alecta, Aletha*, gros bg *Aude*, arr., cant., ⊠ et à 10 k. de Limoux. Cure. Pop. 1,320 h.—TERRAIN crétacé inférieur, grès verts.

Autrefois évêché dont le revenu était de 16,500 liv., taxé à 1,500 flor., et dont dépendaient 80 paroisses et 1 abbaye.

Alet doit son origine à une abbaye de l'ordre de St-Benoît, fondée vers 813. En 1222, l'abbaye d'Alet, ainsi que tous les biens qui en dépendaient, furent unis à la cathédrale de Narbonne. Alet fut érigé en évêché en 1341 ; et, par une bulle du pape datée d'Avignon, le 18 février, l'église de Notre-Dame fut déclarée cathédrale. En 1573, les religionnaires s'en rendirent maîtres ; mais, deux ans après, les catholiques s'en emparèrent, ayant à leur tête le duc de Joyeuse. Les religionnaires recommencèrent bientôt les hostilités, et, étant parvenus à reprendre Alet, ils brisèrent les autels, détruisirent les églises et chassèrent les prêtres. Pendant ces guerres cruelles de religion, qui se prolongèrent encore longtemps, Alet fut plusieurs fois pris et repris par les deux partis. Enfin, en 1585, lorsque la province commençait à se pacifier, le duc de Montmorency donna ordre aux habitants de ce bourg de recevoir chez eux les religionnaires leurs compatriotes, et les mit sous leur protection. Les habitants d'Alet y consentirent ; mais, peu de temps après, ils se jetèrent sur les religionnaires sans défense, et les massacrèrent tous pendant la nuit.

L'ancienne église Notre-Dame a été désignée récemment par l'autorité locale, comme étant susceptible d'être classée au nombre des monuments historiques.

Les armes d'Alet sont : *d'azur à une croix ancrée d'or, tenue par le pied de deux mains d'argent, au-dessous desquelles sont deux ailes de même, et deux étoiles d'or en chef.*

Cette ville est très-agréablement située au pied de la chaîne des Pyrénées, sur la rive droite de l'Aude, dans un vallon resserré par des montagnes boisées qui donnent naissance aux gorges d'Alet. Ce vallon, que l'on appelle le jardin du département de l'Aude, abonde en fruits excellents et fort recherchés. Une source très-abondante, nommée le Théron, qui sourd dans un endroit pittoresque, suffit aux besoins des habitants et à l'arrosage de leurs nombreux jardins. Le territoire produit du blé et du vin assez estimés.

Les montagnes qui dominent Alet sont en général assez élevées. Du sommet de celle appelée la Pech-de-Brau, on plane sur une immense étendue de pays et sur une grande partie du département de l'Aude ; l'œil découvre, à l'horizon, le pic de Bugarach, le Canigou, la chaîne des Pyrénées, les montagnes de Bigorre et le pic du Midi, la ville de Toulouse, la montagne Noire, et, dans un cercle plus rapproché Castelnaudary, Montréal, Carcassonne et Limoux.—Près du cimetière d'Alet, on remarque les ruines d'un ancien édifice que l'on croit avoir été un temple dédié à Diane.

Alet a été illustré, dans le XVIIᵉ siècle, par les vertus d'un de ses évêques, nommé Nicolas Pavillon. Ce prélat embrassa le jansénisme, et mourut dans la disgrâce de Louis XIV, qui envoya des commissaires chargés d'examiner sa conduite. C'est à lui que Boileau fait allusion dans ce vers du Lutrin :

Ces vertus dans Alet peuvent être en usage.

Nicolas Pavillon fut enterré dans le cimetière d'Alet, où l'on remarque encore son tombeau. Sa mémoire est en grande vénération parmi les habitants de ce bourg ; et, bien que sa tombe soit d'une simplicité extrême, les habitants lui rendent une espèce de culte religieux.

Commerce considérable de bêtes à laine, aux *foires* des 24 août et 23 sept., où l'on expose en vente jusqu'à 2,000 bêtes, qualité des Corbières, donnant une laine recherchée.—Tuileries.

EAUX THERMALES D'ALET.

Alet renferme des bains d'eaux thermales qui, indépendamment de leur efficacité, sont un but de délassement et de partie de plaisir pour les habitants de la ville et des environs. — Les sources sont au nombre de quatre, dont trois thermales et une minérale froide, appelée les Eaux rouges. La première est appropriée à l'usage d'un établissement de bains situé sur la ligne de poste, au midi d'Alet, à 400 m. de la rive droite de l'Aude. La deuxième coule au nord de cette commune, à la même distance de la rive droite de l'Aude. La situation de la troisième n'a pas encore été indiquée. La quatrième est, à l'égard d'Alet, dans la même position que les bains, à 600 m. plus loin. Les eaux thermales n'excèdent pas 22° de Réaumur ; ainsi, pour les prendre en bains, on est obligé d'en élever la température en y versant de l'eau chauffée. Il faut pourtant excepter le n° 3, qui atteint 28°. Cette source a été découverte depuis quelques années.

Toutes ces eaux sont claires, limpides, ferrugineuses, légèrement styptiques ; elles contiennent du carbonate de fer et de la chaux réduite à l'état de carbonate, de muriate et de sulfate. Les dépôts qu'elles laissent précipiter sont composés de fer, de chaux à l'état de carbonate.

On accorde aux eaux thermales d'Alet, prises en bains, la propriété de guérir les maladies de la peau, les paralysies, les vieilles plaies, et certaines affections chroniques que laissent les maladies vénériennes. Elles purgent, lorsqu'on les prend intérieurement ; et, coupées avec quelques boissons mucilagineuses, elles sont bonnes pour les maladies de poitrine.

Les eaux minérales froides, appelées les Eaux rouges, purifient le sang, sont un excellent remède dans les maladies de foie, dans les fièvres intermittentes ; mais elles sont funestes aux poitrines délicates.

ALET, ou ALETH, *Aleto, Aletum Vetus*

Rhedonum, ville ruinée, autrefois épiscopale, située au bord de la mer, près du port de Solidor, à 4 k. de St-Malo ; c'était une ville ou forteresse du temps des Romains. L'évêché d'Alet fut transféré en 1150 dans l'île d'Aaron, où a été construit St-Malo. L'ancien emplacement d'Alet, sur une pointe de terre près de la ville de St-Servan, est appelé dans le pays *Guich-Aleth* (bourg d'Alet).

ALETH (pays* d'), *Pagus Aletensis*, pays de l'ancienne Gaule, dont Guich-Aleth était le chef-lieu.

ALETTE, vg. *Pas-de-Calais* (Boulonnais), arr., ✉ et à 11 k. de Montreuil-sur-Mer, cant. d'Hucqueliers. Pop. 470 h.

ALETUM (lat. 49°, long. 16°). « Selon la Notice de l'empire, *Aletum* était le poste d'un commandant particulier, sous les ordres du général, dont le district s'étendait sur toute la région maritime, appelée *Tractus Armoricanus et Nervicanus*. Quoique *Aletum* ne paraisse pas dans les Notices des provinces de la Gaule au rang des cités, il est devenu un siége épiscopal, qui ne fut transféré dans l'île d'Aaron ou de St-Malo que dans le XIIᵉ siècle. L'ancien emplacement de cette ville sur une pointe de terre près du bourg de St-Servan, est appelé par les Bretons *Guich-Alet*, et autrement la Cité, du terme affecté aux villes épiscopales. Mais dans ce diocèse un archidiaconé, que l'on nomme aujourd'hui *Poulet*, tire son nom de *Pagus Aletensis*. On a dit *Pou-Alet* ou *Pou-Elet*, parce qu'en Bretagne le terme de *Pagus* est remplacé par celui de *pou*. Dans des lettres de Josselin, évêque de St-Malo, en date de l'an 1382, le *Pouelet* est appelé *Pageolatus*. » D'Anville. *Notice de l'ancienne Gaule*, p. 49.

ALEU, vg. *Ariége* (Gascogne), arr. et à 17 k. de St-Girons, cant. et ✉ de Massat. Pop. 1,331 h.

ALEU (l'), h. *Seine-et-Oise*, comm. et ✉ de St-Arnoult.

ALEVY, vg. *Deux-Sèvres*, comm. de Volans, ✉ de Mauzé.

ALEX (les), vg. *Isère*, comm. du Pin, ✉ de Virieu.

ALEXAIN, bg. *Mayenne* (Maine), arr., cant., et à 14 k. de Mayenne. Pop. 1,103 h. — Foires les 24 juin, 27 août, 19 sept. et 21 nov.

ALEXANDRE (St-), vg. *Gard* (Languedoc), arr. et à 29 k. d'Uzès, cant. et ✉ du Pont-St-Esprit. Pop. 806 h.

ALEXANDRE (St-), vg. *Ille-et-Vilaine*, comm. de St-Enogat, ✉ de St-Malo.

ALEXIENSIS AGER. V. Auxois.

ALEYRAC, vg. *Drôme* (Dauphiné), arr. et à 16 k. de Montélimart, cant. de Dieulefit, ✉ de Taulignan. Pop. 92 h. — Verrerie aux environs.

ALEYRAC, *Hérault*, comm. de Sauteyrargues, ✉ des Matelles.

ALEYRAT. V. ALLEYRAT.

ALFORT, vg. *Seine*, comm. et ✉ de Maisons-Alfort, ✉. V. MAISONS-ALFORT.

ALGAJOLA, petite ville maritime, *Corse*, située au fond d'un petit golfe, chef-lieu de cant., arr. et à 13 k. de Calvi, ✉ de l'Ile-Rousse. Pop. 259 h. — TERRAIN cristallisé.

Sous le gouvernement des Génois, Algajola était une place importante où résidait le lieutenant général de la province de la Balagne ; cette place fut souvent prise, reprise et dévastée pendant la grande révolution insulaire. Le voisinage de l'Ile-Rousse lui a aussi été fatal ; comme elle n'offre au commerce qu'une plage peu commode, où même les plus petits bâtiments ne peuvent être tirés à terre, elle a fini par décliner, et est enfin entièrement déchue. On y voit encore quelques belles maisons, mais délabrées et tombant en ruine. L'église renferme une Descente de croix très-endommagée, attribuée au Guerchin. — Commerce d'huile d'olive, cire jaune, amandes, oranges, citrons. — Exploitation de granit. — Le canton d'Algajola est entrecoupé de montagnes et de collines, dont quelques-unes offrent d'excellents pâturages ; les autres sont propres à la culture du seigle ou plantés de vignes, d'oliviers, d'orangers et de citronniers. La côte est parsemée de blocs d'un magnifique granit rose rouge, dont l'exploitation, commencée il y a quelques années, promet de devenir très-lucrative.

ALGAN, vg. *Vendée*, arr. et à 56 k. de Bourbon-Vendée. — *Fab. de drap. Papeterie*.

ALGANS, vg. *Tarn* (Languedoc), arr. et à 14 k. de Lavaur, cant. de Cucq-Toulza, ✉ de Puy-Laurent. Pop. 628 h.

ALGES, h. *Seine-Inf.*, comm. et ✉ de Goumay.

ALGIS (St-), vg. *Aisne* (Picardie), arr., cant., et à 10 k. de Vervins. Pop. 543 h. Près de l'Oise. Il tire son nom de saint Algis, qui y mourut en 670. — *Fab. de vannerie et de tissus de coton*.

ALGOLSHEIM, vg. *H.-Rhin* (Alsace), arr. et à 19 k. de Colmar, cant. et ✉ de Neuf-Brisach. Pop. 405 h.

ALGRANGE, vg. *Moselle* (pays Messin), arr., cant. et à 10 k. de Thionville, ✉ de Fontoy. Pop. 341 h.

ALICHAMP, vg. *Cher* (Berry). Il est situé sur la rive droite du Cher, arr. et à 10 k. de St-Amand, cant. et ✉ de Châteauneuf. Pop. 327 h. — On a découvert une grande quantité de tombeaux, d'inscriptions, de débris d'armes, de vases et de médailles, qui prouvent d'une manière incontestable qu'il existait anciennement en ce lieu une ville importante. On y a trouvé notamment une colonne milliaire qui indiquait la distance du lieu où elle était placée avec les principales villes des Aquitaines : *Avaricum*, *Mediolanum*, *Neris*. L'inscription de cette colonne, placée maintenant sur la grande route à l'entrée du village de la Celle, est ainsi conçue :

AVAR. L. XIV. MEDI. XII. NERI. XXV.

ALIÈSE, vg. *Jura* (Franche-Comté), arr. et à 13 k. de Long-le-Saulnier, cant. et ✉ d'Orgelet. Pop. 374 h.

ALIGNAN-DU-VENT, vg. *Hérault* (Languedoc), arr. et à 21 k. de Béziers, cant. de Servian, ✉ de Pézenas. Pop. 1,154 h. — Distilleries d'eau-de-vie.

ALIGNY, h. *Nièvre*, comm. de Livry, ✉ de St-Pierre-le-Moutiers.

ALIGUIÈRES, h. *Tarn-et-Garonne*, comm. et ✉ de St-Antonin.

ALINCOURT, vg. *Ardennes* (Champagne), arr. et à 14 k. de Rethel, cant. de Juniville, ✉ de Tagnon. Pop. 336 h.

ALINCTUN, vg. *Pas-de-Calais* (Boulonnais), arr., ✉ et à 14 k. de Boulogne, cant. de Desvres. Pop. 356 h.

ALINGAVIA IN TURONIBUS. V. LANGEAIS.

ALINGO (lat. 45°, long. 18°). « Ce lieu est cité par Sidoine Apollinaire (lib. VIII, epist. 12). En invitant un de ses amis, qui était à Bazas, de quitter cette ville pour venir à Bourdeaux, il ajoute : *Portum Alingonis tam piger calcas ; et cum nec* XII *millium objectu sic retarderis*. Si cette indication doit se rapporter à celle où se trouve Langon, qui est *Alingo*, à l'égard de Bourdeaux, elle ne doit pas être prise en rigueur. L'Itinéraire de Jérusalem indique 16 lieues gauloises de Bourdeaux à Sirione, ou au passage de Siron, et jusqu'à Langon il faudrait y ajouter environ 3 des mêmes lieues ; d'où 19 entre Bourdeaux et Langon. On y compte aujourd'hui 7 lieues communes du pays, et l'évaluation la plus convenable en général aux lieues de France dans les provinces méridionales est de 4 milles romains. Les 7 lieues reviennent ainsi à 28 milles, et le compte de 19 lieues gauloises fournit rigoureusement 28 milles 1/2. Quoique Langon soit du diocèse de Bazas, on voit, par quelques lettres de saint Paulin, que l'église de ce lieu était confiée aux soins des évêques de Bourdeaux. » D'Anville. *Notice de l'ancienne Gaule*, p. 51.

ALISE-STE-REINE, *Alesia*, *Alexia*, bg *Côte-d'Or* (Bourgogne), arr. et à 14 k. de Semur, cant. et ✉ de Flavigny. Pop. 776 h.

Autrefois diocèse d'Autun, parlement et intendance de Dijon, bailliage de Semur-en-Auxois, couvent de cordeliers, pèlerinage.

Ce bourg, situé sur l'Ozerain, au pied du mont Auxois, est bâti à peu de distance de l'emplacement où existait Alesia, une des principales villes des Gaules, que César détruisit, dit-on, lors de la bataille décisive qui fut le dernier effort et le tombeau des Gaulois, commandés par le brave Vercingétorix. Après un engagement malheureux avec les Romains, Vercingétorix indique la distance d'Alesia, où César lui l'assiéger. Le général gaulois se retrancha sous les murs de la ville ; son camp était fortifié par un fossé et par un mur de pierres sèches de six pieds de hauteur : il renvoya sa cavalerie, et donna à chaque cavalier l'ordre de revenir avec tous ceux qui étaient en état de porter les armes. Les Gaulois choisirent dans chaque peuple une troupe d'élite, et firent un grand effort pour se soustraire à l'esclavage ; 250,000 hommes de pied et 8,000 cavaliers se rendirent sous les murs d'Alesia. Mais ils eurent l'imprudence de s'engager dans une gorge où ils furent battus par César, qui en fit un carnage épouvantable. Vercingétorix, ayant perdu tout espoir, fut forcé de se rendre à discrétion. V. ALESIA.

Alesia fut rebâtie sous les empereurs, et ce fut dans cette ville, au rapport de Pline, qu'on imagina d'argenter au feu les ornements des chevaux et le joug des bêtes attelées aux voitures roulantes. Plusieurs voies romaines y conduisaient, et attestent encore son importance. Lors de la chute de l'empire d'Occident, c'était le chef-lieu d'un pays étendu, dont il est fait mention dans les capitulaires des rois de la seconde race; et c'est de là que s'est formé le mot Auxois, nom qu'on a donné à cette contrée dont Semur était la capitale. On ne peut déterminer l'époque où Alise fut ruinée une seconde fois; en 865 il n'en restait plus que quelques vestiges. — On ne trouve sur le mont Auxois, où était Alise, aucuns restes d'antiquités apparentes : toute cette montagne est en terre labourable; mais on retrouve, en faisant des fouilles, des débris précieux de cette ville célèbre. En 1730, un particulier, en creusant, fit la découverte d'un bâtiment qui consistait en plusieurs chambres à cheminées; il y trouva des charbons, des cendres, de la vaisselle noire étamée; et ce qui restait des murs était couvert de pierres polies, toutes de même échantillon (de 50 cent. de longueur sur 8 cent. d'épaisseur). On a découvert aussi quelques puits creusés dans le roc, et en général on rencontre sur la montagne de grands amas de briques fort épaisses et des débris d'anciens bâtiments. On y a trouvé aussi beaucoup de médailles romaines, des morceaux de pierre, etc. En l'an XII, une pluie abondante étant tombée sur le mont Auxois, mit à découvert une grande quantité de pièces d'or; cette découverte encouragea des recherches, à la suite desquelles on trouva une aiguière d'argent remplie de médailles, d'une tasse en or et d'une assez grande quantité de pièces de même métal, pour la plupart de Théodose.

Des fouilles faites à Alise en 1839 par M. de Chambure ont signalé l'existence de deux monuments importants : un théâtre et un temple; ils ont fait retrouver plusieurs rues de la ville, un espace funéraire et un assez grand nombre d'habitations particulières. L'étude attentive du sol apparent et des terrains inférieurs a donné l'occasion de restituer, sur des conjectures qui semblent probables, une des pages les plus intéressantes de l'histoire des Gaules. Il paraît démontré aujourd'hui qu'Alise n'a pas été détruite par César, mais brûlée sous le règne d'Antonin, vers l'an 160 de Jésus-Christ; elle sortit de ses cendres du temps d'Alexandre Sévère; florissante sous les Gordiens, elle languit ensuite, et reprit un nouvel essor sous Constantin et Théodose. Détruite dans une des invasions des barbares qui remplirent le cours du x° siècle, cette ville fut remplacée par une bourgade qui subsistait encore sous Louis XI. Au moyen âge, le culte de sainte Reine, décapitée sur le mont Auxois où s'était bâtie Alise, donna naissance au bourg actuel qui porte son nom, que le pèlerinage des dévots a rendu vivant. On y lit encore une inscription qui a appartenu à l'ancienne Alise, dont voici la traduction : « Ti. Claudius Professus Niger, après avoir passé par toutes les charges chez les Æduens et les Lingones, a ordonné, par son testament, qu'on élevât au dieu Moritosgus un portique, en son nom, en celui de sa femme Julia Virguline, et de ses filles Claudia Professa et Julia Virgula. »

Le territoire d'Alise-Ste-Reine renferme plusieurs mines de fer et deux fontaines d'eau minérale acidule, froide. La plus renommée est celle dite des Cordelières : c'est un réservoir de forme carrée, d'environ 66 c. de diamètre, situé dans une chapelle de l'église des ci-devant cordeliers; l'eau en est claire, abondante et ne tarit jamais. L'autre fontaine se trouve dans un champ, d'où elle se rend par des canaux souterrains dans les jardins de l'hôpital. Ces eaux paraissent contenir de l'acide carbonique, du muriate de soude et du sulfate de fer. Sous les ducs de Bourgogne, un hôpital fut fondé à Alise-Ste-Reine pour y recevoir les personnes affectées de maladies de la peau. En 1778, trois riches habitants de Paris fondèrent dans cet hôpital quarante lits pour recevoir les malades qui affluaient dans cet endroit. L'hospice fit alors construire des salles de bains avec des cabinets à l'entour pour vingt maîtres et leurs domestiques. L'administration de cette maison de santé n'épargne rien pour que les baigneurs y soient commodément reçus et proprement soignés, à un prix modéré. — *Commerce* de grains, laines, chapelets, etc. — *Foires* les 21 mars, 23 sept. et 4 nov.

ALISINCUM (lat. 47°, long. 22°). « Il en est fait mention en deux endroits de l'Itinéraire d'Antonin, entre *Augustodunum* et *Decetia*. La distance est marquée XXII à l'égard d'*Augustodunum*; et comme, en tendant à *Decetia*, elle se trouve marquée diversement, savoir XIIII et XXIIII, on connaît, par le local, que la plus faible indication est préférable à celle où le chiffre X se trouve répété mal à propos. Ce lieu est Anisi, entre Autun et Décise, plus près de Décise que d'Autun. Cette route doit circuler plus qu'une autre en traversant un pays aussi inégal et montueux que le Morvan. Cependant, ce qu'il y a d'espace en droite ligne n'étant que d'environ 35,000 toises, j'avoue que le compte de 36 lieues gauloises que donne l'Itinéraire, et dont le calcul est de 40,800 toises, déborde excessivement la mesure directe. Sanson et ceux qui le copient confondent la position d'*Alisincum* avec la position d'*Aquæ Nisineii*, donnée par la Table théodosienne, et qu'il convient de rapporter à Bourbon-l'Anci.» D'Anville. *Notice de l'ancienne Gaule*, p. 52.

ALISONTIA (lat. 5°, long. 24°). « Ausone en fait mention dans son poëme sur la Moselle. C'est la rivière d'Alsetz, qui passe à Luxembourg, et qui tombe dans celle dont le nom est *Sura* dans Ausone, aujourd'hui Sour, laquelle se joint à la Moselle au-dessus de Trèves. Marquard Freher a mieux aimé l'entendre d'une petite rivière qui se rend directement dans la Moselle sous le nom d'*Eltz*, mais beaucoup plus près de Coblentz que de Trèves; ce qui paraît contraire à cette opinion, parce qu'Ausone affecte en quelque manière de se renfermer dans les environs de Trèves. D'ailleurs, il est décidé qu'*Alisontia* est la rivière qui passe à Luxembourg, par des lettres d'un comte Sigifrid de l'an 963 : *Castellum Lusilinburch, in pago Metingouv, super ripam Alsuntiæ fluminis*. Il n'est guère moyen de douter qu'*Alsuntia* et *Alisontia* ne soient le même nom.» D'Anville. *Notice de l'ancienne Gaule*, p. 52.

ALISSAS, vg. *Ardèche* (Vivarais), arr., cant., ⊠ et à 5 k. de Privas. Pop. 898 h. — Moulin à soie.

ALIX (les), h. *Lot*, comm. de Rocamadour, ⊠ de Gramat.

ALIX, vg. *Rhône* (Lyonnais), arr. et à 8 k. de Villefranche, cant. et ⊠ d'Anse. Pop. 361 h. — Il est situé près de la source du petit ruisseau de Charcin, et était autrefois célèbre par un chapitre de chanoines réguliers, et par l'ancien château de Mavré presque entièrement détruit. Il y a une très-belle fontaine. — Fours à chaux et fabriques de poteries de terre.

ALIXAN, bg *Drôme* (Dauphiné), arr. et à 13 k. de Valence, cant. de Bourg-du-Péage, ⊠ de Romans. P. 2,489 h. — C'était autrefois une ville, qui a été presque entièrement détruite par un incendie en 1345. — PATRIE du lieutenant général baron QUIOT DU PASSAGE. — *Foires* les 28 sept. et 11 nov.

ALIZAY, vg. *Eure* (Normandie), arr. à 12 k. de Louviers, cant. et ⊠ de Pont-de-l'Arche. Pop. 572 h. — L'église et ses chapelles latérales offrent quelques parties intéressantes dans le style gothique.

ALLAGNAT, vg. *Puy-de-Dôme* (Auvergne), arr. et à 18 k. de Clermont, cant. et ⊠ de Rochefort. Pop. 880 h.

ALLAIN-AUX-BŒUFS, vg. *Meurthe* (Lorraine), arr. et à 17 k. de Toul, cant. et ⊠ de Colombey. Pop. 579 h.

ALLAINES, vg. *Eure-et-Loir* (Orléanais), arr. à 36 k. de Chartres, cant. et ⊠ de Joinville, ⚭. Pop. 550 h.

ALLAINES, vg. *Somme* (Picardie), arr., cant., ⊠ et à 4 k. de Péronne. Pop. 978 h.

ALLAINVILLE, vg. *Eure-et-Loir* (Normandie), arr., cant., ⊠ et à 6 k. de Dreux. Pop. 108 h. — Tuilerie.

ALLAINVILLE, vg. *Loiret* (Orléanais), arr. à 18 k. de Pithiviers, cant. d'Outarville, ⊠ d'Angerville. Pop. 276 h.

ALLAINVILLE, vg. *Seine-et-Oise* (Beauce), arr. à 24 k. de Rambouillet, cant. sud de Dourdan, ⊠ de Paray-le-Monial. Pop. 346 h.

ALLAIRE, vg. *Morbihan* (Bretagne), chef-lieu de cant., arr. et à 49 k. de Vannes, ⊠ de Redon. Cure. Pop. 1,975 h. — TERRAIN de transition supérieur. — *Foires* les 30 avril, 17 mai et 18 nov.

ALLAMONT, vg. *Moselle* (pays Messin), arr. et à 22 k. de Briey, cant. de Conflans, ⊠ de Mars-la-Tour. Pop. 349 h.

ALLAMPS, vg. *Meurthe*, arr. et à 18 k. de Toul, cant. et ⊠ de Colombey. Pop. 456 h. Il est situé près de la forêt de son nom, sur le ruisseau de Poisson.—Aux environs, verrerie de Vannes, où l'on fabrique de la gobeleterie moyenne, fine et taillée.

ALLAN, vg. *Drôme* (Dauphiné), arr., cant., ✉ et à 7 k. de Montélimart. P. 966 h.— Il est situé dans une contrée agréable et fertile en vins estimés. On y voit un château que J.-J. Rousseau avait promis de venir habiter, et les ruines d'une église dont la fondation est attribuée à Charlemagne.—Allan passe pour être l'endroit où ont été plantés les premiers mûriers, vers 1494. Olivier de Serre s'exprime ainsi à ce sujet : « Aucuns disent que ce fut en l'extrémité de telle province (la Provence), enclavée dans celle du Dauphiné, où premièrement les mûriers abordèrent, marquant même Allan, près de Montélimart, qui en fut pourvu par le moyen de son seigneur... comme les gros mûriers blancs, qu'on y voit encore aujourd'hui, en donnent quelque témoignage. » L'un de ces mûriers existait encore en 1802.

Patrie d'Alphonse Costadan, auteur des *Signes de nos pensées*.—Fabrique de petites étoffes.—*Foires* les 13 août et 28 nov.

ALLANCHE, *Alantia*, petite ville, *Cantal* (Auvergne), chef-lieu de cant., arr. et à 17 k. de Murat. A 504 k. de Paris pour la taxe des lettres. Cure, ✉. Pop. 2,603 h. — *Terrain* cristallisé. — Cette ville est assez bien bâtie, fort propre et ornée d'une fontaine dont les eaux sont très-estimées. — L'église paroissiale, ancienne et bien décorée, et le vieux château de Cheyladet, en sont les seuls édifices un peu remarquables.

Fabrique de dentelles. Éducation des bestiaux et des mulets. — *Commerce* de grains, vins et denrées que l'on tire de la Limagne ou de la Planèze pour l'approvisionnement des montagnes, dont Allanche est l'entrepôt.— Émigration annuelle de colporteurs. — *Foires* les 15 mai, 19 juin, 16 juillet, 16 août, 7 sept., 25 oct., le mardi avant le mardi gras, le lundi de Quasimodo.

Biographie. Allanche a vu naître plusieurs hommes de mérite : entre autres François de Dienne, lieutenant général.

Charles de Dienne, aussi lieutenant général.

Balthazar de Dienne, chef d'escadre de la marine royale.

Ferdinand de Dienne de Curières, qui a fait plusieurs campagnes sous Napoléon.

De la Volpilière, écrivain du xvii° siècle.

M. Ganilh, ancien député, que ses talents et ses écrits en matière de finance placent à un rang distingué ; on a de lui : *Dictionnaire analytique d'économie politique*, in-8, 1826 ; *Des systèmes d'économie politique*, etc., 2 vol. in-8, 1821 ; *Théorie de l'économie politique*, etc., deuxième édit., 2 vol. in-8, 1822 ; *Essai politique sur le revenu public des peuples de l'antiquité, du moyen âge, des siècles modernes*, etc., deuxième édit., in-8, 2 vol. in-8, 1823 ; et plusieurs autres ouvrages sur les finances ou l'économie politique.

L'abbé de Pradt, ancien archevêque de Malines, mort en 1838, si connu dans le monde politique et littéraire par ses écrits, et que le superbe établissement qu'il a formé à Pradt, près de cette ville, ne fera pas connaître moins avantageusement de ceux qui s'occupent d'agriculture. On a de lui : *l'Antidote au congrès de Rastadt*, in-8, 1798 ; *Voyage agronomique en Auvergne*, deuxième édit., in-8, 1828 ; *Histoire de l'ambassade dans le grand-duché de Varsovie*, troisième édit., in-8, 1826 (ouvrage scandaleux, et l'une des plus notables lâchetés de notre époque, qui en a tant produit) ; *Récit historique sur la restauration de la royauté en France*, in-8, 1822, et une multitude d'écrits politiques publiés de 1814 à 1834.

ALLANDHUY, vg. *Ardennes* (Champagne), arr. et à 20 k. de Vouziers, cant. et ✉ d'Attigny. Pop. 646 h.

Ce village est le lieu de naissance de l'abbé Lebatteux, à qui l'on doit : *les Beaux-Arts réduits à un même principe*, in-8, 1746 ; *Morale d'Épicure, tirée de ses écrits*, in-8, 1750 ; *les quatre Poétiques d'Aristote, d'Horace, de Vida et de Despréaux*, 2 vol. in-8, 1771 ; *Cours d'études à l'usage de l'école royale militaire*, 46 parties en 48 vol. in-12, 1776 ; *Principes abrégés de la littérature*, 1777, ou 6 vol. in-12, 1800 ; plusieurs autres ouvrages moins importants, imprimés séparément ou insérés dans les mémoires de l'académie des inscriptions.

ALLANGIS (forges d'). V. Le Clergus.

ALLARDS, vg. *B.-Alpes*, comm. de Monclar, ✉ de Seyne.

ALLARMONT, vg. *Vosges* (Lorraine), arr. et à 37 k. de St-Dié, cant. et ✉ de Raon-l'Étape. Pop. 775 h.—Papeterie.

ALLAS - BOCAGE, vg. *Charente - Inf.* (Saintonge), arr. et à 8 k. de Jonzac, cant. et ✉ de Mirambeau. Pop. 377 h.

ALLAS-CHAMPAGNE, vg. *Charente-Inf.* (Saintonge), arr., ✉ et à 9 k. de Jonzac, cant. d'Archiac. Pop. 472 h.

ALLAS-DE-BERBIGUÈRES, vg. *Dordogne* (Périgord), arr. et à 15 k. de Sarlat, cant. et ✉ de St-Cyprien. Pop. 445 h.

ALLAS-L'ÉVÊQUE, h. *Dordogne*, comm. de St-André, ✉ de Sarlat.

ALLASSAC, bg *Corrèze* (Limousin), arr. et à 15 k. de Brives, cant. et ✉ de Donzenac. P. 4,209 h.—*Commerce* de bestiaux.— *Foires* les 2 janv., 26 juin, 30 août, 2 sept., 25 nov., 9 déc., et tous les 16 de chaque mois.

ALLAUCH, *Allaudium*, bg *Bouches-du-Rhône* (Provence), arr., cant., ✉ et à 12 k. de Marseille. Pop. 3,669 h. — Autrefois bureau des 5 grosses fermes. — Allauch passe pour avoir été fondé peu après Marseille, sur une hauteur où l'on aperçoit encore une double enceinte de murailles avec des tours, dont cette ville est assez bien conservée. Sa situation est on ne peut plus pittoresque ; une suite de monticules couronnés de pinèdes s'élèvent par degrés jusqu'à la colline sur laquelle l'ancien Allauch était bâti ; des tours à demi ruinées, des pans de murailles isolées, au-dessus desquelles domine l'église, offrent un point de vue fort agréable. Au-dessous, et sur une roche formant un talus rapide, se trouve le bourg actuel, disposé en amphithéâtre ; derrière s'élèvent les pointes des collines ferrugineuses, dominées elles-mêmes par la chaîne de Gardelaban. Aux environs, dans le bois de Pichaury, sont les ruines du château de Ners.— Le mistral fait sentir à Allauch sa violence ; on n'y boit en été que de l'eau de citerne ; cependant le climat est sain et tempéré. Les habitants sont vifs, laborieux et ont le génie commerçant ; les femmes vont journellement à Marseille vendre leur denrée. — Carrière de plâtre. Four à chaux.

ALLÉE, vg. *Indre*, comm. d'Orsennes, ✉ d'Aigurandes.

ALLEAUME, *Alona*, vg. *Manche* (Normandie), arr., cant., ✉ et à 1 k. de Valognes. Pop. 604 h.

ALLÉES (les), h. *Loir-et-Cher*, comm. de Danzé, ✉ de la Ville-aux-Clercs.

ALLÈGRE, vg. *Gard* (Languedoc), arr. et à 17 k. d'Alais, cant. et ✉ de St-Ambroix. Pop. 1,090 h.

ALLÈGRE, petite ville, *H.-Loire* (Auvergne), chef-l. de cant., arr. et à 26 k. du Puy. Cure. ✉. Bureau d'enregistrement à St-Paulien. Pop. 2,048 h. A 491 k. de Paris pour la taxe des lettres. — *Terrain* cristallisé ou primitif.

Cette ville est bâtie sur le revers méridional d'une montagne élevée, que domine le dôme de Bar, montagne volcanique remarquable par sa belle forme conique, par sa hauteur et son isolement. Cette belle masse est presque entièrement composée de laves scorifiées ; au sommet offre un superbe cratère de forme circulaire, de 500 m. de diamètre et de 40 m. de profondeur, dont les bords, parfaitement conservés, offrent une échancrure vers le midi. L'amphithéâtre, formé par les pentes intérieures autour de cette espèce d'arène, est ombragé par une belle forêt de hêtres, qui s'étend aussi autour de la montagne ; le fond est plane et marécageux. — Ce site est admirable. L'idée confuse des embrasements dont il fut le théâtre ajoute encore à la fraîcheur de ses bois, et rend plus délicieux le calme dont on y jouit. — On remarque à Allègre les restes d'un ancien château, qui a été désigné par l'autorité locale comme susceptible d'être classé au nombre des monuments historiques.—*Commerce* de grains, laines et bestiaux.—*Foire* très-fréquentée le 19 nov.

ALLÉGRERIE (l'), vg. *Isère*, comm. et ✉ de Vinay. ✆.

ALLÈGRES (les), vg. *Drôme*, comm. de Plaisians, ✉ du Buis.

ALLEINS, *Allignum*, *Castrum Alenii*, vg. *Bouches-du-Rhône* (Provence), arr. et à 40 k. d'Arles, 42 k. de Tarascon, cant. d'Eyguières, ✉ de Lambesc. P. 1,261 h.— Il est situé dans une plaine fertile, entouré de remparts à demi ruinés et généralement mal bâtis, près du canal de Craponne. — On a souvent trouvé sur son territoire des vestiges non équivoques de la résidence des Romains. Deux beaux fragments de bas-reliefs antiques y ont été conservés ; l'un est placé au-dessus de la porte du cimetière ; l'autre est encastré dans le mur du cimetière.

Exploitation d'ocre rouge. — *Foires* les 5 fév. et 21 sept.

ALLEMAGNE, *Allemania, Allemanium*, vg. *B.-Alpes* (Provence), arr. et à 55 k. de Digne, cant. et ✉ de Riez. Pop. 618 h. — Allemagne était autrefois un bourg considérable, que les guerres civiles ont réduit à n'être plus qu'un simple village : le seigneur du lieu, chef d'un parti de religionnaires, y fut assiégé dans son château semi-gothique par le baron de Vins, qui y fut battu ; mais le seigneur d'Allemagne perdit la vie dans ce combat. — Ce village est bâti à l'extrémité d'une longue plaine, sur la rivière de Colostre, au pied d'une colline couronnée par un château semi-gothique, du haut de laquelle roulent, en temps d'orage, des torrents d'eau qui traversent la principale rue et l'encombrent de cailloux. Le territoire est fertile en vins excellents, blé, fruits, truffes, etc.

ALLEMAGNE, vg. *Calvados* (Normandie), arr., cant. sud, ✉ et à 4 k. de Caen. Pop. 976 h. — *Carrières* de pierres à bâtir.

ALLEMANCHE, *Allemanchia*, vg. *Marne* (Champagne), arr. et à 56 k. d'Epernay, cant. et ✉ d'Anglure. Sur le ruisseau de Saudoy. Pop. 186 h.

ALLEMAND-ROMBACH (l'), vg. *H.-Rhin* (Alsace), arr. et à 37 k. de Colmar, cant. et ✉ de Ste-Marie-aux-Mines. Pop. 1,992 h.

ALLEMANDS (les), vg. *Ariége* (Languedoc), arr., cant., ✉ et à 4 k. de Pamiers. P. 891 h.

ALLEMANS (les), vg. *Doubs* (Franche-Comté), arr., ✉ et à 8 k. de Pontarlier, cant. de Montbenoît. Pop. 227 h.

ALLEMANS (les), vg. *Dordogne* (Périgord), arr., cant., ✉ et à 7 k. de Ribeirac. Pop. 1,262 h.

ALLEMANS, h. *Lot-et-Garonne*, comm. de Penne, ✉ de Villeneuve.

ALLEMANS, vg. *Lot-et-Garonne* (Agénois). Il est sur la rive droite du Dropt, arr. et à 19 k. de Marmande, cant. de Lauzun, ✉ de Miramont. Pop. 712 h. — *Foires* les 7 janv., 4 mai, 30 juin et 18 oct.

ALLEMANT, vg. *Aisne* (Picardie), arr. et à 15 k. de Soissons, cant. de Vailly, ✉ de Chavignon. Pop. 311 h. Enguerrand VII affranchit les habitants de ce village en 1368.

ALLEMANT, h. *Eure-et-Loir*, comm. de Boutigny, ✉ d'Houdan.

ALLEMANT, vg. *Marne* (Champagne), arr. et à 36 k. d'Epernay, cant. et ✉ de Sezanne. Pop. 529 h.

ALLEMENT, vg. *Ain*, comm. de Poncin, ✉ de Cerdon.

ALLEMOGNE, vg. *Ain*, comm. de Toiry, ✉ de St.-Genis.

ALLEMOND-EN-OYSANS, bg *Isère* (Dauphiné). Il est situé dans une belle vallée sur la rive droite de la Romanche, arr. et à 39 k. de Grenoble, cant. et ✉ de Bourg-d'Oysans. Pop. 1,546 h. — TERRAIN cristallisé. — Autrefois bureau des cinq grosses fermes.

A peu de distance d'Allemond sont les montagnes des Chalanches, qui renferment une mine d'argent jadis très-productive, ainsi que des mines de plomb assez abondantes, dont l'exploitation a été souvent suspendue. Les minerais d'argent de la montagne de Chalanches sont disposés en veines, rognons, amas et filons, toujours irréguliers et de peu d'étendue. Quelquefois on trouve l'argent massif et natif, puis des minerais rendant 50 pour 100 de ce métal; puis ces trésors disparaissent et sont remplacés par des gangues stériles. Cette irrégularité fait que l'atelier peut rester six mois, un an et plus sans donner de l'argent; puis on trouve largement la matière, non-seulement pour payer les frais passés, mais encore pour faire face à de semblables chances. La mine d'argent de Chalanches fut découverte, en 1767, par une bergère qui poursuivait une chèvre égarée. Le gouvernement en prit possession et la fit exploiter pour son compte jusqu'en 1776, où elle fut concédée au frère du roi, Louis XVIII, qui en retira les produits jusqu'en 1792. A cette époque, elle fut exploitée pour le compte du gouvernement; mais déjà les filons commençaient à perdre de leur première richesse. En 1808, la dette de l'établissement était de 123,735 fr. ; ce qui décida le gouvernement à concéder cette mine, en mettant la dette à la charge des concessionnaires ; ceux-ci firent des pertes si considérables qu'ils en abandonnèrent l'exploitation. Les produits de cette mine, depuis sa découverte jusqu'en l'an XI, ont donné 9,453 kilog., ayant une valeur de 2,098,498 fr. — Les minerais de plomb de Chalanches étaient traités dans les fonderies d'Allemond, où l'on fit quatre fontes en 1826, 1827, 1828 et 1829. — De 1837 à 1839, la société Surell a livré au commerce 170,000 kilog. de métaux dont elle a retiré une valeur de 200,000 fr., l'argent fin y a figuré pour 220 kilog., valeur 50,000 fr. ; les autres métaux sont composés du nickel, du cuivre, du plomb, du zinc, etc. — *Foire* le 14 août.

ALLENAY, vg. *Somme* (Picardie), arr. et à 30 k. d'Abbeville, cant. d'Ault, ✉ d'Eu. Pop. 223 h. Près de l'Océan.

ALLENC, vg. *Lozère* (Languedoc), arr. et à 16 k. de Mende, cant. et ✉ de Blaymard. Pop. 1,699 h. — *Fabriques* de serges et de cadis. — Exploitation de minerai de plomb pour les fabriques de poterie.

ALLENÇON, vg. *Maine-et-Loire* (Maine), arr. et à 23 k. d'Angers, cant. de Thouarcé, ✉ de Brissac. Pop. 539 h.

ALLENJOIE, vg. *Doubs* (Franche-Comté), arr., cant., ✉ et à 8 k. de Montbéliard, cant. d'Audincourt. Pop. 426 h.

ALLENNES-LEZ-MARAIS, vg. *Nord* (Flandre), arr. et à 17 k. de Lille, cant. et ✉ de Seclin. Pop. 849 h.

ALLENS, vg. *Ariége*, comm. de Serres, ✉ de Tarascon.

ALLENWILLER, vg. *B.-Rhin* (Alsace), arr., ✉ et à 11 k. de Saverne, cant. de Marmoutier. Pop. 507 h.

ALLERET, vg. *Cantal*, comm. de St-Poncy, ✉ de Massiac.

ALLEREY, vg. *Côte-d'Or* (Bourgogne), arr. et à 45 k. de Beaune, cant. et ✉ d'Arnayle-Duc. Pop. 745 h.

ALLEREY, vg. *Saône-et-Loire* (Bourgogne), arr. et à 26 k. de Châlons-sur-Saône, ✉ de Verdun-sur-le-Doubs. Pop. 1,100 h. Il est sur la Saône qu'on y passe sur un bac. — *Foires* les 8 fév. et 7 sept. — *Commerce* de vins.

ALLÉRIOT, vg. *Saône-et-Loire* (Bourgogne), arr., ✉ et à 9 k. de Châlons-sur-Saône, cant. de St-Martin-en-Bresse. Pop. 573 h.

ALLERY, vg. *Somme* (Picardie), arr. et à 20 k. d'Abbeville, cant. d'Hallencourt, ✉ d'Airaines. Pop. 951 h. — *Commerce* de vins et de grains.

ALLÈS, vg. *Dordogne* (Périgord), arr. et à 36 k. de Bergerac, cant. de Cadouin, ✉ de Lalinde. Pop. 605 h. Sur la Dordogne.

ALLÈS-ET-CASENEUVE, vg. *Lot-et-Garonne* (Agénois), arr. et à 9 k. de Villeneuvesur-Lot, cant. de St-Livrade. P. 472 h.

ALLEUDS (les), vg. *Maine-et-Loire* (Touraine), arr. et à 22 k. d'Angers, cant. de Thouarcé, ✉ de Brissac. Pop. 537 h.

ALLEUDS (les), vg. *Deux-Sèvres* (Poitou), arr. et à 15 k. de Melle, cant. et ✉ de Sauzé. Pop. 595 h.

ALLEURS (les), vg. *Seine-Inf.*, comm. d'Ellettes, ✉ de Malaunay.

ALLEUX (les), vg. *Ardennes* (Champagne), arr., ✉ et à 10 k. de Vouziers, cant. du Chêne. Pop. 442 h.

ALLEUX (les), vg. *Deux-Sèvres*, comm. de Surin, ✉ de Champdeniers.

ALLEUX (les), h. *Somme*, comm. de Behen, ✉ d'Abbeville.

ALLEUZE, vg. *Cantal* (Auvergne), arr., cant. sud, ✉ et à 8 k. de St-Flour. Pop. 549 h. — On y remarque, sur la cime d'un pic très-élevé et presque inaccessible, les ruines encore considérables d'une ancienne forteresse qui fut prise et reprise plusieurs fois par les Anglais, notamment en 1370 et 1380 ; le fameux Mérigot Marcel, chef de pillards, s'y maintint longtemps et désola les campagnes voisines. Ce château, racheté pour la seconde fois en 1387, fut enfin démoli par les habitants du pays, qui craignaient de voir renouveler les exactions dont ils avaient été si longtemps les victimes.

ALLEVARD, bg *Isère* (Dauphiné), chef-l. de cant., arr. et à 43 k. de Grenoble. Cure. ✉. D. A 598 k. de Paris pour la taxe des lettres. Pop. 2,638 h. — TERRAIN jurassique.

Ce bourg, célèbre par ses importantes mines de fer et par l'activité de ses habitants, est extrêmement intéressant par sa situation pittoresque dans une vallée fertile et bien ombragée, séparée de tous les pays qui l'avoisinent, et placée par la nature à plus de 300 m. perpendiculaires au-dessus de celle de l'Isère, dont elle n'est éloignée que de 8 k. Le torrent de la Bréda qui l'arrose, et qui donne le mouvement à un grand nombre d'usines, vient de la montagne des Sept-Laux, ainsi nommée des sept principaux lacs qu'elle renferme, et qui se dégorgent les uns dans les autres, partie à droite, partie à gauche, à 20 k. au-dessus d'Allevard, dans la partie la plus aride des montagnes. Le chemin toujours montant et toujours escarpé qui y mène, commence au milieu des bois de châtaigniers, et finit tristement dans des gorges sauvages au milieu des rochers et des sapins.

Les mines de fer d'Allevard sont très-importantes, très-nombreuses, et ont toujours alimenté plusieurs hauts fourneaux. Avant 1814, l'extraction annuelle de ces mines s'élevait à 22,872 quintaux métriques; mais, depuis les grandes économies apportées aux traitements métallurgiques et les nouveaux besoins des arts, l'exploitation a pris plus d'essor, et s'élève à présent à 44,616 quintaux. Le pays d'Allevard est connu de tous les géologues et métallurgistes. — Hauts fourneaux. Fonderies. Forges et martinets. Ⓐ 1834. 1839. Les fontes d'Allevard sont propres à la fabrication des aciers et à la seconde fusion; on les emploie à la fonderie de canons de St-Gervais. — *Foire* le 29 sept. pour bestiaux, beurre et fromage.

Bibliographie. CHATAING (le docteur). *Annuaire pathologique de l'établissement d'Allevard pour* 1839, in-8, 1840.

ALLEX, bg *Drôme* (Dauphiné), arr. et à 42 k. de Die, cant. nord et ✉ de Crest. Pop. 1,522 h.—Il est situé sur la route de Valence à Crest dans une plaine très-riche et très-variée, arrosée par de nombreux canaux qu'alimentent les eaux de la Drôme. On y remarque un fort beau château. — Education des vers à soie. Moulins à huile.

Foires les 30 mars, 8 juillet, 25 août et 24 novembre.

C'est sur le territoire de cette commune que se trouve la belle campagne de l'Isle, où est mort, en 1782, Rigaud de l'Isle, auteur d'un ouvrage sur l'éducation des vers à soie, digne et vertueux citoyen, qui a puissamment contribué à faire prospérer l'agriculture dans cette contrée, et à qui l'on doit les belles digues de la Drôme. En témoignage de leur vénération pour cet homme estimable, les habitants de Crest et des environs ont placé l'inscription suivante au-dessus de la porte principale de son habitation:

CETTE MAISON
ÉTAIT L'HABITATION ORDINAIRE
DE M. MICHEL-MARTIN RIGAUD DE L'ISLE:
DE SON VIVANT
IL FUT EXCELLENT CITOYEN,
L'AMI DES HOMMES ET LE PÈRE DES PAUVRES.
IL ÉTAIT NÉ LE 14 AVRIL 1704;
IL EST MORT LE 21 FÉVRIER 1782.

Ce marbre a été placé aux frais et par les soins des voisins de tous les ordres, qui ont voulu rendre hommage à ses vertus et en conserver la mémoire.

ALLEYRAC, vg. *Gard*, comm. d'Issirac, ✉ du Pont-St-Esprit.

ALLEYRAC, *H.-Loire* (Velay), arr. et à 1 k. du Puy, cant. de Monastier. P. 527 h.

ALLEYRAS, vg. *H.-Loire* (Velay), arr. et à 28 k. du Puy, cant. et ✉ de Cayres. Pop. 891 h. — *Fabriques de poterie grossière.* Tuileries et briqueteries. — *Foires* les 20 mai, 11 nov. et le lendemain de la Quasimodo.

ALLEYRAT, vg. *Corrèze* (Limousin), arr. et à 11 k. d'Ussel, cant. de Meymac. P. 428 h.

ALLEYRAT, vg. *Creuse* (Marche), arr.,

cant., ✉ et à 4 k. d'Aubusson. Pop. 436 h. Sur la Creuse.

ALLIANCELLES, vg. *Marne* (Champagne), arr. et à 28 k. de Vitry, cant. et ✉ de Heiltz-le-Maurupt. Pop. 436 hab. Il est dans une belle situation, sur une colline élevée d'où l'on jouit d'une vue magnifique sur une vaste plaine où l'œil découvre, du côté du midi, plus de quarante villages.

ALLIAT, vg. *Ariège* (pays de Foix), arr. et à 18 k. de Foix, cant. et ✉ de Tarascon. Pop. 114 h.

ALLIBAUDIÈRES, vg. *Aube* (Champagne), arr., cant., ✉ et à 7 k. d'Arcis-sur-Aube. Pop. 426 h. C'était dans le moyen âge un village important défendu par un château dont il est beaucoup parlé dans les anciennes chroniques. En 1420, lors de l'occupation de la France par les Anglais, il tenait pour Charles VII. Le siège qu'il soutint est raconté avec détail par l'historien Monstrelet; le parti des princes, s'en étant emparé après quatre jours d'une défense opiniâtre, le fit démanteler et en rasa les fortifications. On aperçoit encore les fondations de cette forteresse.

ALLICHAMP. V. ALICHAMP.

ALLICHAMP, vg. *H.-Marne* (Champagne). Il est sur la Blaise, arr., cant., ✉ et à 9 k. de Vassy. Pop. 364 h. — Hauts fourneaux.

ALLIER (l'), *Elaver*, rivière considérable, qui prend sa source dans la forêt de Mercœur, au pied du mont de la Lozère, dans le département de ce nom, près du hameau de Chabalier. Elle commence à être flottable près de St-Arcons, et navigable à Fontanes, près de Brioude (Haute-Loire). La longueur de la partie flottable est de 42,600 m., et celle de la partie navigable de 241,000 m. Depuis Fontanes jusqu'à Mariol, sur une longueur d'environ 120 l., la navigation n'a lieu qu'en descendant, et seulement pendant la durée des hautes eaux. — Le flottage se fait par radeaux, et la navigation par bateaux, qui remontent rarement l'Allier, à cause de la pente des eaux qui est moyennement de 2 m. 66 c. par 1,000 m. On augmente leur charge à mesure qu'ils descendent, et on les déchire à Paris. Les objets ordinaires de transport sont les houilles, les vins, les bouteilles, les chanvres, les bois de charpente, de merrain et de chauffage, les charbons et les pierres.

Cette rivière, guéable en été en beaucoup d'endroits, est sujette en hiver à des débordements qui causent quelquefois des dommages considérables. Ses crues moyennes sont de 2 à 3 mètres; ses crues extraordinaires s'élèvent jusqu'à 5 mètres. Elle passe à Langogne, St-Arcons, Vabre, Langeac, Vieille-Brioude, Auzon, Pont-du-Château, Maringues, Vichy, Moulins où on la traverse sur un superbe pont en pierre de taille, et se jette dans la Loire au Bec-d'Allier, à 6 k. au-dessous de Nevers. Dans son cours, qui est d'environ 360 k., elle reçoit l'Alagnon, la Morge, la Dore, la Sioule et plusieurs autres petites rivières.

ALLIER (dép. de l'). Ce département est formé de la presque totalité du ci-devant Bour-

bonnais, et tire son nom de la rivière de l'Allier, qui le traverse du sud au nord, et le divise en deux parties principales. Ses limites sont: au nord, le département de la Nièvre et une partie de celui du Cher; à l'est, la Loire, le département de Saône-et-Loire (dont il est séparé par la Loire), et le département de la Loire; au sud, le département du Puy-de-Dôme, et à l'ouest, celui de la Creuse et partie de celui du Cher.

Le territoire de ce département est généralement plat et uni: les bords de l'Allier offrent une large vallée qui est souvent assez étendue pour former une plaine; quelques autres cantons sont aussi assez unis. Deux chaînes de collines assez élevées, surtout entre l'Allier et le Cher, et encore plus vers les frontières du Forez, le traversent du nord au sud. Le sol est productif dans toute son étendue, mais très-inégalement: les vallées, les terres basses, les parties qui jouissent d'abris, sont beaucoup plus chaudes, plus précoces et plus fertiles; les neiges, rares en hiver, ne couvrent la terre que peu de temps: dans les parties hautes, le climat est plus froid, les neiges plus abondantes et plus soutenues, les récoltes plus tardives et plus incertaines. La partie basse, où coulent les grandes rivières, est en terre argileuse, la plus fertile du pays; une autre partie, sur la Bouble, la Sioule, la Bèbre, en terre forte; sur les hauteurs sont de vastes étendues d'argile, plus ou moins décomposée à sa surface; ces trois sortes de terre forment à peu près la moitié de l'étendue du département: leurs principales productions sont: le froment, l'avoine, l'orge, le foin, les légumes, des bons pâturages, des vins rouges propres au transport, etc., et, dans la partie argileuse, des avoines, des seigles de bonne qualité, des foins, des vins blancs, et quantité de bois. L'autre moitié des terres, de nature sablonneuse mêlée de gravier, repose sur un fond granitique; ses principales productions sont de beaux seigles, des vins blancs, des fruits, des pommes de terre, des graines oléagineuses, etc.; c'est aussi dans cette portion que se trouve la plus grande partie des veines métalliques connues dans ce département. En général, le produit du meilleur sol, sur les bords des grandes rivières, est beaucoup au-dessous de ce qu'on devrait en attendre. La nature, riche et riante, est partout en opposition avec la misère des cultivateurs, dont le sort est plus heureux dans les parties hautes, composées de terres fortes, d'un fond plus rembruni: les chênes, les sorbiers, les noyers, les coudriers, qui y sont multipliés, font une scène plus riante. Les travaux y paraissent mieux entendus; l'aisance des habitants plus générale, leurs habitations mieux soignées, les prairies vastes et bien entretenues, les champs clos de haies vives, tandis que, dans la majorité des terres du département, presque toutes les haies en bois mort ont le désavantage de donner au pays un coup d'œil triste: les bestiaux y sont aussi plus beaux et bien supérieurs à ce qu'ils sont dans les autres parties; néanmoins, le froment n'y rend que six à sept pour un. Dans toutes ces terres fortes, les parties

ALLIER (département de l'). ALLIER (département de l'). ALLIER (département de l'). 61

calcaires produisent beaucoup d'orge, qui fournit la majeure partie du pain qui s'y consomme; dans les parties argileuses, on mange généralement du seigle, et souvent un mélange de seigle et de froment : l'espèce d'hommes, mieux nourris, est en général, plus belle et plus forte que dans les autres parties.

La superficie du départ. est de 723,981 91 hectares, répartis ainsi :

Terres labourables.	467,613 99
Prés	69,750 66
Vignes	17,975 42
Bois	63,827 56
Vergers, pépinières et jardins.	5,056 16
Oseraies, aunaies et saussaies	518 31
Etangs, mares, canaux d'irrigation	5,969 55
Landes et bruyères	28,714 32
Superficie des propriétés bâties.	3,072 09
Cultures diverses	218 04
Canaux de navigation.	
Contenance imposable.	662,716 10
Routes, chemins, places publiques, etc.	21,964 32
Rivières, lacs et ruisseaux.	6,987 68
Forêts et domaines non productifs	32,253 11
Cimetières, églises, bâtiments publics.	60 70
Contenance non imposable.	61,265 81

On y compte :
58,676 maisons.
632 moulins à eau et à vent.
104 forges et fourneaux.
370 fabriques et manufactures.

Soit : 59,802

Le nombre des propriétaires est de 66,829; celui des parcelles de 2,759,992.

HYDROGRAPHIE. Trois grands cours d'eau, qui coulent parallèlement, traversent le département du sud au nord : la Loire, l'Allier et le Cher. Le cours de la Loire dans ce département est de 62,000 m. ; elle sert de limite à l'est pendant 68 k. du côté du département de Saône-et-Loire, et n'y baigne aucun lieu remarquable. Le cours de l'Allier est de 98,000 m., et celui du Cher de 60,000 m. Les autres cours d'eau qui le traversent sont l'Acolin, la Bèbre, l'Andelot, la Sioule, la Queune, la Bouble, l'OEil, l'Aumance, le canal latéral à la Loire et le canal du Cher.

Les étangs sont nombreux, très-poissonneux, et alimentent plusieurs canaux d'irrigation ; mais on leur attribue les maladies épidémiques qui désolent quelquefois le pays.

COMMUNICATIONS. Le département de l'Allier est traversé par neuf routes royales et par sept routes départementales, dont le parcours total est de 693,116 m.

MÉTÉOROLOGIE. Le climat est généralement sain, à l'exception de quelques parties situées dans le voisinage des étangs et des amas d'eaux stagnantes, qui y sont assez multipliés. La température est très-variable : l'hiver quelquefois rigoureux, et l'été souvent très-chaud ; il n'est pas rare que le thermomètre de Réaumur s'élève à 30° au-dessus de zéro et descende à 12 et 15° au-dessous, parcourant ainsi en peu de mois une échelle de 45°. Les variations de température d'un jour à l'autre, et souvent pendant la même journée, sont parfois fortes et brusques; elles ont pour cause le voisinage des montagnes d'Auvergne et du Forez ; ainsi que le changement de la direction du vent qui, de tempéré quand il est au nord ou au nord-ouest, devient froid quand il tourne au sud et passe par les sommités glacées des montagnes où il abandonne son calorique. C'est à cette cause qu'il faut attribuer, dans cette contrée, les froids du printemps ; le vent du sud-ouest, qui souffle pendant cette saison, n'arrivant qu'après avoir traversé l'Auvergne, apporte assez souvent de la neige et des gelées fort nuisibles à l'agriculture. Les automnes sont, en général, superbes. — Les vents dominants sont ceux du sud et de l'est.

PRODUCTIONS. L'agriculture, quoique en retard sur plusieurs points, est cependant en voie d'amélioration, et ses produits dépassent de beaucoup la consommation locale. Le département produit surtout beaucoup d'avoines, de beaux seigles, du lin, du chanvre, des légumes et de bons fruits ; on cite les poires de Souvigny. On y trouve de belles prairies naturelles, et les prairies artificielles y sont assez multipliées. — Les vignes se produisent guère de vins de deuxième classe, parmi lesquels on cite les crus de St-Pourçain, de la Garenne d'Ussel, de la Claise, des Cruziers, d'Hérisson, de Souvigny et de Segange. — La partie boisée occupe environ le septième de la superficie du sol ; les principales forêts sont celles de Tronçais, de Messarges, de Moladier, de Gros-Bois, de Lespinasse, de Munay et de Marcenne ; les essences dominantes sont le hêtre, le chêne, le charme, le bouleau et le sapin. Le mûrier est cultivé avec succès pour l'éducation des vers à soie. — La race des animaux domestiques est assez belle et s'améliore de jour en jour. Les loups, les renards, les blaireaux, sont assez multipliés. Le sanglier est assez rare. Le gibier est en général abondant ; on chasse avec succès dans la saison un grand nombre d'oiseaux de passage et d'oiseaux aquatiques.

MINÉRALOGIE. La constitution géognostique du département comprend par ordre de superposition : le granit du plateau central, le gneiss, le terrain houiller, le grès bigarré rouge alternant avec un grès blanc, et recouvert d'argiles panachées ; le calcaire tertiaire ; enfin les alluvions plus ou moins épaisses. Les richesses minérales consistent en mines de fer, d'antimoine, de manganèse, de houille, parmi lesquelles on cite les riches mines de Commentry ; en marbre gris, blanc et bleu turquin, en granit, grès à bâtir et à aiguiser, argile à potier, terre à creusets, pierre à chaux, etc., etc.

Sources minérales à Bourbon-l'Archambault, Néris, Vichy, St-Pardoux, Bardou, près de Moulins, Chambon, près de Cusset, etc., etc.

Mines de houille exploitées.	8
— — non exploitées.	1
Nombre d'ouvriers employés.	1,190
Produit en quint. métriques.	572,449
Valeur en francs.	493,901
Minerai de fer, prod. en quint. m.	9,025
Valeur en francs.	9,205
Valeur créée par l'extract. et la prép.	18,289
Fabrication de la fonte en q. m.	26,895
Valeur.	479,265
Valeur créée par la fabrication.	356,101
Fab. du gros fer, prod. en q. m.	26,325
Valeur.	1,273,710
Valeur créée par la fabrication.	564,943
Mines d'antimoine.	»
— — non exploitées.	1
Mines de manganèse exploitées.	1
Nombre d'ouvriers employés.	51
Produits en quint. métriques.	6,525
Valeur.	13,000

INDUSTRIE ET COMMERCE. Le département de l'Allier n'est pas un des plus avancés sous le rapport industriel, et il est loin de tirer parti des avantages que lui offrent ses divers cours d'eau, le bas prix de la main-d'œuvre et l'inoccupation des habitants. L'arrondissement de Moulins possède des fabriques de coutellerie estimée, de cordes d'instruments, et d'ébénisterie à Moulins ; des forges et hauts fourneaux au Tronget, à Vaumas, à Beauregard et à St-Voir ; des fabriques de porcelaine à Lurcy-Lévy et à Champroux ; des verreries à bouteilles à Souvigny ; une fabrique de sucre de betterave au Veurdre. — L'arrondissement de Gannat a, dans la ville de ce nom, des brasseries ; une exploitation de kaolin et de pétunsé au château de Beauvoir ; une exploitation d'antimoine à Nades ; de beaux moulins à farine dans le genre de ceux de Corbeil, à Ebreuil, à Mayet-de-Montagne et à St-Pourçain. — L'arrondissement de la Palisse possède des exploitations de houille à Bert, à Créchy et à Montcombreux ; on exploite de beau marbre bleu turquin à Ferlières ; le Donjon fabrique des draps, de l'huile et des cuirs ; une filature de lin est établie à Castel-Montagne ; Cusset fabrique des cordes, des couvertures de laine, du papier mécanique, et possède de beaux moulins à farine. — L'arrondissement de Montluçon offre les fabriques de toiles dans la ville de ce nom ; des fabriques de plumes à écrire à Hérisson ; une machine propre à la confection des câbles à Montmarault ; on y trouve les forges de Tronçais, comprenant deux hauts fourneaux, neuf feux d'affinerie, fenderie, fours à réverbère, et occupant plus de cinq cents ouvriers ; l'importante exploitation de houille et la manufacture de glaces coulées de Commentry.

Le commerce consiste principalement dans la vente des bœufs gras, du poisson que fournissent les étangs, d'une petite quantité de soie, de l'huile de noix, des farines que produisent plusieurs beaux moulins, et dans l'exportation des vins et des céréales qui excèdent la consommation locale.

Les FOIRES du département de l'Allier sont généralement assez fréquentées. La vente des bestiaux de toute espèce est le principal objet de commerce. Quelques-unes offrent aussi des grains et des légumes secs ; à celles de Cusset, on vend du chanvre et du lin ; à celles de Lurcy-Lévy, de la porcelaine, de la faïence et de la poterie ; à celles de Moulins, des marchandises de toute espèce et de la coutellerie.

MŒURS ET USAGES. « Les habitants des petites villes du département, a dit un écrivain de l'Allier, sont légers, spirituels, enclins à la plaisanterie, humains, hospitaliers, poussant à l'excès leur empressement envers les étrangers, généreux par caractère, jamais par calcul. Il y a dans leur entretien plus de raison ou de gaieté que de culture d'esprit. Les femmes ont une amabilité et une gaieté remarquable. — Les habitants des campagnes, moins civilisés que ceux des villes, passent pour être tracassiers et pour aimer les procès ; ils cèdent toutefois assez facilement aux moyens de conciliation. Accablés de travaux sur un sol qui ne leur offre que de faibles moyens de subsistance, ils sont cependant très-attachés au lieu qui les a vus naître ; les grains qu'ils récoltent, le charbon qu'ils fabriquent, le beurre et le fromage qu'ils préparent, sont les principales ressources du plus grand nombre. Jusqu'à présent, il a presque été impossible de vaincre leur obstination dans certaines pratiques routinières ; en vain leur indique-t-on de nouveaux procédés agricoles, ils cultivent comme faisaient leurs pères. En général, les paysans sont doux, honnêtes, économes, hospitaliers. Malgré leur tranquillité apparente, ils sont gais, vifs et adonnés aux plaisirs. Les fêtes de villages réunissent toujours de nombreuses assemblées, où l'on danse la bourrée d'Auvergne au son de la vielle ou de la cornemuse. »

L'habillement des hommes n'a rien d'original. Celui des femmes est élégant et assez gracieux ; leurs robes, à taille courte et à gros plis, sont de couleurs vives, rehaussées par un tablier blanc. Elles sont coiffées d'un vaste chapeau relevé en arrière et par devant, dont la forme ressemble à celle d'un bateau : coiffure qui encadre à merveille un joli visage, mais plus originale que seyante.

DIVISION ADMINISTRATIVE. Le département de l'Allier a pour chef-lieu Moulins. Il envoie quatre représentants à la chambre des députés, et est divisé en quatre arrondissements :

Moulins....	9 cant.	90,323 h.
Gannat....	6 —	66,323
La Palisse...	5 —	74,920
Montluçon...	6 —	79,795
	26 —	311,361 h.

12e conserv. des forêts (chef-lieu Moulins) ; 31e arrond. des mines (chef-lieu Dijon) ; 15e div. militaire (chef-lieu Bourges). Évêché à Moulins ; 27 cures, 216 succursales, 25 vicariats ; séminaire diocésain à Moulins ; écoles secondaires ecclésiastiques à Yseure et à Arfeuilles ; collège royal à Moulins ; collèges communaux à Montluçon et à Gannat ; école normale primaire à Moulins ; société d'agriculture et société des amis des arts. Pépinière départementale à Moulins, où sont instruits chaque année. trois journaliers pour l'éducation des vers à soie.

Biographie. Les hommes les plus distingués nés dans le département de l'Allier sont : le maréchal DE BERWICK, le maréchal DE VILLARS, le connétable DE BOURBON, les maréchaux DE LA PALISSE et DE BOURDILLON ; les généraux CHIESI, BODELIN, CAMUS DE RICHEMONT, GUYE, MORIO, RABUSSON et SAURET ; le vice-amiral D'ORVILLERS ; le cardinal DUPRAT ; les médecins DE LORME, AUBRY et ROUX ; le physicien PETIT ; le savant écrivain du XVe siècle DURET ; les poètes GILBERT, GAULMIN et J. DE LINGENDES ; les prédicateurs CLAUDE et J. DE LINGENDES ; le commentateur VIGNÈRE ; le naturaliste PÉRON ; COIFFIER DE MORET, auteur d'une histoire du Bourbonnais ; le traducteur de Schiller, CHAMPFEU ; les conventionnels BEAUCHAMP et P. GIRAUDET ; le sculpteur REGNAUDIN ; l'ancien député et écrivain politique DE CONNY ; l'auteur d'une topographie du canton de Cusset, ALEX. GIRAUDET ; l'abbé CHATEL, fondateur de l'Église dite française, etc., etc.

Bibliographie. FERRAULT (J.). *Topographie du duché de Bourbonnais (manusc.)*. In-f° de la bibliothèque royale.

NICOLAÏ. *Description du Bourbonnais*, 1572.

AUBRI (J.). *Antiquités du pays et du duché de Bourbonnais* (imprimées avec le traité des *Bains de Bourbon* du même auteur) in-8, 1604.

ANDRÉ DE ST-NICOLAS. *Mémoires de l'histoire du Bourbonnais (manusc.)*.

MARCAILLE (Séb.). *Antiquités du Bourbonnais*, imprimées avec les *Antiquités du prieuré de Souvigny-en-Bourbonnais*, in-8, 1616.

AUROUX DES POMMIERS (Matth.). *Coutumes générales et locales du pays de Bourbonnais*, etc., in-f°, 1732.

— *De la duché-pairie de Bourbon* (Histoire généalogique de P. Simplicien, t. III, p. 135 ; t. IV, p. 577).

— *De la duché-pairie de Levis* (id., t. v, p. 468).

COIFFIER DE MORET (H. de). *Histoire du Bourbonnais et des Bourbons qui l'ont possédé*, 2 vol. in-8, 1814-16.

ALLIER (Achille). *Histoire, monuments, mœurs, statistique de l'ancien Bourbonnais*, avec gravures et planches, 2 vol. in-f°, 1834-38.

— *Esquises bourbonnaises*, in-4, 1832.

BÉRAUD (J.-B.). *Histoire des sires et ducs de Bourbon*, 812-1831, in-8, 1835.

BATISSIER (P.). *Guide pittoresque du voyageur en Bourbonnais....*

LEWIS (B.). *Physiologie du Bourbonnais*, in-18, 1842.

BRESSON. *Mémoires sur la géologie du département de l'Allier* (Journal des mines, t. v, 1797).

HUGUET, préfet de l'Allier. *Tableau de la situation du département de l'Allier*, in-8, an X.

SALADIN. *Hydrographie du département de l'Allier*, in-8, 1838.

BARAILLON. *Recherches sur plusieurs monuments celtiques et romains* (des départements de l'Allier et de la Creuse), in-8, 1806.

— *Annuaire de l'Allier*, pour 1808, in-12.

— *Annales de la société d'agriculture de l'Allier*, in-8, 1822.

— *Annuaires de l'Allier*, 1829-32, in-18.

V. aussi, pour le complément de cette bibliographie, les titres des ouvrages mentionnés à la fin des articles : BOIES, BOIENS, BOURBON-L'ARCHAMBAULT, CERILLY, CHANTELLE-LE-CHATEAU, CHARROUX, CRÉCHY, CUSSET, DAMPIERRE, GANNAT, HAUTERIVE, MOULINS, NÉRIS, SOUVIGNY, VICHY.

ALLIER, vg. *H.-Pyrénées* (Gascogne), arr., cant., ⊠ à 9 k. de Tarbes. Pop. 209 h. Sur l'Adour.

ALLIÈRES, vg. *Ariège* (pays de Foix), arr. et à 23 k. de Foix, cant. et ⊠ de la Bastide-de-Sérou. Pop. 298 h.

ALLIÈRES, vg. *Isère* (Dauphiné), arr. et à 13 k. de Grenoble, cant. et ⊠ de Vif. Pop. 734 h.

ALLIÈRES, vg. *Rhône*, comm. de Chambort, ⊠ de Villefranche.

ALLIEUX, vg. *Loire* (Forez), arr. et à 30 k. de Montbrison, cant. de Boen, ⊠ de St-Germain-Laval. Pop. 333 h.

ALLIGNY, bg *Nièvre* (Nivernais), arr. à 30 k. de Château-Chinon, cant. de Mont-Sauche, ⊠ de Saulieu. Pop. 2,590 h. — Mine de plomb non exploitée. — Foires les 23 juin, 20 juillet, 20 août, 15 oct. et jour de la Passion, pour bœufs, vaches, porcs et moutons.

ALLIGNY, bg *Nièvre* (Nivernais), arr., cant., ⊠ et à 15 k. de Cosne. Pop. 1,653 h.

ALLINEUC, vg. *Côtes-du-Nord* (Bretagne), arr. et à 20 k. de Loudéac, cant. et ⊠ d'Ussel. Pop. 2,411 h.

ALLIQUERVILLE, vg. *Seine-Inf.*, comm. de Trouville, ⊠ de Bolbec.

ALLIVET, h. *Isère*, comm. de Renages, ⊠ de Rives.

ALLOBROGES CALARENSES, le Graisivaudan.

ALLOBROGES VIENNENSES, le Viennois.

ALLOBROGES (lat. 46°, long. 23°). « C'est une des plus considérables nations de la Gaule. Tite Live (lib. XXI, sect. 31), parlant de la marche d'Annibal, qui, remontant le long du Rhône, était arrivé au confluent de l'Isère, sur les limites des *Allobroges*, dit de cette nation : *Jam inde nulla Gallica gens opibus aut fama inferior.* La retraite et les secours qu'ils donnèrent à Teutomalius, roi des *Salyes*, vaincus par Sextius, et les hostilités commises chez les *Ædui*, alliés du peuple romain, leur attirèrent la guerre de la part de ce peuple, qui voulait soumettre toutes les nations. Ils furent défaits près de *Vindalium* par Domitius Ahenobarbus, et reçurent un plus grand échec encore près de l'Isère, dans une bataille que leur livra Fabius Maximus, à qui cette bataille valut le surnom d'*Allobrox*. On connaît une inscription qui parle du triomphe de Fabius : *De Galleis et Allobrogib.* ; et une autre qui porte : *Q. Fabio Maxum. Allobrog. victor.* Ces inscriptions servent à justifier la manière dont les auteurs latins, et entre les Grecs Strabon, ont écrit le nom d'*Allobroges*. Dans Polybe, Plutarque, Dion, Appien, on lit *Allobriges*; dans Ptolémée et dans Etienne de Byzance, *Allobryges* par upsilon. L'idée qu'on doit avoir de l'étendue du pays qu'occupaient les *Allobroges* embrasse toute la partie septentrionale du Dauphiné, depuis le Rhône, au-dessus de Lyon, jusqu'aux limites des *Segalauni* et des *Vocontii*, à quoi il faut ajouter la partie de la Savoie qui tient au Rhône, jusqu'à Genève inclusivement.» D'Anville. *Notice de l'ancienne Gaule*, p. 52.

ALLOBROGES *trans Rhodanum* (lat. 46°, long. 24°). « On lit dans le premier livre des Commentaires, que les *Allobroges* possédaient des terres au delà du Rhône : *trans Rhodanum vicos possessionesque habebant*; et, pour entendre ce que signifie *trans Rhodanum*, il faut se placer dans le territoire des Allobroges, en sorte que ce qui paraît *cis Rhodanum* à l'égard de la plus grande partie de la Gaule, soit vu *trans Rhodanum* à l'égard de ce territoire. Selon le récit de César, les *Helvetii*, ayant franchi le passage étroit dont il parle entre le mont Jura et le Rhône, s'étaient avancés vers l'*Arar* ou la Saône, ravageant chemin faisant le pays qu'ils traversaient; ainsi c'est sur cette route que les Allobroges situés au delà du Rhône avaient souffert une telle dévastation, qu'ils se plaignaient à César, *prœter agri solum nihil esse reliqui*. Or, ce qu'on voit ici être réclamé par les Allobroges subsiste encore en partie dans ce que le diocèse de Genève conserve dans le Val-Romei, et dans le district de Châtillon-de-Michaille. Quoique l'évêché de Bellei soit actuellement suffragant de la métropole de Besançon, on ne saurait douter que la partie du diocèse qui s'étend dans la Savoie, à la gauche du Rhône, n'ait été sous la main des Allobroges; et il est plus que vraisemblable, que ce qui est sur la droite dans le Bugei leur appartenait également. M. de Valois entend, par ces termes des Allobroges que dévastèrent les *Helvetii* sur leur passage, la partie du diocèse de Vienne au delà du Rhône sur la frontière des *Helvii*, ou du Vivarez, au-dessous du confluent de la Saône avec le Rhône. Mais on a peine à croire que les *Helvetii*, dont une partie était encore en deçà de la Saône lorsque César les atteignit, se fussent portés jusque-là, et même de ce côté-là, parce que leur marche fut au contraire de remonter le pays des *Ædui*, comme on peut s'en convaincre en suivant la narration de César jusqu'à leur défaite.» D'Anville. *Notice de l'ancienne Gaule*, p. 54.

Les ALLOBROGES occupaient tous les pays compris entre le Rhône et l'Isère (le cant. de Genève, le N.-O. de la Savoie, le départ. de l'Isère, le S.-E. de l'Ain, le N. de la Drôme et de l'Ardèche); leurs principales villes étaient Vienne, près du Rhône, et Genève à l'extrémité du Léman.

Les Allobroges furent soumis à la domination romaine longtemps avant le reste de la Gaule. Marseille ayant en effet appelé les Romains dans la Gaule méridionale contre les Vicontiens et les Salyens, l'an 124 avant notre ère, ces deux peuples furent vaincus; et, pour les contenir, le proconsul C. Sextius fonda la ville des Eaux-Sextiennes (*Aquæ Sextiæ*, Aix). En même temps il fit alliance avec les Eduens, peuple qui dominait entre la Saône et la Loire, et qui était depuis longtemps ennemi des Allobroges et des Arvernes. Ceux-ci étaient au contraire unis par d'anciens traités, et par une haine commune contre les Eduens: aussi, lorsqu'ils virent les Romains s'établir entre le Rhône et les Alpes, et contracter amitié avec les Eduens, ils résolurent de chasser les nouveaux venus, qui déjà se conduisaient en maîtres, et voulaient contraindre les Allobroges à leur livrer leurs ennemis fugitifs. Les Allobroges, prêts les premiers, franchirent l'Isère et s'avancèrent à grandes journées à la rencontre des Romains. Ce fut près de la ville de Vindalium (Venasque) que les deux armées en vinrent aux mains. La tactique romaine eut bon marché de ces barbares, qui laissèrent 20,000 morts sur le champ de bataille. La défaite des Arvernes, qui suivit de près celle des *Allobroges*, livra ce dernier peuple à la merci des Romains; ils furent déclarés sujets de la république, et le consul qui les avait vaincus prit le surnom d'Allobrogique (121 av. J.-C.). V. Walckenaer. *Géogr. des Gaules*, t. I, p. 133, 170, 181, 189, 196, 230, 261, 263.

ALLOBRYGES, partie du pays des Allobroges dont Vienne était la capitale.

ALLOGNY, vg. *Cher* (Berry). arr. et à 18 k. de Bourges, cant. et ✉ de St-Martin-d'Auxigny. Pop. 782 h.—Exploitation de sable excellent pour la fabrication des creusets.

ALLOEUF, pays de l'ancienne Gaule, qui forme aujourd'hui la majeure partie du canton de Laventie.

ALLOIS (les), h. *H.-Vienne*, comm. de la Genoiteuse, ✉ de St-Léonard. Il doit son origine à une abbaye de bénédictines, *Abbatia de Allodiis*, fondée en 1131.

ALLONAL, vg. *Jura*, comm. et ✉ de St-Amour.

ALLONDANS, vg. *Doubs* (Franche-Comté), arr., cant., ✉ et à 5 k. de Montbéliard. Pop. 332 h.

ALLONDRELLE, vg. *Moselle* (Lorraine), arr. et à 45 k. de Briey, cant. et ✉ de Longuyon. Pop. 1,074 h.

ALLONNE, bg *Oise* (Picardie), arr., cant., ✉ et à 4 k. de Beauvais. Pop. 1,513 h. Il est situé sur le ruisseau de Bonneuil, près de la rive gauche du Thérain, qui traverse son territoire, et près de la route de Paris à Calais. L'un des hameaux de cette commune, appelé Voisin-Lieu, est une espèce de faubourg de la ville de Beauvais; il y existait autrefois une maison hospitalière appelée St-Lazare, destinée à recevoir les personnes de la ville qui étaient attaquées de maladies dites épidémiques; les bâtiments de cette maison et ses dépendances ont été convertis en ferme. Il existe à Bongenouil, autre hameau de la même commune, une immense carrière, dite de St-Pierre, d'où on a, dit-on, tiré les pierres qui ont servi à la construction de la cathédrale de Beauvais.—L'église paroissiale est surmontée d'un clocher remarquable qui a été désigné par l'autorité locale comme étant susceptible d'être classé au nombre des monuments historiques. — La commune d'Allonne, bornée par la rivière du Thérain dans toute sa partie orientale, est très-riche en usines : on y trouve une tannerie et neuf moulins à eau, dont un à huile, deux à tan et quatre à blé.—Lavoirs de laines et moulins à foulon.

ALLONNE, vg. *Deux-Sèvres* (Poitou), arr., ✉ et à 15 k. de Parthenay, cant. de Secondigny. Pop. 1,676 h.

ALLONNES, vg. *Eure-et-Loir* (Beauce), arr. et à 18 k. de Chartres, cant. et ✉ de Voves, ✉. Pop. 388 h.—*Fabriques* de bas, bonnets, gants et chaussons de laine.

ALLONNES, bg *Maine-et-Loire* (Maine), arr., cant., ✉ et à 12 k. de Saumur. Pop. 2,292 h.

ALLONNES, vg. *Sarthe* (Maine), arr., 2ᵉ cant., ✉ et à 6 k. du Mans. Pop. 840 h. Près de la Sarthe.—Aux environs, sur une éminence qui domine la rive droite de la Sarthe, on voit les restes d'un ancien château fort nommé la Tour aux fées, qui paraît être de construction romaine. Plusieurs objets d'antiquité ont été trouvés en cet endroit, entre autres plus de 400 médailles romaines dont le catalogue a été publié dans l'Annuaire de la Sarthe de l'an x. Ces ruines ont été désignées par l'autorité locale comme étant susceptibles d'être classées au nombre des monuments historiques. — *Foires* le mercredi avant les 20 janv., avril, juillet et oct., pour chevaux, bœufs de labour, moutons, cochons, etc.

ALLONS, *Allontium*, vg. *B.-Alpes* (Provence), arr. et à 16 k. de Castellane, cant. et ✉ de St-André. Pop. 466 h. Il est dans une vallée froide où il tombe beaucoup de neige en hiver.

ALLONS, vg. *Lot-et-Garonne* (Agénois), arr. et à 39 k. de Nérac, cant. de Houeillès, ✉ de Casteljaloux. Pop. 757 h.—*Foire* le 16 juillet.

ALLONVILLE, vg. *Somme* (Picardie), arr., cant., ✉ et à 9 k. d'Amiens. Pop. 802 h.

ALLOS, *Allostrum*, petite ville, *B.-Alpes* (Provence), chef-l. de cant., arr. et à 30 k. de Barcelonnette, où est le bureau d'enregistrement. ✉ de Colmars. Pop. 1,513 h.—TERRAIN crétacé supérieur, craie. — Allos est une ville ancienne, autrefois capitale des *Gallitæ*, peuple celto-lygien; il en est fait mention dans l'un des trophées d'Auguste. Quelques restes d'épaisses murailles sont les seuls et stériles monuments qui attestent son ancienne importance, et encore ne remontent-ils pas jusqu'aux Romains. On assure que l'église, assez bien conservée, qui se trouve à quelque distance des habitations, a été bâtie par ordre de Charlemagne; une autre tradition l'attribue au vœu qu'avait fait la reine Jeanne, d'élever plusieurs églises à la Vierge Marie, en mémoire de la sentence du pape qui l'avait proclamée innocente du meurtre de son mari André. Les chapiteaux de cette église, qui a été classée au nombre des monuments historiques, sont sculptés d'animaux et de têtes humaines fort remarquables.

La ville d'Allos est dans une position agréable; les montagnes auxquelles elle est adossée sont couvertes de mélèzes, de sapins, et produisent beaucoup de plantes médicinales, ainsi que des framboises excellentes; les collines sont couvertes de pâturages, où les habitants entretiennent de nombreux troupeaux; la partie basse offre des prairies très-étendues et d'une verdure éclatante. Dans le territoire d'Allos, et au sommet de la haute montagne de Laus, où l'on arrive par le col d'Entreulmo, se trouve une espèce de bassin où s'est formé le lac d'Allos. Il est enfermé et entouré, à une certaine distance et dans quelques points, de rochers qui ont 150 à 180 m. de hauteur, et peut avoir 2 k. carrés de superficie; il faut une heure et demie pour en faire le tour. Sa profondeur est presque partout de 11 à 12 m.; on y pêche d'excellentes truites. — *Foires* les 2 mai, 21 sept. et 21 oct.

ALLOUAGNE, vg. *Pas-de-Calais* (Artois), arr., cant. et à 10 k. de Bethune, ✉ de Lillers. Pop. 1,099 h.

ALLOUÉ, vg. *Charente* (Poitou), arr., ✉ et à 15 k. de Confolens, cant. de Champagne-Mouton. Pop. 1,647 h.—Exploitation de mine de plomb argentifère.—*Foires* les 23 de chaque mois, où il se fait un commerce considérable en bœufs gras, bœufs de travail, cochons, etc.

ALLOUESTRE (St-), vg. *Morbihan* (Bretagne), arr. et à 27 k. de Ploërmel, cant. de St-Jean de Brevelay, ✉ de Josselin. P. 860 h.

ALLOUIS, vg. *Cher* (Berry), arr. et à 18 k. de Bourges, cant. et ✉ de Mehun-sur-Yèvre. Pop. 791 h.

ALLOUVILLE, *Alulfivilla*, vg. *Seine-Inf.* (Normandie), arr., cant., ✉ et à 6 k. d'Yvetot. Pop. 1,246 h. Ce village est célèbre par un des phénomènes de longévité végétale les plus remarquables peut-être qui existent en France; c'est un chêne, situé près de l'église, qui n'a pas moins de huit à neuf cents ans, 14 m. 28 c. de circonférence près de terre, et 8 m. à hauteur d'homme. D'énormes branches naissent du tronc, à 2 ou 3 m. de sa base, et couvrent de leur ombrage un vaste espace. Le tronc, depuis les racines jusqu'au sommet, présente une forme conique très-prononcée, et l'intérieur de ce cône est creux dans toute sa longueur. Diverses ouvertures, dont la plus grande est près de la base, donnent accès dans cette cavité; toutes les parties centrales ayant été détruites depuis longtemps, ce n'est que par les couches extérieures de l'aubier et par son écorce que subsiste aujourd'hui ce vieil enfant de la terre, encore plein de vigueur, paré d'un épais feuillage et chargé de glands.—Tel est l'arbre d'Allouville, considéré dans son état naturel: la main de l'homme s'est efforcée de lui imprimer un caractère plus intéressant encore, d'ajouter un sentiment religieux au respect qu'inspire naturellement sa vieillesse. La partie inférieure de la cavité a été transformée en une chapelle de 2 à 3 m. de diamètre, soigneusement lambrissée et marbrée; l'image de la Vierge décore l'autel; une porte grillée clôt cet humble sanctuaire sans dérober cette image à la vue et aux hommages du pieux voyageur. Au-dessus de la chapelle, et close de même, est une petite chambre contenant une couche taillée dans le bois, où l'on monte par un escalier qui tourne autour du tronc. Le sommet de l'arbre, couronné depuis bien des années, et qui offre, au point où il se termine, le diamètre d'un très-gros arbre, est revêtu de bardeau, couvert d'un toit en pointe, et forme un clocher surmonté d'une croix en fer qui s'élève d'une manière pittoresque au milieu du feuillage, comme celui d'un antique ermitage au-dessus du bois qui l'environne. Au-dessus de l'entrée de la chapelle, on lit cette inscription:

ÉRIGÉE PAR L'ABBÉ DU DÉTROIT, CURÉ D'ALLOUVILLE, EN L'ANNÉE 1696.

Et au-dessus de la chambre supérieure:

A NOTRE-DAME DE LA PAIX.

A certaines époques de l'année, la chapelle du Chêne sert aux cérémonies du culte. Nous engageons les voyageurs qui vont d'Yvetot au Havre à se détourner un peu de la route pour aller visiter le chêne-chapelle d'Allouville.—Le chêne-chapelle d'Allouville a été désigné par l'autorité locale comme étant susceptible d'être classé au nombre des monuments historiques.

Bibliographie. MARQUIS (A.-L.). *Notice sur le chêne-chapelle d'Allouville*, in-8 et pl., 1827.

* *Le Chêne-Chapelle, végétal très-remarquable et peut-être le plus vieux et le plus gros de tous les chênes qui se trouvent en Europe*, etc., in-8, 1842.

ALLOY, pays de l'ancienne Gaule dont Buire-en-Halloy était le chef-lieu.

ALLUETS (les), *Allodia Regis*, vg. *Seine-et-Oise* (Ile-de-France), arr. à 23 k. de Versailles, cant. et ✉ de Poissy. Pop. 552 h. Ce village, situé sur un plateau élevé, à l'extrémité de la forêt de Marly, paraît avoir été jadis fort considérable, à en juger par les vestiges d'une ancienne enceinte, qui se composait d'un mur accompagné de tourelles. La charte la plus ancienne que l'on puisse citer date de 1174, mais cette charte en suppose d'autres qui l'ont précédée. Une particularité fort remarquable, et dont il n'y a peut-être pas d'autre exemple en France, c'est que les habitants des Alluets, hommes et femmes, étaient collectivement seigneurs du lieu, et jouissaient en cette qualité du droit de moyenne et basse justice. — Le clocher de l'église des Alluets est une des stations trigonométriques qui ont servi à dresser la grande carte de Cassini. — Carrières de pierres meulières.

PATRIE du docteur en médecine FOURCAULT, auteur des *Lois de l'organisme vivant*, 2 vol. in-8.

Bibliographie. COQUEBERT DE MONTBRET (le baron). *Mémoire sur le village des Alluets-le-Roi et sur les privilèges extraordinaires dont les habitants ont joui pendant cinq cents ans* (Mém. de la soc. des antiq. de France, t. III, 1821).

ALLUY, vg. *Nièvre* (Nivernais), arr. et à 30 k. de Château-Chinon, cant. et ✉ de Châtillon-en-Bazois. Pop. 1,414 h.

ALLUYES, *Avallocium*, *Alogia*, petite ville très-ancienne, *Eure-et-Loir* (Perche), arr. et à 20 k. de Châteaudun, cant. et ✉ de Bonneval. Pop. 775 h. — TERRAIN tertiaire moyen. — Cette ville, située sur la rive gauche du Loir, était la capitale d'une des cinq baronnies du Perche-Gouet. Grégoire de Tours, dans ses Annales (chap. 44), rapporte que Chilpéric, poursuivi par Sigebert et Gontran, se retrancha dans le Perche, à Alluyes, où il fit la paix. — Alluyes était autrefois défendu par un château fort qui ne consiste plus qu'en une tour assez élevée, joignant un grand bâtiment flanqué de deux tours beaucoup moins élevées que la première. La tour d'Alluyes, monument admirable pour sa construction hardie, est sans fondements et simplement posée sur le sol, où elle brave encore aujourd'hui les ravages du temps. Cette tour, qui a été désignée récemment par l'autorité locale comme étant susceptible d'être classée au nombre des monuments historiques, domine, par sa hauteur, tout le plat pays. Sa position, ainsi que celle du château, offrait à l'état militaire des avantages tellement sentis, que, vers la fin du XVe siècle et le commencement du XVe, elle fut, ainsi que le pays, longtemps occupée par les Anglais, qui avaient un camp à l'ouest du bourg: toutes les lignes de ce camp sont encore parfaitement conservées, et le centre est remarquable par une éminence sur laquelle il y a un assez beau puits. — A l'ouest de la ville, sur la rive droite du Loir, on aperçoit un peulvan ou pierre fichée, de la hauteur de 2 à 3 m.; sa forme est pyramidale et se termine en pointe. A cinquante pas de ce monument, on trouve un énorme ladère d'environ 3 à 4 m. de diamètre sur 65 c. d'épaisseur. Au nord et à trois cents pas d'Alluyes un terrain à peu près inculte, planté de bois, ceint de fossés formant un parallélogramme rectangle de 250 m. de longueur sur 70 m. de largeur, portant le nom de Garenne des Clopiers. Cette enceinte, qui semble plutôt plantée de rocs que de bois, offre quelque chose de sauvage; les monuments celtiques dont elle est parsemée sont aujourd'hui de véritables ruines, car les ladères qui les composent n'ont pu se soustraire à la main destructive du temps; plusieurs sont comme calcinés et tombent en lambeaux. On y remarque encore cependant quatre peulvans et un dolmen de 3 m. 57 c. de long sur 2 m. 59 c. de large, offrant un plan incliné vers le couchant. — Commerce de laines.

ALLY, vg. *Cantal* (Auvergne), arr., ✉ et à 8 k. de Mauriac, cant. de Pleaux. Pop. 1,131 h. — *Foire* le 18 janv.

ALLY, vg. *H.-Loire* (Auvergne), arr. et à 18 k. de Brioude, cant. et ✉ de Lavoulte. Pop. 794 h. — Exploitation d'antimoine. Fonderie. — *Foires* les 19 mars, 15 avril, 13 mai, 25 juin, 22 juillet, 25 août, 22 sept. et 21 oct.

ALMAYRAC, vg. *Tarn* (Languedoc), arr. et à 24 k. d'Albi, cant et ✉ de Pampelonne. Pop. 531 h.

ALMENÊCHE, *Almaniscæ*, vg. *Orne* (Normandie), arr. et à 13 k. d'Argentan, cant. de Mortrée, ✉ de Nonant. Pop. 1,005 h. Il y avait une abbaye de bénédictines, dont les religieuses étaient renommées par la liberté de leur conduite, qui força un évêque de Séez à déposer l'abbesse et à introduire dans cette communauté la règle sévère de Fontevrault.

ALMON, vg. *Aveyron* (Rouergue), arr. et à 44 k. de Villefranche, cant. et ✉ d'Aubin. Pop. 812 h.

ALNES, vg. *Nord* (Flandre), arr. et à 20 k. de Douai, cant. et ✉ de Marchiennes. Pop. 564 h.

ALON, vg. *Var*, comm. de St-Cyr, ✉ du Beausset. Pop. 134 h.

ALOS, vg. *Ariège* (Gascogne), arr., cant., ✉. et à 12 k. de St-Girons. Pop. 1,210 h. On y voit un ancien château bâti dans une situation pittoresque, qui a été désigné par l'autorité locale comme étant susceptible d'être classé au nombre des monuments historiques. — Forges. — Commerce de fromages renommés des environs.

ALOS, vg. *B.-Pyrénées* (Béarn), arr. et à 12 k. de Mauléon, 32 k. de St-Palais, cant. et ✉ de Tardets. Pop. 223 h.

ALOS, vg. *Tarn* (Languedoc), arr. et à 17 k. de Gaillac, cant. de Castelnau-de-Montmirail, ✉ de Cordes. Pop. 302 h.

ALOXE, *Alossa*, *Alossia*, vg. *Côte-d'Or* (Bourgogne), arr. et à 15 k. de Beaune. Pop. 234 h. — TERRAIN jurassique. — Il est bâti dans une agreste situation, sur la montagne de Corton, d'où l'on découvre une grande étendue de pays. On y trouve une fontaine salée, et dans les environs une caverne profonde nommée le *Bel-Affreux*, au milieu de laquelle est un lac qui alimente les fontaines incrustantes de Bouilland et d'Autheuil. — Le territoire d'Aloxe est fertile en vins fins de Corton, des Clos du Roi, de Charlemagne, des Perrières, des Chaumes, des Cervottes, des Bressandes, des Renards, des Dolles, etc.

ALPECH, h. *Lot*, comm. de Trespoux, ✉ de Cahors.

ALPES (les). Par le mot Alpes, on entend communément la grande chaîne de montagnes qui commence au mont Cassino, en Italie, près du col de Tende, entre les sources de la Roya et du Tanaro, et qui, après un court trajet de l'est à l'ouest, monte vers le nord jusqu'au Valais, court à l'est jusqu'aux sources de la Drave, et fléchit ensuite peu à peu vers le sud-est, en s'étendant en demi-cercle dans le royaume d'Illyrie, où elle se termine. Quelques branches assez considérables de la chaîne des Alpes s'étendent sur le territoire de la France; ce sont plutôt des groupes que des ramifications: ces montagnes partent du noyau qui se trouve en Savoie, occupent les deux départements des Hautes et Basses-Alpes, et s'abaissent en collines dans celui du Var, en approchant de la mer. D'autres montagnes occupent le département de l'Isère et une partie de celui de la Drôme, et se prolongent dans celui de Vaucluse. Leur plus grande élévation est dans le département des Hautes-Alpes, où leurs crêtes ont une hauteur moyenne de 2,800 m. Plusieurs sommités atteignent même une hauteur de 3 à 4,000 m., et le mont Pelvoux en a 4,097. Les cols, ou passages étroits qui vont d'une vallée à l'autre, ont assez ordinairement 2,200 m., et sont dominés par des rochers bien plus élevés; le col du mont Genèvre, un des moins hauts, a 1,933 m. Dans le département des Basses-Alpes, les montagnes ne s'élèvent guère au delà de 1,800 m.: quelques-unes des roches de ces montagnes sont de formation primitive, et se composent de granit, quartz, feldspath, mica, etc.; tout le reste est de formation secondaire, quoique très-ancienne, et de nature calcaire. Les monts des Sept-Laux, Ant-du-Bont, Rousses-en-Oysans, Venoz, Bérarde, Lautaret, Vallouise et Laus-en-Oysans, portent des glaciers; le dernier, le plus considérable des glaciers en France, est de 8 k. de long sur 4 k. de large. Celui de Bérarde paraît donner naissance au Drac, à la Romanche et à d'autres rivières.

Les Alpes françaises s'élèvent graduellement des bords du Rhône à la frontière; la direction de leurs branches principales est dessinée par le cours de l'Isère et par celui de la Durance; mais cette symétrie est altérée par la vaste élévation de plusieurs groupes intérieurs et par les directions capricieuses de quelques chaînes secondaires. La plupart des sommets culminants sont sur la frontière, où ils semblent placés comme des géants défenseurs de notre territoire: ce sont le superbe pic du Viso, le cône tronqué du Genèvre, la noire aiguille de Neuvache et la cime glacée de la Bérarde. Mais les plus majestueuses masses des Alpes françaises existent dans l'intérieur du pays, entre Grenoble et Briançon, et séparent le bassin de la Durance de celui de l'Isère. Là se trouve le superbe Pelvoux, que les plus hauts monts des Alpes suisses surpassent à peine en hauteur; il domine un large chaos de pics effroyables, d'immenses glaciers, des champs de neige, des précipices inabordables où les tempêtes promènent souvent leurs fureurs, où les avalanches roulent et mêlent leurs fracas aux éclats de la foudre. Au sud du Pelvoux et à quelques kilomètres de distance, l'Olan soulève ses cimes blanchies dont les crêtes secondaires s'embranchent avec celles du Pelvoux. De ces deux points élevés partent des chaînes qui courent dans toutes les directions; la plus haute se dirige vers le nord pour se joindre aux Alpes de la Savoie et du Piémont; elle ne s'abaisse qu'au col de la Grave, où la Durance prend sa source au milieu des glaciers. Deux autres chaînes embrassent le bassin du Drac, et l'une d'elles, au midi de l'autre, se gonfle pour former le dôme de l'Obion et les cimes nuageuses de Toussière, qui, par une pente graduelle, vont mourir auprès du Rhône. Un long et très-haut contre-fort descend du Viso et étend ses nombreuses ramifications entre le Guil, la Durance et l'Ubaye.

HAUTEUR DES PRINCIPAUX POINTS DES ALPES FRANÇAISES.

Le mont Viso	4,219 m.
Le mont Olan	4,214
Le Pelvoux	4,097
Le mont Genèvre	3,592
L'aiguille noire de Neuvache	3,200
La Bérarde	3,000
L'Obion	2,827
Le Taillefer	2,700
Le mont des Sept-Laux	2,550

HAUTEUR DES COLS.

Col du Saix (vallée de la Sevraine)	3,344
Col de Longet (mont Viso)	3,195
Col de Ristolas (idem)	3,045
Col des Huys	2,540
Col d'Isoard	2,435
Col du Genèvre	1,933
Col de la Grave	1,930

Les hautes Alpes françaises renferment de nombreux glaciers dont l'épaisseur et l'étendue augmentent chaque année, et il s'en forme de temps en temps de nouveaux. Ils occupent le passage qui menait de Vallouise à Bérarde, et le chemin qui allait de St-Christophe au Cassel. Leurs masses de neiges perpétuelles, et d'une épaisseur d'au moins 100 m., sont circonscrites entre la vallée de la Grave au nord, la Vallouise au sud, le Val-Godemard au sud-ouest, et l'Oysoul (Isère) au couchant. Des pics d'une élévation de 100 à 300 m., brunis par le granit micacé et les lichens qu'ils recouvrent, se dressent au milieu de leurs glaces éternelles.

ALPES (département des Basses-). Le département des Basses-Alpes est formé d'une partie de la haute Provence et de la vallée de Barcelonnette. Il tire son nom de la position physique des montagnes des Alpes, qui, à l'est, le séparent du Piémont, et dont les derniers contre-forts méridionaux viennent en partie s'abaisser et expirer sur son territoire. Ses bornes sont: au nord, le département des Hautes-Alpes; à l'est, le Piémont; au sud, le département du Var; à l'ouest, les départements de Vaucluse, de la Drôme et des Hautes-Alpes.

Le territoire de ce département est divisé par une ramification des montagnes des Alpes en deux parties, l'une méridionale et l'autre septentrionale. Dans la première sont compris les arrondissements de Barcelonnette et de Castellane; dans la seconde, ceux de Sisteron et de Forcalquier. Les montagnes sont séparées entre elles par des vallées agrestes et riantes, sillonnées par des torrents fougueux, ou arrosées par des eaux limpides; à des sites d'une nature agreste succèdent les plus riants paysages. Là s'étendent des plaines ornées de toute la richesse des cultures méridionales; plus haut verdoient des pelouses pastorales émaillées de fleurs parfumées, au-dessus desquelles sont de vastes forêts de mélèzes et de sapins. Des grottes spacieuses et profondes, soutenues par des colonnades étincelantes de stalactites, s'ouvrent dans le flanc des montagnes que dominent des pics sourcilleux couronnés de neiges éternelles. La vallée de Barcelonnette offre tout à la fois les aspects les plus gracieux, les plus magnifiques et les plus majestueux. Dans toute sa longueur, elle forme le bassin de la petite rivière d'Ubaye, bordée de chaque côté par des montagnes superbes dont les plus hautes sommités ne se dépouillent jamais entièrement de la neige qui les couvre : leur élévation est de 2 à 3,000 m. ; elle augmente à mesure que les deux chaînes se rapprochent du mont Viso, où elles se réunissent. Cette vallée se divise en deux parties, désignées sous les noms de Châteaux-Bas et de Châteaux-Hauts, ou de Val-des-Monts ; la première s'étend d'Ubaye au-dessus de Barcelonnette ; la seconde, où se trouvent les sites les plus pittoresques, renferme les jolis villages de Faucon, de Josiers, du Châtelard, dont le territoire est agréable et bien cultivé. Au haut du bassin est le village de Tournoux, emplacement d'un ancien camp, position militaire successivement occupée par les soldats romains et par les volontaires de la république française. Un peu avant cet endroit, la vallée se bifurque et se transforme en deux défilés, dont l'un est arrosé par l'Ubaye et l'autre par l'Ubayette. A mesure que l'on s'élève, les villages font place à de riches pâturages, à des plaines peuplés de troupeaux pendant l'été ; bientôt l'élévation du sol en bannit la végétation, les sapins et les mélèzes disparaissent, et la vallée se termine par un affreux défilé bouleversé par les torrents, battu par les tempêtes, séjour d'un hiver éternel, qui n'offre plus en perspective que les pics inaccessibles du mont Viso.

Les montagnes pastorales sont une des principales richesses de la partie septentrionale des Basses-Alpes. Des pelouses fleuries s'y étendent jusqu'à deux ou trois mille mètres d'élévation au-dessus du niveau de la mer. La bonté de l'herbe qui les compose est si grande, que les brebis, qui chaque printemps y arrivent d'Arles, exténuées par la fatigue et la rigueur de l'hiver, y reprennent en peu de jours un embonpoint remarquable. — Il n'est rien de beau comme l'aspect de ces montagnes au commencement de l'été. Du milieu d'un fourrage épais, et qui arrive jusqu'au poitrail des chevaux, on voit s'élever des fleurs de toutes les espèces imaginables, dont les couleurs variées ressortent de la manière la plus brillante sur cette riche pelouse, et dont les divers parfums réunis embaument l'air, et se font sentir à une distance considérable. Des sources d'une eau fraîche, limpide et pure, jaillissent des pointes de rochers qui sortent de loin en loin au centre de ces prairies, et vont former les torrents qui sillonnent la vallée. D'un côté de ces immenses prairies où tout respire le bonheur et en présente l'image, on voit des milliers de brebis savourer ces gras pâturages, tandis qu'à l'autre extrémité on aperçoit des troupes de chamois qui viennent en bondissant y prendre aussi leur pâture, et qui, prompts comme l'éclair, disparaissent à la vue aussitôt qu'on fait mine de les approcher. — Parmi les plus considérables des montagnes pastorales, on distingue : à Allos, celle de Loux, qui a, à son sommet, un lac très-poissonneux de 4 k. de tour ; dans cette montagne vivent, avec trois mille brebis étrangères, des chamois nombreux, des marmottes, des perdrix bartavelles, des perdrix blanches, des lièvres blancs, etc. ; à Colmars, la montagne de Monier, remarquable surtout par ses beaux mélèzes ; à Barcelonnette, celle de l'Arche, et principalement celle du Lauzanier, riche en toutes sortes de beautés naturelles, et où se voient trois lacs se déversant l'un dans l'autre ; à Seyne, la Grande-Montagne, etc.

Les montagnes pastorales nourrissent annuellement 400,000 moutons transhumants, qui pendant l'été abandonnent les immenses plaines de la Crau ou de la Camargue. Ces moutons, divisés par troupeaux d'environ deux mille têtes, ne font que douze à seize kilomètres par jour ; encore leur marche se trouve-t-elle partagée par une station. Leur marche, toujours uniforme, s'annonce par le bruit d'énormes sonnettes suspendues au cou des boucs qui précèdent et conduisent les troupeaux ; ces animaux portent la tête haute, étalent des cornes contournées et dans les plus grandes proportions, font parade d'une barbe qui leur descend jusqu'aux genoux, et semblent fiers des fonctions qui leur sont déléguées. Arrivent-ils devant un torrent, sont-ils barrés par un obstacle quelconque, on les voit s'arrêter et ne reprendre leur marche que lorsque l'ordre d'un berger ou les cris des chiens les ont rassurés sur le danger, ou leur ont démontré la nécessité de le braver : alors ils s'élancent avec courage et ébranlent toute la masse, qui suit scrupuleusement tous leurs pas. Les bergers, vêtus d'une large casaque, couverts d'un chapeau rabattu et armés d'un long bâton ferré, stimulent les traîneurs. A leurs côtés sont fils, qui font la route à pied dès qu'ils ont atteint l'âge de cinq ou six ans. Sur les flancs sont de très-gros chiens qui courent sans cesse de la queue à la tête, et font rentrer dans la ligne les moutons qui s'en écartent. La marche se termine par les mères, les jeunes filles et les enfants en bas âge ; ces femmes conduisent un troupeau d'ânes, qui portent les enfants trop petits pour marcher, les agneaux qui naissent dans la marche, les bagages, les vases pour traire le lait, et enfin tous les ustensiles nécessaires pour la confection du fromage et du beurre. — Arrivés sur les montagnes, les bergers et leurs troupeaux se distribuent par quartiers les pâturages immenses qui existent sur les sommets ; ils suivent les troupeaux nuit et jour, et veillent sans cesse avec leurs chiens pour les garantir des loups, très-communs dans cette contrée. Le bayle, ou chef du troupeau, habite une cabane centrale d'où il peut tout diriger. Les femmes, les enfants, les vieillards, ont pour demeure une espèce de chaumière, renfermant les bagages, les ustensiles, les provisions et la paille, lit commun de toute la famille. Leur principale nourriture se compose de pain et de lait ; si parfois ils y joignent quelque peu de viande ou de lard, un peu de soupe ou une portion de légumes, c'est pour eux un régal extraordinaire ; les femmes leur préparent ces aliments, pour lesquels elles vont s'approvisionner tous les huit jours dans les villages voisins. A ces voyages près, cette espèce d'hommes n'a aucune communication avec le reste de la société ; et cependant cette vie pastorale a pour eux tant de charmes, qu'il est infiniment rare de la leur voir abandonner. Ils passent l'hiver dans de vastes plaines, loin de toute habitation, et y mènent la vie la plus pénible et la plus monotone. L'été s'écoule d'une manière plus étonnante encore, car ils le passent sur hautes montagnes ; sous le ciel le plus pur, ils voient quelquefois les orages se former sous leurs pieds et ravager les contrées inférieures, tandis que, tranquilles et sans inquiétudes, ils règnent sur de vastes et riants coteaux de pelouse. C'est dans ces solitudes qu'ils vivent, sans jamais regretter les fertiles contrées qu'ils traversent périodiquement deux fois l'année, et sans porter envie aux agréments que trouvent les hommes dans leurs réunions ; leur famille absorbe toutes leurs sensations ; leur existence civile et politique est tout entière liée à celle de leurs troupeaux, et leur unique fortune s'y trouve également attachée, car elle consiste ordinairement en un certain nombre de brebis qu'ils ont en propriété, et qui se proportionne à la force du troupeau. Communément ils possèdent une brebis sur trente, et de plus les chèvres qui accompagnent les bestiaux. Ces bergers jouissent, en général, d'une bonne santé ; les inflammations de poitrine sont les seules maladies auxquelles ils soient sujets. En gardant leurs troupeaux, ils s'occupent à faire des jarretières ou des cordons de laine dont les couleurs sont mélangées et les tissus faits avec assez de goût : leurs distractions consistent à fredonner quelques airs rustiques sur de petites flûtes à six trous. Quoique rustres, ils ne manquent pas d'une certaine intelligence ; ils se font une espèce d'astronomie, à l'aide de laquelle ils connaissent les heures et prédisent le temps ; ils tiennent fortement à leurs intérêts, mais cela ne les empêche pas d'être d'une probité sévère. Dès que les jeunes gens ont atteint l'adolescence, on les marie, et jamais on ne leur cherche une compagne qui appartienne à une classe différente de la leur. L'autorité paternelle y est dans toute sa vigueur ; et comme, par la longévité des vieillards et la précocité des mariages, les familles deviennent extrêmement nombreuses, les grands-pères et les pères forment une sorte de magistrature, dont les volontés sont toujours respectées.

La contenance totale du département des Basses-Alpes est de 682,643,53 hectares, divisés ainsi :

Terres labourables	155,393,42
Prés	17,504,84
Vignes	13,958,82
Bois	109,726,97
Vergers, pépinières et jardins	338,50
Oseraies, aunaies et saussaies	3,464,09
Etangs, mares, canaux d'irrigation	29,42
Landes et bruyères	306,163,17
Superficie des propriétés bâties	853,46
Contenance imposable	610,759,94

Routes, chemins, places, rues, etc.	51,955,14
Rivières, lacs et ruisseaux.	19,867,65
Forêts et domaines non productifs.	
Cimetières, églises, bâtiments publics.	60,80
Contenance non imposable.	71,883,59

On y compte :
37,685 maisons.
519 moulins à eau et à vent.
15 forges et fourneaux.
335 fabriques et manufactures.

soit : 38,564 propriétés bâties.

Le nombre des propriétaires est de.	53,858
Celui des parcelles de	835,485

HYDROGRAPHIE. Les principaux cours d'eau qui arrosent le département sont : la Durance, le Verdon, l'Ubaye, le Jabron, l'Ubaye, la Bléone, l'Asse, le Var, etc., n'offrant qu'un faible ruisseau, qui souvent même est à sec pendant l'été; la plupart de ces rivières deviennent des torrents impétueux lors de la fonte des neiges.

Le département renferme un assez grand nombre de lacs ; le plus remarquable est celui d'Allos, qui a une demi-lieue carrée de superficie.

COMMUNICATIONS. Trois routes royales et dix-neuf routes départementales traversent le département, où la plupart des transports se font à dos de mulet.

MÉTÉOROLOGIE. Le climat du département des Basses-Alpes est généralement sain, l'air vif et pur, mais la température est extrêmement variable. Par sa position méridionale et très-montueuse, le département présente en même temps, au levant, les fleurs du printemps ; au midi, les fruits de l'automne, et au nord, les glaces de l'hiver. Il arrive quelquefois que, la saison étant un peu précoce, on coupe les avoines dans les cantons les plus méridionaux du département, tandis qu'à la même époque on sème à la Sestrière le grain qui sera récolté quelques mois plus tard ; le froid qui règne sur les montagnes, et la neige qui les couvre jusqu'à ce moment, forcent les cultivateurs à ce retard.—Le climat est très-rigoureux dans la vallée de Barcelonnette ; on n'y connaît guère que deux saisons, l'hiver et l'été : la première s'annonce par des neiges qu'il n'est pas très-rare de voir tomber dès les premiers jours de novembre, et rarement voit-on la fonte s'en opérer avant le mois de mai. Pendant ce long intervalle, le thermomètre de Réaumur descend souvent jusqu'à 18°. Il est impossible de se faire une idée du spectacle que présente ce pays, lorsque la neige le couvre en entier à une épaisseur d'un mètre et demi ; lorsque les aspérités des rochers se sont arrondies ; lorsque tous les ruisseaux, pris par la glace, ont disparu pour l'oreille et les yeux ; lorsque les arbres ont remplacé leurs feuilles par des glaçons, et que les sapins, auxquels la nature ne laisse qu'une triste verdure ; lorsqu'on n'aperçoit aucune espèce de végétation ; lorsque le soleil, faible et décoloré, ne paraît presque pas ou s'élève à une si petite hauteur pendant le jour, que la vallée en est obscurcie par l'ombre des montagnes, tandis que les nuits sont brillantes et claires par l'effet que produit la lune sur les neiges amoncelées : lorsque enfin le silence général de toute la nature et l'absence de tous les êtres animés ne sont interrompus que par les cris des loups ou des oiseaux de proie pressés par la faim.—L'été est au contraire une saison délicieuse dans cette contrée ; presque aussitôt après la fonte des neiges, les arbres reprennent leur feuillage, et la terre se couvre d'une brillante et forte végétation ; les rochers se dessinent ; des sources limpides offrent des cascades dans la plupart des intervalles ; des sites pittoresques succèdent enfin à la monotonie. Jamais les chaleurs ne sont fortes ; et dans la plus ardente canicule, on pourrait se passer de couverture sur son lit ; il n'est même pas rare qu'on se chauffe au mois d'août. Le thermomètre ne monte guère au delà de 15 à 16° R.; encore la température est-elle modérée, pendant cette saison, par un vent frais qui règne dans toute la vallée, depuis onze heures jusqu'à midi.

PRODUCTIONS. Le sol, naturellement ingrat, stérile, hérissé de cimes âpres et de rochers, doit en grande partie sa fertilité à l'industrie des habitants. La partie septentrionale produit du seigle, de l'orge, de l'avoine, des pommes de terre dont on fait un pain d'excellente qualité en les mélangeant avec le seigle ; à mesure que l'on s'approche de la partie méridionale, on rencontre les productions que la terre ne donne que sous les climats tempérés. Les amandiers, les oliviers, les figuiers, les orangers et les citronniers s'y cultivent avec succès, ainsi que les mûriers. Dans quelques contrées, la campagne abonde en arbres fruitiers, tels que poiriers, pommiers, pêchers, abricotiers, amandiers, et surtout en pruniers dont le fruit séché forme une branche de commerce assez importante ; une partie se vend sous le nom de prunes de Brignoles. Cependant ce n'est point de Brignoles que nous vient ce fruit, mais bien de Digne, chef-lieu du département des Basses-Alpes : c'est aux environs de cette ville qu'on le récolte ; on fait plusieurs qualités de la même prune ; qui sont le perdigron blanc, savoir : la pistole, les brignoles double et simple fleuret, et les prunes à noyaux. Les pistoles prennent leur nom de leur forme et de leur couleur : elles sont plates et rondes, blondes et sans noyaux ; les brignoles sont une réunion de morceaux irréguliers qu'on a élagués en choisissant les pistoles, et qu'on a tassés ensuite les uns sur les autres jusqu'à la grosseur d'un œuf de pigeon ; on les classe en double et simple fleuret suivant qu'elles sont plus ou moins blondes. Les prunes à noyaux, c'est la prune telle quelle, pelée et séchée au soleil comme les précédentes, car ici on ne se sert pas du four pour la dessication. Ces prunes ont une grande douceur et sont d'un goût délicieux ; on les mange le plus ordinairement sans être cuites ; cependant quelques personnes en font des compotes, et, dans certaines circonstances, pour les enfants surtout, elles suppléent aux laxatifs. Le prix des pistoles varie à Paris depuis 90 fr. jusqu'à 121 fr. et même 140 fr. les 50 kilog., et pour les brignoles de 65 à 100 fr.—La principale forêt est celle de Mercourt ; les essences dominantes sont le chêne blanc et vert ; le hêtre, le sapin, le pin et le mélèze.—La manne, l'agaric et la térébenthine se récoltent dans plusieurs cantons.—Les vignes, cultivées avec soin dans le territoire de plusieurs communes, donnent des vins de bonne qualité, qui se consomment sur les lieux ; les meilleurs se récoltent dans le canton des Mées.—Dans certains cantons on recueille des truffes blanches, noires et marbrées fort recherchées.—Les montagnes fournissent d'excellents pâturages et nourrissent de nombreux troupeaux ; elles sont tapissées de plantes aromatiques et autres, au nombre de plus de 2,500, dont quelques-unes sont remarquables par leur parfum. Les herboristes de Lyon, de Marseille et d'autres villes du Dauphiné et de la Provence viennent chaque année y faire leurs provisions de graines et de plantes ; elles sont aussi visitées par les marchands de vulnéraires, dits vulnéraires suisses ; et l'on y remarque dans la belle saison des ateliers de distillation en plein air, où l'on extrait l'huile essentielle du thym, de la lavande et de plusieurs autres plantes.—Les animaux domestiques sont en général de petite espèce ; les chevaux et les ânes, quoique d'une petite stature, sont forts et vigoureux ; le jumart, qui naît de l'accouplement du taureau et de l'ânesse qu'on enferme dans la même étable, est très-commun et on l'apprécie beaucoup, parce qu'il réunit la force du bœuf à la patience et à la sobriété de l'âne. Les moutons mérinos sont l'objet d'une éducation très-soignée, mais ils sont loin d'être assez multipliés.—Plusieurs communes se livrent à l'éducation des vers à soie.—Les ruches sont nombreuses et donnent un miel blanc estimé.—Le loup n'est pas rare dans les montagnes. Le chamois est commun dans les lieux escarpés ; les lièvres, les perdrix, les coqs de bruyère sont très-multipliés, ainsi que les oiseaux de proie, notamment le duc, le faucon et le milan.—Les lacs et les rivières fournissent de très-bons poissons, parmi lesquels on cite les truites d'Allos et les carpes du Lauzet.—On évalue le nombre des chevaux et mulets à 6,000 ; celui des bêtes à cornes à 15,000 ; celui des chèvres à 25,000 ; celui des moutons à 220,000. Le produit annuel du sol est évalué à :

Céréales et parmentières.	1,860,000 hect.
Avoines.	290,000
Vins.	140,000

MINÉRALOGIE. Indices de mines d'argent à Barles, à Ubaye, à Mariaud, à Thorame-Haute, à Ongles. Indices de fer dans la vallée de Barcelonnette. Plomb, cuivre, bismuth, baryte assez abondant. Succin à Salignac. Cristal de roche à Lure, Champourcin, Jaspe à St-Paul. Soufre à Aubenas ; Vitriol à Dromond. Lignite et jaiet dans un grand nombre de localités. Marbre, gypse, argile. Nombreux fossiles. Porphyre, grès, ardoise, etc.

ALPES (département des Basses-).

Sources minérales à Digne, Gréoulx, Colmars. Sources salées à Tartonue, Aguac, Lambert, Gevaudan, Clumans, Moriez, etc.

Mines de lignites exploitées.	8
Non exploitées.	5
Nombre d'ouvriers employés.	41
Produit en quintaux métriques.	12,161
Valeur en francs.	8,126

INDUSTRIE ET COMMERCE. L'industrie du département ne s'étend guère au delà des besoins locaux, et le commerce n'offre pas de vastes développements. Les productions du sol donnent lieu à plusieurs exportations, telles qu'amandes fines, olives, raisins, figues, noix, excellentes prunes connues sous le nom de brignoles, pruneaux fleuris et pistoles; truffes, fromages de lait de chèvre et de brebis, laines de mérinos et communes, soie en petite quantité, miels blancs paillés estimés, et cire jaune des Mées qui ont de la réputation, graines de trèfle, de luzerne et de sainfoin.— L'industrie principale se borne à la fabrication de la cadisserie, des cuirs tannés, des peaux de chevreau préparées, de la coutellerie et des bonnets gasquets.

Dans l'arrondissement de Digne, on fabrique des gasquets à Oraison, du papier et de la faïence à Moustiers, des cordes à Riez; St-Martin a une scierie hydraulique pour les bois.

L'arrondissement de Castellane possède une fabrique de draps communs à St-André. Celui de Forcalquier a de nombreux moulins à huile, des filatures de soie, des tanneries et des mégisseries, établis principalement à Manosque et à Forcalquier.—Dans l'arrondissement de Sisteron, on trouve une filature hydraulique de coton à Servantes. Une mine de plomb, découverte récemment à St-Geniez-de-Dromont, ne donne pas encore de produits bien importants.

Foires. Plusieurs foires sont établies dans près de 50 communes du département. On vend sur ces foires des bœufs et des bestiaux de toute espèce, du chanvre, des amandes, des pruneaux, des fruits, des cuirs, des toiles communes, de gros draps, de la faïence, des truffes, etc.

Mœurs et usages. Le caractère des habitants de ce département a beaucoup de rapport avec celui des Provençaux. Les montagnards seuls offrent quelque différence; ils sont fins, adroits, et n'ont de grossier que l'habit; il en est peu, même dans les lieux les plus reculés, qui ne sachent lire, écrire, compter, et quelque chose de plus. L'instruction est pour eux un goût naturel et même une nécessité; pendant une moitié de l'année, les habitations sont presque ensevelies sous les neiges, les travaux agricoles interrompus, et, comme il n'existe aucun établissement industriel, les bras se trouvent sans emploi. Les familles se retirent alors dans les étables, seul lieu où le froid excessif ne se fasse pas sentir; là, pendant que les femmes filent ou tricotent, le chef de la famille fait la lecture, l'instruit, se civilise, enseigne ses enfants, ses serviteurs, et tient école pour eux. Professeur le plus élevé et le plus inaccessible qu'il y ait sur le globe, il ne craint pas que l'université le précipite du haut de sa chaire,

qu'elle prescrive un mode exclusif d'enseignement, qu'elle mesure à son aune les intelligences, et qu'elle lui dise : Tu t'arrêteras là.

Le paysan des Basses-Alpes est courageux, propre à supporter la fatigue, capable de dévoûment et de reconnaissance, et, malgré sa disposition à l'économie, il montre dans ses relations avec les étrangers une sorte de générosité noble; il rougirait de faire payer au voyageur égaré les services qu'il peut lui rendre, le lait et les fruits qu'il peut lui offrir. Si durant la mauvaise saison un enfant souffrant et morfondu se présente à la porte de sa chaumière, il ne le renvoie pas en lui disant : Le ciel vous bénisse; il le reçoit, l'accueille, et lui dit : Mets-toi à l'abri, mange, étudie, travaille, et ne le renvoie à ses parents que lorsque la mauvaise saison est passée.—Chaque année a lieu une émigration de plusieurs milliers d'hommes et d'enfants, appartenant principalement à la vallée de Barcelonnette, et particulièrement au village de Fours, dont la population mâle s'expatrie presque en entier. La plus grande partie des émigrants va dans la basse Provence, et se cantonne sur toute la côte depuis Nice jusqu'à Arles. Les hommes se placent comme valets ou journaliers, pour les divers travaux de l'agriculture; les femmes, et les enfants assez grands pour être employés utilement, cueillent les olives, filent le chanvre et la laine. Plusieurs s'établissent en qualité de commissionnaires dans nos grandes cités; quelques-uns montrent la lanterne magique dans toutes les parties de la France; les enfants montrent la marmotte; d'autres se forment une petite pacotille d'almanachs, d'aiguilles, de lacets et autres menus objets de mercerie, qu'ils vont colporter au loin. Dans le cours de ces longs voyages, tous se montrent intelligents, patients, laborieux, vivant avec frugalité, économes, et surtout d'une fidélité à toute épreuve.

DIVISION ADMINISTRATIVE. Le département des Basses-Alpes a pour chef-lieu Digne. Il envoie deux représentants à la chambre des députés, et est divisé en 5 arrondissements :

Digne.	9 cant.	52,045 h.
Barcelonnette.	4 —	18,561
Castellane.	6 —	23,770
Forcalquier.	6 —	36,118
Sisteron.	5 —	25,561
	30 cant.	156,055 h.

Direction de douanes à Digne.— 28e conservation des forêts.— 14e arrondissement des mines (chef-l. St-Etienne).— 8e division militaire (chef-l. Marseille); 4 places fortes, Sisteron et citadelle, fort St-Vincent, Colmars et fort, Entrevaux et château.— Evêché à Digne; 32 cures, 285 succursales, 41 vicariats; séminaire diocésain à Digne; école secondaire ecclésiastique à Forcalquier.— Collèges communaux à Barcelonnette, à Digne, à Manosque, à Seyne, à Sisteron; école normale primaire à Barcelonnette.— Société d'agriculture, sciences et arts à Digne; comices agricoles à Sisteron et à Barcelonnette.

ALPES (département des Hautes-).

Biographie. Les hommes les plus remarquables auxquels ce département a donné naissance sont : le troubadour G. DE PORCELET; l'illustre GASSENDI; l'économiste G. DE RÉAL; les poëtes GASPARD ABEILLE et BÉRANGER; les médecins ROBERT, ITARD et BAYLE; le célèbre orateur MANUEL; le biographe CHAUDON; les généraux BRUNET, BRESSAND, GASSENDI, DES MICHELS, HERBEZ LATOUR, MASSOL; les amiraux RICHERY, VILLENEUVE; les braves marins SAIZIEU, DE CAMBIS; les littérateurs DE LEUZE, A. RABBE, etc.

Bibliographie. ARENA (A.). Les Villes, villages et châteaux de Provence (imprimé avec les ordonnances du roi François Ier, in-4, 1545).

VILLENEUVE-BARGEMONT (le comte de). Voyage dans la vallée de Barcelonnette, in-8, 1815.

HENRY (D.-J.-M.). Recherches sur la géographie ancienne et les antiquités du département des Basses-Alpes, in-8, 1818.

FRÉMONT-GARNIER. Lettres sur la vallée de Barcelonnette, in-8, 1822.

JOUINE. Vues sur l'agriculture du département des Basses-Alpes, in-8, 1823.

AUDRAND. Statistique morale de la France (département des Basses-Alpes), in-8, 1829.

Annuaire des Basses-Alpes, 1833-44.

COQUEBERT DE MONTBRET. Description géographique et minéralogique du département des Basses-Alpes (Journal des mines, t. VI, p. 1797).

Statistique minérale des Basses-Alpes. Annales des Basses-Alpes, 4 vol. in-8, fig., 18..

V. aussi la Bibliographie des départements des Bouches-du-Rhône et de Vaucluse, et les titres des ouvrages mentionnés à la fin des articles PROVENCE, BARCELONNETTE, CASTELLANE, DIGNE, FORCALQUIER, GRÉOULX, ENTREVAUX, MANOSQUE, LES MÉES, MOUSTIERS, RIEZ, SISTERON.

ALPES (département des Hautes-). Le département des Hautes-Alpes est formé d'une partie de l'ancienne province du Dauphiné, et tire son nom de la position physique des montagnes des Alpes. Il est borné, au nord et à l'est, par le Piémont; au sud, par le département des Basses-Alpes; à l'ouest, par celui de la Drôme, et au nord-ouest, par celui de l'Isère.

Ce département est entièrement couvert de montagnes qui s'élèvent par degrés du sud au nord, depuis le département des Basses-Alpes et depuis ceux de la Drôme et de l'Isère, jusqu'à la Savoie et au Piémont. L'élévation moyenne de ces montagnes est de 2,800 m. : les points les plus élevés sont le mont Viso et le mont Pelvoux de Vallonise. Plusieurs sommités des Hautes-Alpes sont chargées de glaciers que la neige couvre pendant six à huit mois de l'année (les principaux sont ceux du Pelvoux, de la Grave, du Lautaret, du Casset et des Arcines); les vallées de la Guisane où du Monestier peuvent se disputer en beautés admirables à celles de la Suisse. — Les intervalles des montagnes se divisent en cinq bassins principaux, traversés par autant de rivières ou torrents : ce sont les bassins de la Durance, du Guil, du Buech, de l'Aigues et du Drac. A chacun de ces bassins viennent aboutir un assez grand nombre de vallées, pour la plupart très-profondes et arrosées par des torrents qui sillonnent les flancs des montagnes, traversent le département en tous sens, et semblent se multiplier depuis quelques années d'une manière effrayante. Au moindre orage ils grossissent considérablement, et, pour peu que la pluie dure, ils grondent comme la foudre, entraînent avec fracas des rochers énormes, renversent tout ce qu'ils rencontrent, et, sortant souvent de leurs lits, déjà trop étendus, ils menacent les habitations, les villages, couvrent les environs de ruines et de débris. Dans l'été, et pendant les sécheresses, les eaux des torrents n'occupent qu'une partie de leurs lits ; on a creusé beaucoup de canaux d'irrigation, par lesquels leurs eaux sont rendues utiles à l'agriculture. — Les montagnes donnent au sol un aspect très-varié ; leurs flancs, exposés au sud, crevassés par les siècles, sont presque nus et arides ; vers le nord, au contraire, ils sont garnis de forêts jusqu'au point où cesse toute végétation. Les collines, qui forment comme le premier échelon de ces masses énormes, sont moins âpres et moins nues ; les unes sont couronnées par des bois taillis, d'autres par des pâturages. — Vers le milieu du printemps, lorsque le soleil, élevé sur l'horizon, a fondu les neiges, les montagnes se couvrent du plus beau gazon, des fleurs les plus odorantes ; c'est alors qu'on voit les troupeaux sortir du fond des vallées, quitter leurs étables infectes et obscures, couvrir progressivement les côtes, depuis la base jusqu'aux sommets les plus élevés ; c'est là qu'au milieu d'une végétation riche et d'herbes succulentes ils respirent toujours un air frais, pendant les brûlantes ardeurs de l'été. Au milieu des prairies qui s'étendent jusqu'aux lieux où cesse toute végétation, apparaissent des cabanes de bergers, des laiteries, des chalets plus ou moins rapprochés, des villages entiers qu'on n'habite qu'en été. Sur le penchant des montagnes sont les chaumières où les bergères traient les vaches, les brebis et les chèvres, après le lever de l'étoile du soir, et avant que celle du matin disparaisse ; elles vaquent tout le jour à d'autres travaux ; leur fraîcheur, leur franche gaieté feraient envie aux femmes de nos grandes villes. A la mi-octobre, quand les premières neiges annoncent la fin de cet heureux séjour, on voit descendre d'immenses troupeaux de moutons avec d'épaisses toisons blanchies par la rosée, chargés de graisse et d'embonpoint, ayant ainsi doublé leur valeur ; suivent ensuite les bêtes à cornes, puis les ânes chargés des fromages fabriqués dans les montagnes, des ustensiles, des effets et des enfants trop jeunes pour supporter la fatigue de la marche.

La contenance totale du département est de 553,264 hectares, divisés ainsi :

Terres labourables.	97,484
Prés.	23,636
Vignes.	5,901
Bois.	77,226
Vergers, pépinières et jardins.	506
Oseraies, aunaies et saussaies.	480
Etangs, mares, canaux d'irrigation.	23
Landes et bruyères.	220,438
Superficie des propriétés bâties.	680
Contenance imposable.	426,394
Routes, chemins, places, rues, etc.	10,862
Rivières, lacs et ruisseaux.	16,314
Forêts et domaines non productifs.	99,653
Cimetières, églises, bâtiments publics.	41
Contenance non imposable.	126,870

On y compte :
21,672 maisons.
467 moulins à eau et à vent.
36 forges et fourneaux.
127 fabriques et manufactures.
soit 22,302 propriétés bâties.

Le nombre des propriétaires est de 44,471, et celui des parcelles de 1,195,994.

HYDROGRAPHIE. Nous avons dit précédemment que les intervalles des montagnes forment cinq bassins principaux. Ces bassins, arrosés par la Durance, le Guil, le Buech, l'Aigues et le Drac, communiquent avec 65 vallées, dans chacune desquelles coule au moins un torrent qui lui donne son nom ; le bassin de la Durance en contient 28, non compris celle de Guil ou de Queyraz, qui se subdivise elle-même en 11 vallées secondaires ; le bassin du Buech réunit 15 vallées, celui de l'Aigues 5, et celui du Drac 7.

Le département renferme quelques lacs peu importants : le lac de Néal, situé au-dessus de la belle vallée pastorale des Ayes ; le lac des Cordes, dans le vallon du Bourget ; le lac du Monde, situé au-dessus du village du Puy-Près, dont la circonférence est à peine de 45 m., et qui ne gèle jamais ; le lac Trouble, commune de Champcella ; le lac de Lestio, où le Guil prend sa source ; le petit lac de Mazeliers, dans la vallée des Ores ; les lacs de Réalon, de Morgan et de Chabrières, situés dans la pittoresque vallée de Réalon, dont l'entrée est une gorge affreuse formée de précipices ; les deux lacs du col de la Poissonnière dans la vallée de Neuvache, et deux autres lacs situés sur les montagnes qui séparent cette vallée de celle de la Guisane ; le lac, ou plutôt le marais de Pelleautier, à la surface duquel se balance la Motte Tremblante, formée par une masse de tourbe d'environ 3 m. de diamètre et d'épaisseur, qui tient au fond du marais par des racines, et reçoit facilement un mouvement circulaire, mais ne va jamais au delà d'un tour sans revenir sur elle-même.

Le Briançonnais compte 323 canaux d'irrigation arrosant 7,400 hectares. Ces canaux remontent au XIII° et au XIV° siècle ; on les doit en partie aux concessions et aux libéralités des Humberts, dauphins. Dans plusieurs communes, le prix de l'heure d'arrosage se vend, avec ou sans terre ; il varie de 12 à 24 fr. Ailleurs,

l'ouvrage se distribue par jour, heure, demi-heure, par quartier ou mas. La prise d'eau commence le lundi et finit le samedi.

COMMUNICATIONS. Le département est traversé par 4 routes royales et par 19 routes départementales. Celle de Gap à Valence a été ouverte en 1804, sur une étendue de 21,000 m., par les habitants de 14 communes des Hautes-Alpes, sous l'administration de M. Ladoucette, alors préfet dans le département. En mémoire de ce dévouement, on a élevé une colonne milliaire à la sommité du col de Cabre, où sont gravés les noms des communes avec la date de leurs travaux. — La route du mont Genèvre a aussi été ouverte par les soins de M. le baron Ladoucette, en 1802, par 18 communes briançonnaises secondées par les soldats de la garnison de Briançon. Pour perpétuer le souvenir de l'ouverture de ce chemin, le département éleva, près du point de partage de la France et du Piémont, un obélisque de 6 m. 48 c. de hauteur, dont une des faces portait l'inscription suivante :

NAPOLÉON LE GRAND,
EMPEREUR ET ROI,
RESTAURATEUR DE LA FRANCE,
A FAIT OUVRIR CETTE ROUTE
AU TRAVERS DU MONT GENÈVRE,
PENDANT QU'IL TRIOMPHAIT DE SES ENNEMIS
SUR LA VISTULE ET SUR L'ODER.

MÉTÉOROLOGIE. Le climat est en général serein et l'air pur : on n'y voit pas de ces brouillards malsains qui affligent plusieurs contrées ; mais la température est très-variable, parce que le pays est placé au milieu des montagnes, dont les sommets sont longtemps, et sur certains points toujours, couverts de neige, et parce que les vents qui descendent de ces hauteurs dans les vallées y font quelquefois éprouver un froid vif et pénétrant, extrêmement rigoureux en hiver, surtout pendant les mois de janvier et de février. Le printemps est pluvieux et froid ; en été, la chaleur est excessive, surtout dans les vallées resserrées ; l'automne est frais, fort agréable, et se prolonge souvent jusqu'en décembre. Pendant toute la durée de l'hiver, qui est de huit mois dans les hautes vallées, les habitants sont privés de toute communication avec leurs voisins. — Les vents sont terribles quand ils s'engouffrent dans les vallons étroits et profonds. Le vent du nord règne souvent lorsque le printemps commence ; dans sa modération, il féconde les champs ; mais lors de sa violence il promène par les vallées le froid qu'il a pris aux glaciers, et sème les gelées. Le vent d'ouest s'élève après plusieurs jours de pluie ; c'est le vent domine que deux ou trois jours ; c'est le vent des orages, le destructeur des arbres qu'il déracine, des toitures qu'il enlève et répand dans les environs. Le vent du sud donne les pluies : il ne souffle que rarement pendant l'été. En février s'élève le vent d'est, qui cesse ordinairement à la fin de mars. — Les pluies ne sont pas régulières ; il tombe par année 50 centimètres d'eau. De juin en septembre, de fréquents orages, qui durent deux ou trois heures, amènent la grêle, et des pluies si fortes, qu'on les nomme fardeaux ou faix d'eau. — La neige reste constamment sur les plus hautes Alpes ; vers la fin de l'automne, elle commence à blanchir le sommet des montagnes moins élevées, mais elle ne couvre les vallées que vers Noël, et souvent après. Sur la fin de février, la neige a presque entièrement disparu ; elle quitte ensuite les collines, et, à la fin de mai, les montagnes se dépouillent de leurs robes blanches pour prendre cet habit de verdure qui les rend si belles.

Hauteur des lieux habités.

Fort de l'Infernet	2,400 m.
Bourg de Genèvre	2,074
St-Véran	2,060
Le Monestier	1,515
Château de Queyraz	1,450
Briançon	1,306
Bourg de Vallouise	1,235
Châteauroux	1,044
Guillestre	1,030
Embrun	930
Chorges	915
Gap	760

PRODUCTIONS. Dans les Hautes-Alpes, la plupart des vallées sont peu fertiles et suffisent à peine à la subsistance de leurs pauvres habitants ; cependant, dans la partie méridionale, on recueille des blés excellents, des vins d'assez bonne qualité, de l'huile de noix, des pommes de terre estimées, qui sont une des principales ressources du pauvre. Dans les vallées briançonnaises, les champs sont soignés comme les jardins aux environs de Paris, comme les vignobles de la Côte-d'Or. C'est un terrain meuble, léger, un peu sablonneux et caillouteux, qui produit 12 à 15 pour un, mais à force d'engrais, d'arrosage et d'assolements. — Les pâturages forment, suivant l'élévation à laquelle ils se trouvent, trois zones distinctes, où les plantes ne sont plus les mêmes : celle de l'hiver, celle du printemps, et celle de l'été. Plus bas se succèdent aussi trois zones forestières : celle des sapins, des hêtres et des chênes. La zone végétale la plus élevée commence au-dessous de la limite des neiges, à environ 2,250 m. ; on y remarque principalement les saxifrages, les gentianes et les chrysanthèmes. La zone des sapins commence à 2,000 m., et s'élève même plus haut quand l'exposition est favorable. La zone des hêtres commence à environ 1,500 m. La zone des chênes commence à 900 m. ; celle des vignes, qui finit au bord des lacs et des rivières, ne s'élève pas plus haut que 565 m. On cultive dans ce département jusqu'à près de 2,200 m. au-dessus du niveau de la mer ; on peut compter par 100 m. de hauteur cinq jours de différence pour l'époque des semailles et pour la maturité des grains ; à Ribiers, qui n'est qu'à 600 m., on moissonne, tandis qu'à St-Véran, qui est à 2,094 m., le seigle commence à peine à végéter. — On évalue à 600,000 hectolitres le produit annuel des grains et des parmentières, quantité suffisante pour la consommation des habitants. — Les vignes produisent annuellement 70,000 hectolitres de vins, dont les plus estimés sont ceux de la Roche-de-Jarjaie, de Letret, de Châteauneuf, de la côte de Neffes, et le vin blanc dit *clarette de la Saulce.*

— Les autres productions du sol consistent en avoine, châtaignes, pommes de terre, légumes potagers, chanvre, navette, graine de mélèze, plantes aromatiques et vulnéraires, au nombre de plus de 2,700. — Belle race de bêtes à laine et de bêtes à cornes ; les vaches font la richesse principale de plusieurs vallées. Quantité de chèvres. Chevaux très-bons pour le service de la cavalerie légère, ânes, mulets excellents. On évalue le nombre des chevaux et mulets à 6,000, celui des ânes à 10,000, celui des bêtes à cornes à 30,000, celui des chèvres à 18,000, celui des moutons à 40,000, et celui des porcs à 10,000. — Bêtes fauves et toute sorte de menu gibier (chamois, ortolans, faisans, perdrix rouges, coqs de bruyère. L'ours, le loup, le loup-cervier et le lynx sont assez communs. Les oiseaux de proie sont nombreux, notamment le grand aigle. — Bon poisson de rivière.

MINÉRALOGIE. Indices de mines d'or. Mines d'argent et de plomb exploitées. Indices de mines de cuivre. Minerai de fer. Carrières de marbre, albâtre, porphyre, granit, variolite, plombagine, talc, craie, plâtre, pierres lithographiques, kaolin, ardoise. Exploitation de cristal de roche. Mines de houille et d'anthracite exploitées, etc.

Mines de plomb exploitées	2
Nombre d'ouvriers employés	46
Produit en quintaux métriques	2,750
Valeur en francs	7,775
Usines à argent poids kilog.	27
Valeur en francs	5,973

SOURCES D'EAUX MINÉRALES au Monestier, au Plan-de-Phazy près de Montdauphin, à St-Pierre, à St-Bonnet, à Trescléaux.

INDUSTRIE ET COMMERCE. L'industrie du département des Hautes-Alpes est assez restreinte. Elle consiste en fabriques de draps communs, de bas de laine à l'aiguille, de cadis, toiles, chapeaux, rubans de laine, instruments aratoires, serrans ou peignes en acier pour le chanvre, faux, outils, papier commun, boissellerie, mine de plomb noir, térébenthine. Mise en œuvre du cristal de roche et de l'albâtre gypseux. Filatures de coton ; filature de laine à la main. Distilleries d'eau-de-vie. Tanneries. Mégisseries et chamoiseries assez importantes ; on envoie à Lyon les peaux de lièvres, de lapins, de renards et de blaireaux. Aciérie ; nombreux martinets. Clouteries, tuileries assez multipliées. Exploitation de marbre, d'albâtre, de variolite, de syénite, de cristal de roche, de talc de Briançon, de pierres lithographiques peu estimées, d'anthracite. — Emigration annuelle de plus de 4,319 habitants des Hautes-Alpes, qui se répandent dans une partie de la France pour y faire valoir leur industrie. Dans ce nombre, on compte 705 instituteurs, 128 colporteurs, 501 peigneurs de chanvre, 245 bergers, 469 charretiers de ferme ou terrassiers, 256 marchands de fromages, 83 mégissiers, 83 charcutiers, 404 aiguiseurs, 25 voituriers, 6 porteurs de marmottes, et 469 exerçant diverses professions.

Commerce de grains, fruits, noix, manne, vins, fromages recherchés par les marchands provençaux et piémontais, graine de mélèze, eau de lavande, plantes tinctoriales, vulnéraire dit de Suisse, châtaignes, viande de chamois : dans plusieurs balles, et particulièrement à Abriès, on vend la chair du chamois comme ailleurs celle du bœuf et du mouton ; bestiaux, cuirs, laines, suif, térébenthine, et objets de fabrication locale. Il sort des Hautes-Alpes pour les départements voisins, et surtout pour la Drôme et l'Isère, des laines pour une valeur de 2 à 300,000 fr. ; le plus fort entrepôt est à Veynes.

FOIRES. Près de la moitié des communes du département possède des foires où l'on vend généralement des juments, des mulets, du gros et menu bétail, des comestibles, des objets d'habillements. Dans quelques-unes on vend du blé, de l'avoine, des légumes secs, une grande quantité d'amandes, ainsi que de la volaille, des porcs gras, du gibier ; enfin l'industrie locale y apporte du lin, du chanvre, de la laine, des toiles communes, des bas, de grosses étoffes, de la mercerie, etc.

MŒURS ET USAGES. Les habitants des Hautes-Alpes sont bons, actifs et laborieux ; patients dans les travaux, durs à la fatigue. L'âpreté du climat où ils vivent rend leurs manières rudes ; néanmoins ils ont de l'intelligence, de l'esprit et le goût de l'étude. Leurs mœurs sont austères et pures. Dans les transactions, la promesse vaut un contrat ; aux champs de foires, si l'acheteur frappe dans la main du vendeur, et que celui-ci serre fortement la sienne, l'offre la plus brillante ne pourrait les porter à contracter avec d'autres. Leur vie sévère les dispose à la charité : dans l'arrondissement de Briançon, où le pauvre même a horreur de la mendicité, durant tout le XVIIIe siècle il n'y a pas eu un seul attentat à la vie des hommes, les veuves et les orphelins ont le droit de faire faucher leurs prairies trois jours avant tous les autres ; ils ne doivent que la nourriture aux ouvriers qu'ils emploient pour leurs travaux champêtres. Dans le cas où ils ont à réparer ou à construire leurs maisons, les autres habitants font gratuitement le transport des matériaux nécessaires. — Dans l'arrondissement d'Embrun, si un père de famille, privé de ses enfants, est empêché de faire lui-même sa récolte, le maire et le curé annoncent sa position ; le dimanche, après les offices, tous les habitants du village, hommes, femmes, enfants, vont faire la moisson pour lui, rapportent ses pailles et ses grains qu'ils mettent à l'abri dans son grenier. — Dans le Dévoluy, canton si sauvage qu'un juge de paix dit n'y avoir entendu le rossignol qu'une seule fois en quarante-trois ans, quand les familles se composent d'orphelins, les garçons laissent à leurs sœurs le patrimoine paternel, afin qu'elles puissent trouver un mari, et vont ailleurs chercher fortune. — Il est d'usage général, dès qu'un enfant a un an, d'acheter pour lui une agnelle qu'on place à moitié chez un fermier ; cette agnelle devient brebis et a des agneaux ; on vend les mâles et on garde les femelles, et, en faisant de même tous les ans, l'enfant se trouve à seize ans propriétaire d'un troupeau qui peut lui servir de dot.

La vallée de Queyraz renferme cinq communes, dont la population réunie s'élève à environ 3,000 habitants, et qui forme entre elles une espèce de petite république dont les maires sont les chefs naturels. Ceux-ci jouissent d'une autorité presque sans bornes ; ils répartissent les impôts sans contrôle, taxent à volonté, d'après le rôle des contributions, les chefs de famille, qui payent sans réclamations la somme fixée ; ils jugent souverainement les querelles, terminent les contestations particulières, et prononcent des sentences auxquelles les habitants de la vallée se soumettent avec confiance, préférant l'équité paternelle de leurs maires à la justice coûteuse des tribunaux.

Les habitants des communes rurales des Hautes-Alpes passent l'hiver dans les étables, hommes, femmes, enfants. Là, tandis que les cadets de famille vont chercher fortune sous des climats plus doux, les parents fabriquent des étoffes grossières, et les fils aînés, tantôt les aident, tantôt apprennent aux enfants à lire, écrire et compter.

Pour trouver quelque désir d'apprendre, et même une certaine instruction réelle, il faut remonter dans le Briançonnais, pénétrer dans des vallées profondes et étroites, séquestrées en quelque sorte de la société par d'horribles précipices, que l'homme le plus intrépide ne franchit pas sans effroi. C'est là qu'on sent tout le prix de l'instruction, et que tous, sans exception, y consacrent leur jeunesse : il est rare qu'un enfant n'y sache pas lire, écrire et compter ; mais c'est la suite d'un usage antique et de l'impérieuse nécessité. Le sol ingrat et resserré de ces vallées ne pourrait en nourrir tous les habitants : d'ailleurs, le défaut d'ateliers, de manufactures, les laisserait oisifs pendant l'hiver, qui couvre la terre de plusieurs pieds de neige ; de là cette émigration périodique et, comme il est indispensable de s'utiliser dans les pays où on émigre, tous ceux qui ne connaissent pas d'arts mécaniques s'adonnent à lire, à écrire, à l'étude de la grammaire française, même de la langue latine, et, à l'approche de la saison rigoureuse, ils vont peupler d'instituteurs l'ancienne Provence, et en général les pays méridionaux. C'est même une chose curieuse que de voir, dans les foires considérables de l'automne, ces instituteurs, couverts d'habits grossiers, se promener dans la foule et au milieu des bestiaux de toute espèce, ayant sur leur chapeau une plume qui indique et leur état et leur volonté de se louer pour l'hiver, moyennant un prix convenu. Ces bonnes gens donnent de nombreuses leçons pendant tout le cours de la journée ; dans les intervalles, ils rendent à peu près autant de services que des domestiques à gages, et on est surpris du léger salaire qu'ils demandent pour tant de peines. A la fonte des neiges, ils reviennent dans leur pays natal, et travaillent à la terre pendant toute la belle saison : il est peu d'hommes qui utilisent autant leur existence, et qui soient plus respectables aux yeux de la société.—Dans chaque village du Queyraz, il y a un ou plusieurs instituteurs salariés par la commune, qui vont donner des leçons dans les familles, passant huit jours dans chaque maison, où ils sont nourris par les familles qui les emploient.

DIVISION ADMINISTRATIVE. Le département des Hautes-Alpes a pour chef-lieu Gap. Il envoie deux représentants à la chambre des députés, et est divisé en 3 arrondissements :

Gap	14 caut.	69,138 h.
Briançon	5	31,005
Embrun	5	32,441
24		132,584 h.

14e conservation des forêts. — 14e arr. des mines (chef-l. St-Étienne). — 7e division militaire (chef-l. Marseille) ; cinq places de guerre : Briançon-Ville, Fort-des-Têtes, Queyraz, Montdauphin, Embrun. — Evêché à Gap, 26 cures, 180 succursales, 21 vicariats ; séminaire diocésain à Gap, école secondaire ecclésiastique à Embrun. Eglise consistoriale à Orpierre et à Arvieux, 8 temples. — Collèges communaux à Briançon, à Embrun, à Gap. — Société de belles-lettres, sciences et arts à Gap. — Pépinières département. à Gap, Briançon, Embrun.

Biographie. Les hommes distingués, nés dans le département des Hautes-Alpes, sont : les mathématiciens COMIERS et BERARD ; le diplomate D'HAUTERIVE ; le docteur VILLARD, célèbre naturaliste ; le troubadour ALBERT ; l'hérésiarque DE BRUYS ; le théologien mystique G. FAREL ; le connétable LESDIGUIÈRES ; le savant J. MOREL ; l'historien FANTIN DESODOUARDS ; le cardinal DE TENCIN ; sa sœur Mme DE TENCIN, auteur de romans estimés ; le littérateur ROLAND, de l'assemblée constituante ; FINÉ, mécanicien et littérateur ; MM. FAURE aîné et BARTHÉLEMY CHAIX, auteurs de divers écrits sur le département des Basses-Alpes ; les généraux ALBERT, BOURCET, FANTIN, GUIEUX, VALLIER-LA-PEYROUZE, ROSTOLLAND, ANTHONE ST-JOSEPH, etc.

Bibliographie. COQUEBERT DE MONTBRET (le baron). *Description des Hautes-Alpes* (Journal des mines, t. VII, 1798).

HÉRICART DE THURY. *Potamographie du département des Hautes-Alpes* (Journal des mines, t. XVII, 1804).

Journal d'agriculture et des arts du département des Hautes-Alpes, in-8, 1803-11.

FARNAUD. *Exposé des améliorations introduites depuis cinquante ans dans les Hautes-Alpes*, in-8, 1821.

— *Histoire des canaux d'arrosages et de la pratique des irrigations dans les Hautes-Alpes*, in-8, 1821.

SURELL (Alex.). *Etudes sur les torrents des Hautes-Alpes*, in-4, 1841.

PEUCHET et CHANLAIRE. *Statistique des Hautes-Alpes*, in-4, 1808.

LADOUCETTE (le baron). *Histoire des antiquités, usages, dialectes des Hautes-Alpes, précédée d'un essai sur la topographie physique de ce département*, in-8, cartes et pl., 1820 ; 2e édit., in-8 et atlas, 1834.

CHAIX (B.-F.-M.). *Histoire naturelle, civile et militaire ; économie politique et statistique de la sous-préfecture de Briançon*, in-8, 1816.

FAURE aîné. *Statistique rurale de l'arrondissement de Briançon*, in-8, 1823.

NICOLAS. *Essai sur la topographie physique et médicale du Champsaur*, in-8, 1824.

FARNAUD. *Annuaires statistiques du département des Hautes-Alpes*, in-12, 1802-6.

Annuaires des Hautes-Alpes, ou Lettres à Eraste, 1807-8.

Almanach des Hautes-Alpes, 1800-22.

Album pittoresque des Hautes-Alpes (France littéraire, n° 4, avril 1832).

V. aussi, pour le complément de cette bibliographie, les titres des ouvrages mentionnés à la fin des articles : DAUPHINÉ, BRIANÇON, ST-FIRMIN, LA BATIE MONTSALÉON, ST-PIERRE-D'ARGENSON, VENTAVON.

ALPINES (canal des). La construction de ce canal, qui reçut dans l'origine le nom de BOISGELIN, du nom de l'archevêque d'Aix, alors à la tête de l'administration de la province, fut ordonnée par une délibération du 13 novembre 1772, approuvée par arrêt du conseil du 3 avril 1773. Les travaux, commencés immédiatement, furent poussés avec activité jusqu'en 1784, époque de leur suspension définitive. — En 1791, un acte de l'administration départementale changea le nom de ce canal en celui de CANAL DES ALPINES. — Il a sa prise d'eau dans la Durance à Mallemort, et, se divisant bientôt en plusieurs branches, il va porter la fécondité dans diverses contrées. Ses différentes parties sont distinguées par divers noms, qu'elles doivent, tantôt au point d'où elles partent, et tantôt à celui où elles aboutissent. Par *canal de Mallemort* on entend proprement la partie du canal qui part de la prise de Mallemort, et arrive au pont de Douneau. On appelle *canal d'Orgon* celui qui du pont de Douneau se dirige sur Orgon. La portion du canal qui s'étend depuis le pont de Douneau jusqu'au bassin divisoire de Lamanon a reçu le nom de canal de Lamanon. Par *canal du Merle*, on désigne l'espace compris entre le bassin de Lamanon et les martellières du Merle. Enfin on donne le nom de *canal d'Eyguières* à celui qui dérive les eaux de la première martellière, de Lamanon, dans le territoire d'Eyguières, et celui de *canal d'Arles*, au fossé qui, partant de seconde et troisième martellières du bassin de Lamanon, porte ses eaux dans le territoire d'Arles. V. CANAL DE CRAPONNE.

ALPINIEN (St-), vg. *Creuse* (Marche), arr., cant., ⊠ et à 5 k. d'Aubusson. Pop. 868 h.

ALPIS COTTIA (lat. 45°, long. 25°) « Ce passage des Alpes a pris le nom de Cottius, qui s'était fait un Etat indépendant dans cette partie de la chaîne des Alpes qui tient un milieu entre les Alpes Gréques et les Maritimes. Il reçut les bonnes grâces d'Auguste ; et on apprend d'Ammien Marcellin (lib. xv) que, pour témoigner sa reconnaissance, il rendit par de grands travaux les voies plus praticables dans les montagnes : *In amicitiam Octaviani receptus principis, molibus magnis extruxit, ad vicem memorabilis muneris, compendia-*

rias et viantibus opportunas medias inter alias Alpes vetustas. Cet Etat, formé par Cottius, était composé de douze cantons, *Civitates Cottianæ XII*, selon Pline (lib. II, cap. 20), qui donne pour raison de ce que ces cités ne sont point comprises dans l'inscription du trophée des Alpes, *quæ non fuerint hostiles.* Car l'objet de cette inscription regarde les nations qu'Auguste avait réduites à l'obéissance du peuple romain, *sub imperium pop. Rom. redactas* ; et ce qui composait le royaume de Cottius, ou la préfecture, selon le titre que donne l'inscription de l'Arc de Suse, ne fut réduit en province que sous Néron, comme plusieurs historiens l'ont écrit. L'Itinéraire de Bourdeaux à Jérusalem marque le commencement des Alpes Cottiennes à Embrun, qu'il convient d'y comprendre, puisque dans l'inscription de Suse les *Caturiges* sont dénommés entre les cités soumises à Cottius. Mais le passage des Alpes, sur la route qui conduit de Briançon à Suse, est nommé particulièrement *Alpis Cottia* dans la Table théodosienne. Cette montagne porte le nom de *Matrona* dans l'Itinéraire de Jérusalem, où on lit à la suite de *Brigantium, inde ascendit Matronam*, et Ammien Marcellin (lib. XV) donne la raison de cette dénomination : *cujus (Matronæ verticis) vocabulum casus fœminæ nobilis dedit.* Le nom que porte aujourd'hui le mont Genèvre est *mons Janus* dans des titres du XIe et du XIIe siècle, notamment dans le partage des terres de Provence entre les comtes de Barcelone et de Toulouse, qui est de l'an 1125. Ce n'est pas, à beaucoup près, une des plus hautes Alpes. Le lieu habité sous le nom de mont Genèvre est même environné de hauteurs, et voisin d'un vallon du côté du nord, qui se nomme vallon de l'*Alpet.* Mais, à environ deux milles au delà, on trouve une gorge très-étroite où coule la Doria, en un lieu situé à l'entrée ne semble avoir été appelé les Clavières qu'en y employant le terme de *claves*, comme étant la clef de ce passage qui conduit à Sezane. La Table marque VI entre *Brigantium* et *Alpis Cottia*, et V au delà, jusqu'au lieu dont le nom y est écrit *Gadao*, et dans l'Itinéraire de Jérusalem *Gesdao*. Cet Itinéraire rassemble les deux distances en une seule indication, qui est X. Une carte manuscrite et topographique que j'ai sous les yeux me fait connaître que la mesure itinéraire paraît très-convenable sur le pied d'environ 10 milles, quoique la mesure directe de Briançon à Sezane ne soit guère que de V ; mais il faut considérer que c'est un chemin dans les Alpes. M. de Valois n'est point entré dans le détail que fournissent l'Itinéraire et la Table. Ce détail le conduisait au mont Genèvre, et l'aurait empêché de transporter l'*Alpis Cottia* au mont Cenis. *Nostri*, dit-il, *Alpem Cottiam, vel Cottianam (vocant) montem Cinisium, le mont Cenis* (p. 349). Il ne peut être question du mont Cenis eu passant de la Gaule en Italie, qu'en sortant de la Maurienne, et non pas en partant de Briançon. Le nom des Alpes Cottiennes n'était pas encore mis en oubli dans le XIe siècle, Pierre Damien (*Epist.* 17), écrivant à Adelhaïde, fille de Mainfroi, marquis de Suse, et femme d'Amédée, comte de Maurienne, la qualifie du titre de *Ducissa Alpium Cottiarum.* » D'Anville. *Notice de l'ancienne Gaule*, p. 54.

ALPIS GRAIA (lat. 46°, long. 25°). « Elle est marquée dans la Table théodosienne, sur la tracé de la route qui passe par *Darantasia* pour entrer en Italie par *Augusta Prætoria.* L'Itinéraire d'Antonin n'en fait point mention dans le détail de la même route (*Hist.*, lib. XV). Dans Tacite, c'est *Mons Graius* ; dans Cornelius Népos (*in Annibale*), *Saltus Graius* ; Pline s'explique sur la situation d'*Augusta Prætoria*, dans le pays des *Salassi*, en ces termes : *juxta geminas Alpium fauces, Graias atque Pœninas* ; et on voit en effet les voies romaines, en partant de cette ville, traversent l'Alpe Gréque d'un côté, et de l'autre l'Alpe Pennine, c'est-à-dire le petit et le grand St-Bernard. Ptolémée, qu'il faut approuver d'avoir placé les villes des *Centrones* dans les Alpes Gréques, est à blâmer d'y placer également *Segusium*, Suse, qui est au pied des Alpes Cottiennes, et, de plus, *Eburodunum*, Embrun, qui est bien éloigné du petit St-Bernard. On sait que la dénomination d'*Alpis Graia* est attribuée au passage plus fabuleux qu'historique d'Hercule, qui, selon la tradition que Pline rapporte (lib. III, cap. 20), avait établi dans ces quartiers une partie des Grecs dont il était suivi. Tite Live (lib. V, sect. 34) fait connaître ce qu'on pensait du passage d'Hercule, lorsqu'en disant que les routes, pour traverser les Alpes, ne paraissaient point frayées aux Gaulois, qui néanmoins pénétrèrent en Italie, il ajoute : *nisi de Hercule fabulis credere libet.* » D'Anville. *Notice de l'ancienne Gaule*, p. 56.

ALPIS MARITIMA (lat. 44°, long. 26°). « La Table théodosienne marque VIII entre *Cemelium* et *Alpis Maritima* ; et l'indication est la même dans l'Itinéraire d'Antonin, entre *Alpis Summa*, et *Cemelium*, selon la voie qui était appelée *Aurelia.* C'est sur ce sommet de l'Alpe Maritime qu'étaient élevés les trophées d'Auguste, et leur position nous est connue par celle qui existe sous le nom de Turbia, qui est une altération de la dénomination de *Tropæa.* Je suis instruit, par des cartes qui ont été levées dans le plus grand détail, et selon la plus parfaite topographie, que j'ai sous les yeux du roi, que ce qu'il y a d'espace entre Cimiès, ou les vestiges de *Cemenelium*, et *Turbia*, est au moins de 5,000 toises, et répond à environ 7 milles romains. Mais il faut croire que la mesure itinéraire sur une route dans les Alpes, doit surpasser sensiblement la ligne aérienne et directe ; et la topographie que j'ai sous les yeux me donne tout lieu de juger que cette mesure ne doit pas différer de ce que l'Itinéraire et la Table indiquent également ; les cartes dont je viens de parler s'étendent jusqu'à Vintimille ; l'avantage qu'on en peut tirer m'invite à reconnaître les distances jusqu'à cette position. L'Itinéraire fait mention d'un lieu entre *Albintimilium*, où plutôt *Albium-Intemelium*, et l'*Alpis Summa*, sous le nom de *Lumone* ; et on y trouve d'*Albintemilium* à *Lumone* XVI, et de *Lumone* au sommet de l'Alpe X : la Table est manifestement en faute, parce qu'on n'y voit autre chose que VIII entre l'Alpe Maritime et *Albintimilium*, ce qui pourrait être attribué à l'omission du lieu intermédiaire indiqué par l'Itinéraire. Or je remarque que l'espace en droite ligne de Turbia à Vintimille n'est donné que de 9,000 toises au plus, ce qui ne répond qu'à environ 12 milles romains ; d'où il faut conclure que, quelque peu directe et unie que soit la route, qui dans presque toute cette étendue borde le pied des montagnes à peu de distance de la mer, elle ne peut cependant consumer 26 milles, comme l'Itinéraire les fait compter. En partant de Vintimille, et mesurant autant que possible les circuits de la route, je rencontre, au terme de 6 milles, la position de Menton, que je vois être le seule qui puisse représenter celle de *Lumone.* Ainsi l'indication de l'Itinéraire au lieu de XVI, se réduit à VI ; et le compte des distances entre Vintimille et Turbia n'étant plus que de XVI, l'erreur de l'Itinéraire consiste à avoir appliqué à un intervalle particulier ce qui regarde la distance entière de Vintimille à Turbia. Entre Menton et Turbia, il me paraît que l'indication de VIIII qu'on trouve dans la Table suffirait à remplir cet intervalle, et que celle de X, par conséquent, selon l'Itinéraire, aurait quelque chose de trop. J'ai cru qu'il fallait profiter ainsi du moyen qui m'était donné d'analyser ces distances, quoique hors les limites de la Gaule, mais qui tiennent à la position de l'*Alpis Maritima.* » D'Anville. *Notice de l'ancienne Gaule*, p. 57.

ALPIS PENNINA (lat. 46°, long. 26°). « Dans l'Itinéraire d'Antonin et dans la Table théodosienne, le passage que l'on nomme aujourd'hui le grand St-Bernard est appelé *Summus Penninus.* Il paraît que dans la prononciation de ce nom *Penn* on a fait sonner l'*n*, comme dans le mot latin *pinna*, quoiqu'il soit écrit diversement, et avec l'*n* seule, spécialement dans l'inscription trouvée sur le mont St-Bernard : *deo penino.* On lit *Penninus* dans Tite Live ; dans Tacite, *Pennina juga, Penninum iter* (lib. XXI, seb. 38) ; dans la Notice des provinces de la Gaule (*Hist.* lib., c. 61 et 70), *Alpes Penninæ.* Le nom de l'Apennin qui dérive de *penna*, s'écrit *Appenninus.* Chez les nations celtiques, *Penn* désigne une élévation, la cime d'un lieu dominant. Il subsiste dans la dénomination de quelques montagnes et promontoires, chez les Gallois de la Grande-Bretagne, et dans la Bretagne française. La langue espagnole conserve le terme de *Pena*, ou des Carthaginois, en supposant qu'Annibal était descendu en Italie par cette montagne. Pline réfute cette opinion, fait voir qu'elle avait cours, et on la trouve pareillement dans Pline (lib. III, cap. 17), dans le détail de la double gorge des Alpes, *Graiarum et Pœninarum faucium : his Pœnos*, ajoute-t-il, *Graiis Herculem transisse memorant.* Mais quand on suit la marche d'Annibal, et que du canton qu'occupaient les

Tricorii on le voit descendre chez les *Taurini*, qui lui avaient servi de guides ; on ne saurait douter qu'il n'ait traversé les Alpes au mont Genèvre, plutôt que partout ailleurs. Tite Live témoigne de l'étonnement de ce qu'on a pu imaginer que le général carthaginois eût pris son chemin par l'Alpe Pennine : *Miror ambigi, quanam Annibal Alpes transierit et vulgo credere Pennino atque inde nomen ei jugo Alpium inditum, transgressum.* Il ajoute que les *Veragri*, habitants de la contrée, n'ont aucune connaissance que les *Pœni* aient passé par chez eux ; mais qu'ils reconnaissent que le nom de la montagne est celui de la divinité révérée sur le sommet de cette montagne : *Neque hercule montibus his ab transitu Pœnorum ullo, Veragri incolæ jugi ejus norunt nomen inditum ; sed ab eo, quem in summo sacratum vertice, Penninum montani appellant.* L'idole de cette divinité ayant été renversée par saint Bernard, prêtre de l'église d'Aouste, qui annonça l'Evangile aux habitants de la montagne, son nom a pris la place de celui du dieu Penn. L'Itinéraire et la Table sont d'accord à marquer XXV entre le *Summus Penninus* et *Octodurus*, le cheflieu des *Veragri*, en descendant dans la vallée Pennine.» D'Anville. *Notice de l'ancienne Gaule*, p. 59.

ALPRECK (pointe d'), cap du dép. du *Pas-de-Calais*, sur lequel est un fanal de 4e ordre à feu blanc, varié de 2 en 2 min. par des éclats rouges d'une durée d'environ 3 secondes qui sont précédés et suivis de courtes éclipses sur la tour de l'ancien Sémaphore, à 4 k. au S.-S.-O. de l'entrée de Boulogne. Hauteur, 47 m. ; distance à laquelle il est aperçu, 12 k. ; lat. 50° 42', long. 0° 46'.

ALPUCH, vg. *Aveyron* (Rouergue), arr. et à 45 k. d'Espalion, cant. de Ste-Geneviève, ⊠ de Laguiole. Pop. 518 h. — *Foires* les 11 juin et 6 oct.

ALQUINES, vg. *Pas-de-Calais* (Boulonnais), arr., ⊠ et à 16 k. de St-Omer, cant. de Lumbres. Pop. 837 h.

ALRANCE, vg. *Aveyron*, arr. de Milhau, cant. de Sales-Curan, ⊠ de Cassagnes.

ALSACE, *Alesatia*, *Elisatia*, *Elisata*, *Elisasa*, province qui forme maintenant les départements du Haut et du Bas-Rhin. Elle passa de la domination des Celtes sous la domination des Romains, et fit partie de la première Germanie et de la grande Séquanie. Sous le règne de Clovis, les Francs s'en emparèrent ; incorporée ensuite au royaume d'Austrasie, elle obéit aux ordres de Pépin le Bref et de ses successeurs ; sous Lothaire, elle fit partie du royaume de Lorraine. En 940, l'Alsace fut distraite de la France, subit la domination autrichienne jusqu'en 1648, époque où elle fut conquise par Louis XIV et cédée à la France par l'empereur Ferdinand III, tant en son nom qu'en celui de la maison d'Autriche, par le traité de Munster, confirmée par le traité de Nimègue du 17 décembre 1678, et réunie à la couronne au mois d'octobre 1681. Cette province était du ressort du conseil souverain de Colmar, de la généralité de Metz, de l'intendance et évêché de Strasbourg. Cet évêché, qui comprend une partie de la haute et de la basse Alsace, avait dans la province 9 abbayes. Il a été érigé l'an 340, et rapportait au prince évêque 400,000 liv. Les autres évêchés qui s'étendaient dans l'Alsace étaient ceux de Spire et de Bâle. — L'Alsace était un pays d'imposition ; l'impôt était réparti par l'intendant, payé aux baillis, et remis par eux aux receveurs particuliers des finances d'Alsace, établis à Strasbourg, Colmar et Landau. Il n'y avait dans cette province ni cour des aides, ni élections, ni bureau des finances. L'Alsace se divisait en sept subdélégations : Belfort, Colmar, Schelestatt, Strasbourg, Saverne, Weissembourg et Landau.

L'Alsace, que les chemins de fer de Strasbourg à Bâle et de Mulhouse à Thann traversent sur une grande étendue, est l'une des contrées les plus pittoresques de la France : placée au centre de l'Europe, resserrée entre le Rhin et la chaîne importante des Vosges, cette province s'étend sur une longueur d'environ 180 k. du canton de Bâle aux confins du Palatinat ; sa largeur moyenne est de 32 à 40 k. A l'orient et à l'occident, la nature lui a donné, dans le fleuve rapide et les montagnes qui l'enclavent, des limites qui n'ont éprouvé d'autres changements que ceux du cours même du fleuve, dont les variations curieuses ont placé alternativement Brisach sur l'une ou l'autre de ses rives. Il n'en a pas été ainsi de ses frontières méridionales et septentrionales, qui ont été déplacées à chacun des grands bouleversements qui ont si souvent agité ce pays. — Cette vaste plaine a été longtemps le champ clos où venaient se vider les querelles sanglantes des grandes puissances de l'Europe. Trente batailles ont été livrées dans cette enceinte, où les armées semblaient s'être donné rendez-vous ; on ne compte pas les innombrables combats et sièges dont ses châteaux et ses vallées ont été le théâtre ou l'objet. Depuis sa réunion à la France, l'agriculture et l'industrie ont pris possession de cette riche contrée, les forteresses, qui tenaient la plaine dans la terreur, ont été remplacées par des usines de tous genres ; les fermes et les manufactures se sont partagé le sol, et le voyageur qui traverse aujourd'hui l'Alsace a de la peine à la reconstruire, telle qu'elle qu'on nous la représente au moyen âge, avec ses villes libres, ses évêques souverains et belliqueux, ses comtes puissants, ses ligues, ses guerres intestines ; et, si l'on n'apercevait sur la crête des Vosges comme des témoins des temps antiques et chevaleresques de l'Alsace, les restes encore menaçants de nombreux châteaux démantelés par les Suédois et par Louis XIV, on retrouverait difficilement dans l'esprit tranquille et laborieux de ses habitants, dans l'aspect industrieux de ses paysans, les traces de cet enthousiasme guerrier qui a si souvent fait de ses paysans des héros, et de ses cités des républiques indépendantes.

Le territoire de l'Alsace est un des plus riches, des plus fertiles et des mieux cultivés de la France ; il est entrecoupé par d'agréables coteaux, par des montagnes couvertes de belles forêts, au pied desquelles s'étendent des plaines d'une incessante fertilité. La variété des sites, la fraîcheur de la verdure, qui dans ce pays est plus vive qu'en aucune autre contrée de la France, la richesse de la culture, l'abondance des productions, l'industrie active des habitants, la bonne tenue de leurs habitations rurales et domestiques, tout concourt à l'agrément et à la beauté de cette riche contrée, lui donne un air d'aisance, de vie et de bonheur qui ravit et étonne le voyageur.

Vue de la roche du Corbeau, montagne élevée, située à peu de distance du village de Moltkirch, l'Alsace offre un vaste bassin, sur lequel une innombrable quantité de villes et de villages sont jetés. Une foule de clochers, dont les sommets sont couverts de tuiles vernissées ou de lames de tôle, réfléchissent de toutes parts les rayons du soleil, et font paraître la plaine illuminée. Ce bassin est coupé par mille ruisseaux qui, sortant des vallées, vont fertiliser les campagnes jusqu'à l'instant où leur existence va se perdre dans le Rhin majestueux, dont le cours présente l'image d'un long serpent argenté. Derrière le fleuve, la masse du Vieux-Brisach se détache en clair doré sur les sombres chaînes de la Souabe et de la forêt Noire ; à gauche, les Vosges déclinent à l'horizon en même temps que les montagnes qui se présentent vis-à-vis et qui déclinent dans le même sens. C'est par l'endroit où ces deux chaînes viennent mourir, que quelques personnes prétendent que se sont écoulées les eaux dont l'Alsace et Baden, disent-elles, étaient jadis couvertes. Sans le Heydenkopf, ou mont des Païens, qui masque une partie de cet immense lointain, les sommets du Jura se montreraient à droite, et à 280 k. (70 lieues environ) l'on verrait les pics aigus des Alpes se découper sur l'azur du ciel. La nature, l'histoire, les antiquités, l'agriculture et l'industrie se réunissent pour rendre l'Alsace la province de France la plus intéressante. En effet, les Alpes, les Pyrénées ont des sommets beaucoup plus élevés que les Vosges ; mais d'aucun de ces pics audacieux qui vont frapper les nues le voyageur ne découvre un pays aussi curieux ni plus peuplé ; d'aucun de ces sommets glacés, il n'aperçoit d'autres chaînes de montagnes dans un lointain aussi étendu, et quand il est descendu dans les vallées, aucune d'elles ne lui offre le riant aspect ni la fraîcheur des Vosges. — Les plaines de l'Alsace sont cultivées avec soin ; les grains, le chanvre, la garance, le tabac, etc., en occupent l'étendue ; sur les premières collines, les vignobles en terrasses donnent un vin recherché dans la Suisse, le pays de Baden et le Wurtemberg. Les vallées sont remarquables par l'art de leur culture ; le montagnard n'abandonne se roc tout à fait ou, le reste est fertilisé par les irrigations et les engrais qu'il ménage d'une manière admirable.

La nature a tout fait pour cette belle contrée. Outre les biens dont elle l'a comblée, l'Alsace en a d'autres qu'elle doit à la seule activité de ses habitants ; son agriculture a atteint le plus haut degré de prospérité ; ses manufactures, les plus nombreuses et les plus habiles de toute la France, jouissent d'une renommée universelle, et fournissent l'Europe entière de leurs étoffes ; elles approvisionnent jusqu'aux marchés de la Perse. Les Etats-Unis d'Amérique, le Brésil, Haïti, sont tributaires de leur commerce. Depuis deux cents ans qu'elle est définitivement et à toujours française, sa prospérité a été croissante ; elle a participé à tous les progrès ; les lumières s'y sont répandues avec profusion sur la masse du peuple comme sur toute la société. Le voyageur est étonné, soit qu'il vienne d'Allemagne, soit qu'il sorte de France, de l'aspect admirable qu'offre de toutes parts ce beau pays. Le chemin de fer, qui traverse la plus grande partie de son étendue, touche ou traverse la plupart de ses villes importantes ; il suit, sur une grande longueur, le versant oriental des Vosges, et aucun des points qu'il découvre n'est dénué d'intérêt. — La langue vulgaire de cette contrée est l'allemand, mais la langue française y est très-familière. Les hommes y sont généralement forts et robustes ; les femmes belles, bien faites et d'une fraîcheur ravissante.

L'Alsace est bornée au nord par les possessions bavaroises ; à l'est, par le Rhin ; au sud, par la Suisse ; et à l'ouest, par la Lorraine. Sa plus grande longueur est d'environ 200 k. sur 40 à 48 k. de large. Les principales rivières qui l'arrosent sont le Rhin et l'Ill qui y sont navigables ; la Bruche, la Scor, la Lierre, la Motter, la Zinzel, la Sauer, la Selze, la Doller, le Trolder, et plusieurs autres rivières flottables, sur lesquelles a encore lieu une petite navigation pour l'exploitation des terres et des forêts. Plusieurs canaux de navigation divisent en outre son fertile territoire, et procurent les plus grands avantages au commerce et à l'agriculture. Il s'y trouve des forêts considérables, dont les principales sont celles de la Hart, d'Haguenau et de Bienwald.

On divisait anciennement cette province en : BASSE ALSACE, subdivisée en *pays de Wasgau*, dont une partie renfermait Weissembourg, Lauterbourg, Seltz, Soultz-sous-Forêts. — *Comté de Lichtemberg*, renfermant Lichtemberg, Ingweiler, Bouxviller, Neuviller, Pfaffenhofen, Niederbronn, Oberbronn, Reishoffen. —*Principauté de Lutzelstein*, renfermant Lutzelstein, ou la Petite-Pierre, Petersbach, Lohr, Puberg, Gungweiler, Bettweiler, Durstel, Adamsweiler, Pfalzweyer, Weislingen, Diefsenbach, Frohmühl, Volcksberg, Hambach, Sporlach. — *Bailliage d'Hagueneau*, renfermant Haguenau, Bischweiler, Fort-Louis, Benheim, Drussenheim, Offendorf.—*Landgraviat de la basse Alsace*, renfermant Strasbourg, Saverne, Marmoutiers, Hochfelden, Brumath, Molsheim, Rosheim, Obernheim, Barr, Andlau, Eppfig, Benfeld, Franckembourg, Erstein, Chatenoy.

HAUTE ALSACE, subdivisée en *landgraviat de la haute Alsace*, renfermant Colmar, Kaiserberg, Turckheim, Ammerschwihr, Herbourg (comté d'), St-Hippolyte, Ste-Marie-aux-Mines, Munster, Sultz, St-Amarin, Rouffach,

Guebwiler, Ensisheim, Bollweiler, Thann, Fort-Mortier, Neuf-Brisach, Enguisheim, Ribauvillé, Vissé, Schelestatt, Marckolsheim. — *Pays de Suntgau*, Béfort, Giromagny, Dannemarie, Altkirch, Mulhausen, Land-er (comté de), Landseron (château de), Huningue, Delle, Masvaux, Florimont. — *Principauté de Montbéliard*, renfermant Montbéliard, Audincourt, Bart, Allenjoie, Sochaux, Coutenans. Desendans, Ste-Suzanne, Claire-Goute, Etobon. — *Principauté de Mandeure*, renfermant Mandeure, Courcelles-les-Mandeure.

Bibliographie. ROSSELIN (Hélisée). *Description de l'Alsace et des confins de la Lorraine vers les monts Vosges*, in-8, 1593.

VAL (Pierre du). *Description de l'Alsace françoise*, in-12, 1662.

MÉRIAN (Matth.). *Topographie complète d'Alsace*, in-f°, 1663.

* *Chronique d'un Alsacien inconnu qui vivoit au XIᵉ siècle*.

HAN (P.-Conrad-Bath.). *Description de la haute Alsace, ou l'Alsace tremblante, en ordre alphabétique*, 1676.

URSENSON (Mer.). *Description de l'Alsace et du Brisgaw, tirée de la géographie latine de J.-B. Malécius, et conformée à l'état présent ; avec cartes géographiques*, etc., in-12, 1679.

SENGRE (Henri). *La Haute Alsace divisée en bailliages et seigneuries, tant en deçà qu'au delà du Rhin, levée sur les lieux pendant la guerre*, in-f°, 1692.

KONIGSHOVEN (Jacques de). *Chronique universelle du pays d'Alsace et de la ville de Strasbourg, avec des notes historiques de J. Schilter*, in-4, 1698.

* *Alsace françoise, ou Nouveau Recueil de ce qu'il y a de plus ancien dans la ville de Strasbourg*, etc., in-f°, 1706.

ICHTERSHEIM (Fr.-Rob.). *Topographie nouvelle d'Alsace, en son ancien état ou moderne*, etc.; avec 64 cartes in-f°, 1710.

LAGUILLE (le R. P. Louis). *Histoire de la province d'Alsace, depuis Jules César jusqu'au mariage de Louis XIV*, avec fig., plans, cartes, etc.; 3 parties in-f°, 1727; et 7 vol. petit in-8, 1727.

* *Description géographique de l'Alsace*, in-8, 1734.

DE BOURG. *Recueil des édits, déclarations, lettres patentes, arrêts du conseil souverain d'Alsace, ordonnances et règlements concernant cette province*, in-f°, 1775.

BILLING. *Histoire et Description de l'Alsace depuis les temps les plus reculés jusqu'à nos jours*, in-8, 1782.

GRANDIDIER (l'abbé Ph.-André). *Histoire ecclésiastique, militaire, civile et littéraire de la province d'Alsace*, in-4, 1787.

HORRER. *Dictionnaire géographique et politique de l'Alsace*, in-4, 1787 (t. 1ᵉʳ et le seul publié, contenant les lettres A et B).

STROBEL (Ad.-Walter). *Topographie abrégée de l'Alsace, suivie d'un précis de l'histoire de ce pays*, br. in-8, 1824.

AUFSCHLAGER (Jean-Fréd.). *L'Alsace, nouvelle description historique et topographique des deux départements du Rhin*, 2 vol. in-8, 1825-26.

* *Histoire par ordre de seigneuries, villes, villages et hameaux de la haute Alsace*, 2 vol. in-12, 1826.

RICHARD (R.-A.). *Histoire de l'Alsace, d'après les meilleurs historiens et d'après des documents inédits*, in-4, 1835.

— *Histoire de l'Alsace*, t. 1, in-8, 1836.

RAGON (F.). *Précis de l'histoire d'Alsace*, in-8, 1834.

HUNKLER. *Abrégé de l'histoire d'Alsace, à l'usage de la jeunesse* (finit à la mort de Louis XV), in-8, 1840.

* *Résumé de l'histoire d'Alsace*, in-18.

VOLTZ. *Topographie minéralogique de l'Alsace*...

DIETRICH. *Description des gîtes du minerai, forges, verreries*, etc., *de l'Alsace*, 3 vol. in-8, 1786-1800.

VIGNIER. *La Véritable Origine des maisons d'Alsace et de Lorraine*, in-f°, 1649.

* *Considérations sur les droits particuliers et le véritable intérêt de la province d'Alsace*, grand in-8, 1789.

* *Archives d'Alsace*, in-8, 1790.

KENTZINGER (le ch. A.-Xav. de). *Documents historiques tirés des archives de Strasbourg*, in-8, 1818-19.

* *Etrennes alsaciennes*, 2 vol. in-24, fig., 1825, 1826.

* *Notices historiques sur l'Alsace*, 1ʳᵉ liv. in-8, 1843...

FORSTER (J.-G.-A.). *Voyage philosophique et pittoresque sur les rives du Rhin*, etc., fait en 1790 (traduit de l'allemand, par Ch. Pougens), 2 vol. in-8, an III.

MERLIN (le chev. Paul). * *Promenades alsaciennes*, in-8, pl., 1824.

AUDENELLE. *Essai statistique sur la frontière nord-est de la France*, in-8, 1827.

* *Relation du voyage en Alsace de S. M. Charles X, roi de France et de Navarre*, in-8, 1828.

GRANDIDIER (l'abbé Ph.-André). *Vues pittoresques de l'Alsace, dessinées, gravées et accompagnées au bistre, par Walter, et accompagnées d'un texte historique*, in-4, 1785.

SCHWEIGHOEUSER (Jean-Geoffroy). *Antiquités de l'Alsace, ou Châteaux, Eglises et autres Monuments des départements du Haut et du Bas-Rhin, avec texte historique* (avec M. de Golbery), 20 liv. in-f°, 1825-28.

SANDMANN. *Vues des villes et bourgs les plus pittoresques de l'Alsace, dessinées et gravées d'après nature*, etc., etc., avec des notes historiques et géographiques, in-f°, 1836.

ROTHMULLER (J.). *Vues pittoresques des châteaux, monuments et sites de l'Alsace*, in-8, 1836.

* *Costumes alsaciens*, 50 pl. in-4, 1836.

RUINART (dom Thierry). *Voyage littéraire en Alsace* (traduit du latin, accompagné de notes et dessins lithographiés, et précédé d'un coup d'œil historique sur la littérature du moyen âge, par Jacques Matter), in-8, 1829.

ARNOLD (G.-D.). *Notice littéraire et historique sur les poëtes alsaciens*, in-8, 1806.

GRAFFENAUER (J.-Ph). *Essai d'une minéralogie économico-technique des départements du Haut et du Bas-Rhin formant la ci-devant Alsace*, in-8 et carte, 1806.

* *Liste des minéraux des deux départements du Rhin et de la partie limitrophe du département des Vosges, d'après l'ordre alphabétique des villes, villages*, etc., in-12, 1833.

VOLTZ. *Topographie minéralogique de l'Alsace*...

DIETRICH. *Description des gîtes du minerai, forges,* etc*., de l'Alsace*, 3 vol. in-8, 1786-1800.

STOLTZ. *Notice sur les vignes et vins d'Alsace* (Journal de la société des sciences et des lettres du Bas-Rhin, 1806).

KIRSCHLEGER (F.). *Statistique de la flore d'Alsace et des Vosges qui font partie de cette province*, in-4, 1832.
— *Prodrome de la flore d'Alsace*, in-12, 1836.

NICKLÈS (Napoléon). *Des prairies naturelles en Alsace et des moyens de les améliorer*, in-8, 1839.

* *Manuel du voyageur en Alsace*, br., in-18, 1843.

V. aussi DÉPART. DU HAUT ET DU BAS-RHIN.

ALSPACH, h. *H.-Rhin*, comm. de Kaisersberg. — *Fabriques* de siamoises, mouchoirs. Blanchisserie de toiles. Teintureries au rouge d'Andrinople.

ALSTING-ZINZING, vg. *Moselle* (Lorraine), arr. et à 10 k. de Sarguemines, cant. et ✉ de Forbach. Pop. 844 h.

ALTAGÈNE, vg. *Corse*, arr., ✉ et à 20 k. de Sartène, cant. de Ste-Lucie. Pop. 251 h.

ALTA RIPA (lat. 50°, long. 27°). « Il en est mention, dans la Notice de l'empire, comme d'un poste établi entre *Nemetes* et *Vangiones*, c'est-à-dire Spire et Wormes, sous les ordres du général résidant à Mayence. Ce lieu conserve le nom d'*Altrip* dans le fond très-resserré d'un coude que fait le Rhin, avant que de recevoir le Nekre sous Manheim. » D'Anville. *Notice de l'ancienne Gaule*, p. 60.

ALTECKENDORF, vg. *B.-Rhin* (Alsace), arr. et à 18 k. de Saverne, cant. et ✉ de Hochfelden. Pop. 770 h. — C'est la PATRIE de J. MATTER, docteur en théologie, auteur de l'*Histoire du gnosticisme, et de son influence sur les sectes religieuses et philosophiques des six premiers siècles de l'ère chrétienne*, 2 vol. in-8, 1828 ; de *l'Histoire universelle de l'Église chrétienne*, 3 vol. in-8, 1829, et de plusieurs autres savants ouvrages.

ALTEIRAC, vg. *Gard*, comm. de Chamborigaud, ✉ de Genolhac.

ALTENACH, vg. *H.-Rhin* (Alsace), arr. et à 24 k. de Béfort, cant. et ✉ de Dannemarie. Pop. 438 h.

ALTENBACH, vg. *H.-Rhin* (Alsace), arr. et à 44 k. de Béfort, cant. de St-Amarin, ✉ de Wesserling. Pop. 240 h.

ALTENHEIM, vg. *B.-Rhin* (Alsace), arr., ✉ et à 8 k. de Saverne. Pop. 377 h.

ALTEN-SCHUTZ, vg. *Moselle*, comm. et ✉ de Sierck. — *Fabrique* de colle forte.

ALTENSTADT, vg. *B.-Rhin* (Alsace), arr., cant., ✉ et à 2 k. du Wissembourg. Pop. 1,290 h. — Tourbières.

ALTES, vg. *Aveyron*, comm. et ✉ de Sévérac.

ALTEVILLE, h. *Meurthe*, comm. de Tarquipol, ✉ de Dieuze.

ALTEVISSE, h. *Moselle*, comm. de Montdorff, ✉ de Sierck.

ALTEYRAC, vg. *Lozère*, comm. de Chastel-Nouvel, ✉ de Mende.

ALTHORN, vg. *Moselle*, arr. de Sarguemines, cant. et ✉ de Bitche. Pop. 372 h. — Ce village, érigé récemment en commune, n'était qu'une ferme en 1773 ; il doit son existence aux mines de fer qu'on y exploite, et aux forges de Mouterhausen.

ALTIANI, vg. *Corse*, arr., ✉ et à 18 k. de Corte, cant. de Piedicorte-de-Gaggio. Pop. 510 h.

ALTIER, vg. *Lozère* (Languedoc), arr. et à 37 k. de Mende, cant. et ✉ de Villefort. P. 1,306 h. — Mine de cuivre.

ALTILLAC, vg. *Corrèze* (Limousin), arr. et à 45 k. de Tulle, cant. de Mercœur, ✉ de Beaulieu. Pop. 1,805 h.

ALTKIRCH, petite ville, *H.-Rhin* (Alsace), chef-l. de sous-préf. et d'un cant. Trib. de 1re inst. Collége comm. Cure. Gîte d'étape. ✉. ⚷. Pop. 3,207 h. — TERRAIN tertiaire supérieur, alluvions anciennes.

Autrefois bailliage de la haute Alsace, diocèse de Bâle, conseil supérieur d'Alsace.

Altkirch est situé sur une hauteur dont l'Ill baigne le pied, près de la forêt de la Hart. Cette ville a été bâtie au XIIIe siècle par Frédéric II. Les Suédois la ravagèrent pendant la guerre de trente ans. Elle est divisée en ville haute et en ville basse, et séparée par un fossé des restes d'un ancien château où les ducs d'Autriche faisaient leur résidence pendant leur séjour en Alsace. Ce château n'est plus aujourd'hui qu'une ruine, dont la tour principale était jadis une des plus élevées de la contrée. — PATRIE du lexicographe ACKERMANN. — *Fabrique* de poêles de faïence, de machines. Tissage du coton. Brasseries. Exploitation de belles carrières. — *Commerce* de grains, vins, chanvre et bestiaux. — *Foires* les 25 juillet, 29 sept., 23 nov. ou le lundi suivant, quand elles tombent un vendredi ou un samedi ; lundi après 20 janv., 4e jeudi de carême, 6e jeudi de carême, 3e jeudi d'avril, lundi avant la Pentecôte, jeudi après le 24 juin, jeudi après le 15 août, jeudi après le 18 oct., jeudi avant Noël. — A 59 k. S. de Colmar, 32 k. O.-N.-O. de Bâle, 457 k. E.-S.-E. de Paris pour la taxe des lettres.

L'arrondissement d'Altkirch renferme 7 cantons : Altkirch, Ferrette, Habsheim, Hirsingue, Huningue, Landser et Mulhausen.

ALTORF, vg. *B.-Rhin* (Alsace), arr. et à 18 k. de Strasbourg, cant. et ✉ de Molsheim. Pop. 937 h. On y remarque l'église et les bâtiments d'une abbaye de bénédictins, fondée en 966 par Hugues III. Une moitié de cette église est du XIIe siècle, et présente des transitions curieuses du style byzantin à celui de l'ogive ; les ornements du portail sont d'un goût et d'un travail parfait. L'autre moitié est plus moderne. Cette église a été signalée par l'autorité locale comme étant susceptible d'être classée au nombre des monuments historiques. — *Fabrique* de fécule.

ALTRIPPE, vg. *Moselle* (Lorraine allem.), arr. et à 25 k. de Sarguemines, cant. de Gros-Tenquin, ✉ de Puttelange. Pop. 361 h.

ALTROFF, vg. *Meurthe*, arr. et à 36 k. de Château-Salins, 34 k. de Vic, cant. d'Albestroff, gîte d'étape, ✉ de Dieuze, ⚷. Pop. 1,178 h. — L'origine de cette commune remonte à 1178. — Brasserie. Tuilerie. Tannerie. — *Foire* le 3 nov.

ALTROFF-LE-HAUT, vg. *Moselle*, comm. de Bettaincourt, ✉ et à 16 k. de Thionville. Il est bâti sur une hauteur.

ALTWILLER, vg. *Moselle* (Lorraine), arr. et 40 k. de Sarguemines, cant. de St-Avold. Pop. 372 h. — Tuilerie et four à chaux.

ALTWILLER, vg. *B.-Rhin* (Alsace), arr. et à 46 k. de Saverne, cant. et ✉ de Saar-Union. Pop. 844 h.

On trouve aux environs une source d'eau minérale ferrugineuse, connue sous le nom de Bonne-Fontaine, qui jouit d'une assez grande réputation. Un château d'une architecture élégante, un temple où la source fut renfermée, une rotonde pour les danseurs, des jardins délicieux, des logements commodes, attirèrent, en 1820 et en 1821, la foule dans cette agréable vallée. Cependant l'établissement n'a pu rivaliser avec Niederbronn ; il est aujourd'hui peu fréquenté, et n'est plus guère regardé que comme un lieu de plaisance.

ALTWISSE, h. *Moselle*, comm. de Mondorff. — Belles carrières de pierres à bâtir.

ALTZING, vg. *Moselle* (Lorraine), arr. et à 10 k. de Sarguemines, cant. de Forbach. Pop. 560 h.

ALUZE, vg. *Saône-et-Loire* (Bourgogne), arr. et à 16 k. de Châlons, cant. de Chagny, ✉ de Bourgneuf. Pop. 440 h. Il est bâti sur le sommet d'un coteau élevé, dans une contrée très-fertile en vins.

ALVANCHÉE, vg. *Jura*, comm. de Courtaoux, ✉ de Lons-le-Saulnier.

ALVARD (St-), vg. *Creuse* (Auvergne), comm. de Basseville, ✉ de la Villeneuve.

ALVÈRE (St-), petite ville, *Dordogne* (Périgord), chef-l. de cant., arr. et à 34 k. de Bergerac, à 504 k. de Paris pour la taxe des lettres. Cure. Bureau d'enregistrement à la Linde. Pop. 1,900 h. — TERRAIN crétacé inférieur, grès vert.

Cette ville, bâtie sur la Louire, dans un lieu agreste environné de bois, paraît avoir une origine fort ancienne ; la structure et la construction de ses maisons annoncent son antiquité. Elle était jadis défendue par un château fort, entouré de fortes murailles, flanquées de tours et environnées de larges fossés, dont il ne reste plus que des ruines. — *Commerce* de bestiaux. — *Foires* les 17 janv., 12 nov., 28 déc., et le 1ᵉʳ lundi de chaque mois.

ALVIGNAC, vg. *Lot* (Quercy), arr. et à 30 k. de Gourdon, cant. et ✉ de Gramat. Pop. 832 h. — On voit sur son territoire plusieurs monuments celtiques, des restes de très-anciennes tours, et les ruines du monastère de Fioux, fondé en 1203. C'est dans ce village que s'établissent les étrangers qui font usage des eaux minérales de Miers.

ALVIMARE, *Halvi Mara*, vg. *Seine-Inf.* (Normandie), arr. et à 13 k. d'Yvetot, cant. et ✉ de Fauville. Pop. 758 h.

ALYRE (St-), vg. *Allier*, comm. et ✉ de St-Gérand-le-Puy.

ALYRE (St-), vg. *Puy-de-Dôme* (Auvergne), arr. et à 25 k. d'Ambert, cant. et ✉ d'Arlanc. Pop. 1,019 h.

ALYRE (St-), vg. *Puy-de-Dôme* (Auvergne), arr. et à 30 k. d'Issoire, cant. et ✉ d'Ardes. Pop. 702 h. Près de la Couze.

ALZAU, h. *Aude*, comm. de Pézenas, ✉ d'Alzonne.

ALZEN, vg. *Ariège* (Languedoc), arr. et à 12 k. de Foix, cant. et ✉ de la Bastide-de-Serou. Pop. 882 h. — On y voit les ruines d'un vieux château, une antique chapelle, et une belle cascade formée par une petite rivière qui traverse la montagne. — Source d'eau minérale.

ALZI, vg. *Corse*, arr., ✉ et à 13 k. de Corte, cant. de Sermano. Pop. 141 h.

ALZI, vg. *Corse*, comm. de San-Damiano, ✉ de la Porta. Pop. 115 h.

ALZING, *Moselle* (Lorraine), arr. et à 35 k. de Thionville, cant. et ✉ de Bouzonville. P. 481 h.

ALZON, vg. *Gard* (Languedoc), chef-l. de cant., arr. et à 20 k. du Vigan, ✉. Cure. Pop. 1,093 h. — *Foires* le 10 mai, 25 nov., pour les bêtes à cornes, moutons, chèvres, porcs, et quantité de châtaignes fraîches et de pommes de terre.

ALZONNE, *Alzona*, bg *Aude* (Languedoc), chef-l. de cant., arr. et à 16 k. de Carcassonne. Cure, ✆. A 765 k. de Paris pour la taxe des lettres. Pop. 1,598 h. — Terrain cristallisé ou primitif. — **Autrefois** diocèse et recette de Carcassonne, parlement de Toulouse, intendance de Languedoc. — Alzonne est situé au confluent de Fresquel et du Lampy, dans un des plus fertiles territoires du Languedoc; il donne son nom à la magnifique plaine au centre de laquelle il est bâti. Ce bourg avait un château fort, qui se soumit à Simon de Montfort en 1210. Le prince de Galles, à la tête des Anglais, mit le feu à Alzonne en 1355. Le comte d'Armagnac accorda en 1356 des priviléges à Alzonne et Castelnaudary pour aider les habitants de ces villes à les rebâtir et à les fortifier. En 1438 les routiers, sous la conduite de Rodigo de Villandraut, s'établirent à Alzonne, d'où ils faisaient des courses jusqu'aux portes de Carcassonne même et dans le Comminges, où ils firent beaucoup de ravages. En 1589, le maréchal de Joyeuse, à la tête des ligueurs, prit Alzonne par escalade, et y mit pour gouverneur Jacques des Voisins, capitaine et soldat intrépide. La même année, Montmorency, à la tête des royalistes, quitte le blocus de Narbonne à la sollicitation des habitants de Carcassonne, qui craignaient pour l'eux l'audace des ligueurs, rassemble une armée de 5 à 6,000 hommes, en donne le commandement au sénéchal de Carcassonne et au sénéchal de Lauraguais, qui investirent Alzonne et l'emportèrent d'assaut. Le gouverneur se retira dans une tour, où il obtint une capitulation honorable, le 24 juillet 1589. Alzonne fut repris par les ligueurs commandés par le duc de Joyeuse en 1591. — *Fabriques* de draps fins et de gasquets. — *Foires* les 2 janv., 20 juin et 8 sept.

ALZONNE, vg. *Tarn-et-Garonne*, comm. de Verfeil, ✉ de St-Antonin.

AMADÈS, vg. *Gers* (Gascogne), comm. de St-Loubès-Amadès. Pop. 452 h.

AMADOU (St-), vg. *Ariège* (Languedoc), arr., cant., ✉ et à 9 k. de Pamiers.

AMANGE, vg. *H.-Saône* (Franche-Comté), arr. et à 20 k. de Lure, cant. et ✉ de Faucogney. Pop. 576 h.

AMAGETOBRIA (lat. 48°, long. 24°). « Dans quelque réserve que l'on veuille se tenir sur ce qui peut paraître trop conjectural, il y a des positions que le désir de ne les point omettre, parce qu'il y a des circonstances qui les distinguent, fait hasarder plus qu'on ne se proposé en général de le faire. Il n'est parlé d'*Amagetobria* que dans le premier livre des Commentaires de César, mais par rapport à un événement dont les suites déterminèrent César à faire la guerre à Arioviste. Les querelles entre les *Ædui* et les *Sequani*, ayant armé ces deux puissantes cités l'une contre l'autre, les *Sequani*, voisins du Rhin et des nations germaniques, appelèrent à leur secours Arioviste, par qui les *Ædui* furent défaits avec une très-grande perte : *quod prœlium factum sit Amagetobriæ*, comme on lit dans les Commentaires. Chifflet (*in Vesontione*, part. 1, cap. 32) croit reconnaître l'emplacement d'*Amagetobria* aux environs d'un lieu nommé Broie, et la Moigte de Broie, près du confluent de la rivière d'Ognon dans la Saône, peu au-dessus de Pontalier. La tradition du pays veut qu'il ait existé une ville en cet endroit ; et Pierre de St-Julien, dans ses Antiquités des Bourguignons, avait parlé de cette tradition avant Chifflet. La situation de ce lieu paraît en effet convenable, en ce que les *Ædui* allant au-devant de l'ennemi pour couvrir leur pays, c'est en remontant la Saône et dans son voisinage qu'ils ont dû le rencontrer. J'ai donc cru que ces probabilités pouvaient permettre de donner une place à *Amagetobria* dans la carte de l'ancienne Gaule. L'opinion qui transporte ce lieu auprès de Bingen, au-dessous de Mayence, en se fondant sur ce vers d'Ausone, *in Mosella*.

Æquavit Latiis ubi quondam Gallia Cannas,

est insoutenable, parce qu'il n'y a point de vraisemblance à mettre aux mains les *Ædui* et les *Sequani* si loin de leurs foyers. » D'Anville. *Notice sur l'ancienne Gaule*, p. 60. V. aussi GIRAULT (Cl.-Xav.). *Dissertation historique et critique sur la position de l'ancienne ville d'Amagetobria, aujourd'hui Pontailler*, etc., in-8. — *Deuxième Dissertation sur la position d'Amagetobria, en réfutation des systèmes de ceux qui placent à Porentruy, chez les Rauraques, cette antique cité*, in-8, 1811.

AMAGNE, vg. *Ardennes* (Champagne), arr., cant., ✉ et à 10 k. de Rethel. Pop. 830 h. — Filature hydraulique de laine peignée.

AMAGNEY, vg. *Doubs* (Franche-Comté), arr. et à 3 k. de Besançon, cant. et ✉ de Marchaux. Pop. 673 h.

AMAILLOUX, vg. *Deux-Sèvres* (Poitou), arr., cant., ✉ et à 14 k. de Parthenay. P. 900 h.

AMANCE (l'), rivière qui prend sa source au-dessus du village d'Amance, départ. de l'Aube (Champagne), et qui se jette dans l'Aube au-dessous de Basse-Fontaine. Elle est flottable, à bûches perdues, depuis sa source jusqu'à son embouchure.

AMANCE, vg. *Aube* (Champagne), arr. et à 19 k. de Bar-sur-Aube, cant. et ✉ de Vendœuvre. Pop. 550 h. — *Fabrique* de poterie estimée. Tuilerie.

AMANCE, vg. *Doubs*, comm. de Bremondans, ✉ de Baume-les-Dames.

AMANCE, *Ementia*, petit bourg, *Meurthe* (Lorraine), arr., cant. et à 13 k. de Nancy. Pop. 549 h. — Il est situé au sommet d'une montagne au pied de laquelle coule l'Amesule, et dominé par un monticule de 100 m. d'élévation, placé au centre des habitations ; au xᵉ siècle, Amance était une ville forte, où Simon II, duc de Lorraine, défit son frère Ferry de Bitche, en 1198 ; le duc Thiébaut Iᵉʳ, poursuivi par l'empereur d'Allemagne, s'y enferma en 1218. On voit encore dans le bourg des vestiges d'anciens fossés et d'une porte.

AMANCE, *Amantia*, bg *H.-Saône* (Franche-Comté), chef-l. de cant., arr. et à 24 k. de Vesoul, ✉ de Faverney. Pop. 1,032 h. — Terrain jurassique.

Le bourg d'Amance, autrefois chef-lieu d'une terre considérable dépendant de l'abbaye de Faverney, fut compris, en 1276, dans une société faite entre ce monastère et Alix de Savoie, comtesse Bourgogne. Auparavant les comtes souverains tenaient lieu à Amance que des honoraires de gardiens de Faverney ; mais, par le traité d'association, il leur fut permis d'y bâtir un château ou forteresse pour les rendre plus à portée de protéger l'abbaye et de veiller sur ses droits. Ce château, défendu par dix tours, des remparts et des fossés larges et profonds, fut détruit en 1595 par Tremblecourt. Il subsiste encore à Amance quelques portions des remparts, les restes d'une porte, et une tour dont les murs, d'environ 4 m. d'épaisseur, sont construits avec une grande solidité.

On voit, par le traité de 1276, qu'alors Amance était, comme à présent, composé de trois villages, du Magny, du Mont-Ste-Marie et d'*Astre*, qu'on nomme le Bourg. Il y avait, avant la révolution, un bailliage dont le ressort s'étendait à 28 villages.

Amance est dans un site agréable. Entre les deux coteaux qui bordent son territoire coule la petite rivière appelée *la Superbe*, dans la direction du nord au sud. Elle traverse le Bourg, et arrose une excellente prairie jusqu'à son embouchure dans la Saône. — *Fabriques* de poterie de terre. Tuilerie. Carrière de beau sable blanc. — *Foires* les 7 mars, 2 mai, 10 juin, 11 août, 6 sept., 25 oct. et 22 déc. — Marché tous les vendredis.

Le canton d'Amance offre dans sa longueur un vallon agréable traversé par la Superbe, où l'on pêche d'excellent poisson.

AMANCET, vg. *Tarn* (Languedoc), arr. et à 22 k. de Castres, cant. de Dourgne, ✉ de Dourgne. Pop. 467 h.

AMANCEY, vg. *Doubs* (Franche-Comté), chef-l. de cant., arr. et à 30 k. de Besançon. Cure. ✉ d'Ornans. Bureau d'enregist. Pop. 661 h. — TERRAIN jurassique. — *Foires* les 1ᵉʳ jeudis de mars, juin et oct.

AMAND (St-), ou ST-AMAND-MONTROND, S. *Amandi*, jolie ville, *Cher* (Berry), chef-l. de sous-préf. et d'un cant. Trib. de 1ʳᵉ inst. Collège comm. Cure. ✉, ⚒. P. 7,082 h. A 265 k. de Paris pour la taxe des lettres. — TERRAIN jurassique, étage inférieur du système oolitique.

Autrefois diocèse et intendance de Bourges, parlement de Paris, chef-lieu d'élection et de baillage, 2 couvents.

St-Amand a été bâti dans le xvᵉ siècle sur l'emplacement où se tenaient les foires d'Orval, ville qui fut brûlée en 1410 par les Anglais, lorsqu'ils assiégeaient le château de Moutrond. Le connétable d'Albret fit construire sur ce champ de foire des baraques où se retirèrent les habitants d'Orval; bientôt ces baraques se convertirent en maisons, la population augmenta, et en 1434 St-Amand fut clos de murailles. A l'époque de la révolution, cette ville changea son nom en celui de *Libre-Val*, qu'elle ne conserva seulement pendant quelques années.

Cette ville est régulièrement bâtie, au confluent de la Marmande et du Cher, sur un embranchement du canal de ce nom, à peu de distance des ruines du château de Montrond, fortifié primitivement par le duc de Sully. Ce château, dont il ne reste plus qu'une tour et quelques pans de murs, passait autrefois pour une des plus fortes places du royaume; pendant les troubles de 1650, 1651 et 1652, il était occupé par les partisans des princes armés contre l'autorité royale; il se rendit en 1652 au comte de Palluau, après un siège d'un an, et fut démoli. On a formé sur son emplacement une fort jolie promenade, de l'on jouit d'une vue étendue.

Biographie. St-Amand est la patrie de J.-B. SONCHAI, de l'académie des inscriptions, mort en 1746. On a de lui plusieurs dissertations insérées dans les mémoires de l'académie; des *Remarques* sur la traduction de Josèphe, par d'Andilly; des éditions de l'*Astrée*, d'*Ausone*, de *Boileau* et de *Pelisson*.

De M. RAOUL ROCHETTE, helléniste, archéologue et historien, membre de l'académie des inscriptions et belles-lettres. Ses principaux ouvrages sont: *Histoire critique de l'établissement des colonies grecques* (ouvrage couronné par l'Institut en 1813), 4 vol. in-8, 1815; * *Choix de médailles antiques d'Olbiopolis*, etc., in-8, 1822; *Lettres sur la Suisse*, 4ᵉ édit., 3 vol. in-8, 1829; *Monuments inédits d'antiquités grecques, étrusques et romaines*, in-f°, 1828 et ann. suiv.

Fabriques de sabots. Blanchisseries de laines. Chamoiserie. — Aux environs, forges, fonderies. Manufactures de porcelaine. — *Commerce* de bois, merrain, fers, laines, bestiaux gras, chanvre, peaux de chèvres. Entrepôt des châtaignes qui se récoltent aux environs. — *Foires* de 8 jours le lundi d'après la St-Luc pour les bestiaux, et lundi avant la Purification, 1ᵉʳ lundi de carême, 3ᵉ lundi après Pâques, 18 juin, lundi après la Nativité, lundi avant la St-André, 31 déc.

A 45 k. S. de Bourges, 265 k. de Paris pour la taxe des lettres.

L'arrondissement de St-Amand renferme 11 cantons: St-Amand, Charenton, Châteaumeillant, Châteauneuf, le Châtelet, Dun-le-Roi, la Guerche, Lignières, Nérondes, Sancoins, Sauzais-le-Potier.

Bibliographie. * *La Réduction du château et forteresse de Montrond; ensemble les véritables articles accordés à M. le marquis de Persian*, par le comte de Palluau, etc., in-4, 1652.

* *Détails sur les restes pittoresques et imposants du château de Montrond de St-Amand*, brûlé en 1350 (bibliothèque de St-Amand).

AMAND (St-), vg. *Creuse* (Marche), arr., cant., ✉ à 3 k. d'Aubusson. Pop. 388 h.

AMAND (St-), vg. *Gers*, comm. et d'Eauze.

AMAND (St-), bg *Loir-et-Cher* (Beauce), chef-l. de cant., arr., bureau d'enregist., ✉ et à 14 k. de Vendôme. Cure. Pop. 520 h. — TERRAIN tertiaire moyen. — Il est dans une situation agréable, sur la petite rivière de Bresme.

AMAND (St-), vg. *Manche* (Normandie), arr. et à 14 k. de St-Lo, près de la Vire, cant. et ✉ de Torigny. Pop. 1,402 h.

AMAND (St-), vg. *Marne* (Champagne), arr., cant. et à 10 k. de Vitry-le-Français, ✉ de la Chaussée. Pop. 1,260 h. — *Foires* les 18 oct. et 3ᵉ lundi de carême.

AMAND (St-), vg. *Meuse* (Lorraine), arr. et à 25 k. de Bar-le-Duc, cant. et ✉ de Ligny. Pop. 298 h.

AMAND (St-), vg. *Pas-de-Calais* (Artois), arr. et à 21 k. d'Arras, cant. de Pas, ✉ de l'Arbret. Pop. 414 h.

AMAND (St-), h. *Tarn*, comm. et ✉ de Rabastens.

AMAND (St-), h. *H.-Vienne*, comm. de Peyrat-le-Château, ✉ d'Eymoutiers.

AMAND-DE-BELVÈS (St-), vg. *Dordogne* (Périgord), arr. et à 24 k. de Sarlat, cant. et ✉ de Belvès. Pop. 369 h.

AMAND-DE-COLY (St-), vg. *Dordogne* (Périgord), arr. et à 24. k. de Sarlat, cant. et ✉ de Montignac. Pop. 1,071 h. On y voit une ancienne église qui a été désignée par l'autorité locale comme susceptible d'être classée au nombre des monuments historiques.

AMAND-DE-MONTPEZAT (St-), vg. *Lot-et-Garonne* (Agénois), arr. et à 20 k. d'Agen, cant. de Prayssas, ✉ de Clairac. P. 404 h.

AMAND-DES-HAUTES-TERRES (St-), *S. Amandus*, *Eure* (Normandie), arr. et à 22 k. de Louviers, cant. d'Amfreville-la-Campagne, ✉ d'Elbeuf. Pop. 410 h.

AMAND-DE-TAYRAC, h. *Lot-et-Garonne*, comm. de Tayrac, ✉ de la Magistère.

AMAND-DE-VERGT, vg. *Dordogne* (Périgord), arr. et à 26 k. de Périgueux, cant. et ✉ de Vergt. Pop. 734 h.

AMAND-EN-PUISAIE (St-), petite ville, *Nièvre* (Nivernais), chef-l. de cant., arr. et à 25 k. de Cosne. Cure. ✉. A 180 k. de Paris pour la taxe des lettres. Pop. 1,845 h. — TERRAIN crétacé supérieur, grès vert. — Elle est située dans une contrée boisée, sur la Vrille. — *Fabriques* importantes de poterie de terre et de grès. Aux environs, forges, mine d'ocre et carrières de grès. — *Foires* les 18 fév., lundi après le 6 janv., lundi saint, 15 juin, 14 sept., 1ᵉʳ lundi d'août et après le 1ᵉʳ nov.

AMAND-JARTOUDEIX (St-), vg. *Creuse* (Marche), arr., cant., ✉ et à 8 k. de Bourganeuf. Pop. 792 h.

AMAND-LES-EAUX (St-), ville ancienne, *Nord* (Flandre), chef-l. de deux cant. (l'un sur la rive droite, et l'autre sur la rive gauche de la Scarpe), arr. de Valenciennes. Collège comm. Cure. ✉, ⚒. A 122 k. de Paris, pour la taxe des lettres. Pop. 9,118 h. — TERRAIN tertiaire inférieur.

Autrefois diocèse de Tournay, parlement de Douai, intendance de Lille, subdélégation, gouv. particulier, abbaye de bénédictins.

Cette ville est située dans une riche et fertile plaine, sur la rive gauche de la Scarpe. Au vIIᵉ siècle, ce n'était qu'un village, connu sous le nom d'Elnon, que le roi Dagobert donna en 634 à saint Amand, qui y fonda une abbaye et lui donna son nom. Ce monastère fut brûlé par les Normands en 880. Le comte de Hainaut s'empara de l'abbaye, ainsi que de la ville, en 1340, y mit le feu et en massacra tous les habitants pour se venger de la garnison et des bourgeois, qui avaient dévasté Hasnon. En 1477, les troupes de la duchesse de Bourgogne lui firent éprouver les mêmes malheurs. Le prince de Ligne la prit en 1521; les Français s'en rendirent maîtres en 1621 et la dévastèrent. On voit encore dans cette ville le clocher de l'ancienne abbaye, bâti de 1633 à 1636; c'est tout ce qui reste de ce bien beau monument gothique de la contrée. Il est construit en grès et pierres blanches, sculptées de la base au sommet; la hauteur de cette tour, qui sert aujourd'hui d'horloge publique et de beffroi, est de 100 m.; on arrive au sommet par un escalier de 450 marches. Cette tour a été désignée par l'autorité locale comme étant susceptible d'être classée au nombre des monuments historiques.

Les armes de St-Amand sont : *d'azur à une épée d'argent à garde d'or posée en pal, et côtoyée de deux fleurs de lis d'or en chef.*

Manufactures de toiles de coton et de lin, de bas de laine, de broderie (dans les hameaux), de clous, de porcelaine façon de Tournay, à fritte et tendre, en pâtes blanches peintes ou coloriées ; de faïence, de dentelles, couvertures de coton, chicorée-café, savon noir, huile, pipes de terre. Il y a aussi deux filatures de coton, six distilleries d'eau-de-vie, des manufactures du sucre indigène, et plusieurs fabricants de fil à dentelles et marchand. Le territoire de St-Amand est le centre de la culture du lin ramé ou de fin qui sert à la confection des inimitables batistes françaises. — Construction de bateaux. Distilleries d'eau-de-vie de grains. Tannerie. — Commerce de grains, vins, eaux-de-vie, huile, savon, chanvre, lin, etc. — *Foires* de 10 jours le lundi de la Pentecôte, de 5 jours le 1er juin, de 10 jours le 1er oct. Foire aux bestiaux le 1er jeudi de chaque mois.

A 12 k. N.-N.-O. de Valenciennes, Lat. 50° 27′ 12″ N., long. 1° 5′ 42″ E.

EAUX ET BOUES THERMALES DE ST-AMAND.

A 4 k. E. de St-Amand, on trouve un bel établissement d'eaux et de boues minérales qui jouissent, à juste titre, d'une grande réputation. Il est difficile de fixer l'époque précise de la découverte de ces eaux : on sait seulement qu'elles furent fréquentées par les Romains, qui ont occupé le pays près de cinq siècles, et qui avaient placé le chef-lieu de leur colonie à Bavay, distant de 16 k. de ces sources. Lors des fouilles qui ont été faites dans le voisinage de la principale fontaine, on a découvert des médailles des empereurs Vespasien et Trajan, et un petit autel de bronze avec les principaux traits de Remus et Romulus en relief.

Ces eaux étaient déjà célèbres longtemps avant 1648, époque où l'archiduc Léopold, gouverneur des Pays-Bas, y fut amené par son médecin après la bataille de Lens, et fut guéri par leur usage de coliques néphrétiques causées par la présence de graviers dans les reins.

Les eaux minérales de St-Amand proviennent de trois sources très-abondantes, dont la première porte le nom de Fontaine-Bouillon, parce qu'en fixant les bords du réservoir on voit continuellement des bouillons partir de dessous le sable qu'ils semblent percer, s'élever à une certaine hauteur en petits tourbillons, et venir former à la superficie de grosses bulles qui se dissipent en faisant un petit bruit. La deuxième se nomme Source du Pavillon turc, parce que c'est dans son abîme que les Romains jetèrent leurs meubles, effets, voire même leurs dieux en bronze, à leur départ précipité. La troisième se nomme Fontaine de l'Archevêque d'Arras, ou Fontaine de Vérité, parce que ce prélat ayant fait usage de son eau, reconnut aux symptômes qu'elle fit manifester, la maladie cachée qui le tourmentait depuis longtemps.

Entre les sources de la fontaine du Bouillon et d'Arras se trouvent des boues minérales, retenues dans un bassin découvert, d'où l'eau s'échappe par une rigole circulaire. Elles sont réparties en quatre-vingts loges ou cases, dont chaque numéro appartient pour la saison à la personne malade qui en prend possession d'après l'indication du médecin-inspecteur. Ces boues se renouvellent chaque année par celles que l'on retire des sources.

Le terrain environnant les sources minérales se compose de trois lits de matière différente ; le premier et le plus superficiel est une terre noire ; le second, une espèce de marne ; le troisième, un sable fin qui est très-mouvant dans le voisinage des eaux.

La température des eaux de St-Amand est de 20 degrés du thermomètre de Réaumur. Les boues sont constamment au même degré que les eaux, quelle que soit la variation de l'air atmosphérique.

Le bâtiment des eaux thermales offre la figure d'un parallélogramme, d'une longueur de 7 m. 78 c., ayant en face, à l'ouest, la façade de l'établissement des boues, et au midi le bâtiment qui les fixe. Les chambres des baigneurs sont au nombre de vingt-quatre ; le nombre des douches est de six. — Les boues et sources minérales de St-Amand appartenaient autrefois à l'abbaye de ce nom ; à l'époque de la révolution, elles devinrent la propriété du gouvernement, qui les a concédées au département. Les fonds qui en proviennent sont versés à la caisse centrale des hospices.

L'établissement de St-Amand offre de belles promenades boisées, et toutes les ressources nécessaires à la vie. La proximité de St-Amand et de Condé, jolie ville située à l'extrême frontière de la France et des Pays-Bas, le voisinage de l'ermitage de Bon-Secours, où affluent, dans la belle saison, une multitude d'habitants aisés des contrées environnantes, en rendent le séjour très-agréable. On y trouve en outre un salon de danse et des salles de jeu.

SAISON DES EAUX. La saison des eaux commence du 10 au 15 juin, selon la chaleur de l'époque, et se prolonge jusqu'à la fin d'août. On prend ordinairement les eaux pendant 15 à 20 jours. Le prix du logement varie de un à deux et trois francs par jour. La nourriture est bonne, abondante et recherchée ; elle se paye par jour 3 fr. 50 c. pour le déjeuner et le dîner. — Cent personnes fréquentent annuellement les eaux pendant les deux saisons ; sur ce nombre on compte environ cinquante baigneurs.

Les trois genres de remèdes se payent de même :
Bain. . . . . 1 fr. 50 c.
Douche. 1   50
Boue. 1   50

Plus, 3 francs pour l'eau prise en boisson pendant le séjour du malade.

ANALYSE DES DIVERSES SOURCES. Les eaux de St-Amand ont été analysées plusieurs fois (notamment en 1685, en 1809 et en 1829). Les deux premières sources ont constamment offert, dans leur analyse, les proportions suivantes pour 4 kilog. d'eau :

Gramm.
Air atmosphérique. 0,0000
Acide carbonique gazeux. . 0,6812
Sulfate de magnésie. . . . 2,9300
 — de chaux. 0,2400
Muriate de chaux. 0.2200
 — de soude. 1,7000
 — de magnésie. . . . 0,3200
Carbonate de chaux. . . . 1,5600
 — de silice. 0,1000
 — de fer. 0,8000

Les boues se composent de trois couches de terre de différente nature : la première est une tourbe argileuse ; la seconde est tout argileuse ; la troisième est formée d'un quartz arénacé très-fin, uni à du carbonate calcaire sous la même forme, auquel on peut donner 2 m. 50 c. de profondeur. C'est à travers cette troisième couche, dans un espace de 27 m., que sourdent un nombre considérable de petites sources, dont les eaux, de même nature que celles des fontaines, détrempent l'argile pure et la tourbe argileuse pour en former une espèce de bourbier.

PROPRIÉTÉS PHYSIQUES. Les eaux de St-Amand sont assez claires, très-potables, quoique prises aux sources ; elles ont une saveur assez dominante de gaz hydrogène sulfuré, qu'elles perdent bientôt si on les expose à l'air libre. Elles ternissent les métaux, ainsi que le font toutes les eaux sulfureuses.

PROPRIÉTÉS CHIMIQUES. L'huile de térébenthine versée sur cette eau donne à sa superficie des couleurs de l'arc-en-ciel ; une pièce d'argent posée sur l'orifice d'une bouteille remplie de cette eau prend en douze minutes la couleur d'or, puis en trente la pièce devient noire.

L'eau de St-Amand rougit la teinture bleue des végétaux. L'écorce de grenade lui communique une couleur orangée, et la noix de galle une couleur citrine ; elle dissout mal le savon. Le sel de tartre la blanchit et dépose pour résidu un sédiment blanchâtre. Le sublimé corrosif dissous dans cette eau la rend blanche ; elle s'éclaircit par le dépôt de son résidu, qui est un précipité blanc de mercure.

Six livres de ces eaux, évaporées jusqu'à siccité, ont laissé pour résidu 24 grains de sel neutre. Bref, une infinité d'expériences bien faites, et par conséquent très-concluantes, pourraient être relatées ; mais, comme elles deviendraient prolixes, nous renvoyons à la notice publiée sur l'analyse de ces eaux.

PROPRIÉTÉS MÉDICINALES. Des cures extraordinaires y sont remarquées annuellement pour les maladies suivantes : paralysie, paraplégie, hémiplégie, ankyloses, rhumatismes goutteux, articulaires, musculaires ; maladies de nerfs, de peau, des reins, de la vessie, de l'urètre, atonie par suite de ces maladies, gravelle, catarrhe de vessie, obstructions abdominale, hépatique et ovoïde, diarrhée opiniâtre ; faim canine, acrimonie du sang et de la lymphe, suppression des menstrues, leucorrhée, ophthalmie chronique, migraine rebelle, maladies hystériques, hydropisie ascite, hydrothorax, érysipèles périodiques, etc.

Les bains de boues sont d'une efficacité très-reconnue dans les paralysies, les roideurs des articulations, l'ankylose incomplète, les vieux ulcères, et dans l'atrophie des extrémités. Une multitude de malades y recouvrent annuellement la santé.

MODE D'ADMINISTRATION. Les eaux se donnent en boissons, bains et douches ascendantes, descendantes et latérales. En boissons on en use le matin, depuis la dose de trois ou quatre verres jusqu'à douze. — Les bains de boues se prennent dans les loges ou cases séparées, désignées par un numéro; chaque baigneur a la possession de sa loge pour une ou deux saisons.

Bibliographie. BRISSAU. *Extrait d'une lettre à M. Forgon touchant la fontaine minérale découverte dans le diocèse de Tournay* (Hist. des savants, in-8, 1698, p. 164). Il s'agit des eaux de St-Amand.

BOULDUC. *Analyse des eaux de St-Amand* (Hist. de l'acad. des sciences, 1699, p. 56).

HÉROGUELLE (F. de). *La Vraie Panacée présentée à Louis le Grand avec la vraie anatomie des eaux de St-Amand*, etc., in-8, 1685.—2e édit. sous le titre de : *les Fontaines minérales de St-Amand triomphantes par les arcanes ou plus rares secrets de la médecine*, in-8, 1691, in 12, 1699.

MICNIOT. *Traité des eaux minérales de St-Amand*, in-8, 1699.

BRASSART (J.-Jos.). *Observations sur la fontaine minérale de St-Amand*, in-8, 1698. —Nouv. édit., rev. et augm., sous le titre : *Traité des eaux minérales de la fontaine de Bouillon-les-St-Amand*, in-8, 1714.

MORAND. *Mémoire sur les eaux minérales de St-Amand* (Mém. de l'acad. roy. de méd., 1743, p. 1).

BOUQUÉ (Pierre-P.). *Essai physique sur les eaux de St-Amand*, in-12, 1730.

GOSSE. *Essai sur les eaux minérales de St-Amand*, Flandre, in-8, 1750.

DESMILLEVILLE. *Essai historique et analytique des eaux et boues de St-Amand*, etc., in-12, 1767.

— *Journal des guérisons opérées aux eaux de St-Amand en 1767 et 1768*, in-12, 1769.

MONNET. *Lettre à M. Gosse sur les eaux minérales de St-Amand* (Journal de médecine, fév. 1768, p. 165).

— *Nouvelle Hydrologie*, 1772.

TRÉCOURT. *Apologie des eaux minérales de St-Amand*, in-12, 1773.

DOTTIN (Séb.). *Notice sur l'établissement des eaux et boues thermales et minérales de St Amand*, in-8, 1805.

V. aussi PATISSIER, *Manuel des eaux minérales*; ALIBERT, *Précis sur les eaux minérales les plus usitées en médecine*.

AMAND-MAGNAZEIX (St-), vg. *H.-Vienne* (Limousin), arr. et à 28 k. de Bellac, cant. de Châteauponsat, ⊠ de Morterolles. P. 1,302 h.

AMAND - ROCHE-SAVINE. V. AMANT-ROCHE-SAVINE (St-).

AMAND-SUR-SÈVRE (St-), bg *Deux-Sèvres* (Poitou), arr. et à 25 k. de Bressuire, cant. et ⊠ de Châtillon-sur-Sèvre. P. 1,491 h.

AMANDIN (St-), bg *Cantal* (Auvergne), arr. et à 40 k. de Murat, cant. ci ⊠ de Marcenat. P. 1,345 h. — Aux environs, près de la Querie, on voit dans certains endroits, des crevasses dans les rochers, au niveau de terre, d'une grande profondeur, où souvent les bestiaux se précipitent. On remarque aussi dans les bois de Coinde un ruisseau souterrain dans lequel on trouve de la glace dans les plus fortes chaleurs.

AMANGE, vg. *Jura* (Franche-Comté), arr. et à 11 k. de Dôle, cant. de Rochefort, ⊠ d'Orchamps. Pop. 394 h.

AMANLIS, vg. *Ille-et-Vilaine* (Bretagne), arr. à 19 k. de Rennes, cant. et ⊠ de Janzé. Pop. 2,820 h. — C'est le lieu de naissance de M. DE CORBIÈRE, ex-ministre, sous l'administration duquel a été construite l'église de la commune d'Amanlis.

Bibliographie. * *Monnaies celtiques armoricaines trouvées près d'Amanlis* en 1835, in-8, 1836.

AMANS (St-), vg. *Ariège* (Languedoc), arr., cant., ⊠ et à 8 k. de Pamiers. P. 197 h.

AMANS (St-), vg. *Aude* (Languedoc), arr. et à 28 k. de Castelnaudary, cant. de Belpech, ⊠ de Salles-sur-l'Hers. Pop. 499 h.

AMANS (St-), *Aveyron* (Rouergue), chef-l. de cant., arr. à 23 k. d'Espalion, de Entraygues, bureau d'enregist. à Huparlac. Pop. 1,331 h. — TERRAIN cristallisé ou primitif. — Foire le 25 juin.

AMANS (St-), h. *Aveyron*, comm. de Trecel, ⊠ de St-Affrique.

AMANS (St-), h. *H.-Garonne*, comm. et ⊠ de Muret.

AMANS (St-), vg. *Lot-et-Garonne*, comm. de Layrac, ⊠ d'Agen.

AMANS (St-), h. *Lot-et-Garonne*, comm. de St-Eutrope-de-Born, ⊠ de Villeréal.

AMANS (St-), vg. *Lozère* (Languedoc), chef-l. de cant., arr. à 22 k. de Mende, où est le bureau d'enregist. ⊠, ⊠ de la Serverette. Pop. 346 h. — TERRAIN cristallisé ou primitif, granit. — Il est situé sur la rive gauche de la Truyère, au milieu des montagnes, dans un pays fort pittoresque, sillonné par des ruisseaux, des torrents et des cascades. — *Fabriques* considérables et commerce de serge pour rideaux de lits, doublures, habillements, etc.

AMANS (St-), h. *Tarn-et-Garonne*, comm. et ⊠ de Lauzerte.

AMANS (St-), h. *Tarn-et-Garonne*, comm. de Moissac, ⊠ de Castelnau-de-Moutratier.

AMANS (St-), vg. *Tarn-et-Garonne*, comm. et ⊠ de Caylus.

AMANS-DE - CABREMORTE (St-), h. *Lot*, comm. de Breil, ⊠ de Moncuq.

AMANS-DE-LIZERTET (St-), h. *Aveyron*, comm. de Calmont, ⊠ de St-Cernin.

AMANS-DE-L'URSINADE (St-), vg. *Tarn-et-Garonne*, comm. et ⊠ de Moissac.

AMANS-DE-MONTAIGUT (St-), vg. *Tarn-et-Garonne* (Languedoc), arr. et à 12 k. de Moissac, cant. et ⊠ de Montaigut. Pop. 512 h. — Foires les 9 janv., 12 avril et 16 nov.

AMANS-DES-MOUNIS (St-), h. *Hérault*, comm. de Castanet-le-Haut, ⊠ de Bédarieux.

AMANS-DE-NEGRIN (St-), h. *Tarn*, comm. de Montredon, ⊠ de Roquecourbe.

AMANS-DE-PELAGAL (St-), vg. *Tarn-et-Garonne* (Languedoc), arr. et à 25 k. de Moissac, cant. et ⊠ de Lauzerte. Pop. 389 h.

AMANS-DE-RANCE (St-), h. *Aveyron*, comm. de Sales - Curan, ⊠ de Pont-de-Salars.

AMANS-DE-SALMIECH (St-), h. *Aveyron*, comm. de Salmiech, ⊠ de Cassagnes-Bégonhès. — Foire le 14 juin.

AMANS-DES-VARES (St-), vg. *Aveyron*, comm. de Previnquières, ⊠ de Severac.

AMANS-DE-TEULET (St-), h. *Hérault*, comm. de Pouget, ⊠ de Gignac.

AMANS-LA-BASTIDE (St-), gros bg *Tarn* (Guienne), chef-l. de cant., arr. et à 26 k. de Castres. Cure, bureau d'enregist. à Mazamet, ⊠, ⊠. A 750 k. de Paris pour la taxe des lettres. Pop. 2,353 h. — TERRAIN cristallisé ou primitif. — Il est situé sur le penchant de la montagne Noire, sur le Thoré, qui le sépare de St-Amans-Valtoret.

PATRIE du maréchal SOULT.

Fabrique de draps, bonnets gasquets, filatures de laine, faïencerie et briqueterie.— *Foires* les 28 avril, 1er juin, 17 août et 6 sept. (à Albine).

AMANS - VALTORET (St-), vg. *Tarn* (Guienne), arr. et à 27 k. de Castres, cant. et ⊠ de St-Amans-la-Bastide. Pop. 1,850 h. — *Foires* les 18 oct. et mardi après Pâques.

AMANT-DE-BOIXE (St-), *S. Amantius de Buxia*, bg *Charente* (Angoumois), chef-l. de cant., arr. et à 16 k. d'Angoulême. Cure, bureau d'enreg st. à Montignac, ⊠. A 426 k. de Paris pour la taxe des lettres. Pop. 1,690 h. — TERRAIN jurassique. — Le bourg est situé dans un territoire fertile, près de la rive gauche de la Charente. Il doit son origine à son nom à une abbaye de bénédictins fondée vers la fin du VIe siècle, et dont les bâtiments ont été classés récemment au nombre des monuments historiques.

AMANT-DE-BONNIEURE (St-), vg. *Charente* (Angoumois), arr. et à 24 k. de Ruffec, cant. et ⊠ de Mansle. Pop. 861 h.

AMANT-DE-GRAVES (St-), vg. *Charente* (Angoumois), arr. et à 22 k. de Cognac, cant. et ⊠ de Châteauneuf-sur-Charente. Pop. 332 h.

AMANT-DE-MONTMOREAU (St-), vg. *Charente* (Angoumois), arr. et à 25 k. de Barbezieux, cant. et ⊠ de Montmoreau. Pop. 1,151 h.

AMANT-DE-NOUÈRE (St-), vg. *Charente* (Angoumois), arr. et à 16 k. d'Angoulême, cant. d'Hiersac, ⊠ de Rouillac. Pop. 713 h. Près de la Nouère.

AMANT-ROCHE-SAVINE (St-), bg *Puy-de-Dôme* (Auvergne), chef-l. de cant., arr. et à 15 k. d'Ambert. Cure, ⊠, bureau d'enregist. d'Ambert. A 435 k. de Paris pour la taxe des lettres. Pop. 2,294 h. — TERRAIN cristallisé ou primitif. — On trouve aux environs deux sources d'eau minérale froide ferrugineuse, désignées sous les noms de source de St-Amant et de source de Fayolle. Mine de plomb sulfuré argentifère exploitée. — *Foires* les 2 mai, 25 juin, 2 nov. et samedi après la Pentecôte. **Bibliographie.** * *Observations sur les mines de plomb argentifères de St-Amand-Roche-Savine*, etc., in-8, fig., 1833.

AMANT-TALLENDE (St-), petite ville, *Puy-de-Dôme* (Auvergne), chef-l. de cant., arr. et à 18 k. de Clermont. Cure, ✉ de Vayres. Pop. 1,475 h. — TERRAIN volcanique. — Elle est fort agréablement située, dans un pays riant et fertile, arrosé par la Veyre et la Monne. On y trouve des eaux minérales. — St-Amand-Tallende est le lieu de naissance du docteur J.-B. MÉGE, auteur de l'*Alliance d'Hygie et de la Beauté*, in-12, 1820; d'une *Lettre à l'évêque d'Hermopolis*, au sujet de l'exclusion de l'auteur du concours des agrégés près la faculté de médecine, lettre qui eut un succès de vogue, in-8, 1824; de rapports adressés à la faculté de médecine de Paris, et de plusieurs autres ouvrages de médecine.— Education des chevaux et des abeilles, papeteries. — *Foires* les 2 mai, 5 nov., 22 déc. et samedi après le 15 mars.

AMANTY, vg. *Meuse* (Lorraine), arr. et à 30 k. de Commercy, 48 k. de St-Mihiel, cant. et ✉ de Gondrecourt. Pop. 377 h.

AMANVILLERS, vg. *Moselle* (pays Messin), arr., 1er cant., ✉ et à 12 k. de Metz. Pop. 266 h. Il fut détruit en 1300, rebâti seulement en 1448, et brûlé deux fois par accident, en 1502 et en 1517.

AMANZÉ, vg. et ancienne baronnie, *Saône-et-Loire* (Bourgogne), arr. et à 17 k. de Charolles, cant. et ✉ de la Clayette. Pop. 543 h.

AMAREINS, vg. *Ain* (Bresse), arr. et à 19 k. de Trévoux, cant. de St-Trivier-sur-Moignans, ✉ de Montmerle. Pop. 217 h.

AMARENS, vg. *Tarn* (Languedoc), arr. et à 22 k. de Gaillac, cant. et ✉ de Cordes. Pop. 180 h.

AMARIN (St-), petite ville, *H.-Rhin* (Alsace), chef-l. de cant., arr. et à 29 k. de Béfort. Cure, bureau d'enregist. à Thann, ✉ de Wesserling. Pop. 1,891 h. — TERRAIN de transition supérieur. — Elle est située dans la riante et pittoresque vallée de son nom, près de la rive gauche de la Thur, à 43 k. de Béfort. On voit aux environs les ruines du vieux CHATEAU DE FRIEDBOURG, brûlé par les Suédois en 1637, et dont il ne reste plus qu'une tour. Non loin de là, de l'autre côté de la vallée, sont les restes de celui de STOERRENSBOURG. — *Fabriques* de toiles de coton. Brasserie. Faïencerie. Forges et hauts fourneaux. — *Commerce* de quincaillerie, bestiaux.

AMATHAY-VÉSIGNEUX, vg. *Doubs* (Franche-Comté), arr. et à 15 k. de Besançon, cant. et ✉ d'Ornans. Pop. 395 h.

AMATOU (St-), h. *Calvados*, comm. d'Arganchy, ✉ de Bayeux.

AMAYÉ-SUR-ORNE, vg. *Calvados* (Normandie), arr. et à 14 k. de Caen, cant. et ✉ d'Évrecy. Pop. 461 h.

AMAYÉ-SUR-SEULLES, vg. *Calvados* (Normandie), arr. et à 30 k. de Caen, cant. et ✉ de Villers-Bocage. Pop. 414 h.

AMAZY, vg. *Nièvre* (Nivernais), arr. et à 9 k. de Clamecy, cant. et ✉ de Tannay. Pop. 722 h. — *Foire* le 29 sept. pour chevaux, bêtes à cornes, moutons, volailles, etc.

AMBACIA (lat. 48°, long. 19°). « Sulpice Sévère (*Dial.*, III, 9), qui écrivait au commencement du v° siècle, fait mention d'*Ambacia*, où les Gaulois, dans le paganisme, avaient élevé un temple en forme de pyramide; et Grégoire de Tours parle d'un pont de bateaux sur lequel on traversait la Loire à Amboise. Il est remarquable, dans l'histoire intitulée *Gesta consulum Andegavensium*, qu'elle indique un lieu dans Amboise auquel on donnait le nom de *Vetus Roma*, ce qu'il faut attribuer à quelque reste d'édifice romain dans le XII° siècle. » D'Anville. *Notice sur l'ancienne Gaule*, p. 61.

AMBACOURT, vg. *Vosges* (Lorraine), arr., ✉ et à 6 k. de Mirecourt, cant. de Charmes. Pop. 359 h.

AMBARÈS, vg. *Gironde* (Guienne), arr. et à 14 k. de Bordeaux, cant. et ✉ du Corbon-Blanc. Pop. 2,240 h. — *Foires* les 10 mai, 20 août, 10 nov.

AMBARRI (lat. 47°, long. 23°). « Ils étaient, selon l'expression de César, dans le 1er livre des *Commentaires*, *necessarii et consanguinei Æduorum*. César en fait encore mention au VIIe livre, avec d'autres peuples également dépendants des *Ædui*. On voit distinctement, par son expédition contre les *Helvetii*, qu'ils étaient établis, du moins en partie, sur la rive gauche ou ultérieure de l'*Arar* ou de la Saône, car ils lui font porter leurs plaintes du ravage de leurs terres, avant que tout le corps de la nation helvétique ait passé cette rivière, puisque César arrive assez à temps pour défaire les *Tigurini*, qui étaient restés en arrière. Les *Ambarri* sont cités bien antérieurement, et sont nommés par Tite Live (lib. v) entre les peuples qui passèrent les Alpes pour s'établir en Italie, ce qui remonte jusqu'au temps que le premier des Tarquins régnait à Rome. » D'Anville. *Notice sur l'ancienne Gaule*. V. aussi Durandi, *Dell' antico stato d'Italia*; Bochat, *Recherches sur l'histoire ancienne de la Suisse*; dom Martin, *Histoire des Gaulois*; Walckenaer, *Géographie des Gaules*, t. 1, p. 56, 62, 133, 324.

AMBAX, vg. *H.-Garonne* (Armagnac), arr. et à 35 k. de St-Gaudens, cant. et ✉ de l'Isle-en-Dodon. Pop. 293 h.

AMBAYRAC, vg. *Aveyron*, comm. de Montsolès, ✉ de Villefranche-de-Rouergue.

AMBAZAC, vg. *H.-Vienne* (Limousin), chef-l. de cant., arr. et à 22 k. de Limoges. Cure, ✉ de Razès. Pop. 2,812 h.—TERRAIN cristallisé ou primitif.

L'église de ce village possède une châsse émaillée, ornée de filigranes et de pierreries, où sont conservées les reliques de saint Etienne de Muret, fondateur de l'ordre de Grandmont. Cette châsse magnifique, qui a environ 1 m. de long sur 70 c. de large, représente, dans la forme qu'elle avait au XIIe siècle, la célèbre abbaye de Grandmont, chef-lieu d'ordre de plus de douze cents monastères. V. GRANDMONT.

Fabrique de fil de fer.—*Foires* le 21 de chaque mois.

AMBEL, vg. *Isère* (Dauphiné), arr. et à 63 k. de Grenoble, cant. et ✉ de Corps. Pop. 241 h.

AMBELLI, h. *Dordogne*, comm. de St-Croix, ✉ de Mareuil.

AMBENAY, *Albegneium*, bg, autrefois seigneurie, *Eure* (Normandie), arr. et à 47 k. d'Évreux, cant. et à 7 k. de Rugles. P. 934 h. — Il est situé sur la rive droite de la Rille. Aux environs, on voit un dolmen bien conservé, et l'ancien manoir fortifié de Mauny. — *Fabriques* d'épingles, de clous; 3 tréfileries.—*Commerce* de toiles.

AMBÉRAC, vg. *Charente* (Angoumois), arr. et à 24 k. d'Angoulême, cant. de St-Amant-de-Boixe, ✉ d'Aigre. Pop. 791 h.

AMBÉRIEUX, petite ville, *Ain* (Dombes), chef-l. de cant., arr. et à 43 k. de Belley. Cure, ✉. A 452 k. de Paris pour la taxe des lettres. Pop. 2,677 h. — TERRAIN jurassique. — Autrefois châtellenie du diocèse de Lyon, conseil souverain de Dombes. — Elle est située près de la rive droite de l'Albarine, sur un coteau couronné par les ruines du château de Gondebaud. — *Fabriques* de toiles, couvertures de laine, draps pour l'habillement des troupes. Filatures de coton. Tanneries et papeteries. — *Commerce* de chevaux et de bestiaux.—*Foires* le 17 janv., 6 mai, 11 juin, 2 sept., 28 oct. et 6 déc.

AMBÉRIEUX, vg. *Rhône* (Forez), arr. et à 9 k. de Villefranche, cant. et ✉ d'Anse. Pop. 152 h. Sur l'Azergue. — *Commerce* de chanvre estimé que produit son territoire.

AMBÉRIEUX-EN-DOMBES, bg *Ain* (Dombes), arr. et à 13 k. de Trévoux, cant. de St-Trivier-de-Moignans. P. 650 h.—*Foires* les 6 mai, 11 juin, 24 août, 2 sept., 28 oct. et 6 déc.

AMBERNAC, vg. *Charente* (Angoumois), arr., cant., et à 10 k. de Confolens. Pop. 1,116 h.

AMBERRE, vg. *Vienne* (Poitou), arr. et à 26 k. de Poitiers, cant. et ✉ de Mirebeau. Pop. 410 h.

AMBERT, h. *Loiret*, comm. de Chanteau, ✉ d'Orléans.

AMBERT, petite ville, *Puy-de-Dôme* (Auvergne), chef-l. de sous-préf. et d'un cant. Trib. de 1re inst. et de comm., chamb. consult. des manuf. Société d'agr. Collège communal. Cure, gîte d'étape, ✉, ✆. Pop. 7,884 h.—TERRAIN cristallisé ou primitif. — Autrefois diocèse de St-Flour, parlement de Paris, intendance de Riom, élection d'Issoire, brigade de maréchaussée, couvent de récolets.

Ambert n'est pas une ville fort ancienne. C'était autrefois une place forte, chef-lieu du pays des Livradois, qui obtint le droit de commune en 1289. Cette place tomba en 1577 au pouvoir d'un parti de protestants, commandé par un brigand nommé de Marle, qui massacra les principaux habitants, livra la ville au pillage, et y fit détruire les fabriques et les usines ; ce brigand, assiégé lui-même dans Ambert par les catholiques, fit une résistance telle qu'il les força à abandonner le siège. Ambert soutint encore plusieurs sièges pendant les guerres de ce temps-là, et se rendit sans résistance au duc d'Alençon après la prise d'Issoire.

Cette ville est agréablement située, au pied des montagnes, dans une longue et fertile vallée arrosée par la Dore et par de nombreux ruisseaux. Elle est généralement bien bâtie; mais les rues en sont étroites et tortueuses, ce qui en rend l'aspect triste; ses environs offrent des sites charmants et de jolies habitations. On y remarque l'église St-Jean, édifice d'une construction simple et solide, entièrement en granit, et surmonté d'un clocher d'une grande élévation. Aux environs sont les eaux minérales froides de Talaru.

PATRIE du géomètre MICHEL ROLLE, auteur de plusieurs ouvrages estimés.

Du conventionnel MAIGNET.

Fabriques d'étamines à pavillon pour la marine, draps, couvertures de laine, lacets, rouleaux, jarretières, serges pour tamis, toiles dites rebattage, dentelles, épingles, rubans de fil.— Filature de laine.— Manufactures considérables de papiers fins pour impression et gravures, qui occupent plus de 60 usines. — *Commerce* de merceries, de laine, papiers, cartes à jouer, fromages, réputés les meilleurs de l'Auvergne, etc.— *Foires* les 23 avril, mercredi saint, 10 sept., 1er oct., 5 nov., 1er déc., lendemain de l'Ascension et lundi après la Fête-Dieu.

A 35 k. S.-E. de Clermont, 433 k. S.-S.-E. de Paris par Moulins, 41 k. pour la taxe des lettres.

L'arrondissement d'Ambert renferme 8 cantons : St-Amand-Roche-Savine, St-Anthème, Arlanc, Cunlhat, St-Germain-l'Hermite, Olliergues et Viverols.

Bibliographie. LECOQ (H.). *Recherches analytiques et médicales sur l'eau médicale de Grandrif, près d'Ambert,* in-8, 1838.

AMBÈS, vg. *Gironde* (Guienne), arr. et à 26 k. de Bordeaux, cant. et ⊠ du Bourg-Blanc. Cure. Pop. 919 h.— Il est situé près du confluent de la Garonne et de la Dordogne, connu sous le nom de Bec-d'Ambès.— *Établissement de la marée* au Bec-d'Ambès, 5 h. 40 m.

AMBIALET, bg *Tarn* (Languedoc), arr. et à 27 k. d'Albi, cant. de Villefranche, ⊠ d'Albau. Pop. 3,271 h.

Ce bourg est bâti dans une situation pittoresque, sur une presqu'île environnée de rochers, dont l'isthme n'a pas plus de 12 m. de largeur, position éminemment favorable pour s'y établir militairement, et dont on a profité pour l'établissement de superbes moulins à blé. Dans son cours autour de la presqu'île, le Tarn présente une pente totale de 4 m., et cette belle chute a été utilisée sans le secours de barrage, au moyen d'une galerie souterraine ouverte à travers un roc qui joint dans l'isthme les deux bras de la rivière. De grandes masses de rocs découpés en aiguilles qui s'élèvent au-dessus de l'isthme, et quelques murs de défense protègent les usines contre la violence des crues; et quelle que soit la hauteur à laquelle elles parviennent, ces barrières naturelles et artificielles très-fortes sont assez élevées pour qu'elles s'y brisent sans danger.

Ambialet, autrefois siège d'une baronnie qui donnait entrée aux états de Languedoc, présente encore sur les pointes aiguës de ses rochers les ruines d'un château féodal, et non loin de là les restes d'un manoir abandonné. En regard de ces débris s'élèvent encore au centre de la presqu'île, ceux d'un monastère.— *Foires* les 6 et 22 avril, 7, 17 et 22 mai, 7 et 21 juin, 16 août, 78 déc. et jeudi avant le jeudi gras.

AMBIANI (lat. 50°, long. 50°). « César, Strabon, Pline, Ptolémée, font mention des *Ambiani*. Ils tenaient un rang distingué entre les peuples de la Belgique. On voit dans César, que, sortant du territoire des *Bellovaci*, il entre dans celui des *Ambiani*, ce qui est positif, et conforme à la situation que ces cités gardent entre elles. Mais, ce qu'on lit ensuite dans les Commentaires, *eorum* (*Ambianorum scilicet*) *fines Nervii attingebant*, ne doit pas être entendu d'une manière trop étroite, et ne signifie autre chose, sinon que les *Ambiani* ne sont point éloignés des *Nervii*. Car, à moins que de resserrer les *Atrebates*, ou les *Veromandui*, jusqu'aux portes de leur capitale, on ne saurait amener les *Nervii* jusque sur la frontière des *Ambiani* précisément. Le nom de *Civitas Ambianensium* au lieu d'*Ambianorum*, dans la Notice des provinces de la Gaule, entre les cités de la seconde Belgique, paraît formé sur celui d'*Ambiani*, devenu propre à la capitale, en prévalant sur celui de *Samarobriva*. Ce qui est appelé proprement *Pagus Ambianensis*, l'Amiénois n'est aujourd'hui qu'une partie de l'ancien territoire des *Ambiani*. » D'Anville. *Notice de l'ancienne Gaule*, p. 62. V. aussi *Comment. de César,* lib. VII, cap. 75; Strabon, lib. IV, p. 197; Ptolémée, lib. II, cap. 8; Pline, lib. V, cap. 3; Dairet *Histoire de la ville d'Amiens,* 2 vol. in-4, 1757; Devérité. *Histoire de comté de Ponthieu et de la ville d'Abbeville,* 2 vol. in-12, 1767; Walckenaer. *Géographie des Gaules*, t. I, p. 429.

AMBIAS, vg. *Aveyron,* comm. de Viala-du-Tarn, ⊠ de Millau.

AMBIATIATINUS VICUS (lat. 51°, long. 26°). « Suétone (*in Caligula*) rapporte, d'après le témoignage de Pline, que cet empereur était né *in Treveris vico Ambiatino, supra confluentes*, et on y voyait, selon Pline, des autels dressés en l'honneur d'Agrippine, mère de Caius ou de Caligula. Cluvier a cru voir cette position dans celle d'un lieu nommé Capelle, au-dessus de Coblentz. Sa situation sur le bord du Rhin, vis-à-vis de l'embouchure d'une rivière dont le nom est *Logana, Lohn* ou *Lahn*, peut paraître avantageuse pour un camp romain, où l'on prétendait que Caligula avait pris naissance, selon ce vers qui courait du temps de Suétone :

In castris natus, patriis nutritus in armis.

Si l'on ne s'attache pas à l'emplacement de Capelle précisément, et que l'on veuille remonter un peu au-dessus, on trouve un lieu que les assemblées des princes de l'empire germanique ont rendu remarquable, comme une lettre écrite au pape Benoît XII, en 1339, le témoigne en ces termes : *Ubi principes electores super negotiis imperii tractandis convenire consueverunt ab antiquo* (Marq. Freher, *Scriptor. Germ.*, t. I, p. 427).

» Dans un assez court espace entre Capelle et Rense ou Reefz, ce lieu d'assemblée est appelé Konigstuhl, ou Trône royal; et Marquar Freher en parle ainsi : *Hic sedes regni germanici, et thronus imperialis adhuc visitur* (*Origin. Palat.*, lib. II, cap. 8). Voilà donc un lieu qui, distingué de cette manière depuis longtemps, pourrait avoir commencé à l'être par le camp romain qu'avait choisi Germanicus. » D'Anville. *Notice sur la Gaule,* p. 62.

AMBIEGNA, vg. *Corse,* arr., ⊠ et à 31 k. d'Ajaccio, cant. de Sari. Pop. 132 h.

AMBIERLE, *Amberta,* bg *Loire*. (Forez), arr. et à 20 k. de Roanne, cant. de St-Haon-le-Châtel, ⊠ de St-Germain-Lespinasse. Pop. 2,032 h. Ambierle est situé sur un coteau, dans une contrée fertile en vins. Il possédait anciennement une abbaye qui fut réunie à Cluny en 938, et convertie en un simple prieuré en 1003.

L'église d'Ambierle, le plus joli monument du XVe siècle qui se trouve dans tout le Forez, n'offre cependant à l'extérieur rien de remarquable. C'est un vaisseau composé de trois nefs et de deux transepts, auquel on peut faire le reproche d'être un peu étroit. La grande nef est soutenue par dix-huit colonnes, neuf de chaque côté; les chapiteaux ont été refouillés avec soin, et représentent en général des feuilles de vigne, de chou, de pin, de chardon, de châtaignier, de chêne, etc., qui servent d'entourages à des écussons aux armes de la famille de Balzac d'Entragues. A gauche en entrant, on remarque un chapiteau assez curieux ; c'est un enfant portant une espèce de chlamyde, et chaussé de brodequins, qui est couché sur le ventre; et dans cette position est tiré par le bras par un énorme crapaud. Le chœur est percé de trois grandes fenêtres, appartenant au style ogival flamboyant; quatre d'entre elles affectent dans leurs moulures la forme d'une fleur de lis, genre d'ornementation dont il faut trouver l'origine dans la domination de la maison de Bourbon, à cette époque. La salle qui sert maintenant de sacristie, est plus ancienne que le reste de l'édifice; c'était la chapelle sépulcrale des seigneurs de Pierrefitte, dont était le cardinal de la Grange. Les mausolées ont disparu, il ne reste plus que quelques écussons gravés sur les larges pierres incrustées dans la muraille; cette salle, assez spacieuse, est soutenue par quatre arceaux qui se rejoignent à une clef de voûte, ornée aussi d'armoiries.— Les vitraux sont d'autant plus curieux qu'ils portent tous les mêmes armes que les chapiteaux et les clefs de voûte, et qu'ils peuvent par conséquent faire connaître où en était l'art de la peinture sur verre dans ce pays au milieu du XVe siècle. En général, ceux d'Ambierle se distinguent par la vivacité de leurs nuances et la pureté de leur dessin ; peut-être sont-ils trop chargés d'ornements accessoires.—Derrière l'autel est un échantillon très-curieux de la sculpture sur bois de cette époque, ainsi que de la peinture : il se compose d'une caisse formée par six volets, ou, pour mieux dire, par deux grands volets composés chacun de deux parties et par deux petits : ces volets, richement peints à l'intérieur, sont décorés de belles grisailles à l'intérieur.—L'église d'Ambierle a été classée au nombre des monuments historiques.

Foires les 2 avril, 1er mai, 6 août et 12 nov. pour bestiaux, étoffes, toiles, poterie, bois de construction, outils aratoires, etc.

AMBIÉVILLERS, vg. *H.-Saône* (Franche-Comté), arr. et à 48 k. de Lure, cant. et ✉ de Vauvillers. Pop. 483 h.—Platinerie au Bas-du-Mont.

AMBILATRI. V. AMBILIATES.

AMBILIATES, ou AMBILATRI, peuple cité par Pline, qui occupait, selon quelques auteurs, les environs des Sables-d'Olonne ou les environs de Mirebeau et de Châtellerault. D'autres pensent que les *Ambiliates* étaient dans l'Armorique, et que Lamballe était leur capitale. Walckenaer, t. I, p. 382.

AMBILLON, vg. *Indre-et-Loire* (Touraine), arr. et à 22 k. de Tours, cant. et ✉ de Château-la-Vallière. Pop. 815 h.— *Foire* le 11 nov.

AMBILLON, vg. *Maine-et-Loire*, autrefois châtellenie d'Anjou, arr. et à 27 k. de Saumur, cant. de Gennes, ✉ de Doué. Pop. 1,112 h.

AMBLAGNIEN, vg. *Isère* (Dauphiné), arr. et à 31 k. de la Tour-du-Pin, 35 k. de Bourgoin, cant. et ✉ de Crémieu. Pop. 751 h.

AMBLAINCOURT, vg. *Meuse* (Lorraine), arr. et à 24 k. de Bar-le-Duc, cant. de Triaucourt, ✉ de Beauzée. Pop. 135 h.

AMBLAINVILLE, vg. *Oise* (Vexin français), arr. et à 30 k. de Beauvais, cant. et ✉ de Méru. Pop. 816 h.—Ce village, situé au bord d'une large vallée, dépendent le château et le hameau de Sandricourt. Suivant le rapport des historiens du temps, il se tint, en 1493, au château de Saudricourt, un tournoi brillant auquel assista toute la noblesse des environs.—Une nouvelle route de Pontoise à Beauvais traverse ce village.

AMBLAINVILLIERS, vg. *Seine-et-Oise*, comm. de Verrières, ✉ d'Antony.

AMBLANS, vg. *H.-Saône* (Franche-Comté), arr., cant., ✉ et à 8 k. de Lure. Pop. 580 h.

AMBLENY, vg. *Aisne* (Picardie), arr. et à 12 k. de Soissons, cant. et ✉ de Vic-sous-Aisne. Pop. 1,176 h.—On y remarque une tour à laquelle on assigne une origine très-ancienne. — PATRIE du botaniste PORTEAU.

AMBLÉON, vg. *Ain* (Bougogne), arr., cant., ✉ et à 10 k. de Belley. Pop. 281 h.

AMBLETEUSE, *Citerior Portus*, *Ambetosa*, ville maritime, *Pas-de-Calais* (Boulonnais), arr. et à 14 k. de Boulogne-sur-Mer, cant. et ✉ de Marquise. Pop. 573 h. *Eta-blissement de la marée du port*, 10 h. 45 m.

—Autrefois port et gouvernement particulier, marquisat.

L'origine d'Ambleteuse paraît être fort ancienne. Sur la fin du vi⁰ siècle, c'était déjà une ville recommandable par son commerce et par sa position ; elle était entourée de murailles flanquées de tours et défendue par deux forts. Les barbares la ruinèrent en 1209 ; mais Renaud de Brie, comte de Boulogne, la releva, y fit creuser un port et bâtir une haute et basse ville, auxquelles il accorda les mêmes privilèges qu'à Boulogne. En 1544, Henri VIII, en fit son magasin général de munitions de guerre sur le continent ; elle était alors flanquée de cinq gros bastions, de plusieurs forts et châteaux, et entourée de fossés très-profonds, toujours remplis d'eau ; le port était un des plus sûrs de la Manche. Henri II s'en rendit maître en 1549, après trois jours de siège, et fit raser ses fortifications en 1554. Bientôt les sables de la côte, poussés par les vents d'ouest, couvrirent la basse ville et comblèrent le port ; la ville perdit peu à peu de son importance, et ce n'était déjà plus qu'une bourgade vers le milieu du xvii⁰ siècle. Louis XIV, visitant la côte, s'y arrêta en 1680, et chargea Vauban d'y établir un port propre à recevoir des vaisseaux de guerre ; on creusa le bassin, qu'on défendit par une jetée ; on construisit une tour à deux étages qui existe encore aujourd'hui, et, après avoir dépensé des sommes considérables, on fut obligé de tout abandonner. En 1803, lors du séjour de l'armée française au camp de Boulogne, Napoléon fit creuser le port et le bassin ; mais il ne reste plus de cet instant de prospérité pour le pays, que quelques bâtiments construits à cette époque et les débris de quelques autres tombés faute d'entretien, ou qu'on n'eut pas le temps d'achever. — C'est à Ambleteuse que débarqua, en 1688, le roi détrôné Jacques II. — *Foire* le 25 oct.

AMBLEVILLE, vg. *Charente* (Angoumois), arr. et à 18 k. de Cognac, cant. de Segonzac, ✉ de Barbezieux. Pop. 438 h. — *Foires* le 3 de chaque mois.

AMBLEVILLE, vg. *Seine-et-Oise*, (Normandie), arr. et à 21 k. de Mantes, cant. et ✉ de Magny. Pop. 457 h. On y voit un château auquel est joint un beau parc.

AMBLIE, vg. *Calvados* (Normandie), arr. et à 16 k. de Caen, cant. et ✉ de Creuilly. Pop. 656 h.

AMBLIMONT, vg. *Ardennes* (pays Messin), arr. et à 15 k. de Sédan, cant. et ✉ de Mouzon. Pop. 360 h.

AMBLINCOURT, vg. *Seine-et-Oise*, comm. d'Hermeray, cant. d'Epernon. Pop. 140 h.

AMBLOY, vg. *Loir-et-Cher* (Beauce), arr., ✉ et à 12 k. de Vendôme, cant. de St-Amand. Pop. 273 h.

AMBLY, vg. *Ardennes* (Champagne), arr., cant. et à 12 k. de Rethel, ✉ d'Attigny. Pop. 536 h. Sur l'Aisne.

AMBLY, *Amblidum*, vg. *Meuse* (Lorraine), arr., cant., ✉ et à 17 k. de Verdun. P. 422 h.

AMBOILE. V. ORMESSON.

AMBOISE, *Ambacia*, *Ambosia*, ancienne ville, *Indre-et-Loire* (Touraine), chef-l. de cant., arr. de Tours. Collège comm. Cure. Gîte d'étape. ✉. ⚜. Pop. 4,848 h. — TERRAIN crétacé inférieur, grès vert.

Autrefois châtellenie et duché-pairie, diocèse et intendance de Tours, parlement de Paris, chef-lieu d'élection, gouvernement particulier, bailliage, grenier à sel, maîtrise particulière, prévôté générale de maréchaussée, commanderie de Malte, bureau des aides, deux paroisses, couvents de cordeliers, de récollets et de minimes, de religieuses de St-Augustin et d'ursulines.

Cette ville est bâtie dans une belle situation, sur la rive gauche de la Loire, au pied d'un coteau élevé, dont le sommet est couronné par un antique château, d'un aspect très-pittoresque. Suivant une ancienne tradition, ce château occupe l'emplacement d'un fort que fit bâtir Jules César 50 ans avant l'ère chrétienne. Cette forteresse, qui donna naissance à la ville, fut détruite sous Dioclétien, et rebâtie peu de temps après par Constantin. Vers l'an 360, l'empereur Gratien en fit don à Anicien, qu'il avait fait comte de Tours. Vers 540, saint Baud, sixième évêque de Tours, était seigneur du château. En 860, Charles le Chauve en disposa en faveur de Tertulle, comte d'Anjou, qui l'avait puissamment secondé contre les Bretons et les Normands. Ces derniers détruisirent, vers l'an 880, le château d'Amboise, qui fut rétabli par Ingelger, d'autres disent par Maurice. En 1002, Foulques III, dit le Noir, qui avait hérité de cette seigneurie, confia la défense du château, lors de son départ pour la croisade, à Lizouin Bazouges, qui y soutint de violentes attaques. A son retour de la terre sainte, Foulques y fonda un chapitre composé de quatre chanoines.

Plusieurs rois de France ont habité et successivement embelli le château d'Amboise ; Louis XI y institua l'ordre de St-Michel, en 1469, et exempta la ville de tailles par lettres patentes de 1482. Charles VIII, qui y naquit en 1470, y resta jusqu'à son avènement au trône, et avait intérieurement décidé d'y établir son séjour. Aussi, voulant rendre le château d'Amboise le plus magnifique de ceux qui existaient alors, il avait appelé auprès de lui les meilleurs artistes de l'Italie ; mais sa mort prématurée fit évanouir ce projet. Il n'y eut d'achevé que la chapelle et les deux tours qui s'élèvent depuis le pied du roc jusqu'au corps de logis qu'à s'appelle les Sept-Vertus. Louis XII, son successeur, fit faire la grande galerie et le balcon qui regarde du côté de l'ancien couvent des minimes. On dut ensuite à François Ier l'appartement du roi et de la reine. Enfin la superstitieuse Catherine de Médicis fit construire à côté une galerie soutenue par quatre piliers de pierre, et qui n'avait qu'une simple couverture sur le plancher, ce qu'elle fit pour éviter la prédiction d'un astrologue qui l'avait avertie de craindre la chute d'un grand édifice. En 1761, le château d'Amboise fut donné par Louis XV, à titre d'échange, au duc de Choiseul, à la mort duquel il devint la propriété du duc de Penthièvre; il appartient aujourd'hui au roi Louis-Philippe Ier.

Le château d'Amboise est embelli de jardins fort agréables, élevés en terrasses à 28 m. au-dessus du sol de la ville. Il est flanqué de deux belles tours, dans l'intérieur desquelles on peut monter en voiture jusqu'au sommet, l'une au nord du côté de la Loire, et l'autre au midi du côté de l'Amase. De la plate-forme de la première de ces tours, on jouit d'une des plus belles vues qu'offre le cours de la Loire; l'œil s'égare avec plaisir sur les riants coteaux et sur les charmants paysages qui bordent les deux rives du fleuve, et distingue dans le lointain les clochers de la ville de Tours, placés à 24 k. de distance.

La chapelle mériterait seule un pèlerinage au château d'Amboise. Elle est bâtie sur le roc, hardiment assise en saillie; sur la façade qui fait face au donjon, l'art gothique s'est plu à étaler ses plus charmants caprices, ses plus fines découpures, ses plus riches broderies. La porte est surmontée d'un bas-relief sculpté, dont le sujet est la conversion de saint Hubert. L'intérieur de l'édifice est du plus beau travail, et le pourtour en est garni de gracieuses colonnettes, dont les chapiteaux s'épanouissent en bois de cerf qui se rejoignent en ogives capricieuses.

De lugubres souvenirs se rattachent à l'histoire du château d'Amboise. Longtemps habité par les rois de France, si on en excepte le séjour qu'y firent le bienfaisant duc de Penthièvre et le sénateur Roger Ducos, depuis trois siècles ces souvenirs sinistres sont pour les seuls habitants du château. Un jour Charles VIII entrait dans la salle de son jeu de paume, dont il ne reste aucun vestige; la porte était basse; le jeune roi arrivait en courant, et sa tête heurta contre la pierre. Étourdi du coup, il fit cependant quelques pas, puis il alla tomber dans un coin de la salle. La reine était présente; elle poussa un cri. Charles VIII était mort, mort au même lieu où il était né, mort sous le même toit où s'était traînée la solitude, l'ignorance et l'abandon, la jeunesse de ce fils infortuné de Louis XI. — C'est à Amboise que mourut Léonard de Vinci entre les bras de François Ier.

Plus tard, sous le règne de François II, un bien grand deuil couvrit le château d'Amboise. La première conspiration politique éclate en France: l'excès de puissance, l'orgueil du duc de Guise, la violence sanguinaire du cardinal de Lorraine, qui, du haut de son siège de grand inquisiteur, décide de la vie ou de la mort des protestants, excitent la jalousie des grandes maisons et la vengeance des principaux huguenots. Le connétable de Montmorenci, exilé de la cour, ne pardonne pas à Guise de l'avoir dépouillé de ses honneurs; le prince de Condé s'indigne au nom de sa religion contre les persécutions du cardinal; l'amiral Coligni et le brave Dandelot, son frère, partagent sa haine; le faible Antoine de Bourbon, roi de Navarre, se laisse entraîner, et tous se liguent contre les princes lorrains. Ils essayent d'associer à leurs complots Catherine de Médicis; mais, trop adroite pour se prononcer avant le succès, sa main, caressante pour tous les partis, ne laissera pencher la balance que lorsque la victoire aura prononcé. Jusque-là son influence s'exerce par des ressorts mystérieux; elle s'est entourée de jeunes filles remarquables par leur beauté, auxquelles elle a donné un titre qui semble une ironie dans une cour galante et corrompue. Notre pensée se refuse à croire, malgré les soupers mythologiques de Chenonceaux, que Catherine ait fait servir ses filles d'honneur à donner aux princes ses fils le goût des voluptés et de la mollesse; car on raconte que les filles d'honneur de la reine servirent à un de ces soupers les princes ses fils sans autre voile qu'une couronne de fleurs. Il est cependant certain que, comme reine, elle jetait ces nouvelles Armides sur la trace des princes et des grands dont elle redoutait le courage, afin de les enchaîner dans le repos ou de connaître leurs plus secrètes pensées.

Cependant les chefs protestants, d'abord réunis à Vendôme chez Antoine de Navarre, puis à la Ferté chez le prince de Condé, avaient si bien caché le plan de la conjuration d'Amboise, que, sans l'imprudence de la Renaudie et la révélation de l'avocat Avenelle, c'en était fait peut-être des princes lorrains et de leur toute-puissance; mais le lieu qui devait être leur tombeau devint pour eux le théâtre d'un nouveau triomphe. La Renaudie, le chef des conjurés, se fit tuer bravement, dans une escarmouche, dans la forêt de Château-Renaud; un nombre considérable de prisonniers, et quelques-uns du plus haut rang, tombent entre les mains implacables des Guise. Les cachots d'Amboise regorgent de malheureux qui n'en sortent que pour marcher au supplice. Les tortures se succèdent sans interruption le jour, et continuent la nuit. Les uns étaient noyés dans la Loire, les autres pendus aux créneaux des tours, ou décapités sur les remparts. Il en fut pendu, noyé et décapité près de douze cents; les rues d'Amboise ruisselaient de sang; la Loire était rouge de corps morts, et les places publiques garnies de gibets. Aucun n'assistait à son jugement, n'obtenait lecture de sa sentence, n'entendait même prononcer son nom avant de recevoir le coup mortel; c'était procédure de muets et justice de brigands. On réservait pour l'après-dîner l'exécution des principaux complices. Ce choix d'une pareille heure pour une immolation judiciaire contrariait tous les usages; « mais dit un chroniqueur de l'époque, ceux de Guise le faisaient expressément pour inquiéter quelque passe-temps aux dames, qu'ils voyaient s'ennuyer si longuement en ce lieu. » Un jour, cependant, la duchesse de Guise, revenant d'une de ces fêtes, entra en sanglotant dans la chambre de la reine mère. La reine lui demanda ce qu'elle avait pour s'attrister et se complaindre de si étrange façon. « J'en ai, répondit-elle, toutes les occasions du monde; car je viens de voir la plus piteuse tragédie et étrange cruauté à l'effusion du sang innocent et des bons sujets du roi, que je ne doute point qu'en bref un grand malheur ne tombe sur notre maison, et que Dieu ne nous extermine du tout pour les cruautés et inhumanités qui s'exercent. » La reine mère essaya de consoler la duchesse, mais le duc de Guise la maltraita.

Castelnau ne s'était rendu au duc de Nemours que sur la promesse faite par le prince et signée *Jacques de Savoie*, qu'il n'éprouverait aucun mal. Mais les Lorrains en décidèrent autrement. Un jour, ils arrachent le malheureux baron des mains du roi, et le font traîner devant eux à l'échafaud. « Vous avez raison, dit le condamné, de pourchasser ma mort. C'est à vous, pour votre tyrannie, que nous en voulions, non au roi; il n'y a rien qui le touche. C'est sans mentir que nous sommes criminels de lèse-majesté; si les Guise sont déjà rois! S'en donnent garde ceux qui me survivront! Pour moi la mort et une meilleure vie me tirent de ce danger. » — « Ce spectacle, dit d'Aubigné, *estonna* le roi, ses frères et toutes les dames de la cour, qui, des plates-formes et fenêtres du château, y assistaient. Mais surtout cette compagnie admira Villemongis-Briquemaut, qui, prest à mourir, emplit ses deux mains du sang de ses compagnons qu'il jeta en l'air; puis, les élevant sanglantes, dit: « Voilà le sang innocent des tiens! » O grand Dieu, tu le vengeras! » Et Villemongis prédisait juste. Car n'oubliez pas que François II, Charles IX, Henri III, François de Guise, Henri de Guise étaient là! L'un mort à dix-sept ans, l'autre à vingt-quatre; les trois derniers assassinés!

Près de l'ancien couvent des Minimes, on remarque des souterrains très-curieux, connus sous le nom de greniers de César. Ce sont deux édifices taillés dans le roc, ayant chacun quatre étages, au milieu desquels est un escalier en pierre de cent vingt marches, communiquant de l'un à l'autre. Dans le premier se trouve une cave qui a 69 m de long sur 19 m. de large, et au-dessus, trois greniers l'un sur l'autre, voûtés en pierre, carrelés, et enduits en mortier fin, tel que celui dont on se servait autrefois pour appliquer les peintures à fresque. Au plus haut étage, sont quatre caves taillées dans le roc, revêtues de briques cimentées en dedans, ayant environ 13 m. de profondeur sur 3 m. de largeur, et se terminant en une voûte qui se ferme sur une pierre de 78 c. de diamètre. Le second édifice est pareil au premier, excepté qu'il ne s'y trouve point de caves. A l'extrémité de ces deux greniers, au midi, on voit deux tours rondes également creusées dans le roc, en forme de puits: on présume qu'elles servaient d'entonnoirs ou de conduits, par lesquels on jetait le blé déposé sur la plate-forme, pour l'emmagasiner dans ces greniers.

La ville d'Amboise, peu considérable dans son principe, commença à prendre de l'accroissement sous le gouvernement des comtes d'Anjou; mais ce fut principalement sous les règnes de Charles VII, de Louis XI et de Charles VIII, qu'elle parvint au degré de prospérité, où elle est aujourd'hui. Elle est, en général, assez mal bâtie, mal percée, mais assez vivante, ce qu'elle doit à un commerce assez considérable de vins, dont la Loire favorise le transport, et au pont construit sur ce fleuve, qui la fait communiquer avec la grande route de Tours.

C'est dans cette ville que les guerres civiles pour cause de religion éclatèrent, et que l'épithète injurieuse de *huguenots* fut donnée aux calvinistes en 1560.

Les armes d'Amboise sont : *palé d'or et de gueules de six pièces, au chef d'azur chargé de trois fleurs de lis d'or.*

On remarque à Amboise l'église paroissiale de St-Denis, bâtie par saint Martin ; dans le cimetière, on voit le tombeau du duc de Choiseul, renversé à l'époque de la révolution, et restauré en 1802, aux frais de M. Pérault, habitant d'Amboise ; la chapelle de St-Florentin, érigée en paroisse en 1044 : cette église renferme un monument assez curieux, surtout quand on en connait l'allégorie ; c'est un sarcophage ouvert par le devant, laissant voir le Christ étendu mort. Sur le derrière sont sept figures debout, en costume oriental, au nombre desquelles sont quatre femmes. Elles représentent Nicodème à la tête du tombeau ; au pied Joseph d'Arimathie ; à gauche on remarque la Vierge, saint Jean Baptiste et une des saintes femmes : à la gauche de saint Jean sont deux autres saintes femmes. Les quatre figures de femmes sont les portraits fort ressemblants de Marie Gudin, épouse de Babou, et de ses trois filles, qui furent successivement maîtresses de François Ier. Celui-ci est parfaitement reconnaissable dans le Joseph d'Arimathie, et le Christ est le portrait non moins ressemblant de Ph. Babou, pour lequel ce tombeau fut exécuté. Il est en terre cuite peinte, ainsi que les autres figures. On croit que le Nicodème et le saint Jean représentent les deux fils de Babou. Auprès de ce tombeau est une autre figure en marbre blanc, qu'on dit être celle de l'épouse du père de Ph. Babou. Cette figure représente une vieille femme nue, près de rendre le dernier soupir ; elle tient de la main gauche un linceul, qui, se repliant sous son cou, vient, en passant sous le coude, cacher le ventre et une partie des cuisses, laissant les jambes à découvert. V. Veretz.

Aux environs d'Amboise, on voit la belle pagode élevée dans le parc du château de Chanteloup, bâti par d'Aubigny et démoli en 1823. On se rappelle que ce château fut le lieu de l'exil du duc de Choiseul (ministre sous Louis XV), dont on voit le mausolée dans le cimetière d'Amboise.

Biographie. Amboise est la patrie du roi de France Charles VIII.

Du jésuite Commire, poëte élégant du commencement du XVIe siècle.

De Françoise-Louise de la Baume Leblanc, duchesse de la Vallière, née au mois d'août 1645 ; il n'est aucune des favorites de nos rois qui se présente dans l'histoire sous un aspect aussi intéressant.

Des deux frères Bobrun, peintres.

Du marquis de Saint-Martin, dit le Philosophe inconnu, mort en 1803, dont le meilleur ouvrage a pour titre : *Des erreurs et de la vérité*, in-8, 1775, ou 3 vol. in-8, 1784.

De l'abbé Baudeau, mort en 1792, auteur des *Ephémérides du citoyen* (avec le marquis de Mirabeau et Dupont de Nemours), 40 vol. in-12, 1767 et années suivantes, et de plusieurs autres ouvrages.

De René Tourlet, savant helléniste, auteur, entre autres ouvrages, du *Tableau de Paris*, publié sous le nom de St-Victor.

Manufactures de draps, droguets, étamines ; manufacture de limes, de râpes et d'acier cémenté, qui occupe 160 ouvriers, et dont les produits jouissent d'une réputation méritée, Ⓖ 1819-23-27-34-39.—*Fabrique* d'aiguilles à coudre, Ⓑ 1839. Tanneries et corroieries.— *Commerce* de vins, eau-de-vie, vinaigre. Entrepôt de pierres à feu de Meusne. — *Foires* considérables les 5 sept. et le 3e mercredi de janv., fév., avril, juin et nov. (2 jours).

A 23 k. E. de Tours, 209 k. de Paris par Blois, et pour la taxe des lettres. Lat. 47° 24′ 54″ N., long. 1° 29′ 53″ O.

Bibliographie. Marolles (Michel de). *L'Histoire de la construction d'Amboise et des actions mémorables de ceux qui l'ont possédée*, traduit du latin (en 1666). Imprimée avec celle de l'Histoire des anciens comtes d'Anjou, in-4, 1641.

Frottier (Jean). *La Description du beau château d'Amboise*, in-16.

Priviléges de la ville d'Amboise, in-4.

Cartier (M.-Et.). *Essai historique sur la ville d'Amboise et son château*, in-8, 1843.

— *Notice sur des monnaies gauloises trouvées dans le camp d'Amboise*, in-8, 1843.

AMBON, vg. *Morbihan* (Bretagne), arr. et à 22 k. de Vannes, cant. et ✉ de Mazillac. Pop. 1,757 h. — *Foires* les 22 fév., 19 mai, 15 juin et 4 oct.

AMBONIL, vg. *Drôme* (Dauphiné), arr. à 20 k. de Valence, cant. et ✉ de Loriol. P. 84 h.

AMBONNAY, vg. *Marne* (Champagne), arr. et à 23 k. de Reims, cant. et ✉ d'Ay. P. 532 h.

— Ce village, situé dans un territoire fertile en vins estimés, bâti dans une position élevée, sur le point culminant de la montagne de Reims, se compose d'une rue principale assez droite et large, sur laquelle aboutissent plusieurs ruelles pour la plupart fort étroites. Il est assez bien bâti, entouré d'anciens fossés, et possède un vieux château dans lequel on jouit d'une vue fort étendue, et une ancienne église surmontée d'une haute tour carrée, qui a été désignée par l'autorité locale comme susceptible d'être classée au nombre des monuments historiques.—Très-anciennement des marchés furent établis à Ambonnay, puis abandonnés, et rétablis en 1644, ainsi qu'on le lit au bas d'une antique croix monumentale, élevée au-dessus d'une colonne d'ordre corinthien, sur le socle de laquelle sont sculptés les quatre évangélistes. — L'importante cendrière de Bouzy s'étend sur le territoire d'Ambonnay, où elle occupe un grand nombre d'ouvriers. — Cette commune possède 85 hectares 56 centiares de vignes, qui donnent, année moyenne, 1,080 pièces de vin, au prix moyen de 100 francs la pièce. Le prix d'un hectare de vigne varie de 4,000 à 8,000 francs.

Des sommités de la montagne de Reims, et principalement du bord sud de la plaine sèche d'Ambonnay et du village de Mutigny, on jouit de la vue des deux tiers du département ; on découvre une partie des départements des Ardennes, de la Meuse, de la Haute-Marne et de l'Aube. — On trouve aux environs une source d'eau minérale ferrugineuse froide.

Bibliographie. Navier. *Lettre sur les eaux minérales de la Champagne* (Nat. considérée, 1772, t. I, p. 120. On y trouve une notice sur les eaux d'Ambonnay).

AMBONVILLE, vg. *H.-Marne* (Champagne), arr. et à 27 k. de Vassy, cant. de Doulevant, ✉ de Cirey-sur-Blaise. Pop. 483 h.

AMBOURIANNE, vg. *Charente*, cant. d'Ambernac, ✉ de Confolens.

AMBOURVILLE, vg. *Seine-Inf.* (Normandie), arr. et à 16 k. de Rouen, cant. et ✉ de Duclair. Pop. 185 h.

AMBRAULT, bg *Indre* (Berry), arr., cant., et à 18 k. d'Issoudun. Pop. 750 h.

AMBRE, vg. *Doubs*, comm. de Bouclans, ✉ de Baume-les-Dames.

AMBRES, *Ambrusium*, vg. *Tarn* (Languedoc), arr., cant., ✉ à 5 k. de Lavaur. Pop. 1,370 h.

AMBREUIL (St-), vg. *Saône-et-Loire* (Bourgogne), arr. à 11 k. de Châlons, cant., ✉ de Sennecey. Pop. 612 h. — *Foire* 4e lundi après Pâques.

L'ancienne abbaye de la Ferté, occupée aujourd'hui par une filature de coton, est une dépendance de cette commune. Elle fut fondée en 1113 par Savaric de Vergy ; le duc Jean la fit fortifier en 1415 par des ouvrages à cornes du côté de la rivière, fermer d'une muraille fort épaisse en briques, et entourer d'un fossé de 8 m. 32 c. de large ; on n'y entrait que par un pont-levis flanqué de deux grosses tours, qui lui donnaient plutôt l'air d'une prison ou d'une forteresse que d'un monastère. Cette abbaye possédait une bibliothèque de 13,000 vol., que le cardinal de Fleury avait enrichie de plusieurs beaux ouvrages.

AMBRICOURT, vg. *Pas-de-Calais* (Artois), arr. et à 40 k. de Montreuil-sur-Mer, cant. et ✉ de Fruges. Pop. 212 h.

AMBRIEFF, vg. *Aisne* (Picardie), arr., ✉ et à 10 k. de Soissons, cant. d'Oulchy. P. 112 h.

AMBRIÈRES, vg. *Marne* (Champagne), arr. et à 25 k. de Vitry-le-Français, cant. et ✉ de St-Remy-en-Bouzemont. Pop. 406 h.

AMBRIÈRES, jolie petite ville *Mayenne* (Maine), chef-l. de cant., arr. et à 10 k. de Mayenne, ✉, ⚜, cure, à 265 k. de Paris pour la taxe des lettres. Pop. 2,453 h. — Terrain cristallisé.

Ambrières est une ville ancienne dont Guillaume le Conquérant, alors duc de Normandie, s'empara en 1069. Après s'en être rendu maître, Guillaume y fit bâtir un château qui, par sa position sur la rive droite de la Mayenne, fit d'Ambrières une place importante, comme frontière du Maine et avant-poste du côté de la Normandie.—Un détachement d'Anglais fut défait sous les murs d'Ambrières en 1450. La ville est bien bâtie, propre, fort agréable, et possède de belles halles élevées sur l'emplacement de l'ancien château, dont il reste encore des ruines assez remarquables, que l'autorité locale a désignées comme susceptibles d'être classées au nombre des monuments historiques qui méritent d'être conservés. — *Fabriques* de calicots. — *Foires* les 8 sept., 16 oct. et 13 déc., 2ᵉ samedi de juin.

AMBRINES, vg. *Pas-de-Calais* (Artois), arr. et à 13 k. de St-Pol, cant. et ✉ d'Aubigny. Pop. 273 h.

AMBROIX (St-), petite ville, *Gard* (Languedoc), chef-l. de cant., arr. et à 20 k. d'Alais, cure, ✉, gîte d'étape. A 690 k. de Paris pour la taxe des lettres. Pop. 3,148 h. — TERRAIN tertiaire moyen. — Elle est située au milieu des montagnes des Cévennes, sur la rive droite de la Couze. — Haut fourneau au coke et fonderie de zinc. — *Fabrique* de bas de filoselle. Filature de soie à la vapeur. — *Commerce* de soies grèges, olives, châtaignes, mûriers, vins, etc. — Exploitation de houille à Bessège, à Robiac et à St-Jean. — *Foires* les 7 janv., 25 avril, 16 août et 6 déc.

AMBROIX-SUR-ARNON (St-), *Ernodorum*, vg. *Cher* (Berry), arr. et à 27 k. de Bourges, cant. et ✉ de Charost. Pop. 976 h. Sur l'Arnon.

AMBRONNAY *Ambroniacum* ; bg. *Ain* (Bourgogne), arr., et à 49 k. de Belley, cant. d'Ambérieux. Pop. 1,737 h. — Il y avait autrefois une célèbre abbaye de bénédictins, fondée en 800 par Bernard, archevêque de Vienne. On trouve dans la plaine d'Ambronnay les vestiges d'un camp romain, qui porte aujourd'hui le nom de la Motte des Sarrasins, comme si les Sarrasins s'y fussent fortifiés dans la suite des temps ; opinion qui paraît confirmée par la tradition du pays, qu'il y eut là autrefois une forteresse aujourd'hui rasée, et que ces peuples l'occupèrent. Quoi qu'il en soit, l'histoire apprend que le camp de Galba, lieutenant de César occupait précisément ce même poste, quand il alla repousser les Suisses, qui, lors de leur émigration, voulurent s'ouvrir un passage dans le pays des Nantuates. Les Romains, qui avaient senti l'importance de ce poste, y tinrent constamment des légions en station depuis la défaite de Varus jusqu'à la chute de l'empire ; aussi y a-t-on trouvé des médailles de presque tous les empereurs. — Tanneries. — *Foires* le samedi qui suit la Notre-Dame du 25 mars, samedi après la Notre-Dame d'août, samedi après la Notre-Dame de déc.

AMBRUGEAT, vg. *Corrèze* (Limousin), arr. et à 19 k. d'Ussel, cant. et ✉ de Meymac. Pop. 837 h.

AMBRUMESNIL, vg. *Seine-Inf.* (Normandie), arr. et 11 k. de Dieppe, cant. d'Offranville, ✉ du Bourg-d'Un. Pop. 529 h.

AMBRUS, vg. *Lot-et-Garonne* (Agénois), arr. et à 15 k. de Nérac, cant. et ✉ de Damazan. Pop. 322 h.

AMBRUSSUM (lat. 44°, long. 22°). « L'Itinéraire d'Antonin et celui de Bourdeaux à Jérusalem conviennent de placer ce lieu à égale distance de *Nemausus* et de *Sextantio*, en marquant XV de *Sextantio* comme de *Nemausus*. La Table théodosienne marque bien XV dans l'une de ces distances, et celle qui paraît marquée XX ne tient pourtant lieu que de XV; conformément aux Itinéraires. Ce qu'il y a d'espace entre Nimes et la position de *Sextantio*, dont il subsiste des vestiges, à environ 3 milles de Montpellier, sur la gauche du Lez, s'estime d'environ 22,000 toises ; et il est naturel que le calcul de 30 milles romains, représentant la mesure itinéraire, et qui est rigoureusement de 22,000 toises, ait un excédant sur la mesure directe. Je crois pouvoir juger que l'emplacement d'*Ambrussum* au passage du Vidourle se rencontre entre 15 et 16 milles de Nimes, et la position d'un lieu dont l'ancienne dénomination de *octavo* (*subaudi lapide*), aujourd'hui Uchan, se rapporte à Nimes, sert de fondement à cette opinion. Mais, en même temps, la distance d'*Ambrussum à Sextantio* ne paraissant que de 14 à 15, il y a compensation entre les distances particulières. Les restes du pont construit par les Romains sur le Vidourle sont à quelques milles au-dessus du pont de Lunel, par lequel passe le chemin actuel de Montpellier à Nimes, et ces restes conservent le nom de pont Ambrusi ou Ambrois. » D'Anville. *Notice sur la Gaule*, p. 63.

AMBUTRIX, vg. *Ain* (Bugey), arr. et à 48 k. de Belley, cant. de Lagnieu, ✉ d'Ambérieux. Pop. 349 h.

AMÉ (St-), vg. *Vosges* (Lorraine), arr., cant., ✉ et à 7 k. de Remiremont. Pop. 662 h.

AMÉCOURT, *Ama Curia*, *Amenecort*, vg. *Eure* (Normandie), arr. à 35 k. des Andelys, cant. et ✉ de Gisors. Pop. 218 h. Près de l'Epte. — *Fabrique* de dentelles.

AMEL, vg. *Meuse* (Lorraine), arr. à 38 k. de Montmédy, cant. et ✉ de Spincourt. Pop. 605 h. — *Fabrique* considérable de boîtes pour nécessaires.

AMELÉCOURT, vg. *Meurthe* (Lorraine), arr., cant., ✉ et à 2 k. de Château-Salins, 8 k. de Vic. Pop. 224 h. — Exploitation de plâtre.

AMÉLIE-LES-BAINS, vg. *Pyrénées-Or.* (Roussillon), arr. et à 5 k. de Ceret, cant. d'Arles-sur-Tech, ✉. A 881 k. de Paris pour la taxe des lettres. Pop. 467 h. — Ce village, célèbre par ses eaux thermales, est situé sur la rive gauche du Mondoni, au-dessus du Fort-les-Bains. Il portait autrefois le nom d'Arles-les-Bains, ou Bains près d'Arles, qu'il a changé pour celui d'Amélie-les-Bains, par ordonnance royale du 7 avril 1840.

Le Fort-les-Bains est une petite forteresse de forme carrée, flanquée de quatre bastions, que Louis XIV fit construire pour contenir les habitants du pays, qui murmuraient contre l'établissement des gabelles. Les Espagnols s'en emparèrent en 1793, et brûlèrent le village des Bains, Les Français le reprirent le 1ᵉʳ mai 1794.

— Forges à la catalane.

EAUX THERMALES DE BAINS.

Le village de Bains doit son nom à un bel établissement d'eaux thermales sulfureuses. Les sources sont au nombre de trois : la première sourd à cent pas d'un bassin magnifique, où elle est conduite pour le service des bains, de l'étuve et des douches ; la seconde, nommée source de Maujolet, se prend en boisson ; la troisième ne sert que pour l'arrosement des jardins. L'eau de ces sources est très-abondante, et on s'en sert journellement pour tous les besoins de l'économie domestique : on peut y faire cuire des œufs par leur immersion dans les sources, et l'on tire habituellement parti de la chaleur des eaux pour y échauder les cochons.

L'établissement thermal a reçu, depuis quelques années, de grandes améliorations : l'édifice est un parallélogramme allongé, couronné par une voûte à plein cintre, renfermant un bassin, dans lequel on descend par plusieurs marches. On y voit une espèce de galerie ou trottoir, qui règne tout autour et sert à se déshabiller avant d'entrer dans le bain ; outre cette vaste piscine, il y a des baignoires particulières.

Les bains d'Arles offrent un monument colossal par son étendue et par son élévation, sans ordre d'architecture, sans ornements, sans inscription ; et il est éclairé par une ouverture percée au milieu de la voûte hardie qui le couronne. Sa construction est remarquable par la grande solidité des murs, qui sont très-épais et bien bâtis. La tradition populaire désigne ce monument comme un ancien temple consacré à Diane ; d'autres prétendent que cet ouvrage porte tous les caractères des siècles gothiques ; mais on ne trouve rien qui puisse favoriser aucune de ces deux opinions ; tandis que si l'on examine la construction du beau bassin de cet établissement, ou plutôt de son pavé, que l'eau n'a pu corrompre depuis des siècles, on reconnaîtra parfaitement la même construction de celui que l'on voit près de la Tour de Roussillon (ruines de l'ancienne Ruscino), c'est-à-dire que ce pavé est également composé de petites briques placées sur champ, en losanges, et cimentées avec du stuc. Ainsi il est évident que cet ouvrage appartient aux Romains.

PROPRIÉTÉS PHYSIQUES ET CHIMIQUES. Les eaux des trois sources exhalent une odeur de gaz hydrogène sulfuré, qui cependant n'est pas très-forte : elles ont le goût d'œufs couvés, et laissent dans les endroits où elles passent des concrétions glaireuses.

PROPRIÉTÉS MÉDICALES. M. Bonafos présente les eaux de Maujolet comme légèrement apéritives, sédatives, détersives et diurétiques. Les bains sont utiles, d'après Carrère, dans les maladies accompagnées de relâchement, d'atonie ; dans la sciatique, les rhumatismes, la paralysie, les anciennes plaies d'armes à feu. Il vante les effets des douches dans les douleurs de tête et les fluxions. Il les croit nuisibles pour les sujets faibles et dans le rhumatisme aigu.

MODE D'ADMINISTRATION. On administre ces eaux en boisson, bains, douches et étuves. On ne peut se baigner dans le bassin nouvellement rempli qu'après avoir laissé perdre à l'eau une partie de sa chaleur, en la laissant se tempérer durant six heures où environ, jusqu'à ce qu'elle ne fasse plus monter le thermomètre de Réaumur qu'à 35°. Les malades ne peuvent cependant y rester qu'une demi-heure, et il faut qu'ils soient bien robustes pour y demeurer trois quarts d'heure.

On prend l'étuve ou bain de vapeur dans un endroit fort resserré et très-bien fermé, où sont contenues les vapeurs chaudes et humides qui s'élèvent de l'eau, lorsqu'elle va se jeter dans le bassin. On expose tout son corps à ce bain, et on se procure par là, en très-peu de temps, des sueurs excessives, qui ont souvent produit d'heureux effets dans les rhumatismes, les sciatiques et les paralysies qui avaient résisté à l'action des bains. Ce remède est nuisible aux personnes délicates et à celles dont la constitution est sèche et bilieuse.

Température des trois sources, celle de l'atmosphère étant 28°.

1° Source qui arrose les jardins.	57 1/2
2° Source qui sert aux bains, à la sortie du rocher.	55 1/2
Idem	56
En entrant dans le bassin.	54
Dans le bassin lorsqu'il est rempli.	40
Dans le bassin, six heures après qu'il est rempli.	35
Étuve en hiver.	23
Étuve en été et pendant le printemps.	39
Idem	42
3° Source de Maujolet, à la sortie du roc	40
Dans la cuvette qui la reçoit.	39

Bibliographie. CARRÈRE. *Traité des eaux minérales du Roussillon*, in-8, 1758 (il y est parlé des sources de Bains près Arles). PUJADE (J. J.). *Notice sur les nouveaux thermes d'Amélie-les-Bains*, anciennement *Bains-d'Arles*, in-8, 1843.

AMENDENIX, vg. *B.-Pyrénées* (Navarre), arr. et à 27 k. de Mauléon, cant., ⊠ et à 28 k. de St-Calais. Pop. 290 h.

AMENONCOURT, vg. *Meurthe* (Lorraine), arr. et à 28 k. de Lunéville, cant. et ⊠ de Blamont. Pop. 301 h.

AMENUCOURT, vg. *Seine-et-Oise* (Vexin normand), arr. et à 18 k. de Mantes, cant. de Magny, ⊠ de Bonnières. Pop. 266 h.

AMERCY, vg. *Saône-et-Loire*, comm. de Montmerl, ⊠ de Toulon-sur-Arroux.

AMEREY, vg. *Vosges*, comm. et ⊠ de Xertigny.—*Fabrique* de coutellerie et de taillanderie.

AMERMONT, vg. *Meuse*, comm. de Bouvigny, ⊠ de Spincourt.

AMERVAL, vg. *Nord*, comm. de Solesme, ⊠ du Cateau.

AMES (les), vg. *Lozère*, comm. et ⊠ de Mende.

AMES (les), vg. *Pas-de-Calais* (Artois), arr. et à 20 k. de Béthune, cant. de Norrent-Fontes, ⊠ de Lillers. Pop. 405 h.

AMETTES, vg. *Pas-de-Calais* (Artois), arr. et à 25 k. de Béthune, cant. de Norrent-Fontes, ⊠ de Lillers. Pop. 434 h.

AMEUGNY, vg. *Saône-et-Loire* (Bourgogne), arr. et à 36 k. de Mâcon, cant. et ⊠ de St-Gengoux-le-Royal. Pop. 409 h.

AMEUVELLE, vg. *Vosges* (Lorraine), arr. et à 52 k. de Mirecourt, cant. de Monthureux, ⊠ de Jussey. Pop. 263 h.

AMEYZIEU, vg. *Ain* (Bresse), arr. et à 17 k. de Belley, cant. de Champagne, ⊠ de Culoz. Pop. 483 h.—Filatures de soie et de laine cachemire.—*Fabrique* d'outils, scieries.—*Commerce* de bois à Artemare, dépendance d'Ameyzieu.

AMFREVILLE, vg. *Calvados* (Normandie), arr. et à 13 k. de Caen, cant. de Troarn, ⊠ de Ranville. Pop. 623 h.

AMFREVILLE, vg. *Manche* (pays de Caux), arr. et 16 k. de Valognes, cant. et ⊠ Ste-Mère-Église. Pop. 848 h.—*Foire* considérable le 13 août, où l'on vend beaucoup de poulains et des bestiaux.

AMFREVILLE, *Amfridi villa*, vg. *Seine-Inf.* (Normandie), arr. et à 10 k. d'Yvetot, cant. et ⊠ de Doudeville. Pop. 466 h.

AMFREVILLE-LA-CAMPAGNE, *Amfredi villa*, vg. *Eure* (Normandie), chef-l. de cant., arr. et à 22 k. de Louviers, ⊠ et bureau d'enregist. au Neubourg. Pop. 709 h.—TERRAIN tertiaire moyen.—Moulin à foulon.

AMFREVILLE-LA-MIVOIE, *Hunfredi villa*, vg. *Seine-Inf.* (Normandie), arr., ⊠ et à 6 k. de Rouen, cant. de Boos. Pop. 920 h.—Verrerie à vitres.—*Fabrique* de produits chimiques.

AMFREVILLE-LES-CHAMPS, *Amfrevilla in campis*, vg. *Eure* (Normandie), arr. et à 15 k. des Andelys, cant. d'Écouis, ⊠ du Pont-St-Pierre. Pop. 371 h.—Briqueterie et fours à plâtre.

AMFREVILLE-SOUS-LES-MONTS, *S. Michael de Amfrevilla*, vg. *Eure* (Normandie), arr. et à 15 k. des Andelys, cant. d'Écouis, ⊠ du Pont-St-Pierre.

Ce village est situé dans une contrée charmante, sur la rive droite de la Seine, un peu au-dessus de l'endroit où elle reçoit l'Audelle, à 12 k. des Andelys. Pop. 400 h.

Au confluent de la Seine et de l'Andelle, dans le fond d'un vallon charmant, coupé de diverses cultures et semé de villages et de hameaux, parmi lesquels se distinguent les jolies fabriques d'Amfreville, s'élèvent deux monts presque jumeaux qui offrent un des plus beaux points de vue de la Normandie, nommé la Côte-des-deux-Amants, du haut de laquelle on jouit d'un magnifique point de vue, embrassant à la fois les trois vallées de la Seine, de l'Eure et de l'Andelle, et les trois villes de Louviers, de Pont-de-l'Arche et d'Elbeuf. La tradition rapporte que sur le revers du petit coteau où s'étendent maintenant les domaines rustiques des habitants d'Amfreville, se déployaient autrefois les hautes murailles d'un puissant château dont les ruines ont depuis longtemps disparu. Là régnait quelque tyran dont depuis longtemps le nom est oublié. Les gens du pays racontent qu'il fut père de la plus belle des demoiselles, et qu'il avait attaché à la possession de sa main une condition dont les caprices féroces du pouvoir blasé expliquent à peine la bizarrerie. Le chevalier qui attirait les regards de la jeune châtelaine, et qui méritait son choix, ne devait obtenir le titre d'époux qu'après avoir emporté sa conquête du pied de la côte à son sommet. Il lui était prescrit de parcourir, sous son précieux fardeau, tout le sentier rapide qui s'élance si audacieusement vers le ciel, et de ne pas se reposer, de ne pas s'arrêter un moment. Rien n'étonne son courage, rien n'affaiblit sa résolution, ni les difficultés de l'entreprise la plus audacieuse, ni les timides refus de l'amour inquiet. Les juges de l'épreuve en attendaient le résultat au-dessus de la plate-forme du château, sous de superbes pavillons où étaient préparé l'autel, et où se disposaient les fêtes brillantes de la cérémonie. Plein d'impatience et d'amour, l'époux que cette beauté avait choisi parmi la foule des prétendants, franchit l'espace avec une rapidité qui se ralentit à peine au moment où il allait toucher le but. Cependant on le vit chanceler, fléchir, tenter un dernier effort, parvenir à l'endroit désigné pour le terme de sa course, et puis chanceler encore, et tomber. Un murmure confus d'espoir, d'incertitude et de crainte, avait accompagné ses pas. Un cri de terreur s'éleva. Il était mort. L'amante ne lui survécut pas longtemps, et, suivant la touchante expression de Ducis,

Lui mourut de fatigue, elle de sa douleur.

Tous deux trouvèrent leur tombeau dans le lieu même où l'on venait de faire pour eux les apprêts d'une plus douce union. Puni de son extravagante cruauté par la perte de ce qu'il avait de plus cher, le vieux châtelain fit élever sur cet emplacement une chapelle funéraire, inutile monument de ses regrets.

Quelques siècles après, cette chapelle était devenue un vaste moutier, qu'on appelait le Prieuré-des-deux-Amants. L'église de ce monastère a été détruite; mais la maison du prieuré, située dans une belle position, a été conservée; elle était occupée naguère par une maison d'éducation.

AMFREVILLE-SUR-ITON, vg. *Eure* (Normandie), arr., cant., ⊠ et à 10 k. de Louviers. Pop. 658 h.

AMFROIPRET, vg. *Nord* (Flandre), arr. et à 29 k. d'Avesnes, cant. et ⊠ de Bavay. Pop. 340 h.

AMIDONIERS, vg. *H.-Garonne*, comm. et ⊠ de Toulouse.

AMIÉNOIS, *Ambianensis*, pays très-fertile compris anciennement dans la haute Picardie, dont Amiens était la capitale. Il avait titre de comté, et était borné au nord par l'Artois, au sud et à l'est par le Santerre, au sud-ouest par le Beauvoisis et la Normandie, et à l'ouest par le Ponthieu. La seigneurie temporelle du comté d'Amiens fut donnée par les rois de France aux évêques d'Amiens, qui cédèrent à la maison de Boves, laquelle en fut dépossédée par le comte de Vermandois, dont la fille épousa Philippe d'Alsace, comte de Flandre, qui, en 1185, céda cette province au roi Philippe Auguste. Charles VII céda le comté d'Amiens au duc de Bourgogne. Après la mort du duc Charles, Louis XI conquit ce pays et le réunit à la couronne.

— AMIENS, *Samarobriva*, *Ambiani*, *Ambianum*, *Samarobriva Ambianorum*; grande, belle et très-ancienne ville, chef-l. du dép. de la *Somme* et de 4 cant. Cour royale d'où ressortissent les dép. de la Somme, de l'Aisne et de l'Oise. Trib. de 1re inst. et de comm. Académie universitaire. Collége royal. Académie des sciences, agriculture, commerce, arts et belles-lettres. Société de médecine. Bonne ville n° 11. Chambre et bourse de commerce. Chambre consult. des manuf. Conseil de prud'h. Évêché. Grand séminaire. 6 curés. Gîte d'étape. Poste militaire. ✉, ☼. Pop. 47,117 h. — TERRAIN crétacé supérieur, craie.

Autrefois comté et vidamie, capitale de la Picardie, parlement de Paris, évêché, généralité, intendance, élection, gouvernement de place, grenier à sel, présidial, bailliage, prévôté, juges-consuls, hôtel des monnaies, maîtrise particulière, bureau des finances, bureaux des eaux et 5 grosses fermes, prévôté générale et lieutenance de maréchaussée, chambre syndicale, 2 collégiales, 10 paroisses, 2 abbayes de chanoines réguliers, une abbaye de prémontrés, une de filles ordre de Cîteaux, un couvent de pères de l'Oratoire, de célestins, jacobins, cordeliers, minimes, carmes et capucins; une abbaye de filles ordre de St-Augustin; un couvent d'ursulines, de carmélites, de Ste-Marie, de cordelières, de Ste-Geneviève, de Ste-Claire et de filles repenties. — L'évêché d'Amiens fut fondé vers 303. Les évêques étaient originairement seigneurs d'Amiens : mais ils donnèrent ce comté aux seigneurs de la maison de Boves, lesquels en furent dépossédés par Raoul, comte de Vermandois. Mais le gendre de ce dernier céda le comté d'Amiens à Philippe Auguste, qui, pour se libérer de l'hommage dû à l'évêque, lui fit quelques concessions au moyen desquelles ce prélat renonça à son droit de suzeraineté. Revenu, 20,000 liv.; taxe, 4,200 flor. Paroisses, 776. Abbayes, 26 : revenu, 268,000 liv.; taxe, 22,000 flor. L'abbé du monastère de Corbie était comte de Corbie et seigneur temporel et spirituel de cette ville; celui de St-Riquier était seigneur de Centuls, d'Abbeville, de Daumar, de Montreuil, etc.; celui de St-Valery, qui possédait au moyen âge une partie du Vimeu, fut peu à peu dépossédé par ses avoués, qui prirent le nom de barons, puis de marquis; mais ce ne fut qu'en 1669 qu'il perdit, par arrêt du parlement, la juridiction proépiscopale dans la ville de St-Valery. Celui du Clairfay avait haute et basse justice et une seigneurie étendue.

— L'origine d'Amiens se perd dans les ténèbres de l'antiquité. César et Ptolémée nomment la capitale des *Ambiani Samarobriva*, dont il est aussi fait mention dans les Lettres de Cicéron. L'Itinéraire d'Antonin et la Table de Peutinger déterminent avec la plus grande précision la position de cette ville ancienne à Amiens, par six routes qui se réunissaient dans cette ville, et qui partent de *Nemetacum*, Arras, *Augusta Veromanduorum*, St-Quentin, *Augusta Suessionum*, Soissons, *Cæsaromagus*, Beauvais, *Gessoriacum*, Boulogne-sur-Mer, *Castellum Menapiorum*, Cassel. — Dans les derniers temps de la puissance romaine, *Samarobriva* prit le nom du peuple *Ambiani*, dont on a fait Amiens.

— Jules César, qui y tint l'assemblée des Gaules et y plaça ensuite trois légions, Antonin et Marc Aurèle l'embellirent, et dès lors elle fut considérée comme une des cités les plus opulentes de la seconde Belgique. Valentinien y fit reconnaître Auguste son fils Gratien, en 367. Les Gépides, les Alains, les Vandales et les Francs s'en emparèrent successivement. Vers le milieu du ve siècle, Clodion en chassa les Romains et y établit le siège de son empire. Mérovée y fut proclamé roi et porté à son trône sur un pavois ou bouclier. Pendant le règne de ce monarque, le féroce Attila porta la dévastation dans Amiens. Clovis donna cette ville en partage à Clotaire, et depuis lors elle fit partie du domaine de la couronne jusqu'à la décadence de la maison de Charlemagne. Elle fut ensuite gouvernée par des comtes, des vidames et des châtelains qui la firent ceindre de fortifications considérables, mais malheureusement impuissantes pour la protéger contre les Normands : trois fois ces barbares la brûlèrent et la dévastèrent. A cette époque de désastres disparurent sans doute ses monuments antiques. Les rois de France avaient donné la seigneurie d'Amiens aux évêques, qui la transmirent aux seigneurs de Boves; ceux-ci en furent dépossédés par la maison de Vermandois. Isabelle de Vermandois apporta la ville en dot à Philippe d'Alsace, qui, en 1185, la céda à Philippe Auguste. En 1435, Charles VII engagea Amiens et les autres places de la Somme à Philippe, duc de Bourgogne, moyennant la somme de 400,000 écus d'or, mais avec la réserve du droit de retrait. En 1463, Louis XI paya cette somme au duc de Bourgogne, et rentra en possession d'Amiens et des autres villes de la Somme. Deux ans plus tard, Louis XI les céda de nouveau, par le traité de St-Maur, au comte de Charolais, à la réserve de pouvoir les racheter à la mort dudit comte. En effet, à la mort de Charles le Téméraire, Louis XI les recouvra et les réunit de nouveau et pour toujours au domaine royal.

Sous François Ier et Henri II, les Impériaux cherchèrent, mais en vain, à se rendre maîtres d'Amiens. Ses habitants, entraînés par l'exemple des villes voisines, embrassèrent cette union, la Ligue ou *sainte union*, et une chambre des états y fut instituée ; mais ce second essai de parlement picard n'eut pas plus de durée que la cour souveraine instituée en 1385 par Isabeau de Bavière. Peu de temps après, les habitants se soumirent à Henri IV, qui fit son entrée dans cette ville le 25 août 1594; ils furent les premiers qui, sans aucun traité ni conditions, au péril de leur vie et de leurs biens, reçurent le roi dans leur ville; ce qui fit un si grand plaisir ce monarque, qu'il leur accorda, entre autres avantages, celui d'être exempts du droit de gabelle. Henri IV ayant déclaré la guerre à Philippe II, roi d'Espagne, Amiens tomba au pouvoir des Espagnols, en 1597, par un stratagème assez singulier, à l'aide d'un sac de noix répandues sous la porte de la ville, et que la garde s'amusa à ramasser. Henri IV ne recouvra Amiens qu'après un siège où il se couvrit de gloire, mais qui fut long et coûteux; il y fit bâtir une citadelle sur la rive droite de la Somme, et manqua ainsi à la promesse qu'il avait faite aux habitants, en 1594, de ne jamais faire construire aucun fort dans leur ville.

Amiens possédait une charte de commune dès 1113. L'histoire de l'établissement de cette commune remonte à l'année qui suivit la catastrophe de la révolution de Laon. Il paraît que l'exemple de cette dernière ville avait inspiré aux habitants leur premier désir de liberté. L'évêque exerçait les droits de la seigneurie sur une partie de la ville, le comte sur une autre, le vidame sur une troisième, et enfin le propriétaire d'une grosse tour qu'on nommait *le Châtillon* prétendait aux mêmes droits sur le quartier voisin de sa forteresse. De ces quatre puissances, la plus généralement reconnue, mais la plus faible de fait, était celle de l'évêque, qui, n'ayant point de soldats, tremblait devant le comte et recevait de ses autres coseigneurs les injures qu'il ne pouvait leur rendre. Par intérêt, sinon par esprit de justice, l'évêque d'Amiens devait donc être favorable à la formation d'une commune qui, au prix de quelques concessions, lui assurerait un appui contre ses trois rivaux, dont elle ébranlerait ou détruirait le pouvoir. Le hasard voulut que la dignité épiscopale fût alors occupée par un homme d'une vertu exemplaire, d'un esprit aussi éclairé que le permettait son siècle, et plein de zèle pour le bien général. Sans se laisser épouvanter par les terribles scènes qui venaient d'avoir lieu à Laon, l'évêque Geoffroy comprit ce qu'avait de légitime le désir d'indépendance et de garanties pour les personnes et pour les biens; il céda sans efforts et gratuitement aux requêtes des bourgeois, et concourut avec eux à l'érection d'un gouvernement municipal. Ce gouvernement, composé de vingt-quatre échevins, sous la présidence d'un majeur, fut installé sans aucun trouble au milieu de la joie populaire, et la nouvelle commune promulgua les lois dans la forme suivante :

« Chacun gardera en toute occasion fidélité envers son juré, et lui devra aide et conseil.

» Si quelqu'un viole sciemment les constitutions de la commune et qu'il en soit convaincu, la commune, si elle le peut, démolira sa maison et ne lui permettra point d'habiter dans ses limites jusqu'à ce qu'il ait donné satisfaction.

» Quiconque aura sciemment reçu dans sa maison un ennemi de la commune et aura communiqué avec lui, soit en vendant et achetant, soit en buvant et mangeant, ou lui aura donné aide et conseil contre la commune, sera coupable de lèse-commune, et, à moins qu'il ne donne promptement satisfaction en justice, la commune, si elle le peut, démolira sa maison.

» Quiconque aura tenu devant témoin des propos injurieux pour la commune, si la commune en est informée, et que l'inculpé refuse de répondre en justice, la commune, si elle le peut, démolira sa maison, et ne lui permettra pas d'habiter dans ses limites jusqu'à ce qu'il ait donné satisfaction.

» Si quelqu'un attaque de paroles injurieuses le majeur dans l'exercice de sa juridiction, sa maison sera démolie, ou il payera rançon pour sa maison en la miséricorde des juges.

» Nul ne causera ni vexations ni troubles, soit à ceux qui demeurent dans les limites de la commune, soit aux marchands qui viendront à la ville avec leurs denrées. Si quelqu'un ose le faire, il sera réputé violateur de la commune, et justice sera faite sur sa personne et sur ses biens.

» Si un membre de la commune enlève quelque chose à l'un de ses jurés, il sera sommé par le maire et les échevins de comparaître en présence de la commune, et fera réparation suivant l'arrêt des échevins. Si le vol a été commis par quelqu'un qui ne soit pas de la commune, et que cet homme ait refusé de comparaître en justice dans les limites de la banlieue, la commune, après avoir notifié aux gens du château où le coupable a son domicile, le saisira, si elle le peut, lui ou quelque chose qui lui appartienne, et le retiendra jusqu'à ce qu'il ait fait réparation.

» Quiconque aura blessé avec armes un de ses jurés, à moins qu'il ne se justifie par témoins et par serment, perdra le poing ou payera neuf livres : six pour les fortifications de la ville et de la commune, et trois pour la rançon de son poing ; mais, s'il est incapable de payer, il abandonnera son poing à la miséricorde de la commune. Si un homme qui n'est pas de la commune frappe un membre de la commune, et refuse de comparaître en jugement, la commune, si elle le peut, démolira sa maison ; et, si elle parvient à le saisir, justice sera faite de lui par-devant le majeur et les échevins.

» Quiconque aura donné à l'un de ses jurés les noms de serf, mécréant, traître ou fripon, payera vingt sols d'amende.

» Si quelque membre de la commune a sciemment acheté ou vendu quelque objet provenant de pillage, il le perdra, et sera tenu de le restituer aux légitimes dépouillés, à moins qu'eux-mêmes ou leurs seigneurs n'aient forfait en quelque chose contre la commune.

» Dans les limites de la commune, on n'admettra aucun champion gagé au combat contre l'un de ses membres.

» En toute espèce de cause, l'accusateur, l'accusé et les témoins s'expliqueront, s'ils le veulent, par avocat.

» Tous ces articles, ainsi que les ordonnances du majeur et de la commune, n'ont force de loi que de juré à juré ; il n'y a pas égalité en justice entre le juré et le non-juré. »

La constitution, établie de commun accord par l'évêque et les bourgeois d'Amiens, fut soumise à l'agrément des trois autres seigneurs, comme parties intéressées. Le vidame, le moins puissant des trois, y donna son approbation, moyennant garanties pour quelques-uns de ses droits et une bonne rançon pour le reste. Mais le comte ne voulut entendre à rien ; il dit qu'il maintiendrait jusqu'au dernier tous les privilèges de son titre, et entraîna dans son parti le châtelain de la grosse tour. Dès lors il y eut guerre déclarée entre ce parti et celui de la commune. Le comte d'Amiens était Enguerrand de Boves ou de Coucy, père de Thomas de Marle. Afin de s'assurer un appui contre ce puissant adversaire, la commune eut recours au roi, et, par l'entremise de son évêque, obtint à prix d'argent l'approbation, ou, suivant le style officiel, l'octroi de ses règlements municipaux. Quoique le nom du roi, inscrit en tête de la charte d'Amiens, lui conférât la légitimité selon le droit public du royaume, Enguerrand n'en tint nul compte, et, faisant marcher sur la ville tout ce qu'il avait de chevaliers et d'archers, il entreprit d'en rester maître. Menacés par des forces qui avaient sur eux la supériorité de la discipline, les bourgeois n'eurent d'autre ressource que de se recommander au fameux Thomas de Marle, qui alors était en guerre avec son père. A l'aide de ce secours, ils parvinrent à chasser le comte de la ville et à le contraindre de se renfermer dans la grosse tour, dont le châtelain, nommé Adam, lui ouvrit les portes. Cette tour, qui était d'une telle force qu'on la jugeait imprenable, fut attaquée avec vigueur par les bourgeois, aidés par le roi de France Charles VI, venu à leur secours. Malgré la discipline des troupes royales et le dévouement de la bourgeoisie, la tour du Châtillon garda sa réputation d'imprenable ; le roi en leva le siège, que les habitants d'Amiens convertirent en blocus. Ce fut seulement au bout de deux ans que les assiégés rendirent la tour, qui fut aussitôt démolie et rasée.

La commune d'Amiens eut d'assez longs jours ; elle ne perdit que lentement et une à une ses anciennes prérogatives. Supprimée par ordonnance de Philippe IV, elle fut rétablie par le même roi en l'année 1307, et, sous toute probabilité, ce fut sa grande richesse qui la sauva. On ne peut dire à quelle somme d'argent monta le prix de son rétablissement ; mais on sait que peu d'années après il lui en coûta 6,000 livres une fois payées, et une rente de 700 livres pour le rachat définitif de tous ses droits. Dès lors elle parcourut en paix le cercle entier de la destinée des vieilles constitutions municipales. L'élection du majeur et des vingt-quatre échevins subsista jusqu'en l'année 1597, où un édit du roi Henri IV réduisit à la fois le nombre et les priviléges des magistrats populaires. Les anciens droits des comtes, dont la commune avait hérité, lui furent enlevés avec la plus grande partie de ses revenus, et la juridiction de l'échevinage fut bornée au petit criminel, aux disputes entre bourgeois, aux procès concernant la police des rues, les métiers, le service du guet et le logement des gens de guerre. Toutefois, dans les cérémonies publiques, les insignes de la haute justice, du droit de vie et de mort, continuèrent d'accompagner, comme dans l'ancien temps, le maire et les échevins d'Amiens. Ces attributs d'une puissance qui n'était plus consistaient en deux glaives de forme antique, portés à la main par deux officiers de la ville, qu'on désignait, à cause de leur emploi, par le terme provincial d'*espadrons*.

C'est à Amiens que saint Louis, nommé arbitre par Henri III, roi d'Angleterre, et par les barons de son royaume avec lesquels il était en querelle relativement aux statuts d'Oxford, prononça son jugement sur la validité de ces statuts. Saint Louis arriva à Amiens au commencement de l'année 1264, suivi de toute sa cour ; il entendit le roi d'Angleterre et les barons mécontents exposer leurs droits et leurs griefs ; il apporta à l'examen des uns et des autres cette attention et cette bonne foi dont il ne se départait point, même lorsqu'il s'agissait de ses intérêts les plus directs. « Après avoir pleinement entendu, dit-il dans son prononcé, les propositions, les défenses et les raisons des parties ; nous étant assuré que par les provisions, les statuts et les obligations d'Oxford, et par toutes celles qui en ont été la suite, le droit et l'honneur royal ont souffert une grande diminution ; qu'il en est résulté le trouble du royaume, la dépression de l'Église, le pillage des personnes tant ecclésiastiques que séculières, tant indigènes qu'étrangères, et que de plus grands dommages pourraient s'ensuivre encore. Ayant pris conseil des hommes de bien et des grands, au nom du Père, du Fils, et du Saint-Esprit, nous cassons et nous invalidons par notre prononcé les susdites provisions, ordinations et obligations, de quelque manière qu'elles soient entendues, aussi bien que tout ce qui s'est fait en conséquence ; d'autant plus que nous voyons que le souverain pontife les a déjà cassées et annulées par les lettres. Nous ordonnons que tout le roi et les barons et ce autres qui ont consenti au présent compromis, et sont obligés à l'observer, s'en regardent comme entièrement quittes et absous. » — Par les articles suivants, Louis IX rend au roi d'Angleterre la garde de toutes les places fortes et la nomination à tous les offices de la couronne ; il rappelle les étrangers, et les admet sur le même pied que les indigènes à l'administration du royaume ; il rend au roi la pleine puissance et le libre gouvernement de ses États, ajoutant seulement qu'il n'entend point par cette ordonnance déroger aux privilèges royaux, aux chartes, aux libertés, aux statuts et aux louables coutumes d'Angleterre, telles qu'elles existaient avant les provisions d'Oxford, et il termine en invitant le roi et les barons à se remettre toute offense réciproque et à oublier toute rancune. — Cette sentence fut rendue à Amiens le 23 janvier 1264 ; elle a été célébrée par les historiens français comme un modèle d'impartialité.

C'est dans l'église St-Nicolas, dont il ne reste aucuns vestiges, qu'en 1195 Philippe Auguste épousa Ingelberge, qu'il fit couronner le lendemain par Philippe de Champagne, archevêque de Reims. Ce fut à Amiens qu'au temps des expéditions pour la terre sainte les rois de France, d'Angleterre, d'Aragon, de Navarre et de Bohême, se réunirent pour concerter une nouvelle croisade.

En 1363, le roi Jean convoqua à Amiens les états généraux de la langue d'oïl pour régler l'imposition de l'aide destinée au payement du reste de sa rançon, et pour prendre les mesures les plus propres à réformer les abus introduits dans l'administration des finances, la perception des impôts, etc., etc. Les élus et députés des provinces et des villes eurent commission d'adjuger, chacun dans leur district, la levée de cette aide aux fermiers qui se présentaient. Le roi rétablit en outre la monnaie sur l'ancien pied, diminua le prix du marc d'argent, et défendit de prendre occasion de cette diminution pour surenchérir et renchérir les marchandises, augmenter le salaire des artisans, etc. Après avoir ainsi réglé les finances, il crut qu'il n'était pas moins nécessaire de faire la révocation des domaines de la couronne, aliénés depuis plusieurs années par la libéralité des rois ses prédécesseurs et par lui-même.

Le traité de paix entre la république française, l'Angleterre, l'Espagne et la Hollande, fut signé à Amiens en 1802. Le système de la neutralité armée ayant été reconnu par la Russie, la Prusse, le Danemark et la Suède, et, par suite, le commerce anglais s'étant vu fermer le continent, le ministre Pitt fut renversé par l'opposition du parlement anglais et remplacé par Addington. Le nouveau ministère entama dès lors des négociations avec la France. Les préliminaires d'un traité de paix furent signés à Londres le 1er octobre 1801. Le 27 mars 1802 (6 germinal an x), les plénipotentiaires de la France, de la Grande-Bretagne, de l'Espagne et de la république batave, Joseph Bonaparte, lord Cornwallis, le chevalier d'Azara et Schimmelpenninck, signèrent à Amiens un traité définitif dont voici les principales dispositions : l'Angleterre rend ses conquêtes, à l'exception de Ceylan et de la Trinité ; les ports de la colonie du Cap restent ouverts à ses vaisseaux ; la France et l'Espagne recouvrent leurs colonies ; la république française les Sept-Îles est reconnue ; l'île de Malte doit être rendue aux chevaliers de l'ordre ; la France évacuera Rome, Naples et l'île d'Elbe. L'intégrité des États de la Porte ottomane, telle qu'elle existait avant la guerre, est rétablie. Cette dernière clause décida le sultan Sélim à accéder au traité d'Amiens, le 13 mai. Cependant de nouvelles difficultés s'élevèrent bientôt entre la France et l'Angleterre : le gouvernement anglais, craignant une nouvelle expédition en Égypte, ne voulut pas évacuer l'île de Malte. Plusieurs autres motifs de querelle amenèrent la guerre qui, après plusieurs violations du traité, fut enfin déclarée à la France par l'Angleterre le 18 mai 1803.

La ville d'Amiens est située au milieu de campagnes agréables et fertiles. Des boulevards bien plantés, d'environ 5 k. d'étendue la ceignent dans toute sa circonférence ; le canal de la Somme longe au nord ces boulevards en décrivant un demi-cercle, et contribuent à la décoration de cette cité. La Somme baigne la partie nord-ouest d'Amiens, et se divise en 11 canaux dans l'intérieur de cette ville, essentiellement manufacturière. La plupart des rues sont belles ; mais elle a peu de places dignes d'une ville aussi importante ; celle du marché aux herbes est la plus vaste, elle a 130 m. de long sur 43 de large.

Cette ville, autrefois forte, est aujourd'hui démantelée ; les remparts, abattus, ont été remplacés par les boulevards. La citadelle, où le maréchal d'Ancre trouva un refuge contre la noblesse irritée de son insolent crédit, a été respectée. On distingue à Amiens les hauts et les bas quartiers ; la ville haute a des rues larges, et assez bien percées, bordées de belles maisons bâties sur un plan presque uniforme, et dont la hauteur moyenne est de deux étages. La ville basse est l'ancienne ville romaine, celle que Louis XI appelait sa petite Venise, à cause des nombreuses ramifications de la Somme, qui forment une infinité d'îles unies par un grand nombre de ponts en pierre. Dans cette partie de la ville, les rues sont étroites, les constructions vieilles sans être antiques, car elles ont cet aspect de moyen âge si prisé par les antiquaires de nos jours.

Les édifices et établissements remarquables d'Amiens sont :

LA CATHÉDRALE, un des plus beaux monuments religieux que possède la France. Tout y est grand, sublime, magnifique, et, par son aspect imposant, cette superbe basilique semble commander le respect, en même temps qu'elle élève l'âme de celui qui la contemple. Evrard de Fouillay, quarante-cinquième évêque d'Amiens, posa en 1220 la première pierre de ce merveilleux édifice, qui ne fut terminé qu'en 1288. Sa longueur dans œuvre est de 135 m. ; sa nef a 13 m. de largeur et 43 m. d'élévation. Du pavé au coq on compte, suivant quelques auteurs, 130 m. d'élévation. — La façade de ce beau temple présente une masse légère, flanquée de deux tours quadrangulaires, décorées, ainsi que les trois porches qui en divisent le bas, des ornements les plus riches et les plus variés du style gothique. Parmi les bas-reliefs de ces porches, on distingue le Jugement dernier ; les Vertus et les Vices mis en opposition ; les quatre Saisons et les douze Mois de l'année figurés par la représentation des travaux agricoles auxquels on a coutume de se livrer pendant chacun de ces mois ; les Mages conduits par l'étoile et voyageant en barque ; le Massacre des innocents ; la Fuite en Égypte, etc. — La flèche, de forme octogone dans le bas, à 65 m. de hauteur avec le coq, et 23 m. de circonférence. Elle est en bois de chêne et de châtaignier. Quatre poutres de 50 pieds de longueur, posées sur les quatre principaux piliers de la croisée, soutiennent en l'air cette flèche légère, qui cède à l'action des vents et se remet elle-même d'aplomb. — Tout semble concourir à charmer la vue dans l'intérieur de cette église : sa vaste étendue, la délicatesse de ses piliers, la hardiesse des retombées des voûtes, sa belle galerie circulaire et ses superbes vitraux offrent un aspect grandiose et qui tient du prodige. La force et la légèreté ne sont nulle part plus heureusement alliées ; c'est un musée où les inimitables boiseries du xve et du xvie siècles, les riches autels de marbre du xviie, les grilles en fer du xviiie, les sculptures de Blasset et de ses successeurs se disputent l'admiration des curieux. Les tombes en cuivre des évêques Evrard de Fouillay et Godefroi d'Eu, la boiserie en encorbellement du jeu d'orgues, les compartiments variés et délicats des trois roses, la chaire que supportent les vertus théologales, le mausolée en marbre blanc du cardinal Hémart, la magnifique dentelle des stalles du chœur, la gloire et ses riches décorations, et surtout le génie funèbre connu sous le nom d'enfant *pleurer*, attirent le regards et fixent vivement l'attention. Il en est de même des histoires de saint Firmin et de saint Jean Baptiste, qu'on remarque le long du mur de clôture du chœur, et qui présentent des groupes aussi singuliers que bizarres. — C'est dans cette basilique que saint Louis prononça le jugement dont nous avons parlé précédemment ; Charles VI y épousa en 1385 la trop célèbre Isabeau de Bavière, qui plus tard établit à Amiens une cour souveraine ; Henri II et le roi d'Angleterre y signèrent la paix en 1550. La cathédrale d'Amiens a été enrichie il y a quelques années du cénotaphe de Jean de Cambryn, qui se trouvait dans l'ancien cimetière des Machabées. Pour le soustraire à des mutilations brutales, l'évêque d'Amiens l'a fait placer à droite du portail de la croisée septentrionale. Jean de Cambryn était un des ecclésiastiques les plus distingués de la Picardie ; il fut doyen de la cathédrale et député aux états généraux de Tours en 1484. Il mourut quelque temps après son retour, le 10 janvier 1495. Il est représenté en demi-relief, revêtu de ses habits sacerdotaux et tenant un calice dans sa main. — Dans cette église reposent le cardinal Jean Delagrange, surintendant des finances de Charles V et nonce du pape Innocent VI ; le chanoine Delamorlière, auteur des Antiquités d'Amiens ; le chantre gracieux de *Vert-Vert*, le poëte Gresset, et le trop fameux Hernand Teïllo, colonel espagnol sous la conduite duquel les Espagnols surprirent Amiens.

L'HÔTEL DE VILLE, commencé en 1600 et achevé seulement en 1760. La façade en est simple et de bon goût ; elle porte 68 m. de longueur ; le soubassement est décoré d'arcades peintes qui produisent un coup d'œil agréable. La grande salle du conseil est décorée de tableaux de prix : ils ont été envoyés par le gouvernement lors du congrès d'Amiens. Parmi les tableaux on estime surtout ceux qui représentent la Mort de Priam, par Renaud ; Auguste donnant l'ordre de fermer le temple de Janus, par Carle Vanloo ; Trajan faisant délivrer du pain aux citoyens de Rome pendant une famine, par Vien ; Ulysse chez Circé, par Lagrenée ; un jeune Spartiate jurant devant sa mère de défendre sa patrie, par Boucher. La paix qui fut signée dans cette salle entre la France et l'Angleterre, l'Espagne et la république batave, le 6 germinal an x, fut de courte durée.

LE COLLÈGE ROYAL, autrefois abbaye de

St-Jean, un des beaux établissements en ce genre ; il est situé dans la partie haute et la plus salubre de la ville ; le local est vaste et très-bien distribué.

Le grand séminaire, à gauche du faubourg de Noyon. Cet édifice fut construit en 1739, aux frais de la congrégation des prêtres de St-Lazare. On parvient dans l'intérieur par un perron magnifique. La chapelle offre un coup d'œil assez agréable : des colonnes accouplées supportent la voûte et la nef du sanctuaire. La bibliothèque contient 15,000 vol.

Château d'eau, sur la grève du port d'Aval. La construction de ce bâtiment eut lieu en 1753. C'est un gros pavillon carré, ayant une galerie surmontée d'un donjon et d'une plate-forme en belvéder. La machine hydraulique, qui élève les eaux à 27 m. de leur niveau, est d'une simplicité admirable. Elle consiste en deux corps de pompes foulantes et aspirantes, dont les balanciers sont soulevés par des rouages excentriques, fixés sur l'axe d'une roue à aubes, mise en mouvement par un des bras de la Somme. Dans les cas d'incendie, on peut envoyer l'eau que la machine amène, dans le quartier menacé, par la branche du conduit correspondant à ce quartier, au moyen de la cuvette placée au haut du donjon.

La promenade dite la Hautoye. Cette promenade jouit d'une grande célébrité. Ses allées, au nombre de cinq, ont près de 2 k. de longueur ; elle renferme dans les triangles des jeux de tamis, de longue paume et de ballon. Au delà du quinconce à gauche est un emplacement spacieux (le Champ de mai), où ont lieu les exercices militaires, les fêtes et les réjouissances publiques. On remarque, à l'extrémité des allées un superbe bassin portant 150 m. de diamètre.

On remarque aussi à Amiens : le palais de justice ; la citadelle ; le jardin des plantes ; la Malmaison, occupée par la bourse et l'école de dessin ; le beffroi ; le cimetière de la Madeleine ; le pont St-Michel ; la halle au blé ; l'hôpital de St-Charles ; la caserne de cavalerie ; le musée ; le logis du roi, passage de ce nom, n° 5 ; le cloître de la Barge, du XIVᵉ siècle ; la maison de campagne de Gresset ; le collège de St-Acheul, qui occupe hors des faubourgs les bâtiments de l'ancienne abbaye de ce nom ; le vaste cimetière de la Madeleine, dessiné et planté avec beaucoup d'art, etc.

Salle de spectacle, rue des Trois-Cailloux. La façade fait honneur à M. Carpentier, sculpteur d'Amiens. On y remarque deux groupes de grandeur naturelle, dont l'un représente la Danse et la Musique, et l'autre la Tragédie et la Comédie ; les divers attributs donnés par la fable à ces muses sont figurés dans des médaillons qui décorent la façade. La coupe intérieure de la salle forme un ovale. Elle contient dans sa hauteur trois rangs de loges, qui, n'étant séparés par aucun pilier, n'offrent point d'obstacle au développement de la voix des acteurs. L'acteur Larive la regardait comme la plus sonore qu'il connût en France.

La bibliothèque communale, construite en 1823. La façade au levant, du côté de la rue Royale, présente, entre deux pavillons en saillie, un péristyle composé de dix colonnes d'ordre dorique, et décoré dans le fond de niches destinées à recevoir un jour les bustes des hommes célèbres dans les sciences et les lettres qui ont pris naissance à Amiens.

Le péristyle servant d'entrée à la bibliothèque établit en même temps la communication entre les deux pavillons. Celui à droite contient une salle de lecture pour l'hiver, et une collection d'instruments de physique dont M. Lapostalle, chimiste distingué et auteur d'un Traité des parafoudres et paragrêles en cordes de paille, fit présent à la ville. Le pavillon de gauche sert de logement au bibliothécaire.

La bibliothèque ne forme à l'intérieur qu'une seule pièce, ayant à peu près 46 m. de longueur sur 6 m. 50 de large. Elle est divisée en trois parties par des arcades portées sur des colonnes d'ordre ionique. La travée du milieu est carrée ; les deux autres ont chacune 20 m. de longueur sur 7 m. de largeur ; leur pourtour est décoré de pilastres entre lesquels sont disposés des rayons pour les livres.

Les livres imprimés sont au nombre de 40,000 et les manuscrits se composent d'au moins 400 volumes : presque tous traitent de la jurisprudence, de la théologie et de l'histoire.

Biographie. Amiens est la patrie de : Jean et Gaspard Bauchin, médecins célèbres qui exercèrent en Allemagne.

Boulenger de Rivery, jurisconsulte et littérateur, mort en 1758, traducteur des Fables de Gellert, et auteur des Recherches historiques et critiques sur quelques anciens spectacles, etc., in-12, 1751, et de quelques autres ouvrages.

St-Albin Berville, avocat, publiciste et littérateur, auteur de l'Éloge de Rollin, couronné par l'Académie française, in-8, 1818 ; de l'Éloge de J. Delille, couronné par l'académie d'Amiens, in-8, 1817 ; du Bonheur que procure l'étude dans toutes les situations de la vie, in-8, 1817, et de plusieurs rapports et plaidoyers remarquables, et éditeur, avec M. Barrière, de la Collection des mémoires relatifs à la révolution française.

Bien-Aimé, architecte.

Dom Bouquet, bénédictin de St-Maur, mort en 1754, l'un des orateurs (jusqu'au VIIIᵉ vol.) de la Collection des historiens de France, in-f°, 1738, et ann. suiv.

C.-H.-A. Bourgeois, peintre et physicien, auteur de l'Exposé sommaire des nouvelles expériences consacrées à l'examen de la doctrine de Newton, faites dans les cours d'optique donnés en 1818 et 1820, in-8, 1820, et de quelques autres écrits sur l'optique, la lumière et les couleurs.

F. de Camps, antiquaire, mort en 1723, auteur de Dissertations sur les médailles, sur l'histoire de France, etc.

Couture, avocat distingué du barreau de Paris.

Chrestien de Poly, jurisconsulte, auteur de l'Essai sur la puissance paternelle.

L.-F. Daire, historien, mort en 1792. On a de lui : Histoire civile et ecclésiastique de la ville d'Amiens, etc., 2 vol. in-4, 1757 ; Histoire civile, ecclésiastique et littéraire de la ville et du doyenné de Montdidier, in-12, 1765 ; Histoire littéraire de la ville d'Amiens, in-4, 1782 ; Histoire civile, ecclésiastique et littéraire de la ville et du doyenné de Doullens, d'Ancre et de Grainvilliers, 3 vol. in-12, 1785 ; Tableau historique des sciences, des belles-lettres et des arts de la province de Picardie, etc., in-12, 1768, et de quelques autres ouvrages.

Le comte Dejean, lieutenant général, pair de France, savant entomologiste, auteur du Catalogue de la collection des coléoptères de M. le baron Dejean, in-8, 1821, et de deux autres ouvrages sur les coléoptères.

J.-B.-Jos. Delambre, savant astronome, de l'académie des sciences, mort en 1822. Ses principaux ouvrages sont : Bases du système métrique décimal, etc., 4 vol. in-4, 1806-22 ; Astronomie théorique et pratique, 3 vol. in-4, 1814 ; Histoire de l'astronomie ancienne, 2 vol. in-4, 1817 ; Histoire de l'astronomie du moyen âge, in-4, 1818 ; Histoire de l'astronomie moderne, 2 vol. in-4, 1821 ; Histoire de l'astronomie au XVIIIᵉ siècle, (posth.), in-4, 1827.

Desprez, lieutenant général.

Ch. Dufresne Ducange, historien, mort en 1688, auteur du Glossaire de la basse latinité ; de l'Histoire de l'empire de Constantinople sous les empereurs françois, en 1688 ; du Glossaire de la langue grecque du moyen âge, 2 vol. in-f°, grec et latin, et plusieurs autres ouvrages.

A.-M.-C. Duméril, médecin et naturaliste, de l'académie des sciences, né en 1744. On a de lui : Zoologie analytique, ou Méthode naturelle de classification des animaux, in-8, 1806 ; Éléments des sciences naturelles, 3ᵉ édition, 2 vol. in-8, 1825 ; Considérations générales sur la classe des insectes, in-8, 1823, et plusieurs autres ouvrages.

P.-A.-J.-B. Trannox, médecin, auteur du Traité élémentaire des maladies épidémiques ou populaires, in-8, 1819.

Jean d'Estrées, grand maître de l'artillerie de France, mort en 1567.

J.-F. Fernel, médecin de Henri II.

J.-B. de Gribeauval, lieutenant général d'artillerie, mort en 1789.

J.-B. Gresset, poète, et auteur dramatique, de l'Académie française, mort en 1777. Ses titres à la célébrité sont : Vert-Vert, poème en quatre chants, in-12, 1734 ; le Parrain magnifique, poème en dix chants (posth.) ; le Méchant, comédie en cinq actes et en vers, in-12, 1747. La meilleure édition de ses œuvres complètes est celle donnée par Renouard, 3 vol. in-8, 1811.

J.-B. Gence, de la société des antiquaires de France, auteur d'une nouvelle traduction de l'*Imitation de Jésus-Christ*, de plusieurs *odes* et autres *poésies sacrées*.

Pierre, dit l'Ermite, instigateur de la première croisade.

Cuoderlos de Laclos, général, auteur du licencieux roman des *Liaisons dangereuses*, 4 part. in-12, 1782.

J.-B. Legrand d'Aussy, conservateur de la bibliothèque nationale, mort en 1800. Ses principaux ouvrages sont : *Histoire de la vie privée des Français depuis l'origine de la nation jusqu'à nos jours*, 2e édit., 3 vol. in-8, 1815; *Voyage fait en* 1787-88 *dans la ci-devant haute et basse Auvergne*, nouvelle édit., 3 vol. in-8, 1795.

P. de Miramont, mort en 1611, auteur de l'*Origine des cours souveraines*, et de quelques autres ouvrages.

P. Ricolan, médecin, mort en 1657, auteur de la *Gigantologie, ou Discours sur la grandeur des géants*, in-8, 1618, et de quelques ouvrages de médecine en latin.

J. Rohault, philosophe cartésien, mort en 1675. On a de lui un *Traité de physique*, des *Éléments de mathématiques*, et un *Traité de mécanique*.

Ch.-L. de Sévelinges, littérateur et écrivain politique, mort en 1832, auquel on doit plusieurs bonnes traductions de romans allemands.

Vincent Voiture, de l'Académie française, mort en 1648, auteur des *Lettres* (les mieux écrites de son temps), 2 tom. in 1 vol. petit in-12, 1657-59. Ses œuvres contiennent, outre ses lettres, des épîtres, élégies, sonnets, ballades et chansons, 2 vol. in-12.

L'abbé de Wailly, grammairien et lexicographe distingué, membre de l'Institut, auteur du *Vocabulaire* qui porte son nom, et de plusieurs traductions estimées.

Industrie et commerce. Amiens est dans une situation commode pour le commerce entre Paris et la mer, entre Rouen et Lille, Reims et Boulogne. Aussi cette ville occupe-t-elle depuis longtemps une place distinguée parmi les cités commerçantes et industrielles de la France. Depuis 1830 seulement, on y a bâti 5 à 600 maisons. Elle communique à la mer par la Somme, qui est navigable pour des bateaux de 40 à 50 tonneaux; par un canal d'une part, avec celui de St-Quentin, qui lui ouvre tout le bassin de l'Escaut, et de l'autre par l'Oise, qui lui ouvre le bassin de la Seine. Son industrie comprend plusieurs branches distinctes : la filature de la laine, les étoffes de laine et soie, la filature du coton, les tissus de coton et la bonneterie.—La filature de la laine ne s'est faite qu'en rouet jusqu'en 1823. Quelques essais de filature à la mécanique ayant eu lieu en 1825, et ayant paru satisfaisants, plusieurs fabricants d'Amiens cherchèrent à en tirer partie pour l'alépine, fabrication qui fit augmenter progressivement ce genre d'industrie. Aujourd'hui le nombre des métiers employés à filer la laine s'élève à près de 400, produisant environ 450,000,000 kilog. de laine dans les nos 25 à 60. La filature du lin occupe à Amiens 3,000 broches. La fabrication de l'alépine est une industrie qui ne date que de quelques années, mais qui a pris beaucoup d'extension en peu de temps, et, après les tissus de coton, c'est l'article qui occupe le plus grand nombre de bras. Amiens conserve, à peu d'exception près, le monopole de cette fabrication ; 6,000 ouvriers y sont employés. Elle produit annuellement 36,000 pièces d'alépine. Chaque pièce peut valoir 500 fr., ce qui porte la totalité de la fabrication à environ 18,000,000 écru, (A) 1834-39. Le coton est une industrie déjà ancienne et très-considérable à Amiens. La fabrique des velours est concentrée dans cette ville, et forme une grande partie de son importance commerciale. On en fait remonter l'origine à l'année 1755. En 1814, la fabrication de ces velours produisait 120,000 à 140,000 pièces. Aujourd'hui elle se trouve réduite à 70,000 ou 80,000. Cette diminution tient à la mode, qui a fait abandonner les pantalons de velours pour les pantalons de drap, et surtout aux exportations qui ont considérablement diminué. Cette fabrication occupe dans le département environ 1,800 ouvriers, (B) 1819-23, (A) 1834. Il y a 340 métiers à filer le coton; ils sont répartis dans le département entre 30 usines, mus par des machines hydrauliques et des manèges; quelques-uns sont à bras.—Un autre tissu qui forme aussi une branche assez considérable de l'industrie d'Amiens, c'est l'escot, article en laine commune, et imitant le mérinos de Reims; il s'en fabrique à Amiens 30,000 pièces, qui représentent un capital de 4 millions.—Les tapis ras sont une industrie naissante dans cette ville. Dans l'origine, cette fabrication n'allait qu'à une centaine de pièces; elle en produit 1,000 aujourd'hui, et elle est susceptible de prendre un grand accroissement. Les tapis reviennent à 1 fr. 20 c. les 32 c. On peut évaluer à 200,000 fr. l'importance de cette fabrication à Amiens.—La bonneterie de laine dite bonneterie de Santerre, existe depuis nombre d'années à Amiens et dans environ 60 communes environnantes.—Outre les velours de coton, et autres articles que nous venons de citer, il se fabrique à Amiens des molletons en petite quantité, prunelle, satin turc, patenkords, étoffes, poil de chèvre pour gilets, etc.—Il sort de la fabrique d'Amiens 180,000 pièces de tissus de toute espèce, qui représentent un capital de 40 millions, et exige un capital de roulant d'environ 24 millions. — Amiens a aussi des fabriques de tulle (B) 1833, des fabriques d'impressions sur étoffes de laine (A) 1823, (C) Somme 1825, des fabriques d'huile de graines, de vitriol, de savons mou, noir et vert; un grand nombre d'ateliers de teinture et de blanchisserie. Le commerce général consiste non-seulement dans la vente de tous les objets qui se fabriquent dans la ville et les environs, mais encore dans la vente de toute sorte de marchandises et denrées coloniales qui viennent des ports de Marseille, de Bayonne, Bordeaux, Cette, la Rochelle, Nantes et du Havre.—Les pâtés de canards d'Amiens jouissent d'une réputation trop grande et trop méritée, pour les passer sous silence. Il s'en exporte une grande quantité pour l'étranger.—Foires de 5 jours les 9 mai, 25 juin et 11 nov.

Amiens est à 128 k. N. de Paris pour la taxe des lettres et les relais de poste. Long. O. 0° 2′ 4″, lat. 49° 53′ 38″.

L'arrondissement d'Amiens renferme 13 cantons : Amiens N.-E., Amiens S.-E., Amiens S.-O., Amiens N.-O., Conty, Corbie, Hornoy, Molliens-Vidame, Oisemont, Picquigny, Poix, Sains et Villers-Bocage.

Bibliographie. Morlière (Adr. de la). *Antiquités et Choses les plus remarquables de la ville d'Amiens*, in-8, 1621.—2e édit. sous ce titre : *Bref Etat des antiquités d'Amiens*, in-8, 1622 et 1624.—3e édit. sous ce titre : *Antiquités et choses de la ville d'Amiens*, in-f°, 1642, in-4, 1627.

Daire (le P.). *Histoire de la ville du diocèse d'Amiens*, 2 vol. in-4, cartes et plans, 1757.

Duseuel (M.-H.). *Histoire de la ville d'Amiens, depuis les Gaulois jusqu'en 1830*, in-8 et pl., 1832-33.

* *Histoire de la surprise de la ville d'Amiens par les Espagnols, le 11 mars 1597, et sa reprise*, etc., in-12.

* *Discours de la prise d'Amiens par les Espagnols, le 11 mars 1597.*

* *Discours de la reddition de la ville d'Amiens* (imprimés au t. vi des Mémoires de la Ligue, p. 530 et 561).

* *Lettre de Roi sur la prise de Laon et d'Amiens...*

Rivoire (Maurice). *Précis historique sur la surprise d'Amiens par les Espagnols, et de la reprise par Henri IV; précédé d'un coup d'œil sur le département de la Somme*, in-8, 1807.

* *Privilèges et Ordonnances de la ville d'Amiens*, in-4, 1653.

Adrelm Bernier. *Monuments inédits de l'histoire de France, 1400-1600. Mémoires originaux concernant principalement les villes d'Amiens, Beauvais, Clermont-Oise, etc.*, in-8, 1834.

Morlière (Adrien de la). *Recueil de plusieurs maisons nobles et illustres maisons du diocèse d'Amiens et des environs*, in-4, 1630.

— *Armorial des familles du diocèse d'Amiens et des environs* (imprimée à la fin de l'ouvrage précédent, en 1642).

Ducange (Ch.-Dufresne, sieur). *Histoire de l'état de la ville d'Amiens et de ses comtes, avec un recueil de plusieurs titres inédits, concernant l'histoire de cette ville; publiée d'après le manuscrit autographe de l'auteur*, in-8, 1841.

— *Histoire des comtes d'Amiens*, in-8, 1841.

Boutbbos (M.-A.). *Esquisse féodale du comté d'Amiens au XIIe siècle, servant d'introduction à la troisième série des coutumes locales du bailliage d'Amiens, que publie la société des antiquaires de Picardie*, in-4 de 7 f., 1843.

* *Histoire des évêques d'Amiens*, in-12, 1770.
Rivoire (Maurice). *Description de l'église d'Amiens, avec la relation du siège d'Amiens*, in-8, 1806.
Gilbert (A.-P.-M.). *Description historique de l'église cathédrale d'Amiens*, in-8 et 5 pl., 1834.
Dusevel (H.). *Notice sur la cathédrale d'Amiens*, in-8 et grav.
* *Lettre sur les anciens tombeaux découverts en 1694, sous un grand autel d'une église qui étoit autrefois l'église cathédrale d'Amiens*, in-4.
Lévrier. *Monuments antiques; description d'une tombe trouvée dans les décombres de l'église des ci-devant religieuses de Ste-Claire, rue St-Leu, à Amiens, en avril 1812*, 2 pages in-4, sans date.
* *Notice sur la ville d'Amiens*, par MM. D*** et R. M***, in-8, 1825.
Vermont. * *Voyage pittoresque, ou Notice exacte de tout ce qu'il y a d'intéressant à voir dans la ville d'Amiens*, in-12, 1783.
* *Dictionnaire minéralogique de la France*, in-8, 1772 (le t. II contient une annonce sur les eaux d'Amiens).
Daire (le P.). *Histoire littéraire de la ville d'Amiens*, in-4, 1782.
Cayrol (.le). *Essai sur la vie et les ouvrages du P. Daire*, in-8...
Mémoires de la société d'émulation d'Amiens, in-4, 1800-40.
Mémoires de la société des antiquaires de Picardie, 3 vol. in-8, 1836-41.

AMIFONTAINE, vg. *Aisne* (Picardie), arr. et à 25 k. de Laon, cant. de Neufchâtel, ✉ de Berry-au-Bac. Pop. 447 h.

AMIGNY, vg. *Cher*, comm. et ✉ de Sancerre.

AMIGNY, vg. *Manche* (Normandie), arr. et à 8 k. de St-Lô, cant. de St-Jean-de-Daye, ✉ de la Perine. Pop. 220 h.

AMIGNY-ROUY, vg. *Aisne* (Picardie), arr. et à 30 k. de Laon, cant. et ✉ de Chauny. P. 1,495 h.—Manufacture de faïence blanche.

AMILLIS, vg. *Seine-et-Marne* (Brie), arr., ✉ et à 11 k. de Coulommiers, cant. de la Ferté-Gaucher. Pop. 881 h. Sur l'Aubetin. —Marché tous les vendredis.

AMILLY, *Ameliacum*, vg. *Eure-et-Loir* (Beauce), arr., cant., ✉ et à 7 k. de Chartres. Pop. 382 h.—On remarque près de ce village, dans la plaine qui s'étend dans la direction de Courville à Chartres, des chemins souterrains de 8 et 12 kilomètres d'étendue, recouverts de terre végétale, et dont la voûte, qui est brisée en quelques endroits, permet d'en visiter l'intérieur. Ces chemins ont environ 1 m. 80 c. de hauteur sous voûte, sur 80 c. de large; de distance en distance, se trouvent des espèces de retraite de 2 m. 67 c. à 3 m. 33 c. carrés, où il est probable que se retiraient les personnes parcourant ces voies souterraines, qui n'auraient pu se croiser dans des chemins si étroits.

AMMILLY, vg. *Loiret* (Orléanais), arr., cant., ✉ et à 4 k. de Montargis. Pop. 1,670 h. —Filature hydraulique de coton.

AMIONS, vg. *Loire* (Forez), arr. et à 23 k. de Roanne, cant. et ✉ de St-Germain-Laval. Pop. 496 h.

AMIRAT, *Amiratum*, vg. *Var* (Provence), arr. et à 51 k. de Grasse, cant. et ✉ de St-Auban. Pop. 150 h. —Il possède de belles sources, dont les eaux fertilisent les jardins et les prairies de son territoire.

AMMERSCHWIR, ou AMMERSWEYER, petite ville, *H.-Rhin* (Alsace), arr. et à 9 k. de Colmar, ✉ de Kayserberg. P. 2,149 h.—Elle a été formée au XIVe siècle de la réunion des habitations de plusieurs villages dépendant de trois seigneuries, dont les titulaires conservèrent leurs droits sur la ville; de telle sorte que chacun d'eux était maître d'une porte, avait son bailli et percevait ses redevances.
Les armes d'**Ammerschwir** sont : *de gueules à un St-Martin d'or monté sur un cheval d'argent, portant sur une terrasse de sinople, coupant avec son épée son manteau pour le donner à un pauvre, le tout d'or.*—Commerce de vins estimés de son territoire.

AMMERTZWILLER, vg. *H.-Rhin* (Alsace), arr. et à 30 k. de Béfort, cant. et ✉ de Dannemarie. Pop. 296 h.

AMMEVILLE, vg. *Calvados* (Normandie), arr. et à 28 k. de Lisieux, cant. de St-Pierre-sur-Dives, ✉ de Livarot. Pop. 253 h.

AMNÉ, vg. *Sarthe* (Maine), arr. et à 23 k. du Mans, cant. de Loué, ✉ de Coulans. Pop. 805 h.

AMNEVILLE, h. *Moselle*, comm. de Gaudrange, ✉ de Thionville, Pop. 48 h.

AMNITÆ, ou SAMNITÆ, peuples de l'ancienne Gaule, qui occupaient le territoire et les environs d'Ancenis, sur les rives de la Loire.

AMONCOURT, vg. *H.-Saône* (Franche-Comté), arr. et à 17 k. de Vesoul, cant. et ✉ de Port-sur-Saône. Pop. 310 h.

AMONDANS, vg. *Doubs* (Franche-Comté), arr. à 22 k. de Besançon, cant. d'Amancey, ✉ d'Ornans. P. 238 h.—Il est agréablement situé sur un ruisseau qui forme une jolie cascade.

AMONT, vg. *H.-Saône* (Franche-Comté), arr. et à 23 k. de Lure, cant. et ✉ de Faucogney. Pop. 1,151 h.

AMONTCOURT. V. AMONCOURT.

AMONTOT, vg. *Seine-Inf.*, comm. de Reuville, ✉ de Doudeville.

AMONTOT, vg. *Seine-Inf.*, com. et ✉ de St-Romain.

AMOROTS-SUCCOS, vg. *B.-Pyrénées* (Navarre), arr. à 28 k. de Mauléon, cant., ✉ et à 10 k. de St-Palais. P. 318 h. — Il a reçu le surnom de Succos en 1841, époque de la réunion à son territoire de celui de cette commune.

AMOU, joli bourg, *Landes* (Gascogne), chef-l. de cant., arr. et à 28 k. de St-Sever, ✉ d'Orthez. Pop. 2,176 h.—TERRAIN tertiaire supérieur, alluvions anciennes.
Ce bourg, situé dans une contrée extrêmement fertile, est assez bien bâti, dans une heureuse position, sur le Luy de Béarn, un peu au-dessus de son confluent avec le Luy de France. On y remarque de vastes places, une fort belle halle, et une belle fontaine qui verse ses eaux par trois tuyaux dans un vaste bassin qui ne tarit jamais ; en été, ces eaux sont aussi fraîches que celles des Pyrénées, tandis que dans l'hiver elles sont tièdes, et forment tous les matins une espèce de brouillard qui ne disparaît que bien avant dans le jour. L'église paroissiale est un assez bel édifice d'architecture gothique surmonté d'un clocher qui passe pour le plus beau du département. — A l'extrémité nord d'Amou, on voit un beau château construit sur les dessins de Mansard ; et, du côté de l'est, un fort beau camp de forme ovale, fermé tout autour par un fossé et par une terrasse de 8 m. de h ut. — *Fabrique* de futailles, poterie de terre. Distilleries d'eau-de-vie. Tuileries. Nombreux moulins à farine, à huile et à tan. — *Commerce* de vin estimé de son territoire, consommé sous le nom de vin de la côte de Luy ; de grains, maïs, jambons, etc.—Foire le 1er jeudi de mai.

AMOUR (St-), *S. Amatoris*, petite ville, *Jura* (Franche-Comté), chef-l. de cant., arr. et à 30 k. de Lons-le-Saulnier. Cure, gîte d'étape, ✉, ✉. A 442 k. de Paris pour la taxe des lettres. Pop. 2,527 h.—TERRAIN tertiaire supérieur, voisin du terrain jurassique — On y voit les restes d'un ancien château dont les fortifications étaient jadis considérables.—*Fabriques* de clous, poterie de terre. Martinets ; tanneries et corroieries ; scierie hydraulique de marbre et de pierres.—*Commerce* de vins, bestiaux, volailles grasses et maigres, etc. — *Foires* le 1er samedi de fév., mars, avril, mai, juin, août, sept., oct. et 3 déc. ; 2 janv. et 2 nov.

AMOUR (St-), vg. *Saône-et-Loire* (Bourgogne), arr. et à 11 k. de Mâcon, cant. de la chapelle de Guinchay, ✉ de Romanèche. Pop. 765 h. — *Foires* les 3 mars, 3 août et 14 déc.

AMOUREX (St-), vg. *Tarn-et-Garonne* (Languedoc), arr. de Castel-Sarrasin, cant. et ✉ de St-Nicolas-de-la-Grave.

AMOUROUX (les) h. *Lot*, comm. de la Mothe-Fénelon, ✉ de Payrac.

AMPAZA, vg. *Corse*, comm. d'Azilone, ✉ d'Ajaccio.

AMPEILS, vg. *Gers* (Armagnac), comm. et ✉ de Valence.

AMPHOUX, vg. *Var*, comm. de Fox-Amphoux, ✉ de Barjols.

AMPIAC, vg. *Aveyron*, comm. de Vors, ✉ de Rodez.

AMPILLY (Haut-), vg. *Côte-d'Or*, comm. de Quemigny, ✉ d'Aignay-le-Duc.

AMPILLY-LES-BORDES, vg. *Côte-d'Or* (Bourgogne), arr. et à 28 k. de Châtillon-sur-Seine, cant. d'Aignay-le-Duc, ✉ de Baigneux-les-Juifs. Pop. 234 h.

AMPILLY-LE-SEC, vg. *Côte-d'Or* (Bourgogne), arr., cant., ✉ et à 6 k. de Châtillon, ✉. Pop. 664 h.—Il est bâti dans une situation riante, au bord d'une vallée arrosée par la Seine, peuplée de fabriques et embellie par de belles plantations de peupliers.—*Fabriques* de clous. Forges à l'anglaise. Hauts fourneaux, batterie de fer. Exploitation de belles carrières de pierres de taille, qui s'expédient jusqu'à Troyes.—Education de mérinos.

AMPLAING, vg. *Ariége* (pays de Foix), arr. et à 10 k. de Foix, cant. et ⊠ de Tarascon. Pop. 288 h.

AMPLEPUIS, bg *Rhône* (Beaujolais), arr. et à 35 k. de Villefranche, cant. de Thizy, ⊠. Conseil de prud'hommes. A 412 k. de Paris pour la taxe des lettres. Pop. 4,907 h — *Fabriques* considérables de toiles de coton et de fil, guinées; articles de Beaujolais, mousselines, calicots, etc. Cette fabrique, connue sous le nom de fabrique de la Montagne, est partagée avec Thizy ; elle comprend 48 communes.— Filatures hydrauliques de coton. Blanchisseries de toiles. — *Foires* les 22 janv., 2 et 3 nov., mardi gras, samedi avant la mi-carême, mardi de Pâques, mardi après la Pentecôte, mardi après l'Assomption , dernier. mardi de sept., pour bestiaux, coton filé et en bourre.

AMPLIERS, vg. *Pas-de-Calais* (Artois), arr. et à 31 k. d'Arras, cant. de Pas, ⊠ de Doullens. Pop. 551 h. — Filature hydraulique de laines peignées.

AMPOIGNÉ, bg *Mayenne* (Anjou), arr., cant., ⊠ et à 10 k. de Château-Gontier. P. 854 h.

AMPONVILLE, vg. *Seine-et-Marne* (Gatinais), arr. et à 19 k. de Fontainebleau, cant. et ⊠ de la Chapelle-la-Reine. Pop. 404 h.— En 1567, les habitants de ce village furent presque tous passés au fil de l'épée par les protestants.

AMPRIANI, vg. *Corse*, arr., ⊠ et à 27 k. de Corte, cant. de Moita (ci-devant de Serra). Pop. 158 h.

AMPUGNANY, vg. *Corse*, arr. et à 36 k. de Bastia, cant. de la Porta.

AMPUS, bg *Rhône* (Forez), arr. et à 34 k. de Lyon, cant. de Ste-Colombe, ⊠ de Condrieu. Pop. 1,932 h. — Ce bourg est très-agréablement situé sur la rive droite du Rhône. Son territoire est remarquable par son admirable fertilité ; c'est un angle de peu d'étendue, formé des sédiments du Rhône, où la végétation la plus riche témoigne des bienfaits de la nature et des soins du cultivateur. La colline qui le protège contre les injures du nord n'était autrefois qu'un rocher aride où des colons industrieux transportèrent des terres, pratiquèrent des murs pour le retenir, et plantèrent ces sarments précieux qui produisent les vins renommés sous les noms de Côte-Rôtie, célèbres dans toute l'Europe par leur qualité spiritueuse, leur finesse et leur agréable parfum. On désigne ces vins sous le nom de Côte-Rôtie brune et Côte-Rôtie blonde : il est besoin de rester en tonneau cinq ou six ans pour acquérir la maturité convenable ; mis ensuite en bouteilles, ils y gagnent encore de la qualité pendant un grand nombre d'années. — *Foires* les 23 janv., 20 mai, 9 sept.

AMPUS, *Ampucius Villa, Amputare,* vg. *Var* (Provence), arr., cant., ⊠ et à 13 k. de Draguignan. Pop. 1,245 h. — Il est situé sur une élévation terminée par un précipice. On remarque aux environs des restes de constructions romaines et les ruines d'un château fort. —Carrière de marbre blanc veiné de rouge.— *Fabrique* de poterie de terre. — *Foire* lundi après le 21 sept.

AMURE, vg. *Deux-Sèvres* (Poitou), arr. et à 16 k. de Niort, cant. de Fontenay, ⊠ de Mauzé. Pop. 374 h.

AMY, vg. *Oise* (Picardie), arr. et à 35 k. de Compiègne, cant. et ⊠ de Lassigny. P. 533 h.

ANAGNUTES, peuples de la Bretagne, qui occupaient une partie du diocèse de Nantes, entre la Loire et le Poitou.

ANAIS, vg. *Charente* (Angoumois), arr. et à 14 k. d'Angoulême, cant. et ⊠ de St-Amant-de-Boixe. Pop. 660 h.

ANAIS, vg. *Charente-Inf.* (Aunis), arr. et à 19 k. de la Rochelle, cant. de la Jarrie, ⊠ de Nuaillé. Pop. 310 h.

ANAN, vg. *H.-Garonne* (Languedoc), arr. et à 31 k. de St-Gaudens, cant. et ⊠ de l'Isle-en-Dodon. Pop. 553 h.

ANANS, vg. *Jura* (Franche-Comté), arr. et à 19 k. de Dôle, cant. de Chaussin. Pop. 659 h. — C'est un village fort ancien, qui fut affranchi en 1260, et qui plus tard fut brûlé par les Comtois. En 1748 on a trouvé sur son territoire un pavé en mosaïque et plusieurs médailles romaines d'argent et de cuivre.

ANAO PORTUS (lat. 44°; long. 26°). « Holstenius, dans ses annotations sur l'Italie de Cluvier (p. 4), ne pense pas comme lui que ce port doive être confondu avec un autre que l'Itinéraire maritime indique également sous le nom d'*Avisio*. Il est vrai qu'à un peu plus de 2,000 toises du fond de l'anse d'Eza, on lit *Avisio Portus*, entre Sud et Lebeche, une pointe de terre, qui porte le nom de Santo-Hospitio ou de Sospiers, forme une autre anse, dont la pêche on fait appeler la Tonnara. L'intervalle que je viens d'indiquer d'après la plus exacte représentation du local, répond à peu près à 3 milles ; selon l'Itinéraire, *ab Avisione Anaone portus* IV. » D'Anville. *Notice de l'ancienne Gaule,* p. 64.

ANASTAIZE (St-), vg. *Puy-de-Dôme* (Auvergne), arr. et à 28 k. d'Issoire, cant. et ⊠ de Besse. Pop. 480 h.

ANASTASIE (Ste-), vg. *Cantal* (Auvergne), arr. et à 9 k. de Murat, cant., et ⊠ d'Allanche. Pop. 842 h. On y remarque le château de Montmoraud, qui appartenait en 1346 à P. Sudre, père du cardinal Sudre, évêque d'Ostie.

ANASTASIE (Ste-), vg. *Gard* (Languedoc), arr., cant. et à 12 k. d'Uzès, cant. de St-Chaptes. Pop. 1,151 h.

ANASTASIE (Ste-), vg. *Var* (Provence), arr., cant. et à 12 k. de Brignolles, cant. de la Roquebrussanne. Pop. 565 h.

ANATILII (lat. 44°, long. 23°). « Il en est fait mention dans Pline (lib. III; cap. 4), et c'est après avoir parlé des bouches du Rhône et du canal de Marius, de *Maritima Avaticorum* et des *Campi Lapidei,* qu'il ajoute immédiatement ensuite : *regio Anatiliorum* ; et *intus Devusiatium Cavarumque.* Il semble qu'on doive conclure de ces circonstances que les *Anatilii* étaient placés au delà du Rhône à notre égard, et que, par une distinction que l'expression *intus* met entre leur emplacement et celui des *Desuviates* et des *Cavares,* ils devaient être voisins de la mer. Et, quant à ce dernier point, Ptolémée le voudrait de même, parce que, ne connaissant point les *Avatici,* il attribue *Maritima* aux *Anatilii* 'Ανατέιλων Μαρέτιμα. Mais vu que les *Avatici* occupaient *Maritima,* selon le témoignage de Méla et de Pline, on ne voit de place aux *Anatilii* que vers le Rhône, et vraisemblablement entre ses embouchures. Si l'on en croit même une inscription rapportée par Honoré Bouche (*Chorog. de Prov.,* p. 158), et citée par Spon, par M. Ducange (*Miscell.,* p. 159), par les PP. Menestrier et Hardouin (*Chron. Pasch.,* p. 572), et qu'on prétend avoir été trouvée à St-Gilles, les *Anatilii* y auraient eu une ville sous le nom d'*Heraclea.* Il est vrai que M. de Tillemont a formé des doutes sur l'authenticité de cette inscription, et que les savants bénédictins qui ont composé l'histoire du Languedoc (t. I, p. 643) l'ont combattue par des raisons qui, sans être tout à fait convaincantes, font honneur à leur critique. L'inscription fait parler les *Anatilii* comme ayant voulu par ce monument témoigner leur reconnaissance envers Ataulphe, roi des Visigoths, et Placidie, son épouse, qu'on sait avoir été sœur de l'empereur Honorius. On ne saurait douter, sur le rapport de Godefroi de Viterbe, qu'Ataulphe ne se fût établi en ce lieu : *Ubi hodie villa S. Ægidii dicitur, in loco qui usque hodie palatium Gothorum vocatur, consedit Ataulphus supra. Rhodanum fluvium.* Les environs de St-Gilles ont porté le nom de *Vallis Flaviana* et selon les bulles de Jean VIII, dans le IXe siècle, cette vallée a été donnée à Saint Gilles par un roi des Goths : *quam vallem Flavius quondam Gothorum rex beato Egydio dedit.* Dans l'inscription, Ataulphe porte le surnom de *Flavius* ; et néanmoins on en tire un argument contre cette inscription, sur l'opinion qu'on a que Reccarède, postérieur à Ataulphe d'environ cent soixante-dix ans, est le premier des Visigoths d'Espagne qui ait affecté le nom de *Flavius.* Mais ce qu'Ataulphe ne s'est pas soutenu longtemps dans ce canton, ayant été contraint de se retirer en Espagne, comme le marque Godefroi de Viterbe : *A quo loco per Constantinum comitem postea pulsus, in finibus Hispaniæ cum Gothis resedit,* il s'ensuit qu'il n'ait pu y destiner un lieu pour sa demeure en se flattant de s'y maintenir. Quoi qu'il en soit, m'étant abstenu de placer cette Heraclea sur la carte, je pense que si l'on ne peut affirmer que les *Anatilii* l'ont occupée, ils en étaient néanmoins très-voisins. Pline fait mention d'une ville d'*Anatilia,* quelques lignes plus bas que l'endroit où il cite les *Anatilii* : mais c'est dans un dénombrement où l'ordre alphabétique qui y est suivi n'est pas propre à donner quelque indice de position, par un rapport de proximité avec d'autres dont on aurait connaissance. Ainsi on ne voit point ce qui détermine quelques savants (*Hist. de Nîmes*, t. i, notes, p. 28 ; *Hist. de Lang.*, t. i, preuves, col. 60) à placer cette ville à Mornas, sur une rive du Rhône, qui, étant voisine d'Orange, appartenait incontestablement aux *Cavares*. Dans un diplôme de l'empereur Louis le Débonnaire en faveur du monastère d'Aniane, il est parlé de Mornas comme d'un lieu du territoire d'Orange. *locus qui est in Pago Arausione, vocabulo Morenatus.* D'ailleurs ce serait placer les *Anatilii* dans un canton éloigné de la mer, en s'écartant de l'idée que Pline donne de leur situation par la distinction d'avec des peuples avancés dans les terres, comme j'ai cru devoir le remarquer ci-dessus. » D'Anville, *Notice de la Gaule*, p. 186. V. aussi Valckenaer. *Géographie des Gaules*, t. ii, p. 186.

ANATOLE (St-), vg. *Tarn*, comm. de Giroussens, ⊠ de Lavaux.

ANATOLY (St-), vg. *H.-Garonne*, comm. de Lanta, ⊠ de Caraman.

ANDEROQUES, vg. *Aveyron*, comm. et ⊠ de Séverac.

ANBERVILLE, vg. *Seine-Inf.*, comm. et ⊠ d'Envermeu.

ANBERVILLE, vg. *Seine-Inf.*, comm. de St-Martin-le-Gaillard, ⊠ d'Eu.

ANCE, vg. *B.-Pyrénées* (Béarn), arr. et à 11 k. d'Oloron, cant. et ⊠ d'Aramitz. Pop. 459 h.

ANCE (l'), petite rivière qui prend sa source au-dessus d'Anthême, *Puy-de-Dôme*, elle passe à Anthême, et se jette dans la Loire, un au-dessus de Bas-en-Basset, *H.-Loire*, après un cours d'environ 48 k.

ANCEAUMEVILLE, *Anselmi Villa*, vg. *Seine-Inf.* (Normandie), arr. et à 18 k. de Rouen, cant. de Clères, ⊠ de Malaunay. Pop. 481 h. — Filature de coton. Papeterie.

ANCEINS, vg. *Orne* (Normandie), arr. à 48 k. d'Argentan, cant. et ⊠ de la Ferté-Fresnel. Pop. 532 h.

ANCELLE, vg. *H.-Alpes* (Dauphiné), arr. et à 15 k. de Gap, cant. et ⊠ de St-Bonnet. Pop. 1,165 h. — *Foires* les 15 juin et 1er nov.

ANCEMONT, vg. *Meuse* (Lorraine), arr., ⊠ et à 11 k. de Verdun, cant. de Souilly. Pop. 593 h.

ANCENIS, *Andenesium*, *Ancenesium*, *Ancenisium*, jolie petite ville, *Loire-Inf.* (Bretagne), chef-l. de sous-préf. et d'un cant. Trib. de 1re inst. Collége comm. Cure. Soc. d'agric. Gîte d'étape. ⊠. ⚘. Pop. 3,802 h. — TERRAIN de transition supérieur. — Autrefois baronnie et prévôté.

La position de cette ville, défendue par un château qui commandait le fleuve et dont les flots venaient baigner les murs, l'avait fait appeler autrefois la clef de la Bretagne, du côté de l'Anjou. C'est une ville très-ancienne que Denis le Périégète et d'autres géographes font capitale d'une colonie d'Amnites, ancien peuple d'Italie, dont le pays s'appelait *Samnium*.

Le rôle historique d'Ancenis ne commence que vers la fin du xe siècle. Tandis que Guerech,

comte de Nantes, était allé, en 982, à la cour du roi Lotaire, Aremburge, son épouse, bâtit le château d'Ancenis, pour préserver Nantes de l'attaque des comtes d'Anjou, alors rivaux de ceux de Nantes et de Rennes. Geoffroi Grise-Gonelle, en effet, prit ombrage de cette forteresse, et vint en former le siège l'an 987, mais il fut tué devant cette place (1). Henri II Plantagenet s'empara d'Ancenis qu'il fortifia, et le conserva jusqu'à la fin de la domination anglaise.

En 1230, Pierre de Dreux, en guerre avec Louis IX, vit tomber successivement au pouvoir de ce prince Oudon, Ancenis et Châteaubriant. En 1468, Louis XI, en guerre avec François II, duc de Bretagne, s'empara d'Ancenis et de Chantocé, à la tête d'une armée de 40,000 hommes. Ce fut dans cette ville qu'il signa avec le duc, le 27 septembre, l'un de ces traités de paix que la perfidie forçait si souvent les ennemis de rompre. En effet, ce monarque ayant fait empoisonner son frère le duc de Guienne, l'an 1472, se hâta de tomber, à l'improviste, sur le duc de Bretagne, affaibli par la mort de l'un de ses alliés. Ancenis, Machecoul et la Guerche furent pris par trahison, et rendus l'année suivante. Les dernières années du règne de François II furent marquées par une guerre cruelle que ce prince soutint contre la France. La Trimouille assiégea Ancenis en 1488, et en détruisit les fortifications et les remparts. Les habitants, chassés de leur ville ruinée et réduite en cendres, se retirèrent à Nantes.

Lorsque le duc de Mercœur, saisissant le prétexte de la religion, se ligua avec les Guise pour faire la guerre au roi, le prince de Dombes, qui commandait en Bretagne pour Henri IV, fit le siège d'Ancenis, alors sans clôture, et qui appartenait au duc d'Elbeuf, prince lorrain. Le château ne s'était fortifié qu'il soutint les assauts des Français, qui s'en rendirent maîtres. D'autres disent que le siège fut levé par convention. Les états de la province en payèrent eux-mêmes la garnison, et dans tout le cours de la guerre il n'en est plus fait mention que comme d'une place tenue en neutralité par le duc d'Elbeuf. Ce fut cette circonstance qui fit choisir Ancenis pour le lieu des conférences entre les députés du roi et ceux du duc de Mercœur. La reine Louise, veuve de Henri III et sœur du duc de Mercœur, se rendit elle-même dans cette place, dans l'année 1594, afin de ménager la paix entre le roi et son frère. Les députés des deux partis s'y rassemblèrent. Les hostilités ayant recommencé, le duc de Mercœur gagna celui qui la commandait, et cette place, neutre auparavant, tint pour lui le reste de la guerre. Quand la paix fut conclue entre Henri IV et le duc de Mercœur, conformément au traité passé entre les deux princes, les fortifications d'Ancenis furent démolies en 1599. En 1700, le château, tombant en ruines, fut

(1) Suivant M. Bodin, *Recherches sur le bas Anjou*, t. i, p. 178, ce n'est pas devant Ancenis que fut tué Geoffroi Grise-Gonelle, mais bien devant le château de Marson, près de Saumur.

reconstruit, mais sans fortification. — Ancenis avait droit d'envoyer un député aux états de Bretagne, qui se sont tenus trois fois dans ses murs, en 1620, 1630 et 1720. — Durant les guerres de la Vendée, cette ville fut le théâtre de plusieurs combats entre les républicains et les royalistes. Le 15 décembre 1793, Westermann y dispersa les restes d'une armée formidable de Vendéens, qui tentèrent inutilement de passer la Loire sur des radeaux improvisés.

Les armes d'Ancenis sont : *de gueules à trois quintefeuilles d'argent, deux en chef et une en pointe, chacune chargée de cinq mouchetures d'hermine de sable.*

Cette ville est dans une situation très-agréable, sur la rive droite de la Loire, qui baigne ses murs et devient souvent très-dangereuse par ses inondations. Elle est environnée de riantes collines couvertes de vignes, et dominée par un coteau escarpé surmonté d'un gothique château, qui offre un des points de vue les plus remarquables de cette magnifique contrée. De la terrasse du château et d'un endroit appelé Juigné, situé à une petite distance de la ville, on jouit d'une fort belle vue sur le cours de la Loire, sur les îles nombreuses que forme cette rivière : sur la rive gauche, la vue s'étend depuis Varades jusqu'au château de Clermont, et sur l'autre rive, depuis St-Florent jusqu'à Champtoceaux. — Ancenis possède un beau collége et d'agréables promenades; son port sert d'entrepôt et de station aux bateaux qui naviguent sur la Loire.

INDUSTRIE. *Fabriques* de sel de tartre. Éducation des chevaux et des abeilles. Aux environs, forges et exploitation de houille. — *Commerce* de grains, vins, vinaigre, bois de chauffage et de construction, houille, fer et bestiaux.

— *Foires* les 4 mars, 4 juin, 2 juillet, 30 nov., et 1er jeudi de chaque mois.

L'arrondissement d'Ancenis renferme 5 cantons : Ancenis, Ligné, Riaillé, St-Mars-la-Jaille et Varades. Il produit des grains, d'excellents pâturages, des vins de bonne qualité et des bois. On y trouve une mine de charbon de terre très-estimée.

A 38 k. de Nantes, 51 k. d'Angers, 351 k. de Paris pour les relais de poste, 353 k. pour la taxe des lettres.

ANCENNES, vg. *Somme*, comm. de Bouttencourt, ⊠ de Blangy.

ANCERVILLE, bg *Meuse* (Lorraine), ch.-l. de cant., arr. et à 20 k. de Bar-le-Duc. Cure. ⊠ de St-Dizier. Pop. 2,181 h. — TERRAIN d'alluvion et de tourbe. — *Fabriques* et commerce considérable de kirsch-wasser. — *Foires* les 1er avril et 1er déc.

ANCERVILLE, vg. *Moselle* (pays Messin), arr. à 20 k. de Metz, cant. de Pange, ⊠ de Courcelles-Chaussy. Pop. 525 h. — Il est sur la rive droite de la Nied française, et possédait autrefois une forteresse où l'on mettait garnison pour s'opposer aux incursions des Lorrains. C'est la patrie d'ÉMILE DEBRAUX, auteur de poésies agréables et de chansons, dont quelques-unes approchent de celles de notre Béranger ; elles ont paru sous le titre de *Chansons nationales*, etc., quatrième édition, in-18, 1826. On a aussi de lui : *le Passage de la Bérésina, petit épisode d'une grande histoire*, 3 vol. in-12, 1825; *Voyage à Ste-Pélagie, en mars 1823*, 2 vol. in-12, 1823. — Fabrique de tissus de crin pour ameublement.

ANCERVILLER, vg. *Meurthe* (Lorraine), arr. et à 30 k. de Lunéville, cant. et ✉ de Blamont. Pop. 793 h.

ANCEY, vg. *Côte-d'Or* (Bourgogne), arr. et à 3 k. de Dijon, cant. et ✉ de Sombernon. Pop. 526 h. — Il est assez bien bâti, à mi-côte, et domine un vallon étroit. L'église paroissiale, située à l'intersection des quatre principales rues, est une des plus belles de la contrée. — Education des abeilles.

ANCHAMPS, vg. *Ardennes* (Champagne), arr. et à 15 k. de Rocroy, cant. et ✉ de Fumay. Pop. 221 h.

ANCHAY, vg. *Jura*, comm. de Lavans-sur-Valouze, ✉ d'Arinthod.

ANCHÉ, vg. *Indre-et-Loire* (Touraine), arr., ✉ et à 8 k. de Chinon, cant. de l'Isle-Bouchard. Pop. 324 h. — On y voit le château de Brétignolles, érigé en vicomté en 1820 par Louis XVIII, en faveur de J. de Pierres de Fougeray.

ANCHÉ, vg. *Vienne* (Anjou), arr. et à 28 k. de Civray, cant. et ✉ de Couhé, à 27 k. de Poitiers. Pop. 714 h.

ANCHENONCOURT, vg. *H.-Saône* (Franche-Comté), arr. et à 31 k. de Vesoul, cant. d'Amance, ✉ de Vauvillers. Pop. 865 h. Sur la Superbe.

ANCHEVILLE, h. *Eure-et-Loir*, comm. de Francourville, ✉ d'Auneau.

ANCHICHARBOUROU, vg. *B.-Pyrénées*, comm. de St-Jean-le-Vieux, ✉ de St-Jean-Pied-de-Port.

ANCIENVILLE, vg. *Aisne* (Picardie), arr. et à 30 k. de Soissons, cant. et ✉ de Villers-Cotterets. Pop. 174 h. — Tuilerie et fours à chaux.

ANCIER, vg. *H.-Saône* (Franche-Comté), arr., cant., ✉ et à 4 k. de Gray. Pop. 452 h.

ANCINNES, vg. *Sarthe* (Maine), arr. et à 17 k. de Mamers, cant. de St-Pater, ✉ d'Alençon. Pop. 1,244 h. — On voit aux environs une butte élevée, sur laquelle était jadis couronnée par une forteresse qu'on nommait le château de Mauny. Cette butte est ronde; il y a des retranchements vers le sommet et une citerne en partie comblée.

ANCISES (les), h. *Puy-de-Dôme* (Auvergne), arr. de Riom, cant. de Manzat. — Il s'y tient 9 foires considérables : les 1er mars, 26 juillet, 20 août, 7 sept., 14 oct., 7 déc., jeudi de Pâques, veille de l'Ascension et de la Fête-Dieu. Il se vend à ces foires une grande quantité de bestiaux, de laine, peaux, sabots, beurre et fromages.

ANCIZAN, vg. *H.-Pyrénées* (Gascogne), arr. et à 40 k. de Bagnères-de-Bigorre, cant. et ✉ d'Arreau. Pop. 1,022 h. — Il est situé au pied des Pyrénées, sur la rive gauche de la Seaux. — Fabrique de cordelats et d'étoffes de laine. Aux environs, mines de cuivre, d'ocre et de vert de montagne. — Foire le 25 nov.

ANCIZAN-DESSUS, vg. *H.-Pyrénées*, arr. d'Argelès, cant. d'Acun.

ANCIZAN-DESSUS, vg. *H.-Pyrénées*, arr. d'Argelès, cant. d'Acun.

ANCLAUDES, vg. *H.-Pyrénées*, comm. et ✉ de Lourdes.

ANCONNE, *Acunum*, vg. *Drôme* (Dauphiné), arr., cant., ✉ et à 3 k. de Montélimart. Pop. 527 h. — Ancone est un village très-ancien, dont le nom a la même étymologie que celui de la ville d'Ancône en Italie, et qu'il doit à sa position sur un angle de terre qui avance dans le Rhône. L'Itinéraire de Bordeaux à Jérusalem mentionne *Acunum*, et le place entre Orange et Valence. Les plus savants géographes y ont reconnu le village d'Anconne. — Foires les 26 avril et 17 sept.

ANCOS, vg. *Landes*, comm. de Coudures, ✉ de St-Sever. Pop. 100 h.

ANCOURT, vg. *Seine-Inf.* (Normandie), arr., ✉ et à 8 k. de Dieppe, cant. d'Offranville. Pop. 532 h.

ANCOURTEVILLE, vg. *Seine-Inf.* (Normandie), arr. et à 12 k. d'Yvetot, cant. d'Ourville, ✉ de Fauville. Pop. 604 h.

ANCRETIÉVILLE, vg. *Seine-Inf.* (Normandie), arr. et à 18 k. d'Yvetot, cant. et ✉ d'Yerville. Pop. 533 h.

ANCRETIÉVILLE-SUR-MER, vg. *Seine-Inf.* (Normandie), arr. et à 30 k. d'Yvetot, cant. et ✉ de Valmont. Pop. 516 h.

ANCTEVILLE, vg. *Manche* (Normandie), arr. et à 8 k. de Coutances, cant. de St-Malo-de-la-Lande. Pop. 584 h.

ANCTOVILLE, *Calvados*. V. Auctoville.

ANCTOVILLE, vg. *Manche* (Normandie), arr. et à 28 k. de Coutances, cant. de Bréhal, ✉ de Grandville. Pop. 219 h.

ANCY, vg. *Rhône* (Lyonnais), arr. et à 29 k. de Villefranche, cant. et ✉ de Tarare. Pop. 949 h. — Fabrique d'étoffes de soie.

ANCY-LE-FRANC, joli bourg, *Yonne* (Champagne), chef-l. de cant., arr. et à 18 k. de Tonnerre. Cure, ✉, ⌘. A 201 k. de Paris pour la taxe des lettres. Pop. 1,423 h. — Terrain jurassique, étage moyen du système oolitique.

Autrefois diocèse de Langres, parlement de Paris, élection de Tonnerre.

Ce bourg est bâti dans une situation fort agréable sur le canal de Bourgogne et sur la rive droite de l'Armançon. On y remarque un magnifique château construit par Antoine de Clermont, comte de Tonnerre. Ce château, par l'exactitude, la sévérité et le grandiose du style de son architecture extérieure, présente sur le développement de ses quatre façades, entièrement uniformes, une perfection à laquelle la durée de plusieurs siècles n'a fait subir aucune sorte d'altération. Ce superbe et imposant édifice fut commencé en 1555, sous le règne de Henri II, sur les dessins du Primatice, et achevé sous la direction de ses élèves, en 1622. Rien de ce qui peut contribuer à la décoration intérieure ne fut non plus négligé. Le Primatice chargea le peintre qu'il employait le plus habituellement, Nicolo d'Ellabate, d'y exécuter plusieurs tableaux sur toile ou à fresque : le fils et le petit-fils de cet artiste continuèrent ces travaux importants, parmi lesquels on se plaît à remarquer les scènes les plus intéressantes et les plus pathétiques du *Pastor fido*. Ces peintures sont encore dans le plus bel état de conservation. La pièce qui les renferme peut à elle seule donner une idée du goût et de la somptuosité des premiers temps de la renaissance des arts; il en est de même de la chapelle, qui est unique en son genre, et l'une des plus belles que renferme l'habitation d'un homme opulent.

En 1688, le marquis de Louvois fit l'acquisition du château d'Ancy-le-Franc, ainsi que de tout le comté de Tonnerre, auquel furent réunies de vastes provinces limitrophes, appartenant à Anne de Souvré, son épouse, alors la plus belle et la plus riche héritière de France. Ce château, d'où dépendent des forêts et des propriétés immenses, est encore aujourd'hui possédé par M. le marquis de Louvois, pair de France, qui en a récemment embelli les jardins et rendu plus moderne la distribution intérieure.

— Le parc du château d'Ancy-le-Franc est limité d'un côté par le canal de Bourgogne. A l'une des extrémités sont deux hauts fourneaux, que M. le marquis de Louvois a fait établir pour utiliser les minerais de fer des environs, dont la fonte est comparable aux meilleures fontes étrangères. M. de Louvois est aussi le fondateur d'une scierie hydraulique, d'une manufacture de faïence, et des verreries considérables de Maulne, où l'on fabrique des verres et des bouteilles, ⓐ 1823. — Foires les 29 janv., 28 mars, 3 mai, 30 juin, 30 oct., 9 sept. et 13 déc.

Bibliographie. CHAILLOU-DESBARRES (le baron). *Notice sur le château d'Ancy-le-Franc*, extraite de l'*Annuaire statistique de l'Yonne*, in-8, 1838.

ANCY-LE-SERVEUX, vg. *Yonne* (Champagne), arr. et à 14 k. de Tonnerre, cant. et d'Ancy-le-Franc. Pop. 384 h.

ANCY-LES-SOLGNE, vg. *Moselle*, comm. et ✉ de Solgne.

ANCY-SUR-MOSELLE, vg. *Moselle* (pays Messin), arr. et à 13 k. de Metz, cant. et ✉ de Gorze. Pop. 1,141 h. — Il est formé de trois hameaux, et possède de belles carrières.

ANDABRE. V. Pont-de-Camarès.

ANDABRES, vg. *Hérault*, comm. de Rosis, ✉ de Bédarieux.

ANDAINVILLE, *Andanivilla*, vg. *Somme* (Picardie), arr. et à 47 k. d'Amiens, cant. et ✉ d'Oisemont. Pop. 617 h.

ANDANCE, petite ville, *Ardèche* (Vivarais), arr. et à 22 k. de Tournon, cant. de Serrières, ✉. A 518 k. de Paris pour la taxe des lettres. Pop. 1,355 h. — Filatures de soie. — Foires les 16 fév., 16 août ou le lundi suivant, si ces jours tombent un samedi.

ANDANCETTE, vg. *Drôme*, comm. d'Albon, ✉ de St-Vallier.

ANDARD, bg *Maine-et-Loire* (Anjou), arr., cant., ✉ et à 16 k. d'Angers. Pop. 1,127 h. — Commerce de chanvre, de graines et d'huile de noix.

ANDAYE. V. Hendaye.

ANDÉ, *Ande, Andeium*, vg. *Eure* (Normandie), arr., cant. et à 7 k. de Louviers, ⊠ de Notre-Dame-du-Vaudreuil. Pop. 434 h. Sur la Seine.

ANDECAMULUM (lat. 47°, long. 19°). « Dans une inscription rapportée par Gruter, et qui a été trouvée à Rançon sur le bord de la Gartempe, dans le diocèse de Limoges, on lit le nom d'*Andecamulum*. Je remarque dans Gruter une autre inscription où Mars est surnommé *Camulus*, à l'occasion d'un temple que lui élèvent les *Remi*, pour la conservation de Tibère. » D'Anville. *Notice de l'ancienne Gaule*, p. 66.

ANDECHY, vg. *Somme* (Picardie), arr., cant. et à 14 k. de Montdidier, ⊠ de Roye. Pop. 513 h.

ANDEGLOU, h. *Loiret*, comm. et ⊠ de Chevilly.

ANDEL, vg. *Côtes-du-Nord* (Bretagne), arr. et à 20 k. de St-Brieuc, cant. et ⊠ de Lamballe. Pop. 603 h.

ANDELAIN, vg. *Aisne* (Picardie), arr. et à 25 k. de Laon, cant. et ⊠ de la Fère. Pop. 187 h. — A 1 k. de la Fère, on aperçoit une forte digue en terre qui traverse toute la vallée de l'Oise, au-dessous de cette ville, et dont les extrémités vont s'appuyer aux hauteurs d'Andelain et de Beautor. Cette digue, rompue aujourd'hui en plusieurs endroits, atteste la persévérance de l'armée de siège commandée par Henri IV, qui, ne pouvant forcer la Fère à se soumettre, eut recours à l'inondation, en refoulant sur la ville, par l'effet de cette digue, les eaux de l'Oise. Ce moyen, qui réussit, mit fin au siège. La digue porte encore le nom de *digue de Henri IV*. — En 1411, Andelain fut pris d'assaut par un parti nombreux de paysans que l'on désignait sous le nom d'*enfants du roi*.

Fabrique de vitriol, établie en 1812. L'exploitation qui fournit les terres pyriteuses est à Bertaucourt, distant de 2 k. C'est dans ce lieu que se fait le lessivage des terres. Les eaux saturées de sel sont transportées dans les ateliers d'Andelain, où elles subissent les opérations nécessaires pour produire les sels qu'elles tiennent en dissolution. L'alun et le couperose provenant de cette usine sont généralement estimés. La quantité qu'on obtient annuellement est d'environ 1,500 quintaux métriques de couperose et 700 d'alun. Le nombre d'ouvriers employés par jour est de 25.

ANDELARRE, vg. *H.-Saône* (Franche-Comté), arr., cant., ⊠ et à 7 k. de Vesoul. Pop. 145 h.

ANDELARROT, vg. *H.-Saône* (Franche-Comté), arr., cant., ⊠ et à 7 k. de Vesoul. Pop. 286 h.

ANDELAT, vg. *Cantal* (Auvergne), arr., cant., ⊠ et à 4 k. de St-Flour. Pop. 641 h. — On remarque aux environs du château du Rochain, celui de Colsac, et les ruines de celui de Sailhant. Ce dernier fut pris par les Anglais en 1357, et resta en leur possession jusqu'en 1387; il a été souvent pris et repris pendant les guerres de religion, vers la fin du XVIe siècle. Dessous le château est une belle cascade formée par le ruisseau de Bosborie, qui coule entre des rochers de 40 m. de hauteur; le gouffre qui reçoit les eaux est très-profond et a de 45 à 16 m. de diamètre. On voit encore une autre cascade au hameau de Gour, dépendant de la commune d'Andelat.

ANDELIN (St.-), vg. *Nièvre* (Nivernais), arr. et à 15 k. de Cosne, cant. et ⊠ de Pouilly-sur-Loire. Pop. 843 h.

ANDELLE (l'), *Andelius, Indella*, rivière qui prend sa source au village de Serqueux, près de Forges-les-Eaux, dép. de la *Seine-Inférieure*. Dans son cours, d'environ 64 k., elle passe à Charleval, à Romilly, où elle fait mouvoir une superbe usine à laminer le cuivre, au Pont-St-Pierre, et se jette dans la Seine au Port-de-Pistres, près de la côte des Deux-Amants, *Eure*, à 8 k. au-dessus de Pont-de-l'Arche. — L'Andelle est flottable à partir de Forges-les-Eaux, sur une étendue de 57,467 m. Une partie du bois sert à l'approvisionnement de Rouen; on charge l'autre partie au confluent de cette rivière dans la Seine, et on l'amène à Paris.

ANDELNANS, vg. *H.-Rhin* (Alsace), arr., cant., ⊠ et à 5 k. de Béfort. Pop. 295 h. Près de la Savoureuse.

ANDELOT, vg. *Jura*, comm. d'Andelot-de-St-Amour.

ANDELOT, *Andelaunum, Andelaum*, petite ville, *H.-Marne* (Champagne), chef-l. de cant., arr. et à 20 k. de Chaumont. Cure, ⊠. A 273 k. de Paris pour la taxe des lettres. Pop. 992 h. — Terrain jurassique, étage inférieur du système oolitique.

Autrefois prévôté royale, bureau des cinq grosses fermes.

Andelot est une ville fort ancienne. Au VIe siècle, les rois de France y avaient un palais où, suivant l'opinion la plus commune, fut signé, en 587, le 28 novembre, entre Childebert, Brunehaut et Gontran, un traité par lequel furent fixées les possessions de l'Austrasie, de la Bourgogne et de l'Aquitaine, et dans lequel on trouve les premières traces de l'hérédité des fiefs. Nous croyons devoir donner ici les principales clauses de ce traité, en renvoyant à Grégoire de Tours (IX, 20). — « Les très-excellents seigneurs et rois Gontran et Childebert, et la très-glorieuse dame Brunehaut, se promettent une foi et un attachement purs et sincères. Il est convenu que Gontran aura le tiers de Paris, Châteaudun, Vendôme, le pays d'Étampes, de Chartres. Que Childebert aura Meaux, les trois quarts de Senlis, les cités de Tours, de Poitiers, d'Avranches, Aire, Couserans, Bayonne et Albi, avec leurs territoires. Si l'un des deux rois meurt sans postérité, le survivant héritera du défunt. »

« Il est spécialement convenu que tout ce que Gontran a donné ou donnera à sa fille Clotilde en biens quelconques, ou en hommes, villes, champs ou routes, demeurera en la puissance et propriété de celle-ci; et si elle veut disposer de sa volonté de quelque partie des champs du fisc, des effets précieux ou des sommes par elle amassés, en faire don à quelqu'un, que tout cela soit, avec l'aide de Dieu, conservé à perpétuité par le possesseur (*in perpetuo conservetur*), et ne puisse jamais lui être enlevé. »

— La même phrase se trouve reproduite à propos de Brunehaut, Clodosuinde et Faileube, mère, sœur et femme de Childebert, auxquelles on accorde les mêmes droits qu'à Clotilde. On convint encore que Cahors avec son territoire sera à Gontran; Bordeaux, Limoges, Lescar, Tarbes, dot ou morgengabe de Galsuinthe, sœur de Brunehaut, resteront à Gontran, à la condition de retourner à Brunehaut ou à ses héritiers à la mort de Gontran; que Childebert possédera Senlis, et Gontran le tiers de Resson (près Soissons).

On voit près d'Andelot les ruines de l'ancienne forteresse de Monteclair, rasée en 1635.

Fabrique de coutellerie. — *Foires* 12 fév., 10 mai, 18 juillet et 10 nov.

ANDELOT-EN-MONTAGNE, vg. *Jura* (Franche-Comté), arr. et à 16 k. de Poligny, 15 k. d'Arbois, cant. et ⊠ de Champagnole, ✠. Pop. 784 h.

ANDELOT-LES-ST-AMOUR, vg. *Jura*, arr. et à 30 k. de Lons-le-Saulnier, cant. de St-Julien, ⊠ de St-Amour. Pop. 198 h. — Foires 4 mars, 4 juillet et 4 sept.

ANDELU, vg. *Seine-et-Oise* (Beauce), arr., cant. et à 16 k. de Mantes, ⊠ de Thoiry. Pop. 128 h.

ANDELYS (les), *Andelia, Andelegum, Andeliacum*, petite et ancienne ville, *Eure* (Vexin normand), chef-l. de sous-préfecture et d'un cant. Trib. de 1re inst. Cure, ⊠. Pop. 5,345 h. — Terrain crétacé supérieur, craie.

Autrefois élection, bailliage, présidial, bureau des aides, 2 paroisses, couvents de capucins, de bénédictines et d'ursulines.

On comprend sous le nom d'Andelys deux villes qui ne sont séparées l'une de l'autre que par une chaussée d'un kilomètre. Celle qui passe pour la plus ancienne s'appelle simplement Andely ou le Grand-Andely; elle est située dans un vallon, sur le ruisseau de Gambon; l'autre, sur la rive droite de la Seine, s'appelle le Petit-Andely: on dit communément les Andelys.

Andely (le Grand) doit son origine à une abbaye de filles, fondée par sainte Clotilde, femme de Clovis, en 511. Suivant une ancienne tradition, Clotilde obtint miraculeusement que l'eau d'une fontaine voisine eût les qualités de vin pour les ouvriers qu'elle employait, et c'est en souvenir de ce miracle que, tous les ans, le 2 juin, il se fait un grand pèlerinage à la fontaine Ste-Clotilde, où se plongent de nombreux malades pour obtenir guérison. Cette abbaye subsistait encore en 884; elle fut détruite lors de l'irruption des Normands, rebâtie comme collégiale, et subit diverses réformes en 1245 et en 1634. L'église est une des plus remarquables de la province par la beauté et la conservation de ses vitraux, qui datent du commencement de la renaissance; ceux des chapelles de droite sont surtout admirables. Le portail principal offre un exemple intéressant de ces doubles rangées de colonnes à jour qui soutiennent les larges ornements de l'ogive; et la porte latérale du nord, élevée sans doute à la fin du xvie siècle, est un modèle de proportion de l'école de la renaissance. De superbes pendentifs à jour semblent balancer leurs dentelles sur la tête des assistants. A gauche, en entrant dans la nef, on voit un singulier rocher flanqué de châteaux forts sur les côtés.

Le Grand-Andely était entouré de fortifications dont il reste encore une partie vers le nord. Louis le Gros s'en empara en 1119. Louis VII l'incendia en 1167. Philippe Auguste l'attaqua et le prit en 1202.

Le Petit-Andely, situé sur la rive droite de la Seine, que l'on passe en cet endroit sur un magnifique pont suspendu d'une seule arche, doit son origine à Richard Cœur de lion. On y remarque les somptueux bâtiments de l'hôpital construit en 1784 par l'excellent duc de Penthièvre, qui y dépensa 400,000 livres.

L'histoire des Andelys rappelle les souvenirs les plus chevaleresques. C'est un des principaux théâtres des exploits de Philippe Auguste et de Richard Cœur de lion. Mais tous les événements mémorables de cette grande époque se rattachent aux annales tragiques du Château-Gaillard, dont les ruines majestueuses dominent le cours de la Seine et le Petit-Andely.

Cette forteresse fut construite par Richard Cœur de lion, en 1195, à son retour de la Palestine. Ce fut bientôt un des plus forts châteaux de toute la France, *une mestre forterèce*, comme dit Guillaume Guiart, avec ses dix-sept tours et ses murs de huit pieds d'épaisseur, formidable à voir. Richard mourut deux ans après qu'il eut laissé là ce grand souvenir de son passage. — En 1203, Philippe Auguste vint en personne investir le Château-Gaillard, et s'en empara après huit mois d'un siège mémorable. En 1314, ce château fut témoin d'un autre drame : Marguerite et Blanche, belles-filles de Philippe le Bel et femmes de Louis le Hutin et de Charles le Bel, après avoir été déclarées coupables d'adultère, furent enfermées par leurs maris au Château-Gaillard. Blanche y resta sept ans; Marguerite fut étranglée après deux ans de captivité, par ordre du roi. — En 1334, cette forteresse servit d'asile à David Bruce, roi d'Ecosse. En 1356, Charles le Mauvais y fut enfermé. En 1418, les Anglais s'en rendirent maîtres après un siège de sept mois. Trente et un ans après, en 1449, ils en furent chassés par les Français, après avoir soutenu un siège de sept semaines. Henri IV s'en empara en 1589; les ligueurs le reprirent en conservèrent jusqu'en 1591. Henri IV en ordonna la démolition en 1599, 1603 et 1610, à l'exception du donjon, que Louis XIII fit raser en 1616, dans la crainte qu'il ne servît de refuge aux troupes du fameux duc de Vendôme; depuis lors, plusieurs compagnies de religieux ont puisé des décombres des matériaux pour bâtir leurs couvents.

Le Château-Gaillard, ou plutôt l'emplacement du Château-Gaillard, est situé dans le bois des Loges, sur les confins de cette dernière commune et de celle de Bordeaux-St-Clair, dans un enfoncement du grand val qui conduit à Etretat. Trois pointes de coteau semblent avoir été amenées exprès pour former sa redoutable assise. On voit encore, à chaque pointe de ces trois collines, les terrassements, les fossés et les coupures qui entraient autrefois dans le système de défense de la forteresse. Vers l'orient s'élève une motte énorme, défendue, du côté de la vallée par la seule déclivité du terrain. Cette motte couverte de bruyères, et ces fossés remplis de broussailles, rappellent ces débris de châteaux du xe et du xie siècle, si bien décrits par M. de Caumont dans son *Histoire sommaire de l'architecture du moyen âge*. — Au sommet de la même colline, on trouve encore une grande motte prise à même le coteau, et isolée de la plaine par une coupure profonde. On communique avec cette butte circulaire par un pont en terre, qui a été jeté à dessein sur le *vallum*. Ces mottes rappellent les villes de Dinan et de Rennes, grossièrement figurées sur la tapisserie de Bayeux. Tout porte à croire que ce *tumulus* était une vigie destinée à avertir le château des mouvements qui s'opéraient sur la plaine et dans la vallée. — Des fouilles pratiquées au pied de cette colline en août 1842 ont fait découvrir une maison romaine d'environ 11 m. de long sur 8 m. de large, avec un retour d'équerre d'environ 5 m. Cette maison se composait de quatre appartements, plus une petite tourelle à l'ouest, saillante dans le mur comme un contre-fort.

Aujourd'hui ce qui reste de la forteresse forme une ruine superbe. Dans les casemates, qui sont basses et taillées dans une pierre blanche crayeuse, on lit les noms suivants : Rossini; — J.-V. Byron; — Sir Walter Scott, baronnet, janv. 1827; — J. Fenimore Cooper; — Odilon Barrot, etc., etc.

Les armes d'**Andelys** sont : *parti, au premier d'argent à deux grappes de raisin de sable, dont une en pointe défaillante à senestre; au deuxième d'azur à deux tours d'argent ouvertes en pointe défaillante à dextre; au chef de gueules chargé de trois fleurs de lis d'or*. La devise était : FECIT UTRAQUE UNAM. — Dans un manuscrit de 1609, les armes sont indiquées : *d'argent à trois grappes de raisin de sinople, deux en chef et une en pointe*.

On doit visiter aux Andelys l'hôtel du Grand-Cerf, pour ses trois étages en bois, ses grosses faces, ses arabesques, ses niches aujourd'hui vides, ses petites colonnettes, écaillées, et près du toit, à la frise, les bûcherons et les arbres sculptés. — A 1 k. de la ville, on trouve une source d'eau minérale ferrugineuse froide, découverte en 1778 par le Pecq de la Clôture.

Biographie. Les Andelys ont vu naître le poète HENRY, qui fit, un des premiers, résonner la lyre normande, et dont le plus joli des ouvrages est le lai d'Aristote.

ROBERT DE BERNOUVILLE et ROYER D'ANDELY, trouvères du xiiie siècle, dont les chansons ont passé jusqu'à nous.

ADRIEN TURNÈBE, savant professeur de langue grecque.

LE POUSSIN, l'un des plus célèbres peintres de l'école française, naquit dans une chaumière au hameau de Villiers, près d'Andely, en 1594 : élève de son génie, pauvre et sans protecteur, il se perfectionna à Rome. Ses deux premiers tableaux sont la Mort de Germanicus et la Prise de Jérusalem; il donna ensuite la Peste des Philistins, la Manne dans le désert, les admirables tableaux du Déluge, de la Cène, du Testament d'Eudamidas, etc., etc. Il ne reste plus la moindre trace de la maison qu'habitait ce grand artiste; quelques pommiers seuls en ombragent aujourd'hui la place. Un projet fut présenté en l'an x pour élever, aux Andelys, un monument à sa mémoire : on en cherche vainement la première pierre.

BEUZELIN, auteur de poésies, mort en 1797.

BLANCHARD, célèbre aéronaute, inventeur du parachute, mort en 1809.

LA CALPRENÈDE et TH. CORNEILLE ont passé aux Andelys les dernières années de leur vie : le premier y est mort en 1663; le deuxième, après vingt ans de résidence, en 1709.

Fabriques de draps fins, casimirs, ratines, qui emploient 150 ouvriers; de bonneterie en coton, toiles, pipes de terre, sabots. Filatures de laine et de coton. Tanneries et mégisseries. Pêche d'ablettes pour la fabrication des perles fausses. — *Commerce* de grains, laines, bestiaux, toiles, bonneterie, draperie, etc. — *Foires* le 4 juin, 14 sept., à la mi-carême, et le 1er lundi de nov. — Marché les lundis et les vendredis.

A 40 k. d'Evreux, 40 k. de Rouen, 89 k. de Paris pour la taxe des lettres.

L'arrondissement des Andelys renferme 6 cantons : les Andelys, Ecos, Ecouis, Esrépaguy, Gisors et Lyons-la-Forêt.

Bibliographie. LA ROCHEFOUCAULD-LIANCOURT (le marquis Fréd.-Gaëtan de). *Notice historique sur l'arrondissement des Andelys*, in-8, 1813.

LE PECQ DE LA CLÔTURE. *Collection d'observations sur les maladies et constitutions épidémiques*, 2 vol. in-4, 1778 (il y est parlé, p. 80, des eaux minérales d'Audelys).

ROUSSEL. *Les Andelys. Nicolas Poussin et M. de Châteaubriand* (en vers), in-8, 1829.

* *Poussin, Brunel et les Andelys* (ode), in-8, 1829.

LICQUET (Théod.). *Rouen, son histoire et ses monuments, etc., suivi de notices sur Dieppe, le Château-Gaillard, etc.*, 3e édit., in-8, 1836.

DEVILLE (A.). *Histoire du Château-Gaillard, et du siège qu'il soutint contre Philippe Auguste en 1203 et 1204*, in-4, fig., 1829.

GUILMETH (Aug.). *Notices historiques sur la ville d'Evreux et ses environs, Gaillon, le Château-Gaillard, etc.*, in-18, 1833.

DEVILLE (A.). *Notice historique sur Robert le Diable*, in-8, 1836.

COCHET (l'abbé). *Fouilles au Château-Gaillard*, in-8, 1843.

ANDENAC, vg. Gers, comm. de Juillac, ⌧ d'Escragnolles.

ANDÉOL (St-), vg. Drôme (Dauphiné), arr., cant., ⌧ et à 12 k. de Die. Pop. 270 h.

ANDÉOL (St-), vg. *Drôme*, comm. de Claveyson, ✉ de St-Vallier.

ANDÉOL (St-), vg. *Isère* (Dauphiné), arr. et à 36 k. de Grenoble, cant. et ✉ de Monestier-de-Clermont. Pop. 250 h.

ANDÉOL. (St-), bg *Rhône* (Lyonnais), arr. et à 23 k. de Lyon, cant. et ✉ de Givors. Pop. 709 h.—*Foires* les 25 janv., lundi de Pâques et des Rogations, 11 août, 2 nov. et 27 déc.

ANDÉOL (St-). V. BOURG-ST-ANDÉOL.

ANDÉOL-DE-BERG (St-), *S. Andioli*, vg. *Ardèche* (Vivarais), arr. et à 33 k. de Privas, cant. et ✉ de Villeneuve-de-Berg. Pop. 392 h.

ANDÉOL-DE-BOURLENC (St-), vg. *Ardèche* (Languedoc), arr. et à 21 k. de Privas, cant. d'Antraigues, ✉ d'Aubenas. P. 1,394 h. —PATRIE du général baron CHARRIÈRE.— *Foires* les 8 fév., 24 mars, 8 avril, 9 mai, 7 juin, 9 nov.

ANDÉOL-DE-CLERGUEMORT (St-), vg. *Lozère* (Languedoc), arr. et à 32 k. de Florac, cant. et ✉ de Pont-de-Montvert. Pop. 351 h.

ANDÉOL-DE-FOURCHADES (St-), vg. *Ardèche* (Languedoc), arr. et à 63 k. de Tournon, cant. et ✉ de Chaylard. Pop. 1,099 h.

ANDÉOL-DE-TROUILLAS (St-), vg. *Gard*, comm. de Laval, ✉ d'Alais.

ANDERNAY, vg. *Meuse* (Lorraine), arr. et à 17 k. de Bar-le-Duc, cant. et ✉ de Revigny. Pop. 362 h.

ANDERITUM, *postea* GABALI (lat. 48°, long. 22°). « La capitale des *Gabali* est *Anderitum*, selon Ptolémée. On lit *Anderitum* dans la Table théodosienne ; et cette leçon se trouve conforme à celle d'*Anderitiani*, qui est une milice romaine dans la Notice de l'empire ; outre qu'il paraît convenable que la finale d'*Anterirum* se lise comme celle d'*Augusto-ritum*. Cette ville a quitté, ainsi que la plupart des capitales, le nom qui lui était propre, pour prendre celui du peuple. Elle est appelée dans la Notice des provinces de la Gaule *Civitas Gabalum*, en disant à la première personne du pluriel *Gabales*, au lieu de *Gabali*. Cette ville ayant été ruinée par une incursion des *Alemanni* , le seul siége épiscopal transféré à *Mimmate*, ou Mende, dont il n'est point fait mention avant Grégoire de Tours ; néanmoins on reconnaît le nom de *Gabales* dans celui qui porte Javols ou Javoux, situé entre Mende et la frontière d'Auvergne. L'inscription rapportée par le P. Sirmond, et trouvée chez les *Gabali*, peu loin de cette frontière des *Arverni*, et qui se termine ainsi, M. P. GABALL. V, peut convenir à la distance de 3 lieues gauloises, en partant de Javols.» D'Anville. *Notice de l'ancienne Gaule*, p. 67.

ANDERNOS, vg. *Gironde* (Guienne), arr. et à 44 k. de Bordeaux, cant. et ✉ d'Audenge. Pop. 1,221 h.

ANDERNY, vg. *Moselle* (Lorraine), arr., ✉ et à 13 k. de Briey, cant. et ✉ d'Audun-Roman. Pop. 421 h.

ANDERT, vg *Ain* (Bourgogne), arr., cant., ✉ et à 4 k. de Belley. Pop. 316 h.—Ce village est situé dans une contrée pittoresque, sur le Furau. Son nom a en dernièrement une triste célébrité par le double meurtre de Mme Peytel et de son domestique, assassinés près du pont d'Andert, en 1838.—*Foire* le 19 mars.

ANDES, *vel* ANDECAVI (lat. 48°, long. 18°). « La forme de ce nom la plus simple, savoir *Andes*, est celle que l'on trouve dans les Commentaires. On lit dans Tacite *Andecavi* (*Annal.*, III, sect. 41), dans Pline *Andegavi*, et communément de même dans les écrits du moyen âge. Il faut corriger dans Ptolémée le nom d'*Ondicavæ*. En marquant les limites des *Andecavi* dans la carte de l'ancienne Gaule, il faut être prévenu que le canton appelé les Manges, *Medalgicus* ou *Meldacensis*, qui est actuellement renfermé dans le diocèse d'Angers, étaient autrefois de la dépendance des *Pictavi*. On en trouve la preuve dans une charte de Charles le Chauve, de l'an 849, en faveur du monastère de *Glonna* ou de St-Florent-le-Vieil, situé près de la Loire : *Hortantibus ven. episcopis, Didone Pictav. cujus præsulatui subjacet Medalgicus*, etc. La petite rivière de Laïou, *Ladio*, qui tombe dans la Loire au-dessus de St-Florent, terminait le *Pagus Andegavus*, comme il est marqué dans une Chronique de Nantes, vers le milieu du xe siècle, laquelle a été publiée par D. Lobineau, ainsi que la charte précédente, dans les preuves de son histoire de Bretagne. Sanson et ceux qui l'ont copié n'ont point été informés de ce changement des limites dans le territoire des *Andecavi* ; de même qu'ils ont marqué les limites des *Namnetes* sur le pied que sont aujourd'hui celles du diocèse de Nantes. » D'Anville. *Notice de l'ancienne Gaule*, p. 68.

ANDETHANA (lat. 50°, long. 25°). « L'Itinéraire d'Antonin en fait mention sur la route de *Durocortorum*, ou de Reims à Trèves. La distance est marquée *leugas* XX à l'égard d'*Orolaunum*, qui est Arlon, dans le pays de Luxembourg, et *leugas* XV à l'égard de Trèves. On convient de ce lieu est Epternach, et son nom avait éprouvé cette altération dès le VIIe siècle, comme M. Wesseling l'a remarqué (Itinér. ant.). Je trouve que la distance peut paraître convenable entre Arlon et Epternach, l'estimant d'environ 19 lieues gauloises en droite ligne. Mais il n'en est pas de même entre Epternach et Trèves, n'y trouvant d'intervalle qu'environ 6,000 toises, dont il ne résulte guère plus de 3 lieues gauloises : c'est donc le chiffre romain marquant la dizaine dans l'Itinéraire, qui fait l'erreur de l'indication.» D'Anville. *Notice de l'ancienne Gaule*, p. 68.

ANDEUX, vg. *Côte-d'Or* (Bourgogne), arr. et à 25 k. de Saumur, cant. de Saulieu, ✉ de Rouvroy. Pop. 459 h.

ANDEVANNE, vg. *Ardennes* (Champagne), arr. à 32 k. de Vouziers, cant. et ✉ de Buzancy. Pop. 131 h.

ANDÈVE, vg. *Gard* (Languedoc), comm. d'Aramon, ✉ de Remoulins. Pop. 100 h.

ANDEVILLE, vg. *Eure-et-Loir*, comm. de Mesly-le-Vidame, ✉ de St-Loup. Pop. 83 h.

ANDEVILLE, village et château, *Oise* (Beauvoisis), arr. et à 25 k. de Beauvais, cant. et ✉ de Méru. Pop. 1,100 h. — *Fabriques* de tabletterie, brosses à dents, peignes d'ivoire, tabletterie en nacre de perle, billes de billards, cornes en feuilles pour lanternes, etc., qui occupent plus de 200 ouvriers.

ANDIGERS, vg. *Seine-et-Oise*, comm. de Boutigny, ✉ de la Ferté-Aleps.

ANDIGNÉ, vg. *Maine-et-Loire* (Anjou), arr. et à 7 k. de Segré, cant. et ✉ du Lion-d'Angers. Pop. 447 h.

ANDIGNY, vg. *Aisne*, comm. de Vaux-en-Arrouaise, ✉ d'Etreux.

ANDILLAC, vg. *Tarn* (Languedoc), arr., cant. et à 13 k. de Gaillac, cant. de Castelnau-de-Montmirail. Pop. 300 h.

ANDILLÉ, vg. *Vienne* (Poitou), arr. et à 12 k. de Poitiers, cant. de la Ville-Dieu, ✉ de Vivonne. Pop. 633 h. Près du Claire.

ANDILLY, vg. *H.-Marne* (Champagne), arr. et à 18 k. de Langres, cant. de Varennes, ✉ de Montigny-le-Roi. Pop. 414 h.

ANDILLY, vg. *Meurthe* (Lorraine), arr. et à 12 k. de Toul, cant. de Domèvre. Pop. 352 h.

ANDILLY, *Andeliaco*, *Andeli*, vg. *Seine-et-Oise* (Ile-de-France), arr. à 18 k. de Pontoise, cant. et ✉ de Montmorency. Pop. 396 h.—Il est dans une situation agréable, dans la forêt de Montmorency, sur une hauteur qui domine la délicieuse vallée de ce nom.—On voit aux environs le château du Bel-Air, bâti dans une situation élevée, ancien rendez-vous de chasse du prince de Conti, à qui appartenait la forêt.—PATRIE d'ARNAUD D'ANDILLY.

ANDILLY-LE-MARAIS, vg. *Charente-Inf.* (Aunis), arr. et à 14 k. de la Rochelle, cant. et ✉ de Marans. Pop. 1,337 h.—*Foires* le 3e samedi de juin et le 1er lundi d'oct., pour rassemblement et location de domestiques, pour vente d'étoffes à leur usage.

ANDIOL (St-), vg. *Bouches-du-Rhône* (Provence), arr. à 20 k. d'Arles, 28 k. d'Aix, cant. et ✉ d'Orgon. ⚹ Pop. 1,251 h.—Il est situé dans une belle plaine, en général assez mal bâti, mais remarquable par un château environné d'un parc magnifique. L'église paroissiale renferme de belles boiseries, ainsi qu'une chaire en bois de noyer chargée de sculptures d'un beau travail.

ANDIRAN, vg. *Lot-et-Garonne*, comm. de Cuq, ✉ d'Astaffort.

ANDIRAN, vg. *Lot-et-Garonne* (Agénois), arr., cant., ✉ et à 7 k. de Nérac. Pop. 617 h. *Foires* les 5 fév., 12 août et 20 nov.

ANDLAU, autrefois ANDELAHE, petite ville, *B.-Rhin* (Alsace), arr. et à 15 k. de Schelestadt, cant. et ✉ de Barr. Pop. 2,193 h. Cette ville est bâtie au pied des Vosges, à l'entrée d'une vallée étroite entourée de collines plantées de vignes. On ne l'aperçoit du côté de Schelestadt qu'au moment d'y arriver ; son aspect est alors de l'effet le plus pittoresque. Elle doit son origine à une abbaye de bénédictines qu'y fonda, en 880, Richarde, épouse de Charles le Gros. L'église, qui sert maintenant de succursale, a été classée par le ministre de l'intérieur au nombre des monuments historiques.

Andlau était autrefois le siége d'une commanderie de l'ordre teutonique, et possédait une forteresse qui fut ruinée en 1213, par l'évêque de Strasbourg, Henri II. La ville fut elle-même pillée et brûlée en 1662 par le comte Ernest de Mansfeld, fils naturel du gouverneur de Luxembourg, connu par ses ravages en Alsace, sous prétexte que les habitants avaient tenu sur lui des propos insolents.

On entre dans Andlau par deux portes, et on y voit encore les anciennes murailles ainsi que les fossés qui la protégeaient du côté de la plaine. Sur la montagne qui domine la ville s'élève le Hoh-Andlau, château en ruine, flanqué de deux tours rondes, qui appartenait au XIIIe siècle à la famille noble d'Andlau, et dont les Suédois s'emparèrent en 1633. Il s'est parfaitement conservé par les soins des propriétaires jusqu'à la révolution, et c'était le seul château où l'on pût encore avoir une idée de l'ordonnance intérieure des antiques manoirs. Dégradé par les mains dans lesquelles il a passé, il n'en reste plus que des pans de murailles et les deux tours, dont les toits ont été reconstruits par M. d'Andlau, descendant de l'ancienne famille, qui l'a acheté de nouveau depuis la restauration. Le château a été bâti des pierres d'un rocher de granit sur lequel il repose.

Non loin de là, parmi les sapins et les frênes, le château de Spesbourg laisse apercevoir ses créneaux incertains. Comme un vieillard qui ne conserve plus sur sa tête que quelques cheveux blancs, mais lève hautement son front ridé par l'âge; immobile au milieu des siècles, il dessine avec orgueil sur la verdure qui l'entoure ses murailles décrépites, où se balancent au gré des vents quelques touffes d'herbes desséchées. Assis sur un abîme, il semble défier la main qui peut l'y renverser. La chouette seule trouble de son cri le silence du manoir, étonnée quelquefois d'entendre retentir au fond du gouffre une pierre que le temps en a détachée. L'ogive tapissée de lierre, la roche couverte de mousse, le léger frémissement du feuillage, tout en ces lieux inspire la mélancolie. Il y a là de quoi exercer le pinceau de l'artiste et la verve du poëte.—L'accès du château est pénible. Il est bâti en pierres de taille sur un escarpement d'une hauteur considérable. Il a appartenu aux sires de Dicka, et dans la suite à la famille d'Andlau. Le duc de Bavière le prit d'assaut le jeudi saint de l'année 1431.

Derrière la ville d'Andlau, entre la vallée de Baselthal et le val de Villé, s'élève la montagne d'Ungesberg, qui présente un cône très-escarpé.

Fabriques de potasse et de noir dit de Francfort.—Filature de laine. Scieries. Martinet. Moulins à tan et à farine.

ANDLAU (l'), petite rivière qui descend des montagnes des Vosges. Elle prend sa source au bas de Hochfelden (B.-Rhin), passe à Andlau, St-Pierre, Geispolsheim, Fegersheim, au-dessous duquel elle se jette dans l'Ill, après un cours d'environ 32 k. De St-Pierre à Zellwiller, on donne à cette rivière le nom d'Ortenau;

ensuite elle reprend son nom d'Andlau jusqu'à son confluent dans l'Ill. Elle est flottable à bûches perdues, sur une étendue de 13,430 m.

ANDOCHE (St-), vg. H.-Saône (Franche-Comté), arr. et à 26 k. de Gray, cant. et ✉ de Champlitte. Pop. 485 h. Haut fourneau et exploitation de minerai de fer.

ANDOINS, vg. B.-Pyrénées (Béarn), arr. et à 13 k. de Pau, cant. et ✉ de Morlaas. Pop. 538 h.

ANDOLSHEIM, vg. H.-Rhin (Alsace), chef-l. de cant., arr., ✉ et à 6 k. de Colmar. Pop. 1,092 h. Cure. Eglise consistoriale de la confession d'Augsbourg.—Terrain d'alluvion et de tourbe.

ANDOMATUNUM, *postea* Lingones (lat. 48°, long. 24°). « C'est le nom de la ville que cite Ptolémée chez les *Lingones*. L'Itinéraire d'Antonin en fait sortir une route qui conduit à *Tullum*, Toul; et la Table théodosienne représente sa position comme celle des capitales, traçant une route vers *Cabillonum* ou Challon. Cette ville, avant quitté le nom qui lui était propre pour prendre celui de la cité ou du peuple, était appelée *Lingones* dans Eutrope, et *Lingonæ* dans la *Notice de l'empire*, qui y place une milice étrangère des Sarmates, *Sarmaturum gentilium*. La situation de Langres sur une montagne invite à croire que c'est là le *dunum* qui termine sa dénomination la plus ancienne. Une inscription qu'on y a trouvée, rapportée par Grutter, et répétée dans le IXe volume de l'Académie (*Hist.*, p. 140), nous apprend que cette ville a été colonie romaine, et plusieurs vestiges d'antiquités font juger qu'elle existait avec splendeur. » D'Anville, *Notice sur l'ancienne Gaule*, p. 68.

ANDON, *Andonum*, vg. Var (Provence), arr. et à 26 k. de Grasse, cant. de St-Auban, ✉ d'Escragnolles. Pop. 362 h. —Ce village, situé près de la source du Loup, a remplacé, vers le milieu du XVIIIe siècle, un village du même nom, bâti sur une élévation au couchant de son territoire, qui fut brûlé en même temps que celui de Toreno. Il est environné de forêts remplies d'énormes sapins, dont l'exploitation est extrêmement difficile.

La belle et riante vallée des Thorenes s'étend sur le territoire d'Andon et de Valderouse: sillonnée dans toute sa longueur par un ruisseau très-poissonneux, et dominée par les restes d'un vieux château, détruit depuis plusieurs siècles, qui couronne le sommet d'un pic escarpé, cette vallée, qui dans sa direction de l'est à l'ouest, offre un site vraiment fantastique par l'effet que produit la montagne pyramidale de la Caille.—*Foire* le 2e lundi de juillet.

ANDONVILLE, vg. Eure-et-Loir, comm. de Denonville, ✉ d'Auneau.

ANDONVILLE, vg. Loiret (Gatinais), arr. et à 24 k. de Pithiviers, cant. d'Outarville, ✉ d'Angerville. Pop. 361 h.

ANDERNAY, vg. H.-Saône (Franche-Comté), arr., cant. et à 10 k. de Lure, cant. de Luxeuil. Pop. 217 h.

ANDORRE (vallée d'), pays neutre, situé sur le versant méridional des Pyrénées, hors de la

frontière naturelle de la France, au sud du département de l'Ariège.

L'Andorre offre le phénomène remarquable d'un petit pays qui, enclavé entre deux grands royaumes, conserve depuis douze siècles, avec son indépendance, les mêmes institutions, au milieu des révolutions qui ont si souvent changé le gouvernement dans ces deux royaumes. C'est à Charlemagne que la vallée d'Andorre doit son indépendance. Vers 790, ce prince, ayant marché contre les Maures de l'Espagne, les défit dans une vallée des Pyrénées, contiguë à celle d'Andorre et qui porte encore son nom (vallée de Carol). Les Andorrans reçurent l'armée de Charlemagne, et la dirigèrent vers les défilés de la Catalogne. Pour les récompenser, Charlemagne les rendit indépendants des princes voisins, et leur permit de se gouverner par leurs propres lois. Son fils, Louis le Débonnaire, leur organisa une administration qui subsiste encore dans les mêmes formes et avec les mêmes noms. Ce prince, ayant de nouveau chassé les Maures au delà de l'Ebre, fit cession à Sisébus, évêque d'Urgel, d'une partie des droits que Charlemagne s'était réservés sur l'Andorre, tant pour lui que pour ses successeurs, et c'est ainsi qu'une partie des dîmes de ce pays passa à l'évêché d'Urgel. Dans la suite, les comtes de Foix exercèrent sur l'Andorre les droits de la couronne de France, au nom de leur souverain, mais le plus souvent en leur propre nom. Sous Henri IV, les rois de France reprirent les droits que les comtes de Foix avaient possédés, en se conformant aux usages qu'ils avaient établis. En 1793, ces droits ayant été considérés comme féodaux, furent momentanément abandonnés, et l'Andorre se vit comme séparée de la France; mais, malgré cette indépendance temporaire, il n'en conserva pas moins son attachement pour les Français; ses habitants résistèrent courageusement à la violation de leur territoire par les Espagnols, et fournirent aux soldats, pendant la guerre des Pyrénées, des guides et des secours de toute espèce. Eux-mêmes sollicitèrent vivement le rétablissement de l'ancien ordre de choses, que Napoléon leur accorda par décret du 27 mars 1806: pendant toute la durée de son règne, la neutralité de la vallée d'Andorre fut respectée.

Topographie. L'Andorre s'étend sur un espace d'environ 44 k. du nord au sud, et de 40 k. de l'est à l'ouest. Il est divisé en 6 paroisses ou communes, qui sont: la ville appelée l'Andorre, chef-lieu, d'où ce pays a pris son nom, et les villages de St-Julia-de-Loria, Encamp, Canillo, Ordino, et la Massana. A ces six communes sont annexés une vingtaine de hameaux et diverses maisons isolées, formant au moins quarante suffragances. La population est loin d'être en rapport avec l'étendue de la vallée; elle n'est que d'environ 6,000 h.

Le sol de l'Andorre, montagneux et rocailleux, est en général peu fertile; cependant on y trouve des pâturages excellents, qu'abritent de vastes forêts de sapins. Il est arrosé par plusieurs rivières qui y prennent leur source, et dont l'Embalire, qui est la principale, reçoit toutes les autres, et entre ensuite en Espagne, où elle va se jeter dans la Sègre. Le pays offre un bassin fort élevé, de tous côtés entouré par des hautes montagnes et des pics immenses; il a beaucoup de rapport avec les cantons les plus pittoresques de la Suisse. Ce pays est borné au nord par le département de l'Ariége, au sud par le pays d'Urgel, à l'ouest par la vallée de Paillas, et à l'est par celle de Carol. Ces limites ne suivent que des pics ou des crêtes de montagnes, excepté en deux endroits peu considérables, l'un au midi vers l'Espagne, au passage de la rivière d'Embalire, l'autre au levant, du côté de la commune de l'Hospitalet.

Le seul débouché toujours ouvert est vers l'Urgel; les autres passages sont impraticables dans la saison des neiges.

ORGANISATION POLITIQUE. L'Andorre est gouverné par une réunion de vingt-quatre membres, appelée conseil général et souverain; les vingt-quatre membres de ce conseil sont : les douze consuls qui administrent les six paroisses, et les douze consuls qui étaient en fonctions l'année précédente. — Le conseil souverain nomme parmi ses anciens membres le procureur général syndic de la vallée d'Andorre; cette place est à vie.

ORGANISATION JUDICIAIRE. Toute justice émane du roi des Français et de l'évêque d'Urgel; la manière de rendre la justice, le nom et le pouvoir des magistrats nommés à cet effet, sont encore exactement conformes à ce qui fut réglé par Louis le Débonnaire. — Pour l'administration de la justice, le roi des Français et l'évêque d'Urgel nomment chacun un magistrat supérieur appelé viguier. Le viguier de France est nommé à vie et doit toujours être un Français; le viguier espagnol est nommé pour trois ans, et doit toujours être Andorran.

ORGANISATION MILITAIRE. Tous les habitants sont soldats au besoin; chaque chef de famille est obligé d'avoir un fusil de calibre et une certaine quantité de poudre et de balles. Dans les principales familles, il est d'usage d'avoir autant de fusils que d'hommes en état de porter les armes. — Les viguiers sont chefs supérieurs militaires, chaque paroisse a un capitaine et deux sous-officiers. Tous les ans, dans la semaine qui suit la Pentecôte, les viguiers passent une revue générale.

RÈGLEMENS COMMERCIAUX. La vallée d'Andorre, à cause de sa constitution extrêmement montagneuse, est presque tout entière en pacages et en bois. Il n'y a que très-peu de champs en culture, et, si ce n'est dans les années d'abondance, le pays ne produit point assez de grains pour la consommation des habitants. De là est née une loi commerciale fort sage. Les principaux propriétaires, qui récoltent des grains au delà de leurs besoins, ne peuvent les vendre qu'à leurs concitoyens. Pour contribuer à assurer l'alimentation publique en Andorre, le gouvernement français a autorisé les Andorrans à tirer tous les ans de la France, sans payer aucuns droits, une certaine quantité de subsistances et autres objets de première nécessité, savoir : grains, 1,000 charges; légumes, 30 charges; brebis, 1,200; bœufs, 60; vaches, 40; cochons, 200; mulets, 20; muletons, 30; chevaux, 20; jumens, 20; poivre, 1,080 kilog.; poisson salé, 2,160 kilog.; toile, 130 pièces. Ils n'épuisent jamais cette faculté; ils ne peuvent faire cette extraction que par le bureau de la douane d'Ax.

Toute industrie commerciale est libre en Andorre; il n'y a ni droits de douane ni droits quelconques sur les objets de commerce; mais cette liberté est peu favorable à la contrebande chez un peuple essentiellement cultivateur et pasteur. Il n'y a donc d'industrie manufacturière que celle des objets indispensables, et ceux-là mêmes sont peu perfectionnés dans tous les genres, excepté pour la fabrication du fer, dont la vallée possède quelques mines. Le surplus de ce métal nécessaire à la population se vend en Espagne, où la concurrence est moins grande qu'en France.

MŒURS ET USAGES. L'Andorre est une république qui diffère de tous les gouvernemens qui portent ce nom. La ceinture de hautes montagnes qui l'entourent l'a préservée jusqu'à présent de l'esprit d'innovation, et c'est sans contredit le pays de l'Europe qui possède au plus haut degré le sentiment de famille, sentiment qui a suffi à perpétuer la stabilité de ce petit État. En aucune contrée du globe l'esprit d'indépendance ne subsiste plus pleinement que dans l'Andorre ; nulle part on ne trouve des mœurs plus sévères et plus pures; nulle part les chefs ne pratiquent le patronage plus libéralement, et, bien qu'au-dessus de la foule comme représentans du principe d'inégalité, les chefs rendent cependant à celui d'égalité le plus éclatant hommage. Les chefs de famille ne quittent jamais leurs biens, et, ne faisant aucune dépense de luxe, emploient tous leurs revenus aux travaux agricoles et à la garde de leurs bestiaux. Les paysans pauvres qui les entourent partagent les travaux de leurs enfants et leurs repas; leurs habits sont tissus, comme l'habit de leur maître, de la laine de son troupeau; les jours de fête, ils partagent les mêmes délassemens, jamais humiliés, jamais maltraités. Le peuple, loin d'envier la fortune du riche, le respecte comme son magistrat, l'aime comme son bienfaiteur, et regarde son bien comme un atelier inépuisable sur lequel il a un droit de travail et de nourriture.

Les Andorrans sont en général robustes et bien proportionnés; la plupart des maladies causées par les affections morales leur sont inconnues, ainsi que celles que le vice et la corruption entretiennent dans le reste de l'Europe. Leurs mœurs sont simples, sévères, et commandent le respect. Leur costume, simple et grossier, subit peu de changements; chacun s'habille de draps fabriqués dans le pays avec la laine de son troupeau. — Les officiers publics et les grands propriétaires se permettent seuls un peu de luxe dans quelques parties de leur toilette. — Les femmes sont exclues de toutes les réunions où l'on s'occupe d'intérêts publics; elles ne peuvent même assister aux messes qui se disent lors de la réception de l'évêque ou du viguier. Les habitants vivent encore comme leurs pères vivaient il y a mille ans : rien n'a changé; le luxe, les arts, tout ce que la civilisation des grands peuples qui les entourent présente d'éclat et de séduction, leur inspire plus de crainte que d'envie. Ils doivent sans doute autant à cet esprit de modération qu'à la nature du sol et à leur pauvreté le bonheur d'avoir été étrangers aux commotions politiques du reste de l'Europe. C'est une peuplade de pasteurs. Le nombre de bestiaux et l'étendue des pâturages sont leurs signes indicateurs du plus ou du moins de fortune. — Chaque famille reconnaît un chef qui se succède par ordre de primogéniture en ligne directe. Ces chefs ou aînés choisissent leurs femmes dans les familles qui jouissent d'une considération égale à celle de leur famille. Ils redoutent les mésalliances et recherchent peu la fortune, qui d'ailleurs est toujours très-mince de part et d'autre. Les fils aînés, quels qu'ils soient, sont aimés et respectés comme étant les représentans des droits de leurs aïeux. Ils ne quittent le toit paternel que lorsqu'ils se marient, que n'a lieu que quand ils se trouvent une héritière, et alors ils ajoutent à leurs noms celui de la femme à laquelle ils s'unissent; c'est dès lors seulement qu'ils deviennent aptes aux charges publiques. Lorsque dans une maison il n'y a que des filles, l'aînée est l'héritière, et ne se marie qu'avec un cadet qui joint le nom de sa femme au sien. Par cet arrangement, les principales maisons d'Andorre voient les siècles se succéder sans subir aucun changement dans leur intérieur. — Il est inutile de mentionner que les délits et surtout les crimes sont fort rares, et que les punitions sont fort douces, bien que suffisantes. Jamais on n'y voit de procès relatifs à la succession paternelle; légalement, l'aîné a un tiers de bien, plus dans ce qui reste une part égale à celle des autres.

Les Andorrans sont tous catholiques et fort religieux, les membres de leur clergé sont en général nationaux, et font leurs études au séminaire d'Urgel (il serait sans doute politique de leur faciliter les moyens de les faire en France). — L'instruction publique ne peut être très-répandue dans un pays où il n'y a guère que des bergers et des laboureurs; cependant, dans chaque paroisse on trouve une école primaire tenue par le vicaire, et où les enfants sont admis gratuitement. La langue vulgaire est le catalan.

Bibliographie. * CHEVALIER (Michel). *La Vallée de l'Ariége et la République d'Andorre* (Revue des deux mondes, décembre 1837).

ROUSSILLON, ancien viguier d'Andorre. *Notice sur l'Andorre.*

* *De l'Andorre*, in-8, 1828.
* *Lettre d'un voyageur écossais, sur l'histoire d'Andorre* (Gazette littéraire), 2 décembre 1830, t. II, p. 11 et 29).

ANDOUILLÉ, bg *Mayenne* (Maine). Il

est sur la rive droite de l'Ernée, arr., ⊠ et à 15 k. de Laval, cant. de Chailland. Pop. 2,888 h. — Forges et mines de fer. — *Foires* les 10 mai, 2 juillet et 20 déc.

ANDOUILLÉ - NEUVILLE, vg. *Ille-et-Vilaine* (Bretagne), arr. et à 22 k. de Rennes, cant. et ⊠ de St-Aubin-d'Aubigné. Pop. 640 h.

ANDOUQUE, vg. *Tarn* (Languedoc), arr. et à 22 k. d'Albi, cant. de Valderiès, ⊠ de Grameaux. Pop. 1,632 h.

ANDRAUD, vg. *Gironde*, comm. et ⊠ de Monségur.

ANDRÉ (St-), vg. *H.-Alpes* (Dauphiné), arr., cant., ⊠ et à 6 k. d'Embrun. Pop. 974 h.

ANDRÉ (St-), vg. *Aube* (Champagne), arr. du 3ᵉ cant., ⊠ et à 2 k. de Troyes. Pop. 811 h.

Le territoire de St-André, entrecoupé de canaux dont les bords sont plantés de bouquets d'arbres, offre une multitude de jardins très-productifs, qui alimentent les marchés de Troyes, et fournissent la majeure partie des légumes nécessaires à la consommation des habitants de cette ville. — Culture en grand de l'ail et de l'échalote, du chanvre et du lin.

L'église paroissiale, surmontée d'une flèche élevée, est un édifice spacieux, dont le portail, ouvrage de Gentil et de Dominique, désigne la profession des habitants, tous jardiniers ou vignerons ; suivant deux inscriptions, il fut fait en 1549. On y voit la porte particulière par où les ladres d'une maladrerie voisine entraient autrefois dans l'église ; on sait qu'il leur était défendu de se mêler aux habitants. L'église de St-André a été désignée par l'autorité locale comme susceptible d'être classée au nombre des monuments historiques.

De St-André dépendaient autrefois les abbayes de Montier-la-Celle et de Notre-Dame-des-Prés. — L'ABBAYE DE MONTIER-LA-CELLE fut fondée par saint Frobert, en 660, dans un marécage couvert de bois et de broussailles ; il n'en reste plus que des ruines. — L'ABBAYE NOTRE-DAME-DES-PRÉS doit son établissement à plusieurs filles qui, voulant se séparer du monde et vivre dans la retraite, choisirent une métairie nommée Chicheree, et s'y établirent vers 1230 ou 1231. En 1235, cette maison fut érigée en abbaye, et Urbain IV envoya, en 1264, cinq mille florins pour aider à bâtir l'église. Les bâtimens de ce monastère forment aujourd'hui une propriété particulière.

ANDRÉ (St-), vg. *Aveyron* (Rouergue), arr. et à 22 k. de Villefranche, cant. et ⊠ de Najac. Pop. 1,463 h. — *Foires* les 29 avril, 4 juin, 13 oct. et 17 nov.

ANDRÉ (St-), vg. *Charente* (Angoumois), arr., cant., et à 8 k. de Cognac. P. 305 h. — *Fab.* et commerce d'excellente eau-de-vie.

ANDRÉ (St-), vg. *Dordogne* (Périgord), arr., cant., et à 3 k. de Sarlat. Pop. 908 h.

ANDRÉ (St-), ou ST-ANDRÉ-LA-MARCHE, *S. Andreas*, bg *Eure* (Normandie), chef-l. de cant., arr., ⊠ et à 20 k. d'Evreux. Cure, ⊠. A 116 k. de Paris pour la taxe des lettres. Pop. 1,234 h. — TERRAIN tertiaire moyen.

Ce bourg est bâti au milieu d'une vaste plaine entièrement privée de cours d'eau, et souffre périodiquement des sécheresses. On a tenté d'y perforer un puits artésien ; mais on est arrivé à près de 270 m. de profondeur sans aucun résultat.

C'était, au XVᵉ siècle, une des principales baronnies située à la frontière de Normandie. Plus tard elle appartint à la famille du Terrail, dont est issu Bayard. Les armoiries du célèbre chevalier se voient encore sur les murs de l'église, avec sa devise : *Sans peur et sans reproche*. On y reconnaît les restes d'un château fort, consistant en une motte élevée que surmontent les débris d'une tour carrée.

Fabrique de dentiers pour filatures. — *Commerce* de bestiaux. — *Foires* les 20 janvier, 1ᵉʳ mai et 8 sept.

Bibliographie. * *Notice sur le canton de St-André*, par M*** (Journal d'agriculture et de médecine d'Evreux, n° XVII, in-8, 1828).

ANDRÉ (St-), vg. *Gers* (Armagnac), arr. et à 11 k. de Lombez, cant. de Samatan, ⊠ de Gimont. Pop. 289 h.

ANDRÉ (St-), vg. *Gers*, comm. de Ladevèze-Rivière, ⊠ de Marcine.

ANDRÉ (St-), vg. *Gironde* (Guienne), arr. et à 43 k. de Libourne, cant. et ⊠ de St-Foi. Pop. 800 h.

ANDRÉ (St-), fort du dép. du *Jura* (Franche-Comté), comm. et ⊠ de Salins. V. SALINS.

ANDRÉ (St-)', bg *Hérault*. V. ST-ANDRÉ-DE-SANGONIS.

ANDRÉ (St-), vg. *Landes* (Gascogne), arr. et à 40 k. de Dax, cant. de St-Esprit, ⊠ de Biaudos. Pop. 856 h.

ANDRÉ (St-), vg. *Loiret*, comm. et ⊠ de Cléry.

ANDRÉ (St-), h. *Lot-et-Garonne*, comm. de Casteleulier, ⊠ d'Agen.

ANDRÉ (St-), vg. *Meuse* (Lorraine), arr., ⊠ et à 21 k. de Verdun, cant. de Souilly. Pop. 300 h.

ANDRÉ (St-), vg. *Nièvre* (Nivernais), arr. et à 35 k. de Clamecy, cant. de Lormes, ⊠ de Chatelux. Pop. 1,401 h.

ANDRÉ (St-), vg. *Nord* (Flandre), arr., cant. N., ⊠ et à 5 k. de Lille. Pop. 680 h. — *Fab.* de blanc de céruse. Blanchisseries de fil. Huilerie.

ANDRÉ (St-), vg. *Puy-de-Dôme* (Auvergne), arr. et à 20 k. de Riom, cant. et ⊠ de Randans. Pop. 1,090 h.

ANDRÉ (St-), vg. *Pyrénées-Or.* (Roussillon), arr. et à 6 k. de Ceret, cant. et ⊠ d'Argelès. Pop. 593 h.

On a découvert dans cette commune, vers la fin du XVIIᵉ siècle, un cippe de marbre blanc, qui est placé maintenant au bas du deuxième pilier de l'église de St-André, à droite en entrant. Ce cippe porte l'inscription suivante :

IMP. CAESARI.
M. ANTONIO.
GORDANIO
PIO FELICI
INVICTO AUG
P.M. TRIBUN
POT. II. COS.
P.P. DECUMANI.
NARBONENS.

Ce monument avait été élevé à la mémoire de l'empereur Marc Antoine Gordien, par les décimateurs de la Narbonnaise.

ANDRÉ (St-), vg. *Saône-et-Loire* (Bourgogne), arr., ⊠ et à 10 k. Louhans, cant. de Montret. Pop. 200 h.

ANDRÉ (St-), vg. *Tarn* (Languedoc), arr. et à 31 k. d'Albi, cant. et ⊠ d'Alban. Pop. 544 h.

ANDRÉAU (St-), vg. *H.-Garonne* (Armagnac), arr. et à 23 k. de St-Gaudens, cant. et ⊠ d'Aurignac. Pop. 733 h.

ANDREAUX (les), vg. *Allier*, comm. de Billezois, ⊠ la Palisse.

ANDRÉ-AUX-BOIS (St-), vg. *Pas-de-Calais*, comm. de Maresquel, ⊠ d'Hesdin.

ANDRÉ-CAPCÈZE, vg. *Lozère* (Languedoc), arr. et à 48 k. de Mende, cant. et ⊠ de Villefort. Pop. 479 h. — Près de la source de la Cèze, au hameau de l'Estrade, on voit les vestiges d'une voie romaine.

ANDRÉ-D'ALEYRAC, vg. *Tarn*, comm. de Gibrondes, ⊠ de Castres. P. 210 h. — C'est la PATRIE du célèbre médecin PINEL, mort en 1826, auteur de : *Nosographie philosophique*, ou la *Méthode de l'analyse appliquée à la médecine*, 6ᵉ édit., 3 vol. in-8, 1818 ; *Traité médico-philosophique sur l'aliénation mentale*, in-8, 1801 ; et de plusieurs autres ouvrages de médecine.

ANDRÉ-D'APCHON, vg. *Loire* (Forez), arr. et à 15 k. de Roanne, cant. d'Haon-le-Châtel, ⊠ de St-Germain-l'Espinasse. Pop. 1,731 h. — On trouve aux environs une source d'eau minérale. V. ST-ALBAN. — *Foires* les 3 fév., 25 avril, 3 août et 2 nov., pour bestiaux et mercerie.

ANDRÉ-DE-BAGÉ, vg. *Ain* (Bourgogne), arr. et à 30 k. de Bourg, cant. de Bagé, ⊠ de Mâcon. Pop. 223 h.

ANDRÉ-DE-BOHON (St-), vg. *Manche* (Normandie), arr. et à 30 k. de St-Lô, cant. et ⊠ de Carentan. Pop. 668 h.

ANDRÉ-DE-BRIOUZE (St-), vg., arr. et à 30 k. d'Argentan, cant. et ⊠ de Briouze. Pop. 667 h.

ANDRÉ-DE-BUÈGES (St-), vg. *Hérault* (Languedoc), arr. et à 40 k. de Montpellier, cant. de St-Martin-de-Londres, ⊠ de Gauges. Pop. 151 h.

ANDRÉ-DE-CHALENÇON (St-), vg. *H.-Loire* (Forez), arr. et à 25 k. d'Yssengeaux, cant. de Bas-en-Basset, ⊠ de St-Paul-de-Chalençon. Pop. 1,177 h. — Ce village est situé sur un sol entièrement volcanisé, et remarquable par les ruines de l'ancien château de Chalençon, appartenant à la famille de Polignac. — Chalençon était autrefois une ville dont les marchés ont été transférés à Craponne.

ANDRÉ-DE-CORCY (St-), vg. *Ain* (Bugey), arr., cant., ✉ et à 15 k. de Trévoux. Pop. 470 h. — *Foires* les 11 août et 1er déc.

ANDRÉ-DE-COTONE (St-), vg. *Corse*, arr. et à 65 k. de Bastia, cant. et ✉ de Cervione. Pop. 668 h.

ANDRÉ-DE-CRUZIÈRES (St-), vg. *Ardèche* (Languedoc), arr. et à 35 k. de l'Argentière, cant. des Vans, ✉ de St-Ambroix. Pop. 1,052.

ANDRÉ-DE-CUBZAC (St-), petite ville, *Gironde* (Guienne), chef-l. de cant., arr. à 23 k. de Bordeaux, cure, gîte d'étape, ✉. A 542 k. de Paris pour la taxe des lettres. P. 2,010 h. — TERRAIN tertiaire supérieur. — Elle est située à peu de distance de la Dordogne, où elle a un petit port qui commerce avec Libourne, et ne consiste guère qu'en une rue principale que traverse la grande route. On y voit une ancienne église, qui a été désignée par l'autorité locale comme étant susceptible d'être classée au nombre des monuments historiques. — *Commerce* de grains, farines, vins, volailles et bestiaux. — *Foires* les 16 août, 28 oct., 1er déc., jeudi gras, vendredi saint, 2e samedi de janv., avril, mai, juin, juillet, sept. et nov.

ANDRÉ-DE-DOUBLE (St-), vg. *Dordogne* (Périgord), arr. à 14 k. de Ribérac, cant. et ✉ de Neuvic. Pop. 518 h.

ANDRÉ-DE-FONTENAY (St-), vg. *Calvados* (Normandie), arr. et à 10 k. de Caen, cant. de Bourguébus, ✉ de Max-sur-Orne. Pop. 445 h.

ANDRÉ-D'HÉBERTOT (St-), vg. *Calvados* (Normandie), arr. et à 7 k. de Pont-l'Évêque, cant. de Blangy. Pop. 855 h.

ANDRÉ-DE-LA-MARCHE (St-), vg. *Maine-et-Loire* (Anjou), arr. à 15 k. de Beaupréau, cant. et ✉ de Montfaucon. Pop. 1,062 h.

ANDRÉ-DE-LANCISE (St-), vg. *Lozère* (Languedoc), arr. et à 27 k. de Florac, cant. et ✉ de St-Germain-de-Calberte. Pop. 704 h.

ANDRÉ-DE-L'ÉPINE (St-), vg. *Manche* (Normandie), arr., ✉ et à 7 k. de St-Lô, cant. de St-Clair. Pop. 391 h.

ANDRÉ-DE-LIDON (St-), vg. *Charente-Inf.* (Saintonge), arr. à 20 k. de Saintes, cant. de Gémozac, ✉ de Cozes. Pop. 1,391 h. — *Foires* le 2e vendredi de chaque mois, près de la Seudre.

ANDRÉ-DE-MAGRIN (St-), vg. *Tarn*, comm. de Magrin, ✉ de Puylaurens.

ANDRÉ-DE-MAJENCOULES (St-), vg. *Gard* (Languedoc), arr., ✉ et à 10 k. du Vigan, cant. de Valleraugue. Pop. 1,845 h. — *Foire* le 1er septembre.

ANDRÉ-DE-MEOUILLE (St-), bg. *B.-Alpes* (Provence), chef-lieu de cant., arr. et à 16 k. de Castellane, ✉, cure. A 776 k. de Paris pour la taxe des lettres. Pop. 847 h. — TERRAIN jurassique. — Ce bourg est situé sur la rive droite du Verdon, dans un pays abondant en excellents fruits. Il a reçu le surnom de MEOUILLE en 1837, époque de la réunion à son territoire de celui de cette commune. — *Fab.* de draps communs. Filature de laine. — *Foire* le 10 août.

PATRIE de l'ingénieur hydraulicien J.-A. FABRE.

ANDRÉ-DE-MESSEI (St-), vg. *Orne* (Normandie), arr. et à 18 k. de Domfront, cant. de Messei, ✉ de Ferrières-aux-Étangs. Pop. 597 h.

ANDRÉ-DE-PRÉNERON (St-), vg. *Gers*, comm. de Préneron, ✉ de Vic-Fezensac.

ANDRÉ-DE-ROQUELONGUE (St-), vg. *Aude* (Languedoc), arr. et à 22 k. de Narbonne, cant. et ✉ de Lésignan. Pop. 405 h.

ANDRÉ-DE-ROQUEPERTUIS (St-), vg. *Gard* (Languedoc), arr. et à 26 k. d'Uzès, cant. et ✉ du Pont-St-Esprit. Pop. 857 h.

ANDRÉ-DE-ROSANS (St-), bg *H.-Alpes* (Dauphiné), arr. et à 59 k. de Gap, cant. de Rosans, ✉ de Serres. Pop. 700 h. — On y remarquait autrefois l'ancienne église et le couvent de St-André qui, après l'abolition de l'ordre des templiers, devint un monastère de bénédictins, détruit par le connétable de Lesdiguières. Dans les ruines de ce monastère, désigné par l'autorité locale comme susceptible d'être classé au nombre des monuments historiques, on voit des frontons d'architecture gothique, représentant des treilles, des fleurs qui ont fait croire à l'existence antique d'un temple de Bacchus. — *Fab.* de grosse draperie. — *Foires* les 7 janv. et 28 avril, pour bœufs, cochons gras, gibier, denrées du pays et mercerie.

ANDRÉ-DE-SANGONIS (St-), bg *Hérault* (Languedoc), arr. à 20 k. de Lodève, cant. d'Arboras, ✉ de Gignac. Pop. 2,125 h. — *Commerce* important de veri-de-gris et de raisin, amandes, figues, graine de sainfoin et de luzerne, etc.

ANDRÉ-DES-EAUX (St-), vg. *Côtes-du-Nord* (Bretagne), arr. et à 10 k. de Dinan, cant. et ✉ d'Évran. Pop. 360 h.

ANDRÉ-DES-EAUX (St-), vg. *Loire-Inf.* (Bretagne), arr. à 36 k. de Savenay, cant. et ✉ de Guérande. Pop. 1,420 h. — Il est situé au milieu des prairies, des marais et des landes. — Exploitation de tourbe. — *Foires* le 23 avril, et tous les mercredis de mars à juillet.

ANDRÉ-DES-EFFANGEAS (St-), vg. *Ardèche* (Vivarais), arr. à 40 k. de Tournon, cant. et ✉ de St-Agrève. Pop. 914 h.

ANDRÉ-DES-RAMIÈRES (St-), vg. *Vaucluse*, comm. de Gigondas, ✉ de Malancène. Pop. 70 h.

ANDRÉ-DE-VALBORGNE (St-), bg *Gard* (Languedoc), chef-l. de cant., arr. et à 36 k. du Vigan, cure. A 669 k. de Paris pour la taxe des lettres. Pop. 1,820 h. — TERRAIN cristallisé ou primitif. — Il est situé au pied des montagnes, sur le Gardon d'Anduze. — PATRIE du lieutenant général MEYNADIER. — *Foires* les 1er janv., 11 mai, 2e samedi de mars, 2e samedi d'août, samedi avant la St-Michel, samedi avant la St-André, pour bêtes à laine, chèvres et porcs.

ANDRÉ-DE-VESINE (St-), vg. *Aveyron* (Rouergue), arr. à 16 k. de Millau, cant. et ✉ de Peyreleau. Pop. 1,055 h.

ANDRÉ-D'HUIRIAT (St-), vg. *Ain* (Bresse), arr. et à 37 k. de Bourg, cant. et ✉ de Pont-de-Veyle. Pop. 494 h.

ANDRÉ-DI-TALLANO (St-), vg. *Corse*, arr., ✉ et à 19 k. de Sartène, cant. de Ste-Lucie. Pop. 226 h.

ANDRÉ-D'OLÉRARGUES (St-), vg. *Gard* (Languedoc), arr. et à 26 k. d'Uzès, cant. et ✉ de Lussan. Pop. 440 h.

ANDRÉ-D'ORCINO (St-), vg. *Corse*, arr., ✉ et à 22 k. d'Ajaccio, cant. de Sari. Pop. 184 h.

ANDRÉ-D'ORNAIS (St-), vg. *Vendée* (Poitou), arr. à 2 k. de Bourbon-Vendée. Pop. 742 h. — On y trouve des eaux minérales. — *Foire* le 1er déc.

ANDRÉ-DU-BOIS (St-), vg. *Gironde* (Guienne), arr. et à 13 k. de la Réole, cant. et ✉ de St-Macaire. Pop. 760 h.

ANDRÉ-DU-COING (St-), h, *Rhône*, comm. de Limonest, ✉ de Lyon.

ANDRÉ-DU-GARN (St-), vg. *Gironde* (Guienne), arr., cant., ✉ et à 5 k. de la Réole. Pop. 226 h.

ANDRÉ-EN-BEAUCHÊNE (St-), vg. *H.-Alpes*, comm. de la Faurie, ✉ de Veynes.

ANDRÉ-EN-GOUFER (St-), vg. *Calvados*, comm. de la Hoguette, ✉ de Falaise.

ANDRÉ-EN-ROYANS (St-), bg *Isère* (Dauphiné), arr. et à 14 k. de St-Marcellin, cant. et ✉ de Pont-en-Royans. Pop. 736 h. — *Foire* le jeudi après la Toussaint.

ANDRÉ-EN-TERRE-PLEINE (St-), vg. *Yonne* (Bourgogne), arr. et à 13 k. d'Avallon, cant. de Guillon, ✉ de Cussy-les-Forges. Pop. 384 h.

ANDRÉ-FARIVILLERS (St-), vg. *Oise* (Picardie), arr. et à 33 k. de Clermont, cant. de Froissy, ✉ de Breteuil. Pop. 760 h.

ANDRÉ-GOULDOIE (St-), vg. *Vendée* (Poitou), arr. et à 23 k. de Bourbon-Vendée, cant. et ✉ de St-Fulgent. Pop. 1,281 h.

ANDRÉ-LA-CHAMP (St-), vg. *Ardèche* (Vivarais), arr. à 21 k. de Largentière, cant. et ✉ de Joyeuse. Pop. 815 h.

ANDRÉ-LA-COTE (St-), vg. *Rhône* (Lyonnais), arr. et à 23 k. de Lyon, cant. et ✉ de Mornant. Pop. 298 h.

ANDRÉ-LA-FREISSINOUSE (St-), vg. *H.-Alpes*, comm. de la Freissinouse, ✉ de Gap.

ANDRÉ-LA-PALUD (St-), vg. *Isère* (Dauphiné), arr., ✉ et à 6 k. de la Tour-du-Pin, 20 k. de Bourgoin, cant. de Pont-de-Beauvoisin. Pop. 1,396 h. — *Foire* le 30 août.

ANDRÉ-LE-BOUCHOUX (St-), vg. *Ain* (Bresse), arr. et à 34 k. de Trévoux, cant. de Châtillon-les-Dombes. Pop. 201 h.

ANDRÉ-LE-DÉSERT (St-) OU LE-CHATEAU, vg. *Saône-et-Loire* (Bourgogne), arr. et à 28 k. de Mâcon, cant. et ✉ de Cluny. Pop. 1,065 h. — St-André obtint une charte de commune en 1189. Des médailles et divers objets d'antiquité ont été trouvés dans cette commune, où fut établi en 1600 un temple de protestants.

ANDRÉ - LE - PANOUX (St-), vg. *Ain* (Bresse), arr., cant., ⊠ et à 10 k. de Bourg. Pop. 733 h.

ANDRÉ-LE-PUY (St-), vg. *Loire* (Forez), arr. et à 15 k. de Montbrison, cant. et ⊠ de St-Galmier. Pop. 356 h.

ANDRÉ - LES - VILLENEUVE (St-), h. *Gard*, comm. et ⊠ de Villeneuve-les-Avignon.

ANDRÉ-SUR-CAILLY (St-), vg. *Seine-Inf.* (Normandie), arr. et à 17 k. de Rouen, cant. de Clères, ⊠ du Freneau. Pop. 639 h. — Commerce de bestiaux. — *Foire* le 30 nov.

ANDRÉ-SUR-MAREUIL, (St-), vg. *Vendée*, comm. et ⊠ de Mareuil.

ANDRÉ-SUR-SÈVRE (St-), vg. *Deux-Sèvres* (Poitou), arr. et à 19 k. de Bressuire, cant. et ⊠ de Cerisay. Pop. 652 h.

ANDRÉ-TREIZE-VOIES (St-), vg. *Vendée* (Poitou), arr. et à 29 k. de Bourbon-Vendée, cant. et ⊠ de Roche-Servière. P. 1,199 h.

ANDREIN, vg. *B.-Pyrénées* (Béarn), arr. et à 20 k. d'Orthez, cant. et ⊠ de Sauveterre. Pop. 372 h.

ANDRES, bg *Pas-de-Calais* (Picardie), arr. et à 33 k. de Boulogne, cant. et ⊠ de Guines. Pop. 853 h.

ANDREST, vg. *H.-Pyrénées* (Bigorre), arr. et à 10 k. de Tarbes, cant. et ⊠ de Vic-en-Bigorre. Pop. 826 h.

ANDRESY, *Andresiacum*, grand et beau village, *Seine-et-Oise* (Ile-de-France), arr. et à 24 k. de Versailles, cant. de Poissy, ⊠ de Triel. Pop. 862 h.

L'origine de ce village remonte à une époque très-reculée ; il est bâti sur l'emplacement de l'ancien *Anderetianum*, où les Romains entretenaient une flotte pour contenir les peuples de ce pays. Dès le commencement du IVe siècle, le port d'Andresy était déjà très-commerçant : les Romains y entretenaient deux préfets de navigation, dont l'un, résidant à Paris, était désigné sous le nom de *præfectus classis Anderetianorum Parisiis*. On voit encore à Andresy des restes de portes et des ruines de tours qui annoncent que ce lieu devait être considérable autrefois, et bien fortifié. Chilpéric rendit à Andresy, en 710, une ordonnance qui porte à croire que les rois de la première race y avaient palais ou château. Il fut l'un des villages choisis pour tenir des conférences au sujet de la conversion de Henri IV, en 1592. Andresy est un grand village formé d'une seule rue d'environ 3 k. de longueur. Sa position près du confluent de l'Oise et de la Seine lui donne un aspect riant qui l'a fait choisir pour y bâtir plusieurs maisons de campagne agréables ; on y remarque celle dite le Fays, construite sur les ruines d'un ancien fief, et qui a une très-belle ferme dans sa dépendance ; une autre, appelée la Fin-de-l'Oise, et située dans le triangle formé par l'Oise et par la Seine, a, sur la première rivière,

un bac pour la traverser. — L'église paroissiale, dont la construction paraît remonter au XIIIe siècle, est très-jolie ; on y voit des galeries très-élégantes, et son clocher, placé au portail de l'édifice, est un des plus distingués des environs de Paris, par la hardiesse et la légèreté de son architecture.

ANDREZÉ, vg. *Maine-et-Loire* (Anjou), arr., cant., ⊠ et à 6 k. de Beaupréau. Pop. 1,372 h.

ANDREZELLES, *Andesellum*, vg. *Seine-et-Marne* (Brie), arr. et à 16 k. de Melun, c. de Mormans, ⊠ de Guignes. Pop. 230 h. — PATRIE DE SIMON DE BRIE, élu pape sous le nom de Martin IV, en 1281. — Le château d'Andrezelles n'offre rien de remarquable par la magnificence ; mais la mémoire de son propriétaire, feu M. d'Andrezelles, sera toujours en vénération dans ce village, par la digue emploi qu'il sut faire de sa fortune, dont il a affecté une grande partie au dessèchement des marais putrides qui exerçaient la plus funeste influence sur les habitants de cette contrée ; par ses soins, la terre se vit forcer de répondre à l'espoir du laboureur, en lui payant le prix de ses travaux ; aussi l'hectare de terre, qui se louait à peine 4 fr. il y a trente ans, est affermé aujourd'hui 20 et 21 fr.

ANDREZIEUX, vg. *Loire* (Forez), arr. et à 15 k. de Montbrison, cant. de St-Galmier, ⊠ de Sury-le-Contal, ⌂. Pop. 726 h. — TERRAIN cristalisé ou primitif. — Il est situé sur la rive droite de la Loire, à la jonction des chemins de fer qui communiquent, l'un par St-Etienne à Lyon, l'autre par Andrezieux à Roanne. Le chemin de fer d'Andrezieux à St-Etienne a été exécuté dans le but de faciliter le transport des houilles du bassin de St-Etienne dans celui de la Loire, et par suite, de ce bassin dans celui de la Seine ; sa longueur totale est de 17,000 m., auxquels il faut ajouter 6,000 m. d'embranchements. Il est formé de rails en fonte, qui s'appuient à leur extrémité sur des dés en pierre ; les wagons qui le parcourent sont en fonte à double rebord, et contiennent chacun 30 hectol. pesant environ 2,400 kilog. Deux chevaux descendent six wagons ainsi chargés, et les remontent vides : la distance est parcourue en deux heures à la descente, et en quatre à la remonte. De St-Etienne, ce chemin se prolonge jusqu'à Lyon, en passant par la vallée du Janon, par St-Chamond, par la vallée de Gier, longeant le canal de Givors jusqu'au Rhône, et de là remontant la rive droite de ce fleuve jusqu'au pont de la Mulatière ; il est à double voie, et d'une longueur d'environ 59,000 m. : outre les ouvrages de terrassement, les travaux d'art qui le distinguent se composent de 112 ponts, du percement d'une montagne près de Terre-Noire, d'une longueur de 1,500 m., et de plusieurs autres percées dans la vallée de Gier. — Le chemin d'Andrezieux à Roanne a une longueur d'environ 67,000 m. — Commerce de houille.

ANDRIES, vg. *Yonne* (Nivernais), arr. à 37 k. d'Auxerre, cant. et ⊠ de Coulanges-sur-Yonne. Pop. 985 h.

ANDRIEUX, vg. *H.-Alpes*. V. GUILLAUME-PÉROUSE.

ANDRIVAUX, vg. *Dordogne*, comm. de Chancelade, ⊠ de Périgueux.

ANDRONY (St-), vg. *Gironde* (Gascogne), arr., cant. et ⊠ de Blaye. Pop. 765.

ANDUSIA (lat. 45°, long. 22°). « Une inscription trouvée à Nîmes depuis quelques années, et publiée par M. Ménard (*Hist. de Nîmes*, t. I, notes, p. 22), fait mention d'ANDUSIA. Ainsi la petite ville d'Anduse, sur la branche du Gardon, qu'on nomme le Gardon d'Anduze, et qui était du diocèse de Nîmes, avant l'érection de celui d'Alais, existait sous la domination romaine. La plus ancienne notion qu'on eût auparavant sur ce lieu se tirait d'une charte du IXe siècle, entre les titres du monastère d'Aniane, diocèse de Maguelone ou de Montpellier, insérée dans les preuves de l'histoire de Languedoc (t. I, p. 35), et qui s'explique ainsi : *Res quæ sunt in territorio Nemausensi, suburbio castro Andusianensi.* » D'Anville. *Notice de l'ancienne Gaule*, p. 69.

ANDUZE, *Andusia*, petite ville, *Gard* (Languedoc), chef-l. de cant., arr. et à 14 k. d'Alais. Tribun. de comm. Cure. ⊠. A 674 k. de Paris, pour la taxe des lettres. Pop. 5,238 h.

— TERRAIN jurassique, calcaire à gryphées, voisin du crétacé inférieur et du tertiaire moyen.

La position d'*Andusia* à Anduze est prouvée par une inscription romaine trouvée à Anduze, qui paraît avoir été une sorte d'Itinéraire gravé sur une borne milliaire, conjecture qui devient surtout vraisemblable depuis la découverte faite en 1817 de la pierre de Tongres, qui contient un pareil Itinéraire.

Autrefois seigneurie, diocèse et recette d'Alais, parlement de Toulouse.

Les armes d'**Anduze** sont : *de gueules à une tour d'argent crénelée et donjonnée de trois donjons de même, celui du milieu plus élevé, ouverte et maçonnée de sable.*

Cette ville est dans une situation pittoresque, à l'entrée des Cévennes, sur la rive droite du Gardon d'Anduze, entre des rochers escarpés d'un côté, qui semblent toujours prêts à l'écraser, et des coteaux couverts de vignes et d'oliviers de l'autre. Elle est généralement fort mal bâtie ; mais ses environs, qu'on peut comparer à un vaste jardin anglais productif, sont réellement enchanteurs. On y remarque une terrasse qui sert de digue aux crues violentes du Gardon, forme une superbe quai, et offre une fort belle promenade ; vers le milieu de cette terrasse, on traverse le Gardon sur un pont en pierres de taille qui conduit à l'avenue d'Alais.

On voit aux environs d'Anduze une grotte ornée de belles stalactites, qui surpasse en étendue la célèbre grotte de Gange, voisine de St-Bauzile-du-Putois. Au commencement de la révolution, un gentilhomme d'Anduze, capitaine de la garde nationale, s'égara dans cette grotte, et il ne fut pas possible à ses amis de le découvrir. La compagnie tout entière se mit à sa recherche, pénétra dans la grotte avec des tambours, et ne retrouva nulle trace de son malheureux capitaine. Ses recherches se prolongèrent pendant deux ou trois jours, et l'on allait y renoncer, lorsqu'on entendit un faible gémissement sorti d'une cavité jugée sans importance. Elle donnait dans une salle inconnue jusque-là, où l'on trouva le malheureux égaré moitié mort de faim. Il avait fait une chute qui lui avait causé un profond évanouissement, et n'avait pas entendu les cris de ses compagnons.

Biographie. Anduze est la patrie du médecin Paulet, mort en 1826, auteur du *Traité des champignons*, 2 vol. in-4, et 1 vol. petit in-f° de 24 pl. (seul ouvrage de ce genre sur lequel on puisse compter pour reconnaître les qualités de ces plantes) ; d'une *Histoire de la petite vérole*, 2 vol. in-12, 1768 ; de l'*Antimagnétisme*, in-8, 1784, et de plusieurs autres ouvrages estimés.

Fabriques de bonneterie de soie © 1839, draps, molletons, chapeaux de soie, chapellerie fine, poterie, colle forte. Filatures de soie. Tanneries. — *Commerce* de grains, bestiaux, draperie, soies grèges et organsins — *Foires* les 12 et 13 juillet ; de 3 jours le 1er jeudi de nov., de 15 jours le 1er jeudi de déc. Marchés tous les jeudis.

Bibliographie. Viquier (A.-L.-G.) *Notice sur la ville d'Anduze et ses environs*, in-8, carte et fig., 1823.

ANDUZE (Gardon d'). V. Gardon.

ANÉRAN - CAMORS, vg. H.-Pyrénées (Béarn), arr. et à 39 k. de Bagnères-de-Bigorre, cant. de Bordères, ⊠ d'Arreau. P. 86 h.

ANÈRES, vg. H.-Pyrénées (Bigorre), arr. et à 30 k. de Bagnères-de-Bigorre, cant. de Nestier, ⊠ de St-Laurent-de-la-Neste. Pop. 347 h.

ANET, *Anetum*, joli bourg, *Eure-et-Loir* (Beauce), chef-l. de cant., arr. et à 14 k. de Dreux. Cure. ⊠, ⚡. A 80 k. de Paris pour la taxe des lettres. Pop. 1,409 h. — *Terrain* tertiaire moyen.

Anet était une ancienne châtellenie que Charles de Lorraine, grand veneur de France et petit-fils de Diane de Poitiers, fit ériger en principauté ; mais les lettres patentes, délivrées à ce sujet au mois de février 1583, n'étant point revêtues de toutes les formalités requises, on ne put obtenir leur entérinement. Le premier seigneur d'Anet dont il soit question dans l'histoire, Robert, vivait en 1063. En 1131 et 1157, il est question d'un Simon d'Anet. « L'an 1195, au mois de novembre, dit l'historien de Chartres, les religieux de St-Père de Chartres donnèrent leurs moulins d'Anet à bail au roi Philippe Auguste, moyennant 6 livres parisis de cens par an, payables le jour de St-Remi, et, faute de payement, 5 sous d'amende par chaque jour suivant. L'acte est daté d'Anet et scellé du grand sceau du roi. Dans cette convention, on voit un roi qui connaît et respecte la propriété ; il fait plus, il devient le censitaire de ses sujets, et se soumet à une peine envers eux s'il manque à ses engagements. Bel exemple pour faire exécuter les lois ! »

La première origine du château d'Anet est fort ancienne. Une charte de 1169 fait mention d'un seigneur de ce bourg ; et dans les premières années du XIXe siècle on y voyait encore des vestiges de son ancienne demeure. En 1318, cette propriété appartenait à Philippe, comte d'Evreux, frère de Philippe le Bel. Charles le Mauvais, comte d'Evreux et roi de Navarre, y fit construire, en 1340, un château fortifié de tours. Ces fortifications furent détruites par les ordres du roi de France Charles V, qui confisqua, à son profit, la châtellenie d'Anet. Charles VII voulant récompenser Pierre de Brézé, qui avait chassé les Anglais de la Normandie, en 1444, lui donna la terre et le château d'Anet. En 1514, Louis de Brézé, son petit-fils, grand sénéchal de Normandie, épousa en secondes noces Diane de Poitiers, fille de Jean de Poitiers, seigneur de St-Vallier. Diane était née en 1499 ; elle avait quinze ans à l'époque de son mariage. Neuf ans après, son père, étant entré dans une conspiration contre François Ier, fut condamné à mort. Diane vint se jeter aux pieds du roi et obtint sa grâce. On a prétendu que le galant François Ier n'avait point accordé à cette jeune et belle femme une faveur purement gratuite. Toutefois plusieurs auteurs justifient François Ier de cette inculpation. Louis de Brézé mourut en 1531. Diane, sa veuve, se retira dans son château d'Anet. Sa beauté, ses grâces et son esprit séduisirent Henri II, qui en devint passionnément amoureux. Henri avait dix-huit ans et Diane quarante ; malgré cette grande disproportion d'âge, elle conserva, pendant vingt ans tous ses droits sur le cœur de son royal amant. En 1552, Henri II chargea son architecte, Philibert Delorme, de construire à Anet un château digne de la dame de ses pensées. Philibert Delorme en fut l'architecte, Jean Goujon et Jean Cousin les décorateurs. Tout ce que l'art et la galanterie peuvent imaginer de noble et de gracieux, Delorme le fit entrer dans son plan : et il produisit un monument grand dans son ensemble, précieux dans ses détails, riant par la variété des mouvements qu'il sut donner à son architecture. Afin que tout le monde connût son amour pour sa maîtresse favorite, Henri II voulut que l'on vît sur ses bâtiments royaux, dans ses devises, sur ses ameublements, un croissant, des arcs et des flèches, qui étaient les attributs de la déesse dont elle portait le nom. Ces emblèmes amoureux, si bien caractérisés sur le château d'Anet, apparaissent encore à la principale façade, qui a été transportée à Paris sous le consulat, et restaurée dans la première cour du palais des Beaux-Arts.

La première révolution, qui a détruit tant de monuments, n'a laissé que des débris du château d'Anet ; une aile, ou principal corps de bâtiment, a été restaurée, et deux beaux parcs de 120 hectares en dépendent encore. Une vieille habitation, ancien couvent de cordeliers, située entre ces parcs, a servi à diverses fabriques ; cette solitude champêtre conviendrait à quelque grand établissement national.

On voyait à la porte d'entrée du château un pont de pierre, autrefois pont-levis, jeté sur un large fossé ; cette porte était garnie de meurtrières destinées à la défense du château ; ornée des chiffres DH de Diane et Henri, de trophées de chasse ; un bas-relief en bronze représentait une Diane colossale couchée sur des peaux d'animaux, environnée de lions, de biches et de loups, le bras passé autour du cou d'un cerf ; au-dessus du portail on voyait un autre cerf et quatre chiens, également en bronze ; ce cerf avait une jambe mobile qui frappait les heures, et les chiens aboyaient, par un mécanisme ingénieux, aux demi-heures ; un cadran marquait les heures, les mois, les signes du zodiaque et l'âge de la lune. La cour était ornée de trente-six colonnes et de fontaines, et renfermait une chapelle en forme de rotonde très-remarquable qui subsiste encore. Les plafonds et les murailles des riches appartements qu'on admirait étaient revêtus de marbres, de glaces, et de belles peintures représentant les muses, des chasses, les travaux de l'agriculture et de la guerre. Dans une salle de 20 m. de long sur 10 m. de large, on voyait d'immenses tableaux des campagnes du duc de Vendôme, et lui-même à cheval, de grandeur naturelle. — Près du château était la chapelle de Diane, renfermant son tombeau, mausolée en marbre noir soutenu par quatre sphinx en marbre blanc, surmonté de la statue de cette femme célèbre par sa beauté, et de génies portant ses armes. Ce tombeau, dispersé dans le village, et acheté par M. Lenoir, fondateur du musée des monuments français, fut restauré avec soin. Réclamé en 1816 par le duc d'Orléans, il a été reporté à Dreux, où il est placé dans une chapelle sépulcrale construite exprès pour le recevoir. — On remarquait encore dans ce palais de riants bosquets, de vastes prairies, de nombreux canaux, l'île dite d'Amour, une belle cascade, un petit boulingrin destiné à renfermer des bêtes fauves ; près de là une pelouse de 5 hectares servant de promenade publique ; enfin, de sombres et antiques avenues de marronniers détruits en 1793, tel était Anet il y a cinquante ans.

Anet a été possédé par divers princes et plusieurs rois depuis 1169 : Philippe V, les comtes d'Evreux, Charles V et Charles VI, Diane de Poitiers, les ducs de Vendôme, la duchesse du Maine, Louis XV, et enfin le duc de Penthièvre, prince dont les vertus et la bienfaisance n'ont pu s'effacer du souvenir des habitants d'Anet.

Anet est situé au milieu d'une jolie vallée : au midi règne un coteau couvert de vignes et couronné de bois ; au nord une côte plus escarpée, qui, jusqu'à la révolution, était restée inculte, mais qui offre aujourd'hui de belles moissons ; à l'est, on voit au loin un charmant paysage ; au milieu de ce tableau, deux villages, dont un, Saussay, avec sa papeterie ; plus loin les ruines pittoresques du château de Sorel, placé sur l'angle de la montagne ; on remarque en même temps de belles prairies et de jolies îles. L'Eure baigne et fertilise ce riant vallon, trop peu connu des voyageurs qui vont au loin chercher de beaux aspects et de frais paysages ; à 80 k. de Paris, placé pour ainsi dire au milieu des bois, non loin de la forêt d'Evreux, aux sites romantiques et solitaires, Anet offre aux étrangers un air pur, et ils viennent s'y fixer pour y mener une vie douce et tranquille; ils aiment à parcourir la magnifique forêt de Dreux ; à visiter le pavillon, autrefois rendez-vous des chasses royales ; et dans les environs , les vieilles ruines de la Robetière, le château d'Abondant, la plaine d'Ivry, la colonne élevée à la mémoire de Henri IV, vainqueur de Mayenne, que l'orage de 1793 avait renversée, et que Napoléon, qui se plaisait à honorer toutes les gloires de la France, a rééditée.

Commerce de grains, vins et fourrages. Aux environs, forges et papeterie. — *Foires* les 21 juin et 18 sept.

A 4 k. d'Anet, dans une prairie du village d'Ivry, on trouve une source d'eau minérale ferrugineuse qui n'attend peut-être qu'un nouveau Fourcroy pour obtenir de la célébrité.

Bibliographie. * *Recherches sur la terre d'Anet* (Récréations historiques de Dreux du Radier, t. II, p. 130, 145, in-12, 1767).

LE MARQUANT. *Description du château d'Anet*, in-12, 1789.

LENOIR (Alex.). *Rapport historique sur le château d'Anet*, in-f°, 1800.

Histoire du château d'Anet (Revue d'architecture, déc. 1842).

ANETZ, vg. *Loire-Inf.* (Bretagne), arr., cant., ✉ et à 6 k. d'Ancenis. Pop. 1,108 h. —Il est situé sur la rive droite de la Loire, dans l'un des plus fertiles territoires de la contrée. On y voit le château de Vers, en face duquel on aperçoit, de l'autre côté de la Loire, le château de la Bourguinière, avec sa chapelle du plus beau gothique, et sa tour habitée jadis par St-Pern, qui eut l'honneur d'être parrain de du Guesclin. V. BOUZILLÉ.

ANEZAY, vg. *Charente-Inf.* (Aunis), arr. et à 17 k. de St-Jean-d'Angely, cant. et ✉ de Tonnay-Boutonne. Pop. 414 h.

ANGAIS, vg. *B.-Pyrénées* (Béarn), arr. et à 12 k. de Pau, cant. de Clarac, ✉ de Nay. Pop. 785 h.

ANGÉ, vg. *Loir-et-Cher* (Touraine), arr. et à 37 k. de Blois, cant. ✉ de Montrichard. P. 656 h. Près du Cher. — On y voit un ancien castel surmonté d'une tour élevée, qui n'a conservé de ses constructions du XVe siècle que la cage de son escalier surmontée de sa guette, tourelle ou nid d'hirondelle où veillaient les sentinelles, et le donjon de pont-levis, pauvrement restauré au temps de la renaissance. — Les archéologues doivent accorder quelque attention à la motte où tenaient leurs plaids les seigneurs du manoir qui précéda le château du XVe siècle. Cette motte, placée presque à la cime du rocher contigu, est parfaitement conservée.

ANGE (St-), vg. *Drôme*, comm. de Peyrins, ✉ de Romans.

ANGE (St-), vg. *Eure-et-Loir* (Beauce), arr. et à 16 k. de Dreux, cant. et ✉ de Châteauneuf-en-Thimerais. Pop. 470 h. Près de la Blaise.

ANGE (St-), vg. *Seine-et-Marne*, comm. de Villecerf, ✉ de Moret. Pop. 20 h. — On y voit un ancien château bâti par Henri IV pour Gabrielle d'Estrées, qui avait 100 hectares dans sa dépendance ; il était précédé d'avant-cours et de grandes cours, annoncées par plusieurs avenues. L'intérieur était bien distribué : l'antichambre, à gauche, était remplie de petits portraits des cardinaux, capitaines et grands hommes qui ont fleuri sous Henri III, Henri IV et Louis XIII. Ceux de Henri IV et de la belle Gabrielle se voyaient dans la chambre des Reines. L'antichambre à droite renfermait les portraits des hommes illustres qui ont vécu sous Louis XII, Henri II, François II et Charles IX. Au second étage, on remarquait la galerie des savants, décorée de leurs portraits. — Voltaire passa quelque temps de sa jeunesse dans le château de St-Ange; c'est là qu'il vit M. de Caumartin, qui parlait toujours avec enthousiasme des grands hommes de la cour de Henri IV et des amis de Sully. Ce vieillard avait vécu longtemps avec des seigneurs de cette cour. Le jeune poète s'enflamma au récit de M. de Caumartin; les portraits des hommes célèbres du règne de Henri III et de Henri IV, qui s'offraient dans les appartements de ce château, lui donnèrent la première idée de la Henriade. C'est dans ce château que le grand-père de S. M. Louis-Philippe Ier épousa de la main gauche Mme de Montesson.

ANGE-LE-VIEIL (St-), vg. *Seine-et-Marne* (Gâtinais), arr. et à 28 k. de Fontainebleau, cant. et ✉ de Lorrez-le-Bocage. Pop. 100 h.

ANGEAC - CHAMPAGNE, vg. *Charente* (Angoumois), arr. et à 10 k. de Cognac, cant. et ✉ de Segonzac. Pop. 396 h. Sur la Charente.

ANGEAC - CHARENTE, vg. *Charente* (Angoumois), arr. et à 23 k. de Cognac, cant. et ✉ de Châteauneuf-sur-Charente. Pop. 640 h.

ANGEAU (St-), vg. *Charente* (Angoumois), arr. et à 22 k. de Ruffec, cant. et ✉ de Mansle. Pop. 786 h. — *Foires* le 5 de chaque mois, pour bœufs, moutons et porcs.

ANGECOURT, vg. *Ardennes* (Champagne), arr., ✉ et à 10 k. de Sedan, cant. de Raucourt. Pop. 633 h. — Filature hydraulique de laine.

ANGEDUC, vg. *Charente* (Angoumois), arr., cant., ✉ et à 9 k. de Barbezieux. Pop. 208 h.

ANGEL (St-), vg. *Allier* (Bourbonnais), arr., cant., ✉ et à 10 k. de Montluçon. Pop. 576 h.

ANGEL (St-), bg *Corrèze* (Limousin), arr., cant., ✉ et à 9 k. d'Ussel, ch. d'étape. Pop. 1,632 h. — Au sommet d'un coteau au bas duquel coule la rivière de la Troussonne, s'élèvent l'église et les restes de l'ancienne abbaye de bénédictins de St-Angel, qui dominent au loin la contrée. L'église peut remonter au douzième siècle, et ornée d'une belle abside ogivale; la magnifique charpente du comble de cette église, ses chapiteaux historiés et symboliques, les fûts de ses colonnes à demi engagées sont dignes de fixer l'attention de l'archéologue. Cette église a été classée par le ministre de l'intérieur au nombre des monuments historiques. — Le monastère est voûté, flanqué de tours, dont l'une, encore existante, et de plus 30 m. d'élévation, est couronnée de créneaux et de mâchicoulis. — *Foires* les 9 août, 7 sept., 29 oct. et samedi avant le lundi gras, pour moutons et bêtes à cornes.

ANGEL (St-), vg. *Dordogne* (Périgord), arr., ✉ et à 9 k. de Nontron, cant. de Champagnac. Pop. 587 h.

ANGEL (St-), vg. *Puy-de-Dôme* (Auvergne), arr., ✉ et à 25 k. de Riom, cant. de Mauzat. Pop. 932 h.

ANGEL (St-), *Tarn*, comm. de Salvagnac, ✉ de Rabastens. Pop. 120 h.

ANGELARD, vg. *H.-Vienne*, comm. de Compreignac, ✉ de Nantiat.

ANGELO (St-), vg. *Corse*, comm. de Catteri, ✉ de Calvi.

ANGELY, vg. *Yonne* (Bourgogne), arr., ✉ et à 13 k. d'Avallon, cant. de l'Isle-sur-le-Serain. Pop. 334 h.

ANGEOT, ou INGELSOD, *H.-Rhin* (Alsace), arr. et à 16 k. de Béfort, cant. de Fontaine, ✉ de la Chapelle-sous-Rougemont. Pop. 458 h.

ANGERS, *Andegavum*, *Juliomagus Andium*, grande et très-ancienne ville, chef-l. du dép. de *Maine-et-Loire* et de 3 cant. Cour royale d'où ressortissent les dép. de la Mayenne, de la Sarthe et de Maine-et-Loire. Trib. de 1re inst. et de comm. Bourse de comm. Chambre des manuf. Ecole des arts et métiers. Académie universitaire. Institution de sourds-muets. Collège royal. Cours d'enseignement médical. Evêché. Séminaire diocésain. 6 cures. Société d'agriculture, sciences et arts. Société industrielle. Courses de chevaux, ♘. Pop. 39,884 h. — TERRAIN de transition moyen.

Autrefois évêché, capitale du duché d'Anjou, parlement de Paris, intendance de Tours, élection, présidial, sénéchaussée, bailliage, prévôté royale, justice consulaire, hôtel des monnaies, prévôté de maréchaussée, maîtrise des eaux, et forêts, grenier à sel, université, juridiction des traites, bureaux d'aides et du tabac, et des cinq grosses fermes, collège, académie des belles-lettres et d'équitation, société d'agriculture, chambre syndicale, huit chapitres, une collégiale, une commanderie de Malte, trois abbayes ordre de St-Benoît, une de St-Augustin, une abbaye de filles ordre de St-Benoît, couvent de l'Oratoire, de cordeliers, d'augustins, de jacobins, de capucins, de récollets, de minimes, de carmes, de missionnaires, d'ursulines, de visitandines, de religieuses de Cîteaux, du Calvaire. — L'évêché d'Angers fut fondé avant 380. Revenu, 16,000 liv.; taxe, 1,700 flor. Paroisses, 462. Abbayes, 9 : revenu, 175,000 liv.; taxe, 6,900 flor. — L'évêque d'Angers était baron de Grate-Cuisse, et avait pour vassaux les barons de Briolé, de Chemillé et de Blon.

L'origine d'Angers se perd dans la nuit des temps. Tout porte à croire que c'était autrefois la capitale des Andes ou Andegaves. César n'a point mentionné la capitale de ces peuples; c'est à Ptolémée que nous en devons la connaissance. Elle se nommait de son temps *Juliomagus*, nom évidemment romain, donné en l'honneur de Jules César. Juliomagus se trouve aussi porté sur la Table de Peutinger, et les mesures des routes qui en sortent et qui aboutissent à *Cæsarodunum*, Tours, *Condate*, Rennes, et *Namnetes*, Nantes, déterminent la position de cette ville ancienne à Angers (V. Walckenaer, *Géographie des Gaules*). Sous les Romains, l'enceinte de la ville était formée par un mur solidement construit, dont on voit encore quelques vestiges autour de la cité, depuis l'évêché jusqu'à la porte Toussaint. Les ruines d'anciens monuments, quelque peu apparentes qu'elles soient, attestent que Juliomagus fut une ville municipale assez considérable, ornée d'un amphithéâtre, de thermes, de temples; mais le christianisme leur a fait si bonne guerre, qu'il n'en reste plus aucuns vestiges (V. Bodin, *Recherches sur l'Anjou*, t. 1, p. 29, 40; *Bulletin monum*., 1834, t. 1, p. 152). — Vers 446, sous le règne de Valentinien III, les Andes changèrent le nom de Juliomagus en celui d'*Andegavia*, dont on a fait dans la suite Angers, Anjou et Angevins. L'empire romain commençait alors à crouler de toutes parts; partout on se soulevait pour se soustraire à sa domination; les Andes s'unirent aux Bretons, et firent partie de la confédération armorique. Pendant qu'ils cherchaient à secouer le joug de leurs vainqueurs, les Saxons sous la conduite d'Odoacre, leur chef, se présentèrent devant Angers, que le comte Paul, commandant pour les Romains, se vit forcé de leur livrer, vers l'an 464. Odoacre fut chassé de cette ville par Childéric Ier, qui s'empara d'Angers, dont il brûla une partie, après l'avoir mis au pillage. Odoacre revint bientôt après, reprit la ville, fit la paix avec Childéric, et passa avec lui en Italie pour faire la guerre aux Romains, et fut tué à Ravenne, avec son fils unique. Quelque temps après, Clovis se rendit maître d'Angers et de tout l'Anjou, dont Défensor, envoyé par Lidorius, évêque de Tours, convertit les habitants au christianisme. Après avoir été possédé par Clodomir, par Thierri et par Théodebert, l'Anjou passa à Childebert, qui fit bâtir près d'Angers la célèbre abbaye de St-Aubin. Les annales d'Angers sont peu intéressantes jusqu'en 845, époque de la première invasion des Normands conduits par le fameux Hasting. Ils prirent la ville d'assaut, y firent un carnage affreux et la pillèrent. Après avoir fait brûler vif le vénérable comte Thierri, âgé de plus de quatre-vingts années, ils incendièrent Angers et le détruisirent presque entièrement. Revenus en 857, ils saccagèrent de nouveau cette ville qui commençait à renaître; mais elle fut délivrée par Robert le Fort, comte d'Outre-Maine, qui, alors vengeur des fureurs des Normands, devint aussi plus tard une de leurs victimes. A sa mort le barbare Hasting s'empara de nouveau de la ville, et s'y établit jusqu'à ce que Charles le Chauve vînt l'en chasser. — La ville d'Angers fut ensuite plusieurs fois attaquée, prise et reprise par les Bretons, les Anglais et les Français, le château fut surpris par les huguenots en 1585, et la ville, attaquée sans succès en 1793 par une armée de 90,000 Vendéens, qui laissèrent sous ses murs trois cents morts et trois cents canons démontés. —

Il s'est tenu dans cette ville neuf conciles, en 453, 529, 530, 1269, 1035, 1275, 1369, 1448 et 1583, et les célèbres conférences, connues sous le nom de conférences d'Angers, en 1713 et 1714. En 1225, l'ancienne église cathédrale tombant en ruine, on commença à élever à sa place la cathédrale qui existe encore aujourd'hui et qui est un des plus beaux ornements d'Angers. Sous saint Louis, la ville fut pour la troisième fois enceinte de murs, et son vaste château fut construit pour résister aux incursions des Bretons et des Normands.

Les **armes d'Angers** sont : *de gueules à une clef d'argent péris en pal, au chef d'azur chargé de deux fleurs de lis d'or*.

La ville d'Angers est admirablement située, sur la Mayenne, qui est en cet endroit large d'un grand fleuve et en fait un port très-fréquenté, un peu au-dessous du confluent de cette rivière avec la Sarthe. Elle est bâtie en amphithéâtre, au sommet et sur le penchant d'un coteau qui s'abaisse jusqu'au bord de la Mayenne, et se divise en trois parties distinctes, la ville proprement dite, située sur la rive gauche de la rivière; une partie bâtie sur une petite île, et le quartier nommé la Doutre, situé au delà du pont sur la rive droite de la Mayenne.

La plupart des rues sont étroites, sombres, escarpées, d'un accès difficile (quelques-unes même impraticables pour les voitures) et bordées de vieilles maisons construites, les unes en pans de bois plaquées d'ardoises sur les façades, les autres en pierres d'ardoise; ce qui leur donne un aspect triste et désagréable à l'œil. Toutefois il convient de faire remarquer que la ville se dépouille journellement de ses vieilles et sombres constructions, que remplacent des édifices simples et bien entendus. Depuis quarante ans, les hautes murailles qui l'entouraient ont disparu et ont fait place à de beaux boulevards qui, au moyen de deux ponts, l'un suspendu et l'autre d'après le système Polonceau, offrent une promenade circulaire autour de la ville de la plus grande beauté. A la place d'une multitude de couvents, d'églises, de chapelles et de cimetières, s'élèvent de nouvelles rues bordées d'édifices construits avec goût, alignés avec soin. Au nombre des monuments et établissements remarquables de cette cité, nous citerons principalement :

La **cathédrale**, dédiée à saint Maurice. Ce grand et beau monument n'a qu'une nef; sa forme est celle d'une croix latine; sa longueur, depuis la porte principale jusqu'au fond du chœur, est de 91 m., sa largeur de 16 m. 40, la hauteur de 34 m. et l'entrée de 33 m. près de l'extrémité. Cette nef est une des plus larges qu'il y ait en France; les deux ailes ont chacune 14 m. 93 de longueur sur autant de largeur; elles sont éclairées par de grandes roses d'une élégante construction et vitrées en verres de couleur. Des faisceaux de colonnes adossés aux murs supportent de belles voûtes de forme ogive, avec des nervures sur les arêtes; leur hauteur est de 26 m. On doit remarquer que ces voûtes n'ont pour appui que les murs; il n'y a au dehors, malgré la grande largeur de la nef, aucun de ces arcs-boutants qu'on voit à presque toutes les anciennes églises, et qui ressemblent à des étais soutenant un bâtiment près de tomber en ruine. Les architectes qui se sont succédé pendant les cinq siècles que l'on a mis à construire ce monument ont eu le bon esprit de suivre le plan du premier, en sorte qu'on doit le considérer comme appartenant au XIIIe siècle. — Le portail, décoré d'une imagerie et de statues du style byzantin, est surmonté de deux jolis clochers en pierre, à flèches, séparés par un troisième en dôme, qui font un heureux effet; l'église étant bâtie sur une éminence, on voit de divers endroits ces clochers à une distance de 32 à 40 k. — Le maître-autel est formé de différents marbres précieux; six belles colonnes corinthiennes en marbre rouge en supportent le baldaquin. Le buffet d'orgues, placé au-dessus de la porte principale, est un beau morceau de menuiserie; il contient un des meilleurs orgues de l'Europe, du célèbre facteur Danville, soutenu par quatre cariatides colossales. De l'orgue, on peut faire le tour intérieur de l'église au moyen d'une belle balustrade en fer, posée sur la retraite des murs au-dessous des naissances des voûtes. Le principal bénitier est formé d'une magnifique pièce de vert antique donné par le roi René.

L'**église de la Trinité**, bâtie en 1062 et l'un des plus beaux édifices romans qui existent en France; elle est à une seule nef, et offre ce fait singulier que de chaque côté de cette nef unique se voient des chapelles n'ayant que la profondeur d'un quart de cercle, et dont l'ouverture est décorée d'une archivolte formée d'un gros tore d'ornements. Malgré l'absence des nefs latérales, on n'en a pas moins cherché à donner à l'église les trois absides accoutumées en élargissant un peu au plan du sommet, où le sanctuaire est marqué par deux gros piliers isolés; l'église a ainsi la forme d'un T imparfait. — On a établi récemment dans cette église un musée départemental.

L'**église St-Serge**, édifice construit vers le milieu du XIe siècle; c'est un des plus beaux monuments d'architecture anglo-gothique que possède le département. Les voûtes du chœur, en forme ogive, sont portées en partie par six colonnes très-sveltes, qui rendent cette construction aussi hardie qu'elle est élégante. La nef est un ouvrage du XVe siècle. — Cette église présente, comme l'ancienne cathédrale de Dol, la circonstance d'une chapelle rectangulaire implantée au milieu du mur de face oriental, et ouverte au fond par des vitraux qui ont donné lieu de combiner un joli système d'arêtes à la voûte.

L'**Hôtel-Dieu**, bel édifice fondé en 1153, par Henri II, roi d'Angleterre, qui s'est distingué entre tous les princes de son temps par son zèle pour le bien public. Il le fit bâtir sur un vaste emplacement, situé sur la rive droite de la Mayenne, qui en baigne les murs, et l'église St-Laurent. Si l'on veut se reporter à l'époque de la fondation de cet établissement, on le trouvera digne de la munificence royale de son fondateur. Le bâtiment destiné aux malades est un vaste carré long, divisé en trois salles par trois rangs de colonnes corinthiennes qui portent de belles voûtes de forme ogive; rien n'est plus élégant et plus hardi que cette construction. La chapelle est bâtie dans le même genre, et cette architecture paraît une imitation de celle du chœur de l'église de St-Serge. Les grandes caves, bien voûtées, et les greniers qui sont placés au-dessus, ne sont pas moins dignes de remarque que les salles et la chapelle. Le plan de ces greniers est aussi un grand parallélogramme, divisé en trois parties par deux rangs d'arcs à plein cintre, dont l'un est porté sur des colonnes corinthiennes accouplées, l'autre sur des piliers carrés qui remplacent depuis peu d'années les colonnes que le temps avait détériorées. En examinant avec attention ces divers édifices, et particulièrement les greniers, on aperçoit un contraste frappant entre les constructions du dedans et celles du dehors. En effet, les murs extérieurs ne sont bâtis qu'avec des pierres brutes, comme ceux des maisons les plus communes, et ils ne sont pas même revêtus d'un enduit de chaux, tandis que l'intérieur est décoré de colonnes ornées de bases attiques et de chapiteaux corinthiens, d'une belle pierre dure, calcaire, étrangère à l'Anjou. Ce contraste entre les décorations extérieures et intérieures porte à croire que ces ornements d'architecture ont été enlevés à quelques monuments romains. Les colonnes que l'on voit à l'Hôtel-Dieu ont été faites sur deux modules différents; celles des salles et de la chapelle sont beaucoup plus grandes que celles des greniers; les premières ont pu appartenir soit à des temples, soit à l'amphithéâtre, ou à d'autres monuments.

Le château d'Angers, commencé sous le règne de Philippe Auguste et achevé par Louis IX. C'est une ancienne forteresse bâtie sur un rocher escarpé du côté de la Mayenne, au-dessus de laquelle il s'élève à près de 33 m.; le plan offre un vaste parallélogramme à hautes murailles flanquées de dix-huit grosses tours; il est construit de blocs d'ardoises, dont la noirceur est rendue plus triste par des bandes de pierres blanches dont tout l'édifice est rubané, et environné dans la moitié de son pourtour d'un fossé taillé dans le roc, de 30 m. de largeur et de 11 m. de profondeur. Du haut de la terrasse de cet édifice, qui servait tout à la fois d'habitation et de citadelle aux ducs d'Anjou, et où l'on n'entre que par une porte garnie d'un pont-levis, on jouit d'une vue agréable sur une partie de la ville et sur le cours de la Mayenne. Cette forteresse sert aujourd'hui de prison et de dépôt des poudres; elle est très-dégradée dans la partie qui borde la rivière.

Le château d'Angers, souvent assiégé, ne fut pris qu'une seule fois par stratagème, en 1585, pendant les guerres de la Ligue.

On remarque encore à Angers : les bâtiments de l'ancienne abbaye de St-Nicolas, située à l'extrémité du faubourg St-Jacques, dont la magnifique façade ressemble à celle d'un vaste palais. — L'ancienne école d'équitation, d'une construction noble et élégante. — La salle de spectacle. — La jolie maison gothique connue sous le nom d'Hôtel des comtes d'Anjou, située au coin des deux rues Haute et Basse du Figuier. — La bibliothèque publique, contenant 26,000 vol. et plusieurs manuscrits précieux. — La galerie de tableaux, où l'on voit beaucoup de tableaux originaux des plus grands maîtres de l'école française et des meilleurs artistes de nos jours. — Le cabinet d'histoire naturelle. — Le beau jardin de botanique, que traverse un cours d'eau vive. Il renferme un grand nombre d'arbres exotiques, qui, groupés sur un terrain inégal, avec l'aimable désordre d'un jardin anglais, forment une heureuse diversité de promenades. De toutes les parties élevées de ce jardin on jouit d'une belle perspective sur la façade de St-Serge. — Le Champ de Mars, terre-plein carré auquel aboutit le Mail, la principale promenade de la ville; il est, après celui de Paris, le plus vaste et le plus régulier que l'on connaisse. Le Mail consiste en trois allées parallèles, longues d'un kilomètre et terminées par une place de portique. — La promenade du Bout-du-Monde, terminée par un parapet, d'où l'on domine la ville et une partie de la campagne. — Le dépôt national d'étalons, un des plus beaux et des mieux tenus du royaume. — Les carrières d'ardoises exploitées à ciel ouvert, à 70 m. de profondeur, près de l'un des faubourgs. Enfin, les églises St-Martin de Romeray, la chapelle de la Lesvierre, le palais des marchands, anciens édifices qui mériteraient d'être classés au nombre des monuments historiques.

Un des plus singuliers monuments d'Angers est une colonne fort simple, placée à l'extrémité de la rue du faubourg St-Laud, et à laquelle se rapporte la tradition suivante. Un riche bénéficier, chanoine de St-Laud, nommé Pierre Frétaud, entretenait publiquement, comme sa maîtresse, une des plus jolies femmes d'Angers, nommée Agnès de Beaupréau, qu'on appelait, à cause de sa rare beauté, la belle Agnès. Cette dame avait le malheur d'être très-jalouse, et malheureusement aussi son amant joignait, à beaucoup d'ardeur et de passion, une égale inconstance. Les dames qui, au xv° siècle, n'étaient ni moins faibles ni moins vaines que celles d'un temps plus rapproché, virent d'un œil favorable le conquérant de la belle Angevine. Agnès s'aperçut du changement qui avait lieu dans le cœur de celui qu'elle aimait. Son amour avait pris des forces dans la solitude, et son imagination dévote, mélancolique et véhémente, exagéra les torts du volage : ne pouvant le fixer à son gré, elle résolut de se venger de ses perfidies. Un soir, ou plutôt une nuit, elle se saisit d'un rasoir, et à peine le chanoine de St-Laud a-t-il fermé les paupières, qu'il s'éveille, baigné dans son sang, incapable de commettre de nouvelles infidélités; mais cette violente correction coûta la vie au bénéficier. Agnès fut arrêtée, mise en jugement et condamnée à être brûlée vive; ce qui fut exécuté sur la place qui est au-devant de l'académie d'équitation, et qu'on nommait alors la place des Lices. La maison du chanoine fut rasée; et, pour perpétuer le souvenir du crime et de la punition, on éleva sur le lieu même où était le bûcher, une colonne de 6 à 7 m. de hauteur, sur laquelle fut placée la statue d'Agnès. Elle était représentée ayant une bride de cheval à la main droite, un rouleau de papier dans la gauche, et une boule sous le pied gauche. Les auteurs contemporains expliquent d'une manière assez bizarre cette allégorie mystérieuse. Le rouleau de papier fermé signifiait, disent-ils, l'impénétrable destinée qui nous attend; la boule, l'instabilité des choses humaines; et la bride, emblème plus moral et plus facile à comprendre, indiquait la nécessité de réprimer ses passions. Dans la suite, la colonne et la statue furent transportées au coin de la même place, à l'angle formé par le clos des Récollets et la rue du faubourg St-Laud. Mais le peuple, ayant oublié à peu près l'origine de ce monument, lui rendit en passant les mêmes honneurs qu'aux images des saints; ce qui obligea d'enlever la statue et de la remplacer par la colonne par une croix que l'on y voyait encore en 1790.

Biographie. Angers a vu naître plusieurs hommes distingués. Les principaux sont:

René, dit *le Bon*, roi de Sicile et duc d'Anjou, né au château d'Angers en 1408.

F. Babin, professeur de théologie, auteur des *Conférences du diocèse d'Angers*, dont il a publié 18 volumes.

F. Bernier, célèbre voyageur et habile médecin du xvii° siècle, mort en 1688, auteur de *Voyages, contenant la description des Etats du grand Mogol, de l'Indoustan, du royaume de Cachemire*, etc., 2 vol. in-12, 1699; ces voyages, beaucoup plus estimés de nos jours qu'ils ne le furent de son temps, font connaître les révolutions de l'Inde à une époque fort intéressante. *Abrégé de la philosophie de Gassendi*, 7 vol. in-12. *Traité du libre et du volontaire*, in-12, 1685.

P. Ayrault, célèbre avocat, mort en 1601. On a de lui : *Traité de l'ordre et instruction judiciaire, dont les anciens Grecs et Romains ont usé en accusation publique*, conféré à l'usage de la France, 1598. *De la puissance paternelle*, in-4, ouvrage adressé à son fils, que les jésuites avaient séduit, et qui était entré dans leur société contre le gré de son père.

Ch. de Bourdigné, poète, auteur de la *Légende de maître Pierre Faifeu*, divisé en 49 chapitres, Angers, 1532.

J. de Bourdigné, auteur d'une *Histoire agrégative des annales et chroniques d'Anjou*, in-f°, 1529.

J. Eveillon, estimable ecclésiastique, qui légua sa bibliothèque au collège de la Flèche, et donna tout le reste de son bien aux pauvres; il est auteur de plusieurs ouvrages, dont un des plus remarquables a pour titre : *Traité des ex-*

communications et des monitoires, Angers, 1631.

Espagne de la Cerda, connétable de France, assassiné en 1354, par ordre de Charles le Mauvais, roi de Navarre.

Frain du Tremblay, mort en 1724, auteur du *Traité des langues*, in-12, 1703, et de plusieurs autres ouvrages.

Gab. Dupineau, célèbre jurisconsulte, mort en 1644. Nommé maire d'Angers en 1632, il mérita dans l'exercice de cette charge le titre honorable de père du peuple. On a de lui : *Observations, questions et réponses sur quelques articles de la coutume d'Anjou*, in-f°, 1646.

Jul. Peleus, jurisconsulte, auteur du *Panégyrique au peuple de France*, de la *Vie de Henri le Grand*, 4 vol. in-8, 1613, et de plusieurs autres ouvrages.

Fr. de Roye, jurisconsulte, mort en 1686. On a de lui plusieurs ouvrages en français et en latin, parmi lesquels nous citerons : *De missis dominicis, eorumque officio et potestate*, in-4, 1672.

F. Delaunay, savant jurisconsulte.

Gab. de la Rochemaillet, auteur d'un *Traité géographique du royaume de France*, Paris, 1632.

Gilles Ménage, historien, poëte, antiquaire, savant dans les langues grecque, latine, espagnole et italienne, né en 1613, mort en 1692, auteur de beaucoup d'ouvrages latins et français, dont le plus remarquable a pour titre : *Dictionnaire étymologique, ou Origines de la langue françoise*, in-f°, 1694; seconde édition, augmentée des matériaux mis en ordre par Ménage quelque temps avant sa mort, in-f°, 1694 (1).

Z. Jacob, plus connu sous le nom de Montfleury, comédien et auteur dramatique.

J.-B. Renou, mort en 1701, auteur du *Nouveau Dictionnaire hébraïque* (posth.), in-8, 1709 ; *Nouvelle Méthode pour apprendre facilement les langues hébraïque et chaldaïque* (posth.), in-8, 1708.

P.-A. Béclard, célèbre professeur de la faculté de médecine de Paris, auteur des *Elémens d'anatomie générale*, in-8, 1823, et de plusieurs autres savants ouvrages.

Merlet de la Boulaye, botaniste, créateur du jardin des plantes d'Angers.

N. Bonnaire, fondateur de la manufacture royale de toiles à voiles d'Angers, le plus grand établissement industriel que possède cette ville.

Les conventionnels Choudieu, Joseph et P.-M. Delaunay, N. Deshoulières.

P. Blanchard, député à l'assemblée législative.

Le comte de Labourdonnaye, l'un des membres les plus exaltés de la chambre introuvable.

Le général de division Desjardins.

(1) Plusieurs autres éditions du *Dictionnaire étymologique* de Ménage ont été publiées postérieurement à cette époque. On doit consulter à ce sujet l'article que notre savant ami M. Quérard a publié dans son excellent ouvrage intitulé *la France littéraire*, t. vi, p. 34 et suiv.

Le marquis d'Autichamp.

J.-F. Bodin, auteur de savantes et consciencieuses *Recherches sur le haut et le bas Anjou*, 4 vol. in-8, 1812-22.

Le statuaire David, membre de l'Institut, aux chefs-d'œuvre duquel la ville d'Angers a consacré une salle entière du musée.

L.-E.-J.-M. Benaben, publiciste.

Mich.-Eug. Chevreul, de l'académie des sciences, né en 1786, l'un des savants qui ont le plus enrichi la chimie de faits nouveaux et importants ; ses travaux sur les corps gras et sur la teinture l'ont placé au premier rang des chimistes de notre époque. Il est auteur des *Recherches chimiques sur les corps gras d'origine animale*, in-8, 1823 ; des *Considérations générales sur l'analyse organique et sur ses applications*, in-8, 1824, et d'un grand nombre de mémoires insérés dans les Annales et dans les Mémoires du muséum d'histoire naturelle.

Albéric Deville, médecin et littérateur.

N.-A. Desvaux, botaniste.

J. Proust, chimiste, membre de l'Institut.

Collerier, habile et savant chirurgien.

Le docteur Ollivier d'Angers (C.-P.), membre de l'académie royale de médecine, auteur du *Traité de la moelle épinière et de ses maladies*, 2 vol. in-8, 1827, etc., etc.

Industrie et commerce. Le principal commerce d'Angers consiste en vins blancs, eaux-de-vie, grains, légumes, lins et chanvres, bougies, fruits, confitures sèches, cire, miel, huile, mercerie, toiles et étoffes de ses fabriques et de celles du département. Il y a une raffinerie de sucre, des fabriques de toiles peintes, d'étoffes de laine et coton. Angers possède une manufacture royale de toiles à voiles, dont les propriétaires font valoir aussi celle de Beaufort, établie dans l'arrondissement de Baugé. A l'époque de leur plus grande activité, ces deux manufactures occupaient dans l'intérieur de leurs vastes bâtimens 500 métiers pouvant faire annuellement 700,000 mètres de toiles, 100 filassiers, 200 dévideuses, ourdisseuses, buandières, etc., et 8 à 10,000 fileuses à Angers, Beaufort et communes environnantes, ⓐ 1806, 1823, 1827. — Les étamines d'Angers sont très-estimées ; elles se font en général avec la laine du pays. Il y a une manufacture de sucre, dirigée par M. Gaillary aîné, perfectionnée par lui depuis plusieurs de ses procédés, et qui promet d'heureux résultats. On cite aussi l'établissement de M. Hubert, qui fabrique par un mécanisme ingénieux des lacets en fil, soie, gloselle et laine. Une filature de laine avait été créée à Angers, en 1817, par les soins de M. Pilatte ; depuis elle a été transférée à Seiches, arrondissement de Baugé, où cet établissement alimente un grand nombre de fabriques d'étoffes de laine, et peut être considéré comme d'une véritable importance pour le pays. — C'est tout auprès d'Angers que se trouvent les célèbres ardoisières, dont les produits forment une des branches les plus considérables du commerce de cette ville. Elles emploient environ 3,000 ouvriers, et se servent en outre de 3 machines à vapeur

et de 500 bêtes de trait. Angers exporte annuellement pour 1,500,000 fr. L'extraction des ardoises se fait par des carrières à ciel ouvert, dont les dimensions gigantesques répondent à l'immensité de ce commerce ; plusieurs ont plus de 100 m. de profondeur sur une surface de 4,000 m. carrés. L'œil se perd au fond de ces vastes entonnoirs ; les hommes qui y travaillent échappent presque à la vue, et les machines d'extraction, suspendues sur ces abîmes, paraissent si frêles, qu'on ne peut se défendre d'un mouvement d'étonnement et de crainte quand on les visite. Les ardoises sont transportées par la Loire à Paris ou à Lyon, pour l'intérieur de la France, et à Nantes, d'où on les exporte dans diverses parties de l'Europe et de l'Amérique. — Dépôt d'étalons. — Ecole des arts et métiers, ⓐ. 1834 ⓑ 1839. — Mont-de-piété. — Foires de 8 jours, le lendemain de la Fête-Dieu et le 10 novembre, et 10 autres d'un jour, les 1er mai, 6 août, 2e mardi de janv., fév., mars, avril, juillet, sept., oct. et déc.

Angers est à 302 k. de Paris pour la taxe des lettres, par le Mans ; 329 k. par Orléans ; 344 k. par Vendôme.

L'arrondissement d'Angers est composé de 9 cantons : Angers N.-E., Angers N.-O., Angers S.-E., Briolay, Chalonnes, St-Georges-sur-Loire, le Louroux-Béconnais, les Ponts-de-Cé et Tourcé.

Buts d'excursion : aux *Ponts-de-Cé* (4 k.), petite ville formée de deux paroisses, et consistant en une suite de ponts et de chaussées, bordées de maisons, qui commencent à 4 k. d'Angers, et franchissent sur une longue étendue les bras et les îles de la Loire qui les séparent ; le camp de César est situé au-dessous des Ponts-de-Cé, sur la rive droite du fleuve ; à *Béhuard*, île délicieuse de fraîcheur et de beauté, où l'on voit une chapelle pittoresque, renfermant un beau portrait de Louis XI, peint, dit-on, par lui-même ; aux *carrières d'ardoises* (1 k.). — *Bateaux à vapeur* pour Nantes, Tours, Orléans, Nevers et Moulins ; correspondance d'Orléans à Paris ; tous les jours pour Nantes.

Bibliographie. Robert. *Recueil des priviléges de la ville et mairie d'Angers*, in-4, 1748.

Bodin (Félix). *Recherches sur Angers et le bas Anjou*, 2 vol. in-8, 1821-22.

Malvoisins. *Le Siége d'Angers*, précédé et suivi de différents morceaux biographiques, etc., in-8, 1843.

Mouthey (M.-A.). *Recherches historiques sur la ville d'Angers, avec un plan de ses accroissements, embellissements et projets, etc., grav.*, 1776.

* *Description de la ville d'Angers*, in-12, 1778.

Blordik-Langlois. *Angers et le département de Maine-et-Loire, de 1787 à 1830*, 2 vol. in-8, 1838.

* *Inauguration du buste de P.-A. Béclard d'Angers, professeur à l'école de médecine de Paris*, in-8, 1827.

ANGERVILLE, vg. *Calvados* (Normandie), arr. et à 17 k. de Pont-l'Evêque, cant. de Dives, ✉ de Dozullé. Pop. 245 h.

ANGERVILLE, jolie petite ville, *Seine-et-Oise* (Beauce), arr. et à 20 k. d'Etampes, cant. de Méréville, gîte d'étape, ✉, ⚘. A 71 k. de Paris pour la taxe des lettres. P. 1,334 h. — C'est une ville propre, bien bâtie, bien percée et traversée par la grande route, et par le chemin de fer de Paris à Orléans. — PATRIE de l'abbé TEISSIER. — *Fabriques* de bas laine drapés, de dentelles. Filature de laine, faïencerie. Brasserie, fours à plâtre. — *Commerce* de grains, laines et bestiaux. — *Foires* les 25 avril, 20 juillet et 3 nov.

ANGERVILLE-BAILLEUL, vg. *Seine-Inf.* (Normandie), arr. et à 36 k. du Havre, cant. et ✉ de Goderville. Pop. 943 h.

ANGERVILLE-LA-CAMPAGNE, vg. et ancienne baronnie, *Eure* (Normandie), arr., cant., ✉ et à 6 k. d'Evreux. Pop. 185 h. — *Fabrique* d'instruments aratoires.

ANGERVILLE-LA-MARTEL, vg. *Seine-Inf.* (Normandie), arr. et à 27 k. d'Yvetot, cant. et ✉ de Valmont. Pop. 1,504 h. — *Commerce* de bestiaux. — *Foires* le 7 oct. et le lundi de la 4ᵉ semaine de sept.

ANGERVILLE-LA-RIVIÈRE, vg. *Loiret* (Beauce), arr. et à 17 k. de Pithiviers, cant. et ✉ de Puiseaux. Pop. 305 h.

ANGERVILLE-L'ORCHER, bg *Seine-Inf.* (Normandie), arr. et à 20 k. N.-E. du Havre, cant. et ✉ de Criquetot-Lesneval. P. 1,028 h. — On y voit une ancienne église qui a été désignée par l'autorité locale comme étant susceptible d'être classée au nombre des monuments historiques. — *Foire* le 8 sept.

ANGERVILLIERS, vg. *Seine-et-Oise* (Beauce), arr. et à 30 k. de Rambouillet, cant. de Dourdan, ✉ de St-Cheron. Pop. 371 h.

ANGES (les), vg. *H.-Marne*, comm. et ✉ de Langres.

ANGES (les), vg. *Mayenne*, comm. de St-Quentin, ✉ de Craon.

ANGEVILLE, vg. *Tarn-et-Garonne* (Armagnac), arr. et à 10 k. de Castel-Sarrasin, cant. et ✉ de St-Nicolas-de-la-Grave. Pop. 368 h.

ANGEVILLER. V. ANGVILLER.

ANGEVILLERS, ou ANSWEILLER, vg. *Moselle* (pays Messin), arr. et à 10 k. de Thionville, cant. de Cattenom, ✉ de Fontoy. Pop. 755 h. — *Fabrique* de vans à vanner les grains.

ANGEY, vg. *Manche* (Normandie), arr., ✉ et à 14 k. d'Avranches, cant. de Sartilly. Pop. 311 h.

ANGICOURT, vg. *Oise* (Picardie), arr., cant. et à 11 k. de Clermont, ✉ de Liancourt. Pop. 260 h.

ANGIENS, vg. *Seine-Inf.* (Normandie), arr. et à 25 k. d'Yvetot, cant. de Fontaine-le-Duc, ✉ de St-Valery-en-Caux. P. 1,006 h.

ANGIRÉ, vg. *Charente-Inf.*, comm. de Courçon, ✉ de Noaillé.

ANGIREY, vg. *H.-Saône* (Franche-Comté), arr., cant. et à 16 k. de Gray, ✉ de Gy. Pop.

378 h. — Exploitation de minerai de fer en grains.

ANGIVILLERS, vg. *Oise* (Picardie), arr. et à 27 k. de Clermont, cant. et ✉ de St-Just-en-Chaussée. Pop. 284 h.

ANGLADE, vg. *Gironde* (Guienne), arr., ✉ et à 10 k. de Blaye, cant. de St-Ciers-la-Lande. Pop. 1,246 h. Dans une contrée fertile en bons pâturages.

ANGLARDS, bg *Cantal* (Auvergne), arr. et à 8 de Mauriac, cant. et ✉ de Salers. Pop. 2,266 h. — Il forme une commune divisée en 42 hameaux épars sur une assez grande superficie, entre les rivières d'Auze et de Mars. Son territoire est fertile en grains et fourrages d'excellente qualité, qui nourrissent une grande quantité de bétail de la plus belle espèce. La population de cette commune est, sans contredit, l'une des plus remarquables du département, et peut-être de la France entière, par la beauté du sang; les femmes sont belles et mises avec goût; les hommes sont d'une taille avantageuse, bien faits, agiles, vifs et courageux; on leur reproche d'être querelleurs, ils sont redoutés dans les fêtes de village. Leurs ancêtres prirent part à la guerre des sabots, en 1635, ce qui leur a valu le sobriquet de *carabins* (carabiniers). L'église d'Anglards est belle, solidement construite, et son clocher commande une grande étendue de pays, notamment la belle vallée de Mars dominée par le bourg. — *Foires* les 25 janv., 6 mai, 25 juin et 21 oct., pour chevaux et bestiaux.

ANGLARDS, vg. *Cantal* (Auvergne), arr. et à 9 k. de St-Flour. Pop. 426 h.

ANGLARS, vg. *Aveyron* (Rouergue), arr. et à 35 k. de Rodez, cant. et ✉ de Rignac. Pop. 1,214 h.

ANGLARS, vg. *Aveyron*, comm. de Coubisou, ✉ d'Espalion.

ANGLARS, vg. *Aveyron*, comm. de Salvagnac-Cajarc, ✉ de Cajarc.

ANGLARS, vg. *Lot* (Quercy), arr. à 23 k. de Figeac, cant. et ✉ de la Capelle-Marival. Pop. 817 h. — On y remarque un ancien château d'une construction très-soignée, adossé à l'église paroissiale.

ANGLARS-DU-CAUSSÉ, vg. *Aveyron*, comm. de Berthollène, ✉ de Laissac.

ANGLE, montagne du dép. du Puy-de-Dôme (Auvergne), au pied de laquelle naissent les célèbres sources minérales du Mont-d'Or. V. MONT-D'OR.

ANGLEFORT, vg. *Ain* (Bourgogne), arr. et à 23 k. de Belley, cant. de Seyssel. Pop. 1,223 h. Près du Rhône.

ANGLEMONT, vg. *Vosges* (Lorraine), arr. et à 30 k. d'Epinal, cant. et ✉ de Rambervillers. Pop. 245 h.

ANGLES, vg. *B.-Alpes* (Provence), arr. et à 17 k. de Castellanne, cant. et ✉ de St-André. Pop. 245 h.

ANGLES, vg. *Aveyron*, comm. de Vors, ✉ de Rodez.

ANGLES, vg. *Charente* (Angoumois), arr. et à 10 k. de Cognac, cant. et ✉ de Segonzac. Pop. 190 h. Sur le Né.

ANGLES (les), *Corrèze* (Limousin), arr., cant., ✉ et à 8 k. de Tulle. Pop. 150 h. Près de la Corrèze.

ANGLES, *Eure-et-Loir*, comm. de St-Cheron, ✉ de Gallardon.

ANGLES (les), *Gard* (Languedoc), arr. et à 29 k. d'Uzès, cant. et ✉ de Villeneuve-les-Avignon. Pop. 386 h.

ANGLES, vg. *Gers*, comm. de Castelnau-d'Angles, ✉ de Mirande.

ANGLES, vg. *H.-Pyrénées* (Gascogne), arr. et à 13 k. d'Argelès, cant. et ✉ de Lourdes. Pop. 353 h. Sur le Lechez.

ANGLES, vg. *Pyrénées-Or.* (Roussillon), arr. et à 30 k. de Prades, cant. et ✉ de Mont-Louis. Pop. 728 h. — *Fabrique* de bas de laine tricotés à l'aiguille.

ANGLÈS, bg *Tarn* (Languedoc), chef-l. de cant., arr. et à 32 k. de Castres. Cure. ✉ de Brassac. Pop. 2,785 h. — TERRAIN cristallisé ou primitif. — Il est sur la rive droite de l'Arn. — *Fabriques* de draperies et de cotonnades. — *Commerce* de bestiaux. — *Foires* les 15 avril, 30 juin, 25 août et 20 nov.

ANGLES, bg *Vendée* (Poitou), arr. et à 31 k. des Sables, cant. de Moutiers, ✉ d'Avrillé. Pop. 1,152 h. Près du Lay. — *Foires* les 1ᵉʳ juin, juillet, août et 28 sept.

ANGLES, petite ville, *Vienne* (Poitou), arr. et à 32 k. de Montmorillon, cant. de St-Savin. ✉. A 312 k. de Paris pour la taxe des lettres. Pop. 1,670 h. — TERRAIN cristallisé ou primitif. — Cette ville est située sur la rive droite de l'Anglin. On y remarquait autrefois une abbaye de bénédictines fondée dans le xie siècle.

Les armes d'Angles sont: *d'azur semé de fleurs de lis d'or.*

Foires les 3 mai, 26 juin, 14 sept., 2 et 28 oct. et 17 déc.

ANGLES (les), h. *Vosges*, comm. de Housseras, ✉ de Rambervillers.

ANGLESQUEVILLE, vg. *Calvados*, arr., cant. et à 7 k. de Pont-l'Evêque, ✉ de Touques. Pop. 220 h.

ANGLESQUEVILLE, vg. *Calvados*, comm. et ✉ de Cambremer.

ANGLESQUEVILLE-LES-MURS, ou LA BRASLONG, *Anslec Villa*, vg. *Seine-Inf.* (Normandie), arr. et à 20 k. d'Yvetot, cant. de Fontaine-le-Dun, ✉ de Doudeville. Pop. 403 h. — Le château de Beaumont est une dépendance de ce village; il offre une enceinte de murailles au milieu desquelles existent des constructions civiles du xiie siècle; on y voit des corniches supportées par des modillons, des murs garnis d'arcades, et la plupart des sculptures qui ornent les églises du même temps.

ANGLESQUEVILLE-L'ESNEVAL, vg. *Seine-Inf.* (Normandie), arr. et à 18 k. du Havre, cant. et ✉ de Criquetot-l'Esneval. Pop. 538 h.

ANGLESQUEVILLE-SUR-SAANE, bg *Seine-Inf.* (Normandie), arr. et à 28 k. de Dieppe, cant. et ✉ de Tôtes, sur la rive droite de la Saane. Pop. 468 h. — *Fabrique* de cuirs.

Blanchisseries de toiles.—*Commerce* de grains, volailles, beurre et œufs pour l'approvisionnement de Paris.—*Foires* le 9 nov., ou le 10 si le 8 est un dimanche, et le 1ᵉʳ lundi de chaque mois.—Marchés très-fréquentés.

ANGLET, bg *B.-Pyrénées* (pays de Labour), arr., cant., ✉ et à 4 k. de Bayonne. Pop. 3,016 h.—Il est situé au bord de l'Océan, où il a un petit port de pêcheurs. La plage se termine brusquement aux rochers de la Chambre d'Amour. V. BIARRITZ.—Le territoire d'Anglet produit des vins blancs fort agréables, lorsqu'on les boit la première année.

ANGLETERRE, vg. *Oise*, comm. d'Andeville, ✉ de Méru.

ANGLIERS, vg. *Charente-Inf.* (Aunis), arr. et à 16 k. de la Rochelle, cant. de Courçon, ✉ de Noaillé. Pop. 416 h.

ANGLIERS, vg. *Vienne* (Poitou), arr., ✉ et à 8 k. de Loudun, cant. de Moncontour. Pop. 651 h.—*Foires* le lundi de Pâques et lundi de la Pentecôte.

ANGLIN (l'), petite rivière qui prend sa source dans le dép. de la *Creuse*, près des confins de celui de l'*Indre*. Elle passe à Bélabre, à Mérigny et à Angles, au-dessous duquel elle se jette dans la Gartempe, après un cours d'environ 48 k.

ANGLOISCHEVILLE, vg. *Calvados*, com. de Fresné-la-Mère, ✉ de Falaise.

ANGLURE, *Anglura, Angularia*, jolie petite ville, *Marne* (Champagne), chef-l. de cant., arr. et à 60 k. d'Epernay. Cure. ✉. A 127 k. de Paris pour la taxe des lettres. Pop. 724 h. — TERRAIN d'alluvions modernes. — Elle est dans une charmante situation, sur la rive droite de l'Aube, qui y est navigable. — *Fabrique* de bonneterie. Filature de coton.—*Commerce* de grains.

ANGLURE, vg. *Orne*, comm. de St-Sulpice-sur-Rille, ✉ de Laigle.

ANGLUS, vg. *H.-Marne* (Champagne), arr. et à 24 k. de Vassy, cant. et ✉ de Montiérander. Pop. 229 h.

ANGLUZELLE, *Angluzellæ*, vg. situé dans une grande plaine, près la rive gauche de l'Aube, *Marne* (Champagne), arr. et à 46 k. d'Epernay, cant. de Fère-Champenoise, ✉ de Pleurs. Pop. 329 h. —C'était autrefois un bourg assez considérable, qui paraît avoir été ruiné dans les guerres de religion du XVIᵉ siècle.

ANGOISSE, bg *Dordogne* (Périgord), arr. et à 47 k. de Nontron, cant. de la Nouaille, ✉ d'Exideuil. Pop. 1,220 h.—Haut fourneau et forges. Sur la Loue.

ANGOMONT, vg. *Meurthe* (Lorraine), arr. et à 40 k. de Lunéville, cant. de Baccarat, ✉ de Badonviller. Pop. 409 h.

ANGOS, vg. *B.-Pyrénées* (Navarre), arr. et à 15 k. de Pau, cant. de Thèze, ✉ d'Auriac. Pop. 96 h.

ANGOST, vg. *H.-Pyrénées* (Gascogne), arr., cant., ✉ et à 9 k. de Tarbes. Pop. 189 h.

ANGOULÊME, *Iculisna, Ecolisna, Engolisma*, grande et ancienne ville, chef-l. du dép. de la *Charente*. Trib. de 1ʳᵉ inst. et de comm., chambre cons. des manuf. Société d'agr., arts et comm. Evêché, grand et petit sémin., 2 cures, collège communal. Gîte d'étape, ✉, ☞. Pop. 18,622 h.—TERRAIN crétacéo inférieur, grès vert.

Autrefois duché et évêché, capitale de l'Angoumois, parlement de Paris, intendance de Limoges, chef-lieu d'élection, gouvernement de place, prévôté royale, sénéchaussée et présidial, maîtrise particulière, bureau des cinq grosses fermes, lieutenance de maréchaussée; douze paroisses; deux abbayes ordre de St-Benoît, couvents de jacobins, minimes, carmes déchaussés, capucins et cordeliers; d'ursulines, carmélites, bénédictines, hospitalières et filles de l'Union chrétienne.—L'évêché d'Angoulême fut fondé vers 260. Revenu, 30,000 liv.; taxe, 1,000 flor. Paroisses, 490. Abbayes, 8 : revenu, 39,300 liv.; taxe, 1,339 flor. Les évêques d'Angoulême portaient le titre de barons de la Plaine; ils avaient des droits seigneuriaux étendus, et la suzeraineté sur plusieurs fiefs de leur diocèse.

Angoulême est une ancienne ville. La route moderne tracée entre *Mediolanum*, Saintes, *Vesunna*, Périgueux, ne passe pas par Angoulême, et il en était ainsi du temps des Romains, puisque Ausone, qui fait mention de cette ville, l'appelle lieu solitaire et écarté de la route. Dans Grégoire de Tours, *Iculisna* est nommée *Ecolisna*; dans la Notice des provinces, on trouve *Ecolisma*; enfin Robert, dans sa Chronique, dit *Civitas Engolisma*, d'où ensuite, dans le langage vulgaire, on a fait Angoulême.

Une opinion vulgaire et évidemment erronée attribue la fondation de cette ville à Angelinus Marrus, capitaine romain, qui vivait 531 ans avant l'ère chrétienne. Des médailles qu'on y a déterrées sont les seuls témoignages de son existence du temps des Romains. Il paraît toutefois qu'elle était la capitale des peuples connus sous le nom d'Agésinates, qui occupaient l'Angoumois. De la domination des Romains, Angoulême passa sous celle des Visigoths, qui la conservèrent jusqu'en 507, époque où Clovis s'en rendit maître après la bataille de Vouillé. Au IXᵉ siècle, les Normands la ruinèrent. Rebâtie dans le Xᵉ siècle, cette ville passa ensuite sous la domination des petits souverains qui, pendant la féodalité, exercèrent tous les abus, et prirent le nom de comtes d'Angoulême : elle a eu jusqu'à dix-neuf suzerains, dont quatorze étaient issus de la race chevaleresque des Taillefer, et cinq de celle des Lusignan. Le comte Turpion est le premier qui, sous Louis le Débonnaire, commença cette série de tyranneaux qui formaient, avec leurs voisins, la vaste chaîne féodale sous laquelle gémissait la France entière. La ville d'Angoulême, après avoir été réunie à la couronne, fut cédée aux Anglais après la bataille de Poitiers; mais ses habitants, indignés de passer sous le joug de l'étranger, chassèrent les soldats de leurs murs. Une telle conduite fut appréciée par Charles V, qui fit d'Angoulême l'apanage des fils de France, et accorda à cette ville, entre autres privilèges, celui de noblesse par les maires, échevins et conseillers. Ce privilège fut supprimé en 1667, et rétabli ensuite pour la personne du maire seulement.

Angoulême souffrit, pendant les dissensions religieuses qui armèrent les Français contre les Français, toute l'horreur des guerres civiles. Les calvinistes la surprirent dans le XVIᵉ siècle. Le seigneur de Sansac la reprit en 1562; mais elle se rendit, peu de temps après, à l'amiral Coligny, qui eut à se reprocher d'avoir laissé, à la suite de la prise de cette ville, ses soldats s'y livrer impunément aux plus sanglants abus de la victoire : les églises furent pillées et saccagées, la cathédrale fut détruite, et n'a été rebâtie que dans le siècle dernier. Angoulême appartenait alors à la seconde branche de Valois, dont le chef avait titre de comte de cette ville. François Iᵉʳ, issu de cette maison, érigea Angoulême et son territoire en duché en 1513. Elle passa ensuite dans la maison de Guise, et fut réunie à la couronne en 1710, par la mort du dernier duc d'Angoulême.—Il s'y est tenu deux conciles, en 1118 et en 1170.

Les armes d'Angoulême sont : *d'azur semé de fleurs de lis d'or, à la bande componnée d'argent et de gueules.*—Dans un manuscrit de 1669, elles sont figurées ainsi : *d'azur à un portail de ville côtoyé de deux tours crénelées d'argent, et une fleur de lis d'or en cœur couronnée d'or en chef.*

Si les situations élevées des villes sont loin d'être propices, comme celles des plaines, aux rapports faciles et commodes des habitants, il faut convenir que leur aspect flatte et intéresse le voyageur, qui trouve toujours une grande variété de tableaux dans un sol accidenté, dans ses anfractuosités et ses mouvements. Tel est le site d'Angoulême, bâtie sur une montagne hérissée de rochers, qui domine au loin toute la contrée, et au bas de laquelle coule la Charente. Cette ville n'est pas seulement agréablement située, elle est en général bien construite. Les rues sont propres, les maisons sont bien bâties. La promenade en terrasse qui occupe l'emplacement des anciens remparts offre un horizon des plus vastes par son étendue, et l'un des plus magiques par le tableau qu'il présente de campagnes aussi riantes qu'elles sont fertiles, aussi belles qu'elles sont bien cultivées. Du haut de ces murs, élevés d'environ 100 m. au-dessus du niveau de la plaine, l'œil se repose avec plaisir sur le riant bassin de la Charente et sur celui de la petite rivière d'Anguienne, dont les eaux serpentent au milieu de vastes prairies ombragées de touffes d'arbres et dominées par des coteaux couverts des plus riches vignobles. On voit, d'un autre côté, des rochers agrestes et escarpés, des chemins creux, dans une autre, la vaste et fraîche forêt d'Angoumois, après avoir été réunie à la couronne s'égare sur de vastes plaines traversées par les grandes routes de Paris et de Bordeaux. Des coteaux d'un aspect agréable, qui semblent se perdre dans le lointain, servent de cadre à ce magnifique tableau, dont la perspective est d'un effet admirable.

On parvient à la ville par plusieurs rampes plus ou moins rapides. Les deux rampes de l'Houmeau, dont une descend de la porte Chandos dans le faubourg, et l'autre de la porte du Palet au pont de St-Cybard, ont été commencées en 1740. Elles sont encore très-roides néanmoins, mais traitées avec plus d'intelligence que l'ancienne rampe de St-Pierre, construite postérieurement, et presque impraticable pour les voitures, qui ne pouvaient passer, il y a quelques années, que par la porte Chandos en faisant un long circuit pour arriver en ville. Aujourd'hui un superbe chemin de 850 m. de longueur, planté d'arbres, et qui n'a que 8 c. de pente sur 195 c., descend de la porte de St-Pierre, et va jusqu'en bas du faubourg de ce nom se joindre à la route de Paris à Bordeaux. Il se replie sur lui-même, après avoir, dans un premier circuit, embrassé près de la moitié de la circonférence de la montagne sur laquelle la ville est élevée. Cette première partie du chemin se joint à la seconde en formant une belle rotonde plantée d'arbres, environnée de bancs de pierre, et au milieu de laquelle s'élève une colonne d'ordre ionique, de 16 m. de hauteur, surmontée d'un globe ; monument érigé, en septembre 1816, par les soins de M. Creuzé de Lesser, préfet, et de M. de Lambert, maire. — La grande route de poste ne passe pas dans la ville ; elle traverse le faubourg de l'Houmeau, qui est au pied de la montagne, et qui renferme à peu près du quart de la population.

La ville proprement dite a la forme d'un ovale irrégulier ; elle se compose de deux parties bien distinctes, l'ancienne et la nouvelle ville. L'ancienne ville est généralement triste et laide, percée de rues étroites et tortueuses, bordées de constructions très-irrégulières. La nouvelle ville s'étend au midi sur un terrain dépendant du château ; le sol qu'elle occupe, autrefois aride et rocailleux, est aujourd'hui recouvert de belles constructions formant un quartier qui acquiert de jour en jour un accroissement rapide.

Angoulême a sept places principales : le cours Napoléon, la plus belle et la plus fréquentée des promenades de la ville, fut commencée en 1776, et finie en 1787. Plantée d'arbres d'espèces diverses, et divisée en trois allées, une grande et deux latérales, elle est séparée des belles maisons qui la bordent de chaque côté par un garde-fou et une rue ; l'hôtel de ville et la salle de spectacle la terminent à son extrémité au nord, et elle se joint à l'autre bout au rempart Desaix, qui longe avantageusement la ville jusqu'à la porte du Secours. La place Beaulieu forme aussi une promenade fort agréable, ombragée d'énormes mûriers et de plantations modernes. La place du Champ de Mars est très-vaste et sert de champ de foire.

Les principales portes d'Angoulême sont celles de St-Pierre, du Secours, de St-Martial, de Chandos et du Palet. Ces portes n'offrent aujourd'hui rien de remarquable. Elles étaient autrefois flanquées de tours qui faisaient partie des fortifications de la ville ; mais les tours ont presque toutes été démolies, et à peine reste-t-il quelques vestiges des fortifications.

C'est dans le faubourg de l'Houmeau que se fait le principal commerce d'Angoulême, favorisé par un beau port sur la Charente, le long duquel règnent un quai et une promenade agréable. Ce faubourg s'élève en amphithéâtre au bord de la Charente ; il possède de belles maisons, un entrepôt et de vastes magasins. Au faubourg de St-Cybard, on remarque un fort beau pont sur lequel on traverse la Charente, et d'où l'on aperçoit à 2 k. de distance le magnifique établissement de la poudrerie.

Un inconvénient attaché à la situation d'Angoulême, et auquel il était très-difficile d'obvier, c'était le défaut d'eau. Les fontaines sont abondantes au bas du coteau ; mais leur éloignement forçait à transporter l'eau dans des barils, à dos de bêtes de somme, pour la vendre aux habitants : car, quoiqu'il y ait beaucoup de puits dans la ville, la plupart ne fournissent qu'une eau de mauvaise qualité, et tous sont si profonds qu'ils n'offraient que peu de ressources en cas d'incendie. Cet inconvénient n'existe plus depuis 1835 ; par les soins de M. Cordier, auquel la ville de Béziers doit l'avantage de posséder des eaux abondantes, toutes les places publiques d'Angoulême sont ornées de belles et d'abondantes fontaines, et la plupart des rues sont munies de bornes-fontaines.

Parmi les édifices et établissements publics d'Angoulême, on remarque : la CATHÉDRALE, dédiée à saint Pierre vers 570. Des chartes fort anciennes apprennent que, ravagée par les barbares, elle fut réparée sous le règne de Robert le Pieux, consacrée en 1017, et reconstruite de fond en comble en 1120, pillée et dévastée par les calvinistes en 1562 et en 1568. Cette basilique, regardée comme un des beaux types de l'architecture romane du commencement du XIIe siècle, a 93 m. de longueur extérieurement, et 73 m. 43 c. dans œuvre : la façade a 18 m. 83 c. de large. L'intérieur se compose d'une nef unique, divisée en trois parties couronnées par trois coupoles. Le chœur est terminé par une abside semi-circulaire ; et l'espace compris entre le chœur et la nef est éclairé par une haute lanterne dominant sur le toit et percée de douze fenêtres en plein cintre. Une tour carrée fort élevée, terminée par une pyramide à quatre pans fort remarquable, domine tout l'édifice, et s'aperçoit de plusieurs lieues à la ronde, au haut de l'éminence qui supporte la ville, où elle apparaît comme le grand mât d'un navire.

L'ÉGLISE ST-ANDRÉ, composée intérieurement de trois nefs ogivales sans abside, terminées par un mur plat. La chaire de cette église est remarquable par ses sculptures, parmi lesquelles on voit les quatre évangélistes ; l'abat-voix est supporté par deux cariatides.

LE COLLÉGE, établi dans les bâtiments de l'ancienne abbaye de St-Ausone. Cet édifice, situé près de la promenade de Beaulieu, renferme une riche bibliothèque.

LE CHATELET, bâtiment flanqué de trois grosses tours, converti en prison dans le XVIIe siècle.

LE CHATEAU, dont la partie la plus ancienne est une grosse tour ronde, construite vers le milieu du XIIe siècle. La grande tour polygone, surmontée d'un télégraphe, a été bâtie par Hugues IV, qui mourut en 1303. C'est dans ce château que naquit, en 1492, Marguerite de Valois, reine de Navarre, sœur de François Ier. Ce fut dans ce château que les habitants d'Angoulême tentèrent de s'emparer du duc d'Épernon, en 1588, par ordre de Henri III.

LA CHAPELLE ST-GELAIS, classée au nombre des monuments historiques.

L'HÔTEL DE LA PRÉFECTURE, joli édifice moderne, construit à l'extrémité de la ville, près des remparts du château.

LE PALAIS DE JUSTICE, de construction récente, où se trouve la bibliothèque publique, composée de 15,000 vol.

LES BAINS DU CHATEAU, bâtis dans une position charmante, sous les remparts du château.

L'HÔTEL DE VILLE.

LE CABINET D'HISTOIRE NATURELLE.

Les bâtiments occupés anciennement par le COLLÉGE DE LA MARINE, situés au faubourg de l'Houmeau, sont remarquables par leur vaste étendue, et par la noble simplicité de leur style.

L'HÔPITAL GÉNÉRAL, fondé à la fin du XVIIe siècle, dans un vallon riant où abondent des sources d'excellente eau.

L'HÔTEL-DIEU, entouré de promenades et de jardins.

Buts d'excursions. On doit visiter aux environs de la ville l'important établissement de la poudrerie, situé sur la Charente, à 2 k. d'Angoulême ; la belle fonderie de Ruelle pour les canons de la marine, située à 2 k. de la ville, sur la Touvre, rivière sur laquelle on voit à peu de distance une belle papeterie mécanique ; la source de la Touvre la plus belle de France après celle de Vaucluse.

Angoulême possède un grand nombre de maisons d'éducation renommées, très-fréquentées surtout par les demoiselles de Bordeaux et de Limoges, qui y perdent bientôt l'accent du Midi, dont on n'aperçoit aucune nuance à Angoulême. On y parle même très-purement le français ; et c'est une chose remarquable que, placée à 448 k. de Paris, et seulement à 140 k. de Bordeaux, elle n'éprouve aucune influence de ce voisinage, et l'on n'y parl pas plus d'accent à Angoulême qu'à Paris. On trouve chez les habitants le bon ton des sociétés choisies, joint à une grande affabilité ; les femmes surtout se distinguent par la beauté de leurs traits, par une grande fraîcheur de teint, par une jolie tournure et par l'enjouement de leurs manières.

Biographie. Angoulême est le lieu de naissance de :

MARGUERITE DE VALOIS, reine de Navarre, sœur de François Ier, née en 1492, morte en 1549. On connaît d'elle *Le Miroir de l'âme pécheresse*, in-8, 1533 ; *Marguerites de la Marguerite des princesses, très-illustre royne de Navarre*, 2 part. in-8, 1547 ; l'*Heptameron des nouvelles de Marguerite de Valois*, etc., in-4, 1559 ; *Contes et Nouvelles*, 2 vol. pet. in-8, 1700.

De J.-L. GUEZ DE BALZAC, orateur français, mort en 1654, auteur des *Lettres choisies*, pet. in-12 (Elzevir), 1652 ; *Aristippe, ou De la cour*, pet. in-12 (Elzevir), 1658 ; *le Socrate chrétien*, etc.

De BUREAU DE GIRAC, évêque de St-Brieuc.

De MELLIN DE ST-GELAIS, poëte du XVIᵉ siècle, né en 1491, dont les œuvres forment 1 vol. pet. in-8, 1574.

Du marquis RENÉ DE MONTALEMBERT, célèbre ingénieur, de l'académie des sciences, mort en 1800. Son principal ouvrage a pour titre : *l'Art défensif supérieur à l'art offensif*, etc., 11 vol. in-4, 1793.

De J.-B. VIVIEN DE CHATEAUBRUN, poëte dramatique, de l'Académie française, mort en 1775. Parmi les pièces les plus remarquables de cet auteur, on cite *Mahomet II*, tragédie en cinq actes ; *Philoclès*, tragédie en cinq actes ; *les Troyennes*, tragédie en cinq actes.

De JEAN POLTROT DE MÉRÉ, fanatique protestant, assassin du duc de Guise.

De RAVAILLAC, fanatique assassin de Henri IV.

J.-P. MAYGRIER, professeur distingué de l'académie de médecine, né le 11 juin 1791, auteur des *Démonstrations nouvelles d'accouchements*, in-fº, avec pl. en taille-douce, 1822-27, et plusieurs autres ouvrages de médecine.

De CH.-A. COULOMB, célèbre physicien et habile calculateur, mort en 1806. On a de lui *Recherches sur les moyens d'exécuter sous l'eau toutes sortes de travaux hydrauliques sans employer aucun épuisement*, 3ᵉ édition, in-8, 1819 ; *Théorie des machines simples*, etc., in-4, 1820 ; et plusieurs mémoires insérés dans les recueils de l'Institut.

De CH. GAUDICHAUD, membre de l'Institut.

INDUSTRIE. *Fabriques* de serges, siamoises. Nombreuses et belles papeteries, dont les produits jouissent d'une réputation très-étendue et justement méritée, (A) 1834, (?) 1829 ; fabrique de farines et de minoterie, (A) 1839 ; filature de laine, (A) 1832 ; filature hydraulique de coton. Nombreuses distilleries d'eau-de-vie. Belles faïenceries, tuileries, chamoiseries. — Aux environs, forges et fonderie de canons.

Commerce de grains, vins, eau-de-vie, esprits, chanvre, lin, truffes, châtaignes, safran, épicerie, savon, bois merrain, bouchons de liège, liège en planches, fer, cuivre, etc. Entrepôt de sel. Entrepôt de toutes les denrées transportées par la Charente pour Rochefort et les départements voisins. Entrepôt du commerce de Bordeaux et de la majeure partie des départements méridionaux. — *Foires* les 24 mai (8 jours), 1ᵉʳ nov. (8 jours), et d'un jour le 15 de chaque mois. — Marché le mardi de chaque semaine.

Angoulême est à 443 k. de Paris, pour les relais de poste et la taxe des lettres. Lat. 45° 38′ 57″, long. O. 2° 10′ 56″.

L'arrondissement d'Angoulême renferme 9 cantons : Angoulême 1ʳᵉ partie, Angoulême 2ᵉ partie, St-Amant-de-Boixe, Blanzac, Hiersac, Montbron, la Rochefoucauld, Rouillac et la Valette.

Bibliographie. GINET (Pierre). *Recherches sur l'antiquité d'Angoulême*, in-4, 1567.

CORLIEU (Fr.). *Recueil en forme d'histoire de tout ce qui se trouve par écrit de la ville et des comtes d'Engoulême*, in-4, 1576. — 2ᵉ édit., augmentée des *Priviléges de cette ville et de plusieurs mémoires*, par Gabr. de la Charlonie, in-4, 1629.

* *Entrée de la reine et de nos seigneurs les enfants de France en la ville d'Angoulême* (imprimée au t. II du Cérémonial de Godefroy).

* *Les Priviléges, franchises, etc., de la ville et banlieue d'Angoulême, confirmés par les rois et vérifiés par les cours souveraines*, in-4, 1629,

CASTAIGNE (Eusèbe). *L'Indicateur angoumoisien, ou Recueil de notes chronologiques sur les principaux établissements de la ville d'Angoulême*, in-18, 1838.

ANGOULIN, bg *Charente-Inf.* (Aunis), arr., cant., ✉ et à 8 k. de la Rochelle. P. 753 h.

ANGOUMÉ, vg. *Landes* (Gascogne), arr., cant., ✉ et à 10 k. de Dax. Pop. 127 h.

ANGOUMER. V. ENGOMER.

ANGOUMOIS, *Cambolectri Agesinates, Engolimensis Provincia*, ci - devant province de France, dont Angoulême était la capitale ; elle forme aujourd'hui le département de la Charente. — Les rois mérovingiens jouirent de ce pays jusqu'au temps d'Eudes, duc d'Aquitaine. Le roi Pepin le conquit sur Gaifre, petit-fils du duc Eudes. Il fut ensuite gouverné par les comtes qui n'en étaient point propriétaires. Ce ne fut que sous le Xᵉ siècle que Guillaume Taillefer, comte d'Angoulême, se rendit maître absolu et propriétaire dans son comté, reconnaissant la suzeraineté de Guillaume Tête-d'étoupes, duc d'Aquitaine. Ses descendants en ont joui jusqu'à Aimard XIII, qui mourut l'an 1218, laissant une fille unique nommée Isabelle, qui épousa Hugues de Lusignan, comte de la Marche, et lui apporta l'Angoumois en mariage. Hugues Lebrun, comte d'Angoulême mort sans enfants en 1303, déshérita son frère Guyard de Lusignan, et donna l'Angoumois à son neveu Renaud de Pons ; ce qui éleva des difficultés qui furent terminées par la cession faite à la couronne par Marie de Lusignan, sœur de Hugues et de Guyard, par traité passé l'an 1308 avec le roi Philippe le Bel, qui traita aussi avec Yolande et Jeanne de Lusignan, l'an 1309. Les héritiers de Renaud de Pons cédèrent également à Philippe de Valois leurs prétentions sur le pays l'an 1328 : en conséquence la possession en fut assurée à la France. Après la défaite et la prise du roi Jean à la bataille près Poitiers, cette province fut cédée aux Anglais par le traité de Brétigny, l'an 1360 ; mais, la guerre ayant recommencé entre les deux nations, l'Angoumois fut conquis par Charles V, et donné ensuite en apanage aux princes de la maison royale. Cette province était du gouvernement particulier qui comprenait la Saintonge, du gouvernement général de Guienne, du ressort du parlement de Paris ; une partie était de la généralité de Limoges, élection d'Angoulême ; l'autre partie, de la généralité de la Rochelle, élection de Cognac. La ville d'Angoulême était la capitale et le siége de l'évêché de la province. Le diocèse s'étendait à 48 k. de long sur 36 de large, et 132 de circuit, On y comptait 290 paroisses et 7 abbayes. Cet évêché a été érigé sur la fin du IIIᵉ siècle, et rapportait à son évêque 20,000 liv.

L'Angoumois avait environ 56 k. de long sur 40 de large, Il est fertile en grains, vins, plantes médicinales et pâturages. Il est arrosé par la Charente, la Touvre, le Bandiat, le Né, la Tude, et par plusieurs autres petites rivières, dont les eaux ont toutes la propriété de contribuer à faire d'excellents papiers.

Les **armes** de l'Angoumois étaient : *d'azur à trois fleurs de lis d'or, à un lambel de trois pendants d'argent en chef, chargés chacun d'un croissant de gueules.*

Bibliographie. MAICHIN. *Histoire de Saintonge, Aunis, Poitou et Angoumois*, 2 part in-fº, 1671 (empruntée en partie aux histoires de Guienne).

BOURIGNON (Fr.- Marie). *Recherches topographiques, historiques, militaires et critiques sur les antiquités gauloises et romaines des provinces de Saintonge et d'Angoumois*, in-8, 1789.

MARVAUD (M.-F.). *Etudes historiques sur l'Angoumois*, in-8, 1836. V. aussi AUNIS, SAINTONGE, CHARENTE (dép.).

ANGOUS, vg. B.-*Pyrénées* (Navarre), arr. et à 26 k. d'Orthez, cant. et ✉ de Navarreux. Pop. 372 h.

ANGOUSTRINE, vg. *Pyrénées Or.* (Roussillon), arr. et à 65 k. de Prades, cant. de Saillagouse, ✉ de la Tour-de-Carol. Pop. 490 h. — Ce village, situé dans un vallon agréable, possède sur son territoire les bains thermaux de las Escaldas.

EAUX THERMALES DE LAS ESCALDAS.

L'antiquité des bains de las Escaldas, établissement d'eaux thermales sulfureuses, remonte au siècle d'Auguste ; il avait été construit pour l'usage d'une ville que cet empereur avait fait bâtir dans un lieu peu éloigné, en l'honneur de Livie. Cette cité, qui portait le nom de *Livia Julia*, existe encore aujourd'hui sous le nom de *Livia* ou *Llivia* ; elle se trouve comprise, ainsi que son territoire, dans la Cerdagne espagnole, dont elle était jadis la capitale. La voûte des bains de las Escaldas est détruite depuis longtemps ; il ne reste de cet ancien édifice que quelques vestiges d'une étuve, dans un bassin de forme carrée, de 8 m. 76 c. de long sur 4 m. 72 c. de large, et 1 m. de profondeur, dans lequel les eaux parviennent à travers les dalles du pavé, et se renouvellent d'une manière continue. On descend dans la piscine par trois marches, qui occupent les quatre faces du bassin ; le pavé est formé de ces dalles de grande proportion que les Romains savaient employer avec tant de régularité et de succès. Par une particularité assez singulière, ce pavé se trouve soutenu par une charpente que l'on découvrit en soulevant une des dalles qui avait été brisée.

Les eaux d'Escaldas sont claires, limpides, d'un goût fade ; elles répandent une odeur assez forte d'hydrogène sulfuré. Leur température, que M. Carrère porte à 38° du thermomètre de Réaumur, n'est plus aujourd'hui, d'après les expériences de M. le docteur Anglada, que de 34°. — Les eaux thermales d'Escaldas jouissent depuis longtemps d'une assez grande réputation ; les thermes sont propres et commodes ; huit baignoires ont été établies dans six cabinets pour les besoins des malades, qui ont aussi un jardin à leur disposition. — Cet établissement n'a cessé d'être constamment fréquenté depuis plusieurs siècles. Les habitants de la Cerdagne espagnole et ceux du canton de Saillagouse y affluent annuellement pour chercher un remède contre les paralysies, les douleurs rhumatismales chroniques, les vieilles plaies d'armes à feu, etc. En général, les eaux d'Escaldas sont considérées comme ayant à peu près les mêmes propriétés que celles de Barèges, de Cauterets et des Eaux-Bonnes. A 5 k. de Llivia, 5 k. de Bourg-Madame.

ANGOVILLE, vg. *Calvados* (Normandie), arr. et à 16 k. de Falaise, cant. de Thury-Harcourt, ✉ de Turnebu. Pop. 139 h.

ANGOVILLE, vg. *Calvados*, comm. de Criequeville, ✉ de Dozulé.

ANGOVILLE, *Angovilla*, *Angouvilla*, vg. *Eure* (Normandie), arr. et à 28 k. de Pont-Audemer, c. et ✉ de Bourgtheroulde. P. 151 h.

ANGOVILLE, vg. *Manche* (Normandie), arr. et à 20 k. de Cherbourg, cant. et ✉ de St-Pierre-Eglise. Pop. 83 h.

ANGOVILLE-AU-PLEIN, vg. *Manche* (Normandie), arr. et à 25 k. de Valognes, cant. et ✉ de Ste-Mère-Eglise. Pop. 109 h.

ANGOVILLE-SUR-AY, vg. *Manche* (Normandie), arr. et à 27 k. de Coutances, cant. et ✉ de Lessay. Pop. 684 h.

ANGRES, vg. *Pas-de-Calais* (Artois), arr. et à 20 k. de Béthune, cant. et ✉ de Lens. Pop. 497 h.

ANGRESSE, vg. *Landes* (Gascogne), arr. et à 30 k. de Dax, cant. de Soustons, ✉ de St-Vincent de-Tyrosse. Pop. 335 h.

ANGREVILLE, h. *Eure*, comm. et ✉ de Gaillon.

ANGREVILLE, vg. *Seine-Inf.*, comm. de Douvrend, ✉ d'Envermeu. Pop. 100 h.

ANGRIE, vg. *Maine-et-Loire* (Anjou), arr. et à 16 k. de Segré, cant. et ✉ de Candé. Pop. 1,252 h.

ANGRIÈRES, vg. *Ain*, comm. et ✉ de St-Rambert.

ANGUILCOURT - NOTRE - DAME, vg. *Aisne* (Picardie), arr. et à 25 k. de Laon, cant. et ✉ de la Fère. Pop. 715 h. — Patrie

de l'ingénieur distingué des ponts et chaussées Hageau.

ANGUISON, petite rivière qui prend sa source à l'étang de Ruesse (*Nièvre*), et qui se jette dans l'Yonne, un peu au-dessus du moulin de Marigny. Elle est flottable sur toute l'étendue de son cours ; on y transporte annuellement une grande quantité de bois.

ANGVILLER, vg. *Meurthe* (Lorraine). Il est près de la forêt de Guermange, arr. et à 18 k. de Sarrebourg, cant. et ✉ de Fenestrange. Pop. 245 h.

ANGY, vg. *Oise* (Picardie), arr. et à 9 k. de Clermont, cant. et ✉ de Mouy. P. 645 h. — *Fab.* de draps et de grosses étoffes de laine.

ANHAC, vg. *Aveyron*, comm. de Flagnac, ✉ de St-Aubin. Pop. 140 h.

ANHAUX, vg. *B.-Pyrénées* (Navarre), arr. et à 46 k. de Mauléon, 35 k. de St-Palais, cant. de St-Etienne de Baigorry, ✉ de St-Jean-Pied-de-Port. Pop. 710 h.

ANHIERS, vg. *Nord* (Flandre), arr., cant. N., ✉ et à 7 k. de Douai. Pop. 384 h.

ANIANE, jolie petite ville, *Hérault* (Languedoc), chef-l. de cant., arr. et à 30 k. de Montpellier, ✉. Cure. A 787 k. de Paris pour la taxe des lettres. Pop. 2,542 h. — Terrain tertiaire moyen.

Cette ville est bâtie dans une plaine riante et fertile, dans la vallée de l'Hérault, dont le cours, d'abord rapide et resserré dans son lit, à travers un amas de rochers nombreux, vient s'élargir dans la plaine d'Aniane, où il devient plus tranquille en s'étendant. Elle doit son origine à une ancienne abbaye fondée par saint Benoit, fils d'Aigulfe, comte goth de Magueloue. Benoit était uni par une tendre amitié à son frère, qui se noya dans le Tessin, près de Pavie. Dégoûté du monde, il quitta la cour de Pepin et vint, en 780, fonder un couvent dans une terre de son patrimoine, sur le ruisseau d'Anian, qu'on nomme aujourd'hui Corbières, près d'une chapelle de St-Saturnin. Deux ans après, trois cents moines étaient réunis dans le nouveau monastère qui fut établi dans ses lieux propres, qui se noya dans le Tessin, près de Pavie. Dégoûté du monde, il quitta la cour de Pepin et vint, en 780, fonder un couvent dans une terre de son patrimoine, sur le ruisseau d'Anian, qu'on nomme aujourd'hui Corbières, près d'une chapelle de St-Saturnin. Deux ans après, trois cents moines étaient réunis dans le nouveau monastère qui fut établi dans cette vallée. Saint Benoit reparut à la cour ; mais il rentra bientôt dans sa retraite, où il mourut en 821, à l'âge de soixante et trois ans. C'est d'Aniane que partirent les moines qui réformèrent, à la fin du VIIIe siècle et au commencement du IXe, dans les couvents de bénédictins, les statuts donnés par le premier fondateur de l'ordre. — L'abbaye d'Aniane était riche, et les bénédictins qui en possédaient dans les derniers temps. Ces bons pères firent reconstruire avec luxe leur monastère, qui n'était pas entièrement fini à l'époque de la révolution. L'église, de proportions élégantes, est devenue la paroisse ; les bâtiments de l'abbaye sont occupés par une belle filature de coton.

Les armes d'Aniane sont : *d'azur à une crosse d'or issante d'une rivière d'argent.*

Fabriques de crème de tartre, de vert-de-gris, de savon noir, d'essences, de produits chimiques, ✉. Filatures de coton. Nombreuses tanneries, M. H. 1839. Carrières et fours à chaux. — *Commerce* considérable de

cuirs. — *Foire* le 28 déc., pour bestiaux, cuirs et peaux de chèvre.

ANICHE, bg *Nord* (Flandre), arr., cant., ✉ et à 13 k. de Douai. Pop. 2,030 h.

Ce bourg, situé dans un territoire abondant en mines de houille, fut brûlé par les habitants de Douai, en 1340. Il jouissait autrefois du droit extraordinaire de décharger de meilleur castel tout étranger qui venait demeurer sur son territoire.

La concession des mines de houille d'Aniche comprend les territoires d'Aniche, Auberchicourt, Villers-Campeau, Bruille, Pecquencourt, Ecaillon, Erchin, Lewarde, Montigny, Roncourt, Guesnain, Lallaing, Dechy, Sin, Waziers, Raches, Corbehem (Pas-de-Calais), Courchelettes et Lambres. Sa surface est de 118 k. 508 m. carrés. — Cette mine appartient à une compagnie d'actionnaires. Il y existe cinq puits d'extraction, deux machines à vapeur pour l'épuisement des eaux, et une de rotation à deux chevaux. On y emploie environ 500 ouvriers. — *Fabriques* de sucre indigène. Verrerie à vitres et à bouteilles. — *Commerce* de houille.

ANIÈRES, vg. *Jura*, comm. de Rothonay, ✉ d'Orgelet.

ANIÈRES, vg. *Loire*, comm. de St-Just-sur-Loire, ✉ de Sury-le-Comtal.

ANIÈRES, vg. *Deux-Sèvres* (Poitou), arr. et à 14 k. de Messe, cant. et ✉ de Brioux. Pop. 631 h.

ANIÈRES, vg. *Vienne*, comm. de Monthoiron, ✉ de Châtellerault.

ANIÈRES. V. ASNIÈRES.

ANILLE (l'), rivière qui prend sa source au bas de la forêt de Vibraye (*Sarthe*); elle passe St-Calais et se perd dans la Braye, un peu au-dessus de Besse, après un cours d'environ 20 k.

ANIZY, vg. *Calvados* (Normandie), arr. et à 9 k. de Caen, cant. de Creuilly, ✉ de la Délivrande. Pop. 513 h.

ANIZY-LE-CHATEAU, *Anisiacum*, bg *Aisne* (Picardie), chef-l. de cant., arr. et à 15 k. de Laon. Cure, ✉. A 114 k. de Paris pour la taxe des lettres. Pop. 1,044 h. — Terrain tertiaire inférieur.

Anizy est un village très-ancien. Clovis en gratifia saint Remi, en 496, en reconnaissance de ce qu'il l'avait éclairé par les lumières de la foi. La terre d'Anizy fut donnée, en 500, par saint Remi, aux évêques de Laon, qui avaient pris le titre de comtes d'Anizy, leur fut confirmée en 1397. Un château a été construit à côté de Anizy, en 1450, par le cardinal de Bourbon. Ce prélat y reçut souvent François Ier pendant le séjour de ce prince à Folembray. On voit dans ce château, qui depuis était devenu la maison de campagne des évêques de Laon, la chambre qui porte encore le nom de François Ier. — Le bourg d'Anizy fut saccagé par les Bourguignons en 1424. C'était une forte forteresse des royalistes à l'époque de la Ligue. En 1814, les Français, obligés de s'éloigner après la bataille de Laon, effectuèrent en partie leur retraite par Anizy, dans la nuit du 10 au 11 mars. Poursuivis par le corps russe aux ordres du général Czernicheff, leur arrière-garde eut des engagements peu meurtriers, sur le territoire de cette commune et jusqu'au delà de Pinon, avec les éclaireurs de l'ennemi qui leur firent quelques prisonniers. — Le château de Pinon, situé à peu de distance de celui d'Anizy, est dans un des sites les plus agréables du Laonais. — Exploitation de terres pyriteuses, employées comme engrais. — *Fab.* de poterie. — *Foires* les 19 mars, 19 juin, 19 sept. et 21 déc.; marché hebdomadaire le lundi.

Le territoire du canton d'Anizy, arrosé par l'Ardon et la Lette, est montueux et boisé. Il renferme une assez grande étendue de marais, et plus de 600 hectares de vignes. Les principales productions consistent en froment, seigle, peu de méteil, vins et foins.

ANJEUX, vg. *H.-Saône* (Franche-Comté), arr. et à 35 k. de Lure, cant. de Vauvillers, ✉ de St-Loup. Pop. 480 h.—On y voit une église, dont la tradition fait remonter la construction au XIIe siècle, et les vestiges d'une voie romaine.

ANJOU, *Andegavensis*, *Andecavi*, ci-devant province de France, qui forme maintenant le dép. de Maine-et-Loire, l'arr. de Château-Gontier du dép. de la Mayenne, celui de la Flèche du dép. de la Sarthe, et partie de l'arr. de Chinon du dép. d'Indre-et-Loire. — Ce pays, anciennement occupé par les Andes et Andegavi, fut compris sous les Romains dans la 3e Lyonnaise. Occupé depuis par des souverains étrangers, l'Anjou fut érigé en duché-pairie, en 1297, par Philippe le Bel, et irrévocablement réuni à la couronne en 1581; Angers en était la capitale. Son territoire, qui a environ 144 k. de long sur 96 de large, produit abondamment des grains, chanvre et du lin de bonne qualité; on y récolte quantité de fruits, de noix, amandes douces, châtaignes, lins, etc.; les pâturages y sont abondants et nourrissent de nombreux troupeaux. — Ce pays prend un aspect riant, de ce que la plupart des propriétés y sont entourées de fossés, de haies vives et de grande quantité d'arbres. Il renferme de belles et inépuisables carrières d'ardoise, des mines de fer et de charbon de terre, et possède plusieurs établissements d'industrie.

Les armes de l'Anjou étaient : *d'azur à trois fleurs de lis d'or, deux en chef et une en pointe, à la bordure de gueules.*

Bibliographie. BOURDIGNÉ (J. de). *Histoire agrégative des annales et chroniques d'Anjou et du Maine*, etc., in-fo, 1529.— Nouv. édit., 2 vol. in-8, 1843.

BODIN (J.-F.). *Recherches historiques sur Saumur et le haut Anjou*, 2 vol. in-8, fig., 1812-14.

— *Recherches historiques sur Angers et le bas Anjou*, 2 vol. in-8, fig., 1822-23.

MÉNAGE (Gilles). *Généalogies de plusieurs familles d'Anjou et provinces voisines* (impr. dans les Remarques sur la vie du P. Ayrault in-4, 1675).

MAROLLES (de). *Les Histoires des anciens comtes d'Anjou*, in-4, 1681.

HIRETIUS (Jean). *Les Antiquités d'Anjou*, in-12, 1609, 1618.

NOEL. *Souvenirs pittoresques du Poitou et de l'Anjou*, in-4, 1824.

GODARD FAULTRIER. *L'Anjou et ses monuments*, 2 vol. grand in-8, grav., 1839-41.

DESVAUX (A.-N.). *Flore de l'Anjou*, in-8, 1827.

ANJOU, vg. *Isère* (Dauphiné), arr. et à 23 k. de Vienne, cant. de Roussillon, ✉ de Rougé-Chambalud. Pop. 872 h. — *Fab.* de toiles de coton. — *Commerce* de grains et de bestiaux. — *Foires* le 1er lundi après la St-Martin, lundi après le 2 fév.

ANJOUIN, vg. *Indre* (Berri), arr. et à 30 k. d'Issoudun, cant. de St-Christophe, ✉ de Graçay. Pop. 770 h. — *Fab.* de toiles de coton. — *Commerce* de grains.

ANJOULIÈRE (l'), vg. *Vendée*, comm. de la Chapelle-Palluau, ✉ de Palluau.

ANJOUTEY, vg. *H.-Rhin* (Alsace), arr., ✉ et à 12 k. de Befort, cant. de Giromagny. Pop. 647 h.

ANLA, vg. *H.-Pyrénées* (Bigorre), arr. et à 46 k. de Bagnères-de-Bigorre, cant. de Mauléon, ✉ de St-Bertrand. Pop. 272 h.

ANLEZY, vg. *Nièvre* (Nivernais), arr. et à 35 k. de Nevers, cant. et ✉ de St-Benin-d'Azy. ◯. Pop. 596 h. — *Foires* les 16 janv. et 29 oct.

ANLHIAC, vg. *Dordogne* (Périgord), arr. et à 43 k. de Périgueux, cant. et ✉ d'Exideuil. Pop. 828 h.

ANNAPPES, joli village, *Nord* (Flandre), arr., ✉ et à 8 k. de Lille, cant. de Launoy. Pop. 1,821 h.

Ce village est régulièrement bâti en briques et pierres blanches, sur la grande route de Lille à Tournay. On y remarque un joli presbytère et une belle école construits depuis peu d'années, ainsi qu'une église nouvellement restaurée, dont la tour est surmontée d'une flèche élégante. — Annappes appartenait à saint Evrard, comte de Frioul, fondateur de l'abbaye de Cisoing, qui, par son testament de 837, donne une ferme, à Annappes, à son second fils Bérenger. La terre d'Annappes fut érigée en comté en faveur de Jean de Robbles, chevalier, baron de Billy, gouverneur de la Flandre française, mort en 1622, et en récompense de ses anciens et brillants services. Son fils aîné en hérita. Vers la fin du XVIIe siècle, elle passa, par alliance ou héritage, dans la famille des comtes de Lannoi, qui vendirent successivement ce qu'ils possédaient sur le territoire de cette commune. M. le baron de Brigode en est aujourd'hui propriétaire. — *Fabrique* de sucre indigène.

ANNAT, vg. *Aveyron*, comm. d'Estaing, ✉ d'Espalion.

ANNAY, vg. *Nièvre* (Nivernais), arr., cant. et à 20 k. de Cosne, ✉ de Neuvy-sur-Loire. Pop. 836 h.

ANNAY, vg. *Pas-de-Calais* (Artois), arr. et à 20 k. de Béthune, cant. et ✉ de Lens. Pop. 1,161 h.

ANNAY-LA-COTE, vg. *Yonne* (Bourgogne), arr., cant., ✉ et à 6 k. d'Avallon. Pop. 486 h.

ANNAY-SUR-SEREIN, vg. *Yonne* (Bourgogne), arr. et à 15 k. de Tonnerre, cant. et ✉ de Noyers. Pop. 689 h.

ANNE (Ste-), vg. *Doubs*. V. STE-AGNÈS.

ANNE (Ste-), vg. *Eure*, comm. de Fidelaire, ✉ de la Neuve-Lyre.

ANNE (Ste-), île du dép. du *Finistère* (Bretagne), comm. et ✉ de St-Paul-de-Léhon.

ANNE (Ste-), vg. *H.-Garonne*, comm. et ✉ de St-Gaudens.

ANNE (Ste-), vg. *Gers* (Armagnac), arr. et à 33 k. de Lombez, cant. de Cologne, ✉ de l'Isle-en-Jourdain. Pop. 240 h.

ANNE (Ste-), vg. *Loir-et-Cher* (Beauce), arr., cant., ✉ et à 5 k. de Vendôme. Pop. 141 h.

ANNE (Ste-), fort du dép. de la *Manche*, comm. d'Equeurdreville, ✉ de Cherbourg.

ANNE (Ste-), cristallerie du dép. de la *Meurthe*. V. BACCARAT.

ANNE (Ste-), ou SAINTE-ANNE-D'AURAY, vg. *Morbihan*, comm. de Planeret, ✉ d'Auray, école secondaire ecclésiastique. Pop. 237 h. — Ce village doit son origine à un monastère fondé en 1627. Les carmes, anciens possesseurs du couvent, ont été remplacés sous la restauration par des ecclésiastiques chargés de la direction du petit séminaire. 400 élèves y reçoivent l'instruction dans un vaste bâtiment élevé depuis peu d'années. L'église, quoique souvent trop petite pour contenir la foule des fidèles qui s'y présentent à certaines époques au nombre de 6 à 7,000, mérite de fixer l'attention, moins par la richesse de ses ornements que par les innombrables *ex-voto* dont sont couvertes toutes les parois, et qu'on est obligé de renouveler fréquemment pour faire place à ceux qui y abondent de toutes parts. Il est peu de gens de la campagne et des villes environnantes qui ne fassent au moins une fois le pèlerinage de Ste-Anne, et beaucoup le réitèrent chaque année. Le site et les environs du village n'ont rien de remarquable; l'œil ne se repose que sur des landes ou des parcelles de terres cultivées comme on cultive en Bretagne, c'est-à-dire abandonnées à la plus déplorable routine. — *Foire* le 21 mai.

ANNE (Ste-), vg. *h. Moselle*, comm. et ✉ de Thiouville. Pop. 9 h.

ANNE (Ste-), montagne et hameau, *Orne*, comm. de Tourouvre, ✉ de Mortagne-sur-Huisne. Pop. 50 h. — On y remarque une chapelle consacrée à la sainte dont la montagne porte le nom, et qui offre annuellement un but de pèlerinage et y attire une foule considérable. On prétend qu'il s'y trouve quelquefois plus de 15,000 personnes le 1er dimanche qui suit le 7 juillet.

ANNE (Ste-), vg. *Var*, comm. du Castelet, ✉ de Beausset.

ANNE-D'ENTREMONT (Ste-), h. *Calvados*, comm. d'Ailly, ✉ de Falaise.

ANNE-D'ESTRABLIN (Ste-), vg. *Isère*, comm. de Chatonnay, ✉ de St-Jean-de-Bournay.

ANNE-D'EVENOS (Ste-), vg. *Var*, comm. d'Evenos, ✉ d'Ollioules.

ANNEBAULT, vg. *Calvados* (Normandie), arr. et à 10 k. de Pont-l'Evêque, cant. de Dives, ✉ de Dozulé. Pop. 437 h.

ANNEBAULT. V. APPEVILLE.

ANNEBECQ, vg. *Calvados* (Normandie), arr. et à 11 k. de Vire, cant. et ✉ de St-Sever. Pop. 401 h.

ANNEL, vg. *Oise*, comm. de Longueil, ✉ de Ribecourt.

ANNELLES, vg. *Ardennes* (Champagne), arr., ✉ et à 12 k. de Rethel, cant. de Joinville. Pop. 370 h.

ANNÉOT, vg. *Yonne* (Bourgogne), arr., cant., ✉ et à 4 k. d'Avallon. Pop. 81 h.

ANNEPONT, vg. *Charente-Inf.* (Saintonge), arr. et à 15 k. de St-Jean-d'Angely, cant. et ✉ de St-Savinien. Pop. 422 h. — L'église est romane, avec abside du xɪᵉ siècle. Mais à gauche du portail on a pratiqué, au xɪɪɪᵉ siècle, un pilori de justice féodale. La tradition admet que c'est dans un champ de cette commune qu'eut lieu en 866 le combat entre Eménon, comte d'Angoulème, et Landry, comte de Saintes, pour la possession du château de Rancougne ou Taillebourg ; quelques historiens disent à tort le château de Bouteville. Besly dit (p. 53) : « Eménon, qui fut subrogé en la place de son frère, ne fut guères plus fortuné que luy ; car Landry ayant pris sur luy, par trahison, le château de Bouteville, ils en vindrent à une bataille de si malheureux événement qu'Eménon tua Landry, le 13 de juin 866 ; quant à luy, estant blessé et porté dans son château de Rancougne, il y mourut le 21 du même mois. »

ANNEQUIN, vg. *Pas-de-Calais* (Artois), arr., ✉ et à 10 k. de Béthune, cant. de Cambrin. Pop. 607 h.

ANNE-ST-PRIEST (Ste-), vg. *H.-Vienne* (Limousin), arr. et à 40 k. de Limoges, cant. et ✉ d'Eymoutiers. Pop. 513 h. — Il a pris le surnom de St-Priest en 1836, époque de la réunion à son territoire de celui de cette commune.

ANNESSE, vg. *Dordogne* (Périgord), arr. et à 14 k. de Périgueux, cant. et ✉ de St-Astier. Pop. 634 h.

ANNET, vg. *Seine-et-Marne* (Brie), arr. et à 15 k. de Meaux, cant. et ✉ de Claye. Pop. 1,005 h. — Il est situé sur la rive droite de la Marne, que l'on y passe sur un bac.

ANNEUX, *Annetum*, vg. *Nord* (Flandre), arr., ✉ et à 8 k. de Cambrai, cant. de Marcoing. Pop. 487 h. — Quelques découvertes d'anciennes constructions sur divers points du territoire d'Anneux, ont fait généralement attribuer à ce village une origine romaine. On voit encore, sur la bruyère qui borde le bois de Bourlon, les restes d'un ancien camp.

ANNÉVILLE, vg. *H.-Marne* (Champagne), arr. et à 12 k. de Chaumont, cant. et ✉ de Vignory. Pop. 150 h.

ANNEVILLE-EN-CÈRE, vg. *Manche* (Normandie), arr. et à 19 k. de Valognes, cant. de Quettehou, ✉ de Barfleur. Pop. 763 h.

ANNEVILLE-SUR-MER, vg. *Manche* (Normandie), arr., ✉ et à 13 k. de Coutances, cant. de Lessay. Pop. 407 h.

ANNEVILLE-SUR-SEINE, vg. *Seine-Inf.* (Normandie), arr. et à 17 k. de Rouen, cant. et ✉ de Duclair. Pop. 585 h.

ANNEVILLE-SUR-SEYE, vg. *Seine-Inf.* (Normandie), arr. et à 11 k. de Dieppe, cant. de Longueville. Pop. 397 h. Sur la rive droite de la Seye.

ANNEYRON, vg. *Drôme* (Dauphiné), arr. et à 46 k. de Valence, cant. et ✉ de St-Vallier. Pop. 2,891 h. — On voit sur son territoire, au milieu d'un bois, les ruines de l'ancien château de Mantaille, où se tint, en 879, le concile dans lequel la couronne de Bourgogne fut déférée à Boson, au détriment des enfants de Louis le Bègue. D'anciens remparts, un pan de mur très-épais, d'autres tombés en ruine, un puits d'une grande profondeur, des créneaux, quelques vestiges de peintures de mauvais goût, c'est tout ce qui reste de cet antique édifice, placé sur le penchant d'une colline escarpée où l'on parvient difficilement. — Foires les 25 avril, 20 août et 10 déc.

ANNEZIN, vg. *Pas-de-Calais* (Artois), arr., cant., ✉ et à 2 k. de Béthune. Pop. 583 h.

ANNŒULIN, bg *Nord* (Flandre), arr. et à 18 k. de Lille, cant. et ✉ de Seclin. Pop. 3,210 h. — C'est la PATRIE de J. HUCHON, auteur de quelques ouvrages de théologie et de piété. — *Fabrique* de sucre indigène. Filature de lin au rouet. Tannerie. Briqueterie. Moulin à huile et à blé.

ANNOIRE, vg. *Jura* (Franche-Comté), arr. et à 26 k. de Dôle, cant. et ✉ de Chemin. Pop. 946 h. — Foires les 26 mars, 15 juin et 9 sept.

ANNOIS, vg. *Aisne* (Picardie), arr. et à 19 k. de St-Quentin, cant. de St-Simon, ✉ de Flavy-le-Martel. Pop. 532 h.

ANNOISIN-CHATELANS, vg. *Isère* (Dauphiné), arr. et à 24 k. de la Tour-du-Pin, 15 k. de Bourgoin, cant. et ✉ de Crémieu. Pop. 349 h. — Il doit son surnom à la réunion à son territoire en 1842 de celui de la commune de Chatelans.

ANNOIX, vg. *Cher* (Berri), arr. à 18 k. de Bourges, cant. de Levet, ✉ de Dun-le-Roi. Pop. 203 h.

ANNONAY, *Annoneum*, *Annoniacum*, ville ancienne, *Ardèche* (Vivarais), chef-l. de cant., arr. de Tournon. Trib. de comm. Chamb. cons. des manuf. Société de statistique. Cure, gîte d'étape, ☉. A 507 k. de Paris pour la taxe des lettres. Pop. 10,384 h. — TERRAIN tertiaire supérieur, alluvions anciennes.

Autrefois marquisat, diocèse de Vienne, parlement de Toulouse, généralité de Montpellier, recette de Viviers, bailliage, grenier à sel, brigade de maréchaussée.

Annonay, que les auteurs latins nomment *Annoneum*, *Annoniacum*, et qui tire, dit-on, son origine des magasins de blé qu'y avaient formés les Romains, est la ville la plus considérable du département. Dans le xvɪᵉ siècle, elle fut sept à huit fois prise, brûlée, saccagée, par les protestants et par les catholiques, qui y commirent tour à tour des cruautés inouïes. Mais l'industrie active et l'esprit inventif des habitants ont toujours promptement réparé les désastres. Cette ville avait autrefois titre de marquisat et appartenait à la maison de Rohan-Soubise.

Les armes d'**Annonay** sont : *échiqueté d'or et de gueules*.

La position d'Annonay est agréable et pittoresque ; ses maisons et leurs dépendances occupent la pente et le sommet de plusieurs coteaux, ainsi que le fond des petits vallons qui les séparent ; aussi cherche-t-on en vain l'ensemble de cette ville, dont toujours quelque partie se dérobe aux regards, et qui, vue de divers points, offre partout un nouveau coup d'œil. La ville proprement dite s'élève sur un angle formé par les rivières la Cance et la Déome, au confluent desquelles elle est située. Elle est assez bien bâtie, mais percée irrégulièrement. Aucun des édifices n'est monumental ; mais tous les établissements d'utilité publique sont bien tenus et bien distribués. Les maisons particulières sont aussi généralement propres et commodément distribuées. Les frères Seguin, d'Annonay, y ont construit le premier pont de fil de fer connu en France ; cet essai en petit ayant réussi, ils ne tardèrent pas à construire sur le Rhône le pont de même genre qui joint Tain à Tournon, plus remarquable par son utilité que par son étendue.

Du sommet des rochers élevés de St-Denis, où l'on arrive par un charmant petit sentier qu'une main habile a taillé dans les flancs de la montagne, on jouit d'une vue délicieuse. Devant le spectateur se présente Annonay, ville bizarre et irrégulière, qui doit à la disposition toute particulière de sept collines sur lesquelles elle est bâtie cet aspect varié et changeant qui la rend si curieuse à être observée dans son ensemble, et si difficile à saisir dans ses détails. D'un côté se présente le château, demeure déchue où rien ne rappelle l'opulence et la grandeur des princes de la puissante maison de Soubise. Ailleurs domine l'aiguille fine et élancée de l'église gothique de Trachi ; et non loin de là apparaît la vaste et imposante construction du couvent des ursulines ; un peu à droite, on découvre le coteau de Bel-Air, dont la vue réveille en nous le souvenir des plus riantes campagnes. Derrière l'observateur, la Déome court rapide et bruyante à travers les rochers qui s'élèvent sur les deux rives de son lit, au delà duquel trois plans de montagnes arides et décharnées bornent l'horizon.

On remarque principalement à Annonay : l'ÉGLISE DE TRACHI, joli édifice gothique aux colonnettes fines et légères, aux chapiteaux capricieux, construit vers le milieu du xɪvᵉ siècle ; le COLLÈGE, fondé vers le milieu du xvɪɪᵉ siècle par l'évêque André de Sauzéa ; le monument en forme d'obélisque, élevé sur la place du collège aux deux frères *Etienne* et *Joseph Montgolfier*, par leurs concitoyens ; l'HÔTEL DE ville, massive construction dont la grande salle est décorée des bustes en marbre de Joseph et Étienne Montgolfier, et d'un grand tableau de Vinchon représentant Boissy d'Anglas présidant la convention dans la journée du 1er prairial an III. — Bibliothèque publique, 10,000 vol. Cabinet d'histoire naturelle et de minéralogie.

Biographie. Annonay est la patrie du cardinal P. BERTRAND, chancelier de Jeanne de Bourgogne, fondateur de l'hospice d'Annonay.

De M. BOISSY D'ANGLAS.

Du général ABRIAL.

Des frères MONTGOLFIER, à qui l'on doit la merveilleuse découverte de l'invention des aérostats, dont le premier essai fut fait à Annonay le 5 juin 1783, en présence des états généraux et d'un concours immense de peuple.

De PH. CODURC, auteur d'un *Commentaire sur Job*, in-4, 1651, et d'un *Traité des mandragores*.

D'ACH. GAMON, auteur des *Guerres civiles du Vivarais*, depuis 1558 jusqu'en 1586.

De l'archevêque CH. DE MONCHAL, auteur de *Mémoires historiques* de son temps, 2 vol. in-12, 1718.

INDUSTRIE. Cette ville possède une multitude d'établissements industriels, tels que des fabriques de draps, de couvertures de laine, de bonneterie en laine, de gants, de cordes; des filatures de soie et de coton, des blanchisseries de cire, de nombreux moulins à blé, des brasseries, des tanneries et des mégisseries renommées, et principalement des papeteries. Les papiers d'Annonay sont trop connus pour que nous ayons besoin d'en parler autrement que sous le rapport statistique : dix machines de modèles très-perfectionnés et huit cuves sont constamment employées à la fabrication des papiers de grande dimension et de qualités supérieures, en usage pour le cadastre, les plans, les dessins, l'impression des gravures, des lithographies, les papiers à calquer, etc. On évalue à près de 3,000,000 la valeur des papiers fabriqués, dont un tiers est exporté dans divers pays, ⓞ 1801, 1806, 1819, 1834, 1839. — La réputation des fabriques d'Annonay date de 200 ans, époque à laquelle on fabriquait des papiers dits de Hollande, qui soutenaient avec assez de faveur la concurrence des produits de ce pays ; aujourd'hui les produits d'Annonay sont bien supérieurs, et se vendent avec avantage en Hollande même. La maison Montgolfier, une des plus anciennes d'Annonay, a fait faire de nombreux progrès à cette industrie; on lui doit l'importation de la fabrication des papiers vélins et des cylindres pour la trituration des pâtes ; plusieurs médailles d'or lui ont été décernées. Les fabriques de M. Canson, près de France, Johannot, Béchetoille, etc., ne sont pas moins intéressantes et moins actives. — La mégisserie forme une branche importante du commerce d'Annonay. La fabrication en mégie des peaux de chevreau de lait, pour la ganterie fine, y acquiert chaque jour une nouvelle importance; il s'expédie, chaque année, de cette ville, environ 4,000,000 de peaux de chevreau mégissées en blanc, représentant une valeur de 7 à 8,000,000 de fr. Les peaux brutes y viennent de tous les pays du monde, mais principalement du midi de la France et des versants des Alpes suisses et sardes ; l'Italie et l'Espagne fournissent également une grande quantité de peaux; mais la chaleur du climat, en précipitant l'accroissement de l'animal, nuit singulièrement à la qualité du cuir. L'industrie de la mégisserie fait vivre, à Annonay, plusieurs milliers de personnes, dont 1,200 ouvriers environ travaillent directement et uniquement à mégisser la peau dans 84 fabriques. ⓑ 1839. Les peaux d'agneau, de chevreau, préparées en blanc pour la ganterie, s'exportent en partie en Angleterre, et approvisionnent les fabriques de gants de l'intérieur. Ces peaux sont les plus prisées; leur grain est plus fin, elles sont mieux glacées, plus souples et plus élastiques que celles des autres pays ; elles se prêtent davantage à tous les genres, soit glacé, soit blanc, et satisfont à toutes les exigences. — Plus de 100 maisons de commerce s'occupent de la fabrication ou de l'importation des peaux brutes et de la réexportation, en Angleterre, à Paris, à Grenoble, des peaux mégissées d'Annonay, qui font la majeure partie de l'approvisionnement de ces villes. — Les pays environnant Annonay est couvert de mûriers ; les plus belles soies blanches, employées exclusivement à la fabrication des blondes, viennent d'Annonay et de Bourg-Argental. ⓞ 1834-1839. On y trouve aussi une pépinière importante qui exporte des graines potagères, fourragères et utiles aux arts, pour des valeurs considérables.

Commerce de farines, épiceries, cire, bougie, laine, draps, toiles, papiers, belle soie blanche pour les tulles et les blondes. — Marchés bien fournis et très-fréquentés par les habitants des départements de la Haute-Loire, de la Loire, du Rhône, de l'Isère et de la Drôme.

A 36 k. de Tournon, 534 k. de Paris, d'après le livre de poste.

Bibliographie. * *Mémoire sur la ville d'Annonay, dans le haut Vivarais* (Nouvelles Recherches sur la France, t. I, p. 1-43, in-12, 1766).

PONCER (A.). *Mémoires historiques sur Annonay et le haut Vivarais*, 2 vol. in-8, 1835.

ANNONVILLE, vg. *H.-Marne* (Champagne), arr. et à 32 k. de Vassy, cant. de Poissons, ✉ de Sailly. Pop. 134 h.

ANNOT, *Annotia*, petite vle., *B.-Alpes* (Provence), chef-l. de cant., arr. et à 42 k. de Castellanne. Cure. ✉. A 798 k. de Paris pour la taxe des lettres. Pop. 1,178 h. — TERRAIN jurassique voisin du terrain crétacé supérieur.

Cette ville est située sur la petite rivière de Vaire. Elle était autrefois bâtie près du quartier Vers-la-Ville, où l'on a découvert à diverses époques, des tombeaux très-anciens.— On remarque aux environs, sur la route d'Entrevaux, la grotte de St-Benoit, curieuse par sa vaste étendue, par les stalactites qu'elle renferme et par les ossements humains qu'on découvre dans les enfoncements les moins accessibles. On présume que ces ossements sont des Celto-Lygiens qui, pour avoir résisté aux Romains, furent poursuivis, par ordre de Fulvius, jusque dans les bois et les cavernes, où on les fit périr par les flammes. — *Fabriques* de draps communs. — *Foires* les 1er lundi d'avril, 24 mai, 28 août, 18 oct. et 21 déc.

ANNOUVILLE, vg. *Seine-Inf.* (Normandie), arr. et à 35 k. du Havre, cant. et ✉ de Goderville. Pop. 381 h.

ANNOUX, vg. *Yonne* (Bourgogne), arr. et à 21 k. d'Avallon, cant. et ✉ de l'Isle-sur-Serein. Pop. 358 h.—PATRIE du maréchal DAVOUST, prince d'Eckmühl.

ANNOVILLE, vg. *Manche* (Normandie), arr. et à 13 k. de Coutances, cant. de Montmartin-sur-Mer, ✉ de Bréhal. Pop. 993 h.

ANOR, vg. *Nord* (Flandre), arr. et à 20 k. d'Avesnes, cant. et ✉ de Trélon. Pop. 2,866 h. — Il est situé au milieu des bois, près de l'extrême frontière. — *Fabriques* de boissellerie, de toiles de lin. Verrerie à vitres et à bouteilles pour vin de Champagne mousseux. Carrières de marbre exploitées. Briqueteries. Aux environs, sur l'Anor, 9 forges et 10 affineries.

ANOS, vg. *B.-Pyrénées* (Navarre), arr. ✉ et à 17 k. de Pau, cant. de Morlaas. P. 124 h.

ANOST, vg. *Saône-et-Loire* (Bourgogne), arr. et à 22 k. d'Autun, cant. et ✉ de Lucenay. Pop. 3,480 h. — Il est situé près de la montagne des Poiriers, qui passe pour la plus haute du Morvan, non loin d'un étang dont l'eau, réunie à celle de plusieurs ruisseaux, sert au flottage du bois que l'on dirige dans l'Yonne. — Papeterie. — *Foires* les 4 fév. 1er déc.

ANOULD, vg. *Vosges* (Lorraine), arr. et à 17 k. de St-Dié, cant. de Fraize, ✉ de Corcieux. Pop. 2,332 h. — Papeteries.

ANOUX, vg. *Moselle* (Lorraine), arr., cant., ✉ et à 6 k. de Briey, Pop. 571 h.

ANOYE, vg. *B.-Pyrénées* (Navarre), arr. et à 22 k. de Pau, cant. et ✉ de Lembeye. Pop. 147 h.

ANOZEL, vg. *Vosges*, comm. de Sauley, ✉ de St-Dié.

ANQUETIERVILLE, vg. *Seine-Inf.* (Normandie), arr. et à 15 k. d'Yvetot, cant. et ✉ de Caudebec. Pop. 249 h.

ANROSEY, vg. *H.-Marne* (Champagne), arr. et à 30 k. de Langres, cant. de la Ferté-sur-Amance, ✉ de Fay-Billot. Pop. 609 h.

ANS, h. *Dordogne*, comm. de Cubjac, ✉ de Périgueux. — Forges et hauts fourneaux.

ANS (les), h. *Dordogne*, comm. d'Archignac, ✉ de Sarlat.

ANSAC, vg. *Charente* (Poitou), arr., cant., ✉ et à 3 k. de Confolens. Pop. 918 h. — *Foires* les 19 janv., avril, juillet et oct.

ANSACQ, vg. *Oise* (Picardie), arr. et à 15 k. de Clermont, cant. et ✉ de Mouy. P. 283 h. Ce village est situé au fond d'un entonnoir, entouré de montagnes qui l'écrasent et le bornent à cent pas de tous les côtés : on y voit rarement le soleil. Il était jadis défendu par un château fort qui faisait anciennement partie des domaines du prince de Conti.

Filature et préparation de la laine pour les fabriques de Mouy.

ANSAGE, vg. *Drôme*, comm. d'Ombleze, ✉ de Crest.

ANSAN, vg. *Gers* (Armagnac), arr. et à 17 k. d'Auch, cant. et ⊠ de Gimont. Pop. 348 h.

ANSAUVILLE, *Ansiaca Villa*, vg. *Meurthe* (Lorraine), arr. et à 17 k. de Toul, cant. de Domèvre, ⊠ de Noviant. Pop. 348 h.

ANSAUVILLER-EN CHAUSSÉE, vg. *Oise* (Picardie), arr. et à 27 k. de Clermont, cant. et ⊠ de Breteuil. Pop. 1,183 h. — Les environs de ce village sont presque entièrement dépouillés d'arbres; mais les propriétés particulières en sont couvertes, et chaque famille a son jardin planté de pommiers; les maisons n'y sont point contiguës les unes aux autres; des cours, des vergers les séparent, disposition qui n'empêcha pas cependant ce village d'être consumé en 1798 par les flammes, qui dévorèrent cent quatre maisons. — *Fabriques* de toiles. — *Commerce* de grains, chanvre, fil; grand commerce de toiles communes. Les marchands de Noyon, de Tracy, de Carlepont, de St-Léger, fréquentent assidûment les marchés d'Ansauviller, où il se vend pendant huit mois de l'année cinq de cent pièces de toiles par semaine.

ANSE, *Ansa Villa*, *Ansa Paulini*, jolie petite ville, *Rhône* (Lyonnais), chef-l. de cant., arr. et à 5 k. de Villefranche, Cure. ⊠. A 435 k. de Paris pour la taxe des lettres. Pop. 1,750 h. — TERRAIN tertiaire supérieur, alluvions anciennes.

Cette ville est située dans une plaine charmante, arrosée par la Saône. Après avoir baigné les magnifiques coteaux du Beaujolais, si renommés pour les vins qu'ils produisent, cette rivière forme un vaste contour et se rapproche d'Anse pour y recevoir l'Azergue, jolie rivière dont les eaux serpentent pendant plusieurs lieues dans le fond d'agréables vallons où, par leurs tableaux riants et animés, par la variété des cultures, et par leur belle végétation, pourraient former le sujet d'un des plus charmants voyages pittoresques de la France. — On compte à Anse cinq fontaines, dont quatre ne tarissent jamais, et deux font tourner des moulins. La plus remarquable est la cinquième, dite de Brinicux, qui ne tarit que dans les années pluvieuses, et dont les eaux sont plus abondantes dans les grandes sécheresses. Aussi, lorsqu'on y trouve de l'eau, l'épouvante se répand dans le pays, parce que les paysans prétendent que la récolte sera infailliblement mauvaise. — Le terrain qui environne la ville, notamment du côté du nord, est des plus fertiles; on y fait trois récoltes par année : ce qui a donné lieu au proverbe :

De Villefranche à Anse,
La plus belle lieue de France.

Anse est une ville ancienne où l'empereur Auguste avait établi une garnison de quatre cohortes (2,400 hommes): on y voit encore une partie des murailles qui enfermaient le camp des Romains, et les ruines du palais de ce prince. — Selon plusieurs géographes et notamment l'Itinéraire d'Antonin, Anse était l'ancienne *Asa* ou *Ansa Paulini*. Au x° siècle, les rois de France y avaient une maison royale. Cette ville a beaucoup souffert par les guerres dans le xvi° siècle. Il s'y est tenu six conciles : le premier en 1025, et le dernier en 1299.

Des fouilles faites à Anse, en décembre 1826, ont fourni la preuve de l'antique usage qu'avaient les Romains de déposer deux corps dans un même cercueil. Parmi quelques débris de colonnes, de statues en marbre, de vases, d'inscriptions, etc., on découvrit un cercueil en pierre dans lequel se trouvaient les ossements de deux corps bien distincts, que le contact de l'air ne tarda pas à réduire en poussière. Il paraît que cet usage était encore assez commun dans le v° siècle pour que l'on crût devoir faire une loi pour le faire cesser (V. l'art. 4 du tit. XLVI de la loi salique).

Une inscription, découverte depuis longtemps dans les voisinages où ces fouilles ont été faites, est placée sur le mur latéral et en dehors de l'église: elle est en vers hexamètres et pentamètres, et se rapporte à l'an 498 de notre ère :

En voici la traduction:

« Sous cette pierre repose une jeune fille nommée Proba, distinguée par son esprit et par l'illustration de sa naissance, qui fut enlevée par une mort subite à sa famille. Dieu avait comblé les vœux de ses parents, en rassemblant sur elle tous les genres de perfections. Cet événement rendit son père inconsolable et éternisa la douleur de sa mère et de son aïeule. — *Funeste sort!...* Apprenez, vous qui ne cessez de la pleurer, que la mort n'est rien, et qu'il ne faut envisager que la vie éternelle. Elle mourut âgée de cinq ans et neuf mois, le 3 des ides d'octobre, sous le consulat de Paulinus. »

Sur l'emplacement de l'ancien palais d'Auguste, on avait construit une chapelle aujourd'hui abandonnée et transformée en magasin. Le château d'Anse subsiste encore; il est fort ancien, et sert maintenant de logement à la gendarmerie; l'une des deux énormes tours qui le composent tient souvent lieu de prison. Les murs d'Anse, du côté du sud, sont baignés par l'Azergue, qui se jette près de là dans la Saône. Cette rivière inonde quelquefois la plaine, et y forme un étang de 4 k. de longueur sur 2 k. de largeur. — Il y a dans la commune deux carrières ouvertes depuis plusieurs siècles ; la pierre qu'on en tire est d'un blanc tirant sur le jaune; elle est grenelée et cassante, mais facile à tailler et très-propre pour bâtir. On assure que c'est de cette carrière qu'on a tiré la pierre qui a servi à construire l'église de St-Jean de Lyon. Le territoire de la commune offre beaucoup de gryphites et d'autres fossiles.

Commerce de grains, chanvre, vin, bestiaux. — *Foires* le 1er jeudi de fév., mars, avril, août, nov. et déc.

ANSERVILLE, vg. *Oise* (Picardie), arr. et à 30 k. de Beauvais, cant. et ⊠ de Méru. Pop. 350 h. — Il est situé sur une éminence, et possède un château environné d'un beau parc.

ANSICOURT, vg. *Seine-et-Oise*, comm. de Montreuil-sur-Epte, ⊠ de Magny.

ANSIGNAN, vg. *Pyrénées-Or.* (Roussillon), arr. et à 47 k. de Perpignan, cant. et ⊠ de St-Paul-de-Fenouillet. Pop. 307 h.

ANSOST, vg. *H.-Pyrénées* (Bigorre), arr. et à 26 k. de Tarbes, cant. et ⊠ de Rabastens. Pop. 485 h.

ANSOUIS, *Castrum Ansoisis*, *Ansoisium*, vg. *Vaucluse* (Provence), arr. et à 20 k. d'Apt, cant. et ⊠ de Pertuis. Pop. 1,029 h. — On y trouve une fontaine d'eau minérale bitumineuse froide, dont les habitants font usage avec quelque succès dans différentes maladies. — *Foire* le 20 janv.

ANSTAING, vg. *Nord* (Flandre), arr., ⊠ et à 11 k. de Lille, cant. de Lannoy. Pop. 477 h.

ANSTRUDE, vg. *Yonne* (Bourgogne), arr. et à 25 k. d'Avallon, cant. de Guillon, ⊠ d'Epoisses. Pop. 1,480 h.

ANSUANS, vg. *Doubs*, comm. de Chaux-les-Clerval, ⊠ de Clerval.

ANTAGNAC, vg. *Lot-et-Garonne* (Condomois), arr. et à 27 k. de Marmande, cant. de Bouglon, ⊠ de Casteljaloux. Pop. 402 h.

ANTALOS, *H.-Pyrénées*, comm. de St-Créac, ⊠ de Lourdes.

ANTE, vg. *Deux-Sèvres*, comm. et ⊠ de Niort.

ANTE (l'), petite rivière du dép. du *Calvados*. Elle traverse Falaise, dont elle arrose un faubourg appelé d'Ante, et se jette dans la Dive, 2 k. environ au-dessus de St-Pierre-sur-Dive, non loin de Coulibœuf, après un cours d'environ 61 k.

ANTERRIEUX, vg. *Aveyron*, comm. et ⊠ de Laguiole.

ANTERRIEUX, *Anderitum*, vg. *Cantal* (Auvergne), arr. et à 29 k. de St-Flour, cant. et ⊠ de Chaudesaigues. Pop. 302 h. — C'était autrefois la capitale des *Gabali*. — *Fabrique* de cadis.

ANTERRIOUX, vg. *Puy-de-Dôme*, comm. de Nébouzat, ⊠ de Rochefort.

ANTES, vg. *Marne* (Champagne), arr., ⊠ et à 13 k. de Ste-Menehould, cant. de Dommartin-sur-Yèvre. Pop. 170 h. — Il est bâti en amphithéâtre sur le penchant d'une colline au pied de laquelle coule une petite rivière qui se jette dans l'Aisne.

ANTEUIL, vg. *Doubs* (Franche-Comté), arr., cant. et à 17 k. de Baume-les-Dames, ⊠ de Clerval. Pop. 624 h.

ANTEZAN, vg. *Charente-Inf.* (Saintonge), arr., cant., ⊠ et à 7 k. de St-Jean-d'Angely. Pop. 340 h.

ANTHELUPT, vg. *Meurthe* (Lorraine), arr., cant., ⊠ et à 6 k. de Lunéville. Pop. 499 h. — C'est un des plus anciens villages de la province, bâti au pied de la montagne de Léomont.

ANTHÈME (St-), bg *Puy-de-Dôme* (Auvergne), chef-l. de cant., arr. et à 25 k. d'Ambert, Cure. ⊠. A 455 k. de Paris pour la taxe des lettres. Pop. 3,425 h. — TERRAIN cristallisé ou primitif. — *Foires* les 29 mars, lundi saint, 30 mai, 1er août, 14 sept., 4 oct. et 9 nov.

ANTHENAR, vg. *Ain*, comm. de Bancins, ⊠ de Châtillon-les-Dombes.

ANTHENAY, vg. *Marne* (Champagne), arr. et à 27 k. de Reims, cant. de Châtillon-sur-Marne, ⊠ de Port-à-Binson. Pop. 154 h.

ANTHENY, vg. *Ardennes* (Champagne), arr. et à 20 k. de Rocroy, cant. de Rumigny, ⊠ de Maubert-Fontaine. Pop. 366 h. — Ce village, où l'on remarque les traces d'un ancien château, paraît avoir été autrefois considérable. Il fut brûlé par les Espagnols en 1638, et ravagé de nouveau par eux en 1643.

On a trouvé sur une éminence, dans le hameau de Fontenelle, dépendant d'Antheny, des squelettes humains, ainsi que des urnes funéraires qui attestent le séjour des Romains en ce lieu. Il y a au hameau de Fontenelle un château moderne.

ANTHEUIL, *Anteolum*, *Antolium*, vg. *Côte-d'Or* (Bourgogne), arr. et à 3 k. de Beaune, cant. et ⊠ de Bligny-sur-Ouche. Pop. 324 h.

ANTHEUIL, v. *Oise* (Picardie), arr. et à 14 k. de Compiègne, cant. et ⊠ de Ressons. Pop. 295 h. Éducation des mérinos.

ANTHIEN, vg. *Nièvre* (Nivernais), arr. et à 25 k. de Clamecy, cant. et ⊠ de Corbigny. Pop. 958 h.

ANTHILLY, vg. *Oise* (Picardie), arr. et à 37 k. de Senlis, cant. et ⊠ de Betz. Pop. 159 h.

ANTHON, vg. *Isère* (Dauphiné), arr. et à 38 k. de Vienne, cant. de Meyzieux, ⊠ de Crémieu. Pop. 422 h.

ANTHON, vg. *H.-Saône*, comm. et ⊠ de Rioz.

ANTHOT (St-), vg. *Côte-d'Or* (Bourgogne), arr. et à 42 k. de Dijon, cant. et ⊠ de Sombernon. Pop. 177 h.

ANTIBES, *Antipolis*, *Antinopolis*, ancienne et forte ville maritime, *Var* (Provence), chef-l. de cant., arr. et à 22 k. de Grasse. Place de guerre de 3ᵉ classe. École d'hydrographie de 4ᵉ classe. Tribunal de comm. Conseil de prud'hommes pêcheurs. Bonne ville. Cure, ⊠, ✶. Pop. 6,080 h. — Terrain. Limites du Trias, tertiaire supérieur, et crétacé inférieur.
— Phare de 1ᵉʳ ordre à feu fixe, établi sur la presqu'île de la Garoupe, à 1 m. 50 c. au-dessus d'Antibes ; élévation au-dessus de la mer, 40 m., portée, 23 k.; lat. 43° 34′, long. E. 4° 48′. — Feu de port varié par éclat de 2 min. en 2 min.; élévation, 15 m.; portée, 12 k.; lat. 43° 35′, long. E. 4° 48′.

Autrefois diocèse, viguerie et recette de Grasse, parlement et intendance d'Aix, gouvernement particulier, justice royale, siège d'amirauté, grenier à sel, bureau des cinq grosses fermes, couvent d'observantins, et de filles ordre de Citeaux.

Antibes doit sa fondation aux premiers Marseillais, auxquels elle fut enlevée par un jugement rendu contre eux, et remise par les Romains au nombre des villes latines. Entre autres inscriptions remarquables trouvées dans cette ville, Papon en cite une qui prouve qu'elle possédait un collège d'utriculaires, c'est-à-dire de matelots naviguant sur des radeaux supportés par des outres. — Les Romains l'agrandirent et l'embellirent de plusieurs édifices remarquables, ainsi que d'un bel aqueduc encore en bon état, qui conduisait au cirque les eaux de la source de Fonvieille. Ils y avaient établi, comme à Fréjus, une place d'armes et un arsenal maritime. Dès lors les habitants d'Antibes se livraient avec activité à la pêche du thon qui abonde sur leurs côtes. Ils préparaient avec ce poisson une saumure très-recherchée des riches gourmands de Rome ; Martial en fait mention dans une de ses épigrammes. — On a trouvé près d'Antibes une inscription qui mentionne un théâtre et des jeux scéniques. Cette ville devint opulente par son commerce, et rivalisait avantageusement avec plusieurs autres villes plus importantes ; mais l'invasion des Sarrasins et des pirates, les incursions des peuples du Nord, et les différents siéges qu'elle essuya anéantirent son commerce, et firent disparaître ses habitants. François 1ᵉʳ et Henri IV la firent fortifier, et les ouvrages qu'on y a construits depuis en ont fait une place importante : le côté de la mer est très-bien défendu et même inabordable. En 1746, elle fut assiégée sans succès pendant un mois par les Impériaux. La belle résistance que ses habitants opposèrent à l'armée autrichienne en 1815 lui valut le titre de bonne ville et l'érection d'une colonne qui rappelle cette belle défense élevée au milieu de la grande place.

Antibes était autrefois le siége d'un évêché, qui fut transféré à Grasse en 1234 ou 1239 ; la ville d'Antibes était alors très-exposée aux incursions des barbares.

Les armes d'Antibes sont : *d'azur à une croix d'argent cantonnée de quatre fleurs de lis d'or, au lambel à trois pendants de gueules, brochant sur la croix, au chef d'azur semé de fleurs de lis d'or.*

Antibes est dans une belle situation sur le bord de la Méditerranée, près des confins du Piémont, à l'opposite de Nice. Son port, couvert par une longue jetée qui se courbe en demi-cercle, est ceint d'un quai et d'une rangée circulaire d'arcades ; il est peu vaste, mais profond, sûr et d'un abord très-commode ; à son entrée est l'îlot de roc, qui porte le fort carré formé de quatre bastions ; un petit phare a été construit en 1834 à l'extrémité du môle oriental pour indiquer et faciliter l'entrée du port. Des hauteurs qui dominent Antibes, on jouit d'une vue magnifique ; l'œil se promène sur le port, sur la ville, sur ses fortifications, sur le golfe entier, et sur toute la côte qui se prolonge en demi-cercle et trace un amphithéâtre : on aperçoit des collines couvertes de maisons, au milieu desquelles est la ville de Nice ; derrière s'élèvent les hautes montagnes des Alpes maritimes que la neige couronne pendant une grande partie de l'année.

L'église paroissiale, bâtie sur un rocher élevé qui domine le port, occupe l'emplacement d'un temple dédié à Diane ; il paraît même que deux hautes tours qu'on croit avoir été bâties deux cents ans avant l'ère chrétienne. L'hôtel de ville est un fort joli édifice.

Le territoire d'Antibes est presque entièrement composé de jardins, de vignes et de vergers ; les oliviers y sont très-beaux, et l'huile qu'ils produisent est excellente ; les figues sont délicieuses et préférables même à celles de Grasse ; le tabac qu'on y cultive est d'une très-bonne qualité ; les orangers, les jasmins d'Espagne, les tubéreuses, les roses et une multitude d'autres fleurs odoriférantes alimentent un grand nombre de fabriques de parfumeries et d'eaux de senteur.

Biographie. Antibes est le lieu de naissance du lieutenant général comte Reille.

Du général de brigade Barquier.

De J.-V. Aubernon, préfet de l'Hérault et de Seine-et-Oise.

C'est la patrie adoptive de l'*Enfant chéri de la victoire*, du maréchal Masséna, né à quelque distance de là sur le territoire de Nice.

Commerce de poissons salés, vins, huile d'olives, oranges, cédrats, figues et fruits des plus renommés. Culture du tabac. — Foires de 4 jours le lundi après le 21 janv., 24 juin, 12 août et le lundi après le 16 oct.

Antibes est à 22 k. de Grasse, 32 k. de Nice, 935 k. de Paris pour la taxe des lettres, 933 k. pour les relais de poste. V. Antipolis.

ANTICHAN, vg. *H.-Garonne* (Comminges), arr. et à 25 k. de St-Gaudens, cant. de St-Bertrand-de-Comminges, ⊠ de St-Béat. P. 335 h.

ANTICHAN-DE-BAROUSE, vg. *H.-Pyrénées* (Gascogne), arr. et à 47 k. de Bagnères-de-Bigorre, cant. de Mauléon-Barouse, ⊠ de Montrejeau. Pop. 150 h.

ANTIÉGES, vg. *Lot-et-Garonne* (Agenois), arr. et à 13 k. de Nérac, cant. de Francescas. Pop. 410 h.

ANTIFER (cap), et plus généralement cap de Caux. Il est situé à 15 k. O.-S.-O. de Fécamp (*Seine-Inf.*), à peu près au N.-N.-E. et à 30 k. du cap de la Hève. Il y a au sud de ce cap deux ou trois roches pointues que les vaisseaux doivent éviter avec soin. Lat. 40° 48′, long. O. 2° 10′. — *Établissement de la marée*, 10 h. 05 min.

ANTIGNAC, vg. *Cantal* (Auvergne), arr. de Mauriac, cant. et ⊠ de Saignes. Pop. 1,910 h.

ANTIGNAC, vg. *Charente-Inf.* (Saintonge), arr., ⊠ et à 8 k. de Jonzac, cant. de St-Genis. Pop. 174 h.

ANTIGNAC, vg. *Hérault* (Languedoc), arr., ⊠ et à 19 k. de Béziers, cant. de Murviel. Pop. 676 h.

ANTIGNAC, *H.-Garonne* (Nébouzan), arr. et à 44 k. de St-Gaudens, cant. et ⊠ de Bagnères-de-Luchon. Pop. 210 h.

ANTIGARGUES, vg. *Gard*, comm. d'Aigremont, ⊠ de Ledignan. Pop. 485 h.

ANTIGNY, vg. *Vendée* (Poitou), arr. et à 18 k. de Fontenay, cant. ⊠ de la Châtaigneraie.

ANTIGNY, vg. *Vienne* (Poitou), arr. et à 13 k. de Montmorillon, cant. et ⊠ de St-Savin. Pop. 1,070 h. — L'église paroissiale renferme des orgues fort curieuses qui méritent que l'on prenne soin de leur conservation.

ANTIGNY-LA-VILLE, *Antigneium*, vg. *Côte-d'Or* (Bourgogne), arr. et à 25 k. de Beaune, cant. et ⊠ d'Arnay-le-Duc. Pop. 314 h. — Entre autres droits dont jouissait autrefois le seigneur de ce lieu, il avait celui d'envoyer sa bannière aux lettres ou autres dépêches, où bon lui semblait, et il lui est arrivé d'envoyer de pareils messagers jusqu'en Anjou.

ANTIGNY-LE-CHATEAU, *Albancum*, vg. *Côte-d'Or*, comm. de Froissy, ✉ d'Arnay-le-Duc.

ANTILLY, vg. *Côte-d'Or*, comm. d'Argilly, ✉ de Nuits.

ANTILLY, vg. *Moselle* (Lorraine), arr., ✉ et à 12 k. de Metz, cant. de Vigy. Pop. 147 h.

ANTIN, vg. *H.-Pyrénées* (Gascogne), arr. et à 27 k. de Tarbes, cant. et ✉ de Trie. Pop. 440 h. La seigneurie d'Antin fut érigée en marquisat en 1662, et en duché-pairie en 1615.—Carrières de beau marbre, dit de Vereyde.

ANTIOCHE (pertuis d'), détroit sur la côte occidentale du dép. de la *Charente-Inf.* (Aunis), entre la Rochelle et Rochefort : il sépare l'île d'Oléron de l'île de Ré. — C'est dans ce détroit que, le 15 juillet 1815, Napoléon se rendit à bord du vaisseau anglais *le Bellérophon*, pour passer en Angleterre. Lat. 46° 2′ 51″ N., long. 3° 44′ 27″ O.

ANTIPOLIS (lat. 46°, long. 23°). « C'est une des villes bâties par les Marseillais, selon Strabon (lib. IV, p. 184), et qu'il dit néanmoins avoir été soustraite à leur obéissance. C'est qu'elle avait acquis le droit de ville latine; *Latinum Antipolis*, dit Pline (lib. III, cap. 4). Tacite donne à Antipolis la qualité de municipe. Ptolémée place cette ville chez les *Deciatii*, l'Itinéraire maritime, entre *Nicæa* et les îles *Lero* et *Lerina*. Dans la Notice des provinces de la Gaule, *Civitas Antipolitana* est une de celles de la seconde Narbonaise. Je crois que dans l'idiome provençal elle a conservé le nom d'Antiboul, quoique l'usage veuille qu'on l'appelle Antibe. » D'Anville. *Notice de l'ancienne Gaule*, p. 69.

ANTISANTI, vg. *Corse*, arr. et à 33 k. de Corte, cant. et ✉ de Vezzani. Pop. 664 h.

ANTIST, vg. *H.-Pyrénées* (Gascogne), arr., cant., ✉ et à 7 k. de Bagnères-de-Bigorre. Pop. 174 h.

ANTOBROGES, peuple cité par Pline, qui habitait au nord du Tarn, dans la partie méridionale du diocèse de Cahors, aux environs d'un lieu nommé Antinum, et dans le diocèse de Montauban. Walckenaer. *Géogr. des Gaules*, t. II, p. 246.

ANTOGNY, vg. *Indre-et-Loire* (Touraine), arr. à 44 k. de Chinon, cant. de St-Maure, ✉ des Ormes. Pop. 620 h. Sur la Vienne.

ANTOIGNÉ, vg. *Maine-et-Loire* (Anjou), arr. et à 25 k. de Saumur, cant. et ✉ de Montreuil-Bellay. Pop. 600 h.

ANTOIGNÉ, vg. *Sarthe*, comm. de Ste-James, ✉ de Beaumont.

ANTOIGNE, vg. *Vienne*, comm. et ✉ de Châtellerault.

ANTOIGNY, *Antoniacum*, vg. *Orne*, arr. et à 24 k. de Domfront, cant. de la Ferté-Macé, ✉ de Couterne. Pop. 520 h.

ANTOINE (St-), vg. *Cantal* (Auvergne), arr. d'Aurillac, cant. et ✉ de Maurs. Pop. 340 h.

ANTOINE (St-), ou ST-AULAYE-DE-BREUIL, vg. *Dordogne* (Périgord), arr. et à 32 k. de Bergerac, cant. de Velines, ✉ de St-Foy. Pop. 1,279 h.

ANTOINE (St-), vg. *Dordogne*, comm. de St-Privat, ✉ de St-Aulaye.

ANTOINE (St-), vg. *Doubs* (Franche-Comté), arr. et à 16 k. de Pontarlier, cant. de Mouthe, ✉ de Jougne. Pop. 266 h.—*Fabrique* d'instruments aratoires. Martinets.—*Foire* le 29 sept.

ANTOINE (St-), vg. *Gers* (Lomagne), arr. et à 23 k. de Lectoure, cant. et ✉ de Miradoux. Pop. 475 h.

ANTOINE (St-), bg *Isère* (Dauphiné), arr., cant., ✉ et à 11 k. de St-Marcellin. P. 2,020 h. — Il est bâti au milieu des montagnes, sur le Furand, et doit son origine à la célèbre abbaye de son nom, chef d'un ordre particulier qui suivait la règle de St-Augustin. L'église de ce monastère a été conservée ; c'est un bel édifice, dont la construction paraît remonter au XIIIe siècle ; il a été classé récemment par le ministre de l'intérieur au nombre des monuments historiques. — *Fabriques* d'étoffes de soie.—*Foires* les 17 janv., 16 fév., 28 avril, 4 août, 14 oct., 25 nov. et 15 déc.

ANTOINE (St-), *Lot-et-Garonne* (Agénois), arr., cant., ✉ et à 10 k. de Villeneuve-sur-Lot. Pop. 678 h.—*Foires* les 17 janv., 12 juin, 27 sept. et jeudi de Quasimodo.

ANTOINE (St-), vg. *Oise*, comm. de Marissel, ✉ de Beauvais. Pop. 150 h.

ANTOINE (St-), vg. *Seine-Inf.*, comm. de Mesnil-Pauneville, ✉ de Barentin. Pop. 110 h.

ANTOINE-D'ARTIGUE-LONGUE (St-), vg. *Gironde* (Guienne), arr. et à 26 k. de Bordeaux, cant. et ✉ de St-André-de-Cubzac. Pop. 214 h.

ANTOINE-D'AUBEROCHE (St-), vg. *Dordogne* (Périgord), arr. et à 22 k. de Périgueux, cant. de St-Pierre-de-Chignac. Pop. 275 h.

ANTOINE-DE-GUANO. V. GUANO.

ANTOINE-DE-ROCHEFORT (St-), vg. *Sarthe* (Maine), arr. et à 32 k. de Mamers, cant. et ✉ de la Ferté-Bernard. Pop. 941 h.

ANTOINE-DE-L'ISLE (St-), vg. *Gironde* (Guienne), arr. et à 33 k. de Libourne, cant. de Coutras, ✉. Pop. 516 h.

ANTOINE-DU-QUEYRET (St-), vg. *Gironde* (Guienne), arr. et à 21 k. de la Réole, cant. de Pellegrue, ✉ de Monségur. Pop. 234 h.

ANTOINE-DU-ROCHER (St-), *Indre-et-Loire* (Touraine), arr. et à 15 k. de Tours, cant. et ✉ de Neuillé-Pont-Pierre. P. 674 h. —On voit aux environs un dolmen d'une dimension considérable, assez bien conservé, connu dans le pays sous le nom de grottes des Fées. Il est formé de cinq grosses pierres, dont à l'ouverture, trois à gauche, une au fond, trois à droite, et trois placées horizontalement au-dessus. Ce monument est placé à mi-côte, à peu de distance de la rivière de Croisille ; il a 11 m. 20 c. de long, 3 m. 67 c. de haut, et 3 m. de large dans œuvre.

Bibliographie. JOHANNEAU (Eloi). *Notice sur un temple du culte druidique appelé le château, la maison ou la grotte des Fées, situé dans la commune de St-Antoine-du-Rocher*, etc. (Mém. de l'acad. celtique, t. V, p. 396).

Foire le 17 janv.

ANTOINE-LA-FORÊT (St-), vg. *Seine-Inf.* (Normandie), arr. et à 31 k. du Havre, cant. et ✉ de Lillebonne. Pop. 590 h.

ANTOING, vg. *Puy-de-Dôme* (Auvergne), arr. et à 10 k. d'Issoire, cant. et ✉ de St-Germain-Lembron. Pop. 755 h.

ANTONAVES, vg. *H.-Alpes* (Dauphiné), arr. et à 50 k. de Gap, cant. de Ribiers, ✉ de Laragne. Pop. 275 h.

ANTONIN (St-), vg. *Bouches-du-Rhône* (Provence), arr. et à 12 k. d'Aix, cant. de Trets. Pop. 121 h.—Il est bâti au pied de l'escarpement de la montagne Ste-Victoire, et dominé par les ruines d'un antique château qui s'élèvent d'une manière pittoresque entre les rochers. On y voit un château de construction moderne, qu'embellissent des jardins en terrasses, au pied desquelles coule une source dont les eaux avaient été recueillies dans un réservoir d'où partait un bel aqueduc assez bien conservé, qui se rendait à Aix par le Tholonet.

ANTONIN (St-), vg. *Gers* (Gascogne), arr. et à 31 k. de Lectoure, cant. et ✉ de Mauvezin. Pop. 503 h.

ANTONIN (St-), *Antonium*, petite ville, *Tarn-et-Garonne* (Rouergue), chef-l. de cant., arr. et à 41 k. de Montauban. Cure. Gîte d'étape. ✉. A 632 k. de Paris pour la taxe des lettres. Pop. 5,410 h. — TERRAIN jurassique, calcaire à gryphées.

Cette ville doit son origine à un monastère qui y fut bâti après le martyre de saint Antonin, prêtre natif de Pamiers : elle a été longtemps gouvernée par des vicomtes ; le dernier de ceux qui la possédèrent la vendit à Louis IX. En 1211, le château de St-Antonin se soumit à Simon de Montfort, chef des croisés, au pouvoir desquels il ne resta pas longtemps. Montfort, sentant la nécessité de reprendre cette place, résolut de l'assiéger : le vicomte n'avait aucun préparatif de défense ; mais Raimond VI y avait placé un chevalier nommé Adémar Jourdain. L'avant-garde de l'armée ennemie, conduite par l'évêque d'Albi, parut bientôt devant St-Antonin : le gouverneur, sommé de se rendre, répond : « Que le comte de Montfort sache que jamais il ne viendra à bout de prendre mon château. » Montfort, instruit de cette fière réponse, promit d'en faire repentir le gouverneur. Ses troupes se placèrent dans la plaine près du château. Les assiégés font une sortie, mais ils sont repoussés avec vigueur par l'avant-garde qui attaque la place sans en avoir l'ordre ; toute l'armée les suit, et après un combat qui dure seulement une heure, trois barbacanes sont enlevées. L'épouvante s'empare des défenseurs de la place, qui demandent à capituler et se rendent à discrétion. Les troupes entrent dans la ville, qui est livrée au pillage et entièrement saccagée ; on n'épargna ni le clergé séculier, ni les moines ; trente habitants sont mis à mort, par ordre de

Montfort. Les habitants de St-Antonin embrassèrent avec enthousiasme la religion réformée, et, dans les divers combats qu'ils soutinrent contre les catholiques, ils se distinguèrent constamment par leur bravoure. En 1622, après la prise de Nègrepelisse, les troupes royales environnèrent cette ville, qui fut obligée de capituler. Tous les soldats protestants qui n'étaient point nés à St-Antonin furent désarmés et mis dehors, un bâton blanc à la main; quinze habitants furent arrêtés, et onze d'entre eux livrés au supplice.

St-Antonin est bâti dans un vallon spacieux, au confluent de l'Aveyron et de la petite rivière de Bonnette; les eaux de cette dernière rivière, corrompues par les débris des nombreuses tanneries établies sur ses bords, en rendent le séjour malsain. Cette ville est généralement mal bâtie, à l'exception de la partie orientale, où l'on voit les vastes bâtiments des génovéfains, occupés aujourd'hui par la mairie et par la gendarmerie. La promenade des Carmes offre de superbes allées, et se termine au midi par une terrasse qui domine l'Aveyron.

Patrie de Jean de la Vallette, quarante-huitième grand maître de l'ordre de Malte, qui défendit cette île contre cent mille Turcs.

C'est aussi le lieu de naissance du troubadour Raymond Jourdain, qui fut aimé de la belle Adélays de Penne, laquelle se donna à lui en l'embrassant et en lui remettant pour gage l'anneau d'or qu'elle portait. On voit encore, non loin de St-Antonin, sur un rocher escarpé et très-élevé au-dessus de l'Aveyron, les ruines pittoresques du château de la tendre Adélays; des tours à demi renversées, des murs couronnés de créneaux et percés de longues meurtrières, voilà tout ce qui reste de cet antique manoir, dans l'intérieur duquel on ne parvient qu'avec difficulté.

Fabriques importantes de cuirs, de cadis, serges et autres étoffes de laine. Papeterie.—*Commerce* de cuirs, pruneaux, genièvre, etc. —*Foires* les 20 janv., fév., mars, avril, mai, 30 juin, 29 juillet, 29 août, 29 sept., 5 oct., 5 et 20 nov., et 20 déc.

ANTONIN-DE-SOMMAIRE (St-), vg. *Eure* (Normandie), arr. et à 52 k. d'Evreux, cant. et ⊠ de Rugles. Pop. 418 h.

ANTONIN-LACALM (St-), *Tarn* (Languedoc), arr. et à 23 k. d'Albi, cant. et ⊠ de Réalmont. Pop. 924 h.

ANTONIO (St-), vg. *Corse*, arr. et à 16 k. de Calvi, cant. et ⊠ de l'Ile-Rousse. P. 431 h.

ANTONNE, vg. *Dordogne* (Périgord), arr., ⊠ et à 12 k. de Périgueux, cant. de Savignac. Pop. 864 h.—Tuilerie.

ANTONY, *Antoniacum*, joli bourg, *Seine* (Ile-de-France), arr., cant. et à 5 k. de Sceaux, ⊠. A 14 k. de Paris pour la taxe des lettres. Pop. 1,360 h.—Autrefois diocèse, parlement et intendance de Paris.—Il est situé sur une pente douce près de la rive gauche de la Bièvre, à une petite distance de la route de Paris à Orléans. Depuis quelques années, il s'est élevé sur la route même un nouveau village, composé d'hôtelleries et d'habitations de marchands, qui a pris le nom de Pont-d'Antony. — L'église paroissiale offre un chœur assez beau, et surtout un beau clocher pyramidal, que l'on croit avoir été bâti dans le xve siècle; elle est entourée d'un ancien cimetière, et offre un point de vue pittoresque. — La seigneurie d'Antony appartenait jadis à l'abbaye de St-Germain des Prés. Thomas de Mauléon, abbé de cette communauté, affranchit les habitants de ce bourg, en 1248. — Les rois de France avaient droit de gîte à Antony; et, sous saint Louis, les habitants qui refusaient de se soumettre à ce droit y furent condamnés. — *Fab.* de bougies, blanchisseries de cire, lavoirs de laine, fours à plâtre. — Marché important le jeudi de chaque semaine. *Foire* le jeudi d'après la Pentecôte. Fête patronale le 2e dimanche de mai.

ANTORPE, vg. *Jura* (Franche-Comté), arr. et à 29 k. de Dôle, cant. de Dampierre, ⊠ de St-Vit. Pop. 166 h.

ANTRAIGUES ou **ENTRAIGUES**, bg *Ardèche* (Vivarais), chef-l. de cant., arr. et à 26 k. de Privas. Cure. ⊠ et bureau d'enregistrement à Aubenas. Pop. 1,443 h. — Terrain volcanique.

Ce bourg est bâti dans une situation très-pittoresque, sur le sommet d'une masse énorme de laves, à l'entrée d'une belle vallée qui se divise en trois vallons de l'aspect le plus riche et le plus majestueux. Antraigues les domine; ses maisons et sa tour antique s'étendent sur le mont élevé, dont les eaux de trois torrents ont profondément miné la base; de tous côtés, la vue est bornée par les forêts de châtaigniers surmontées de pics sourcilleux. Çà et là des colonnades de basalte à demi cachées sous le lierre, des cavernes creusées en cintres réguliers dans leurs flancs, des chutes d'eau tumultueuses, des ponts hardis, diversifient cette retraite, triste séjour des neiges pendant l'hiver, mais ravissante quand elle est animée par la teinte chaude de juillet et fécondée par sa douce température. Pour mieux juger de cet aspect enchanteur, il faut s'élever sur les sommités qui le dominent, en se dirigeant du côté de Genestelle. La montagne qui sépare ce village d'Antraigues est un ancien volcan, dont le cratère est presque effacé. Son ancien foyer de destruction s'étendent aujourd'hui sur de riches champs cultivés; mais ce qui distingue ce mont singulier ce sont ces amas de projectiles qu'il a vomis de son sein durant ses antiques éruptions, et qui ont formé sur ses flancs des fleuves de pierres torréfiées. Aujourd'hui la végétation la plus vigoureuse s'arrête sur leurs bords; les ardeurs du soleil se concentrent sur leur face noircie; leur escarpement est tel, qu'une pierre jetée sur la masse pourrait l'ébranler tout entière, et produire ainsi une avalanche de pierres; des hommes et des troupeaux ont été quelquefois ensevelis sous leurs décombres.

On doit visiter aux environs d'Antraigues la Coupe d'Aisac, montagne volcanique qui offre le cratère le plus curieux, le mieux caractérisé et le plus remarquable de tout le département. Cette montagne, de forme conique et d'une grande hauteur, est entièrement volcanisée depuis sa base jusqu'au sommet: on y domine tous les monts du midi; au nord, le Mezenc, le Gerbier de Jonc et les autres monts de la Haute-Loire se perdent dans les nues; çà et là, on aperçoit des cratères d'anciens volcans, ici couverts en champs fertiles, là encore empreints des teintes et des marques de l'incendie et de la dévastation. On arrive avec peine sur les bords du cratère d'Aisac, qui sont rapides et contournés en manière d'entonnoir, dont le plus grand diamètre est d'environ 250 à 300 m., sur 35 m. de profondeur. Les laves ont été tellement calcinées dans cet endroit, qu'elles sont en partie converties en une espèce de pouzzolane graveleuse, légère et calcinée, mêlée de grosses masses de scories noires et tranchantes; on ne descend qu'avec beaucoup de difficultés au fond de cet entonnoir, où l'on entre dans la pouzzolane jusqu'à mi-jambe, et où l'on voit une plantation de grands et magnifiques châtaigniers, qui ont très-bien prospéré dans cette ancienne bouche de volcan. Dès qu'on est au fond du cratère, on aperçoit une ouverture dans la partie qui fait face aux maisons du Col d'Aisac; l'aire totale du fond du creuset incline vers cette grande ouverture qui peut servir de sortie. Dès qu'on est parvenu vers cette issue, on remarque un beau ruisseau de lave qui part de l'intérieur et prend son cours sur le penchant de la montagne; on y descend par ondulation, parmi les laves poreuses. Sa largeur apparente est de six ou sept pieds dans sa naissance; du moins on ne peut en voir que cela, les scories et les autres déjections volcaniques cachant le reste, qui doit être dix fois plus considérable. Dès qu'on est parvenu, on voit ce courant de lave, jusqu'au chemin qui est au pied de la montagne, et jusqu'au torrent qui est un peu plus loin, on voit, d'une manière distincte et non équivoque, que la lave, dans une pente encore rapide, et avant d'avoir coulé sur un terrain égal, a affecté la forme prismatique; que cette même lave, en descendant dans ce bas-fond, a formé une belle colonnade avec laquelle elle est adhérente.

Commerce de châtaignes, papeterie. — *Foires* les 7 et 13 janv., 26 mars, 18 et 24 sept., 2, 17 et 31 déc.

ANTRAIN, *Antrinum*, petite ville, *Ille-et-Vilaine* (Bretagne), chef-l. de cant., arr. et à 26 k. de Fougères. Cure. Gîte d'étape. ⊠. Pop. 1,567 h. A 324 k. de Paris pour la taxe des lettres. — Terrain de transition inférieur. — Cette ville est située sur la rive droite du Coursnon, qui commence en cet endroit à être navigable. C'était autrefois une place forte défendue par un château construit par les ducs de Bretagne. En 1793, l'armée républicaine, après avoir attaqué sans succès la ville de Dol, se concentra à Antrain, où une partie de son arrière-garde fut taillée en pièces par les Vendéens. — *Fabriques* de serges, grosses étoffes de laine, toiles, boissellerie, sabots de hêtre. Tanneries. — *Commerce* de bestiaux et d'instruments aratoires. — *Foires* les 9 oct., 2e mardi de fév., mai et août.

ANTRANT, vg. *Vienne* (Poitou), arr., ✉ et à 4 k. de Châtellerault, cant. de Leigué-sur-Usseau. Pop. 608 h.

ANTRAS, vg. *Ariége* (Comminges), arr. et à 24 k. de St-Girons, cant. et ✉ de Castillon. Pop. 412 h.

ANTRAS, vg. *Ariége*, comm. de St-Paul-de-Jarat, ✉ de Foix. — Aux environs, sur la montagne de l'Izard, on voit une chapelle dédiée à la Vierge, qui est en grande vénération dans le pays ; les bergers s'y rassemblent le 5 août de chaque année pour y offrir à la Vierge une bête à laine ; et le nombre des bêtes données ainsi s'élève quelquefois à plus de cent cinquante.

ANTRAS, vg. *Gers* (Gascogne), arr., ✉ et à 15 k. d'Auch, cant. de Jegun. P. 299 h. — On y remarque un ancien château où séjourna Henri IV lors de sa retraite de Mirande à Jegun.

ANTRENAS, vg. *Lozère* (Gévaudan), arr., cant., ✉ et à 5 k. de Marvejols. Pop. 370 h.

ANTRES, ancienne ville ruinée, sur les bords du lac de ce nom, dans le dép. du *Jura* (Franche-Comté), arr. de St-Claude, comm. de Villars-d'Eriat, ✉ de Moirans. — On y voit les ruines d'un double aqueduc, qui a près de 100 mètres de long. V. GRAND-VILLARS.

ANTROS, petite île du dép. de la *Gironde*, située à l'embouchure de la Garonne ; c'est sur cette île qu'est élevée la tour de Cordouan, qui sert de phare aux vaisseaux qui entrent dans le fleuve. V. CORDOUAN.

ANTROS INSULA (lat. 46°, long. 17°). « Il faut chercher cette île dans l'embouchure de la Garonne ; *ubi* (*Garumna*) *Obvius Oceani exæstuantis accessibus adauctus est*; ce sont les termes de Méla (lib. III, cap. 2). On lit ensuite : *In eo est insula, Antros nomine, quam pendere et attolli, aquis increscentibus, ideo incolæ existimant, quia quum videantur, editora queis adjacet ; ubi fluvius implevit, illa operit ; hæc, ut prius, tantum ambitur.* L'opinion commune veut qu'il soit ici question du récif qui porte la tour de Cordouan ; mais on peut douter que l'emplacement de cette tour, qui n'occupe qu'environ 20 toises sur une roche à fleur d'eau, ait attiré l'attention d'un auteur aussi succinct que *Méla* dans sa géographie ; et il faut même convenir que, s'il en est quelque mention actuellement, ce n'est que par rapport au phare qu'on voit élevé en cet endroit. En examinant avec attention la disposition du local à l'entrée de la Garonne, que l'usage est d'appeler la Gironde, il y a tout lieu de soupçonner que la pointe en grande saillie, qui resserre considérablement l'entrée vis-à-vis de Royan, jusqu'à réduire à environ 2,400 toises un canal qui auparavant s'étend à près de 6,000, a été autrefois isolée. Cette pointe, qui depuis un lieu nommé Soulac s'allonge d'environ 4,000 toises, ne tient au continent de Médoc que par une langue de terre, laquelle, en haute marée, ne conserve qu'un demi-quart de lieue de largeur, et qui doit avoir été coupée par la continuation d'une ouverture dont l'entrée, du côté de la Gironde, est appelée le chenal de Soulac ; car le terme de chenal ne pouvait être appliqué qu'à une passe d'entrée ou de sortie particulière. Je suis instruit de ces circonstances par une carte manuscrite levée fort en détail sur les lieux, et dont l'objet spécial est de marquer les endroits couverts en haute marée, à la distinction des plages que la mer basse laisse à découvert. Il est constant que le temps a apporté quelques changements sur ce côté de la Gironde précisément. Un autre terrain, situé au-dessus de celui dont je viens de parler, et qui est une île portant le nom de Jau dans les cartes faites il y a 150 ans, n'est actuellement séparé du continent de Médoc que par quelques fossés pour l'écoulement des eaux. Or, puisqu'on découvre une île à l'entrée de la Garonne, on peut être fondé à y reconnaître l'île d'Antros dont parle Méla. M. de Valois croit que Méla donne à la Garonne une île qui appartient à la Loire. On ne saurait disconvenir que l'auteur de la vie de saint Ausbert de Rouen ne fasse mention d'une île de la Loire, sous le nom d'*Antrum*, où saint Hermeland ou Herblain, comme on dit aujourd'hui, fonda un monastère. Cette île, qui ne paraît plus séparée du continent, de même que la paroisse de St-Herblain le fut point, conserve sa dénomination dans ce qu'on appelle la basse Aindre, sur le rivage droit de la Loire, entre Nantes et Couëron, que l'on croit être l'ancien *Corbilo*. Mais, outre qu'il paraît très-violent de supposer une telle méprise dans Méla, on doit remarquer que ce qu'il dit de l'effet des marées par rapport à l'île d'Antros, est plus vraisemblable à l'égard de l'entrée de la Garonne que du canal de la Loire, dans un endroit qui remonte à environ 10 lieues au-dessus de l'embouchure, et là ce canal n'a qu'environ 300 toises de largeur. » D'Anville. *Notice de l'ancienne Gaule*, p. 70.

ANTUGNAC, vg. *Aude* (Languedoc), arr. et à 17 k. de Limoux, cant. et ✉ de Couiza. Pop. 351 h.

ANTULLY, *Antulleium*, vg. *Saône-et-Loire* (Bourgogne), arr., cant., ✉ et à 12 k. d'Autun. Pop. 1,535 h. — *Foires* les 25 mars et 24 août.

ANTUNNACUM (lat. 51°, long. 26°). « L'Itinéraire d'Antonin et la Table théodosienne s'accordent à marquer IX entre *Confluentes* et *Antunnacum*. Une grande carte manuscrite que j'ai, et qui me paraît une collection de toises, me donne lieu de compter du centre de Coblentz à Andernach, en suivant la route, environ 9,600 toises, qui font 8 à 9 lieues gauloises. Mais, la fraction de lieue qui manque à cette distance, je crois la retrouver dans celle d'Andernach à Rimagen, où l'espace, étant plus grand sur le local qu'entre Coblentz et Andernach, ne tient pourtant lieu que de 9 lieues gauloises également, suivant l'indication qu'en donne la Table qui fait mention de *Rigomagus*. C'est ainsi que le plus ou le moins peuvent se compenser dans l'application des distances qu'indiquent les anciens Itinéraires. Antunnacum était un des plus considérables lieux de la frontière du Rhin ; et le général de la Germanie supérieure, étant à Maïence, étendait jusque-là son commandement, selon la Notice de l'empire. La prononciation germanique ayant altéré ce nom, on a dit *Anternacum* et *Andernacum* dans le moyen âge. » D'Anville. *Notice de l'ancienne Gaule*, p. 71.

ANVEAU, vg. *H.-Vienne*, comm. de Darnac, ✉ du Dorat.

ANVEVILLE, vg. *Seine-Inf.* (Normandie), arr. et à 10 k. d'Yvetot, canton d'Ourville, ✉ de Doudeville. Pop. 1,011 h.

ANVIGNÉ (l'), vg. *Vienne*, comm. de Scorbé, ✉ de Châtellerault.

ANVILLE, vg. *Charente* (Angoumois), arr. et à 28 k. d'Angoulême, cant. et ✉ de Rouillac. Pop. 438 h. — *Foires* les 3 janv., mars, mai, juillet, sept. et nov.

ANVILLERS, vg. *Puy-de-Dôme*, arr. et à 2 k. de Clermont. — Il est situé sur une montagne. On y voit un joli château composé en partie de tours antiques. La façade du nord est flanquée de deux tourelles, et celle du midi de deux pavillons.

ANVIN, vg. *Pas-de-Calais* (Artois), arr., ✉ et à 15 k. de St-Pol, cant. d'Heuchin. Pop. 446 h.

ANXAUMONT, vg. *Vienne*, comm. de Sèvres, ✉ de Poitiers. — *Foire* le 5 mai.

ANXTOT, vg. *Seine-Inf.*, comm. de Parc-d'Anxtot, ✉ de Bolbec.

ANY-MARTIN-RIEUX, vg. *Aisne* (Picardie), arr. et à 25 k. de Vervins, cant. et ✉ d'Aubenton. Pop. 1,066 h.

ANZAT-LE-LUGET, vg. *Puy-de-Dôme* (Auvergne), arr. et à 35 k. d'Issoire, cant. et ✉ d'Ardes. Pop. 915 h. — Mine d'antimoine.

ANZELING, vg. *Moselle* (Lorraine), arr. et à 28 k. de Thionville, cant. et ✉ de Bouzonville. Pop. 407 h.

ANZÊME, vg. *Creuse* (Marche), arr. et à 10 k. de Guéret, près de la Creuse, cant. de St-Vaury. Pop. 1,514 h. — Il est bâti sur la rive gauche de la Creuse, qu'on y passe sur un pont remarquable par la hardiesse de sa construction, qu'on dit avoir été bâti par le diable. Ce pont a été d'autant plus difficile à exécuter, qu'on a été obligé, non-seulement de tailler le roc sur lequel il est assis et qui en fait partie, mais encore de percer un chemin dans une masse de rochers très-escarpés, dont les aspérités et les teintes rembrunies ajoutent à l'horreur du site romantique. Le peuple, toujours avide de merveilleux, raconte à ce sujet que le diable, qui s'était chargé de bâtir ce pont dans une seule nuit, avait imposé l'obligation de lui livrer le premier être vivant qui le traverserait, et qu'il fut bien attrapé en voyant que ce premier passant était un chat.

ANZEX, vg. *Lot-et-Garonne* (Armagnac), arr. et à 26 k. de Nérac, cant. et ✉ de Castel-Juloux. Pop. 567 h.

ANZIN, bg *Nord* (Flandre), arr., cant. et à 2 k. de Valenciennes, ✉. À 209 k. de Paris pour la taxe des lettres. Pop. 4,191 h. — TERRAIN carbonifère, houille.

Lors de la cession du Hainaut français à la France, en 1678, il n'existait à Anzin aucune exploitation de houille, et l'on continua encore longtemps à tirer de l'étranger ce combustible, dont l'usage était déjà répandu dans le pays. En 1716, le vicomte Desaudrouin, qui faisait exploiter des mines dans les environs de Charleroi, vint faire des recherches dans le Hainaut français, et s'en occupa sans relâche ; ce ne fut toutefois qu'au bout de dix-sept années, et après avoir en vain creusé quatorze puits sur les territoires de Fresnes, Aubry, Etrœux, Quarouble, Bruoy, Crespin et Valenciennes, qu'on découvrit enfin, le 24 juillet 1734, sur le territoire d'Anzin, une très-belle couche de houille de la meilleure qualité. Bientôt après, on en rencontra d'autres, bientôt aussi la société trouva dans les bénéfices qu'elle fit un ample dédommagement de ses avances, et les moyens de faire de l'établissement d'Anzin l'exploitation la plus considérable de France. — D'après Monnet, le produit des mines d'Anzin était déjà en 1777 de 120,000 mannes de charbon, équivalant à environ 150,000 quintaux métriques.

Aujourd'hui Anzin est le centre de l'exploitation la plus importante des mines de houille de la France. — Les mines d'Anzin sont exploitées par une compagnie qui réunit cinq concessions différentes : la concession d'Anzin, la concession de Raismes, la concession de Fresnes, la concession de Vieux-Condé, la concession de St-Saulve. Cet important établissement possédait, en 1830, vingt-sept puits d'extraction, huit puits en souffrance, trois avaleresses, cinq puits d'aérage, douze machines pour l'épuisement, trente-quatre machines d'extraction ; elle occupait 174 employés, 4,446 ouvriers et 396 chevaux ; elle a produit 3,594,500 hectol. de charbon. — La concession d'Anzin comprend le territoire d'Anzin, Aubry, Trith-St-Léger, Herrin, Oisy, Wavrechain, Denain, Haveluy, Bellaing, Escaudain, Ellesmes, Wallers, Abscon, Somain, Hornaing, Fenain et Wandiguies-Hamage. Son étendue est de 118 k. 518 m. carrés. Cette concession possède onze puits d'extraction, quatre en souffrance, trois avaleresses, six machines d'épuisement, seize machines d'extraction : elle occupe 80 employés, 500 ouvriers au jour, 1,400 ouvriers du fond et 209 chevaux ; la quantité extraite est d'environ 1,536,914 hectol. — La profondeur des fosses est extrêmement variable : à Anzin, on ne trouve le charbon qu'à environ 65 m. de profondeur ; à Fresnes et à Vieux-Condé, on touche la tête des veines à 42 m. de profondeur ; mais par leur inclinaison les fosses s'enfoncent très-loin, et, si l'on veut les exploiter en totalité, il faut les approfondir quelquefois de 362 m. Il y en a quelques-unes à Anzin qui ont maintenant 318 m. de profondeur.

— En quelques points on a reconnu 50 couches ayant 3 à 14 m. d'épaisseur. — L'établissement d'Anzin est colossal : indépendamment des immenses développements des travaux souterrains, il y a de vastes ateliers à la surface, tels que fonderie, scierie, corderie, tours et allésoirs, forges, charpenterie, etc., qui sont consacrés à la fabrication de toutes les machines, appareils et simples pièces dont on a continuellement besoin. Les propriétaires ont établi dans l'exploitation un ordre et une unité qui ont beaucoup contribué au succès de l'entreprise ; mais la loi des douanes, en les protégeant par des droits très-élevés, n'a pas moins puissamment agi dans leur intérêt aux dépens des consommateurs nationaux. Les actions de l'établissement d'Anzin valent chacune un denier, ou 1/288ᵉ ; nous tenons d'un employé de la compagnie qu'il s'en est vendu quelques-unes dans ces derniers temps à 90,000 fr., ce qui supposerait un capital énorme d'environ 26,000,000 fr. — Les charbons d'Anzin sont gras, collants, tenant bien le feu, peu sulfureux en général, assez propres à la fabrication du coke, médiocrement convenables pour la forge, relativement à ceux de St-Etienne, et même aux fines forges de Mons. Ils présentent beaucoup d'analogie avec les charbons durs.

Fabriques de clous, chicorée-café. Haut fourneau. Forges à l'anglaise, avec quatre trains de laminoirs pour les fers et les tôles, ⒷⒷ 1839. Verrerie à vitres et à bouteilles. Raffineries pour sel. Brasseries. Distilleries. Briqueterie pour briques réfractaires.

Bibliographie. D'AUBUISSON, *Description des houillères d'Anzin* (Journal des mines, t. XVIII, p. 119).

* *Notice sur les mines et l'établissement d'Anzin* (Revue encyclopédique, 97ᵉ liv., janvier 1817).

ANZIN, vg. *Pas-de-Calais*, comm. de St-Aubin-Anzin, ✉ d'Arras.

ANZY, vg. *Saône-et-Loire* (Bourgogne), arr. et à 33 k. de Charolles, cant. et ✉ de Marcigny. Pop. 962 h. Sur la rive gauche de la Recouse.

AOSTE, ou **AOUSTE**, *Tricastinum*, *Augusta*, bg *Drôme* (Dauphiné), arr. et à 37 k. de Die, cant. et ✉ de Crest. Pop. 1,255 h. — Ce bourg est situé dans un territoire fertile en fruits et en excellents pâturages ; c'était une des colonies romaines établies sous le règne d'Auguste. Les historiens qui parlent d'Augusta le placent entre Die et Valence ; tout porte à croire que c'était une ville importante, sur les ruines de laquelle parait s'être élevée la ville de Crest. Aoste a soutenu plusieurs sièges, notamment en 1277 et en 1586. — *Fab.* de papiers. Fours à chaux. Moulins à huile. Apprêtage d'étoffes pour le Crest. — *Commerce* de grains, vins, huile, fruits, etc. — *Foires* les 24 avril, 2 oct. et 1ᵉʳ déc.

AOSTE, *Augustum*, vg. *Isère* (Dauphiné), arr. et à 11 k. de la Tour-du-Pin, 25 k. de Bourgoin, cant. de Pont-de-Beauvoisin, ✉ des Abrets. Pop. 1,147 h.

AOUGNY, vg. *Marne* (Champagne), arr. et à 25 k. de Reims, cant. et ✉ de Ville-en-Tardenois. Pop. 209 h.

AOURY, vg. *Moselle*, comm. de Villers-Stoncourt, ✉ de Courcelles-Chaussy. Pop. 148 h.

AOUSTE, *Osta*, *Augusta Prætoria*, vg. *Ardennes* (Champagne), arr. et à 25 k. de Rocroy, cant. de Rumigny, ✉ d'Aubenton. Pop. 642 h. — On y remarque les vestiges d'un ancien château fort qui fut saccagé par les Allemands en 1521, et détruit par les Espagnols en 1643. Le territoire d'Aouste renferme une source d'eau minérale, appelée la Fontaine-Rouge, et un ruisseau qui se perd pour reparaître à une demi-lieue au-dessous. — Papeteries importantes.

AOUT (St-), vg. *Indre* (Berri), arr., cant. et à 17 k. de la Châtre, ✉ de Châteauroux. P. 1,249 h. — *Foires* les 8 mai et 12 juillet.

AOUTRILLE (St-), vg. *Indre* (Berri), arr., cant., et à 6 k. d'Issoudun. Pop. 257 h.

AOUZE, *Aqosa*, vg. *Vosges* (Lorraine), arr. et à 17 k. de Neufchâteau, cant. et ✉ de Chatenois. Pop. 686 h. — *Fab.* de toiles.

APACH, vg. *Moselle* (Lorraine), arr. et à 20 k. de Thionville, cant. et ✉ de Sierck. Pop. 557 h. — *Fab.* de pipes de terre, qui en produit environ 600,000 par an.

APCHAT, vg. *Puy-de-Dôme* (Auvergne), arr. et à 20 k. d'Issoire, cant. et ✉ d'Ardres. Pop. 1,035 h.

APCHER, vg. *Puy-de-Dôme*, comm. d'Anzat-le-Luget, ✉ d'Ardres.

APCHON, de *Cantal* (Auvergne), arr. et à 35 k. de Maurine, cant. et ✉ de Riom-ès-Montagne. Pop. 952 h. — Il est situé sur une hauteur, et dominé par les antiques débris d'un château fort bâti sur la cime d'un rocher escarpé, qui commande la jolie vallée arrosée par la rivière de Rue. Ses environs offrent de vastes pacages et de belles prairies, mais il s'y récolte peu de grains. Le commerce des fromages, celui du gros bétail, et la fabrication de dentelles communes, forment les principales ressources du pays. — *Foires* les 1ᵉʳ mai, 25 juillet et 9 sept.

APIATES, peuple de l'ancienne Gaule qui habitait la vallée d'Aspe, dont le chef-lieu est indiqué par l'Itinéraire sous le nom d'*Aspa Luca*. Walckenaer. *Géographie des Gaules*, t. I, p. 304.

APINAC, vg. *Loire* (Forez), arr. et à 35 k. de Montbrison, cant. et ✉ de St-Bonnet-le-Château. Pop. 1,120 h.

APIRY, vg. *Nièvre*, comm. d'Ourouer-aux-Amognes, ✉ de Guérigny.

APOLINAIRE (St-), vg. *Côte-d'Or* (Bourgogne), arr., cant. E., L., et à 6 k. de Dijon. Pop. 251 h. — Ce village était autrefois beaucoup plus considérable. Il fut presque entièrement détruit en 1513, par les Suisses qui assiégeaient Dijon. Un détachement de l'armée du duc d'Orléans, qui allait joindre en Languedoc celle du duc de Montmorency, logea dans ce village en 1632, brûla le plus grand nombre des maisons qui avaient échappé à l'incendie de 1513. Le château, appelé anciennement la Tour, ou la Motte de St-Apolinaire, c'est une belle tour carrée, environnée de fossés et d'un enclos vaste et précieux par la nature du terrain. En 1529, les magistrats de Dijon s'y retirèrent pour éviter la peste ; ils venaient rendre la justice à Montmuson. Cette tour fut fortifiée du temps de la Ligue, et appartenait aux Tabourot. Le pont-levis fut détruit en 1762.

APOLINARD (St-), vg. *Isère* (Dauphiné),

arr., cant., ✉ et à 10 k. de St-Marcellin. Pop. 596 h.
APOLINARD (St-), vg. *Loire* (Forez), arr. et à 34 k. de St-Etienne, cant. et ✉ de Pelussin. Pop. 775 h.
APOLIS (St-), vg. *Hérault*, comm. de Florensac, ✉ de Marseillan.
APPAINTS (les), vg. *Gard*, comm. de Lamelouze, ✉ d'Alais. Pop. 100 h.
APPELLE, vg. *Tarn* (Languedoc), arr. et à 21 k. de Lavaur, cant. et ✉ de Puylaurens. Pop. 284 h.
APPELLES, vg. *Gironde*, comm. de St-André, ✉ de Ste-Foix.
APPENAI, vg. *Orne* (Normandie), arr. et à 24 k. de Mortagne, cant. et ✉ de Belesme. Pop. 725 h.
APPENANS, vg. *Doubs* (Franche-Comté), arr. et à 20 k. de Baume-les-Dames, cant. et ✉ de l'Isle-sur-le-Doubs. Pop. 212 h.
APPENWIHR, vg. *H.-Rhin* (Alsace), arr. et à 12 k. de Colmar, cant. et ✉ de Neufbrissach. Pop. 263 h.
APPETIT (l'), vg. *Nord*, comm. et ✉ de Bailleul.
APPETOT, *Appletot*, vg. *Eure* (Normandie), arr. et à 20 k. de Pont-Audemer, cant. et ✉ de Montfort-sur-Rille. Pop. 74 h.
APPEVILLE, dit ANNEBAULT, *Appevilla, Appivilla*, bg *Eure* (Normandie), arr. et à 13 k. de Pont-Audemer, cant. et ✉ de Montfort-sur-Rille. P. 1,071 h. — On y remarque les restes du château d'Annebault, bâti sur pilotis par l'amiral d'Annebault, premier ministre de François Ier, qui avait conçu le projet de rendre la Rille navigable jusqu'au pied de son habitation, où l'on voit plusieurs anneaux en fer scellés dans le mur, qui paraissent avoir été destinés à arrêter les bateaux. Le château n'a jamais été achevé. — L'église d'Annebault, construite de 1550 à 1600, renferme de beaux vitraux, où l'on remarque divers costumes du temps assez bien exécutés. Cette église, remarquable par une belle tour carrée et par les sculptures délicates du portail, a été désignée par l'autorité locale comme étant susceptible d'être classée au nombre des monuments historiques. — *Foires* les dernier jeudi d'avril et 29 sept.
APPEVILLE, vg. *Manche* (Normandie), arr. et à 36 k. de Coutances, cant. et ✉ de la Haie-du-Puits, ✉ de Prétot. Pop. 657 h.
APPEVILLE-LE-PETIT, vg. *Seine-Inf.*, comm. de Hautot, ✉ de Dieppe.
APPI, vg. *Ariége* (Languedoc), arr. à 30 k. de Foix, cant. et ✉ des Cabanes. Pop. 215 h. — On y voit un étang très-vaste et une grotte remarquable. — Mine de plomb argentifère.
APPIETTO, vg. *Corse*, arr., ✉ et à 10 k. d'Ajaccio, cant. de Sari. Pop. 557 h. — On remarque à peu de distance les ruines du château de Gozzi ou Cozzi, où résidait, vers le milieu du XIe siècle, Henri de Cinarca.
Ces ruines ne donnent pas une haute idée de la richesse et de la puissance des premiers Cinarca ; à en juger par les fondations qui subsistent, l'édifice principal n'offrait à chaque étage, s'il en avait plusieurs, qu'une salle longue et étroite, et une petite pièce carrée de même largeur, qui en était séparée par un double mur. Ce bâtiment occupait le sommet d'un rocher élevé d'environ 4 mètres au-dessus du plateau formé par le sommet de la montagne. On voit sur ce plateau les restes d'une chapelle, ceux d'une citerne et un puits ; il paraît que la chapelle était entièrement ouverte à l'ouest ; l'autel était circulaire. Une muraille et un fossé séparaient Gozzi d'une autre montagne qui le domine au nord ; des rochers à pic en défendaient l'accès du côté de la plaine.
APPILLY, vg. *Oise* (Picardie), arr. et à 40 k. de Compiègne, cant. et ✉ de Noyon. Pop. 331 h.
APPOLINAIRE (Ste-), vg. *Rhône* (Lyonnais), arr. et à 27 k. de Villefranche, cant. et ✉ d'Amplepuis. Pop. 490 h.
APPOLINAIRE DE RIAS (Ste-), vg. *Ardèche* (Vivarais), arr. et à 32 k. de Tournon, cant. et ✉ de Vernoux. Pop. 682 h.
APPOLLINAIRE (St-), vg. *H.-Alpes* (Dauphiné), arr. et à 13 k. d'Embrun, cant. et ✉ de Savines. Pop. 165 h.
APPOIGNY, bg *Yonne* (Champagne), arr., cant. et à 10 k. d'Auxerre, ✉ de Bassou. Pop. 1,715 h. — On y trouve une source d'eau minérale ferrugineuse froide, dont M. Berryot a donné une analyse en 1732. Elle est située au bord de l'Yonne, et recouverte une partie de l'année par les eaux de cette rivière. — *Foires* les 20 janv., 20 mai, 16 juin, 30 août et 15 oct.
APPRE (St-), vg. *Dordogne* (Périgord), arr. et à 16 k. de Ribérac, cant. de Montagrier. ✉. A 492 k. de Paris pour la taxe des lettres. Pop. 366 h. — *Foires* (sur les limites du territoire de St-Appre et de Tocane), les jeudi avant jeudi gras, jeudi avant le 11 juin, dernier lundi de décembre.
APPREMONT, vg. *Aisne*, comm. et ✉ de Rosoy-sur-Serre.
APPRICCIANI, vg. *Corse*, arr. et à 45 k. d'Ajaccio, cant. et ✉ de Vico. Pop. 184 h.
APPRIEU, vg. *Isère* (Dauphiné), arr. à 19 k. de la Tour-du-Pin, 28 k. de Bourgoin, cant. et ✉ de Grand-Lemps. Pop. 1,480 h.
APREMONT, vg. *Ain* (Bugey), arr., cant., ✉ et à 8 k. de Nantua. Pop. 417 h.
APREMONT, vg. *Ardennes* (Champagne), arr. à 30 k. de Vouziers, cant. de Grandpré. A 248 k. de Paris pour la taxe des lettres. P. 664 h. — Haut fourneau.
APREMONT, vg. *Cher* (Berri), arr. et à 30 k. de St-Amand, cant. et ✉ de la Guerche. Pop. 476 h.
APREMONT, vg. *Meuse* (Lorraine), arr. et à 13 k. de Commercy, cant. et ✉ de St-Mihiel. Pop. 725 h. — C'était jadis le chef-lieu d'un comté considérable, où les seigneurs fondèrent un prieuré en 1050, et une collégiale en 1319. Il y avait aussi un couvent de récollets, établi en 1708 sur l'emplacement d'un ancien château bâti sur une montagne de difficile accès, et qui était déjà ruiné en 1545.
APREMONT, vg. *Oise* (Picardie), arr. et à 5 k. de Senlis, cant. et ✉ de Creil. Pop. 602 h.
— On a trouvé beaucoup de tombeaux et de médailles romaines sur un plateau qui domine le village, au lieu où, suivant la tradition, existait jadis une ville de Braque, dont il ne reste d'ailleurs aucuns vestiges. — Le sable de la butte qui domine le village est employé dans la manufacture de porcelaine de Chantilly, dans la manufacture de faïence de Creil, et dans les usines de Montataire. — *Fabriques* de passementerie et principalement de boutons, qui occupent plus de 500 ouvriers.
APREMONT, vg. *H.-Saône* (Franche-Comté), arr., cant. et à 8 k. de Gray, sur la Saône. Pop. 860 h.
APREMONT, vg. *Vendée* (Poitou), arr. et à 29 k. des Sables, cant. et ✉ de Palluau, sur la Vie. Pop. 1,223 h. — *Fabriques* de toiles. — *Foires* le 16 fév. et 19 avril.
APREY, vg. *H.-Marne* (Champagne), arr., cant., ✉ et à 15 k. de Langres. Pop. 519 h. — *Fabriques* de faïence commune. — *Foires* les 3 fév., 27 oct., mardi après l'Annonciation et les mercredis après l'Ascension, la Nativité et la Conception.
APROS, fleuv. (lat. 44°, long. 25°). « Il en est mention dans Polybe (*Excerp. legat.*, sect. 134), en parlant de l'expédition d'Opimius contre les Oxybii. V. l'article ÆGITNA. » D'Anville. *Notice de l'ancienne Gaule*, p. 72.
APS, *Alba Helviorum*, vg. *Ardèche* (Vivarais), arr. et à 30 k. de Privas, cant. et ✉ de Viviers. Pop. 1,438 h. — « Aps était autrefois la capitale des Helviens, et le siège d'un évêché qui depuis a été transféré à Viviers. La tradition veut que l'ancienne *Alba* ne fût pas au même lieu où est à présent Aps, mais à quelques pas plus loin et au delà du torrent de l'Escoutay, qui passe au pied du village. On a trouvé dans cet endroit plusieurs restes d'antiquités, des débris de bâtiments antiques, d'aqueducs, de thermes, de quartiers de mosaïque, des colonnes de marbre, des frises, etc. Les habitants appellent cet endroit le Palais. La tradition veut encore que la ville d'Alba ait été brûlée par le feu grégeois, qu'on jeta dessus le mont Juliot ; les habitants se retirèrent au fort qui est actuellement le village. Ce malheur dut arriver vers l'an 411, lors de la translation du siège de l'évêché à Viviers ; cependant il s'y est bâti deux églises ou prieurés, dotés, l'un de St-Ruf, l'autre de St-Benoît, aujourd'hui St-Martin et St-Pierre. » Walckenaer. *Géographie des Gaules*, part. II, chap. 2, p. 275. — On y trouve encore quelques restes d'antiquités romaines. V. VIVIERS. — *Fabriques* de soieries. — *Foires* les 1er sept., 1er déc., 1ers mercredis après Pâques et après la Pentecôte.
APT, *Apta Julia Vulgientes*, ancienne et jolie ville, *Vaucluse* (Provence), chef-l. de sous-préf. et d'un cant. Trib. de 1re inst. Soc. d'agric. Collége comm. Cure. Gîte d'étape. ✉. A 732 k. de Paris pour la taxe des lettres. Pop. 5,989 h. — TERRAIN tertiaire moyen.
Autrefois évêché, parlement et intendance d'Aix, viguerie et recette, justice royale, gouvernement particulier, brigade de maréchaussée, grenier à sel, abbaye de filles ordre de

St-Augustin et de Cîteaux, couvent de carmes et de cordeliers, de filles de la Visitation et d'ursulines, séminaire.

L'évêché d'Apt fut fondé vers 900. Revenu, 10,000 liv.; taxe, 300 flor. Paroisses, 33. Abbayes, 4: revenu, 7,800 liv.; taxe, 234 flor. L'évêque d'Apt obtint en 1378 de l'empereur Charles IV le titre de prince, et l'on conserve des monnaies frappées à son coin. Au XI° siècle, la juridiction de ces prélats s'étendait sur une partie de la ville ; mais ils l'échangèrent contre des terres que leur donnèrent les comtes de Provence.

Apt est une des plus anciennes villes des Gaules. Avant la conquête des Romains, elle était la capitale des Vulgientes, et existait sous le nom de Hat. Les premières phalanges romaines qui pénétrèrent dans le pays détruisirent cette cité ; mais Jules César, trouvant sa position avantageuse pour le passage des troupes qu'il envoyait en Espagne contre les enfants de Pompée, la fit reconstruire et lui donna le nom d'*Apta Julia Vulgientes*. Les Romains embellirent cette ville de plusieurs monuments, dont un seul, le pont Julien, jeté sur le Calavon, à 4 k. de la ville, a survécu aux dix-neuf siècles qui se sont écoulés depuis l'époque de sa construction. Ce pont a 68 m. de long, 24 de haut. Il est d'une seule arche avec deux très-petites latérales. L'empereur Auguste affectionnait particulièrement Apt, et plusieurs inscriptions attestent qu'on lui éleva à Apt un temple après sa mort. Sous Trajan, Apt jouissait d'un droit italique auquel étaient attachées plusieurs prérogatives. Quelques auteurs rapportent qu'Adrien s'étant arrêté à Apt, y perdit son cheval favori, nommé Borysthène, auquel les habitants firent élever un mausolée dont l'inscription a été retrouvée en 1604.

Après la décadence de l'empire romain, la ville d'Apt essuya plusieurs révolutions qui lui firent perdre beaucoup de son importance. Elle fut dévastée par les Lombards et par les Sarrasins, essaya de se rendre indépendante, et finit par être réunie à la Provence. Le baron des Adrets l'assiégea sans succès en 1562. — Il s'y est tenu un concile en 1365.

Les armes d'Apt sont : *de gueules à une épée de sable à poignée d'or dans son fourreau, avec un ceinturon de sable garni d'or.*

Cette ville est avantageusement située, sur la rive gauche du Calavon, dans une large vallée entourée de coteaux couverts de vignes et d'oliviers. Elle est ceinte de vieilles murailles solidement construites, formée de rues larges, propres, ornées de fontaines, et bordées de maisons d'assez belle apparence ; quelques quartiers cependant offrent des rues étroites et mal percées. On y remarque une belle église de construction gothique, dont les cryptes attestent la haute antiquité. Sur l'une de ces cryptes, dite grotte de Ste-Anne, Mansard a bâti un très-beau dôme ; sous la chapelle, ou première grotte, se trouve une autre grotte très-profonde, dans laquelle existe une niche fermée par un fort treillage en fer, où étaient déposées jadis les reliques de sainte Anne, qui, suivant la tradition, vint finir ses jours à Apt. — L'église d'Apt, le tombeau de saint Jean et l'ancien cimetière ont été classés par le ministre de l'intérieur au nombre des monuments historiques. — Au quartier de Roque-Salière, on trouve des schistes renfermant de belles empreintes de poissons.

La ville d'Apt est très-froide en hiver et très-chaude en été, à cause de sa situation dans une vallée dominée par des montagnes nues du côté du nord, et couvertes de neige une partie de l'année. Mais le séjour en est agréable pour ceux qui préfèrent des mœurs simples et une vie confortable à l'étalage d'un luxe factice et aux jouissances éphémères et vides de la vanité.

Biographie. Apt est la patrie de P. DARTIGUE DE VAUMORIERI, littérateur et romancier, mort en 1693. On a de lui : *l'Art de plaire dans la conversation*, in-12; 4 vol. de *Harangues sur toutes sortes de sujets*, 2 vol. in-12 ; les 5 derniers vol. de *Pharamond*, 12 vol. in-8; *la Galanterie des anciens*, 2 vol. in-12; *Ageatis*, 2 vol. in-12.

De JOSEPH MERVESIN, mort en 1721, auteur d'une *Histoire de la poésie françoise*, in-12, 1706 et 1717; de l'*Histoire du marquis de St-André*, in-12, 1698.

De l'abbé J.-Jos. RIVE, bibliographe distingué, mort en 1791, auteur de : *la Chasse aux bibliographes et antiquaires malavisés*, 2 vol. in-8, 1788-89 ; *Notice d'un manuscrit de la bibliothèque du duc de la Vallière, contenant les poésies de Guill. Machan*, in-4 ; *Notices historiques et critiques de deux manuscrits uniques de la bibliothèque du duc de la Vallière, dont l'un a pour titre: la Guirlande de Julie, et l'autre : Recueil de fleurs et insectes*, peints par P. Rabel en 1624, in-4, 1779 ; et de plusieurs autres ouvrages bibliographiques, politiques, etc.

Du chevalier AUDE, fécond auteur dramatique, auteur d'une quarantaine de pièces de théâtre, dans six desquelles on met en scène Cadet-Roussel.

Du comte DE TOURNON, qui fut successivement préfet de Rome, préfet du Rhône et par de France, auteur d'*Études statistiques sur Rome et la partie occidentale des États romains*, 2 vol. in-8 et atlas, 1831.

Fabriques d'étoffes de laine et de coton, de bougies estimées, de confitures très-recherchées. Fabrique importante de nougat, qu'Apt livre à meilleur compte que dans toutes les autres fabriques. Manufacture de faïence et de poterie qui jouit d'une grande réputation, de pierres à fusil de qualité supérieure. Distilleries d'eau-de-vie. Filatures de soie. Blanchisseries de cire. Tanneries. — Commerce de grains, vins, eaux-de-vie, truffes noires, amandes et fruits du Midi, cire, miel, bougies, bestiaux, pierres à fusil, etc. — Foires de 3 et de 2 jours, les 3 et 4 janv., lundi de Quasimodo, 26 juillet, 27 sept. et 13 déc. — A 42 k. d'Avignon.

L'arrondissement d'Apt renferme 5 cantons : Apt, Bonnieux, Cadenet, Gordes et Pertuis ; il est remarquable par la fertilité de la partie de son territoire arrosée par la Durance, et par des points de vue délicieux.

Bibliographie. MARTIN (J.-Cl.). *Antiquités et inscriptions de la ville d'Apt*, in-8, 1818.

BOZE (l'abbé). *Histoire de l'Église d'Apt*, in-8, 1820.

APTA JULIA (lat. 44°, long. 24°). « Dans Pline (lib. III, cap. 4), *Apta Julia Vulgientum*. Quoiqu'il la range au nombre des villes latines, cependant elle était colonie, comme plusieurs inscriptions ne permettent pas d'en douter, et spécialement celle que Spon a publiée (*Miscell. erud. antiq.*, p. 164), et qui porte COL. IVL APTA. On trouve sa position dans l'Itinéraire d'Antonin et dans la Table théodosienne. Dans la Notice des provinces de la Gaule, *Civitas Aptensium* suit immédiatement la métropole de la seconde Narbonaise. Papire Masson paraît persuadé que les murs d'Apt sont l'ouvrage des Romains. » D'Anville. *Notice de l'ancienne Gaule*, p. 72.

AQUÆ AUGUSTÆ TARBELLICÆ (lat. 44°, long. 17°). « Il est à présumer que cette ville prit le nom d'Auguste après l'expédition de Messala, qui réduisit à l'obéissance les Aquitains, dont il paraît que la soumission ne fut que passagère sous le gouvernement de César. Quoique Pline fasse mention (lib. XXXI, cap. 2) des eaux qui sont in *Tarbellis Aquitanica gente* ; cependant Ptolémée est le premier et même le seul qui nous ait transmis le nom *Aquæ Augustæ*. Dans l'Itinéraire d'Antonin, on lit simplement *Aquæ Tarbellicæ*. Une position sous le nom d'*Aquis*, qu'on voit dans la Table théodosienne, n'est point celle d'*Aquæ Tarbellicæ*, selon l'opinion du savant commentateur de l'Itinéraire. C'est plutôt celle d'*Aquæ Convenarum*, d'autant que ce qui nous manque de la Table théodosienne du côté qui en faisait le commencement, peut nous dérober la position d'*Aquæ Tarbellicæ*. Si l'on veut, d'après Pline (lib. IV, cap. 19), qu'il y eût un peuple particulier sous le nom d'*Aquitani*, et duquel ce nom eût passé à toute la province, *unde nomen provinciæ*; la ville d'*Aquæ Augustæ* sera vraisemblablement celle dont on tirera cette dénomination d'*Aquitani*. Dans la Notice des provinces de la Gaule, *Civitas Aquensium* occupe le rang immédiat à la métropole de la Novempopulanie. On sait que cette ville conserve le nom d'Aqs. Roger de Hoveden, annaliste anglais, parlant d'une expédition de Richard, comte de Poitiers, en 1177, dit qu'il assiégea *Civitatem Akensem* ; ce qui nous indique la forme du nom d'Aqs dans le XII° siècle. Les Basques, d'Oihenart, appellent cette ville *Aquise*. Les Gascons ont corrompu ce nom, en établissant l'usage de dire Daqs, et d'écrire Dax, par la jonction du pronom possessif. C'est néanmoins d'après cette fausse dénomination, que Sanson y trouvant de l'analogie avec le nom de Datii, qui dans Ptolémée est celui d'un peuple dont on ne connaît point la position, transporte celle d'*Aquæ Tarbellicæ* à Baïone, qui est *Lapur-*

dum, pour placer à Aqs la capitale de ces *Datii*, que Ptolémée nomme *Tasta*.» D'Anville. *Notice de l'ancienne Gaule*, p. 72.

AQUÆ BORMONIS (lat. 47°, long. 24°). « Dans la Table théodosienne ce lieu est figuré par l'édifice carré, qui distingue les lieux où sont des eaux minérales : et on le voit sur la trace de différentes routes, qui communiquent d'un côté à *Augustodunum*, ou Autun, et de l'autre à *Avaricum*, ou Bourges. Cette position est celle de Bourbon, surnommé l'Archambaut, et qui a donné le nom à la branche régnante de la plus auguste des maisons souveraines. J'ai cru devoir conserver la dénomination de *Bormonis*, selon qu'elle se lit dans la Table, quoiqu'il fût peut-être convenable de lire *Borvonis*. Une inscription qui est à Bourbone-les-Bains, rapportée par M. Dunod (*Hist. des Séquan.*, p. 211), comme il la tenait de M. le président Bouhier, porte *Borvoni et Monæ deo*; et si l'on pouvait soupçonner que le nom de *Bormonis* fût un composé de *Borvo* et de *Mona*, auquel cas, s'accorde à l'inscription, aurait été propre à Bourbon ainsi qu'à Bourbone, on aurait à se reprocher d'avoir hasardé d'écrire autrement que dans la Table. Pour en venir aux distances qui ont rapport à la position d'*Aquæ Bormonis*, je remarque que le compte de 30 lieues gauloises que donne la Table en deux distances particulières, jusqu'au lieu nommé *Pocrinium* du côté d'Autun, s'accorde à l'emplacement qui m'a paru très-convenable par d'autres circonstances, à *Pocrinium*, aujourd'hui Perrigny, au passage de la Loire. Car, estimant ce qu'il y a d'intervalle en droite ligne de 32 à 33,000 toises, le calcul de la mesure itinéraire de 30 lieues gauloises, qui est 34,000 toises, n'excède la mesure directe que de ce qu'on peut estimer qu'elle doit avoir de plus. La position intermédiaire de *Siullia* dans la Table est expliquée dans un article particulier. Quant à la communication d'*Aquæ Bormonis* avec *Avaricum*, ce que représente la Table paraît assez équivoque, en donnant la trace d'une voie qui tiendrait également à *Degena*, ou plutôt *Decetia*, et à *Tincallo*, qui est *Tinconcium*. Il faut encore remarquer, que ce qu'on trouve dans Table entre *Aquæ Bormonis* et *Decetia*, savoir XXX, est manifestement excessif et quoiqu'on puisse supposer un coude dans cette route, pour aller joindre une branche de voie qui de *Tinconcium* conduit à *Decetia*; en passant, comme il est rapporté dans l'article *Tinconcium*, près de St-Pierre-le-Moutier, on ne saurait toutefois admettre que 20 et quelques lieues gauloises.» D'Anville. *Notice de l'ancienne Gaule*, p. 73.

AQUÆ BORVONIS (lat. 48°, long. 24°). « J'ai dit dans l'article précédent, qu'on a trouvé à Bourbone-les-Bains une inscription consacrée *Borvoni et Monæ deo*; et le nom de celui qui a fait graver l'inscription sur la pierre est *C. Latinius Romanus*. Je crois même voir le lieu représenté dans la Table théodosienne par un édifice carré, semblable à ceux qui y désignent les lieux distingués par des eaux minérales, quoique le nom de celui-ci soit omis. Mais il est lié à la voie romaine qui conduisait de Langres à Toul, par *Mosa*, Meuvi, et par *Novimagus*, Neufchâteau. La disposition actuelle des lieux fait même juger que les *Aquæ Borvonis* tiennent immédiatement à la position de *Mosa*, plutôt qu'à celle de *Novimagus*, quoique le contraire paraisse dans la manière dont ces lieux sont rangés par la Table, qui n'est pas nette à cet égard. De ce que je viens d'exposer concernant Bourbone, il résulte que ce lieu est plus ancien que le château qu'Aimoin dit y avoir été construit, *Vervona Castrum ædificari cœptum*, du temps que Thierri et Théodebert, l'un et l'autre fils de Childebert II, régnaient en Bourgogne et en Austrasie.» D'Anville. *Notice de l'ancienne Gaule*, p. 75.

AQUÆ CALIDÆ (lat. 47°, long. 22°). «La Table en représente la position par l'édifice qui y sert de distinction aux lieux où sont les eaux minérales; et celui-ci est placé sur une route qui part de Clermont, et qui après avoir passé par *Aquæ Calidæ*, communique à *Rodumna*, ou Rouanne, en circulant par des lieux nommés *Vorogium* et *Ariolica*. On peut consulter l'article *Vorogium*, pour être assuré que ce lieu, appelé actuellement Vouroux, est à l'égard de Vichi, dont les eaux sont assez connues, dans la distance la plus convenable à l'indication que donne la Table entre *Aquæ Calidæ* et *Vorogium*. L'omission de la distance entre *Augustonemetum* et *Aquæ Calidæ* dans la Table nous met hors d'état de juger également par cet endroit de la convenance d'*Aquæ Calidæ* à la position de Vichi. Mais elle est assez solidement établie par d'autres circonstances, pour n'avoir pas besoin du concours de celle-là. M. de Valois, p. 47, confond ces *Aquæ Calidæ* de la Table avec les *Calentes Aquæ*, dont Sidoine Apollinaire fait mention, et qui se rapportent à Chaudes-Aigues dans la haute Auvergne.» D'Anville. *Notice de l'ancienne Gaule*, p. 75.

AQUÆ CONVENARUM (lat. 44°, long. 18°). « L'Itinéraire d'Antonin en fait mention sur la voie qu'il décrit *ab Aquis Tarbellicis Tolosam*, en deçà de *Lugdunum des Convenæ*. L'indication de la distance à l'égard de *Lugdunum*, savoir XVI, est trop forte pour ce qu'il y a d'espace entre les eaux de Capbern et St-Bertrand de Cominge, qui tient la place de *Lugdunum*, cet espace ne pouvant admettre en mesure itinéraire que 11 à 12 lieues gauloises. Je remarque que la distance sur le pied de 16 conviendrait à Baguères : mais les eaux de Bagnères sont trop dans l'intérieur de la Bigorre, pour avoir appartenu aux *Convenæ*; et, quoique Capbern paraisse actuellement un diocèse de Tarbe, sa situation dans un canton séparé de la Bigorre, et qui pénètre dans le pays de Cominge sur le nom de Nébousan, met ce lieu fort à portée des anciens *Convenæ*. Voyez encore sur les *Aquæ Convenarum* l'article *Casinomagus*. Strabon (lib. IV, p. 190) fait mention des bains des *Convenæ*; mais la leçon du texte, τῶν Ὀσμενιῶν Θερμά, a paru suspecte à Casaubon ; et M. de Valois substitue à cette leçon, τὰ Κονουηνῶν Θερμά.» D'Anville. *Notice de l'ancienne Gaule*, p. 76.

AQUÆ HELVETICÆ (lat. 48°, long. 27°). « On voit par des inscriptions trouvées en Suisse, sur le Limat, au-dessous de Zurich, existait du temps des Romains sous le nom que le terme tudesque de Baden exprime aujourd'hui. Une de ces inscriptions en l'honneur de Marc Aurèle finit par ces mots, RESP. AQ. (Respublica Aquensis). C'est vraisemblablement au même lieu qu'il faut rapporter ce que dit Tacite (*Histor.*, 1, sect. 67), en parlant des excès que commirent les troupes de Cécina : *Direptus longa pace in modum municipii locus, amœno salubrium aquarum usu frequens*.» D'Anville. *Notice de l'ancienne Gaule*, p. 76.

AQUÆ NERÆ (lat. 47°, long. 21°). «Quoiqu'on lise *Aquæ Neri* dans la Table théodosienne, il paraît plus convenable d'écrire *Aquæ Neræ*. Le nom du lieu est Néris, comme au pluriel, et ce lieu est appelé par Grégoire de Tours *Vicus Nereensis*. La Table place *Aquæ Neræ* entre *Mediolanum*, qui est Château-Meillan en Berri, et *Cantilia*, ou Chantelle. La distance de *Mediolanum*, marquée XII, est trop courte, parce que l'espace entre Château-Meillan et Néris demande au moins 18 lieues gauloises. L'indication de Néris à *Cantilia*, savoir XV, peut s'accorder à la position de Chantelle-la-Vieille, moins éloignée que Chantel-le-Châtel. Une inscription qu'on a déterrée à Alichamps-sur-le-Cher, au-dessous de St-Amand, marque la distance de ce lieu à l'égard de Bourges, AVAR. (*Avaricum*) L. XIII, et à l'égard de Néris, NER. L. XXV. Ainsi c'est 39 entre Bourges et Néris. Or l'espace intermédiaire peut s'estimer à peu près de 44,000 toises, et le calcul de 39 lieues gauloises est de 44,226. Comme le montant de ce calcul n'ajoute pas considérablement à la mesure directe, ou pourrait soupçonner que dans le compte des lieues que donne l'inscription, quelques fractions ont été négligées.» D'Anville. *Notice de l'ancienne Gaule*, p. 77.

AQUÆ NISINEII (lat. 47°, long. 22°). «Dans la Table théodosienne, ce lieu se distingue par l'édifice carré, qui désigne les lieux qui ont des eaux minérales ; et il se trouve placé entre *Degena* (ou *Decetia*), Decise, et *Augustodunum*, Autun. Les bains de Bourbon-Lanci, et ce qui y a longtemps subsisté de bâtiments romains, qui servaient à les décorer comme à les rendre commodes, ne permettent pas de méconnaître la position d'*Aquæ Nisineii*. Le défaut de la distance à l'égard de Decise, qui demande XVII au lieu de XIII, que l'on trouve dans la Table, se trouve corrigé par compensation avec une autre distance, comme on peut voir dans l'article *Decetia*. Ce que la Table marque entre *Aquæ Nisineii* et un lieu nommé Boxum, en tendant à Autun, savoir XXII, quoiqu'un peu fort d'indication, peut néanmoins paraître convenable, vu la disposition du local qui est très-inégal, et le coude que faisait cette route en joignant la rivière d'Arrou, qui descend d'Autun. On croit qu'il en est du surnom qui sert à distinguer Bourbon-Lanci, comme de celui qui distingue Bourbon-l'Archambaut, et que c'est le nom d'un seigneur d'un côté comme de l'autre; *Ancellus*, ou Anceau, à Bourbon-Lanci, de même qu'*Erchenbaldus* à Bourbon, qui est surnommé l'Archambaut.» D'Anville. *Notice de l'ancienne Gaule*, p. 77. —V. St-Honoré, *Nièvre*.

AQUÆ SEGESTE (lat. 49°, long. 21°). «La Table théodosienne trace une voie qui conduit de *Genabum* ou Orléans à *Agedincum* ou Sens, en figurant sur cette voie l'édifice, dont elle distingue les lieux recommandables par des eaux minérales, et le nom de celui-ci est *Aquæ Segeste*. Sa distance de *Genabum* est coupée en deux, par une position de *Fines*; et entre *Genabum* et *Fines*, la Table marque XV; de *Fines* à *Aquæ Segeste*, l'indication paraît XXII, et elle est répétée de même entre *Aquæ Segeste* et *Agedincum*. J'ai eu une première opinion sur cette position, croyant pouvoir la rapporter aux vestiges d'un lieu entre Châtillon-sur-Loin et Montargis, et dont on fit la découverte en creusant le canal de Briare l'an 1608, selon le P. Morin, historien du Gatinais (p. 51), qui fait mention entre ces vestiges d'un lavoir en mosaïque, et on sait que c'était un ornement particulier aux bains chez les Romains. Il est constant que ce que marque la Table, savoir XV, entre *Genabum* et *Fines*, en prenant la direction de la voie d'Orléans à Sens, conduit précisément aux confins du diocèse d'Orléans, vers le lieu nommé Suri-aux-Bois, limitrophe du diocèse de Sens : l'espace actuel d'environ 17,000 toises répond au calcul de 15 lieues gauloises ; mais en passant au delà, ce qu'il y a de distance depuis cette lisière des deux diocèses jusqu'au lieu nommé Montboui, où les vestiges d'antiquités dont je viens de parler ont été trouvés, ne remplit pas l'indication de la Table sur le pied de XXII; elle n'admet qu'environ XVII, et la méprise dans le chiffre romain entre V et X, est assez fréquente dans les nombres que donnent les Itinéraires. Je vois même qu'à partir de *Fines* l'espace entier jusqu'à Sens n'étant que d'environ 38,000 toises, le compte de 44 lieues gauloises que les indications de la Table paraissent donner, doit être réduit à 34, en substituant XVII à XXII dans l'une et l'autre distance qui partagent l'intervalle de *Fines* à *Agedincum*. Je suis redevable à M. Dupré de St-Maur, de l'Académie française, et qui a beaucoup étudié notre ancienne Gaule, de m'avoir fait jeter les yeux sur Ferrières, où il y a encore actuellement des eaux minérales, dont la qualité regimbeuse a pu donner lieu au nom actuel. En tirant sur la carte du diocèse de Sens, levée par M. Outhier, une ligne, qui du point convenable à la position de *Fines* tend à Sens, cette ligne passe par Ferrières. C'est une circonstance qui n'est pas également favorable à un autre lieu, qui dérange considérablement la voie de sa direction. J'ajoute que Ferrières se trouvant à une distance égale (à peu de chose près en rigueur) de *Fines* et d'*Agedincum*, cette situation se rapporte précisément au moyen de correction par lequel la Table doit être rectifiée, comme je viens de le remarquer. Donc, la position de Ferrières nous représente celle d'*Aquæ Segeste*.» D'Anville. *Notice de l'ancienne Gaule*, p. 78.

AQUÆ SEGETE (lat. 46°, long. 22°). « La Table théodosienne les représente par l'édifice qui y désigne les eaux minérales, et c'est dans l'intervalle du *Forum Segusianorum* et d'un lieu nommé Icidmagus, qu'est Issinhaux, dans le Vellai que celles-ci sont placées. La distance paraît indiquée VIIII entre *Aquæ Segete* et le *Forum*, et XVII entre *Icidmagus* et *Aquæ Segete*. Or ce qu'il y a d'espace en ligne directe de Feur ou du *Forum Segusianorum* à Issinhaux, étant estimé d'environ 35,000 toises, ce qui renferme 31 lieues gauloises, il faut conclure qu'il y a quelque défaut dans les nombres de la Table, dont la somme n'est que de 26 : et je conjecture qu'il convient de lire XIIII, au lieu de VIIII, entre le *Forum* et *Aquæ Segete*, dont la position me paraît tomber sur un lieu nommé Aissumin, à la rive droite de la Loire. La distance dont ce lieu s'écarte de Feur peut s'évaluer à environ 16,000 toises, et le calcul rigoureux de 14 lieues gauloises, savoir 15,876, est, à peu de chose près, conforme à l'indication corrigée par le nombre XIIII. » D'Anville. *Notice de l'ancienne Gaule*, p. 80.

AQUÆ SEXTIÆ (lat. 44°, long. 24°). «On sait que C. Sextius Calvinus ayant vaincu les Salyes, construisit une ville près du lieu où il avait remporté cette victoire : *Victa Saluviorum gente, coloniam Aquas Sextias condidit, ab aquarum copia, et calidis et frigidis fontibus, atque a nomine suo, ita appellatas*; comme on lit dans le sommaire du livre LXI de Tite Live. Dans Solin : *Aquas Sextias, quondam hiberna consulis, postea excultas mœnibus*. Quoique Sidoine Apollinaire appelle ces eaux *Sextias Baias*, cependant Solin remarque qu'elles avaient perdu de leur qualité; *nec jam pures esse fama priori*. Deux victoires ont illustré cette ville, selon Sidoine ; *duo consulum tropæa*. Car à la victoire remportée par Sextius succéda, environ vingt ans après, celle que Marius remporta sur les Ambrons et les Teutons ; et on croit que le champ de bataille fut près de la rivière de Lar (Laris et non pas pas Larc), sur la droite en remontant, à environ quatre lieues au-dessus d'Aix. Strabon, Pline, Ptolémée, font mention d'*Aquæ Sextiæ*. Cette colonie avait pris un nom emprunté d'Auguste à celui de son fondateur, comme une inscription donnée par Scaliger, COL. IVL, AQUIS SEXTIS, le témoigne. Pline (lib. III, cap. 4), qui, dans l'énumération des villes de la Narbonaise, distingue celles qui jouissaient du droit latin, *oppida Latina*, d'avec les colonies, range *Aquæ Sextiæ* dans le nombre des premières; et il est de même de plusieurs autres villes, que l'on connaît néanmoins avoir été colonies aussi bien qu'Aix. La formation d'une seconde Narbonaise fit monter *Aquæ Sextiæ* au rang de métropole. Une voie romaine d'Aix à Marseille, qui n'est point marquée dans les Itinéraires, nous est indiquée par la dénomination de Septème, que conserve sur cette voie un lieu distant de Marseille de 5 à 6,000 toises, ce qui répond assez bien à 7 milles romains, dont le calcul est d'environ 5,300 toises. Cette distance était donc comptée de Marseille ; et en effet, c'est jusqu'à Septème inclusivement que s'étend le diocèse de Marseille, en confinant à celui d'Aix. On peut estimer, qu'entre Aix et Septème le compte des milles était XI. Ainsi la distance d'Aix à Marseille donnait lieu de compter 18. Cette distance se trouve fixée en droite ligne, à 1,300 et quelques centaines de toises, et le calcul de ce nombre de milles romains est de 13,600. D'Anville. *Notice de l'ancienne Gaule*, p. 81.

AQUÆ SICCÆ (lat. 44°, long. 19°). « Ce lieu est placé dans l'Itinéraire d'Antonin entre *Calagorris* et *Vernosole*, et sur une route qui conduit à Toulouse, de cette manière : *Aquis Siccis* XVI, *Vernosole* XV, *Tolosa* XV. Dans l'application que plusieurs savants, M. de Valois, M. Wesseling, ont faite d'*Aquæ Siccæ* au lieu qui se nomme Seiches, où n'a point remarqué que ce lieu, peu distant de Toulouse, est plus près de cette ville que celui dont le nom de Vernose représente *Vernosol*. Ainsi en supposant qu'*Aquæ Siccæ* est Seiches, il y a une transposition à opérer dans l'Itinéraire. L'une ou l'autre des distances que marque cet Itinéraire entre *Calagorris* et *Aquæ Siccæ* ou entre *Aquæ Siccæ* et *Vernosol*, suffisant à ce qu'il y a d'espace entre Cazères, à qui est *Calagorris*, et Vernose, cet espace n'admet point de position intermédiaire. J'ajoute que la distance par laquelle l'Itinéraire termine cette route, savoir de *Vernosol* à Toulouse, s'adapte à ce qu'il y a d'espace entre Vernose et Toulouse. Or, de ces circonstances locales, il résulte qu'indépendamment de la transposition d'*Aquæ Siccæ*, il y a une distance à supprimer dans l'Itinéraire, et qu'au lieu de trois on n'en peut admettre que deux, savoir de *Calagorris* à *Vernosol*, et de *Vernosol* à Toulouse, à moins qu'on n'aime mieux diviser la dernière en deux parties, à compter l'une et l'autre de l'emplacement qui convient à *Aquæ Siccæ* dans cet espace.» D'Anville. *Notice sur la Gaule*, p. 81.

AQUENSIS VICUS (lat. 44°, long. 18°). « Plusieurs inscriptions trouvées à Bagnères font connaître que ce lieu existait sous les Romains, et les habitants sont nommés *Aquenses*. Oihenart rapporte une de ces inscriptions, qui désigne précisément les bains qui ont donné le nom à Bagnères : *Nymphis pro salute sua*.» D'Anville. *Notice de l'ancienne Gaule*, p. 82.

AQUILIN (St-), vg. Dordogne (Périgord), arr. à 17 k. de Ribérac, cant. et ⊠ de Neuvic. Pop. 1,028 h.

AQUILIN (St-), vg. Orne (Normandie), arr. à 16 k. de Mortagne, cant. et ⊠ de Moulins-la-Marche. Pop. 307 h.

AQUILIN-D'AUGERON. V. ACQUILIN (St-).
AQUILIN-DE-PACY. V. ACQUILIN (St-).

AQUITAINE, *Aquitania*, l'une des quatre grandes divisions de la Gaule sous César, d'où sont sorties les 3 provinces connues sous le nom de : 1re AQUITAINE, 12e des 17 provinces de la Gaule, comprenant le Berri, le Nivernais (en partie), le Bourbonnais, la Marche, le Limousin, l'Auvergne, le Rouergue, l'Albigeois, le Querçy, le Gévaudan, le Velay ; — 2e AQUITAINE, 13e des 17 provinces de la Gaule, comprenant le Poitou, la Saintonge, l'Aunis, le Périgord, l'Agénois, l'Angoumois, le Bordelais ; — 3e AQUITAINE, ou NOVEMPOPULANIE, 14e des 17 provinces de la Gaule, comprenant la Gascogne, le Bazadais, le Condomois, le Lomagne, l'Armagnac, le Comminges, le Couserans, le Bigorre, le comté de Foix (en partie), le Béarn, les Landes, le Marsan, le Tursan, le Goberdan, le Labour, le pays de Soule, et la basse Navarre.

Plus tard, l'Aquitaine fut divisée en 3 provinces, comprenant : la 1re, le Berri, le Limousin, le Bourbonnais, l'Auvergne et le Velay ; Bourges en était la capitale. — La 2e, la Guienne (formée du Querçy, du Rouergue, de l'Armagnac, du Bigorre, du Bordelais, du Périgord, de l'Agénois, du Condomois, du Bazadais, du pays de Labour), la Saintonge, l'Angoumois, l'Aunis, le Poitou ; Bordeaux en était la capitale. — La 3e, la Novempopulanie (formée de la Gascogne, du Béarn et du Comminges) ; Eause en était la capitale.

Les Aquitains ont été l'un des peuples de la Gaule qui ont fait payer le plus chèrement aux Romains la conquête de leur territoire ; ils auraient pu disputer longtemps leur liberté à la grande nation, si la politique romaine ne les eût divisés pour les vaincre. Crassus, lieutenant de César, acheva de les réduire en 698 de Rome (57 ans avant J.-C.). Lors de la décadence de l'empire romain, sous Honorius, les Visigoths s'emparèrent des trois Aquitaines, qui leur furent enlevées par les Français après la bataille de Vouclade. Les peuples se révoltèrent plusieurs fois contre leurs nouveaux maîtres, et se choisirent des ducs ; mais ils furent soumis par les armes dans le vie siècle. Les Gascons, originaires de Biscaye et de Navarre, traversèrent les Pyrénées et s'avancèrent peu à peu dans la Novempopulanie, dont ils s'emparèrent malgré les efforts des rois de France. Ils se choisirent un duc, qui fut, à la fin, obligé de faire hommage aux princes français, ainsi que les ducs du reste de l'Aquitaine, qui conservaient la qualité de ducs d'Aquitaine. Ces ducs, voulant essayer de secouer le joug sous Charles Martel, les Sarrasins profitèrent de leurs divisions et ravagèrent, en peu de temps, toutes ces contrées, qui leur seraient restées s'ils n'avaient été défaits près de Tours par Charles Martel et par Eudes, duc d'Aquitaine, qui, dans ce pressant besoin, s'était raccommodé avec lui. Charlemagne soumit l'Aquitaine à l'autorité des Austrasiens, et donna le royaume d'Aquitaine à son fils Louis le Débonnaire, couronné roi en 781. Ce royaume se composait de la 1re et 2e Aquitaine, de la plus grande partie de la Novempopulanie, de la Septimanie et des marches d'Espagne ; Toulouse en était la capitale. Louis le Débonnaire donna l'Aquitaine à son fils Pépin Ier, qui fut remplacé en 838 par son frère Charles le Chauve. A ce dernier succédèrent Pépin II et Louis le Bègue, qui fut le dernier roi d'Aquitaine. Louis le Bègue, étant devenu roi de France en 877, réunit l'Aquitaine à la France. — Plus tard, les provinces qui avaient composé l'Aquitaine furent gouvernées par des officiers. Sous leur administration, les Normands les ravagèrent et en détruisirent la plupart des villes ; dans la suite, la faiblesse des rois de la deuxième race donna occasion à ces gouverneurs de s'emparer chacun de leur province, et alors l'Aquitaine fut partagée en plusieurs petits États, dont les deux plus considérables furent le duché d'Aquitaine et le duché de Gascogne : le premier comprenait les provinces septentrionales, et le duché de Gascogne comprenait les provinces méridionales. Ces deux duchés furent réunis au seul duché d'Aquitaine, par Geoffroy-Guy, duc de Gascogne, qui succéda à son frère Guillaume V, duc d'Aquitaine ; et toutes les provinces passèrent aux Anglais par le mariage d'Éléonore, fille du dernier duc d'Aquitaine (répudiée par Louis le Jeune, roi de France), avec Henri II, roi d'Angleterre. Elles ont appartenu aux Anglais jusqu'au règne de Charles VII, qui les en a chassés ; et qui a réuni toutes ces provinces à la couronne. Ce nom d'Aquitaine n'est plus en usage ou lui a substitué celui de Guienne, que porte une partie de l'ancienne Aquitaine.

Bibliographie. V. GUIENNE.

AQUITANI, peuple de l'Aquitaine.
ARABAUX, vg. *Ariège* (province de Foix), arr., cant., ✉ et à 3 k. de Foix. Pop. 167 h.

ARÆGENUS, postea BAJOCASSES (lat. 50°, long. 17°). « Cette position est figurée, comme celle de plusieurs capitales, dans la Table théodosienne, et on la trouve écrit *Aræegenus*. Il y a une affinité si marquée entre la dénomination d'*Aræegenus* et celle d'*Argenus*, qui est propre à une rivière dans Ptolémée, qu'il me paraît indispensable de reconnaître la liaison entre la dénomination d'*Aræegenus* et la rivière d'*Argenus*. On peut voir dans l'article *Argenus Fluvius*, que l'embouchure de cette rivière, qui précède immédiatement celle de l'*Olina*, ou la rivière d'Orne, en rangeant la côte d'occident en orient, selon la description de Ptolémée, ne saurait être à l'enfoncement de mer qui reçoit la rivière d'Aure unie à la rivière de Vire, et ce n'est point donner lieu à la conjecture, que de voir le nom de la rivière d'Aure dans ce qui compose le nom d'*Aræ-Genus*. Combien peut-on citer de noms actuels qui conservent moins de ressemblance à ceux dont il est incontestable qu'ils dérivent ? Or, s'il y a quelque ville capitale qui tienne à la rivière d'Aure, c'est celle de Baïeux : d'où il résulte que la position d'*Aræegenus* doit être celle de Baïeux. Cette position, dans la Table, se trouve sur une route qui vient de l'intérieur du Cotantin ; et le vice d'une indication de distance, qui paraît XXIIII à l'égard du lieu nommé *Augustodurus*, ou du passage de la Vire, est l'unique apparence de difficulté qui puisse servir de prétexte pour ne pas reconnaître Baïeux dans *Aræegenus*. Mais les indications que donnent les anciens Itinéraires n'étant pas toujours d'accord avec le local, comme on ne saurait se dispenser d'en convenir, il est plus aisé de voir le défaut de celle-ci ; que de désunir la ville d'*Aræegenus* de la rivière qui porte le même nom. La manière dont l'indication est inscrite sur la table, qui est ainsi X | XIIII, divisée par la trace de la route, donne lieu de soupçonner que ce trait partageait le nombre, et que la distance réelle ne la demande que simple. C'est donc ici un de ces cas dont l'on ne voudrait rencontrer en aucun endroit des Itinéraires, et où il est bien forcé d'y déroger. Il est arrivé à la capitale des *Bajocasses*, comme à beaucoup d'autres, de perdre son nom primitif, pour que celui du peuple en prit la place. Le nom de *Bajocasses* est employé, comme celui d'une ville, dans ce vers d'Ausone :

Tu Bojocassis stirpe druidarum satus.

Et *Civitas Bajocassium* se trouve dans la Notice des provinces de la Gaule. On a, par contraction *Bajocæ*, et la *Notice* de l'empire fait mention de *Bajocas*. Sanson transporte à Baïeux le nom de *Juliobona*, qui appartient à la capitale des *Caleti* ; et il faut que son opinion ait été adoptée par quelques personnes qui, faute d'examen dans ces matières, n'ont dit que Baïeux était *Juliobona*. C'est la preuve d'un grand désordre de positions dans l'ancienne Gaule. » D'Anville. *Notice de l'ancienne Gaule*, p. 82.

ARAGNOUET, vg. *H.-Pyrénées* (Gascogne), arr. et à 55 k. de Bagnères-de-Bigorre, cant. de Vielle, près de la Nesle d'Aure, ✉ d'Arreau. Pop. 460 h. — A 2 k. de ce village, on voit un de ces spectacles qui n'appartiennent qu'aux régions montagneuses. Une rivière se précipite, avec fracas d'une élévation de plus de 300 m. ; c'est la cascade de Couplan : les eaux blanchissantes de cette cascade, l'écharpe diaprée et mobile qui l'accompagne, le sombre feuillage des sapins, la fraîche verdure des plantes et des arbustes voisins, toujours humectés par une rosée abondante, l'aspect sauvage de tous les objets environnants, concourent à répandre un charme inexprimable sur cette belle scène.

ARAGON, vg. *Aude* (Languedoc), arr., ✉ et à 12 k. de Carcassonne, capt. d'Alzonne. Pop. 704 h. — Il est situé au pied de la Montagne-Noire, sur le Trapel, et possédait autrefois un château qui fut pris en 1575 par les religionnaires, et que Turenne prit de nouveau en 1580. Ce château existe encore, et est toujours resté dans la famille d'Aragon.

ARAILLE (St.-), vg. *Ariège* (Comminges), arr. et à 6 k. de St-Girons, cant. et ✉ de St-Lizier. Pop. 719 h.

ARAILLE (St.-), vg. *H.-Garonne* (Languedoc), arr. et à 29 k. de Muret, cant. du Fousseret, ✉ de Martres. Pop. 308 h.

ARAILLES (St.-), vg. *Gers* (Armagnac),

arr. et à 20 k. d'Auch, cant. et ⊠ de Vic-Fezensac. Pop. 454 h.

ARA LUGDUNENSIS (lat. 46°, long. 23°). « Cet autel fut consacré à Auguste, par le concours de 60 cités de la Gaule, l'an de Rome 742, la dixième année avant l'ère chrétienne, sur la pointe de terre formée par le confluent du Rhône et de la Saône, et qui dans les écrits du moyen âge est appelée *Atanacum*, la pointe d'Ainai. Il faut être prévenu que Lion dans sa fondation bordait le rivage droit de la Saône, et n'occupait point comme aujourd'hui l'espace renfermé entre les deux rivières. On lit dans une inscription rapportée par Gruter : *Romæ et Aug. ad Aram de confluentibus Araris et Rhodani*. Caligula institua des jeux en ce lieu-là, une dispute d'éloquence grecque et latine entre les rhéteurs. C'est à quoi Juvénal fait allusion (Satyra 1, lib. 54) :

Aut Lugdunensem rhetor dicturus ad Aram.

Dion Cassius dit que de son temps, deux siècles après Auguste, l'autel et les honneurs rendus à cet empereur subsistaient encore. » D'Anville. *Notice de l'ancienne Gaule*, p. 84.

ARAMITZ, vg. *B.-Pyrénées* (Béarn), chef-l. de cant., arr. et à 15 k. d'Oloron. ⊠. A 810 k. de Paris pour la taxe des lettres. Pop. 1,305 h. — TERRAIN crétacé inférieur. — Sur la petite rivière du Vert, on y voit plusieurs maisons anciennes fort curieuses qui méritent que l'on veille au soin de leur conservation. — *Foires* de 2 jours les 20 mars et 20 oct.

ARAMON, bg *Gard* (Languedoc), chef-l. de cant., arr. et à 29 k. de Nîmes. Cure. ⊠. Pop. 2,721 h. — TERRAIN tertiaire moyen, voisin du terrain crétacé inférieur. — Autrefois baronnie, bureau des cinq grosses fermes, couvent de récollets.

Les armes d'Aramon sont : *d'argent à une montagne de sinople ayant au sommet un autel antique d'azur sur lequel est une flamme de gueules.*

Ce bourg est sur la rive droite du Rhône, dans une contrée délicieuse, abondante en toute sorte de fruits, et surtout en excellentes olives. — Aux environs est la source d'eau minérale de Monifrin. — *Fabriques* de salpêtre, de cordages et de poterie de terre. — *Foires* le 11 nov. et le jeudi après l'Ascension.

ARAN (Val d'), vallée du dép. de la *H.-Garonne*, arr. de St.-Gaudens. Elle commence à St-Béat et se prolonge jusqu'aux frontières d'Espagne ; c'est à proprement parler la continuation de la vallée de la Garonne, qui prend au-dessus de St-Béat le nom de *Val d'Aran*. En temps de guerre avec l'Espagne, c'est une position militaire qu'occupent ordinairement les troupes françaises. Trois bourgs : Viella, Salardu et Bosost, vingt-sept villages et deux hameaux, sont dispersés dans le Val d'Aran, dont la population est d'environ 13,000 habitants. Avant la révolution, cette vallée dépendait pour le spirituel de l'évêché de Comminges. Napoléon la réunit à la France en 1812, par décret impérial du 12 janvier.

ARAN (l'), petite rivière qui prend sa source au-dessus de la Bastide-de-Clairence, *B.-Pyrénées*, et qui se jette dans l'Adour, près d'Urt, à 12 k. de Bayonne, après un cours d'environ 24 k. : elle est navigable au moyen de la marée, depuis le Moulin-Neuf jusqu'à son embouchure.

ARANC, vg. *Ain* (Bresse), arr. et à 34 k. de Belley, cant. d'Hauteville, ⊠ de St-Rambert. Pop. 1,111 h.

ARANCE, vg. *B.-Pyrénées* (Béarn), arr. et à 15 k. d'Orthez, cant. de Lagor, près du Gave de Pau, ⊠ d'Artix. Pop. 490 h.

ARANCOU, vg. *B.-Pyrénées* (Gascogne), arr. et à 42 k. de Bayonne, cant. et ⊠ de Bidache. Pop. 334 h.

ARANDAX, vg. *Ain* (Bourgogne), arr. et à 27 k. de Belley, cant. et ⊠ de St-Rambert. Pop. 1,210 h.

ARANDON, vg. *Isère* (Dauphiné), arr. et à 16 k. de la Tour-du-Pin, 25 k. de Bourgoin, cant. et ⊠ de Moustel. Pop. 538 h. — *Foire* le 14 sept.

ARANVIELLE, vg. *H.-Pyrénées* cant. de Loudenvielle, ⊠ d'Arreau. Près de la Nesle de Lauron.

ARANJUZON, vg. *B.-Pyrénées* (Bigorre), arr. et à 16 k. d'Orthez, cant. et ⊠ de Navarrens, près du Gave d'Oloron. Pop. 524 h.

ARA UBIORUM (lat. 51°, long. 25°). « C'est une position sur laquelle les savants sont partagés, les uns voulant la rapporter à Bonn, les autres à Cologne. Il est mention de l'autel des Ubii avant la fondation d'Agrippina sous l'empire de Claude ; et ceux qui tiennent pour cette colonie prétendent qu'elle n'a point été fondée ailleurs que dans l'endroit où les Ubii pratiquaient leurs cérémonies religieuses. D'un autre côté, on voit, en rapprochant divers endroits de Tacite (*Annal.*, 1, sect. 39, et *Hist.*, IV, sect. 19 et 25), que la première légion ayant son quartier *apud Aram Ubiorum*, cette même légion *Bonnam obtinebat* ; autrement, *Bonnam hiberna legionis primæ*. Ce témoignage, fourni par Tacite, me paraît l'emporter sur une simple présomption, quoiqu'elle semble favorisée par une critique habile, tel que Juste Lipse ; car si les époques ne sont pas les mêmes dans Tacite, vu le temps écoulé depuis. Germanicus et le commencement du règne de Tibère jusqu'à Vespasien ; les quartiers des légions paraissent avoir été permanents en quelques lieux, puisqu'ils ont donné des noms, ou des surnoms à des positions fixes, comme on peut en alléguer des exemples, et spécialement dans la Germanie des Gaules, en citant *Tricesimæ*, lieu adhérant à *Vetera*. Ce que Tacite dit de *Vindonissa* (*Hist.*, VI, sect. 61 et 70), en y plaçant la vingt et unième légion, une inscription trouvée sur ce lieu le dit également. On ne saurait ignorer, que *legio septima gemina*, établie dans l'ancienne contrée des *Astures*, a fait sa dénomination que conserve en Espagne la ville de Léon ; un moyen qu'on peut employer à la recherche du lieu en question se tire de Tacite, savoir, que le camp romain à *Vetera* était à l'égard de l'autel des Ubii, où résidait Germanicus, *ad sexagesimum lapidem*. Si, pour opter ici entre la lieue gauloise et le mille romain sur cette distance, on s'en rapporte à celles qu'indiquent les Itinéraires, en suivant la voie qui faisait la communication des places établies sur le Rhin, on donnera sans difficulté la préférence à la lieue gauloise ; et la comparaison qui est faite de ces distances avec le local en plusieurs articles concernant ces différentes places, est propre à le démontrer. Or, en remontant de *Vetera* le long de la voie, dont la trace est connue, on ne compte que 42 en arrivant à Cologne, mais environ 54 jusqu'à Bonn. Il y en aura même 57 en poussant jusqu'à un lieu dont il sera mention ci-après, et le *sexagesimus lapis* de Tacite paraît un compte rond, qui ne doit pas être pris en rigueur. Mais il est constant que, par la lieue gauloise, la position de Bonn, ou quelque autre en particulier dans les environs, conviendra mieux que Cologne. Je remarque au-dessus de Bonn un lieu éminent, distingué par le nom de Gots-Berg, comme qui dirait *divinus mons* ; et je pense qu'il en pourrait être de ce lieu de même que d'un autre qui existe dans la Souabe sous le nom de Heiligen-Berg, ou de *sacer mons* ; car, en suivant la trace d'une voie romaine, j'ai reconnu qu'une position dont le nom est *Arcæ Flaviæ*, convient précisément à ce lieu d'Heiligen-Berg ; et il y a dans ce rapport de quoi fortifier la conjecture sur le Gots-Berg, auprès de Bonn. L'opinion d'un professeur allemand (Eberhard Rau), qui a composé un ouvrage pour transporter l'autel des Ubii au delà du Rhin, ne m'a pas paru soutenue de preuves convaincantes. » D'Anville. *Notice de l'ancienne Gaule*, p. 84.

ARAR, fleuv. (lat. 48°, long. 24°). « César parle de cette rivière comme ayant son cours entre les *Ædui* et les *Sequani* (*Comment.*, 1), mais avec tant de lenteur, *ut oculis, in utram partem fluat, judicari non possit* ; ce qui a fait dire à Pline (lib. III, cap. 4), en parlant du Rhône, *segnem deferens Ararim*. On connaît des inscriptions qui font mention, *nautarum Araricorum* et *Rhodanicorum*. Le nom de Saône, que porte aujourd'hui cette rivière, n'est pas récent, puisqu'on le trouve dans Ammien Marcellin (lib. XV, cap. 11) ; *Ararim, quem Sauconnam appellant*. Que dire de Ptolémée, qui place la source de la Saône dans les Alpes proprement dites, à côté de celles de Doux et du Rhône, en à une hauteur moins élevée que celle de Lion ? Les positions de Ptolémée dans la Gaule doivent détromper ceux qui veulent tirer de ses Tables des inductions propres à déterminer la place qu'on doit assigner à certains lieux. » D'Anville. *Notice de l'ancienne Gaule*, p. 86.

ARAULES, vg. *H.-Loire* (Velay), arr., cant., ⊠ et à 11 k. d'Yssengeaux. P. 1,914 h. — On remarque sur son territoire, non loin du haut pic de Lizieux, les ruines de l'ancien château fort de Bonas, détruit en 1565. — Carrières de belles pierres de taille.

ARAURIS, fleuv. (lat. 44°, long. 22°). « Son nom est *Araura* dans Strabon (lib IV,

p. 182), qui en marque la source dans le mont *Cemmenus* (ou Cebenna). On lit dans Mela (lib. II, cap. 5), *ex Gebennis demissus Arauris, juxta Agatham.* Le nom d'Arauris se trouve aussi dans Pline (lib. III, cap. 4). Ptolémée marque l'embouchure de cette rivière entre celle de l'*Orobis*, et la position d'*Agathepolis*, ou d'*Agathæ*. Vibius Sequester (*De fluminib.*) désigne par le nom de *Cyrta* la rivière qui coule près d'Agde : *Cyrta Massiliensium, secundum Agatham urbem*, et M. de Valois (p. 35) conjecture ce nom peut avoir été donné par les Marseillais, fondateurs d'Agde, et désigner les replis du cours de cette rivière, *quasi incursum dixere*. Dans le moyen âge le nom a été altéré en celui d'*Eravus*, et il s'écrit communément Eraut. Je trouve *Fluvius Araur* dans un diplôme de l'empereur Louis le Débonnaire, en faveur du monastère d'Aniane, et dont la date est de l'an 837 (*Hist. de Lang.*, t. I, preuves, col. 71). Ainsi l'ancienne dénomination se maintenait dans le IX° siècle. » D'Anville. *Notice de l'ancienne Gaule*, p. 87.

ARAUSIO (lat. 45°, long. 23°). « Cette ville est nommée dans Strabon (lib. IV, p. 185), entre *Avenio* et *Aeria*, villes du territoire des *Cavares*. Je crois même qu'il en est mention en parlant d'une ville des *Cavares* enveloppée de rivières, comme on peut voir à l'article qui concerne *Cularo*, où M. de Valois transporte ce que renferme cet endroit de Strabon. Mela (lib. II, cap. 5), parlant des villes qui se distinguent par leur opulence dans la Narbonaise, y comprend *Secundanorum Arausio*. Pline (lib. III, cap. 4) cite *Arausio Secundanorum* au nombre des colonies. Ptolémée n'omet point cette ville entre celles des *Cavares*. Sa position se trouve dans l'Itinéraire de Bourdeaux à Jérusalem, et dans la Table théodosienne, où on lit *Arusione*, ainsi que dans l'Anonyme de Ravenne, qui paraît en beaucoup d'endroits ne faire autre chose que copier cette Table. Plusieurs savants ont cité une médaille de Néron, rapportée par Goltzius, et qui porte : col. *Arausio Secundanor*. On sait que ce surnom de *Secundanorum* désigne une milice romaine, comme celui de *Sextanorum* à Arles, de *Septemanorum* à *Bæterræ* ou Béziers. Orange conserve, de plus que la plupart des villes du même temps, un grand vestige de la munificence de l'âge romain dans la Gaule, un arc de triomphe, des arènes. Dans la Notice des provinces de la Gaule, *Civitas Arausicorum* est de la Viennoise. Lorsque Arles, devenue métropole, a enlevé à la Viennoise une partie de son district, la cité d'Orange est entrée dans la province ecclésiastique d'Arles, et lui est même demeurée, nonobstant le démembrement qu'a souffert cette province, pour en former une nouvelle en faveur d'Avignon. » D'Anville. *Notice de l'ancienne Gaule*, p. 88.

ABAUX, vg. *B.-Pyrénées* (Béarn), arr. et à 17 k. d'Orthez, cant. et ⊠ de Navarrenx. Pop. 312 h.

ARBANATS, vg. *Gironde* (Guienne), arr.

et à 27 k. de Bordeaux, cant. et ⊠ de Podensac. Pop. 494 h. — Foire le 13 août.

ARBAS, vg. *H.-Garonne* (Gascogne), arr. et à 23 k. de St-Gaudens, cant. et ⊠ d'Aspect. Pop. 1,123 h. — Fabriques de sabots et de peignes. Mines de fer exploitées. Forges à la catalane. Verrerie.

ARBECEY, vg. *H.-Saône* (Franche-Comté), arr. et à 25 k. de Vesoul, cant. et ⊠ de Combeaufontaine. Pop. 976 h. — On reconnaît aux environs les restes d'une voie romaine.

ARBECHAN, vg. *Gers*, cant. de St-Jean-le Comtal, ⊠ d'Auch. Pop. 104 h.

ARBELAYS, vg. *Nièvre*, comm. de Charrin, ⊠ de Fours.

ARBELLARA, vg. *Corse*, arr. et à 10 k. de Sartène, cant. et ⊠ d'Olmeto. Pop. 311 h.

ARBENT, *Ain* (Bourgogne), arr. et à 20 k. de Nantua, cant. d'Oyonnax, ⊠ de Dortan. Pop. 971 h. — On trouve aux environs plusieurs restes d'antiquités. — *Fabrique* de bobines en bois. — *Foires* le 1er août, 29 oct., 1er lundi après l'Ascension.

ARBEOST, vg. *H.-Pyrénées* (Gascogne), arr., ⊠ et à 33 k. d'Argelès, cant. d'Aucun. Pop. 172 h. — Aux environs, forges et mines de plomb.

ARBERATS-SILLÈGUE, vg. *B.-Pyrénées* (Navarre), arr. et à 23 k. de Mauléon, cant., ⊠ et à 4 k. de St-Palais. Pop. 241 h. — Il a reçu le surnom de Sillègue en 1841, époque de la réunion à son territoire de celui de cette commune.

ARÈBRE, vg. *Ain*, cant. de Divonne, ⊠ de Gex.

ARBET, vg. *Puy-de-Dôme*, comm. et ⊠ de Clermont.

ARBIGNIEN, vg. *Ain* (Bourgogne), arr., cant., ⊠ et à 6 k. de Belley. Pop. 856 h. — Foires les 27 avril et 15 août.

ARBIGNY, vg. *Ain* (Bourgogne), arr. à 40 k. de Bourg, cant. et ⊠ de Pont-de-Vaux. Pop. 890 h.

ARBIGNY, vg. *H.-Marne* (Champagne), arr. et à 25 k. de Langres, cant. de Varennes, ⊠ du Fay-Billot. Pop. 676 h.

ARBIS, vg. *Gironde* (Guienne), arr. à 23 k. de La Réole, cant. de Cadillac. Pop. 338 h. — On y remarque le château de Benauge, le plus considérable de tout l'arrondissement, et le plus digne de fixer l'attention, par la forme de sa construction, par sa grandeur et son ancienneté. Ses ruines imposantes et ce qui reste de l'intérieur donnent une haute idée de sa beauté primitive. — Aux environs, on trouve une fontaine intermittente. — L'église paroissiale est un ancien édifice qui a été désigné par l'autorité locale comme étant susceptible d'être classé au nombre des monuments historiques.

ARBITRO, vg. *Corse*, arr., ⊠ et à 14 k. de Corte, cant. de Sermano. Pop. 195 h.

ARBLADE-LE-BAS, vg. *Gers* (Armagnac), arr. et à 56 k. de Mirande, cant. et ⊠ de Riscle. Pop. 219 h.

ARBLADE-LE-HAUT, vg. *Gers* (Armagnac), arr. et à 46 k. de Condom, cant. et ⊠ de Nogaro. Pop. 586 h.

ARBLAY. V. HERBLAY.

ARBOIS, *Arbosium*, jolie petite ville, *Jura* (Franche-Comté), chef-lieu de canton, arr. et à 8 k. de Poligny, 35 k. de Lons-le-Saulnier. Trib. de 1re inst. de l'arr. Collège comm. Cure. ⊠, ⚘. A 391 k. de Paris pour la taxe des lettres. Pop. 7,000 h. — TERRAIN jurassique, étage inférieur du système oolitique. — *Autrefois* bailliage et recette, deux prieurés, deux couvents d'hommes et trois de filles, commanderie de Malte.

Quelques auteurs prétendent que cette ville est l'*Arborosa* d'Ammien Marcellin. — Les collines qui l'environnent forment un vaste entonnoir très-évasé, au fond duquel la ville est située ; les premiers plans sont couverts de jardins et de potagers ; au-dessus sont de nombreux vignobles qui produisent des vins renommés. La ville, traversée par la grande route, est jolie, entourée de charmants paysages et de sites pittoresques ; elle n'offre pas de constructions remarquables sous le rapport architectural ; mais parmi ses bâtiments il s'en trouve beaucoup qui sont grands, propres et de belle apparence. — Arbois fut assiégée, en 1595, par une armée française aux ordres du duc de Biron ; la place n'était défendue que par une centaine de fantassins espagnols, ils arrêtèrent l'armée pendant quelques jours ; le canon ayant ouvert une brèche, la ville fut emportée d'assaut, et le brave Morel son commandant fait prisonnier. Biron, irrité d'une résistance qu'il aurait dû admirer, fit pendre Morel à un arbre qui existe encore et qu'on montre avec vénération.

Les sources de la Cuisance sont peu éloignées de la ville ; l'une d'elles sort d'une caverne dominée par les restes d'un vieux château fort nommé la *Madeleine*, qui fut longtemps la résidence de Mahaut d'Arbois, veuve d'Othon V.

Les armes d'Arbois sont : *d'azur à un pélican d'or becquetant sa poitrine sur ses petits élevés sur un nid d'or, avec des gouttes de sang de gueules.*

Biographie. Patrie du général en chef PICHEGRU, auquel une statue pédestre en bronze fut érigée à Arbois sous la restauration.

Du lieutenant général baron DELORT.

Du général N. DAVID.

Fabriques de papiers. Huileries. Tanneries. Pépinières. Martinets à fer. Scieries hydrauliques. Belle nitrière. — *Commerce* d'eau-de-vie, huile, fleurs, jardinage. Commerce considérable d'excellents vins blancs du territoire. Tous les vins d'Arbois sont bons, se transportent au loin, et sont particulièrement fort connus à Paris ; ils sont généralement blancs et faits avec du raisin blanc ; mais il en est une sorte infiniment supérieure au vin ordinaire, un vrai vin de liqueur, nommé vin de gelée, parce qu'il ne se fait effectivement qu'au commencement de l'hiver, ou sur la fin de l'automne, et souvent après les premières gelées. — *Foires* les 1ers mardis de fév., avril, juin, août, oct. déc. et dernier vendredi de sept.

ARBON, vg. *H.-Garonne* (Gascogne),

arr. et à 14 k. de St-Gaudens, cant. et ✉ d'Aspect. Pop. 349 h.

ARBONNE, vg. *B.-Pyrénées* (Labour), arr., ✉ et à 10 k. de Bayonne, cant. et ✉ d'Ustaritz. Pop. 715 h.

ARBONNE, vg. *Seine-et-Marne* (Gatinais), arr., cant. et à 17 k. de Melun, ✉ de Chailly. Pop. 204 h.

ARBOR FELIX (lat. 48°, long. 28°). « Quoique ce lieu paraisse avoir été séparé de l'Helvétie, comme une position de *Fines* entre *Vindonissa* et *Arbor Felix*, dans l'Itinéraire et dans la Table le fait connaître; et que la Notice de l'empire l'adjuge à la Rhétie, par la mention qu'elle fait d'*Arbore*, *sub dispositione ducis Rhœtiœ primœ et secundœ* : cependant la situation d'Arbon, qui est la dénomination actuelle, sur la rive citérieure du lac de Constance, m'engage à l'insérer ici. — Ammien Marcellin (lib. XXXI) en parle comme d'un camp romain : *Gratianus digressus per castra, quibus Felicis Arboris nomen est.* M. Wesseling cite la vie de saint Magnus, dans laquelle ce lieu est appelé *Castrum* et *Oppidum Arbonense.* Quant à la distance d'*Arbor Felix*, à l'égard du lieu de Fines mentionné ci-dessus, elle est marquée XX dans l'Itinéraire, XXI dans la Table, et je juge par le local que le mille convient mieux à cette distance, que la lieue gauloise. D'*Arbor* à *Brigantia*, XX également dans l'Itinéraire. Si l'on ne trouve que X dans la Table en cet intervalle, je présume que c'est par l'omission d'une distance particulière, et il me paraît que le terme de l'indication de X tombe sur Rheinek, au passage du Rhin, peu au-dessus de son entrée dans le lac de Constance. » D'Anville. *Notice de l'ancienne Gaule*, p. 88.

ARBORAS, joli village, *Hérault* (Languedoc), arr. et à 21 k. de Lodève, cant. et ✉ de Gignac. Pop. 153 h. — Il est bâti dans une situation charmante sur les accidents du terrain et le voisinage des montagnes, sur la route de Montpellier à Rodez, à 17 k. de Montpellier. On y voit un ancien château flanqué de deux tourelles, auquel on a ajouté plusieurs constructions modernes. — *Fabrique* de porcelaine tendre et de faïence dure, Ⓑ 1834, Ⓐ 1839.

ARBORI, vg. *Corse*, arr. à 44 k. d'Ajaccio, cant. et ✉ de Vico. Pop. 434 h.

ARBOSCELLO, vg. *Corse*, comm. de Bilia, ✉ de Sartène.

ARBOT, *Arbor*, vg. *H.-Marne* (Champagne), arr. et à 25 k. de Langres, cant. et ✉ d'Auberive-sur-l'Aube. Pop. 324 h.

ARBOUANS, vg. *Doubs* (Franche-Comté), arr., ✉ et à 3 k. de Montbéliard, cant. d'Audincourt. Pop. 142 h.

ARBOUCAVE, bg *Landes* (Gascogne), arr. et à 21 k. de St-Sever, cant. de Geaune, ✉ d'Arzacq. Pop. 394 h.

ARBOUET-SUSSANTE, vg. *B.-Pyrénées* (Navarre), arr. et à 24 k. de Mauléon, cant., ✉ et à 6 k. de St-Palais. Pop. 319 h. — Il a reçu le nom de Sussante en 1842, époque de la réunion à son territoire de celui de cette commune.

ARBOUIX, vg. *H.-Pyrénées* (Bigorre), arr., cant., ✉ et à 13 k. d'Argelès. Pop. 117 h.

ARBOUSES, vg. *Nièvre* (Nivernais), arr. et à 40 k. de Cosne, cant. de Premery, ✉ de Châteauneuf-Val-de-Bargis. Pop. 609 h.

ARBOUSSOLS, vg. *Pyrénées-Or.* (Roussillon), arr., ✉ et à 12 k. de Prades, ✉ de Sournia. Pop. 219 h.

ARBOUVILLE, vg. *Eure-et-Loir*, comm. de Rouvray-St-Denis, ✉ d'Angerville.

ARBOUVILLIERS, vg. *Seine-et-Oise*, comm. de Choisel, ✉ de Chevreuse.

ARBOUX, vg. *Gard*, comm. de Mondsgout, ✉ du Vigan.

ARBRES (les), vg. *Cantal*, comm. de Riom-ès-Montagne, ✉ de Bort.

ARBRES (les), vg. *Puy-de-Dôme*, comm. de Chapdes-de-Beaufort, ✉ de Pontgibaud.

ARBRESEC, *Ille-et-Vilaine* (Bretagne), arr. et à 28 k. de Vitré, cant. de Retiers, ✉ de la Guerche. Pop. 363 h.

ARBRESLE (l'), *Rhône*, petite ville, *Rhône* (Lyonnais), chef-l. de cant., arr. et à 19 k. de Lyon. Cure. ✉. A 440 k. de Paris pour la taxe des lettres. Pop. 1,584 h. — TERRAIN de transition sup. — Cette ville dominée par les ruines pittoresques d'un ancien château, est bâtie au confluent de la Brevanne et de la Tardine, petites rivières sujettes à de grands débordements. En 1715, le 17 septembre, elle fut totalement ensevelie sous les eaux, et détruite de fond en comble. Une quantité prodigieuse de décombres des villages supérieurs entraînés, par les eaux et les troncs nombreux des arbres déracinés, s'encombrèrent sous le pont de pierre de l'Arbresle, et les eaux, ne trouvant plus d'écoulement, s'étendirent avec une impétuosité terrible dans la ville. C'était la nuit : presque tous les habitants étaient endormis, et la majeure partie fut ensevelie sous les eaux. La plupart des maisons furent emportées, le pont fut détruit jusque dans ses fondements, et les édifices les plus solides éprouvèrent plus ou moins les ravages de ce fléau terrible. — Le terrain environnant est ingrat, et ne produit guère que du chanvre et du foin.

Les armes de l'**Arbresle** sont: *de gueules à un arbre de sinople aux racines d'or, entre des ailes d'argent.*

On doit visiter aux environs les importantes mines de cuivre de CHESSY et de ST-BEL. — *Fab.* de soieries et de toiles. Usines à zinc. Briqueteries et fabrique de poterie de terre. — *Commerce* de cuirs et de chanvre. — *Foires* pour la vente des cuirs les 9 mars (3 jours), 6 juillet (3 jours).

ARBRET (l'), vg. *Pas-de-Calais*, comm. de Bavincourt, ♦. A 175 k. de Paris pour la taxe des lettres.

ARBUISSONAS, vg. *Rhône* (Beaujolais), arr., cant., ✉ et à 10 k. de Villefranche. Pop. 248 h.

ARBUS, vg. *B.-Pyrénées* (Béarn), arr. et à 15 k. de Pau, cant. et ✉ de Lescar. Pop. 248 h.

ARBUSSOLS, vg. *Pyrénées-Or.* (Roussillon, arr., ✉ et à 12 k. de Prades, cant. de Sournia. Pop. 219 h.

ARC (l'), *Coenus*, rivière qui prend sa source à 4 k. au-dessous de St-Maximin, dép. du *Var*; elle passe non loin d'Aix, à St-Pons, se jette dans l'étang de Berre, à 2 k. de la ville de ce nom, après un cours d'environ 50 k. Cette rivière, dans le temps des pluies, grossit et roule ses eaux avec impétuosité, inondant souvent les campagnes, et portant le ravage jusque dans la ville d'Aix, qui se trouve pourtant dans une situation très-élevée au-dessus du niveau de la rivière. D'Aix à son embouchure, l'Arc ne reçoit que des torrents, qui tous ensemble ne fournissent pas 3 m. cubes, qui sont détournés pour l'arrosage, ou pour le service des moulins. — Sous les Romains, l'Arc fournissait un aqueduc considérable à la ville d'Astramela, dont les ruines subsistent encore à l'endroit connu aujourd'hui sous le nom de Cap-d'OEil. On passe l'Arc sur un beau pont de pierres, à 2 k. d'Aix, en allant de cette ville à Marseille.

ARC, h. *Ardèche*, comm. et ✉ de Vallon.

ARC (pont de l'), pont naturel et l'une des curiosités les plus remarquables de la France, situé dans le dép. de l'*Ardèche*, à 4 k. S. de Vallon. Cet étonnant ouvrage de la nature consiste en une immense arcade d'environ 30 m. de hauteur sur 60 m. d'une culée à l'autre, qui s'élève sur l'Ardèche, à 20 k. de son embouchure dans le Rhône. Il est formé par un banc de marbre grisâtre, épais d'environ 13 m. qui coupe transversalement la rivière, resserrée en cet endroit par deux hautes montagnes coupées à pic, qui se rejoignent à leur base en formant une sorte de voûte sur laquelle passe la rivière. La configuration de la nature a fait les principaux frais de ce magnifique monument. Anciennement, la rivière ne passait pas au-dessous du pont; mais, baignant le pied d'une des montagnes qui en forment la base, les eaux traversaient une profonde vallée, dans laquelle elles se jettent encore quand elles débordent : c'est sans doute à force de miner la partie inférieure du roc qu'elles sont parvenues à la percer et à s'y frayer un passage. On ignore si la main de l'homme n'est pas venue à leur secours pour faciliter, à l'aide de pont, le trajet de la rivière. Ce qui ferait croire, c'est que depuis le séjour des Romains dans ces contrées, ce pont a toujours servi de passage pour aller des Cévennes au Vivarais; il n'y en a point d'autre dans le voisinage, et on n'y trouve que des précipices qui ne permettent nulle part de traverser l'Ardèche.

On remarque auprès de ce pont quelques cavernes remplies de stalactites et de coquillages, qui ont servi de retraite aux religionnaires pendant les guerres civiles, et ont été le théâtre de cruautés inouïes. Du temps de Louis XIII, le pont d'Arc était défendu par des fortifications redoutables, que ce monarque fit démolir; il fit couper encore une corniche étroite au côté méridional du pont, sur laquelle les gens à pied pouvaient passer un à un. Les chevriers ont depuis établi une planche sur les deux arêtes de la corniche coupée, et ils la traversent avec leurs troupeaux, même pendant la nuit, tandis que les voyageurs les plus hardis osent à peine envisager ce périlleux passage en plein jour.

Ce pont est d'ailleurs placé dans un site presque introuvable et de difficile accès. On ne peut y arriver que par d'âpres et dangereux sentiers; et cependant plusieurs familles ont fixé leur demeure sur le terrain qui s'étend entre l'extrémité du pont, sur la rive gauche, et la chaîne semi-circulaire de rochers qui l'environnent : là, comme séparés du reste du monde, elles cultivent des champs féconds, de riants jardins, des vergers abondants en fruits; elles ont transformé en une charmante oasis un site sauvage et en apparence inhabitable.

ARC, vg. *H.-Saône* (Franche-Comté), arr., cant., ✉ et à 2 k. de Gray, sur la Saône. Pop. 1,936 h.

ARCA, vg. *Corse*, comm. de Muracciole, ✉ de Corte. Pop. 114 h.

ARCACHON (baie et cap d'). La baie d'Arcachon a environ 50 k. de circonférence; elle est formée par l'Océan, sur la côte du dép. de la *Gironde*; au fond de cette baie se jette le Leyre. — Sur le cap Feret, *Curianum Promontorium*, à 3,000 m. du côté nord de l'entrée actuelle du bassin d'Arcachon, est un phare à feu fixe de 51 m. de hauteur au-dessus de la mer, et de 23 k. de portée. Lat. 44° 39′, long. O. 3° 35′. — Le havre d'Arcachon est assez fréquenté, surtout par les étrangers, qui viennent y faire des chargements de résine et de goudron, que le pays des environs produit en grande quantité. Il est très-favorable pour la pêche et environné de plusieurs villages, dont la *Tête-de-Buch* est le plus considérable.

On doit visiter aux environs d'Arcachon : le cap Feret, où est établi le phare; les travaux d'ensemencement des dunes; le lac de Cazeaux; les belles écluses du canal, de la prise d'eau, et les travaux d'irrigation de la compagnie de desséchement d'Arcachon.

Bibliographie. ALLÈGRE (D.). *De la pêche dans le bassin d'Arcachon*, etc., in-8, 1836. * *Notice historique sur la chapelle d'Arcachon*, broch. in-8, 1843.
V. aussi DÉPARTEMENT DE LA GIRONDE.

ARCAGNAC, vg. *Gers*, comm. de Haulies, ✉ d'Auch. Pop. 70 h.

ARÇAIS, ou ARSAY, vg. *Deux-Sèvres* (Poitou), arr. et à 20 k. de Niort, cant. de Frontenay, ✉ de Mauzé. Pop. 918 h. — *Foires* les 25 mai et 25 juillet.

ARCAMBAL, vg. *Lot* (Quercy), arr., cant., ✉ et à 7 k. de Cahors. Pop. 1,119 h. — Il est bâti dans une agréable position, sur la rive gauche du Lot. On y voit un très-beau château.

ARCAMONT, vg. *Gers* (Gascogne), arr., ✉ et à 11 k. d'Auch, cant. de Ségur, près du Gers. Pop. 186 h.

ARCANGUE, vg. *B.-Pyrénées* (pays de Labour), arr., cant., ✉ et à 7 k. de Bayonne. Pop. 964 h.

ARCANHAC, vg. *Aveyron*, comm. de la Fouillade, ✉ de Villefranche.

ARCAY, vg. *Cher* (Berri), arr. et à 16 k. de Bourges, cant. et ✉ de Levet. Pop. 486 h.

ARCAY, vg. *Vienne* (Poitou), arr., cant., ✉ et à 7 k. de Loudun. Pop. 448 h.

ARCE (l'), rivière (*Yonne*). Elle vient du côté de Bar-sur-Aube, et se jette dans la Seine un peu au-dessous de Bar-sur-Seine. On a travaillé à la rendre navigable, mais l'entreprise a été abandonnée.

ARCEAU, vg. *Côte-d'Or*, arr. et à 15 k. de Dijon, cant. et ✉ de Mirebeau, près de la Tille. Pop. 635 h.

ARC-EN-BARROIS, *Arcisa ad Albionem*, petite et ancienne ville, *H.-Marne* (Bourgogne), chef-l. de cant., arr. et à 23 k. de Chaumont. Cure, gîte d'étape, ✉. A 261 k. de Paris pour la taxe des lettres. P. 1,536 h.
— TERRAIN jurassique, étage inférieur du système oolitique.

Autrefois duché-pairie, bailliage ducal, mairie, grenier à sel, couvents de récollets et d'ursulines.

Cette ville est dans une agréable situation, sur la rive droite de l'Aujon : elle est entourée de murailles flanquées de tours qui lui donnent un aspect particulier. Au milieu de la ville, on voit les restes d'un ancien château qui appartenait à la maison d'Orléans. Aux environs sont des forêts fort étendues.

Biographie. Arc est la patrie de M. E.-GAB. PEIGNOT, l'un des plus savants et des plus laborieux bibliographes de notre siècle, né en 1767. Les principaux ouvrages de cet infatigable érudit sont : *Recherches historiques et littéraires sur les danses des morts et sur l'origine des cartes à jouer*, in-8, 1826; *Amusements philologiques*, etc., 2ᵉ édit., in-8, 1823; *Bibliographie curieuse, ou Notice raisonnée des livres imprimés à cent exemplaires au plus*, etc., in-8, 1808; * *Dictionnaire critique, littéraire et bibliographique des principaux livres condamnés au feu, supprimés ou censurés*, etc., 2 vol. in-8, 1802; *Dictionnaire raisonné de bibliologie*, etc., 2 vol. in-8, 1802; *Essai de curiosités bibliographiques*, in-8, 1804; * *Manuel bibliographique*, etc., in-8, 1801; *Manuel du bibliophile*, etc., 2 vol. in-8, 1823; *Répertoire bibliographique universel*, in-8, 1812; *Répertoire de bibliographie spéciale*, etc., in-8, 1810; *Traité du choix des livres*, etc., in-8, 1817, etc., etc.

Fabriques de bonneterie en laine au tricot. Forges et haut fourneau. Tanneries. — Com. de bois et de merrain. — *Foires* les 11 juin, 9 oct., 21 déc. et vendredi avant les Rameaux.

ARCELOT, vg. *Côte-d'Or*, comm. d'Arceau, ✉ de Mirebeau.

ARCENANT, *Arcenantum*, vg. *Côte-d'Or* (Bourgogne), arr. et à 24 k. de Beaune, cant. et ✉ de Nuits. Pop. 460 h. — Au pied d'une montagne qui domine ce village, est le puits de la Gresélé, qui, dans les pluies abondantes, forme un torrent rapide dont les eaux inondent le vallon et se joignent aux eaux du Puits-Tomboin, qui ont inondé, à différentes époques, la ville de Nuits.

ARCENAY, vg. *Côte-d'Or* (Bourgogne), arr. et à 18 k. de Semur, cant. de Précy-sous-Thil, ✉ de la Maison-Neuve. Pop. 114 h.

ARCENS, vg. *Ardèche* (Vivarais), arr. et à 56 k. de Tournon, cant. et ✉ de St-Martin-de-Valamas. Pop. 1,217 h.

ARCES, vg. *Charente-Inf.* (Saintonge), arr. et à 32 k. de Saintes, cant. et ✉ de Cozes. Pop. 1,019 h.

ARCES (les), vg. *Doubs*, comm. de la Longueville, ✉ de Pontarlier.

ARCES, vg. *Yonne* (Champagne), arr. et à 22 k. de Joigny, cant. et ✉ de Cerisiers, ✦. Pop. 1,017 h. — Il est situé dans un pays boisé, où saint Ebdon, trente-deuxième évêque de Sens, connu dans l'histoire par la victoire signalée qu'il remporta, à la tête des Sennonois, sur les Sarrasins, se retira à St-Pierre-le-Vif, après avoir embrassé la vie monastique. On y trouve une fontaine, dont l'eau passe dans le pays pour avoir la vertu de guérir de la fièvre.

ARC-ET-SENANS, vg. *Doubs* (Franche-Comté), arr. et à 31 k. de Besançon, cant. et ✉ de Quingey. Pop. 1,684 h. — On voit, entre les deux villages d'Arc et de Senans, une belle saline en exploitation, affermée à la compagnie des salines de l'Est, et qui produit annuellement 34,000 quintaux métriques de sel blanc. — *Foires* les 8 avril et 10 nov.

ARCET, vg. *Landes*, comm. de Montaut, ✉ de St-Sever.

ARCEY, *Archium, Archeium*, vg. *Côte-d'Or* (Bourgogne), arr. et à 3 k. de Dijon, cant. et ✉ de Sombernon. Pop. 127 h.

ARCEY, *Arceia*, vg. *Doubs* (Franche-Comté), arr. et à 32 k. de Baume-les-Dames, cant. et ✉ de l'Isle-sur-le-Doubs. Pop. 832 h. — Il existe près de ce village un précipice où l'on jette les animaux morts de maladies épizootiques. On a découvert que cet abîme renfermait des chiens vivants, dont on entend les aboiements : ils se nourrissent de la chair des animaux morts, et ont, pour se désaltérer, une source qu'on entend jaillir dans le fond. — *Foires* les jeudis de mars, avril, mai et juin.

ARCHAIL, *Archalio*, vg. *B.-Alpes* (Provence), arr., ✉ et à 13 k. de Digne, cant. de la Javie. Pop. 100 h.

ARCHE (l'), ou LARCHE, *Archia*, vg. *B.-Alpes* (Provence), arr. et à 27 k. de Barcelonnette, cant. de St-Paul, ✉ du Chatelard. Pop. 738 h.

Ce village est bâti sur une hauteur qui domine une plaine assez vaste. La montagne de l'Arche, si renommée pour ses pâturages, et dont le sommet est à 2,500 m. au-dessus de la mer, présente une longue plaine couverte de prairies. Rien n'égale dans le mois de juillet, qui est son printemps, la beauté des fleurs de cette prairie, la vivacité de leurs couleurs et la suavité de leur parfum; on y recueille toutes sortes de plantes médicinales, infiniment préférables à celles de tous les autres lieux de la Provence.

On doit visiter, à environ 2 k. à l'est de l'Arche, le lac de la Madeleine, peu distant du col de ce nom, qui sert de communication avec le Piémont. Ce lac est entouré de hauteurs, et n'est alimenté que par quelques petites sources; ses eaux n'occupent guère qu'une surface circulaire d'environ 50 mètres de diamètre. Non loin du lac de la Madeleine est le lac Lausanier, plus élevé de 100 mètres, et dont la circonférence est d'environ 1 k.; ses eaux sont vives, et on y pêche d'excellentes truites tachées de noir. Tout autour du lac sont les plus belles prairies qui existent dans les montagnes; aussi sont-elles recherchées de préférence par les propriétaires de troupeaux. De ce point, on découvre une des vues les plus magnifiques des Alpes : au nord, toutes les montagnes des Hautes-Alpes et de la Savoie se dessinent en amphithéâtre, et laissent apercevoir leurs sommets en tout temps couverts de neiges ou de glaces ; à l'est, apparaît le Piémont, dont les plaines riches et fertiles sont pressenties, parce que les montagnes vont en s'abaissant, et laissent apercevoir le Mont-Viso, qui domine sur toute la contrée : on croit même voir l'horizon couronné par le sommet du grand St-Bernard, qui rappelle tant de souvenirs. A l'ouest, on domine toute la haute Provence et les vallées qui la composent ; enfin, au sud, toutes les basses Alpes, les Alpes maritimes et leurs ramifications inférieures jusqu'à la mer, qu'on aperçoit très-distinctement à l'horizon, quand le ciel est pur, quoique l'œil ait à parcourir une distance de 60 à 80 k. — C'est au lac de la Madeleine et à celui de Lausanian que se forme le point de partage des eaux de la Provence et de celles du Piémont ; les premières donnent naissance à l'Ubayette, et les secondes vont grossir le Pô, qui a son embouchure dans l'Adriatique.

ARCHELANGE, vg. *Jura* (Franche-Comté), arr. et 7 k. de Dôle, cant. de Rochefort, ✉ de Moissey. Pop. 275 h.

ARCHELLES, *Arcellæ*, vg. *Seine-Inf.*, comm. d'Arques, ✉ de Dieppe.

ARCHERS (les), vg. *Cher*, comm. et ✉ du Châtelet.

ARCHES, vg. *Cantal* (Auvergne), arr., cant., ✉ et à 9 k. de Mauriac. Pop. 624 h.

ARCHES, *Arcæ*, *Archeiæ*, vg. *Vosges* (Lorraine), arr., cant., ✉ et à 12 k. d'Épinal. Pop. 1,448 h. — Ce village, situé sur la rive gauche de la Moselle, dont le cours est obstrué par des rochers, offre un coup d'œil très-pittoresque. On y voit les ruines d'un château, bâti vers la fin du XIᵉ siècle par Thurre, duc de Lorraine, où se trouve une chapelle ducale dédiée à saint Georges. — *Industrie*. Arches est renommé par ses papeteries, dont les produits s'emploient principalement pour la gravure en taille-douce et la lithographie ; il y a aussi des huileries et quatre moulins à farine, ⓐ 1823.

ARCHETTES, vg. *Vosges* (Lorraine), cant., ✉ et à 11 k. d'Épinal. Pop. 624 h. — Il est situé sur la rive droite de la Moselle, vis-à-vis d'Arches. — Papeteries. Huilerie. Deux moulins à farine.

ARCHIAC, bg *Charente-Inf.* (Saintonge), chef-l. de cant., arr. et à 14 k. de Jonzac.

Cure, ✉, ☉. A 490 k. de Paris pour la taxe des lettres. Pop. 1,002 h. — *Foires* les 1ᵉʳˢ jeudis du mois.

ARCHIGNAC, vg. *Dordogne* (Périgord), arr. et à 19 k. de Sarlat, cant. et ✉ de Salignac. Pop. 985 h. — Forges.

ARCHIGNAT, vg. *Allier* (Bourbonnais), arr., ✉ et à 16 k. de Montluçon, cant. d'Huriel. Pop. 614 h.

ARCHIGNY, bg *Vienne* (Poitou), arr., ✉ et à 19 k. de Châtellerault, cant. de Vouneuil. Pop. 2,078 h. Près de la source de l'Ozon. — *Foires* les 30 mars, 30 avril et 20 juin.

ARCHINGEAY, vg. *Charente-Inf.* (Saintonge), arr. et à 15 k. de St-Jean-d'Angely, cant. et ✉ de St-Savinien. Pop. 1,168 h. — Archingeay a été un vicus celte où les Romains sont venus s'établir. On y trouve une grande quantité de briques romaines, des tronçons de terres cuites, qui servaient à faire des conduits, etc. Les eaux minérales ferrugineuses que possède Archingeay avaient fait établir une piscine dont on a découvert un réservoir pavé en briques cimentées en pierres plates. On y a trouvé aussi des médailles romaines et des bijoux décrits par Bourignon. — La fontaine existe encore entre le bourg d'Archingeay et le château de la Vallée. Son bassin mesure 2 m. 60 c., sur 1 m. 60 c. de largeur, avec une profondeur égale à la largeur. — Pépinière.
Bibliographie. MARCHAND. *Analyse raisonnée des eaux minérales d'Archingeay*, in-4, 1777.

ARCHON, vg. *Aisne* (Picardie), arr. et à 45 k. de Laon, cant. ✉ de Rosoy-sur-Serre. Pop. 389 h. — *Commerce* de lin.

ARCIER, vg. *Doubs* (Franche-Comté), arr., cant., ✉ et à 9 k. de Besançon. Pop. 92 h. — On voit à peu de distance de ce village des sources extrêmement remarquables par leur abondance, par l'excellente qualité de leurs eaux, et par le parti que les Romains en avaient tiré pour fournir aux besoins des habitants de Besançon, au moyen d'un aqueduc que l'on connaît encore sous le nom de canal d'Arcier. Ces sources, d'un aspect très-pittoresque, jaillissent de deux issues, tombent dans une enceinte de rochers d'une hauteur considérable, et font mouvoir une papeterie importante à leur sortie de la montagne qui leur donne naissance. Les excavations profondes d'où sortent ces sources sont dignes de l'attention des curieux. — Papeterie mécanique qui occupe 45 à 50 ouvriers, ⓑ 1839.

ARCINGE, vg. *Loire* (Forez), arr. et à 25 k. de Roanne, cant. de Belmont, ✉ de Charlier. Pop. 568 h. — Il est situé sur un ruisseau qui s'y divise en plusieurs bras et forme plusieurs îlots.

ARCINS, vg. *Gironde* (Gascogne), arr. et à 33 k. de Bordeaux, cant. de Castelnau-de-Médoc, ✉ de Margaux. Pop. 348 h.

ARCIS-LE-PONSART, vg. *Marne* (Champagne), arr. et à 26 k. de Reims, cant. et ✉ de Fismes. Pop. 584 h.

ARCIS-SUR-AUBE, *Arciaca*, *Artiacæ*, *Arceyæ*, ancienne et jolie petite ville, *Aube* (Champagne), chef-l. de sous-préf. et d'un cant. Trib. de 1ʳᵉ inst. Cure, ✉, ☉. Gîte d'étape. Pop. 2,792 h. — TERRAIN crétacé supérieur, craie, voisin du tertiaire moyen.

Autrefois diocèse et élection de Troyes, parlement de Paris, intendance de Châlons, grenier à sel, brigade de maréchaussée, couvent de cordeliers.

Arcis est une ville très-ancienne, dont l'origine est désignée sur la Carte de Peutinger et dans l'Itinéraire d'Antonin sous le nom d'*Arciaca*. Tout porte à croire que dans les premiers temps de l'occupation des Gaules par les Romains, Arcis était une forteresse élevée au bord de l'Aube, dont le monticule occupé aujourd'hui par le château. Ce site, qui domine l'Aube et la campagne, offrait les moyens d'en faire un établissement militaire, très-favorable pour assurer aux conquérants des Gaules les communications qui devaient exister entre Sens et Reims, lieux où stationnaient leurs légions, et protéger le passage de l'Aube, dont il était essentiel qu'ils fussent maîtres. Ce qui confirme l'importance que l'on attacha de tout temps à être rendu maître du cours de cette rivière, c'est que depuis Brienne-le-Château jusqu'à l'embouchure de l'Aube dans la Seine, et même jusqu'à Nogent, il existait sur les bords de ces rivières un grand nombre de châteaux fortifiés, distants les uns des autres de six à huit kil., dont on aperçoit encore aujourd'hui l'emplacement.

En 1546, sous le règne de Henri III, les reîtres ravagèrent Arcis et les villages circonvoisins ; leur apparition réitérée obligea les habitants à vendre, moyennant 1,300 écus d'or, partie de leurs usages pour clore l'enceinte de la ville de fossés et de portes. C'était alors une ville assez considérable, bâtie en bois, attendu qu'on ne trouve pas de pierre dure dans les environs. En 1720 elle fut en partie consumée par les flammes. A peine commençait-elle à se relever de ses ruines, qu'un nouvel incendie la détruisit presque entièrement en 1727, ainsi que l'église paroissiale : un particulier généreux la rétablit à ses dépens. Les habitants d'Arcis, voulant témoigner leur gratitude à leur bienfaiteur, avaient fait élever une colonne, afin de perpétuer à jamais la mémoire d'un pareil bienfait. Piron, sollicité pour composer l'inscription qu'ils voulaient poser sur cette colonne, se défendit longtemps ; enfin il se rendit aux instances des habitants de la ville d'Arcis, auxquels il donna cette inscription :

La flamme avait détruit ces lieux ;
Grassin les rétablit par sa munificence.
Que ce marbre à jamais serve à tracer aux yeux
Le malheur, le bienfait et la reconnaissance.

C'est à ces deux incendies successifs qu'Arcis doit l'avantage d'être percé de rues larges et bien alignées.

Le château est dans une belle situation, sur une hauteur au pied de laquelle coule l'Aube. On y jouit d'une vue fort agréable sur les bords gracieux de cette rivière et sur de vastes prairies plantées d'arbres, qui semblent être la continuation du jardin-paysager de cette charmante habitation.

Plusieurs événements historiques se rattachent au château d'Arcis. La reine Brunehaut, s'étant rendue odieuse aux Austrasiens, fut chassée de son palais, conduite jusqu'à la frontière et abandonnée seule près de la rivière d'Aube, sur un chemin situé au finage du Chêne, et qui a conservé jusqu'à ce jour le nom de chemin de la Reine : reconnue par un habitant d'Arcis, au moment où elle errait à l'aventure, incertaine où elle porterait ses pas, elle fut conduite au château, où elle tint sa cour pendant quelque temps. Plus tard ce château fut habité par la belle Diane de Poitiers, célèbre par l'amour qu'elle inspira à deux rois de France. Enfin de nos jours et lors de l'invasion étrangère, en 1814, il eut pour hôtes Napoléon, et après lui l'empereur de Russie.

Arcis a joué un rôle important dans cette campagne mémorable ; pendant près de quatre mois il fut, pour ainsi dire, le pivot autour duquel ont tourné trois cent mille combattants. Le 20 mars 1814, l'armée française, commandée par Napoléon, se présenta devant cette ville, occupée par l'armée austro-russe, qui, après l'avoir pillée, l'évacua aussitôt et se retira à environ 4 kilom. en arrière dans la direction de la route de Brienne, couronnant les hauteurs qui dominent cette route. Napoléon donna ordre au général Excelmans de poursuivre la cavalerie de l'ennemi, laquelle, n'ayant d'abord présenté que de faibles escadrons, se renforça à vue d'œil et offrit bientôt des masses imposantes, qui se développèrent dans la plaine, où se forma en ligne de bataille une armée entière. Engagées inconsidérément, les premières colonnes de l'armée française trouvent soixante pièces de canon en batterie et cent escadrons, contre lesquels vient se briser leurs efforts. Le danger était d'autant plus imminent, que la ville d'Arcis forme en quelque sorte la tête d'un défilé de deux kilom., où plusieurs ponts servent seuls aux passages à travers les marais et divers bras de ruisseaux qui se jettent dans l'Aube. La conservation d'Arcis était donc de la plus haute importance. Mais déjà les escadrons français étaient poursuivis avec ardeur par la cavalerie ennemie du général Pahlen; tout faisait craindre qu'elle n'entrât pêle-mêle dans Arcis avec la cavalerie française, qui battait en retraite. Napoléon, voyant les Français presque enveloppés, sort d'Arcis, les rallie, les harangue : « N'êtes-vous pas, leur dit-il, les vainqueurs de Champaubert et de Montmirail ? » Aussitôt il met l'épée à la main et ordonne de nouvelles charges, marchant lui-même pendant quelques minutes à la tête des escadrons. Là, il courut dans la mêlée les plus grands dangers. Le général Girardin lui para un coup de lance porté par un Cosaque. Jamais peut-être il n'a donné autant que dans cette occasion un exemple de ce courage personnel, si commun à nos guerriers, et que la calomnie a vainement cherché à lui refuser. Par cette brusque attaque il arrêta tout court l'ennemi. Plusieurs charges vigoureuses jetèrent le désordre parmi les Cosaques ; les Bavarois firent volte-face. Aussitôt l'armée austro-russe se concentra et se disposa à livrer bataille. Le maréchal Ney forma immédiatement en bataillons carrés le peu d'infanterie qu'il avait sous ses ordres ; et, avec cette poignée de braves, il résista aux attaques de l'armée ennemie, qui recevait continuellement des renforts. Peu après l'infanterie française de la garde, qui venait de Plancy par la rive droite de l'Aube, parut et se mit en ligne. Une effroyable canonnade s'engagea de part et d'autre, et commença l'une des batailles les plus surprenantes que Napoléon ait jamais livrées ; car jamais peut-être une plus petite armée n'en combattit une plus nombreuse. Le feu de l'ennemi fit un grand ravage dans les bataillons carrés, qui, pendant toute la durée de l'action, restèrent immobiles sous les murs d'Arcis, couvrant la ville et le village de Torcy avec une constance héroïque. Napoléon resta constamment exposé au feu le plus vif; plusieurs officiers furent blessés autour de sa personne, et son cheval fut atteint d'un boulet qui le mit hors de combat. Cette action sanglante ne finit qu'avec le jour, et les deux armées restèrent en position sur le terrain même où elles venaient de combattre. Pendant la durée de l'action, l'armée ennemie avait reçu de nombreux renforts; le lendemain, s'était encore, augmentée de forces considérables, et sa position concentrée était plus imposante. Les deux armées restèrent en présence jusqu'à une heure et demie, prêtes à combattre ; mais Napoléon, jugeant impossible d'attaquer avec succès un ennemi qui occupait une position aussi formidable, se décida à la retraite, qui commença en plein jour et à la vue même de l'armée ennemie. Le passage de l'Aube s'opéra avec le plus grand ordre, en commençant par l'artillerie et les bagages. Napoléon se dirigea sur Vitry, laissant l'ordre au général Sébastiani et au maréchal Oudinot de défendre les ponts d'Arcis, et de former l'arrière-garde. Cette honorable mission fut dignement remplie. Pendant tout le reste de la journée, un petit nombre de Français eut à soutenir les assauts réitérés des Austro-Russes. Tous les efforts du prince de Wurtemberg échouèrent devant la constance et l'intrépidité de l'arrière-garde. Exposée aux attaques combinées de trois corps d'armée différents, forts de plus de 100,000 hommes, elle résista et sauva l'armée. A une heure du matin, les sapeurs du génie commencèrent à couper le pont; plusieurs d'entre eux furent tués par les tirailleurs ennemis; mais, à la fin, le pont tomba sous la hache. — Ainsi se termina cette bataille mémorable, pendant laquelle un tiers des maisons de la ville d'Arcis fut réduit en cendres.

Biographie. Arcis a donné naissance à deux évêques de Troyes, B. Manassès et P. d'Arcies, et à H. d'Arcies, archevêque de Reims.

C'est la patrie de G. Danton, député à la convention nationale, l'un de l'un des orateurs les plus éloquents. Cet orateur mourut sur l'échafaud révolutionnaire en 1794, à l'âge de trente-quatre ans ; il était doué d'une intrépidité d'âme qui ne se démentit jamais, pas même au moment du supplice ; cet homme, que l'on s'est plu à signaler comme sanguinaire, avait dans son intérieur les mœurs les plus douces, et ne s'est servi de son crédit dans les lieux qui l'ont vu naître que pour faire le bien. En position d'acquérir une fortune immense, il n'a laissé à ses deux fils, qui habitent Arcis et qui y jouissent d'une considération justement méritée, qu'une fortune bien inférieure à celle qu'il possédait avant sa nomination aux emplois publics.

Arcis est aussi le lieu de naissance de Desguerrois, auteur d'une *Histoire ecclésiastique du diocèse de Troyes*.

De Courtois, député à la convention nationale, qui fut chargé de l'inventaire des papiers de Robespierre; mort en exil à Bruxelles en 1816.

De A.-J.-Th. Bonnemain, député à la convention nationale, auteur de quelques écrits politiques.

C'est dans un château des environs d'Arcis que naquit Geoffroy de Villehardouin, maréchal de Champagne, et historien de la quatrième croisade, dont il publia la relation sous le titre d'*Histoire de la conquête de Constantinople*. Cet ouvrage comprend depuis l'an 1198 jusqu'à 1207, intéressant par les faits qu'il raconte et dans lesquels l'auteur même fut témoin et acteur, il a encore droit à notre attention comme un des plus anciens monuments de la prose française. La première édition a été imprimée à Venise en 1573 ; la plus estimée est celle donnée par Ducange en 1657, avec un glossaire.

Industrie. La principale branche d'industrie d'Arcis consiste dans la fabrique de bonneterie. C'est à M. Grassin que le département de l'Aube est redevable de ce genre de fabrique. Les premiers métiers à faire des bas furent établis par ses soins à Arcis, d'où ils se sont répandus à Troyes et dans diverses autres communes. On y compte près de 2,000 métiers à bas ; sept filatures de coton, dont deux hydrauliques ; un moulin à blé à cinq tournants, une huilerie et trois teintureries.

Commerce. De toutes les villes du département de l'Aube, Arcis, après Troyes celle qui, par sa position sur une rivière navigable, et par l'industrie de ses habitants, semble appeler plus spécialement les spéculations du commerce et les fonds des capitalistes. On peut diriger et embarquer sur ce point les bois et les charbons des forêts de l'Aube supérieure, de la forêt d'Orient, et des quantités de grains de toute espèce ; y entreposer les denrées et marchandises des Vosges et de la Suisse, destinées pour Paris ou les provinces occidentales de la France, et y faire remonter les divers objets venant de ces mêmes provinces ou des ports de l'Ouest, et destinés pour les départements de l'Est ou pour la Suisse. Il est étonnant qu'on n'ait pas encore vu se fixer à Arcis une ou plusieurs de ces grandes maisons de commerce qui ne demandent une localité pour y développer toutes leurs ressources y faire prospérer leurs capitaux. Le commerce a pour principal objet la vente de la bonneterie et des grains. Le marché qui a lieu tous les vendredis est très-fréquenté. Il s'y vend des quantités considérables d'avoine, de seigle et d'autres grains, qui s'expédient, suivant les besoins, sur Paris ou sur Châlons-sur-Saône. — L'Aube étant flottable au-dessus d'Arcis, et navigable et flottable depuis cette ville jusqu'à Paris, entretient une marine qui expédie en grands bateaux les charbons, et avec des couplages de petits bateaux qui chargent de 6 à 7,000 kilog., les grains, la boissellerie des Vosges, les fers, les vins et d'autres objets.

Foires les 9 mai, 24 août, 1er vendredi de fév., 1er vendredi après le 1er oct. et 1er déc.

L'arrondissement d'Arcis est composé de 4 cantons : Arcis, Chavanges, Méry-sur-Seine et Ramerupt.

A 30 k. de Troyes, 48 k. de Châlons, 157 k. de Paris pour la taxe des lettres. — Long. N. 1° 38' 34'', lat. 48° 32' 0''.

ARCISSE, vg. *Isère*, comm. de St-Chef, ✉ de Bourgoin.

ARCIZAC-ADOUR, vg. *H.-Pyrénées* (Gascogne), arr., cant. sud, ✉ et à 11 k. de Tarbes, près de l'Adour. Pop. 608 h.

ARCIZAC-EZ-ANGLES, vg. *H.-Pyrénées* (Gascogne), arr. et à 6 k. d'Argelès, cant. et ✉ de Lourdes, sur le Lechez. Pop. 271 h.

ARCIZANS-AVANT, vg. *H.-Pyrénées* (Gascogne), arr., cant., ✉ et à 16 k. d'Argelès. Pop. 448 h.

ARCIZANS-DESSUS, vg. *H.-Pyrénées* (Gascogne), arr., ✉ et à 20 k. d'Argelès, cant. d'Aucun. Pop. 256 h. — Mines de cuivre et de plomb.

ARCLAIS, vg. *Calvados* (Normandie), arr. et à 17 k. de Vire, cant. de Beny-Bocage, ✉ de Mesnil-Auzouf. Pop. 117 h.

ARCOMIE, vg. *Lozère* (Languedoc), arr. et à 45 k. de Mayejols, cant. et ✉ de St-Chely. Pop. 260 h.

ARCOMPS, vg. *Cher* (Bourbonnais), arr., ✉ et à 8 k. de St-Amand, cant. de Saulzais-le-Potier. Pop. 363 h.

ARÇON, vg. *Côte-d'Or* (Bourgogne), arr. et à 21 k. de Dijon, cant. et ✉ de Mirebeau. Pop. 98 h.

ARÇON, vg. *Doubs* (Franche-Comté), arr., ✉ et à 6 k. de Pontarlier, cant. de Montbenoit. Pop. 758 h.

ARÇON, vg. *Loire* (Forez), arr. et à 20 k. de Roanne, cant. de St-Haon-le-Châtel, ✉ de St-Germain-Lespinasse. Pop. 1,174 h.

ARCONAC, vg. *Ariège*, comm. de Vicdessos, ✉ de Tarascon.

ARCONCE (l'), petite rivière qui prend sa source dans un étang un peu au-dessus de la Guiche (*Saône-et-Loire*). Elle passe à Charolles et se jette dans la Loire à 6 k. au-dessus de Digoin, après un cours d'environ 40 k.

ARCONCEY, vg. *Côte-d'Or* (Bourgogne), arr. et à 47 k. de Beaune, cant. et ✉ de Pouilly. Pop. 646 h.

ARCONNAY, vg. *Sarthe* (Maine), arr. et à 24 k. de Mamers, cant. de St-Pater, ✉ d'Alençon. Pop. 561 h. — Aux environs, on voit les ruines de l'ancien château fort de Maleffre. — *Fabrique de toiles*.

ARCONSAT, vg. *Puy-de-Dôme* (Auvergne), arr., ✉ et à 20 k. de Thiers, cant. de St-Rémy. Pop. 1,875 h.

ARCONS-D'ALLIER (St-), vg. *H.-Loire* (Forez), arr. et à 36 k. de Brioude, cant. et ✉ de Langeac. Pop. 608 h.

ARCONS-DE-BARGES (St-), vg. *H.-Loire* (Forez), arr. et à 31 k. du Puy, cant. et ✉ de Pradelles. Pop. 700 h.

ARCONVILLE, vg. *Aube* (Champagne), arr., cant., ✉ et à 9 k. de Bar-sur-Aube. Pop. 385 h.

ARCOUES, vg. *Gers* (Gascogne), arr., cant., ✉ et à 8 k. de Mirande. Pop. 293 h.

ARCS (les), vg. *Var* (Provence), arr. et à 10 k. de Draguignan, cant. de Lorgues. A 853 k. de Paris pour la taxe des lettres. Pop. 2,707 h. — Il est bâti en amphithéâtre, à l'exposition du midi, près de la rive gauche de l'Argens : les rues sont étroites et sales, quoique rafraîchies par des fontaines abondantes. Entre les Arcs et Vidauban est le *Pons Argenteus*, placé à l'endroit où la route romaine, qui de *Forum Voconii* conduisait à Fréjus, coupait la rivière d'Argens, que l'on passe aujourd'hui sur un pont que traverse la route moderne, que de Vidauban conduit aux Arcs. Un peu à l'est du village, près de la forêt des Maures, on trouve une fontaine d'eau minérale ferrugineuse.

Distilleries d'eau-de-vie. Filatures de soie. Huileries. — *Foires* les 29 août, dimanche de la Trinité, 1er lundi de la Pentecôte.

Biographie. Le village des Arcs est le lieu de naissance du médecin entomologiste G.-A. OLLIVIER, de l'Institut, mort en 1814. On a de lui : *Dictionnaire d'histoire naturelle des insectes, papillons, crustacés*, etc., 7 vol. 1/2 in-4, plus 2 vol. de 398 pl., 1789-1825 ; *Entomologie, ou Histoire naturelle des insectes coléoptères*, etc., 6 vol. in-4, 1789-1809 ; *Voyage dans l'empire ottoman, l'Egypte et la Perse*, 6 vol. in-8 et atlas, 1801-1807.

ARC-SOUS-CICON, vg. *Doubs* (Franche-Comté), arr., ✉ et à 20 k. de Pontarlier, cant. de Montbenoit. Pop. 1,031 h.

ARC-SOUS-MONTENOT, vg. *Doubs* (Franche-Comté), arr. et à 30 k. de Pontarlier, cant. et ✉ de Levier. Pop. 370 h.

ARC-SUR-TILLE, *Arcida ad Tilam*, vg. *Côte-d'Or* (Bourgogne), arr., cant., ✉ et à 13 k. de Dijon. Pop. 1,086 h. — Ce village est situé dans une plaine marécageuse, traversée par la Tille : il fut brûlé, et son château détruit par Gallas, en 1636. — Carrières de marbre susceptible d'un beau poli. — *Foires* les 6 mars, 4 mai, 6 juillet, 3 et 4 sept. et 4 déc.

ARCUEIL, *Archeilum, Arcolium*, joli village, *Seine* (Ile-de-France), arr. et à 7 k. de Sceaux, cant. de Villejuif, ✉ à 7 k. de Paris. Pop. 1,734 h.

Suivant l'abbé Lebeuf, Arcueil doit son nom aux arcades de l'aqueduc que les Romains y élevèrent pour conduire au palais des Thermes les eaux de Rungis. Il est situé dans une vallée agréable, sur la Bièvre, et n'est séparé de Cachant que par le bel aqueduc moderne qui conduit à Paris, par divers canaux souterrains, ces mêmes eaux du Rungis. Son exposition est riante et pittoresque ; c'est un des lieux les plus fréquentés de tout temps par les habitants de la capitale, par les amis des muses, par les jeunes élèves des maisons d'éducation, et surtout par les étrangers. Le poète Jodelle y avait une maison de campagne où furent jouées, dans le XVIe siècle, les premières tragédies composées en français. — L'église paroissiale est du commencement du XIIIe siècle, le XVe et le XVIe y ont ajouté ; elle n'a ni abside ni chapelles latérales, mais une galerie à tribune surmontée de rosaces vitrées et d'une élégance remarquable. Cette église a été désignée par l'autorité locale comme étant susceptible d'être classée au nombre des monuments historiques.

L'aqueduc d'Arcueil a été construit par Marie de Médicis, qui le fit exécuter sur les dessins et sous la conduite du célèbre Jacques de Brosse, dans le dessein d'amener les eaux à son palais du Luxembourg. Louis XIII posa, en 1613, la première pierre de ce monument, qui fut achevé en 1624. Cet aqueduc traverse la vallée de Bièvre, sur une longueur d'environ 400 m. ; il a 24 m. d'élévation dans sa plus grande hauteur, à partir du lit de la Bièvre, et consiste en une épaisse muraille soutenue de chaque côté par des contre-forts, entre lesquels sont vingt arcades d'environ 6 m. 20 c. de largeur : huit seulement de ces arcades, inégalement espacées, sont à jour, et la rivière de Bièvre passe sous deux d'entre elles. Les contre-forts s'élèvent jusqu'à une belle corniche dorique, à grands modillons, qui règne dans toute la longueur ; au-dessus de cette corniche s'élève un attique formant intérieurement une galerie voûtée et recouverte en dalles de pierre. Dans le milieu de cette galerie est le canal, où les eaux coulent entre deux banquettes qui permettent de parcourir, à pied sec, toute la longueur de l'aqueduc. Le jour y pénètre par des ouvertures pratiquées entre les contre-forts. Au-delà de cette construction extérieure, du côté du village de Rungis, est une galerie souterraine, d'abord en ligne droite, puis sur les vôtes d'un carré, d'environ 300 m. Cette galerie, percée de barbacanes et flanquée de pierrées qui pénétrent dans les terres en divers sens, recueille les eaux qu'une autre galerie, en deçà du mur aqueduc de la vallée, conduit à Paris. Un château d'eau, situé près de l'Observatoire, et vingt-sept regards, dans lesquels on descend par des escaliers, facilitent la visite et l'entretien des travaux, dont l'ensemble se développe sur une longueur de 13,200 m. L'aqueduc d'Arcueil fournit aux fontaines de Paris 57 pouces cubes d'eau. — Une partie de l'aqueduc antique existe encore ; elle est contiguë au nouvel aqueduc et consiste en deux arcades qui n'ont guère la moitié de la largeur de la grande arcade de celui bâti par de Brosses. Ces deux arcades sont du même mode de construction que les Thermes de Paris; on y remarque la même qualité de pierre, de ciment et de briques, et le même arrangement, savoir : dix assises de pierres carrées, de 10 ou 12 c. de large sur 16 de long; ensuite quatre assises de grandes briques, de l'épaisseur de 5 c. Entre les deux arcs-boutants, la structure est la même que celle du corps de l'aqueduc, de sorte que le tout forme une masse d'une solidité extrême.

Fabriques de colle forte. Filature de coton. — Imprimerie d'indiennes. Nombreuses blanchisseries de linge. Pépinière. — Exploitation des carrières de pierres de taille et de moellons. — Fête patronale le dimanche qui suit la St-Denis.

Bibliographie. * *Pétrification des eaux d'Arcueil* (Histoire de l'académie des sciences, 1687).

ARCY, vg. *Saône-et-Loire*, comm. de Vindecy, ⊠ de Marcigny. Pop. 140 h.

ARCY - STE - RESTITUTE, vg. *Aisne* (Picardie), arr. et à 22 k. de Soissons, cant. d'Oulchy, ⊠ de Fère-en-Tardenois. P. 524 h. — On a découvert en 1813, près de ce village, un grand nombre de tombes en pierre; ces tombes ont à peu près 2 m. de longueur sur 44 c. de largeur, et 32 à 34 c. de hauteur; l'épaisseur des côtés est de 7 c., celle du fond de 9 à 11 c.; leur couvercle est de trois morceaux scellés en chaux pure. L'intérieur de quelques-unes est rempli de sable, celui des autres est d'une grande blancheur, et n'a conservé aucun débris de chair ni de vêtements. Elles sont disposées sur des lignes du midi au nord, les pieds tournés vers l'est; on y trouve quelquefois plusieurs têtes. Les morts y sont placés sur le dos, les bras étendus contre les côtés.

ARCY-SUR-CURE, vg. *Yonne* (Bourgogne), arr. et à 29 k. d'Auxerre, cant. de Vermanton, ⊠. A 196 k. de Paris pour la taxe des lettres. Pop. 1,495 h. — Terrain jurassique, étage inférieur du système oolitique.

Ce village est renommé par ses grottes profondes, composées de plusieurs vastes salles qui communiquent les unes aux autres par des passages souvent très-resserrés, et dont quelques-uns sont si étroits qu'on est obligé de se coucher à plat ventre pour les franchir. Les grottes d'Arcy sont creusées dans une roche calcaire stratifiée d'environ 30 m. de hauteur, dont les couches sont horizontales. Pendant les pluies, les eaux pénètrent la roche, entraînent les sels calcaires, et couvrent, par leurs infiltrations, les parois de ces grottes de concrétions formées de chaux carbonatée, fistulaires, cylindriques, stratiformes, connues sous les noms de stalactites et de stalagmites, qui produisent à la lumière un effet admirable.

L'entrée des grottes est sur le bord de la Cure. On y pénètre par un large vestibule, dont la voûte plate peut avoir 30 pas de largeur sur 7 m. de hauteur; le sol de cette salle va en descendant et est tout parsemé de quartiers de pierres d'une grosseur énorme,

qui ont été détachées de la voûte. De cette salle on passe dans une autre beaucoup plus spacieuse, qui peut avoir 26 m. de longueur. — A droite se trouve un lac de 38 m. de diamètre, dont les eaux sont bonnes à boire; à gauche, on entre dans une troisième salle, longue de 80 m., dont la voûte, un peu cintrée, a une hauteur de 6 m.; ce qu'il y a d'extraordinaire, c'est qu'on voit trois voûtes l'une sur l'autre (la plus haute est supportée par deux autres plus basses); un grand nombre de colonnes renversées sont disséminées au milieu de cette salle. — A droite, on aperçoit une petite grotte de 65 c. carrés, remplie d'une grande quantité de petites pyramides, à l'extrémité de laquelle est une voûte de 80 c. de hauteur et longue de 4 m., remplie de tuyaux de formes bizarres. Cette voûte conduit à une autre plus élevée, où sont des piliers de toutes formes et de toute grandeur. — Un peu plus avant, du même côté, on rencontre une petite grotte fort enfoncée et très-étroite, étonnante par la quantité de stalactites et de stalagmites qu'elle renferme; c'est dans cet endroit que les curieux ont coutume de rompre quelques-unes de ces concrétions pour meubler leurs cabinets ou enrichir leurs collections. — Sur la droite se trouve une entrée qui conduit dans une autre salle très-spacieuse, où l'on voit, à gauche, une figure connue sous le nom de la Vierge; puis une espèce de petite forteresse composée de quatre tours. — Deux entrées mènent, par une pente rapide, dans une autre salle de 100 m. de longueur, sur 10 m. de largeur et 6 m. 75 c. de hauteur : la voûte est toute nue; au milieu on voit un nombre infini de chauves-souris. — On parvient ensuite, au milieu de colonnes de diverses formes et par des passages fort étroits, dans une autre salle, dont la voûte a 28 m. de hauteur, 13 m. de largeur et 400 pas de longueur : à son extrémité est une énorme stalagmite de 2 m. 60 c. de hauteur, dont la base a 1 m. 62 c. de diamètre. — On passe de cette salle dans une autre, où le travail de la nature se présente fort en grand : ce sont des piliers énormes, des colonnes variées, des pilastres d'un travail riche, des dômes élégants, des cuvettes de différentes formes et grandeurs : presque toutes ces concrétions ont la compacité et la blancheur de l'albâtre gypseux. — Les dimensions des grottes d'Arcy diminuent tous les jours; leurs concrétions augmentent sans cesse et contribuent à les rétrécir. Buffon a calculé qu'en supposant l'augmentation de ces concrétions toujours également progressives, il ne faudrait pas plus de deux siècles pour combler la plus grande partie des grottes, et pour transformer ces vastes cavités souterraines en de belles carrières d'albâtre.

On peut parcourir en totalité ces grottes sans revenir sur ses pas, au moyen de la continuité des communications. On recommande de les visiter par un temps sec; l'époque la plus favorable est pendant les mois d'août et de septembre. Les deux postes de Vermanton et de Lucy-le-Bois y conduisent également : les voyageurs, en passant par Arcy, n'allongent

leur route que de 4 k. — *Foire* le 14 novemb.

Bibliographie. Perrault. *Description des grottes d'Arcy* (se trouve dans l'ouvrage du même auteur sur l'origine des fontaines, in-12, 1672, p. 273, 287).

Cluony (Jacques). *Description des grottes d'Arcy, près d'Avalon* (Mémoires de littérature du P. des Molets, t. II, p. 1-110).

Pasumot (F.). *Description des grottes d'Arcy-sur-Cure, suivie d'observations physiques, avec le nivellement, plan, coupe et figures.*

Morand (J.-F.-Cl.). *Nouvelle Description des grottes d'Arcy*, in-12, 1752.

Deville. *Voyage aux grottes d'Arcy*, in-12, 1803.

ARDAILLES, vg. *Gard*, comm. et ⊠ de Valleraugue.

ARDÈCHE (l'), rivière qui prend sa source dans les montagnes des Cévennes, non loin de celle de la Loire, au lieu dit Cap-d'Ardèche, dans le département auquel elle a donné son nom. Elle est formée par trente-six ruisseaux qui se précipitent de cascade en cascade du pié supérieur de ces montagnes, et se réunissent dans le bas-fond du Vivarais. Un grand nombre de ces ruisseaux offrent de tous côtés des vues pittoresques, qui toutes le cèdent en beauté à celle que présente l'Ardèche à l'endroit où ses eaux descendent d'une pente presque perpendiculaire, non loin d'une cascade qui se jette du haut d'une roche basaltique (le *Ray-Pic*) élevée de 40 m. au-dessus du bassin creusé par la chute. On peut faire le tour de ce bassin et passer sans crainte entre la roche et l'énorme colonne d'eau qui s'engouffre avec fracas dans ce précipice. Lorsque l'hiver est rigoureux, l'eau de ce bassin se gèle; alors on voit même la colonne d'eau former une masse de glace qui s'élève, à mesure que le froid augmente, jusqu'au haut de la roche d'où l'eau se précipite. C'est une espèce de manteau qui environne la colonne, et que le dégel fait tomber ensuite avec un grand fracas, entraînant avec lui les arbres les plus forts et quelquefois les chaumières des infortunés que la misère relègue dans ces tristes climats. — Au-dessous de cette cataracte s'élève sur l'Ardèche un pont naturel appelé le pont d'Arc. V. Arc (pont de l').

L'Ardèche ne commence à avoir quelque importance qu'après s'être accrue, près de St-Alban, des eaux de la Beaume et de celles du Chassezac, qui descend de la Lozère. Elle passe à Astet, à Vals, près d'Aubenas, à Ruoms, à St-Martin-d'Ardèche, et se jette dans le Rhône, après un cours d'environ 72 k., à 2 k. du Pont-St-Esprit.

L'Ardèche cause parfois de grands ravages, lors de la fonte des neiges. Cette rivière commence à être flottable à bûches perdues, au-dessus de Mayres, porte des trains au-dessous du pont d'Aubenas, et devient navigable à St-Martin-d'Ardèche. La longueur de la partie flottable est de 109 k., et celle de la partie navigable de 8 k. — Par le flottage se transportent les bois de construction et les bois à brûler qui s'exploitent dans les forêts de St-Remèze. Le seul endroit de commerce et d'entrepôt est St-Martin-d'Ardèche.

ARDÈCHE (département de l'). Le département de l'Ardèche est formé du ci-devant Vivarais, moins le canton de Pradelles, qui fut remplacé par celui des Vans, appartenant dans le principe au département du Gard, et tire son nom de la rivière de l'Ardèche, qui y prend sa source un peu au-dessous de Mayres, coule de l'ouest au sud-est, et se jette dans le Rhône près du Pont-St-Esprit. Ses bornes sont : au nord, les départements du Rhône et de la Loire ; à l'est, le Rhône, qui le sépare des départements de l'Isère et de la Drôme ; au sud, le département du Gard ; et à l'ouest, les départements de la Lozère et de la Haute-Loire.

Le territoire de ce département est entrecoupé de hautes montagnes, où prennent leur source un nombre infini de petites rivières. Les différentes chaînes de ces montagnes courent dans diverses directions, et renferment dans leurs intervalles quelques vallées plus ou moins resserrées, dont la plus considérable est celle de Vallon. C'est dans ces bas-fonds, continuellement arrosés par les eaux qui s'épanchent des hauteurs, que l'agriculture et les établissements manufacturiers offrent le plus de développements. — Les montagnes de l'Ardèche sont des ramifications de la longue chaîne des Cévennes ; elles présentent, dans toute l'étendue du département, un vaste amphithéâtre s'élevant depuis le Rhône jusqu'au plateau des hautes montagnes qui font partie de la longue chaîne des Cévennes, et dont le Mezenc est le point central. La plus importante de ces ramifications est celle qui, sortie du département de la Haute-Loire, entre dans le département de l'Ardèche, et se prolongent jusqu'à la rive droite du Rhône, par Mézilhac, Gourdon, Freyssenet, Meysse et Rochemaure, forme les séparations entre les bassins de l'Ardèche et de l'Erieux. Elle est désignée sous le nom de montagnes du Coiron. Le groupe qui occupe la partie nord du département reçoit le nom de montagnes des Boutières, et celui qui se trouve dans la partie sud, le nom de montagnes de Tanargue. Le point le plus élevé de toutes ces hauteurs est le Mezenc, qui en occupe le milieu, et c'est à cette position sans doute qu'il doit sa dénomination. La chaîne des Boutières, dont il fait partie, part du mont Pila, département de la Loire, et se prolongent par St-Bonnet, St-Romain, Bonnefoi, la Chavade, les Chambons, se termine au Tanargue, et forme la séparation des rivières et ruisseaux qui coulent vers l'Océan ou vers la Méditerranée ; sa direction est presque nord et sud. Le long du Rhône, ces montagnes et rochers sont en grande partie calcaires ; ils sont granitiques et volcaniques dans l'ouest du département. On reconnaît encore quelques-uns des cratères qui ont dû vomir les masses de lave maintenant répandues sur leurs flancs et à leur pied. Tels sont les monts de Niérac et de St-Lager, d'où parfois s'exhalent des vapeurs méphitiques, et les monts de Chenevari, de Coupe et de Coiron ; ces derniers surtout offrent dans leurs bases des colonnades basaltiques semblables aux chaussées des géants du nord de l'Irlande, imposant témoignage des irruptions volcaniques qui jadis bouleversèrent ces contrées.

Le territoire du département n'est pas également fertile dans toute son étendue. Considéré relativement à ses productions, on peut le diviser en deux parties : l'une, couverte de riches coteaux bien cultivés et plantés d'une grande quantité de châtaigniers, produit du blé plus que pour la consommation des habitants, toute espèce de légumes et de fruits, et a de très-beaux pâturages où l'on nourrit une grande quantité de bestiaux ; l'autre partie renferme quelques montagnes stériles qui ne produisent que des châtaignes dont il se fait un grand commerce, et où l'on nourrit des bêtes à laine. Les collines qui bordent les rives du Rhône sont très-fertiles en toute sorte de productions végétales ; on en tire surtout beaucoup de soie et des vins estimés, parmi lesquels on distingue ceux de Cornas et de St-Peray.

Le sol, généralement sablonneux, offre, dans un espace assez resserré, des productions d'une grande grande variété, à raison de son élévation plus ou moins considérable. L'abri que les montagnes procurent aux vallons permet d'élever les oliviers jusqu'au bord de l'Erieux, par 44°50' de latitude ; c'est un des points les plus septentrionaux de la France où l'on en trouve ; on y cultive aussi des figuiers. A 28 k. à peu près du Rhône, le sol s'élève, et la température ne convient plus à l'olivier. La vigne s'étend plus loin, et l'on en voit à peu jusqu'à une ligne tirée de Joyeuse à Antraigues. Les mûriers se trouvent partout où est la vigne. A mi-côte, dans le sol sablonneux et incliné, on rencontre des arbres fruitiers, des hêtres et des chênes, mais principalement des châtaigniers, dont le fruit, nourriture ordinaire des habitants de ce pays, est exporté sous le nom de marrons de Lyon. En parvenant à des parties plus élevées, on ne trouve plus que des arbres résineux, des pins, des mélèses, etc., et enfin des plateaux sans arbres, peuplés de plantes subalpines, et que la neige couvre pendant six à huit mois de l'année. Les pâturages sont le principal dédommagement que la nature ait accordé aux habitants de ces dernières contrées ; aussi les départements voisins y envoient-ils leurs troupeaux.

La contenance totale du département de l'Ardèche est de 538,988 hectares, divisés ainsi :

Terres labourables	128,942
Prés	43,912
Vignes	26,862
Bois	98,004
Vergers, pépinières et jardins	1,205
Oseraies, aunaies et saussaies	3,262
Etangs, mares, canaux d'irrigation	16
Landes et bruyères	148,376
Superficie des propriétés bâties	62,833
Contenance imposable	513,412
Routes, chemins, places, rues, etc.	10,169
Rivières, lacs et ruisseaux	13,036
Forêts et domaines non productifs	1,034
Cimetières, églises, bâtiments publics	49
Contenance non imposable	24,288

On compte :
62,297 maisons.
779 moulins à eau et à vent.
2 forges et fourneaux.
505 fabriques et manufactures.

soit : 63,583 propriétés bâties.

Le nombre des propriétaires est de 94,398 et celui des parcelles de 1,261,355.

HYDROGRAPHIE. L'Ardèche (V. ce mot), l'Erieux et le Doux sont les principales rivières qui coulent dans le département. Les deux premières, qui ont tout leur cours, et s'y jettent dans le Rhône ; le Doux prend sa source dans la Haute-Loire, et se jette aussi dans le Rhône. La Loire y a sa source au mont Gerbier-de-Joncs, d'où elle se dirige dans le département de la Haute-Loire. On peut encore citer parmi les rivières moins considérables qui arrosent le département : l'Ouvèze, l'Avezon, la Déome, la Cance, la Chassezac, la Beaume, l'Ibie et une multitude d'autres qui, ainsi que les précédentes, deviennent des torrents dont les dévastations presque annuelles désolent les territoires environnants. L'Allier forme la démarcation entre les départements de l'Ardèche et de la Lozère, depuis la Bastide jusqu'à Langogne.

Le département renferme quelques étangs et un petit nombre de lacs, dont le plus considérable est celui d'Issarlès, qui a environ 1,500 m. de circonférence, et paraît occuper le cratère d'un ancien volcan. Les eaux de ce lac sont extrêmement limpides : il est très-poissonneux ; les truites qu'on a soin d'y jeter y prennent un goût délicat et un accroissement extraordinaire, mais elles ne s'y reproduisent pas.

Dans quelques parties du département, il existe de petits amas d'eau et des grottes caverneuses remplies d'eau, qui n'a aucun écoulement extérieur. Telles sont : la source du champ du Cros, dont la température est de +7° ; celle de Lunargue de +6° ; celle du Mezenc, entre 3 et +4° ; la fontaine de St-Roure-sous-Aubenas, temp. +12° ; celle de Fontbonne, temp. +11° ; la fontaine de Gourdon, temp. +8°, etc., etc.

COMMUNICATIONS. Le département de l'Ardèche est traversé par huit routes royales de 3e classe, d'une longueur ensemble de 473,688 m. ; et par vingt et une routes départementales, comprenant ensemble 667,253 m.

MÉTÉOROLOGIE. Il est peu de départements plus exposés que celui de l'Ardèche aux variations de l'atmosphère, à raison des montagnes dont il est sillonné de toutes parts, et des vents plus ou moins violents qui en suivent les directions et s'engouffrent dans les vallées. La température est très-chaude dans la vallée du Rhône ; elle est tempérée dans les vallons du nord, et très-âpre dans la partie montagneuse que recouvre longtemps une neige épaisse, et où l'hiver dure six mois. — Dans l'arrondissement de Privas, la chaleur moyenne des étés est de +22 à +23° R. ; le thermomètre descend l'hiver entre —7 et —8° ; il a atteint —13° en 1801.

D'après les observations recueillies pendant cinquante-deux ans par Flaugergues, il tombe à Viviers, année moyenne, 33 pouces 11 lignes d'eau ; le nombre des jours pluvieux a été de cent deux.—Les observateurs du département attribuent aux défrichements une grande influence sur les changements que la température a éprouvés depuis un demi-siècle. M. de Laroque, ancien sous-préfet de Tournon, dit que l'olivier était autrefois cultivé avec succès dans cet arrondissement, et y prospérait même sur les plateaux élevés de 600 m. au-dessus du niveau du Rhône. Il affirme aussi que plusieurs montagnes dont les sommités étaient couronnées de haute futaie avaient leurs flancs garnis de vignes. — M. le docteur Jayeux a fait des observations analogues sur les arrondissements de Privas et de l'Argentière.

PRODUCTIONS. Les productions de l'Ardèche sont infiniment variées à cause des modifications apportées par les différentes élévations du sol et la multitude d'expositions diverses qui en dérivent. Les terres produisent du froment, du seigle et de l'avoine, en quantité à peu près suffisante pour les besoins, ainsi que de l'orge, du méteil, du sarrasin, des pommes de terre, des haricots, du maïs, du petit millet, des châtaignes, etc. Le produit annuel du sol est d'environ 1,210,000 hectol. de céréales et parmentières, et de 105,000 hectol. d'avoine. —Les pâturages sont abondants et d'excellente qualité dans la vallée du Rhône. Les prairies artificielles ne sont pas aussi multipliées qu'elles pourraient l'être.—De vastes forêts couvraient jadis presque toute la partie occidentale du Vivarais. Leur masse est maintenant réduite à 98,004 hect., dont les essences dominantes sont le pin, le sapin et le hêtre.—Les châtaigniers forment une des richesses principales du département, et fournissent un supplément considérable à la nourriture des habitants. Les coteaux à l'ouest de l'Ardèche sont couverts de vastes et épaisses forêts de châtaigniers, qui fournissent les excellents marrons connus sous le nom de marrons de Lyon. Le produit des châtaignes peut être évalué, commune année, à 160,000 hectol., dont 80,000 sont consommés par les habitants, et le reste livré à l'exportation ou employé à la nourriture des animaux. Le noyer est très-répandu, et donne presque la seule huile récoltée dans le département. Le mûrier, introduit par Olivier de Serres, est très-abondant : le produit de chaque arbre, dans les localités où l'on se livre à l'éducation des vers à soie, peut être évalué, déduction faite de toute dépense, à environ 30 francs. Indépendamment de cette application, le mûrier fournit d'excellent merrain, et, roui comme le chanvre, sa filasse donne un fil presque aussi beau que la soie. L'olivier et le figuier croissent avec succès dans la partie méridionale du département. — On ne peut se défendre d'un sentiment d'admiration lorsqu'on considère les montagnes de l'Ardèche, arrachées par la main des hommes à une stérilité absolue, couvertes de la base au sommet d'arbres, de fruits, de grains et surtout de vignes, dont 26,862 hect. donnent, année commune, 497,633 hectol. de vin de qualités très-diffé-

rentes, à cause de la variété des sols et de la diversité des expositions. Les coteaux de Limony, de St-Joseph, de Cornas, de St-Peray, etc., fournissent des vins fort agréables et très-recherchés, dont une partie s'exporte dans toute l'Europe. Les vins d'ordinaire, qui ne sont pas consommés dans le département, sont exportés dans ceux de la Loire, de la Haute-Loire et de la Lozère. Les chevaux sont en petit nombre, ainsi que les mulets et les ânes, et d'une espèce chétive. Les bêtes à cornes sont assez multipliées ; elles sont nourries à l'étable, et donnent des produits considérables en beurre et en fromage. Le département nourrit de nombreux troupeaux de moutons réputés pour la délicatesse de leur chair, mais la laine est grossière. On évalue le nombre des chevaux et des mulets à 15,000, celui des bêtes à cornes à 60,000, et celui des moutons à 300,000. L'éducation des abeilles est soignée ; elles donnent un miel estimé, ainsi que de la cire en abondance. — Les vers à soie alimentent les manufactures du département, et fournissent même des produits à l'exportation. — Les rivières et les eaux vives du département nourrissent beaucoup de poissons de toute espèce, tels que truites, brochets, carpes, anguilles, lottes, esturgeons, aloses et lamproies, dans le Rhône. Les ruisseaux abondent en belles écrevisses.

MINÉRALOGIE. Les substances minérales sont très-variées dans le département. Toutes les roches feuilletées composées qui présentent une transition bien marquée entre les terrains de première et de seconde formation, entre le granit primitif et le calcaire compacte en couche, et qui sont les espèces les plus riches en filons métalliques, se rencontrent dans le département. Ainsi, on y trouve le granit, le schiste argileux secondaire et diversement modifié, le calcaire compacte et le calcaire grossier, les grès, la houille et le gypse ou pierre à plâtre. Le noyau des montagnes de Mezenc et du Coiron est presque tout granitique. Au milieu du granit on trouve quelques masses calcaires et du grès plus ou moins solide. Mais, en général, le calcaire ne se trouve que le long du Rhône, à partir de Soyons ; à sa masse est très-étroite ; au Pouzin, elle s'élargit, et finit par occuper toute la largeur de la partie méridionale du département. On trouve, près de Rochemaure, le silex et des pierres calcaires faciles à tailler. On fabrique dans cette commune des pierres à fusil. Il y a des marbres de diverses couleurs sur plusieurs points du département. Les marbres les plus remarquables sont ceux du Pouzin et de Chomérac. Le marbre du Pouzin est d'un gris cendré avec des taches orbiculaires et des veines blanches ; ce marbre d'architecture intérieure et monumentale a servi à construire le beau pont de la Drôme. Les carrières de Cruas, de Crussol, de Châteaubourg, etc., fournissent aussi aux ouvrages d'art de bons matériaux. A St-Vincent-de-Barrés, à Thueyts, Antraigues, Jaujac et quelques autres endroits, on rencontre en abondance les laves, les basaltes, la pouzzolane et autres produits volcaniques. Le basalte est em-

ployé, pour l'ordinaire dans les constructions.

Le département possède un assez grand nombre de mines de houille : celles de Prades, de Niagles, de Bannes, de Pigère, de Salfernouze, de Mazel, de Creissac, de Creissrilles, de Borée, de Jaujac, de Salavas, d'Aubenas, etc., sont les seules bien connues et susceptibles d'être immédiatement exploitées.

On trouve quelques paillettes d'or dans le Rhône, dans l'Ardèche et dans l'Ericux. — L'Argentière possède des mines d'argent qui ont été exploitées autrefois, et que la découverte de l'Amérique a fait abandonner. — Le quartz cristallin verdâtre que l'on aperçoit dans la commune de St-Laurent-lez-Bains, semble annoncer l'existence d'une mine de cuivre.— On trouve plusieurs mines de plomb dans les environs de Tournon et dans la commune de Mayres, et une mine d'antimoine à Malhose. La Voulte offre une mine de fer d'excellente qualité, dont l'exploitation a pris, en dernier lieu, beaucoup de développement.

SOURCES MINÉRALES à Jaujac, à Thueyts, à Niérac, à St-Laurent, à Vals, à Marcols, à Mayras, à St-Sauveur-de-Montagut, à Desaigue.

INDUSTRIE ET COMMERCE. Le département de l'Ardèche figure d'une manière distinguée, par ses produits naturels, par l'active industrie de ses habitants, par l'étendue et la variété des objets de son commerce. La soie, les vins fins, les papiers de première qualité qu'il livre à la consommation, le rangent principalement parmi les contrées les plus intéressantes. Un grand nombre d'autres objets de l'industrie de l'Ardèche appellent l'attention des spéculateurs. On y engraisse beaucoup de bestiaux ; s'y exploite de très-bons minerais de fer, qui alimentent quatre hauts fourneaux ; les olives, les noix dont on fait beaucoup d'huile ; les marrons, les truffes y sont des produits importants. L'industrie des habitants n'est pas restée au-dessous des avantages naturels ; on trouve dans le département des fabriques de draps, de chapeaux de paille, une huilerie renommée, une grande quantité de scieries hydrauliques, une exploitation assez considérable de houille ; des exploitations de plomb à fusil, d'antimoine, et de couperose verte. Mais les objets principaux et véritablement très-importants sur lesquels s'exerce l'activité de la population sont la papeterie et l'ouvrage des soies : la dernière de ces industries produit annuellement 300,000 kilog. de soie prête à être livrée au commerce, et la première donne plus de 300,000 rames de papier.

Dans l'arrondissement de Privas, on engraisse pendant l'hiver beaucoup de porcs, et l'on fait un grand commerce de beurre, de fromages, de châtaignes, de truffes : les habitants de la rive gauche du Rhône viennent s'y approvisionner de ces denrées. Aubenas a un grand dépôt de soies grèges et ouvrées. A Meysse et à Rochemaure, on exploite en grand le silex pyromaque pour pierres à fusil et briquets à feu. Le Pouzin, est l'entrepôt des marchandises tirées des départements de la Loire et du Rhône.

Au Theil, il y a une tuilerie remarquable par

les procédés de fabrication à la mécanique ; un modèle de la machine qui est en usage dans cet établissement a figuré avec distinction à l'exposition des produits de l'industrie nationale de 1839. Viviers est renommé par son immense culture de mûriers. Dans la même commune on trouve d'inépuisables carrières de pierres propres à faire de fort bonne chaux hydraulique. A la Voulte sont situées les forges renommées, dites de la compagnie de la Loire et de l'Isère. — L'arrondissement de l'Argentière possède les houillères de Beaunes ; des fabriques de couvertures de laine au Burzet ; une grande scierie mue par la vapeur à la Chavade ; une mine d'antimoine est exploitée à Malbose ; Montpezat fabrique beaucoup de gilets tricotés. Les Vans fabriquent de la filoselle, et font un commerce considérable de toiles estimées, tirées du Cantal et de l'Aveyron. — Dans l'arrondissement de Tournon se trouvent les papeteries justement célèbres d'Annonay, et l'ouvrage des plus belles soies blanches pour tulles et blondes. La mégisserie a aussi pris un grand essor dans cet arrondissement, où l'on prépare annuellement en blanc des peaux de chevreau et d'agneau pour plus de cinq millions ; une partie de ces peaux passe en Angleterre ; le reste contribue à l'approvisionnement de Paris et de Grenoble. Des fabriques de draps sont établies à Vernoux et à St-Félicien. La Martre est renommé pour ses excellentes châtaignes ; Cornas et St-Péray pour leurs délicieux vins rouges et blancs mousseux. A Crussol, on exploite des pierres dures qui imitent le marbre.

Foires. Le département de l'Ardèche possède de nombreuses foires qui se tiennent plus de 100 communes ; une douzaine seulement de ces foires ont plus d'un jour. Les principaux objets de commerce sont les bestiaux de toute espèce, les cuirs verts et secs, la cire, la soie, la filoselle. On y vend aussi des grains, beaucoup de pommes de terre, de marrons et de châtaignes frais ou secs, ainsi que d'autres fruits ; du chanvre, des laines en suint et ouvrées, des toiles, des cadis fabriqués dans le pays ; des planches, de la boissellerie, des arbrisseaux, des plants de mûriers, des graines de prairies artificielles, des articles de cordonnerie et de chapellerie apportés de très-loin en quantité.

Mœurs et usages. Les habitants du département de l'Ardèche sont patients et laborieux ; ils sont parvenus, notamment dans les environs de l'Argentière, à vaincre la nature et à rendre leurs montagnes fertiles en formant des terrasses soutenues par des murailles de pierres sèches, sur lesquelles ils portent des terres pour y semer des grains et y planter la vigne ; ils entendent fort bien l'art des irrigations, si nécessaires dans les terrains arides des montagnes. Sont sobres, robustes, très-attachés à leurs foyers, et manifestent une répugnance insurmontable pour toutes les professions qui tendent à les en éloigner. Leurs mœurs sont pures et sévères ; les liens de famille y sont chéris et respectés ; le pouvoir pa-

ternel y conserve toute son autorité. Malgré la stricte économie qui leur est commandée par leur position peu aisée, ils exercent avec un véritable abandon l'hospitalité.

Division administrative. Le département de l'Ardèche a pour chef-lieu Privas. Il envoie 4 représentants à la chambre des députés, et est divisé en 3 arrondissements :

Privas. . . . . 10 cant. 116,159 h.
L'Argentière. . 10 — 108,838
Tournon. . . . 11 — 139,419
                31 cant. 364,416 h.

29e conservation des mines (chef-l. Montpellier). — 16e arrondissement des forêts. — 9e division militaire (chef-l. Montpellier). — Évêché de Viviers ; 35 cures, 286 succursales, 101 vicariats ; séminaire diocésain à Viviers ; écoles secondaires ecclésiastiques à Bourg-St-Andéal et à Vernoux. — Église consistoriale à Lamastre, à St-Pierre-Ville, à Privas, à Vernoux et à la Voulte ; 18 temples. — Collège royal à Tournon ; collège communal à Aubenas ; école normale primaire à Privas. — Société d'agriculture à Privas, à l'Argentière et à Tournon ; société de statistique à Annonay.

Biographie. Les hommes célèbres ou fameux nés dans le département de l'Ardèche sont : Pons de Balazun, historien de la première croisade. — G. de Balazuc, troubadour du XIIe siècle. — Olivira de Serres, célèbre auteur du Théâtre d'agriculture. — Le C. de Bernis, poète et diplomate. — Le marquis de Lafare, connu par ses poésies et par des mémoires historiques sur le règne de Louis XIV. — Le commentateur Coduac. — Le médecin Combaluzier. — Le compilateur Davite. — Le cardinal de Tournon, ministre de François Ier, persécuteur des protestants. — P. Bertrand, cardinal, fondateur de l'hospice d'Annonay. — J. de Serres, historien. — J.-P. Delichères, auteur d'une notice sur le département de l'Ardèche. — L'abbé Barruel, écrivain contre-révolutionnaire. — Le comte Abrial, ex-ministre de la justice sous l'empire. — Le comte Boissy d'Anglas, pair de France. — Victorin Fabre, poète. — Les frères Montgolfier, inventeurs des aérostats. — L'astronome Flaugergues. — Les généraux Rampon, de Losne, etc., etc.

Bibliographie. Delichères. Notice historique sur le département de l'Ardèche.
Soulavie. Histoire naturelle de la France méridionale, t. III, p. 297.
Dulaure. Description des principaux lieux de la France (le t. II traite du Vivarais).
Cafarelli. Mémoire sur l'agriculture de l'Ardèche (Mémoires de la société royale d'agriculture et commerciale de Caen, in-8, 1827).
Annuaire statistique de l'Ardèche, in-8, 1830 et suivantes.

ARDELAY, bg Vendée (Poitou), arr. et à 37 k. de Bourbon-Vendée, cant. et ✉ des Herbiers. Pop. 1,438 h.

ARDELLES, vg. Eure-et-Loir (Beauce),

arr. et à 27 k. de Dreux, cant. et ✉ de Châteauneuf-en-Thimerais. Pop. 221 h.

ARDELU, vg. Eure-et-Loir (Beauce), arr. et à 34 k. de Chartres, cant. d'Auneau, ✉ d'Angerville. Pop. 133 h.

ARDENAY, vg. Sarthe (Maine), arr. et à 20 k. du Mans, cant. de Montfort, ✉ de Connerré. Pop. 421 h. — Le château d'Ardennay, situé à 8 k. du village est un édifice moderne, rebâti vers le milieu du XVIIIe siècle ; il est encore entouré de larges fossés secs, environné de beaux jardins et précédé d'une belle avenue.

ARDENGOST, vg. H.-Pyrénées (Bigorre), arr. et à 35 k. de Bagnères, cant. et ✉ d'Arreau. Pop. 192 h.

ARDENNAIS, vg. Cher (Berri), arr. et à 14 k. de St-Amand, cant. et ✉ du Châtelet. Pop. 402 h. Près de l'Arnon.

ARDENNES, Arduenna, grande forêt qui commence dans le Hainaut français, dép. du Nord, et s'étend à travers la Picardie, la Champagne et le Luxembourg jusqu'à la Moselle. Du temps de César, qui en parle dans ses Commentaires, elle s'étendait jusqu'au Rhin. — La forêt des Ardennes était une des retraites principales des druides. On n'y découvre néanmoins qu'un petit nombre de monuments celtiques, parmi lesquels on remarque les dolmens qui avoisinent Château-Renaud.

ARDENNES (département des). Le département des Ardennes est formé de la haute Champagne, de la Thiérache et du Hainaut français. Il tire son nom de la vaste et ancienne forêt des Ardennes, dont les restes couvrent sa partie septentrionale. Ses bornes sont : au nord, la Belgique ; à l'est, le département de la Meuse ; au sud, celui de la Marne, et à l'ouest, celui de l'Aisne.

Le vaste plateau que forment les montagnes du département est une des ramifications des monts Faucilles qui se rattache à la chaîne des Vosges ; il occupe l'espace compris entre la Meuse et l'Aisne, prend ensuite la dénomination de plateau d'Argonne, qu'il conserve jusqu'à Mézières, et se lie plus loin avec le plateau élevé de Rocroi. La chaîne principale de l'Argonne, qui détermine le cours de la Meuse, de l'Aisne et de l'Oise, s'étend du sud-est au nord-ouest depuis Buzancy jusqu'au delà de Launoi, et remonte ensuite vers le nord-ouest jusqu'à Rocroi.

Si l'on étudie la configuration du sol sous le rapport des directions des cours d'eau qui le sillonnent en différents sens, on est conduit à le diviser en deux parties, dont l'une appartient au bassin de la Meuse, et l'autre au bassin de la Seine. La ligne de partage des eaux, vue dans son ensemble, se dirige à très-peu près du nord-ouest au sud-est.

La contenance totale du département est de 517,385 hectares, divisés ainsi :

Terres labourables. 314,222
Prés. 48,190
Vignes. 1,725
Bois. 93,460
Vergers, pépinières et jardins. . . . 9,801

Oseraies, aunaies et saussaies.	438
Étangs, mares, canaux d'irrigation.	496
Landes et bruyères.	10,820
Superficie des propriétés bâties.	1,392
Autres cultures.	836
Contenance imposable.	483.381
Routes, chemins, places, rues, etc.	10,002
Rivières, lacs et ruisseaux.	2,720
Forêts et domaines non-productifs.	20,875
Cimetières, églises, bâtiments publ.	119
Contenance non-imposable.	33,716

On y compte :
64,273 maisons.
507 moulins à eau et à vent.
46 forges et fourneaux.
499 fabriques et manufactures.

soit 65,325 propriétés bâties.
Le nombre des propriétaires est de 115,752
Celui des parcelles de 1,445,501

HYDROGRAPHIE. Les principales rivières qui arrosent le département, sont : 1° la Meuse, qui traverse dans toute sa longueur du sud-est au nord, et y est navigable sur une étendue de 261,000 m. Cette rivière facilite le transport des approvisionnements en combustibles des usines métallurgiques et des machines à vapeur de Sédan, où le transport des houilles de Liége et de Charleroi s'effectue à peu de frais. 2° L'Aisne, dont la navigation a été améliorée depuis l'achèvement du canal des Ardennes, sur une étendue de 21,000 m., canal qui établit une communication entre la Meuse et l'Aisne au moyen de la Bar (V. ARDENNES [canal des]). Les autres rivières de quelque importance sont l'Oise, le Chiers, la Bar, la Vence, la Sonnone, la Semoy, le Voiron, l'Aire, la Vaux, la Retourne, etc.

COMMUNICATIONS. Le département est traversé par 6 routes royales dont le parcours est d'environ 365,678 m.; par 4 routes départementales d'une longueur d'environ 88,594 m., et par 6 grandes communications vicinales dont la longueur totale, après entier achèvement, sera d'environ 130,000 m. Ces dernières facilitent singulièrement les relations entre les contrées les plus éloignées et le chef-lieu du département, notamment avec Charleville, où se tient le principal marché aux grains.

MÉTÉOROLOGIE. Le climat du département est sujet à de brusques variations et généralement froid. L'hiver y est souvent pluvieux, et se prolonge assez ordinairement depuis les premiers jours de novembre jusqu'à la fin de mai. Les chaleurs qui succèdent presque toujours à ces temps humides ont une grande intensité, mais au milieu du jour seulement ; les nuits sont généralement froides, et la température varie d'une manière tellement sensible du matin au soir, que le thermomètre monte et baisse dans un même jour de 7 à 8° R. Les mois de septembre et d'octobre sont presque constamment beaux, et forment dans cette contrée la plus belle saison de l'année.—Les vents du nord, du nord-est et du nord-ouest sont ceux qui soufflent le plus généralement.

PRODUCTIONS. Le territoire du département des Ardennes n'est pas également fertile partout ; quelques cantons de la partie sud-ouest n'offrent que des plaines nues et arides, où les arbres mêmes ne peuvent prendre d'accroissement. Toute la partie située au nord est entrecoupée de montagnes couvertes de bois et de bruyères incultes, dont on est réduit à brûler les herbes pour engraisser ces terres froides. Dans celle qui avoisine le département de l'Aisne, la terre est plus fertile et la culture plus en vigueur ; on y récolte différentes sortes de grains et du chanvre. Enfin vers le centre on voit différentes espèces d'arbres fruitiers et des vignes en assez grande quantité.

Les richesses végétales du département sont plutôt dues aux forêts et aux prairies qu'aux terres labourables. Cependant on récolte beaucoup de grains dans les larges vallées de la partie centrale ; telle est celle de l'Aisne, qui est un des plus riches pays de la France pour les blés. On recueille aussi du vin passable dans la partie méridionale. Les pâturages où dominent des herbes aromatiques sont généralement bons. Mais les forêts y sont en grande quantité, et occupent environ le cinquième de la superficie territoriale.

Les récoltes du département sont à peu de chose près suffisantes pour la consommation des habitants, ainsi qu'on peut s'en convaincre par le tableau suivant :

	Hectolitres récoltés.
Froment.	620,000
Méteil.	110,000
Seigle.	210,000
Orge.	295,000
Avoine.	810,000
Sarrasin.	10,000
Légumes secs.	9,000
Autres menus grains.	20,000
Pommes de terre.	400,000

Les brasseries produisent annuellement environ 177,000 hectol. de bière. Les fruits à cidre donnent annuellement environ 55,000 hectol. de cidre. La vigne, cultivée seulement dans les arrondissements de Rethel, Sédan et Vouziers, produit annuellement 80,000 hectol. de vins communs que l'on consomme dans le pays. — Les forêts occupent plus de la cinquième partie de la superficie territoriale. Dans le bassin de la Meuse et dans l'Ardenne les animaux domestiques, quoique vigoureux, y sont généralement d'une petite espèce ; car les vaches y fournissent peu de lait, mais les moutons y sont renommés pour la qualité de leur chair et la beauté de leur laine. Les animaux domestiques de la vallée de l'Aisne, élevés dans de bons pâturages, sont de grande taille et d'espèce assez belle. — Sur quelques points, on a tenté d'élever des chèvres du Thibet. — L'éducation des abeilles est assez répandue dans l'Ardenne. Le département abonde en gibier ; on y trouve des chevreuils et des sangliers, des lièvres, des lapins, etc.

INDUSTRIE. Le département des Ardennes est un des départements où l'industrie est le plus développée et surtout le plus généralement répandue jusque dans les plus petites communes. L'industrie du fer y est universelle, la fabrication de la ferronnerie de toute espèce, la casserie, la clouterie, la taillanderie ; la fabrication des marteaux, des enclumes, des bigornes, des essieux d'artillerie, la tôlerie ; le fer noir, dans toutes ses branches, la tréfilerie ; le fer-blanc ou tôle étamée, les faux et limes, etc., occupent une grande partie de la population. Le département des Ardennes est-il un de ceux qui produisent le plus de fonte de ménage, de poterie de toute espèce, de poêles, de mortiers, de plaques de cheminées, de grilles de balcons, de moulage à l'infini, de première et seconde fusion. — Une autre industrie, très-importante et très-étendue, consiste dans la production favorisée par la nature des pacages, le cardage, le peignage, la filature, le tissage et le tricotage de la laine. Enfin cette industrie est couronnée par une des plus importantes et des plus remarquables fabrications de draps qu'il y ait en Europe. — Viennent en troisième ordre et successivement, la tannerie, la fabrication du cuivre jaune ou laiton ; les verreries ; l'exploitation des ardoisières et des marbres ; la colle forte de première qualité ; les fabriques de céruse et blanc de plomb ; la boissellerie, facilement alimentée par les forêts de hêtres qui couvrent en partie le département.

Le commerce a pour principaux objets les grains, les chevaux, les moutons, les laines, draps, fers de toute nature, quincaillerie, sableries, cuivre, laiton, etc. — Le commerce de transit et de commission est fort étendu. — La Meuse, l'Aisne et le canal des Ardennes favorisent les approvisionnements.

FOIRES. Environ 40 communes du département ont des foires, dont le nombre ne dépasse pas 150 ; deux seulement (celles de Fumay) ont plus d'un jour de durée. A l'exception de celles de Vouziers et de Charleville où il se fait un commerce étendu en grains de toute espèce ; de Juniville, renommées pour la vente des chevaux et des bœufs gras, les autres foires des Ardennes ne peuvent guère être considérées que comme de gros marchés.

MŒURS ET USAGES. Les Ardennais sont laborieux, intelligents, bienfaisants et hospitaliers, mais un peu rudes dans leurs manières. Les mœurs des habitants des campagnes sont sévères, et plus pures qu'on ne pourrait s'y attendre dans un pays où de grands établissements industriels se trouvent placés à côté des populations rurales. Les paysans et les ouvriers sont travailleurs, économes et probes. En général, les Ardennais sont également propres aux spéculations commerciales, aux combinaisons industrielles, à la culture des lettres et des arts, ainsi qu'à l'étude des sciences exactes : on a remarqué que le département des Ardennes est un de ceux qui, depuis la création de l'école polytechnique a fourni le plus grand nombre d'élèves à cet établissement scientifique. — Les habitants des Ardennes sont chasseurs déterminés, généralement bons tireurs et aiment à faire preuve de leur adresse : on a compté de tous temps dans le peuple un grand nombre de compagnies des chevaliers de l'arquebuse; l'établissement de celle de Mézières remonte à 1563. — Dans les fêtes locales du pays, qu'on appelle *Dédicaces*, on retrouve quelque chose de la joie bruyante et de la grosse gaieté qui caractérise les *Kermesses* et les *Ducasses* flamandes. Le jour principal de la fête, les garçons font les invitations à danser et les honneurs du bal. Le lendemain, ce sont les filles qui invitent les garçons ; combinaison qui répand sur toute la journée (car on danse depuis le matin jusqu'au soir) une gaieté gracieuse, galante, coquette, au moyen de laquelle les demoiselles récompensent d'anciens attachements, en commencent de nouveaux, entretiennent des espérances, se vengent des négligences, des dédains ou des propos de toute l'année; c'est pour elles un véritable jour d'émancipation.

DIVISION ADMINISTRATIVE. Le département des Ardennes a pour chef-lieu Mézières. Il envoie 4 représentants à la chambre des députés, et est divisé en 5 arrondissements :

Mézières...	7	cant.	73,376 h.
Rethel.....	6	—	68,487 h.
Rocroi.....	5	—	49,838 h.
Sédan.....	5	—	66,027 h.
Vouziers..	8	—	61,429 h.
	31		319,157 h.

Direction des douanes à Charleville. — 10ᵉ conservation des forêts (chef-l. Mézières). 2ᵉ divis. milit. (chef-l. Châlons) ; 4 places de guerre : Mézières, Charlemont et les Givet, Rocroi, Sédan et le Château. — Diocèse de Reims. 32 cures, 359 succursales, 4 vicariats; école secondaire ecclésiastique à Charleville; — Église consistoriale à Sédan ; 1 temple; société biblique ; 2 écoles protestantes. — Colléges communaux à Charleville, à Rethel et à Sédan; école normale primaire à Charleville. — Société d'agr., sciences, arts et comm. à Mézières ; société d'agr. à Rethel, Rocroi, Sédan, Vouziers. Cours de géométrie appliquée aux arts à Mézières, à Sédan et à Charleville.

Biographie. M. l'abbé BOUILLOT a donné en 2 vol. in-8 la biographie des illustres Ardennais, parmi lesquels nous citerons : L'abbé BATTEUX. — Le conventionnel BAUDIN *des Ardennes*. — Le général BEBERT. — Le brave BERTÈCHE, si connu par son héroïque conduite à Jemmapes. — Le général BERTON, dont on connaît la fin tragique. — BONNE, ingénieur-hydrographe. — Le littérateur BOQUILLON. — LA CAILLE, un des plus célèbres astronomes du XVIIIᵉ siècle. — Le savant CLOUET. — Les deux frères COCHELET. — Le P. COFFIN, poète latin. — Le général DE CONTAMINE, qui a doté la France de l'importante fabrication du laiton. — L. CAPPEL, professeur d'hébreu et habile critique. — P. CARPENTIER, savant bénédictin, auteur du supplément au Glossaire de Ducange. — Le célèbre CORVISART, médecin de l'empereur Napoléon. — Le compositeur DAUSSOIGNE. — Le conventionnel DUBOIS-CRANCÉ, ministre de la guerre sous la républi-que. — Le savant abbé L'ÉCUL. — CHARLIER DE GERSON, chancelier de l'université de Paris. — Le mécanicien GUILLAUME, inventeur de la charrue qui porte son nom. — Le géomètre HACHETTE. — HALMA, helléniste distingué. — DU HAN, qui fut précepteur de Frédéric le Grand. — Les lieutenants généraux HARDY et HULOT. — Le général d'artillerie HULOT D'OSERY. — L'abbé HULOT. — Le géographe LAPIE. — Le général LARDENOIS. — Le physicien LEFEBVRE-GINEAU. — Le général LYON. — L'abbé DUFOUR DE LONGUERUE. — Le savant dom MABILLON, regardé sous Louis XIV comme le religieux le plus savant du royaume. — L'illustre maréchal MACDONALD. — Le farouche ROBERT DE LA MARCK, surnommé le *grand sanglier des Ardennes*. — Son fils et petit-fils, ROBERT III et ROBERT IV, tous les deux maréchaux de France. — MÉHUL, célèbre compositeur de musique. — Le fameux curé MESLIER, dont le Testament a fait grand bruit dans le siècle dernier. — PACHE, ministre de la guerre sous la république. — L'ingénieur CHARLES DE PARAVEY. — ROUX, mécanicien et astronome. — Le général CARLET DE LA ROSIÈRE. — Le professeur de physique FÉLIX SAVART. — Le général SAVARY, duc de Rovigo, ministre de la police sous l'empire. — Le fondateur de la Sorbonne, ROBERT DE SORBON. — Le brave TRAULLE, qui en 1815 défendit Mézières contre les Prussiens. — L'illustre maréchal DE TURENNE. — Le philanthrope ST-YVES, habile oculiste du XVIIIᵉ siècle. — Le général VEILANDE, etc., etc.

Bibliographie. *Aperçu statistique du département des Ardennes* (Annales de statistique, XXXᵉ liv., an IX).

DUBOIS (E.). *Statistique du département des Ardennes*, in-8, 1842.

HUBERT (J.-B.). *Géographie historique du département des Ardennes, renfermant la géographie historique et le précis de l'histoire de chaque localité*, in-12, 1838.

BOUILLOT (l'abbé). *Biographie du département des Ardennes*, 2 vol. in-8, 1830.

COQUEBERT DE MONTBRET (le baron). *Description géographique et minérale du département des Ardennes* (Journal des mines, t. XVI, 1801).

SAUVAGE. *Statistique minéralogique et géologique du département des Ardennes* (avec Buvignier), in-8, 1842.

ROZET. *Notice géognostique sur quelques parties du département des Ardennes et de la Belgique* (Annales des sciences naturelles, t. XIX).

CLÈRE. *Formation ardoisière des Ardennes* (Annales des mines; 2ᵉ série, t. VIII, p. 423).

V. aussi les articles : CHAMPAGNE, LORRAINE, CHATEAU-PORCIEN, DONCHERY, GRANDPRÉ, MÉZIÈRES, MOUZON, RETHEL, RIMOGNE, ROCROI, SÉDAN, VOUZIERS.

ARDENNES (canal des). Ce canal établit une communication entre l'Aisne et la Meuse, au moyen de la Bar, rivière qui a été canalisée. Le point de partage est à Chêne-le-Populeux ; il se trouve à 79 m. 40 c. au-dessus du niveau de l'Aisne, et 17 m. 15 c. au-dessus de la Meuse. La pente du côté de l'Aisne est rachetée par 27 écluses; celle du côté de la Meuse par 7 seulement. Outre ces 34 écluses, on remarque 10 gares, 10 ponts sur écluses et 29 ponts isolés. Les ponceaux et aqueducs sont au nombre de 35; enfin, du côté de la Meuse, il existe un bel ouvrage d'art, le *souterrain de St-Aignan*, qui traverse, sur une longueur de 262 m., la montagne de Chevenge; la hauteur de la voûte est de 6 m. 50 c. ; la largeur du canal est de 5 m. 60 c. au fond, et de 7 m. à la superficie de l'eau, dont la profondeur est de 2 m. 20 c.

Le canal des Ardennes forme une des lignes qui tendent à établir une communication par eau de Strasbourg aux ports de la Manche ; 1° par un canal de jonction de la Meuse à la Moselle et au Rhin ; 2° par les rivières d'Aisne et d'Oise et le canal du Centre. On s'occupe d'un embranchement du canal de Vouziers à Semay, qui aura pour résultat de faciliter les relations entre la partie la plus agricole du département et Charleville, lieu de son principal marché aux grains.

Il existe aussi un projet de canal qui traverserait Mézières, et éviterait aux bateaux de la Meuse le contour de l'île St-Julien. La navigation, difficile en cet endroit, serait réduite d'une longueur de 400 m. à une de 580 m. Sa longueur totale, de la Meuse à l'Aisne, est de 38,451 m.

ARDENTES-ST-MARTIN, vg. *Indre*, commune réunie en 1839 à Ardentes-St-Vincent où est le ✉. On y remarque trois forges considérables situées sur la rivière d'Indre, qui forme devant chacune d'elles un magnifique étang. — *Fabrique de canons en acier de Styrie*, qui livre annuellement au commerce environ 10,000 faux. — *Foires* les 4 juillet et 11 nov.

ARDENTES-ST-VINCENT, bg. *Indre* (Berri), chef-l. de cant., arr. et 13 k. de Châteauroux, sur la rive droite de l'Indre. ✉. Cure. À 268 k. de Paris pour la taxe des lettres. Pop. 2,162 h. — TERRAIN jurassique, étage moyen du système oolitique. — Ce bourg a reçu le nom d'Ardentes en 1839, époque de la réunion à son territoire de celui d'Ardentes-St-Martin. — *Foires* les 22 janv., 21 mai et 1ᵉʳ sept.

ARDES, petite ville, *Puy-de-Dôme* (Auvergne), chef-l. de cant., arr. et 20 k. d'Issoire. ✉. Cure. À 440 k. de Paris, pour la taxe des lettres. Pop. 1,796 h. — TERRAIN volcanique, basalte.

Autrefois diocèse et élection de Clermont, intendance de Riom, couvent de récollets.

Cette ville est située dans une contrée hérissée de rochers volcaniques, au pied de la montagne de Lugues, sur la grande Couze, qui arrose une belle et fertile vallée. C'était autrefois la capitale du duché de Mercœur ; les seigneurs de ce nom y possédaient un magnifique château qui a été détruit en 1634 par ordre du cardinal de Richelieu, et dont il reste encore quelques tours. L'église paroissiale est un bel édifice de construction gothique, qui paraît avoir été élevé dans le XIIe siècle. — Commerce considérable de moutons et de laines. Entrepôt du commerce entre la haute et la basse Auvergne. — *Foires* les 7 et 25 janv., lundi saint et des Rogations, 26 juin, 26 juillet, 29 sept., 28 oct., 13 nov. et 13 déc.

ARDEUIL, vg. *Ardennes* (Champagne), arr. et à 15 k. de Vouziers, cant. et ⊠ de Monthois. Pop. 202 h.

ARDEVON, vg. *Manche* (Normandie), arr. et à 15 k. d'Avranches, cant. et ⊠ de Pontorson. Pop. 480 h.

ARDIALLE, vg. *Tarn*, comm. et ⊠ de Puylaurens.

ARDIÈGE, vg. *H.-Garonne* (Nébouzan), arr. et à 9 k. de St-Gaudens, cant. de St-Bertrand, ⊠ de Montrejeau. Pop. 670 h.

ARDIÈRE (l'), petite rivière qui prend sa source près des Ardillats (*Rhône*); elle passe à Beaujeu-la-Pierre-Cirée, St-Jean-d'Ardière, et se jette dans la Saône au-dessous de Belleville, après un cours d'environ 24 k.

ARDILLATS (les), vg. *Rhône* (Beaujolais), arr. et à 26 k. de Villefranche, cant. et ⊠ de Beaujeu. Pop. 1,112 h. — Ce village est bâti dans une situation agréable, sur l'Ardière. On y remarque une belle papeterie, où M. Montgolfier, fixé depuis longtemps dans le Beaujolais, a introduit dans la fabrication du papier les perfectionnements les plus avantageux, et tout ce que les Anglais ont reconnu d'utile dans cette branche d'industrie. La papeterie des Ardillats occupe un grand nombre de bras; son existence date du XVIIe siècle. Deux autres papeteries existent entre les Ardillats et Beaujeu; mais ces établissements sont beaucoup moins considérables.

ARDILLEUX, vg. *Deux-Sèvres* (Poitou), arr. et à 17 k. de Melle, cant. et ⊠ de Chefboutonne. Pop. 260 h. — On remarque aux environs, dans les bois de Trapaut, les restes d'un château entouré de douves, que l'on croit du VIIIe siècle. On voit aussi sur son territoire les ruines d'un autre château, connu sous le nom de la Mothe-Tuffaut, placé entre deux collines et dominant principalement Chefboutonne, Ardilleux et les lieux d'alentour.

ARDILLIÈRES, vg. *Charente-Inf.* (Aunis), arr. et à 18 k. de Rochefort, cant. d'Aigrefeuille, ⊠ de la Croix-Chapon. P. 756 h.

ARDIN, bg *Deux-Sèvres* (Poitou), arr. et à 20 k. de Niort, cant. et ⊠ de Coulonges. Pop. 1,870 h. — Exploitation des carrières d'un marbre brun qui reçoit un beau poli. — *Foires* les 12 mai et 9 nov.

ARDISSAS, vg. *Gers* (Armagnac), arr. et à 30 k. de Lombez, cant. de Cologne, ⊠ de l'Isle-en-Jourdain. Pop. 424 h.

ARDOIX, vg. *Ardèche* (Vivarais), arr. et à 19 k. de Tournon, cant. de Satilieu, ⊠ d'Annonay. Pop. 854 h.

ARDON, vg. *Aisne*, comm. et ⊠ de Laon.

ARDON, vg. *Jura* (Franche-Comté), arr. et à 15 k. de Poligny, 20 k. d'Arbois, cant. et ⊠ de Champagnolle. Pop. 149 h. Sur l'Angillon. —Belle papeterie.

ARDON, vg. *Loiret* (Orléanais), arr. et à 13 k. d'Orléans, cant. de la Ferté-St-Aubin, ⊠ d'Olivet. Pop. 524 h.—*Foire* le 25 juin ou le lundi suivant si le 25 est un dimanche.

ARDOUR, petite rivière qui prend sa source à peu de distance de Bénévent (*Creuse*), et qui se jette dans la Gartempe au-dessous de Folle (*H.-Vienne*), après un cours d'environ 24 k.

ARDOUVAL, vg. *Seine-Inf.* (Normandie), arr. et à 25 k. de Dieppe, cant. de Bellencombre, ⊠ des Grandes-Ventes. Pop. 410 h.

ARDRE (l'), petite rivière qui prend sa source au-dessus de Nanteuil (*Marne*); elle passe à Nanteuil et à Faverolles, et se jette dans la Veyle, un peu au-dessous de Fismes, après un cours d'environ 24 k.

ARDRES (canal d'), dép. du *Pas-de-Calais*. Ce canal, construit en 1714, est de niveau d'un bout à l'autre; sa prise d'eau est au pont à quatre branches, un de ses extrémités à St-Omer. V. CANAL DE CALAIS A ST-OMER.

ARDRES, *Arda*, *Ardrea*, petite et forte ville, *Pas-de-Calais* (Picardie), chef-l. de cant., arr. et à 24 k. de St-Omer, place de guerre de 2e classe. Cure. Gîte d'étape. ⊠. ⚡. A 268 k. de Paris pour la taxe des lettres. Pop. 2,193 h. — TERRAIN d'alluvions modernes.

Autrefois diocèse de Boulogne, parlement de Paris, intendance d'Amiens, gouvernement particulier, prévôté et mairie royale, couvent de carmes et de bénédictins.

Cette ville est située sur le canal de son nom, entre une plaine fertile et un marais tourbeux. Elle doit son origine à un château fort construit par Herbert de Furnes, en 1069. Cette ville fut brûlée et ses fortifications rétablies en 1094. Philippe Auguste la prit en 1204; Ferrand de Flandre s'en empara en 1214. En 1352, Édouard III d'Angleterre assiégea sans succès cette place, qui lui fut cédée peu de temps après. Charles V la reprit en 1377; Henri VII, roi d'Angleterre, s'en empara en 1492, et la rendit à Charles VIII moyennant 740 mille écus (1,295,000 fr.). Ardres se rendit, en 1522, aux Impériaux unis aux Autrichiens, qui ne purent s'y maintenir. L'archiduc Albert d'Autriche prit cette ville par capitulation en 1596, et la rendit à Henri IV en 1598, en exécution du traité de Vervins.

C'est dans les environs d'Ardres que François Ier eut une entrevue avec Henri VIII, roi d'Angleterre, en 1520. Les fêtes qui se donnèrent à cette occasion furent si magnifiques, que le lieu où ces deux monarques se réconcilièrent en a conservé le nom de *Camp du Drap d'or*. « Avoit fait le roi de France, dit le maréchal de Fleuranges dans ses Mémoires, les plus belles tentes qui furent jamais vues et le plus grand nombre, et les principales étoient de drap d'or frisé dedans et dehors, tant chambres que salles et galeries, et tout plein d'autres draps d'or ras et toiles d'or et d'argent. »

Les armes d'Ardres sont : *d'argent à l'aigle impérial de sable*.

Les établissements militaires d'Ardres sont assez beaux; les casernes et les écuries, placées à très-peu de distance d'un manège couvert et d'un abreuvoir d'eau pure, suffisent pour la garnison, ordinairement composée d'un régiment de cavalerie. Deux ruisseaux baignent ses murs, et le canal de son nom facilite le transport de toutes les productions du canton.— PATRIE du jurisconsulte PARENT RÉAL, membre du conseil des cinq cents et du tribunat.— Raffinerie de sel.—*Foires* les 10 août, 21 sept., 2e lundi de carême, lundi avant la Pentecôte.

ARDRETS (les), vg. *Var*, comm. de Montauroux, ⊠ de Fayence.

ARDUENNA SILVA (lat. 51°, long. 24°). « César en parle comme de la plus vaste des forêts de la Gaule, en s'étendant depuis la frontière des *Remi* et des *Nervii*, au travers du pays des *Treveri* jusqu'au Rhin : *Ingenti magnitudine, per medios fines Treverorum, a flumine Rheno ad initium Remorum (Silva Arduenna) pertinet* (Comment., v) ; et dans un autre endroit : *Per Arduennam Silvam, quæ est totius Galliæ maxima, atque a ripis Rheni, finibusque Treverorum, ad Nervios pertinet, nullibusque amplius DC in longitudinem patet* (Comment., vI). Quant à cette longueur de la forêt d'Ardenne, comme elle a dû paraître excessive, plusieurs savants veulent y substituer le nombre L, ou *quinquaginta*, ainsi qu'on lit dans les anciennes éditions d'Orose dans l'*Historia miscella* ; mais cette correction va trop au rabais : et vu que depuis les sources de la Sambre et la baie d'Avène, sur les confins des Nervii jusque vers le Rhin, en traversant le pays de Luxembourg et les limites communes des diocèses de Trèves et de Liège, l'espace se trouve au moins de 160 milles; il y a tout lieu de croire qu'on doit lire dans César, *amplius quinquaginta*. Il faut convenir qu'on ne lit *quinquaginta* dans quelques auteurs, que d'après le dernier des deux chiffres romains ; et puisque ce nombre est évidemment insuffisant, c'est donc par l'omission du premier chiffre qu'on a point écrit *centum* avant *quinquaginta*. La partie de cette immense forêt, qui est en deçà de la Meuse, et le canal de son nom sont le *Teoracia*, qui s'est communiqué au canton de pays nommé Tiérache. Le nom d'Ardenne a fait celui d'un *Pagus* ou d'un comté dans le moyen âge, aux environs de la rivière d'Ourte, *Urta*, qui unie à la partie du diocèse de Liège qui confine à celui de Trèves compose l'archidiaconé des Ardennes. Au reste, le nom d'Ardenne paraît un terme générique. Il est employé dans les diplômes d'Othon III, et de Henri l'Oiseleur, en date de l'an 1001 et de 1003, à l'égard d'un canton en Westphalie, sur les confins du diocèse de Paderborn, et qui pourrait être le *Saltus Teutoburgiensis* dont parle Tacite, et funeste aux légions romaines, commandées par Varus.

Baxter, dans son Glossaire des antiquités britanniques, fait mention d'une forêt d'Ardenne, dans Warwick-Shire en Angleterre. Les environs de Coventri dans ce comté sont couverts de bois, et j'y trouve un lieu nommé Hampton *in Arden*. Le nom de *Hercynia* ou de Hartz, a été pareillement appellatif en Germanie. » D'Anville. *Notice de l'ancienne Gaule*, p. 89.

AREBRIGNUS PAGUS (lat. 48°, long. 23°).

« Dans un discours oratoire du rhéteur Eumène au grand Constantin (*inter panegyricos veteres septimo*), il est mention de ce *Pagus* comme d'un canton de la cité des Ædui ou dépendant d'Autun. On peut même déterminer sa situation, sur ce qu'il est dit qu'une partie de ce canton s'étendait en plaine jusqu'à la Saône, étant d'un autre côté couvert de rochers et de bois : *Subjecta et usque Ararim porrecta planities, cœtera silvis et rupibus invia*; à quoi il n'est pas inutile d'ajouter, que son vignoble était en réputation : *uno loco vitium cultura perspicua est*. Or, quoique l'ancien territoire des Ædui fût très-étendu le long de la Saône, il est aisé néanmoins de distinguer le *Pagus Arebrignus* du district de Challon et de celui de Mâcon, parce que ces villes qui sont anciennes et qui ont formé des diocèses, ont donné le nom à leur district. Ainsi l'*Arebrignus* ne saurait consister que dans les environs de Beaune et de Nui, entre les limites de Challon et ceux des *Lingonnes*, s'étendant par ses derrières, où le terrain est plus inégal et montueux, du côté d'Arnay-le-Duc. » D'Anville. *Notice de l'ancienne Gaule*, p. 90.

ARÉGNO, bg *Corse*, arr. et à 14 k. de Calvi, cant. d'Algajola, ✉ de l'Ile-Rousse. Pop. 703 h.

AREINES, vg. *Loir-et-Cher* (Beauce), arr., cant., ✉ et à 3 k. de Vendôme. Pop. 203 h. Sur le Loir. — Pépinière.

ARELATE (lat. 44°, long. 23°). « C'est la manière la plus ordinaire d'écrire ce nom dans sa terminaison. On trouve *Arelatæ* avec diphthongue, *Arelatum* plus souvent, quelquefois *Arelas*; surtout dans les poëtes, et intérieurement *Arelatus*. La première mention qui en soit faite, est dans le premier livre *De bello civili*, César y ayant fait construire des bâtimens, pour s'en servir contre les Marseillais. Strabon (lib. IV, p. 181) en parle comme d'un entrepôt pour le commerce, *emporium*, qui n'était pas peu considérable de son temps. Méla (lib. II, cap. 5) met cette ville au nombre des plus riches de la Narbonaise. Pline (lib. III, cap. 4), Suétone (*in Tiberio*) la reconnaissent pour colonie, et elle est placée chez les *Salyes* par Ptolémée. Honoré Bouche (*Chorogr. de prov.*, liv. IV, ch. 4) rapporte une inscription qui donne à la colonie d'Arles le prénom de *Julia Paterna*. Elle est surnommée *Mamillaria* dans une autre inscription, ce qui se rapporte littéralement à ce que dit Festus Avienus (*in Ora maritima*) en parlant d'Arles : *Theline vocata, sub priore seculo, Graio incolente*. Car Θηλή en grec signifie la même chose que *Mamilla* en latin. Il y a lieu de croire que

Spon (*Miscella erud. ant.*, p. 166) n'avait pas sous les yeux cet endroit d'Aviemus, lorsqu'il proposait de lire dans l'inscription MATREMILIARIA, sur ce que le surnom dont il s'agit, *Momillaria*, ou *Mammillaria*, s'y trouvant partagé en deux lignes, dont la première se borne à la première syllabe, il suppose que deux points ajoutés à cette syllabe tiennent la place de trois lettres. Il est vrai que la pierre qui porte l'inscription paraît avoir été colonne miliaire, parce qu'on y voit finalement M. P. I. Mais, outre que le terme de *mater* n'est point connu par d'autres endroits pour signifier, selon l'interprétation arbitraire de Spon, le *lapis milliaris* duquel on est parti pour compter les milles, comme du *Milliarium aureum* au centre de Rome, et qui dans ce cas doit être zéro et sans numéro, cette prétendue qualification ne conviendrait pas à la colonne qui, étant écartée de ce point de partance, est chargée du n° 1. Les habitants d'Arles se donnent le nom de *Sextani Arelatenses*, dans une inscription en l'honneur de Faustine, femme de Marc Aurèle; et c'est en conformité de ce qu'on trouve dans Méla et dans Pline, *Arelate Sextanorum*. Cette ville étant devenue très-puissante, Honorius y transféra le siége de la préfecture du prétoire des Gaules, qui auparavant était à Trèves. La Notice de l'empire fait mention du trésor déposé à Arles, et de son hôtel des monnaies; *præpositi thesaurorum Arelatensium; procuratoris monetæ Arelatensis*. Constantin voulut que la ville d'Arles portât son nom, et elle fut appelée *Constantina* dans un règlement émané de l'empereur Honorius. Il est très-probable que ce fut Constantin qui construisit une seconde ville vis-à-vis de la première, en joignant ces deux villes par un pont de bateaux, c'est ce qui a fait dire à Ausone *duplex Arelate*. Cette seconde ville, sur la rive droite du Rhône, est ce qu'on nomme aujourd'hui Trinquetaille, dont le nom est *Trinitatella* dans des écrits d'environ cinq cents ans. Je ne terminerai point cet article sans remarquer une seule fois une inscription rapportée par Honoré Bouche et par Spon, et qui est du temps des Antonins, un lieu fort éloigné d'Arles, nommé *Locus Gargarius*, sur la pierre, aujourd'hui Garguiés, proissé des Gomenos, au delà d'Aubagne à l'égard de Marseille, est marqué situé *in finibus Arelatensium*. Il faut ajouter, que sur un cippe de pierre, au pied du mont de Ste-Victoire, à deux lieues au delà d'Aix à l'égard de la position d'Arles, on a trouvé inscrit sur le côté tourné vers Aix, *fin. Aq.*, c'est-à-dire *fines Aquensium*, et sur le côté contraire *fin. Arel.* ou *Arelatensium*. Or, je ne vois qu'un moyen de concevoir comment les *fines* d'Arles sont portés si fort au loin, qu'ils dépassent le travers de Marseille dans l'inscription du *Gargarius Locus*, et qu'ils enveloppent Aix, en vertu de l'inscription du mont de Ste-Victoire; c'est de rappeler ces *fines* à quelque partie de l'ancien domaine des *Salyes*, nation la plus puissante de toute cette contrée, et à laquelle Ptolémée attribue des villes voisines

du Rhône, et Arles en particulier, tandis que Strabon la fait dominer jusque vers les Alpes. Dans cette étendue, le territoire concédé à la colonie romaine d'*Aquæ Sextiæ* dans sa fondation, et distrait du domaine des *Salyes*, devait former une enclave particulière, qu'un district plus vaste renfermait. Les avantages qui distinguent la ville d'Arles sous différents empereurs font juger que, lorsque le corps de la nation des *Salyes* a pu cesser de figurer sous ce nom, le nom d'Arles aura pris sa place. Ce n'est que de cette manière qu'il est mention de *Provincia Arelatensis*, dans une inscription rapportée par Gruter, et antérieure au temps où l'on a distingué une province d'Arles dans le même sens qu'on distingue les Narbonaises et la Viennoise. Quoique *Civitas Arelatensium* soit rangée entre celles de la province viennoise dans la Notice de la Gaule, que l'on juge avoir été dressée du temps d'Honorius; toutefois le pape Zozime, qui occupait le siége de Rome sous le règne du même empereur, reconnaît l'évêque d'Arles pour métropolitain, et veut que cette ville conserve une prérogative dont elle paraissait jouir : *Metropolitanæ Arelatensium urbi vetus privilegium minime derogandum*. » D'Anville. *Notice de l'ancienne Gaule*, p. 91.

ARELLES, vg. *Aube* (Champagne), arr. et à 10 k. de Bar-sur-Seine, cant. et ✉ des Riceys. Pop. 513 h.

AREN, vg. *Bouches-du-Rhône*, comm. et ✉ de Marseille. — *Fabrique* de produits chimiques.

AREN, vg. *B.-Pyrénées* (Béarn), arr., ✉ et à 11 k. d'Oloron, cant. de Ste-Marie-d'Oloron, près du Gave d'Oloron, Pop. 356 h.

ARENATIUM (lat. 52°, long. 24°). « Il en est mention dans Tacite (*Hist.*, v, sect. 20), comme d'un poste dans l'île des *Batavi*. Les Itinéraires donnent le moyen d'en fixer la position. Celui d'Antonin et la Table théodosienne s'accordent à marquer entre un lieu connu près de Clève, savoir: *Colonia Trajana* et *Burginatium* V, et VI, entre *Burginatium* et *Arenatium*. Ces lieux sont rangés sur une voie qui suivait le bord du Rhin, en continuant jusqu'à *Lugdunum* des *Batavi* ou *Leyde*.

La position qui convient à *Burginatium* conduit à celle du suit; en remarquant néanmoins que les distances indiquées dans les intervalles ne conviennent au local que selon la mesure du mille romain, non pas sur celle de la lieue gauloise. Dans l'emplacement que prend *Arenatium*, le lieu dont le nom actuel est Aert conserve évidemment un reste de l'ancienne dénomination. On lit *Arenacum*, dans Tacite, *Harenatium* avec aspiration dans l'Itinéraire. » D'Anville *Notice de l'ancienne Gaule*, p. 93.

ARENGOSSE, vg. *Landes* (Gascogne), arr. et à 28 k. de Mont-de-Marsan, cant. d'Arjuzanx, ✉ de Tartas. Pop. 937 h. — Ce village, situé au milieu des Landes, est assez bien bâti, en bois et en briques, et renferme un des plus beaux châteaux du département, dont dépendent de beaux jardins paysagers, d'agréables parterres et une magnifique orangerie. — Le domaine de CASTILLON, renommé pour ses excellents vins, est une dépendance de cette commune. — Aux environs, mines de fer, vastes tourbières et carrières d'argile à poterie.

ARÈS, vg. *Gironde*, comm. d'Andernos, ⊠ de la Teste-de-Buch. — Au château d'Arès est un grand réservoir où l'on conserve une immense quantité de poisson qui, dans les temps peu favorables à la pêche, alimente le marché de Bordeaux.

ARESCHES, vg. *Jura* (Franche-Comté), arr. et à 24 k. de Poligny, 19 k. d'Arbois, cant. et ⊠ de Salins. Pop. 241.

ARESSY, vg. *B.-Pyrénées* (Béarn), arr., cant., ⊠ et à 4 k. de Pau. Pop. 188 h. Près du gave de Pau.

ARET, vg. *H.-Pyrénées* (Bigorre), arr. et à 49 k. de Bagnères-de-Bigorre, cant. de Vielle-Aure, ⊠ d'Arreau. Pop. 471 h.

ARETTE, vg. *B.-Pyrénées* (Béarn), arr., ⊠ et à 18 k. d'Oloron, cant. d'Aramitz. Pop. 2,243 h. — Il est situé près d'une belle forêt, au pied des montagnes qui forment les premiers échelons des Pyrénées. On y remarque plusieurs maisons anciennes qui méritent qu'on prenne soin de leur conservation. — Mines de plomb, carrières de marbre et ateliers de marbrerie.

AREY (St-), vg. *Isère* (Dauphiné), arr. et à 46 k. de Grenoble, cant. et ⊠ de la Mure. Pop. 209 h.

ARFEUILLE-CHATAIN, vg. *Creuse* (Combraille), arr. et à 21 k. d'Aubusson, cant. d'Evaux, ⊠ d'Auzances. Pop. 1,141 h.

ARFEUILLES, bg *Allier* (Bourbonnais), arr., cant. et à 14 k. de la Palisse, sur le ruisseau de Barbenan. ⊠. Pop. 3,259 h. — Tanneries. — *Foires* les 5 mars, 20 mai, 9 juin et 4 oct.

ARFOUS, vg. *Tarn* (Languedoc), arr. et à 26 k. de Castres, cant. de Dourgne, ⊠ de Sorèze. Pop. 1,440 h. — *Foires* les 13 août et 30 oct.

ARGAGNON, vg. *B.-Pyrénées* (Béarn), arr., ⊠ et à 8 k. d'Orthez, cant. de Lagor, près du gave de Pau. Pop. 212 h.

ARGANCHY, vg. *Calvados* (Normandie), arr., cant., ⊠ et à 7 k. de Bayeux. Pop. 334 h.

ARGANÇON, vg. *Aube* (Champagne), arr., ⊠ et à 11 k. de Bar-sur-Aube, cant. de Vendeuvre, sur le Laudion. Pop. 382 h.

ARGANCY, vg. *Moselle* (Lorraine), arr., ⊠ et à 10 k. de Metz, cant. de Vigy, sur la rive droite de la Moselle. Pop. 752 h.

ARGEIN, vg. *Ariège* (Couserans), arr. et à 15 k. de St-Girons, cant. et ⊠ de Castillon. Pop. 846 h.

ARGELÈS, vg. *H.-Pyrénées* (Bigorre), arr., cant., ⊠ et à 6 k. de Bagnères-de-Bigorre. Gîte d'étape. Pop. 297 h.

ARGELÈS, jolie petite ville, *H.-Pyrénées* (Bigorre), chef-l. de sous-préf. dont le tribunal de 1re instance est à Lourdes, chef-l. d'un cant., collège communal. Cure. ⊠. A 781 k. de Paris pour la taxe des lettres. Pop. 1,589 h. — TERRAIN de transition.

Cette ville est située à 480 m. d'élévation au-dessus du niveau de la mer, dans la magnifique vallée de son nom, sur la rive gauche du gave d'Azun, un peu au-dessus de son confluent avec le gave de Pau. Sa physionomie est celle d'un bourg ; mais ce bourg, formé de groupes de jolies maisons, mêlées à des massifs de verdure, est délicieux. On y voit une belle place carrée, de belles habitations couvertes en ardoise et garnies de marbre aux portes ainsi qu'aux croisées.

Presque tous les villages de la vallée d'Argelès comptent quelques familles de Cagots, qui habitent des hameaux situés au fond des vallons et entourés d'arbres. Les principaux de ces hameaux sont Arrens (comm. de Boo-Silhem) ; Mailhoc (comm. de St-Savin) ; Couture-Bague (comm. d'Ayros) ; Cagos (comm. de Vier) ; Bayès (comm. de St-Pastous) ; Canarie (comm. d'Argelès). — Une excursion charmante et fertile en beaux points de vue est celle d'Argelès aux Eaux-Bonnes.

Fabrique d'acier. — *Foire* le mardi des Rameaux. — Argelès est à 33 k. de Tarbes, 895 k. S.-S.-O. de Paris.

L'arrondissement d'Argelès renferme 4 cantons : Argelès, Ancon, Lourdes, St-Pé.

ARGELÈS-SUR-MER, bg *Pyrénées-Or.* (Roussillon), chef-l. de cant., arr. et à 31 k. de Ceret. Cure. ⊠. A 867 k. de Paris pour la taxe des lettres. Pop. 2,136 h. — TERRAIN d'alluvions modernes.

Ce bourg est situé sur la rive droite de la Massane, dans une plaine fertile, sur la route de Collioure, à 4 k. de la mer. Il était autrefois fortifié, et l'on voit encore quelques restes de ses murailles, démolies en partie par les Français, qui s'en emparèrent en 1642 ; les habitants ayant forcé la garnison espagnole à se réfugier dans l'église, où ils la tinrent assiégée jusqu'à l'arrivée de l'armée française. Les Espagnols s'emparèrent d'Argelès le 28 mai 1793 ; le lendemain, les habitants furent désarmés ; les décrets de l'assemblée nationale furent brûlés, et les habitants furent forcés de prêter serment de fidélité au roi d'Espagne. Les Français reprirent ce bourg, et en chassèrent les Espagnols le 30 septembre de la même année. — Ce bourg a reçu en 1840, par ordonnance royale, le titre d'Argelès-sur-Mer.

Commerce de bestiaux, liège, corderie, outils aratoires. — *Foire* de 2 jours le 21 août.

ARGELIERS, vg. *Aude* (Languedoc), arr., ⊠ et à 20 k. de Narbonne, cant. de Ginestas. Pop. 808 h. — Il est dans une situation agréable, sur le canal du Midi, près de la route de Béziers à Carcassonne. — Distilleries d'eau-de-vie. — *Commerce* de vins, d'eau-de-vie et d'huile de bonne qualité.

ARGELLIERS, vg. *Hérault* (Languedoc), arr. et à 25 k. de Montpellier, cant. et ⊠ d'Aniane. Pop. 404 h.

ARGELOS, vg. *Landes* (Gascogne), arr. et à 25 k. de St-Sever, cant. d'Amou, ⊠ d'Orthez. Pop. 540 h.

ARGELOS, vg. *B.-Pyrénées* (Béarn), arr. et à 20 k. de Pau, cant. de Thèze, ⊠ d'Auriac. Pop. 395 h.

ARGELOUZE, vg. *Landes* (Gascogne), arr. et à 66 k. de Mont-de-Marsan, cant. de Sore, ⊠ de Sabres. Pop. 396 h. — *Fabrique* de poterie de terre. — *Foires* le dimanche qui suit le 20 juillet et le 30 nov.

ARGENCES, bg *Calvados* (Normandie), arr. et à 13 k. de Caen, cant. de Troarn, ⊠ de Vimont. Cure. Gîte d'étape. Pop. 1,577 h. — Il est situé dans une contrée fertile, sur la petite rivière de Muance. — *Fabrique* de blondes et de savon vert. — *Commerce* de grains et de miel. — *Foire* de 2 jours le 18 oct. Marchés considérables pour les grains tous les jeudis.

ARGENOU, vg. *Nièvre*, comm. de St-Amand-en-Puysaye, ⊠ de Neuvy. — *Fabrique* importante de poterie de grès.

ARGENS, vg. *Argentum*, *Argentium*, vg. *B.-Alpes* (Provence), arr. et à 30 k. de Castellane, cant. et ⊠ de St-André. Pop. 211 h. Sur la rive droite du Verdon.

ARGENS, vg. *Aude* (Languedoc), arr. et à 24 k. de Narbonne, cant. de Ginestas, ⊠ d'Azille. Pop. 208 h. — Il est bâti en amphithéâtre, au bord du canal du Midi, et offre un aspect agréable.

ARGENS (l'), *Argenteus*, rivière formée par trois sources différentes, qui se réunissent dans le *Var*, à la principale sort du pied de la montagne de Scillon, près du village de ce nom. Cette rivière doit son nom à la limpidité de ses eaux, qui sont presque toujours d'un éclat argentin. Elle passe à Châteauvert, Correns, Montfort, Carcès, Vidauban, les Arcs, le Muy, Roquebrune, et se jette dans la Méditerranée, à 4 k. S.-O. de Fréjus.

Près de la chapelle St-Michel, entre Vidauban et le Thoronet, la rivière d'Argens se précipite du haut d'un rocher très-élevé dans des gouffres très-profonds, et forme une magnifique cataracte ; l'eau disparaît entièrement pour aller ressortir à 1 k. plus loin.

Dans son cours, qui est d'environ 400 k., l'Argens reçoit le Caulon, le Caraine, la Nissole, la Bresque, et plusieurs autres ruisseaux peu considérables. Quoique son lit soit souvent encaissé entre des rives hautes et rocailleuses, cette rivière est sujette à de grands débordements, et forme des marécages nuisibles par leurs exhalaisons.

L'Argens est flottable depuis le point où elle reçoit la Bresque jusqu'à la mer, sur une longueur de 62,000 m. La quantité de bois flotté annuellement sur son cours est d'environ 600 m. cubes et de 12,000 planches. Tout le bois flotté est de pin ; on le conduit à St-Raphaël, d'où on le transporte à Toulon et à Marseille, presque tout débité en planches, tant aux scieries du Muy qu'à celles de Fréjus.

ARGENSON, vg. *Vienne*, comm. des Ormes.

ARGENT, petite ville, *Cher* (Berri), chef-l. de cant., arr. et à 43 k. de Sancerre. Cure. ⊠. ✉, A 168 k. de Paris pour la taxe des lettres. Pop. 1,143 h. — TERRAIN tertiaire moyen. Cette ville est assez agréablement située sur la rive gauche de la Sauldre, et traversée par la grande route de Paris à Bourges. On y voit une église surmontée par un élégant clocher à flèche, près de laquelle est un château flanqué de deux tourelles de forme ronde. — Foire le 1er déc.

ARGENTAL, vg. *Loire* (Forez), arr. et à 30 k. de St-Étienne, cant. et ✉ de Bourg-Argental. Pop. 173 h.

ARGENTAN, *Aregenuæ*, *Argentonium Castrum*, jolie ville, *Orne* (Normandie), chef-l. de sous-préfect. et d'un cant. Trib. de 1re inst. et de comm. Collège comm. Cure. Gîte d'étape. ✉. ⚐. A 192 k. de Paris pour la taxe des lettres. Pop. 5,611 h. — Terrain jurassique, étage infér. du système oolitique.

Autrefois marquisat et vicomté, diocèse de Séez, parlement de Rouen, élection, bailliage, gouvernement particulier, prieuré, 3 couvents.

La voie romaine qui part de Bayeux, *Augustodurus*, et dont les vestiges subsistent encore, aide à retrouver, par la seule distance que donne la Table de Peutinger pour *Aregenuæ*, la position de ce lieu, que la Table désigne comme capitale, et fixe cette position à Argentan. Plus tard, cette ville fit partie du duché d'Alençon, et avait un château fort dont il ne reste plus que de faibles ruines. Ce fut, dit-on, dans ce château que le duc de Normandie, roi d'Angleterre sous le nom de Henri II, reçut, en 1168, les légats du pape, venus pour terminer les différends qui existaient entre ce monarque et Thomas Becket, archevêque de Cantorbéry.

Les armes d'Argentan sont : *d'argent à l'aigle au vol abaissé de sable*.

Cette ville est agréablement située sur une hauteur qui domine une vaste et fertile plaine, bornée à l'est par la forêt d'Argentan : elle est traversée par l'Orne, bien bâtie, propre, bien percée, et entourée de remparts qui offrent une promenade charmante.

L'ancien château d'Argentan, transformé en tribunal et en prison, est un grand bâtiment ayant trois pavillons sur le devant, avec fenêtres à pervures et un cordon tracé tout à l'entour ; les fossés étaient profonds, et ont été transformés en une petite promenade sombre et enfoncée. Des murs qui enceignaient la ville, il ne reste qu'un pan élevé, que l'on nomme le Donjon, situé un peu au-dessus du château, et la Tour-Couronnée, dont le crénelage bien entier et le toit pointu n'ont éprouvé aucun dommage et rappellent bien le XVe siècle.

L'église St-Germain est un édifice régulier et de proportions assez exactes, mais un peu étroit ; il offre à l'intérieur une nef à hautes piliers garni de colonnettes liées en faisceau, et surmontées de pinacles, de balustrades et de pendentifs délicatement sculptés. Les collatéraux sont élevés et offrent de belles arcades d'un bon style de la fin du XVe siècle. Le chœur est de 1520, mais les deux côtés ne remontent pas au delà de Henri IV et de Louis XIII. Au dehors, le portail élancé, à double ouverture, avec des frontons triangu-

laires, est un travail élégamment exécuté. La tour qui surmonte le chœur date de la fondation ; l'autre tour est une masse sans goût du temps de Louis XIII ou de Louis XIV.

L'église St-Martin date du XVe siècle ; elle est percée de grandes fenêtres à compartiments avec des vitraux coloriés. — Les églises St-Germain et St-Martin ont été désignées par l'autorité locale comme étant susceptibles d'être classées au nombre des monuments historiques.

C'est près d'Argentan que se trouve le superbe haras du Pin auquel était due l'ancienne supériorité des chevaux du pays. Chaque année des courses publiques et des distributions de prix ont lieu dans l'hippodrome du Pin où viennent concourir les plus beaux chevaux des départements d'alentour.

Excursion au *haras du Pin*, 15 k. E.; aux *Bains de Bagnoles*. Aux environs, restes d'un *camp romain* et plusieurs *monuments druidiques* curieux.

Fabriques de toiles, coutils. Blanchisseries de toiles. Tanneries et corroieries. — Commerce de grains, cuirs, bestiaux, volailles, et de fromages qui jouissent d'une réputation méritée.
— Foires le 12 janv., les lundis de Quasimodo et de la Pentecôte, 2e mardi de juillet, 1er août et 3 nov.

A 50 k. d'Alençon, 200 k. de Paris.

L'arrondissement d'Argentan est composé de 11 cantons : Argentan, Briouze, Écouché, Exmes, la Ferté-Fresnel, Gacé, le Mellerault, Mortrée, Putanges, Trun et Vimoutiers.

Bibliographie. Chrétien. *Essai sur l'histoire et les antiquités d'Argentan*, in-8, figures.

— *Usages, préjugés, superstitions, dictons, proverbes et anciens mots de l'arrondissement d'Argentan*, in-12, 1836.

Chambray (le marquis de). *Mémoires de la translation de l'abbaye d'Almanesche dans la ville d'Argentan*, in-4, 1739.

Colleville (Adolphe de). *Musée biographique, ou Tablettes historiques des auteurs, artistes, savants, littérateurs, etc., etc., de l'arrondissement d'Argentan*, in-8, 1834.

ARGENTAT, petite ville, *Corrèze* (Limousin), chef-l. de cant., arr. et à 32 k. de Tulle. Cure. Gîte d'étape. ✉. ⚐. A 500 k. de Paris pour la taxe des lettres. Pop. 3,197 h. — Terrain cristallisé ou primitif, micaschiste et stéaschiste.

Cette ville dépendait autrefois de la vicomté de Turenne. Pendant les guerres de la Ligue, les habitants avaient bâti, pour leur défense, quatre forts qu'ils furent ensuite contraints de démolir. — Argentat est une ville assez commerçante, bâtie dans une riante vallée, sur la rive droite de la Dordogne, qu'on y traverse sur un beau pont suspendu, qui a été livré à la circulation en 1829. Ce pont, d'une longueur de 100 m., est remarquable par la beauté comme par la hardiesse de sa construction. Ses piles sont élevées à la hauteur totale de 23 m. au-

dessus de la Dordogne. Il a été élevé aux frais d'un estimable philanthrope, M. le comte Alexis de Noailles. Les piles sont à jour, et portées chacune sur quatre voûtes élégantes.

La cathédrale est un édifice gothique dont le vaisseau est remarquable ; mais il est défiguré par des peintures de mauvais goût.

Argentat donne son nom à un petit bassin houiller qui possède au plus, dans le gîte exploitable, 1 m. 20 c. de puissance ; encore le charbon est-il souvent mélangé d'argile. Toutefois le bas prix de la main-d'œuvre, dans ce pays montagneux et sans communications, permet d'utiliser cette faible richesse minérale. Une seule concession a été instituée ; elle occupe une surface de 1,139 hectares.

Patrie du lieutenant général Delmas.

Commerce considérable de bois merrain, de blé, de charbon de bois, et de houille exploitée dans les environs. Tous ces produits s'expédient pour Bordeaux par la Dordogne, sur laquelle remontent de petites barques jusqu'à Argentat.
— Foires les 5 janv., 1er déc., jeudi gras, mardi de Quasimodo et le 6 de chaque mois, excepté en janvier.

ARGENTAY, vg. *Maine-et-Loire*, comm. de Vercherts, ✉ de Doué.

ARGENDOUBLE (l'), petite rivière qui a sa source dans la fontaine de la Fougassière, au pied du rocher de Peyramos, au plus haut de la montagne Noire, dans le village de l'Espinassière, canton de Peyriac, arrondissement de Carcassonne. Elle descend près de Caunes dans une vaste et riante plaine, connue sous le nom de Minervois ; reçoit dans son cours de 30,000 m. plusieurs ruisseaux et crêtes ; elle traverse le canal du Midi sous un aqueduc à trois arches.
— Les eaux de l'Argendouble fertilisent de nombreuses et riches prairies, et font mouvoir plusieurs moulins, scieries de marbre, etc. — Le vallon d'Argendouble, au nord-est, présente un aspect magnifique par la beauté des paysages qu'il renferme.

ARGENTEIS (lat. 44°, long. 24°). « On trouve dans la Table théodosienne une branche de voie qui sort de la trace de la voie Aurélienne, à *Forum Voconii*, pour se rendre à *Reii Apollinares*, ou Riez. En position intermédiaire sur cette route, on lit *Anteis* ; et la distance de cette voie quelconque ainsi nommé est marquée XVIII à l'égard du *Forum*, et XXXII à l'égard de *Reii* ; ce qui fait compter 51 entre *Forum* et *Roii*. Mais, à part d'espace depuis la position qui convient à *Forum Voconii* jusqu'à Riez, ne s'estimant que d'environ 28,000 toises, il n'est pas possible d'y faire entrer 51 milles de mesure itinéraire, dont le calcul passe 39,500 toises. D'ailleurs, je ne vois point de lieu qui ait aucun rapport à ce nom écrit *Anteis*. Je remarque néanmoins que le passage de la rivière d'Argents se rencontre sur la route dont il s'agit ; ce qui me fait croire que ce nom *Anteis* est une abréviation d'*Argenteis*. Cette conjecture nous rapproche du local par rapport aux distances. Car, de la position du *Forum* jusqu'au passage de l'Argents, la distance n'étant que de 9 ou 10 milles, la suppression d'un X surabondant dans l'indication ne fait plus compter entre *Forum* et *Reii* qu'environ 40 milles, dont le calcul de 30,240 toises n'excède la mesure directe qu'autant qu'il convient dans un pays inégal et montueux. » D'Anville, *Notice de l'ancienne Gaule*, p. 94.

ARGENTENAY, vg. *Yonne* (Champagne), arr. et à 13 k. de Tonnerre, cant. et ✉ d'Ancy-le-Franc. Pop. 232 h. — Scierie de pierres pour chambranles de cheminées et de salles à manger. Moulins à blé.

ARGENTEUIL, *Argentoilanum*, *Argentolium*, bourg considérable, *Seine-et-Oise* (Ile-de-France), chef-l. de cant., arr. et à 20 k. de Versailles. Cure. ✉. ✧. A 14 k. de Paris pour la taxe des lettres. Pop. 4,377 h. — TERRAIN tertiaire inférieur.

Autrefois diocèse, parlement, intendance et élection de Paris.

Ce bourg doit son origine à un monastère de filles, dont la sœur de Charlemagne était abbesse en 824, et où Héloïse, femme si célèbre par sa beauté, son esprit et ses grâces, prononça les vœux éternels, après le malheur arrivé à Abeilard. Les religieuses bernardines qui possédaient ce monastère, en ayant été chassées en 1129, à cause de leur conduite déréglée, Héloïse fut obligée d'en sortir comme les autres, et de se réfugier au Paraclet, fondé par Abeilard, et qu'il lui céda.

On prétend que ce monastère possédait une robe de Notre-Seigneur Jésus-Christ, apportée de la terre sainte, qui attira pendant longtemps à Argenteuil un grand concours de fidèles le jour de l'Ascension. Quant au prieuré, où les bénédictins avaient remplacé les bénédictines en 1129, il a été vendu et en partie démoli en 1790; on y remarque encore cependant quelques beaux restes d'architecture romane.

En 1554, Argenteuil devint une place forte entourée d'épaisses murailles flanquées de tours et défendues par de larges fossés. Son enceinte avait 3 k. de circuit; on y entrait par seize portes, dont huit donnaient sur le port et huit du côté de la campagne; les remparts ont été démolis en 1810, et ont fait place à d'agréables boulevards. — Ce bourg eut beaucoup à souffrir dans les guerres de religion. En 1563, il fut assiégé par les calvinistes, et pris d'assaut le 12 octobre de la même année; les protestants, qu'on égorgeait au nom d'un Dieu de paix, usèrent de représailles, et assouvirent leurs vengeances sur les habitants d'Argenteuil. En 1814, les troupes étrangères le respectèrent; mais, le 2 juin 1815, un combat opiniâtre, entre les Français et les Anglais, ensanglanta le territoire de ce bourg.

Argenteuil est dans une situation très-agréable, sur une petite colline plantée de vignes et variée par un grand nombre de jardins, qui s'abaisse jusqu'à la rive droite de la Seine, que l'on passe en cet endroit sur un pont soumis au péage. — Argenteuil n'est plus cité aujourd'hui que pour ses vignobles, qui sont renommés, si ce n'est pour la qualité du vin, du moins pour la quantité des produits; il y a des années où l'on en récolte jusqu'à 45,000 pièces. Ses côtes, exposées au midi, produisent aussi les meilleures figues des environs de Paris, et toutes sortes de légumes. — Il est peu de communes du département de Seine-et-Oise dont les habitants soient plus laborieux et plus attachés à leurs mœurs particulières. — L'église paroissiale est fort ancienne; on a même lieu de croire que Clovis en fit jeter les fondements en 501; cependant une inscription en lettres gothiques apprenait que la dédicace en fut faite le 17 août 1449. On voit aussi à Argenteuil un hôpital fondé par saint Vincent de Paul.

Le château de MARAIS dépend de la commune d'Argenteuil; il appartenait, avant la première révolution, au célèbre Mirabeau, et servit souvent de réunion à plusieurs de ses amis, qui plus tard furent membres de l'assemblée constituante.

Biographie. Argenteuil est la patrie de DENIS ROI, simple vigneron, député à l'assemblée constituante, où il se distingua par sa popularité, ses bonnes intentions, et l'originalité de ses discours.

De J.-ANT. COLAS, membre de l'assemblée constituante.

De CL. GILLET, membre du conseil des cinq cents.

De JACQUES DE VITRY, auteur d'une *Histoire des croisades*.

Fabrique d'horlogerie de précision, Ⓐ 1823, 1827, Ⓓ 1834. — Marché considérable le lundi et vendredi de chaque semaine. — Fêtes champêtres le jeudi de l'Ascension et le lendemain de la Pentecôte.

ARGENTEUIL, bg *Yonne* (Champagne), arr. et à 17 k. de Tonnerre, cant. et ✉ d'Ancy-le-Franc. Pop. 677 h. Sur un bras de l'Armançon.

ARGENTEUS, fleuv. (lat. 44°, long. 25°). « Lepidus écrit à Cicéron : *Costra ad flumen Argenteum, contra Antonianos feci*. Pline (lib. III, cap. 4), parlant de *Forum Julii; amnis in ea (colonia) Argenteus*; ce qu'il ne faut pas entendre avec trop de rigueur, parce que la rivière d'Argents ne passe pas précisément à Fréjus, laissant cette ville à quelque distance sur la gauche de son cours. Ptolémée a connu l'embouchure de l'Argents, entre Olbia et *Forum Julium* ». D'Anville, *Notice de l'ancienne Gaule*, p. 95.

ARGENTIÈRE (l'), bg *H.-Alpes* (Dauphiné), chef-l. de cant., arr. et à 18 k. de Briançon. Cure. ✉ de la Bessée. Pop. 1,233 h. — TERRAIN jurassique. — Il est situé dans la vallée de son nom, près de la rive droite de la Durance, et doit son nom aux nombreuses mines de plomb argentifère qui se trouvent dans les environs; son nom primitif était Urgon. Mines de plomb. Carrières d'ardoises. Tanneries.

ARGENTIÈRE, vg. *Deux-Sèvres*, comm. de Prailles, ✉ de Melle.

ARGENTIÈRE (l'). V. LARGENTIÈRE.

ARGENTIÈRES, vg. *Seine-et-Marne* (Brie), arr. et à 23 k. de Melun, cant. de Mormant, ✉ de Chaumes. Pop. 188 h. Sur l'Yères.

ARGENTINE, h. *Dordogne*, comm. de Rochebeaucourt; ✉ de Mareuil.

ARGENTOLLES, h. *Aube*, comm. de Creney, ✉ de Troyes. — Il est situé sur le ruisseau de la Noue, près du marais de son nom, d'où l'on tire depuis quelques années une quantité considérable de tourbe.

ARGENTOLLES, vg. *H.-Marne* (Champagne), arr. et à 28 k. de Chaumont, cant. de Juzennecourt, ✉ de Colombey-les-Deux-Églises. Pop. 137 h.

ARGENTOMAGUS (lat. 47°, long. 20°). « Je crois devoir écrire ainsi, plutôt qu'*Argantomagus*, par une raison de conformité avec *Argentoratum*, avec *Argentovaria*; et parce que dans les écrivains postérieurs à l'âge romain, je vois que cette manière d'écrire a été conservée. On lit *Argentomagus* dans Eginhard sous l'an 766, *Argentomacum* dans le Martyrologe d'Usuard, *Argentonus* ou *Argentonum Castrum* dans le continuateur de Frédégaire, et dans les Annales de St-Bertin; aujourd'hui Argenton. L'Itinéraire d'Antonin fait mention de ce lieu sur une route qui conduit de *Limonum*, Poitiers; à *Avaricum*, Bourges; et la distance du lieu nommé *Fines*, marquée XX par l'Itinéraire, peut convenir à ce qu'il y a d'espace entre les limites du diocèse de Poitiers, et Argenton dans celui de Bourges. D'*Argentomagus* à *Avaricum*, la Table théodosienne en l'Itinéraire marquent des positions intermédiaires, *Alerea* et *Ernodurum*; et on peut recourir aux articles qui concernent ces positions, pour connaître le rapport qu'elles prennent avec celle d'*Argentomagus*. Il y a une plus une route de communication entre Argentomagus et *Augustoritum* par la Table, comme on peut voir à l'article sous le nom de *Pratorium*.» D'Anville. *Notice de l'ancienne Gaule*, p. 95.

ARGENTON, *Argentarius* (l'), rivière qui prend sa source à Breuil-Chaussée, dép. des *Deux-Sèvres*. Elle passe près de Bressuire, près d'Argenton-le-Château et d'Argenton-l'Église, et se jette dans la Thoue après un cours d'environ 30 k.

ARGENTON, vg. *B.-Alpes*, comm. de Fugeret, ✉ d'Annot. Pop. 95 h.

ARGENTON, vg. *Finistère*, comm. de Landunvez, ✉ de St-Renan. Pop. 225 h.

ARGENTON, ou ARGENTON-SUR-CREUSE, *Argentomagus*, *Argentonum*, petite et très-ancienne ville, *Indre* (Berri), chef-l. de cant., arr. et à 28 k. de Châteauroux. Cure. Gîte d'étape. ✉. ✧. A 283 k. de Paris pour la taxe des lettres. Pop. 4,346 h. — TERRAIN jurassique, étage inférieur du système oolitique.

Autrefois marquisat et châtellenie, diocèse et intendance de Bourges, parlement de Paris, collège, couvent de cordeliers.

L'origine d'Argenton est inconnue, mais des ruines majestueuses attestent son antiquité. L'Itinéraire d'Antonin fait mention sous le nom d'*Argentomagus*. Une ancienne chronique rapporte qu'en 766 Pepin, après avoir réduit sous sa puissance la ville de Bourges, répara le château d'Argenton regardé comme le passage le plus important pour pénétrer dans l'Aquitaine. Pendant les guerres du moyen âge, le château d'Argenton fut assiégé et pris plusieurs fois. Philippe Auguste s'en empara en 1188, et quatre cents ans après, le 15 mars 1589, Henri IV, dans une de ses lettres, manifeste toute sa joie d'avoir pu prendre *miraculeusement* une place aussi forte que l'était ce château. Sa position, en effet, le rendait presque imprenable. Le sommet du rocher forme, dans la direction du sud au nord, une sorte de plateau rétréci, défendu d'un côté, par une pente rapide qui descend vers la Creuse, et de l'autre par un ravin profond. C'est sur l'extrémité la plus abrupte qu'étaient placés le château et les principales tours de défense. Une vaste coupure transversale, pratiquée sur la crête du rocher, complétait leur isolement. Le reste du plateau était protégé par d'épaisses murailles garnies de dix fortes tours, et défendu par un large fossé du côté où cette langue de terre se rattache aux coteaux voisins.

Dès l'année 1564, l'intérieur du château n'offrait plus que des ruines, tandis que ses énormes tours présentaient encore un front redoutable. Quelque temps auparavant on avait construit, à l'autre extrémité, un vaste corps de logis dit le château neuf, que ruinèrent les guerres civiles de la fin du XVIe siècle, qui ne laissèrent debout que les fortifications. Sous le ministère de Richelieu, la destruction du vieux château d'Argenton fut résolue, et les lettres patentes de Louis XIII, du 11 juillet 1632, ordonnèrent la levée des 20,000 livres nécessaires pour subvenir aux frais de cette démolition. Vingt ans plus tard, le parlement cherchant à renouveler les troubles de la Fronde, ordonna de fortifier de nouveau le château d'Argenton, auquel on travailla en 1650 et 1651; mais Louis XIV donna enfin l'ordre de faire sauter tout ce qui restait de ces fortifications. Maintenant, ce monument de la puissance militaire et féodale n'offre plus que l'image de la dévastation; l'antique tour d'Héracle, jadis la plus considérable, semble menacer le pont neuf et la route nouvelle qui tourne autour du côté; et à l'autre extrémité, le voyageur contemple avec étonnement les tours massives et les débris d'énormes pans de murs arrachés de leurs fondements ou à demi renversés.

Ce n'est que vers la fin du XIVe siècle que la ville actuelle d'Argenton commença à s'établir. Fixés d'abord autour de St-Étienne, exposés sans cesse aux brigandages des gens de guerre, les habitants vinrent chercher un refuge sous les murs du château: mais bientôt trop resserrés et mal à l'aise sur ce terrain escarpé, ils en construisirent de l'autre côté de la rivière, un faubourg qui ne tarda pas à être plus considérable que la ville même. Un pont en pierre jeté sur la Creuse réunit ses deux parties. La ville haute forme un amphithéâtre d'un accès difficile; elle a son enceinte particulière et quatre portes, dont une communique à la ville basse, placée à l'extrémité d'un bassin fermé par des coteaux plantés de vignes. On remarque dans la ville haute, la porte de l'ancien auditoire (aujourd'hui la prison), et celle de l'église St-Benoît (maintenant la halle aux blés), à la voûte de laquelle on voit les armes de Louis de Bourbon, prince de la Roche-sur-Yon et comte de Vendôme. — Dans les fouilles faites parmi les ruines de ce château, on a trouvé des pièces d'or, des pièces d'argent, des pièces de cuivre; mais l'ignorance de ceux qui les ont découvertes n'a pas permis qu'on en ait connaissance; elles ont été vendues et fondues.

Fabriques de toiles, draps, tuiles, briques, carreaux, filatures hyd. de laine; blanchisserie de toiles. Papeteries. Tanneries. Exploitation de terre blanche à poterie fine. Moulin à foulons. — *Foires* les 7 janv., 23 mars, 26 avril, 24 mai, 27 juin, 23 juillet, 7 août, 10 sept. et 6 nov.

ARGENTON, vg. *Lot-et-Garonne* (Guienne), arr., ✉ et à 20 k. de Marmande, cant. de Bouglon. Pop. 666 h.

ARGENTON, *Argento in Andecavis*, *Mayenne* (Anjou), arr., ✉ et à 10 k. de Châteaugontier, cant. de Bierne. Pop. 328 h.

ARGENTON - LE - CHATEAU, *Argentomagus Pictonum*, et pendant la révolution ARGENTON-LE-PEUPLE, petite ville, *Deux-Sèvres* (Poitou), chef-l. de cant., arr. et à 18 k. de Bressuire. Cure. ✉. A 335 k. de Paris pour la taxe des lettres. Pop. 706 h. — TERRAIN cristallisé ou primitif, granit. — Autrefois diocèse et intendance de Poitiers, parlement de Paris, élection de Thouars.

On fait remonter l'origine de cette ville bien avant 1400, époque à peu près certaine de son érection en baronnie; elle était entourée de murs flanqués de tours, ceinte de fossés, et pouvait être considérée comme une forteresse avant l'usage du canon. On y remarquait, avant la révolution, un antique château qui a été entièrement détruit, ainsi que la ville, dans la guerre de la Vendée. — Argenton est une petite ville située dans un territoire fertile en vins estimés, sur une colline d'assez difficile accès, au confluent de l'Ouère et de l'Argenton qui y arrosent de belles prairies. La campagne des environs offre plusieurs sites très-pittoresques.

Fabriques de serges, étamines, cadis, coutils. Tanneries. — *Commerce* de chanvre, vins et bois. — *Foires* les 22 fév., 23 avril, 20 mai, 2 juillet, 13 août, 2 sept., 28 oct.; 1ers samedis de mars et d'oct., et le samedi après Noël. Marchés très-fréquentés tous les samedis.

ARGENTON-L'ÉGLISE, *Argentonium*, bg *Deux-Sèvres* (Poitou), arr. et à 30 k. de Bressuire, cant. d'Argenton-le-Château, ✉ de Thouars. Pop. 877 h. — Il est situé près de l'Argenton, dans un territoire fertile en vins estimés. — On y a trouvé à deux ou trois pieds de profondeur un grand nombre de cercueils en pierre dans lesquels se trouvait un petit vase de terre de forme ronde, recouvert par une tuile plate. — *Commerce* de farine et de bestiaux. — *Foire* le dimanche avant le 29 sept., principalement pour la location des domestiques.

ARGENTON-LE-PEUPLE, nom donné pendant la révolution à la ville d'ARGENTON-LE-CHATEAU, *Deux-Sèvres*.

ARGENTORATUM (lat. 49°, long. 26°).
« Ptolémée est le premier qui en fasse mention, en déplaçant néanmoins *Argentoratum*, parce qu'il l'attribue aux *Vangiones*. La défaite des Alemans et de leur roi Chnodomaire, par Julien, près de cette ville, a fait dire à Ammien Marcellin, *Argentoratus barbaricis cladibus nota*. Elle paraît sur les voies romaines dans l'Itinéraire d'Antonin, et dans la Table théodosienne. Dans la Notice des provinces de la Gaule, *Civitas Argentoratensium* suit immédiatement la métropole de la Germanie première, qui est Maïence. Comme on ne voit point qu'elle eût changé son nom d'*Argentoratum* en celui de cette ville, quoiqu'elle appartenait, quoique dans la même province les capitales des *Nemetes* et des *Vangiones* ne paraissent que sous ces noms de peuples dans la Notice; on pourrait soupçonner qu'*Argentoratum* n'était pas primitivement la principale ville des Triboci. Mais, selon la Notice de l'empire, elle donnait le nom à un district appelé *Tractus Argentoratensis*, sous les ordres d'un commandant qui avait le titre de comte. La même Notice nous apprend qu'on y avait établi un atelier d'armes de toute espèce; *fabricam armorum omnium*. Cette ville est quelquefois nommée *Argentora* simplement, ou *Argentina*. Sa situation au passage d'une grande voie romaine, et où plusieurs voies aboutissaient, lui avait fait donner dans le VIe siècle le nom de *Stratæ Burgus*, moitié romain et moitié barbare. On la trouve dans Grégoire de Tours, et on lit dans Nithard, historien du IXe siècle, *in civitate quæ olim Argentaria vocabatur, nunc autem Stratsburg vulgo dicitur.* » D'Anville. *Notice de l'ancienne Gaule*, p. 95. V. aussi Lancelot. *Remarque sur le nom d'Argentoratum* (Mém. de l'acad. des belles-lettres, t. IX).

ARGENTOVARIA (lat. 49°, long. 26°).
« Il faut dire, comme de la ville précédente, que Ptolémée est le premier qui en fasse mention. Il l'adjuge aux *Rauraci*, dont le territoire paraît avoir pris autant d'agrandissement que le diocèse de Basle a aujourd'hui, quoiqu'il puisse avoir été plus resserré auparavant, comme on peut voir à l'article *Rauraci*. Dans Ptolémée le nom de cette ville est écrit Ἀργεντουαρία. Le *Castrum Argentariense* de la province séquanaise, selon quelques Notices de la Gaule, ne peut se rapporter qu'à *Argentovaria*. Une grande victoire que Gratien remporta sur les Alemans en 378, a donné à ce lieu quelque célébrité dans l'histoire. La difficulté est de reconnaître quel a été son emplacement, et je pense que les distances sur la voie romaine qui y passait et quelques indices sur le local nous y conduiront. L'Itinéraire d'Antonin indique la distance depuis *Cambes* jusqu'à *Argentovaria* de cette manière: *Stabulis VI*; *Argentovaria* XVIII. La position de *Cambes* sous celle qui existe sous le nom de *Kembs* du côté de Basle, ne souffre point de difficulté. L'espace que demandent strictement 24 lieues gauloises, sur la trace de la voie qui subsiste, s'étend à peu près jusqu'à un lieu qui se

nommé Markels-heim, en allant un peu au delà d'une position dont le nom est Artzenheim. Je dis que la voie subsiste, parce que je la trouve tracée positivement comme une ancienne chaussée, sur une carte manuscrite tellement circonstanciée, qu'une lieue actuelle de 2,500 toises occupe la longueur d'un pied sur cette carte. Cette trace prend évidemment sa direction de la position d'Otmarsheim, qui suit celle de Kembs, et elle tend directement à Artzen-heim, laissant le glacis du Neuf-Brisak, sur la gauche, et souffrant même une interruption en approchant de cette place, sans que l'alignement perde rien de son évidence. On ne saurait disconvenir que l'évaluation des distances, et le passage des routes sont les moyens légitimes de retrouver les positions marquées sur ces routes. L'analogie que les dénominations actuelles conservent avec les anciennes, y concourt quelquefois; et ce ne serait point trop hasarder que de la trouver dans Artzen-heim à l'égard d'Argentovaria. Il y en a de plus éloignées qu'on ne fait point difficulté de reconnaître, et quoique le terme de la distance pris en rigueur ne tombe pas avec la plus grande précision sur le lieu qu'Artzenheim occupe aujourd'hui, parce qu'elle se porte assez près de Markels-heim, comme je ne fais point difficulté de l'exposer; la proximité des positions laisse subsister ce qu'il y a de remarquable dans le rapport de la dénomination. Mais, comme la continuation de la même route conduit à *Argentoratum*, il est essentiel de voir ce que devient *Argentovaria* en parlant d'*Argentoratum* et de *Cambes*. L'Itinéraire place dans cet intervalle *Helvetus* (autrement *Helcebus*), marquant XII à l'égard d'*Argentoratum*, et VI à l'égard d'*Argentovaria*. La Table, dont je n'ai point fait mention dans l'espace antérieur, parce qu'elle est manifestement fautive, en ne marquant que XII entre *Argentovaria* et *Cambes*, la Table, dis-je, qui se trouve conforme à l'Itinéraire dans la première des deux distances dont il s'agit actuellement, marque XII dans la seconde: et je suis, en effet, persuadé que le compte de l'Itinéraire ne suffit pas. Le local, qui décide souverainement en ces matières, contient un espace direct entre le point de Strasbourg et la position de Kembs, d'environ 52,000 toises, qui font l'équivalent de 46 lieues gauloises, sans compter que la mesure itinéraire peut avoir quelque chose de plus que la mesure directe. Or, l'Itinéraire n'ajoutant, par l'indication sur laquelle il diffère de la Table, que 18 aux 24 d'entre *Cambes et Argentovaria*, ne donne que 42 entre *Cambes et Argentovaria*, quoique l'intervalle en demande au moins 46. De là concluons, que ce qui parait VI dans l'Itinéraire entre *Helvetus* et *Argentovaria*, doit par la correction d'un chiffre, tenir lieu de XI; et ainsi la distance entre *Argentoratum* et *Argentovaria*, sera 23 dans l'Itinéraire, comme elle est 24 dans la Table. La position d'*Helvetus*, eu égard à sa distance d'*Argentoratum*, répond précisément à l'indication uniforme de l'Itinéraire et de la Table, en donnant à peu près les 13,600 toises que valent 12 lieues gauloises. Et de cette position à *Argentovaria*, la distance de 11 à 12 lieues gauloises, pour prendre un milieu entre l'Itinéraire et la Table, savoir environ 13,000 toises, donne précisément la position d'*Argentovaria*, dans ce qu'il y a d'intervalle entre Markels-heim et Artzenheim. J'ai cru qu'il ne fallait pas moins qu'une analyse aussi sévère des distances dont la position d'*Argentovaria* doit dépendre, pour être autorisé à ne pas suivre l'opinion qui place cette ville à Horbourg. Rhénanus y a découvert quelques antiquités, et voilà le fondement de cette opinion. Beaucoup d'autres lieux, répandus dans toutes les provinces de l'empire romain, pourraient se prévaloir de la même chose, sans qu'il fût possible d'en appliquer solidement la position à quelque lieu dont il soit mention dans les anciens monuments, vu le petit nombre de lieux qui y sont cités, en comparaison de ce qu'il en existait avec plus ou moins d'avantage ou de dignité. Horbourg est écarté de la voie romaine. Sa distance de Cambes n'égale pas 20 lieues gauloises, au lieu de 24, et elle est de 27 à 28 à l'égard d'*Argentoratum*, au lieu de 23 ou 24. L'antiquité ne nous a pourtant laissé d'autre moyen de connaître la position d'*Argentovaria*, que celui que fournissent les distances marquées à la voie romaine qui passait par cette ville. » D'Anville. *Notice de l'ancienne Gaule*, p. 96. V. aussi Golbery. *Mémoire sur Argentovaria*, in-8, 1839.

ARGENTRÉ, bg *Ille-et-Vilaine* (Bretagne), chef-l. de cant., arr., ⊠ et à 10 k. de Vitré Bureau d'enregist. à la Guerche. Cure. Pop. 1,978 h. — TERRAIN de transition moyen. — On y voit une église fort jolie, remarquable par la régularité de son architecture. — Préparation du chanvre et du lin.

ARGENTRÉ, bg *Mayenne* (Maine), chef-l. de cant., arr., ⊠ et à 10 k. de Laval. Bureau d'enregist. à Soulgé. Cure. P. 1,702 h. — TERRAIN de transition moyen. — Il est fort agréablement situé, sur le penchant d'une colline, près de la rivière de Jouanne, que l'on traverse près de là sur un beau pont d'une seule arche.

Ce bourg, remarquable par son site aéré, par son clocher à flèche aiguë, est important par ses carrières de marbre noir et de diverses couleurs, exploitées, qui alimentent les ateliers des marbriers de Laval. — Tanneries. Fours à chaux.

ARGENTY, vg. *Allier*, comm. de Teillet, ⊠ de Montluçon.

ARGENUS, fleuv. (lat. 50°, long. 17°). « On ne peut en rigueur autoriser du texte latin de Ptolémée sur cet article, pour en faire l'application à une rivière, parce que le texte grec ne porte pas le nom d'Ἀργυνους, ce qui parait néanmoins une faute d'omission, vu que Ptolémée ne manque pas ailleurs de mettre une distinction entre les différents objets que présente sa géographie sur le rivage de la Gaule, soit port, soit promontoire, soit rivière. On ne voit point dans le grec de Ptolémée ce que M. de Valois rapporte à la suite du nom de Βιδουκεσιων, savoir ὦν πόλις Ἀργενους. Ce à quoi il faut s'arrêter, c'est que Ptolémée, parcourant la côte de la Lionaise d'occident en orient, cite *Argenus* immédiatement avant l'embouchure d'*Olina*, qui est la rivière d'Orne. Ainsi, il y a tout lieu de croire, qu'*Argenis fluv. ostia*, selon le texte latin, se rapporte à cet enfoncement de mer qui reçoit la rivière d'Aure unie à la rivière de Vire. On peut néanmoins y voir une difficulté, en ce que les *Biducesii*, auxquels Ptolémée adjuge cette embouchure, paraissent être les *Viducasses*, qui s'étendaient sur la rivière d'Orne, non pas sur l'Aure, où les *Bajocasses* étaient placés. Mais ce qui lève cette difficulté, c'est le silence de Ptolémée sur les *Bajocasses*, en sorte que, pour l'excuser en quelque manière de les avoir oubliés, il faut dire que les *Biducesii*, ou *Viducasses*, en remplissent la place, de même que leur propre territoire. » D'Anville. *Notice de l'ancienne Gaule*, p. 99.

ARGENVIÈRES, vg. *Cher* (Berri), arr. et à 27 k. de Sancerre, cant. de Sancergues, ⊠ de la Charité. Pop. 322 h. Près de la Loire.

ARGENVILLIERS, vg. *Eure-et-Loir* (Normandie), arr., cant. et à 14 k. de Nogent-le-Rotrou, ⊠ de Beaumont-les-Autels. Pop. 824 h.

ARGERS, vg. *Marne* (Champagne), arr., cant., ⊠ et à 5 k. de Ste-Menehould. Pop. 464 h.

ARGET (l'), petite rivière qui prend sa source au dép. de l'*Ariège*, non loin de celle de l'Arize; elle passe à Foix, où elle se jette dans l'Ariège, après un cours de 12 k.

ARGET, vg. *B.-Pyrénées* (Béarn), arr. et à 25 k. d'Orthez, cant. et ⊠ d'Arzacq. Pop. 294 h.

ARGISANS, vg. *H.-Rhin* (Alsace), arr., cant., ⊠ et à 6 k. de Béfort. Pop. 194 h.

ARGILLIÈRES, vg. *H.-Saône* (Franche-Comté), arr., et à 29 k. de Gray, cant. et ⊠ de Champlitte. Pop. 387 h.

ARGILLIERS, vg. *Gard* (Languedoc), arr. et à 8 k. d'Uzès, cant. et ⊠ de Remoulins. Pop. 123 h.

ARGILLY, *Arziliacum*, *Argeliacum*, bg Côte-d'Or (Bourgogne), arr. et à 17 k. de Beaune, cant. et ⊠ de Nuits. Pop. 786 h. — Ce bourg est situé dans une contrée fertile, sur le Meuzin. Il est assez bien bâti, et possède une belle place publique et une belle église. — Le fort et puissant château d'Argilly, comme il est appelé dans un titre de 1530, soutint un siège, en février 1363, contre Guilloinpot, chef des écorcheurs, qui avait 1,500 chevaux ; il ne put forcer que la basse-cour et les écuries, où il séjourna six jours. Ce château fut pris et rasé durant la Ligue par le comte de Senecey, en 1590 : il était situé à l'angle nord-ouest de la commune. — Education des abeilles. — Foires les 12 fév., 5 mai, 9 août et 20 oct.

ARGIREY, vg. *H.-Saône* (Franche-Comté), comm. de Villers-Bouton, ⊠ de Rioz.

ARGIS, vg. *Ain* (Bugey), arr. et 27 k. de Belley, cant. et ⊠ de St-Rambert. Pop. 565 h. — Filature et moulinage de la soie.

ARGIUSTA, vg. *Corse*, arr. et à 40 k. de Sartène, cant. de Petreto, ✉ d'Olmeto. Pop. 255 h.

ARGOEUVES, vg. *Somme* (Picardie), arr., cant., ✉ et à 7 k. d'Amiens. Pop. 405 h.

ARGOL, vg. *Finistère* (Bretagne), arr. et à 20 k. de Châteaulin, cant. de Crozon, ✉ du Faou. Pop. 1,275 h.

ARGONNE (pays d'). L'Argonne était un petit pays qui en renfermait plusieurs autres, tels que le Clermontois, le Dormois, le Dieulet, la terre de Beaulieu, etc. Il s'étendait du nord au sud, depuis la ville de Beaumont jusqu'à l'abbaye de Moutier, et de l'est à l'ouest, depuis les confins de la Lorraine jusqu'au delà du village d'Aure; Ste-Ménehould en était la capitale. Tout ce pays n'était, du temps des Gaulois, qu'une vaste forêt, dont il reste une partie fort étendue connue encore sous le nom de forêt d'Argonne.

ARGOUGES, bg *Manche* (Normandie), arr. et à 22 k. d'Avranches, cant. et ✉ de St-James. Pop. 1,576 h. — *Fab.* de toiles, dites de St-Georges.

ARGOULES, *Adlullia*, vg. *Somme* (Picardie), arr. et à 30 k. d'Abbeville, cant. de Rue, ✉ de Bernay. Pop. 841 h. — Il dépendait autrefois de l'abbaye de Valoires, sépulture ordinaire des comtes de Ponthieu. On y voit encore deux tombes en marbre, dont l'une contient, dit-on, les restes de Simon de Dommartin, qui fut privé de ses biens pour avoir combattu contre Philippe Auguste à la bataille de Bouvines.

ARGOULOIS, vg. *Nièvre*, comm. et ✉ de Montsanche.

ARGUEIL, bg *Seine-Inf.* (Normandie), chef-l. de cant., à 25 k. de Neufchâtel. Bureau d'enregist. à Gournay. Cure. ✉ à 111 k. de Paris pour la taxe des lettres; Pop. 474 h. — Terrain tertiaire moyen. — Il est situé près de la rive gauche de l'Andelle, sur un ruisseau qui se jette dans cette rivière. — *Foires* les 30 mars, 26 mai et 24 sept.

ARGUEL, vg. *Doubs*, arr., cant. sud, ✉ et à 6 k. de Besançon. Pop. 204 h. — Carrières de marbre noir.

ARGUEL, vg. *Somme* (Picardie), arr. à 40 k. d'Amiens, cant. d'Hornoy, ✉ de Poix. Pop. 101 h.

ARGUENON (l'), *Argenus*, rivière qui prend sa source au pied des montagnes du Mené, près du bourg de Collinée, dép. des *Côtes-du-Nord*; elle reçoit à sa naissance le produit du grand étang de Jugon, et se jette dans la Manche à l'anse du Guildo, après être passée par les petites villes de Jugon et de Plancoët. — Le flux de la mer remonte dans l'Arguenon, depuis le port du Guildo jusqu'à Plancoët, sur une étendue de 6,000 m. Son cours est d'environ 40 k.

ARGUENOS, vg. *H.-Garonne* (Gascogne), arr. et à 18 k. de St-Gaudens, cant. et ✉ d'Aspet. Pop. 627 h.

ARGUT-DESSOUS, vg. *H.-Garonne* (Gascogne), arr. et à 39 k. de St-Gaudens, cant. et ✉ de St-Béat. Pop. 451 h.

ARGUT-DESSUS, vg. *H.-Garonne* (Gascogne), arr. et à 40 k. de St-Gaudens, cant. et ✉ de St-Béat. Pop. 504 h. — Mines de plomb et carrières d'ardoise.

ARGY, bg *Indre* (Berri), arr. et à 24 k. de Châteauroux, cant. et ✉ de Buzançais. Pop. 1,564 h. — *Foires* les 29 juin, 29 avril, 8 juillet, 20 sept. et 17 déc.

ARHAN, vg. *B.-Pyrénées*, comm. de Lacarry, ✉ de Tardets.

ARHANSUS, vg. *B.-Pyrénées* (Béarn), arr. et à 20 k. de Mauléon, 12 k. de St-Palais, cant. d'Ioldy, ✉ de St-Palais. Pop. 192 h.

ARIALBINNUM (lat. 48°, long. 26°). « Dans la Table théodosienne, ce lieu est placé entre *Cambes* et *Augusta Rauracorum*; et la distance est marquée VII à l'égard de *Cambes*, et VI à l'égard d'*Augusta*. On retrouve l'ancienne dénomination, quoique tronquée, dans celle de Binning, près de Basle; et je vois entre Kembs ou Cambes, et la position de Binning, quelque chose de plus que 7 lieues gauloises, et de Binning à Augst, ou Augusta, 5 à 6; au moyen de quoi les 13 lieues que l'on compte dans la Table, en rassemblant les deux distances, paraissent complètes. L'indication de l'Itinéraire, *Rauracis Arialbinno*, M. P. XXVII, est manifestement fautive. » D'Anville. *Notice de l'ancienne Gaule*, p. 100.

ARIC, vg. *Ardèche*, comm. et ✉ du Chaylard.

ARIÈGE (l'), *Areia*, *Aurigera*, *Aregiæ*, rivière qui prend sa source dans les Pyrénées, non loin du port de Framiquel. La principale source est à l'étang d'Embeix, au pied du pic de Framiquel. Cette rivière traverse, du sud au nord, le département auquel elle donne son nom; elle commence à être flottable à Varilhes, entre Foix et Pamiers, et navigable à Cintegabelle, département de la Haute-Garonne : la longueur de la partie flottable est de 41,000 m., et celle de la partie navigable est de 30,000 m.

L'Ariège passe à Ax, Cabanes, Tarascon, Foix, Varilhes, Pamiers, Saverdun, Cintegabelle, Auterive, et se jette dans la Garonne à Pinsaguel, département de la Haute-Garonne. Dans son cours, qui est d'environ 150 k., elle reçoit le Lers, la Lèze, l'Arget, le Vicdessos, le Crieu, et plusieurs autres petites rivières.

La vallée de l'Ariège commence au revers du port de Framiquel, renferme le village de l'Hospitalet, et se dirige d'abord vers Ax : avant de parvenir à ce point, elle montre plusieurs gorges qui s'avancent jusqu'à la crête de la chaîne principale; dans ce nombre on distingue celles où coule le Mourgouliou, et celles de Merens et d'Orlu. Non loin d'Ax, la vallée de l'Ariège se détourne à gauche, et après avoir reçu les eaux d'une foule de vallons qui s'ouvrent sur ses côtés, elle se termine dans la plaine du Languedoc, entre Foix et Pamiers.

L'Ariège abonde en truites, aloses et autres poissons d'un goût exquis. Cette rivière roule des paillettes d'or, ce qui lui a fait donner le nom d'*Aurigera*. Elle commence à être aurifère à environ 6 k. au nord de Foix, vers le lieu nommé Crampagnac, et les sables deviennent de plus en plus riches à mesure qu'elle s'approche des plaines, et particulièrement jusqu'à Saverdun. Dans l'étendue de pays comprise entre ces deux points, tous les ruisseaux qui se jettent dans l'Ariège sont également aurifères. Les paillettes les plus considérables se trouvent entre Varilhes et Pamiers; elles sont isolées et détachées; les plus grosses ne se rencontrent qu'auprès des terrains montueux.

ARIÈGE (département de l'). Le département de l'Ariège est formé du ci-devant pays ou comté de Foix, du Couserans qui dépendait de la Gascogne, et de quelques communes de la ci-devant province du Languedoc. Il tire son nom de l'Ariège, qui le traverse dans sa plus grande longueur, du midi au nord. — Ses bornes sont : à l'est, le département de l'Aude et les Pyrénées-Orientales; au sud, ce dernier département, le pays d'Andorre et les Monts-Pyrénées qui le séparent de l'Espagne, à l'ouest, le département de la Haute-Garonne et de l'Aude.

Ainsi que les départements situés au pied des Pyrénées, ce département se compose de plaines et de montagnes. Des trois arrondissements qui le forment, celui de Foix est tout entier dans les montagnes; celui de St-Girons y est en sa propre totalité; mais celui de Pamiers est presque complètement en plaine. Ces montagnes s'élèvent graduellement du nord au sud : d'abord peu remarquables à la limite septentrionale du département, elles acquièrent une hauteur considérable vers le centre, et parviennent à la plus grande élévation sur l'extrême frontière; leur direction est, en général, celle de l'est à l'ouest.

Il est peu de pays où le sol soit plus varié que dans le département de l'Ariège. On y voit des terres fortes, principalement aux environs de Mirepoix, Lezat, Daumazan; des terres légères, comme la plaine de Boulbonne; des terres graveleuses ou pierreuses, comme à Pamiers, Saverdun, Laroque; des terres noires, comme à St-Girons, Massat, Erce, Castillon, et dans la plupart des vallées; des terres sablonneuses, comme dans la vallée de la Barguilière; des terrains arides, des landes, des bruyères, surtout au sommet des montagnes et de la plupart des coteaux. En général, le sol se divise en partie haute et basse : la première fournit principalement des bois et des pâturages; la seconde est remarquable par sa fécondité, notamment les territoires de Pamiers, de St-Girons et de Mirepoix. La culture de la vigne est même propagée jusqu'au milieu des plus hautes montagnes, qu'on laisse croître à la hauteur d'environ six pieds, en associant les souches avec l'érable ou avec d'autres arbres; il y en a en espalier qui tiennent le milieu entre les hautins et les vignes basses; enfin, dans les endroits où un terrain de bonne qualité était presque tout couvert de grosses pierres roulées, principalement du côté de Montgaillard, on a ramassé ces pierres dont on a fait divers tas dispersés çà et là, dans lesquels on a placé un plus ou moins grand nombre de souches de vigne, suivant l'étendue de ces tas : on laboure le reste du terrain qui se trouve débarrassé. Cette variété, qui contraste avec des vignes ordinaires et des vergers qui sont en plaine, avec les arbres qui bordent l'Ariége, et avec les montagnes que l'on voit à différentes distances, forme un coup d'œil charmant pour le voyageur qui parcourt la route de Foix à Tarascon.

La vallée d'Andorre, qui limite au sud le département de l'Ariége, est un pays neutre, situé sur le versant méridional de la chaîne des Pyrénées. V. ANDORRE.

La contenance totale du département est de 434,808 hectares, divisés ainsi :

Terres labourables	148,390
Prés	33,522
Vignes	11,591
Bois	89,706
Vergers, pépinières et jardins	1,679
Oseraies, aunaies et saussaies	749
Étangs, mares, canaux d'irrigation	1,164
Landes et bruyères	135,608
Autres cultures	393
Superficie des propriétés bâties	1,414
Contenance imposable	424,216
Routes, chemins, places, rues, etc.	6,142
Rivières, lacs et ruisseaux	3,854
Forêts et domaines non productifs	20,509
Cimetières, églises, bâtiments publics	82
Contenance non imposable	30,587

On y compte :
47,911 maisons.
535 moulins à eau et à vent.
53 forges et fourneaux.
256 fabriques et manufactures.
soit 48,755 propriétés bâties.

Le nombre des propriétaires est de 83,766, et celui des parcelles de 1,068,277.

HYDROGRAPHIE. Le département de l'Ariége est arrosé par un grand nombre de rivières, de ruisseaux et de torrents dont les eaux en général vives et limpides après avoir fertilisé les vallées, fécondé les prairies montagneuses, et mis en mouvement de nombreuses usines, vont toutes se perdre dans l'Océan Atlantique, à l'exception de l'Aude, qui se jette dans la Méditerranée. Les plus importantes de ces rivières sont l'Ariége qui reçoit le grand Lers, la Lèze, l'Arget, le Vicdessos et le Crieu; le Salat, qui reçoit l'Aleth, le Garbet, l'Arac et le Lez; l'Arize, qui reçoit le Volp.

On trouve sur les montagnes situées au sud des arrondissements de Foix et de St-Girons plusieurs lacs et un grand nombre d'étangs qui donnent naissance à beaucoup de torrents et de ruisseaux.

COMMUNICATIONS. Le département est traversé par quatre routes royales : la route de Paris en Espagne; la route de Perpignan à Bayonne; la route de Carcassonne à St-Girons, et la route d'Albi en Espagne. Les routes départementales sont au nombre de quatorze; la plupart de ces dernières ne sont guère praticables que pour les bêtes de somme.

MÉTÉOROLOGIE. Le département de l'Ariége jouit d'un climat en général fort doux, mais il est plus tempéré au nord qu'au midi. Les gelées ne commencent qu'en décembre, et finissent ordinairement au mois de mars; dans les hautes vallées, elles arrivent souvent plus tôt et disparaissent plus tard. Les plus grands froids se font ordinairement sentir du 20 décembre au 21 janvier; ils ne sont pas excessifs, et il est très-rare que le thermomètre centigrade descende au-dessous de − 12°. Les plus grandes chaleurs règnent aussi environ un mois, du 20 juillet au 20 août ; le thermomètre monte alors de + 35 à 36°. La température de l'hiver est de − 3 à 4°; celle du printemps et de la fin de l'automne de + 12 à 14°, et celle de l'été de + 25 à 28°. — Les plus grandes variations du baromètre n'excèdent pas 1 m. 4 c., etc. Les neiges sont constantes et fréquentes dans les hautes vallées. — Le vent nord-ouest est celui qui règne le plus fréquemment dans ces contrées; et lorsque d'autres vents soufflent sur le sol, souvent le nord-ouest agite les couches supérieures de l'atmosphère : après ce vent, le plus dominant est le vent d'est, puis le sud-est. Les vents impétueux sont assez rares. — Il n'y a pas de saison où les pluies soient continuelles; mais elles sont plus fréquentes en hiver, et plus encore au printemps. La neige commence à blanchir les hauts sommets des Pyrénées vers la fin de septembre, mais ses flocons n'arrivent à Foix, à St-Girons, et au fond des vallées qu'en novembre; on évalue à 128 la moyenne des jours de pluie et de neige.

PRODUCTIONS. Le produit annuel du sol en parmentières et céréales, est plus que suffisant pour la consommation des habitants, mais les productions sont loin d'être les mêmes dans toutes les parties du département ; le sud, couvert de montagnes sèches et stériles, n'offre presque que des bois, des pâturages et des plantes médicinales ; les terres du nord sont en général de bonne qualité ; les meilleures terres de la plaine, donnent une assez grande quantité de grains, du maïs, du millet, de grosses et de petites fèves, des haricots, des légumes herbacés, des fruits excellents de toute espèce, du chanvre et du lin, dont la graine fournit la seule huile qu'on brûle dans le pays. — Les montagnes offrent des pâturages aussi précieux par leur bonté que par leur abondance ; ils servent à la nourriture des bestiaux du pays, qu'on y fait monter tous au commencement de l'été. — Les vignes produisent année moyenne 103,000 hectol. de vins qui se consomment dans le pays, et ne suffisent même pas aux besoins de la consommation : les meilleurs crus sont ceux des communes de Bordes et Campagne, et de ceux de Teilhet et d'Engravies. — Les forêts ont éprouvé de grandes dévastations et sont tellement ruinées qu'elles n'offrent plus que peu de ressources pour les besoins indispensables des constructions, et pour le chauffage d'une nombreuse population. — On évalue le nombre des chevaux à 6,000, dont la race qui avait dégénéré commence à s'améliorer depuis l'établissement d'un dépôt d'étalons à Tarbes; on compte environ 30,000 bêtes à cornes d'une petite espèce dans la montagne, mais qui s'améliore considérablement en descendant dans les plaines ; le nombre des chèvres est de 20,000, et celui des moutons mérinos, métis et indigènes, de 40,000. — Les montagnes sont peuplées de chevreuils, de chamois (qu'on appel izards dans le pays), de sangliers, de blaireaux, de renards et de loups; le petit gibier est abondant, notamment le lapin, le lièvre, la loutre ; les oiseaux de proie et de montagnes sont communs, principalement l'aigle, le duc, l'épervier, l'oie et les canards sauvages, la bécasse, la bécassine, la perdrix grise, le galopède ou perdrix blanche, le coq de bruyère, le pluvier, le vanneau, la tourterelle, etc., etc. Quelques cantons se livrent à l'éducation des abeilles. — Les lacs et les cours d'eau nourrissent d'excellent poisson : les truites saumonées et les écrevisses de l'Ariége jouissent d'une réputation méritée.

MINÉRALOGIE. Le département de l'Ariége renferme un grand nombre de mines de différents métaux, qui ont été, pour la plupart, exploitées par les anciens, mais qui presque toutes sont aujourd'hui abandonnées. On n'a que des indices peu satisfaisants sur la prétendue mine d'or d'Aulus et sur celle de Bazouillade; mais plusieurs rivières et ruisseaux, tels que l'Ariége, le Salat, l'Arize, etc., charrient des paillettes d'or. On trouve des mines de plomb argentifère qui ont été exploitées par les Romains, à Augirein, près de Seix, d'Aulus, de Miglos, de Causson et de Luzenac ; et des traces de mines de plomb dans plus de dix localités. Des indices de mines de cuivre se rencontrent dans six ou sept endroits; le zinc, le manganèse, la houille se trouvent sur différents points, mais ne donnent lieu à aucune exploitation. Une riche mine d'alun est exploitée au Mas-d'Azil. Mais le fer est la principale richesse minérale du département : la vallée d'Aulus compte cinq mines de fer dans les montagnes de Pinette, de la Morteze, d'Engadure; Ascou en a une très-riche de Paliers; Cabanes en compte cinq très-riches, Fraischinet trois, Arnave une, Massat deux assez importantes, ainsi que Boussenac ; celle de la montagne de Bessolles est l'une des plus remarquables, mais toutes ces mines le cèdent aux mines de fer de Rancié, ouvertes sur la montagne de ce nom dans la commune de Sem, et qui sont les plus importantes et les plus renommées de l'Europe. V. SEM. Là le fer est en masses énormes ; des exploitations immenses, continuées pendant plusieurs siècles, ne paraissent pas les avoir diminuées, et le commerce et l'industrie fondent sur les produits de ces mines l'espoir d'une longue prospérité. Ce sont elles qui alimentent presque toutes les forges du département de l'Ariége, de l'Aude et de la Haute-Garonne.

Plusieurs variétés de marbres se trouvent dans les montagnes du département de l'Ariége, et figurent avec éclat dans les collections des minéralogistes. Plusieurs carrières ont été ouvertes autrefois, ainsi que le donnent des blocs taillés que l'on trouve encore dans diverses localités; mais presque tous les matériaux qu'on y extrait sont employés comme pierres de taille, à l'exception de quelques blocs de choix, qui sont employés dans les ateliers de marbrerie des départements limitrophes. Il y a du marbre blanc panaché de rouge, à Montaillon, à Montferrier et à Château-Verdun; du noir antique à Moulis, sur les bords du Lez; de la brèche violette à Bordes dans la vallée de Béros; mais les grandes variétés se trouvent aux environs de Seix, de Belesta, de St-Girons, etc.—Les montagnes de l'Ariége renferment encore des carrières de belles pierres de taille, d'albâtre, de grès et de plâtre; l'amiante se trouve sur différents points. Sources minérales à Ax, à Audinac, à Carcanières, à Aulus, à Ussat, à la Bastide-sur-l'Hers, etc., etc.

INDUSTRIE ET COMMERCE. L'Ariége possède des manufactures de gros draps, de bonneterie en laine, de chapellerie, de toile, de savon, de peignes de corne et de buis, de poterie, de faïence blanche et brune, et deux verreries qui ne sont en activité qu'une partie de l'année. Le travail du jaïet y est porté à un haut degré de perfection. Les tanneries, les scieries de marbre et de bois, les papeteries et surtout les forges alimentent aussi une industrie assez considérable. On compte dans ce département quarante-cinq forges à la catalane, qui donnent une grande quantité de fer; les aciers cémentés, les faux, les limes de l'Ariége sont renommés pour leur qualité. Il y a aussi des usines pour le cuivre, où se fabriquent des chevilles pour la marine.—Le fer est le principal article d'exportation; on le transporte à dos de cheval et de mulet jusqu'à Auterive, dans le département de la Haute-Garonne; de là, on le fait descendre par l'Ariége. Les autres objets d'exportation consistent en bestiaux, résine, poix, marbre et jaspe. Outre les laines de leurs troupeaux, les habitants en tirent beaucoup de l'Espagne, et les revendent ensuite dans d'autres départements. L'exportation en Espagne consiste en mulets, bestiaux, étoffes, toiles, cire, merceries, et quelquefois en grains.

FOIRES. Le département de l'Ariége compte plus de 200 foires, réparties dans environ 50 communes, et dont 3 seulement ont plus d'un jour de durée. Le commerce de bestiaux et de grains est le principal objet de ces foires. On y trouve aussi beaucoup de volailles, des chevaux, des ânes, des bois de construction, des planches de sapin, du fromage, des cuirs, de la filasse et de la toile. C'est aux foires de Tarascon que les nombreuses forges à la catalane du pays écoulent leurs produits, surtout celles des 8 mai et 30 sept.; cette dernière est aussi remarquable par la grande quantité de fromage qui y est exposé en vente. La foire qui se tient à Foix le 4 nov. voit descendre de nombreux troupeaux de la montagne; c'est aussi l'époque des changements de fermiers, des locations de métayers, etc.

MŒURS ET USAGES. Privés de communications faciles avec les pays voisins, les habitants du département de l'Ariége ont conservé en partie les mœurs qui leur étaient propres sous la domination des comtes leurs anciens souve-

rains. Ils doivent à de vieux souvenirs d'indépendance et de liberté la fierté qui les distingue, l'élévation de leur caractère, et une bravoure qui ne se dément jamais : les habitants des montagnes sont plus fiers, plus agrestes, moins endurants, plus aguerris que ceux de la plaine; ceux-ci ont plus de souplesse, plus de finesse, plus de civilisation, sont moins exercés au travail et moins vigoureux, mais tous sont d'ailleurs vifs, ingénieux et bons soldats.—Les paysans de la vallée de l'Ariége sont généralement d'une stature moyenne; ils ont pour habillement une veste, un gilet et des guêtres de laine brune; la plupart portent un bonnet de laine violette retombant sur une oreille comme le bonnet catalan. Les femmes, surtout celles du haut de la vallée, à Ax, sont assez jolies; le peuple des bords de l'Ariége offre une physionomie douce et spirituelle, des traits fins, un profil d'une saillie assez prononcée. Les habitants de la montagne, beaucoup plus à plaindre que ceux de la vallée, portent sur leurs traits l'empreinte de la fatigue et de la misère; ils se nourrissent de lait, de farine de blé de sarrasin, et n'ont pour boisson que de l'eau.

DIVISION ADMINISTRATIVE. Le département de l'Ariége a pour chef-lieu Foix. Il envoie 3 représentants à la chambre des députés, et se divise en 3 arrondissements :

Foix	8	cant.	92,300 h.
Pamiers	6	—	78,756
St-Girons	6	—	94,551
	20	cant.	265,607 h.

Direction des douanes à St-Gaudens; bureaux à Tarascon et à St-Girons.—17e arr. des mines (chef-l. Montpellier).—10e div. militaire (chef-l. Toulouse).—Evêché à Pamiers, 20 cures, 263 succursales, 29 vicariats; séminaire diocésain et école secondaire ecclésiastique à Pamiers. — Eglise consistoriale au Mas-d'Azil ; 12 temples ou oratoires; sociétés bibliques des missions évangéliques, des traités religieux et des secours mutuels; 10 écoles protestantes.—Collèges communaux à Foix, à Pamiers et à St-Girons; écoles modèles à Foix et à Pamiers; 219 écoles primaires.—Société d'agriculture et des arts à Foix.

Biographie. Les hommes célèbres, nés dans le département, sont :

Le pape BENOIT II, mort en 1342.

GASTON PHŒBUS, comté de Foix, auteur d'un traité complet sur les chasses en usage dans son temps, intitulé : *Miroir de Phœbus*, ouvrage qui a mérité d'être consulté et cité par Buffon.

GASTON DE FOIX, tué à Ravenne en 1512.

LOUIS DE FOIX, architecte du XVIe siècle, constructeur de la tour de Cordouan.

PIERRE BAYLE, l'un des savants du XVIIe siècle qui ont fait faire le plus grand pas aux sciences critiques et historiques.

PRÉVOT DE MOLIÈRES, professeur de philosophie, auteur de plusieurs ouvrages classiques.

Le maréchal CLAUSEL.

Les généraux LAFITTE et SARUT.

Bibliographie. MERCADIER. *Ebauche d'une description abrégée du département de l'Ariége*, in-8, an IX, et *Annales de statistique*, t. IX.

* *Notice sur les mines du département de l'Ariége*, in-8, 1810, et *Annales de statistique*, t. I.

GUETTARD. *Mémoire sur les paillettes et les grains d'or de l'Ariége*, etc. (Mém. de l'acad. des sciences, 1761, p. 197).

Annuaire statistique du département de l'Ariége, in-8, 1834, contenant des notices sur les principales villes du département.

Journal d'agriculture et des arts du département de l'Ariége, in-8, 1826-33.

Annales agricoles, littéraires et industrielles de l'Ariége....

V. aussi PAYS DE FOIX, ANDORRE, AUDINAC, AX, BELESTA, FOIX, PAMIERS, SEM (Rancié), USSAT.

ARIES, vg. *H.-Pyrénées* (Languedoc), arr. et à 43 k. de Bagnères-de-Bigorre, cant. et ✉ de Castelnau-de-Magnoac. Pop. 125 h.

ARIFAT, vg. *Tarn* (Languedoc), arr. et à 29 k. de Castres, cant. et ✉ de Montredon. Pop. 818 h.

ARIGAS, vg. *Gard* (Languedoc), arr. et à 17 k. du Vigan, cant. et ✉ d'Alzon. P. 760 h.

ARIGNAC, vg. *Ariége* (pays de Foix), arr. et à 12 k. de Foix, cant. et ✉ de Tarascon. Pop. 781 h.

ARINTHOD, bg *Jura* (Franche-Comté), chef-l. de cant., arr. et à 33 k. de Lons-le-Saulnier. Cure. ☉. ✉. A 445 k. de Paris pour la taxe des lettres. Pop. 1,578 h.—Terrain jurassique, étage inférieur du système oolitique.

Il est très agréablement situé dans un vallon fertile, fermé à l'occident par une montagne au-dessus de laquelle se trouvent les ruines de l'ancien château de Dramelay.

PATRIE de l'abbé FRANÇOIS, auteur de la *Géographie* qui porte le nom de Crozat; des *Preuves de la religion de Jésus-Christ*, etc., 4 vol. in-12, 1751; de la *Défense de la religion chrétienne*, 2 vol. in-12, 1755, et de plusieurs autres ouvrages religieux et antiphilosophiques.

Education et commerce de mulets, qui s'exportent dans la Provence, le Dauphiné et la Savoie. — *Foires* les 23 janv., 25 fév., 21 avril, 28 mai, 20 juillet, 19 août, 22 sept., 28 oct. et 18 déc.

ARIOLA (lat. 49°, long. 23e). « L'Itinéraire d'Antonin indique ce lieu entre *Fanum Minervæ* et *Nasium*, sur la route de *Durocortorum*, ou de Reims, à *Tullum* et *Divodorum*. Je reconnais cette position sous le nom actuel de Vroil, en suivant précisément la direction de la route. L'Itinéraire, marquant XVI entre *Fanum Minervæ* et *Ariola*, et faisant compter 18 en deux distances particulières d'*Ariola* à *Nasium*, la position actuelle de Vroil dans l'intervalle de celles du *Fanum* et de *Nasium*, est la plus convenable, à des fractions de lieue près, que les anciens Itinéraires ne donnent point. Je trouve environ 40,000 toises, entre le lieu qui convient au *Fanum* et celui qui représente *Nasium* sous le nom de *Nais*. Cet espace renferme 35 lieues gauloises, quoique les indications de l'Itinéraire ne fassent compter que 34 en rigueur. Or je vois que la position de Vroil est placée intermédiairement, de manière à partager à peu près l'excédant d'une lieue dans la distance actuelle. Car, Vroil se trouvant écarté du *Fanum* d'environ 19,000 toises, et de *Nais* d'environ 21,000, il en résulte moins de 17 lieues d'un côté, et plus de 18 de l'autre. » D'Anville. *Notice de l'ancienne Gaule*, p. 100.

ARIOLICA (lat. 47°, long. 25°). « Ce lieu est placé dans l'Itinéraire d'Antonin entre *Urba*, qui est Orbe dans la Suisse, et Besançon. La distance à l'égard d'Orbe est marquée XXIIII, à l'égard de Besançon XVI. La position d'Ariolica, étant indubitablement celle de Pont-Arlier, l'éloignement où elle est de Besançon surpasse l'indication de l'Itinéraire, et sur ce sujet on peut recourir à l'article *Filomusiacum*. D'un autre côté, l'espace qui sépare Pont-Arlier d'avec Orbe n'admet pas autant de distance qu'en indique l'Itinéraire; et il paraîtrait convenable, en transportant les nombres, que le plus faible tînt lieu de la distance d'*Urba* à *Ariolica*, et que le plus fort fût placé entre *Ariolica* et *Vesontio*. La Table théodosienne, où l'on trouve *Ariolica*, comme dans l'Itinéraire, quoique le nom soit écrit *Abiolica*, conduit la route à *Ebredunum*, qui est Iverdun, situé à l'endroit où la rivière d'Orbe tombe dans le lac de Neufchâtel. Le nombre VI, que l'on voit dans la Table en cet intervalle, ne remplit point l'espace jusqu'à Iverdun. Mais, si on le laisse subsister, la distance, en mesurant la route par le pied du château de Joux, s'arrête un peu en deçà de Jougne, à l'endroit que l'on nomme Hôpitaux-Vieux, qui représente un de ces lieux que l'on rencontre en quelques endroits sur les voies romaines, avec le nom de *Stabulum*, que l'on doit prendre dans une même signification qu'*hospitium*, gîte pour les voyageurs, poste ou relais, que l'empereur Constance voulut être compris dans les ouvrages publics, et sur lesquels le code théodosien contient des règlements de Valentinien Ier et de Valens. M. Dunod (*Hist. des Sequan*., p. 192) cite des actes du moyen âge, dans lesquels *Pont-Arcie*, ou *Arecii*, désigne Pont-Arlier, ce qui n'empêche pas de reconnaître dans le nom actuel, moins altéré qu'il n'est dans ces actes, une analogie marquée avec l'ancienne dénomination d'*Ariolica*. » D'Anville. *Notice de l'ancienne Gaule*, p. 101.

ARIOLICA (lat. 47°, long. 22°). « On voit un autre lieu sous le même nom d'*Ariolica* dans la Table, et dont la distance de *Rodumna*, ou de Rouanne, est marquée XII. Mais, comme on retrouve cette position dans celle d'un lieu nommé Avrilli, en suivant le cours de la Loire, que cette rivière mange vers Rouanne, et que la distance est d'environ 17,000 toises, il en résulte que l'indication de la Table tient lieu de XV, puisque le calcul de 15 lieues gauloises, est de 17,000 toises. Cette route continuait au delà d'Avrilli, comme on le reconnaît par le nom d'Estrée, *Strata*, que conserve un lieu situé plus bas, vis-à-vis de la Motte-St-Jean : et cette continuation de route est même exprimée dans la Table par une ligne tirée de la position d'*Ariolica*, celle dont le nom est *Sitillia*, quoique la distance soit omise en cet endroit de la Table comme en plusieurs autres. Une autre branche de voie sort d'*Ariolica* pour conduire à *Augustonemetum*, ou Clermont, par différentes positions, sur lesquelles on doit recourir aux articles qui les concernent chacune en particulier. » D'Anville. *Notice de l'ancienne Gaule*, p. 102.

ARIZE (l'), ou LARIZE, rivière qui prend naissance aux environs de Puy-Jugon, dans les montagnes d'Esplas, arr. de St-Girons, *Ariège*. Elle met en mouvement la forge d'Estagnel, passe à la Bastide-de-Serou, près de Durban, à peu de distance du Mas-d'Azil, à Daumazan, au-dessous duquel elle entre dans le département de la Haute-Garonne, où elle arrose Montesquieu-de-Volvestre, Rieux, et se jette dans la Garonne, en face de Carbonne, après un cours d'environ 48 k.

L'Arize est remarquable par la bizarrerie de son cours. A 1 k. au-dessus du Mas-d'Azil, elle traverse une des plus belles grottes des Pyrénées nommée la *Roche-du-Mas* : deux falaises élevées, inclinées l'une vers l'autre, sont réunies à leur sommet, et forment une arcade immense qui peut abriter 2,000 personnes, et sous laquelle coule l'Arize. Les deux entrées de cette grotte sont vastes, et ont été autrefois fortifiées par de hautes murailles. En 1625, pendant les guerres de religion, les calvinistes des pays environnants se réfugièrent dans cette grotte, et s'y défendirent avec succès contre l'armée catholique qui ne put les forcer à se rendre.

ARJUZANX, vg. *Landes* (Gascogne), chef-l. de cant., arr. et à 34 k. de Mont-de-Marsan. Bureau d'enregist. à Labrit. Cure. ✉ de Tartas. Pop. 680 h. —TERRAIN tertiaire supérieur, alluvions anciennes.

Il est situé sur le Bez, dans une contrée fertile en excellents vins.—Carrières de marne, d'argile et de minerai de fer; indices de mine de houille. — *Fabrique* d'essence de térébenthine. Fonte de matières résineuses. Lavoirs de laine. — *Commerce* de vin, grains, draperies, bestiaux, laines, etc. — *Foires* le 1er mercredi de mai, 1er mercredi d'août et d'oct.

ARLANC, petite ville, *Puy-de-Dôme* (Auvergne), chef-l. de cant., arr. et à 15 k. d'Ambert. Cure. ✉. ⚜. A 458 k. de Paris pour la taxe des lettres. Pop. 4,390 h. —TERRAIN cristallisé ou primitif.

Cette ville est fort agréablement située, dans une riante contrée, sur la croupe et le penchant d'une montagne, au pied de laquelle coule la Dolore. Elle est éloignée d'environ 760 m. du bourg d'Arlanc, qui en est une dépendance, et où se trouve l'église paroissiale. On y trouve une source d'eau minérale acidule froide, ferrugineuse, fréquentée annuellement par 5 ou 600 buveurs. — *Fabriques* de blondes, dentelles, toiles, tissus, lacets et autres objets de mercerie. — *Commerce* de cuirs. —*Foires* les 2e lundi après la Fête-Dieu, lundi après le 6 août, lundi après la mi-carême, 2e lundi après Quasimodo.

ARLAY, *Arlum*, bg Jura (Franche-Comté), arr. et à 11 k. de Lons-le-Saulnier, cant. et ✉ de Bletterans. Pop. 1,638 h. — Il est situé sur une colline, près de la rive gauche de la Seille, et remarquable par les mines pittoresques d'un ancien château.

Les armes d'Arlay sont : *de gueules à la bande d'or chargée d'une étoile d'azur en cœur*.

Foires les 17 avril, 30 juillet, 14 sept. et 23 nov. Ces foires sont remarquables par la vente du gros bétail de labour. Les marchands du Charolais y amènent leurs troupeaux de bœufs et de génisses : en hiver, cochons gras; dans la saison, des *jeunes nourrices* et des moutons.

ARLEBOSC, vg. *Ardèche* (Vivarais), arr., ✉ et à 20 k. de Tournon, cant. de St-Félicien. Pop. 1,015 h.

ARLEMPDES, vg. H.-*Loire* (Vivarais), arr. et à 27 k. du Puy, cant. ✉ de Pradelles. Pop. 477 h. — On y voit des grottes curieuses et les ruines d'un château qui passe pour avoir été très-fort.

Non loin de MASCLAUX, hameau dépendant de la commune d'Arlempdes, on remarque la coupe verticale d'une coulée basaltique, qui offre la façade d'une espèce de temple naturel.

ARLES, *Arelate*, *Arelatum*, grande et très-ancienne ville, *Bouches-du-Rhône*, chef-l. de sous-préf. ; le tribunal de 1re instance est à Tarascon ; chef-l. de deux cant. Tribunal de comm. Chamb. cons. des manuf. 3 cures. Société d'agriculture. Collège communal. Ecole d'hydrographie de 4e classe. Gîte d'étape. ✉. ⚜. Pop. 20,460 h. — TERRAIN d'alluvions modernes.

Autrefois archevêché, parlement et intendance d'Aix, gouvernement particulier, chapitre, séminaire, collège, académie, 17 couvents.

L'archevêché d'Arles fut fondé au IVe siècle ; il avait pour suffragants les évêques de Marseille, St-Paul-Trois-Châteaux, Toulon et Orange. Revenu, 30,000 liv.

« Arles, qui devint dans les derniers temps la capitale de toute la Gaule, est cependant mentionnée pour la première fois dans les Mémoires de Jules César sur la guerre civile. Pline, Suétone et Ptolémée reconnaissent *Arelate*, Arles, pour colonie; Strabon en parle comme d'un entrepôt de commerce très-considérable de son temps. Méla nomme Arles au nombre des villes principales de la Narbonnaise, et lui donne, ainsi que Pline, le titre de *Sextanorum*, d'après une milice romaine qui s'y trouvait fixée : ce qui est confirmé par une inscription. Une autre inscription, rapportée par Honoré Bouche, donne à la colonie d'Arles le prénom de *Julia Materna*. Constantin voulut que la ville d'Arles portât son nom, et elle est appelée *Constantina* dans un règlement émané de l'empereur Honorius. L'épithète de

Duplex, qu'Ausone donne à cette ville, prouve qu'elle s'étendait des deux côtés du Rhône ; la partie à l'ouest est connue sous le nom de *Trintella* (aujourd'hui Trinquetaille) dans les titres du XIIIe siècle. Indépendamment des monuments historiques, des arènes, du théâtre et de tous les monuments antiques qu'on y trouve encore, la position d'*Arelate* à Arles moderne est démontrée par les mesures que l'Itinéraire donne pour les quatre routes qui y aboutissent de *Massilia*, Marseille, *Aquæ Sextiæ*, Aix, *Apta Julia*, Apt, et *Avenio*, Avignon. » Walckenaer. *Géographie des Gaules*, part. II, chap. 2, p. 277.

Quelques auteurs modernes ont fait remonter l'origine d'Arles à la plus haute antiquité : il paraît toutefois que cette ville existait longtemps avant Jules César, et qu'elle avait déjà de son temps une nombreuse population, puisque ce conquérant y fit construire douze galères pour bloquer le port de Marseille; et après la reddition de cette ville, il envoya à Arles le questeur Tibérius pour y établir une colonie tirée de la dixième légion. Cette colonie, favorisée par la culture et le commerce, grandit et prospéra promptement. Toutefois elle ne s'éleva à un haut degré de prospérité que sous Constantin, qui l'affectionnait beaucoup, lui donna son nom, l'embellit d'un grand nombre d'édifices et y établit sa résidence. Constant, troisième fils de cet empereur, fit de cette ville la capitale de ses Gaules. Théodose et Honorius y firent quelque séjour. Enfin, depuis Constantin jusqu'à l'invasion des Visigoths, Arles fut considérée comme la capitale des Gaules. Après avoir été pendant six siècles sous la domination des Romains, Arles tomba sous le pouvoir des Goths et des Mérovingiens, sous lesquels elle soutint plusieurs sièges et éprouva divers désastres. Ses monuments romains furent mutilés et abattus, et sur leurs ruines s'élevèrent des temples chrétiens.

En 879, Bozon, duc de Provence, circonviut les prélats du midi et de l'orient de la Gaule, et les engagea à fonder pour lui un nouveau royaume, qui détacha du sceptre des Carlovingiens une grande partie de la France. Dans le XIIe siècle, la ville d'Arles se constitua en république sous la protection des empereurs d'Allemagne, dont les archevêques étaient les procureurs fondés. La république d'Arles commença en 1131, par l'institution du consulat ; en 1220, la forme du gouvernement se rapprocha de celle des républiques d'Italie par la création des podestats, qui subsistèrent jusqu'en 1251, que la ville se soumit à Charles d'Anjou, comte de Provence. La république d'Arles était parvenue à un haut degré de prospérité ; elle allait de pair avec celle de Gênes et de Pise ; sa navigation s'étendait au loin ; son commerce était florissant. Après plusieurs révolutions, Arles se soumit aux comtes de Provence ; elle fut réunie à la couronne sous le règne de Louis XIII.

Il s'est tenu à Arles, à différentes époques, vingt conciles. Le premier et le plus important fut assemblé en 314 ; on y condamna les donatistes. Les autres furent tenus en 352, 443, 453 ou 454, 455, 463, 473, 477, 524, 553, 813, 1059, 1205, 1210 sur les propositions inutilement faites à Raymond, comte de Toulouse, pour son absolution, en 1234, 1236, 1246, 1260 et 1275.

Les armes d'Arles sont : *d'argent au lion d'or accroupi, la patte droite levée, la queue entre les jambes*; et pour devise : AB IRA LEONIS HOSTIBUS HOSTIS ET ENSIS. — En 1816, on y avait ajouté *un franc quartier à dextre d'azur, chargé d'une fleur de lis d'or*.

La ville d'Arles est située un peu au-dessous de l'angle du delta que le Rhône forme par sa division en deux branches; elle est assise sur un banc de rochers de calcaire-coquillier, qui domine la rive gauche du Rhône, en penchant doucement vers les bords. Son enceinte, tracée par de vieux remparts sans usage aujourd'hui, embrasse une surface de 78 hectares. Les rues, sans être parfaitement alignées, ont, en général, une certaine régularité et sont assez spacieuses ; elles sont pavées en cailloux de la Crau, de forme ovale, ce qui les rend incommodes et fatigantes. Les quais sont pavés en dalles, fort spacieux, très-fréquentés, et servent d'entrepôt à toutes les marchandises qui circulent par la voie du commerce entre Lyon et Marseille. Le port d'Arles occupe le cinquième rang parmi les ports de France, sous le rapport des expéditions ; il vient immédiatement entre Rouen et Nantes. Les places sont en petit nombre et peu spacieuses ; on n'en compte guère que trois : la place Royale, autour de laquelle sont : l'hôtel de ville, le musée et la façade de l'église St-Trophime, l'ancien palais des archevêques d'Arles, et ayant pour principal ornement un obélisque antique dont nous parlerons ci-après ; la place du Plan-de-la-Cour, et la place des Hommes. Ces trois places sont parfaitement régulières ; la seconde, exposée au nord et presque toujours à l'ombre, est fréquentée dans l'été ; la troisième, entourée des principaux hôtels et des plus beaux cafés, sert de point de réunion en toute saison aux étrangers, aux habitants de la ville, et le dimanche aux agriculteurs et aux fermiers. La place royale sert de marché, de promenade d'hiver et de cirque pour les combats de taureaux.

La jeunesse d'Arles se plaît beaucoup à cet exercice, qui est une sorte d'apprentissage pour soumettre au joug des animaux si difficiles à dompter. Dans les occasions solennelles, on trace sur la place une enceinte circulaire, en dehors de laquelle sont les gradins pour les spectateurs. On lâche un taureau qui bondit dans l'arène. Des hommes armés de bâtons l'excitent. Le taureau court sur celui qui le provoque ; au moment où il baisse la tête pour donner des cornes, l'homme saute lestement par côté et lui assène un coup de bâton sur le museau. L'animal s'irrite, entre en fureur; mais c'est en vain qu'il consume ses forces. D'autres le remplacent, et ne sont pas plus heureux. Enfin, le plus sauvage et le plus fort est réservé pour terminer le combat ; il se présente dans l'arène avec une énorme cocarde de rubans attachée à ses cornes : le prix est destiné à celui qui pourra l'enlever. Après des essais longtemps infructueux, un vigoureux athlète se présente. Loin de fuir le terrible animal, il court au-devant de lui, et, saisissant les cornes de ses mains musculeuses, il le renverse sur le dos, ce qui lui donne le temps d'enlever la cocarde. Cet exercice est très-fréquent à Arles.

Les alentours d'Arles sont extrêmement riants. Toute la partie méridionale forme une longue et belle promenade appelée la Lice, plantée de trois allées d'arbres, et bordée dans toute sa longueur par le canal de Craponne, au delà duquel sont des jardins et des prairies. Dans la partie septentrionale, sur le chemin de Tarascon et sur le bord du Rhône, est une autre promenade plantée de superbes ormeaux. Les Eliscamps (autrefois les Champs-Elysées) peuvent être considérés aussi comme une promenade agréable, par la variété des sites et des paysages. — A 2 k. de la ville, sur le chemin de Marseille, le canal de Craponne est reçu dans un aqueduc de 662 m. de longueur, soutenu par quatre-vingt-quatorze arcades à plein cintre, supporté lui-même par le pont de Crau, qui consiste en cinquante-sept arcades plus grandes que celles de l'aqueduc et séparées par des massifs de maçonnerie. Cet aqueduc, haut de 6 m., franchit la vallée qui sépare le coteau de la Crau du rocher sur lequel la ville est bâtie.

La ville d'Arles est on ne peut plus intéressante par les monuments antiques qui la décorent et attestent la splendeur dont elle jouissait du temps des Romains, ainsi que par ses édifices publics.

AMPHITHÉÂTRE. Ce monument de la magnificence romaine domine la ville et étonne par son immensité : la longueur hors d'œuvre du grand axe est de 140 m., la largeur ou l'étendue de son petit axe est de 103 m. ; il a dû avoir quarante-trois rangs de gradins et contenir vingt-quatre mille spectateurs. Comme l'amphithéâtre de Nîmes, il a trois ordres d'architecture, et comme lui aussi il est percé de soixante arcades à chaque étage ; mais ses dimensions sont un peu plus fortes, et son étendue plus considérable : son architecture est aussi élégante et plus magnifique ; le premier étage est en pilastres d'ordre dorique, le second était en colonnes d'ordre corinthien. Aux extrémités des axes étaient pratiquées quatre portes ; la principale est celle du nord ; elle est belle quoique sans ornements, d'une grandeur imposante et d'une forme majestueuse ; le corridor par lequel elle introduisait dans l'arène est d'une construction ingénieuse et magnifique. Cette porte du nord est l'entrée d'un étage souterrain, qui est la partie la plus singulière et la plus curieuse de l'amphithéâtre. Cette substruction se compose de deux galeries, qui donnent accès dans l'arène par huit petites portes, placées aux points cardinaux et collatéraux. Rien n'indique l'époque de la construction de ce monument ; mais, par le style de son architecture, on peut hardiment le classer parmi ceux qui furent élevés dans le second siècle. L'inscription gravée sur les dalles du *podium*, indique qu'elle était destinée à conserver le souvenir des fonctionnaires publics qui avaient fait célébrer les jeux à leurs frais.

Dans le VIIIe siècle, l'amphithéâtre d'Arles fut changé en forteresse, et l'on éleva des tours sur ses quatre portes : deux de ces tours existent encore. Plus tard, on bâtit dans l'intérieur une multitude de petites maisons qui le masquaient presque entièrement, et dont il a été débarrassé récemment.

THÉATRE. Non loin de l'amphithéâtre, du côté du midi, sont les restes du théâtre. Deux portions de la décoration extérieure sont visibles; celle du midi, engagée dans le mur de la ville, conserve les trois étages dont se composait l'édifice : c'est ce qu'on nomme la Tour Rolland; celle du nord n'a plus que l'arcade du rez-de-chaussée, et c'est par celle-là que l'on arrive à la petite place sur laquelle était jadis l'ancienne maison de la Miséricorde, bâtie exactement sur l'emplacement de la scène, aujourd'hui démolie. Il reste de ce théâtre les fondations du mur de face de la scène, et deux admirables colonnes de brèche d'Afrique, avec soubassement, bases, chapiteaux et partie de l'entablement. La scène proprement dite, le *proscenium*, et une partie des gradins ont été mis en totalité à découvert pendant l'administration de M. Laugier de Chertrouse, ancien maire d'Arles, qui a fait déblayer l'amphithéâtre de deux cent treize hideuses constructions modernes dont il était obstrué. — Cet administrateur a fondé un musée où sont recueillis et conservés avec le plus grand soin tous les vestiges de l'art exécutés à toutes les époques de l'histoire; en regard des bas-reliefs et chapiteaux antiques, on voit des sarcophages chrétiens d'un beau travail et du plus grand intérêt. — *N. B.* Pour avoir une idée exacte de l'amphithéâtre et du théâtre d'Arles, on doit voir au palais des Beaux-Arts, à Paris, les plans en relief de ces deux monuments faits avec la plus grande exactitude par M. Pellet.

OBÉLISQUE. Cette superbe aiguille, en granit de l'Esterel, est le seul monolithe de granit exécuté hors de l'Égypte. Ce fut en 1389 qu'on en fit la découverte, mais il ne fut retiré de terre que sous le règne de Charles IX. En 1676, on l'érigea sur la place Royale; un globe fleurdelisé fut placé à sa cime, et les inscriptions gravées sur son piédestal le dédièrent à Louis XIV, alors régnant. L'obélisque a 16 m. 26 c. de long, 1 m. 66 c. de largeur à sa base, et porte sur quatre lions en bronze placés en 1829, époque de la restauration du monument; le piédestal a 4 m. 54 c. de hauteur; ainsi le monument entier a 20 m. 14 c. d'élévation. Il est imposant et noble, et bien en rapport avec l'étendue de la place.

Arles possède encore plusieurs autres débris de monuments antiques. Sur la place St-Lucien se trouvent deux colonnes de granit, adossées au mur d'une maison, et soutenant l'angle d'un fronton d'ordre corinthien qu'on croit être les restes d'un temple de Minerve. Non loin de là sont les ruines des Thermes ou du Forum, édifice encore enfoui dans plusieurs de ses parties et des plus curieux à visiter. Représentez-vous une cour rectangulaire autour de laquelle règne une double galerie à arcades surbaissées, et vous aurez une idée de l'ancien *Forum* d'Arles. L'intérieur de ce monument était, d'après Sidoine Apollinaire, orné de colonnes et de statues. Aujourd'hui la plupart des galeries sont encore encombrées de terre. A l'extrémité de l'une d'elles, on trouve un autel sur lequel les premiers chrétiens d'Arles paraissent avoir célébré le saint sacrifice. — Vers les bords du Rhône et près l'ancienne maison du grand prieuré de l'ordre de Malte se trouvent les ruines de l'ancien palais de Constantin.

ÉGLISE CATHÉDRALE. Cette église fut bâtie par saint Virgile, au commencement du VIIe siècle, sous l'invocation de saint Étienne. Elle prit le nom de St-Trophime, en 1152, époque où les reliques de cet évêque y furent transportées. En 1421 et en 1450, elle fut agrandie. Dans son état actuel, c'est une des églises les plus remarquables du département; l'intérieur est fort vaste et décoré d'assez bons tableaux; la petite nef fait le tour du sanctuaire. Le portail, bâti dans le XIIIe siècle, est un chef-d'œuvre d'architecture du temps; le dessin en est simple et grand, les détails très-riches, et la sculpture aussi bonne qu'on puisse l'attendre de cette époque. La façade s'élève sur un vaste escalier de huit ou dix marches, et se termine en un fronton dont les deux côtés inclinés portent une corniche soutenue d'espace en espace par des consoles, dont la face représente des figures allégoriques, des mufles de lion, etc. La porte est profondément enfoncée, et surmontée d'un grand arc à plein cintre. Il y a de chaque côté du portail six colonnes, les unes rondes, les autres octogones, qui forment six niches. La porte, qui s'élève encore de deux marches au-dessus du premier palier, est partagée en deux par une colonne d'un beau granit violet de l'île d'Elbe, dont le chapiteau et la base sont ornés de figures humaines. Ce portail est orné d'une multitude de figures représentant la tentation de la première femme, la naissance du Christ, le jugement dernier, enfin des supplices, où l'horrible et le grotesque se tiennent par la main. Non loin de cette église et derrière l'ancien palais archiépiscopal est le beau cloître de St-Trophime. Ce monument, dont l'architecture est gothique, est divisé en quatre galeries, renfermant ensemble cinquante arcades. Ces galeries ont été construites à des époques diverses, puisque le style est différent. Les galeries *nord* et *est* sont à plein cintre; leur construction remonte au XIe siècle. Les galeries *sud* et *ouest* sont à ogives et de la fin du XIVe siècle. Elles paraissent avoir remplacé à cette époque cette partie du cloître qui s'était peut-être écroulée ou menaçait ruine. Le préau de ce cloître a 17 m. du midi au nord, et 19 m. de l'est à l'ouest.

NOTRE-DAME DE LA MAJOR. La fondation de cette église remonte au VIe siècle; l'on croit qu'elle a été bâtie sur les fondations d'un temple de Cybèle; le fameux autel de la bonne déesse, conservé au musée d'Arles, y fut trouvé en 1758, en fouillant sous le seuil de la porte d'entrée.

Outre ces deux paroisses, il y a deux succursales sous le titre de St-Césaire et de St-Julien.

L'ÉGLISE DE MONT-MAJOUR, peu éloignée de la ville, fait partie du territoire d'Arles. L'abbaye de Mont-Majour fut fondée au XIe siècle, sur un rocher autrefois entouré de marais que traverse aujourd'hui une belle route. La façade du midi est entièrement ruinée; celle du nord, simple mais imposante par son élévation, est bien conservée et domine majestueusement la plaine : l'église, une belle tour et la chapelle Sainte-Croix sont les parties anciennes qui ont échappé à une entière destruction. — L'église, autrefois fort vaste, a été raccourcie en démolissant une partie de la nef et en reportant la façade vers le chœur. Elle est surtout remarquable par une chapelle souterraine, où l'on descend par un vaste escalier, au pied duquel elle s'étend sous l'église supérieure en forme de croix. — La tour est un monument magnifique, édifié en 1369. Sa hauteur est de 26 m., sa largeur de 12 m. de l'est à l'ouest, et de 6 m. 50 c. du nord au sud. — La chapelle Ste-Croix est un charmant petit édifice voisin de Mont-Majour, dont la construction remonte à l'an 1019. Son plan est une croix grecque formée par quatre cercles rentrant l'un dans l'autre. Le rocher sur lequel est bâti ce petit chef-d'œuvre est creusé partout comme une ruche; on y a pratiqué un nombre considérable de tombeaux de toutes formes et de toutes grandeurs.

ÉGLISE ST-HONORAT. Cette église fut fondée au VIe siècle par l'évêque St-Virgile. Elle a souvent changé de face depuis, et est réduite presque au seul sanctuaire de plusieurs chapelles vastes et riches autrefois; la fameuse crypte, autrefois si révérée, est presque tout ce qui reste de la primitive construction. Le sanctuaire est du XIIe siècle et peut-être du XIe. On a découvert extérieurement en 1841, contre le flanc méridional de cette église, les plus anciennes peintures qui existent en France. Derrière un mur élevé contre le mur du nord de l'église primitive auquel on faisait des réparations, on aperçut, sur le bandeau et le tympan, d'une large archivolte, des peintures à fresque analogues à celles de Pompéi, et un personnage vêtu d'une robe, d'un manteau et qui est nu-pieds. On travaille au dégagement des matériaux qui interceptent la vue du reste de ces peintures, dont il est on ne peut plus intéressant de continuer la découverte.

HÔTEL DE VILLE. Cet édifice fut construit sous Louis XIV d'après les dessins de Mansard. Il est à trois étages et est décoré d'un ordre corinthien, plus riche du côté de la place du marché, où est la façade principale, plus simple du côté opposé, mais ayant, sous l'un et l'autre aspect, une grande et magnifique apparence; l'architecture de la voûte est regardée comme une merveille. A l'extrémité orientale s'élève une tour plus ancienne que l'édifice dans lequel elle est engagée, mais qui cependant, d'après le style de son architecture, ne saurait remonter au delà du XVIe siècle.

BIBLIOTHÈQUE PUBLIQUE. Elle est placée au nord et au premier étage de l'hôtel de ville, et se compose d'environ 12,000 vol., provenant d'un contingent considérable des livres acquis par la ville, de la bibliothèque de M. de St-Vincens, et de quelques livres qui faisaient autrefois partie des bibliothèques des anciens corps religieux.

LES ARCHIVES D'ARLES renferment entre autres curiosités une très-belle charte décorée de bonnes peintures qui représentent l'empereur Charles-Quint tout vêtu d'or, coiffé de la couronne impériale et armant un chevalier espagnol : un second sujet représente le même chevalier à cheval et portant un étendard en forme d'oriflamme. En tête de la charte est le portrait de Charles-Quint, vu de profil, avec la couronne impériale et les vêtements d'or. Tous les ornements de cette peinture sont dorés, — Cette belle charte porte la signature et le sceau de Charles-Quint.

MUSÉE. Il est placé dans l'ancienne église Ste-Anne, où l'on a réuni les divers morceaux d'antiquité dispersés dans l'enceinte d'Arles et sur son territoire. Les principaux objets que l'on y remarque sont : l'autel dédié à la bonne déesse; le fameux Mithras, figure enveloppée d'un long serpent, entre les plis duquel sont sculptés les signes du zodiaque; un bas-relief représentant les Muses; le groupe de Médée prête à égorger ses enfants, ouvrage barbare mais singulier; une borne militaire célèbre et souvent citée, qui porte les noms des empereurs Théodose et Valentinien; de deux Silène; de deux belles têtes en marbre blanc, dont l'une représente une divinité de l'Olympe, et l'autre un empereur romain ; enfin plusieurs sarcophages remarquables, et un grand nombre de cippes, d'autels votifs et autres fragments d'un plus ou moins grand intérêt.

Biographie. La ville d'Arles est la patrie de l'empereur CONSTANTIN LE JEUNE.

D'HUGUES DE ST-CÉSAIRE, auteur de la *Vie des Troubadours*.

De DENIS FAUCHIER, auteur latin.
De PIERRE SAXÉ, historien d'Arles.
De F. PORCHIER, antiquaire.
De J.-L. ROULLET et de BALÉCHOU, graveurs.

Du mathématicien LIEUTAUD, auteur de la *Connaissance des temps*, depuis 1703 jusqu'en 1729, 27. vol. in-12.

Du marquis P.-A. ANTONELLE, député à l'assemblée législative, auteur du *Catéchisme du tiers état*, in-8, 1789, exilé sous l'empire à Arles, où il est mort dans un âge avancé en 1819.

De PIQUET DE MÉJANES, bibliographe.

D'ALEX. SAVÉRIEN, mathématicien, mort en 1805, auteur entre autres ouvrages de l'*Histoire des progrès de l'esprit humain dans les sciences exactes et dans les arts qui en dépendent*, 6 vol. in-8, 1766-71 ; *Dictionnaire historique, theorique et pratique de marine*, nouvelle édition, 2 vol. in-8, 1781 ; *Dictionnaire universel de mathématique et de physique*, 2 vol. in-4, 1752.

De MOLINIER, prédicateur, mort en 1745, auteur des * *Lettres servant de réponse aux Lettres philosophiques sur les Anglais*, etc., in-12, 1785.

Du jurisconsulte BRUNET.

De A. DE LAURENS, premier médecin de Henri IV, auteur d'un *Traité d'anatomie*.

Du poëte ROBIN.

Du littérateur PASCAL DELACROIX.

De J. DIDIER VÉRAN, antiquaire, auteur de plusieurs mémoires insérés dans le recueil de la société royale des antiquaires de France.

De M. AMÉDÉE PICHOT, médecin et littérateur, né en 1796. On a de lui : *Opinion des médecins d'Edimbourg sur la petite vérole et la vaccine*, in-8, 1824 ; *Essai sur le génie et le caractère de lord Byron*, in-18, 1824 ; * *Living (the) poet of England*, etc., 2 vol. in-8, 1827 ; *Voyage historique et littéraire en Angleterre et en Ecosse*, 3 vol. in-8, 1825 ; *Vues pittoresques de l'Ecosse*, in-4, 1826-28. Et plusieurs traductions de poésies et de romans anglais.

INDUSTRIE. Fabrique de chapellerie, de saucissons renommés. Filatures de soie. Construction de navires. — Commerce considérable de blé, vins, huiles, manne, fruits, saucissons, chevaux, mulets, bêtes à cornes, moutons, porcs, sel, soude, laines. — Entrepôt du sel que produisent les quatre salines de son territoire. — Cabotage très-actif. Bateaux à vapeur pour Marseille. Cent bâtiments, de la capacité de 30 à 180 tonneaux, sont constamment sous charge pour Marseille et Toulouse. On trouve à noliser en tout temps pour tous les ports de la Provence, du Languedoc et de la Catalogne. — Foires le 17 janv. (8 jours), 14 fév. (3 jours), 3 mai et jeudi avant la Pentecôte.

Arles est à 89 k. N.-O. de Marseille, 718 k. S.-E. de Paris, pour la taxe des lettres. Lat. N. 43° 40′ 31″, long. E. 2° 17′ 32″.

L'arrondissement d'Arles est composé de 8 cantons : Arles E., Arles O., Château-Renard, Eyguières, Stes-Maries, Orgon, St-Remi et Tarascon.

Bibliographie. PRIVAS (Jean). *Discours panégyrique sur la ville d'Arles*, in-8, 1612.

BOUYS (J.-B.). *La Royale Couronne d'Arles, ou l'Histoire de l'ancien royaume d'Arles*, in-4, 1641.

FABRE (le P. Ant.). *Panégyrique de la ville d'Arles, etc., avec des remarques pour servir à l'histoire de cette ville*, in-8, 1748.

MONTFORT. *Panégyrique de la ville d'Arles*, in-12, 1743.

ANIBERT (L.-M.). *Mémoires sur l'ancienneté d'Arles, suivis d'observations sur la formation des marais voisins de cette ville, et sur un passage de l'Histoire d'Ammien Marcellin*, in-12, 1782.

— *Mémoires historiques et critiques sur l'ancienne république d'Arles, pour servir à l'histoire générale de Provence*, 3 vol. in-12, 1782.

NOBLE DE LA LAUZIÈRE (J.-Fr. le). *Abrégé chronologique de l'histoire d'Arles, jusqu'à la mort de Louis XIV*, in-4, 1807.

SAXI (Pierre). *Entrée de S. M. le roi Louis XIII dans la ville d'Arles, le 29 octobre 1622* (Histoire de Provence, t. II, p. 866).

* *Etat de la ville d'Arles et de son territoire, par rapport à la contagion, depuis le 26 novembre 1720 jusqu'au 20 mars 1721*, in-4.

PEILHE (Fr.). *Relation véritable de ce qui s'est passé de remarquable dans la ville d'Arles en Provence, durant le fléau de la peste en 1720*, in-4, 1721.

MARTIGUES (le P. Thomas de). * *Relation très-exacte des malheurs que le débordement du Rhône a causés à la ville d'Arles, le 30 novembre et le 1er décembre 1755*, par le P. T. M. D. C., in-8, 1755.

SÉGUIN (Joseph). *La Fontaine minérale d'Arles nouvellement découverte*, in-4, 1681.

DARLUC. *Histoire naturelle de la Provence* (le t. 1er, p. 277, contient un article intitulé Fontaine de la Crau, in-8, 1782).

REBATU (François de). *Description de la Diane d'Arles*, in-12, 1639. — 2e édition, sous ce titre : *le Portrait de la Diane d'Arles*, in-4, 1660.

GUIZ (Joseph). *Description des Arènes, ou l'Amphithéâtre d'Arles*, in-4, 1665.

TERRIN (Cl.). *Nouvelle Découverte du théâtre dans la ville d'Arles* (Journal des savants, 28 août, 1784).

* *Description d'un ancien théâtre que l'on voit dans la ville d'Arles*, une feuille in-4 (indiqué dans les Antiquités d'Arles de Seguin).

SEGUIN (Joseph). *Les Antiquités d'Arles, traitées en manière d'entretiens et d'itinéraire*, 2 parties en 1 vol. in-4, 1687.

PEILHE (Fr.). *Description d'un ancien cimetière des païens, nommé Champs-Elysées, que l'on voit à Arles*, une feuille in-4, 1724.

— *Description de l'amphithéâtre d'Arles*, une feuille in-fo, 1725.

TERRIN (Claude). *La Vénus et l'Obélisque d'Arles*, in-12, 1680. — 2e édition augmentée, in-12, 1697.

MILLIN. *Voyage dans le midi de la France*, t. III, p. 513, 612, 615.

LABORDE (de). *Monuments de la France*, t. I, pl. LXXVI-VIII-IX.

VÉRAN (J. Didier). *Notice sur les anciens monuments d'Arles*, in-8, 1824.

— *Mémoire sur les cloaques d'Arles* (Mémoires de la société royale des antiquaires de France, t. VI, 1826).

— *Dissertation sur la question de savoir si l'amphithéâtre d'Arles a été achevé* (ibid., t. IX, 1832).

VILLENEUVE (de). *Statistique des Bouches-du-Rhône*, t. II, p. 428-430.

LADOUCETTE (le baron). *Note sur l'amphi-*

théâtre d'Arles (Mém. de la soc. roy. des antiq. de France, t. IX, p. 388.
HENRY. *Notice sur l'amphithéâtre d'Arles* (ibid., t. XII, nouv. série, p. 1-4, 42-82; et t. IV, p. 376.
MÉRIMÉE. *Notes d'un voyage dans le midi de la France*, p. 274-85.
ALEXANDRE. *Histoire de la fondation du monastère de la Miséricorde dans la ville d'Arles*, in-12, 1707.
ÉTRANGIN (J.-J.). *Description de l'Église métropolitaine d'Arles*, in-8, 1835.
AMBERT (L.-M.). *Dissertation historique et critique sur la montagne de Cordes et ses monuments*, in-12.
ÉTRANGIN (J.-J.). *Études archéologiques, historiques et statistiques sur Arles, contenant la description des monuments antiques et modernes*, etc., in-8, 1838.
CLAIR (H.). *Les Monuments d'Arles antique et moderne*, in-8, 1838.
* *Vues diverses des monuments du pays et costumes pittoresques des Arlésiennes*, in-4.
JACQUEMIN (L.). *Guide du voyageur dans Arles, renfermant l'indication de la plupart des produits naturels de son territoire, et la description de ses monuments antiques, du moyen âge et de la renaissance*, in-8, 1835.
* *Conducteur de l'étranger dans Nîmes, dans Arles et leurs environs*, in-18, 1843.
IMBERT. *Almanach de la ville d'Arles pour l'année 1720*, in-12.

ARLES (canal d'), au port de Bouc. Ce canal, qui suit la rive gauche du Rhône, fait éviter le passage dangereux des bouches de ce fleuve, et facilite le dessèchement des marais d'Arles.

ARLES-LES-BAINS. V. AMÉLIE-LES-BAINS.

ARLES-SUR-TECH, petite ville très-ancienne, *Pyrénées-Or.* (Roussillon), chef-l. de cant., arr. et à 14 k. de Ceret. Bureau d'enregist. à Ceret. Cure. Gîte d'étape. ✉. A 885 k. de Paris pour la plus lettres. Pop. 2,384 h. — TERRAIN de transition inférieur.
Autrefois diocèse de Perpignan, intendance de Perpignan, abbaye de bénédictins.
L'origine d'Arles remonte à une époque fort reculée. On prétend qu'a pris son nom de quelques autels consacrés aux divinités du paganisme, dont on n'aperçoit cependant aucuns vestiges. On y remarque une fort belle église et les restes d'une abbaye de l'ordre de Saint-Benoît, fondée en 778. L'église d'Arles est célèbre par le tombeau des saints *Abdon* et *Sennen*, sous lesquels se trouve une source soi-disant miraculeuse, qui a, dit-on, le pouvoir de guérir tous les maux. Le 30 juillet, jour de la fête patronale, le tombeau de saint Abdon est le but d'un pèlerinage très-fréquenté; on y vend la *Vie des saints Abdon et Sennen*, et souvent on y joue publiquement leur *martyre*.
— En 1707, pendant la guerre de la succession d'Espagne, les Espagnols s'emparèrent d'Arles,
dont ils furent chassés peu de temps après par les habitants.
Arles possède dans ses environs un établissement thermal très-fréquenté. V. BAINS. — A 4 k. N.-O. de cette ville, près du village de Corsavy, on voit un précipice affreux de plus de 250 m. de profondeur. — *Fabriques* de merrain et de cerceaux. Tanneries. Forges à la catalane. — *Commerce* de vins et de céréales pour les muletiers du Haut-Valespir, qui descendent divers produits industriels pour être expédiés dans le royaume. — *Foire* le 10 déc. (2 jours). Marché très-fréquenté tous les mercredis.

ARLET, vg. *H.-Loire* (Auvergne), arr. et à 21 k. de Brioude, cant. et ✉ de Lavoute-Chilhac. Pop. 223 h.

ARLEUF, bg *Nièvre* (Nivernais), arr., cant., ✉ et à 10 k. de Château-Chinon. Cure. Pop. 3,063 h.

ARLEUX, *Arlegia*, bg *Nord* (Flandre), chef-l. de cant., arr., ✉ et à 11 k. de Douai. Cure. Pop. 1,721 h. Sur un bras de la Sensée et près du canal de ce nom. — TERRAIN tertiaire moyen voisin du terrain crétacé supérieur.
Au X° siècle, les rois de France avaient à Arleux un palais ou maison royale, sur l'emplacement duquel fut construit plus tard un château très-fort, qui servit souvent de prison d'État, et où Charles II, dit le Mauvais, fut détenu deux ans; son frère, le comte d'Evreux, après avoir inutilement employé plusieurs moyens pour le délivrer, fit déguiser plusieurs gentilshommes en tourbiers, qui escaladèrent les murailles du château dans la nuit du 9 novembre, et rendirent la liberté au prisonnier. Les Français s'emparèrent du château d'Arleux en 1645. Le maréchal de Villars le prit et le fit démanteler en 1711.
Arleux est la patrie du célèbre jurisconsulte MERLIN, connu sous le nom de MERLIN DE DOUAI, député aux états généraux, à l'assemblée constituante et à la convention, ministre de la justice, membre du directoire exécutif, membre de la chambre des représentants pendant les cent jours, membre de la 2° classe de l'Institut, etc., etc. Ses principaux ouvrages sont: *Répertoire universel et raisonné de jurisprudence*, etc., 18 vol. in-4, 1827; *Recueil alphabétique des questions de droit*, etc., 8 vol. in-4, 1827, ou 16 vol. in-8, 1827-30.
Arleux est aussi le lieu de naissance du docteur LE GLAY, auteur du *Catalogue descriptif et raisonné des manuscrits de la bibliothèque de Cambray*, in-8, 1831, et de plusieurs autres ouvrages estimés. — *Fabrique* de bonneterie de fil et de coton, de toiles de lin et de chanvre, sucre indigène, etc. Brasserie. Briqueterie.

ARLEUX-EN-GOHELLE, vg. *Pas-de-Calais* (Artois), arr., ✉ et à 11 k. d'Arras, cant. de Vimy. Pop. 634 h.

ARLOD, vg. *Ain* (Bourgogne), arr. et à 28 k. de Nantua, cant. et ✉ de Châtillon-de-Michaille. Pop. 1,431 h. Sur le Rhône.

ARLOS, vg. *H.-Garonne* (Gascogne), arr.
et à 38 k. de St-Gaudens, cant. et ✉ de St-Béat. Pop. 381 h.

ARMAGNAC, *Armeniacum*, *Aremurica*, ci-devant province de France, qui faisait autrefois partie de la Gascogne, et qui forme aujourd'hui le département du Gers. Auch en était la capitale. Son territoire, généralement montueux et élevé, est fertile surtout en vins, avec lesquels on fabrique d'excellentes eaux-de-vie connues sous le nom d'eaux-de-vie d'Armagnac.
Les armes de l'Armagnac étaient: *d'argent à un lion de gueules.*

ARMAILLÉ, vg. *Maine-et-Loire* (Anjou), arr. et à 23 k. de Segré, cant. et ✉ de Pouancé. Pop. 762 h.

ARMANCE, petite rivière qui prend sa source à Chaource, dép. de l'*Aube*, et qui à 40 pas de la fait tourner un moulin; elle passe à Ervy et se jette dans l'Armançon à St-Florentin, dép. de l'*Yonne*, après un cours d'environ 48 k. Cette rivière est flottable depuis Metz-Robert jusqu'à son embouchure sur une étendue de 36,000 m.; elle arrose de belles prairies, sert à l'exportation des bois des environs de Chaource et d'Ervy, et fournit annuellement 140 trains pour l'approvisionnement de Paris.

ARMANÇON, *Hormentia*, rivière qui prend sa source dans le département de Tagny, près du village d'Essey, dép. de la *Côte-d'Or*; elle est flottable à bûches perdues depuis Montigny jusqu'à Brinon, et en trains depuis Brinon jusqu'à son embouchure, sur une étendue de 25,000 m. Elle passe à Semur, Quincy, Nuits, Ravières, Ancy-le-Franc, Tanlay, Tonnerre, Flogny, St-Florentin, où le canal de Bourgogne la traverse sur un pont-aqueduc, Brinon, et se jette dans l'Yonne à la Roche, à 8 k. S.-E. de Joigny. Dans son cours, qui est d'environ 180 k., elle reçoit la Brenne, l'Armance et plusieurs autres ruisseaux.

ARMANCOURT, vg. *Oise* (Picardie), arr., ✉ et 7 k. de Compiègne, cant. d'Estrées-St-Denis. Pop. 277 h.

ARMANCOURT, vg. *Somme* (Picardie), arr. et à 12 k. de Montdidier, cant. de Roye. Pop. 85 h.

ARMANCOURT, vg. *Meurthe* (Lorraine), arr., ✉ et à 20 k. de Nancy, cant. de Nomeny. Pop. 432 h.

ARMBOUTS-CAPPEL, vg. *Nord* (Flandre), arr. à 8 k. de Dunkerque, cant. et ✉ de Bergues. Pop. 789 h.

ARMBOUTS-CAPPEL-CAPPEL, vg. *Nord* (Flandre), arr., cant., ✉ et à 5 k. de Dunkerque. Pop. 279 h.

ARMEAU, vg. *Yonne* (Bourgogne), arr. à 10 k. de Joigny, cant. de Villeneuve-le-Roi, ✉ de Villevallier. Pop. 812 h. Près de l'Yonne.

ARMÉE (l'), vg. *Nord*, comm. de la Chapelle-d'Armentières, ✉ d'Armentières. Pop. 300 h.

ARMEL (St-), vg. *Ille-et-Vilaine* (Bretagne), arr. et à 14 k. de Rennes, cant. et ✉ de

Châteaugiron. Pop. 646 h.—*Commerce de bestiaux.—Foire* le 16 août.

ARMENDARITS, vg. *B.-Pyrénées* (Béarn), arr. et à 34 k. de Mauléon, 44 k. de St-Palais, cant. d'Iholdy, ⊠ de St-Palais. Pop. 840 h.

ARMENONVILLE-LES-GATINEAUX, vg. *Eure-et-Loir* (Beauce), arr. et à 17 k. de Chartres, cant. de Maintenon, ⊠ de Gallardon. Pop. 242 h.

ARMENTEULE, vg. *H.-Pyrénées* (Gascogne), arr. et à 40 k. de Bagnères-de-Bigorre, cant. de Bordères, ⊠ d'Arreau. Pop. 87 h.

ARMENTIÈRES, vg. *Aisne* (Picardie), arr. et à 20 k. de Château-Thierry, cant. de Neuilly-St-Front, ⊠ d'Oulchy. Pop. 229 h.

ARMENTIÈRES, vg. *Eure* (Normandie), arr. et à 64 k. d'Evreux, cant. de Verneuil, ⊠ de St-Maurice. Pop. 382 h.

ARMENTIÈRES, *Armenteria*, jolie petite ville, *Nord* (Flandre), chef-l. de cant., arr. et à 16 k. de Lille. Collège communal. Cons. de prud'h. Cure. ⊠. ⚯. A 257 k. de Paris pour la taxe des lettres. Pop. 6,818 h.—Terrain tertiaire supérieur, alluvions anciennes.

Autrefois diocèse de Tournay, parlement de Douai, intendance de Lille, bailliage, bureau des cinq grosses fermes, couvent d'augustines. La fondation d'Armentières paraît remonter au commencement du IXᵉ siècle. Il en est fait mention dans un diplôme de Charles le Chauve de l'année 867. Les Anglais, réunis aux Flamands, prirent cette ville et l'incendièrent en 1339, après une vigoureuse résistance; les Français la pillèrent en 1382; de cruels incendies la ruinèrent en 1420, 1467, 1518 et 1589. Les calvinistes la détruisirent en 1566; les maréchaux de Gassion et de Rantzau la prirent en 1645; l'archiduc Léopold la reprit en 1647; enfin les Français s'en rendirent maîtres de nouveau en 1667 et la démantelèrent : elle est demeurée à la France par le traité d'Aix-la-Chapelle.

Les *armes* d'Armentières sont : *d'azur à une fleur de lis d'or, avec un soleil et une lune de même en chef*.

Armentières était autrefois renommé par ses fabriques d'étoffes. Charles-Quint, après l'avoir fait fortifier, lui donna plusieurs priviléges qui firent fleurir son commerce; mais la persécution exercée contre les calvinistes pendant la domination espagnole porta un coup funeste à ses manufactures. Cependant le commerce et l'industrie ne restèrent pas longtemps éloignés d'Armentières. Aujourd'hui cette ville est dans un état prospère; elle est assez bien bâtie, propre et bien percée; la Lys y forme un petit port où il se fait des chargements de briques provenant des fabriques environnantes.

Fabriques de sucre indigène, toiles, linge de table, toiles à matelas, bonneterie, dentelles, filets à l'aiguille, indiennes, calicots; filatures de coton et de lin, tulle, blanchisseries de toiles; teintureries, savonneries, raffineries de sel; genièvreries, manufacture de tissage de calicots à la mécanique. Distilleries d'eau-de-vie de grains. Nombreuses briqueteries. Construction de bateaux.—*Commerce* de grains, vins, eaux-de-vie, cervelas recherchés, tabac, savon noir, fer, clouterie, etc.—*Foires* les 9 mai, 18 juin, 2ᵉ lundi d'avril, juillet et sept.—Marché aux grains très-renommé pour le blé de semence.

ARMENTIÈRES, vg. *Oise*, comm. de la Chapelle-aux-Pots, ⊠ de Songeons.—*Fabrique* de poterie de grès.

ARMENTIÈRES, vg. *Seine-et-Marne* (Brie), arr., ⊠ et à 12 k. de Meaux, cant. de Lizy-sur-Ourcq. Pop. 568 h. Près de la Marne.—*Foires* le 1ᵉʳ lundi de chaque mois.

ARMENTIEU, vg. *Gers* (Gascogne), arr. et à 28 k. de Mirande, cant. et ⊠ de Marciac. Pop. 280 h.

ARMES (les), vg. *Nièvre* (Nivernais), arr., cant., ⊠ et à 4 k. de Clamecy. Pop. 528 h.—Brasseries.

ARMEVILLE, nom donné pendant la révolution à la ville de St-Etienne, *Loire*.

ARMEVILLE, vg. *Loiret*, comm. de Charmont, ⊠ d'Angerville.

ARMILLAC, vg. *Lot-et-Garonne* (Agénois), arr. et à 20 k. de Marmande, cant. de Lauzun, ⊠ de Miramont. Pop. 478 h.

ARMISSAN, vg. *Aude* (Languedoc), arr., ⊠ et à 8 k. de Narbonne, cant. de Coursan. Pop. 511 h.—Il est situé dans une vallée, au milieu des montagnes de la Clape, et remarquable par une carrière de marne calcaire endurcie, exploitée pour le pavage qui offre des empreintes de plantes généralement bien conservées et pouvant dans la plupart des cas être déterminées avec certitude.

ARMIX, vg. *Ain* (Bourgogne), arr., ⊠ 15 k. de Belley, cant. de Virieu-le-Grand. Pop. 170 h.

ARMOISES (les Grandes-), vg. *Ardennes* (Champagne), arr. à 22 k. de Vouziers, cant. et ⊠ du Chêne. Pop. 385 h.

ARMOISES (les Petites-), vg. *Ardennes* (Champagne), arr. et à 20 k. de Vouziers, cant. et ⊠ du Chêne. Pop. 226 h.

ARMON (St-), vg. *B.-Pyrénées* (Béarn), arr. à 17 k. de Pau, cant. et ⊠ de Morlaas. Pop. 743 h.

ARMONVILLE-SABLON, vg. *Eure-et-Loir*, comm. de Barmainville, ⊠ d'Angerville.

ARMOR (l'), vg. *Morbihan*, comm. de Ploëmeur, ⊠ de Lorient. —Il est situé sur l'Océan qui y forme un petit port, au sud de la pointe de St-Sébastien.

ARMORICANUS TRACTUS ET NERVICANUS (lat. 49, 50 et 51°; long. 14–21°). « Les cités maritimes de la Gaule étaient appelées *Armoricæ Civitates*. On lit dans César, au VIIᵉ livre des Commentaires : *Universis civitatibus quæ Oceanum attingunt quæque Gallorum consuetudine Armoricæ appellantur*; et dans Hirtius : *Civitates ipsæ in ultimis Galliæ finibus, Oceano conjunctæ, quæ Armoricæ appellantur*. On sait, en effet, qu'*Ar-Mor*, dans la langue celtique, désigne ce qui est situé sur la mer, *ad mare*; et dans la langue sarmatique ou slavone, *Po-Mor*, d'où est venu le nom de Poméranie, qui borde la mer Baltique, a la même signification. Cette dénomination générale des cités armoriques paraît avoir été appliquée plus particulièrement aux peuples situés depuis les bords de la Seine jusqu'à la Loire; ce qui fait dire à Erric, qui a écrit en vers la vie de saint Germain d'Auxerre, que la nation connue antérieurement sous le nom d'Armoricaine, était renfermée *inter duos amnes*. Tout ce qui s'étend ainsi sur cette côte de la Celtique, et même en passant plus loin sur celle de la Belgique, est appelé dans la Notice de l'empire *Armoricanus Tractus et Nervicanus*. Mais je remarque que nonobstant cette extension dans la Belgique, que le nom des Nervii ajouté à celui des Armoriques paraît indiquer, le détail, que donne la Notice, des lieux où le commandant général de ce grand district tenait ses commandants particuliers sous ses ordres, est contenu dans les limites de la seconde et de la troisième Lionaise. Finalement, le nom d'Armorique s'est renfermé dans la Bretagne, après que les Bretons d'outre-mer, fuyant le joug des Saxons et des Anglais, s'y furent établis. Le neuvième canon du concile tenu à Tours en 567 est remarquable par la distinction qu'il fait dans cet Armorique, des nouveaux habitants d'avec les anciens, qui y sont appelés Romains : *Adjicimus etenim, ne quis Britannus, aut Romanum, in Armorica, etc., ordinare præsumat.* » D'Anville, *Notice de l'ancienne Gaule*, p. 102.

ARMORIQUE. César (*De bell. Gall.*, lib. v), fait plusieurs fois mention des villes armoriques, nom qui dans la langue des anciens Celtes signifie maritime. Pline (lib. IV) dit que l'ancien nom de l'Aquitaine était *Aremorica*, qui vient de la même origine, quoiqu'il ne désigne pas les villes armoriques de César. Ce dernier place l'Armorique de son temps entre la Seine et la Loire, et il y comprend non-seulement les villes maritimes, mais encore celles qui sont dans les terres. En général, on donne le nom d'Armorique à la Bretagne, *Britannia Armorica*, pour la distinguer de l'île du même nom.

ARMONS (St-), vg. *Gers* (Armagnac), arr. et à 20 k. de Mirande, cant. de Montesquiou, ⊠ de Marciac. Pop. 404 h.

ARNAC, vg. *Cantal* (Auvergne), arr. à 28 k. d'Aurillac, cant. de la Roquebrou, ⊠ de Montvert. Pop. 953 h.

ARNAC (St-), vg. *Pyrénées-Or.* (Roussillon), arr. et à 41 k. de Perpignan, cant. et ⊠ de St-Paul-de-Fenouillet. Pop. 143 h.

ARNAC-LA-POSTE, vg. *H.-Vienne* (Limousin), arr. et à 34 k. de Bellac, cant. du St-Sulpice-des-Feuilles. ⊠. A 326 k. pour la taxe des lettres. Pop. 1,972 h.

ARNAC-POMPADOUR, bg *Corrèze* (Limousin), arr. à 42 k. de Brives-la-Gaillarde, cant. et ⊠ de Lubersac. Pop. 1,386 h. —*Autrefois* diocèse, intendance et élection de Limoges.

POMPADOUR, hameau dépendant de la commune d'Arnac, est remarquable par un antique château, que l'on croit avoir été bâti au commencement du XIIᵉ siècle, par Guy de Lastours, pour se mettre à couvert des incursions des seicœurs de Ségur. Ce château, brûlé en 1200, pendant les guerres qui suivirent la mort de Richard Cœur de lion, avait été rebâti vers le commencement du xve siècle, avec un luxe de sculpture qu'on trouve rarement, même dans les châteaux royaux de la même époque. Louis XV le donna avec ses dépendances à la duchesse de Pompadour, et, après la mort de cette courtisane, en gratifia M. de Choiseul, qui y fonda en 1763 un haras de chevaux limousins, arabes, andalous, qu'il concéda plus tard à la couronne en échange de la terre de Chanteloup, où il se retira après sa disgrâce. Le haras a subsisté après la révolution. Presque tous les biens dépendants du château ayant été vendus à cette époque, ont été rachetés en 1805, par M. de Champagny, alors ministre de l'intérieur, et ses revenus sont encore de 35,000 fr.; ils consistent principalement en bois et en prairies.

Le haras de Pompadour, où l'on avait réuni en 1802 une bergerie renfermant un troupeau de bêtes à laine, race pure d'Espagne, avec quelques buffles et bœufs de Romanie, n'est plus aujourd'hui qu'un dépôt d'étalons. Les bâtiments du château, qu'un incendie avait fortement endommagés dans la nuit du 29 au 30 janvier 1834, ont été restaurés récemment. L'édifice, remarquable par sa masse et par ses tours gothiques, s'élève au milieu d'une haute et belle plate-forme, dont on a circulairement entouré la roche, sans doute escarpée, sur laquelle il était primitivement assis ; cette terrasse, de 400 m. de circonférence, bordée d'une balustrade en pierre et flanquée de tours de distance en distance, est d'un fort bel aspect.
— *Foire* la veille des courses de chevaux qui ont lieu du 24 au 28 avril.

ARNAGE, joli hameau, *Sarthe*, comm. de Pontlieu, ✉ du Mans.—Il est situé sur la rive gauche de la Sarthe, et traversé par la grande route de Paris à Nantes. C'est à Arnage que se trouve le port où se déchargent les marchandises qu'amènent à voiles les bateaux qui, d'Angers, remontent la Sarthe jusqu'à cet endroit.

ARNAJON, vg. *Drôme* (Dauphiné), arr. et à 47 k. de Die, cant. et ✉ de la Mothe-Chalançon. Pop. 260 h.

ARNANCOURT, vg. *H.-Marne* (Champagne), arr. et à 20 k. de Vassy, cant. de Doulevant, ✉ de Cirey. Pop. 478 h.

ARNANS, vg. *Ain* (Bresse), arr. et à 23 k. de Bourg, cant. et ✉ de Treffort. Pop. 387 h.

ARNAS (les), vg. *Rhône*, comm. de St-Romain-de-Popey, ✉ de Tarare, ⚒.—Un peu à l'ouest d'Arnas est la montagne de St-Romain-de-Popey, où furent faits prisonniers les débris des insurgés lyonnais en 1793.

ARNAS, vg. *Rhône* (Beaujolais), arr., cant., et à 4 k. de Villefranche. Pop. 769 h.

ARNAUD-GUILHEM, vg. *H.-Garonne* (Gascogne), arr. et à 19 k. de St-Gaudens, cant. et ✉ de St-Martory. Pop. 625 h.

ARNAUDS (les), vg. *Drôme*, comm. de Plaisians, ✉ du Buis.

ARNAVE, vg. *Ariège* (pays de Foix), arr. et à 15 k. de Foix, cant. et ✉ de Tarascon. Pop.

390 h.—A 1 k. de ce village, sur la rive droite du ruisseau d'Arnave, on trouve des terres fortement vitrioliques, qui renferment beaucoup de pyrites cristallisées.

ARNAVILLE, vg. *Meurthe* (Lorraine), arr. et à 45 k. de Toul, cant. et ✉ de Thiaucourt. Pop. 821 h. — Les troupes étrangères y établirent un camp en 1814 et en 1815. — Carrières de pierre de taille. Tannerie et distilleries. — *Foire* le 3e dimanche de juillet.

ARNAY-LE-DUC, *Arnæum*, petite ville, *Côte-d'Or* (Bourgogne), chef-l. de cant., arr. et à 3 k. de Beaune. Collège communal. Cure. Gîte d'étape. ✉. ⚒. A 285 k. de Paris pour la taxe des lettres. Pop. 2,511 h. — TERRAIN cristallisé ou primitif, voisin du terrain jurassique.—*Autrefois* baronnie, diocèse d'Autun, parlement et intendance de Dijon, bailliage et recette, mairie, gouvernement particulier, prieuré, couvents de capucins et d'ursulines,

L'époque de la fondation de cette ville se perd dans la nuit des temps. Selon le géographe d'Anville elle existait du temps de l'empereur Julien, sous le nom d'*Arborignum*. Ce qu'il y a de certain, c'est que dès le xie siècle elle avait ses seigneurs particuliers, et l'on voit par une charte de 1233 que cette ville jouissait alors de tous les privilèges des meilleures villes du duché de Bourgogne; elle avait ses immunités, ses franchises, le droit de commerce, et, dès que les villes ont été admises à l'assemblée générale des états, ses députés y ont été admis.

Arnay est célèbre par la bataille qui s'y donna entre l'amiral Coligny et le maréchal de Cossé-Brissac, le 27 juin 1570, et où Henri IV, alors roi de Navarre, âgé de seize ans, fit ses premières armes. Le terrain où était placée la tente du roi s'appelle encore aujourd'hui le Pâtis au roi.

Les armes d'Arnay-le-Duc sont : *d'azur au château de trois tours couvertes et girouettées d'argent, attenantes l'une à l'autre*.

Cette ville est située sur un coteau exposé au nord. De ce côté, ses maisons et ses édifices sont assez bien groupés, et présentent un joli aspect. La campagne qui l'entoure est très-agréable par la variété des différents points de vue qu'offre à chaque pas un pays coupé de collines, de bois, d'étangs et de rivières. La ville est bien pavée et assez bien bâtie, sur l'Arroux, à 3 k. de la source de cette rivière. On y remarque une assez jolie place publique, une promenade agréable, un hôpital composé de douze lits, et une ancienne tour qui faisait partie du château d'Arnay, et qui sert aujourd'hui de prison.

Biographie. Parmi les hommes célèbres qu'a produits Arnay-le-Duc, on distingue :

BONAVENTURE DESPÉRIÈRES, qui fit les délices de la cour de François Ier, par les agréments de son esprit, le sel piquant et la gaieté naïve de ses contes.

FR. FLORIN, jurisconsulte et professeur en droit.

J. GUILLAUME, avocat, qui, aux états de Blois de 1588, fut choisi pour porter la parole au nom du tiers état.

JEAN LACURNE, fondateur du collège d'Arnay, auquel il a légué ses biens en 1631.

ALEXIS ARTUS, fils d'un boulanger d'Arnay, recteur de l'université de Paris, et principal du collège de Navarre, où il avait fondé deux bourses en faveur de ses compatriotes.

THEVENEAU DE MORANDES, pamphlétaire et journaliste, massacré à Paris en septembre 1792, auteur du *Gazetier cuirassé* et autres pamphlets.

J.-N. FROCHOT, député aux états généraux, préfet de la Seine lors de la conspiration Malet, préfet des Bouches-du-Rhône en 1815.

Fabriques de draps, toiles de chanvre, amidon, fécule. Tanneries renommées. Nombreux moulins à blé. Moulin à foulon. Tuilerie. Culture en grand du gros jardinage pour les villes voisines.—*Commerce* de vins, vinaigre, grains, chanvre, laines, crin, volailles, cuirs et bestiaux.
— *Foires* les 2 janv. et les 5, 6 ou 7 de chaque mois. — Marché au grain tous les jeudis.

ARNAY-SOUS-VITTEAUX, *Côte-d'Or* (Bourgogne), arr. et à 18 k. de Semur, cant. et ✉ de Vitteaux. Pop. 365 h.

ARNÉ, vg. *H.-Pyrénées* (Auvergne), arr. et à 35 k. de Bagnères-de-Bigorre, cant. et ✉ de Castelnau-de-Magnoac. Pop. 504 h.

ARNEGUY, vg. *B.-Pyrénées* (Navarre), arr. et à 48 k. de Mauléon, 33 k. de St-Palais, cant. et ✉ de St-Jean-Pied-de-Port. Pop. 676 h. — On trouve dans les environs des indices de mines d'argent, de cuivre et de fer.

ARNÈKE, vg. *Nord* (Flandre), arr. et à 20 k. d'Hazebrouck, cant. et ✉ de Cassel. Pop. 1,498 h. — Le territoire de ce village est traversé par la rivière de Peene. Il est connu depuis le xe siècle par un pèlerinage en l'honneur de saint Godard ou Godebardus, dont les reliques passent dans le pays pour guérir les goutteux et les maladies incurables. — Blanchisserie de toiles. Brasseries.

ARTICOURT, vg. *Ardennes* (Champagne), arr., cant., ✉ et à 6 k. de Rethel. Pop. 423 h.

ARNIÈRES, *Asinaria*, *Asneriæ*, vg. *Eure* (Normandie), arr., cant., ✉ et à 6 k. d'Évreux. Pop. 495 h.

ARNON (l'), rivière qui prend sa source dans le dép. de la *Creuse*, près des confins des départements de l'Allier et du Cher ; elle passe à Cullan, Lignières, Charost, Reuilly, et se jette dans le Cher à 4 k. au-dessous de Vierzon, après un cours d'environ 150 k. — L'Arnon commence à être flottable à bûches perdues, un peu au-dessus de Lignières, sur une étendue de 64,000 m. Ses principaux affluents sont la Portefeuille, la Sinaise et la Théols.

ARNONCOURT, vg. *H.-Marne*, arr. et à 45 k. de Langres, cant. et ✉ de Bourbonne-les-Bains. Pop. 326 h.

ARNOS, vg. *B.-Pyrénées*, arr., cant. et à 20 k. d'Orthez, ✉ d'Artix. Pop. 241 h.

ARNOULT (St-), vg. *Calvados* (Normandie), arr., cant. et à 9 k. de Pont-l'Évêque, ✉ de Touques. Pop. 105 h.

ARNOULT (St-), vg. *Loir-et-Cher* (Beauce),

arr. et à 19 k. de Vendôme, cant. et ✉ de Montoire. Pop. 422 h.

ARNOULT (St-), vg. *Oise* (Picardie), arr. et à 35 k. de Beauvais, cant. et ✉ de Formerie. Pop. 633 h.

ARNOULT (St-), vg. *Orne*, comm. et ✉ d'Exmes. Pop. 93 h.

ARNOULT (St-), petite ville, *Seine-et-Oise* (Beauce), arr. et à 14 k. de Rambouillet, cant. S. de Dourdan. Cure. ✉. A 64 k. de Paris pour la taxe des lettres. Pop. 1,563 h.—Cette ville, où l'on arrive par une belle route plantée de peupliers, est située près de la forêt des Ivelines, sur la petite rivière de la Remarde, et traversée par l'ancienne route de Paris à Chartres; c'était autrefois un bourg entouré de fortifications dont les ruines subsistent encore.—L'église paroissiale est remarquable par de beaux vitraux. On y voit aussi une inscription curieuse du XVIᵉ siècle, qui est la copie plus ou moins exacte d'une charte de 1301, par laquelle Simon IV, comte de Montfort, octroie aux habitants de St-Arnoult différents droits dans les forêts voisines.

On trouve sur le territoire de St-Arnoult une source d'eau minérale.—Hors de l'enceinte de la ville, et à son extrémité occidentale, on remarque une jolie maison de campagne.

Biographie. Patrie de HUBERT, capitaine de vaisseau, et l'un des plus intrépides marins dont s'honore la France; mort à Trafalgar en combattant les Anglais sur le vaisseau l'*Indomptable*.

Fabrique de calicots. Filature de coton. Blanchisserie de toiles. Fours à chaux.—*Foires* le lundi de Pâques (2 jours) et le 30 août.

ARNOULT (St-), vg. *Seine-Inf.* (Normandie), arr. et à 15 k. d'Yvetot, cant. et ✉ de Caudebec. Pop. 582 h.

ARNOULT-DES-BOIS, vg. *Eure-et-Loir* (Beauce), arr. et à 18 k. de Chartres, cant. et ✉ de Courville. Pop. 739 h.

ARNOULT-SUR-RY, vg. *Seine-Inf.*, comm. de Blainville-Crevon, ✉ de Buchy.

ARNOUVILLE, vg. *Eure-et-Loir*, comm. de Gommerville, ✉ d'Augerville.

ARNOUVILLE, vg. *Seine-et-Oise* (Ile-de-France), arr. et cant. de Mantes, ✉ de Septeuil. Pop. 670 h.

ARNOUVILLE-LEZ-GONESSE, joli village, *Seine-et-Oise* (Ile-de-France), arr. et à 35 k. de Pontoise, cant. et ✉ de Gonesse. Pop. 293 h. — *Autrefois* diocèse, parlement, intendance et élection de Paris.

La terre d'Arnouville fut érigée en comté en 1757, en faveur de l'ancien garde des sceaux de Machault. Le château, que ce magistrat entreprit de bâtir, ne fut jamais achevé. Il appartient encore à ses descendants. La chapelle, l'orangerie et les écuries très-remarquables, sont les seules constructions terminées. Les eaux de Crould y sont élevées à plus de 13 m. de haut, au moyen d'une machine hydraulique de l'invention de Particux et d'un bélier hydraulique de Montgolfier. Louis XVIII s'est arrêté dans ce château pendant les trois jours qui précédèrent sa seconde entrée à Paris. — Le village d'Arnouville fut entièrement rebâti par M. de Machault sur un nouvel emplacement; les rues en sont toutes régulières, plantées d'arbres, et aboutissent à une grande et belle place décorée d'une fontaine publique, exécutée sur les dessins d'Aubry. Ce village a reçu le nom d'Arnouville-lez-Gonesse par ordonnance royale du 25 mai 1843.

AROFFE, vg. *Vosges* (Lorraine), arr. et à 20 k. de Neufchâteau, cant. et ✉ de Chatenois. Pop. 318 h.

AROMAS, vg. *Jura* (Franche-Comté), arr. et à 50 k. de Lons-le-Saulnier, cant. et ✉ d'Arinthod. Pop. 744 h. — *Foires* les 2 mai, 8 août, 1ᵉʳ déc., lundi après les Quatre-Temps de mars, de juin et de sept.

ARON, bg *Mayenne* (Maine), arr., cant., et à 5 k. de Mayenne. Pop. 1,755 h. — Il est sur l'Aron, dont les eaux font mouvoir des forges considérables.

ARON (l'), petite rivière qui prend sa source au sud du village de St-Reverien, *Nièvre*, dans l'étang d'Aron, qui donne également naissance au Beuvron, coulant dans un sens contraire. Elle est flottable depuis le point où elle reçoit le ruisseau de Montaron jusqu'à son embouchure, sur une longueur de 24,000 m. — L'Aron passe à Châtillon-en-Bazois, Anizy, Issenay, Cercy-la-Tour, et se jette dans la Loire un peu au-dessous de Decize. Dans son cours, qui est environ 45 k., elle reçoit le Tanay, la Vandenesse, le Montaron, l'Haléne, la Canne et la Landarge.

AROUE, vg. *B.-Pyrénées* (Béarn), arr. et à 11 k. de Mauléon, cant. et ✉ de St-Palais. Pop. 535 h. — On y voit une ancienne église qui a été désignée par l'autorité locale comme étant susceptible d'être classée au nombre des monuments historiques.

AROUILLE, vg. *Landes* (Gascogne), arr. et à 31 k. de Mont-de-Marsan, cant. et ✉ de Roquefort. Pop. 501 h.

AROZ, vg. *H.-Saône* (Franche-Comté), arr. et à 13 k. de Vesoul, cant. de Scey-sur-Saône, ✉ de Traves. Pop. 375 h. — On remarque sur son territoire plusieurs pierres druidiques. — Indices de mines de fer.

ARPAILLARGUES, vg. *Gard* (Languedoc), arr., cant., ✉ et à 4 k. d'Uzès. P. 478 h.

ARPAJAN, vg. *H.-Pyrénées*, comm. de Monléon, ✉ de Castelnau-de-Magnoac.

ARPAJON, vg. *Cantal* (Auvergne), arr., cant., ✉ et à 7 k. d'Aurillac. Pop. 2,331 h. Sur le Cer.

Cette commune occupe un magnifique vallon arrosé par les rivières de Cer et de Jordanne. L'antique château de CONROS, où, selon Grégoire de Tours, Clotaire se retira pendant quelque temps, fait partie de cette commune. — Martinets. Tuilerie. Fours à chaux. — *Foires* les 24 août et lundi avant les Rameaux.

ARPAJON, jolie petite ville, *Seine-et-Oise* (Ile-de-France), chef-l. de cant., arr. et à 25 k. de Corbeil. Cure. Gîte d'étape. ✉. A 32 k. de Paris pour la taxe des lettres. Pop. 2,234 h. — TERRAIN tertiaire inférieur.

Autrefois marquisat, diocèse, parlement et intendance de Paris, bailliage et prévôté.

Arpajon a porté le nom de Châtres jusqu'en 1720, époque où cette ville fut érigée en marquisat en faveur de Louis de Séverac, marquis d'Arpajon. Il paraît que Châtres était déjà fermé de murs au XIIᵉ siècle; il fut brûlé par le roi de Navarre en 1358. En 1360, Edouard, roi d'Angleterre, après avoir ravagé le Nivernais, s'arrêta entre Montlhéry et Châtres, et se logea à Chanteloup. Les habitants de Châtres, dans l'intention de tenir contre les Anglais, se réfugièrent dans l'église de St-Clément, dont ils avaient muré les portes et les fenêtres, et s'y étaient retirés avec leurs femmes et leurs enfants; mais tous ces préparatifs leur furent funestes. Les Anglais qui étaient placés au-dessus de la montagne, sur le chemin de Paris, avaient l'avantage de la supériorité, et se préparaient à lancer des pierres sur cette église avec leurs machines; que ne voyant le capitaine et quelques-uns des riches bourgeois; ils se placèrent dans une autre tour plus forte et d'une plus grande résistance. Alors les bourgeois se croyant en danger, et voyant que les autres les quittaient pour se mettre en sûreté, commencèrent à les quereller et à les menacer d'aller se rendre aux Anglais. Le capitaine et les premiers qui étaient avec lui, craignant en effet que la bourgeoisie ne se rendît, firent mettre le feu à l'église par le dehors; la flamme gagna bien vite le dedans, et s'étendit jusqu'au lieu où le capitaine était avec les siens, de sorte qu'en fort peu de temps toute l'église fut brûlée avec plus de douze cents personnes qui y étaient retirées, tant hommes que femmes et enfants; il n'en réchappa que trois cents qui se sauvèrent en sautant ou en se coulant par les cordes, le reste ayant été étouffé; encore ceux qui échappèrent au feu trouvaient-ils autour de l'église les Anglais qui les tenaient inhumainement. — En 1592, la ville de Châtres fut prise sur les ligueurs par Henri IV.

Arpajon est une ville agréable et bien bâtie sur l'Orge, qui y reçoit la Remarde. Elle est entourée de promenades dont les arbres forment un beau couvert, et possède une baile très-vaste. L'église paroissiale est un édifice assez considérable qui ne paraît pas fort ancien, à l'exception du clocher et d'une tour, qu'on peut attribuer au XIIᵉ ou au XIIIᵉ siècle, à en juger par les petites figures qu'on y voit, et par certaines colonnes et chapiteaux qui ont été conservés. — L'Hôtel-Dieu, de fondation fort ancienne, est sain et fort bien tenu.

Commerce de grains, farines, volailles, porcs, veaux, etc. Lavoirs de laine. Tanneries et mégisseries. — *Foires* le 1ᵉʳ mai, 24 août et jeudi saint. — *Marchés* importants, notamment pour les porcs, tous les vendredis.

PATRIE du conventionnel MILHAUD, général de division sous l'empire.

De CH. PALLÉ, membre du conseil des anciens et du corps législatif.

Bibliographie. BEAUGRAND (J.-Jos.). *Notes*

historiques sur Arpajon, in-12, 1833.
ARPAVON, vg. *Drôme* (Dauphiné), arr., cant., ✉ et à 14 k. de Nyons. Pop. 303 h.
ARPENANS, vg. *H.-Saône* (Franche-Comté), arr., cant., ✉ et à 12 k. de Lure. Pop. 609 h.
ARPHEUILLE-ST-PRIEST, vg. *Allier* (Bourbonnais), arr. et à 18 k. de Montluçon, cant. de Marcillat, ✉ de Néris. Pop. 571 h. — Il a reçu le surnom de St-Priest en 1842, époque de la réunion à son territoire de celui de cette commune.
ARPHEUILLE, vg. *Cher* (Berri), arr., ✉ et à 9 k. de St-Amand-Montrond, cant. de Charenton. Pop. 424 h.
ARPHEUILLES, vg. *Indre* (Berri), arr. et à 33 k. de Châteauroux, cant. de Buzançais. Pop. 621 h.
ARPHI, vg. *Gard* (Languedoc), arr., cant., ✉ et à 7 k. du Vigan. Pop. 606 h.
ARQUENAY, vg. *Mayenne* (Maine), arr. et à 17 k. de Laval, cant. et ✉ de Meslay. Pop. 941 h.
ARQUES, vg. *Aude* (Languedoc), arr. à 29 k. de Limoux, cant. et ✉ de Couiza. Pop. 600 h. — On y remarque un ancien château, flanqué de quatre tourelles, situé sur une colline peu productive; c'était jadis une baronnie du diocèse d'Alet, dont les seigneurs avaient le droit d'assister aux états de la province. — *Foires* le 26 juillet.
ARQUES, vg. *Aveyron* (Rouergue), arr. et à 24 k. de Rodez, cant. et ✉ de Pont-de-Salars. Pop. 440 h.
ARQUES (les), bg *Lot* (Quercy), arr. et à 27 k. de Cahors, cant. de Cazals, ✉ de Castelfranc. Pop. 734 h. — Forges.
ARQUES, bg *Pas-de-Calais* (Artois), arr., cant., ✉ et à 2 k. de St-Omer. Pop. 2,604 h. — Fabrique d'amidon. Verreries. Distilleries. Tanneries.
ARQUES, *Arca*, *Arcæ Caletenses*, bg *Seine-Inf.* (Normandie), arr., ✉ et à 6 k. de Dieppe, cant. d'Offranville. Pop. 810 h.
Autrefois vicomté et justice royale, élection, maîtrise particulière, abbaye de bénédictins.
Arques est une ancienne ville, située dans une belle vallée, sur la rivière d'Arques, près du confluent de l'Eaulne et de la Béthune. C'était jadis une ville considérable qui tomba en décadence à mesure que Dieppe s'accrut; aujourd'hui ce n'est plus qu'un village auquel il ne reste que ses souvenirs, une église assez remarquable et les ruines d'un ancien château. Ce lieu, maintenant si déchu de son antique splendeur, fut, pendant tout le moyen âge, le principal boulevard de la Normandie du côté du nord. — Le château d'Arques fut bâti, comme plusieurs autres, le long des côtes, pour s'opposer aux invasions des Normands : par sa position, il commandait la vallée. Ce château est célèbre par les sièges qu'il a soutenus. En 1118, Henri I mit une forte garnison dans le château d'Arques, qui était compté alors au nombre des places les plus importantes ; il devint, en 1119, la prison du farouche Olmond de Chaumond, que le roi Henri I fit prisonnier dans le combat qu'il livra à Louis le Gros, près de Brenneville. Philippe Auguste fit, avec une nombreuse armée, en 1202, le siège du château d'Arques; mais les assiégés le forcèrent à s'éloigner de leurs murailles et à lever le siège. En 1359, la ville et le château d'Arques furent livrés aux Anglais, en vertu du traité de Bretigny; elle fut prise par Talbot et Warwick, en 1419, et rendue à Charles VII par un des articles de la capitulation de Rouen, en 1449. Arques fut pris, en 1485, par des soldats déguisés en matelots, qui, s'en étant approchés sans donner aucune défiance, égorgèrent les sentinelles et se rendirent maîtres de la place. La victoire où Henri IV vainquit le duc de Mayenne, chef des ligueurs, le 21 septembre 1589, est le dernier fait d'armes dont le château d'Arques fut témoin; c'est dans son enceinte qu'était placée l'artillerie qui décida du sort de la bataille à laquelle la ville a donné son nom. Devenu depuis longtemps inutile par sa position et par les progrès de l'art de combattre, il resta pourtant debout jusqu'en 1753, époque où il a été démantelé. Il ne reste plus aujourd'hui de ce château que des ruines informes qui dominent encore au loin la vallée. Des plantations récentes n'ont eu lieu dans les vastes cours du château, des plates-bandes y ont été alignées, des chemins tracés au cordeau, des gazons disposés régulièrement ; sur un des points les plus élevés des ruines, on a construit un pavillon demi-rustique d'où l'on jouit du spectacle de trois vallons couronnés de noires forêts et tapissés de vastes prairies; de là, on embrasse tout le cours d'une spacieuse et riante vallée arrosée par de belles eaux, encadrée par des collines mollement inclinées et terminées à l'horizon par la ville de Dieppe et la mer qui se confond avec l'azur des cieux. — Le château d'Arques a été désigné par l'autorité locale comme étant susceptible d'être classé au nombre des monuments historiques.

L'église paroissiale d'Arques, dédiée à Notre-Dame, est fort bien bâtie et ornée d'une haute tour; c'est un monument de plusieurs âges, commencé au XVI siècle et terminé dans le courant du XVII. Le vaisseau offre de beaux détails d'architecture sarrasine. En entrant, on remarque un élégant jubé, d'une belle conservation, qui appartient à l'architecture grecque; l'escalier en spirale qui y conduit est d'une grande légèreté; les lambris des chapelles latérales offrent des sculptures et des découpures assez remarquables.

Foires très-fréquentées les 11 juin et 29 août. Filature de coton. Tanneries. — Marché tous les lundis.

Biographie. Patrie de DUCROTAY DE BLAINVILLE, docteur en médecine de la faculté de Paris, membre de l'Institut, l'un des plus savants zoologistes de France, auteur du *Manuel de malacologie et de conchyliologie*, 2 vol. in-8, et d'un grand nombre de mémoires sur l'anatomie, la physiologie, la zoologie, etc., dont il a enrichi, depuis 1809, divers ouvrages et recueils périodiques.

Bibliographie. LEPRÉVOST (Auguste). *Notice sur Arques*, in-8, 1824.
FÉRET (P.-J.). *Notice sur Dieppe, Arques et monuments circonvoisins*, in-8, fig., 1824.
* *Souvenirs de la bataille d'Arques. Fête donnée à LL. AA. RR. Madame, duchesse de Berri, et à Mademoiselle Louise de France, par la ville de Dieppe, le 6 septembre 1827*, in-8, 1827.
* *Promenades autour de Dieppe, vallée d'Arques, le bourg, le château, le champ de bataille*, in-18, 1888.
LICQUET (Théod.). *Rouen, son territoire et ses monuments, etc., suivi de Notices sur Dieppe, Arques et le Château-Gaillard*, 3 édit., in-18, 1836.
DEVILLE (A.). *Histoire du château d'Arques*, in-8, 1839.

ARQUES (l'), petite rivière qui prend sa source à Montvollier, *Seine-Inf*. Elle passe à St-Saens, Bellencombre, Torcy, Arques, se jette dans l'arrière-port de Dieppe après un cours d'environ 50 k. — L'Arques est flottable depuis Lasalle jusqu'à son embouchure, sur une étendue de 31,000 m. Elle sert à transporter annuellement environ 4,000 stères de bois, provenant de la forêt d'Eaux et destinés pour Dieppe. Les principaux affluents de cette rivière sont la Béthune et l'Eaulne.

ARQUETTES, vg. *Aude* (Languedoc), arr. et à 25 k. de Carcassonne, cant. et ✉ de Lagrasse. Pop. 185 h.
ARQUÈVES, vg. *Somme* (Picardie), arr. et à 15 k. de Doullens, cant. et ✉ d'Acheux. Pop. 301 h.
ARQUIAN, vg. *Nièvre* (Nivernais), arr. et à 20 k. de Cosne, cant. de St-Amand-en-Puisaye, ✉ de Neuvy. Pop. 1,403 h. — *Fab.* de poterie de terre et de grès. — *Foires* les 4 mars, 11 mai, 10 juillet et 22 oct.
ARRABLOY, vg. *Loiret* (Gatinais), arr., cant. et à 7 k. de Gien, comm. de Briare. Pop. 123 h.
ARRAC, vg. *B.-Pyrénées*, comm. d'Archez, ✉ de Lacq.
ARRACOURT, vg. *Meurthe* (Lorraine), arr. et à 8 k. de Château-Salins, 8 k. de Vic, cant. de Vic, ✉ de Moyenvic. Pop. 894 h.
ARRADON, vg. *Morbihan* (Bretagne), arr., cant., ✉ et à 9 k. de Vannes. Pop. 1,404 h.
ARRAINCOURT, vg. *Moselle* (Lorraine), arr. et à 35 k. de Metz, cant. et ✉ de Faulquemont. Pop. 337 h.
ARRANS, vg. *B.-Pyrénées*, comm. et ✉ d'Ustarits. Pop. 640 h.
ARRANCOURT, vg. *Seine-et-Oise* (Beauce), arr., ✉ et à 15 k. d'Étampes, cant. de Méréville. Pop. 111 h. — Il est situé dans une vallée étroite, sur le ru de Climont.
ARRANCY, vg. *Aisne* (Picardie), arr., cant., ✉ et à 15 k. de Laon. Pop. 249 h.
ARRANCY, vg. *Meuse* (Lorraine), arr. et à 27 k. de Montmédy, cant. et ✉ de Spincourt. Pop. 730 h. — *Patrie* du général d'ar-

tillerie CHOUET DE BOLLEMONS. — *Fabrique* de fil de fer. Forges et hauts fourneaux. — *Foires* les 2 mai et 17 sept.

ARRAS, vg. *Côte-d'Or* (Bourgogne), arr. et à 33 k. de Châtillon-sur-Seine, cant. et ✉ de Laignes. Pop. 183 h.

ARRAS, vg. *Ardèche* (Vivarais), arr., cant. et à 10 k. de Tournon, cant. de St-Vallier. Pop. 513 h.

ARRAS, *Nemetocenna*, *Nemetacum*, *Atrebates*, *Trajectus Atrebatum*, grande, belle et très-forte ville, chef-l. du dép. du *Pas-de-Calais* (Artois). Place de guerre de 3° classe. Chef-l. de préf. et de 2 cant. Trib. de 1re inst. et de comm. Chambre consultative des manufactures, Société royale pour l'enseignement des lettres, sciences et arts. Collège communal. Séminaire diocésain. Institution des sourds-muets. Ecole régimentaire du génie. Ecole de dessin. Evêché. 3 cures. Gîte d'étape. ✉. ⚒. Pop. 24,439 h. — TERRAIN crétacé supérieur, craie.

Autrefois capitale de l'Artois, intendance de Lille, évêché, bailliage, gouvernement de place, 11 paroisses, séminaire, collège, abbaye ordre de St-Benoît, 12 couvents.

Arras est une ville très-ancienne, capitale du peuple Atrébates ; Ptolémée la désigne sous le nom d'*Origiacum*, et César, qui en fit la conquête environ 50 ans avant J.-C., en fait mention dans ses Commentaires sous celui de *Nemetocenna*. Hirtius Pansa nomme *Nemetocenna* la capitale des *Atrebates*, qui est appelée *Nemetacum* dans la Table de Peutinger et dans les Itinéraires ; ces monuments et cinq routes romaines, partant de *Taruenna*, Térouane, *Castellum*, Cassel, *Turnacum*, Tournay, *Cameracum*, Cambray, et *Samarobriva*, Amiens, déterminent la position de *Nemetacum* à Arras. Pline parle des Atrébates sans nommer leur ville principale ; mais saint Jérôme, dans l'épître à Agérucie, marque Atrébates entre les principales villes des Gaules qui furent, de son temps, ruinées ou saccagées par les barbares ; dans son second livre contre Jovinien, cet auteur fait mention des manufactures d'étoffes qui existaient dès lors à Arras, et étaient fort estimées. Sous Clodion, les Francs occupèrent le pays des Atrébates, et y furent surpris et battus par les Romains, ainsi que le rapporte avec détail Sidoine Apollinaire. — En 407 les Vandales, et en 880 les Normands dévastèrent cette ville. Les habitants s'étant réfugiés à Beauvais, Arras resta désert pendant trente années ; la dévotion des habitants de l'Artois à l'église de St-Waast y ramena quelques pèlerins, et peu à peu la population revint. — Les fortifications d'Arras furent augmentées en 1355 afin de le protéger contre les incursions des Anglais. — A cette époque, une sédition eut lieu, le peuple s'insurgea contre les nobles qui refusaient de concourir à un nouvel impôt mis sur la ville, un grand nombre de gentilshommes furent massacrés, les autres prirent la fuite. L'année suivante, les révoltés furent à leur tour battus par l'armée royale, et leurs principaux chefs mis à mort. — Après la mort de Charles le Téméraire, Louis XI ayant pris, en 1477, possession d'Arras, les habitants, attachés à la maison de Bourgogne, se révoltèrent. Le roi en personne vint assiéger la ville, l'emporta d'assaut, l'inonda de sang et en chassa tous les habitants qu'il remplaça par des gens appelés de toutes les provinces de la France. Il voulut effacer jusqu'au nom de la ville et lui imposa celui de FRANCHISE. Charles VIII s'efforça vainement de rappeler à Arras, avec son ancienne population, les arts, le commerce, la prospérité ; en vain, sous Louis XIV, Colbert renouvela ses efforts, ils demeurèrent infructueux. La fatale révocation de l'édit de Nantes porta le dernier coup aux manufactures qui avaient enrichi la ville. — Sous Charles VIII les Espagnols s'emparèrent d'Arras par surprise. En 1597, Henri IV essaya de s'emparer d'Arras et n'y put réussir. La ville ne rentra au pouvoir de la France qu'en 1640, après un siège long et cruel que Richelieu conduisit en personne. En 1654, Condé vint mettre le siège devant Arras ; mais Turenne sauva la ville, battit Condé, et força les Espagnols à s'éloigner. — Sous Louis XIV, Vauban fortifia la ville, y construisit une citadelle, et en fit une de nos places fortes les plus redoutables. — L'histoire d'Arras pendant la révolution n'est que trop connue. Cette ville malheureuse subit toutes les violences révolutionnaires ; elle fut pendant longtemps sous la domination d'un des plus farouches terroristes, Joseph Lebon, né dans ses murs. — Il s'y est tenu deux conciles, en 1025 et 1490.

Les **armes** d'Arras sont : *d'azur à la face d'argent, chargée de trois rats de sable, accompagnée en chef d'une mitre d'or, et deux crosses de même passées en sautoir en pointe.* — Dans un manuscrit de 1669 elles sont figurées ainsi : *de gueules au lion d'or ayant au col un écusson d'azur semé de fleurs de lis d'or, au lambel de gueules de quatre pendants, chargés chacun de trois tours d'or.*

La ville d'Arras est située au milieu d'une vaste et fertile plaine, sur la Scarpe, qui y reçoit le Crinchon. Elle est bâtie partie à mi-côte et partie dans un terrain plat, et se compose de quatre parties : la Cité, la Ville-Haute, la Basse-Ville et la Citadelle ; plusieurs faubourgs ajoutent à sa grandeur. La Cité, qui occupe le terrain le plus élevé, est à peu près sur le même emplacement qu'occupait celle qui reçut César ; la nouvelle ville eut pour noyau un petit oratoire élevé par saint Waast, au ixe siècle, sur le bord du Crinchon, oratoire qui devint, sous un des fils de Clovis, une abbaye bâtie sur un plan magnifique. La Ville-Basse est moderne, régulièrement bâtie, et touche aux glacis de la citadelle. Cette partie d'Arras est fort belle, et formée de maisons en pierres de taille à plusieurs étages ; les places publiques sont magnifiques ; les deux plus grandes, contiguës, sont entourées de bâtiments de construction gothique, formant des arcades soutenues par des colonnes en grès. Arras renferme aussi de vastes et beaux hôtels, parmi lesquels on distingue celui de la préfecture, bâtiment que M. de Conzié, évêque d'Arras, fit construire en 1780 pour y recevoir les députés, lors de la tenue des états de la province. Les anciennes fortifications ne sont pas entièrement effacées ; quelques débris de tours et de murailles se voient encore : les fortifications modernes sont les premières que Vauban ait construites suivant son système. Elles forment une enceinte bastionnée défendue par des fossés avec demi-lunes et lunettes ; la citadelle, séparée de la ville par une esplanade, mais enclose dans l'enceinte extérieure, forme un pentagone allongé, susceptible d'une vigoureuse défense.

L'église cathédrale, dédiée à Notre-Dame, est un vaste et bel édifice de construction gothique ; le chœur et la croisée, soutenus par des colonnes très-minces, offrent une construction d'une grande hardiesse, mais le reste du vaisseau n'a pas, à beaucoup près, la même élégance.

La bibliothèque publique renferme environ 34,000 vol., parmi lesquels sont des ouvrages rares et précieux provenant pour la plupart de la bibliothèque de l'abbaye de St-Waast, et un grand nombre de manuscrits ; le local est d'une grandeur et d'une clarté remarquables. Parmi les manuscrits, on remarque un Evangile, ancien livre d'autel, supposé du ixe ou du xe siècle : les tables de concordance et les figures sont rehaussées d'or et d'argent, et peintes en général sur un fond brun ; il y avait un second volume, qui malheureusement est perdu. — Les archives de la ville sont très-précieuses ; malheureusement il n'y a ni classement ni catalogue.

On remarque encore à Arras la tour du Beffroi, qui a été classée par le ministre de l'intérieur au nombre des monuments historiques, ainsi que celle de St-Éloi, près d'Arras ; le cabinet d'histoire naturelle, renfermant divers objets d'antiquités trouvés dans l'Artois ; l'hôtel de ville ; la salle de spectacle ; les casernes ; le manège couvert ; l'église St-Waast ; l'arsenal, etc., etc.

Biographie. Arras est le lieu de naissance de :

CHARLES DE L'ECLUSE, médecin et professeur de botanique, dont les ouvrages ont été recueillis en 2 vol. in-f°, 1601-1605.

J. CRISPIN, avocat au parlement de Paris, mort de la peste à Genève en 1572, auteur d'un *Lexicon grec*, in-4, 1574.

F. BAUDOUIN, célèbre jurisconsulte, mort en 1573, auteur de plusieurs ouvrages de jurisprudence, d'histoire et de théologie.

F. MONCEAUX, poète latin, auteur de *Bucolica sacra*, in-8, 1589 ; *Aaron purgatus, sive De vitulo aureo, libri duo*, in-8, 1606 ; *Templum justitiæ*, in-8, 1590.

R.-F. DAMIENS, ancien domestique au collège des jésuites, assassin de Louis XV, qu'il ne blessa que légèrement.

NOEL REGNAULT, physicien, auteur des *Entretiens sur la physique*, 5 vol. in-12 ; *Ori-*

gine ancienne de la physique nouvelle, 3 vol. in-12; *Entretiens mathématiques*, 3 vol. in-12, 1747.

GREG. BAUVIN, littérateur, mort en 1776.

MAXIMILIEN ROBESPIERRE AÎNÉ, député à la convention nationale, décapité à Paris le 10 thermidor an II. On a de lui : *Constitution de la république française décrétée par l'assemblée nationale dans le mois de juin 1793*, etc., in-8, 1831 ; et plusieurs discours politiques dont M. Quérard a donné les titres dans la *France littéraire*, t. VIII, p. 80; *Éloge de Gresset* (discours qui a remporté le prix proposé par l'académie d'Amiens, in-8, 1785.

AUG.-BON-JOSEPH ROBESPIERRE, frère du précédent, député à la convention nationale, décapité à Paris le 10 thermidor an II.

JOSEPH LEBON, ex-oratorien, maire d'Arras, député à la convention nationale, mort sur l'échafaud révolutionnaire d'Amiens le 13 vendémiaire an IV.

Du naturaliste PALISSOT, membre de l'Institut, auteur de la *Flore d'Oware et de Benin*, etc., in-4, et 25 pl., 1813; *Insectes recueillis en Afrique*, etc., 12 liv. in-f°, 1806-19; *Muscologie, ou Traité sur les mousses*, in-8 et 11 pl., 1812; *Essai d'une nouvelle agrostographie*, etc., in-4 et 25 pl., 1813, et plusieurs autres ouvrages.

Du jurisconsulte LENGLET, auquel on doit : *Essai ou Observations sur Montesquieu*, 2 part. in-8, 1787; *Essai sur la législation du mariage*, in-8, 1791 ; *De la propriété et de ses rapports avec les droits et avec la dette du citoyen*, in-8, 1798, et plusieurs autres ouvrages.

Du comte LAUMOND, préfet du Bas-Rhin sous l'empire, directeur général des mines.

Du littérateur G.-F.-M.-J. DELAPLACE.

L.-E. CAIGNEZ, fécond auteur de mélodrames.

L. LEDIEU, écrivain politique, ancien principal rédacteur du Journal *la Tribune*.

VIDOCQ, ancien chef de la police de sûreté.

INDUSTRIE. *Fabriques de bonneterie, dentelles*, fil à dentelles, pipes de terre, savon. Filatures de fil et de coton. Lavoirs de laine. Raffineries de sel. Huileries importantes. Cloueteries. Poteries. Nombreuses brasseries. Tanneries et corroieries. Ateliers pour la construction de machines à vapeur et de locomotives, (B) 1839. Fonderies et chaudronneries, (A) 1829, (O) 1823-27-34. — Fabriques de sucre indigène, (A) 1823, (O) 1827. — *Commerce* considérable d'huile de colza, de grains, farines, graines grasses, vins, eaux-de-vie, dentelles, fil, laines, cuirs, etc. — *Foires* de 15 jours les 10 avril, 15 août, 28 juillet et 28 septembre.

Le commerce d'huiles du département du Pas-de-Calais se fait principalement à Arras, qui en exporte environ 90,000 hectol. par année. La dentelle occupe dans la même ville et dans les environs près de 5,000 ouvriers. C'est à Arras qu'existent les principales fabriques de métaux et de quincaillerie du département. Le marché de graines d'Arras est le plus considérable du nord de la France.

Arras est à 174 k. N. de Paris par Péronne, 193 par Amiens et pour la taxe des lettres. Long. O. 0° 26′ 12″, latit. 50° 17′ 30″.

L'arrondissement d'Arras est composé de 10 cantons : Arras N., Arras S., Bapaume, Beaumetz-les-Loges, Bertincourt, Croisilles, Marquion, Pas, Vimy et Vitry.

Bibliographie. * *Traité de réconciliation fait en la ville d'Arras, le 17 mai 1579, avec S. M., par les provinces d'Artois*, in-8, 1579.

DUNCAN (Marc). *Relation du combat de Thionville et du siège d'Arras en 1639 et 1640*, in-4, 1640.

* *La Prise de la ville d'Arras sur les Espagnols*, in-4, 1640.

* *Relation succincte du siège et de la reddition d'Arras*, petit in-f°, 1640.

ARMAND DUPLESSIS (cardinal de Richelieu). * *Relation du siège et de la reddition d'Arras*, in-8, 1640.

TAVERNE (Ant. de la). *Journal de la paix d'Arras, faite dans l'abbaye de St-Waast, entre Charles VII et Philippe le Bon, duc de Bourgogne, enrichi d'annotations par Collart*, in-12, 1651.

* *Mémoire concernant un point de l'histoire d'Arras* (Mercure, avril, 1745).

HARDUIN. *Mémoires pour servir à l'histoire de la province d'Artois, et principalement de la ville d'Arras pendant une partie du XIe siècle*, in-12, 1763.

* *Chronique de la ville d'Arras* (jusqu'à la fin de 1765), in-4, 1767.

LEGLAY (le docteur). *Chronique d'Arras et de Cambray, par Balderic, chantre de Thérouane au XIe siècle, traduite en français d'après l'édition latine*, in-8, 1834, 1836.

* *Notice sur l'ancienne cathédrale d'Arras et sur la nouvelle église St-Nicolas*, in-8, 1840.

GAZET (Guill.). *Histoire de la sainte chandelle d'Arras, donnée de Dieu et conservée à Arras, depuis l'an 1105*, in-12. 1625, 1682.

* *Histoire de la sacrée manne et de la sainte chandelle d'Arras*, in-12, 1748.

FATOU. *Discours sur le saint cierge d'Arras*, in-12.

Mémoires de la société royale d'Arras pour l'encouragement des sciences, des lettres et des arts, in-8.

ARRAS, vg. H.-Pyrénées (Bigorre), arr., ✉ à 17 k. d'Argelès, cant. d'Aucun. Pop. 780 h. — Indices de mines de plomb, de cuivre et de zinc dans les environs.

ARRASSIGUET, vg. B.-Pyrénées (Béarn), arr. et à 34 k. d'Orthez, cant. et ✉ d'Arzacq. Pop. 274 h.

ARRAST-LARREBIEU, vg. B.-Pyrénées (Béarn), arr., cant., ✉ et à 10 k. de Mauléon, 18 k. de St-Palais. Pop. 202 h. — Il a reçu le surnom de Larrebieu en 1842, époque de la réunion à son territoire de celui de cette commune.

ARRAUTE-CHARRITTE, vg. B.-Pyrénées (Béarn), arr. et à 36 k. de Mauléon, cant., ✉ à 12 k. de St-Palais. Pop. 549 h. — Il a reçu le surnom de Charritte en 1842, époque de la réunion à son territoire de celui de cette commune.

ARRAYE, vg. *Meurthe* (Lorraine), arr. et à 20 k. de Nancy, cant. de Noméry, ✉ de Pont-à-Mousson. Pop. 487 h.

ARRAYOU, vg. H.-Pyrénées (Gascogne), arr. et à 8 k. d'Argelès, cant. et ✉ de Lourdes. Pop. 99 h.

ARRE, vg. *Gard* (Languedoc), arr., cant., ✉ et à 10 k. du Vigan. Pop. 542 b.

ARREAU, jolie et très-ancienne ville, H.-Pyrénées (Gascogne), chef-l. de cant., arr. et à 35 k. de Bagnères-de-Bigorre. Cure. ✉. A 796 k. de Paris pour la taxe des lettres. P. 1,593 h.

— TERRAIN cristallisé, granit.

Autrefois justice royale, parlement de Toulouse, intendance d'Auch.

Cette ville, située au confluent de la Neste et du Gave de Louron, est bien bâtie, divisée en plusieurs quartiers par ses belles eaux, et offre un aspect pittoresque de quelque côté qu'on l'aborde. On y remarque l'église paroissiale, qui a appartenu aux templiers; celle de St-Exupère, jolie petite basilique dont la construction remonte à une époque fort reculée; le bâtiment de l'hospice, la halle; plusieurs belles maisons particulières décorées de marbre du pays, etc. — Le val d'Arreau est le plus beau des Pyrénées, après l'incomparable bassin d'Argelès ; il est si peuplé, que les villages et les hameaux se touchent, et qu'il produit à peine assez pour la nourriture de ses habitants, bien qu'il soit cultivé avec le plus grand soin et très-haut sur les flancs des montagnes. Arreau est l'entrepôt du commerce de la belle vallée de son nom et de celle de Bordères ; c'est là seulement que les habitants de ces vallées peuvent se procurer la plupart des denrées et des objets de première nécessité.

Fabriques de grosses draperies, fleurets, cordelats et bonneterie en laine ; nombreuses scieries hydrauliques. Dans la vallée d'Aure, auprès d'Arreau, on fabrique beaucoup d'étoffes de laine, des ouvrages en bois, surtout des ustensiles de ménage et des outils aratoires.

— *Foires* le 11 juin, jeudi avant les Rameaux, dimanche avant la Toussaint et 9 sept.

ARREAUX (les), h. *Nièvre*. ✉.

ARREMBECOURT, vg. *Aube* (Champagne), arr. et à 45 k. d'Arcis, cant. et ✉ de Chavanges. Pop. 158 h.

ARRÈNES, vg. *Creuse* (Marche), arr. et à 19 k. de Bourganeuf, cant. et ✉ de Bénévent. Pop. 1,055 h.

ARRÈNES, vg. H.-Pyrénées (Gascogne), arr. et à 26 k. d'Argelès, cant. d'Aucun, ✉ d'Argelès. P. 1,082 h. — Il est bâti au pied de la montagne d'Arrens, dont la pente insensible s'élève en amphithéâtre à une grande hauteur; elle est couverte d'habitations bien ombragées, de belles prairies où paissent de beaux troupeaux, de champs cultivés, dont les tardives moissons ne se récoltent que deux mois après celles de la plaine.

Quoique Arrens ne donne pas son nom à la vallée d'Azun, c'est le plus beau, le plus grand et le plus élevé des villages de cette vallée; il est situé à son extrémité supérieure et au pied du port, au col d'Azun, entre deux énormes montagnes : le pic d'Arrens, haut de 2,090 m. et le pic de Gabisos, haut de 2,857 m. et qui domine toutes les Pyrénées voisines. — Près du village, à la jonction de la vallée et du port, s'élève un mamelon qui semble fermer et garder le passage, et qui forme le point extrême du grand vallon arrosé par le Gave. Là se trouve un bel édifice consacré à Notre-Dame : un roc de granit, taillé avec le ciseau, en forme le sol; la voûte en est remarquable; et l'on est frappé de la richesse des dorures de cette église, où l'on se rend en dévotion, à certaines époques de l'année. — Mines de cuivre et de plomb. — Foire le 22 sept.

ARRENTES-DE-CORCIEUX, vg. *Vosges*, arr. et à 28 k. de St-Dié, cant. et ✉ de Corcieux. Pop. 772 h.

ARRENTIÈRES, vg. *Aube* (Champagne), arr., cant., ✉ et à 5 k. de Bar-sur-Aube. Pop. 614 h.

ARRET, vg. *Somme* (Picardie), arr. et à 20 k. d'Abbeville, cant. et ✉ de St-Valery-sur-Somme. Pop. 982 h.

ARREUX, vg. *Ardennes* (Champagne), arr. et à 8 k. de Mézières, 10 k. de Charleville, cant. et ✉ de Renvez. Pop. 306 h.

ARRIAGOSSE, vg. *H.-Pyrénées*, comm. de Vidouze, ✉ de Maubourguet.

ARRIANCE, ou **ARGÉSIEN**, vg. *Moselle* (Lorraine), arr. et à 28 k. de Metz, cant. et ✉ de Faulquemont. Pop. 450 h.

ARRICAU, vg. *Landes*, comm. de la Glorieuse, ✉ de Mont-de-Marsan.

ARRICAU, vg. *B.-Pyrénées* (Béarn), arr. et à 33 k. de Pau, cant. et ✉ de Lembeye. Pop. 290 h.

ARRIEN, vg. *Ariège*, comm. de Bethmale, ✉ de Castillon.

ARRIEN, vg. *B.-Pyrénées* (Béarn), arr. et à 20 k. de Pau, cant. et ✉ de Morlaas. Pop. 263 h.

ARRIGNY, vg. *Marne* (Champagne), arr. et à 16 k. de Vitry-le-Français, cant. et ✉ de St-Remy-en-Bouzemont. Pop. 146 h.

ARRIOT, vg. *Nièvre*, comm. de Balleray, ✉ de Guérigny.

ARRIVE, vg. *B.-Pyrénées* (Béarn), arr. et à 22 k. d'Orthez, cant. et ✉ de Sauveterre. Pop. 153 h.

ARRO, vg. *Corse*, arr., ✉ et à 33 k. d'Ajaccio, cant. de Sari. Pop. 165 h.

ARRODET, vg. *H.-Pyrénées* (Gascogne), arr. et à 8 k. d'Argelès, cant. et ✉ de Lourdes. Pop. 270 h.

ARRODETS, vg. *H.-Pyrénées* (Gascogne), arr. et à 20 k. de Bagnères-de-Bigorre, cant. et ✉ de la Barthe-de-Neste. Pop. 164 h.

ARROMAN (St-), *Gers* (Armagnac), arr. et à 13 k. de Mirande, cant. et ✉ de Masseube. Pop. 463 h.

ARROMAN (St-), vg. *H.-Pyrénées* (Gascogne), arr. et à 28 k. de Bagnères-de-Bigorre, cant. et ✉ de la Barthe-de-Neste. Pop. 580 h.

ARROMANCHES, vg. *Calvados* (Normandie), arr. et à 11 k. de Bayeux, cant. et ✉ de Ryes. Pop. 528 h. — Il est situé près de la mer, et possède des grottes remarquables, par les belles congélations qu'elles renferment.

ARRON (l'), ruisseau qui a sa source à l'étang de Ligny (*Nièvre*), et qui se jette dans le Beuvron au-dessous de Neuilly, après un cours de 16,580 m. Il est flottable sur toute l'étendue de son cours, au moyen d'un canal en bois de 940 m. de longueur, et d'un autre canal-aqueduc, aussi en bois, d'une longueur de 150 m., qui traverse la vallée d'Arron et le fait aboutir dans le Beuvron.

ARRONNES, vg. *Allier* (Bourbonnais), arr. et à 24 k. de La Palisse, 18 k. de Cusset, cant. et ✉ de Mayet-de-Montagne. Pop. 1,047 h.

ARRONVILLE, vg. *Seine-et-Oise* (Vexin français), arr. et à 15 k. de Pontoise, cant. et ✉ de Marines. Pop. 590 h. — Il est situé dans une vallée agréable, sur le Sausseron. — Carrières de pierre à bâtir. — Le CHATEAU DE BALINCOURT fait partie de la commune d'Arronville. Ce château, remarquable par son architecture et ses décorations extérieures, est entouré d'un beau parc, traversé par la petite rivière de Sausseron, qui y forme plusieurs pièces d'eau.

ARROS, vg. *B.-Pyrénées* (Navarre), arr. et à 6 k. de Mauléon, 14 k. de St-Palais, cant. d'Iholdy, ✉ de St-Palais. Pop. 119 h.

ARROS, vg. *B.-Pyrénées* (Béarn), arr. et à 7 k. d'Oloron, cant. de Ste-Marie-d'Oloron. Pop. 177 h. Près du Gave-d'Aspe.

ARROS, vg. *B.-Pyrénées* (Béarn), arr. et à 14 k. de Pau, cant. et ✉ de Nay. P. 1,164 h. — Fabrique de couvertures de laine.

ARROS (l'), rivière qui prend sa source dans les montagnes d'Esparou, non loin du village de Ste-Marie (*H.-Pyrénées*), elle passe à Tournay, St-Sever, Plaisance, et se jette dans l'Adour à Isoges (*Gers*), après un cours d'environ 80 k. Depuis sa source jusqu'à l'Escaladieu, ce n'est qu'un torrent qui se grossit des eaux de ceux d'Avezaguet, d'Aiguette, de Lesquedin et de Luz.

ARROU, vg. *Eure-et-Loir* (Beauce), arr. et à 16 k. de Châteaudun, cant. de Cloyes, de Courtalin, près de l'Yères. P. 3,008 h. — Fabrique de couvertures de laine.

ARROUAISE, *Aridoga mantia*, h. *Pas-de-Calais*, comm. du Transloy, ✉ de Bapaume. Pop. 16 h. — C'est en ce lieu qu'existait autrefois la célèbre abbaye de trinitaires d'Arrouaise, fondée par trois ermites en 1090.

ARROUEDE, vg. *Gers* (Gascogne), arr. et à 24 k. de Mirande, cant. et ✉ de Masseube. Pop. 328 h.

ARROUGE, vg. *Gironde*, comm. de Landiras, ✉ de Podensac.

ARROUMEX (St-), vg. *Tarn-et-Garonne* (Languedoc), arr. à 18 k. de Castel-Sarrasin, cant. et ✉ de St-Nicolas-de-la-Grave. Pop. 406 h.

ARROUT, vg. *Ariège* (Comminges), arr. à 11 k. de St-Girons, cant. et ✉ de Castillon. Pop. 315 h. — Exploitation de carrières d'ardoise d'excellente qualité.

ARROUX (l'), *Ardus*, *Isrus*, rivière qui prend sa source dans l'étang de Mouillon, près du village d'Issey (*Côte-d'Or*); elle passe à Vaudenay, Drecy, Autun, Toulon et Geugnon, et se jette dans la Loire, près de l'embouchure du canal du Centre, entre Digoin et la Motte-St-Jean, dép. de Saône-et-Loire. — L'Arroux commence à être flottable à Autun, et navigable à Geugnon. La longueur de la partie flottable est de 60,350 m., et celle de la partie navigable est de 20,000 m. Dans son cours, qui est d'environ 90 k., elle reçoit la Creuseveaux, le Mesvrin et la Bourbince.

ARROZES, vg. *B.-Pyrénées* (Béarn), arr. et à 40 k. de Pau, cant. et ✉ de Lambeye. Pop. 625 h.

ARRY, vg. *Moselle* (Lorraine), arr. et à 18 k. de Metz, cant. et ✉ de Gorze, sur une hauteur, près de la rive droite de la Moselle. Pop. 510 h.

ARRY, vg. *Somme* (Picardie), arr. et à 25 k. d'Abbeville, cant. de Rue, ✉ de Bernay, près de la Maie. Pop. 249 h.

ARS, vg. *Ain* (Dombes), arr., cant., ✉ à 10 k. de Treyoux. Pop. 399 h.

ARS, vg. *Charente* (Angoumois), arr., cant., ✉ et à 10 k. de Cognac. Pop. 704 h. Sur le Né.

ARS, vg. *Creuse* (Marche), arr., ✉ et à 9 k. d'Aubusson, cant. de St-Sulpice-des-Champs. Pop. 1,163 h.

ARS, vg. *Puy-de-Dôme* (Auvergne), arr. et à 55 k. de Riom, cant. et ✉ de Montaigut. Pop. 636 h.

ARSAC, vg. *Gironde* (Guienne), arr. et à 20 k. de Bordeaux, cant. de Castelnau-de-Médoc, ✉ de Margaux. Pop. 660 h.

ARS-EN-RÉ, bourg de l'île de Ré, *Charente-Inf.* (Aunis), chef-l. de cant., arr. et à 35 k. de la Rochelle. A 499 k. de Paris pour la taxe des lettres. Bureau d'enregist. à St-Martin-de-Ré. Cure. Syndicat maritime. ✉. Pop. 3,668 h. — TERRAIN jurassique.

Ce bourg est bâti sur la côte occidentale de l'île de Ré, au bord de l'Océan, qui y forme une bonne rade et un petit port où il se fait de grandes expéditions de sel. — C'est dans la plaine d'Ars que le prince de Soubise fut battu, en 1624. — On trouve sur le territoire d'Ars des cailloux transparents blancs, jaunes et de couleur rose, dont l'éclat et le brillant sont très remarquables. — Raffinerie de sel.

ARSAGNE, vg. *Landes* (Gascogne), arr. et à 32 k. de St-Sever, cant. d'Amou, ✉ d'Orthez. Pop. 425 h.

ARSANS, vg. *H.-Saône* (Franche-Comté), arr., ✉ et à 11 k. de Gray, cant. de Pesmes. Pop. 95 h. — Indices de mines de fer.

ARSCHEVILLER, vg. *Meurthe* (Lorraine), arr. et à 11 k. de Sarrebourg, cant. et ✉ de Phalsbourg, dans une petite vallée au pied des

Vosges. Pop. 774 h. — On y remarque une belle église. — *Fab.* de potasse. Carrières de belles pierres de taille.

ARS - LAQUENEXY, vg. *Moselle* (pays Messin), arr., ✉ et à 8 k. de Metz, cant. de Pange. Pop. 237 h.

ARSEMENEL, vg. *Aveyron*, comm. de Ste-Croix, ✉ de Villefranche.

ARSENAY, *Côte-d'Or*. V. ARCENAY.

ARSONVAL, vg. *Aube* (Champagne), arr., cant., ✉ et à 6 k. de Bar-sur-Aube. Pop. 449 h. — Il est situé près de la rive droite de l'Aube, qui y arrose un bassin agréable, dominé par une suite de coteaux couverts de vignes qui donnent des vins estimés.

ARS-SUR-MOSELLE, bg *Moselle* (pays Messin), arr., et à 10 k. de Metz, cant. et ✉ de Gorze. Pop. 1,453 h. — Ars est un bourg très-ancien, dont les maisons offrent plusieurs débris romains. — On remarque aux environs les ruines pittoresques d'un ancien château fort, dont la citerne est encore intacte. Ces décombres s'élèvent au-dessus du ruisseau de Mance; ils sont recouverts de gros arbres, dont l'ancienneté atteste que cette forteresse est détruite depuis plusieurs siècles. — *Manufacture* hydraulique de draps. — *Fabrique* de plomb de chasse, d'amidon. Belles papeteries. Nombreux moulins à farine. — *Commerce* de vins.

ARSURE, vg. *Jura* (Franche-Comté), arr. et à 28 k. de Poligny, 43 k. d'Arbois, cant. et ✉ de Nozeroy. Pop. 561 h.

ARSURES (les), vg. *Jura*. V. MONTIGNY-LES-ARSURES.

ARSURETTES, vg. *Jura*, comm. de Montigny, ✉ d'Arbois.

ARSY, vg. *Oise* (Picardie), arr. et à 13 k. de Compiègne, cant. et ✉ d'Estrées-St-Denis. Pop. 741 h.

ARTAGNAN, vg. *H.-Pyrénées* (Bigorre), arr. et à 21 k. de Tarbes, cant. et ✉ de Vic-en-Bigorre, près de l'Adour. Pop. 740 h.

ARTAISE - LE - VIVIER, vg. *Ardennes* (Champagne), arr., ✉ et à 20 k. de Sedan, cant. de Raucourt. Pop. 376 h.

ARTAIX, vg. *Saône-et-Loire* (Bourgogne), arr. et à 43 k. de Charolles, cant. et ✉ de Marcigny. Pop. 839 h. — Il est sur la Loire, où il a un petit port où l'on fabrique beaucoup de bateaux; presque tous les habitants sont charpentiers.

ARTALENS, vg. *H.-Pyrénées* (Gascogne), arr., cant., ✉ et à 18 k. d'Argelès. P. 264 h.

ARTANNES, vg. *Indre-et-Loire* (Touraine), arr. et à 18 k. de Tours, cant. et ✉ de Monthazon. Pop. 1,103 h.

ARTANNES, vg. *Maine-et-Loire* (Anjou), arr., cant., ✉ et à 9 k. de Saumur. P. 223 h.

ARTAS, vg. *Isère* (Dauphiné), arr. et à 24 k. de Vienne, cant. et ✉ de St-Jean-de-Bournay. Pop. 1,320 h. — *Foires* les 25 fév., 11 juin, 8 oct. et 22 nov.

ARTASSENX, vg. *Landes* (Gascogne), arr., ✉ et à 13 k. de Mont-de-Marsan, cant. de Grenade. Pop. 260 h.

ARTEL (l'), ruisseau qui prend sa source à l'étang d'Artel ou Arbel (*Nièvre*), et qui se jette dans le Beuvron, un peu au-dessus du moulin de Boutefeuille. Il est flottable sur tout son cours, qui est d'environ 13,700 m.

ARTEMMARE, vg. *Ain*, comm. d'Amyzieu, ✉ de Culoz. — *Fabrique* d'outils. Scieries hydrauliques de bois.

ARTEMPS, vg. *Aisne* (Picardie), arr. et à 13 k. de St-Quentin, cant. et ✉ de St-Simon. Pop. 478 h.

ARTENAY, *Athenæum*, joli bourg, *Loiret* (Orléanais), chef-l. de cant., arr. et à 20 k. d'Orléans. Bureau d'enregist. à Neuville. Cure. ✉. ⚙. A 99 k. de Paris pour la taxe des lettres. P. 1,128 h. — Autrefois diocèse, intendance et élection d'Orléans, parlement de Paris. — Il est généralement bien bâti, et traversé par le chemin de fer et par la grande route de Paris à Orléans. — *Fabrique* de coutellerie. — *Foires* le 24 juin, 14 sept. et 1er jeudi de carême.

ARTHEMIE (Ste-), *Tarn-et-Garonne*, comm. de Molières, ✉ de Castelnau-de-Montratier.

ARTHEL, vg. *Nièvre* (Nivernais), arr. et à 55 k. de Cosne, cant. et ✉ de Prémery. Pop. 507 h.

ARTHEMONAY, vg. *Drôme* (Dauphiné), arr. et à 36 k. de Valence, cant. et ✉ de St-Donat. Pop. 400 h.

ARTHENAC, vg. *Charente-Inf.* (Saintonge), arr. et à 13 k. de Jonzac, cant. et ✉ d'Archiac. Pop. 759 h.

ARTHENAS, vg. *Jura* (Franche-Comté), arr. et à 12 k. de Lons-le-Saulnier, cant. et ✉ de Beaufort. Pop. 408 h.

ARTHÈS, vg. *Tarn* (Languedoc), arr., cant., ✉ et à 7 k. d'Albi. Pop. 831 h. — Ce village, situé sur le bord du Tarn et vis-à-vis de la cataracte du Saut-de-Sabo, a été bâti au XIVe siècle par Philippe de Valois, et devint quelque temps après un bourg assez considérable, siège de la judicature royale de l'Albigeois. — *Commerce* de vins et de légumes de son territoire, fabrique de jambons, laine, plumes à lits, etc. — *Foires* les 6 janv. et 2 nov.

ARTHEZ, bg *B.-Pyrénées* (Béarn), chef-l. de cant., arr., ✉ et à 14 k. d'Orthez. Cure. Pop. 1,731 h. — TERRAIN tertiaire supérieur. — Forges et martinets.

ARTHEZ, vg. *Landes* (Gascogne), arr. et à 24 k. de Mont-de-Marsan, cant. et ✉ de Villeneuve. Pop. 449 h.

ARTHEZ-D'ASSON, vg. *B.-Pyrénées* (Béarn), arr. et à 27 k. de Pau, cant. et ✉ de Nay. Pop. 1,380 h.

ARTHEZÉ, vg. *Sarthe* (Anjou), arr., ✉ et à 12 k. de la Flèche, cant. de Malicorne. Pop. 440 h. — On remarque plusieurs tombelles sur son territoire.

ARTHIE, vg. *Marne*, comm. de Venteuil, ✉ d'Épernay.

ARTHIES, vg. *Seine-et-Oise* (Normandie), arr. et à 15 k. de Mantes, cant. et ✉ de Magny. Pop. 269 h. — On y voit les restes d'un vieux château qui paraît avoir été fortifié.

ARTHIEUL, vg. *Seine-et-Oise* (Normandie), arr. et à 22 k. de Mantes, cant. et ✉ de Magny. Pop. 213 h. Sur l'Aubette.

ARTHON, vg. *Indre* (Berri), arr., ✉ et à 13 k. de Châteauroux, cant. d'Ardentes-St-Vincent. Pop. 820 h.

ARTHON, vg. *Loire-Inf.* (Bretagne), arr. et à 21 k. de Paimbœuf, cant. de Pornic, ✉ de Bourgneuf. Pop. 1,748 h. — En 1100, ce village portait le nom d'Artun; il y avait deux églises dont Urvode fit don à l'abbaye de St-Sauveur de Redon. On y voit la maison de la Sicaudaix, l'une des plus anciennes de la province. — *Commerce* de bestiaux. — *Foires* les 25 janv., 25 fév., 1er mardi après le 25 mars, 2 mai, 11 juin et 22 sept.

ARTHONNAY, vg. *Yonne* (Champagne), arr. et à 23 k. de Tonnerre, cant. et ✉ de Cruzy. Pop. 773 h. — C'est la patrie du géographe VALENTIN DUVAL, auteur de plusieurs ouvrages estimés, parmi lesquels on distingue : *Numismata Cimelii Cæsarii regii Austriaci Vindebonensis, quorum rariora iconismis, cœtera catalogis exhibita*, 2 vol. gr. in-f°, 1754-55; *Monnaies en or et argent qui composent une partie du cabinet de l'empereur*, 2 vol. gr. in-f°, Vienne, 1759-69. — *Foires* les 2 avril, 13 mai, 11 sept. et 29 déc.

ARTHUN, vg. *Loire* (Forez), arr. et à 23 k. de Montbrison, cant. et ✉ de Boen. Pop. 525 h.

ARTIACA (lat. 49°, long. 22°). « Ce lieu est placé dans l'Itinéraire d'Antonin entre *Tricasses*, ou Troies, et *Duro-Catalauni*, Châlons. La distance à l'égard de *Tricasses* est marquée M. P. XVIII, *Leugas* XXI, et à l'égard de *Duro-Catalauni*, M. P. XXXIII, *Leugas* XXII. Il y a dans ces indications une exacte correspondance entre les milles et les lieues, à raison d'un mille et demi pour une lieue. L'espace qui sépare la position d'Arcys-sur-Aube, qui est *Artiaca*, d'avec Troies d'un côté, et d'avec Châlons de l'autre, est déterminé par des opérations sur les lieux. Le premier de ces espaces étant d'environ 14,000 toises, le second de 25 à 26,000, le total est de 39 à 40,000 toises. Or, ce que l'Itinéraire fait compter en deux distances, savoir 51 milles, ou 34 lieues, fournit par un calcul rigoureux 39,556 toises. » D'Anville. *Notice de l'ancienne Gaule*, p. 104.

ARTIGAT, vg. *Ariège* (Languedoc), arr. et à 14 k. de Pamiers, cant. du Fossat, ✉ du Mas-d'Azil. Pop. 1,218 h.

ARTIGNY, vg. *Indre-et-Loire*, comm. de Charyé, ✉ d'Amboise. Pop. 135 h.

ARTIGNOSC, *Artignoscum*, vg. *Var* (Provence), arr. et à 47 k. de Brignoles, cant. de Tavernes, ✉ d'Aups. Pop. 423 h. — Ce village, situé sur la rive gauche de Verdon, perdit il y a environ deux siècles la plupart de ses habitants par les maladies et les guerres civiles. Il n'a été repeuplé que longtemps après par quelques familles génoises et espagnoles.

ARTIGUE, vg. *H.-Garonne* (Gascogne), arr. et à 43 k. de St-Gaudens, cant. et ✉ de Bagnères-de-Luchon. Pop. 225 h. — Indices de mines de cuivre.

ARTIGUE-DIEU, vg. *Gers* (Gascogne), arr.,

cant. et à 11 k. de Mirande, ✉ de Masseube. Pop. 300 h.

ARTIGUE-LOUTAN, vg. *B.-Pyrénées* (Béarn), arr., cant., ✉ et à 10 k. de Pau. Pop. 700 h.

ARTIGUE - LOUVE, vg. *B.-Pyrénées* (Béarn), arr. et à 10 k. de Pau, cant. et ✉ de Lescar. Pop. 674 h. Près du Gave de Pau.

ARTIGUEMY, vg. *H.-Pyrénées* (Bigorre), arr., ✉ et à 13 k. de Bagnères-de-Bigorre, cant. de Launemezan. Pop. 216 h.

ARTIGUES, vg. *Ariège* (pays de Foix), arr. et à 64 k. de Foix, cant. de Quérigut, ✉ d'Ax. Pop. 337 h.

ARTIGUES, vg. *Aude* (Languedoc), arr. et à 53 k. de Limoux, cant. de Roquefort, ✉ d'Axat. Pop. 214 h. Sur l'Aude.

ARTIGUES, vg. *Aveyron*, comm. de St-Chély-d'Aubrac, ✉ d'Espalion.

ARTIGUES, vg. *H.-Garonne*, comm. de Montespan, ✉ de St-Martory.

ARTIGUES, vg. *Gironde* (Guienne), arr. et à 7 k. de Bordeaux, cant. et ✉ de Carbon-Blanc. Pop. 397 h.

ARTIGUES (les), vg. *Gironde*, comm. de Lassac, ✉ de Libourne.

ARTIGUES, *H.-Pyrénées*, comm. d'Argelès, ✉ de Lourdes.

ARTIGUES, *Artigos, Artigée, Var* (Provence), arr. et à 41 k. de Brignolles, cant. de Rians, ✉ de Barjols. Pop. 294 h. — Il est bâti au bas d'une colline qui lui interdit la vue du soleil pendant une partie de la journée.

ARTIGUES-PERCHE, vg. *Gers*, comm. et ✉ de Mirande.

ARTINS, hg *Loir-et-Cher* (Beauce), arr. et à 27 k. de Vendôme, cant. de Montoire, ✉ de Pouancé. Pop. 489 h. — Au temps des Celtes ou des Romains, Artins était un ville assez considérable : on y voit encore les piles d'un pont antique que l'eau ni les siècles n'ont pu ébranler. L'église a été élevée sur les ruines d'un temple qui était consacré à Jupiter. — Ce bourg était encore très-peuplé il y a trois cents ans; on le traversait pour aller de Tours à Chartres et dans la Normandie. C'était une route militaire; mais, depuis que le pont n'offre plus que des piliers isolés, la population a été chaque année en décroissant et la plupart des maisons sont tombées en ruines. — Entre Artins et Sougé s'étend un terrain rempli de tombes antiques. Sur la Thise gauche du Loir se trouvent les fermes de Fins, qu'on croit être le *Fines Carnutum* des anciennes cartes de Ptolémée.

ARTIX, vg. *Ariège* (pays de Foix), arr. et à 8 k. de Pamiers, cant. de ✉ de Varilhes. Pop. 249 hah.

ARTIX, *B.-Pyrénées* (Béarn), arr., cant. et à 20 k. d'Orthez. ✉. ✓. A 703 k. de Paris pour la taxe des lettres. Pop. 719 h.

ARTOIS, *Artesia*, ci-devant province de France qui forme maintenant le département du Pas-de-Calais, à l'exception de l'arrondissement de Boulogne et d'une partie de celui de Montreuil. Ce pays, habité anciennement par les *Atrebates*, fut compris du temps de l'empire romain dans la deuxième Belgique. Au v siècle, il fut envahi par les Vandales, auxquels succédèrent les Francs, qui le maintinrent sous leur domination jusqu'en 863. A cette époque, Charles le Chauve, en mariant sa fille Judith à Baudouin, premier comte de Flandre, lui donna pour dot l'Artois et le Boulonnais. Ce comté eut ensuite des seigneurs particuliers jusqu'en 1477, où Louis XI l'échangea avec Bertrand II de la Tour, comte d'Auvergne, contre le Lauraguais et le Languedoc, et le réunit à la couronne en en donnant toutefois la suzeraineté à Notre-Dame de Boulogne, dont il se déclara vassal, et à qui il s'obligea de payer annuellement pour prix de son fief un cœur d'or de la valeur de 6,000 livres. L'Artois suivit la fortune des possessions des comtes de Flandre ; il appartint successivement aux ducs de Bourgogne, à l'Autriche et en dernier lieu à l'Espagne, qui fut obligée de l'abandonner à Louis XIII, en 1640. Sa possession fut depuis irrévocablement confirmée à la France, par le traité des Pyrénées, de 1659 ; par celui de Nimègue, de 1678, et par celui d'Utrecht, de 1713. — L'Artois, depuis sa réunion à la couronne, formait l'apanage nominatif des seconds frères des rois régnants ; on sait que Charles X porta ce titre jusqu'à son avènement au trône.

Ce pays, dont Arras était la capitale, était borné, au sud et au sud-ouest, par la Picardie, et, au nord-ouest, par la Flandre ; il avait environ 112 k. de long sur 56 k. de large. Son territoire présente un pays plat, qui s'abaisse sensiblement du côté de la Flandre, où commence ce qu'on appelle les Pays-Bas. Il abonde en grains de toute espèce, graines grasses, houblon, légumes et fruits. Les pâturages y sont abondants, et nourrissent quantité de bestiaux et de chevaux. On y trouve quelques forêts peu considérables et des mines de charbon de terre. Les usines, les manufactures et les établissements d'industrie y sont très-multipliés.

On divisait l'Artois en 12 contrées, dont les principales villes étaient Arras, Béthune, St-Pol, Thérouane, Aire, St-Omer, Hesdin, Lillers, Lens, Bapaume, Avesne-le-Comte et Aubigny. V. pour plus de détails le département du Pas-de-Calais.

Les armes de l'Artois étaient: *d'azur semé de fleurs de lis d'or, au lambel de gueules de quatre pendants chargés chacun de trois tours d'or.*

Bibliographie. Auteuil Combault. * *Discours abrégé de l'Artois, membre ancien de la couronne de France, et de ses possesseurs depuis le commencement de la monarchie* par A. C., in-4, 1640.

Bottel. *Notice de l'état ancien et moderne de la province et comté d'Artois*, in-12, 1748.

Hennebert (l'abbé). *Histoire générale de la province d'Artois*, 2 vol. in-8, 1786-88.

Agneaux de Vienne (J.-B.). *Histoire de l'Artois*, 5 part. in-8, 1787-88.

Harduin (A.-Xav.). * *Mémoires pour servir à l'histoire de la province d'Artois, et princip. de la ville d'Arras*, in-12, 1763.

Deslyons (L.-B.) *Mémoires pour servir à l'histoire de la province d'Artois jusqu'à l'établissement de la monarchie française dans les Gaules*, in-12, 1778.

* *Catalogue des villages, hameaux et censes de la gouvernance d'Arras, et des bailliages et autres juridictions d'Artois*, in-12, 1679.

* *Catalogue et liste des villages, hameaux et des différentes juridictions de l'Artois* (dans la coutume d'Artois).

Neuf-Église (de). *Le Patriote artésien*, in-8, 1761.

* *Recueil de lettres et actes du comté d'Artois*, in-8, 1579.

Ragon (F.). *Précis de l'histoire de Flandre, d'Artois et de Picardie* (avec Fabre d'Olivet), in-18, 1834.

Lafons (baron Melicocq de). *Priviléges et Franchises de la Flandre, de l'Artois, de la Picardie et du Valois*, in-8, 1834.

* *Notice sur l'état ancien et moderne de la province d'Artois*, par M..., in-12, 1748.

* *Almanach historique et géographique d'Artois*, in-24, 1755.

* *Eglises, châteaux, beffrois et hôtels de ville les plus remarquables de la Picardie et de l'Artois*, in-8 et pl., 1843 (1er livr. L'ouvrage est annoncé en 2 vol. in-4).

Roger (P.). *Archives historiques et ecclésiastiques de la Picardie et de l'Artois*, 2 vol. grand in-8, 1842-43.

V. aussi Pas-de-Calais.

ARTOLSHEIM, vg. *B.-Rhin* (Alsace), arr. et à 12 k. de Schelestatt, cant. et ✉ de Marckolsheim. Pop. 853 h. — Dans les environs est une source minérale dont on recommande l'usage en bains dans les cas de paralysie. Une chapelle de la sainte croix y attire les pèlerins.

ARTONGES, vg. *Aisne* (Brie), arr. et à 25 k. de Château-Thierry, cant. de Condé-en-Brie, ✉ de Montmirail. Pop. 268 h.

ARTONNE, *Artona*, petite ville, *Puy-de-Dôme* (Auvergne), arr. et à 13 k. de Riom, cant. et ✉ d'Aigueperse. Pop. 1,900 h. — Cette ville, entourée de vergers et célèbre par ses fruits, est située à mi-côte, bâtie en amphithéâtre près de la rive gauche de la Morge, et offre une des vues les plus riantes de l'Auvergne. C'était, à ce que l'on assure, une ville très-florissante du temps des Romains, et l'on croit que son nom lui vient d'un autel consacré à Jupiter-Tonnant. On y découvre fréquemment, en creusant la terre, des vases antiques, des urnes et des médailles romaines. — Artonne a été le séjour de plusieurs saints. Saint Pourçain y a demeuré, et on y voyait jadis le tombeau de sainte Vitaline. — Foires les 23 juin, 21 sept., 2e jeudi de l'avent et du carême.

ARTRES, vg. *Nord* (Flandre), arr. et cant. sud, ✉ et à 8 k. de Valenciennes. Pop. 552 h. Sur la Rhonnelle. — Les Français le brûlèrent en 711. — Fabrique de sucre de betteraves.

ART-SUR-MEURTHE, *Arcæ Calvomontenses*, joli village, *Meurthe* (Lorraine), arr. et à 8 k. de Nancy, cant. et ✉ de St-Nicolas-du-Port. Pop. 579 h. Sur la rive droite de la Meurthe. — De cette commune dépendait la magnifique chartreuse de Bosserville, fondée en 1632 par le duc Charles IV ; c'est aujourd'hui une propriété particulière, où l'on voit à peine quelques restes de l'ancienne abbaye.

ARTUAN, vg. *Charente-Inf.*, comm. de St-Just, ✉ de Maremnes.

ARTUBIE (l'), rivière qui prend sa source dans la forêt de Montferrat, département du *Var*; elle passe à Montferrat, Châteaudouble, Rebouillon, près de Draguignan, à Trans, la Motte et le Muy, où elle se jette dans l'Argens, après un cours d'environ 40 k. Cette rivière traverse la jolie plaine de Draguignan, où elle prend le nom de Fis, pour reprendre ensuite celui d'Artubie. Elle est flottable à bûches perdues depuis la Motte jusqu'à son embouchure, sur une étendue de 5,400 m.

ARTZ (l'), petite rivière qui prend sa source au-dessus de Rochefort, arrondissement de Vannes, département du *Morbihan*; elle passe à Vannes, où se jette un peu au-dessous de cette ville dans le golfe du Morbihan, après un cours d'environ 56 k.

ARTZHEIM, *Argentouaria*, vg. *H.-Rhin* (Alsace), arr., ✉ et à 15 k. de Colmar, cant. d'Andolsheim. Pop. 667 h.

ARUDY, petite ville, *B.-Pyrénées* (Béarn), chef-l. de cant., arr. et à 18 k. d'Oloron. Cure. ✉. A 783 k. de Paris pour la taxe des lettres. Pop. 1,971 h.—TERRAIN crétacé inf., grès vert, voisin du terrain de transition.—Arudy est une ville fort agréablement située dans un fertile territoire. Elle est bâtie dans un joli bassin, entouré au nord par une colline semi-circulaire, dont le contour est marqué par les sinuosités du Gave d'Ossau. Au sud, le vallon d'Arudy est borné par des rochers de marbre gris, au sein desquels se fait remarquer la profonde grotte d'Espalungue. V. IZESTE.

Il existe à Arudy plusieurs familles de cagots, qui étaient autrefois obligés d'entrer dans l'église par une petite porte aujourd'hui condamnée, près de laquelle ils occupaient une place séparée.—Cette église, ainsi que l'ancien château et quelques maisons d'antique construction, ont été désignés par l'autorité locale comme étant susceptibles d'être classés au nombre des monuments historiques.

Par son heureuse situation au débouché des montagnes, cette petite ville est le centre commercial des vallées et de la plaine ; c'est à son marché que les pasteurs des environs viennent échanger leurs laines, leurs bestiaux et leurs autres productions, avec des grains et d'autres denrées de première nécessité dont ils sont dépourvus. Mégisseries qui rivalisent avec celles d'Hasparren et d'Orthez. Exploitation des carrières de marbre situées aux environs. Papeterie.—*Foire le 25 mars.*

ARUE, vg. *Landes* (Gascogne), arr. et à 26 k. de Mont-de-Marsan, cant. et ✉ de Roquefort. Pop. 750 h.

ARVERNI (lat. 46°, long. 21°). « Ce peuple était un des plus puissants de la Gaule, et, si l'on en croit Strabon (lib. IV, p. 191), les *Arverni* avaient étendu leur domination jusqu'au territoire de Marseille et jusqu'aux Pyrénées, jusqu'à l'Océan et jusqu'au Rhin. Les plaintes que les *Ædui* portèrent à Rome contre les *Arverni*, furent une des causes qui attirèrent les armes romaines dans la Gaule, sous le commandement de *Fabius Maximus* et de *Domitius Ahenobarbus*. Lorsque César prit possession du gouvernement de la Gaule, deux factions qui se partageaient étaient celles des *Arverni* et des *Ædui*. César range dans la dépendance immédiate des *Arverni*, plusieurs peuples voisins, les *Vellavi*, les *Gabali*, les *Cadurci*. Etienne de Byzance cite les *Arverni* comme une des plus belliqueuses entre les nations celtiques. Dans Pline ils sont qualifiés de *liberi*, et ils ne sont point omis dans Ptolémée. Strabon aurait dû nommer chez les *Arverni* le fleuve Elaver, ou l'Allier, plutôt que la Loire. On ne devine point par quel endroit les *Arverni* pouvaient se dire du même sang que les Romains, et issus comme eux des Troyens, selon ces vers de Lucain :

Arvernique ausi Latio se dicere fratres,
Sanguine ab Iliaco populi.

Leur territoire est actuellement représenté par le diocèse de Clermont, et par celui de St-Flour, qui est un démembrement du premier, et du nombre des évêchés, qui doivent leur érection au pape Jean XXII, dans le XIV° siècle. »D'Anville. *Notice de l'ancienne Gaule*, p. 104. V. aussi Walckenaer, *Géogr. des Gaules*, t. XXI, p. 1 à 339.

ARVERT, bg *Charente-Inf.* (Saintonge), arr. et à 10 k. de Marennes, cant. et ✉ de la Tremblade. Pop. 432 h.—La presqu'île d'Arvert se compose de tout le pays situé entre la Gironde, la Seudre et la mer ; elle est couverte de marais, de pins et d'autres arbres verts; les côtes en sont très-poissonneuses.—Distillerie d'eau-de-vie.—*Foires les 31 mai et le samedi avant 3° lundi d'août.*

ARVEYRES, vg. *Gironde* (Guienne), arr., cant., ✉ et à 5 k. de Libourne. Pop. 1,325 h. Sur la Dordogne.—Briqueterie.

ARVIEU, vg. *Aveyron* (Rouergue), arr. et à 25 k. de Rodez, cant. et ✉ de Cassagnes-Bégonhès. Pop. 1,661 h.

ARVIEUX, beau village, *H.-Alpes* (Dauphiné), arr. à 55 k. de Briançon, cant. d'Aiguilles, ✉ de Queyraz. Pop. 1,016 h.—Il est bien bâti et traversé par une eau assez grande, propre et bien percée.—Catinat occupa en 1692, sur le territoire d'Arvieux, le camp de Roux, auquel il a donné son nom, et qui communique avec celui de Tournoux par un chemin fait en 1710. — *Fabriques* de bas de laine à l'aiguille. Tanneries.—*Foires les 14 juin, 3 sept., 25 nov., lundi de Sexagésime et vendredi avant les Rameaux.*

ARVIGNA, vg. *Ariège* (Languedoc), arr., cant., ✉ et à 12 k. de Pamiers. Pop. 426 h.

ARVII (lat. 48°, long. 18°). - C'est un peuple dont Ptolémée seul fait mention dans la Gaule Lionaise, à la suite des *Diaulitæ* ou *Diablintes*. On lit *Arubii* dans le texte latin : mais la leçon que donne le texte grec paraît préférable. J'en ai découvert la situation jusqu'à présent ignorée, et c'est le sujet d'un mémoire que j'ai soumis au jugement de l'académie en cette année 1757. Ce mémoire est accompagné d'un plan des vestiges de la capitale de ce peuple, et ces vestiges conservent le nom de cité d'Erve ou d'Arve, sur le bord d'une rivière dont le nom dans les titres est Arva, et qui se rend dans la Sarte, près de Sablé. Ainsi, les limites actuelles du diocèse du Mans, contenant, outre les *Cenomani* et les *Diablintes*, un troisième peuple, savoir les *Arvii*. La conjecture de M. Valois, p. 167, que ces *Arvii* pourraient être les mêmes que les *Curiosolites*, parce que ceux-ci ne sont point mentionnés dans Ptolémée, est donc détruite par l'existence des *Arvii* dans un autre emplacement que celui que l'on connaît aux Curiosolites. » D'Anville. *Notice de l'ancienne Gaule*, p. 103. V. aussi Walckenaer. *Géographie des Gaules*, t. I, p. 58, 390.

ARVILLE, vg. *Loir-et-Cher* (Beauce), arr. et à 37 k. de Vendôme, cant. et ✉ de Montdoubleau. Pop. 388 h.

ARVILLE, vg. *Seine-et-Marne* (Gâtinais), arr. à 30 k. de Fontainebleau, cant. de Château-Landon, ✉ de Beaumont. Pop. 314 h.

ARVILLERS, vg. *Somme* (Picardie), arr. et à 14 k. de Montdidier, cant. de Moreuil, ✉ d'Hangest. Pop. 1,121 h.—*Fabriques* de bonneterie en laine et de métiers à bas.

ARX, vg. *Landes* (Gascogne), arr. et à 64 k. de Mont-de-Marsan, cant. et ✉ de Gabarret. Pop. 403 h.

ARZ, île située dans le golfe du Morbihan, vis-à-vis et à 8 k. de Vannes.—Elle renferme un village du même nom, dont la population est de 1,082 h. Les femmes seules de cette île cultivent la terre ; elle produit du froment, un peu de mil, de lin et de chanvre, et une grande quantité de pommes de terre. L'île possède aussi quelques vignobles, mais ne produit ni bois, ni ajoncs, ni broussailles. Les pauvres gens y sont réduits à brûler du goëmon et des plantes marines.— Arz renfermait autrefois un grand nombre de monuments celtiques ; ils ont été détruits en partie ; cependant on y voit un cromlech, plusieurs dolmens et un menhir.

ARZAC, vg. *Tarn*, comm. de Cahuzac-sur-Verre, ✉ de Gaillac.

ARZACQ, vg. *B.-Pyrénées* (Béarn), chef-l. de cant., arr. et à 35 k. d'Orthez. Cure. ✉. A 744 k. de Paris pour la taxe des lettres. Pop. 1,012 h. — TERRAIN tertiaire supérieur, alluvions anciennes.

ARZAL, vg. *Morbihan* (Bretagne), arr. et à 35 k. de Vannes, cant. et ✉ de Muzillac. Pop. 1,265 h.

ARZANO, vg. *Finistère* (Bretagne), chef-l. de cant., arr., ✉ et à 10 k. de Quimperlé. Cure. Bureau d'enregist. à Quimperlé. Pop. 1,801 h.— TERRAIN cristallisé ou primitif.

ARZAY, vg. *Isère* (Dauphiné), arr. et à 29 k. de Vienne, cant. et ✉ de la Côte-St-André. Pop. 294 h.

ARZELIERS, vg. *H.-Alpes*, comm. de Laragne, ⊠ de Ventavon.—Tannerie.

ARZEMBOUHY, vg. *Nièvre* (Nivernais), arr. et à 50 k. de Cosne, cant. et ⊠ de Prémery. Pop. 375 h.

ARZENC, vg. *Lozère* (Languedoc), arr. et à 25 k. de Mende, cant. et ⊠ de Châteauneuf-Raudon. Pop. 762 h.

ARZENC-D'APCHER, vg. *Lozère* (Languedoc), arr. et à 47 k. de Marvejols, cant. de Fournels, ⊠ de St-Chély. Pop. 317 h.

ARZENS, vg. *Aude* (Languedoc), arr. et à 13 k. de Carcassonne, cant. de Montréal, ⊠ d'Azonne. Pop. 1,011 h. — Il est situé sur le penchant d'une montagne, dans un territoire excellent et très-productif.—Le château d'Arzens fut pris et brûlé par les ligueurs en 1591.

ARZILLIÈRES, vg. *Marne* (Champagne), arr. et à 13 k. de Vitry-le-Français, cant. et ⊠ de St-Remy-en-Bouzemont. Pop. 429 h.—C'était une des anciennes baronnies de la Champagne.

ARZON, bg *Morbihan* (Bretagne), arr. et à 32 k. de Vannes, cant. et ⊠ de Sarzeau. Pop. 2,869 h. — Il est situé à l'extrémité de la presqu'île de Rhuis, près de l'embouchure du Morbihan, où se trouve un petit port pour les vaisseaux marchands, nommé Port-Navalo. Son territoire est riche en monuments druidiques : on y voit deux barrows nommés le grand et le petit Mont. V. SARZEAU.

ASASP, vg. *B.-Pyrénées* (Béarn), arr., ⊠ et à 9 k. d'Oloron, cant. de Ste-Marie-d'Olqron. Pop. 766 h. Au pied de la montagne de Binet.

ASBACH, vg. *B.-Rhin*, arr. et à 13 k. de Wissembourg, cant. de Seltz, ⊠ de Soulz-sous-Forêts. Pop. 736 h.

ASCAIN, vg. *H.-Pyrénées* (Labour), arr. et à 27 k. de Bayonne, cant. et ⊠ de St-Jean-de-Luz. Pop. 1,055 h. — Il est situé sur la rive gauche de la Nivelle, au pied de la montagne de Larhune, et possède une source d'eau minérale ferrugineuse froide.

ASCARAT, vg. *B.-Pyrénées* (Béarn), arr. et à 40 k. de Mauléon, 32 k. de St-Palais, cant. de St-Etienne-de-Baigorry, ⊠ de St-Jean-Pied-de-Port. Pop. 440 h.

ASCHBACH. V. ASPACH.

ASCHÈRES, vg. *Loiret*. V. ACHÈRES-LE-MARCHÉ.

ASCIBURGIUM (lat. 52°, long. 25°). « Ce lieu était illustré par une fable, qui attribuait sa fondation à Ulisse, comme le rapporte Tacite (*De Mor. Germ.*, sect. 3) ; un détachement des troupes romaines qui gardaient la frontière du Rhin y avait son quartier, selon cet historien (*Hist.*, lib. IV, sect. 33). Il en est mention dans la Table Théodosienne entre *Vetera* et *Novesium*. La distance y est marquée XIII à l'égard de *Vetera*, XIII à l'égard de *Novesium*. On a des indices de l'emplacement de *Vetera* auprès de Santen, et *Novesium* est sans difficulté Neuss ou Nuis. Dans cet intervalle les vestiges d'*Asciburgium* sont connus dans le lieu nommé *Asburg*, sur la trace même de la voie qui subsiste, et qu'on appelle dans le pays *Die Hoghe-Straet*, ou le Haut-Chemin. En suivant cette trace sur des cartes fort circonstanciées, je retrouve les 14 lieues gauloises entre Neuss et Asburg, et environ 13 entre Asburg et Santen. Il ne saurait être question du mille romain dans ces distances, non plus que dans les autres qui remontent le long du fleuve. Car, la mesure de la route entre Neuss et Santen s'évaluant à plus de 30,000 toises, il en résulterait 40 milles romains, au lieu de 27 que l'on compte dans la Table. L'Itinéraire d'Antonin, en omettant *Asciburgium*, indique sur la même route deux autres lieux, *Gelduba* et *Calone*, omis dans la Table. Il n'en faut pas conclure qu'il y eût deux routes différentes pour faire la communication des places établies sur la même frontière. » D'Anville. *Notice de l'ancienne Gaule*, p. 105.

ASCO, vg. *Corse*, arr., ⊠ et à 32 k. de Corte, cant. de Castifao. Pop. 767 h.

ASCOMBÉGUY, vg. *B.-Pyrénées*, comm. de Lantabat, ⊠ de St-Palais. Pop. 150 h.

ASCOU, vg. *Ariège* (pays de Foix), arr. et à 44 k. de Foix, cant. et ⊠ d'Ax. Pop. 837 h.—Forge à la catalane.

ASCOUX, vg. *Loiret* (Orléanais), arr., cant. ⊠ et à 5 k. de Pithiviers. Pop. 669 h.

ASCQ, vg. *Nord* (Flandre), arr., ⊠ et à 8 k. de Lille, cant. de Lannoy. Pop. 1,729 h. — C'est la PATRIE de J. CAPET, célèbre professeur de philosophie et auteur de plusieurs ouvrages de théologie. — Fabriques d'huile.

ASFELD, bg *Ardennes* (Champagne), chef-l. de cant., arr. et à 20 k. de Rethel. Cure. ⊠ de Tagnon. Pop. 1,321 h.—TERRAIN crétacé supérieur, craie.—Cette commune, appelée autrefois *Ecry*, renfermait un château très-remarquable par sa beauté et par ses avenues, qui a été démoli. C'est à Ecry que furent défaits les Normands, en 883.—PATRIE de FRANÇOIS-CLAUDE BIDAL, maréchal de France.— Foires les 25 juin, 17 oct., 28 déc. et lundi de la semaine sainte.

ASLONNE, vg. *Vienne* (Poitou), arr. et à 16 k. de Poitiers, cant. de la Ville-Dieu, ⊠ de Vivonne. Pop. 834 h.

ASME, vg. *B.-Pyrénées* (Navarre), arr. et à 24 k. de Mauléon, 12 k. et ⊠ de St-Palais, cant. d'Iholdy. Pop. 224 h.

ASNAN, *Anantum*, vg. *Nièvre* (Nivernais), arr. et à 20 k. de Clamecy, cant. de Brinon-les-Allemands, ⊠ de Tannay. Pop. 640 h.—*Foires* les 14 fév., 10 mars, lendemain de l'Ascension, 17 août, 4 sept. et 10 déc., principalement pour bœufs gras et bestiaux de toute espèce.

ASNANS, vg. *Jura* (Franche-Comté), arr. et à 22 k. de Dôle, cant. de Chaussin, ⊠ de Déschaux. Pop. 789 h.

ASNELLES-SUR-MER, vg. *Calvados* (Normandie), arr. et 13 k. de Bayeux, cant. et ⊠ de Ryes. Pop. 450 h.

ASNIÈRE, vg. *Ain* (Bresse), arr. et à 29 k. de Bourg, cant. de Bâgé, ⊠ de Pont-de-Vaux. Pop. 186 h.

ASNIÈRES, vg. *Calvados* (Normandie), arr. et à 23 k. de Bayeux, cant. et ⊠ d'Isigny. Pop. 219 h.

ASNIÈRES, vg. *Charente* (Angoumois), arr., ⊠ et à 11 k. d'Angoulême, cant. d'Hiersac. Pop. 1,139 h.

ASNIÈRES, vg. *Charente-Inf.* (Saintonge), arr., cant., ⊠ et à 6 k. de St-Jean d'Angely. Pop. 1,405 h.

ASNIÈRES, vg. *Cher*, comm. et près de Bourges. — C'est dans ce village que Calvin commença à dogmatiser pendant qu'il étudiait le droit à l'université de Bourges.

ASNIÈRES, vg. *Côte-d'Or* (Bourgogne), arr., cant., ⊠ et à 7 k. de Dijon. Pop. 141 h.

ASNIÈRES, vg. *Isère*, comm. de Chavanoz, ⊠ de Cremieu.

ASNIÈRES, vg. *Loir-et-Cher*, comm. de Lunay, ⊠ de Montoire.

ASNIÈRES, vg. *Sarthe* (Maine), arr. et à 29 k. de la Flèche, cant. et ⊠ de Sablé. Pop. 707 h. — Il est sur la rive droite de la Vègre, que l'on y passe sur un ancien pont de pierre à plusieurs arches. On y remarque la belle habitation du *Moulin-Vieux*, où l'on voit une bibliothèque riche en ouvrages classiques anciens, sortis des meilleures presses anglaises et des Pays-Bas, qu'y laissa en émigrant, M. de Scépeaux, ancien propriétaire de ce manoir. En 1795, peu de jours après l'installation d'une nouvelle municipalité, nommée en vertu de la constitution de l'an III, tous les individus qui composaient cette municipalité, le conseil compris, furent saisis par les chouans et fusillés au pied de l'arbre de la liberté, à l'exception de deux qui étaient parvenus à se sauver.

ASNIÈRES, *Asinaria*, *Asneria in garenna*, joli village, *Seine* (Ile-de-France), arr. et à 8 k. de St-Denis, cant. de Nanterre, à 7 k. de Paris pour la taxe des lettres. Pop. 702 h.

Asnières est un village fort agréablement situé, sur la rive gauche de la Seine et sur le chemin de fer de Paris à St-Germain, dans une plaine qui s'étend jusqu'à Argenteuil. Au XIIIᵉ siècle, les rois de France y avaient un palais ou maison royale. L'église paroissiale, de construction moderne, est d'une architecture simple, qui ne manque cependant pas d'une certaine élégance. Deux places publiques s'ouvrent, l'une devant l'église, l'autre presque à l'entrée du village ; cette dernière est remarquable par sa grandeur, ses plantations d'arbres et sa belle pelouse. Peu de communes dans les environs de Paris possèdent un semblable ornement. En face de l'entrée de l'église est un pont à piles en pierre et à arches en bois, et, dans une direction parallèle à celui-ci, le pont du chemin de fer.

Asnières possède beaucoup de belles maisons de campagne, dont quelques-unes ont des parcs assez étendus. Après avoir franchi la Seine, le chemin de fer décrit une courbe en laissant gauche Courbevoie, traverse une partie de l'ancien parc de la Garenne, et passe à une petite distance de Colombes. La vue des deux ponts jetés sur la Seine, du joli chalet qu'on aperçoit sur la rive gauche de la rivière, et des îles bocagères qu'on découvre à peu de distance est une des plus agréables qu'offre le parcours du chemin de fer de St-Germain.

ASNIÈRES, vg. *Vienne* (Poitou), arr. et à 28 k. de Montmorillon, cant. et ✉ de l'Isle-Jourdain. Pop. 898 h.

ASNIÈRES, vg. *Yonne* (Nivernais), arr. et à 22 k. d'Avallon, cant. et ✉ de Vezelay. Pop. 657 h.

ASNIÈRES-EN-MONTAGNE, vg. *Côte-d'Or* (Bourgogne); arr. et à 34 k. de Châtillon-sur-Seine, cant. et de Laignes. Pop. 454 h. — On remarque sur son territoire l'ancien monastère du Puits d'Orbe, et les ruines du château de Rochefort. — Education des abeilles.

ASNIÈRES-SUR-OISE, vg. *Seine-et-Oise* (Ile-de-France), arr. et à 30 k. de Pontoise, cant. et ✉ de Luzarches. Pop. 1,051 h. — *Fab.* de cordes de tilleul.

Asnières était une terre royale où Louis IX et ses successeurs résidèrent fort souvent. On voit à mi-côte le château de Touteville, célèbre par ses jardins et ses admirables points de vue; deux autres maisons de campagne, la Commézie et le château de la reine Blanche, offrent aussi des sites agréables. — Royaumont est un joli village dépendant de la commune d'Asnières-sur-Oise. C'était jadis une ancienne abbaye d'hommes de l'ordre de Citeaux, fondée par saint Louis, dont les vastes bâtiments ont été convertis en une superbe fabrique de coton.

ANOIS, vg. *Nièvre* (Nivernais), arr. et à 10 k. de Clamecy, cant. et ✉ de Tannay. Pop. 481 h. Près de l'Yonne.

ANOIS, vg. *Vienne* (Poitou), arr. et à 12 k. de Civray, cant. et ✉ de Charroux. Pop. 522 h.

ASPACH, vg. *Meurthe* (Lorraine), arr. et à 14 k. de Sarrebourg, cant. et ✉ de Lorquin. Pop. 244 h.

ASPACH, vg. *H.-Rhin* (Alsace), arr., cant., et à 2 k. d'Altkirch. Pop. 659 h. — On remarque à peu de distance de ce village une source d'eau minérale qui exhale une forte odeur de soufre. On emploie les eaux de cette source en bains, et elles jouissent d'une assez grande réputation dans le pays pour la guérison des maladies cutanées.

ASPACH-LE-BAS, vg. *H.-Rhin* (Alsace), arr. et à 28 k. de Béfort, cant. et ✉ de Cernay. ✉. Pop. 680 h.

ASPACH-LE-HAUT, vg. *H.-Rhin* (Alsace), arr. et à 30 k. de Béfort, cant. et ✉ de Thann. Pop. 625 h.

ASPALUCA (lat. 43°, long. 17°). « L'Itinéraire d'Antonin indique ce lieu sur une route, qui part de *Cæsaraugusta*, ou de Saragosse, pour conduire à *Bencharnum*. La position d'*Aspaluca* précède immédiatement *Iluro*, ou Oloron, en suivant cette route; et la distance est marquée XII. On connaît la vallée d'Aspe, qui du pied des Pyrénées s'étend jusqu'auprès d'Oloron : mais il n'y a point de ville d'*Aspa*, qui ait donné le nom à la vallée, comme le croit M. de Valois (p. 82). *Oppidum, quod nomen suum dedit valli Aspalucensi.* La grande carte des Pyrénées, levée par ordre du roi, me fait juger qu'en remontant d'Oloron, le long du Gave d'Aspe, jusqu'au village d'*Acous*, qui doit être *Aspaluca*, la distance en droite ligne ne donne pas complètement les douze lieues gauloises : mais on comprend bien qu'une route, qui suit un torrent, dans une vallée fort resserrée par les montagnes qui bordent ce torrent, doit avoir des détours qui mettent de la différence entre la mesure itinéraire et la mesure directe. » D'Anville. *Notice de l'ancienne Gaule*, p. 106.

ASPE, *Aspallucensis* (vallée d'), dép. des *B.-Pyrénées*. Cette vallée commence à la source du Gave d'Aspe et à l'extrême frontière. Elle produit beaucoup de bois de construction que l'on fait descendre par le Gave d'Aspe dans le Gave d'Oloron qui le transporte à Bayonne. On y compte 15 villages très-peuplés, dont les habitants sont tous pasteurs; à peine recueillent-ils des grains pour le quart de leur subsistance. Chaque famille a un troupeau de 50 à 100 brebis, de quelques chèvres et de juments. Vers la fin d'octobre, le berger va mener le troupeau sur le plat pays, où il tâche de fournir à son quartier d'hiver, par la vente du beurre, du lait et des agneaux. Au commencement de mai, il revient sur les montagnes, où avec le fromage il paye le pâturage d'été; la laine reste pour la dépense du ménage et pour l'acquit des impôts.

Le village d'Aspe, autrefois chef-lieu de la vallée, est célèbre par la victoire qu'une poignée de Français y remporta le 5 septembre 1792, sur les Espagnols, au nombre de 6,000, dont une grande partie fut prise ou taillée en pièces. — Carrière d'albâtre.

Bibliographie. PALASSOU. *Observations pour servir à l'histoire naturelle et civile de la vallée d'Aspe*, etc., in-8, 1828.

ASPE, *Aspaluca* (Gave d'), rivière ou plutôt torrent qui prend sa source dans les Pyrénées, non loin du Pic du Midi, *B.-Pyrénées*. Il traverse la vallée d'Aspe dans toute sa longueur, passe à Accous, Sarrance, Assap et Oloron, où il se jette dans le Gave de ce nom, après un cours d'environ 48 kil. Ce gave sert au transport d'une grande quantité de bois de construction que produit la vallée d'Aspe, et qui descendent à Bayonne par le Gave d'Oloron et l'Adour.

ASPÈRES, vg. *Gard* (Languedoc), arr. et à 30 k. de Nîmes, cant. et ✉ de Sommières. Pop. 317 h.

ASPERJOC, vg. *Ardèche* (Vivarais), arr. et à 31 k. de Privas, cant. d'Antraigues, ✉ d'Aubenas. Pop. 666 h.

ASPET, petite ville, *H.-Garonne* (Comminges), chef-l. de cant., arr. et à 15 k. de St-Gaudens. ✉. A 788 k. de Paris pour la taxe des lettres, P. 2,573 h. — TERRAIN jurassique.

Autrefois justice royale, châtellenie et gouvernement particulier.

Elle est dans une situation pittoresque, sur le torrent de Souheil et près de la rive droite du Ger, entourée de jolies vallées, de riantes prairies et de rochers arides. — *Fabriques* de clous, de peignes et ouvrages en buis. Martinets à parer le fer. — *Commerce* considérable de porcs pour la France et l'Espagne. — *Foires* le 25 nov. (3 jours), dernier mercredi de janv., mercredi avant la Pentecôte, et dernier mercredi d'août.

ASPIN, vg. *H.-Pyrénées* (Gascogne), arr. et à 30 k. de Bagnères-de-Bigorre, cant. et ✉ d'Arreau. Pop. 258 h.

ASPIN-EZ-ANGLES, vg. *H.-Pyrénées* (Gascogne), arr. et à 5 k. d'Argelès, cant. et ✉ de Lourdes. Pop. 204 h. — Ce village est renommé par l'exploitation de ses carrières de beaux marbres. Il y en a plusieurs variétés bien distinctes, dont une entre autres a quelque analogie avec le bleu turquin d'Italie.

ASPIRAN, petit bourg, *Hérault* (Languedoc), arr. et à 25 k. de Lodève, cant. et ✉ de Clermont. Pop. 1,432 h. — Il est situé dans un pays agréable et fertile, sur un ruisseau qui se jette dans l'Hérault.

ASPIS, vg. *B.-Pyrénées*, cant. d'Athos-Aspis, ✉ de Sauveterre.

ASPREMONT, vg. *H.-Alpes* (Dauphiné), arr. et à 33 k. de Gap, cant. d'Aspres-les-Veynes, ✉ de Veynes. Pop. 612 h. — *Foires* le lendemain de la Fête-Dieu.

ASPRES-LÈS-CORPS, vg. *H.-Alpes* (Dauphiné), arr. et à 32 k. de Gap, cant. de St-Firmin en Valgodemard, ✉ de Corps. Pop. 617 h.

ASPRES-LÈS-VEYNES, petite ville, *H.-Alpes* (Dauphiné), chef-l. de cant., arr. et à 30 k. de Gap. Cure. ✉ de Veynes, ✉. P. 809 h. — TERRAIN jurassique. — Elle est située sur la route de Gap à Valence, dans un territoire fertile, supérieurement cultivé, et arrosé par le Buech. On remarque, sur le coteau autour duquel la ville est bâtie, les débris d'une ancienne maison faite de bénédictins, démolie par ordre de Lesdiguières. Aspres n'a qu'une seule fontaine publique et des eaux ferrugineuses; elle possédait deux fontaines salées que la fée a fait combler. — *Commerce* de grains, légumes et bestiaux. — *Foires* les 6 mai, 25 juin, 20 août, 18 sept., 16 et 17 oct., 22 nov., 13 déc. et 3e lundi de carême.

PATRIE du comte d'HAUTERIVE, de l'académie des inscriptions et belles-lettres, auteur de : *Etat de la France à la fin de l'an VIII*, in-8, 1800;* *Eléments d'économie politique*, etc., in-8, 1817, et de plusieurs autres ouvrages sur l'économie politique.

ASPRET, vg. *H.-Garonne* (Languedoc), arr., cant., ✉ et à 6 k. de St-Gaudens. Pop. 189 h.

ASPRIÈRES, bg *Aveyron* (Rouergue), chef-l. de cant., arr., ✉ et à 26 k. de Villefranche. Cure. Gîte d'étape. Pop. 1,464 h. — TERRAIN jurassique, voisin du terrain cristallisé. — Le bourg est entouré de vieilles murailles, et prenait autrefois le titre de ville. — *Mines* de zinc et de plomb. — *Commerce* de fil et de bestiaux. — *Foires* les 25 janv., 21 mars, 22 juill., 10 oct. et 19 nov.

ASQUE, vg. *H.-Pyrénées* (Gascogne), arr. et à 16 k. de Bagnères-de-Bigorre, cant. et ✉ de la Barthe-de-Neste. Pop. 626 h. — Mine de plomb.

ASQUES, vg. *Gironde* (Guienne), arr. et à 19 k. de Libourne, cant. de Fronsac, ✉ de St-André-de-Cubzac. Pop. 723 h.

ASQUES, vg. *Tarn-et-Garonne* (Languedoc), arr. et à 17 k. de Castel-Sarrasin, cant. et ✉ de Lavit. Pop. 400 h.

ASQUINS, vg. *Yonne* (Nivernais), arr. et à 13 k. d'Avallon, cant. et ✉ de Vezelay. Pop. 947 h. Sur la Cure.

ASSAC, vg. *Tarn* (Gascogne), arr. et à 34 k. d'Albi, cant. et ✉ de Valence. P. 615 h.

ASSAILLY, vg. *Loire*, commune de Farnay, ✉ de St-Chamond. — *Fabrique* d'acier fondu, ⓖ 1833-39.

ASSAINVILLERS, vg. *Somme* (Picardie), arr., cant., ✉ et à 5 k. de Montdidier. Pop. 268 h.

ASSAIS, vg. *Deux-Sèvres* (Poitou), arr. et à 23 k. de Parthenay, cant. de St-Loup, ✉ d'Airvault. Pop. 773 h.

ASSA PAULINI (lat. 46°, long. 23°). « Je crois qu'il faut écrire *Assa*, comme a fait Surita, plutôt qu'*Asa*, selon d'autres éditions. Ce nom ayant été écrit *Ansa*, il s'ensuit, pour trouver plus de rapport dans la dénomination, qu'il convient moins de glisser entre les deux voyelles, comme si la consonne était seule, que de prononcer comme la consonne doublée la demande. Ce lieu subsiste sous le nom d'*Anse*, et il est distingué par la tenue de plusieurs conciles qui y ont été assemblés. La distance à l'égard de *Lugdunum*, que marque l'Itinéraire d'Antonin, savoir : M. P. XV, *Leugas* X, est très-convenable entre Lion et Anse. L'espace en ligne directe passe 11,000 toises, et le calcul de 10 lieues gauloises est de 11,340 toises. D'Anville, *Notice de l'ancienne Gaule*, p. 107.

ASSARTS, vg. *Nièvre*, comm. de Laché-Assarts, ✉ de St-Révérien. Pop. 100 h.

ASSAS, vg. *Hérault* (Languedoc), arr., ✉ et à 13 k. de Montpellier, cant. d'Aniane. Pop. 328 h. — On y voit un joli château d'une architecture moderne très-élégante, avec terrasses et jardins, et une ancienne église, qui mériterait d'être classée au nombre des monuments historiques.— Carrières de belles pierres à bâtir.

ASSASSIN (l'), h. *Bouches-du-Rhône*. ⚓.

ASSAT, vg. *B.-Pyrénées* (Béarn), arr., cant., ✉ et à 8 k. de Pau. Pop. 805 h.

ASSAY, vg. *Indre-et-Loire* (Touraine), arr. et à 18 k. de Chinon, cant. de Richelieu, ✉ de Champigny. Pop. 387 h. — *Fabrique* de toiles.

ASSE (l'), petite rivière qui prend sa source au-dessus de Senez, *B.-Alpes* ; elle passe à Senez, Mezel, St-Julien, et se jette dans la Durance, à 6 k. au-dessous d'Oraison, après un cours d'environ 60 k. Cette rivière est flottable à bûches perdues, depuis Senez jusqu'à son embouchure, sur une étendue de 58,000 m.

ASSÉ-LE-BÉRENGER, vg. *Mayenne* (Maine), arr. et à 40 k. de Laval, cant. et ✉ d'Evron. Pop. 691 h.

ASSÉ-LE-BOISNE, bg *Sarthe* (Maine), arr. et à 23 k. de Mamers, cant. et ✉ de Fresnay-le-Vicomte. Pop. 1,785 h. — L'Eglise paroissiale, édifice du XIe et du XIIe siècle, renferme des vitraux assez bien conservés. — On remarque sur le territoire d'Assé les châteaux de Cerisay, du Pré et de Chenai. — *Fabriques* de toiles. Blanchisserie de fil.

ASSÉ-LE-RIBOUL, vg. *Sarthe* (Maine), arr. et à 32 k. de Mamers, cant. et ✉ de Beaumont-sur-Sarthe. Pop. 1,554 h. — On y remarque le château d'Assé, détruit en partie, mais où l'on voit des murs assez considérables et fort élevés ; le genre de son architecture paraît indiquer qu'il fut construit vers le XIe ou le XIIe siècle. — *Fabriques* de droguets, serges, toiles façon d'Alençon, canevas, etc.

ASSENAY, vg. *Aube* (Champagne), arr. et à 15 k. de Troyes, cant. et ✉ de Bouilly. Pop. 152 h.

ASSENCIÈRES, *Assenceria*, vg. *Aube* (Champagne), arr. et à 11 k. de Troyes, cant. et ✉ de Piney. Pop. 139 h.

ASSENONCOURT, *Meurthe* (Lorraine), arr. et à 23 k. de Sarrebourg, cant. de Réchicourt, ✉ de Bourdonnay. Pop. 567 h.

ASSERAC, vg. *Loire-Inf.* (Bretagne), arr. et à 41 k. de Savenay, cant. d'Herbignac, ✉ de la Roche-Bernard. Pop. 1,655 h. — *Commerce* de bestiaux. — *Foires* les 24 juin, 9 et 30 sept.

ASSEVENT, vg. *Nord* (Flandre), arr. et à 22 k. d'Avesnes, cant. et ✉ de Maubeuge. Pop. 128 h.

ASSEVILLERS, vg. *Somme* (Picardie), arr. et à 11 k. de Péronne, cant. de Chaulnes, ✉ d'Estrées-Deniécourt. Pop. 465 h.

ASSIER, vg. *Lot* (Quercy), arr. et à 18 k. de Figeac, cant. de Livernon, ✉ de la Capelle-Marival. Pop. 799 h.

Ce village est bâti près d'un ruisseau qui s'engouffre non loin de là pour ne plus reparaître ; les Anglais le fortifièrent à la fin du XIVe siècle. Sur l'emplacement d'un fort nommé la Tour du Sal, Galliot de Genoulhac fit bâtir un des plus somptueux châteaux de la province, et prodigua pour son embellissement toutes les ressources de l'art et d'immenses trésors. Ce château n'est plus remarquable aujourd'hui que par ses imposantes ruines.

L'église paroissiale du village d'Assier est un fort bel édifice : une inscription qu'on lit sur la petite porte indique qu'elle fut commencée en 1545. Elle est surmontée d'un clocher à flèche de 40 m. d'élévation ; la nef est large, élevée, et se termine par une voûte qui présente des arcs croisés et saillants. A droite en entrant est la chapelle où fut élevé le mausolée de Galliot de Genoulhac ; la voûte en est très-hardie et offre une étoile à dix rayons d'une exécution soignée, qui produit un bel effet. Le sarcophage, en marbre gris, est orné, sur le devant, de six petites colonnes qui soutiennent un entablement sur la frise duquel on lit : *Après la mort bonne renommée demeure*. Galliot de Genoulhac y est représenté en plein relief dans l'attitude d'un homme couché sur le dos, les mains croisées sur la poitrine. Au-dessus du sarcophage s'élèvent deux colonnes d'ordre composite, portant un entablement qui se termine par un médaillon où étaient sculptées les armoiries de Galliot ; à chacune des extrémités est un génie tenant d'une main une lance et de l'autre un écriteau.

Foires les 7 janv., 5 mars, 17 mai, 5 juin, 14 sept. et 9 nov., pour chevaux, mulets, cochons, toiles et fil.

ASSIEU, vg. *Isère* (Dauphiné), arr. et à 16 k. de Vienne, cant. de Roussillon, ✉ du Péage. Pop. 707 h.

ASSIGNAN, vg. *Hérault*, arr. et à 24 k. de St-Pons, cant. et ✉ de St-Chinian. Pop. 201 h. — Il est situé sur une colline élevée que domine une haute tour quadrangulaire, percée d'un arc en ogive qui lui sert de porte. On y voit les ruines d'un ancien château.

ASSIGNY, vg. *Cher* (Berri), arr. et à 14 k. de Sancerre, cant. et ✉ de Vailly. Pop. 613 h.

ASSIGNY, *Seine-Inf.* (Normandie), arr. et à 18 k. de Dieppe, cant. et ✉ d'Envermeu. Pop. 414 h. — C'est la PATRIE du bon DÉCLIEUX, à qui nos îles de l'Amérique doivent la culture du cafier. Ce digne citoyen, contrarié par les vents dans sa traversée et prêt à voir périr de sécheresse ses plants d'arbres à café, se priva de la portion d'eau nécessaire à sa consommation, acheta chèrement celle de l'équipage du bâtiment, et, à force de sacrifices et de soins il transporta ses jeunes plants sur un sol nouveau pour eux, d'où ils se sont propagés dans toutes les Antilles dont ils font aujourd'hui une des principales richesses.

ASSIONS, vg. *Ardèche* (Vivarais), arr. et à 22 k. de Largentière, cant. et ✉ des Vans. Pop. 1,337 h.

ASSISE (Ste-). V. SEINE-PORT.

ASSIS-SUR-SERRE, vg. *Aisne* (Picardie), arr. et à 15 k. de Laon, cant. et ✉ de Crécy-sur-Serre. Pop. 517 h.

ASSIVIÈRE, vg. *H.-Garonne*, comm. de Castillon-de-St-Martory, ✉ de St-Martory.

ASSON, vg. *B.-Pyrénées* (Béarn), arr. à 22 k. de Pau, cant. de Nay. Pop. 2,515 h. Sur le ruisseau de son nom. — On y remarque des forges considérables, alimentées par l'importante mine de fer de Baburet, exploitée depuis un temps immémorial par une galerie de 373 m., taillée dans le roc vif à hauteur d'homme. La vallée d'Asson renferme dans son enceinte, ou offre sur ses flancs des monts très-remarquables, parmi lesquels on remarque le pic de Gabiros.

ASSONVAL, vg. *Pas-de-Calais*, comm. de Reuty-Assonval, ✉ de Fauquembergue.

ASSOUSTE, vg. *B.-Pyrénées* (Béarn), arr. et à 32 k. d'Oloron, cant. et ✉ de Laruns. Pop. 79 h. Près du confluent du Valentin et du Gave du Gabas, et non loin des eaux thermales d'Aigues-Caudes.

ASSWILLER, vg. *B.-Rhin* (Alsace), arr.

et à 27 k. de Saverne, cant. et ⊠ de Drulingen. Pop. 403 h.

ASTAFFORT, petite ville, *Lot-et-Garonne* (Condomois), chef-l. de cant., arr. et à 20 k. d'Agen. Cure. ⊠. ⚲. A 627 k. de Paris pour la taxe des lettres. Pop. 2,414 h. — TERRAIN tertiaire moyen.

Autrefois juridiction, diocèse et élection de Condom, parlement et intendance de Bordeaux.

Cette ville, située sur la rive droite du Gers, a un nom qui paraît d'origine anglaise et se rapporter à *Stafford*. Son ancienne devise était *Sta fortiter*; elle est ceinte de murailles garnies de tours, aujourd'hui à demi ruinées. — Durant les guerres civiles, le prince de Condé, avec 400 protestants, fut attaqué à Astaffort par les catholiques. Ses soldats y furent tous tués; il se sauva seulement avec son valet de chambre. Le lieu du combat devint celui de la sépulture des vaincus, et on y éleva, en mémoire de la victoire, une croix qui existe encore aujourd'hui. Ce lieu, situé derrière l'église paroissiale d'Astaffort, a conservé le nom de *Champ des Huguenots*. En récompense du courage des habitants, le roi donna à leur ville les privilèges des communes, avec le droit de nommer son maire et ses consuls.

Foires les 2 janv., 20 mars, 12 juin, 29 août, jeudi après Quasimodo, jeudi avant la Toussaint.

ASTAILLAC, vg. *Corrèze* (Limousin), arr. et à 41 k. de Brives, cant. et ⊠ de Beaulieu. Pop. 668 h.

ASTARAC, petit pays qui avait titre de comté d'Astarac. Il était borné au nord par les comtés d'Armagnac et de Fezensac, au sud par le pays des Quatre-Vallées, à l'est par le pays de Rivière-Verdun et par le Comminges, à l'ouest par la Bigorre et une partie de l'Armagnac. Il est aujourd'hui compris dans les départements du Gers et des Hautes-Pyrénées.

Les armes du comté d'Astarac étaient: écartelé d'or et de gueules.

ASTÉ, vg. *H.-Pyrénées* (Gascogne), ⊠ et à 3 k. de Bagnères-de-Bigorre, cant. de Campan. Pop. 389 h. Sur la rive droite de l'Adour; c'était autrefois la résidence des vicomtes d'Asté, qui relevaient des vicomtes de Bigorre. — On remarque aux environs les restes d'une ancienne forteresse, bâtie par les Anglais. Vis-à-vis de l'ancienne capucinière de Médous, dont le joli parc renferme une grotte, souvent visitée des étrangers, d'où sortent deux sources qui forment un superbe ruisseau.

ASTE-BÉON, vg. *B.-Pyrénées* (Béarn), arr. et à 30 k. d'Oloron, cant. et ⊠ de Laruns. Pop. 564 h. — Mine de fer. Carrières d'ardoise et de marbre gris.

ASTET, vg. *Ardèche*, comm. de Mayres, ⊠ de Thueyts. Pop. 250 h.

ASTIER (St-), petite ville, *Dordogne* (Périgord), chef-l. de cant., arr. et à 18 k. de Périgueux. Cure. ⊠. A la Massoulié. A 494 k. de Paris pour la taxe des lettres. Pop. 2,561 h. — C'était autrefois une ville importante, entourée de murs et défendue par un fort château dont il reste encore des parties fort remarquables. Du Guesclin la prit sur les Anglais en 1379. On voit aux environs une fontaine dont l'eau forme des incrustations singulières.

Fabrique de tuiles. Tannerie. — Foires les 16 août et 22 déc., jeudi avant le jeudi gras et jeudi de l'octave.

ASTIER (St-), bg *Lot-et-Garonne* (Agénois), arr. et à 32 k. de Marmande, cant. et ⊠ de Duras. Pop. 550 h.

ASTILLÉ, vg. *Mayenne* (Maine), arr., cant. et à 13 k. de Laval, ⊠ de Cossé-le-Vivien. Pop. 894 h.

ASTIS, vg. *B.-Pyrénées* (Béarn), arr. et à 18 k. de Pau, cant. de Thèze, ⊠ d'Auriac. Pop. 222 h.

ASTOIN, vg. *B.-Alpes*, arr. et à 42 k. de Sisteron, cant. de Turriers, ⊠ de la Motte-du-Caire. Pop. 122 h. Près de la source de la Sasse.

ASTON, vg. *Ariège* (pays de Foix), arr. et à 26 k. de Foix, cant. et ⊠ des Cabanes. Pop. 570 h. — Il est situé sur l'étang très-poissonneux de Fontargente, et possède une source d'eau minérale sulfureuse.

ASTROMELA, ville ruinée du dép. des *Bouches-du-Rhône* (Provence), détruite par Euric, roi des Visigoths. Elle était située au bord de l'étang de St-Chamas, au cap même d'Oeil, où l'on aperçoit encore quelques vestiges de cette ancienne cité.

ASTUGUE, vg. *H.-Pyrénées* (Gascogne), arr., cant., et à 18 k. de Bagnères-de-Bigorre. Pop. 681 h.

ATACINI (lat. 44°, long. 21°). « Les habitants des bords de l'*Atax* étaient nommés *Atacini*. De là vient que dans Méla (lib. II, cap. 5), Narbone est appelée *Atacinorum Colonia*. Cette ville devait son origine et sa première existence, *Colonis propriis*, selon Isidorus (*Orig*., lib. xv, cap. 1), à Terentius Varro, qui a vécu du temps de la dictature de César et du triumvirat; elle est aussi appelée *Narbonensis*, et *Atacinus ab Atace fluvio dictus* par Porphyrion, commentateur d'Horace (*Sat*., x). Ce peuple narbonais, sous le nom d'*Atacini*, me donne lieu de m'expliquer sur les Bébryces, que plusieurs auteurs entre les anciens placent dans ce canton, à partir du pied des Pyrénées; Dion (*in Lycophr*., p. 91), en parlant du passage d'Annibal (*Punic*., lib. III), Marcien d'Héraclée (par lib. II) les traite pareillement en même position; et Etienne de Byzance distingue les *Bébryces* de la Gaule d'avec ceux qui avaient habité la Bithynie, sur le rivage méridional du Pont-Euxin. Mais cette mention des *Bébryces*, à laquelle se joint une fable des amours d'Hercule avec Pyrène, fille de Bébryx, paraît très-suspecte, quoique répétée de cette manière en plusieurs endroits. Tous les historiens et les géographes les plus autorisés, Polybe, qui a décrit la marche d'Annibal, Tite Live, Strabon, Méla, Pline, gardent un profond silence sur ces *Bébryces*, dont les savants bénédictins (t. I, p. 607), qui ont écrit l'histoire de Languedoc, n'ont pas jugé plus favorablement que je pense qu'on doit le faire. » D'Anville. *Notice de l'ancienne Gaule*, p. 108.

ATAX, fleuv. (lat. 44°, long. 21°). « Strabon (lib. IV, p. 182) se trompe à l'égard de cette rivière, en la faisant également sortir du mont *Cemmenus*, que l'*Obris* et l'*Aurora*, qui ont en effet leur source dans la chaîne du mont *Cebenna*. Méla s'en explique plus convenablement: *Atax ex Pyrenæo monte digressus*; et en poursuivant: *Nisi ubi Narbonem attingit, nusquam navigabilis..... lacus accipit eum Rubresus*. Dans Pline (lib. III, cap. 4): *Flumen Atax e Pyrenæo Rubrensem permeans lacum*. Ptolémée, décrivant la côte, marque l'embouchure de l'*Atagus* entre celles de la rivière de *Ruscino* et de l'*Orobius*. Il est à remarquer que la rivière d'Aude, où *Atax* est, se divise en deux bras à environ 5 milles au-dessus de Narbone. Les anciens conviennent que c'est l'*Atax* qui passe à Narbone. Méla et Pline le désignent en conduisant cette rivière dans le lac *Rubresus*, qui reçoit en effet le canal passant à Narbone. Strabon (p. 189) dit précisément qu'on remonte de Narbone à la mer par l'*Atax*. Cependant, celui des deux bras qui conserve aujourd'hui le nom d'Aude, n'est point celui de Narbone, qui se nomme Robine d'Aude, et dont il est parlé dans l'article *Rubresus lacus*. On trouve dans Etienne de Byzance, que près de Narbone est un lac qu'il nomme *Narbonites*, et un fleuve qu'il nomme *Atacus*. » D'Anville. *Notice de l'ancienne Gaule*, p. 108.

ATELLES (les), vg. *Orne*, comm. de Ménil-Haubert, ⊠ de Gacé.

ATHAS, vg. *B.-Pyrénées*, comm. de Lées-Athas, ⊠ de Bedoux. Pop. 400 h.

ATHÉE, vg. *Côte-d'Or* (Bourgogne), arr. et à 32 k. de Dijon, cant. et ⊠ d'Auxonne. Pop. 482 h. — Il est situé dans une contrée abondante en pâturages, sur la rive droite de la Saône.

ATHÉE, vg. *Indre-et-Loire* (Touraine), arr. et à 21 k. de Tours, cant. et ⊠ de Bléré. Pop. 1,356 h. Près de la rive gauche du Cher. — Il existe sur cette commune 15 à 16 fontaines réunies, d'où partent des canaux dont le genre de construction paraît appartenir aux Romains; la voûte, très-élevée dans son principe, va s'abaissant jusqu'à la hauteur de 65 m. 98 c., et règne le long du coteau qui domine le Cher. Comme ces conduits passent par Azay, Larçay et St-Averlin, il est probable qu'ils portaient l'eau dans la ville de Tours.

Patrie du fameux GIRARD D'ATHÉE, gouverneur du château de Chinon pour le roi d'Angleterre. Pendant deux ans, de 1204 à 1205, il soutint un siège opiniâtre et sanglant dans celui de Loches, contre Philippe Auguste, roi de France, qui s'empara enfin de la place et fit subir à Girard le dernier supplice, châtiment réservé alors aux serfs révoltés.

ATHÉE, vg. *Mayenne* (Anjou), arr. et à 20 k. de Châteaugontier, cant. et ⊠ de Craon. Pop. 1,111 h.

ATHENAY, vg. *Sarthe*, comm. de Clémiré-le-Gaudin. — On y remarque le château de

Belle-Fille, près duquel se trouve une source d'eau minérale. V. CHEMIRÉ-LE-GAUDIN.

ATHENOPOLIS (lat. 44°, long. 25°). « Méla (lib. II, cap. 5) nomme *Athenopolis*, après avoir fait mention de *Forum Julii*, en paraissant tendre le long de la côte vers Marseille. Pline (lib. III, cap. 4), qui paraît suivre une route contraire, nomme *Athenopolis* avant *Forum Julii : In ora autem Athenopolis Massiliensium , Forum Julii*, etc. Selon cet ordre, *Athenopolis* devrait se trouver en deçà de Fréjus ; et Honoré Bouche (*Chorogr. de Prov.* , liv. III, chap. 6) se fixe à l'emplacement qu'occupe Grimaut, quoiqu'on puisse objecter que cette position n'est point sur la côte, *in ora*, comme Pline la demande, et comme on doit le présumer d'un établissement des Marseillais ; car il leur avait été si peu loisible de s'étendre dans les terres, qu'ayant imploré le secours des Romains contre les habitants naturels du pays, le fruit des avantages que C. Sextius remporta sur les *Salyes* fut pour les Marseillais, comme on l'apprend de Strabon (lib. IV, p. 180), de reculer leurs limites à 12 stades, ou un mille et demi de la mer aux environs des ports, et à 8 stades seulement aux autres endroits de la côte. Ne voyant donc point de situation convenable qu'au delà de Fréjus , on jetterait les yeux sur la Napoule, si Vincent de Salerne, moine de Lérin, n'avait écrit que ce lieu portait le nom d'*Arvenionetum* avant que de s'appeler *Neopolis*. Il y a une anse remarquable entre Fréjus et la Napoule; et, selon un plan particulier de cette baie , elle a environ 400 toises d'ouverture entre deux promontoires , autant de profondeur, et se trouve défendue par un ancien fort sur une pointe à la droite en entrant. Cette situation aurait-elle été négligée par les Marseillais qui, étant bornés à la côte, en ont occupé les ports ; et celui-ci ne pourrait-il pas nous indiquer *Athenopolis*? Ce qu'il y a de bien certain, c'est que le nom du port dont il s'agit est purement grec, en étant fait mention dans le récit du martyre de saint Porcaire , abbé de Lérin, l'an 730 , sous le nom d'*Agathon*. Le nom en usage actuellement est Agay. Je remarque que dans les plans anciennes cartes il s'écrit *Agat*. On trouve les *Athenopolitæ* cités dans Varron (lib. VII, *De lingua Latina*). » D'Anville. *Notice de l'ancienne Gaule*, p. 109. V. aussi Walckenaer. *Géographie des Gaules*, p. 189.

ATHEREY, vg. *B.-Pyrénées* (pays de Labour), arr. et à 16 k. de Mauléon , 39 k. de St-Palais, cant. et ⊠ de Tardets. Pop. 259 h. — Il est bâti dans une gorge, dont les montagnes offrent des masses énormes d'ophite d'une grande beauté. — Mine de cuivre.

ATHESANS, vg. *H.-Saône* (Franche-Comté), arr. et à 12 k. de Lure, cant. et ⊠ de Villersexel, Pop. 650 h. — Forges, haut fourneau et fourneaux à réverbère pour les fontes de deuxième fusion, à St-Georges. Mines de houille et de fer. — *Fab.* de soude artificielle.

ATHIENVILLE, vg. *Meurthe* (Lorraine), arr. et à 16 k. de Château-Salins, cant. et à 10 k. de Vic, ⊠ de Moyenvic. P. 389 h. — On y voit les vestiges d'un ancien château ruiné depuis plus de 600 ans.

ATHIE-SOUS-MOUTIER-ST-JEAN, vg. *Côte-d'Or* (Bourgogne), arr., ⊠ et à 12 k. de Sémur, cant. de Montbard. Pop. 238 h. Sur l'Armançon.

ATHIE-SUR-MONTRÉAL, vg. *Yonne* (Bourgogne), arr. et à 10 k. d'Avallon, cant. et ⊠ d'Isle-sur-le-Serain. Pop. 233 h.

ATHIES, *Ateiæ*, *Attelæ*, vg. *Aisne* (Picardie), arr., cant., ⊠ et à 5 k. de Laon, Pop. 997 h. — C'était autrefois un lieu assez considérable, où Clotaire Ier avait fait bâtir un château. — Dans la journée du 9 mars 1814, Athies fut le théâtre d'un combat sanglant entre le corps d'armée sous les ordres du duc de Raguse et les troupes étrangères. L'ennemi, forcé d'abandonner ce village , y mit le feu, qui détruisit 140 maisons.

ATHIES, vg. *Pas-de-Calais* (Artois), arr., cant., ⊠ et à 5 k. d'Arras. Pop. 458 h. Près de la Scarpe.

ATHIES, vg. *Somme* (Picardie), arr., ⊠ et à 10 k. de Péronne, cant. de Ham. Pop. 859 h. — On croit qu'Athies fut autrefois une ville importante, et qu'il existait sous les Romains. Il était anciennement fortifié, et l'on voit même encore des vestiges de ses murailles.

ATHIS, joli village, *Marne* (Champagne), arr. et à 19 k. de Châlons, cant. d'Ecury-sur-Coole, ⊠ de Jalons. Pop. 680 h. —Il est remarquable par l'élégance de ses auberges et par la beauté de son ancien château; mais il se trouve malheureusement à proximité de marais qui en rendent l'air malsain.

ATHIS, bg *Orne* (Normandie), chef-l. de cant., arr. et à 29 k. de Domfront. Cure. ⊠. A 246 k. de Paris pour la taxe des lettres. Pop. 4,449 h. — *Fabriques* de draps, de casimirs et autres étoffes de laine. — *Foires* le dernier samedi de janv., dernier samedi de mai, samedi avant le 1er sept. — Marché tous les samedis.

ATHIS, *Athegia*, vg. *Seine-et-Marne*, comm. de Jaulnes, ⊠ de Bray-sur-Seine.

ATHIS-MONS, vg. *Seine-et-Oise* (Ile-de-France), arr. et à 16 k. de Corbeil, cant. de Longjumeau, ⊠ de Fromenteau. Pop. 705 h. — Ce village est agréablement sur le chemin de fer de Paris à Orléans, sur des hauteurs qui bordent la rive gauche de la Seine, et près du confluent de la petite rivière d'Orge ; il était connu dès le IXe siècle. Il est probable qu'il existait autrefois une maison royale à Athis, car on a des preuves que plusieurs rois de France y ont séjourné. Louis IX y était au mois de mars 1230 ; Philippe le Bel adressa de ce même lieu, le 12 juin 1305, un mandement ou ordonnance au prévôt de Paris. Ce château a appartenu, sous Louis IX, à Hugues d'Athis, grand panetier de France ; il doit toute sa magnificence à la nature ; la Seine et la petite rivière d'Orge se réunissent pour l'embellir. L'architecture en est simple ; on y arrive par une avenue d'un kilomètre.

Le CHATEAU DE CHAIGES est dans les dépendances d'Athis. A ce château est joint un parc superbe ; on y voit une machine hydraulique construite par le célèbre Laurent. — *Fabrique* d'acier, ⓒ 1839.

ATHOS-ASPIS, vg. *B.-Pyrénées* (Béarn), arr. et à 25 k. d'Orthez, cant. et ⊠ de Sauveterre. Pop. 261 h. Près du Gave d'Oloron. — Il a reçu le surnom d'Aspis en 1842, époque de la réunion à son territoire de celui de cette commune.

ATHOSE, vg. *Doubs* (Franche-Comté), arr. et à 36 k. de Baume-les-Dames, cant. de Vercel, ⊠ du Valdahon. Pop. 298 h.

ATRAY, vg. *Loiret* (Gatinais), arr. et à 12 k. de Pithiviers, cant. d'Outarville, ⊠ de la Neuville-aux-Bois. Pop. 381 h.

ATREBATES (lat. 51°, long. 21°). « Il en est parlé en plusieurs endroits des Commentaires de César, et particulièrement au sujet de la confédération des Belges contre les Romains. Strabon, Pline, Ptolémée, n'ont point oublié d'en faire mention. Mais Ptolémée les déplace étrangement, en disant qu'ils sont voisins de la Seine. Dans la Notice des provinces de la Gaule, *Civitas Atrebatum*, ou la capitale de ce peuple, est une des principales de la seconde Belgique. On connaît les *Atrebates* dans la Grande-Bretagne, distingués d'un autre peuple qui porte le nom de *Belgæ*. Quoique l'Artois ait tiré le nom d'*Adertisus*, qu'on lit dans les Capitulaires de Charles le Chauve, de celui des *Atrebates*, les limites de cette province, dont les *Morini* occupaient une partie , ne répondent point au territoire de la cité d'Arras. » D'Anville. *Notice de l'ancienne Gaule*, p. 110. V. aussi Walckenaer. *Géographie des Gaules*, t. I, p. 421, 431.

ATTAINVILLE, vg. *Seine-et-Oise*, arr. et à 28 k. de Pontoise, cant. d'Ecouen, ⊠ de Moisselles. Pop. 412 h.

ATTANCOURT, vg. *H.-Marne* (Champagne), arr., cant., ⊠ et à 4 k. de Vassy. Pop. 365 h. Sur la Blaise. — Ce village possède une source d'eau minérale, très-fréquentée, dont le bassin, qui a environ 1 m. 30 c. carrés, est alimenté par un jet de la grosseur du bras. « Les eaux d'Attancourt ont pour propriété d'être rafraîchissantes, apéritives, diurétiques et corroboratives; elles passent aussi pour être légèrement purgatives. On les recommande contre les chaleurs d'entrailles, les constipations naturelles, les obstructions du foie et des autres viscères du bas-ventre. On dit aussi qu'elles guérissent les enfants et les jeunes gens de l'incontinence d'urine. » — Une autre source ferrugineuse existe encore dans les bois de Marne, et au lieu dit de Marnelle est une troisième source que l'on croit savonneuse. — Attancourt est environnée de belles prairies, de bois immenses et d'usines considérables.

Bibliographie. NAVIER. *Notice sur les eaux d'Attancourt* (Nature considérée, t. I, p. 120, 1772).

ATTAQUES (les), vg. *Pas-de-Calais* (Artois), arr. de Boulogne-sur-Mer, cant. de Calais, ⊠ de St-Pierre-lez-Calais. Pop. 1,259 h.

ATTEINESNIL, vg. *Seine-Inf.*, comm. de Carville-Pot-de-Fer, ✉ de Doudeville. Pop. 180 h.

ATTENSCHWILLER, vg. *H.-Rhin* (Alsace), arr. et à 20 k. d'Altkirch, cant. d'Huningue, ✉ de St-Louis. Pop. 617 h.

ATTICHES, vg. *Nord* (Flandre), arr. et à 18 k. de Lille, cant. et ✉ de Pont-à-Marcq. Pop. 968 h.

ATTICHY, *Attipiacum*, bg *Oise* (Picardie), chef-l. de cant., arr. et à 20 k. de Compiègne. Cure. ✉. A 93 k. de Paris pour la taxe des lettres. Pop. 968 h. — TERRAIN d'alluvions modernes. — Il est bâti sur la pente d'une colline, dans une situation pittoresque, sur la rive droite de l'Aisne. On y voit un château où l'on trouve une source d'eau minérale. — *Fabrique* de bonneterie. — *Commerce* de grains. — *Foire* le 28 oct.

ATTIGNAT, vg. *Ain* (Bresse), arr. et à 12 k. de Bourg, cant. et ✉ de Montrevel. Pop. 1,340 h. Près de la Reyssouse.

ATTIGNÉVILLE, vg. *Vosges* (Lorraine), arr., cant., ✉ et à 11 k. de Neufchâteau. Pop. 788 h. — Haut fourneau.

ATTIGNY, *Attiniacum*, petite ville, *Ardennes* (Champagne), chef-l. de cant., arr. et à 15 k. de Vouziers. Cure. ✉. A 217 k. de Paris pour la taxe des lettres. Pop. 1,305 h. — Autrefois diocèse et élection de Reims, parlement de Paris, intendance de Châlons, bureau des cinq grosses fermes.

Cette ville est agréablement située sur la rive gauche de l'Aisne, qui y forme un petit port, et à la jonction du canal des Ardennes. Elle doit son origine à un palais que Clovis II y fit bâtir en 647. Chilpéric (Daniel) y mourut en 727. Pepin, maire du palais, y tint, sous le règne de Childeric III, en 750, une cour plénière, où s'agitèrent de grands intérêts. Quand, par la suite, il fut devenu roi et chef de la seconde dynastie, avant d'aller faire la guerre à Gaifre, duc d'Aquitaine, il convoqua à Attigny, en 765, une assemblée générale de la nation. A cette assemblée, qui fut continuée par un concile synodal, se trouvaient vingt-sept évêques et dix-sept abbés, parmi lesquels on remarquait saint Rémy et saint Chrodegand, neveu du roi. — Carloman, qui régna concurremment avec Charlemagne, habita pendant plusieurs années le palais d'Attigny. — C'est à Attigny qu'en 786 le chef des farouches Saxons, Witikind, reçut le baptême en présence de Charlemagne, son vainqueur et son parrain. — Dans le même lieu, à l'assemblée générale des Francs de 822, Louis le Débonnaire se soumit à la pénitence publique que les prêtres et les grands du royaume lui imposèrent. Ils le réconcilièrent avec les frères à qui il avait fait couper les cheveux ; ensuite de sa réconciliation, il fit une confession générale et une pénitence publique de sa faute. D'autres conciles et de nouvelles assemblées eurent lieu à Attigny. — Charles le Chauve y reçut la députation des grands du royaume de Lorraine, chargés de le prier, après la mort de Lothaire son neveu, de ne pas s'emparer de son royaume sans en avoir conféré avec Louis, roi de Germanie, alors en Bohême. Ce fut à Attigny, en 870, que le partage des États de Lothaire fut arrêté entre Charles le Chauve et les envoyés de son frère Louis le Germanique. Le fameux concile de 870 y fut convoqué pour s'occuper des différends qui existaient entre l'évêque de Laon, Hincmar, et Carloman, simple diacre et abbé, mais fils du roi Charles le Chauve. — Attigny fut souvent le séjour des rois de la seconde race : Charles le Simple, qui paraît s'y être beaucoup plu, y bâtit une église sous l'invocation de sainte Walburge. — Le palais d'Attigny était vaste et magnifique ; il avait pour dépendances une forteresse, un parc, des jardins, un vivier, des bains et plusieurs maisons de plaisance. Il en reste encore quelques débris, qui sont voisins de l'église et du cimetière actuel. — L'église de Notre-Dame ne faisait jadis qu'un même corps avec l'habitation des rois et des empereurs, et s'y trouvait enclavée. Cette église a conservé une tour romane et un très-beau chœur ogival. Une des chapelles latérales, dédiée à saint Martin, était autrefois décorée d'une statue colossale de Charlemagne. — On voit dans le sanctuaire de l'église une croisée ornée de sculptures très-délicates et des vitraux bien conservés et d'une excellente époque, dont quelques-uns représentent la fleur de lis des rois de France, flanquée de deux aigles impériales.

Le palais d'Attigny cessa de jouer un rôle politique après la destruction de la seconde race. Les archevêques de Reims en devinrent seigneurs, et le palais fut une de leurs maisons de campagne. Attigny fut pillé en 1359, et presque entièrement détruit par les Anglais. Dans le XVIe siècle, à l'époque du siége de Mézières, il servit de dépôt pour les magasins de l'armée française. Le commencement du XVIIe siècle fut encore fatal à cette ville ; les protestants et surtout les troupes allemandes qui leur étaient alliées, y commirent de grands excès : on rapporte à cette époque l'entière destruction de ce qui restait de l'ancien palais et de la forteresse.

PATRIE du navigateur et mathématicien J.-B. DEGAULLE.

Fabriques de toiles, souliers, biscuits dits de Reims. Filatures de laine. Brasseries. Tanneries. — *Commerce* d'ardoise, houille, bois, etc. — *Foires* les 28 juin, 14 sept., ou le jeudi qui suit le 14 ; le 14 n'est pas un jeudi ; jeudi gras et jeudi de la 2e semaine après Pâques.

Bibliographie. HULOT (H.). *Attigny et ses dépendances, son palais, ses conciles et autres évènements qui ont contribué à son élévation et à sa décadence*, in-8, 1826.

* *Souvenirs historiques et archéologiques d'Attigny* (Ann. des voyages, 1831, t. III).

ATTIGNY, vg. *Vosges* (Lorraine), arr. et à 34 k. de Mirecourt, cant. et ✉ de Darney. Pop. 941 h. — *Fabrique* de limes, de couverts en fer battu.

ATTILLONCOURT, vg. *Meurthe* (Lorraine), arr., cant., ✉ et à 13 k. de Château-Salins. Pop. 202 h.

ATTIN, vg. *Pas-de-Calais* (Artois), arr. et à 6 k. de Montreuil-sur-Mer, cant. d'Étaples. Pop. 836 h.

ATTON, vg. *Meurthe* (Lorraine), arr., ✉ et à 28 k. de Nancy, cant. de Pont-à-Mousson. Pop. 475 h. — Tuilerie.

ATTRICOURT, vg. *H.-Saône* (Franche-Comté), arr., ✉ et à 18 k. de Gray. Pop. 158 h. — On y a trouvé récemment des tronçons de colonnes, des chapiteaux et divers autres objets d'antiquités romaines.

ATTRICOURT, vg. *H.-Saône*, comm. de Broye-les-Loups, ✉ de Gray.

ATUATUCA, postea TUNGRI (lat. 51°, long. 24°). « César (*Comment.*, VI) parle d'*Atuatuca* comme d'un château, situé presque au milieu du territoire des Éburones : *Id castelli nomen est, hic fere est in mediis Eburonum finibus*. La légion romaine que César perdit par le soulèvement des *Éburones*, avait son quartier à *Atuatuca*. Le nom des *Tungri* ayant succédé à celui des *Éburones*, Ptolémée fait mention d'*Atuacutum* (ou plutôt *Atuatucum*) comme de la ville principale des *Tungri*. L'Itinéraire d'Antonin et la Table théodosienne placent *Aduaca*, ou *Atuaca*, dans la position qui convient à Tongres. Ainsi, cette ville est du nombre de celles qui ont perdu leur nom particulier en prenant celui de la nation ; et c'est sous le nom de *Tungri* qu'elle est citée dans Ammien Marcellin, dans la Notice de l'empire et dans celle des provinces de la Gaule. Mais, la ville de Tongres ayant été ruinée par Attila, l'an 451, le siége épiscopal fut transféré à *Trajectum Mosæ*, Mastrict ; d'où il a passé à Liége. Mastrict ayant éprouvé le même sort que Tongres, en 881, de la part des Normans. » D'Anville. *Notice de l'ancienne Gaule*, p. 110.

ATUECH, vg. *Gard*, comm. de Massillargues, ✉ d'Anduze.

ATUR, vg. *Dordogne* (Périgord), arr., ✉ et à 6 k. de Périgueux, cant. de St-Pierre-de-Chignac. Pop. 750 b.

ATUR, fleuv. (lat. 44°, long. 18°). « Je crois, avec M. de Valois (p. 52), qu'il convient d'écrire plutôt *Liger* plutôt que *Ligeris*, *Arar* plutôt qu'*Araris*. On trouve *Aturus* ou *Aturrus* dans Ausone, pour terminer un vers hexamètre. Il lui donne l'épithète de *Tarbellicus*, parce qu'il traverse le pays de *Tarbelli* ; et on lit dans Vibius Séquester (*De fluminib.*), Atur (ou Atyr), *Tarbellæ civitatis Aquitaniæ*. Ptolémée, où le nom est *Aturis*, marque son embouchure immédiatement à la suite du promontoire ŒEaso, qui termine l'Espagne. Il y a environ 300 ans que cette embouchure de l'Adour, près de Baïone, fut bouchée par des monceaux de sable, qu'une grosse mer y jeta ; de manière que la rivière prit son cours le long du rivage de la mer, et s'ouvrit une issue à environ 6 lieues au nord de Baïone, dans un endroit que l'on a nommé le Vieux-Boucau, puisque la rivière a repris sa première embouchure. Mais, c'est après qu'on eut longtemps en vain travaillé à rouvrir cette embouchure, qu'une autre tempête, ayant violemment agité la mer, a débouché le passage ; et la communication avec le Vieux-Boucau paraît même interrompue aujourd'hui. » D'Anville. *Notice de l'ancienne Gaule*, p. 111.

AUBAGNAN, vg. *Landes* (Gascogne), arr. et à 14 k. de St-Sever, cant. et ✉ d'Hagetmau. Pop. 315 h.

AUBAGNE, *Albanea*, *Castrum Albaniæ*, *Albania*, jolie petite ville, *Bouches-du-Rhône* (Provence), chef-l. de cant., arr. et à 16 k. de Marseille. Cure. Gîte d'étape. ✉. ⚓. A 798 k. de Paris pour la taxe des lettres. Pop. 6,208 h. — Terrain crétacé inférieur, grès vert.

Autrefois baronnie, diocèse de Marseille, parlement, intendance, viguerie et recette d'Aix, abbaye de filles ordre de St-Benoît.

La fondation d'Aubagne paraît remonter à une époque reculée; toutefois il en est fait mention pour la première fois dans une charte du xᵉ siècle. Depuis le commencement du xiiiᵉ siècle jusqu'à la fin du xvᵉ, elle passa sous diverses dominations, et fut souvent prise et saccagée : les ligueurs s'en emparèrent en 1589 et en maltraitèrent les habitants.

Les armes d'Aubagne sont : *d'azur aux lettres capitales M et V entrelacées d'argent, posées sur une mer de même, et deux fleurs de lis d'or en chef*.

Cette ville est bâtie sur un monticule argileux, recouvert d'une forte couche de poudingue, qui s'élève sur la rive gauche de l'Huveaune, et dont le sommet est occupé par les ruines d'un ancien château qui lui servait autrefois de défense. L'ancienne ville est située au pied du château, et occupait tout le penchant sud-ouest de la colline; un rempart, dont il reste encore quelques débris, l'entourait et la joignait au château. Cette vieille ville a été peu à peu abandonnée pour la nouvelle, qui s'étend dans la plaine des deux côtés de la grande route. — On remarque à Aubagne le monument élevé en 1828 à la mémoire de l'abbé Barthélemy, né à Cassis. — C'est sur le territoire d'Aubagne que se trouve la montagne de Gardelabau, en grande vénération dans la contrée : une croix de bois dur, d'une forte dimension, que l'on peut apercevoir de la grande route, est plantée sur le sommet. Sur le revers oriental, on remarque une grotte très-spacieuse, mais peu profonde.

Biographie. Aubagne est la patrie du savant grammairien Domergue, de l'Institut, mort en 1810. On a de lui : *Grammaire générale analytique*, in-8, 1799 ; *Grammaire française simplifiée*, 4ᵉ édit., in-12, 1792 ; *la Prononciation française, déterminée par des signes invariables*, in-8, 1797 et 1806 ; et plusieurs autres ouvrages sur la grammaire et la prononciation.

De l'ex-directeur Barthélemy, membre de la chambre des pairs, auteur de la fameuse proposition relative à la modification de la loi sur les élections.

Fabriques nombreuses de gros draps. Faïenceries et poteries. Distilleries. Tanneries. Papeteries. Magnanerie. — Commerce de vins renommés, de plantes potagères et d'excellents fruits, dont les habitants tirent à Marseille un parti avantageux. — Foires de 2 jours les 2 fév., 22 juillet, 21 sept., 8 déc., lundi de la Pentecôte.

AUBAGNE, vg. *Hérault*, comm. de St-Etienne-de-Gourjas, ✉ de Lodève.

AUBAINE, vg. *Côte-d'Or* (Bourgogne), arr. et à 25 k. de Beaune, comm. et ✉ de Bigny-sur-Ouche. Pop. 411 h.

AUBAIS, bg *Gard* (Languedoc), arr. et à 18 k. de Nîmes, cant. et ✉ de Sommières. Pop. 1,456 h. — *Fabrique* d'étoffes de soie.

AUBAN (St-), vg. *Drôme* (Dauphiné), arr. et à 47 k. de Nyons, cant. et ✉ du Buis. Pop. 501 h.

AUBAN (St-), vg. *Var* (Provence), chef-l. de cant., arr. et à 44 k. de Grasse. ✉. Cure. Gîte d'étape. A 922 k. de Paris pour la taxe des lettres. Pop. 687 h. — Terrain crétacé inférieur, grès vert.

On remarque aux environs de St-Auban le passage de la Clue de Montauban, passage tracé dans le roc entre deux montagnes resserrées et taillées à pic, au-dessous duquel la rivière de l'Esteron roule ses eaux de rochers en rochers dans un précipice, dont il est presque impossible d'apercevoir le fond. Le chemin se trouve à mi-côte sur la rive gauche du torrent : il est taillé dans le roc qui le recouvre sur une assez longue étendue ; la vue du précipice et la hauteur des montagnes dont les cimes semblent presque se toucher, rendent le passage ténébreux et effrayant. C'est ainsi contredit une des curiosités les plus remarquables de la France. En hiver, les neiges qui s'amoncellent dans cet espace resserré empêchent d'y pénétrer, et il serait dangereux d'en tenter le passage dans la saison rigoureuse. — Aux environs, *fabrique* de boissellerie, cuillers à pots, écuelles, etc., en bois de hêtre. — Foires les 17 janv., 15 juillet, lendemain de l'Ascension, lundi après la St-Martin.

AUBAN-D'OZE (St-), vg. *H.-Alpes* (Dauphiné), arr. et à 30 k. de Gap, cant. et ✉ de Veynes. Pop. 201 h.

AUBARÈDE, vg. *H.-Pyrénées* (Bigorre), arr., ✉ et à 18 k. de Tarbes, cant. de Pouyastruc. Pop. 561 h.

AUBAS, vg. *Dordogne* (Périgord), arr. et à 25 k. de Sarlat, cant. et ✉ de Montignac. Pop. 649 h.

AUBAZAT, vg. *H.-Loire* (Auvergne), arr. et à 21 k. de Brioude, cant. et ✉ de la Voûte-Chilhac. Pop. 404 h.

AUBAZINE, ou **Obasine**, vg. *Corrèze* (Limousin), arr., ✉ et à 16 k. de Brives, cant. de Beynac. Pop. 907 h. — Foires les 9 fév., 23 avril et 1ᵉʳ lundi de l'avent.

Ce village doit son origine à une abbaye, fondée par Saint-Etienne d'Obasine. De cet ancien monastère il ne reste plus guère aujourd'hui que des ruines à travers lesquelles murmure l'eau d'un ruisseau amenée de fort loin par un aqueduc taillé dans le roc pour le service de l'abbaye. Le cloître, qui n'est pas antérieur au xviᵉ siècle, subsiste encore en partie ; une portion a été transformée en écurie et le reste en jardin potager. Par un hasard heureux, l'église a traversé la révolution sans avoir eu à subir des mutilations. Le plein cintre se montre partout, excepté à la voûte en berceau, que coupent de distance en distance des arceaux parallèles et légèrement aigus. Les stalles et deux portes sculptées à jour sont d'un beau travail et datent de 1712. A l'extrémité du croisillon méridional est le tombeau de St-Etienne, dont la statue est couchée sur un soubassement composé de deux marches. Une suite d'arcades supportent un toit incliné, remplies d'un côté de religieux et de l'autre de religieuses, parmi lesquelles ou distingue une délicieuse statuette de la Vierge, tenant sur ses genoux l'enfant Jésus. Cette église conserve des traces nombreuses de peintures bien conservées, entre autres un tableau du collatéral septentrional représentant une scène fort curieuse de la vie de l'abbé. Une légende en caractères gothiques et les costumes des personnages prouvent que cette peinture est postérieure de plus d'un siècle à l'église, bâtie dans le cours du xiiᵉ siècle. — L'église d'Aubazine a été désignée pour être classée au nombre des monuments historiques.

AUBE, vg. *Moselle* (Lorraine), arr. et à 15 k. de Metz, cant. de Pange, ✉ de Solgne, sur la rive gauche de la Nied française. Pop. 301 h.

AUBE, vg. *Orne* (Normandie), arr. et à 30 k. de Mortagne, cant. et ✉ de l'Aigle. Pop. 423 h. — Forges.

AUBE (l'), rivière qui prend sa source à l'extrémité du bois d'Auberive, *H.-Marne* ; elle passe à Auberive, Rouvre, la Ferté, Clairvaux, Bar-sur-Aube, Dienville, Lesmont, Arcis, Plancy et Anglure, et se jette dans la Seine à Marcilly, *Marne*, après un cours d'environ 200 k.

Cette rivière est flottable près de Pralay, et navigable à Arcis ; la longueur de la partie flottable est de 159,700 m., et celle de la partie navigable de 43,000 m. Elle sert à transporter, pour l'approvisionnement de Paris, des grains, avoine, seigle, orge, fer, bois de chauffage, charbon de bois et planches de sapin. On construit de grands bateaux au port de Brienne-la-Ville, et on les conduit à vide à Arcis pour y être vendus ou chargés. — Les affluents les plus considérables de l'Aube sont l'Aujon, la Voire, le Landion, l'Amance et l'Auzon.

AUBE (département de l'). Ce département est formé de la ci-devant basse Champagne, d'une partie du Vallage, de quelques enclaves du duché de Bourgogne, et de plusieurs démembrements de l'ancienne généralité de Paris. Il tire son nom de la rivière d'Aube, qui le traverse du sud-est au nord-ouest. — Ses bornes sont : au nord, le département de la Marne ; à l'est, celui de la Haute-Marne ; au sud-est, celui de la Côte-d'Or ; au sud-ouest, celui de l'Yonne ; au nord-ouest, celui de Seine-et-Marne.

La surface du département de l'Aube est généralement plane et unie dans toute son étendue, on ne rencontre aucune montagne proprement dite ; seulement, sur les rives de plusieurs cours d'eau, on voit des coteaux ou revers de peu d'élévation. La plupart de ces coteaux prennent leur direction de l'est au sud-ouest. Ils sont situés à d'assez grandes distances les uns des autres, augmentent en hauteur et se rapprochent à mesure qu'on avance au sud et à l'est. Le territoire n'est pas également fertile partout : le sol de la région nord et nord-ouest est de mauvaise qualité; c'est un fond de craie recouvert d'une légère couche de terre végétale qui ne produit que de l'avoine, du sarrasin et du seigle assez bon, mais en si petite quantité qu'on en retire à peine les frais de culture, ce qui fait qu'une grande partie des terrains reste en friche. Cette région n'offre à la vue que des campagnes dépouillées d'arbres, et dont la nudité laisse les troupeaux exposés à l'ardeur du soleil ; c'est la *Champagne pouilleuse*. Sur quelques points cependant on a commencé avec succès des plantations d'arbres verts, qui ont parfaitement réussi; plusieurs terrains ont été aussi défrichés avec succès. La réussite de ces tentatives, en récompensant les soins des cultivateurs, a donné une valeur beaucoup plus grande aux terrains maigres et crayeux, dont le prix a presque doublé depuis vingt-cinq ans, par cela seul qu'ils ont été reconnus susceptibles d'amélioration. La stérilité de cette contrée est heureusement compensée par la fertilité de la région sud-est dont le sol consiste en une terre très-productive, mais en quelques endroits si forte, que douze chevaux suffisent à peine pour tirer la charrue. Cette partie produit abondamment toute sorte de grains, des fruits, des légumes, de la navette, du foin, du bois et beaucoup de chanvre : on y trouve des vignobles bien exposés, qui donnent d'excellents vins, et de vastes forêts qui fournissent du bois de chauffage pour la consommation intérieure et pour l'approvisionnement de Paris. La Seine et l'Aube arrosent de riches prairies qui nourrissent beaucoup de gros et de menu bétail, et produisent une grande quantité de foin. — Dans toute la partie septentrionale du département, depuis Troyes jusqu'aux limites du département de la Marne, où le bois est très-rare et où la pierre de taille manque totalement, on construit les murs des habitations avec des carreaux de terre durcis à l'air; on les assoit sur une maçonnerie de blocailles ou de craie seulement, et l'on recouvre le tout d'un toit de chaume.

La surface totale du département de l'Aube est de 609,000 hectares, divisés ainsi :

Terres labourables.	393,571
Prés.	37,430
Vignes.	22,908
Bois.	79,653
Vergers, pépinières et jardins.	3,868
Oseraies, aunaies et saussaies.	1,933
Étangs, mares, canaux d'irrigation.	2,278
Landes et bruyères.	22,061
Superficie des propriétés bâties.	2,819
Contenance imposable.	566,541

Routes, chemins, places, rues, etc.	24,946
Rivières, lacs et ruisseaux.	2,890
Forêts et domaines non productifs.	13,550
Cimetières, églises, bâtiments publ.	1,067
	42,453

On y compte :
58,220 maisons.
398 moulins à eau et à vent.
1 forge.
289 fabriques et manufactures.

soit : 58,905 propriétés bâties.
Le nombre des propriétaires est de. 184,680
Celui des parcelles de. 2,385,731

HYDROGRAPHIE. Le département de l'Aube est arrosé par un nombre assez considérable de rivières, dont deux seulement, la Seine et l'Aube, sont navigables. Les autres rivières les plus considérables sont la Voire, l'Ource, la Laignes, l'Armance, la Vanne et la Barse. — Le canal de Troyes ou de la Haute-Seine, destiné à faire remonter la navigation de la Seine jusqu'à Châtillon, est en construction de Troyes à Marcilly depuis 1806. — On trouve dans la partie nord du département environ une centaine d'étangs, qui pour la plupart ne sont que de simples retenues d'eau qu'on pêche ordinairement tous les trois ans; celui de Lesmont est réputé pour ses bonnes carpes.

COMMUNICATIONS. Le département est traversé par huit routes royales et départementales, dont le parcours total est évalué à environ 373,770 m.

MÉTÉOROLOGIE. La température habituelle du département est douce, humide, variable au printemps, dans les beaux jours de l'été et en automne, et peu différente de celle de Paris. L'air y est généralement assez pur, à l'exception de la partie de l'ouest, où l'on trouve des étangs et des marais. Dans la grande plaine au nord de Troyes, l'air est plus vif et plus sec. — Les vents dominants sont le sud-ouest, l'ouest et le nord-ouest, qui, avec le vent du sud, y amènent des pluies abondantes à la fin de l'automne et au commencement de l'hiver.

L'industrie agricole est généralement entendue dans certaines parties du département. Les animaux employés à la culture des terres sont les chevaux et les bœufs; mais les premiers sont ceux dont on se sert le plus généralement.

PRODUCTIONS. Les céréales les plus cultivées sont le froment d'hiver et de mars, le seigle, le méteil, l'avoine, l'orge et le sarrasin, dont la production dépasse les besoins de la consommation ; on évalue ainsi le produit annuel du sol :

Céréales.	1,510,000 hect.
Parmentières.	1,220,900
Avoines.	728,000

Les plantes potagères et légumineuses sont abondantes et d'excellente qualité ; l'ail et l'échalote sont cultivés en grand sur le territoire de St-André, près de Troyes; les environs de Montgueux produisent sans contredit les meilleurs navets de toute la France ; plusieurs cantons cultivent les légumes secs avec succès. — Les vignes sont un objet de grande culture, et donnent lieu à un commerce de vins assez important ; on en évalue le produit annuel à 700,000 hectol., dont moitié est consommé sur les lieux, et le surplus livré à l'exportation. Les meilleurs crus sont ceux des Riceys, de Bar-sur-Aube, de Bouilly, de Laines-aux-Bois et de Javernant. — Les arbres fruitiers sont peu multipliés, et leur produit suffit à peine à la consommation ; un seul canton, celui d'Aix-en-Othe, possède quelques plantations d'arbres fruitiers qui donnent du cidre de médiocre qualité. Le chanvre est cultivé avec succès aux environs de Troyes et dans plusieurs autres cantons; celui de Bar-sur-Seine est d'une qualité supérieure et très-recherchée par les cordiers pour la confection de leurs meilleurs ouvrages. — Les prairies naturelles des vallées de l'Aube, de la Seine, de l'Armance, de la Voire, de l'Aujon, de la Barse, produisent des foins de bonne qualité, dont une partie est exportée par la Seine pour l'approvisionnement de Paris. — La partie septentrionale et orientale du département est couverte de beaux bois qui fournissent beaucoup de bois de chauffage, de charpente et de charronnage, et dont une partie est convertie en charbon qu'on embarque à Arcis et à Nogent pour Paris. Les principales forêts sont celles de Clairvaux, de Chaource, d'Othe, de Montmorency, d'Orient et de Soulaines : ces deux dernières sont situées dans une contrée basse et marécageuse, qui en rend l'exploitation difficile. — Les chevaux qu'on élève dans le département ne sont pas non plus d'une race très-forte, mais les vaches donnent un lait excellent, avec lequel on fait des fromages gras très-renommés, notamment ceux de Barberey. On élève dans le département un grand nombre de moutons dont la race s'est beaucoup améliorée depuis quelques années par les soins de plusieurs propriétaires éclairés; les laines du beau troupeau de M. Dupreuil de Pouy ont figuré avec distinction à l'exposition des produits de l'industrie nationale de 1839, même à côté des laines de Naz. On compte environ 40,000 chevaux, 46,000 bêtes à cornes, et 180,000 moutons. Les porcs sont l'objet d'une éducation soignée, mais leur nombre ne suffit pas pour la consommation ; la plus grande partie de ce qui est nécessaire aux charcutiers de la ville de Troyes, renommée depuis un temps immémorial pour l'excellence de sa charcuterie, se tire du département de la Marne. — Les bords de la Voire et de la Barse nourrissent beaucoup d'oies et de canards, et le canton de Chavange élève un nombre considérable de dindons, qui s'exportent par milliers dans les départements voisins. — Les forêts renferment beaucoup de chevreuils et de sangliers ; le lièvre et le lapin sont très-communs ainsi que les perdrix, les alouettes, les vanneaux, les canards sauvages, les bécassines. — Dans le canton de Méry, on se livre à l'éducation en grand des abeilles, et il est peu de communes qui ne possèdent quelques ruches. — Les rivières et les étangs nourrissent d'excellent poisson et de monstrueuses écrevisses.

MINÉRALOGIE. Le département de l'Aube est peut-être un des plus pauvres de la France sous le rapport des productions minérales. On y trouve cependant quelques pyrites ferrugineuses, et il possède une mine de fer située près du village de Chennegy ; mais l'exploitation en a été abandonnée depuis longtemps à cause de son peu de rapport. — On a exploité des carrières de pierres de taille de médiocre qualité à Polisy et à Bourguignons. On trouve du grès à paver près de Courtiou, de Nogent, de Crancey, de Ferreux et de St-Ferréol ; de la pierre à bâtir près de Bar-sur-Aube, de Bar-sur-Seine, de Chacenay, de Fontette et de St-Usage ; du marbre lumachelle et de la pierre de taille à Baussancourt. Il existe dans les bois de Mussy une très-belle carrière de pierre. La pierre propre à faire de la chaux se trouve dans toute l'étendue du département ; celle des environs de Fougères est seule employée à cet usage. L'argile se rencontre près de Pâlis, de Villy-en-Trode, de Magnicourt, de Briel, de Lassicourt, de la Vendue-Mignot, d'Amance, de Larrivour, de Mesnil-St-Père et encore dans quelques autres endroits. La marne se trouve dans les environs de Prunay, de Thennelières, de Ramerupt et de Villeloup, qui exploite ainsi des carrières de craie friable, regardée comme la meilleure de tout le département pour la fabrication du blanc de Troyes, connu et répandu dans toute l'Europe sous le nom abusif de blanc d'Espagne. — La tourbe est exploitée à Villechetif, à Extissac, dans l'arrondissement de Nogent, etc.

SOURCES MINÉRALES à la Chapelle-Godefroy, à la Ville-aux-Bois-les-Soulaines, et dans quelques autres localités.

INDUSTRIE ET COMMERCE. L'industrie manufacturière du département a pour principal objet la fabrication des tissus de coton, de la bonneterie et de la draperie. A l'exception de la bonneterie, qui se fabrique aussi à Plancy, à Méry, à Arcis et dans plusieurs communes des environs de cette petite ville, ces trois fabrications sont principalement concentrées à Troyes et aux alentours. On y compte environ 2,500 métiers consacrés au tissage du coton, qui emploient 3,500 ouvriers et produisent environ 30,000 pièces de toile ; 5,400 métiers à bas, occupant environ 3,600 ouvriers, fabriquent annuellement 80,000 douzaines de bonnets et 270,000 douzaines de bas. Les métiers consacrés aux manufactures de draperies sont au nombre d'environ 150, petits et grands ; ils produisent des draps demi-fins, des ratines et des couvertures de laine. Les filatures de laine produisent environ 400,000 kil. de laine filée. Les filatures de coton qui, avec 310 métiers, mettent en mouvement environ 63,000 broches, occupent de 2,700 à 3,000 ouvriers, et produisent annuellement environ 500,000 kilo. de coton filé ; les tanneries livrent annuellement au commerce environ 110,000 peaux et cuirs. L'imprimerie et le commerce des livres ont eu autrefois à Troyes une grande extension ; il y existe encore 5 imprimeries, dont deux s'occupent presque exclusivement de l'impression des almanachs et de la *bibliothèque bleue*. La maison centrale de Clairvaux fabrique des draps grossiers, des couvertures de laine et de coton, des percales, des gants, des chapeaux de paille, et met en mouvement plusieurs métiers à filer le coton. Le département possède des fabriques de poteries, 2 verreries, des tuileries, des faïenceries, de belles papeteries, des scieries hydrauliques, des distilleries et des fabriques de vinaigre, des corderies en chanvre et en écorce de tilleuls, des blanchisseries de cire, des fabriques de sucre de betteraves, etc. Il y a en outre des fabriques de lacets et de rubans de fil, de savon noir, de cordes de boyaux, de cardes, de blanc d'Espagne, etc. On y trouve des amidonneries, des teintureries, des blanchisseries de toiles et de bas, des forges, une aciérie, et enfin des ateliers pour la construction des bateaux.

Le commerce consiste principalement en grains, qui se vendent chaque semaine sur les forts marchés de Bar-sur-Aube et de Troyes ; en vins des Riceys, dont il s'expédie annuellement environ 10,000 pièces pour le nord de la France et la Belgique ; en eau-de-vie de marcs, charcuterie renommée, fromages de Barberey, biscuits dits de Reims, échalotes, chanvres, laines, bois de chauffage et charbon de bois pour Paris, blanc de Troyes, bonneterie, toiles, draps et autres articles des manufactures.

FOIRES. Une cinquantaine de communes possèdent des foires ; les seules communes de Troyes et de Nogent-sur-Seine ont des foires de plus d'un jour. On vend généralement à ces foires des grains, du chanvre, des cercles, du merrain, des laines, des chevaux de labour, des bestiaux de toute espèce ; des tonneaux aux foires de Bar-sur-Seine, Essoyes, Landreville, Loches, Mussy, les Riceys ; de la vannerie et de la corderie à Ervy. Troyes a une foire importante pour le lard et les jambons, le jeudi saint.

DIVISION ADMINISTRATIVE. Le département de l'Aube a pour chef-lieu Troyes. Il envoie 4 représentants à la chambre des députés, et est divisé en 5 arrondissements :

Troyes........... 9 cant. 92,289 h.
Arcis–sur-Aube. 4   —   36,443
Bar-sur-Aube..   5   —   52,029
Bar-sur-Aube..   4   —   42,634
Nogent-sur-Seine. 4 —   34,785
                26 cant. 258,180 h.

8ᵉ conservation des forêts (chef-l. Troyes). —10ᵉ arr. des mines (chef-l. Dijon).—18ᵉ div. militaire (chef-l. Dijon).—Evêché à Troyes ; 39 cures, 366 succursales. — Séminaire diocésain et école secondaire ecclésiastique à Troyes.—Collège communal et école normale primaire à Troyes.—Société d'agriculture, sciences, arts et belles-lettres à Troyes.

Biographie. Parmi les hommes célèbres nés dans le département, on cite : BAILLY DE JUILLY, membre de la convention.— GUILLAUME LE Bé, célèbre graveur et fondeur de caractères d'imprimerie, au XVIᵉ siècle.— HENRI LE Bé, savant imprimeur.—Le général BERTRAND, mort glorieusement à Leipzig.— Le comte BEUGNOT, membre de diverses assemblées politiques.—Le jésuite CAUSSIN.—Le savant CAMUSAT, auteur de *Recherches sur les antiquités du diocèse de Troyes*.—CHRESTIEN DE TROYES, l'un des plus féconds romanciers du XIIᵉ siècle.—P. COMESTOR, auteur d'une *Histoire abrégée de l'Ancien Testament*. —Le conventionnel COURTOIS, auteur du *Rapport de l'examen des papiers trouvés chez Robespierre*.—COURTALON DE LAISTRE, auteur d'une *Topographie historique du diocèse de Troyes*.—DANTON, que ses talents oratoires firent surnommer le Mirabeau de la convention. —L'habile médecin DESESSARTS, membre de l'Institut.—NICOLAS DESMARETS, savant minéralogiste, membre de l'Institut. —Le général DULONG DE ROSNAY.—Le général GAUTHERIN.—Le célèbre sculpteur GIRARDON. —GROSLEY, homme instruit et bon citoyen.— GUERRARD DE ROUILLI, auteur de plusieurs écrits sur les finances et l'administration.— GUITER, abbé de St-Loup, historien de cette abbaye.—AMADIS JAMYN, poëte du XVIᵉ siècle. —JUVÉNAL DES URSINS, historien du XVᵉ siècle. —Le lexicographe LAVAUX.—L'oratorien LECOINTE, auteur des *Annales ecclésiastiques de France*.—LENOBLE, fécond littérateur.—LÉVESQUE DE LA RAVALIÈRE, érudit et critique distingué du XVIIIᵉ siècle. — BERBIER DU METZ, lieutenant général d'artillerie du XVIIᵉ siècle. —Le fameux peintre PIERRE MIGNARD, et son frère NICOLAS MIGNARD, aussi peintre de talent, mais que la célébrité de son frère a éclipsé.—MOREAU DE LA ROCHETTE, savant agronome. —MOREL, savant latiniste.—JEAN PASSERAT, poëte latin, un des auteurs de la *Satyre Ménippée*.—PETIT D'HAUTE-RIVE, savant jurisconsulte.—Les deux frères PITHOU, tous les deux jurisconsultes : l'aîné, PIERRE, fut un des auteurs du *Catholicon d'Espagne*.—RICHELET, auteur du *Dictionnaire* qui porte son nom.—EUSÈBE SALVERTE, consciencieux député et écrivain philosophe, mort en 1839. —Le célèbre chimiste THÉNARD, de l'académie des sciences.—Le comte THIBAULT IV, le premier chansonnier parmi les rois.—THOMASSIN, graveur renommé du XVIIᵉ siècle.—Le pape URBAIN IV, etc., etc.

Bibliographie. BRULÉ DE VALSUZENAY (le baron). *Mémoire sur la statistique du département de l'Aube*, in-4, an IX, et in-8, 1801.

* *Aperçu statistique du département de l'Aube* (Annales de statistique, an XI, 30ᵉ livr.).

PEUCHET et CHAULAIRE. *Statistique de l'Aube*, in-4, 1818.

Annuaire du département de l'Aube, in-18, an XI (contient la topographie des communes classées par arrondissements).

GIRAULT DE ST-FARGEAU. * *Almanach commercial, administratif et judiciaire du département de l'Aube*, in-18, 1826 (contient un aperçu statistique du département, et une notice sur toutes les communes, qui a été imprimée séparément sous ce titre :

Dictionnaire des communes du département de l'Aube, in-18, 1826).

L'Hoste (ex-ingénieur en chef de l'Aube). *Projet de statistique du département de l'Aube*, broch. in-8, 1829 (extrait des Mém. de la société d'agriculture, sciences et arts de l'Aube, n° xxix, 1829).

Dubois de Morambert. * *Essai sur l'état actuel de l'agriculture dans le département de l'Aube, et sur quelques améliorations à y introduire*, in-8, 1819).

Leymerie (A.). *Essai sur les pyrites des environs de Troyes*, br. in-8, 1830.

— *Note sur le grès vert de Montiéramey* (avec M. Clément Mullet), broch. in-8, 1831.

— *Notice géologique sur Troyes, sur la route de Troyes à Nogent, et sur la contrée comprise entre Nogent et Resson* (Mém. de la société d'agriculture, etc., de l'Aube, n°s xlvi et xlvii, 1833).

Ray (Jules). *Catalogue de la Faune de l'Aube, ou Liste méthodique des animaux vivants et fossiles qui se rencontrent dans cette partie de la Champagne*, in-12, 1843.

Caylus (le comte de). *Sur les restes d'un ancien camp qui se voit à cinq lieues E.-N.-E. de Troyes* (Recueil d'antiquités, t. vi, p. 346).

Camus Chardon. *Notice sur les monuments celtiques qui existent dans le département de l'Aube*, in-8, 1832 (extrait du n° xli des Mémoires de la société d'agriculture de l'Aube.

Arnaud (A.-F.). *Voyage archéologique et pittoresque dans le département de l'Aube dans l'ancien diocèse de Troyes*, in-4, et de nombreuses planches lithographiques, 1837-43.

Girault de St-Fargeau. *Guide pittoresque du voyageur en France* (livr. de l'Aube). in-8, 1834.

Vallet de Viriville (A.). *Les Archives historiques du département de l'Aube, et de l'ancien diocèse de Troyes, capitale de la Champagne, depuis le viie siècle jusqu'en 1790*, in-8, 1841.

Mémoires de la société d'agriculture, sciences, arts et belles-lettres du département de l'Aube, in-8, 1822 et années suivantes.

Fain (le baron). *Manuscrit de mil huit cent quatorze*, in-8, 1824 (contient le précis historique des événements militaires qui se sont passés en 1814 dans le département de l'Aube).

Pougiat (F.-E.). *Invasion des armées étrangères dans le département de l'Aube*, in-8, 1833.

Almanach historique, géographique et politique du département de l'Aube et de la ville de Troyes, in-24, an ix.

Annuaires administratifs du département de l'Aube, in-12, 1826 et années suivantes

(renfermant chaque année quelques articles historiques ou archéologiques).

V. aussi aux articles : Champagne, Bourgogne, Bar-sur-Aube, Bar-sur-Seine, Brienne, Chancenay, Clairvaux, Lesmont, Nogent-sur-Seine, Méry-sur-Seine, Pont-sur-Seine, Tricasses, Troyes, Vendeuvre, Villery.

AUBECOURT, vg. *Moselle*, comm. de Remilly, ✉ de Solgne.

AUBEGUIMONT, vg. *Seine-Inf.* (Normandie), arr. et à 26 k. de Neufchâtel, caut. et ✉ d'Aumale. Pop. 453 h.

AUBENAS, *Albeniacum*, vg. *B.-Alpes* (Provence), arr., ✉ et à 15 k. de Forcalquier, cant. de Reillane. Pop. 185 h. — Education des porcs. Mine de soufre.

AUBENAS, *Albiniacum*, ville ancienne, Ardèche (Vivarais), chef-l. de cant., arr. et à 28 k. de Privas. Trib. de comm. Collège communal, Cure. Gîte d'étape. ✉. ⚘. A 638k. de Paris pour la taxe des lettres. Pop. 4,889 h.

— Terrain jurassique, calcaire à gryphées.

Autrefois diocèse de Viviers, parlement de Toulouse, généralité de Montpellier, intendance du Languedoc.

Aubenas était autrefois une place importante, défendue par un château considérable. Par l'édit de pacification, elle fut accordée aux protestants pour y exercer librement leur religion. En 1564, lors des troubles du Languedoc, les religionnaires de Villeneuve-de-Bery, s'emparèrent d'Aubenas, dont ils passèrent la garnison au fil de l'épée. En 1587, Montlaur, à la tête des catholiques du Vivarais, surprit cette ville et la saccagea. Chambaud, capitaine des religionnaires, la prit par escalade, assiégea le château et parvint à s'en rendre maître. Quelque temps après, Aubenas fut encore pris, perdu et repris par les catholiques. Le château fut assiégé de nouveau en 1670, lors de la fameuse révolte de Roure.

Les armes d'Aubenas sont : *d'azur au nom de Jésus en lettres capitales d'or en chef, avec le nom de MA(ria) en pointe couronnée d'une couronne d'or.*

Cette ville est située au milieu d'un magnifique bassin, entouré par les volcans du Vivarais ; elle couronne une riante et verdoyante colline, en pente fort douce, vers l'ouest, très-rapide vers l'est et le nord. Ce côté, que baigne l'Ardèche, est bordé d'esplanades ombragées d'où la vue peut s'étendre au loin sur le cours de la rivière, sur les falaises volcanisées qui bordent la rive opposée, sur divers étages de montagnes couverts de taillis et de forêts, et au delà desquels s'élèvent les hautes et fières cimes du Coiron. La ville elle-même présente, vue d'une certaine distance, un tableau fort pittoresque. Elle s'élève sur une masse de verdure que couronnent la flèche élancée de son église paroissiale, le dôme arrondi de l'église collégiale et les tourelles de l'hôtel de ville. Les débris d'une enceinte flanquée de tours ceignent encore Aubenas. L'intérieur de la ville ne répond pas à ce que promet son aspect extérieur. Elle est percée de

rues tortueuses, étroites ; la plupart de ses maisons, bien qu'assez spacieuses, sont irrégulières et sombres ; les places sont petites et sans décoration. Une rue seule fait exception à tout le reste, c'est celle que parcourt la grande route ; elle est large, propre et bordée d'édifices passables. Malheureusement la ville manque d'eau vive. Elle communique avec Vals par une route charmante d'une lieue de marche, qu'on peut comparer à l'avenue d'un vaste jardin paysager. — On remarque à Aubenas les restes assez bien conservés de son antique château, aujourd'hui propriété communale et le siège de presque tous les établissements publics ; l'hospice ; le collège, dont la chapelle mérite de fixer l'attention ; la tombe du maréchal d'Ornans, classée au nombre des monuments historiques, et plusieurs églises propres, spacieuses et bien décorées.

Biographie. Aubenas est le lieu de naissance du jurisconsulte Deliguières, mort en 1820, auteur d'une *Notice historique sur le département de l'Ardèche* ; d'un *Vocabulaire, ou Choix raisonné des dénominations des sites du département de l'Ardèche*, et de plusieurs mémoires archéologiques.

De J.-B. Delmas, mort préfet du Var en 1824.

Manufacture de draps et de mouchoirs de couleur. Fabriques de soie ouvrée. — **Commerce.** L'heureuse situation de cette ville au pied des montagnes, et au point d'intersection de deux routes royales et d'une route départementale, lui assure un commerce de transit et d'entrepôt fort considérable. C'est à Aubenas que les habitants de toutes les montagnes environnantes jusqu'aux limites de la Haute-Loire et de la Lozère, viennent vendre leurs produits. Ils emportent en échange des vins, des fruits, et les seuls produits que leur refuse l'âpreté de leur climat. Ce commerce d'échange donne lieu à des transactions considérables, et est la source de grands profits pour les entrepositaires débitants et marchands en détail. Mais c'est surtout à sa position centrale au milieu des pays producteurs de la soie, que la ville d'Aubenas doit son importance commerciale. Elle doit aussi au voisinage des rivières de Volane et d'Ardèche, et des cours d'eau nombreux qui descendent des montagnes dont elle est environnée, la facilité de ces rivières et leurs eaux abondantes ont fourni à l'industrie des moteurs puissants qui ont permis d'élever dans un rayon fort rapproché de la ville, un grand nombre d'usines et surtout de moulins à soie. Le marché d'Aubenas est le marché régulateur du commerce des soies grèges. — Foires considérables les 17 janv. et 15 sept. (3 jours), destinées surtout aux soies, dont il se vend pour environ 2,000,000 de fr.; fort marché tous les samedis.

AUBENASSON, vg. *Drôme* (Dauphiné), arr. et à 31 k. de Die, cant. et ✉ de Saillans. Pop. 101 h.

AUBENCHEUL-AU-BAC, *Aubench*, vg. *Nord* (Flandre), arr., cant., ✉ et à 18 k. de Cambray. ⚘. Pop. 478 h. Près de la Sensée.

Avant la révolution de 1789, on voyait,

entre Aubencheul et Arleux, l'abbaye du Verger, habitée par des religieux de l'ordre de Citeaux.

AUBENCHEUL-AUX-BOIS, vg. *Aisne* (Picardie), arr. et à 23 k. de St-Quentin, cant. et ✉ du Catelet. Pop. 715 h.

AUBENTON, *Abantonium*, *Albentonia*, petite ville, *Aisne* (Picardie), chef-l. de cant., arr. et à 25 k. de Vervins. Cure. ✉. Inspection des douanes. A 194 k. de Paris pour la taxe des lettres. Pop. 1,593 h. — TERRAIN crétacé inférieur, grès vert.

Cette ville fut prise et saccagée par les Anglais en 1339; les Impériaux s'en emparèrent en 1521, la brûlèrent et passèrent tous les habitants au fil de l'épée; elle n'a jamais pu se relever depuis. Joyeuse la rangea sous la domination de la Ligue, en 1590; mais les royalistes la reprirent le 24 octobre 1591. Pendant les troubles de la Fronde, le vidame d'Amiens, à la tête d'un régiment suisse, obtint, en 1648, le passage par Aubenton, sous la condition qu'il n'y serait fait aucun tort; au mépris de cette convention, la ville fut pillée et saccagée. Enfin elle fut prise et pillée par les Espagnols, en 1650. Aubenton est une petite ville située près des confins du département des Ardennes, sur le Thon, un peu au-dessous du confluent de cette rivière avec l'Aube, et tout près de la source de l'Oise; son nom lui est venu de sa situation. — L'église paroissiale est un ancien édifice que l'on a proposé de classer au nombre des monuments historiques. — *Fabriques* de draps, tapis de pieds, vannerie fine. Filatures de laine. Brasseries. — *Foires* le samedi avant le dimanche de la Passion, 2ᵉ samedi de juillet, samedi qui suit la fête de la Madeleine, samedi de la 1ʳᵉ semaine de nov. — *Marchés* tous les samedis.

AUBEPIERRE, vg. *H.-Marne* (Champagne), arr. et à 30 k. de Chaumont, cant. et ✉ d'Arc-en-Barrois. Pop. 959 h. — C'est la PATRIE de P. BULLIARD, célèbre botaniste, mort en 1793, auteur de l'*Aviceptologie française*, neuvième édition, in-12, 1821; *Dictionnaire élémentaire de botanique*, in-fol. et pl., 1783; nouvelle édition, in-8, 1802; *Flora Parisiensis*, 6 vol. in-8, avec 460 pl., 1774-80; *Herbier de France*; *Histoire des plantes vénéneuses et suspectes de la France*; *Histoire des champignons*, en tout 15 part. formant 1 vol. pet. in-fol., 1780-98. — Forges. — *Foires* les 24 janv., 19 avril, 21 juin et 25 oct.

AUBEPIERRE, vg. *Seine-et-Marne* (Brie), arr. et à 22 k. de Melun, cant. et ✉ de Mormant. Pop. 430 h.

AUBERBOSC, vg. *Seine-Inf.*, comm. d'Auberville-Auberbosc, ✉ de Fauville.

AUBERCHICOURT, vg. *Nord* (Flandre), arr., cant., et à 12 k. de Douai. Pop. 1,281 h. — *Fabriques* d'instruments aratoires, et sucre indigène.

AUBERCOURT, vg. *Somme* (Picardie), arr. et à 23 k. de Montdidier, cant. et ✉ de Moreuil. Pop. 177 h.

AUBERGE-NEUVE (l'), vg. *H.-Garonne*, comm. et ✉ de Villemur. ⚘.

AUBERGENVILLE, vg. *Seine-et-Oise* (Ile-de-France), arr. et à 32 k. de Versailles, cant. de Meulan, ✉ de Maule. Pop. 504 h. — Il est dans une situation charmante, au bas d'une colline, sur le penchant de laquelle s'élève le château d'Acosta, remarquable par sa position, et entouré de magnifiques jardins et d'un parc très-étendu.

AUBERGERIES (les), vg. *H.-Alpes*, comm. de Châteauroux, ✉ d'Embrun.

AUBERIVE, vg. *Isère* (Dauphiné), arr. et à 12 k. de St-Marcellin, cant. de Roussillon, ✉ du Péage. Pop. 712 h.

AUBERIVE, bg. *Marne* (Champagne), arr., cant. et à 30 k. de Reims, ✉ de Beine. Pop. 633 h. — Auberive est un village très-ancien, situé sur la rive gauche de la Suippe. Il était autrefois entouré de remparts et de fossés, qui ont été aplanis, comblés et transformés en promenade. Sur la place du Tournoi, où était jadis l'église paroissiale, on remarque une très-ancienne croix en pierre sculptée, restaurée en 1626, représentant d'un côté le Christ et de l'autre la sainte Vierge. L'église actuelle, bâtie au milieu d'un cimetière élevé entouré de fossés, était celle d'un couvent de carmes. C'est un édifice très-ancien, curieux par l'architecture de sa tour carrée, presque entièrement construite des débris de l'aqueduc romain qui conduisait une partie des eaux de la Suippe à Reims. Au-dessus de la grande porte est un magnifique bas-relief, ou plutôt une ronde bosse d'une parfaite conservation, représentant une Descente de croix, composée du Christ reposant sur les genoux de sa mère, de chaque côté de laquelle est un ange agenouillé.

AUBERIVE, vg. *H.-Marne* (Champagne), chef-l. de cant., arr. et à 30 k. de Langres. Cure. ✉. A 307 k. de Paris pour la taxe des lettres. Pop. 554 h. — TERRAIN jurassique, étage inférieur du système oolitique.

Ce village, situé dans une contrée boisée, sur la rive droite de l'Aube, doit son origine à une abbaye de l'ordre de Citeaux, fondée en 1135 par Guillec, évêque de Langres. Les bâtiments de ce monastère existent encore, mais ils n'ont rien de remarquable. — Forges et haut fourneau, feux d'affinerie. — *Foires* les 18 fév., avril, juin, sept. et nov.

AUBERIVES-EN-ROYANS, vg. *Isère* (Dauphiné), arr. et à 16 k. de Vienne, cant. et ✉ de Pont-en-Royans. ⚘. Pop. 304 h.

AUBERMESNIL, vg. *Seine-Inf.* (Normandie), arr., ✉ et à 11 k. de Dieppe, cant. d'Offranville. Pop. 304 h.

AUBERMESNIL, vg. *Seine-Inf.* (Normandie), arr. et à 17 k. de Neufchâtel, cant. de Blangy, ✉ de Fourcarmont. Pop. 505 h.

AUBERS, vg. *Nord* (Flandre), arr. et à 21 k. de Lille, cant. et ✉ de la Bassée. Pop. 1,660 h. — Brasserie, briqueterie et moulins à huile.

AUBERT (St-), bg *Nord* (Flandre), arr., ✉ et à 16 k. de Cambrai, cant. de Carnières. Pop. 2,349 h.

AUBESTANS, vg. *H.-Saône* (Franche-Comté), arr. et à 22 k. de Vesoul, cant. de Montbozon, ✉ de Rioz. Pop. 207 h. — Forges sur la Quenoches.

AUBERTIN, vg. *B.-Pyrénées* (Béarn), arr. et à 14 k. d'Oloron, cant. et ✉ de Lasseube. Pop. 1,098 h. Sur la Baise.

AUBERT-SUR-ORNE (St-), vg. *Orne* (Normandie), arr. et à 8 k. d'Argentan, cant. et ✉ de Putanges. Pop. 572 h.

AUBERVILLE, vg. *Calvados* (Normandie), arr. et à 16 k. de Pont-l'Evêque, cant. et ✉ de Dives. Pop. 178 h.

AUBERVILLE, vg. *Seine-Inf.*, comm. et d'Envermeu. — Suivant quelques auteurs, c'est le lieu de naissance de DESCLIEUX, à qui les Antilles doivent la culture du café; mais il paraît certain que cet homme estimable est né à Assigny. V. ASSIGNY.

AUBERVILLE-LA-CAMPAGNE, vg. *Seine-Inf.* (Normandie), arr. et à 41 k. du Havre, cant. et ✉ de Lillebonne. Pop. 379 h.

AUBERVILLE-LA-MANUEL, vg. *Seine-Inf.* (Normandie), arr. et à 31 k. d'Yvetot, cant. et ✉ de Cany. Pop. 443 h.

AUBERVILLE-LA-RENAULT, vg. *Seine-Inf.* (Normandie), arr. et à 31 k. du Havre, cant. et ✉ de Goderville. Pop. 368 h.

AUBERVILLIERS, *Alberti Villare*, grand et beau village, *Seine* (Ile-de-France), arr., cant. et à 7 k. de St-Denis (banlieue de Paris). ✉. A 7 k. de Paris pour la taxe des lettres. Pop. 2,551 h.

Ce village portait autrefois le nom de Notre-Dame-des-Vertus, à cause d'une image de la Vierge que l'on voyait autrefois dans l'église de la paroisse, et qui était en grande vénération dans toute la contrée. Le roi Philippe de Valois et la reine sa femme l'avaient une dévotion particulière pour cette image, à laquelle ils vinrent offrir des vœux et faire des présents en 1338; Louis XI s'y rendit aussi en pèlerinage en 1474 et 1476, et l'histoire rapporte que la petite image en plomb de la Vierge que ce prince avait coutume de porter à son chapeau était la représentation de celle d'Aubervilliers. La façade de l'église date du règne de Henri II, ainsi que la tour qui lui sert de clocher, où l'on voit la date de 1541; il est présumable que c'est à la sollicitation de Diane de Poitiers que cette tour fut élevée, car on y voit encore les traces du croissant que ce monarque faisait entrelacer avec le sien dans tous les édifices qu'il érigeait. — C'est à Aubervilliers que séjourna Henri IV pendant le siège de Paris. Ce village ayant été ruiné pendant les guerres des Armagnacs, on s'avisa de l'expédient suivant pour le rétablir; le pape promulgua un bref qui *donne de grandes indulgences et remet les péchés à tous ceux qui visiteront et aumôneront l'église paroissiale d'Aubervilliers*. Ce moyen eut un succès merveilleux, et Aubervilliers, enrichi par les aumônes des dévots, se releva promptement de ses ruines. — Aubervilliers fut attaqué, vivement défendu, et repris plusieurs fois par les troupes ennemies, en 1815. — Raffinerie de sucre.

AUBESSAGNE, vg. *H.-Alpes* (Dauphiné),

arr. et à 25 k. de Gap, cant. de St-Firmin, ✉ de Corps. Pop. 923 h.

AUBETERRE, vg. *Allier*, comm. de Brout-Vernet, ✉ de Ganuat. Pop. 100 h. — Papeterie.

AUBETERRE, vg. *Aube* (Champagne), arr., cant., ✉ et à 15 k. d'Arcis, sur la route de cette ville à Troyes. Pop. 249 h.

AUBETERRE, jolie petite ville, *Charente* (Périgord), chef-l. de cant., arr. et à 34 k. de Barbezieux. Cure. ✉. A 516 k. de Paris pour la taxe des lettres. Pop. 672 h. — Terrain crétacé inférieur, grès vert.

Autrefois château, comté et marquisat, collégiale, abbaye.

Cette ville, bâtie en amphithéâtre sur le penchant d'une colline, dont le sommet est couronné par un ancien château d'un aspect très-pittoresque, est située sur la Dronne, qui la divise en deux parties. On y remarque l'église paroissiale, taillée dans le rocher, sous la cour du château, et que l'on a proposé de classer au nombre des monuments historiques. — Aux environs, on remarque les ruines du château de Méré. — *Fabriques* de grosses toiles. Papeteries. — *Commerce* considérable de blé. — *Foires* les 5 mars, 24 juin, 24 juillet, 5 nov., et le 28 des mois suiv.

AUBETTE (l'), ruisseau qui prend sa source près de Chamblain, *Côte-d'Or*, et qui se jette dans l'Aube, au-dessous de Liguerolles. Il est flottable à bûches perdues, sur une étendue de 9,000 m.

AUBETTE (l'), *Albula*, rivière qui prend sa source près d'Epinay, *Seine - Inf.*; elle passe à St-Aubin, à Carville, se divise en plusieurs branches qui viennent se réunir à Rouen, où elle se jette dans la Seine par un canal souterrain, après un cours d'environ 16 k. Cette rivière, qui a la propriété de ne jamais geler, fait mouvoir quantité de moulins à blé, à tan et à foulon ; plus de soixante filatures, imprimeries, teintureries, tanneries et autres établissements industriels, sont établis sur son cours.

AUBEVILLE, vg. *Charente* (Angoumois), arr. et à 21 k. d'Angoulême, cant. et ✉ de Blanzac. Pop. 439 h.

AUBEVOYE, *Albavia, Aubavia*, vg. *Eure* (Normandie), arr. et à 16 k. de Louviers, cant. et ✉ de Gaillon. Pop. 523 h. — On voit aux environs l'enceinte et les restes de la chartreuse de Gaillon, l'une des plus belles de France, fondée en 1571 par le cardinal de Bourbon ; l'église, qui était fort belle, fut consumée par un incendie en 1764. C'est dans cette chartreuse que Lesueur a composé la belle galerie de St-Bruno pour les chartreux de Paris.

Patrie de Toustain de Richebourg, auteur de l'*Histoire de l'Echiquier de Normandie* ; du voyageur Ernest de Beaufort, mort en Afrique en 1825.

AUBIAC, vg. *Gironde* (Guienne), arr., cant., et à 6 k. de Bazas. Pop. 266 h.

AUBIAC, vg. *Gironde* (Guienne), arr. et à 19 k. de la Réole, cant. et ✉ de St-Macaire. Pop. 652 h. Près de la Garonne. — L'église est un ancien édifice que l'on a proposé de classer au nombre des monuments historiques.

AUBIAC, vg. *Lot*, comm. de Cavagnac. — *Foire* le 2 mai.

AUBIAC, vg. *Lot-et-Garonne* (Armagnac), arr., ✉ et à 9 k. d'Agen, cant. de la Plume. Pop. 720 h.

AUBIAT, vg. *Puy-de-Dôme* (Bourbonnais), arr. et à 10 k. de Riom, cant. et ✉ d'Aigueperse. Pop. 1,447 h.

AUBIE, vg. *Gironde* (Guienne), arr. à 27 k. de Bordeaux, cant. et ✉ de St-André-de-Cubzac. Pop. 650 h.

AUBIE (St-), *Gironde*, arr. et à 15 k. de Bordeaux, cant. de Blanquefort. Pop. 400 h.

AUBIÈRE, bg *Puy-de-Dôme* (Auvergne), arr., cant., ✉ et à 3 k. de Clermont. Pop. 3,775 h. — C'est près de ce village que les Romains furent défaits lors de l'attaque de Gergovia. V. Clermont.

AUBIERS (les), bg *Deux-Sèvres* (Poitou), arr. et à 15 k. de Bressuire, cant. et ✉ de Châtillon-sur-Sèvre. Pop. 1,907 h. — Il est sur l'Argent, qui y arrose de belles prairies. — *Fab.* de toiles fines et de mouchoirs. — *Foires* les 1er mars, 25 mai, 1er mars, 3 nov. et le jeudi de la Passion.

AUBIET, bg *Gers* (Gascogne), arr. et à 17 k. d'Auch, cant. et ✉ de Gimont. Pop. 1,488 h. — *Foires* les 28 fév., 22 juillet, 8 nov.

AUBIGNAN, *Aubinianum*, bg *Vaucluse* (comtat Venaissin), arr., cant., ✉ et à 5 k. de Carpentras. Pop. 1,675 h. — Il est célèbre par le siège mémorable que ses habitants soutinrent contre les protestants, dans les guerres de religion qui ont désolé cette contrée. — Filatures de soie. — *Commerce* d'huile renommée.

AUBIGNAS, *Ardèche* (Vivarais), arr. à 24 k. de Privas, cant. de Viviers, ✉ de Villeneuve-de-Berg. Pop. 324 h.

AUBIGNÉ, vg. *Ille-et-Vilaine* (Bretagne), arr. et à 21 k. de Rennes, cant. et ✉ de St-Aubin-d'Aubigné. Pop. 166 h. — *Commerce* de bestiaux. — *Foires* les 3 nov., 1er jeudi de carême et 1er jeudi de la mi-carême.

AUBIGNÉ, bg *Sarthe* (Anjou), arr. et à 31 k. de la Flèche, cant. de Mayet, ✉ de Lude. Pop. 1,974 h. — Aux environs, près du château de Bossé, situé sur une hauteur qui domine le cours du ruisseau de Gravelle, on voit un dolmen formé de deux pierres ayant ensemble 2 m. 32 c. de long, supportées par huit ou neuf autres pierres. Non loin de ce monument est un dolmen incliné.

AUBIGNÉ, bg *Deux-Sèvres* (Poitou), arr. et à 20 k. de Melle, cant. et ✉ de Chefboutonne. Pop. 626 h. — *Commerce* de porcs. — *Foires* les 1er nov., 1er jeudi de carême et de la mi-carême.

AUBIGNÉ-BRIAND, vg. *Maine-et-Loire* (Anjou), arr. et à 40 k. de Saumur, cant. et ✉ de Vihiers. Pop. 383 h.

AUBIGNEY, vg. *H.-Saône* (Franche-Comté), arr. et à 16 k. de Gray, cant. et ✉ de Pesmes. Pop. 314 h.

AUBIGNOSC, *Aubignoscum*, vg. *B.-Alpes* (Provence), arr., ✉ et à 10 k. de Sisteron, cant. de Volonne. Pop. 356 h. Près de la rive droite de la Durance. — Il est dans un territoire très-productif, arrosé par un canal de dérivation du Jabiron.

AUBIENS, vg. *Aisne* (Picardie), arr. et à 17 k. de Laon, cant. de Craonne, ✉ de Corbeny. Pop. 105 h.

AUBIGNY, vg. *Allier* (Bourbonnais), arr., ✉ et à 22 k. de Moulins, cant. de Lurcy-Levy. Pop. 286 h.

AUBIGNY, vg. *Ardennes* (Champagne), arr. et à 20 k. de Rocroi, cant. de Rumigny, ✉ de Rimogne. Pop. 347 h. — *Foires* les 14 juin, 11 juin, 15 sept., le jour de la mi-carême. On y vend beaucoup de chevaux et de bestiaux.

AUBIGNY, vg. *Aube* (Champagne), arr. et à 14 k. d'Arcis, cant. et ✉ de Ramerupt. Pop. 203 h.

AUBIGNY, vg. *Calvados* (Normandie), arr., cant., ✉ et à 3 k. de Falaise. Pop. 429 h. — Carrières de pierre à bâtir.

AUBIGNY, *Albiniacum*, petite ville, *Cher* (Berri), chef-l. de cant., arr. et à 37 k. de Sancerre. Cure. Gîte d'étape. ✉. A 178 k. de Paris pour la taxe des lettres. Pop. 2,176 h. — Terrain tertiaire moyen.

Autrefois château et duché-pairie, diocèse, intendance et élection de Bourges.

Cette ville existait au XIe siècle ; elle était alors défendue par un château fort considérable et par de hautes murailles environnées de profonds fossés. Aubigny fut donné en apanage par Philippe le Bel à Louis de France, et revint à la couronne à l'extinction de la famille de ce prince. Pendant la captivité du roi Jean, cette ville fut prise et brûlée par les Anglais ; promptement rétablie, elle fut entièrement détruite en 1512, par un incendie qui n'épargna qu'une seule maison. A l'époque des guerres de la Ligue, le duc de la Châtre assiégea Aubigny ; mais ses habitants firent une telle résistance, qu'ils le contraignirent à lever le siège.

Les armes d'*Aubigny* sont : *de gueules, au fer de maillet d'or*.

Malgré ses fréquents désastres et ses reconstructions successives, Aubigny est une ville petite, laide et mal bâtie, traversée par la Nerre et par la grande route de Paris à Bourges ; elle n'a de remarquable que son ancien château. On y voit une belle plantation de sapins servant de promenade publique. A l'extrémité de la rue principale, et au coin d'une des rues transversales, à droite en allant à Bourges, on voit une maison en bois de forme gothique dont les sculptures sont assez remarquables.

Fabriques de draps communs, droguets, serges. — Grand *commerce* de laine blanche dite de Sologne. Tannerie importante. Teinturerie. Lavoirs de laine. — *Foires* les 13 janv., 27 fév., 20 mars, 28 mai, 8 juillet, 29 sept., 10 nov.

AUBIGNY, vg. *H.-Marne* (Champagne), arr. et à 28 k. de Langres, cant. et ✉ de Prauthoy. Pop. 258 h. Dans un territoire fertile en vins estimés. — L'église, séparée du village, est bâtie sur une montagne d'où la vue s'étend sur une belle vallée arrosée par la Vingeanne.

AUBIGNY, vg. *Nièvre*, comm. de Montenoison, ✉ de Prémery.

AUBIGNY, bg *Pas-de-Calais* (Artois), chef-l. de cant., arr. et à 23 k. de St-Pol, sur la Scarpe. Cure. ✉. A 206 k. de Paris pour la taxe des lettres. Pop. 641 h. — TERRAIN tertiaire supérieur, voisin du terrain crétacé supérieur.
Fabriques de calicots. Filatures de coton. Tuilerie. — *Foires* le 14 nov. et le mardi de la Pentecôte.
PATRIE de L.-J.-AUG. ANSART, auteur de la *Bibliothèque littéraire du Maine*, in-8, 1784.

AUBIGNY, vg. *Sarthe*, comm. d'Assé-le-Riboul, ✉ de Beaumont. Pop. 128 h.

AUBIGNY, vg. *Seine-et-Marne*, comm. de Montereau-sur-le-Jard, ✉ de Melun.

AUBIGNY, vg. *Deux-Sèvres* (Poitou), arr. et à 18 k. de Parthenay, cant. de Thézenay, ✉ d'Airvault, dans un pays boisé. Pop. 357 h.

AUBIGNY, vg. *Somme* (Picardie), arr. et à 16 k. d'Amiens, ✉ de Corbie. Pop. 676 h.

AUBIGNY, vg. *Vendée* (Poitou), arr., cant., ✉ et à 10 k. de Bourbon-Vendée. P. 969 h.

AUBIGNY-AU-BAC, vg. *Nord* (Flandre), arr., ✉ et à 14 k. de Douai, cant. d'Arleux. Pop. 1,220 h. — *Fabrique* importante de lin prêt à être filé. Corderies.

AUBIGNY-AUX-KAINES, vg. *Aisne* (Picardie), arr. et à 15 k. de St-Quentin, cant. de Vermand, ✉ de Ham.

AUBIGNY-EN-PLAINE, vg. *Côte-d'Or* (Bourgogne), arr. et à 41 k. de Beaune, cant. et ✉ de St-Jean-de-Losne. Pop. 414 h.

AUBIGNY-LA-RONCE, *Albinga*, vg. *Côte-d'Or* (Bourgogne), arr. et à 20 k. de Beaune, cant. et ✉ de Nolay. Pop. 416 h.

AUBIGNY-LE-CHÉTIF, vg. *Nièvre* (Nivernais), arr. et à 35 k. de Nevers, cant. et ✉ de Decize. Pop. 170 h.

AUBIGNY-LES-SOMBERNON, vg. *Côte-d'Or* (Bourgogne), arr. et à 40 k. de Dijon, cant. et ✉ de Sombernon. Pop. 312 h.

AUBIGNY-VILLAGE, vg. *Cher* (Berri), arr. et à 37 k. de Sancerre, cant. et ✉ d'Aubigny. Pop. 601 h.

AUBIGNY-VILLE. V. AUBIGNY, *Cher*.

AUBILLY, h. *Marne* (Champagne), arr. et à 15 k. de Reims, cant. et ✉ de Ville-en-Tardenois. Pop. 102 h. — *Fabriques* de crics.

AUBIN (St-), vg. *Aisne* (Picardie), arr. et à 35 k. de Laon, cant. de Coucy-le-Château, ✉ de Blérancourt. Pop. 456 h. — On y remarque les ruines d'un ancien château.

AUBIN (St-), *Allier* (Bourbonnais), arr. et à 36 k. de Moulins, cant. et ✉ de Bourbon-l'Archambault. Cure. ✉. A 647 k. de Paris pour la taxe des lettres. Pop. 725 h.

AUBIN (St-), vg. *Aube* (Champagne), arr., cant., ✉ et à 3 k. de Nogent-sur-Seine. Pop. 621 h. Sur l'Ardusson.
De ce village dépend le hameau de LA CHAPELLE-GODEFROY, situé sur l'Ardusson, à peu de distance de la grande route, d'où l'on aperçoit le château construit par Philibert Orry,
contrôleur général des finances, et embelli plus tard par Jean de Boulogne.
La Chapelle-Godefroy possède une source d'eau minérale ferrugineuse froide, découverte en 1801.
De St-Aubin dépend aussi le PARACLET, qui doit son établissement à Abailard. Persécuté pour ses doctrines, il se retira sur les terres du comte de Champagne, où il bâtit, en 1023, une petite chapelle qu'il dédia à la Trinité, et qu'il nomma le Paraclet. Poursuivi dans cette retraite où sa réputation attirait un grand nombre d'élèves, Abailard fut obligé de l'abandonner, et se retira en Bretagne. En 1128, Héloïse, en butte à la persécution de ces mêmes moines qui avaient voulu perdre Abailard, fut chassée du couvent d'Argenteuil dont elle était supérieure. Touché de cette nouvelle persécution, Abailard lui fit don de la solitude du Paraclet, où elle vint se fixer avec quelques-unes de ses compagnes en 1129. A la mort d'Abailard, son corps fut envoyé à Héloïse, qui le fit enterrer au Paraclet. Vingt-deux ans après, Héloïse mourut dans ce monastère et fut ensevelie dans la même tombe qui avait reçu le corps de son amant. Lorsqu'en 1792 on vendit l'abbaye du Paraclet, les notables de Nogent y allèrent en cortège enlever les corps d'Héloïse et d'Abailard, qu'ils déposèrent dans l'église de St-Laurent. M. Lenoir, conservateur du musée des monuments français, obtint du ministère de l'intérieur la permission de les faire transférer à Paris. Le tombeau qui recéla les deux époux, et qui fut pendant longtemps l'ornement du musée des Petits-Augustins, est aujourd'hui au cimetière du Père-Lachaise.
On a prétendu qu'Héloïse étant savante dans la langue grecque, la coutume s'était établie dans son monastère de chanter la messe en grec le jour de la Pentecôte, fête principale ; et Camusat dit que cela se faisait encore de son temps. Mais Courtalon rapporte qu'un magistrat sut de l'abbesse, en 1757, qu'on n'avait point connaissance que cela se soit pratiqué. On n'a rien trouvé, dit-il, dans les titres qui y ait aucun rapport ; et un ancien manuscrit du XIIIe siècle contenant ce qui doit se faire, chanter et lire chaque jour, ne fait aucune mention du service en grec.
Détruit en partie pendant la révolution, le monastère du Paraclet fut acheté par le comédien Monvel. Cette abbaye n'offrait plus que des ruines lorsqu'il devint la propriété du général Pajol, qui, avec les débris de la maison abbatiale, a fait reconstruire, sur les anciens fondements, un édifice régulier d'une belle apparence.

AUBIN, petite ville, *Aveyron* (Rouergue), chef-l. de cant., arr. et à 33 k. de Villefranche. Cure. ✉. A 647 k. de Paris pour la taxe des lettres. Pop. 3,076 h. — TERRAIN carbonifère, houille.
Cette ville consiste en une longue rue bâtie sur le penchant d'une colline. On croit qu'elle a été construite par les Romains, auxquels on attribue aussi plusieurs travaux creusés dans le roc que l'on voit encore, et quelques personnes
assignent la même origine à un château en ruine, bâti non loin d'Aubin sur un coteau escarpé ; le genre de construction de cet édifice, où l'on ne voit ni ogives, ni mâchicoulis, semble appuyer cette opinion.
Aubin a eu beaucoup à souffrir des dissensions religieuses du XVIe et du XVIIe siècle ; le fort fut pris en 1590 par les calvinistes, qui ne le conservèrent que peu de temps.
Le territoire d'Aubin est remarquable par les mines abondantes qu'il renferme ; on y trouve des pyrites, du soufre, de l'alun, du fer et d'importantes mines de houille. Ces mines, aujourd'hui exploitées avec activité, ont puissamment contribué à l'agrandissement et à l'embellissement de la ville d'Aubin, qui est devenue une place de commerce pour la houille, et un lieu de transit pour une grande partie des fers provenant des usines de Decazeville, situées à moins de 4 k. — Le bassin houiller d'Aubin entre pour 57/1000es dans le chiffre de l'extraction française ; il comprend dix concessions. Les produits sont presque entièrement consommés dans les usines de Decazeville et de la Forézie ; une faible partie est employée dans les autres usines de l'arrondissement de Villefranche et dans le Cantal. Quand la navigation du Lot aura été améliorée, ces produits pourront facilement se répandre dans la vallée de la Garonne et de la Gironde jusqu'à Bordeaux. L'extraction de la houille s'est élevée en 1835 à 1,140,000 quintaux. — *Commerce* considérable de toiles fabriquées dans les communes voisines. Aux environs, hauts fourneaux et forges à l'anglaise. — *Foires* les 17 janv., 4 fév., 1er mars et 5 nov.

Bibliographie: MURAT (J.-A.). *Topographie physique et médicale du district d'Aubin, département de l'Aveyron, et analyse des eaux minérales de Cransac*, in-8, 1805.

CORDIER (P.-A.). *Extrait de la première partie d'un rapport sur les mines d'alun du pays d'Aubin* (Ann. des mines, t. XXI, 1807).

AUBIN, vg. *B.-Pyrénées* (Béarn), arr. et à 18 k. de Paris, cant. de Thèze, ✉ d'Auriac. Pop. 350 h.

AUBIN (St-), vg. *Côte-d'Or* (Bourgogne), arr. et à 15 k. de Beaune, cant. de Nolay, ✉ de Chagny. Pop. 784 h.

AUBIN (St-), vg. *Côtes-du-Nord*, comm. de Plédeliac, ✉ de Jugon.

AUBIN (St-), *Gironde* (Guienne), arr. et à 15 k. de Libourne, cant. de Branne. Pop. 391 h.

AUBIN (St-), vg. *Gironde* (Guienne), arr. et à 15 k. de Blaye, cant. de St-Ciers-la-Lande. ✉. A 526 k. de Paris pour la taxe des lettres. Pop. 890 h. — *Foires* le 1er mercredi de mai et d'août.

AUBIN (St-), vg. *Indre* (Berri), arr., cant., ✉ et à 11 k. d'Issoudun. Pop. 338 h.

AUBIN (St-), vg. *Indre-et-Loire* (Touraine), arr. et à 41 k. de Tours, cant. de Neuvy-le-Roi, ✉ de St-Christophe. Pop. 380 h. — *Foire* le 3 mars.

AUBIN (St-), bg *Jura* (Franche-Comté), arr. et à 18 k. de Dôle, cant. et ✉ de Chemin. Cure. Pop. 1,699 h. — *Foires* les 1ᵉʳ janv., 25 mai, 26 août, 26 oct.

AUBIN (St-), vg. *Landes* (Gascogne), arr. et à 12 k. de St-Sever, cant. et ✉ de Mugron. Pop. 809 h.

AUBIN (St-), vg. *Loiret*, comm. de la Ferté-St-Aubin.

AUBIN (St-), vg. *Lot-et-Garonne* (Agénois), arr. et à 29 k. de Villeneuve-d'Agen. cant. et ✉ de Montflanquin. Pop. 736 h.

AUBIN (St-), vg. *Meuse* (Lorraine), arr., cant. et à 10 k. de Commercy, 26 k. de Vic, ✉ de Ligny. ⚙. Pop. 558 h.

AUBIN (St-), *Nièvre* (Nivernais), arr. à 25 k. de Clamecy, cant. de Tannay, ✉ de Monceaux-le-Comte. Pop. 508 h. Sur la Nièvre. — Forges, martinets et chaufferies pour ancres de la marine. Haut fourneau.

AUBIN (St-), vg. *Nièvre* (Nivernais), arr. et à 50 k. de Cosne, cant. et ✉ de la Charité. Pop. 1,146 h.

AUBIN (St-), vg. *Nord* (Hainaut), arr., cant. N., ✉ et à 6 k. d'Avesnes. — Pop. 669 h.

AUBIN (St-), vg. *Orne* (Normandie), arr. et à 26 k. d'Argentan, cant. de Gacé. — On trouve aux environs une source d'eau minérale acidule. V. Cisay-St-Aubin.

AUBIN (St-), vg. *Pas-de-Calais* (Picardie), arr., cant., ✉ et à 10 k. de Montreuil-sur-Mer. Pop. 158 h.

AUBIN (St-), vg. *Sarthe*, comm. de Marollette, ✉ de Mamers.

AUBIN (St-), vg. *Seine-et-Oise* (Ile-de-France), arr. et à 12 k. de Versailles, cant. de Palaiseau, ✉ d'Orçay. Pop. 113 h.

AUBIN (St-), vg. *Seine-Inf.*, comm. et ✉ de Gournay. Pop. 120 h.

AUBIN (St-), vg. *Vienne* (Poitou), arr. et à 16 k. de Loudun, cant. de Moncontour, ✉ de Mirebeau. Pop. 164 h.

AUBIN-ANZIN (St-), vg. *Pas-de-Calais* (Artois), arr., cant., ✉ et à 3 k. d'Arras. Pop. 456 h. Près de la Scarpe.

AUBIN-CELLOVILLE (St-), vg. *Seine-Inf.* (Normandie), arr. à 12 k. de Rouen, cant. de Boos, ✉ de Pont-de-l'Arche. Pop. 630 h.

AUBIN-CHATEAUNEUF (St-), vg. *Yonne* (Champagne), arr. à 21 k. de Joigny, cant. et ✉ d'Aillant-sur-Tholon. Pop. 972 h.

AUBIN-D'APPENAY (St-), vg. *Orne* (Normandie), arr. à 30 k. d'Alençon, cant. et ✉ du Mesle-sur-Sarthe. Pop. 754 h.

AUBIN-D'ARQUENAY (St-), vg. *Calvados* (Normandie), arr. à 13 k. de Caen, cant. de Douvres, ✉ de la Délivrande. Pop. 360 h.

AUBIN-D'AUBIGNÉ (St-), vg. *Ille-et-Vilaine* (Bretagne), chef-l. de cant., arr. et à 18 k. de Rennes. ✉. A 378 k. de Paris pour la taxe des lettres. Pop. 1,249 h. — Terrain de transition inférieur. — *Commerce* d'étoffes communes. — *Foires* les 20 mars, 18 juin, 12 sept. et 20 déc.

AUBIN-DE-BAUBIGNÉ (St-), vg. *Deux-Sèvres* (Poitou), arr. à 20 k. de Bressuire, cant. et ✉ de Châtillon-sur-Sèvre. Pop. 1,520 h.

AUBIN-DE-BLAGNAC (St-), vg. *Gironde* (Guienne), arr. et à 15 k. de Libourne, cant. et ✉ de Branne. Pop. 391 h.

AUBIN-DE-BONNEVAL (St-), vg. *Orne* (Normandie), arr. et à 20 k. d'Argentan, cant. de Vimoutiers, ✉ du Sap. Pop. 580 h.

AUBIN-DE-CAHUZAC (St-), *Curta Haraia*, vg. *Dordogne* (Périgord), arr. à 28 k. de Bergerac, cant. et ✉ d'Eymet. Pop. 736 h.

AUBIN-DE-COURTERAIE (St-), vg. *Orne* (Normandie), arr. et à 4 k. de Mortagne, cant. de Bazoches-sur-Huisne, ✉ de Moulins-la-Marche. Pop. 556 h.

AUBIN-DE-CRETOT (St-), vg. *Seine-Inf.* (Normandie), arr. et à 10 k. d'Yvetot, cant. et ✉ de Caudebec. Pop. 422 h.

AUBIN-D'ECROSVILLE (St-), *S. Albinus de Crovilla Richardi*, vg. *Eure* (Normandie), arr. à 20 k. de Louviers, cant. et ✉ du Neubourg. Pop. 930 h. — Terrain tertiaire supérieur.

St-Aubin-d'Ecrosville est le lieu de naissance du docteur Auzoux, créateur de l'anatomie classique, de ces belles préparations artificielles au moyen desquelles on peut enfin toucher et considérer sans dégoût, dans leurs plus petits détails, les nombreuses parties dont se compose le corps humain, les monter et les démonter à volonté. Cette invention précieuse, destinée à faire faire des progrès immenses à la physiologie, facilite déjà singulièrement l'étude de l'anatomie dans les collèges, et même dans divers établissements particuliers consacrés à l'éducation.

AUBIN-DE-LANQUAIS (St-), vg. *Dordogne* (Périgord), arr. à 13 k. de Bergerac, cant. et ✉ d'Issigeac. Pop. 605 h. — Fab. de toiles.

AUBIN-DE-LOCQUENAY (St-), vg. *Sarthe* (Maine), arr. à 31 k. de Mamers, cant. et ✉ de Fresnay-sur-Sarthe. Pop. 1,184 h. Près de la Sarthe. — Carrière de marbre.

AUBIN-DE-LUIGNÉ (St-), bg *Maine-et-Loire* (Anjou), arr. à 24 k. d'Angers, cant. et ✉ de Chalonnes. Pop. 1,627 h. — Indices de mines de houille.

AUBIN-DE-NABIRAT (St-), vg. *Dordogne* (Périgord), arr. à 22 k. de Sarlat, cant. et ✉ de Domme. Pop. 514 h.

AUBIN-DES-BOIS (St-), vg. *Calvados* (Normandie), arr. à 19 k. de Vire, cant. et ✉ de St-Sever. Pop. 650 h.

AUBIN-DES-BOIS (St-), vg. *Eure-et-Loir* (Beauce), arr., cant., ✉ et à 10 k. de Chartres. Pop. 567 h. Près de l'aqueduc de Maintenon.

AUBIN-DE-SCELLON (St-), vg. *Eure* (Normandie), arr. à 15 k. de Bernay, cant. et ✉ de Thiberville. Pop. 1,376 h.

AUBIN-DES-CERCUEILS (St-), vg. *Seine-Inf.* (Normandie), arr., et à 18 k. du Havre, cant. de St-Romain. Pop. 330 h.

AUBIN-DES-CHATEAUX (St-), *Loire-Inf.* (Bretagne), arr., cant., ✉ et à 8 k. de Châteaubriant. Pop. 1,883 h. Près de la rive droite du Cher. — *Foire* le mardi après le 14 sept.

AUBIN-DES-COUDRAIS (St-), vg. *Sarthe* (Maine), arr. et à 30 k. de Mamers, cant. et de la Ferté-Bernard. Pop. 1,182 h.

AUBIN-DES-GROIS (St-), vg. *Orne* (Normandie), arr. et à 23 k. de Mortagne-sur-Huisne, cant. de Nocé, ✉ de Bellesme. Pop. 281 h.

AUBIN-DES-HAYES (St-), vg. *Eure* (Normandie), arr., ✉ et à 12 k. de Bernay, cant. de Beaumesnil. Pop. 394 h.

AUBIN-DES-LANDES (St-), vg. *Ille-et-Vilaine*, (Bretagne), arr., cant., ✉ et à 18 k. de Vitré. Pop. 602 h.

AUBIN-DES-ORMEAUX (St-), vg. *Vendée* (Poitou), arr. à 46 k. de Bourbon-Vendée, cant. de Mortagne-sur-Sèvre, ✉ de Tiffauges. Pop. 627 h.

AUBIN-DES-PREAUX (St-), vg. *Manche* (Normandie), arr. à 20 k. d'Avranches, cant. et ✉ de Granville. Pop. 568 h.

AUBIN-DE-TERREGATTE (St-), vg. *Manche* (Normandie), arr. et à 16 k. d'Avranches, cant. et ✉ de St-James. P. 1,938 h.

AUBIN-DU-CORMIER (St-), *Cornutius Vicus*, *Fanum S. Albini*, vg. *Ille-et-Vilaine* (Bretagne), chef-l. de cant., arr. et à 19 k. de Fougères, Cure. Gîte d'étape. ✉. A 318 k. de Paris pour la taxe des lettres. P. 1,896 h. — Terrain de transition moyen.

Cette ville changea son nom, en 1793, pour celui de *Montagne-la-Forêt*. Elle est bâtie sur une colline escarpée, près de la forêt de son nom, et doit son origine à un château fort construit, en 1223, par Pierre de Dreux, duc de Bretagne. Sa position élevée lui procure un air très-vif et un horizon très-étendu. Elle a été assiégée et prise sur les Bretons par les Français, dans la guerre qui termina glorieusement pour ces derniers la célèbre bataille de St-Aubin, gagnée par la Trimouille, général en chef de Charles VIII à l'âge de dix-huit ans, contre le duc de Bretagne François II, le prince d'Orange et le duc d'Orléans (depuis Louis XII) : ces deux princes y furent faits prisonniers. — La Trimouille souilla sa victoire par un acte de la plus cruelle barbarie. Le lendemain de la bataille, il invita à sa table le prince d'Orange et le duc d'Orléans, avec leurs deux capitaines. Après le repas, et à un signal convenu, l'un de ses officiers se lève, sort, et rentre un moment après avec deux cordeliers. A cet aspect les princes pâlissent. « Rassurez-vous, leur dit la Trimouille, il ne m'appartient pas de prononcer sur votre sort; cela est réservé au roi ; mais vous, capitaines, qui avez été pris en combattant contre votre patrie, mettez promptement ordre aux affaires de votre conscience. » En vain les princes demandèrent grâce pour leurs malheureux officiers, la Trimouille fut inexorable et leur fit trancher la tête.

La ville de St-Aubin-du-Cormier fit partie des villes que le roi retint en otage par le traité de paix avec le duc de Bretagne. Il ne reste plus du gothique château de St-Aubin que quelques pans de murs et une tour très-élevée, qui signale au loin cette ancienne demeure ducale, habitée passagèrement par la duchesse Anne. *Fabriques* de cuirs et de poterie de terre commune. Éducation des abeilles. — *Commerce* considérable de beurre frais, de toiles, étoffes communes, miel, cire, sel, gibier, sarrasin, instruments aratoires, etc. — *Foires* le 2e jeudi de mars, avril, mai, juillet, août et déc.

AUBIN-DU-DÉSERT (St-), vg. *Mayenne* (Maine), arr. et à 30 k. de Mayenne, cant. et ✉ de Villaines-la-Juhel. Pop. 913 h.

AUBIN - DU - PAVAIL (St-), vg. *Ille-et-Vilaine*, arr. et à 18 k. de Rennes, cant. et ✉ de Châteaugiron. Pop. 19 h.

AUBIN-DU-PERRON (St-), vg. *Manche* (Normandie), arr. et à 30 k. de Coutances, cant. de St-Sauveur-Landelin, ✉ de Périers. Pop. 670 h.

AUBIN-DU-PLAIN (St-), vg. *Deux-Sèvres* (Poitou), arr. et à 10 k. de Bressuire, cant. et ✉ d'Argenton-le-Château. Pop. 339 h.

AUBIN-DU-THENNEY (St-), vg. *Eure* (Normandie), arr. et à 13 k. de Bernay, cant. et ✉ de Broglie. Pop. 980 h. — *Fab.* de frocs et de draps communs.

AUBIN-DU-VIEIL-ÉVREUX (St-), *Veteribus Ebroicis S. Albinus*, vg. *Eure* (Normandie), arr., cant., et à 8 k. d'Évreux. Pop. 199 h. — Les ruines du Vieil-Évreux s'étendent sur divers points de cette commune. On y remarque, particulièrement vers Cracouville, des parties bien conservées de l'aqueduc romain. V. VIEIL-ÉVREUX.

Patrie du lieutenant général d'artillerie LENOURY.

AUBIN-EN-BRAY, vg. *Oise* (Picardie), arr. et à 18 k. de Beauvais, cant. du Coudray-St-Germer. Pop. 484 h.

AUBIN-EN-CHAROLLAIS (St-), vg. *Saône-et-Loire* (Bourgogne), arr., ✉ et à 10 k. de Charolles, cant. de Palinges. Pop. 703 h.

AUBIN-ÉPINAY (St-), vg. *Seine-Inf.* (Normandie), arr. et à 8 k. de Rouen, cant. de Boos, ✉ de Darnetal. Pop. 542 h. — *Fab.* d'indiennes. Filature de coton.

AUBIN - FOSSE - LOUVAIN (St-), vg. *Mayenne* (Maine), arr. et à 26 k. de Mayenne, cant. et ✉ de Gorron. Pop. 944 h.

AUBIN-JOUXTE-BOULENG (St-), joli village, *Seine-Inf.* (Normandie), arr. et à 21 k. de Rouen, cant. et ✉ d'Elbeuf. Pop. 1,474 h. Sur la rive droite de la Seine. — *Fab.* de draps.

AUBIN-LA-PLAINE (St-), vg. *Vendée* (Poitou), arr. et à 20 k. de Fontenay, cant. et ✉ de Ste-Hermine. Pop. 269 h.

AUBIN-LA-RIVIÈRE (St-), vg. *Seine-Inf.* (Normandie), arr. et à 6 k. de Rouen, cant. de Boos. Pop. 260 h. Près de l'Aubette.

AUBIN-LE-BIZAY (St-), vg. *Calvados* (Normandie), arr. et à 17 k. de Pont-l'Évêque, cant. de Cambremer, ✉ de Dozullé. Pop. 274 h.

AUBIN-LE-CAUF (St-), vg. *Seine-Inf.* (Normandie), arr. et à 11 k. de Dieppe, cant. et ✉ d'Envermeu. Pop. 687 h.

AUBIN-LE-CLOUX (St-), vg. *Deux-Sèvres* (Poitou), arr., ✉ et à 12 k. de Parthenay, cant. de Secondigny. Pop. 1,220 h.

AUBIN-LE-GUICHARD (St-), *S. Albinus Guichardi*, vg. *Eure* (Normandie), arr., ✉ et à 11 k. de Bernay, cant. de Beaumesnil. Pop. 666 h.

AUBIN-LE-VERTUEUX (St-), *S. Albinus Virtuosus*, vg. *Eure* (Normandie), arr., cant., ✉ et à 5 k. de Bernay. Pop. 692 h.

AUBIN - MONTENOY (St-), vg. *Somme* (Picardie), arr. et à 25 k. d'Amiens, cant. de Molliens-Vidame, ✉ de Quévauvillers. Pop. 401 h.

AUBIN - RIVIÈRE (St-), vg. *Somme* (Picardie), arr. et à 48 k. d'Amiens, cant. et ✉ d'Oisemont. Pop. 314 h.

AUBIN - ROUTOT (St-), vg. *Seine-Inf.* (Normandie), arr. et à 18 k. du Havre, cant. et ✉ de St-Romain. Pop. 644 h.

AUBIN-ST-VAAST vg. *Pas-de-Calais* (Boulonnais), arr. et à 16 k. de Montreuil, cant. et ✉ d'Hesdin. Pop. 698 h.

AUBIN-SOUS-ERQUERY (St-), vg. *Oise* (Picardie), arr., cant., ✉ et à 6 k. de Clermont. Pop. 228 h.

AUBIN-SUR-ALGOT (St-), vg. *Calvados* (Normandie), arr. et à 14 k. de Lisieux, cant. de Mezidon, ✉ de Cambremer. Pop. 419 h.

AUBIN-SUR-AUQUAINVILLE (St-), vg. *Calvados* (Normandie), arr. et à 12 k. de Lisieux, cant. de Livarot, ✉ de Fervaques. Pop. 91 h.

AUBIN-SUR-GAILLON (St-), vg. *Eure* (Normandie), arr. et à 17 k. de Louviers, cant. et ✉ de Gaillon. Pop. 1,073 h.

AUBIN-SUR-ITON (St-), vg. *Orne*, comm. de St-Ouen-sur-Iton, ✉ de Chandey.

AUBIN-SUR-LOIRE (St-), vg. *Saône-et-Loire* (Bourgogne), arr. et à 43 k. de Charolles, cant. et ✉ de Bourbon-l'Ancy. Pop. 631 h.

AUBIN-SUR-MER (St-), vg. *Seine-Inf.* (Normandie), arr. et à 30 k. d'Yvetot, cant. de Fontaine-le-Dun, ✉ du Bourg-Dun. Pop. 438 h. — Il est sur la rive gauche du Dun, à peu de distance de l'Océan. — *Établissement de la marée*, 6 heures 5 minutes.

Bibliographie. ESTANCELIN. *Notice sur quelques objets d'antiquités trouvées dans une fouille près de la mer, à Saucemar, commune de St-Aubin-sur-Mer* (Mém. de la soc. des antiq. de Normandie, t. I, 1825).

AUBIN-SUR-QUILLEBEUF (St-), vg. *Eure* (Normandie), arr. et à 12 k. de Pont-Audemer, cant. et ✉ de Quillebeuf. Pop. 712 h.

AUBIN-SUR-RILLE (St-), *S. Albinus super Rillam*, vg. *Eure*, comm. d'Anjou, ✉ de Bernay.

AUBIN-SUR-SCIE (St-), vg. *Seine-Inf.* (Normandie), arr., ✉ et à 6 k. de Dieppe, cant. d'Offranville. Pop. 551 h. — Il est situé au pied d'un coteau, près de la Scie. On y remarque un aqueduc creusé dans toute l'épaisseur de la montagne, qui sert de conduite aux eaux, et alimente les fontaines de la ville de Dieppe.

AUBIN-SUR-YONNE (St-), vg. *Yonne* (Bourgogne), arr., cant. et à 5 k. de Joigny, ✉ de Villevallier. Pop. 456 h.

AUBINÈTES, vg. *Lot-et-Garonne*, comm. de St-Sauveur-de-Lévignac, ✉ de Marmande.

AUBINGES, vg. *Cher* (Berri), arr. et à 21 k. de Bourges, cant. et ✉ d'Aix-d'Angillon. Pop. 709 h.

AUBOIS (l'), petite rivière qui prend sa source au-dessus de Sancoins, dép. du *Cher*; elle passe à la Guerche et se jette dans la Loire, un peu au-dessus de St-Léger, après un cours d'environ 40 k.

AUBONCOURT-ÈS-RIVIÈRE, vg. *Ardennes*, comm. de Chesnois, ✉ de Launoy.

AUBONCOURT - LES - VAUZELLES, vg. *Ardennes* (Champagne), arr. et à 20 k. de Rethel, cant. de Novion, ✉ de Saulces-aux-Bois. Pop. 299 h.

AUBONNE, vg. *Doubs* (Franche-Comté), arr., ✉ et à 16 k. de Pontarlier, cant. de Montbenoît. Pop. 741 h.

AUBORD, vg. *Gard* (Languedoc), arr., ✉ et à 11 k. de Nîmes, cant. de Vauvert. Pop. 220 h.

AUBOUÉ, vg. *Moselle* (Lorraine), arr., cant., ✉ et à 5 k. de Briey. Pop. 360 h.

AUBONS, vg. *B.-Pyrénées* (Béarn), arr. et à 47 k. de Pau, cant. et ✉ de Garlin. P. 289 h.

AUBRAC, vg. *Aveyron*, comm. de St-Chely-d'Aubrac, ✉ d'Espalion. Pop. 175 h. — On y remarque les ruines pittoresques d'une maison hospitalière, appelée la Domerie d'Aubrac, bâtie en 1120. — Les restes de cette ancienne abbaye ont été désignés par l'autorité locale comme étant susceptibles d'être classés au nombre des monuments historiques.

Bibliographie. BOUSQUET (l'abbé). *L'Ancien Hôpital d'Aubrac*, in-8, grav., 1842.

AUBRAC, chaîne de montagnes mamelonnées du dép. de l'*Aveyron*, qui s'étend depuis la rive gauche de la Truyère jusqu'à la rive droite du Lot, sur un espace de 44 k. Les montagnes d'Aubrac sont renommées par l'excellence de leurs pâturages. On y engraisse en été une quantité prodigieuse de bêtes à laine et de bêtes à cornes, qui servent à l'approvisionnement des boucheries du Languedoc et de la Provence, et principalement de Marseille, qui en tire seule 3,000 moutons par semaine, 100 bœufs et autant de vaches. V. AVEYRON.

AUBRES, vg. *Drôme* (Dauphiné), arr., cant., ✉ et à 3 k. de Nyons. Pop. 325 h.

AUBRÉVILLE, vg. *Meuse* (Lorraine), arr. et à 23 k. de Verdun, cant. et ✉ de Clermont-en-Argonne. Pop. 986 h.

AUBRIVES, vg. *Ardennes* (Champagne), arr. et à 35 k. de Rocroi, cant. et ✉ de Givet. Pop. 257 h.

AUBROMETZ, vg. *Pas-de-Calais* (Artois), arr. et à 15 k. de St-Pol, cant. d'Auxy-le-Château, ✉ de Frévent. Pop. 241 h.

AUBRY, vg. *Nord* (Flandre), arr., cant., ✉ et à 4 k. de Valenciennes. Pop. 833 h.

AUBRY-EN-EXMES, vg. *Orne* (Normandie), arr. et à 10 k. d'Argentan, cant. et ✉ de Trun. Pop. 436 h.

AUBRY-LE-PANTHOU, vg. *Orne* (Normandie, arr. et à 25 k. d'Argentan, cant. et ✉ de Vimoutiers. Pop. 359 h.

On y remarque un petit château fort original, formé d'une tour ronde crénelée, entourée de douves, sur laquelle ont été élevés trois étages carrés pour servir d'habitation vers le temps de Louis XIII.

Fabrique de toiles et de tissus de laine.

AUBUES (les), vg. *Nièvre*, comm. de Chaulgnes, ✉ de la Charité.

AUBURE, vg. *Ht-Rhin* (Alsace), arr. et à 30 k. de Colmar, cant. et ✉ de Ste-Marie-aux-Mines. Pop. 335 h.

AUBUSSARGUES, vg. *Gard* (Languedoc), arr., ✉ et à 7 k. d'Uzès, cant. de St-Chaptes. Pop. 279 h.

AUBUSSON, *Albucio*, *Aubussonium*, ville ancienne, *Creuse* (Marche), chef-l. de sous-préf. et d'un cant. Trib. de 1re inst. Cure. Gîte d'étape. ✉. ♈. Pop. 5,196 h. — TERRAIN cristallisé ou primitif.

Autrefois diocèse de Limoges, parlement de Paris, intendance de Moulins, élection de Guéret, châtellenie et justice royale.

Une opinion assez répandue et vraisemblable rapporte au commencement du VIIIe siècle l'origine de la ville d'Aubusson. Il n'y avait alors dans le lieu qu'elle occupe qu'un château fort, dont la tradition fait remonter la construction au temps de César. Après la défaite d'Abdérame par Charles Martel, le hasard voulut qu'un parti de Sarrasins échappé au carnage arrivât aux environs de cette forteresse; il y avait parmi eux des tanneurs, des tapissiers et des teinturiers qui, trouvant la position favorable à l'exercice des arts dans lesquels ils avaient été élevés, et les eaux excellentes pour la teinture des laines et la préparation des cuirs, se fixèrent auprès du château, avec l'agrément du seigneur, qui crut devoir protéger cette industrie naissante, à laquelle la ville d'Aubusson doit son origine et sa prospérité. — Le château d'Aubusson était l'un des plus considérables et des plus forts de la province : de hautes murailles flanquées de tour l'environnaient de tous côtés; l'enceinte extérieure renfermait un monastère et plusieurs églises. — L'on voit encore de belles ruines de ce château, où l'on aperçoit des traces de construction romaine. — Le château a été désigné par l'autorité locale comme étant susceptible d'être classé au nombre des monuments historiques.

Les armes d'Aubusson sont : *d'argent à un buisson de sinople*.

La ville d'Aubusson est située au milieu d'une contrée aride et inculte, dans une gorge entourée de montagnes et de rochers qui en rendent l'aspect très-pittoresque. Elle est traversée par la Creuse, et n'offre qu'une seule rue assez bien bâtie. Depuis quelques années, on y a construit plusieurs nouveaux édifices et de fort belles maisons; améliorations que cette ville doit à l'industrie manufacturière et commerciale de ses habitants, et principalement à ses importantes manufactures de tapis, dont les produits sont recherchés avec empressement pour la richesse des couleurs et la correction des dessins.

— On y a exploité des mines de plomb aujourd'hui abandonnées.

Fabriques de draps communs, bouracans, siamoises, tapis de table et de pied. Filatures hydrauliques de laine et de coton. Teintureries. Tanneries. — *Manufacture royale* de tapisseries de haute lisse et de tapis façon de Turquie, Ⓑ 1829 ; Ⓐ 1802, 1819, 1823, 1827 ; Ⓒ 1834. — *Commerce* et entrepôt de sel que l'on expédie pour les villes environnantes. — *Foires* les 15 sept., 25 oct., 19 nov., 7 déc., 3e samedi de carême, samedi après Quasimodo, avant les Rogations, après la Pentecôte. Marché considérable tous les samedis.

Aubusson est à 33 k. de Guéret, 376 k. de Paris pour la taxe des lettres.

L'arrondissement d'Aubusson est composé de 10 cantons : Aubusson, Auzances, Bellegarde, Chénérailles, Crocq, Evaux, Felletin, Gentioux, la Courtine et St-Sulpice-les-Champs.

AUBUSSON, vg. *Orne* (Normandie), arr. et à 24 k. de Domfront, cant. et ✉ de Flers. Pop. 601 h.

AUBUSSON, vg. *Puy-de-Dôme* (Auvergne), arr. et à 13 k. de Thiers, cant. et ✉ de Courpière. Pop. 796 h. — *Foires* les 1er mai, 24 juin, 24 août et 2 nov., principalement pour les bestiaux.

AUBVILLERS, vg. *Somme* (Picardie), arr., ✉ et à 11 k. de Montdidier, cant. d'Ailly-sur-Noye. Pop. 351 h.

AUBY, beau village, *Nord* (Flandre), arr., cant., ✉ et à 6 k. de Douai. Pop. 380 h. — Bordé par le canal de Lille à Douai, embelli par deux maisons de campagne, formé de rues larges, bien pavées et bordées de maisons bien bâties, Auby peut être considéré comme une des belles communes de l'arrondissement de Douai. — Moulins à huile et à blé. Brasserie.

AUCALEUC, vg. *Côtes-du-Nord* (Bretagne), arr., c., ✉ et à 5 k. de Dinan. P. 416 h.

AUCALO, fleuv. (lat. 44°, long. 24°). « Selon Honoré Bouche (*Chorog. de Prov.*, liv. 1, ch. 5), une inscription trouvée près d'Apt nous apprend que le nom de la rivière de Calaon, qui passe sous cette ville, et qui tombe dans la Durance, est Aucalo. » D'Anville. *Notice de l'ancienne Gaule*, p. 113.

AUCANVILLE, vg. *Tarn-et-Garonne* (Armagnac), arr. et à 36 k. de Castel-Sarrasin, cant. et ✉ de Verdun-sur-Garonne. P. 1,098 h. — *Foires* les 5 janv., 5 fév., 12 mai, 6 sept. et 1er déc.

AUCCAZEIN, vg. *Ariège* (Gascogne), arr. et à 16 k. de St-Girons, cant. et ✉ de Castillon. Pop. 387 h.

AUCCELLOU, vg. *Drôme* (Dauphiné), arr. et à 14 k. de Die, cant. et ✉ du Luc-en-Diois. Pop. 394 h.

AUCEY, vg. *Manche* (Normandie), arr. et à 25 k. d'Avranches, cant. et ✉ de Pontorson. Pop. 790 h.

AUCH, *Elimberis*, *Civitas Auscius*, *Augusta Ausciorum*, *Ausci*, très-ancienne ville, chef-l. du dép. du *Gers*, chef-l. d'arr. et de 2 cant. Trib. de 1re inst. et de comm. Archev. Grand et petit sémin. 4 cures. Soc.

centr. d'agricul. Coll. royal. Abattoir public. Dépôt de remontes. Gîte d'étape. ✉. ♈. Pop. 10,867 h. — TERRAIN tertiaire moyen.

Autrefois archevêché, capitale de l'Armagnac et de la Gascogne, généralité, intendance, présidial, sénéchaussée, élection. — L'archevêché d'Auch avait pour suffragants les évêqués de Dax, Lectoure, Commings, Couserans, Aire, Bazas, Tarbes, Oléron, Lescar et Bayonne. Revenu, 200,000 liv.

Auch est une des plus anciennes villes de France ; elle fut soumise par Crassus, un des lieutenants de César, dont il est parlé dans la guerre de Vercingétorix. « Du temps de Ptolémée cette ville avait quitté le nom d'Elimberis pour prendre celui d'Augusta, qu'elle changea encore pour celui de peuple Ausci, dont elle était la capitale. Dans l'Itinéraire de Bordeaux, elle est nommée *Civitas Auscius*; dans Sidoine Apollinaire, *Auscences*, et dans Grégoire de Tours, *Auscientis Urbs*. L'Itinéraire d'Antonin, celui de Bordeaux et la Table de Peutinger fournissent des mesures qui déterminent la position de cette ancienne ville par l'intersection de quatre routes qui partent de *Tolosa*, Toulouse, *Lactora*, Lectoure, *Elusa*, Eause, et *Lugdunum Convenæ*, St-Bertrand-de-Comminges. — A une époque que l'on ignore, *Elusa*, Eause, ayant perdu la prééminence sur *Ausci*, Auch, et devint la capitale d'une province connue sous le nom de Novempopulania. A une autre époque également ignorée, Auch reprit de nouveau le premier rang, et le chef-lieu du diocèse, auparavant à Eause, y fut transporté. » Walckenaer. *Géographie des Gaules*, part. II, ch. 2, p. 287.

Au VIIIe siècle, quand les Vascons eurent soumis le pays auquel ils donnèrent leur nom, Eause ayant cessé d'être la ville principale, Auch devint la capitale de la Gascogne ; et lorsque le pays fut divisé en comtés, elle devint celle de l'Armagnac. Dès le IVe siècle, Auch fut le siège d'un évêché, dont les prélats prirent la qualité d'archevêques en 879. Aymard fut le premier qui porta ce titre, que lui donna le pape Jean VIII. Cette ville compte un grand nombre de saints parmi ses archevêques, qui conservèrent, jusqu'en 1789, le titre de primats d'Aquitaine, quoique depuis bien des siècles il n'existât plus d'Aquitaine. Il s'y est tenu divers conciles, en 1068, 1279, 1300, 1303, 1308, 1315 et 1364.

L'ancienne ville d'Auch avait été bâtie dans une petite plaine, sur la rive droite du Gers ; elle était beaucoup plus étendue que la ville moderne ; les défrichements et les fouilles qui ont eu lieu sur cet emplacement ont fait découvrir des restes d'édifices en pierre et en briques, des fragments d'architecture en marbre et de style romain, des mosaïques, des ustensiles, des médailles, et d'autres antiquités plus ou moins précieuses. Les vicissitudes qui ont amené la destruction de cette première ville sont inconnues : on présume qu'elle fut ruinée par les Sarrasins, en 724. La ville nouvelle fut reconstruite sur la rive opposée, avant le temps de Clovis, qui fit bâtir sur le bord du

Gers une belle église en l'honneur de saint Martin, sur l'emplacement de laquelle fut élevée dans la suite l'église Ste-Marie.

La ville d'Auch est bâtie sur le penchant d'un coteau très-élevé, qui présente un aspect pittoresque : ses maisons, dans la partie méridionale et orientale, présentent l'aspect d'un vaste amphithéâtre de gradins élevés les uns au-dessus des autres. Le Gers, qui coule au pied de cette colline, couverte d'habitations, la divise en haute et en basse ville ; les rues sont étroites et mal percées, mais propres et bien pavées ; les places publiques, régulières et assez jolies. Pour faciliter la communication entre les deux parties de la ville, on a pratiqué un passage qui conduit directement de l'une à l'autre : c'est un escalier de forme singulière, nommé *Pousterlo* (poterne), qui a plus de 200 marches. Sur la partie la plus élevée de la ville, on remarque une place assez régulière, entourée de belles constructions, à l'extrémité de laquelle est une promenade agréable, d'où l'on découvre une partie des Pyrénées, et où a été élevée la statue érigée par le département du Gers à la gloire de l'intendant d'Etigny. Ce quartier est sans contredit le plus beau de la ville ; on y trouve de jolies maisons, des rues plus régulières et mieux alignées, et les deux principaux édifices d'Auch, l'ancien archevêché et la cathédrale. L'emplacement de l'ancienne ville est occupé par un faubourg, où se trouve un grand et bel hôpital.

Près de la cathédrale est la place royale, propre, spacieuse et contiguë à une promenade d'où les vues sont délicieuses. — Les abords de la ville, longtemps difficiles, sont d'un accès commode par les routes qu'y fit pratiquer dans le siècle dernier l'intendant d'Etigny. Les routes sont bordées d'un double rang d'ormes jusqu'à environ 4 k., et forment d'agréables promenades.

L'ÉGLISE CATHÉDRALE DE STE-MARIE est un des plus beaux édifices religieux du XVᵉ et du XVIᵉ siècle, et peut être regardée comme un musée historique pour les arts, durant ces époques et jusque vers la fin du XVIIᵉ siècle. Elle présente une suite de monuments peut-être uniques de sculpture sur bois et de peinture sur verre, ainsi que d'autres détails très-remarquables de styles divers. Commencée en 1489, sous Charles VIII, par l'archevêque François Iᵉʳ, cardinal de Savoie, elle ne fut finie que sous Louis XIV, par l'archevêque Henri de la Mothe-Houdancourt.

Les chapelles de cette église sont décorées d'ordres d'architecture moderne, dans le goût des dernières années du règne de Louis XIII, et des premières de Louis XIV. Dans la première, à gauche, celle du Baptistère, on voit les fonts d'un seul bloc de très-beau marbre noir, d'une grande dimension. — Dans la suivante, celle de Ste-Thérèse, est le tombeau de M. de Pomereu, intendant de la généralité d'Auch, qui fit exécuter de grands travaux d'utilité publique. — De l'autre côté de l'église, dans la chapelle vis-à-vis celle-ci, est le mausolée que Mᵐᵉ d'Etigny, née de Pange, avait fait ériger dans l'église de St-Orens à son époux, intendant, bienfaiteur de sa généralité. Ce monument avait été détruit pendant la révolution, et l'église où il était érigé fut vendue et démolie. M. Balguerie, préfet du Gers, à qui nulle sorte d'intérêt public n'était étrangère, après avoir recherché les cendres de son illustre prédécesseur, et recueilli les débris de son mausolée, les fit replacer dans cette basilique. Ce monument se compose d'un sarcophage de forme grecque, en marbre noir, avec des moulures blanches.

Le chœur est fermé de tous côtés. Au-dessus de sa principale porte est le jubé, décoré de colonnes couplées, d'ordre corinthien, de marbre de Languedoc. L'intérieur est garni de deux rangs de stalles sur ses trois côtés ; ces stalles sont de cœur de chêne, et leur ensemble est un chef-d'œuvre de sculpture gothique moderne.
— Les cryptes ou chapelles souterraines sont au nombre de cinq, et se trouvent sous les chapelles de l'hémicycle, entre les sacristies : elles sont éclairées par des jours pris dans les cours du palais archiépiscopal et des tribunaux.

On remarque encore à Auch : l'hôtel de la préfecture, autrefois palais de l'intendance, vaste et noble construction d'apparence imposante, où se trouvent de véritables beautés architecturales ; le séminaire, qui possède de belles collections en tout genre, une bibliothèque de 15,000 vol., où il se fait divers cours de sciences ; une petite bibliothèque publique renfermant 7,700 vol. ; une petite salle de spectacle ; trois casernes, dont l'une fut un séminaire ; le grand hôpital ; l'hôtel de ville, bâtiment assez élégant, etc., etc.

Biographie. Patrie de Jos. DUCHESNE, chimiste et médecin du XVIᵉ siècle, mort en 1609.

Du maréchal MONTESQUIOU D'ARTAGAN, qui se distingua à la bataille de Ramillies et à celle de Malplaquet.

Du duc DE ROQUELAURE, surnommé le Momus français.

Du poète DU BARTAS, mort en 1590.
Du cardinal D'OSSAT.
Du président D'ORMESSON.
Du célèbre médecin SENAC, de l'académie des sciences, mort en 1769.
De DOMINIQUE SERRES, habile peintre de marine.
De l'amiral VILLARET-JOYEUSE, mort gouverneur de Venise.
Des lieutenants généraux marquis DESSOLLES et comte de LAGRANGE
Du jurisconsulte TARRIBLE.
De M. YVES DESSOLLES, évêque de Digne et de Chambéry, membre de la chambre des pairs.

Fabriques de chapeaux, cadis, calmandes, burats, étoffes de fil et de coton, toiles, crépons. Filatures de laines et de coton. Tanneries. — *Commerce* de vins, eau-de-vie d'Armagnac, laines, plumes à écrire, merrain, bestiaux, etc. — *Foires* les 1ᵉʳˢ et 3ᵉˢ samedis de chaque mois ; celle de sept. se tient le 1ᵉʳ lundi et le 3ᵉ samedi après la Nativité. — A 681 k. de Paris pour la taxe des lettres. — Long. occid. 1° 4′ 54″, lat. 43° 38′ 46″.

L'arrondissement d'Auch est composé de 6 cantons : Auch N., Auch S., Gimont, Jegun, Saramon et Vic-Fezensac.

Bibliographie. FILBOL. *Annales de la ville d'Auch, du 26 juillet 1789 au 26 décembre 1834*, in-8, 1835.

MOLAS (L.). *Esquisse d'une topographie médicale de la ville d'Auch et de ses environs*.....

* *Chronique ecclésiastique du diocèse d'Auch*.....

SENTETZ. *Notice descriptive et historique de l'église métropolitaine de Ste-Marie d'Auch*, broch. in-12, 1807, 1828.

AUCHEL, vg. *Pas-de-Calais* (Artois), arr. et à 17 k. de Béthune, cant. de Norrent-Fontes, ✉ de Lillers. Pop. 664 h.

AUCHONVILLERS, vg. *Somme* (Picardie), arr. et à 33 k. de Péronne, cant. et ✉ d'Albert. Pop. 433 h.

AUCHY, vg. *Nord* (Flandre), arr. et à 18 k. de Douai, cant. et ✉ d'Orchies. Pop. 1,471 h.

AUCHY-AU-BOIS, vg. *Pas-de-Calais* (Artois), arr. et à 25 k. de Béthune, cant. de Norrent-Fontes, ✉ de Lillers. Pop. 295 h.

AUCHY-EN-BRAY, vg. *Oise*, comm. de Villers-sur-Auchy, ✉ de Songeons.

AUCHY-LA-BASSÉE, vg. *Pas-de-Calais* (Artois), arr. et à 12 k. de Béthune, cant. de Cambrin, ✉ de la Bassée. Pop. 1,098 h.

AUCHY-LA-MONTAGNE, vg. *Oise* (Picardie), arr. et à 39 k. de Clermont, cant. et ✉ de Crèvecœur. Pop. 610 h.

AUCHY-LES-MOINES, vg. *Pas de-Calais* (Artois), arr. et à 22 k. de St-Pol, cant. de Parcq, ✉ d'Hesdin. Pop. 1,603 h. Près de la Ternoise. Il doit son surnom à une belle abbaye de l'ordre de St-Augustin. — *Fabrique* de calicots. Filatures de coton.

AUCTOVILLE, vg. *Calvados* (Normandie), arr. et à 22 k. de Bayeux, cant. de Caumont, ✉ de Villers-Bocage. Pop. 1,112 h. — Dans une prairie aux environs de ce village se trouve une source d'eau minérale froide que l'on croit ferrugineuse.

AUCUN, vg. *H.-Pyrénées* (Gascogne), chef-l. de cant., arr., ✉ et à 23 k. d'Argelès. Cure. Bureau d'enregist. à Argelès. Pop. 686 h. — Il est près du val d'Azun, justement surnommé l'Eden des Pyrénées ; les eaux y sont belles, les pentes douces, la verdure vive et animée. A droite d'Aucun, on remarque sur une montagne le PUITS D'AUBÉS, gouffre effrayant, qui réalise tout ce que les anciens poètes ont dit de l'Averne ; il est sur le chemin qui conduit du val d'Azun au village de Ferrières. — Un quartier de cette commune, désigné sous le nom de *Terranère*, est habité exclusivement par des familles de Cagots, dont les hommes exercent tous le métier de charpentier. — A peu de distance d'Aucun, on aperçoit l'église du POUEY-LE-HUN, dont la flèche est vue de très-loin. Un roc de granit, taillé au ciseau, en forme le soi ; on y remarque surtout la voûte et la richesse des dorures ; c'est une charmante miniature, où l'on se rend de très-loin en pèlerinage à certaines époques de l'année.

AUDAUX, vg. B.-*Pyrénées*, arr. et à 14 k. d'Orthez, cant. et ✉de Navarronx. Pop. 434 h.

AUDE (l'), *Atax*. Cette rivière sort de l'étang d'Aude, près du village des Angles, à 8 k. N. de Montlouis, dép. des *Pyrénées-Or.*, où elle reçoit plusieurs torrents descendant des hautes cimes presque toujours couvertes de neige, qui se terminent vers le nord par le Roc-Blanc. — Un peu au-dessous des épanchoirs destinés à verser dans le canal d'atterrissement de Capestang les eaux limoneuses de l'Aude, cette rivière se divise en deux branches, dont l'une, devenue navigable, sous le nom de Robine, passe à Narbonne et va à la mer par le port de la Nouvelle ; l'autre continue son cours par Cuxac et Coursan, et se jette dans la Méditerranée près de l'étang de Vendres. Le cours de l'Aude est de 205,000 m. dont 23,000 m. dans le dép. des Pyrénées-Orientales, et 182,000 dans celui de l'Aude. L'Aude est flottable depuis Escouloubre jusqu'à son embouchure, sur une étendue de 168,200 m. Elle baigne trois villes importantes, Limoux, Carcassonne et Narbonne, et 60 bourgs, villages ou hameaux. Elle reçoit directement 36 autres rivières et ruisseaux principaux.

AUDE (département de l'). Ce département est formé d'une portion de l'ancienne province de Languedoc, et tire son nom de la rivière d'Aude, qui prend sa source dans les Pyrénées-Orientales, traverse en entier le département, et va se perdre dans la Méditerranée. Ses limites sont : au nord, le département du Tarn ; à l'est, la Méditerranée ; au sud, le département des Pyrénées-Orientales ; au sud-ouest et à l'ouest, celui de l'Ariège ; au nord-ouest, celui de la Haute-Garonne.

La surface du département présente trois groupes de montagnes qui en couvrent environ les deux tiers : la Montagne-Noire, les Pyrénées et les Corbières. — On donne le nom de Montagne-Noire à la chaîne qui termine au nord le département et le sépare de ceux du Tarn et de l'Hérault ; c'est une continuation des Cévennes qui se lient à la grande chaîne des Alpes par les montagnes du Vivarais et du Dauphiné. — Les Pyrénées lui servent de limites au sud et au sud-ouest. — Entre ces deux grandes bornes du département s'élèvent, dans la direction du sud au nord, une espèce d'arête longitudinale qui distribue à droite et à gauche ses eaux à chacune des deux mers. — A l'est et au point où commence cette arête, dans le département des Pyrénées-Orientales, une branche de la grande chaîne des Pyrénées, courant du sud-ouest au nord-est, et se divisant par diverses ramifications, occupe sous le nom de Corbières une étendue considérable dans le département de l'Aude. — Toute la surface du département offre donc un pays montueux, traversé par une grande vallée longitudinale qui s'étend de l'ouest à l'est, et dont la partie supérieure est arrosée par le Fresquel, et la partie inférieure par l'Aude. Plusieurs vallées secondaires parallèles aux Pyrénées et aux Cévennes, et quelques-unes transversales à ces deux chaînes de montagnes, coupent aussi le territoire dans plusieurs sens. Le sol de la plaine présente généralement une couche de terre végétale assez épaisse, reposant ordinairement sur des terrains de transport formés par des galets et des cailloux roulés, ou immédiatement sur l'argile, ou sur des sables et des grès.

Les étangs et les marais occupent une grande surface de terrain. De presque tous les points la ville de Narbonne est entourée de marais : au nord par celui de Livière ; au sud par celui de Mandirac, par celui du Cercle, par ceux qui bordent le Rec-de-Veyret ; au sud-est par les marais de Craboules et par l'étang salin ; à l'est par celui de la Roquette. Tous ces marais sont à sec la moitié de l'année, et ne produisent que des plantes aquatiques grossières.

Les deux tiers du département appartiennent au versant nord des Pyrénées ; le reste, au versant sud de la chaîne la plus méridionale des Cévennes, connue sous le nom de Montagne-Noire, dont le point le plus élevé est le pic de Norre. Sur le bord de la mer, à l'est de Narbonne, se trouve un massif de hautes collines calcaires formant un système particulier, appelé montagnes de la Clape, séparées des autres montagnes du département par une grande plaine formée par les atterrissements de l'Aude. Les Corbières occupent une étendue considérable dans le département ; elles peuvent être considérées comme une branche des Pyrénées qui s'écarte de cette grande chaîne, et suit une direction opposée.

Les côtes maritimes du département de l'Aude s'étendent, à l'est, le long de la Méditerranée, depuis l'étang de Leucate, aux environs de la Croix de Malpas, jusqu'à l'embouchure de l'Aude. Elles offrent plusieurs lagunes ou étangs considérables, dont les principaux sont les étangs de Bages ou de Sigean, de Gruissan et de la Palme. — Les salines ou marais salants qui existent sur les bords de l'étang salé de Bages ou de la Nouvelle sont d'un produit assez considérable : elles sont au nombre de huit : Estarac, Peyriac, Mandirac, le Lac, Sigean, Grimaud, Tailavignes et Ste-Lucie ; les deux premières sont les plus importantes. Le produit annuel de toutes les salines est d'environ 190,000 quintaux métriques.

La superficie totale du département de l'Aude est de 606,397 hectares, divisés ainsi :

Terres labourables	273,484
Prés	11,059
Vignes	50,148
Bois	44,149
Vergers, pépinières et jardins	1,946
Oseraies, aunaies et saussaies	1,667
Étangs, mares, canaux d'irrigation	2,484
Landes et bruyères	183,218
Supercie des propriétés bâties	874
Cultures diverses	2,014
Contenance imposable	571,043
Routes, chemins, places publiques, etc.	8,520
Rivières, lacs et ruisseaux	5,646
Forêts et domaines non productifs	21,047
Cimetières, églises, bâtiments publics	141
Contenance non imposable	35,354

On y compte :
54,873 maisons.
824 moulins à eau et à vent.
29 forges et fourneaux.
540 fabriques et manufactures.

soit : 56,266
Le nombre des propriétaires est de. 80,845
Celui des parcelles de. 943,775

HYDROGRAPHIE. La Méditerranée baigne les côtes du département de l'Aude, à l'est, sur une étendue de 45 k. ; un seul port, celui de la Nouvelle, existe sur cet espace, qui fait partie du golfe de Lyon. Après l'Aude, qui traverse le département du sud-ouest au nord-est, les principaux cours d'eau sont le Rebenti, l'Orbiec, le Fresquel, la Cesse, et la Berre. — Le canal du Midi, dont celui de Narbonne est un embranchement, traverse le département de l'ouest à l'est ; sur une étendue de 121,172 m. ; il a son point de partage à Naurouze, dans l'arrondissement de Castelnaudary.

Les étangs ou lagunes voisins de la mer ont une étendue de 9,767 hectares. Les plus considérables, sont ceux de Bages, de Leucate, de Gruissan et de la Palme.

COMMUNICATIONS. Les communications du département de l'Aude sont facilitées par 5 routes royales d'un développement de 290,217 m., par 21 routes départementales classées d'une longueur de 403,350 m., et par 2 autres non classées de 40,000 m.

MÉTÉOROLOGIE. Le climat du département est très-varié : outre la différence de température dépendante de l'élévation, on remarque que la partie orientale est plus chaude que l'occidentale. Les vents sont impétueux partout où les montagnes n'opposent pas un abri à leur fureur : ceux de la partie de l'ouest, connus sous le nom de Cers, dominent presque toute l'année, et sont, à mesure qu'on avance vers la mer, d'une violence dont on ne peut se faire une juste idée. Le sud-ouest est très-pluvieux dans la partie occidentale ; le nord-ouest l'est plus rarement. Tous les vents de la partie de l'est sont connus sous la dénomination collective de Marin (autan) : ce vent est l'inverse du vent de Cers : sa force augmente progressivement à mesure qu'il s'éloigne de la mer.

Chaque année, il tombe sur les montagnes du département une grande quantité de neige, et, sur les sommités de Bernat-Salvatché et de la montagne Rase, il n'est pas rare d'en voir tomber au milieu de l'été. La grêle est très-fréquente dans quelques contrées de l'ouest, et très-rare dans d'autres. L'atmosphère est, en général, assez chargée de vapeurs aqueuses, dont la quantité augmente ou diminue suivant que la température est plus ou moins élevée. En 1827, les températures extrêmes ont été, à Narbonne, — 0° 1/4 centig. et + 34° ; en 1828, + 0° 3/4 et + 34° 1/2.

L'automne est généralement d'une grande beauté dans le département de l'Aude ; il arrive même souvent que cet état de l'atmosphère se prolonge jusqu'à la fin de janvier ; mais, en revanche, la fin de l'hiver y est rigoureuse. Il arrive même souvent que le printemps est sujet à des intempéries et à des gelées tardives qui nuisent beaucoup à la récolte.

PRODUCTIONS. Le froment, le seigle, le maïs ou gros millet, l'orge, l'avoine et les vesces sont les principales cultures : on y récolte aussi la paumelle, l'épeautre, le petit mil et le blé sarrasin. En général le blé froment et le maïs prospèrent dans les vallées ou les plaines arrosées par les rivières, et dans les terres fortes et bien amendées. L'avoine et le seigle viennent partout et principalement dans les terres élevées. Le maïs ou le gros millet est un produit considérable de l'agriculture du département de l'Aude : on le cultive principalement dans les arrondissements de Castelnaudary et de Carcassonne, et sur quelques territoires des arrondissements de Limoux et de Narbonne. — La récolte en céréales dépasse de beaucoup les besoins de la consommation. On exporte les blés, principalement à Marseille et à Toulon, pour alimenter en grande partie les départements du Var, des Bouches-du-Rhône, du Gard et de Vaucluse : on en transporte aussi beaucoup à Béziers, pour le département de l'Hérault et les Cévennes. Les blés cultivés dans le département sont généralement de la plus belle qualité. Les plus estimés sont ceux de Narbonne et du Razès ; celui de Narbonne, est recherché par le commerce de Marseille, où il obtient une plus grande valeur ; et celui du Razès pour les semences. Le seigle s'exporte dans les Cévennes, la Montagne-Noire, les Corbières et les Pyrénées.

Les produits de l'agriculture s'élèvent annuellement à environ :

Blés. . . . . 912,000 hect.
Seigle et méteil. . . . 224,350
Maïs. 248,000
Avoine. 528,000
Orge. 52,875
Sarrasin. 8,090
Légumes secs. 19,800
Autres menus grains. . 11,000
Pommes de terre. . . . 400,000

La culture de la vigne a lieu presque partout. Pour la table, le vin rouge et le vin blanc de Limoux, le vin rouge du Quatourze à Narbonne, la blanquette de Bages, sont cités comme des vins supérieurs ; ceux de la Palme, Fitou, etc., lorsqu'ils ont vieilli, ne peuvent être distingués des meilleurs vins de Roussillon. En général, les vins de Carcassonne sont les moins estimés ; ceux de Limoux sont goûtés comme vins de table, mais ceux de Narbonne sont très-recherchés dans le commerce pour l'exportation. Les vignes produisent annuellement environ 800,500 hectol. de vin, dont un tiers est consommé dans le pays ; 70 à 80,000 hectol. sont convertis en eau-de-vie, et le surplus exporté dans les départements voisins.

La culture des plantes légumineuses est peu importante. — Les arbres à fruits sont cultivés presque partout pour la consommation locale ; le châtaignier et le noyer ne viennent que dans les parties montagneuses ; l'amandier vient très-bien et est très-productif dans les terres légères ; l'olivier, quoique beaucoup moins multiplié qu'avant l'hiver de 1789, est cultivé avec avantage sur plusieurs points, et notamment dans l'arrondissement de Narbonne. — La Montagne-Noire, le vallon de l'Orbiel, celui de l'Argent-Double, les environs de Carcassonne et de Narbonne abondent en riches prairies, où l'art des irrigations est bien entendu. Les prairies naturelles sont assez multipliées, et la quantité de fourrages que produit le département est plus que suffisante pour la nourriture des bestiaux. — Les forêts occupent un peu moins du huitième de l'étendue du département ; les essences dominantes sont le chêne, le hêtre, le frêne et les arbres verts. — On n'élève dans le département que des chevaux de petite taille, qu'on emploie ordinairement à fouler les gerbes au temps de la moisson. Les ânes sont nombreux, surtout dans les communes voisines de la mer ou dans celles de la montagne. Les bœufs et les vaches sont employés au labourage ; il s'en fait peu d'élèves dans le département, qui les tire de ceux du Tarn et de l'Ariége. Les moutons indigènes, qui pâturent ordinairement dans les plaines et les lieux marécageux, sont d'une taille assez élevée, mais leur laine est beaucoup plus grossière que celle de ceux des montagnes croisés avec les mérinos. — Le département élève une prodigieuse quantité de volaille ; l'arrondissement de Castelnaudary en fournit un grand nombre, non-seulement pour la consommation locale, mais encore pour l'exportation dans l'Hérault, les Pyrénées-Orientales et jusqu'en Espagne. L'oie est spécialement l'objet d'une spéculation avantageuse et une ressource pour les ménages, où l'on sale sa chair, et où sa graisse sert à l'apprêt journalier des aliments. — Les Garrigues, la Clape et les Corbières nourrissent une multitude prodigieuse d'abeilles, qui fournissent une quantité considérable de miel ; celui récolté dans les environs de Narbonne jouit d'une réputation justement méritée. — Les vers à soie sont l'objet de soins particuliers dans quelques communes ; mais cette industrie, autrefois si productive dans le département de l'Aude, est aujourd'hui presque nulle. — Les bords de la mer et les étangs fournissent une assez grande quantité de bon poisson de toute espèce.

MINÉRALOGIE. Les substances minérales sont très-peu variées dans le département de l'Aude. Cependant quelques-unes donnent lieu à des exploitations avantageuses. Au nombre de ces exploitations, il faut mettre au premier rang les mines de lignites de Cabezac et de Bize, les mines de houille de Corbières, les argiles plastiques, les carrières de plâtre d'Ornaizons, Portels, le Lac et Malvezy. La pierre propre à faire de la chaux est extrêmement commune et de très-bonne qualité. Il existe aussi dans le département d'excellentes pierres de construction ; malgré cela, on y est encore tributaire de plusieurs départements voisins. Cuxac-Cabardès offre des schistes-ardoises ; on en trouve aussi aux environs de Villeneuve. — Les mines de fer fournissent une grande partie du minerai qui se traite dans les forges du département. Les Corbières ont quelques mines d'antimoine, de manganèse, de cuivre, de plomb et d'argent, qui dans les temps ont été exploitées, mais dont les travaux sont entièrement abandonnés. Il existe dans les environs de Durban, des Bains-de-Rennes et de plusieurs autres endroits, des sources salées qui indiquent la présence des mines de sel gemme. — Les calcaires de transition et des terrains secondaires inférieurs du département de l'Aude renferment des carrières de marbre de la plus grande beauté, notamment ceux provenant des carrières de Caunes.

SOURCES MINÉRALES à Rennes, à Alet, à Escouloubre, à Campagne, à Ginols, à Estribaud, etc. Sources salées, non exploitées, à Durban et à Sougraine.

INDUSTRIE ET COMMERCE. Les manufactures de draps fins, légers et moyens, forment la principale branche de l'industrie des tissus. L'industrie ne s'exerce pas avec moins de bonheur et d'activité dans les fabriques de bonnets de laine, d'acier, de limes, de râpes, de vert-de-gris ou verdet ; on y exploite le jaïet pour petits ustensiles et bijouteries. Les tanneries, les exploitations de carrières à plâtre, les marbres, les ardoises, le manganèse et même une certaine quantité de houille, contribuent à l'aisance des habitants. Les minoteries de Carcassonne, de Narbonne et de Castelnaudary, jouissent d'une grande réputation. Le département possède quelques papeteries, des forges peu considérables à la vérité, mais très-nombreuses. Carcassonne, Limoux, Castelnaudary ont des fabriques de draps qui occupent un grand nombre d'ouvriers. Caunes est renommé pour l'exploitation de ses carrières de marbre, pour ses fours à plâtre et à chaux ; Puyvert, pour ses ouvrages au tour, façon de St-Claude ; Narbonne et Trèbes, pour leurs tuileries et leurs briqueteries ; Castelnaudary, pour ses poteries communes. Enfin, on trouve dans plusieurs communes plusieurs scieries hydrauliques et de nombreux ateliers de tonnellerie.

Le département de l'Aude tire de l'Espagne de grandes quantités de laines pour ses fabriques de draps. Il exporte beaucoup de vins, d'eau-de-vie, d'esprits dits 3/6, de miel, de vert-de-gris, de sel, de soude, de cuirs tannés, de fer, de draperies pour le Levant et pour l'intérieur de la France. On peut évaluer à 500,000 hectol. les blés qui, de Castelnaudary et de Carcassonne, descendent par le canal du Midi, et ceux qui s'embarquent à la Nouvelle ou à Agde pour Marseille, Toulon et autres ports de la Provence, et quelquefois même pour Marseille : ces expéditions donnent une grande importance au petit port de la Nouvelle, où l'on embarque annuellement 3 à 400,000 hectol. de grains. Les farines des nombreuses minoteries du département donnent lieu aussi à un grand commerce avec les départements de l'Hérault, du Gard, des Bouches-du-Rhône, de Vaucluse et des Pyrénées-Orientales.

Foires. 170 foires ou environ se tiennent dans 80 communes; une vingtaine ont seules plus d'un jour de durée. On y vend principalement des mules et mulets, des chevaux pour le labourage et battage des grains, des bêtes à cornes pour le labourage et la boucherie, des bêtes à laine, des porcs gras et maigres; on y vend aussi beaucoup de laines, de viandes salées, des oisons, des jambons; quantité de futailles, cerceaux de bois, merrain, barriques, tinettes dites *comportes*; des meubles de bois de sapin, des châtaignes, des pommes de terre, des noix de la Montagne-Noire. C'est à Serviès-en-Val que les propriétaires régularisent la tenue de leurs troupeaux; à Arques que se fixe le prix des laines de l'arrondissement; à Montolieu que s'en approvisionnent les fabricants de la contrée: à Alet que se vendent, à chaque foire, 2,000 bêtes à laine, donnant la qualité recherchée des Corbières. Peyriac-Minervois est un entrepôt de toiles mélangées; Montréal approvisionne la contrée en aulx. C'est aux foires de Carcassonne que sont fixés les prix des fers de toute qualité que fournissent abondamment les usines du pays; enfin, on achète aux foires de l'Aude, en grande quantité, de grosses étoffes de laine et des toiles. En lainage surtout, les foires de Cuxac-Cabardès et de Mas-Cabardès étaient autrefois très-renommées; mais elles ont beaucoup perdu de leur importance depuis que la fabrique des draps s'est renfermée dans les villes; Chalabre, sous ce rapport, a conservé l'avantage.

Mœurs et usages. Les habitants du département de l'Aude sont francs, actifs, hospitaliers, industrieux, fertiles en ressources et également propres à toutes les professions : la gaieté est un des traits les plus saillants de leur caractère; ils aiment la liberté avec passion, et supportent avec difficulté les tracasseries et les vexations de leurs supérieurs. Ennemis des excès de la table, l'ivresse leur est entièrement inconnue, quoique le vin soit commun plus que partout ailleurs. Les crimes y sont d'une rareté extrême.

Les sciences, les arts et les lettres sont, en général, peu cultivés dans le département de l'Aude ; la légèreté du caractère languedocien, les travaux que nécessitent l'agriculture, et mieux encore l'ardeur du gain qui entraîne tous les esprits vers les spéculations commerciales, paraissent être les causes de la négligence extrême des connaissances libérales.

Il existe une grande différence dans les habitants des Corbières et ceux de la Montagne-Noire ; les premiers sont plus vifs, plus ingénieux, plus rusés, surtout dans les basses Corbières. L'habitant de la Montagne-Noire, au contraire, est simple, apathique, attaché à son village ; mais bon, hospitalier, franc et généreux. Renfermé une grande partie de l'année chez lui, il ne s'occupe pas même du village voisin ; sa maison est petite et sale, il

couche à côté des animaux domestiques, qui sont, pour ainsi dire, regardés comme partie intégrante de la famille. — Les habitants des Corbières participent davantage de la vivacité méridionale ; ils cependant une grande ressemblance dans les habitudes de la vie avec les paysans de la Montagne-Noire. Leur habitation consiste en une petite maison ordinairement bien bâtie, mais mal distribuée, n'ayant le plus souvent qu'une ou deux pièces. Toute la famille est logée pêle-mêle dans un seul appartement ; un lit et quelques meubles grossiers composent ordinairement tous les ustensiles à l'usage du ménage ; les personnes aisées y ajoutent un cellier, une bergerie, un toit à porcs, une étable et un hangar ; un petit jardin où l'on cultive les légumes et quelques fruits devient un objet de luxe.

La manière d'être du paysan du pays de plaine, et surtout celui de Narbonne, contraste singulièrement avec les mœurs que nous venons d'esquisser ; entouré des objets qui rendent la vie agréable, plongé dans une atmosphère de civilisation, il contracte les goûts, devient ambitieux, fier et causeur ; mais en revanche, il est brave, gai, généreux et instruit ; il sent sa position, s'y soumet avec peine, et tâche de s'y soustraire.

Il règne dans les villages, entre les jeunes gens des deux sexes, une familiarité qui étonne les habitants des villes ; mais, malgré ces dehors, les mœurs y sont assez pures : on en jugera par le nombre proportionnel des enfants naturels aux enfants légitimes ; un jugement basé ainsi sur des chiffres n'a rien d'arbitraire. Dans le département de l'Aude, il y a un enfant naturel sur treize légitimes, tandis que, dans quelques parties de la France, le chiffre est un naturel sur deux légitimes.

En général, les villageois ont grande confiance aux médecins étrangers, et cette confiance tient, pour ainsi dire, de la superstition : au moindre effort qu'ils fassent, au moindre accident qui leur arrive, ils se croient dérangés, et, comme tels, se livrent à des médecins cosmopolites, connus sous le nom d'*adoubayres* (rhabilleurs), qui leur appliquent un emplâtre mystérieux de poix. Il est rare qu'ils ne se *dérangent* pas ainsi plusieurs fois par an.

Division administrative. Le département de l'Aude a pour chef-lieu Carcassonne. Il envoie 5 représentants à la chambre des députés, et est divisé en 4 arrondissements :

Carcassonne. .	12 cant.	94,428 h.
Castelnaudary.	5 —	54,336
Limoux. . .	8 —	75,891
Narbonne. . .	6 —	59,847
	31 cant.	284,285 h.

38ᵉ arr. des forêts (chef-l. Carcassonne. — 10ᵉ division militaire (chef-l. Toulouse) ; une place forte à Narbonne. — Évêché à Carcassonne ; 34 cures, 321 succursales, 29 vicariats ; séminaire diocésain et école secondaire ecclésiastique à Carcassonne ; séminaires d'élèves à Montolieu ; école secondaire ecclésiastique à Narbonne. — Collèges communaux à Carcas-

sonne, à Castelnaudary, à Limoux ; école normale primaire à Carcassonne. — Société royale d'agriculture à Carcassonne ; société philotechnique à Castelnaudary ; société d'émulation à Narbonne.

Biographie. Les hommes distingués qui ont pris naissance dans le département de l'Aude sont : Terentius Varro, poëte latin ; l'orateur Montanus ; l'empereur Carus, successeur de Probus ; saint Sébastien, martyrisé en 288 ; saint Régis ; le poëte Mesnard ; le musicien Cassanea Mondonville ; les poëtes Gary et Dougados ; le peintre Gamelin ; l'historien Massiac ; Cailhava ; Fabre d'Eglantine ; du Gua de Malve, qui eut le premier l'idée de l'*Encyclopédie*, exécutée par Diderot ; Fabre de l'Aude, ancien sénateur, pair de France ; Ramel, ministre des finances sous le directoire ; le baron Lagarde, secrétaire du directoire et ancien préfet ; MM. Soumet et Guiraud, de l'Académie française ; les généraux Andréossy, Dejean, Mirabel, Andrieux, Cassan, Cambriel, Chartran, Gros, Maury, Mossel, Aussenac, etc., etc.

Bibliographie. Barante (C. de). *Essai sur le département de l'Aude*, in-8, 1803.

Trouvé (le baron). *Essais historiques sur les états généraux de la province du Languedoc* (Description générale et statistique du département de l'Aude), 2 v. in-4, 1818-1819.

Girault de St-Fargeau (P.-A.-E.). *Histoire nationale, Dictionnaire géographique de toutes les communes du département de l'Aude*, in-8, carte, gravures et costumes, 1830 (avec MM. Tournal fils et Berthomieu).

Tournal. *Mémoire sur la constitution géognostique du bassin et des environs de Narbonne*, in-8, 1828.

Julia Fontenelle. *Mémoire sur le déboisement de la Clope*.

Enjalric. *Mémoire sur le port de la Franqui*.

Journal de la société d'agriculture de Carcassonne, in-8, 1820-1843.

Puibusque. *Annuaire du département de l'Aude*, in-12, 1825.

Teissier. *Annuaire de l'Aude*, in-12, 1825. *Mémorial de l'Aude*, 1806, 1816.

V. aussi aux articles Languedoc, Carcassonne, Castelnaudary, Leucate, Limoux, Narbonne, St-Papoul, Rennes-les-Bains.

AUDEJOS, vg. *B.-Pyrénées* (Béarn) arr., cant. et à 15 k. d'Orthez, ✉ d'Artix. P. 389 h.

AUDELANGE, vg. *Jura* (Franche-Comté), arr. et à 10 k. de Dôle, cant. de Rochefort, ✉ d'Orchamps. Pop. 247 h. — Haut fourneau. Carrières de marbre rochetée.

AUDELAROCHE, vg. *Allier* (Bourbonnais), arr., cant. et à 10 k. de La Palisse, 30 k. de Cusset, Pop. 592 h.

AUDELONCOURT, vg. *H.-Marne* (Champagne), arr. et à 33 k. de Chaumont, cant. et ✉ de Clefmont. Pop. 560 h.

AUDEMBERT, vg. *Pas-de-Calais* (Boulonnais), arr. et à 18 k. de Boulogne, cant. et ✉ de Marquise. Pop. 341 h. — Foire le 10 août.

AUDENCOURT, *Odencurt*, vg. *Nord* (Cambrésis), arr. et à 18 k. de Cambray, cant. de Clary, ✉ du Cateau. Pop. 346 h. — *Fabrique de tulle.*

AUDENGE, vg. *Gironde* (Guienne), ch.-l. de cant., arr. et à 39 k. de Bordeaux. ✉. A 613 k. de Paris pour la taxe des lettres. Pop. 1,078 h. — TERRAIN tertiaire supérieur. — Il est situé au milieu de marais salants, près de l'embouchure du Leyre dans la baie d'Arcachon. — *Fabrique* de térébenthine.

AUDERVILLE, vg. *Manche* (Normandie), arr. et à 25 k. de Cherbourg, cant. et ✉ de Beaumont. Pop. 544 h.

AUDES, vg. *Allier* (Bourbonnais), arr. et à 15 k. de Montluçon, cant. et ✉ d'Hérisson. Pop. 732 h.

AUDEUX, vg. *Doubs* (Franche-Comté), chef-l. de cant., arr., ✉ et à 11 k. de Besançon. Bureau d'enregistrement à Recologne. Cure. Pop. 218 h. — TERRAIN jurassique, étage inférieur du système oolitique. — On y trouve une source d'eau salée. — *Commerce* de bestiaux. — *Foires* les 8 fév., 8 mai, 8 juillet et 10 sept.

AUDEVILLE, vg. *Loiret* (Orléanais), arr. et à 12 k. de Pithiviers, cant. de Malesherbes, ✉ de Sermaises. Pop. 245 h.

AUDIERNE, petite ville maritime, *Finistère* (Bretagne), arr. et à 33 k. de Quimper, cant. de Pontcroix. Gîte d'étape. ✉. A 597 k. de Paris pour la taxe des lettres. Pop. 1,446 h. — *Etablissement de la marée du port*, 3 heures. — TERRAIN cristallisé ou primitif.

Cette ville est bâtie dans une situation pittoresque, au fond de la baie de son nom, à l'embouchure de la rivière de Goyen. Elle possède un petit port, un bon havre, et fait un commerce assez considérable de poissons secs et salés.

La baie d'Audierne est située au sud de la baie de Douarnenez dont elle n'est séparée que par une péninsule étroite; elle s'étend du nord-ouest au sud-est sur une longueur d'environ 40 k., et forme de son côté dont l'extrémité est la pointe du Raz et la pointe de Penmarck; la cote est hérissée sur plusieurs points de rochers énormes, et bordée sur une longueur d'environ 12 k. d'une levée de cailloux roulés et de sables. Malheur au navigateur qu'un vent affale sur cette côte; sans une saute de vent, ordinairement très-rare, les navires sont dans l'impossibilité de se relever, et périssent inévitablement. Le pilote, qui de la côte voit les inutiles efforts des matelots, indique avec précision l'heure du naufrage; l'honnête homme palpite à la vue du danger; l'impitoyable habitant de ces rives s'arme de crocs, de cordes, va se cacher dans les rochers pour y saisir ce que le mer emportera sur le rivage; il attend sa proie, accroupi, pour échapper à l'œil des surveillants.

Commerce de poissons secs et salés. — *Foires* les 2ᵉˢ samedis de janvier, mai, juillet, oct. et nov.

AUDIGERS (les), vg. *Seine-et-Oise*, comm. de Boutigny, ✉ de la Ferté-Alais.

AUDIGNICOURT, vg. *Aisne* (Picardie),

arr. et à 50 k. de Laon, cant. de Coucy-le-Château, ✉ de Blérancourt. Pop. 270 h.

AUDIGNIES, vg. *Nord* (Flandre), arr. et à 23 k. d'Avesnes, cant. et ✉ de Bavay. Pop. 169 h.

AUDIGNON, vg. *Landes* (Gasgogne), arr., cant., et à 6 k. de St-Sever. Pop. 578 h.

AUDIGNY, vg. *Aisne* (Picardie), arr. et à 22 k. de Vervins, cant. et ✉ de Guise. Pop. 596 h.

AUDINAC, vg. *Ariége*, comm. de Montjoie, ✉ et à 4 k. de St-Girons.

Le village d'Audinac est renommé par ses sources d'eau minérale qui sourdent par deux jets ou courants, séparés l'un de l'autre par une distance de sept à huit pas. Le propriétaire a disposé l'un à l'usage de la boisson, et l'autre à celui des bains et des douches.

Un vaste hôtel, construit à une centaine de pas de distance des fontaines minérales, avec lesquelles il communique par une belle allée de platanes, sert à loger les étrangers malades ; il est bâti sur une hauteur, au bord de la grande route qui conduit à St-Girons. On y trouve des chambres à coucher commodes, une très-belle salle à manger ; à côté sont les écuries et les remises. — Audinac n'est éloigné que de 4 k. de St-Girons, renommé par ses foires considérables, où affluent un grand nombre d'habitants de l'Ariége et des départements voisins. Le pays environnant présente une agréable variété de monticules boisés, dont les intervalles sont remplis par de belles prairies et des champs fertiles : il abonde en excellent gibier et en poisson délicieux. La chasse y est facile et agréable.

SAISON DES EAUX. La saison des eaux commence à la fin de mai et se prolonge jusqu'à la fin de septembre. Quatre cents malades environ se rendent chaque année à Audinac pour y boire les eaux ou prendre les bains.

PRIX DU LOGEMENT ET DE LA DÉPENSE JOURNALIÈRE. On paye pour le logement et la nourriture 4 fr. 50 c. par jour, non compris le prix des bains et des boissons de l'eau minérale.

TARIF DU PRIX DES BAINS ET DES DOUCHES. Le prix de la boisson est de 20 c. par jour, ou 5 fr. pour la saison; celui du bain est de 60 c., et celui de chaque douche, 50 c.

PROPRIÉTÉS MÉDICINALES. Prises à l'intérieur, ces eaux paraissent déterminer un certain degré d'excitation dans l'estomac et le tube intestinal, ainsi que dans les organes du bas-ventre qui concourent immédiatement aux fonctions digestives, dont elles rétablissent l'énergie normale. Les eaux d'Audinac conviennent encore dans les affections scorbutiques, soit locales, soit générales ; elles diminuent ou arrêtent les hémorragies passives provenant de cette diathèse : elles sont enfin très-utiles dans certaines maladies cutanées, dans les rhumatismes chroniques, dans les engorgements lymphatiques.

MODE D'ADMINISTRATION. On boit ces eaux le matin, depuis un verre jusqu'à dix et douze. — Dans la plupart des cas, et surtout dans les rhumatismes et les maladies de la peau, on fait concourir avec la boisson de l'eau minérale,

l'usage des bains, et quelquefois aussi celui des douches.

Bibliographie. * *Lettre sur l'histoire naturelle des Pyrénées* (Nature considérée, t. VII, p. 244). Il y est parlé des eaux minérales d'Audinac.

CHAMPMARTIN. *Observations chimiques sur les eaux minérales d'Audinac* (Nature considérée, 1772, t. I, p. 189; et Dictionnaire minéralogique et hydrol. de la France, t. II, p. 102).

GUICHENON. *Mémoires sur les eaux d'Audinac*, in-8, 1804.

LAFONT. *Analyse de l'eau minérale d'Audinac* (avec Magnes, Bulletin de pharmacie).

AUDINCOURT, beau village, *Doubs* (Franche-Comté), ch.-l. de cant., arr., ✉ et à 5 k. 1/2 de Montbéliard, où est le bureau d'enregist. Cure. Pop. 1,627 h. — TERRAIN jurassique. — Il est situé sur le Doubs, possède une des plus belles usines de France, composée de forges à l'anglaise, laminoirs, haut fourneau, etc., exploitée par une société anonyme. Les produits, qui sont très-recherchés, consistent annuellement en 20,000 caisses de fer-blanc, 500,000 kilog. de tôle, 3,000,000 kilog. de fer coulé, et plus de 2,000,000 kilog. de fer forgé. — *Fabrique* de broches pour les filatures, 1839. Filature de coton. Tannerie. — Marché le mercredi de chaque semaine.

AUDINCTHUN, vg. *Pas-de-Calais* (Artois), arr. et à 22 k. de St-Omer, cant. et ✉ de Fauquembergue. Pop. 944 h.

AUDINGHEN, vg. *Pas-de-Calais* (Boulonnais), arr. et à 18 k. de Boulogne, cant. et ✉ de Marquise. Pop. 807 h.

AUDIRACQ, vg. *B.-Pyrénées*, comm. de Monasut, ✉ de Lembeye. Pop. 251 h.

AUDOU, vg. *Landes* (Gascogne), arr. et à 27 k. de Mont-du-Marsan, cant. et ✉ de Tartas. Pop. 506 h.

AUDOUVILLE, vg. *Manche* (Normandie), arr. et à 22 k. de Valognes, cant. et ✉ de Ste-Mère-Eglise. Pop. 538 h. — C'est un lieu très-ancien qui occupe l'emplacement du *Crociatum Portus* de la Table de Peutinger.

AUDREHEM, vg. *Pas-de-Calais* (Artois), arr. et à 16 k. de St-Omer, cant. et ✉ d'Ardres. Pop. 460 h.

AUDRESSEIN, vg. *Ariége* (Comminges), arr. et à 12 k. de St-Girons, cant. et ✉ de Castillon. Pop. 466 h.

AUDRESSELLES, vg. *Pas-de-Calais* (Boulonnais), arr. et à 18 k. de Boulogne, cant. et ✉ de Marquise. Pop. 708 h.

AUDRIEN, vg. *Calvados* (Normandie), arr. et à 20 k. de Caen, cant. et ✉ de Tilly-sur-Seulles. Pop. 761 h.

AUDRIX, vg. *Dordogne* (Périgord), arr. et à 25 k. de Sariat, cant. de St-Cyprien, ✉ du Bugne. Pop. 410 h.

AUDRUICK, bg *Pas-de-Calais* (Artois), chef-l. de cant., arr. et à 27 k. de St-Omer. Cure. ✉. A 276 k. de Paris pour la taxe des lettres. Pop. 2,299 h. — TERRAIN d'alluvions modernes.

Audruick, situé à l'extrémité orientale d'une

plaine agréable et fertile, doit son origine à un château fort, construit au IXe siècle pour s'opposer aux brigandages des Normands. En 1173, Baudouin, comte de Guines, fit environner Audruick de doubles fossés, et lui donna le titre de ville. Les Anglais s'en emparèrent en 1352 ; Charles V la reprit en 1377 ; François Ier la céda à Charles-Quint par le traité de Cambray, en 1529. Les Français prirent cette place sur les Espagnols en 1593, et en furent dépossédés l'année suivante ; ils la reprirent en 1635, et furent encore obligés de l'abandonner deux ans après ; sa possession fut enfin assurée à la France par le traité de Nimègue, du 17 septembre 1678. — *Fabriques* d'huiles. Brasseries. Tanneries. Raffinerie de sel. — *Foire* de 10 jours le mardi de la Pentecôte ; 3e mercredi de janv., mars, juillet, août, sept., oct. et déc.

AUDUN-LE-ROMAN, vg. *Moselle* (Lorraine), chef-l. de cant., arr. et à 15 k. de Briey. ⌧ Cure. A 318 k. de Paris pour la taxe des lettres. Pop. 478 h. — TERRAIN jurassique, étage inférieur du système oolitique. — *Foire* le dernier jeudi de sept.

AUDUN-LE-TICHE, vg. *Moselle* (Lorraine), arr. et à 27 k. de Briey, cant. d'Audun-le-Roman, ⌧ de Fontoy. Pop. 834 h. — *Fabrique* de faïence brune et blanche, ⓟ Metz 1828. Mines de fer exploitées.

AUDWILLER, vg. *Moselle*, comm. de Gueblange, ⌧ de Sarralbe. Pop. 253 h. Sur la rive droite de l'Albe.

AUENHEIM, vg. *B.-Rhin* (Alsace), arr. et à 35 k. de Strasbourg, cant. de Bischwiller, ⌧ de Roeschwoog. Pop. 474 h.

AUFFARGIS, vg. *Seine-et-Oise* (Beauce), arr., cant. ⌧ et à 12 k. de Rambouillet. Pop. 517 h. Il est situé dans une vallée fertile, sur l'Yvette.

AUFFAY, bg *Seine-et-Oise* (Normandie), arr. et à 26 k. de Dieppe, cant. et ⌧ de Tôtes. Pop. 1,114 h. Sur la rive droite de la Scie. — *Commerce* de bestiaux, draps, toiles, cuirs. Blanchisseries de toiles. — *Foires* les 20 mai, 4 juillet, 10 août et 20 nov. — *Marchés* les mardis, jeudis et samedis.

AUFFERVILLE, vg. *Seine-et-Marne* (Gatinais), arr. et à 27 k. de Fontainebleau, cant. de Château-Landon, ⌧ de Nemours. Pop. 658 h.

AUFFREVILLE, vg. *Seine-et-Oise* (Ile-de-France), arr., cant., ⌧ et à 5 k. de Mantes. Pop. 253 h. — Il est sur le ru de Vaucouleurs, qui y fait mouvoir sept moulins.

AUFFRIQUE, vg. *Aisne* (Picardie), arr. et à 25 k. de Laon, cant. et ⌧ de Coucy-le-Château. Pop. 436 h. Près de la Lette.

AUFLANCE, vg. *Ardennes* (pays Messin), arr., et à 32 k. de Sedan, cant. et ⌧ de Carignan. Pop. 331 h.

AUGA, vg. *B.-Pyrénées* (Béarn), arr. et à 22 k. de Pau, cant. de Thèze, ⌧ d'Auriac. Pop. 302 h.

AUGAN, vg. *Morbihan* (Bretagne), arr. et à 40 k. de Ploermel, cant. et ⌧ de Guer. Pop. 1,977 h. — *Foires* les 2es mardis d'avril et d'oct.

AUGE(l'), *Algia*, petite rivière qui prend sa source à 1 k. de Sezanne, *Marne*, où elle fait tourner plusieurs moulins. Elle se jette dans l'Aube au-dessus d'Anglure.

AUGE (pays ou vallée d'), *Algia, Augia*, petit pays qui dépendait autrefois de la ci-devant province de Normandie, et qui forme aujourd'hui la partie occidentale des arrondissements de Pont-l'Évêque et de Lisieux, département du Calvados. Il s'étend des deux côtés de la Touque, au-dessous de Lisieux, entre la Dive, le Lieuvin et la mer, à la vue du Havre.
La vallée d'Auge, fertilisée par la Touque, abonde en grains, lins, fruits, et surtout en excellents pâturages, dans lesquels on élève quantité de bestiaux.

AUGE, vg. *Ardennes* (Champagne), arr. et à 22 k. de Rocroi, cant. de Signy-le-Petit, ⌧ d'Aubenton. Pop. 177 h.

AUGE, vg. *Charente* (Angoumois), arr. et à 30 k. d'Angoulême, cant. de Rouillac. Pop. 730 h.

AUGE, vg. *Creuse* (Manche), arr. et à 16 k. de Boussac, cant. et à 10 k. de Chambon, ⌧ de Gouzon. Pop. 357 h.

AUGE, vg. *Jura*, comm. de Baresia, ⌧ de Clairvaux.

AUGÉ, vg. *Deux-Sèvres* (Poitou), arr., cant., ⌧ et à 20 k. de St-Maixent. P. 1,466 h. — Tuileries. — *Foires* les 19 janv., 9 fév., 13 mars et 25 juillet, principalement pour les mules.

AUGEA, vg. *Jura* (Franche-Comté), arr. et à 18 k. de Lons-le-Saulnier, cant. et ⌧ de Cousance. Pop. 611 h.

AUGERANS, vg. *Jura* (Franche-Comté), arr. et à 13 k. de Dôle, cant. de Montbarrey ⌧ de Mont-sous-Vaudrey. Pop. 210 h.

AUGÈRES, vg. *Creuse* (Manche), arr. et à 15 k. de Bourganeuf, cant. et ⌧ de Bénévent. Pop. 522 h.

AUGERNY, vg. *Calvados*, arr. et à 10 k. de Caen, cant. de Creuilly. Pop. 502 h.

AUGEROLLES, bg *Puy-de-Dôme* (Auvergne), arr. et à 30 k. de Thiers, cant. et ⌧ de Courpières. Pop. 2,730 h. — Il y avait autrefois un prieuré de l'ordre de Cluny. — *Foires* importantes pour chanvre, laines, bestiaux, huile, etc., les 16 sept., lundi saint, lundi des Rogations et 9 nov.

AUGERS, vg. *Seine-et-Marne* (Brie), arr. et à 15 k. de Provins, cant. de Villiers-St-Georges, ⌧ de Champcenest. Pop. 442 h.

AUGER-ST-VINCENT, vg. *Oise* (Valois), arr. et à 21 k. de Senlis, cant. et ⌧ de Crépy. Pop. 413 h.
Il y avait autrefois une abbaye de religieuses de l'ordre de Cîteaux, nommée le Parc-aux-Dames : l'église et une partie des bâtiments ont été démolis ; il ne reste plus que l'abbatiale. Dans l'enclos se trouve une grande pièce d'eau alimentée par plusieurs sources, à la suite de laquelle est un moulin. Cette propriété est encore remarquable par les belles plantations que l'on y a faites depuis quelques années.

AUGERVILLE. V. ANGERVILLE.

AUGÈS, vg. *B.-Alpes* (Provence), arr.,

⌧ et à 18 k. de Forcalquier, cant. de Peyruis. Pop. 96 h.

AUGEVILLE, h. *Seine-Inf*., comm. du Bosc-Hard, ⌧ de Bellencombre.

AUGICOURT, vg. *H.-Saône* (Franche-Comté), arr. et à 32 k. de Vesoul, cant. de Combeaufontaine, ⌧ de Jussey. Pop. 542 h.

AUGIGNAC, vg. *Dordogne* (Périgord), arr., cant., ⌧ et à 10 k. de Nontron. Pop. 1,179 h. — Forges.

AUGIREIN, vg. *Ariége* (Comminges), arr. et à 21 k. de St-Girons, cant. de Castillon. P. 620 h. — Mine de plomb argentifère.

AUGISEY, vg. *Jura* (Franche-Comté), arr. et à 15 k. de Lons-le-Saulnier, cant. et ⌧ de Beaufort. Pop. 546 h.

AUGMONTEL, vg. *Tarn* (Languedoc), arr. et à 10 k. de Castres, cant. et ⌧ de Mazamet. Pop. 727 h.

AUGNAISE, vg. *Orne* (Normandie), arr. et à 26 k. de Mortagne, cant. de Moulins-la-Marche, ⌧ de l'Aigle. Pop. 363 h.

AUGNAT, vg. *Puy-de-Dôme* (Auvergne), arr. à 15 k. d'Issoire, cant. et ⌧ d'Ardes. Pop. 455 h.

AUGNAX, vg. *Gers* (Armagnac), arr., cant., ⌧ et à 19 k. d'Auch. Pop. 193 h.

AUGNE, vg. *H.-Vienne* (Limousin), arr. et à 40 k. de Limoges, cant. et ⌧ d'Eymoutiers. Pop. 553 h.

AUGNIAC, vg. *Lot*, comm. de Nazac, ⌧ de Gourdon.

AUGNY, vg. *Moselle* (pays Messin), arr., cant., ⌧ et à 8 k. de Metz. Pop. 656 h. — De cette commune dépend le hameau de Chatel-St-Blaise, bâti sur une des plus hautes montagnes du département et défendu autrefois par une forteresse dont les Messins s'emparèrent en 1543 : le donjon, qui était très-élevé et d'où la vue s'étendait au loin sur de riches campagnes, a été démoli en 1809.

AUGRAIN, vg. *Loire-Inf*., comm. de Saffri, ⌧ de Nozay.

AUGUERUY, vg. *Calvados* (Normandie), arr. et à 12 k. de Caen, cant. de Creuilly, ⌧ de la Délivrande. Pop. 502 h.

AUGUSTA (lat. 45°, long. 23°). « L'Itinéraire d'Antonin, celui de Bordeaux à Jérusalem et la Table théodosienne en font mention. Le nom est *Augustum* dans la Table, *Auguston* dans l'Anonyme de Ravenne. Mais, dans les titres du Dauphiné, on trouve *Augusta*, comme dans les deux Itinéraires, et ce qui reste de ce lieu conserve le nom d'*Aouste*. La distance à l'égard de Valence est marquée XXII dans l'Itinéraire d'Antonin et dans la Table. On compte le même nombre de milles dans l'Itinéraire de Jérusalem, en deux distances, comme on peut voir à l'article *Cerebelliaca*, dont la position fait la division de ces distances. A l'égard de *Dea Vocontiorum*, la distance marquée XXIII dans l'Itinéraire me paraît convenable, nonobstant que ce qu'il y a d'espace direct entre Aouste et Die nous s'estime guère que 13,000 toises, et que le calcul de 23 milles romains soit de 17,400 ou environ. C'est que la route circule en remontant dans la vallée le long de la Drôme, pour éviter les montagnes qui bordent cette vallée. Un lieu nommé Quint sur cette voie, et qui indique le *quintum milliare* relativement à Die, donne par analogie cette mesure itinéraire, en la poussant jusqu'à *Augusta*. L'erreur est manifeste dans la Table, par l'omission d'un X, en marquant XIII. L'Itinéraire de Jérusalem, qui fait compter 28 en deux distances, divisées par une position nommée *Darentiaca*, doit souffrir une réduction ; et je pense que la première distance tient lieu de VII, ce qui étant suivi de XVI, la somme sera XXIII, comme dans l'Itinéraire, dont l'indication se vérifie par le local. Si l'on en croit le P. Philibert Monet, *Augusta* a été submergée par un lac, et cet accident lui aurait été commun avec le *Lucus Augusti*, dans la même contrée au-dessus de Die. Une grande carte manuscrite du Dauphiné, et très-circonstanciée, ne me fait point connaître de lac auprès d'Aouste, comme on sait qu'il y en a près du Luc. » D'Anville. *Notice de l'ancienne Gaule*, p. 116. V. aussi Walckenaer. *Géographie des Gaules*, t. 1, p. 59.

AUGUSTA RAURACORUM (lat. 48°, long. 26°). « La capitale des *Rauraci* devint colonie romaine sous Auguste, et Munatius Plancus en fut le fondateur, comme de celle de Lion. On lit sur son monument à Gaïette, dans le royaume de Naples : *In Gallia colonias deduxit Lugdunum et Rauricam*. Pline et Ptolémée ont écrit le nom des *Rauraci* conformément à cette inscription : *Colonia Raurica*, et *Oppidum Rauricum*, dans Pline. Ptolémée est le premier chez lequel on trouve le nom d'*Augusta*, que l'Itinéraire d'Antonin et la Table théodosienne donnent également à la même ville. Dans Ammien Marcellin (lib. xv, cap. 2), c'est par le nom du peuple qu'elle est désignée : *Apud Sequanos*, *Visontios vidimus*, *et Rauracos*. Cette ville ayant beaucoup souffert de la part des *Alemanni* dans le iv° siècle, elle ne paraît dans la Notice des provinces de la Gaule que sous le titre de *Castrum Rauracense*. Le lieu dans lequel elle a été ensevelie sous ses ruines près du Rhin a néanmoins conservé le nom d'*Augusta* dans celui d'Augst ; et on ne peut savoir trop de gré à M. Schœpflin (*Alsaciæ illustr.*, t. 1) d'en décrire les vestiges, et de les mettre sous les yeux par la représentation du local qu'il a publiée. » D'Anville. *Notice de l'ancienne Gaule*, p. 118. V. aussi Schœpflin. *Alsaciæ illustr.*, t. 1, p. 149-206. Walckenaer. *Géographie des Gaules*, t. 1, p. 314, et t. 11, p. 316.

AUGUSTA SUESSIONUM, postea SUESSIONES, prius NOVIODUNUM (lat. 50°, long. 22°). « Ptolémée, dans le texte duquel le nom des *Suessiones*, ou *Suessones*, se lit *Ouessones*, fait mention de leur capitale sous le nom d'*Augusta*. La position de Soissons se trouve aussi désignée par le même nom, dans l'Itinéraire d'Antonin et dans la Table théodosienne. Cette ville est néanmoins appelée *Suessonæ* en deux endroits de l'Itinéraire, parce que la plupart des capitales ont quitté le nom qu'elles portaient, pour prendre celui de la cité ou du peuple de leur ressort, et que cet Itinéraire parait d'ailleurs avoir été compilé sur divers routiers, dressés en des temps différents. Dans la Notice des provinces de la Gaule, *Civitas Suessonum* suit immédiatement la métropole de la seconde Belgique, comme le siège épiscopal de Soissons tient encore le premier rang entre les suffragants de Reims. La Notice de l'empire, parlant des ateliers établis dans la Gaule pour fabriquer des armes, sous les ordres du *magister officiorum*, cite entre autres : *Fabricam Suessionensem scutariam*, *balistariam, et clibanariam*. Quant à ce qui concerne le *Noviodunum*, dont il est fait mention dans César, il y a des raisons de présumer que cette ville pouvait être la principale des *Suessiones*. César, en marchant contre les Belges, avait pris poste sur la rive ultérieure de la rivière d'Aisne, et près de Pont-à-Verè, selon les circonstances les plus convenables au local. Le lendemain du jour qu'il a dissipé et mis en fuite l'armée ennemie, il entre dans le territoire des Suessiones (*Comment.*, 11), et une longue traite, *magno itinere confecto*, le fait arriver près de *Noviodunum*, où la troupe des fuyards du Soissonnais, *omnis ex fuga Suessionum multitudo*, se renferme la nuit qui suit son arrivée. Il ne reçoit cette ville à composition qu'à la prière des Remi, et en prenant pour otages les plus considérables de la cité, *primis civitatis*, et entre autres les enfants de Galba, qui régnait alors dans le pays. La ville dont le nom était *Noviodunum*, peut avoir été décorée sous Auguste du nom d'*Augusta*, de même que *Bibracte* chez les OEdui a pris le nom d'*Augustodunum*. Si l'on objecte que l'assiette de Soissons ne représente point le *dunum* celtique, on peut répondre qu'il ne parait pas davantage dans la position de Tours, qui n'en est pas moins *Cæsarodunum* ; et que l'élévation d'une place par la hauteur de ses remparts, *muri altitudo*, comme César le dit précisément du *Noviodunum des Suessiones*, a pu faire appliquer à cette place le terme de *dunum*, par la même raison que des forteresses, sans être sur des roches, ont été appelées *Rupes* ou *Rocca*. Ceux qui ont voulu placer le *Noviodunum* à Noyon, qui appartenait aux *Veromandui*, et non aux *Suessiones*, ne prennent pas garde que le nom de Noyon, qui leur en a imposé, est *Noviomagus*, et non pas *Noviodunum*. » D'Anville. *Notice de l'ancienne Gaule*, p. 418. V. aussi Walckenaer. *Géographie des Gaules*, t. 1, p. 422.

AUGUSTA TREVERORUM, postea TREVERI (lat. 50°, long. 23°). « Quelque antiquité que des auteurs modernes affectent d'attribuer à la ville de Trèves, qui est assez recommandable par d'autres titres qu'on ne saurait lui contester, elle n'est point connue sous une plus ancienne dénomination que celle d'*Augusta*, ayant reçu une colonie romaine sous les auspices d'Auguste. Méla (lib. 11, cap. 5) est le premier des auteurs qui en parlent : *Urbs opulentissima in Treveris Augusta*. On la trouve ensuite dans Ptolémée, avec le même nom. Tacite l'appelle simplement *Coloniam Treverorum*. Dans un temps postérieur, c'est sous le nom de *Treveri* qu'elle est désignée. Depuis Constance Chlore, plusieurs empereurs, que le soin de veiller à la frontière du Rhin retint dans la Gaule, choisirent Trèves pour leur séjour ; d'où vient qu'Ammien Marcellin la qualifie de *domicilium principum clarum*, et qu'Ausone relève la dignité de cette ville en disant : *Trevericæ urbis solium*. La Notice de l'empire fait mention de plusieurs établissements faits à Trèves : *Triberorum scutaria*, *et balistaria, thesauri et moneta Triberorum*. Cette ville était devenue métropole de la première Belgique. Tous ces avantages ne servirent qu'à rendre le désastre de Trèves plus considérable dans les incursions des barbares, vers la chute de l'empire en Occident. *Treverorum urbs excellentissima*, dit Salvien (*De gubern. Dei*, lib. iv), *quadruplici eversione prostrata*. On sait que les Alemans la nomment Tricx. » D'Anville. *Notice de l'ancienne Gaule*, p. 119. V. aussi Walckenaer. *Géographie des Gaules*, t. 1, p. 513.

AUGUSTA TRICASTINORUM, vel NÆOMAGUS (lat. 45°, long. 23°). « La capitale des *Tricastini* est nommée *Augusta* dans Pline (lib. 111, cap. 4), et le nom de la ville des mêmes *Tricastini* est *Næomagus* selon Ptolémée. Joseph Scaliger, Holstenius, le P. Sirmond, le P. Hardouin, distinguent *Næomagus d'Augusta*, et veulent que ce soit Nions, qui est une petite ville au nord de Vaison, comprise dans son diocèse. Je me laisserais volontiers entraîner par l'analogie de la dénomination de Nions avec celle de *Næomagus*, comme par l'autorité des savants que je viens de citer, sans les difficultés qui se rencontrent dans cette opinion. Car Nions, par sa situation, est enveloppée dans le district des Vocontii, qui renferme Vaison, selon le témoignage de Méla et de Pline. On pourrait accuser Ptolémée d'avoir transporté aux *Tricastini* une ville d'un peuple limitrophe, si une observation sur la position n'était encore été faite ne s'y opposait pas. La Table théodosienne marque XV, entre le nom qui se lit *Arusione*, et un autre qui se lit *Senomago*. Or, cette distance convient exactement à celle que l'on trouve entre la position d'*Arausio* ou d'Orange, et celle de la position des *Tricastini* ou du St-Paul-Trois-Châteaux ; car elle s'évalue à environ 11,000 toises, et le calcul de 15 milles romains est de 11,340 toises. Comme on connaît la Table pour être peu correcte dans les dénominations, il n'est point hasarder que de trouver le nom de *Næomagus* que donne Ptolémée, dans celui de la Table, avec peu de différence. Il faut ajouter que cette convenance dans la distance ne saurait regarder la position de Nions, comme elle regarde la position de St-Paul-Trois-Châteaux, parce que Nions parait éloigné d'Orange de 24 ou de 25 milles ; et on peut dire que Cellarius ne connaissait pas suffisamment le local, pour être bien fondé à dire : *Locus non repugnat*. D'ailleurs, Nions s'écarte de la direction de la voie, puisque la Table fait connaître le lieu qui, sur cette voie, succède à *Nœomagus*, savoir *Acunum*, dont la position qui subsiste au bord du Rhône, sous le nom d'Ancône, est marquée dans l'Itinéraire de Bourdeaux à Jérusalem, en tendant directement à Valence. J'observe même que l'indication qu'on trouve dans la Table, entre *Acunum* et le lieu dont le nom se prend pour *Nœomagus*, savoir XVIII, est ce qui convient entre St-Paul-Trois-Châteaux et Ancône, et ce qui ne suffirait pas, à beaucoup près, dans l'intervalle qui sépare Ancône d'avec Nions. M. de Valois est de même opinion, que *Nœomagus* de Ptolémée n'est point une ville différente d'*Augusta*, sans néanmoins s'appuyer sur des considérations aussi positives que celles qu'on vient de voir. Cette ville a quitté ses anciennes dénominations. C'est sous le nom de *Civitas Tricastinorum* qu'elle est mise au nombre de celles de la Viennoise, dans la Notice des provinces de la Gaule. » D'Anville. *Notice de l'ancienne Gaule*, p. 120.

AUGUSTA VEROMANDUORUM (lat. 50°, long. 21°). « Ptolémée fait mention de la ville principale des *Romandues*, qui sont les *Veromandui*, sous le nom d'*Augusta*. L'Itinéraire d'Antonin et la Table théodosienne placent cette ville entre *Camaracum*, ou Cambrai, et *Augusta Suessionum*, ou Soissons. La distance à l'égard de *Camaracum*, qui est omise dans la Table, est marquée XVIII dans l'Itinéraire. On ne peut néanmoins conclure qu'environ 17 lieues gauloises de ce qu'il y a d'espace entre la position de St-Quentin, qui est celle d'*Augusta Veromanduorum*, et celle de Cambrai, parce que cet espace n'est que de 19,000 toises. Ce qui concerne la voie qui conduisait à *Augusta Suessionum* est discuté dans l'article *Contra Aginnum*. Il y a dans la Table une indication de distance, qui est XXXI, placé entre le nom de *Samarobriva* et celui d'*Augusta Veromanduorum*, et on reconnaît encore sur le local la trace d'une voie romaine entre Amiens et St-Quentin. L'espace que cette voie traverse étant d'environ 37,000 toises, il en résulte rigoureusement plus de 32 lieues gauloises. Cette voie, venant d'Amiens, passait au delà d'*Augusta Veromanduorum*, à *Lugdunum clavatum*, ou Laon, selon la relation de la découverte du corps de saint Quentin : *Locus, qui dicitur Augusta Veromanduorum, juxta fluvium qui vocatur Somena, ubi transit agger publicus, qui venit de Ambianensium civitate, et pergit Leodunum clavatum.* Mais cette continuation de voie n'est point exprimée dans les anciens Itinéraires, et on ne saurait nommer *Lugdunum clavatum* dans une carte qui est restreinte à ce qui se trouve cité dans les monuments romains, quoiqu'on ne puisse douter que cette place ne soit véritablement d'antiquité gauloise. La trace d'une ancienne voie qui tendait de Reims à St-Quentin, en traversant la rivière d'Aisne, au Bac-à-Berri, de là passait à Corbeni, comme le dit Bergier (*Hist. des Gr. Ch.*, liv. III, ch. 39), devait se joindre aux environs de Laon à cet *agger publicus*, dont la légende fait mention. M. de Valois (p. 596) rapporte les textes de plusieurs auteurs du moyen âge, dont il résulte indubitablement que la ville de St-Quentin est la même qu'*Augusta Veromanduorum*; et il y a des actes particuliers passés dans cette ville, par lesquels on voit que le nom d'*Aouste*, dérivé d'*Augusta*, s'est conservé au plus ancien des quartiers de la ville. M. l'abbé Belley, dans une savante dissertation du t. XIX des *Mémoires de l'Académie*, s'est attaché particulièrement à combattre l'opinion qui veut que le lieu qui porte le nom de Vermand, à quelque distance de St-Quentin, ait été pendant un temps la capitale des *Veromandui*, au préjudice d'Augusta. » D'Anville. *Notice de l'ancienne Gaule*, p. 121. V. aussi l'abbé Belley. *Mémoires de l'académie des belles-letres*, t. IX, p. 671-690. Walckenaer. *Géographie des Gaules*, t. I, p. 430-480.

AUGUSTIN (St-), vg. *Corrèze* (Limousin), arr., ✉ et à 27 k. de Tulle, ✉ de Corrèze. Pop. 1,203 h.

AUGUSTIN (St-), vg. *Seine-et-Marne* (Brie), arr., caut., ✉ et à 6 k. de Coulommiers. Pop. 1,291 h. — L'église est isolée sur une éminence où sur un vieux château. Il se fait en ce lieu un pèlerinage sous l'invocation de sainte Aubierge; on y remarque une chapelle antique et une fontaine très-abondante. — *Foire* le mardi de Pâques.

AUGUSTIN-DES-BOIS (St-), vg. *Maine-et-Loire* (Anjou), arr. et à 18 k. d'Angers, cant. du Louroux-Béconnais, ✉ de St-Georges-sur-Loire. Pop. 775 h.

AUGUSTIN-SUR-MER (St-), vg. *Charente-Inf.* (Saintonge), arr. et à 16 k. de Marennes, cant. et ✉ de la Tremblade. Pop. 527 h.

AUGUSTOBONA, postea TRICASSES (lat. 49°, long. 22°). « Le nom de la capitale des *Tricasses*, qui est *Augustomana* dans Ptolémée, est *Augustobona* selon l'Itinéraire d'Antonin et selon la Table théodosienne. On peut croire que la terminaison de *bona* ou *mana*, ajoutée au nom d'Auguste, a pu être employée indifféremment, comme ayant la même signification. Car on lit dans Varron (*De ling. Latina*, cap. 2, p. 562) : *Bonum antiqui dixere manum*; et M. de Valois répand l'érudition à pleines mains sur ce sujet dans sa Notice. Cette ville prit ensuite le nom de la cité : *Venerat Tricassas*, dans Ammien Marcellin; *Tricassibus degere*, dans Sidoine Apollinaire. On a dit postérieurement, et par contraction, *Treccæ*, comme de *Bajocasses* on a fait *Bajocæ*; aujourd'hui Troies, en gardant le pluriel, comme il convient. » D'Anville. *Notice de l'ancienne Gaule*, p. 123. V. aussi Walckenaer. *Géographie des Gaules*, t. I, p. 54 et 413.

AUGUSTODUNUM. V. BIBRACTE.

AUGUSTODURUS (lat. 50°, long. 17°). « Ce lieu est indiqué dans la Table théodosienne, entre *Crociatonum* et *Arægenus*. Il faut en chercher la position entre Baïeux, qui est *Arægenus*, et Valognes, qui est *Crociatonum*. La terminaison *durus* ou *durum* désigne, par la signification qui lui est propre, le passage d'une rivière; et sur cette route, c'est à la rivière de Vire que convient *Augustodurus*. La distance, qui dans la Table paraît marquée XXIIII à l'égard d'*Arægenus*, doit être fautive par l'emploi d'un double X, au lieu de donner simplement XIIII, comme je l'observe dans l'article *Arægenus*. En partant de Baïeux, la route allait traverser la rivière de Vire, au-dessus du passage appelé le Nef-du-Pas, à l'endroit où sont des vestiges d'un pont sur l'ancien lit de la rivière, entre les paroisses de Montmartin-en-Graigues et de St-Fromond; et on distingue les restes d'un chemin *perré*, qui conduit au passage du pont. Ce qu'il y a de distance en droite ligne depuis Baïeux, selon qu'elle résulte de la carte levée par l'abbé Outhier, est d'environ 15,500 toises; et il en faut conclure 14 lieues gauloises de mesure itinéraire, puisque, à raison de 1,134 toises par lieue, le calcul de 14 lieues est de 15,876. Entre *Augustodurus* et *Crociatonum*, l'indication de la Table, qui est XXI, ne souffre point de difficulté. La mesure itinéraire depuis la position qui convient à *Augustodurus* jusqu'à Valognes, en traversant les marais d'Ouve par Carentan, peut s'estimer de 20 lieues gauloises, et plus que moins, vu les circuits et l'inégalité du terrain dans l'étendue de cette route. » D'Anville. *Notice de l'ancienne Gaule*, p. 123. V. aussi Walckenaer. *Géographie des Gaules*, t. I, p. 383 et 395.

AUGUSTOMAGUS, postea SILVANECTES (lat. 50°, long. 21°). « Cette ville est indiquée, dans l'Itinéraire d'Antonin, entre *Cæsaromagus*, ou Beauvais, et *Suessonas*, ou Soissons; dans la Table théodosienne, entre *Cæsaromagus* et *Fixtuinum*, ou plutôt *Iatinum*, qui est Meaux. On peut consulter l'article *Litanobriga*, sur ce qui concerne le rapport de la position d'*Augustomagus* avec *Cæsaromagus*, et l'article *Iatinum*, par la même considération. Mais, pour n'omettre aucune des distances qui sont liées à *Augustomagus*, je remarquerai ici que celle que l'on trouve marquée XXII dans l'Itinéraire ne remplit pas ce qu'il y a d'espace entre Senlis, qui est *Augustomagus*, et Soissons; car cet espace, qui est d'environ 29,000 toises en droite ligne, peut admettre 26 à 27 lieues gauloises de mesure itinéraire. La voie se fait remarquer actuellement en sortant de Senlis, sous le nom de Chaussée-de-Brunehaut. Son alignement la conduit au passage de la petite rivière d'Autone, près de Bétisi, et elle rase l'extrémité méridionale de la forêt de Cuise ou de Compiègne. Une carte manuscrite du Soissonnais m'en fait retrouver la trace dans la longueur d'environ 4,500 toises, entre la maison Haute-Fontaine et le Pont-Archer, sur le ruisseau qui descend de Cœuvre, où où cette trace se joint au chemin actuel de Compiègne à Soissons. Je reviens à *Augustomagus*, pour dire qu'il en est mention dans Ptolémée, quoique la dénomination y soit altérée, et qu'on y lise *Ratomagus*. Le nom du peuple a pris la place du nom propre et primitif, comme il est arrivé à la plupart des capitales des cités. On trouve dans la Notice de l'empire : *Silvanectos Belgicæ secundæ*; dans la Notice des provinces de la Gaule, *Civitas Silvanectum*. Il faut être fixé par l'identité de lieu, pour ne pas méconnaître le nom des *Sylvanectes* dans celui de Senlis. » D'Anville. *Notice de l'ancienne Gaule*, p. 124. V. aussi Walckenaer. *Géographie des Gaules*, t. II, p. 271.

AUGUSTONEMETUM, postea ARVERNI (lat. 46°, long. 21°). « Le nom de la capitale des *Arverni*, qui selon Strabon serait *Nemossus*, est *Augustonemetum* dans Ptolémée, et de même dans la Table théodosienne, où, par abréviation, ce nom est écrit *Aug. Nemeto.* Strabon (lib. IV, p. 191) se trompe doublement en plaçant cette ville sur la Loire, ἐπὶ τῷ Λίγηρι. Car ce n'est pas la Loire qui passe chez les *Arverni*, mais l'Allier ; et la ville qui représente la capitale des *Arverni* n'est point située sur l'une de ces rivières, non plus que sur l'autre. Le nom du peuple devint ensuite celui de la ville, ce qui a été presque général aux capitales de cités dans la Gaule. Elle est nommée *Arverni* par Ammien Marcellin, par Sidoine Apollinaire et dans la Notice de l'empire, de même que dans celle des provinces de la Gaule, où *Civitas Arvernorum* suit immédiatement la métropole de l'Aquitaine première. Mais ce qui est remarquable, comme paraissant antérieur au temps où l'usage a prévalu de désigner les capitales par un autre nom que celui qui leur avait été propre ; c'est de trouver le nom d'*Arverni* dans Pline (lib. XXXIV, cap. 7), en parlant d'un colosse de Mercure, *facto in civitate Galliæ Arvernis*, et auquel doit se rapporter une inscription qu'on lit dans le Recueil de Gruter (p. 53, n. XI), *Mercurio Arverno*. Car M. de Valois (p. 46) est dans l'opinion que, sur ce sujet, le terme de *Civitas* convient plutôt à la ville qu'au territoire des *Arverni*, ce que je laisse aux critiques à décider. Dans le moyen âge, un château qui défendait la ville capitale des *Arverni*, en était distingué par le nom de *Clarus Mons*, comme on le voit dans un annaliste, contemporain du roi Pepin : *Rex Pippinus usque ad urbem Arvernam cum exercitu veniens, Claremontem castrum captum atque successum bellando cepit* ; à quoi se rapporte ce qui suit : *Pippinus rex urbem Arvernam cepit.* Ainsi le *Castrum Claremontis* et l'*urbs Arverna* sont la même conquête, dans l'expédition de Pepin contre Guaifre, duc d'Aquitaine. C'est donc au château de la ville *Arverna*, que cette ville doit le nom de Clermont qu'elle porte aujourd'hui. On lit dans Aimoin et dans Hugue de Fleuri : *Arvernis*, *quæ Clarus Mons dicitur.* » D'Anville. *Notice de l'ancienne Gaule*, p. 125. V. aussi Walckenaer. *Géographie des Gaules*, t. I, p. 53.

AUGUSTORITUM, postea LEMOVICES (lat. 46°, long. 19°). « Si l'on s'en rapporte à plusieurs éditions de Ptolémée, et notamment à celle de Bertius, ce n'est point *Augustoritum*, mais une autre ville sous le nom de *Ratiastum*, qu'il faut prendre pour la capitale des *Lemovices*. Cependant c'est aux *Pictones* qu'appartient la position de *Ratiastum*, comme on peut le voir démontré dans l'article intitulé *Ratiatum* ; et il n'est pas moins certain, que le nom d'*Augustoritum*, qui dans les éditions dont je viens de parler, tient la place de *Ratiastum*, doit être transporté chez les *Lemovices*. Les voies romaines décrites dans l'Itinéraire d'Antonin et dans la Table théodosienne déterminent sans équivoque la position d'*Augustoritum* dans l'emplacement de la capitale des *Lemovices*. L'Itinéraire nous y fait passer directement, en décrivant une route sur laquelle entre *Vesunna*, ou Périgueux, et *Argentomagus*, ou Argenton en Berri, se rencontre *Augustoritum*. Une autre route, qui croise la précédente à *Augustoritum*, se prend dans la Table à *Mediolanum* des *Santones*, ou Saintes, et conduit à *Augustonemetum*, ou Clermont. Le détail des lieux que l'Itinéraire et la Table indiquent sur ces routes étant exposé dans la carte de la Gaule, on peut consulter les différents articles qui concernent chacun de ces lieux en particulier, pour connaître le rapport immédiat de leur position à celle d'*Augustoritum* dans la place qu'occupe Limoges, capitale des *Lemovices*. Ce qui ne peut se rapporter ainsi qu'à Limoges s'éloigne étrangement de Poitiers, qui serait *Augustoritum*, selon M. de Valois (p. 448), et on voit bien qu'en citant, comme il fait, l'Itinéraire sur la position d'*Augustoritum* entre *Vesunna* et *Argentomagus*, il ne consulte point ce qui convient positivement au local. Le témoignage de Ptolémée n'est pas aussi constant que l'ont cru plusieurs savants très-distingués, et entre autres M. de Valois (p. 267), pour que *Ratiastum* soit la ville des *Lemovices*, plutôt qu'*Augustoritum*. M. l'abbé Belley (t. XIX), dans les Mémoires de l'Académie, cite deux manuscrits de la bibliothèque du roi, selon lesquels *Ratiatum* est rangé sous les *Pictones* et *Augustoritum* renvoyé aux *Lemovices*. Il faut ajouter que les premières cartes dressées d'après Ptolémée, et gravées à Vienne en taille de bois, par Trechfel, en 1541, sont à l'égard des mêmes positions conformes à ces manuscrits, et vraisemblablement à plusieurs autres que l'on n'a point sous les yeux. Ainsi, la critique que fait M. de Valois (p. 268) de ce qu'on lit dans Magnon, contemporain de Charles le Chauve, *Lemofex Augustoritum*, porte à faux, par la préférence qu'il croit donner à l'autorité de Ptolémée : *Cui haud dubie*, dit-il, *major fides habenda est, quam Magnoni, homini docto minus, minusque diligenti, et annis amplius* DCLX *a Ptolemæi ætate distincto.* On peut donc décider avec certitude, et conformément à la manière dont s'explique M. de Valois, que c'est *Augustoritum*, et non pas *Ratiastum*, qui a quitté son nom ancien et primitif, pour prendre celui des *Lemovices*. Dans la Notice des provinces de la Gaule, *Civitas Lemovicum* est une de celles de l'Aquitaine première ; et la ville de Limoges conserve un quartier distinct, et séparé sous le nom de Cité, ce qui lui est commun avec plusieurs anciennes villes de la Gaule. » D'Anville. *Notice de l'ancienne Gaule*, p. 126. V. aussi l'abbé Belley. *Mém. de l'acad. des belles-lettres*, t. XIX, p. 707-21. Walckenaer. *Géog. des Gaules*, t. I, p. 54, 340, 360, 370.

AUGUSTUM (lat. 46°, long. 24°). « Il en est mention dans l'Itinéraire d'Antonin et dans la Table théodosienne, sur une route qui, par la position de *Bergusium*, communique à Vienne ; et on peut voir dans l'article *Bergusium*, que la distance sur laquelle l'Itinéraire et la Table sont d'accord à marquer XVI est convenable au local, selon ce qu'il y a d'espace actuel entre le lieu nommé Bourgoin, et un petit lieu qui conserve le nom d'Aoste, près de l'entrée du Guier dans le Rhône. Or, ce lieu paraît avoir été considérable, à en juger par les vestiges d'antiquité qu'on y a remarqués en différents temps, et dans les titres son nom est *Augusta*. Cette position a été commune à deux routes, dont l'une, tracée dans la Table, se rend à Genève ; l'autre, qui se trouve également dans l'Itinéraire comme dans la Table, conduit par la Tarentaise au passage de l'*Alpis Graia*, ou du petit St-Bernard. » D'Anville. *Notice de l'ancienne Gaule*, p. 128.

AUGY, vg. = Aisne (Picardie), arr. et à 20 k. de Soissons, cant. et ⊠ de Braisne. P. 177 h. Près de la Vesle. — Culture en grand des haricots dits de Soissons.

AUGY. V. ST-LÉOPARDIN-D'AUGY.

AUGY, vg. = Yonne (Bourgogne), arr., cant., ⊠ et à 5 k. d'Auxerre. Pop. 345 h.

AUGY-SUR-AUBOIS, vg. = Cher (Berri), arr. et à 28 k. de St-Amand, cant. et ⊠ de Sancoins. Pop. 960 h.

AUJAC, vg. = Charente-Inf. (Saintonge), arr. et à 16 k. de St-Jean-d'Angely, cant. de St-Hilaire, ⊠ de Matha. Pop. 912 h.

AUJAC, vg. = Gard (Languedoc), arr. et à 38 k. d'Alais, cant. et ⊠ de Genolhac. Pop. 943 h. — Foire le 18 sept.

AUJAN, vg. = Gers (Armagnac), arr. et à 18 k. de Mirande, cant. et ⊠ de Masseube. Pop. 325 h.

AUJARGUES, vg. = Gard (Languedoc), arr. et à 20 k. de Nîmes, cant. et ⊠ de Sommières. Pop. 377 h.

AUJEURES, vg. = H.-Marne (Champagne), arr. et à 17 k. de Langres, cant. et ⊠ de Longeau. Pop. 382 h.

AUJOLS, vg. = Lot (Quercy), arr. et à 12 k. de Cahors, cant. et ⊠ de Lalbenque. Pop. 633 h. — Foires les 26 avril et 25 juin.

AUJON (l'), petite rivière qui prend sa source à la fontaine d'Aujon, non loin du village de Crilley, H.-Marne ; elle passe à Gyé, Arc-en-Barrois, Château-Villain, Lonchamp, et se jette dans l'Aube un peu au-dessous de Clairvaux, dép. de l'*Aube*, après un cours d'environ 56 k. Cette rivière commence à être flottable à bûches perdues au-dessous du pont de St-Loup, et en trains au-dessous de Pont-la-Ville ; la longueur totale du flottage est de

3,400 m. La quantité de bois flotté annuellement s'élève à environ 2,000 stères.

AULAGNIER (l'), vg. *H.-Alpes*, comm. et ✉ de St-Bonnet.

AULAINES, vg. *Sarthe* (Maine), arr. et à 23 k. de Mamers, cant. et ✉ de Bonnetable. Pop. 599 h.

AULAIRE (St-), vg. *Corrèze* (Limousin), arr. et à 20 k. de Brives, cant. d'Ayen, ✉ d'Objat. Pop. 1,119 h.

AULAN, vg. *Drôme* (Dauphiné), arr. et à 55 k. de Nyons, cant. et ✉ de Séderon. Pop. 197 h.

AULAS, petite ville, *Gard* (Languedoc), arr., cant., ✉ et à 3 k. du Vigan. Pop. 985 h. — *Fabriques* de bonneterie. — *Foires* les 20 avril et 8 nov.

AULAIS (St-), vg. *Charente* (Saintonge), arr., cant., ✉ et à 10 k. de Barbezieux. Pop. 201 h.

AULAYE (St-), petite ville, *Dordogne* (Périgord), chef-l. de cant., arr. et à 20 k. de Riberac. Cure. ✉. A 580 k. de Paris pour la taxe des lettres. Pop. 1,397 h. — TERRAIN crétacé inférieur, grès vert. — Elle est dans une situation agréable, sur la Dronne. — *Foire* le mardi avant la Fête-Dieu.

AULDE (St-), vg. *Seine-et-Marne* (Brie), arr. et à 27 k. de Meaux, cant. et ✉ de la Ferté-sous-Jouarre. Pop. 560 h. Près de la Marne.

AULDES-A-LA-CRÊTE, vg. *Allier* (Bourbonnais), arr., ✉ et à 8 k. de Montluçon, cant. d'Hérisson. Pop. 500 h. — *Foires* les 25 janv., 14 et 28 mai, 11 juin, 22 juillet et 9 oct.

AULERCI BRANNOVICES (lat. 47°, long. 22°). « Ils sont cités dans le septième livre des Commentaires au nombre des peuples que les *Ædui* tenaient dans leur dépendance ; et leur nom est suivi de *Brannovii*, qui paraît le même, à l'exception du prénom d'*Aulerci*. Je ne hasarderai point de les confondre, non plus que d'en faire une mention distincte et séparée. On peut conjecturer, que le canton qui porte le nom de Briennois, près de la Loire, dans l'étendue du diocèse de Mâcon, qui est un démembrement du territoire des *Ædui*, tire cette dénomination des Brannovices ou des *Brannovii*. Il y a moins d'affinité entre d'autres dénominations qu'on est pourtant bien fondé à prendre pour les mêmes. » D'Anville. *Notice sur l'ancienne Gaule*, p. 129.

AULERCI CENOMANI (lat. 48°, long. 18°). « C'est un des peuples de la Gaule dont il soit fait mention dans un temps plus reculé, puisqu'entre différents peuples auxquels le nom d'*Aulerci* a été commun, on doit rapporter aux *Cenomani* en particulier celui d'*Aulerci* dans Tite Live (lib. v, sect. 34), lorsqu'il cite entre les Celtes ou Gaulois ceux qui passèrent les Alpes et qui s'établirent en Italie, du temps que Tarquin l'Ancien régnait à Rome. Car, dans le nombre des nations gauloises qui, en occupant des terres dans cette partie de l'Italie que les Romains ont appelé Gaule cisalpine, y ont porté leur nom, les *Cenomani* ont Polybe, Pline, Ptolémée, font mention expresse. Les *Aulerci Cenomani* sont cités dans le septième livre des Commentaires. Pline (lib. iv, cap. 18) joint les *Cenomani* aux *Eburovices* de cette manière : *Aulerci, qui cognominantur Eburovices, et qui Cenomani*. La leçon qui se tire du texte grec de Ptolémée est *Aulircii Cenomani*. Mais il y a une transposition de sa part à ranger les *Cenomani* au nord des *Eburovices*. Il semblait permis de leur attribuer dans les cartes le diocèse du Mans dans son entier, avant que l'on fût instruit que les *Diablintes*, et de plus les *Arvii*, occupaient une partie de ce diocèse. Ces cités n'ayant point été pourvues d'évêques particuliers, les évêques du Mans ont étendu leur sollicitude pastorale à ces territoires ; et l'on en trouve des témoignages positifs à l'égard de celui des *Diablintes*, dans *Gesta episcoporum Cenomanensium*, publiés par le P. Mabillon dans le recueil intitulé *Analecta*. C'est ainsi que les limites du diocèse du Mans ont été agrandies au delà de ce qu'avaient possédé les *Cenomani*. » D'Anville. *Notice de l'ancienne Gaule*, p. 130. V. aussi Walckenaer. *Géographie des Gaules*, t. i, p. 57-62.

AULERCI EBUROVICES (lat. 49°, long. 19°). « Il en est fait mention en plusieurs endroits des Commentaires de César ; et on lit dans Pline, *Aulerci, qui cognominantur Eburovices*. Selon Ptolémée, *Aulircii Ebuvaici*. Il était peu exactement informé de leur position, en l'établissant sur la Loire d'un côté, comme sur la Seine de l'autre. Car il y a bien loin des limites qui terminent le diocèse d'Evreux du côté des *Carnutes* jusqu'à la Loire. » D'Anville. *Notice de l'ancienne Gaule*, p. 130. V. aussi Walckenaer. *Géographie des Gaules*, t. i, p. 398.

AULHAT, vg. *Puy-de-Dôme* (Auvergne), arr., cant., ✉ et à 8 k. d'Issoire. Pop. 421 h.

AULIN, h. *Gers*, comm. de Traversères, ✉ d'Auch.

AULLÈNE, vg. *Corse*, arr., ✉ et à 34 k. de Sartène, cant. de Serra. Pop. 1,100 h.

AULNAT, vg. *Puy-de-Dôme* (Auvergne), arr., cant. et à 8 k. de Clermont, ✉ de Tauves. Pop. 903 h. — On y remarque le Puy de la Poix, monticule formé de tuf basaltique, offrant, au nord, une source de bitume qui donne jusqu'à 14 kilog. de cette substance par jour ; l'eau qui sort en même temps que le bitume, est saturée d'hydrogène sulfuré, et contient aussi du sel marin et de la silice.

Un peu au delà du Puy de la Poix, à gauche de la grande route, on voit un peulvan, grande pierre granitique isolée dont la partie hors de terre a plus de 2 m. 64 c. de haut.

AULNAY, *Alnetum*, vg. *Aube* (Champagne), arr. et à 26 k. d'Arcis, cant. de Chavanges, ✉ de Dampierre. Pop. 195 h.

AULNAY, *Avedonacum*, bg *Charente-Inf.* (Poitou), chef-l. de cant., arr. et à 18 k. de St-Jean-d'Angely. Cure. Gîte d'étape. '℺'. A 420 k. de Paris pour la taxe des lettres. Pop. 1,750 h. — TERRAIN jurassique, étage supérieur du système oolitique. — Autrefois prévôté royale, diocèse de Saintes, parlement de Paris, intendance de Poitiers, élection de Niort, brigade de maréchaussée. — On y voit une ancienne église qui a été désignée pour être classée au nombre des monuments historiques.

Foires les 18 juin, 4es lundis de janv., de fév., de juillet, d'août, de sept., de nov. et de déc.

AULNAY, *Alnetum*, vg. *Eure* (Normandie), arr., cant., ✉ et à 10 k. d'Evreux. Pop. 248 h. Sur l'Iton.

AULNAY, vg. *Seine-et-Oise* (Ile-de-France), arr. et à 28 k. de Versailles, cant. de Menlan, ✉ de Maule. Pop. 322 h.

AULNAY, vg. *Vienne* (Poitou), arr., ✉ et à 12 k. de Loudun, cant. de Moncontour. Pop. 205 h.

AULNAY-AUX-PLANCHES, vg. *Marne* (Champagne), arr. et à 36 k. d'Epernay, cant. et ✉ de Vertus. Pop. 165 h. Sur la rive gauche de la Marne.

AULNAY-L'AITRE vg. *Marne* (Champagne), arr., cant. et à 12 k. de Vitry-le-Français, ✉ de la Chaussée. Pop. 235 h. .

AULNAY-LA-RIVIÈRE, vg. *Loiret* (Gatinais), arr. et à 9 k. de Pithiviers, cant. et ✉ de Puiseaux. Pop. 630 h. Sur l'OEuf.

AULNAY-LÈS-BONDY, vg. *Seine-et-Oise* (Ile-de-France), arr. et à 40 k. de Pontoise, cant. de Gonesse, ✉ du Bourget. Pop. 611 h. Dans un territoire marécageux, près de la forêt de Bondy.

AULNAY-SUR-ODON, *Alnetum Tiducassium*, bg *Calvados* (Normandie), chef-l. de cant., arr. et à 32 k. de Vire. Cure. ✉. A 262 k. de Paris pour la taxe des lettres. Pop. 1,975 h. — TERRAIN de transition inférieur.

Autrefois baronnie, diocèse de Bayeux, parlement de Rouen, intendance et élection de Caen.

Il est situé sur l'Odon, et connu pour ses marchés importants, où l'on ne pouvait rien vendre autrefois qu'après que le seigneur, baron d'Aulnay, avait acheté ce qui était à sa convenance. — Il y avait à peu de distance du bourg une abbaye de l'ordre de Citeaux, fondée en 1131, que posséda longtemps le célèbre Huet, évêque d'Avranches. — *Fabriques* de calicots, basins, mousselinettes. Filatures hydrauliques de coton. Tanneries. — *Commerce* considérable de moutons, de laines et de suif. — *Foires* le samedi le plus près du 28 juillet, samedi après Quasimodo, samedi le plus près du 18 juillet.

AULNAY-SUR-MARNE, vg. *Marne* (Champagne), arr. et à 13 k. de Châlons, cant. d'Ecury-sur-Coole, ✉ de Jalons. Pop. 338 h.

AULNE (l'), rivière qui prend sa source près de la trève de la Lahuée, dép. des *Côtes-du-Nord* ; elle passe près de Châteauneuf-du-Faou, à Châteaulin, à Port-Launay, et se jette dans la rade de Brest, à Ladvenec, après un cours d'environ 120 k. L'Aulne, qui fait partie du canal de Nantes à Brest, est navigable au moyen des marées, depuis le déversoir du moulin de Châteaulin jusqu'à son embouchure, sur une longueur de 24,000 m. ; ses principaux affluents sont l'Elèze, la Doufine et l'Hière.

AULNEAUX (les), vg. *Sarthe* (Maine), arr.,

✉ et à 12 k. de Mamers, cant. de la Fresnaye. Pop. 500 h.

AULNÈS (les), vg. *Vosges*, comm. de Fraize, ✉ de St-Dié.

AULNIZEUX, vg. *Marne* (Champagne), arr. et à 37 k. de Châlons, cant. et ✉ de Vertus. Pop. 127 h.

AULNOIS, vg. *Aisne* (Picardie), arr., cant., ✉ et à 6 k. de Laon. Pop. 253 h. — C'était jadis une place forte qui fut rendue à Jean de Bruyères en 1434, et dont les ligueurs s'emparèrent en 1589.

AULNOIS-EN-BARROIS, vg. *Meuse* (Lorraine), arr. et à 16 k. de Bar-le-Duc, cant. d'Ancerville, ✉ de Saudrupt. Pop. 535 h. — *Commerce* de toiles de chanvre et de belles pierres de taille dites de Savonnières.

AULNOIS-SOUS-BEAUFREMONT, vg. *Vosges* (Lorraine), arr. et à 14 k. de Neufchâteau, cant. et ✉ de Bulgnéville. P. 270 h.

AULNOIS-SOUS-VERTUZEY, vg. *Meuse* (Lorraine), arr., cant., et à 5 k. de Commercy, à 21 k. de St-Mihiel. Pop. 399 h.

AULNOIS-SUR-SEILLE, vg. *Meurthe* (Lorraine), arr. et à 23 k. de Château-Salins, 23 k. de Vic, cant. et ✉ de Delme. Pop. 316 h. — Il est situé au pied de la côte de Delme, sur la rive droite de la Seille. On y remarque une tour d'un ancien château qui date de 800, et une chapelle de templiers qui existait déjà en 1100.

AULNOY, vg. *Nord* (Flandre), arr., cant., ✉ et à 2 k. de Valenciennes, Pop. 1,301 h. Sur la Rhonelle. — *Fabriques* de broderies, chicorée-café. Blanchisserie de toiles. Huilerie. Briqueterie.

AULNOY, vg. *Seine-et-Marne* (Brie), arr., cant., ✉ et à 4 k. de Coulommiers. Pop. 373 h. — Il est agréablement situé sur une petite colline, et remarquable par un château de forme antique, flanqué de quatre tours, entouré de fossés, et jouissant d'une vue très-étendue. Sur le sommet de la colline se trouve une source qui alimente une fontaine publique. Le château du Ru, entouré de fossés remplis d'eau vive, fait partie de cette commune.

AULNOY-D'ARBOT, vg. *H.-Marne* (Champagne), arr. à 25 k. de Langres, cant. et ✉ d'Auberive. Pop. 188 h.

AULNOY-SUR-LA-MARNE, vg. *Aisne*, comm. d'Essommes, ✉ de Château-Thierry.

AULNOY-LÈS-BERLAIMONT, vg. *Nord* (Flandre), arr. à 15 k. d'Avesnes, cant. et ✉ de Berlaimont. Pop. 200 h. Près de la Sambre.

AULON, vg. *Creuse* (Marche), arr. à 13 k. de Bourganeuf, cant. et ✉ de Bénévent. Pop. 480 h.

AULON, vg. *H.-Garonne* (Languedoc), arr. et à 13 k. de St-Gaudens, cant. et ✉ d'Aurignac. Pop. 1,341 h. — *Foires* les 25 juin, 16 sept., 18 déc. et 3e vendredi de carême.

AULON, vg. *H.-Pyrénées* (Gascogne), arr. et à 45 k. de Bagnères-de-Bigorre, cant. et ✉ d'Arreau. Pop. 281 h.

AULOS, vg. *Ariége* (pays de Foix), arr. et à 24 k. de Foix, cant. et ✉ de Cabanes. Pop. 118 h.

AULT, bg maritime, *Somme* (Picardie), chef-l. de cant., arr. et à 35 k. d'Abbeville. Cure. ✉ d'Eu. Pop. 1,371 h. — TERRAIN d'alluvions modernes. — Il est bâti dans une position avantageuse, sur le bord de la Manche, où il a un port favorable pour la pêche. C'est un des ports qui fournissent le plus de poisson frais à Paris. — *Fabriques* considérables d'étaux, de serrurerie et de quincaillerie. Filatures de coton.

AULUS, vg. *Ariége* (Comminges), arr. et à 30 k. de St-Girons, cant. d'Oust, ✉ de Seix. Pop. 1,032 h. — On y trouve une source d'eau thermale assez fréquentée par les habitants du pays. — Aux environs, mine de zinc, de plomb argentifère, dont l'exploitation est suspendue. — Forges.

AULX-LES-CROMARY, vg. *H.-Saône* (Franche-Comté), arr. et à 33 k. de Vesoul, cant. et ✉ de Rioz. Pop. 162 h. Près de la rive droite de l'Oignon. — On remarque aux environs le château de Vaivre, propriété de M. le duc de Conegliano.

AUMAGNE, vg. *Charente-Inférieure* (Saintonge), arr. et à 13 k. de St-Jean-d'Angely, cant. de St-Hilaire, ✉ de Matha. Pop. 1,253 h. — *Foires* les 29 juin et 25 août.

AUMALE, *Alba Marna*, petite et très-ancienne ville, *Seine-Inf.* (Normandie), chef-l. de cant., arr. et à 25 k. de Neufchâtel. Cure. Collége com. Gîte d'étape. ✉. ⚲. A 121 k. de Paris pour la taxe des lettres. Pop. 2,004 h. — TERRAIN tertiaire moyen.

Autrefois duché-pairie, diocèse, parlement et intendance de Rouen, élection de Neufchâtel, bailliage, vicomté; 2 paroisses, une abbaye ordre de St-Benoît, couvents de Picpus, de capucines et de dominicaines.

Aumale avait un corps de ville qui subsistait dès 1200; Guillaume le Roux la prit en 1190; Philippe Auguste s'en empara en 1193; en 1196, ce monarque emporta Aumale de vive force, et détruisit la ville de fond en comble. Des titres, et l'histoire elle-même, établissent que cette place a soutenu onze siéges et a été saccagée plusieurs fois. Durant les guerres civiles qui déchirèrent la France du temps de la Ligue, Henri IV ayant quitté le siège de Rouen pour venir à la rencontre du duc de Parme, qui s'avançait dans l'intention de secourir la place, engagea une action près d'Aumale, où il fut blessé en défilant sur le pont, à la tête des troupes. A l'une des extrémités de ce pont, nommé le pont de Henri IV, était anciennement une des portes de la ville, près de laquelle Henri, venant de reconnaître l'armée ennemie, fut atteint dans les reins d'un coup d'arquebuse. Poursuivi par les ligueurs, ce monarque, sur le point de tomber en leur pouvoir, ne dut son salut qu'à l'héroïsme d'une femme nommée Jeanne Leclerc, qui, se précipitant au milieu du danger, baissa le pont-levis assez à temps pour arrêter l'ennemi. Deux colonnes, érigées aux extrémités de ce pont, rappellent cet événement.

Les armes d'**Aumale** sont : *d'argent à la face d'azur, chargée de trois fleurs de lis d'or.*

Aumale avait près de ses murs l'abbaye de St-Martin d'Acy ou d'Aulchy, fondée en l'an 1000, par les seigneurs d'Aumale et par la comtesse Adelise, qui la donna aux moines de St-Lucien de Beauvais. Cette abbaye cessa d'être renfermée dans l'enceinte de la ville après la malheureuse journée de Crécy, qui força toutes les villes à se fortifier pour résister aux Anglais. Des actes du doyenné d'Aumale portent que l'ancienne église de cette abbaye était une des plus belles de la Normandie, qu'il y en avait deux l'une sur l'autre, et que l'église supérieure avait doubles collatéraux. Cette abbaye, qui était entièrement ruinée en 1620, fut rétablie par les religieux de la congrégation de St-Maur, qui y furent introduits en 1704; il en reste à peine aujourd'hui quelques vestiges. Chaulieu, prêtre, poëte et philosophe, était abbé d'Auchy en 1690.

La ville d'Aumale est dans une situation pittoresque, près de la rivière de la Bresle, qui traverse près de là une vaste prairie environnée de coteaux couronnés de bois. Elle est généralement mal bâtie. — En 1755, dom Mahon, religieux bénédictin, découvrit dans une prairie située au nord de la ville, à 400 m. de distance de ses murs, plusieurs sources d'eaux minérales froides. Trois de ces sources, appelées sources des Mollières, ont été rassemblées par le comte d'Eu, duc d'Aumale, dans un très-beau bassin de 20 m. de long sur 5 m. de large. Ces eaux sont acidules et ferrugineuses; elles jouissent d'une grande réputation, et s'emploient avec succès dans les maladies chroniques.

PATRIE du lieutenant général comte DE CAUMONT.

Fabrique de draps croisés, dits de St-Lô, gros draps, draps fins, façon d'Elbeuf, serges, blondes; filatures hydrauliques de laine, faïenceries, tanneries, fonderie de cloches, moulins à foulon. — *Commerce* de bestiaux, laines, toiles, serges, draps, cuirs, etc. — *Foires* les 20 mai, 4 juillet, 10 août et 20 nov. — Marchés les mardis, jeudis et samedis.

Bibliographie. MORTEAU (P.-Ant.). *Dissertation sur les eaux nouvellement découvertes à Aumale, en Normandie, contenant l'analyse de ces eaux et quelques observations sur les maladies qu'elles ont guéries*, in-12, 1759.

MONNET. *Traité des eaux minérales*, in-12, 1768, p. 115.

LE PECQ DE LA CLOTURE. *Collection d'observations sur les maladies et constitutions épidémiques*, 2 vol. in-4, 1778.

DEZINGREMEL. *Essai analytique de l'eau minérale d'Aumale*, br. in-8, 1806.

AUMANCE (l'), petite rivière qui prend sa source à 4 k. de Montmarault, dép. de l'*Allier*; elle passe à Cosne, Hérisson, et se jette dans le Cher, au-dessous de Meaulne, après un cours d'environ 48 k. L'Aumance est flottable depuis Cosne jusqu'à son embouchure, sur une étendue de 27,000 m. La quantité de bois flotté annuellement sur cette rivière s'élève environ à 620 milliers de merrain.

AUMATRE, vg. *Somme* (Picardie), arr. et à 48 k. d'Amiens, cant. et ✉ d'Oisemont. Pop. 493 h.

AUMELAS, vg. *Hérault* (Languedoc), arr. et à 33 k. de Lodève, cant. et ✉ de Gignac. Pop. 281 h.

AUMENANCOURT-LE-GRAND, *Almannorum*, vg. *Marne* (Champagne), arr. et à 16 k. de Reims, cant. de Bourgogne, ✉ d'Isles. Pop. 712 h. — Il est situé sur la Suippe, qui le sépare d'Aumenancourt-le-Petit, et sur laquelle est la belle filature de laine de Pont-Givart. Sur son territoire est la fontaine de St-Firmin, objet d'un pèlerinage assez fréquenté, et où il se tient une foire le 25 sept.

AUMENANCOURT-LE-PETIT, *Aulmenancourt*, vg. *Marne* (Champagne), arr. et à 15 k. de Reims, cant. de Bourgogne, ✉ d'Isles-sur-Suippe. Pop. 362 h. — Ce village est situé près de la rive gauche de la Suippe, et près de la fontaine abondante de St-Thierry, non loin de laquelle on voit un menhir de 2 m. 50 c. d'élévation, qui porte le nom de *pierre Longe*. A peu de distance, dans le lieu de la Chapelle, un cultivateur a mis à découvert, avec sa charrue, une tombe carrée composée de quatre pierres énormes, recouverte par une cinquième pierre, et renfermant une trentaine de squelettes bien conservés. — Filature de laine.

AUMENSAN, vg. *Gers* (Condomois), arr. et à 20 k. de Condom, cant. de Valence, ✉ de Vic-Fezensac. Pop. 98 h.

AUMERVAL, vg. *Pas-de-Calais* (Artois), arr., cant. et à 20 k. de St-Pol, cant. de Heuchin. Pop. 232 h.

AUMES, vg. *Hérault* (Languedoc), arr. et à 30 k. de Béziers, cant. et ✉ de Montagnac. Pop. 434 h.

AUMESSAS, vg. *Gard* (Languedoc), arr., ✉ à 5 k. du Vigan, cant. d'Alzon. Pop. 990 h. — *Foire* le 1er nov.

AUMETZ, vg. *Moselle* (Lorraine), arr. et à 20 k. de Briey, cant. ✉ d'Audun-le-Roman. 'Œ'. Pop. 898 h. — Exploitation de mines de fer d'excellente qualité. — *Foire* le 26 mars et 1er jeudi de carême.

AUMEVILLE, vg. *Manche* (Normandie), arr. et à 13 k. de Valognes, cant. de Quettehou, ✉ de St-Vaast-la-Hougue. Pop. 263 h.

AUMONE (l'), vg. *Charente-Inf.*, comm. et ✉ de Marennes.

AUMONE (l'), vg. *Sarthe*, comm. d'Osseule-Petit, ✉ d'Alençon.

AUMONT, vg. *Jura* (Franche-Comté), arr., cant., ✉ et à 9 k. de Poligny, 12 k. d'Arbois. Pop. 907 h. — *Foires* les 27 juin et 31 août, principalement pour bœufs, vaches et jeunes bestiaux.

AUMONT, bg *Lozère* (Languedoc), chef-l. de cant., arr. et à 24 k. de Marvejols. Cure. ✉. A 534 k. de Paris pour la taxe des lettres. — Pop. 1,083 h. — TERRAIN cristallisé, granit. — *Foires* les 18 mars, 18 avril, 25 mai, 4 juin, 3 et 11 août, 25 nov. et 27 déc.

AUMONT, vg. *Oise* (Picardie), arr., cant.,

✉ et à 4 k. de Senlis. Pop. 264 h. — Il est bâti au pied d'une butte dont le sommet est dépourvu de végétation, et d'où l'on tire un sable bleuâtre qui sert à la manufacture des glaces de St-Gobain.

AUMONT, vg. *Seine-et-Oise*, comm. de Juziers, ✉ de Meulan.

AUMONT, vg. *Somme* (Picardie), arr. à 30 k. d'Amiens, cant. et ✉ d'Hornoy. Pop. 371 h.

AUMONTZEY, vg. *Vosges* (Lorraine), arr. et à 35 k. de St-Dié, cant. et ✉ de Corcieux. Pop. 260 h.

AUMUR, vg. *Jura* (Franche-Comté), arr., ✉ et à 15 k. de Dôle, cant. de Chemin. Pop. 351 h.

AUNAC, vg. *Aveyron*, comm. de St-Chély-d'Aubrac, ✉ d'Espalion. — *Fabrique* de burats.

AUNAC, vg. *Charente* (Angoumois), arr. et à 13 k. de Ruffec, cant. et ✉ de Mansle. Pop. 441 h. Sur la Charente. — *Foire* le 16 de chaque mois.

AUNAT, vg. *Aude* (Languedoc), arr. et à 55 k. de Limoux, cant. de Belcaire, ✉ de Quillan. Pop. 495 h. — C'est un village triste, bâti en grès noir, dans le pauvre pays de Sault.

AUNAY. V. AULNAY.

AUNAY, vg. *Nièvre* (Nivernais), arr. et à 20 k. de Château-Chinon, cant. et ✉ de Châtillon-en-Bazois. Pop. 1,216 h. — *Foires* les 20 janv., 29 ou 28 fév., 1er mai, 27 août, 26 sept. et 25 nov.

AUNAY-LA-COTE, vg. *Yonne* (Bourgogne), arr., cant., ✉ et à 6 k. d'Avallon. Pop. 486 h.

AUNAY-LES-BOIS, vg. *Orne* (Normandie), arr. et à 24 k. d'Alençon, cant. du Mesle-sur-Sarthe, ✉ d'Essai. Pop. 415 h.

AUNAY-SOUS-AUNEAU, vg. *Eure-et-Loir* (Beauce), arr. et à 25 k. de Chartres, cant. et ✉ d'Auneau. Pop. 1,017 h. — *Foire* le 25 juin.

PATRIE de M. ISAMBERT, conseiller à la cour de cassation, membre de la chambre des députés, auteur de plusieurs mémoires et plaidoyers remarquables, et de divers ouvrages de jurisprudence et politiques, parmi lesquels on distingue les suivants : *Annales politiques et diplomatiques*, 5 vol. in-8, 1823 ; *Recueil complet des lois et ordonnances du royaume*, à compter du 1er avril 1814, 17 vol. in-8, 1820-30 ; *Recueil général des ordonnances, édits, déclarations, lettres patentes, etc., depuis l'avènement de Hugues Capet* (987) *jusqu'aux premiers travaux de l'assemblée nationale* (oct. 1789), 26 vol. in-8, 1821-30.

AUNAY-SOUS-CRÉCY, vg. *Eure-et-Loir* (Beauce), arr., cant., ✉ et à 9 k. de Dreux. Pop. 369 h. Sur la Blaise. — *Fabrique* de tissus de coton. Filatures de coton.

AUNEAU, ou AULNEAU, bg *Eure-et-Loir* (Beauce), chef-l. de cant., arr. et à 22 k. de Chartres. Cure. ✉. A 75 k. de Paris pour la taxe des lettres. Pop. 1,652 h. — TERRAIN tertiaire moyen. — Autrefois baronnie et châtellenie.

Auneau est un assez ancien bourg dont l'histoire remonte à 1069 ; le duc de Joyeuse en était seigneur au XVIe siècle, époque où il se livra en ce lieu plusieurs combats entre les protestants et les troupes de Henri III. Auneau était autrefois entouré de murs et défendu par un château fort. Le duc de Guise s'en empara et y massacra ou fit prisonniers plus de deux mille reîtres que les protestants avaient à leur solde. —Il ne reste plus de l'ancien château qu'une simple habitation adossée à une tour fort haute et bien conservée, qui domine tous les environs. Cette tour a été désignée par l'autorité locale comme devant être classée au nombre des monuments historiques — Pèlerinage fort ancien que l'on désigne sous le nom de St-Maur, qui a lieu le 23 juin et qui se continue les vendredis et les dimanches jusqu'à l'ouverture de la moisson. Plus de 6,000 individus s'y rendent annuellement, et ne manquent pas de visiter une fontaine, aux eaux de laquelle on attribue la vertu de guérir plusieurs maladies.

Fabriques de bas et de chaussons de laine. —*Commerce* de grains et de bestiaux.—*Foire* le lundi de Pâques, 27 sept., 2 nov.

Bibliographie. * *Sur la victoire d'Aulneau*, in-12, 1587.

* *Lettres écrites par le duc de Guise, touchant la défaite des reîtres près le château d'Aulneau*, du 22 *février* 1587, in-12, 1587.

* *Discours véritable de la défaite des reîtres protestants, à Aulneau, par monsieur le duc de Guise*, in-12, 1587.

AUNEDONACUM (lat. 46°, long. 18°). « Ce lieu est placé dans l'Itinéraire d'Antonin sur la route qui fait la communication de *Mediolanum des Santones*, ou Saintes, avec *Limonum*, ou Poitiers : et on le trouve pareillement dans la Table, quoique le nom, y étant écrit *Avedonacum*, soit un peu différent. La distance à l'égard de *Mediolanum* est marquée XVI par l'Itinéraire ; et selon un des segments de la Table donné par Velzer, on voit qu'elle est d'accord avec l'Itinéraire sur cette distance, quoiqu'elle soit omise dans l'édition qu'on doit à Ortelius. Une carte manuscrite que j'ai, et qui renferme la Saintonge presque entière, me donne la mesure de ce qu'il y a d'espace entre Saintes et la position d'Aunai, qui est constamment celle d'*Aunedonacum*, sur le pied de 18,000 toises, en droite ligne, par une échelle qui est déterminée en toises précisément ; et le calcul des 16 lieues gauloises donne en rigueur 18,144 toises. Le nom d'*Aunedonacum* ou d'*Avedonacum* est *Audenacum* dans le moyen âge, et avec plus d'altération *Ænacum*. » D'ANVILLE. *Notice de l'ancienne Gaule*, p. 130.

AUNEUIL, bg *Oise* (Picardie), chef-l. de cant., arr., ✉ et à 12 k. de Beauvais. Cure. A 81 k. de Paris pour la taxe des lettres. Pop. 1,251 h.

Auneuil est situé au pied d'une colline d'où l'on jouit d'une fort belle vue. Il était autrefois défendu par une forteresse, aujourd'hui entièrement détruite, à l'exception d'une tour remarquable par sa construction et par son élévation. Cette tour porte dans le pays le nom de tour de César ; mais il n'y a aucun motif de croire que sa construction dût remonter au temps des Romains. C'était plutôt une de ces nombreuses forteresses élevées pour s'opposer aux invasions des Normands.

Le site d'Auneuil est enchanteur par les prairies, les bois et les belles plantations qui l'environnent. Les sources sont tellement abondantes sur son territoire, que celle qui naît auprès de l'église fait tourner un moulin à une distance de 300 m.

Auneuil est surtout remarquable par cette belle fontaine et par son ancien château, qui servait autrefois de forteresse.

PATRIE de LEBRUN, peintre célèbre, l'un des chefs de l'école française, né en 1619, mort le 12 février 1690. Les principaux chefs-d'œuvre de Lebrun sont : les *Batailles d'Alexandre*, la *Madeleine pénitente*, le *Portement de croix*, et la galerie du château de Versailles qui porte son nom.

Fabriques de blondes, dentelle, tonnellerie; éducation des abeilles en grand.—*Foires* le vendredi après le dimanche de la Passion et le 18 sept.

AUNIS, *Alnetum*, ci-devant province de France qui forme maintenant la partie nord-ouest du département de la Charente-Inférieure. Cette province, comprise sous l'empire romain dans la 2ᵉ Aquitaine, passa successivement de la domination des Romains sous celle des Francs et des Anglais ; elle ne fut entièrement affranchie du joug étranger que lorsque Charles VII, secondé par les grands capitaines de son siècle, fut parvenu à chasser l'ennemi du territoire français.

L'Aunis avait environ 60 k. de long sur 70 de large ; la Rochelle en était la capitale. Son territoire, quoique sec en certains endroits, produit de fort bon blé et beaucoup de vins. Il s'y trouve des marais salants considérables et de belles prairies entrecoupées de canaux, où l'on nourrit beaucoup de bestiaux. Le grand nombre de baies et de ports qui se trouvent sur ses côtes favorise un commerce très-étendu. —Les îles de Ré et d'Oleron faisaient partie de cette province ; la Rochelle, Rochefort et Brouage en étaient les principales villes. V. CHARENTE-INFÉRIEURE.

Bibliographie. MAICHIN. *Histoire de Saintonge, Poitou, Aunis et Angoumois*, 2 part. in-4°, 1671.

BEAUPIED DUMÉNIL. *Mémoire sur les marais salants des provinces d'Aunis et Saintonge*, in-12, 1764.

MASSION. *Histoire politique et religieuse de la Saintonge et de l'Aunis, depuis les premiers temps historiques jusqu'à nos jours*, 1548-1685, 6 vol. in-8, 1838.

LESSON. *Lettres historiques et archéologiques sur la Saintonge et sur l'Aunis*, in-8, 1843.

V. aussi CHARENTE-INFÉRIEURE, ANGOUMOIS, SAINTONGE.

AUNIX (St-), vg. *Gers* (Armagnac), arr. et à 32 k. de Mirande, cant. et ⊠ de Plaisance. Pop. 331 h.

AUNOIS, vg. *Aisne* (Picardie), arr. et à 19 k. de St-Quentin, c. de St-Simon. P. 532 h.

AUNOU-LE-FAUCON, vg. *Orne* (Normandie), arr., c., ⊠ et à 7 k. d'Argentan. P. 343 h.

AUNOU-SUR-ORNE, vg. *Orne* (Normandie), arr. et à 29 k. d'Alençon, cant. et ⊠ de Sées. Pop. 546 h.

AUPPEGARD, vg. *Seine-Inf.* (Normandie), arr. et à 12 k. de Dieppe, cant. et ⊠ de Bacqueville. Pop. 749 h. — *Foire* le 23 nov.

AUPRE (St-), vg. *Isère* (Dauphiné), arr. et à 33 k. de Grenoble, cant. et ⊠ de Voiron. Pop. 1,127 h. — *Foire* le 22 sept.

AUPS, *Castrum de Alpibus, Villa Alpium*, petite et ancienne ville, *Var* (Provence), chef-l. de cant., arr. et à 26 k. de Draguignan. Cure. Gîte d'étape. ⊠. ☉. A 812 k. de Paris pour la taxe des lettres. Pop. 2,827 h.—Terrain crétacée inférieur, grès vert.

Cette ville est bâtie dans une plaine, au pied d'une montagne où l'on voit les ruines de l'ancienne ville, dont l'origine remonte au delà de la domination romaine. On trouve encore sur son territoire plusieurs pierres milliaires sur la voie romaine qui de Fréjus allait à Riez, ainsi que les ruines d'une antique construction qui porte le nom d'*Infirmière*.— En 1574, les habitants d'Aups furent massacrés par les religionnaires, ce qui ne les empêcha pas d'être constamment attachés au parti catholique et d'être les premiers à reconnaître Henri IV. La ville d'Aups est formée de rues étroites et fort sales, où croupissent les eaux des fontaines et de plusieurs ruisseaux ; les façades des maisons sont noires et presque toutes d'un goût fort ancien ; on y trouve cependant une belle rue et une assez jolie place publique ornée d'une belle fontaine en marbre blanc du pays, et sur laquelle s'élève l'église paroissiale.

PATRIE du comte DE BLACAS, ministre de Louis XVIII en 1814, et ambassadeur à Naples. —*Foires* les 2 fév., 25 mars, 12 mai, 20 juin, 15 août, 8 sept., 8 et 21 déc., et lundi après le 9 oct.

AUQUAINVILLE, vg. *Calvados* (Normandie), arr. à 11 k. de Lisieux, cant. de Livarot, ⊠ de Fervaques. Pop. 452 h.

AUQUEMESNIL, vg. *Seine-Inf.* (Normandie), arr. à 19 k. de Dieppe, cant. et ⊠ d'Envermeu. Pop. 320 h.

AURADÉ, vg. *Gers* (Armagnac), arr. et à 17 k. de Lombez, cant. et ⊠ de l'Isle-en-Jourdain. Pop. 866 h.

AURADOU, vg. *Lot-et-Garonne* (Agenois), arr. et à 14 k. de Villeneuve-d'Agen, cant. et ⊠ de Penne. Pop. 641 h.

AURAGNE, vg. *H.-Garonne* (Languedoc), arr. et à 20 k. de Villefranche, cant. de Nailloux, ⊠ de Montgiscard. Pop. 725 h.

AURAT, h. *H.-Loire*, comm. de St-Georges-d'Aurat. — *Foires* très-fréquentées les 30 juillet et 28 déc. pour toute sorte de bestiaux.

AURAY (l'), petite rivière qui prend sa source à l'ouest du village de Plaudren, arr. de Vannes, dép. du *Morbihan*; elle passe à Auray, au-dessous duquel elle se jette dans le golfe du Morbihan, après un cours d'environ 60 k.—L'Auray est navigable, au moyen des marées, pour les petits bâtiments, sur une étendue de 16,000 m.

AURAY, *Auraicum*, jolie petite ville maritime, *Morbihan* (Bretagne), chef-l. de cant., arr. et à 40 k. de Lorient, 16 k. de Vannes. Coll. com. Cure. Gîte d'étape. ⊠. ☉. A 477 k. de Paris pour la taxe des lettres. P. 3,815 h.— Terrain cristallisé ou primitif. — *Autrefois* diocèse et recette de Vannes, parlement et intendance de Rennes.—*Établissement de la marée du port*, 3 heures 50 minutes.—Lat. N. 47° 40′ 4″, long. O. 5° 9′ 52″.

Le premier acte authentique qui fasse mention d'Auray est un titre de 1069 ; ce n'était alors qu'une chétive bourgade fréquentée seulement à cause de son port, et à laquelle son commerce fit prendre de l'accroissement. La ville était défendue par un fort château qui fut démoli en 1558, et dont les pierres furent employées à la construction du fort de Belle-Ile-en-Mer.

Le château d'Auray fut assiégé en 1364 par Jean de Montfort, qui disputait alors à Charles de Blois la possession de la Bretagne, que le traité de Brétigny n'avoit point pacifiée.

C'est à Auray et à Vannes que furent jugés et fusillés les prisonniers faits à Quiberon ; l'ancienne chartreuse, située à 2 k. d'Auray, renferme la chapelle expiatoire qui leur a été élevée.

Les armes d'Auray sont : *de gueules à une hermine au naturel passante d'argent, ayant autour du corps une bande où est écrit :* A MA VIE, *et en chef un tourteau d'azur chargé de trois fleurs de lis d'or, 2 et 1.*

La ville d'Auray, située dans une profonde baie qui débouche dans celle de Quiberon, au centre de six routes, et à l'embranchement de celle de Lorient, Port-Louis et Vannes, est bâtie sur une colline élevée qui prend naissance au bord de la mer et se termine par un vaste plateau où se trouve une promenade bien ombragée ; c'est une ville ouverte et sans défense dont la position est importante en temps de guerre, où l'on n'a cependant jamais songé à mettre seulement à l'abri d'un coup de main. Derrière la partie haute de la ville, on remarque l'église du Saint-Esprit, vaste édifice d'architecture gothique-arabe, qui doit dater de la fin du XIIIᵉ siècle. Aux environs est la chapelle isolée de Ste-Anne d'Auray, qui attire une grande affluence de pèlerins à certaines époques de l'année.

Le port d'Auray, formé par l'embouchure de la rivière de ce nom dans le Morbihan, est excellent et peut recevoir des navires d'un fort tonnage ; le quai est beau et bien entretenu ; on y voit plusieurs chantiers de construction toujours en activité. — Le commerce d'Auray, autrefois si florissant lorsque les Danois, les Suédois et les Norvégiens venaient s'y approvisionner de grains, de beurre et de miel, ne consiste plus aujourd'hui qu'en quelques rares expéditions de chasse-marée pour Nantes, Bordeaux et Bayonne, et en cierges dont viennent ordinairement s'y pourvoir les nombreux pèlerins qui, pendant toute l'année et notamment en juillet, se rendent au célèbre monastère de Ste-Anne. — On remarque à Auray le joli cours formé sur l'élévation qui domine la ville et d'où l'on découvre un immense horizon ; l'église du St-Esprit ; l'hôtel de ville, entretenu avec autant de goût que de simplicité.

PATRIE du fameux chef de chouans GEORGES CADOUDAL, condamné à mort et exécuté à Paris le 10 juin 1804.

Du comte BERTHELOT, un des plus ardents chefs vendéens.

Fabriques de dentelles. Filature de coton. Tuileries. Briqueteries. Pêche de la sardine. Construction de navires. — *Commerce* de grains, fruits, beurre, miel, cuirs, chevaux et bestiaux. Grand et petit cabotage. — *Foires* les 1ᵉʳ et 25 juin, 22 juillet, 14 et 29 août, 16 sept., 16 oct., 19 nov., 1ᵉʳ déc., 1ᵉʳ lundi de janv., dernier samedi de fév., 2ᵉ lundi de carême, mercredi de la Passion, lundi de Quasimodo, 1ᵉʳ lundi de mai.

AURE, vg. *Ardennes* (Champagne), arr. et à 17 k. de Vouziers, cant. et ✉ de Monthois. Pop. 154 h.

AURE (vallée d'), une des quatre vallées du haut Armagnac, qui fait actuellement partie du dép. des *H.-Pyrénées*. Cette vallée conduit à un grand nombre de ports, soit par la Neste d'Aure, soit par la Neste de Louron, soit par la gorge intermédiaire de Riou-Majou. Cette dernière est, avec le port de Plan qui la termine, la direction ordinaire pour passer en Espagne, lorsqu'elle est séparée par des cimes neigeuses ; les pics de Consalère et de Tramesaïgues, et surtout ceux d'Aré, s'élèvent en dominateurs au milieu de ce vaste amas de rochers. Des montagnes couvertes de pins, de hêtres, de sapins et de bouleaux, forment dans ce vallon plusieurs gorges et étroits passages, par lesquels on parvient dans les bassins spacieux qui renferment des pâturages abondants, où paissent pendant l'été de nombreux troupeaux.

PATRIE du conventionnel FERRAUD, assassiné dans l'enceinte de la convention le 1ᵉʳ prairial an III.

AURE (l'), petite rivière qui prend sa source près du village de Caumout, arr. de Bayeux, dép. du *Calvados* ; elle passe à Bayeux et se jette dans la Drôme, au-dessus du Pont-en-Bassin, après un cours d'environ 32 k.

AURE (l'), *Aura*, petite rivière qui prend sa source au Val-d'Aure, dép. du *Calvados* ; elle passe à Perré-Houet, à Trévières et à Isigny, et se jette dans la Vire, près des grèves des Veyres. — Cette rivière est navigable depuis Trévières jusqu'à son embouchure, sur une étendue de 17,000 m.

AURE, rivière. V. AVRE.

AUREC, petite ville, *Loire* (Velay), arr. et à 30 k. d'Yssengeaux, cant. et ✉ de St-Didier-la-Sauve. A 486 k. de Paris pour la taxe des lettres. Pop. 2,591 h. Sur la rive droite de la Loire.— Indice de mine de plomb dans les environs.—*Foire* le 2 mai.

AUREIL, vg. *H.-Vienne* (Limousin), arr., cant., ✉ et à 12 k. de Limoges. Pop. 421 h.

AUREILHAN, vg. *Landes* (Gascogne), arr. et à 90 k. de Mont-de-Marsan, cant. de Mimizan, ✉ de Liposthey. Pop. 305 h. Près de l'étang d'Aureilhan.

Aureilhan est la PATRIE du lieutenant général baron DARRICAU, qui se couvrit de gloire à la bataille de Victoria, et dont le nom figure honorablement sur l'arc de triomphe de l'Etoile, à côté de ceux des généraux Caffarelli, Excelmans, Berthezène, etc., etc. Commandant des fédérés en 1815, il quitta ce commandement lorsque la défense de Paris fut abandonnée, et se retira à Dax, où il mourut le 7 mai 1819, à peine âgé de quarante-six ans.

AUREILHAN, vg. *H.-Pyrénées* (Gascogne), arr., cant., ✉ et à 3 k. de Tarbes. Pop. 1,357 h. Sur le canal d'Alaric.

AUREILLE, *Aurelia*, vg. *Bouches-du-Rhône* (Provence), arr. et à 26 k. d'Arles, 32 k. d'Aix, cant. d'Eyguières, ✉ de St-Remy. Pop. 652 h. — Il est situé au pied des collines dites les Houpies, sur l'emplacement d'un ancien village détruit il y a environ deux siècles et dont on ignore le nom.—Education des vers à soie.—*Foire* le 28 avril.

AUREL, vg. *Drôme* (Dauphiné), arr. et à 24 k. de Die, cant. et ✉ de Saillans. P. 788 h. Sur la Colombe.—Quelques auteurs pensent qu'il doit son nom à une mine d'or dont on trouve des traces dans la montagne environnante et qui fut, dit-on, exploitée par les Romains.—On trouve à Aurel une source d'eau minérale acidule froide, qui attire annuellement, vers le mois d'août, une affluence considérable de malades des environs.—*Foire* le 22 mars.

AUREL, *Aurelum*, vg. *Vaucluse* (Provence), arr. et à 20 k. de Carpentras, cant. et ✉ de Sault. Pop. 715 h.—Ce village, situé au pied du mont Ventoux, possède une source d'eau minérale sulfureuse froide, très-fréquentée dans la belle saison. On remarque la tour de l'église paroissiale, qui paraît être un monument fort ancien, et aux environs deux gouffres très-profonds.—*Fabrique* d'étoffes de laine.—*Foire* le 18 oct.

AURENCE-CAZEAUX (Ste-), vg. *Gers* (Armagnac), arr. et à 17 k. de Mirande, cant. et ✉ de Miéland. Pop. 532 h.

AURENSAN, vg. *Gers* (Armagnac), arr. et à 55 k. de Mirande, cant. et ✉ de Riscle. Pop. 319 h.

AURENSAN, vg. *H.-Pyrénées* (Gascogne), arr., cant., ✉ et à 10 k. de Tarbes. Pop. 576 h.

AURENT, vg. *B.-Alpes* (Provence), arr. et à 56 k. de Castellane, cant. et ✉ d'Entrevaux. Pop. 82 h. A la source de la Coulome.

AUREVILLE, vg. *H.-Garonne* (Languedoc), arr. et à 16 k. de Toulouse, cant. et ✉ de Castanet. Pop. 287 h.

AURIABAT, vg. *H.-Pyrénées* (Gascogne), arr. et à 33 k. de Tarbes, cant. et ✉ de Maubourguet. Pop. 1,105 h.

AURIAC, vg. *Aude* (Languedoc), arr. et à 60 k. de Carcassonne, cant. de Mouthoumet, ✉ de Davejean. Pop. 242 h. — Il est presque adossé aux ruines d'un vieux fort au pied duquel le ruisseau de Laurio forme une belle cascade, et possède un ancien château qui appartenait autrefois aux vicomtes d'Albi.— Forges.

AURIAC, vg. *Aveyron* (Rouergue), arr. et à 30 k. de Rodez, cant. et ✉ de Cassagnes-Bégonhès. Pop. 648 h.

AURIAC, vg. *Corrèze* (Limousin), arr. et à 65 k. de Tulle, cant. de Servières, ✉ de St-Privat. Pop. 1,302 h.

AURIAC, vg. *Dordogne* (Périgord), arr. et à 29 k. de Sarlat, cant. et ✉ de Montignac. Pop. 1,200 h.—*Foires* les 23 juin, 23 août, lundi avant Pâques et avant la Pentecôte.

AURIAC, petite ville, *H.-Garonne* (Languedoc), arr., et à 20 k. de Villefranche, cant. et ✉ de Caraman. Pop. 1,842 h.—*Foires* les 30 avril, 11 août et 11 nov.

AURIAC, vg. *Lot-et-Garonne* (Agénois), arr. et à 29 k. de Marmande, cant. et ✉ de Duras. Pop. 336 h.

AURIAC, vg. *B.-Pyrénées* (Béarn), arr. et à 21 k. de Pau, cant. et ✉ de Thèze. ⚜. A 735 k. de Paris pour la taxe des lettres. Pop. 330 h.

AURIAC, vg. *Var* (Provence), arr. et à 19 k. de Brignolles, cant. et ✉ de Barjols. P. 98 h.

AURIAC-L'ÉGLISE, vg. *Cantal* (Auvergne), arr. et à 29 k. de St-Flour, cant. et ✉ de Massiac. Pop. 889 h.—On remarque aux environs les tours et châteaux de Chazelles, de Gironde, de Grenaye, et celui de Chevignac.

AURIAT, vg. *Creuse* (Marche), arr., cant., ✉ et à 12 k. de Bourganeuf. Pop. 853 h.

AURIBAIL, vg. *H.-Garonne* (Languedoc), arr. et à 14 k. de Muret, cant. et ✉ d'Auterive. Pop. 398 h.

AURIBAT, *Auriripensis*, vg. *Landes*, comm. de St-Geours-d'Auribat, ✉ de Tartas. —C'était le chef-lieu d'un petit pays qui portait autrefois le nom d'*Auriripensis*.

AURIBEAU, *Auribellum*, vg. *B.-Alpes* (Provence), arr., cant., ✉ et à 25 k. de Digne. Pop. 165 h.

AURIBEAU, *Auribellum*, vg. *Var* (Provence), arr., cant., ✉ et à 8 k. de Grasse. Pop. 616 h. Sur la Siagne.—Quelques auteurs pensent qu'Auribeau est l'*ad horrea* des Romains, où César établit des greniers pour le service des troupes qui allaient maintenir dans l'intérieur. On y voit encore une porte de construction romaine, dans un parfait état de conservation.

Auribeau est bâti dans une exposition magnifique, sur le penchant d'un coteau d'où l'on découvre d'un côté le ruisseau de Vaucluse bordé de vignes ; de l'autre le vallon de la Siagne, ombragé sur différents points de beaux peupliers ; dans le lointain, la montagne nue du Tanneron contraste singulièrement avec la partie du territoire d'Auribeau couverte d'une forêt de beaux oliviers ; au midi apparaît la mer, où l'on distingue parfaitement les navires qui arrivent ou partent du port de Marseille.— *Foires* le lundi après le 16 mai, et le lundi après la Toussaint.

AURIBEAU, vg. *Vaucluse* (Provence), arr., cant., ⌧ et à 10 k. d'Apt. Pop. 133 h.—Ce village est situé sous un climat tempéré, sur le penchant de la montagne du Léberon, d'où l'on distingue facilement les vaisseaux sous voile dans la Méditerranée à plus de 48 k. de distance. Tout porte à croire que les Romains y avaient un établissement; car on trouve chaque jour en fouillant le sol des restes de monuments antiques de toute espèce.—On remarque sur son territoire, au milieu de la hauteur d'un pic du Léberon, nommé le Pic de Bruni, un gouffre extrêmement profond, où la moindre pierre que l'on y jette fait entendre un bruit qui se prolonge pendant longtemps.—Culture du mûrier.

AURICE, vg. *Landes* (Gascogne), arr., cant., ⌧ et à 10 k. de Sever. Pop. 843 h.

AURIEBAT, h. *Gers*, comm. de Pellefigue, ⌧ de Lombez.

AURIEBAT, vg. *H.-Pyrénées*, comm. et ⌧ de Maubourguet.—Il domine à la fois la plaine de l'Adour et celle de l'Aros, et offre un des plus beaux points de vue que l'on puisse imaginer. L'église, surmontée d'un clocher à longue flèche qui se découvre de fort loin, est remarquable par la régularité de sa construction.

AURIÈRE, vg. *Puy-de-Dôme*, comm. de Veruines - Aurières, ⌧ de Rochefort.— *Foires* les 26 août, 3 août, 3 nov. et 2e lundi de Pentecôte, principalement pour bestiaux de toute espèce, volailles, fromages, laine, chanvre, etc.

AURIGNAC, jolie petite ville, *H.-Garonne* (Armagnac), chef-l. de cant., arr. et à 21 k. de St-Gaudens. ⌧. A 760 k. de Paris pour la taxe des lettres. Pop. 1,525 h.—Elle est assez bien bâtie, sur le penchant d'un coteau au pied duquel coule la Louge.—Fabriques d'étoffes de laine. Tanneries.—Commerce de cuirs, laines et bestiaux.—*Foires* les 22 janv., 30 juin, 22 sept., 25 nov., mardi après Pâques, mardi après la Pentecôte, 2e mardi d'août.

AURILLAC, *Aureliacum*, *Auriliacum*, ancienne et jolie ville, chef-l. du dép. du *Cantal* (Auvergne), chef-l. du 4e arr. et de 2 cant. Trib. de 1re inst. et de comm. Collége communal. 2 cures. Société d'agriculture, arts et comm. Gîte d'étape. ⌧. ⌧. P. 10,704 h.—Terrain tertiaire moyen, voisin du terrain volcanique.

Autrefois diocèse de St-Flour, parlement de Paris, élection, bailliage, présidial, brigade de maréchaussée, 2 églises paroissiales, 6 abbayes ou couvents.

L'origine d'Aurillac paraît incertaine; quelques auteurs la font remonter à Marcus Aurelius Antonius; d'autres seulement à la fondation du monastère par saint Gérand, vers la fin du IXe siècle. Quoi qu'il en soit de l'antiquité plus ou moins reculée de cette ville, il est certain que son abbaye, était une des plus riches du royaume. Elle fut sécularisée par le pape Pie IV, en 1561, et on y établit une école qui fut dans le Xe et le XIe siècle une des plus célèbres de France; elle a produit plusieurs savants, dont le plus distingué est le fameux Gerbert, qui devint pape sous le nom de Sylvestre II, en 999.—Les abbés s'arrogèrent le titre de comtes d'Aurillac mais plus tard la ville fut affranchie, nomma ses magistrats qui eurent le titre de consuls, et qui furent remplacés dans la suite par des magistrats royaux.

Cette ville était ceinte de fortes murailles et défendue par un château fort. Elle soutint plusieurs sièges pendant les diverses courses des Anglais au XIVe et au XVe siècle. Plus tard, elle fut prise et reprise par les ligueurs et par les protestants, qui s'en disputèrent la possession avec acharnement, et qui ne firent jamais faute de la piller et de la saccager, notamment en 1569. Cependant elle n'en fut pas moins le siége de plusieurs tribunaux très-anciens. Les fortifications, souvent endommagées, toujours rétablies, ont finalement été détruites; une partie seulement du château a été conservée.—De toutes les églises qui existaient du temps de saint Gérand, il ne reste plus que celle de ce nom, seulement en partie conservée, et celle de Notre-Dame, d'une date postérieure; les autres ont été successivement détruites lors des guerres civiles dont Aurillac eut à souffrir.

Les armes d'Aurillac sont : *de gueules à trois coquilles d'argent, au chef d'azur chargé de trois fleurs de lis d'or.*

La ville d'Aurillac est agréablement située sur la rive droite de la Jourdanne, à l'extrémité d'une vallée pittoresque qu'arrose cette rivière. Au-dessous de la ville, la vallée s'élargit et va joindre celle de la Cère; l'ensemble de ces deux vallées est borné au sud et à l'est par des coteaux peu élevés couverts de forêts; au nord et à l'ouest apparaissent les extrémités des chaînes des montagnes du Cantal. Cette ville est bien bâtie et se présente agréablement aux yeux du voyageur; les rues sont assez mal percées, mais larges, propres et arrosées par des ruisseaux d'eau courante, alimentés par deux sources très-abondantes reçues dans un grand réservoir au haut de la ville, et par un canal dérivé de la Jourdanne, qui fait mouvoir plusieurs usines, et qui traverse les rues basses. Les maisons sont couvertes en ardoises provenant des carrières environnantes. Au bas de la ville est une belle promenade appelée Cours-Montyon, ou plus communément le Gravier, qui longe le cours de la Jourdanne ; à l'une de ses extrémités est un fort joli pont de trois arches jeté sur la rivière ; à l'autre s'élève une belle fontaine surmontée d'une colonne de 8 m. de haut. Les routes de Rodez, de Clermont, de St-Flour et de Tulle, forment aussi aux abords de la ville autant de belles avenues, dont l'agrément est encore augmenté par la beauté des campagnes environnantes.

Les plus anciens monuments d'Aurillac sont : le château de St-Etienne, qui domine la ville à l'ouest on en reste-t-il des temps anciens qu'une tour carrée, tout le reste étant beaucoup plus moderne. Ce château, ancienne habitation des comtes d'Auvergne, a soutenu plusieurs sièges, et a été saccagé à diverses époques. Il a été désigné par l'autorité locale comme susceptible d'être classé au nombre des monuments historiques, ainsi que l'ancienne maison consulaire d'Aurillac.—L'église St-Gérand ou du Chapitre, ornée de beaucoup de tableaux, et pourvue d'un beau jeu d'orgues.—L'abbaye des Bénédictines, située dans le faubourg de Buis. — L'église de Notre-Dame-des-Neiges, édifice du XIIIe siècle, orné de beaucoup de tableaux, et dont la voûte est très-belle.—Le collége, composé de quatre corps de bâtiments et d'un beau pavillon, renfermant une bibliothèque publique de 7,000 vol., et le cabinet de minéralogie.

On remarque encore à Aurillac l'hôtel de la préfecture, petit mais élégant édifice; l'hôtel de ville, édifice spacieux dont la façade est décorée des bustes de douze de nos principaux écrivains ; la halle au blé, précédée d'une place où l'on voit un beau bassin de serpentine, de 3 m. de diamètre ; la salle de spectacle ; le pont sur la Jourdanne ; la colonne élevée pour perpétuer la mémoire de M. de Montyon, dont le nom est justement vénéré dans toute la contrée; l'hôpital ; l'hospice des aliénés ; le haras, composé de chevaux arabes, turcs, anglais, normands, et de race indigènes ; la grande place du marché ; l'hippodrome situé à 1 k. de la ville, destiné aux courses de chevaux, auxquelles concourent tous les départements du Midi : ces courses ont lieu pendant la 1re quinzaine de juin de chaque année.

Biographie. Aurillac est la patrie de plusieurs hommes diversement célèbres, parmi lesquels nous citerons :

Saint Gérand, fondateur de l'abbaye de son nom.

Le pape SYLVESTRE II, le plus grand génie de son temps, auteur de 149 *Épîtres*, mort en 1003.

J. DE CINQ-ARBRES, professeur d'hébreu, mort en 1587, auteur d'une *Grammaire hébraïque*, in-4, et traducteur de plusieurs ouvrages d'Ariannes, médecin arabe.

PIGANIOL DE LA FORCE, mort en 1753, auteur d'une *Description géographique et historique de la France*, 5 vol. in-12, 1715, ou 15 vol. in-12, 1751-53, avec fig. (meilleure édition de cet ouvrage); *Description de Paris et des belles maisons des environs*, 10 vol. in-12, 1765, et de plusieurs autres ouvrages.

F.-XAVIER PAGÈS, compositeur et romancier, mort en 1802, dont les principaux ouvrages sont : *Cours d'études encyclopédiques*, 6 vol. in-8 et atlas, an VII ; *Tableaux historiques de la révolution*, 3 vol. in-f° et 222 grav.; *Histoire secrète de la révolution française*, 7 vol. in-8, 1796-1802 (rapsodie qui ne mérite pas d'être lue); *Nouveaux Dialogues des morts, entre plusieurs hommes de la révolution française et plusieurs hommes célèbres anciens et modernes*, in-8, 1803.

J.-B. CARRIER, député à la convention nationale, proconsul, dont la conduite à Nantes a rendu le nom atrocement célèbre, décapité à Paris le 16 décembre 1794, à l'âge de 36 ans.

J.-B. COFFINHAL, vice-président du tribunal révolutionnaire, mis hors la loi et exécuté après le 9 thermidor.

Le baron JOSEPH COFFINHAL, conseiller à la cour de cassation.

Le maréchal DE NOAILLES.

Le général DESTAING, qui s'illustra en Egypte et en Italie.

Le général de division BELZONS, mort glorieusement dans la fatale retraite de Russie, le 25 octobre 1812.

Le lieutenant général comte MANHÈS.

L'orientaliste EUG. DESTAING.

ANT. BÉRAUD, poète et auteur dramatique.

CH.-FR. RAULHAC, littérateur, auteur d'une *Biographie des hommes remarquables de l'arrondissement d'Aurillac*, in-8, 1820.

INDUSTRIE. Fabriques de dentelles et de blondes, d'orfèvrerie, de chaudrons et d'ustensiles de cuivre rouge et jaune. Martinets à cuivre. Papeteries. Tanneries. Brasseries. Teintureries.—*Commerce* considérable de chevaux et de mulets, bestiaux, fromages, chaudronnerie. Entrepôt de diverses marchandises et commerce très-actif.—*Foires* les 25 mai (8 j.), 6 juillet, 7 août, 11 sept., 14 oct., 14 nov., 13 déc., lundi de la Septuagésime et 2ᵉ lundi de carême.

Aurillac est à 554 k. de Paris pour le relais de poste et la taxe des lettres. Long. occid. 0° 7′, lat. 44° 55′ 0″.

L'arrondissement d'Aurillac est composé de 8 cantons : Aurillac N., Aurillac S., la Roquebrou, Maurs, Montsalvy, St-Cernin, Vic-sur-Cère et St-Mamet.

Bibliographie.* *Détails sur la tentative des calvinistes sur Aurillac*, broch. in-8, 1581.

RAULHAC (Ch.-Fr.). *Discours sur les hommes de l'arrondissement d'Aurillac, qui pendant les temps connus se sont distingués par l'exercice d'éminentes fonctions, par de hautes vertus, par des talents particuliers*, etc., in-8, 1820.

AURIMOND, vg. *Lot*, comm. de Salviac, ✉ de Gourdon.

AURIMONT, vg. *Gers* (Armagnac), arr., ✉ à 22 k. d'Auch, cant. de Saramon. P. 340 h.

AURIN, vg. *H.-Garonne* (Languedoc), arr. et à 18 k. de Villefranche, cant. et ✉ de Lanta. Pop. 382 h.

AURIN (St-), vg. *Somme*, comm. de l'Echelle, ✉ de Roye.

AURIOL, *Auriolum*, bg *Bouches-du-Rhône* (Provence), arr. et à 27 k. de Marseille, cant. et ✉ de Roquevaire. P. 5,103 h.

Auriol paraît devoir son origine à plusieurs maisons de campagne, ainsi que le prouvent des restes de tours, des piscines, des tombeaux et autres antiquités qu'on y a découverts à diverses époques. — Au VIIIᵉ siècle, les Sarrasins, par leurs excursions, forcèrent les habitants d'abandonner la vallée pour aller se fortifier sur la colline, où l'on voit encore les restes d'une ligue fortifiée et de grande tour carrée : quatre siècles après, l'augmentation de la population détermina la construction d'un grand nombre d'ha-

bitations dans la vallée. Le bourg actuel est bâti d'une manière irrégulière ; mais les maisons qui bordent la grande route sont d'une assez belle apparence : plusieurs ont des jardins fort agréables, et les bords de l'Huveaune offrent des promenades charmantes, ainsi que le cours planté hors la ville du côté de Saint-Zacharie : les eaux sont abondantes et les fontaines bien entretenues. — L'hôtel de ville était autrefois un grenier public ; il est situé au milieu du bourg dont il fait le principal ornement. La tour de l'horloge, bâtie en 1564, est percée d'une porte qui conduit à la plate-forme de l'ancien village, appelée aujourd'hui *lou Pati d'Amour*. — Manufactures de draps. — *Fabriques* de soude, de briques et carreaux rouges pour paver les appartements. Filatures de laine et de soie. Distilleries d'eau-de-vie. Papeteries. Tuileries. Martinets pour le cuivre. Exploitation de plâtre et de houille, carrières d'albâtre et d'ocre rouge. Fours à chaux. — *Foires* les 14 sept. et 28 oct.

AURIOLES, vg. *Ardèche* (Languedoc), arr. et à 15 k. de Largentière, cant. et ✉ de Joyeuse. Pop. 382 h.

AURIOLES, vg. *Gironde* (Guienne), arr. à 20 k. de la Réole, cant. de Pellegrue, ✉ de Monségur. Pop. 234 h. Aux environs, on remarque les restes d'une voie romaine.

AURIOLES (les), vg. *H.-Garonne*, comm. et ✉ de Villemur. Pop. 187 h.

AURIONS, vg. *B.-Pyrénées* (Navarre), arr. et à 49 k. de Pau, cant. et ✉ de Garlin. Pop. 304 h.

AURIPLES, vg. *Drôme* (Dauphiné), arr. à 47 k. de Die, cant. et ✉ de Puy-St-Martin. Pop. 241 h. — Foire le 2 sept.

AURIS-EN-OISANS, vg. *Isère* (Dauphiné), arr. à 56 k. de Grenoble, cant. et ✉ de Bourg-d'Oisans. Pop. 730 h. — Indice de mine d'argent.

AUROIR, vg. *Aisne*, comm. de Foreste, ✉ de Ham.

AURON (l'), *Utrio, Olrio*, rivière qui prend sa source au nord de Cerilly, dép. de l'*Allier*, elle passe à Banegon, à Dun-le-Roi, traverse Bourges, où elle prend le nom d'Yèvre, passe à Mehun et à Vierzon, où elle se jette dans le Cher, après un cours d'environ 100 k.

AURONS, vg. *Bouches-du-Rhône* (Provence), arr. et à 32 k. d'Aix, cant. de Salon, ✉ de Lambesc. Pop. 223 hab. — On y voit un ancien château, dont une partie des fondations paraît être de construction romaine. — Aux environs, sur la montagne de Caronte, sont les débris d'un fort, et les restes d'une ville que l'on croit être l'*Aleria* de Strabon et de Pline.

AUROS, bg *Gironde* (Gascogne), chef-l. de cant., arr., ✉ et à 10 k. de Bazas. Bureau d'enregist. à Langon. Cure. Pop. 549 h. Sur le ruisseau de Loubens. — On y voit les restes d'un ancien château qui mériterait d'être classé au nombre des monuments historiques.—*Foires* les 15 mars, 15 avril, 13 mai, 1ᵉʳ juin, 15 juillet, 8 août, 21 sept. et 7 oct.

AUROUER, vg. *Allier*, comm. de Villeneuve, ✉ de Moulins.

AUROUX, bg *Lozère* (Languedoc), arr. et à 38 k. de Mende, cant. et ✉ de Langogne. Pop. 1,242 h.

AUROUZAT, vg. *Allier*, comm. de la Chapelaude, ✉ de Montluçon.

AUSANCE (l'), petite rivière qui prend sa source dans le dép. de la *Vendée* ; elle passe à la Motte-Achard, et se jette dans l'Océan, au-dessous du village de St-Martin, après un cours d'environ 32 k.

AUSAVA (lat. 51°, long. 25°). « Il en est mention dans l'Itinéraire d'Antonin, et dans la Table théodosienne, sur une route qui conduit de Trèves à Cologne, par *Tolbiacum*, ou Zulpick ; et ce lieu est placé entre *Beda* et *Egorigium*, à une distance de l'une et de l'autre de ces positions, qui est également marquée XII. Il en résulte qu'*Ausava* se place dans l'intervalle de Bedburg et de Jonkerad, à Schonek ou aux environs » D'Anville. *Notice de l'ancienne Gaule*, p. 131.

AUSCI (lat. 44°, long. 19°). « C'est ainsi qu'on doit écrire d'après Strabon et Ptolémée, et d'après la Notice de l'empire. Dans Sidoine Apollinaire, le nom d'*Auscenses* paraît l'ethnique de la capitale, qui avait pris le nom du peuple, et qui est appelée *Auscius* dans l'Itinéraire de Bordeaux à Jérusalem ; *Auscientis Urbs* dans Grégoire de Tours. Les *Ausci*, selon Méla (lib III, cap. 2), *Aquitanorum clarissimi sunt*; quoique le rang d'*Elusa*, en qualité de métropole de la Novempopulane, semble donner une prééminence aux *Elusates*. Mais on sait que la ville d'Auch a succédé à la dignité de celle d'Eause. Les limites qui séparaient les Ausci d'avec les *Elusates* ne nous sont point connues. On retrouve les *Sotiates* dans l'étendue actuelle du diocèse d'Auch ; et peut-être renferme-t-il encore quelque autre peuple entre ceux qui sont nommés dans l'Aquitaine, et dont on ignore la position » D'Anville. *Notice de l'ancienne Gaule*, p. 131.

AUSON, vg. *Gard*, comm. de St-Julien-de-Cassagnas, arr. et à 8 k. d'Alais. — On y trouve une fontaine d'eau minérale sulfureuse, connue sous le nom de Fontaine-Puante, dont on fait usage avec succès dans les maladies cutanées des hommes et des bestiaux, et dans les phthisies commençantes.

AUSSAC, vg. *Charente* (Angoumois), arr. et à 19 k. d'Angoulême, cant. et ✉ de St-Amant-de-Boixe, près de la forêt de ce nom. Pop. 698 h.

AUSSAC, vg. *Tarn* (Languedoc), arr., ✉ et à 15 k. de Gaillac, cant. de Cadalen. Pop. 348 h.

AUSSEING, vg. *H.-Garonne* (Gascogne), arr. et à 26 k. de St-Gaudens, cant. et ✉ de Salies. Pop. 324 h.

AUSSEVIELLE, vg. *B.-Pyrénées* (Béarn), arr. et à 12 k. de Pau, cant. et ✉ de Lescar. Pop. 210 h.

AUSSON, vg. *H.-Garonne* (Languedoc), arr. et à 13 k. de St-Gaudens, cant. et ✉ de Montrejeau. Pop. 483 h.

AUSSONCE, vg. *Ardennes* (Champagne), arr. et à 20 k. de Rethel, cant. de Juniville, ✉ de Tagnon. Pop. 454 h.

AUSSONNE, vg. *H.-Garonne* (Languedoc), arr. et à 15 k. de Toulouse, cant. et ✉ de Grenade. Pop. 647 h.

AUSSURUQ, vg. *B.-Pyrénées* (Béarn), arr., cant., ✉ et à 9 k. de Mauléon, à 24 k. de St-Palais. Pop. 701 h.

AUSTERLITZ. V. IVRY.

AUSTRASIE, *Austrasia*, partie des Etats de Clovis, qui fut érigée en royaume en faveur de son fils Thierry, appelé par le vœu des Francs à régner sur l'Austrasie ou France orientale. Ce fut à Metz que Thierry Ier établit le siége de son empire, dont les limites étaient, du côté de la Neustrie, les Vosges, les Ardennes et la Meuse jusqu'à son embouchure. Ses frontières à l'est, du côté de l'Allemagne, étaient indéterminées. Au VIIe siècle, les Austrasiens commencèrent la conquête de la Neustrie, qu'ils achevèrent en 687. Les rois d'Austrasie furent : Thierry Ier, en 511 ; Théodebert I, en 527 ; Théodebald, en 548 ; Sigebert I, en 561 ; Childebert II, en 575 ; Théodebert II, en 596 ; Sigebert II, en 638 ; Childéric II, en 656 ; Dagobert II, en 674. A ces rois succédèrent les ducs d'Austrasie de la famille des Carlovingiens : Pepin d'Héristal, en 678 ; Charles Martel, en 714 ; Pepin le Bref, en 741, qui prit le titre de roi de France en 752. En 772, Charlemagne réunit l'Austrasie aux autres portions de la monarchie française. Le nom même d'Austrasie a cessé d'exister, lorsqu'en 843 une portion de cet ancien royaume fut incorporée à la Germanie.

Les armes de l'Austrasie, c'est-à-dire de la partie qui forma plus tard le bailliage de Metz, étaient *bandées d'or et d'azur de six pièces*.

AUSTREBERTHE (Ste-), vg. *Seine-Inf.* (Normandie), arr. et à 23 k. de Rouen, cant. de Pavilly, ✉ de Barentin. Pop. 480 h.

AUSTREBERTHE (Ste-), vg. *Pas-de-Calais* (Artois), arr. et à 28 k. de Montreuil, cant. et ✉ d'Hesdin. Pop. 295 h.

AUSTREMOINE (St-), vg. *H.-Loire* (Auvergne), arr. et à 23 k. de Brioude, cant. et ✉ de Lavoute-Chilhac. Pop. 241 h.

AUTAINVILLE, vg. *Loir-et-Cher* (Beauce), arr. et à 37 k. de Blois, cant. de Marchenoir, ✉ d'Ouzouer. Pop. 775 h. — *Foires* le lendemain de Pâques, et lundi avant la Madeleine (juillet).

AUTANNE, vg. *Drôme*, comm. de Verzoirau, ✉ du Bois. Pop. 140 h.

AUTECHAUX, vg. *Doubs* (Franche-Comté), arr., cant., ✉ et à 4 k. de Baume-les-Dames. Pop. 289 h.

AUTECHAUX-LES-BLAMONT, vg. *Doubs* (Franche-Comté), arr. et à 17 k. de Montbéliard, cant. de Blamont, ✉ de Pont-de-Roide. Pop. 300 h.

AUTELS (les), vg. *Aisne* (Picardie), arr. et à 55 k. de Laon, cant. de Rosoy-sur-Serre, ✉ de Brunhamel. Pop. 563 h.

AUTELS-EN-AUGE (les), vg. *Calvados*, comm. de St-Bazile-les-Autels, ✉ de Vimoutiers.

AUTELS-ST-ELOI. V. AUTELS-VILLEVILLON.

AUTELS-TUBOEUF (les), vg. *Eure-et-Loir*, comm. de Beaumont-le-Chartif, ✉ de Beaumont-les-Allemands.

AUTELS-VILLEVILLON (les), vg. *Eure-et-Loir* (Beauce), arr. et à 22 k. de Nogent-le-Rotrou, cant. d'Authon, ✉ de la Bazoche-Gouet. Pop. 506 h. — Il portait autrefois le nom d'Autels-St-Eloi, qu'il a changé en 1833, époque de la réunion à son territoire de celui de la commune de Villevillon.

AUTERIVE, petite ville, *H.-Garonne* (Languedoc), arr.-ch. et cant., arr. et à 20 k. de Muret. Cure. Gîte d'étape. ✉. A 718 k. de Paris pour la taxe des lettres. Pop. 3,272 h. — TERRAIN d'alluvions modernes. — Elle est située sur la rive droite de l'Ariége, qui y est navigable, et que l'on y passe sur un pont en briques. — *Fabrique* de draps pour l'habillement des troupes. — *Foires* les 25 mars, 11 août, 27 sept., 11 nov., 11 déc., jeudi après Quasimodo et le lendemain de la Pentecôte.

Autrefois diocèse, parlement, généralité et recette de Toulouse, justice royale.

AUTERIVE, vg. *Tarn-et-Garonne* (Languedoc), arr. et à 32 k. de Castel-Sarrasin, cant. et ✉ de Beaumont-de-Lomagne. Pop. 259 h. — *Foires* les 26 janv., 21 avril, 9 juin, 10 août et 11 nov.

AUTERRIVE, vg. *Gers* (Armagnac), arr., cant., ✉ et à 8 k. d'Auch. Pop. 552 h.

AUTERRIVE, vg. *B.-Pyrénées* (Béarn), arr. et à 22 k. d'Orthez, cant. et ✉ de Salies. Pop. 287 h.

AUTET, vg. *H.-Saône* (Franche-Comté), arr. et à 16 k. de Gray, cant. et ✉ de Dampierre-sur-Salon. Pop. 568 h. — Il est situé dans un pays riant, près du confluent de la Saône et du Salon. — Aux environs, on remarque le moulin de la Charme, composé de quatre moulins avec mécaniques à nettoyer les grains, construits par M. Tramoy, dans le même genre que le beau moulin de Gray.

AUTEUIL, joli village, *Oise* (Picardie), arr. et à 13 k. de Beauvais, cant. et ✉ d'Auneuil. Pop. 420 h. — Auteuil est un des lieux anciens du Beauvaisis : c'est la PATRIE d'Yves, très-connu dans l'histoire ecclésiastique sous le nom d'YVES DE CHARTRES, dont il devint évêque ; on lui doit plusieurs ouvrages sur l'histoire de France, et quelques autres écrits. — Le château d'Auteuil, construction du XVe siècle, avec fossés et pont-levis, dépend de la commune de Berneuil.

AUTEUIL, *Altogilum*, *Altolium*, beau village, *Seine* (Ile-de-France), arr. et à 13 k. de St-Denis, cant. de Neuilly. ✉. A 7 k. de Paris pour la taxe des lettres. Pop. 3,667 h. — Auteuil est situé à 1 k. des barrières de Paris et à l'entrée du bois de Boulogne. Il est bâti dans une heureuse et belle situation, sur une colline qui borde la rive droite de la Seine. Le coteau sur lequel il s'élève présente un grand nombre de jolies maisons de campagne, dont l'agrément est augmenté par la proximité du bois de Boulogne, de Paris, de St-Cloud et de Versailles. Plusieurs personnages célèbres ont habité ce village. Boileau, Molière, Chapelle, Franklin, Condorcet, Helvétius, Houdon, Cabanis, Rumfort, y avaient leurs maisons. On voit encore aujourd'hui, dans la rue dite de Boileau, celle de ce poète célèbre, qui y faisait son séjour ordinaire pendant la belle saison, et où il se plaisait à recevoir les plus célèbres littérateurs de son temps, notamment Chapelle, Racine, La Fontaine et Molière. Tout le monde connaît l'aventure plaisante qui leur arriva dans un des soupers d'Auteuil. — Un des chagrins de la vieillesse de l'auteur du Lutrin fut la perte de sa maison d'Auteuil, qu'il vendit à M. le Verrier. Celui-ci lui dit, en en devenant l'acquéreur : « Vous y serez toujours chez vous ; j'exige que vous y conserviez une chambre, et que vous veniez souvent l'habiter. » Quelques jours après, Boileau y retourne en effet, se promène dans le jardin, et, n'y voyant plus un berceau qu'il affectionnait, demande à Antoine, ce jardinier qu'il a chanté dans une de ses épitres, ce qu'était devenu ce berceau. « Je l'ai abattu par ordre de M. le Verrier, répond Antoine. — Je ne suis plus le maître ici, reprit Boileau, qu'y viens-je faire ? » Et il remonta en voiture immédiatement pour retourner à Paris. Ce fut le dernier voyage que l'Horace français fit à son Tivoli ; il mourut quelque temps après d'une hydropisie de poitrine, le 13 mars 1711. — Dans le siècle dernier la maison de Boileau était devenue la propriété du célèbre médecin Gendron, qui y reçut souvent la visite de Voltaire. — Mme Helvétius, femme du philosophe de ce nom, se retira à Auteuil après la mort de son mari, où elle se fixa pour toujours. Là, tout son temps, toutes ses pensées furent consacrés à l'amitié et à la bienfaisance. Sa maison fut jusqu'à sa mort le rendez-vous de tous les hommes célèbres de son époque, parmi lesquels on voit figurer Condillac, d'Holbach, Turgot, Franklin, Jefferson, l'abbé Morelet, et plus tard Cabanis, Destutt de Tracy et Bonaparte. Mme Helvétius mourut à Auteuil au milieu de ses amis, le 12 août 1800 ; elle avait alors quatre-vingts ans. Conformément à ses dernières volontés, ses restes furent déposés dans le jardin de sa maison, dont elle laissa la jouissance à Lefebvre de Laroche et à Cabanis.

La famille de Boufflers avait également une maison à Auteuil, où se réunissait l'élite de la société du temps ; et Mme de Boufflers, l'amie intime de Voltaire, faisait les honneurs. Son fils, connu par le joli conte d'Aline et d'agréables poésies, contribuait beaucoup à l'agrément de ce cercle.

L'église d'Auteuil fut construite vers le XVIIe siècle ; mais la façade et la tour, dont la flèche est en pierre et de forme octogone, datent du XVe siècle. On y voit le tombeau d'Antoine Nicolaï, premier président de la chambre des comptes, mort en 1731. Dans le cimetière est un obélisque en marbre, qui supporte un globe surmonté d'une croix dorée, élevé à la mémoire du chancelier d'Aguesseau : on lit sur la base, entre autres inscriptions, la suivante :

LA NATURE
NE FAIT QUE PRÊTER
LES GRANDS HOMMES A LA TERRE.
ILS S'ÉLÈVENT, BRILLENT, DISPARAISSENT.
LEUR EXEMPLE ET LEURS OUVRAGES
RESTENT.

On remarque aussi dans l'ancien cimetière un tombeau sculpté par Debay; c'est un monument élevé par M. Ternaux à son épouse, décédée en 1817. Dans la chapelle de l'église, à côté du chœur, on lit, sur une plaque d'airain, l'épitaphe latine du docteur Gendron, qui passa ses dernières années à Auteuil, et dont les conseils et les bienfaits ne manquèrent jamais aux malades et au malheureux de ce village.

PATRIE DE PIERRE D'AUTEUIL, fameux par ses connaissances, sous Philippe Auguste.

A peu de distance du bois de Boulogne, on voit une jolie place plantée d'ormes et d'acacias, ornée d'une fontaine en forme de champignon à triple chapeau, d'où s'échappent continuellement des gerbes d'eau qui entretiennent en cet endroit la fraîcheur et la salubrité. Cette espèce d'allée, nommée promenade Benoît, est fermée du côté d'Auteuil par une fontaine publique d'eau minérale ferrugineuse froide, où l'on descend par deux escaliers parallèles, qui jouissait en 1628 d'une grande réputation ; mais la découverte des eaux de Passy a beaucoup contribué à faire perdre aux eaux d'Auteuil leur renommée ; maintenant on ne parle guère plus des unes que des autres. Dans la belle saison, un bal champêtre établi sous les verts ombrages qui avoisinent la porte dite de Passy, est le rendez-vous ordinaire de la meilleure société de Paris.

On remarque à Auteuil le château ou l'hôtel habité naguère par M. Choiseul-Praslin, bâti sur l'emplacement d'une maison de campagne que Molière louait à l'année, et où il venait passer la belle saison. C'est là que notre inimitable peintre des mœurs esquissait ses comiques portraits, et s'égayait avec son ami Chapelle et le fameux musicien Charpentier. Pleins de respect pour la mémoire du grand homme qui y a séjourné, les propriétaires de cet hôtel ont fait transformer en temple la maison qu'il occupait. On arrive à ce temple par les jardins ; quatre marches conduisent à une rotonde en briques, précédée d'un péristyle formé par quatre colonnes d'ordre dorique, qui soutiennent un fronton au-dessous duquel on lit : *Ici fut la maison de Molière*. Dans le fronton on a représenté en relief une figure de Thalie éplorée laissant tomber son masque. Dans l'intérieur de la rotonde est un beau buste de Molière, qu'accompagnent ceux de la Fontaine, de Boileau, de Corneille et de Racine.

Une pompe à feu fournit de l'eau de la Seine à Auteuil, au Point-du-Jour, à Boulogne et à Passy, et en transporte également, par le pont de Grenelle, à Grenelle, à Vaugirard et à Issy : les réservoirs sont établis dans le bois de Boulogne, près de l'allée des Princes ; ils consistent en deux grands bassins de forme quadrangulaire, entourés de gazons, de fleurs odoriférantes, de jolis arbustes, et séparés par une petite maison de gardien.

LE POINT-DU-JOUR, hameau situé des deux côtés de la route de Paris à Versailles, est une dépendance d'Auteuil, ainsi que le joli hameau de BILLANCOURT, situé à l'extrémité de la presqu'île formée par la Seine en face de Sèvres.

Les abbés de Ste-Geneviève étaient autrefois seigneurs d'Auteuil, et y avaient leur maison de campagne. Le vin d'Auteuil avait alors de la célébrité, et on lit dans les anciennes chroniques que les abbés en faisaient des cadeaux aux évêques.

Bibliographie. QUILLET (P.-N.). *Chronique de Passy et de ses environs, ou Recherches historiques et littéraires sur Passy, le bois de Boulogne et ses alentours, ce qui comprend Boulogne, Auteuil, etc., etc.*, 2 parties in-8, 1836.

BECQUEREL (A.-C.). *Mémoire sur l'argile plastique d'Auteuil* (Ann. de chimie, t. XXII, 1832).

HABERT (P.). *Récit véritable des vertus et des propriétés des eaux minérales d'Auteuil*, in-8, 1628.

AUTEUIL, vg. *Seine-et-Oise* (Beauce), arr. et à 28 k. de Rambouillet, cant. et ✉ de Montfort-l'Amaury. Pop. 503 h. — *Fabriques de savon, épuration d'huile, brasserie, distillerie. — Commerce de laines.*

AUTEVIELLE, vg. *B.-Pyrénées* (Béarn), arr. et à 24 k. d'Orthez, cant. et ✉ de Sauveterre. Pop. 186 h.

AUTEYRAC, vg. *H.-Loire* (Auvergne), arr. et à 34 k. de Brioude, cant. et ✉ de Langeac. Pop. 452 h.

AUTHE, vg. *Ardennes* (Champagne), arr. et à 17 k. de Vouziers, cant. du Chêne, ✉ de Buzancy. Pop. 370 h.

AUTHENAY, vg. *Eure* (Normandie), arr. et à 24 k. d'Evreux, cant. et ✉ de Damville. Pop. 213 h. Sur l'Iton.

AUTHEUIL, *Altoilum, Altvillium, Autholium*, vg. *Eure* (Normandie), arr. et à 20 k. de Louviers, cant. et ✉ de Gaillon. Pop. 383 h. Sur l'Eure.

AUTHEUIL, vg. *Eure-et-Loir* (Beauce), arr. et à 8 k. de Châteaudun, cant. et ✉ de Cloyes. Pop. 262 h.

AUTHEUIL, vg. *Orne* (Normandie), arr. et à 12 k. de Mortagne, cant. de Tourouvre. Pop. 390 h. — On y remarque une ancienne église dont l'on a proposé de classer au nombre des monuments historiques.

AUTHEUIL-EN-VALOIS, vg. *Oise* (Picardie), arr. et à 36 k. de Senlis, cant. de Betz, ✉ de la Ferté-Milon. Pop. 547 h. — On trouve près du moulin une fontaine d'eau minérale.

AUTREUX, vg. *Somme* (Picardie), arr., et à 9 k. de Doullens, cant. de Bernaville. Pop. 433 h.

AUTEVERNES, *Autaverna*, vg. *Eure* (Normandie), arr. et à 20 k. des Andelys, cant. de Gisors, ✉ de Thilliers. Pop. 300 h. — LA FERME DU FORT, ainsi nommée à cause de l'épaisseur de ses murailles flanquées d'une tour, est une dépendance de cette commune.

AUTHEZAT-LA-SAUVETAT, vg. *Puy-de-Dôme* (Auvergne), arr. et à 20 k. de Clermont, cant. et ✉ de Veyre. Pop. 1,734 h.

AUTHIE (l'), *Alteia*, petite rivière qui prend sa source à 4 k. au-dessus du village d'Authies, dans le dép. de la *Somme*, qu'elle sépare de celui du Pas-de-Calais, sur une étendue de 44 k. ; elle arrose Pas, Doullens, où elle reçoit la Grouche, Auxi-le-Château, la Broye, Dompierre, Dourier, Nampont, Pont-à-Collines, et se jette dans la Manche, à 16 k. de Montreuil, après un cours d'environ 90 k.

Cette rivière est navigable au moyen des marées, depuis les environs de Nampont jusqu'à son embouchure, sur une étendue de 12,000 m.

AUTHIE, vg. *Calvados* (Normandie), arr., ✉ et à 6 k. de Caen, cant. et ✉ de Tilly-sur-Seulles. Pop. 623 h.

AUTHIE, vg. *Somme* (Picardie), arr. et à 13 k. de Doullens, cant. d'Acheux. Pop. 946 h. — Ce village est remarquable par ses nombreuses fabriques de clous. La rivière d'Authie, d'où il tire son nom, prend sa source au hameau de Rossignol, au pied d'une haute colline qui offre un singulier aspect. — Filature et tissage du coton.

AUTHIEULE, vg. *Somme* (Picardie), arr., cant., ✉ et à 3 k. de Doullens. Pop. 373 h.

AUTHIEUX, *Eure* (Normandie), arr. et à 16 k. d'Evreux, cant. et ✉ de St-André. Pop. 164 h.

AUTHIEUX-DU-PUITS (les), arr. et à 45 k. d'Argentan, cant. et ✉ de Merlerault. Pop. 201 h.

AUTHIEUX-PAPILLON (les), vg. *Calvados* (Normandie), arr. et à 16 k. de Lisieux, cant. de Mézidon, ✉ de St-Pierre-sur-Dives. Pop. 183 h.

AUTHIEUX-RATIEVILLE (les), vg. *Seine-Inf.* (Normandie), arr. et à 19 k. de Rouen, cant. de Clères, ✉ de Valmartin. Pop. 311 h.

AUTHIEUX-SUR-BUCHY (les), vg. *Seine-Inf.*, cant. de Ste-Croix, ✉ de Buchy.

AUTHIEUX-SUR-CALONNE (les), vg. *Calvados* (Normandie), arr. et à 6 k. de Pont-l'Evêque, cant. de Blangy. Pop. 542 h. Sur la Calonne.

AUTHIEUX-SUR-CORBON (les), vg. *Calvados* (Normandie), arr. et à 21 k. de Pont-l'Evêque, cant. et ✉ de Cambremer. Pop. 71 h.

AUTHIEUX-SUR-LE-PORT-ST-OUEN (les), vg. *Seine-Inf.* (Normandie), arr. et à 13 k. de Rouen, cant. de Boos, ✉ de Pont-de-l'Arche. Pop. 409 h. Près de la Seine.

AUTHION (l'), rivière qui prend sa source dans les étangs d'Hommes et de Rillé, dép. d'Indre-et-Loire ; elle passe à Bourgueil, suit l'ancien lit de la Loire l'espace de 60 k., et se jette dans ce fleuve au-dessus de

Pont-de-Cé, dép. de *Maine-et-Loire*, après un cours d'environ 100 k.

Cette rivière porte le nom de Doit, depuis sa source jusqu'au-dessous de Bourgueil. Elle est flottable à bûches perdues depuis Beaufort jusqu'à son embouchure, sur une étendue de 25,400 m.

L'Authion coule au milieu des marais du même nom, qui doivent être desséchés. Le canal au moyen duquel s'opérera le desséchement établira une navigation latérale à la Loire. Les principaux affluents de cette rivière sont le Latan et le Couesnon.

AUTHIOU, vg. *Nièvre* (Nivernais), arr. et à 20 k. de Clamecy, cant. de Brinon-les-Allemands, ✉ de Champlemy. Pop. 337 h.

AUTHOISON, vg. *H.-Saône* (Franche-Comté), arr. et à 18 k. de Vesoul, cant. de Montbozon, ✉ de Rioz. Pop. 649 h.

AUTHON, *Autho*, vg. *B.-Alpes* (Provence), arr., cant., ✉ et à 23 k. de Sisteron. Pop. 330 h. — *Foires* les 21 août et 18 sept.

AUTHON, vg. *Charente-Inf.* (Saintonge), arr., ✉ et à 16 k. de St-Jean-d'Angely, cant. de St-Hilaire. Pop. 770 h.

AUTHON, petite ville, *Eure-et-Loir* (Beauce), chef-l. de cant., arr. et à 18 k. de Nogent-le-Rotrou. Cure. ✉. A 163 k. de Paris pour la taxe des lettres.— Pop. 1,584 h., Terrain crétacé inférieur, grès vert.—*Fabriques* d'étamines, serges, droguets. — *Commerce* de bestiaux.—*Foires* les 24 nov., jeudi de la mi-carême, 3e jeudi après la Pentecôte, 2e jeudi après l'Assomption.

AUTHON, vg. *Loir-et-Cher* (Beauce), arr. et à 22 k. de Vendôme, cant. de St-Amand, ✉ de Château-Renault. Pop. 934 h.

AUTHON, vg. *Seine-et-Oise* (Beauce), arr. et à 31 k. de Rambouillet, cant. et ✉ de Dourdan. Pop. 666 h.

AUTHOU, vg. *Eure* (Normandie), arr. et à 25 k. de Pont-Audemer, cant. et ✉ de Montfort-sur-Rille. Pop. 321 h.

AUTHOUILLET, *Autholetum*, vg. *Eure* (Normandie), arr. et à 21 k. Louviers, cant. et ✉ de Gaillon. Pop. 236 h. Sur l'Eure.

AUTHUILE, vg. *Somme* (Picardie), arr. et à 27 k. de Péronne, cant. et ✉ d'Albert. Pop. 349 h.

AUTHUME, vg. *Jura* (Franche-Comté), arr., ✉ et à 5 k. de Dôle, cant. de Rochefort. Pop. 616 h.

AUTHUME, vg. *Saône-et-Loire* (Bourgogne), arr. et à 35 k. de Louhans, cant. et ✉ de Pierre. Pop. 660 h.

Authume, aujourd'hui simple village, était jadis une ville assez considérable, défendue par un château extrêmement fort. Authume fut pris et repris plusieurs fois dans la guerre de la Franche-Comté. Sous la Ligue, les royalistes et les ligueurs s'emparèrent tour à tour du château, qui fut démantelé vers 1638. L'enceinte des fortifications de cette importante forteresse, dont il reste encore une tour en briques conservée avec soin par le propriétaire, avait une étendue de plus de 7 hectares; c'est en grande partie avec les matériaux provenant de ses immenses ruines qu'une partie des maisons du village de Pierre a été bâtie. On y a trouvé à plusieurs époques, et l'on trouve même encore journellement, divers débris d'antiquités; des monnaies des rois de la deuxième et de la troisième race; des pavés en terre cuite parfaitement conservés, etc., etc., etc.

AUTICHAMP, vg. *Drôme* (Dauphiné), arr. et à 45 k. de Die, cant. et ✉ de Crest. P. 301 h.

AUTIGNY, vg. *Seine-Inf.* (Normandie), arr. et à 22 k. d'Yvetot, cant. de Fontaine-le-Dun, ✉ de Doudeville. Pop. 309 h.

AUTIGNY, vg. *Seine-Inf.*, comm. de Brametot, ✉ de Doudeville.

AUTIGNY-LA-TOUR, vg. *Vosges* (Lorraine), arr., ✉ et à 8 k. de Neufchâteau, cant. de Coussey. Pop. 543 h. Sur le Vair.

AUTIGNY-LE-GRAND, vg. *H.-Marne* (Champagne), arr. et à 18 k. de Vassy, cant. et ✉ de Joinville. Pop. 265 h. Sur la Marne.

AUTIGNY-LE-PETIT, vg. *H.-Marne* (Champagne), arr. et à 17 k. de Vassy, cant. et ✉ de Joinville. Pop. 178 h. Sur la Marne.

AUTINGUES, vg. *Pas-de-Calais* (Artois), arr. et à 23 k. de St-Omer, cant. et ✉ d'Ardres. Pop. 275 h.

AUTISE (l'), petite rivière qui prend sa source près d'Ardin, dép. des *Deux-Sèvres*; elle passe à St-Hilaire, et se jette dans la Sèvre Niortaise, au-dessous de Maillé, dép. de la Vendée, après avoir passé par un pont-aqueduc, sur un canal de desséchement. Son cours est d'environ 60 k.

AUTISSIODURUM (lat. 48°, long. 22°). « Il en est mention dans Ammien Marcellin. (lib. XVI), en parlant d'une marche de Julien, qui part d'*Augustodunum*, se rend à Tricasses; et cette route est décrite dans l'Itinéraire d'Antonin et dans la Table théodosienne, en passant par *Autissiodurum*. On lit *Autosidorum* dans Ammien. Mais une leçon plus correcte est celle de Robert dans sa Chronique d'Auxerre, savoir, *Autissiodorum*. Par un démembrement de l'ancien territoire des *Senones*, cette ville a eu son territoire particulier. Ainsi, dans la Notice des provinces de la Gaule, entre les cités de la Sénonaise, on trouve *Civitas Autisidorum*. Les limites actuelles des diocèses de Sens et d'Auxerre représentent la séparation qui a été faite de ces territoires : on en peut juger ainsi par un lieu nommé Fins, entre Châtillon-sur-Loin et Briare, et qui est de Sens sur la frontière d'Auxerre précisément. Il faut avouer qu'on n'en sait pas davantage sur *Autissiodurum*, en se renfermant dans l'âge romain de la Gaule; car la position de *Vellaunodunum* des Commentaires de César, et la migration des habitants de ce lieu à un autre nommé *Autricum*, ne sont rien moins que démontrés par un savant (M. Lebeuf) dont le motif a été d'illustrer sa patrie. » D'Anville. *Notice de l'ancienne Gaule*, p. 132. V. aussi *Bulletin des sciences historiques pour 1831*, n° 1, t. XVIII, p. 20. Caylus. *Antiquités*, t. VII, p. 292, pl. 83. L'abbé Lebeuf. *Mercure de France*, mai 1731, p. 1049; et *Mémoires concernant l'histoire ecclésiastique de la ville d'Auxerre*, 2 vol. in-4, 1743. Passamot. *Mémoires géographiques sur quelques antiquités de la Gaule*, in-12, 1765. Leblanc. *Recherches sur Auxerre*, 2 vol. in-12, 1830. Walckenaer. *Géographie des Gaules*, t. I, p. 406; t. II, p. 265.

AUTOIRE, vg. *Lot* (Quercy), arr. et à 38 k. de Figeac, cant. et ✉ de St-Céré. P. 468 h.

Autoire est situé sur un ruisseau affluent de la Bave, qui arrose une vallée étroite, bordée d'espace en espace par des rochers énormes. A l'entrée de la vallée, ce ruisseau forme une fort belle cascade qui se précipite de 33 m. de haut, que les saillies du rocher brisent en gerbes, et que la disposition du site rend très pittoresque. Entre le village et la cascade, on voit les restes d'une tour bâtie sur la corniche d'un rocher coupé à pic, qui s'élève à 100 m. au-dessus de la vallée. Cette tour, qui est assez bien conservée, faisait partie d'un fort antérieur à la domination anglaise dans le Quercy, et qui paraît avoir été bâti pour s'opposer à l'invasion des Sarrasins ou des Normands.

AUTONE (l'), petite rivière qui prend sa source près de Villers-Coterets, dép. de l'*Aisne*; elle passe à Lieu-Restauré, Pouldron, le Fresnois, Bethancourt, St-Martin et Saintines, et se jette dans l'Oise, près de Verberie, après un cours d'environ 32 k. — Cette rivière est flottable depuis les environs de Villers-Coterets jusqu'à son embouchure, sur une étendue de 25,000 m.

AUTOREILLE, vg. *H.-Saône* (Franche-Comté), arr. et à 21 k. de Gray, cant. et ✉ de Gy. Pop. 588 h.

AUTOUILLET, vg. *Seine-et-Oise* (Beauce), arr. et à 28 k. de Rambouillet, cant. de Montfort-l'Amaury, ✉ de Thoiry. Pop. 247 h. — On y voit un château remarquable par son site, ses points de vue, ses jardins, ses fontaines, et dont les eaux remplissent en tout temps les fossés qui entourent cette belle propriété.

AUTRAC, vg. *H.-Loire* (Auvergne), arr. et à 24 k. de Brioude, cant. et ✉ de Blesle. Pop. 236 h.

AUTRANS, vg. *Isère* (Dauphiné), arr., ✉ et à 35 k. de Grenoble, cant. de Villard-de-Lans. Pop. 1,118 h. — *Foire* le 20 juillet.

AUTRÈCHE, vg. *Indre-et-Loire* (Touraine), arr. et à 34 k. de Tours, cant. et ✉ de Château-Renault. Pop. 333 h.

AUTRÊCHES, vg. *Oise* (Picardie), arr. et à 30 k. de Compiègne, cant. et ✉ d'Attichy. Pop. 861 h. — On y voit une ancienne église que l'on a proposé de classer au nombre des monuments historiques.

AUTRECOURT, vg. *Ardennes* (principauté de Sédan), arr. et à 13 k. de Sédan, cant. et ✉ de Mouzon. Pop. 906 h. — Filature hydraulique de laine.

AUTRECOURT, vg. *Meuse* (Lorraine), arr. et à 33 k. de Bar-le-Duc, cant. de Triaucourt, ✉ de Beauzée. Bureau d'enregistrement. Pop. 544 h. — *Fabrique* de faïence et de poterie de terre. Briqueterie.

AUTREMENCOURT, vg. *Aisne* (Picardie), arr. et à 25 k. de Laon, cant. et ✉ de Marle. Pop. 374 h.

AUTREPIERRE, vg. *Meurthe* (Lorraine), arr. et à 30 k. de Lunéville, cant. et ✉ de Blamont. Pop. 340 h. — On voit aux environs les vestiges d'une voie romaine qui passait au-dessus des collines de Lunéville et suivait les hauteurs.

AUTREPPES, *Alta Ripa*, vg. *Aisne* (Picardie), arr., cant., ✉ et à 10 k. de Vervins. Pop. 668 h. Sur l'Oise. — Filature de coton.

AUTRETOT, vg. *Seine-Inf.* (Normandie), arr., cant., ✉ et à 5 k. d'Yvetot. Pop. 927 h.

AUTREVILLE, vg. *Aisne* (Picardie), arr., de Laon, cant. et ✉ de Chauny. Pop. 319 h.

AUTREVILLE, vg. *H.-Marne* (Champagne), arr. et à 13 k. de Chaumont, cant. et ✉ de Juzennecourt. Pop. 573 h.

AUTREVILLE, vg. *Meurthe* (Lorraine), arr. à 19 k. de Nancy, cant. et ✉ de Pont-à-Mousson. Pop. 375 h. — Il est situé au pied d'une côte, sur la rive droite de la Moselle.

AUTREVILLE, vg. *Meuse* (Lorraine), arr. et à 20 k. de Montmédy, cant. de Stenay, ✉ de Mouzon. Pop. 158 h.

AUTREVILLE, h. *Oise*, comm. de Breuille-Sec, ✉ de Clermont-Oise. Pop. 77 h.

AUTREVILLE, vg. *Vosges* (Lorraine), arr. et à 18 k. de Neufchâteau, cant. de Coussey, ✉ de Colombey. Pop. 410 h. — *Foires* les 3 fév., 9 mai, 7 sept. et 3 nov.

AUTREY, bg *H.-Saône* (Franche-Comté), chef-l. de cant., arr., ✉ et à 11 k. de Gray, où est le bureau d'enregist. Cure. Pop. 1,279 h. — TERRAIN jurassique voisin du terrain tertiaire supérieur.

C'était autrefois le chef-lieu d'une baronnie, qui fut érigée en comté en 1692. On y voit les ruines bien conservées de l'ancien château de Vergy. — Hauts fourneaux dont les fontes sont estimées. — *Foires* les 20 mars, 20 juin, 7 sept. et 21 déc.

AUTREY, vg. *Vosges* (Lorraine), arr. et à 25 k. d'Epinal, cant. et ✉ de Rambervillers. Pop. 446 h. Sur une hauteur. — Il y avait autrefois une abbaye de l'ordre de St-Augustin, fondée en 1150. — Tréfileries. Tuilerie. — *Commerce* de planches.

AUTREY-LÈS-CERRE, vg. *H.-Saône* (Franche-Comté), arr., ✉ et à 17 k. de Vesoul, cant. de Noroy-le-Bourg. Pop. 298 h.

AUTREY-LE-VAY, vg. *H.-Saône* (Franche-Comté), arr. et à 21 k. de Lure, cant. et ✉ de Villersexel. Pop. 209 h. Sur la rive droite de l'Oignon.

AUTREY-SUR-MADON, vg. *Meurthe* (Lorraine), arr. et à 23 k. de Nancy, cant. et ✉ de Vezelise. Pop. 188 h. Sur le Madon.

AUTRICOURT, vg. *H.-Saône*, comm. de Vallerois-Lorioz, ✉ de Vesoul.

AUTRICOURT-SUR-OURCE, vg. *Côte-d'Or* (Bourgogne), arr. et à 18 k. de Châtillon-sur-Seine, cant. de Montigny, ✉ de Mussy-sur-Seine. Pop. 960 h. Sur l'Ource. — *Foires* les 31 janv., 10 juin et 12 sept.

AUTRICUM, postea CARNUTES (lat. 49°, long. 20°). « Ptolémée, en citant deux villes chez les *Carnutes*, nomme en premier lieu *Autricum*. Ce nom paraît dérivé de celui de la rivière, sur le bord de laquelle cette ville est située, *Autura*, quoiqu'il n'en soit mention dans aucun des monuments romains, et que dans les écrits du moyen âge on lise communément *Audura*, la rivière d'Eure. C'est ainsi que la ville de Bourges tirait le nom d'*Avaricum* de la rivière d'*Avara*. Le nom d'*Autricum* a été remplacé par celui des *Carnutes* ou *Carnotes*, comme on lit dans la Notice des provinces de la Gaule et dans Sulpice Sévère; *Carnutum* au singulier, selon la Notice de l'empire, en lisant *Carnuto Senoniae Lugdunensis*. Je remarque que sur la voie qui conduit de Chartres à Dreux, et qui paraît tracée dans la Table théodosienne, comme on peut voir dans l'article *Durocasses*, un lieu dont le nom actuel est Lève, se trouvant distant d'un point près dans l'étendue de la ville de Chartres, de 11 à 1,200 toises. Cet espace répond à l'étendue d'une lieue gauloise, qui, étant appelée *Leuva* aussi bien que *Leuca*, se trouve dans la position de Lève par la dénomination comme par la distance. Cette position est donc une indication positive d'un *primus lapis* à l'égard d'*Autricum* ou de la capitale des Carnutes. » D'Anville. *Notice de l'ancienne Gaule*, p. 132. V. aussi Walckenaer. *Géographie des Gaules*, t. I, p. 57, 58, 390, 400.

AUTRUCHE, vg. *Ardennes* (Champagne), arr. et à 15 k. de Vouziers, cant. du Chêne, ✉ de Buzancy. Pop. 242 h.

AUTRUY, vg. *Loiret* (Orléanais), arr. et à 16 k. de Pithiviers, cant. d'Outarville, ✉ d'Angerville. Pop. 914 h. — *Commerce* de miel, cire et safran de son territoire.

AUTRY, bg *Ardennes* (Champagne), arr. et à 20 k. de Vouziers, cant. de Monthois, ✉ de Grand-Pré. Pop. 672 h. Sur la rive gauche de l'Aisne. — Haut fourneau et fours à l'anglaise. — *Foires* les 15 avril, 9 sept., 6 déc.

AUTRY, vg. *Loiret* (Gatinais), arr., ✉ et à 10 k. de Gien, cant. de Châtillon-sur-Loire. Pop. 1,354 h.

AUTRY-ISSARDS, vg. *Allier* (Bourbonnais), arr. et à 17 k. de Moulins, cant. et ✉ de Souvigny. Pop. 629 h.

AUTUN, *Bibracte*, *Augustodunum*, *Augusta-Aeduorum*, grande et très-ancienne ville, *Saône-et-Loire* (Bourgogne), chef-l. de sous-préf. et d'un canton. Tribunaux de 1re inst. et de com. Bureau d'enregist. Cure. Grand et petit séminaire. Collège communal. Commission de l'antiquité. Gîte d'étape. ✉. ⚖. Pop. 11,164 h. — TERRAIN carbonifère, houille.

Autrefois capitale de l'Autunois, évêché, bailliage, présidial, mairie, chancellerie, gouvernement particulier, subdélégation, 7 paroisses, une collégiale, 2 séminaires, 12 couvents. — L'évêché d'Autun fut établi au commencement du XVe siècle. Revenu, 20,000 liv.; taxe, 4,080 flor. Paroisses, 611. Abbayes, 14 : revenu 62,000 liv.; taxe, 2,500 flor. L'abbé de Corbigny était seigneur de la ville, avec droit de bailliage et de châtellenie.

« César nomme Bibracte la ville capitale des Aedui, et il est facile de prouver que cette ville est la même que celle d'*Augustodunum* des auteurs postérieurs. En effet, Strabon, qui vivait peu de temps après César, mentionne Bibracte comme la ville fortifiée des Aedui. Pomponius Méla est le seul auteur qui parle d'Augustodunum, et il la nomme comme ville capitale des Aeduens. On voit reparaître cette ville sous le nom d'Augustodunum dans Tacite et dans Ptolémée. Enfin, il y a un passage de l'orateur Eumène, qui est décisif à cet égard; il se trouve dans un discours adressé à Constantin, lorsque Autun, qui était la patrie de l'orateur, voulut, par reconnaissance pour l'empereur, changer son nom d'*Augustodunum* en celui de *Flavia*. A ces preuves, qui constatent l'identité de Bibracte et d'Augustodunum, il faut joindre deux inscriptions trouvées à Autun, en l'honneur de *Soror* et *aemula Romae*, rapportées par plusieurs auteurs. » Walckenaer. *Géog. des Gaules*, part. II, chap. 2, p. 328. V. aussi BIBRACTE.

La ville d'Autun existait et florissait longtemps avant la domination romaine dans les Gaules, dont elle était une des plus anciennes cités. Le rang qu'elle tenait dans les Gaules, la sagesse de son gouvernement, la puissance de ses armes et la célébrité de ses écoles, lui valurent l'alliance et l'amitié des Romains, qui lui donnèrent le titre de *Soror et aemula Romae*. — D'abord alliée du peuple romain, elle se souleva avec le reste des Gaules, et fut asservie par César après la sanglante bataille d'Alise, où combattaient 35,000 Eduens. Là finit la gloire de Bibracte. César, qui jusque-là avait usé de ménagements envers les Eduens, saisit la circonstance de cette défection pour les accabler d'impôts et de vexations. Enfin, lorsqu'il quitta les Gaules, il donna à Fabius, l'un de ses lieutenants, l'ordre d'incendier leur capitale au premier sujet de mécontentement. Cet ordre barbare fut exécuté peu de temps après, et les Etats de la république éduenne furent convertis en provinces romaines. Surus, son premier magistrat, se donna la mort pour ne pas survivre à la liberté de sa patrie. Auguste séjourna à Bibracte, et sa munificence rétablit un grand nombre de monuments. La ville, reconnaissante, prit alors le nom d'Augustodunum, d'où, par syncope, Autun. Après la mort de Germanicus, Autun essaya de secouer le joug des Romains, sans pouvoir y réussir : l'Eduen Sacrovir, chef de la conspiration, fut battu et se tua. La révolte recommença en 809 sous Tétricus, qui s'était fait élire empereur des Gaules pendant sept mois, la prit d'assaut, la livra au pillage, et en fit massacrer les habitants. La ville ne présenta qu'un amas de ruines jusqu'au temps où Constantin entreprit de la reconstruire et y employa des sommes immenses; il repeupla Autun et y rétablit les écoles publiques, dont il confia la direction au célèbre rhéteur Eumène. Constantin l'embellit de nouveaux édifices, diminua les impôts, et fit même la remise de cinq années de tributs qui étaient dus. Autun s'empressa d'adopter le nom d'*Aedua Flavia*, parce que ce prince était de la famille Flavienne. Plus tard, en 355, la ville fut assiégée par les Allemands ; mais ses habitants se défendirent avec tant de vigueur, que les assiégeants furent contraints de se retirer. En 414, les Bourguignons s'en emparèrent, et Gondecaire, leur roi, y fixa sa résidence. Autun vit alors passer successivement Attila, qui la réduisit en cendres, Chilpéric, Gondebaud, et la reine Brunehaut, dont les restes furent déposés dans l'église St-Martin d'Autun, qu'elle avait fondée. En 731, les Sarrasins dévastèrent cette ville, qui fut de nouveau ravagée et brûlée par les Normands, en 888 et en 895. Les compagnies d'*écorcheurs* y causèrent de grands désordres en 1366. Les Anglais y mirent le feu, en 1379, après la victoire du Brion. Le célèbre président Jeannin sauva les protestants de cette ville du massacre de la St-Barthélemy, en 1572. Les guerres religieuses lui furent toutefois on ne peut plus funestes. Autun avait embrassé le parti de la Ligue : assiégé par le maréchal d'Aumont, en 1591, il lui opposa une résistance digne de tout le zèle du fanatisme ; les magistrats, les femmes, les enfants même se battirent sur la brèche ; d'Aumont, rebuté par une défense si opiniâtre, leva le siège. Une longue période de tranquillité succéda à tant de désastres ; mais la guerre fut encore funeste à Autun lors de l'invasion des armées étrangères en 1814.

Il s'est tenu à Autun plusieurs conciles, en 590, 661, 663, 670, 1055, 1061, 1065, 1071, 1077 et 1094. Les **armes d'Autun** sont : *d'or au lion grimpant de gueules* (un manuscrit de 1669, suivi par Expilly, dit *d'argent au lion de gueules*) ; *au chef de Bourgogne ancienne, qui était d'or à trois bandes d'azur à la bordure de gueules.* — Cette ville a deux fois changé son blason. Son écu, autrefois de gueules, fut d'abord chargé d'un porc-épic d'argent ; puis cette pièce fut remplacée par trois serpents d'argent courbés en cercle et se mordant la queue. Le chef était d'azur chargé de deux têtes de lions arrachées et affrontées d'or.

L'ancienne splendeur d'Autun se manifeste par les ruines ou les vestiges d'un grand nombre de monuments. — Les ruines de quelques temples frappent par l'étonnante solidité de leur construction. Le temple de Janus, dans la plaine qui s'étend le long des rives de l'Arroux, était de forme carrée et de même architecture que celle qu'on remarque sur les médailles de Néron. Trois faces existent encore, et portent 22 m. de hauteur sur 17 m. de largeur hors d'œuvre. Les murs ont 2 m. d'épaisseur. Ils étaient entièrement revêtus de pierres d'un très-petit échantillon, taillées avec le plus grand soin. Les fenêtres, au nombre de trois sur chaque face, sont construites en forme de soupiraux. Le mur du sud est décoré d'une arcade de 6 m. de hauteur sur 13 déc. d'enfoncement. La porte d'entrée était dans l'exposition du soleil levant ; on aperçoit encore le massif du perron.

Les temples de Pluton et de Proserpine étaient situés près du pont d'Arroux ; on n'aperçoit plus que la forme circulaire du premier.

Un fragment de muraille antique, qui existe encore dans la cour d'une maison près la porte des Marbres, appartenait au temple d'Apollon. Ceux de Jupiter et d'Hercule, que Maximin fit relever, suivant Eumène, ont entièrement disparu. Le temple de Jupiter était situé sur la montagne de Montjeu, *Mons Jovis*. Celui de Junon paraît avoir été dans le voisinage du Capitole, au rapport d'Eumène. Le temple d'Anubis aurait existé dans une rue appelée vulgairement rue *Chauchien*. Ceux élevés à Vénus et à Priape auraient occupé le sommet de la montagne de Couard ; et celui de Cupidon, l'éminence de Fillouse, autrefois Philosie. Le temple de Bérécynthe, ou Cybèle, a fait place à l'abbaye de St-Jean-le-Grand, et l'on prétend que l'abbaye de St-Andoche a été construite sur les ruines de celui de Minerve.

Deux des anciennes portes de la ville, justement admirées pour la noblesse et l'élégance des proportions, et pour la beauté de l'exécution, ont été heureusement sauvées, du moins en grande partie, des ravages du temps et de la main des barbares. Ce sont les portes dites aujourd'hui d'Arroux et de St-André. La première, surmontée d'une galerie d'ordre corinthien, est couverte d'ornements d'un travail exquis et d'une belle conservation ; elle a 17 m. d'élévation et 19 de largeur. Le trait de la pierre employée à sa construction est admirable. On ne remarque ni dans les joints des voussoirs, ni dans ceux des pieds-droits, aucune trace de mortier, et ils ont encore toute la finesse d'un ouvrage qui sort de la main de l'ouvrier. — La porte St-André, moins élégante, élevée de 14 m. et large de 20, retrace deux époques de l'architecture. Il paraît que la galerie, qui est d'ordre ionique, a été rétablie ou construite sous Constantin. Nulle inscription ne donne, d'ailleurs, la date précise de l'érection de ces monuments. — La naumachie, qui existait du temps des Romains, était située dans une vallée qui s'étend jusque sous les murs de la ville, du côté du levant.

A peu de distance d'Autun, au hameau de Couard, dans un champ que la découverte d'un grand nombre d'urnes cinéraires et de tombes a fait regarder, avec raison, comme un polyandre, s'élève une pyramide quadrangulaire, vulgairement appelée *pierre de Couard*, dont la base a 22 m. sur 18, et dont la hauteur est encore de 20 m.

Parmi les objets antiques dignes d'intérêt, qui, malgré tant de causes de destruction, ont pu arriver jusqu'à nous, on doit citer encore le torse d'une statue en marbre blanc, d'un travail qui remonte évidemment aux beaux temps de la sculpture ; un cippe aussi en marbre blanc, et formant un autel votif, sur une des faces duquel est gravée une inscription grecque ; des parties de bas-reliefs, des ornements de toute espèce en marbre, bronze et pierre ; des inscriptions tumulaires, dont quelques-unes en beaux caractères romains ; enfin, des morceaux de corniches, de frises, d'entablements, etc., de dimensions, de travail et de goût différents,

et appartenant aux diverses époques du haut et du bas empire.

La collection des médailles tant anciennes que modernes, qui sont déposées à la mairie, se compose de plus de 3,000, dont 2,600 médailles impériales romaines, 40 consulaires, 50 médailles des peuples et des rois. Parmi ces médailles, il en est plusieurs de fort rares ; quelques-unes même paraissent être uniques.

La CATHÉDRALE, d'architecture gothique, est remarquable par l'élévation de son aiguille, d'une exécution hardie, et la décoration du chœur en marbres choisis et rares. Le portail principal est couronné par un zodiaque fort beau. Sur le tympan est sculpté le Jugement dernier. Au bas et sur le linteau, les morts, différents d'âge, de sexe et de condition, ressuscitent au bruit des trompettes dont quatre anges sonnent aux quatre points cardinaux. Les tombeaux d'où sortent les morts sont décorés d'ornements très-variés en épis, en arêtes de poisson, en imbrication, en arcatures. Dans l'amortissement, un ange pèse les âmes à l'aide d'une balance que tient une main mystérieuse, et qu'un démon cherche à faire pencher de son côté. Ainsi pesées, les âmes sont jugées par un grand Christ qui est inscrit dans une auréole elliptique, dans l'encadrement de laquelle on lit deux vers latins où Jésus se déclare le juge des hommes de bien qu'il couronne, et des méchants qu'il punit. A droite, le paradis est figuré comme un château fort très-élevé et dont saint Pierre tient les clefs ; à gauche est l'enfer sous la triple forme d'une chaudière, d'une gueule monstrueuse et d'un sépulcre. Les démons y poussent les damnés qu'ils saisissent avec des fourches et des cordes : le sculpteur s'est attaché à montrer les plus horribles formes de démons, et, dans un sujet si fréquemment reproduit, il a eu assez de génie pour trouver des motifs entièrement nouveaux. La Vierge est assise à la droite du Christ, et saint Jean l'Évangéliste est debout à sa gauche ; tous deux intercèdent pour les accusés. — Malgré les mutilations qu'il a éprouvées, ce temple est encore un des plus convenablement ornés de la France. Il fut fondé vers le milieu du XIe siècle. On y voit les statues en marbre du président Jeannin et de sa femme.

On remarque, sur la place qui joint la cathédrale, une fontaine d'ordre ionique, dont on admire la grâce et l'élégance ; elle rappelle les formes heureuses de la lanterne de Démosthène à St-Cloud. Les ornements sont légers et corrects. Elle est surmontée d'un pélican aux ailes déployées, et porte la date de 1543. C'est le siècle de la restauration des arts en France, celui de Léonard de Vinci et de Jean Goujon, auquel l'érection de ce joli monument pourrait bien appartenir.

L'ÉVÊCHÉ avait éprouvé de grands dommages dans les premiers temps de la révolution ; mais des réparations importantes ont prévenu la ruine de ce bel édifice.

L'HÔTEL DE VILLE, de construction récente, est précédé d'une vaste place et d'une agréable promenade. Sur cette même place s'élève le collége; il renferme la bibliothèque, composée de quelques ouvrages rares ; un cabinet de physique, de chimie, de minéralogie ; des salles de dessin ornées de quelques plâtres, quelques copies, point d'originaux.

L'ancien GRAND SÉMINAIRE est un magnifique et immense édifice, construit, avec une grande somptuosité, sous Louis XIV, par le soin de l'abbé de Roquette, alors évêque d'Autun. Les jardins furent dessinés par Lenôtre, et plantés sur les fondations d'une construction romaine, dont on découvrit les marbres en creusant un bassin.

Nous devons aussi parler du tombeau de la reine Brunehaut, mutilé en 93, auquel se rattache le souvenir des fondations faites à Autun par cette reine, des abbayes de St-Martin, de St-Andoche et de St-Jean-le-Grand. La partie supérieure du monument était formée d'un bloc de marbre noir antique, que la grandeur de ses dimensions faisait remarquer généralement comme un morceau rare et curieux. Les débris épars de ce mausolée attendent un local où ils puissent être déposés dans un ordre convenable et conservés avec soin. Deux inscriptions furent placées sur ce tombeau, à deux époques différentes. Celle que nous transcrivons est de Jean Rollin, évêque d'Autun, qui vivait en 1483 :

𝔅runechil fut jadis royne de 𝔉rance;
𝔉ondatresse du saint lieu de céans,
𝔈y inhumée ſun six cent quatorze ans,
𝔈n attendant de 𝔇ieu vraye indulgence.

On remarque encore à Autun le Champ-de-Mars, place spacieuse, élevée en terrasse au milieu de la ville, et plantée de plusieurs rangs d'arbres; les promenades; les charmantes ruines d'un édifice de la renaissance, connues sous le nom de Tour de François Ier, etc., etc.

Autun occupe une situation pittoresque, sur la pente rapide d'une colline dont l'Arroux baigne le pied, à la jonction de trois montagnes, et en face d'une plaine que d'autres montagnes ceignent de tous côtés. Cette ville est divisée en trois parties : la plus basse borde le cours de l'Arroux, la plus haute se nomme le Quartier du Château.

Biographie. Patrie de L. LAGUILLE, mort en 1742, auteur d'une *Histoire d'Alsace ancienne et moderne*, 2 vol. in-f°, ou 7 vol. in-8, 1727.

P. JEANNIN, dit le président Jeannin, regardé comme le plus honnête homme de son temps, mort en 1662. On a de lui des *Mémoires* et des *Négociations* dont il existe plusieurs éditions.

JACQUES GUYON, auteur de poésies latines estimées, mort en 1625.

P.-M. LENOBLE, membre honoraire de l'académie des sciences, auteur de plusieurs écrits sur l'administration militaire et sur divers autres sujets.

INDUSTRIE. *Fabriques* de tapis de pied, de poteries de terre. Nombreuses tanneries. Brasseries. Forges.—Aux environs, papeterie, mine de plomb argentifère et mine de cuivre non ex-ploitées. — *Commerce* de grains, vins, bois, chanvre, peaux, cuirs, chevaux et bestiaux. — A 30 k. de Mâcon. A 299 k. de Paris pour la taxe des lettres.—*Foires* de 8 jours le 1er sept., de 5 jours le 1er mars, 14, 15 et 28 janv., 7 et 26 mai, 21 juin, 31 juillet, 27 sept., 20 oct., 12 et 28 nov., 19 déc.

L'arrondissement d'Autun, renferme 8 cantons : Autun, Couches, Epinac, Issy-l'Evêque, St-Léger-sous-Beuvray, Lucenay-l'Evêque, Mesvres et Montcenis.

Bibliographie. MUNIER (Jean). *Recherches et Mémoires servant à l'histoire de l'ancienne ville et cité d'Autun*, in-4, 1660.

THOMAS (Edm.). *Histoire ancienne et moderne et ecclésiastique de la ville d'Autun*, in-4, 1660.

—*Histoire de l'antique cité d'Autun depuis sa fondation jusqu'à saint Amateur, évêque d'Autun* (il n'y a eu d'imprimé que le premier livre et partie du second).

SAINT-JULIEN (Pierre de). *Un Livre des antiquités d'Autun*.....

DESOURS DE MANDAJOURS. * *Réflexions sur les dissertations historiques de l'ancienne Gaule*, mai 1712 (elle ne roulait que sur la dissertation qui concerne la ville d'Augustodunum, et l'on y trouve que c'est Autun).

MILLIN. *Voyage dans le midi de la France*, t. I, p. 307-10.

ROSNY (Antoine-Joseph-N. de). *Histoire de la ville d'Autun connue autrefois sous le nom de Bibracte, capitale de la république des Eduens*, etc., in-4, 1803.

SAULNIER. *Autun chrétien, naissance de son Eglise, ses évêques, ses hommes illustres*, etc., etc., in-4, 1686.

* *Histoire de l'Eglise d'Autun*, in-8, 1774.

LANDRIOT (l'abbé). *Notice géologique sur les environs d'Autun*.

V. aussi BIBRACTE.

AUTUNOIS, *Augustodunensis Pagus*, petit pays qui dépendait autrefois de la ci-devant province de Bourgogne, et dont Autun était la capitale. Il est maintenant compris dans le département de Saône-et-Loire, où il forme l'arrondissement de Charolles. L'Autunois avait 80 k. de long sur 48 de large. Outre le ci-devant bailliage d'Autun, il renfermait ceux de Semur-en-Brionnais, de Montcenis et de Bourbon-Lancy. V. SAONE-ET-LOIRE.

AUTY, vg. *Tarn-et-Garonne* (Quercy), arr. et à 32 k. de Montauban, cant. de Molières, ✉ de Montpezat. Pop. 445 h.

AUVE, vg. *Marne* (Champagne), arr. et à 17 k. de Ste-Menehould, cant. de Dammartin-sur-Yèvre, ✉ de Tilloy. Pop. 499 h.—A 1 k. d'Auve il y a une tombelle connue sous le nom de la Motte-aux-Vignes, sur le haut de laquelle on parvient au moyen d'une rampe qui en fait le tour. V. CREPPE.

AUVENT (St-), vg. *H.-Vienne* (Limousin), arr., ✉ et à 11 k. de Rochechouart, cant. de St-Laurent-sur-Gorre. Pop. 1,893 h.

AUVERGNATS (les), vg. *Gironde*, comm. de Sablons, ✉ de Coutras. Pop. 164 h.

AUVERGNE, *Arverna, Alvernia*, ci-devant province de France, qui forme actuellement les départements du Cantal et du Puy-de-Dôme, et l'arrondissement de Brioude du département de la Haute-Loire.

Cette province, comprise sous l'empire romain dans la première Aquitaine, eut ses comtes particuliers jusqu'en 1210, époque à laquelle Philippe Auguste la réunit à la couronne ; mais elle fut détachée du royaume par le roi Jean, et sa réunion définitive ne s'opéra que sous François Ier.

L'Auvergne a environ 176 k. de long sur 150 de large. Elle est couverte de montagnes qui divisent sa grande partie de son étendue, et se divise naturellement en deux parties distinctes qui portent le nom de haute et de basse Auvergne. Les montagnes qui la couvrent, désignées quelquefois par le nom de montagnes d'Auvergne, sont remarquables par leur élévation, par les points de vue magnifiques qu'on y découvre, par les traces que d'anciens volcans y ont laissées, et par les plantes rares qu'elles produisent : Elles se composent de quatre groupes principaux : le Plomb-du-Cantal, le Cezallier, le Mont-d'Or et le Puy-de-Dôme ; le premier reste couvert de neige pendant plusieurs mois de l'année. Ce qui caractérise ces montagnes, c'est la grande quantité de cratères qu'on y rencontre, et qui, dans ce pays, ont reçu le nom de Puy. On y retrouve partout des traces d'éruptions volcaniques. Sur le Mont-d'Or et sur le Puy-de-Dôme, les courants de laves sont très-reconnaissables. Dans les deux autres groupes, au contraire, les anciens cratères sont peu apparents, et l'on est porté à croire que les éruptions de la haute Auvergne ont cessé bien avant celles de la basse Auvergne. — La haute Auvergne produit généralement peu de blé ; sa principale richesse consiste en excellents pâturages où l'on engraisse beaucoup de bestiaux qui fournissent de très-bons fromages. La basse Auvergne contient aussi beaucoup de bons pâturages. Dans certains cantons elle ne produit que du seigle et quelques menus grains, mais elle comprend la riante Limagne, très-beau pays qui s'étend sur les deux rives de l'Allier, et présente une succession continuelle de villes, de villages, de monticules et de vallées, les plus fertiles de la France, où l'on récolte en abondance, des grains, des fruits et des légumes de toute espèce. V. LIMAGNE.

C'est aux collines, et surtout aux montagnes qui l'entourent, que la Limagne doit sa fécondité. Arrosée par les sources et les eaux pluviales qui en découlent, elle produit sans interruption, et offre aux yeux une des vues les plus riantes et les plus riches. Son sol, partout fertile, présente alternativement des vergers, des prairies, des vignobles et tous les genres de culture possible ; il est entrecoupé de nombreux ruisseaux dont les eaux, divisées par l'industrie des habitants en mille canaux, augmentent sa fécondité et donnent à ses prairies et à sa verdure une fraîcheur et une jeunesse éternelles.

Dans la plus grande partie de l'Auvergne,

les champs sont couverts de châtaigniers dont l'élévation et la riante verdure répandent sur les sites divers une fraicheur des plus agréables. Les cimes touffues de ces arbres dont les collines sont parées, et qui souvent se reflètent sur la surface limpide des lacs qui y sont en grand nombre, prêtent à ce beau pays un charme indescriptible. Ces lacs ne sont pas l'ouvrage de la nature, ils sont celui de l'art : avec des pieux et du gazon, on élève une chaussée dont les deux bouts s'appuient aux deux coteaux voisins; cette chaussée arrête un ruisseau dont les eaux se débordent et s'étendent insensiblement, et qu'on laisse ainsi tout le temps nécessaire pour fertiliser les prairies; ensuite on perce la chaussée, et les eaux reprennent leur direction.

L'Auvergne possède de nombreuses sources d'eaux minérales et thermales qui jouissent d'une grande réputation. On y trouve des mines de fer, d'antimoine et de charbon de terre, de nombreux établissements d'industrie, principalement de papeteries, dont les produits sont très-recherchés en France et à l'étranger.

Les principales rivières qui l'arrosent sont l'Allier, la Dordogne, la Sioule et l'Alaignon. Ses plus hautes montagnes sont le Mont-d'Or, le Puy-de-Dôme et le mont Cantal.

On divisait autrefois cette province en :
Haute Auvergne, capitale St-Flour ;
Basse Auvergne, Clermont ;
Pays de Combrailles, Evaux.
V. Puy-de-Dôme, Cantal.

Les armes de la basse Auvergne étaient : *d'or au gonfanon de gueules frangé de sinople.*—Les armes de la haute Auvergne étaient : *d'or au griffon coupé de gueules et de sinople.*

Bibliographie. Prohet (Cl.-Ignace). *Histoire de ce qu'il y a de plus considérable dans le haut et bas Auvergne* (imprimé avec les coutumes d'Auvergne, in-4, 1595).

Chabrol (Guil.-Michel). *Recherches et Mémoires sur l'histoire d'Auvergne*, in-8, 1761, et in-4.

— *Observations et Recherches sur l'histoire d'Auvergne et les tribunaux qui y sont établis*, in-4, 1764.

Desistrières Murat (le vicomte). *Discours sur l'origine des Arvernes ou Auvergnats, pour servir de préliminaire à l'histoire d'Auvergne*, broch. in-12, 1766.

—*Histoire d'Auvergne*, t. I et unique, in-12, 1782.

Lebeuf (l'abbé). *Antiquités d'Auvergne* (Hist. de l'acad. des inscriptions, t. xxv, p. 139).

Imberdis. *Histoire des guerres religieuses en Auvergne, pendant les XIVe et XVIIe siècles*, 2 vol. in-8, plans, grav., 1840-41.

Lefebvre d'Ormesson. *Mémoire concernant la province d'Auvergne* (t. II des Etats de la France).

Bergier (Ant.). *Recherches historiques sur les états généraux et les états provinciaux d'Auvergne* (avec Verdier-Latour), in-8, 1788.

Tournemine (de). *Recherches historiques et politiques sur l'origine des assemblées d'états, et en particulier de ceux d'Auvergne*, in-8, 1789.

Talandier. * *Résumé de l'histoire d'Auvergne, par un Auvergnat*, in-18, 1826.

Delarbre (Ant.). *Notice sur l'ancien royaume des Auvergnats et sur la ville de Clermont*, in-8, 1805.

Baluze. *Histoire de la maison d'Auvergne*, 2 vol. in-f°, 1708.

Laquien de la Neuville. *Histoire des Dauphins Viennois d'Auvergne et de France*, 2 vol. in-12, 1760.

Nobiliaire d'Auvergne....

Rangouse de la Bastide. *Essai sur l'origine des fiefs de la noblesse de la haute Auvergne, et sur l'histoire naturelle de cette province*, in-12, 1784.

Chappuy (Ant.). *Discours ou Description de la Limagne d'Auvergne, avec plusieurs médailles, statuts, oracles, épitaphes, et autres choses remarquables de l'antiquité, traduite de l'italien de Gabriel Simeoni*, in-4, fig., 1561.

Ordinaire (l'abbé). *Recherche sur l'ancien état de la Limagne d'Auvergne*, broch. in-8, 1787.

Ramond. *Mémoire sur la plaine actuelle de la Limagne* (Journ des mines, t. xxiv).

Puvis (A.). * *Voyage agronomique en Beaujolais, Forez, et dans la Limagne d'Auvergne*, in-8, 1821.

Tachard. *Essai sur la topographie physique et médicale de la Limagne*, in-4, 1828.

Laizier (le marquis de). *Lettre sur la constitution du sol de l'Auvergne* (Journal des mines, 1806, t. xxii, p. 409).

Briude. *Observations économiques et politiques sur la chaîne des montagnes, ci-devant appelées d'Auvergne*, in-8, 1803.

Cocq. *Mémoire renfermant des détails sur la lithologie d'Auvergne et des environs* (Journal des mines, 1806, t. xxix, p. 409).

Monnier (le). *Description des mines de l'Auvergne* (Observ. d'hist. naturelle, mém. de l'acad. des sciences, 1740).

Guettard (J.-Et.). *Mémoire sur la minéralogie de l'Auvergne*, 1759.

— *Mémoire sur quelques montagnes de France qui ont des volcans* (Mém. de l'acad. des sciences, 1752).

Montlosier (le comte de). *Essai sur la théorie des volcans d'Auvergne*, in-8, 1789.

Lacoste. *Observations sur les volcans d'Auvergne*, in-8, au II.

Pasumot. *Mémoire sur la liaison des volcans d'Auvergne, avec ceux du Gévaudan* (Observ. sur la physique, t. xx, p. 217).

Dolomieu. *Observations sur les volcans d'Auvergne* (Journal des mines, t. vii, p. 393-94).

— *Rapport fait à l'Institut sur les voyages de Dolomieu en Auvergne et aux Alpes* (Journal de physique, 1798).

Mathon. *Observations sur les rapports de Dolomieu* (Journal des mines, t. vii, p. 869).

Daubuisson (J.-F.). *Extrait d'un mémoire sur les volcans et les basaltes d'Auvergne* (Journal de physique, t. lviii, p. 310).

Buch (Léopold). *Observations sur les volcans d'Auvergne* (Journal des mines, t. xiii, p. 249). — *Idem*, trad. de l'allemand par M. de Kleinschrod, avec des notes par H. Lecoq, in-8, 1843.

Burat. *Description des terrains volcaniques de la France centrale*, in-8...

Delarbre (Ant.). *Mémoire sur la formation et la distinction des basaltes en boule de différents endroits de l'Auvergne* (Journ. de physique, t. xxxi, p. 101, 1787).

Mossier. *Observations sur le basalte d'Auvergne* (Journal des mines, t. xvi, p. 486, et t. xix).

Lecoq (H.). *Notes sur les petits lacs ou terrains basaltiques de l'Auvergne*, in-8, 1838.

Croizet (l'abbé). *Notice sur le tremblement de terre qui s'est fait sentir dans l'Auvergne en octobre 1833*, in-8, 1834.

Monnier (le). *Description des eaux minérales de l'Auvergne* (Mém. de l'acad. des sciences, 1740).

Desistrières Murat (le vicomte). *Administration et Amélioration d'utilité publique, adaptées à l'Auvergne, etc.*, in-4, 1786.

* *Essai sur la nature et la répartition de l'impôt en Auvergne*, in-8, 1787.

Pradt (dom Dufour de). *Voyage agronomique en Auvergne, précédé d'observations générales sur la culture de quelques départements du centre de la France*, in-8, 1803.—Nouv. édit., revue et aug., in-8, 1838.

François de Neufchateau. *Lettre sur l'agriculture d'Auvergne* (Mém. de la société d'agr., 1815).

Yvart. *Excursion agronomique en Auvergne*, in-8, 1819.

Buch'hoz. *Histoire naturelle de la province d'Auvergne*, in-f°, 1796.

Chomel. *Histoire des plantes d'Auvergne* (Hist. de l'acad. des sciences, 1702-1706).

Monnier (le). *Description des plantes qui croissent sur les montagnes de l'Auvergne* (Mém. de l'acad. des sciences, 1740).

Delarbre (Ant.). *Flore de la ci-devant Auvergne*, in-8, 1796.—Nouv. édit., 2 vol. in-8, 1800.

— *Essai zoologique sur l'Auvergne*, in-8, 1798.

* *Observations sur la maladie qui attaque les bêtes à cornes et les chevaux dans la généralité de l'Auvergne* (Mercure, oct. 1731, p. 2,396, et Bibl. de médecine, in-4, t. iii, p. 19).

Geoffroy St-Hilaire. *Considérations sur les ossements fossiles, la plupart inconnus, trouvés et observés dans les bassins de l'Auvergne* (Revue encycl., 1833).

BOUILLET (J.-B.). *Catalogue des espèces et variétés de mollusques terrestres et fluviatiles, observés jusqu'à ce jour à l'état vivant dans la haute Auvergne, et suivi d'un autre catalogue des espèces fossiles recueillies dans les diverses formations de la même contrée*, in-8, 1836.

DUVERNIN. *Discours sur le climat de la province d'Auvergne* (Recueil de littérature, etc., in-8, 1748).

PEGHOUX. *Recherches sur les épidémies qui ont ravagé l'Auvergne*, in-8, 1834.

RABODY-BEAUREGARD. *Tableau de la ci-devant province d'Auvergne* (avec Gault), in-8, et pl., 1802.

Calendrier d'Auvergne pour 1759, in-24; *idem pour 1762* (contiennent des notions topographiques sur les villes et bourgs de cette province).

DULAURE (J.-Ant.). *Description de la France*, 5 vol. in-18 (le t. v est consacré à la description de l'Auvergne).

LE BOUVIERS DESMORTIERS (Ur.-R.-T.). *Coup d'œil sur l'Auvergne*, in-8, 1789.

LEGRAND D'AUSSY. *Voyage dans la ci-devant haute et basse Auvergne*, 3 vol. in-8, an III.

COUHERT DETRUCHAT (Joachim). *Voyage en Auvergne et aux rives du Lignon*, in-8, 1810.

MÉRIMÉE (Prosper). *Notes d'un voyage en Auvergne et en Limousin*, in-8, 1833.

TAYLOR (le baron). *Voyage pittoresque et romantique dans l'ancienne France, Auvergne*, 2 vol. in-f° (Dulaure a fourni de nombreux documents pour cette description).

URSIN. *Voyage à Vichy et Promenade en Auvergne* (en vers et en prose), broch. in-8, 1819.

* *Album pittoresque, orné de vingt-six vues les plus remarquables du midi de la France* (Auvergne et Provence), in-8, 1833.

BRANCHE (Dominique). *L'Auvergne au moyen âge*, t. I, in-8, 1842.

MICHEL (Ad.). *L'Ancienne Auvergne et le Velay, histoire, archéologie, mœurs, topographie*, 1re liv. in-f°, 1843 (l'ouvrage est promis en 36 ou 40 liv.).

LECOQ (H.). *L'Indicateur d'Auvergne, ou Guide du voyageur aux lieux et monuments remarquables, situés dans les départements du Puy-de-Dôme, du Cantal et de la Haute-Loire; contenant l'indication des sites pittoresques, lacs, cascades, etc., et la liste des ouvrages, mémoires, cartes, etc., qui ont été publiés sur l'ancienne province d'Auvergne, ou sur les trois départements qui la composent*, broch. in-8, 1836.

CHARDON (Guil.). *Les Vies de plusieurs savants et hommes illustres de la province d'Auvergne*, in-12, 1767.

AIGUEPERSE (P.-E.). *Les divers genres de célébrités de l'Auvergne*, broch. in-8, 1831.

— *Biographie, ou Dictionnaire historique des personnages d'Auvergne illustres ou fameux par leurs écrits, leurs exploits, leurs vertus, leurs erreurs, leurs crimes ou leur rang*, 2 vol. in-8, et portraits, 1834-35.

MOURGUYE (F. de). *Essai historique sur les habitants de l'Auvergne*, in-8, 1841 (1re partie).

LECOQ (H.). *Annales scientifiques de l'Auvergne, publiées par l'académie de Clermont*, 7 vol. in-8, 1828-34.

V. aussi la bibliographie placée à la suite des articles : CANTAL, HAUTE-LOIRE, PUY-DE-DÔME ; et celle concernant les principales villes de ces départements.

AUVERGNE, vg. *Yonne*, comm. de Poilly-près-Aillant, ✉ d'Aillant-sur-Tholon.

AUVERGNY, *Alvernaium, Alverniacum*, vg. *Eure* (Normandie), arr. et à 46 k. d'Évreux, cant. et ✉ de Rugles. Pop. 138 h.—Tréfileries.

AUVERNAUX, vg. *Seine-et-Oise* (Ile-de-France), arr., cant. et à 12 k. de Corbeil, ✉ de Ponthierry. Pop. 141 h. — Les templiers y avaient autrefois une maison qui, après la destruction de cet ordre, devint une commanderie de l'ordre de Malte.

AUVERNÉ-LE-GRAND, bg *Loire-Inf.* (Bretagne), arr. et à 16 k. de Châteaubriant, cant. de Moisdon, ✉ de la Meilleraie. Pop. 1,443 h.—Il est sur une hauteur, près de l'étang d'Auverné. Aux environs, on remarque la Butte-du-Trésor et des vestiges de retranchements. — Exploitation des carrières d'ardoises.

AUVERNÉ-LE-PETIT, vg. *Loire-Inf.* (Bretagne), arr., ✉ et à 14 k. de Châteaubriant, cant. de St-Julien-de-Vouvantes. P. 875 h.

AUVERS, vg. *Manche* (Normandie), arr. et à 33 k. de St-Lô, cant. et ✉ de Carentan. Pop. 1,205 h.

AUVERS-LE-HAMON, bg *Sarthe* (Maine), arr. et à 37 k. de la Flèche, cant. et ✉ de Sablé. Pop. 2,183 h. — Ce bourg, situé sur le penchant d'un coteau, sur la rive droite du Trulon, se compose d'une assez jolie place entourée de maisons, et sur laquelle s'élève une ancienne église. Son territoire, principalement sur les bords du Treulon, de l'Erve, et sur la rive gauche de la Vaige, est entrecoupé de vallons étroits ; des rochers à pic, dépourvus de végétation, ou n'offrant que quelques chênes verts qui croissent dans leurs fissures, hérissent les bords de ces rivières, sur lesquels ils s'élèvent à une hauteur de 50 m. Quelques vieux castels couronnent les sommets de ces roches dénudées, nommées cahuvières dans le pays, et produisent l'effet le plus pittoresque. Ces sites méritent d'exercer les crayons ou les pinceaux d'habiles paysagistes. — On doit visiter aussi les ruines du château de Monfrou, dont il reste encore quelques tours et les murs d'enceinte.

Pendant la guerre civile qui désola si longtemps les départements de l'Ouest, Auvers a été le théâtre de combats acharnés entre les insurgés et les républicains ; son territoire fut souvent ensanglanté, et plus de deux cents combats ou escarmouches ont eu lieu entre les deux partis. — Exploitation d'anthracite. Fours à chaux. — Foires le mercredi de la mi-carême et le 1er mercredi d'oct.

AUVERS - SOUS - MONTFAUCON, vg. *Sarthe* (Maine), arr. et à 23 k. du Mans, cant. de Loué, ✉ de Coulans. Pop. 350 h.— C'est un village fort ancien et peu agréable, composé de vieilles maisons à fenêtres partagées par des croix en pierre ou par des pilastres droits. L'église paroissiale, dont toutes les ouvertures sont à plein cintre et ornées de sculptures en pierre d'une construction romane postérieure au xe siècle.

AUVERS-SUR-OISE, *Alverni Velocasium*, bg *Seine-et-Oise* (Vexin normand), arr., cant., ✉ et à 7 k. de Pontoise. Pop. 1,530 h. — Il est situé sur une colline qui borde la rive droite de l'Oise ; la principale rue a plus de 4 k. de longueur, et les maisons sont presque toutes détachées les unes des autres. On y voit deux châteaux remarquables par la beauté de leur position. — L'église Notre-Dame d'Auvers est un édifice du xiiie siècle, modifié considérablement au xvie ; le portail occidental est de cette dernière époque. — Carrières de pierres de taille et de grès.

AUVERS-ST-GEORGES, vg. *Seine-et-Oise* (Gâtinais), arr. et à 10 k. d'Étampes, cant. de la Ferté-Alais, ✉ d'Etrechy. Pop. 930 h. Sur la Juine. — Le château de Gillevoisin, qui a appartenu à Amyot, précepteur de Henri III, et ensuite au président Brisson, qui fut pendu pendant la Ligue ; le château de Gravelle, remarquable par ses eaux, ses canaux et ses jardins, font partie de la commune d'Auvers.

AUVERSE, vg. *Maine-et-Loire* (Maine), arr. et à 12 k. de Baugé, cant. et ✉ de Noyant. Pop. 954 h. — Foires très-fréquentées les 15 avril, 15 mai et 25 nov. On y vend beaucoup de bestiaux.

AUVERT, vg. *H.-Loire*, comm. de Nozeyrolles, ✉ de Langeac.

AUVET, vg. *H.-Saône* (Franche-Comté), arr., ✉ et à 9 k. de Gray, cant. d'Autrey. Pop. 608 h.

AUVIGNAC, vg. *Charente-Inf.*, comm. de Montils, ✉ de Pons.

AUVILLARDS, vg. *Calvados* (Normandie), arr. et à 14 k. de Pont-l'Évêque, cant. et ✉ de Cambremer. Pop. 441 h.

AUVILLARDS, petite ville, *Tarn-et-Garonne* (Armagnac), chef-l. de cant., arr. et à 20 k. de Moissac. Cure. — A 626 k. de Paris pour la taxe des lettres. Pop. 2,178 h. — TERRAIN tertiaire moyen.

Cette ville, bâtie sur une hauteur qui borde la rive gauche de la Garonne, où elle a un port très-commerçant, jouit de plusieurs aspects variés et étendus. On y voit, non loin du port, une chapelle bâtie dans le xive siècle par Bertrand de Got, qui devint pape sous le nom de Clément V. Cet édifice est sous l'invocation de sainte Catherine : l'intérieur est peu remarquable et ne répond pas à l'aspect monumental de son petit portail.—Faïenceries.—*Foires* le 1ᵉʳ mercredis de fév., mars et juillet, 2ᵉˢ mercredis de mai et de sept.

AUVILLARDS-SUR-SAONE, vg. *Côte-d'Or* (Bourgogne), arr. et à 30 k. de Beaune, cant. et ⊠ de Seurre. Pop. 521 h. — Il y a un vaste château bâti par J. de St-Hilaire, réparé par Louis Gallois en 1650. Dans l'enceinte, du côté de l'église, est une ancienne tour dite de St-Vincent, où l'on se retirait en temps de guerre. Sept hommes déterminés y tinrent trois jours contre un parti de Galas qui, au moyen de son artillerie, les força à se rendre, et les fit pendre malgré la capitulation. — A l'extrémité de la levée est l'étang de la Lochèse, près duquel existait un château fort, détruit dans le cours du XVIᵉ siècle. On voit encore les fossés.

AUVILLER, vg. *Oise*, comm. de Neuilly-sous-Clermont, ⊠ de Clermont. Pop. 77 h. — Auviller est situé sur une montagne, à l'extrémité d'une grande plaine qui s'étend presque jusqu'à Clermont. De cet endroit on jouit d'une vue très-étendue; on aperçoit les châteaux de Mello, Chantilly, Champlâtreux, Senlis, la Butte-d'Aumont, la vallée de Creil, Liancourt et la grande plaine de Grand-Fresnoy, qui se prolonge jusqu'à Compiègne. — Le château d'Auviller est une très-jolie habitation. Une partie est flanquée de tours antiques ; la façade du nord est flanquée de deux tourelles, et celle du midi de deux pavillons. Le parc est clos de murs.

AUVILLERS-LES-FORGES, vg. *Ardennes* (Champagne), arr. et à 15 k. de Rocroi, cant. de Signy-le-Petit, ⊠ de Maubert-Fontaine. Pop. 736 h. — Il y existait un château très-ancien, qui fut incendié durant les guerres que François Iᵉʳ eut à soutenir contre Charles-Quint. En 1654, ce château fut entièrement détruit par l'armée de Turenne. — *Foires* importantes pour la vente des chevaux, bêtes à cornes, porcs, grains, etc., les 25 août, 1ᵉʳˢ lundis de janv., de mars, de mai, de juillet, de sept. et de nov. — *Marchés* considérables. — Mines de fer. Brasserie.

AUVILLE-SUR-LE-VEY, vg. *Manche* (Normandie), arr. et à 24 k. de St-Lô, caut. et ⊠ de Carentan. Pop. 173 h.

AUVILLIERS, vg. *Loiret* (Gatinais), arr. et à 19 k. de Montargis, cant. et ⊠ de Bellegarde. Pop. 525 h.

AUVILLIERS, *Altum Villare*, vg. *Seine-Inf.* (Normandie), arr., cant., ⊠ et à 12 k. de Neufchâtel. Pop. 222 h.

AUX, vg. *Gers* (Armagnac), arr. et à 15 k. de Mirande, cant. et ⊠ de Miélan. Pop. 623 h.

AUXAIS, vg. *Manche* (Normandie), arr. et à 28 k. de St-Lô, cant. et ⊠ de Carentan. Pop. 416 h.

AUXANGES, vg. *Jura* (Franche-Comté), arr. et à 19 k. de Dôle, cant. de Gendrey, ⊠ d'Orchamps. Pop. 241 h.

AUXANT, vg. *Côte-d'Or* (Bourgogne), arr. et à 22 k. de Beaune, cant. et ⊠ de Bligny-sur-Ouche. Pop. 230 h.

AUXELLES-BAS, vg. *H.-Rhin* (Alsace), arr. et à 16 k. de Béfort, cant. et ⊠ de Giromagny. Pop. 760 h.

AUXELLES-HAUT, vg. *H.-Rhin* (Alsace), arr. et à 16 k. de Béfort, cant. et ⊠ de Giromagny. Pop. 948 h. — Aux environs, mines de cuivre et de plomb.

AUXERRE, *Autissiodurum*, grande et très-ancienne ville, chef-l. du dép. de l'*Yonne*, chef-l. d'arr. et de 2 cant. Tribun. de 1ʳᵉ inst. et de comm. Collége comm. Ecole normale primaire. 3 cures. Petit séminaire. Dépôt d'étalons. Gîte d'étape. ⊠. ☿. Pop. 12,326 h. — Terrain jurassique, étage moyen du système oolitique.

Autrefois évêché, capitale de l'Auxerrois, parlement de Paris, intendance de Dijon, gouvernement particulier, bailliage, présidial, prévôté royale et mairie, 12 paroisses, 15 couvents ou abbayes.

L'origine d'Auxerre remonte à une époque très-reculée. Sous la domination romaine, cette ville était déjà célèbre sous le nom d'*Autissiodurum*. Ammien Marcellin, est le premier auteur qui fasse mention d'*Autissiodurum*, dont la position à Auxerre se trouve prouvée non-seulement par l'histoire, mais encore par les mesures d'une route romaine détaillée dans l'Itinéraire d'Antonin et dans la Table de Peutinger, et qui se rattache à *Agendicum*, Seus, et *Augustodunum*, Autun, route dont les vestiges existent encore. — Après la chute de l'empire romain occidental, Auxerre tomba au pouvoir des Francs, sans que cependant jamais cette ville ait été soumise aux rois bourguignons. Clovis en fut maître, et elle échut en partage à son fils Clodomir. Gontran, fils de Clotaire Iᵉʳ, fut aussi maître d'Auxerre, ainsi que du royaume de Bourgogne ; c'est pour cela que quelques auteurs mettent Auxerre dans ce royaume. — Les comtes qui ont gouverné cette ville n'en ont jamais été propriétaires, ni sous les Mérovingiens, ni même sous les Carlovingiens ; ce fut sous ceux-ci que le comté d'Auxerre, qui avait alors autant d'étendue que le diocèse, fut donné par les rois à l'évêque et à l'église cathédrale de St-Etienne. Garreau, dans sa *Description de la Bourgogne* (p. 351, édit. de 1734), dit que le premier comte d'Auxerre dont on ait connaissance fut Pénius, et ensuite Mommos, son fils, dans le VIᵉ siècle. Le dernier comte d'Auxerre fut Jean IV, qui vendit le comté en 1370, au roi Charles V, qui le réunit à la couronne ; mais en 1435 il fut cédé avec ceux de Mâcon et de Bar-sur-Seine, par le roi Charles VII, au duc de Bourgogne Philippe le Bon, pour les tenir en pairie, de même que le duché, à la charge du ressort de ces comtés au parlement de Paris.

Les Sarrasins s'emparèrent d'Auxerre en 732. Les Normands pillèrent cette ville et la brûlèrent en partie en 887. Plusieurs incendies la détruisirent presque entièrement en 1035, 1075, 1209 et 1216. Les Anglais la prirent d'assaut le 10 mars 1359, et y commirent de grands ravages. En 1567, les calvinistes s'en rendirent maîtres et détruisirent les églises, les monastères, les images, les autels, les châsses, et jetèrent les reliques dans la boue.

Auxerre embrassa le parti de la Ligue, et fut une des dernières cités qui se rendit à Henri IV.

Les habitants embrassèrent avec passion le parti catholique, et se livrèrent à toutes les fureurs du fanatisme religieux. Amyot était alors évêque d'Auxerre, et l'on peut lire dans ses lettres ce qu'il souffrit alors, quoiqu'il eût fait plus peut-être que tous ses devanciers pour embellir Auxerre, et particulièrement ses églises.

Le nom de cette ville a subi de nombreuses altérations, surtout dans les manuscrits étrangers, où l'ignorance des copistes l'a singulièrement défiguré. Il est écrit Altissiodor, sur les monnaies des évêques ; AVTIZIODERO CI, sur l'exergue d'une pièce d'argent très-ancienne ; AVTISIODRO CIVITAS, AVTISIODIRO, AUTISSIODERUM, AVTISSIO-DVRVM, sur des deniers frappés sous la seconde dynastie ; et dans la Table de Peutinger AVTESSIODVRVM.

Sous le règne de Louis IX, le comte Guillaume avait, avec l'agrément du roi, accordé le privilège de commune à la ville d'Auxerre. L'évêque, s'opposant à cette nouvelle constitution, se plaignit du tort qu'elle lui faisait, et vint plaider à la cour du roi. L'historien qui nous instruit de ces circonstances ajoute : « Ce n'est ni sans péril, ni sans grandes dépenses ; car l'évêque encourut presque l'inimitié du très-pieux Louis, qui lui adressa ce reproche : « Vous voulez donc me ravir, à » moi et à mes héritiers la cité d'Auxerre ? » Car il regardait comme siennes les villes où les communes étoient établies. »

L'évêché d'Auxerre, érigé au IIIᵉ siècle, reconnaissait pour son premier évêque saint Peregrin ; il y avait été envoyé, en 261, par le pape Sixte II, et fut martyrisé sous Aurélien, en 263. Cet évêché jouissait avant la révolution de plus de 33,000 liv. de revenu ; taxe, 4,400 florins. Paroisses, 238. Abbayes, 6 ; revenu, 40,000 liv. ; taxe, 1,900 flor. L'évêque entrait aux assemblées des états de la province, et prenait la qualité de comte d'Auxerre. Lacurne de Sainte-Palaye rapporte qu'en 1531 un certain d'Inteville, évêque d'Auxerre, fut condamné (on ne dit pas à quelle peine) pour avoir fait crucifier un de ses gardes, qui avait vendu à son insu quelques oiseaux de fauconnerie. — Il s'est tenu à Auxerre trois conciles, en 578, 697 et 841.

Les **armes d'Auxerre** sont : *d'azur semé de billettes d'or, au lion d'or brochant sur le tout.*

La ville d'Auxerre est dans une situation agréable, au milieu d'un riche vignoble dont les produits jouissent d'une réputation méritée, et dont les plus estimés sont ceux des coteaux de Migraine et de la Chainette. Elle est bâtie au mont et sur le penchant d'une colline qui s'abaisse jusqu'au bord de l'Yonne, qui y forme un port commode et très-fréquenté, vis-à-vis duquel se trouve une île, ombragée de bouquets d'arbres et occupée par des moulins dont l'aspect est on ne peut plus pittoresque. Dans l'intérieur, on trouve plusieurs beaux quartiers, des rues larges et bien percées, et quelques constructions modernes qui ne sont pas dépourvues d'élégance. Le quai qui borde l'Yonne est bordé de maisons en général assez bien bâties : une promenade en forme de boulevards enceint la ville jusqu'au quai. Dans le quartier le plus élevé se trouve une fort belle fontaine publique, dont les eaux, provenant de sources situées sur les coteaux voisins, sont amenées par des conduits souterrains.

La cathédrale, dédiée à saint Etienne, est un des plus beaux édifices gothiques qui existent en France. — Le chœur, dont la première pierre fut posée en 1216, par Guillaume de Seignelay, présente un échantillon fort riche de l'architecture ogivale primitive dans toute sa pureté ; les caractères de cette période s'y trouvent fortement empreints ; la forme des fenêtres, la proportion des arcades, les bases des colonnes, et leurs chapiteaux à feuilles galbées hardiment profilées, tout annonce le beau temps de l'architecture ogivale. — Les bas-côtés qui entourent le chœur sont ornés d'arcatures du meilleur effet, dont beaucoup, au lieu d'être portées sur les fûts de colonnes, viennent reposer sur des consoles en forme de chapiteau fort allongé ; ces consoles sont ornées de charmantes feuilles de vigne et de lierre, et entre les arcatures qui reposent sur ces consoles on voit sortir les têtes de très-grand relief, dont quelques-unes mériteraient d'être moulées. — La chapelle de la Vierge est carrée au lieu de se terminer en abside. Des vitraux du XIIIe siècle, très-bien conservés, garnissent le pourtour du chœur. — La crypte qui règne sous le chœur appartient au style roman ; elle est assez vaste. On y distingue un chœur, des bas-côtés et une chapelle absidale correspondant à l'une des nefs latérales. La voûte de cette chapelle est couverte de peintures à fresque ; on y voit Jésus-Christ au milieu des animaux symboliques. M. de Caumont pense qu'à Auxerre, comme à Bourges et ailleurs, l'établissement des cryptes a eu pour objet principal de rétablir un niveau convenable pour le pavé du chœur, lorsque le terrain s'abaissait naturellement du côté de l'est. — La nef et les transepts sont d'une époque différente de celle du chœur. Celui-ci, commencé, comme nous l'avons dit, en 1216, fut, à ce que l'on croit, en grande partie construit par Henri de Villeneuve, successeur de Guillaume Seignelay ; mais il est probable que les travaux demeurèrent interrompus. La nef ne doit pas être antérieure au XIVe siècle ; d'autres parties de cette nef, les transepts et les portails, ne sont probablement que du XVe.

Cette cathédrale a 100 m. de long sur 40 m. de large ; les voûtes ont 33 m. d'élévation sous clef, et la tour 61 m. au-dessus du sol. On ne peut se lasser d'observer la grandeur et la régularité des masses, la perfection des détails, la légèreté, l'élévation et le grand nombre des colonnes ; les moulures qui accompagnent les piliers, les roses, les ogives ; enfin cette variété étonnante d'ornements, de figures, de plantes et de bas-reliefs qui décorent les murs. Les vitraux sont principalement l'objet de l'admiration des étrangers ; on en trouve peu aussi bien conservés. — A gauche de l'autel, contre le pilier de la porte latérale du chœur, on remarque un monument en marbre blanc, représentant un vieillard à longue barbe, priant dans une chaire ; c'est la figure d'un ancien évêque d'Auxerre, de Jacques Amyot, traducteur de Plutarque.

— A droite de l'autel est un autre monument en marbre blanc, élevé en 1713 à la mémoire de Nicolas Colbert, évêque d'Auxerre et frère du ministre de ce nom. — La chapelle de la Vierge renferme le monument en marbre blanc du maréchal et de l'amiral de Chatellux. Ces deux guerriers sont couchés avec leurs cottes d'armes sur un tombeau dont le bas-relief représente la bataille de Cravant.

L'église St-Eusèbe, fondée en 640, fut consacrée en 1384. Le sanctuaire est d'une construction hardie : il a été commencé en 1530 ; c'est un mélange d'architecture arabesque et romaine. Le clocher, construit en pierres de taille, présente un aspect agréable et pittoresque.

L'église St-Pierre fut commencée vers la fin du XVIe siècle et achevée en 1672 ; elle est remarquable par son étendue et par sa régularité. C'est un heureux assemblage des architectures arabesque et romaine. Les voûtes en ogive sont portées par dix-sept colonnes et trente-trois pilastres d'ordre corinthien. La tour est beaucoup plus ancienne : on lisait naguère une inscription indiquant que les fondements en avaient été jetés le 6 juin 1536. Cette tour est couverte de statues et d'arabesques : on y remarque les figures des apôtres prêchant au peuple l'Evangile écrit sur des rouleaux.

L'église St-Germain dépendait de l'ancienne abbaye royale de St-Germain, dont la fondation remonte avant l'année 623. L'architecture de cette église est très-belle ; les piliers et les voûtes ont un air de grandiose qui frappe au premier aspect. L'église souterraine est extrêmement curieuse ; elle renferme les tombeaux de soixante saints, d'un grand nombre d'évêques et de martyrs du premier siècle du christianisme ; un énorme tombeau, placé au centre de cette vaste et sombre demeure de la mort, est principalement en grande vénération : c'est celui de saint Germain, à qui les Parisiens ont dédié l'église de St-Germain-l'Auxerrois. A gauche de la porte d'entrée de cette crypte, un escalier conduit à une seconde église souterraine construite sous la première ; on y voit les tombes en grès de trois comtes d'Auxerre.

Les bâtiments de l'ancienne abbaye sont occupés aujourd'hui par l'Hôtel-Dieu, l'un des plus beaux établissements en ce genre que possède la France.

L'hôtel de la préfecture est l'ancien palais épiscopal. La façade sur la rue est remarquable par des ornements d'architecture d'un très bon goût. Cet édifice, ainsi que la cathédrale, a été classé par le ministre de l'intérieur au nombre des monuments historiques.

L'horloge d'Auxerre mérite une attention particulière. Elle est établie sur la porte de la cité, contiguë aux bâtiments de l'ancien château des ducs de Bourgogne, et la sonnerie est placée dans la tour de cette porte, nommée la *Tour gaillarde*.

La bibliothèque publique est placée dans les bâtiments de l'ancienne abbaye de St-Marien. Elle contient environ 25,000 vol., et près de 200 manuscrits, dont quelques-uns sont du IXe siècle ; un cabinet d'antiques et d'histoire naturelle ; des momies d'enfants et d'ibis, des armes et d'autres objets curieux, rapportés du Levant par M. le baron Grand-d'Enon, qui les a donnés à la ville avec une collection de médailles grecques, trouvées dans sa terre d'Enon, près de Brinon.

On remarque encore à Auxerre : le collège ; une jolie salle de spectacle ; les promenades qui contourent une partie de la ville ; le jardin de botanique, formé en 1827 ; les casernes ; le haras, etc.

Biographie. Auxerre est la patrie :

De saint Germain, évêque d'Auxerre.

De Germain Brice, mort en 1328 ; il fut ami de Lascaris, et l'un de ceux qui apportèrent en France le bon goût d'Italie : on a de lui des *Poésies latines* et plusieurs *traductions d'ouvrages grecs*.

De J.-B. Duval, mort en 1634, auteur d'un *Dictionnaire de la langue arabe*, et de divers ouvrages de *littérature* et *d'antiquités*.

Du biographe Daubenton, mort en 1723.

De J. Lebeuf, l'un des hommes les plus savants dans les détails de l'histoire de France, membre de l'acad. des inscriptions, mort en 1760. Les principaux ouvrages de ce laborieux et savant historien sont : " *Histoire de la prise d'Auxerre par les huguenots*, etc., in-8, 1723 ; *De l'état des sciences dans l'étendue de la monarchie française sous Charlemagne* (dissertation qui a remporté le prix de l'académie des inscriptions), in-12, 1734 ; *Dissertation sur l'histoire ecclésiastique et civile de Paris*, 3 vol. in-12, 1739-43 ; *Mémoires concernant l'histoire ecclésiastique et civile d'Auxerre*, 2 vol. in-4, 1743 ; *Histoire de la ville et de tout le diocèse de Paris*, 15 vol. in-12, 1754-57.

De L. Liger, agronome, mort en 1717, auteur de plusieurs ouvrages sur l'agriculture et le jardinage, dont le plus important a pour titre : *Économie générale de la campagne, ou Nouvelle Maison rustique*, 2 vol. in-4, 1700, ouvrage réimprimé plusieurs fois sous le titre de : *la Maison rustique*, mais dont une bonne édition au niveau des découvertes qui ont été faites en agriculture est encore à faire.

De Lacurne de Ste-Palaye, savant littérateur, de l'académie des inscriptions, mort en 1781. On a de lui : *Mémoires sur l'ancienne chevalerie, considérée comme un établissement politique et militaire*, 3 vol. in-12, 1781 ; nouvelle édition, revue par Ch. Nodier, 2 vol. in-8, 1826 ; et une série de savants mémoires insérés dans le recueil de l'académie des inscriptions.

De Ch. Garnier, auteur de: *Destruction du régime féodal*, in-8, 1791 ; et de plusieurs autres ouvrages.

Du comte Germ. Garnier, frère du précédent, pair de France, mort en 1821. Ses principaux ouvrages sont : * *De la propriété dans ses rapports avec le droit politique*, in-18, 1792 ; * *Abrégé élémentaire des principes de l'économie politique*, in-12, 1796 ; * *Théorie des banques d'escompte*, in-8, 1806 ; * *Deux Mémoires sur la valeur des monnaies de compte chez les peuples de l'antiquité*, in-4, 1817 ; *Description géographique et physique du département de Seine-et-Oise*, in-8, 1802.

De Passumot, ingénieur-géographe, auteur, entre autres ouvrages, de : *Mémoires géographiques sur quelques antiquités de la Gaule*, in-12, 1765 ; *Voyage physique dans les Pyrénées*, in-8, 1797.

Du conventionnel Maure aîné, qui s'affranchit par une mort volontaire de l'échafaud révolutionnaire.

Du baron J.-B.-Jos. Fourrier, l'un des premiers géomètres de l'Europe, membre de l'académie des sciences et de l'Académie française. On a de lui : *Théorie analytique de la chaleur*, in-4, 1822 ; *Rapport sur les établissements appelés tontines*, in-4, 1821 ; *Discours préliminaire servant de préface historique à la description de l'Egypte*, chef-d'œuvre de style, qui est devenu le titre d'admission de l'auteur à l'Académie française ; et plusieurs savantes dissertations insérées dans les mémoires de l'académie des sciences.

Du médecin Berryat, correspondant de l'académie des sciences, mort en 1754.

De Leclerc de Montmerci, poëte d'une grande prolixité, dont quelques-unes des épîtres n'ont pas moins de 2,300 vers, et ne sont pas les plus longues.

Du célèbre chirurgien Roux, de l'Institut, professeur à la faculté de médecine de Paris, auteur d'une *Relation d'un voyage fait à Londres en 1814, ou Parallèle de la chirurgie anglaise avec la chirurgie française*, in-8, 1816, et de plusieurs ouvrages de médecine estimés.

Du littérateur E.-Jos. Villetard, mort à Charenton le 7 juillet 1806.

De l'acteur Chenard, créateur de plusieurs rôles au théâtre de l'Opéra-Comique.

De l'archéologue Boileau de Mantaville, de l'académie celtique et de la société royale des antiquaires de France.

De M° Marie, l'un des plus célèbres avocats du barreau de Paris.

D'Auger St-Hippolyte, littérateur et auteur dramatique, né en 1797. Nous connaissons de lui plusieurs pièces de théâtre, parmi lesquelles on distingue le drame de *Marcel*, plusieurs romans ; et un ouvrage important sur l'art dramatique, intitulé *Physiologie du théâtre*, dont les 3 premiers volumes ont paru en 1839.

Industrie. Sous le règne de Louis XIV, plusieurs manufactures royales furent établies à Auxerre par Colbert. Le commerce actuel consiste en bois flotté, dont plus de cent mille cordes passent par ou devant cette ville pour l'approvisionnement de la capitale; en charbons très-estimés, merrain, briques dites de Bourgogne, et surtout en vins du territoire, assez estimés dès le vi° siècle. Après les vendanges, 120,000 tonneaux environ sont embarqués, sur le port, pour Paris et la Normandie. Le tonneau du pays qu'on nomme communément feuillette, contient 148 litres. On fabrique à Auxerre des futailles, de la bonneterie, de la chapellerie, des cordes à violon, des gros draps, des couvertures de laine, de la faïence. Cette ville possède une manufacture d'ocre jaune et rouge, de rouge dit de Prusse, de blanc dit de Meudon et de craie blanche, des brasseries et des tanneries renommées.—*Foires* d'un jour le lundi avant la Chandeleur, le lundi avant la Pentecôte et le lundi avant la Notre-Dame de sept., de 3 jours les 22 juillet et 11 nov. — Départ deux fois par semaine des coches d'eau pour Paris.

Auxerre est à 168 k. S.-E. de Paris pour les relais de poste et la taxe des lettres. Long. orient. 1° 14′ 30″, lat. 47° 47′ 54″.

L'arrondissement d'Auxerre est composé de 11 cantons : Auxerre E., Auxerre O., Chablis, Coulange-la-Vineuse, Coulange-sur-Yonne, Courson, Ligny-le-Château, St-Florentin, St-Sauveur, Seignelay, Toucy et Vermanton.

Bibliographie. Lebeuf (l'abbé). *Histoire de la prise d'Auxerre par les huguenots, et de la délivrance de la même ville, ès années 1567 et 1568*, in-12, 1723.

— *Mémoires contenant l'histoire ecclésiastique et civile d'Auxerre*, 2 vol. in-4, 1743.

Houssey (E.-J.-P.). *Précis historique sur l'année de la délivrance de la ville d'Auxerre*, etc., in-12, 1767.

Charnon. *Histoire de la ville d'Auxerre*, 2 vol. in-8, 1834-35.

* *Chartes, immunités, libertés, privilèges et franchises donnés et octroyés par les comtes d'Auxerre*, etc., in-12.

Fournier (dom Dominique). *Description des saintes grottes de l'église de l'abbaye royale de St-Germain-d'Auxerre*, etc., in-12, 1714.

* *Mémoire historique sur les statues de St-Christophe, et en particulier sur celle qui était dans la cathédrale d'Auxerre*, broch. in-8, 1768.

Pointe (J.-P.). *Notice sur l'hôpital de Guy à Londres, et sur l'hospice départemental d'aliénés à Auxerre*, in-8, 1842.

* *Recherches historiques et statistiques sur Auxerre*, ses monuments et ses environs, par M. L., 2 vol. in-12, et atlas in-4, 1830.

Née de la Rochelle. *Liste des villes, paroisses et justices régis par la coutume d'Auxerre, suivant l'ordre auquel elles sont appelées aux assises*, in-4, 1749.

V. aussi Autissiodurum.

AUXERROIS, *Autissiodorensis Pagus*, petit pays et troisième comté de la ci-devant province de Bourgogne, dont Auxerre était la capitale. — Il est maintenant compris dans le département de l'Yonne, où il forme la majeure partie de l'arrondissement d'Auxerre. L'Auxerrois avait environ 26 k. de long sur autant de large ; c'est un pays découvert, sec et aride, rempli de collines et peu abondant en blé, qu'il tire en grande partie d'Avallon ; les pâturages y sont assez rares, et il n'y a guère que la prairie de la Bauche qui ait quelque étendue ; mais les vignes et les bois y sont fort étendus, et forment l'objet d'un commerce important. V. Yonne (dép. de l').

AUXEVILLE, vg. *Meuse* (Lorraine), arr. et à 24 k. de Verdun, cant. de Clermont-en-Argonne. Pop. 504 h.

AUXEY-LE-GRAND, *Alcineum*, *Auxiacus*, vg. *Côte-d'Or* (Bourgogne), arr., caut., ✉ et à 10 k. de Beaune. Pop. 879 h. Ce village est ainsi nommé pour le distinguer d'Auxey-le-Petit, qui en est une dépendance. Ces deux villages ne formaient autrefois qu'une seule paroisse sous le nom des Auxey. —Il est situé dans un vallon traversé par la route royale de Moulins à Bâle, et paraît très-ancien, à en juger par les traces d'un ancien camp romain, dont la position sur le Montmeilland domine les villages d'Auxey, de Meursault et toute la plaine. Il y avait jadis un ancien château flanqué de quatre grosses tours et entouré d'un fossé profond, dont Louis Baillet de Vaugrenant, gouverneur de St-Jean-de-Losne, s'empara en 1593, et qui fut ruiné par les ligueurs.

AUXILLAC, vg. *Lozère* (Languedoc), arr. de Marvejols, cant. et ✉ de la Canourgue. Pop. 759 h.

AUXI-LA-RÉUNION, nom donné pendant la révolution à la ville d'Auxi-le-Château.

AUXILLOU, vg. *Tarn* (Languedoc), arr. et à 20 k. de Castres, cant. et ✉ de Mazamet. Pop. 1,416 h.

AUXOIS, *Alesiensis Pagus*, petit pays qui dépendait autrefois de la ci-devant province de Bourgogne, et dont Semur était la capitale.—Il forme maintenant l'arrondissement d'Avallon, département de l'Yonne, et celui de Semur, département de la Côte-d'Or.

AUXON, bg *Aube* (Champagne), arr. et à 27 k. de Troyes, cant. d'Ervy, sur la grande route de Troyes à Auxerre. ✉. ⚜. ⚔ 175 k. de Paris pour la taxe des lettres. Pop. 2,507 h. —Terrain crétacé supérieur, craie blanche. —Fabrique de bonneterie.—*Foires* les 15 janv., 6 avril, 22 juin et 2 sept.

AUXON-DESSOUS, vg. *Doubs* (Franche-Comté), arr., ✉ et à 8 k. de Besançon, cant. d'Audeux. Pop. 320 h.

AUXON-DESSUS, vg. *Doubs* (Franche-Comté), arr., ✉ et à 8 k. de Besançon, cant. d'Audeux. Pop. 220 h.

AUXON-LES-VESOUL, vg. *H.-Saône* (Franche-Comté), arr., ✉ et à 11 k. de Vesoul, cant. de Port-sur-Saône. Pop. 711 h.

AUXONNE, *Asona*, *Auxonna*, jolie et forte

AUXONNE, ville, *Côte-d'Or* (Bourgogne), chef-l. de cant., arr. et à 31 k. de Dijon. Trib. de comm. Ecole d'artillerie. Place de guerre de 4e classe. Cure. Gîte d'étape. ✉. ⌾. A 341 k. de Paris pour la taxe des lettres. Pop. 7,251 h.—Terrain d'alluvions modernes.

Autrefois diocèse de Besançon, parlement de Dijon, bailliage particulier, vicomté, gouvernement particulier.

Auxonne servant de barrière au duché de Bourgogne, avant la conquête de la Franche-Comté, donna un exemple mémorable de fidélité, lorsqu'en 1526 elle refusa de se rendre au comte de Launoi qui venait en prendre possession au nom de l'empereur Charles V, auquel le roi l'avait cédée par le traité de Madrid. Sur leur refus, Launoi en forma le siège ; mais les Auxonnois, par leur valeur, le contraignirent de le lever avec perte et de se réfugier à Dôle.
— Les habitants ne se défendirent pas moins vaillamment pendant les troubles de la Ligue.
— En 1586, le duc de Guise vint assiéger Auxonne, dont les habitants furent obligés de se rendre le 17 août, après une vigoureuse défense.

Auxonne était la capitale d'une petite souveraineté, séparée du duché et du comté de Bourgogne, dont les souverains se qualifiaient comtes, et prenaient le titre de *sires d'Auxonne*.

Les armes d'Auxonne sont : *parti, au premier coupé d'azur, semé de fleurs de lis d'or à la bordure componée d'argent et de gueules* (Bourgogne moderne), *et en pointe bandé d'or et d'azur de six pièces à la bordure de gueules* (Bourgogne ancienne) ; *au deuxième parti*, les armes particulières de la ville d'Auxonne, qui sont : *d'azur à une croix d'argent ancrée de même*.

La ville d'Auxonne est dans une situation agréable, sur la rive gauche de la Saône, que l'on traverse sur un beau pont, à l'extrémité duquel est une levée de 2,400 pas de long, pour faciliter le passage pendant les inondations de la rivière. Elle est généralement bien bâtie, bien percée, et entourée de beaux remparts qui servent de promenade publique. — Le château, assez semblable à celui de Dijon, est l'ouvrage de Louis XII et de François Ier : il est flanqué de cinq grosses tours et d'un redan.

Auxonne possède un arsenal de construction, avec tous les établissements nécessaires ; trois beaux corps de casernes ; une belle place d'armes ; un très-beau magasin de vivres ; des magasins à poudre ; une bibliothèque publique de 4,000 vol.

Auxonne est la patrie de G. Davot, l'un des auteurs du *Traité du droit français à l'usage du duché de Bourgogne*.

De A. Antoine, ingénieur.

De Prieur-Duvernois, dit de la Côte-d'Or, membre de l'assemblée législative, de la convention et du conseil des cinq cents, regardé comme le fondateur de l'école polytechnique, auteur d'un *Mémoire sur l'école des travaux publics*, 1795, et de plusieurs rapports et mémoires d'utilité publique.

De C.-Xav. Girault, antiquaire et jurisconsulte, mort en 1823, auteur d'un grand nombre d'ouvrages, parmi lesquels on distingue : *Détails historiques sur Dijon et le département de la Côte-d'Or*, etc., in-8, 1818; *Essais historiques et biographiques sur Dijon*, in-12, 1814; *Archéologie de la Côte-d'Or, rédigée par ordre de localités*, etc., in-8, 1823.

Du célèbre médecin et voyageur Landolphe.

De Mme Gardel, célèbre danseuse de l'Opéra, où elle succéda à la non moins célèbre demoiselle Guimard.

Fabriques de serges, draps, mousselines, clous. Brasseries. — *Commerce* de grains, farines, melons excellents, vins, eaux-de-vie, bois, charbon, fer, clouterie, marbre, etc. — *Foires* les 16 mars, 20 juin, 3e lundi d'octobre (8 jours), 22 déc.

AUXONNOIS, petit pays de la ci-devant province de Bourgogne, qui fait aujourd'hui partie du département de la Côte-d'Or. — Les comtes d'Auxonne étaient grands vassaux de la couronne. Ce comté a été réuni au duché de Bourgogne en 1280.

AUXY, bg *Loiret* (Gatinais), arr. et à 19 k. de Pithiviers, caut. de Beaune-la-Rolande, ✉ de Boynes. Pop. 1,526 h. — *Commerce* de miel et de safran.

AUXY, vg. *Saône-et-Loire* (Bourgogne), arr., cant., ✉ et à 8 k. d'Autun. Pop. 1,652 h.

AUXY-LE-CHATEAU, petite ville, *Pas-de-Calais* (Artois), chef-l. de cant., arr. et à 30 k. de St-Pol. Cure. ⌾. A 177 k. de Paris pour la taxe des lettres. Pop. 2,673 h. — Terrain crétacé supérieur, craie blanche.

Autrefois diocèse et intendance d'Amiens, parlement de Paris, élection d'Abbeville, couvent de brigittins.

Pendant la révolution, cette ville a porté le nom d'Auxy-la-Réunion. Elle est située dans une contrée marécageuse, sur l'Authie, qui la divise en deux parties. — On lit dans l'histoire de Picardie que le *seigneur d'Auxy avoit le droit de mactover* (immoler) *la virginité des gentilles femmes, fringantes demaixielles, belles nonaines ou nonaines, en donnant un écu et dix sols parisis de droit au Seigneur de Pouthiers*. — L'église paroissiale est un ancien édifice susceptible d'être classé au nombre des monuments historiques.

Auxy possède plusieurs tanneries, et quatre marchés francs ou foires qui se tiennent les 24 fév., 10 août, 29 oct. et mardi après Quasimodo.

AUZAINVILLE, vg. *Eure-et-Loir*, comm. de Francourville, ✉ d'Auneau.

AUZAINVILLIERS, vg. *Vosges* (Lorraine), arr. et à 20 k. de Neufchâteau, cant. et ✉ de Bulgnéville. Pop. 352 h.

AUZAIS, vg. *Vendée* (Poitou), arr., cant., ✉ et à 5 k. de Fontenay. Pop. 807 h.

AUZANCE (l'), petite rivière qui prend sa source dans le dép. des *Deux-Sèvres*, entre peu après dans le dép. de la *Vienne*, passe à Latillé, Vouillay, Quinzay, Migné, et se jette dans le Clain, au-dessous de Chasseneuil, après un cours d'environ 40 k.

AUZANCE, petite ville, *Creuse* (pays de Combrailles), chef-l. de cant., arr. et à 26 k. d'Aubusson. Cure. ✉. A 363 k. de Paris pour la taxe des lettres. Pop. 1,343 h. — Terrain cristallisé ou primitif.

Autrefois diocèse de Limoges, parlement de Paris, intendance de Moulins.

Elle est située sur un coteau environné d'étangs, près de la rive gauche et non loin de la source du Cher. — *Commerce* de toiles, fil, chanvre, laines, plumes, cuir, etc. — *Foires* les 6 mai, 7 juin, 14 juillet, 11 août, 10 sept., 13 oct., 14 nov., 2e lundi de carême, mercredi de la mi-carême, et mardi de Quasimodo.

AUZAS, vg. *H.-Garonne* (Gascogne), arr. et à 21 k. de St-Gaudens, cant. et ✉ de St-Martory. Pop. 510 h.

AUZAT, vg. *Ariège* (pays de Foix), arr. et à 32 k. de Foix, cant. et ✉ de Vicdessos. Pop. 1,743 h. — On y remarque les ruines du château fort de Montréal, avec lequel communiquent plusieurs grottes fort curieuses, qui ont été désignées comme étant susceptibles d'être classées au nombre des monuments historiques. — Mines de fer aux environs.

AUZAT-SUR-ALLIER, ou le Luguet, bg *Puy-de-Dôme* (Auvergne), arr. et à 13 k. d'Issoire, cant. des Jumeaux. P. 1,648 h. —Il est sur l'Allier, qu'on y passe sur un bac. —Exploitation de houille, des mines d'antimoine et fabrique de régule. Verrerie à bouteilles.

AUZEBOSC, vg. *Seine-Inf.* (Normandie), arr., cant., ✉ et à 3 k. d'Yvetot. Pop. 703 h.

AUZÉCOURT, vg. *Meuse* (Lorraine), arr. et à 20 k. de Bar-le-Duc, cant. de Vaubecourt, ✉ de Revigny. Pop. 302 h.

AUZELLES, bg *Puy-de-Dôme* (Auvergne), arr. et à 21 k. d'Ambert, cant. et ✉ de Cunlhat. Pop. 2,598 h.

AUZERS, vg. *Cantal* (Auvergne), arr., cant., ✉ et à 17 k. de Mauriac. Pop. 1,013 h. Près de la Cavaroche. — On y remarque un vaste château flanqué de trois grosses tours, et surmonté de plusieurs tourelles crénelées, bâti vers la fin du XVe siècle. A quelque distance du bourg se voit l'antique tour de Marlat, aujourd'hui entièrement cachée sous le lierre qui la tapisse.

AUZET, *Castrum Auzeti*, vg. *B.-Alpes* (Provence), arr. et à 40 k. de Digne, cant. de Riez, ✉ de Seyne. Pop. 287 h. — On trouve sur son territoire une source intermittente.

AUZEVILLE, vg. *H.-Garonne* (Languedoc), arr. et à 10 k. de Toulouse, cant. et ✉ de Castanet. Pop. 346 h.

AUZEVILLE, vg. *Meuse* (Lorraine), arr. et à 24 k. de Verdun, cant. de Clermont-en-Argonne. Pop. 504 h. Sur l'Aire.

AUZIELLE, vg. *H.-Garonne* (Languedoc), arr. et à 13 k. de Toulouse, cant. et ✉ de Castanet. Pop. 263 h.

AUZILLAC, vg. *H.-Vienne*, comm. de Châteauponsac, ✉ de Morterolles. — Patrie de Boisbelleau de la Chapelle, célèbre ministre de la religion réformée, auteur de plusieurs ouvrages de théologie.

AUZILS, vg. *Aveyron* (Rouergue), arr. et à 30 k. de Rodès, cant. et ✉ de Riguac. Pop. 1,370 h. — *Foires* les 30 avril, 9 mai et 22 nov.

AUZON, *Auzonium*, vg. *Aube* (Champagne), arr. et à 25 k. de Troyes, cant. et ✉ de Piney. Pop. 313 h. Sur l'Auzon.

AUZON, *Alzona*, petite ville, *H.-Loire* (Auvergne), chef-l. de cant., arr. et à 14 k. de Brioude. Cure. ✉ de Ste-Florine. Pop. 1,465 h. — Terrain d'alluvions modernes. — Elle est située sur la rive droite de l'Allier, près du confluent de l'Auzon, et possède une source d'eau minérale. — Mine de houille. — *Foires* les 25 avril, 10 août, 2 nov. et 9 déc.

AUZON, *Auzonium*, vg. *Gard*, arr. et à 14 k. d'Alais, cant. de St-Ambroix, sur la petite rivière d'Auzonnet. — Dans une prairie, près de ce village, on trouve une fontaine minérale sulfureuse, qui a reçu le nom de Fontaine-Puante, à cause de l'odeur d'hydrogène sulfuré qu'elle répand au loin. On croit ses eaux purgatives.

AUZON (l'), petite rivière qui prend sa source à peu de distance de Flassan, arr. de Carpentras, dép. de *Vaucluse*; passe à Mourmoiron, Mazon, Carpentras, Mouleux, et se jette dans la Sorgues, au-dessus de Bédarides, après un cours d'environ 40 k.

AUZOUER, bg *Indre-et-Loire* (Touraine), arr. et à 31 k. de Tours, cant. et ✉ de Château-Renault. Pop. 641 h. — C'est la patrie du lieutenant général Lecoustellier auquel on doit le *Plan des villes et châteaux du royaume*, enrichi de notes historiques.

AUZOUVILLE-AUBERBOSC, vg. *Seine-Inf.* (Normandie), arr. et à 15 k. d'Yvetot, cant. et ✉ de Fauville. Pop. 401 h.

AUZOUVILLE-L'ESNEVAL, vg. *Seine-Inf.* (Normandie), arr. et à 12 k. d'Yvetot, cant. et ✉ d'Yerville. Pop. 512 h.

AUZOUVILLE-SUR-RY, vg. *Seine-Inf.* (Normandie), arr. et à 19 k. de Rouen, cant. et ✉ de Darnetal. Pop. 712 h.

AUZOUVILLE-SUR-SAONE, vg. *Seine-Inf.* (Normandie), arr. et à 23 k. de Dieppe, cant. et ✉ de Darnetal. Pop. 381 h. — *Foire* le 25 juin.

AVAIL, vg. *Indre*, comm. et ✉ d'Issoudun.

AVAILLES, vg. *Ille-et-Vilaine* (Bretagne), arr. et à 23 k. de Vitré, cant. et ✉ de la Guerche. Pop. 802 h.

AVAILLES, vg. *Deux-Sèvres*, comm. de Brulain, ✉ de Niort. Dans un pays boisé.

AVAILLES, vg. *Vienne* (Poitou), arr. et à 8 k. de Châtellerault, cant. de Vouneuil. Pop. 771 h.

AVAILLES, petite ville, *Vienne* (Poitou), chef-l. de cant., arr. et à 36. k. de Civray. ✉. Cure. Bureau d'enregist. à Charroux. A 415 k. de Paris pour la taxe aux lettres. Pop. 1,933 h. — Terrain cristallisé ou primitif. — Il est agréablement situé, dans une vallée fertile, sur la rive gauche de la Vienne. — Exploitation de pierres meulières. — Commerce de vins et de bestiaux. — *Foires* les 18 fév., 18 mars, 18 avril, 9 mai, 9 juin, 25 nov. et le 1er mercredi de chaque mois, excepté mai et juin.

EAUX MINÉRALES D'AVAILLES.

A un kilomètre d'Availles, près du village d'Abzac, sur la rive droite de la Vienne, on trouve des sources d'eaux minérales froides, qui portent le nom d'Availles. Ces sources sourdent près du sommet d'un monticule, et sont renfermées dans trois puits de 2 m. 60 c. de profondeur, de 1 m. de diamètre, éloignés de 63 c. environ les uns des autres. Ces puits sont couverts, et on leur a pratiqué un écoulement au niveau de l'eau ; ils fournissent environ 60 muids d'eau toutes les vingt-quatre heures.

Les eaux d'Availles sont froides, claires, limpides, légères, pétillantes, d'une odeur vitriolique, d'un goût salé, âcre, astringent, et quelquefois ferrugineux sur la fin de la dégustation. Elles déposent le long de leur courant une boue de couleur obscure.

Ces eaux s'emploient avec succès dans diverses maladies chroniques, la phthisie, les fièvres intermittentes, les crachements de sang, les affections cutanées, etc., etc.

On prend les eaux d'Availles en boisson pendant quinze à dix-huit jours, dans toutes les saisons de l'année. Mais le temps le plus propice est depuis le 15 mai jusqu'à la fin de septembre.
Bibliographie. Launay (de). *Dissertation sur les eaux minérales d'Availles*, in-12, 1771.

AVAILLES-SUR-CHIZÉ, vg. *Deux-Sèvres* (Poitou), arr. et à 24 k. de Melle, cant. et ✉ de Brioux. Pop. 306 h.

AVAILLES-THONARSAIS, vg. *Deux-Sèvres* (Poitou), arr. et à 27 k. de Parthenay, cant. et ✉ d'Airvault. Pop. 312 h.

AVAJAN, vg. *H.-Pyrénées* (Bigorre), arr. et à 37 k. de Bagnères-de-Bigorre, cant. de Bordères, ✉ d'Arreau. Pop. 173 h.

AVALATS (les), vg. *Tarn*, comm. de St-Juéry, ✉ d'Albi. Pop. 100 h. — Il est situé entre des coteaux très-rapprochés qui donnent des vins estimés. Sur la rive gauche du Tarn. — Martinets à cuivre. Papeterie.

AVALLON, *Aballo*, *Abalium*, ancienne et jolie ville, *Yonne* (Bourgogne), chef-l. de sous-préf. et d'un cant. Trib. de 1re inst. et de comm. Collège com. 2 cures. Gîte d'étape. ✉. ✪. Pop. 5,666 h. — Terrain cristallisé ou primitif, voisin du terrain jurassique.

Autrefois diocèse d'Autun, parlement et intendance de Dijon, bailliage, prévôté royale, gouvernement particulier, collégiale, 2 paroisses, 4 couvents, collège de doctrinaires.

Avallon occupe l'emplacement de l'*Aballo* de l'Itinéraire d'Antonin et des Tables de Peutinger. Dans le VIe siècle, c'était une place forte, appelée *Castrum Avallonem* que se disputèrent dans la suite les rois de France et les ducs de Bourgogne. Charles VII prit cette place en 1433; mais le duc Philippe le Bon y rentra peu de temps après. Le château d'Avallon soutint avec succès un long siège contre Robert le Pieux ; mais ce roi, en ayant été mis plus tard en possession, le fit démanteler ; ses ruines ont disparu peu à peu, et il n'en reste aucun vestige. Le roi Charles VII s'empara d'Avallon, que Philippe le Bon lui reprit en 1433. Les ligueurs pillèrent cette ville en 1594.

Les **armes d'Avallon** sont : *d'azur à la tour d'argent crénelée et maçonnée de sable, avec cette devise au-dessus des armes :* TVRIS AVALAVNVM.

Avallon est une ville placée dans une charmante situation sur la rive droite du Cousin, à l'issue d'une jolie vallée bordée de coteaux fertiles en excellents vins. Elle est régulièrement bâtie, formée de rues larges, propres, bien percées, et possède plusieurs belles promenades. De celle du Petit-Cours, on jouit d'une vue charmante sur les sites agréables qu'offrent les environs. A l'une des extrémités de la ville, la rivière du Cousin forme plusieurs sinuosités dans une vallée de près de 83 mètres de profondeur presque à pic, dont les hauteurs sont garnies de pointes de rochers qui percent à travers de riants bosquets ; çà et là, des jardins en terrasses paraissent suspendus sur le penchant des collines ; et, à l'extrémité de cette étroite vallée, apparaît une vaste plaine cultivée, bordée de toutes parts par d'immenses forêts ; on croit voir un coin de la Suisse au milieu de la France.

Non loin d'Avallon est le camp des Alleux, qui paraît avoir été un camp sédentaire pour la garde et la sûreté des chemins, comme les Romains en avaient établi plusieurs en diverses parties de la Gaule.

L'hôpital général et une jolie salle de spectacle sont les seuls édifices un peu remarquables d'Avallon. Le portail de l'église présente dans son architecture gothique des colonnes torses d'un genre bizarre et d'une extrême délicatesse.

Biographie. Avallon est le lieu de naissance :

De Laz.-André Bocquillot, auteur d'un curieux traité sur la *Liturgie sacrée ou de la messe*, in-8, 1701 ; d'une *Dissertation sur les tombeaux du Quarré*, in-8, 1724 ; et de plusieurs autres ouvrages.

De Jacques Boileau, député à la convention nationale, décapité à Paris le 31 octobre 1793.

De Cousin d'Avallon, fécond compilateur, auteur d'une trentaine de recueils connus sous le nom d'*Ana*, et de plusieurs romans publiés sous divers noms pseudonymes.

Du pamphlétaire Morizot.

Du comte Gaspard Pons, littérateur.

De P. Odebert, qui fonda, bâtit et dota de plus de 80,000 fr. le bel hôpital Ste-Anne, où est établi le collège. Son mausolée, sculpté par Dubois, a été transféré à l'église Ste-Anne.

De M Cariste, membre de l'Institut.

Fabriques de grosses draperies, merrain, feuillettes. Tanneries. Papeteries. Filatures de laine ; moulins à foulon; *Commerce* de grains, vins, bois, laines, moutons, chevaux et bestiaux. — *Foires* les 28 juin, 1er sept., 29 oct., 18 nov., 17 déc., jeudi gras et jeudi de la Passion.

Avallon est à 49 k. S.-E. d'Auxerre, 218 k. de Paris pour la taxe des lettres.

L'arrondissement d'Avallon est composé de 5 cantons : Avallon, Guillon, l'Ile-sur-le Serain, Quarré-les-Tombes et Vézelay.

Bibliographie. * *Notice sur la ville d'Avallon* (Nouvelles Recherches sur la France, t. 1, p. 44-50, in-12, 1766).

Caylus (le comte de). *Sur le camp des Alleux près d'Avallon*, etc. (Recueil d'antiquités, t. v, p. 307).

AVALON, vg. *Isère*, comm. de St-Maximin, ✉ de Goncelin. Pop. 956 h.

AVANCE (l'), petite rivière qui prend sa source dans une contrée sablonneuse et couverte de pins, au-dessus du village de Pindères, arr. de Nérac, *Lot-et-Garonne*; elle passe à Pindères, Castel-Jaloux, Bouglon, et se jette dans la Garonne, au-dessous de Marmande, après un cours d'environ 40 k.

AVANÇON, vg. *H.-Alpes* (Dauphiné), arr. et à 14 k. de Gap, cant. de la Bâtie-Neuve, ✉ de Chorges. Pop. 673 h.

AVANÇON, vg. *Ardennes* (Champagne), arr. et à 10 k. de Rethel, cant. de Château-Porcien, ✉ de Tagnon. Pop. 488 h.

AVANEINS, vg. *Ain*, comm. de Montgeneins, ✉ de Toissey.

AVANNE, vg. *Doubs* (Franche-Comté), arr., ✉ et à 7 k. de Besançon, cant. de Boussières. Pop. 635 h.

AVANT, *Avanti*, vg. *Aube* (Champagne), arr. et à 20 k. d'Arcis-sur-Aube, cant. de Ramerupt, ✉ de Coclois. Pop. 247 h. — *Foire* le lundi après le 8 sept.

AVANT, vg. *Aube* (Champagne), arr. et à 10 k. de Nogent-sur-Seine, cant. et ✉ de Marcilly-le-Hayer. Pop. 552 h.

AVANTICI (lat. 45°, long. 24°). « Il en est mention par Pline (lib. III, cap. 40), en ces termes : *Adjecit formulæ Galba imperator, ex Inalpinis, Avanticos, atque Bodionticos ; quorum oppidum Dinia*. Il faut être prévenu que Pline traite de la Narbonaise, à laquelle par conséquent se rapporte l'expression *adjecit* ; à une rôle de laquelle, *formulæ*, furent inscrits par addition les *Avantici* et les *Bodiontici*, on les détachant des peuples renfermés dans les Alpes, *ex Inalpinis*. La mention qui est faite de *Dinia* détermine le canton des *Avantici*, comme les *Bodiontici*. Car, quand la position de Digne ne leur serait pas commune, se rapporterait particulièrement aux *Bodiontici*, il est à présumer que les *Avantici* leur étaient voisins. Honoré Bouche croit retrouver ceux-ci dans un lieu dont le nom est Avançon, entre Chorges et Gap. Mais cette position paraît trop voisine de celle de *Caturiges*, pour qu'on se persuade qu'elle eut un district distinct et séparé ; et M. de Valois (p. 171) y répugne par la même raison. La liaison et le voisinage des *Avantici* avec les *Bodiontici* fait présumer qu'ils occupaient la partie du diocèse de Gap, qui s'allonge au midi de la Durance, et d'où ils se trouvaient entre cette rivière et les limites du diocèse de Digne. M. de Valois n'est point d'avis qu'on reconnaisse le nom des Avantici, dans celui de la petite rivière de Vançon, qui coule dans ce canton, et qui se rend dans la Durance, un peu au-dessous de Sisteron. » D'Anville, *Notice de l'ancienne Gaule*, p. 3. V. Walckenaer. *Géographie des Gaules*, t. II, p. 13.

AVANTON, vg. *Vienne* (Poitou), arr., ✉ et à 12 k. de Poitiers, cant. de Neuville. Pop. 565 h. — *Foire* le 18 nov.

AVAPESSA, vg. *Corse*, arr., ✉ et à 15 k. de Calvi, cant. d'Algajola. Pop. 281 h.

AVARAY, vg. *Loir-et-Cher* (Orléanais), arr. et à 24 k. de Blois, cant. et ✉ de Mer. Pop. 917 h.

AVARICUM, postea Bituriges (lat. 48°, long. 21°). « César parle d'*Avaricum*, comme de la plus grande ville, et de la plus forte place des *Bituriges* ; *oppidum maximum, munitissimumque, in finibus Biturigum* : comme d'une des plus belles villes qui fût dans la Gaule ; *pulcherrimam prope totius Galliæ urbem, quæ et præsidio et ornamento sit civitati* : et il décrit l'avantage de sa situation ; *quod prope ex omnibus partibus flumine et palude circumdata unum habeat et perangustum aditum*. Elle tirait le nom d'*Avaricum* de la rivière d'*Avara*, ou *Avera*, selon les temps postérieurs, et dont le nom actuel est Evre. La plupart des capitales de cités ayant quitté le nom qui leur était propre, pour prendre celui du peuple où elles tenaient le premier rang, le nom d'*Avaricum* a fait place à celui de *Bituriges*, qui se lit aussi *Biturigæ*. Dans un vieux roman de chevalerie, le nom de *Biorgas* qui y est employé, semble conduire par son altération à la dénomination actuelle de Bourges. Cette ville peut prétendre la préséance sur les autres villes de l'Aquitaine, en qualité de métropole de l'Aquitaine première ; et dans Adrévald, qui a écrit les miracles de saint Benoît, *Avaricum* est qualifié *caput regni Aquitanici*. » D'Anville. *Notice de l'ancienne Gaule*, p. 112. V. aussi Dissertation sur Avaricum (Mémoires de Trévoux, 1709, avril, p. 621). Walckenaer. *Géographie des Gaules*, t. I, p. 52.

AVATICI (lat. 44°, long. 23°). « Ils ne sont connus que par Méla (lib. II, cap. 5) et Pline (lib. III, cap. 4) leur attribuent *Maritima*, qu'il convient de rapporter à Martigues. Le témoignage de ces auteurs doit prévaloir sur Ptolémée, qui place les *Anatilii*, plutôt que les *Avatici*, dont il ne fait point mention, à *Maritima*, on peut souffrir d'autant plus de difficulté, que l'emplacement des *Anatilii* se trouve indiqué dans une autre position, comme on peut voir à l'article qui les concerne. » D'Anville. *Notice de l'ancienne Gaule*, p. 113.

AVAUGOUR (St-), vg. *Vendée* (Poitou), arr. et à 25 k. des Sables, cant. des Moutiers, ✉ d'Avillé. Pop. 443 h.

AVAUX, *Avallis*, vg. *Ardennes* (Champagne), arr. et à 27 k. de Rethel, cant. d'Asfeld, ✉ de Château-Porcien Pop. 725 h. Ivres de l'Aisne. Suivant la tradition, ce fut en cet endroit que Carloman, après avoir défait les Normands qui ravageaient le pays, les obligea de repasser si promptement la rivière d'Aisne, que la plupart d'entre eux se noyèrent.

AVEILLAN, vg. *Isère*, comm. de la Motte-d'Aveillan, ✉ de la Mure.

AVÉE (Ste-), vg. *Morbihan* (Bretagne), arr., cant., ✉ et à 4 k. de Vannes. Pop. 1,487 h.

Aux environs de ce village, sur le plateau d'une éminence qui domine sur de profondes vallées, et d'où les yeux embrassent un immense horizon, on remarque, au midi de la chapelle de Mangoër-Lorian, une enceinte en forme d'ellipse, formée de murs en pierres brutes dont la hauteur a environ 2 m. d'élévation dans certains endroits. On regarde cette antiquité comme un camp romain ; mais M. Mahé pense que c'est une enceinte sacrée des Celtes, où l'on pratiquait quelque cérémonie religieuse.

AVEIZE, vg. *Rhône* (Lyonnais), arr. et à 29 k. de Lyon, cant. de St-Symphorien-sur-Coise, ✉ de Duerne. Pop. 1,395 h.

AVEIZIEUX, vg. *Loire* (Forez), arr. et à 29 k. de Montbrison, cant. et ✉ de St-Galmier. Pop. 706 h.

AVELANGES, vg. *Côte-d'Or* (Bourgogne), arr. et à 32 k. de Dijon, cant. et ✉ d'Is-sur-Tille. Pop, 124 h.

AVELESGE, vg. *Somme* (Picardie), arr. et à 35 k. d'Amiens, cant. de Moliens-Vidame, ✉ d'Airaines. Pop. 188 h.

AVELIN, vg. *Nord* (Flandre), arr. et à 14 k. de Lille, cant. et ✉ de Pont-à-Marcq. Pop. 1,682 h. — *Fabriques* de poteries de terre, briqueterie, moulins à huile.

AVELON (l'), petite rivière qui prend sa source au-dessus du village de Blancours, arr. de Beauvais, *Oise*, et qui, sans sortir du département, se jette dans le Therain, à Beauvais, après un cours d'environ 54 k.

AVELUY, vg. *Somme* (Picardie), arr. et à 25 k. de Péronne, cant. et ✉ d'Albert. Pop. 393 h.

AVENAS, vg. *Rhône* (Beaujolais), arr. et à 26 k. de Villefranche, cant. et ✉ de Beaujeu. Pop. 298 h. Près de la source de la Grosne. — *Foires* les 6 janv. et 16 août.

Avenas est un village situé dans les montagnes, auquel les archéologues du pays ont donné une sorte de célébrité historique. Il paraît que la route de Lyon (*Lugdunum*) pour aller à Autun (*Autodunum*) passait près d'Avenas du temps des Romains. Une grande partie de cette route subsiste encore près de St-Jean-d'Ardière. Au haut de la montagne, on voit les ruines d'un ancien monastère dont l'origine remontait au berceau du christianisme.

AVENAY, vg. *Calvados* (Normandie), arr. et à 13 k. de Caen, cant. et ✉ d'Evrecy. Pop. 433 h.

AVENAY, *Avennacum*, petite ville ou plutôt bourg, *Marne* (Champagne), arr. et à 26 k. de Reims, cant. d'Ay, ✉ d'Epernay. Pop. 3,130 h.

Avenay, est un bourg fort ancien, situé au pied du Montaigu qui le domine du côté de l'est, et où l'on voit les restes d'un ancien camp romain, environné de fossés de 4 m. de large, auquel la tradition a conservé le nom de camp de César; on y a trouvé, vers le milieu du XVIII° siècle, des médailles à l'effigie de Marc Aurèle et de Commode. — Vers la fin du VII° siècle (en 660), saint Gombert, maire du palais, et sainte Berthe, son épouse, fondèrent en ce lieu une abbaye de bénédictines, sous le nom de St-Pierre-d'Avenay, dont les bâtiments ont été démolis, à l'exception de la boulangerie, qui forme une habitation particulière. L'église, qui a été conservée, est grande, voûtée, fort belle, et possède le beau jeu d'orgues de l'ancienne abbaye.

Le bourg d'Avenay est situé sur la Livre, et entouré d'anciens fossés; il est précédé d'un faubourg orné d'une place, et était jadis fermé de quatre portes; la plupart des maisons sont bien bâties, plusieurs même sont grandes et ont une belle apparence. Les rues sont pavées en cailloux, et les principales relevées en chaussées; mais, comme elles sont encore sales malgré les soins qu'on prend pour les nettoyer, les habitants, qui traitent ceux d'Ay de huguenots, en ont reçu le sobriquet de culs crottés.

Sur la place est une halle où se tient chaque semaine un marché, et trois foires le 1er mai, le jour de l'Ascension et le jour de Sainte-Catherine. Entre les deux premières a lieu un pèlerinage célèbre à la fontaine de Ste-Berthe, qui jouit d'une grande réputation pour la guérison de la folie.

Biographie. Avenay est le lieu de naissance de M. A.-PAULIN PARIS, membre de l'Institut et de la société des antiquaires de France, auteur de plusieurs dissertations savantes sur la *littérature du moyen âge*, dont il doit, dit-on, publier prochainement l'*Histoire*. — *Commerce* de vins de Champagne que produit le territoire. — *Foires* les 2 mai et 25 nov.

AVENEY, vg. *Doubs* (Franche-Comté), arr., ⊠ et à 7 k. de Besançon, cant. de Boussières. Pop. 230 h.

AVÈNE, joli bourg, *Hérault* (Languedoc), arr., ⊠ et à 24 k. de Lodève, cant. de Lunas. Pop. 1,252 h.

Ce bourg, situé dans un vallon fertile, entouré de montagnes escarpées, près de la rive gauche de l'Orb, possède un établissement thermal très-renommé pour la guérison des maladies cutanées.

EAUX THERMALES D'AVESNE.

La découverte des eaux minérales d'Avesne ne remonte pas au delà de 1770 à 1780.

La source sourd au pied des montagnes, à cinquante pas de la rivière d'Orb.

On prend les bains dans des réservoirs ayant la forme d'un carré long, pouvant contenir 18 personnes chacun, et autour duquel on a pratiqué des sièges de différentes hauteurs.

SAISON DES EAUX. La saison s'ouvre au commencement de juin et se prolonge jusqu'à la fin de septembre. La fin de juillet jusqu'à la fin d'août est l'époque où il y a le plus de monde. Les malades sont logés dans l'établissement, et servis avec zèle et intelligence.

PRIX DU LOGEMENT ET DE LA NOURRITURE JOURNALIÈRE. Le prix de la table est de 5 francs par jour, y compris le logement, pour la première table, et de 3 francs pour la seconde. Les enfants payent moins.

TARIF DU PRIX DES EAUX. Le prix de chaque bain est fixé à 75 centimes; les eaux pour boisson ne se payent pas.

PROPRIÉTÉS MÉDICINALES. Ces eaux sont toniques, apéritives, adoucissantes et attractives. En général, prises intérieurement, elles constipent, stimulent le système digestif, augmentent l'appétit; mais c'est principalement sur les fonctions exhalantes et sécrétoires que se manifeste l'action de l'eau, et surtout par la transpiration ou la sueur; dans ce cas, la chemise du malade acquiert une couleur roussâtre.

MODE D'ADMINISTRATION. On fait usage de l'eau d'Avesne en bain ou en boisson; la durée des bains, comme leur nombre, est subordonnée à l'état de la maladie et à l'action de l'eau. La boisson se prend ordinairement le matin, à jeun.

Bibliographie. PIERRE (le docteur). *Essai sur l'analyse des eaux minérales du département de l'Hérault* (thèse, Montpellier, 1809, p. 63).

SAVY (médecin inspecteur des eaux minérales d'Avène). *Notice sur les propriétés des eaux minérales d'Avène*, broch. in-8, 1818.

— *Second Mémoire sur les propriétés ds bains d'Avène*, broch. in-8, sans date.

AVENHEIM, vg. B.-*Rhin* (Alsace), arr. et à 20 k. de Strasbourg, cant. et ⊠ de Truchtersheim. Pop. 221 h.

Avenheim possède une source d'eau minérale alcaline.

Le puits qui renferme les eaux a environ 2 m. de profondeur et autant de largeur. Il fournit toute l'année un égal volume d'eau, même pendant les plus grandes chaleurs. L'eau de cette source est si limpide qu'on peut aisément apercevoir le plus petit corps au fond du bassin. — L'eau d'Avenheim passe pour être apéritive, détersive, un peu fortifiante, absorbante et adoucissante. Elle égaye l'esprit, provoque fortement les urines, et accélère le mouvement du sang. Il paraît qu'on doit attribuer à son usage la santé constante et la vieillesse avancée où parviennent les habitants, qui vivent généralement au delà de quatre-vingt-cinq ans. — Prises en boisson, les eaux d'Avenheim sont employées avec succès dans toutes les maladies provenant de l'épaississement ou de l'acrimonie des humeurs, dans la phthisie, l'étisie de tout âge et de tout sexe. Elle guérit radicalement la gale.

AVENIÈRES (les), ou CIENS, vg. *Isère* (Dauphiné), arr. et à 13 k. de la Tour-du-Pin, 28 k. de Bourgoin, cant. et ⊠ de Morestel. Pop. 3,863 h. — *Fabriques* de tuiles et de briques. — *Foire* le 28 juin.

AVENIÈRES, vg. *Mayenne* (Maine), arr., cant., ⊠ et à 1 k. de Laval. Pop. 2,892 h. — Ce village, regardé comme un faubourg de Laval, possède une belle église dont la construction remonte à l'année 1040. — *Fabriques* de coutil. Fours à chaux.

AVENIO (lat. 44°, long. 23°). « Cette ville est citée dans Strabon (lib. IV, p. 183) avec *Arausio*, l'une et l'autre étant également du territoire des *Cavares*. Méla fait (lib II, cap. 5) mention d'*Avenio Cavarum* entre les villes de la Narbonaise qui se distinguent par leurs richesses. Pline (lib. III, cap. 4) met *Avenio* du nombre des villes latines, quoique dans Ptolémée elle soit qualifiée du titre de colonie; et on remarque que Pline est contredit sur ce sujet à l'égard de plusieurs autres villes de la Narbonaise. Si l'on en croit Étienne de Bysance, *Avenio*, située sur le Rhône, est une ville marseillaise, comme il le dit aussi de Cavaillon. Dans la Notice des provinces de la Gaule, on trouve *civitas Avennicorum* entre celles de la province viennaise. Le terme ethnique d'*Avennicus* est employé par Sidoine Apollinaire. Avignon n'est devenue métropole que par un démembrement de la province ecclésiastique d'Arles, et on a même conservé, comme une marque de son ancienne extension, les diocèses d'Orange et de St-Paul-Trois-Châteaux, au delà de ceux qui composent actuellement la province d'Avignon. Joseph Scaliger ne s'explique pas exactement quand il dit : *Avenionem a pontificibus romanis institutam metropolim, cum antea suffragaretur Viennæ, ut et tres reliquæ civitates, Carpentoracte, Cabellio, Vasio.* » D'Anville. *Notice de l'ancienne Gaule*, p. 114. V. aussi Walckenaer. *Géographie des Gaules*, t. I, p. 279.

AVENNES, vg. *Sarthe* (Maine), arr. et à 11 k. de Mamers, cant. de Marolles-les-Braux, ⊠ de St-Cosme. Pop. 557 h.

AVENSAC, vg. *Gers* (Armagnac), arr. et à 28 k. de Lectoure, cant. et ⊠ de Mauvesin. Pop. 264 h. — On y voit des restes de constructions romaines.

AVENSAN, vg. *Gironde* (Guienne), arr. et à 27 k. de Bordeaux, cant. et ⊠ de Castelnau-de-Médoc. Pop. 1,039 h. — Tuilerie.

AVENTICUM (lat. 47°, long. 25°). « Tacite (*Hist.*, I, sect. 68), qui est le premier qui en fasse mention, qualifie cette ville du titre de capitale chez les *Helvetii*; *gentis caput*. On lit dans l'Itinéraire d'Antonin et dans la Table théodosienne, *Aventicum Helvetiorum*. Elle était colonie romaine sous Trajan, comme une inscription en l'honneur d'un lieutenants de cet empereur, et rapportée par Gruter (p. 427), le témoigne. Entre les noms que prend cette colonie dans l'inscription, celui de *Flavia* nous fait connaître que c'est à Vespasien, selon ce que Frédégaire le dit précisément, ou à l'un de ses enfants, que la colonie d'*Aventicum* a dû son établissement. J'accède volontiers à l'opinion de plusieurs savants, que c'est mal à propos que Ptolémée comprend *Aventicum*, ainsi que la colonie équestre, dans la cité des *Sequani*. Il y a toute apparence que cette ville, située au delà du mont Jura, n'avait rien de commun avec les Sequani, avant la formation d'une province sous le nom de *Maxima Sequanorum*, par l'union du pays helvétique avec l'ancien territoire séquanais. Relativement à ce que renfermait cette province, *quæ civitas Helvetiorum Aventicus*, se trouve dans la Notice des provinces de la Gaule, à la suite de *civitas Equestrium*, sous la métropole de Besançon. Ammien Marcellin (lib. xv, cap. 2), qu'on peut accuser de méprise en rangeant *Aventicum* dans les Alpes Grèques, parle de cette ville dans l'état de désolation où les Germains l'avaient réduite sous l'empire de Gallien : *Desertam civitatem, sed non ignobilem quondam*. Elle est du nombre de celles que leurs habitants avaient divinisées ; et *dea Aventia* est le sujet de plusieurs inscriptions déterrées dans le voisinage d'Avenche, où l'on sait qu'existait *Aventicum*. Un château, élevé dans ses ruines par un seigneur qu'on dit avoir été nommé *Vivilo*, lui a fait donner le nom de Wifflisburg, mais sans faire oublier l'ancien, qui se conserve dans celui d'Avenche. Je trouve une preuve positive du rang supérieur qu'elle tenait chez les *Helvetii*, dans le numéro d'une colonne milliaire trouvée à Baden en Suisse, sur le Limat au-dessous de Zurich. M. Bochat présume avec raison que ce numéro, qui est LXXXV, ne peut se rapporter qu'à la position d'*Aventicum* ; et voici ce qui me le persuade en examinant le local. L'Itinéraire et la Table nous tracent une partie de la route qui pouvait conduire *ad Aquas Helveticas*, ou à Baden, par celle d'*Aventicum* à *Salodurum*. Le compte, qui est de 23 ou 24 dans cet intervalle, ne peut convenir à l'espace actuel, qu'en mesurant par lieues gauloises, et il en est de même de l'indication des distances dans d'autres parties de l'ancienne Helvétie. De *Salodurum*, outre la voie qui conduisait à *Augusta Rauracorum*, marquée dans l'Itinéraire et dans la Table, il y en avait une qui tendait à Baden, et il en reste des vestiges, selon Guilliman (*R. Helvetii*, lib. I, cap. 2), entre Arau et Baden. La mesure itinéraire, plus longue que la mesure directe, parce que le cours de l'Arau la fait circuler en quelques endroits, peut s'estimer de 32 à 33 lieues gauloises. Ainsi, depuis *Aventicum*, 56 ou 57, et il en faut conclure 85 milles romains, selon le numéro de la colonne de Baden. La difficulté me paraît naître de voir des milles par cette colonne, nonobstant ce que je viens de dire, que les distances indiquées par les Itinéraires répondent à des lieues, est précisément la même à l'égard d'une pareille colonne placée à *Epamanduodurum*, comme je le rapporte dans l'article de ce nom, etc. J'observe que, par conformité, l'une et l'autre de ces colonnes milliaires sont du même empereur, qui est Trajan. Mais la position de *Epamanduodurum*, ou de Mandeure, par rapport à Besançon, étant convenable à la distance indiquée en lieues gauloises, de même que par la proportion qui est entre le mille romain et la lieue gauloise, elle convient au nombre de la colonne qui marque des milles, et les faits bien avérés ne souffrant point de contradiction ; il en doit être de même de Baden par rapport à *Aventicum*. Ce qui dénote particulièrement ici une grande prérogative dans *Aventicum*, c'est de voir que le district des distances qui partent de sa position, comme du centre de la cité helvétique, comprenne *Vindonissa*, dont l'emplacement se rencontre au passage de la même route, en deçà de Baden à l'égard d'*Aventicum*. C'est un indice marqué de la dignité de capitale, qui confirme le témoignage de Tacite : *Aventicum gentis caput.* »D'Anville. *Notice de l'ancienne Gaule*, p. 114. V. aussi Lempereur. *Dissertation sur Aventicum*, in-12, 1706. Dunod. *Découverte de la ville d'Autre*, in-12, 1697. Wulckenaer, *Géographie des Gaules*, t. I, p. 82, 195; t. II, p. 318.

AVENTIGNAN, vg. *H.-Pyrénées* (Bigorre), arr. et à 37 k. de Bagnères-de-Bigorre, cant. de Nestier, ✉ de St-Laurent-de-Neste. Pop. 745 h.

AVENTIN (St-), vg. *H.-Garonne* (Languedoc), arr. et à 50 k. de St-Gaudens, cant. et ✉ de Bagnères-de-Luchon. Pop. 400 h.

AVENY, vg. *Eure*, comm. de Dampsmenil, ✉ de Tilliers.

AVERAN, vg. *H.-Pyrénées* (Gascogne), arr., ✉ et à 18 k. de Tarbes, cant. d'Ossun. Pop. 146 h.

AVERDOING, vg. *Pas-de-Calais* (Artois), arr., ✉ et à 10 k. de St-Pol. Pop. 372 h.

AVERDON, vg. *Loir-et-Cher* (Blaisois), arr. et à 13 k. de Blois, cant. d'Herbault, ✉ de la Chapelle-Vendomoise. Pop. 565 h.

AVERMES, vg. *Allier* (Bourbonnais), arr., cant. O., ✉ et à 3 k. de Moulins. Pop. 274 h.

AVERNES, vg. *Seine-et-Oise* (Ile-de-France), arr. et à 20 k. de Pontoise, cant. de Marines, ✉ de Meulan. Pop. 511 h. — Ce village possède des carrières de pierres de taille et de moellons, et deux belles sources d'eau vive, dont la plus abondante porte le nom de Doge ; la réunion de ces sources forme le ruisseau de l'Aubette, qui se jette dans la Seine à Meulan.

AVERNES-SOUS-EXMES, vg. *Orne* (Normandie), arr. et à 23 k. d'Argentan, cant. d'Exmes. Pop. 314. h. Près de la Dive.

AVERNES-SOUS-GOURGON, vg. *Orne* (Normandie), arr. et à 40 k. d'Argentan, cant. de Vimoutiers, ✉ du Sap. Pop. 316 h.

AVERON, vg. *Gers* (Armagnac), arr. et à 41 k. de Mirande, cant. et ✉ d'Aignan. Pop. 588 h.

AVERS, vg. *Isère*, comm. de St-Maurice-Lalley, ✉ de Mens.

AVERTIN (St-), vg. *Indre-et-Loire* (Touraine), arr., cant., ✉ et à 6 k. de Tours. Pop. 1,307 h. Sur le Cher. — Carrières de pierres à bâtir.

On trouve sur son territoire les vestiges d'une voie romaine, qui allait de Tours à Loches. Sur les rochers de St-Avertin sont situées les fontaines qui, par des canaux établis sous le lit du Cher, fournissent l'eau qui alimente les fontaines de la ville de Tours.

Quelques auteurs font naître à St-Avertin le célèbre imprimeur PLANTIN, honneur que revendique aussi la ville de Montlouis.

AVERTON, vg. *Mayenne* (Maine), arr. et à 32 k. de Mayenne, cant. et ✉ de Villaines-la-Juhel. Pop. 1,340 h. — Papeterie.

AVESNE, vg. *Pas-de-Calais* (Artois), arr. et à 20 k. de Montreuil, cant. et ✉ d'Hucqueliers. Pop. 148 h.

AVESNE-CHAUSSOY, vg. *Somme* (Picardie), arr. et à 40 k. d'Amiens, cant. d'Oisemont, ✉ d'Airaines. Pop. 213 h.

AVESNELLES, vg. *Nord* (Hainaut), arr., cant., ✉ et à 1 k. d'Avesnes. Pop. 904 h. — *Fabriques* de toiles de lin, clous, briques, carreaux, etc.

AVESNES, *Avena*, petite ville forte *Nord* (Hainaut), chef-l. de sous-préf. et de 2 cant. Place de guerre de 4ᵉ classe. Trib. de 1ʳᵉ inst. Soc. d'agric. Collège comm. 2 cures. Gîte d'étape. ✉. ⚜. Pop. 2,821 h.—Terrain calcaire carbonifère.

Autrefois diocèse de Cambray, parlement de Douai, intendance de Maubeuge, gouvernement particulier, bailliage royal, collégiale, collége, 2 couvents.

Cette ville est située dans une contrée fertile, sur l'Helpe majeure. Elle est généralement bien bâtie, et fortifiée d'après le système du célèbre Vauban. Dans le XIᵉ siècle, elle appartenait aux comtes qui ont gouverné en souverains la Flandre, le Hainaut, la Hollande et la Zélande. Louis XI la prit et fit passer tous les habitants au fil de l'épée, à l'exception des notables au nombre de dix-sept. En 1559, les Espagnols s'en rendirent maîtres. Elle fut cédée à la France en 1659, par le traité des Pyrénées avec les villes du Quesnoy et de Landrecies. Les Russes s'en emparèrent en 1814 ; les Prussiens la prirent le 24 juillet 1815, après deux jours de siège et par suite de l'explosion d'une poudrière qui détruisit presque toute la ville. Elle a été rebâtie en moins d'un an. On y remarque la cathédrale, surmontée d'une tour de 100 m. de hauteur, élevée sur quatre piliers, qui renferme un beau carillon ; le palais de justice ; l'hôtel de ville ; la salle de spectacle ; les bâtiments militaires ; la fontaine de la place d'armes.

Les armes d'Avesnes sont : *bandées d'or et de gueules de six pièces.* Au-dessus de l'écu est une ruche environnée d'abeilles.

Avesnes a fourni à la grande armée, sous l'empire, plusieurs guerriers distingués, entre autres le général vicomte DE SAINT-MARS, l'un des grands officiers de la Légion d'honneur.

Fabriques de bonneterie, genièvre, savon noir, hydromel. Nombreuses brasseries. Raffineries de sel. Tanneries. Briqueteries. Scieries de marbre. — Aux environs, mines de fer, forges, hauts fourneaux, clouteries et verreries. — *Commerce* de grains, fruits, houblon, bestiaux, fromages dits de Marolles, quincaillerie, fil de fer, clous, toiles, cuirs, ardoises, charbon de terre, bois de charpente, cendres fossiles, etc. — *Foires* le 1ᵉʳ dimanche d'août (9 jours), le 1ᵉʳ sept., mercredi après Quasimodo et le 8 de chaque mois.

Avesnes est à 97 k. S.-E. de Lille, 195 k. N.-E. de Paris pour la taxe des lettres.

L'arrondissement d'Avesnes est composé de 10 cantons : Avesnes N., Avesnes S., Bavay, Berlaimont, Landrecies, Maubeuge, le Ques-

noy E., le Quesnoy O., Solre-le-Château et Trélon.
Bibliographie. Lebeau (M.-J.). *Précis de l'histoire d'Avesnes*, in-12, 1836.
Demeunynck. *Précis historique et statistique des communes de l'arrondissement d'Avesnes* (Annuaire du Nord, in-8, 1836), avec M. Devaux.
Clément-Hemery (Mme). *Promenades dans l'arrondissement d'Avesnes*, in-12, cartes et gravures, 1839.
Houzé (J.). *Mœurs campagnardes dans l'arrondissement d'Avesnes*, in-12, 1835.
Torneux (Emile). *Notice sur les monnaies anciennes trouvées à Avesnes en 1832*, in-8, 1835.
AVESNES, vg. *Seine-Inf.* (Normandie), arr. et à 24 k. de Dieppe, cant. et ✉ d'Envermeu. Pop. 711 h.
AVESNES, vg. *Seine-Inf.* (Normandie), arr. et à 45 k. de Neufchâtel, cant. et ✉ de Gournay. Pop. 378 h.
AVESNES-LE-COMTE, bg *Pas-de-Calais* (Artois), chef-l. de cant., arr. et à 22 k. de St-Pol. Cure. ✉. A 210 k. de Paris pour la taxe des lettres. Pop. 1,335 h. — Terrain crétacé supérieur, voisin du terrain tertiaire supérieur.
— Il est situé sur l'Hèpre, près de la source du Gy. — *Fabrique* de savon. Raffinerie de sel.
— *Foires* les 2 mai (2 jours) et 25 oct. (2 jours).
AVESNES-LES-AUBERT, bg *Nord* (Flandre), arr., cant., ✉ et à 13 k. de Cambray. Pop. 2,803 h. — L'église de ce village fut bâtie en 1735; le clocher date de 1543. Sur les quatre angles extérieurs de ce clocher se trouvent quatre grandes niches en pierre dans lesquelles on voyait autrefois les statues des quatre évangélistes. Au-dessus du grand portail on voit encore une statue de saint Pierre tenant les clefs d'une main et de l'autre l'Évangile. L'église se compose de trois grandes nefs ogivales; elle est boisée partout jusqu'à la hauteur des fenêtres; la balustrade du chœur et la chaire sont sculptées avec goût. — Le cimetière tient à l'église; il est clos de murailles crénelées et surmontées de petites tourelles à chaque coin. — *Fabrique* de batiste. Briqueterie. Moulins à huile. Brasseries.
AVESNES-LÈS-BAPAUME, vg. *Pas-de-Calais* (Artois), arr. à 22 k. d'Arras, cant. et ✉ de Bapaume. Pop. 122 h.
AVESNES-LE-SEC, bg *Nord* (Flandre), arr. à 17 k. de Valenciennes, cant. et ✉ de Bouchain. Pop. 1,617 h. — On y voit un beffroi de forme pyramidale, construit entièrement en pierres blanches extraites du territoire d'Avesnes-le-Sec, et aussi remarquable par son architecture que par sa construction hardie. — *Fabrique* de sucre indigène.
AVESSAC, bg *Loire-Inf.* (Bretagne), arr. et à 34 k. de Savenay, cant. de St-Nicolas, ✉ de Redon. Pop. 2,432 h. — Au-dessus de ce bourg est une lande élevée, d'où la vue plane sur les départements de la Loire-Inférieure, du Morbihan et d'Ille-et-Vilaine.
Biographie. Avessac est la patrie de M. le comte Maudet de Penhouet, antiquaire, né en 1764, auteur de l'*Archéologie armoricaine*, 3 cahiers in-4 et pl., 1824-26; d'un *Essai sur les monuments armoricains qui se voient sur la côte méridionale du département du Morbihan, proche Quiberon*, in-4, 1805; de *Recherches historiques sur la Bretagne*, etc., in-4, 1814; et de quelques autres mémoires archéologiques.
Foire le 14 oct.
AVESSÉ, vg. *Sarthe* (Anjou), arr. et à 37 k. de la Flèche, cant. de Brulon, ✉ de Sablé. Pop. 1,128 h. — Il est sur la rive gauche de l'Huisne, que l'on y passe sur un pont en bois.
AVEUX, vg. *H.-Pyrénées* (Bigorre), arr. et à 47 k. de Bagnères-de-Bigorre, cant. de Mauléon, ✉ de St-Bertrand. Pop. 149 h.
AVEYRON (l') ou Aveiron, *Avario*, rivière qui prend sa source à 1 k. au S.-E. de Sévérac-le-Château dans le département auquel elle donne son nom. Cette rivière se dirige d'abord de l'est à l'ouest, passe à Gaillac, Palmas, où elle reçoit la Serre, à Gagues, à Rodez, à Belcastel, à Villefranche, où elle court du nord au sud par une pente très-rapide jusqu'à sa jonction avec le Viaur; elle se dirige ensuite à l'ouest, arrose Varen, St-Antonin, et entre au-dessous de ce bourg dans le département du Tarn, où elle arrose Bruniquel, Montricoux, Nègrepelisse, Réalville, et se jette dans le Tarn à peu de distance de Moissac, après un cours d'environ 220 k.
L'Aveyron est navigable de Nègrepelisse à son embouchure, sur une étendue de 28,500 m. Ses principaux affluents sont : la Serre, le Viaur, l'Alzou, le Cerou, la Vère, etc.
AVEYRON (département de l'). Le département de l'Aveyron est formé du Rouergue, pays qui dépendait autrefois de la ci-devant province de Guienne; il tire son nom de la rivière de l'Aveyron qui y coule de l'est à l'ouest, et le divise en deux parts. Ses bornes sont : au nord, le département du Cantal; à l'est, ceux de la Lozère et du Gard; au sud, ceux de l'Hérault et du Tarn, et à l'ouest, celui du Lot.
On peut regarder ce département comme un des plus élevés de la France; il est même au sud-est le plus haut point entre l'Océan et la Méditerranée, dans la direction de Montpellier à Bordeaux. Les montagnes du Cantal, des Cévennes et de la Gaune, l'entourent de trois côtés; il n'est ouvert qu'à l'ouest. — Toute la partie septentrionale du département est formée par les prolongements des montagnes du Cantal et des Cévennes. On en trouve une longue chaîne qui porte le nom de montagnes d'Aubrac et qui s'étend depuis la rive gauche de la Truyère jusqu'au point où le Lot entre dans le département, sur une longueur d'environ 48 k. Ces montagnes sont presque toutes volcanisées, et séparées par des précipices affreux. C'est surtout dans la Guiolle jusqu'à Naves qu'elles présentent les traces les plus étonnantes d'antiques incendies; les naturalistes admirent ces basaltes prismatiques, figurant des colonnes groupées en jeux d'orgues et des pilastres veinés de différentes couleurs; ces buttes isolées lancées par d'épouvantables fournaises; ces remparts perpendiculaires de coulées de laves, subitement arrêtées dans leur fusion par la masse des eaux qui couvraient les plaines inférieures.
Le pays d'Aubrac a une physionomie sauvage, c'est la Sibérie du département; pendant le temps des neiges, les chemins n'y sont marqués que par de longues pierres dressées de distance en distance; dans les plus pauvres chaumières, hommes et animaux habitent pêle-mêle, et, comme chez certains peuples d'Afrique, les enfants ont pour compagnons les béliers et les veaux. Dans ce pays, la verdure ne commence à poindre que dans la première quinzaine d'avril; mais bientôt les montagnes offrent la végétation la plus brillante, et se couvrent de nombreux troupeaux amenés de toutes les parties du département où l'on éprouve la pénurie des fourrages. Dans les premiers jours d'octobre, les troupeaux regagnent leurs étables; les montagnes, abandonnées et dépouillées de verdure, se couvrent de neiges et de brouillards. Pendant l'hiver, toute la contrée est ensevelie sous des monceaux de neige. — Entre le Lot et l'Aveyron, en se dirigeant sur Aubin, on rencontre une autre chaîne, qui se termine au Lot, et d'où sortent plusieurs branches, dont les intervalles forment de petits vallons arrosés par des torrents ou par des ruisseaux; les montagnes de cette chaîne sont toutes de forme mamelonnée, et leurs pics, très-rapprochés, sont plantés de beaux arbres; c'est dans cette contrée que sont situées les riches mines de houilles du département, qui s'enflamment quelquefois spontanément, brûlent pendant un grand nombre d'années, et présentent parfois le spectacle effrayant d'un volcan. — Au sud de Laissac, on trouve la montagne de Montmerle, célèbre par un camp retranché qui en occupe tout le sommet. — Entre la source de l'Aveyron d'un côté, ces montagnes sont presque coupées à pic et inhabitées, tandis qu'à l'opposite elles s'abaissent par une pente douce, sur laquelle sont bâtis quelques villages; presque partout elles présentent l'image de la solitude et de la stérilité; on parcourt de longs espaces avant de pouvoir découvrir quelques hameaux, ordinairement entourés de petites cultures de seigle ou d'avoine; on erre à travers d'immenses pacages où dominent la fougère, l'ajonc épineux et les genêts; on ne trouve des arbres que dans les vallons. Au-dessus de Millau, le Tarn sépare les beaux vignobles de Compeyre d'une contrée dont l'aspect est on ne peut plus agreste. La chaîne des rochers calcaires qui suit la rive droite de la Dourbie jusqu'à l'embouchure de cette rivière dans le Tarn, présente un grand nombre de belles grottes. — Les montagnes situées au sud, qui entourent St-Jean du Bruel, sont un prolongement des Cévennes; elles renferment d'immenses carrières de schiste, de plâtre et d'argile.
A l'ouest se présente un vaste plateau calcaire, de plus de 120 k. carrés, appelé le Larzac, hautes plaines stériles où sous ce ciel étincelant on fait des lieues entières sans rencontrer une maison, un arbre, un filet d'eau; elles

AVEYRON (département de l').

nourrissent cependant une grande quantité de bêtes à laine, dont le produit suffit à l'existence des habitants.—Dans les montagnes isolées qui se rattachent au Larzac se trouvent des grottes naturelles, dont les plus connues sont celles de Roquefort.

La surface totale du département de l'Aveyron est de 887,974 hectares, répartis ainsi :

Terres labourables	363,723
Prés	121,516
Vignes	34,410
Bois	83,565
Vergers, pépinières et jardins	2,260
Oseraies, aunaies et saussaies	» »
Étangs, mares, canaux d'irrigation	81
Landes et bruyères	209,032
Superficie des propriétés bâties	2,333
Cultures diverses	40,511
Contenance imposable	858,430
Routes, chemins, places, rues, etc.	17,939
Rivières, lacs et ruisseaux	8,166
Forêts et domaines non productifs	3,295
Cimetières, églises, bâtiments publ.	41
Contenance non imposable	28,441

On y compte :
74,297 maisons;
1,185 moulins à eau et à vent.
20 forges et fourneaux.
165 fabriques et manufactures.
soit : 75,667 propriétés bâties.
Le nombre des propriétaires est de 122,660
Celui des parcelles de 1,169,862

HYDROGRAPHIE. Cinq grandes rivières traversent le département : l'Aveyron qui y prend sa source et lui donne son nom, le Viaur, la Truyère, le Lot et le Tarn; le Lot seul est navigable, sur une étendue de 40,000 m. Les autres cours d'eau de quelque importance sont : le Dourdou, la Sorgues et la Dourbie.

COMMUNICATIONS. Le département de l'Aveyron est traversé par seize routes royales ou départementales, et coupé en tous sens par un grand nombre de chemins vicinaux, qui, pour la plupart, ne sont praticables que pendant la belle saison. Une partie des transports s'y fait encore à dos de mulet.

MÉTÉOROLOGIE. On jouit, dans l'Aveyron, d'un climat pur, qui cependant est assez froid dans certaines parties, particulièrement sur les montagnes. L'hiver se fait sentir près de six mois sur les plateaux du nord, ainsi qu'à l'extrémité du Levezou, où la neige tombe en abondance et ne fond que difficilement; quelquefois même les vents en divisent les flocons, comme la poussière la plus fine, l'air en est obscurci, et à deux pas de distance on n'aperçoit plus les objets : malheur alors au voyageur surpris par ce mauvais temps, il lui est presque impossible de ne pas s'égarer ; et s'il ne peut parvenir à gagner promptement une habitation, il meurt transi par le froid ou épuisé par la fatigue. Le climat est généralement chaud dans la région orientale, où sont situés tous les vignobles du département. Les récoltes sont ordinairement très-tardives, surtout dans la partie septentrionale du département; les moissons n'y commencent jamais que dans les premiers jours d'août et se prolongent souvent jusqu'en sept.

PRODUCTIONS. En général, l'Aveyron est peu fertile en grains; cependant les récoltes annuelles sont à peu près suffisantes pour les besoins des habitants. Tout le pays situé sur la rive droite du Lot ne produit que du seigle et de l'avoine; celui compris entre l'Aveyron et le Tarn donne un peu de froment, mais beaucoup plus de seigle et d'avoine ; il en est de même de Villecomtal, Villeneuve, etc.; au nord d'Aubin, on trouve la petite plaine de Livignac, dont la fertilité est si grande, qu'on peut cultiver en plein champ les plantes les plus délicates des jardins. Dans la partie orientale du département se trouvent de très-grandes fermes, où l'on compte jusqu'à 25 paires de bœufs, et un personnel de 40 à 50 individus. Le produit annuel du sol peut être évalué ainsi :

Céréales	1,160,000 hect.
Parmentières	150,000
Avoine	300,000

Presque tous les coteaux des montagnes schisteuses de Rieupeyroux, de la Selve, de Salles-Curan et du Levezon sont couverts de vignes, qui, dans quelques parties, sont plantées tellement en pente qu'on est obligé d'en soutenir les terres par des murs. A l'exception des vignobles de Lancedat, d'Aguac, de Varens, et quelques coteaux des environs de Marcillac, qui donnent des vins agréables et délicats, les vins de l'Aveyron sont de médiocre qualité, et ont un goût de terroir désagréable pour ceux qui n'y sont pas habitués ; la récolte annuelle en est évaluée à environ 300,000 hectol.—Le jardinage offre quelques ressources aux environs des villes, où il est loin de la perfection auquel il pourrait atteindre si la culture était mieux entendue ; le département est tributaire pour une somme assez forte pour les primeurs de celui du Tarn.—Entre Peyrusse et Asprières commencent les truffières qui se continuent dans la partie occidentale du département.—Les prairies occupent un assez grand espace dans la partie du nord ; le centre en offre moins, et le sud progressivement moins encore. La plus grande partie des terrains montagneux servent de pâturages ; nous avons parlé des cinq montagnes d'Aubrac ; presque toutes les grandes fermes en possèdent une certaine étendue.—Les arbres fruitiers ne sont guère cultivés que dans les pays de vignes, et dans quelques parties montueuses à seigle. Le pays compris entre le Lot et l'Aveyron produit beaucoup de prunes, dont il se fait des envois considérables pour les ports de la Méditerranée. Les châtaigneraies couvrent une grande partie des terres à seigle et leur fruit est un des produits les plus utiles à l'habitant de l'Aveyron, qu'il nourrit une partie de l'année. — Les bois couvrent un peu plus de la dixième partie de l'étendue du département ; les arrondissements d'Espalion et de Rodez sont ceux qui en contiennent le plus.—Le département élève un assez grand nombre de chevaux, dont la race,

naguère très-dégénérée, commence à s'améliorer ; on élève des mulets de belle taille, qui se vendent en partie pour l'Espagne.—L'abondance des pâturages a fait multiplier l'éducation des bêtes à cornes, qui sont cependant d'une espèce assez médiocre ; les cultivateurs tirent du Cantal les bœufs qu'ils emploient dans les terres à blé, et réservent ceux du pays, moins fortement corsés, pour les terres à seigle. Les chèvres sont très-multipliées, ainsi que les porcs.—L'espèce des bêtes à laine est en général assez belle ; les moutons du Larzac sont renommés pour la délicatesse de leur chair et pour la finesse de leur toison. C'est avec le lait des brebis, auquel on ajoute un peu de lait de chèvre, que se préparent les excellents fromages connus sous le nom de fromages de Roquefort.— Les rivières sont assez poissonneuses ; elles fournissent principalement des anguilles, des truites et des écrevisses.—Les loups et les renards sont nombreux dans les montagnes. Les forêts nourrissent peu de gros gibier ; les lièvres et les lapins très-communs dans les landes, et le gibier ailé est assez abondant dans la saison. Les serpents sont très-multipliés, notamment dans les environs de Sylvanès ; on distingue la couleuvre terrestre et aquatique, la vipère, le serpent à collier et l'orvet.

MINÉRALOGIE. Mine de cuivre au Bouquet, dont l'exploitation, commencée en 1806, n'a pas donné des résultats assez avantageux pour qu'on ait cru devoir la continuer. Mines de plomb sulfuré argentifère plus ou moins riches; celle de Bord contient 63 pour 100 de plomb, et 132 gramm. d'argent fin par 50,000 gramm. de plomb. Mines de zinc sulfuré et de zinc sulfaté, mines d'antimoine. On y exploite du fer dans plusieurs endroits, de la houille à Aubin, à Sévérac-le-Château et à St-Santin, de l'alun, du sulfate de fer, de l'alumine, et quelques tourbières dans diverses localités. Le département renferme en outre du marbre, de la serpentine, des roches feld-spathiques propres à être polies, du kaolin, de la pierre ollaire, de la pierre meulière, du basalte, de la pouzzolane, du silex, de l'émeril ferrugineux, des marnes calcaires et argileuses, du gypse, etc.

EAUX MINÉRALES. Eaux thermales à Sylvanès ; eaux minérales à Cransac, Camarès, d'Andabre, Prugnes, etc.

INDUSTRIE ET COMMERCE. Les nombreux cours d'eau du département de l'Aveyron y ont facilité l'établissement de beaucoup d'usines, de fonderies, de tanneries, de papeteries, de filatures et des fabriques de divers tissus. Dans l'arrondissement de Rodez, la ville de ce nom fabrique des toiles grises, des cadis, des couvertures de laine, des serges et tricots pour les troupes ; on y trouve des fonderies, des tanneries et des teintureries. A Salles-la-Source, il y a une fabrique de papier dans le genre d'Annonay et une filature. Sauveterre a des fabriques de bonneterie en laine. — Espalion a des fabriques de colle forte façon anglaise, des blanchisseries de cire, et des tanneries dont les basanes sont recherchées. St-Geniez a des fabriques de draps et de couvertures de laine, des tanneries et des filatures de laine.—Millau est justement renommé pour ses tanneries, ses mégisseries, ses pelleteries, ses chamoiseries et ses fabriques de gants. — St-Affrique a des filatures de coton et de laine, des fabriques de bonneterie et des mégisseries. On fabrique des draps et on file en grand la laine à Camarès. Cornus fabrique des feutres pour papeterie, et Roquefort livre au commerce les excellents fromages de son nom.— Villefranche a des fabriques de toiles grises et d'emballage disséminées dans la ville et aux environs; il existe dans cet arrondissement des forges et fonderies de cuivre rouge et jaune qui alimentent une fabrication assez étendue de chaudrons, de chandeliers et de cloches ; les forges à l'anglaise à Derazeville et à Firmi, des papeteries à Orlionag, à la Bastide-l'Evêque et à Valaguils.—Enfin on se livre sur divers points à l'extraction de l'alun et du sulfate de fer, à l'éducation des vers à soie, à la fabrication de la bonneterie, du merrain, des clous, etc.

Le commerce consiste principalement en grains, pruneaux, amandes, châtaignes, cire, jambons, fromages de Roquefort et de la Guiolle, moutons, bestiaux, cuirs, gros draps, gants de peau, laines, toiles, chanvre, ustensiles de cuivre, pelleteries, houille, alun, clous, tonnellerie, bois merrain et propres à la fabrication des meubles.

FOIRES. Environ 170 communes possèdent des foires, dont 16 seulement durent deux jours. Dans l'arrondissement d'Espalion, toutes les foires sont exclusivement destinées au commerce des bestiaux. Dans les autres foires, on vend principalement de la cire à Arsalée, à Najac, à Villefranche, à Monteils ; des fromages à déposer dans les caves de Roquefort, à St-Georges-de-Luzençon, à Salles-Curan, à Roquefort, à Monpaon, à Lavernhe, à Prévinquières ; des ustensiles de cuivre à St-Jean-de-Bruels; des dentelles à Laissac; des volailles à Salles-Curan, etc. — La foire de la Clau est une assemblée pour le louage des domestiques.

MOEURS ET USAGES. « L'Aveyronnais, dit M. Monteil (1), le le corps musclé et nerveux, la taille un peu massive et la physionomie sévère; les étrangers le trouvent comme son pays, d'un abord difficile. Il est sérieux, mais rarement mélancolique. Ennemi de la flatterie, il dit toujours la vérité qu'on lui demande, et souvent celle qu'on ne lui demande pas; dans son département, il se fait peut-être moins de compliments en dix ans, que dans les autres en dix jours. Les habitants de la partie septentrionale de la rive droite du Lot sont francs, bons et même pacifiques quand le vin est cher; mais, lorsque la récolte est abondante, les querelles sont assez fréquentes.—Les Aveyronnaises ont de la taille et de la fraîcheur ; leurs traits annoncent plutôt la force que la délicatesse ; leur éducation n'admet ni les minauderies, ni l'étude de ces grâces légères, ailleurs si essentielles; l'utile, on ne leur demande, on ne leur apprend que cela. A quelques exceptions près,

(1) *Description du département de l'Aveyron.*

lire, écrire, compter, coudre et bien gouverner un ménage, voilà tout ce qu'il faut qu'elles sachent ; et si, dans les maisons aisées , on leur permet quelques arts agréables, ce n'est guère qu'à la veille de les établir; quand on voit entrer le maître de danse et de musique, on peut en conclure que l'époux n'est pas loin. — A Villefranche , les habitants sont plus civilisés, plus sociables , ont les mœurs plus douces que ceux de Rodez ; les femmes se distinguent par une tournure élégante et par beaucoup de grâce dans les manières et dans le maintien ; les jeunes filles, presque toutes jolies, ont dans la voix un charme inexprimable. Dans les belles soirées d'été, elles se rassemblent devant leurs maisons pour chanter ensemble, et la pureté de leur voix, l'expression de leur chant, produisent un effet véritablement profond.—Dans la plupart des cantons du département, et principalement dans la partie située entre le Lot et l'Aveyron, les femmes sont traitées avec une sorte de barbarie ; on les contraint de travailler à la terre et à remplir la tâche pénible des agriculteurs ; aussi leur physique est-il ressenti, et les femmes y sont-elles en général désagréables. »

DIVISION ADMINISTRATIVE. Le département de l'Aveyron a pour chef-lieu Rodez. Il envoie 5 représentants à la chambre des députés, et est divisé en 5 arrondissements :

Rodez. . . . . 11 cant.
Espalion. 9
Millau. 9
St-Affrique 6
Villefranche. . . . 7
       42 cant.

27e conservation des forêts. — 18e arrondissement des mines (chef-l. Montpellier). — 9e division militaire (chef-l. Montpellier). — Evêché à Rodez ; 48 cures, 549 succursales, 173 vicariats ; séminaire diocésain et école secondaire ecclésiastique à Rodez ; école secondaire ecclésiastique à Belmont.— Eglise consistoriale pour le culte réformé à St-Affrique, divisée en 3 sections, desservies par 4 pasteurs résidant à St-Affrique, Millau et Pont-de-Camarès ; 5 temples ou oratoires. — Collège royal à Rodez. Collèges communaux à Espalion, Millau, St-Affrique , St-Geniez et Villefranche. Ecole de sourds-muets à Rodez ; école normale primaire à Rodez ; 344 écoles primaires ; 319 pensions ou écoles privées. — Sociétés d'agriculture à Rodez, à Millau, à St-Affrique et à Villefranche.

Biographie. Le département de l'Aveyron a vu naître plusieurs hommes célèbres , parmi lesquels on distingue : le chevalier D'ESTAING , qui sauva la vie de Philippe Auguste à Bouvines ; le grand maître de l'ordre de St-Jean de Jérusalem , JEAN DE LA VALETTE , célèbre par son héroïque défense de Naples ; le controversiste JEAN CLAUDE ; les médecins CHIRAC et ALIBERT ; le botaniste BONNATERRE ; l'architecte CUSSET ; le littérateur DELRIEU ; l'archéologue baron de GAUJAL ; l'historien ALEX. MONTEIL ; PLANARD , auteur d'un grand nombre

d'opéras-comiques; PEYROT, auteur de poésies patoises ; le célèbre TH. RAYNAL ; VAISSE DE VILLIERS , auteur d'un bon Itinéraire de la France, malheureusement inachevé ; les trois membres de la convention CHABOT , DUBRUEL et VALADI ; les généraux MATTHIEU DE LA REDORTE, REY, SOLIGNAC, GRANDSAIGNE, etc.

Bibliographie. *Abrégé chronologique et généalogique des comtes et vicomtes de Rouergue,* etc., in-4, 1682.

CLÉMENT (dom). *Chronologie historique des comtes du Rouergue et de Rodez* (2e édit. de l'Art de vérifier les dates, in-fol., 1770, p. 737).

BOSC (L.-P.-C.). *Mémoire pour servir à l'histoire du Rouergue,* 3 vol. in-8, 1793.

GAUJAL (le baron de). *Essais historiques sur le Rouergue,* 2 vol. in-8, 1824-25.

Aperçu statistique du département de l'Aveyron (Annales de statistique , an XII, 30 liv.).

MONTEIL (Alexis). *Description du département de l'Aveyron,* 2 vol. in-8, an X.

PEUCHET et CHANLAIRE. *Statistique de l'Aveyron,* in-4 , 1808.

De l'état de l'agriculture dans l'Aveyron (Annales d'agriculture, décembre 1822).

MORAT. *Mémoire sur le pays d'Aubin et la montagne de Cransac,* in-4, 1818.

BLAVIER. *Statistique minéralogique du département de l'Aveyron* (Journal des mines, t. XIX et XX, 1806).

MANÈS. *Mémoire géologique et statistique sur les terrains de grès avec houille qui , dans les départements de l'Aveyron et du Tarn, recouvrent la pente occidentale du plateau primitif central de la France* (Annales des mines, 3e série , t. X, p. 147).

PERNOT (F.-A.). *Sites et Monuments du département de l'Aveyron,* petit in-fol. et 30 vues, 1827.

Le Propagateur aveyronnais, recueil in-8 , 1823 et années suiv.

Mémoires de la société des lettres, sciences et arts de l'Aveyron, 2 vol. in-8, 1836-41.

V. aussi aux articles AUBIN, AUBRAC, CAMARÈS, ST-SERNIN , SYLVANÈS.

AVEZAC-PRAT, vg. H.-Pyrénées (Gascogne), arr. à 23 k. de Bagnères-de-Bigorre, cant. et ✉ de la Barthe-de-Neste. P. 1,000 h.

AVEZAN, vg. Gers (Armagnac), arr. et à 16 k. de Lectoure, cant. et ✉ de St-Clar. Pop. 303 h. Près du Ras.

AVÈZE, vg. Gard (Languedoc), arr., cant., ✉ et à 2 k. du Vigan. Pop. 1,485 h. Près de l'Arre. — *Fabriques de bas de soie. Filatures de soie grège. Tanneries.*

AVÈZE, vg. Puy-de-Dôme (Auvergne), arr. et à 65 k. d'Issoire, cant. et ✉ de Tauves. Pop. 779 h.

AVÉZÉ, vg. Sarthe (Maine), arr. et à 31 k. de Mamers , cant. et ✉ de la Ferté-Bernard. Pop. 1,325 h. Sur la rive gauche de l'Huisne.

AVID (St-). V. ST-AVIT.

AVIGNEAU, vg. Yonne, comm. d'Escamps, ✉ de Coulanges-la-Vineuse.

AVIGNON (château d'), vg. *Bouches-du-Rhône*, comm. de Ste-Marie, ✉ d'Arles.
AVIGNON, vg. *Jura* (Franche-Comté), arr., cant., ✉ et à 4 k. de St-Claude. Pop. 260 h.
AVIGNON, *Avenio*, *Avenio Cavarum*, grande, belle et très-ancienne ville, chef-l. du dép. de *Vaucluse*, chef-l. du 2ᵉ arr. et de 2 cant. Bonne ville n° 33. Trib. de 1ʳᵉ inst. et de comm. Chamb. et Bourse de comm. Conseil de prud'hommes. Succursale de l'hôtel des invalides. Archevêché. Grand et petit séminaires. 4 cures. Collège royal. École gratuite de dessin. Maison de santé pour les aliénés. Académie de Vaucluse. Gîte d'étape. ✉. ⌬. Pop. 33,844 h. — Terrain d'alluvions modernes.

Autrefois archevêché, université, hôtel des monnaies, 7 collégiales, 25 couvents, plusieurs hôpitaux, un mont-de-piété, 3 séminaires, une commanderie de Malte.

L'origine d'Avignon remonte à une haute antiquité : avant la domination romaine, c'était la capitale des Cavares. La position d'*Avenio* à Avignon est démontrée par les monuments de l'histoire et par les mesures de la route ancienne de *Valentia*, Valence, *Arelate*, Arles. *Avenio* est mise au nombre des villes latines par Pline, quoique Ptolémée lui donne le titre de colonie. Étienne de Byzance l'attribue aux Marseillais. C'est une des villes dont on possède des médailles. Cette ville passa successivement sous la domination des Goths, des Bourguignons, des Ostrogoths et des rois d'Austrasie. Assiégée sans succès par Clovis vers l'an 500, elle fut regardée comme le boulevard de la Provence. Charles Martel la prit sur les Sarrasins, qui étaient parvenus à s'en emparer en 730 ; ils la reprirent en 737, mais ils en furent de nouveau chassés par Charles Martel avec grande perte. Soumise aux Carlovingiens jusqu'en 880, elle fit partie du royaume d'Arles ; plus tard elle se déclara république impériale, et souffrit des guerres cruelles pour maintenir sa liberté. — A l'exemple du comte de Toulouse, Avignon embrassa la cause des Albigeois. Louis VIII prit cette ville le 10 septembre 1226, après un siège de trois mois, où il perdit plus de 22,000 hommes ; il l'obligea de détruire ses palais, ses fortifications, ses remparts et 300 maisons ; mais il ne changea rien à la forme de son gouvernement. Affaiblie par ces revers, la ville d'Avignon rentra, en 1251, sous la domination des comtes, qui ne laissèrent aux habitants qu'une ombre de leur gouvernement. — En 1348, le 19 juin, Jeanne de Naples, reine des Deux-Siciles et comtesse de Provence, vendit Avignon au pape Clément VI ; voici à quelle occasion. Jeanne avait fait assassiner dans le château d'Aversa son royal époux, André de Hongrie, à peine âgé de dix-huit ans. Un pareil forfait ne pouvait demeurer impuni ; le frère du prince assassiné accourut du fond de la Hongrie à la tête d'une puissante armée. Jeanne, obligée de guerroyer, offrit au pape Clément VI de lui vendre la ville d'Avignon et le comtat Venaissin. Le marché fut conclu pour la somme de 80,000 écus d'or. Alors Clément VI évoqua à lui le jugement de l'assassinat du roi André, déclara la reine innocente, la rétablit dans tous ses droits et prérogatives, et la renvoya de Marseille à Naples avec dix galères génoises, non comme une criminelle souillée par l'assassinat de son mari et méprisée pour ses débordements, mais comme une reine brillante d'innocence, autant que de jeunesse et de beauté. — Les 80,000 écus d'or stipulés pour prix de la cession d'Avignon n'ayant jamais été payés, Jeanne protesta contre cette vente par cinq édits de 1350, 1365 et 1368 ; elle finit toutefois par succomber dans la lutte. On sait qu'elle périt du dernier supplice en 1382.

Les successeurs de Clément VI possédèrent Avignon sans interruption jusqu'en 1663, époque où Louis XIV s'en empara, pour venger l'insulte faite à Rome à l'ambassadeur de France. Cependant, le pape s'étant décidé à donner la satisfaction qu'on lui demandait, cette ville lui fut restituée. En 1688, Louis XIV s'empara une seconde fois d'Avignon, qu'il rendit au pape en 1690. Cette ville fut encore prise en 1768, par Louis XV, pour venger l'injure faite par le pape au duc de Parme ; il la garda tant que vécut le pape Clément XIII, et ne la rendit qu'à son successeur. — Dès l'année 1309, le pape Clément V, d'après un traité fait avec Philippe le Bel, avait transféré à Avignon la résidence du saint-siège : elle y resta fixée jusqu'en 1377, que le pape Grégoire XI la reporta à Rome. À la mort de Grégoire, les cardinaux français élurent successivement deux papes en opposition au pontife romain ; ces papes résidèrent à Avignon jusqu'en 1408. Les Français alors, fatigués du schisme, chassèrent d'Avignon le dernier pape, Benoît XIII. Depuis ce temps les papes gouvernèrent la ville par des légats, jusqu'au commencement de la révolution. En 1789, on y créa une municipalité populaire et une garde nationale ; on réclama la réforme de plusieurs abus. Les classes privilégiées, qui vivaient de ces abus, voulurent résister ; une collision eut lieu le 10 juin 1790 sur les bords de la Sorgue, où le parti du pape fut vaincu. Le lendemain, le peuple se livra à des vengeances cruelles et illégales, qui tombèrent principalement sur des innocents. Les assemblées primaires votèrent à une grande majorité l'envoi d'une adresse et d'une députation à l'assemblée nationale pour demander la réunion à la France ; malgré les efforts de Vergniac, malgré ceux de l'abbé Maury, dans un sens opposé, le décret de réunion fut prononcé le 14 septembre 1791, et Lescène, Maisons, assistés de deux de leurs collègues, furent chargés de le mettre à exécution ; mais les lenteurs des bureaux ministériels ayant retardé leur départ, ils n'arrivèrent que pour être témoins du deuil que les massacres des 16 et 17 octobre avaient répandu dans Avignon, où les anarchistes, sous le prétexte de venger la mort du secrétaire de la commune, Lescuyer, assommé par la populace dans une émeute, égorgèrent dans les prisons les malheureux détenus qui s'y trouvaient, et jetèrent leurs cadavres au fond d'une tour contiguë à la prison et à la glacière du palais. — Avignon et le comtat Venaissin ne formèrent d'abord qu'un district du département des Bouches-du-Rhône ; mais en 1793 on en forma le département de Vaucluse, en démembrant de celui des Bouches-du-Rhône les districts d'Orange et d'Apt.

Les armes d'Avignon sont : *de gueules à trois clefs d'or posées de face*. Autrefois, ces clefs étaient soutenues par deux oiseaux de proie d'or, qui furent remplacés plus tard par un aigle d'or, avec cette devise au-dessus des armes. **UNGUIBUS ET ROSTRIS**.

Le séjour des papes contribua beaucoup à l'agrandissement et à l'embellissement d'Avignon. Cette ville se peupla surtout de moines, de nonnes et de pénitents de toutes les couleurs.

Le règne des papes et le séjour d'une cour italienne ont laissé à Avignon, et dans quelques autres villes papales, des traces que le temps n'a point encore entièrement effacées, en dépit des institutions. Il y a peu d'années qu'on n'aurait pu trouver ailleurs, en France, une plus grande quantité de nobles, surchargés de titres pompeux et chamarrés de cordons et de décorations de toute espèce ; enfin l'exaltation religieuse et les habitudes d'une certaine partie de la population rappellent encore les mœurs italiennes, et une catastrophe dont on n'a pas encore perdu le souvenir en a fourni une sanglante preuve : peu d'années se sont écoulées depuis que les eaux du Rhône ont charrié le cadavre du maréchal Brune..., indignement assassiné à Avignon, malgré les efforts surhumains du digne maire de cette ville.

Il s'est tenu à Avignon vingt et un conciles, depuis l'an 1050 jusqu'en 1725. Les plus remarquables sont ceux de 1209 contre les Albigeois, de 1282 contre les usuriers, de 1326 contre les empoisonneurs et les sorciers, et celui de 1457 où l'on traita de la croisade projetée par Calixte III contre les Turcs.

La situation d'Avignon, sur la rive gauche du Rhône, est des plus agréables. La ville est traversée par une branche de la Sorgue et par un canal dérivé de la Durance, sur lesquels sont établies de nombreuses usines. Sur l'autre rive du fleuve s'élève un coteau que couronnent Villeneuve et la forteresse de Saint-André ; une plaine d'une vaste étendue, variée de terres labourables, de prairies, de vignes, de jardins, de champs d'oliviers, l'environne presque entièrement. La forme de la ville est un ovale régulier, dont la surface légèrement ondulouse : à l'extrémité se dresse le roc des Doms, coupé à pic vers le Rhône et élevé de 59 mètres au-dessus du fleuve. Cette ville est généralement bien bâtie, mais les rues en sont peu larges et peu percées ; la plus spacieuse est la rue Calade, la plus animée est celle de la Ferraterie, qui est étroite et sinueuse. Les quais qui bordent le Rhône sont magnifiques ; les remparts, construits en superbes pierres de taille, bordés de créneaux, flanqués de tours carrées de distance en distance et percés de belles portes, sont les plus beaux et les mieux conservés qui existent dans tout le midi de la France. Ces remparts, si minces, si fragiles, sont l'œuvre d'un pape, et certes quand l'histoire ne se serait pas chargée de nous l'apprendre, on le devinerait sans peine, car de pareilles fortifications ne sauraient appartenir qu'à une époque où les foudres de l'Église étaient plus puissantes que celles de la guerre. Ces murs, qui servent aujourd'hui d'ornement à la ville, sont entourés eux-mêmes d'élégants boulevards, rendez-vous des oisifs, des habitants de la succursale des Invalides, des convalescents attirés par l'air pur de ces lieux ; et des étrangers qui viennent y jouir des beautés d'un paysage pittoresque ; du haut de leur plate-forme, on jouit d'une des vues les plus agréables sur la ville et sur les riantes campagnes qui l'entourent. La ville est entièrement nue extérieurement et n'a aucun faubourg. — Sur le Rhône on voit les restes de l'ancien pont en pierre de Saint-Benezet, qui joignait autrefois Avignon et Villeneuve, et dont l'inondation de 1669 occasionna la destruction ; quatre arches seulement, des vingt-cinq qui le composaient, ont seules bravé les efforts du fleuve et du temps.

La MÉTROPOLE, dite Notre-Dame-des-Doms, est un antique édifice, construit, dans les premiers siècles du christianisme, sur les débris d'un temple païen ; elle fut détruite par les barbares, et rebâtie par Charlemagne. Cette église occupe le sommet du rocher des Doms : on y monte de la ville par des rampes et par un long escalier, dont le sommet est couronné d'un calvaire, et au bas duquel se trouve l'hospice des aliénés. La chapelle de la Résurrection, que fit bâtir l'archevêque Libelli en 1680, est un chef-d'œuvre de sculpture ; elle est ornée d'une belle Vierge de Pradier. Les papes officiaient dans cette église ; Innocent VI, Urbain V et Grégoire XI y ont été sacrés. Elle renfermait autrefois le tombeau de Benoît XII, celui des archevêques, de plusieurs cardinaux et un grand nombre d'épitaphes. On y voit encore le mausolée de Jean XXII, ainsi que la tombe du brave Crillon et de sa famille.

L'ÉGLISE SAINT-AGRICOL est petite et sans apparence extérieure ; elle renferme le tombeau de Mignard, la jolie chapelle de la famille Bianco, de Florence, et un bénitier remarquable.

L'ÉGLISE SAINT-PIERRE a été rebâtie en 1358 ; la façade, construite en 1512, est d'une belle architecture gothique ; les portes offrent de riches sculptures en bois. Cette église se distingue par les anciennes décorations dont elle est surchargée ; la chaire, en pierre blanche très-fine, passe pour un chef-d'œuvre de sculpture. À la chapelle du Saint-Sépulcre sont des statues colossales qui paraissent appartenir au xive siècle.

L'ÉGLISE SAINT-MARTIAL avait autrefois trois nefs et renfermait plusieurs tombeaux aujourd'hui détruits. L'intérieur est fort remarquable, et, quoique les ornements de la voûte ne donnent qu'une faible idée de ce qu'on a détruit, on peut encore y lire l'état des arts dans chaque siècle, et le souvenir des mœurs des temps qu'ils retracent. Le clocher et la partie extérieure du chœur sont particulièrement remarquables.

L'HOTEL DE VILLE est un édifice de construction irrégulière, surmonté d'un beffroi qui formait autrefois la principale tour du palais Colonne, bâti dans le xive siècle ; ce beffroi est remarquable par sa construction et par ses voûtes inférieures ; on y voit deux grandes figures mobiles, dont l'une frappe les heures. La salle de la mairie et celle du conseil méritent de fixer l'attention par leurs peintures et leurs anciennes décorations.

PALAIS DES PAPES. Ce palais, bâti sur le penchant méridional du rocher des Doms, a été élevé par plusieurs des papes qui résidèrent à Avignon dans le xive siècle. La grandeur de cet édifice, son élévation, sa majesté imposante, ses tours, l'épaisseur de ses murs, ses créneaux, ses ogives, cette architecture sans suite, sans régularité, sans symétrie, étonnent le spectateur. — Le palais des papes c'est le moyen âge tout entier ; c'est le xive siècle avec ses révoltes religieuses, ses argumentations armées, son Église militante : art, luxe, agrément, tout est sacrifié à sa défense ; c'est enfin le seul modèle complet qui reste de l'architecture militaire de cette époque. — Si vous entrez dans la cour, vous trouvez l'intérieur du palais aussi terriblement cuirassé que l'extérieur. Là tout est prévu pour que le moindre coin puisse livrer les portes ; de tous côtés des tours dominent le préau, et des meurtrières le menacent. C'est pour l'assaillant qui est parvenu là et qui se croit vainqueur tout un siège à recommencer. Puis, ce second siège achevé avec autant de bonheur que le premier, reste une dernière tour sombre, isolée, gigantesque, où le pape que l'on assiége et poursuit a choisi sa dernière retraite. Cette tour, forcée comme les autres, l'escalier qui conduit aux appartements pontificaux s'enfonce et se perd tout à coup dans une muraille ; et tandis que les derniers défenseurs de la forteresse écrasent les assiégeants d'un palier supérieur, le souverain pontife gagne un souterrain dont les portes de fer s'ouvrent devant lui et se referment derrière lui ; ce souterrain conduit à une poterne masquée qui donne sur le Rhône, où une barque qui attend le fugitif l'emporte avec la rapidité d'une flèche. C'est dans ce château que se renferma l'antipape Benoît XIII ; il s'y défendit pendant plusieurs mois contre les troupes commandées par le maréchal de Boucicaut, pointant lui-même du haut de ses murailles sur les machines de guerre avec lesquelles il ruina plus de cent maisons et tua quatre mille Avignonais ; enfin le château fut emporté de vive force, les ouvrages intérieurs furent pris d'assaut, mais l'antipape se réfugia dans la tour, sa mort ou ment où les troupes françaises en enfonçaient les portes et se précipitaient sur l'escalier trompeur dont nous avons parlé, il fuyait mon souterrain, sortait de la ville par la poterne, et gagnait l'Espagne.—Le palais des papes a été classé par le ministre de l'intérieur au nombre des monuments historiques.

L'ANCIEN HOTEL DES MONNAIES, situé vis-à-vis du palais des papes, a été transformé en caserne pour la gendarmerie. C'est un vaste quadrilatère décoré de devises et couronné d'un balcon qui porte quatre aigles en pierre. La façade, d'une architecture noble, ornée de guirlandes et de griffons, a été bâtie sous le pape Paul V. Près de là on remarque l'auberge où, en 1815, fut assassiné le maréchal Brune !...

L'HOTEL DES INVALIDES, succursale de celui de Paris, occupe un immense local formé des bâtiments du ci-devant séminaire de Saint-Charles, des Célestins et d'autres lieux du Saint-Louis. Les salles en sont spacieuses et bien éclairées, les chambres commodes, les corridors larges et bien aérés.

L'HOTEL-DIEU fut fondé en 1353, sous le titre de Sainte-Marthe, par Bernard de Roscas, troubadour distingué. Il est entouré de spacieux jardins et renferme de grandes cours. La façade est moderne, d'une grande étendue et très-ornée ; les salles sont vastes, commodes, propres et bien aérées.

BIBLIOTHÈQUE PUBLIQUE. Cette bibliothèque, formée de la réunion de toutes les bibliothèques particulières des maisons religieuses supprimées à Avignon et dans d'autres lieux du département, est placée dans un agréable et vaste local. Elle renferme 45,000 vol. et environ 500 manuscrits.

MUSÉUM CALVET. Une belle collection de médailles rares et d'une belle conservation ; une grande quantité d'inscriptions, de bas-reliefs, de statues et autres objets antiques de tout genre, découverts en différents lieux ; une bibliothèque riche en ouvrages rares et précieux ; une collection de tableaux et un cabinet d'histoire naturelle composent ce musée, auquel la ville reconnaissante a donné le nom de Calvet, parce que cet estimable médecin avignonais en fut non-seulement le fondateur, mais a laissé des revenus pour son entretien et son accroissement.

Le musée de tableaux forme une collection nombreuse et bien choisie, où l'on remarque plusieurs bons tableaux de l'Albane, Salvator Rosa, Veronèse, l'Orizzonte, Caravage, le Dominiquin, D. Teniers, Berghem, Vauderveld, Ruysdal, Coypel, J. Vernet, Mignard, Parrocel, Carle et Horace Vernet, Granet, Regnault, Huet, Caminade ; la Baigneuse d'Espercieux, un Faune de Briant, etc.

On remarque encore à Avignon l'église du collège ; la chapelle de l'Oratoire, le palais de l'archevêché, les hôtels Crillon et Deleutre ; la salle de spectacle ; le jardin de botanique, où l'on voit une collection de plus de 6,000 plantes, ainsi qu'un herbier renfermant plus de 25,000 plantes ; le mont-de-piété, où l'on prête à 4 pour 100, environ deux tiers de moins qu'au mont-de-piété de Paris ; l'hospice des aliénés, établi à la fin du xvie siècle, où les soins qu'on donne aux insensés qui l'habitent, sont sagement conciliés avec une stricte économie, etc., etc.

Biographie. Avignon est le lieu de naissance d'un grand nombre d'hommes distingués. Les principaux sont : F. Artaud, savant antiquaire. —Le littérateur J.-B. Audiffret.—L'évêque F. de La Baume des Achards, missionnaire envoyé en Chine, où il mourut en 1721. On a de lui une *Relation curieuse et édifiante de sa mission*, 3 vol. in-12. — L'abbé de Boulogne, évêque de Troyes et pair de France, mort en 1825. — E.-C.-T. Calvet, médecin et antiquaire, fondateur du musée d'Avignon qui porte son nom, mort en 1810. — Le marquis de Cambis Velleron, littérateur, dont l'ouvrage le plus remarquable est le *Catalogue raisonné des principaux manuscrits de son cabinet*, in-4, 1770. — P.-C. Cicéri, prédicateur. — P. de Chateauneuf, historien et littérateur. — L. Berton de Crillon, ami de Henri IV et l'un des plus grands guerriers de la fin du XVIe siècle. — Le conventionnel Jean Duprat. — L. Ferrier, poète tragique et érotique. — Le chev. J.-Ch. de Folard, tacticien, auteur du *Commentaire de Polybe* (morceau estimé placé en tête d'une édit. de Polybe, trad. par dom Thuillier). — Fallot de Beaumont de Beaupré, évêque de Vaison. — Le général Forbin des Issarts. — Le marquis Fortia d'Urban, auteur entre autres ouvrages de : *Antiquités et monuments du département de Vaucluse*, in-12, 1808. — J. Guérin, docteur en médecine et littérateur. — F. Lacombe, littérateur, mort en 1795, auteur d'un *Dictionnaire du vieux langage français*, in-8, 1765. — Du général de division Meynier. — H. Morel, auteur de fables, épîtres et autres poésies provençales. — F. Morenas, historiographe d'Avignon, mort en 1774. — Le peintre Parrocel. — Le comte B.-F. de Payau, habile mathématicien, mort en 1665. — Le P. Esprit Pezenas, savant jésuite, mort en 1756, auteur de : *Astronomie des marins*, in-8, 1766. — L'abbé Poulle, célèbre prédicateur, mort en 1781. — Sim. Reboullet, historien, mort en 1752. — L'abbé J.-J.-T. Roman, littérateur, mort en 1787. — L'abbé Rousaud, littérateur. — Le célèbre peintre de marines, Joseph Vernet, mort en 1789. — Le jeune et courageux Viala.

Plusieurs femmes distinguées ont aussi vu le jour à Avignon. En première ligne, nous citerons la belle Laure, amante de Pétrarque. — Alix de Ceva, marquise de Saluces. — Jeanne, dame de Baux. — Huguette de Sabrancher Forcalquier. — Briande d'Agoult. — Mabile de Villeneuve, dame de Vence. — Isoarde de Roquefeuille. — Anne de Terride. — Blanche de Pontevès, surnommée Blanchefleur. — Douce de Moustier. — Antoinelle de Cadenet. — Rixunde de Payvert, et quantité d'autres femmes charmantes qui formèrent à Avignon deux académies qu'on nomma la cour d'amour. Parmi les contemporaines, nous ne devons pas oublier Mme Favart (née à Roncerai), morte en 1772, auteur des *Amours de Bastien et de Bastienne*, vaudeville, et de plusieurs autres petites pièces de théâtre.

Industrie. Avignon a des fabriques importantes d'étoffes de soie, de taffetas, florence, velours, etc.; la seule fabrication des florences y occupe environ 5,000 métiers, dont 3,500 dans la ville et 1,500 dans la campagne environnante et dans les villages placés dans un rayon de 16 à 20 k. : Avignon a dans ce genre de fabrication une supériorité incontestable sur toutes les autres villes manufacturières qui s'occupent de cet article ; on y fabrique annuellement environ 60,000 pièces de florence de 55 aunes, ou environ 3,300,000 aunes, dont la valeur est de 7 à 8 millions. — Les autres produits de la fabrique d'Avignon consistent en produits chimiques (A) 1834, mouchoirs, toiles peintes, plomb de chasse, laque de garance (B) 1823, mécaniques pour les filatures, cordes d'instruments. Filatures de soie et de coton. Moulins à garance et à sumac. Laminoirs pour le cuivre et le plomb. Fonderie de sonnettes, grelots et autres objets en cuivre. Fonderie de caractères d'imprimerie. Tannerie. Papeterie. Lavoirs de laines.

Commerce considérable de garance en racine et en poudre, de chardons, de farines, grains et légumes, dont Avignon est l'entrepôt pour le bas Dauphiné, la Provence et le Languedoc ; de vins, eau-de-vie, garance, sumac, chardons, graine jaune, luzerne, denrées coloniales de toute espèce, soies écrues, cuirs tannés, chevaux, mulets et bestiaux. — Condition publique pour déterminer le poids réel de la soie, etc. — Foires de 3 jours les 24 fév., 3 mai, 14 nov. et 30 sept. — Marché se samedi de chaque semaine.

Avignon est à 686 k. de Paris par St-Etienne, 692 k. par Lyon, 685 k. pour la taxe des lettres. Long. orient. 2° 28′ 13″, lat. 43° 57′ 8″.

Bibliographie. Fortia d'Urban (le marquis de). *Introduction à l'histoire de la ville d'Avignon*, t. 1er et unique, in-8, 1803 (contient les mémoires sur les Celtes et les Cavares, par Cambry).

Guérin (J.). *Discours sur l'histoire d'Avignon*, in-12, 1807.

Chaillot (P.). *Histoire d'Avignon et du comtat Venaissin, depuis les Cavares jusqu'à nos jours*, 3 vol. in-8, 1818.

* *Précis historique sur la ville d'Avignon et le palais apostolique*, etc., in-8, 1841.

* *La Triomphante Entrée du roi* (Louis XII) *en Avignon, en 1612, pour la publication du mariage du roi et de Madame, avec l'infante et le premier prince d'Espagne*, in-4, 1612.

* *La Solennelle Entrée de S. M. Louis XIII dans la ville d'Avignon, le 16 novembre 1622 ; ensemble l'entrevue de S. M. avec le duc de Savoie*, in-8, 1622.

Morenas (Fr.). *Histoire de ce qui s'est passé en Provence depuis l'entrée des Autrichiens jusqu'à l'heure de leur retraite*, in-12, 1747.

— * *Histoire de la présente guerre*, in-12, 1744.

— *Relation de ce qui s'est passé dans la ville d'Avignon à l'arrivée et pendant le séjour de don Philippe au mois de février 1744*, in-f°, 1745.

— * *Relation de l'inondation arrivée dans Avignon en 1755*, in-12, 1755.

— *Relation des fêtes données à Avignon pour la naissance du duc de Bourgogne*, in-4, 1751.

— *Relation des réjouissances faites à Avignon pour la convalescence du roi*, in-4, 1757.

— *Relation des réjouissances faites à Avignon pour la convalescence du pape*, in-4, 1757.

— *Relation des réjouissances faites à Avignon pour la création du pape*, in-f°, 1758.

Lambot (le général). *Le Maréchal Brune à Avignon en 1815*, in-8, 1840.

Panard (J.-B.-A. Benazet). *Topographie physique et médicale d'Avignon et de son territoire*, in-8, 1802.

Guérin (J.). *Mesures barométriques, suivies d'observations d'histoire naturelle et de physique faites dans les Alpes françaises, et d'un précis de la météorologie d'Avignon*, in-8.

Laugier (l'abbé). *Histoire de la peste d'Avignon en 1721* (en vers), in-12, 1721.

* *Chronologie des arbres et blasons des archevêques d'Avignon*, in-f°.

Nouguier. *Histoire chronologique de l'Eglise, évêques et archevêques d'Avignon*, in-4, 1659.

* *Recherches historiques contenant le droit du pape sur la ville et l'Etat d'Avignon*, 2 vol. in-8, 1768.

* *Mémoire pour le procureur général au parlement de Provence, servant à établir la souveraineté du roi sur la ville d'Avignon et le comté Venaissin*, in-8, 1769.

* *Des droits du pape sur le comtat Venaissin et l'Etat d'Avignon*, etc., in-8, 1790.

Moreau. *Réflexions sur les protestations du pape Pie VII, relatives à Avignon et au comtat Venaissin*, in-8, 1818.

Sabatier (Esprit). *Le Caducée français sur la ville d'Avignon, comté Venaissin et principauté d'Orange*, in-8, 1662.

Joudou. * *Avignon, son histoire, ses papes, ses monuments et ses environs*, in-12 et pl.

* *Notice sur Notre-Dame-des-Doms à Avignon*, in-8, 1839.

Mas (L.). *Notice sur l'Eglise métropolitaine d'Avignon, Notre-Dame-des-Doms*, in-12, 1840.

Moutonnet (l'abbé J.). *Notice historique et artistique sur l'église de la paroisse de St-Auriol dans Avignon*, in-12, 1842.

* *Notice historique du palais des papes*, in-8, 1839.

* *Notice sur la succursale de l'hôtel royal*

des *Invalides à Avignon, suivie du journal de l'inondation de novembre* 1840, in-8, 1841.

FORTIA D'URBAN (le marquis de). *Histoire du pont sur le Rhône, à Avignon, extraite d'une note sur les œuvres de M. le vicomte de Châteaubriand*, in-12, 1830.

FROISSARD (Louis). *Vues prises à Avignon, Villeneuve, Orange, Arles et autres lieux circonvoisins*, in-4, 1841.

RASTOUL (Alphonse). *Tableau d'Avignon*, in-8, 1835.

GUÉRIN (J.). *Panorama d'Avignon, de Vaucluse, du mont Ventoux, et du col Longuet, suivi de quelques vues des Alpes françaises*, 8 planches in-18, 1829.

* *Calendrier et Notice de la ville d'Avignon, et du comtat Venaissin*, in-12, 1761.

V. aussi COMTAT VENAISSIN, PROVENCE, VAUCLUSE (dép. de).

AVIGNON (comté d'). Ce comté, qu'il ne faut pas confondre avec le COMTÉ VENAISSIN, qui lui est contigu, et dont Carpentras, était la capitale, a été longtemps comme lui sous la domination des papes, et ils forment ensemble la majeure partie du département de Vaucluse. Le comté d'Avignon, s'étendait autrefois au delà de la Durance, et jusqu'à Tarascon ; il ne contenait plus, lorsqu'il appartenait au saint-siège, que la ville d'Avignon avec le bourg de Morières et la paroisse de Montfavet. V. COMTÉ VENAISSIN.

Les armes du comté d'Avignon étaient : *de gueules à deux clefs d'argent passées en sautoir*.

AVIGNONET, petite ville, H.-Garonne (Languedoc), arr., cant., ⊠ et à 7 k. de Villefranche. Pop. 2,333 h.

Cette ville est connue dans l'histoire par le trait suivant : en 1242, quelques habitants du Languedoc, exaspérés par l'insupportable tyrannie que les agents de l'inquisition faisaient peser sur le pays, résolurent d'exterminer ceux qui leur tomberaient entre les mains. Des hérétiques albigeois, qui avaient trouvé un refuge dans le château de Mirepoix, en partirent dans la nuit du 28 mai, et surprirent le château d'Avignonet, où Guillaume-Arnand venait d'établir le tribunal suprême de l'inquisition, et y massacrèrent à coups de hache quatre dominicains, deux franciscains, et sept nonces ou familiers de l'inquisition dont ce tribunal était composé. — *Commerce* de bestiaux. — *Foires* les 18 oct., 1er lundi de carême, et jeudi avant la Pentecôte.

AVIGNONET, vg. Isère (Dauphiné), arr. et à 28 k. de Grenoble, cant. et ⊠ du Monestier-de-Clermont. Pop. 306 h.

AVILLER, vg. Meuse (Lorraine), arr. et à 29 k. de Verdun, cant. de Fresnes-en-Woëvre, ⊠ de Mauheulles. Pop. 177 h.

AVILLERS, vg. *Moselle* (Lorraine), arr. et à 22 k. de Briey, cant. et ⊠ d'Audun-le-Roman. Pop. 228 h.

AVILLERS, vg. *Vosges* (Lorraine), arr., ⊠ et à 7 k. de Mirecourt, cant. de Charmes. Pop. 456 h. — PATRIE du général CURELY.

AVILLEY, vg. *Doubs* (Franche-Comté), arr., ⊠ et à 12 k. de Baume-les-Dames, cant. de Rougemont. Pop. 452 h.

AVILLY, vg. *Oise*, comm. de St-Léonard, ⊠ de Senlis-sur-la-Nonette. Pop. 245 h. — Belle blanchisserie de toiles, où l'on blanchit annuellement plus de 700,000 aunes de toiles de lin.

AVION, vg. *Pas-de-Calais* (Artois), arr. et à 14 k. d'Arras, cant. de Vimy, ⊠ de Lens. Pop. 1,271 h. — *Fabrique* de sucre indigène.

AVIOTHE, vg *Meuse* (Lorraine), arr., cant., ⊠ et à 7 k. de Montmédy. Pop. 388 h. — Ce village, situé sur le penchant d'une colline, près des sources de la Thonne, paraît avoir été construit sur l'emplacement de quelque établissement romain. En 1823, les ouvriers qui travaillaient à la réparation d'un chemin vicinal, y découvrirent des traces de plusieurs édifices qui indiquaient assez un ouvrage romain.

On voit à Aviothe une église gothique, dont la masse et l'architecture commandent l'admiration. Ses flèches élancées dominent les cabanes qui l'environnent. L'édifice, richement sculpté et orné de dentelures variées, étonne par sa splendeur ; peu en rapport avec le site où il se trouve placé. L'intérieur et l'extérieur de cette église sont ornés de statues, dont celles de l'intérieur sont peintes. Les fenêtres sont garnies de vitraux à personnages de 32 cent. de haut. Les stalles du chœur sont en bois sculpté ; la chaire en pierre sculptée porte la date de 1138. Près de l'entrée, et entièrement séparée de l'église, est une chapelle d'architecture gothique remarquable par son élégance, par la perfection des sculptures qui la décorent, et dont le portique est surmonté d'un clocher en miniature de 1 m. 30 c. de hauteur seulement, mais admirablement sculpté. — La commune d'Aviothe étant trop pauvre pour entretenir son église, l'autorité locale a fait des démarches pour obtenir qu'elle soit classée au nombre des monuments historiques.

Manufacture de couvertures de laine et de coton, de molleton, etc. Scieries hydrauliques de planches. Chamoiseries. — *Foires* les 27 janv. et 23 mai.

AVIRÉ, vg. *Maine-et-Loire* (Anjou), arr., cant., ⊠ et à 7 k. de Segré. Pop. 963 h.

AVIREY-LINGEY, vg. *Aube* (Champagne), arr. et à 13 k. de Bar-sur-Seine, cant. et ⊠ des Riceys. Pop. 822 h. Dans un territoire fertile en vins estimés, sur la Sarce.

AVIRON, vg. *Eure* (Normandie), arr., cant., ⊠ et à 4 k. d'Evreux. Pop. 189 h. — Le CHATEAU DE GARAMBOUVILLE, bâti par le cardinal de Bourbon, proclamé roi de France par la Ligue, est une dépendance de cette commune.

AVISE, petite ville, *Marne* (Champagne), chef-l. de cant., arr. et à 9 k. d'Epernay, où est le bureau d'enregist. Cure. ⊠. A 147 k. de Paris pour la taxe des lettres. Pop. 1,735 h. — TERRAIN crétacé supérieur, craie blanche, voisin du terrain tertiaire inférieur.

Cette ville est située dans un territoire fertile en vins de Champagne fort estimés. — C'était autrefois une petite place entourée de murs et de fossés, que le seigneur d'Avize fit détruire en 1722, pour se venger des habitants qui avaient cassé les glaces de son carrosse un jour qu'il traversait Avize avec son épouse. On y voit de très-belles caves très-propres à la conservation des vins en bouteilles.

Le territoire d'Avise produit généralement des raisins blancs, qui y réussissent mieux que les rouges. Les vins qu'il produit ont de la finesse, beaucoup de légèreté et d'agrément ; mêlés avec ceux d'Aï et des autres vignobles de première classe, ils font des vins mousseux qui réunissent toutes les qualités que l'on estime dans ceux de cette espèce. — La blancheur des vins d'Avise, si recherchée par les connaisseurs, a acquis aujourd'hui le plus haut degré auquel il soit possible d'atteindre, depuis l'adoption du pressoir troyen inventé par M. Benoît, pressoir au moyen duquel quatre heures suffisent pour sécher complètement un marc de 25 à 30 feuillettes. — *Commerce* considérable de vins blancs estimés pour leur finesse, leur blancheur et leur grande mousse. — Carrière de marbre. — *Foires* le 1er jeudi de fév., 8 juillet, 25 août et 1er déc.

AVISIO PORTUS (lat. 44°, long. 26°).
« L'Itinéraire maritime, en parcourant la côte d'Orient en Occident, indique ce port à la suite de celui d'*Hercules Monœcus*. L'historien de Provence, Honoré Bouche (*Chorog.*, lib. III, ch. 5), a remarqué que ce port devait être près d'un lieu qui est nommé *Isia* dans le dénombrement du diocèse de Nice, tiré des archives d'Aix, aujourd'hui *Eza*. En doublant, à la sortie du port de Monaco, un promontoire que forme l'*Alpis maritima* par sa pente jusqu'au rivage de la mer, et qui se nomme *Capo d'Aglio* ; le fond de l'anse sur laquelle domine la position d'*Eza*, ne donne que 3,000 et quelques centaines de toises de route ; c'est-à-dire 4 milles et quelque chose de plus ; ce qui fait voir combien l'indication de l'Itinéraire dans cet intervalle, savoir XXII, est peu convenable. » D'Anville. *Notice de l'ancienne Gaule*, p. 128.

AVIT (St-), vg. *Drôme*, comm. de Rattières, ⊠ de St-Vallier.

AVIT (St-), ou les GUÉPIERRES, vg. *Eure-et-Loir* (Beauce), arr. et à 24 k. de Châteaudun, cant. de Brou, ⊠ d'Illiers. Pop. 612 h. Près du Loir.

Près de cette commune, à cent pas de la rive gauche du Loir, on remarque un dolmen composé de très-grosses pierres brutes, dont les trois principales ont 3 à 4 m. de longueur sur 2 à 3 m. de largeur.

AVIT (St-), vg. *Landes* (Languedoc), arr., cant., ⊠ et à 8 k. de Mont-de-Marsan. Pop. 501 h.

AVIT (St-), vg. *Loir-et-Cher* (Orléanais), arr. et à 39 k. de Vendôme, cant. et ⊠ de Montdoubleau. Pop. 458 h.

AVIT (St-), vg. *Lot-et-Garonne* (Agénois), arr., ⊠ et à 10 k. de Marmande, cant. de Seyches. Pop. 498 h.

AVIT (St-) vg. *Puy-de-Dôme* (Auvergne), arr. et à 60 k. de Riom, cant. et ✉ de Pontau-Mur. Gîte d'étape. ⚘. Pop. 207 h.

AVIT (St-), vg. *Tarn*, comm. et ✉ de Moissac.

AVIT-DE-COMBELONGUE (St-), vg. *Tarn-et-Garonne*, comm. de St-Amans-de-Pelagal, ✉ de Lauzerte.

AVIT-DE-FUMANDIÈRES (St-), vg. *Dordogne*, comm. de Bonneville-Bergerac, ✉ de Castillon.

AVIT-DE-SOULÉGE (St-), vg. *Gironde* (Bordelais), arr. et à 35 k. de Libourne, cant. et ✉ de Ste-Foy-la-Grande. Pop. 314 h.

AVIT-DE-TARDES (St-), vg. *Creuse* (Marche), arr., cant., ✉ et à 9 k. d'Aubusson. Pop. 842 h.

AVIT-DE-TIZAC (St-), vg. *Dordogne* (Périgord), arr. et à 26 k. de Bergerac, cant. de Velines, ✉ de Ste-Foy. Pop. 278 h.

AVIT-DE-VIALARD (St-), vg. *Dordogne* (Périgord), arr. et à 32 k. de Sarlat, cant. et ✉ du Bugue. Pop. 291 h.

AVIT-DE-MOIRON (St-), vg. *Gironde* (Guienne), arr. et à 44 k. de Libourne, cant. et ✉ de Ste-Foy. Pop. 977 h.

AVIT-DE-FRANDIAT (St-), vg. *Gers* (Armagnac), arr., ✉ et à 16 k. de Lectoure. Pop. 341 h. — On remarque aux environs le beau château gothique de son nom.

AVIT-LE-PAUVRE (St-), vg. *Creuse* (Marche), arr., ✉ et à 11 k. d'Aubusson, cant. de St-Sulpice-les-Champs. Pop. 353 h.

AVIT-RIVIÈRE (St-), vg. *Dordogne* (Périgord), arr. et à 41 k. de Bergerac, cant. ✉ de Montpazier. Pop. 437 h.

AVIT-SEIGNEUR (St-), vg. *Dordogne* (Périgord), arr. et à 32 k. de Bergerac, cant. et ✉ de Beaumont. Pop. 1,374 h.

AVITS, vg. *Tarn*, comm. et ✉ de Castres.

AVITS (St-), vg. *Tarn* (Languedoc), arr. et à 16 k. de Castres, cant. et ✉ de Dourgne, ✉ de Sorèze. Pop. 314 h.

AVIZE. V. *Avise*.

AVOCOURT, vg. *Meuse* (Lorraine), arr. et à 20 k. de Verdun, cant. de Varennes. Pop. 925 h. — *Fabriques* de faïence, poteries de terre. Clouteries. Papeteries.

AVOINE, vg. *Indre-et-Loire* (Touraine), arr., cant., ✉ et à 8 k. de Chinon. P. 722 h.

AVOINES, vg. *Orne* (Normandie), arr. et à 10 k. d'Argentan, cant. et ✉ d'Ecouché. Pop. 516 h.

AVOISE, bg *Sarthe* (Anjou), arr. et à 25 k. de la Flèche, cant. de Sablé, ✉ de Parcé. Pop. 1,121 h. — Il est situé au confluent de la Sarthe et de la petite rivière de Deuxfonts. On remarque sur son territoire les ruines du château fort de Pescheseul, où l'on voit des restes de peintures à fresque qui décoraient un appartement réservé à Charles IX, qui pendant plusieurs années vint jouir à Pescheseul des plaisirs de la chasse. — La Perrine de Cry est un ancien manoir féodal dont on admire la tour hexagone, et les ornements du meilleur goût qui décorent les croisées. — Le château

de Dobert est aussi une dépendance d'Avoise. Cette délicieuse habitation est bâtie au bord de la Vègre, dont les eaux limpides forment près des murs du château une jolie cascade. Ses tourelles, ses fossés et ses ponts-levis, jardins soigneusement entretenus, les bosquets et les promenades qui l'entourent, et qui ont été recréés récemment, pour ainsi dire, par Mme la marquise de Fontenay, font du Dorbert une des plus fraîches habitations du département de la Sarthe. — *Papeteries*. — *Commerce* de fer, bois et ardoises.

AVOLD (St-), jolie petite ville, *Moselle* (Lorraine), chef-l. de cant., arr. et à 40 k. de Sarreguemines. Cure. Gîte d'étape. ✉. ⚘. A 361 k. de Paris pour la taxe des lettres. Pop. 3,403 h. — *Terrain* du trias Muschelkalk.

Cette ville est située au milieu des montagnes, sur la rivière de Roselle. Elle doit son origine à un oratoire construit vers l'an 509 par saint Fridolin, et transformé en un monastère, sous l'invocation de saint Paul, en 734, par Sigebant, évêque de Metz; Grodegrand, son successeur, y déposa, à son retour de Rome, les reliques de saint Nabor, dont l'abbaye prit le nom, et dont on fit par corruption St-Avold.

Dès le XIVe siècle, St-Avold était une place de quelque importance; Marie de Blois, régente de Lorraine, l'assiégea en 1348, et fut repoussée par les seuls habitants, qui se défendirent vaillamment. Adémar, évêque de Metz, la fit fortifier, et depuis elle a souvent été attaquée, prise et même saccagée par les ducs de Lorraine ou par les seigneurs de Rodemack. Le cardinal de Lavalette s'en empara en 1635, mais elle fut reprise l'année suivante par Cliquot, vaillant capitaine lorrain. Cette ville a été cédée à la France en 1737, par le traité de Riswick. — Aux environs, on doit visiter les ruines du mont Hiéraple, où se trouvaient un temple dédié à Apollon et une station romaine. On y découvre journellement des objets antiques. — On trouve à peu de distance de St-Avold une source d'eau minérale froide que l'on croit ferrugineuse. — *Fabriques* de molleton, bleu de Prusse. Teintureries. Tuilerie. Tanneries et champigneries. — *Foires* de 3 jours les lundi de la mi-carême, mardi avant le dimanche des Rameaux, 2e mardi d'oct. et après la St-Louis.

AVOLSHEIM, vg. *B.-Rhin* (Alsace), arr. et à 20 k. de Strasbourg, cant. et ✉ de Molsheim. Pop. 661 h. Sur la Bruche. — L'église paroissiale, située à peu de distance du village, passe pour l'un des plus anciens édifices religieux de l'Alsace. Elle a été désignée par l'autorité locale comme étant susceptible d'être classée au nombre des monuments historiques.

AVON, vg. *Indre-et-Loire* (Touraine), arr. et à 23 k. de Chinon, cant. et ✉ de l'Isle-Bouchard. Pop. 743 h.

AVON, vg. *Seine-et-Marne* (Gatinais), arr., cant., ✉ et à 2 k. de Fontainebleau, près de la forêt et attenant les murs du parc du château. — Ecole secondaire ecclésiastique. Pop. 1,216 h. — Pépinière.

L'église de ce village est fort ancienne, la ville de Fontainebleau en dépendait avant qu'elle n'eût atteint le degré d'accroissement qu'elle dut à la construction du château. En entrant à droite, près du bénitier, fut enterré le malheureux marquis de Monaldeschi, assassiné dans le palais de Fontainebleau par ordre de l'ex-reine Christine de Suède. La pierre tumulaire porte cette inscription :

CI-GIST MONADELXI.

Dans la même église on voit une autre tombe sur laquelle sont gravés deux personnages entourés d'une inscription dont il ne reste plus que les mots suivants :

.... KEVE NOSTRE SIRE LE ROI. DE FRANCE
ET KEV. MADAME JEHANNE. DE FRANCE ET
NAVARRE QUI TRESPASSA. LAN. DE GRACE.
M.CCC. ET VII LAN. DEMEIN. DE LA S.T. CLER
DIVER DV.....

La date et les termes ambigus de l'inscription de cette tombe avaient fait supposer qu'elle recouvrait le corps ou tout au moins le cœur du roi Philippe le Bel ou de la reine Jeanne de Navarre, sa femme. Mais après vérification faite de l'inscription par M. Auguste Leprevost, en 1843, il a été reconnu qu'il ne s'agissait plus ici de la dépouille mortelle d'une ou même de deux têtes couronnées, mais bien de la sépulture d'un de leurs principaux officiers de bouche, d'un de leurs queux ou maîtres d'hôtel (V. *Rapport sur une pierre tumulaire du commencement du XIVe siècle qui existe dans l'église d'Avon*, par M. Aug. Leprevost, in-8, 1843).

Fabrique de cribles métalliques. Tuilerie.

AVON, vg. *Deux-Sèvres* (Poitou), arr. à 22 k. de Melle, cant. et ✉ de la Mothe-St-Heraye. Pop. 371 h.

AVON-LA-PÈZE, vg. *Aube* (Champagne), arr. et à 20 k. de Nogent-sur-Seine, cant. et ✉ de Marcilly-le-Hayer. P. 318 h.

AVONDANCES, vg. *Pas-de-Calais* (Artois), arr. et à 23 k. de Montreuil, cant. et ✉ de Fruges. Pop. 98 h.

AVORD, vg. *Cher* (Berri), arr., ✉ et à 21 k. de Bourges, ⚘, cant. de Baugy. Pop. 372 h.

AVOSNE, vg. *Côte-d'Or* (Bourgogne), arr. et à 34 k. de Semur, cant. et ✉ de Vitteaux. Pop. 348 h.

AVOT, vg. *Côte-d'Or* (Bourgogne), arr. et à 42 k. de Dijon, cant. et ✉ de Grancey. Pop. 325 h. — Il est situé entre deux montagnes, sur une branche de la Tille, et exposé aux inondations lors des grands orages ou de la fonte des neiges.

AVOUDREY, vg. *Doubs* (Franche-Comté), arr. et à 28 k. de Baume-les-Dames, cant. de Vercel, ✉ de Valdahon. Pop. 486 h.

AVOUZON, h. *Ain*, comm. de Crosset, ✉ de Gex. — *Foire* le 26 mars.

AVRAINVILLE, vg. *H.-Marne* (Champagne), arr., ✉ et à 9 k. de Vassy, cant. de Chevillon. Pop. 216 h.

AVRAINVILLE, vg. *Meurthe* (Lorraine),

arr. et à 12 k. de Toul, cant. de Domèvre, ✉ de Noviant-aux-Prés. Pop. 488 h.

AVRAINVILLE, *Evrinvilla*, *Avrainvilla*, vg. *Seine-et-Oise* (Ile-de-France), arr. et à 25 k. de Corbeil, cant. et ✉ d'Arpajon. Pop. 282 h.—On y voit une maison de campagne remarquable par ses plantations et par la belle distribution de ses jardins.

AVRANCHES, *Ingena Abrincatuorum*, *Abrincæ*, très-ancienne ville, *Manche* (Normandie), chef-l. du 4ᵉ arr., ou sous-préf. et d'un cant. Trib. de 1ʳᵉ inst. Collège communal. 2 cures. Gîte d'étape. ✉. ⚖. Pop 8,256 h.—TERRAIN cristallisé, granit.—Etablissement de la marée du port, 5 heures 50 minutes.

Autrefois évêché, parlement de Rouen, intendance de Caen, vicomté, bailliage, élection, 3 paroisses, 1 prieuré de bénédictines, 2 couvents, collège et séminaire.—L'évêché d'Avranches fut fondé vers l'an 400. Revenu, 45,000 liv.; taxe, 2,520 flor. Paroisses, 180. Abbayes, 6 : revenu, 61,500 liv.; taxe, 1,283 flor. La plus importante de ces abbayes était celle du Mont-St-Michel.

Avranches est d'une haute antiquité. Sous le haut empire, Avranches fut une station militaire assez considérable, résidence du commandant des auxiliaires dalmates : *Præfectus militum Dalmatarum Abrincatis* (Pline, liv. IV). On dit que le roi Childéric y fit bâtir un château vers l'an 460. Cette ville devint, après la mort de Guillaume le Bâtard, l'apanage de Henri Iᵉʳ, le troisième de ses fils.—En 1144, Geoffroy Plantagenet s'empara d'Avranches sans coup férir. Guy de Thouars prit cette ville, après avoir brûlé le Mont-St-Michel, en 1203, et en rasa les fortifications. L'incursion des Anglais en 1229 démontra la nécessité de rétablir ces fortifications.—En 1346, les Anglais, commandés par Renaud de Gobehem, brûlèrent les faubourgs d'Avranches. Quelque temps après, Avranches et le Cotentin furent cédés à Charles le Mauvais, roi de Navarre. Ce pays ne fut rendu à la France qu'en 1404 par Charles III, roi de Navarre. En 1418, les Anglais s'emparèrent d'Avranches. Vers 1428, le connétable de Richemont assiégea Avranches; mais le général anglais Talbot le força à lever le siège. Le connétable y revint dix ans plus tard, et reprit sans beaucoup de peine cette place et la plupart de celles du Cotentin.—En 1662, la ville d'Avranches fut livrée aux calvinistes, qui s'y portèrent à beaucoup d'excès. La haine qu'inspirèrent leurs dévastations, l'influence d'un évêque ligueur, entraînèrent les habitants d'Avranches dans le parti qui refusa de reconnaître Henri IV, sous prétexte que, n'étant pas catholique, il favoriserait les novateurs. Les troupes royales vinrent assiéger Avranches en 1591. La place ne se rendit qu'après une vive résistance longue et opiniâtre.—La cathédrale se ressentit des guerres qui désolèrent souvent la Normandie. Elle fut pillée et dévastée plusieurs fois, notamment en 1562, par les calvinistes qui brisèrent les tombeaux, brûlèrent les chartes, et enlevèrent tous les objets d'or et d'argent qui l'ornaient. Dé-

gradée dans les premiers temps de la révolution, et non réparée, elle finit par s'écrouler. Il n'en reste plus, comme pour mémoire, qu'un des piliers, et la pierre sur laquelle s'agenouilla Henri II, roi d'Angleterre et duc de Normandie, lorsqu'en 1172 il fit amende honorable, en présence de deux légats du pape, à l'occasion du meurtre de Thomas Becquet, archevêque de Cantorbéry, tué dans son église par quatre gentilshommes de la suite du roi.

Les armes d'Avranches sont : *d'azur au portail de ville d'argent, accosté de deux fleurs de lis d'or, et sommé d'un dauphin d'or surmonté d'une fleur de lis de même, la fleur de lis accostée de deux croissants d'argent*.—Dans un manuscrit de 1669, ces armes sont : *d'azur à trois sautoirs alaisés d'argent posés en bande*.

La ville d'Avranches est située à peu de distance de la mer, à l'extrémité d'un coteau qui domine les alentours, dans une position aussi salubre qu'agréable. Elle est entourée de sites variés et pittoresques, et jouit, ainsi que plusieurs des communes qui l'environnent, d'une réputation méritée pour la culture des arbres fruitiers.—Parmi les promenades publiques, on distingue le jardin des plantes et le jardin de l'évêché. Le premier est une promenade délicieuse, d'où la vue s'étend sur toute la baie du Mont-St-Michel. Le second a, depuis le 25 juillet 1832, une statue du général Valhubert, né à Avranches, et mort sur le champ de bataille d'Austerlitz.

La bibliothèque d'Avranches compte environ 10,000 vol. C'est dans ses manuscrits qu'on a retrouvé le *Sic et Non* d'Abailard, imprimé en 1836 par les soins de M. Cousin.

Biographie. Parmi les hommes remarquables nés à Avranches, outre le général VALHUBERT, précédemment cité, on compte : BARRAIN DES COUTURES, mort en 1702, auteur d'une traduction de *Lucrèce*, 2 vol. in-12, 1692; d'une traduction de la *Genèse*, 4 vol. in-12, 1683.—VITRY, poète du XVIᵉ siècle.—FR. RICHER, jurisconsulte, dont le meilleur ouvrage est un *Traité de la mort civile*, in-4, 1755.—AD. RICHER, frère du précédent, auteur, entre autres ouvrages, de : *Histoire moderne des Chinois, des Japonais*, etc., 30 v. in-12, 1755-1778 (les 19 derniers vol. sont de Richer; les précédents sont de l'abbé de Marsy); *les Fastes de la marine française*, 2 vol. in-12, 1787-88; *Vies des plus célèbres marins*, 13 vol. in-12, 1780-76; *Tableau historique et politique des travaux de l'assemblée constituante jusqu'au 6 oct. 1797*.—L. BLONDEL, auteur d'une *Notice historique et topographique du Mont-St-Michel et d'Avranches*, in-12, 1823.

INDUSTRIE ET COMMERCE. Fabriques de blondes, dentelles; fil blanc, bougies, sel blanc. Blanchisseries et cire.—*Commerce* de blé, orge, avoine, cidre, beurre excellent, bestiaux, etc. Commerce de sel fabriqué avec l'eau de la mer, près de la ville ; ce commerce est le plus important des environs d'Avranches.—*Foires* de 2 jours, les 2 mars, 11 mai, 3 août, 21 sept., 1ᵉʳ samedi de juin, d'août, d'oct., dernier samedi du même mois, 1ᵉʳ samedi de déc.

Avranches est à 51 k. S.-S.-O. de St-Lô, 319 k. de Paris pour la taxe des lettres.

Latit. 48° 41' 42", long. O. 3° 41' 51".

L'arrondissement d'Avranches est composé de 9 cantons : Avranches, Brécey, Ducey, Granville, la Haie-Pesnel, Pontorson, St-James, Sartilly et Villedieu.

Bibliographie. LE BRIGANT (J.). *Dissertation sur la ville d'Avranches*, in-8, 1792.

BLONDEL. *Notice historique du Mont-St-Michel, de Tombelaine et d'Avranches*, in-12, 1823.

MOTAY (Alex.). *Avranches, ses rues et ses environs*, in-8, 1842.

* *Mémoires de la société archéologique d'Avranches*, in-8, 1842.

† *Eaux de Bouillants* (Hist. de la société royale de médecine, t. I, p. 337).

AVRANCHIN, *Abricatinus Pagus*, petit pays qui dépendait autrefois de la basse Normandie : il est maintenant compris dans le département de la Manche, où il forme les arrondissements d'Avranches et de Mortain. Avranches était le principal lieu de cette contrée, où l'on comptait encore les petites villes de Mortain et de Pontorson. Le climat de ce pays est assez doux et tempéré, mais un peu humide ; la terre y est fertile en blé, lin, chanvre et fruits : on y fait du cidre estimé et du sel blanc très-recherché. V. MANCHE (dép. de la).

Bibliographie. GUETTARD. *Description des salines de l'Avranchin* (Mém. de l'académie des sciences, p. 99, 1758).

AVRAINVILLE, vg. *Vosges* (Lorraine), arr., ✉ et à 14 k. de Neufchâteau, cant. de Coussey. Pop. 198 h.

AVRAINVILLE, vg. *Vosges* (Lorraine), arr. à 17 k. de Mirecourt, cant. et ✉ de Charmes. Pop. 281 h.

AVRAY, vg. *Rhône*, comm. de St-Just-d'Avray, ✉ de Tarare.

AVRE (l'), *Avva*, rivière qui prend sa source à Avricourt, dép. de l'*Oise* ; elle passe à Moreuil, et se jette dans la Somme à Camon, 3 k. au-dessus d'Amiens, *Somme*.— Cette rivière est navigable depuis Moreuil jusqu'à son embouchure, sur une étendue de 18,000 m. Les objets de transport consistent principalement en tourbe et bois de chauffage. Dans son cours, qui est d'environ 45 k., elle reçoit le Don et la Noye.

AVRE (l'), rivière qui prend sa source non loin du village de Tourouvre, *Orne*; elle passe à Chenebrun, Verneuil, Tilliers, Nonancourt, Ménil-sur-l'Estrée, où elle fait mouvoir les belles papeteries mécaniques de MM. Firmin Didot frères ; et se jette dans l'*Eure*, au-dessous de Montreuil, aux confins des dép. de l'*Eure* et d'*Eure-et-Loir*, après un cours d'environ 45 k.

AVRECHY, vg. *Oise* (Beauvais), arr., cant., ✉ et à 9 k. de Clermont. Pop. 426 h. Dans une vallée, sur la petite rivière d'Arrets.

AVRECOURT, vg. *H.-Marne* (Champagne), arr. et à 23 k. de Langres, cant. et ✉ de Montigny-le-Roi. Pop. 285 h.

AVRÉE, vg. *Nièvre* (Nivernais), arr. et à 30 k. de Château-Chinon, cant. et ✉ de Luzy. Pop. 320 h.

AVREMESNIL, vg. *Seine-Inf.* (Normandie), arr. et à 15 k. de Dieppe, cant. de Bacqueville, ✉ du Bourg-Dun. Pop. 1,214 h.

AVREUIL, vg. *Aube* (Champagne), arr. et à 31 k. de Bar-sur-Seine, cant. et ✉ de Chaource. Pop. 424 h. Sur le Landion.

AVRICOURT, vg. *Meurthe* (Lorraine), arr. et à 24 k. de Sarrebourg, cant. de Réchicourt-le-Château, ✉ de Blamont. Pop. 667 h. Près de la source du Sanon.

AVRICOURT, vg. *Oise* (Picardie), arr. et à 35 k. de Compiègne, cant. et ✉ de Lassigny. Pop. 317 h. — Il est situé sur la source de l'Avre, près de la forêt de Bouvresse. — Briqueterie renommée.

Le château d'Avricourt est un bel édifice, en briques et chaînes de pierres, à haut pignon, qui a été construit en 1540 ; il est flanqué de deux tourelles, et de deux pavillons ajoutés en 1758.

AVRIGNEY, vg. *H.-Saône* (Franche-Comté), arr. et à 22 k. de Gray, cant. et ✉ de Marnay. Pop. 828 h. — *Foires* les 3 mars et 15 sept.

AVRIGNY, vg. *Oise* (Beauvoisis), arr., cant. et à 12 k. de Clermont, ✉ d'Estrées-St-Denis. Pop. 249 h.

AVRIL, vg. *Moselle* (Lorraine), arr., cant., ✉ et à 5 k. de Briey. Pop. 692 h. — *Fabrique* de vans mécaniques pour le nettoyage des grains.

AVRIL, vg. *Nièvre* (Nivernais), arr. et à 35 k. de Château-Chinon, cant. et ✉ de Luzy. Pop. 815 h.

AVRIL-SUR-LOIRE, vg. *Nièvre* (Nivernais), arr. et à 30 k. de Nevers, cant. et ✉ de Decize. Pop. 353 h. — Il est sur la rive gauche de la Loire, au confluent de l'Avron. — *Commerce* de bois et de charbon.

AVRILLÉ, vg. *Indre-et-Loire* (Touraine), arr. et à 46 k. de Chinon, cant. et ✉ de Langeais. Pop. 630 h.

AVRILLÉ, vg. *Maine-et-Loire* (Anjou), arr., cant., ✉ et à 5 k. d'Angers. Pop. 1,273 h.

AVRILLÉ, vg. *Vendée* (Poitou), arr. et à 23 k. des Sables, cant. de Talmont. ✉. A 484 k. de Paris pour la taxe des lettres. Pop. 965 h. — On voit aux environs un grand nombre de pierres levées, qui paraissent avoir fait partie d'un vaste monument druidique. — *Foires* les 14 mai, 30 juin, 4 août et 3 nov.

AVRILLI, vg. *Orne* (Normandie), arr., cant., ✉ et à 6 k. de Domfront. Pop. 586 h.

AVRILLY, vg. *Allier* (Bourbonnais), arr. et à 30 k. de la Palisse, 53 k. de Cusset, cant. et ✉ du Donjon. Pop. 454 h. Près de la Loire.

AVRILLY, *Aprileum*, *Apriliacum*, vg. *Eure* (Normandie), arr. et à 12 k. d'Evreux, cant. et ✉ de Damville. Pop. 188 h. — Avrilly était jadis le siège de l'une des plus anciennes baronnies du bailliage d'Evreux. On y voit les restes d'un château fort à doubles fossés, qui fut pris par Philippe Auguste, en 1199, au moment de l'incendie d'Evreux. — *Foire* le 21 sept. Il s'y vend environ 200 chevaux, 6 à 700 vaches, génisses et bœufs gras, 80 à 100 ânes ; et 9 à 10,000 moutons.

AVRILMONT, vg. *Seine-et-Marne*, com. de Burcy, ✉ de la Chapelle-la-Reine.

AVROLLES, vg. *Yonne* (Champagne), arr. et à 29 k. d'Auxerre, cant. et ✉ de St-Florentin. Pop. 716 h.

AVROULT, vg. *Pas-de-Calais* (Artois), arr. et à 15 k. de St-Omer, cant. et ✉ de Fauquembergue. ℣. Pop. 326 h.

AVY, vg. *Charente-Inf.* (Saintonge), arr. et à 26 k. de Saintes, cant. et ✉ de Pons. P. 528 h.

AWOINGT, *Awis*, vg. *Nord* (Flandre), arr., cant., ✉ et à 4 k. de Cambray. Pop. 486 h. — *Fabrique* de chicorée-café.

AX, petite ville, *Ariége* (pays de Foix), chef-l. de cant., arr. et à 42 k. de Foix. Cure. ✉. ℣. A 812 k. de Paris pour la taxe des lettres. Pop. 1,991 h. — TERRAIN cristallisé, granit, voisin du terrain de transition.

Ax est une ville assise en partie sur un rocher peu élevé, au pied des Pyrénées, à 730 m. au-dessus du niveau de la mer. Elle est assez bien bâtie, à l'intersection de trois jolis vallons arrosés par les torrents d'Ascou, d'Orgeix et de Mérens, qui, en se réunissant sous ses murs, prennent le nom d'Ariége.

Cette ville est la PATRIE du célèbre médecin Roussel, un de nos plus ingénieux écrivains mort en 1802, auteur entre autres ouvrages : du *Système physique et moral de la femme*, où il a retracé avec un charme inexprimable les grâces et l'empire de la beauté, et dévoilé l'organisation de la femme avec une finesse exquise et une grande pénétration, in-12, 1783, septième édit. in-8, 1820 : *Éloge historique de Bordeu*, in-8, 1778 ; *Médecine domestique à l'usage des dames*, 3 vol. in-18, 1805.

Foires les 1er fév., 4 mai, 14 sept., 20 oct. et 21 déc. On y vend toute espèce de bétail, principalement des bêtes à cornes et des moutons.

EAUX THERMALES D'AX.

Ax est célèbre par ses sources d'eaux sulfureuses thermales, dont la température varie de 16 à 62 degrés du thermomètre de R. Ces eaux étaient connues dans les temps les plus reculés ; l'histoire du comté de Foix, rédigée en 1609, en fait mention ; un large bassin, construit en 1200 et une étuve adossée aux murs de cet édifice, attestent l'antiquité et la bonté des eaux. Mais c'est surtout depuis le commencement du XVIIIe, que les sources d'Ax sont fréquentées avec assiduité.

Plusieurs sources ne sont employées qu'aux usages les plus vulgaires ; on s'en sert pour le lavage des laines ; le pauvre trempe sa soupe dans l'eau thermale, y fait cuire les herbes, les légumes, les œufs, y lessive son linge, et y puise l'eau pour pétrir son pain.

On compte à Ax environ cinquante-trois sources. Les principales sont : la Canalette, $+22°$ 1/2 de R., située au Couloubret. Rafraîchissante, apéritive. L'eau du Breil, $+25°$ 1/2 de R., située au Breil. Rafraîchissante, apéritive. St-Roch, $+24°$ de R., située au Teix. Mêmes propriétés. L'Eau-Bleue, $+37°$ R., située au Teix. Diurétique, légèrement tonique. Le n° 4, $+34$ R., située au Teix. Mêmes propriétés. Le n° 5, $+44°$, située au Teix. Diaphorétique, stimulante. L'eau de Baiu-Fort, $+37°$ 1/2, située au Couloubret. La plus usitée en boisson contre les maladies de la poitrine. L'étuve, $+54°$, située près de l'hôpital. Très-active et détersive. La Pyramide, $+53°$ 1/2, située au Teix. Très-active et détersive. Les Canons, $+62°$, située près du bassin des Ladres. La plus chaude et la plus expansive.

La température des sources qui sont au-dessus de $+23°$ est invariable dans toutes les saisons : celle des autres baisse pendant l'hiver. Les sources qui fournissent aux bains et aux douches sont réparties dans trois établissements : le Couloubret, le Teix ou le Tech, et le Breil. Le COULOUBRET, situé près de l'hôtel de France, sur la rive droite de l'Ariége, est le plus ancien établissement ; il date de 1780. On y compte seize baignoires, trois douches et un bain de vapeur-Le TEIX, fondé par les soins de M. Boulié, chirurgien d'Ax, est le plus considérable des trois ; il possède trente-cinq baignoires, six douches, un bain de vapeur, et huit sources principales.—Le BREIL, fontaine très-fréquentée par les buveurs, a été formé en 1820, au fond du jardin de l'hôtel d'Espagne. Cet établissement renferme huit baignoires, deux douches et un bain de vapeur.

SAISON DES EAUX. La saison des bains s'ouvre au mois de juin et ne finit qu'en octobre. La durée du traitement est, en général, de quatre à cinq semaines. C'est pendant les mois d'août et de septembre qu'a lieu la plus grande affluence des étrangers.

PROPRIÉTÉS MÉDICINALES. Toutes les eaux minérales excitent plus ou moins, et ont une action spéciale sur tel ou tel système. Les eaux d'Ax sont en général apéritives, diurétiques, détersives, fondantes et sudorifiques ; elles stimulent vivement tout l'organisme, et poussent vivement à la peau, où elles peuvent provoquer des sueurs abondantes, et quelquefois même des éruptions générales.

MODE D'ADMINISTRATION. Elles s'administrent dans toutes les formes : 1° en boisson ; 2° en lotions ; 3° en injections ; 4° en bains, dont on gradue à volonté la force et la chaleur ; 5° en douches ascendantes et descendantes ; 6° en étuves ou bains de vapeur.

Bibliographie. SICRE. *Mémoire sur les eaux minérales d'Ax*, in-8, 1788.

PILHES. *Traité analytique et pratique des eaux thermales d'Ax et d'Ussat*, in-8, 1787.

MAUDINAT. *Observations et Réflexions sur*

les bains d'*Ax* (Journal de médecine, juillet 1788).

LAFONT-GOUZÉ (G.-G.). *Précis des propriétés physique, chimique et médicale des eaux thermales d'Ax*, in-8, 1841.

AXAT, vg. *Aude* (Languedoc), arr. et à 50 k. de Limoux, cant. de Roquefort-de-Sault. ⊠. A 841 k. de Paris pour la taxe des lettres. Pop. 564 h. — Forges et aciérie.

AXIAT, vg. *Ariège* (pays de Foix), arr. et à 32 k. de Foix, cant. et ⊠ des Cabannes. Pop. 278 h. — Mines de fer et de plomb.

AXIAT, vg. *Ariège*, comm. de Miglos, ⊠ de Tarascon. Pop. 103 h.

AXIMA (lat. 46°, long. 25°). « Ptolémée en fait mention comme d'une ville des *Centrones*. Dans la Table théodosienne, où on lit *Axuna* pour *Axima*, ce lieu est placé entre *Darantasia* et une autre position nommée *Bergintrum*, sur la route qui conduit au passage de l'*Alpis Graia* ou du petit St-Bernard. La distance marquée X à l'égard de *Darantasio*, et VIIII à l'égard de *Bergintrum*, paraît convenable à l'espace qui sépare la position actuelle d'*Axima*, sous le nom d'*Aisme*, d'avec Moustier, ou *Darantasia*, d'un côté ; et de l'autre, d'avec le lieu nommé St-Maurice, qui répond à *Bergintrum*. Ces indications de distance sont confirmées par l'Itinéraire d'Antonin, qui, passant par-dessus la position d'*Axima*, dans l'intervalle de *Bergintrum* à *Darantasia*, indique en un seul article XVIIII, conformément à ce que la Table fait compter en deux articles séparés. » D'Anville. *Notice de l'ancienne Gaule*, p. 133. V. aussi Walckenaer. *Géographie des Gaules*, t. 1, p. 547.

AXONA, fleuv. (lat. 50°, long. 23°). — César passa cette rivière *in extremis Remorum finibus*, et campa sur ses bords pour son expédition contre les Belges confédérés ; et je conjecture que ce fut aux environs de Pont-à-Vère. Dion Cassius, parlant de la même expédition, nomme le fleuve *Auzunnus*. Dans l'Itinéraire d'Antonin (lib. XXXIX), un endroit au passage de cette rivière est nommé *Axuenna*, et dans la Table théodosienne on trouve *Axuenna*. Le nom est *Axona* dans le poëme d'Ausone sur la Moselle, comme dans César. Il y a longtemps qu'il se prononce à peu près comme aujourd'hui, puisqu'il est écrit *Esna* dans Hugue de Cléris, écrivain du xii° siècle, à propos d'Aisne. » D'Anville. *Notice de l'ancienne Gaule*, p. 133.

AXUENNA (lat. 50°, long. 22°). « Nous trouvons deux positions de ce nom, qu'il ne faut point confondre ; l'une dans l'Itinéraire d'Antonin, l'autre dans la Table théodosienne, et même aussi dans l'Itinéraire, quoique le nom n'y soit pas correct. Ces deux positions désignent également un passage de la rivière d'Aisne, *Axonæ*, dont ou peut croire qu'elles tirent leur dénomination, mais en deux endroits fort différents. Celle qui est particulière à l'Itinéraire se rencontre sur la route de *Durocortorum*, ou de Reims, à *Divodurum*, ou Metz, par *Virodunum*, ou Verdun. La distance de *Durocortorum* est marquée ainsi : *Basilia* X,

Axuenna XII, et d'*Axuenna* à *Virodunum* XVII. Mais il doit y avoir quelque erreur dans ces nombres ; car l'espace entre Reims et Verdun, fixé par des opérations, étant en droite ligne d'environ 50,000 toises, les 39 lieues gauloises que l'on compte dans l'Itinéraire ne remplissent point cet espace. M. de Valois opine qu'*Axuenna* est Ste-Menehould. La direction de la voie paraît plus convenable à un lieu situé un peu plus bas, et dont le nom, qui est Neuville-au-Pont, semble le distinguer comme étant le passage de l'Aisne. Or, la distance d'un point pris au centre de Reims jusqu'à Neuville étant de près de 32,000 toises, il en résulte 28 lieues gauloises, au lieu de 22 que donne l'Itinéraire ; et il faut ajouter que la position de Ste-Menehoud, plus écartée de Reims que Neuville, ferait paraître la différence encore plus grande. Il n'en est pas de même de la distance du lieu qui convient à *Axuenna*, par rapport à Verdun ; car l'espace, qui est d'environ 19,000 toises, convient fort à l'indication de l'Itinéraire, qui est XVII, puisque le calcul de ce nombre de lieues fournit en rigueur 19,278 toises. Ainsi, ce qui a paru insuffisant, en considérant la totalité d'espace entre Reims et Verdun, regarde uniquement l'intervalle qui sépare *Axuenna*, ou le passage de l'Aisne, d'avec Reims.— Quant à la position que la Table théodosienne indique sous le nom d'*Axuenna* (lat. 50°, long. 23°), c'est sur la route qui conduit de Reims à *Bagacum*, capitale des Nervii, *Bacaconervio*, comme on lit dans la Table. Le même lieu n'est point omis dans l'Itinéraire d'Antonin sur la même route, quoique par une méprise du copiste on y lise *Muenna* pour *Axuenna*. La distance à l'égard de *Durocortorum* y est également marquée X, comme dans la Table ; et cette distance conduit précisément sur la direction de la voie, au passage de l'Aisne, entre Neuchâtel et Avaux, où le terme d'environ 11,000 toises, en partant du centre de Reims, répond, à quelques centaines de toises près, au calcul rigoureux de 10 lieues gauloises, qui est de 11,340 toises. Dans le milieu de cet espace, *Axuenna* traversait la route a été coupée, et cet endroit se nomme Bri-mont. » D'Anville. *Notice de l'ancienne Gaule*, p. 135.

AY (l'), petite rivière qui prend sa source à 4 k. N.-O. de Coutances, *Manche* ; elle passe à Lessay, où elle se jette dans la Manche au havre de St-Germain, où elle forme un petit port ; après un cours d'environ 25 k. C'est sur la côte méridionale de ce havre que sont situées les salines de Lessay, de St-Germain et de Créance.

AY (St-), joli bourg, *Loiret* (Orléanais), arr. et à 13 k. d'Orléans, cant. et ⊠ de Meung-sur-Loire. ☞. Pop. 1,120 h. — Il est bâti en amphithéâtre, sur le penchant d'un coteau qui borde la rive droite de la Loire, dans un territoire fertile en vins estimés : on y jouit d'une vue délicieuse sur la petite ville de Cléry, dominée par sa belle et haute église, et sur les riants paysages qu'offrent les rives gracieuses du fleuve.

AY. V. AI.

AY, vg. *Moselle* (Lorraine), arr., ⊠ et à 18 k. de Metz, cant. de Vigy. Pop. 697 h. Sur la rive droite de la Moselle. — *Foire* le dernier mardi d'août.

AYANCOURT, vg. *Somme* (Picardie), cant., ⊠ et à 3 k. de Montdidier. Pop. 171 h. — C'est la PATRIE de THOMAS DE COURCELLES, savant docteur en théologie du xv° siècle.

AYAT, vg. *Puy-de-Dôme* (Auvergne), arr. et à 33 k. de Riom, cant. et ⊠ de St-Gervais. Pop. 670 h. — C'est la PATRIE du général DESAIX, mort glorieusement à la bataille de Marengo, le 14 juin 1800. — Commerce de moutons.

AYBERT (St-), vg. *Nord* (Flandre), arr. de Valenciennes, cant. de Condé. Pop. 334 h.

AYDAT, vg. *Puy-de-Dôme* (Auvergne), arr. et à 25 k. de Clermont, cant. de St-Amant-Tallende, ⊠ de Veyre. Pop. 1,595 h.

Quelques auteurs, notamment M. de Montlosier, pensent qu'Aydat était l'ancien *Avitacum* dont Sidoine Apollinaire faisait ses délices. On voit dans l'église, près de l'autel, un petit tombeau de Sidoine Apollinaire, portant cette inscription : HIC SUNT DUO INNOCENTES, ET SANCTUS SIDONIUS. — Aydat possède aussi les restes d'une maison de templiers.

On voit sur le territoire d'Aydat un joli lac de 6 k. de tour, d'où sort un ruisseau considérable, dont les eaux font ensuite tourner deux moulins. Rien de plus charmant que la perspective dont on jouit sur ce lac ; sur le bord septentrional est le hameau de Sauteyras, à l'ouest le village d'Aydat, et au sud celui de St-Julien. Le lac est très-poissonneux et a dans quelques parties une profondeur de 30 m.

AYDIE, vg. *B.-Pyrénées* (Navarre), arr. de 44 k. de Pau, cant. et ⊠ de Garlin. Pop. 541 h.

AYDIUS, vg. *B.-Pyrénées* (Béarn), arr. et à 27 k. d'Oloron, cant. d'Accous, ⊠ de Bedous. Pop. 833 h. Sur le gave d'Aydius.

AYDOILES, vg. *Vosges* (Lorraine), arr., ⊠ et à 11 k. d'Épinal, cant. de Bruyères. Pop. 834 h.

AYEN, petite ville, *Corrèze* (Limousin), chef-l. de cant., arr. à 28 k. de Brives. Bureau d'enregist. et ⊠ d'Objat. P. 1,005 h. — Cette ville était jadis le chef-lieu d'un comté qui fut érigé en duché en faveur de Louis de Noailles, en 1737. Elle possédait, avant la révolution, un riche collégiale et une commanderie de l'ordre de Malte. On y voit un ancien château que l'on a proposé de classer au nombre des monuments historiques. — Aux environs, mines de cuivre et de plomb argentifère. — *Foires* les 15 fév. et lundi après la St-Fiacre.

AYET, vg. *Ariège*, comm. de Bethmale, ⊠ de Castillon.

AYETTE, vg. *Pas-de-Calais* (Artois), arr., ⊠ et à 13 k. d'Arras, cant. de Croisilles. Pop. 464 h.

AYGUES-MORTES. V. AIGUES-MORTES.

AYGUÉTINTE, vg. *Gers* (Armagnac),

arr. et à 16 k. de Condom, cant. de Valence, ✉ de Castera-Verduzan. Pop. 353 h. — C'est la PATRIE du médecin J. RAULIN, mort en 1784, auteur de plusieurs ouvrages sur la médecine et les eaux minérales.

AYHERRE, vg. *B.-Pyrénées* (Navarre), arr. et à 28 k. de Bayonne, cant. de la Bastide-de-Clairence, ✉ de Hasparren. P. 1,607 h.

AYMERIES, bg *Nord* (Flandre), arr. et à 16 k. d'Avesnes, cant. et ✉ de Berlaimont. Pop. 228 h. — C'était jadis une place forte qui a été démantelée.

AYNAC, vg. *Lot* (Quercy), arr. et à 28 k. de Figeac, cant. de la Capelle-Marival, ✉ de Gramat. Pop. 1,491 h. — On y remarque un ancien château, dont la position au milieu des bois et des prairies est on ne peut plus pittoresque. — Mine de plomb exploitée. — *Foires* les 2 janv., 8 mai, 1er sept. et 3 nov.

AYNANS (les), vg. *H.-Saône* (Franche-Comté), arr., cant., ✉ et à 10 k. de Lure. P. 634 h. Sur la rive droite de l'Ognon.

AYNAT, vg. *Ariège*, comm. de Bédaillac, ✉ de Tarascon.

AYNÉ, vg. *H.-Pyrénées*, comm. de Jarret, ✉ de Lourdes.

AYRENS, vg. *Cantal* (Auvergne), arr. et à 15 k. d'Aurillac, cant. de la Roquebrou, ✉ de Montvert. Pop. 1,183 h.

AYRENS, vg. *Lot-et-Garonne*, comm. de Montaigut.

AYRON, vg. *Vienne* (Poitou), arr. et à 24 k. de Poitiers, cant. de Vouillé. ✉. ☞. Gîte d'étape. A 360 k. de Paris pour la taxe des lettres. Pop. 902 h. — *Foires* le jeudi de la Fête-Dieu et le 27 sept.

AYROS, vg. *H.-Pyrénées* (Gascogne), arr., cant., ✉ à 13 k. d'Argelès. P. 227 h.

AYTRÉ, bg *Charente-Inf.* (Aunis), arr., cant., ✉ et à 4 k. de la Rochelle. P. 1,453 h.

AYTUA, vg. *Pyrénées-Or.*, comm. d'Escaro, ✉ d'Olette. — Mine de fer exploitée.

AYVELLES (les), vg. *Ardennes* (Champagne), arr., ✉ et à 5 k. de Mézières, cant. et à 7 k. de Charleville. Pop. 335 h.

AYZAC, vg. *H.-Pyrénées* (Gascogne), arr., cant., ✉ et à 13 k. d'Argelès. P. 309 h. — A peu de distance de ce village, au pied de la montagne d'Aysi, qui sépare le joli bassin de Vergons de celui de Valsourguière, on voit la grotte d'Ouzous, excavation calcaire qui a servi jadis à la célébration du culte. — Les montagnes des environs d'Ayzac sont presque entièrement formées de marbre gris.

AYZIEU, vg. *Gers* (Condomois), arr. et à 36 k. de Condom, cant. de Cazaubon, ✉ d'Éauze. Pop. 452 h.

AZANIA. V. AZILLANET.

AZANNES, vg. *Meuse* (Lorraine), arr. et à 29 k. de Montmédy, cant. et ✉ de Damvillers. Pop. 653 h.

AZANS, vg. *Jura* (Franche-Comté), arr., cant., et à 1 k. de Dôle. Pop. 336 h. Près du Doubs.

AZAS, vg. *H.-Garonne* (Languedoc), arr. et à 26 k. de Toulouse, cant. et ✉ de Montastruc. Pop. 630 h. — *Foires* les 8 mai, 16 août et 2 nov.

AZAT-CHATENAY, vg. *Creuse* (Marche), arr. et à 13 k. de Bourganeuf, cant. et ✉ de Bénévent. Pop. 681 h.

AZAT-LE-RIZ, vg. *H.-Vienne* (Limousin), arr. et à 25 k. de Bellac, cant. et ✉ du Dorat. Pop. 731 h. — Fab. de poterie. Verrerie à bouteilles où il se fabrique annuellement 380,000 bouteilles de verre noir.

AZAY-BRULÉ, bg *Deux-Sèvres* (Poitou), arr. et à 19 k. de Niort, cant. et ✉ de St-Maixent. Pop. 1,906 h. — *Foires* les 24 août et 18 oct.

AZAY-LE-FERRON, bg *Indre* (Berry), arr., ✉ et à 25 k. du Blanc, cant. de Mézières-en-Brenne. ☞. Pop. 1,541 h. — On y trouve une source d'eau thermale sulfureuse dite la Caillauterce, qui passe pour avoir quelque analogie avec les eaux de Barèges et de Cauterets. Azay-le-Ferron est le lieu de naissance du célèbre dessinateur Cassas, auteur du *Voyage pittoresque de la Syrie, de la Phénicie, de la Palestine et de la basse Égypte*, 3 vol. in-f°, 1799; du *Voyage pittoresque de l'Istrie et de la Dalmatie*, etc., etc.

AZAY-LE-RIDEAU, petite ville, *Indre-et-Loire* (Touraine), chef-l. de cant., arr. et à 21 k. de Chinon. Cure. Gîte d'étape. ✉. A 257 k. de Paris pour la taxe des lettres. Pop. 2,103 h. — TERRAIN crétacé inférieur, grès vert.

Azay-le-Rideau est une ville agréablement située, sur l'Indre, à 8 k. de son embouchure dans la Loire. Autrefois entourée de murs et fortifiée, elle devait être plus importante, si nous en jugeons par les différents sièges qu'elle a soutenus. Les Bourguignons s'en emparèrent sous Charles VI, et elle fut reprise par le dauphin en 1418. — Vers 1320, Gilles Berthelot, seigneur d'Azay-le-Rideau, fit démolir le vieux château d'Azay, et fit reconstruire le château actuel, qui, par sa belle situation dans une île formée par l'Indre, est digne d'être cité comme l'un des plus pittoresques de France. Il est entouré au nord et au midi par la rivière d'Indre qui, au couchant, se divise de manière à former plusieurs petites îles couvertes d'arbres. A l'extrémité de l'une d'elles, du côté de la route de Chinon à Tours se trouve une belle chute d'eau, formée par le bras de la rivière qui sépare les jardins d'un ancien pont, sur lequel on voit un passage construit. — Le portail du château d'Azay sert de façade à l'entrée de l'édifice, et rappelle, par l'élégance, la pureté du style, le beau faire le décorent retracent de toutes parts les devises de François 1er et de Diane de Poitiers. Ce portail, composé de trois ordres d'architecture, pris dans les modèles de la renaissance, renferme un escalier des plus curieux; les deux bas-reliefs de la première ferrure représentent l'un une hermine, l'autre une salamandre au milieu des flammes. Cinq colonnes surmontées de niches, et la frise desquelles est écrit :

ung seul désir,

servent à lier le rez-de-chaussée avec les étages supérieurs, dont les pilastres, les architraves et toutes les autres parties sont recouverts d'arabesques du meilleur goût. L'intérieur du château renferme une riche collection de portraits historiques d'un très-beau choix et des meilleurs maîtres. — Le château d'Azay mériterait d'être classé au nombre des monuments historiques dont on doit désirer la conservation. — PATRIE du littérateur ALPH. VIOLLET. — Fabriques d'étamines. Tanneries. — *Foires* le 1er nov., et les 1ers mercredis de mars, de mai, de juillet et d'août.

AZAY-SUR-CHER, vg. *Indre-et-Loire* (Touraine), arr. et à 15 k. de Tours, cant. et ✉ de Bléré. Pop. 1,262 h. Sur la rive gauche du Cher.

AZAY-SUR-INDRE ou LE CHÉTIF, vg. *Indre-et-Loire* (Touraine), arr., cant., ✉ et à 11 k. de Loches. Pop. 481 h. — C'est un village agréablement situé sur la rive gauche de l'Indre, au confluent de l'Indroye; il avait autrefois titre de vicomté.

AZAY-SUR-THOUÉ, vg *Deux-Sèvres* (Poitou), arr., ✉ et à 10 k. de Parthenay, cant. de Secondigny. Pop. 1,199 h. — Fabriques de tiretaine et de droguets. — *Foires* les 1er mardi de mai et mardi après la St-Martin.

AZÉ, vg. *Loir-et-Cher* (Beauce), arr., cant. et à 10 k. de Vendôme, ✉ de la Ville-aux-Clercs. Pop. 1,009 h.

AZÉ, bg *Mayenne* (Anjou), arr., cant., ✉ et à 2 k. de Château-Gontier. Pop. 1,331 h. Près de la Mayenne.

AZÉ, vg. *Saône-et-Loire* (Bourgogne), arr. et à 16 k. de Mâcon, cant. de Lugny, ✉ de St-Oyen. Pop. 1,314 h. — *Foires* les 4 mars, 15 mai, 15 nov. et 1er lundi d'août.

AZELOT, vg. *Meurthe* (Lorraine), arr. et à 17 k. de Nancy, cant. et ✉ de St-Nicolas. Pop. 191 h.

AZERABLES, vg. *Creuse* (Marche), arr. et à 36 k. de Guéret, cant. et de la Souterraine. Pop. 2,030 h.

AZERAC, ou AZERAT, vg. *Dordogne* (Périgord), arr. et à 38 k. de Périgueux, cant. de Thenon. ✉. ☞. A 508 k. de Paris pour la taxe des lettres. Pop. 1,339 h. — *Foires* les mercredis avant les Rameaux et avant la St-Jean.

On remarque à Azerac une grotte intéressante, d'une entrée facile, dont la profondeur est d'environ 200 m. sur 10 à 11 de largeur et 12 de hauteur, et à l'extrémité de laquelle est un dôme de 50 m. de diamètre sur 27 m. d'élévation. Cette grotte renferme de belles stalactites et des blocs d'albâtre de 3 à 4 m. de hauteur. — Briqueterie.

AZERAILLES, vg. *Meurthe* (Lorraine), arr. et à 22 k. de Lunéville, cant. et ✉ de Baccarat. Pop. 793 h. — Il est situé sur la rive droite de la Meurthe, sur l'emplacement d'une ville qui fut jadis assez considérable. — Briqueterie.

AZERAT, vg. *H.-Loire* (Auvergne), arr., ✉ et à 9 k. de Brioude, cant. d'Auzon. ☞. Pop. 672 h. — Il est sur la rive droite de l'Allier, et possède une source d'eau minérale.

AZEREIX, vg. *H.-Pyrénées* (Bigorre), arr., ✉ et à 13 k. de Tarbes, cant. d'Ossun. Pop. 1,026 h.

AZERGUE (l'), petite rivière qui prend sa source près du village de Chenelette, arr. de Villefranche, *Rhône*; elle passe à Chamelet, Chessy, Châtillon, Chazoy, et se jette dans la Saône, vis-à-vis de Trévoux, après un cours d'environ 48 k. Cette rivière forme un torrent dangereux lors de ses crues.

AZET, vg. *H.-Pyrénées* (Bigorre), arr. et à 49 k. de Bagnères, cant. de Vieille-Aure. Pop. 471 h.

AZEVILLE, vg. *Manche* (Normandie), arr. et à 14 k. de Valognes, cant. et ✉ de Montebourg. Pop. 262 h.

AZIEU, vg. *Isère*, comm. de Genas, ✉ de Lyon.

AZILLANET, *Azania*, vg. *Hérault* (Languedoc), arr. et à 28 k. de St-Pons, cant. d'Olonzac, ✉ d'Azille. Pop. 394 k.

AZILLE, joli bourg, *Aude* (Languedoc), arr. et à 33 k. de Carcassonne, cant. de Peyriac-Minervois. ✉. A 808 k. de Paris pour la taxe des lettres. Pop. 1,572 h.

Autrefois château et comté, diocèse et recette de Narbonne, parlement de Toulouse, intendance de Montpellier.

Il est bien bâti, dans un territoire extrêmement fertile, et orné d'une fontaine dont les eaux sont très-abondantes. — Le beau domaine de Jouarres fait partie de cette commune.

Les armes d'Azille sont : *d'azur semé de fleurs de lis d'or.*

Commerce de bestiaux. — *Foires* les 25 et 26 avril, 19 août et 22 nov.

AZILONE, vg. *Corse*, arr., ✉ et à 34 k. d'Ajaccio, cant. de Ste-Marie-et-Siecche. Pop. 561 h.

AZIMET, vg. *Isère*, comm. de Biol, ✉ du Grand-Lemps.

AZINCOURT, *Azencoutium*, bg *Pas-de-Calais* (Picardie), arr. et à 20 k. de St-Pol, cant. du Pacq, ✉ d'Hesdin. Pop. 411 h.

Ce bourg est célèbre par la bataille de son nom, gagnée en 1415 par Henri V, roi d'Angleterre, sur les généraux de Charles VI. — En 1816, un officier supérieur anglais, dont le régiment était cantonné à St-Pol, vint visiter le champ de bataille d'Azincourt. Ayant appris par la voix publique que la Gacogne avait servi de sépulture à une grande quantité de guerriers français, il s'imagina d'y faire des fouilles ; à cet effet, il amena un bataillon, et commença ses recherches qui eurent des résultats immenses. Il trouva quantité de pièces d'or du règne du roi Jean, de Charles V et de Charles VI dont les vainqueurs n'avaient point eu le temps de dépouiller les chevaliers français, qui furent jetés dans la fosse tout habillés ; d'ailleurs, à cette époque, dépouiller les morts était regardé comme une profanation ; on n'en usait ainsi qu'à l'égard des infidèles.

AZINIÈRES, vg. *Aveyron*, comm. de St-Beauzely, ✉ de Millau.

AZOLETTE, vg. *Rhône* (Bourgogne), arr. et à 37 k. de Villefranche, cant. de Mousol, ✉ de Beaujeu. Pop. 440 h.

AZOU (l'), petite rivière qui prend sa source à 4 k. au-dessous de Loubressac, *Lot* ; elle passe à Gamat et Rocamadour, et se jette dans la Dordogne, à la Cave, après un cours de 28 k. 32 k.

AZOUDANGE, vg. *Meurthe* (Lorraine), arr. et à 21 k. de Sarrebourg, cant. de Réchicourt-le-Château, ✉ de Bourdonnay. Pop. 572 h.

AZUN, charmante vallée du dép. des *H.-Pyrénées* (Bigorre). Elle est traversée par le gave du même nom, qui y coule avec rapidité sans dévaster ses rives. Elle renferme dix villages assez considérables. A l'extrémité de la vallée d'Azun, on trouve entre deux montagnes le port du col d'Azun, chemin par lequel on entre en Espagne.

AZUR, vg. *Landes* (Gascogne), arr. et à 29 k. de Dax, cant. de Soustons, ✉ de St-Vincent-de-Tyrosse. Pop. 304 h.

AZY, vg. *Cher* (Berry), arr. et à 19 k. de Sancerre, cant. et ✉ de Saucergues. Pop. 1,068 h.

AZY-BONNEIL, vg. *Aisne* (Brie), arr., cant., ✉ et à 7 k. de Château-Thierry. Pop. 254 h.

AZY-LE-VIF, vg. *Nièvre* (Nivernais), arr. à 30 k. de Nevers, cant. et ✉ de St-Pierre-le-Moutier. Pop. 730 h. — Forges et hauts fourneaux. — *Foire* le 30 janv.

AZZANA, vg. *Corse*, arr. et à 44 k. d'Ajaccio, cant. de Salice, ✉ de Vico. Pop. 304 h. Sur la rive gauche du Tanaro.

AZZAYE. V. **ARRAYE**.

B

BAALON, vg. *Meuse* (Lorraine), arr. et à 10 k. de Montmédy, cant. et ✉ de Stenay. P. 778 h.

BAALONS, vg. *Ardennes* (Champagne), arr. et à 21 k. de Mézières, 23 k. de Charleville, cant. d'Omont, ✉ de Poix. P. 920 h.

BABEAU, vg. *Hérault*, comm. et ✉ de St-Chinian.

BABEL (St-), bg *Puy-de-Dôme* (Auvergne), arr., cant., ✉ et à 10 k. d'Issoire. Pop. 1,519 h.

BABOEUF, vg. *Oise* (Picardie), arr. et à 35 k. de Compiègne, cant. et ✉ de Noyon. P. 601 h. — Les cidres de cette commune jouissent d'une grande réputation pour la consommation de Péronne, Cambrai et Lille. Les foins que l'on recueille sur son territoire sont aussi très-estimés ; ils servaient autrefois pour la nourriture des chevaux de la cour.

BABY, vg. *Seine-et-Marne* (Brie), arr. et à 28 k. de Provins, cant. et ✉ de Bray-sur-Seine. Pop. 111 h.

BAC (le), vg. *Aisne*, comm. de Bichancourt, ✉ de Chauny.

BACALAN, vg. *Gironde* (Bordelais), comm. et ✉ de Bordeaux.

BAC-AU-BENCHEUL, h. *Nord*, arr. et à 15 k. de Douai. ✠.

BACCARAT, *Burgaracum*, petite ville, *Meurthe* (Lorraine), chef-l. de cant., arr. et à 28 k. de Lunéville. Cure. ✉. Gîte d'étape. A 368 k. de Paris pour la taxe des lettres. Pop. 3,216 h. — C'était autrefois le chef-lieu d'une châtellenie dépendant du temporel de l'évêché de Metz. Il y existe encore une grande tour, bâtie par les comtes de Blamont, dont les murs, élevés de 15 à 20 m., ont 3 m. d'épaisseur.

Baccarat, situé sur la Meurthe, qu'on y passe sur un pont de neuf arches, est célèbre par une manufacture de cristaux, regardée comme une des plus importantes de l'Europe. Cette manufacture occupe l'emplacement d'une verrerie établie en 1765. La force hydraulique nécessaire aux ateliers est fournie par un puissant cours d'eau dérivé de la Meurthe, sur lequel arrivent les bois flottés des Vosges. L'eau fait mouvoir deux cents tours, et permet à l'ouvrier de réserver sa force et son attention à la taille même des cristaux.

Dans les premiers temps de la fabrication du cristal, on l'employait ou tout uni, ou taillé d'une manière plus ou moins riche. M. d'Artigues, pour donner plus d'extension à la vente, mit dans le commerce des gobelets, avec une moulure autour du fond et d'autres pièces courantes. Pour produire cette moulure, l'ouvrier après avoir posé la pièce de verre dans la forme voulue, la faisait réchauffer, puis, posant ce fond dans le moule, il soufflait aussi fort qu'il pouvait, de manière à chasser le verre dans les cavités du moule. Mais le souffle de l'homme n'étant pas assez puissant, ni assez rapide pour que l'impression fût parfaite ; c'est en 1823 qu'un ouvrier de Baccarat imagina d'employer un soufflet pour suppléer à l'action des poumons. Ismaël Robinet, dont le nom mérite d'être noté comme créateur d'une industrie nouvelle ; fut récompensé par une pension que lui firent MM. Godard, propriétaires de la cristallerie de Baccarat, et d'une manière plus éclatante par le prix Monthyon de 8,000 fr.

que lui décerna l'académie des sciences. Les améliorations obtenues dans la partie du moulage, depuis 1823, ont fait diminuer de moitié les prix de main-d'œuvre, et amené une perfection devant laquelle les anciennes tailles d'un fini moyen sont tombées au-dessous de toute valeur. On s'est occupé surtout à produire des cristaux moulés, dont la beauté approche des cristaux taillés, et dont le prix, extrêmement modéré, est à la portée des fortunes médiocres. — Les ouvriers et leurs familles, au nombre de 600 personnes, sont logés dans l'établissement. Les femmes qu'on occupe à la lustrerie des cristaux habitent Raon-l'Etape, à 8 k. de Baccarat.

Fabriques de calicots, toiles de coton. Forges. Verrerie et cristallerie. Fabrique de soude brute, cristaux de soude, sulfate de soude, acide muriatique, chlorure de chaux, muriate de manganèse. Tanneries. Scierie hydraulique de planches, etc. — *Commerce* de grains, bois, planches, etc. — *Foires* le 25 juillet et le dimanche après le 16 du même mois.

BACCON, vg. *Loiret* (Orléanais), arr. et à 26 k. d'Orléans, cant. et ⊠ de Meung. Pop. 659 h.

BACH, vg. *Lot* (Quercy), arr. et à 26 k. de Cahors, cant. et ⊠ de l'Albenque. Pop. 718 h.

BACHAMBRE, vg. *Seine-et-Oise*, comm. d'Oinville, ⊠ de Meulan. Pop. 93 h.

BACHANT, vg. *Nord* (Flandre), arr. et à 18 k. d'Avesnes, cant. de Berlaimont. P. 744 h. — *Carrière* de marbre Ste-Anne.

BACHAS, vg. *H.-Garonne* (Comminges), arr. et à 25 k. de St-Gaudens, cant. et ⊠ d'Aurignac. Pop. 307 h. Sur la Louge.

BACHASSIÈRE (la), vg. *Isère*, comm. de Salaise, ⊠ du Péage.

BACHELAS, vg. *B.-Alpes*, comm. du Castellet, ⊠ des Mées.

BACHELERIE (la), bg *Dordogne* (Périgord), arr. et à 35 k. de Sarlat, cant. de Terrasson, ⊠ d'Azerac. Pop. 1,503 h.

BACHEN, vg. *Landes* (Gascogne), arr. et à 30 k. de St-Sever, cant. et ⊠ d'Aire. Pop. 203 h.

BACHIMONT, vg. *Pas-de-Calais*, comm. de Buire-au-Bois, ⊠ d'Auxi-le-Château.

BACHIVILLIERS, vg. *Oise* (Vexin français), arr. et à 22 k. de Beauvais, cant. et ⊠ de Chaumont. Pop. 273 h.

BACHOS-ET-BINOS, vg. *H.-Garonne* (Comminges), arr. et à 32 k. de St-Gaudens, cant. et ⊠ de St-Béat. Pop. 253 h.

BACHY, vg. *Nord* (Flandre), arr. et à 19 k. de Lille, cant. et ⊠ de Cysoing. Pop. 937 h.

BACILLY, *Baciliacum*, vg. *Manche* (Normandie), arr., ⊠ et à 9 k. d'Avranches, cant. de Sartilly. Pop. 1,540 h.

BACON, vg. *Lozère* (Languedoc), arr. à 45 k. de Marvejols, cant. et ⊠ de St-Chély. Pop. 301 h.

BACONNES, vg. *Marne* (Champagne), arr. et à 26 k. de Reims, cant. de Verzy, ⊠ des Petites-Loges. Pop. 239 h. — Baconnes, que d'Anville croit être l'ancien *Basilia*, est entouré de remparts, et était autrefois fermé par trois portes.

BACONNIÈRE (la), vg. *Mayenne* (Maine), arr., ⊠ et à 17 k. de Laval, cant. de Chailland. ✧. Pop. 2,420 h. — *Fours* à chaux.

BACOUEL, vg. *Somme* (Picardie), arr., ⊠ et à 10 k. d'Amiens, cant. de Conty. Pop. 238 h. Sur la Celle.

BACOURT, vg. *Meurthe* (Lorraine), arr. et à 17 k. de Château-Salins, 23 k. de Vic, cant. et ⊠ de Delme. Pop. 484 h. Sur la rive gauche de la Nied française. — On y voit une église qui a été construite par les templiers, mais il ne reste aucune trace du château qu'y possédaient les ducs de Lorraine.

BACQUENCOURT, vg. *Somme*, comm. de Hombleux, ⊠ de Ham. — *Fabrique* de sucre indigène.

BACQUEPUIS, *Bachiputeus*, vg. *Eure* (Normandie), arr., cant. et à 14 k. d'Evreux, ⊠ de la Commanderie. Pop. 188 h.

BACQUEVILLE, *Buscavilla*, *Baschivilla*, vg. *Eure* (Normandie), arr. à 10 k. des Andelys, cant. et ⊠ d'Ecouis. Pop. 591 h.

BACQUEVILLE, *Baschelvilla*, bg *Seine-Inf.* (Normandie), chef-l. de cant., arr. à 18 k. de Dieppe. Cure. ⊠. A 170 k. de Paris pour la taxe des lettres. Pop. 2,720 h. Sur la rive gauche de la Vienne. —TERRAIN tertiaire moyen. — On y voit les vestiges d'un retranchement en forme de camp, et une motte assez considérable sur laquelle a dû s'élever un ancien château.

C'est la PATRIE de J. GIRAUD, auteur des *Beautés de l'histoire d'Italie*, 2 vol. in-12, 1816, et de quelques autres ouvrages.

Fabriques de bas, serges, coutils, toile à matelas. — *Commerce* de bestiaux. — *Foires* les 12 nov., 2ᵉ mercredis de fév. et de mai, et 2ᵉ mardi de juillet.

BADAILHAC, vg. *Cantal* (Auvergne), arr. et à 23 k. d'Aurillac, cant. et ⊠ de Vic-sur-Cère. Pop. 675 h.

BADAROUX, vg. *Lozère* (Languedoc), arr., cant., ⊠ et à 6 k. de Mende. P. 705 h. — *Fabriques* de serges.

Le hameau de NOUJARET, dépendance de cette commune, est la PATRIE du célèbre chimiste CHAPTAL, ministre de l'intérieur sous l'empire, membre de l'Institut, auteur, entre autres ouvrages, de la *Chimie appliquée aux arts*, 4 vol. in-8, 1806. — *La Chimie appliquée à l'agriculture*, 2 vol. in-8, 1823. — *De l'industrie française*, 2 vol. in-8, 1819, etc., etc.

BADASSON, vg. *Aveyron*, comm. de Murasson, ⊠ de Camarès.

BADEFOL, vg. *Dordogne* (Périgord), arr. et à 29 k. de Bergerac, cant. de Cadouin, ⊠ de Lalinde. Pop. 383 h. Sur la Dordogne.

BADEFOL-D'ANS, vg. *Dordogne* (Périgord), arr. et à 46 k. de Périgueux, cant. et ⊠ d'Hautefort. Pop. 1,246 h. — Haut fourneau à l'anglaise où l'on fabrique des canons et des chaudières à sucre.

BADEN, vg. *Morbihan* (Bretagne), arr., cant., ⊠ et à 14 k. de Vannes. Pop. 2,644 h.

BADENS, vg. *Aude* (Languedoc), arr., ⊠ et à 15 k. de Carcassonne, cant. de Capendu. Pop. 343 h. — On y voit un ancien château.

BADEON, vg. *Indre*, comm. du Pin, ⊠ d'Argenton.

BADERA (lat. 44°, long. 20°). « La Table théodosienne en fait mention sur la voie de Toulouse à Narbone ; et la distance marquée XV, à partir de Toulouse, fixe cette position, en employant le mille romain comme il convient, dans la Narbonaise, au lieu nommé Basiège, et on voit assez d'analogie dans cette dénomination avec celle de *Badera*. » D'Anville. *Notice de l'ancienne Gaule*.

BADERQUE, vg. *H.-Garonne*, comm. de Fougaron, ⊠ d'Aspet.

BADEVEL, vg. *Doubs* (Franche-Comté), arr., ⊠ et à 12 k. 1/2 de Montbéliard, cant. d'Audincourt. Pop. 624 h. — Manufacture importante d'ébauches de montres et de pendules à la mécanique.

A 1 k. de Badevel, on voit une suite de roches superposées qui renferment plusieurs cavernes : l'une d'elles, où l'on arrive par une pente facile, renferme un gouffre d'eau froide et limpide, nommé Creux-de-Malfosse, dont on n'a pu encore sonder la profondeur.

BADIÈRES (les), vg. *Nièvre*, comm. de St-Franchy, ⊠ de St-Saulge.

BADMÉNIL, vg. *Meurthe*, comm. et ⊠ de Baccarat.

BADMÉNIL-AUX-BOIS, vg. *Vosges* (Lorraine), arr. et à 17 k. d'Epinal, cant. de Châtel-sur-Moselle, ⊠ de Nomeny. Pop. 373 h.

BADONVILLER, *Badon visilla*, petite ville, *Meurthe* (Lorraine), arr. et à 36 k. de Lunéville, cant. de Baccarat. Cure. ⊠. A 382 k. de Paris pour la taxe des lettres. Pop. 2,353 h. — TERRAIN du Trias, Muschekalk. — Autrefois prévôté royale, couvent d'annonciades.

Cette ville est située dans une gorge, au pied des Vosges, sur la Blette, environnée d'eaux vives, d'étangs et de forêts. C'était jadis le chef-lieu du comté de Salm, possédé en commun par les princes de ce nom et par les ducs de Lorraine, depuis 1598 jusqu'en 1751. Plus tard, elle fut le siège d'une prévôté royale. Il y avait jadis un couvent d'annonciades, qui a été transformé en manufacture. — PATRIE du peintre CLAUDOT ; du célèbre astronome MESSIER, auteur de plusieurs savants mémoires insérés dans les volumes de l'académie des sciences et dans le Journal des savants.

Fabriques de toiles de coton et de bas de laine et de coton. Filature de laine. Manufacture très-importante d'alènes et de poinçons, Ⓐ 1819-23-27-34-39. Faïenceries. Tanneries. Brasseries. Exploitation des carrières de pierres de taille.

BADONVILLIERS, vg. *Meuse* (Lorraine), arr. et à 24 k. de Commercy, cant. de St-Mihiel, cant. et ⊠ de Gondrecourt. Pop. 359 h.

BAERENDORF, vg. *B.-Rhin* (Alsace), arr.

et à 30 k. de Saverne, cant. et ⊠ de Drulingen. Pop. 575 h.

BÆTERRÆ (lat. 44°, long. 21°). « Ce nom se trouve écrit diversement. On lit *Baeterr*. dans une inscription du recueil de Gruter (p. 270). Les manuscrits de Méla, selon Vossius, portent *Bæterra*; ceux de Pline, selon le P. Hardouin, *Bæterræ*. Ptolémée et Etienne de Bysance autorisent la diphthongue de la première syllabe. Dans l'Itinéraire d'Antonin on lit *Beterras*, *Biterris* dans celui de Jérusalem (p. 190). Il est évident, nonobstant l'opinion de M. de Valois, que la leçon de Βέτερα. Dans le texte de Strabon elle est vicieuse, procédant vraisemblablement d'une méprise du Λ pour un Λ on lettres onciales. Les écrivains postérieurs, Idace, Sulpice Sévère, Grégoire de Tours, ont écrit *Biterræ*. Cette ville a été colonie romaine, et, ayant reçu des vétérans de la septième légion, en a pris le surnom de *Septimanorum* que Méla (lib. III, cap. 5) et Pline (lib. III, cap. 4) joignent à son nom. Plusieurs savants veulent y rapporter la dénomination de Septimanie, comme si Béziers eût prévalu sur toute autre ville du même pays, et qu'il ne fût pas plus naturel que de l'union des sept districts ou territoires est sorti le nom de Septimanie, dont il est mention pour la première fois dans une lettre de Sidoine Apolinaire (Ep. I, lib. 3). Il ne faut point omettre que dans la Notice des provinces de la Gaule, *Civitas Beterrensium* est une de celles de la Narbonaise première. L'Itinéraire d'Antonin et celui de Jérusalem s'accordent à marquer XVI entre Béziers et Narbonne. On trouve XXI dans la Table, qui doit être corrigée par les Itinéraires. Ce que qu'il y a d'espace admet véritablement avec aisance le calcul de 16 milles, mais non pas plus grand nombre de milles, bien complètement. Dans cette route les Romains avaient construit au travers du marais de Cap-Estang une chaussée, dont il subsiste une des vestiges. » D'Anville. *Notice de l'ancienne Gaule*.

BAFFE (la), vg. *Vosges* (Lorraine), arr., cant. et à 11 k. d'Epinal. Pop. 653 h.

BAGACUM (lat. 51°, long. 22°). « On ne peut se dispenser de regarder cette ville comme l'ancienne capitale des *Nervii*. Ptolémée dans lequel il est aisé de reconnaître le nom de *Bagacum*, dans celui qu'on lit *Baganum*, ne cite point d'autre ville chez les *Nervii*. Dans la Table théodosienne la position de *Bagacum* est figurée comme capitale, et Magnon, qui dans une Notice du IXe siècle joint le nom propre des capitales à celui des cités, a écrit *Nervius Basiacum* (non *Bacium*). Il paraît donc de trouver dans Cellarius (t. I, p. 364), en parlant des *Nervii*, *ut caput Camaracum fuisse videatur*. Quoique Bavai ne soit pas aujourd'hui un lieu considérable, et que Cambrai prévale par sa dignité, ce qu'on trouve des vestiges d'antiquité à Bavai et aux environs, dénote une ville puissante. Les Romains y avaient conduit les eaux de plusieurs fontaines, qui sont dans le village de Florésies, distant de Bavai de plus de 9,000 toises. Mais rien ne témoigne davantage le rang qu'a tenu Bavai dans la contrée, que d'y voir aboutir comme au centre toutes les voies romaines, ou partir de ce point pour communiquer à toutes les parties d'alentour. Les Itinéraires nous indiquent des routes, qui s'y rendent de Reims, de Tongres, de Cambrai, de Tournai. Nous n'y voyons point celle qui, partant de Bavai, se joint près de Vermand à la voie qui tend de *Samorubriva* à *Augusta Veromanduorum*, ou St-Quentin. Mais elle subsiste sous le nom de Chaussée de Brunehaut. J'en connais une autre qui était prolongée jusqu'à l'extrémité de la Gaule la plus reculée vers le nord, et dont je ne sache point qu'on ait parlé jusqu'à présent. Elle se rendait de Bavai à Mons, qui a porté le nom de *Castrilucius* ou *Castri locus*, *quia ibi quondam Romanus exercitus castra locaverat*, selon le témoignage d'un moine de St-Guillain, qui a écrit la vie de sainte Adelgonde. La trace qui subsiste de cette voie, et qui se distingue de toute autre route, m'est indiquée par une carte qui a été levée dans le plus grand détail, et par ordre du roi, dans ses campagnes. De Mons elle passe par un lieu nommé Chauchie-Notre-Dame, *Calceia*: elle laisse Enghien à quelque distance sur la gauche; et, en poussant plus loin, on remarque sur son passage un lieu, dont le nom de Kefter paraît venir de *Castra*. Je la perds de vue au delà du bourg d'Asch, situé à une hauteur moyenne de celle de Bruxelles et d'Alost. Mais, par une suite de son alignement, je présume qu'elle traversait la rivière de Rupel, près d'un lieu que son nom actuel de Ruys-Broëk désigne avoir eu un pont sur cette rivière. Cette voie paraît conduire à la position d'Anvers. Quoique cette ville ne soit point connue par les monuments de l'âge romain, on la trouve avec distinction, et sous un nom de peuple, *Andoverpenses*, dans la vie de saint Eloi, écrite par saint Ouen, que l'on remonte au VIIe siècle. Je vois un indice d'une continuation de voie dans le nom de Hoogstraten, *Alta Strata*, que porte un lieu plus considérable que ceux dont il est environné dans les landes du quartier d'Anvers. En se rendant à Hoogstrate, la route paraît dirigée vers la Meuse, comme pour se rendre au *Batavorum oppidum*, et plus loin à *Noviomagus*, ou Nimègue, qui, sous la domination romaine, existait en qualité de chef-lieu d'un district. Indépendamment de cette direction, j'observe qu'une autre branche de voie, qui s'en écartait sur la gauche, conduisait à Dordrecht, nommé de *Duro-Trajectum* dans la Notice du IXe siècle joint assez connaître que c'était l'endroit du passage d'une rivière; cette circonstance concourt avec ce que j'apprends de Meuse-Alting, qu'une voie romaine aboutissait eu ce lieu précisément (Not. Batavia, p. 174): *Duxisse* (Romanos) *viam militarem ex Brabantia in Hollandiam, per Turedrecht, antequam sinum, qui nunc est, sibi aperuit Oceanus, uno ore testantur annales Leodicensium, Trajectensium, et Hollandensium*. Les voies romaines renfermées dans la Batavie, et qui se trouvent dans l'Itinéraire d'Antonin et dans la Table donnent des positions par lesquelles cette grande voie que nous conduisons jusqu'à Dordrecht, pouvait communiquer avec *Lugdunum des Batavi*, sur la rive du Rhin, et peu au-dessus de son embouchure dans la mer. Pour achever ce qui concerne *Bagacum*, il faut convenir que, nonobstant son titre de capitale, qu'on ne saurait lui contester primitivement, elle paraît en avoir perdu le rang au commencement du Ve siècle, puisque dans la Notice des provinces de la Gaule, les cités de Cambrai et de Tournai représentent les *Nervii*. Ce n'était plus qu'un château dans le moyen âge, comme on le voit par les actes de saint Libaire, dont je tire la citation de M. Wesseling (*Itin. Ant.*, p. 377), *Castellum, quod Bovaca nominatur.*» D'Anville. *Notice de l'ancienne Gaule.* V. aussi Caylus. *Rec. d'antiq.*, t. II, III et VI. Wastelains. *Description de la Gaule Belgique*. Walckenaer. *Géographie des Gaules*, l. I, p. 479, et l'article Bavay.

BAGARDS, vg. *Gard* (Languedoc), arr. et à 7 k. d'Alais, cant. et ⊠ d'Anduze. Pop. 570 h.

BAGAS, vg. *Gironde* (Bazadais), arr., cant. ⊠ et à 5 k. de la Réole. Pop. 288 h. Près de la rive gauche du Drop. — On y remarque une ancienne église et les restes d'un moulin fortifié que l'on a proposé de classer au nombre des monuments historiques.

BAGAT, vg. *Lot* (Quercy), arr. et à 23 k. de Cahors, cant. et ⊠ de Montcuq. Pop. 600 h.

BAGATELLE. V. NEUILLY.

BAGÉ-LA-VILLE, bg *Ain* (Bresse), arr. et à 31 k. de Bourg, cant. de Bagé-le-Châtel, ⊠ de Mâcon. Pop. 2,072 h. — Autrefois marquisat. — PATRIE DE L. DURET, célèbre médecin des rois Charles IX et Henri III.

BAGÉ-LE-CHATEL, petite ville, *Ain* (Bresse), chef-l. de cant., arr. et à 30 k. de Bourg. Cure. ⊠ de Mâcon. Pop. 864 h. — TERRAIN tertiaire supérieur. — **Autrefois** marquisat.

Cette ville est agréablement située sur un petit mont qui domine une plaine agréable et fertile en grains de toute espèce, chanvre, pépinières de peupliers, etc. — *Fabriques* de toiles et de poterie de terre. Filature de laine; corderies; tuileries; tanneries. — Commerce considérable de volailles estimées dites poulardes de Bresse; de bétail gras, vins, bois, grains, toiles de chanvre, etc. — Foires les 1er mardi de mai, 30 juillet, 5 sept. et 16 oct.

BAGERT, vg. *Ariège* (Gascogne), arr. et à 12 k. de St-Girons, cant. de Ste-Croix, ⊠ de St-Lizier. Pop. 318 h.

BAGES, vg. *Aude* (Languedoc), arr., cant., ⊠ et à 9 k. de Narbonne. Pop. 864 h. — Ce village est situé sur le bord de l'étang de Bages, qui communique à la mer par le port de la Nouvelle. Son territoire est peu fertile, et produit en petite quantité un vin blanc mousseux très-estimé, connu dans le pays sous le nom de blanquette de Bages. Le village lui-même, situé sur un rocher aride, présente un aspect qui annonce peu d'aisance chez les habitants. Leur seule ressource est la pêche, dont les femmes viennent vendre le produit à Narbonne ou dans les villages voisins, et les travaux de la saline d'*Esturac*, la plus importante du département.

L'étang de Bages, qui contient 2,750 hectares métriques de superficie, mais dont les différentes parties prennent différents noms, selon que ses eaux baignent Peyriac, Bages, Sigean ou Ste-Lucie, s'avance au nord de Bages, fort avant dans le territoire de Narbonne; c'est dans cette partie, appelée *la Pointe*, qui n'est distante de Narbonne que de 2 k., que se rendent en foule les habitants de cette ville dans la saison des bains.

BAGES, vg. *Pyrénées-Or.* (Roussillon), arr. et à 13 k. de Perpignan, caut. de Thuir, ✉ d'Elne. Pop. 541 h.

BAGIRY, vg. *H.-Garonne* (Comminges), arr. et à 22 k. de St-Gaudens, cant. et ✉ de St-Bertrand. Pop. 293 h. Sur la Garonne.

BAGNAIS (la), vg. *Ille-et-Vilaine*, com. de St-Suliac, ✉ de Châteauneuf.

BAGNARS, vg. *Aveyron*, comm. de Campouriès, ✉ d'Entraygues.

BAGNAUX, vg. *Seine-et-Marne* (Gatinais), arr. et à 21 k. de Fontainebleau, cant. et ✉ de Nemours. Pop. 319 h. — Verrerie pour verres à vitres, façon de Bohême, cylindres, gobeleterie, etc.

BAGNEAUX, vg. *Deux-Sèvres*, comm. d'Exoudun, ✉ de la Mothe-St-Héraye.

BAGNEAUX, vg. *Yonne* (Champagne), arr. et à 22 k. de Sens, cant. et ✉ de Villeneuve-l'Archevêque. Pop. 541 h.

BAGNÈRES-DE-BIGORRE, *Aquensis Vicus*, *Aquæ Bigerronum*, *Balneriæ*, jolie ville, *H.-Pyrénées* (Bigorre), chef-l. de sous-préf. (3e arr.) et d'un cant. Trib. de 1re inst. et de comm. Collège comm. Cure. Gîte d'étape. ✉. ✆. A 774 k. de Paris pour la taxe des lettres. Pop. 8,448 h. —**Terrain** de transition.

Autrefois diocèse de Tarbes, parlement de Toulouse, intendance d'Auch, recette de Bigorre.

Les mesures anciennes démontrent que Baguères-de-Bigorre est l'*Aquæ Convenarum* de l'Itinéraire d'Antonin, et les thermes de Bagnères paraissent être les thermes des *Onesii* dont Strabon a fait mention. Bagnères-de-Bigorre, *Vicani Aquenses*, fut un lieu célèbre dès le temps d'Auguste par ses sources thermales, ainsi que le prouve cette belle inscription placée à la fontaine froide :

NUMINI AUGUSTI SACRUM SEGUNDUS
SEMBEDONIS FIT NOMINE
VICANORUM AQUENSIUM E SUO
POSUIT.

La ville de Bagnères a été longtemps en proie aux fureurs des guerres civiles et religieuses, comme celles de tout le comté de Bigorre; mais ses habitants sont toujours restés fidèles au catholicisme. Elle fut protégée dans ces temps malheureux par Raymond de Cardeillac, seigneur de Sarlabous, et par le comte de Grammont. Le seigneur de Baudéan en fut ensuite gouverneur, et après lui Jean de Cardeillac, seigneur d'Ozon.

Cette ville, la seconde du département par son importance, est située au sud-est de Tarbes, sur la rive gauche de l'Adour, au bas de la colline anciennement appelée Monte-Crabarde (montagne des chèvres) et depuis mont Olivet. C'est un des sites les plus romantiques de toutes les Pyrénées; il a été chanté par le poëte Dubartas et vanté par tous ceux qui en ont parlé.

Bagnères, ville bien bâtie et si propre qu'on la dirait transportée de Hollande sous un ciel plus digne d'elle, est en outre placée sur un sol que fertilise l'Adour. Entourée de collines cultivées, dominée au loin par le pic du Midi, et par la chaîne des monts adjacents, qui embellissent ses perspectives, sans la menacer de leurs ruines, elle offre de tous côtés des points de vue délicieux. Des eaux limpides, sans cesse circulant dans ses vingt-deux rues, la plupart assez spacieuses, entretiennent une fraîcheur à laquelle contribue un doux zéphyr qui souffle continuellement de la vallée et des débouchés des gorges voisines.

Cette ville a plusieurs places agréables. Ses diverses rues offrent des maisons construites avec goût, presque toutes décorées de pilastres, de corniches, de cordons, d'encadrements de portes et de croisées en marbre : luxe indigène qui coûte peu et plaît à la vue. Bagnères peut loger commodément trois mille étrangers. Les maisons sont commodes, meublées avec élégance et d'une extrême propreté. Les habitants sont de mœurs douces et d'une politesse extrême pour les voyageurs.

La nature semble avoir prodigué dans l'heureux séjour de Bagnères les dons de la magnificence, et avoir voulu présenter dans une foule de sources de qualités différentes celle de la santé même. On pourrait se la présenter sous les traits de la déesse Hygie, versant à flots, par les mains des naïades et de leurs urnes inépuisables, le premier de tous les biens, celui qui peut seul donner du prix à tous les autres, lorsqu'on en sait user avec tempérance et modération.

Bagnères offre une suite presque continue d'agréables jardins paysagers, de bosquets artistement dessinés, placés comme en demi-cercle sur les pentes des montagnes voisines. Il est environné de sites qu'avaient élus des étrangers célèbres, et qui ont retenu leurs noms ; ainsi l'on montre l'Elysée Cottin, l'Elysée Azaïs. Heureuse idée de donner un nouvel intérêt à des lieux romantiques, par le souvenir d'auteurs estimables. La vallée de Lesponne laissera toujours dans la mémoire de ceux qui la parcourront, un souvenir frais et pur, presque comme celui d'une bonne action. Mais tout s'efface devant la vallée de Campan ; et près de cette Tempé il ne faut parler que d'elle. Durant 12 k., depuis Bagnères jusqu'aux premiers escarpements, vers Ste-Marie, l'impression est toujours douce et nouvelle. La route ne forme durant 12 k. qu'un long village. Cet éparpillage des habitations nombreuses sur toute la surface de la vallée lui donne un air animé qui réjouit et charme. Seulement sur trois points, à Baudéan,

Campan et Ste-Marie, ces habitations sont plus rapprochées et forment trois bourgs, où un clocher indique que les heureux habitants se rassemblent dans un temple, pour remercier Dieu de leur avoir donné l'existence et un champ dans ce paradis.

Les Allées Bourbon, qui parcourent le flanc de la montagne, offrent des arbres d'une végétation extraordinaire. On voit à ses pieds le jardin anglais de Théas, dont la rapidité semble effrayer d'abord les promeneurs ; mais les pentes y sont tellement ménagées, les allées y sont tracées avec un art si parfait, qu'on ne songe plus qu'au plaisir de les parcourir.

Le chemin des bains de Salut doit être considéré aussi comme une des plus agréables promenades de Bagnères. Ces bains sont à moins d'un k. de la ville, et la route qui y conduit, tracée sur une pente douce, est ombragée des deux côtés. L'établissement des bains est un des plus remarquables de Bagnères, soit à cause du volume de la source qui s'y rend, soit par rapport aux dimensions des cuves de marbre qui en reçoivent les eaux.

La promenade du Coustous, située au centre de la ville, formée de plusieurs rangs d'arbres, et entourée d'un parapet en marbre, est l'une des plus agréables et des plus fréquentées de Bagnères. Elle est environnée de belles habitations, et bordée par un canal d'eau limpide.

L'ancienne église St-Jean, qui appartenait autrefois à l'ordre de Malte, a été transformée en une salle de spectacle.

Fracasti est un établissement remarquable de Bagnères. On y trouve de vastes salles à manger, de jolis appartements, et des bains aussi commodes que spacieux. Plusieurs salons très-vastes et meublés avec toutes les recherches du luxe, éclairés par mille flambeaux, sont ouverts à la société, qui s'y rend en foule.

Bagnères, comme chef-lieu des eaux thermales, par sa situation, par le grand nombre de ses sources, et par l'importance, soit de ses établissements publics, soit de ses bains particuliers, est le rendez-vous général des étrangers ; chacun semble ne s'y occuper que de ses plaisirs ou du soin de rétablir sa santé. Le seul trajet du point de départ aux Pyrénées, est déjà une distraction, une jouissance; et, parvenu à sa nouvelle résidence, on s'y livre à des divertissements qui ne ressemblent en rien aux habitudes ordinaires des villes et moins encore des campagnes.

Biographie. Bagnères est le lieu de naissance de Fr. Ribes, membre de l'académie de médecine, auteur d'un grand nombre d'articles d'anatomie et de chirurgie insérés au *Dictionnaire des sciences médicales* et dans plusieurs autres ouvrages.

D'Avezac-Macaya, auteur des *Essais historiques sur le Bigorre*, 2 vol. in-8, 1823.

EAUX THERMALES DE BAGNÈRES-DE-BIGORRE.

M. le docteur Ch. Gauderax, inspecteur des nombreux établissements thermaux de Bagnères, ayant bien voulu mettre dans le temps à notre disposition l'excellent ouvrage qu'il a publié sur les propriétés physiques, chimiques et médicinales des eaux de Bagnères, nous en avons extrait les renseignements suivants, en renvoyant pour les détails plus étendus à l'ouvrage même de ce savant médecin, ouvrage indispensable à tous ceux qui fréquentent les bains thermaux de Bagnères-de-Bigorre.

La découverte des sources thermales de Bagnères remonte à la plus haute antiquité. Ce lieu était très-fréquenté du temps des Romains qui l'appelaient *Vicus Aquensis* ; on y a trouvé des inscriptions et des restes de monuments élevés par ce peuple conquérant, en l'honneur des nymphes protectrices des eaux minérales.

Depuis cette époque reculée, Bagnères a considérablement gagné sous le rapport de la commodité, de l'élégance et de la salubrité des établissements d'eaux minérales, et des logements que cette ville offre aux étrangers. Bagnères a connu de bonne heure la richesse que la nature avait placée près d'elle, et a su l'exploiter. Par ce concours heureux de toutes les volontés particulières à servir un intérêt commun, cette ville est parvenue à se constituer la métropole des cités minérales, non pas seulement des Pyrénées, mais de la France entière.

THERMES DE MARIE-THÉRÈSE. Placé au pied du coteau d'où surgissent plusieurs sources dispersées dans les Allées Bourbon, et appuyé sur les débris de quelques piscines romaines, ignorées jusque dans ces derniers temps et découvertes en faisant les premières fouilles des fondations, ce magnifique établissement est destiné à réunir dans un seul lieu plusieurs sources minérales. Séparé des maisons qui bordent la promenade des Salies par un espace libre de 23 m. de large, l'air y circule facilement de toutes parts.

Sa principale façade, située à l'est, offre une étendue de 63 m. environ de longueur sur 9 m. 70 c. d'élévation au-dessus du rez-de-chaussée, jusqu'à la corniche. Sans compter un étage souterrain construit sous l'une des ailes pour recueillir les eaux basses, il en est deux majestueux qui s'élèvent dans toute sa longueur, et qui présentent un coup d'œil imposant.

Dans l'intérieur se trouvent distribués les divers cabinets, qui renferment vingt-huit baignoires, quatre douches, un double appareil fumigatoire, avec divers cabinets où sont placés des lits de repos, un bain de vapeur avec ses dépendances, trois buvettes, des chauffoirs, une grande salle de réunion, un salon de lecture, un billard, enfin tous les accessoires nécessaires aux besoins ou à l'agrément d'un établissement aussi important. Un beau jardin embellit, sur le derrière, cet édifice.

Dans un vestibule situé au centre sont placées les deux principales buvettes. La troisième, qui se trouve dans le soubassement, est alimentée par les eaux d'une source précieuse, nouvellement découverte.

Les cabinets de bains, parfaitement clairs, bien aérés, sont précédés par un petit vestibule qui sert à isoler le malade de la circulation extérieure. Les baignoires sont toutes en marbre, et chaque cabinet qui les renferme a un lambris à hauteur d'appui, décoré de la même pierre.

SOURCE DE LA REINE. Elle a été nommée ainsi, parce que Jeanne, reine de Navarre, mère de Henri IV, ayant pris les eaux de cette source avec succès, voulut y laisser un monument de sa reconnaissance. Elle fit construire le grand bassin, et planter de belles et longues allées d'arbres pour servir de promenades aux buveurs.

BAINS DE SALUT. Ce bel et vaste établissement est situé à une distance d'environ 600 m. de la ville, à l'extrémité d'une belle promenade, au pied de la montagne du Garros. Il renferme une buvette et dix baignoires en marbre, dont quelques-unes d'une grande dimension placées dans autant de cabinets, précédés d'un vestibule. Il est alimenté par trois sources.

BAINS DE LAPEYRIE. Cet établissement, situé sur l'avenue de Salut, contient trois baignoires en marbre, placées dans autant de cabinets, et alimentées par deux sources.

BAINS DU GRAND-PRÉ. Cet établissement, alimenté par une seule source, est situé à l'extrémité de la ville sur la promenade de Salut ; il contient une buvette et quatre baignoires en marbre, placées dans autant de cabinets.

BAINS DE SANTÉ. Cet établissement, situé contre le beau jardin de M. le comte du Moret, renferme une buvette et six baignoires en marbre, dont quatre d'une belle dimension, placées dans autant de cabinets, et alimentées par trois sources.

BAINS DE CARRÈRE-LANNES. Cet établissement, situé à l'avenue de Salut, contient une buvette et quatre baignoires en marbre, placées dans autant de cabinets, alimentées par trois sources. La première alimente la buvette.

BAINS DE VERSAILLES. Cet établissement, situé près du chemin de Salut, contient quatre baignoires en marbre, placées dans autant de cabinets, et alimentées par deux sources.

BAINS DU PETIT-PRIEUR. Cet établissement, situé sous le perron de l'hôpital civil, renferme deux baignoires en marbre, placées dans deux cabinets, et alimentées par deux sources.

BAINS DE BELLEVUE. Cet établissement a pris son nom de la position sur laquelle il est situé. Autrefois il était connu sous le nom d'Hospice des Capucins. On y jouit, en effet, d'une perspective admirable qui s'étend vers le nord et le levant à des distances fort éloignées. Dix baignoires en marbre et trois douches y sont placées dans des cabinets séparés. Bellevue n'a point de source particulière ; celle de la Reine lui fournit 10 m. 8 mill. cubes par heure. Cet établissement serait susceptible de grandes améliorations.

BAINS DU PETIT-BARÈGES. Cet établissement a été abandonné pendant de longues années. Ce n'est que depuis quelques années que le propriétaire l'a rétabli ; mais la source est si peu abondante, qu'elle ne peut alimenter qu'une baignoire.

BAINS DE CAZAUX. Cet établissement, situé au pied du mont Olivet, renferme cinq baignoires en marbre, placées dans autant de cabinets, ainsi que des douches, alimentées par trois sources.

BAINS DE THÉAS. Cet établissement, situé au pied du mont Olivet, attenant au beau jardin anglais dont nous avons parlé dans la description de Bagnères, appartient à M. le chevalier de Jaulas. Il contient trois baignoires en marbre, placées dans autant de cabinets, ainsi que deux douches, alimentées par deux sources.

BAINS DE MORAT. Cet établissement, situé dans la ville, renferme deux baignoires en marbre, placées dans deux cabinets, alimentées par deux sources.

BAINS DE LASSERRE. Cet établissement, situé dans l'intérieur de la ville, renferme deux buvettes et quatre baignoires en marbre, placées dans autant de cabinets et alimentées par trois sources. La première alimente la grande buvette ; la seconde, qui alimente la petite buvette, n'a été utilisée avec avantage en boissons et en bains que depuis 1825.

BAINS DE PINAC. Cet établissement, situé dans l'intérieur de la ville, renferme deux buvettes et six baignoires en marbre, placées dans autant de cabinets. Il est alimenté par six sources, dont une sulfureuse et deux ferrugineuses.—La source sulfureuse, dite le Pinac, fournit à une buvette.

BAINS DE LA GUTIÈRE. Ce magnifique établissement, situé dans la ville, renferme six baignoires en marbre, des douches de toute espèce, placées dans autant de cabinets, ainsi qu'un appareil fumigatoire. Il est alimenté par trois sources.

FONTAINES DE SALIES. Cette source est la plus abondante de Bagnères ; elle n'est utilisée dans aucun établissement thermal : on s'en sert en gargarisme contre la paralysie de la langue. M. Dupont, artiste vétérinaire très-recommandable de l'arrondissement de Bagnères, l'emploie avec succès pour déterger les plaies des animaux et en accélérer la cicatrisation. Dans quelques espèces de paralysie, il en a retiré de bons effets.

FONTAINE FERRUGINEUSE D'ANGOULÊME. La découverte de cette fontaine date de l'an 1802 ; nous la devons à MM. Lameyran, docteur en médecine, et Doux, pharmacien. Elle est située au sud-ouest de la ville, dans un ravin descendant d'une montagne communale, à une hauteur d'environ 150 m. au-dessus du niveau de Bagnères. L'eau de cette source n'a point d'odeur ; elle est claire, limpide, transparente, douce au toucher ; son goût est éminemment métallique, mais cette impression désagréable est bientôt remplacée par une saveur légèrement styptique et fraîche. La température est à douze degrés, celle de l'atmosphère étant à seize.

FONTAINE FERRUGINEUSE DES DEMOISELLES CARRÈRE. Cette fontaine est située entre le Redat et le mont Olivet. La source contient les mêmes principes que la fontaine d'Angoulême, et l'expérience a prouvé qu'elle possède les mêmes propriétés.

Source sulfureuse de Labassère. Cette source est située près de la rive gauche de Loussonet, isolée de toute habitation, et à 8 k. de Bagnères.

Saison des eaux. La saison commence à Bagnères au mois de mai et se termine à la fin d'octobre. A la rigueur on peut faire usage des eaux toute l'année.

Cinq à six mille étrangers fréquentent Bagnères pendant la saison des eaux. Sur ce nombre on peut compter un tiers de malades.

Prix du logement et de la dépense journalière. Les prix varient selon les fortunes ; mais ils sont généralement fort modérés.

Tarif du prix des eaux, bains et douches :
Boisson. . . . . 0 fr. 10 c.
Bain. 1 00
Douches 0 50
Bain à vapeur, lit de repos compris. 2 50

Le médecin inspecteur enregistre les étrangers qui veulent avoir des heures fixes pour les bains et les douches ; le choix est aux plus anciennement arrivés.

La classe peu fortunée paye au-dessous du tarif. Les indigents sont reçus gratis, et soignés aussi gratuitement par le médecin inspecteur.

Propriété physique. Les eaux de Bagnères sont limpides et très-transparentes ; exposées à l'air, elles n'éprouvent pas la moindre altération. Cependant celles de la Reine et du Dauphin, après avoir séjourné quelque temps dans leur réservoir, donnent lieu à la formation, au-dessus de l'eau, d'une grande quantité de matière gélatineuse, jaunâtre en dessous, vert bouteille en dessus. Elles donnent au marbre blanc sur lequel elles coulent une couleur rouille d'un brun léger. Il se forme dans les tuyaux conducteurs, réservoirs, bassins et canaux de fuite des sources, un dépôt rouge, ferrugineux, plus ou moins abondant.

Les sources sulfureuses de Labassère et de Pinac laissent déposer, au contraire, une substance blanchâtre, floconneuse, et sous forme glaireuse, exactement semblable à celle que déposent les autres sources sulfureuses des Pyrénées.

Propriétés médicinales. « Les eaux de Bagnères-de-Bigorre, dit M. Alibert, agissent comme toutes les eaux salines thermales, en excitant dans l'économie animale des mouvements qui deviennent salutairement perturbateurs, en imprimant une marche aiguë à des affections qui se perpétuent au détriment des individus qui en sont atteints. On les conseille surtout aux hypocondriaques, aux personnes qui seraient travaillées par une mélancolie suicide. C'est là qu'il faut amener les femmes affaiblies par des couches réitérées et par les soins laborieux du ménage, celles qui sont épuisées par les flux immodérés, même par des peines morales. Les guerriers peuvent pareillement s'y rendre pour y cicatriser d'anciennes blessures.... »

On regarde les eaux comme diurétiques, un peu purgatives et toniques. Bordeu les conseille dans la débilité de l'estomac, les engorgements des viscères abdominaux, le relâchement de la vessie, l'anasarque essentiel, la suppression des règles. On les préconise dans les pâles couleurs, lorsque la poitrine est en bon état, dans les coliques néphrétiques, etc. Les bains sont très-efficaces dans les paralysies récentes et les rhumatismes chroniques. C'est en associant les bains et les douches à la boisson, qu'on obtient de ces eaux les plus heureux résultats.

Quoique les eaux de Bagnères soient en général peu gazeuses, M. le docteur Ganderax conseille de les prendre le plus ordinairement à leurs sources plutôt que dans les appartements. C'est surtout le matin à jeun que leur effet est le plus sensible. Libre alors de toute action, il est plus facile à l'estomac d'agir dans toute son énergie sur les substances qu'il reçoit. Il n'est point indifférent de les prendre avant ou après le bain. La dose usitée est relative à la maladie que l'on a à combattre, et à la classe d'eau dont on fait usage. Il est aussi une foule de circonstances qui guident le médecin sous ce rapport.

L'on croit inutile de faire observer ici que la promenade devient nécessaire, surtout durant l'usage des eaux minérales salines prises en boisson, et que l'exercice que l'on prend alors ne contribue pas peu à en faciliter et même en augmenter l'action ; mais il est avantageux de faire remarquer que la grande diversité de minéralisation dont elles sont douées à Bagnères offre en outre le précieux avantage du choix dans la grande variété de sensibilité, de susceptibilité de l'estomac et du canal alimentaire.

Industrie. On fabrique à Bagnères des cadis, des ras et autres étoffes de laine, des étamines, des tricots, des chapeaux, des crêpes et du sucre. — Foires les 11 nov. (4 jours), le mardi après la Pentecôte et le 26 août.—Aux environs, on exploite de riches carrières de marbre dont les produits ont figuré avantageusement à l'exposition de 1839. Ⓐ 1834, Ⓞ 1839.

Bagnères est à 20 k. S. de Tarbes, 32 k. S. de Baréges, 892 k. S.-O. de Paris.

L'arrondissement de Bagnères est composé de 10 cantons : Arreau, Bagnères, Bordères, Campan, Castelnau-Magnoac, la Barthe, Lannemezan, Mauléon-Barousse, Nestier, et Vielle-Aure.

Bibliographie. Salaignac (Xavier). *Eaux minérales de Bagnères*, in-12, 1752.

Lomet. *Mémoire sur les eaux minérales des Pyrénées*, in-8, an III, p. 86.

Poumier. *Analyse et Propriétés médicales des eaux des Pyrénées*, in-8, 1813.

Pinac. *Observations sur les eaux minérales de Pinac*, broch. in-12, an VI.

Albaniac. *Voyage pittoresque et sentimental à Bagnères-Adour*, in-12, 1818.

* *Guide du voyageur aux bains de Bagnères*, etc., in-12, 1819.

Pambrun. *Bagnères-de-Bigorre et ses environs*, in-8.

Ganderax. *Recherches sur les propriétés physiques, chimiques et médicinales des eaux minérales de Bagnères-de-Bigorre*, in-8, 1827.

* *Guide du touriste et du baigneur aux eaux de Bagnères-de-Bigorre*, par H. L., in-18 de 4 f., 1843.

BAGNÈRES-DE-LUCHON, jolie petite ville, H.-Garonne (Languedoc), chef-l. de cant., arr. et à 48 k. de St-Gaudens. Cure. ✉. ⚒. A 798 k. de Paris pour la taxe des lettres. Pop. 2,629 h. — Terrain de transition.

Autrefois justice royale, bureau des cinq grosses fermes.

Cette ville est bâtie à l'extrémité de la vallée de Luchon, vers les confins du ci-devant diocèse de Comminges, à peu près au milieu de la chaîne des Pyrénées. Elle est placée auprès d'une gorge qui conduit aux vallées populeuses d'Oueil et du Larbouts, sur la rive droite du Go, au nord-ouest d'un riant et fertile vallon, aussi entouré de montagnes cultivées à leurs bases, et couvertes à leurs sommets de bois propres à la construction. Une autre rivière, nommée la Pique, prend sa source dans les hautes montagnes que l'on voit au midi ; après avoir fertilisé de ses eaux et engraissé de son limon les belles et immenses prairies qui entourent Bagnères, elle va se confondre avec la rivière du Go, qui descend à grand bruit du lac de Séculéjo. De la réunion de la Pique et du Go se forme, au-dessous du bourg appelé Barcugnas, une nouvelle rivière qui prend le nom de Neste-de-Luchon, laquelle, après avoir traversé dans toute sa longueur cette belle et riche vallée, va grossir la Garonne de ses eaux au-dessous du village de Cierp.

Bagnères-de-Luchon tire son nom de ses eaux thermales, *Aquæ Bulneariæ Lixonienses*. Elle est bien bâtie, traversée dans les sens par des rues larges, propres et bien pavées, dont la principale mène à l'établissement des bains.

La ville forme un triangle dont chacune des pointes est prolongée par une allée, l'une de platanes, l'autre de sycomores, la troisième de tilleuls. Celle-ci est, sans contredit, la plus agréable, surtout pendant les mois de juin et de juillet, où les arbres sont en fleur, et répandent l'odeur la plus suave. C'est cette allée de tilleuls qui mène de la ville aux bains ; elle est bordée de maisons de droite et de gauche pendant une grande partie de son cours.

Les routes qui conduisent à Luchon sont belles et praticables. La vallée de Luchon commence à Cierp et se termine à la tour de Castel-Vicil, où les montagnes de Baréges et de

St-Mamet semblent se réunir. Depuis le village de Cierp jusqu'à celui de Cier-de-Luchon, les montagnes se séparent pour laisser, d'un côté, un passage à une des principales sources de la Garonne, et de l'autre, une route extrêmement variée qui offre plusieurs villages et de riantes habitations sur les hauteurs, dont quelques-unes sont situées d'une manière pittoresque.

EAUX THERMALES DE BAGNÈRES-DE-LUCHON.

Les eaux thermales sulfureuses de Bagnères-de-Luchon jouissaient d'une grande célébrité du temps des Romains, ainsi qu'il est facile de s'en convaincre par un grand nombre de débris d'autels, de sarcophages, etc., sur lesquels on lit des inscriptions latines. Les restes impérissables des monuments fondés par ce peuple étonnant, qui portait l'empreinte de son génie, de sa magnificence et de son bon goût dans tout ce qu'il entreprenait, furent découverts, ainsi qu'une vaste piscine très-bien conservée, dans les fouilles que firent les célèbres Bayen et Richard, dont la mémoire est encore si chère aux savants et aux hommes vertueux. Il est naturel de croire que ces débris avaient servi à élever un édifice thermal et des autels votifs. Ces monuments annoncent en outre, d'une manière certaine, que l'efficacité des eaux de Bagnères était déjà connue et révérée dans les temps les plus reculés; ils nous apprennent qu'à cette époque les bains de Luchon étaient en réputation, et qu'alors comme aujourd'hui ces sources thermales étaient propres à la guérison des diverses affections morbides, ou à leur soulagement. De là, sans doute, les vœux que l'on adressait aux aimables divinités des eaux et des montagnes; c'est du moins ce que l'on est fondé à croire par l'inscription suivante: *Nymphis Lucanus et erotis montibus.* De là aussi le dieu qu'on fit de la vallée de Luchon, *Lixoni deo subferta-V. S. L. M.* Sur une autre pierre on lit: *S. V. M. Pompenis Masenlinus-V. S. L. M.* Mais de tous les marbres portant des inscriptions, celle qui a fixé plus particulièrement l'attention des antiquaires est la suivante: *Nymphis T. Claudius Rufus. V. S. L. M.* C'est ici que s'est accompli le vœu de Claudius Rufus aux divinités des eaux.

Le maréchal-duc de Richelieu se transporta à Bagnères-de-Luchon dans l'année 1762; ce protecteur des sciences et des arts utiles favorisa le rétablissement des bains. A cette même époque, Luchon n'offrait guère que des masures en ruine, quelques chaumières et un très-petit nombre d'habitations. Dans le mois de juin 1785, Bayen et Richard firent, par ordre du gouvernement, les fouilles qui mirent à découvert les précieuses sources de Bagnères. Creusant à une certaine profondeur, on trouva des quartiers de marbre blanc en forme de pilastres, où étaient tracées au ciseau des moulures, des figures symboliques; sur l'un de ces débris on lisait: *Deo Lixoni*, sur l'autre: *Nymphis augustissimis sacrum.*

Depuis plus d'un siècle, les eaux de Bagnères-de-Luchon sont sous la direction d'un membre de la famille Barrié. Un des aïeux de l'inspecteur actuel, qui était souvent appelé à Bagnères pour y diriger les malades auxquels il avait conseillé l'usage des eaux, fut le premier qui les fit connaître. Les cures nombreuses opérées sous les yeux de M. Barrié commencèrent leur réputation, qui a toujours été en augmentant depuis cette époque reculée.

L'édifice thermal est situé au pied d'une montagne, à l'extrémité d'une belle allée, d'environ 800 m. de longueur, et d'une largeur proportionnée. C'est un bâtiment vaste, élégant, commode et solide, construit depuis 1807, à peu de distance des sources qui le dominent. Sa forme offre un rectangle oblong, ayant la direction du levant au couchant; on y entre par quatre grandes portes. Dans l'intérieur est un carré en forme de vestibule, et de chaque côté, de longs et larges corridors voûtés en maçonnerie et carrelés en dalles. On compte dans le corridor de la droite dix cabinets, neuf simples, ayant chacun une baignoire de beau marbre des Pyrénées, et le dixième avec deux baignoires. Treize cabinets forment le corridor de la gauche. Les deux premiers, ayant chacun un vestibule, sont les cabinets où l'on reçoit les douches actives de la grotte supérieure; les suivants ont comme les autres chacun une baignoire de marbre; l'avant-dernier en a deux, et le dernier en renferme quatre: celui-ci est destiné aux indigents qui obtiennent gratuitement les bains, les douches, la boisson de l'eau minérale, et les soins du médecin inspecteur.

L'arrière-corps de l'édifice thermal est composé de six cabinets, dont quatre à une baignoire et deux doubles. Tous les cabinets sont pourvus des objets nécessaires aux baigneurs. Chacun d'eux est indiqué par un numéro, et sur chaque porte est placé un tableau où sont inscrits les noms des personnes qui se baignent, et l'heure qui leur est fixée par l'inspecteur.

A la droite du grand bâtiment se trouve un petit édifice séparé, qui renferme la source de Richard. Il est divisé en deux petits corridors, voûtés en maçonnerie, ayant chacun quatre cabinets, dont trois à une baignoire et le quatrième à deux. Toutes ces baignoires sont de marbre, et chaque baignoire est alimentée par l'eau de cette source qui touche à ce bâtiment.

A l'extrémité du grand édifice, et sous la toiture, sont construits d'immenses réservoirs hermétiquement fermés. Chacun verse, par le moyen d'un conduit, et à l'aide d'un gros robinet de bronze, l'eau qu'il reçoit, pour la diriger ensuite dans toutes les baignoires. Quatre robinets placés dans chaque cabinet, versent séparément dans les cuves l'eau de quatre sources. La première fournit l'eau de la Reine; sa deuxième, qui est de cinq pieds au-dessus de la baignoire, permet d'employer en douche l'eau de cette source. Le second robinet verse l'eau blanche, qui sert à faire un bain tempéré avec l'eau de la Reine. Le troisième verse l'eau froide; par le quatrième s'écoule l'eau de la grotte inférieure, aussi précieuse qu'utile pour rendre le bain plus actif, susciter des crises, soit par les pores cutanés, soit par les voies urinaires.

A la partie gauche du grand édifice, à la base de la montagne qui le domine, est un petit bâtiment, en face d'une très-jolie cour plantée de tilleuls; il renferme cinq baignoires qui reçoivent l'eau d'une source minérale appelée source *Ferras*, laquelle est presque contiguë à ce bâtiment. Au-dessus de celle-ci se trouve encore une autre source que l'on n'emploie qu'en boisson.

A l'extrémité supérieure se trouve ce que l'on appelle la buvette: quatre robinets versent les eaux salutaires, et chaque malade boit celle qui lui est ordonnée.

Les eaux de Bagnères sont assez abondantes pour qu'on puisse donner par jour six cents bains et trois cents douches, sans compter les eaux que l'on boit et celles que l'on emporte.

Bagnères-de-Luchon offre aux étrangers un séjour agréable et des buts de promenade charmants, dans diverses directions. « Les femmes, dit M. Arbanère, que la maladie ou le plaisir amènent aux Pyrénées; les hommes qui, par leur constitution ou leurs goûts, leur ressemblent; où ceux qui, nés susceptibles d'affronter les hautes sommités, sont retenus par le charme des femmes sur leurs pas, trouvent dans le large bassin de Luchon une foule de sites charmants qui peuvent satisfaire le projet qu'ils ont conçu de l'étude des montagnes. Ces sites sont le motif et le terme de promenades délicieuses. La cascade voisine du village de Juzé; celle du village de Montauban, étonnent et ravissent l'habitant des plaines, dont les yeux n'étaient accoutumés qu'aux chutes de faibles ruisseaux. La promenade au monticule de Castel-Vieil offre un plateau couvert des ruines d'une ancienne tour. Le but d'une longue course des hôtes de Bagnères est le village de Cazeril, situé à mi-hauteur de la montagne de ce nom. Les jeunes et jolies baigneuses n'y parviendront qu'avec le secours de ces petits chevaux dociles, qui, partout aux eaux thermales, rendent facile l'observation de l'ordonnance du médecin pour l'exercice.

Un autre terme de l'exploration des montagnes pour les sociétés de Bagnères est la vallée du Lys, dont le fond offre plusieurs belles cascades.

Les savants et les étrangers qui se rendent à Luchon dans la saison des eaux ne manquent jamais d'aller jouir de la vue du lac d'Oô ou de Séculéjo. Au-dessus de celui-ci on trouve encore quatre autres lacs; le dernier est le lac glacé du port d'Oô. On ne doit pas manquer non plus de visiter la *Maladetta*, montagne d'une étendue prodigieuse et d'une hauteur surprenante, toujours couverte de neiges éblouissantes et de glaces éternelles; le port de la Picade, celui de Venasque, etc.

Le voisinage de la vallée d'Arran, province de Catalogne, et de Venasque, province d'Aragon, engagent beaucoup de baigneurs à visiter ces lieux, pour y observer les mœurs si pittoresques de l'un et de l'autre peuple.

Saison des eaux. C'est ordinairement vers le 15 mai que les étrangers commencent à arriver à Luchon; ils ne le quittent qu'à la fin d'octobre. La douceur du climat, la beauté des sites, la force de la végétation permettent d'y rester jusqu'à cette époque. Il est facile de prouver que les eaux sulfureuses peuvent être ordonnées avec succès en tout temps et dans toutes les saisons, en prenant cependant les précautions nécessaires par rapport aux influences atmosphériques. On voit chaque année des malades passer l'hiver à Luchon, prendre les bains et les douches tous les jours, et obtenir des cures merveilleuses. Il se rend chaque année à Luchon de 14 à 1,500 personnes de toutes les classes de la société.

Prix du logement et de la dépense journalière. Bagnères fournit tout ce qui est nécessaire à la vie. Tout y abonde pendant la saison des eaux. Les tables d'hôte sont nombreuses et bien pourvues de mets les plus sains et les plus délicats. Le prix de la nourriture est de 3 fr. par jour. On peut l'augmenter ou le diminuer suivant l'aisance des personnes. L'homme riche trouve à Luchon des hôtels; l'homme aisé, des maisons sans luxe, et l'indigent, des maisons saines et salubres. Pour les premiers, chaque appartement coûte de 4 à 5 fr. par jour; pour les seconds, 2 fr.

Tarif du prix des eaux, bains et douches.

Dans les baignoires du grand bâtiment, comme dans celles des maisons Richard et Ferras, les prix des bains sont fixés ainsi qu'il suit :

Du 1er novembre au 30 avril, compris le chauffage du linge. . . . . 40 c.
Douche. 15
Du 1er avril au 31 octobre, chauffage du linge compris 75
Douche. 30
Dans les rondes de trois et quatre heures du matin, le prix du bain dans le grand bâtiment n'est que de. . . 50
Celui des douches. 25
Bains d'étuve; le prix du bain ordinaire S. A. D. 75

Boissons.
Prix du litre, bu aux sources. . . . 05 c.
Id. transporté non bouché. . 10
Id. id. bouché. . . 15

Indication de la température de chaque source en 1839.

Nouvelle source de Richard. . . 35 d. 50 c.
Source ancienne de Richard. . . 43 »
— de Chauffoie. 48 25
— de la Reine. . . . . . . 55 »
— de la grotte inférieure. . 60 »
— de la grotte supérieure. . 56 »
— blanche de la Reine. . . 38 »
— Bayen. 65 50
— Ferras . . . . 35 »
Sources froides. . . . . 17 »

Propriétés physiques. Les propriétés physiques des diverses sources de Luchon ont à peu près les mêmes principes. Elles ne diffèrent que par les proportions des matières sulfureuses qu'elles contiennent. Elles sont claires et limpides, à l'exception de la blanche qui est louche. Leur saveur est fade et douceâtre. Ces eaux, surtout les plus chaudes, ont une odeur forte et pénétrante de soufre; elles laissent exhaler des émanations semblables à celle des œufs couvés.

Les deux sources de l'établissement Ferras (nom de l'ancien propriétaire) sont claires et limpides; elles ne laissent dégager aucun principe sulfureux, ainsi que la froide du grand établissement.

Propriétés médicinales. Les eaux minérales de Bagnères-de-Luchon, sont employées avec succès dans un grand nombre de maladies chroniques. Elles sont propres à rappeler l'exhalation cutanée; elles sont très-utiles toutes les fois qu'il est nécessaire d'exciter le système dermoïde. Elles méritent la première place parmi les moyens si multipliés qu'on a proposés pour la curation des dartres : leur propriété pour guérir ce genre d'affection est connue aujourd'hui de tous les praticiens. L'utilité des eaux de Luchon est constatée depuis longtemps dans les engorgements glandulaires, soit du cou, soit du mésentère, lorsqu'ils ne sont pas trop anciens; chaque année on y amène des enfants atteints de ces cruelles maladies.

On les emploie aussi avec succès dans les roideurs des tendons et des ligaments articulaires, à la suite des luxations, des fractures et des entorses.

Quelque salutaires que soient les eaux sulfureuses de Luchon, elles peuvent devenir dangereuses, si l'on en fait usage sans règle et sans précaution. Elles sont nuisibles dans les inflammations qui conservent un caractère aigu, dans les lésions organiques du système artériel, dans les irritations essentielles du système artériel, dans les irritations essentielles du système nerveux, dans les tempéraments sanguins exposés aux congestions vers le cerveau.

Mode d'administration. On fait usage des eaux sulfureuses de Bagnères-de-Luchon en boisson; on l'emploie encore à l'extérieur en bains et en douches, en lotions ou injections et en bains de vapeur.

Les malades boivent chaque matin depuis un à six verres d'eau de la Reine, de Richard, et quelquefois de la Grotte. On laisse ordinairement entre chaque verre un intervalle d'un quart d'heure, quelquefois d'une demi-heure. La source dont on se sert le plus fréquemment en boisson est celle de la Reine, qu'on prend pure; souvent il est nécessaire de modérer son activité en la coupant avec du lait.

Industrie. Bagnères-de-Luchon possède une fabrique importante de chocolat. Aux environs on exploite des carrières d'ardoises à toitures et à crayons, et des mines de cuivre. —*Commerce* de thé et de plantes médicinales des Pyrénées.—*Foires* les 12 mai, 25 sept., 29 oct. et 24 nov.

Bibliographie. Compardon. *Mémoire sur les eaux minérales et sur les bains de Bagnères-de-Luchon* (Journal de médecine, 1753).
Richard et Bayen, *Analyse des eaux de Bagnères-de-Luchon* (Recueil d'observations de médecins des hôp. mil., t. II, p. 642).
Arnaud Soulérat. *Nouvelles Observations sur les eaux thermales de Bagnères-de-Luchon*, in-8, 1817.
Chaudruc de Crazannes. *Lettres sur Bagnères-de-Luchon.*
Fontan. *Sur les eaux thermales de Luchon*, in-8, 1840.

BAGNEUX, vg. *Aisne* (Picardie), arr. et à 13 k. de Soissons, cant. et ✉ de Vic-sur-Aisne. Pop. 112 h.

BAGNEUX, vg. *Allier* (Bourbonnais), arr., cant., ✉ et à 20 k. de Moulins. Pop. 403 h. Près de l'emplacement de l'ancien château fort de Belleperche.

Le château de Belleperche était une des principales forteresses du Bourbonnais. Il fut pris en 1368 par les Anglais, qui y firent la duchesse douairière de Bourbon prisonnière. Lorsque le duc de Bourbon apprit cette triste nouvelle, il appela près de lui ses chevaliers, assembla les milices du Bourbonnais, et, après avoir enlevé un corps d'Anglais et un convoi destiné à rafraîchir Belleperche, il mit le siège devant cette place, qui renfermait et retenait sa mère. Il attaqua la forteresse avec ses hommes d'armes et deux cents arbalétriers, et avec six engins d'artillerie, qui les premiers jours battirent en brèche sans discontinuer; mais, la vie de la princesse se trouvant exposée, il fit prier son fils de cesser de tirer, et le duc, après quelques tentatives pour emporter le poste de vive force, se vit forcé de convertir le siège en blocus. Ce retard donna le temps au duc de Buckingham de venir au secours de Belleperche. Le duc, quoique très-inférieur en force, ne voulut pas lever le siège; les Anglais l'attaquèrent à plusieurs reprises; mais, ayant toujours été repoussés, ils se décidèrent à la retraite; la garnison évacua la forteresse pendant la nuit, après y avoir mis le feu, et emmena la duchesse douairière. Ce siège de Belleperche, qui n'eut pas une influence assez grande sur les affaires générales pour que l'histoire s'en soit occupée, n'en est pas moins un des faits d'armes remarquables de ce temps.

BAGNEUX, vg. *Indre* (Berry), arr. et à 32 k. d'Issoudun, cant. de St-Christophe, ✉ de Graçay. Pop. 667 h.

BAGNEUX, vg. *Maine-et-Loire* (Anjou), arr., cant., ✉ et à 3 k. de Saumur. P. 392 h. —On voit sur son territoire un des plus grands dolmens que possède le département. Vingt, trente, quarante siècles, peut-être davantage, se sont écoulés depuis qu'il est élevé! Combien de temples, construits à grands frais par des rois puissants et des artistes célèbres, ont été détruits, relevés et renversés encore depuis ce laps de temps, sans qu'un seul atome se soit détaché des quinze pierres qui forment celui-ci!

La solidité et la simplicité de sa construction semblent nous reporter aux premiers âges du monde. On ne voit là aucune trace de l'art, mais on y reconnaît la main de l'homme; et, en examinant ce monument, on croit contempler l'un de ses premiers ouvrages.

BAGNEUX, vg. *Marne* (Champagne), arr. et à 62 k. d'Epernay, cant. et ✉ d'Anglure. Pop. 713 h.

BAGNEUX, vg. *Meurthe* (Lorraine), arr. et à 15 k. de Toul, cant. et ✉ de Colombey. Pop. 294 h.

BAGNEUX, *Balneolum, Baniolum*, vg. *Seine* (Ile-de-France), arr., cant. et à 1 k. de Sceaux, ✉ de Châtillon. Pop. 1,075 h.

Ce village est bâti sur une éminence d'où l'on jouit d'un air salubre et d'un paysage agréable; il se distingue par son église paroissiale, et par une multitude de belles maisons de campagne. Bénicourt, favori du cardinal de Richelieu, et l'exécuteur de ses ordres les plus secrets, y avait fait construire une belle habitation, dont un pavillon donnait sur la rue St-Etienne. Au commencement de la première révolution, la maison ayant été vendue et démolie, on découvrit la destination mystérieuse de ce pavillon, et d'un puits non moins fameux qui avait servi d'oubliettes. Quand on eut ouvert ce puits, dont l'entrée avait été bouchée, et qui avait environ 33 mètres de profondeur, on reconnut les ossements de plus de quarante cadavres, ainsi qu'un grand nombre de vêtements, des montres, bijoux, argent, etc.—L'église de Bagneux, dont la fondation remonte au XIIIᵉ siècle, est un des plus beaux édifices religieux des environs de la capitale. Le vaisseau est voûté et fort beau; il en est décorée de petites galeries dans le genre de celles de Notre-Dame de Paris. Sur le couronnement des bas-côtés s'élèvent des arcs-boutants qui soutiennent la construction supérieure de la principale nef. Le portail est d'une haute antiquité : on y voit un bas-relief représentant le Père éternel, accompagné de quatre anges portant des chandeliers. Sur les restes de l'ancien clocher, il en a été élevé un nouveau d'une élégante construction. Le presbytère est une des plus belles habitations de ce genre.—*Fabrique de colle forte.*

BAGNEUX, vg. *Deux-Sèvres* (Poitou), arr. et à 35 k. de Bressuire, cant. et ✉ de Thouars. Pop. 254 h.—*Distilleries d'eau-de-vie.*

BAGNEUX, vg. *Somme*, comm. de Gezaincourt, ✉ de Doullens.

BAGNEUX-LA-FOSSE, *Balneolæ*, vg. *Aube* (Bourgogne), arr. et à 15 k. de Bar-sur-Seine, cant. et ✉ des Riceys. Pop. 756 h.—Le territoire de cette commune est fertile en vins dits de Riceys de seconde classe, fort estimés pour leur bonne qualité.

BAGNEZEAU, vg. *Charente-Inf.* (Saintonge), arr. et à 18 k. de St-Jean-d'Angely, cant. et ✉ de Matha. Pop. 334 h.

BAGNOL (Grand et Petit), vg. *H.-Vienne*, comm. de Fromental, ✉ de Morterolles.

BAGNOLES, vg. *Aude* (Languedoc), arr., ✉ et à 11 k. de Carcassonne, cant. de Conques. Pop. 231 h.

BAGNOLES, joli petit village, *Orne*, comm. de Tessé-la-Madeleine, ✉ de Couterne.

Ce village, situé au fond d'un vallon solitaire et pittoresque, près d'un lac environné de promenades charmantes, est renommé par ses bains d'eaux salines thermales. La source jaillit au pied d'immenses roches, dans une jolie vallée à côté du petit hameau qui lui a donné son nom. Au moment où elle s'échappe de la base de la montagne, elle entre dans une gorge de 150 m. de largeur, formée par l'écartement de deux énormes rochers qui se prolongent parallèlement de l'ouest à l'est; au fond de cette étroite colline, coule sur un lit de cailloux et à travers des quartiers de roc vif, la petite rivière de Vée; arrêtée à son entrée dans le ravin pour les besoins d'une fonderie établie au hameau, elle y forme un lac assez étendu dont la vue est délicieuse. Les rives de la Vée, revêtues de murs d'appui, sablées et plantées, offrent des promenades d'autant plus agréables qu'elles contrastent fortement avec l'aspect imposant et sauvage des hautes roches qui bornent l'horizon au nord et au sud.

Saison des eaux. La saison des eaux commence vers le 15 mai et se prolonge jusqu'au 30 septembre. Le nombre des baigneurs varie selon le temps et la beauté de la saison; cependant chaque année tous les logements nombreux et somptueux sont remplis par les étrangers qu'attirent la beauté du pays et l'efficacité des eaux.

Prix du logement et de la dépense journalière. Le prix du logement varie depuis un franc par jour jusqu'à six. La nourriture à la première table est de 4 fr., et de 2 fr. 20 c. à la seconde.

Tarif du prix des eaux, bains et douches. Bain d'une heure, 1 fr. 20 c. Douches, 50 c. Eau ferrugineuse de Courtomer, 40 c. Eau ferrugineuse de Bagnoles, 0.

Les eaux ont été analysées par MM. Vauquelin et Thierry au mois d'octobre 1813.

Propriétés physiques. La température est chaude, la saveur de l'eau légèrement acide; elle répand une odeur d'hydrogène sulfuré, et semble bouillonner, à cause du dégagement des bulles d'air qui viennent crever à sa surface. L'eau de la fontaine présente un bouillonnement continuel.

Propriétés chimiques. Le gaz acide carbonique se dégage constamment des eaux de Bagnoles; leur odeur dénote la présence d'un principe sulfureux. On y reconnaît du muriate de soude, ainsi qu'une portion de sulfate de chaux et de muriate de magnésie. Le limon de la fontaine contient du soufre et du fer.

Propriétés médicinales. Les eaux de Bagnoles sont recommandées dans les maladies cutanées rebelles ou invétérées, les rhumatismes chroniques, les catarrhes pulmoniques chroniques, les affections goutteuses qui se fixent sur l'estomac ou dans les intestins, les ulcères atoniques, les anciennes plaies d'armes à feu, les ankyloses, toutes les maladies de peau. Elles sont nuisibles aux personnes atteintes d'hémoptysie.—Les bains d'eau de Bagnoles procurent à la peau une douceur et une souplesse remarquable : toute femme de cinquante ans, s'il en existe? doit faire un voyage à Bagnoles.

Mode d'administration. On donne les eaux en bains et en douches ascendantes et descendantes; on en boit aussi depuis un litre jusqu'à trois; on applique des cataplasmes avec les boues. On les administre en bains dans des cabinets bien disposés, ainsi que dans le bassin commun.

Bagnoles est situé à 25 k. de Domfront, 44 k. d'Alençon, 240 k. de Paris.

Bibliographie. * *Traité des eaux minérales de Bagnoles*, in-8, 1740.

Lair. *Notice sur les bains de Bagnoles*, in-8, 1813.

* *Abrégé des vertus et qualités des eaux de Bagnoles*, in-12.

Estienne. *Notice topographique sur Bagnoles* (Rec. de méd. milit., t. XIII).

* *Notice topographique et médicale sur les eaux minérales de Bagnoles*, in-8, 1843.

BAGNOLET, *Baneletum*, vg. *Seine* (Ile-de-France), arr. et à 11 k. de St-Denis, cant. de Pantin. ✉ A 6 k. de Paris pour la taxe des lettres. P. 1,321 h.—Il est situé dans le fond d'un vallon agréable, entre Montreuil et Romainville. Le duc d'Orléans, régent de France, y possédait un château où il avait fait faire beaucoup d'embellissements, mais qui fut vendu par son fils et détruit bien avant la révolution.—Le savant cardinal Duperron, se retira à Bagnolet après la mort de Henri IV, dans une maison où il avait passé les premières années de sa vie; il y mourut en 1618, au moment où il faisait imprimer sa lettre au roi d'Angleterre.

Fabriques de carton. Blanchisserie de cire. Exploitation de carrières de plâtre.—Fête patronale le 1ᵉʳ dimanche de septembre.

BAGNOLS, *Drôme*, comm. de Montauban, ✉ de Sédéron.

BAGNOLS, *Balnea*, petite ville, *Gard* (Languedoc), chef-l. de cant., arr. et à 23 k. d'Uzès. Collège communal. Cure. ✉. A 654 k. de Paris pour la taxe des lettres. P. 4,909 h.

—Terrain tertiaire moyen.

Cette ville est située dans un territoire fertile en vins estimés, sur la rive droite de la Cèze.—Elle est formée de rues étroites, et généralement mal bâtie. On y remarque toutefois une belle place carrée, entourée de portiques; deux belles fontaines; le bâtiment du collège; l'hôpital, et le canal qui conduit les eaux de la Cèze hors de la ville, pour le service des irrigations.

Les armes de Bagnols sont : *d'azur à trois cuves couvertes d'or.*

Biographie. Patrie du comte Ant. Rivarol, l'un des plus brillants esprits de la fin du XVIIIᵉ siècle, de l'académie des sciences, mort en 1801. On a de lui : le *Petit Almanach de nos grands hommes*, in-12, 1788; *Petit Dictionnaire des grands hommes de la révolution*, in-12, 1790; *Discours préliminaire du Nouveau Dictionnaire de la langue française*, in-4, 1797; *De l'universalité de la langue française*, in-8, 1784 (couronné par l'académie de Berlin); * *Galerie des états généraux*, 2 part., in-8, 1789 ; et beaucoup d'autres ouvrages. On a réuni ses œuvres complètes en 5 vol. in-8, 1808.

Du comte C.-Fr. de Rivarol, maréchal de camp, auteur de plusieurs pièces de poésie et de divers écrits politiques.

De J.-D. Magalon, auteur de plusieurs ouvrages politiques et littéraires, connu par l'indigne traitement dont il fut l'objet sous le ministère de M. de Corbière.

Du comte Ant. Barruel Beauvert (né au château de Beauvert), l'un des rédacteurs du *Journal des apôtres* et auteur de plusieurs pamphlets.

De J.-B. Teste, avocat distingué, ancien ministre, membre de la chambre des députés.

De Fr.-A. Teste, lieutenant général.

Et du *citoyen* Teste, frère des précédents.

Fabriques de grosses draperies, serges, organsins, cardes. Distilleries d'eaux-de-vie. Tanneries. Teintureries.—*Foires* le 1er mercredi de janvier, 6 mai (3 jours), 12 juillet et 23 nov.

BAGNOLS, ou Bagnols-lès-Bains, vg. Lozère (Languedoc), arr., ⊠ et à 17 k. de Mende, cant. de Blaymard. Pop. 386 h.—Il est situé sur le penchant d'une montagne, près de la rive gauche du Lot.—*Fabrique* de serges et de cadis estimés.—*Foire* le 9 juillet.

Autrefois diocèse d'Uzès, parlement de Toulouse, intendance de Montpellier, justice, couvent de récollets.

Ce village, dont l'air est généralement froid et les changements de température très-fréquents, possède un établissement d'eaux thermales très-fréquentée. La source se trouve dans un vallon rétréci arrosé par le Lot.

Saison des eaux. La saison la plus favorable pour se rendre aux eaux de Bagnols est depuis le 1er juillet jusqu'au 1er septembre. Le nombre des étrangers est annuellement de 1,500.

Propriétés physiques. La température des eaux de Bagnols est de 36° de Réaumur dans le premier réservoir, et de 33° dans les deux autres. Ces eaux sont claires et limpides : dans les réservoirs leur odeur est nulle ; mais à quelque distance elles répandent une odeur de gaz hydrogène sulfuré. Elles sont grasses et onctueuses au toucher ; leur saveur n'a rien de désagréable.

L'abondance des sources est évaluée à 113 litres par minute.

Propriétés chimiques. D'après les expériences du docteur Barbut, dit M. Patissier, les eaux de Bagnols contiennent du gaz hydrogène sulfuré en grande proportion, du sulfate de chaux, du muriate de magnésie, un peu de fer qui est tenu en dissolution par le gaz hydrogène sulfuré, mais surtout une substance extractive animalisée qui s'y trouve sous forme de savon par sa combinaison avec le carbonate de soude.

Propriétés médicinales. Les eaux de Bagnols, prises intérieurement, facilitent l'expectoration, accélèrent la circulation, augmentent la transpiration, l'appétit, et excitent, en quelque sorte, une légère fièvre artificielle. On les emploie avec succès dans les dégoûts opiniâtres, les vomissements muqueux, la diarrhée, la stérilité, les pâles couleurs.

En bains, les eaux de Bagnols conviennent dans les scrofules, la gale, les dartres, les paralysies, les rhumatismes chroniques, le rachitis, les fausses ankyloses et les cicatrices mal consolidées.

Mode d'administration. En boisson, la dose des eaux de Bagnols est d'un à deux ou trois litres, que l'on prend à jeun, de demi-heure en demi-heure.

Les bains se prennent soit dans les piscines publiques, soit dans des baignoires, ou en mélange avec de l'eau froide ; mais c'est particulièrement aux étuves et à leur usage presque exclusivement, puisqu'on en prend deux ou trois par jour, que Bagnols doit surtout de grands succès.

Bibliographie. Balditi. *L'Hydrothermopotie des nymphes de Bagnols, ou les Merveilles des eaux et bains de Bagnols*, in-8, 1651.

Samuel Blanquet. *Examen de la nature et des vertus des eaux minérales du Gévaudan*, in-8, 1718.

Bonnel de la Brageresse. *Dissertation sur la nature, l'usage et l'abus des eaux thermales de Bagnols*, in-8, 1774.

BAGNOLS, vg. *Puy-de-Dôme* (Auvergne), arr. et à 55 k. d'Issoire, cant. de Latour, ⊠ de Tauves. Pop. 1,857 h.—*Foires* les 10 avril, 3 mai, 28 juin et 13 sept.

BAGNOLS, vg. *Pyrénées-Or.* V. Banyuls-sur-Mer.

BAGNOLS, bg *Rhône* (Lyonnais), arr. et à 13 k. de Villefranche, cant. et ⊠ de Bois-d'Oingt. Pop. 664 h. Sur la route de Tarare.

C'était une ancienne baronnie du Lyonnais ; son château, qui existe encore, a été bâti par le maréchal St-André. — Depuis 1833, on y fabrique des étoffes de soie et de la mousseline. Tuileries. Carrières de pierre, dont une a servi pour la construction de toutes les plus anciennes maisons de Lyon : on y a compté, à une époque fort ancienne, il est vrai, plus de 100 tailleurs de pierre.

BAGNOLS, *Bagnolis*, *Var* (Provence), arr. et à 25 k. de Draguignan, cant. et ⊠ de Fréjus. Pop. 829 h.—Il est bâti en amphithéâtre, à l'extrémité d'une vaste forêt, où l'on trouve en abondance, dans la belle saison, des fraises renommées par leur bonne qualité.

BAGNOT, *Balneolum*, vg. *Côte-d'Or* (Bourgogne), arr. et à 30 k. de Beaune, cant. et ⊠ de Seurre. Pop. 345 h. — C'était jadis une maison de chasse des ducs de Bourgogne, qui devint plus tard un village, dont les habitants furent affranchis en 1234.

BAGROS, h. *H.-Vienne*, comm. de Rançon, ⊠ de Bellac.

BAGUER-MORVAN, vg. *Ille-et-Vilaine* (Bretagne), arr. et à 26 k. de St-Malo, cant. et ⊠ de Dol. Pop. 1,994 h. — *Foire* le lundi après le 2 juillet.

BAGUER-PICAN, vg. *Ille-et-Vilaine* (Bretagne), arr. et à 32 k. de St-Malo, cant. et ⊠ de Dol. Pop. 1,644 h. A la source du Couesnon. — Patrie du comte Louis de St-Aulaire, ambassadeur, pair de France, membre de l'Institut. — Filature de chanvre.

BAGUENAU, roches ou îlot sur la côte du dép. de la *Loire-Inf.*, en dedans du banc du Four, dans l'entrée de la Loire.

BAHAIS, vg. *Manche*, comm. de Pontéhébert, ⊠ de la Périne. Pop. 142 h.

BAHO, vg. *Pyrénées-Or.*, (Roussillon), arr., cant., ⊠ et à 8 k. de Perpignan. Pop. 801 h. Sur la Basse.

BAHUS, vg. *Landes*, comm. de Montgaillard, ⊠ de St-Sever.

BAHUS-SOUBIRAN, vg. *Landes* (Gascogne), arr. et à 25 k. de St-Sever, cant. et ⊠ d'Aire. Pop. 533 h.

BAIGNEAUX, vg. *Eure-et-Loir* (Orléanais), arr. et à 39 k. de Châteaudun, cant. d'Orgères, ⊠ d'Artenay. Pop. 392 h.

BAIGNEAUX, vg. *Gironde* (Guienne), arr. et à 22 k. de la Réole, cant. de Targon, ⊠ de Cadillac. Pop. 222 h.

BAIGNEAUX, vg. *Loir-et-Cher* (Beauce), arr. et à 16 k. de Vendôme, cant. de Selommes, ⊠ d'Oucques. Pop. 123 h.

BAIGNES, vg. *Charente* (Angoumois), chef-l. de cant., arr. et à 13 k. de Barbezieux. Cure. ⊠. A 490 k. de Paris pour la taxe des lettres. Pop. 338 h. Sur le ruisseau de Pharon. — *Fabrique* de faïence commune. Tanneries. — *Commerce* considérable de bœufs et de porcs gras, destinés à l'approvisionnement de Bordeaux. — *Foire* le 2e mercredi de chaque mois.

BAIGNES, vg. *H.-Saône* (Franche-Comté), arr. et à 11 k. de Vesoul, cant. de Scey-sur-Saône, ⊠ de Traves. Pop. 248 h.

Ce village, situé près d'un gouffre profond qui donne naissance au ruisseau de la Baignotte, est bâti au pied d'une colline où l'on voit les restes d'un aqueduc antique. On prétend qu'il doit son origine et son nom à d'anciens bains, dont on a trouvé des vestiges dans des fouilles faites il y a quelques années, qui ont mis à découvert un bassin octogone d'une belle structure. — Les eaux de la source de la Baignotte mettent en mouvement dans ce village de fort belles usines, consistant en un feu d'affinerie et en un haut fourneau, dont la machine soufflante est mise en jeu par une machine à vapeur de la force de douze chevaux.

BAIGNEUX-LES-JUIFS, *Balneola*, bg *Côte-d'Or* (Bourgogne), chef-l. de cant., arr. et à 34 k. de Châtillon-sur-Seine. Cure. ⊠. A 259 k. de Paris pour la taxe des lettres. P. 425 h. — Terrain jurassique, étage moyen du système oolitique.—*Autrefois* prévôté royale. — Education des abeilles.—*Foires* les 20 fév., 30 mars, 8 juin, 12 juillet, 14 oct. et 12 nov.

BAIGNEVILLE, vg. *Seine-Inf.*, comm. du Bec-de-Mortagne, ⊠ de Gondreville.

BAIGNOLLET, vg. *Eure-et-Loir* (Beauce),

arr. et à 34 k. de Chartres, cant. et ⊠ de Voves. Pop. 318 h.

BAIGORRY, *Baigorria*, *Biguria*, pays et vallée du dép. des B.-*Pyrénées*, formant aujourd'hui le canton de St-Etienne-de-Baigorry. Cette vallée est arrosée par la Nive, et a environ 20 k. de long sur 16 de large. On y compte plusieurs villages, dont St-Etienne-de-Baigorry est le plus considérable. — Les conventions politiques, méconnaissant les limites assignées par la nature, ont donné à l'Espagne la partie supérieure de la vallée de Baigorry, célèbre par les travaux minéralogiques qui y ont été exécutés ; cependant tous les cours d'eau qui y prennent naissance vont se précipiter dans la Nive. — Cette vallée possède plusieurs mines de cuivre très-abondantes, dont l'exploitation remonte à une époque très-reculée, ainsi que des fonderies et autres ateliers nécessaires à l'exploitation de ces mines. — Le 24 septembre 1793, le général Dubouquet, commandant l'armée des Pyrénées-Orientales, y remporta un avantage sur les Espagnols.

BAIGTS, vg. *Landes* (Gascogne), arr. à 21 k. de St-Sever, cant. et ⊠ de Mugron. P. 987 h.

BAIGTS, vg. B.-*Pyrénées* (Béarn), arr., cant., ⊠ et à 7 k. d'Orthez. Pop. 1,000 h. Près du gave de Pau.

BAILLARGUES, vg. *Hérault* (Languedoc), arr. et à 13 k. de Montpellier, cant. de Castries, ⊠ de Lunel. Pop. 560 h.

BAILLASBATS, vg. *Gers* (Gascogne), arr., cant., ⊠ et à 16 k. de Lombez. Pop. 177 h.

BAILLÉ, vg. *Ille-et-Vilaine* (Bretagne), arr. et à 13 k. de Fougères, cant. et ⊠ de St-Brice-en-Coglais. Pop. 401 h.

BAILLEAU-LE-PIN, vg. *Eure-et-Loir* (Beauce), arr. et à 15 k. de Chartres, cant. d'Illiers, ⊠ de St-Loup. Pop. 862 h.

BAILLEAU-L'ÉVÊQUE, vg. *Eure-et-Loir* (Beauce), arr., cant., ⊠ et à 8 k. de Chartres. Pop. 743 h.

BAILLEAU - SOUS - GALLARDON, vg. *Eure-et-Loir* (Beauce), arr. et à 16 k. de Chartres, cant. de Maintenon, ⊠ de Gallardon. Pop. 691 h.

BAILLES (les), vg. *Isère*, comm. de St-Maurice-Lalley, ⊠ de Mens.

BAILLET, vg. *Seine-et-Oise* (Ile-de-France), arr. et à 24 k. de Pontoise, cant. d'Écouen, ⊠ de Moisselles. Pop. 200 h. — Dans l'église, qui est de construction moderne, on voit les tombes de Ch. et de Jacques d'O.

BAILLEU-SUR-THERAIN, *Balliolum*, vg. *Oise* (Picardie), arr. et à 14 k. de Beauvais, cant. de Nivillers, ⊠ de Bresles. Pop. 687 h. — En 1202, il y avait à Bailleu même un fort considérable qui relevait de l'évêque de Beauvais, et qui était possédé par Renaud de Mello, seigneur de Bresles ; il ne reste plus aucun vestige de cette forteresse. — L'église paroissiale, sous l'invocation de saint Lubin, est oblongue, formée d'une grande nef carrée, avec des bas-côtés au sud, et d'un chœur terminé en demi-cercle ; ce chœur présente des arceaux gothiques et des croisées en ogive de la fin du XVIe siècle.

Le PETIT - FROIMONT, hameau dépendant de Bailleu, et bâti sur la pente du mont César, est aussi considérable que le chef-lieu. — Le mont César, placé entre la Vieille-Abbaye, le Petit-Froidmont et Bailleu, tire sa dénomination des vestiges d'un camp romain encore visibles à la surface du plateau qui couronne cette butte. Tous les auteurs qui ont écrit sur l'histoire du Beauvaisis ont constaté la tradition générale suivant laquelle le camp du mont César aurait été établi par César lui-même, dans la seconde expédition contre les Bellovaques. D'après les opérations du cadastre et les vérifications faites sur place, on a constaté que l'espace occupé par ce camp, y compris les retranchements, présente, de l'ouest à l'est, un développement de 1,054 m., et du nord au sud, une étendue de 422 m.

BAILLEUL, vg. *Eure* (Normandie), arr. et à 18 k. d'Évreux, cant. et ⊠ de St-André. Pop. 182 h.

BAILLEUL, vg. *Balliolum*, ancienne et jolie ville, *Nord* (Flandre), chef-l. de 2 cant., arr. et à 19 k. d'Hazebrouck. Collège communal. 2 cures. Gîte d'étape. ⊠. \/. A 257 k. de Paris pour la taxe des lettres. Pop. 9,923 h. — TERRAIN tertiaire supérieur.

Autrefois diocèse d'Ypres, parlement de Douai, intendance de Lille, présidial, châtellenie, subdélégation, brigade de maréchaussée, couvent de capucins.

Bailleu est une ville fort ancienne, dont quelques chroniques attribuent la fondation à une colonie sortie de Bavai, lorsque Jules César se disposait à en faire le siège. Son château fut démoli par les Normands en 882. Baudouin le Jeune, comte de Flandre, fit entourer la ville de fortifications, que Robert le Frison augmenta considérablement en 1072. Cette ville fut saccagée ou brûlée en 1213, 1263, 1383, 1436, 1478, et en 1503 ; un accident la réduisit totalement en cendres en 1582 ; les Français la brûlèrent en 1653, et un incendie qui éclata dans une brasserie la consuma entièrement, ainsi que tous les édifices publics, en 1681.

Les armes de Bailleul sont : *de gueules à la croix de vair contre-vairée, au premier canton d'or au lion de sable.*

Cette ville est située sur une éminence, et généralement bien bâtie. Ses rues sont bien percées et ses maisons construites avec goût. Toutefois, les constructions y sont plus germaniques que françaises : le dessus des portes des maisons les plus élégantes est décoré d'une manière bizarre, et propre à donner une idée de l'esprit religieux des Flamands : ce sont des faits de l'histoire sainte sculptés, entre lesquels se trouvent des morceaux de glaces qui laissent pénétrer le jour dans le vestibule. Ainsi, l'on voit sur la porte d'une maison Adam et Ève auprès de l'arbre de vie ; sur d'autres, le ravissement de saint Paul, le chasseur Nemrod, la Nativité, les rois mages, etc.

On remarque à Bailleul l'ancienne église de St-Vaast et celle du ci-devant collège des Jésuites. Cette ville est entourée d'excellentes prairies où l'on élève une grande quantité de bestiaux. Aux environs, sur le mont de Lille, on voit un champ, en partie couvert de débris, où l'on présume que les Romains avaient bâti un grand édifice.

Fabriques de ratines, fils retors, dentelles, toiles de lin, toiles à matelas, linge de table, tissus de coton, treillis pour toiles cirées, coutils, printanières, rubans de fil, sucre indigène, faïence, poterie, savon noir, sucre de betteraves. Blanchisseries de fil. Raffineries de sel. Nombreuses brasseries. Moulins à huile. Briqueteries. Tanneries. Moulins à blé et à tan. — *Commerce* de grains, fèves, fromages dits de Bailleul, volailles, bestiaux, etc. — *Foires* le 9 sept., les derniers mardis d'avril et de juillet, le mardi gras et le dimanche après la Trinité.

BAILLEUL, vg. *Orne* (Normandie), arr. et à 8 k. d'Argentan, cant. et ⊠ de Trun. Pop. 980 h. — On voit près du village de BRÈRES, dépendant de la commune de Bailleul, des restes de fortifications qui paraissent avoir appartenu au château de Fourches, bâti par Robert II de Bellesme, pour s'opposer aux incursions des seigneurs d'Exmes.

BAILLEUL (le), bg *Sarthe* (Maine), arr., ⊠ et à 12 k. de la Flèche, cant. de Malicorne. Pop. 1,108 h. — C'était autrefois une ville très-commerçante, ruinée par deux incendies. On y voit une église curieuse du XIe siècle.

PATRIE de RENÉ CHOPIN, célèbre jurisconsulte du XVIe siècle, auteur du *Traité des domaines* et du *Traité de la police ecclésiastique*.

BAILLEUL, vg. *Seine-Inf.* (Normandie), arr., ⊠ et à 7 k. de Neufchâtel, cant. de Londinières. Pop. 392 h.

BAILLEUL, vg. *Somme* (Picardie), arr., ⊠ et à 10 k. d'Abbeville, cant. de Hallencourt. Pop. 872 h.

BAILLEUL-AUX-CORNAILLES, vg. *Pas-de-Calais* (Artois), arr., ⊠ et à 10 k. de St-Pol, cant. d'Aubigny. Pop. 588 h.

BAILLEUL-LA-VALLÉE, *Baliola Villa*, vg. *Eure* (Normandie), arr. et à 18 k. de Pont-Audemer, cant. et ⊠ de Corneilles. P. 535 h. — Le sol de cette commune est couvert de débris romains, et l'on retrouve les traces d'une voie antique qui paraît se diriger de Corneilles vers Berthouville. On y voit aussi une tour en ruine, seul reste de la forteresse de Bailleul, occupée successivement, en 1337, par les partisans de Charles le Mauvais et par les troupes du roi de France. Sur une côte opposée, dite du Vieux-Manoir, est une enceinte de retranchements où s'élevait jadis la forteresse de Beccalis, qui fut vaillamment défendue contre les Navarrais et les Anglais.

BAILLEUL-LE-SOC, vg. *Oise* (Picardie), arr., cant. et à 14 k. de Clermont, ⊠ d'Estrées-St-Denis. Pop. 686 h.

BAILLEUL-LÈS-PERNES, vg. *Pas-de-Calais* (Artois), arr., ⊠ et à 20 k. de St-Pol, cant. d'Heuchin. Pop. 297 h.

BAILLEUL - NEUVILLE, vg. *Seine-Inf.* (Normandie), arr. et à 12 k. de Neufchâtel, cant. et ✉ de Londinières. Pop. 392 h.

BAILLEUL - SIRE - BERTHOULT, vg. *Pas-de-Calais* (Artois), arr., ✉ et à 9 k. d'Arras, cant. de Vimy. Pop. 724 h. — *Fab.* d'huiles et de sucre indigène.

BAILLEULMONT, vg. *Pas-de-Calais* (Artois), arr. et à 13 k. d'Arras, cant. de Beaumetz-les-Loges, ✉ de l'Arbret. Pop. 365 h.

BAILLEULVAL, vg. *Pas-de-Calais* (Artois), arr. et à 12 k. d'Arras, cant. de Beaumetz-les-Loges, ✉ de l'Arbret. Pop. 344 h.

BAILLEVAL, vg. *Oise* (Picardie), arr. et à 5 k. de Clermont, cant. et ✉ de Liancourt. Pop. 543 h.

BAILLIS (les), vg. *Aube*, comm. et ✉ de Chaource.

BAILLOLET, vg. *Seine-Inf.* (Normandie), arr. et à 9 k. de Neufchâtel, cant. et ✉ de Londinières. Pop. 392 h.

BAILLON, vg. *Seine-et-Oise*, comm. d'Asnières, ✉ de Luzarches.

BAILLOU, *Balao Castrum*, vg. *Loir-et-Cher* (Maine), arr. et à 28 k. de Vendôme, cant. et ✉ de Montdoubleau. Pop. 670 h.

BAILLY, vg. *Eure*, comm. de St-Pierre-la-Garenne, ✉ de Gaillon.

BAILLY, vg. *Oise* (Picardie), arr. et à 20 k. de Compiègne, cant. et ✉ de Ribecourt. Pop. 406 h.

BAILLY, vg. *Seine-et-Oise* (Ile-de-France), arr., ✉ et à 7 k. de Versailles, cant. de Marly. Pop. 346 h. — *Fab.* de couvertures de coton.

BAILLY, vg. *Yonne*, comm. et ✉ de St-Bris.

BAILLY-AUX-FORGES, vg. *H.-Marne* (Champagne), arr., cant., ✉ et à 5 k. de Vassy. Pop. 336 h.

BAILLY-CARROIS, vg. *Seine-et-Marne* (Brie), arr. et à 28 k. de Melun, cant. de Mormant, ✉ de Nangis. Pop. 244 h.

BAILLY-EN-CAMPAGNE, vg. *Seine-Inf.*, comm. de Fresnoy-Folny, ✉ de Neufchâtel. Pop. 257 h.

BAILLY-EN-RIVIÈRE, vg. *Seine-Inf.* (Normandie), arr. et à 21 k. de Dieppe, cant. et ✉ d'Envermeu. Pop. 855 h.

BAILLY-LE-FRANC, vg. *Aube* (Champagne), arr. et à 48 k. d'Arcis, cant. et ✉ de Chavanges. Pop. 178 h.

BAILLY-LÈS-CHAUFOUR, vg. *Aube*, comm. de Chaufour, ✉ de Bar-sur-Seine. Pop. 115 h.

BAILLY-ROMAINVILLIERS, vg. *Seine-et-Marne* (Brie), arr. et à 16 k. de Meaux, cant. de Crécy, ✉ de Couilly. Pop. 311 h. — On y voit les restes d'un château fort construit en briques, consistant en un corps de bâtiment flanqué de tourelles et entouré de fossés.

BAIN, gros bourg, *Ille-et-Vilaine* (Bretagne), chef-l. de cant., arr. et à 41 k. de Redon. Cure. ✉. A 392 k. de Paris pour la taxe des lettres. Pop. 3,476 h. — Terrain de transition moyen. — Autrefois diocèse, parlement, intendance et recette de Rennes. — Patrie du général baron de Chassereaux. — *Fabriques* d'étoffes de laine. — *Commerce* de bestiaux. — *Foires* le mercredi saint, le lendemain de la Pentecôte et le jeudi qui suit la St-Martin.

BAINCTHUN, vg. *Pas-de-Calais* (Artois), arr., cant., ✉ et à 4 k. de Boulogne. Pop. 1,788 h.

BAINGHEN, vg. *Pas-de-Calais* (Artois), arr. et à 24 k. de Boulogne, cant. de Desvres, ✉ d'Ardres. Pop. 196 h.

BAINS, vg. *Ille-et-Vilaine* (Bretagne), arr., cant., ✉ et à 7 k. de Redon. Pop. 3,713 h.

BAINS, vg. *H.-Loire* (Languedoc), arr., ✉ et à 10 k. du Puy, cant. de Solignac-sur-Loire. Pop. 1,041 h. — On y remarque une ancienne église qui a été classée par le ministre de l'intérieur au nombre des monuments historiques.

BAINS (le Fort des). V. AMÉLIE-LES-BAINS.

BAINS ou BAINS-LES-BAINS, joli bourg, *Vosges* (Lorraine), chef-l. de cant., arr. et à 25 k. d'Épinal. Cure. ✉. ⚐. A 386 k. de Paris pour la taxe des lettres. Pop. 2,573 h. — Terrain du Trias, grès bigarré. — Manufacture de fer-blanc. Forges et tréfileries. — *Foires* les 3ᵉ mardis de fév., mai, août et nov.

EAUX THERMALES DE BAINS.

Bains, célèbre par ses eaux thermales, est bâti dans un beau vallon dirigé de l'est à l'ouest, et traversé par le ruisseau de Baignerot, qui se jette à peu de distance dans le Coney. — La découverte des eaux thermales de Bains remonte à l'établissement des Romains dans les Gaules. Abandonnés pendant le moyen âge, les bains furent reconstruits en 1713; c'est ce que l'on nomme le *Vieux-Bain*; un autre bâtiment, beaucoup plus considérable, appelé le *Bain-Neuf*, fut construit en 1750. — En 1752, en cherchant la principale source de l'ancien bain, qui était déviée, on trouva, au-dessous d'une pierre qui avait 2 m. de hauteur, six cents médailles romaines, à l'effigie d'Auguste, d'Agrippa, et d'autres jusqu'à Domitien; on découvrit aussi quelques petites médailles grecques.

Les sources thermales de Bains sont au nombre de dix :

	Degré de chaleur.
1° Grosse source	+40° R.
2° du Château, ou Robinet de fer.	+36
3° la Romaine	+36
4° la Chaude du Bain-Neuf	+37
5° la Douce id.	+31
6° la Féconde	+33
7° la Tempérée	+26
8°	+28 1/2
9°	+27 3/4
10° Fontaine de la Vache	+27 1/2

L'établissement thermal de Bains consiste en trois bâtiments : le Vieux-Bain, le Bain-Neuf et le pavillon de la Fontaine de la Vache. Le Vieux-Bain, situé au milieu de la ville, contient trois bassins, dont le plus petit reçoit la grosse source, et conserve une température de +36°. Il n'est d'aucun usage pour les baigneurs, à cause de son excès de chaleur. Le second bassin, placé au-dessous du précédent, dont il reçoit les eaux, est deux fois plus étendu; sa température de +32° le rend presque inutile aussi. Le troisième bassin, aussi grand que les deux autres ensemble, jouit de +30°, et convient à un grand nombre de malades; il peut contenir au moins vingt personnes. Sur le côté méridional se trouvent deux cabinets de douches et d'étuves; au nord sont deux autres cabinets pour y placer cinq à six baignoires, et au couchant quatre cabinets de toilette.

Le Bain-Neuf date de 1750. Il y a dans la même salle trois bassins, l'un de +26, le deuxième de +27, et le troisième de +28 degrés de température : ces bassins peuvent contenir chacun de vingt-cinq à trente personnes. Au couchant de cette salle se trouvent ménagés quatre cabinets de douches de hauteur variée, ayant chacun un bassin particulier dont la température de l'eau est graduée. Au pourtour de la salle sont douze vestiaires pour les deux sexes. Entre ces cabinets et les bassins, on trouve vingt baignoires mobiles en bois. Au levant est une autre salle de bains moins grande, pour y placer des baignoires; et sur les côtés de celle-ci, quatre grands cabinets renfermant chacun trois ou quatre baignoires. Il y a entre les deux salles deux douches ascendantes.

Le pavillon de la Fontaine de la Vache est un lieu fort maussade, de 4 m. carrés, qui renferme la seule source dont la vertu laxative soit reconnue pour beaucoup de personnes.

Bains possède un joli salon, où l'on trouve des journaux, des tables de jeu, etc., et où l'on s'abonne pour 4 fr. par saison. A côté de ce salon est une vaste salle de danse et de réunion. Au Bain-Neuf est jointe une promenade formée de trois rangs de grands arbres. Des bois et des forêts d'un facile accès, où l'on trouve des chemins bien entretenus, offrent aux baigneurs des buts agréables de promenade; la plus fréquentée est un joli bois situé à 1 k. de la ville, et traversé par de belles allées sinueuses, le long desquelles serpente un joli ruisseau, çà et là sont de jolis points de repos, où se rendent souvent les amateurs de la danse et des jeux champêtres.

SAISON DES EAUX. La saison des eaux commence au 15 mai, et se prolonge jusqu'au 15 septembre. Le nombre des étrangers est annuellement de sept à huit cents.

PRIX DU LOGEMENT ET DE LA DÉPENSE JOURNALIÈRE. Il y a à Bains seize maisons de logeurs qui reçoivent chacune de quinze à vingt malades. Ces maisons peuvent se diviser en trois classes, dont deux de la première, où l'on paye chaque jour 4 fr. pour le logement et la table, sans vin; huit ou dix à 3 fr. Dans les unes et dans les autres, on peut se faire servir séparément; dès lors il en coûte un peu plus. Il y en a quelques-unes où on peut amener son cuisinier et ses gens pour préparer sa table et être servi à sa guise. Les tables d'hôte sont généralement trop bien garnies pour des personnes valétudinaires; toutefois, dans la plupart, la chère est délicate.

PROPRIÉTÉS MÉDICINALES. Les eaux de Bains sont principalement indiquées : 1° pour les maladies chroniques de l'estomac et des autres viscères abdominaux; 2° pour les différentes affections nerveuses; 3° pour les rhumatismes ; 4° pour les convalescences pénibles ; 5° pour les santés altérées, sans lésion grave d'organes; 6°, enfin, pour les symptômes variés qui accompagnent l'âge critique des femmes de quarante-cinq à cinquante ans. Le bien qu'on éprouve constamment de l'usage des eaux dans ces trois derniers cas suffirait seul pour fonder solidement leur réputation.

MODE D'ADMINISTRATION. La forme la plus générale sous laquelle les eaux sont administrées est en bains ; mais toutes les autres sont aussi employées ; c'est-à-dire qu'à moins d'une indication particulière, toute personne prend un bain d'une ou deux heures, boit de trois à huit ou dix verres de telle ou telle source, reçoit l'une et quelquefois l'autre douche. L'étuve seule est peu fréquentée.

Bains est à 20 k. de Plombières, 384 k. de Paris.

Bibliographie. MORAND. *Mémoire sur les eaux thermales de Bains* (Journal de médecine, fév. 1757).
NICOLAS. *Dissertation ch. sur les eaux minérales de la Lorraine*, in-8, 1778.
THIRIAT. *Essai sur les eaux de Bains*, in-8, 1808.

BAINS DE CAPVERN. V. CAPVERN.

BAINS-DE-RENNES OU DE MONTFERRAND. V. RENNES-LES-BAINS.

BAINS-DU-MONT-D'OR, V. MONT-D'OR-LES-BAINS.

BAINS-PRÈS-ARLES. V. AMÉLIE-LES-BAINS.

BAINVILLE, vg. *Vosges* (Lorraine), arr. et à 12 k. de Mirecourt, cant. et ✉ de Dompaire. Pop. 333 h.

BAINVILLE-AUX MIROIRS, vg. *Meurthe* (Lorraine), arr. et à 37 k. de Nancy, cant. d'Haroué, ✉ de Neuviller. Pop. 413 h. Sur la rive gauche de la Moselle. — On y voit les restes d'une forteresse bâtie sur un rocher dans le XIIIᵉ siècle par un comte de Vaudemont; les Lorrains la prirent sur le maréchal de Bourgogne et la ruinèrent en 1468.

BAINVILLE-SUR-MADON, vg. *Meurthe* (Lorraine), arr., cant. et à 21 k. de Toul, ✉ de Pont-St-Vincent. ⚯. Pop. 379 h. Sur la rive gauche du Madon.

BAINVILLIERS, vg. *Loiret*, comm. de Bromeilles, ✉ de Puiseaux.

BAIRE, vg. *Aube*, comm. de St-Parres-aux-Tertres, ✉ de Troyes.

BAIRIEUX, vg. *Somme* (Picardie), arr. d'Amiens, cant. et ✉ de Corbie.

BAIRON, vg. *Ardennes*, comm. et ✉ du Chêne. — Il existe à peu de distance, au Mont-Dieu, un couvent de chartreux qui était très-considérable, entouré de larges fossés revêtus en pierre de taille et fermé de portes garnies de pont-levis. Le corps du comte de Soissons, tué à la bataille de Marfée, a été inhumé dans l'église du couvent, dont les bâtiments ont servi de prison révolutionnaire pendant le règne de la terreur : ils étaient d'une grande étendue et ont été détruits en majeure partie.

BAIS, vg. *Ille-et-Vilaine* (Bretagne), arr. et à 16 k. de Vitré, cant. et ✉ de la Guerche. Pop. 3,401 h. — On y voit une ancienne église, que l'autorité locale a proposé de classer au nombre des monuments historiques.

BAIS, *Bacivum*, *Bacium*, bg *Mayenne* (Bretagne), chef-l. de cant., arr. et à 21 k. de Mayenne. Cure. ⊠. ⚯. A 251 k. de Paris pour la taxe des lettres. Pop. 2,342 h. — TERRAIN de transition supérieur. — Il a été entièrement brûlé par les Vendéens en 1799. — *Foires* les 23 avril, 10 juin, 1ᵉʳ mardi d'août, 29 sept.

BAISE ou BAYSE (la), *Balisa*, rivière qui prend sa source sur le plateau de Pinas, au-dessus du bourg de Lannemezan, arr. d'Oloron, *Basses-Pyrénées*; elle passe à Trie, Mirande, l'Ile-de-Noé, Valence, Condom, Nérac, Lavardac et Vianne, et se jette dans la Garonne au port de Pascau, vis-à-vis d'Aiguillon et près le confluent du Lot, dans le dép. de Lot-et-Garonne.

La Baise n'est navigable que depuis Nérac; mais, au moyen de travaux commencés, elle le sera bientôt depuis Condom, département du Gers. Elle transporte particulièrement des farines, eaux-de-vie, merrain, liège, etc. Dans son cours, qui est d'environ 160 k., elle reçoit la Baisolle, la Baise-Devant, la Gélise et un grand nombre de petits ruisseaux.

BAISE (la), petite rivière qui prend sa source près du village de Bèze, dans le Bassigny, dép. de la *Côte-d'Or*; elle passe à Mirebeau, et se jette dans la Saône, à 2 k. au-dessous de Pontarlier après un cours d'environ 28 k.

BAISIEUX, *Bacium*, *Basivum*, vg. *Nord* (Flandre), arr., ✉ et à 14 k. de Lille, cant. de Lannoy. Pop. 1,878 h. — Les rois de France y avaient autrefois un palais.

BAISSEY, vg. *H.-Marne* (Champagne), arr. et à 15 k. de Langres. Pop. 629 h. Près de la Vengeanne, cant. et ✉ de Longeau.

BAIVES, vg. *Nord* (Flandre), arr. et à 21 k. d'Avesnes, cant. et ✉ de Trélon. Pop. 320 h.

BAIX, bg *Ardèche* (Languedoc), arr. et à 18 k. de Privas, cant. et ✉ de Chomérac. Pop. 1,322 h. Près de la rive droite du Rhône.

BAIX, vg. *Isère*, comm. de St-Baudille, ✉ de Crémieu.

BAIXAS, vg. *Pyrénées-Or.*, arr. et à 10 k. de Perpignan, cant. et ✉ de Rivesaltes. Pop. 1,978 h. — Il est situé dans une vallée fertile en vins de bonne qualité. — Distillerie d'eau-de-vie. — A 2 k. de Baixas se trouve l'ERMITAGE STE-CATHERINE, situé au fond d'une petite vallée entourée de rochers arides. Sa position, sur le revers des montagnes qui bordent la Gly, est on ne peut plus agréable ; la verdure qui l'entoure contraste surtout singulièrement avec les rochers qui couronnent la chapelle. — Exploitation de carrières de marbre.

BAIZIEUX, vg. *Somme* (Picardie), arr. et à 26 k. d'Amiens, cant. de Corbie. Pop. 917 h.

BAIZIL (le), vg. *Marne* (Champagne), arr. et à 15 k. d'Epernay, cant. de Montmort, ✉ d'Orbais. Pop. 442 h.

BAJAMONT, vg. *Lot-et-Garonne* (Agénois), arr., 2ᵉ cant., ✉ et près d'Agen. Pop. 723 h.

BAJEUX, vg. *Pas-de-Calais* (Artois), arr., ✉ et à 15 k. de St-Pol, cant. d'Aubigny. Pop. 133 h.

BAJOCASSES (lat. 50°, long. 17°). «La Notice des provinces de la Gaule veut que l'on écrive ainsi le nom d'un peuple, que je crois le même peuple que celui dont le nom est *Bodiocasses* dans les manuscrits de Pline, selon le P. Hardouin, *Vadiocasses*, selon un manuscrit cité dans l'édition de Dalechamp, et qui dans plusieurs imprimés est remplacé par celui de *Vadicasses*. La place que Pline donne à ce peuple entre les *Viducasses* et les *Unelli* convient à l'emplacement des *Bajocasses*, sur lequel on ne saurait former aucun doute. Car les *Viducasses* ont occupé la partie orientale du diocèse de Bayeux, et les *Unelli* sont ceux du Cotentin ; les peuples de la position intermédiaire des *Bodiocasses* ou *Vadiocasses* est la même que celle des *Bajocasses*, dont *Bajocæ*, Bayeux, et le *Pagus Bajocassinus*, le Bessin, conservent le nom. Quoique l'ordre dans lequel Pline fait l'énumération des peuples ne réponde pas constamment à leur position immédiate et successive, on peut croire qu'il y répond ici, par la grande analogie qu'il y a entre la dénomination de *Bajocasses* et celle de *Bodiocasses* (Pline, in-f°, t. I, p. 248). Ainsi on ne saurait se livrer à la conjecture du P. Hardouin, que le nom de *Bodiocasses* pourrait être supprimé, comme étant une répétition de celui des *Viducasses*. Quant au nom de *Vadicasses* de son côté par Pline, depuis celle d'Hermolaus Barbarus, en 1498, il y a apparence qu'il est emprunté de Ptolémée, chez qui l'on trouve les *Vadicassii*. Mais, selon la position que Ptolémée donne aux *Vadicassii*, ou *Vadicasses*, ils étaient fort éloignés des *Bajocasses*, puisqu'ils se confinaient dans la Belgique, πρὸς τῇ Βελγικῇ ; et c'est en effet l'emplacement qui leur convient, comme on peut voir à l'article *Vadicasses*. » D'Anville. *Notice de l'ancienne Gaule.*

BAJON, vg. *Gers*, comm. de Bazues-Bajon, ✉ de Masseube.

BAJONNETTE, vg. *Gers* (Armagnac), arr. et à 20 k. de Lectoure, cant. de Mauvezin, ✉ de Fleurance. Pop. 381 h.

BAJOS, vg. *Tarn*, comm. de Cuq-Toulza, ✉ de Puylaurens.

BAJOU, vg. *Ariège*, comm. d'Artigat, ✉ du Mas-d'Azil.

BALACET, vg. *Ariège* (Comminges), arr. et

à 11 k. de St-Girons, cant. et ⊠ de Castillon. Pop. 104 h.

BALADOU, vg. *Lot* (Quercy), arr. de Gourdon, cant. et ⊠ de Martel.

BALAGNAS, vg. *H.-Pyrénées* (Bigorre), arr., cant., ⊠ et à 16 k. d'Argelès. Pop. 135 h.

BALAGNY, vg. *Oise*, comm. de Chamant, ⊠ de Senlis.

BALAGNY-SUR-THERAIN, vg. *Oise* (Picardie), arr. et à 25 k. de Senlis, cant. de Neuilly-en-Thel, ⊠ de Mouy. ✧ P. 761 h. Sur le Therain. — On y voit un beau château de construction ancienne, où Grotius composa son *Traité des droits de la guerre et de la paix*. Dans le parc, au milieu d'une belle futaie, on remarque une chapelle antique où fut, dit-on, martyrisée sainte Brigitte. — *Fabrique* de mérinos.

BALAGUÉ, vg. *Ariège*, comm. de Balaguères, ⊠ de Castillon.

BALAGUÈRES, vg. *Ariège* (Comminges), arr. à 11 k. de St-Girons, cant. et ⊠ de Castillon. Pop. 1,271 h.

BALAGUIER, vg. *Aveyron* (Rouergue), arr. de Villefranche, cant. d'Asprières, ⊠ de de Villeneuve. — Papeterie.

BALAGUIER, *Aveyron*, comm. et ⊠ de St-Sernin.

BALAISEAU, vg. *Jura* (Franche-Comté), arr. et à 18 k. de Dôle, cant. de Chaussin, ⊠ du Deschaux. Pop. 268 h.

BALAIVES, vg. *Ardennes* (Champagne), arr. et à 10 k. de Mézières, 10 k. de Charleville, cant. et ⊠ de Flize. Pop. 434 h. — *Fabrique* de poterie.

BALAN, vg. *Ain* (Bourgogne), arr. et à 28 k. de Trévoux, cant. et ⊠ de Montluel. Pop. 411 h.

BALAN, vg. *Ardennes* (Champagne), arr., cant., ⊠ et à 2 k. de Sédan. Pop. 1,113 h. — *Fabriques* de couvertures de laine, enclumes, étaux, poêles à frire. *Filature* de laine. Construction de machines à vapeur, etc.

BALANOD, vg. *Jura* (Franche-Comté), arr. et à 27 k. de Lons-le-Saulnier, cant. et ⊠ de St-Amour. Pop. 452 h.

BALANCES (îles des), groupes d'îles du dép. du *Finistère* (Bretagne), situées à 36 k. de Brest. Elles ont entre elles 3 k. d'étendue de l'est à l'ouest, et autant du sud au nord.

BALANSUN, vg. *B.-Pyrénées* (Béarn), arr., cant., ⊠ et à 6 k. d'Orthez. Pop. 578 h.

BALANZAC, vg. *Charente-Inf.* (Saintonge), arr. et à 16 k. de Saintes, cant. et ⊠ de Saujon. Pop. 634 h.

BALARUC-LES-BAINS, bg *Hérault* (Languedoc), arr. et à 24 k. de Montpellier, cant. et ⊠ de Frontignan. Pop. 595 h. — Il est célèbre de toute antiquité par ses eaux thermales les plus puissantes et les plus énergiques du royaume, principalement contre les paralysies.

EAUX THERMALES DE BALARUC.

L'établissement est situé dans une sorte de presqu'île, au bord de l'étang de Thau. En 1579, ces thermes, alors très-fréquentés, se composaient des bâtiments seuls de la source; aujourd'hui les nombreuses habitations qu'on y a construites en ont fait un village nouveau sous le nom de Balaruc-les-Bains, qui, par son accroissement, rend tous les jours de plus en plus désert le vieux Balaruc dont les maisons tombent en ruines. Fréquentés par les Romains, qui y avaient construit un temple, des aqueducs, etc., ces thermes reprirent faveur il y a trois cents ans environ, lorsque la médecine, secouant le joug du spiritualisme, fit rentrer ces agents médicamenteux dans la thérapeutique. A la différence des autres eaux, celles-ci ont joui d'une longue vogue et d'une réputation lointaine méritées, sans que le caprice de la mode ait rien fait pour elles ; aussi pourraient-elles se passer d'annonces et de prospectus, tant leur virtualité est devenue populaire. En effet, il n'est personne qui, entendant parler de paralysie, ne pense à Balaruc, comme aussi le mot de Balaruc rappelle celui de paralysie ; ces deux mots désormais sont inséparables.

En 1832, on a reconstruit en entier l'édifice de la source, avec toute l'élégance possible. Plusieurs appartements, réparés et meublés à neuf, offrent aujourd'hui un logement agréable, où de vastes corridors servent de promenoir aux buveurs ; la source, les bains et leurs dépendances, et les hôtels garnis ne forment qu'un seul et même établissement. — Malgré l'austérité du caractère médical des bains de Balaruc, des distractions de plus d'un genre (jeux de société, journaux, brochures nouvelles, danses, billard) viennent s'associer encore à celles qu'offre l'intérieur des bâtiments. C'est ainsi que, tous les dimanches et jours de fête, de charmantes embarcations amènent bonne et nombreuse compagnie de Cette, Agde, etc. Tous les villages d'alentour fournissent également à cette colonie de nombreux visiteurs. — Des bateaux couverts, élégamment décorés, servent à des promenades agréables sur l'eau, à la pêche, etc. Une voiture élégante et commode est à la disposition des baigneurs ; les salines de Frontignan et de Villeroi, l'abbaye de Valmagne, les campagnes et les châteaux des environs, sont l'objet de courses journalières.

PROPRIÉTÉS MÉDICINALES. L'analyse médicale, des eaux de Balaruc, a fixé l'attention de tous les médecins et professeurs de Montpellier. La plupart en ont fait l'objet de leurs méditations et de leurs écrits ; leurs successeurs, qui, comme eux, envoient à Balaruc les nombreux malades que l'école de Montpellier attire près d'eux de toutes les contrées de l'Europe, ont confirmé les vertus héroïques de ces thermes.

Les maladies qu'on observe le plus fréquemment à ces eaux sont : la paralysie et ses nombreuses espèces ; les affections scrofuleuses de tout genre ; les tumeurs blanches, etc. ; les rhumatismes chroniques avec faiblesse ; le relâchement des muscles, des tendons et des ligaments ; les maux de tête et la surdité ; les accès de fièvre rebelles avec obstruction, etc. En 1834, le mouvement a été d'environ cinq cents malades.

MODE D'ADMINISTRATION. Les eaux de Balaruc s'emploient sous toutes les formes : en boissons, à doses altérante, diurétique, purgative, etc. ; bains dans la source, par immersion, à 50 c. ; bains dans la cuve à 45 c. ; bains dans les baignoires, à degrés divers ; bains locaux, partiels, demi-bains, etc. ; bains mitigés ; douches à l'arrosoir, à la pompe, etc. ; douches ascendantes, latérales (pour la matrice, l'anus, la vessie, les oreilles, les fosses nasales) ; étuves ou bains de vapeurs ; boues pour applications, etc. ; en un mot, l'art, dans cet établissement, s'est appliqué à varier les modes d'administration pour remplir toutes les indications que prescrivent les médecins.

LE TEMPS DES EAUX est divisé en deux saisons bien marquées, celle de mai, celle de septembre : mai et juin, septembre et octobre. Néanmoins la source demeure accessible toute l'année aux malades qu'une trop longue attente impatienterait.

Le séjour aux bains est de vingt jours. Il y a à Balaruc un hospice civil et militaire où l'on reçoit les malades indigents de tous les pays, lorsque leur pauvreté est constatée. Cet hospice dépend de l'hôpital général de Montpellier, qui en fait les frais.

On fabrique à Balaruc des bagues en émail.

Bibliographie. LEROY. *Observations sur les eaux de Balaruc* (Mém. de l'acad. des sc., 1752, p. 625).

POUZAIRE. *Traité des eaux minérales de Baruluc*, in-8, 1771.

FIGUIER. *Notice sur les eaux de Balaruc* (Ann. de médecine pratique de Montpellier, t. IX).

BRONGNIART. *Analyse des eaux de Balaruc* (Journal de Montpellier, t. I, p. 193).

FOUQUET. *Notice sur les eaux de Balaruc* (Journal de Montpellier, t. I, p. 99).

BALATRE, vg. *Loir-et-Cher*, comm. de Suèvres, ⊠ de Mer.

BALATRE, vg. *Somme* (Picardie), arr. à 26 k. de Montdidier, cant. et ⊠ de Roye. Pop. 217 h.

BALAUDIE, vg. *H.-Vienne*, comm. de Verneuil, ⊠ d'Aix.

BALAYSSAGUES, vg. *Lot-et-Garonne* (Agénois), arr. à 25 k. de Marmande, cant. et ⊠ de Duras. Pop. 928 h.

BALAZÉ, vg. *Ille-et-Vilaine* (Bretagne), arr., cant., ⊠ et à 6 k. de Vitré. P. 1,790 h.

BALAZIN, vg. *Landes*, comm. de Sarraziet, ⊠ de St-Sever.

BALAZUC, vg. *Ardèche* (Languedoc), arr. et à 10 k. de l'Argentière, cant. et ⊠ de Vallon. Pop. 780 h. Sur l'Ardèche.

BALBA, vg. *Corse*, comm. de Sisco, ⊠ de Bastia.

BALBIGNY, vg. *Loire* (Forez), arr. et à 29 k. de Roanne, cant. de Néronde, ⊠ de St-Symphorien-de-Lay. Pop. 1,216 h. — On y remarquait un antique dolmen, composé de neuf pierres d'environ 2 m. de hauteur, posées verticalement et formant une enceinte carrée du côté de l'est. Ce monument, qu'une longue suite de siècles avait respecté, a été détruit en 1811. — *Foires* les 7 janv. et 7 août.

BALBIN, vg. *Isère* (Dauphiné), arr. et à 38 k. de Vienne, cant. et ✉ de la Côte-St-André. Pop. 410 h.

BALDENHEIM, vg. *B.-Rhin* (Alsace), arr., ✉ et à 10 k. de Schelestadt, cant. de Marckolsheim. Pop. 1,071 h. — *Fabriques* de tissus de coton. Blanchisseries.

BALDERSHEIM, vg. *H.-Rhin* (Alsace), arr. et à 26 k. d'Altkirch, cant. de Habsheim, ✉ de Mulhausen. Pop. 670 h. Sur le canal de Neuf-Brisach.

BALDOUR, h. *Aveyron*, comm. de Cantoin, ✉ de Laguiole.

BALEINE (la), vg. *Manche* (Normandie), arr. et à 18 k. de Coutances, cant. et ✉ de Gavray. Pop. 493 h.

BALEINES (phare des), phare situé sur la pointe N.-O. de l'île de Ré; il se compose d'un feu tournant à éclipses de deux minutes en deux minutes, à éclats inégaux. La hauteur de ce phare au-dessus du niveau de la mer, est de 26 m. Sa portée est de 23 k. Lat. 46° 13′, long. 3° 54′.

BALEIX, vg. *B.-Pyrénées* (Béarnais), arr. et à 23 k. de Pau, cant. de Montaner, ✉ de Morlaas. Pop. 451 h.

BALEJON, vg. *H.-Garonne*, comm. et ✉ d'Aspet. Pop. 130 h.

BALESME, vg. *Indre-et-Loire* (Touraine), arr. et à 34 k. de Loches, cant. et ✉ de la Haye-Descartes. Pop. 793 h.

BALESMES, vg. *H.-Marne* (Champagne), arr., cant., ✉ et à 5 k. de Langres. Pop. 411 h. — C'est sur son territoire que se trouve la fontaine de la Marnotte, où la Marne prend sa source; elle jaillit à quelques pas au-dessous de rochers élevés qui forment l'un des revers de la montagne de Langres.

BALESTA, vg. *H.-Garonne* (Nébouzan), arr. et à 17 k. de St-Gaudens, cant. et ✉ de Montrejeau. Pop. 500 h.

BALEYSSAC, vg. *Gironde*, comm. de Fossé-Baleyssac, ✉ de la Réole.

BALGAU, vg. *H.-Rhin* (Alsace), arr. et à 27 k. de Colmar, cant. et ✉ de Neuf-Brisach. Pop. 436 h.

BALHAM, vg. *Ardennes* (Champagne), arr. et à 15 k. de Rethel, cant. d'Asfeld, ✉ de Château-Porcien. Pop. 310 h. Dans une petite île formée par l'Aisne.

BALIARD, vg. *Ariège*, comm. de Montjoie, ✉ de St-Girons.

BALIGNAC, vg. *Tarn-et-Garonne* (Languedoc), arr. et à 25 k. de Castel-Sarrasin, cant. et ✉ de Lavit. Pop. 162 h.

BALIGNICOURT, vg. *Aube* (Champagne), arr. et à 30 k. d'Arcis, cant. et ✉ de Chavanges. Pop. 223 h. Sur le Meldançon.

BALINES, vg. *Eure* (Normandie), arr. et à 48 k. d'Évreux, cant. et ✉ de Verneuil. Pop. 266 h. Près de l'Avre. — *Fabrique* de coutils.

BALINGHEM, vg. *Pas-de-Calais* (Artois), arr. et à 26 k. de St-Omer, cant. et ✉ d'Ardres. Pop. 606 h.

BALIRAC, vg. *B.-Pyrénées* (Béarn), arr. et à 35 k. de Pau, cant. et ✉ de Garlin. Pop. 386 h.

BALIROS, vg. *B.-Pyrénées* (Béarn), arr. et à 10 k. de Pau, cant. et ✉ de Nay. Pop. 339 h.

BALISIS, vg. *Seine-et-Oise*, comm. et ✉ de Longjumeau. Pop. 200 h.

BALIZAC, vg. *Gironde* (Gascogne), arr. et à 20 k. de Bazas, cant. de St-Symphorien, ✉ de Villandraut. Pop. 979 h. — Aux environs on remarque le château de Birat. — *Foires* les 18 mai, 18 août et 8 oct.

BALLAINVILLIERS, vg. *Seine-et-Oise* (Île-de-France), arr. à 23 k. de Corbeil, cant. et ✉ de Longjumeau. Pop. 470 h.

BALLAN, bg. *Indre-et-Loire* (Touraine), arr., et à 10 k. de Tours, cant. et ✉ de Montbazon. Pop. 1,020 h. — Il y avait une commanderie de Malte, d'un revenu considérable, dont on voit encore quelques vestiges. On trouve sur son territoire le château de la Carte, où naquit, dit-on, Simon de Bion, pape sous le nom de Martin IV, que d'autres auteurs prétendent né à Bray, aujourd'hui Reignac.

La commune de Miré a été réunie depuis peu à celle de Ballan. Quelques historiens ont placé à St-Martin-le-Beau la bataille que Charles-Martel, gagna en 732, contre les Sarrasins; mais il est évident aujourd'hui que ce fut dans la ci-devant commune de Miré, qui est dans la véritable direction, et présente encore les traces d'un grand chemin, que dans le pays on appelle *Landes de Charlemagne*.

BALLANCOURT, vg. *Seine-et-Oise* (Île-de-France), arr., cant. et à 13 k. de Corbeil, ✉ de Mennecy. Pop. 959 h. — On y voit un beau château entouré de fossés remplis d'eau vive, distribuée dans plusieurs canaux, et un parc très agréable. — *Filature* de lin.

BALLANS, vg. *Charente-Inf.*, arr. et à 27 k. de St-Jean-d'Angely, cant. et ✉ de Matha. Pop. 359 h. — *Foires* les 24 fév., avril, juin et août.

BALLAY, vg. *Ardennes* (Champagne), arr., cant., ✉ et à 5 k. de Vouziers. Pop. 475 h.

BALLBRONN, vg. *B.-Rhin* (Alsace), arr. et à 25 k. de Strasbourg, cant. de Wasselonne, ✉ de Molsheim. Pop. 1,076 h. Dans un territoire fertile en vins estimés.

BALLEDENT, vg. *H.-Vienne* (Limousin), arr. et à 14 k. de Bellac, cant. et ✉ de Château-Ponsat. Pop. 737 h.

BALLÉE, vg. *Mayenne* (Maine), arr. et à 26 k. de Château-Gontier, cant. et comm. de Grez-en-Bouère. Pop. 1,016 h.

BALLERAY, vg. *Nièvre* (Nivernais), arr. et à 20 k. de Nevers, cant. de St-Pierre-le-Moûtier, ✉ de Guérigny. Pop. 418 h.

BALLERING, vg. *Moselle*, comm. d'Holving, ✉ de Putelange.

BALLEROY, *Balerium*, bg *Calvados* (Normandie), chef-l. de cant., arr. et à 18 k. de Bayeux. Cure. ♀. A 269 k. de Paris. Pop. 1,310 h. — *Terrain* de transition inférieur.

Autrefois marquisat et châtellenie, diocèse et élection de Bayeux, parlement de Rouen, intendance de Caen.

Il est bâti dans une situation pittoresque, sur le penchant d'un coteau qui s'élève vers la droite de la Dromme, et remarquable par un magnifique château, construit sur les dessins de Mansard, au milieu de bois plantés avec goût. — *Fabriques* de dentelles et de blondes. — *Commerce* considérable de bestiaux. — *Foires* le 1er mardi de chaque mois.

BALLERSDORFF ou BADRICOURT, vg. *H.-Rhin* (Alsace), arr., cant., ✉ et à 6 k. d'Altkirch. Pop. 781 h.

BALLESTAVY, vg. *Pyrénées-Or.* (Roussillon), arr. et à 24 k. de Prades, cant. et ✉ de Vinça. Pop. 345 h. — Il est situé sur la rive gauche du Nantillat, au pied du Canigou. On trouve dans les environs des indices de mine d'argent et de cuivre.

BALLEURE, vg. *Saône-et-Loire*, comm. d'Etrigny, ✉ de Sennecy.

BALLEVILLE, vg. *Vosges* (Lorraine), arr. et à 15 k. de Neufchâteau, cant. et ✉ de Chatenois. Pop. 378 h.

BALLON, vg. *Ain*, comm. de Lancrans, ✉ de Châtillon-de-Michaille.

BALLON, vg. *Charente-Inf.* (Aunis), arr. et à 16 k. de Rochefort, cant. d'Aigrefeuille, ✉ de Croix-Chapeau. Pop. 658 h. — *Fab.* de sucre de betteraves.

BALLON, petite ville, *Sarthe* (Maine), chef-l. de cant., arr. à 23 k. du Mans. Cure. ♀. ✉. A 207 k. de Paris pour la taxe des lettres. Pop. 2,184 h. — Cette ville, située sur la rive gauche de l'Orne, est bâtie sur une colline élevée, et se compose d'une rue principale assez longue traversée par quelques petites rues latérales. On y voit les restes d'un ancien château fort, qui ne consistent plus qu'en une assez grosse tour accompagnée de tourelles dont la construction paraît postérieure au XIIe siècle. Philippe Auguste assiégea cette ville en 1199 et en fit démolir les fortifications, qu'on rétablit peu de temps après. Les Anglais s'en emparèrent en 1417, et en furent chassés, ainsi que du reste de la province, par Charles VII. Ballon avait anciennement le titre de marquisat. — *Foires* le lundi après le 10 août, dernier mercredi de nov.

BALLON-D'ALSACE, une des plus hautes montagnes de la chaîne des Vosges, située à l'intersection des limites du dép. des *Vosges* et de la *H.te Saône*, près des sources de la Moselle. — Lat. 47° 54′ 06″, long. E. 4° 48′ 50″.

BALLON-DE-GUEBWILLER, mont du dép. du *H.-Rhin*, arr. de Colmar, cant. de Guebwiller. Il fait partie de la chaîne des Vosges, et présente une élévation de 1464 m. au-dessus du niveau de la mer. Au nord-est de ce mont, et à 8 k. O. de Guebwiller, il y a un lac du même nom environné de montagnes élevées. Ce lac se réunit à la Lauch par un canal profond de 3 m. 30 c. La trop grande abondance de ses eaux a plusieurs fois causé de grands ravages dans la contrée.

BALLONS, vg. *Drôme* (Dauphiné), arr. et

à 70 k. de Nyons, cant. et ✉ de Sédéron. Pop. 507 h.

BALLORE, vg. *Saône-et-Loire* (Bourgogne), arr. et à 10 k. de Charolles, cant. de la Guiche, ✉ de St-Bonnet-de-Joux. Pop. 460 h.

BALLOTS, vg. *Mayenne* (Anjou), arr. et à 30 k. de Château-Gontier, cant. de St-Aignan-sur-Roé, ✉ de Craon, près de la forêt de ce nom. Pop. 1,895 h.

BALLOY, vg. *Seine-et-Marne* (Brie), arr. et à 27 k. de Provins, cant. et ✉ de Bray-sur-Seine. Pop. 292 h. — Patrie du général baron Hénin de Cuvillers, ancien chargé d'affaires à Constantinople, né en 1755, auteur des *Comédiens et du Clergé*, etc., in-8, 1825, ouvrage remarquable qui valut à M. Hénin ses entrées au Théâtre Français; la *Morale chrétienne vengée*, etc., in-8, 1822 ; *Exposition critique du système et de la doctrine mystique des magnétistes*, in-8, 1824, et de plusieurs autres ouvrages remarquables, où M. d'Hénin s'est constamment montré l'ennemi des préjugés, du fanatisme et de l'intolérance religieuse et politique.

BALLUT (le), vg. *Aveyron*, comm. de St-Amans, ✉ d'Entraygues. Pop. 119 h.

BALMA-ET-ST-MARTIN-BELPECH, vg. *H.-Garonne* (Languedoc), arr., cant., ✉ et à 7 k. de Toulouse. Pop. 785 h.

BALMAJOU, vg. *Ariège*, comm. de Serres, ✉ de Foix.

BALME (la), vg. *Ain* (Bourgogne), arr. et à 17 k. de Nantua, cant. de Poucin, ✉ de Cerdon. Pop. 420 h.

BALME (la), vg. *Isère* (Dauphiné), arr. et à 33 k. de la Tour-du-Pin, 35 k. de Bourgoin, cant. et ✉ de Crémieu. Pop. 850 h. — Terrain jurassique. — Foires les 14 août et 20 nov.

Le village de la Balme est célèbre par une grotte curieuse, qui passait jadis pour une des merveilles du Dauphiné; elle présente une hauteur d'environ 33 m. sur 26 m. de large, couronnée, dans la partie supérieure, par une espèce de dôme occupé en partie par une chapelle de la Vierge bizarrement construite. On y monte par un chemin un peu rapide, mais très-facile. Dès l'entrée, on se trouve dans une salle spacieuse, répondant à l'excavation de la voûte et à celle de la grande arcade qui en forme l'ouverture. Cette salle présente une espèce de vestibule où aboutissent deux galeries, l'une en face, l'autre à droite. La première, nommée la Salle de Marie, est la plus grande et la plus curieuse ; il faut fréquemment monter et descendre pour parvenir à son extrémité. Deux reposoirs, que l'on appelle le grand et le petit bassin, suspendent la marche et fixent l'attention. Ils sont composés eux-mêmes d'une infinité de petits bassins demi-circulaires en forme de conques et en étages les uns sur les autres. Ces conques naturelles offrent des gradins assez commodes, qu'il faut monter et descendre, pour arriver au lac, qui occupe tout le fond de la galerie. On y a placé un petit bateau, pour que l'on puisse aller d'un bord à l'autre. La navigation en est incommode : elle se fait toujours à la clarté des flambeaux et dure environ une heure, y compris le retour. Ce lac n'est autre chose qu'un canal étroit et tortueux dont l'eau est de la plus belle limpidité. — Il faut revenir sur ses pas jusqu'à la salle d'entrée pour visiter la seconde galerie nommée la Grotte du capucin. Pour y arriver, il faut gravir une espèce de montagne intérieure très-escarpée, et redescendre jusqu'à une vaste salle, au fond de laquelle est un bassin de forme ronde, dominant le sol de quelques pieds, et orné, dans son milieu, d'une colonne naturelle qui s'élève jusqu'à la voûte comme pour la soutenir. On y remarque un assemblage de concrétions qui représentent de la manière la plus frappante des pièces de lard, des cervelas, des jambons suspendus à la voûte de la grotte comme au plafond d'une boutique de charcutier.

BALME-D'EPY (la), vg. *Jura* (Franche-Comté), arr. et à 35 k. de Lons-le-Saulnier, cant. de St-Julien, ✉ de St-Amour. Pop. 140 h.

BALMELLES (les), vg. *Lozère* (Languedoc), arr. à 49 k. de Mende, cant. et ✉ de Villefort. Pop. 258 h. — La montagne de Peisclade, située sur le territoire de cette commune, est renommée par ses richesses minéralogiques.

BALNOT-LA-GRANGE, vg. *Aube* (Champagne), arr. et à 24 k. de Bar-sur-Seine, cant. et ✉ de Chaource. Pop. 403 h. Près de la source de l'Ozain.

BALNOT-SUR-LAIGNES, vg. *Aube* (Bourgogne), arr. et à 10 k. de Bar-sur-Seine, cant. et ✉ des Riceys. Pop. 530 h. — Il est situé sur la rive gauche de la Laignes, dans une gorge dont les coteaux sont plantés de vignes qui font partie de son territoire, est le cru le plus fin, la *tête* des vins compris sous le nom de Riceys, ce qui a donné lieu à ce dicton : « Balnot le bon et Ricey le renom. » Mais il est juste d'observer que cette côte, d'ailleurs très-peu productive, est possédée presque exclusivement par des propriétaires des Riceys. On y remarque un ancien château.

BOLOGNA, vg. *Corse*, arr. à 50 k. d'Ajaccio, cant. et ✉ de Vico. Pop. 334 h.

BALOT, vg. *Côte-d'Or* (Bourgogne), arr. et à 16 k. de Châtillon-sur-Seine, cant. et ✉ de Laignes. Pop. 410 h.

BALSCHWILLER, vg. *H.-Rhin* (Alsace), arr. et à 28 k. de Béfort, cant. et ✉ de Donnemarie. Pop. 683 h.

BALSIÉGES, vg. *Lozère* (Languedoc), arr., cant., ✉ et à 7 k. de Mende. Pop. 682 h. — On y voit les ruines d'un ancien château, et des monuments druidiques sur les plateaux de Bramonas et de Changefège. — *Fabrique* de serge et autres étoffes de laine.

BALTZENHEIM, vg. *H.-Rhin* (Alsace), arr., ✉ et à 15 k. de Colmar, cant. d'Andolsheim. Pop. 369 h.

BALUE (la), h. *Ille-et-Vilaine*, comm. de Bazouges-la-Pérouse, ✉ de Fougères. — Verrerie.

BALUT, vg. *Aveyron*, comm. de Graissac, ✉ de Laguiole.

BALZAC, vg. *Aveyron*, comm. de Clairvaux, ✉ de Rodez.

BALZAC, vg. *Charente* (Angoumois), arr., cant., ✉ et à 7 k. d'Angoulême. Pop. 968 h. Sur la rive gauche de la Charente. — Culture et commerce de safran.

BAMBECQUE, vg. *Nord* (Flandre), arr. et à 24 k. de Dunkerque, cant. d'Hondschoote, ✉ de Wormhoult. Pop. 1,136 h.

BAMBIDERSTROFF, vg. *Moselle* (Lorraine), arr. et à 33 k. de Metz, cant. et ✉ de Faulquemont. Pop. 950 h.

BAN (le), vg. *H.-Saône*, comm. et ✉ de Champagney.

BANASSAC, vg. *Lozère* (Languedoc), arr. et à 20 k. de Marvejols, cant. et ✉ de la Canourgue. Pop. 1,748 h. — On voit sur son territoire les châteaux des Salelles et de Mont-Ferrand ; ce dernier a été longtemps occupé par les Anglais. — *Fabriques* de petites étoffes.

BANAT, vg. *Ariège* (pays de Foix), arr. et à 19 k. de Foix, cant. et ✉ de Tarascon. Pop. 205 h.

BANC-A-GROSEILLE, vg. *Pas-de-Calais*, comm. d'Oye, ✉ de Gravelines.

BANC-ANGLAS, vg. *Aveyron*, comm. de Bertholéne, ✉ de Laissac.

BANCEL-D'ALBON, vg. *Drôme*, comm. d'Albon, ✉ de St-Vallier. — Grand écueil fort redoutable dans la baie de Biscaye, à 17 k. O. de Rochebonne.

BANCIGNY, vg. *Aisne* (Picardie), arr., cant. et à 12 k. de Vervins, ✉ de Plomien. Pop. 168 h. — C'était autrefois le chef-lieu d'un comté érigé par Henri IV en faveur de Gérard de Horn.

BANCOURT, vg. *Pas-de-Calais* (Artois), arr. et à 23 k. d'Arras, cant. et ✉ de Bapaume. Pop. 345 h. — *Fabrique* de toile.

BAUDAS, vg. *Loiret*, comm. d'Atray, ✉ de la Neuville-aux-Bois.

BAN-DE-LA-ROCHE (vallée du). Elle est située dans le dép. des *Vosges*, et fait partie du canton de Schirmeck, arr. de St-Dié. Cette vallée pittoresque est formée par une quantité de mamelons arrondis, s'entrecoupant par leur base. Les sommets sont arides et hérissés de rochers, et les vallons qu'ils forment sont couverts de prairies, au milieu desquelles s'élèvent des villages entourés de bouquets d'arbres. Waldbach et Rotheau en sont les principales paroisses. On n'y jouit que de quatre à cinq mois de beau temps. Les pluies et les neiges commencent vers octobre, et la terre n'est souvent débarrassée de ces dernières que dans le courant de mai. Cette contrée, qui était sauvage et presque déserte il y a un demi-siècle environ, est aujourd'hui cultivée et heureuse. A qui doit-elle cette métamorphose? au seul amour de l'humanité, au vertueux ministre Oberlin, qui a consacré son existence tout entière au bien-être des heureux habitants de cette vallée, dont les descendants béniront le nom révéré de ce digne ministre dans les siècles les plus reculés.

Bibliographie. OBERLIN (J.-J.). *Essai sur le patois lorrain des environs du Ban-de-la-Roche*, in-8, 1775.

MASSENET. *Description du Ban-de-la-Roche*, in-8, 1798.

OBERLIN (H.-E.). *Description géognostique du Ban-de-la-Roche*, in-8, 1806.

BANDEVILLE, vg. *Seine-et-Oise*, comm. de St-Cyr-sous-Dourdan, ✉ de Dourdan.

BAN-DE-SAPT, vg. *Vosges* (Lorraine), arr. et à 13 k. de St-Dié, cant. et ✉ de Senones. Pop. 1,519 h.

BANDIAT, rivière qui prend sa source au village de la Chapelle, dép. de la *H.-Vienne*; elle passe à Nontron, Marton, St-Constant, et se jette dans la Tardoire à 4 k. au-dessous de la Rochefoucauld, après un cours d'environ 48 k. Le lit de cette rivière est bordé de collines formées de rochers qui renferment des grottes et des cavités immenses, dont la profondeur offre un spectacle étonnant et singulier.

BANDOLS, *Bandolum*, vg. *Var* (Provence), arr. et à 17 k. de Toulon, cant. d'Ollioules, ✉ du Beausset. Pop. 1,847 h. — Il est très-agréablement situé au bord de la Méditerranée, où il a un petit port, dans un site riant et sain, sous un climat où la gelée est inconnue; les orangers y viennent en plein vent, et l'on y recueille, au cœur de l'hiver, des artichauts, des pois verts et autres primeurs. — *Commerce de vins.* — Lat. 43° 8′ 10″, long. 3° 25′ 5″ E.

BANDRITUM (lat. 48°, long. 22°). « On trouve ce lieu dans la Table théodosienne entre *Agedincum* et *Autissiodurum*. La distance est marquée XXV à l'égard d'*Agedincum*, et VIII à l'égard d'*Autissiodurum*. Mais, comme l'espace actuel de Sens à Auxerre n'est que de 26,000 toises au plus, ces indications sont suspectes de quelque erreur; et il suffit de celle de XXV pour remplir l'espace en entier, en accordant même un accroissement à la mesure itinéraire sur l'espace pris en droite ligne. Je n'ai point connu de lieu qui parût correspondre à celui dont il s'agit; j'ai seulement présumé que, sur le total de la distance, il était convenable de laisser entre la position de *Bandritum* et celle d'*Autissiodurum*, ce que la Table indique dans cet intervalle en particulier. C'est à quoi je borne toute conjecture sur ce sujet. » D'Anville. *Notice de l'ancienne Gaule*.

BANDRY (St-), vg. *Aisne* (Picardie), arr. et à 13 k. de Soissons, cant. et ✉ de Vic-sur-Aisne. Pop. 433 h.

BANEC, petite île du dép. du *Finistère*, située à 3 k. d'Ouessant. Lat. 48° 29′ 7″, long. 7° 24′ 1″ O. V. BANNEC.

BANÈCHE, vg. *H.-Vienne*, comm. de Peyrilhac, ✉ de Nieul. Pop. 200 h.

BANEINS, vg. *Ain* (Bresse), arr. et à 25 k. de Trévoux, cant. de St-Trivier-sur-Moignans ✉ de Châtillon-les-Dombes. Pop. 373 h.

BANEIX, vg. *H.-Vienne*, comm. de Jourgnac, ✉ d'Aixe.

BANEUIL, vg. *Dordogne* (Périgord), arr.

et à 20 k. de Bergerac, cant. et ✉ de la Linde. Pop. 217 h.

BANGAVRE, vg. *Morbihan*, comm. de Riantec, ✉ de Port-Louis. Pop. 207 h.

BANGOR, bg *Morbihan* (Bretagne), arr. et à 68 k. de Lorient, cant. de Belle-Ile-en-Mer, ✉ du Palais. Pop. 1,742 h. — Il est situé à peu près au centre de l'île de Belle-Ile-en-Mer, et forme une des quatre paroisses que renferme cette île.

BANIÈRES, vg. *Tarn* (Languedoc), arr., cant., ✉ et à 12 k. de Lavaur. Pop. 540 h.

BANIOS, vg. *H.-Pyrénées* (Bigorre), arr., cant., ✉ et à 10 k. de Bagnères-de-Bigorre. Pop. 348 h.

BANISE, vg. *Creuse* (Manche), arr., ✉ et à 14 k. d'Aubusson, cant. de St-Sulpice-des-Champs. Pop. 700 h.

BANNALEC, bg *Finistère* (Bretagne), chef-l. de cant., arr., ✉ et à 15 k. de Quimperlé. Cure. Pop. 4,264 h. — TERRAIN cristallisé ou primitif.

Pendant les guerres de la Ligue, il se livra sous les murs de ce bourg une bataille sanglante entre les troupes royales et les ligueurs.

Chaque année, au mois de septembre, les habitants de Bannalec et des environs s'exercent à des luttes bretonnes remarquables par leur singularité, par la bizarrerie des costumes et la force des lutteurs. Ces luttes attirent annuellement un grand nombre de curieux.

Commerce de bestiaux, chevaux du pays, grosses volailles, etc. — *Foires* les 17 fév., 6 avril, 2 mai, 11 juin, 26 juillet, 9 sept. et 23 nov.

BANNANS, vg. *Doubs* (Franche-Comté), arr., cant., ✉ et à 10 k. de Pontarlier. Pop. 582 h. Près le Drageon.

BANNAY, vg. *Cher* (Berry), arr., cant., ✉ et à 8 k. de Sancerre. Pop. 707 h. Près de la Loire.

BANNAY, vg. *Marne* (Champagne), arr. et à 27 k. d'Epernay, cant. de Montmort, ✉ de Baye. Pop. 278 h.

BANNAY, vg. *Moselle* (Lorraine), arr. et à 23 k. de Metz, cant. et ✉ de Boulay. Pop. 216 h.

BANNE, vg. *Ardèche* (Languedoc), arr. et à 11 k. de Largentière, cant. et ✉ des Vans. Pop. 1,827 h. Sur la Larque. — Exploitation de houille (à Salfermouse).

BANNEC (île de). Elle est située dans l'Océan, entre l'île d'Ouessant et la côte occidentale du dép. du *Finistère*, arr. de Brest, cant. et ✉ de St-Renan, comm. de l'Isle-Molène. — Long. occ. 7° 24′ 15″ O. lat. 48° 29′ 7″.

BANNEGON, bg *Cher* (Berry), arr. et à 19 k. de St-Amand-Montrond, cant. de Charenton, ✉ de Dun-le-Roi. Pop. 771 h. Près de l'Auron. — Forges.

BANNES, vg. *Dordogne*, comm. et ✉ de Beaumont. — On y voit un vieux château flanqué de tours rondes qui paraît remonter à une époque éloignée.

BANNES, vg. *Marne* (Champagne), arr. et à 31 k. d'Epernay, cant. et ✉ de Fère-Champenoise. Pop. 413 h.

BANNES, vg. *H.-Marne* (Champagne), arr., ✉ et à 7 k. de Langres, cant. de Neuilly-l'Evêque. Pop. 423 h.

BANNES, vg. *Sarthe*, comm. de Dissay-sous-Courcillon, ✉ de Château-du-Loir.

BANNES-EN-CHARNIE, vg. *Mayenne* (Maine), arr. et à 38 k. de Laval, cant. et ✉ de Sablé. Pop. 416 h. — Mine d'anthracite.

BANNEVILLE-LA-CAMPAGNE, vg. *Calvados* (Normandie), arr. et à 13 k. de Caen, cant. et ✉ de Troarn. Pop. 176 h.

BANNEVILLE-SUR-AJON, vg. *Calvados* (Normandie), arr. et à 23 k. de Caen, cant. et ✉ de Villers-Bocage. Pop. 439 h.

BANNIÈRE, vg. *Puy-de-Dôme*, comm. de St-Pierre-le-Châtel, ✉ de Pontgibaud. Pop. 135 h.

BANNOGNE, vg. *Ardennes* (Champagne), arr. et à 20 k. de Réthel, cant. et ✉ de Château-Porcien. Pop. 694 h.

BANNONCOURT, vg. *Meuse* (Lorraine), arr. et à 25 k. de Commercy, 10 k. de St-Mihiel, cant. de Pierrefitte, ✉ de St-Mihiel. Pop. 253 h.

BANNOST, vg. *Seine-et-Marne* (Brie), arr. et à 18 k. de Provins, cant. de Nangis, ✉ de Champcenest. Pop. 486 h. — Tuilerie et fours à chaux.

BANON, *Banonum*, bg *B.-Alpes* (Provence), chef-l. de cant., arr. et à 21 k. de Forcalquier. Cure. ✉. A 770 k. de Paris pour la taxe des lettres. Pop. 1,373 h. — TERRAIN crétacé inférieur, grès vert. — Il est bâti sur une hauteur, près d'une belle forêt de chênes où l'on élève beaucoup de cochons, et se fait un grand commerce dans le pays. — Verrerie (aux environs). — Marché important tous les lundis. — *Foires* les 29 juin et 27 nov.

BANOS, vg. *Landes* (Gascogne), arr., cant., ✉ et à 5 k. de St-Sever. Pop. 383 h.

BANS, vg. *Jura* (Franche-Comté), arr. et à 19 k. de Dôle, cant. de Monbarrey, ✉ de Mont-sous-Vaudrey. Pop. 258 h.

BANS, vg. *Rhône*, comm. et ✉ de Givors.

BAN-ST-MARTIN, vg. *Moselle* (Lorraine), arr., cant., ✉ et à 1 k. de Metz. Pop. 286 h.

Ce village, situé près de la Moselle, doit son nom à une célèbre abbaye de bénédictins, dont on ignore la date de la fondation, mais qui existait en 613, époque où elle fut visitée par saint Romarick. Restaurée et enrichie par Sigebert, roi d'Austrasie, qui y fut inhumé en 656, elle fut détruite ainsi que le bourg par les Messins vers 1428. L'église, soutenue par 120 colonnes et éclairée par 70 fenêtres, était une des plus riches et des plus belles de la chrétienté; elle fut démolie en 1430, ainsi qu'une bonne partie du village du Ban-St-Martin, à l'occasion d'une hottée de pommes, que l'abbé fit apporter à Metz des jardins de l'abbaye. Les gens du duc de Lorraine ayant voulu percevoir les droits de sortie sur ces fruits, les Messins défendirent à l'abbaye de les payer, et ce léger débat occasiona une guerre furieuse entre la cité et le duc Charles II, qui se présenta devant Metz avec une armée de 30,000 hommes, que les Messins mirent en déroute, sans toutefois avoir pu empêcher la destruction du village de St-Martin, de ses deux églises et de l'abbaye, dont la basilique ne le cédait en rien à la cathédrale de Metz.

Devenu ensuite faubourg de Metz, le Ban-St-Martin se rétablit promptement, mais les maisons en furent rasées dans le siége de 1444, et de nouveau en 1552, lors du siége de Metz par Charles-Quint. Le village forme aujourd'hui une commune particulière, composée de maisons éparses au pied du mont St-Quentin. C'est sur son territoire que se trouve la pépinière départementale.

BAN-ST-PIERRE, h. *Moselle*, comm. de Chauville, ✉ de Courcelles-Chaussy.

BANSAT, vg. *Puy-de-Dôme* (Auvergne), arr. et à 12 k. d'Issoire, cant. de Sauxillanges, ✉ de Jumeaux-Lembron. Pop. 616 h.

BAN-SUR-MEURTHE, vg. *Vosges* (Lorraine), arr. et à 25 k. de St-Dié, cant. de Fraize, ✉ de Corcieux. Pop. 1,846 h.

BÁNTANGE, vg. *Saône-et-Loire* (Bourgogne), arr. et à 10 k. de Louhans, cant. et ✉ de Montpont. Pop. 792 h.

BANTEUX, vg. *Nord* (Flandre), arr. et à 13 k. de Cambray, cant. de Marcoing, ✉ du Catelet. Pop. 752 h. — On y voit une tour démantelée, ruine d'une belle et grande église démolie il y a peu d'années. — *Fabrique* de broderies et de toiles.

BANTHELU, vg. *Seine-et-Oise* (Ile-de-France), arr. et à 19 k. de Mantes, cant. et ✉ de Magny. Pop. 211 h. — On y voit un beau château qui communique par une avenue à la grande route de Paris.

BANTHEVILLE, vg. *Meuse* (Lorraine), arr. et à 30 k. de Montmédy, cant. de Montfaucon, ✉ de Dun-sur-Meuse. Pop. 524 h.

BANTIGNY, vg. *Nord*, arr., cant., ✉ et à 7 k. de Cambrai. Pop. 480 h. — Lors du siége de Cambrai en 1677, ce village tomba au pouvoir des Espagnols et fut entièrement rasé, à l'exception de trois maisons qui servaient de fours de munitions pour l'armée assiégeante.

BANTOUZEL, vg. *Nord* (Flandre), arr. et à 13 k. de Cambrai, cant. de Marcoing, ✉ du Catelet. Pop. 957 h. — *Fabrique* de tissus de coton et de broderies.

BANTZENHEIM, vg. *H.-Rhin* (Alsace), arr. et à 36 k. d'Altkirch, cant. et ✉ d'Habsheim. ⚘. Pop. 1,275 h.

BANVILLÉ, vg. *H.-Rhin* (Alsace), arr., cant., ✉ et à 6 k. de Bélfort. P. 249 h.

BANVILLE, bg *Calvados* (Normandie), arr. et à 18 k. de Bayeux, cant. de Ryes, ✉ de Creully. Pop. 630 h.

BANVOU, vg. *Orne* (Normandie), arr. et à 11 k. de Domfront, cant. de Messei, ✉ de Ferrière-aux-Etangs. Pop. 1,088 h.

BANYULS-DES-ASPRES, vg. *Pyrénées-Or.* (Roussillon), arr., cant. et à 17 k. de Céret, ✉ du Boulon. Pop. 472 h. Dans un territoire fertile en vins d'excellente qualité.

BANYULS-SUR-MER, ou BANYULS-LA-MAISO, vg. *Pyrénées-Or.* (Roussillon), arr.

et à 48 k. de Ceret, cant. d'Argelès, ✉ de Port-Vendres. Pop. 2,327 h.

Ce village, auquel on donne aussi le nom de BAGNOLES, est situé au fond d'un petit golfe que forme la Méditerranée, dans un bassin entouré de montagnes, à l'extrémité d'un défilé qui conduit en Espagne. En 1793 il a été le théâtre d'un des plus beaux faits d'armes de notre histoire.

Lors de la seconde invasion des Espagnols, le col de Banyuls-sur-Mer, passage précieux et une des clefs pour entrer en France, fut défendu par les habitants de cette commune frontière avec une bravoure et une opiniâtreté dont on ne trouve d'exemple que dans l'ancienne Grèce.

Ces valeureux citoyens, ayant à leur tête M. Sylvestre Douzans, alors procureur de la commune, combattirent avec courage contre quatre mille Espagnols, qui les sommèrent de mettre bas les armes et de livrer le passage, sous peine d'être passés au fil de l'épée. A cette sommation le brave Douzans répondit : *Les Français savent mourir, mais ne se rendent pas*. Et aussitôt ce digne patriote conduit ses concitoyens au combat. Les femmes apportaient à ces cultivateurs, que l'amour de la patrie avait transformés en guerriers, des provisions et des cartouches à travers les rochers qui leur servaient de retranchements, et jusque sous le feu de l'ennemi. On vit les vieillards mêmes partager leur gloire et leurs dangers, et telle fut leur résistance et leur acharnement à ne point livrer le col de Banyuls, que presque tous ces héros agricoles perdirent la vie au champ d'honneur, ou furent faits prisonniers et conduits à Barcelonne et à Figuières.

Cette rare intrépidité ne sauva point la partie française de l'invasion des Espagnols : ce qui resta des habitants du village de Banyuls se réfugia dans l'intérieur. Ils servirent bientôt après d'éclaireurs à l'armée des Pyrénées.

La convention nationale, admirant la conduite des habitants de Banyuls, décréta qu'ils avaient bien mérité de la patrie, et qu'il serait élevé sur la place de ce village un obélisque de granit, avec ces mots : ICI SEPT MILLE ESPAGNOLS DÉPOSÈRENT LES ARMES DEVANT LES RÉPUBLICAINS, ET RENDIRENT A LA VALEUR CE QU'ILS TENAIENT DE LA TRAHISON.

Ce monument n'y a point été élevé ; mais, après la prise de Collioure par le général Dugommier, qui obligea les Espagnols de rendre cette place le 29 mai 1794, il leur fut déposer les armes sur la place de Banyuls-sur-Mer, et jurer de ne plus servir contre la France. C'est que l'inscription précitée devait signaler, les Espagnols ne s'étant rendus maîtres de Collioure que par la trahison du nommé Dufour, commandant du fort St-Elme. Dugommier exigea en outre la délivrance des habitants de Banyuls, et demanda pour eux des indemnités et des secours qui leur furent accordés.

A peu de distance de Banyuls-sur-Mer, on remarque sur la route d'Elanza quatre tours très-anciennes, nommées Tour de Rex, Tour de Baile, Tour d'Empages et Tour de Carol. Cette dernière est située à l'extrême frontière, et près du territoire espagnol.

Le territoire de Banyuls-sur-Mer produit des vins d'une couleur très-foncée, pleins de corps et très-spiritueux, ayant du velouté et un fort bon goût. En vieillissant, ces vins acquièrent de la finesse et du bouquet ; après dix ans de garde, ils prennent une couleur d'or et un goût de vieux qui les fait nommer vins de Rancio, parce qu'ils ont alors de la ressemblance avec ceux que l'on qualifie ainsi en Espagne. — Le vignoble de Banyuls produit aussi des vins de liqueur dits de Grenache, du nom du plant qui les fournit ; ils sont rouges, mais moins foncés en couleur que les autres vins du pays. — *Commerce* de vins, grains, etc.

BAON, vg. *Yonne* (Bourgogne), arr., ✉ et à 12 k. de Tonnerre, c. de Cruzy. P. 260 h.

BAONS-LE-COMTE (les), bg *Seine-Inf.* (Normandie), arr., ✉ et à 3 k. d'Yvetot, cant. d'Yerville. Pop. 609 h.

BAPAUME, *Bapalmæ*, *Batpalmæ*, jolie et forte ville, *Pas-de-Calais* (Artois), chef-l. de cant., arr. et à 22 k. d'Arras. A 150 k. de Paris pour la voie directe. Place de guerre de 3ᵉ classe. Gîte d'étape. Cure. ✉. P. 3,210 h.

— TERRAIN crétacé supérieur, craie.

Autrefois ville forte en Artois, diocèse d'Arras, conseil d'Artois, bailliage, gouvernement particulier, brigade de maréchaussée.

Cette ville, située autrefois à la source de la Sensée, doit son origine à un château où un nommé Béranger se fortifia en 1090, et d'où l'on eut beaucoup de peine à le chasser. Eudes, duc de Bourgogne, l'érigea en ville en 1335, et lui donna des institutions municipales. Lorsque l'Artois passa sous la domination de l'Autriche, cette ville étant devenue frontière, Charles-Quint la fit fortifier, ce qui n'empêcha pas les Français de la prendre en 1641 ; elle a été cédée à la France par le traité des Pyrénées. C'est à Bapaume que fut célébré le mariage de Philippe Auguste avec Isabelle de Hainaut.

Après la mort de Charles le Téméraire, Louis XI s'empara de Bapaume, et y fit mettre le feu. Elle se releva de ses ruines, et Charles-Quint en augmenta les fortifications, afin de l'opposer à Péronne. François Iᵉʳ s'empara de cette place, qui rentra sous la domination de Charles-Quint par le traité de Cambrai. Le connétable Anne de Montmorency tenta sans succès de s'en emparer en 1553. Le maréchal de la Meilleraie assiégea et prit Bapaume sur les Espagnols en 1641. Cette place a été cédée définitivement à la France par le traité des Pyrénées en 1659.

Les **armes de Bapaume** sont : *de gueules* (alias *d'azur*), *à trois mains dextre d'argent, deux en chef et une en pointe.*

Bapaume est une ville régulièrement bâtie, formée de rues belles et bien percées ; ses fortifications ont été construites sur les plans et sous la direction du maréchal de Vauban. Pendant longtemps les habitants étaient réduits à ne faire usage que d'eau malsaine et désagréable au goût ; l'ingénieur Feullon remédia à cet inconvénient en faisant creuser à une demi-lieue de la ville un puits artésien, qui procura une source abondante dont les eaux excellentes ont été amenées dans la ville, où elles alimentent une fontaine qui fournit l'eau pour tous les besoins des habitants.—On remarque à Bapaume l'église paroissiale, l'hôpital et les ruines du vieux château. — *Fabriques* de batistes, linons, basins, percales, calicots, fils retors. Filatures de coton et de lin. Raffineries de sel. Savonneries. Tanneries.—*Foires* les 6 mai et 14 sept.

BAPEAUME, vg. *Seine-Inf.*, comm. de Cauteleu, ✉ de Rouen. — Ce village est peu considérable, mais très-important par son industrie; il est situé sur le ruisseau de Cailly, qui y alimente un grand nombre d'usines. A 3 k. de Rouen. — *Fabriques* de toiles peintes ⓐ 1839. Filatures hydrauliques de lin et de coton. Blanchisseries, teintureries et papeteries.

BAPTRESSE, vg. *Vienne* (Poitou), arr. et à 20 k. de Poitiers, cant. et ✉ de Vivonne. Pop. 127 h.

BAQUE-LONDE (la), vg. *Eure*, comm. et ✉ des Andelys.

BAR, (la), petite rivière qui prend sa source à 4 k. O. du bourg de Buzancy, arr. de Vouziers, dép. des *Ardennes*; elle passe à Tannay, Chechery, Villers, et se jette dans la Meuse au-dessous de Donchery, après un cours d'environ 72 k. — Cette rivière commence à être navigable à Malmy, mais le flottage peut s'y faire à partir de Tannay. La longueur de la partie flottable est de 2,000 m., et celle de la partie navigable de 37,000 m. Les objets de transport consistent principalement en grains, bois, ardoises, etc.

BAR, bg *Corrèze* (Limousin), arr., ✉ et à 15 k. de Tulle, cant. de Corrèze. P. 1,170 h.

BAR (le), *Castrum de Albarno*, vg. *Var* (Provence), chef-l. de cant., arr., ✉ et à 9 k. de Grasse. Cure. Pop. 1,626 h.

BAR (duché de), ci-devant duché qui faisait autrefois partie des États de Lorraine. Le duché de Bar avait 128 k. de long sur 64 k. de large ; il fait aujourd'hui partie des départements de la Moselle, de la Meuse, de la Haute-Marne et des Vosges.

BARACÉ, bg *Maine-et-Loire* (Anjou), arr. et à 25 k. de Baugé, cant. et ✉ de Durtal. Pop. 716 h.

BARAIGNE, vg. *Aude* (Languedoc), arr. et à 15 k. de Castelnaudary, cant. et ✉ de Salles-sur-l'Hers. Pop. 203 h. Dans un vallon resserré, sur la Ganguise.—On y remarque un ancien château avec de belles ruines.

BARAING (St-), vg. *Jura* (Franche-Comté), arr. et à 18 k. de Dôle, cant. de Chaussin, ✉ du Deschaux. Pop. 244 h.

BARAIZE, vg. *Indre* (Berry), arr. et à 35 k. de la Châtre, cant. et ✉ d'Eguzon. Pop. 809 h.

BARAL, vg. *Drôme*, comm. d'Hauterives, ✉ de Moras.

BARALLE, vg. *Pas-de-Calais* (Artois), arr. et à 22 k. d'Arras, cant. et ✉ de Marquion. Pop. 745 h. —*Fabrique* de sucre indigène.

BARANCOUAN, vg. *H.-Pyrénées* (Bigorre), arr. et à 39 k. de Bagnères, cant. et ✉ d'Arreau. Pop. 117 h.

BARAQUE (la), h. *Vendée*, comm. de la Merlatière. ✿.

BARAQUE-DE-GEVRY (la), vg. *Côte-d'Or*, comm. et ✉ de Gevrey. ✿.

BARAQUE-DU-BEL-AIR (la), h. *Hérault*, à 12 k. de Montpellier. ✿.

BARAQUES-DE-LUTZELBOURG, vg. *Meurthe*, comm. et ✉ de Phalsbourg.

BARAQUES-DU-BOIS-DE-CHÊNE, vg. *Meurthe*, comm. et ✉ de Phalsbourg.

BARAQUES-SALANS (les), vg. *Jura*, comm. de Salans, ✉ de St-Wit.

BARASTRE, vg. *Pas-de-Calais* (Artois), arr. et à 27 k. d'Arras, cant. de Bertincourt, ✉ de Bapaume. Pop. 321 h.

BARAT, vg. *H.-Garonne*, comm. de Chein-Dessus, ✉ d'Aspet.

BARATIER, vg. *H.-Alpes* (Dauphiné), arr., cant., ✉ et à 4 k. d'Embrun. P. 300 h.

BARAU, vg. *Dordogne*, comm. de Casteis, ✉ de Sarlat. Pop. 166 h.

BARBACHEN, vg. *H.-Pyrénées* (Bigorre), arr. et à 27 k. de Tarbes, cant. et ✉ de Rabastens. Pop. 157 h.

BARBAGGIO, vg. *Corse*, arr. et à 17 k. de Bastia, cant. et ✉ de St-Florent. Pop. 314 h.

BARBAIRA, vg. *Aude* (Languedoc), arr. et à 14 k. de Carcassonne, cant. et ✉ de Capendu. ✿. Pop. 379 h.

BARBAIZE, vg. *Ardennes* (Champagne), arr. et à 15 k. de Mézières, 17 k. de Charleville, cant. de Signy-l'Abbaye, ✉ de Launay. Pop. 373 h.

BARBANT (St-), vg. *H.-Vienne* (Limousin), arr. et à 19 k. de Bellac, cant. et ✉ de Mézières. Pop. 1,240 h.

BARBANTANNE. V. **BARBENTANNE**.

BARBAS, vg. *Meurthe* (Lorraine), arr. et à 30 k. de Lunéville, cant. et ✉ de Blamont. Pop. 337 h.

BARBAST, vg. *Gers*, comm. et ✉ de Miélan.

BARBASTE, joli bourg, *Lot-et-Garonne* (Condomois), arr. et à 7 k. de Nérac, cant. et ✉ de Lavardac. Pop. 1,715 h. Il est très-bien bâti, sur le bord de la Geslise. La voie antique, vulgairement appelée Chemin de César ou la Tenarèse, passait au lieu où est maintenant Barbaste, et traversait la rivière sur un pont bâti un peu plus bas que le pont gothique de sept arches qui existe aujourd'hui, et à la tête duquel on voit de beaux moulins et un vaste édifice carré, connu sous le nom de château de Barbaste, dont chacun des coins est flanqué d'une petite tourelle carrée terminée en pointe. Cette singulière construction, dont la solidité semble défier l'action du temps, est très-ancienne, et date au moins de l'époque où les bénédictins cédèrent un droit de péage aux sires d'Albret, c'est-à-dire de 1300. Son objet paraît avoir été de défendre le pont ; et de garantir la ville de Nérac de toute surprise du côté de cette partie de la lande, dont toute la surface est couverte de liéges. A travers toutes les conjectures qui ont été formées sur la singulière construction de ce bâtiment, on ne peut que citer, sans y croire, la tradition qui veut qu'elle ait été l'ouvrage de quatre sœurs. Quelle que soit l'origine de ce bâtiment, il paraît que du temps de Henri IV il servait de moulin et de fortification.

Les maisons de Barbaste sont très-bien bâties et se pressent sur le bord de la Gelize ; au delà s'élève une colline boisée qui sert de cadre au riant paysage qu'offre ce bourg et son antique château. C'est un bourg très-commerçant, où l'on trouve une filature de coton, plusieurs fabriques de beaux bouchons de liége et de nombreuses vinaigreries.

BARBATRE, bg *Vendée*, comm. et ✉ de Noirmoutiers. Pop. 1,200 h. Dans l'île de ce nom.

BARBAZAN, vg. *H.-Garonne* (Languedoc), arr. et à 15 k. de St-Gaudens, cant. et ✉ de St-Bertrand. Pop. 535 h.—Il est bâti à l'extrémité de la vallée de St-Bertrand, près d'un petit lac, sur la rive droite de la Garonne. On trouve dans ses environs une source d'eau minérale froide.

BARBAZAN-DEBAT, vg. *H.-Pyrénées* (Bigorre), arr., cant. S., ✉ et à 7 k. de Tarbes. Pop. 843 h.

BARBAZAN-DESSUS, vg. *H.-Pyrénées* (Bigorre), arr., cant. et à 13 k. de Tarbes, cant. de Tournay. Pop. 303 h.

BARBE (Ste-), vg. *Moselle* (Lorraine), arr., ✉ et à 11 k. de Metz, cant. de Vigy. Pop. 658 h.—Il paraît devoir son origine à une église placée sous l'invocation de sainte Barbe, patronne du pays Messin, église qui fut longtemps le but de nombreux pèlerinages. L'église actuelle, qui s'aperçoit de très-loin et semble dominer tout le pays, a été construite en 1516.

BARBE (Ste-), vg. *Vosges* (Lorraine), arr. et à 35 k. d'Épinal, cant. et ✉ de Rambervillers. Pop. 736 h.

BARBEAU, vg. *Seine-et-Marne*, comm. de Fontaine-le-Port. — On y remarque les restes de l'ancienne abbaye de Barbeau, riche monastère de l'ordre de Cîteaux. La position de cette abbaye était très-agréable ; on y arrivait par une grille flanquée de deux logements de concierge ; dans le fond on apercevait l'église, et sur les côtés les bâtiments des moines. Elle avait été fondée par Louis VII, dit le Jeune, qui la dota par un diplôme de 1147, dans la 11ᵉ année de son règne.

Les armes de **Barbeau** étaient : *deux barbeaux d'or et trois fleurs de lis sur un champ de gueules.*

Barbeau valait 60,000 liv. de rente à celui qui en était pourvu par le roi ; la taxe, en cour de Rome, était de 800 flor. Les bâtiments, qui étaient dégradés, venaient d'être reconstruits de la manière la plus somptueuse avant la suppression des ordres monastiques. Ces nouvelles constructions n'étaient pas encore achevées.—

L'église de Barbeau était en croix latine, et bâtie avec assez de hardiesse. Le grand autel était d'une grande hauteur et entièrement en pierre sculptée avec un soin admirable. Le luxe des ornements était prodigieux ; il y avait une multitude de petites figures qui n'avaient pas plus de 6 à 7 centimètres de haut, et étaient terminées avec un art infini. Dans cette multitude d'ornements, il n'y en avait pas deux qui se ressemblassent ; le sacré était mêlé au profane d'une manière bizarre : on y voyait des saints et des amours nus, avec tous les attributs qui les caractérisent, des Satyres et des têtes de morts. Les médaillons étaient sur un fond bleu, qui leur donnait l'air des camées antiques. Cet ouvrage paraissait être du temps de François 1er. Après le maitre-autel, ce qu'on y remarquait de plus singulier était une ancienne boiserie, formant six stalles, qui restaient encore de celles qui avaient été remplacées par une boiserie moderne. Cette boiserie était extrêmement singulière ; c'était un chef-d'œuvre de sculpture dont la patience et le fini de l'exécution ; elle était surchargée d'ornements dont aucun ne se répétait sur les deux se ressemblait. On lisait sur un panneau, *Sodnat*. Etait-ce le nom d'un sculpteur ? — Il y avait dans l'église de Barbeau plusieurs tombes anciennes qui ont été détruites. On n'en voyait plus que deux, qui étaient remarquables : 1° le tombeau de Louis VII, tombeau magnifique élevé par la reine Adèle, son épouse. Ce tombeau ayant été menacé, ainsi que l'église, de la destruction qui avait déjà anéanti plusieurs monuments de notre histoire, l'assemblée nationale décréta, sur la demande du département de Seine-et-Marne, qu'il serait transporté à Fontainebleau. — Le second tombeau remarquable était celui de Martin Fréminet, Parisien, peintre de Henri IV. Le buste de ce peintre était placé dans un encadrement d'architecture. La niche s'élevait au milieu du fronton, et était surmontée d'un globe et accompagnée de deux enfants pleurant sur une tête de mort. — L'église de l'abbaye a été démolie ; mais les bâtiments du monastère présentent encore une vaste habitation, précédée de deux cours, sur la rive droite de la Seine, au pied d'une montagne couronnée de bois ; près d'là est le port, nommé le port de Barbeau, d'où l'on transporte quantité de bois pour l'approvisionnement de Paris.

BARBECHAT, vg. *Loire-Inf.*, comm. de la Chapelle-Basse-Mer, ✉ de Nantes. Près de la Divate.

BARBE-SUR-GAILLON, vg. *Eure* (Normandie), arr. et à 15 k. de Louviers, cant. et ✉ de Gaillon. Pop. 451 h.

BARBEN (la), *Bouches-du-Rhône* (Provence), arr. et à 24 k. d'Aix, cant. de Salon, ✉ de Lambesc. Pop. 325 h. — Les Romains avaient dans la vallée de la Touloubre des maisons de campagne dont on voit encore les ruines, et les templiers y avaient fondé un hospice et une église dont l'emplacement est aujourd'hui occupé par l'église paroissiale.

La Barben est remarquable par un des plus beaux châteaux de la Provence, bâti dans une situation des plus pittoresques, sur un rocher qui s'avance entre la Touloubre et le vallon de Moreau. Les nombreux bâtiments qui composent le château s'élèvent les uns au-dessus des autres et se lient par des remparts qui soutiennent des terrasses suspendues pour ainsi dire sur des précipices. Des tours fort hautes sont placées par intervalles, et à des hauteurs inégales : l'une de ces tours, aujourd'hui à demi ruinée, appelée la Tour Forbin, a été habitée par Palamède, qui opéra la réunion de la Provence à la France. Le reste du château a été construit en différents temps, et après 1630, époque où il fut pillé et démoli à l'occasion des troubles des Cascaveoux ; il est maintenant en fort bon état.

BARBENTANNE, *Barbentana*, bg *Bouches-du-Rhône* (Provence), arr. et à 25 k. d'Arles, 14 k. de Tarascon, cant. de Château-Renard, ✉ de Tarascon. Pop. 2,955 h.

Ce bourg est situé dans un territoire fertile en bons vins et en excellents fruits, au confluent du Rhône et de la Durance. Il est bâti sur le penchant d'une colline que couronnent les ruines d'un antique château, dont il reste encore une tour magnifique, du même genre que celle de Mont-Majour-lez-Arles. Cette tour, ainsi que les remparts du château, pose sur un rocher qui est taillé à sa base de manière à le rendre inaccessible dans sa circonférence à l'exception du nord-ouest, où le sol forme plusieurs terrasses plantées d'oliviers qui descendent jusqu'au village. Celui-ci est en général mal bâti, entouré de vieux remparts en partie creusés dans le roc, et domine le joli faubourg de la Bourgade, formé d'une grande rue bordée d'un côté par de belles maisons, et de l'autre par une espèce de terrasse qui aboutit à une fort belle promenade. — Les habitants de Barbentanne sont tous agriculteurs, et passionnés pour la danse et les farandoles ; un jeune homme qui n'aurait pas la passion de danser, fût-il même très-riche, ne trouverait certainement pas à se marier dans ce pays, où quiconque ne danse pas est censé n'être bon à rien. — Huileries.

BARBEREY-AUX-MOINES, vg. *Aube*, comm. de St-Lyé, ✉ de Troyes. Pop. 160 h.

BARBEREY-ST-SULPICE, *Barbereyum*, vg. *Aube* (Champagne), arr., 2° cant., ✉ et à 6 k. de Troyes. Pop. 410 h. — Il est situé près de la rive gauche de la Seine, au milieu de belles prairies, dont les pâturages nourrissent beaucoup de vaches, qui fournissent les excellents fromages gras connus sous le nom de *fromages de Barberey*.

BARBERIE, vg. *Oise* (Picardie), arr., cant., ✉ et à 6 k. de Senlis. Pop. 232 h.

BARBERIER, vg. *Allier* (Bourbonnais), arr. et à 20 k. de Gannat, cant. et ✉ de Chantelle. Pop. 368 h. Près de la Sioule.

BARBEROUGE, h. *Manche*, comm. et ✉ de Mortain. — Fonderie importante.

BARBERY, vg. *Calvados* (Normandie), arr. et à 19 k. de Falaise, cant. de Bretteville-sur-Laize, ✉ de Langannerie. Pop. 633 h. — Il y avait autrefois une abbaye d'hommes de l'ordre de Cîteaux, fondée en 1170, qui forme aujourd'hui un hameau dépendant de la commune de Barbery, dont il porte le nom.

BARBEVILLE, vg. *Calvados* (Normandie), arr., cant., ✉ et à 4 k. de Bayeux. P. 216 h.

BARBEY, vg. *Seine-et-Marne* (Brie), arr. et à 31 k. de Fontainebleau, cant. et ✉ de Montereau. Pop. 246 h.

BARBEY-SEROUX, vg. *Vosges* (Lorraine), arr. et à 43 k. de St-Dié, cant. et ✉ de Corcieux. Pop. 629 h.

BARBEZIÈRES, vg. *Charente* (Angoumois), arr. et à 26 k. de Ruffec, cant. et ✉ d'Aigre. Pop. 491 h.

BARBEZIEUX, *Barbesillum*, jolie petite ville, *Charente* (Angoumois), chef-l. de canton, sous-préf. ou du 4° arr. et du 1° cant. Trib. de 1re inst. et de commerce. Cure. Gîte d'étape. Société d'agr. ✉. ⚘. A 34 k. d'Angoulême, 447 k. de Paris pour la taxe des lettres. P. 3,335 h.
— TERRAIN crétacé inférieur, grès vert.

Autrefois diocèse et élection de Saintes, parlement de Bordeaux, intendance de la Rochelle, 2 paroisses, un couvent de cordeliers.

Barbezieux est une ville fort ancienne, qui portait jadis le nom de Barbesil. Dans les malheureux temps de la féodalité, les comtes de Barbezieux firent souvent, avec l'assistance des comtes de Cognac, la guerre aux seigneurs d'Angoulême. C'était jadis une ville de quelque importance, dont les fortifications furent rasées dans le XVIII° siècle. Elle possédait un château fort que les Anglais démolirent pendant les guerres de Guienne, et que Marguerite de la Rochefoucauld fit reconstruire ; les restes de cette forteresse servent aujourd'hui de prison, et l'autorité locale a proposé de les classer au nombre des monuments historiques.

Les armes de Barbezieux sont : *d'or, à un écusson d'azur en abîme*.

Cette ville est agréablement située dans une contrée fertile en bons vins et abondante en excellents pâturages. Elle est en général assez bien bâtie, sur le penchant d'une colline, et possède une fort jolie promenade en forme de boulevards, le long de laquelle passe la grande route. On trouve aux environs (à Reignac) une fontaine d'eau minérale.

PATRIE d'ÉLIE VINET, un des plus savants hommes du XVI° siècle, mort en 1587. On a de lui : *Discours de l'antiquité de Bourdeaux et de celle de Bar-sur-Mer*, in-4, 1565, nouv. édit. in-4, 1574, livre plein de recherches assez curieuses.

Fabriques de grosses toiles en fil de chanvre. Tanneries importantes dans les environs. — *Commerce* de toiles, grains, truffes, bestiaux, volailles et chapons truffés recherchés. — *Foires* les lundi et mardi de Pâques, 3 et 4 juin, 5 nov. et le 1° mardi de chaque mois.

L'arrondissement de Barbezieux est composé de 6 cantons : Barbezieux, Aubeterre, Baignes, Brossac, Chalais et Montmoreau.

BARBEZOU (le), ruisseau qui prend sa source près de la Tronquière, dép. du *Lot*, et qui, sans sortir de ce département, se jette dans le Cellé, à 4 k. de Figeac, après un cours d'environ 20 k. Il est flottable à bûches perdues depuis la Tronquière jusqu'à son embouchure, sur une étendue de 18,000 m.

BARBIÈRES, vg. *Drôme* (Dauphiné), arr. et à 20 k. de Valence, cant. de Bourg-du-Péage, ✉ de Romans. Pop. 639 h.

BARBINIÈRE (la), vg. *Loire-Inf.*, comm. de Vertou, ✉ de Nantes.

BARBIREY-SUR-OUCHE, vg. *Côte-d'Or* (Bourgogne), arr. et à 38 k. de Dijon, cant. et ✉ de Sombernon. Pop. 389 h.

BARBISSON, vg. *Seine-et-Marne*, comm. et ✉ de Chailly.

BARBONNE, petite ville, *Marne* (Champagne), arr. et à 51 k. d'Epernay, cant. et ✉ de Sézanne. Pop. 1,334 h.

BARBONVAL, vg. *Aisne* (Picardie), arr. et à 35 k. de Soissons, cant. de Braisne, ✉ de Fismes. Pop. 75 h.

BARBONVILLE, vg. *Meurthe* (Lorraine), arr. et à 15 k. de Lunéville, cant. de Bayon, ✉ de St-Nicolas. Pop. 466 h.

BARBOTAN, vg. *Gers*, comm. et ✉ de Cazaubon.

Ce village, situé à 32 k. de Condom, possède des sources d'eaux thermales renommées, dont la chaleur varie de 25 à 32 degrés du thermomètre de Réaumur. En 1820, on y a construit un établissement de bains, où les eaux sont distribuées dans quatre bassins. Le premier de ces bassins est affecté aux bains ; le second contient six baignoires ; le troisième est destiné aux indigents, et le quatrième, qui est très-grand, contient les boues. — Ces eaux appartiennent à la classe des eaux sulfureuses thermales. Elles s'emploient en bains avec succès dans les affections rhumatismales et goutteuses, les dartres, la gale, les écrouelles, la paralysie, les suites des fractures, les plaies, les ulcères. En boisson, elles conviennent dans les maladies des voies urinaires et les engorgements des viscères. — Les eaux de Barbotan jouissent d'une grande réputation, et sont fréquentées annuellement par 1,000 à 1,100 malades.

Bibliographie. * *Essais physico-pathologiques sur la nature, les qualités et les effets des bains des boues de Barbotan*, in-12, 1775.

Dufau. *Recherches théoriques et pratiques sur les eaux minérales de Barbotan*, etc., in-12, 1785.

BARBOULE (pointe de), *Ille-et-Vilaine*. C'est la première pointe en dedans de la pointe S.-O. de la baie de Cancale.

BARBOUX, vg. *Doubs* (Franche-Comté), arr. et à 36 k. de Montbéliard, cant. et ✉ de Russey. Pop. 327 h.

BARBUISE, *Barbuisia*, vg. *Aube* (Champagne), arr. et à 10 k. de Nogent-sur-Seine, cant. et ✉ de Villenauxe. Pop. 565 h.

BARBY, vg. *Ardennes* (Champagne), arr., cant., et ✉ à 5 k. de Rethel. Pop. 585 h.

BARCAGNÈRE, vg. *Gers*, comm. de Castillon-Debats, ✉ de Vic-Fezensac.

BARCELONNE, bg *Drôme* (Dauphiné),

arr. et à 18 k. de Valence, cant. et ✉ de Chabeuil. Pop. 805 h.

BARCELONNE, bg *Gers* (Armagnac), arr. et à 61 k. de Mirande, cant. de Riscle, ✉ d'Aire. Pop. 1,186 h.

BARCELONNETTE, jolie petite ville, *B.-Alpes* (Provence), chef-l. de sous-préf. (1er arr.) et d'un cant. Trib. de 1re inst. Soc. d'agric., sciences et arts. Collège comm. Cure. Gîte d'étape. ✉. A 755 k. de Paris pour la taxe des lettres. Pop. 2,267 h. — Terrain jurassique.

Autrefois diocèse d'Embrun, parlement et intendance d'Aix, justice royale, gouvernement particulier, bureau des cinq grosses fermes, collége.

Cette ville est située dans la partie centrale de la belle vallée de son nom. Les Romains y eurent, dit-on, un établissement. La restauration de Barcelonnette date du règne de Raymond Béranger IV, comte de Provence, qui la fit rebâtir et lui donna le nom de Barcelonnette, en mémoire de ce que ses ancêtres étaient venus de Barcelonne s'établir dans cette province. Peu de villes ont éprouvé autant de vicissitudes ; dans l'espace de deux siècles, elle a été incendiée sept fois par suite des événements de la guerre, par des accidents ou par les effets de la foudre : le marquis d'Uxel la brûla en 1528, les Français en 1542, le baron de Vins en 1582, les religionnaires en 1601 ; le feu y fut mis par accident en 1714 ; la foudre consuma quatre-vingts maisons en 1740 ; enfin une imprudence y causa l'incendie de cent maisons en 1761.

La ville occupe à peu près le centre de la vallée, qui a dans cette partie environ 2 k. d'étendue. C'est peut-être la plus jolie ville des Alpes françaises ; elle est formée principalement de deux rues qui se coupent à angle droit, et qui sont bordées d'arcades basses et lourdes, mais fort utiles dans un lieu où la neige tombe en abondance pendant l'hiver et dont les rues sont souvent couvertes d'une épaisse couche de neige : les autres rues sont pour la plupart symétriques, les maisons en sont propres et d'une apparence agréable ; quelques-unes sont couvertes en ardoises, les autres le sont en plaques de bois de mélèze ; la plupart ont leurs principales façades tournées au midi, et n'offrent que très-peu d'ouvertures du côté opposé. — La grande rue aboutit, du côté de l'Italie, à une place carrée plantée d'arbres, que bordent en partie le Palais de justice, beau bâtiment moderne, de construction régulière, à deux étages ; la caserne de gendarmerie et la prison. A l'un des angles de la place s'élève la tour de l'Horloge, surmontée d'une haute et élégante flèche, classée au nombre des monuments historiques ; le centre est décoré par le monument élevé à la mémoire de Manuel : c'est une fontaine carrée, entourée d'un bassin arrondi, que surmonte une urne funéraire. Une des faces est décorée du buste de Manuel, bas-relief en bronze, au-dessous duquel est cette inscription, empruntée à Béranger :

BRAS, TÊTE ET COEUR,
TOUT ÉTAIT PEUPLE EN LUI.

Les promenades sont très-agréables, surtout

celle qui borde l'Ubaye, dont les eaux arrosent toutes les rues et les jardins.

Biographie. Barcelonnette est la patrie du conventionnel d'Hernez-Latour.

De J.-Ant. Manuel, l'un des plus brillants orateurs politiques de notre époque, et l'un des plus intrépides défenseurs de nos libertés publiques, mort en 1827. On a de lui : *Mémoire justificatif pour le maréchal Soult*, in-8, 1815, et un grand nombre de discours prononcés à la chambre des députés.

De J. Lyons, ancien rédacteur du *Journal de Lyon*, auteur de divers ouvrages.

De J.-B. Pascalis, maréchal de camp, auteur de plusieurs poèmes, imprimés dans les Mémoires de l'académie de Marseille et de l'académie d'Aix, et d'une tragédie de Dion non imprimée.

Industrie. *Fabriques* de soieries, cadis et petite draperie. Tanneries. — *Commerce.* Barcelonnette est le point central de la vallée où l'on vient vendre toutes les denrées et s'approvisionner de tous les objets de consommation qui peuvent être nécessaires ; il s'y tient tous les samedis des marchés qu'on pourrait presque comparer à des foires. — *Foires* les 1er juin et 30 sept.

Barcelonnette est à 99 k. de Digne.

L'arrondissement de Barcelonnette est composé de 4 cantons : Allos, Barcelonnette, le Lauzet et St-Paul.

BARCELONNETTE (vallée de). Cette vallée fait maintenant partie du dép. des *B.-Alpes* où elle forme une partie de l'arrondissement auquel elle a donné son nom. A l'époque de l'usurpation des comtes de Savoie, en 1388, la vallée de Barcelonnette formait une des quatre vigueries du comté de Nice ; elle avait ses communautés, ayant à leur tête, des consuls, un juge royal à Barcelonnette, des bailes tenant la place du juge dans les autres communautés, tous magistrats électifs, investis de la haute, moyenne et basse justice civile et criminelle ; elle était affranchie de toute vassalité, de toutes charges de guerre, et enfin des gabelles et de l'usage du papier timbré. Les ducs de Savoie maintinrent tout cela ; ils confirmèrent toutes les franchises et privilèges que la vallée avait obtenus des comtes de Provence. — François Ier, ayant conquis la plus grande partie des Etats du duc de Savoie, réunit à la Provence le territoire de Barcelonnette ; ce qui dura en cet état jusqu'à l'an 1559, qu'il fut restitué par Henri II au duc Emmanuel-Philibert, en exécution du traité de Câteau-Cambrésis. — En 1611, à la demande des populations, le duc Emmanuel II leur accorda un préfet qui était choisi par le prince hors du pays, renouvelé tous les trois ans, et qui, comme juge supérieur, connaissait en appel toutes les causes civiles et criminelles ; le préfet était tenu de faire une visite dans toutes les communautés du vicariat pour s'informer si la justice était bien administrée, et s'il n'y avait pas des vagabonds et des gens sans aveu. — Les habitants de la vallée étaient tellement jaloux de leurs privilèges, que Victor-Amédée II, ayant donné, à la fin du XVIIIe siècle, un édit par lequel il inféodait le pays, ils sollicitèrent avec les plus vives instances la révocation de cette mesure, l'obtinrent moyennant une somme de cent mille livres, et se trouvèrent ainsi affranchis de tous droits seigneuriaux et de la qualité de vassaux.

La vallée de Barcelonnette, prise plusieurs fois par les Français, fut cédée à la France en 1713, par le traité d'Utrecht, en échange de la portion du Dauphiné qui est à l'orient des Alpes. Lors de cette réunion, les habitants insistèrent avec une persévérance et une habileté remarquables pour le maintien de leurs privilèges, qu'ils conservèrent en partie. Sous Louis XIV, par arrêt du conseil du 23 décembre 1714, la vallée fut réunie aux états généraux de Provence, avec la restriction que les communautés de cette vallée n'entreraient point dans les assemblées des communautés; qu'elles n'y enverraient point de députés, et qu'elles payeraient leurs impôts séparément comme *terres adjacentes*. Elle fut partagée en douze communautés, savoir : Barcelonnette, Allos, Jausiers, Meyronnes, Larche, St-Paul, Méolans, Revel, Châtelard, Lauzet, Entraunes et St-Martin, qui conservèrent l'usage d'élire chaque année leurs consuls, leurs bailes et autres officiers municipaux. — La hiérarchie judiciaire fut composée de la manière suivante : d'un préfet choisi tous les trois ans par le roi, et qui ne pouvait être originaire de la vallée; d'un juge ordinaire élu par les consuls de Barcelonnette et les bailes des communautés ; d'un juge conservateur, des consuls et enfin des bailes. — Avant la révolution, la vallée de Barcelonnette était du gouvernement de Provence, généralité de Grenoble, diocèse d'Embrun.

Bibliographie. * *Mémoire présenté au roi en faveur des habitants de la vallée de Barcelonnette*, in-f°, 1714.

VILLENEUVE-BARGEMONT (le comte de). *Voyage dans la vallée de Barcelonnette*, in-8, 1815.

FRÉMONT-GARNIER. *Lettres sur la vallée de Barcelonnette*, in-8, 1822.

BARCHAIN, vg. *Meurthe* (Lorraine), arr., cant., ✉ et à 30 k. de Sarrebourg. P. 262 h.

BARCILLONNETTE – DE – VITROLES, vg. *H.-Alpes* (Dauphiné), chef-l. de cant., arr. et à 30 k. de Gap, ✉ de Ventavon. Pop. 345 h. — Il est situé sur le torrent et dans la vallée de la Déoulle, et dominé par le château de Vitroles, bâti sur un coteau au nord et sur la rive droite de la Déoulle. Près de là, sur un tertre, apparaissent les restes d'un château bâti en petites pierres bien appareillées, et, sur les flancs d'une montagne voisine, les débris d'un vieux castel.

BARCQ, *Barcum*, vg. *Eure* (Normandie), arr. et à 19 k. de Bernay, cant. et ✉ de Beaumont-le-Roger. Pop. 827 h.

BARCUGNAN, vg. *Gers* (Armagnac), arr. et à 15 k. de Mirande, cant. de Miélan. Pop. 625 h.

BARCUS, vg. *B.-Pyrénées* (Gascogne), arr., cant., ✉ et à 13 k. de Mauléon, à 34 k. de St-Palais. Pop. 2,372 h.

BARCY, vg. *Seine-et-Marne* (Brie), arr., ✉ et à 9 k. de Meaux, cant. de Lizy. P. 293 h.

BARD (St-), vg. *Creuse* (Marche), arr. et à 18 k. d'Aubusson, cant. et ✉ du Crocq. Pop. 534 h.

BARD, vg. *Jura*, comm. de Ruffey, ✉ de Bletterans.

BARD, vg: *Loire* (Forez), arr., cant., ✉ et à 9 k. de Montbrisson. Pop. 649 h.

BARD, vg. *Puy-de-Dôme*, comm. de Boudes, ✉ de St-Germain-Lembron.

On trouve dans ce village des sources d'eaux minérales froides qui sourdent en plusieurs endroits d'un monticule au pied duquel elles forment un petit ruisseau. Trois de ces sources seulement sont un peu abondantes; la plus considérable, qui se dégorge dans un bassin de pierre, est préférée pour l'usage, comme étant la meilleure.

Les eaux de Bard sont très-limpides; leur saveur est légèrement acide et salée; quoique d'une chaleur égale à la température de l'atmosphère, elles bouillonnent, pétillent et s'agitent longtemps même après avoir été puisées. M. Monnet de Champeix, dans l'analyse qu'il a faite de ces eaux, a trouvé qu'elles contenaient des carbonates de magnésie et de soude, du sulfate de chaux et de l'acide carbonique. Ces eaux s'emploient avec succès dans les engorgements des viscères abdominaux. On assure qu'elles ont opéré la guérison de certaines fièvres intermittentes qui avaient résisté au quinquina.

BARDAIS, vg. *Allier* (Bourbonnais), arr. et à 5 k. de Moulluçon, cant. et ✉ de Cérilly. Pop. 343 h.

BARDE (la), bg *Charente-Inf.* (Saintonge), arr. et à 51 k. de Jonzac, cant. et ✉ de Montguyon. Pop. 638 h.

BARDEL, vg. *Seine-et-Oise*, comm. de Vicq, ✉ de Montfort-l'Amaury.

BARDENAC, vg. *Charente* (Saintonge), arr. et à 30 k. de Barbezieux, cant. et ✉ de Chalais. Pop. 464 h.

BARDIAUX, vg. *Nièvre*, comm. d'Arleuf, ✉ de Château-Chinon. Pop. 94 h.

BARDIGUES, vg. *Tarn-et-Garonne* (Armagnac), arr. et à 20 k. de Castel-Sarrasin, cant. de Lavit, ✉ d'Auvillars. Pop. 570 h.

BARD-LE-RÉGULIER, vg. *Côte-d'Or* (Bourgogne), arr. et à 54 k. de Beaune, cant. et ✉ de Liernais. Pop. 301 h. — L'église paroissiale de ce village possède des stalles en bois du XIVe siècle, portant des personnages grotesques sur les accoudoirs. Le maître-autel est roman et paraît être du XIIe siècle.

BARD-LES-PESMES, vg. *H.-Saône* (Bourgogne), arr. et à 23 k. de Gray, cant. de Pesmes. Pop. 373 h.

BARDON, vg. *Loiret*, comm. et ✉ de Meung.

BARDOS, vg. *B.-Pyrénées* (Navarre), arr. et à 25 k. de Bayonne, cant. de Bidache, ✉ de Peyrehorade. Pop. 2,612 h.

BARDOU, vg. *Dordogne* (Périgord), arr., cant. et à 25 k. de Bergerac, ✉ d'Issigeac. Pop. 192 h.

BARDOUVILLE, vg. *Seine-Inf.* (Normandie), arr. et à 14 k. de Rouen, cant. et ✉ de Duclair. Pop. 346 h. — Il est dans une situation pittoresque, sur la rive droite de la Seine, au pied d'un coteau boisé, dont le sommet est couronné par un ancien château, sous lequel le paquebot de Rouen au Havre passe rarement sans que les gens de l'équipage racontent la triste histoire de la châtelaine du lieu, et ses malheureuses amours avec le prieur de l'abbaye de St-Georges, située sur la rive gauche du fleuve. Suivant cette tradition, un des abbés du monastère, qui, nouveau Léandre, passait fréquemment la Seine à la nage pour se réunir à la dame de Bardouville, dont il avait été le fiancé avant d'entrer dans la milice du Seigneur, avait été surpris et tué par l'époux outragé; et, jusqu'au moment de la révolution, ajoutent les narrateurs, on célébrait chaque année à l'abbaye, des offices expiatoires pour l'âme du prieur, mort sans avoir eu le temps de se repentir.

BARDOUX (St-), vg. *Drôme*, comm. de Clérieux, ✉ de Romans.

BARÈGES, *Valletria*, *H.-Pyrénées*, com. de Betpouey. ✉. A 810 k. de Paris pour la taxe des lettres. — TERRAIN de transition.

Barèges est dans une agreste situation, au centre des Pyrénées, entre deux rangs de montagnes parallèles et taillées à pic, sur la rive droite du Bastan, qui traverse le vallon de Barèges. L'air y est généralement froid, et il n'est pas rare d'y voir tomber de la neige dans les plus beaux jours de l'année.

La vallée de Barèges renferme dix-huit villages, semblables au nid des aigles, placés sur le sommet des rochers, et en partie sur des plates-formes cultivées. Cette vallée commence au-dessus du village de Gavarnie, à la source du gave de Pau, qui la traverse du sud au nord et y reçoit le gave de Bastan. Elle est entourée de montagnes agrestes et peu fertiles, qui renferment des mines d'argent et de plomb, et des carrières de marbre de diverses couleurs.

EAUX THERMALES DE BARÈGES.

On fait remonter à quatre siècles l'époque de la découverte des eaux de Barèges, et on rapporte qu'elles formaient alors une espèce de cloaque, d'où s'exhalaient des vapeurs qui fixèrent l'attention des habitants. Eux seuls profitèrent d'abord de cette importante découverte, et ces eaux restèrent comme ignorées jusqu'au temps où Mme de Maintenon, qui se trouvait à Bagnères avec le jeune duc du Maine, affecté d'une espèce de paralysie, se rendit à Barèges par le Tourmalet, où elle fit ouvrir un passage. La renommée de ces eaux thermales date de cette époque : on n'en tira cependant aucun parti sous le règne de Louis XIV; ce ne fut qu'en 1705 qu'elles devinrent l'objet de l'attention du gouvernement, et qu'en 1746 qu'on put aborder en voiture, par la route inférieure, dans cette gorge presque inaccessible auparavant, et fréquentée depuis par l'opulence infirme ou oisive.

L'ingénieur Polard fit exécuter la route qui conduit de Tarbes à Barèges, par Lourdes, Pierrefitte et Luz, et le fontainier Chevillard fut chargé de recueillir les deux principales sources dont les habitants faisaient usage; il y réussit, aidé par les conseils de Polard. Alors furent formés les bains de l'Entrée, les bains du Fond, celui de Polard, et les trois douches. Le bain de la Chapelle fut construit depuis par des ouvriers. En 1775, Gensy, fontainier de Bayonne, recueillit la source qui fournit au bain de ce nom; on y a joint depuis deux autres baignoires.

Barèges a une soixantaine de maisons, parmi lesquelles il en est d'assez belles, situées sur la principale ou plutôt sur la seule rue qu'il offre, et qui est assez large. Il réunit, dans la saison, un plus grand nombre d'éclopés et d'infirmes que les autres établissements. Le genre de traitement et de secours qu'on vient généralement chercher dans cet établissement thermal donnent à la société qui s'y rassemble un air imposant et valétudinaire, qui offre néanmoins d'agréables exceptions, car l'on s'y amuse comme partout ailleurs.

Il y a vauxhall à Barèges deux fois par semaine, et l'on y voit tous les ans de très-beaux bals, grâce aux renforts qui viennent de St-Sauveur, à qui les habitués de Barèges rendent la pareille, en allant danser chez eux par députation. Le voisinage de ces deux établissements fait qu'il y a une grande fréquentation et une sorte de communauté entre leurs sociétés; les dames surabondent ordinairement à St-Sauveur, et les hommes à Barèges, ce qui fait compensation et rend nécessaires les visites réciproques.

Physiquement parlant, c'est une fort triste résidence que celle de Barèges, pour ceux qui ne peuvent s'en éloigner et faire des excursions dans le voisinage. Quelque triste, quelque désolée que paraisse la vallée, elle n'est cependant pas sans quelques agréments, lorsqu'on veut et qu'on peut se mettre en peine de les trouver. Dix-huit villages ou hameaux, répartis dans cette vallée, se partagent son territoire; et, si l'on s'élève sur les plates-formes qui, au nord et au midi, sont résultées du détritus des monts supérieurs, cette région ne paraît plus si repoussante, si monotone : quelques points ombragés, tels que le *Sofa*, l'*Héritage à Colas*, situés sur la droite à l'abord de Barèges, et qui sont le rendez-vous habituel des parties de plaisir ; des champs d'une culture variée, qu'offre en perspective le versant du nord; plus loin, la jolie gorge dont le torrent passe sous le pont de St-Augustin, et à l'embouchure de laquelle est pittoresquement situé le village de *Cers*, et celle, non moins riante, dont *Betpouey*, très-agréablement posté, l'entrée : celle-ci s'élève jusqu'au pied de *Néouvielle*, où elle offre comme celles de Lienz et d'Escoubous, une multitude de petits lacs, sur un fond tout granitique et couvert des débris de cette roche. Tous ces sites méritent d'être fréquentés par les promeneurs.

La route de Barèges est un monument à jamais mémorable de l'administration supérieure dans ces localités; elle côtoie alternativement l'une et l'autre rive du gave, au-dessus duquel on a jeté des ponts dont la hardiesse étonne. On en compte sept de Pierrefitte à Luz; trois sur le gave, dans la première moitié du trajet; un quatrième, à l'endroit le plus resserré, le plus sauvage, sur le torrent qui descend du versant gauche, où se voit encore un ancien arceau appelé *Pont d'Enfer* ; celui de la Hiellardère, tout en belles pierres serpentines, dont la reconstruction a été achevée en 1809, est le cinquième. Ce pont est surmonté d'un obélisque, sur lequel devraient être consacrés les noms justement révérés de MM. de la Beauve et d'Etigny, intendants de la généralité d'Auch. Le premier a fait ouvrir cette belle route ; le second l'a perfectionnée, en y joignant les deux embranchements de Cauteretz et de St-Sauveur.

Il y a six sources à Barèges, qui sont : Polard, dont la température est de + 38, 20 degrés du therm. centig.; la Tempérée,+33, 00; le Fond,+ 36, 25 ; la Douche,+ 44, 38 ; l'Entrée,+ 42, 00; la Chapelle,+ 28, 45.

Il y a trois douches de + 35° 1/2 à + 36° de chaleur ; la première donne, en vingt-quatre heures, 860 pieds cubes d'eau ; la deuxième, 527 7/11 ; la troisième, 411 2/7.

Les bains de Gensy ont quatre cuves, toutes à + 25°. Le robinet principal fournit 576 pieds cubes ; l'autre 411 5/7. On remplit les cuves en 25 minutes.

Les bains du Pavillon et de la Chapelle ont + 26°, et se remplissent en 25 minutes. La source donne 261 pieds cubes 2/11.

Le bain de l'Entrée a+29°, et se remplit en 10 minutes. La source fournit 320 pieds cubes.

Le bain du Fond a+ 30°, et se remplit en 10 minutes. La source fournit 327 pieds cubes 6/7.

Les bains Polard ont + 29° 1/2 de chaleur. Les deux cuves se remplissent en 25 minutes par deux jets, dont l'un fournit 137 pieds cubes 1/7, et l'autre 192.

La première piscine a+29°, et la deuxième +28°; elles se remplissent en 25 minutes.

Une fontaine est consacrée à l'usage des buveurs. Quoiqu'il y ait des sources destinées exclusivement aux bains, à la boisson et aux douches, les eaux présentent peu de différence.

Toute cette eau, employée d'abord comme on vient de le voir, dans divers bains et trois douches, reflue ensuite dans les deux grandes piscines, où elle sert encore à baigner les militaires malades. On porte à 350 le nombre de ceux qui peuvent y être traités, ce qui est souvent insuffisant.

SAISON DES EAUX. Les eaux se prennent depuis le premier juin jusqu'à la fin de septembre. Ces eaux sont très-fréquentées; il s'y trouve souvent près de 800 personnes, non compris les militaires dont le nombre est ordinairement de 4 à 500.

PROPRIÉTÉS MÉDICINALES. Les eaux de Barèges sont en général apéritives, résolutives, diurétiques et sudorifiques. Elles excitent un léger mouvement de fièvre, dont la durée prolongée pendant plusieurs mois, réveille le mouvement organique, facilite les sécrétions et dissipe les maladies les plus rebelles. Ces eaux, dit M. Alibert, produisent une excitation marquée dans toute l'organisation, déterminent des mouvements critiques du centre à la circonférence. Cette action particulière les a fait préconiser avec raison contre les maladies cutanées. Elles agissent d'une manière spéciale dans les anciens ulcères, dans les vieilles plaies d'armes à feu, dans les rétractions des muscles, des tendons et des ligaments. On les voit produire des effets miraculeux dans les douleurs rhumatismales et dans une multitude d'altérations lymphatiques.

MODE D'ADMINISTRATION. On administre les eaux de Barèges en boisson, en lotions, en injections, en bains généraux et en douches.

On les boit dans plusieurs maladies, à la dose de trois ou quatre verres par jour, à la température de 34 degrés du thermomètre de Réaumur. Ces eaux, douceâtres au goût, paraissent d'abord révoltantes à cause de leur odeur; mais bientôt on s'y accoutume. Leur chaleur n'incommode point en les buvant. Leur usage doit être précédé, accompagné et terminé par un régime qui est toujours subordonné à la cause qui a produit la maladie pour laquelle elles sont prescrites.

Barèges est à 32 k. S. de Bagnères-de-Bigorre, 52 k. S. de Tarbes, 814 k. de Paris.

Bibliographie. MOULLAUS. *Les Vertus des eaux minérales de Bagnères et de Barèges*, in-12, 1685.

COUFFITS. *Lettre sur la découverte d'une nouvelle source à Barèges* (Mercure de France, mars 1732).

DESAULT. *De la pierre des reins et de la vessie*, etc., in-12, 1736 (on y trouve quelques observations sur les eaux de Barèges).

LE MONNIER. *Examen des eaux minérales de Barèges* (Mém. de l'acad. des sciences, p. 259, 1747).

BORDEU (Théoph.). *Lettres sur les eaux minérales du Béarn*, in-12, 1746.
— *De l'usage des eaux de Barèges*, etc., in-12, 1757.

DE SECONDAT. *Observations de physique et d'histoire naturelle sur les eaux minérales de Dax, de Bagnères et de Barèges*, in-8, 1750.

LABAIG. *Parallèle des Eaux-Bonnes, des Eaux-Chaudes, des eaux de Cauterets et de Barèges*, in-8, 1750.

CASTELBERD. *Traité des eaux minérales de Bagnères, Barèges*, etc., in-12, 1762.

MONTAUT. *Lettres sur les eaux de Barèges, de Bagnères*, etc. (Nat. consid., t. VII, p. 16).

CHAMPMARTIN. *Observations faites sur les eaux minérales de Barèges* (Nat. consid., t. I, p. 196).

DUSSAULX (J.). *Voyage à Barèges*, etc., 2 vol. in-8, 1796.

BALLARD. *Essai sur les eaux thermales de Barèges*, in-8, 1834.

BAUDENS (A.). *Eaux thermales et topographie physique et médicale de la vallée de Barèges*, in-18, 1843.

BARÈGES (gave de). V. Pau (gave de).

BAREILLES, vg. *H.-Pyrénées* (Bigorre), arr. et à 35 k. de Bagnères-de-Bigorre, cant. de Burdères, ✉ d'Arreau. Pop. 507 h.

BARELLES (les), vg. *H.-Garonne*, comm. et ✉ de Villefranche-de-Lauraguais. Pop. 134 h.

BAREMBACH, vg. *Vosges* (Lorraine), arr. et à 43 k. de St-Dié, cant. et ✉ de Schirmeck. Pop. 1,040 h.

BAREN, vg. *H.-Garonne* (Comminges), arr. et à 35 k. de St-Gaudens, cant. et ✉ de St-Béat. Pop. 75 h.

BARENGEVILLE. V. Bérengeville.

BARENTIN, bg *Seine-Inf.* (Normandie), arr. et à 18 k. de Rouen, cant. de Pavilly. ✉. ⌖. A 143 k. de Paris pour la taxe des lettres. Pop. 2,562 h. Sur la rive droite de l'Austreberte. — *Autrefois* diocèse, parlement, intendance et élection de Rouen. — *Fabriques* de mouchoirs et de calicot. Filatures de coton, (B) 1839. Papeteries. Huileries. Filature mécanique de lin de 500 broches. — *Foires* les 12 mars et 6 oct.

BARENTON, petite ville, *Manche* (Normandie), chef-l. de cant., arr. et à 12 k. de Mortain. Cure. ✉. A 266 k. de Paris pour la taxe des lettres. P. 3,086 h. — C'est la patrie de Guill. Postel, savant professeur du xvie siècle, que François Ier envoya en Orient, d'où il rapporta des manuscrits précieux. On a de lui : *l'Unique Moyen de l'œuvre des protestants et des catholiques; Liber de causis naturæ*, in-16, 1552; et quelques autres ouvrages.

Commerce de toiles, grains et bestiaux. — *Foires* les 2es lundis de carême, après Quasimodo, après la Pentecôte et après la Nativité.

BARENTON-BUGNY, vg. *Aisne* (Picardie), arr. et à 10 k. de Laon, ✉ de Crécy-sur-Serre. Pop. 653 h.

BARENTON-CEL, vg. *Aisne* (Picardie), arr., ✉ et à 10 k. de Laon, ✉ de Crécy-sur-Serre. Pop. 168 h.

BARENTON-SUR-SERRE, vg. *Aisne* (Picardie), arr. et à 15 k. de Laon, ✉ de Crécy-sur-Serre. Pop. 301 h.

BARÉSIA, vg. *Jura* (Franche-Comté), arr. et à 21 k. de Lons-le-Saulnier, cant. et ✉ de Clairvaux. Pop. 303 h. Près de l'Ain.

BARETALI, vg. *Corse*, arr. et à 50 k. de Bastia, cant. de Luri, ✉ de Rogliano. Pop. 708 h.

BARETTE (la), h. *Ille-et-Vilaine*, à 23 k. de Rennes. ⌖.

BARFLEUR, *Barbaflot*, *Barefluctum*, bourg maritime, *Manche* (Normandie), arr. et à 25 k. de Valognes, cant. de Quettehou. Gîte d'étape. ✉. A 351 k. de Paris pour la taxe des lettres. Pop. 1,185 h. — Terrain primitif ou cristallisé, granit.

Établissement de la marée du port, 8 heures 40 minutes; la mer y marne de 3 m. Il y a du premier fanal à feu fixe sur le côté gauche de l'entrée du port, de 10 m. de hauteur et de 8 k. de portée, lat. 49° 40′, long. 3° 36′; et un deuxième fanal à feu fixe, de la même hauteur et portée, situé à 260 m. S.-O. du premier feu, sur la commune de Gatteville.

Autrefois vicomté, amirauté, gouvernement particulier, bureau des cinq grosses fermes, couvent d'augustins.

Barfleur est situé à l'extrémité de la presqu'île de Cotentin, sur le bord de la Manche, où il a un port qui ne peut recevoir que de petits bâtiments. Quand on considère la position de ce bourg au milieu des rochers et près d'un courant dangereux, on est étonné qu'il ait pu y exister, durant plusieurs siècles, un port important et peut-être le plus fréquenté de toute la Normandie. Edouard le Confesseur, retiré en Normandie, y équipa une flotte de 40 navires et passa en Angleterre pour y faire valoir ses droits à la couronne : son entreprise échoua, et il fut forcé de revenir en Normandie. Le poète Wace nous apprend qu'il partit de Barfleur, et qu'il s'y retira avec sa flotte.

Ewart de Barbeflai torna
Od quarante nés s'il mena
. . . .
A Barbeflot fut son repaire.

Guillaume le Roux, successeur du Conquérant, vint débarquer à Barfleur en allant secourir le Mans, et revint en Angleterre par la même route. Henri Ier débarqua au même lieu avec une flotte, en 1105.

Le naufrage arrivé à Barfleur en 1120 est un des événements les plus épouvantables et les mieux constatés que nous ayons dans l'histoire de la Normandie; il est rapporté par tous les historiens anglais ou normands du xiie siècle. Plusieurs circonstances de leur récit prouvent quelle était l'importance du port, et qu'il en pouvait sortir de gros vaisseaux. Maître de la Normandie, Henri, après avoir défait, pris ou soumis ses ennemis, retournait triomphant dans son royaume; il avait fait préparer à Barfleur une flotte considérable. Il arrive en Angleterre; un seul vaisseau reste derrière; mais ce vaisseau contenait la fleur de sa cour, la famille royale, dix-huit femmes distinguées parmi lesquelles plusieurs des parentes du roi, ses nièces, ses filles; ce vaisseau se brise contre un rocher en sortant du port, tous périrent, hormis un malheureux boucher de Rouen.

Le xiiie siècle a dû amener des changements essentiels dans les relations du port de Barfleur : la Normandie rentra sous la domination française; la communication avec l'Angleterre cessa; les rois de France accordèrent des encouragements et des privilèges au commerce de Cherbourg.

En 1346, Edouard III descendit à la Hougue; quelques jours après sa descente, une partie de son armée vint piller et brûler Barfleur, qui ne fut pas défendu. Barfleur fut encore pillé par les Anglais en 1405. — Dans le xiie siècle, Barfleur était fortifié. En 1346, c'était, suivant un contemporain, un bon port de mer et une forte ville. En conséquence d'un ordre du roi Henri IV au maréchal de Matignon, les fortifications de cette place furent démolies à la fin du xvie siècle (*Mém. de la soc. des antiq. de Normandie*, t. i, p. 331 et suiv.).

Commerce de légumes secs, de lin et de fil de lin, de chanvre, de beurre, d'huîtres et de poisson frais et salé. — *Foire* le vendredi saint.

BARGE, vg. *Côte-d'Or* (Bourgogne), arr. et à 13 k. de Dijon, cant. et ✉ de Gevrey. Pop. 170 h.

BARGÈME, *Bargema*, bg *Var* (Provence), arr. et à 32 k. de Draguignan, cant. et ✉ de Comps. Pop. 408 h. — C'était autrefois un bourg fortifié, où l'on entre encore par deux portes voûtées d'une assez grande solidité. — *Foire* le lundi après le 10 août.

BARGEMONT, *Bargamonum*, vg. *Var* (Provence), arr. et à 14 k. de Draguignan, cant. de Callas. ✉. A 877 k. de Paris pour la taxe des lettres. Pop. 1,903 h.

Ce village est bâti dans une belle situation, sur une colline couverte d'oliviers et de vignes, et abritée par une haute montagne dépendant de la chaîne qui forme la ligne de démarcation entre la haute et la basse Provence. Il occupe l'emplacement d'une ville romaine, et l'on y découvre chaque jour des médailles du haut empire, des urnes cinéraires et d'autres antiquités. Bargemont fut détruit par les Sarrasins; dans le xe siècle, il fut reconstruit et fortifié par les rois d'Arles, et en partie ruiné pendant les guerres civiles. On voit encore une partie de ses remparts et de plusieurs tours.

Biographie. Patrie de l'abbé L. Moréri, auteur, entre autres ouvrages, du Dictionnaire qui porte son nom, publié sous le titre de : *Grand Dictionnaire historique, ou Mélange curieux de l'histoire sacrée et profane*, in-f°, Lyon, 1674; nouv. édit., 10 vol. in-f°, Paris, 1759.

Du comte Chr. de Villeneuve-Bargemont, qui a été successivement sous-préfet de Nérac, préfet de Lot-et-Garonne et des Bouches-du-Rhône; il a publié, entre autres ouvrages : *Notice historique sur Nérac*, in-8, 1807; *Notice sur la Ste-Baume*, in-8, 1818; *Statistique des Bouches-du-Rhône*, 4 vol. in-4 et atlas in-f°, 1821-29.

Commerce de figues, noisettes, cerises noires, et toutes sortes de fruits exquis. — *Exploitation* des carrières de plâtre. — *Foires* très-fréquentées pour la vente de même bétail le 1er mercredi après le 2 fév., le lundi après Quasimodo, les 3 août, 21 oct. et 23 déc.

BARGES, vg. *H.-Loire* (Velay), arr. et à 22 k. du Puy, cant. et ✉ de Pradelles.

BARGES, vg. *H.-Saône* (Franche-Comté), arr. et à 45 k. de Vesoul, cant. et ✉ de Jussey. Pop. 459 h. Près de l'Amance.

BARGES-D'OLONNE, rochers très-dangereux situés à 5 k. au large droit à l'ouest d'Olonne, *Vendée*. Lat. 46° 29′ 52″, long. 4° 11′ O.

BARGNY, vg. *Oise* (Picardie), arr. et à 34 k. de Senlis, cant. et ✉ de Betz. Pop. 234 h.

BARGUELONNE (la), rivière qui prend sa source près du village de Terry, dép. du *Lot*; elle reçoit la petite Barguelonne, et se jette dans la Garonne au-dessous de la Migistère, dans le dép. de *Lot-et-Garonne*, après un cours d'environ 50 k.

La petite Barguelonne prend sa source au-dessous de Moncuq, *Lot*, passe à Lauzerte et Miramont, au-dessus duquel elle se jette dans la Barguelonne : son cours est d'environ 24 k.

BARGUES, vg. *Landes*, comm. de Luchardez, ✉ de Roquefort. Pop. 140 h.

BARIE, vg. *Gironde* (Bazadois), arr. et à 49 k. de Bazas, cant. d'Auros, ✉ de la Réole. Pop. 877 h. Près de la Garonne.

BARILLIÈRE, vg. *Vendée*, comm. d'Ardelay, ✉ des Herbiers. Pop. 120 h.

BARILS (les), *Barilli*, vg. *Eure* (Normandie), arr. et à 35 k. d'Evreux, cant. et ✉ de Verneuil. Pop. 390 h.

BARINQUE, vg. *B.-Pyrénées* (Béarn), arr. et à 17 k. de Pau, cant. et ✉ de Morlaas. Pop. 642 h.

BARIOLET, vg. *Corrèze*, comm. de Perpezac-le-Noir, ✉ d'Uzerche.

BARISEY-AU-PLAIN, vg. *Meurthe* (Lorraine), arr. et à 20 k. de Toul, cant. et ✉ de Colombey. Pop. 389 h.

BARISEY-LA-COTE, vg. *Meurthe* (Lorraine), arr. et à 17 k. de Toul, cant. et ✉ de Colombey. Pop. 276 h.

BARISIS, vg. *Aisne* (Picardie), arr. et à 25 k. de Laon, cant. et ✉ de Coucy-le-Château. Pop. 1,231 h. — Il y avait autrefois à Barisis une prévôté dépendant de l'abbaye de St-Amand, en Flandre. Lorsque la langue romane fut substituée au latin, on établit pour l'enseigner des écoles sur divers points de la France ; celle de Barisis a passé longtemps pour une des plus célèbres.

BARIZEY, vg. *Saône-et-Loire* (Bourgogne), arr. et à 14 k. de Châlons, cant. de Givry, ✉ du Bourgneuf. Pop. 334 h.

BARJAC, vg. *Ariège* (pays de Foix), arr. et à 10 k. de St-Girons, cant. de Ste-Croix, ✉ de St-Lizier. Pop. 311 h.

BARJAC, petite ville, *Gard* (Languedoc), chef-l. de cant., arr. et à 36 k. d'Alais. Cure. ✉. A 673 k. de Paris pour la taxe des lettres. Pop. 2,319 h. — Terrain moyen.

Les armes de *Barjac* sont : *d'azur à la croix d'argent*, *le pied bourdonné ou pommeté et fiché de même*, *aux cantons quatre étoiles d'or*.

Elle est située au pied des Cévennes, près des confins du département de l'Ardèche. On y trouve une source d'eau minérale froide. — Exploitation des carrières de belles pierres de taille propre à la sculpture. — *Foires* les 14 fév., 20 mai, 10 août, 30 juin, 1er sept. et 2 oct.

BARJAC, vg. *Lozère* (Languedoc), arr. et à 10 k. de Marvejols, cant. de Chanac, ✉ de Mende. Pop. 1,028 h. — On voit sur le territoire de cette commune les châteaux de Lavigne et de Ricoulettes, ainsi que les ruines du château de Cénaret, l'une des huit baronnies du Gévaudan. — *Fabriques* de serges. — *Foires* le 12 mai.

BARJOLS, jolie petite ville, *Var* (Provence), chef-l. de cant., arr. et à 22 k. de Brignolles. Cure. ✉. A 828 k. de Paris pour la taxe des lettres. Pop. 3,132 h.

Autrefois justice royale et viguerie en Provence, diocèse de Fréjus, parlement et intendance d'Aix, chapitre, couvent d'augustins et d'ursulines.

Elle est bâtie dans une jolie exposition, en amphithéâtre, sur le penchant d'une colline arrosée par de belles eaux : on y voit une fort jolie place, ombragée de beaux ormes, et ornée d'une belle fontaine. Les environs sont on ne peut plus pittoresques, et visités chaque année par un grand nombre de dessinateurs, qui ont surnommé Barjols le Tivoli de la Provence; on y voit de magnifiques cascades qui entretiennent par leurs irrigations une fraîcheur de verdure continuelle.

Barjols était autrefois une place forte où vint se réfugier, en 1562, le baron de Flassans, avec 1,500 de ses partisans, qui y furent bientôt bloqués par le baron des Adrets. La place, n'ayant que quatre petits canons, dirigés par des hommes peu exercés, fut prise d'assaut le quatrième jour; six cents hommes furent passés au fil de l'épée, les prêtres jetés dans les puits, et les églises pillées. Cette ville fut encore attaquée en 1590 par un corps de protestants, et se rendit à composition moyennant 90,000 fr.; mais les soldats égorgèrent, contre la foi des traités, plus de cinq cents habitants. — *Fabriques* de nougat estimé, dont il se fait un débit considérable, de vermicelle, de colle forte, de poterie de terre. Papeteries. Moulins à foulon. Tanneries. Distilleries d'eau-de-vie. Blanchisserie de cire. — *Commerce* d'huile estimée, figues, raisins, olives, eau-de-vie, etc. — *Foires* les 1er jeudi de mars, 27 juin, dernier jeudi d'août, 29 sept., 30 nov., lundi après le 17 janv., et 30 jours après Pâques.

BARJON, vg. *Côte-d'Or* (Bourgogne), arr. et à 36 k. de Dijon, cant. et ✉ de Grancey. Pop. 184 h. Sur la Tille.

BARJOUVILLE, vg. *Eure-et-Loir* (Beauce), arr., cant., ✉ et à 4 k. de Chartres. Pop. 226 h. Près de l'Eure.

BAR-LE-DUC, *Caturiges*, *Barum Ducis*, *Barum Leucorum*, *Barensis Ducatus*, BAR-SUR-ORNAIN, ancienne et jolie ville, chef-l. du dép. de la *Meuse*, du 1er arr. et d'un cant. Trib. de 1re inst. et de comm. Chambre consult. des manuf., cons. de prud. Soc. d'agr. et des arts. Soc. philharmonique. Collège communal. Cure. Gîte d'étape. ✉. ⚜. A 233 k. de Paris pour le relais de poste et la taxe des lettres. Pop. 12,526 h. — Terrain de transition inférieur.

Autrefois capitale du duché de Bar, diocèse de Toul, bailliage, prévôté, gouvernement particulier.

L'origine de cette ville est peu connue. Quelques auteurs prétendent qu'elle existait déjà lorsque les Francs s'établirent dans les Gaules; mais on ne connaît aucun titre sur lequel on puisse appuyer cette présomption. Bar était la capitale du Barrois, pays connu sous ce nom dès le temps de Vulfoade, maire du palais d'Austrasie, au commencement du VIIIe siècle, dont les possesseurs se qualifièrent de ducs de Bar jusqu'en 1032, qu'ils prirent le titre de comtes ; ils reprirent le titre de ducs en 1354. Suivant Grégoire de Tours, Bar était entouré d'un pays fertile et de riants coteaux de vignes. Les ducs attirèrent par des franchises quelques cultivateurs, qui groupèrent leurs habitations autour du château bâti sur la hauteur. — Le Barrois était un démembrement du territoire des Leuquois, et ne forma dans l'origine qu'un Etat d'une étendue de 160 k. de long sur 40 k. de large. La maison des Ardennes le posséda d'abord; ensuite il passa à celle de Montbelliard, puis à celle d'Anjou, et fut définitivement réuni à la Lorraine.

En 951, Ferry Ier fit réparer et fortifier le château de Bar, qui avait épousé Louis de Montbelliard, la ville, qui n'occupait que les environs de l'église Notre-Dame, à droite de l'Ornain, fut continuée sur l'autre rive. Les chartes de Bar font mention de vingt deux comtes particuliers, qui possédèrent cette ville et son territoire depuis l'an 954 jusqu'en 1419, époque de sa réunion au duché de Lorraine par la cession qu'en fit le cardinal Louis, frère du duc Robert de Bar, à René d'Anjou, qui épousa Isabelle, fille aînée du duc Charles II, héritière de ce beau duché. Ce nouveau possesseur était fils de Louis II, roi de Naples et d'Yolaude d'Aragon. — Les seigneurs de Bar ne furent jamais assez puissants pour être indépendants ; ils contractèrent de grandes alliances, même avec les rois d'Angleterre, et se mirent toujours sous la protection des plus forts. Quelquefois ils guerroyèrent pour leur propre compte ; mais souvent ils prêtèrent foi et hommage de leur comté ou de leur duché, tantôt aux empereurs d'Allemagne, aux ducs de Bourgogne, etc.

La ville de Bar a été autrefois fortifiée. Son château tombait en ruine, après avoir longtemps servi de résidence à ses anciens comtes la ville, lorsqu'au commencement du XVIIe siècle Charles III, duc de Lorraine, le fit réparer ; mais en 1649, un violent incendie le rendit inhabitable ; en 1670, Louis XIV en fit démolir les tours et une partie des murailles, ne laissant subsister que l'enceinte fortifiée de la ville, enceinte qui elle-même a depuis en grande partie disparu.

Les armes de *Bar-le-Duc* sont : *d'azur semé de croix recroisettées*, *au pied fiché d'or* ; *à deux bars adossés de même*, *dentés et allumés d'argent*, *brochant sur le semé*.

La ville de Bar est dans une situation agréable, sur le penchant d'un coteau et dans un beau vallon arrosé par l'Ornain : elle se divise en haute et basse ville. La première s'élève en amphithéâtre, et occupe le sommet de la colline : les maisons sont bien bâties, et plusieurs même peuvent passer pour des hôtels ; mais elle n'est point commerçante. Il ne reste plus du château que les vestiges de l'ancienne chamcellerie des ducs, et une terrasse d'où l'on jouit d'une vue magnifique sur la riante vallée de l'Ornain.—La ville basse s'étend dans le vallon traversé par l'Ornain, que l'on y passe sur trois ponts en pierre. Elle est vivifiée par une multitude de fabriques, d'ateliers, de boutiques, de magasins, d'hôtelleries; les rues sont larges et bien percées : celles de la Rochelle et des Capucins, que borde une double rangée de tilleuls, sont particulièrement remarquables. Cette partie de la ville offre un port commode sur l'Ornain, pour le flottage des planches de chêne et de sapin; les églises de St-Étienne et de Notre-Dame : les édifices publics sont fort ordinaires; ils se composent de l'hôtel de la préfecture, du palais de justice, de l'hôtel de ville, du collège, d'une jolie petite salle de spectacle, et d'une bibliothèque souscriptionnelle. Dans l'église de la ville haute, on voit le mausolée de René de Châlons, prince d'Orange, tué en 1544 au siège de St-Dizier. Ce monument se compose d'un autel de marbre noir sur lequel est debout un squelette en marbre blanc tenant un sablier dans la main gauche; des muscles desséchés, des fragments de peau échappés à la destruction couvrent çà et là ces ossements décharnés. Cette sculpture, belle comme morceau d'art, mais manquant de vérité anatomique, est du célèbre Ligier Richier, élève de Michel-Ange, et auteur du sépulcre de saint-Mihiel.

Biographie. Bar-le-Duc est la patrie du médecin ALLIOT.—De JÉRÔME DUBOIS, peintre du XVIIe siècle.—De REMI CELLIER, savant prieur de Savigny.—Des sculpteurs GOGET, HOUTZEAU et L. HUMBERT. — Des peintres ANDRÉ MOREAU et MARIE YARD.—De JACQUES VILLOTTE, savant missionnaire.—Du P. NORBERT (P. Parisot), missionnaire apostolique des Indes, que ses démêlés avec les jésuites et sa vie aventureuse ont rendu fameux, mort en 1769. On a de lui : *Mémoires historiques sur les affaires des jésuites avec le saint-siège*, 7 vol. in-4, 1766, et quelques autres ouvrages aujourd'hui voués à l'oubli. — De REGNAULT WARIN, fécond écrivain, auteur du *Cimetière de la Madeleine*, 4 vol. in-12, 1800; *Mémoires et Correspondance de l'impératrice Joséphine*, in-8, 1819; *l'Homme au masque de fer*, 4 vol. in-12, 1804; et de beaucoup d'autres ouvrages.—Bar-le-Duc est aussi le lieu de naissance du maréchal DE REGGIO; du lieutenant général EXCELMANS, membre de la chambre des pairs; du conventionnel baron HARMAND, membre du conseil des cinq cents, préfet du Bas-Rhin et de la Mayenne.

INDUSTRIE. *Fabriques* considérables de cotonnades dites de Bar, de toiles de coton, bonneterie en coton, étoffes de laine, indiennes, mouchoirs de couleur; fabriques importantes de confitures de groseilles épépinées, de framboises entières, épine-vinette, mirabelles, etc. Filatures de coton; teintureries en rouge d'Andrinople; tanneries; brasseries.—Aux environs, forges et carrières de pierres de taille exploitées.

Commerce de rouenneries, tissus de cotons filés, laines, confitures renommées, vins dits de Bar, fers, bois, cuirs, planches de chêne et de sapin pour l'approvisionnement de Paris.

Bar-le-Duc est à 233 k. E. de Paris. Long. orient. 2° 50′, lat. 48° 46′ 5″.

L'arrondissement de Bar-le-Duc est composé de 8 cantons : Ancerville, Bar-le-Duc, Ligny, Montiers-sur-Saulx, Revigny, Triaucourt, Vaubecourt, Vavincourt.

Bibliographie. **Voyage pittoresque sur les ruines de Nasium, à Bar-le-Duc et dans les environs*, in-18, 1825.
* *Les Veillées lorraines*, 4 vol. in-12.

BARLES, vg. *B.-Alpes* (Provence), arr. et à 40 k. de Digne, cant. et ✉ de Seyne. Pop. 546 h.—Il est situé dans un vallon très-froid en hiver, à cause des neiges qui y séjournent pendant six à huit mois de l'année, sur la rive droite du Bès. On trouve aux environs une source d'eau minérale que l'on emploie, dit-on, avec quelques succès dans les maladies scrofuleuses.

BAR-LÈS-BUZANCY, vg. *Ardennes* (Champagne), arr. et à 20 k. de Vouziers, cant. et ✉ de Buzancy. Pop. 503 h.

BAR-LES-ÉPOISSES, vg. *Côte-d'Or*. V. BARD.

BARLEST, vg. *H.-Pyrénées* (Bigorre), arr. et à 8 k. d'Argelès, cant. de St-Pé, ✉ de Lourdes. Pop. 405 h.

BARLEUX, vg. *Somme* (Picardie), arr., cant., ✉ et à 6 k. de Péronne. Pop. 549 h.

BARLIEU, vg. *Cher* (Berry), arr. et à 26 k. de Sancerre, cant. et ✉ de Vailly. Pop. 986 h.—Belle pépinière de mûriers (*aux Beaux*).

BARLIN, vg. *Pas-de-Calais* (Artois), arr., ✉ et à 10 k. de Béthune, cant. de Houdain. Pop. 513 h.

BARLY, vg. *Pas-de-Calais* (Artois), arr. et à 25 k. de St-Pol, cant. et ✉ d'Avesnes-le-Comte. Pop. 494 h.

BARLY, vg. *Somme* (Picardie), arr., ✉ et à 8 k. de Doullens, cant. de Bernaville. Pop. 644 h.

BARMAINVILLE, vg. *Eure-et-Loir* (Beauce), arr. et à 42 k. de Chartres, cant. de Janville, ✉ d'Angerville. Pop. 214 h.

BARMONT, vg. *Cher*, comm. et ✉ de Mehun-sur-Yèvre.

BARNABÉ (St-), vg. *Côtes-du-Nord* (Bretagne), arr., ✉ et à 6 k. de Loudéac, cant. de Lachèze. Pop. 981 h.

BARNAUDÉ, vg. *Nièvre*, comm. de Montambert-Tannay, ✉ de Fours.

BARNAVE, vg. *Drôme* (Dauphiné), arr. et à 4 k. de Die, cant. et ✉ de Luc-en-Diois. Pop. 308 h.

BARNAY, vg. *Saône-et-Loire* (Bourgogne), arr. et à 16 k. d'Autun, cant. et ✉ de Lucenay. Pop. 428 h.—On voit sur une colline une belle fontaine de 7 m. de profondeur et autant de diamètre, dont le bassin est constamment plein, même dans les plus grandes sécheresses.

BARNAZAT, vg. *Puy-de-Dôme*, comm. de St-Denis-Combamazat, ✉ de Randans. Pop. 172 h.

BARNEAU, vg. *Seine-et-Marne*, comm. de Sognolles, ✉ de Coubert. Pop. 164 h.

BARNEVILLE-LA-BERTRAND, *Barnuvilla*, vg. *Calvados* (Normandie), arr. et à 11 k. de Pont-l'Évêque, cant. et ✉ de Honfleur. Pop. 319 h.

BARNEVILLE-SUR-MER, *Crociatonum Portus*, bourg maritime, *Manche* (Normandie), chef-l. de cant., arr. et à 27 k. de Valognes. Cure. ✉. Bur. d'enregist. à Briquebec. Gîte d'étape. À 349 k. de Paris pour la taxe des lettres. Pop. 1,205 h.—TERRAIN de transition moyen.—Il est situé sur la Manche, au fond du havre de Carteret, où il a un petit port. On y trouve une source d'eau minérale assez fréquentée.

L'église de Barneville, modèle complet d'architecture romane, est une des plus curieuses et des plus anciennes du département de la Manche; elle a été désignée par l'autorité locale comme susceptible d'être classée au nombre des monuments historiques.

Il ne reste rien de l'ancien château de Barneville, qui fut la résidence d'une des familles anglo-normandes les plus distinguées du XIe au XIIIe siècle.—*Commerce* important de denrées agricoles avec les îles de Jersey, de Guernesey et d'Aurigny.—*Foire* le 11 juin.

BARNEVILLE-SUR-SEINE, *Barnevilla*, vg. *Eure* (Normandie), arr. et à 30 k. de Pont-Audemer, cant. de Routot, ✉ de Bourg-Achard. Pop. 880 h.

BARNOT, vg. *Saône-et-Loire*, comm. de Baron, ✉ de Charolles.

BARNOUVILLE, vg. *Seine-et-Marne*, comm. de Beaumont, ✉ de Château-Landon.

BAROCHE (la), ou ZELL, vg. *H.-Rhin* (Alsace), arr. et à 17 k. de Colmar, cant. de la Poutroye, ✉ de Kayserberg. Pop. 2,055 h.—Il est bâti au pied d'un coteau dont le sommet est couronné par les ruines de l'antique forteresse de Hohenack, dont il reste encore une tour au milieu d'une enceinte circulaire flanquée de bastions. Ce château fut démantelé par ordre de Louis XIV, du haut de ses créneaux on jouit d'une des plus belles vues de l'Alsace.—À 3 k. de la Baroche sont les ruines de la célèbre abbaye de Pairies, fondée dans le XIe siècle.

BAROCHE-GOUDOUIN. V. BAROCHE-GOUDOUIN.

BAROCHE-SOUS-LUCÉ (la), *Basilica*, bg *Orne* (Normandie), arr., ✉ et à 9 k. de Domfront, cant. de Juvigny-sous-Andaine. Pop. 1,522 h.

BAROSMÉNIL, vg. *Seine-Inf.* (Normandie), arr. et à 25 k. de Dieppe, cant. et ✉ d'Eu. Pop. 386 h.

BARON, vg. *Calvados* (Normandie), arr. et à 13 k. de Caen, cant. et ✉ d'Évrecy. Pop. 434 h.

BARON, vg. *Gironde* (Guienne), arr. et à 14 k. de Libourne, cant. et ✉ de Branne. Pop. 412 h.

BARON, vg. *Oise* (Picardie), arr. et à 11 k.

de Senlis, cant. et ☒ de Nauteuil-le-Haudouin. Pop. 760 h. Sur la Nonette. — C'était autrefois un bourg muré, qui fût pris en 1413 par le duc de Bourgogne. On y voit un château agréable par les jardins, les eaux et les plantations qui l'environnent ; il a été rebâti il y a une vingtaine d'années, et communique par une avenue au bois d'Ermenonville. — Le chœur de l'église paroissiale, édifice qui présente tous les caractères de l'architecture du XVI° siècle, est orné de boiseries sculptées d'une belle exécution, provenant de l'abbaye de Chaalis.

Les environs de Baron renferment des carrières de pierres de taille très-profondes, dont quelques-unes ont jusqu'à 4 k. d'étendue.

Le hameau de BEAULIEU, dépendance de la commune de Baron, est remarquable par sa situation sur une éminence d'où l'on jouit d'une fort belle vue ; la principale maison d'habitation est surtout fort agréable.

Foire le 29 juin (3 jours).

BARON, vg. *Saône-et-Loire* (Bourgogne), arr., cant., ☒ et à 7 k. de Charolles. Sur l'Arconce. Pop. 630 h.

BARONNAS (les), vg. *Saône-et-Loire*, comm. de Martigny, ☒ de Charolles.

BARONVILLE, vg. *Moselle* (Lorraine), arr. et à 47 k. de Sarreguemines, cant. de Gros-Tenquin, ☒ de Morhange. ᘐ. Pop. 554 h.

BAROU, vg. *Calvados* (Normandie), arr. et à 13 k. de Falaise, cant. de Coulibœuf, ☒ de Jort. Pop. 224 h.

BAROUSSE, pays et vallée de la ci-devant Gascogne, l'une des quatre connues sous le nom de pays des Quatre-Vallées. On y comptait 18 paroisses. Mauléon en était le chef-lieu. V. BASSES-PYRÉNÉES.

La vallée de Barousse est, vers son extrémité méridionale, divisée en deux parties, par un contre-fort qui renferme les plus beaux marbres statuaires des Pyrénées ; la portion située à gauche est connue sous le nom de Val de Ferrère, l'autre prend le nom de Val de Sost.

BARP (le), *Gironde* (Guienne), arr. et à 32 k. de Bordeaux, cant. et ☒ de Belin. Pop. 1,413 h.

BARQUE (le), vg. *Pas-de-Calais*, comm. de Ligny-Tilloy, ☒ de Bapaume. P. 500 h.

BARQUES (LE PORT-DES-), vg. *Charente-Inf.*, comm. de St-Nazaire, ☒ de Rochefort.

BARQUES (les), vg. *Loire*, comm. de St-Rambert, ☒ de Sury-le-Comtal.

BARQUES (les), vg. *Seine-Inf.*, comm. de Marque, ☒ d'Aumale.

BARQUET, vg. *Eure* (Normandie), arr. et à 29 k. de Bernay, cant. et ☒ de Beaumont-le-Roger. Pop. 574 h. — *Fabrique* de toiles.

BARR, jolie petite ville, *B.-Rhin* (Alsace), chef-l. de cant., arr. et à 18 k. de Schelestadt. Cure. ☒. A 457 k. de Paris pour la taxe des lettres. Pop. 4,288 h. — TERRAIN d'alluvions modernes.

Cette ville, dont il a été fait mention au VIII° siècle, était anciennement ceinte de murs et de fossés, aujourd'hui détruits. Elle avait un château dont les Armagnacs s'emparèrent en 1444, et qui fut livré aux flammes avec soixante-dix maisons par les troupes lorraines, en 1592. Un autre incendie consuma entièrement la ville en 1678 ; l'église seule put être sauvée.

Barr est au pied du Kirchberg, dans une situation des plus riantes, et environnée de collines plantées de vignes. La plupart des maisons sont assez bien construites. On y remarque une belle place ornée d'un énorme peuplier, arbre de liberté ; et l'hôtel de la mairie, édifice construit en 1640 sur les fondements de l'ancien château. Plusieurs fontaines publiques fournissent l'eau aux différents quartiers. — Aux environs, on trouve une source d'eau minérale tiède.

Au-dessus du Kirchberg et du Monkalb (mont Chauve) s'élève le HOHNBOURG, l'une des montagnes les plus remarquables de l'Alsace par sa situation et ses antiquités. Plusieurs sentiers conduisent à son sommet en diverses directions. Sur la pente du côté de Barr, après avoir franchi le Kirchberg et laissé à droite le mont Chauve, on trouve les restes de l'antique château de LANDSPERG. Il est assis sur de gros quartiers de roche, et ses pierres rougeâtres produisent un très-bel effet au travers des arbustes qui l'entourent. Il a été bâti avant 1200 par Conrad de Landsberg, vendu en 1413 à Louis, électeur palatin, et racheté plus tard par la famille de Landsperg. Il ne reste du château que quelques pans de murs percés de fenêtres en ogives ; une haute tour carrée, ruinée à l'une de ses faces, dont les pierres semblent menacer de leur chute soudaine l'imprudent qui les considère. Aux angles de la muraille qui regarde le nord sont deux tours dans lesquelles on entre par une petite porte carrée. L'une d'elles, presque entièrement conservée, contenait dans son intérieur cinq étages dont on voit encore les supports. Au sud, on remarque un petit oratoire en forme de tourelle saillante, bien conservé et construit dans le mur à 3 m. 35 c. de hauteur. De chaque côté règne une petite galerie de deux arcades à plein cintre, séparées par une colonne d'un style fort simple. Le château était protégé à l'est par un fossé assez profond ; des autres côtés, par l'escarpement de la montagne.

De chaque côté du Mennelstein s'étend sur la crête de la montagne le fameux mur connu sous le nom de MUR DES PAÏENS. Ce mur, soit qu'on en examine la force et la solidité, soit qu'on en considère l'étendue ou la largeur, paraît un ouvrage immense. Il parcourt non-seulement la grande surface de la montagne, mais il descend dans la vallée voisine, pour monter ensuite sur la montagne opposée, et revenir enfin sur lui-même après avoir décrit divers angles et circuits appropriés aux sinuosités des rochers, des précipices et des vallées. On le divise en deux parties, dont la première entoure toute la surface de la montagne jusqu'au précipice au-dessus duquel est bâti le couvent de Ste-Odile. La longueur moyenne du terrain qu'il enclôt est de 2,000 m., sa largeur de 1,000. Le circuit du mur est de 6,700 m. La seconde partie, qui ne semble qu'accessoire, est celle qui descend dans la vallée et remonte sur la montagne opposée. Son circuit est de 10 k. Tout le mur était construit de grandes pierres grossièrement taillées et tirées de la montagne même. Ces pierres étaient superposées sans ciment et étroitement jointes par des queues d'aronde en bois de chêne de 22 c. de longueur, 6 de largeur et 3 d'épaisseur. Il serait difficile d'en trouver maintenant ; toutes doivent être pourries. Cependant on peut voir la place qu'elles ont occupée dans les entailles des pierres, qui étaient tellement unies, qu'il eût été impossible d'en mouvoir une seule, même avec un levier. Il existe encore des restes considérables de ce mur dont la hauteur est en quelques endroits de 3 à 4 m. et la largeur de 2 à 3 m. Au milieu des doutes multipliés qui s'élèvent sur son origine, on peut présumer qu'il a été l'ouvrage des Romains qui le construisirent pour s'y retrancher et s'en faire un rempart contre les ennemis.

STE-ODILE est un monastère fondé en 622 par sainte Odile, fille d'Attic, duc d'Alsace. Après avoir été six fois incendié de 1199 à 1646, il fut abandonné des religieuses, qui retournèrent chez leurs parents. Les revenus dont il jouissait passèrent à l'évêché de Strasbourg. En 1622, tous les bâtiments du mont Ste-Odile furent ruinés de nouveau par les troupes de Mansfeld. Rebâtis en 1630, ils devinrent encore la proie des flammes en 1681. — L'édifice qui existe aujourd'hui n'offre rien de bien remarquable au dehors. Au dedans, on voit encore une galerie de l'ancien cloître. L'église seule et les chapelles qui l'avoisinent méritent l'attention des curieux. Sous une voûte atténuée à l'une d'elles, on montre dans une armoire une figure en bois représentant Attic, affublé de vêtements à la romaine, en soie rose, bordés de clinquant d'argent. La chapelle de Ste-Odile ou de St-Jean est surtout remarquable par la multitude d'*ex-voto* suspendus aux murs ; par les tableaux qui retracent l'histoire de sainte Odile, et par son tombeau en pierre, sur lequel sa statue est agenouillée en costume d'abbesse. C'est là qu'en tout temps, et surtout le lundi de la Pentecôte, se rendent en foule pèlerins et pèlerines, pour y faire leurs dévotions et leurs offrandes à la sainte.

Après un trajet assez long à travers une belle forêt, dans un sentier qui conduit à la descente de Ste-Odile, on arrive à TRUTTENHAUSSEN, ancien monastère fondé en 1181 par Herradis de Landsperg. Les nombreuses pierres sépulcrales des nobles du moyen âge qui y sont enterrés, dégagées des décombres qui les couvraient, sont dignes d'être vues par les visiteurs de la montagne.

Biographie. Barr est la patrie de J.-FR. HERMANN, ancien membre du conseil des cinq cents, mort en 1820, auteur de *Notices historiques, statistiques et littéraires sur la ville de Strasbourg*, 2 vol. in-8, 1818-19 ; — de J. HERMANN, savant naturaliste, mort en 1800, auteur d'un grand nombre d'ouvrages latins, parmi lesquels on distingue : *Tabula affinitatum animalium per totum animale regnum in tribus foliis exposita, uberiore* *nunc commentario historiam naturalem animalium augente illustrata*, in-4, 1783.

INDUSTRIE. Barr renferme beaucoup d'ateliers de métiers différents. La fabrication de mitaines et de chaussons en laine y occupe plus de deux cents familles. — Moulins à tan dans la vallée, moulins à huile et à bois de teinture. Filature hydraulique ; ateliers de tissage pour les siamoises, et teinturerie qui occupe 7 à 800 ouvriers. Etablissements de bains. Scierie. Fabriques de colle forte. — Commerce considérable de vins et eaux-de-vie. — Foires de 2 jours, les 1ers samedis de fév., de mai, d'août et après la St-Martin.

BARRAIS, vg. *Allier* (Bourbonnais), arr., cant., ✉ et à 29 k. de la Palisse. Pop. 761 h.

BARRAN, bg *Gers* (Armagnac), arr., cant. et à 13 k. d'Auch. ✉. A 694 k. de Paris pour la taxe des lettres. Pop. 1,776 h. Sur le Barran.

BARRAN-ABBATIAL, h. *Gers*, comm. de Faget-Abbatial, ✉ d'Auch. Pop. 30 h.

BARRAQUE-DE-BAPTISTON (la), vg. *Cantal*, comm. de St-Mary-le-Plain, ✉ de Massiac. ⚹. Pop. 32 h.

BARRAQUES (les), vg. *Ardèche*, comm. de Montant, ✉ de Bourg-St-Andéol. Pop. 600 h.

BARRAQUES (les), vg. *H.-Garonne*, com. de la Salvetat, ✉ de Toulouse. Pop 130 h.

BARRAQUÉS, vg. *H.-Pyrénées*, comm. de Campistrons, ✉ de Lanmezan. Pop. 150 h.

BARRAQUES-DE-FONDS (les), h. *Gard*, arr. et à 18 k. de Nîmes. ⚹.

BARRAS, vg. *B.-Alpes* (Provence), arr., cant., ✉ et à 14 k. de Digne. Pop. 273 h. Sur l'Edaye.

BARRAUD, vg. *Gironde*, comm. d'Alzac, ✉ de Coutras.

BARRAULT, vg. *Yonne*, comm. de St-Martin-sur-Oreuse, ✉ de Pont-sur-Yonne.

BARRAUTE-CAMU, vg. *B.-Pyrénées* (Béarn), arr. et à 20 k. d'Orthez, cant. et ✉ de Sauveterre. Pop. 265 h. Sur le gave d'Oloron. — Il a reçu le surnom de Camu en 1841, époque de la réunion à son territoire de celui de cette commune.

BARRAUX, vg. *Isère* (Dauphiné), arr. et à 38 k. de Grenoble, cant. de Touvet, ✉ de Chapareillan. Pop. 2,029 h.

A peu de distance de ce village, près de la rive droite de l'Isère et à 2 k. des frontières de la Savoie, se trouve le FORT BARRAUX, place de guerre de 4e classe, susceptible d'une bonne défense par sa position qui domine la route de Chambéry à Grenoble et la délicieuse vallée de Grésivaudan. La France doit ce fort à la vanité de Charles-Emmanuel, duc de Savoie, qui trouvait plaisant de le construire en présence de l'armée française, commandée alors par le connétable de Lesdiguières. Celui-ci trouva encore plus plaisant de le laisser bâtir, et de le prendre aussitôt qu'il serait achevé. Le général français, blâmé par Henri IV de ce qu'il le laissait construire, répondit au roi : « Votre majesté a besoin d'une forteresse pour tenir en bride celle de Montmeillan ; puisque le duc en veut faire la dépense, il faut la lui laisser faire ;

dès que la place sera suffisamment pourvue de canons et de munitions, je me charge de la prendre. » Il tint parole en s'emparant de ce fort au clair de la lune, le 13 mars 1598, ayant invité le commandant et les officiers à un bal dans son hôtel à Grenoble. La possession de cette forteresse a été assurée à la France par le traité de Vervins.

BARRE (la), *Ariége*, comm. et ✉ de Foix.

BARRE (la), *Barra*, bg *Eure* (Normandie), arr. et à 20 k. du Bernay, cant. de Beaumesnil, ✉ et à 148 k. de Paris pour la taxe des lettres. Pop. 893 h. — On y voit les ruines et l'enceinte d'un château fort. — *Foire* le mercredi après le mercredi des Cendres.

BARRE (la), vg. *Jura* (Franche-Comté), arr. et à 17 k. de Dôle, cant. de Dampierre, ✉ d'Orchamps. Pop. 235 h.

BARRE, petite ville, *Lozère* (Languedoc), chef-l. de caut., arr. et à 14 k. de Florac. ✉. A 614 k. de Paris pour la taxe des lettres. Pop. 717 h. — TERRAIN jurassique, voisin du terrain cristallisé. — On y remarque les ruines du château de Barre, ancienne baronnie qui donna autrefois droit d'entrée aux états de la province. — *Foires* les 6 et 31 mai, 24 juin, 22 juillet, 6 sept., 6 oct., 12 déc., 1er samedi de janv., samedi de la mi-carême, samedi après la Toussaint. — Marché tous les samedis.

BARRE (la), vg. *Puy-de-Dôme*, comm. de St-Jacques-d'Amburg, ✉ de Pontgibaud.

BARRE (la), vg. *H.-Saône* (Franche-Comté), arr. et à 29 k. de Vesoul, cant. de Montbozon, ✉ de Rioz. Pop. 94 h. Près de la rive droite de l'Ognon.

BARRE, vg. *Seine-et-Oise*, comm. de Deuil, ✉ de Montmorency.

BARRE (la), vg. *Deux-Sèvres*, comm. de la Chapelle-Thireuil, ✉ de Niort.

BARRE (la), vg. *Deux-Sèvres*, comm. de Rouvre, ✉ de Champdeniers.

BARRE (la), vg. *Tarn*, comm. de Cabanes, ✉ de Lacaune.

BARRE, vg. *H.-Vienne*, comm. de Veyrac. ✉. A 402 k. de Paris pour la taxe des lettres.

BARRE-CLAIRIN (la), vg. *Deux-Sèvres*, comm. de Sevret, ✉ de Melle.

BARRE-DE-BÉCHEREL, h. *Ille-et-Vilaine*. ⚹.

BARRE-DE-MONT (la), vg. *Vendée*, comm. de Notre-Dame-de-Mont, ✉ de Beauvoir-sur-Mer, où il y a un petit port, à peu de distance de Beauvoir. — *Commerce* de grains et de sel.

BARRE-DE-SEMILLY (la), vg. *Manche* (Normandie), arr., cant., ✉ et à 5 k. de St-Lô. Pop. 617 h. — On y remarque une ancienne église que l'on a proposé de classer au nombre des monuments historiques.

BARRÈGES. V. BARÈGES.

BARRÈME, *Burrema*, bg *B.-Alpes* (Provence), chef-l. de cant., arr. et à 36 k. de Digne. Cure. Gîte d'étape. ✉. A 764 k. de Paris pour la taxe des lettres. Pop. 1,124 h. — TERRAIN jurassique.

Ce village, situé au confluent du Blioux et de la Clumane, était autrefois bâti sur une élévation

nommée le Col-St-Jean. Ayant été consumé par la foudre en 1040, les habitants transportèrent leur demeure au pied de la colline, à une exposition abritée des vents froids et à la naissance d'une plaine agréable et fertile, qui offre de jolies promenades. — *Foire* le 20 août.

BARRES-DE-NAINTRÉ (les), vg. *Vienne*, comm. de Naintré, ✉ de Châtellerault. ⚹.

BARRET (le grand), banc au S. et au S.-E. de l'île d'Oléron, qui forme le côté N.-O. de la passe de Maumusson. V. MAUMUSSON.

BARRET, vg. *Charente* (Saintonge), arr., cant., ✉ et à 3 k. de Barbezieux.

BARRET-DE-LIOURE, vg. *Drôme* (Dauphiné), arr. et à 69 k. de Nyons, cant. et ✉ de Séderon. Pop. 603 h.

BARRET-LE-BAS, vg. *H.-Alpes* (Dauphiné), arr. et à 50 k. de Gap, cant. de Ribiers, ✉ de Laragne. Pop. 1,397 h.

BARRET-LE-HAUT, vg. *H.-Alpes* (Dauphiné), arr. et à 53 k. de Gap, cant. de Ribiers, ✉ de Laragne. Pop. 120 h.

BARRETAINE, vg. *Jura* (Franche-Comté), arr., cant., ✉ et à 3 k. de Poligny, 14 k. d'Arbois. Pop. 486 h.

BARRIAC, vg. *Aveyron*, comm. de Bozouls, ✉ d'Espalion.

BARRIAC, *Cantal* (Auvergne), arr. à 12 k. de Mauriac, cant. et ✉ de Pléaux. Pop. 486 h.

BARRICOURT, bg *Ardennes* (Champagne), arr. et 27 k. de Vouziers, cant. et ✉ de Buzancey. Pop. 307 h.

BARRIÈRE (la), vg. *Maine-et-Loire*, com. de Fuillet, ✉ de Beaupreau.

BARRIGGIONE, vg. *Corse*, comm. de Sisco, ✉ de Bastia.

BARRINEUF, vg. *Ariége*, comm. de Fougax, ✉ de Ladvelanet.

BARRO, vg. *Charente* (Angoumois), arr., cant., ✉ et à 5 k. de Ruffec. Pop. 548 h.

BARROCHE-GONDOUIN, bg *Mayenne* (Maine), arr. et à 22 k. de Mayenne, cant. et ✉ de Lassay. Pop. 788 h.

BARROIS. V. BAR (duché de), BAR-LE-DUC.

BARRON, vg. *Gard* (Languedoc), arr., ✉ et à 12 k. d'Uzès, cant. de St-Chaptes. Pop. 276 h.

BARROU, vg. *Indre-et-Loire* (Touraine), arr. et à 31 k. de Loches, cant. et ✉ du Grand-Pressigny. Pop. 913 h. Sur la Creuse. — C'est un village très-ancien qui a été détruit par les inondations de la Creuse, et dont toutes les maisons sont de construction moderne. On y voit les vestiges d'une voie romaine et le château des Courtils.

BARROUILH, vg. *Gironde*, comm. d'Illats, ✉ de Podensac.

BARROUX (le), *Vaucluse* (comtat Venaissin), arr. et à 25 k. d'Orange, cant. et ✉ de Malaucène. Pop. 916 h. Sur une hauteur. — On y voit un ancien château fort d'architecture élégante, d'où l'on jouit de points de vue admirables.

BARROVILLE, vg. *Aube* (Champagne), arr., cant., ✉ et à 6 k. de Bar-sur-Aube. Pop. 670 h. — Il est situé dans un territoire fertile en excellents vins blancs mousseux, connus sous le nom de vins d'Arbanne, et dont les principaux vignobles appartenaient jadis à l'abbaye de Clairvaux.

BARRY (le), vg. *H.-Garonne*, comm. de Sauveterre, ✉ de St-Gaudens.

BARRY (le), vg. *Hérault*, comm. de Montpeyroux, ✉ de Gignac.

BARRY, vg. *H.-Pyrénées* (Bigorre), arr., ✉ et à 16 k. de Tarbes, cant. d'Ossun. Pop. 131 h.

BARRY, vg. *Vaucluse*, comm. de Bollène, ✉ de la Palud.

BARRY-D'ISLEMADE, vg. *Tarn-et-Garonne* (Languedoc), arr., cant., ✉ et à 12 k. de Castel-Sarrasin. Pop. 614 h.

BARS, vg. *Aveyron*, comm. de la Croix-Bars, ✉ de Mur-de-Barrez.

BARS, vg. *Dordogne* (Périgord), arr. à 34 k. de Périgueux, cant. de Thenon, ✉ d'Azerac. Pop. 985 h.

BARS, vg. *Gers* (Armagnac), arr. et à 9 k. de Mirande, cant. et ✉ de Montesquiou. Pop. 328 h.

BARSAC, vg. *Drôme* (Dauphiné), arr., cant., ✉ et à 12 k. de Die. Pop. 189 h.

BARSAC, bg *Gironde* (Guienne), arr. et à 37 k. de Bordeaux, cant. et ✉ de Podensac. Pop. 2,806 h. — Il est situé sur la rive gauche de la Gironde, dans un territoire fertile en excellents vins blancs. On y remarque une fort jolie place publique et aux environs plusieurs belles maisons de campagne.

Les vins blancs de ce vignoble, et particulièrement ceux de la partie dite le haut Barsac, sont comparables pour la qualité et se vendent le même prix que les vins de Sauternes : ils en diffèrent par un peu moins de finesse, de sève et de bouquet ; mais ils sont plus spiritueux, au point que, lorsqu'ils proviennent d'une année dont la température a été favorable, ils s'enflamment comme de l'eau-de-vie. — Carrière de pierres dures et de pavés.

BARSANGES, vg. *Corrèze* (Limousin), arr. et à 29 k. d'Ussel, cant. et ✉ du Bugéat. Pop. 220 h.

BARSE (la), petite rivière qui prend sa source à Vandeuvre, arr. de Bar-sur-Aube, dép. de l'*Aube* ; elle passe à Vandeuvre, Champauroy, Briel, Monstier-Amey, Larivour, Courteranges, et se jette dans un bras de la Seine, près de Foicy, un peu au-dessus de Troyes, après un cours d'environ 36 k. Cette rivière est flottable depuis Monstier-Amey jusqu'à son embouchure, sur une étendue de 25,000 m.

BARST, vg. *Moselle* (Lorraine), arr. et à 27 k. de Sarreguemines, cant. et ✉ de St-Avold. Pop. 474 h.

BAR-SUR-AUBE, *Barrum ad Albam, Bar Albula*, ville ancienne, *Aube* (Champagne), chef-l. de sous-préf. (4e arr.) et d'un cant. Trib. de 1re inst. Cure. Collège comm. Gite d'étape. Abattoir public. ✉. ✎. A 213 k. de Paris pour la taxe des lettres. Pop. 4,169 h. — **Terrain** jurassique, étage moyen du système oolitique.

Autrefois diocèse de Langres, parlement de Paris, intendance de Châlons, chef-lieu d'élection, gouvernement particulier.

On ignore l'époque de la fondation de Bar-sur-Aube ; mais son antiquité est démontrée par des constructions romaines, des tombeaux, des urnes, des médailles que l'on a trouvés dans les montagnes qui l'environnent, et dans l'enceinte même de la ville. Les Huns s'en emparèrent dans le ve siècle, et la détruisirent, ainsi qu'un fort château qui lui servait de défense : c'est aussi à cette époque que l'on place la destruction de l'ancienne ville de *Florentia*, bâtie sur une montagne voisine, où l'on voit encore des ruines considérables, et le meurtre de sainte Germaine, dont le nom a été longtemps en grande vénération à Bar-sur-Aube. Vers la fin du même siècle, cette ville fut rebâtie, et obtint quatre foires franches, dont l'une était générale pour la Champagne, comme celles établies à Troyes et à Provins ; elle avait des quartiers séparés pour les Allemands, les Hollandais, les Lorrains, et les négociants de la principauté d'Orange ; les juifs y avaient une synagogue. Sous Pepin le Bref, Bar-sur-Aube devint le chef-lieu d'un comté dépendant de celui de Langres ; plus tard, ce comté devint héréditaire, et comprenait un pays considérable ; il fut réuni à la couronne, comme tout le reste de la Champagne, en 1361. Le château fut ruiné vers la fin des guerres du duc de Bourgogne ; il n'en reste plus qu'une hauteur appelée la Motte : on prétend toutefois que la tour qui sert de clocher à l'église de St-Maclou était le principal donjon du château ; et ce qui donne quelque vraisemblance à cette opinion, c'est que cette tour repose sur une arcade, où l'on remarque les gonds, et où l'on voit encore la place destinée à recevoir la herse. Avant la révolution de 1789, Bar-sur-Aube était regardé comme la capitale du Vallage, une des contrées de la basse Champagne, qui comprenait aussi les villes de Vassy, Joinville et les pays en dépendant.

Les armes de Bar-sur-Aube sont : *d'azur à une bande d'argent accompagnée de deux doubles cotices d'or potencées et contre-potencées.*

La ville de Bar-sur-Aube était autrefois entourée de murs et de fossés, cédés à la ville par Charles V, en 1360, pour récompenser les habitants d'avoir défendu leur cité ; ces murs ont été démolis à l'époque de la première révolution. La ville a beaucoup souffert pendant les guerres de la Ligue ; la peste qui régna de 1631 à 1637 en fit périr plus des trois quarts des habitants. Un combat mémorable fut livré sous ses murs le 24 janvier 1814, par le maréchal Mortier, qui y défit les Autrichiens, commandés par le prince Schwarzemberg.

Cette ville est agréablement située, au pied de la montagne de Ste-Germaine, sur la rive droite de l'Aube, dans un beau vallon environné de coteaux pittoresques couverts de vignes qui produisent d'excellents vins. Elle est généralement mal bâtie et mal percée ; cependant la rue qui aboutit à la rivière d'Aube est large et bordée d'assez belles maisons. Une promenade bien plantée longe le cours de l'Aube,

que l'on passe sur un pont de pierre, sur lequel on remarque une chapelle bâtie dans l'endroit d'où Charles VII, qui vint à Bar-sur-Aube en 1440, fit précipiter dans la rivière le bâtard de Bourbon, qui s'était révolté contre lui ; il fut, dit Monstrelet, *condamné à être mis, et jeté dedans un sac à la rivière, et tant que mort fût accompli ; et ainsi fut fait.*

La ville est entourée de promenades d'où l'on jouit d'une vue agréable sur ses délicieux alentours. Sur la montagne de Ste-Germaine, où existait autrefois un prieuré fondé par Simon de Valois, on remarque les vestiges d'un camp qu'on croit avoir été occupé par Attila ; on y voit aussi une humble chapelle, dédiée à sainte Germaine ; c'est le but d'un pèlerinage très fréquenté par les habitants de Bar-sur-Aube et par ceux des villages voisins, pendant tout le mois de mai.

Bar-sur-Aube possède deux églises : celle de St-Pierre et celle de St-Maclou. La première est un ancien et vaste édifice, dont le pavé est beaucoup plus bas que le sol environnant. On croit que l'église de St-Maclou était dans le xie siècle une chapelle de l'ancien château de Bar-sur-Aube, qui fut érigée en collégiale en 1159 ; cette église est petite, et n'offre de remarquable que le retable du maître-autel en bois doré, ouvrage du célèbre Bouchardon. Ces deux églises ont été désignées par l'autorité locale comme étant susceptibles d'être classées au nombre des monuments historiques.

On remarque encore à Bar-sur-Aube : l'hôpital, fondé au xie siècle par les comtes de cette ville, et doté depuis par les comtes de Champagne et par Louis XIV ; le collège ; l'hôtel de ville ; un bel établissement horticultural renfermant plusieurs vastes pépinières d'arbres fruitiers et d'ornement, et de nombreuses collections de plantes : les orangeries, serres et chassis sont peuplés d'un grand nombre de plantes exotiques.

Biographie. Bar-sur-Aube est la patrie de Nicolas Bourbon, poète grec et latin célèbre, neveu d'un autre Nicolas Bourbon, fameux poète latin du xvie siècle, mort en 1644. C'est aussi le lieu de naissance de :

Sainte **Germaine**, qui souffrit le martyre sous Attila.

De M. le comte **Beugnot**, membre de l'assemblée législative, préfet de Rouen et du département du Nord sous l'empire, ministre de l'intérieur en 1814, membre de la chambre des députés sous diverses législatures, pair de France, membre de l'Institut.

De Mme **Joliveau de Segrais**, auteur de fables et de poésies agréables.

Fabriques de calicots, toiles cirées, clous, eau-de-vie, vinaigre. — **Commerce** important de blés, vins, bois, chanvre, laines. — Marchés considérables pour les grains, qui sont ordinairement expédiés pour Gray, où ils sont embarqués sur la Saône pour Lyon ou les départements du midi de la France. — *Foires* le 29 août et la veille des Rameaux.

Bar-sur-Aube est à 56 k. de Troyes, 213 k. S.-E. de Paris. Long. orient. 2°29', lat. 48° 14'.

L'arrondissement de Bar-sur-Aube est composé de 4 cantons : Bar-sur-Aube, Brienne, Soulaines et Vendeuvres.
Bibliographie. GADAN. * *Essais historiques sur la ville de Bar-sur-Aube*, publiés d'après un manuscrit inédit portant la date de 1785, in-8, 1838.
GARNIER. * *Règlement de l'hospice civil de Bar-sur-Aube*, précédé d'une notice historique sur les hôpitaux de Bar-sur-Aube, broch. in-12, 1828.
BAR-SUR-SEINE, *Barrum ad Sequanam*, jolie petite ville, *Aube* (Champagne), chef-l. de sous-préf. (5ᵉ arr.) et d'un cant. Trib. de 1ʳᵉ inst. Collège comm. Cure. Gîte d'étape. ⌧. ☞. A 193 k. de Paris pour la taxe des lettres. Pop. 2,496 h. — TERRAIN jurassique, étage supérieur du système oolitique.

Autrefois comté, diocèse de Langres, parlement de Paris, chef-lieu d'élections, gouvernement particulier, bailliage, prévôté, collège, prieuré ordre de St-Benoît et de mathurins, couvent d'ursulines.

Bar-sur-Seine est certainement une ville fort ancienne, dont l'importance n'a pu que décroître avec le temps. Des monuments incontestables attestent qu'elle a été ravagée et incendiée, notamment en 1359, époque où *cette bonne ville et grosse*, comme dit l'historien Froissard, renfermait plus de 900 hôtels. L'illustration passée de la ville est encore célébrée par les habitants dans les deux vers suivants :

La grand ville de Bar sur Seigne
A fait trembler Troie en Champaigne.

La ville de Bar-sur-Seine est mentionnée sans ambiguïté pour la première fois, sous l'année 837, dans la chronique de Nithar et dans les Annales de St-Bertin. On y voit qu'à cette époque les deux *Bars*, *utroque Barrenses*, c'est-à-dire Bar-sur-Aube et Bar-sur-Seine, entrent avec plusieurs villes des environs dans la composition du royaume de Charles le Chauve. L'histoire ne nous apprend rien de certain sur cette ville jusque vers le xiᵉ siècle, où les fiefs commencèrent à être héréditaires. Cette ville a eu des seigneurs propriétaires avant l'an 1000, et, dès le temps de Hugues Capet, Milon était comte de Bar-sur-Seine. Les descendants de Milon jouirent de ce comté pendant plus de 200 ans. Thibault Iᵉʳ, roi de Navarre et comte de Champagne, acheta les droits des héritiers Milon, et fit hommage de Bar-sur-Seine à Robert de Torotte, évêque de Langres, en 1239. Sous ce prince, Bar fut gouverné par un major et douze échevins. Jeanne, petite-fille de Thibault Iᵉʳ, apporta le comté de Bar à Philippe le Bel. Divers traités laissèrent cette ville à la maison de Valois. Le roi Jean la réunit à la couronne en 1361 ; mais en 1435 Charles VII la donna à Philippe le Bon, duc de Bourgogne, et à ses descendants. Après la mort de Charles, fils de Philippe, Louis XI, malgré le traité d'Arras, confirmé par celui de Péronne, en 1468, fit rentrer Bar dans le domaine de la couronne. Les seigneurs de Bar-sur-Seine étaient renommés parmi les puissants barons de la province. Ils étaient du nombre des six pairs de Champagne : en cette qualité ils assistaient aux *grands jours* de cette province, où se décidaient les hautes questions judiciaires.

Bar-sur-Seine éprouva une horrible catastrophe en 1359. Messire Broquart de Fénestrange, seigneur lorrain, qui avait aidé à chasser les Navarrais de la Champagne, qu'ils occupaient depuis longtemps, n'ayant pas été payé de ses services comme il le désirait, s'en vengea sur Bar-sur-Seine, qu'il dévasta. « Et a donc, dit Froissard, messire Broquart envoya défier le duc de Normandie, et tout le royaume de France : et entra en une bonne ville et grosse, qu'on dit Bar-sur-Seine, où à ce jour il y avoit de neuf cents hôtels, et se robèrent ses gens. Mais ils ne purent avoir le chastel tant étoit fort et bien gardé. Si chargèrent leur pillage, et emmenèrent plus de cinq cents prisonniers, et ardirent (incendièrent) tellement la ville, qu'oncque n'y demoura estoc sur autre. » Le château de Bar-sur-Seine fut plus tard, suivant une tradition répandue dans le pays, occupé par surprise et entièrement démoli ; on n'en voit plus que les ruines, au milieu desquelles s'élève l'horloge de la ville.

Bar-sur-Seine demeura uni au domaine de la couronne jusqu'en 1435, époque où Charles VII, roi de France, donna cette ville, par le traité d'Arras, à Philippe le Bon, duc de Bourgogne ; depuis ce temps jusqu'à la nouvelle division de la France en départements, elle a toujours fait partie de la province de Bourgogne, à laquelle elle envoyait ses députés.

Cette ville, déjà incendiée en 1359, éprouva depuis plusieurs grands désastres. Vignier nous apprend qu'elle fut saccagée en 1478. A la suite de ce malheur, les habitants, pour se mettre à l'abri d'un coup de main, et pour être défendus entièrement par la forteresse qui existait encore, réduisirent l'étendue de la ville à la longueur de mille pas. A l'époque des guerres de religion, elle fut le théâtre de scènes affreuses. Les protestants, repoussés de Troyes, forcés de s'expatrier avec leurs femmes et leurs enfants, se dirigèrent sur Bar-sur-Seine, dont ils s'emparèrent de vive force. Les Troyens, au nombre d'environ quatre mille, les suivirent, et s'étant à leur tour rendus maîtres de la ville, en firent un massacre général. Pendant les guerres de la Ligue, de nouveaux désastres s'appesantirent sur cette ville qui, prise et reprise plusieurs fois, éprouva encore tous les horreurs de la guerre. Henri IV donna ou engagea Bar-sur-Seine à Henri de Bourbon, duc de Montpensier ; sa fille, femme de Gaston, duc d'Orléans, le laissa à Marie-Louise d'Orléans, duchesse de Montpensier, qui institua Philippe, duc d'Orléans, son héritier universel.

Les armes de **Bar-sur-Seine** sont : *parti, le premier de gueules à deux bars adossés d'argent ; le deuxième d'azur à une bande d'argent accompagnée de deux doubles cotices d'or potencées et contre-potencées.*

Lors de l'invasion étrangère, le maréchal Macdonald fit halte, le 1ᵉʳ mars 1814, à Bar-sur-Seine, où son aile gauche fut attaquée le 2 par le prince royal de Wurtemberg. Une division française voulut défendre le passage de l'Ource : mais, attaquée vivement, elle se retira en bon ordre dans la ville, sous la protection de l'artillerie. Le maréchal fit occuper les hauteurs voisines, et de là défendit l'entrée de Bar jusqu'à ce que sa retraite fût prononcée. Son arrière-garde tint ferme à toutes les issues ; mais l'ennemi arrivait en force, et fit passer par Polizot une colonne qui gagna les hauteurs pour tourner la ville. La supériorité de son feu rejetant tous les postes dans l'enceinte même, une batterie, bientôt braquée contre la porte principale, la perça de plusieurs boulets. Cent volontaires ennemis s'élancèrent aussitôt, et sont suivis par le reste de la colonne d'attaque, qui s'empare de la ville ; mais déjà l'arrière-garde française se repliait en sûreté et en bon ordre sur Troyes.

Bar-sur-Seine est une ville agréablement située au milieu d'un riche vignoble, sur la rive gauche de la Seine, à l'extrémité d'une vallée resserrée entre deux coteaux, sur l'un desquels s'élève, d'une manière pittoresque, une chapelle entourée d'un antique bocage. La tradition veut qu'on ait trouvé une image miraculeuse de la Vierge dans un vieux chêne du bois appelé la Garenne-des-Comtes ; situé sur la montagne qui couvre au couchant la ville de Bar. Ce qu'il y a de certain, c'est que le peuple s'y portait en foule, et que, vers 1694, on y bâtit une chapelle des offrandes des pèlerins. Ce lieu est encore annuellement le but d'un pèlerinage très-fréquenté.

La ville est généralement bien bâtie, propre et bien percée, et possède de jolies promenades sur le bord de la Seine, que l'on traverse sur un beau pont en pierre de taille.

Biographie. Patrie de VIGNIER, auteur d'une histoire manuscrite du diocèse de Langres, dont une partie a été imprimée sous le titre de *Chronicon Lingonense* et d'une *Hist.* (manuscrite) *de Bar-sur-Seine*.
De N. BOUCHOTTE, député aux états généraux de 1789.

Fabriques de droguets. Distilleries d'eau-de-vie. Papeterie (à VILLENEUVE). Tanneries et teintureries. — *Commerce* de grains, vins, eaux-de-vie, chanvre, laines, bois, cuirs, etc.
Foires le 3ᵉ vendredi de carême, 5 sept., 13 déc. et le lendemain de la Trinité.

Bar-sur-Seine est à 35 k. E. de Troyes, 193 k. S.-E. de Paris. Long. orient. 2° 2′, lat. 48° 14′.

L'arrondissement de Bar-sur-Seine est composé de 5 cantons : Bar-sur-Seine, Chaource, Essoyes, Mussy et les Riceys.
Bibliographie. ROUGET. *Recherches historiques générales et particulières sur la ville et le comté de Bar-sur-Seine*, in-12, 1772.
VIGNIER (J.). *Antiquités, Recherches, Curiosités historiques de la ville de Bar-sur-Seine* (manuscrit cité dans l'Histoire de Bourgogne de Delamarre, p. 63).

* *Doléances du tiers état du bailliage de Bar-sur-Seine, et pouvoirs donnés à ses députés aux états généraux du royaume, convoqués par S. M. et indiqués au 27 avril 1789*, in-4.

BART, vg. *Doubs* (Franche-Comté), arr., cant., ✉ et à 3 k. de Montbelliard. P. 380 h.

BARTALASSE (la), vg. *Gard*, comm. et ✉ de Villeneuve-les-Avignon. Pop. 300 h.

BARTENHEIM, vg. *H.-Rhin* (Alsace), arr. et à 24 k. d'Altkirch, cant. de Landser, ✉ de Sierentz. Pop. 1,560 h. Près du canal de Neuf-Brisach.

BARTHALÉ, vg. *Ariége*, comm. de Montferrier, ✉ de Lavenalet.

BARTHE (la). V. Labarthe.

BARTHE (la), vg. *Aveyron*, comm. de St-Sauveur, ✉ de Cassagnes-Bégouhès.

BARTHE (la), vg. *Lot*, comm. de Belmont, ✉ de Caussade.

BARTHE-DE-NESTE (la), bg *H.-Pyrénées* (Bigorre), chef-l. de cant., arr. et à 25 k. de Bagnères-de-Bigorre. Cure. ✉. A 754 k. de Paris pour la taxe des lettres. Pop. 777 h. Terrain de transition. — On y voit les restes d'un château considérable, habité anciennement par les souverains d'Aure, et plus tard par les barons de la Barthe. — Patrie du célèbre chanteur Lays.

BARTHELASSE, île formée par le Rhône, en face d'Avignon. V. Avignon.

BARTHÉLEMY (St-), vg. *B.-Alpes*, comm. de Méolans, ✉ du Lauzet.

BARTHÉLEMY (St-), vg. *Bouches-du-Rhône*, comm. et ✉ de Marseille.

BARTHÉLEMY (St-), vg. *Côtes-du-Nord*, comm. de Plouha, ✉ de Châtelaudren.

BARTHÉLEMY (St-), vg. *Dordogne* (Périgord), arr., ✉ et à 18 k. de Nontron, cant. de Bussière-Badil. Pop. 830 h.

BARTHÉLEMY (St-), vg. *Eure-et-Loir*, comm. et ✉ de Chartres. Pop. 365 h.

BARTHÉLEMY (St-), vg. *Landes* (Gascogne), arr. et à 39 k. de Dax, cant. de St-Esprit, ✉ de Biaudos. Pop. 350 h.

BARTHÉLEMY (St-), vg. *Lot-et-Garonne* (Armagnac), arr. et à 20 k. de Marmande, cant. de Seyches. ✉. A 613 k. de Paris pour la taxe des lettres. Pop. 1,354 h.

BARTHÉLEMY (St-), vg. *Maine-et-Loire* (Anjou), arr., cant., ✉ et à 5 k. d'Angers. Pop. 1,225 h.

BARTHÉLEMY (St-), vg. *Manche* (Normandie), arr., cant., ✉ et à 4 k. de Mortain. Pop. 574 h.

BARTHÉLEMY (St-), vg. *Orne*, comm. de St-Germain-du-Corbis, ✉ d'Alençon. — On trouve aux environs une source d'eau minérale froide.

BARTHÉLEMY (St-), vg. *H.-Saône* (Franche-Comté), arr., ✉ et à 12 k. de Lure, cant. de Melisey. Pop. 252 h. Près de l'Ognon.

BARTHÉLEMY (St-), vg. *Seine-et-Marne* (Brie), arr. et à 24 k. de Coulommiers, cant. et ✉ de la Ferté-Gaucher. Pop. 393 h.

BARTHÉLEMY (St-), vg. *Seine - Inf.*, commune d'Octeville, ✉ de Montivilliers.

BARTHÉLEMY-DE-BEAUREPAIRE (St-), vg. *Isère* (Dauphiné), arr. et à 26 k. de Vienne, cant. et ✉ de Beaurepaire. Pop. 699 h.

BARTHÉLEMY-DE-BELLEGARDE, vg. *Dordogne*, arr. et à 25 k. de Ribeirac, cant. et ✉ de Montpont. Pop. 808 h.

BARTHÉLEMY-DE-CHICHILIANE (St-), vg. *Isère* (Dauphiné), arr. et à 27 k. de Grenoble, cant. et ✉ de Vizille. Pop. 992 h.

Près de ce village, au pied d'une chaîne de montagnes, se trouve la Fontaine-Ardente, l'une des soi-disant merveilles du Dauphiné : elle a environ 2 m. 64 c. de long sur 1 m. 32 c. de large. L'eau y bouillonne constamment, quoiqu'elle soit toujours à la température de l'atmosphère ; il s'en élève des colonnes de flammes, pour peu qu'on en remue la vase ou qu'on en approche un corps enflammé ; elle produit même spontanément des flammes de la hauteur de 1 m., après les pluies d'été. Le bouillonnement est produit par une substance gazeuse dont cette eau est imprégnée, et qui, en se dégageant, exhale une odeur de gaz hydrogène pur et quelquefois sulfuré ou phosphoré.

Bibliographie. Solier. *Lettre sur la Fontaine-Ardente du Dauphiné* (Observations de physique de l'abbé Rozier, 1775).

* *Lettre sur une eau minérale à quatre lieues de Grenoble* (Mercure, nov. 1685, p. 78).

Tardin (J.). *Histoire naturelle de la Fontaine qui brûle, près de Grenoble*, etc., in-12, 1618.

BARTHÉLEMY-DE-PROAIN (St-), vg. *Isère*, comm. de Gua, ✉ de Vif.

BARTHÉLEMY-DE-VALS (St-), vg. *Drôme* (Dauphiné), arr. et à 32 k. de Valence, cant. et ✉ de St-Vallier. Pop. 1,252 h.

BARTHÉLEMY-DU-PRADEAU (St-), vg. *Gers*, comm. et ✉ de Condom.

BARTHÉLEMY-LE-MEIL, vg. *Ardèche* (Vivarais), arr. et à 46 k. de Tournon, cant. et ✉ du Chaylard. Pop. 537 h.

BARTHÉLEMY-LE-PIN (St-), vg. *Ardèche* (Vivarais), arr. et à 26 k. de Tournon, cant. et ✉ de la Mastre. Pop. 1,292 h.

BARTHÉLEMY-LE-PLEIN (St-), vg. *Ardèche* (Vivarais), arr., cant., ✉ et à 10 k. de Tournon. Pop. 982 h.

BARTHÉLEMY-LESTRA (St-), vg. *Loire* (Forez), arr. et à 16 k. de Montbrison, cant. de Feurs. ✉. Pop. 910 h.

BARTHERANS, vg. *Doubs* (Franche-Comté), arr. et à 25 k. de Besançon, cant. et ✉ de Quingey. Pop. 182 h.

BARTHES (les), vg. *Tarn-et-Garonne* (Languedoc), arr., cant. et à 9 k. de Castel-Sarrasin. Pop. 586 h.

BARTRÈS, vg. *H.-Pyrénées* (Bigorre), arr. et à 4 k. d'Argelès, cant. et ✉ de Lourdes. Pop. 303 h.

BARUTET, vg. *Lot-et-Garonne*, comm. et ✉ de Clairac.

BARVILLE, *Barvilla*, vg. *Eure* (Normandie), arr. et à 13 k. de Bernay, cant. et ✉ de Thiberville. Pop. 305 h.—*Fabrique* de rubans.

BARVILLE, vg. *Loiret* (Gatinais), arr. et à 13 k. de Pithiviers, cant. de Beaune-la-Rolande, ✉ de Boynes. Pop. 308 h.

BARVILLE, vg. *Orne* (Normandie), arr. et à 18 k. de Mortagne, cant. de Pervenchères, ✉ du Mesle-sur-Sarthe. Pop. 695 h. Près de la Sarthe.

BARVILLE, vg. *Seine-Inf.*, comm. et ✉ de Cany.

BARVILLE, vg. *Vosges* (Lorraine), arr., cant., ✉ et à 9 k. de Neufchâteau. P. 306 h. —Haut fourneau.

BARZAN, vg. *Charente-Inf.* (Saintonge), arr. et à 37 k. de Saintes, cant. et ✉ de Cozes. Pop. 621 h.

BARZUN, vg. *B.-Pyrénées* (Béarn), arr. et à 27 k. de Pau, cant. et ✉ de Pontacq. Pop. 717 h.

BARZY, vg. *Aisne* (Picardie), arr. et à 35 k. de Vervins, cant. et ✉ de Nouvion. P. 606 h.

BARZY, vg. *Aisne* (Picardie), arr. et à 17 k. de Château-Thierry, cant. de Condé-en-Brie, ✉ de Dormans. Pop. 613 h.

BAS, vg. *Puy-de-Dôme* (Auvergne), arr. et à 25 k. de Riom, cant. et ✉ de Randans. Pop. 743 h.

BAS ou **BATZ** (île de), *Batha insula*. Cette île est située dans la Manche, près de la côte septentrionale du dép. *Finistère*, à 2 k. de Roscoff, et à 28 k. de Morlaix. Elle a 4 k. de long sur 3 k. de large, et est entourée de brisants qui en rendent l'abord très-difficile à mer basse. L'extrémité la plus au sud de l'île se nomme la pointe Gléguer; la pointe voisine de Roscoff. La pointe du sud-ouest s'appelle le Bec de Gréou; le port au sud, Anse de l'Eglise. L'est est montueux, mais sa plus grande élévation n'excède pas 20 m. au-dessus du niveau de la mer : on ne peut voir de rochers plus bizarrement groupés, plus anguleux et plus brisés que ceux de cette partie de l'île; celle du nord-ouest n'offre qu'une plaine grande et bien cultivée, mais presque au niveau de la mer. — Terrain cristallisé ou primitif, granit.

Il y a trois villages dans l'île de Batz : Porsénéoc, joliment bâti; Carn ; et Goualen au nord. Quatre batteries, deux forts, l'un à l'est, et l'autre à l'ouest, forment sa défense. On compte environ cent cinquante maisons dans l'île, où l'on ne voit de remarquable que la fontaine de St-Pol, couverte de 15 ou 20 m. d'eau à toutes les marées. C'est cependant la seule fontaine de l'île.

L'île de Batz ne produit pas un arbre ; quelques fougères, des mousses, l'ortie, du mouron, une espèce de giroflée de Mahon, sont les seules végétations produites sans culture. Les hommes sont tous marins, les femmes travaillent la terre.

De la butte du Moulin, point le plus élevé de l'île de Batz, on jouit d'une vue magnifique et fort étendue. On aperçoit à l'est les Sept-Iles à la distance de 32 k. ; au sud-est le château du Taureau, les côtes de Plougabou, de St-Jean-du-Doigt ; en remontant à l'est, la côte de Tréguier ; au sud, Roscoff, St-Pol de-Léon, la côte de Sautec ; plus loin les montagnes d'Arrès ; au sud-ouest, l'immense chaîne de rochers qui défend les côtes, et quelques clochers épars dans la campagne.

Le canal de l'île est une excellente relâche pour tous les convois de la Manche : ils n'y craignent que le vent d'ouest ; et s'il devient trop fort, ils peuvent se sauver dans la baie de Morlaix, susceptible de recevoir de très-grands vaisseaux, mais dont la passe est fort étroite. Les vents d'est et d'ouest sont les plus favorables pour entrer dans ce canal, ou pour en sortir ; ceux qui règnent le plus habituellement dans ces parages courent du sud-ouest jusqu'au nord-ouest et sont très-redoutés.

Tous les habitants de l'île de Batz ne forment, pour ainsi dire, qu'une seule famille ; ils sont très-attachés à leur patrie, malgré son âpreté, malgré les vents et les tempêtes habituelles qui la désolent. Ils y sont seuls, mais ils y sont maîtres, et y vivent en liberté. Ce peuple était républicain avant la révolution : on ne trouve chez lui ni gens de loi, ni prêtres, ni médecins ; jamais l'égalité ne fut ailleurs aussi complète.

L'île de Bas est au N.-N.-O de Roscoff, et à peu près au N. de St-Pol-de-Léon, dont les clochers servent de reconnaissance aux marins, et peuvent s'apercevoir de très-loin. Il y a mouillage en dedans de l'île de Bas, mais cette rade ne convient qu'aux petits vaisseaux. — *Phare de 1er ordre* à feu tournant, à éclipses de 1 minute en 1 minute, élevé sur un monticule à 68 m. au-dessus du niveau de l'Océan, de 31 k. de portée. Lat. 48° 45′, long. E. 6° 22′. — *Établissement de la marée*, 4 heures 35 minutes.

BAS-BAIZIL (le), vg. *Marne*, comm. de Baizil, ✉ d'Epernay.

BAS-BERNIN, vg. *Isère*, comm. de Bernin, ✉ de Crolles.

BAS-BOUVANTE, vg. *Drôme*, comm. de Bouvante, ✉ de St-Jean-en-Royans.

BAS-BRIACÉ, vg. *Loire-Inf.*, comm. du Louroux, ✉ de Nantes.

BAS-BUGNY, vg. *Aisne*, comm. de Flamangerie, ✉ de la Capelle.

BASCHWILLER. V. BUSCHWILLER.

BASCONS, vg. *Landes* (Gascogne), arr. et à 11 k. de Mont-de-Marsan, cant. et ✉ de Grenade. Pop. 1,033 h.

BASCOUS, vg. *Gers* (Armagnac), arr. et à 28 k. de Condom, cant d'Eauze, ✉ de Masseube. Pop. 387 h.

BAS-DE-RIOUSSE, vg. *Nièvre*, comm. de Livry, ✉ de St-Pierre-le-Moutier.

BAS-DU-MONT, vg. *H.-Saone*, comm. d'Ambievillers, ✉ de Vauvillers. Forges et aciérie.

BAS-EN-BASSET, bg *H.-Loire* (Velay), chef-l. de cant., arr. et à 26 k. d'Yssengeaux. Cure. ✉. A 500 k. de Paris pour la taxe des lettres. Pop. 5,783 h. — TERRAIN cristallisé ou primitif.

Ce bourg, dominé par les ruines du château de Rochebaron, qui s'élèvent d'une manière fort pittoresque sur les bords de la Loire, possède une source d'eau minérale dont on ne fait aucun usage. Quelques débris d'urnes funéraires et de lacrymatoires, découverts de temps à autre sur divers points du canton, offrent des traces de l'habitation de cette contrée par les Romains. — V. *Analyse et vertus des eaux minérales du Forez*, par Richard de la Prade, in-12, 1778. — *Fabriques de dentelles et de poterie de terre.* — *Foires* les 25 avril, 25 mai, 31 juillet, 4 oct., 11 nov. et 1er mardi de mars.

BASILIA (lat. 48°, long. 26°). « Ammien Marcellin (lib. xxx) est le premier qui en fasse mention, lorsqu'il parle de la construction d'une forteresse prope *Basiliam*, par l'empereur Valentinien Ier ; ce qui se rapporte à l'an 374. Les Itinéraires ne connaissent point *Basilia*, quoiqu'ils indiquent une route qui passe bien près de cette ville. La destruction d'Augusta, capitale des *Rauraci*, a fait l'élévation de *Basilia* : de manière que, dans la Notice des provinces de la Gaule, celle-ci étant appelée *Civitas Basiliensium*, il n'est mention de l'autre qu'en qualité de *Castrum Rauracense*. Dans le moyen âge le nom de *Basle* est communément *Basela* ou *Basula*. » D'Anville. *Notice de l'ancienne Gaule*. V. aussi Walckenaer. *Géographie des Gaules*, t. I, p. 322, et t. II, p. 349.

BASILIA (lat. 50°, long. 23°). « On trouve dans l'Itinéraire d'Antonin un lieu nommé pareillement *Basilia*, entre *Durocortorum* ou Reims, et *Axuenna*. La distance est marquée X à l'égard de *Durocortorum*, et XII, à l'égard d'*Axuenna*. Mais on peut voir à l'article *Axuenna*, ou du passage de la rivière d'Aisne, en tendant à Verdun, que ces distances ne sont pas suffisantes : et, parce qu'on n'a point d'autre notion de ce lieu de *Basilia*, l'emplacement qui lui conviendrait peut paraître incertain. Cependant, en suivant la direction de la route, on voit un lieu dans l'intervalle des rivières de Vèle et de Suippe, sous le nom de Bacone, dont la distance à l'égard de Reims ne disconviendrait pas à l'indication des dix lieues gauloises à l'égard de *Durocortorum*, parce qu'étant d'environ 12,000 toises, elle ne passe le calcul de dix lieues que d'une fraction, ce qui pourrait nous fixer sur cette position de Basilia. » D'Anville. *Notice de l'ancienne Gaule.*

BASIÉGE. V. BAZIÈGE.

BASLE (St-). V. VERZY.

BASLEMONT (St-), vg. *Vosges* (Lorraine), arr. et à 22 k. de Mirecourt, cant. et ✉ de Darney. Pop. 351 h.

BASLIÈRE, vg. *H.-Saône*, comm. de Vallerois-le-Bois, ✉ de Montbozon.

BASLIEUX, vg. *Moselle* (Lorraine), arr. et à 35 k. de Briey, cant. et ✉ de Longwy. Pop. 767 h. On y remarque les ruines du château de Leithard, qui appartenait à la maison de Hapsbourg.

BASLIEUX-LÈS-FISMES, vg. *Marne* (Champagne), arr. et à 26 k. de Reims, cant. et ✉ de Fismes. Pop. 371 h. — Il est situé sur la pente et au pied d'une montagne d'où sortent plusieurs sources qui traversent le village. — A six cents pas au nord-est de Baslieux, vers le sommet de la montagne de Romain, sort la belle fontaine de Foutinettes, dont les eaux descendent par une rigole étroite et profonde le long d'un coteau presque à pic, et produisent un bruit qui s'entend de très-loin. Cette source n'est pas indigne de fixer l'attention.

BASLIEUX-SOUS-CHATILLON, vg. *Marne* (Champagne), arr. à 24 k. de Reims, cant. de Châtillon-sur-Marne, ✉ de Port-à-Binson. Pop. 275 h.

BASLY, vg. *Calvados* (Normandie), arr. et à 14 k. de Caen, cant. de Creuilly, ✉ de la Délivrande. Pop. 439 h.

BAS-RUPT (les), vg. *Vosges*, comm. de Gerardmer, ✉ de Corcieux.

BASQUES (pays des), *Regio Vascorum*, *Basclorum*, *Basconia*, *Vuscitania*. Du côté de la France, le pays basque renferme les trois petites contrées de la basse Navarre et de Soule. Le Labour formait avec quelques vallées voisines l'évêché de Bayonne. Il eut des seigneurs particuliers, sous le titre de vicomtes, dans le XIe et dans le XIIe siècle. Réuni plus tard à la Gascogne, il entra dans le domaine de la maison de Béarn, et fit accession à la couronne de France par l'avénement de Henri IV. Lors de la création des départements en 1790, le Labour fut compris dans celui des Basses-Pyrénées, où il forme la majeure partie de l'arrondissement de Bayonne. — La basse Navarre, dont la capitale était St-Jean-Pied-de-Port, ne formait dans l'origine qu'un canton du royaume de Navarre. Restée seule au pouvoir des rois de Navarre de la maison d'Albret, elle n'en conserva pas moins le titre de royaume, et les rois de France ne dédaignèrent pas de s'intituler aussi rois de Navarre, lorsque cette petite souveraineté fut réunie sous Henri IV au domaine de la couronne. En 1790, elle forma le district de St-Palais, lors de l'établissement des préfectures, elle fut partagée entre les arrondissements de Bayonne et de Mauléon. — La Soule, dont Mauléon était la capitale, eut aussi titre de vicomté ; elle eut des seigneurs particuliers jusque vers la fin du XIIIe siècle, et fut réunie définitivement à la couronne en 1607. En 1790, elle forma le district de Mauléon, qui devint plus tard une sous-préfecture par l'addition d'une portion de la basse Navarre.

Les BASQUES, *Buscli*, *Basclenses*, forment une race remarquable par leur taille bien prise, leurs traits fortement caractérisés, leurs cheveux noirs, leur teint brun et coloré, leur corps droit, nerveux, leur démarche vive, hardie, leurs regards assurés, la force de leurs muscles, la souplesse et la grâce de leurs mouvements. Les Basques sont moins grands que les Béarnais, mais leur corps est plus vigoureux, leurs muscles plus saillants ; ils sont les mieux faits de taille, les plus agiles de corps, et l'on peut dire aussi les plus spirituels et les plus adroits des peuples des montagnes des Pyrénées. Leur agilité est passée en proverbe. *Courir, sauter, danser comme un Basque*, sont des dictons français dont on reconnaît la justesse quand on a vu le peuple auquel ils s'appliquent. Leur costume favorise encore cette légèreté ; un berret bleu, une veste courte et rouge, un gilet blanc, un mouchoir de soie négligemment noué autour du cou, des culottes d'étoffe blanche ou de velours noir, le tout proprement ajusté, forment leur habillement ; ils sont chaussés de souliers, ou de spartilles de cordes, qui rendent le pied sûr et léger. Enfin, une large ceinture de laine rouge ou de soie cramoisie les enveloppe et complète le costume national. — Le costume des femmes n'est remarquable que par leur coiffure et par un mouchoir d'un bleu foncé ou d'un blanc éclatant, qui, attaché sur le haut de la tête, flotte derrière les épaules et donne un air piquant d'abandon aux femmes charmantes qui les portent. Leur démarche est facile, légère, et cela indique des formes heureuses et dans une parfaite harmonie. L'éclat de leur coloris, la vivacité de leur regard, leur taille svelte et bien prise, la grâce de leurs mouvements, donnent aux agaçantes Basquaises un charme indescriptible. Celles qui fréquentent les marchés ont toutes les grâces de celles qui habitent les villes ; elles offrent, dans les rues de Bayonne, un contraste parfait avec les paysannes des Landes aux maussades chapeaux de feutre, aux têtes sans expression et sans beauté. — Les deux sexes jouissent d'une grande liberté de commerce qui ne tourne pas toujours au profit de la pudeur publique : on voit fréquemment au milieu de la place de St-Jean-Pied-de-Port, les jours de marché, des jeunes gens et des jeunes filles, non-seulement s'embrasser, mais s'abandonner à des caresses dont on aurait honte partout ailleurs, sans que personne y fasse la moindre attention. Les jeunes filles font choix de bonne heure d'une *étoffe* de mari, et, rarement trompées, elles regardent comme très-naturel de se livrer à celui qui a déterminé ce choix : c'est un mariage anticipé qui ne leur paraît pas tirer à conséquence. Il arrive quelquefois qu'elles vivent intimement avec celui qui les a séduites, sans pour cela déchoir dans l'estime publique, pourvu cependant que cet homme soit célibataire ou veuf : on suppose toujours que la fille a été séduite par une promesse de mariage qui se réalisera un jour.

Les Basques ont tous les défauts et toutes les qualités attachés à un état social qui participe de l'état de simple nature et de l'état civilisé ; ils sont fiers, impétueux, et, bien différents des paysans des autres pays, ils marchent la tête haute, les épaules effacées, et s'inclinent rarement les premiers devant l'étranger qu'ils rencontrent ; leur salut a toujours le caractère de l'égalité. Ils sont pasteurs et guerriers, enthousiastes de la liberté, ne s'allient jamais qu'entre eux, et ne permettent aucune innovation dans leur langage ni dans leurs costumes. Braves jusqu'à la témérité, ils ont donné, dans toutes les guerres que nous avons eu à soutenir, des preuves éclatantes de leur courage. L'élévation et la fierté de leurs sentiments leur fait préférer la mort à une mendicité oisive : trop fiers pour tendre la main, s'ils se trouvent dans une nécessité absolue, ils se décident à voler ; car,

quelque horreur qu'ils aient pour le crime, ils partagent l'opinion des Spartiates de ne mépriser le voleur que lorsqu'il est maladroit. Ennemis de la contrainte, les Basques se roidissent contre les menaces et les peines, mais on peut beaucoup sur eux par la douceur et la persuasion. Ils sont prompts à s'enflammer et faciles à s'apaiser ; ennemis implacables, vindicatifs et extrêmes dans la vengeance ; amis fidèles, francs, sincères et infiniment portés à obliger.

Les Basques sont naturellement hospitaliers ; ils accueillent celui qui les visite, et leur premier soin n'est pas de lui faire une invitation oiseuse et calculée ; ils détachent tout de suite une table ordinairement fixée par des gonds à la muraille de leur chambre principale, et relevée contre cette muraille ; ils la couvrent de linge blanc, et ils y déposent les mets qu'ils ont chez eux. Refuser ce qu'ils donnent de si bon cœur, ce serait leur faire un affront ; leur offrir une rétribution, ce serait les insulter. — Quand un Basque se marie, il n'entre pas dans une maison dont il épouse l'héritière ; et, s'il n'est pas béritier lui-même de celle où il introduit son épouse, chacun de ceux qui le connaissent s'empresse de lui faire un cadeau, de manière qu'il se trouve de suite meublé et muni de tout ce qui est nécessaire à un établissement ; la pierre, le bois, la main-d'œuvre lui sont fournis pour construire sa maison ; il reçoit des bestiaux, du linge, des ustensiles de ménage ; il n'a que des terres à défricher.

Les Basques aiment les fêtes et les jeux avec passion ; la danse et le jeu de paume sont leurs exercices favoris, et ils y excellent ; ils tiennent singulièrement aux fêtes locales, et s'y rendent de 20 à 30 kilomètres ; c'est une supplice pour ceux qui d'en êtres privés. Les exercices gymnastiques sont usités parmi eux, et entretiennent leur agilité ; ils lancent des leviers avec adresse et force ; ils s'exercent à sauter avec de longues perches, et franchissent un espace de huit à dix mètres. — Les Basques dédaignent la recherche dans leurs logements et dans leur ameublement ; ils ne savent vivre que dans les temples, dans les places publiques et dans leur famille ; mais leurs habitations sont d'une propreté recherchée ; tout y est en ordre et à sa place ; tout y est lavé, frotté, essuyé ; tout y est brillant d'aisance et de bonheur. En général, ces habitations sont commodément distribuées et très-vastes ; car les Basques tiennent beaucoup à ce que eux, les leurs et jusqu'à leurs animaux, soient à leur aise. — La culture de leurs terres est fort remarquable par une grande régularité dans tous les détails ; les plus vastes champs sont soignés comme des jardins et des parterres ; les intervalles, les alignements, tout semble tracé au cordeau.

Suivant une ancienne tradition, la nation basque est restée indépendante au milieu des nations esclaves. Les Basques, n'ayant jamais été conquis, leurs personnes et leurs biens n'ayant jamais été inféodés, toutes leurs terres sont allodiales, leurs personnes libres ; en un mot, ils sont tous nobles par le seul fait de leur naissance, et exempts des taxes auxquelles les

biens roturiers et les roturiers étaient soumis. Leurs prétentions à cet égard sont fondées, et ils les ont soutenues dans tous les temps ; elles ont été plusieurs fois reconnues légitimes par les rois de France.

Malgré l'identité de caractère et de mœurs des habitants des trois peuples basques, il existe néanmoins entre eux une antipathie plus ou moins sensible ; mais, hors de chez eux, on les voit toujours se lier d'une étroite amitié, et se soutenir mutuellement. D'autres nuances les distinguent encore. Les Souletins sont plus rusés et plus astucieux que les autres Basques. Les Navarrais passent pour avoir plus de légèreté dans le caractère. Les Souletins et les Navarrais vivent plus sobrement, et sont plus simples dans leur extérieur que les Labourdins ; ils s'adonnent plus volontiers à l'agriculture, et nourrissent beaucoup de bestiaux. Les Labourdins sont plus enclins au luxe que les premiers ; il y a parmi eux plus de gens oisifs. Voisins de la mer, ils sont en grande partie classés dès leur jeunesse pour le service de la marine ; les voyages lointains sont l'origine d'une plus grande aisance et de leur luxe.

La langue des Basques n'a aucune analogie avec les langues des pays circonvoisins, ni avec aucune langue connue. Un phénomène aussi extraordinaire, mais non pas unique en Europe, a exercé la critique et l'imagination des savants, qui ont beaucoup disserté, beaucoup écrit sur l'alphabet primitif d'un peuple qui n'a pas d'alphabet, sur l'histoire d'une nation qui est dépourvue de monuments historiques, et chez laquelle il n'existe que des traditions confuses. On peut consulter à ce sujet les doctes Basques Larramendi, Torrero, Zuniga, Astarlow, Erro-Itztueta, Ilhare de Bidassouet et quelques autres.

Bibliographie. * *Souvenirs des pays basques et des Pyrénées*, par M. G.-A., 1823.

LAGARDE (Prosp. de). *Voyage dans le pays des Basques et aux bains de Biarritz, contenant des observations sur la langue des Basques*, etc., in-18, 1835.

* *Essai sur les pays basques*, in-8, 1836.

LA BASTIDE (de). *Dissertation sur les Basques*, in-8.

LA CHABAUSSIÈRE (Junior de). *Essai sur les Basques*.

MAZURE. *Histoire du Béarn et du pays des Basques*, in-8, 1839.

ADER. *Résumé de l'histoire du Béarn et des Basques*, in-18, 1826.

HUMBOLDT (Guill. de). *Recherches sur les habitants primitifs d'Espagne, démontrée par la langue basque* (en allemand, 1821).

— *Rectifications et Additions à la première section du deuxième volume du Mithridates sur la langue cantabre ou basque*, in-8, 1817 (en allemand).

ADELUNG (Fr.). *Mithridates*, 4 vol. in-8, 1826.

HARRIET. *Grammatica francesez composta francez*, etc., in-12, 1741.

LARRAMENDI. *Arte de la langua bascongada*, in-8, 1729.
— *Diccionario trilingue del castellano, bascuenze et latin*, 2 vol. in-f°.
BELA (le chevalier de). *Histoire générale de la nation basque* (manuscrit que termine un ample vocabulaire composé des dialectes basques de France, de Guipuzcoa et d'Alava, etc., etc.).
* D. J. A. (de Zamacola). *Histoire des nations basques* (en espagnol), Auch, 1818.
SANADON (dom). *Essai sur la noblesse des Basques*, in-8, 1788.
YRISAR Y MOYA. *De l'Eusquère et de ses Erderes, ou De la langue basque et de ses dérivés*, in-8, 1841.
BASQUES (rade des), rade située sur la côte du dép. de *Charente-Inf.* au sud de l'île de Ré, au nord-est de l'île d'Oléron, au nord de l'île d'Aix, au sud de la pointe de l'ouest de l'entrée de la Rochelle.
BASSAC, vg. *Charente* (Angoumois), arr. et à 18 k. de Cognac, cant. et ✉ de Jarnac. Pop. 793 h. — Il possède une ancienne église, susceptible d'être classée au nombre des monuments historiques.
BASSAC, vg. *Dordogne*, comm. de Beauregard, ✉ de Douville.
BAS-ST-DIDIER-DE-BIZONNES, vg. *Isère*, comm. de St-Didier-de-Bizonnes, ✉ du Grand-Lemps.
BASSAN, vg. *Hérault* (Languedoc), arr., cant., ✉ et à 10 k. de Béziers. Pop. 457 h.
BASSANNE, vg. *Gironde* (Bazadois), arr. et à 19 k. de Bazas, cant. d'Auros, ✉ de la Réole. Pop. 184 h.
BASSAUCOURT, vg. *Meuse* (Lorraine), arr. et à 33 k. de Commercy, 21 k. de St-Mihiel, cant. et ✉ de Vigneulles. Pop. 54 h.
BASSE, vg. *Indre-et-Loire*, comm. de Cravant, ✉ de Chinon.
BASSE, vg. *Vosges* (Lorraine), arr., cant. et ✉ d'Épinal.
BASSEBOURE, vg. *B.-Pyrénées*, comm. d'Itsatsou, ✉ d'Ustaritz.
BASSE-CANCALE, vg. *Ille-et-Vilaine*, comm. et ✉ de Cancale.
BASSE-DE-MARTINPRÉ, vg. *Vosges*, comm. de Gerbépal, ✉ de Corcieux.
BASSÉE (la), petite ville, *Nord* (Flandre), chef-l. de cant., arr. et à 23 k. de Lille. Cure. ✉, ♉. cant. de Bassée pour la taxe des lettres. Pop. 2,475 h. — TERRAIN tertiaire supérieur, voisin du terrain d'alluvions anciennes.
Autrefois diocèse d'Arras, parlement de Douai, subdélégation et recette de Lille.
Cette ville est située sur le canal de son nom qui communique de la Deûle à St-Omer, Dunkerque et Calais. Elle a appartenu aux châtelains de Lille, qui l'ont fortifiée et embellie. En 1054, Baudouin de Lille, craignant une attaque de la part de l'empereur Henri III, fit faire un vaste et large retranchement depuis la mer jusqu'à l'Escaut, qui existe encore en partie. Jean, châtelain de Lille, ayant fait agrandir ce retranchement, en forma, en 1271, le canal de la Bassée à la Deûle. Les Flamands la prirent en 1303 et en 1304 ; Maximilien, roi des Romains, tenta, sans succès, de s'en rendre maître en 1486 et en 1488 ; il s'en empara cependant quelque temps après et fit détruire les fortifications, qui furent relevées en 1594. Les Français la prirent en 1641 et la fortifièrent ; les Espagnols la reprirent l'année suivante, et la démantelèrent en 1667. Cette ville est restée à la France par le traité d'Aix-la-Chapelle de 1668.

Les armes de la Bassée sont : *parti, le premier de gueules à une demi-fleur de lis d'argent mouvante du deuxième parti qui est d.....*

Fabriques de bonneterie, amidon, savon noir, poterie de terre. Filatures de laine et de coton. Moulins à huile. Tuileries. Tanneries et corroieries. Raffinerie de sel. — *Commerce* de grains, graines grasses, vins, huile, farines, fruits, porcs, bêtes à cornes, charbon de terre, bois du Nord. Tourbe. Marchés considérables pour les grains, les toiles, le lin en bottes et filé. — *Foires* les 19 et 20 janv., 19 avril, 19 juillet, 19 oct., et les 2es mardis de chaque mois.

BASSÉE (canal de la). Ce canal, qui s'étend sur une longueur de 6,903 m., est une dérivation de la Deûle prise au bac de Beauvin, et allant jusqu'à la ville de la Bassée. Il joint à Aire le canal de Neuf-Fossé.
BASSÉE (la), vg. *Deux-Sèvres*, comm. de Frontenay, ✉ de Niort.
BASSE-FONTAINE, vg. *Aube*. V. FONTAINE.
BASSE-INDRE (la), bg *Loire-Inf.*, comm. d'Indre. ✉. A 406 k. de Paris pour la taxe des lettres. — *Établissement de la marée*, 5 heures 25 minutes.
Le bourg de la Basse-Indre est situé au-dessous du pont de Nantes, où il s'étend le long de la rive droite de la Loire ; il est presque entièrement peuplé de marins et de pêcheurs. Ce bourg était jadis renommé par un monastère de bénédictins qu'y avait fait construire, dans le VIIIe siècle, saint Pasquier, vingt-troisième évêque de Nantes. En 843, après le pillage de cette ville, les Normands brûlèrent ce monastère, sur les ruines duquel on éleva un prieuré. Budic, comte de Nantes, fit aussi construire à Indre un château, l'an 1005. Le temps n'a conservé ni les restes de l'abbaye, ni ceux du château de Budic, et le prieuré a également disparu. — On voit, à la Basse-Indre, un des plus beaux ateliers de construction de machines qu'il y ait en France. Cet établissement, fondé en 1821 par M. J. Thomas Dobrée, est aujourd'hui la propriété du gouvernement.
BASSE-MEUR, rocher sur la côte du dép. des *Côtes-du-Nord*, situé droit au sud de l'île du Moine, presque au nord de Trégastel ; à 3 k. de terre, 2 k. de l'île du Moine.
BASSE-MEUR, côte basse surmontée de rochers, à 5 k. O.-S.-O. du Four, *Loire-Inf.*, rocher qui donne son nom au passage si connu entre Ouessant et la côte de Bretagne.
BASSEMBERG, vg. *B.-Rhin* (Alsace), arr. et à 19 k. de Schelestadt, cant. et ✉ de Villé. Pop. 400 h.
BASSENEVILLE, vg. *Calvados* (Normandie), arr. et à 26 k. de Pont-l'Évêque, cant. de Dives, ✉ de Troarn. Pop. 415 h.
BASSENS, vg. *Gironde*, comm. et ✉ de Carbon-Blanc.
BASSERCLES, vg. *Landes* (Gascogne), arr. et à 29 k. de St-Sever, caut. d'Amou, ✉ d'Orthez. Pop. 370 h.
BASSÈRE (la). V. LABASSÈRE.
BASSES, vg. *Vienne* (Poitou), arr., cant., ✉ et à 4 k. de Loudun. Pop. 253 h.
BASSES-RIVIÈRES (les), vg. *Indre-et-Loire*, comm. de Rochecorbon, ✉ de Vouvray.
BASSE-SUR-LE-RUPT, vg. *Vosges* (Lorraine), arr. et à 22 k. de Remiremont, cant. de Saulxures, ✉ de Vagney. Pop. 907 h.
BASSEUX, vg. *Pas-de-Calais* (Artois), arr. et à 11 k. d'Arras, cant. de Beaumetz-les-Loges. Pop. 468 h. — *Fabrique* de sucre indigène.
BASSE-VAIVRE (la), *H.-Saône* (Franche-Comté), arr. et à 43 k. de Vesoul, cant. de Jussey, ✉ de Vauvillers. Pop. 300 h. — *Fab.* de poterie de terre. Exploitation de carrières de meules à aiguiser.
BASSEVELLE, vg. *Seine-et-Marne* (Brie), arr. et à 32 k. de Meaux, cant. et ✉ de la Ferté-sous-Jouarre. Pop. 442 h.
BASSIGNAC, vg. *Cantal* (Auvergne), arr. et à 11 k. de Mauriac, cant. et ✉ de Saignes. Pop. 512 h.
BASSIGNAC-LE-BAS, vg. *Corrèze* (Limousin), arr. et à 39 k. de Tulle, cant. de Merceur, ✉ de Beaulieu. Pop. 635 h. Près la Dordogne.
BASSIGNAC-LE-HAUT, vg. *Corrèze* (Limousin), arr. et à 53 k. de Tulle, cant. de Servières, ✉ d'Argentat. Pop. 760 h.
BASSIGNEY, vg. *H.-Saône* (Franche-Comté), arr. et à 32 k. de Lure, cant. de Vauvillers, ✉ de Faverney. Pop. 363 h. Près de la Lanterne.
BASSIGNY (le), *Bassiniacum, Pagus Bassiniacensis*, pays de la Champagne, borné au nord par le Vallage, à l'est par le duché de Bar et la Franche-Comté, au sud par cette province et la Bourgogne, et à l'ouest par cette dernière province. Il forme aujourd'hui les arrondissements de Chaumont et de Langres (Haute-Marne), partie de celui de Bar-sur-Aube (Aube), et le canton de Goudrecourt (Meuse).
BASSIJEAUX, vg. *Charente*, comm. de Bassae, ✉ de Jarnac.
BASSILLAC, ou BAZILLAC, vg. *Dordogne* (Périgord), arr., et à 10 k. de Périgueux, cant. de St-Pierre-de-Chignac. Pop. 777 h.
BASSILLON, vg. *B.-Pyrénées* (Béarn), arr. et à 35 k. de Pau, cant. et ✉ de Lenbeye. Pop. 287 h.
BASSINET, vg. *Puy-de-Dôme*, comm. de Culhat, ✉ de Lezoux.
BASSING, vg. *Meurthe* (Lorraine), arr. et

à 24 k. de Château-Salius, 27 k. de Vic, cant. et ⊠ de Dieuze. Pop. 383 h.

BASSOLES-AULERS, vg. *Aisne* (Picardie), arr. et à 17 k. de Laon, cant. d'Anizy-le-Château, ⊠ de Coucy-le-Château. P. 317 h. —Enguerrand III de Coucy donna une charte de commune aux habitants de ce village en 1202.

BASSOMPIERRE, vg. *Moselle*, comm. de Boulange, ⊠ de Briey. Pop. 130 h. — C'était autrefois le siège d'une baronnie dont les puissants seigneurs furent plusieurs fois en guerre avec la république de Metz. Le maréchal de Bassompierre ayant été enfermé en 1631 à la Bastille par ordre du cardinal de Richelieu, contre lequel il s'était permis quelques sarcasmes, ce ministre vindicatif fit raser le château de Bassompierre en 1635.

BASSONCOURT, vg. *H.-Marne* (Champagne), arr. à 36 k. de Chaumont, cant. et ⊠ de Clefmont. Pop. 335 h.

BASSOU, bg *Yonne* (Champagne), arr., cant. et à 15 k. de Joigny. ⊠. ✧. A 153 k. de Paris pour la taxe des lettres. Pop. 736 h.

Autrefois diocèse d'Auxerre, parlement de Paris, intendance de Châlons, élection de Joigny. — Il est situé au confluent de l'Yonne et du Serain, sur l'emplacement de l'ancien *Bauditum* de la carte de Peutinger. — *Commerce* de vins.

BASSOUES, petite ville, *Gers* (Armagnac), arr. et à 16 k. de Mirande, cant. et ⊠ de Montesquiou. Pop. 1,583 h.

Cette ville existait au commencement du VIIIe siècle. On lit dans la chronique manuscrite d'Auch, que saint Phrix, fils du duc de Frise, y périt alors en combattant pour la foi. Les archevêques d'Auch en étaient seigneurs, et y avaient un château fort dont on voit encore une tour remarquable par son élévation, que l'autorité locale a désignée comme un des édifices susceptibles d'être classés au nombre des monuments historiques.—On trouve à Bassoués plusieurs sources d'eau minérale acidule froide. — *Patrie* du général de division des armées de la république TENET DE LAUBADÈRE. —*Foire* le 24 juin.

BASSU, vg. *Marne* (Champagne), arr. et à 15 k. de Vitry-le-Français, cant. et ⊠ de Heeltz-le-Maurupt. Pop. 360 h.—Il est situé dans une gorge profonde, resserrée par de hautes montagnes qui le couvrent au nord et au midi.

BASSUET, bg *Marne* (Champagne), arr. et à 12 k. de Vitry-le-Français, cant. et ⊠ de Heilz-le-Maurupt, dans une belle vallée. P. 722 h. — *Foire* le 2 sept.

BASSURE, banc de sable qui commence à Ambleteuse, *Pas-de-Calais*, qui s'étend tout près de terre au S.-O. 1/4 S., au S.-O. et S.-O. 1/4 O.—Il n'est recouvert que de 7, 6 et même 4 brasses d'eau, quoiqu'on en trouve quelquefois 12 ou 15 tout auprès.

BASSURELLE, long banc dont le milieu est à 10 k. à l'ouest de la pointe sud de la Somme; il n'y a que deux brasses d'eau.

BASSURELS, vg. *Lozère* (Languedoc), arr. et à 23 k. de Florac, cant. de Barre, ⊠ de Pompidou. Pop. 430 h.

BASSUSSARRY, vg. *B.-Pyrénées* (Labour), arr., cant., ⊠ et à 5 k. de Bayonne. Pop. 424 h.

BASTAN (gave de), torrent furieux, qui descend des bases du Tourmalet, *H.-Pyrénées*; il passe à Barèges, traverse la vallée de ce nom, et se jette dans le gave de Pau à Luz, après un cours d'environ 12 k.

BASTANÈS, vg. *B.-Pyrénées* (Béarn), arr. et à 18 k. d'Orthez, cant. et ⊠ de Navarrenx. Pop. 288 h.

BASTANOUS, vg. *Gers*, comm. de Manas, ⊠ de Miélan.

BASTAROUX, vg. *B.-Pyrénées*, comm. de Gan, ⊠ de Pau.

BASTELICA, bg *Corse*, chef-l. de cant. (ci-devant de Sampierro), arr. et à 40 k. d'Ajaccio, ⊠ de Bocognano. Cure. Pop. 2,429 h. —TERRAIN cristallisé ou primitif.

Dominicacce, hameau qui touche presque à Bastelica, est une dépendance de cette commune. C'est la PATRIE de San-Piero d'Ornano, l'homme peut-être le plus brave de son siècle, et assurément le défenseur le plus intrépide de la liberté nationale.

BASTENNES, vg. *Landes* (Gascogne), arr. et à 28 k. de St-Sever, cant. d'Amou, ⊠ d'Orthez. Pop. 482 h.

On trouve dans cette commune une source d'eau minérale ferrugineuse froide, que Carrère compare pour les principes minéralisateurs aux eaux de Barèges. Près du moulin de Rimbla est une source d'eau thermale sulfureuse, et non loin de là une fontaine très-abondante dont les eaux très-froides roulent quelques paillettes d'argent.

Bastennes possède une mine d'asphalte, dont les produits sont employés depuis longtemps pour différentes sortes de constructions, et dont on a beaucoup étudié l'exploitation depuis l'emploi en grand du bitume pour le dallage et autres travaux. Cette mine donne de 70 à 80 0/0 de goudron, et est sous ce rapport beaucoup plus riche que celle de Seyssel. Elle forme une espèce de banc couvert et mêlé de terre, au centre duquel on a fait construire des fours et autres bâtiments, où se fait la séparation des matières étrangères au bitume. Ce banc ressemble à une carrière de pierre noire, extrêmement dure, et dont il n'est possible de rien détacher qu'avec de puissants efforts. Le bitume de cette mine est si adhérent aux corps sur lesquels on l'applique, que deux pierres jointes ensemble avec cette matière fondue, rompent plutôt que de se détacher.

BASTIA, ville forte et maritime, *Corse*, chef-l. de sous-préf. et de 2 cant. Cour royale pour la Corse seulement. Trib. de 1re inst. et de comm. Chef-lieu de la 21e division militaire. Consulats étrangers. Place de guerre de 1re classe. Ecole d'hydrographie de 4e classe. Conseil de prud'hommes pêcheurs. Collège communal. ⊠. ✧. A 1,166 k. de Paris pour la taxe des lettres. Pop. 14,568 h. — TERRAIN crétacé supérieur, craie.

L'existence de Bastia ne date que du XVe siècle. Cette ville eut pour origine quelques magasins bâtis par les habitants de Cardo, ce qui lui donna le nom de *Porto-Cardo*; la destruction des villes d'Aléria et de Mariana, et postérieurement les guerres civiles qui affaiblirent la pieve d'Orto, contribuèrent puissamment à l'agrandissement de cette cité.

Sous le gouvernement des Génois, Bastia était la capitale de la Corse. Cette ville a soutenu plusieurs sièges : en 1745 elle fut bombardée et prise par les Anglais, qui la rendirent aux Génois la même année; les Piémontais l'assiégèrent sans succès en 1748. De tous les sièges qu'elle soutint, le plus célèbre est celui de 1794. Paoli, après avoir formé le projet de séparer les villes de la France, résolut de s'emparer des villes qui nous étaient restées fidèles. La convention envoya le général Lacombe contre Paoli, qui alors appela les Anglais à son secours. Ceux-ci venaient d'être chassés de Toulon; ils tournèrent toutes leurs forces contre la Corse. Bientôt le brave Lacombe ne conserva plus que Bastia et Calvi. Forcé d'abandonner cette dernière ville, il essaya de sauver Bastia; mais il fut attaqué par des forces tellement supérieures, qu'après un siège de deux mois, où il eut à souffrir tous les maux de la guerre, voyant la ville à moitié réduite en cendres, et n'espérant plus de secours, il capitula et se rendit le 20 juillet.—Lorsque la Corse formait deux départements, Bastia était le chef-lieu de celui du Golo, Ajaccio celui du Liamone; ces deux départements ayant été réunis en 1811, Ajaccio devint alors et est resté depuis le chef-lieu de l'île.

La ville de Bastia est dans une belle situation, au bord de la mer, dans un territoire fertile, sur la côte orientale de l'île. Elle est bâtie en amphithéâtre au milieu de jardins d'oliviers, d'orangers, de citronniers, et présente un fort bel aspect, soit qu'on y arrive par mer, soit qu'on s'en approche par le côté du nord. La ville se divise en trois parties; la basse ville ou Terra-Vecchia; le faubourg, qui n'est qu'un prolongement de la ville du côté du midi, et la citadelle ou Terra-Nova. La partie haute offre de belles rues tirées au cordeau, mais les autres parties de la ville n'ont que des rues étroites, sinueuses et d'une pente rapide, quoique mieux pavées qu'elles ne le sont dans aucune ville du continent; le pavé est une espèce de marbre jaspé, supérieur même au pavé de Milan, de Florence et de Naples. Quelques-unes des maisons nouvellement bâties sont fort belles; les anciennes sont bien bâties, mais sans aucun luxe. Plusieurs fontaines fournissent en abondance des eaux excellentes, qui viennent des montagnes par des canaux souterrains. La citadelle, défendue par un simple rempart sans fossé, élevé du côté de la mer sur des rochers à pic qui le rendent inaccessible dans cette partie, domine au sud l'entrée du port, et est dominée elle-même par des collines escarpées sur lesquelles on a construit plusieurs forts; le donjon, qui peut recevoir 800 hommes, remonte au XVe

BASTIDE (la).

siècle; il fut commencé par le comte Vincentello d'Istria.

Le port est formé par une petite anse d'environ 250 m. de profondeur et de 110 à 140 de largeur ; il est défendu par un ancien môle de 150 m. de long, qui part de l'extrémité nord de l'anse, se dirige vers le sud, et laisse seulement un passage de 70 m. entre sa pointe et un noir rocher couvert de lichens blancs et de mousse, nommé le Lion. L'entrée du port est extrêmement difficile par les vents d'est, d'est-nord-est et d'est-sud-est. — A l'extrémité du môle, à droite de l'entrée du port, il y a un feu de port fixe de 16 m. de hauteur et de 12 k. de portée. Lat. 42° 42′, long. E. 7° 7′.

Les églises de Bastia sont riches, dorées, ornées de marbre, et rappellent les églises d'Italie ; celle de St-Jean-Baptiste est la plus grande et la plus ornée. On remarque dans le chœur le tombeau du comte de Boissieux, celui de M. de Marbeuf et celui de M. de Montélégier. La cathédrale est ancienne et fort belle, mais inférieure à St-Jean-Baptiste. La petite église de St-Roch est une espèce de salon très-orné ; et la Conception une autre petite église dorée, élevée vers la fin du XVIᵉ siècle par une confrérie rivale de celle qui avait fondé St-Roch.

La bibliothèque publique occupe un assez beau local dans l'ancienne et vaste maison des jésuites.

La ville de Bastia, quoique privée de l'avantage dont elle jouit longtemps d'être le siége du gouvernement de la Corse, conserve sa supériorité sur les autres villes de l'île ; elle est toujours la plus peuplée, la plus riche, celle dont le commerce est le plus considérable et le plus étendu. — PATRIE du général FRANCESCHETTI.

L'arrondissement de Bastia renferme 20 cantons : Bastia, Borgo, Brando, Campile, Campitello, Cervione, Lama, Luri, Murato, Nonza, Oletta, Pero, Porta, Rogliano, St-Florent, San-Nicolao, San-Martino, Santo-Pietro et Vescovato.

INDUSTRIE. Nombreuses tanneries qui préparent annuellement cinq à six mille peaux de bœufs, mille peaux de veaux, et plus de six mille peaux de moutons. — *Fabriques* de pâtes alimentaires, de savon, bougies, liqueurs. Pêche du corail. — *Commerce* de vins, huile, cuirs, poil de chèvre, corail, etc.

Bastia est à 153 k. de Toulon.

Bibliographie. * *Procès-verbal de l'assemblée de la consulte générale de la nation tenue à Bastia le 15 septembre 1770*, p. in-f°, 1771.

BASTIDE (la), vg. *Ardèche*, comm. de St-Martin-le-Supérieur, ✉ de Privas.

BASTIDE (la), vg. *Aveyron*, comm. de Graissac, ✉ de Laguiole.

BASTIDE (la), vg. *Aveyron*, comm. de St-Just, ✉ de Sauveterre.

BASTIDE(la), vg. *Aveyron*, comm. de St-Sauveur, ✉ de Cassagnes-Begonhès.

BASTIDE (la), vg. *Cantal*, comm. de Fontanges, ✉ de Salers.

BASTIDE (la), vg. *Gard*, comm. de Goudargues, ✉ du Pont-St-Esprit.

BASTIDE (la), vg. *Gers*, comm. d'Esclassan, ✉ de Masseube.

BASTIDE (la), vg. *Gironde*, comm. de Cenon-la Bastide, ✉ de Bordeaux.

BASTIDE (la), vg. *Landes* (Gascogne), arr. et à 24 k. de St-Sever, cant. et ✉ d'Hagetmau. Pop. 266 h. Sur le Luy de France. —Grand commerce d'oies.

BASTIDE (la), vg. *Lot*, comm. de Fraissines-le-Gelat, ✉ de Castelfranc.

BASTIDE (la), ou LA BASTIDE-CASTELMORON, vg. *Lot-et-Garonne* (Agénois), arr., ✉ et à 22 k. de Marmande, cant. de Bouglon. Pop. 1,081 h.

BASTIDE (la), vg. *Lozère*, comm. d'Estables, ✉ de Serverette. Pop. 111 h.

BASTIDE (la), vg. *B.-Pyrénées*, comm. d'Ispoure, ✉ de St-Jean-Pied-de-Port.

BASTIDE(la),vg. *H.-Pyrénées* (Gascogne), arr. et à 23 k. de Bagnères-de-Bigorre, cant. et ✉ de la Barthe-de-Neste. Pop. 580 h.

BASTIDE (la), vg. *Pyrénées-Or*. (Roussillon), arr. et à 35 k. de Ceret, cant. et ✉ d'Arles-sur-Tech. Pop. 563 h.

BASTIDE (la), vg. *Var*, comm. de Roquebrune, ✉ de Fréjus.

BASTIDE-BEAUVOIR (la), vg. *H.-Garonne* (Languedoc), arr. et à 12 k. de Villefranche-de-Lauraguais, cant. de Montgiscard, ✉ de Baziége. Pop. 663 h.

BASTIDE-CAPDENAC (la), vg. *Aveyron*, comm. de la Roquette, ✉ de Villefranche.

BASTIDE-CÉZÉRAC (la), vg. *B.-Pyrénées* (Béarn), arr. et à 26 k. d'Orthez, cant. d'Arthez, ✉ d'Artix. Pop. 670 h.

BASTIDE-CLERMONT (la), vg. *H.-Garonne* (Languedoc), arr. et à 22 k. de Muret, cant. de Rieumes, ✉ de Noé. Pop. 723 h.

BASTIDE-CONSTANCE (la), vg. *H.-Garonne*, comm. et ✉ de Toulouse.

BASTIDE-D'ANJOU (la), vg. *Aude* (Languedoc), arr., cant., ✉ et à 10 k. de Castelnaudary. Pop. 966 h. — Ce village est situé dans un territoire très-fertile en grains, sur le Fresquel, à peu de distance du canal des deux mers. On présume qu'il doit son surnom au duc d'Anjou, qui le fit fortifier en 1368. — PATRIE du peintre ANT. RIVALS. — *Foires* les 1ᵉʳ fév., 2 sept. et 31 oct.

BASTIDE-D'ARMAGNAC (la), bg *Gers* (Armagnac), arr. et à 49 k. de Condom, cant. de Cazaubon, ✉ de Roquefort. Pop. 1,651 h. Sur la Douze. — *Foires* les 17 mars, 3ᵉ samedi d'avril, 3ᵉ samedi de janvier, 25 juin, 25 juillet, 19 sept. et 17 oct.

BASTIDE-D'AUBRAC (la), vg. *Aveyron*, comm. de St-Chély-d'Aubrac, ✉ d'Espalion.

BASTIDE - DE - BÉARN (la), ou VILLEFRANCHE, bg *B.-Pyrénées* (Béarn), arr. et à 24 k. d'Orthez, cant. et ✉ de Sallies. Pop. 887 h. Sur le lac de la Bastide. — On y voit un ancien château que l'on propose de classer au nombre des monuments historiques.

BASTIDE-DE-BESPLAS (la), vg. *Ariège* (pays de Foix), arr. et à 30 k. de Pamiers, cant. et ✉ du Mas-d'Azil. Pop. 706 h. Sur l'Arize.

BASTIDE - DE - BOUSIGNAC (la), vg. *Ariège* (pays de Foix), arr. et à 27 k. de Pamiers, cant. et ✉ de Mirepoix. Pop. 489 h.

BASTIDE - DE - CLAIRENCE (la), petite ville, *B.-Pyrénées* (Navarre), chef-l. de cant., arr. et à 23 k. de Bayonne. Cure. ✉ d'Hasparren. Pop. 2,097 h. — *Terrain* crétacé inférieur, grès vert. — Elle a été bâtie par Louis le Hutin, lorsqu'il n'était encore que roi de Navarre. — Aux environs, on trouve des mines de cuivre jaune et de fer spathique. — *Fabriques* de bonneterie, bas, berrets, etc. Tanneries.

BASTIDE - DE - COLOMBAT, vg. *Aude*, comm. de Belpech, ✉ de Salles. Sur l'Hers.

BASTIDE-DE-FONS (la), vg. *Aveyron*, comm. de Cornus, arr. de St-Affrique.

BASTIDE-DE-LÉVIS (la), vg. *Tarn* (Languedoc), arr., cant., ✉ et à 11 k. de Gaillac. Pop. 1,275 h.

BASTIDE-DE-LORDAT, vg. *Ariège* (pays de Foix), arr., ✉ et à 9 k. de Pamiers, cant. de Saverdun. Pop. 446 k.

BASTIDE-DENAT (la), vg. *Tarn* (Languedoc), arr. et à 9 k. d'Albi, cant. et ✉ de Réalmont. Pop. 364 h.

BASTIDE-D'ENGRAS (la), vg. *Gard* (Languedoc), arr. et à 11 k. d'Uzès, cant. et ✉ de Lussan. Pop. 428 h.

BASTIDE-DE-PENNE (la), vg. *Tarn-et-Garonne* (Quercy), arr. et à 40 k. de Montauban, cant. de Montpezas, ✉ de Caussade. Pop. 463 h.

BASTIDE - DE - PARDINNE (la), vg. *Aveyron*, comm. de Ste-Rome-de-Tarn, ✉ de la Cavalerie.

BASTIDE-DE-PUY-GUILLEM (la), vg. *Dordogne*, comm. de Monestier, ✉ de Bergerac.

BASTIDE - D'ESCLAPONS (la), vg. *Var* (Provence), arr. et à 36 k. de Draguignan, cant. et ✉ de Comps. Pop. 155 h. Au pied de la montagne de Lachens. — C'était autrefois un bourg entouré de fortes murailles dont on voit encore les vestiges, qui fut détruit pendant les guerres civiles.

BASTIDE - DE - SEROU (la), jolie petite ville, *Ariège* (pays de Foix), chef-l. de cant., arr. et à 17 k. de Foix. Cure. ✉. ᴠ. A 788 k. de Paris pour la taxe des lettres. Pop. 2,865 h. — *Terrain* crétacé inférieur, grès vert.

Vers 1150, c'était déjà un bourg connu sous le nom de Montesquieu. Les habitants de la campagne, pour se soustraire aux brigandages des camisards, s'y réfugièrent en foule, et les comtes de Foix leur permirent d'en agrandir l'enceinte. Ce fut de cette circonstance que ce refuge provoqué par la frayeur (en patois *férou*), que ce bourg aurait pris le nouveau nom de la Bastide-de-Férou, et par corruption la Bastide-de-Serou, son vrai nom actuel, indiqué mal à propos dans le Bulletin des lois, dans toutes les cartes et ouvrages géographiques, sous celui de la Bastide-de-*Seron* ou de *Cérons*.

Cette ville est assez bien bâtie, sur l'Arize, que l'on franchit sur un pont en pierre d'une seule arche. On y a construit récemment une fort belle halle. — Aux environs, on remarque une grotte spacieuse, et une mine de cuivre dont l'exploitation est abandonnée.

Fabriques de bonneterie en laine. Faïencerie. Filature de laine. Tuilerie, briqueterie. Scieries hydrauliques. — *Foires* les 22 janv., 30 juin, 11 nov. (foire principale), lundi de la semaine sainte, jeudi avant la Pentecôte, 1er jeudi d'oct., 1er jeudi avant Noël, pour bestiaux, laine, draperie, etc.

BASTIDE-DES-JOURDANS (la), vg. *Vaucluse* (Provence), arr. et à 28 k. d'Apt, cant. et ✉ du Pertuis. Pop. 804 h.

BASTIDE-DE-VIRAC, vg. *Ardèche* (Languedoc), arr. et à 31 k. de Largentière, cant. et ✉ de Vallon. Pop. 413 h.

BASTIDE-DU-HAUT-MONT (la), vg. *Lot* (Quercy), arr. et à 32 k. de Figeac, cant. de la Tronquière, ✉ de la Capelle-Marival. Pop. 244 h. — Il est bâti sur une montagne dont la hauteur paraît correspondre à celle des montagnes du Cantal de second ordre; c'est le point le plus élevé du département. — Commerce considérable de bœufs et de cochons. — *Foires* très fréquentées les 5 avril, 5 mai, 10 et 25 juin.

BASTIDE-DU-SALAT (la), vg. *Ariège* (Comminges), arr. et à 15 k. de St-Girons, cant. et ✉ de St-Lizier. Pop. 564 h. Sur le Salat.

BASTIDE-DU-TEMPLE (la), bg *Tarn-et-Garonne* (Languedoc), arr., cant., ✉ et à 9 k. de Castel-Sarrasin. Pop. 779 h.

BASTIDE-DU-VERT (la), vg. *Lot* (Quercy), arr. et à 21 k. de Cahors, cant. et ✉ de Catus. Pop. 607 h. Sur le Vert.

BASTIDE-EN-VAL (la), vg. *Aude* (Languedoc), arr. et à 28 k. de Carcassonne, cant. et ✉ de Lagrasse. Pop. 296 h. Dans le val de Dagne.

BASTIDE-ESPARBAIRENQUE (la), vg. *Aude* (Languedoc), arr. et à 26 k. de Carcassonne, cant. et ✉ de Mascabardès. P. 514 h. — Il est situé à l'extrémité supérieure de la Montagne-Noire, sur l'Orbiel.

BASTIDE-FORTUNIÈRE (la), bg *Lot* (Quercy), chef-l. de cant., arr. et à 22 k. de Gourdon. Cure. ✉. ℣. A 556 k. de Paris pour la taxe des lettres. Pop. 1,468 h. — TERRAIN jurassique. — C'est la patrie de l'un des plus vaillants généraux de la république et de l'empire, de Joachim Murat, qui fut roi de Naples, fusillé le 14 octobre 1815, sur la plage de Pizzo. — *Foires* les 2es lundis de janv. et de juillet.

BASTIDE-GABAUSSE (la), vg. *Tarn* (Languedoc), arr. et à 16 k. d'Albi, capt. de Monestiès, ✉ de Gramaux. Pop. 474 h.

BASTIDE-L'ÉVÊQUE (la), vg. *Aveyron* (Rouergue), arr., et à 7 k. de Villefranche, cant. de Rieupeyroux. Pop. 2,899 h.

BASTIDE-MARNHAC (la), vg. *Lot* (Quercy), arr., cant., ✉ et à 8 k. de Cahors. Pop. 871 h.

BASTIDE-MARSAC (la), vg. *Lot*, comm. de Beauregard, ✉ de Limogne.

BASTIDE-MONREJEAU (la), vg. *B.-Pyrénées* (Béarn), arr., cant. et à 24 k. d'Orthez, ✉ de Lacq. Pop. 325 h.

BASTIDE-PAUMÈS (la), vg. *H.-Garonne* (Comminges), arr. et à 33 k. de St-Gaudens, cant. et ✉ de l'Isle-en-Dodon. Pop. 393 h.

BASTIDE-PRADINES (la), vg. *Aveyron*, arr. et cant. de St-Affrique.

BASTIDE-ROUAIROUX (la), vg. *Tarn* (Languedoc), arr. et à 13 k. de Castres, cant. de St-Amans-la-Bastide. ✉. A 743 k. de Paris pour la taxe des lettres. Pop. 2,586 h. — *Fab.* de draps. Teintureries.

BASTIDE-ST-AMANS. V. ST-AMANS-LA-BASTIDE.

BASTIDE-ST-GEORGES (la), vg. *Tarn* (Languedoc), arr., cant., ✉ et à 2 k. de Lavaur. Pop. 613 h. Près de l'Agout.

BASTIDE-ST-PIERRE (la), vg. *Tarn-et-Garonne* (Languedoc), arr. et à 32 k. de Castel-Sarrasin, cant. et ✉ de Grisolles. ℣. Pop. 882 h. — *Foires* les mardi de la semaine sainte, 25 juillet, 12 oct.

BASTIDE-ST-CERNIN (la), vg. *H.-Garonne* (Languedoc), arr. et à 16 k. de Toulouse, cant. de Fronton, ✉ de St-Jory. Pop. 381 h.

BASTIDE-SAVÈS (la), vg. *Gers* (Armagnac), arr., ✉ et à 8 k. de Lombez, cant. de Samatan. Pop. 378 h. Près de la Save.

BASTIDE-SUR-L'HERS (la), vg. *Ariège* (pays de Foix), arr. et à 42 k. de Pamiers, cant. de Mirepoix, ✉ de Laroque. Pop. 585 h. — Il est très bien bâti et fort agréablement situé, sur la rive droite du Lers. — Aux environs est l'établissement des eaux minérales de Foncirgue. — *Fabriques* de peignes de corne et de buis. — Mines et centre de la fabrique et du commerce du jaïet, ℬ 1823-27.

EAUX MINÉRALES DE FONCIRGUE.

À dix minutes de la Bastide, sur les limites du territoire de cette commune et de celle de Peyrat, sourdent des eaux minérales, connues et fréquentées depuis la plus haute antiquité sous la dénomination d'eaux de Foncirgue ou de la Bastide-du-Peyrat. Ces eaux sont reçues dans un vaste établissement de création récente, où se trouvent réunis des chambres de bains, un vaste hôtel, des chambres élégamment décorées, avec écuries, remises, etc.

L'usage des eaux de Foncirgue, soit en bains, soit en boisson, a presque toujours opéré des guérisons complètes sur une infinité de sujets atteints des affections suivantes: gastrites et entérites chroniques, catarrhes ou autres maladies de la vessie, suppressions du cours périodique, gonorrhées invétérées, jaunisse, hémorroïdes, ophthalmies rebelles, dyssenteries opiniâtres, maladies cutanées, fistules, même avec carie des os. Enfin, c'est surtout dans la classe si étendue des névroses que leur emploi a fréquemment attesté leur opportunité.

BASTIDE-DE-VILLEFRANCHE. V. BASTIDE-DE-BÉARN.

BASTIDETTE (la), vg. *H.-Garonne* (Languedoc), arr., cant., ✉ et à 6 k. de Muret. Pop. 332 h. Près du Rieutort.

BASTIDONNE, vg. *Var* (Provence), arr. et à 26 k. de Brignoles, cant. et ✉ de Barjols. Pop. 57 h.

BASTIDONNE (la), *Bastidona Savericana*, vg. *Vaucluse* (Provence), arr. et à 28 k. d'Apt, cant. et ✉ de Pertuis. Pop. 304 h.

BASTIE (la), vg. *B.-Alpes*, comm. d'Ongles, ✉ de Forcalquier.

BASTIE-DE-GRESSE (la), vg. *Isère*, comm. de Gresse, ✉ de Monestier-de-Clermont.

BASTIT (le), vg. *Lot* (Quercy), arr. et à 25 k. de Gourdon, cant. de Gramat, ✉ de Montfaucon. Pop. 1,174 h.

BASTIT-DE-BEAUSONNE (le), vg. *Lot*, comm. de Pinsac, ✉ de Souillac.

BASTOURRA, vg. *H.-Pyrénées*, comm. de St-Martin, ✉ de Tarbes.

BASVILLE, vg. *Creuse* (Marche), arr. et à 19 k. d'Aubusson, cant. et ✉ du Crocq. Pop. 1,180 h.

BASVILLE, vg. *Eure* (Normandie), arr. et à 30 k. de Pont-Audemer, cant. et ✉ de Bourgtheroulde. Pop. 108 h.

BATAILLE, vg. *H.-Garonne*, comm. de Chein-Dessus, ✉ d'Aspet.

BATAILLE (la), vg. *Deux-Sèvres* (Poitou), arr. et à 17 k. de Melle, cant. et ✉ de Chefboutonne. Pop. 185 h.

BATAILLE (la), vg. *Deux-Sèvres*, comm. de Gournay, ✉ de Chefboutonne.

BATANGE. V. BARTANGE.

BATAVI (lat. 52°, long. 23°). « Tacite nous apprend (*Hist.*, lib. iv, sect. 12) que les *Batavi*, sortis de la nation germanique des Cattes, et qu'une guerre civile avait obligés d'abandonner leurs terres, vinrent s'établir dans un canton de pays inhabité à l'extrémité de la Gaule, et dans une île que l'Océan et les bras du Rhin renfermaient: *Extrema Galliæ ore, vacua cultoribus, simulque insulam inter vada sitam, quam mare Oceanum a fronte, Rhenus amnis tergum ac latera circumluit*. Il faut ajouter à cela que les *Batavi* n'étaient pas, absolument parlant, renfermés dans l'île qui a pris leur nom, et qu'ils occupaient les terres situées entre le bras du Rhin appelé Vahalis et la partie inférieure de la Meuse. C'est ce dont on ne saurait douter en lisant dans Tacite (lib. v, sect. 19), que Civilis, après sa défaite près de *Vetera*, mit le feu dans la ville des Bataves, avant que de faire sa retraite dans l'île. On croit que cette ville est Batenburg, sur la rive droite de la Meuse. A voir aussi la position qui est sous le nom de *Batavodurum* dans Ptolémée, il faut croire qu'elle était en deçà des branches entre lesquelles le Rhin se partage en approchant de la mer. Quelques auteurs moins anciens que le siècle de Tacite ont employé le nom de Batavia. On lit dans un panégyrique d'Eumène: *Bataviam, Britanniamque, squalidum caput silvis fructibusque exserentem*. Les *Batavi* ont joui d'une distinction particulière sous les Romains. On cite plusieurs inscriptions où ils sont qualifiés *fratres et amici populi* (*vel imperii*) *romani.* » D'Anville. *Notice de l'ancienne Gaule.* V. aussi Walckenaer. *Géographie des Gaules*, t. I, p. 438, 492; t. II, p. 283, 305.

BATAVODURUM (lat. 52°, long. 24°). « Selon Tacite (*Hist.*), lib. v, sect. 20), les Romains y avaient un pont sur le Rhin, et ce poste était défendu par une légion, lorsque les Germains, venant au secours de Civilis, voulurent pénétrer par cet endroit dans l'île des Bataves. Les sentiments ne sont point partagés sur la position de ce lieu, qui dans le moyen âge a conservé la terminaison de son ancienne dénomination, étant appelée *Dorestade*, aujourd'hui Wick-te-Durstède. » D'Anville. *Notice de l'ancienne Gaule*, p. 142. V. aussi Walckenaer. *Géographie des Gaules*, t. II, p. 307.

BATAVORUM INSULA (lat. 52°, long. 23°). « César en a eu connaissance (*Comment.*, IV). *Mosa, ut dit-il, parte quadam Rheni recepta, quæ appellatur Valis, insulam efficit Batavorum.* Tacite (*Hist.*, lib. IV, sect. 12) la décrit ainsi, en parlant des Bataves : *Insulam inter vada sitam occupavere, quam mare Oceanum a fronte, Rhenus amnis tergum ac latera circumluit.* On dit dans Pline (lib. IV, cap. 15) : *In Rheno ipso, prope centum millia passuum in longitudinem, nobilissima Batavorum insula et Cannunefatum*, etc. Je remarque que cette mesure d'étendue est très-convenable. Car, entre le point de séparation du Rhin et du Wahal (qui est le *principium agri batavi*, où le Rhin, *velut in duos amnes dividitur*, selon que Tacite s'exprime) (*Ann.*, lib. II, sect. 6) et la pointe de l'embouchure de la Meuse, depuis le pas de Gravesande, l'ouverture du compas vaut au moins 19 lieues du Rhinland, composée de 2,000 roues ou verges du Rhin, qui s'évaluent à 3,866 toises ou à peu près. De sorte que les 19 lieues donnant un calcul de 73,454 toises, il en résulte 97 milles romains, *prope centum millia passuum*, parce que l'évaluation particulière du mille romain est de 756 toises. On sait que le nom de l'île des Bataves subsiste dans celui de Bétuwe, quoiqu'il soit actuellement restreint à la partie supérieure, en remontant la Batua dans la séparation du Wahal, d'avec le Rhin. En tronquant le nom de *Batavia*, on a écrit *Batua* dans le moyen âge. » D'Anville. *Notice de l'ancienne Gaule*, p. 142.

BATAVORUM OPPIDUM (lat. 52°, long. 24°). « On apprend de Tacite (*Hist.*, lib. v, sect. 19) que Civilis vaincu près de *Vetera* par Cerealis, et ne croyant pas pouvoir tenir dans une ville qui n'est pas exactement autrement que *Batavorum Oppidum*, se retira dans l'île des Bataves. *Non ausus oppidum Batavorum armis tueri, rapuit quæ ferri poterant, cœteris injecto igni, in insulam concessit.* Ainsi, cette ville est différente du lieu appelé *Batavodurum* reculée jusqu'au Rhin, et qui est Wickte-Durstède. Mercator, Cluvier, Menso-Alting rapportent l'*Oppidum Batavorum* de Tacite à Batenburg, sur la rive droite de la Meuse ; et Ptolémée semble indiquer le même lieu sous le nom de *Batavodurum*, entre la Meuse et le Rhin. » D'Anville. *Notice de l'ancienne Gaule*, p. 143.

BATE, vg. *Seine-et-Oise*, comm. de Longvilliers, ✉ de St-Arnoult.

BATERNAY, vg. *Drôme* (Dauphiné), arr. et à 34 k. de Valence, cant. et ✉ de St-Donat. Pop. 270 h.

BATHELÉMONT-LEZ-BAUZEMONT, vg. *Meurthe* (Lorraine), et à 8 k. de Châteaux-Salins, cant. et à 13 k. de Vic, ✉ de Moyenvic. Pop. 222 h.

BATIANA (lat. 45°, long. 23°). « On trouve dans l'Itinéraire de Bourdeaux à Jérusalem, entre *Acunum* et *Valentia*, deux positions dont les noms se lisent *Vancianis* et *Umbenno*. L'Anonyme de Ravenne (lib. IV, sect. 26) cite la première en suivant un ordre contraire, *Valentia*, *Vatiana*, *Acunum*. Le même lieu est *Batiana* dans la Table théodosienne ; et la position actuelle, qui y répond sous le nom de Baix, est appelée *Batia* et *Batium* dans les titres du moyen âge. Il m'a paru que ce serait en vain qu'en tendant à Valence on chercherait le lieu de *Batiana*, et celui qui le suit, sur la même rive du Rhône que celle où *Acunum* et Valence ont leur emplacement. La position de Baix étant de l'autre côté, elle nous oblige de passer le Rhône à *Acunum* ou Ancône, pour le repasser à Valence ; et on trouverait peut-être moins d'inconvénient en ce double passage que dans celui de la Drôme, qui n'est pas facile, entre Lauriol et Livron, en continuant la route sur le même côté du Rhône que celui d'Ancône et de Valence. Quoique l'Itinéraire et la Table soient d'accord à marquer XII entre *Acunum* et *Batiana*, cependant l'intervalle d'environ 5,000 toises entre Acunum et Baix n'admet que VII, le calcul de 7 milles romains étant 5,292 toises. Depuis Baix jusqu'à Valence, l'indication de la Table est de 18,000 toises, et il faut juger convenable. Car, cet espace s'estimant à peu près de 14,000 toises, la mesure itinéraire est de 14,364. On peut conclure de là que l'Itinéraire de Jérusalem doit souffrir quelque réduction, parce qu'il fournit 21 milles en deux distances, divisées par la position d'*Umbennum* entre *Batiana* et Valence. » D'Anville. *Notice de l'ancienne Gaule*, p. 143. V. aussi Walckenaer. *Géographie des Gaules*, t. II, p. 204.

BATI, vg. *Aisne*, comm. de Neuve-Maison, ✉ d'Hirson.

BATIE (la), vg. *Isère*, comm. de Séchilienne, ✉ de Vizile.

BATIE-D'ANDAURE ou DU DOUX (la), vg. *Ardèche* (Vivarais), arr. à 38 k. de Tournon, cant. et ✉ de St-Agrève. Pop. 900 h.

BATIE-CRAMEZIN (la), vg. *Drôme* (Dauphiné), arr., ✉ et à 8 k. de Die, cant. et ✉ de Luc-en-Diois. Pop. 61 h.

BATIE-DE-CRUSSOL (la), vg. *Ardèche* comm. de Champis, ✉ de St-Peray.

BATIE-DES-FONDS (la), vg. *Drôme* (Dauphiné), arr. et à 43 k. de Die, cant. de Luc-en-Diois, ✉ de la Motte-Chalançon. Pop. 193 h.

BATIE-DIVISIEN (la), vg. *Isère* (Dauphiné), arr., ✉ et à 7 k. de la Tour-du-Pin, 35 k. de Bourgoin, cant. de St-Geoirs, ✉ des Abrets. Pop. 1,364 h.

BATIE-D'URFÉ (la), château du dép. de la *Loire*, situé sur la rive gauche du Lignon, à 12 k. de Montbrisson, près de la grande route de Lyon à Clermont, au milieu d'un petit bois qui en laisse à peine apercevoir les tourelles.

BATIE-MONTGASCON (la), vg. *Isère* (Dauphiné), arr., ✉ et à 5 k. de la Tour-du-Pin, 18 k. de Bourgoin, cant. de Pont-de-Beauvoisin. Pop. 1,381 h.—*Foire* le 1er samedi d'avril.

BATIE-MONTSALÉON (la), vg. *H.-Alpes* (Dauphiné), arr. et à 36 k. de Gap, cant. et ✉ de Serres. Pop. 384 h.

Ce village est situé dans une espèce de presqu'île formée par le Buech et par la Malaise.

Dans la plaine de Mont-Saléon était la ville romaine de Mons-Seleucus, célèbre par la défaite de Magnence. On ignore la cause de la destruction de cette ville, qui a été importante.

M. Ladoucette, aux soins duquel on doit la majeure partie des découvertes faites à Mons-Seleucus, croit que cette ville était pour les Romains un lieu central de fabrication et de dépôt. V. *Histoire, topographie, antiquités, etc., des Hautes-Alpes*, par M. J.-C.-F. LADOUCETTE, in-8 et atlas, 1834.

BATIE-NEUVE (la), vg. *H.-Alpes* (Dauphiné), chef-l. de cant., arr., ✉ et à 10 k. de Gap. Bureau d'enregist. à Gap. Cure. Pop. 830 h.—TERRAIN jurassique.—Il est situé dans une plaine où il règne presque continuellement un vent impétueux.—*Foires* les 25 avril et 14 sept. — *Commerce* d'ardoise.

BATIE-ROLAND (la), vg. *Drôme* (Dauphiné), arr., ✉ et à 8 k. de Montélimart, cant. de Marsanne. Pop. 776 h.—*Foire* le 20 juin.

BATIES (les), vg. *H.-Saône* (Franche-Comté), arr. et à 28 k. de Gray, cant. de Fresne-St-Mamès, ✉ de Fretigny. Pop. 303 h.

BATIE-VERDUN (la), vg. *Drôme* (Dauphiné), comm. de St-Sauveur, ✉ du Buis.

BATIE-VIEILLE (la), vg. *Drôme* (Dauphiné), arr., ✉ et à 8 k. de Gap, cant. de la Batie-Neuve. Pop. 247 h. — Il est situé dans une contrée aride et dépourvue d'eau, que les habitants sont obligés d'aller chercher à 1 k. de là. On a trouvé des médailles romaines dans les casemates de son ancienne tour, qui est entourée de fossés.

BATIGNOLES-MONCEAUX (les), commune importante du dép. de la *Seine*, située en dehors de son enceinte de Paris, entre la barrière de Courcelles et la barrière de Clichy, et traversée par la grande route qui mène à St-Denis par St-Ouen, arr., cant. et ✉ de St-Denis. ✉ (banlieue de Paris). Pop. 14,703 h.

Il y a trente ans, le lieu occupé maintenant par les Batignoles n'était qu'une vaste plaine où le général prussien Blücher établit son camp en 1814. Ce fut le dernier point où les Français résistèrent à l'invasion des armées étrangères ; et la barrière de Clichy est à juste titre célèbre par la belle défense des gardes nationaux de Paris, commandés par le brave maréchal Moncey. — Ce vaste espace où les ducs d'Angoulême et de Berry donnèrent en octobre 1814 aux Parisiens le spectacle d'une petite guerre, forme aujourd'hui une commune considérable et l'un des plus riches faubourgs de Paris.—Les fondateurs de cette commune sont M. Lemercier, docteur en médecine, et la société Navarre et Rivoire. Le premier y avait établi une maison de santé, qu'il vendit à un sieur Bénard et autres ainsi que des terrains propres à bâtir. Ce Bénard, simple commis de barrière, parvint en peu de temps à se rendre propriétaire de plusieurs maisons et de terrains étendus, dont la valeur représenterait aujourd'hui une somme considérable ; mais, soit par imprudence ou par fausses spéculations, Bénard finit par se ruiner entièrement. Quant à M. Lemercier, digne d'un meilleur sort, il a vu aussi s'écrouler sa fortune. Il en a été de même de la société Navarre et Rivoire, dont la ruine a été consommée après toutefois avoir rendu de grands services à la commune.

Avant 1830 Batignoles et Monceaux étaient deux annexes de la commune de Clichy-la-Garenne. L'accroissement considérable de la population de ces annexes, qui s'élevait déjà à plus de 4,000 habitants en 1824, détermina l'autorité à les ériger en commune particulière sous le nom de Batignoles-Monceaux, ce qui eut lieu par une ordonnance royale en date du 10 février 1830. Depuis cette époque, l'accroissement de Batignoles-Monceaux tient réellement du prodige. De toutes les entreprises de bâtiments faites dans ces derniers temps, c'est celle qui a le mieux réussi. On y a construit un théâtre, une église catholique, un temple protestant et une grande quantité de maisons commodes et spacieuses, dont les loyers sont d'un prix bien inférieur à ceux de Paris. On y a établi des voitures commodes qui stationnent au cloître St-Honoré, et qui, de ce centre de Paris, correspondent avec les autres omnibus pour les divers points excentriques de cette capitale. — En 1831, la population des Batignoles était de 3,428 habitants ; en 1832, de 4 062 ; en 1833, de 4,359 ; en 1835, de 6,850 ; le recensement de 1842 la porte à 14,073 habitants, et cette population s'accroît encore considérablement chaque année. Ce qui a d'autant plus lieu de surprendre que le site des Batignoles n'a rien de flatteur, qu'il est même plutôt triste que pittoresque ; mais, la situation est élevée ; on y a de l'air ; et cela flatte singulièrement de vénérables rentiers, qui, après en avoir été privés pendant si longtemps dans les quartiers populeux de Paris, viennent en saturer leurs poumons aux Batignoles. Le rapprochement de cette commune du centre de Paris y attire aussi beaucoup d'employés de différentes administrations, et plusieurs hommes distingués, parmi lesquels nous citerons le maréchal Moncey, le général Dufour, Alexandre Duval, les aéronautes Margrat et Robertson, y ont eu ou y ont encore leur habitation.

Les Batignoles ont encore acquis une nouvelle importance en 1844 par la construction du vaste entrepôt du chemin de fer de Rouen. Un nouveau quartier va s'élever pour combler l'espace existant entre l'église et l'entrepôt. Et l'on a adressé en 1844 au ministre de l'intérieur une demande pour que cette commune soit érigée en chef-lieu de canton.

MONCEAUX était un hameau très-ancien dont il est fait mention dans les chroniques de St-Denis en l'an 1368, à l'occasion de Guy de Monceaux, originaire de ce lieu, et abbé de St-Denis dans le XIVe siècle. Il est célèbre par le parc dit des Folies de Chartres, par allusion aux sommes énormes que ce prince y a dépensées, et qui se trouve aujourd'hui séparé de Monceaux par l'enceinte de Paris.

Fabriques de bougies, de savon, de papiers peints, de produits chimiques. Tuilerie et briqueterie.

BATILLI, vg. *Orne* (Normandie), arr. et à 17 k. d'Argentan, cant. et ✉ d'Écouché. P. 416 h.

BATILLY, vg. *Loiret* (Orléanais), arr. et à 15 k. de Pithiviers, cant. et ✉ de Beaune-la-Rolande. Pop. 832 h.

BATILLY, vg. *Moselle* (Lorraine), arr., cant., ✉ et à 10 k. de Briey. Pop. 218 h.

BATILLY-SUR-LOIRE, vg. *Loiret* (Gatinais), arr. et à 15 k. de Gien, cant. de Briare, ✉ de Bonny. Pop. 325 h. — *Commerce* de safran.

BATIMENT (le), vg. *Morbihan*, comm. de Rémungol, ✉ de Locminé.

BATS, vg. *Landes* (Gascogne), arr. et à 17 k. de St-Sever, cant. de Geaune, ✉ d'Aire. Pop. 407 h.

BATTEBEURE, vg. *Vosges*, comm. du Val-d'Ajol, ✉ de Plombières.

BATTENANS, vg. *Doubs* (Franche-Comté), arr. et à 27 k. de Besançon, cant. de Marchaux, ✉ de Baume-les-Dames. Pop. 160 h.

BATTENANS, vg. *Doubs* (Franche-Comté), arr. et à 41 k. de Montbelliard, cant. ✉ de Maiche. Pop. 254 h.

BATTENHEIM, vg. *H.-Rhin* (Alsace), arr. et à 30 k. d'Altkirch, cant. d'Habsheim, ✉ de Mulhausen. Pop. 1,100 h. — *Commerce* de vins.

BATTERANS, vg. *H.-Saône* (Franche-Comté), arr., cant., ✉ et à 5 k. de Gray. P. 319 h.

BATTEXEY, vg. *Vosges* (Lorraine), arr. et à 15 k. de Mirecourt, cant. et ✉ de Charmes. Pop. 122 h.

BATTIGNY, vg. *Meurthe* (Lorraine), arr. et à 30 k. de Toul, cant. et ✉ de Colombey. Pop. 380 h. — On y voit un ancien château que l'on croit une construction du Xe siècle.

BATTUT (le), vg. *Aveyron*, comm. de St-Amans, ✉ d'Entraygues.

BATXÈRE, vg. *H.-Pyrénées* (Bigorre), arr. à 18 k. de Bagnères-de-Bigorre, cant. et ✉ de la Barthe-de-Neste. Pop. 135 h.

BATZ, bg *Loire-Inf.* (Bretagne), arr. et à 46 k. de Savenay, cant. du Croisic, ✉ de Guérande. Pop. 3,597 h.—TERRAIN cristallisé ou primitif.

Le bourg de Batz est situé au milieu des marais salants, sur le bord de l'Océan, où il a un port très-favorable pour la pêche.

Ce bourg est fort agréable et bien bâti ; les maisons, construites en granit et couvertes en ardoises, sont toujours garnies de fenêtres hautes ; l'intérieur est remarquable par une propreté bien entendue, garni de meubles cirés et décoré avec soin. Le costume est plus remarquable encore que l'ameublement ; il est même tellement particulier aux habitants de Batz, qu'il ne se trouve sur aucun point de la France ; ce costume se transmet de père en fils sans se permettre d'y rien innover.

Le bourg de Batz est presque entièrement environné de marais salants, exploités par les paludiers.

L'objet le plus curieux du bourg de Batz est l'église, construite en pierres de taille, et dont le clocher carré, haut de 55 m. 53 c. est terminé par une coupole élégante. Construite en 1690 à 100 m. du bord de la mer, elle est le premier point qu'on aperçoit en venant du large, et sert de remarque aux navigateurs pour passer le Four et la Blauche, deux écueils très-dangereux, situés à 4 k. de l'entrée de la Loire. A côté de l'église, on voit les murs de Notre-Dame, dont les ogives sont conservées entières. On ne sait de quelle année date cette église que l'on a proposé de classer au nombre des monuments historiques.

A 6 k. E. de Batz se trouvent le port et la petite ville du Pouliguen, dépendants de cette commune. Le port, assez vaste et bordé de quais réguliers, ne reçoit que des classe-marée d'une moyenne grandeur.

INDUSTRIE. *Fabriques* d'ouvrages en coquillage. Pêche du hareng et de la sardine. — *Commerce* de grains, de foins, de lin et de sel de la plus belle qualité. — Au Pouliguen, marchés assez considérables le vendredi et le dimanche.

BATZ (île de). V. BAS.

BATZ, vg. *Lot-et-Garonne* (Condomois), arr., ✉ et à 17 k. de Nérac, cant. de Francescas. Pop. 34 h.

BATZENDORF, vg. *B.-Rhin* (Alsace), arr. et à 24 k. de Strasbourg, cant. et ✉ d'Haguenau. Pop. 900 h.

BAU, vg. *Gard*, comm. de Chamborigaud, ✉ de Genolhac.

BAUBIGNY, vg. *Manche* (Normandie), arr. et à 26 k. de Valognes, cant. et ✉ de Barneville. Pop. 282 h.

BAUBIGNY, *Balbiniacum*, vg. *Seine*, situé à la source du ru de Montfort, près du canal de l'Ourcq.

BAUCELS, vg. *Hérault*, comm. de Moulès-es-Baucels, ✉ de Ganges.

BAUCHET, vg. *Isère*, comm. de St-Didier-de-Bizonnes, ✉ du Grand-Lemps.

BAUD, petite ville, *Morbihan* (Bretagne), chef-l. de cant., arr. à 24 k. de Pontivy. Cue. Gîte d'étape. ✉. ⚔. A 466 k. de Paris pour la taxe des lettres. Pop. 4,737 h.

Cette ville est située dans un vallon, à l'intersection de trois grandes routes. On remarque aux environs, sur le bord du chemin, une petite chapelle fort ancienne, érigée au bord d'une fontaine, et au sanctuaire de laquelle on parvient par une longue galerie couverte, soutenue par des arceaux gothiques. Cette chapelle est dédiée à Notre-Dame de la Clarette.

Sur un monticule près de Baud, et sur l'emplacement de l'antique château de Quinipili, dont il ne reste plus que des murs de clôture et la grande porte de la cour; on voit sur un piédestal la célèbre Vénus armoricaine, connue sous le nom de Vénus de Quinipili.

Commerce de grains et de miel. — *Foires* les 19 mai, 28 août, 28 oct., dernier samedi de jauv., 2ᵉ samedi de carême, veille des Rameaux, 1ᵉʳ samedi de juin, 1ᵉʳ samedi de juillet, 1ᵉʳ samedi de sept., 3ᵉ samedi de nov., pour bestiaux, grains, chanvre, beurre, etc.

BAUDEL (St-), vg. *Cher* (Berry), arr. et à 27 k. de St-Amand-Montrond, cant. de la Guerche, ✉ de Châteauneuf-sur-Cher. Pop. 846 h. — Forges et haut fourneau.

BAUDELETS (les), vg. *Nord*, comm. de St-Aubin, ✉ d'Avesnes.

BAUDELLE (St-), bg *Mayenne* (Maine), arr., cant., ✉ et à 4 k. de Mayenne. Pop. 844 h.

BAUDEMENT, *Baldimentum*, vg. *Marne* (Champagne), arr. et à 58 k. d'Epernay, cant. et ✉ d'Anglure. Pop. 172 h. Près de l'Aube.

BAUDEMONT, vg. *Eure*. V. BEAUDEMONT.

BAUDEMONT, vg. *Yonne*, comm. et ✉ de Villeneuve-le-Roi.

BAUDES, vg. *Isère*, comm. de Ville-sous-Anjou, ✉ du Péage.

BAUDIÈRE (la), vg. *Isère*, comm. et ✉ de St-Lattier.

BAUDIÈRES (les), vg. *Yonne*, comm. de Héry, ✉ de Seignelay.

BAUDIGNAN, vg. *Landes* (Gascogne), arr. et à 61 k. de Mont-de-Marsan, cant. et ✉ de Gabaret. Pop. 324 h.

BAUDIGNÉCOURT, vg. *Meuse* (Lorraine), arr. et à 27 k. de Commercy, 42 k. de St-Mihiel, cant. et ✉ de Gondrecourt. P. 180 h.

BAUDILE (St-), vg. *Isère* (Dauphiné), arr. et à 55 k. de Grenoble, cant. et ✉ de Mens. Pop. 790 h.

BAUDILE (St-), vg. *Isère* (Dauphiné), arr. et à 32 k. de la Tour-du-Pin, 25 k. de Bourgoin, cant. et ✉ de Crémieu. P. 890 h.

BAUDILLE (St-), vg. *Tarn*, comm. de Pont-de-Larn, ✉ de Mazamet.

BAUDIMENT, vg. *Vienne*, comm. de Beaumont, ✉ Châtellerault.

BAUDINARD, *Bellum Dinacium*, vg. *Var* (Provence), arr. et à 30 k. de Draguignan, cant. et ✉ d'Aups. Pop. 374 h. — Il est situé à 5 k. de la rive gauche du Verdon, où se trouve un pont d'une seule arche et d'une hardiesse qui mérite de fixer l'attention. — *Foire* le 2 sept.

BAUDITS (les), vg. *Ariège*, comm. de Montjoie, ✉ de St-Girons.

BAUDOBRICA (lat. 51°, long. 26°). Ce nom est ainsi répété en deux endroits de l'Itinéraire d'Antonin, mais hors de sa place quand on le trouve entre *Antunnacum* et *Bonna*. Sa position est au-dessus de *Confluentes*, comme l'indique la Table, et la Notice de l'empire en fait mention entre *Bingium* et *Confluentes*. Le nom est écrit *Bodobrica* dans la Notice ; il se lit *Bontobrice* dans la Table. C'était un poste qu'occupait le *præfectus militum Balistariorum*, selon la Notice, sous les ordres du général résidant à Mayence. Les distances marquées par la Table, savoir VIII de *Confluentes*, ou Coblentz, et VIIII à l'égard de *Vosavia* ou *Vosalia*, qui est Ober-Wesel, sont très-convenables en lieues gauloises, à la position de Bopart. Il est mention de *Marca Bodobrigensis* dans un titre de Fulde du VIIIᵉ siècle (*in trad*. Fuldens., num. 12), rapporté par Schannat, en ajoutant *ultra Rhenum*, comme il convient *respectu Germaniæ*. Dans des écrits postérieurs on lit *Boburdia* et *Bodardus*, par une altération qui conduit à la dénomination actuelle de Bopart. » D'Anville. *Notice de l'ancienne Gaule*, p. 144.

BAUDOBRICA (lat. 50°, long. 25°). « On trouve un autre lieu de *Baudobrica* dans l'Itinéraire, sur une route à *Treveris Argentorato*. Cette route se rend au bord du Rhin à *Bingium*, par *Baudobrica* et *Salissone*. V. l'article SALISSO, qui renferme ce qui concerne cette branche de voie entre Trèves et Bingen. » D'Anville. *Notice de l'ancienne Gaule*, p. 145.

BAUDONCOURT, vg. *H.-Saône* (Franche-Comté), arr. et à 16 k. de Lure, cant. et ✉ de Luxeuil. Pop. 825 h. Près de la rive droite de la Lanterne. — On voit aux environs une source très-abondante, qui souvent est tarie pendant plusieurs années. Une opinion reçue dans le pays est qu'elle coule seulement lorsque l'année doit être stérile ou médiocre.

BAUDONS (le), vg. *Lot-et-Garonne*, comm. et ✉ de Clairac.

BAUDONVILLIERS, vg. *Meuse* (Lorraine), arr. et à 15 k. de Bar-le-Duc, cant. d'Ancerville, ✉ de Saudrupt. Pop. 272 h.

BAUDOTS (les), vg. *Saône-et-Loire*, comm. de Marcilly-les-Buxy, ✉ de Buxy.

BAUDOUVILLE, vg. *Seine-Inf.*, comm. de Limezy, ✉ de Barentin.

BAUDRE, vg. *Manche* (Normandie), arr., cant., et à 4 k. de St-Lô. Pop. 363 h. Près de la Vire.

BAUDRECOURT, vg. *H.-Marne* (Champagne), arr. et à 15 k. de Vassy, cant. et ✉ de Doulevant. Pop. 404 h.

BAUDRECOURT, vg. *Meurthe* (Lorraine), arr. et à 16 k. de Château-Salins, 26 k. de Vic, cant. et ✉ de Delme. Pop. 317 h.

BAUDREIX, vg. *B.-Pyrénées* (Béarn), arr. et à 14 k. de Pau, cant. de Clarac-près-Nay, ✉ de Nay. Pop. 269 h. Près du gave de Pau.

BAUDREMONT, vg. *Meuse* (Lorraine), arr. et à 18 k. de Commercy, cant. de Pierrefitte, 16 k. de St-Mihiel, ✉ de Villeneuve-devant-St-Mihiel. Pop. 288 h.

BAUDRES, vg. *Indre* (Berry), arr. et à 28 k. de Châteauroux, cant. et ✉ de Levroux. Pop. 1,004 h.

BAUDREVILLE, vg. *Manche* (Normandie), arr. et à 35 k. de Coutances, cant. et ✉ de la Haye-du-Puits. Pop. 404 h. — *Fab.* de bonneterie et de draps.

BAUDREZY, vg. *Moselle*, comm. de Mercy-le-Haut, ✉ de Briey.

BAUDRIBOSC, vg. *Seine-Inf.*, comm. de Berville, ✉ de Doudeville.

BAUDRIÈRES, vg. *Pas-de-Calais* (Artois), arr. et à 20 k. de St-Pol, cant. d'Avesnes-le-Comte, ✉ de Frevent. Pop. 1,335 h.

BAUDRICOURT, vg. *Vosges* (Lorraine), arr., cant. et à 7 k. de Mirecourt, ✉ de Remoncourt. Pop. 239 h.

BAUDUEN, *Baudonium*, vg. *Var* (Provence), arr. et à 42 k. de Draguignan, cant. et ✉ d'Aups. Pop. 882 h. — Il est bâti sur la rive gauche du Verdon, rivière qui coule à travers étroite, coupée à pic sur les deux bords, et sur laquelle on voit les restes d'un pont romain. A peu de distance de ces ruines, on voit la Fontaine-l'Evêque, dont les eaux abondantes font mouvoir plusieurs moulins. — *Foires* les 16 mai et 12 sept.

BAUDUMENT, vg. *B.-Alpes* (Provence), arr., ✉ et à 18 k. de Sisteron, cant. de Volonne. Pop. 125 h. — Il est situé au pied de la montagne St-Joseph de la Pérusse. On voit sur un rocher fort élevé les ruines d'un château qui appartenait à la reine Jeanne. La montagne de Pérusse renferme une fontaine d'eau minérale connue sous le nom de Fontaine des Faces.

BAUGÉ, petite ville, *Maine-et-Loire* (Anjou), chef-l. de comm., sous-préf. (2ᵉ arr.) et d'un cant. Trib. de 1ʳᵉ inst. Collège comm. Cure. Gîte d'étape. ◊. ∇. A 274 k. de Paris pour la taxe des lettres. Pop. 3,278 h. — TERRAIN tertiaire moyen, voisin du terrain crétacé inférieur.

En 1421, les environs de cette ville furent le théâtre d'une bataille sanglante, où les Anglais furent défaits par les troupes de Charles VII, dont les armes se signalèrent par un glorieux succès qui releva pour un moment son parti abattu.

Cette ville est agréablement située à peu de distance de Baugé-le-Vieil, dans une belle vallée, près du Couesnon, que l'on traverse en cet endroit sur un beau pont en pierres de taille; elle possède plusieurs belles habitations, mais elle est construite fort irrégulièrement. On y remarque un château bien conservé, bâti par Foulques Nerra, et un des plus beaux hospices de la province, dont la plupart des améliorations sont dues à la libéralité de Mˡˡᵉ de Melun, qui passa dans cet hôpital les trente dernières années de sa vie dans la pratique de toutes les vertus que demandent la religion et l'humanité. On voit un portrait de cette respectable fille dans la pharmacie.

PATRIE DE LEGOUY DE LA BOULAYE, célèbre voyageur, mort à Ispahan en 1669; de LEMAIGNAN, administrateur des hospices de Paris, où il opéra des réformes utiles.

Fabriques de toiles communes, étoffes de laine, ouvrages en corne. — *Commerce* de toiles, bois de charpente et bestiaux. — *Foires* le lundi gras, lundi après Pâques, lundi avant l'Assomption, après la Toussaint, 1ᵉʳ lundi de déc., et le lundi avant la Pentecôte.

Baugé est à 38 k. d'Angers.

L'arrondissement de Baugé est composé de 6 cantons : Baugé, Beaufort, Durtal, Longué, Noyant et Seiches.

BAUGÉ-LE-VIEIL, vg. *Maine-et-Loire* (Anjou), comm. de Baugé. Sur la rive droite du Couesnon. — On y remarque les ruines de l'ancien château des ducs d'Anjou, dont la construction date du xıᵉ siècle.

BAUGÉ, vg. *Sarthe*, comm. de la Fresnaye, ✉ de Mamers.

BAUGY, bg *Cher* (Berry), chef-l. de cant., arr. et à 27 k. de Bourges. Cure. Gîte d'étape. ✉ de Villequiers. Pop. 1,100 h. — Terrain jurassique, étage moyen du système oolitique. — Il est situé sur l'étang de son nom, dans une contrée fertile et abondante en pâturages.

Baugy était autrefois une ville assez considérable, défendue par un château fort entouré d'un double fossé. Ce château, dont on voit encore quelques ruines, fut assiégé et pris plusieurs fois, notamment par Charles VI, en 1412. Non loin de là, on remarque, vers l'est, les retranchements d'un ancien camp.

Commerce de chevaux, juments, poulains, bœufs de trait, etc. — *Foires* les 10 janv., 22 fév., 25 avril, 11 et 29 juin, 21 sept., 9 oct. et 23 nov.

BAUGY, vg. *Oise* (Picardie), arr., ✉ et à 10 k. de Compiègne, cant. de Ressons. Pop. 293 h. Près de l'Aronde. — On y voit un château et un joli parc, dans lequel on remarque de belles pièces d'eau et une fontaine superbe, entourée de marronniers magnifiques.

BAUJARD, vg. *Yonne*, comm. et ✉ de Villeneuve-le-Roi.

BAULAY, vg. *H.-Saône* (Franche-Comté), arr. et à 25 k. de Vesoul, cant. d'Amance, ✉ de Faverney. Pop. 703 h. Près de la rive gauche de la Saône.

BAULD (St-), vg. *Indre-et-Loire* (Touraine), arr., cant. et à 19 k. de Loches, ✉ de Cormery. Pop. 216 h. — Il doit son origine et son nom à une chapelle qu'y fit bâtir saint Bauld, évêque de Tours.

BAULLE, vg. *Loiret* (Orléanais), arr. et à 21 k. d'Orléans, cant. de Beaugency, ✉ de Meung. Pop. 2,010 h. — Il est bâti dans une situation très-agréable, sur la levée et la rive droite de la Loire. — *Commerce* de safran et de vins estimés que produit son territoire. — *Fabrique* de sucre de betteraves. — *Foire* le 1ᵉʳ jeudi de mars.

BAULENS, vg. *Lot-et-Garonne* (Armagnac), arr., ✉ et à 16 k. de Nérac, cant. de Francescas. Pop. 304 h.

BAULIZE (St-), vg. *Aveyron*, comm. de Montpaon, ✉ de St-Affrique.

BAULME-LA-ROCHE, vg. *Côte-d'Or* (Bourgogne), arr. et à 35 k. de Dijon, cant. et ✉ de Sombernon. Pop. 249 h.

BAULNE, vg. *Aisne* (Picardie), arr. et à 20 k. de Château-Thierry, cant. et ✉ de Condé-en-Brie. Pop. 673 h.

BAULNE, vg. *Seine-et-Oise* (Ile-de-France), arr. et à 20 k. d'Etampes, cant. de la Ferté-Aleps, ✉ de Beaurieux. P. 373 h. Sur la Juine. — Filature de lin.

BAULNY, vg. *Meuse* (Lorraine), arr. et à 33 k. de Verdun, cant. et ✉ de Varennes. Pop. 193 h.

BAULON, bg *Ille-et-Vilaine* (Bretagne), arr. et à 43 k. de Redon, cant. de Guichen, ✉ de Lohéac. Pop. 1,421 h. — On remarque aux environs, entre quatre collines, un bel étang de près de 4 k. de tour, non loin duquel est le château de la Mure.

BAULOU, vg. *Ariège* (pays de Foix), arr., cant., ✉ et à 8 k. de Foix. Pop. 470 h.

BAUME. V. Beaume.

BAUME (la), vg. *B.-Alpes*, comm. et ✉ de Sisteron. — Il est regardé comme un faubourg de Sisteron, dont il n'est séparé que par la Durance, que l'on traverse sur un pont d'une seule arche.

BAUME (Ste-). V. Fréjus.

BAUME (Ste-). V. Nans.

BAUME-A-VAROUX. V. Tour-du-Meix.

BAUME-CORNILLANNE (la), vg. *Drôme* (Dauphiné), arr. et à 22 k. de Valence, cant. et ✉ de Chabeuil. Pop. 545 h.

BAUME-DES-DEMOISELLES (la). V. St-Bauzille-de-Putois.

BAUME-DE-TRANSIT, vg. *Drôme* (Dauphiné), arr. et à 36 k. de Montélimart, cant. de Pierrelatte, ✉ de St-Paul-Trois-Châteaux. Pop. 331 h. Sur le Lez.

BAUME-D'HOSTUN, vg. *Drôme* (Dauphiné), arr. et à 32 k. de Valence, cant. de Bourg-du-Péage, ✉ de St-Lattier. P. 422 h.

BAUME-LE-JURA, nom donné à l'époque de la révolution à la ville de Baume-les-Moines ou les Messieurs.

BAUME-LES-DAMES, *Balmea*, ci-devant Baume-les-Nonnes, petite et très-ancienne ville, *Doubs* (Franche-Comté), chef-l. de sous-préf. et d'un cant. Trib. de 1ʳᵉ inst. Collège comm. Cure. Gîte d'étape. ✉. ∽. A 434 k. de Paris pour la taxe des lettres. Pop. 2,543 h. — Terrain jurassique, étage moyen du système oolitique.

L'origine de Baume remonte à une époque très-reculée. Il paraît certain que cette ville était considérable au xᵉ et au xıᵉ siècle, et qu'elle possédait plusieurs paroisses. Dans ces temps éloignés, cette ville haute, bâtie sur le mont St-Léger, qui fut détruite vers le milieu du xııᵉ siècle par le duc Berthod ; depuis cette époque, elle a été réduite à l'étendue qu'elle occupe aujourd'hui.

Baume possédait, avant la révolution de 1789, un célèbre monastère de bénédictines, où les religieuses faisaient preuve de noblesse, et n'étaient point cloîtrées. Ce monastère fut fondé, vers le milieu du vᵉ siècle, par les frères saint Romain et saint Lupicin, qui y placèrent pour première abbesse leur sœur. Bientôt il devint célèbre et fut très-peuplé ; les rois de Bourgogne le prirent en affection, et l'un d'eux, Gontran, y fut enterré. Charlemagne et son fils Louis le Débonnaire comblèrent cette abbaye de richesses.

Les armes de Baume-les-Dames sont : coupées au premier d'azur semé de billettes d'or à un lion naissant de même brochant sur les billettes ; au deuxième d'argent, à une main au naturel tenant deux palmes de sinople.

Cette ville est dans une situation fort agréable, sur la rive droite du Doubs, qui roule ses eaux dans un lit profond encaissé par d'âpres rochers, et sur le canal du Rhône au Rhin, à l'extrémité d'une belle prairie bordée de coteaux couverts de vignes. Elle est bien bâtie, au pied de cinq montagnes, sur l'une desquelles on remarque les ruines d'une des plus importantes forteresses du comté de Bourgogne, détruite en 1576, après la défaite qu'essuya Charles le Téméraire aux journées de Granson et de Morat. — L'église paroissiale est grande, belle, bien décorée et surmontée d'un clocher carré de 50 m. d'élévation. — L'hôpital est un édifice spacieux, et bien distribué. — La ville possède une petite bibliothèque publique renfermant 1,100 vol., et de charmantes promenades.

Baume-les-Dames est la patrie du médecin N.-G. Leclerc, de l'académie des sciences de St-Pétersbourg, mort, en 1798, auteur de plusieurs ouvrages estimés, parmi lesquels on distingue : *Atlas du commerce de Russie*, in-f° de 300 pages et 11 cartes ; *Histoire physique, morale et politique de la Russie ancienne*, 3 vol. in-4, 1783-84 ; *Histoire de la Russie moderne*, 3 vol. in-4, fig. et atlas, 1783-85.

Fabriques de chapellerie. Exploitation de gypse. Aux alentours, forges, verreries, tanneries, papeterie. — *Commerce* de bestiaux. — *Foires* les 31 janv., 29 avril, 13 août, 30 oct. et 1ᵉʳ jeudi de sept.

L'arrondissement de Baume est composé de 7 cantons : Baume, Clerval, l'Ile-sur-le-Doubs, Pierre-Fontaine, Rougemont, Roulans-l'Eglise et Vercel.

BAUME-LES-MESSIEURS, ci-devant Baume-les-Moines, petite ville, *Jura* (Franche-Comté), arr. et à 11 k. de Lons-le-Saulnier, cant. et ✉ de Voiteur. Pop. 771 h.

Baume doit son surnom à une abbaye de bénédictins, qui était déjà du temps de Charlemagne mise au nombre des plus riches abbayes de son empire, et l'une de celles qui devaient service militaire à ce monarque. Dans la suite, on n'y reçut que des gentilshommes qui prouvaient seize quartiers de noblesse. L'église, qui était fort riche, renferme les tombeaux des comtes de Bourgogne, de Vienne, de Châlons et de Montbéliard ; des inscriptions, des épitaphes, des statues, des bas-reliefs et des tableaux peints sur bois qui méritent d'être conservés. Le retable du grand autel est un triptyque ancien fort curieux, exécuté en 1563 ; le coffre est divisé en plusieurs compartiments occupés par différents sujets qui représentent la vie et la mort de Jésus-Christ. — L'ancienne abbaye de Baume-les-Messieurs est située au fond du précipice d'où sortent les deux affluents des sources de la Seille dont nous parlons ci-après ; elle est adossée à la pente méridionale de la montagne des Granges. L'église, longue de 70 m. 14 c. dans œuvre, et large de 11 m. 34 c., date du XII° siècle, sauf des restaurations postérieures. Le clocher est roman par sa tour, et de la renaissance (1563) par sa flèche. Le portail occidental, qui est du XV° siècle, est orné de diverses statues qui portent encore des traces évidentes de coloration. Le cloître est ogival ; les chapiteaux des colonnes sont historiés et décorés de feuillages.

La ville de Baume est bâtie, au fond d'une fosse étroite, entre des montagnes immenses et d'arides rochers qui ne laissent apercevoir que la voûte des cieux ; les rochers s'élèvent à plus de 200 m. au-dessus des habitations ; ils sont à nu dans leur moitié la plus haute, et ont l'air de faire saillie par leur partie supérieure, qui paraît s'avancer pour menacer le vallon. On arrive à cet endroit agreste et sauvage par une charmante vallée que la Seille arrose, et qui développe, à l'est, toute sa richesse. Cette vallée, quoique profonde, est un vignoble de bonne qualité ; le grand village de Névy, qui se trouve au tiers de la longueur, lui conserve un air de vie ; mais sa solitude commence ensuite à naître à mesure qu'on avance dans ses sinuosités : elle se contourne plusieurs fois de Château-Châlons à Baume, qui n'en est qu'à la distance de 4 k. Dans la portion haute et nue du rocher qui borde la vallée, on remarque plusieurs baumes ou cavernes qui ont servi de retraite et de défense dans le temps des guerres du pays : celle qu'on nomme la Baume-à-Garry paraît être d'une grande étendue et mériterait d'être explorée avec soin.

En remontant vers les sources de la Seille, le vallon devient de plus en plus solitaire, sauvage, inculte : une seule prairie naturelle est l'unique partie du terrain qui rende quelque produit agricole ; des coteaux, couverts de rocailles, s'élèvent à 70 m. de chaque côté, et par-dessus ces coteaux, près de 100 m. de rochers se montrent à nu dans une coupe aussi perpendiculaire que la muraille la mieux construite. Le vallon se termine en fer à cheval, et les sources de la Seille sont à droite, quand on est en face de la culée. La plus basse est au-dessus du coteau, à la naissance du rocher nu : c'est une masse d'eau de 2 m. de large et de 16 c. d'épaisseur, qui sort continuellement avec la même énergie entre des lits de rochers. A trente pas de cette source, on en voit une autre fort différente : celle-ci sort du milieu de la masse d'un lit de rocher par une fente longitudinale et perpendiculaire à l'horizon. Cette ouverture paraît avoir environ 6 m. de hauteur sur 34 c. de largeur ; elle est élevée au-dessus du coteau de la hauteur de 10 m. ; par sa chute, l'eau s'est creusé, dans la roche et dans le coteau, un demi-canal en forme de cheminée, de 15 à 20 m. de profondeur, non compris la hauteur du point duquel elle sort ; c'est donc environ 20 à 25 m. de chute, après laquelle cette eau serpente dans une masse du tuf de 150 pas de long, et de 66 m. de hauteur. — Le site de Baume est réellement extraordinaire et continuellement visité par les étrangers.

BAUMES (les), vg. *Bouches-du-Rhône*, comm. et ✉ de Marseille. Pop. 600 h.

BAUME-SUR-VÉORE (la), vg. *Drôme* (Dauphiné), arr., ✉ et à 17 k. de Valence, cant. de Chabeuil. Pop. 63 h.

BAUNÉ, vg. *Maine-et-Loire* (Anjou), arr. et à 21 k. de Baugé, cant. de Seiches, ✉ de Beaufort. Pop. 1,109 h.

BAUPTE, vg. *Manche* (Normandie), arr. et à 33 k. de Coutances, cant. de Périers, ✉ de Prélot. Pop. 309 h.

BAUQUAY, vg. *Calvados* (Normandie), arr. et à 33 k. de Vire, cant. et ✉ d'Aulnay-sur-Odon. Pop. 307 h.

BAUREGARD, vg. *Deux-Sèvres*, comm. de Saivre, ✉ de St-Maixent.

BAUREGARD, h. *Côte-d'Or*, comm. de Thoste, ✉ de la Maison-Neuve.

BAUSSAINE (la), vg. *Ille-et-Vilaine* (Bretagne), arr. et à 39 k. de St-Malo, cant. de Tinténiac, ✉ de Bécherel. Pop. 1,129 h.

BAUSSANCOURT, vg. *Aube* (Champagne), arr. et à 10 k. de Bar-sur-Aube, cant. et ✉ de Vendeuvre. Pop. 443 h. Près de la rive droite de l'Aube. — Carrière de marbre lumachelle.

BAUSSANT (St-), vg. *Meurthe* (Lorraine), arr. et à 27 k. de Toul, cant. et ✉ de Thiaucourt. Pop. 242 h.

BAUSSERONS (les), vg. *Saine-et-Oise*, comm. et ✉ de Brunoy. Pop. 300 h.

BAUTARD, vg. *H.-Vienne*, comm. de St-Georges-les-Landes, ✉ d'Arnac-la-Porte. Pop. 99 h.

BAUTÆ (lat. 46°, long. 24°). « Ce lieu est placé, dans l'Itinéraire d'Antonin, en suivant une route qui conduit de *Darantaria* à Genève. La distance à l'égard d'un lieu nommé *Casuaria* est marquée XVIII, et, à l'égard de Genève, XXV ; et, comme ces distances se renferment dans la province romaine, il faut entendre que c'est le mille qui y est employé. Or, la position de *Casuaria*, fixée dans l'article qui la concerne en particulier, la route passant par le bourg de Thones, près de la rivière de Sier, s'arrête en conséquence, de la distance marquée, à l'endroit que l'on appelle le vieux Annecy, situé à environ 2 milles vers le nord de la ville d'Annecy. De cette position jusqu'à Genève, ce qu'il y a d'espace en droite ligne ne s'estime guère que du double, ou de deux au plus, audessous de ce que peut consumer la mesure itinéraire, selon l'indication de 25 milles. C'est par méprise, et non par conformité avec l'Itinéraire, que la route dont il s'agit est conduite à *Colonia Equestris*, plutôt qu'à *Geneva*, dans la carte de l'ancienne Italie de M. de l'Isle. » D'Anville, *Notice de l'ancienne Gaule* p. 143.

BAUTIRAN, vg. *Gironde* (Guienne), arr. et à 22 k. de Bordeaux, cant. de la Brède, ✉ de Castres. Pop. 753 h. Près de la rive gauche de la Garonne. — *Fabriques* de toiles peintes. Filatures et tissage de coton.

BAUVIN, vg. *Nord* (Flandre), arr. et à 21 k. de Lille, cant. de Séclin, ✉ de Carvin. Pop. 1,083 h. — *Fabrique* de sucre indigène.

BAUVIRE (St-). V. St-Bazile-de-la-Roche.

BAUVOIE (la), vg. *Vosges*, comm. du Val-d'Ajol, ✉ de Plombières. Pop. 130 h.

BAUX (les), *Baucium*, petite ville, *Bouches-du-Rhône* (Provence), arr. et à 20 k. d'Arles, 22 k. de Tarascon, cant. de St-Remy. Pop. 495 h. — Cette ville est bâtie sur un rocher escarpé, qui n'est accessible que d'un seul côté et dominé par les ruines imposantes d'un ancien château fort, construit vers l'an 485, et successivement agrandi et fortifié, mais jamais détruit ; son existence a été de plus de onze siècles. Durant les guerres de la maison des Baux et des comtes de Provence, il avait été fortifié avec le plus grand soin ; et comme les habitants des vallées environnantes trouvaient près de ce château un asile assuré, ils y avaient transporté leurs demeures, et formé ainsi une ville qui était entourée de remparts. Cette ville est aujourd'hui réduite à n'être qu'un des plus pauvres villages de la Provence ; on n'y compte qu'une soixantaine de maisons entourées de décombres, et tombant elles-mêmes de vétusté.

Les armes des **Baux** sont : *de gueules à une étoile de seize rayons d'argent.*

Commerce d'huile d'olives.

BAUX-DE-BRETEUIL, bg *Eure* (Normandie), arr. et à 38 k. d'Evreux, cant. et ✉ de Breteuil. Pop. 1,615 h. — On y remarque la chapelle de Ste-Suzanne, but d'un pèlerinage très-fréquenté, et seul reste du prieuré de Ste-Suzanne-du-Désert, fondé en 1139. — *Fabriques* de clous d'épingle et de quincaillerie.

BAUX-STE-CROIX, vg. *Eure* (Normandie), arr., cant. S., ✉ et à 10 k. d'Evreux, dans la forêt de ce nom. Pop. 481 h. — On a trouvé sur son territoire en 1825, quelques figurines et plusieurs autres objets antiques, qui ont été déposés au musée d'Evreux.

BAUZAC, bg *H.-Loire* (Languedoc), arr. et à 18 k. d'Yssengeaux, cant. et ✉ de Monistrol. Pop. 2,352 h.

BAUZEIL (St-), vg. *Ariège* (pays de Foix), arr. et à 6 k. de Pamiers, cant. et ✉ de Varilles. Pop. 142 h.

BAUZELY (St-). V. Beauzely.

BAUZELY (St-), vg. *Gard* (Languedoc), arr., ✉ et à 18 k. de Nîmes, cant. de St-Mamers. Pop. 257 h.

BAUZEMONT, vg. *Meurthe* (Lorraine), arr., cant., ✉ et à 12 k. de Lunéville. Pop. 398 h. Près de Sanon. — Bauzemont est un lieu fort ancien dont il est fait mention dans les actes de 1130. C'est le lieu de naissance du chef de Vendéens Stofflet.

BAUZILE (St-), vg. *Tarn* (Languedoc), arr. et à 16 k. de Gaillac, cant. de Castelnau-de-Montmirail, ✉ de Cordes. Pop. 526 h.

BAUZILE-DES-BARRES (St-), vg. *Ardèche*, comm. de Chomérac, ✉ de Privas.

BAUZILE-DE-LA-SILVE (St-), vg. *Hérault* (Languedoc), arr. et à 30 k. de Lodève, cant. et ✉ de Gignac. Pop. 537 h.

BAUZILLE-DE-MONTMEL (St-), vg. *Hérault* (Languedoc), arr. et à 27 k. de Montpellier, cant. et ✉ des Matelles. Pop. 353 h.

BAUZILLE-DE-PUTOIS (St-), bg *Hérault* (Languedoc), arr. et à 39 k. de Montpellier, cant. et ✉ de Ganges. P. 1,778 h. — Terrain jurassique. — *Foire* le 16 août.

C'est dans un lieu voisin, d'une nature sauvage et pittoresque, appelé le Roc-de-Thoirac, que se trouve l'ouverture de la célèbre grotte ou *Baouma de las Doumaïselas*, appelée aussi grotte de Ganges.

La gorge ou le défilé de St-Bauzille, dont le roc de Thoirac resserre l'entrée, laisse à peine le passage à la rivière de l'Hérault dans quelques endroits, ou du moins en resserre le lit entre des murs de rochers; il a fallu entamer le flanc de la montagne pour faire passer le chemin quelquefois suspendu à une hauteur effrayante au-dessus des eaux. La rive droite offre une pente un peu moins rapide, et, dans les parties qui peuvent retenir la terre, une belle végétation; la rive gauche est presque entièrement dépouillée de verdure; des masses de rochers nus d'une hauteur prodigieuse, s'élèvent, souvent à pic, et semblent menacer le voyageur; le torrent est encombré de leurs débris. Les éboulements ne sont pas fréquents toutefois, et des fragments gigantesques de rochers qui paraissent prêts à tomber, sont peut-être destinés à rester des siècles en place. — Le défilé, qui n'a pas plus de 2,000 ou 2,500 m., se termine au-dessus de la Roque, d'où l'on jouit de la vue du remarquable bassin de Ganges, plus étendu, plus riche et beaucoup plus peuplé que celui de St-Bauzille. Les montagnes qui l'entourent offrent de belles lignes, et une végétation plus riche sur leurs pentes.

BAUZY, vg. *Loir-et-Cher* (Orléanais), arr. et à 20 k. de Blois, cant. et ✉ de Bracieux. Pop. 320 h.

BAVANS, vg. *Doubs* (Franche-Comté), arr., cant., ✉ et à 9 k. de Montbelliard. Pop. 761 h.

BAVAY, *Bagacum*, petite ville très-ancienne, *Nord* (Hainaut), chef.-l. de cant., arr. et à 25 k. d'Avesnes. Cure. ✉. ♥. A 227 k. de Paris pour la taxe des lettres. Pop. 1,605 h. — Terrain tertiaire inférieur, voisin du terrain de transition.

Autrefois diocèse de Cambrai, parlement de Douai, intendance de Maubeuge.

La position de *Bagacum* à Bavay est prouvée par quatre routes romaines qui se croisent et dont les mesures sont fournies par la Table de Peutinger, par l'Itinéraire d'Antonin et par la pierre milliaire de Tongres; ces quatre routes partent de *Turnacum*, Tournay, *Camaracum*, Cambrai, *Durocotorum*, Reims, *Atuatuca Tungrorum*, Tongres. Les débris de deux autres routes subsistent presque en totalité; l'une d'elles se rendait à *Tablæ*, *Ablus*, dans l'île des Bataves, en passant par Mons et par Anvers; l'autre qui allait à *Augusta Veromanduorum*, St-Quentin, est connue sous le nom de chaussée Brunehaut. Cette quantité de voies romaines dont *Bagacum*, Bavay, était le centre, prouve combien cette ville a été grande et peuplée sous les Romains; ce qui se trouve confirmé par la quantité de ruines romaines qu'on y a trouvées.

Bavay n'était au temps de César qu'un rassemblement de cabanes entourées d'un fossé et de palissades ou d'un mur en terre. Auguste en fit une place importante, où Tibère fit une entrée solennelle lorsqu'il commandait dans les Gaules les voies militaires. Des restes d'aqueducs, de bains, d'un amphithéâtre, d'un cirque et d'autres édifices publics; des inscriptions, des statues et des médailles, qu'on y a découverts, prouvent que Bavay fut une ville très-considérable : elle fut détruite par les Huns, ainsi que Tongres et Metz, en 355, et ne fut plus dès lors qu'une ville secondaire. Elle fut plusieurs fois prise et brûlée dans le cours du xvie siècle; enfin, en 1678, elle fut cédée à la France par la paix de Nimègue. En 1709, elle servit de retraite à l'armée française, après la bataille de Malplaquet, où 25,000 hommes périrent tant du côté des alliés que des Français, le 11 septembre de la même année. Louis XIV en fit détruire les fortifications.

Les armes de Bavay sont : *d'or à un lion d'argent*.

Cette ville, qui n'a plus aujourd'hui qu'une faible population, conserve dans les traces visibles du long séjour de ses fondateurs. On y voit les ruines d'un cirque très-bien tracé; celles d'un aqueduc qui y amenait, en passant sous la Sambre, les eaux de la fontaine de Floursies. Les dernières fouilles faites dans son enceinte par une société d'amateurs y ont fait découvrir un grand nombre d'objets curieux, et ont jeté un grand jour sur la manière dont les Romains consolidaient leur maçonnerie. Toutes ces découvertes ont été décrites par feu M. Nivelneau, dans un manuscrit en 2 vol. in 4, qui a valu à son auteur une médaille d'or que lui a décernée l'académie des inscriptions et belles-lettres.

On remarque au milieu de la place publique de Bavay une colonne septangulaire qui porte sur chacune de ses faces les sept voies romaines, dites chaussées Brunehaut, qui se réunissaient en ce point. Cette colonne n'est point antique; elle a remplacé celle des Romains, qui existait encore, dit-on, au xviie siècle.

Fabriques d'instruments aratoires et de ferronnerie, platines de fer, pelles, poêles à frire, clous, chaînes, bonneterie, fil, poterie de belle qualité. Cinq tanneries. Fonderies de fer et de cuivre. — *Commerce* de lin, grains, eaux-de-vie et bestiaux. — *Foires* les 15 août (4 jours), et le 9 de chaque mois.

Bibliographie. Caylus (le comte de). *Remarques sur Bagacum* (Rec. d'antiq., t. ii, p. 394-408, t. iii, p. 435; t. vi, p. 396, 399, 403).

De Bast. *Second Supplément au Recueil d'antiquités romaines et gauloises, contenant la description de Bavay et de Famars*, in-8, 1813.

Lambiez. *Antiquités de la ville de Bavay* (Journal encyclopéd., 15 avril 1773, t. iii, part. 2, p. 307).

De Caumont. *Cours d'antiquités monumentales*, iiie partie, 1838, p. 394.

Terninck (A.). *Promenades archéologiques sur la chaussée Brunehaut, ou Histoire des communes et des monuments qui l'avoisinent*, in-8, 1843 (1re partie).

BAVE (la), petite rivière qui prend sa source près de la Tronquière, au-dessus du village de Gorses, arr. de Figeac, dép. du *Lot*; elle passe à St-Céré et se jette dans la Dordogne, au-dessus de Caremnac, après un cours d'environ 40 k. Cette rivière est flottable à bûches perdues, depuis son confluent avec la Talerme jusqu'à son embouchure, sur une étendue de 18,000 m. Ce flottage consiste principalement en bois de chauffage et en merrain.

BAVELINCOURT, vg. *Somme* (Picardie), arr. et à 19 k. d'Amiens, cant. et ✉ de Villers-Bocage. Pop. 258 h. — On voit sur le territoire de cette commune un peu lven bien conservé, nommé vulgairement *pierre d'Oblicamp*.

BAVENT, *Balduentum*, *Badventum*, vg. *Calvados*, arr. et à 16 k. de Caen, cant. de Troarn. ✉. A 232 k. de Paris pour la taxe des lettres. Pop. 870 h.

BAVERANS, vg. *Jura* (Franche-Comté), arr., ✉ et à 4 k. de Dôle, cant. de Rochefort. Pop. 202 h. Près du Doubs.

BAVILLIERS, vg. *H.-Rhin* (Alsace), arr., cant., ✉ et à 3 k. de Befort. Pop. 870 h. — Bel établissement de filature de coton et de tissage de calicots, où l'on compte 6,000 broches, 300 métiers de tissage mécanique, 300 métiers à la main, et où sont occupés plus de 900 ouvriers, (A) 1839.

BAVINCHOVE, vg. *Nord* (Flandre), arr. et à 12 k. d'Hazebrouck, cant. et ✉ de Cassel. Pop. 960 h.

BAVINCOURT, vg. *Pas-de-Calais* (Artois), arr. et à 30 k. de St-Pol, cant. d'Avesnes-le-Comte, ✉ de l'Arbret. Pop. 522 h.

BAX, vg. *H.-Garonne* (Languedoc), arr. et à 28 k. de Muret, cant. et ✉ de Rieux. Pop. 239 h.

BAY, vg. *Ardennes* (Champagne), arr. et à 32 k. de Rocroy, cant. de Rumigny, ✉ de Brunhamel. Pop. 374 h.

BAY, vg. *H.-Saône* (Franche-Comté), arr. et à 23 k. de Gray, cant. et ✉ de Marnay. P. 239 h.

BAY-SUR-AUBE, vg. *H.-Marne* (Champagne), arr. et à 25 k. de Langres, cant. et ✉ d'Auberive. Pop. 239 h. Sur l'Aube.

BAYAC, vg. *Dordogne* (Périgord), arr. et à 25 k. de Bergerac, cant. et ✉ de Beaumont. Pop. 1,657 h. — Nombreuses papeteries.

BAYARD, vg. *H.-Marne*, comm. de la Neuville, arr. et à 14 k. de Vassy, ✉ de St-Dizier. — Forges, martinets, hauts fourneaux et moulin à farine.

BAYAS, vg. *Gironde* (Guienne), arr. et à

18 k. de Libourne, caut. et ✉ de Guitres. Pop. 522 h.
BAYASSE, vg. *B.-Alpes*, comm. de Fours, ✉ de Barcelonnette.
BAYE, vg. *Finistère* (Bretagne), arr., cant., ✉ et à 5 k. de Quimperlé. Pop. 495 h.
BAYE, beau village, *Marne* (Champagne), arr. et à 26 k. d'Epernay, cant. de Montmort. ✉. A 109 k. de Paris pour la taxe des lettres. Pop. 711 h.

Ce village se compose presque en entier d'une longue rue inclinée, qui suit la route d'Epernay à Sezanne, et qu'arrosent continuellement les eaux limpides de deux fontaines. Les maisons sont pour la plupart propres et bien bâties.

L'église de Baye est une des plus curieuses du département de la Marne; elle parait être dans les parties les plus anciennes au plus tôt du XII° siècle. Le chœur est orné de boiseries bien sculptées et fermé d'une grille en fer. Sous le sanctuaire est la crypte où furent déposés vers 480 les restes de saint Alpin, septième évêque de Châlons, qui naquit et mourut à Baye. En 860 le corps du saint fut retiré de la crypte et transporté à St-André de Châlons, devenu l'église actuelle de St-Alpin. La crypte est bien conservée, et la disposition en est curieuse, ce qui ne prouve pas toutefois que depuis 480 elle n'ait pas subi de modifications; seulement il est de notoriété qu'elle a été la sépulture du saint; cependant il est vrai de dire qu'on n'en trouve la preuve ni écrite ni imprimée; le bréviaire de Châlons n'en dit rien. Cette église est précédée d'un très-joli porche ogival, aussi large que la nef; il est simple, bien conservé et d'une facture élégante.

Baye était autrefois le chef-lieu d'une baronnie très-étendue de la comté-pairie de Châlons, qui était possédée au commencement du XII° siècle par la maison de Broyes. On y remarque un château très-vaste, accompagné de grands jardins et d'un parc où se trouvent de belles eaux agréablement distribuées.

PATRIE de saint Alpin; c'est aussi le lieu de naissance de GUILLAUME STE-COLOMBE, auteur de *la Femme comme on n'en connait point, ou Primauté de la femme sur l'homme*, in-12, 1786, et de quelques autres ouvrages.

Foires 1er vendredi de fév., vendredi après l'Ascension, 3e vendredi de juillet, dernier vendredi de nov.

BAYE, vg. *Nièvre*, comm. de Bazolles, ✉ de Châtillon-en-Bazois.
BAYECOURT, vg. *Vosges* (Lorraine), arr. et à 12 k. d'Epinal, cant. de Châtel-sur-Moselle, ✉ de Noméay. Pop. 298 h.
BAYEL, joli village, *Aube* (Champagne), arr., cant., ✉ et à 7 k. de Bar-sur-Aube. Pop. 712 h.

Bayel est un village bien bâti, sur la rive gauche de l'Aube. La partie du Levant située sur une éminence qui domine un joli bois et une riante prairie qui s'étend le long de l'Aube, jouit d'une vue fort agréable. Sur le bord de l'Aube se trouve une place publique bien plan-tée, destinée à devenir une fort jolie promenade. A 2 k. de Bayel, du côté de Bar-sur-Aube, il a existé jusqu'à la révolution un prieuré bâti par Philippe le Bel, en vertu d'un vœu qu'il avait fait, et dont le nom de Bel-Roy indique l'origine. — Entre la commune et les forges de Clairvaux, sur l'Aube, on voit les débris d'un pont que l'on croit de construction romaine. — Verrerie de verre blanc dont les produits sont très-recherchés. Belle tuilerie. Moulins à ciment, à foulon et à farine. Education des abeilles.

BAYENCOURT, vg. *Oise*, comm. et ✉ de Ressons.
BAYENCOURT, vg. *Somme* (Picardie), arr. et à 19 k. de Doullens, cant. et ✉ d'Acheux. Pop. 219 h.
BAYENGHEM-LES-EPERLECQUES, vg. *Pas-de-Calais* (Artois), arr., ✉ et à 12 k. de St-Omer, cant. d'Ardres. Pop. 555 h.
BAYENGHEIM-LES-SENINGHEIM, vg. *Pas-de-Calais* (Artois), arr., ✉ et à 18 k. de St-Omer, cant. de Lumbres. ✆. P. 324 h.
BAYERS, vg. *Charente* (Angoumois), arr. et à 13 k. de Ruffec, cant. et ✉ de Mansle. Pop. 455 h. Près de la Charente.
BAYET, vg. *Allier* (Bourbonnais), arr. et à 20 k. de Gannat, caut. et ✉ de St-Pourçain. Pop. 1,079 h. Près de la Sioule. — TERRAIN jurassique, calcaire à gryphées.
BAYEUX, *Baiocœ*, *Bodiocassium*, *Baiocassium Civitas*, très-ancienne ville, *Calvados* (Normandie), chef-l. de sous-préf. (1er arr.) et d'un cant. Trib. de 1re inst. et de com. Chambre cons. des manuf. Evêché. 2 cures. Grand séminaire. Collège com. Gîte d'étape. ✉. ✆. A 251 k. de Paris pour la taxe des lettres. Pop. 9,840 h. — TERRAIN jurassique, calcaire à gryphées.

Autrefois château et évêché, parlement de Rouen, intendance de Caen, bailliage, vicomté, élection, justice royale, gouvernement particulier, 17 paroisses, 9 couvents, séminaire. — Saint Exupère ou Spire fut le premier évêque de Bayeux, dans les temps apostoliques, et quinze de ses successeurs ont été mis au nombre des saints. — L'évêché de Bayeux avait pour revenu 60,000 liv.; taxe, 4,443 flor. Paroisses, 611. Abbayes, 14: revenu, 135,000 liv.; taxe, 5,400 flor.

« La ville de Bayeux est incontestablement l'une des plus anciennes cités des Gaules, et l'on ne peut douter qu'à l'exemple des autres villes de la basse Normandie qui existaient lors de la domination romaine, elle n'eût des temples, des gymnases, des théâtres et des thermes. Les colonnes milliaires, qui ont été trouvées dans les fondations de son ancien château, quelques morceaux de sculpture de colonnes chargées de feuilles de laurier, un grand nombre de médailles du haut empire, une pierre-cachet d'oculiste et beaucoup d'autres objets sont autant de preuves de son antiquité et de la considération dont elle jouissait. Les fouilles furent exécutées en 1821; on trouva différents objets, des médailles, des restes de bains antiques, qui, malgré leur dégradation peuvent nous donner une haute idée du genre des Romains. » *Mém. de la soc. des antiq. de Normandie*, t. I, p. 17 et suiv.

L'opinion la plus accréditée est que la fondation de Bayeux est antérieure à la conquête de César. Sous la domination romaine elle fut désignée sous le nom de *Civitas Bajocassium*. Les Romains avaient fait de cette ville une station militaire. Les Saxons dévastèrent la ville romaine, et de ses ruines formèrent une ville nouvelle qui, après s'être soumise aux Francs, devint la proie des Normands en 884 et en 890. Elle fut brûlée par accident vers l'année 1046. Sous Guillaume le Bâtard, Bayeux devint le partage du frère utérin de ce prince, du fameux Odon, célèbre par la part qu'il eut à la conquête de l'Angleterre. Henri Ier, fils de Guillaume, s'en empara et la livra aux flammes en 1106. Philippe de Navarre, frère de Charles le Mauvais, la prit et la réduisit en cendres en 1356. Bayeux se rendit aux Anglais en 1450, trente-trois jours après la bataille de Formigny. Les protestants s'emparèrent de cette ville et saccagèrent ses édifices religieux en 1562 et en 1563. La Moricière la prit pour la Ligue en 1589, et la rendit l'année suivante au duc de Montpensier. — Bayeux a été plusieurs fois agrandie et fortifiée, et pendant plusieurs siècles cette ville passa pour une place forte redoutable. Il s'y est tenu un concile sur la discipline en 1300.

Les armes de **Bayeux** sont: *de gueules au léopard passant d'or, accompagné en chef des lettres capitales B et X de même*. — Dans un manuscrit du XVIe siècle, elles sont figurées: *de gueules à l'aigle éployée d'or couronnée et membrée de même*; et dans un manuscrit de 1669: *de gueules au léopard couronné d'or*.

Cette ville est située dans une plaine fertile, riche en excellents pâturages et sillonnée de légers coteaux, à 12 k. de la mer. Elle est en général bien bâtie, et se compose de la cité et de quatre faubourgs. Toutefois la plupart de ses constructions sont encore de style ancien et curieux. Les places publiques sont assez vastes, bien plantées, mais irrégulières. Les promenades sont fort agréables.

L'ÉGLISE CATHÉDRALE est une grande et majestueuse basilique de style gothique, dont l'origine n'est pas postérieure au temps de la domination des Saxons. On croit que l'incendie de 1106 détruisit en partie cet édifice; ce qui parait certain, c'est que les arcades de la nef sont tout ce qui reste des constructions du XIe siècle. L'architecture de cette nef, quoique fort belle, ne l'est pas à beaucoup près autant que celle du chœur, dont rien n'égale l'élégante perfection: on remarque dans cette dernière partie de l'église, qui est entièrement séparée de l'autre, de magnifiques statues en chêne, sculptées dans le XVIe siècle. Le portail serait fort beau s'il était moins écrasé; il est surmonté de deux pyramides élevées de 75 m.; celle du nord a été bâtie avec l'église, celle du sud est de 1424. Au-dessus du chœur s'élève une tour octogone de 73 m., qui se termine par une lanterne pyramidale que supportent huit élégantes colonnes d'ordre dorique, entre lesquelles est placé un carillon assez remarquable : la construction de cette tour date de 1714. Sous le chœur et sous une partie du sanctuaire se trouve une crypte de 16 m. de long, sur 8 m. de large et 2 m. 64 c. de hauteur, supportée par huit colonnes massives, surmontées de chapiteaux grossiers : les murs de cette chapelle souterraine ont été peints à fresque dans le XVe siècle. L'intérieur de l'église est décoré de plusieurs tableaux qui ne sont pas sans mérite.

L'ÉGLISE ST-EXUPÈRE, située hors de la ville, passe pour la plus ancienne de Bayeux. Il ne reste toutefois de sa construction primitive que le corps carré de la tour, sur lequel on a élevé une pyramide de mauvais goût. Cette église, démolie en partie pendant la révolution, a été rebâtie sous le consulat.

L'ÉGLISE ST-PATRICE appartient en grande partie au XVIIIe siècle. Le chœur fut relevé en entier en 1747. La tour, qui est d'une architecture élégante, date du milieu du XVIe siècle.

On remarque encore à Bayeux l'hôtel de ville, où se trouve la fameuse tapisserie de la reine Mathilde. Cette broderie, l'un des monuments les plus anciens et les plus importants de l'histoire de Normandie, représente sur une toile de lin parfaitement conservée, de 5 c. de haut sur 68 m. 87 c. de long, les principaux événements de la conquête de l'Angleterre par Guillaume le Conquérant. Elle se compose de cinquante-cinq tableaux brodés à l'aiguille et avec des laines de diverses couleurs. Les quinze premiers représentent l'ambassade de Harold à la cour de Guillaume, sa captivité dans le comté de Ponthieu et sa délivrance. Les neuf scènes suivantes sont empruntées aux guerres de Guillaume avec les Bretons. Enfin, dans les trente et une dernières, on voit la mort d'Edouard, le couronnement de Harold, la descente de Guillaume, la bataille d'Hastings et la mort de Harold. Il est probable que la tapisserie ne s'arrêtait qu'à l'entrée de Guillaume à Londres. Cette broderie est évidemment contemporaine des événements dont elle était destinée à rappeler le souvenir. On ne saurait donc lui assigner une date plus récente que la fin du XIe siècle ou le commencement du XIIe. — Quant à son histoire, elle mérite d'être racontée. C'est à Montfaucon que l'on doit la découverte de ce précieux monument; c'est lui qui la tira d'une église de Bayeux, où elle était pour ainsi dire enfouie. Tout ce qu'on savait alors de la tapisserie de Bayeux, c'est qu'elle s'appelait la toilette du duc Guillaume, et que, dès 1476, elle servait à orner la nef de Notre-Dame de Bayeux. Lancelot et Montfaucon en attribuèrent la broderie à Mathilde, femme de Guillaume, et, bien que cette hypothèse n'ait jamais été prouvée, l'usage d'appeler la tapisserie de Bayeux la tapisserie de Mathilde a prévalu jusqu'à nos jours.

Biographie. Bayeux est la patrie de M. Béziers, auteur de l'*Histoire sommaire de la ville de Bayeux*, in-12, 1773.

De P. DU BOSC, ministre controversiste.
De J. BRÉBEUF, jésuite missionnaire, brûlé à petit feu par les Iroquois en 1640.
D'ALAIN CHARTIER, dont les œuvres ont été publiées in-4, 1617; on lui attribue l'histoire chronologique de Charles VI et Charles VII, qui est de J. Bouvier, dit de Berry.
De J. CHARTIER, frère du précédent, auteur des *Chroniques de la France*, compilées par ordre du roi Charles VII, 3 vol. in-f^o, 1476.
De GUILL. CHARTIER, évêque de Paris.
De P. HALLÉ, auteur de *Poésies latines*, né en 1611.
De J. DE CLAVIGNY, mort en 1702, auteur de la *Vie de Guillaume le Conquérant* et de quelques autres ouvrages.
De J. MOUSSARE, peintre et architecte.
Du célèbre peintre de portraits ROBERT LEFÈVRE.
De l'abbé FR.-AN.-ADR. PLUQUET, mort en 1790, auteur, entre autres ouvrages, de :
* *Examen du fatalisme*, 3 vol. in-12, 1757;
* *Mémoires pour servir à l'histoire des égarements de l'esprit humain*, ou *Dictionnaire des hérésies*, 2 vol. in-8, 1762, etc., etc.
De P. DE BODARD DE TEZAI, auteur dramatique, consul général à Gênes.

INDUSTRIE. Bayeux possède des fabriques de dentelles renommées, dont il se fait des expéditions à l'étranger, Ⓑ 1819, Ⓐ 1823, Ⓒ 1827; de percales, de calicots, de serges et de toiles ouvrées pour le service de table. Filatures de coton; tanneries, chapelleries, teintureries. Manufacture de porcelaine fondée en 1812, qui continue de mériter la réputation qu'elle s'est acquise dès l'origine. Elle occupe 60 ouvriers : on y emploie annuellement 150,000 kilog. de kaolin que l'on tire des Pieux (arr. de Cherbourg). Les produits de cette fabrique supportent parfaitement l'action du feu. Sous ce rapport et sous celui de la solidité, la porcelaine de Bayeux, quoique moins blanche que celle de Limoges, lui est beaucoup préférable, Ⓑ 1819-23-27-34-39. — *Commerce* de chevaux, bestiaux, porcs gras, volailles, poissons, fleurs naturelles et oignons de fleurs; mais surtout en beurre frais et demi-sel, dont on expédie à Paris 18 à 20 milliers chaque semaine.—Il se tient à Bayeux cinq *foires*, dont la plus considérable est celle de la Toussaint, qui dure 2 jours, et où il se vend une grande quantité de chevaux. On distribue à cette foire des primes d'encouragement aux propriétaires des plus belles juments poulinières. Les autres foires se tiennent les 6 fév., 15 juin, 14 sept., 18 oct. et 6 déc.

Bayeux est à 28 k. N.-O. de Caen, 300 k. O.-N.-O. de Paris. Lat. 49° 16' 34" N.; long. 3° 2' 11" O.

L'arrondissement de Bayeux est composé de 6 cantons : Balleroy, Bayeux, Caumont, Isigny, Ryes et Trévières.

Bibliographie. HERMANT (J.). *Bibliothèque générale du diocèse de Bayeux*, in-4, 1705.
— *Histoire du diocèse de Bayeux*, première partie, contenant l'histoire des évêques, avec celle des saints et des hommes illustres, in-4, 1705.
LEBŒUF (l'abbé). *Mémoire sur quelques antiquités du diocèse de Bayeux* (Mém. de l'acad. des inscriptions, t. XXI, p. 489).
SURVILLE. *Mémoire sur les vestiges des thermes de Bayeux*, in-8, fig., 1821.
LAMBERT (Ch.-Ed.). *Mémoires sur les thermes antiques de la ville de Bayeux* (Mém. de la soc. des antiq. de Normandie, t. I, p. 17 et 31, et t. II, p. 146).
* *Recueil de pièces concernant les terres de Coulombières, Briqueville et Bernesq, dans le bailliage de Bayeux*, in-4, 1724.
VAULTIER. *Recherches historiques sur l'ancien pays de Cinglais, du diocèse de Bayeux*, in-8, 1837.
BÉZIERS. *Mémoire historique et critique sur le Bessin, avec des anecdotes sur Bayeux sa capitale* (Nouvelles Recherches sur la France, 1766, t. II, p. 381 et 432).
PLUQUET (Frédéric). *Extrait des observations sur l'origine, la culture et l'usage de quelques plantes du Bessin, avec la synonymie en patois de ce peuple*, in-8.
— *Essai historique sur la ville de Bayeux et son arrondissement*, in-8, 1830.
BÉZIERS (Michel). *Histoire sommaire de la ville de Bayeux*, in-12, 1773.
— *Lettre à M. Lebœuf sur son mémoire au sujet des antiquités de Bayeux* (Journal de Verdun, p. 123-133, août 1760).
MANGON DE LALANDE (Ch.-Floreut.-Jacq.). *Mémoire sur l'antiquité des peuples de Bayeux*, in-8, 1832.
BELLEY (l'abbé). *Observations sur les anciens peuples de la cité de Bayeux* (Mém. de l'acad. des belles-lettres, t. XXXI).
DELAUNAY. *Bayeux et ses environs*, in-8, 1804.
LARUE (l'abbé Gervais de). *Recherches sur la tapisserie représentant la conquête de l'Angleterre par les Normands, et appartenant à l'église cathédrale de Bayeux*, in-4, orné de 8 pl. représentant la tapisserie, 1841.
DELAUNEY. *Origine de la tapisserie de Bayeux, prouvée par elle-même*, in-8, 1825.
MAUREY-D'ORVILLE. *Notice sur la tapisserie de Bayeux*, in-4, fig.
BOLTON-CORNEY. *Recherches et Conjectures sur la tapisserie de Bayeux*, trad. de l'anglais, in-8, 1841.
LAMBERT (Ed.). *Réfutation des objections faites contre l'antiquité de la tapisserie de Bayeux, à l'occasion de l'écrit de M. Bolton-Corney*, in-8, 1841.
PLUQUET (Fréd.). *Mémoire historique sur l'Hôtel-Dieu de Bayeux*, broch. in-8, 1825.
— *Contes populaires, traditions libres de l'arrondissement de Bayeux*, in-8, 1825.

BAYNES, vg. Calvados (Normandie), arr. et à 22 k. de Bayeux, cant. de Baleroy. Pop. 488 h.

BAYNES, h. *Tarn-et-Garonne*, cant. et ⊠ de Valence-d'Agen.

BAYON, vg. *Gironde* (Guienne), arr. et à 10 k. de Blaye, cant. et ⊠ de Bourg. Pop. 1,428 h. Près de la Gironde.—Ce village possède une église romane, où l'on a fait récemment sans discernement des restaurations qui ont dénaturé le style de cet ancien édifice.

BAYON, bg *Meurthe* (Lorraine), chef-l. de cant., arr. et à 22 k. de Lunéville. Cure. ⊠ de Neuviller-sur-Moselle. Pop. 910 h.—C'était jadis une ville fermée de murs, qui fut enlevée en 1475 par le duc de Bourgogne, et reprise par escalade l'année suivante. On a trouvé aux environs des médailles du haut empire, de grandes tuiles antiques et des restes de murailles de construction romaine.

Bayon est la PATRIE de JEAN BAYON, historien du XIVᵉ siècle.

BAYONNE, *Lapurdum*, *Baiona*, *Boatium Civitas*, *Boatium Bahiuna*, *Bajona*, jolie et forte ville maritime, *Basses-Pyrénées* (Gascogne), chef-l. de sous-préf. et de 2 cant. Trib. de 1ʳᵉ inst. et de comm., chambre et bourse de comm. Direct. des douanes. Hôtel des monnaies (lettre L). Place forte de 1ʳᵉ classe, résidence d'un général commandant. École d'hydrographie de 3ᵉ classe. Évêché. ⊠. ⚜. A 787 k. de Paris pour la taxe des lettres. Pop. 17,303 h.—TERRAIN d'alluvions modernes.—*Établissement de la marée du port*, 3 heures 45 minutes. La mer y marne de 4 m. dans les grandes marées, et de 2 m. 64 c. dans les plus faibles.

Autrefois évêché et port de mer; capitale du pays de Labour, parlement de Bordeaux, intendance d'Auch, chef-lieu d'une recette, sénéchaussée, mairie royale, gouvernement particulier, amirauté, juges-consuls, lieutenance de maréchaussée, collégiale, commanderie de Malte, abbaye de filles ordre de Citeaux, couvents de jacobins, de carmes, de cordeliers, de capucins, d'ursulines et de filles de la Visitation.—Revenu de l'évêché, 30,000 liv.; taxe, 100 flor. Paroisses, 72. Abbayes, 5 : revenu, 10,900 liv.; taxe, 225 flor.

« Il n'est question de cette ville dans aucun monument romain. La Notice de l'empire indique une ville nommée *Lapurdum*, qui a donné son nom au pays de Labour, dont Bayonne était la capitale. Ni les mesures, dont nous sommes dépourvus, ni l'histoire ne prouvent d'une manière certaine que *Lapurdum* occupait le même emplacement que Bayonne, quoique cela soit probable, vu la grande antiquité de cette ville. Grégoire de Tours en parle dans l'accord fait entre les rois Childebert et Gontran. Le diocèse de Bayonne ne remonte pas au delà du xᵉ siècle; il est probable qu'il fut un démembrement du diocèse d'Acqs. Il n'est pas question de Bayonne avant cette époque, et Oihenart, auteur basque, nous apprend que baia-une, en langue vasconne ou basque, signifie port. » Walckenaer. *Géographie des Gaules*.

Bayonne a eu ses vicomtes particuliers jusqu'à l'année 1193; Jean sans Terre s'en empara en 1199; les Anglais la réunirent au duché de Guienne sous le règne d'Edouard II.

En 1451, toutes les villes de la Guienne se trouvant comprises dans la capitulation de Bordeaux, elles ouvrirent sans difficulté leurs portes aux Français, à la réserve de Bayonne; les bourgeois de cette ville, très-dévoués à l'Angleterre, déclarèrent que les Bordelais n'avaient rien pu stipuler pour eux, et Charles VII, qui s'était avancé jusqu'à Taillebourg, envoya aux comtes de Dunois et de Foix l'ordre de les investir. Après avoir donné un repos de six semaines à leur armée, ils dressèrent leur camp devant cette ville le 6 août 1451, et le 18 août, une brèche étant ouverte, ils commencèrent à parlementer. Dunois, pour les punir de leur opiniâtreté, leur imposa des conditions plus sévères qu'aux autres villes du Midi; il exigea que leur commandant, Jean de Beaumont, frère du connétable de Navarre, demeurât prisonnier du roi, que les gens de guerre, et que les bourgeois lui payassent quarante mille écus comme contribution de guerre. A ces conditions, Bayonne, la dernière place que les Anglais occupassent en France, à la réserve de Calais, ouvrit ses portes aux troupes de Charles VII, le samedi 21 août 1451.—Les Espagnols ont tenté deux fois de s'en emparer par surprise, en 1595 et en 1631.—C'est à Bayonne qu'eut lieu, en 1565, la fameuse entrevue où se rendirent le duc d'Albe, muni des pouvoirs du roi d'Espagne, Catherine de Médicis, et le roi de France Charles IX. Là, suivant plusieurs historiens, et notamment suivant le grave de Thou, « On délibéra sur les moyens de délivrer la France des protestants, regardés comme un mal contagieux; et on adopta le sentiment du duc d'Albe, qui était celui du roi Philippe, et qui consistait à faire tomber les têtes des principaux chefs, à prendre pour modèle les *Vêpres siciliennes*, et à massacrer tous les protestants » (de Thou. *Histoire universelle*, liv. XXXVII). Le prince de Navarre, depuis célèbre sous le nom de Henri IV, pendant cette entrevue, prenait sans cesse auprès de Catherine de Médicis, qui aimait son esprit, et qui ne se méfiait pas de cet enfant; il entendit une partie des résolutions qui y furent prises, et les rapporta à sa mère, qui en donna avis au prince de Condé et à l'amiral de Coligny. Les chefs protestants prirent des mesures pour conjurer l'orage dont ils étaient menacés. Ils ne se rendirent point à l'assemblée de Moulins, où ils savaient que devait s'exécuter le projet sanguinaire qui fut enfin exécuté à Paris, le 24 août 1572, pendant la nuit affreuse de la St-Barthélemy. Les ordres avaient été envoyés dans les provinces pour continuer les mêmes massacres. Le vicomte d'Orthez, qui commandait à Bayonne, refusa d'être en cette occasion complice des crimes de Charles IX. et de sa mère. — Il s'est tenu à Bayonne trois conciles : en 315 ou 358 contre les ariens ; un autre en 442, et un troisième en 529.

Les armes de **Bayonne** sont : *de sable au poignard d'argent à la garde d'or, la pointe en bas*. Dans un manuscrit de 1669 elles sont figurées : *de gueules à une tour crénelée d'argent sur une onde d'azur et soutenue de deux lions d'or, un de chaque côté, adossés contre deux pins de sinople, avec une fleur de lis en chef entre les deux pins*.

En 1815, les Espagnols passèrent la Bidassoa au nombre de 15,000, et firent une démonstration sur Bayonne; il n'y avait pas un soldat dans la place : les Bayonnais coururent aux armes : huit cents hommes de garde nationale d'élite occupèrent les approches; trois cents marins, dont quatre-vingts furent organisés en compagnie d'artillerie, armèrent tous les forts : les hommes âgés et les vieillards garnirent le camp retranché et les remparts, tous jurèrent de s'ensevelir sous les ruines de la ville : cette contenance imposa tellement aux Espagnols, qu'ils renoncèrent à leur projet.—Bayonne se glorifie de n'avoir jamais été prise ; sa devise est : *Nunquam polluta*.—C'est à Bayonne que, sur la fin du dernier siècle, fut inventée la baïonnette, arme doublement nationale, et par son origine et par l'emploi que les Français savent en faire. V. ST-JEAN-DE-LUZ.

Bayonne est une ville très-avantageusement située, à peu de distance de l'Océan, au confluent de la Nive et de l'Adour, qui réunissent leurs eaux sous les murs du Réduit ; c'est la seule ville de France qui ait l'avantage d'avoir deux rivières où remonte la marée. La Nive, avant de mêler ses eaux à celles de l'Adour dans le port même de cette ville, la divise en deux parties à peu près égales, désignées sous le nom de grand et de petit Bayonne, réunies par les ponts Mayou et Paneco. Ces deux enceintes sont entourées de beaux remparts flanqués de bastions et de fossés larges et profonds, qu'on peut remplir d'eau à volonté : on y entre par quatre portes. Le grand Bayonne s'étend sur la rive gauche de la Nive, et renferme le vieux château ; le petit Bayonne se prolonge sur la rive droite de la Nive et la rive gauche de l'Adour, et renferme le château neuf, flanqué de quatre tours. Un troisième quartier, que l'on peut considérer comme faubourg de Bayonne, quoiqu'il n'appartienne ni à cette ville, ni même au département des Basses-Pyrénées, est situé sur la rive droite de l'Adour ; il porte le nom de St-Esprit, et forme une petite ville du département des Landes, qui communique avec Bayonne par un beau pont de bois, sur lequel on traverse l'Adour. C'est au St-Esprit qu'est bâtie la citadelle, qui commande tout à la fois la ville de Bayonne, le port, la campagne et la mer.

Bayonne est une ville riante, bâtie dans le genre espagnol, et présentant un aspect tout particulier et très-différent des autres villes de France. Les maisons ont des jalousies et des balcons sur lesquels on étend des toiles ; les boutiques sont sans clôtures, et la grande place ressemble à une place espagnole. Tout y est animé, gai, et d'une gaieté de bonne humeur ; on voit que ce n'est pas une joie passagère, et qu'habituellement les habitants sont d'humeur joyeuse.—Cette ville est en général fort bien bâtie. La grande rue où passe la route d'Espagne est large, bien percée et ornée de beaux édifices. Mais toutes les autres rues sont étroites, sans l'être pourtant à l'excès ; ce qui les rétrécit à la vue est la hauteur des maisons, élevées de trois ou quatre étages. Ces maisons sont assez bien construites, les unes en pierre, les autres en pans de bois. Plusieurs sont bordées d'arcades qui les embellissent. La place Grammont, qui donne d'un côté sur la Nive, et de l'autre sur l'Adour et le port, est décorée de beaux édifices ; c'est là que, sont réunis, avec la douane et la salle de spectacle, tout le commerce, toute l'activité, tout l'agrément de Bayonne.

Le seul édifice public remarquable de Bayonne est la cathédrale, bâtie sur une hauteur vers la fin du XIIᵉ siècle ; elle est petite, mais d'une élégante construction gothique.

Les allées maritimes forment une promenade agréable qui ne ressemble en rien à ce qui existe ailleurs en ce genre ; c'est une espèce de jetée plantée d'arbres, entretenue et sablée avec beaucoup de soin. L'un des côtés est bordé de jolies maisons peintes de diverses couleurs ; de l'autre règne un quai superbe, où viennent s'amarrer les navires, et d'où l'on découvre le St-Esprit, couronné de par la citadelle. Au pied est le chantier de construction appelé le Port, et une rangée de chais ou magasins. Cette promenade est très-fréquentée, et offre un aspect charmant par la diversité des costumes que l'on y remarque ; c'est là que l'on peut admirer les aimables Bayonnaises à la physionomie riante, aux yeux vifs et agaçants, à la taille élégante, à la tournure gracieuse ; les jolies Basquaises aux tailles sveltes et bien prises, aux figures vives et piquantes, à la démarche facile et légère. Il est rare de trouver dans une grande ville un aussi grand nombre de femmes attrayantes, et c'est avec justice qu'on a dit de Bayonne, que :

Jamais cité n'eut plus de belles;
Jamais belles n'ont réuni
A tant de grâces naturelles
Un art plus simple et plus uni.

Les femmes sont en effet presque toutes jolies à Bayonne, et généralement dans tout le pays basque. Leur taille est svelte, leur peau blanche, leurs yeux expressifs, qu'ils soient bleus, qu'ils soient noirs, et leur physionomie d'une vivacité charmante.—Thore reconnaît (*Promenades sur le golfe de Gascogne*) dans les Bayonnais un esprit inventif, un goût délicat, de la finesse dans les reparties, qui n'est pas exempte toutefois de causticité. Leur constitution physique est la même que celle des autres Basques qui habitent les campagnes voisines ; leurs jeux, leurs amusements sont ceux d'un peuple vif et heureux, toujours porté à la gaieté et aux plaisirs. Pleins d'humanité, ajoute Thore, on voit les Bayonnais aller au-devant de tous ceux que le malheur poursuit ; ils sont bons pères, bons maris, fils tendres, amis vrais et sujets fidèles. Un historien d'Aquitaine dit que dans toute partie de la France les femmes aiment sincèrement leurs maris, et les filles leurs amants : *Uxores maritos, puellæ amatores suos, sin-*

cerissime colunt. Il est vrai que cet auteur écrivait il y a deux siècles.

Les environs de Bayonne sont remarquablement beaux, même du côté des landes de Mont-de-Marsan ; on y voit des bois, des collines, des rivières, de belles prairies, le tout dominé par les Pyrénées, qui servent de cadre à ce riant tableau.

Le port de Bayonne est de difficile accès, à cause d'une barre qui occupe l'embouchure de l'Adour, et qu'il faut souvent reconnaître la sonde à la main ; mais une fois cette barre franchie, les bâtiments sont en toute sûreté. On remarque encore à Bayonne l'arsenal militaire, un des plus beaux et des plus riches du royaume ; l'hôpital militaire, qui pourra loger 2,000 malades ; l'arsenal de construction navale.

A 4 k. de Bayonne est le château de Marac, édifice remarquable par son architecture, et célèbre par les événements qui ont donné lieu à la guerre d'Espagne de 1808 à 1814. Cette belle habitation a été fort endommagée par un incendie en 1825.

Biographie.— Bayonne est la patrie de plusieurs hommes distingués, parmi lesquels nous citerons : J. DUVERGER DE HAURANNE, abbé de St-Cyran, mort en 1643, auteur de : *la Somme des fautes et faussetés capitales contenues en la Somme théologique du P. Fr. Garasse*, des *Lettres spirituelles*, etc.

LEPERTÉ. PELLETIER, célèbre chimiste, membre de l'Institut, mort en 1797. On a de lui plusieurs *Mémoires et observations de chimie*, réunis en 2 vol. in-8, 1798.

Le lieutenant général HARISPE.

M. J. LAFFITTE, président du conseil des ministres en 1830, membre depuis 1815, de toutes nos assemblées législatives, où il déploya un grand talent dans toutes les questions financières et politiques ; mort en 1844.

Le capitaine de vaisseau BERGERET.

Le littérateur P. COSTE.

La fameuse directrice de spectacle la MONTANSIER.

J.-JOS. ADER, littérateur, auteur, entre autres ouvrages, de l'*Histoire de l'expédition d'Égypte et de Syrie*, in-18, 1826 ; d'un *Traité du mélodrame*, in-8, 1816.

Le chevalier BRAIX, littérateur estimable, mort en 1780.

FR.-EUG. GARAY DE MONGLAVE, né en 1796, auteur d'un grand nombre d'ouvrages historiques, politiques et littéraires, et de plusieurs traductions d'ouvrages portugais.

Fabriques d'eau-de-vie d'Andaye, d'anisette, de crème de tartre, de chocolat estimé dont il se fait un grand débit en France et dans tout le Nord. Corderies pour la marine. Verrerie, nombreuses exploitations de kaolin. Raffineries de sucre. Construction de navires. Armements pour la pêche de la baleine, de la morue et pour les colonies. Grand et petit cabotage.

Commerce de vins. Eaux-de-vie, drogueries, jambons dits de Bayonne (qui se préparent particulièrement à Orthez), denrées coloniales, lin, toiles, laines, goudron, résine, etc.— Entrepôt de denrées coloniales de toute espèce.

—Commerce considérable avec l'Espagne : les exportations consistent en toileries, draps, soieries et autres articles des fabriques françaises ; vins, eau-de-vie, liqueurs, jambons excellents, matières résineuses, planches de sapin, liège en planches et façonné, peaux d'agneaux, etc. ; les importations comprennent les laines fines, safranum, bois et jus de réglisse, piastres d'Espagne, matières d'or et d'argent, etc.

Bayonne est à 105 k. O. de Pau, 176 k. S.-S.-O. de Bordeaux, 815 k. S.-O. de Paris. Lat. 43° 29' 15'', long. 3° 48' 4'' O.

L'arrondissement de Bayonne est composé de 8 cantons : Bayonne N.-E., Bayonne N.-O., Bidache, Espelette, Hasparren, la Bastide-Clairence, St-Jean-de-Luz et Ustaritz.

Bibliographie. — *Recueil des choses notables qui ont été faites à Bayonne, à l'entrevue du très-chrétien roi* (Charles IX), *avec la reine sa mère, et la reine catholique sa sœur* (le 30 mai 1565).

Réception de la reine d'Espagne à St-Jean-de-Luz, et son entrée à Bayonne, en 1565.

Relation des privilèges, droits et règlements de la ville de Bayonne, in-8, 1680.

Histoire ou Annales du cap Breton et partie de celles de Bayonne, in-8, 1842.

MASSIN (M.-P.). *Essai sur la ville de Bayonne, et de son commerce, de celui de la pêche de la morue, de la baleine*, etc., in-8, avec un plan de Bayonne, 1792.

Nouvelle Chronique de la ville de Bayonne, par un Bayonnais, 2 vol. in-8, 1839.

MOREL (M.-F.). *Bayonne. Vues historiques et descriptives*, in-8, 1836.

GINDRE (J.). *Mémoire géologique sur les environs de Bayonne et sur la non-possibilité d'y trouver de la houille*, in-8, 1840.

Mémoires de la société archéologique du midi de la France, in-8 (t. v, 1843, contient une notice sur Bayonne).

BAYONS, *Bayo*, vg. B.-Alpes (Provence), arr. et à 37 k. de Sisteron, cant. de Turiers, ✉ de la Motte-du-Caire. Pop. 854 h.— *Commerce* de grains, chanvre et amandes.— *Foire* le 18 oct.

BAYONVILLE, vg. *Ardennes* (Champagne), arr. et à 25 k. de Vouziers, cant. ✉ de Buzancy. Pop. 512 h.

BAYONVILLE, vg. *Meurthe* (Lorraine), arr. et à 45 k. de Toul, cant. et ✉ de Thiaucourt. Pop. 436 h. Sur le Mad.

BAYONVILLERS, vg. *Somme* (Picardie), arr. et à 27 k. de Montdidier, cant. de Rozières, ✉ de Villers-Bretonneux. P. 943 h.

BAYOURTHE (la), vg. *Tarn*, comm. de Bez-de-Belfouré, ✉ de Brassac.

BAZAC, vg. *Charente* (Saintonge), arr. à 32 k. de Barbezieux, cant. et ✉ de Chalais. Pop. 400 h. Près de la Drôme.

BAZADOIS (le), *Vasatensis*, *Vasates*, pays qui dépendait autrefois de la ci-devant province de Guienne ; il est maintenant compris dans les départements de la Gironde et de Lot-et-Garonne. On divisait ce pays en deux parties séparées par la Garonne: le Bazadois méridional, capitale Bazas, et ayant pour principales villes Langon, le Mas-d'Agénois, Castel-Jaloux, etc.; et en Bazadois septentrional, capitale la Réole.

BAZAIGES, vg. *Indre* (Berry), arr. et à 35 k. de la Châtre, cant. d'Eguzon, ✉ d'Argenton-sur-Creuse. Pop. 561 h. — *Fabrique* de poterie vernissée d'une grande beauté.

BAZAILLES, vg. *Moselle* (Lorraine), arr. et à 30 k. de Briey, cant. et ✉ de Longwy. Pop. 309 h.

BAZAINVILLE, vg. *Seine-et-Oise* (Beauce), arr. et à 26 k. de Mantes, cant. et ✉ de Houdan. Pop. 610 h.

BAZALGETTE, vg. *Lozère*, comm. de St-Etienne-du-Valdonnès, ✉ de Mende. P. 114 h.

BAZANCOURT, vg. *Marne* (Champagne), arr. et à 17 k. de Reims, cant. de Bourgogne, ✉ d'Isles-sur-Suippe. Pop. 1,137 h. — Filature importante de laine peignée et cardée qui occupe plus de deux cents ouvriers; c'est la première en ce genre qui ait été établie en France.

BAZANCOURT, vg. *Oise* (Picardie), arr. et à 35 k. de Beauvais, cant. et ✉ de Songeons. Pop. 211 h.

BAZARNES, vg. *Yonne* (Bourgogne), arr. et à 19 k. d'Auxerre, cant. et ✉ de Vermanton. Pop. 596 h. Sur l'Yonne.

BAZAS, *Cossio, Vasatum, Vasatæ*, très-ancienne ville, *Gironde* (Guienne), chef-l. de sous-préf. Cure. Gîte d'étape. ✉. ⚜. A 622 k. de Paris pour la taxe des lettres. Pop. 4,515 h. — Terrain tertiaire supérieur.

Autrefois évêché, capitale du Bazadois, parlement et intendance de Bordeaux, élection de Condom, gouvernement particulier. — L'évêché de Bazas, fondé avant 496, est l'un plus anciens siéges épiscopaux de la Novempopulanie.

Bazas existait du temps des Romains; le père du poëte Ausone y est né, et cet écrivain en parle, ainsi que Sidoine Apollinaire et Grégoire de Tours. Ptolémée en fait mention sous le nom de Cossio, place importante, capitale des *Vasates*, l'un des peuples les plus puissants de la Novempopulanie. La position de *Cossio* à Bazas est prouvée par l'Itinéraire de *Ausci*, Auch, et aboutit à *Burdigala*, Bordeaux.

Les armes de Bazas sont : *de gueules, à un portail de ville crénelé, flanqué de deux tours crénelées; la porte hersée et ouverte du champ, surmontée d'un bourreau tenant un badelaire prêt à en frapper un martyr qui est à genoux dans la posture de la prière. Le tout d'argent ajouré et maçonné de sable.*

Cette ville est dans une situation pittoresque, sur un rocher escarpé, au pied duquel coule la Beuve. Elle est généralement mal bâtie, entourée de promenades agréables et ceinte de murs ruinés, seuls restes de ses anciennes fortifications. On y remarque une assez jolie place publique entourée d'arcades, sur laquelle s'élève la cathédrale, édifice gothique du XIIIᵉ ou du XIVᵉ siècle, d'une grandeur moyenne, mais d'une belle proportion, remarquable par le nombre et par la légèreté de ses piliers, par son plan, par la pureté de l'architecture et la délicatesse de la principale façade, ornée d'une grande quantité de statues et de statuettes qui représentent, entre autres sujets, la vie de saint Jean Baptiste, la vie de la Vierge, les signes du zodiaque, les travaux de la campagne, le jugement dernier. Près de l'entrée principale est le bénitier, où, par un effet d'optique très-curieux, la voûte de l'église se réfléchit dans toute son étendue. La cathédrale de Bazas a été classée par le ministre de l'intérieur au nombre des monuments historiques. — On remarque aussi dans cette ville la maison de M. Pierron et celle de M. Dandrault.

Biographie. Bazas est la patrie de Jules Ausone, médecin et philosophe, né vers 237. — De Noël Larrière, savant janséniste, mort en 1802. On a de lui plusieurs ouvrages, parmi lesquels on distingue : *Préservatif contre le schisme*, in-8, 1791 ; * *Vie de messire Ant. Arnauld, docteur de la maison et de la société de Sorbonne*, 2 vol. in-4, 1783.

Fabriques de droguets. Verrerie à bouteilles. Blanchisseries de cire. Tannerie. — *Commerce* de grains, bestiaux, bois de chauffage et de construction, merrain, etc. — *Foires* les 2 et 3 janv., 20 mars, 4 avril, 25 juin, 30 août, 11 nov. et le 1ᵉʳ jour de marché de chaque mois.

Bazas est à 53 k. S.-E. de Bordeaux, 624 k. S.-S.-O. de Paris. Lat. 44° 25′ 55″ N., long. 2° 32′ 47″ O.

L'arrondissement de Bazas est composé de 7 cantons : Auros, Bazas, Captieux, Grignols, Langon, St-Symphorien et Villandraut.

Bibliographie. Orcilly (l'abbé). *Essai sur l'histoire de ville et de l'arrondissement de Bazas*, in-8, 1840.

Sidoine Apollinaire (lib. VIII, cap. 12) a donné une curieuse description de Bazas.

BAZAUGES, vg. *Charente-Inf.* (Saintonge), arr. et à 28 k. de St-Jean-d'Angely, cant. et ✉ de Matha. Pop. 366 h.

BAZEGNEY, vg. *Vosges* (Lorraine), arr. et à 10 k. de Mirecourt, cant. et ✉ de Dompaire. Pop. 369 h.

BAZEILLE (Ste-), *Lot-et-Garonne* (Agénois), arr., cant., et à 6 k. de Marmande. Pop. 2,800 h. — C'était autrefois une place forte, qui fut prise en 1342. — *Fabrique* de taillanderie. — *Foires* les 24 fév., 11 juin, 16 août, 28 oct. et le 18 de chaque mois.

BAZEILLES, vg. *Ardennes* (Champagne), arr., cant. S., et à 5 k. de Sédan. Pop. 1,681 h. — Cette commune faisait autrefois partie de la souveraineté de Sédan. Elle fut en 1641 entourée de fossés, afin de résister plus facilement aux troupes de l'empereur d'Autriche, qui avait déclaré la guerre à la France. — *Fabriques* de forces à tondre les draps. Filatures de laine. Forges et martinets. Fabriques de fléaux de balances, poêles à frire.

BAZEILLES, vg. *Meuse* (Lorraine), arr., cant., ✉ et à 6 k. de Montmédy. P. 246 h.

BAZELAT, vg. *Creuse* (Marche), arr. et à 32 k. de Guéret, cant. et ✉ de la Souterraine. Pop. 838 h.

BAZEMONT, vg. *Seine-et-Oise* (Ile-de-France), arr. et à 30 k. de Versailles, cant. de Meulan, ✉ de Maule. Pop. 441 h. — Il est situé sur une éminence, près de la forêt des Alluets, et possède un ancien château.

BAZENS, vg. *Lot-et-Garonne* (Agénois), arr. et à 20 k. d'Agen, cant. et ✉ de Port-Ste-Marie. Pop. 641 h.

BAZENTIN, vg. *Somme* (Picardie), arr. et à 19 k. de Péronne, cant. et ✉ d'Albert. Pop. 341 h.

Bazentin est le lieu de naissance d'Ant. Monnet de Lamark, célèbre naturaliste, membre de l'Institut, mort en 1829, auteur de savants ouvrages sur l'histoire naturelle, parmi lesquels on distingue : *Philosophie zoologique, ou Exposition des considérations relatives à l'histoire naturelle des animaux*, 2 vol. in-8, 1809 ; *Histoire naturelle des animaux sans vertèbres*, etc., 7 vol. in-8, 1815-22 ; *Histoire naturelle des végétaux classés par famille*, etc., 15 vol. in-18, 1826 ; *Tableau encyclopédique et méthodique de la botanique*, 3 vol. in-4 (le 3ᵉ est de Poiret), 1791-1823.

BAZENVILLE, bg *Calvados* (Normandie), arr. et à 11 k. de Bayeux, cant. de Ryes, ✉ de Creully. Pop. 561 h. — On y remarque une ancienne église susceptible d'être classée au nombre des monuments historiques.

BAZERQUE, vg. *Ariège*, comm. et ✉ d'Ax.

BAZET, vg. *H.-Pyrénées* (Bigorre), arr., cant., ✉ et à 8 k. de Tarbes. Pop. 568 h. Sur l'Adour.

BAZEUGE (la), vg. *H.-Vienne* (Limousin), arr. et à 16 k. de Bellac, cant. et ✉ de Dorat. Pop. 571 h.

BAZIAN, vg. *Gers* (Armagnac), arr. et à 23 k. d'Auch, cant. et ✉ de Vic-Fezensac. Pop. 540 h.

BAZICOURT, vg. *Oise* (Picardie), arr. et à 17 k. de Clermont, cant. de Liancourt, ✉ de Pont-Ste-Maxence. Pop. 196 h.

BAZIÉGE, *Badera*, petite ville, *H.-Garonne* (Languedoc), arr. et à 12 k. de Villefranche, cant. de Montgiscard. ✉. ⚜. A 712 k. de Paris pour la taxe des lettres. Pop. 1,682 h. — Elle est fort agréablement située sur le Lers et le canal du Midi.

BAZIEN, vg. *Vosges* (Lorraine), arr. et à 33 k. d'Epinal, cant. et ✉ de Rambervillers. Pop. 278 h.

BAZILE (St-), vg. *Ardèche* (Vivarais), arr. et à 33 k. de Tournon, cant. et ✉ de la Mastre. Pop. 1,473 h.

BAZILE (St-), vg. *Calvados* (Normandie), arr. et à 26 k. de Lisieux, cant. de Vimoutiers. Pop. 506 h.

BAZILE (St-), vg. *H.-Vienne* (Limousin), arr., ✉ et à 12 k. de Rochechouart, cant. d'Oradour-sur-Vayres. Pop. 491 h.

BAZILE-DE-LA-ROCHE (St-), ou St-Bauvire, vg. *Corrèze* (Limousin), arr. et à 27 k. de Tulle, cant. de la Roche-Cauillac, ✉ d'Argentat. Pop. 584 h.

BAZILE-DE-MEYSSAC (St-), vg. *Corrèze* (Limousin), arr. et à 23 k. de Brive, cant. et ✉ de Meyssac. Pop. 434 h.

BAZILLAC. V. BASSILLAC.

BAZILLAC, vg. *H.-Pyrénées* (Gascogne), arr. et à 18 k. de Tarbes, cant. et ✉ de Rabastens. Pop. 527 h.

BAZINCOURT, vg. *Eure* (Normandie), arr. et à 35 k. des Andelys, cant. et ✉ de Gisors. Pop. 495 h. — On y voit les ruines d'un ancien château. — *Fabriques* de serrurerie. Usines à zinc et à cuivre.

BAZINCOURT, vg. *Meuse* (Lorraine), arr. et à 12 k. de Bar-le-Duc, cant. d'Ancerville, ✉ de Saudrupt. Pop. 381 h.

BAZINGHEN, vg. *Pas-de-Calais* (Boulonnais), arr. et à 14 k. de Boulogne, cant. et ✉ de Marquise. Pop. 442 h.

BAZINIÈRE (la), vg. *Deux-Sèvres*, comm. de Beugné, ✉ de Niort.

BAZINVAL, vg. *Seine-Inf.* (Normandie), arr. et à 25 k. de Neufchâtel, cant. et ✉ de Blangy. Pop. 437 h. Près de la forêt d'Eu.

BAZOCHE-AU-PERCHE-GOUET (la), bg *Eure-et-Loir* (Beauce), arr. et à 25 k. de Nogent-le-Rotrou, cant. d'Authon. ✉. ✆. Pop. 2,194 h. — Il est sur la rive gauche de l'Yerre, à 149 k. de Paris pour la taxe des lettres. — C'est la PATRIE de JACQUES L'ENFANT, prédicateur du roi de Prusse, de l'académie de Berlin, mort en 1728. On a de lui plusieurs ouvrages, entre lesquels on distingue : *Histoire du concile de Constance*, 2 vol. in-4, 1714 ; *Histoire du concile de Pise*, 2 vol. in-4, 1724 ; *Histoire de la guerre des hussites et du concile de Bâle*, 2 vol. in-4, 1729 ; *Histoire de la papesse Jeanne*, 2 vol. in-12, 1758. — Jacques l'Enfant était le chef de la société des anonymes, à laquelle la *Bibliothèque germanique* doit sa naissance.

BAZOCHE-MONTPINÇON (la), vg. *Mayenne* (Maine), arr., cant., ✉ et à 5 k. de Mayenne. Pop. 305 h.

BAZOCHES, vg. *Aisne* (Picardie), arr. et à 20 k. de Soissons, cant. de Braisne, ✉ de Fismes. Pop. 397 h.

BAZOCHES, vg. *Loiret* (Orléanais), arr. et à 28 k. de Montargis, cant. et ✉ de Courtenay. Pop. 488 h.

BAZOCHES, vg. *Nièvre* (Nivernais), arr. et à 30 k. de Clamecy, cant. de Lormes, ✉ d'Avallon. Pop. 863 h.

BAZOCHES, vg. *Seine-et-Oise* (Beauce), arr. et à 18 k. de Rambouillet, cant. et ✉ de Montfort-l'Amaury. Pop. 352 h.

BAZOCHES-EN-DUNOIS, vg. *Eure-et-Loir* (Beauce), arr. et à 28 k. de Châteaudun, cant. d'Orgères, ✉ de Patay. Pop. 527 h.

BAZOCHES-EN-HOULME, vg. *Orne* (Normandie), arr. et à 23 k. d'Argentan, cant. et ✉ de Putanges. Pop. 1,107 h.

BAZOCHES-LÈS-BRAY, vg. *Seine-et-Marne* (Brie), arr. et à 23 k. de Provins, cant. et ✉ de Bray-sur-Seine. Pop. 728 h. — *Foire* le 9 juin.

BAZOCHES-LES-GALLERANDES, bg *Loiret* (Gatinais), arr. et à 16 k. de Pithiviers, cant. d'Outarville, ✉ de Toury. Pop. 1,135 h. — Commerce d'excellent safran de son territoire.

BAZOCHES-LES-HAUTES, vg. *Eure-et-Loir* (Beauce), arr. et à 37 k. de Châteaudun, cant. d'Orgères, ✉ de Janville. Pop. 529 h.

BAZOCHES-SUR-HOÊNE, vg. *Orne* (Normandie), chef-l. de cant., arr., ✉ et à 8 k. de Mortagne. Cure. Pop. 1,443 h.

BAZOGE (la), vg. *Manche* (Normandie), arr., ✉ et à 10 k. de Mortain, cant. de Juvigny. Pop. 353 h.

BAZOGE (la), vg. *Sarthe* (Maine), arr., 3e cant., ✉ et à 13 k. du Mans. ✆. Pop. 2,398 h. — *Fabriques* de toiles.

BAZOGES-EN-PAILLERS, vg. *Vendée* (Poitou), arr. et à 34 k. de Bourbon-Vendée, cant. et ✉ de St-Fulgent. Pop. 660 h. — *Foires* les 3es vendredis d'avril et de juin.

BAZOGES-EN-PAREDS, vg. *Vendée* (Poitou), arr. et à 24 k. de Fontenay-le-Comte, cant. et ✉ de la Châtaigneraie. Pop. 1,820 h. — *Foires* les 1ers lundis d'avril et de nov.

BAZOILLÉ, vg. *Vosges* (Lorraine), arr. et à 6 k. de Mirecourt, cant. de Vittel, ✉ de Remoncourt. Pop. 352 h.

BAZOILLE-SUR-MEUSE, vg. *Vosges* (Lorraine), arr., cant., ✉ et à 7 k. de Neufchâteau. Pop. 620 h. Sur la Meuse.

BAZOIS, petit pays qui formait autrefois la partie orientale du Nivernais ; il est formé par plusieurs vallées bornées par les montagnes du Morvan, et arrosées par des petites rivières dont les eaux sont assez abondantes. La ville de Moulins-en-Gilbert en était regardée comme le chef-lieu.

BAZOLLES, vg. *Nièvre* (Nivernais), arr. et à 35 k. de Château-Chinon, cant. de Châtillon-en-Bazois. Pop. 885 h.

BAZONCOURT, vg. *Moselle* (Lorraine), arr. et à 17 k. de Metz, cant. de Pange, ✉ de Courcelles-Chaussy. Pop. 574 h. Près de la Nied française.

BAZOQUE (la), vg. *Calvados* (Normandie), arr. et à 22 k. de Bayeux, cant. et ✉ de Balleroy. Pop. 450 h.

BAZOQUE, vg. *Orne* (Normandie), arr. et à 24 k. de Domfront, cant. et ✉ de Flers. P. 324 h.

BAZOQUES, vg. *Eure* (Normandie), arr. et à 11 k. de Bernay, cant. et ✉ de Thiberville. Pop. 391 h.

BAZORDAN, vg. *H.-Pyrénées* (Bigorre), arr. et à 40 k. de Bagnères-de-Bigorre, cant. et ✉ de Castelnau-Magnoac. Pop. 550 h.

BAZOUGE-DE-CHÉMERÉ (la), vg. *Mayenne* (Maine), arr. et à 28 k. de Laval, cant. et ✉ de Meslay. Pop. 1,439 h.

BAZOUGE-DES-ALLEUX (la), vg. *Mayenne* (Maine), arr., cant., N.-E. et à 15 k. de Mayenne, ✉ de Martigné. P. 793 h.

BAZOUGERS, vg. *Mayenne* (Maine), arr. et à 18 k. de Laval, cant. et ✉ de Meslay. Pop. 1 473 h. — Exploitation de houille.

BAZOUGES, vg. *Mayenne* (Anjou), arr., cant., ✉ et à 2 k. de Châteaugontier. Pop. 1,653 h.

BAZOUGES-DU-DÉSERT, bg *Ille-et-Vilaine* (Bretagne), arr. et à 14 k. de Fougères, cant. et ✉ de Louvigné-du-Désert. Pop. 1,903 h. — Il est sur la rivière de la Bignette, qui y alimente plusieurs papeteries.

BAZOUGES-LA-PÉROUSE, vg. *Ille-et-Vilaine* (Bretagne), arr. et à 35 k. de Fougères, cant. et ✉ d'Antrain. Pop. 3,923 h. — Verrerie (à la *Balue*). — Foires le jeudi qui suit les 23 avril, 11 juin, 22 juillet, 24 août, 14 et 29 sept., 11 nov. et 28 déc.

BAZOUGES-SOUS-HÉDÉ, vg. *Ille-et-Vilaine* (Bretagne), arr. et à 25 k. de Rennes, cant. et ✉ de Hédé. Pop. 864 h.

BAZOUGES-SUR-LOIR, joli village, *Sarthe* (Anjou), arr., cant., ✉ et à 8 k. de la Flèche. Pop. 1,781 h. — L'église de ce village, fondée vers 1046 par Hugues et Aremburge, présente une croix latine à trois apsides orientales, longue dans œuvre de 34 m., et large de 20 m., dans le style roman de la seconde moitié du XIIe siècle. Rien de plus intéressant que l'ensemble de ce monument dans lequel on remarque surtout le portail occidental, orné de huit colonnes qui supportent une voussure à claveaux réguliers, ornés de tours et de zigzags. Mais l'intérêt augmente à l'intérieur, on y voit dans la nef une voûte en bois entièrement peinte au XVe siècle, et bien conservée, représentant dans vingt-quatre travées la vie des apôtres, de haute proportion, avec banderoles sur lesquelles sont écrits les versets du symbole de la foi ; vingt-quatre anges, qui occupent le reste du lambris portent les instruments de la passion.

Le château, situé sur la rive droite du Loir, au sud-est du village, est l'un des mieux conservés du pays ; il offre encore des tours à créneaux, des tourelles en guérites, la place de la herse et du pont-levis, et des fossés qu'il était facile de remplir d'eau.

BAZUEL, vg. *Nord* (Flandre), arr. et à 28 k. de Cambray, cant. et ✉ du Cateau. Pop. 1,216 h. — Il est situé entre deux petites rivières, à la jonction desquelles on voit un château entouré de belles prairies.

BAZUGUES-MONTSAURIN, vg. *Gers* (Armagnac), arr., cant., ✉ et à 9 k. de Mirande. Pop. 176 h.

BAZUS, vg. *H.-Garonne* (Languedoc), arr. et à 18 k. de Toulouse, cant. et ✉ de Montastruc. Pop. 325 h.

BAZUS-AURE, vg. *H.-Pyrénées* (Bigorre), arr. et à 41 k. de Bagnères-de-Bigorre, cant. et ✉ d'Arreau. Pop. 350 h. — Carrières de marbre gris.

BAZUS-NESTE, vg. *H.-Pyrénées* (Bigorre), arr. et à 26 k. de Bagnères-de-Bigorre, cant. et ✉ de la Barthe-de-Neste. P. 248 h.

BÉ, petit et grand ; îlots à l'ouest, quelques degrés nord de la pointe du nord-ouest de la ville de St-Malo.

BÉAGE (le), vg. *Ardèche* (Vivarais), arr. et à 55 k. de Largentière, cant. et ✉ de Montpezat. Pop. 1,731 h. — Il est situé à peu de distance de la source de la Loire, qui naît au pied de la montagne appelée Gerbier-de-Jonc, dans la cour d'une ferme qui porte le nom de Loire.

BÉALCOURT, vg. *Somme* (Picardie), arr. et à 13 k. de Doullens, cant. et ⊠ de Bernaville. Pop. 351 h.

BÉALENCOURT, vg. *Pas-de-Calais* (Artois), arr. et à 20 k. de St-Pol, cant. du Parcq, ⊠ de Hesdin. Pop. 426 h.

BÉARD, vg. *Nièvre* (Nivernais), arr. et à 20 k. de Nevers, cant. et ⊠ de Decize. Pop. 179 h.

BÉARN, *Pagus Bearnensis, Benearnum*, ci-devant province de France, qui forme maintenant le dép. des *B.-Pyrénées*, à l'exception de l'arr. de Bayonne et d'une partie de celui de Mauléon.

Pau était la capitale du Béarn; les autres villes sont Lescar, Oloron, Nai, Orthez, Navarrens, Morlaas, St-Jean-Pied-de-Port, St-Palais, Sauveterre, Pontac et Sallies.

Le Béarn était un pays d'états composés de deux corps : le premier formé du clergé et de la noblesse; le second, du tiers état. Les personnes du clergé qui entraient aux états étaient les évêques de Lescar et d'Oloron, les abbés de la Saubelade, de la Reule et de Luc. A la tête de la noblesse étaient seize barons. Tous les seigneurs de paroisse, ou possesseurs de terres nobles, les abbés laïques, avaient droit d'entrée aux états. Le tiers état était composé des maires et jurats de 42 villes ou communautés. Les états se tenaient tous les ans; ils étaient toujours présidés par l'évêque de Lescar, soit qu'ils se tinssent dans son diocèse ou ailleurs.

Les **armes du Béarn** étaient : *d'or à deux vaches, passantes de gueules, posées l'une sur l'autre, accornées, accolées et clarinées d'azur.*

Le territoire du Béarn est généralement sec et montueux. De nombreuses landes incultes et sauvages couvrent les hauteurs, qui sont dominées par les pics élevés, chargés de neige une partie de l'année; les coteaux sont tapissés de vignobles, qui produisent beaucoup de vins estimés, dont les plus renommés sont ceux de Jurançon. On récolte peu de froment dans les plaines, mais beaucoup de lin, du maïs et du millet, etc., dont le peuple fait sa principale nourriture. Les vallées d'Aspe, de Baretous et d'Ossau abondent en pâturages excellents, qui nourrissent une grande quantité de chèvres, de bestiaux et de chevaux, petits, il est vrai, mais nerveux, fort vifs et très-estimés. — Les Béarnais sont robustes, vifs, sobres et laborieux. Une grande partie émigre annuellement et va en Espagne y porter son industrie.

Bibliographie. BELLOY (Pierre de). *Description du pays et souveraineté du Béarn*, in-8, 1608.

MARCA (Pierre de). *Histoire de Béarn*, 1640, in-f°.

OLHAGARAY (Pierre de). *Histoire de Foix, Béarn et Navarre*, in-4, 1609.

LOUBENS. *Histoire de l'ancienne province de Gascogne, Bigorre et Béarn*, 3 v. gr. in-8.

Compilation d'anciens privilèges et règlements du pays du Béarn, fait et octroyé à l'intercession des états avec leur serment de fidelité, etc., in-4, 1676.

MIRAISON (le P. Isidore). *Histoire des troubles du Béarn, au sujet de la religion, dans le XVIIᵉ siècle, avec des notes historiques et critiques*, etc., in-12, 1768.

FAGET DE BAURE (J.-J.). *Essais historiques sur le Béarn* (ouvrage posthume publié par M. le comte Daru, beau-frère de l'auteur), in-8, 1818.

MAZURE (A.). *Histoire du Béarn et du pays basque*, in-8, 1839.

ADER. *Résumé de l'histoire du Béarn et de la Gascogne supérieure et des Basques*, in-8, 1826.

PRÉVOST (J.). *Catalogue des plantes qui croissent au Béarn, Navarre et Bigorre, ès côtes de la mer de Biscaye*, in 8, 1655.

DEVILLE (J.-MAR.-JOS.). *Annales de la Bigorre*, in-8, 1818.

DAVEZAC-MACAYA. *Essais historiques sur le Bigorre, accompagnés de remarques critiques, de pièces justificatives, de notices chronologiques et généalogiques*, 2 vol. in-8, 1823.

PALASSOU. *Observations pour servir à l'histoire naturelle et civile de la vallée d'Aspe, d'une partie de la basse Navarre et des pays circonvoisins, avec les preuves de l'exactitude de plusieurs faits relatifs aux Pyrénées*, in-8, 1828.

CHAPPUYS (Gabriel). *Histoire du royaume de Navarre*, in-8, 1596.

FAVYN (André). *Histoire de Navarre*, in-f°, 1612.

MAYENNE-TURQUET (Louis). *Histoire du royaume de Navarre*, in-f°, 1608. — 2 vol. in-f°, 1635.

* *Histoire du royaume de Navarre*, par D. L. P. (en vers français), in-12, 1618.

RANCY (de). *Description géographique, historique et statistique de la Navarre*, in-8, 1817.

V. aussi dép. des B.-PYRÉNÉES.

BÉARN (cap), promontoire du dép. des *Pyrénées-Or.*, situé à 800 m. au sud-est de Port-Vendre. Il est dominé par le mont Béarn, sur lequel on a élevé un phare de 1ᵉʳ ordre à feu fixe, de 220 m. de hauteur au-dessus de la mer, et de 23 k. de portée. Lat. 42° 31', long. E. 0° 47'.

BÉARS, vg. *Lot*, comm. d'Arcambal, ⊠ de Cahors. — On y voit, au-dessus des rochers qui dominent l'embouchure du Célé, les restes d'un ancien château féodal.

BÉAT (St-), petite ville, *H.-Garonne* (Comminges), chef-l. de cant., arr., à 37 k. de St-Gaudens. Cure. Gîte d'étape. ⊠. A 802 k. de Paris pour la taxe des lettres. Pop. 1,374 h. — TERRAIN jurassique.

Cette ville est située sur la Garonne, dans un étroit défilé qui sépare le Val d'Aran des belles plaines que la Garonne arrose au sortir de cette vallée. Elle est assez bien bâtie, en marbre provenant des carrières environnantes, et préservée des inondations de la Garonne par une forte digue. St-Béat ne se compose que de deux rues qui communiquent par un beau pont en pierre : sur la rive gauche est la rue principale, qui s'élargit en une place à l'une de ses extrémités; à l'autre est un édifice dont le rez-de-chaussée forme la halle aux grains, et dont le premier et unique étage contient l'hôtel de ville; sur l'autre rive on remarque plusieurs grandes et belles maisons, une longue promenade ombragée, et une tour carrée en ruine, restes d'anciennes fortifications, qui, à une époque très-reculée, défendaient cette porte des Pyrénées. De ce côté de la Garonne, et au-dessous du pont, est un mamelon de roches que couronnent, de la manière la plus pittoresque, les débris d'un château fort du moyen âge.

On ne doit pas manquer de visiter aux environs de St-Béat les sources de la Garonne. Carrière de marbre blanc exploitée. — *Foires* les mardi qui précède le 1ᵉʳ mai (2 jours); mardi après la St-Michel (2 jours); 19 nov. (8 jours) pour bétail, mulets; échange de monnaie d'Espagne; mardi avant Noël (3 jours).

BEAUBEC-LA-VILLE, *Bellus Becus*, vg. *Seine-Inf.* (Normandie), arr. et à 15 k. de Neufchâtel, cant. et ⊠ de Forges-les-Eaux. Pop. 630 h.

A peu de distance de cet endroit, dans la forêt de Bray, il y avait une abbaye d'hommes de l'ordre de Citeaux, fondée par Hugues de Gournay en 1128. Ce monastère, brûlé en 1383, fut réparé en 1450 et rebâti en 1464. — Comm. de chevaux et de bestiaux. — *Foire* le 10 août.

BEAUBERY, vg. *Saône-et-Loire* (Bourgogne), arr. et à 11 k. de Charolles, cant. et ⊠ de St-Bonnet-de-Joux. Pop. 1,087 h. — On y voit les débris de l'ancienne forteresse d'Artus, détruite dans le XVIᵉ siècle. — Aux environs on remarque, près d'un grand étang, quelques vestiges d'un camp romain de forme circulaire, désigné dans les anciens terriers de l'abbaye de Cluny sous le nom de camp de César; il est entouré de fossés dont la terre, relevée dans l'enceinte, forme une haute douve au-dessus du sol. — Culture très-soignée de navets d'excellente qualité, dont il se fait une grande consommation dans les communes environnantes.

Bateaux à vapeur pour Lyon, Arles et Marseille, correspondance avec le Languedoc. Chemin de fer pour Montpellier, Nîmes, Alais et la Grand'Combe.

BEAUBIGNY, *Balbiniacum*, vg. *Côte-d'Or* (Bourgogne), arr. et à 15 k. de Beaune, cant. et ⊠ de Nolay. Pop. 619 h.

BEAUBRAY, *Balbretum, Baubereyum*, vg. *Eure* (Normandie), arr. et à 26 k. d'Évreux, cant. et ⊠ de Conches. Pop. 626 h.

BEAUBRUN, vg. *Loire* (Forez), arr. et cant. de St-Etienne.

BEAUCAIRE, *Bellum Quadrum*, *Ugernum Castrum*, jolie ville, *Gard* (Languedoc), chef-l. de cant., arr. à 24 k. de Nîmes. Cure. Gîte d'étape. ⊠. ⚒. A 703 k. de Paris pour la taxe des lettres. Pop. 9,795 h. — TERRAIN crétacé inférieur, grès vert.

Autrefois justice royale, diocèse d'Arles,

partement de Toulouse, intendance de Montpellier, collégiale, 7 couvents.

Lors de la division du royaume d'Arles en grands fiefs, Beaucaire échut aux comtes de Provence. Il fut cédé en 1125, par Raymond-Béranger Ier, à Alphonse Jourdain, comte de Toulouse. Raymond V, successeur de ce prince, y tint, en 1172, une cour plénière, qui est devenue célèbre par les profusions et les extravagances dont elle fut l'occasion. — La ville de Beaucaire fut plusieurs fois prise et saccagée pendant les guerres des Albigeois; elle n'eut pas moins à souffrir pendant les guerres religieuses du XVIe siècle, entre les catholiques et les protestants. Enfin Louis XIII en fit démanteler le château en 1622.

Cette ville est dans une situation extrêmement avantageuse pour le commerce, à l'embouchure du canal d'Aigues-Mortes, sur la rive droite du Rhône et vis-à-vis de Tarascon, avec lequel elle communique par un magnifique pont suspendu. On y remarque les ruines de l'ancien château; les restes d'une voie romaine; l'hôtel de ville; l'église paroissiale; la maison dite de Montmorency, où l'on voit une cheminée ornée de belles sculptures; l'esplanade qui borde le Rhône; la prise d'eau du canal.

Jusqu'à la hauteur de Beaucaire, le Rhône est navigable pour les allèges, les tartanes, les bombardes, les bricks même, qui arrivent à pleines voiles de tous les ports de la Méditerranée. La facilité qu'ont les navires qui tiennent la mer, de remonter à Beaucaire, a fait choisir cette ville pour le plaisir de voir commerce de la France avec l'Espagne, les côtes d'Afrique et d'Asie, ainsi qu'avec tout le Levant et l'Italie; pour être enfin le point central, et le rendez-vous connu sous le nom de foire de Beaucaire, où se réunissent les négociants et les industriels de presque toutes les contrées commerçantes. — La foire de Beaucaire se tient dans l'intérieur de la ville que sous des tentes construites dans une vaste prairie bordée d'ormes et de platanes qui s'étendent le long du Rhône. Cette foire, rivale de celles de Francfort, de Leipzig, de Novi, de Taganrok, etc., s'ouvre le 1er juillet et ferme le 28, mais elle ne commence guère à s'animer que vers le 15. A cette époque, Beaucaire quitte son immobilité silencieuse, son triste vêtement de ville de province; tous les bateaux chargés qui viennent du Nord, du Midi et de l'Ouest, jettent leurs amarres le long des quais. Les marchandises roulent sur le port, circulent dans les rues, s'empilent dans les magasins. Vers le 20, acheteurs et vendeurs sont en présence. Bientôt, dans cet espace où dix mille personnes sont à l'étroit en temps ordinaire, se groupe et se foule une population de deux et quelquefois de trois cent mille négociants français, grecs, arméniens, turcs, égyptiens, arabes, italiens, espagnols et autres, qui viennent pour y vendre ou pour y acheter les produits de l'industrie de toutes les nations. Il n'y a point de marchandise, quelque rare qu'elle soit, qu'on ne puisse y trouver. Aussi, malgré le peu de temps que dure la foire, s'y fait-il un commerce immense, dont le chiffre s'élève à plusieurs millions. La foire se termine le 28 juillet à minuit; les effets payables en foire sont exigibles le 27 : un tribunal de conservation, composé de douze membres, juge tous les différends que les affaires occasionnent pendant sa durée. — Le dimanche qui précède la clôture de la foire, le préfet du Gard vient à Beaucaire et y donne un grand bal; c'est ainsi que finissent les affaires avec le plaisir. Ensuite on emballe les marchandises, ou bien on les cède à bas prix; on part, et Beaucaire reprend soudain ses habitudes de *far niente*; mais en un mois la ville a gagné de quoi dormir toute l'année.

La ville de Beaucaire est en général assez bien bâtie; cependant les rues en sont étroites et mal percées. On n'y trouve aucun établissement public, et on y compte à peine quelques fabriques; mais sa position entre le Rhône, le bassin du canal d'Aigues-Mortes et une chaîne de rochers que couronnent les ruines pittoresques d'un ancien château fort, est réellement délicieuse. Le château, vulgairement appelé Bellicadro, fut bâti à l'époque des premières croisades, et démoli en partie sous le règne de Louis XIII; il a vu de singulières fêtes, telles que la semence de trente mille sous dans un champ voisin, pour se donner le plaisir de voir s'y ruer les vilains pour les déterrer. Pendant ce temps, la cuisine du *noble* comte, ou plutôt de l'archi-fou Gros-de Martel, se faisait à la fumée des flambeaux de cire, et Raymond de Venous, pour aider ses *nobles amis* à passer le temps sans ennui, faisait subir à trois cents de ses chevaux le supplice des templiers!...

Les armes de Beaucaire sont : écartelé d'or et de gueules.

Le pont de bateaux qui unissait jadis Beaucaire à Tarascon a été remplacé par un pont suspendu, ouvrage immense, sans égal en France, et qui n'est rivalisé en Angleterre que par le fameux pont de Menai. La largeur du Rhône, au lieu où le pont est établi, est de 438 m. 53 c.; cet espace est occupé par quatre travées formées au moyen de trois piles de suspension établies dans la rivière, et laissant entre elles deux grandes travées à chaînettes entières, de 126 m. 68 c. chacune. Le pont se complète sur chaque rive par une travée de demi-chaînette de 73 m. 11 c. de portée, disposée de telle sorte qu'aucune construction n'obstrue la vue des quais et des abords, la demi-chaînette ne s'élevant, à chaque bout du pont, que fort peu au-dessus du sol. Le pont de Beaucaire, livré à la circulation le 14 octobre 1829, a éprouvé de graves avaries au mois de mars 1844; un impétueux ouragan a enlevé une partie du tablier, dont les débris, entraînés par le Rhône, ont brisé le pont de bateaux construit vis-à-vis d'Arles.

Beaucaire communique avec Nîmes par un chemin de fer, qui a été inauguré en juillet 1839; le trajet se fait en 60 minutes.

On remarque à Beaucaire le pont sur le Rhône; les ruines de l'ancien château; une tour d'une admirable structure, vulgairement nommée la Tour-Carrée; l'église paroissiale; l'hôtel de ville; la porte du Rhône, etc., etc.

Biographie. Beaucaire est le lieu de naissance du médecin P.-Jos. Amoreux, auteur de plusieurs ouvrages scientifiques, parmi lesquels on distingue : * *Traité de l'olivier, contenant l'histoire et la culture de cet arbre*, etc., 2e édit., in-8, 1784; *Etat de la végétation sous le climat de Montpellier, ou Epoques de la floraison et des productions végétales*, in-8, 1809. — De P.-Jos. des Porcelets, marquis de Maillane, mort en 1745, auteur des *Recherches historiques et chronologiques sur la ville de Beaucaire*, in-8, 1718.

Industrie. Fabriques de tricots, cadis, soieries, huile d'olives, poterie commune. Tanneries et corroieries. — *Commerce* de grains, farines, denrées du pays, vins, merrain, etc. — Bateaux à vapeur de Lyon à Arles, correspondant avec le Languedoc. Bateaux accélérés sur les canaux du Midi, de Beaucaire à Toulon, etc. — Outre la grande foire du mois de juillet, il se tient à Beaucaire une autre foire le lendemain de l'Ascension.

Bibliographie. Arbaud de Raygnac (d'). *Relation de ce qui s'est passé entre le roi et le comte de Belle-Isle, au sujet de l'échange de la ville de Beaucaire*, in-8, 1723.

Maillane (marquis de Pourcelet). *Recherches historiques et chronologiques sur la ville de Beaucaire*, etc., in-8, 1718.

Blaud (C.). *Antiquités de la ville de Beaucaire*, in-4, pl., 1819.

* *Recherches sur la ville de Beaucaire*, in-8, 1818.

* *Nouvelles Recherches pour servir à l'histoire de la ville de Beaucaire*, in-8, 1836.

* *Pont suspendu sur le Rhône, de Beaucaire à Tarascon* (Annales des voyages, t. I, 1831. — Journal du commerce, 8 novembre 1829).

Grangent. *Notice sur le canal de Beaucaire à Aigues-Mortes, et sur le dessèchement des marais situés sur la côte méridionale du département du Gard*, in-8, 1832.

* *Notice des principaux événements qui se sont passés à Beaucaire, depuis l'assemblée des notables en 1788*, in-8, 1836.

* *Traité historique de la foire de Beaucaire, où l'on voit son origine, ses privilèges et exemptions*, in-4, 1734.

BEAUCAIRE (canal de). Ce canal, commencé en 1773 par les états de Languedoc et suspendu pendant la révolution, fut repris en l'an IX par une compagnie à qui le gouvernement en fit la concession pour 80 ans, à partir du 1er vendémiaire an X (1er décembre 1803). Il débouche dans celui de la Grande-Roubine et communique à la Méditerranée par le Grau-d'Aigues-Mortes, par les canaux de la Radelle, du Silvéréal et du Bourgidou, qui se joignent par leurs extrémités et établissent les communications du grand Rhône près de Beaucaire, et du petit Rhône près du fort de Silvéréal, jusqu'au port de Cette, et à l'Océan par le canal du Midi et de la Garonne. — La prise d'eau de ce canal est dans le Rhône, près de Beaucaire, par une écluse regardée comme un des plus beaux ouvrages de ce genre ; il passe à St-Gilles, et se termine à Aigues-Mortes, après un développement de 50,334 m.

Le canal de Beaucaire ou d'Aigues-Mortes, qui dans le principe avait particulièrement pour objet le desséchement des marais qui s'étendent sur une surface de vingt mille hectares, remplit un triple but : celui d'établir une prolongation beaucoup plus commode et plus directe du canal du Languedoc jusqu'à la ville de Beaucaire, en évitant la navigation imparfaite des deux petits canaux du Bourgidou et de Silvéréal, et celle souvent pénible du petit Rhône, depuis Silvéréal jusqu'à Beaucaire ; celui d'offrir, par la même raison, un débouché plus facile aux sels de Peccais vers cette dernière ville ; et enfin, celui de procurer à Beaucaire une issue à la mer, qui n'avait lieu qu'à travers les obstacles qu'éprouvait principalement la navigation sur le cours intérieur du grand et du petit Rhône. — La navigation du canal de Beaucaire est extrêmement importante, et fait partie de la grande ligne qui unit le Rhône à la Garonne. Le chômage a lieu pendant les mois de septembre et d'octobre de chaque année.

BEAUCAIRE, vg. *Gers* (Armagnac), arr. et à 14 k. de Condom, cant. et ✉ de Valence. Pop. 740 h.

BEAUCAIRE, vg. *Tarn-et-Garonne*, comm. et ✉ de Lauzerte.

BEAUCAMP, vg. *Seine-Inf.*, comm. de St-Aubin-Routot, ✉ de St-Romain.

BEAUCAMPS, vg. *Nord* (Flandre), arr. et à 12 k. de Lille, cant. et ✉ d'Haubourdin. Pop. 778 h.

BEAUCAMPS-LE-JEUNE, vg. *Somme* (Picardie), arr. et à 42 k. d'Amiens, cant. d'Hornoy, ✉ d'Aumale. Pop. 570 h. — Fab. de tiretaine, dite drap de Beaucamps.

BEAUCAMPS-LE-VIEUX, vg. *Somme* (Picardie), arr. et à 43 k. d'Amiens, cant. d'Hornoy, ✉ d'Aumale. Pop. 1,802 h. — Fab. de tiretaine, nommée draps de Beaucamps.

BEAUCE, *Belsia, Carnutes Belsienses*, ancien pays qui faisait autrefois partie de la ci-devant province de l'Orléanais ; il forme maintenant la majeure partie des dép. d'*Eure-et-Loir* et de *Loir-et-Cher*. Chartres en était la capitale. Son territoire, généralement uni et découvert, présente des plaines immenses, qui produisent une grande quantité de froment de la meilleure qualité, nourrissent de nombreux troupeaux de moutons et de bêtes à cornes, qui forment avec les grains la base d'un commerce considérable.

La Beauce n'a presque point de montagnes, aussi n'y croit que très-peu de vignes. L'eau et les prairies y sont rares : les habitants sont obligés de se servir de citernes ; il y a néanmoins quelques puits, mais ils sont extrêmement profonds, et l'eau en est à peine potable. — Les principales villes étaient : Chartres, Blois, Nogent, Maintenon, Bonneval, Château-dun et Vendôme. V. EURE-ET-LOIR.

BEAUCÉ, vg. *Eure*, comm. de Marcilly-la-Campagne, ✉ de Nonancourt.

BEAUCÉ, vg. *Ille-et-Vilaine* (Bretagne), arr., 2ᵉ cant., ✉ et à 4 k. de Fougères. Pop. 499 h.

BEAUCENS, vg. *H.-Pyrénées* (Bigorre), arr., cant., ✉ et à 16 k. d'Argelès. P. 438 h. — Il est situé au milieu d'un riant paysage, que dominent les ruines imposantes d'une antique forteresse, qui offre une vue magnifique.

Le fort de Beaucens est bâti sur une colline, au milieu d'un frais paysage. Ce n'est pas une de ces forteresses ou un de ces châteaux immenses que l'on rencontre encore dans certaines parties de la France ; non, l'espace d'ailleurs manquait à l'architecture. Mais on y trouve, à travers ses ruines, l'empreinte des temps féodaux, les noirs créneaux, les tours frettés, et ces murs d'airain que les siècles ne sauraient entièrement détruire. Les neiges et les torrents d'hiver ont passé, les vents ont mugi, grondé, tourbillonné dans son enceinte, et pourtant le vieux fort est toujours debout.

BEAUCHAIRE (la), vg. *Loir-et-Cher*, comm. de Chauvigny, ✉ de la Ville-aux-Clercs. Pop. 60 h.

BEAUCHALOT, vg. *H.-Garonne* (Languedoc), arr. et à 12 k. de St-Gaudens, cant. et ✉ de St-Martory. Pop. 486 h.

BEAUCHAMP, vg. *Côtes-du-Nord*, comm. de Plédo, ✉ de Châtelaudren.

BEAUCHAMPS, vg. *Loiret* (Orléanais), arr. et à 24 k. de Montargis, cant. et ✉ de Bellegarde. Pop. 497 h.

BEAUCHAMPS, vg. *Manche* (Normandie), arr. et à 20 k. d'Avranches, cant. et ✉ de la Haye-Pesnel. Pop. 692 h.

BEAUCHAMPS, vg. *Somme* (Picardie), arr. et à 25 k. d'Abbeville, cant. de Gamaches, ✉ d'Eu. Pop. 409 h.

BEAUCHARMOY, vg. *H.-Marne* (Champagne), arr. et à 32 k. de Langres, cant. et ✉ de Bourbonne. Pop. 274 h.

BEAUCHASTEL, vg. *Ardèche* (Vivarais), arr. et à 24 k. de Privas, cant. et ✉ de la Voulte. Pop. 866 h.

BEAUCHE, vg. *Eure-et-Loir* (Beauce), arr. et à 31 k. de Dreux, cant. et ✉ de Brezolles. Pop. 367 h.

BEAUCHEMIN, vg. *Jura*, comm. et ✉ de Chemin.

BEAUCHEMIN, vg. *H.-Marne* (Champagne), arr., cant., ✉ et à 13 k. de Langres. Pop. 221 h.

BEAUCHÊNE, vg. *Eure-et-Loir*, comm. de Prouais, ✉ de Nogent-le-Roi.

BEAUCHÊNE, vg. *Orne* (Normandie), arr. et à 11 k. de Domfront, cant. et ✉ de Tinchebray. Pop. 1,176 h. — *Fabriques* de clous.

BEAUCHÊNE, vg. *Deux-Sèvres*, comm. de Cerizay, ✉ de Bressuire.

BEAUCHÊNE-LES-MATRAS, vg. *Loir-et-Cher* (Maine), arr. et à 19 k. de Vendôme, cant. et ✉ de Mondoubleau. Pop. 459 h.

BEAUCHÊNES, vg. *Vendée*, comm. et ✉ d'Avrillé.

BEAUCHERY, vg. *Seine-et-Marne* (Brie), arr. et à 11 k. de Provins, cant. et ✉ de Villiers-St-Georges. Pop. 311 h.

BEAUCLAIR, vg. *Meuse* (Lorraine), arr. et à 21 k. de Montmédy, cant. et ✉ de Stenay. Pop. 271 h.

BEAUCOUDRAY, vg. *Manche* (Normandie), arr. et à 20 k. de St-Lô, cant. de Tessy, ✉ de Villebaudon. Pop. 377 h.

BEAUCOURT, vg. *H.-Rhin* (Alsace), arr. et à 25 k. de Béfort, cant. et ✉ de Delle. Pop. 1,805 h. — Manufacture d'horlogerie, de vis à bois, de quincaillerie, de peignes à tisser en dents métalliques, de serrures et autres fermetures à pênes circulaires, etc.

Cet établissement, fondé par M. Japy, se fait remarquer par son importance ainsi que par la variété et la perfection des objets que l'on y fabrique. Indépendamment de l'usine principale de Beaucourt, il se compose d'un grand nombre de petites usines qui sont disséminées dans un rayon de 8 k., et, en outre, beaucoup de travaux se font à la pièce chez les paysans ; il occupe 3,000 ouvriers de tout âge. La maison Japy, de plus en plus digne de sa haute réputation, a livré au commerce en 1838 5,000 quint. mét. de fer battu, étamé ou débité en objets de serrurerie et de quincaillerie ; 754,500 paquets de vis à bois, pitons et gonds, dont la vingtième partie passe à l'étranger ; 40,000 mouvements de pendules et de lampes ; 216,000 mouvements de montres, dont les neuf dixièmes sont exportés. Dans le même espace de temps on y a employé : 6,255 quint. mét. de fer, 552 de fonte, 528 de cuivre rouge et de laiton, 128 d'acier, 100 d'étain, 16 de plomb ; et ils ont consommé 2,600 stères de bois, 10,000 hect. de houille, 122 quint. mét. d'huile et de suif. ⓪ 1819, 1823, 1827, 1834, 1839.

BEAUCOURT, vg. *Somme* (Picardie), arr. et à 18 k. d'Amiens, cant. et ✉ de Villers-Bocage. Pop. 448 h.

BEAUCOURT, vg. *Somme* (Picardie), arr. et à 29 k. de Péronne, cant. et ✉ d'Albert. Pop. 221 h.

BEAUCOURT, vg. *Somme* (Picardie), arr. et à 18 k. de Montdidier, cant. de Moreuil, ✉ d'Hangest. Pop. 362 h.

BEAUCOUZÉ, vg. *Maine-et-Loire* (Anjou), arr., cant., ✉ et à 6 k. d'Angers. Pop. 761 h.

BEAUCROISSANT, vg. *Isère* (Dauphiné), arr. et à 37 k. de St-Marcellin, cant. et ✉ de Rives. Pop. 925 h.

BEAUDÉAN, vg. *H.-Pyrénées* (Bigorre), arr., et à 5 k. de Bagnères-de-Bigorre, cant. de Campon. Pop. 1,000 h. — Il est situé à l'entrée de la vallée de Lesponne, et remarquable par les ruines d'un ancien château bâti dans un situation très-pittoresque.

Patrie d'ALEXIS LARREY, professeur d'anatomie et de chirurgie à l'école spéciale de Toulouse, auteur de plusieurs mémoires intéressants insérés dans les recueils scientifiques du temps.

Du baron D.-J. LARREY, neveu du précédent, l'un des plus célèbres chirurgiens de notre siècle, né en 1766. On a de lui entre autres ouvrages : *Relation historique et chirurgicale de l'expédition de l'armée d'Orient, en Egypte et en Syrie*, in-8, 1803 ; Mé-

moires de médecine et de chirurgie militaire, 4 vol. in-8 et 17 pl., 1812-18; *Considérations sur la fièvre jaune*, in-8, 1821.

BEAUDÉDUIT, vg. *Oise* (Picardie), arr. et à 28 k. de Beauvais, cant. et ✉ de Grandvilliers. Pop. 546 h.

BEAUDEMENT. V. BAUDEMENT.

BEAUDEMONT, *Baldemons*, vg. *Eure*, comm. de Bus-St-Remy, ✉ des Tilliers-en-Vexin.

BEAUDEMONT, vg. *Saône-et-Loire* (Bourgogne), arr. et à 20 k. de Charolles, cant. et ✉ de la Clayette. Pop. 549 h.

BEAU-DE-ROCHE (le), vg. *Isère*, comm. de Roche, ✉ de la Verpillière.

BEAUDIGNIES, vg. *Nord* (Flandre), arr. et à 33 k. d'Avesnes, cant. et ✉ du Quesnoy. Pop. 1,073 h.

BEAUDREVILLE, vg. *Eure-et-Loir* (Beauce), arr. et à 34 k. de Chartres, cant. de Janville, ✉ d'Angerville. Pop. 443 h.

BEAUDRIÈRES, vg. *Saône-et-Loire* (Bourgogne), arr., ✉ et à 17 k. de Châlous-sur-Saône, cant. de St-Germain-du-Plain. Pop. 1,270 h.

BEAUFAI, vg. *Orne* (Normandie), arr. et à 32 k. de Mortagne, cant. et ✉ de l'Aigle. Pop. 522 h.

BEAUFAY, vg. *Sarthe* (Maine), arr. et à 24 k. du Mans, cant. de Ballon, ✉ de Bonnétable. Pop. 2,212 h.

BEAUFICEL, *Belfuissellum*, vg. *Eure* (Normandie), arr. et à 22 k. des Andelys, cant. et ✉ de Lyons-la-Forêt. Pop. 503 h.

BEAUFICEL, vg. *Manche* (Normandie), arr. et à 14 k. de Mortain, cant. et ✉ de Sourdeval. Pop. 626 h. — Papeterie mécanique (à *Tremusset-lès-Longchamps*).

BEAUFIN, vg. *Isère* (Dauphiné), arr. et à 69 k. de Grenoble, cant. et ✉ de Corps. Pop. 175 h. — Près du Drac.

BEAUFORT, bg *Drôme* (Dauphiné), arr. et à 30 de Die, cant. et ✉ de Crest. P. 449 h. — *Fabriques* de grosses draperies.

BEAUFORT, vg. *H.-Garonne* (Languedoc), arr. et à 18 k. de Muret, cant. et ✉ de Rieumes. Pop. 221 h.

BEAUFORT, vg. *Hérault* (Languedoc), arr. et à 24 k. de St-Pons, cant. d'Olonzac, ✉ d'Azille. Pop. 135 h.

BEAUFORT, vg. *Isère* (Dauphiné), arr. et à 30 k. de St-Marcellin, cant. de Royhon, ✉ de Beaurepaire. Pop. 757 h.

BEAUFORT, bg *Jura* (Franche-Comté), chef-l. de cant., arr. et à 14 k. de Lons-le-Saulnier. Cure. ✉. ⚒. A 424 k. de Paris pour la taxe des lettres. Pop. 1,268 h. — Exploitation de carrières de pierres de taille. — *Fabrique* de tôles peintes. Moulin à zinc. — *Commerce* de bestiaux et principalement de cochons gras. — *Foires* les 15 mars, 15 juin, 15 octobre et 22 déc.

BEAUFORT, petite ville, *Maine-et-Loire* (Anjou), chef-l. de cant., arr. et à 17 k. de Baugé. Cure. ✉. ⚒. A 290 k. de Paris pour la taxe des lettres. Pop. 5,474 h. — TERRAIN crétacé inférieur, grès vert.

Autrefois diocèse et élection d'Angers, parlement de Paris, intendance de Tours, sénéchaussée, justice royale, gouvernement particulier, couvent de récollets.

Cette ville est très-avantageusement située dans une belle et fertile contrée, près de la rive gauche du Couesnon, un peu au-dessus de son confluent avec l'Authion.

Beaufort était anciennement une des principales villes d'Anjou. Placé esur la rive droite de la Loire, au milieu d'un canton extrêmement fertile, elle était l'entrepôt, le port et le commerce de toute la vallée. Possédant un beau château, dont on voit encore les ruines, elle jouissait de tous les avantages réservés dans ce temps-là au principal manoir d'un seigneur riche et puissant. Mais depuis que la Loire s'en est éloignée, depuis que la confection de la levée a changé la direction de la route de Tours à Angers, qui passait dans ses murs, elle est totalement déchue de son ancienne prospérité. Cependant c'est encore une des villes les plus considérables du département, et elle doit principalement cet avantage à une belle manufacture de toiles à voiles, composée de 200 métiers, à un grand nombre de fabriques de toiles communes, qui occupent plus d'un tiers de la population, et à ses marchés importants où affluent les divers produits de la contrée.

Les *armes* de Beaufort sont : *d'azur à un château d'argent flanqué de deux tours crénelées et couvertes, et d'une tour au milieu crénelée, et accompagné de trois fleurs de lis d'or, deux en chef et une en pointe.*

Cette ville est assez bien bâtie. On y remarque l'église paroissiale, dont la belle tour s'aperçoit au loin, et produit un effet pittoresque au milieu du riche paysage de la vallée ; le collége ; deux grands hospices et une vaste halle. Aux environs, on voit les restes d'une voie romaine.

Fabriques de toiles, de sabots; moulin à zinc; tanneries. Education des abeilles. — *Commerce* considérable de grains, vins, huile, fruits, légumes, chanvre, etc. — *Foires* les mercredis avant l'Annonciation, avant la St-Jean, avant le St-Martin et le 2ᵉ mercredi de sept.

BEAUFORT, vg. *Meuse* (Lorraine), arr. et à 20 k. de Montmédy, cant. et ✉ de Stenay. Pop. 667 h. — Forges, haut fourneau et clouterie.

BEAUFORT, vg. *Nord* (Flandre), arr. et à 12 k. d'Avesnes, cant. et ✉ de Maubeuge. Pop. 1,063 h.

BEAUFORT, vg. *Pas-de-Calais* (Artois), arr. et à 20 k. de St-Pol, cant. et ✉ d'Avesnes-le-Comte. Pop. 309 h.

BEAUFORT, vg. *Somme* (Picardie), arr. et à 18 k. de Mouldidier, cant. de Rosières, ✉ d'Hangest. Pop. 428 h.

BEAUFOU, vg. *Vendée* (Poitou), arr. de Bourbon-Vendée, cant. de Poiré-sous-Bourbon, ✉ de Pallau. Pop. 1,138 h. — *Foires* le lundi après l'Ascension, lundi avant St-Jean-Baptiste.

BEAUFOUR, vg. *Calvados* (Normandie), arr. et à 15 k. de Pont-l'Evèque, cant. de Cambremer, ✉ de Dozulé. Pop. 281 h.

BEAUFOUR, *Bellus Fagus*, vg. *Eure*, comm. d'Epégarde, ✉ du Neubourg.

BEAUFREMONT, vg. *Vosges* (Lorraine), arr., cant., ✉ et à 15 k. de Neufchâteau. Pop. 418 h.

BEAUFRESNES, vg. *Seine-Inf.* (Normandie), arr. et à 20 k. de Neufchâtel, cant. et ✉ d'Aumale. Pop. 305 h.

BEAUGAS, vg. *Lot-et-Garonne* (Agénois), arr. et à 17 k. de Villeneuve-d'Agen, cant. et ✉ de Cancon. Pop. 980 h.

BEAUGEAY, bg *Charente-Inf.* (Saintonge), arr. et à 21 k. de Marennes, cant. de St-Agnant, ✉ de Rochefort. Pop. 299 h.

BEAUGENCY, *Belgenciacum*, *Beaugenciacum*, *Castrum de Belgency*, ancienne et jolie ville. *Loiret* (Orléanais), chef-l. de cant., arr. et à 26 k. d'Orléans. Cure. Gîte d'étape. ✉. ⚒. A 145 k. de Paris pour la taxe des lettres. Pop. 4,844 h. — TERRAIN tertiaire moyen.

Autrefois comté, diocèse et intendance d'Orléans, parlement de Paris, élection, prévôté, bailliage, chapitre de chanoines réguliers, couvent d'ursulines.

Quelques débris d'antiquités que l'on a trouvés à Beaugency attestent l'existence d'un établissement romain sur l'emplacement actuel de cette ville. Le premier monument où l'on voit figurer le nom de Beaugency est un denier carlovingien sur lequel on lit les mots *Balgenti Castro*. C'est aussi avec le titre de *Castrum* que ce nom paraît en 1022 pour la première fois dans les chartes. Dès lors la ville de Beaugency commence à jouer un rôle assez remarquable. Une ancienne porte, la tour du Change et le donjon du vieux château, la tour de César, curieux restes de l'architecture militaire du XIᵉ siècle, attesteraient, au besoin, son ancienne importance, si les chroniqueurs, qui l'appellent *Castrum nimium Madgunensibus vicinum*, ne nous la montraient comme le chef-lieu d'une riche baronnie.

La ville de Beaugency était jadis défendue par un château fort, sur les ruines duquel fut construit plus tard celui dont on voit encore les restes. Les rois de France y avaient un palais au XIVᵉ siècle. Le château de Beaugency, quoique bien fortifié, ne put cependant préserver la ville des ravages qu'y exercèrent Attila en 451, Odacre, roi des Saxons, en 480, les Normands en 854 et années suivantes, le prince de Galles en 1367, les Anglais en 1411 et 1428. Le duc d'Alençon et Jeanne d'Arc l'enlevèrent aux Anglais en 1429. — En 1562, le prince de Condé prit Beaugency jusqu'à trois fois, et livra cette malheureuse ville au pillage, pour se venger de la reine mère qui l'en avait chassé par trahison. Les protestants y exercèrent tant de cruautés, que ce fut, dit le capitaine Lanone, comme s'il y eust un prix proposé à qui feroit pis. Ils y commirent de nouveaux ravages en 1567, et mirent le feu à toutes les églises. Aussi, à la St-Barthélemy, les catholiques exercèrent-ils de cruelles représailles. Pendant la Ligue, Beaugency fut toujours fidèle à Henri III et à Henri IV, qui y transportèrent momentanément l'université d'Orléans. Toutefois les guerres de religion portèrent un coup funeste à la prospérité de Beaugency, qui ne se releva pas des désastres qu'elle avait alors éprouvés.

Les armes de Beaugency sont : *fascé d'or et d'azur de quatre pièces, semé de fleurs de lis de l'une en l'autre*.

Il s'est tenu à Beaugency trois conciles. En 1104, pour absoudre Philippe Ier, qui avait encouru l'excommunication par son mariage avec Bertrade de Montfort; en 1151, où l'on cassa le mariage de Louis le Jeune avec Éléonore d'Aquitaine pour cause de consanguinité, laquelle Éléonore s'étant remariée avec le roi d'Angleterre a causé de si longues et de si cruelles guerres entre les Anglais et les Français ; et un autre en 1154 sur le même mariage.

Beaugency est une ville fort agréablement située sur le penchant d'un coteau et dans le fond d'un vallon qui borde la Loire, que l'on traverse en cet endroit sur un pont en pierre de trente-neuf arches. Elle était autrefois totalement entourée de murs, flanqués de tours et de bastions, dont il reste encore une partie. Les fortifications du château s'étendaient alors jusqu'au pont ; elles ont été détruites en 1767. Au delà du pont, et très-près de la ville, existe une fontaine d'eau minérale ferrugineuse froide, découverte en 1787.

La tour de Beaugency, étonnante par sa construction et par son élévation, offre un parallélogramme de 23 m. 38 c. de long sur 20 m. 65 c. de large ; elle était jadis environnée de murailles particulières ; sa couverture, qui était en plomb et en ardoise, fut brûlée en 1568, par suite de l'incendie d'une abbaye qui en était très-proche, et à laquelle les protestants mirent le feu. En 1767, son élévation était de 40 m. 60 c. ; mais on fut forcé alors d'en démolir environ 3 m. qui menaçaient ruine ; deux vedettes ou guérites étaient construites à ses deux angles supérieurs nord-est et sud-est, et il régnait tout autour un rempart pour faisait un peu saillie au dehors des murs, dont l'épaisseur pouvait être d'environ 3 m. L'origine de cette tour est fort ancienne, mais on ne saurait en fixer l'époque. La partie inférieure est séparée du reste du monument par des voûtes en pierre, bâties en plein cintre, et qui reposent sur de forts piliers carrés. Elle est éclairée par des jours étroits ; un puits très-large s'y trouvait pratiqué. Quatre corps de cheminées ont été pratiqués au-dessus les uns des autres dans l'épaisseur des murs, à l'est et à l'ouest ; ils servaient aux quatre étages supérieurs, et sont plus récents que le reste de la tour ; leur état et celle qu'on leur donnait du temps de François Ier. La tour de Beaugency offre encore aujourd'hui une masse imposante qui fait distinguer cette ville de très-loin ; elle est adossée du côté de l'ouest à un monticule d'environ 10 m. de hauteur et de 33 m. 33 c. de surface, qui paraît avoir été fait de main d'homme dans les temps les plus reculés. Cette tour a été classée par le ministre de l'intérieur au nombre des monuments historiques.

L'hôtel de ville de Beaugency offre une façade élégante et gracieuse, presque semblable, mais dans des dimensions plus petites, à celle de l'ancien hôtel de ville d'Orléans. Cette façade est sculptée avec goût, ornée de bas-reliefs, de portraits, et d'une salamandre qui caractérise le règne de François Ier.

A 6 k. de Beaugency, près de la métairie de Ver, au centre du clos qui produit l'excellent vin de Guignes, on remarque à peu de distance du beau château d'AVARAY, un dolmen d'une dimension considérable. Divers lichens et des plantes parasites croissent sur ces débris ; un orme, qui s'échappe de dessous la partie que le temps et les orages ont respectée, s'élève à 10 m. au-dessus du dolmen, et couvre de son ombrage ce monument aussi recommandable par son antiquité que par sa masse imposante.

Biographie. Beaugency est la patrie de JACQ. LABLÉE, littérateur, né en 1751, auteur, entre autres ouvrages, de *la Roulette, ou Histoire d'un joueur*, 5e édit., in-12, 1814. — D'ÉT. AIGNAN, de l'Académie française, mort en 1824. On a de lui : *Abrégé du voyage de Mungo-Park*, etc., in-12, 1800 ; *Bibliothèque étrangère d'histoire et de littérature ancienne et moderne*, etc., 3 vol. in-8, 1823 ; plusieurs tragédies ; des traductions de romans anglais, et divers autres ouvrages. — Du physicien CHARLES, qui le premier appliqua le gaz hydrogène aux aérostats.

Fabriques de draperies. Distilleries d'eau-de-vie. Nombreuses tanneries. — *Commerce* de vins très-estimés de son territoire, eau-de-vie, grains, farines, laines. — *Foires* de 3 jours, les 1er fév., 25 mars, 1er mai, 2e samedi de juillet, 1er sept. et 31 oct.

Bibliographie. * *Essais historiques sur la ville de Beaugency*, 2 vol. in-12.

BEAUGIES, bg. *Oise* (Picardie), arr. et à 40 k. de Compiègne, cant. et ✉ de Guiscard. Pop. 769 h.

BEAUGY, vg. *Saône-et-Loire* (Bourgogne), arr. et à 36 k. de Charolles, cant. et ✉ de Marcigny. Pop. 483 h.

BEAUHARDY, vg. *Maine-et-Loire*, comm. de Remy-et-Mauges, ✉ de Beaupreau.

BEAUJEU, *Castrum de Bello Joco*, vg. *B.-Alpes* (Provence), arr., ✉ et à 26 k. de Digne, cant. de la Javie. Pop. 444 h.

BEAUJEU, *Bellus Jocus, Bellincum*, jolie petite ville, *Rhône* (Provence), chef-l. de cant., arr. et à 22 k. de Villefranche. Cure. ✉. Gîte d'étape. A 434 k. de Paris pour la taxe des lettres. Pop. 3,351 h. — TERRAIN plutonique, porphyres.

Beaujeu est la plus ancienne cité du Beaujolais, dont elle était la capitale, et l'honneur qu'elle avait d'être la résidence des seigneurs de cet Etat lui donnait une très-grande importance. — Les sires de Beaujeu reconnaissaient les rois de France pour seigneurs suzerains. Ils habitaient un château extrêmement fortifié, entouré de fossés et flanqué de cinq grosses tours, dont l'une renfermait les archives et le trésor. Il ne reste plus que quelques ruines de cette ancienne forteresse, que sa position rendait inexpugnable, et qui fut démolie en 1611. — Un autre château a été construit depuis au pied de l'ancien. Il renfermait dans son enceinte l'église collégiale dédiée à Notre-Dame, et les maisons des chanoines qui la desservaient. On le nommait *Pierre-Aigue*, parce qu'il était construit sur le roc ; il a été également détruit. Au milieu de la cour coule une belle fontaine, dont les eaux limpides et abondantes suffisent aux besoins des habitants de Beaujeu. — L'église collégiale a été vendue et démolie pendant la révolution. — L'église paroissiale actuelle est dédiée à saint Nicolas. La commune des Etoux, sur le territoire de laquelle cette église est située, vient d'être récemment réunie à celle de Beaujeu.

Les armes de Beaujeu sont : *d'or au lion de sable, armé et lampassé de gueules, et traversé d'un lambel à cinq pendants de gueules*.

Beaujeu est le chef-lieu d'un canton qui comprend la partie vignoble la plus considérable du Beaujolais. Ce pays, aujourd'hui si couvert d'habitations de toute espèce, est un des mieux cultivés de toute la France, et il était, il y a soixante ans, un des plus misérables et des moins peuplés ; à l'exception de quelques prairies, le sol était grenelé, maigre et stérile. C'est à la culture de la vigne qu'on est redevable de cet heureux changement, et à la belle route qui, traversant des montagnes autrefois impraticables, joint la Saône à la Loire, et favorise singulièrement le transport de toutes les productions de cette belle contrée.

INDUSTRIE. Manufactures de papiers, situées sur la commune des Etoux. Filature hydraulique de coton. Fabriques de tonneaux. Nombreuses tanneries. — *Commerce* considérable de vins d'excellente qualité, de grains, fer, cuirs, etc. — Entrepôt des productions qui s'échangent entre la Saône et la Loire. — Marché important tous les mercredis. — *Foires* les 2e mercredi de janv., 1er mercredi de fév., les mercredis de la mi-carême, mercredi des Cendres, 2e mercredi de juillet, veille de l'Ascension, veille de la Fête-Dieu, 2e mercredi d'août, 3e mercredi de sept., 2e mercredi d'oct., mercredi avant la Toussaint et mercredi avant St-Nicolas.

BEAUJEUX, vg. *H.-Saône* (Franche-Comté), arr., ✉ et à 11 k. de Gray, cant. de Fresnes-St-Mamès. Pop. 1,382 h. — Lavoirs pour minerai de fer. Haut fourneau.

BEAUJOLAIS, *Bellojensis Pagus*, petit pays qui dépendait autrefois de la ci-devant province du Lyonnais et dont Beaujeu était la capitale. Il forme à présent la partie septentrionale du dép. du *Rhône*, et une partie de l'arr. de Roanne et du dép. de la *Loire* : Beaujeu, Belleville, Charlieu et Villefranche en étaient les principales villes.

Les armes du Beaujolais étaient : *d'or au lion de sable armé et lampassé de gueules, et traversé d'un lambel à cinq pendants de gueules*.

Bibliographie. BRISSON. *Mémoires historiques et économiques sur le Beaujolais*, in-8, 1770.

Puvis (A.). * *Voyage agronomique en Beaujolais, Forez et dans la Limagne d'Auvergne*, in-8, 1821.

BEAULAC, vg. *Gironde*, comm. de Beuros, ✉ de Bazas.

BEAULANDAIS, vg. *Orne* (Normandie), arr. et à 12 k. de Domfront, cant. de Juvigny-sous-Andaine, ✉ de Couterne. Pop. 739 h.

BEAULAT, vg. *Gers*, comm. de Ju-Belloc, ✉ de Plaisance. Pop. 100 h.

BEAULENCOURT, vg. *Pas-de-Calais* (Artois), arr. et à 24 k. d'Arras, cant. et ✉ de Bapaume. Pop. 443 h.

BEAULEVRIER, vg. *Oise*, comm. de St-Quentin-des-Prés, ✉ de Gournay.

BEAULIEU, vg. *Ardèche* (Vivarais), arr. et à 28 k. de Largentière, cant. de Joyeuse, ✉ des Vans. Pop. 784 h.

BEAULIEU, *Waflogium, Wofloi*, vg. *Ardennes* (Champagne), arr. et à 15 k. de Rocroy, cant. de Signy-le-Petit, ✉ de Maubert-Fontaine. Pop. 330 h.

BEAULIEU, vg. *Aube*, comm. du Mériot, ✉ de Nogent-sur-Seine.

BEAULIEU, vg. *Calvados*, comm. et ✉ de Caen.

BEAULIEU, vg. *Calvados* (Normandie), arr., ✉ et à 10 k. de Vire, cant. de Beny-Bocage. Pop. 231 h.

BEAULIEU, vg. *Cantal* (Auvergne), arr. et à 30 k. de Mauriac, cant. de Champs, ✉ de Bort. Pop. 344 h.

BEAULIEU ou BEAULIEU-DE-CLOULAS, vg. *Charente* (Angoumois), arr. et à 17 k. d'Angoulême, cant. de Lavalette. Pop. 340 h.

On voit à peu de distance de ce village la belle source de la Touvre, rivière qui naît au pied d'un coteau escarpé, et qui, dans un cours de 12 k., alimente la belle fonderie de Ruelle et fait tourner un grand nombre de moulins. La source de la Touvre est digne de rivaliser avec celle de Vaucluse. C'est un bassin de forme circulaire qui se divise en deux parties : l'une, formée d'eaux en quelque sorte dormantes ; l'autre, d'eaux jaillissantes dont le bouillonnement s'élève quelquefois à 33 c. au-dessus du niveau de l'eau. Ce gouffre est situé au pied d'un roc calcaire très-escarpé, en forme de fer à cheval, à peu près comme celui qui domine la source de la Sorgue à Vaucluse. Au sommet aride du rocher s'élèvent, encombrées de ronces, et suspendues d'une manière effrayante au-dessus du gouffre, les ruines du château de Ravaillac. On attribue l'origine de la Touvre au Bandiat et à la Tardoüere, rivières qui courent à quelque distance sur le terrain plus élevé, et qui perdent insensiblement de leurs eaux jusqu'à la fin de leur cours. Des expériences faites par des naturalistes ont donné à cette origine une grande probabilité. Le gouffre de la Touvre a la forme d'un cône renversé, dont la base forme le bassin de la rivière, et dont le fond paraît, dans les beaux temps, traversé par une infinité de pointes de rochers les uns sur les autres. La sonde, que des observateurs ont jetée dans ce bassin, sans pouvoir en déterminer au juste la profondeur, en est rarement revenue ; les rochers, qui obstruent tous les passages, s'opposent presque toujours au retour des objets pesants que l'on introduit dans l'intérieur de ce gouffre.

La Touvre porte bateau à sa source, et serait facilement rendue navigable, sans la grande quantité d'îles, d'usines et d'établissements industriels qui existent sur son cours. Elle abonde en excellents poissons, et se jette dans la Charente au-dessous du village de Gand, près le faubourg de l'Houmeau.

BEAULIEU, vg. *Charente* (Angoumois), arr. et à 24 k. de Confolens, cant. et ✉ de St-Claud. Pop. 840 h.

BEAULIEU, *Bellus Locus*, petite ville, *Corrèze* (Limousin), chef-l. de cant., arr. et à 39 k. de Brives. Cure. ✉. A 502 k. de Paris pour la taxe des lettres. Pop. 2,513 h. — TERRAIN cristallisé ou primitif, gneiss.

Beaulieu est une ville assez agréablement située, sur la rive droite de la Dordogne. Elle doit son origine à un monastère de l'ordre de St-Benoît, fondé vers l'an 846, par Raoul de Turenne, archevêque de Bourges, et où il se tint un concile en 1021. Durant les troubles de la Ligue, cette ville fut assiégée par les troupes du duc de Mayenne, et s'empressa de se rendre à d'Hautefort, son lieutenant, qui venait d'emporter de vive force Grignac, où il avait fait pendre, pour l'exemple, tous les habitants.

Un peu au-dessous de Beaulieu se trouve le port d'Estresses, sur la Dordogne, lieu célèbre par la victoire qu'un duc de Bourgogne y remporta en 930 sur les Normands ; ce lieu fut encore, en 1586, le théâtre d'un combat entre les catholiques et les protestants. On voit à Beaulieu une église enrichie de sculptures gothiques fort remarquables. — *Fabriques* de coutellerie. — *Commerce* de vins, bois merrain. — *Foires* le 18 de chaque mois.

BEAULIEU, vg. *Côte-d'Or* (Bourgogne), arr. et à 26 k. de Châtillon, cant. et ✉ d'Aignay-le-Duc. ✉. Pop. 257 h.

BEAULIEU, vg. *Eure-et-Loir*, comm. et ✉ de Chartres.

BEAULIEU, vg. *Gard*, comm. de Mandagout, ✉ du Vigan.

BEAULIEU, vg. *Hérault* (Languedoc), arr. et à 20 k. de Montpellier, cant. de Castries, ✉ de Lunel. Pop. 427 h. — On y voit un vieux château flanqué de tourelles, et, sur la haute colline de Regagnach, des dolmens et des restes de vieux monuments druidiques découverts il y a quelques années. — *Carrières* de pierres de construction.

BEAULIEU, vg. *Ille-et-Vilaine*, comm. de Paramé, ✉ de St-Malo.

BEAULIEU, vg. *Indre* (Berry), arr. et à 33 k. du Blanc, cant. et ✉ de St-Benoît-du-Sault. Pop. 212 h.

BEAULIEU, *Bellus Locus*, petite ville, *Indre-et-Loire* (Touraine), arr., cant., ✉ et à 2 k. de Loches. A 234 k. de Paris pour la taxe des lettres. Pop. 1,887 h. — TERRAIN crétacé inférieur, grès vert.

Cette ville n'est séparée de Loches que par une longue suite de ponts qui traversent plusieurs bras de l'Indre. Elle a eu pour dame la belle Agnès Sorel, dont on y montre encore la demeure, et renfermait jadis une riche abbaye, fondée en 1010 par Foulques de Nerra, comte d'Anjou, qui y fut enterré en 1040. Ce comté avait affranchi les habitants de Beaulieu, dont les privilèges devinrent un sujet de discorde entre eux et ceux de Loches. Ces deux populations, presque constamment en hostilité l'une contre l'autre, se jurèrent une haine dont les siècles et la civilisation n'ont pas fait disparaître les dernières traces, même de nos jours. — *Fabriques* de draps. Filatures de laine. Tanneries. — *Carrières* de gypse très-riches. — *Foires* les 3e mercredi de mars, 1er mercredi de novembre.

BEAULIEU, vg. *Isère*, comm. de Têche, ✉ de Vinay.

BEAULIEU, vg. *Loire*, comm. de Riorges, ✉ de Roanne.

BEAULIEU, vg. *H.-Loire* (Velay), arr., ✉ et à 13 k. du Puy, cant. de Vorey. Pop. 1,142 h.

BEAULIEU, Lot. V. HOPITAL-ISSENDOLUS.

BEAULIEU, vg. *Maine-et-Loire* (Anjou), arr. et à 22 k. d'Angers, cant. de Thouarcé, ✉ de St-Lambert-du-Lattay. Pop. 996 h.

BEAULIEU, vg. *H.-Marne* (Champagne), arr. et à 20 k. de Langres-sur-l'Amance, cant. de Varennes, ✉ du Fays-Billot. Pop. 118 h.

BEAULIEU, vg. *Mayenne* (Maine), arr. et à 18 k. de Laval, cant. de Loiron, ✉ de la Gravelle. Pop. 788 h.

BEAULIEU, vg. *Meuse* (Lorraine), arr. et à 33 k. de Bar-le-Duc, cant. de Triaucourt, ✉ de Beauzée. Pop. 485 h. — Verrerie.

BEAULIEU, vg. *Nièvre* (Nivernais), arr. et à 25 k. de Clamecy, cant. de Brinon-les-Allemands, ✉ de St-Révérien. Pop. 213 h.

BEAULIEU, vg. *Oise* (Picardie), arr. et à 38 k. de Compiègne, cant. de Lassigny, ✉ de Guiscard. Pop. 731 h. — Le territoire de ce village, environné au nord et à l'ouest par la forêt de Bouvresse, est sec, sablonneux et peu fertile ; on y trouve trois fontaines d'eau minérale ferrugineuse.

Beaulieu est fort ancien. Il y avait un château fortifié dont on voit encore les ruines sur la place, au centre du village. — Peu de jours après la prise de la pucelle d'Orléans, arrivée le 24 mai 1419 devant Compiègne, Jean de Luxembourg, à la garde de qui elle avait été remise, l'envoya sous bonne escorte au château de Beaulieu, et de là à Beaurevoir en Artois, où elle demeura longtemps prisonnière.

BEAULIEU, vg. *Orne* (Normandie), arr. et à 28 k. de Mortagne, cant. de Tourouvre, ✉ de St-Maurice. Pop. 383 h.

BEAULIEU, vg. *Puy-de-Dôme* (Auvergne), arr. et à 15 k. d'Issoire, cant. de St-Germain-Lembron. Pop. 671 h.

On trouve au-dessous de ce village, sur la rive gauche de l'Alagnon, une source minérale froide, que l'on croit acidule et ferrugineuse. Cette source sort d'une grotte fort étroite creusée dans le roc qui borde la rivière ; elle paraît et disparaît très-souvent, sans qu'on puisse en attribuer la cause ni à la pluie, ni à la sécheresse. L'intérieur de la grotte est tapissé en certains endroits d'une matière saline, d'une stypticité insupportable.— L'eau de Beaulieu a beaucoup d'analogie avec celle de Bard, dont elle n'est pas éloignée.

BEAULIEU, vg. *Vienne*, comm. des Trois-Moutiers, ✉ de Loudun.

BEAULIEU-SOUS-BOURBON-VENDÉE, vg. *Vendée* (Poitou), arr. et à 24 k. des Sables, cant. et ✉ de la Mothe-Achard. Pop. 1,780 h.

BEAULIEU-SOUS-BRESSUIRE, vg. *Deux-Sèvres* (Poitou), arr., cant., ✉ et à 5 k. de Bressuire. Pop. 392 h.

BEAULIEU - SOUS - PARTHENAY, vg. *Deux-Sèvres* (Poitou), arr., ✉ et à 10 k. de Parthenay, cant. de Mazières. Pop. 867 h.

BEAULIEU-SUR-LOIRE, bg *Loiret* (Gatinais), arr. et à 23 k. de Gien, cant. et ✉ de Châtillon-sur-Loire. Pop. 2,242 h.

BEAULIEU-SUR-MAREUIL, vg. *Vendée*, comm. de Mareuil.

BEAULNE, vg. *Aisne* (Picardie), arr. et à 20 k. de Laon, cant. de Craonne, ✉ de Fismes. Pop. 243 h.

BEAULON, vg. *Allier* (Bourbonnais), arr. et à 15 k. de Moulins, cant. et ✉ de Chevagnes. Pop. 1,583 h. — *Foire* le 8 avril.

BEAULOUP, vg. *Puy-de-Dôme*, comm. de St-Ours, ✉ de Pontgibaud.

BEAUMAIS, vg. *Calvados* (Normandie), arr., ✉ et à 9 k. de Falaise, cant. de Coulibœuf. Pop. 674 h.

BEAUMAIS, vg. *Seine-Inf.*, comm. d'Aubermesnil, ✉ de Dieppe. Pop. 202 h.

BEAUMARCHAIS, vg. *Seine-et-Marne*, comm. d'Othis, ✉ de Dammartin.

BEAUMARCHÉS, petite ville, *Gers* (Armagnac), arr. et à 29 k. de Mirande, cant. et ✉ de Plaisance. Pop. 1,378 h.

Cette ville est située sur un coteau, près de la rive droite de l'Arros. Elle doit son nom à un sénéchal de Toulouse, chargé par le roi, en 1295, de la faire bâtir pour le comte de Pardiac, qui avait promis de faire la guerre au comte d'Armagnac; la ville était alors fortifiée; elle fut prise et incendiée par les protestants dans le XVIe siècle, et fut alors presque entièrement détruite.—On y remarque une ancienne église susceptible d'être classée au nombre des monuments historiques.

BEAUMAT, vg. *Lot* (Quercy), arr. de Gourdon, cant. de la Bastide, ✉ de Frayssinet.

BEAUMÉ, vg. *Aisne* (Picardie), arr. et à 23 k. de Vervins, cant. et ✉ d'Aubenton. Pop. 477 h.

BEAUME (la), vg. *Ardèche* (Vivarais), arr. et à 14 k. de Largentière, cant. et ✉ de Joyeuse. Pop. 1,065 h. Sur la Beaume.

On remarque aux environs la chaussée du Pont-de-Beaume, située sur les bords de l'Ardèche; le pavé est un des plus curieux qui existent tant par la configuration des prismes, par leur disposition et leur arrangement, que par la grandeur et l'ensemble de cette belle masse. On admire surtout une belle grotte volcanique, qui imite parfaitement un ouvrage de l'art. Cette voûte naturelle présente dans l'intérieur les extrémités des colonnes basaltiques, qui, jointes et adhérentes, offrent l'effet d'une espèce de mosaïque. Le basalte de cette chaussée est sain et de la plus grande dureté; c'est une superbe coulée de lave, qui se prolonge au moins de 4 k., et qui paraît produite par le volcan de la Gravenne, ou par celui qui est au-dessus de Nièrac.

BEAUME, vg. *Côte-d'Or*, comm. de Créancy, ✉ de Pouilly-en-Montagne.

BEAUME-DES-ARNAUDS (la), beau village, *H.-Alpes* (Dauphiné), arr. et à 38 k. de Gap, cant. d'Aspres-les-Veynes, ✉ de Veynes. Pop. 628 h.—TERRAIN jurassique.

Ce village, entouré d'anciens remparts en pierres de taille, est bâti dans une situation pittoresque, sur l'emplacement de la *Mutatio Cambono* de Peutinger. Il doit son nom à une grotte remarquable qui se trouve dans son voisinage; on y voit les vestiges de deux tours assises sur des élévations et nommées, l'une tour de Beauvais, l'autre la Tournelle. A peu de distance se trouve une magnifique cascade, dont les eaux se précipitent de 20 à 25 m.

Le village de la Beaume-des-Arnauds est bâti au pied du *Gaurus Mons*, appelé ensuite Col-des-Chèvres et aujourd'hui Col-des-Communes qu'il doit au dévouement de quatorze communes qui, à l'invitation de M. Ladopccette, se réunirent en 1804 pour ouvrir sur une étendue de 21,000 m., une route de Gap à Valence. En mémoire de ce dévouement, une colonne milliaire a été placée à la sommité du col, et l'on y a gravé les noms des communes, ainsi que celui de M. le baron Ladoucette, alors préfet du département des Hautes-Alpes.

BEAUME - HAUTE (la), vg. *H.-Alpes* (Dauphiné), arr. et à 43 k. de Gap, cant. d'Aspres-les-Veynes, ✉ de Veynes. Pop. 95 h. — La Haute-Beaume ou Château-la-Beaume est sur une montagne qui domine le village; celle-ci par lequel on y monte semble tracé pour les chèvres, et pendant huit mois de l'année les habitants y sont bloqués par les neiges.

BEAUMÉNIL, vg. *Vosges* (Lorraine), arr. et à 30 k. d'Epinal, cant. et ✉ de Bruyères. Pop. 179 h.

BEAUMERIE-ST-MARTIN, vg. *Pas-de-Calais* (Artois), arr., cant., ✉ et à 6 k. de Montreuil-sur-Mer. Pop. 327 h.

BEAUMERLE, vg. *Cher*, comm. et ✉ de Châteaumeillant.

BEAUMES - DE - VENISE, bg *Vaucluse* (Comtat), chef-l. de cant., arr. et à 20 k. d'Orange. Bur. d'enregist. à Malaucène. Cure. ✉ de Carpentras. Pop. 1,717 h. — TERRAIN tertiaire moyen.

Ce bourg est situé dans une contrée fertile, sur la Salcette. Son territoire est arrosé de belles eaux qui ne tarissent jamais; aussi la plaine n'est que prairies, jardins et terres labourables presque entièrement couvertes de mûriers: on y récolte des vins muscats blancs et rouges très-délicats et une immense quantité de câpres. Dans le torrent de Salettes, on trouve trois sources peu abondantes d'eau salée.

BEAUMESNIL, vg. *Calvados* (Normandie), arr. et à 9 k. de *Vire*, cant. et ✉ de St-Sever. Pop. 372 h.

BEAUMESNIL, *Bellum Mesnillum*, bg *Eure* (Normandie), chef-l. de cant., arr., ✉ et à 13 k. de Bernay. Cure. Pop. 436 h.— TERRAIN tertiaire moyen. *Foire* le 28 oct.

Beaumesnil paraît être un lieu très-ancien; on y trouvé 5,000 médailles romaines, pour la plupart du temps de Gallien, et l'on y voit des vestiges d'une forteresse qui fut prise par les Anglais en 1448, et reprise l'année suivante par les Français. Le château des anciens seigneurs, commencé en 1632 et achevé en 1640, est d'une grande magnificence; une chapelle dans le style gothique y a été ajoutée récemment pour la sépulture de la famille.

BEAUMETS, h. *Somme*, comm. de Cartigny, ✉ de Péronne.

BEAUMETTES, vg. *Vaucluse* (Provence), arr., ✉ et à 14 k. d'Apt, cant. de Gordes. Pop. 118 h.

BEAUMETZ, vg. *Somme* (Picardie), arr. et à 17 k. de Doullens, cant. et ✉ de Bernaville. ✆. Pop. 552 h.

BEAUMETZ-LÈS-AIRES, vg. *Pas-de-Calais* (Artois), arr. et à 30 k. de St-Omer, cant. de Fauquembergue, ✉ de Fruges. Pop. 398 h.

BEAUMETZ-LÈS-CAMBRAY, vg. *Pas-de-Calais* (Artois), arr. et à 25 k. d'Arras, cant. de Bertincourt, ✉ de Bapaume. Pop. 1,584 h.

BEAUMETZ-LES-LOGES, vg. *Pas-de-Calais* (Artois), chef-l. de cant., arr., ✉ et à 9 k. d'Arras. Cure. Pop. 468 h. — TERRAIN crétacé supérieur, craie.

BEAUMONT, vg. *Ardèche* (Languedoc), arr., ✉ et à 16 k. de Largentière, cant. de Valgorge. Pop. 1,367 h.

BEAUMONT, vg. *Corrèze* (Limousin), arr. et à 25 k. de Tulle, cant. et ✉ de Seilhac. Pop. 563 h.

BEAUMONT, vg. *Creuse*, comm. et ✉ de Felletin.

BEAUMONT, jolie petite ville, *Dordogne* (Périgord), chef-l. de cant., arr. et à 29 k. de Bergerac. Cure. ✉. A 256 k. de Paris pour la taxe des lettres. Pop. 1,835 h. — TERRAIN tertiaire moyen.

Cette ville, située sur le sommet d'une colline au pied de laquelle coule la Couze, doit son origine à l'abbaye de Cadouin et au chapitre de St-Avit, qui y firent bâtir en 1272, l'église que l'on voit encore aujourd'hui, et à l'entour de laquelle se forma un petit bourg. Plus tard, Lucas de Tany, maréchal de Gascogne, fit jeter les fondements de la ville actuelle pour le roi d'Angleterre; on reconnaît en effet à sa forme une des villes bâties par les Anglais lorsqu'ils étaient maîtres de la Guienne; elle présente un carré long entouré d'un mur flanqué de tours, dont le centre offre une place où aboutissent les principales rues à angles droits. — Forges et haut fourneau. — Commerce de grains. — *Foires* les 3 fév., 2 mai, 22 juillet, 11 août (3 jours), 26 oct., 19 nov., 10 déc., 1er mardi de janv., 2e mardi de mars, 1er mardi d'avril et 2e mardi de juin.

BEAUMONT, vg. *Drôme* (Dauphiné), arr. et à 29 k. de Die, cant. et ✉ de l'Etoile. Pop. 333 h.

BEAUMONT, vg. *Drôme* (Dauphiné), arr., cant., ✉ et à 12 k. de Valence. Pop. 1,248 h.

BEAUMONT, vg. *H.-Garonne* (Languedoc), arr., à 12 k. de Muret, cant. d'Auterive. Pop. 1,475 h. Près de la Lèze.—*Foires* les 15 avril et 27 déc.

BEAUMONT, vg. *Gers* (Armagnac), arr., cant., ✉ et à 7 k. de Condom. Pop. 400 h.

BEAUMONT, vg. *H.-Loire* (Auvergne), arr., cant., ✉ et à 5 k. de Brioude. P. 398 h.

BEAUMONT, vg. *Loiret*, comm d'Aschères, ✉ de la Neuville-aux-Bois.

BEAUMONT, vg. *Loiret*, comm. de Cravant, ✉ de Beaugency.

BEAUMONT, vg. *Manche* (Normandie), chef-l. de cant., arr. et à 17 k. de Cherbourg, où est le bur. d'enregist. Cure. ✉. Pop. 883 h. Terrain de transition moyen.

BEAUMONT, vg. *Manche*, comm. et ✉ de Carentan.

BEAUMONT, vg. *Meurthe* (Lorraine), arr. et à 25 k. de Toul, cant. de Domèvre, ✉ de Noviant-aux-Prés. ⚒. Pop. 170 h.

BEAUMONT, *Bellomontium*, vg. *Meuse* (Lorraine), arr., ✉ et à 13 k. de Verdun, cant. de Charny. Pop. 839 h.

BEAUMONT, vg. *Nord* (Flandre), arr. et à 17 k. de Cambray, cant. et ✉ du Câteau. Pop. 798 h. *Fabrique* de tulle.

BEAUMONT, *Bellus Mons*, vg. *Pas-de-Calais* (Artois), arr. et à 18 k. d'Arras, cant. de Vimy, ✉ de Douai. Pop. 706 h.

BEAUMONT, petite ville, *Puy-de-Dôme* (Auvergne), arr., cant., ✉ et à 2 k. de Clermont. Pop. 1,820 h.

Il existait à Beaumont avant la révolution une abbaye de religieuses de l'ordre de St-Benoît, fondée en 663. Plusieurs des abbesses, qui étaient dames de Beaumont, ont acquis une grande célébrité dans le pays par leur inconduite.—La fête de ce village a lieu le lundi de Pâques; elle attire une foule considérable de personnes de tout âge et de tout sexe, qui y viennent de Clermont et des environs.—La vallée qui sépare Beaumont du Puy-de-Montrognon et des plus fertiles; les prairies arrosées par le ruisseau d'Artière sont plantées d'arbres fruitiers vigoureux.

Montrognon, *Mons Reignum*, est à peu de distance de Beaumont; les ruines qui surmontent la montagne sont les restes d'un château fort qu'y fit bâtir, vers 1196, le premier dauphin d'Auvergne. Ce château fut démoli en 1634, par ordre de Louis XIII; on aperçoit autour de sa base, les traces d'une enceinte fortifiée et des séparations des logements qui servaient à la garnison. Il faut se garder de croire ce que disent les villageois sur l'origine de ce château; tous l'attribuent à Jules César.

BEAUMONT, bg *Seine-et-Marne* (Gatinais), arr. et à 38 k. de Fontainebleau, cant. et ✉. A 104 k. de Paris pour la taxe des lettres. Pop. 1,148 h.—Il possède un hospice desservi par des sœurs hospitalières.—La seigneurie de Beaumont fut érigée en comté par Henri IV, en faveur de la famille de Harlay; précédemment elle avait appartenu au célèbre argentier Jacques Cœur.—*Foires* les 24 fév., mardi avant le 3 mai, 3ᵉ mardi avant le 30 août et le 30 nov.—Marché tous les mardis.

BEAUMONT, *Bellomontium*, vg. *Seine-Inf.*, comm. de Beaunay, ✉ de Tôtes.

BEAUMONT, vg. *Seine-Inf.*, comm. de Roquemont, ✉ du Fréneau.

BEAUMONT, vg. *Vienne* (Poitou), arr., ✉ et à 13 k. de Châtellerault, cant. de Vouneuil. Pop. 1,469 h.

BEAUMONT, vg. *H.-Vienne* (Limousin), arr. et à 51 k. de Limoges, cant. et ✉ de Jaunay. Pop. 742 h.

BEAUMONT-DE-LOMAGNE, petite ville, *Tarn-et-Garonne* (Languedoc), chef-l. de cant., arr. et à 28 k. de Castel-Sarrasin. Cure. Gîte d'étape. ✉. ⚒. A 672 k. de Paris pour la taxe des lettres. Pop. 4,112 h.—Terrain tertiaire moyen.

Autrefois diocèse de Montauban, parlement de Toulouse, intendance d'Auch, élection de Rivière-Verdun, justice royale.

Cette ville est dans une belle situation, sur la rive gauche de la Gimone. Elle est remarquable à la fois par la régularité de son plan, la propreté de ses constructions, la beauté et la fertilité de son territoire. La vallée de la Gimone, dont Beaumont est le chef-lieu et l'entrepôt, est productive, gracieuse, verdoyante, fertile, et surtout riche en vignobles. Beaumont, où toutes les provisions abondent aux prix les plus modérés, est située à quelque distance de la rivière, sur une pente douce, et construite sur un plan régulier; la ville est distribuée autour d'une place spacieuse et carrée, entourée de maisons propres et jolies. Une grande route traverse la place, dont le centre est occupé par une halle couverte, carrée et aussi propre que spacieuse. Deux des côtés de la place sont bordés d'arcades. La ville ne possède aucun édifice somptueux; mais elle a plusieurs belles constructions, la plupart neuves; ses rues sont droites et larges, et se coupent à angle droit. Son commerce, favorisé par le voisinage de villes importantes, est fort actif.—*Fabrique* de grosses draperies. Tuileries. Tanneries.—*Commerce* considérable de grains.—*Foires* le 1ᵉʳ samedi de chaque mois.

BEAUMONT-DE-MALAUCÈNE, vg. *Vaucluse* (Comtat), arr. et à 33 k. d'Orange, cant. et ✉ de Malaucène. Pop. 570 h.

BEAUMONT-DE-PERTUIS, vg. *Vaucluse* (Provence), arr. et à 33 k. d'Apt, cant. et ✉ de Pertuis. Pop. 1,119 h.—Terrain crétacé inférieur, grès vert.— A peu de distance de ce village s'élève, sur les bords de la Durance, la montagne de St-Eucher, au sommet de laquelle on voit couler à une profondeur effrayante les eaux de la Durance. On y trouve une vaste grotte, dont le fond est occupé par un autel surmonté d'une statue en pierre, représentant saint Eucher. Cette grotte communique à deux autres également spacieuses.

BEAUMONTEL, *Bellum Mortellum*, vg. *Eure* (Normandie), arr. et à 15 k. de Bernay, cant. et ✉ de Beaumont-le-Roger. P. 673 h.—*Fabriques* de tissus, filatures de laine. Blanchisseries de toiles.

BEAUMONT-EN-ARGONNE, bg *Ardennes* (Champagne), arr. et à 25 k. de Sédan, cant. et ✉ de Mouzon. Pop. 1,370 h.—Beaumont avait autrefois le titre de ville; il fut fortifié en 1182 par Guillaume aux blanches Mains, archevêque de Reims, et attaqué sans succès par les Lorrains en 1592 et en 1634. Beaumont était aussi connu par ses mesures, qui étaient plus grandes que toutes celles de la province de Champagne.

BEAUMONT-EN-AUGE, bg *Calvados* (Normandie), arr., cant., ✉ et à 5 k. de Pont-l'Évêque. Pop. 847 h.—Il a des marchés importants pour la vente des bestiaux, et une foire considérable, dite la Foire aux œufs, le lundi de la Passion.

Patrie du marquis Simon de la Place, célèbre géomètre, membre de l'Institut, mort en 1827. Ses principaux ouvrages sont : *Exposition du système du monde*, 5ᵉ édition, in-4, ou 2 vol. in-8, 1824; *Théorie analytique des probabilités*, 3ᵉ édition, in-4, 1820; *Traité de mécanique céleste*, 5 vol. in-4, et suppl., 1825.

BEAUMONT-EN-BEINE, vg. *Aisne* (Picardie), arr. et à 50 k. de Laon, cant. et ✉ de Chauny. Pop. 616 h.

BEAUMONT - HAMEL, vg. *Somme* (Picardie), arr. à 30 k. de Péronne, cant. et ✉ d'Albert. Pop. 841 h.

BEAUMONT-LA-CHARTRE, bg *Sarthe* (Maine), arr. et à 34 k. de St-Calais, cant. et ✉ de la Chartre-sur-Loir. Pop. 829 h. — Patrie de M. Gustave de Beaumont, membre de l'Institut et de la chambre des députés, né au château de Beaumont, ancien manoir flanqué de tours carrées.

BEAUMONT-LA-FERRIÈRE, vg. *Nièvre* (Nivernais), arr. et à 45 k. de Cosne, cant. et ✉ de la Charité. Pop. 441 h.

BEAUMONT-LA-RONCE, vg. *Indre-et-Loire* (Touraine), arr. à 21 k. de Tours, cant. et ✉ de Neuillé-Pont-Pierre. ⚒. Pop. 1,525 h.— Près de la route qui conduit de Beaumont à Neuillé-Pont-Pierre, on voit un dolmen composé de cinq blocs; sa table, légèrement inclinée, offre une largeur de 2 m. 10 c. sur une longueur de 1 m. 80 c. La pierre du nord, d'une étendue démesurée par rapport à la table, se développe sur 3 m. 60 c. de long, avec une hauteur moyenne de 1 m. 40 c. — Placé sur le sommet d'une colline peu élevée, ce dolmen domine un petit vallon frais et vert, arrosé par un ruisseau (*Mémoires de la société archéologique de Touraine*).

Fabrique d'étoffes de laine.

BEAUMONT - LE - CHARTIF. V. Beaumont-les-Autels.

BEAUMONT - LE - HARENG, vg. *Seine-Inf.* (Normandie), arr. et à 32 k. de Dieppe, cant. et ✉ de Bellencombre. Pop. 294 h.

BEAUMONT-LE-ROGER, *Belmontium Rogerii*, *Belmont*, petite ville, *Eure* (Normandie), chef-l. de cant., arr. et à 15 k. de Bernay. Cure. ✉. ⚐ 138 k. de Paris pour la taxe des lettres. Pop. 2,063 h.—TERRAIN crétacé inférieur, grès vert.

Autrefois comté, diocèse d'Evreux, parlement de Rouen, intendance d'Alençon, élection de Conches, gouvernement particulier.

Cette ville, située près de la belle forêt de son nom, sur la rive droite de la Rille, était autrefois défendue par un château flanqué de grosses tours et environné de fossés profonds, construit sur un rocher escarpé, vers 1040, par Roger, fils du seigneur de Beaumont, dont la ville a gardé le nom. En 1124, ce château tomba au pouvoir de Henri Ier, roi d'Angleterre; Philippe Auguste s'en empara en 1192; repris par Richard Cœur de Lion en 1194, il fut emporté d'assaut et livré aux flammes en 1199 par Philippe Auguste, remis par traité à Jean sans Terre, et enfin réuni à la couronne en 1202. — Duguesclin s'empara de la ville de Beaumont en 1378, dont le château fut démoli. Cette ville, qui était fermée, fut prise et ravagée par Henri V, roi d'Angleterre, en 1417; les Français et les Anglais se la disputèrent à plusieurs reprises, et y causèrent de grands ravages de 1437 à 1449. — Au-dessous du château, dont il reste à peine quelques vestiges, le comte de Meulan avait fondé une abbaye, élevée sur la pointe du rocher, dont les restes excitent l'admiration par leur aspect pittoresque.

Dans la forêt de Beaumont, on trouve plusieurs restes de constructions rustiques romaines, notamment un camp admirablement placé pour commander les trois vallées voisines. — Près de la chapelle de St-Marc, qui est entièrement isolée dans la forêt, sont les ruines qui paraissent avoir appartenu à un ancien château.

Fabrique importante de draps qui emploie 400 ouvriers et confectionne annuellement environ 1,000 pièces de 19 à 20 m. chacune, ⊙ 1823-27, ⚐ 1839. Blanchisseries de toiles; verrerie à vitres et à bouteilles. — *Commerce* de bois, lin, fil et draperies. — *Foires* les 11 juillet, 29 sept. et mardi de Pâques. Marchés les mardis et samedis.

BEAUMONT-LES-AUTELS, vg. *Eure-et-Loir* (Beauce), arr. à 11 k. de Nogent-le-Rotrou, cant. d'Authon. ✉. ⚐. ⚐ 147 k. de Paris pour la taxe des lettres. Pop. 906 h.—
Fabriques de faïence et de poterie commune.

BEAUMONT – LES – NONAINS, vg. *Oise* (Picardie), arr. et à 16 k. de Beauvais, cant. et ✉ d'Auneuil. Pop. 469 h. — Il doit son surnom à une abbaye de religieuses de l'ordre des prémontrés, fondée par l'abbé Ulric et détruite en 1185; son emplacement est occupé aujourd'hui par une ferme.

BEAUMONT-LÈS-RANDANS, vg. *Puy-de-Dôme* (Auvergne), arr. et à 25 k. de Riom, cant. et ✉ de Randans. Pop 743 h.

BEAUMONT-LÈS-TOURS, vg. *Indre-et-Loire*, comm. de St-Etienne-de-Chigny, ✉ de Tours. — Ce village est situé sur un bras de la Loire qui communique au Cher et forme l'île de Berthenay. Il y avait, avant la révolution, un magnifique couvent de bénédictines, transféré de Tours en ce lieu en 1007.

BEAUMONT – LE – VICOMTE. V. BEAUMONT-SUR-SARTHE.

BEAUMONT – MONTEUX, vg. *Drôme* (Dauphiné), arr. et à 12 k. de Valence, cant. et ✉ de Tain. Pop. 930 h.

BEAUMONT – PIED – DE – BŒUF, bg *Mayenne* (Anjou), arr. et à 24 k. de Château-Gontier, cant. et ✉ de Grez-en-Bouère. Pop. 502 h.

BEAUMONT-PIED-DE-BŒUF, bg *Sarthe* (Maine), arr. et à 37 k. de St-Calais, cant. et ✉ de Château-du-Loir. Pop. 1,029 h. — On y voit un ancien château flanqué de deux tours rondes en partie ruinées.

BEAUMONT – SUR – BUCHY, vg. *Seine-Inf.*, comm. de Roquemont, ✉ du Fréneau.

BEAUMONT-SUR-GROSNE, vg. *Saône-et-Loire* (Bourgogne), arr. et à 14 k. de Châlons-sur-Saône, cant. et ✉ de Sennecy. Pop. 430 h.

BEAUMONT – SUR – LE – SERAIN, vg. *Yonne* (Bourgogne), arr. et à 15 k. d'Auxerre, cant. et ✉ de Seignelay. Pop. 385 h.

BEAUMONT-SUR-OISE, *Bellus Mons, Belmontium ad Isaram*, jolie petite ville, *Seine-et-Oise* (Picardie), arr. à 22 k. de Pontoise, cant. de l'Ile-Adam. Cure. Gîte d'étape. ✉. ⚐. ⚐ 34 k. de Paris pour la taxe des lettres. Pop. 2,022 h. — TERRAIN crétacé supérieur, craie.

Autrefois comté-pairie, diocèse de Beauvais, parlement et intendance de Paris, élection de Senlis, bailliage, gouvernement particulier.

Elle est agréablement située sur la croupe d'une montagne, au pied de laquelle passe l'Oise, que l'on traverse sur un beau pont, assez bien bâtie, et dominée par une vieille tour en ruine, seul reste de son ancien château. Sur un des côtés de la ville règne une jolie promenade en terrasse, d'où l'on jouit d'une vue agréable sur la riche vallée de l'Oise. — Les Bourguignons s'en emparèrent en 1400, et jetèrent une partie des habitants dans la rivière.

Les armes de Beaumont-sur-Oise sont: *d'azur au lion d'argent à une rose d'or d'où sortent huit bâtons fleurdelisés de même par le bout, posés en croix et en sautoir brochant sur le tout.*

Commerce de grains et de farine.—Tanneries et corroieries. — *Foires* les 1ers jeudis après le 15 janvier, après la mi-carême, après le 29 juin et après la St-André.

BEAUMONT – SUR – SARDOLLES, vg. *Nièvre* (Nivernais), arr. et à 30 k. de Nevers, cant. et ✉ de St-Benin-d'Azy. Pop. 416 h.

BEAUMONT-SUR-SARTHE ou LE VICOMTE, *Belmontium*, petite ville, *Sarthe* (Maine), chef-l. de cant., arr. et à 26 k. de Mamers. Cure. Gîte d'étape. ✉. ⚐. ⚐ 216 k. de Paris pour la taxe des lettres. Pop. 2,320 h. — TERRAIN jurassique, étage moyen du système oolitique.

Autrefois diocèse et élection du Mans, parlement de Paris, intendance de Tours, bailliage et justice royale.

La ville de Beaumont, placée entre la Normandie et la capitale du Maine, fut souvent exposée aux ravages de la guerre. Geoffroy d'Anjou la prit et la brûla entièrement en 1135. Le comte Arthur de Richemont la prit d'assaut en 1412. Les Anglais s'en emparèrent en 1417; Ambroise de Loré la leur reprit la même année; mais les Anglais s'en rendirent maîtres de nouveau en 1433. Les calvinistes la prirent, la pillèrent et mirent le feu en 1562. La ville se soumit à Henri IV en 1589, après la prise du Mans par ce monarque.

Cette ville est bâtie en amphithéâtre sur le penchant d'un coteau, au bas duquel coule la Sarthe, que l'on y passe sur deux ponts. Elle est généralement mal bâtie, et n'offre guère que des rues tortueuses et très escarpées. On y remarque les restes d'un ancien château fort, consistant en une partie du donjon et quelques pans des murs d'enceinte, au milieu desquels on a établi la prison. — Une partie de l'église paroissiale appartient à l'architecture romane.

Les armes de Beaumont-le-Vicomte sont: *d'azur semé de fleurs de lis d'or au lion de même brochant sur le tout.*

Près de la ville est un beau tumulus, formant un cône tronqué, autour duquel on a dessiné un sentier en spirale conduisant au sommet, qui est planté d'arbres, d'arbrisseaux, orné d'un parterre de fleurs et de sièges en gazon entretenus avec soin. — PATRIE du général d'artillerie baron COUIN.

Fabriques de toiles de chanvre, couvertures de laine. Filatures de laine et de coton. Tannerie. — *Commerce* de grains, graine de trèfle, chanvre, fil, miel, cire, volailles et bestiaux. — *Foires* les 3e mardi de janv, 4e mardi de mars et d'avant la Pentecôte, 1er oct. et 1er déc. — Marché important tous les mardis.

BEAUMONT-SUR-VESLE, vg. *Marne* (Champagne), arr. et à 15 k. de Reims, cant. de Verzy, ✉ des Petites-Loges. Pop. 490 h. Sur la rive gauche de la Vesle.

BEAUMONT – SUR – VINGEANNE, vg. *Côte-d'Or* (Bourgogne), arr. et à 34 k. de Dijon, cant. et ✉ de Mirebeau. Pop. 464 h. — Il est situé près d'une voie romaine qui conduit à Mirebeau, sur la Vingeanne, que l'on passe sur un beau pont, à 24 k. de Dijon. On y remarque les ruines d'un château fort, détruit lors du siège de Dôle en 1636. — Aux environs s'élève, sur un rocher, la chapelle de Plantenet, ancienne commanderie de l'ordre de Malte. — Education des abeilles. Carrières de pierres de taille. Mine de fer.

BEAUMONT-VÉRON, vg. *Indre-et-Loire* (Touraine), arr., cant., ✉ à 6 k. de Chinon. Pop. 1,808 h.

BEAUMONT – VILLAGE, vg. *Indre-et-Loire* (Touraine), arr. et à 20 k. de Loches, cant. et ✉ de Montrésor. Pop. 380 h.

BEAUMOTTE – LÈS – MONTBOZON, vg. *H.-Saône* (Franche-Comté), arr. et à 27 k. de Vesoul, cant. et ✉ de Montbozon. Pop. 566 h. Près de l'Oignon.

BEAUMOTTE-LES-PIN, vg. *H.-Saône* (Franche-Comté), arr. et à 27 k. de Gray, cant. et ✉ de Marnay. Pop. 441 h. — Tréfilerie.

BEAUMUGNE, vg. *H.-Alpes*, comm. de St-Julien-en-Beauchêne, ✉ de Veynes.

BEAUNAY, vg. *Marne* (Champagne), arr. et à 20 k. d'Epernay, cant. de Montmort, ✉ d'Etoges. Pop. 270 h.

BEAUNAY, vg. *Seine-Inf.* (Normandie), arr. et à 22 k. de Dieppe, cant. et ✉ de Tôtes. Pop. 318 h.

BEAUNE, vg. *Allier* (Bourbonnais), arr. et à 27 k. de Moulhçon, cant. et ✉ de Montmarault. Pop. 1,200 h.

BEAUNE, *Belna*, *Belnum*, *Belno Castrum*, ancienne et jolie ville, *Côte-d'Or* (Bourgogne), chef-l. de sous-préf. et de 2 cant. Trib. de 1re inst. et de comm. Société d'agric. Collège comm. Gîte d'étape. 2 cures. ✉. ⚐ Pop. 10,977 h. — TERRAIN jurassique, étage inférieur du système oolitique.

Autrefois capitale du Beaunois, diocèse d'Autun, parlement et intendance de Dijon, gouvernement et bailliage particulier, collégiale, dix abbayes.

Les monuments, les inscriptions, les médailles découvertes en différents endroits, annoncent qu'elle fut d'abord une castramétation, ensuite un château fort, et une place assez considérable au VIIe siècle. Une inscription trouvée dans les démolitions de l'ancien château, en 1683, et conservée dans la cour Segaud, portant : *Minerviæ cives*, semble indiquer qu'elle était alors appelée *Minervia*. On croit que, sous Aurélien, elle prit le nom de *Belenus*, sous lequel Apollon ou le Soleil était honoré dans les Gaules, d'où on a fait *Belna*. Quelques-uns, fondés sur les anciennes armoiries de la ville, pensent qu'elle tire son nom de *Bellona*.

La situation avantageuse de Beaune en fit le chef-lieu du canton qui portait son nom au VIIIe siècle, *Pagus Belnensis*, *Belnisium*. C'est au duc Eudes III, qui résidait souvent en cette ville, qu'elle doit l'établissement de sa commune, en 1203. Il s'y tint un concile en 1020.

Armes de Beaune. Cette commune prit pour sceau : *une Bellone d'argent sur un fond d'azur, debout, tenant de la main droite une épée nue, et la gauche appuyée sur la poitrine*. Elle quitta, en 1540, ces anciennes armoiries pour prendre le sceau de la collégiale, qui était : *d'azur à une Notre-Dame d'argent tenant l'enfant Jésus de la main gauche et une grappe de raisin de la main droite; l'enfant Jésus tenant un cep de vigne d'or, avec ces mots : Causa nostræ lætitiæ*. Comme les mauvais plaisants appliquaient cette devise au raisin plutôt qu'à la Vierge, on l'a changée en celle-ci : *Orbis et Urbis honos*. — La devise de la ville est : BELNA HEDUORUM.

Un incendie, qui dura trois jours, consuma les trois quarts de Beaune en 1401. Pour prévenir un pareil accident, on détourna les eaux de la belle fontaine de l'Aigue, et on les fit entrer dans la ville au moyen d'un aqueduc pratiqué dans le fossé.

Après la réunion de la province de Bourgogne à la couronne, Beaune fut une des villes qui s'attachèrent au parti de Marie de Bourgogne. « Beaune, dit l'historien Jean de Serres, ne pouvant savourer le cavesson français, fut la première à regimber, et se disposait à recevoir 600 hommes d'élite conduits par Simon de Quingey ; mais le gouverneur Charles d'Amboise les surprit à Verdun, qu'il emporta d'assaut, et vint assiéger Beaune, qui ne se rendit qu'après cinq semaines de siège, le 2 juillet 1478. » Elle paya 40,000 écus d'amende au roi, et s'obligea de fournir aux marchands de Paris les vins dont elle avait reçu l'argent. — En 1502, Louis XII, voulant mettre Beaune à l'abri des partis autrichiens et comtois qui désolaient la province, y fit élever un château fort, flanqué de quatre tours, que Henri IV fit démolir en 1602, après les guerres de la Ligue, dont Beaune avait eu beaucoup à souffrir.

Beaune a été la résidence de la cour sous plusieurs ducs de Bourgogne et le premier siège du parlement de Bourgogne sous le nom de *jours généraux*.

Dans le XVIIe siècle, Beaune était une ville florissante par ses manufactures auxquelles étaient intéressées deux cents familles calvinistes qui y occupaient plus de deux mille ouvriers. Mais la révocation de l'édit de Nantes ayant obligé les fabricants de sortir de France, ils portèrent ailleurs leur industrie, et depuis ce temps les manufactures sont entièrement tombées et n'ont pu se relever.

Cette ville est située dans un pays agréable, au pied d'un coteau fertile en excellents vins, sur la petite rivière de Bouzeoise, qui prend sa source à peu de distance. Elle est bien bâtie, percée de rues droites, propres et rafraîchies par les eaux de la fontaine de l'Aigue. Les remparts sont plantés de beaux arbres qui offrent des promenades charmantes.

L'ÉGLISE NOTRE-DAME, commencée en 976 par le duc Henri, continuée par le chapitre, fut achevée par la duchesse Mathilde à la fin du XIe siècle. Le portail qui la décore fut élevé en 1332. Cette église tient le premier rang dans le diocèse après la cathédrale.

L'ÉGLISE ST-PIERRE ne fut achevée qu'en 1098 : on employa dans sa construction les matériaux du vieux château et du temple de Belenus; de là ces figures antiques, ces monuments du paganisme, ces sacrifices de victimes humaines, et les inscriptions en caractères romains que l'on voit sur les piliers. Après l'incendie général de 1272, qui endommagea beaucoup cette église, elle fut considérablement augmentée : le portail, qui n'est point fini, fut commencé en 1501.

La porte de la Madeleine a été détruite en 1837 : c'était la seule ancienne de la ville; elle rappelait un des beaux souvenirs de l'existence municipale de Beaune, le combat des bourgeois contre les soldats du duc de Mayenne, en 1595.

Beaune possède un magnifique hôpital fondé en 1443 par Nicolas Rollin, chancelier de Philippe le Bon, qui dota cet établissement de 1,000 livres de rente. Louis XI, à qui on le montrait, dit en parlant du chancelier, qu'ayant fait tant de pauvres pendant sa vie, il était de toute justice qu'il fît bâtir avant sa mort un hôpital pour les loger. La cour de cet hôpital offre de beaux restes d'architecture gothique.

On remarque encore à Beaune la bibliothèque publique contenant 10,000 vol.; un vaste et beau jardin public, planté dans le genre paysager ; la salle de spectacle ; les bains publics ; la belle fontaine de l'Aigue, où aboutit une jolie promenade, etc.

Buts d'excursion. Aux grottes curieuses remplies de stalactites de la Rochepot, de Savigny, d'Auteuil, où l'on trouve des réservoirs d'eau qui fournissent les belles fontaines de ce lieu et peut-être celles de Bouilland ; à Meursault ; à la tournée de Nolay ; on y voit une belle cascade de plus de 25 m. de haut, formée par une fontaine qui devient un torrent dans les grandes pluies, et tombe des rochers dans la prairie du Bout-du-Monde.

Biographie. Beaune est la patrie de :

GASPARD MONGE, célèbre géomètre, membre de l'Institut, créateur de la géométrie descriptive, et l'un des fondateurs de l'école polytechnique.

ALEX.-J. LEBRET, romancier, mort en 1779.

ANT.-E. marquis DE DAMPIERRE, auteur des *Vérités divines pour le cœur et pour l'esprit*, 2 vol. in-8, 1823.

JOS. BARD, antiquaire, auteur, entre autres ouvrages, de l'*Archéologie de l'église de Notre-Dame et du beffroi de Beaune*, in-4, 1836.

Fabriques de draps, serges, droguets, vinaigre, tonneaux. Raffineries de sucre de betterave, teintureries renommées, brasseries, tanneries considérables ; belles pépinières d'arbres à fruits.

Commerce considérable de vins de Bourgogne de première classe, du territoire et de toute la Côte-d'Or, qui s'expédient dans toute la France et à l'étranger : Beaune exporte annuellement trente à quarante mille pièces de vin. La côte beaunoise produit les vins de Volnay, Pommard, Beaune, Corton, Savigny, Chassagne, Mont-Rachet, Meursault, Auxey et Santenay. Commerce de grains, denrées, bestiaux, vinaigre, tonnellerie, etc. Principal marché de grains des plaines de l'Auxois.

L'arrondissement de Beaune est composé de 10 cantons : Arnay-le-Duc, Beaune N., Beaune S., Bligny-sur-Ouche, Liernais, Nolay, Nuits, Pouilly-en-Auxois, St-Jean-de-Losne et Seurre.

Beaune est à 37 k. de Dijon, 319 k. de Paris pour la taxe des lettres.

Bibliographie. BERARDIER (Denis). *Entrée du roi Henri II à Beaune en 1548*. Manusc.

BOUCHIN. *Antiquités de Beaune* (imprimées dans le 4e vol. de ses Plaidoiries), in-8, 1620.

Pasumot. *Notice des antiquités de la ville de Beaune*, in-8.
Gandelot (l'abbé). *Histoire de la ville de Beaune et de ses antiquités*, in-4, fig., 1772.
Joigneaux. *Fragments historiques sur la ville de Beaune et ses environs*, in-8, 1839.
Bard (Jos.). *Archéologie de l'église collégiale de Notre-Dame et du beffroi de Beaune*, 2 pl. in-4, 1836.
Rollin (N.). *Fondation et Règles du très-célèbre hôpital de la ville de Beaune*, in-4, 1636.
Morelot (Denis). *Statistique œnologique de l'arrondissement de Beaune*, in-8, 1825.
BEAUNE, vg. *H.-Loire* (Auvergne), arr. et à 32 k. du Puy, cant. et ✉ de Craponne. Pop. 894 h.
BEAUNE, vg. *H.-Vienne* (Limousin), arr., ✉ et à 11 k. de Limoges, cant. d'Ambazac. Pop. 616 h.
BEAUNE-LA-ROLLANDE, petite ville *Loiret* (Gatinais), arr. et à 17 k. de Pithiviers, chef-l. de cant. Cure. ✉. A 106 k. de Paris pour la taxe des lettres. Pop. 2,122 h. — Terrain tertiaire moyen.
Beaune est une ville fort ancienne. On a conjecturé que *Vellaunodunum*, dont il est question dans le VIIᵉ livre des Com. de César, devait être fixé à Beaune. Quelques auteurs ont placé ce lieu à Avallon, d'autres à Auxerre, M. Jollois à Sceaux, d'autres à Château-Landon; les ruines d'une ville antique décrite par Caylus, et par M. Jollois dans un mémoire sur les antiquités du Loiret, font pencher pour Cran et Chenevière, entre Châtillon-sur-Saône et Château-Renard (V. Château-Landon, Vellaunodunum).— On voit encore sur le territoire de cette commune un large chemin ferré, qu'on appelle communément le chemin de César. — Beaune subit le sort de beaucoup d'autres villes du royaume; elle fut dévastée par les Anglais qui en brûlèrent l'église, que le roi Charles VII fit rebâtir. Sous le sanctuaire est une crypte spacieuse où repose le corps de saint Pipe, originaire de Beaune et en grande vénération dans le pays. Sous le règne de François Iᵉʳ, cette ville fut fermée de nouvelles murailles. — Centre de la culture du safran de première qualité, et d'un grand commerce de cire et de miel. Forts marchés tous les mercredis. — Foires les 12 et 13 nov., mercredi des Cendres, mardi après le 4 juillet, mercredi avant le 1ᵉʳ sept.
BEAUNOTTE, vg. *Côte-d'Or* (Bourgogne), arr. et à 28 k. de Châtillon-sur-Seine, cant. et ✉ d'Aignay-le-Duc. Pop. 158 h.
BEAUPERTUY, vg. *Isère*, com. d'Aprieu, ✉ de Grand-Lemps.
BEAUPONT, vg. *Ain* (Bourgogne), arr. et à 28 k. de Bourg, cant. de Coligny, ✉ de Saint-Amour. Pop. 820 h.
BEAUPORT, rade et village maritime, *Côtes-du-Nord* (Bretagne), com. de Kerity, ✉ de Paimpol. — Il y avait avant la révolution une abbaye d'hommes de l'ordre des prémontrés,

fondée en 1202, et que M. de Lamennais avait formé le projet de restaurer, dans ces derniers temps, pour y fonder une imprimerie. — La rade de Beauport, située à 4 k. E. de Paimpol, a dans l'intérieur 2 k. de large et 1 k. à son entrée.
BEAUPOUYET, vg. *Dordogne* (Périgord), arr. et à 35 k. de Ribérac, cant. et ✉ de Mussidan. Pop. 775 h.
BEAUPRÉ, nom donné à l'époque de la révolution à la ville de Guise.
BEAUPREAU, petite ville, *Maine-et-Loire* (Anjou), chef-l. de sous-préf. et d'un cant. Trib. de 1ʳᵉ inst. Cure. Petit séminaire. ✉. ☼. Pop. 3,887 h.— Terrain cristallisé, micaschiste et gneiss.
Autrefois la terre de Beaupreau avait titre de baronnie; elle fut érigée en marquisat en 1554, en faveur de Charles de Bourbon, prince de la Roche-sur-Yon, et ensuite en duché-pairie en faveur du même prince en 1562.
Cette ville est située dans une contrée fertile, sur l'Èvre, au confluent de l'Oudon et de la Vezée; c'était jadis une place forte, dont on voit encore les murs d'enceinte et quelques vieilles tours. Sur le haut de la colline au pied de laquelle coule la petite rivière d'Èvre, on remarque l'ancien château de Beaupreau, qui se présente avantageusement du côté de la prairie. Il est flanqué de plusieurs tours solidement construites, et couronné d'un entablement à console. Incendié, ainsi que la ville, pendant la guerre de la Vendée en 1793, il fut restauré par le maréchal d'Aubeterre, qui vint s'y établir après la révolution, et qui, par un noble et généreux emploi de sa fortune, a beaucoup contribué au rétablissement de la ville de Beaupreau.
Beaupreau possède un des meilleurs collèges du département, fondé au commencement du XVIIIᵉ siècle, mais entièrement reconstruit en 1779. C'est un grand édifice à trois étages qui peut contenir 400 pensionnaires. Heureusement échappé à l'incendie de la ville en 1793, ce collège servit, en 1804, à placer l'école des arts et métiers, qu'on a transférée, en 1815, à l'abbaye du Ronceray à Angers; ce qui a permis de le rendre à sa première destination.
Commerce de cuirs, tissus de laine et de coton. — *Fabriques* de mouchoirs, toiles, flanelle, étoffes de laine et de fil. Tanneries. — *Foires* les 1ᵉʳˢ lundis de janv., mai, août et oct.
L'arrondissement de Beaupreau est composé de 7 cantons, Beaupreau, Champtoceau, Chemillé, Chollet, St-Florent-le-Vieil, Montfaucon et Montrevault. — A 60 k. d'Angers, 363 k. de Paris pour la taxe des lettres.
BEAUPUY, vg. *Gers* (Languedoc), arr. et à 22 k. de Lombez, cant. et ✉ de l'Isle-en-Jourdain. Pop. 297 h.
BEAUPUY, vg. *Lot-et-Garonne* (Languedoc), arr., cant., ✉ et à 5 k. de Marmande. Pop. 529 h.
BEAUPUY, vg. *Tarn-et-Garonne* (Languedoc), arr. et à 39 k. de Castel-Sarrasin, cant. et ✉ de Verdun-sur-Garonne. P. 508 h.
BEAUQUESNE, bg *Somme* (Picardie), arr.,

cant., ✉ et à 9 k. de Doullens. Pop. 2,651 h. — Sur la place de Beauquesne, on voit les restes d'un château fort que Philippe d'Alsace, comte de Flandre, y avait fait construire dans le XIIᵉ siècle.
BEAURAIN, vg. *Nord* (Hainaut), arr. et à 25 k. de Cambray, cant. et ✉ de Solesmes. Pop. 896 h.
BEAURAIN, vg. *Seine-et-Oise*, comm. de Ménil-St-Denis, ✉ de Trappes.
BEAURAIN-CHATEAU, vg. *Pas-de-Calais*, comm. de Beurainville, ✉ de Montreuil.
BEAURAINS, vg. *Oise* (Picardie), arr. et à 16 k. de Compiègne, cant. et ✉ de Noyon. Pop. 182 h. — On y a découvert en 1736 une mine abondante de terres végétales pyriteuses, dont on fait usage comme engrais depuis plus d'un siècle. Aux environs, il existe une fontaine d'eau minérale ferrugineuse et vitriolique froide, désignée dans le pays sous le nom de fontaine St-Martin.
BEAURAINS, vg. *Pas-de-Calais* (Artois), arr., cant., ✉ et à 3 k. d'Arras. Pop. 946 h.
BEAURAINVILLE, vg. *Pas-de-Calais* (Artois), arr., ✉ et à 13 k. de Montreuil, cant. de Campagne-lès-Hesdin. Pop. 1,346 h.
BEAURECH, vg. *Gironde* (Bordelais), arr. et à 19 k. de Bordeaux, cant. et ✉ de Créon. Pop. 585 h.
BEAURECUEIL, ou ROQUES-HAUTES, vg. *Bouches-du-Rhône* (Provence), arr., ✉ et à 9 k. d'Aix, cant. de Trest. Pop. 193 h.
BEAURECUEIL, vg. *Dordogne*, comm. de St-Sulpice-de-Mareuil, ✉ de Mareuil.
BEAUREGARD, bg *Ain* (Dombes), arr., ✉ et à 10 k. de Trévoux. Pop. 353 h. — C'était autrefois une ville importante, bâtie par les seigneurs de Beaujeu; elle a été la capitale de toute la principauté de Dombes et le siège de son parlement, jusqu'en 1377, époque où elle fut prise d'assaut et détruite par un comte de Savoie.
BEAUREGARD, vg. *Aisne*, comm. de Clairfontaine, ✉ de la Capelle.
BEAUREGARD, vg. *Dordogne* (Périgord), arr. et à 24 k. de Bergerac, cant. de Villamblard, ✉ de Douville. Pop. 633 h. — *Foires* les 17 janv., 17 août et 9 sept.
BEAUREGARD, vg. *Dordogne* (Périgord), arr. et à 35 k. de Sarlat, cant. et ✉ de Terrasson. Pop. 1,268 h.
BEAUREGARD, vg. *Drôme* (Dauphiné), arr. et à 31 k. de Valence, cant. de Bourg-du-Péage, ✉ de Romans. Pop. 1,622 h.
BEAUREGARD, vg. *Cher*, arr. de Bourges, cant. de Mehun. ☼.
BEAUREGARD, vg. *Lot* (Quercy), arr. et à 36 k. de Cahors, cant. et ✉ de Limogne. Pop. 844 h. — *Foires* les 17 janv., 12 juin, 30 sept.
BEAUREGARD, vg. *Lot*, comm. de Concorès, ✉ de Frayssinet.
BEAUREGARD, vg. *Saône-et-Loire*, com. de Palinges, ✉ de Perrecy.
BEAUREGARD, vg. *Seine-et-Marne*, comm. de Bezalles, ✉ de Champcenest.

BEAUREGARD, vg. *Seine-et-Oise*, com. de la Roche-Guyon, ✉ de Bonnières.
BEAUREGARD-L'ÉVÊQUE , joli bourg, *Puy-de-Dôme* (Auvergne), arr. et à 20 k. de Clermont, caut. de Vertaizon, ✉ de Pont-du-Château. Pop. 1,637 h.
Beauregard est un très-joli bourg, régulièrement construit sur un plan moderne, est formé de rues bien alignées qui se coupent à angle droit. Ce bourg occupe le sommet d'un plateau élevé et fort uni, d'où l'on domine sur une vaste étendue de la Limagne, et c'est à cette heureuse situation qu'il doit le nom significatif de Beauregard.— Il y avait autrefois un couvent de minimes, fondé en 1560.—On doit voir dans l'église le maître-autel, orné de bas-reliefs et d'un grand nombre de figures en boiserie d'une exécution remarquable.
Le château de Beauregard, ancienne maison de plaisance des évêques de Clermont, a été bâti dans le xve siècle par Charles de Bourbon ; le célèbre Massillon l'habitait presque continuellement. La chapelle est petite, mais ornée de belles sculptures. Les appartements sont vastes, bien distribués, et donnent sur une terrasse d'où l'on jouit de points de vue délicieux. De cette terrasse et des autres qui entourent le château, on aperçoit distinctement onze villes et quatre-vingt-dix-huit bourgs ou villages.
BEAUREGARD-VENDON, vg. *Puy-de-Dôme* (Auvergne), arr. et à 7 k. de Riom, cant. et ✉ de Combronde. Pop. 792 h.—On remarque aux environs le château de Bouzat, et une source d'eau thermale assez abondante.
BEAUREPAIRE , vg. *Isère* (Dauphiné), chef-l. de cant., arr. et à 20 k. de Vienne. Cure. ✉. A 539 k. de Paris pour la taxe des lettres. Pop. 2,322 h.—Terrain d'alluvions modernes. — C'était autrefois une ville assez bien fortifiée, qui a été assiégée plusieurs fois pendant les guerres de religion, notamment par le duc de Nemours après la victoire qu'il remporta près de Vienne sur le baron des Adrets.—Patrie de Bally, médecin en chef de l'expédition de St-Domingue. — *Fabriques* de draperies. Moulins à blé et à foulon.— *Commerce* de soie, grains, fourrages et bestiaux. — *Foires* les lundi après St-Mathias (fév. ou mars), lundi après l'Ascension, 1er lundi de juillet, lundi après St-Barthélemy et après Ste-Luce (déc.).
BEAUREPAIRE, vg. *Nord* (Flandre), arr. ✉ et à 11 k. d'Avesnes, cant. de Landrecies. Pop. 591 h.
BEAUREPAIRE, vg. *Oise* (Picardie), arr. et à 15 k. de Senlis, cant. ✉ de Pont-Ste-Maxence. Pop. 134 h.—On y remarque un château flanqué de trois tours octogones construites en 1577, mais unies par des corps de logis plus récents ; il est entouré de tous côtés par des fossés muraillés remplis d'eau, qu'on franchit sur des ponts-levis.
BEAUREPAIRE, vg. *Saône-et-Loire* (Bourgogne), chef-l. de cant., arr. et à 15 k. de Louhans. Cure. ✉. ✧. A 392 k. de Paris pour la taxe des lettres. Pop. 853 h.—Terrain tertiaire supérieur, alluvions anciennes.—On y voit un château qui était jadis fortifié, et qui, sous Charles IX, soutint un siège où fut tué le célèbre Lyonnais Jean du Peyrat, fiancé de Clémence de Bourgogne, qui mourut de désespoir de la perte de son amant. — *Foires* les 17 mai et 20 août.

BEAUREPAIRE, vg. *Seine-Inf.* (Normandie), arr. et à 20 k. du Havre, cant. et ✉ de Criqueto-Lesneval. Pop. 433 h.
BEAUREPAIRE, bg *Vendée* (Poitou), arr. et à 36 k. de Bourbon-Vendée, cant. et ✉ des Herbiers. Pop. 1,178 h.—Patrie du général vendéen Beaurepaire.
BEAUREPOS, vg. *Dordogne*, comm. et ✉ de Souillac.
BEAUREVOIR, bg *Aisne* (Picardie), arr. et à 19 k. de St-Quentin, cant. et ✉ du Catelet. Pop. 1,543 h. Près de la source de l'Escaut.—On y voit les restes de l'ancien château de Beaurevoir où fut conduite Jeanne d'Arc après avoir été trahie et faite prisonnière au siège de Compiègne.—*Foire* le 18 oct.
BEAURIÈRES, vg. *Drôme* (Dauphiné), arr. et à 28 k. de Die, caut. et ✉ de Luc-en-Diois. Pop. 377 h.—*Foire* le 4 mai.
BEAURIEUX, vg. *Aisne* (Picardie), arr. et à 25 k. de Laon, cant. de Craonne. ✉. A 130 k. de Paris pour la taxe des lettres. Pop. 844 h.—C'est un bourg très-ancien, qui reçut une charte de commune en 1126.— *Commerce* de bestiaux. — *Foires* le 25 oct. et le vendredi de la semaine de la Passion. A ces foires on doit ajouter le pèlerinage de sainte Eutrope, qui attire le lundi de Pentecôte, un grand nombre d'étrangers et de marchands.
BEAURIEUX, vg. *Nord* (Flandre), arr., à 15 k. d'Avesnes, cant. et ✉ de Solre-le-Château. Pop. 332 h.
BEAURONNE, vg. *Dordogne* (Périgord), arr. et à 22 k. de Neuvie. Pop. 826 h.
BEAURONNE (la), rivière qui prend sa source dans le dép. de la *Dordogne*, à 13 k. S.-E. de Riberac ; elle se jette dans l'Isle à 2 k. N.-N.-E de Mussidan.
BEAURONNE-DE-CHANCELADE, vg. *Dordogne,* comm. de Chancelade, ✉ de Périgueux.
BEAUSEMBLANT, vg. *Drôme* (Dauphiné), arr. et à 33 k. de Valence, cant. et ✉ de St-Vallier. Pop. 777 h. — *Foire* le 3e lundi de mai.
BEAUSERÉ, vg. *Oise*, comm. de Courcelles-les-Gisors, ✉ de Gisors.—Il est situé dans une vallée, sur l'Ept ; on y voit les ruines d'un vieux château.
BEAUSOLEIL, h. *H.-Vienne*, arr. de Limoges. ✧.
BEAUSSAC, vg. *Dordogne* (Périgord), arr. et à 16 k. de Nontron, cant. et ✉ de Mareuil. Pop. 565 h.
BEAUSSAIS, vg. *Deux-Sèvres* (Poitou), arr., ✉ et à 10 k. de Melle, cant. de Celles. Pop. 830 h.—*Foires* pour la vente des mules et des mulets les 11 sept., lundi des Rameaux, 1er lundi de juin et de nov.
BEAUSSAULT, *Bellus Saltus*, bg *Seine-Inf.* (Normandie), arr. et à 13 k. de Neufchâtel, cant. de Forges-les-Eaux, ✉ de Gaillefontaine. Pop. 1,135 h.
BEAUSSÉ, vg. *Maine-et-Loire* (Anjou), arr., ✉ et à 15 k. de Beaupreau, cant. de St-Florent-le-Vieil. Pop. 454 h.
BEAUSSET (le), *Beaussetum,* bg *Var* (Provence), chef-l. de cant., arr. et à 17 k. de Toulon. Cure. Gîte d'étape. ✉. ✧. A 820 k. de Paris pour la taxe des lettres. P. 2,772 h. —Terrain crétacé inférieur, grès vert.—Il est situé dans un territoire fertile en vins estimés. —Patrie du comte J.-Et.-M. de Portalis, membre du conseil des anciens, ministre des cultes sous l'empire, membre de l'Institut.— *Fabriques* de savon, huile d'olives, tonnellerie, goudron. Moulins à huile et à blé.— *Commerce* de vins, eaux-de-vie, huile d'olives, etc.— *Foire* le dimanche de Quasimodo.
BEAUSSET (le), *Beaucetum*, vg. *Vaucluse* (Provence), arr. et à 10 k. de Carpentras, cant. et ✉ de Pernes. ✧. Pop. 348 h.— Patrie de l'ermite saint Gens.—Culture en grand du mûrier, éducation des vers à soie, filatures de soie.—*Commerce* d'huile d'olives estimée.—*Foires* le 5e dimanche après Pâques (2 jours).
BEAUTEUIL, vg. *Seine-et-Marne* (Brie), arr., cant., ✉ et à 6 k. de Coulommiers. Pop. 581 h.
BEAUTEVILLE, vg. *H.-Garonne* (Languedoc), arr., cant., ✉ et à 7 k. de Villefranche-de-Lauraguais. Pop. 310 h.
BEAUTORT, vg. *Aisne* (Picardie), arr. et à 26 k. de Laon, cant. et ✉ de la Fère. Pop. 722 h.
BEAUTOT, vg. *Seine-Inf.* (Normandie), arr. et à 26 k. de Rouen, cant. de Pavilly, ✉ de Valmartin. Pop. 236 h.
BEAUVAIN, vg. *Orne* (Normandie), arr. et à 43 k. d'Alençon, cant. de Carrouges, ✉ de la Ferté-Macé. Pop. 836 h.
BEAUVAIS, vg. *Eure*, cant. et ✉ de Verneuil.
BEAUVAIS, *Bratuspantium, Cæsaromagus, Bellovaci, Bellovacum,* très-ancienne ville, chef-l. du dép. de l'*Oise* (Picardie). Trib. de 1re instance et de com. (cour royale d'Amiens). Évêché. Collège. Grand séminaire. Chambre consult. des arts et manuf. Soc. d'agr. Collège com. ✉. ✧. Pop. 13,325 h. — Terrain tertiaire moyen, voisin du terrain crétacé supérieur.

Autrefois évêché et comté-pairie, capitale du Beauvoisis, parlement et intendance de Paris, chef-lieu d'élection, bailliage, gouvernement particulier, 6 collégiales, 13 paroisses, couvents et abbayes. — L'évêché de Beauvais fut fondé vers 284. Revenu, 50,000 liv. ; taxe, 4,600 flor. Paroisses, 442. Abbayes, 14 : revenu, 137,000 liv. ; taxe, 7,400 flor.

» Ptolémée nous apprend que la capitale des *Bellovaci* était de son temps *Cæsaromagus*, ville qui se trouve mentionnée dans l'Itinéraire d'Antonin et dans la Table de Peutinger. Les quatre routes qui y sont indiquées et qui se rattachent à *Rotomagus*, Rouen, *Lutetia*,

Paris, *Augusta Suessionum*, Soissons, et *Sommarobriva*, Amiens, aboutissent par une suite non interrompue de mesures exactes à Beauvais. — Dans les derniers temps de la puissance romaine, *Cæsaromagus* prit le nom du peuple *Bellovaci* ; une suite de titres et de monuments historiques prouvent que *Bellovaci* est la même ville que Beauvais, où on a trouvé diverses antiquités romaines. Mais il se présente ici une question qui a beaucoup intéressé les géographes. César mentionne une ville chez les *Bellovaci*, où ils se renfermèrent tous à son approche ; qu'il nomme *Bratuspantium*, et dont il n'est ensuite fait mention par aucun auteur, ni dans aucun monument de l'antiquité. Comme le nom de *Cæsaromagus* avait pu être substitué à celui de *Bratuspantium*, Sanson, Adrien de Valois et Scaliger n'hésitent pas à considérer *Bratuspontium* comme la même ville que *Cæsaromagus*, et d'Anville adopta l'opinion des deux savants dans sa carte de la Gaule au temps de César, publiée en 1745. Cependant d'Anville changea d'opinion, après avoir entendu la lecture d'une dissertation de M. Bonamy, qui place *Bratuspantium* dans la paroisse de Vaudreuil, à 1 k. de Breteuil. Il paraît aujourd'hui bien démontré que *Cæsaromagus* est la même ville que *Bratuspantium*, qui, devenue romaine, avait quitté son nom gaulois pour prendre celui de César, son vainqueur ; il faut donc en revenir à l'opinion de Sanson et de Valois, trop légèrement abandonnée. » Walckenaer. *Géographie des Gaules*, part. II, ch. 4, p. 423 et suiv.

Sans rien préjuger sur ces diverses opinions, on peut dire que cette ville est d'une haute antiquité ; et de nombreux monuments ne permettent pas d'en douter. Des vestiges considérables, trouvés en 1635 au mont Caperon, situé à 200 m. de la ville, vers le nord-est, attestent qu'il existait un temple sur cette hauteur. Les anciens murs de la ville furent faits des débris de ce vaste édifice, sur les ruines duquel on a trouvé des frises, des colonnes, des chapiteaux, qui prouvent le long séjour des légions romaines dans ces contrées. — Beauvais, comme plusieurs autres villes anciennes, offre cinq ou six reconstructions. On trouve, à 3 m. de profondeur, des rues anciennes et des pavés du temps des Gaulois. Des enceintes de vieux palais, situés dans le voisinage de la préfecture, sont, à coup sûr, un travail de la première époque de la conquête des Romains. Sur ces ruines sont élevés des monuments de la première race de nos rois. Le beffroi de la cathédrale était assis sur un massif romain. L'ancienne église de la Basse-OEuvre, autrefois temple des païens, était remarquable par ses arcades à plein cintre, par une succession d'assises de pierres et de grandes briques ; enfin, des médailles et des médaillons de Posthume, trouvés dans les fondements des murailles, avec cette inscription : *Restitutori Galliæ*, attestent que Beauvais fut possédé par les Romains. Cette ville, ainsi que plusieurs autres cités anciennes, a porté le nom de *Cæsaromagus*, ou ville de César. Du temps de Constantin, Beauvais se nommait *Civitas Bellovacorum*. Le Capitulaire de Charlemagne la nomme *Belvacus* ; Hincmar l'appelle *Belgivagus*, Aimoin *Belvagas*. — Vers l'an 471, Chilpérie fit, comme vainqueur, son entrée dans cette cité. Les Normands tentèrent en vain de l'assiéger ; toutefois, la ville fut brûlée en 850. En 881 les Normands ravagèrent les environs ; et deux ans plus tard ils fixèrent leur quartier d'hiver dans cette ville. Beauvais fut encore, en 886, consumé par le feu. En 923 et 925 cette ville fut pillée par les Normands, et brûlée de nouveau en 1018. En 1109, Beauvais fut pris par Louis le Gros, après deux ans de siège. Cette ville, en 1180, devint encore la proie des flammes.

En 1232, les bourgeois de Beauvais se constituèrent en commune spontanément, ou, comme s'exprime un contemporain, par suite d'une conjuration tumultueuse. Ils contraignirent leur évêque à jurer qu'il respecterait la nouvelle constitution de la ville.

Charte de Beauvais.

« Tous les hommes domiciliés dans l'enceinte du mur de la ville et dans les faubourgs, de quelque seigneur que relève le terrain où ils habitent, prêteront serment à la commune. Dans toute l'étendue de la ville, chacun prêtera secours aux autres, loyalement et selon son pouvoir.

» Treize pairs seront élus par la commune, entre lesquels, d'après le vote des autres pairs et de tous ceux qui auront juré la commune, un ou deux seront créés majeurs.

» Le majeur et les pairs jureront de ne favoriser personne de la commune pour cause d'amitié, de ne léser personne pour cause d'inimitié, et de donner en toutes choses, selon leur pouvoir, une décision équitable. Tous les autres jureront d'obéir et de prêter main-forte aux décisions du majeur et des pairs.

» Quiconque aura forfait envers un homme qui aura juré cette commune, le majeur et les pairs, si plainte leur en est faite, feront justice du corps et des biens du coupable.

» Si le coupable se réfugie dans quelque château fort, le majeur et les pairs de la commune parleront sur cela au seigneur du château ou à qui sera en son lieu, et si, à leur avis, satisfaction leur est faite de l'ennemi de la commune, ce sera assez ; mais si le seigneur refuse satisfaction, ils se feront justice à eux-mêmes sur ses biens et sur ses hommes.

» Si quelque marchand étranger vient à Beauvais pour le marché, et que quelqu'un lui fasse tort ou injure dans les intérêts de la banlieue, si plainte en est faite au majeur et aux pairs, et que le marchand puisse trouver son malfaiteur dans la ville, le majeur et les pairs en feront justice, à moins que le marchand ne soit un des ennemis de la commune.

» Nul homme de la commune ne devra prêter ni créancer son argent aux ennemis de la commune tant qu'il y aura guerre avec eux, car s'il le fait il sera parjure, et si quelqu'un est convaincu de leur avoir prêté ou créancé quoi que ce soit, justice sera faite de lui, selon que le majeur et les pairs en décideront.

» S'il arrive que le corps des bourgeois marche hors de la ville contre ses ennemis, nul ne parlementera avec eux, si ce n'est avec licence du majeur et des pairs.

» Si quelqu'un de la commune a confié son argent à quelqu'un de la ville, et que celui auquel l'argent aura été confié se réfugie dans quelque château fort, le seigneur du château, en ayant reçu plainte, ou rendra l'argent ou chassera le débiteur de son château ; et s'il ne fait ni l'une ni l'autre de ces choses, justice sera faite sur les hommes de ce château.

» Si quelqu'un enlève de l'argent à un homme de la commune, et se réfugie dans quelque château fort, justice sera faite sur lui si on peut le rencontrer, ou sur les hommes et les biens du seigneur du château, à moins que l'argent ne soit rendu.

» S'il arrive que quelqu'un de la commune ait acheté quelque héritage et l'ait tenu pendant l'an et jour, et si quelqu'un vient ensuite réclamer et demander le rachat, il ne lui sera point fait de réponse, mais l'acheteur demeurera en paix.

» Pour aucune cause la présente charte ne sera portée hors la ville. »

Depuis l'octroi de cette charte les habitants de Beauvais furent gouvernés par quatre et douze pairs, qui étaient renouvelés tous les ans. Le nombre des pairs fut réduit à six vers la fin du XVIIe siècle. Le roi nommait un capitaine ou châtelain de la ville ; son lieutenant avait, ainsi que le maire, une des clefs de chaque porte.

L'évêque de Beauvais avait, dans les XIIIe et XIVe siècles le privilège de battre monnaie qui avait cours forcé dans tout son diocèse ; elle était composée de deux tiers d'argent et d'un tiers d'airain. Malgré tant de prérogatives, le pouvoir de l'évêque était loin d'être illimité. — En 1305 le peuple de Beauvais se souleva contre l'évêque, et le contraignit à sortir de la ville ; mais, comme celui-ci était noble, il appela à lui les gentilshommes de son diocèse, qui se montrèrent empressés à le venger ; il enleva un grand nombre de bourgeois qu'il jeta dans des cachots ; il brûla un faubourg, et il aurait continué ses déprédations, si Philippe V n'était intervenu pour punir avec une égale sévérité les deux parties.

Sous le règne malheureux de Jean et sous la régence de son fils, les troubles de la jacquerie prirent naissance à Beauvais et dans les environs en 1357, et se terminèrent dans cette contrée par le massacre de tous les paysans qui tombèrent sous la main des nobles. Le roi de Navarre, Charles le Mauvais, dans un seul jour, près de Clermont-en-Beauvaisis, en fit passer trois mille au fil de l'épée. « Les nobles, dit Villaret, rassurés par leur réunion et les secours qu'ils avaient reçus, tinrent alors la campagne, mettant tout à feu et à sang, et massacrant indistinctement tous les paysans qu'ils rencontraient, innocents ou coupables. »

En 1417, un grand nombre de villes se déclarèrent pour le duc de Bourgogne, parce que ce duc promit à celles qui suivraient son parti une exemption de tailles, aides, dîmes, gabelles et autres vexations dont le pauvre peuple, disait-il, était grevé : la plupart des villes du Beauvaisis ouvrirent leurs portes aux troupes bourguignonnes. Beauvais fut de ce nombre. Cette ville passa ensuite au pouvoir des Anglais avec presque tout le reste de la France. Lorsque les troupes de Charles VII eurent enfin reconquis sur les Anglais une partie des provinces septentrionales, les habitants de Beauvais chassèrent l'infâme évêque Cauchon et se rendirent au roi. Cependant cette ville fut encore inquiétée par les troupes anglaises; et, le 7 juin 1433, elles surprirent les portes de l'Hôtel-Dieu (actuellement porte d'Amiens), et tuèrent Jacques de Guchengnies, lieutenant du capitaine de la ville, qui, avec Jean de Lignères, d'une des premières familles du pays, avait fait échouer leur entreprise. Le premier s'était opposé avec force à leur entrée, en soutenant avec quelques soldats leur effort à toute outrance; l'autre eut la présence d'esprit de couper adroitement la corde qui soutenait la herse de fer pendante entre les deux portes, ce qui fut cause que tous les ennemis, qui s'étaient déjà introduits dans la ville, furent mis à mort par les habitants. C'est en mémoire de cet événement que fut instituée la procession qui se faisait autrefois, le jour de la Trinité, à la porte de l'Hôtel-Dieu. — Mais c'est surtout au temps de Louis XI que les habitants de Beauvais se signalèrent par leur courage. Le duc de Bourgogne, Charles le Hardi ou le Téméraire, à la tête de 80,000 hommes, vint, le 27 juin 1472, assiéger leur ville. Ce duc avait déjà ravagé la Picardie, et inspirait partout la terreur. Il se jeta sur Beauvais, alors sans garnison. Belagny l'attendit dans un petit fort, à l'entrée du faubourg que les Bourguignons devaient traverser à leur arrivée, et il s'y défendit plusieurs heures avec quelques gentilshommes qui l'accompagnaient, pour donner aux bourgeois de Beauvais le temps de faire leurs derniers préparatifs. Il se retira ensuite blessé dans la ville par la porte du Limaçon ; les Bourguignons se répandirent aussitôt dans le faubourg, croyant la ville gagnée ; mais ils furent arrêtés par le fossé qui séparait le faubourg de la ville, et ils virent qu'il y avait là un nouvel assaut à livrer. Cet assaut se prolongea douze heures entières, et les habitants de Beauvais le soutinrent avec un courage héroïque, quoique, à la fin de la journée, il n'y eût plus, entre eux et les assaillants, que les flammes qui dévoraient la porte ; mais ils y apportèrent sans cesse des combustibles pour en faire un vaste bûcher que les Bourguignons n'osèrent pas franchir. — Les femmes de Beauvais se signalèrent dans cette défense par leur courage; une jeune fille, Jeanne Lainé, surnommée depuis Hachette, arracha l'étendard des Bourguignons , comme ils venaient de le planter sur la muraille, et le porta en triomphe à l'église des jacobins. Enfin, à huit heures du soir, les bourgeois reçurent des secours étrangers, et forcèrent le duc de Bourgogne à lever le siège. La faute principale du duc fut d'avoir négligé d'investir la ville du côté de la porte de Paris, par où les secours y arrivèrent.

La belle action des femmes de Beauvais leur valut les lettres patentes où Louis XI instituait, pour le 14 octobre, jour de Ste-Angadresme, au mérite de laquelle on attribua la levée du siège, une procession où il voulut que les femmes précédassent les hommes. L'ordonnance portait qu'en outre toutes femmes et filles pourraient, le jour de leurs noces, et aussi souvent que bon leur semblerait, prendre tels atours, vêtements, joyaux et habillement qu'elles voudraient. Cette cérémonie, interrompue pendant un temps, se fait actuellement tous les ans, le dimanche le plus proche du 14 octobre, en exécution d'un décret de 1806. — Les lettres patentes relatives à cet événement, données à Senlis le 22 février 1473, portent : « Eu considération de la bonne et vertueuse résistance qui fut faite l'année dernière par notre chère et bien-aimée Jeanne Lainé, fille de Matthieu Lainé, demeurant en notre ville de Beauvais, à l'encontre des Bourguignons, nos rebelles et désobéissants sujets, qui, ladite année, s'efforcèrent de surprendre et gagner sur nous et notre obéissance, par puissance de siège et d'assauts, notredite ville de Beauvais, tellement que, en donnant lesdits assauts, elle gagna et retira devers elle un étendard desdits Bourguignons, ainsi que nous étant dernièrement en notredite ville avons été dûment informé : Nous avons, pour ces causes, et en faveur du mariage de Collin Pillon et elle, lequel a été par notre moyen naguère traité, conclu et accordé, et pour autres considérations à ce nous mouvant, octroyé et octroyons, voulons et nous plaît de grâce spéciale par ces présentes que ledit Collin Pillon et Jeanne sa femme, et chacun d'eux soient et demeurent, toute leur vie durant, francs, quittes et exempts de toutes tailles qui sont et seront dorénavant mises et imposées de par nous, en notre royaume, quelque part qu'ils fassent leur demeurance en notredit royaume. Et de ce les avons exemptés et affranchis, exemptons et affranchissons de notredite grâce, par ces mêmes présentes, etc. »

Les habitants de Beauvais conservent encore avec un religieux respect le drapeau enlevé sur la brèche par Jeanne Hachette ; et il est déposé à l'hôtel de ville, et, tous les ans, il est porté par les jeunes filles à la procession de Ste-Angadresme. Dans cette cérémonie, les femmes ont le pas sur les hommes ; elles tirent plusieurs coups de coulevrines. Cet étendard est dans le plus grand état de vétusté, et, pour le maintenir, on a été obligé de l'appliquer sur une forte toile ; il en manque même une partie. On y voit encore les armes de Charles le Téméraire, la figure de saint Laurent, deux arquebuses croisées et les lettres BURG, commencement du mot *Burgundia*. Il a été publié dans le recueil des monuments de Villemin, et l'on en a donné un dessin d'après nature dans le quatrième volume du *Magasin universel* de janvier 1837. Un tableau infiniment précieux à la ville, sous tous les rapports, de 4 m. 22 c. de large sur 3 m. 25 c. de haut, représente l'action étonnante de l'héroïne de Beauvais : on l'y voit, la hache dans une main, s'emparant de l'autre d'un étendard que retient encore le bras d'un soldat abattu.

Vers l'an 1580, au milieu des guerres de la Ligue, les habitants de Beauvais refusèrent, sans rien entreprendre, de servir sous Henri III, mais ils se rendirent volontairement à Henri IV. Lorsqu'ils surent que ce prince était à Amiens, ils allèrent au-devant de lui, et conclurent un traité qui fut signé le 22 août 1594.

A dater de cette époque, cette ville ne fut le théâtre d'aucun événement important. Ravagée par une peste violente de 1623 à 1637, par des inondations en 1638 et 1692, par la famine en 1693, elle fut traversée par Pierre le Grand en 1717. — La terreur n'y fit pas couler des torrents de sang, comme dans d'autres villes de France ; on renversa seulement la statue de Louis XIV, qui avait été apportée sur la grande place, peu d'années auparavant, du château voisin de Crillon-Boufflers. — Il s'est tenu dans cette ville plusieurs conciles. Nous citerons seulement ceux de 845, où Hincmar fut élu archevêque de Reims ; de 1114, où l'on excommunia l'empereur Henri ; de 1120, où saint Arnoul de Soissons fut canonisé ; celui de 1124, sur la discipline ; enfin celui de 1161, contre l'antipape Victor.

Les armes de Beauvais sont : *d'azur à un pal, au pied fiché d'or* (alias *d'argent*). La devise est : PALUS UT HIC FIXUS, CONSTANS ET FIRMA MANEBO.

La ville de Beauvais est située dans un riche vallon entouré de collines boisées, au confluent de l'Avelon et du Thérain, qui baigne une partie de son enceinte, circule dans son intérieur, et se divise en plusieurs branches et canaux très-favorables à l'exploitation des manufactures. Elle est généralement mal bâtie : la plupart des maisons sont construites en bois, argile et mortier ; mais on est frappé de la multitude de sculptures et de sculptures en bois qui décorent, à l'extérieur, ces habitations. Comme dans toutes les villes anciennes, une grande partie des rues sont mal percées, et les maisons n'y sont point alignées : l'une des plus belles rues est celle des Jacobins, qui, traversant toute la ville de l'est à l'ouest, sous cinq noms différents, la partage en deux parties presque égales. La largeur de la ville, de ce sens, est, *intra muros*, de 930 m. ; et sa longueur, du nord au sud-ouest, ou de la porte d'Amiens à celle de St-Jean, est de 1,130 m. ; le tout en ligne droite. Une petite portion de la ville actuelle se nomme la *Cité* ; elle est d'une construction fort ancienne, presque carrée, et fermée de murailles épaisses de plus de 2 m., accompagnées de tours rondes : le tout bâti de petites pierres carrées fort dures, mêlées de grosses et larges briques tellement cimentées, qu'on a peine à les désunir. Ces murailles paraissent être du III° ou du IV° siècle. La nouvelle ville, cinq à six fois plus grande que la cité, a été entourée de remparts et de fossés dont la construction a eu lieu pendant le cours du XII° et du XIII° siècle. Ces fortifications, devenues inutiles depuis l'invention de l'artillerie, sont actuellement remplacées par de très-beaux boulevards qui forment une promenade agréable, composée de trois allées principales, ayant ensemble 26 m. de large. Cette promenade, bordée par un canal d'eau vive, qui se décharge dans le Thérain, après avoir fait le tour de la majeure partie de la ville, remplace des remparts qui tombaient en ruine, et les fossés marécageux dont les exhalaisons étaient aussi nuisibles que désagréables. Le premier arbre de ces boulevards fut planté le 15 décembre 1804. La démolition des remparts avait commencé en janvier 1803. C'est au zèle éclairé de M. le chevalier de Nully d'Hécourt qu'est due l'idée heureuse de cette utile transformation ; c'est à l'activité, à la persévérance qu'il a mises dans l'exécution des travaux qu'il avait projetés, et qu'il surveilla constamment, d'abord comme adjoint, puis comme maire, que les habitants de Beauvais sont redevables de ces heureux changements, qui, chaque jour, font de nouveaux progrès, et dont on reconnaît à chaque instant l'utilité. L'autre côté de la ville est baigné par un bras du Thérain, dans lequel l'Avelon vient se jeter près la porte St-Jean.

Le Thil, ou St-Lucien, forme une espèce de faubourg de Beauvais. On prétend même que jadis ce hameau faisait partie de la ville. Il n'est séparé du faubourg Gaillon que par un sentier. —L'abbaye de St-Lucien était, au moment de la révolution, un superbe édifice qui n'offre plus maintenant que des ruines. Elle était de l'ordre de St-Benoît, et fut, dit-on, bâtie ou plutôt fondée dans le v° siècle par Childebert, Gontran et Chilpéric, rois de France. Son église, située sur une montagne couverte de vignes, à 1 k. de Beauvais, était un des monuments les plus curieux des environs. On y voyait les statues des rois et des reines de la première race, qui étaient placées au haut du sanctuaire, où une ceinture de fer les retenait. Cette église renfermait en outre une foule d'objets précieux ou singuliers, aujourd'hui dispersés ou détruits. C'est là que se trouvaient ces stalles célèbres, qui fournirent à Calot tous les caprices, toutes les bizarreries qu'il consigna dans le Tentatiou de saint Antoine et dans ses autres dessins.

CATHÉDRALE DE BEAUVAIS. Plusieurs auteurs prétendent que l'an 56 de J.-C., deuxième année de l'empire de Néron, époque à laquelle les murs de la cité de Beauvais furent construits, l'église de la Basse-OEuvre, qui a précédé l'édifice actuel de la cathédrale, fut aussi bâtie pour servir de temple aux païens. La construction de la Basse-OEuvre (sur l'emplacement de laquelle devait être élevée la nef de l'édifice actuel) est incontestablement du III° siècle. Toutes les traditions s'accordent à dire que cet ancien temple païen fut converti en église chrétienne vers le milieu du IV° siècle, et servit de cathédrale jusqu'à la fin du X° siècle, époque où furent jetés les premiers fondements de l'ancienne cathédrale par Hervée, quatrième évêque de cette ville. Roger, son successeur, continua de faire travailler aux fondements de l'église commencée par son prédécesseur. Cette église, bâtie avec une sorte de magnificence par les évêques Hervée, Roger et leurs successeurs, fut incendiée à deux différentes reprises, en 1180 et 1225. C'est à cette dernière époque que Miles de Nanteuil, évêque de Beauvais, entreprit de rebâtir sur un plan beaucoup plus vaste, celle que nous voyons aujourd'hui, dont la voûte s'écroula en 1225, et fut reconstruite en 1272. Mais comme on n'avait pas employé les moyens susceptibles d'en assurer la solidité, elle s'écroula de nouveau, douze ans après, le 29 novembre 1284.

En 1338, l'évêque de Beauvais et son chapitre, voulant faire achever le chœur de cette vaste basilique, choisirent Enguerrand, surnommé le Riche, architecte fort habile, pour l'exécution de cet important travail. Les travaux furent commencés et continués avec ardeur pendant plusieurs années ; mais les guerres intestines qui désolèrent la France, et l'occupation d'une grande partie de son territoire par les armées anglaises, interrompirent cette construction, qui ne fut reprise que le 21 mai de l'an 1500. —Jean Waast, Beauvaisin, et Martin Cambiche, de Paris, tous deux architectes et maîtres maçons, furent chargés de diriger les travaux. L'insuffisance des sommes destinées à cette immense construction, força d'en suspendre la construction et de faire clore par un mur de refend, qui s'élève jusqu'à la voûte, la partie de l'église qui est restée imparfaite jusqu'à ce jour.

La hauteur de l'église, depuis le pavé jusqu'à la voûte, à prendre entre les quatre piliers qui sont aux angles de la croisée, est de 46 m. 77 c.; celle du chœur est de 46 m. 13 c. La longueur intérieure du chœur, depuis la grille d'entrée jusqu'à son extrémité, derrière le maître-autel, est de 35 m. 73 c. La largeur entre les murs de face, 15 m. 59 c. La nef projetée devait avoir de longueur 32 m. 62 c., et 15 m. 59 c. de largeur. —Ce vaste édifice est encore, quoique fort incomplet, l'un des plus remarquables par sa prodigieuse élévation et par la délicatesse de sa structure.

La façade principale, du côté de la rue St-Pierre, d'une proportion colossale, présente, dans toute son étendue, tout ce que l'architecture gothique, quoique sur son déclin, peut offrir de plus riche et de plus élégant. Les deux piliers angulaires qui flanquent cette façade, sont enrichis, depuis leur base jusqu'au sommet, de niches ornementées et couronnées de frises fleurdelisées, de colonnes très-déliées, de rosaces et autres membres d'architecture, surmontée de couronnes royales d'une très-grande proportion et d'une forme extrêmement élégante. On monte par onze marches en pierre pour arriver jusqu'au perron. Les deux vantaux de la porte dédommagent en quelque sorte de la perte des figures et des bas-reliefs par la richesse et le bon goût des sculptures : les salamandres que l'on y aperçoit, indiquent que ces sculptures furent exécutées sous le règne et par les libéralités du roi François I°. Le dessin des figures et des ornements paraît être du Primatice ou du meilleur de ses élèves : quelques-uns en attribuent l'exécution à Jean Goujon. —La façade septentrionale, située à l'opposite de celle-ci, dite de la Basse-OEuvre, n'offre pas la même richesse, quoique également du XVI° siècle. Les grands contre-forts qui servent d'appuis à la façade sont lisses et sans sculptures. Le pourtour de l'édifice est environné d'une multitude d'arcs-boutants, d'une structure hardie. Deux galeries, placées l'une à hauteur des combles des bas-côtés, l'autre autour du grand comble, servent à circuler dans le pourtour de l'édifice. Les lanternes, les roses, les pyramides, les pendentifs, et généralement tous les ornements, sont d'une recherche et d'une délicatesse extraordinaire. —L'intérieur de cette basilique offre, par le grandiose de ses proportions, un aspect vraiment majestueux, qui saisit d'étonnement et d'admiration lorsqu'on pénètre dans son enceinte. Elle présente dix-neuf arcades ogives, un rang de galeries et un de fenêtres d'une très-grande dimension, et dont les compartiments en pierre sont d'une extrême délicatesse. Indépendamment de cette galerie, il en existe une autre petite au-dessus du pourtour des arcs ogives du bas-côté qui environne le chœur, autour duquel règne un rang de neuf chapelles. Cette église est éclairée, en partie, par de magnifiques vitraux peints, la plupart exécutés à la plus belle époque de la peinture sur verre. On croit que ceux qui décorent les faces du nord et du midi sont de Jean et de Nicolas Lepot. La rose du nord est d'un très-agréable effet ; le soleil répand ses rayons au milieu d'un ciel étoilé : au-dessous de ce brillant tableau, on a placé plusieurs sybilles ou prophétesses. Dans la rose du sud, le peintre a représenté des saints et des prophètes. On y aperçoit aussi le portrait du fameux Jean-François Fernel, médecin de Henri II.—Toutes les arcades du chœur sont fermées par des grilles en fer. Au-dessus de ces grilles, et sur les deux faces latérales, sont tendues huit belles pièces de tapisseries de la manufacture de Beauvais, représentant plusieurs sujets de l'Ancien et du Nouveau Testament, et les Actes des apôtres d'après les cartons de Raphaël.—Sous le second bas-côté, à gauche, se voit le tombeau, en marbre blanc, du cardinal de Forbin de Janson, évêque de Beauvais, mort à Paris le 24 mars 1713, et âgé de quatre-vingt-trois ans, monument exécuté par Nicolas Coustou.

ÉGLISE ST-ÉTIENNE. La fondation de cette église remonte à une époque très-reculée ; dans une charte de 1072, Guy, évêque de Beauvais, reconnaît la paroisse de St-Étienne, à cause de son antiquité, comme la mère et la plus digne des églises de la ville et des faubourgs. Dans cet ancien temple fut déposé, sous le pontificat de Hildeman, en 845, le corps de sainte Waast, que les religieux d'Arras avaient transporté à Beauvais pour le soustraire à la fureur des Normands. L'église actuelle, commencée en 997, et continuée dans le XI° siècle, ne subsiste plus dans son état primitif ; le portail principal et les deux premières travées sont du XIII° siècle ; le chœur a été élevé au commencement du XVIe siècle, et le clocher date du XVIIe siècle. — Les parties qui attirent le plus l'attention des archéologues, sont en particulier la façade du transept méridional avec le portail qui l'accompagne, dont le détail des riches sculptures romanes est si bien rendu dans les planches de Villemain et dans celles de M. Taylor; le portail occidental, tout mutilé qu'il est, offre aussi un haut intérêt. Dans le chœur, on rencontre des festons, des dentelles, des pinacles, des culs-de-lampe, des pendentifs, en un mot toutes les richesses de sculpture de la renaissance; mais ce que cette partie de l'édifice offre de plus remarquable, ce sont les vitraux, chefs-d'œuvre de trois célèbres peintres verriers de Beauvais, Engrand le Prince, Jean et Nicolas Lepot.

L'HÔTEL-DE-VILLE, de construction moderne, est le plus bel édifice de Beauvais; sa régularité contraste avec la bigarrure des maisons qui entourent la vaste place dont il forme un des côtés.

LE PALAIS ÉPISCOPAL est un édifice d'une antique construction, dont les dehors annoncent une petite forteresse; il est flanqué de deux grosses tours et entouré de hautes et fortes murailles de pierre. Ces tours furent bâties des deniers de la ville, par l'ordre de Simon de Clermont. Louis de Villers fit rebâtir ce palais dans le XVe siècle.

LE COLLÈGE est établi dans l'ancien couvent des Ursulines. Le local en est très-vaste et on ne peut mieux disposé.

MANUFACTURE ROYALE DE TAPISSERIES. En 1664, à l'époque où Colbert revivifiait le commerce et les arts, Louis Hinard projeta l'établissement d'une manufacture de tapisseries à Beauvais; le gouvernement lui donna 10,000 livres pour faciliter ses premiers achats, et 30,000 livres pour les bâtiments qu'il avait à faire construire. Malgré les privilèges et les faveurs qu'il obtint, sa négligence et celle de son fils laissèrent presque tomber l'établissement. Il ne se releva qu'en 1684, sous la direction de Behacle, auquel Louis XIV donna tous les moyens d'établir la manufacture, que le gouvernement fit gérer pour son compte en 1792, et dont il prévint ainsi la chute presque complète. Cette manufacture jouit d'une grande célébrité; il ne lui manque que de beaux tableaux pour égaler les Gobelins. On y exécute surtout des meubles d'une fraîcheur, d'un coloris inimitable; on y exécute aussi des tapis pour escaliers, pour salles à manger, antichambres, etc. Environ 400 ouvriers sont occupés dans cette manufacture.

BIBLIOTHÈQUE PUBLIQUE. Elle est placée dans les bâtiments du collège, et se compose d'environ 7,000 volumes.

HÔPITAUX. L'Hôtel-Dieu, dit de St-Jean, fut d'abord établi près de l'église St-Etienne; on le transporta, vers l'an 1200, hors de la porte d'Amiens, au faubourg Gaillon; enfin il fut rétabli en 1300, dans la ville, à l'endroit où il est maintenant, près la porte d'Amiens. Le bureau des pauvres, où l'on reçoit des vieillards et des orphelins des deux sexes ainsi que les enfants abandonnés, est garni de trois cents lits. Des ateliers de draperie, où se font tous les ouvrages, depuis le nettoiement des laines jusqu'à la fabrication du drap, sont établis dans cet hospice, sur ses fonds et pour son compte. — Les revenus de ces deux hospices s'élèvent à environ 90,000 fr.

On remarque encore à Beauvais le quartier de cavalerie, la salle de spectacle, le bâtiment où siège la cour d'assises, etc. — L'église de la Basse-Œuvre a été classée par le ministre de l'intérieur au nombre des monuments historiques.

Biographie. Parmi les personnages remarquables auxquels Beauvais a donné le jour, nous citerons :

JEAN et PHILIPPE DE VILLIERS DE L'ILE-ADAM; CLAUDE DE LA SANGLE; ALPH. et ADRIEN DE VIGNACOURT, tous cinq grands maîtres de l'ordre de St-Jean-de-Jérusalem.

PHILIPPE DE CRÈVECŒUR, maréchal de France, grand capitaine et habile négociateur, mort en 1494.

JEAN LOISEL, médecin de Louis XII et de François Ier.

ANTOINE LOIZEL, historien, né en 1536.

CLÉMENT VAILLANT, avocat.

RICARD, autre jurisconsulte.

JEAN FOY VAILLANT, savant antiquaire, auteur de plusieurs ouvrages de numismatique.

VINCENT DE BEAUVAIS, savant dominicain, auteur du *Traité de l'éducation des princes*, etc.

BROCARD, chirurgien célèbre.

DENIS SIMON, historien.

JEAN-BAPTISTE DUBOS, né en 1670, habile diplomate et littérateur distingué.

LENGLET DUFRESNOY, que la liberté de ses opinions fit emprisonner dix ou douze fois à la Bastille.

PIERRE RESTAUT, grammairien, né en 1694.

L'abbé MESENGUI, auteur de plusieurs ouvrages de théologie et de liturgie.

PORTIEZ DE L'OISE, membre de la convention nationale, du conseil des cinq cents et du tribunat.

SEROUX D'AGINCOURT, antiquaire, auteur de l'*Histoire de l'art par les monuments*, 6 vol. in-fo, 1810-23.

SÉGUIER DE ST-BRISSON, membre de l'Institut.

N.-Et. HENRY, docteur en médecine, membre de l'académie royale de médecine de Paris.

DUCANCEL, auteur dramatique.

INDUSTRIE. La fabrication dont jusqu'à présent on s'est le plus occupé dans cette ville, est celle des sommières et des vestipolines. Dans le commerce, ces deux produits portent le nom commun de molleton. La sommière conserve son nom si, laissée rase d'un côté, elle est livrée à la consommation pour servir de doublure. — On fabrique aussi à Beauvais beaucoup de draps, dont la qualité est intermédiaire entre les qualités des fabriques du Midi et celles des fabriques d'Elbeuf. — Les fabriques de toiles peintes, autrefois si florissantes, y sont maintenant d'une médiocre importance, et paraissent devoir être remplacées par les impressions sur laine, dont l'exécution très-remarquable rend la prospérité certaine. Les blanchisseries de toile sont considérables, ainsi que les tanneries, les nombreuses et belles teintureries : la teinture de cette ville est estimée; elle se fait en gros et s'expédie en partie au dehors. — Beauvais possède encore des fabriques de flanelles, d'espagnolettes, de toiles fines, de châles, de dentelles noires, de galons, de bonneterie, de faïence, de produits chimiques. Filatures de laine et de coton. Tanneries.

Commerce étendu, consistant dans la vente des produits de l'industrie de Beauvais. Il se vend beaucoup de céréales sur le marché, qui se tient tous les samedis. — *Foires* le 1er samedi de chaque mois.

Beauvais est à E. 72 k. N. de Paris pour la taxe des lettres. Lat. 49° 26′ 2″; long. O. 0° 15′ 18″.

Bibliographie. LOUVET. *Histoire de la ville et cité de Beauvais, et antiquités du pays de Beauvoisis*, in-8, 1609, 1631; 2e partie, in-8, 1635.

— *Histoire et Antiquités du diocèse de Beauvais*, 2 vol. in-12, 1631; in-8, 1635.

LOYSEL. *Mémoires des pays, villes, comté et comtes, évêché et évêques, pairie commune et personnes de renom de Beauvais et Beauvoisis*, in-4, 1617.

HERMANT (Godefroy). *Histoire civile et ecclésiastique de la ville et diocèse de Beauvais*, 2 vol. in-fo.

LAFONTAINE (Ed. de). *Histoire politique, morale et religieuse de Beauvais*, 1840.

DOYEN. *Histoire de la ville de Beauvais, depuis le XIVe siècle; pour faire suite à l'Histoire politique, morale et religieuse de M. Ed. de Lafontaine*, 2 vol. in-8, 1840-43.

TREMBLAY (D.-J.). *Notice sur la ville et les cantons de Beauvais*, in-8, 1815.

* *Notice sur Beauvais*, in-4, 1840.
* *Privilèges de la ville de Beauvais*, in-4.
* *Lettre du roi sur la réduction de Beauvais et de Neufchâtel*.
* *Discours du siège de Beauvais par Charles, duc de Bourgogne, en l'an 1472*, in-8, 1622. — 2e édit. sous ce titre : *Histoire du siège de Beauvais, fait et levé par Charles, duc de Bourgogne, en 1472*, in-8, 1762.

BOREL (Louis). *Recueil de ce qui s'est fait pour l'établissement du bureau des pauvres de Beauvais*, in-12, 1732.

GILBERT (A.-P.-M.). *Notice historique et descriptive de l'église cathédrale de St-Pierre de Beauvais*, in-8, 1839.

WOILLEZ (E.). *Description de la cathédrale de Beauvais*, etc., in-4, 1838.

SAINT-GERMAIN (Stanislas de). *Notice historique et descriptive sur l'église St-Etienne de Beauvais*, in-8, 1843.

* *Avis au public au sujet des eaux minérales et ferrugineuses de Beauvais*, in-8, 1753.

* *Notice sur les tapisseries de la cathédrale de Beauvais*, in-8, 1842.

BEAUVAIS, vg. *Seine-et-Oise,* comm. de Champceuil, ⊠ de Mennecy.

BEAUVAIS, vg. *Tarn* (haut Languedoc), arr., ⊠ et à 29 k. de Gaillac, cant. de Salvagnac. Pop. 570 h. Près de la rive gauche du Tescon.

BEAUVAIS-SUR-MATHA, vg. *Charente-Inf.* (Saintonge), arr. et à 30 k. de St-Jean-d'Angely, cant. et ⊠ de Matha. Pop. 1,089 h. — *Foires* les 2es jeudis de janv., mars, avril, mai, août.

BEAUVAL, bg *Somme* (Picardie), arr., cant., ⊠ et à 6 k. de Doullens. Pop. 2,464 h. Sur la grand'route de Paris à Lille. — Il est assez bien bâti, et dominé par l'église paroissiale, élevée sur le sommet de la montagne de Beauval, qui produit de loin un assez bel effet. — *Fabrique* et commerce de toiles grises et d'emballage.

BEAUVEAU, vg. *Maine-et-Loire* (Anjou), arr. et à 13 k. de Baugé, cant. de Seiches, ⊠ de Suette. Pop. 409 h.

BEAUVERNOIS, vg. *Saône-et-Loire* (Bourgogne), arr. et à 37 k. de Louhans, cant. et ⊠ de Pierre. Pop. 436 h.

BEAUVESET, vg. *B.-Alpes* (Provence), arr. et à 5 k. de Castellane, cant. et ⊠ de Colmars. Pop. 777 h. Sur la rive droite du Verdon. — Patrie du curé GONFLEDY, brûlé vif à Marseille pour avoir été soi-disant convaincu de sortilège. — *Fabriques* d'étoffes de laine.

BEAUVILLE, vg. *H.-Garonne* (Languedoc), arr. et à 11 k. de Villefranche-de-Lauraguais, cant. et ⊠ de Caraman. Pop. 375 h.

BEAUVILLE, bg *Lot-et-Garonne* (Agénois), chef-l. de cant., arr. et à 27 k. d'Agen, ⊠ de la Roque-Timbaut. ✆. Cure. P. 1,567 h. — TERRAIN tertiaire moyen.

Foires les 6 mars, 4 mai, 26 juillet, 5 sept., 20 oct., 13 déc. et jeudi gras.

BEAUVILLE-LA-CITÉ, vg. *Seine-Inf.*, comm. de Bretteville-St-Laurent, ⊠ de Doudeville.

BEAUVILLIERS, vg. *Eure-et-Loir* (Beauce), arr. et à 21 k. de Chartres, cant. et ⊠ de Voves. Pop. 639 h.

BEAUVILLIERS, vg. *Loir-et-Cher* (Beauce), arr. et à 32 k. de Blois, cant. de Marchenoir, ⊠ d'Oucques. Pop. 158 h. Près du ruisseau de Réveillon.

BEAUVILLIERS, vg. *Yonne* (Bourgogne), arr. et à 14 k. d'Avallon, c. et ⊠ de Quarré-les-Tombes. Pop. 230 h.

BEAUVOIR, vg. *Aube* (Bourgogne), arr. et à 18 k. de Bar-sur-Seine, cant. et ⊠ des Riceys. Pop. 275 h.

BEAUVOIR, vg. *Cher*, commune de Marmagne, ⊠ de Mehun-sur-Yèvre. — Il y avait autrefois une abbaye de filles de l'ordre de Citeaux, fondée en 1234 par Robert de Courtenay.

BEAUVOIR, vg. *Isère* (Dauphiné), arr., ⊠ et à 5 k. de St-Marcellin, cant. de Pont-en-Royans. Pop. 174 h.

BEAUVOIR, vg. *Manche* (Normandie), arr. et à 16 k. d'Avranches, cant. et ⊠ de Pontorson. Pop. 471 h.

BEAUVOIR, vg. *Oise* (Picardie), arr. et à 37 k. de Clermont, cant. et ⊠ de Breteuil. Pop. 485 h.

BEAUVOIR, vg. *Sarthe* (Maine), arr., ⊠ et à 8 k. de Mamers, ⊠ de la Fresnaye. Pop. 340 h.

BEAUVOIR, vg. *Seine-et-Marne* (Brie), arr. et à 25 k. de Melun, cant. de Mormant, ⊠ de Chaumes. Pop. 203 h. — On y remarque un château entouré de fossés remplis d'eau vive, précédé de plusieurs cours et d'une belle avenue qui aboutit à l'ancien chemin des Romains.

BEAUVOIR, vg. *Yonne* (Champagne), arr. et à 16 k. d'Auxerre, cant. de Toucy, ⊠ de Pourrain. Pop. 449 h.

BEAUVOIR-DE-MARC, vg. *Isère* (Dauphiné), arr. et à 17 k. de Vienne, cant. et ⊠ de St-Jean-de-Bournay. Pop. 1,521 h.

BEAUVOIR-EN-LIONS, bg *Seine-Inf.* (Normandie), arr. et à 35 k. de Neufchâtel, cant. d'Argueil. Pop. 1,283 h. — Marchés tous les dimanches. — *Foires* les 28 mai.

BEAUVOIR-L'ABBAYE, vg. *Somme*, cant. de Hocquincourt, ⊠ d'Airaines.

BEAUVOIR-RIVIÈRE, vg. *Somme* (Picardie), arr. et à 15 k. de Doullens, cant. de Bernaville, ⊠ d'Auxy. Pop. 333 h.

BEAUVOIR-SUR-MER, *Bellus Visus*, petite ville, *Vendée*, arr. et à 53 k. des Sables-d'Olonne, chef-l. de cant. Cure. Gîte d'étape. ⊠. A 471 k. de Paris pour la taxe des lettres. Pop. 2,366 h. — TERRAIN d'alluvions modernes.

Autrefois marquisat, diocèse de Luçon, parlement de Paris, intendance de Poitiers, élection des Sables.

Cette ville, jadis baignée par la mer, en est aujourd'hui éloignée de 4 k. Elle est avantageusement située pour les expéditions maritimes, vis-à-vis de l'île de Noirmoutiers, par le canal de Cahouette, où elle a un port qui reçoit des barques de 60 à 80 tonneaux. — Beauvoir était autrefois fortifié et défendu par un château fort. Henri IV, n'étant encore que roi de Navarre, l'assiégea en 1588, et faillit y être tué : dix-sept jours après, les assiégeants demandèrent à capituler, et le roi de Navarre leur permit de sortir avec armes et bagages ; ils se retirèrent dans l'île de Bouin.

Commerce de sel, grains, bois de chauffage et de construction. *Foires* les jeudis de la mi-carême, dernier jeudi d'août, 1er jeudi d'oct. et de nov. — Exploitation des marais salants.

BEAUVOIR-SUR-NIORT, bg *Deux-Sèvres* (Poitou), chef-l. de cant., arr. et à 17 k. de Niort. Cure. Gîte d'étape. ⊠. A 433 k. de Paris pour la taxe des lettres. Pop. 474 h. — TERRAIN jurassique, étage moyen du système oolitique. — Il est situé dans un territoire fertile en excellents vins blancs. — Distilleries d'eau-de-vie. — *Commerce* de grains, vins, eau-de-vie. — Marchés importants pour la vente des bœufs, très-fréquentés par les Normands. — *Foires* les 4es samedis de janv., fév., juin, juillet, août, sept. et nov.

BEAUVOIS, vg. *Aisne* (Picardie), arr. et à 15 k. de St-Quentin, cant. de Vermand, ⊠ de Ham. ✆. Pop. 670 h.

BEAUVOIS, vg. *Nord* (Cambresis), arr., ⊠ et à 12 k. de Cambray, cant. de Carnières. ✆. Pop. 1,060 h. — On prétend que Beauvois doit son origine et son nom à un établissement romain dont les vestiges existent, dit-on, dans les enclos qui environnent l'église. — *Fabriques* de tulle et de mérinos.

BEAUVOIS, vg. *Pas-de-Calais* (Artois), arr., cant., ⊠ et à 7 k. de St-Pol. Pop. 193 h.

BEAUVOISIN, *Drôme* (Dauphiné), arr. et à 25 k. de Nyons, cant. et ⊠ du Buis. Pop. 147 h. — *Foires* les 11 fév. et 11 sept.

BEAUVOISIN, vg. *Gard* (Languedoc), arr. et à 17 k. de Vauvert, cant. et ⊠ de Vauvert. Pop. 1,274 h.

BEAUVOISIN, vg. *Jura* (Franche-Comté), arr. et à 25 k. de Dôle, cant. de Chaussin, ⊠ du Deschaux. Pop. 104 h. Près du Doubs.

BEAUVOISIS (le), *Bellovacensis Pagus*, petit pays qui dépendait autrefois de la ci-devant province de Picardie et dont Beauvais était la capitale. Il est compris dans le dép. de l'Oise, et forme la majeure partie de l'arr. de Beauvais. Beauvais, Clermont et Bouffiers en sont les principales villes. Sous le régime féodal, le comté de Beauvais releva d'abord des comtes de Vermandois, puis des comtes de Champagne et de Blois. En 996, Roger, fils du comte de Blois, comte et évêque de Beauvais, fit présent de son comté à son église. Depuis cette époque, les évêques de Beauvais prirent le titre de comtes de Beauvais. — V. pour la bibliographie. — V. Département de l'Oise.

BEAUXJEUX. V. BEAUJEUX.

BEAUX-SALONS (les), vg. *Seine-et-Oise*, comm. de Val-St-Germain, ⊠ de Dourdan.

BEAUZÉE, bg *Meuse* (Lorraine), arr. et à 25 k. de Bar-le-Duc, cant. de Triaucourt, ⊠. A 250 k. de Paris pour la taxe des lettres. Pop. 769 h. — *Foires* les 25 fév. et 8 oct.

BEAUZEL (St-), vg. *Tarn-et-Garonne* (Quercy), arr. et à 35 k. de Moissac, cant. et ⊠ de Montaigu. Pop. 516 h. — *Foires* les 14 janv., 2 mai, 11 août et 18 nov.

BEAUZELLE, vg. *H.-Garonne* (Languedoc), arr. cant. O., ⊠ et à 13 k. de Toulouse. Pop. 245 h.

BEAUZELY (St-), bg *Aveyron* (Rouergue), chef-l. de cant., arr., ⊠ et à 16 k. de Milhau. Cure. Pop. 919 h. — TERRAIN jurassique. — Il est bâti au pied des montagnes et défendu des vents du nord par le Levezou ; au levant coule la petite rivière de la Meuse, qui fertilise une vaste étendue de prairies ; les environs abondent en excellents fruits que l'on exporte au loin. — Mine de houille.

BEAUZIAC, vg. *Lot-et-Garonne* (Agénois), arr. de Nérac, cant. et ⊠ de Casteljaloux.

BEAUZILE (St-), vg. *Lozère* (Languedoc), arr., cant., ⊠ et à 6 k. de Mende. Pop. 479 h.

BEAUZIRE (St-), vg. *H.-Loire* (Auvergne), arr., cant., ✉ et à 11 k. de Brioude. Pop. 753 h.

BEAUZIRE (St-), vg. *Puy-de-Dôme* (Auvergne), arr. et à 8 k. de Riom, cant. et ✉ d'Ennezat. Pop. 1,338 h.

BEBING, vg. *Meurthe* (Lorraine), arr., cant., ✉ et à 6 k. de Sarrebourg. Pop. 290 h.

BEBLENHEIM ou **BELWÉ**, vg. *H.-Rhin* (Alsace), arr. et à 13 k. de Colmar, cant. et ✉ de Kayserberg. Pop. 1,159 h.

BEBRE (la), petite rivière qui prend sa source près de St-Priest-la-Prugne, arr. de Roanne (*Loire*); elle passe à Châtel, à la Palisse, Jalligny, Dampierre, et se jette dans la Loire, au-dessus de Dion, après un cours d'environ 80 k.

BEC (abbaye du). V. **Bec-Hellouin**.

BECCAS, vg. *Gers* (Armagnac), arr. et à 23 k. de Mirande, cant. de Marciac, ✉ de Miélan. Pop. 207 h.

BEC-DE-L'AIGLE, cap de la côte maritime des *Bouches-du-Rhône*, près de la Ciotat ; il forme avec le cap de Tarente le golfe des Luques.

BEC-DE-MORTAGNE (le), vg. *Seine-Inf.* (Normandie), arr. et à 39 k. du Havre, cant. et ✉ de Goderville. Pop. 1,156 h.

BEC-DU-RAZ, pointe de Bretagne qui se projette le plus au large dans le cap Raz ; elle est environnée de roches, et très-dangereuse. Il y a un sémaphore. Lat. 48° 0' 45" N., long. 7° 7' 51" O.

BECELEUF, vg. *Deux-Sèvres* (Poitou), arr. et à 19 k. de Niort, cant. de Coulanges, ✉ de Champdeniers. Pop. 1,091 h. — *Foires* les lundi après le 21 avril, lundi avant la St-Jean Baptiste, lundi avant la St-Maurice (sept.), et lundi qui suit la St-Luc.

BÉCHAMP, vg. *Moselle* (Lorraine), arr., ✉ et à 17 k. de Briey, cant. de Conflans. Pop. 493 h.

BEC-HELLOUIN, *Beccus Helluini* (le), bg *Eure* (Normandie), arr. et à 20 k. de Bernay, cant. et ✉ de Brionne. Pop. 708 h.

Le Bec est célèbre par l'ancienne abbaye de ce nom, l'une des plus belles de la Normandie, fondée en 1060 par Hellouin, seigneur de Bourueville. Peu de temps après sa fondation, des hommes recommandables par leur savoir se retirèrent dans cette abbaye, pour se livrer dans la retraite à l'étude des connaissances de leur siècle, et y fondèrent la première école qui ait été consacrée en Normandie à l'enseignement des langues et des sciences. La réputation de l'abbaye fut bientôt européenne ; et, s'il faut en croire les écrivains du temps, elle comptait parmi ses disciples les enfants des familles les plus riches et les plus distinguées de la France et de l'Angleterre. — En 1356 cette abbaye fut environnée de fortifications considérables pour la défendre contre les Anglais. Le duc de Clarence s'en empara après un siége d'un mois, et brûla presque entièrement l'abbaye et le bourg ; reprise par les Français en 1421, puis par les Anglais en 1440, elle fut saccagée par les protestants en 1563. L'église de ce monastère était une des plus belles du royaume ; elle a été rasée ainsi que la maison chapitrale ; mais tout ce qui était consacré à l'habitation des moines a été conservé. Ce qui existe de cette abbaye ferait un assez beau palais. Les bâtiments sont d'un style moderne aussi simple qu'élégant, dont la construction ne paraît pas antérieure au XVIIe siècle. Il ne reste de l'édifice primitif qu'une vieille tour carrée, qui semble avoir été conservée pour attester l'antique origine de ce travail. — Un magnifique haras, établi au Bec pour l'amélioration de la véritable race des chevaux normands, a été converti en dépôt d'étalons. — *Foire* les 10 mai, 26 août, 27 sept., 30 nov. et vendredi saint.

BÉCHEREL, petite ville, *Ille-et-Vilain* (Bretagne), chef-l. de cant., arr. à 19 k. de Montfort. Cure. ✉. A 379 k. de Paris pour la taxe des lettres. Pop. 844 h. — Terrain de transition moyen.

Bécherel était jadis une ville fortifiée, dont l'origine remonte au commencement du XIIe siècle. Henri II, roi d'Angleterre, la prit en 1138 et en 1167. Elle fut brûlée en 1183 par Geoffroy II, fils du monarque anglais. Charles de Blois l'assiégea sans succès en 1363. Les Bretons s'en emparèrent en 1374, après un an de la plus vigoureuse résistance. Les murs de Bécherel furent abattus en 1400. Il n'en reste plus qu'une vieille porte sur laquelle on ne voit ni inscription ni millésime.

Cette ville est bâtie sur le sommet d'une colline qui passe pour le point le plus élevé de toute la Bretagne : on y jouit d'un horizon immense. De cet endroit, on découvre les landes d'Evran, si fameuses dans l'histoire de la Bretagne ; la ville de Dinan, qui en est à une distance de 16 k. ; plusieurs autres villes et un grand nombre de bourgs, de villages et de hameaux qui se groupent autour de ce plateau élevé. L'église est petite et obscure : elle a été réparée en 1664, et il est vraisemblable qu'elle formait autrefois la chapelle du château : on voit à l'extérieur un chevalier armé de toutes pièces.

Près de Bécherel se trouve l'endroit où, en 1382, Duguesclin fut attaqué par un corps de troupes anglaises, force de céder au nombre et de remettre son épée au chef des ennemis. — Aux environs, on trouve une source d'eau minérale ferrugineuse, que les médecins prescrivent comme tonique. — A peu de distance de Bécherel, sur la terre du Plessis, on voit un châtaignier extraordinaire : à un mètre d'élévation, il a 9 mètres de tour (près de 28 pieds), et ses racines, qui sortent de terre, lui donneraient une circonférence plus étendue si on le mesurait au niveau du sol.

Fabriques de fils retors ; filatures de lin. — *Commerce* important de fil fin, grains, lin, beurre et bestiaux. — *Foires* les 3e lundi de fév., 1er lundi de car., le lundi qui suit l'oct. de la Fête-Dieu, ou le lendemain si ce lundi est le 1er du mois ; le lundi qui suit les Q.-Temps.

BECHERESSE, vg. *Charente* (Angoumois), arr. et à 18 k. d'Angoulême, cant. et ✉ de Blanzac. Pop. 682 h.

BECHEVELLE, vg. *Gironde*, com. de St-Julien, ✉ de Panilhac.

BECHY, vg. *Moselle* (Lorraine), arr. et à 23 k. de Metz, cant. de Pange, ✉ de Solgne. Pop. 712 h.

BECKERHOLTZ, vg. *Moselle*, com. de Filstroff, ✉ de Bouzonville.

BECON, vg. *Maine-et-Loire* (Anjou), arr. et à 20 k. d'Angers, cant. et ✉ du Louroux. ✉. Pop. 1,631 h. *Foires* importantes les 24 avril et 29 oct.

BECONNE, vg. *Drôme* (Dauphiné), arr. et à 30 k. de Montélimart, cant. et ✉ de Dieulefit. Pop. 225 h.

BECOURT, vg. *Pas-de-Calais* (Boulonnais), arr. et à 25 k. de Montreuil, cant. et ✉ d'Hucqueliers. Pop. 295 h.

BECOURT-BECORDEL, vg. *Somme* (Picardie), arr. et à 20 k. de Péronne, cant. et ✉ d'Albert. Pop. 199 h.

BECQUIGNY, vg. *Aisne* (Picardie), arr. et à 26 k. de St-Quentin, cant. et ✉ de Bohain. Pop. 399 h. — Culture du houblon.

BECQUIGNY, vg. *Somme* (Picardie), arr., cant., ✉ et à 7 k. de Montdidier. Pop. 274 h.

BECQUINCOURT, vg. *Somme* (Picardie), arr. et à 12 k. de Péronne, cant. de Bray-sur-Somme, ✉ d'Estrées. Pop. 191 h.

BEC-THOMAS, *Beccus-Thomæ*, vg. *Eure* (autrefois baronnie en Normandie), arr. et à 18 k. de Louviers, cant. d'Amfreville-la-Campagne, ✉ d'Elbeuf. Pop. 332 h. Sur l'Oison.

BÉDA (lat. 50°, long. 25°). « L'Itinéraire d'Antonin et la Table théodosienne sont parfaitement d'accord sur les positions que voici : en partant de Trèves pour se rendre à Cologne par *Tolbiacum* ou *Zulpick*, d'*Augusta Trevirorum* à *Béda* XII, de *Béda* à *Ausava* XII, d'*Ausava* à *Egorigium* XII, d'*Egorigium* à *Marcomagus* VIII. La distance à ajouter pour atteindre Tolbiacum est environ VIII, comme on peut le voir à l'article *Marcomagus*. Je crois pouvoir estimer ce qu'il y a d'espace en droite ligne, de Trèves à Zulpick, sur le pied d'environ 49 lieues gauloises, qui en admettent bien 52 de mesure itinéraire, que ces distances fournissent au total, vu la disposition du local dans une partie de cet espace. La distance marquée XII, entre *Trèves* et *Béda* convient à la position de Bidbourg. L'histoire de ces environs est le *Pagus Bedensis* dont il est fait mention dans le partage fait en 870, des Etats du roi Lothaire entre ses oncles Louis le Germanique et Charles le Chauve. » D'Anville. *Notice de l'ancienne Gaule*, p. 146.

BÉDARIEUX, jolie ville industrielle et commerçante, *Hérault* (Languedoc), chef-l. de cant., arr. et à 34 k. de Béziers. Conseil de prud'h. Collège com. Cure. ✉. A 756 k. de Paris pour la taxe des lettres. Pop. 9,012 h. — Terrain jurassique, calcaire à gryphées.

Cette ville est dans une situation agréable, sur la rive gauche de l'Orb qui la sépare d'un de ses faubourgs. Elle est bien bâtie, propre, bien percée, et l'on y remarque surtout une fort belle rue. Les environs offrent des sites délicieux. — *Fabriques* de draps fins et communs, d'étoffes de laine et filoselle, de bas de laine et coton dits poils d'Inde, de chapeaux, savon, huile d'olive. Tanneries, teintureries, papeterie, verrerie, fonderie de cuivre. — *Commerce* de draperie, papiers, vins, eau-de-vie et huile d'olive. — *Foires* les 1ᵉʳ mai, 1ᵉʳ lundi d'août, 22 sept., 2 nov., 22 déc., et lundi gras, ou le lendemain si ce lundi tombe le 24 fév.

BÉDARRIDES, joli bourg, *Vaucluse* (Comtat), chef-l. de cant., arr. et à 15 k. d'Avignon, ⊠ de Sorgues. Cure. Pop. 2,420 h. — Terrain tertiaire moyen. — Ce bourg est dans une charmante situation, sur la rive droite de l'Ouvèze, que l'on y passe sur un beau pont, près du confluent de l'Ozeille et de plusieurs canaux. Les environs sont très-pittoresques, fertiles et couverts d'excellents pâturages. — Moulin à garance.

BEDDES, bg *Cher* (Berry), arr. à 28 k. de St-Amand-Montrond, cant. et ⊠ de Châteaumeillant. Pop. 351 h.

BEDECHAN, vg. *Gers* (Armagnac), arr. et à 21 k. d'Auch, cant. et ⊠ de Saramon. Pop. 394 h.

BEDÉE, bg *Ille-et-Vilaine* (Bretagne), arr., cant. et à 5 k. de Montfort. ⊠. ⊙. A 379 k. de Paris pour la taxe des lettres. Pop. 2,540 h. — *Commerce* de bestiaux. — *Foire* le 9 sept.

BEDEILLAC, vg. *Ariège* (Foix), arr. et à 20 k. de Foix, cant. et ⊠ de Tarascon. Pop. 559 h. — On y remarque une fort belle grotte où l'on arrive par un chemin de pied assez commode. La beauté de sa voûte frappe d'admiration le grand nombre de curieux qui la visitent; rien n'est imposant comme son entrée; sa hauteur, sa hardiesse et sa masse laissent bien loin tous les travaux que l'homme pourrait entreprendre pour chercher à l'imiter. A quelques pas de l'entrée, on voit la voûte s'abaisser, ensuite s'exhausser, et la caverne s'agrandir jusqu'à ce qu'elle s'ouvre en salle immense, pavée et voûtée de belles cristallisations. On montre successivement le buffet d'orgues, le calvaire, la tombe de Roland, la cape de l'évêque, la grosse et la petite cloche, ainsi que d'autres concrétions que l'on désigne sous les noms de différentes parties d'une cathédrale gothique.

BEDEILLE, vg. *Ariège* (Languedoc), arr. et à 12 k. de St-Girons, cant. de Ste-Croix, ⊠ de St-Lizier. Pop. 520 h.

BEDEILLE, vg. *B.-Pyrénées* (Béarn), arr. et à 26 k. de Pau, cant. de Montaner, ⊠ de Morlaas. Pop. 310 h.

BEDJUN, *Bedejunum*, vg. *B.-Alpes* (Provence), arr., ⊠ et à 18 k. de Digne, cant. de Barême. Pop. 101 h.

BÉDENAC, vg. *Charente-Inf.* (Saintonge), arr. et à 37 k. de Jonzac, cant. et ⊠ de Montolieu. Pop. 670 h. — *Foires* les 4ᵉˢ mercredis de juillet et d'août.

BEDOS, vg. *Aveyron*, comm. et ⊠ de St-Affrique.

BEDOUÈS, vg. *Lozère* (Languedoc), arr.,

cant., ⊠ et à 3 k. de Florac. Pop. 533 h. — C'était jadis un lieu fortifié, qui fut assiégé en 1581, et qui se défendit vigoureusement pendant plusieurs jours. — On y voit une ancienne église qui paraît susceptible d'être classée au nombre des monuments historiques. — Source d'eau minérale acidule.

BEDOUIN, *Bedoinum*, bg *Vaucluse* (Comtat), arr. et à 13 k. de Carpentras, cant. et ⊠ de Mormoiron. Pop. 2,550 h. — Ce bourg est dans une situation agréable, au pied du mont Ventoux. Il est entouré de murailles fort anciennes et d'une solide construction. Aux environs, on voit les ruines de l'ancien village de Frontignan. C'est de Bedouin que l'on part pour l'ascension au mont Ventoux, où l'on arrive en 6 heures d'un chemin facile. — *Fabriques* importantes de poteries de terre. Filatures de soie. — *Foire* le 14 sept.

BEDOUS, bg *B.-Pyrénées* (Béarn), arr. et à 13 k. d'Oloron, cant. d'Accous. ⊠. ⊙. A 813 k. de Paris pour la taxe des lettres. Pop. 1,396 h. — Il est fort agréablement situé, près de la rive droite du gave d'Aspe, dans une belle vallée qui forme, en s'élargissant, une grande étendue de paysages agréablement diversifiés. — Plus de la moitié de la population de Bedous descend des familles de Cagots, ce qui a donné lieu à ce dicton béarnais : « A Bedous Cagots sont tous. » — *Foires* les 1ᵉʳ avril et 30 sept. (2 jours).

BEDUER, vg. *Lot* (Quercy), arr., cant., ⊠ et à 7 k. de Figeac. Pop. 1,459 h. — Il est situé sur la pente d'un coteau, près de la rive droite du Célé. On y voit les restes d'un ancien château flanqué de tours, construit sur un rocher escarpé au pied duquel coule le Célé. — *Patrie* du littérateur N. Decremps. — *Foires* les 19 mars, 7 mai et 7 juin.

BEFEY, vg. *Moselle*, comm. de Villers-Bettnach, ⊠ de Metz.

BEFFES, vg. *Cher* (Berry), arr. et à 32 k. de Sancerre, cant. de Sancergues, ⊠ de la Charité. Pop. 231 h.

BEFFERY, vg. *Lot-et-Garonne*, comm. et ⊠ de Miramont.

BEFFIA, vg. *Jura* (Franche-Comté), arr. et à 16 k. de Lons-le-Saunier, cant. et ⊠ d'Orgelet. Pop. 189 h.

BÉFORT. V. Belfort.

BEFU, vg. *Ardennes* (Champagne), arr. et à 17 k. de Vouziers, cant. et ⊠ de Grandpré. Pop. 289 h.

BEGAAR, vg. *Landes* (Gascogne), arr. et à 25 k. de St-Sever, cant. et ⊠ de Tartas. Pop. 774 h.

BEGADAN, vg. *Gironde* (Guienne), cant., ⊠ et à 7 k. de Lesparre. Pop. 1,169 h.

BEGANNE, vg. *Morbihan* (Bretagne), arr. et à 48 k. de Vannes, cant. d'Allaire, ⊠ de Redon. Pop. 1,517 h. — *Foires* les 13 juin, 2 sept.

BEGARD, bg *Côtes-du-Nord* (Bretagne), chef-l. de cant., arr. et à 15 k. de Guingamp. Cure. ⊠. A 499 k. de Paris pour la taxe des lettres. Pop. 3,821 h. — Terrain cristallisé, granit. — On croit qu'il doit son origine à une

abbaye de l'ordre de Citeaux, fondée en cet endroit au XIIIᵉ siècle. — *Foires* les 3 mai, 4 juin, 2 sept., 1ᵉʳˢ vendredis de mars, d'oct. et de déc.

BÈGLES, vg. *Gironde* (Guienne), arr., cant., ⊠ et à 5 k. de Bordeaux. P. 2,592 h.

BEGNÉCOURT, vg. *Vosges* (Lorraine), arr. et à 12 k. de Mirecourt, cant. et ⊠ de Dompaire. Pop. 363 h.

BÉGNY, vg. *Ardennes*, cant. de Dommely, ⊠ de Château-Porcien.

BÉGOLE, vg. *H.-Pyrénées* (Armagnac), arr., à 26 k. de Tarbes, cant. et ⊠ de Tournay. Pop. 555 h.

BEGOUX, vg. *Lot*, comm. et ⊠ de Cahors.

BEGROLLE, vg. *Maine-et-Loire*, comm. du May, ⊠ de Chollet.

BÉGUDE (la), vg. *Ardèche* (Vivarais), arr. de Privas, cant. et ⊠ de Bourg-St-Andéol. Sur l'Ardèche, que l'on y passe sur un pont suspendu.

BÉGUDE (la), vg. *Isère*, comm. de Feyzin, ⊠ de St-Symphorien-d'Ozon.

BÉGUDE-BLANCHE (la), vg. *B.-Alpes*, comm. de Bras-d'Asse, ⊠ de Mezel.

BÉGUDE-DE-JORDY (la), vg. *Hérault*, comm. de Servian, ⊠ de Pezenas. ⊙. — On y remarque une fontaine abondante, sortant d'un gros saule pleureur formé de la réunion de trois saules confondus en un seul.

BÉGUDE-DE-SAXE (la), vg. *Gard*, com. de Saze, ⊠ de Villeneuve-lès-Avignon. ⊙.

BEGUES, vg. *Allier* (Bourbonnais), arr., cant., ⊠ et à 7 k. de Gannat. Pop. 475 h.

BÉGUEY, ou Neyrac, vg. *Gironde* (Guienne), arr. et à 31 k. de Bordeaux, cant. et ⊠ de Cadillac. Pop. 865 h.

BÉGUIOS, vg. *B.-Pyrénées* (Basse-Navarre), arr. de Mauléon, cant., ⊠ et à 6 k. de St-Palais. Pop. 649 h.

BÉHAGNIES, vg. *Pas-de-Calais* (Artois), arr. et à 18 k. d'Arras, cant. et ⊠ de Bapaume. Pop. 227 h.

BÉHASQUE-LAPISTE, vg. *B.-Pyrénées* (Basse-Navarre), arr. de Mauléon, cant., ⊠ et à 2 k. de St-Palais. Pop. 209 h. — Il a reçu le surnom de Lapiste en 1842, époque de la réunion à son territoire de celui de cette commune.

BEHEN, vg. *Somme* (Picardie), arr., ⊠ et à 10 k. d'Abbeville, cant. de Moyenneville. Pop. 777 h.

BEHENCOURT, vg. *Somme* (Picardie), arr. et à 19 k. d'Amiens, cant. et ⊠ de Villers-Bocage. Pop. 664 h.

BÉHÉRICOURT, vg. *Oise* (Picardie), arr. et à 35 k. de Compiègne, cant. et ⊠ de Noyon. Pop. 469 h.

BEHLENHEIM, ou Baelhen, vg. *B.-Rhin* (Alsace), arr. et à 15 k. de Strasbourg, cant. et de Truchtersheim. Pop. 179 h.

BÉHOBIE, vg. *B.-Pyrénées*, comm. d'Urrugne, ⊠. A 820 k. de Paris pour la taxe des lettres.

BEHONNE, vg. *Meuse* (Lorraine), arr., ⊠ et à 3 k. de Bar-le-Duc, cant. de Vavincourt,

BEHORLEGUY, vg. *B.-Pyrénées* (basse Navarre), arr. de Mauléon, 30 k. de St-Palais, cant. et ✉ de St-Jean-Pied-de-Port. Pop. 229 h.

BEHOUILLE (la), vg. *Vosges*, comm. de la Croix-aux-Mines et Mandray, ✉ de St-Dié.

BEHOUST, vg. *Seine-et-Oise* (Beauce), arr. et à 31 k. de Rambouillet, cant. de Montfort-l'Amaury, ✉ de la Queue. Pop. 275 h.

BEHRENTHAL, ou BERUTHAL, vg. *Moselle* (Lorraine), arr. et à 50 k. de Sarreguemines, cant. et ✉ de Bitche. Pop. 1,340 h. Sur le Zinselbach.—Forges.

BEHUARD, vg. *Maine-et-Loire* (Anjou), arr. et à 15 k. d'Angers, cant. et ✉ de St-Georges-sur-Loire. Pop. 2,712 h.—Vis-à-vis de ce village, la Loire forme une île charmante, sur laquelle s'élève une jolie chapelle gothique : rien n'est plus pittoresque ni plus agréable que la situation de ce petit monument au milieu du fleuve, sur un sol planté d'une multitude d'arbres de différentes espèces. Quelques étymologistes prétendent que cette chapelle a remplacé un temple consacré à Belus ; on y voit partout des ex-voto, des fers de captifs revenus d'Alger, et un portrait de Louis XI peint sur bois. La chapelle de Behuard a été désignée par l'autorité locale comme étant susceptible d'être classée au nombre des monuments historiques.

BEIGNON, vg. *Morbihan* (Bretagne), arr. et à 18 k. de Ploermel, cant. de Guer. Pop. 1,419 h.—*Foire* le 1er mardi de sept.

BEILLÉ, vg. *Sarthe* (Maine), arr. et à 37 k. de Mamers, cant. de Tuffé, ✉ de Connéré. Pop. 411 h.

BEINE, *Balnea*, joli bourg, *Marne* (Champagne), chef-l. de cant., arr. et à 14 k. de Reims. ✉. A 167 k. de Paris pour la taxe des lettres. Pop. 1,058 h.—TERRAIN crétacé supérieur, craie.—Il est agréablement situé dans l'enceinte présumée d'un ancien camp, et est entouré de fossés et de remparts assez bien conservés.—*Fabriques* de draperies. Filatures de laine.—*Foires* les 30 avril et 18 octobre.

BEINE, vg. *Yonne* (Bourgogne), arr. et à 12 k. d'Auxerre, cant. et ✉ de Chablis. Pop. 725 h.

BEINHEIM, bg *B.-Rhin* (Alsace), arr. et à 26 k. de Wissembourg, cant. et ✉ de Seltz. ☞. Pop. 1,462 h.—On y voit un beau château appartenant au général Schramm.—*Foire* le lundi après la St-Luc.

BEIRE-LA-VILLE, joli village, *Côte-d'Or*, comm. de Beire-le-Châtel, ✉ de Mirebeau.

BEIRE-LE-CHATEL, joli village, *Côte-d'Or* (Bourgogne), arr. et à 17 k. de Dijon, cant. et ✉ de Mirebeau. Pop. 723 h.—Beire est un village très-ancien dont il est fait mention dans les titres de fondation de l'abbaye de Bèze ; Philippe le Bon en affranchit les habitants en 1442. Il est situé dans une contrée agréable et très-fertile, sur la grande route de Dijon, et traversé par la Tille, qu'on y passe sur deux ponts. On y voit un ancien château entouré de larges et profonds fossés remplis d'eau vive. La commune se divise en deux parties situées à 600 pas l'une de l'autre : Beire-la-Ville ou l'Eglise, dit le Petit-Beire, et Beire-le-Châtel ou le Grand-Beire.—PATRIE du sculpteur RENAUT.—Education des abeilles. Teintureries, huileries. Moulins à plâtre et à foulon. Mines de fer et carrière de marbre en forme de brèche.

BEIRE-LE-FORT, vg. *Côte-d'Or* (Bourgogne), arr. et à 21 k. de Dijon, cant. et ✉ de Genlis. Pop. 166 h.

BEISSAT, vg. *Creuse* (haute Marche), arr. et à 22 k. d'Aubusson, cant. et ✉ de la Courtine. Pop. 518 h.

BEL (St-), vg. *Rhône* (Lyonnais), arr. et à 9 k. de Lyon, cant. et ✉ de l'Arbresle. Pop. 582 h.—Mine de cuivre exploitée.

BÉLABRE, petite ville, *Indre* (Berry), chef-l. de cant., arr. et à 12 k. du Blanc. Cure. ✉. ☞. A 306 k. de Paris pour la taxe des lettres. Pop. 2,175 h.—TERRAIN jurassique.—Elle est située sur la rive droite de l'Anglin. L'antique château de Bélabre a été remplacé par une belle habitation moderne, remarquable par l'agrément de sa situation, l'abondance de ses eaux, l'étendue de son parc et par une belle orangerie. Quelques vestiges d'épaisses murailles sont les seuls restes de l'ancien château de Bélabre, où fut étranglé dans son lit en 1432, par ordre de son épouse qu'il voulait faire noyer dans les fossés du château, le sire de Flavi, qui fit fermer sur Jeanne d'Arc les portes de Compiègne.—La terre de Bélabre fut érigée en marquisat en 1650, en faveur du président le Coigneux.—*Foires* les 3es vendredis de chaque mois.—Aux environs, forges et fonderies.

BÉLAIR, vg. *Ardennes*, comm. et ✉ de Charleville.

BÉLAIR, vg. *Seine-et-Oise*, comm. de Fontenay-lès-Briis, ✉ de Bruyères.

BELAN-SUR-OURCE, vg. *Côte-d'Or* (Bourgogne), arr., et à 13 k. de Châtillon-sur-Seine, cant. de Montigny. Pop. 848 h.—Il est situé sur la rive gauche de l'Ource, qui y fait mouvoir 5 forges considérables.—*Foires* les 10 mars et 3 nov.

BELARGA, vg. *Hérault* (Languedoc), arr. et à 30 k. de Lodève, cant. et ✉ de Gignac. Pop. 341 h.

BELAYE, bg *Lot* (Quercy), arr. et à 31 k. de Cahors, cant. de Luzech, ✉ de Castelfranc. Pop. 1,115 h.—Ce bourg est agréablement situé sur la rive gauche du Lot. C'était autrefois une place forte, dont il reste encore quelques vestiges de remparts et de fossés. L'église paroissiale est fort ancienne, et le cimetière renferme des tombeaux qui remontent aux premiers siècles du moyen âge.—*Foire* le 26 nov.

BELBERAUD, vg. *H.-Garonne* (Languedoc), arr. et à 18 k. de Villefranche-de-Lauragais, cant. de Montgiscard, ✉ de Baziège. Pop. 429 h.

BELBEUF, village agréablement situé sur la rive droite de la Seine, *Seine-Inf.* (Normandie), arr., et à 9 k. de Rouen, cant. de Boos. Pop. 794 h.—On y remarque un magnifique château bâti sur une colline, dont le sommet est couronné par un beau parc, très-fréquenté dans la belle saison par une partie des habitants de Rouen. De cet endroit, on jouit d'une vue charmante sur le cours de la Seine et sur les plaines de St-Etienne et de Sotteville. On doit visiter, aux environs, les roches pittoresques de St-Adrien.—Carrière d'argile à potier.

BELBÈZE, vg. *H.-Garonne* (Languedoc), arr. et à 27 k. de St-Gaudens, cant. et ✉ de Salies. Pop. 1,048 h.

BELBÈZE, vg. *H.-Garonne* (Languedoc), arr. et à 15 k. de Villefranche-de-Lauragais, cant. et ✉ de Montgiscard. Pop. 138 h.

BELBÈZE, vg. *Tarn-et-Garonne* (Languedoc), arr. et à 24 k. de Castel-Sarrasin, cant. et ✉ de Beaumont-de-Lomagne. Pop. 218 h.

BELBÈZE, vg. *Tarn-et-Garonne* (Languedoc), arr. et à 24 k. de Moissac, cant. de Lauzerte, ✉ de Montaigut. Pop. 808 h.

BELCA (lat. 48°, long. 21°). « On trouve ce lieu, dans l'Itinéraire d'Antonin, entre *Brivodurum*, ou Briare, et *Genabum*, ou Orléans ; et je n'en connais point de plus convenable dans cet intervalle que Bouzi, sur le bord de la forêt d'Orléans. Les titres de Fleury, ou de St-Benoît-sur-Loire, en font mention sous le nom de *Belciacum*, qui est évidemment dérivé de *Belca*. Mais l'indication des distances dans l'Itinéraire, savoir : de *Brivodurum* à *Belca* XV, de *Belca* à *Genabum* XXII, ne cadre point à la position actuelle de Bouzi, entre laquelle et Briare l'espace demande XVII, au lieu de XV, et celui de Bouzi à Orléans XV, au lieu de XXII. Il faut donc, pour accorder l'Itinéraire avec le local, transposer le nombre d'une distance à l'autre, et substituer XVII à XXII dans l'une de ces distances. » D'Anville. *Notice de l'ancienne Gaule*, p. 146.

BELCAIRE, bg *Aude* (Languedoc), chef-l. de cant., arr. et à 55 k. de Limoux. Cure. Gîte d'étape. ✉ de Limoux. Pop. 1,064 h.—TERRAIN crétacé inférieur, grès vert.—Il est bâti en amphithéâtre, à l'extrémité de la plaine de Sault.—Les armes de Belcaire sont : *d'azur semé de fleurs de lis d'or*.—*Foires* les 6 mai et 28 sept.

BELCASTEL, vg. *Aude* (Languedoc), arr. et à 13 k. de Limoux, cant. et ✉ de St-Hilaire. Pop. 280 h.

BELCASTEL, vg. *Aveyron* (Rouergue), arr. et à 24 k. de Rodez, cant. et ✉ de Rignac. Pop. 939 h.—Ce village est bâti dans une situation des plus agrestes, sur un roc au pied duquel coule l'Aveyron. Sur le versant de ce roc sont les rares maisons du village, où l'on monte par des escaliers grossièrement taillés de loin en loin dans la pierre, et en passant sous des voûtes humides destinées à défendre autrefois les approches du château, assis quelques pas plus haut sur une plate-forme isolée. Un corps de logis en mauvais état et quatre tours délabrées, voilà tout ce qui reste du château fort de Belcastel ; mais, telles qu'elles sont, ces ruines conservent encore un extérieur imposant. Vers la fin du XIVe siècle, les routiers se rendirent maîtres de cette forteresse, d'où ils rançonnaient les environs; ils l'évacuèrent en 1378, moyennant une somme considérable que leur remit le comte d'Armagnac. — *Foires* les 13 mai et 26 nov.

BELCASTEL, vg. *Tarn* (Languedoc), arr., cant., ✉ et à 8 k. de Lavaur. Pop. 528 h.

BELCODÈNE, vg. *Bouches-du-Rhône* (Provence), arr. et à 25 k. de Marseille, cant. et ✉ de Roquevaire. Pop. 192 h.

BÉLENDI (lat. 45°, long. 17°). « C'est un peuple compris dans le dénombrement de ceux que Pline (lib. ɪv, cap. 19, p. 534) renferme dans l'Aquitaine, et dont plusieurs, par leur obscurité, se dérobent à notre connaissance. M. de Valois retrouve le nom de *Belindy* dans celui de Belin, qui est un bourg dans les Landes, sur la route de Bordeaux à Bayonne : ce lieu est du diocèse de Bordeaux, et son nom, dans quelques titres, est *Belinum*, et le passage de la rivière de Leire à Belin est appelé *Pons Belini*. » D'Anville. *Notice de l'ancienne Gaule*, p. 147.

BELESTA, vg. *Ariège* (Languedoc), arr. et à 35 k. de Foix, cant. de Lavelanet. ✉. A 806 k. de Paris pour la taxe des lettres. Pop. 2,529 h.

On remarque, aux environs de cette ville, la célèbre fontaine intermittente de Fontestorbe, si abondante que ses eaux, jointes à celles de la rivière de Lers, qui dans ce lieu n'est qu'un petit ruisseau, suffisent pour alimenter, en se divisant, une grande forge et quelques usines. Cette source offre vue magnifique ; elle est particulièrement remarquable par son intermittence, qui a fait le sujet des méditations du P. Planquet et du savant Astruc. La fontaine ne coule alors que par intervalles, disparaissant pendant 32 minutes 30 secondes, après chaque écoulement de 36 minutes 36 secondes de durée ; le retour de l'eau est annoncé par un bruit assez fort. Les pluies font cesser l'intermittence et rendent le cours continu. — Exploitation en grand des carrières de marbre. Scieries hydrauliques de marbre, porphyre et albâtre. Forges et martinets à fer.—*Commerce* considérable de bois de sapin. — *Foires* les 1ᵉʳ mai et 1ᵉʳ déc.

Bibliographie. Astruc. * *Sur la cause de l'intercalation de la fontaine de Fontestorbe*, in-12, 1731.

BELESTA, bg *H.-Garonne* (Languedoc), arr., ✉ et à 11 k. de Villefranche-de-L., cant. de Revel. Pop. 249 h.

BELESTA - DE - LA - FRONTIÈRE, vg. *Pyrénées-Or.* (Roussillon), arr. et à 33 k. de Perpignan, cant. de la Tour-de-France, ✉ d'Estagel. Pop. 415 h.

BELEYMAS, vg. *Dordogne* (Périgord), arr. et à 20 k. de Bergerac, cant. de Villamblard, ✉ de Douville. Pop. 557 h.

BELFAHY, vg. *H.-Saône* (Franche-Comté), arr., ✉ et à 25 k. de Lure, cant. de Melisey. Pop. 589 h.

BELFAYS, vg. *Doubs* (Franche-Comté), arr. et à 40 k. de Montbelliard, cant. et ✉ de Maiches. Pop. 88 h.

BELFLOU, vg. *Aude* (Languedoc), arr. et à 20 k. de Castelnaudary, cant. de Salles. Pop. 414 h. Sur l'Hers.

BELFONDS, vg. *Orne* (Normandie), arr. et à 30 k. d'Alençon, cant. et ✉ de Sées. Pop. 623 h.

BELFORT, vg. *Aude* (Languedoc), arr. et à 47 k. de Limoux, cant. de Belcaire, ✉ de Quillan. Pop. 129 h.

BELFORT, vg. *Lot* (Quercy), arr. et à 26 k. de Cahors, cant. et ✉ de l'Albenque. Pop. 1,656 h. — *Foires* les 11 janv. et 30 nov.

BELFORT ou *Béfort*, jolie et forte ville *H.-Rhin* (Alsace), chef-l. de sous-préf. et d'un cant. Place de guerre de 1ʳᵉ classe. Trib. de 1ʳᵉ inst. et de comm. Collège communal. Cure. Gîte d'étape. ✉. ⚘. Pop. 7,407 h. — *Terrain* d'alluvions modernes, voisin du terrain jurassique.

Autrefois diocèse de Besançon, conseil et intendance d'Alsace, bailliage, gouvernement particulier.

L'origine de Béfort remonte au xɪɪɪᵉ siècle. Cette ville eut d'abord des souverains particuliers ; elle appartint ensuite à l'Autriche, et fut cédée à la France en 1648 par le traité de Westphalie. Le château, appelé la Roche de Béfort, est bâti sur un rocher qui domine la ville, et date de 1228 ; il a été pris et repris plusieurs fois : le rhingrave Othon-Louis en chassa les Autrichiens en 1631 ; le comte de Suze s'en empara en 1636, mais il fut obligé de le rendre peu de temps après. Les fortifications de ce château ont été considérablement augmentées par Vauban, qui fit entourer l'ancienne ville d'une enceinte flanquée de tours bastionnées, dans l'intérieur de laquelle on bâtit une seconde ville, dont les rues sont larges et tirées au cordeau. La situation de Béfort est fort agréable ; on y entre par trois portes : celles de Strasbourg, de Bâle et la porte française ; sa position à l'intersection de six grandes routes y favorise un commerce important. On y remarque l'église paroissiale construite en 1728 ; l'hôtel de ville, bel édifice moderne ; les casernes ; les trois faubourgs de Giromagny, de Montbelliard et de France.

Les armes de Béfort sont : *d'azur à une tour crénelée d'or, girouettée d'argent et posée sur une terrasse de même, et côtoyée en fasce des lettres capitales B F, d'or*.

Fabriques d'horlogerie, cierges, bougies, chapeaux. Brasseries. Tanneries. Forges. Tireries de fil de fer. Ferblanterie, etc. — *Commerce* de grains, vins, eau-de-vie, kirsch-wasser, etc. — *Foires* les 1ᵉʳˢ lundis de chaque mois.

Biographie. Béfort est le lieu de naissance de l'abbé de Laporte, auteur du * *Voyageur français* (pour les 26 1ᵉʳˢ vol.) ; de la * *Bibliothèque d'un homme de goût*, 4 vol. in-8, 1777 ; du *Dictionnaire dramatique*, et de plusieurs autres compilations.

Du général de division J.-B. Boyer, mort à la bataille de Leipzig.

Du lieutenant général P.-F. Boyer, frère du précédent.

Du général Ferrier.

De M. Heim, peintre, membre de l'Institut. L'arrondissement de Béfort renferme 9 cantons : St-Amarin, Belfort, Cernay, Dannemarie, Delle, Fontaine, Giromagny, Massevaux et Thann.

Béfort est à 69 k. S.-S.-O. de Colmar, 423 k. S.-E. de Paris. Lat. 47° 38′ 18″, long. 4° 32′ 30″ E.

Bibliographie. Descharrières (J.-J.-C.). *Essai sur l'histoire littéraire de Belfort et du voisinage*, in-12, 1808.

Collier. *Essai sur Béfort* (Journ. de la soc. des sciences du Bas-Rhin), 1826.

BELGENTIER, joli bourg, *Var* (Provence), arr. et à 23 k. de Toulon, cant. et ✉ de Solliès-Pont. Pop. 1,246 h. — C'est un bourg fort ancien, où l'on a trouvé des inscriptions qui attestent son existence du temps des Romains.—*Patrie* du savant antiquaire et philologue Peiresc. — *Fabriques* d'étoffes de laine. Tanneries. Papeteries. — *Commerce* de vins et d'olives.

BELGERD, vg. *Mayenne* (Maine), arr., cant., ✉ et à 6 k. de Mayenne. Pop. 608 h.

BELGICA (lat. 51°, long. 25°). « Dans l'Itinéraire d'Antonin, sur la route de Trèves à Cologne, et entre *Marcomagus* et *Tolbiacum*. V. Marcomagus.

BELGINUM (lat. 50°, long. 25°). « La Table théodosienne en fait mention à la suite de *Noviomagus*, qui est Numagen, en tendant à *Bingium* ou Bingen. Le nombre X, marqué entre *Noviomagus* et *Belginum*, et qui est même répété une seconde fois hors de place et sans nécessité, convient à la distance itinéraire de Numagen à Baldenau, dont le nom actuel conserve beaucoup de rapport à l'ancienne dénomination, et la direction de la route n'est pas moins convenable à cette position. » D'Anville. *Notice de l'ancienne Gaule*, p. 147.

BELGIUM (lat. 50°, long. 20°). « On ne saurait confondre le *Belgium* dont parle César, avec la Belgique, sans prendre une partie pour le tout. En assignant des quartiers d'hiver à ses légions, César (*Comment.*, v) distingue formellement les *Morini*, les *Nervii*, les *Remi*, les *Treveri*, qui sont des nations de la Belgique, d'avec le *Belgium* ; et le *Belgium*, dans cet endroit, désigne les *Bellovaci* ; car c'est de chez les *Bellovaci*, que pour aller au secours de Q. Cicéron, il rappelle Crassus qu'il avait placé *in Belgio*. On lit dans Hirtius, que César se rend auprès de ses légions dans le *Belgium*, et prend son quartier d'hiver à *Nemetocenna*, qui est la ville principale des *Atrebates*. Or, l'extension du *Belgium* dans le territoire des *Atrebates* comprend nécessairement les *Ambiani* dans le *Belgium*, puisque les *Ambiani* sont renfermés entre les *Bellovaci* et les *Atrebates*. Il n'y a point d'indication particulière concernant les *Veromandui*, que Sanson croit devoir faire entrer dans le *Belgium*. » D'Anville. *Notice de l'ancienne Gaule*. V. aussi Walckenaer. *Géographie des Gaules*, t. ɪ, p. 420. Carlier. *Dissertation sur l'étendue de Belgium*, etc., in-12, 1752.

BELGODÈRE, bg *Corse*, chef-l. de cant. arr. et à 30 k. de Calvi. Cure. Bureau d'enregistrement à l'Ile-Rousse. ✉. A 1,235 k. de Paris pour la taxe des lettres. Pop. 941 h. — TERRAIN cristallisé ou primitif.

Ce bourg, bâti dans une position riante d'où l'on jouit de la vue de la mer et de la verdoyante vallée de Fiumeregino, fut bâti vers le xɪᵉ siècle par un de ces marquis de Malaspina, appelés par les Corses pour les gouverner.

BELHADE, bg et château, *Landes* (Gascogne), arr. et à 68 k. de Mont-de-Marsan, cant. de Pissos, ✉ de Hiposley. Pop. 518 h. — Il est situé au milieu de landes immenses, sur la rive droite du Leyre. — Les landes de Belhade renferment une multitude de couleuvres qui portent un préjudice considérable aux possesseurs de bestiaux. — *Fabriques* de poterie de terre et de charbon de bois. Tuilerie. Moulins à farine. Mines de fer.

BELHOMERT, vg. *Eure-et-Loir* (Beauce), arr. et à 28 k. de Nogent-le-Rotrou, cant. et ✉ de la Loupe. Pop. 612 h.

BELHOTEL, vg. *Orne*, comm. de Survie, ✉ de Vimoutiers.

BELIET, bg *Gironde* (Guienne), arr. et à 50 k. de Bordeaux, cant. et ✉ de Belin. Pop. 1,088 h. — Il est situé au milieu des landes, près de la rive droite du Leyre. — Forges et aciérie.

BELIEU, vg. *Doubs* (Franche-Comté), arr. et à 58 k. de Montbelliard, cant. de Russey, ✉ de Morteau. Pop. 412 h. — Verrerie à vitres et à bouteilles.

BELIGNAT, vg. *Ain* (Bugey), arr. et à 14 k. de Nantua, cant. et ✉ d'Oyonnax. P. 390 h.

BELIGNEUX, vg. *Ain* (Bresse), arr. et à 39 k. de Trévoux, cant. et ✉ de Montluel. Pop. 527 h.

BELIGNY, vg. *Rhône* (Beaujolais), arr., cant., ✉ et à 1 k. de Villefranche. Pop. 1,268 h.

BELIN, bg *Gironde* (Gascogne), chef-l. de cant., arr. et à 45 k. de Bordeaux. Cure. Gite d'étape. ✉. A 605 k. de Paris pour la taxe des lettres. Pop. 1,546 h. — TERRAIN tertiaire supérieur, alluvions anciennes. — Il est situé au milieu des landes, dans un petit bassin arrosé par le Leyre. — *Fabrique* de résine. — *Foires* les 25 janv. et 22 mai. — Marché tous les lundis.

BELIS, vg. *Landes* (Gascogne), arr., ✉ à 22 k. de Mont-de-Marsan, cant. de Labrit. Pop. 491 h.

BELLAC, petite ville, *H.-Vienne* (Limousin), chef-l. de sous-préf. et d'un cant. Trib. de 1ʳᵉ inst. Cure. Gite d'étape. ✉. ⚘. Pop. 3,583 h. — TERRAIN cristallisé ou primitif.

On ne connoît pas l'époque de la fondation de Bellac. Au xᵉ siècle, Boson Iᵉʳ, vicomte du Vieux, y fit construire un château fort ; mais la ville était déjà importante et bien fortifiée. Boson en fit une des plus fortes places du pays. En 997, Guillaume, comte d'Aquitaine, vint assiéger Bellac, mais ne put s'en rendre maître. Elle soutint avec le même succès, en 1591, un siège contre les ligueurs, et ne put être forcée par le duc de Longueville, qui vint l'attaquer pendant les guerres de la Fronde, à la tête d'un corps de troupes considérable. — Cette ville est bâtie sur le penchant d'un coteau rapide, qui domine le Vinçon du côté du nord. Il subsiste encore quelques restes de son antique château, où sont établis le palais de justice et la maison d'arrêt.

— Aux environs, près du village de la Borderie, on voit un beau dolmen composé de cinq blocs de rochers recouverts par une énorme pierre.

Les armes de Bellac sont : *d'azur à la tour d'argent crénelée, bâtie au milieu des ondes d'argent, et en chef trois fleurs de lis d'or.*

Fabriques de toile, papiers, draps, couvertures, chapeaux, cuirs. — *Foires* le 1ᵉʳ de chaque mois pour gros et menu bétail, chevaux, mulets, mules, draperies, quincaillerie, bois de chêne, etc. A 41 k. O. de Limoges, 366 k. S. de Paris.

L'arrondissement de Bellac est composé de 8 cantons : Bellac, Bessines, Château-Ponsac, le Dorat, Magnac-Laval, Mézières, Nantiat et St-Sulpice-les-Feuilles.

BELLACOURT, vg. *Pas-de-Calais*, com. de Rivière, ✉ d'Arras.

BELLAFFAIRE, vg. *B.-Alpes* (Provence), arr. et à 51 k. de Sisteron, cant. de Turriers, ✉ de la Motte-du-Caire. Pop. 332 h. — *Foire* le 29 sept.

BELLAING, vg. *Nord* (Flandre), arr., cant., ✉ et à 8 k. de Valenciennes. P. 381 h.

BELLANCOURT, vg. *Somme* (Picardie), arr., cant., ✉ et à 5 k. d'Abbeville. P. 491 h.

BELLANGE, vg. *Meurthe* (Lorraine), arr., cant., ✉ et à 13 k. de Château-Salins, 17 k. de Vic. Pop. 265 h.

BELLARY, *Nièvre*, comm. et ✉ de Châteauneuf-Val-de-Bargis.

BELLAVILLIERS, vg. *Orne* (Normandie), arr. et à 13 k. de Mortagne, cant. de Pervenchères, ✉ de Bellême. Pop. 856 h.

BELLAY (le), vg. *Seine-et-Oise* (Normandie), arr. et à 24 k. de Pontoise, cant. ✉ de Marines. Pop. 201 h.

BELLEAU, vg. *Aisne* (Brie), cant., ✉ et à 10 k. de Château-Thierry. Pop. 286 h.

BELLEAU, vg. *Meurthe* (Lorraine), arr. et à 19 k. de Nancy, cant. et ✉ de Nomeny. Pop. 327 h. — L'église paroissiale a été, dit-on, construite par les templiers.

BELLEBAT, vg. *Gironde* (Guienne), arr. et à 24 k. de la Réole, cant. de Targon, ✉ de Cadillac. Pop. 95 h.

BELLEBRUNE, vg. *Pas-de-Calais* (Bourbonnais), arr., ✉ et à 13 k. de Boulogne-sur-Mer, cant. de Desvres. Pop. 194 h.

BELLECHASSAGNE, vg. *Corrèze* (Limousin), arr., cant. et à 20 k. d'Ussel, cant. de Sornac. Pop. 316 h.

BELLECHAUME, vg. *Yonne* (Champagne), arr. et à 22 k. de Joigny, cant. et ✉ de Brienon. Pop. 610 h.

BELLECIN, vg. *Jura*, comm. du Bourget, ✉ d'Orgelet.

BELLECOMBE, vg. *Drôme* (Dauphiné), arr. et à 22 k. de Nyons, cant. et ✉ du Buis. Pop. 300 h.

BELLECOMBE, vg. *Jura* (Franche-Comté), arr. et à 18 k. de St-Claude, cant. et ✉ des Bouchoux. Pop. 413 h.

BELLE-COTE (la), vg. *Seine-et-Oise*, comm. de Boissy-Mauvoisin, ✉ de Rosny.

BELLE-CROIX, vg. *Charente-Inf.*, com. de Dampierre-sur-Mer, ✉ de la Rochelle.

BELLE-ÉGLISE, vg. *Oise* (Picardie), arr. et à 30 k. de Senlis, cant. de Neuilly-en-Thel, ✉ de Chambly. Pop. 336 h. — Le château de St-Just, ancienne commanderie de Malte, est une dépendance de cette commune.

BELLEFOND, vg. *Côte-d'Or* (Bourgogne), arr., cant., ✉ et à 7 k. de Dijon. Pop. 121 h. — Au milieu de ce village passe la levée d'Agrippa, sur laquelle on a trouvé en 1771 plusieurs médailles de Claude, de Vespasien et de Domitien, etc., et deux monuments figurés en pierre fort dégradés.

BELLEFOND, vg. *Gironde* (Guienne), arr. et à 27 k. de la Réole, cant. de Targon, ✉ de Sauveterre. Pop. 231 h.

BELLEFONDS, vg. *Vienne* (Poitou), arr., ✉ et à 20 k. de Châtellerault, cant. de Vouneuil. Pop. 250 h.

BELLEFONTAINE, vg. *Jura* (Franche-Comté), arr. et à 30 k. de St-Claude, cant. et ✉ de Morez. Pop. 802 h. — Ce village est bâti dans une situation agréable, près des frontières de la Suisse et de l'une des sources de la Bienne ; il est peuplé d'habitants industrieux, et on ne peut mieux partagé sous le rapport de l'abondance des eaux. Aucune rivière ne le traverse ; mais les sources jaillissent de toute part ; chaque maison a sa fontaine naturelle, et c'est de là, sans doute, qu'il a tiré sa dénomination. — *Fabriques* d'horlogerie, montres, pendules, tourne-broches, etc.

BELLEFONTAINE, vg. *Manche* (Normandie), arr., ✉ et à 6 k. de Mortain, cant. de Juvigny. Pop. 468 h.

BELLEFONTAINE, *Bellus Fons*, vg. *Seine-et-Oise* (Ile-de-France), arr. à 36 k. de Pontoise, cant. et ✉ de Luzarches. Pop. 226 h.

BELLEFONTAINE, vg. *Vosges* (Lorraine), arr. et à 13 k. de Remiremont, cant. et ✉ de Plombières. Pop. 2,527 h. — *Fabriques* de coutellerie. — *Foire* le lundi qui précède le 24 juin ou qui coïncide avec cette date ; elle est remise au samedi qui précède le 24 juin lorsque le lundi avant cette date sera le 3ᵉ lundi du mois.

BELLEFOSSE, vg. *B.-Rhin* (Alsace), arr. et à 32 k. de Schelestadt, cant. et ✉ de Villé. Pop. 460 h.

BELLEGARDE (Pont-de-), bg *Ain*, comm. de Musinens, ✉ de Châtillon-de-Michaille. ⚘. Il est situé sur la rive droite du Rhône, au confluent de ce fleuve et de la Valserine, que l'on y passe sur un pont très-pittoresque. A 1 k. au-dessus de Bellegarde se trouve la perte du Rhône, sur laquelle M. Boissel, qui a parcouru ce fleuve en bateau depuis Collonges jusqu'au Parc, a donné de précieux renseignements. — Près de là, le Rhône reçoit la fougueuse Valserine qui s'est aussi creusé un lit très-profond, mais moins cependant que celui du Rhône; de sorte qu'elle se précipite dans ce fleuve par-dessus des rochers qui ont encore une assez grande hauteur. Au fond de l'abîme très-pittoresque formé par ce confluent est le moulin de Mussel, et plus loin une voûte ténébreuse formée par des rochers qui se rapprochent au-dessus du fleuve.

Le 21 mars 1844, un des rochers en saillie, haut de plus de 50 m., qui dominait les moulins placés au confluent de la Valserine et du Rhône, s'est détaché tout à coup du sol et est tombé sur un autre rocher situé à 20 m. plus bas. Ce bond l'a détourné et a dirigé la chute de cette masse à côté du bâtiment du moulin; mais ensuite il a roulé encore un demi-tour et a chassé devant lui dans le Rhône les deux tiers du moulin qui s'est écroulé sous le choc. Bâtiments, meubles, grains, tout a été jeté dans le Rhône, les trois tournants et leurs mécaniques encombrées par les débris; un des tournants a même été renversé, et les meules, suspendues au bord de l'abîme, n'ont été retirées qu'à force de bras. — *Foire* le 12 janv.

Bibliographie. BOISSEL DE MONVILLE. *Voyage pittoresque et Navigation exécutée sur une partie du Rhône réputée non navigable,* etc., in-4, fig., 1795.

BELLEGARDE, vg. *Aude* (Languedoc), arr. et à 20 k. de Limoux, cant. et ✉ d'Alaigne. Pop. 472 h.

BELLEGARDE, vg. *Creuse* (Auvergne), chef-l. de cant., arr. et à 13 k. d'Aubusson. Cure. ✉. A 370 k. de Paris pour la taxe des lettres. Pop. 852 h. — TERRAIN cristallisé ou primitif. — Cette ville est située dans une contrée agreste. — C'était autrefois une ville fermée de murs qui n'ont été détruits que vers la fin du siècle dernier; il y a même à peine quarante ans que l'on a démoli les deux principales portes. Elle est bâtie dans une situation agréable, sur le penchant d'un coteau, et défendue des vents du nord par la montagne dite du Château, où s'élevait jadis une forteresse détruite, dit-on, par les Sarrasins; une autre montagne l'abrite des ouragans du sud-ouest, en sorte qu'elle n'a que l'exposition du sud et de l'est : l'air qu'on y respire est pur et très-salutaire; les eaux sont d'une excellente qualité, au delà d'un siècle. On y remarque une tour très-ancienne, qui atteste par sa construction que Bellegarde était très-fortifiée et capable de soutenir un siège. — *Commerce* de grains, cuirs et bestiaux. — *Marchés* mensuels très-fréquentés. — *Foires* les 3 fév., 3 avril, 3 mai et 18 sept.

BELLEGARDE, vg. *Drôme* (Dauphiné), arr. et à 27 k. de Die, cant. et ✉ de la Motte-Chalançon. Pop. 570 h.

BELLEGARDE, vg. *Gard* (Languedoc), arr. et à 18 k. de Nîmes, cant. et ✉ de Beaucaire. ☞. Pop. 1,796 h. Sur le chemin de fer qui joint ces deux villes. *Foires* les 15 et 16 oct., et lundi après l'Ascension.

BELLEGARDE, vg. *H.-Garonne* (Languedoc), arr. et à 32 k. de Toulouse, cant. de Gadours, ✉ de Levignac. Pop. 350 h.

BELLEGARDE, vg. *Isère* (Dauphiné), arr. et à 18 k. de Vienne, cant. et ✉ de Beaurepaire. Pop. 899 h.

BELLEGARDE, vg. *Loire* (Forez), arr. et à 38 k. de Montbrison, cant. et ✉ de St-Galmier. Pop. 1,194 h.

BELLEGARDE, vg. *Loiret* (Orléanais), chef-l. de cant., arr. et à 23 k. de Montargis. Cure. Gîte d'étape. ✉. A 132 k. de Paris pour la taxe des lettres. Pop. 1,015 h. Sur la grande route d'Orléans. — TERRAIN tertiaire moyen. — *Commerce* de miel, cire, safran. — *Foires* les 20 janv., samedi saint, 3 mai, 25 juin et 1er décembre.

BELLEGARDE, vg. *Pyrénées-Or.*, com. de l'Écluse, place de guerre de 1re classe, ✉ de Ceret. V. L'ÉCLUSE.

BELLEGARDE, vg. *Tarn* (Languedoc), arr., ✉ et à 10 k. d'Albi, cant. de Villefranche. Pop. 481 h.

BELLEGARDE, vg. *Tarn-et-Garonne*, comm. de St-Nauphry, ✉ de Montauban.

BELLEGARDE-ADOULINS, vg. *Gers* (Armagnac), arr. à 22 k. de Mirande, cant. et ✉ de Masseube. Pop. 446 h.

BELLEHERBE, vg. *Doubs* (Franche-Comté), arr. et à 39 k. de Montbelliard, cant. de Maîche, ✉ de St-Hippolyte. Pop. 652 h. — *Foires* les dernier jeudi de mars et de sept.

BELLEHOULLEFORT, vg. *Pas-de-Calais* (Boulonnais), arr., ✉ et à 12 k. de Boulogne, cant. de Desvres. Pop. 396 h.

BELLE-ILE-EN-MER (île de), *Colonesus, Pulchra Insula, Morbihan* (Bretagne). — TERRAIN cristallisé, micaschiste et stéaschiste. — Elle forme maintenant un canton composé de 4 communes : le Palais, Bangor, Locmarin et Sauzon. Le Palais est le chef-lieu de l'île et du canton. Cette île, environnée de rochers, est située à 16 k. S.-O. de Quiberon, à 40 k. de Lorient et de Vannes. Elle a 16 k. de long sur 8 k. dans sa plus grande largeur, et environ 40 k. de circonférence; son territoire est fertile et agréable; il produit de très-beau froment, et abonde en pâturages excellents, où l'on élève annuellement 7 à 800 chevaux de trait de la plus belle espèce bretonne. Belle-Ile a successivement porté le nom de Guedel, et celui de Belle-Ile qu'on lui a sans doute donné à cause de la douceur et de l'égalité de son climat, et de la fertilité de son territoire. — Dans le Xe siècle, Belle-Ile appartenait à un comte de Cornouailles qui en fit présent à l'abbaye de Quimperlé. Dans le XVIe siècle, les moines de Quimperlé représentèrent au roi que Belle-Ile était un embarras dans leurs mains, parce qu'en temps de guerre l'ennemi y trouvait un accès facile et s'y retranchait; ils demandèrent l'autorisation de l'échanger : cet échange eut lieu sous le règne de Charles IX, favori de Charles IX, gouverneur et amiral de Bretagne, qui fit construire dans l'île une forteresse et bâtir un grand nombre de maisons. Henri IV érigea Belle-Ile en un marquisat-prairie qui fut acheté en 1658 par Fouquet. Ce fameux surintendant des finances employa des sommes considérables à la construction d'un port, de magasins publics et d'édifices de toute nature; il fut disgracié en 1661, et Louis XIV fit aussitôt prendre possession du château. L'île et la seigneurie restèrent néanmoins la propriété de madame Fouquet, dont le petit-fils eut le titre de marquis de Belle-Ile. En 1718, le duc d'Orléans, régent du royaume, voulant réunir Belle-Ile à la couronne, l'échangea contre le comté de Gisors et d'autres seigneuries.

Les armes de **Belle-Ile** sont : *parti; le premier d'azur à trois fleurs de lis d'or, deux et un; le deuxième de gueule à une orle de chaîne d'or passée en croix et en sautoir.*

Le Palais, chef-lieu de l'île, doit son nom à l'ancien château du marquis de Belle-Ile. On y voit une église paroissiale bien bâtie et de beaux magasins; la citadelle est respectable et classée encore parmi les places de guerre. Les Anglais l'ont souvent attaquée : en 1761, ils s'en rendirent maîtres après un long siège; mais à la paix de 1763 ils la restituèrent à la France. En 1795, lors de l'expédition de Quiberon, ils essayèrent vainement de s'en emparer.

Belle-Ile possède des sources d'eau excellente. On remarque à deux kilomètres du Palais le réservoir de Port-Larron, construit par Vauban pour servir à l'approvisionnement des vaisseaux de la marine royale.

Le gouvernement a fait construire à Belle-Ile un phare de premier ordre à feu tournant, à éclipses de 1 minute en 1 minute; hauteur 84 m.; construit à 31 k.; il est placé dans la commune de Bangor, non loin du port de Goulphare. Ce magnifique ouvrage est de forme ronde et entièrement construit en granit taillé en plein sur toutes les faces; sa lanterne est un ouvrage achevé. Lat. 47° 19′, long. O. 5° 34′.

Le territoire de l'île renferme plusieurs monuments druidiques. Elle possède deux ports d'échouage et un excellent mouillage.

PATRIE du lieutenant général BIGARRÉ.

Bibliographie. LA SAUVAGÈRE. *Lettre sur l'isle de Belle-Isle* (année littéraire, 1761, p. 349). *Journal du siège de Belle-Isle,* in-12, 1761.

BELLE-ISLE-EN-TERRE, petite ville, *Côtes-du-Nord* (Bretagne), chef-l. de cant., arr. à 25 k. de Guingamp. Cure. Gîte d'étape. ✉. ☞. A 506 k. de Paris pour la taxe des lettres. Pop. 1,740 h. — TERRAIN cristallisé. — Elle est sur la rive gauche du Guer qui y met en mouvement des forges et une papeterie. Aux environs, hauts fourneaux, mine de plomb non exploitée. — *Foires* le 2e jeudi de fév., avril, juin, août, oct. et déc., et 1er jeudi de juillet.

BELLEMAGNY, vg. *H.-Rhin* (Alsace), arr. et à 19 k. de Béfort, cant. de Fontaine, ✉ de la Chapelle. Pop. 125 h.

BELLÊME, ou BELLESME, *Bellisma, Belismum,* petite ville, *Orne* (Perche), chef-l.

de cant., arr. et à 17 k. de Mortagne. Cure. Gîte d'étape. ✉. ⌑. A 168 k. de Paris pour la taxe des lettres. Pop. 3,143 h.

Autrefois diocèse de Sées, parlement de Paris, intendance d'Alençon, élection de Mortagne, bailliage, vicomté, justice royale, châtellenie.

Bellême était anciennement la capitale du Perche, qualité qu'elle disputait à Mortagne en 1725. Sa situation avantageuse en faisait une des plus fortes places de France. Henri Ier, roi d'Angleterre, la prit en 1114. Saint Louis s'en empara après quinze jours d'attaques réitérées, en 1228. Les Bourguignons s'en rendirent maîtres en 1413. Les Anglais la prirent de nouveau en 1424, et la conservèrent jusqu'en 1449, époque où elle fut reprise par Jean II, duc d'Alençon. — Cette ville est assez bien bâtie, sur une hauteur qui domine tous les environs, près de la belle forêt de Bellême ; ses rues sont droites, propres et bien pavées. On y remarque une promenade en forme de boulevard, dont la situation aérée offre un bel effet ; la vue dont on jouit du château sur cette promenade et sur la forêt environnante est on ne peut plus agréable.

Les armes de **Bellême** sont : *de sable au château d'or composé de trois tours crénelées, dont deux aux côtés et une au milieu plus haute que les autres.* Dans un ancien manuscrit elles sont figurées ainsi : *de France sans nombre, à la bordure de gueules chargée de douze besants d'or.*

A 2 k. de Bellême, dans la forêt de ce nom, on trouve deux sources d'eaux minérales froides, connues sous le nom de la Herse. Ces eaux furent découvertes en 1607 par René Courtin. D'après l'analyse qui en a été faite, on est porté à croire qu'elles doivent être rangées dans la classe des eaux sulfureuses. — La fontaine de la Herse est construite de six pierres calcaires ; elle n'a que 0 décim. 9 cent. de largeur, sur une longueur de 1 m. 3 cent. Sa profondeur est de 5 décim. Sur une des pierres les plus élevées qui l'entourent, on lit : *Aphrodisium ;* une seconde pierre porte l'inscription suivante :

DIIS INFERIS, VENERI, MARTI ET MERCURIO SACRUM.

On a élagué circulairement les arbres qui ombragent la source, de manière à en faire le centre d'une espèce de tonnelle en rotonde, entourée de bancs gazonnés et pareillement circulaires, qui offrent aux buveurs des sièges frais et rustiques, on ne peut mieux adaptés à la nature du lieu.

Fabriques de tissus de coton, toiles cretonnes, linge de table, canevas. Filatures de coton. Papeterie. — *Commerce* de graines de trèfle, merrain, toiles, chevaux et bestiaux. — *Foires* les 10 août, 28 oct., jeudi gras, jeudi avant la Pentecôte et après la Trinité, 1er jeudi d'oct.

BELLENAVES, bg *Allier* (Bourbonnais), arr. et à 20 k. de Gannat, cant. et ✉ d'Ebreuil. Pop. 2,662 h. Dans un territoire fertile en vins. — Carrière de marbre. — TERRAIN crétacé supérieur, craie. — *Foires* les 25 avril, 25 juin, 16 août et 12 nov.

BELLENCOMBRE, bg *Seine-Inf.* (Normandie), chef-l. de cant., arr. et à 28 k. de Dieppe. Cure. ✉. A 146 k. de Paris pour la taxe des lettres. Pop. 858 h. — TERRAIN tertiaire moyen. — Il est situé dans une vallée agréable, sur la rive gauche de l'Arques. — *Foires* les 1er lundi d'avril et 2e lundi d'oct.

BELLENEUVE, vg. *Côte-d'Or* (Bourgogne), arr. et à 20 k. de Dijon, cant. et ✉ de Mirebeau. Pop. 293 h. — C'est un lieu fort ancien dont il est fait mention dans la chronique de Bèze. Il y avait un château fort où les habitants se retirèrent en 1636 et en 1643.

BELLENGLISE, vg. *Aisne* (Picardie), arr. et à 10 k. de St-Quentin, cant. et ✉ du Catelet. Pop. 614 h.

BELLENGREVILLE, vg. *Calvados* (Normandie), arr. et à 14 k. de Caen, cant. de Bourguébus, ✉ de Vimont. Pop. 494 h.

BELLENGREVILLE, vg. *Seine-Inf.* (Normandie), arr. et à 9 k. de Dieppe, cant. et ✉ d'Envermeu. Pop. 356 h.

BELLENOT-SOUS-POUILLY, vg. *Côte-d'Or* (Bourgogne), arr. et à 43 k. de Beaune, cant. et ✉ de Pouilly. Pop. 512 h.

BELLENOT-SUR-SEINE OU SOUS-ORIGNY, vg. *Côte-d'Or* (Bourgogne), arr. et à 24 k. de Châtillon, cant. et ✉ d'Aignay-le-Duc. Pop. 321 h. Près de la rive gauche de la Seine.

BELLENTOT, vg. *Seine-Inf.*, comm. de Bouville, ✉ de Bareutin.

BELLENOUE, vg. *Vendée*, comm. de Château-Guibert, ✉ de Mareuil.

BELLEPERCHE, vg. *Tarn-et-Garonne* (Languedoc), arr. et à 5 k. de Castel-Sarrasin, cant. et ✉ de Montech.

BELLERAY, vg. *Meuse* (Lorraine), arr., cant., et à 4 k. de Verdun. Pop. 245 h.

BELLEROCHE, vg. *Loire* (Forez), arr. et à 37 k. de Roanne, cant. de Belmont, ✉ de Chauffailles. Pop. 1,124 h.

BELLESERRE, vg. *H.-Garonne* (Armagnac), arr. et à 40 k. de Toulouse, cant. et ✉ de Cadours. Pop. 123 h.

BELLESERRE, vg. *Tarn* (Languedoc), arr. et à 19 k. de Castres, cant. de Dourgne, ✉ de Sorèze. Pop. 383 h.

BELLESTA. V. BELESTA.

BELLEU, vg. *Aisne* (Picardie), arr., cant., ✉ et à 3 k. de Soissons. Pop. 380 h.

BELLEUSE, vg. *Somme* (Picardie), arr. et à 30 k. d'Amiens, cant. de Conty, ✉ de Flers. Pop. 1,025 h.

BELLEVESVRE, petite ville, *Saône-et-Loire* (Bourgogne), arr. et à 30 k. de Louhans, cant. de Pierre. Pop. 549 h. Sur la Brême. — Bellevesvre était autrefois un bourg considérable, entouré de murs et de fossés, où l'on entrait par trois portes ; il était défendu du côté du nord par un château entouré de fossés, et, du côté de la Comté, par un châtelet élevé sur une hauteur que l'on aperçoit à cinq ou six cents pas de distance. Les Comtois y mirent le feu et le ruinèrent entièrement le 28 janvier 1637. — PATRIE du conventionnel MASUYER, mort sur l'échafaud révolutionnaire le 21 mars 1794.

Foires les 13 janv., 30 juin, 6 nov., samedi après les Cendres et 4e lundi de carême.

BELLEVILLE, vg. *Cher* (Berry), arr. et à 22 k. de Sancerre, cant. et ✉ de Léré. Pop. 544 h.

BELLEVILLE, vg. *Meurthe* (Lorraine), arr. et à 17 k. de Nancy, cant. et ✉ de Pont-à-Mousson. ⌑. Pop. 501 h. — On y voit un château adossé à une tour très-ancienne.

BELLEVILLE, vg. *Meuse* (Lorraine), arr., ✉ et à 3 k. de Verdun, cant. de Charny. Pop. 604 h.

BELLEVILLE, *Savegium*, *Saviæ*, vg. *Seine* (Ile-de-France), arr. et à 8 k. de St-Denis, cant. de Pantin, ✉ à 5 k. de Paris. Caisse d'épargne. Abattoir public. Salle de spectacle. Pop. 19,515 h. — Fête patronale foraine de 3 semaines, à la St-Jean-Baptiste.

Belleville est un village fort ancien où les rois de la première race avaient un château. Son premier nom était *Saviæ*, qu'il changea en celui de Poitronville. Dans une description des environs de Paris, faite sous Charles VI, on lit *Poitronville* dit *Belleville*. Il s'est beaucoup augmenté depuis soixante ans, et touche maintenant aux barrières de Paris. — Ce village est bâti dans une charmante situation, sur une hauteur en grande partie composée de maisons de campagne agréables. On y arrive, après avoir traversé le boulevard extérieur, par une large rue appelée la Courtille, et là, jusqu'aux hauteurs de Belleville, on trouve une quantité de guinguettes ombragées par des berceaux et ornées de jardins où, les jours de dimanches et les fêtes, pendant la belle saison, afflue une partie de la population ouvrière de Paris, qui vient s'y délasser des travaux de la semaine. La situation de ce village, sur une éminence d'où l'œil découvre tout Paris, lui a sans doute fait donner son nouveau nom. L'avantage de sa position, la proximité de Paris et des Prés-St-Gervais, la salubrité de l'air l'ont fait choisir pour y placer plusieurs maisons d'éducation des deux sexes. — Sur la montagne de Belleville, il y a des sources assez abondantes qui fournissent les eaux pour la capitale ; l'aqueduc, qui sert à les conduire, est un des plus anciens de Paris, il en est fait mention dès l'an 1244. — C'est à Belleville que demeurèrent le poète Favart et l'abbé de Voisenon.

Les hauteurs de Belleville, de Ménil-Montant et de la butte St-Chaumont sont célèbres par le courage que les guerriers français, auxquels s'étaient joints les élèves de l'école polytechnique, déployèrent le 30 mars 1814 contre les armées réunies de toutes les puissances de l'Europe.

Fabriques d'acier poli, cuirs vernis, produits chimiques, etc. Filatures et fabriques de tissus cachemire.

BELLEVILLE, vg. *Deux-Sèvres* (Poitou), arr. et à 24 k. de Niort, cant. et ✉ de Beauvoir-sur-Niort. Pop. 227 h.

BELLEVILLE, vg. *Vendée* (Poitou), arr., ✉ et à 12 k. de Bourbon-Vendée, cant. du Poiré-sous-Bourbon. ⌑. Pop. 372 h. — *Foires* le dernier vendredi de mars, mai et juin.

BELLEVILLE-EN-CAUX, vg. *Seine-Inf.*

(Normandie), arr. et à 26 k. de Dieppe, cant. et ✉ de Tôtes. Pop. 529 h.

BELLEVILLE-SUR-BAR, vg. *Ardennes* (Champagne), arr., ✉ et à 12 k. de Vouziers, cant. du Chêne. Pop. 277 h.

BELLEVILLE-SUR-MER, vg. *Seine-Inf.* (Normandie), arr., ✉ et à 7 k. de Dieppe, cant. d'Offranville. Pop. 279 h. Près de l'Océan.

BELLEVILLE-SUR-SAONE, jolie petite ville, *Rhône* (Beaujolais), chef-l. de cant., arr. et à 13 k. de Villefranche. Cure. ✉. A 424 k. de Paris pour la taxe des lettres. Pop. 2,437 h.
— Terrain d'alluvions modernes.

Belleville était autrefois la seconde prévôté du Beaujolais, parlement de Paris, diocèse et intendance de Lyon, élection de Villefranche. Cette ville se divisait en quatre quartiers. On y remarquait alors une belle abbaye commendataire de chanoines réguliers de l'ordre de St-Augustin, fondée en 1160 par Humbert II, sire de Beaujeu. Dans leur église se trouvaient les tombeaux de plusieurs princes de cette maison, entre autres ceux de Guichard IV, connétable de France, mort en 1562; de Louis de Beaujeu, également connétable, décédé le 23 août 1696, et d'Édouard I*er*, sire de Beaujeu et maréchal de France, mort en 1731. — La situation de cette ville, qui avait autrefois une enceinte, est assez agréable par les nombreuses prairies et les plantations qui l'environnent.

Les armes de Belleville étaient : *d'or au lion de sable, armé, lampassé de gueules, traversé d'un lambel à cinq pendants de gueules, au chef d'azur chargé de trois fleurs de lis d'or; abas elles sont figurées : d'azur à une salamandre au milieu des flammes de gueules,* avec cette devise : Durabo.

Patrie de M. Damiron, membre de l'Institut.

Fabriques de tonneaux, toiles de coton, broderies. — Entrepôt et commerce de vins du pays, que l'on expédie pour Paris et le nord de la France. — *Foires* le 2*e* mardi de janv., fév., mars, août et 1*er* mardi de nov.

BELLEVUE, h. *Aisne*, comm. d'Any-Martin-Rieux, ✉ d'Aubenton. ⚭.

BELLEVUE, h. *Rhône*, comm. de St-Maurice-sur-Dargoire, ✉ de Rive-de-Gier.

BELLEVUE, *Seine-et-Oise*. V. Meudon.

BELLEVUE — LES — BAINS, nom donné pendant la révolution à la ville de Bourbon-l'Ancy.

BELLEY, *Bellica, Bellicium,* ville ancienne, *Ain* (Bugey), chef-l. de sous-préf. et d'un cant. Trib. de 1*re* inst. Évêché. Petit séminaire. Cure. Collège comm. Société d'agric. Gîte d'étape. ✉. ⚭. Pop. 3,821 h. — Terrain cristallisé, voisin du terrain jurassique.

Autrefois évêché, capitale du Bugey, parlement et intendance de Dijon, chef-lieu d'élection, bailliage, 5 couvents.

On assure que cette ville était déjà considérable et très-forte du temps de César, qui en fit une place forte contre les Allobroges. Brûlée par Alaric en 390, elle fut rebâtie par Wibertus en 412. Détruite par un incendie en 1385, elle dut sa reconstruction au duc de Savoie, qui la fit entourer de murailles. Elle fut cédée à la France avec le Bugey, dont elle était la capitale, en échange du marquisat de Saluces, par Charles-Emmanuel, et réunie à la couronne en 1601. — Elle est agréablement située entre deux coteaux, à une courte distance du Rhône, dans un bassin fertile qu'arrose le Furan. Un pont suspendu établi sur le Rhône, à la Balme-sous-Pierre-Châtel, a relié la magnifique route du Mont-du-Chat à la France, et a ouvert entre ce dernier pays et l'Italie une nouvelle et importante voie de communication. — On y remarque le palais épiscopal; le clocher de la cathédrale, construction nouvelle, œuvre de l'architecte Chenavard; le collége; le riche cabinet de médailles et d'antiques de M. l'abbé Greppo.

Biographie. Patrie du jésuite Fabri, auquel on doit plusieurs ouvrages en latin sur la physique.

Du baron Costaz, membre de l'institut d'Égypte.

Du général de division baron Dallemagne, dont le nom, inscrit sur l'arc de triomphe de l'Étoile, y rappelle le glorieux fait d'armes du pont de Lodi.

Du général de cavalerie baron Bouvier des Éclaz.

Des conventionnels Mollet et A. Ferrand.
De l'avocat général Monier.
Des Brillat-Savarin, spirituel et célèbre auteur de la *Physiologie du goût*.
Des docteurs Récamier et Richerand, professeurs également célèbres de la faculté de médecine de Paris.

Du savant médecin Montègre.

C'est à Belley, où il occupait le siège épiscopal, que M. le Camus, l'ami de saint François de Sales et le fléau des moines, a écrit une partie des nombreux ouvrages dus à sa prodigieuse fécondité. C'est au collége de Belley qu'a été élevé M. de Lamartine.

Industrie. *Fabriques* d'indiennes, de mousselines. Tanneries. Éducation des vers à soie. Exploitation de carrières de pierres lithographiques, regardées comme les meilleures connues en France. — *Commerce* de bestiaux, bois de construction, saucissons renommés, etc.
— *Foires* le 1*er* lundi de chaque mois.

L'arrondissement de Belley est composé de 9 cantons : Belley, Amberieux, Champagne, Hauteville, Lagnieu, l'Huis, St-Rambert, Seyssel et Virieux-le-Grand.

Buts d'excursion. Les environs de Belley offrent une foule de promenades intéressantes : la ferme modèle de Peyrieux, créée par M. Nivière; la cascade de Glandieux; les ruines de Châtillonet; la ruine d'Ambléon, sur la montagne de ce nom; le lac Bertrand, la cataracte de Servérieux; la source intermittente du Grouin, du pic du Diable; les ruines de la chartreuse d'Arvières et le mont Colombier; l'ancienne chartreuse de Portes, ancienne prison d'État sous l'empire, aujourd'hui citadelle; l'Annociade; les grottes de la Balme, sous Pierre Châtel; la grotte de Charvieux, près Arandat, etc.

A 73 k. de Bourg, 66 k. de Genève, 509 k. de Paris. Lat. 45° 45′ 29″ N., long. 3° 21′ 4″ E.

Bibliographie. Dufery. *Histoire agiologique de Belley, ou Recueil des vies des saints et des bienheureux nés dans ce diocèse,* 2 vol. in-8, 1841.

BELLEYDOUX, vg. *Ain* (Bugey), arr., ✉ et à 23 k. de Nantua, cant. d'Oyonnax. Pop. 832 h.

BELLICOURT, vg. *Aisne* (Picardie), arr. et à 14 k. de St-Quentin, cant. et ✉ du Catelet. ⚭. Pop. 1,235 h. — C'est sur le territoire de cette commune que se trouve l'entrée du grand souterrain du canal de St-Quentin. — *Fab.* de tissus de coton.

BELLIÈRE (la), vg. *Orne* (Normandie), arr. et à 15 k. d'Argentan, cant. et ✉ de Mortrée. Pop. 308 h.

BELLIÈRE (la), vg. *Seine-Inf.* (Normandie), arr. et à 24 k. de Neufchâtel, cant. et ✉ de Forges. Pop. 151 h. Sur l'Epte.

BELLIGNÉ, vg. *Loire-Inf.* (Bretagne), arr. et à 20 k. d'Ancenis, cant. et ✉ de Varades. Pop. 2,047 h. — *Foires* les 22 mai et 9 août.

BELLIGNIES, vg. *Nord* (Flandre), arr. et à 29 k. d'Avesnes, cant. et ✉ de Bavay. Pop. 710 h.

BELLINTUM (lat. 44°, long. 23°). « Dans l'Itinéraire de Bourdeaux à Jérusalem, entre Arles et Avignon, ce qui convient à la position de Barbentane. La distance d'Arles étant de 13 à 14,000 toises, elle répond aux 18 milles que l'on compte dans l'Itinéraire; *Arnagine* VIII, *Bellinto* X, et les V qu'il marque entre *Bellintum* et *Avenio* conviennent autant que cela se peut sans employer de fraction; car l'espace réel pourrait, en rigueur, exiger quelque chose de plus. » D'Auville. *Notice de l'ancienne Gaule,* p. 148.

BELLIOLE (la), vg. *Yonne* (Gatinais), arr. et à 16 k. de Sens, cant. et ✉ de Cheroy. Pop. 263 h. Sur le Lunain. — Fête champêtre le 1*er* mai.

BELLOC, vg. *Ariège* (Languedoc), arr. et à 34 k. de Pamiers, cant. et ✉ de Mirepoix. Pop. 286 h.

BELLOC, vg. *Gers*, comm. de Ju-Belloc, ✉ de Plaisance.

BELLOC-ST-CLAMENS, vg. *Gers* (Armagnac), arr., cant., ✉ et à 7 k. de Mirande. Pop. 600 h.

BELLOCQ, vg. *B.-Pyrénées* (Béarn), arr. et à 14 k. d'Orthez, cant. et ✉ de Salies. Pop. 1,216 h.

BELLON, vg. *Calvados* (Normandie), arr. et à 20 k. de Lisieux, cant. de Livarot, ✉ de Fervaques. Pop. 439 h.

BELLON, vg. *Charente* (Angoumois), arr. et à 30 k. de Barbezieux, cant. et ✉ d'Aubeterre. Pop. 545 h.

BELLONNE, vg. *Pas-de-Calais* (Artois), arr. et à 20 k. d'Arras, cant. de Vitry, ✉ de Douai. Pop. 212 h.

BELLOT, vg. *Seine-et-Marne* (Brie), arr.

et à 19 k. de Coulommiers, cant. et ✉ de Rebais. Pop. 872 h.

BELLOU-EN-HOULME, vg. *Orne* (Normandie), arr. et à 23 k. de Domfront, cant. de Messei, ✉ de Ferrières-aux-Étangs. Pop. 2,810 h.

BELLOU - LE - TRICHARD, vg. *Orne* (Normandie), arr. et à 30 k. de Mortagne, cant. du Theil, ✉ de Bellême. Pop. 825 h.

BELLOU-SUR-HUINE, vg. *Orne* (Normandie), arr. et à 25 k. de Mortagne, cant. et ✉ de Remalard. Pop. 1,012 h. — *Fabrique de sucre indigène. Papeterie.* — Tréfilerie de laiton.

BELLOVACI (lat. 50°, long. 20°). « On voit dans César (*Comment.*, II) combien les *Bellovaci* étaient distingués entre les Belges par leur valeur, et considérables par leur nombre : *Plurimum inter (Belgas) Bellovacos, et virtute, et auctoritate, et hominum numero, valere : hos posse conficere armata millia centum.* Hirtius s'en explique ainsi : *Belli gloria, Gallos omnes, Belgasque, præstabant.* Leur nom est *Bellovaci* dans Strabon. Pline et Ptolémée en font aussi mention. On n'a point de connaissance particulière dont on puisse inférer que les *Bellovaci* se soient étendus au delà des limites du diocèse de Beauvais. J'avoue néanmoins que je suis tenté de croire que les *Silvanectes*, qui ne paraissent point dans César, et que l'on voit resserrés dans un canton limitrophe des *Bellovaci*, pouvaient en faire partie avant que d'en être séparés, pour en former une cité particulière. » D'Anville. *Notice de l'ancienne Gaule*, p. 148. V. aussi Walckenaer. *Géographie des Gaules*, t. I, p. 420.

BELLOY, vg. *Oise* (Picardie), arr. et à 25 k. de Compiègne, cant. et ✉ de Ressons. Pop. 751 h.

BELLOY ou **BELLOY-EN-FRANCE**, *Bidolidum*, vg. *Seine-et-Oise* (Ile-de-France), arr. et à 25 k. de Pontoise, cant. et ✉ de Luzarches. Pop. 751 h. — On y voit une église à deux ailes complètes qui paraît dater du XIVᵉ siècle ; le grand portail est beaucoup plus moderne. — Filature de coton.

BELLOY-EN-SANTERRE, *Somme* (Picardie), arr. et à 10 k. de Péronne, cant. de Chaulnes, ✉ d'Estrées-Denicourt. Pop. 426 h.

BELLOY-SUR-MER, vg. *Somme*, comm. de Friville-Escarbotin, ✉ d'Eu.

BELLOY-SUR-SOMME, vg. *Somme* (Picardie), arr. et à 19 k. d'Amiens, cant. et ✉ de Picquigny. Pop. 1,025 h.

BELLOY-ST-LÉONARD, vg. *Somme* (Picardie), arr. et à 35 k. d'Amiens, cant. d'Hornoy, ✉ d'Airaines. Pop. 427 h.

BELLOZANNE, vg. *Seine-Inf.*, comm. de Bremontier-Merval, ✉ de Gournay. — Il y avait autrefois une abbaye de prémontrés fondée en 1198. Vatable, Amyot et Ronsard ont été abbés de Bellozanne.

BELLUIRE, vg. *Charente-Inf.* (Saintonge), arr. et à 27 k. de Saintes, ✉ et cant. de Pons. Pop. 222 h.

BELMESNIL, vg. *Seine-Inf.* (Normandie), arr. et à 18 k. de Dieppe, cant. de Longueville, ✉ de Bacqueville. Pop. 672 h.

BELMONT, vg. *Ain* (Bourgogne), arr., et à 17 k. de Belley, cant. de Virieux-le-Grand. Pop. 721 h. — *Foires* les 15 juin et 25 nov.

BELMONT, vg. *Aveyron* (Rouergue), chef-l. de cant., arr. et à 25 k. de St-Affrique. Cure. ✉. A 683 k. de Paris pour la taxe des lettres. Pop. 1,546 h. — TERRAIN du trias. — Il est bâti sur le penchant d'un coteau au pied duquel coule la Rance, et remarquable par une église paroissiale surmontée d'un beau clocher à flèche d'une construction hardie, qui a été désigné par l'autorité locale comme étant susceptible d'être classé au nombre des monuments historiques. — *Foires* les 3 fév., 6 mai, 11 août et 13 oct.

BELMONT, vg. *Doubs* (Franche-Comté), arr., ✉ et à 15 k. de Baume-les-Dames, cant. de Vercel. Pop. 148 h.

BELMONT, vg. *Gers* (Armagnac), arr. et à 31 k. d'Auch, cant. et ✉ de Vic-Fezensac. Pop. 600 h.

BELMONT, vg. *Gers* (Armagnac), arr., cant., ✉ et à 12 k. de Condom. Pop. 138 h.

BELMONT, vg. *Isère* (Dauphiné), arr. et à 14 k. de la Tour-du-Pin, 14 k. de Bourgoin, cant. et ✉ du Grand-Lemps. Pop. 531 h.

BELMONT, vg. *Isère*, comm. de Vaulnaveys-le-Haut, ✉ de Vizille.

BELMONT, vg. *Jura* (Franche-Comté), arr. et à 14 k. de Dôle, cant. de Montbarrey, ✉ de Mont-sous-Vaudrey. Pop. 418 h.

BELMONT, vg. *Loire* (Forez), chef-l. de cant., arr. et à 5 k. de Roanne, ✉ de Chauffailles. Cure. Pop. 3,440 h. — TERRAIN de transition moyen. — *Foires* les 6 juin, 16 août, 29 sept. et 2ᵉ jeudi de mars, avril, mai, juillet, nov. et déc.

BELMONT, vg. *H.-Marne*, cant. de Bussières, ✉ de Fayl-Billot.

BELMONT, vg. *B.-Rhin* (Alsace), arr. et à 39 k. de Schelestadt, cant. et ✉ de Villé Pop. 727 h.

BELMONT, vg. *Rhône* (Lyonnais), arr. et à 14 k. de Villefranche, cant. et ✉ d'Anse. Pop. 130 h.

BELMONT, vg. *H.-Saône* (Franche-Comté), arr. et à 13 k. de Lure, cant. et ✉ de Luxeuil. Pop. 374 h.

BELMONT, vg. *Vosges* (Lorraine), arr. et à 30 k. de Mirecourt, cant. de Montbureux, ✉ de Darney. Pop. 288 h.

BELMONT, vg. *Vosges* (Lorraine), arr. et à 23 k. de St-Dié, cant. de Brouvelieures, ✉ de Bruyères. Pop. 550 h.

BELMONTEL, vg. *Lot* (Quercy), arr. et à 31 k. de Cahors, cant. et ✉ de Montcuq. Pop. 570 h.

BELMONTET, vg. *Tarn - et - Garonne* (Languedoc), arr. et à 15 k. de Montauban, cant. et ✉ de Monclar. Pop. 907 h. — *Foire* le 31 oct.

BELMONT-PRÈS-BRETENOUX, vg. *Lot* (Quercy), arr. et à 45 k. de Figeac, cant. et ✉ de Bretenoux. Pop. 428 h.

BELMONT-PRÈS-LALBENQUE, vg. *Lot* (Quercy), arr. et à 28 k. de Cahors, cant. de Lalbenque, ✉ de Caussade. Pop. 527 h. — *Foires* les 3 janv., 21 mai et 18 nov.

BELMONT-SUR-VAIR, vg. *Vosges* (Lorraine), arr. et à 23 k. de Neufchâteau, cant. et ✉ de Balgneville. Pop. 352 h.

BELONCHAMP, vg. *H.-Saône* (Franche-Comté), arr., ✉ et à 15 k. de Lure, cant. de Melisey. Pop. 427 h.

BELPECH, petite ville, *Aude* (Languedoc), chef-l. de cant., arr. et à 34 k. de Castelnaudary, ✉ de Salles-sur-l'Hers. Cure. Pop. 2,525 h. — TERRAIN de transition moyen. C'était autrefois une ville assez considérable, que les guerres de religion et plusieurs incendies ont désolée à différentes reprises. — *Fabriques de draps.* — *Foires* les 2 janv., 2 mai, 11 août, 24 sept., 9 nov.

BELPECH ou **BEAUFY**, vg. *H.-Garonne* (Languedoc), arr., cant. et à 8 k. de Toulouse, ✉ de Verfeil.

BELRAIN, *Belramus*, vg. *Meuse* (Lorraine), arr. et à 20 k. de Commercy, 20 k. de St-Mihiel, cant. de Pierrefitte, ✉ de Villotte. Pop. 310 h.

BELRUPT, vg. *Meuse* (Lorraine), arr., cant., ✉ et à 4 k. de Verdun. Pop. 404 h. — PATRIE du général baron CONDA.

BELRUPT, vg. *Vosges* (Lorraine), arr. et à 28 k. de Mirecourt, cant. et ✉ de Darney. Pop. 392 h.

BELSINUM (lat. 44°, long. 19°). « Il en est mention dans l'Itinéraire d'Antonin, sur la route de *Climberris*, qui est Auch, à *Lugdunum* des *Convenæ*, ou St-Bertrand de Cominges. La distance est marquée XV à l'égard de *Climberris*, XXIII à l'égard de *Lugdunum*. Mais la somme de ces distances, savoir 38, paraît trop forte pour ce qu'il y a d'espace entre Auch et St-Bertrand, que des opérations sur les lieux fixent à environ 36,000 toises, qui ne renferment pas 32 lieues gauloises bien complètes. Cela me donne lieu de conjecturer, qu'il faut lire XVIII, plutôt que XXIII, à l'une des distances. Car les 33 lieues gauloises qui résultent de cette correction sont convenables au local, et donnent un excédant suffisant à la mesure itinéraire sur la mesure directe. On croirait volontiers avec le savant commentateur de l'Itinéraire, que le lieu marqué dans la Table théodosienne sous le nom de *Besino* serait le même que *Belsinum*, vu qu'il n'y manque qu'une lettre dans la première syllabe. Mais il faut prendre garde que *Belsinum* sur la route qui conduit à *Lugdunum* des *Convenæ* ne saurait être confondu avec un lieu placé entre *Clusa*, qui est *Elusa*, et *Cliberre*, ou *Climberris*, dans la Table. Je trouve à environ 17,000 toises d'Auch, ce qui répond bien à 15 lieues gauloises, qu'un lieu dont le nom actuel est Bernet, peu en deçà de Castelnau de Magnoac, pourrait tenir la place de *Belsinum*. S'il y a des cartes qui mettent plus d'espace dans cet intervalle, c'est un excédant à la juste mesure. » D'Anville. *Notice de l'ancienne Gaule*, p. 148.

BELUS, vg. *Landes* (Gascogne), arr. et à

19 k. de Dax, cant. et ⊠ de Peyrehorade. Pop. 656 h.

BELVAL, vg. *Ardennes* (Champagne), arr., cant. et à 5 k. de Mézières, ⊠ et à 5 k. de Charleville. Pop. 343 h.

BELVAL, vg. *Manche* (Normandie), arr., ⊠ et à 6 k. de Coutances, cant. de Cerisy-la-Salle. Pop. 509 h.

BELVAL, vg. *Marne* (Champagne), arr. et à 23 k. de Reims, cant. de Châtillon-sur-Marne, ⊠ de Port-à-Binson. Pop. 452 h.

BELVAL, vg. *Marne* (Champagne), arr., ⊠ et à 22 k. de Ste-Menehould, cant. de Dammartin-sur-Yèvre. Pop. 345 h. — Il y avait une abbaye de prémontrés, fondée vers 1137.

BELVAL, vg. *Vosges* (Lorraine), arr. et à 33 k. de St-Dié, cant. et ⊠ de Senones. Pop. 396 h.

BELVAL-BOIS-DES-DAMES, vg. *Ardennes* (Champagne), arr. et à 27 k. de Vouziers, cant. et ⊠ de Buzancy. Pop. 250 h. — Forges et haut fourneau.

BELVÉDÈRE, vg. *Corse*, arr., cant., ⊠ et à 15 k. de Sartène. Pop. 115 h.

BELVÈS, petite ville, *Dordogne* (Périgord), chef-l. de cant., arr. et à 5 k. de Sarlat. Cure. ⋈. A 538 k. de Paris pour la taxe des lettres. Pop. 2,329 h. — TERRAIN crétacé inférieur, grès vert.

Belvès était autrefois une ville forte, qui a été assiégée et prise plusieurs fois. Elle est agréablement située sur une colline qui domine plusieurs vallons, et s'étend sur toute la crête de ce coteau, où elle n'a pour ainsi dire qu'une rue. Sa place publique est vaste et belle; mais les rues qui y aboutissent et qui traversent la rue principale sont escarpées et irrégulières.

Les armes de Belvès sont : *d'argent au pin de sinople posé sur une terrasse de même charge, de deux lions effrontés de gueules appinées sur le fût du pin, au chef d'azur chargé d'une fleur de lis accostée de deux coquilles d'or.*

Fabriques de papier. Tanneries. Fabriques en grand et commerce d'huile de noix. Manufactures de cadis, serges, bonneterie. — *Commerce* important et entrepôt de vins et de denrées de la Vézère, que les bateaux de Belvès transportent à Bordeaux. — *Foires* les 13 janv., 1er fév., 26 mars, 1er juin, 12 août, 7 sept., 25 nov., 9 déc.

BELVÈS, vg. *Gironde* (Guienne), arr. et à 22 k. de Libourne, cant. et ⊠ de Castillon. Pop. 391 h.

BELVEYRE, vg. *Corrèze*, comm. de Nespouls, ⊠ de Creissensac. — *Foires* les 10 mai, 20 juin et mercredi de Pâques.

BELVÈZE, vg. *Aude* (Languedoc), arr. et à 15 k. de Limoux, cant. et ⊠ d'Alaigne. Pop. 403 h. Sur un ruisseau affluent du Sou. — On y voit un ancien château que le comte de Toulouse reprit sur Simon de Montfort.

BELVEZET, vg. *Gard* (Languedoc), arr. et à 9 k. d'Uzès, cant. et ⊠ de Lussan. Pop. 536 h.

BELVEZET, vg. *Lozère* (Languedoc), arr. et à 25 k. de Mende, cant. et ⊠ de Blaymard. Pop. 262 h.

BELVIANES, vg. *Aude* (Languedoc), arr. et à 35 k. de Limoux, cant. et ⊠ de Quillan. Pop. 517 h. Au pied des montagnes, sur l'Aude. — Le territoire produit des figues renommées. — Laminoirs.

BELVIS, vg. *Aude* (Languedoc), arr. et à 45 k. de Limoux, cant. de Belcaire, ⊠ de Quillan. Pop. 387 h. — Il est bâti en amphithéâtre en face de la chaîne des Pyrénées.

BELVOIR, vg. *Doubs* (Franche-Comté), arr. et à 23 k. de Baume-les-Dames, cant. et ⊠ de Clerval. Pop. 430 h. — *Foires* les 1er mars, 22 juillet, 4 déc., lundi après la Pentecôte, jeudi avant la décollation de saint Jean Baptiste.

BELZ, vg. *Morbihan* (Bretagne), chef-l. de cant., arr. et à 29 k. de Lorient, ⊠ d'Auray. Cure. Pop. 1,615 h. Près de l'Océan. — TERRAIN cristallisé ou primitif. — Cette commune renferme l'île de St-Cado, célèbre par le séjour qu'y fit le saint du même nom. — *Foire* le mardi après la Septuagésime.

BÉMÉCOURT, *Bemecuria*, vg. *Eure* (Normandie), arr. et à 36 k. d'Evreux, cant. et ⊠ de Breteuil. Pop. 803 h. — *Fabrique* d'objets de sellerie et de quincaillerie. Nombreuses clouteries.

BENAC, vg. *Ariège* (pays de Foix), arr., cant., ⊠ et à 6 k. de Foix. Pop. 297 h.

BENAC, vg. *H.-Pyrénées* (Bigorre), arr., ⊠ et à 15 k. de Tarbes, cant. d'Ossun. Pop. 871 h.

BENAGUES, vg. *Ariège* (Foix), arr., à 6 k. de Pamiers, cant. de Varilles. Pop. 259 h.

BENAIS, vg. *Indre-et-Loire* (Anjou), arr. et à 21 k. de Chinon, cant. et ⊠ de Bourgueil. Pop. 1,517 h. — Dans un champ voisin de la commune de Benais, à 50 m. de distance de la chaussée romaine d'Angers à Tours, on a trouvé quatre anneaux d'or, dont l'un est orné d'une agate où l'on voit gravées des figures qu'on croit être l'Hymen recevant une couronne de l'Amour. Ces anneaux étaient placés dans une urne de terre, fermée d'un couvercle de la même matière soigneusement luté. Il s'y trouvait, avec les anneaux, les phalanges des doigts qui les portaient. Monument simple et touchant élevé par l'hymen, l'amour ou l'amitié, et qui, après tant de siècles écoulés, a conservé le droit de parler toujours au cœur. — *Foire* le 6 déc.

BENAIX, vg. *Ariège* (Languedoc), arr. et à 30 k. de Foix, cant. et ⊠ de Lavelanet. Pop. 546 h.

BÉNAMÉNIL, vg. *Meurthe* (Lorraine), arr., cant., et à 5 k. de Lunéville. ⊠. Pop. 700 h. Sur la rive droite de la Vezouze. — Les Français y furent défaits, en 1674, par le duc de Lorraine, Charles IV.

BENARVILLE-PUTOT, vg. *Seine-Inf.*, comm. de Torqueville-les-Murs, ⊠ de Goderville. — *Foire* le 25 nov.

BENASSAIS, vg. *Vienne* (Poitou) arr. et à 26 k. de Poitiers, cant. de Vouillé, ⊠ d'Ayron. Pop. 1,972 h.

BENATE (la), vg. *Charente-Inf.* (Saintonge), arr., cant., ⊠ et à 10 k. de St-Jean-d'Angely. Pop. 548 h.

BENAVEN, vg. *Aveyron*, comm. de Ste-Geneviève, ⊠ de Laguiole.

BENAY, vg. *Aisne* (Picardie), arr. et à 11 k. de St-Quentin, cant. de Moy, ⊠ de Courville. Pop. 336 h.

BENAYES, vg. *Corrèze* (Limousin), arr. et à 58 k. de Brives, cant. de Lubersac, ⊠ de Masseret. Pop. 870 h.

BENDORFF, vg. *H.-Rhin* (Alsace), arr. et à 19 k. d'Altkirch, cant. et ⊠ de Ferrette. Pop. 373 h.

BENEAUVILLE, vg. *Calvados*, comm. de Chicheboville, ⊠ de Vimont.

BENEHARNUM (lat. 44°, long. 17°). « Cette ville, dont le nom s'est conservé dans celui de la province où elle tenait vraisemblablement le premier rang, ayant été ruinée, il est difficile de déterminer au juste son emplacement. M. de Marca (*Hist. de Béarn*, liv. I, ch. 2) ne distingue point la position de *Beneharnum* de celle de Lescar, où l'évêché de Béarn réside aujourd'hui. Mais, après la destruction totale d'une ville, le siège épiscopal peut avoir été transporté dans un autre lieu ; et la fondation de Lescar en 980, par Guillaume Sanche, duc de Gascogne, sur un terrain qu'occupait un bois fort épais et sans habitation, témoigne que cette ville n'est pas ancienne. Les géographes de l'antiquité, Strabon, Méla, Pline, Ptolémée, n'ont point connu *Beneharnum* ; et l'Itinéraire d'Antonin est le premier monument qui en fasse mention : (*Ilurone*) *Beneharno XII* ; et dans un autre endroit, *ab Aquis Tarbellicis Beneharnum XVIIII*. Voilà donc *Beneharnum* en position intermédiaire d'Oloron, *Iluro*, et d'Aqs, *Aquæ Tarbellicæ*. Les nombres de distance entre Oloron et Aqs font 31, et par des opérations trigonométriques sur les lieux, l'intervalle des points d'Aqs et d'Oloron est de 34 à 35,000 toises. Or, les 31 lieues gauloises, dont l'usage était établi dans l'Aquitaine comme dans la Celtique, ou Lionoise, font , à raison de 1,134 toises par lieue, 35,154 toises ; d'où il suit que l'indication de l'Itinéraire peut être jugée convenable au local. Mais en plaçant *Beneharnum* à Lescar, on va perdre de vue cette conformité qui se manifeste entre le local et l'Itinéraire. Car le point de Lescar, fixé également par des opérations, n'est distant de celui d'Oloron que d'environ 11,000 toises, qui ne font pas 10 lieues gauloises complétement ; au lieu de 12 ; et entre Lescar et Aqs, l'intervalle d'environ 33,000 toises égalant à peu près 30 lieues gauloises, n'est point d'accord avec les 19 de l'Itinéraire. Cet Itinéraire, dans la route qu'il décrit d'Aqs à Toulouse, par *Lugdunum Convenarum*, comptant d'abord XVIIII à *Beneharnum*, compte XVIII de *Beneharnum* à *Oppidum Novum*, dont la position ne saurait se retrouver autre part qu'à Naye, en remontant le gave, sur la direction qui conduit à la ville des *Convenæ*. Naye étant un point déterminé comme les précédents, sa distance du point d'Aqs est de 43 à 44,000 toises; et comme les 37 lieues gauloises que fait compter l'Itinéraire donnent un calcul d'environ 42,000 toises, je ne vois point de position (nonobstant quelque infériorité dans ce calcul) qui réponde à *Oppidum Novum* que Naye, dont le nom peut conserver de l'analogie avec le terme distinctif de la dénomination *Novum Oppidum*. Or, je remarque que ce qu'il y a de distance entre Lescar et Naye ne vaut que 11 à 12,000 toises, conséquemment 10 lieues gauloises ou peu de chose de plus, lorsque l'Itinéraire marque 18, sur lesquelles même on est d'autant moins libre d'aller au rabais, que la distance actuelle qui sépare Naye d'avec Aqs est plutôt forte que faible, étant comparée, comme on vient de le voir, aux nombres de l'Itinéraire. Ainsi, l'emplacement de *Beneharnum* veut être plus près d'Aqs que Lescar, par sa position intermédiaire d'Aqs à *Oppidum Novum*, de même que par la position antérieure dans l'intervalle d'Oloron à Aqs. Il y a donc de la difficulté à convenir que l'emplacement de Lescar soit celui de *Beneharnum*, nonobstant l'opinion qui a été celle d'Oihénart comme de M. de Marca. Cependant pourrait-on se permettre de sacrifier l'Itinéraire à cette opinion, lorsqu'on ne connaît rigidement d'autre moyen de juger du lieu où *Beneharnum* pouvait être situé, que celui qui nous est fourni par cet Itinéraire? Il semble que les savants n'ont point été dans l'obligation d'employer en pareille recherche une sévérité géométrique, et de fixer leur attention aux nombres marqués pour les distances, comme à les assujettir à la mesure d'espace qui est propre à ces nombres. Si au local on applique des distances correspondantes, ou à peu près, à ce qu'indique l'Itinéraire, en partant de trois points donnés, Oloron, Aqs, Naye, qui renferment *Beneharnum*, cette ancienne ville se place, non pas à Orthez, selon l'opinion de Scaliger, mais un peu plus près d'Orthez que de Lescar. Dans la Notice des provinces de la Gaule, *Civitas Benarnensium* est une de celles de la Novempopulane. Entre les prélats qui ont souscrit au concile d'Agde, en 506, on trouve *Galactorius de Benarno*. Cette ville subsistait encore au commencement du vi[e] siècle, Grégoire de Tours (lib. ix, cap. 20) nommant *Benarnum* entre plusieurs villes qui appartenaient à Gontran, sœur de Brunehaut. Sa ruine doit être attribuée ou aux Sarrasins dans le viiie siècle, ou aux Normans dans le suivant. M. de Marca (lib. iv, cap. 19) veut que le nom de *Venami*, qu'on lit dans Pline, cache le nom du peuple de *Beneharnum*, et qu'il soit substitué à celui de Bénéharnum par saint Barthélemy. D'Anville, *Notice de l'ancienne Gaule*, p. 149. V. aussi de Marca, *Histoire du Béarn*, p. 212 et 214. Walckenaer, *Géographie des Gaules*, t. i, p. 293; t. ii, p. 403 et suiv.

BÉNÉJACQ, vg. *B[ses]-Pyrénées* (Béarn), arr. et à 18 k. de Pau, cant. de Clarac, ✉ de Nay. Pop. 1,644 h. — Ce lieu est fort ancien. En 1599, Henri IV, dans son édit pour le règlement de la religion, indique le hameau de Bénéjacq pour la résidence de l'évêque de Lescar.

BENERVILLE, vg. *Calvados* (Normandie), arr., cant. et à 13 k. de Pont-l'Évêque, ✉ de Touques. Pop. 128 h.

BENESSE-LÈS-DAX, vg. *Landes* (Gascogne), arr., cant., ✉ et à 9 k. de Dax. Pop. 391 h.

BENESSE-MARENNE, vg. *Landes* (Gascogne), arr. et à 30 k. de Dax, cant. et ✉ de St-Vincent-de-Tyrosse. Pop. 703 h.

BENEST, vg. *Charente* (Angoumois), arr., ✉ et à 20 k. de Confolens, cant. de Champagne-Mouton, dans un territoire fertile en grains, marrons et châtaignes. Pop. 1,485 h. — *Foires* le 19 de chaque mois.

BÉNESTRFF, vg. *Meurthe* (Lorraine), arr. de Château-Salins, à 28 k. de Vic, cant. d'Albestroff, ✉ de Dieuze. P. 412 h. — Belles carrières de pierres de taille.

BENESVILLE, vg. *Seine-Inf.* (Normandie), arr. et à 17 k. d'Yvetot, cant. et ✉ de Doudeville. Pop. 550 h.

BENET, vg. *Vendée* (Poitou), arr. et à 20 k. de Fontenay-le-Comte, cant. de Maillezais, ✉ d'Oulmes. Pop. 2,344 h. — *Fab.* de toiles communes. — *Foires* le 4e mardi d'avril, juin, août, sept., oct. et déc.

BENEUVRE, vg. *Côte-d'Or* (Bourgogne), arr. et à 42 k. de Châtillon-sur-Seine, cant. et ✉ de Recey-sur-Ource. Pop. 361 h. — Il est bâti partie dans un fond et partie en amphithéâtre, sur le penchant d'un coteau, au pied d'un des points culminants de la chaîne qui forme la séparation du bassin du Rhône de celui de la Saône. On voit sur son territoire un chemin vicinal d'environ 7 m. de largeur, où de chaque côté les eaux s'écoulent en sens inverse, pour aller se perdre les unes dans l'Océan et les autres dans la Méditerranée. Non loin de cette élévation, on remarque les ruines d'une ancienne ville que, par tradition, on nomme Velay ou Veley, et dans lesquelles on trouve journellement des médailles, des ustensiles, des armes et diverses antiquités.

BENEVENT, vg. *H[tes]-Alpes* (Dauphiné), arr. et à 18 k. de Gap, cant. et ✉ de St-Bonnet. Pop. 575 h.

BENEVENT, petite ville, *Creuse* (Marche), chef-l. de cant., arr. et à 20 k. de Bourganeuf. Cure. ✉. A 348 k. de Paris pour la taxe des lettres. Pop. 1,481 h. — Terrain cristallisé ou primitif. — Elle portait jadis le nom de Segunzelas, et doit le nom qu'elle porte aujourd'hui à une abbaye fondée en 1800, où l'on apporta de Bénévent, en Italie, les reliques de saint Barthélemy. L'église paroissiale a été désignée par l'autorité locale comme étant susceptible d'être classée au nombre des monuments historiques. — *Fabriques* de toiles, chandelles estimées, briques, cordages. — *Commerce* de peaux brutes, chiffons, bestiaux, etc.

BÉNEY, vg. *Meuse* (Lorraine), arr. et à 25 k. de Commercy, cant. et ✉ de Vigneulles, à 17 k. de St-Mihiel. Pop. 410 h.

BENEZET (St-), vg. *Gard* (Languedoc), arr. et à 17 k. d'Alais, cant. et ✉ de Ledignan. Pop. 140 h.

BENFELD, *Villa Benevoldim*, petite ville, *B[as]-Rhin* (Alsace), chef-l. de cant., arr. et à 18 k. de Schelestadt. Cure. ✉. ⚔. A 463 k. de Paris pour la taxe des lettres. Pop. 2,688 h. — Terrain d'alluvions modernes.

Autrefois diocèse de Strasbourg, conseil et intendance d'Alsace, bailliage.

Benfeld existait dès le viie siècle; mais elle n'a été mentionnée comme ville qu'au commencement du xive siècle. Le comte Ulrich de Wurtemberg la surprit à l'improviste et la mit au pillage en 1331. Les habitants, contraints de l'abandonner, n'y rentrèrent qu'après la paix conclue par l'entremise de Jean, roi de Bohême. En 1349, il se tint à Benfeld une assemblée qui condamna au bannissement les juifs universellement accusés d'empoisonnements. La garnison de Benfeld résista aux Armagnacs en 1444. En 1632, les Suédois vinrent mettre le siège devant la place, et l'emportèrent au bout de six semaines, après avoir essuyé une vigoureuse résistance. Elle était alors fortifiée de cinq bastions réguliers, d'un double fossé et de redoutes avancées. Le général Horn en fit augmenter les fortifications, et la garda comme place de guerre jusqu'au 9 juillet 1650. Les fortifications en furent rasées en exécution du traité de Westphalie. — Dans le voisinage de Benfeld est situé le hameau d'Ell, qui, d'après la Table théodosienne, doit être considéré comme l'ancien *Helvetus* des Romains. La multitude de monuments, de médailles, de vases, de pierres sculptées, trouvés en cet endroit, y confirme l'emplacement de cette ville renversée, au ve siècle, par les Allemands et les Vandales.

Benfeld est agréablement situé, sur l'Ill, dans un territoire renommé pour sa fertilité, c'est le centre de la culture du tabac. — Filature de coton, tannerie, brasseries, teintureries, tuileries et briqueteries; fabriques de chandelles, de taillanderie et de poterie de terre. — *Commerce* de grains, tabac, chanvre, cuirs, etc. — *Foires* les 3e mercredi de fév., 2e mercredi de mai, 3e mercredi d'août et 2e mercredi de nov.

BENGY-SUR-CRAON, vg. *Cher* (Berry), arr. et à 29 k. de Bourges, cant. de Baugy, ✉ de Villequiers. Pop. 1,177 h.

BENICOURT, vg. *Meurthe*, comm. de Clemery, ✉ de Pont-à-Mousson.

BENIFONTAINE, vg. *Pas-de-Calais* (Artois), arr. et à 20 k. de Béthune, cant. et ✉ de Lens. Pop. 151 h.

BÉNIGNE (St-), vg. *Ain* (Bourgogne), arr. et à 38 k. de Bourg, cant. et ✉ de Pont-de-Vaux. Pop. 1,274 h.

BÉNIGUET, petite île située à l'ouest du Conquet, près de l'entrée de Brest, à 5 k. de la pointe St-Matthieu. Lat. 48° 20' 45", long. O. 7° 11' 54".

BÉNIGUET (île de). V. Balanec.

BENIN (St-), vg. *Allier*, comm. d'Ainay-le-Château, ✉ de Cerilly.

BENIN (St-), vg. *Calvados* (Normandie),

arr. et à 28 k. de Falaise, cant. et ✉ de Harcourt-Thury. Pop. 212 h.

BENIN (St-), vg. *Nord* (Cambrésis) arr. et à 27 k. de Cambray, cant., ✉ du Cateau. Pop. 600 h.

BENIN-D'AZY (St-), bg *Nièvre* (Nivernais), chef-l. de cant., arr. et à 25 k. de Nevers. Cure. ✉. A 255 k. de Paris pour la taxe des lettres. Pop. 1,714 h. — Terrain jurassique. — Il est bâti dans une situation agréable, sur la rive gauche de l'Ixeure. Aux environs forges et hauts fourneaux. — *Foires* les 7 mars, 25 mai, 4 juillet, 7 nov.

BENIN-DES-BOIS (St-), vg. *Nièvre* (Nivernais), arr. et à 30 k. de Nevers, cant. et ✉ de St-Saulge. Pop. 936 h. — Patrie d'Adam Billaut, poëte du XVII° siècle, surnommé le Menuisier de Nevers. On a de lui *Poésies d'Adam Billaut*, in-12, 1805.

De ce village dépend le hameau des Jault, habité par une de ces anciennes communautés du Nivernais, dont l'existence nous a été révélée par M. Dupin aîné, dans un curieux article du Moniteur de 1841, qu'il a bien voulu nous autoriser à reproduire.

« Le groupe d'édifices qui compose les Jault est situé sur un petit mamelon, à la tête d'une belle vallée de prés, bornée à l'horizon par des collines boisées, sur l'une desquelles, au couchant, se dessine l'église et le clocher de St-Benin-des-Bois. — La maison principale d'habitation n'a rien de remarquable au dehors. A l'intérieur, on trouve au rez-de-chaussée, en montant seulement deux marches, une vaste salle ayant à chaque bout une grande cheminée, dont le manteau est environ 3 m. de développement. A côté de l'une de ces cheminées est l'ouverture d'un large four à cuire le pain; et, de l'autre côté, un tonneau à lessive en pierre, aussi ancien que la maison elle-même; car il est incrusté dans la muraille, et a reçu le poli à force de servir. Tout auprès, dans un cabinet obscur, se trouve un puits peu profond, dont l'eau ne tarit jamais, et qui fournit abondamment aux usages de la maison. — La grand'chambre, dans toute sa longueur, est flanquée d'un corridor, dans lequel débouchent, par autant de portes, des chambres séparées, véritables cellules où chaque ménage a son domicile particulier. — Ces chambrettes sont tenues fort proprement : dans chacune il y a deux lits, quelquefois trois, suivant le nombre des enfants. Deux armoires en chêne, cirées avec soin, ou bien un coffre et une armoire, une table, deux sièges et fort peu d'ustensiles, composent tout le mobilier. — Les bâtiments d'exploitation sont assez spacieux.

» L'existence de cette communauté date d'un temps immémorial. Les titres, que le maître garde dans *une arche* qui n'a pas été relevée par les brûleurs de 1793, remontent au delà de l'an 1500. Depuis ce temps, la possession de ce coin de terre s'est maintenue dans la famille *Lejault*, et avec le temps elle s'est successivement accrue par le travail et l'économie de ses membres, au point de constituer, par la réunion de toutes ses acquisitions, un domaine de la valeur de plus de 200,000 fr. dans la main des possesseurs actuels; et cela malgré toutes les dots payées aux femmes qui ont passé par mariage dans des familles étrangères.

» Dans l'origine, le maître naturel de la communauté fut le père de famille, ensuite son fils, et cette hérédité naturelle se continua aussi longtemps que se maintint la ligne directe, et que l'on put distinguer un aîné doué de la capacité convenable. Mais à mesure qu'en s'éloignant la proximité de la parenté s'est affaiblie, au point de ne plus offrir que des collatéraux, on a *choisi* le plus capable parmi les hommes faits, pour diriger les affaires, et la femme *la plus entendue* pour présider aux soins du ménage.

» La principale charge du maître est de faire les affaires du dehors, d'acheter et de vendre le bétail ; de faire les acquisitions au nom de la communauté, lorsqu'il y a convenance et deniers suffisants. Le fonds de la communauté se compose, 1° des biens anciens, 2° des acquisitions faites pour le compte commun avec les économies, 3° des bestiaux de toute nature, 4° de la caisse commune, anciennement tenue par le maître seul, aujourd'hui déposée, par précaution, chez un notaire de la ville de St-Saulge. Mais en outre chacun a son *pécule* composé de la dot de sa femme et des biens qu'il a recueillis de la succession de sa mère, ou qui lui sont advenus par dons ou legs, ou par toute autre cause distincte de la raison sociale. — La communauté ne compte parmi ses membres effectifs que les mâles. Eux seuls font tête (*caput*) dans la communauté. — Les filles et les femmes, tant qu'elles veulent y rester en travaillant, y sont nourries et entretenues tant en santé qu'en maladie, mais elles ne font pas tête dans la communauté. Lorsqu'elles se marient au dehors (ce qui arrive le plus ordinairement), la communauté leur *dote* en argent comptant. Ces dots, qui étaient fort peu de chose dans l'origine, se sont élevées dans ces derniers temps jusqu'à la somme de 1,350 fr. Moyennant ces dots une fois payées, elles n'ont plus rien à prétendre, ni elles ni leurs descendants, dans les biens de la communauté. Seulement, si elles deviennent veuves, elles peuvent revenir habiter la maison, et y vivre comme avant leur mariage. Quant aux femmes du dehors qui épousent l'un des membres de la communauté, j'ai déjà dit que leurs dots ne s'y confondaient pas, par le motif qu'on ne veut pas qu'elles y acquièrent un droit personnel. Ces dots constituent un pécule à part ; seulement elles sont tenues de verser dans la caisse de la communauté 200 fr. pour représenter la valeur du mobilier livré à leur usage. Si elles deviennent veuves, elles ont le droit de rester dans la communauté, et d'y vivre avec leurs enfants ; sinon elles peuvent se retirer, et dans ce cas on leur rend les 200 fr. qu'elles avaient originairement versés. — Tout homme, membre de la communauté, qui meurt *non marié*, ne transmet *rien* à personne. C'est une tête de moins dans la communauté qui demeure aux autres en entier. Si le défunt a été marié et qu'il laisse des enfants, les garçons deviennent membres de la communauté, où chacun d'eux fait une tête non à titre héréditaire ; si ce sont des filles, elles ont droit à une dot ; elles recueillent en outre et partagent avec les garçons le *pécule* de leur père s'il en avait un ; mais elles ne peuvent rien prétendre de son chef dans les biens de la communauté.

» On voit quel est le caractère propre et distinctif de ces *anciennes communautés nivernaises*. On s'étonne qu'un régime si extraordinaire, si exorbitant du droit commun actuel, ait pu résister aux lois de 1789 et 1790, à celle de l'an II sur les successions, et à l'esprit de partage égalitaire, poussé jusqu'au dernier degré de morcellement. Et cependant telle est la force des mœurs quand elles sont bonnes, que cette association s'est maintenue par l'esprit de famille et la seule force des traditions, malgré toutes les suggestions des praticiens amoureux de partages et de licitations. »

Bibliographie. Dupin (Aud.-Mar.-J.-Jac.). *Excursion dans la Nièvre, visite à la communauté des Jault*, broch. in-8, 1841.

BENIN-DES-CHAMPS (St-), vg. *Nièvre*, comm. de Montapas, ✉ de St-Saulge.

BENING-LÈS-ROHRBACH, vg. *Moselle* (Lorraine), arr. et à 20 k. de Sarreguemines, cant. et ✉ de Rohrbach. Pop. 1,205 h.

BENING-LÈS-ST-AVOLD, vg. *Moselle* (Lorraine), arr. et à 25 k. de Sarreguemines, cant. et ✉ de St-Avold. Pop. 350 h.

BENIOU, baie au nord d'Ouessant. Lat. 48° 42′, long. O. 7° 28′.

BÉNISSONS-DIEU (la). *Benedictio Dei*, vg. *Loire*, comm. de Briennon, ✉ de St-Germain-l'Épinasse. — Il y avait une célèbre abbaye de filles ordre de Citeaux, fondée par Louis VII en 1138, dont il ne reste plus que l'église, qui a été désignée par l'autorité locale comme susceptible d'être classée au nombre des monuments historiques.

EENIVAY, vg. *Drôme* (Dauphiné), arr. et à 18 k. de Nyons, cant. et ✉ du Buis. Pop. 120 h.

BENNECOURT, vg. *Seine-et-Oise* (Normandie), arr. et à 14 k. de Mantes, cant. et ✉ de Bonnières. Pop. 1,080 h. Sur la rive droite de la Seine.

BENNEREY, vg. *Calvados*, comm. de la Chapelle-Yvon. ✉ d'Orbec.

BENNETOT, vg. *Seine-Inf.* (Normandie), arr. et à 17 k. d'Yvetot, cant. et ✉ de Fauville. Pop. 314 h. — Patrie de l'abbé René de Vertot, de l'académie des inscriptions, auteur des *Revolutions romaines*, de *Suède* et de *Portugal*, dont il a été fait séparément plusieurs éditions, et qu'on a réunies en 6 vol. in-8, 1796. — *Foire* le 30 nov.

BENNEY, vg. *Meurthe* (Lorraine), arr. et à 25 k. de Nancy, cant. d'Haroué, ✉ de Neuviller-sur-Moselle. Pop. 723 h. — On y voit une ancienne église et les vestiges d'un château qui a appartenu aux templiers.

BENNWIHR, vg. *H.-Rhin* (Alsace), arr. et à 7 k. de Colmar, cant. et ✉ de Kaysersberg.

BEN-ODET, vg. *Finistère*, comm. de Perguet, ✉ de Quimper.—Il est situé sur l'anse de son nom, à l'embouchure de l'Odet dans l'Océan.—*Etablissement de la marée*, 3 heures 15 minutes.

BENOISEY, vg. *Côte-d'Or* (Bourgogne), arr. et à 11 k. de Semur, cant. et ✉ de Montbard. Pop. 233 h.

BENOIT (St-), vg. *Vienne* (Poitou), arr., cant., ✉ et à 4 k. de Poitiers. Pop. 672 h.—Papeterie.

BENOIT-DES-OMBRES (St-), vg. *Eure* (Normandie), arr. et à 20 k. de Pont-Audemer, cant. et ✉ de St-Georges-du-Vièvre.

BENOIT (St-), vg. *Ain* (Bourgogne), arr., ✉ et à 13 k. de Belley, cant. de l'Huis. Pop. 1,268 h.

BENOIT (St-), vg. *B.-Alpes* (Provence), arr. et à 48 k. de Castellane, cant. et ✉ d'Annot. Pop. 590 h.

BENOIT (St-), vg. *Aude* (Languedoc), arr. et à 20 k. de Limoux, cant. et ✉ de Chalabre. Pop. 595 h.

BENOIT (St-), vg. *Drôme* (Dauphiné), arr. et à 28 k. de Die, cant. et ✉ de Saillans. Pop. 181 h.

BENOIT (St-), vg. *Indre-et-Loire* (Touraine), arr., ✉ et à 20 k. de Chinon, cant. d'Azay-le-Rideau. Pop. 577 h.

BENOIT (St-), vg. *Meuse* (Lorraine), arr. et à 23 k. de Commercy, cant. et ✉ de Vigneulles, à 23 k. de St-Mihiel. Pop. 184 h.

BENOIT (St-), vg. *Vendée* (Poitou), arr. et à 34 k. des Sables, cant. de Moutiers, ✉ d'Avrillé. Pop. 558 h.

BENOIT (St-), vg. *Vosges* (Lorraine), arr. et à 35 k. d'Epinal, cant. et ✉ de Rambervillers. Pop. 1,070 h.

BENOIT-DE-CRAMAUX (St-), vg. *Tarn* (Languedoc), arr. et à 16 k. d'Albi, cant. et ✉ de Monestiès. Pop. 461 h.

BENOIT-DE-MOISSAC (St-), vg. *Tarn-et-Garonne*, comm. et ✉ de Moissac.

BENOIT-DES-ONDES (St-), vg. *Ille-et-Vilaine* (Bretagne), arr. et à 15 k. de St-Malo, cant. et ✉ de Cancale. Pop. 922 h. Près des sables de la mer.—*Foire* le 11 juillet.

BENOIT-D'HEBERTOT (St-). V: HEBERTOT.

BENOIT-DU-SAULT (St-), *Villa Salta*, petite ville, *Indre* (Berry), chef-l. de cant., arr. et à 33 k. du Blanc. Cure. Gîte d'étape. ✉. A 306 k. de Paris pour la taxe des lettres. Pop. 1,258 h.—TERRAIN jurassique.

Cette ville doit son origine à un monastère de bénédictins, fondé sous les règnes de Louis le Débonnaire et de Louis le Jeune; les protestants la saccagèrent en 1563; sous la révolution elle portait le nom de *Mont-du-Sault*.—Elle est assez bien bâtie, dans une situation très-pittoresque; les eaux du Portefeuille, retenues par une chaussée, au bas de l'église, forment un petit lac entouré de collines verdoyantes, tandis qu'elles s'échappent et se brisent en ondes écumeuses contre les roches qui hérissent le fond de la vallée. De la terrasse du collège, on jouit d'une vue charmante sur le petit castel de Montgarnaud, aux environs duquel on admire la cascade de ce nom formée par les eaux du Portefeuille, qui, s'irritant des obstacles que lui opposent les blocs de granit qui obstruent son cours, bondit, s'élance entre deux masses de rochers qui ne lui laissent qu'un étroit passage, et retombe en bouillonnant dans un large bassin creusé par l'impétuosité de ses eaux. — Haut fourneau, forges, fenderie, ateliers de fonte moulée (à Ablouy).—*Foires* 4 janv., fév., mars, avril, 4 et 30 mai, 4 juin, 4 et 12 août, 4 et 21 sept., 20 nov., 4 déc.

BENOIT-SUR-LOIRE (St-). V. FLEURY-SUR-LOIRE.

BENOIT - SUR - SEINE (St-), vg. *Aube* (Champagne), arr., cant., ✉ et à 12 k. de Troyes. Pop. 297 h.

BENOIT-SUR-VANNE (St-), *Aube* (Champagne), arr. et à 35 k. de Troyes, cant. d'Aix-en-Othe, ✉ de Rigny-le-Féron. Pop. 382 h. Sur la rive droite de la Vanne.—PATRIE d'HERVÉE, évêque de Troyes au XIIIe siècle.

BENOITVILLE, vg. *Manche* (Normandie), arr. et à 17 k. de Cherbourg, cant. et ✉ des Pieux. Pop. 667 h.

BENON, bg *Charente-Inf.* (Aunis), arr. et à 27 k. de la Rochelle, cant. de Courçon, ✉ de Nuaillé. Pop. 1,090 h. Près de la forêt de son nom.—Education des moutons anglais à longue laine.—*Foires* les 2e mardi de janv. et 4e mardi d'oct.

BENON, h. *Gironde*, ✉ de Pauillac.—*Foires* les 26 août et 12 sept.

BENONCE, vg. *Ain* (Bresse), arr., ✉ et à 25 k. de Belley, cant. de Lhuis. Pop. 588 h.

BENOUVILLE, vg. *Calvados* (Normandie), arr., ✉ et à 10 k. de Caen, cant. de Douvres. Pop. 390 h.

BENOUVILLE, vg. *Seine-Inf.* (Normandie), arr. et à 25 k. du Havre, cant. et ✉ de Criquetot-Lesneval. Pop. 385 h.

BENQUE, vg. *H.-Garonne* (Languedoc), arr. et 26 k. de St-Gaudens, cant. et ✉ d'Aurignac. Pop. 445 h.

BENQUÉ, vg. *H.-Pyrénées* (Bigorre), arr., ✉ et à 18 k. de Bagnères-de-Bigorre, cant. de Lannemezan. Pop. 204 h.

BENQUE-DESSUS-ET-DESSOUS, vg. *H.-Garonne* (Languedoc), arr. et à 53 k. de St-Gaudens, cant. et ✉ de Bagnères-de-Luchon. Pop. 171 h.

BENQUET, vg. *Landes* (Gascogne), arr., ✉ et à 8 k. de Mont-de-Marsan, cant. de Grenade. Pop. 1,238 h.—*Foire* le 25 nov.

BENSON, h. *Puy-de-Dôme*, comm. de Gelles, ✉ de Clermont.—*Foires* les 3 mai et 14 sept.

BENTAYOU, vg. *B.-Pyrénées* (Béarn), arr. et à 30 k. de Pau, cant. de Montaner, ✉ de Morlaas. Pop. 370 h.

BÉNY, vg. *Ain* (Bresse), arr. et à 14 k. de Bourg, cant. et ✉ de Coligny. Pop. 1,016 h.

BÉNY-BOCAGE, bg *Calvados* (Normandie), chef-l. de cant., arr., ✉, bur. d'enregist. et à 13 k. de Vire. Cure. Pop. 862 h.—TERRAIN de transition moyen. — Commerce de bestiaux.

BÉNY-SUR-MER, vg. *Calvados* (Normandie), arr. et à 15 k. de Caen, cant. de Creully, ✉ de la Délivrande. Pop. 632 h.

BÉON, vg. *Ain* (Bourgogne), arr. et à 13 k. de Belley, cant. de Champagne), ✉ de Culoz. Pop. 513 h.

BÉON, vg. *Yonne* (Champagne), arr., cant., ✉ et à 7 k. de Joigny. Pop. 547 h.

BEOST, vg. *B.-Pyrénées* (Béarn), arr. à 29 k. d'Oloron, cant. et ✉ de Laruns. Pop. 390 h.—*Foires* les 28 et 29 sept. pour bestiaux, peaux et fromages.

BERAIN (St-), vg. *H.-Loire* (Auvergne), arr. et à 45 k. de Brioude, cant. et ✉ de Langeac. Pop. 660 h.

BERAIN - SOUS - SANVIGNE (St-), vg. *Saône-et-Loire* (Bourgogne), arr. et à 36 k. d'Autun, cant. et ✉ de Montcenis. P. 1,133 h.

BERAIN-SUR-DHEUNE (St-), vg. *Saône-et-Loire* (Bourgogne), arr. et à 22 k. de Châlons, cant. de Givry, ✉ de Couches. Pop. 1,064 h.—TERRAIN houiller.—Exploitation de houille au moyen de sept machines à vapeur de la force de 102 chevaux et de 250 ouvriers. — Verrerie à vitres et cylindres pour pendules.

BÉRARDIÈRE (la). V. OUTREFURENS.

BERAT, vg. *H.-Garonne* (Languedoc), arr. et à 15 k. de Muret, cant. de Carbonne, ✉ de Noé. Pop. 1,147 h.

BERAUT, vg. *Gers* (Condomois), arr., cant., ✉ et à 5 k. de Condom. Pop. 432 h.

BERBEBUST, vg. *H.-Pyrénées* (Bigorre), arr., ✉ et à 7 k. d'Argelès, cant. et ✉ de Lourdes. Pop. 120 h.

BERBESIT, vg. *H.-Loire* (Auvergne), arr. et à 20 k. de Brioude, cant. et ✉ de la Chaise-Dieu. Pop. 469 h. — On y voit un ancien château que l'on a proposé de classer au nombre des monuments historiques.

BERBIGUIÈRES, vg. *Dordogne* (Périgord), arr. et à 18 k. de Sarlat, cant. et ✉ de St-Cyprien. Pop. 438 h. — Sur une haute colline appelée le Mont-Haut, qui abrite au nord ce bourg, on a découvert en 1841, à une hauteur d'environ 15 m. au-dessus du vallon, un colombaire souterrain qui présente deux murs, l'un garni de petites niches, et l'autre de vases de poterie. Les urnes n'étaient point bouchées lors de la découverte, mais paraissaient fortement incinérisées, ce qui porte à croire que cette construction est une chambre sépulcrale ou un colombaire de construction romaine.

BERCENAY-EN-OTHE, *Bercenaium*, vg. *Aube* (Champagne), arr. et à 25 k. de Troyes, cant. et ✉ d'Estissac. Pop. 622 h. — Il est bâti dans une vallée bornée à l'est et à l'ouest par des coteaux couronnés de très-beaux bois, et traversée par le ruisseau de Lancre. On y remarque une belle église construite en 1778, réparée à neuf en 1824, et fort bien entretenue, un beau presbytère; et un joli château de construction moderne.

BERCENAY-LE-HAYER, *Bercenayum*, vg. *Aube* (Champagne), arr. et à 20 k. de Nogent-sur-Seine, cant. et ⊠ de Marcilly-le-Hayer. Pop. 326 h.

BERCHE, vg. *Doubs* (Franche-Comté), arr., ⊠ et à 8 k. de Montbelliard, cant. de Pont-de-Roide. Pop. 127 h.

BERCHÈRES-LA-MAINGOT, vg. *Eure-et-Loir* (Beauce), arr., cant., ⊠ et à 10 k. de Chartres. Pop. 493 h.

BERCHÈRES-L'ÉVÊQUE, vg. *Eure-et-Loir* (Beauce), arr., cant., ⊠ et à 8 k. de Chartres. Pop. 760 h.

BERCHÈRES-SUR-VÈGRE, vg. *Eure-et-Loir* (Beauce), arr. et à 18 k. de Dreux, cant. d'Anet, ⊠ de Houdan. Pop. 533 h.

BERCK, vg. *Pas-de-Calais* (Picardie), arr., cant., ⊠ et à 20 k. de Montreuil. Pop. 1,842 h. Sur la Manche. — Établissement de sauvetage. Phare de 4ᵉ ordre à feu fixe, sur la pointe du haut banc de Berck, de 20 m. de hauteur et de 12 k. de portée. Lat. 50° 24′, long. O. 0° 47′.

BERCLAU, vg. *Pas-de-Calais*, comm. de Billy-Berclau, ⊠ de la Bassée.

BERCLOUX, vg. *Charente-Inf.* (Saintonge), arr., ⊠ et à 13 k. de St-Jean-d'Angely, cant. de St-Hilaire. Pop. 1,317 h.

BERCORATES (lat. 43°, long. 17°). « On lit ainsi, dans l'édition de Pline par Dalechamps, *Bercorcates* dans celle du P. Hardouin. Il faut être prévenu que Pline nomme dans l'Aquitaine plusieurs peuples, qui paraissent avoir été de peu de considération, et dont il est difficile de retrouver l'emplacement. M. de Valois (p. 524) remarque que le nom de Biscarosse, qui est un bourg dans le district de Born, sur la frontière de Buch, répond assez à celui de *Bercorates*, et il y est encore plus conforme en lisant *Bercorates* ou *Bercorrates*. » D'Anville. *Notice de l'ancienne Gaule*, p. 152. V. aussi Walckenaër. *Géographie des Gaules*, t. I, p. 306, et t. II, p. 241.

BERCY, grand et beau village situé au delà de la barrière de Paris qui porte son nom, arr. et à 15 k. de Sceaux, cant. de Charenton-le-Pont. ⊠. Pop. 7,913 h.

Ce village doit son origine à quelques guinguettes et autres habitations construites hors de la barrière, où les boissons franches du droit d'entrée, et à un prix moindre qu'à Paris, attirent journellement un grand nombre d'habitants. La plus grande partie des vins et autres liquides imposables arrivant par la haute Seine et passant nécessairement devant Bercy, le commerce sentit la nécessité d'y former un entrepôt, et bientôt toute la partie qui s'étend depuis la barrière de la Rapée jusqu'à la rue de la Grange-aux-Merciers fut couverte de magasins, dont les bâtiments forment un quai qui offre un des plus beaux ports de Paris, communiquant avec la rive gauche du fleuve par un beau pont suspendu. — Le 31 juillet 1820, dans l'après-midi, presque tous les bâtiments construits sur ce quai furent dévorés par un effroyable incendie. Quelque zèle que l'on eût mis dans les secours, il fut impossible de se rendre maître du feu. Le vin, l'eau-de-vie, les huiles coulaient en torrents enflammés, et l'on ne put empêcher les bâtiments voisins du principal foyer d'être en-

tièrement consumés. Ce ne fut qu'à quatre heures du matin que l'on put se rendre maître du feu. Plus de 40,000 pièces de vin, d'eau-de-vie et d'esprit furent consumées, et la totalité de la perte, tout compris, dépassait la somme de 10 millions. Cet événement, qui ruina un grand nombre de négociants, n'empêcha point les maisons du port de Bercy de se reconstruire; les dommages furent promptement réparés, et l'entrepôt offre aujourd'hui un des plus beaux et des plus importants établissements en ce genre que l'on connaisse.

On voit à Bercy un beau château construit au milieu d'un parc de 900 arpents, baigné par les eaux de la Seine. Il a été bâti par L. Leveau, et restauré vers la fin du siècle dernier par Guespierre. Pâris de Montmartel, qui le posséda en 1706, l'orna d'un grand nombre de statues, et fit construire la magnifique terrasse qui règne le long de la Seine. Le vestibule est décoré de pilastres doriques; les jardins ont été plantés par le Nôtre. — Non loin de là est le château du Petit-Bercy, maison de campagne fort agréable, dont le parc a été transformé en magasins.

Fabriques de vinaigre. Raffinerie de sucre. Distilleries. Tanneries. — Entrepôt et commerce considérables de vins, eaux-de-vie, vinaigre, huiles, bois à brûler, de charpente et de charronnage, etc. — Fête patronale le dimanche après le 8 sept.

BERD'HUIS, vg. *Orne* (Normandie), arr. et à 27 k. de Mortagne, cant. de Nocé. ⊠. A 156 k. de Paris pour la taxe des lettres. Pop. 880 h.

BÈRE (la), petite rivière qui prend sa source au-dessus de St-Jean-de-Barrou, *Aude*; elle passe à Lastours, Lelac, et se jette dans l'étang de Sigena, après un cours de 25 k.

BÈRE (la), petite rivière qui prend sa source non loin du village d'Alayrac, *Drôme*; elle passe aux Granges, et se jette dans le Rhône à 4 k. au-dessous de Donzère, après un cours d'environ 40 k.

BEREINS, vg. *Ain*, comm. de St-Trivier-sur-Moignans, ⊠ de Châtillon-les-Dombes.

BERELLES, vg. *Nord* (Flandre), arr. à 18 k. d'Avesnes, cant. et ⊠ de Solre-le-Château. Pop. 228 h.

BEREN, vg. *Moselle*, comm. de Kerbach, ⊠ de Forbach.

BERENGEVILLE-LA-CAMPAGNE, vg. *Eure* (Normandie), arr. de Louviers, cant. de Neubourg, ⊠ de la Commanderie. P. 314 h.

BERENGEVILLE-LA-RIVIÈRE, vg. *Eure* (Normandie), arr., cant., ⊠ et à 8 d'Evreux. Pop. 125 h.

BERENTZWILLER, vg. *H.-Rhin* (Alsace), arr., cant., ⊠ et à 14 k. d'Altkirch. P. 513 h.

BERENX, vg. *B.-Pyrénées* (Béarn), arr. et à 8 k. d'Orthez, cant. et ⊠ de Salies. Pop. 941 h.

BEREYZIAT, vg. *Ain* (Bresse), arr. et à 25 k. de Bourg, cant. et ⊠ de Montrevel. Pop. 670 h.

BERFAY, vg. *Sarthe* (Maine), arr. et à 10

k. de St-Calais, cant. et ⊠ de Vibray. Pop. 723 h.

BERG, vg. *Moselle* (Lorraine), arr. et à 15 k. de Thionville, cant. de Cattenom, ⊠ de Sierck. Pop. 211 h. Sur une hauteur, près de la rive gauche de la Moselle.

BERG, vg. *B.-Rhin* (Alsace), arr. et à 33 k. de Saverne, cant. et ⊠ de Drulingen. Pop. 504 h.

BERGANTY, vg. *Lot* (Quercy), arr., ⊠ et à 20 k. de Cahors, cant. de St-Géry. P. 349 h.

BERGBIETEN, bg *B.-Rhin* (Alsace), arr. et à 25 k. de Strasbourg, cant. et ⊠ de Wasselonne. Pop. 700 h. — C'était autrefois une ville assez considérable, entourée de murs et de fossés.

BERGERAC, *Bergeracum, Brajeracum*, jolie ville, *Dordogne* (Périgord), ch.-l. de sous-préf. et d'un cant. Trib. de 1ʳᵉ inst. et de com. Collège comm. Écoles comm. Bureau d'étape. ⊠. ☞. Pop. 10,102 h. — TERRAIN tertiaire moyen.

Autrefois diocèse et élection de Périgueux, intendance de Bordeaux.

Bergerac, que l'on croit être le *Trajectus* de l'Itinéraire d'Antonin, est une ville fort ancienne. Dans le moyen âge, c'était une châtellenie qui, vers le commencement du XIVᵉ siècle, fut réunie au Périgord et en suivit les vicissitudes. Cette ville fut prise et fortifiée par les Anglais en 1345; mais Louis d'Anjou la leur reprit en 1371. Les Anglais s'en rendirent maîtres une seconde fois, et en furent de nouveau chassés en 1450. Bergerac eut beaucoup à souffrir des guerres de religion, pendant lesquelles la ville fut souvent prise et reprise. Louis XIII s'en empara en 1621, et en fit raser la citadelle et les fortifications. C'était alors une ville importante, où l'on ne comptait pas moins de 40,000 réformés, tant dans Bergerac même que dans un rayon de 24 k. La révocation de l'édit de Nantes lui causa un préjudice immense; elle ne s'est jamais relevée depuis cette époque.

Les armes de Bergerac sont: *parti, au premier d'azur semé de fleurs de lis d'or; au deuxième, de gueules au serpent ailé d'or péri en pal.*

Cette ville est située sur les bords de la Dordogne, au milieu d'une plaine vaste et fertile. Les coteaux qui terminent son bassin sont tous couverts de riches vignobles, et présentent à l'œil le tableau le plus riant et le plus magnifique. Il serait difficile de trouver une situation plus heureuse; mais la ville ne répond pas tout à fait à l'agrément de cette situation. Elle est en général très-mal bâtie, formée de ruelles étroites et tortueuses, au milieu desquelles on distingue cependant la rue et la place du Marché. Quelques maisons d'assez belle apparence sont aussi remarquer près de la poste. — Bergerac est une des villes où les étrangers trouvent le plus de prévenance et d'affabilité; elle est aussi celle où l'on trouve les femmes les plus belles du département.

On remarque à Bergerac un beau pont de cinq arches jeté sur la Dordogne; la salle de spectacle; la bibliothèque publique, où l'on voit un beau portrait de Gabrielle d'Estrées.

Biographie. Patrie d'AIMONT, historien du XIe siècle.

De CYRANO DE BERGERAC, poète dramatique et romancier du XVIIe siècle.

Des maréchaux de France ARMAND GONTAUD DE BIRON, et de CHARLES GONTAUD DE BIRON, décapité sous Henri IV.

De LAFORCE CAUMONT, qui força Louis XIII à lever le siège de Montauban, et d'ARMAND LAFORCE son fils, maréchal de France.

Fabriques de liqueurs fines, produits chimiques, serges, cadis, faïence. Aux environs, forges, fonderies, martinets. Tanneries. Distilleries d'eau-de-vie. — *Commerce* considérable de grains, truffes, vins blancs estimés, eau-de-vie, fer, cuivre, papiers, merrain, feuillard, etc. — *Foires* les 14 nov., lundi après Pâques et les 1er et 3me mercredis de chaque mois.

L'arrondissement de Bergerac est composé de 13 cantons: Bergerac, Beaumont, Cadouin, Eymet, Issigeac, la Force, Lalinde, Montpazier, St-Alvère, Sigoulès, Velines, Villamblard et Villefranche-de-Lonchapt.

A 49 k. de Périgueux, 90 k. de Bordeaux, 524 k. de Paris.

BERGÈRE (la), vg. *Puy-de-Dôme,* comm. de Celles, ✉ de Thiers. ✧.

BERGÈRES, vg. *Aube* (Champagne), arr., cant., ✉ et 7 k. de Bar-sur-Aube. P. 290 h.

BERGÈRES-LÈS-VERTUS, vg. *Marne* (Champagne), arr. et à 30 k. de Châlons, cant. et ✉ de Vertus. Pop. 721 h. — *Foire* le jeudi avant la Passion.

BERGÈRES-SOUS-MONTMIRAIL, vg. *Marne* (Champagne), arr. et à 38 k. d'Epernay, cant. et ✉ de Montmirail. Pop. 450 h. Sur le petit Morin.

BERGERIES-DE-SÉNART. V. ROUVRES.

BERGESSERIN, vg. *Saône-et-Loire* (Bourgogne), arr. et à 25 k. de Mâcon, cant. et ✉ de Cluny. ✧. Pop. 604 h.

BERGHEIM, petite ville, *H.-Rhin* (Alsace), arr. et à 17 k. de Colmar, cant. et ✉ de Ribauvillé. Pop. 3,449 h. — Elle est dominée par l'antique château de Reichenberg, vieux donjon dont la tradition ne sait plus que le nom, et dont les archives gardent à peine quelque souvenir.

PATRIE du peintre DROLLING, membre de l'Institut. — *Fabriques* de coutellerie et de grosse quincaillerie. — *Foires* les 1er mai et 25 nov.

BERGHOLTZ, vg. *H.-Rhin* (Alsace), arr. et à 23 k. de Colmar, cant. de Guebwiller, ✉ de Rouffach. Pop. 410 h.

BERGHOLTZ-ZELL, vg. *H.-Rhin* (Alsace), arr. et à 25 k. de Colmar, cant. de Guebwiller, ✉ de Rouffach. Pop. 390 h.

BERGICOURT, *Somme* (Picardie), arr. et à 37 k. d'Amiens, cant. et ✉ de Poix. Pop. 244 h.

BERGIERS, vg. *Var,* comm. du Rouret, ✉ de Grasse.

BERGINE CIVITAS, position d'une ancienne ville ruinée que Walckenaer place dans la plaine de la Crau. V. *Géographie des Gaules,* t. i, p. 117.

BERGINES, vg. *Tarn-et-Garonne* (Languedoc).

BERGINTRUM (lat. 46°, long. 25°). « Il en est mention dans l'Itinéraire d'Antonin comme dans la Table théodosienne. Mais la Table resserre ce lieu de plus près par des positions qui en sont moins écartées, *Axima* d'un côté, et l'*Alpis Graia* de l'autre. La distance à l'égard d'*Axima* est marquée VIIII; et ce qui paraît la confirmer, c'est l'accord de l'Itinéraire avec la Table, sur la distance entre *Bergintrum* et, *Darantasia.* Car, l'Itinéraire indiquant XVIIII, la Table donne le même compte en deux distances, marquant X dans la distance particulière de *Darantasia* à *Axima.* Or, s'il faut compter ainsi 19 depuis *Darantasia,* et 9 depuis *Axima,* pour arriver à *Bergintrum*, ce lieu de *Bergintrum* doit être celui qui porte le nom de St-Maurice, peu en deçà du petit St-Bernard. On ne saurait, en convenant de ces distances, s'arrêter à mi-chemin d'Aisine, qui représente *Axima,* et de St-Maurice, sous l'apparence qu'un petit lieu nommé Belantre montre quelque rapport avec le nom de *Bergintrum.* Mais je dois remarquer en même temps que St-Maurice, qui est un plus gros lieu, et en position plus avantageuse que Belantre, se trouve trop voisin du petit St-Bernard, pour que la distance marquée XII dans la Table entre *Bergintrum* et l'*Alpis Graia* soit convenable; surtout si l'on estime que le lieu désigné par le nom d'*Alpis Graia* soit précisément ce que l'on nomme l'Hôpital. C'est là, comme je le vois sur une carte manuscrite du pays, que se fait le partage des eaux, qui d'un côté coulent dans l'Isère, et de l'autre dans la Doria Baltea; ce qui détermine par conséquent le penchant de la montagne vers la Gaule d'une part, et vers l'Italie de l'autre. Or, en s'arrêtant à cette position, qui fait la séparation naturelle des deux contrées, la carte que je viens de citer, et qui est une représentation vraiment topographique, d'admet que quatre ou cinq milles dans l'intervalle dont il s'agit: et la Table paraît ici d'autant plus suspecte d'un excès de distance, que l'Itinéraire n'indiquant que XXIII, entre un lieu nommé *Arebrigium*, voisin d'*Augusta Prætoria*, et *Bergintrum*, la Table fait compter jusqu'à 34, par le détail de plusieurs distances particulières dans le même intervalle. » D'Anville. *Notice de l'ancienne Gaule*, p. 152.

BERGNICOURT, vg. *Ardennes* (Champagne), arr. et à 15 k. de Rethel, cant. d'Asfeld, ✉ de Tagnon. Pop. 277 h. — Filatures de laine.

BERGONNE, vg. *Puy-de-Dôme* (Auvergne), arr., cant., ✉ et à 6 k. d'Issoire. Pop. 325 h.

BERGOUEY, vg. *Landes* (Gascogne), arr. et à 21 k. de St-Sever, cant. et ✉ de Mugron. Pop. 311 h. — Il possède une fontaine d'eau thermale sulfureuse dont font usage les habitants des communes environnantes. Vastes carrières de plâtre d'excellente qualité.

BERGOUEY, vg. *B.-Pyrénées* (Navarre), arr. et à 44 k. de Bayonne, cant. et ✉ de Bidache. Pop. 460 h.

BERGUENEUSE, vg. *Pas-de-Calais* (Artois), arr., ✉ et à 15 k. de St-Pol, cant. d'Euchin. Pop. 159 h.

BERGUES, *Aisne* (Picardie), arr. et à 35 k. de Vervins, cant. et ✉ de Nouvion. Pop. 342 h. — *Fabrique* d'étoffes de laine.

BERGUES A DUNKERQUE (canal de). — Ce canal, qui s'étend sur une longueur de 8,701 m., fut rendu navigable en 1634: il est de niveau. Sa largeur est de 10 m. au fond et de 20 m. à la superficie; la profondeur d'eau y est de 1 m. 20 c. Il communique directement à la mer, au moyen d'une grande écluse à l'embouchure du port de Dunkerque. Ce canal reçoit des navires chargés de 500 tonneaux.

BERGUES A FURNES (canal de) ou DE LA BASSE-COLME. Ce canal a été construit en 1660 par les Espagnols: il est de niveau. Sa longueur, depuis Bergues jusqu'à la frontière, est de 18,860 m.; dans ce développement se trouve compris un embranchement de 2,400 m. de longueur, au moyen duquel le canal communique au petit port d'Houdtschoote.

BERGUES-ST-WINOC, jolie et forte ville, *Nord* (Flandre), chef-l. de cant., arr. et à 10 k. de Dunkerque. Place de guerre de 1re classe. Cure. ✉. ✧. A 274 k. de Paris pour la taxe des lettres. Pop. 6,045 h. — TERRAIN d'alluvions modernes.

Autrefois diocèse d'Ypres, parlement de Douai, intendance de Lille, gouvernement particulier, subdélégation, bailliage, vicomté et châtellenie.

Cette ville doit son origine au château de Berg, où se retira saint Winoc en 902. Baudouin II, comte de Flandre, fit entourer de murailles, de fossés et de fortifications. Baudouin IV y fit construire un magnifique monastère en l'honneur de saint Winoc. En 1083, un terrible incendie consuma la ville de Bergues et l'abbaye de St-Winoc. En 1206, Bergues, qui était une ville florissante par ses manufactures de toiles et de draps, fut assiégée sans succès par des brigands nommés Bleumontins. Robert II, comte d'Artois, s'empara de cette place en 1297. Les Flamands la prirent au commencement du XIVe siècle. Le 7 septembre 1383, l'armée française arriva devant Bergues, et commença l'attaque de cette place. Caverley, qui y commandait, ayant reconnu l'impossibilité de s'y défendre, l'évacua pendant la nuit, et emmena avec lui les habitants des environs qui s'y étaient réfugiés. Les autres habitants de Bergues envoyèrent, le 8 septembre, l'abbé de St-Winoc à Charles VI, pour lui annoncer qu'ils l'attendaient comme un libérateur. L'abbé fut repoussé. Au milieu de la nuit, l'assaut fut livré par l'armée française à des murailles que personne ne défendait: tous les crimes les plus effroyables furent commis dans cette ville malheureuse; puis, le matin suivant, tous les habitants furent massacrés, à la réserve de quelques religieuses qui furent envoyées à St-Omer. L'abbaye de St-Winoc, entourée de murailles et éloignée du centre de la cité, l'église de St-Pierre et le couvent des dominicains furent les seuls monuments qui restèrent debout après cet horrible embrasement. Philippe le Hardi releva cette ville de ses ruines, et vers la fin du XIVe siècle elle était devenue plus forte qu'avant son désastre. Un incendie la détruisit en partie en 1494. Le maréchal de Termes l'assiégea et la prit d'assaut en 1558; la population fut massacrée sans distinction d'âge ni de sexe; la ville et l'abbaye de St-Winoc furent réduits en cendres. Philippe II, roi d'Espagne, releva les fortifications de cette place, qui bientôt, par le zèle que les habitants mirent à reconstruire leurs maisons, devint une des plus belles villes de la Flandre. Les Espagnols la prirent en 1650, après une vigoureuse résistance. Les Français la reprirent en 1658, et la rendirent au roi d'Espagne en 1660 par le traité des Pyrénées. Louis XIV la prit par capitulation, après un assaut général, livré le 6 juin 1667, et la fit fortifier par Vauban, qui l'a rendue une place susceptible d'une longue défense. Elle est demeurée à la France par le traité d'Aix-la-Chapelle.

Les **armes de Bergues** sont: *parti; le premier d'argent au lion de sable; le deuxième d'argent à la face de sable, et un clou de même en pointe, au franc quartier d'or au lion de sable à la bordure de gueules.*

Lors de la division de la France en départements, Bergues devint le chef-lieu du premier arrondissement du département du Nord, qui fut transféré à Dunkerque en 1804.

La ville de Bergues est située dans une contrée marécageuse, au pied d'une montagne, à la jonction des canaux de Dunkerque et de la haute et basse Colme, qui en font le centre d'un commerce très-étendu. Elle est généralement bien bâtie en briques, et possède un port commode sur le canal de son nom, qui conduit directement à la mer, et peut recevoir des navires chargés de 300 tonneaux, au moyen d'une grande écluse placée à l'embouchure du port de Dunkerque.

L'édifice le plus remarquable de cette ville est l'hôtel de ville, dont la construction date de 1664; son architecture est extrêmement gracieuse, et l'on ne trouverait peut-être pas dans le département de salon plus vaste et plus majestueux que celui réservé aux séances du conseil d'administration. Le beffroi est, sans contredit, l'édifice le plus curieux de Bergues. Sa construction est excessivement hardie, et sa forme d'une élégance recherchée; son origine est espagnole, mais la date de sa construction est restée inconnue; sa hauteur est de 50 m. —Il a été classé au nombre des monuments historiques par le ministre de l'intérieur.

On remarque encore à Bergues les deux tours de l'abbaye de St-Winoc, qui ont été conservées pour servir de point de vue aux navigateurs et faciliter l'entrée du port de Dunkerque; les bâtiments du mont-de-piété; la bibliothèque publique, renfermant environ 5,000 vol.; un commencement de musée de tableaux, où l'on voit quelques ouvrages de Rubens, Van-Dyck, Brower, Ségers, etc., etc.; la promenade St-Pierre, qui offre un coup d'œil très-agréable, et un Champ de Mars commode pour les exercices.

Fabriques d'amidon, savon noir, poterie de terre, bonneterie. Filatures de coton. Raffineries de sel et de sucre. Distilleries. Tanneries. Construction de bateaux. Centre de la fabrique de dentelles des environs.—*Commerce* considérable de grains, fromages façon de Hollande, qui se fabriquent aux environs, beurre, vins, eaux-de-vie, bestiaux.—*Foires* les lundi après les Rameaux, lundi du 1er dimanche après Pâques, lundi après la Trinité, lundi après la St-Luc et lundi après les Trépassés: ces foires durent chacune 3 jours, et celles après la St-Luc et les Trépassés se font le jour même de ces fêtes, si c'est un lundi.—Chaque semaine, marché aux grains et aux bestiaux, le plus considérable du pays.

Bibliographie. PIERS. *Histoire de la ville de Bergues-St-Winoc*, in-8, 1833.
* *Catalogue des livres de la bibliothèque de Bergues*, in-8, 1842.

BERGUETTE, vg. *Pas-de-Calais* (Artois), arr. à 20 k. de Béthune, cant. de Norrent-Fontes, ✉ de St-Venant. Pop. 477 h.

BERGUSIUM (lat. 46°, long. 24°). « C'est la leçon que donne la Table théodosienne; on lit *Bergusia* dans l'Itinéraire d'Antonin. Le nom actuel de ce lieu est Bourgoin; et dans les titres de la chambre des comptes de Grenoble, sous les dauphins de la dernière lignée, on avait perdu l'ancienne dénomination, en écrivant *Burgundium*, dont la finale est néanmoins conforme à celle de la Table. L'Itinéraire et la Table sont d'accord à marquer la distance à l'égard de Vienne d'un côté, et de l'autre à l'égard d'*Augustum*, savoir XX pour la première, et XVI pour la seconde. Or, je crois qu'on peut comparer ce qu'il y a d'espace entre Vienne et Bourgoin à ce que valent environ 16 minutes de la graduation de latitude, ce qui répond en effet au compte de vingt milles romains. Vers le milieu de cet espace, on rencontre sur la route un lieu dont le nom de Dième ou Diémoz fournit un exemple de ces dénominations locales, qui sont tirées de la distance à l'égard d'une capitale, à laquelle le numéro des colonnes placées sur les voies militaires se rapportait. Le lieu dont il est question porte précisément le nom de *Decimum* dans les titres; et sa position actuelle ne s'écarte point de Vienne d'environ les deux tiers de la distance en tendant à Bourgoin, comme on le voit dans les cartes. Entre Vienne et Dième se trouve encore un lieu, dont le nom actuel de Sestème vient de *Septimum*. Quant à la distance de *Bergusium*, ou de Bourgoin à *Augustum*, qui subsiste des vestiges dans le village d'Aoste, elle est à la précédente comme 4 est à 5 ou à peu près,—selon une grande carte manuscrite du Dauphiné, qui appartient à S. A. S. M. le duc d'Orléans; c'est donc trouver 16 milles de ce côté-ci, comme de l'autre on en reconnaît 20. » D'Anville. *Notice de l'ancienne Gaule*, p. 153.

BERHET, vg. *Côtes-du-Nord* (Bretagne), arr., ✉ et à 15 k. de Lannion, cant. de la Roche-Derrien. Pop. 516 h.

BERIG, vg. *Moselle* (Lorraine), arr. à 38 k. de Sarreguemines, cant. de Gros-Tenquin, ✉ de Morhange. Pop. 564 h.

BERIGNY, vg. *Manche* (Normandie), arr. et à 13 k. de St-Lô, cant. de St-Clair, ✉ de Cerisy-la-Forêt. Pop. 675 h.—On y voit une ancienne église que l'on a proposé de classer au nombre des monuments historiques.

BERJOU, vg. *Orne* (Normandie), arr. à 32 k. de Domfront, cant. et ✉ d'Athis. Pop. 1,135 h.

BERLAIMONT, bg *Nord* (Flandre), chef-l. de cant., arr. et à 14 k. d'Avesnes, Cure. ✉. A 196 k. de Paris pour la taxe des lettres. P. 2,099 h. Sur la Sambre.—Terrain carbonifère. *Fabriques* de clous, boissellerie, chicorée-café. Manufacture importante de poterie de terre. — *Commerce* de bestiaux. — *Foires* le 17 de chaque mois.

BERLANCOURT, vg. *Aisne* (Picardie), arr. et à 12 k. de Vervins, cant. de Sains, ✉ du Marle. Pop. 243 h.

BERLANCOURT, vg. *Oise* (Picardie), arr. et à 43 k. de Compiègne, cant. de ✉ de Guiscard. Pop. 464 h.

BERLATS, vg. *Tarn* (Languedoc), arr. à 36 k. de Castres, cant. et ✉ de Lacaune. Pop. 385 h.

BERLENCOURT, vg. *Pas-de-Calais* (Artois), arr. et à 15 k. de St-Pol, cant. d'Avesnes-le-Comte, ✉ de Frévent. Pop. 385 h.

BERLES, vg. *Pas-de-Calais* (Artois), arr. et à 15 k. de St-Pol, cant. et ✉ d'Aubigny. Pop. 455 h.

BERLES-AU-BOIS, vg. *Pas-de-Calais* (Artois), arr. et à 17 k. d'Arras, cant. de Beaumetz, ✉ de l'Arbret. Pop. 822 h.

BERLIÈRE (la), vg. *Ardennes* (Champagne), arr. et à 25 k. de Vouziers, cant. de Buzancy, ✉ du Chêne. Pop. 287 h.

BERLIÈRE (la), vg. *Oise* (Picardie), arr. de Compiègne, cant. et ✉ de Lassigny. Pop. 213 h.

BERLIN, vg. *Gironde*, comm. d'Aillas, ✉ de Bazas.

BERLINGEN, vg. *Meurthe* (Alsace), arr. et à 20 k. de Sarrebourg, cant. et ✉ de Phalsbourg. Pop. 261 h.

BERLISE, vg. *Aisne* (Picardie), arr. et à 40 k. de Laon, cant. de Rozoy-sur-Serre, ✉ de Montcornet. Pop. 359 h.

BERLOU, vg. *Hérault* (Languedoc), arr. et à 24 k. de St-Pons, cant. d'Olargues, ✉ de St-Chinian. Pop. 383 h.

BERMERAIN, vg. *Nord* (Flandre), arr. et à 27 k. de Cambray, cant. et ✉ de Solesme. Pop. 1,228 h.

BERMÉRICOURT, vg. *Marne* (Champagne), arr., ✉ et à 12 k. de Reims, cant. de Bourgogne. Pop. 65 h. — C'est un petit village qui s'annonce de très-loin par l'élévation de son moulin à vent et par la haute tour de son église, qui paraît avoir appartenu à une riche abbaye ou à un village considérable, et qui mérite de fixer l'attention des archéologues.

BERMERIES, vg. *Nord* (Flandre), arr. et à 28 k. d'Avesnes, cant. et ✉ de Bavay. Pop. 394 h.

BERMERING, vg. *Meurthe* (Lorraine), arr. de Château-Salins, à 30 k. de Vic, cant. d'Albestroff, ✉ de Dieuze. Pop. 538 h.

BERMICOURT, vg. *Pas-de-Calais* (Artois), arr., cant., ✉ et à 10 k. de St-Pol. Pop. 289 h.

BERMONT, vg. *H.-Rhin* (Alsace), arr., cant., ✉ et à 7 k. de Béfort. Pop. 113 h.

BERMONVILLE, vg. *Seine-Inf.* (Normandie), arr. et à 10 k. d'Yvetot, cant. et ✉ de Fauville. Pop. 732 h.

BERNAC, vg. *Charente* (Angoumois), arr., ✉ et à 4 k. de Ruffec, cant. de Villefagnan. Pop. 573 h.

BERNAC, vg. *Lot-et-Garonne*, comm. de Loubès-Bernac, ✉ de Duras.

BERNAC, vg. *Tarn* (Languedoc), arr., cant., ✉ et à 13 k. de Gaillac. Pop. 273 h.

BERNAC-DEBAT, vg. *H.-Pyrénées* (Bigorre), arr., cant., ✉ et à 9 k. de Tarbes. Pop. 768 h.

BERNAC-DESSUS, vg. *H.-Pyrénées* (Bigorre), arr., cant., ✉ et à 9 k. de Tarbes. Pop. 455 h.

BERNADETS, vg. *H.-Pyrénées* (Béarn), arr. et à 14 k. de Pau, cant. et ✉ de Morlaas. Pop. 224 h.

BERNADETS-DEBAT, vg. *H.-Pyrénées* (Bigorre), arr. et à 9 k. de Tarbes, cant. et ✉ de Trie. Pop. 424 h.

BERNADETS-DESSUS, vg. *H.-Pyrénées* (Bigorre), arr. et à 24 k. de Tarbes, cant. et ✉ de Tournay. Pop. 345 h.

BERNAIZÉ, vg. *Vienne*, comm. des Trois-Moutiers, ✉ de Loudun.

BERNAPRÉ, vg. *Somme* (Picardie), arr. et à 50 k. d'Amiens, cant. et ✉ d'Oisemont. Pop. 159 h.

BERNARD (le), vg. *Vendée* (Poitou), arr. et à 25 k. de Sables, cant. de Talmont, ✉ d'Avrillé. Pop. 853 h.

BERNARD (St-), vg. *Ain* (Dombes), arr., cant., ✉ et à 4 k. de Trévoux. Pop. 265 h.

BERNARD (St-), vg. *Côte-d'Or* (Bourgogne), arr. et à 22 k. de Beaune, cant. et ✉ de Nuits. Pop. 143 h.

BERNARD (St-), vg. *Isère* (Dauphiné), arr. et à 28 k. de Grenoble, cant. et ✉ de Touvet. Pop. 408 h.

BERNARD (St-), *Landes*, comm. de St-Esprit, ✉ de Bayonne.

BERNARD (St-), vg. *Moselle* (Lorraine), arr. et à 23 k. de Thionville, cant. et ✉ de Bouzonville. Pop. 256 h.

BERNARDIÈRE (la), vg. *Vendée* (Poitou), arr. et à 43 k. de Bourbon-Vendée, cant. et ✉ de Montaigu. Pop. 1,096 h.

BERNARSWILLER-BARR, vg. *B.-Rhin* (Alsace), arr. et à 16 k. de Schelestadt, cant. et ✉ de Barr. Pop. 396 h.

BERNARSWILLER-OBERNAI, vg. *B.-Rhin* (Alsace), arr. et à 25 k. de Schelestadt, comm. et ✉ d'Obernai. Pop. 1,287 h.

BERNATRE, vg. *Somme* (Picardie), arr. et à 21 k. de Doullens, cant. de Bernaville, ✉ d'Auxy-le-Château. Pop. 189 h.

BERNAVILLE, village considérable, *Somme* (Picardie), chef-l. de cant., arr. et à 14 k. de Doullens. Cure. Gîte d'étape. ✉. A 175 k. de Paris pour la taxe des lettres. Pop. 1,085 h. — TERRAIN tertiaire supérieur. — Il existe dans cette commune une tombelle bien conservée; elle a 7 à 9 m. d'élévation, et plus de 18 m. de circonférence. — *Foires* les 2es mercredis de mars, juillet, oct. et déc.

BERNAY, vg. *Charente-Inf.* (Saintonge), arr. et à 17 k. de St-Jean-d'Angely, cant. et ✉ de Lonlay. Pop. 858 h.

BERNAY, *Bernaicus, Bernai, Bernaium, Belnaium*, ville ancienne, *Eure* (Normandie), chef-l. de sous-préf. et d'un cant. de France. Trib. de 1re inst. et de comm. Chamb. consult. des manuf. Collège communal. Société d'agriculture. 2 cures. Gîte d'étape. Caisse d'épargne. ✉. ✆. A 133 k. de Paris pour la taxe des lettres. Pop. 6,871 h. — TERRAIN crétacé supérieur, voisin du terrain tertiaire.

Autrefois diocèse de Lisieux, parlement de Rouen, chef-lieu d'élection, bailliage, vicomté, grenier à sel, gouvernement particulier, collége, 2 couvents de cordeliers et de pénitents; 2 couvents de femmes, hôpital.

L'origine de Bernay remonte à une époque antérieure au XIe siècle. Le premier document où le nom de Bernay se trouve cité est la constitution de dot de la duchesse Judith de Bretagne, femme de Richard II. Cette pièce, qui ne nous est malheureusement parvenue que fort altérée, nous donne cependant des renseignements d'un grand intérêt sur la topographie du pays, et nous prouve que Bernay en était déjà le chef-lieu. Vers l'an 1013, la duchesse Judith de Bretagne, épouse de Richard II, y fonda une abbaye de bénédictins, dont une partie a été conservée. Bernay avait dès cette époque un marché et plusieurs foires annuelles; ses étoffes sont mentionnées dans le XIIIe siècle. C'était alors une ville forte, où saint Louis tint ses assises de justice en 1231. Duguesclin assiégea cette place en 1378; les Anglais s'en emparèrent en 1418; reprise peu de temps après par les Français, elle retomba de nouveau au pouvoir des Anglais en 1421, qui ne l'abandonnèrent qu'en 1449. L'amiral Coligny la prit d'assaut en 1563. La forteresse fut rasée en 1589.

Les armes de Bernay sont : *de gueules au lion grimpant d'argent*. Dans d'Hozier elles sont indiquées : *d'azur à trois besants d'or 2 et 1, et un lambel de même en chef*.

Bernay est une ville agréablement située dans le Lieuvin sur la rive gauche de la Charentonne qui la sépare du pays d'Ouche. La portion de l'église abbatiale de Bernay appartenant à la construction primitive a été conservée et sert de halle aux grains et aux toiles. On la considère comme l'un des plus anciens et des plus curieux édifices romans qui existent dans la province, et nous pensons qu'elle doit dater du règne de Richard II, ou tout au moins de la première moitié de XIe siècle. La noblesse des proportions et la sévérité du style de la nef principale concourent avec les données historiques à nous confirmer dans cette opinion. Il n'y a pour ainsi dire que le noyau de cette église qui appartienne à l'édifice primitif; le sanctuaire, qu'on a détruit récemment, était gothique; le portail moderne est du goût le plus misérable. La nef est composée de cinq arcades; chacun des piliers est plat sur ses deux faces principales, à l'exception d'un simple tailloir qui en forme le couronnement ; il ne porte de colonnes qu'à sa partie antérieure et postérieure. Ces colonnes sont d'une fort belle proportion ainsi que leurs chapiteaux, dont la disposition rappelle celle du chapiteau corinthien. Les détails en sont variés suivant l'usage de l'époque, mais sans monstres ni ornements bizarres (*Mém. de la soc. des antiq. de Normandie*, t. XV, p. 369 et suiv.). Les bâtiments de l'abbaye, dont la construction date du commencement du XVIIe siècle, sont occupés par la sous-préfecture, la mairie et les tribunaux.

ÉGLISE STE-CROIX. La plus grande partie de cet édifice appartient au commencement du XVe siècle ; on y voit un grand et magnifique autel, des statues et des sculptures précieuses en marbre, provenant de l'abbaye du Ber.

L'ÉGLISE DE LA COUTURE, anciennement renommée par ses soi-disant guérisons de possédés, et objet encore aujourd'hui d'un pèlerinage très-fréquenté, est remarquable par l'ensemble élégant de son architecture, et du XVe et du XVIe siècle ; elle est ornée de beaux vitraux et de jolies sculptures en albâtre.

On remarque encore à Bernay le collége communal, qui occupe les bâtiments d'un ancien couvent ; l'hôpital ; et dans une des principales rues, d'anciens porches en bois, reste curieux de l'architecture civile du moyen âge.

Biographie. Patrie d'ALEXANDRE, dit de Paris, poëte du XIIe siècle, auteur d'un roman d'Alexandre en vers de douze syllabes. Le rapport du nom du poëte et du héros, l'opinion vulgairement adoptée qui le faisait inventeur du grand vers dit alexandrin, tous ces motifs réunis ont puissamment concouru à le faire connaître, et à le faire regarder comme le chef de la nombreuse école des poëtes de son temps.

De GABRIEL DUMOULIN, auteur d'une Histoire estimée de la Normandie.

De GABRIEL BUGNOT, poëte latin du XVIIe siècle.

De ROBERT-THOMAS LINDET, évêque constitutionnel de l'Eure, membre de l'assemblée constituante, de la convention nationale et du conseil des anciens.

De J.-B.-ROBERT-THOMAS LINDET, membre de la constituante, de la convention nationale et du comité de salut public, ministre des finances en 1799.

Du conventionnel DUROY, mort sur l'échafaud révolutionnaire le 7 juin 1795.
Du général de division de la république HUCHET.
De M. AUGUSTE LEPRÉVOST, membre de l'Institut et député, auteur de : *Dictionnaire des anciens noms de lieu du département de l'Eure*, in-18, 1829 ; *Notice historique et archéologique sur le département de l'Eure*, in-12, 1832 ; *Notice sur Arques*, in-8, 1824 ; *Pouillés du diocèse de Lisieux*, in-4, 1844, etc., etc.

INDUSTRIE. Manufactures importantes de draps. — Fabriques de frocs, flanelles, rubans de fil et de coton, toiles de lin, percales, basins, filatures de coton et de laine. Blanchisseries de toiles. Teintureries. Tanneries, etc. — Commerce de grains, cidre, draps, fers, papiers, cuirs, toiles, chandelles, chevaux, bestiaux, etc. — Foire renommée pour la vente des chevaux, le lundi de la 5ᵉ semaine de carême (dite foire fleurie). Cette foire, des plus renommées pour les plus beaux chevaux de la Normandie, dure huit jours ; les deux premiers se vendent les chevaux de luxe du prix de 500 à 3,000 fr. ; les deux autres jours, les chevaux de voiture, de poste, de diligence ; le lendemain on vend les jeunes chevaux de trois ans ; on y vient les points les plus éloignés de la France, chercher des chevaux de poste et de diligence. Trois autres foires le mercredi de la Pentecôte, le 8 juillet et le lendemain de la Nativité de Notre-Dame.

L'arrondissement de BERNAY est composé de 6 cantons : Beaumesnil, Beaumont-le-Roger, Bernay, Brionne, Broglie et Thiberville.
A 60 k. d'Evreux, 153 k. de Paris.
Bibliographie. * *Quelques Documents pour servir à l'histoire de Bernay*, broch. in-18.

BERNAY, *Bernejo*, vg. *Sarthe* (Maine), arr. et à 24 k. du Mans, cant. et ✉ de Conlie. Pop. 674 h. — Sur la rive gauche de la Vègre. — PATRIE de l'historien JEAN BOURDIGNÉ.

BERNAY, vg. *Seine-et-Marne* (Brie), arr. et à 21 k. de Coulommiers, cant. et ✉ de Rozoy-en-Brie. Pop. 609 h.

BERNAY, vg. *Somme* (Picardie), arr. et à 23 k. d'Abbeville, cant. de Rue, ✉. ☞. A 177 k. de Paris pour la taxe des lettres. Pop. 557 h. — On y voit le joli château Renié, récemment restauré dans le goût de la renaissance. — Commerce de grains, bestiaux, cire, beurre, toile, etc.

BERNÉ, vg. *Morbihan* (Bretagne), arr. et à 37 k. de Pontivy, cant. et ✉ du Faouet. Pop. 1,876 h. — Hauts fourneaux, forges, verrerie de verre blanc pour cristallerie et verre à vitres (au CHATEAU DE PORT-KALIC).

BERNÉCOURT, vg. *Meurthe* (Lorraine), arr. et à 20 k. de Toul, cant. de Domèvre, ✉ de Noviant-aux-Prés. Pop. 292 h. — Il possède une caserne bâtie en 1576.

BERNÈDE, vg. *Ariège*, comm. et ✉ de Massat.

BERNÈDE, vg. *Gers* (Champagne), arr. et à 58 k. de Mirande, cant. et ✉ de Riscle. Pop. 453 h.

BERNEGOUE, vg. *Deux-Sèvres* (Poitou), arr., ✉ et à 15 k. de Niort, cant. de Prahecq.

BERNERIE, village maritime, *Loire-Inf.*, comm. des Moutiers, ✉ de Bourgneuf. Le territoire de ce village a été successivement rongé par les flots, et les habitants ont été obligés de se retirer dans une position qui les mît à l'abri de leurs ravages ; plusieurs d'entre eux font remarquer, à la mer basse, les débris de la maison qu'occupaient leurs pères. On compte à la Bernerie environ vingt bateaux de pêche, connus sous la dénomination de chattes, qui se livrent journellement à la pêche des huîtres et du poisson de mer, dont ils approvisionnent Nantes et les villes circonvoisines. On y remarque quelques maisons propres et commodes, bâties par de vieux capitaines au long cours, qui ont fixé leur retraite sur cette plage. — On trouve à la Bernerie une source d'eau minérale ferrugineuse, dont les propriétés sont à peu près les mêmes que celles de la Plaine et de Pornic.

BERNES, vg. *Seine-et-Oise* (Ile-de-France), arr. et à 23 k. de Pontoise, cant. de l'Ile-Adam, ✉ de Beaumont. Pop. 184 h.

BERNES, vg. *Somme* (Picardie), arr. et à 12 k. de Péronne, cant. et ✉ de Roisel. Pop. 683 h.

BERNESQ, vg. *Calvados* (Normandie), arr. et à 22 k. de Bayeux, cant. et ✉ de Trévières. Pop. 601 h.

BERNET, vg. *Gers*, comm. de Monlaur-Bernet, ✉ de Masseube.

BERNEUIL, vg. *Charente* (Saintonge), arr., cant., ✉ et à 12 k. de Barbezieux. Pop. 1,008 h.

BERNEUIL, vg. *Charente-Inf.* (Saintonge), arr. et à 13 k. de Saintes, cant. de Gemozac, ✉ de Pons. Pop. 1,403 h.

BERNEUIL, vg. *Oise* (Picardie), arr. et à 12 k. de Beauvais, cant. et ✉ d'Auneuil. Pop. 637 h.

BERNEUIL, vg. *Somme* (Picardie), arr. à 14 k. de Doullens, cant. et ✉ de Domart. Pop. 853 h.

BERNEUIL, vg. *H.-Vienne* (Limousin), arr., ✉ et à 8 k. de Bellac, cant. de Nantiat. Pop. 918 h.

BERNEUIL-SUR-AISNE, vg. *Oise* (Picardie), arr., ✉ et à 17 k. de Compiègne, cant. d'Attichy. Pop. 640 h. — On y voit une ancienne église que l'on a proposé de classer au nombre des monuments historiques.

BERNEVAL-LE-GRAND, *Brittenevallis*, vg. *Seine-Inf.* (Normandie), arr., ✉ et à 9 k. de Dieppe, cant. d'Offranville. P. 662 h. Au bord de la mer.

BERNEVILLE, vg. *Pas-de-Calais* (Artois), arr., ✉ et à 8 k. d'Arras, cant. de Beaumetz-les-Loges. Pop. 467 h.

BERNIENCOURT, *Berniencuria*, vg. *Eure*, comm. de Val-David, ✉ du St-André.

BERNIENVILLE, vg. *Eure* (Normandie), arr., cant. et à 15 k. d'Evreux, ✉ de la Commanderie. Pop. 176 h.

BERNIÈRE-BOCAGE, vg. *Calvados* (Normandie), arr. et à 12 k. de Bayeux, cant. de Balleroy, ✉ de Tilly-sur-Seulles. Pop. 243 h.

BERNIÈRES-EN-CAUX, vg. *Seine-Inf.* (Normandie), arr. et à 38 k. du Havre, cant. et ✉ de Bolbec. Pop. 763 h.

BERNIÈRES-LE-PATRY, vg. *Calvados* (Normandie), arr. et à 12 k. de Vire, cant. et ✉ de Vassy. Pop. 1,347 h.

BERNIÈRES-SUR-DIVES, bg *Calvados* (Normandie), arr. et à 12 k. de Falaise, cant. de Coulibœuf, ✉ de Jort. Syndicat maritime. Pop. 214 h.

BERNIÈRES-SUR-MER, vg. *Calvados* (Normandie), arr. et à 20 k. de Caen, cant. de Douvres, ✉ de la Délivrande. Pop. 1,368 h. — On y remarque une des plus belles et des plus vastes églises du département ; la construction de la tour paraît être du XIVᵉ siècle ; elle a été désignée par l'autorité locale comme étant susceptible d'être classée au nombre des monuments historiques. — Beau parc aux huîtres.

BERNIÈRES-SUR-SEINE, *Berneriæ*, vg. *Eure* (Normandie), arr. et à 17 k. de Louviers, cant. et ✉ de Gaillon. Pop. 194 h. Sur la Seine.

BERNIEULLES, vg. *Pas-de-Calais* (Artois), arr., et à 15 k. de Montreuil, cant. d'Etaples. Pop. 372 h.

BERNIN, vg. *Isère* (Dauphiné), arr., cant., et à 15 k. de Grenoble, ✉ de Crolles. Pop. 1,071 h. — Foire le 25 oct.

BERNIS, vg. *Gard* (Languedoc), arr., ✉ et à 10 k. de Nîmes, cant. de Vauvert. Pop. 1,241 h.

BERNHOLSHEIM ou **BERNSEN**, vg. *B.-Rhin* (Alsace), arr. et à 19 k. de Strasbourg, cant. et ✉ de Brumath. Pop. 401 h.

BERNON, vg. *Aube* (Champagne), arr. et à 35 k. de Bar-sur-Seine, cant. de Chaource, ✉ d'Ervy. Pop. 440 h.

BERNOS, vg. *Gironde* (Bazadois), arr., cant., ✉ et à 7 k. de Bazas. Pop. 1,262 h.

BERNOS, vg. *Gironde*, cant. et ✉ de St-Laurent-de-Médoc.

BERNOT, vg. *Aisne* (Picardie), arr. et à 37 k. de Vervins, cant. de Guise, ✉ d'Origny. Pop. 1,280 h. — Fab. de châles.

BERNOUIL, vg. *Yonne* (Champagne), arr. et à 9 k. de Tonnerre, cant. et ✉ de Flogny. Pop. 232 h.

BERNOUVILLE, vg. *Eure* (Normandie), arr. et à 25 k. des Andelys, cant. et ✉ de Gisors. Pop. 291 h. — Filature de coton.

BERNOUVILLE, vg. *Aisne* (Picardie), comm. d'Aisonville, ✉ de Guise.

BERNSEN. V. BERNOLSHEIM.

BERNWILLER, vg. *H.-Rhin* (Alsace), arr. et à 30 k. de Béfort, cant. de Cernay, ✉ de Dannemarie. Pop. 613 h.

BERNY, h. *Seine*, comm. de Fresnes-les-Rungis, ✉ d'Antony. ☞. — Le comte de Clermont y possédait un magnifique château qui a été démoli pendant la première révolution.

BERNY-EN-SANTERRE, vg. *Somme* (Picardie), arr. et à 11 k. de Péronne, cant. de Chaulnes, ✉ d'Estrès-Deniécourt. P. 339 h.

BERNY-RIVIÈRE, vg. *Aisne* (Picardie), arr. et à 15 k. de Soissons, cant. et ✉ de Vic-sur-Aisne. Pop. 512 h. — Au VIIe siècle, il y avait une maison royale que Dagobert visitait quelquefois.

BERNY-SUR-NOYE, vg. *Somme* (Picardie), arr. et à 22 k. de Montdidier, cant. d'Ailly-sur-Noye, ✉ de Flers. Pop. 263 h.

BÉROU-LA-MULOTIÈRE, vg. *Eure-et-Loir* (Normandie), arr. et à 23 k. de Dreux, cant. de Brezolles, ✉ de Tillières-sur-Avre. Pop. 507 h. Sur l'Avre. — Forges.

BERRAC, vg. *Gers* (Armagnac), arr., cant., ✉ à 11 k. de Lectoure. Pop. 352 h.

BERRAUTE, vg. *B.-Pyrénées*, comm. de Domezain-Berraute, ✉ de St-Palais.

BERRE, *Berra*, jolie petite ville, *Bouches-du-Rhône* (Provence), chef-l. de cant., arr. et à 27 k. d'Aix. Bureau d'enregist. à St-Chamas. Cure. ✉. A 780 k. de Paris pour la taxe des lettres. Pop. 1,926 h. — Terrain tertiaire moyen.

Berre est une ville qui parait s'être formée des ruines d'Astromela, détruite par les Visigoths vers la fin du Ve siècle. Dans le moyen âge, c'était une place forte importante, désignée sous le nom de *Castrum de Berre*; le duc de Savoie, Charles-Emmanuel, la prit en 1590; mais elle fut restituée à la France en 1598, par suite du traité de Vervins. Depuis cette époque, les fortifications ont été négligées, et les remparts ne peuvent plus être considérés que comme des murs d'enceinte.

Cette ville est dans une situation charmante, sur l'étang de son nom, au milieu d'une plaine agréable et fertile. Les rues en sont droites et formées de maisons bien bâties, les alentours charmants et les promenades fort agréables ; mais il n'y a point de fontaines ; un seul puits fournit l'eau pour les besoins des habitants. Le port est sûr et la plage fort commode ; plusieurs môles facilitent l'embarquement et le débarquement des marchandises. Berre est environnée de riches salines qui donnent lieu à un cabotage très-actif, mais qui en rendent l'air malsain. Le territoire produit de très-bonne huile, qui se vend pour de l'huile d'Aix, de belles amandes et d'excellentes figues. — La vue de l'étang de Berre est très-agréable : la scène est animée par les petites villes placées sur ses bords à des distances égales ; chacune a son petit port, d'où elle expédie des tartanes et des bateaux qui parcourent sans cesse cette espèce de mer. Pendant les belles nuits d'été, les eaux sont couvertes de mollusques phosphorescents qui les rendent lumineuses.

Fabriques de soude. — Commerce considérable de sel, d'amandes fines, figues renommées, huile d'olive, etc. Exploitation des marais salants. Petit cabotage.

BERRE (étang de), *Mastramela*. Le golfe qui porte ce nom forme, derrière la ville des Martigues, un vaste et bel amphithéâtre, dont les bords sont cultivés en vignes ou plantés d'amandiers et d'oliviers ; il communique à la Méditerranée par les canaux des Martigues et de la Tour-de-Bouc. Ses eaux, plus tranquilles que celles de la grande mer, déposent beaucoup de sel marin sur ses bords. On y pêche une grande quantité de poisson, entre autres des anguilles, dont on sale tous les ans jusqu'à 400 quintaux, sans compter celles que l'on mange fraîches. — L'étang de Berre a près de 20 k. de long, depuis les Martigues jusqu'au fond de l'étang de St-Chamas, et environ 60 k. de tour. La rive occidentale est partout escarpée ; la rive orientale présente plusieurs enfoncements, qui sont l'étang de Balmon ou de Marignanne, séparé de celui de Berre par une chaussée de sable et de vase, qu'on nomme le Chemin-du-Roi ; et l'étang de Vains, qui est entouré d'un grand escarpement formé par la chaîne de Vitrolles. Le prolongement de l'étang au nord porte le nom d'étang de St-Chamas. Un canal taillé dans le roc fait communiquer l'étang de Berre avec l'étang de l'Olivier, sur les bords duquel est bâtie la ville d'Istres. V. Walckenaer. *Géographie des Gaules*, t. I, p. 117.

BERRI. V. Berry.

BERRIAC, vg. *Aude* (Languedoc), arr., cant., ✉ et à 5 k. de Carcassonne. Pop. 120 h.

BERRIAS, vg. *Ardèche* (Languedoc), arr. et à 29 k. de Largentière, cant. et ✉ des Vans. Pop. 1,122 h. — *Foires* les 25 juin et 12 sept.

BERRIC, vg. *Morbihan* (Bretagne), arr. à 20 k. de Vannes, cant. de Questembert, ✉ de Muzillac. Pop. 1,084 h. — *Foires* les 29 janv., 16 et 25 avril, 11, 25 et 30 mai.

BERRIEN, vg. *Finistère* (Bretagne), arr. et à 40 k. de Châteaulin, cant. et ✉ de Huelgoat. Pop. 2,540 h.

BERRIEUX, vg. *Aisne* (Picardie), arr. et à 25 k. de Laon, cant. de Craonne, ✉ de Corbeny. Pop. 504 h.

BERROGAIN-LARRUNS, vg. *B.-Pyrénées* (Gascogne), arr., cant., ✉ et à 4 k. de Mauléon, 25 k. de St-Palais. Pop. 208 h.

BERRU, vg. *Marne* (Champagne), arr., ✉ et à 9 k. de Reims, cant. de Beine. Pop. 335 h. — Il est situé près de la montagne de Berru, élevée de 160 m. au-dessus du sol environnant, et dont le sommet est surmonté de signaux du corps des géographes. Berru est évidemment un village fort ancien, entouré encore de remparts et de fossés, qui le protégent contre l'envahissement des eaux dans les grandes pluies ; on y entrait autrefois par trois portes dont il ne reste plus que les fondations. On y trouve dans fontaines publiques, alimentées par une source d'eau excellente, que l'on croit un peu ferrugineuse, et qui passe pour avoir des vertus antifébrifuges. — Les puits de cette commune ont de 40 à 90 m. de profondeur, et ne tarissent jamais. Les caves sont très-belles, élevées et si vastes qu'elles ressemblent à des granges. Derrière une maison particulière, on remarque un vaste souterrain de refuge garni de banquettes taillées dans le roc, nommé la *Bouche des Loups*. — La commune de Berru exploite six cendrières qui occupent 100 ouvriers et produisent annuellement 40,000 hectol. au prix moyen de 1 fr.

BERRY (le), *Biturigensis Tractus*, ci-devant province de France, qui forme maintenant le dép. de l'*Indre* et celui du *Cher*, à l'exception de l'arr. de St-Amand, qui appartient au Bourbonnais. Compris dans la Celtique sous Jules César, le Berry fit partie de la première Aquitaine. Les *Bituriges* l'habitaient, et Bourges en était la capitale. Sous les rois de la seconde race, le Berry fut gouverné par des comtes, et réuni à la couronne en 1100, par Philippe Ier. Depuis le roi Jean, cette province a toujours été l'apanage d'un fils de France.

Cette province avait environ 160 k. de long sur 120 k. de large. Elle était bornée au nord par l'Orléanais, à l'est par le Nivernais, au sud par le Bourbonnais et la Marche, et à l'ouest par la Touraine et le Poitou. Son territoire, généralement uni, se compose de terres sablonneuses et peu fertiles, et de bruyères. Ses pâturages engraissent une grande quantité de bœufs et de nombreux troupeaux de bêtes à laine, recherchées pour la finesse de leur toison : on y trouve des mines de fer et de charbon de terre, des carrières de marbre, et quelques fabriques de draps communs. — Les principales rivières qui l'arrosent sont : la Loire, l'Indre et le Cher. — St-Aignan, Argenton, Aubigny, le Blanc, Bourges, Charost, Châteauroux, Dun-le-Roi, Henrichemont, Issoudun, Mehun, Sancerre et Vierzon en étaient les principales villes.

Bibliographie. Chaumeau (J.). *Histoire du Berry*, in-fol., 1566.

Labbe (Ph.). *Histoire abrégée du Berry*, in-12, 1647, in-8, fig. et plan, 1840.

Thaumas de la Thaumassière (Gasp.). *Histoire du Berry et du diocèse de Bourges*, in-f°, 1689.

Pallet. *Nouvelle Histoire du Berri*, 5 vol. in-8, 1783 et suiv.

* *Explication et Description des monuments gaulois, etc., extrait de la Nouvelle Histoire du Berri*, par Pallet, in-8, fig., 1784.

Bengy Puyvallée (P.-J.). *Mémoires historiques sur le Berry et particulièrement sur quelques châteaux du département du Cher*, in-8, 1842.

Hazé. *Notice historique sur les antiquités et les monuments du Berry*, in-4, 1840.

Labbe (Ph.). *Le Blazon des armoiries des familles nobles du Berry* (imprimée dans son Abrégé de l'histoire du Berry).

Thaumas de la Thaumassière (G.). *Le Nobiliaire du Berry* (forme les livres XI et XII de son Histoire du Berry).

Catherinot (N.). *Tombeaux généalogiques, contenant cent généalogies du Berry*, in-4, 1674.

— *La Nécrologie du Berry depuis l'an 251 jusqu'à l'an 1600*, in-4, 1682.

— *Le Nobiliaire du Berry*, in-4, 1681.

Thaumas de la Thaumassière (G.). *Les Anciennes et Nouvelles Coutumes du Berry et celles de Lorris commentées*, in-f°, 1680.

* *Lettre écrite d'Auxerre à un curieux de la ville de Bourges, touchant quelques usages des peuples du Berry* (Mercure, mars 1735).

ROUSSELET (Ch.-M.). *Chroniques populaires du Berry, recueillies et publiées pour l'instruction des autres provinces* (avec Vermond), in-8, 1830.

JOUX. *L'Hermite en Berry*, in-12.

CATHERINOT (N.). *Annales ecclésiastiques de Berry depuis 1201 jusqu'en 1240*, in-4, 1684.

BERTHOLLET (F.-M.). *Considérations sur une partie du Berry, département du Cher, etc.*

Annuaires du Berry, administratif, statistique, agricole et historique, in-18, 1840-1844 (chaque volume contient des notices statistiques et d'histoire locale, avec plans).

BERRY (canal du duc de), ou du CHER. Ce canal devait suivre le Cher, depuis Montluçon jusqu'à St-Aignan, entrer à ce point dans le Cher, où il se maintenait jusqu'à St-Aventin, au-dessus de Tours, et d'où il sortait pour joindre la Loire, immédiatement au-dessus de cette ville ; mais une ordonnance du roi du 22 décembre 1819, porte que la partie de ce canal qui doit être exécutée, entre St-Amand et Vierzon, au lieu de suivre la rivière du Cher, sera dirigée par les vallées de la Marmande, de l'Auron et de l'Yvette, en passant par Bourges. Ce prolongement s'embranche au Rimbé, sur la nouvelle ligne adoptée, et va rejoindre au Bec-d'Allier le canal latéral à la Loire, de Digoin à Briare ; la longueur totale de ces deux lignes de navigation est de 317,300 m.; la largeur des sas-écluses de 2 m. 70 c. Ce canal a été livré à la navigation en 1839.

Bibliographie. * *Notice historique, administratif et commercial sur le canal du Berry*, in-8, 1842.

BERRY-AU-BAC, vg. *Aisne* (Picardie), arr., et à 35 k. de Laon, cant. de Neufchâtel. ⊠. ✦. A 143 k. de Paris pour la taxe des lettres. Pop. 563 h. Sur l'Aisne, que l'on traversait autrefois sur un bac, remplacé en 1813 par un pont en pierre. — Il était anciennement défendu par un château, qui fut pris et rasé par les Anglais en 1439. Le 5 mars 1814, les Français s'emparèrent de Berry-au-Bac, qui était tombé au pouvoir des armées étrangères, et Napoléon y établit son quartier général. Le 16 mars, à la suite d'un engagement avec les Russes, les Français firent sauter deux arches du pont, pour assurer leur retraite. Les ennemis, d'un autre côté, voulant rétablir le passage, jetèrent trois ponts provisoires, et employèrent à leur construction les portes et autres bois des bâtiments qu'ils démolirent. Plus de 70 maisons furent entièrement détruites, les autres furent fortement endommagées.

BERRY-BOUY, ci-devant BERRY-MARMAGNE, vg. *Cher* (Berry), arr. et à 9 k. de Bourges, cant. et ⊠ de Mehun-sur-Yèvre. Pop. 758 h.

BERWILLER, vg. *H.-Rhin* (Alsace), arr. et à 32 k. de Colmar, cant. et ⊠ de Soulz. Pop. 1,002 h.

BERSAC (le), vg. *H.-Alpes* (Dauphiné), arr. et à 40 k. de Gap, cant. et ⊠ de Serres. Pop. 203 h.

BERSAC (Petit-), vg. *Dordogne* (Périgord), arr., cant., ⊠ et à 12 k. de Ribérac. P. 652 h.

BERSAC, vg. *H.-Vienne* (Limousin), arr. et à 33 k. de Bellac, cant. de Bessines, ⊠ de Razès. Pop. 1,677 h.

BERSAILLIN, vg. *Jura* (Franche-Comté), arr., cant. et à 8 k. de Poligny, ⊠ de Sellières. Pop. 457 h.

BERSÉE, vg. *Nord* (Flandre), arr. et à 20 k. de Lille, cant. et ⊠ de Pont-à-Macq. Pop. 1,744 h.

BERSILLIES, vg. *Nord* (Hainaut), arr. et à 24 k. d'Avesnes, cant. et ⊠ de Maubeuge. Pop. 200 h.

BERSON, vg. *Gironde* (Guienne), arr., cant., ⊠ et à 7 k. de Blaye. Pop. 1,794 h.

BERSTETT, vg. *B.-Rhin* (Alsace), arr. et à 14 k. de Strasbourg, cant. et ⊠ de Truchtersheim. Pop. 658 h.

BERSTHEIM, vg. *B.-Rhin* (Alsace), arr. et à 24 k. de Strasbourg, cant. et ⊠ d'Haguenau. Pop. 344 h.

BERT, vg. *Allier* (Bourbonnais), arr. et à 35 k. de Lapalisse, cant. de Jaligny, ⊠ de Donjon. Pop. 890 h. — TERRAIN carbonifère, houille. — Bert donne son nom à un bassin houiller partagé en deux concessions, sous les noms de Bert et de Montcombroux, qui occupent ensemble une surface de 1,721 hectares.

BERTANGLES, vg. *Somme* (Picardie), arr. et à 11 k. d'Amiens, cant. de Villers-Bocage. Pop. 347 h.

BERTAUCOURT-ÉPOURDON, vg. *Aisne* (Picardie), arr. et à 20 k. de Laon, cant. et ⊠ de la Fère. Pop. 596 h. — Les habitants furent affranchis en 1368 par Enguerrand VII.

BERTAUCOURT-LES-DAMES, vg. *Somme* (Picardie), arr. et à 20 k. de Doullens, cant. et ⊠ de Domart. Pop. 730 h. — On voit les restes d'une riche abbaye fondée en 753. Le portail de l'église, bâtie en 1225, se fait remarquer par ses arceaux à plein cintre et ses moulures dentelées. A droite de ce portail, est une haute tour carrée.

BERTEAUCOURT-LES-THENNES, vg. *Somme* (Picardie), arr. et à 22 k. de Montdidier, cant. et ⊠ de Moreuil. Pop. 476 h.

BERTHAUME, château fort du dép. du *Finistère*. V. PLOUGONVELIN.

BERTHAUME, baie du dép. du *Finistère*, fermée à l'ouest par la pointe de son nom, sur lequel s'élève le fort de Berthaume. Établissement de la marée, 3 heures 15 minutes. La rade est très-bonne par les vents de nord et nord-est.

BERTHEAUVILLE, vg. *Seine-Inf.* (Normandie), arr. et à 25 k. d'Yvetot, cant. et ⊠ de Cany. Pop. 414 h.

BERTHECOURT, vg. *Oise* (Picardie), arr. et à 16 k. de Beauvais, cant. et ⊠ de Noailles. Pop. 462 h. — Il est dans une jolie position, sur le ruisseau du Sillet. On y faisait autrefois un commerce considérable de faisans.

BERTHEGON, vg. *Vienne* (Poitou), arr. et à 20 k. de Loudun, cant. de Monts-sur-Guesnes, ⊠ de Mirebeau. Pop. 368 h.

BERTHELANGE, vg. *Doubs* (Franche-Comté), arr. et à 20 k. de Besançon, cant. d'Audex, ⊠ de St-Witt, Pop. 225 h. — Foires les 15 fév., 24 mai et 22 nov.

BERTHELÉVILLE, vg. *Meuse* (Lorraine), arr. de Commercy, 55 k. de St-Mihiel, cant. et ⊠ de Gondrecourt. — Éducation des chevaux et des bêtes à cornes. Haras. Hauts fourneaux, forges, martinets.

BERTHELMING, vg. *Meurthe* (Lorraine), arr. et à 11 k. de Sarrebourg, cant. et ⊠ de Fénétrange. Pop. 794 h.

BERTHEN, vg. *Nord* (Flandre), arr. et à 19 k. d'Hazebrouck, cant. et ⊠ de Bailleul, Pop. 600 h.

BERTHENAY, vg. *Indre-et-Loire* (Touraine), arr., cant., ⊠ et à 13 k. de Tours. Pop. 455 h.

BERTHENICOURT, vg. *Aisne* (Picardie), arr., ⊠ et à 12 k. de St-Quentin, cant. de Moy. P. 328 h. — *Fab.* de toiles. Filatures de lin.

BERTHENONVILLE, vg. *Eure* (Normandie), arr. et à 25 k. des Andelys, cant. d'Ecos, ⊠ des Thilliers. Pop. 213 h.

BERTHENOUX (la), vg. *Indre* (Berry), arr., cant., ⊠ et à 11 k. de la Châtre, Pop. 1,254 h. — *Foire* le 9 sept.

BERTHEVIN-LA-TANNIÈRE (St-), vg. *Mayenne* (Maine), arr. et à 28 k. de Mayenne, cant. de Landivy, ⊠ d'Ernée. Pop. 1,007 h.

BERTHEVIN-SUR-VICOIN (St-), bg *Mayenne* (Maine), arr., cant., ⊠ et à 4 k. de Laval. Pop. 2,140 h. — Il est bâti sur la rive gauche du Vicoin, dans un vallon pittoresque bordé de collines alternativement hérissées de rochers énormes, ou tapissées de vigoureux châtaigniers. Dans la partie la plus escarpée du coteau de la rive gauche, on conserve avec une religieuse vénération ce qu'on appelle la chaire de St-Berthevin, espèce de siège ou de niche taillée dans le roc. La tradition du pays rapporte que c'est de cet endroit que saint Berthevin prêcha la foi aux habitants de cette contrée. En ce cas, il devait avoir eu bien forte et ses auditeurs de bonnes oreilles, car au-dessous de cette chaire règne un escarpement de près de 100 m. de hauteur, et c'est au bord de la rivière qui coule au pied que devait être placé le public. — Carrières de marbre. Fours à chaux.

BERTHEZ, vg. *Gironde* (Bazadois), arr., cant., ⊠ et à 9 k. de Bazas. Pop. 260 h.

BERTHOLÈNE, vg. *Aveyron* (Rouergue), arr. et à 49 k. de Millau, ⊠ de Laissac. Pop. 1,173 h. — Cette commune donne son nom à un bassin houiller d'une étendue considérable, qui remonte le cours de l'Aveyron, sur une longueur de 36 kil., depuis Seusac jusqu'à une petite distance de Séverac-le-Château. Les mines portent aussi le nom de Pomarède ; on y exploite jusqu'à cinq couches de charbon dont la plus puissante est moyennement de 2 m. 20 c.

BERTHOUVILLE, vg. *Eure* (Normandie), arr. et à 13 k. de Bernay, cant. et ⊠ de Brionne. Pop. 779 h. — En 1830, un cultivateur a découvert dans un champ, au hameau de Villeret, 70 objets en argent, d'un poids de 25 kilog., au nombre desquels il y avait des statues, des instruments de sacrifice et des offrandes votives. Ces objets, dont la bibliothèque royale a fait acquisition, sont parfaitement conservés, la plupart ornés d'inscriptions et d'une grande beauté. Quelques-uns, d'après leur style, remontent au temps des premiers Césars : ils composaient probablement le trésor d'un temple de Mercure qui paraît avoir existé dans ce lieu, dont le nom était Canetum. — Une voie antique de Lisieux à Brionne passe dans le voisinage, où l'on trouve fréquemment des vestiges de constructions romaines.

Bibliographie. LEPRÉVOST (Auguste). *Mémoire sur la collection de vases antiques trouvés en mars 1830 à Berthouville*, in-4°, 1831 (Mém. de la soc. des antiq. de Normandie, p. 73 à 192).

BERTIGNAT, vg. *Puy-de-Dôme* (Auvergne), arr. et à 13 k. d'Ambert, cant. et ✉ de St-Amand-Roche-Savine. Pop. 3,035 h.

BERTIGNOLLE, vg. *Aube* (Champagne), arr., ✉ et à 10 k. de Bar-sur-Seine, cant. d'Essoyes. Pop. 3,240 h.

BERTINCOURT, ou OSSIMONT, vg. *Pas-de-Calais* (Artois), chef-l. de cant., arr. à 28 k. d'Arras, ✉ de Bapaume. Pop. 1,527 h. — TERRAIN tertiaire supérieur.

BERTONCOURT, vg. *Ardennes* (Champagne), arr., cant., ✉ et à 5 k. de Rethel. Pop. 321 h.

BERTOUMIEU, vg. *Gironde*, comm. de Loupiac, ✉ de Cadillac.

BERTRAMBOIS, vg. *Meurthe* (Lorraine), arr. et à 19 k. de Sarrebourg, cant. et ✉ de Lorquin. Pop. 1,310 h. — *Fabrique* de poterie de grès.

BERTRANCOURT, vg. *Somme* (Picardie), arr. et à 19 k. de Doullens, cant. et ✉ d'Acheux. Pop. 732 h.

BERTRAND-DE-COMMINGES (St-), *Lugdunum Convenarum*, ancienne et jolie ville, H.-Garonne (Comminges), chef-l. de cant., arr. et à 21 k. de St-Gaudens. Cure. ✉. A 764 k. de Paris pour la taxe des lettres. Pop. 909 h. — TERRAIN crétacé inférieur, grès vert, voisin du terrain tertiaire supérieur. — Ancienne capitale des *Convenæ*, mentionnée par Strabon. La position de cette ville est démontrée par les mesures de trois routes romaines qui y aboutissent, et qui partent de *Ausci*, Auch, *Tolosa*, Toulouse, et *Aquæ Tarbellicæ*, Aqs. Grégoire de Tours a décrit la situation de *Lugdunum* des *Convenæ* sur le sommet de la montagne ; mais les plus grands vestiges des restes de l'ancienne ville sont au pied de la montagne du val Crabère, près de la Garonne. Elle fut jadis ornée par les Romains d'un grand nombre de monuments et de constructions, dont on a recueilli et découvert, à diverses époques, des restes précieux, au milieu des ruines de cette nouvelle Acropolis, qui, telle qu'un nid d'aigle, couronne un monticule assez élevé : elle avait un amphithéâtre dont les ruines se voient près de la porte Majeure. — En 585, elle donna retraite à Gondebaud, fils naturel de Clotaire 1er, qui s'était fait couronner roi. Leudegesile, général de Gontran, ayant pris cette ville, la livra aux flammes, passa au fil de l'épée tous les habitants, et précipita Gondebaud du haut des rochers. Ce n'est qu'au commencement du XIIe siècle que cette ville a pris le nom qu'elle porte actuellement en l'honneur d'un de ses évêques, nommé Bertrand, qui la rebâtit presque en entier. — St-Bertrand est agréablement situé, dans une contrée fertile, près de l'Aune et non loin de la rive gauche de la Garonne. Ses rues sont larges et bordées de maisons vastes et bien bâties. — L'ancienne cathédrale est remarquable par son antiquité, sa régularité et sa vaste enceinte, contenant treize autels décorés de tableaux ; les boiseries des chœurs et celles des orgues sont des chefs-d'œuvre de sculpture. Cette église a été désignée par l'autorité locale comme étant susceptible d'être classée au nombre des monuments historiques. — PATRIE du savant médecin FR. BAYLE. — Atelier de marbrerie. Scierie hydraulique de marbre de trente-six lames, mue par la Garonne. — *Foires* les 4 et 5 mai et 17 oct.

BERTRANGE, vg. *Moselle* (Lorraine), arr., ✉ et à 8 k. de Thionville, cant. de Metzervisse. Pop. 463 h.

BERTRE, vg. *Tarn* (Languedoc), arr. à 16 k. de Lavaur, cant. et ✉ de Puylaurens. Pop. 162 h.

BERTREN, vg. *H.-Pyrénées* (Bigorre), arr. et à 46 k. de Bagnères-de-Bigorre, cant. de Mauléon-Barousse, ✉ de St-Bertrand. Pop. 257 h.

BERTREVILLE, vg. *Seine-Inf.* (Normandie), arr. et à 25 k. d'Yvetot, cant. et ✉ de Cany. Pop. 319 h.

BERTREVILLE-ST-OUEN, vg. *Seine-Inf.* (Normandie), arr. et à 15 k. de Dieppe, cant. de Longueville, ✉ de Bacqueville. Pop. 700 h.

BERTRIC, vg. *Dordogne* (Périgord), arr., ✉ et à 9 k. de Ribérac, cant. de Verteillac. Pop. 887 h.

BERTRICHAMPS, vg. *Meurthe* (Lorraine), arr. et à 33 k. de Lunéville, cant. et ✉ de Baccarat. Pop. 1,060 h.

BERTRICOURT, vg. *Aisne* (Picardie), arr. et à 40 k. de Laon, cant. et ✉ de Neufchâtel. Pop. 112 h.

BERTRIMONT, vg. *Seine-Inf.* (Normandie), arr. à 32 k. de Dieppe, cant. et ✉ de Tôtes. Pop. 229 h.

BERTRIMOUTIERS, vg. *Vosges* (Lorraine), arr., cant., ✉ et à 10 k. de St-Dié. Pop. 156 h.

BERTRING, vg. *Moselle* (Lorraine), arr. de Sarreguemines, cant. de Gros-Tenquin, ✉ de Faulquemont.

BERTRY, vg. *Nord* (Flandre), arr. et à 21 k. de Cambray, cant. de Clary, ✉ du Cateau. Pop. 2,041 h.

BÉRU, vg. *Yonne* (Champagne), arr., cant. et à 9 k. de Tonnerre, ✉ de Chablis. Pop. 310 h.

BERUGES, vg. *Vienne* (Poitou), arr., ✉ et à 12 k. de Poitiers, cant. de Vouillé. Pop. 1,010 h. — *Fabrique* de draps ; filatures de laine (au Pin).

BERULLE, vg. *Aube* (Champagne), arr. et à 40 k. de Troyes, cant. d'Aix-en-Othe, ✉ de Rigny-le-Ferron. Pop. 810 h. — On y voit une ancienne église qui paraît susceptible d'être classée au nombre des monuments historiques.

BERUS, vg. *Sarthe* (Maine), arr. et à 28 k. de Mamers, cant. de St-Pater, ✉ d'Alençon. Pop. 504 h.

BERVAL, vg. *Oise*, comm. de Bonneuil-en-Valois, ✉ de Crépy.

BERVILLE, vg. *Calvados* (Normandie), arr. et à 25 k. de Lisieux, cant. et ✉ de St-Pierre-sur-Dives. Pop. 210 h.

BERVILLE, vg. *Seine-Inf.* (Normandie), arr. et à 12 k. d'Yvetot, cant. et ✉ de Doudeville. Pop. 1,256 h.

BERVILLE-EN-ROMOIS, vg. *Eure* (Normandie), arr. et à 27 k. de Pont-Audemer, cant. et ✉ de Bourgtheroulde. Pop. 492 h.

BERVILLE-EN-VEXIN, vg. *Seine-et-Oise* (Vexin normand), arr. et à 20 k. de Pontoise, ✉ et cant. de Marines. Pop. 292 h.

BERVILLE-PRÈS-LE-TILLEUL, vg. *Eure* (Normandie), arr. et à 27 k. de Bernay, cant. de Beaumont-le-Roger, ✉ de Conches. Pop. 366 h.

BERVILLE-SUR-MER, *Bervilla*, *Eure* (Normandie), arr. et à 17 k. de Pont-Audemer, cant. et ✉ de Beuzeville. Pop. 527 h. — Il est situé sur la rive gauche et près de l'embouchure de la Seine. On y pêche une immense quantité de poisson de la petite espèce, dont une partie est de mauvais goût qu'on n'emploie à fumer les terres et à engraisser la volaille. — Au nord de l'église est un fanal de 6 k. de portée.

BERVILLE-SUR-SEINE, vg. *Seine-Inf.* (Normandie), arr. et à 17 k. de Rouen, caut. et ✉ de Duclair. Pop. 317 h.

BERWEILLER, vg. *Moselle* (Lorraine), arr. et à 40 k. de Thionville, cant. et ✉ de Bouzonville. Pop. 633 h. — Mine de fer exploitée.

BERZÉ-LA-VILLE, vg. *Saône-et-Loire* (Bourgogne), arr., cant. et à 13 k. de Mâcon, ✉ de St-Sorlin. Pop. 700 h. — Fours à plâtre.

BERZÉ-LE-CHATEL, vg. *Saône-et-Loire* (Bourgogne), arr. et à 16 k. de Mâcon, cant. de Cluny, ✉ de St-Sorlin. Pop. 168 h.

BERZÈME, vg. *Ardèche* (Languedoc), arr. et à 14 k. de Privas, cant. et ✉ de Villeneuve-de-Berg. Pop. 367 h. — *Foire* le lendemain de l'Ascension et le 16 sept.

BERZIEUX, vg. *Marne* (Champagne), arr. et à 13 k. de Ste-Menehould, cant. de Ville-sur-Tourbe. Pop. 350 h. Il était autrefois entouré de murs et de fossés dont il reste encore quelques vestiges.

BERZY, vg. *Aisne* (Picardie), arr., cant., ✉ et à 6 k. de Soissons. Pop. 407 h.

BESACE (la), vg. *Ardennes* (Champagne), arr., ✉ et à 20 k. de Sedan, cant. de Raucourt. Pop. 468 h.

BESAIN, vg. *Jura* (Franche-Comté), arr.,

cant., ⊠ et à 12 k. de Poligny, 20 k. d'Arbois. Pop. 426 h.

BESANÇON, *Vesontio, Bisantium, Bisontio, Chrysopolis*, grande, belle et très-forte ville, chef-l. du dép du *Doubs* (Franche-Comté). Cour royale d'où ressortissent les départements du Doubs, du Jura et de la Haute-Saône. Tribunaux de 1re inst. et de comm. Chef-l. de la 6e div. milit. Place de guerre de 1re classe. Ecole d'artillerie. Académie des sciences, belles-lettres et arts. Académie universitaire. Faculté des lettres. Collège royal. Société d'agriculture et de médecine. Institution des sourds-muets. Archevêché. Grand sémin. 2 cures. Gîte d'étape. ⊠. ⚲. Pop. 36,461 h.

Autrefois archevêché, capitale de la Franche-Comté, citadelle, parlement, université, hôtel des monnaies, intendance, grand bailliage et bailliage particulier, présidial, académie des sciences, belles-lettres et arts, société littéraire militaire, 8 paroisses, 2 chapitres, collège, 13 couvents ou abbayes.— L'archevêché de Besançon avait pour suffragants les évêques de Belley, de Lausanne et de Bâle. Revenu, 50,000 liv.

L'archevêque de Besançon portait le titre de prince de l'empire, et prétendait avoir droit de séance à la diète impériale.

L'origine de cette ville se perd dans la nuit des siècles. Sous les Gaulois c'était déjà une cité célèbre, notée dans la Table théodosienne et dans l'Itinéraire d'Antonin sous le nom de *Vesontio*. César y entra l'an 56 avant l'ère chrétienne, non en conquérant, mais appelé par les chefs de la cité pour repousser les barbares qui menaçaient la Séquanie d'un envahissement total : dans son livre de la Guerre des Gaules, il parle avec éloge de cette ville, et la cite comme une des plus belles et des plus fortes de son temps. La description qu'il en donne, les monuments historiques, et les mesures de l'Itinéraire pour quatre routes qui s'y croisent, fixent sans aucun doute la position de cette ville à Besançon moderne. Ces quatre routes se rattachent à *Argentoratum*, Strasbourg, *Augusta Rauracorum*, Augst, *Andomatunum*, Langres, *Augustodunum*, Autun, *Aventicum*, Avenches, et *Geneva*, Genève. — Sous Auguste elle devint la métropole de la grande Séquanie ; mais son plus haut période de grandeur fut sous l'empereur Aurélien, qui se plut à l'embellir. Parmi les anciens monuments qui attestent son antiquité, on remarque le cours du Doubs et un bel arc de triomphe assez bien conservé. — Sous la domination romaine, Besançon était célèbre par son école, une des plus estimées de la Gaule, où Quintilien a donné des leçons vers le IVe siècle de notre ère.

Besançon fut plusieurs fois ruinée par les Allemands, ravagée par Attila, et s'est toujours relevée de ses ruines. Elle fut pendant longtemps ville libre et impériale, et se gouverna en république sous des magistrats et un conseil électif de vingt-huit notables, nommés tous les ans par une assemblée populaire composée de tous les chefs de famille. Elle passa ensuite sous la domination autrichienne, et fut cédée à l'Espagne par le traité de Munster. Louis XIV l'assiégea en personne, et s'en empara en 1660 : le traité de Nimègue en assura la possession à la France, ainsi que de toute la Franche-Comté. En 1814, Besançon fut assiégée sans succès par les armées des puissances étrangères. Les habitants de cette ville ont toujours fait preuve de courage, et l'histoire a consigné leurs traits de bravoure : en 406, contre les Vandales ; en 413, contre les Bourguignons ; en 451, contre les Huns ; en 1288, contre les Allemands ; en 1335, contre les ducs de Bourgogne ; en 1362, contre les Anglais ; en 1814 et en 1815, contre les troupes des puissances coalisées contre la France. — Il s'y est tenu un concile sous Charles de Neufchâtel, en 1495.

Les **armes de Besançon** sont : *d'or à l'aigle impériale de sable tenant dans chacune de ses serres deux colonnettes de même, et pour devise* UTINAM.

Besançon est dans une situation très-agréable, à l'extrémité d'une vallée arrosée par le Doubs, qui entoure la ville presque en entier, et la divise en deux parties inégales, qui communiquent entre elles par un pont de pierre, où l'on remarque deux espèces de constructions : les unes romaines, en gros blocs de pierres dites de Vergennes, bien conservées, les autres modernes, construites en pays, ajoutées pour élargir la voie publique. Cette ville est environnée de hautes montagnes couvertes de vignes et de verdure. L'isthme de la presqu'île sur laquelle elle est bâtie est occupé par une masse de rochers qui couronne la citadelle, laquelle domine toute la contrée qui s'étend au nord ; mais la citadelle est dominée elle-même au sud, à l'est et au sud-est, par les monts de Chaudane, de Brégille et de la Chapelle-des-Buis, ce qui a nécessité la construction de plusieurs forts pour défendre ses approches.

La ville de Besançon est une des plus fortes villes de France, et l'une des mieux bâties ; elle compte 1,455 maisons dans l'enceinte de ses remparts, toutes en pierres de taille, à deux ou trois étages, ornés en partie de balcons ; les rues sont larges, spacieuses et assez bien percées ; les places publiques vastes, régulières et ornées de fontaines. La promenade de Chamars, située dans l'enceinte de la ville, arrosée par deux bras du Doubs, est remarquable par son étendue. Il existe aussi une autre promenade au milieu de la ville, formée du jardin de l'ancien palais Grandvelle.

Les édifices et les établissements les plus remarquables de Besançon sont :

L'ÉGLISE CATHÉDRALE DE ST-JEAN, vaisseau gothique d'un aspect imposant, reconstruit dans un style moins imposant au XIe siècle. On y remarque un magnifique maître-autel en marbre d'Italie ; la chapelle du St-Suaire, où se trouvent la belle Résurrection de Vanloo et de bons tableaux de Natoire et de Detroye. A droite, dans la chapelle latérale, est un Saint Sébastien de Fra Bartholomeo, maître de Raphaël ; vis-à-vis, dans la chapelle de gauche, se trouve un tableau représentant la mort de Saphire, par del Piombino, élève de Michel-Ange. De beaux anges adorateurs en marbre blanc sont placés sur les côtés de l'autel principal. Au-dessous de l'orgue, dans une cavité, on voit le tombeau de Ferri Carrondelet.

L'ÉGLISE DE STE-MADELEINE, superbe vaisseau d'architecture moderne exécuté par Nicole ; le portail n'a été achevé qu'en 1830.

L'ÉGLISE DE ST-PIERRE, édifice exécuté en 1784. On y voit un magnifique groupe en pierre de Tonnerre, exécuté par Breton.

L'ÉGLISE DE ST-FRANÇOIS-XAVIER, monument d'une belle architecture, où l'on voit quelques tableaux de maîtres.

L'HÔPITAL ST-JACQUES, superbe édifice bâti en 1707, orné d'une magnifique grille en fer. La rotonde, qui sert de chapelle, a été construite par l'architecte Nicole : on y voit trois jolis tableaux de Jollin.

L'HÔTEL DE LA PRÉFECTURE, ancienne intendance, dont la construction date du milieu du siècle dernier.

LE COLLÈGE, fondé par le père du cardinal Grandvelle, qui, lui-même, l'agrandit considérablement. Les bâtiments sont immenses, les cours spacieuses, les jardins vastes et bien aérés ; l'église est fort belle. Ce collège peut contenir deux cents élèves sans encombrement.

LE PALAIS DE JUSTICE, construit de 1745 à 1749 pour y recevoir la cour du parlement, transféré de Dôle à Besançon par ordre de Louis XIV. L'architecture de la façade de cet édifice, situé derrière l'hôtel de ville, est remarquable. Les statues en plâtre de la Justice et de la Religion décorent le portique qui sert d'entrée à la grande salle de la cour royale.

L'ANCIEN PALAIS GRANDVELLE, construit au XVIe siècle, dans le goût espagnol, par le célèbre cardinal de ce nom : chaque étage offre un ordre d'architecture différent.

LA CITADELLE, un des plus beaux ouvrages de Vauban, dont les murs sont en partie taillés dans le roc. De son sommet on découvre la ville entière, les plaines et les montagnes environnantes, le cours du Doubs et la riante promenade de Chamars. Plusieurs prisonniers de marque y ont été enfermés, entre autres le marquis de St-Simon, les généraux Bourmont et Radet, etc.

LA PORTE TAILLÉE, rocher coupé par les Romains dans le IIe siècle, pour y faire passer l'aqueduc d'Arcier, qui amenait des eaux abondantes et salubres à Besançon. Les restes de ce canal se voient sur toute la longueur de la route, depuis la porte Rivotte jusqu'à Arcier, situé à 9 k. de la ville.

LA GRANDE CASERNE, précédée d'une vaste place, aux deux extrémités de laquelle s'élèvent deux beaux pavillons pour le logement des officiers.

LA SALLE DE SPECTACLE, bâtiment isolé, dont six colonnes d'ordre dorique soutiennent le frontispice. L'intérieur est spacieux et bien décoré.

LA BIBLIOTHÈQUE PUBLIQUE, édifice moderne renfermant 50,000 vol. et de précieux manuscrits. Elle est décorée d'un buste en marbre du poète Mairet, et des bustes en plâtre de l'historien Chifflet, du célèbre chirurgien Percy, du jurisconsulte Dunod, du dessinateur Devosges, et de l'archevêque de Pressigny.

LE MUSÉE PARIS, renfermant des antiques, une momie, des tableaux, des dessins, des livres et autres objets rares et précieux, légués par le célèbre architecte Pâris à sa ville natale.

On remarque encore à Besançon le musée d'antiques et de monuments du moyen âge ; le cabinet d'histoire naturelle, contenant une riche et nombreuse collection ; l'école de dessin ; les fontaines publiques, dont une représente l'apothéose de Charles-Quint, une autre un Bacchus, la troisième un Neptune, et la quatrième une jeune nymphe presque nue dont les seins versent de l'eau ; l'arc de triomphe, etc. — Aux environs, on doit visiter les magnifiques ruines du château de Montfaucon, dont la construction est attribuée à Louis XI ; le riant village de Beurre et la chute du Bout-du-Monde.

Biographie. Patrie de l'astronome baron CH.-TH. DAMOISEAU, membre de l'Institut, auteur des *Tables de la Lune*, in-4, 1824.

De J.-B. SUARD, littérateur distingué, membre de l'Institut, mort en 1817.

De Jos. DROZ, littérateur et économiste, membre de l'Institut, auteur, entre autres ouvrages, de : *Essai sur l'art d'être heureux*, 3ᵉ édition, in-8, 1815 ; l'*Economie politique, ou Principe de la science des richesses*, in-8, 1819.

De CH. NODIER, fécond polygraphe et l'un des littérateurs les plus distingués de notre époque, membre de l'Institut, mort en 1844. La nomenclature des titres de ses ouvrages ne forme pas moins de 13 colonnes dans la France littéraire de Quérard.

De VICTOR HUGO, poëte, romancier et auteur dramatique, membre de l'Institut, dont les plus beaux titres de gloire sont sans contredit ses *Orientales* et les *Fleurs d'automne*.

De l'historien J.-J. CHIFFLET, mort en 1660; ou a de lui, entre autres ouvrages : *Vesontio, civitas imperialis... monumentis illustrata*, in-4, 1660.

De l'historien DUNOD DE CHARNAGE, mort en 1752, auteur de : *Histoire des Séquanois et des Bourguignons*, 2 vol. in-4, 1735 ; *Histoire de l'Eglise de la ville et diocèse de Besançon*, 2 vol. in-4, 1750.

Du savant jésuite P. DUNOD, auteur de la *Découverte de la ville d'Antre en Franche-Comté*, in-12, 1697.

De CH. WEISS, l'un des plus savants et des plus consciencieux historiens littéraires de notre époque, né en 1779.

De MAIROT DE MUTIGNEY, poëte latin, mort en 1784.

Du poëte VERNY, auteur de *Roxane*, in-8, 1788.

Du chansonnier et fécond auteur dramatique, baron d'ALLARDE, plus connu sous le nom de FRANCIS, auteur des *Chevilles de maître Adam, la Marchande de goujons*, etc., etc.

De FR. ARNOULD MUSSOT, artiste et auteur dramatique.

Du célèbre acteur comique des Français MONROSE.

Du marquis RENOUARD DE STE - CROIX, voyageur aux Indes et en Chine.

Du savant A. PERRENOT, évêque d'Arras.

Du professeur de théologie J.-B. BALLET.

Du jésuite NONOTTE, célèbre par ses disputes avec Voltaire.

Du P. ELISÉE, célèbre prédicateur, mort en 1783.

De l'abbé VIGUIER, auteur de : *Exposition du sens primitif des Psaumes*, et d'autres ouvrages mystiques.

Du prédicateur TALBERT.

Du fougueux protestant DU PINET, auteur de : *Taxe de la chancellerie de Rome*, in-8, 1564, 1700 ; *Conformités des Eglises réformées de France et de l'Eglise primitive*, in-8, 1564.

Du jurisconsulte COURVOISIER, ministre de la justice en 1829 et 1830.

Du docteur TOURTELLE, professeur à l'académie de Strasbourg, auteur de : *Eléments d'hygiène*, 2 vol. in-8, 1823, et de plusieurs autres ouvrages médicaux.

De l'habile chirurgien accoucheur MONNOT.

De l'architecte ADRIEN PARIS.

Du prince de MONTBARREY, ministre de la guerre sous Louis XVI.

Du maréchal MONCEY, duc de Conégliano.

Du lieutenant général PAJOL ; du lieutenant général d'artillerie RUTY ; du général FERRAND.

De l'imprimeur MOMORO, administrateur du département de la Seine en 1789, auteur de la fameuse inscription qui fut placée sur chaque maison de la France : *Liberté, fraternité, indivisibilité de la république, ou la mort*; mort sur l'échafaud révolutionnaire le 25 mars 1794.

Du baron MARTIN DE GRAY, membre du corps législatif et de la chambre des députés.

De M. CLÉMENT DU DOUBS, membre du corps législatif et de la chambre des députés.

INDUSTRIE. Manufactures d'horlogerie qui occupent deux mille ouvriers, presque tous isolés, travaillant pour des établissements en grand ou pour des comptoirs d'horlogerie. Fabriques de bonneterie, droguets, siamoises, tapis de pieds, fers creux pour meubles et autres objets, fournitures d'horlogerie, poêles calorifères en fonte et en faïence, fleurs artificielles, papiers peints, quincaillerie, liqueurs, moutarde estimée, eaux minérales factices. Fonderies. Faïenceries. Blanchisserie de cire. Brasseries renommées. Tanneries et chamoiseries.

COMMERCE de vins, eaux-de-vie, liqueurs, vinaigre, draperie, horlogerie, limes, fer, tôle, fer laminé, clous d'épingles, chaînes, charbon de terre, etc. Entrepôt et commerce considérable d'épiceries.

Foires de 8 jours les 1ᵉʳ lundi après la Purification, 1ᵉʳ lundi après l'Ascension, 2ᵉ lundi de juillet, 1ᵉʳ lundi après la St-Louis, 1ᵉʳ lundi après la St-Martin et lundi après Quasimodo.

L'arrondissement de Besançon est composé de 8 cantons : Amancey, Andeux, Besançon

N., Besançon S., Boussières, Marchaux, Ornans et Quingey.

A 403 k. de Paris. Long. O. 3° 42'30'', lat. 47° 13'45''.

Bibliographie. DUNOD. *Histoire des Séquanois*, in-4, t. I, p. 176.

PRUDENT (le P.). *Dissertation sur les antiquités romaines trouvées en Franche-Comté* (Mém. et Documents inédits, t. I, p. 69-71, in-8, 1838).

DUBARRY. *Recherches sur les amphithéâtres du Midi*, t. II, p. 99, in-4, 1834).

WALCKENAER. *Géographie des Gaules*, t. I, p. 83.

GIRAULT (C.-X.). *Eclaircissements géographiques et critiques sur la voie romaine de Châlons-sur-Saône à Besançon*, etc., in-8, 1812.

* *Mémoire où l'on examine quel a été le gouvernement politique de Besançon sous l'empire d'Allemagne, et quelles ont été les raisons particulières de la devise de cette ville, Utinam, de ses armoiries, et de celles de ses quartiers ou bannières*.

SABATHIER. *Dissertation sur les différentes positions de la ville de Besançon*, etc. (imprimée dans son recueil de dissertations sur divers sujets de l'histoire de France, in-12, 1770).

DELACROIX (A.). *Recherches archéologiques sur les monuments de Besançon*, in-8, 1842.

DUNOD DE CHARNAGE (F.-J.). *Histoire de la ville et diocèse de Besançon*, 2 vol. in-4, 1750.

* *Brève Histoire touchant l'entreprise de Besançon par certains conspirateurs le 20 juin 1575*, etc., in-8, 1575.

VARIN (Thomas). *Narré fidel et curieux de tout ce qui s'est passé dans l'heureuse prise de possession de la ville de Besançon par son excellence le marquis de Rodrigo, au nom et comme plénipotentiaire de S. M., le 29 septembre 1664*, in-4, 1664.

* *L'Entrée des troupes du roi dans la Franche-Comté, suivie de la prise de Besançon par l'armée de S. M.*, in-4, 1674.

* *Journal du siège de Besançon*, in-4, 1674.

* *Prise de la citadelle de Besançon*, in-4, 1674.

La Reddition de la ville et citadelle de Besançon à l'heureuse obéissance du roi de France, in-4, 1674.

Traité fait (en 1664) *entre son excellence le ministre de Castel-Rodrigo, plénipotentiaire de S. M. le roi d'Espagne, d'une part, et la cité de Besançon de l'autre*, in-4, 1702 (en espagnol).

TERRIER DE CLERON (Jos.). * *Histoire allégorique de ce qui s'est passé de plus remarquable à Besançon depuis l'année 1756*, in-12, 1759.

GRAPPIN (Dom.-Ph.). *Journal du siège de Besançon par les Autrichiens, immédiatement avant l'heureux retour des Bourbons, etc...*

* *Relation historique du séjour de S. M.*

Louis-Philippe, roi des Français, et des ducs d'Orléans et de Nemours, à Besançon, pendant les 25, 26 et 27 juin 1831, etc., in-8, 1831.
Catalogue des livres imprimés de la bibliothèque de la ville de Besançon. Histoire, in-4, 1843.
Compte rendu des travaux de l'académie des sciences, belles-lettres et arts de Besançon, in-8, 1841.
Almanach historique de Besançon et de la Franche-Comté, in-8, 1785-86 (contient une bonne description des villes, bourgs et villages).

BESANCOURT, vg. *Somme*, comm. de Troncboy, ✉ de Poix.

BESCAT, vg. *B.-Pyrénées* (Béarn), arr. et à 17 k. d'Oloron, cant. et ✉ d'Arudy. Pop. 562 h. — Ce village était autrefois habité par plusieurs familles de Cagots : ils entraient dans l'église par une porte particulière, et avaient un bénitier spécialement consacré à leur usage.

BESIGNAN, vg. *Drôme* (Dauphiné), arr. et à 20 k. de Nyons, cant. et ✉ du Buis. Pop. 181 h. — Il est situé sur le revers d'une montagne où se trouvait un ancien château, qui fut pris et démoli en 1790 par les habitants des communes voisines, à l'occasion d'un manifeste publié contre la révolution par M. de Besignan, ci-devant seigneur du lieu.

BESLIÈRE, vg. *Manche* (Normandie), arr. et à 21 k. d'Avranches, cant. et ✉ de la Haye-Pesnel. Pop. 339 h.

BESLON, vg. *Manche* (Normandie), arr. et 33 k. de St-Lô, cant. de Percy, ✉ de Villedieu. Pop. 1,132 h.

BESMÉ, vg. *Aisne* (Picardie), arr. et à 50 k. de Laon, cant. de Coucy-le-Château, ✉ de Blerancourt. Pop. 214 h.

BESMONT, vg. *Aisne* (Picardie), arr. et à 22 k. de Vervins, cant. et ✉ d'Aubenton. P. 796 h. — *Fabrique* de vannerie.

BESNANT, vg. *H.-Saône* (Franche-Comté), arr. et à 24 k. de Vesoul, cant. et ✉ de Montbozon. Pop. 207 h.

BESNÉ, bg. *Loire-Inf.* (Bretagne), arr. et à 12 k. de Savenay, cant. et ✉ de Pont-Château. Pop. 1,037 h. — Il est situé au milieu de marais immenses, connus sous le nom de marais de Donges. — *Foire* le 29 avril.

BESNEVILLE, vg. *Manche* (Normandie), arr. à 22 k. de Valognes, cant. et ✉ de St-Sauveur-sur-Douve. Pop. 1,538 h.

BESNY-ET-LOIZY, vg. *Aisne* (Picardie), arr., cant., ✉ et à 5 k. de Laon. Pop. 121 h.

BESOLE, vg. *Aude* (Languedoc), arr., cant. ✉ et à 5 k. de Limoux. Pop. 86 h.

BESOUGE, vg. *Gard* (Languedoc), arr., ✉ et à 12 k. de Nîmes, cant. de Margueritttes. Pop. 509 h.

BESSAC, vg. *Charente* (Angoumois), arr. et à 13 k. de Barbezieux, cant. et ✉ de Montmoreau. Pop. 509 h.

BESSAC, vg. *Deux-Sèvres*, cant. et ✉ de Niort.

BESSAIS, vg. *Cher* (Bourbonnais), arr.,

et à 20 k. de St-Amand-Mont rond, ✉ de Charenton. Pop. 855 h.

BESSAMOREL, vg. *H.-Loire* (bas Languedoc), arr., cant., ✉ et à 5 k. d'Yssingeaux. Pop. 645 h.

BESSAN, vg. *Hérault* (Languedoc), arr. et à 22 k. de Béziers, cant. et ✉ d'Ayde. Pop. 2,265 h. — *Foire* de 3 jours.

BESSANCOURT, *Abbatis Curtis*, vg. *Seine-et-Oise* (Ile-de-France), arr. et à 10 k. de Pontoise, cant. de Montmorency, ✉ de Leu-Taverny. Pop. 785 h. — C'est un village fort ancien, qui fut érigé en paroisse en 1189. L'église, sous l'invocation de saint Gervais et de saint Protais, est grande, avec deux ailes; le chœur est un ouvrage du XIIIe siècle; la nef est beaucoup plus moderne.

BESSAS, vg. *Ardèche* (bas Languedoc), arr. et à 34 k. de Largentière, cant. de Vallon, ✉ de Barjac. Pop. 483 h.

BESSAT (le), vg. *Loire* (Forez), arr., ✉ de St-Etienne, cant. de St-Chamond. P. 546 h.

BESSAT, vg. *Puy-de-Dôme*, comm. de Bromont-Lamothe, ✉ de Pontgibaud.

BESSAY, vg. *Vendée* (Poitou), arr. et à 26 k. de Bourbon-Vendée, cant. et ✉ de Mareuil. Pop. 402 h.

BESSAY-SUR-ALLIER, bg *Allier* (Bourbonnais), arr. et à 16 k. de Moulins, cant. de Neuilly-le-Réal, ✉. ♉. A 303 k. de Paris pour la taxe des lettres. Pop. 940 h. — Il est situé dans une plaine fertile, sur la rive droite de l'Allier. — *Foires* les 22 août et 9 nov.

BESSE, h. *Cantal*, comm. de St-Cirgues-de-Mulbert. — *Foires* les 18 juin et 9 oct.

BESSE, vg. *Charente* (Angoumois), arr. et à 13 k. de Ruffec, cant. et ✉ d'Aigre. Pop. 403 h.

BESSÉ, vg. *Dordogne* (Périgord), arr. et à 31 k. de Sarlat, cant. et ✉ de Villefranche-de-Belvès. Pop. 636 h. — L'église paroissiale est un ancien édifice que l'on a proposé de classer au nombre des monuments historiques. — *Foire* le 23 août.

BESSÉ, vg. *Maine-et-Loire*, comm. de St-Georges-le-Thoureil, ✉ des Rosiers. — On y remarque un peulvan nommé vulgairement la pierre longue. Il a 3 m. de largeur et 1 m. d'épaisseur à sa base; sa hauteur est de 6 m. 64c.

BESSE, petite ville, *Puy-de-Dôme* (Auvergne), chef-l. de cant., arr. et à 30 k. d'Issoire. Cure. ✉. A 437 k. de Paris pour la taxe des lettres. Pop. 2,096 h. — TERRAIN volcanique, basalte. — Cette ville est située au milieu des montagnes, sur la Couze. Elle est bâtie sur une masse énorme de lave basaltique; toutes les maisons sont construites en basalte, ce qui leur donne un aspect sombre et assez triste. On y remarque un petit édifice de forme circulaire, regardé comme un temple du soleil par M. Tailband, mais que M. Gally Knight croit être un baptistère. — *Foires* les 6 mai, mardi de Pâques, 22 mai, 30 juin, 25 août, 22 sept., 8 oct. et 18 nov.

A peu de distance de Besse, près de la rivière, jaillit d'un rocher une source minérale froide

appelée la Villetour. Les eaux de cette source, qui se rassemblent dans un petit bassin, ont une saveur piquante et aigrelette. L'analyse qui en a été faite a démoutré qu'elles contenaient beaucoup d'acide carbonique, du sulfate de chaux et une petite quantité de fer.

On doit visiter à 3 k. N.-O. de Bresse le LAC PAVIN, situé sur le sommet d'une montagne de la chaîne des Mont-Dores, dans le cratère d'un ancien volcan ; son diamètre moyen est de 1,400 m.; sa plus grande profondeur est de 95 m.; il ne nourrit pas de poisson, à cause de la fraîcheur de ses eaux. Ce lac est environné d'un rideau de verdure, qui s'élève sur ses bords jusqu'à la hauteur de 40 m., le suit dans son contour, et le couronne agréablement. Cette ceinture est en talus escarpé, couverte d'une belle pelouse, et en grande partie de bois; le lac se déborde par une échancrure du cratère, d'où l'eau coule sur un lit de laves et tombe en cascade dans un canal qu'elle s'est creusé sur le penchant de la montagne, puis gagne le vallon que traverse le ruisseau de la Couze. — Sur le bord méridional de ce lac s'élève le puy de Montchalme, volcan moderne qui a donné une longue coulée de lave qui vient se terminer à Sauriers : dans cette coulée, à 1,400 m. de distance des bords du lac, existe le Creux-du-Soucy, cavité profonde, qui contient de l'eau dont la surface est élevée de 62 m. au-dessus du lac.

Bibliographie. RAULIN. *Traité analytique des eaux minérales*, in-12, 1774 (le 4e chap. du vol. 2 concerne les eaux de Besse).

BESSE, petite ville, *Var* (Provence), chef-l. de cant., arr., ✉ et à 14 k. de Brignolles. P. 1,720 h. — TERRAIN crétacé inférieur, grès vert. — Cette ville, située près d'un lac très-poissonneux, d'où sort la rivière de l'Issole, est assez bien bâtie, formée de rues larges et bien percées, aboutissant à deux places ornées de fontaines abondantes. C'était jadis une place forte, qui fut prise d'assaut en 1578. — *Foires* les 25 août et 21 sept.

BESSE-EN-OISANS, vg. *Isère* (Dauphiné), arr. et à 65 k. de Grenoble, cant. et ✉ de Bourg-d'Oisans. Pop. 932 h.

BESSE-SUR-BRAYE, vg. *Sarthe* (Maine), arr., cant. et à 11 k. de St-Calais. ✉. A 195 k. de Paris pour la taxe des lettres. P. 2,456 h. Sur la rive droite de la Braye.

Le château de COURTENVAUX, habitation de M. le comte Anatole de Montesquiou, est une dépendance de cette commune. Il est adossé à une colline boisée et présente une masse imposante, où les constructions de différents siècles se trouvent bizarrement réunies. L'intérieur renferme une belle galerie de portraits.

Fabriques de siamoises et de bougies. Papeterie. — *Foires* les 1er lundi de mars, lundi de la Pentecôte, le lundi le plus près du 28 juillet, 1er lundi de déc.

BESSÈDE-DE-SAULT, vg. *Aude* (Languedoc), arr. et à 56 k. de Limoux, cant. de Rochefort-de-Sault, ✉ d'Axat. Pop. 471 h. — Aux environs (à Gesse) forges et martinets.

BESSÉE (la), *H.-Alpes*, comm. de Largentière. ✉. ⚹. A 698 k. de Paris pour la taxe des lettres.

BESSÉGE, vg. *Gard*, comm. de Robiac, ✉ de St-Ambroix. — Mines de houille abondante. Hauts fourneaux.

BESSENAY, vg. *Rhône* (Lyonnais), arr. et à 22 k. de Lyon, cant. et ✉ de l'Arbresle. P. 2,054 h. — *Foires* les 12 mai, 17 août, 22 déc. et mercredi de Pâques.

BESSENS, vg. *Tarn-et-Garonne* (Quercy), arr. et à 21 k. de Castel-Sarrasin, cant. et ✉ de Grisolles. Pop. 615 h.

BESSERVE, vg. *Puy-de-Dôme* (Bourbonnais), arr. et à 35 k. de Riom, cant. et ✉ de St-Gervais. Pop. 157 h.

BESSES, vg. *Vienne*, comm. de Thuré, de Châtellerault.

BESSET, vg. *Ariége* (haut Languedoc), arr. et à 19 k. de Pamiers, cant. et ✉ de Mirepoix. Pop. 226 h.

BESSET, vg. *Puy-de-Dôme*, comm. d'Olliergues, ✉ de St-Amand-Roche-Savine.

BESSEY, vg. *Loire* (Forez), arr. et à 36 k. de St-Étienne, cant. et ✉ de Pelussin. Pop. 377 h.

BESSEY-EN-CHAUME, *Bessiacum*, vg. *Côte-d'Or* (Bourgogne), arr. et à 12 k. de Beaune, cant. et ✉ de Bligny-sur-Ouche. Pop. 345 h. — Il est situé sur la cime d'une haute montagne, et est regardé comme un des lieux les plus élevés de la Bourgogne. On y remarque la fontaine de la Fri, dont les eaux se perdent dans une prairie voisine, au trou dit de l'Entonnoir.

BESSEY-LA-COUR ou **BESSEY-LA-FONTAINE**, vg. *Côte-d'Or* (Bourgogne), arr. et à 22 k. de Beaune, cant. et ✉ de Bligny-sur-Ouche. Pop. 220 h.

BESSEY-LES-CITEAUX, vg. *Côte-d'Or* (Bourgogne), arr. et à 22 k. de Dijon, cant. et ✉ de Genlis. Pop. 599 h.

BESSEYRE-ST-MARY (la), vg. *H.-Loire* (Auvergne), arr. et à 48 k. de Brioude, cant. et ✉ de Pinols. Pop. 651 h.

BESSIÈRE-DE-L'AIR (la), vg. *Cantal*, comm. de Chaliers, ✉ de St-Flours. ⚹.

BESSIÈRES, vg. *H.-Garonne* (Languedoc), arr. et à 30 k. de Toulouse, cant. de Montastruc, ✉ de la Pointe-St-Sulpice. Pop. 1,155 h. — *Foires* les 5 fév., 3 mai, 30 août et 27 nov.

BESSIN (le), pays de l'ancienne province de Normandie, divisé autrefois en trois petites contrées : le Bessin propre, chef-lieu Bayeux; le Bocage, et la campagne de Caen. Il avait environ 80 k. de long sur autant de large, et est aujourd'hui compris dans le département du Calvados.

BESSINE, vg. *Deux-Sèvres* (Poitou), arr., ✉ et à 5 k. de Niort, cant. de Frontenay. P. 579 h.

BESSINES, vg. *H.-Vienne* (Limousin), chef-l. de caut., arr. et à 27 k. de Bellac, ✉ de Morterolles. Cure. Gîte d'étape. P. 2,640 h. Sur la rive gauche de la Gartempe. — TERRAIN cristallisé, granit. — *Foires* le 11 de chaque mois.

BESSINS, vg. *Isère* (Dauphiné), arr., cant., ✉ et à 12 k. de St-Marcellin. Pop. 390 h. — On y voit une ancienne église que l'on a proposé de classer au nombre des monuments historiques.

BESSON, vg. *Allier* (Bourbonnais), arr., ✉ et à 16 k. de Moulins, cant. de Souvigny. Pop. 1,411 h. — *Foires* les 20 avril et 5 nov.

BESSONCOURT, vg. *H.-Rhin* (Alsace), arr. et à 6 k. de Béfort, cant. de Fontaine. Pop. 531 h.

BESSONNIÉ, h. *Tarn*, comm. de Montredon. — *Foires* les 8 janv., 12 mars, 6 mai et 1er août.

BESSONNIES. V. ST-HILAIRE-DE-BESSONNIES.

BESSONS, vg. *Lozère* (Languedoc), arr. et à 32 k. de Marvejols, cant. et ✉ de St-Chély. Pop. 545 h.

BESSONVILLE, vg. *Seine-et-Oise*, comm. et ✉ de la Chapelle-la-Reine.

BESSUEJOULS, vg. *Aveyron* (Rouergue), arr., cant., ✉ et à 5 k. d'Espalion. P. 587 h.

BESSY, vg. *Aube* (Champagne), arr. et à 10 k. d'Arcis, cant. de Méry, ✉ de Plancy. Pop. 255 h.

BESSY-SUR-CURE, vg. *Yonne* (Bourgogne), arr. et à 27 k. d'Auxerre, cant. de Vermanton, ✉ d'Ancy-le-Franc. Pop. 321 h.

BESTIAC, vg. *Ariége* (pays de Foix), arr. et à 36 k. de Foix, cant. et ✉ des Cabannes. Pop. 109 h.

BÉTAILLE, vg. *Lot* (Quercy), arr. et à 49 k. de Gourdon, cant. de Vayrac, ✉ de Martel. Pop. 1,628 h. — *Foires* les 20 janv., 24 avril, 13 mai et 13 juin.

BETANCOURT, vg. *Oise*, comm. de Gilocourt, ✉ de Crépy.

BETASII (lat. 51°, long. 23°). « Tacite (*Hist.*, lib. IV, sect. 56 et 66) joint les *Betasii* aux *Nervii* : *Claudius Labeo... quosdam Nerviorum, Betasiorumque, in arma traxit. Civilis Betasios quoque et Nervios, in fidem acceptos, copiis suis adjunxit*. Le même historien dit que Civilis ayant attiré dans son parti les *Agrippinenses* ou ceux de Cologne, les *Sunici*, Labéon s'opposa à ses progrès en occupant le pont de la Meuse, avec ce qu'il avait ramassé de monde chez les *Betasii*, *Tungri* et *Nervii* : *Labeo Betasiorum, Tungrorumque, et Nerviorum tumultuaria manu restitit, fretus loco, quia pontem Mosæ fluminis anteceperat*. On trouve pareillement le nom de *Betasi* dans Pline (lib. IV, cap. 17), sans que l'énumération de différents peuples garde un ordre qui convienne à leur position. Mais il résulte de Tacite que les *Betasii* étaient en deçà de la Meuse, et limitrophes des *Tungri* et des *Nervii*. Je trouve dans le Trésor géographique d'Ortelius, que Divæus a proposé de reconnaître le nom de *Betasii* dans celui de Beetz; et le lieu ainsi nommé est situé sur la rive gauche de la Gette, entre Léauve et Halen en Brabant. Cette position peut effectivement se renfermer dans un canton qui convienne aux *Betasii*, selon l'indice qu'on tire de Tacite. L'opinion de M. de Valois (p. 77), que le *Beda Vicus*, que l'on trouve dans l'Itinéraire d'Antonin, et qui est Bidbourg près de Trèves, a donné le nom aux *Betasii*, s'éloigne de ce qui paraît répondre aux circonstances rapportées par l'historien. D'ailleurs, il doit répugner, ce me semble, d'établir aux portes de Trèves, un peuple distinct des *Treveri*. Car si l'on veut que les *Betasii* soient représentés par un *Pagus*, qui est connu dans le moyen âge sous le nom de *Bedensis* qu'il a tiré de *Beda Vicus* ou de Bidburg; il faut supposer que comme ce Pagus s'étendait sur l'une et sur l'autre rive de la Moselle dans le voisinage de Trèves, les *Betasii* resserraient les *Treveri* jusqu'auprès de leur capitale. Dans une inscription du recueil de Gruter, on trouve *cives Betasii*, pour désigner plus particulièrement les habitants d'une ville, dont on croit retrouver le nom dans celui de Beetz, que le corps de la nation entière.» D'Auville. *Notice de l'ancienne Gaule*, p. 154. V. aussi Walckenaer. *Géographie des Gaules*, t. II, p. 288.

BÉTAUCOURT, vg. *H.-Saône* (Franche-Comté), arr. et à 37 k. de Vesoul, cant. et ✉ de Jussey. Pop. 512 h.

BETBEZE, vg. *H.-Pyrénées* (Bigorre), arr. et à 46 k. de Bagnères-de-Bigorre, cant. et ✉ de Castelnau-de-Magnoac. Pop. 192 h.

BETBEZER, vg. *Landes* (Languedoc), arr. et à 30 k. de Mont-de-Marsan, cant. de Gabaret, ✉ de Roquefort. Pop. 355 h. Sur la rive droite de la Douze. — PATRIE du jurisconsulte SOUBIRAN, protecteur des pauvres, agronome distingué, propagateur dans cette contrée de la culture de l'olivier, du mûrier et de l'éducation des vers à soie.

BETCAVE, vg. *Gers* (Armagnac), arr., cant. et à 20 k. de Lombez, ✉ de Simorre. Pop. 304 h.

BETCHAT, vg. *Ariége* (Couserans), arr. et à 16 k. de St-Girons, caut. et ✉ de St-Lizier. Pop. 1,392 h.

BETÈTE, vg. *Creuse* (Marche), arr. de Boussac, à 32 k. du Chambon, cant. de Chatelus, ✉ de Grenouillat. Pop. 1,031 h.

BÉTHANCOURT, vg. *Aisne* (Picardie), arr. et à 45 k. de Laon, cant. et ✉ de Chauny. Pop. 605 h.

BÉTHANCOURT, vg. *Oise* (Picardie), arr. de Compiègne, cant. et ✉ de Ribecourt.

BÉTHARRAM, B.-*Pyrénées*, comm. et à peu de distance du relais de poste de l'Estelle. — C'est un calvaire et une chapelle célèbre, situés dans un vallon qui forme la communication naturelle des établissements thermaux du département des Hautes-Pyrénées à ceux du département des Basses-Pyrénées à celui de Pau. La chapelle de Bétharram, dédiée à Notre-Dame, est un charmant sanctuaire, objet de grandes solennités religieuses au 15 août et au 8 septembre. A ces époques, une foule de pèlerins y affluent, venant, les uns par la route de Pau, les autres par celle de St-Pé. L'église est bâtie près du gave de Pau, que l'on traverse sur un pont d'une seule arche ornée de lierre, au pied d'une colline couverte de chênes ; elle est d'une architecture simple, mais régulière : plusieurs statues en marbre décorent la façade ; au-dessus du portail est celle de la Vierge. De cette chapelle, près de laquelle on a construit récemment un séminaire, on monte, par un chemin qui serpente en rampe douce, aux neuf chapelles ou stations d'un beau calvaire. Ces chapelles sont ornées des figures de Jésus-Christ, des apôtres et autres personnages de l'Écriture sainte grossièrement sculptés, dans des attitudes plus expressives que gracieuses, et couvertes de couleurs tranchantes. De station en station, les aspects du paysage qu'on a sous les yeux varient et deviennent de plus en plus majestueux : au sommet du calvaire est une esplanade pratiquée au pied de la croix, d'où l'on jouit d'un point d'optique ravissant ; la vue embrasse en panorama le vaste horizon de la plaine et du bassin du gave d'un côté, et de l'autre, les innombrables accidents que présente la vaste base de l'amphithéâtre des monts Pyrénées, et leurs cimes chenues parmi lesquelles se fait remarquer celle d'Asson.

BÉTHELINVILLE, vg. Meuse (Lorraine), arr., ✉ et à 12 k. de Verdun, cant. de Charny. Pop. 551 h.

BÉTHEMONT, vg. Seine-et-Oise (Ile-de-France), arr. et à 12 k. de Pontoise, cant. de de Montmorency, ✉ de St-Leu-Taverny. Pop. 216 h. Près de la forêt de ce nom.—Fabrique de dentelles.

BÉTHENCOURT, vg. Nord (Cambrésis), arr. et à 17 k. de Cambray, cant. de Carnières, ✉ du Cateau. Pop. 1,132 h.

BETHENCOURT-SUR-MER, vg. Somme (Picardie), arr. et à 30 k. d'Abbeville, cant. d'Ault, ✉ d'Eu. Pop. 623 h.

BETHENCOURT-SUR-SOMME, vg. Somme (Picardie), arr. et à 20 k. de Péronne, cant. et ✉ de Nesle. Pop. 157 h.

BÉTHENIVILLE, vg. Marne (Champagne), arr. à 26 k. de Reims, cant. et ✉ de Beine. Pop. 670 h.—C'est un village industrieux, situé sur un petit ruisseau qui se jette dans la Snippe. Il est entouré au levant par d'anciens fossés, et comme perdu au milieu d'arbres fruitiers et forestiers d'une belle végétation.—L'église, qui dépendait autrefois d'un couvent de religieuses de Ste-Catherine, est un édifice remarquable par son architecture, dont les bas-côtés ont été supprimés il y a quelques années.—Filature de laine.

BÉTHENY, vg. Marne (Champagne), arr., cant., ✉ et à 4 k. de Reims. Pop. 360 h.

BÉTHINCOURT, vg. Meuse (Lorraine), arr., ✉ et à 17 k. de Verdun, cant. de Charny. Pop. 620 h.

BÉTHINES, vg. Vienne (Poitou), arr. et à 17 k. de Montmorillon, cant. et ✉ de St-Savin. Pop. 1,230 h.

BÉTHISY-ST-MARTIN, vg. Oise (Picardie), arr. et à 24 k. de Senlis, cant. de Crépy, ✉ de Verberie. Pop. 850 h.—Il est situé sur la chaussée Brunehaut, qui joint à Senlis la grande route de Flandre, et traversé par l'Automne.—Fabrique de vannerie et de toiles.

BÉTHISY-ST-PIERRE, Betisiacum, bg Oise (Picardie), arr. et à 23 k. de Senlis, cant. de Crépy, ✉ de Verberie. Pop. 1,646 h. Sur l'Automne, qui y fait mouvoir quatorze moulins à grains et à huile, et une importante fabrique de papier.—Culture et préparation du chanvre dont on retire une filasse qui donne lieu à un commerce assez considérable.—Au centre du bourg se trouve un tertre élevé de 66 m., sur le sommet duquel on voit les restes d'une ancienne forteresse, nommée le Pâté du roi Jean, et qu'on croit avoir été fondée sous le roi Robert, et achevé sous le règne de Henri Ier. Louis le Gros aimait le séjour de Béthisy ; il donna à ses habitants une entière liberté, ce qui attira dans ce bourg un grand nombre de familles qui gémissaient sous l'oppression des seigneurs voisins. Philippe Auguste fit de fréquents voyages à ce château, qui souffrit beaucoup pendant les guerres de Charles V, et fut ruiné par les Bourguignons sous Charles VII. Il fut démoli sous Louis XIII.—La cérémonie du mariage de Louis VII avec Eléonore de Guienne fut célébrée au château de Béthisy en 1137. L'église paroissiale est remarquable par une tour élevée d'architecture gothique.

BETHLÉEM, bg Nièvre, comm., ✉ et près de Clamecy ; autrefois Pantenor. Quand les chrétiens furent expulsés de la terre sainte, Rainier, évêque de Bethléem, obtint de Guy, comte de Nevers, quelques donations et s'établit à Pantenor, qui prit alors le nom de Bethléem et devint le siège d'un évêché. Les évêques de Bethléem étaient nommés par les ducs de Nevers et devaient être agréés par le roi.

BETHMALE, vg. Ariège (Languedoc), arr. et à 25 k. de St-Girons, cant. et ✉ de Castillon. Pop. 1,716 h.

BETHON, vg. Marne (Champagne), arr. et à 58 k. d'Epernay, cant. d'Esternay, ✉ de Villenauxe. Pop. 595 h. Sur une côte très-élevée d'où l'on jouit d'une vue étendue. — Il était autrefois plus considérable, à en juger par une enceinte de fossés dont on voit encore les traces.

BETHON, Betonio, vg. Sarthe (Maine), arr. à 25 k. de Mamers, cant. de St-Pater, ✉ d'Alençon. Pop. 280 h.

BETHONCOURT, vg. Doubs (Franche-Comté), arr. et à 3 k. de Montbelliard, cant. d'Audincourt. Pop. 694 h.

BETHONSART, vg. Pas-de-Calais (Artois), arr. et à 20 k. de Saint-Pol-sur-Ternoise, cant. et ✉ d'Aubigny. Pop. 281 h.

BETHONVILLIER, vg. H.-Rhin (Alsace), arr., ✉ et à 10 k. de Béfort, cant. de Fontaine. Pop. 188 h.

BETHONVILLIERS, vg. Eure-et-Loir (Beauce), arr. et à 14 k. de Nogent-le-Rotrou, cant. d'Anthon, ✉ de Beaumont-les-Autels. Pop. 466 h.

BÉTHUNE (la), rivière qui prend sa source près de Gaillefontaine, arr. de Neufchatel, Seine-Inf. ; elle passe à Houden, Neufchâtel, Burres et Arques, où elle se jette dans la rivière de ce nom, après un cours d'environ 50 k.

BÉTHUNE, ville forte, Pas-de-Calais (Artois), chef-l. de sous-préf. et d'un cant., place de guerre de 2e classe, trib. de 1er inst., collège com. Cure. Gîte d'étape. ✉. Pop. 7,448 h. — TERRAIN tertiaire inférieur.

Autrefois diocèse d'Arras, conseil souverain d'Artois, intendance de Lille, parlement de Paris, gouvernement particulier, bailliage, collégiale, collège, 4 couvents.

Dès les temps les plus anciens de la féodalité, Béthune était possédée par de puissants seigneurs, protecteurs de l'abbaye de St-Vaast d'Arras, qui battaient monnaie à leurs coins, et qui plus tard donnèrent des comtes à la Flandre. La première charte municipale de cette ville remonte à 1222 ; mais l'existence des échevins est constatée par un acte de 1202.

Louis XI s'empara de Béthune qui fut cédée à l'Espagne par le traité de Senlis, sous le règne de Charles VIII ; les Français la prirent en 1645 et en firent augmenter les fortifications par le maréchal de Vauban ; les alliés la reprirent en 1710, après 65 jours de tranchée ouverte ; mais elle fut rendue à la France par le traité d'Utrecht, en 1714.

Les armes de Béthune sont : *d'argent à la face de gueules.*

Cette ville est située sur un roc baigné par la rivière de Brette qui la traverse dans son entier, sur le canal de la Lawe et celui de la Bassée qui y forment un beau bassin et favorisent beaucoup son commerce par eau. Elle est assez bien bâtie, et possède une vaste place publique dont le milieu est occupé par un beffroi de construction bizarre ; sur un des côtés de cette place est l'hôtel de ville, où l'on remarque une belle salle de concerts. — Les puits artésiens, qui sont très-communs à Béthune, y alimentent plusieurs fontaines jaillissantes dont l'eau est d'excellente qualité : c'est aussi que c'est à Béthune que l'on doit la découverte des puits artésiens. L'église principale est remarquable par l'élégante légèreté de sa nef, portée sur des colonnes extrêmement délicates.— Bibliothèque publique, 2,300 vol.

Fabriques d'huiles, savon, batistes, draps. Distillerie de genièvre, raffineries de sel et de sucre de betteraves, tanneries. — *Commerce* de grains, vins, eaux-de-vie, huile, graines grasses, fromages estimés, toiles, poterie.

Foires de 10 jours les 18 janv. et 15 oct.

L'arrondissement de Béthune est composé de 8 cantons : Béthune, Cambrin, Carviu-Espinoy, Houdain, Laventie, Lens, Lillers et Norrent-Fontes.— A 30 k. d'Arras, 223 k. de Paris. Lat. 50° 51' 32", long. E. 0° 18' 8".

PATRIE du sophiste BURIDAN.
Du littérateur et publiciste BAIL.

Bibliographie. * *La Prise de la ville de Béthune*, in-4, 1645.

* *Relation de la campagne de l'année 1710, contenant le siége de Béthune, de St-Venant, d'Aire,* etc., in-12, 1700.

LEQUIN (Félix). *Notice sur la ville de Béthune,* in-8, 1838.

BÉTIGNICOURT, vg. Aube (Champagne), arr. et à 34 k. de Bar-sur-Aube, cant. et ✉ de Brienne. Pop. 108 h.

BETMONT, vg. *H.-Pyrénées* (Bigorre), arr. et à 24 k. de Tarbes, cant. et ✉ de Trie. Pop. 100 h.

BETON-BAZOCHES, vg. *Seine-et-Marne* (Brie), arr. et à 19 k. de Provins, cant. de Villiers-St-Georges, ✉ de Champcenest. Pop. 665 h. — On voit dans l'église un retable en pierre ornant l'autel de la Vierge, où sont représentés les principales scènes de la vie de Marie. — *Foires* les 20 janv., dernier lundi de fév., 25 juin et 1er lundi de sept.

BETONCOURT-LÈS-BROTTE, vg. *H.-Saône* (Franche-Comté), arr. et à 15 k. de Lure, cant. de Saulx, ✉ de Luxeuil. Pop. 165 h.

BETONCOURT-LÈS-MENÉTRIER, vg. *H.-Saône* (Franche-Comté), arr. et à 33 k. de Vesoul, cant. de Vitrey, ✉ de Combeaufontaine. Pop 243 h.

BETONCOURT-SUR-MANCE, vg. *H.-Saône* (Franche-Comté), arr. et à 44 k. de Vesoul, cant. de Vitrey, ✉ de Cintrey. Pop. 294 h.

BETONCOURT-ST-PANCRAS, vg. *H.-Saône* (Franche-Comté), arr. et à 41 k. de Lure, cant. et ✉ de Vauvillers. Pop. 291 h.

BETOUS, vg. *Gers* (Armagnac), arr. et à 43 k. de Condom, cant. et ✉ de Nogaro. Pop. 323 h.

BETPLAN, vg. *Gers* (Armagnac), arr. et à 22 k. de Mirande, cant. et ✉ de Miélan. Pop. 349 h.

BETPOUEY, vg. *H.-Pyrénées* (Bigorre), arr. et à 34 k. d'Argelez, cant. de Luz, ✉ de Barèges. Pop. 534 h. — De cette commune dépend BARÈGES, célèbre par ses eaux thermales. V. BARÈGES.

BETPOUEY, vg. *H.-Pyrénées* (Bigorre), arr. et à 40 k. de Bagnères-de-Bigorre, cant. et ✉ de Castelnau-de-Magnoac. Pop. 211 h.

BETRACQ, vg. *B.-Pyrénées* (Béarn), arr. et à 40 k. de Pau, cant. et ✉ de Lembeye. Pop. 273 h.

BETSCHWILLER. V. BERNARDSWILLER.

BETTAINCOURT, vg. *H.-Marne* (Champagne), arr. et à 39 k. de Vassy, cant. de Doulaincourt, ✉ d'Andelot. Pop. 606 h.

BETTAINVILLERS, vg. *Moselle* (Lorraine), arr., ✉ et à 7 k. de Briey, cant. d'Audun-le-Roman. Pop. 261 h.

BETTAN, vg. *Ain* (Bugey), arr. de Belley ; il a été érigé en commune en 1835.

BETTANCOURT-LA-FERRÉE, vg. *H.-Marne* (Champagne), arr. et à 23 k. de Vassy, cant. et ✉ de St-Dizier. Pop. 187 h.

BETTANCOURT-LA-LONGUE, vg. *Marne* (Champagne), arr. et à 29 k. de Vitry, cant. et ✉ de Heiltz-le-Maurupt. Pop. 326 h.

BETTANGE, vg. *Moselle* (Lorraine), arr. et à 27 k. de Metz, cant. et ✉ de Boulay. Pop. 225 h. Sur la rive droite de la Nied.

BETTBORN, vg. *Meurthe* (Lorraine), arr. et à 9 k. de Sarrebourg, cant. et ✉ de Fenetrange. Pop. 496 h. Sur la rive droite de la Sarre.

BETTEGNEY-ST-BRICE, vg. *Vosges* (Lorraine), arr. et à 17 k. de Mirecourt, cant. de Dompaire, ✉ de Charmes. Pop. 356 h.

BETTEMBOS, vg. *Somme* (Picardie), arr. et à 39 k. d'Amiens, cant. et ✉ de Poix. Pop. 297 h.

BETTENCOURT-RIVIÈRE, vg. *Somme* (Picardie), arr. et à 35 k. d'Amiens, cant. de Mollieus-Vidame, ✉ d'Araines. Pop. 460 h.

BETTENDORFF, vg. *H.-Rhin* (Alsace), arr., ✉ et à 6 k. d'Altkirck, cant. d'Hirsingen. Pop. 465 h.

BETTES, vg. *H.-Pyrénées* (Bigorre), arr., ✉ et à 9 k. de Bagnères-de-Bigorre, cant. de Lahnemezan. Pop. 199 h.

BETTIGNIES, vg. *Nord* (Hainaut), arr. et à 25 k. d'Avesnes, cant. et ✉ de Maubeuge. Pop. 184 h.

BETTING, vg. *Moselle* (Lorraine), arr. et à 25 k. de Sarreguemines, cant. et ✉ de St-Avold. Pop. 378 h.

BETTLACH, vg. *H.-Rhin* (Alsace), arr. et à 25 k. d'Altkirck, cant. et ✉ de Ferrette. Pop. 305 h.

BETTLAINVILLE, vg. *Moselle* (Lorraine), arr., ✉, et à 18 k. de Thionville, cant. de Metzervisse. Pop. 686 h.

BETTON, vg. *Ille-et-Vilaine* (Bretagne), arr., cant., ✉, et à 9 k. de Rennes. Pop. 1,800 h. Il est sur la rive droite de l'Ille, près de l'entrée de cette rivière, dans le canal d'Ille-et-Rance. ✉ *Foires* les 19 mai et 22 sept.

BETTONCOURT, vg. *H.-Marne* (Champagne), arr. et à 35 k. de Vassy, cant. de Poissons, ✉ de Sailly. Pop. 162 h.

BETTONCOURT, vg. *Vosges* (Lorraine), arr., ✉ et à 7 k. de Mirecourt, cant. de Charmes. Pop. 233 h.

BETTRECHIES, vg. *Nord* (Flandre) arr. et à 29 k. d'Avesnes, cant. et ✉ de Bavay. Pop. 348 h. — Forges et platinerie.

BETTWILLER, vg. *Moselle* (Lorraine), arr. et à 30 k. de Sarreguemines, cant. et ✉ de Rorbach. Pop. 1,086 h.

BETTWILLER, vg. *Bas-Rhin* (Alsace), arr. et à 29 k. de Saverne, cant. et ✉ de Drulingen. Pop. 277 h.

BETZ, vg. *Indre-et-Loire* (Touraine), arr. et à 22 k. de Loches, cant. de Pressigny-le-Grand, ✉ de St-Flovier. Pop. 1,326 h. — On y remarque les restes d'un ancien château fort. Aux environs se trouve le petit étang de Génault, d'environ deux hectares de surface, dont les eaux ont la propriété de former des pétrifications plus ou moins parfaites. — *Foire* le 7 déc.

BETZ, bg *Oise* (Picardie), chef-l. de cant., arr. et à 35 k. de Senlis. Corr. ✉. A 62 k. de Paris pour la taxe des lettres. Pop. 492 h. — TERRAIN crétacé inférieur. — Ce bourg est situé dans une riante vallée, sur la Grinette. On y remarque un beau château, auquel est joint un magnifique parc de 60 hectares, distribué en vastes prairies et en bois, en potagers et en vergers ; la rivière fait différentes chutes, qui se terminent par une cataracte à travers des rochers. On y trouve un temple à l'Amitié, un ermitage, et une ruine représentant les restes d'un vieux château flanqué d'une tour très-élevée. Au milieu d'un bois planté d'arbres verts sont les tombeaux des chevaliers Thibault, Roger et autres, propriétaires de cette terre. Quoique moins vastes qu'Ermenonville et que Mortefontaine, Betz ne leur cédait en rien pour le goût qui avait présidé à ses embellissements. Cerutti a chanté *les Jardins de Betz*, poëme, in-8, 1792.

BEUGIN, vg. *Pas-de-Calais* (Artois), arr. et à 15 k. de Béthune, cant. et ✉ d'Houdain. Pop. 185 h.

BEUGNATRE, vg. *Pas-de-Calais* (Artois), arr. et à 20 k. d'Arras, cant. et ✉ de Bapaume. Pop. 281 h.

BEUGNÉ, vg. *Deux-Sèvres* (Poitou), arr. et à 25 k. de Niort, cant. et ✉ de Coulanges.

BEUGNEUX, vg. *Aisne* (Ile-de-France), arr. et à 20 k. de Soissons, cant. et ✉ d'Oulchy.

BEUGNIES, vg. *Nord* (Flandre), arr., ✉ et à 8 k. d'Avesnes. Pop. 524 h. — *Fab.* de tôle.

BEUGNON (le), vg. *Deux-Sèvres* (Poitou), arr. et à 25 k. de Niort, cant. et ✉ de Coulonges. Pop. 916 h.

BEUGNON, vg. *Yonne* (Champagne), arr. et à 25 k. de Tonnerre, cant. de Flogny, ✉ de St-Florentin. Pop. 392 h.

BEUGNY, vg. *Pas-de-Calais* (Artois), arr. et à 22 k. d'Arras, cant. de Bertincourt, ✉ de Bapaume. Pop. 838 h.

BEULAY, vg. *Vosges* (Lorraine), arr., cant., ✉ et à 15 k. de St-Dié. Pop, 157 h.

BEULOTTE-ST-LAURENT, vg. *H.-Saône* (Franche-Comté), arr. et à 20 k. de Lure, cant. et ✉ de Faucogney. Pop. 731 h.

BEURE ou BEURRE, joli village, renommé par la beauté de ses vergers, *Doubs* (Franche-Comté), arr., cant., ✉, et à 5 k. de Besançon. Pop. 1,144 h. — A peu de distance de Beurre, on remarque la chute et le site curieux du Bout-du-Monde, culée formée par une chaîne de montagnes que la route côtoie depuis Besançon jusqu'à Beurre : elle s'arrête tou à coup comme si elle était coupée, et forme, en s'enfonçant sur la gauche, un bassin profond d'environ 1 k. Dans ce bassin se resserre, la lumière devient sombre, et l'on entend le bruit d'une cataracte formée par le ruisseau d'un plateau supérieur, qui tombe perpendiculairement de 10 m. de haut. — *Foires* le lundi de Pâques et 3e lundi de sept.

BEURAY-BEAUGAY, vg. *Côte-d'Or* (Bourgogne), arr. et à 51 k. de Beaune, cant. et ✉ de Pouilly-en-Montagne. Pop. 330 h.

BEURAY-SUR-SAUX, vg. *Meuse* (Lorraine), arr., ✉ et à 11 k. de Bar-le-Duc, cant. de Revigny. Pop. 629 h.

BEURIÈRES, vg. *Puy-de-Dôme* (Auvergne), arr. et à 20 k. d'Aubert, cant. et ✉ d'Arlanc. Pop. 1,402 h.

BEURLAIS, vg.*Charente-Inf.* (Saintonge), arr. et à 22 k. de Saintes, cant. et ✉ de St-Porchaire. Pop. 607 h.—*Foires* le 1er jeudi de mai et d'août.

BEURREY, vg. *Aube* (Champagne), arr. et à 10 k. de Bar-sur-Seine, cant. d'Essoyes, ✉ de Vendeuvre. Pop. 520 h.

BEURVILLE, vg. *H.-Marne* (Champagne), arr. et à 28 k. de Vassy, cant. et ✉ de Douleveut. Pop. 537 h.

BEURY (St-), vg. *Côte-d'Or* (Bourgogne), arr. et à 21 k. de Semur, cant. et ✉ de Vitteaux. Pop. 463 h.

BEUSSENT, vg. *Pas-de-Calais* (Artois), arr., ✉ et à 15 k. de Montreuil-sur-Mer, cant. d'Hucqueliers. Pop. 747 h.

BEUSTE, vg. *B.-Pyrénées* (Béarn), arr. et à 15 k. de Pau, cant. de Clarac, ✉ de Nay. Pop. 690 h.

BEUTAL, vg. *Doubs* (Franche-Comté), arr., cant. et à 16 k. de Montbelliard. Pop. 271 h.

BEUTIN, vg. *Pas-de-Calais* (Boulonnais), arr., ✉ et à 7 k. de Montreuil-sur-Mer, cant. d'Etaples.

BEUVANGE-SOUS-JUSTEMONT, vg. *Moselle*, comm. de Vitry, ✉ de Thionville.

BEUVARDES, vg. *Aisne* (Champagne), arr. et à 15 k. de Château-Thierry, cant. et ✉ de Fère-en-Tardenois. Pop. 1,005 h.

BEUVE-EN-RIVIÈRE (Ste-), vg. *Seine-Inf.* (Normandie), arr., cant., ✉ et à 7 k. de Neufchâtel. Pop. 442 h.

BEUVEILLE, vg. *Moselle* (Lorraine), arr. et à 32 k. de Briey, cant. et ✉ de Longuyon. Pop. 869 h.

BEUVEZIN, vg. *Meurthe* (Lorraine), arr. et à 40 k. de Toul, cant. et ✉ de Colombey. Pop. 336 h.

BEUVILLE, vg. *Calvados* (Normandie), arr., ✉ et à 8 k. de Caen, cant. de Douvres. Pop. 440 h.

BEUVILLE-BOCAGE, vg. *Seine-Inf.*, comm. de St-Denis-sur-Scie, ✉ de Tôtes.

BEUVILLERS, vg. *Calvados* (Normandie), arr., cant., ✉ et à 2 k. de Lisieux. P. 273 h.

BEUVILLERS, vg. *Moselle* (Lorraine), arr. et à 17 k. de Briey, cant. et ✉ d'Andun-le-Roman. Pop. 229 h.

BEUVRAGES, vg. *Nord* (Flandre), arr., cant. et à 4 k. de Valenciennes, cant. d'Anzin. Pop. 950 h.

BEUVRAIGNES, vg. *Somme* (Picardie), arr. et à 16 k. de Montdidier, cant. et ✉ de Roye. Pop. 1,248 h.

BEUVREQUEN, vg. *Pas-de-Calais* (Boulonais), arr. et à 13 k. de Boulogne, cant. et ✉ de Marquise. Pop. 284 h.

BEUVREUIL, vg. *Seine-Inf.*, comm. de Dampierre, ✉ de Gournay.

BEUVRIÈRE (la), vg. *Pas-de-Calais* (Artois), arr., cant., ✉ et à 6 k. de Béthune. Pop. 753 h.

BEUVRIGNY, vg. *Manche* (Normandie), arr. et à 20 k. de St-Lô, comm. de Tessy, ✉ de Torigny. Pop. 358 h.

BEUVRON, vg. *Nièvre* (Nivernais), arr. et à 15 k. de Clamecy, cant. de Brinon-les-Allemands.

BEUVRON (le), rivière qui prend sa source à la fontaine des Ombreaux, *Nièvre*; elle passe à Brinon-les-Allemands, Beuvron et Clamecy, où elle se jette dans l'Yonne, après un cours d'environ 40 k. Elle est flottable à bûches perdues, depuis l'étang de Sancerre sur une étendue de 42,400 m.—La quantité de bois flotté est annuellement environ 60,000 stères, destinée à l'approvisionnement de Paris.

BEUVRON (le), petite rivière qui prend sa source près de Châtillon-sur-Loire, *Loiret*; elle passe à Chaon, la Motte-Beuvron, Neung, Neuvy, Bracieux et Cande, où elle se jette dans la Loire, après un cours d'environ 50 k.

BEUVRON-EN-AUGE, vg. *Calvados* (Normandie), arr. et à 21 k. de Pont-l'Evêque, cant. de Cambremer, ✉ de Dozulle.

BEUVRY, vg. *Pas-de-Calais* (Artois), arr., ✉ et à 4 k. de Béthune, cant. de Cambrin. Pop. 2,742 h.

BEUVRY-LÈS-ORCHIES, vg. *Nord* (Flandre), arr. et à 21 k. de Douai, cant. et ✉ d'Orchies. Pop. 1,964 h.

BEUX (Haute et Basse-), vg. *Moselle* (Lorraine), arr. et à 17 k. de Metz, cant. de Pange, ✉ de Solgne. Pop. 292 h.

BEUZEC-CAP-CAVAL, vg. *Finistère*, comm. de St-Jean-Trolimont, ✉ de Pont-l'Abbé.

BEUZEC-CAP-SIZUN, vg. *Finistère* (Bretagne), arr. et à 35 k. de Quimper, cant. et ✉ de Pont-Croix. Pop. 1,909 h.—*Foire* le lundi des Rogations.

BEUZEC-CONQ, vg. *Finistère* (Bretagne), arr. et à 15 k. de Quimper, cant. et ✉ de Concarneau. Pop. 1,939 h.

BEUZEVAL, vg. *Calvados* (Normandie), arr. et à 18 k. de Pont-l'Evêque, cant. et ✉ de Dives. Pop. 288 h.

BEUZEVILLE, gros bourg, *Eure* (Normandie), chef-l. de cant., arr. et à 15 k. de Pont-Audemer. Cure. ✉. ⚙. A 182 k. de Paris pour la taxe des lettres. Pop. 2,610 h.—Terrain crétacé inférieur, grès vert.—Il est situé dans une plaine où l'eau est fort rare. On voit sur la place publique un puits à manivelle, construit en petit sur le modèle de celui du château de Bicêtre : une grande roue armée de chevilles permet à un enfant de la faire facilement mouvoir ; un seau énorme monte à la margelle, un crochet le saisit, et, lui faisant faire la bascule, l'oblige à se vider dans un réservoir. La roue tourne dans le sens inverse; le crochet se détache, le seau redescend au fond du puits pendant qu'un autre apporte son tribut.—L'église a conservé quelques traces d'architecture romane. — Aux environs (à Neuilly) on voit les vestiges d'un château fort qui, étant au pouvoir des protestants, fut emporté d'assaut par les catholiques, en 1592, et détruit de fond en comble. — *Fabrique* d'huile. Briqueterie.—*Foires* les 12 mars, 15 juillet et 15 nov. Les foires de Beuzeville sont les plus remarquables du pays : le blé, des chevaux d'un prix inférieur, les moutons de Présalé y font les principaux objets de commerce, et y attirent plus de dix mille personnes des environs.—Marchés importants tous les mardis (halle).

BEUZEVILLE-AU-PLEIN, vg. *Manche* (Normandie), arr. et à 18 k. de Valognes, comm. et ✉ de Ste-Mère-Eglise. Pop. 102 h.

BEUZEVILLE-LA-BASTILLE, vg. *Manche* (Normandie), arr. et à 23 k. de Valognes, cant. et ✉ de Ste-Mère-Eglise. Pop. 343 h.

BEUZEVILLE-LA-GIFFARDE, vg. *Seine-Inf.*, comm. de Beaumont-le-Hareng, ✉ de Bellencombre.

BEUZEVILLE-LA-GRENIER, vg. *Seine-Inf.* (Normandie), arr. et à 33 k. du Havre, cant. et ✉ de Bolbec. Pop. 854 h.

BEUZEVILLE-LA-GUÉRARD, vg. *Seine-Inf.* (Normandie), arr. et à 17 k. d'Yvetot, cant. et ✉ d'Ourville. Pop. 400 h.

BEUZEVILLE-SUR-LE-VEY, vg. *Manche* (Normandie), arr. et à 25 k. de St-Lô, cant. et ✉ de Carentan. Pop. 683 h.

BEUZEVILLETTE, vg. *Seine-Inf.* (Normandie), arr. et à 39 k. du Havre, cant. et ✉ de Bolbec. Pop. 669 h.

BEUZIT, vg. *Finistère*, comm. et ✉ de Landerneau.

BEVENAIS, vg. *Isère* (Dauphiné), arr. de la Tour-du-Pin, à 24 k. de Bourgoin, cant. et ✉ de Grand-Lemps. Pop. 1,080 h.

BEVERNE, vg. *H.-Saône* (Franche-Comté), arr. et à 15 k. de Lure, cant. et ✉ d'Héricourt. Pop. 347 h.

BEVEUGE, vg. *H.-Saône* (Franche-Comté), arr. et à 17 k. de Lure, cant. et ✉ de Villersexel. Pop. 292 h.

BÉVILLE-LE-COMTE, vg. *Eure-et-Loir* (Beauce), arr. et à 17 k. de Chartres, cant. et ✉ d'Auneau. Pop. 773 h.

BEVILLERS, vg. *Nord* (Flandre), arr., cant., ✉ et à 12 k. de Cambray. Pop. 1,031 h.

BEVONS, vg. *B.-Alpes*, arr. et ✉ de Sisteron.

BEVY, vg. *Côte-d'Or* (Bourgogne), arr. et à 24 k. de Dijon, cant. et ✉ de Gevrey. Pop. 203 h.

BEY, vg. *Ain* (Bresse), arr. et à 38 k. de Bourg, cant. et ✉ de Pont-de-Veyle. Pop. 312 h.

BEY, vg. *Meurthe* (Lorraine), arr., ✉ et à 21 k. de Nancy, cant. de Nomény. Pop. 255 h.—On y voit les restes d'un ancien château.

BEY, vg. *Saône-et-Loire* (Bourgogne), arr., ✉ et à 11 k. de Châlons, cant. de St-Martin-en-Besse. Pop. 574 h.—*Foires* les 18 avril et le lundi après le 1er dimanche d'août.

BEYCHAC, vg. *Gironde* (Guienne), arr. et à 15 k. de Bordeaux, cant. de Carbon-Blanc, ✉ de St-Loubès. ⚙. Pop. 620 h.

BEYLONQUE, vg. *Landes* (Gascogne), arr. et à 37 k. de St-Sever, cant. et ✉ de Tartas. Pop. 772 h.

BEYNAC, ou **BEYNAT**, vg. *Corrèze* (Limousin), chef-l. de cant., arr., ✉, bur. d'enregist. et à 21 k. de Brives. Cure. P. 1,992 h.—Terrain cristallisé, gneiss. — *Foires* 20 janv., 22 fév., 11 avril, 3 mai, 2 juillet, 2 août, 22 sept., 16 oct., 11 nov. et 9 déc.

BEYNAC, vg. *Dordogne* (Périgord), arr., cant., ✉ et à 10 k. de Sarlat. Pop. 800 h.—

Il est sur la Dordogne, où l'on remarque les belles ruines d'un ancien château.

BEYNAC, vg. *H.-Vienne* (Limousin), arr. et à 11 k. de Limoges, cant. et ✉ d'Aixe. Pop. 431 h.

BEYNAT. V. BEYNAC.

BEYNES, vg. *B.-Alpes* (Provence), arr. et à 20 k. de Digne, cant. et ✉ de Mezel. Pop. 374 h. Sur l'Arre.

BEYNES, vg. *Seine-et-Oise* (Beauce), arr. et à 31 k. de Rambouillet, cant. de Montfort-l'Amaury, ✉ de Neauphle-le-Château. Pop. 1,116 h. Sur la Maudre.

BEYNOST, vg. *Ain* (Bourgogne), arr. et à 29 k. de Trévoux, cant. et ✉ de Montluel. Pop. 833 h.

BEYRÈDE-JUMET, vg. *H.-Pyrénées* (Bigorre), arr. et à 30 k. de Bagnères-de-Bigorre, cant. et ✉ d'Arreau. Pop. 552 h.

BEYREN, vg. *Moselle* (Lorraine), arr. et à 15 k. de Thionville, cant. de Cattenom, ✉ de Sierck. Pop. 687 h.

BEYRIE, vg. *B.-Pyrénées* (Béarn), arr. de Mauléon, cant., ✉ et à 6 k. de St-Palais. Pop. 961 h.

BEYRIE, vg. *B.-Pyrénées* (basse Navarre), arr. et à 12 k. de Pau, cant. et ✉ de Lescar. Pop. 144 h.

BEYRIES, vg. *Landes* (Gascogne), arr. et à 26 k. de St-Sever, cant. d'Amou, ✉ d'Orthez. Pop. 230 h.

BEYSSAC, vg. *Corrèze* (Limousin), arr. et à 34 k. de Brives, cant. et ✉ de Lubersac. Pop. 1,035 h.

BEYSSENAC, vg. *Corrèze* (Limousin), arr. et à 46 k. de Brives, cant. et ✉ de Lubersac. Pop. 3,768 h. — Forges et affineries.

BEZ, vg. *H.-Alpes*, comm. de la Salle, de Briançon.

BEZ, vg. *Gard* (Languedoc), arr., cant., et à 8 k. du Vigan. Pop. 1,006 h. — Aux environs, dans la vallée de l'Arre, à peu de distance de la route qui conduit à Molières et à l'élévation sur le flanc de la montagne, un rocher s'est séparé verticalement de la masse, ou bien la partie intermédiaire a disparu par une cause quelconque. Il reste une véritable rue de 2 m. de large, entre des murs d'une seule pierre et d'une énorme élévation. — *Foire le* 9 *nov.*

BEZAC, vg. *Ariège* (pays de Foix), arr., cant., et à 5 k. de Pamiers. Pop. 268 h.

BEZAGETTE, vg. *Indre*, comm. de Maillet, ✉ de Neuvy-St-Sépulcre.

BEZALLES, vg. *Seine-et-Marne* (Brie), arr. et à 15 k. de Provins, cant. de Nangis, ✉ de Champcenest. Pop. 170 h.

BEZANCOURT, vg. *Seine-Inf.* (Normandie), arr. et à 45 k. de Neufchâtel, cant. et ✉ de Gournay. Pop. 764 h.

BÉZANGE-LA-GRANDE, vg. *Meurthe* (Lorraine), arr. de Château-Salins, cant. et à 7 k. de Vic, ✉ de Moyenvic. Pop. 534 h. — Aux environs, source d'eau minérale.

BÉZANGE-LA-PETITE, vg. *Meurthe* (Lorraine), arr. de Château-Salins, cant. et à 10 k. de Vic, ✉ de Moyenvic. Pop. 391 h.

BEZANNES, vg. *Marne* (Champagne), arr., cant., ✉ et à 5 k. de Reims. Pop. 388 h.

BEZAUDUN, vg. *Drôme* (Dauphiné), arr. et à 40 k. de Die, cant. de Bourdeaux, ✉ de Saillans. Pop. 365 h.

BEZAUDUN, *Besandunum*, vg. *Var* (Provence), arr. et à 32 k. de Grasse, cant. de Coursegoules, ✉ de Vence. Pop. 205 h.

BEZAUDUN-PRÈS-VARAGES, vg. *Var* (Provence), arr. et à 34 k. de Brignoles, cant. et ✉ de Barjols. Pop. 66 h.

BEZAUMONT, vg. *Meurthe* (Lorraine), arr. et à 23 k. de Nancy, cant. et ✉ de Pont-à-Mousson. Pop. 222 h. — Il est bâti entre deux montagnes, dont l'une offre à son sommet un bel observatoire d'où l'on découvre les trois cathédrales de Metz, de Toul et de Nancy.

BEZAYE, vg. *Drôme*, comm. de Charpey, ✉ de Romans.

BEZ-DE-BELFOURTE, vg. *Tarn* (Languedoc), arr. et à 22 k. de Castres, cant. et ✉ de Brassac. Pop. 1,663 h.

BÈZE, vg. *Côte-d'Or* (Bourgogne), arr. et à 27 k. de Dijon, cant. et ✉ de Mirebeau. Pop. 1,226 h. — Il est bâti dans une belle situation, à l'intersection de deux grandes routes, à l'extrémité d'un vallon ouvert au sud-est, et fermé au nord par des rochers, sur le sommet desquels on jouit d'une vue fort étendue ; par un ciel pur, on aperçoit distinctement le mont Blanc. — C'était jadis une ville fermée de murs ; il en reste encore quelques vestiges, qui s'appuient à trois tours parfaitement conservées, restes d'une ancienne abbaye, fondée vers la fin du VIe siècle, dont les vastes bâtiments, en pierres de taille, sont aujourd'hui affectés à la mairie et à des écoles primaires pour les deux sexes ; de vastes pressoirs communs sont placés au rez-de-chaussée, sous des voûtes magnifiques. — La rivière de Bèze prend sa source dans le village même ; elle jaillit, en bouillonnant, d'une fosse ouverte au pied des rochers. Cette source, autour de laquelle on circule librement, est environnée d'une promenade agréable.

PATRIE du bénédictin dom CLÉMENT, estimable auteur de l'*Art de vérifier les dates*, et l'un des continuateurs de l'*Histoire littéraire*.

INDUSTRIE. Forges d'acier naturel. Laminoirs à tôle de fer et d'acier. Fours anglais. Fabriques de limes, étrilles, clous à froid, vis en bois à grands diamètres, avec écrou ; tuiles en tôle vernissée, ayant la forme des tuiles romaines. Moulins à blé et à tan. Tanneries. Tuileries.

BEZENAC, vg. *Dordogne* (Périgord), arr. et à 13 k. de Sarlat, cant. et ✉ de St-Cyprien. Pop. 400 h.

BEZERIL, vg. *Gers* (Gascogne), arr. à 9 k. de Lombez, cant. et ✉ de Samatan. Pop 372 h.

BÉZIERS, *Bittera, Betiræ, Betera, Bitteræ*, grande et très-ancienne ville, *Hérault* (Languedoc), chef-l. de sous-préf. et de 2 cant. Trib. de 1re inst. et de comm. Collège comm. Soc. d'agric. 3 cures. Gîte d'étape. ✉ ⚓ Pop. 18,874 h. — TERRAIN d'alluvions modernes, voisin du terrain tertiaire moyen.

Autrefois évêché, vicomté, présidial, sénéchaussée et viguerie royale, maîtrise particulière, gouvernement particulier, séminaire, chapitre, collégiale, académie des sciences, collège, 9 couvents ou abbayes.

Béziers fut, d'après l'opinion commune, fondée sur le territoire des Volces Tectosages par les Grecs de Marseille. Colonisée par les Romains l'an 636 de Rome, elle reçut plus tard de Jules César le nom de *Julia Bittera* ; une nouvelle colonie romaine, formée de la septième légion qu'on y envoya, lui valut celui de *Bitteræ Septimanorum*. Deux temples y furent élevés, l'un en l'honneur d'Auguste ; l'autre en celui de Julie sa fille. Tibère protégea cette colonie et l'augmenta. Sous le règne de Décius, elle eut saint Aphrodise pour premier évêque. Cette ville florissait dans le IVe siècle : elle fut saccagée par les Vandales dans le Ve, par les Visigoths durant les Ve, VIe et VIIe, par les Sarrasins en 720, enfin par Charles Martel en 737, sous prétexte de chasser ces derniers : elle fut remise à Pepin, son fils, par Misemont, seigneur goth, en 743. Sous Charlemagne et sous ses successeurs, Béziers avait repris toute sa splendeur, et paraissait plus florissante qu'elle n'avait jamais été. Cette ville fut prise le 22 juillet 1209, lors de l'exécrable croisade contre les Albigeois, par une nombreuse armée de fanatiques commandée par l'abbé de Citeaux, qui fit brûler et passer au fil de l'épée tous les habitants ; après avoir assouvi leur rage et s'être enrichis de dépouilles sanglantes, les croisés mirent le feu à la ville qui fut entièrement consumée. Les historiens ne sont pas d'accord sur le nombre de ceux qui périrent dans cette occasion. Arnaud, abbé de Citeaux, n'en porte le nombre qu'à 15,000, dans la relation qu'il envoya bientôt au pape ; d'autres font monter le nombre des morts à 60,000. Enfin, Césaire d'Heisterbac, auteur contemporain, mais étranger, assure que 100,000 personnes périrent dans le massacre de Béziers. C'est le même qui, caractérisant l'esprit religieux de l'époque, a dit qu'avant le sac de Béziers, les croisés demandèrent à l'abbé de Citeaux ce qu'ils devaient faire en cas qu'on vînt à prendre la ville d'assaut, dans l'impossibilité où l'on était de distinguer les catholiques de ceux qui ne l'étaient pas : *Tuez-les tous, répondit-il, car Dieu connaît ceux qui sont à lui*. Aussi ne fit-on quartier à personne. Les morts furent rassemblés en monceaux et brûlés. — Les murs de Béziers furent relevés et l'enceinte réduite en 1289. La vicomté de Béziers et le comté d'Agde, joints vers le commencement du XIIe siècle, furent réunis à la couronne par saint Louis, en 1247. Enfin, Béziers eut encore à souffrir des guerres civiles et de religion. Les fortifications et la citadelle furent démolies en 1632. V. ALBIGEOIS.

Il s'est tenu à Béziers trente et un conciles, notamment en 1233, 1246 et 1255 contre les Albigeois.

Les armes de **Béziers** sont : *d'argent à trois fasces de gueules, au chef d'azur chargé de trois fleurs de lis d'or*.

Cette ville est dans une heureuse situation,

sur une colline élevée, au pied de laquelle passe la rivière d'Orb et le canal du Midi, et d'où l'on jouit d'une perspective délicieuse : tout ce que les poëtes et les voyageurs ont dit de plus fort à la louange de Béziers paraît encore au-dessous de la vérité : d'un côté se présente à la vue un riche vallon couvert de villages, de métairies et de maisons de campagne répandues çà et là au milieu des terres labourables, des vignes, des jardins et des vergers plantés de mûriers et d'oliviers ; d'un autre côté on découvre le canal du Midi et ses neuf écluses situées les unes au-dessus des autres, dont la chute des eaux forme une des plus belles cascades qu'il soit possible de voir, et dans le lointain un rideau de montagnes bleuâtres, du sein desquelles sort la rivière d'Orb. La ville est généralement mal bâtie ; ses rues étroites et mal percées lui donnent un air de petitesse et de pauvreté, quoique les maisons soient en général assez régulières et construites en pierres ; mais l'aspect en est on ne peut plus agréable : vue du côté de Narbonne, la ville s'élève sur un plateau presque à pic au-dessus de l'Orb, présente les flèches de l'ancienne cathédrale élancées dans les airs, et ses vieilles tours à créneaux, dont l'effet est on ne peut plus pittoresque. La grande route passe dans le faubourg, au bord même de la rivière, qu'on traverse sur un pont de pierre assez long. On monte ensuite par un ravin étroit et escarpé vers le haut de la ville, qui peut être comparé à un vaste belvédère d'où l'on découvre un tableau magique. — Il reste peu d'antiquités à Béziers, à cause des vicissitudes que cette ville a éprouvées à plusieurs époques. On y remarque toutefois une inscription hébraïque fort célèbre parmi les juifs ; il paraît qu'elle est relative à la construction d'une synagogue. On y trouve aussi des débris de statues ; des fragments de sculptures encastrés dans les murs d'enceinte ; un aqueduc romain ; les vestiges d'un amphithéâtre taillés dans le roc, etc.

L'ancienne CATHÉDRALE ST-NAZAIRE, au bord du plateau sur lequel la ville est bâtie, est d'une architecture gothique, mais régulière. La nef est vaste et belle ; le chœur présente une demi-rotonde très-élégante, entourée de colonnes de marbre rouge. Les vitraux des croisées sont fort remarquables. Le clocher très-élevé, avec des tours rondes, est couvert d'ornements. — Une ingénieuse machine à vapeur, inventée il y a peu d'années par M. Cordier, mécanicien de Béziers, fait monter l'eau de la rivière d'Orb à 40 m. environ dans un réservoir placé sur la terrasse de l'église, pour la répandre ensuite dans les différents quartiers de la ville.

L'ancien ÉVÈCHÉ, placé à côté de l'église, et occupé aujourd'hui par la sous-préfecture et les tribunaux, est un immense bâtiment d'où l'on jouit d'une vue magnifique.

L'ÉGLISE ST-APHRODISE, bâtie en l'honneur du martyr de ce nom, décapité par ordre du proconsul romain dans le cirque même de Béziers, fut d'abord cathédrale, puis abbatiale, puis collégiale. Le monument date de plusieurs époques. L'abside, qui peut remonter à la fin du XIIIe siècle, est à l'ouest-sud-ouest et non à l'orient. — Un sarcophage antique, en marbre blanc nuancé de gris, qui a servi, dit-on, de sépulture à saint Aphrodise, et qui sert aujourd'hui de cuve baptismale, porte une de ces chasses aux lions, comme on en voit sur des sarcophages romains déposés au Louvre, et sur le tombeau de Jovin, à Reims.

L'ÉGLISE DE LA MADELEINE est un édifice où tous les siècles, du XIe au XVIIIe, sont représentés par des constructions diverses. Des événements historiques d'une grande importance se sont passés dans cette église. En 1167, les principaux bourgeois de la ville poignardèrent, sur les marches du maître-autel, Raymond Trancavel, vicomte de Béziers, et plusieurs personnes de sa suite. Quelques années plus tard, sept mille Albigeois, qui s'étaient réfugiés dans la Madeleine et dans le cimetière qui y est contigu, furent passés au fil de l'épée par les croisés.

La BIBLIOTHÈQUE PUBLIQUE, établie par les jésuites en 1637, et enrichie des livres légués par M. Bausset de Roquefort, évêque du diocèse. On y compte environ 5,000 vol.

On remarque encore à Béziers la maison où naquit le célèbre auteur du canal du Languedoc, sur laquelle on a placé récemment une table de marbre portant cette inscription : *En 1604 est né dans cette maison Pierre-Paul Riquet ;* la halle ; les casernes ; les promenades, surtout celle qui s'étend jusqu'à la jonction de l'Orb et du canal des Deux-Mers. — On doit visiter, dans les environs de Béziers, la digue mobile pour retenir les eaux de l'Orb pendant que les barques du canal traversent cette rivière ; la percée de Mal-Pas et le canal du Midi. V. CANAL DU MIDI.

Biographie. Patrie de BARBEYRAC, historien, diplomate et traducteur, mort en 1747.

De BOSCAGER, jurisconsulte, mort en 1687.

Du jésuite CLÉRIC, poëte et auteur tragique, auquel on doit la tragédie d'*Electre* de Sophocle, en vers français.

De JACQUES ESPRIT, de l'Académie française.

De l'avocat PELISSON, célèbre par son dévouement au surintendant des finances Fouquet.

De J.-J. DORTOUS DE MAIRAN, physicien, mathématicien et littérateur, membre de l'académie des sciences et de l'Académie française, auteur du *Traité physique et historique de l'aurore boréale*, d'un grand nombre de dissertations et de savants mémoires.

De PAUL RIQUET, immortel créateur du canal du Languedoc.

Du littérateur DOMAIRON.

Du compositeur de musique GAVAUX.

De M. VIENNET, poëte et auteur dramatique, membre de l'Institut et de la chambre des pairs.

Du comte AMÉDÉE D'HERTAULT DE BEAUFORT, littérateur et auteur dramatique.

Du baron DE BRAUSSET, préfet du palais sous l'empire.

INDUSTRIE. *Fabriques* de draps, bas de soie, gants, amidon, eaux-de-vie, esprits, liqueurs, confitures, produits chimiques, verdet ; filature de soie, verreries, papeteries, savonneries, tanneries. — *Commerce* de vert-de-gris, fer, laines, grains, vins rouges et blancs, vins muscats, eaux-de-vie, esprit, huile, salicot, soude, amandes, noisettes, fruits et autres productions du sol.

L'arrondissement de Béziers est composé de 12 cantons : Agde, Bédarieux, Béziers 1re section, Béziers 2e section, Capestang, Florensac, St-Gervais, Montagnac, Murviel, Pézenas, Roujan et Servian. — A 74 k. de Montpellier, 756 k. de Paris pour la taxe des lettres. Lat. 43° 20′ 41″, long. E. 0° 52′ 35″.

Bibliographie. De GUIRAL. *Histoire abrégée de la ville de Béziers* (Nouv. Recher. sur la France, t. I, p. 84-121, in-12, 1796).

* *L'Antiquité de Béziers au jour de l'Ascension*, in-12, 1628.

CHARBONNEAU (L.). *Journal sur les guerres de Béziers en 1583, 1584 et 1586* (imprim. dans le Recueil de pièces données par d'Aubais, in-4, 1759).

* *Monuments des anciens diocèses de Maguelone, Montpellier, Béziers*, etc., in-4, litt., 1835.

BOUILLET. *Sur plusieurs particularités de l'histoire naturelle des environs de Béziers* (Nouv. Recher. sur la France, t. I, p. 84-121).

— *Du climat de Béziers, etc., depuis 1730 jusques y compris 1742.*

Bulletin de la société archéologique de Béziers, in-8, 1734-41.

BEZING, vg. B.-Pyrénées (Béarn), arr. et à 11 k. de Pau, cant. de Clarac-près-Nay, ✉ de Nay. Pop. 131 h.

BEZINGHEM, vg. Pas-de-Calais (Boulonnais), arr. et à 15 k. de Montreuil, cant. et ✉ d'Hucqueliers. Pop. 277 h. — PATRIE d'ABOT DE BAZINGHEM.

BEZINGRAND, vg. B.-Pyrénées (Béarn), arr., ✉ et à 24 k. d'Orthez, cant. de Lagor. Pop. 99 h.

BEZINS, vg. H.-Garonne (Comminges), arr. et à 30 k. de St-Gaudens, cant. et ✉ de St-Béat. Pop. 244 h.

BEZOLLES, vg. Gers (Armagnac), arr. et à 16 k. de Condom, cant. et ✉ de Valence. Pop. 550 h.

BEZONS, vg. Seine-et-Oise (Ile-de-France), arr. et à 16 k. de Versailles, cant. et ✉ d'Argenteuil. Pop. 643 h. — C'est un village fort ancien et très-agréable, qui mérite d'être visité pour sa site pittoresque et les belles promenades qui l'environnent. Il est dans une jolie situation sur la Seine, que l'on passe sur un pont construit en remplacement de celui construit en 1800, et brûlé en 1815. On y voit un château construit par le maréchal de Bezons, dont le parc, qui aboutit au pont, est fermé par une superbe grille ; et une autre belle habitation avec un parc dessiné par le Nôtre, embelli de bassins et d'eaux jaillissantes élevées au moyen d'un moulin à vent.

BEZONVAUX, vg. Meuse (Lorraine), arr., ✉ et à 12 k. de Verdun, cant. de Charny. Pop. 277 h.

BEZOUOTTE, vg. *Côte-d'Or* (Bourgogne), arr. et à 26 k. de Dijon, cant. et ✉ de Mirebeau. Pop. 192 h. Sur la Bèze.— Forges et hauts fourneaux.

BEZU-LA-FORÊT, *Besucum Siccum*, *Besutum in Foreta*, vg. *Eure* (Normandie), arr. et à 25 k. des Andelys, cant. et ✉ de Lyons-la-Forêt. Pop. 469 h. Près de la source de la Levrière.

BEZU-LE-GUÉRY, vg. *Aisne* (Picardie), arr. et à 15 k. de Château-Thierry, cant. et ✉ de Charly. Pop. 350 h.

BEZU-LE-LONG, *Bacivum superius*, vg. *Eure* (Normandie), arr. et à 25 k. des Andelys, cant. et ✉ de Gisors. Pop. 505 h. Sur la Bonde.— Briqueterie.

BEZU-LÈS-FÈVES, vg. *Aisne* (Picardie), arr., cant., ✉ et à 6 k. de Château-Thierry. Pop. 32 h.

BEZU-ST-GERMAIN, vg. *Aisne* (Picardie), arr., cant., ✉ et à 8 k. de Château-Thierry. Pop. 569 h.

BEZUES-BAJON, vg. *Gers* (Languedoc), arr. et à 23 k. de Mirande, cant. et ✉ de Masseube. Pop. 439 h.

BIACHE-ST-WAAST, vg. *Pas-de-Calais* (Artois), arr., cant. et à 13 k. d'Arras, cant. de Vitry. Pop. 1,090 h.

BIACHES, vg. *Somme* (Picardie), arr., cant., ✉ et à 3 k. de Péronne. Pop. 411 h.

BIANS, vg. *Doubs* (Franche-Comté), arr., cant., ✉ et à 11 k. de Pontarlier. Pop. 566 h.

BIARD, vg. *Indre-et-Loire*, comm. de Céré, ✉ de Bléré.

BIARD, vg. *Vienne*, comm. de Vouneuil-sous-Biard, ✉ de Poitiers. — *Fabrique* de bonneteries, filatures de coton.

BIARS (les), vg. *Manche* (Normandie), arr. et à 22 k. de Mortain, cant. d'Isigny, ✉ de St-Hilaire-du-Harcouet. Pop. 1,040 h. — L'ancienne forteresse des Biars, détruite depuis plusieurs siècles, était à l'extrémité de la paroisse, au nord de la Sélune. On voit encore les retranchements et l'enceinte du château. Il était assez considérable et situé au sommet d'un coteau escarpé, presque inaccessible du côté de la rivière.

BIARNE, vg. *Jura* (Franche-Comté), arr., cant., ✉ et à 8 k. de Dôle. Pop. 436 h.

BIAROTTE, vg. *Landes* (Gascogne), arr. et à 37 k. de Dax, cant. de St-Esprit, ✉ de Biaudos. Pop. 227 h.

BIARRE, vg. *Somme* (Picardie), arr. et à 28 k. de Montdidier, cant. de Roye, ✉ de Nesle. Pop. 150 h.

BIARRITZ, bourg maritime, *B.-Pyrénées* (Labour), arr., cant., ✉ et à 7 k. de Bayonne. Pop. 1,892 h. — Phare de 1er ordre à feu tournant à éclipses de demi-minute en demi-minute, situé sur la pointe St-Martin-de-Biarritz; hauteur, 73 m.; portée, 27 k. Lat. 43° 30', long. E. 3° 53'. — TERRAIN crétacée inférieur, grès vert.

Ce bourg, situé au bord de l'Océan qui y forme un petit port, sur la route de Bayonne à St-Jean-de-Luz, est bâti dans une situation pittoresque, sur des bancs de rochers qui s'élèvent à plus de 40 m. au-dessus du niveau de la mer. La côte est en cet endroit très-enfoncée et la marée y monte très-haut; les vagues poussées par les vents du nord et de l'ouest, et brisées par les écueils, produisent un fracas épouvantable; mais ce mouvement tumultueux entretient aux environs une brise légère, qui rafraîchit l'atmosphère de cette côte dépourvue d'ombrage et de verdure. L'agitation continuelle des vagues a déchiré et creusé les flancs des rochers contre lesquels elles exercent leur fureur. Parmi les grottes nombreuses qu'elles ont formées, celle de la Chambre d'amour est la plus vaste et la plus connue : suivant une tradition locale, elle tire son nom du berger Oura et de la bergère Edera son amante, auxquels elle avait offert un refuge amoureux; ivres du bonheur d'être ensemble, ces amants ne songeaient pas à la marée, dont les flots s'introduisant avec fureur dans la grotte, terminèrent leur existence dans un moment où ils en jouissaient le plus délicieusement. La forme de la Chambre d'amour représente un demi-cercle de 36 à 40 pas de diamètre; sa plus grande hauteur, à l'entrée, est de 5 à 6 m. et cette hauteur diminue graduellement jusqu'au fond de la grotte, où la voûte touche le sol. Au-dessus de l'ouverture croissent une foule de plantes curieuses, telles que le rosier à feuilles de pimprenelle, l'astragale bayonnais, le muflier à feuille de thym, le lin maritime, etc.

Biarritz est renommé pour ses bains de mer, que fréquentent assidûment dans la belle saison les habitants de Bayonne. C'est un spectacle charmant d'y voir, à certains jours, arriver des caravanes de baigneurs et de baigneuses, qui font la partie d'aller se plonger dans la mer. La manière d'exécuter cette promenade est curieuse : on place sur le même cheval ou mulet, de chaque côté du bât, deux petites chaises ou tabourets, sur lesquels, après avoir étendu des tapis plus ou moins élégants, se mettent deux personnes dont le poids s'équilibre au moyen de pierres ajoutées à la plus légère; l'un des deux voyageurs est le passager, l'autre le conducteur. On trouve de ces équipages, que l'on désigne sous le nom de *cacolet*, au coin des rues et sur les places publiques de Bayonne; ils y remplacent les fiacres ou les cabriolets de louage, dont on fait usage dans d'autres villes; ce sont presque toujours de jeunes et jolies Basquaises qui conduisent les cacolets.—Il n'y a pas à Biarritz d'établissement fixe; c'est dans une petite anse connue sous le nom de Port-Vieux, sur une belle plage, que l'on se baigne; on y trouve des barques fournies de tout ce qui est nécessaire pour le bain. Là, les personnes des deux sexes, confondues dans la même enceinte, mettent à leurs joyeux ébats une liberté qui n'est pas un des charmes les moins piquants que présentent les bains de Biarritz. On se baigne aussi dans des trous de rochers qu'on appelle bains d'amour : nulle part le terrible golfe de Gascogne n'étant battu par plus de tempêtes, il est arrivé quelquefois que le mouvement rétrograde des flots brisés par le reflux a emporté des baigneuses; autant de fois de jeunes et vigoureux baigneurs ont volé à leur secours, mais presque toujours sans succès. Le danger est grand, les exemples sont connus, toutes les mères racontent à leurs filles l'anecdote de la Chambre d'amour et plusieurs autres histoires déplorables ; on écoute, on pleure, et l'on revient aux bains d'amour!

Foires le 3e samedi de juin et 2e samedi d'oct.

Bibliographie. LAGARDE (Prosper de), *Voyage dans le pays des Basques et aux bains de Biarritz*, etc., in-18, 1835.

BIARS, vg. *Lot* (Quercy), arr. et à 76 k. de Figeac, cant. et ✉ de Bretenoux. P. 169 h.

BIAS, vg. *Landes* (Guienne), arr. et à 76 k. de Mont-de-Marsan, cant. de Mimizan, ✉ de Lipostbey. Pop. 169 h. Près de l'Océan. — L'église paroissiale, dédiée à saint Michel, est le but de pèlerinages très-fréquentés, dont le plus considérable a lieu au mois de septembre. —*Fabrique* de matières résineuses.

BIAS, vg. *Lot-et-Garonne*, comm. et ✉ de Villeneuve-sur-Lot.

BIAUDOS, vg. *Landes* (Gascogne), arr. et à 38 k. de Dax, cant. de St-Esprit, ✉. À 786 k. de Paris pour la taxe des lettres. Pop. 834 h.

BIBE (lat. 49°, long. 22°). « C'est un lieu dont le nom se lit ainsi dans la Table théodosienne, sur la trace d'une route qui est conduite à *Durocortorum* ou à Reims, et en position intermédiaire d'un lieu nommé *Calagum*, et de *Durocortorum*. La distance est marquée XXXI à l'égard de *Calagum*, et XXII à l'égard de *Durocortorum*. On peut consulter l'article *Calagum*, pour voir que sa position convient au lieu nommé Chailly ; et ce qu'il y a d'espace direct entre cette position et Reims peut s'estimer d'environ 43,000 toises, dont il ne résulte que 38 lieues gauloises. Pour employer sur le local des nombres indiqués par la Table, sans en rien rabattre, il faudrait ne point trouver étrange que la position de *Bibe* fît le sommet d'un angle de 90 degrés par les rayons qui tendraient des routes depuis Chailly et de Reims à cette position. Il est, ce me semble, plus naturel de juger qu'il y a de l'excès dans les nombres de la Table. Je crois reconnaître la route dont il s'agit par son alignement, qui est très-remarquable sur le local, depuis le passage du petit Morin, près de Montmirel, jusqu'à St-Martin d'Ablois ; ce qui doit s'étendre à 15,000 toises et plus, en suivant la trace du chemin, et il en résulte 13 à 14 lieues gauloises. La partie antérieure de cette route, ou depuis Chailly jusqu'au petit Morin, peut s'estimer de 15 lieues gauloises au moins. Ainsi de Chailly à Ablois environ 29 lieues ; et par la seule transposition de l'unité dans le nombre XXXI, on aura en effet XXIX. Entre Ablois et Reims, la distance en droite ligne étant d'environ 15,000 toises, qui passent 13 lieues gauloises, et qui peuvent en renfermer 14 de mesure itinéraire, il s'ensuivra de pouvoir substituer XIV à XXII dans la Table. Ablois, dont la position paraît convenir à *Bibe*, est un gros bourg, qu'une côte élevée sépare du cours de la Marne, que la voie romaine passait vraisemblablement à Epernai, dont il n'est point mention avant l'acquisition qu'en fit saint Remi pour son Eglise de Reims. » D'Anville. *Notice de l'ancienne Gaule*, p. 155.

BIBERSKIRICH, vg. *Meurthe* (Lorraine), arr., cant., ✉ et à 10 k. de Sarrebourg. Pop. 583 h.

BIBICHE (grande et petite), village composé de deux hameaux très-rapprochés, *Moselle* (Lorraine), arr. et à 30 k. de Thionville, cant. et ✉ de Bouzonville. Pop. 600 h.

BIBLING, vg. *Moselle*, comm. de Merten, ✉ de Bouzonville.

BIBLISHEIM, vg. *B.-Rhin* (Alsace), arr. et à 26 k. de Wissembourg, cant. et ✉ de Woerth-sur-Sauer. Pop. 430 h.

BIBOST, vg. *Rhône* (Lyonnais), arr. et à 23 k. de Lyon, cant. et ✉ de Larbresle. Pop. 610 h.

BIBRACTE, deinde *Augustodunum* (lat. 47°, long. 23°). « Il y a des savants qui ne conviennent point que *Bibracte* et *Augustodunum* soient la même ville. M. de Valois, Cellarius, M. l'abbé de Longuerue, ont distingué *Bibracte* d'*Augustodunum*. Cette question est traitée fort en détail dans les éclaircissements géographiques sur l'ancienne Gaule qui ont paru en 1741; et je crois que l'identité de *Bibracte* et d'*Augustodunum* y est démontrée. Selon César (Comment., I. et VII), *Bibracte* est indubitablement la ville principale et dominante chez les Æduí : *oppidum longe maximum ac copiosissimum ; oppidum apud Æduos maximæ auctoritatis*. En distinguant cette ville d'avec *Augustodunum*, on s'est fondé sur l'analogie entre le nom de *Bibracte* et celui d'une montagne à quelques lieues d'Autun, dont on n'est point assuré que le nom actuel de Beuvrai soit tiré de *Bibracte*, mais bien de celui de *Bifractum*, que l'on trouve dans les anciens titres de l'Eglise d'Autun. Plusieurs auteurs qui ont écrit dans le pays reconnaissent que celui de Beuvrai n'a jamais pu servir d'assiette à une grande ville, *oppido longe maximo, ac copiosissimo*. Je me contenterai de citer saint Julien, dans les Antiquités des Bourguignons (lib. I, ch. 4) : « S'il » falloit faire vue du lieu, on ne trouveroit » entre ces rochers place, en laquelle il fût » possible imaginer une si grande et populeuse ville, que Bibracte a été, pouvoir être » posée. » Strabon (*Hist. des emp.*, I, p. 131), qui, selon que l'a remarqué M. de Tillemont, écrivait le 4ᵉ liv. de sa Géographie vers l'an 18 de l'ère chrétienne, ne nomme point *Augustodunum*, mais *Bibracte*, comme la place de défense des Ædui, φρούριον Βίβρακτε (lib. IV, p. 192). Cependant on ne peut douter qu'*Augustodunum* ne soit du même temps, puisque Tacite (Annal., lib. III, sect. 43), décrivant la révolte des Ædui sous Sacrovir, qui arriva l'an 21, fait mention d'*Augustodunum*, comme de la capitale du peuple éduen, *caput gentis*. Il serait d'autant plus étrange que le silence de Strabon sur *Augustodunum*, *caput gentis*, fût une omission de sa part, qu'il n'a point oublié dans l'étendue de la même cité une ville d'un rang inférieur, *Cabullinum*, ou Challon. Ce géographe, que l'on remarque suivre César en plusieurs circonstances, a employé le nom qu'il trouvait dans les Commentaires, préférablement à une dénomination nouvelle, qui n'avait point encore fait oublier la dénomination précédente et primitive. Mais on a cru voir une distinction formelle de *Bibracte* et d'*Augustodunum* dans un panégyrique d'Eumène à Constantin. Cet empereur et son père Constance Chlore, ayant donné de grandes marques de bienveillance à la ville d'Autun qui avait beaucoup souffert d'un long siège qu'elle essuya de la part de Tetricus, secondé de la milice de *Bagaudæ* ; cette ville, pour témoigner sa reconnaissance, prit le nom de *Flavia*, parce que les princes dont elle avait été favorisée portaient celui de *Flavius*. Aussi le rhéteur (*inter panegyr. veteres*, VII), rendant grâce à Constantin de ses bienfaits, appelle Autun *Flaviam Æduorum*. Il ajoute, en adressant la parole à ce prince, que, quoiqu'il soit également le maître dans tout l'empire, la ville des Ædui lui est comme appropriée par le nom de *Flavia*, qu'elle vient de prendre. Il fait entendre que l'ancien nom de *Julia* fait place au nom de *Flavia* : *Omnium sis licet dominus urbium, omnium nationum, nos tamen etiam nomen accepimus tuum jam, non antiquum*. *Bibracte quidem sic dicta est olim, Julia, Polia, Florentia ; sed Flavia est civitas Æduorum*. La ville qui vient de prendre le nom de *Flavia* est ici la même qui jusqu'alors avait porté le nom de *Julia* : l'adverbe *jam*, d'un membre, répond aux adverbes *huc-usque*, de l'autre membre. Ces adverbes affectent une même ville, qui jusqu'à présent, *huc-usque*, a porté un nom, et qui vient d'en prendre un autre, *accepimus tuum jam*. C'est la ville d'*Augustodunum* qui prend le nom de *Flavia* : c'est donc la même ville qui avait porté le nom de *Julia*, et cette ville est *Bibracte*. Ajoutons que l'orateur s'expliquant ainsi ailleurs, *Flavia Æduorum tandem æterno nomine nuncupata* ; le *tandem* suppose une mutation d'un nom antérieur et précédent mis en opposition, et ce nom est *Julia*, adapté spécialement à *Bibracte*. Les Ædui avaient mis leur capitale au nombre de leurs divinités. On a trouvé à Autun deux inscriptions en l'honneur de la déesse *Bibracte*, dont la plus remarquable a été rapportée par D. Bernard de Montfaucon (*Ant. expliq.*, t. II, p. 236). Méla distingue (Lib. III, c. 2) *Augustodunum* par sa richesse entre les villes de la Gaule : *urbes opulentissimæ in Treviris Augusta, in Æduis Augustodunum*. On ne remarquera pas dans Pline autant d'inégalité qu'il y en a sur ce qui intéresse le détail de la Gaule, on serait plus surpris de n'y voir aucune mention d'*Augustodunum*. Ptolémée n'est pas dans le même cas. Mais ce qui donne une illustration particulière à Autun, c'est ce que rapporte Tacite, que la noblesse de la Gaule y était instruite dans les sciences : *nobilissimam Galliarum sobolem liberalibus studiis ibi operatam*. La géographie faisait partie des sciences qu'on y cultivait. Eumène (*oratio pro restaurandis scholis*) dit que sur les portiques du lieu destiné à l'instruction de la jeunesse, on avait tracé la représentation des terres et des mers : *Videat in illis porticibus juventus, et quotidie spectet omnes terras, et cuncta maria, etc. Si quidem illic... quo manifestius oculis discerentur, quæ difficilius percipiuntur auditu ; omnium, cum nominibus suis, locorum situs, spatia, intervalla, descripta sunt ; quidquid ubique fluminum oritur, et conditur, quacumque se littorum sinus flectunt, vel quo ambitu cingit orbem, vel impetu irrumpit Oceanus*. Je pense qu'on ne sera point étonné qu'une pareille circonstance ne soit point oubliée dans un ouvrage purement géographique comme celui-ci. » D'Anville. *Notice de l'ancienne Gaule*, p. 157.

Bibliographie. Nault. *Histoire de l'ancienne Bibracte*, in-12, 1668.

L'Empereur. *Dissertation historique sur l'ancienne Bibracte* (Mém. de Trévoux, oct. 1704, et in-12, 1706).

Salins. *Lettre sur la Dissertation historique de l'ancienne Bibracte*.

Baudot. *Lettre en forme de dissertation sur l'ancienne Bibracte*, in-12, 1710.

Des ours de Mendajours. (Journal des savants, mai 1712).

Moreau de Mautour. *Observation sur une inscription antique gravée sur bronze concernant Bibracte* (Mém. de litt. de Desmolets, t. IV, p. 296).

* Lettre sur la situation de Bibracte (Journal de Verdun, juillet 1750).

Lebeuf (l'abbé). *Réponse à la lettre précédente* (idem, sept. 1750).

Belley (l'abbé). *Dissertation sur Bibracte* (Eclaircissements géogr. sur l'ancienne Gaule, in-12, 1741).

Michault. *Remarque sur Bibracte* (Mélanges hist. et philosoph., in-12, 1754).

Walckenaer. *Géog. des Gaules*, t. I, p. 319.

BIBRAX (lat. 59°, long. 22°). « César (Comment., II) en fait mention comme d'une ville des Remi, distante de 8 milles du camp qu'il occupait sur la rivière d'Aisne, après l'avoir passée en marchant contre les Belges, qui avaient pris les armes : *Ab ipsis castris oppidum Remorum, nomine Bibrax, aberat milliapassum IIX*. Si l'on s'en rapporte à la Chronique de Normandie, écrite par Dudon de St-Quentin, et à plusieurs légendes, *Bibrax* sera *Laudunum Clavatum* ou Laon. Mais cette opinion est démentie par les circonstances qui concernent *Bibrax*. Laon est dans une distance de la rivière d'Aisne, qui double à peu près celle qui est indiquée ; et il serait difficile que le secours que César fit partir au milieu de la nuit fût arrivé assez promptement pour faire suspendre l'attaque dès le jour qui suivit. On voit les assiégeants aussitôt au pied du rempart que devant la place, et appliquant là la sape aux murailles ; et ce qui désigne ainsi une place dont l'assiette n'est pas de difficile accès, ne convient point à Laon. Sanson, en prenant la position de Fimes pour celle de *Bibrax*, n'a point fait attention que *Bibrax* fut attaqué par les Belges, avant la tentative qu'ils firent de passer l'Aisne, comme le récit de César y est formel. C'est donc amener mal à propos un lieu situé en deçà du cours de l'Aisne, et sur les derrières du poste qu'avait pris César, une place qui devait être en avant et de l'autre côté de la même rivière. En effet, on trouve Bièvre, qui conserve évidemment le nom de *Bibrax*, en s'avançant de Pont-à-Vère sur l'Aisne, du côté de Laon. Et la distance de 8 milles, marquée par César, est également convenable à l'égard de Pont-à-Vère. On lit dans César que, sur le fleuve près duquel il avait assis son camp, il y avait un pont : *in eo flumine pons erat.* » D'Anville. *Notice de l'ancienne Gaule*, p. 159.

BICÊTRE, vg. *Seine*, comm. de Gentilly. ✉. V. GENTILLY.

BICHAIN, vg. *Yonne*, comm. et ✉ de Villeneuve-la-Guyard.

BICHANCOURT, vg. *Aisne* (Picardie), arr. et à 45 k. de Laon, cant. de Coucy-le-Château, ✉ de Chauny. Pop. 1,004 h.

BICHES, vg. *Nièvre* (Nivernais), arr. et à 25 k. de Château-Chinon, cant. et ✉ de Châtillon-en-Bazois. Pop. 863 h.

BICKENHOLTZ, vg. *Meurthe* (Lorraine), arr. et à 14 k. de Sarrebourg, cant. de Fénétrange, ✉ de Phalsbourg. Pop. 249 h.

BICQUELEY, vg. *Meurthe* (Lorraine), arr., cant., ✉ et à 7 k. de Toul. Pop. 640 h.

BIDACHE, petite ville, *B.-Pyrénées* (Labour), chef-l. de cant., arr. et à 32 k. de Bayonne. Bureau d'enregist. à la Bastide-de-Clairence. Cure. ✉. A 777 k. de Paris pour la taxe des lettres. Pop. 2,869 h. — TERRAIN d'alluvions modernes, voisin du terrain crétacé inférieur. — Elle est fort agréablement située sur la Bidouze qui y est navigable. — Exploitation de carrières de pierres de taille. — Foires le 20 avril et le 30 nov. (3 jours).

BIDARRAY, vg. *B.-Pyrénées* (basse Navarre), arr. de Mauléon, à 45 k. de St-Palais, cant. de St-Etienne-de-Baigorry, ✉ de St-Jean-Pied-de-Port. Pop. 1,348 h.

BIDART, village maritime, *B.-Pyrénées* (Labour), arr. et à 12 k. de Bayonne, cant. et ✉ de St-Jean-de-Luz. ⚓. Pop. 1,252 h. — Il est sur l'Océan où il a un petit port qui ne reçoit que des barques de pêcheurs.

BIDASSOA (la), rivière qui prend sa source en Espagne, sur le versant méridional des Pyrénées, dans la province de Pampelune ; elle sépare la province de St-Sébastien du dép. des Basses-Pyrénées, et se jette dans l'Océan, entre Hendaye et Fontarabie, après un cours d'environ 50 k. La navigation a lieu au moyen de la marée sur la partie inférieure de la Bidassoa, depuis Biriatou jusqu'à son embouchure, sur une étendue d'environ 6,000 m.

C'est dans une petite île, située près de l'embouchure de cette rivière et que l'on appelle île des Faisans, que se sont tenues les conférences de la paix des Pyrénées, et où l'on est convenu du mariage de Louis XIV avec l'infante d'Espagne, en 1659.

BIDEREN, vg. *B.-Pyrénées* (Béarn), arr. et à 21 k. d'Orthez, cant. et ✉ de Sauveterre. Pop. 102 h.

BIDESTROFF, vg. *Meurthe* (Lorraine), arr. de Château-Salins, à 23 k. de Vic, cant. et ✉ de Dieuze. Pop. 437 h. — On y remarque un ancien château flanqué de sept tourelles et entouré de fossés. — Tuilerie.

BIDING, vg. *Moselle* (Lorraine), arr. et à 30 k. de Sarreguemines, cant. de Gros-Tenquin, ✉ de St-Avold. Pop. 387 h.

BIDON, vg. *Ardèche* (Languedoc), arr. et à 50 k. de Privas, cant. et ✉ de Bourg-St-Andéol. Pop. 165 h.

BIDOS, vg. *B.-Pyrénées* (Béarn), arr., cant., ✉ et à 2 k. d'Oloron. Pop. 193 h.

BIDOUZE (la), petite rivière qui prend sa source aux monts Pyrénées, à 12 k. S.-E. de St-Jean-Pied-de-Port, *B.-Pyrénées*; elle passe à St-Just, Ostabat, St-Palais, Came, Bidache et Guiche, au-dessous duquel elle se jette dans l'Adour, après un cours d'environ 80 k. — Cette rivière, qui est navigable au moyen de la marée sur une étendue de 20,000 m., transporte principalement des pierres de taille, tirées des carrières de Came et de Bidache, pour Bayonne.

BIDUCESSII, peuple confondu par d'Anville avec les *Viducasses* de Pline. V. Waickenaer. *Géographie des Gaules*, t. I, p. 382, et t. II, p. 256.

BIECOURT, vg. *Vosges* (Lorraine), arr., cant., ✉ et à 17 k. de Mirecourt. P. 261 h.

BIEDERTHAL, vg. *H.-Rhin* (Alsace), arr. et à 29 k. d'Altkirch, cant. et ✉ de Ferrette. Pop. 329 h.

BIÉ-EN-BELIN (St-), vg. *Sarthe* (Maine), arr. et à 24 k. du Mans, cant. et ✉ d'Ecommoy. Pop. 696 h.

BIEF, vg. *Doubs* (Franche-Comté), arr. et à 21 k. de Montbelliard, cant. et ✉ de St-Hippolyte. Pop. 105 h.

BIEF-DES-MAISONS, vg. *Jura* (Franche-Comté), arr. de Poligny, à 40 k. d'Arbois, cant. des Planches, ✉ de Foncine-le-Haut. Pop. 334 h.

BIEF-D'ETOZ, vg. *Doubs*, comm. de Charmanvillers, ✉ de St-Hippolyte — Forges et martinets pour faux et outils aratoires. Verrerie à vitres et à bouteilles.

BIEF-DU FOURG, vg. *Jura* (Franche-Comté), arr. de Poligny, à 43 k. d'Arbois, cant. et ✉ de Nozeroy. Pop. 505 h. — PATRIE du littérateur et mathématicien JANTEL.

BIEF-MORIN, vg. *Jura* (Franche-Comté), arr., cant. et ✉ de Poligny, à 22 k. d'Arbois. Pop. 201 h.

BIEF-VILLERS-LEZ-BAPAUME, vg. *Pas-de-Calais* (Artois), arr. et à 3 k. d'Arras, comm. et ✉ de Bapaume. Pop. 276 h.

BIELLE, bg *B.-Pyrénées* (Béarn), arr. et à 34 k. d'Oloron, cant. de Laruns, ✉ d'Arudy. Pop. 843 h. — Ce bourg est situé sur la rive gauche du gave d'Ossau, dans un vaste bassin qui offre des aspects magnifiques, et est bâti au confluent de l'Arriumage avec le gave, dont les bords sont couverts de blocs de granit, de pierres ollaires et de serpentines. — Carrières de marbre et d'ardoises ; indices de mines de cuivre. — Un peu au-dessous de Bielle, on aperçoit, au delà du gave, le joli village de CASTEL, bâti au pied de deux tertres qui s'élèvent au milieu de la vallée, et que décorent pittoresquement, en regard l'une de l'autre, une vieille église et une vieille tour crénelée ; ce sont les ruines du Castel-Jaloux, qu'on dit avoir été bâti par Gaston de Phœbus, et où séjournaient quelquefois les anciens vicomtes de Béarn.

PATRIE du marquis J.-B. DE LABORDE, un des hommes rares qui sont parvenus à une grande fortune par les voies les plus irréprochables, mort sur l'échafaud révolutionnaire le 22 juillet 1794. Il est auteur, entre autres ouvrages, de : * *Essais sur la musique ancienne et moderne*, 4 vol. in-4, 1780 ; * *Description générale et particulière de la France*, 12 vol. gr. in-f° et 78 pl., 1781-96 ; *Tableaux topographiques, pittoresques, etc., de la Suisse*, 4 vol. in-f°, ornés de 278 pl., 1780-81.

BIELLEVILLE, vg. *Seine-Inf.*, comm. de Rouville, ✉ de Bolbec.

BIENCOURT, vg. *Meuse* (Lorraine), arr. et à 30 k. de Bar-le-Duc, cant. de Montiers-sur-Saux, ✉ de Liguy. Pop. 517 h.

BIENCOURT, vg. *Somme* (Picardie), arr. et à 20 k. d'Abbeville, cant. de Gamaches, ✉ de Blangy. Pop. 230 h.

BIENNAIS, *Bene habeas*, vg. *Seine-Inf.*, comm. d'Étainpuis, ✉ de Tôtes.

BIENNE (la), petite rivière qui prend sa source à Bellefontaine, *Jura* ; elle passe à Morez, St-Claude, Malinges, Jeurre et Dortan, au-dessous duquel elle se jette dans l'Ain, après un cours d'environ 50 k. — Cette rivière commence à être flottable au-dessus de St-Claude, sur une étendue de 20,000 m., et navigable à Dortan, sur une étendue de 5,000 m. Le flottage en trains est considérable sur la Bienne ; il consiste en sapins et bois de construction, que l'on expédie pour Lyon.

BIENVILLE, vg. *H.-Marne* (Champagne), arr. et à 14 k. de Vassy, comm. de Chevillon, ✉ de St-Dizier. Pop. 557 h. — Forges, affineries et hauts fourneaux, sur la Marne.

BIENVILLE, vg. *Oise* (Picardie), arr., cant., ✉ et à 4 k. de Compiègne. P. 212 h.

BIENVILLE-LA-PETITE, vg. *Meurthe* (Lorraine), arr., cant., ✉ et à 6 k. de Lunéville. Pop. 81 h.

BIENVILLERS-AUX-BOIS, vg. *Pas-de-Calais* (Artois), arr. et à 18 k. d'Arras, cant. de Pas, ✉ de l'Arbret. Pop. 1,187 h.

BIÈRES (camp de). V. MERRI, *Orne*.

BIERGES, vg. *Marne* (Champagne), arr. et à 22 k. de Châlons, ✉ de Vertus. Pop. 61 h.

BIERMES, vg. *Ardennes* (Champagne), arr., cant., ✉ et à 4 k. de Rethel. P. 536 h.

BIERMONT, vg. *Oise* (Picardie), arr. et à 26 k. de Compiègne, cant. et ✉ de Ressons. Pop. 122 h.

BIERNE, vg. *Nord* (Flandre), arr. et à

11 k. de Dunkerque, cant. et ✉ de Bergues. Pop. 513 h. — *Commerce* considérable de beurre et de fromages.

BIERNÉ, bg *Mayenne* (Anjou), chef-l. de cant., arr., ✉ et à 12 k. de Château-Gontier. Pop. 1,105 h.

BIERNES, vg. *H.-Marne* (Champagne), arr. et à 33 k. de Chaumont, cant. de Juzennecourt, ✉ de Colombey-les-Deux-Eglises. Pop. 93 h.

BIERRE, vg. *Gers*, comm. de Mondebat, ✉ de Plaisance.

BIERRE - LEZ - SEMUR, vg. *Côte-d'Or* (Bourgogne), arr. et à 9 k. de Semur, cant. de Précy - sous - Thil, ✉ de la Maison-Neuve. Pop. 328 h. — Il est bâti dans une situation agréable, sur le Serain, et remarquable par un vaste et beau château, auquel tient un parc de 250 hectares, clos de murs, distribué dans le genre paysager par l'ingénieur Morel. — Moulin à blé organisé pour la mouture dite économique. Moulins à plâtre et à ciment. Tuileries. — *Commerce* de farines.

BIERT, vg. *Ariège*, comm. et ✉ de Massat.

BIERVILLE, vg. *Seine-et-Oise*, comm. de Boissy-la-Rivière, ✉ d'Etampes. — Il y a une source d'eau minérale.

BIERVILLE, vg. *Seine-Inf.* (Normandie), arr. et à 16 k. de Rouen, cant. et ✉ de Buchy. Pop. 184 h.

BIESHEIM, vg. *H.-Rhin* (Alsace), arr. et à 18 k. de Colmar, cant. et ✉ de Neuf-Brisach. Pop. 1,757 h.

BIESLES, vg. *H.-Marne* (Champagne), arr. et à 12 k. de Chaumont, cant. et ✉ de Nogent-le-Roi. Pop. 1,167 h. — *Fabrique* de poêles et poêlons en fer battu.

BIETLENHEIM, vg. *B.-Rhin* (Alsace), arr. et à 18 k. de Strasbourg, cant. et ✉ de Brumath. Pop. 1,148 h.

BIEUJAC, vg. *Gironde* (Bazadois), arr. et à 14 k. de Bazas, cant. et ✉ de Langon. Pop. 502 h.

BIEUXY, vg. *Aisne* (Picardie), arr. et à 10 k. de Soissons, cant. et ✉ de Vic-sur-Aisne. Pop. 50 h.

BIEUZY, vg. *Morbihan* (Bretagne), arr., ✉ et à 13 k. de Pontivy, cant. de Baud. Pop. 1,587 h.

BIÉVILLE, vg. *Calvados* (Normandie), arr., ✉ et à 6 k. de Caen, cant. de Douvres. Pop. 411 h.

BIÉVILLE, vg. *Manche* (Normandie), arr. et à 18 k. de St-Lô, cant. et ✉ de Torigny. Pop. 411 h.

BIÉVILLE - EN - AUGE, vg. *Calvados* (Normandie), arr. et à 7 k. de Lisieux, cant. de Mézidon, ✉ de Croissanville. Pop. 282 h.

BIÈVRE (la), *Bevera*, petite rivière qui prend sa source au sud-ouest du parc de Versailles, à 2 k. de St-Cyr, *Seine-et-Oise* ; elle passe à Buc, à Jouy, à Bièvre, où elle fait mouvoir plusieurs manufactures, arrose Arcueil, Gentilly, prend ensuite le nom de rivière des Gobelins, entre dans Paris en traversant le boulevard de ce nom, se dirige par les faubourgs St-Marcel et St-Victor, et se jette dans la Seine sur le quai de l'Hôpital, un peu au-dessus du pont d'Austerlitz, après un cours d'environ 30 k. A partir de Bièvre, ses eaux sont infectées par les immondices des nombreux établissements insalubres établis sur ses rives, et à leur entrée dans Paris elles répandent une odeur des plus désagréables, qui devient insupportable et même pernicieuse pour la santé des habitants pendant les grandes chaleurs.

BIÈVRE, ou **BIÈVRES**, *Bevera*, *Bevria*, joli village, *Seine-et-Oise* (Ile-de-France), arr. et à 9 k. de Versailles, cant. de Palaiseau, ✉ d'Antony. Pop. 929 h. — Il est bâti à 37 m. 15 c. au-dessus du niveau de l'église Notre-Dame de Paris, sur un coteau boisé au pied duquel coule la Bièvre. On y voit un fort beau château qui a appartenu au marquis de Bièvre, auteur du *Séducteur*, et encore plus renommé par ses nombreux et ingénieux calembours : la terre de Bièvre avait été érigée en marquisat par Louis XV. — Au hameau des Roches on remarque une habitation antique en pierres grises.

De cette commune dépendait aussi l'ancienne et célèbre abbaye de *Val-Profond*, qui remontait au moins à l'an 1100, qui souffrit beaucoup sous les guerres du règne de Louis XI, et qui fut presque entièrement ruinée par les huguenots en 1562 ; les religieuses se retirèrent à St-Paul-de-Beauvais. La reine Anne de Bretagne fit changer le nom de cette communauté en celui de *Val-de-Grâce*. En 1621, Marguerite Veny d'Arbouze, fort connue par l'histoire imprimée de sa vie, obtint de Louis XIII que sa communauté serait transférée à Paris au faubourg St-Jacques, sur les terrains dépendant de l'ancien fief de Valois. La reine Anne d'Autriche fut la fondatrice de ce nouveau monastère, dont l'église offre encore de nos jours l'un des plus magnifiques temples qui aient été élevés par le christianisme.

BIÈVRES, vg. *Ardennes* (pays Messin), arr. et à 35 k. de Sédan, cant. et ✉ de Carignan. Pop. 429 h.

BIEFONTAINE, vg. *Vosges* (Lorraine), arr. et à 25 k. de St-Dié, cant. de Bruvelieures, ✉ de Corcieux. Pop. 586 h.

BIGANON, bg *Landes* (Gascogne), arr. et à 75 k. de Mont-de-Marsan, cant. de Pissos, ✉ de Liposthey. Pop. 449 h. — Il est situé au centre de landes immenses et de vastes marais. — *Fabrique* de poteries.

BIGANOS, vg. *Gironde* (Guienne), arr. et à 40 k. de Bordeaux, cant. d'Audenge, ✉. A 601 k. de Paris pour la taxe des lettres. Pop. 1,083 h. Sur le chemin de fer de Bordeaux à la Teste. — *Verrerie* de verre blanc.

BIGERRIONES, peuple de Bigorre cité par Walckenaer. *Géographie des Gaules*, t. 1, p. 283.

BIGERRONES (lat. 43°, long. 18°). « Ils sont ainsi nommés dans le troisième livre des Commentaires, entre les peuples de l'Aquitaine, que l'expédition de Crassus, lieutenant de César, réduisit à se soumettre. Leur nom est *Begerri*, dans Pline (lib. IV, cap. 19). Ptolémée et les autres géographes ne les connaissent point. Saint Paulin les appelle *Pellitos Bigerros*, parce qu'une partie de leur pays, située dans les neiges des Pyrénées, les oblige à se vêtir d'une fourrure, que Sulpice Sévère, dans la Vie de saint Martin, appelle *bigerrica vestis hispida*. Il serait presque superflu de dire que la Bigorre conserve le nom de ce peuple. Quant au ressort du siège épiscopal de Tarbe, capitale du pays, il renferme actuellement des positions dont les noms nous font connaître des peuples de moindre considération, comme sont les *Tornates* et les *Camponi*. » D'Auville. *Notice de l'ancienne Gaule*, p. 160.

BIGNAC, vg. *Charente* (Angoumois), arr. et à 18 k. d'Angoulême, cant. et ✉ de Rouillac. Pop. 507 h.

BIGNAN, vg. *Morbihan* (Bretagne), arr. et à 32 k. de Ploermel, cant. de St-Jean-de-Brevelay, ✉ de Locminé. Pop. 3,006 h.

BIGNAY, bg *Charente-Inf.* (Saintonge), arr., cant., ✉ et à 8 k. de St-Jean-d'Angely. Pop. 478 h.

BIGNE (la), vg. *Calvados* (Normandie), arr. à 24 k. de Vire, cant. d'Aulnay, ✉ de Mesnil-Ausonf. Pop. 316 h.

BIGNICOURT, vg. *Ardennes* (Champagne), arr. et à 15 k. de Rethel, cant. de Juniville, ✉ de Tagnon. Pop. 514 h.

BIGNICOURT-SUR-MARNE, vg. *Marne* (Champagne), arr., cant., ✉ et à 16 k. de Vitry-le-François. Pop. 85 h.

BIGNACOURT-SUR-SAULX, vg. *Marne* (Champagne), arr., ✉ et à 16 k. de Vitry-le-François, cant. de Thiéblemont. Pop. 383 h.

BIGNON (le), vg. *Loire-Inf.* (Bretagne), arr. et à 15 k. de Nantes, cant. et ✉ d'Aigrefeuille. Pop. 2,022 h. — Il est situé près de la forêt de Touffou, autrefois célèbre par un château fort dont on aperçoit encore les débris sur le côté gauche de la route de Nantes à la Rochelle. C'est dans ce château que l'infortuné Gilles de Bretagne, frère de François 1er, fut renfermé avant de subir le plus barbare traitement dans celui de la Hardouinaye. — *Foire* le 1er mardi d'avril.

Bibliographie. RICHER (Ed.). *Le Buron et le Château de Blain*, in-12, 1822.

BIGNON (le), vg. *Loiret* (Gatinais), arr. et à 24 k. de Montargis, cant. de Ferrières, ✉ de Fontenay. Pop. 450 h.

BIGNON (le), bg *Mayenne* (Maine), arr. et à 17 k. de Mayenne, cant. de Laval, ✉ de Meslay. Pop. 545 h.

BIGNOUX, vg. *Vienne* (Poitou), arr., ✉ et à 10 k. de Poitiers, cant. de St-Julien-d'Ars. Pop. 234 h.

BIGORNO, vg. *Corse*, arr., ✉ et à 44 k. de Bastia, cant. de Campitello. Pop. 276 h.

BIGORRE (le), *Bigeritanus Pagus*, *Bigerrensis*, pays qui faisait autrefois partie de la ci-devant province de Gascogne, et dont Tarbes était la capitale. Il avait le titre de comté, et se divisait en trois parties : les montagnes, la plaine et le Rustan.

Après avoir été possédé par divers comtes, le Bigorre appartint à Philippe le Bel, du chef de sa femme Jeanne, fille de Henri, roi de Navarre. Édouard III, roi d'Angleterre, l'ayant conquis, il lui fut cédé par le traité de Brétigny. Charles V le reconquit, et Charles VII le donna aux comtes de Foix, d'où il passa à Jeanne d'Albret, mère de Henri IV. Il fut enfin réuni à la couronne en 1589 et en 1607. — C'était un pays d'états. Les états de Bigorre s'assemblaient tous les ans et étaient présidés par l'évêque de Tarbes. Les mandataires du clergé étaient, outre ce prélat, quatre abbés, deux prieurs et un commandeur de Malte; ceux de la noblesse, douze barons ou possesseurs de baronnies conférant l'entrée à l'assemblée; ceux du tiers état, les consuls et jurats de Tarbes, Vic, Bagnères, Lourde, etc., et les députés des Sept-Vallées. Chaque corps délibérait séparément, et les chambres se réunissaient pour résoudre les questions à la pluralité de deux voix contre une.—Le Bigorre forme maintenant la presque totalité du département des Hautes-Pyrénées. Bagnères-de-Bigorre, Barèges, Cauterets, Tarbes et Vic-en-Bigorre en étaient les principales villes.

Les **armes de Bigorre** étaient : *d'azur à deux lions passants de gueules l'un sur l'autre, armés et lampassés d'azur*.

Bibliographie. Prévost (J.). *Catalogue des plantes qui croissent au Béarn, Navarre et Bigorre, ès côtes de la mer de Biscaye*, in-8, 1655.

Deville (J.-Mar-Jos.). *Annales de la Bigorre*, in-8, 1818.

Davezac-Macaya. *Essais historiques sur le Bigorre, accompagnés de remarques critiques, de pièces justificatives, de notices chronologiques et généalogiques*, 2 vol. in-8, 1723.

BIGOTTIÈRE (la), bg *Mayenne* (Maine), arr., ✉ et à 21 k. de Laval, cant. de Chailland. Pop. 1,163 h.

BIGUGLIA, vg. *Corse*, arr., ✉ et à 8 k. de Bastia, cant. de Borgo. Pop. 228 h. Près de l'étang de son nom.

Biguglia, aujourd'hui petit village, occupe l'emplacement de la célèbre ville de Mariana qui fut la capitale de l'île sous le gouvernement protecteur des Pisans, et conserva ce rang jusqu'en 1380, époque où fut construit le premier bastion qui depuis devint Bastia. Le château, où une consulte générale élut Vincentello comte de Corse, n'offre plus qu'un amas de ruines. Non loin du château est la vieille tour de la Mortala, dont il ne reste que le mur d'enceinte. — L'ancienne cathédrale de Mariana, dont on voit les ruines sur la rive gauche du Golo, passe pour avoir été un temple antique dont les Maures avaient fait une mosquée, et que les chrétiens transformèrent ensuite en église.

L'étang de Biguglia a 12 k. de long, souvent 2 k. de large, et offre une surface de 3,000 hectares; la hauteur des eaux varie selon que les saisons sont sèches ou pluvieuses; durant l'hiver leur niveau est au-dessus de celui de la mer, en été il est inférieur. Cet étang est, par son insalubrité, le fléau de la contrée, et les vapeurs méphitiques qu'il exhale vont jusqu'à compromettre la santé publique à Bastia.

Bibliographie. * *Notice sur l'étang de Biguglia, dit Chiarlino*, in-8, 1832.

BIGUY-SUR-CHER, vg. *Cher*, comm. de Vallenay, ✉ de Châteauneuf-sur-Cher.

BIHUCOURT, vg. *Pas-de-Calais* (Artois), arr. et à 29 k. d'Arras, cant. et ✉ de Bapaume. Pop. 359 h.

BIHY (St-), vg. *Côtes-du-Nord* (Bretagne), arr. et à 25 k. de St-Brieuc, cant. et ✉ de Quintin. Pop. 430 h.

BILAZAY ou **Billazais**, vg. *Deux-Sèvres* (Poitou), arr. et à 33 k. de Bressuire, cant. et ✉ de Thouars. Pop. 135 h. — On trouve à peu de distance de ce village cinq sources d'eau minérale qui répandent une odeur de gaz hydrogène sulfuré très-prononcée. Dans l'analyse incomplète qui en a été faite en 1774, MM. Mitouart et Linacier ont trouvé qu'elles contenaient du gaz hydrogène sulfuré, du sulfate de soude, du muriate de soude et un muriate terreux.—Ces eaux s'emploient en boisson avec succès dans les maladies cutanées. Les effets sont d'autant plus efficaces que l'on joint à l'usage de la boisson celui des bains.

Bibliographie. Linacier. *Instruction sur l'usage des eaux minérales de Bilazai* (Notice considérée, t. I, p. 306 et 356, 1777).

BILÉE, vg. *Meuse* (Lorraine), arr. de Commercy, cant. et ✉ de St-Mihiel. Pop. 179 h.

BILHÈRE, vg. *B.-Pyrénées* (Béarn), arr. et à 25 k. d'Oloron, cant. d'Arudy. Pop. 455 h.

BILIA, vg. *Corse*, arr., cant., ✉ et à 10 k. de Sartène. Pop. 265 h.

BILLAC, vg. *Corrèze* (Limousin), arr. et à 38 k. de Brives, cant. et ✉ de Beaulieu. Pop. 649 h.

BILLANCELLES, vg. *Eure-et-Loir* (Beauce), arr. et à 22 k. de Chartres, cant. et ✉ de Courville. Pop. 339 h.

BILLANCOURT, vg. *Somme* (Picardie), arr. et à 30 k. de Montdidier, cant. de Roye, ✉ de Nesle. Pop. 334 h.

BILLANGES (les), vg. *H.-Vienne* (Marche), arr. et à 29 k. de Limoges, cant. d'Ambazac, ✉ de Razès. Pop. 1,025 h.

BILLAUX, vg. *Gironde* (Guienne), arr., cant., ✉ et à 5 k. de Libourne. Pop. 481 h.

BILLÉ, vg. *Ille-et-Vilaine* (Bretagne), arr., cant., ✉ et à 8 k. de Fougères. Pop. 1,165 h.

BILLECUL, vg. *Jura* (Franche-Comté), arr. de Poligny, à 39 k. d'Arbois, cant. et ✉ de Nozeroy. Pop. 190 h.

BILLÈRE, vg. *H.-Garonne* (Comminges), arr. et à 53 k. de St-Gaudens, cant. et ✉ de Bagnères-de-Luchon. Pop. 97 h.

BILLEY, *Billiacum*, vg. *Côte-d'Or* (Bourgogne), arr. et à 39 k. de Dijon, cant. et ✉ d'Auxonne. Pop. 328 h.

BILLÈRE, vg. *B.-Pyrénées* (Béarn), arr., ✉ et à 2 k. de Pau, cant. de Lescar. Pop. 531 h.

BILLEZOIS, vg. *Allier* (Bourbonnais), arr., cant., ✉ et à 14 k. de la Palisse. Pop. 562 h.

BILLIAT, vg. *Ain* (Bourgogne), arr. et à 27 k. de Nantua, cant. et ✉ de Châtillon-de-Michaille. Pop. 760 h. — *Foires* les 25 fév., 22 juillet, 23 août et 1er déc.

BILLIERS, vg. *Morbihan* (Bretagne), arr. et à 28 k. de Vannes, cant. et ✉ de Muzillac. Pop. 1,085 h. — Il est situé à peu de distance de la mer et habité en grande partie par des pêcheurs; aux environs on voit les bâtiments de l'abbaye de Prières fondée en 1250. — *Commerce* de poisson frais, exploitation des marais salants.

BILLIEU, vg. *Isère* (Dauphiné), arr. et à 20 k. de la Tour-du-Pin, cant. et ✉ de Virieu. Pop. 634 h.

BILLIO, vg. *Morbihan* (Bretagne), arr. et à 24 k. de Ploermel, cant. de St-Jean-de-Brevelay, ✉ de Josselin. Pop. 506 h. — *Foire* le 25 mars.

BILLOM, très-ancienne ville, *Puy-de-Dôme* (Auvergne), chef-l. de cant., arr. et à 25 k. de Clermont-Ferrand. Cure. Petit séminaire. Collège comm. Cure. Petit séminaire. Gîte d'étape. ✉. A 412 k. de Paris pour la taxe des lettres. Pop. 3,993 h. — Terrain tertiaire moyen.

Billom passe pour une des plus anciennes villes de l'Auvergne; elle eut jadis une université florissante qui datait de 1455 et subsista jusqu'en 1555 : à cette époque cet établissement fut remis aux jésuites qui le gardèrent jusqu'à la suppression de leur ordre. Ce fut alors qu'on trouva, dans la chapelle du collège de Billom, un tableau dont on fit grand bruit, et qui donna lieu à des interprétations dont l'ordre des jésuites eut beaucoup à souffrir; la célébrité de ce tableau obtint fira Billom de son obscurité. — Cette ville fut, à une époque reculée, close de murs construits aux dépens des différents corps de métiers; ce qui prouve qu'alors son commerce était considérable. Elle renfermait surtout beaucoup de tanneries, branche d'industrie qui exige un cours d'eau continuel; Billom ne possédant qu'un petit ruisseau, souvent à sec, les habitants avaient creusé, au-dessus de la ville, deux étangs d'une grande étendue où l'eau du ruisseau et des pluies était retenue et de là distribuée en quantité convenable aux fabriques. Les murs de Billom ont disparu, ses étangs se sont comblés, et son commerce est en partie déchu. C'est néanmoins encore une ville fort industrieuse et favorablement située au milieu de la partie la plus fertile de la Limagne : son territoire produit les plus beaux chanvres de toute l'Auvergne.

La ville de Billom prenait jadis le titre de capitale de la Limagne; elle est bâtie sur une colline élevée, entourée de hautes montagnes; les orages y sont très fréquents, et l'atmosphère y est si pluvieuse qu'on a souvent été nommée l'égout de la basse Auvergne.

Les **armes de Billom** sont : *d'azur à un portail de ville d'argent placé entre deux tours crénelées dont une : celle du flanc dextre plus grande que l'autre, et trois fleurs de lis d'or en chef*.

L'église de St-Cerneuf est très-ancienne; on

prétend qu'elle existait avant Charlemagne, e qu'elle fut enrichie des bienfaits de cet empereur. *Fabriques* de fil de Bretagne, toiles, serges, faïence, poterie de terre, briques, tuiles, chaux.— *Commerce* très-étendu de chanvre, fil, laine, grains, bestiaux, bois, mégisserie. Education en grand des abeilles. — *Foires* importantes les 1er lundi de fév., 1er lundi de juillet, 1er sept., 1er lundi d'oct., 26 déc., 1er jour des Rogations, lundi de la Pentecôte.
Bibliographie. * *Souvenirs de St-Acheul, Ste-Anne, Aix, Bordeaux, Forcalquier, Montmorillon, Dôle, Billom, depuis le mois d'octobre* 1814, *jusqu'au mois d'août* 1828, *ou Vies de plusieurs jeunes étudiants élevés dans ces huit maisons d'éducation*, 3e édit., in-12, 1836.

BILLY, vg. *Allier* (Bourbonnais), arr. et à 16 k. de la Palisse, cant. et ✉ de Varennes-sur-Allier. Pop. 1,019 h. C'était jadis une ville assez considérable, défendue par un château fort dont il existe encore quelques ruines. Le château de Billy était de forme ronde et flanqué de dix jours; au-dessus de ce château et y attenant, il y avait encore un second château flanqué de cinq tours, appelé le Donjon, qui servait d'habitation aux seigneurs lorsqu'ils y faisaient quelque séjour. La ville est dans une situation agréable par les points de vue qu'elle offre sur le cours de l'Allier, qui coule à très-peu de distance.

BILLY, vg. *Calvados* (Normandie), arr. et à 18 k. de Caen, cant. de Bourguébus, ✉ de Vimont. Pop. 302 h.

BILLY, vg. *Loir-et-Cher* (Blaisois), arr. et à 17 k. de Romorantin, cant. et ✉ de Selles-sur-Cher. Pop. 621 h.

BILLY, vg. *Nièvre* (Nivernais), arr., cant., ✉ et à 10 k. de Clamecy. Pop. 1,260 h.

BILLY-BERCLAU, vg. *Pas-de-Calais* (Artois), arr. et à 20 k. de Béthune, cant. de Cambrin, ✉ de la Bassée. Pop. 1,507 h.

BILLY-CHEVANNE, vg. *Nièvre* (Nivernais), arr. et à 30 k. de Nevers, cant. et ✉ de St-Benin-d'Azy. Pop. 1,036 h.

BILLY-LE-GRAND, vg. *Marne*(Champagne), arr. et à 91 k. de Châlons-sur-Marne, cant. de Suippes, ✉ des Petites-Loges. Pop. 71 h.

BILLY-LES-CHANCEAUX ou SUR SEINE, vg. *Côte-d'Or* (Bourgogne), arr. et à 42 k. de Châtillon-sur-Seine, cant. et ✉ de Baigneux-les-Juifs. Pop. 324 h. C'est un village fort ancien, situé dans un vallon très-étroit, à la source de la Seine, près de laquelle on voit les ruines d'un ancien château entouré de fossés creusés dans le roc. On ignore l'époque de la fondation de ce village, qui a dû être important, à en juger par les débris qu'on rencontre de toutes parts aux environs. En 1822, un propriétaire découvrit l'emplacement d'une fontaine dont les fondations renfermaient des médailles de l'empereur Adrien.

BILLY-MONTIGNY, vg. *Pas-de-Calais* (Artois), arr. et à 25 k. de Béthune, cant. et ✉ de Lens. Pop. 382 h.

BILLY-SOUS-LES-COTES, vg. *Meuse* (Lorraine), arr. de Commercy, 19 k. de St-Mihiel, cant. et ✉ de Vigneulles. Pop. 346 h.

BILLY-SOUS-MANGIENNES, vg. *Meuse* (Lorraine), arr. et à 28 k. de Montmédy, cant. et ✉ de Spincourt. Cure. Pop. 1,137 h. — Forges et hauts fourneaux, sur le Loison.

BILLY-SUR-AISNE, vg. *Aisne* (Picardie), arr., cant., ✉ et à 6 k. de Soissons. P. 530 h.

BILLY-SUR-OURCQ, vg. *Aisne* (Picardie), arr. et à 25 k. de Soissons, cant. d'Oulchy. Pop. 367 h.

BILTZHEIM, vg. *H.-Rhin* (Alsace), arr. et à 16 k. de Colmar, cant. et ✉ d'Ensisheim. Pop. 370 h.

BILWISHEIM, vg. *B.-Rhin* (Alsace), arr. et à 15 k. de Strasbourg, cant. et ✉ de Brumath. Pop. 288 h.

BIMONT, vg. *Pas-de-Calais* (Artois), arr. et à 15 k. de Montreuil-sur-Mer, cant. et ✉ d'Hucqueliers. Pop. 152 h.

BINANS, vg. *Jura*, comm. de Publy, ✉ de Lons-le-Saulnier.

BINARD (île). Elle est située à l'est de St-Malo, contre cette ville et Cancale.

BINARVILLE, vg. *Marne* (Champagne), arr., ✉ et à 5 k. de Ste-Menehould, comm. de Ville-sur-Tourbe. Pop. 861 h. Il est situé dans une plaine couverte d'arbres fruitiers, près de la forêt d'Argonne. Les habitants requrent en 1331 une charte de commune confirmée la même année par le roi Philippe de Valois.— Commerce important de fruits, de bois et de charbon.

BINAS, vg. *Loir-et-Cher* (Beauce), arr. et à 44 k. de Blois, cant. et ✉ d'Ouzouer-le-Marché. Pop. 1,159 h.

BINDERNHEIM, vg. *B.-Rhin* (Alsace), arr., ✉ et à 16 k. de Schélestadt, cant. de Marckolsheim. Pop. 603 h.

BINGES, vg. *Côte-d'Or* (Bourgogne), arr. et à 19 k. de Dijon, cant. et✉ de Pontailler. Pop. 636 h.

BINGIUM (lat. 50°, long. 26°). « Tacite (*Hist.*, lib. IV, sect. 70) en fait mention dans le récit de la guerre, que la rébellion de Civilis excita dans la Gaule, vers le bas Rhin, et Ammien Marcellin en parle comme d'une place dont Julien fit réparer les remparts. Selon la Notice de l'empire, *milites Bingenses* avaient leur poste à *Bingium*, sous les ordres du général résidant à Maïence. Marquard Fréher (in *Ausonii Mosellam*) croit que Bingium était autrefois sur le bord de la *Nava*, opposé à celui où Bingen se trouve aujourd'hui, s'appuyant du témoignage de la Vie de saint Rupert. Et en effet il subsiste des restes d'un château sur la gauche de la Nahe, vis-à-vis de Bingen, que l'on nomme Ruprechts-Berg. L'Itinéraire d'Antonin et la Table théodosienne sout d'accord sur le nombre XII entre Maïence et *Bingium*. Ce que je crois d'autant plus convenable à la distance, qu'ayant tenté de l'évaluer par la connaissance du lieu actuel à 13,000 toises au moins en ligne directe, et la trace du chemin paraissent y ajouter environ 500 toises ; c'est en effet ce qui convient au calcul de 12 lieues gauloises. Cluvier a pensé que le lieu nommé *Vincum* dans l'Itinéraire, sur une route qui conduit à Trèves et à *Divodurum* ou Metz, était le même que *Bingium*. Quoique l'altération du nom de *Bingium* en celui de *Vincum* paraisse étrange, ce qui me fait néanmoins entrer dans cette opinion, c'est que la distance entre *Confluentes* et *Vincum*, marquée XXVI, est justement le total de trois distances particulières qu'indique la Table entre *Confluentes* et *Bingium*, et qui se trouvent convenables au local, comme on peut voir dans les articles *Baudobrica* et *Vosalia*. » D'Anville. *Notice de l'ancienne Gaule*, p. 161.

BINIC, joli bourg maritime, *Côtes-du-Nord* (Bretagne), arr. à 12 k. de St-Brieuc, cant. d'Etables. ✉. A 468 k. de Paris pour la taxe des lettres. Bureau de douanes, syndicat maritime. Pop. 2,324 h. Il est situé au bord de l'Océan où il a un port commode pour toutes sortes d'expéditions.

Binic faisait autrefois partie d'Etables. Il est formé d'une centaine de maisons bien bâties, au pied d'une montagne demi-circulaire dont la base est baignée par la mer. On y remarque plusieurs rues bien pavées, quatre fontaines publiques, une petite place, une église bâtie il y a quelques années aux frais des habitants, et une école d'enseignement mutuel où l'on enseigne gratuitement les éléments des mathématiques, du dessin linéaire et de la géographie, connaissances indispensables aux enfants destinés à embrasser l'état de leurs pères, qui sont presque tous marins. La promenade la plus fréquentée est le large quai, le long duquel on a construit depuis 18 à 20 ans plusieurs beaux magasins, et à l'extrémité orientale duquel se trouve le môle qui fait la sûreté du mouillage. Un beau pont en bois de quatorze travées avec culées en pierres, jeté sur la rivière d'Ic, réunit les communes de Pordic et de Binic. — Il monte dans le port de Binic de 6 à 7 m. d'eau dans les syzygies, et 2 m. et demi dans les quadratures. Cette profondeur d'eau rend ce port l'un des plus commodes de la Bretagne pour toutes les expéditions maritimes ; il reçoit annuellement 150 ou 160 bâtiments de toute grandeur. Sur ce nombre, 29 appartiennent au port de Binic, dont 18 ou 20 jaugeant de 120 à 300 tonneaux sont expédiés chaque année pour Terre-Neuve ; le reste fait le grand et le petit cabotage.

BINIVILLE, vg. *Manche* (Normandie), arr. et à 9 k. de Valognes, cant. et ✉ de St-Sauveur-sur-Douve. Pop. 211 h.

BINOS, vg. *H.-Garonne*, comm. de Bachos, ✉ de St-Béat.

BINSON, vg. *Marne* (Champagne), arr. et à 28 k. de Reims, cant. de Châtillon-sur-Marne, ✉ de Port-à-Binson. Pop. 543 h. C'était autrefois un bourg très considérable, qui a été ruiné par les anciennes guerres ; on voit encore au milieu des champs son antique église dont la construction remonte au XIe siècle : c'est aujourd'hui une propriété particulière qui sert de grange à une ferme voisine.

BIOT, vg. *Lot* (Quercy), arr. à 32 k. de Figeac, cant. de St-Céré, ✉ de Grammat. Pop. 700 h.

BIOL, vg. *Isère* (Dauphiné), arr. de la

Tour-du-Pin, à 14 k. de Bourgoin, cant. et ✉ de Grand-Lemps. Pop. 1,454 h.—*Foire* le 1er mars.

BIOLLET, vg. *Puy-de-Dôme* (Auvergne), arr. et à 40 k. de Riom, cant. et ✉ de St-Gervais. Pop. 1,178 h.

BION, vg. *Manche* (Normandie), arr., cant., ✉ et à 4 k. de Mortain. Pop. 805 h.

BIONCOURT, vg. *Meurthe* (Lorraine), arr., cant., ✉ de Château-Salins, à 14 k. de Vic. Pop. 502 h.

BIONNE (la), petite rivière qui prend sa source à Sommebionne, cant. et arr. de Ste-Menehould, dép. de la Marne.

BIONVILLE, vg. *Meurthe* (Lorraine), arr. et à 42 k. de Bacarat, ✉ de Raon-l'Etape. Pop. 605 h. Dans une vallée étroite, près de la forêt d'Aramont.

BIONVILLE, vg. *Moselle* (Lorraine), arr. et à 25 k. de Metz, cant. de Boulay, ✉ de Courcelles-Chaussy. Pop. 779 h.

BIOT, vg. *Var* (Provence), arr. et à 18 k. de Grasse, cant. et ✉ d'Antibes. Pop. 1,328 h. —*Fabriques* de jarres, marmites, poteries de terre et de creusets estimés, dont il se fait un commerce considérable.

BIOULE, petite ville, *Tarn-et-Garonne* (Languedoc), arr. et à 18 k. de Montauban, cant. et ✉ de Négrepelisse. Pop. 1,186 h. Sur la rive droite de l'Aveyron.—On croit qu'elle fut d'abord bâtie dans un lieu qui porte à présent le nom de camp d'Auriol, non loin de l'Aveyron; dans la suite, les seigneurs de Bioule, afin de mieux protéger les habitations de leurs vassaux contre les attaques de l'ennemi, les auraient engagés à abandonner le camp d'Auriol, et à construire de nouvelles demeures près du château. La ville était entourée de fortifications qui furent démolies sous le règne de Louis XIII; il y avait deux portes surmontées de tours, qui ont subsisté jusqu'en 1794.—Le château de Bioule était remarquable par sa force et par sa grandeur : un rempart flanqué de trois grosses tours carrées, et placées à une égale distance l'une de l'autre, le couvrait du côté de l'est ; un fossé, rempli d'eau courante tirée de l'Aveyron, en défendait les approches, et cette rivière elle-même lui servait de fortification du côté du sud : là paraissaient aussi deux autres tours carrées; on en voit une pareille au milieu du mur qui sépare le château de la terrasse ; et enfin, dans l'intérieur, il en existe une autre qui avait cinq étages, et servait sans doute de donjon.

BIOUSSAC, vg. *Charente* (Angoumois), arr., cant., ✉ et à 6 k. de Ruffec. P. 595 h.

BIOZAT, vg. *Allier* (Bourbonnais), arr., cant., ✉ et à 8 k. de Gannat. Pop. 1,534 h.

BIRAC, vg. *Charente* (Angoumois), arr. et à 25 k. de Cognac, cant. et ✉ de Châteauneuf-sur-Charente. Pop. 362 h.

BIRAC, vg. *Gironde* (Bazadois), arr., cant., ✉ à 6 k. de Bazas. Pop. 384 h.

BIRAC, vg. *Lot-et-Garonne* (Agénois), arr., cant., ✉ et à 9 k. de Marmande. Pop. 1,153 h.

BIRAN, ou BIRRAN, bg *Gers* (Armagnac), arr., ✉ et à 15 k. d'Auch, cant. de Jegun. Pop. 1,206 h.

BIRAS, vg. *Dordogne* (Périgord), arr. et à 17 k. de Périgueux, cant. de Brantôme, ✉ de Bourdeilles. Pop. 809 h.

BIRCKENWALD. V. BURCKENWALD.

BIRIATOU, vg. *B.-Pyrénées* (Labour), arr. et à 31 k. de Bayonne, cant. de St-Jean-de-Luz, ✉ de Behobie. Pop. 429 h.

BRIEUX, vg. *Ain* (Bourgogne), arr. et à 20 k. de Trévoux, cant. de Meximieux, ✉ de Montluel. Pop. 214 h.

BIRLENBACH, vg. *B.-Rhin* (Alsace), arr., ✉ et à 9 k. de Wissembourg, cant. de Soultz-sous-Forêts. Pop. 557 h.

BIRON, bg *Charente-Inf.* (Saintonge), arr. et à 27 k. de Saintes, cant. et ✉ de Pons. Pop. 427 h.

BIRON, petite ville, *Dordogne* (Périgord), arr. et à 47 k. de Bergerac, cant. et ✉ de Monpazier. Pop. 553 h.—C'était autrefois une place forte qui fut prise et reprise plusieurs fois. Les Anglais s'en emparèrent et la détruisirent en 1463, mais elle s'est toujours relevée de ses ruines.

Cette ville est dominée par un magnifique château, d'où l'on aperçoit distinctement la chaîne des Pyrénées. C'était une des quatre baronnies du Périgord ; Henri IV l'érigea en duché-pairie en faveur du maréchal de Biron, qui eut la tête tranchée en 1602. Le tombeau de ce grand capitaine se voit encore au château de Biron.

Bibliographie. * *Description du château de Biron*, in-fol., 1830.

BIRSBELLE, *Cher*, comm. et ✉ de Henrichemont.

BIRVIDIAUX, rocher à 10 k. S.-E. de l'île de Groix, au large de la pointe de Quiberon (Morbihan).

BISCARROSSE, bg *Landes* (Guienne), arr. et à 85 k. de Mont-de-Marsan, cant. de Parentis-en-Born, ✉ de Liposthey. Pop. 1,547 h. —Il est situé sur le vaste étang de son nom, au milieu des landes et des marais, entre les étangs de Parentis et de Sanguinet. Chaque année il s'y fait, au moyen de filets, une chasse aux bécasses fort amusante et très-productive. —*Foire* le 12 nov. (2 jours).

BISCAY, vg. *B.-Pyrénées* (basse Navarre), arr. de Mauléon, cant., ✉ et à 10 k. de St-Palais. Pop. 158 h.

BISCAYE (baie de). On donne ce nom à toute la côte ouest de la France et à celle du nord de l'Espagne. Les marées n'y sont pas régulières ; elles suivent les vents ; leur établissement est à peu près de 3 heures, et une demi-heure est une heure plus tard en dedans de ces rivières.

BISCHHEIM, ou BOESCHEN, vg. *B.-Rhin* (Alsace), arr., ✉ et à 4 k. de Strasbourg, cant. d'Oberhausbergen. Pop. 269 h.

BISCHHOLTZ, ou BISCHSHOLTZ, vg. *B.-Rhin* (Alsace), arr. et à 25 k. de Saverne, cant. et ✉ de Bonwiller. Pop. 293 h.

BISCHOFSHEIM, ou BISCHEIM-AM-BERG, vg. *B.-Rhin* (Alsace), arr. et à 28 k. de Schelestadt, cant. et ✉ de Rosheim. Pop. 1,684 h.

BISCHWIHR, vg. *H.-Rhin* (Alsace), arr., ✉ et à 16 k. de Colmar, cant. d'Andolsheim. Pop. 417 h.

BISCHWILLER, petite ville, *B.-Rhin* (Alsace), chef-l. de cant., arr. et à 24 k. de Strasbourg. ✉. A 447 k. de Paris pour la taxe des lettres. Pop. 5,721 h.—TERRAIN d'alluvions modernes.

Cette ville est avantageusement située, sur la rive droite de la Moder. C'était autrefois une ville épiscopale, défendue par un château fort élevé dans le XVe siècle, et démantelé en 1706. Elle avait avant la révolution une foire célèbre où se rendaient tous les ménétriers de la basse Alsace, pour rendre hommage au roi des violons.—*Fabriques* de draps pour l'habillement des troupes, toiles, coutils, gants de laine, tricots, huile, poterie de terre. Blanchisseries de toiles. Filatures de laine. Brasseries. Tanneries. Moulins à garance. Exploitation de tourbe et de minerai de fer.—*Commerce* de vins, chanvre, tabac, garance, houblon, bestiaux, etc. —*Foires* les lundi après l'Assomption (2 jours), le mardi après le St-Gall (oct.).

BISEL, vg. *H.-Rhin* (Alsace), arr., ✉ et à 11 k. d'Altkirch, cant. de Hirsingen.

BISERT, vg. *B.-Rhin* (Alsace), arr. et à 45 k. de Saverne, cant. et ✉ de Saar-Union. Pop. 258 h.

BISINCHI, vg. *Corse*, arr., ✉ et à 30 k. de Corte, cant. de Morosaglia. Pop. 764 h.

BISSING, vg. *Moselle*, comm. et ✉ de Grindorff.

BISPING, vg. *Meurthe* (Lorraine), arr. et à 16 k. de Sarrebourg, cant. et ✉ de Fénétrange. Pop. 685 h.

BISSEUIL, joli village, *Marne* (Champagne), arr. et à 25 k. de Reims, cant. d'Ay. P. 634 h.—Bisseuil est situé sur la Marne, que l'on y passe sur un pont, au pied du Montaigu, sur le sommet duquel on croit apercevoir les restes d'un ancien camp. Il est formé de quatre principales rues larges, tirées au cordeau, qui aboutissent à une vaste place carrée, avantage qu'il doit à un incendie qui le détruisit presque entièrement en 1768.—Bisseuil était fortifié et avait une tête de pont lorsque Henri IV assiégeait Epernay.—La commune a 58 hectares de vignes, du prix de 1,500 à 2,000 fr. l'hectare, produisant ensemble environ 800 pièces de prix moyen de 40 fr.—Education des abeilles.

BISSEY-LA-COTE, vg. *Côte-d'Or* (Bourgogne), arr. et à 14 k. de Châtillon-sur-Seine, cant. et ✉ de Montigny-sur-Aube. Pop. 421 h.

BISSEY-LA-PIERRE, vg. *Côte-d'Or* (Bourgogne), arr. et à 14 k. de Châtillon-sur-Seine, cant. et ✉ de Laignes. Pop. 266 h.

BISSEY-SUR-CRUCHAUD, vg. *Saône-et-Loire* (Bourgogne), arr. et à 17 k. de Châlons-sur-Saône, cant. et ✉ de Buxy. P. 369 h. —Il a reçu le surnom de Cruchaud en 1842, époque de la réunion à son territoire de celui de cette commune.

BISSEZEELE, vg. *Nord* (Flandre), arr. et à 17 k. de Dunkerque, cant. et ✉ de Bergues. Pop. 503 h.

BISSIA, vg. *Jura* (Franche-Comté), arr. et

à 10 k. de Lons-le-Saunier, cant. et ✉ de Clairvaux. Pop. 163 h.

BISSIÈRES, vg. *Calvados* (Normandie), arr. et à 22 k. de Lisieux, cant. de Mézidon, ✉ de Croissanville. Pop. 215 h.

BISSY-LA-MACONNAISE, vg. *Saône-et-Loire* (Bourgogne), arr. et à 23 k. de Mâcou, cant. et ✉ de Lagny. Pop. 308 h.

BISSY-SOUS-UXUELLES, vg. *Saône-et-Loire* (Bourgogne), arr. et à 41 k. de Mâcon, cant. et ✉ de St-Gengoux-le-Royal. Pop. 345 h.

BISSY-SUR-FLEY, vg. *Saône-et-Loire* (Bourgogne), arr. et à 25 k. de Châlons-sur-Saône, cant. et ✉ de Buxy. Pop. 270 h.

Bissy est la patrie de PONTHUS DE THYARD, évêque de Châlons, savant distingué, qui contribua puissamment à la renaissance des lettres avec son ami Ronsard ; il fut le dernier poète vivant de la pléiade française de Charles IX et mérita le titre d'Anacréon français : Titon du Tillet l'a placé dans son Parnasse. L'évêque Ponthus de Thyard est célèbre par sa constante fidélité aux rois Henri III et Henri IV. C'est le seul évêque qui leur resta attaché ; tous les autres avaient embrassé le parti de la Ligue. Aux états de Blois, il défendit l'autorité royale avec tant de force, qu'il ramena à leur devoir plusieurs membres du clergé qui favorisaient la Ligue. C'est à cette occasion qu'il prononça ce célèbre discours contre les jésuites, cité par Helvétius. — On conserve au château de Pierre une coupe curieuse en vermeil, qui a appartenu à ce prélat ; elle est ciselée de pampres et d'écrevisses, et d'une contenance considérable.

BISTADE (la), *Nord*, comm. de St-Pierre-Brouck, ✉ de Bourbourg.

BISTEN-IM-LOCH, ou BISTEMLOCH, vg. *Moselle* (Lorraine), arr. et à 55 k. de Metz, cant. de Boulay. Pop. 420 h. Aux sources de la Bisten.

BISTROFF, vg. *Moselle* (pays Messin), arr. et à 38 k. de Sarreguemines, cant. de Gros-Tenquin, ✉ de Faulquemont. P. 677 h. Près de l'étang de Bischwald.

BITAREL (la), h. *Hérault*. ⌑.

BITCHE, ville forte, *Moselle* (Lorraine), chef-l. de cant., arr. et à 40 k. de Sarreguemines. Place de guerre de 4ᵉ classe. Gîte d'étape. Cure. ✉. ⌑. A 468 k. de Paris pour la taxe des lettres. Pop. 3,911 h. — TERRAIN. Grès des Vosges.

Dès le xɪᵉ siècle, Bitche était une place forte importante et le chef-lieu d'un comté que le duc Ferry III céda au duc de Deux-Ponts en 1297. Bitche et le comté de ce nom, confisqués en 1571 par Charles III sur le comte de Hanau, rentrèrent définitivement dans la possession des ducs de Lorraine en 1606. Le maréchal s'étant emparé de la forteresse en 1624, les Français la conservèrent jusqu'en 1698, où elle fut restituée au duc Léopold. Lorsque la Lorraine fut cédée à la France, en 1737, on s'occupa de relever les fortifications de Bitche, dont la première pierre fut posée en 1744. Le 15 octobre 1793, les Prussiens ayant pénétré au travers des défilés des Vosges jusqu'à Bitche, tentèrent de s'emparer de cette place. Déjà l'avant-garde s'était approchée du fort, et les glacis étaient escaladés ; déjà elle s'était emparée de l'ouvrage avancé qui se trouve sous la queue de l'hirondelle, lorsque l'alarme sonna. Aussitôt les Français courent aux armes ; on se fusille de toutes parts. Mais comment se guider dans cette obscurité profonde. Le dévouement d'un citoyen sauva la ville. Une maison en bois s'avançait du côté où les Prussiens devaient être descendus, le propriétaire propose d'y mettre le feu : *Elle servira de flambeau pour nous éclairer*, s'écria-t-il. Cette généreuse proposition est acceptée, et la maison est livrée aux flammes. La lueur qu'elle jette trahit les Prussiens, que l'on aperçoit se précipiter des montagnes et se porter vers Bitche. Une troupe d'ennemis remplissait déjà l'escalier qui communique à la canonnière sous le pont de la petite tête. On l'arrête aussitôt par la plus vive fusillade, et on lui ravit tout espoir de retour en interceptant le passage avec des décombres qui le rendent impraticable. Bientôt on fait pleuvoir sur les ennemis une grêle de pierres et de grenades ; ils crient merci et sont écoutés ; on se contente de les tenir en respect, tandis qu'on repousse leurs compatriotes. Quelques bombes furent jetées dans la ville pour en écarter les Prussiens qui, profitant des circonstances, mettaient les riches à contribution et se munissaient d'otages. Cet essaim d'ennemis disparut vers 2 h. du matin. 700 hommes du bataillon de la Corrèze et une compagnie de canonniers sauvèrent Bitche. A peine fut-on débarrassé de l'armée prussienne qu'on songea à son avant-garde renfermée dans les fortifications : elle se composait de 250 hommes, qui mirent bas les armes et défilèrent devant la garnison. — Le 17 novembre de la même année, un corps de 4,000 Autrichiens fut complètement battu sous les murs de cette ville et on lui fit 150 prisonniers.

Cette place, destinée à défendre le défilé des Vosges, entre Weissembourg et Sarreguemines, domine d'étroites vallées, d'immenses forêts de sapins et des montagnes tapissées de bruyères. La ville basse, autrefois appelée *Kaltenhausen*, est bâtie au pied d'un rocher, près d'un grand étang où la Horne prend naissance. Le château, placé à 400 m. au-dessus du niveau de la mer, est bâti sur un rocher de 50 m. d'élévation au-dessus du fond de la vallée, isolé au milieu de la ville, et surmonté d'un autre rocher de plus de 25 m. de haut. L'enceinte du fort se compose de quatre bastions avec une demi-lune couronnée et un ouvrage à cornes. Tout l'intérieur du rocher est voûté et casematé : on y a construit un local assez considérable pour recevoir, en cas de siège, une centaine de malades ou de blessés. Cette forteresse est un vrai chef-d'œuvre, dans son ensemble comme dans ses parties ; elle peut être armée de 80 pièces de canon de tout calibre ; 1,000 hommes suffisent pour sa défense. L'eau ne lui manque pas ; elle possède cinq citernes très-belles, et en outre un puits profond d'environ 80 m., taillé dans le roc, dont l'eau est excellente.

PATRIE de N. BELMONT, dont le noble dévouement sauva la forteresse de Bitche, sur le point d'être surprise par les Prussiens en 1793. Ce courageux citoyen mit le feu à sa maison pour éclairer les assiégés surpris au milieu de la nuit.

Fabrique de tabatières de carton, faïence, poterie, etc. — Aux environs, verreries dont les produits sont recherchés. — Foires les 1ᵉʳˢ jeudis de mars, de mai, sept., et 2ᵉ mardi de novembre.

Bibliographie. REIGNIER. *Topographie de Bitche* (Mém. de médecine militaire, 1826).

BITHAINE, vg. *H.-Saône* (Franche-Comté), arr. et à 11 k. de Lure, cant. et ✉ de Saulx. Pop. 304 h.

BITRY, vg. *Loiret*, comm. de Guigneville, ✉ de Pithiviers.

BITRY, vg. *Nièvre* (Bourbonnais), arr. et à 20 k. de Cosne, cant. et ✉ de St-Amand-en Puisaye. Pop. 659 h.

BITRY, vg. *Oise* (Picardie), arr. et à 23 k. de Compiègne, cant. et ✉ d'Attichy. Pop. 488 h.

BITSCHHOFFEN, vg. *B.-Rhin* (Alsace), arr. et à 40 k. de Wissembourg, cant. et ✉ de Niederbronn. Pop. 994 h.

BITSCHWILLER, vg. *H.-Rhin* (Alsace), arr. et à 38 k. de Belfort, cant. et ✉ de Thann. Pop. 2,776 h. Dans la vallée de la Thur. — Filature et tissage du coton. Forges, martinets, hauts fourneaux, fonte douce propre aux mécaniques des filatures ; usine hydraulique de laquelle il sort des ustensiles de cuisine, fer battu, fil d'acier, feux, toute espèce de vis de presses, de balanciers, cylindres cannelés, rouleaux en fer, en cuivre, arbres de manèges, noix de broches et broches à filer. Ⓑ 1834, Ⓞ 1839.

BITURIGES CUBI (lat. 47°, long. 20°).

« De deux peuples de la Gaule, portent le nom de *Bituriges*, celui auquel Strabon, Pline, Ptolémée, donnent le surnom de *Cubi*, qui le distingue des *Vivisci*, représente les *Bituriges*, ainsi proprement nommés par César, et qui, dans un siècle plus reculé, dominaient dans la Gaule et donnaient des rois à la Celtique, selon ce que rapporte Tite Live (lib. v, sect. 34), en faisant remonter l'époque de cette puissance des *Bituriges* jusqu'au temps où le premier des Tarquins régnait à Rome. Cet historien s'explique ainsi sur ce sujet : *Prisco Tarquinio Romæ regnante, Celtarum, quæ pars Galliæ tertia est, penes Bituriges summa imperii erat. Hi regem Celtico dabant*. Il ajoute que c'est fut Ambigat qui, régnant ainsi sur les Celtes, donna à ses neveux Bellovèse et Sigovèse le commandement d'une multitude de Gaulois tirés de divers peuples, et qui, en se partageant, passa les Alpes et le Rhin pour s'établir en Italie et dans la Germanie. Quoique cette supériorité des *Bituriges* n'eût plus lieu au temps de la conquête de la Gaule par César, et qu'ils fussent même alors sous la protection des *Ædui*, *Æduorum in fide*, selon l'expression de César, cependant ils occupaient un grand territoire, auquel répond actuellement le diocèse de Bourges, qui s'étend au dehors de la province du Berry sur une partie du Bourbonnais, et qui empiète même sur la Touraine. L'ancien *pagus Bituricus* ne reconnaît point d'autres bornes, dans la province qui a pris le nom de Bourbonnais, que celles qui joignent l'ancien territoire des *Arverni*. On peut citer en preuve la vie de saint Maïeul, abbé de Clugni, où le prieuré de Souvigni est indiqué aux confins des deux territoires : *In confinio territorii Bituricensis, ita ut limes duarum putetur esse regionum, Arvernensis et Bituricensis, villa est peroptima Silviniacus nomine.* La position de Souvigni à l'extrémité du diocèse de Clermont, et adhérente aux limites de celui de Bourges, met en évidence que les limites de ces diocèses répondent aux limites qui séparaient les *Bituriges* et les *Arverni.* » D'Anville. *Notice de l'ancienne Gaule,* p. 161. V. aussi Walckenaer. *Géographie des Gaules,* t. I, p. 372; t. II, p. 237.

BITURIGES VIVISCI (lat. 45°, long. 18°).
« Il n'en est point mention dans César, et Strabon (lib. IV, p. 190) nous apprend qu'ils étaient étrangers dans l'Aquitaine, ἀλλοφύλους, et qu'ils ne faisaient point corps avec les Aquitains. Il s'explique exactement en disant qu'ils sont séparés des *Santones* par la Garonne, vers la partie inférieure de son cours. Mais le surnom qui les distingue des autres *Bituriges*, dont ils tiraient vraisemblablement leur origine, est défiguré dans le texte de Strabon en celui d'*Iosci.* Dans Pline, on lit *Ubisci*, et plus correctement, selon Ptolémée, *Vibisci.* Une inscription qui réfère : *Genio Civitatis Bit. Viv.* sur un autel que l'on prétend avoir été trouvé à Bordeaux, et Ausone, qui dit en parlant de lui-même, *Vivisca ducens ab origine gentem*, nous instruisent de la vraie leçon du surnom des *Bituriges Vivisci.*» D'Anville. *Notice de l'ancienne Gaule,* p. 163.

BIVÈS, vg. *Gers* (Armagnac), arr. et à 20 k. de Lectoure, cant. et ✉ de St-Clar. Pop. 452 h.

BIVIERS, vg. *Isère* (Dauphiné), arr., cant., ✉ et à 9 k. de Grenoble. Pop. 739 h.

BIVILLE, vg. *Manche* (Normandie), arr. et à 17 k. de Cherbourg, cant. et ✉ de Beaumont. Pop. 401 h.

BIVILLE-LA-BAIGNARDE, vg. *Seine-Inf.* (Normandie), arr. à 23 k. de Dieppe, cant. et ✉ des Tôtes. Pop. 814 h. — *Foires* les 3 nov. et 1er déc.

BIVILLE-LA-RIVIÈRE, vg. *Seine-Inf.* (Normandie), arr. et à 20 k. de Dieppe, cant. et ✉ de Bacqueville. Pop. 411 h.

BIVILLE-LE-MARTEL, vg. *Seine-Inf.*, comm. d'Ypreville, ✉ de Valmont.

BIVILLE-SUR-MER, vg. *Seine-Inf.* (Normandie), arr. et à 15 k. de Dieppe, cant. et ✉ d'Envermeu. Pop. 472 h.

BIVILLIERS, vg. *Orne* (Normandie), arr. et à 8 k. de Mortagne-sur-Huine, cant. et ✉ de Tourouvre. Pop. 192 h.

BIZANET, vg. *Aude* (Languedoc), arr., cant., ✉ et à 14 k. de Narbonne. Pop. 790 h.

— Il a été pris et repris plusieurs fois pendant les guerres de religion du XVIe siècle.

L'ancienne ABBAYE DE FONTFROIDE, fondée vers 1180, est une dépendance de cette commune. Sa position, dans un vallon très-agréable, au milieu de hautes montagnes couvertes de forêts de pins, et entourée de jardins magnifiques, devait en faire un séjour délicieux. Aujourd'hui cet édifice fait partie d'un domaine assez considérable qui appartient aux hospices de Narbonne. L'église, assez bien conservée, offre le mélange des arcs semi-circulaires et des ogives, caractère des monuments de l'époque de transition à laquelle elle appartient; c'est aussi ce que l'on observe dans le cloître, une des parties les plus curieuses de ce vieil édifice. Le couvent, beaucoup plus moderne, et dont la construction ne remonte que peu de temps avant la révolution, est maintenant affecté à un établissement agricole. — On voyait autrefois au milieu du cloître une très-belle fontaine, renversée par un des derniers prieurs de l'abbaye, religieux plus zélé qu'éclairé, qui fit également disparaître du chœur de l'église plusieurs anciens tombeaux.

BIZANOS, vg. *B.-Pyrénées* (Béarn), arr., cant., ✉ et à 2 k. de Pau. Pop. 898 h. — Papeterie.

BIZAY, vg. *Maine-et-Loire*, comm. d'Epieds, ✉ de Montreuil-Bellay.

BIZE, bg *Aude* (Languedoc), arr., ✉ et à 23 k. de Narbonne, cant. de Ginestas. Pop. 1,166 h. — Il est situé au milieu d'une gorge de montagnes, sur la Cesse.

Sur le territoire de Bize, et à peu de distance de ce bourg, dans une charmante vallée nommée *las Fons*, se trouvent de curieuses cavernes à ossements, découvertes il y a quelques années. Ces cavernes, qui doivent être considérées comme l'une des curiosités naturelles les plus intéressantes que la France possède, sont extrêmement grandes, offrent tous les accidents bizarres et capricieux que l'on remarque dans les cavités souterraines du même genre; mais ce qu'elles présentent de plus remarquable, c'est qu'elles ont été entièrement comblées par un limon renfermant une quantité prodigieuse d'ossements de toutes espèces d'animaux, parmi lesquels abondent les ossements de chamois, de cerf, de chevreuil, d'antilope, d'ours, de plusieurs espèces de bœufs, de chevaux, et une quantité innombrable de rongeurs, confondus avec des poteries analogues à celle des vases étrusques, des coquilles terrestres et marines, etc.

A peu de distance de Bize, vis-à-vis les cavernes, au lieu dit *las Oulos*, la Cesse coule entre les blocs immenses de marbre descendus des montagnes voisines. Il existe aussi, dans les environs, des prairies magnifiques, une source d'eau très-abondante, et une quantité immense d'arbres de Judée qui y croissent naturellement. Cet endroit mérite, sous tous les rapports, d'être visité. — *Fabriques de draps.* Mine d'alun. — *Foires* les 6 fév., 6 mai, 20 août, 30 sept.

BIZE, vg. *H.-Marne* (Champagne), arr.

et à 25 k. de Langres, cant. de Laferté-sous-Amance, ✉ du Fayl-Billot. Pop. 162 h.

BIZE-NISTOS, bg *H.-Pyrénées* (Bigorre), arr. et à 40 k. de Bagnères-de-Bigorre, cant. de Nestier, ✉ de St-Laurent-de-Neste. Pop. 3,419 h.

BIZENEUILLE, vg. *Allier* (Bourbonnais), arr. et à 15 k. de Montluçon, cant. et ✉ de Hérisson. Pop. 682 h.

BIZEUIL, gros et haut rocher situé à l'entrée de la Rance, à environ 3 k. de son embouchure dans la rade de St-Malo, *Ille-et-Vilaine.* Il y a un passage des deux côtés pour entrer dans la rivière, mais celui du côté de la pointe des Corbières ne sert guère qu'aux bateaux.

BIZIAT, vg. *Ain* (Bourgogne), arr. et à 35 k. de Trévoux, cant. de Châtillon-les-Dombes. Pop. 1,032 h. — On y trouve une source d'eau minérale.

BIZONNES, vg. *Isère* (Dauphiné), arr. et à 11 k. de la Tour-du-Pin, cant. et ✉ du Grand-Lemps. Pop. 1,280 h. — *Foire* le 25 mai.

BIZOT (le), vg. *Doubs* (Franche-Comté), arr. et à 9 k. de Montbelliard, cant. et ✉ de Russey. Pop. 295 h. — *Foires* les 1ers mercredis d'avril et de sept.

BIZOU, vg. *Orne* (Normandie), arr. et à 24 k. de Mortagne-sur-Huine, cant. et ✉ de Longni. Pop. 314 h.

BIZOUS, vg. *H.-Pyrénées* (Bigorre), arr. et à 30 k. de Bagnères-de-Bigorre, cant. de Nestier, ✉ de St-Laurent-de-Neste. P. 320 h.

BIZI, *Bysei*, vg. *Eure*, comm. et ✉ de Vernon.

BIZY, vg. *Nièvre*, comm. de Coulanges, ✉ de Nevers. — Il est situé sur la Nièvre, et possède un haut fourneau et 5 forges, qui fabriquent des aciers, dont la bonne qualité est attribuée à la nature des bois et à la vivacité des eaux. Le haut fourneau fabrique annuellement 700,000 kilog. de fontes, qui sont converties en acier, mouleries, gueuses, etc. 200 ouvriers environ sont occupés dans cet établissement, qui a plus de trois cents ans d'existence.

BLACARVILLE, *Blacarvilla*, vg. *Eure*, comm. de St-Mards-de-Blacarville, ✉ de Pont-Audemer. Pop. 1,123 h.

BLACÉ, vg. *Rhône* (Beaujolais), arr., cant., ✉ et à 8 k. de Villefranche-sur-Saône. Pop. 1,028 h. — Aux environs, exploitation de manganèse.

BLACHÈRE (la), vg. *Ardèche* (Vivarais), arr. et à 16 k. de Largentière, cant. et ✉ de Joyeuse. Pop. 2,981 h. — *Foires* les 10 avril et 9 sept.

BLACOURT, vg. *Oise* (Picardie), arr. et à 20 k. de Beauvais, cant. du Coudray-St-Germer, ✉ de Songeons. Pop. 598 h.

BLACQUEVILLE, vg. *Seine-Inf.* (Normandie), arr. et à 23 k. de Rouen, cant. de Pavilly, ✉ de Barentin. Pop. 718 h.

BLACY, vg. *Marne* (Champagne), arr., cant., ✉ et à 3 k. de Vitry-le-François. Pop. 508 h.

BLACY, vg. *Yonne* (Bourgogne), arr. et à

15 k. d'Avallon, cant. et ✉ de l'Isle-sur-le-Serain. Pop. 322 h.

BLAESHEIM, vg. *B.-Rhin* (Alsace), arr. et à 15 k. de Strasbourg, cant. de Geispolsheim, ✉ d'Obernai. Pop. 913 h.

BLAGNAC, vg. *H.-Garonne* (Languedoc), arr., cant., ✉ et à 7 k. de Toulouse. Pop. 1,597 h.

BLAGNAC, vg. *Gironde* (Guienne), arr., cant., ✉ et à 5 k. de la Réole. Pop. 310 h.

BLAGNY, vg. *Ardennes* (pays Messin), arr. et à 22 k. de Sedan, cant. et ✉ de Carignan. Pop. 339 h.

BLAGNY-SUR-VINGEANNE, vg. *Côte-d'Or* (Bourgogne), arr. et à 31 k. de Dijon, cant. et ✉ de Mirebeau-sur-Bèze. Pop. 217 h.

BLAIGNAN, vg. *Gironde* (Guienne), arr., cant., ✉ et à 8 k. de Lesparre. Pop. 351 h.

BLAIN, petite ville, *Loire-Inf.* (Bretagne), chef-l. de cant., arr. et à 19 k. de Savenay. Cure. Gîte d'étape. ✉. ⚒. A 391 k. de Paris pour la taxe des lettres. Pop. 5,441 h. — Terrain cristallisé ou primitif.

Blain est une ville fort ancienne, située près de la rive droite de l'Isaac. Elle était autrefois défendue par un château fort, construit en 1105 par Alain Fergent, duc de Bretagne, qui obligea tous ses vassaux, éloignés de 24 à 30 k. d'y venir travailler par corvée. Ce château devint ensuite la propriété de la famille de Clisson, et passa après dans celle de Rohan par le mariage de Béatrix, fille du connétable, avec le vicomte de Rohan. Il ne reste plus qu'une aile entière de ce vaste édifice, antique demeure des souverains de la Bretagne, et magnifique séjour d'Olivier de Clisson. — Le château de Blain, ruine imposante, débris majestueux d'une grandeur passée, reste encore debout comme un monument de la grandeur féodale; mais des neuf tours qui l'ornaient jadis, deux seulement sont encore debout. L'une d'elles a été construite par Olivier de Clisson; elle conserve encore le nom de tour du Connétable. Des salles désertes; des toits entr'ouverts, où le vent se précipite avec bruit, et que le hibou seul habite encore; des cours abandonnées, voilà tout ce qui frappe la vue dans un lieu jadis si renommé. Ces murailles féodales, ces antiques croisées, ces voûtes sombres, ces fossés, ces ponts-levis, où les chaînes sont encore en place, comme si la vieille ruine avait encore besoin d'être défendue contre une attaque imprévue, rappellent en foule les aventures de chevalerie qui charment tous les âges. Dans la grande salle, une large cheminée, soutenue par des piliers massifs en granit, et couverte de sculptures à demi effacées, s'avance de dix pieds à chaque extrémité de l'appartement et annonce que jadis d'énormes brasiers ont brillé dans ces larges foyers. — Autrefois la position du château de Blain, son étendue, ses fortifications, la rendirent une des places les plus importantes de la Bretagne. En 1586, il fut assiégé par le duc de Mercœur, qui força le gouverneur le Goust à capituler. Ce gouverneur fut fait prisonnier, le château à demi brûlé, et les fortifications très-endommagées. En 1628,

Louis XIII, pour punir le duc de Rohan de s'être joint aux calvinistes, ordonna la démolition du château de Blain, dont une partie fut rasée. — Patrie du duc de Rohan, chef du parti protestant en France sous Louis XIII, auteur de mémoires intéressants et du *Parfait Capitaine* — *Commerce* de laine et de bestiaux. Tannerie. — *Foires* les 10 août, 4 oct., 2 nov. et jeudi après Pâques.

Bibliographie. Richer (Ed.). *Voyage à la forêt du Gâvre, par Orvault, Vigneux et Blain*, in-4, 1821. — *Le Buron et le château de Blain*, in-12, 1822.

BLAINCOURT, vg. *Aube* (Champagne), arr. et à 28 k. de Bar-sur-Aube, cant. et ✉ de Brienne. Pop. 303 h.

BLAINCOURT-LES-PRÉCY, vg. *Oise* (Picardie), arr. et à 18 k. de Senlis, cant. de Creil, ✉ de Chantilly. Pop. 472 h.

BLAINVILLE, bg *Calvados* (Normandie), arr., ✉ et à 7 k. de Caen, cant. de Douvres. Pop. 353 h.

BLAINVILLE, *Blainvilla*, bg *Manche* (Normandie), arr., ✉ et à 12 k. de Coutances, cant. de St-Malo-de-la-Lande. Pop. 1,783 h. — Il est situé à 1 k. de la mer, près du havre de son nom. *Établissement de la marée*, 6 h.

BLAINVILLE-CREVON, bg *Seine-Inf.* (Normandie), arr. et à 18 k. de Rouen, cant. et ✉ de Buchy. Pop. 799 h. — *Foire* le 29 sept.

BLAINVILLE-SUR-L'EAU, bg *Meurthe* (Lorraine), arr. et à 9 k. de Lunéville, cant. de Bayon. Pop. 910 h. — Il est bâti dans une charmante situation, sur la Meurthe, et possède au bas château et un parc qui sert de promenade aux habitants. C'était autrefois une ville murée dont il reste encore deux portes. Patrie du savant dominicain Ch.-L. Richard, fusillé à Mons en 1794, auteur, entre autres ouvrages, du *Dictionnaire universel des sciences ecclésiastiques*, etc. 6 vol. in-f°, 1760 et suiv., et 29 vol. in-8, 1821-27.

BLAIREVILLE, vg. *Pas-de-Calais* (Artois), arr., ✉ et à 9 k. d'Arras, cant. de Beaumetz-les-Loges. Pop. 536 h.

BLAISE (la), petite rivière qui prend sa source au-dessus de Senonches, arr. de Dreux, dép. d'*Eure-et-Loir*; elle passe à Senonches, Maillebois, Blevy, Crécy, Dreux, et se jette dans l'*Eure* entre Chérisy et Montreuil, après un cours d'environ 60 k.

BLAISE (la), rivière qui prend sa source au-dessus de Juzennecourt, arr. de Chaumont, *H.-Marne*; elle passe à Blaise-le-Châtel, Doulevant, Vassy, Eclaron et Arigny, au-dessous duquel elle se jette dans la Marne, après un cours d'environ 90 k.

BLAISE, vg. *Ardennes*, comm. de Ste-Marine, ✉ de Vouziers.

BLAISE, h. *Bouches-du-Rhône*, comm. de St-Mitre. — Sur la pente ouest des collines de St-Blaise sont les ruines d'une ville qui a été un port de mer, et où l'on trouve encore une portion du quai maintenant de 11 m. de hauteur au-dessus de l'étang de la Valduc. Cette ville est la *Maritima Avaticorum*, dont

il reste encore quelques souvenirs dans le nom d'Avarage que portent les collines voisines.

BLAISE, bg *H.-Marne* (Champagne), arr. et à 32 k. de Chaumont-en-Bassigny, cant. et ✉ de Vignory, Pop. 368 h. — *Foires* les 20 janv., 23 mai, 20 sept. et 29 déc.

BLAISE (St-), vg. *H.-Rhin*, comm. et ✉ de Ste-Marie-aux-Mines.

BLAISE (St-), vg. *Tarn-et-Garonne*, comm. et ✉ de Mouclar.

BLAISE (St-), vg. *Vosges*, comm. de Moyenmoutier, ✉ de Sénones.

BLAISE-DE-BUIS (St-), vg. *Isère* (Dauphiné), arr. et à 42 k. de St-Marcellin, cant. et ✉ de Rives. Pop. 541 h.

BLAISE-LA-ROCHE (St-), vg. *Vosges* (Lorraine), arr. et à 30 k. de St-Dié, cant. de Saales, ✉ de Schirmeck. Pop. 400 h.

BLAISE-SOUS-ARZILLIÈRES, vg. *Marne* (Champagne), arr. et à 11 k. de Vitry-le-François, cant. et ✉ de St-Remy-en-Bouzemont. Pop. 215 h.

BLAISE-SOUS-HAUTEVILLE, vg. *Marne* (Champagne), arr. et à 21 k. de Vitry-le-François, cant. et ✉ de St-Remy-en-Bouzemont. Pop. 249 h.

BLAISOIS (le), *Carnutes Blenses, Blesensis Pagus*, petit pays qui dépendait autrefois du ci-devant Orléanais, et dont Blois était la capitale. Il forme maintenant la majeure partie du dép. de *Loir-et-Cher*. Son territoire produit abondamment des grains de toute espèce, d'excellents fruits, et des vins de bonne qualité. Blois, Chambord, Mer et Romorantin étaient les principales villes. V. pour la bibliographie dép. de *Loir-et-Cher*.

BLAISON, bg *Maine-et-Loire* (Anjou), arr. et à 20 k. d'Angers, cant. des Ponts-de-Cé, ✉ de Brissac. Pop. 1,086 h. — *Foire* peu fréquentée le 1er mardi de sept.

BLAISY, vg. *Saône-et-Loire*, comm. de St-Marc-de-Vaux, ✉ du Bourgneuf.

BLAISY-BAS, vg. *Côte-d'Or* (Bourgogne), arr. et à 43 k. de Dijon, cant. et ✉ de Sombernon. Pop. 483 h.

BLAISY-HAUT, vg. *Côte-d'Or* (Bourgogne), arr. et à 40 k. de Dijon, cant. et ✉ de Sombernon. Pop. 240 h.

BLAJAN, vg. *H.-Garonne* (Languedoc), arr. et à 19 k. de St-Gaudens, cant. et ✉ de Boulogne. Pop. 198 h.

BLAMÉCOURT, vg. *Seine-et-Oise* (Normandie), arr. et à 24 k. de Mantes, cant. et ✉ de Magny. Pop. 198 h.

BLAMONT, petite ville, *Doubs* (Franche-Comté), chef-l. de cant., arr. et à 16 k. de Montbelliard. Cure. Gîte d'étape. ✉ de Pont-de-Roide. Pop. 698 h. — Terrain jurassique, étages moyen et inférieur du système oolitique.

Cette ville, située au pied des montagnes, près des frontières de la Suisse, est dominée par un ancien château considéré comme un point militaire de la 6e division militaire.

Foires les 2e mardi de janv., d'avril, de juin, de sept. et de déc., et 3e mardi de fév., mars, mai, juillet, oct. et nov.

BLAMONT, *Alba Leucorum, Albus Mons*, petite ville, *Meurthe* (Lorraine), chef-l. de cant., arr. et à 30 k. de Lunéville. Cure. Gîte d'étape. ✉. ⌾. A 397 k. de Paris pour la taxe des lettres. Pop. 2,577 h. — TERRAIN du trias, muschelkalk.

Autrefois comté, bailliage, chapitre, 3 couvents.

Blamont est une ville très-ancienne, située sur la Vezouze, dans une contrée fertile en grains et en excellents pâturages. Il en est fait mention dans un titre de 661, sous le nom d'*Albensis Pagus*. Cette ville fut fortifiée en 1361 et avait le titre de comté; les reitres l'attaquèrent sans succès en 1587; les Suédois prirent le château d'assaut en 1636, et passèrent la garnison au fil de l'épée. Blamont fut depuis rebâti sans fortifications : on y remarque les ruines d'un château fort flanqué de tours, dont les armées coalisées contre la France s'emparèrent en 1814 ; deux places publiques assez spacieuses ; plusieurs belles rues, et quatre fontaines publiques.

Biographie. PATRIX DE REGNIER, duc de Massa, député aux états généraux, membre du conseil des anciens, ministre et grand juge sous l'empire.

Du colonel MASSON, auteur de *Mémoires secrets sur la Russie*, et de plusieurs autres ouvrages estimés.

Fabriques de calicots ; filatures de laine, faïenceries, tanneries.— *Foires* les 25 fév., 25 juin et 30 sept.

BLANAZ, vg. *Ain*, comm. et ✉ de St-Rambert.

BLANC (le lac). V. ORBEY.

BLANC (cap), petite pointe située à 12 ou 15 kil. au sud-est du cap Corse.

BLANC (sablon), anse au nord-ouest du Conquet, dans le passage du Four (*Loire-Inf.*).

BLANC (le), *Fines Biturigum Cuborum, Oblincum Cuborum*, petite et ancienne ville, *Indre* (Berry), chef-l. de sous préf. (4ᵉ arr.) et d'un caut. Trib. de 1ʳᵉ inst. Cure. Gîte d'étape. Caisse d'épargne. ✉. ⌾. A 293 k. de Paris pour la taxe des lettres. Pop. 5,290 h.— TERRAIN jurassique, étage moyen du système oolitique.

Le Blanc était autrefois une ville très-forte, entourée de murailles flanquées de tours, et défendue par trois châteaux. Elle est dans une situation pittoresque, au milieu d'une contrée peu fertile, remplie de bois et d'étangs, sur la Creuse qui la divise en haute et basse ville.— L'ancienne ville était resserrée sur les hauteurs qui bordent la rive gauche de la Creuse. D'épaisses murailles et quelques tours rasées presque au niveau du sol ou évoquant des constructions modernes, voilà tout ce qui reste de ses trois anciens châteaux. — La basse ville, ou ville neuve, était déjà fermée de murs en 1380, ainsi que le constate une charte de cette époque ; on y entrait par deux portes dont il ne reste pas le moindre vestige.

Aujourd'hui le Blanc est une des plus jolies villes du département de l'Indre, et elle le sera bien plus encore lorsque les travaux que l'on y exécute seront achevés. Rien n'est plus agréable que la vue dont on jouit du haut du château. Au-dessus du pont, la Creuse s'étend comme un lac bordé de prairies et de plantations ; au-dessous, elle se brise en cascade, et ses îles, les établissements qu'elle baigne ou auxquels elle imprime le mouvement, les coteaux boisés qui dominent ses bords, forment un tableau délicieux qu'on ne se lasse point d'admirer.

Fabriques de grosses draperies, vinaigre, poterie de terre ; filatures de laine, filatures de lin de 3,600 broches ; brasserie renommée.— Aux environs, nombreuses forges et hauts fourneaux. — *Commerce* de vins de son territoire, poisson, fer, bois, merrain, etc.— *Foires* les 10 janv., 10 fév., 20 avril, 23 juin, 3 août, 23 sept., 10 et 11 nov., 12 déc., la veille des Rameaux et la veille de la Pentecôte.

L'arrondissement du Blanc est composé de 6 cantons : le Blanc, Bélâbre, Mézières, St-Benoît-du-Sault, St-Gaultier et St-Martin-de-Tournon. — A 52 k. de Châteauroux.

BLANCAFORT, bg *Cher* (Berry), arr. et à 35 k. de Sancerre, cant. d'Argent, ✉ d'Aubigny-Ville. Pop. 1,234 h. — *Foires* les 6 avril et 22 oct.

BLANCANEIX, *Dordogne*. V. GEORGES-DE-BLANCANEIX (St-).

BLANCART (St-), vg. *Gers* (Armagnac), arr. et à 29 k. de Mirande, cant. et ✉ de Masseube. Pop. 562 h.

BLANCEY, vg. *Côte-d'Or* (Bourgogne), arr. et à 51 k. de Beaune, cant. et ✉ de Pouilly-en-Montagne. Pop. 209 h.

BLANC-FOSSÉ, vg. *Oise* (Picardie), arr. et à 45 k. de Clermont, cant. de Crèvecœur, ✉ de Breteuil (Oise). Pop. 354 h. — *Fabrique* de toiles pour doublures.

BLANCHARDIÈRE (la), vg. *Indre-et-Loire*, comm. de Marçay, ✉ de Chinon.

BLANCHE, vg. *Yonne*, comm. et ✉ de Villeneuve-la-Guyard.

BLANCHE-COURONNE, h. *Loire-Inf.*, com. de la Chapelle-Launay, ✉ de Savenay. —*Foires* les 4 mai et 9 oct.

BLANCHE-ÉGLISE, vg. *Meurthe* (Lorraine), arr. de Château-Salins, à la Vic, cant. et ✉ de Dieuze. Pop. 256 h.

BLANCHEFACE, vg. *Seine-et-Oise*, com. de Sermaise, ✉ de Dourdan.

BLANCHEFONTAINE, vg. *Doubs* (Franche-Comté), arr. et à 30 k. de Montbelliard, cant. de Maîche, ✉ de St-Hippolyte. P. 30 h.

BLANCHEFOSSE, vg. *Ardennes* (Champagne), arr. et à 30 k. de Rocroi, cant. de Rumigny, ✉ de Brunhamel. Pop. 790 h.— De cette commune dépendait l'abbaye de Blanchefontaine, fondée dans le XIIᵉ siècle et détruite pendant la révolution.

BLANCHE-MAISON (la), vg. *Nord*, com. et ✉ de Bailleul.

BLANCHEROCHE, vg. *Doubs*, comm. de Charquemont, ✉ de St-Hippolyte.

BLANCHERUPT, ou BLIENSBACH, v. *B.-Rhin* (Alsace), arr. et à 36 k. de Schelestadt, cant. et ✉ de Villé. Pop. 214 h.

BLANCHEVILLE, vg. *H.-Marne* (Champagne), arr. et à 16 k. de Chaumont-en-Bassigny, cant. et ✉ d'Andelot. Pop. 192 h.

BLANC-LAMOTHE, vg. *Tarn* (Languedoc), arr. et à 30 k. de Lavaur, cant. et ✉ de Puy-Laurens. Pop. 812 h.

BLANCMÉNIL, vg. *Seine-Inf.*, comm. de Ste-Marguerite, ✉ de Dieppe.

BLANCMESNIL, *Mansionite Blaum*, vg. *Seine-et-Oise* (Île-de-France), arr. et à 36 k. de Pontoise, cant. de Gonesse, ✉ du Bourget. P. 95 h.—En 1353, le roi Jean y fit bâtir une chapelle, où Charles VI permit en 1407 aux orfèvres de Paris d'établir une confrérie. Les Parisiens venaient en procession à cette chapelle, devenue paroisse en 1432. Les orfèvres s'y rassemblaient au son d'une cloche d'argent qu'on leur vola plusieurs fois, notamment en 1583, où trois habitants de Blancmesnil, soupçonnés d'avoir fait le vol, furent pendus.

BLANC-MISSERON, vg. *Nord*, comm. de Quiévrechain, ✉ de Valenciennes. Bureau de douanes.

BLANDAINVILLE, vg. *Eure-et-Loir* (Beauce), arr. et à 22 k. de Chartres, cant. et ✉ d'Illiers. Pop. 354 h.

BLANDAS, vg. *Gard* (Languedoc), arr. et à 15 k. du Vigan, cant. et ✉ d'Alzon. Pop. 329 h.

BLANDECQUES. V. BLENDECQUES.

BLANDEY, vg. *Eure* (Normandie), arr. et à 27 k. d'Évreux, cant. et ✉ de Damville. Pop. 128 h.

BLANDIN, vg. *Isère* (Dauphiné), arr. et à 7 k. de la Tour-du-Pin, à de Bourgoin, cant. et ✉ de Virieu. P. 203 h.

BLANDINE (Ste-), vg. *Isère* (Dauphiné), arr., cant., et à 3 k. de la Tour-du-Pin, à 14 k. de Bourgoin. Pop. 801 h.

BLANDINE, (Ste-), vg. *Deux-Sèvres* (Poitou), arr. et à 10 k. de Melle, cant. et ✉ de Celles. Pop. 667 h.

BLANDINERIE, vg. *Marne*, comm. de la Chapelle-sous-Orbais, ✉ de Baye.

BLANDINS (les), vg. *Nièvre*, comm. d'Arleuf, ✉ de Château-Chinon.

BLANDOUET, vg. *Mayenne* (Maine), arr. et à 37 k. de Laval, cant. et ✉ de Ste-Suzanne. Pop. 585 h.

BLANDY, vg. *Seine-et-Marne* (Gatinais), arr. et à 16 k. de Melun, cant. et ✉ du Châtelet. Pop. 697 h.—On y voit les restes d'un ancien château fort. Ce qui existe de cette forteresse féodale donne une idée de son importance : aux cinq angles s'élèvent cinq tours réunies par des courtines ; les trois tours placées au sud-ouest, du côté de la plaine, sont plus fortes et plus hautes que les autres ; il en est une, entre autres, dont le diamètre est de 12 m., et la hauteur d'environ 33 m. Cette tour contenait des appartements, et l'entrée en était défendue par une forte herse que l'on voit encore suspendue dans ses rainures.—Le château de Blandy a été successivement possédé par J. de Dunois, bâtard d'Orléans, par Jacqueline de Rothelin, veuve de François III, duc d'Orléans-Longueville, par le prince de Condé, que l'on a cru mort à Jarnac, par le comte de Soissons, grand maître de France,

et par son fils que le cardinal de Richelieu fit assassiner près du bois des Marfès, et dont Louis XIII défendit de porter le deuil ; par le maréchal de Villars. Après la mort du vainqueur de Denain, l'œuvre de destruction du château de Blandy s'est accomplie par degrés et comme insensiblement ; un jour un pan de muraille s'est écroulé, un autre jour la toiture est tombée, puis le chaume est venu protéger contre les outrages du temps les restes de ce que n'avait pu défendre le plomb et le fer. Il est aujourd'hui transformé en une des plus belles fermes des environs. — *Foires* les 24 fév. et 21 sept. (2 jours).
Bibliographie. * *Notice historique et topographique sur le château de Blandy*, in-8, 1841.

BLANDY-EN-BEAUCE, vg. *Seine-et-Oise* (Orléanais), arr. et à 20 k. d'Etampes, cant. de Méréville, ✉ de Gironville. Pop. 243 h.

BLANGERMONT, vg. *Pas-de-Calais* (Artois), arr., cant. et à 11 k. de St-Pol-sur-Ternoise, ✉ de Frévent. Pop. 106 h.

BLANGERVAL, vg. *Pas-de-Calais* (Artois), arr., cant. et à 11 k. de St-Pol-sur-Ternoise, ✉ de Frévent. Pop. 169 h.

BLANGEY (Haut et Bas-), *Côte-d'Or*, com. de Jouey, ✉ d'Arnay-le-Duc.

BLANGY, *Blangeium*, gros bourg, *Calvados* (Normandie), chef-l. de cant., arr., ✉ et à 8 k. de Pont-l'Evêque. Cure. Pop. 782 h. —Terrain jurassique, voisin du terrain de transition moyen.—C'était autrefois un bourg considérable, qui a été successivement détruit par deux incendies.—*Foire* le 14 sept.

BLANGY, *Blangiacum*, petite ville, *Seine-Inf.* (Normandie), chef-l. de cant., arr. et à 30 k. de Neufchâtel-en-Bray. Cure. Gîte d'étape. ✉. ♥. A 143 k. de Paris pour la taxe des lettres. Pop. 1,841 h.—Terrain tertiaire supérieur.
Cette ville est très-ancienne ; il en est question dans une charte du roi Charles le Chauve, où elle est portée comme une des paroisses relevant de l'abbaye de St-Denis. Depuis elle eut le titre et les prérogatives de ville, et fut ceinte de murailles ; on y entrait par trois portes. Elle est située dans un territoire fertile en grains et abondant en excellents pâturages, sur la rive gauche de la Bresle, et traversée par la grande route de Rouen à Abbeville. Le faubourg de Bretencourt, sur la rive droite de la Bresle, fait partie du département de la Somme. —*Fabriques* de toiles à voiles, de dentelles, de savon vert, d'acide pyroligneux et d'acétate de plomb. Blanchisseries de toiles ; brasseries ; nombreuses tanneries dont les produits sont estimés.—*Commerce* de bestiaux et de produits de l'industrie et de l'agriculture.—*Foires* le dernier lundi de mars, le dernier lundi de sept. et le 3ᵉ mercredi de chaque mois et le jeudi qui suit le 3ᵉ mercredi de juillet.—Marché les lundis, mercredis et vendredis.

BLANGY-SOUS-POIX, vg. *Somme* (Picardie), arr. à 33 k. d'Amiens, cant. et ✉ de Poix. Pop. 192 h.

BLANGY-SUR-TERNOISE, vg. *Pas-de-Calais* (Artois), arr. et à 15 k. de St-Pol-sur-Ternoise, cant. du Parcq, ✉ d'Hesdin. P. 918 h.

BLANGY-TROUVILLE, vg. *Somme* (Picardie), arr., ✉ et à 11 k. d'Amiens, cant. de Sains. Pop. 458 h.

BLANNAVES, vg. *Gard* (Languedoc), arr. et à 24 k. d'Alais, cant. de St-Martin-de-Valgalgues, ✉ de Laval. Pop. 727 h.

BLANNAY, vg. *Yonne* (Nivernais), arr., ✉ et à 11 k. d'Avallon, cant. de Vézelay. Pop. 290 h.

BLANOT, *Blannovii*, vg. *Côte-d'Or* (Bourgogne), arr. à 60 k. de Beaune, cant. et ✉ de Liernais. Pop. 612 h.

BLANOT, *Blannovices*, vg. *Saône-et-Loire* (Bourgogne), arr. à 22 k. de Mâcon, cant. et ✉ de Cluny. Pop. 619 h.

BLANQUEFORT, vg. *Gers* (Armagnac), arr. et à 19 k. d'Auch, cant. et ✉ de Gimont. Pop. 128 h.

BLANQUEFORT, bg *Gironde* (Guienne), chef-l. de caut., arr. et à 10 k. de Bordeaux. Cure. ✉. A 572 k. de Paris pour la taxe des lettres. Pop. 1,993 h. — Terrain tertiaire supérieur. — Patrie d'Emmanuel Dupaty, fécond et spirituel auteur dramatique, auquel on doit : *Ninon chez madame Sévigné* ; les *Délateurs* ; *Picaros et Diego*, etc., etc.—
Foires les 1ᵉʳ dimanche de mai, 18 août, dimanche qui précède le 8 nov. et 3ᵉ dimanche de nov.

BLANQUEFORT, vg. *Lot-et-Garonne* (Agénois), arr. et à 36 k. de Villeneuve-sur-Lot, cant. et ✉ de Fumel. Pop. 1,752 h.

BLANZAC, petite ville, *Charente* (Angoumois), arr. à 22 k. d'Angoulême, chef-l. de cant. Cure. ✉. A 467 k. de Paris pour la taxe des lettres. Pop. 682 h.—Terrain tertiaire supérieur.—Elle est située dans un territoire très-fertile en grains et en vins de bonne qualité, en général assez mal bâtie, sur le Nay, qui est sujet à de fréquents débordements et en rend l'accès difficile.—*Commerce* considérable de bestiaux.—*Foires* les 3 mai (3 jours), 9 août, 1ᵉʳ samedi d'octobre (3 jours), et le 6 de tous les autres mois.

BLANZAC, vg. *Charente-Inf.* (Saintonge), arr. et à 16 k. de St-Jean-d'Angely, cant. et ✉ de Matha. P. 491 h.—*Foire* le 2ᵉ samedi de mai.

BLANZAC, vg. *H.-Loire* (Languedoc), arr. et à 9 k. du Puy, cant. et ✉ de St-Paulien. Pop. 433 h.

BLANZAC, vg. *H.-Vienne* (Limousin), arr., cant., ✉ et à 8 k. de Bellac. Pop. 744 h.

BLANZAGUET. vg. *Charente* (Angoumois), arr. et à 24 k. d'Angoulême, cant. et ✉ de la Valette. Pop. 313 h. Sur la Dordogne.

BLANZAGUET, vg. *Lot*, comm. de Pinsac, ✉ de Souillac.

BLANZAIS, vg. *Vienne* (Poitou), arr., cant., ✉ et à 9 k. de Civray. Pop. 1,536 h.

BLANZAT, vg. *Allier*, comm. et ✉ de Montluçon.

BLANZAT, vg. *Puy-de-Dôme* (Auvergne), arr., cant., ✉ et à 5 k. de Clermont-Ferrand. Pop. 1,064 h. — Il est situé dans une riante et fertile contrée, arrosée par un grand nombre des ources d'eau vive.—Près de Blanzat sont les magnifiques sources de St-Vincent, qui jaillissent d'un rocher de basalte, à 27 m. au-dessus du sol environnant. —Blanzat fut assiégé et pris par les royalistes sur les ligueurs, en 1590.— *Fabrique* de toile à la mécanique.

BLANZAY, vg. *Charente-Inf.* (Saintonge), arr. et à 17 k. de St-Jean-d'Angely, cant. et ✉ d'Aulnay. Pop. 218 h.

BLANZÉE, vg. *Meuse* (Lorraine), arr. et à 12 k. de Verdun-sur-Meuse, cant. et ✉ d'Etain. Pop. 79 h.

BLANZY, vg. *Ardennes* (Champagne), arr. et à 15 k. de Réthel, cant. d'Asfeld, ✉ de Tagnon. Pop. 694 h.

BLANZY, vg. *Saône-et-Loire* (Bourgogne), arr. à 336 k. de Paris pour la taxe des lettres. — Terrain carbonifère, houille. — Blanzy donne son nom à une partie d'un bassin houiller, désigné sous le nom de *bassin du Creuzot et de Blanzy*. Ce bassin s'étend sous une partie des terrains d'Autun, de Châlons et de Charolles. Le canal du Bentu, qui le traverse dans toute sa longueur, donne une très-grande valeur aux divers gîtes qu'il renferme. Huit mines sur treize sont en activité ; de ce nombre se trouvent celles du Creuzot et de Blanzy, dont une masse verticale de combustible de 24 m., et quelquefois de 45. L'exploitation s'y fait par puits, et, au Creuzot, ils descendent jusqu'à 200 pieds. Le produit de ces mines entre pour six dixièmes dans la production totale, c'est-à-dire pour 1,300,000 quintaux à 82 cent. Celle du Creuzot seule y figure pour la moitié ; elle est presque entièrement consommée dans les célèbres usines à fer de ce nom, dont l'exploitation est liée à celle de la concession. — *Foires* les 10 avril, 29 juin, 27 août et 11 nov.

BLANZY-LES-FISMES, vg. *Aisne* (Picardie), arr. et à 5 k. de Soissons, cant. de Braisnes, ✉ de Fismes. Pop. 105 h.

BLARGIES, vg. *Oise* (Beauvoisis), arr. à 42 k. de Beauvais, cant. et ✉ de Formerie. Pop. 625 h.

BLARIACUM (lat. 52°, loug. 24°). « La Table trace une voie entre Tongres et Nimègue, qui descend le long de la Meuse, et ce qui nous l'indique, c'est que le nombre de lieux placés sur cette voie, *Blariacum* est aisée à reconnaître dans la position de Blerick, presque vis-à-vis de Venlo, quoique un peu plus haut. Cette position, bien décidée, peut servir à en déterminer deux autres, que la Table renferme dans l'intervalle de Tongres à *Blariacum*, savoir *Feresne* et *Catualium*, qui ont leur article particulier. » D'Anv. *Not. de l'anc. Gaule*, p. 163.

BLARIANS, vg. *Doubs* (Franche-Comté), arr. à 26 k. de Besançon, cant. et ✉ de Marchaux, Pop. 101 h.

BLARINGHEM, vg. *Nord* (Flandre), arr., cant., ✉ et à 12 k. de Hazebrouck. Pop. 1,808 h.

BLARS, vg. *Lot* (Quercy), arr. et à 32 k. de Cahors, cant. de Lauzès, ✉ de Pelacoy. Pop. 545 h.

On remarque sur le territoire de cette commune la plus belle grotte du département, à laquelle on donne le nom de grotte de Marcillac, bien qu'elle soit principalement située sur la commune de Blars. Cette grotte est située presque à l'extrémité d'une de ces petites vallées qui aboutissent au Celé ; on y entre par un portique de 2 à 3 m. d'élévation. Après avoir parcouru une espèce de corridor, on arrive à une vaste salle qui présente de toute part des stalagmites et des stalactites, dont les formes vagues et diversifiées changent suivant le point de vue d'où on les considère. Au bout de cette salle, le sol s'élève, la voûte s'abaisse, les côtés se rapprochent et ne laissent de vide qu'un espace très-étroit où un homme a de la peine à passer. Bientôt la voûte se relève, les côtés s'éloignent, et l'on découvre une autre vaste enceinte qui présente la même profusion de stalactites et de stalagmites. Mais un objet plus imposant attire ici les regards et commande l'admiration. D'un monticule qui domine le sol d'environ 8 m., une colonne de 19 m. de haut, de 5 décim. de module, s'élance jusqu'à la voûte et semble en soutenir le poids. Cette merveille du monde souterrain serait le plus bel ornement d'un temple ou d'une place publique si on pouvait mettre les ouvrages de l'art en harmonie avec les ouvrages de la nature. La caverne se prolonge encore dans une troisième galerie qui a la forme d'un triangle. Il existe un vaste abîme à l'angle méridional, et vers l'angle opposé on trouve sur un rocher élevé de 3 à 4 m., une ouverture de 6 décim. de large, d'où l'on pénètre dans un espace presque circulaire, orné comme les autres parties de la grotte.

Les nombreuses inégalités du sol et les galeries latérales font de cette grotte un vaste labyrinthe où il serait dangereux de s'égarer sans lumière. Le curé de la paroisse sur le territoire de laquelle elle est située, et qui avait habitude de la parcourir, posa une fois la chandelle qui l'éclairait sur une stalagmite pour en mesurer une autre ; quelques gouttes d'eau, tombées de la voûte, l'éteignirent. Privé de lumière, il fit de vains efforts pour trouver l'issue. Il attendait la mort depuis deux jours, lorsque ses paroissiens, s'étant rendus à l'église le jour du dimanche pour entendre la messe, apprenant qu'il avait disparu depuis le jeudi, et connaissant ses goûts, soupçonnèrent l'accident qui lui était arrivé. Ils se transportèrent à la grotte, et ils le trouvèrent sans forces, dévoré par la faim, prêt à mourir, et se croyant dans le souterrain depuis un mois. La longueur totale de la grotte est de 460 m. — Il existe une autre grotte dans la même commune, à 5 k. de la première ; son ouverture se voit dans un rocher au fond d'un vaste entonnoir produit par un écroulement.

BLARU, vg. *Seine-et-Oise* (Normandie), arr. et à 21 k. de Mantes, cant. et ⊠ de Bonnières. Pop. 705 h. — C'était autrefois le siège d'une châtellenie avec haute, moyenne et basse justice. Le château a été démoli, à l'exception de quelques bâtiments qui forment aujourd'hui une habitation fort agréable.

BLASCON INSULA (lat. 44°, long. 23°). « Strabon (lib. xv, p. 184) fait mention de *Blascon* comme d'une île voisine du mont *Sigius* ou plutôt *Sitius*. On lit dans Pline (liv. III, cap. v) : *In Rhodani ostio Metina, mox quæ Blascon vocatur*. Martianus Capella (lib. vi) a mal copié Pline en cet endroit, confondant *Blascon* avec *Metina*. *In Rhodani ostio Metina quæ Blascorum vocatur*. Ptolémée fait mention de *Blascon*, mais c'est à la suite d'une autre île, qu'il nomme *Agatha*, et dans laquelle il place une ville de même nom, sans préjudice de la position de celle que l'on connaît dans le continent, et qu'il nomme *Agathe Polis*. Quand on considère l'imperfection de la Gaule dans Ptolémée, on se croit dispensé de trouver deux îles différentes dans une mer qui n'en offre qu'une ; on peut même être étonné qu'il y ait des savants qui s'étudient à chercher de quoi remplir l'objet de Ptolémée, qu'aucun autre que lui n'a connu. Dans les cartes de la Gaule qui accompagnent la géographie de Ptolémée, on voit un degré de longitude de différence entre *Agatha* et *Blascon*, quoique dans le texte grec de ses tables ces îles soient indiquées au même méridien, sur dix minutes de différence en latitude. J'avouerai donc que je ne connais point d'île d'*Agatha* différente de *Blascon*, qui, n'étant qu'un rocher d'environ 400 toises de circonférence, ne suffit guère à l'emplacement d'une ville. Festus Avienus représente *Blascon* (*in Ora marit.*, p. 6) au naturel, *tereti forma cespes editur Salo*. M. de Valois (*N. Gal.*, p. 6) paraît mal informé, quand il dit : *Nunc insula Blasco continenti adjuncta est, injecta mari mole, et Agathæ per portu est*. Il y a 8 ou 900 toises d'intervalle entre Brescon et la pointe de terre ferme la plus voisine, et quatre brasses de profondeur dans le canal. Le P. Hardouin (Plin. in-f°, t. I, p. 159) s'explique sur *Blascon* comme si on n'en avait point de connaissance, *incerti situs*. Le nom est plutôt Brescon que Brescou, quoiqu'il soit écrit Brescou dans quelques cartes. » D'Anv. *N. de l'anc. G.*, p. 163.

BLASLAY, vg. *Vienne* (Poitou), arr. et à 20 k. de Poitiers, cant. et ⊠ de Neuville. Pop, 258 h.

BLASSAC, vg. *H.-Loire* (Auvergne), arr. et à 16 k. de Brioude, cant. et ⊠ de la Voûte-Chilhac. Pop. 691 h.

BLAUCAU, vg. *Tarn*, comm. de Montredon, ⊠ de Roquecourbe.

BLAUD, vg. *Ariège*, cant. de Mirepoix. — Il est situé au pied de la montagne du Puy-du-Till, qui est percée de plusieurs trous profonds qu'on appelle Barènes ; ce sont des soupiraux, qui chassent un vent connu dans le pays sous le nom de vent du Pas. Le vent souffle dans toute la vallée en suivant sa direction. Il ne cesse jamais, mais il se ralentit souvent, et passe par tous les degrés de la force. On l'a vu déraciner des arbres, et d'autres fois on le sent à peine, même en se plaçant à l'ouverture des soupiraux. C'est en été, par un temps serein, qu'il souffle avec la plus grande violence ; mais, en hiver, et dans les temps nébuleux et pluvieux, il est doux et modéré. Généralement il n'est pas sensible durant le jour ; mais, dès que le soleil baisse, il commence à souffler, augmente avec l'obscurité, dure toute la nuit, et ne se calme enfin qu'à l'aube renaissante.

BLAUDEIX, vg. *Creuse* (Marche), arr. de Boussac et à 26 k. de Chambon, cant. et ⊠ de Jarnages. Pop. 452 h.

BLAUVAC, *Blauvacus*, vg. *Vaucluse* (comtat Venaissin), arr. et à 15 k. de Carpentras, cant. et ⊠ de Mormoiron. Pop. 486 h.

BLAUZAC, vg. *Gard* (Languedoc), arr., cant., ⊠ et à 7 k. d'Uzès. Pop. 852 h.

BLAVEPEYRE, vg. *Creuse* (Marche), com. de Bussière-Nouvelle, ⊠ d'Auzances.

BLAVET (le), *Blabia*, *Blavia*, *Blavetum*, rivière qui prend sa source à l'étang de Blavet, comm. de Botoha, arr. de Guingamp, *Côtes-du-Nord*; elle passe à Gouarec, Pontivy, Hennebon, forme la rade de Lorient, et se jette dans l'Océan, au Port-Louis, après un cours d'environ 150 k. Cette rivière est navigable naturellement au moyen de la marée, depuis Hennebon.

BLAVET (canal du). Il établit une communication entre Pontivy et Lorient, par la rivière du Blavet, et forme un des embranchements de la navigation intérieure de la Bretagne. Le Blavet est déjà navigable entre Lorient et Hennebon.

BLAVIA (lat. 46°, long. 17°). « Nous avons deux positions différentes sous ce nom. Car je pense, avec M. de Valois (p. 189), qu'il ne faut pas confondre *Blabia*, qui est la même chose que *Blavia*, et dont la Notice de l'Empire fait mention comme d'un poste sous les ordres du général de l'Armorique, avec Blaye sur la Garonne. Ce lieu de Blabia étant cité avec les villes des *Veneti* et des *Osismii*, il ne paraît pas convenable de le transporter dans une autre contrée, et ailleurs qu'au port formé par la rivière de Blavet, sur la côte de Bretagne. Cette rivière est appelée *aqua Blavez* dans le titre de fondation de l'abbaye de Bon-Repos, par Alain, vicomte de Rohan, l'an 1124, et, si l'on est prévenu que le nom de Blaye sur la Garonne, *Blavia* dans Ausone, se lit *Blavutum* dans quelques exemplaires de l'Itinéraire d'Antonin, par une simple différence de terminaison ; on ne trouvera pas plus étrange que le nom de *Blabia* soit mis pour celui de Blavet. » D'Anville. *Notice de l'ancienne Gaule*, p. 164. Voy. aussi Walckenaer, *Géographie des Gaules*, t. II, p. 437.

BLAVIA (lat. 46°, long. 17°). « Je passe à une autre position de même nom. On y a lu lisé *Blavium* et *Blavutum* dans l'Itinéraire d'Antonin, selon la différence des exemplaires. Mais la Table théodosienne est conforme à Ausone sur le nom de *Blavia*. Il n'y a point d'accord entre l'Itinéraire et la Table, sur ce qui regarde la distance des villes comptée en partant de Bourdeaux. Le nombre IX, dans la Table, n'est pas le nombre suffisant ; celui de XVIIII, dans l'Itinéraire, doit avoir quelque chose de trop ; car, ce qu'il y a d'espace absolu entre Bourdeaux et Blaye, n'est pas tout à fait de 18,000 toises ; et quoique on doive supposer un excédant dans la mesure itinéraire, le calcul de 19 lieues gauloises qui est 24,550 toises ou environ, va trop loin au delà de ce que donne la mesure directe. L'indication serait plus convenable à XVII qu'à XVIIII. Ausone parle de cette route, quand il dit :

Aut literarum qua galrea trita viarum
Fert militarem ad Blaviam.

Nous ne saurions conclure, avec Alta-Serra, que cette épithète de *militaris* se rapporte nécessairement à la mention qui est faite d'une milice romaine à *Blabia*, dans la Notice de l'empire, etc. La raison qui s'y oppose est donnée dans l'article précédent. Il suffit de connaître la situation de Blaye pour être persuadé que dans tous les temps il a été important d'en faire une place de défense; et il n'en est parlé que comme étant une place, *Castrum super litus Garonnæ*, dès les premiers siècles de la monarchie française. » D'Anville. *Notice de l'ancienne Gaule*, p. 165. V. aussi Walckenaer. *Géographie des Gaules*, t. II, p. 437; et la Sauvagères. *Recherches sur l'ancienne Blabia des Romains* (Recueil d'antiquités de la Gaule, in-4, 1710, p. 293-326.

BLAVIGNAC, vg. *Lozère* (Languedoc), arr. et à 47 k. de Marvejols, cant. de St-Chély, ✉ de Malzieu-Ville. Pop. 426 h.

BLAVINCOURT, vg. *Pas-de-Calais* (Artois), arr. et à 20 k. de St-Pol-sur-Ternoise, cant. et ✉ d'Avesne-le-Comte. Pop. 334 h.

BLAY, vg. *Calvados* (Normandie), arr. et à 12 k. de Bayeux, cant. et ✉ de Trévières. Pop. 431 h.

BLAYAC, vg. *Aveyron*, comm. et ✉ de Sévérac.

BLAYE, *Blabia, Blavia*, ancienne et forte ville maritime, *Gironde* (Guienne), chef-l. de sous-préf. (1er arrond.) et d'un cant. Place de guerre de 4e classe. Trib. de 1re inst. et de comm. Soc. d'agriculture. Cure. Gîte d'étape. ✉. ☞. Pop. 4,174 h. — TERRAIN tertiaire inférieur, calcaire grossier. — Feu de port sur l'embarcadère, rive droite de la Gironde, de 5 m. d'élévation et de 8 k. de portée. — *Etablissement de la marée*, 5 heures 15 minutes.

Autrefois diocèse, parlement, intendance et élection de Bordeaux, justice royale, 2 abbayes.

La position de l'antique *Blavia* à Blaye est démontrée par les mesures de la route ancienne qui va de *Burdigala*, Bordeaux, à *Mediolanum*, Saintes, dont le détail dans l'Itinéraire d'Antonin et dans la Table de Peutinger. Ausone en parle comme d'un poste militaire; Grégoire de Tours, Aimoin, l'appendix de la Chronique de Frédégaire, les annales de Metz, s'accordent avec la Notice de la Gaule et avec Ausone, et désignent toujours ce lieu comme une citadelle ou un lieu fortifié, en l'appelant *Castrum Blavium*, ou *Castrum Blaviam*.

Les Romains entretenaient à *Blavia* une garnison. Chariberi ou Cherebert, petit-fils de Clovis, y mourut en 570, et y fut enterré dans l'église de l'ancienne abbaye de St-Romain. Le corps du fameux guerrier Roland, tué à Roncevaux, et tant célébré par nos anciens romanciers, fut aussi enseveli dans cette église. Suivant les grandes chroniques, Charlemagne le fit embaumer et transporter à Blaye, « dans une bière dorée, couverte de draps de soie; et fut en sépulture moult honorablement, et fut mise son épée Durandal à sa tête, et son olifant (petit cor dont sonnaient les paladins) à ses pieds, en l'honneur de Notre-Seigneur, et en signe de sa haute prouesse. » Longtemps après, le corps de Roland fut transféré à Bordeaux, et enterré dans l'église de St-Seurin. — Les Anglais s'emparèrent de Blaye, qui fut repris par les Français en 1339. Les protestants surprirent cette ville en 1568, ruinèrent les églises, et détruisirent le tombeau de Charibert. Quelque temps après, les habitants embrassèrent le parti de la Ligue. Le maréchal de Matignon vint les assiéger ; mais les Espagnols, accourus à leur secours, forcèrent ce maréchal de lever le siège. Les Anglais tentèrent inutilement de s'emparer de cette place en 1814. — En 1832, la duchesse de Berry, arrêtée dans la Vendée, fut transférée à Blaye, et enfermée dans la citadelle, sous la garde du général Bugeaud. Elle y accoucha d'une fille, et n'en sortit qu'en 1833, pour être conduite en Sicile.

Les armes de Blaye sont : *d'azur (alias de gueules), à deux tours jointes par un entremur d'argent maçonnée de sable, au milieu de l'entremur une porte de gueules bordée de fer et couverte en haut par une porte de sable, sur une rivière d'argent, et surmonté en chef d'une fleur de lis d'or.*

La ville de Blaye est dans une situation très-agréable et très-avantageuse pour le commerce, sur la rive droite de la Gironde, qui a, dans cet endroit, près de 4 k. de large, et forme une superbe rade où mouillent une partie des bâtiments qui montent ou descendent ce fleuve. Elle est bâtie au pied et sur la croupe d'un rocher escarpé, et se divise naturellement en haute et basse ville. La ville haute, nommée citadelle de Blaye, occupe le sommet du rocher : c'est une fortification moderne élevée autour d'un château gothique, flanqué de quatre grands bastions, et entouré de larges et profonds fossés ; les glacis sont plantés d'arbres, et forment une promenade agréable. Blaye est encore défendu par le fort Médoc, construit sur la rive gauche de la Gironde, et par le Pâté, tour fortifiée, élevée sur un îlot, au milieu du fleuve, dont les feux, se croisant avec ceux du fort Médoc et de la citadelle, interceptent le passage de la Gironde. On y remarque une belle fontaine publique et un fort joli hôpital. Le commerce et une grande partie de la population sont concentrés dans la ville basse.

Le port de Blaye est fréquenté par des navires français et étrangers, qui s'y arrêtent pour compléter leur chargement, et pour s'y approvisionner des productions de l'arrondissement, dont Blaye est en quelque sorte l'entrepôt.

PATRIE de TAILLASSON, peintre et littérateur.

Fabriques de toiles, étoffes de laine, cendres gravelées. Distilleries d'eau-de-vie. Verreries. Faïenceries. Construction de navires pour le grand et le petit cabotage. — *Commerce* de vins, eaux-de-vie, esprits, huile, savon, pommes, noix, fruits secs, résine, bois de construction pour la marine, bois de charpente, merrain, etc. — *Foires* d'un jour le 1er samedi de janv., fév., mai, juin, juillet et août; le 25 avril (4 jours), 24 juin (4 jours), 10 sept. (4 jours), 18 oct. (1 jour), 25 nov. (4 jours).

L'arrondissement de Blaye est composé de 4 cantons : Blaye, Bourg, St-Ciers-la-Lande et St-Savin. — A 542 k. de Paris pour la taxe des lettres.

Bibliographie. LA SAUVAGÈRES. *Recherches sur l'ancienne Blàbia des Romains, forteresse de la Gaule, où l'on prouve qu'elle n'était pas située où est le Port-Louis en Bretagne, mais à Blaye en Guienne*, etc., in-18, 1758, et Rec. d'ant. de la Gaule.

BLAYE, vg. *Tarn* (Languedoc), arr. et à 13 k. d'Albi, cant. et ✉ de Monestiès. Pop. 605 h.

BLAYE, vg. *Vosges*, comm. de Racécourt, ✉ de Mirecourt.

BLAYMARD, bg *Lozère* (Languedoc), arr. et à 24 k. de Mende, chef-l. de cant. Cure. Gîte d'étape. ✉. A 591 k. de Paris pour la taxe des lettres. Pop. 583 h. Sur le Lot. — TERRAIN cristallisé ou primitif. — *Fabriques* de cadis, serges et autres étoffes de laine. — *Foires* les 18 oct. (2 jours), 9 nov. et 8 jours après la Pentecôte.

BLAYMONT, vg. *Lot-et-Garonne* (Agénois), arr. et à 28 k. d'Agen, cant. de Beauville, ✉ de la Roque-Timbault. Pop. 660 h.

BLAZIERT, vg. *Gers* (Condomois), arr. et ✉ de Condom, cant. de Valence. Pop. 416 h. — *Foires* les 4 mai et 15 sept.

BLAZIMONT, bg *Gironde* (Bazadois), arr. à 21 k. de la Réole, cant. ✉ de Sauveterre. Pop. 1,050 h. — *Foires* les 6 janv., 6 mai, 1er et 24 juin, 29 août, 25 sept., 11 nov., lundi de Pâques et le 5 de chaque mois.

BLÉCOURT, vg. *H.-Marne* (Champagne), arr. et à 20 k. de Vassy, cant. et ✉ de Joinville. Pop. 242 h.

BLÉCOURT, vg. *Nord* (Flandre), arr., cant., ✉ et à 6 k. O. de Cambray. Pop. 404 h.

BLÉGIERS, vg. *B.-Alpes* (Provence), arr., ✉ et à 30 k. de Digne, cant. de la Javie. Pop. 545 h.

BLEIGNY-LE-CARREAU, vg. *Yonne* (Champagne), arr. et à 11 k. d'Auxerre, cant. et ✉ de Ligny-le-Châtel. Pop. 428 h.

BLEMEREY, vg. *Meurthe* (Lorraine), arr. et à 22 k. de Lunéville, cant. et ✉ de Blamont. Pop. 221 h.

BLÉMEREY, vg. *Vosges* (Lorraine), arr., cant., ✉ et à 12 k. de Mirecourt. Pop. 130 h.

BLEMUR, vg. *Seine-et-Oise* (comm. de Piscop, ✉ de Montmorency. On y voit un beau château bâti à mi-côte, auquel est joint une importante fabrique de tissage et une filature de coton.

BLENAY, vg. *Indre*, comm. de Ste-Fauste, ✉ d'Issoudun.

BLENDECQUES, vg. *Pas-de-Calais* (Artois), arr., cant., ✉ et à 3 k. de St-Omer. Pop. 1,642 h. Il est situé dans la riante vallée de l'Aa, et entouré de jolies maisons de campagne environnées de bois, qui offrent d'agréables promenades très-fréquentées par les habitants de St-Omer.

BLÉNEAU, *Blenavium*, petite ville, *Yonne* (Gatinais), arr. et à 65 k. de Joigny, chef-l. de cant., ✉. A 195 k. de Paris pour la taxe des lettres. Pop. 1,313 h. — Terrain d'alluvions modernes. — C'est à peu de distance de cette ville que Turenne battit l'armée du prince de Condé, au moment où celui-ci était sur le point de s'emparer de Louis XIV, de sa mère et du cardinal Mazarin, qui s'étaient retirés à Gien. — *Foires* les 25 janv., 31 juillet, 18 oct.

BLENNES, vg. *Seine-et-Marne* (Brie), arr. et à 33 k. de Fontainebleau, cant. de Lorrez-le-Bocage, ✉ de Voulx. Pop. 762 h.

BLÉNOD-LÈS-PONT-A-MOUSSON, vg. *Meurthe* (Lorraine), arr. et à 27 k. de Nancy, cant. et ✉ de Pont-à-Mousson. Pop. 411 h.

BLÉNOD-LÈS-TOUL ou aux Oignons, *Belenodivum*, bg *Meurthe* (Lorraine), arr., cant., ✉ et à 12 k. de Toul. Pop. 1,550 h. — Ce bourg, situé sur un ruisseau, entre trois coteaux plantés de vignes, était autrefois le chef-lieu de la seigneurie temporelle des évêques de Toul. On y voit encore un ancien château flanqué de quatre tours, et les ruines d'une forteresse qui devait être inexpugnable, à en juger par son circuit et sa position. L'église paroissiale, construite en 1512, sur le modèle de la cathédrale de Toul, est une des plus belles de la contrée. On y voit le tombeau de Hugues des Hazards, évêque de Toul, sur lequel est sculptée la personnification des sept arts libéraux. — Blénod possède quelques vestiges d'antiquités romaines. On y a trouvé, à différentes époques, beaucoup de médailles, une statue d'Apollon et divers autres objets antiques.

Bibliographie. Guillaume (l'abbé). *Notice sur le bourg de Blénod-lès-Toul*, etc., in-12, 1843.

BLÉONE (la), *Blethona*, petite rivière qui prend sa source au bas des montagnes de Prads, au nord d'Allos, arr. de Digne, *B.-Alpes*; elle passe à la Javie et à Digne, et se jette dans la Durance, près de Mahjay, après un cours d'environ 16 k. La Bléone est flottable depuis le village de Prads jusqu'à son embouchure.

BLÉQUIN, vg. *Pas-de-Calais* (Artois), arr., cant. et à 25 k. de St-Omer, cant. de Lumbres. Pop. 583 h.

BLÉRANCOURDELLE, vg. *Aisne* (Picardie), arr. et à 45 k. de Laon, cant. de Coucy-le-Château, ✉ de Blérancourt. Pop. 147 h.

BLÉRANCOURT, vg. *Aisne* (Picardie), arr. et à 45 k. de Laon, cant. de Coucy-le-Château. ✉. A 114 k. de Paris pour la taxe des lettres. Pop. 1,141 h. — On y remarque jadis un des plus beaux châteaux de la province, dont il reste encore deux pavillons. —

Patrie de Saint-Just, député à la convention nationale, membre du fameux comité de salut public, mort sur l'échafaud révolutionnaire le 9 thermidor. On a de lui : *Fragments sur les institutions républicaines* (ouv. posth.), in-12, 1800; * *Organt*, poëme en vingt chants, 2 vol. in-8, 1789; * *Mes Passe-temps, ou le Nouvel Organt*, poëme en vingt chants, 2ᵉ part., in-8, 1792.

Fabriques de toiles à voiles et de treillis. — Nombreuses filatures de coton. — *Commerce* de grains, chanvre, toiles, chevaux, etc. — *Foires* considérables pour la vente des chevaux et des bestiaux, le 1ᵉʳ mercredi de chaque mois.

BLERCOURT, vg. *Meuse* (Lorraine), arr., ✉ et à 13 k. de Verdun-sur-Meuse, cant. de Souilly. Pop. 290 h.

BLÉRÉ, petite ville, *Indre-et-Loire* (Touraine), arr. et à 27 k. de Tours, chef-l. de cant. Cure. Gîte d'étape. ✉. A 217 k. de Paris pour la taxe des lettres. Pop. 3,417 h. — Terrain crétacé inférieur, grès vert.

Cette ville est bâtie dans une situation agréable, sur la rive gauche du Cher, que l'on y traverse sur un pont construit vers le milieu du XIIᵉ siècle, par Henri II, roi d'Angleterre. Sa position avantageuse sur cette rivière et sur la route d'Amboise à Châtellerault, jointe à l'industrieuse activité de ses habitants, la rend très-commerçante. Elle est l'entrepôt des bois de la forêt de Loche et de la plupart des marchandises qui descendent par le Cher du Bourbonnais et du Berry. C'est près de cette ville, à la source du ruisseau de Fontenay, que commence le canal voûté dont nous avons parlé à l'article Athée.

Les armes de Bléré sont : *d'azur à trois chevrons d'or*.

Commerce de vins et de bois. — *Foires* le vendredi saint, 2ᵉ vendredis de juin, de sept. et de nov.

BLESLE, petite ville, *H.-Loire* (Auvergne), arr. et à 20 k. de Brioude, chef-l. de cant. Cure. ✉. A 450 k. de Paris pour la taxe des lettres. Pop. 1,727 h. — Terrain crétacé inférieur.

On fait remonter l'origine de Blesle à l'établissement d'un couvent de filles foudé vers le milieu du IXᵉ siècle, et on rapporte à peu près à la même époque la construction d'une tour à vingt pans, qui subsiste encore. Cette ville est située au bas d'une gorge profonde et resserrée, où coule la petite rivière qui porte son nom. — *Mines* d'antimoine. — *Foires* les 12 mai, jeudi avant jeudi gras, mercredi saint, 28 juin, 1ᵉʳ août, 20 sept., 10 nov.

BLESME, vg. *Marne* (Champagne), arr. et à 15 k. de Vitry-le-François, cant. de Thiéblemont, ✉ de Parthes. Pop. 225 h. Sur la Saulx.

BLESMES, vg. *Aisne* (Brie), arr., cant., ✉ et à 5 k. de Château-Thierry. P. 307 h.

BLESNEY, vg. *Jura*, comm. de Poitte, ✉ de Clairvaux.

BLESSAC, vg. *Creuse* (Marche), arr., cant., ✉ et à 3 k. d'Aubusson. Pop. 425 h.

BLESSEY, vg. *Côte-d'Or* (Bourgogne), arr. et à 30 k. de Semur, cant. et ✉ de Flavigny. Pop. 168 h.

BLESSIGNAC, vg. *Gironde* (Guienne), arr. et à 31 k. de Bordeaux, cant. et ✉ de Créon. Pop. 163 h.

BLESSONVILLE, vg. *H.-Marne* (Champagne), arr. et à 13 k. de Chaumont-en-Bassigny, cant. et ✉ de Château-Villain. Pop. 427 h.

BLESSY, vg. *Pas-de-Calais* (Artois), arr. et à 30 k. de Béthune, cant. de Norrent-Fontes, ✉ d'Aire-sur-la-Lys. Pop. 601 h.

BLET, vg. *Cher* (Berry), arr. et à 28 k. de St-Amand-Montrond, cant. de Nérondes. ✉. ⚜. A 256 k. de Paris pour la taxe des lettres. Pop. 1,340 h. — *Foires* les 16 juin et 2 août.

BLETTERANS, petite ville, *Jura* (Franche-Comté), arr. et à 12 k. de Lons-le-Saunier, chef-l. de cant. ✉. ⚜. A 401 k. de Paris pour la taxe des lettres. Pop. 1,230 h. Sur la Seille. — Terrain jurassique, voisin du terrain tertiaire supérieur. — *Commerce* important de grains et de poissons d'étangs, dont Bletterans est le centre. — *Foires* les 25 janv., 25 juin, 9 sept., 10 nov., et mercredi après Pâques.

BLEURVILLE, *Bliderici Villa*, vg. *Vosges* (Lorraine), arr. et à 36 k. de Mirecourt, cant. de Montbureux-sur-Saône, ✉ de Darney. Pop. 923 h.

BLEURY, vg. *Eure-et-Loir* (Beauce), arr. et à 21 k. de Chartres, cant. de Maintenon, ✉ de Gallardon. Pop. 460 h.

BLEURY, vg. *Yonne*, comm. de Poilly-près-Aillant, ✉ d'Aillant-sur-Tholon.

BLÉVAINCOURT, vg. *Vosges* (Lorraine), arr. et à 26 k. de Neufchâteau, cant. de Lamarche, ✉ de Vrécourt. Pop. 523 h.

BLÈVES, bg *Sarthe* (Maine), arr., ✉ et à 14 k. de Mamers, cant. de la Fresnaye. Pop. 322 h. — C'était autrefois une forteresse importante, élevée par Robert II. On y voit un manoir nommé la Cour-Potin, à tourelle hexagone à meurtrières, à croisées cintrées accompagnées de colonnes engagées, du style roman, et fort curieux dans son genre.

BLÉVILLE, *Beleni-Villa-in-vidu-Cassibus*, vg. *Seine-Inf.* (Normandie), arr. et à 6 k. du Havre, cant. et ✉ d'Ingouville. Pop. 1,159 h. — A peu de distance de Bléville on trouve, au pied d'une falaise, une source d'eau minérale ferrugineuse froide, que les eaux de la mer recouvrent deux fois par jour. Les géologues ne doivent pas manquer de visiter les falaises de Bléville, formées de bancs alternatifs de silex et d'argile noirâtre, contenant une multitude de coquillages fossiles.

Bibliographie. Le Pecq de la Cloture. *Notice sur l'eau minérale de Bléville* (Collection d'observations sur les maladies, etc., 2 vol. in-4, 1778).

BLÉVY, vg. *Eure-et-Loir* (Beauce), arr. et à 19 k. de Dreux, cant. et ✉ de Châteauneuf-en-Thimerais. Pop. 707 h.

BLÉZY, vg. *Marne* (Champagne), arr. et à 14 k. de Chaumont-en-Bassigny, cant. et ✉ de Juzennecourt. Pop. 143 h.

BLICOURT, vg. *Oise* (Beauvoisis), arr. et

à 16 k. de Beauvais, cant. et ✉ de Marseille. Pop. 533 h.

BLIENSCHWILLER ou BLOESWILLER, vg. *B.-Rhin* (Alsace), arr. et à 11 k. de Schelestadt, cant. et ✉ de Bar. Pop. 913 h.

BLIES, vg. *Ain*, comm. de Chasey-sur-Ain, ✉ d'Ambérieux.

BLIESEBERSING. V. BLISK-EBERSING.

BLIEUX, vg. *B.-Alpes* (Provence), arr., ✉ et à 16 k. de Castellanne, cant. de Senez. Pop. 876 h.

BLIGNICOURT, vg. *Aube* (Champagne), arr. et à 29 k. de Bar-sur-Aube, cant. et ✉ de Brienne. Pop. 96 h.

BLIGNY, vg. *Aube* (Champagne), arr., ✉ et à 12 k. de Bar-sur-Aube, cant. de Vendœuvre. Pop. 806 h. — Verrerie de verre blanc pour carafes, gobeleterie, vases, etc.

BLIGNY, *Marne* (Champagne), arr. et à 15 k. de Reims, cant. et ✉ de Ville-en-Tardenois. Pop. 124 h.

BLIGNY-EN-OTHE, vg. *Yonne* (Champagne), arr. et à 20 k. de Joigny, cant. et ✉ de Brienon. Pop. 145 h.

BLIGNY-LE-SEC, vg. *Côte-d'Or* (Bourgogne), arr. et à 31 k. de Dijon, cant. et ✉ de St-Seine. Pop. 623 h.

BLIGNY-SOUS-BEAUNE, *Beliniacum*, vg. *Côte-d'Or* (Bourgogne), arr., cant., ✉ et à 6 k. de Beaune. Pop. 817 h. — PATRIE du bibliographe J.-L.-S. FOISSET, auteur de 126 notices insérées dans la Biographie universelle.

BLIGNY-SUR-OUCHE, *Beliniacum*, *Belignacum*, bg *Côte-d'Or* (Bourgogne), arr. et à 17 k. de Beaune, chef-l. de cant. Cure. ✉, ✆. A 301 k. de Paris pour la taxe des lettres. Pop. 1,395 h. — TERRAIN jurassique, étage inférieur du système oolitique. — Il est situé dans un territoire fertile en vins estimés, sur l'Ouche. On y remarque une tour élevée, reste d'un ancien château fort, détruit en 1478 pour avoir pris le parti de Marie de Bourgogne contre Louis XI.

PATRIE de L. BAILLY, docteur en théologie, auteur du : *Theologia dogmatica et moralis, ad usum seminariorum*, 8 vol. in-12, 1824, 1826.

Fabriques de chapeaux communs. Tanneries. — *Commerce* de grains, vins, chanvre, bestiaux, etc. — Chaque année il se tient à Bligny, le dimanche après la St-Pierre, une réunion, appelée la foire des Moissonneurs, où tous les cultivateurs du canton viennent louer des moissonneurs pour faire leurs récoltes. — 7 autres *foires* les 15 janv. (3 jours), 4 mars, 1ᵉʳ mai, 4 juin, 30 août, 23 oct., 6 déc.

BLIMONT (St-), vg. *Somme* (Picardie), arr. et à 22 k. d'Abbeville, cant. et ✉ de St-Valéry-sur-Somme. Pop. 1,303 h.

BLIN (St-), *Benigni Fanum*, bg *H.-Marne* (Champagne), arr. et à 32 k. de Chaumont-en-Bassigny, chef-l. de cant. Cure. ✉. A 279 k. de Paris pour la taxe des lettres. Pop. 533 h. — TERRAIN jurassique, étage inférieur du système oolitique.

BLINCOURT, vg. *Oise* (Picardie), arr., cant. et à 16 k. de Clermont, ✉ d'Estrées-St-Denis. Pop. 127 h.

BLINGEL, vg. *Pas-de-Calais* (Artois), arr. et à 17 k. de St-Pol-St-Ternoise, cant. du Parcq, ✉ de Hesdin. Pop. 273 h.

BLIQUETUIT. V. NICOLAS (St-) et NOTRE-DAME DE BLIQUETUIT.

BLIS, vg. *Dordogne* (Périgord), arr., ✉ et à 17 k. de Périgueux, cant. de St-Pierre-de-Chignac. Pop. 791 h.

BLISE-BRUKEN, vg. *Moselle* (Lorraine), arr., cant., ✉ et à 10 k. de Sarreguemines. Pop. 1,158 h.

BLISE-EBERSING, vg. *Moselle* (Lorraine), arr., cant., ✉ et à 7 k. de Sarreguemines. Pop. 340 h.

BLISE-GUERSWILLER, vg. *Moselle* (Lorraine), arr., cant., ✉ et à 5 k. de Sarreguemines. Pop. 408 h.

BLISMES, vg. *Nièvre*, comm. de Poussignol, ✉ de Château-Chinon. — Foire le 11 nov.

BLODELSHEIM, vg. *H.-Rhin* (Alsace), arr. et à 32 k. de Colmar, cant. et ✉ d'Ensisheim. Pop. 1,367 h.

BLOIS, vg. *Jura* (Franche-Comté), arr. et à 17 k. de Lons-le-Saulnier, cant. et ✉ de Voiteur. Pop. 342 h.

BLOIS, *Blesa*, *Blesia*, *Blesum*, grande et très-ancienne ville, chef-l. du dép. de *Loir-et-Cher* (Blaisois), et de 2 cant. Trib. de 1ʳᵉ instance et de com. Bourse de com. Société d'agriculture. Collège com. Evêché. Gites. Grand et petit séminaire. Gîte d'étape. ✉, ✆. Pop. 16,156 h. — TERRAIN tertiaire moyen, voisin du terrain crétacée inférieur, grès vert.

Autrefois évêché, comté, château royal, capitale du Blaisois, parlement de Paris, chef-lieu d'élection, chambre des comptes, bailliage, présidial, chapitre, collège, 9 abbayes ou couvents. — L'évêché de Blois existait sous la domination romaine. Quoi qu'il en soit, son nom est prononcé pour la première fois par Grégoire de Tours, qui la nomme deux fois du temps de Gontran et de Chilpéric. C'était à cette époque un *castrum*, ou lieu fortifié, gouverné par un comte. Sous Charles le Chauve, c'était déjà une ville considérable, dont il est fait mention dans un des capitulaires de ce prince. Pendant les guerres de la féodalité, Thibaud, comte de Chartres, en fit la conquête ainsi que de tout son territoire, et la transmit ensuite à la maison de Châtillon. Les comtes de Blois la possédèrent jusqu'en 1391, où Guy II de Châtillon la vendit avec tout le comté au duc d'Orléans, qui fut depuis Louis XII. — Sous les rois de la troisième race, Blois devint le chef-lieu d'un comté considérable; ces rois y avaient un palais, où plusieurs d'entre eux établirent leur résidence, du xᵉ au xviᵉ siècle. Blois fut à cette dernière époque deux fois le siége des états généraux, en 1577 et 1588. — En 1814, lorsque les armées ennemies menacèrent Paris, l'impératrice Marie-Louise s'y retira momentanément, et y transporta le siége du gouvernement impérial et de la régence, dont les derniers actes furent datés et expédiés de cette ville.

Les armes de Blois sont : *d'azur chargé d'une fleur de lis d'or*. Dans un manuscrit de 1669 elles sont figurées ainsi : *d'or au porc épic contourné de sable, arme, collier et œil de gueules, portant un écusson d'azur chargé d'une fleur de lis d'or, et affrontant un renard de sable, arme et œil de gueules supportant ledit écusson*.

Le château de Blois fut pendant plusieurs siècles la demeure des comtes de ce nom, et ensuite le séjour favori des rois de France. Il a été habité par plus de cent princes ou têtes couronnées. Louis XII y est né : François Iᵉʳ, Henri II, Charles IX, Henri III y ont tenu leurs cours. Les princes dont la légèreté, la superstition ou la cruauté ont été le plus funestes à leur royaume, ont porté les passions de leur ambition malade, de leur haine souvent impuissante, et de leurs honteuses amours. Du fond des voûtes obscures de ce château sortent en foule d'effrayants souvenirs, comme ces fantômes qui nous apparaissent et nous troublent dans un rêve sombre et mélancolique. Dans le nombre considérable d'événements remarquables dont les murs de ce château furent les témoins, figure la mort de cette intéressante et vertueuse Valentine de Milan, qui demanda à la France entière justice du sang si indignement versé de son époux, Louis d'Orléans, et, n'ayant pu l'obtenir, vint déplorer dans le silence de ces paisibles murs la plus cruelle des pertes. Après avoir servi de retraite à la vertu, ce château sert de prison au crime. Isabeau de Bavière y pleure, non son époux, mais le chevalier Bourdon, son amant. C'est peu de ces scènes d'une douleur tour à tour vertueuse ou criminelle; ces lieux ont été postérieurement le théâtre d'événements plus tristement célèbres. Les guerres de religion, pendant lesquelles l'on fut tant tué, désolaient la France; les états, connus sous le nom d'états de Blois, furent convoqués dans ce château pour faire cesser, s'il était possible, les blessures profondes du royaume. Henri III en présidait. Les Guises, artisans et chefs de la Ligue par leur ambition, mais l'idole du peuple par leur bravoure, s'y rendirent. C'est en vain que des avis secrets avaient appris à l'un d'eux qu'on en voulait à ses jours, il dédaigna ces avis; et, réuni au cardinal son frère, il alla pour assister à une séance de ces états tumultueux. En s'y rendant il est percé de plusieurs coups de poignard, sans pouvoir même porter la main à la garde de son épée.

Quoique revêtu de la pourpre romaine, si puissante dans ces temps, son frère n'en fut pas plus respecté. On le conduisit le lendemain, avec l'archevêque de Lyon, dans une salle obscure de la tour du château. Là, des soldats les massacrent à coups de pertuisane, jettent le corps du cardinal dans le large foyer d'une des cheminées, et, lorsque le corps est consumé, ils en dispersent les cendres, dans la crainte que les ligueurs n'en fissent des reliques. — Des traités solennels, des fêtes éclatantes, de brillants tournois, ajoutent leurs joyeux souvenirs à des souvenirs aussi sombres. Le mariage de Charles, duc d'Alençon, avec Marguerite d'Anjou, fut célébré au château de Blois ; et les pompes du mariage bien plus célèbre encore de Henri IV avec Marguerite de Valois s'y préparèrent. — Séjour d'un grand nombre de princes, qui tour à tour se plurent à l'embellir et à l'augmenter, les fondements du château de Blois furent jetés pendant la domination des comtes suzerains dont nous avons parlé. Réédifié et reconstruit plusieurs fois, il ne lui reste de gothique qu'une tour qui semble n'être encore debout, malgré le poids des siècles et l'invasion de l'architecture moderne, que pour rappeler que là fut le théâtre des plus sanglants excès du pouvoir. Louis XII fit rebâtir, en 1498, la partie orientale du château et augmenta celle du midi. François Ier bâtit celle du nord, donnant sur la place des Jésuites ; on y voit encore son chiffre sculpté et ses armes où figure une salamandre ; Gaston d'Orléans fit construire, en 1635, sur les dessins de Mansard, la belle façade qui regarde l'occident, laquelle n'a jamais été terminée. Ce château sert actuellement de caserne : on y montre encore la salle des états, la chambre de la reine, celle où fut assassiné le duc de Guise, et la tour où son frère reçut la mort.

La ville de Blois est bâtie en amphithéâtre, sur la rive droite de la Loire, dans un des plus beaux sites de la France. Sa position, au sommet et sur le penchant d'un coteau, la divise naturellement en haute et basse ville. La partie supérieure, qui forme la ville proprement dite, est en général assez mal bâtie ; les rues sont étroites, mal percées et pour la plupart inaccessibles aux voitures, mais propres et ornées de fontaines. La ville basse offre une suite de maisons bien bâties le long d'un quai superbe et d'une prodigieuse longueur, lequel forme la grande route, et va, en longeant le cours de la Loire, s'unir à la belle levée de Tours. Un très-beau pont, porté sur onze arches en pierres de taille, traverse le fleuve et unit la ville basse à un des principaux faubourgs.

Le plus moderne édifice de Blois est l'évêché, bâti sur les dessins de Gabriel, architecte de Louis XIV. Les jardins sont en terrasses régulières, et leur situation procure la plus belle vue qu'il soit possible de décrire : vers le cours supérieur du fleuve, l'œil embrasse plus de 24 k. d'étendue et se repose avec plaisir sur les riants coteaux et sur les délicieux paysages qui bordent ses deux rives, tandis que du côté opposé se déploie sur un immense horizon une foule de sites variés et pittoresques, offrant une suite de tableaux agréables dont l'œil a peine à saisir l'ensemble.

On remarque encore à Blois l'ancienne église des jésuites, bâtie sur les dessins de Mansard et classée au nombre des monuments historiques. — L'aqueduc qui fournit les eaux à une partie de la ville, ouvrage précieux fait en forme de grotte et coupé dans le rocher avec un tel art que plusieurs personnes peuvent presque partout y marcher de front. — La belle promenade des allées ; elle forme à l'extrémité nord-ouest de la ville une magnifique avenue de 2 k. de long qui aboutit à une vaste forêt ; le mail qui borde le quai de la Loire ; la bibliothèque publique renfermant 17,000 vol. ; la salle de spectacle ; la poissonnerie ; l'hôpital, pourvu d'un jardin de botanique ; l'hôtel de la préfecture ; l'hospice des aliénés ; le monument élevé à la mémoire de Denis Papin, etc.

Biographie. Blois est le lieu naissance de plusieurs hommes distingués, parmi lesquels nous citerons :

GUILLAUME DE BLOIS, cardinal, régent du royaume sous Louis VII et Philippe II.

LOUIS XII, surnommé le Père du peuple.

DENIS PAPIN, regardé à juste titre comme l'inventeur de la machine à vapeur ; car il n'est plus douteux que ses importantes découvertes n'aient jeté beaucoup de lumière sur la vapeur et sur son application.

P.-PH. BAIGNOUX, député au corps législatif.

MAHY DE FAVRAS, exécuté en place de Grève le 19 février 1790.

E.-M. BAILLY, médecin.

FABIAU DE ST-ANGE, élégant traducteur d'Ovide, membre de l'Institut.

J.-M. PARDESSUS, savant jurisconsulte, membre de la chambre des députés en 1815, 1824 et 1827, membre de l'Institut, auteur, entre autres ouvrages, de : *Cours de droit commercial*, 4e édit., 5 vol. in-4, 1834 ; *Collection des lois maritimes antérieures au XVIIIe siècle*, 3 vol. in-4, 1818-34, etc.

AUGUSTIN THIERRY, membre de l'Institut, auteur de : *Histoire de la conquête de l'Angleterre par les Normands*, etc., 4e édit., 4 vol. in-8, 1828-35 ; *Lettres sur l'histoire de France*, 5e édit., in-8, 1836, etc., etc.

AMÉDÉE THIERRY, membre de l'Institut, auteur de : *Histoire des Gaulois*, 2e édit., 3 vol. in-8, 1834 ; etc., etc.

Fabriques de gants de peau estimés ; vinaigreries, faïenceries, tanneries et corroieries. — *Commerce* de vins, eaux-de-vie, excellent vinaigre, draps, papier, cuirs, faïence, bois à brûler, merrain, etc. ; centre du commerce des eaux-de-vie dites d'Orléans ; dépôt départemental ; dépôt royal d'étalons. — *Foires* les 1ers samedis de janv., avril et oct., 24 juin et 6 déc.

L'arrondissement de Blois est composé de 10 cantons : Blois E., Blois O., Bracieux, Contres, Herbault, Marchenoir, Mer, Montrichard, Ouzouer-le-Marché et St-Aignan. — A 167 k. de Paris. Long. 0° 59′ 59″, lat. O. 47° 35′ 19″.

Bibliographie. FOURNIER. *Essais historiques sur la ville de Blois* ; in-8, fig., 1785.

BERNIER (J.). *Histoire de Blois, contenant les antiquités... les vies des hommes illustres*, etc., in-4, 1682.

DURET. *Advertissement sur l'édit relatif aux états de Blois en 1576*, in-8, 1587.

* *La Forme et l'Ordre de l'assemblée des états généraux tenus à Blois sous le roi Henri III, en 1576 et 1577*, etc. in-4, 1577.

* *Discours véritable de ce qui est advenu aux états généraux tenus à Blois en 1588*, etc. ; in-8, 1589.

* *Des états généraux tenus à Blois*.

VITET (Louis). * *Les États de Blois*, in-8, 1827 (contient une notice sur le château de Blois, et un plan).

* *Les Cruautés sanguinaires exercées envers feu M. le cardinal de Guise*, etc., in-8, 1589.

* *Cruauté plus que barbare de Henri de Valois, en la personne de M. le cardinal de Guise*, in-8, 1589.

MIRON. *Relation de la mort de Henri de Lorraine, duc de Guise, et de Louis, cardinal de Lorraine, son frère* (imprimée dans l'Histoire des cardinaux français, par Auberti, part. v, p. 551 ; et t. xv de la Monarchie française, de Marcel, p. 626).

* *Pourtrait et Description du massacre commis pendant les états de Blois, en la personne de Henri de Lorraine, magnanime duc de Guise*, in-8, 1589.

* *Histoire au vrai du meurtre et assassinat commis en la personne de M. le duc de Guise*, in-8, 1589.

* *La Double Tragédie du D. et du C. de Guise*, in-8, 1589.

* *Le Martyre des deux frères*, in-8, 1589.

* *Discours déplorable du meurtre et assassinat*, etc., *de très-haut, très-puissant et très-catholique feu Henri de Lorraine, duc de Guise*, etc., in-12, 1589.

* *Particularités notables concernant l'assassinat et massacre de M. le duc de Guise et M. le cardinal, son frère*, in-12, 1589.

* *Relation de ce qui s'est passé à l'emprisonnement de M. le duc de Vendôme, et de M. le grand prieur son frère, au château de Blois* (imprimée dans les Mémoires d'un favori, in-12, 1668).

SAUSSAYE (L. de la). *Histoire du château de Blois*, in-4, 1840.

JOHANNEAU (Éloi). *Inscriptions pour les monuments de la ville de Blois, suivies d'une note sur la mort et les manuscrits de la Tour d'Auvergne*, in-8, 1841.

LEROUX DE LINCY, *Bibliothèque de Charles d'Orléans à son château de Blois en 1427*.

BERNIER. *Noms et Armoiries des familles nobles de Blois* (imprimés avec son Histoire de Blois).

Mémoires de la société des sciences et des lettres de Blois, 2 vol. in-8, 1832-41.

BLOMAC, vg. *Aude* (Languedoc), arr. et à 22 k. de Carcassonne, cant. et ✉ de Peyriac-Minervois. Pop. 249 h.

BLOMARD, vg. *Allier* (Bourbonnais), arr. et à 35 k. de Montluçon, cant. et ✉ de Montmarault. Pop. 631 h.

BLOMBAY, vg. *Ardennes* (Champagne), arr., cant. et à 15 k. de Rocroi, ✉ de Maubert-Fontaine. Pop. 475 h.

BLOND, vg. *H.-Vienne* (Limousin), arr., cant., ✉ et à 9 k. de Bellac. Pop. 2,277 h.

BLONDEFONTAINE, vg. *H.-Saône* (Franche-Comté), arr. et à 45 k. de Vesoul, cant. et ✉ de Jussey. Pop. 1,071 h.

BLONNES, vg. *Isère*, commune d'Oyen, ✉ de Virieu.

BLONVILLE, vg. *Calvados* (Normandie), arr. et à 12 k. de Pont-l'Évêque, cant. de Dives, ✉ de Touques. Pop. 317 h.

BLOSSEVILLE, vg. *Seine-Inf.* (Normandie), arr. et à 30 k. d'Yvetot, cant. et ✉ de St-Valery-en-Caux. Pop. 905 h. — *Fabriques d'indiennes et de toiles.* — *Foires* les 13 fév. et 9 déc.

BLOSSEVILLE-BONSECOURS, vg. *Seine-Inf.* (Normandie), arr., ✉ et à 5 k. de Rouen, cant. de Boos. Pop. 1,316 h. — Il est situé près de la Seine et célèbre en Normandie par une jolie chapelle gothique, dédiée à la Vierge, située sur un coteau élevé qui domine le cours de la rivière. Le portail de ce petit édifice est en ogive, orné de ceps de vigne, de guirlandes et d'ornements à jour. L'intérieur est tapissé d'une multitude d'*ex-voto*, au nombre desquels on remarque un grand nombre de petits vaisseaux, déposés sans doute par quelques matelots sauvés du naufrage. — *Fabrique* de coton retors; tuilerie.

BLOSVILLE, vg. *Manche* (Normandie), arr. et à 21 k. de Valognes, cant. et ✉ de Ste-Mère-Église. Pop. 437 h.

BLOT-L'ÉGLISE, vg. *Puy-de-Dôme* (Auvergne), arr. et à 25 k. de Riom, cant. et ✉ de Menat. Pop. 1,294 h. — On y voit de vastes souterrains qui ont servi de refuge dans les guerres de la Ligue. — *Foire* le 12 avril.

BLOTTERIE (la), *Seine-et-Oise*, comm. de St-Remy-l'Honoré, ✉ de Montfort-l'Amaury.

BLOTZHEIM ou BLADOLSHEIM, vg. *H.-Rhin* (Alsace), arr. et à 25 k. d'Altkirch, cant., ✉ de Huningue. Pop. 2,240 h. — A peu de distance de ce village, on trouve une source d'eau minérale ferrugineuse acidule, que l'on regarde comme efficace pour la guérison de plusieurs maladies. — *Foires* les 2es lundis de mars et d'oct.

BLOU, vg. *Maine-et-Loire* (Anjou), arr. et à 26 k. de Baugé, cant. et ✉ de Longué. Pop. 1,034 h.

BLOUSSON-SÉRIAN, vg. *Gers* (Armagnac), arr. et à 19 k. de Mirande, cant. et ✉ de Marciac. Pop. 232 h.

BLOUTIÈRE (la), vg. *Manche* (Normandie), arr. et à 28 k. d'Avranches, cant. et ✉ de Villedieu. Pop. 731 h.

BLUMEREY, vg. *H.-Marne* (Champagne),

arr. et à 23 k. de Vassy, cant. et ✉ de Doulevant. Pop. 328 h.

BLUSSANGEAUX, vg. *Doubs* (Franche-Comté), arr. et à 22 k. de Baume-les-Dames, cant. et ✉ de l'Isle-sur-le-Doubs. P. 252 h.

BLUSSANS, vg. *Doubs* (Franche-Comté), arr. et à 21 k. de Baume-les-Dames, cant. et ✉ de l'Isle-sur-le-Doubs. Pop. 301 h.

BLYE, vg. *Jura* (Franche-Comté), arr., ✉ et à 13 k. de Lons-le-Saulnier, cant. de Conliège. Pop. 417 h.

BO (le), vg. *Calvados* (Normandie), arr. et à 23 k. de Falaise, cant. de Harcourt-Thury, ✉ de Pont-d'Ouilly. Pop. 413 h.

BOAST, vg. *B.-Pyrénées* (Béarn), arr. et à 23 k. de Pau, cant. de Lembeye, ✉ d'Auriac. Pop. 304 h.

BOBIGNY, vg. *Seine* (Ile-de-France), arr. et à 8 k. de St-Denis, cant. de Pantin, ✉ de Noisy-le-Sec. Pop. 351 h.

BOBITAL, vg. *Côtes-du-Nord* (Bretagne), arr., cant., ✉ et à 5 k. de Dinan. Pop. 269 h.

BOC (le), vg. *Seine-Inf.*, comm. de Boos, ✉ de Rouen.

BOCAGE (le) ou BESSIN MÉRIDIONAL, *Biducasses Campestres*, joli petit pays qui dépendait autrefois de la ci-devant province de Normandie ; Vire en était la capitale. Il est situé entre la Vire et l'Orne, et fait maintenant partie du dép. du *Calvados*. V. CALVADOS.

BOCAGE (le), pays du dép. de la *Vendée*, ainsi nommé à cause de la quantité de bois dont il est couvert ; il est sillonné, en tout sens, par une multitude de ruisseaux. Le Bocage abonde en gras pâturages, et produit quantité de blé et du vin d'assez bonne qualité : la plupart des champs y sont clos de haies vives. V. VENDÉE.

BOCAGES (les), vg. *Oise*, comm. de Thiescourt, ✉ de Noyon.

BOCASSE (le), vg. *Seine-Inf.* (Normandie), arr. et à 23 k. de Rouen, cant. de Clères, ✉ de Valmartin. Pop. 620 h.

BOCÉ, vg. *Maine-et-Loire* (Anjou), arr., cant., ✉ et à 5 k. de Baugé. Pop. 753 h. — PATRIE du lieutenant général PONTAUBEVOYE.

BOCKANGE, vg. *Moselle* (Lorraine), arr. et à 20 k. de Metz, cant. et ✉ de Boulay.

BOCOGNANO, bg *Corse*, arr. et à 40 k. d'Ajaccio, chef-l. de cant. Cure. Gîte d'étape. ✉. ⚓. A 1,129 k. de Paris pour la taxe des lettres. Pop. 2,461 k. — Le séjour de ce bourg est si délicieux en été que beaucoup de gens aisés y vont chercher un abri contre les grandes chaleurs. Il est éloigné de 26 k. d'Alfa, où ses habitants ont leurs meilleures terres, et où il existe une centaine de maisons habitées par vingt-sept familles qui retournent presque toutes à la montagne l'été, à cause du mauvais air et de la mauvaise qualité des eaux.

Le canton de Bocognano renferme 5 communes ; il est extrêmement fertile en maïs, en pommes de terre, en châtaignes, et abonde en bêtes à cornes et en bêtes à laine. On y voit beaucoup de bergers employés à la garde de nombreux troupeaux.

BOCQUEGNEY, vg. *Vosges* (Lorraine), arr. et à 20 k. de Mirecourt, cant. et ✉ de Dompaire. Pop. 184 h.

BOCQUEHO, vg. *Côtes-du-Nord* (Bretagne), arr. et à 18 k. de St-Brieuc, cant. et ✉ de Châtelaudren. Pop. 1,719 h.

BOCQUENCÉ, *Balgensaium*, vg. *Orne* (Normandie), arr. et à 40 k. d'Argentan, cant. et ✉ de la Ferté-Fresnel. Pop. 461 h.

BOCQUIAUX, vg. *Aisne*, comm. d'Etaves, ✉ de Bohain.

BODARD (le), vg. *Eure*, comm. et ✉ de Thiberville.

BODÉO (le), vg. *Côtes-du-Nord* (Bretagne), arr. et à 26 k. de St-Brieuc, cant. de Plœuc, ✉ de Quintin. Pop. 886 h.

BODIEU, vg. *Morbihan*, comm. de Mohon, ✉ de Josselin.

BODILIS, vg. *Finistère* (Bretagne), arr. et à 25 k. de Morlaix, cant. et ✉ de Landivisiau. Pop. 1,940 h. — On y voit une ancienne église susceptible d'être classée au nombre des monuments historiques.

BODIN, vg. *Jura*, comm. et ✉ de Sellières.

BODIONTICI (lat. 45°, long. 25°). « Pline (lib. III, cap. 4) en fait mention, disant que Galba les avait ajoutés au rôle de la Narbonoise, en les détachant apparemment du département des peuples renfermés dans les Alpes, comme l'expression *ex inalpis*, dont il se sert, semble le marquer ; et en ajoutant à leur nom *quorum oppidum Dinia*, il indique leur emplacement. Les éditions antérieures à celle du P. Hardouin, où on lisait *Ebrodunlios*, étaient manifestement fautives, puisque ceux d'Embrun ne sauraient être un peuple cantonné à Digne. Je remarque dans l'article *Dinia*, que Ptolémée, qui attribue cette ville à un autre peuple, sous le nom de *Sentii*, parait moins autorisé à le faire que Pline, dont le rapport est appuyé d'une circonstance de faits. Je suis porté à croire que le nom qui se lit *Brodiontü* dans l'inscription du trophée des Alpes, selon Pline dans l'édition du P. Hardouin, tient la place de celui des *Bodiontici*. » D'Anville. *Notice de l'ancienne Gaule*.

BODIVIT, vg. *Finistère*, comm. de Plomelin, ✉ de Quimper.

BOÉ, vg. *Lot-et-Garonne* (Agénois), arr., cant., ✉ et à 5 k. d'Agen. Pop. 1,221 h.

BOÉCÉ, vg. *Orne* (Perche), arr., ✉ et à 8 k. de Mortagne-sur-Huine, cant. de Bazoche-sur-Hoëne. Pop. 235 h.

BOEILH-PRÈS-GARLIN, vg. *B.-Pyrénées* (Béarn), arr. et à 33 k. de Pau, cant. et ✉ de Garlin. Pop. 382 h.

BOEILH-PRÈS-NAY, vg. *B.-Pyrénées* (Béarn), arr. et à 12 k. de Pau, cant. de Claracprès-Nay, ✉ de Nay. Pop. 690 h.

BOEILHO, vg. *B.-Pyrénées* (Béarn), arr. et à 30 k. de Pau, cant. et ✉ de Garlin. Pop. 249 h.

BOËN, petite ville, *Loire* (Forez), arr. et à 18 k. de Montbrison, chef-l. de cant. Cure. ✉. ⚓. A 436 k. de Paris pour la taxe des lettres. — TERRAIN volcanique. — Elle est située au pied des montagnes qui séparent le département de la Loire de celui du Puy-de-Dôme.

La fondation de cette ville remonte à une haute antiquité; César parle, dans ses Commentaires, d'une petite ville qu'il place dans le lieu où est Boën aujourd'hui. Elle est bâtie sur le penchant d'un coteau, dans une vallée étroite, sur la rive gauche du Lignon, qu'on y passe sur un beau pont de pierre.

Patrie de l'abbé Terray, contrôleur général des finances sous Louis XV.

Commerce de grains, bois et papiers. Papeteries et fabrique de carton pour les métiers à la Jacquart. — *Foires* les 14 juin, 5 nov., mardi saint, dernier mercredi de nov.

BOERSCH, petite ville, *B.-Rhin* (Alsace), arr. et à 28 k. de Schelestadt, cant. et ✉ de Rosheim. Pop. 2,126 h. Sur l'Elho. — C'était autrefois une place forte, dont les fossés et les murs ont été construits, au XIVᵉ siècle, par Berthold de Bucheck, évêque de Strasbourg. Le comte de Saarwerden, qui avait des sujets de mécontentement contre le grand prévôt du chapitre, s'empara par surprise de cette ville, qu'il pilla et livra aux flammes en 1399. — Le Klingenthal est une dépendance de Bœrsch.

BOES (St-), vg. *B.-Pyrénées* (Béarn), arr., cant., ✉ et à 7 k. d'Orthez. Pop. 605 h.

BOESCHÈPE, vg. *Nord* (Flandre), arr. et à 15 k. d'Hazebrouck, cant. et ✉ de Steenwoorde. Pop. 1,938 h.

BOESEGHEM, vg. *Nord* (Flandre), arr., cant., ✉ et à 11 k. d'Hazebrouck. P. 1,045 h. — Briqueteries.

BŒSENBIESEN ou KLEINBIESEN, vg. *B.-Rhin* (Alsace), arr., ✉ à 12 k. de Schelestadt, cant. de Marckolsheim. Pop. 262 h.

BOESSE, vg. *Loiret* (Gatinais), arr. et à 16 k. de Pithiviers, cant. et ✉ de Puiseaux. Pop. 892 h.

BOESSE, vg. *Deux-Sèvres* (Poitou), arr. et à 18 k. de Bressuire, cant. et ✉ d'Argenton-Château. Pop. 375 h.

BOESSÉ-LE-SEC, vg. *Sarthe* (Maine), arr. et à 33 k. de Mamers, cant. de Tuffé, ✉ de la Ferté-Bernard. Pop. 808 h.

BŒURÉE (la), vg. *Vosges*, comm. de Fraize, ✉ de St-Dié.

BŒURS, vg. *Yonne* (Champagne), arr. et à 40 k. de Joigny, cant. et ✉ de Cerisiers. P. 949 h.

BŒUXES, vg. *Vienne* (Poitou), arr., cant., ✉ et à 13 k. de Loudun. Pop. 314 h.

BOFFETIÈRE (la), *Eure*, comm. de St-Aubin-de-Scellon, ✉ de Thiberville.

BOFFLES, vg. *Pas-de-Calais* (Artois), arr. et à 20 k. de St-Pol-sur-Ternoye, cant. et ✉ d'Auxy-le-Château. Pop. 123 h.

BOFFRES, vg. *Ardèche* (Vivarais), arr. et à 27 k. de Tournon, cant. et ✉ de Vernoux. Pop. 1,576 h. — *Foires* les 1ᵉʳ mai, 14 sept. et 8 déc.

BOGNY-LEZ-MURTIN, village et commune du dép. des *Ardennes* (Champagne), cant. de Renvez, arr., ✉ et à 14 k. de Mézières. Pop. 122 h.

BOGY, vg. *Ardèche* (Vivarais), arr. et à 29 k. de Tournon, cant. et ✉ de Serrières. Pop. 341 h.

BOHAIN, petite ville, *Aisne* (Picardie), arr. et à 22 k. de St-Quentin, chef-l. de cant. Cure. ✉. A 158 k. de Paris pour la taxe des lettres. Pop. 3,561 h. — Terrain crétacé inférieur.

Cette ville est située sur le canal des Torrents, destiné à conduire à l'Escaut les eaux pluviales qui tombent entre Bohain et le Câtelet. Elle est environnée de bois qui en rendent le séjour très-agréable. C'était autrefois une place forte, dont Philippe Auguste s'empara en 1181. Les Anglais la prirent en 1339. Ils y entrèrent encore en 1523, mais ils en furent chassés par la Trémouille. Les Impériaux s'en rendirent maîtres en 1536, les ligueurs en 1588, les Espagnols en 1593 et en 1636; Turenne la reprit sur ces derniers en 1637. — Bohain faisait partie du domaine de la couronne, et avait été donnée à titre d'engagement, par Henri IV, au maréchal de Balagny, en 1594; elle fut ensuite possédée au même titre par le marquis de Nesles. Louis XIV érigea en comté le domaine de Bohain en 1703. On voit encore dans ce lieu les ruines d'un château qui avait été bâti par Louis de Luxembourg, comte de Saint-Pôl, connétable de France, qui eut la tête tranchée sous le règne de Louis XI. L'enceinte du château et les fossés existaient encore à la fin du XVIIIᵉ siècle; les tours ont été démolies à la même époque.

Les armes de Bohain sont : *coupé, le chef parti de France et de Navarre, la pointe d'argent à la lettre B gothique de gueules.*

Industrie. Bohain est le centre d'une fabrique de châles façon cachemire pur, et de châles en tissus légers de soie et de laine, de l'arrondissement de St-Quentin : cette fabrique s'étend à plusieurs villages voisins, situés dans le département du Nord. — *Fabriques* d'horloges d'Allemagne, accompagnées d'orgues, musique, etc. — *Commerce* de bestiaux. — *Foires* le 15 de chaque mois. Marchés les mardis et vendredis de chaque semaine.

BOHAIN (le), petite rivière qui prend sa source dans le dép. de la H.-Saône; elle passe à Champagne, et se jette dans l'Oignon, après un cours d'environ 40 k.

BOHAIRE (St-), vg. *Loir-et-Cher* (Blaisois), arr., cant. et à 10 k. de Blois, ✉ de St-Lubin-en-Vergonnois. Pop. 344 h.

BOHAL, vg. *Morbihan* (Bretagne), arr. et à 30 k. de Vannes, cant. de Questember, ✉ de Malestroit. Pop. 335 h.

BOHALLE (la), *Maine-et-Loire* (Anjou), arr. et à 15 k. d'Angers, cant. des Ponts-de-Cé, ✉ de St-Mathurin. Pop. 1,210 h.

BOHARS, vg. *Finistère* (Bretagne), arr., cant., ✉ et à 7 k. de Brest. Pop. 822 h.

BOHAS, vg. *Ain* (Bourgogne), arr., ✉ et à 15 k. de Bourg-en-Bresse, cant. de Ceyzériat. Pop. 344 h.

BOHÉRIES, vg. *Aisne*, comm. de Vadencourt, ✉ de Guise.

BOIGNEVILLE, vg. *Seine-et-Oise* (Beauce), arr. et à 25 k. d'Etampes, cant. de Milly, ✉ de Gironville. Pop. 416 h. Dans une vallée agréable, sur l'Essonne.

BOIES. V. Boiens.

BOIGNY, vg. *Loiret* (Orléanais), arr., cant., ✉ et à 10 k. d'Orléans. Pop. 310 h.

BOIENS, un des peuples les plus anciens des Gaules, dont la capitale, selon de Frasnay, est connue sous le nom de Bourbon-Lancy. Il ne faut pas confondre ce peuple avec les Boïens vaincus par César, et donné aux Eduens : ceux-ci habitaient la ville de *Gergovia Boiorum*, autrement Bourbon-l'Archambault. V. aussi Boii.

Bibliographie. Frasnay (de). *Lettre à M. D. L. au sujet des Boïens* (Mercure, août 1737).

St-Amans (J. de). *Précis historique des émigrations des Boïens*, an x, 1802.

Vincent (F.-V.). *Recherches sur l'origine de Boïes et sur le lieu de l'établissement d'une colonie de ces peuples dans la Gaule, précédées d'observations sur les récits de Tite Live et des autres historiens des émigrations gauloises*, in-8, 1843.

BOIGNY, vg. *Seine-et-Oise*, comm. de Beaulne, ✉ de la Ferté-Aleps.

BOII (lat. 47°, long. 21°). « La nation celtique des *Boii* est célèbre dans l'antiquité, pour avoir porté son nom en différentes contrées au dehors de la Gaule. On voit dans Tite Live (lib. v, sect. 35), qu'après l'entrée de Bellovèse en Italie par le pays des *Taurini*, les *Boii* et les *Lingones* y pénétrèrent par l'Alpe Pennine, et passèrent au delà du Pô. Chassés par les Romains, selon Strabon (lib. v, p. 213), les *Boii* se retirèrent du côté du Danube, et habitèrent, avec les *Taurisci* et les *Scordisci*, sur les confins de la Pannonie et de l'Ibérie, jusqu'à ce que, étant entrés en guerre avec les Daces, ils succombèrent sous les armes de Bærebistes, roi des Gètes; et l'extinction de leur nation en canton-là laissa un pays privé d'habitants, que Pline (lib. III, cap. 24) appelle *deserta Boiorum*. Une autre troupe de *Boii*, ayant pénétré en Germanie, donna ce nom au *Boiohemum*, que le pays a conservé, quoique la nation germanique des *Marcomanni* y ait succédé aux *Boii*. Mais ceux-ci, en perdant la *Boiohemum*, formèrent vraisemblablement des établissements dans la Vindélicie et dans le *Noricum*, qui ont pris le nom de *Bajoaria*, dont on doute pas d'être dérivé de celui des *Boii*. Leur demeure ancienne et véritable étoit être limitrophe de celle des *Helvetii*. Strabon (lib. IV, p. 206) les nomme de suite avec les *Helvetii* et les *Sequani*, ils ont également exposés aux courses des *Vindelici* et des *Rhæti*. Ils prirent le même parti que les *Helvetii*, lorsque ceux-ci quittèrent leur pays pour s'établir dans un autre canton de la Gaule. Après la défaite des *Helvetii* par César (*Comment.*, I), les Ædui obtinrent que le vainqueur que les *Boii* demeuraient parmi eux. *Boios petentibus Æduis, quod egregia virtute erant, ut in finibus suis collocarent* (Cæsar) *concessit; quibus illi agros dederunt, quosque postea in parem juris libertatisque conditionem, atque ipsi erant, receperunt.* Pline (lib. IV, cap. 18), en plaçant le nom des *Boii* entre les *Carnutes* et les *Senones*, ne donne pas une idée convenable de leur position. Il faut chercher le canton des *Boii* dans les limites de l'ancien territoire des *Ædui*, qui les ont reçus chez eux; et Tacite (*Hist.*, lib. II) indique que les *Boii* étaient contigus aux *Ædui*, en disant que Marcius, *e plebe Boiorum, proximos Æduorum pagos trahebat*. La marche de César qui, après avoir traversé la Loire à *Genabum* ou Orléans, traverse le Berry, pour aller au secours des *Boii*, dont la ville principale était assiégée par Vercingétorix, conduit vers la partie du territoire des *Ædui*, qui est resserrée entre l'Allier et la Loire. Cette partie a été démembrée de l'ancien comté d'Autun par l'acquisition qu'en ont faite les anciens seigneurs de Bourbon, qui jouissaient de ce pays dès le commencement du XI° siècle. Il ne convient point d'attribuer aux *Boii* une étendue de terrain au delà de ce que les *Ædui* pouvaient leur en céder, ni entamer pour les agrandir les territoires voisins des *Bituriges* et des *Arverni*, dont les limites étaient les mêmes que celles des diocèses de Bourges et de Clermont, selon qu'il est parlé du monastère de Souvigni dans la vie de saint Maïeul, abbé de Clugni, comme on peut le voir dans l'article *Bituriges*. César (*Comment.*, VII) dit, en parlant des *Boii*, *non magnis facultatibus, quod civitas erat exigua et infirma*. Leur ville, dont il fait mention sous le nom de *Gervogia*, que portait une ville des *Arverni*, ne nous est point connue. » D'Anville. *Notice de l'ancienne Gaule*, p. 168. V. aussi précédemment l'article BOIENS; et Walckenaer. *Géographie des Gaules*, t. I, p. 1, 62, 71, 81, 84, 86, 95, 124, 149, 161, 163, 303, 406 et 411.

BOII (lat. 45°, long. 17°). « Nous avons un autre canton de *Boii* que l'Itinéraire d'Antonin indique par une position sur la route qui conduit d'*Aquæ Tabellicæ* ou d'Aqs à Bourdeaux. Ces *Boii* sont les Buies du pays de Buch, dont le chef-lieu se nomme Cap ou Tête-de-Buch, ce qui a fait distinguer les seigneurs, qui l'ont possédé, par le titre de *caput, capitalis*. Saint Paulin, écrivant à Ausone, fait mention de ces *Boii*, et les appelle *Piceos*, parce que le pays qu'ils habitent dans les landes de Gascogne produit de la résine. La distance que marque l'Itinéraire du chef-lieu des *Boii* et *Burdigala*, savoir XVI, ne remplit pas ce qu'il y a d'espace entre Tête-de-Buch et Bourdeaux, étant d'environ 25,000 toises, dont il résulte 22 à 23 lieues gauloises en ligne directe. Ce défaut de convenance pourrait être attribué à l'omission de quelques distances particulières; et cette distance se rapporterait assez bien à celle qui est marquée VIII dans la Table théodosienne au-dessous du nom de *Burdigala*, quoique le lieu auquel elle répond nous soit dérobé par la perte de ce qui faisait le commencement de ce précieux monument. Une position entre *Burdigala* et *Boii* sur la carte de la Gaule, est anonyme par cette raison. C'est une question que de savoir, si la mention qui est faite de *Civitas Boatium* dans la Notice des provinces de la Gaule, et qui y est rangée dans la Novempopulane, représente les *Boii*. Joseph Scaliger (*in Auson.*, ed. sec.) et M. de Valois (*Val.*, p. 261) veulent que la ville des *Boates* soit *Lapurdum*, se fondant sur un rapport de dénomination entre *Boates* et *Baïona*, mais qui ne peut avoir lieu. Car la signification qui est propre au nom de Baïone, qui désigne un port, et que l'on ne connaît que depuis le XII° siècle, ne souffre point l'interpolation de ce nom en celui de *Boa*, dont les savants étayent leur opinion. On peut remarquer plus d'analogie entre le nom de *Boii* et celui de *Boates*; et dans une Notice de la Gaule, que Duchesne a tirée de la bibliothèque de de Thou, la mention qui est faite de *Civitas Boatium* est suivie de cette addition: *Quod est Boius in Burdegalensi*. Il y a véritablement quelque difficulté à reconnaître les *Boii* au rang des cités, quoique cette cité comprise dans la Novempopulane, quoique renfermée *in Burdegalensi*, comme le pays de Buch est en effet du diocèse de Bourdeaux. Mais nous ne sommes point assuré que les *Bituriges Vivisci*, qui, selon le témoignage de Strabon (lib. IV, p. 190), formaient un établissement étranger dans l'Aquitaine, aient toujours dominé jusque dans le pays des *Boii*. Il faut donc accuser de faux la Notice alléguée ci-dessus, et se refuser à une plus grande analogie entre *Boates* et *Boii* qu'entre *Boates* et *Baiona* pour transporter les *Boates* à *Lapurdum*. Quoique M. l'abbé de Longuerue suive assez communément l'opinion de M. de Valois (*Descr. de la Fr.*, 1re part., p. 172) sur les points d'ancienne géographie, il s'en écarte à l'égard des *Boates*, et se déclare pour le pays de Buch. » D'Anv. *Notice de l'ancienne Gaule*, p. 168.

BOIL (St-), vg. *Saône-et-Loire* (Bourgogne), arr. à 23 k. de Châlons-sur-Saône, cant. et ✉ de Buxy. Pop. 902 h.

BOILERIE (la), vg. *H.-Vienne*, comm. de Verneuil, ✉ d'Aixe.

BOING (St-), vg. *Meurthe* (Lorraine), arr. et à 5 k. de Lunéville, cant. de Bayon, ✉ de Gerbéviller. Pop. 300 h.

BOINVILLE, vg. *Meuse* (pays Messin), arr. et à 13 k. de Verdun-sur-Meuse, cant. et ✉ d'Etain. Pop. 213 h.

BOINVILLE, vg. *Seine-et-Oise* (Beauce), arr., cant. et à 9 k. de Mantes, ✉ d'Épône. Pop. 310 h.

BOINVILLE-LE-GAILLARD, vg. *Seine-et-Oise* (Hurepoix), arr. à 18 k. de Rambouillet, cant. de Dourdan, ✉ d'Ablis. Pop. 296 h. — Au Bréau-sous-Nappe, on voit un ancien château flanqué de quatre tours, entouré de fossés secs, auquel est joint un parc de 40 hectares bien planté, et précédé de jardins distribués dans le genre paysager.

BOINVILLIERS, vg. *Seine-et-Oise* (Beauce), arr., cant., et à 10 k. de Mantes. Pop. 250 h. — PATRIE de l'architecte HUVÉ.

BOIRAGON, vg. *Deux-Sèvres*, comm. de Breloux, ✉ de St-Maixent.

BOIRIE (la), *Charente-Inf.*, comm. et ✉ de Marennes.

BOIRY-BECQUERELLE, vg. *Pas-de-Calais* (Artois), arr., ✉ et à 10 k. d'Arras, cant. de Croisilles. Pop. 339 h.

BOIRY-NOTRE-DAME, vg. *Pas-de-Calais* (Flandre), arr., ✉ et à 13 k. d'Arras, cant. de Vitry. Pop. 630 h.

BOIRY-ST-MARTIN, vg. *Pas-de-Calais* (Artois), arr., ✉ et à 10 k. d'Arras, cant. de Beaumetz-les-Loges. Pop. 470 h.

BOIRY-STE-RICTRUDE, vg. *Pas-de-Calais* (Artois), arr., ✉ et à 10 k. d'Arras, cant. de Beaumetz-les-Loges. Pop. 322 h.

BOIS (St-), *Ain* (Bugey), arr., cant., ✉ et à 7 k. de Belley. Pop. 371 h.

BOIS, vg. *Charente-Inf.* (Saintonge), arr. et à 16 k. de Jonzac, cant. et ✉ de St-Genis. Pop. 890 h.

BOIS (le), *Charente-Inf.* (île de Ré), arr. et à 25 k. de la Rochelle, cant. et ✉ de St-Martin-de-Ré. Pop. 2,048 h.

BOIS (le), *Doubs* (Franche-Comté), arr. de Montbelliard, cant. de Maîche, ✉ de St-Hippolyte (Doubs). Pop. 135 h.

BOIS (les), *Saône-et-Loire*, comm. de la Chapelle-de-Villars, ✉ de Buxi.

BOIS-ANZERAYE, ou BOIS-ANDRÉ, vg. *Eure* (Normandie), arr. et à 43 k. d'Evreux, cant. de Rugles, ✉ de la Neuve-Lyre. Pop. 312 h.

BOIS-ARNAULT, *Boscus Arnaldi*, *Boscus Ernaudi* (Normandie), arr. et à 50 k. d'Evreux, cant. et ✉ de Rugles. Pop. 1,155 h. —Fabriques d'épingles.

BOIS-BAUDRY, vg. *Seine-et-Marne*, comm. de Doue et de la Trétoire, ✉ de Rebais.

BOIS-BELLET, *Boscabellum*, vg. *Charente*, comm. de Montrollet, ✉ de Confolens.

BOIS-BENATRE, vg. *Calvados* (Normandie), arr. et à 18 k. de Vire, cant. et ✉ de St-Sever. Pop. 203 h.

BOIS-BERGUES, vg. *Somme* (Picardie), arr., ✉ et à 9 k. de Doullens, cant. de Bernaville. Pop. 320 h.

BOIS-BERNARD, vg. *Pas-de-Calais* (Artois), arr. et à 8 k. d'Arras, cant. de Vimy, ✉ de Lens. Pop. 175 h.

BOIS-BRETEAU, vg. *Charente* (Saintonge), arr. et à 15 k. de Barbezieux, cant. de Brossac, ✉ de Touverac. Pop. 313 h.

BOIS-COMMUN, petite ville très-ancienne, *Loiret* (Orléanais), arr. à 19 k. de Pithiviers, cant. de Beaune-la-Rolande, ✉. A 102 k. de Paris pour la taxe des lettres. Pop. 1,188 h.

Autrefois châtellenie, diocèse de Sens, intendance d'Orléans, parlement de Paris, élection de Montargis.

Cette ville obtint une charte de commune en 1186. Elle dépendait autrefois du domaine de la couronne. Les rois Louis le Jeune et Philippe Auguste, son fils, accordèrent à cette ville l'exemption de tous subsides et autres privilèges, d'une partie desquels les habitants jouissaient encore à l'époque de la révolution. En 1267, saint Louis, après avoir armé chevalier son fils Philippe, lui fit un apanage de la ville de Bois-Commun. Philippe y fit bâtir un château où Louis XI séjournait lorsqu'il se rendait au château de la Mothe-d'Egry. — L'église paroissiale est fort belle et possède un des plus beaux jubés de France.—*Foires* les 22 janv., 10 août, 18 oct., 6 déc., mi-carême, et 2ᵉ jeudi après la Trinité.

BOIS-D'AMONT, vg. *Jura* (Franche-Comté), arr. et à 35 k. de St-Claude, cant. de Morez, ✉ des Rousses. Pop. 1,250 h.—Il est situé au pied du Jura, sur l'Orb, petite rivière qui sort du lac des Rousses, près des frontières de la Suisse.—*Fabriques* de clous d'épingles, planches, litaux, échalas, seaux, toute espèce de caisses, cabinets d'horloges peints, etc. Filature de lin.—*Foires* les 3ᵉ lundi de mai et de sept.

BOIS-D'AJEUX, vg. *Oise* (Picardie), arr. de Compiègne, cant. d'Estrées-St-Denis, ✉ de Verberie.

Sur l'emplacement qu'occupe aujourd'hui la ferme d'une ancienne abbaye, il existait autrefois un superbe château construit par les rois de la première race pour servir d'accompagnement au palais de Verberie. Sous Louis le Débonnaire, sous Charles le Chauve, sous Charlemagne, le château du Bois-d'Ajeux était un lieu de délices. Vers la fin du siècle dernier, en rebâtissant l'abbaye, on trouva des débris d'un très-beau marbre et des morceaux de mosaïque de la plus belle conservation. Les historiens font mention de belles eaux, de canaux, d'étangs, entretenus, renouvelés par une saignée de la rivière d'Oise, qui ajoutait à l'agrément de ce beau lieu.

BOIS-D'ARCY, *Nemus Arsitii*, vg. *Seine-et-Oise* (Ile-de-France), arr., cant. et à 8 k. de Versailles, ✉ de Trappes. Pop. 385 h.

BOIS-D'ARCIS, vg. *Yonne* (Bourgogne), arr. et à 35 k. d'Auxerre, cant. de Vermenton, ✉ d'Arcy-sur-Cure. Pop. 143 h.

BOIS-DE-CENÉ, vg. *Vendée* (Poitou), arr. et à 52 k. des Sables, cant. et ✉ de Challans. Pop. 1,684 h.

BOIS-DE-CHAMP, vg. *Vosges* (Lorraine), arr. et à 18 k. de St-Dié, cant. de Brouvelieures, ✉ de Bruyères. Pop. 411 h.

BOIS-DE-DORMELLES (le), vg. *Seine-et-Marne*, comm. de Dormelles, ✉ de Montereau.

BOIS-DE-GAND, vg. *Jura* (Franche-Comté), arr. et à 35 k. de Dôle, cant. de Chaumergy, ✉ de Sellières. Pop. 208 h.

BOIS-DE-L'ABBAYE, vg. *Nord*, comm. de Busigny, ✉ du Cateau.

BOIS-DE-LA-PIERRE, vg. *H.-Garonne* (Languedoc), arr. et à 19 k. de Muret, cant. de Carbonne, ✉ de Noé. Pop. 305 h.

BOIS-DE-LA-ROCHE, vg. *Morbihan*, comm. de Mauron, ✉ de Ploermel.

BOIS-DE-LIHUS (le), vg. *Oise*, comm. de Moyvillers, ✉ d'Estrées-St-Denis. ⚜.

BOIS-DE-LOIN (le), vg. *Saône-et-Loire*, comm. de la Chapelle-de-Guinchay, ✉ de Romanèche.

BOIS-D'ENNEBOURG (le), *Seine-Inf.* (Normandie), arr. et à 15 k. de Rouen, cant. et ✉ de Darnetal. Pop. 292 h.

BOIS-DE-BAVEAUX, vg. *Nièvre*, comm. de Raveaux, ✉ de la Charité.

BOIS-D'INGHEM, vg. *Pas-de-Calais* (Artois), arr., ✉ et à 8 k. de St-Omer, cant. de Lumbres. Pop. 258 h.

BOIS-D'OINGT (le), petite ville, *Rhône* (Beaujolais), arr. et à 14 k. de Villefranche-sur-Saône, chef-l. de cant. Cure. ✉. A 436 k. de Paris pour la taxe des lettres. P. 1,328 h.—

C'était une ancienne seigneurie du Lyonnais, qui avait autrefois une enceinte. Son château est également très-ancien. — On y remarque une très-belle maison que feu Elleviou, acteur célèbre de l'Opéra-Comique, y avait fait construire. — *Foires* le 1ᵉʳ mardi de chaque mois.

BOISDON, vg. *Seine-et-Marne* (Brie), arr. et à 17 k. de Provins, cant. de Nangis, ✉ de Champcenest. Pop. 125 h.

BOIS-DU-FOUR (le), h. *Aveyron*, à 2 k. de Millau. ⚜.

BOIS-DU-MONCEAU, vg. *Nièvre*, comm. de la Roche-Millay, ✉ de Luzy.

BOISEMONT, vg. *Eure* (Normandie), arr., cant. et à 8 k. des Andelys, ✉ d'Ecouis. Pop. 594 h.—*Foire* le 24 juin pour la louée des domestiques (au hameau de Fresnelles).

BOIS-EN-ARDRES, vg. *Pas-de-Calais*, comm. et ✉ d'Ardres.

BOIS-EN-PASSAIS. V. LESBOIS.

BOISGASSON, vg. *Eure-et-Loir* (Beauce), arr. et à 14 k. de Châteaudun, cant. et ✉ de Cloyes. Pop. 274 h.

BOIS-GAUTIER (le), vg. *Seine-Inf.* (Normandie), arr. et à 25 k. de Neufchâtel-en-Bray, cant. et ✉ d'Argueil. Pop. 51 h.

BOIS-GERVILLY, vg. *Ille-et-Vilaine* (Bretagne), arr. et à 9 k. de Montfort-sur-Meu, cant. et ✉ de Montauban. Pop. 1,062 h.

BOIS-GUILBERT (le), vg. *Seine-Inf.* (Normandie), arr. et à 27 k. de Rouen, cant. et ✉ de Buchy. Pop. 329 h.

BOIS-GUILLAUME (le), *Eure*, comm. de Drucourt, ✉ de Thiberville.

BOIS-GUILLAUME (le), vg. *Seine-Inf.* (Normandie), arr., ✉ et à 4 k. de Rouen, cant. de Darnetal. Pop. 2,164 h.

BOIS-HALBOUT, *Calvados*, comm. de Cesny-en-Cinglais, ✉ d'Harcourt-Thury.

BOIS-HELLAIN (le), *Boscus Helloini*, vg. *Eure* (Normandie), arr. et à 12 k. de Pont-Audemer, cant. et ✉ de Cormeilles. P. 392 h.

BOIS-HÉROULT (le), vg. *Seine-Inf.* (Normandie), arr. et à 27 k. de Rouen, cant. et ✉ de Buchy. Pop. 337 h.

BOIS-HERPIN (le), vg. *Seine-et-Oise* (Gatinais), arr., ✉ et à 15 k. d'Etampes, cant. de Méréville. Pop. 104 h.

BOIS-HIMONT (le), vg. *Seine-Inf.* (Normandie), arr., cant., ✉ et à 6 k. d'Yvetot. Pop. 301 h.

BOIS-HUARDS (les), vg. *Seine-et-Marne*, comm. de Dormelles, ✉ de Montereau.

BOIS-HUBERT (le), *Boscus Huberti*, *Eure* (Normandie), arr. et à 17 k. d'Evreux, ✉ de la Commanderie. Pop. 80 h.

BOIS-HULIN (le), vg. *Seine-Inf.*, comm. de la Chaussée, ✉ de Longueville.

BOIS-JEAN, vg. *Pas-de-Calais* (Artois), arr., ✉ et à 7 k. de Montreuil-sur-Mer, cant. de Campagne-les-Hesdin. Pop. 716 h.

BOIS-JELOUP (le), *Eure*, comm. et ✉ de Gisors.

BOIS-JÉROME, vg. *Eure* (Normandie), arr. et à 25 k. des Andelys, cant. d'Ecos, ✉ de Vernon. Pop. 373 h. — Tuileries.

BOIS-JOLI, vg. *Orne*, comm. de St-Hilaire-les-Mortagne, ✉ de Mortagne-sur-Huine.

BOIS-LA-VILLE, vg. *Doubs* (Franche-Comté), arr., cant., ✉ et à 4 k. de Baumes-les-Dames. Pop. 93 h.

BOISLE (le), vg. *Somme* (Picardie), arr. et à 25 k. d'Abbeville, cant. de Crécy, ✉ de Bernay. Pop. 665 h.— *Foires* les 28 fév., 27 avril et 26 oct.

BOIS-LE-ROI (le), *Boscus Regis*, vg. *Eure* (Normandie), arr. et à 26 k. d'Evreux, cant. et ✉ de St-André. Pop. 562 h.— *Fabriques* de peignes de buis.

BOIS-LE-ROI, vg. *Seine-et-Marne* (Gâtinais), arr. et à 9 k. de Fontainebleau, ✉ de Melun. Pop. 910 h. — Il est dans une situation agréable, sur la Seine, au milieu de la forêt de Fontainebleau. — Au hameau de la Cave il se trouve un port important pour l'exportation des bois et des grès que l'on tire de la forêt de Fontainebleau.

BOIS-LES-PARGNY, vg. *Aisne* (Picardie), arr. et à 20 k. de Laon, cant. et ✉ de Crécy-sur-Serre. Pop. 705 h.

BOISLEUX-AU-MONT, vg. *Pas-de-Calais* (Artois), arr., ✉ et à 9 k. d'Arras, cant. de Croisilles. Pop. 428 h.

BOISLEUX-ST-MARC, vg. *Pas-de-Calais* (Artois), arr., ✉ et à 9 k. d'Arras, cant. de Croisilles. Pop. 227 h.

BOIS-L'ÉVÊQUE (le), joli village *Seine-Inf.* (Normandie), arr. et à 15 k. de Rouen, cant. et ✉ de Darnetal. Pop. 275 h.— Il est dans une riante situation, sur une hauteur qui domine une riche campagne, les rues sont ombragées de beaux arbres et bordées de maisons bien bâties.

BOIS-MADELEINE (les), *Yonne*, comm. et ✉ de Vezelay.

BOIS-MAILLARD, *Boscus Maiardi*, vg. *Eure*, comm. de Chambord, ✉ de Rugles.

BOIS-MALON, vg. *Cher*, comm. d'Uzay, ✉ de Chateauneuf-sur-Cher.

BOIS-MARTIN, vg. *Gironde*, comm. de Virsac, ✉ de St-André-de-Cubzac.

BOISMÉ, vg. *Deux-Sèvres* (Poitou), arr., cant., et à 10 k. de Bressuire. P. 1,164 h. — PATRIE du marquis DE LESCURE, l'un des chefs les plus intrépides de la Vendée, mort à la suite d'une blessure qu'il reçut au combat de la Tremblaye, le 3 nov. 1793.— *Foires* les 26 mars, 19 mai et 16 sept.

BOISMEAUX, vg. *B.-du-Rhône*, comm. de Ste-Marie, ✉ d'Arles-sur-Rhône.

BOISMONT, vg. *Moselle* (Lorraine), arr. et à 27 k. de Briey, cant. et ✉ de Longwy. Pop. 364 h.

BOISMONT, vg. *Somme* (Picardie), arr. et

à 14 k. d'Abbeville, cant. et ✉ de St-Valery-sur-Somme. Pop. 617 h.

BOISMORAND, vg. *Loiret* (Orléanais), arr., cant. et à 13 k. de Gien, ✉ de Nogent-sur-Vernisson. Pop. 300 h.

BOISMURIE, vg. *Doubs* (Franche-Comté), arr. et à 16 k. de Besançon, cant. d'Audeux, ✉ de St-Wit. Pop. 64 h.

BOISNETERIE (la), vg. *Eure*, comm. du Favril, ✉ de Thiberville.

BOISNEY, *Boeneyum*, vg. *Eure* (Normandie), arr. et à 10 k. de Bernay, cant. et ✉ de Brionne. Pop. 587 h.— La terre de Boisney était autrefois l'une des seigneuries attachées à la baronnie de Fontaine-le-Saret ; c'est probablement à la piété des propriétaires de cette baronnie qu'elle doit sa jolie église romane dont la majeure partie est en pierre de taille, circonstance fort rare dans le Lieuvin. Elle est située à quelques centaines de pas seulement de la grande route de Caen à Paris, et nous la recommandons à ceux qui suivront cette direction. Pourvue de collatéraux, de croisées et d'un clocher central, ce qu'elle présente de plus remarquable consiste dans le groupe élégant de fenêtres romanes qui décorent l'extrémité de chacun de ses transsepts, et dans les piliers carrés à archivolte en plate-bande qui séparent la nef des collatéraux.— On remarque dans le cimetière de cette église et à quelques pas seulement l'un de l'autre, deux ifs d'une grosseur extraordinaire : le premier a 7 m. et le second 5 m. de diamètre. Dans le chœur se voient deux belles tombes provenant de l'abbaye du Bec.

BOIS-NORMAND (le), vg. *Eure* (Normandie), arr., cant. et à 19 k. d'Evreux, ✉ de la Commanderie. Pop. 47 h.

BOIS-NORMAND, vg. *Orne*, comm. et ✉ de Laigle.

BOIS-NORMAND-LA-CAMPAGNE, *Boscus Normani*, *Eure*, comm. d'Ormes, ✉ de la Neuve-Lyre. Pop. 622 h.

BOIS-NOUVEL, *Boscus Novel*, vg. *Eure* (Normandie), arr. et à 51 k. d'Evreux, cant. de Rugles, ✉ de la Neuve-Lyre. P. 141 h.

BOIS-PENTHOU, *Boscus Pantot*, vg. *Eure*, comm. de Chambord, ✉ de la Neuve-Lyre. Pop. 87 h.— *Fabriques* de clous.

BOIRAULT, vg. *Somme* (Picardie), arr. et à 35 k. d'Amiens, cant. et ✉ d'Hornoy. Pop. 219 h.

BOIS-REDON, vg. *Charente-Inf.* (Saintonge), arr. et à 18 k. de Jonzac, cant. et ✉ de Mirambeau. Pop. 1,434 h.— *Foire* le 22 nov.

BOIS-RAMIER, *Indre*, comm. d'Ambrault, ✉ d'Issoudun.

BOIS-ROBERT (le), vg. *Seine-Inf.* (Normandie), arr. et à 11 k. de Dieppe, cant. ✉ de Longueville. Pop. 329 h.

BOIS-ROBERT-LA-BROSSE, vg. *Seine-et-Oise* (Ile-de-France), arr., cant., ✉ et à 6 k. de Mantes. Pop. 216 h.

BOIS-ROGER, vg. *Manche* (Normandie), arr., ✉ et à 10 k. de Coutances, cant. de St-Malo-de-la-Lande. Pop. 577 h.

BOIS-ROUX, *Seine-et-Marne*, comm. de Villemaréchal, ✉ d'Egreville.

BOIS-ST-DENIS, vg. *Indre*, comm. de Reuilly, ✉ d'Issoudun.

BOIS-STE-MARIE, vg. *Saône-et-Loire* (Bourgogne), arr. et à 17 k. de Charolles, cant. et ✉ de la Clayette. Pop. 315 h.— *Foires* les 10 janv., 1er avril, 31 mai, 3 août, 8 sept. et 25 nov.

BOISSAY, vg. *Seine-Inf.* (Normandie), arr. et à 22 k. de Rouen, cant. et ✉ de Buchy. Pop. 292 h.

BOISSAY, *Buxetum*, vg. *Seine-Inf.*, comm. de Londinières, ✉ de Neufchâtel-en-Bray.

BOISSE (la), vg. *Ain* (Bresse), arr. et à 33 k. de Trévoux, cant. et ✉ de Montluel. Pop. 887 h.

BOISSE, vg. *Dordogne* (Périgord), arr. et à 24 k. de Bergerac, cant. et ✉ d'Issigeac. Pop. 660 h.— *Foire* le 7 janv.

BOISSE, vg. *Lot*, comm. et ✉ de Castelnau.— *Foires* les 8 janv. et 17 août.

BOISSEAU, vg. *Loir-et-Cher* (Beauce), arr. et à 24 k. de Blois, cant. de Marchenoir, ✉ de Oucques. Pop. 227 h.

BOISSEAU-LA-MARCHE, vg. *Loiret* (Orléanais), arr. et à 24 k. de Pithiviers, cant. d'Outarville, ✉ d'Angerville. Pop. 496 k.

BOISSÈDE, vg. *H.-Garonne* (Gascogne), arr. et à 37 k. de St-Gaudens, cant. et ✉ de l'Isle-en-Dodon. Pop. 223 h.

BOISSÉGU, vg. *Deux-Sèvres*, comm. d'Augé, ✉ de St-Maixent.

BOISSEI-LA-LANDE, vg. *Orne* (Normandie), arr. et à 10 k. d'Argenton, cant. et ✉ de Mortrée. Pop. 315 h.

BOISSEJOUX, vg. *Puy-de-Dôme*, comm. de Ceyrat, ✉ de Clermont-Ferrand.

BOISSELLE (la), vg. *Somme*, comm. d'Ovillers-le-Boissel, ✉ d'Albert.

BOISSEMONT, vg. *Seine-et-Oise* (Ile-de-France), arr., cant. et à 7 k. de Pontoise, ✉ de Vaux. Pop. 220 h.

BOISSERON, vg. *Hérault* (Languedoc), arr. et à 25 k. de Montpellier, cant. de Lunel, ✉ de Sommières. Pop. 333 h.

BOISSEROTTE (la), vg. *Seine-et-Marne*, comm. de la Boissière, ✉ de Rozoy-en-Brie.

BOISSET, vg. *Cantal* (Auvergne), arr. et à 30 k. d'Aurillac, cant. de Maurs. Pop. 2,068 h.— On y remarque les châteaux de Conquans, d'Entraigues, de Solignac.—*Foires* les 18 janv., 12 mai et 7 déc.

BOISSET, vg. *Gard* (Languedoc), arr. et à 11 k. d'Alais, cant. et ✉ d'Anduze. Pop. 356 h.

BOISSET, vg. *Hérault* (Languedoc), arr., cant., ✉ et à 16 k. de St-Pons. Pop. 296 h.

BOISSET, vg. *Jura*, comm. d'Aresches.— Forges et papeterie.

BOISSET, vg. *H.-Loire* (Languedoc), arr. et à 28 k. d'Yssingeaux, cant. de Bas-en-Basset, ✉ de St-Pal-de-Chalançon. Pop. 1,057 h.

BOISSET, vg. *Var*, comm. de St-Julien, ✉ de Barjols.

BOISSET-LES-MONTROND, vg. *Loire*

(Forez), arr., ✉ et à 12 k. de Montbrison, cant. de St-Rambert. Pop. 347 h.

BOISSET-LES-PRÉVANCHES, *Boessetum*, vg. *Eure* (Normandie), arr. et à 18 k. d'Evreux, cant. et ✉ de Pacy-sur-Eure. Pop. 267 h.

BOISSET-ST-PRIEST, vg. *Loire* (Forez), arr. et à 12 k. de Montbrison, cant. de St-Jean-Soleymieux, ✉ de Sury-le-Comtal. Pop. 654 h.

BOISSETS, vg. *Seine-et-Oise* (Mantois), arr. et à 19 k. de Mantes, cant. et ✉ de Houdan. Pop. 268 h.

BOISSETTES, vg. *Seine-et-Marne* (Gatinais), arr., cant., ✉ et à 5 k. de Melun. Pop. 156 h.

BOISSEUIL, vg. *H.-Vienne* (Limousin), arr., ✉ et à 10 k. de Limoges, cant. de Pierre-Buffière. Pop. 746 h.

BOISSEUILH, vg. *Dordogne* (Périgord), arr. et à 46 k. de Périgueux, cant. et ✉ de Hautefort. Pop. 451 h.

BOISSEY, vg. *Ain* (Bresse), arr. et à 32 k. de Bourg-en-Bresse, cant. et ✉ de Pont-de-Vaux. Pop. 505 h.

BOISSEY, vg. *Calvados* (Normandie), arr. et à 22 k. de Lisieux, cant. et ✉ de St-Pierre-sur-Dives. Pop. 442 h.

BOISSEY-LE-CHATEL, *Bossëum*, *Bussetum*, vg. *Eure* (Normandie), arr. et à 27 k. de Pont-Audemer, cant. et ✉ de Bourgtheroulde. Pop. 441 b.— On y voit les ruines pittoresques du donjon du château de Tilly, et un joli château flanqué de tourelles. Près de Voiscreville existent les vestiges d'un retranchement de forme ronde.— *Foire* le 17 sept.

BOISSEZON-D'AUGMONTEL, vg. *Tarn* (Languedoc), arr. et à 14 k. de Castres, cant. et ✉ de Mazamet. Pop. 2,945 h.— *Fab.* de grosses draperies.—*Foires* les 8 mai, 20 août et 25 nov.

BOISSEZON-DE-MASVIEL, vg. *Tarn*, comm. de Murat, ✉ de Lacaune.— *Foires* les 11 juin, 22 juillet et 29 août.

BOISSI-MAUGIS, vg. *Orne* (Perche), arr. et à 20 k. de Mortagne-sur-Huine, cant. et ✉ de Remalard. Pop. 1,125 h.

BOISSIÈRE (la), vg. *Calvados* (Normandie), arr., cant., ✉ et à 7 k. de Lisieux. Pop. 96 h.

BOISSIÈRE (la), *Baisaria*, *Boiseria*, vg. *Eure* (Normandie), arr. et à 25 k. d'Evreux, cant. et ✉ de St-André. Pop. 255 h.

BOISSIÈRE (la), vg. *Hérault* (Languedoc), arr. et à 23 k. de Montpellier, cant. d'Aniane, ✉ de Gignac. Pop. 292 h.

BOISSIÈRE (la) ou LA BOISSIÈRE-DU-DORÉ, bg *Loire-Inf.* (Bretagne), arr. et à 27 k. de Nantes, cant. et ✉ du Loroux. Pop. 783 h.— Il est situé au milieu de landes immenses. Aux environs, sur les bords pittoresques de la petite rivière de la Divatte, on montre une grotte mystérieuse, que la tradition désigne comme l'ancienne demeure d'un sorcier.— *Foire* le 3e lundi d'avril.

BOISSIÈRE (la), vg. *Maine-et-Loire* (Anjou), arr., ⊠ et à 16 k. de Beaupréau, cant. de Montrevault. Pop. 493 h.

BOISSIÈRE (la), vg. *Mayenne* (Anjou), arr. et à 23 k. de Château-Gontier, cant. et ⊠ de Craon. Pop. 292 h. — On y trouve une source d'eau minérale.

BOISSIÈRE (la), vg. *Oise* (Picardie), arr. et à 20 k. de Beauvais, cant. et ⊠ de Noailles. Pop. 902 h. — *Fab.* de tabletterie, brosses à dents, cornes de lanternes, etc.

BOISSIÈRE (la), vg. *Seine-et-Marne* (Brie), arr., cant. et à 11 k. de Coulommiers, ⊠ de Rozoy-en-Brie. Pop. 64 h.

BOISSIÈRE (la), vg. *Seine-et-Oise* (Beauce), arr., cant. et à 18 k. de Rambouillet, ⊠ d'Epernon. Pop. 582 h.

BOISSIÈRE (la), vg. *Seine-Inf.*, comm. de St-Martin-Omonville, ⊠ de St-Saens. ⚜.

BOISSIÈRE (la Petite-), vg. *Deux-Sèvres* (Poitou), arr. et à 22 k. de Bressuire, cant. et ⊠ de Châtillon-sur-Sèvre. Pop. 358 h.

BOISSIÈRE (la), vg. *Somme* (Picardie), arr. et à 40 k. d'Amiens, cant. et ⊠ d'Hornoy. Pop. 255 h.

BOISSIÈRE (la) vg. *Somme* (Picardie), arr., cant., ⊠ et à 9 k. de Montdidier. Pop. 278 h.

BOISSIÈRE-D'ANS, vg. *Dordogne* (Périgord), arr. et à 24 k. de Périgueux, cant. de Thenon, ⊠ de Cubjac. Pop. 353 h.

BOISSIÈRE-DE-MONTAIGU (la), vg. *Vendée* (Poitou), arr. et à 35 k. de Bourbon-Vendée, cant. et ⊠ de Montaigu. Pop. 1,133 h.

BOISSIÈRE-DES-LANDES (la), vg. *Vendée* (Poitou), arr. et à 26 k. des Sables, cant. des Moutiers, ⊠ d'Avrillé. Pop. 705 h.

BOISSIÈRE-EN-GATINE (la), *Deux-Sèvres* (Poitou), arr., ⊠ et à 15 k. de Parthenay, cant. de Mazières. Pop. 508 h.

BOISSIÈRE-SOUS-CHATONNAY (la), vg. *Jura* (Franche-Comté), arr. à 30 k. de Lons-le-Saulnier, cant. et ⊠ d'Arinthod. Pop. 225 h. — *Foires* les 17 mai et 4 oct.

BOISSIÈRE-THOUARSAISE (la), vg. *Deux-Sèvres* (Poitou), arr., cant., ⊠ et à 9 k. de Parthenay. Pop. 342 h.

BOISSIÈRES, vg. *Gard* (Languedoc), arr. et à 15 k. de Nîmes, cant. de Sommières, ⊠ de Calvisson. Pop. 274 h.

BOISSIÈRES, vg. *Lot* (Quercy), arr. et à 15 k. de Cahors, cant. et ⊠ de Catus. Pop. 705 h.

BOISSIEUX, vg. *Creuse*, comm. de Châtelus-le-Marcheix, ⊠ de Bourganeuf.

BOISSISE-LA-BERTRAND, vg. *Seine-et-Marne* (Gatinais), arr., cant., ⊠ et à 6 k. de Melun. Pop. 328 h.—Il est situé au bas d'une colline, sur la rive droite de la Seine, qui, dans cet endroit, est bordée d'habitations agréables et de charmantes maisons de campagne.

BOISSISE-LE-ROI, vg. *Seine-et-Marne* (Gatinais), arr., cant. et à 8 k. de Melun, ⊠ de Ponthierry. Pop. 312 h.

BOISSY, vg. *Oise*, comm. de Roi-Boissy, ⊠ de Marseille.

BOISSY-AUX-CAILLES, vg. *Seine-et-Marne* (Gatinais), arr. et à 20 k. de Fontainebleau, cant. et ⊠ de la Chapelle-la-Reine. Pop. 405 h.

BOISSY-DE-LAMBERVILLE, vg. *Eure* (Normandie), arr. et à 40 k. de Bernay, cant. et ⊠ de Thiberville. Pop. 700 h.

BOISSY-EN-DROUAIS, vg. *Eure-et-Loir* (Perche), arr., cant., ⊠ et à 8 k. de Dreux. Pop. 235 h.

BOISSY-FRESNOY, vg. *Oise* (Picardie), arr. et à 24 k. de Senlis, cant. et ⊠ de Nanteuil-le-Haudouin. Pop. 653 h.

BOISSY-LAILLERIE, vg. *Seine-et-Oise* (Vexin normand), arr., cant., ⊠ et à 7 k. de Pontoise. Pop. 438 h.

BOISSY-LA-MONTAGNE, nom donné pendant la révolution à Boissy-St-Léger.

BOISSY-LA-RIVIÈRE, *Seine-et-Oise* (Gatinais), arr., ⊠ et à 10 k. d'Etampes, cant. de Méréville. Pop. 337 h. Sur la Juine, qui y fait tourner deux moulins à farine.

BOISSY-LE-BOIS, vg. *Oise* (Picardie), arr. et à 25 k. de Beauvais, cant. et ⊠ de Chaumont-en-Vexin. Pop. 232 h.—On y voit un château moderne près lequel sont les restes d'un ancien château fort.

BOISSY-LE-CHATEL, vg. *Seine-et-Marne* (Brie), arr., cant., ⊠ et à 4 k. de Coulommiers. Pop. 1,103 h. — Il est situé sur le grand Morin, et tire son nom d'un ancien château fort, entouré de profonds fossés remplis d'eau vive, dont il ne reste plus qu'une grosse tour et les débris d'une chapelle.

BOISSY-LE-CUTÉ, vg. *Seine-et-Oise* (Gatinais), arr. et à 12 k. d'Etampes, cant. et ⊠ de la Ferté-Aleps. Pop. 399 h.

BOISSY-LE-REPOS, *Boissiacum*, vg. *Marne* (Champagne), arr. et à 36 k. d'Epernay, cant. et ⊠ de Montmirail. Pop. 295 h. Sur le petit Morin, qui le divise en deux parties.

BOISSY-LE-SEC, vg. *Eure-et-Loir* (Perche), arr. et à 37 k. de Dreux, cant. et ⊠ de la Ferté-Vidame. Pop. 573 h.

BOISSY-LE-SEC, vg. *Seine-et-Oise* (Beauce), arr., cant., ⊠ et à 10 k. d'Etampes. Pop. 561 h. — Ce bourg possède un château flanqué de tourelles, bâti en 1339, où l'on remarque une vaste et profonde citerne, d'autant plus précieuse que la haute plaine de Boissy est éloignée des rivières, et ne renferme aucune source d'eau vive, mais seulement des mares et des puits de 200 pieds de profondeur presque toujours à sec à la fin de l'été.

BOISSY-MAUVOISIN, vg. *Seine-et-Oise* (Beauce), arr. et à 13 k. de Mantes, cant. de Bonnières, ⊠ de Rosny-sur-Seine. P. 577 h.

BOISSY-SANS-AVOIR, vg. *Seine-et-Oise* (Beauce), arr. et à 28 k. de Rambouillet, cant. et ⊠ de Montfort-l'Amaury. Pop. 346 h.

BOISSY-SOUS-SAINT-YON, *Buxiacum*, vg. *Seine-et-Oise* (Ile-de-France), arr. et à 29 k. Rambouillet, cant. de Dourdan, ⊠ d'Arpajon. Pop. 770 h.—Exploitation des carrières de pierres de grès, qui occupe une partie des habitants.

BOISSY-SUR-DAMVILLE, *Busseium*, vg. *Eure* (Normandie), arr. et à 24 k. d'Evreux, cant. et ⊠ de Damville. Pop. 378 h. — Briqueterie et fours à chaux.

BOISSY-ST-LÉGER, *Buxiacum*, *Boissiacum*, beau et grand village, *Seine-et-Oise* (Ile-de-France), arr. et à 21 k. de Corbeil, chef-l. de cant. Cure. ⊠. A 19 k. de Paris pour la taxe des lettres. Pop. 670 h. — Terrain tertiaire inférieur.

Boissy-St-Léger porta pendant la révolution le nom de Boissy-la-Montagne.

Il est situé sur le sommet d'un coteau planté de vignes et entouré de belles maisons de campagne; celle appelée le PIPLE est remarquable par sa construction et son agréable position. — Patrie de F. VALLON DE VILLENEUVE, fécond vaudevilliste.

Le château de GROSBOIS, l'une des plus belles habitations des environs de Paris, fait partie de la commune de Boissy-St-Léger; il se compose de trois corps de logis auxquels viennent aboutir de magnifiques avenues. Les jardins sont vastes et agréablement plantés. Le parc, dont la contenance est de 1,700 arpents, est entièrement clos de murs, planté en grande partie en bois; son immense étendue a permis d'y renfermer toute espèce de bêtes fauves.

Foire le 10 sept.

BOISTRUDAN, vg. *Ille-et-Vilaine* (Bretagne), arr. et à 27 k. de Rennes, cant. et ⊠ de Janzé. Pop. 1,177 h.

BOIS-VENET (le), vg. *Aisne*, cant. d'Uguy-le-Gay, ⊠ de Chauny.

BOISVIEUX, vg. *Drôme*, comm. et ⊠ de Moras.

BOISVILLE-LA-ST-PÈRE, vg. *Eure-et-Loir* (Beauce), arr. et à 20 k. de Chartres, cant. et ⊠ de Voves. Pop. 969 h.

BOISVILLETTE, vg. *Eure-et-Loir* (Beauce), arr. et à 18 k. de Chartres, cant. d'Illiers, ⊠ de St-Loup. Pop. 289 h.

BOIS-YVON, vg. *Manche* (Normandie), arr. et à 28 k. de Mortain, cant. de St-Poix, ⊠ de Villedieu. Pop. 310 h.

BOITRON, vg. *Orne* (Normandie), arr. et à 25 k. d'Alençon, cant. du Mesle-sur-Sarthe, ⊠ d'Essai. Pop. 691 h.

BOITRON, vg. *Seine-et-Marne* (Brie), arr. et à 19 k. de Coulommiers, cant. et ⊠ de Rebais. Pop. 375 h.

BOLANDOZ, vg. *Doubs* (Franche-Comté), arr. et à 32 k. de Besançon, cant. d'Amancey, ⊠ d'Ornans. Pop. 563 h.

BOLAZEC, vg. *Finistère* (Bretagne), arr. et à 50 k. de Châteaulin, cant. de Huelgoat, ⊠ de Callac. Pop. 669 h.

BOLBEC, petite ville, *Seine-Inf.* (Normandie), arr. et à 30 k. du Havre, chef-l. de cant. Cure. Eglise consistoriale réformée. Chambre consult. des manuf. Gîte d'étape. ⊠. ⚜. A 183 k. de Paris pour la taxe des lettres. Pop. 9,251 h. — Terrain tertiaire supérieur.

Cette ville est agréablement située sur le penchant d'un coteau baigné par la petite rivière de Bolbec, dans une vallée étroite, à la jonction de quatre vallons. Elle est très-bien bâtie, partie en briques et partie en pierres de taille : tout est neuf, tout est animé dans cette petite ville. Les rues sont spacieuses et bien alignées ; la principale est ornée de deux jolies fontaines que surmontent des statues en marbre. On n'y voit pas, comme dans le reste de la Normandie, ces maisons bâties, partie en bois, partie en maçonnerie ; presque toutes les constructions sont en briques, dont les vives couleurs se détachent agréablement sur les vertes collines qui entourent la ville. Elle a une église paroissiale dédiée à saint Michel et une église consistoriale réformée. C'était autrefois une dépendance du comté d'Eu, parlement et intendance de Rouen, élection de Caudebec. — Bolbec fut successivement la proie de deux incendies dans le cours du même siècle : le dernier fut le plus terrible. Le 14 juillet 1765, le feu prit dans la maison d'un boulanger et se communiqua à la ville ; de ses 900 maisons, 868 furent réduites en cendres ; il n'en resta pas 10 d'intactes, et il ne resta rien non plus de l'église, qui était assez belle : 3,000 personnes se trouvèrent ruinées et dans la plus affreuse misère. Pour aider les habitants à réparer leurs pertes, le parlement de Rouen rendit un arrêt pour ordonner une quête générale dans chaque maison de la ville et des faubourgs de Rouen. Le même arrêt enjoignit aux juges royaux du bailliage de Caen d'en prescrire de pareilles dans les villes et bourgs de leur ressort ; le roi exempta les habitants du payement des contributions pendant cinq ans. Avant cet incendie, Bolbec était ceint de murailles, et l'on y entrait par trois portes.

Dans les environs de Bolbec, où toutes les femmes sont belles ou promettent de le devenir, on trouve encore quelques-unes de ces Cauchoises dont le costume a bravé les attaques de la mode, qui chaque jour étend son empire sur une contrée qui sut, pendant cinq siècles, se soustraire à sa domination.

« Bolbec, dit M. Charles Dupin, est dans une position admirable pour le commerce ; elle tire les cotons du Havre, le charbon de terre de Fécamp et de Harfleur ; elle conduit ses produits à Rouen, qui est le grand marché des tissus de coton. Les chefs des établissements de Bolbec réunissent l'esprit d'ordre et d'économie à l'activité ; leurs fabriques sont au niveau des progrès de l'industrie. Les ouvriers ne sont pas tous concentrés dans la ville ; plusieurs habitent la campagne, possèdent quelque chose, et sont heureux. »

Fabriques renommées de toiles peintes et de mouchoirs fil et coton ; d'étoffes de laine, toiles, dentelles, velours de coton, coutils, etc. Filatures de coton, ⓐ 1834-39. Tanneries. Teintureries.—*Commerce* de grains, chevaux et bestiaux. Entrepôt de toile cretonne, fabriquée dans les environs.—*Hôtels* de Rouen, de l'Europe. — *Foires* les 26 mai, lundi de Pâques et de la Pentecôte, et 1er oct.

Bibliographie. COLLEN - CASTAIGNE. *Essai historique et statistique sur la ville de Bolbec*, in-8, fig. et plan, 1839.

BOLBEC (la), petite rivière qui prend sa source près de Fontaine-Martel, *Seine-Inf.*

Elle passe à Bolbec, à Lillebonne, et se jette dans la Seine en face de Quillebœuf.

BOLCONTE (le), vg. *Seine-Inf.*, comm. de St-Pierre-le-Vieux, ✉ du Bourg-Dun.

BOLLÈNE, petite ville, *Vaucluse* (comtat Venaissin), arr. et à 20 k. d'Orange, chef-l. de cant. Cure. ✉. A 642 k. de Paris pour la taxe des lettres. Pop. 4,790 h.—Elle est située dans un fertile territoire, arrosé par le Lez.

Les *armes de Bollène* sont *de gueule à trois tours d'argent crénelées en chef, et deux clefs d'argent passées en sautoir en pointe*, et pour devise CONCORDIA, TURRIS FORTISSIMA.—*Foires* les 2 fév. (3 jours), 25 mars, 3 mai, 1er juillet (3 jours), 15 août, 8 sept., 11 nov. et 21 déc.

BOLLEVILLE, vg. *Manche* (Normandie), arr. et à 33 k. de Coutances, cant. et ✉ de la Haye-du-Puits. Pop. 606 h.

BOLLEVILLE, vg. *Seine-Inf.* (Normandie), arr. et à 39 k. du Havre, cant. et ✉ de Bolbec. Pop. 771 h.

BOLLEZÉELE, vg. *Nord* (Flandre), arr. et à 25 k. de Dunkerque, cant. de Wormhoudt. Pop. 1,740 h.—L'église paroissiale possédait autrefois une image de la Vierge qui jouissait d'une grande réputation, et attirait annuellement plus de dix mille personnes, qui s'y rendaient en pèlerinage à la fête de la Visitation.

BOLLWILLER, vg. *H.-Rhin* (Alsace), arr. et à 27 k. de Colmar, cant. et ✉ de Soultz. Pop. 1,446 h. — Il est situé dans un territoire fertile en vins estimés. On y remarque les belles pépinières de MM. Bauman, qui occupent une étendue de plus de 50 hectares, et renferment un précieux assortiment de vignes recueillies dans tous les vignobles connus. Les serres contiennent les plantes les plus rares de toutes les contrées du globe. — *Fabriques* de calicots. Filatures de coton.

BOLOGNE, vg. *H.-Marne* (Champagne), arr. et à 12 k. de Chaumont-en-Bassigny, cant. de Vignory. Pop. 653 h. Haut fourneau ⓐ 1839.

BOLOZON, vg. *Ain* (Bourgogne), arr., ✉ à 16 k. de Nantua, cant. d'Izernore. Pop. 325 h.

BOLQUÈRE, vg. *Pyrénées-Or.* (Roussillon), arr. et à 49 k. de Prades, cant. de Mont-Louis. Pop. 378 h.

BOLSENHEIM ou BOLSENEN, B.-*Rhin* (Alsace), arr. à 22 k. de Schelestadt, cant. et ✉ d'Erstein. Pop. 412 h.

BOMBON, vg. *Seine-et-Marne* (Gatinais), arr. et à 18 k. de Melun, cant. et ✉ de Mormant. Pop. 690 h. — On y voit un château considérable entouré de fossés.

BOMER (St-), vg. *Eure-et-Loir* (Beauce), arr. et à 16 k. de Nogent-le-Rotrou, cant. et ✉ d'Authou. Pop. 604 h.

BOMER–LES–FORGES (St-), vg. *Orne* (Normandie), arr., cant., ✉ et à 6 k. de Domfront. Pop. 2,058 h.

BOMMES, vg. *Gironde* (Bazadois), arr. et à 19 k. de Bazas, cant. de Langon, ✉ de Preignac. Pop. 750 h.

BOMMIERS, vg. *Indre* (Berry), arr.,

cant., ✉ et à 17 k. d'Issoudun. Pop. 690 h.

BOMPAS, vg. *Pyrénées-Or.* (Roussillon), arr., cant., ✉ et à 6 k. de Perpignan. Pop. 975 h.

BOMY, vg. *Pas-de-Calais* (Artois), arr. et à 25 k. de St-Omer, cant. de Fauquembergue, ✉ d'Aire-sur-la-Lys. Pop. 773 h.

BON (St-), vg. *Marne* (Champagne), arr. et à 58 k. d'Esternay, ✉ de Courgivaux. Pop. 204 h.

BONA, vg. *Nièvre* (Nivernais), arr. et à 30 k. de Nevers, cant. et ✉ de St-Saulge. Pop. 938 h.—*Foire* le 10 mai.

BONAC, vg. *Ariège* (pays de Foix), arr. et à 20 k. de St-Girons, cant. et ✉ de Castillon. Pop. 1,073 h.

BONAS, vg. *Gers* (Armagnac), arr. et à 22 k. de Condom, cant. de Valence, ✉ de Castera-Verduzan. Pop. 379 h.

BONAVY, vg. *Nord*, comm. de Banteux, ✉ du Catelet. ✧.

BONBOILLON, vg. *H.-Saône* (Franche-Comté), arr. et à 17 k. de Gray, cant. et ✉ de Marnay. ✧. Pop. 234 h.

BONCÉ, vg. *Eure-et-Loir* (Beauce), arr. et à 6 k. de Chartres, cant. et ✉ de Voves. Pop. 299 h.

BONCE, vg. *Isère*, comm. de Satolas, ✉ de la Verpillière.

BONCHAMP, vg. *Mayenne* (Maine), arr., ✉ et à 5 k. de Laval, cant. d'Argentré. Pop. 1,295 h. — Il est situé sur une éminence remarquable par son clocher pyramidal.—Exploitation de carrières de marbre petit-gris.

BONCHAMP, vg. *Seine-et-Oise*, comm. et ✉ de Dourdan.

BONCONICA (lat. 50°, long. 27°). « Ce lieu est placé entre *Mogontia* et *Borbitomagus*, Maïence et Wormes, dans l'Itinéraire d'Antonin et dans la Table théodosienne. Il ne faut point chercher de l'autre position pour *Bonconica*, que celle d'Oppenheim. Mais la Table et l'Itinéraire n'étaient pas conformes sur les distances, il est à propos de consulter le local. La distance à l'égard de Maïence est marquée XI dans l'Itinéraire, IX dans la Table. Or, ce que donne le local pour la mesure du chemin étant d'environ 9,500 toises, qui font que 8 a 9 lieues gauloises, il en résulte que l'indication de la Table est plus convenable que celle de l'Itinéraire, qu'il serait néanmoins aisé de corriger en transposant les chiffres, pour avoir IX, au lieu de XI. Entre *Bonconica* et Wormes, l'Itinéraire marque XIII, la Table XI ; et vu que la mesure du terrain ne donne guère que 13,000 toises, c'est-à-dire 11 à 12 lieues gauloises, la Table mérite encore ici la préférence. De sorte même qu'en remarquant que les fractions de lieue en plus ou en moins, se compensent entre les deux distances ; on retrouve au total de Maïence à Wormes, en passant par Oppenheim, ce que valent exactement 20 lieues gauloises que l'on compte dans la Table. » D'Anville. *Notice de l'ancienne Gaule*, p. 170. V. aussi Walckenaer. *Géographie des Gaules*, t. II, p. 278.

BONCOURT, vg. *Aisne* (Picardie), arr. et

25 k. de Laon, cant. de Sissonne, ✉ de Montcornet. Pop. 481 h.

BONCOURT, vg. *Eure* (Normandie), arr. et à 15 k. d'Evreux, cant. et ✉ de Pacy-sur-Eure. Pop. 188 h.

BONCOURT, vg. *Eure-et-Loir* (Beauce), arr. et à 15 k. de Dreux, cant. et ✉ d'Anet. Pop. 342 h.

BONCOURT, vg. *Meuse* (Lorraine), arr., cant., ✉ et à 5 k. de Commercy, et à 12 k. de St-Mihiel. Pop. 498 h. Près de la Meuse.—Forges et fonderies.

BONCOURT, vg. *Moselle* (Lorraine), arr., ✉ et à 12 k. de Briey, cant. de Conflans. Pop. 267 h.

BONCOURT, vg. *Oise*, comm. et ✉ de Noailles.

BONCOURT-LA-RONCE, vg. *Côte-d'Or*, comm. de Corgoloin, ✉ de Nuits.

BONCOURT-LE-BOIS, *Bonna Curtis*, vg. *Côte-d'Or* (Bourgogne), arr. et à 18 k. de Beaune, cant. et ✉ de Nuits. Pop. 207 h.

BONDARROY, vg. *Loiret* (Orléanais), arr., cant., ✉ et à 1 k. de Pithiviers. Pop. 290 h.

BONDEVAL, vg. *Doubs* (Franche-Comté), arr. et à 11 k. de Montbelliard, cant. de Blamont, ✉ de Pont-de-Roide. Pop. 289 h.

BONDEVILLE, vg. *Seine-Inf.*, comm. de Ste-Hélène-Bondeville, ✉ de Vaimont.—*Foires* le 26 mai et dernier samedi de fév.

BONDEVILLE-NOTRE-DAME. V. NOTRE-DAME-DE-BONDEVILLE.

BONDIGOUX, vg. *H.-Garonne*, comm. et ✉ de Villemur.

BONDILLY, vg. *Saône-et-Loire*, comm. d'Écuisses, ✉ de Buxi.

BONDONS, vg. *Lozère* (Languedoc), arr., cant., ✉ et à 10 k. de Florac. Pop. 987 h.— Il est situé au milieu des montagnes qui reçoivent les troupeaux transhumants du Languedoc.—Mine de plomb argentifère et mine abondante d'aquifoux.

BONDOUFLES, *Bandulfum*, vg. *Seine-et-Oise* (Ile-de-France), arr., cant. et à 10 k. de Corbeil, ✉ de Ris. Pop. 186 h.

BONDUES, vg. *Nord* (Flandre), arr. et à 7 k. de Lille, cant. et ✉ de Tourcoing. Pop. 2,925 h.—*Fabrique* de sucre indigène.

BONDY, *Bonisiaca*, vg. *Seine* (Ile-de-France), arr. et à 12 k. de St-Denis, cant. de Pantin, ⚘. A 12 k. de Paris pour la taxe des lettres. Pop. 719 h.—Il est bâti dans une plaine fertile, près du canal de l'Ourcq et donne son nom à une forêt autrefois infestée par les voleurs et tellement redoutée, qu'elle est passée en proverbe pour désigner un lieu de brigandage. Aujourd'hui cette forêt est percée de belles routes et offre une multitude de promenades agréables. On voit à Bondy un joli château, entouré d'un beau parc, et plusieurs belles maisons de campagne.—Le château de Raincy, ancien rendez-vous de chasse du duc d'Orléans, père de S. M. Louis-Philippe, est situé dans la forêt de Bondy. V. LIVRY-BONDY.

Fabriques de fécule. Éducation des mérinos.

PATRIE de Cl.-C. DE RULHIÈRE, poëte et historien, membre de l'Académie française, auteur de : *Histoire de l'anarchie de Pologne*, 4 vol. in-8, 1807, 4 vol. in-12, 1808.

BONENCONTRE, vg. *Lot-et-Garonne* (Agénois), arr., cant., ✉ et à 5 k. d'Agen. P. 1,538 h.

BONFAYE, vg. *Vosges*, comm. de Légéville, ✉ de Dompaire—Il y avait une abbaye de prémontrés, dont la fondation remontait au XII° siècle.

BONGHÉAT, vg. *Puy-de-Dôme* (Auvergne), arr. et à 35 k. de Clermont-Ferrand, cant. et ✉ de Billom. Pop. 857 h.

BONHOMME ou DIEDOLSHAUSEN, vg. *H.-Rhin* (Alsace), arr. et à 30 k. de Colmar, cant. de la Poultroye, ✉ de Kaysersberg. Pop. 1,235 h.—On y remarque les ruines du château de Judenburg ; aux environs, on voit une redoute circulaire dont on ne peut déterminer l'origine d'une manière précise. — *Fabriques* de calicots. Filature de coton. Martinets et fabriques d'instruments aratoires.

BONIFACIO, ville forte et maritime, *Corse* (chef-l. de cant., arr. et à 50 k. de Sartène. Place de guerre de 2° classe. Cure. Gite d'étape. ✉. A 1,181 k. de Paris pour la taxe des lettres. Pop. 3,135 h.—TERRAIN cristallisé.

Cette ville, regardée comme une des plus anciennes de la Corse, doit sa fondation à l'illustre Boniface, seigneur pisan, qui, après avoir battu les Sarrasins sur les côtes d'Afrique, débarqua en Corse, et bâtit en 830 un fort auquel il donna son nom. En 1195 les Génois s'emparèrent de cette forteresse par un hardi et vigoureux coup de main, et de cette époque date le commencement de l'établissement des Génois en Corse, événement mémorable pour cette île, et qui fut si fécond en combats et en désastres.

La ville de Bonifacio est située sur un rocher calcaire formant du côté de la mer une haute falaise, qui ouverte la porte au sud ; elle occupe l'extrémité d'une presqu'île, qui semble attachée à la terre comme une pomme à la branche de l'arbre qui la produit. La ville, renfermée dans la même enceinte que le château, est formée de maisons bien bâties qui annoncent l'aisance ; son élévation au-dessus du niveau de la mer est d'environ 60 m., et l'on y arrive du port baignant situé au fond du port par une rampe très-rapide. Cette position extraordinaire sur une roche horizontale, presque verticale sur les côtes et percée de vastes magasins ; la beauté du port, les merveilleuses grottes marines qui se trouvent aux environs, l'ensemble des fortifications, font certainement de Bonifacio la ville la plus curieuse de la Corse. Cette ville n'a que des eaux de citernes, mais une source abondante, située à peu de distance des murs, fournit aux besoins des habitants.

Le port de Bonifacio présente un long canal creusé par la nature dans un banc de rocher calcaire ; la presqu'île sur laquelle la ville est bâtie lui sert de môle. Sa première partie, de 500 m. de longueur, est ouverte au sud-ouest ; sur le reste de sa longueur, environ 1,400 m., son axe est dirigé de l'ouest à l'est. Sa largeur moyenne est de 150 m. ; sur la rive septentrionale, il présente deux enfoncements qui peuvent recevoir de petits bâtiments.

Les églises de Bonifacio attestent diversement l'ancienne importance de cette ville, ses mœurs, sa richesse et sa civilisation. Ste-Marie-Majeure, élégante église de construction pisane, brillante de marbre, de porphyre, a une majestueuse loggia où se délibéraient autrefois les affaires publiques. St-Dominique, ancienne église des templiers, construite en 1343, d'un gothique léger, avec un clocher à jour octogone fort remarquable, est la plus grande église de la Corse ; le chœur est vaste, la sacristie magnifique, l'autel de la chapelle du saint est éclatant de marbre et de sculptures. L'église St-François, édifice de la fin du XIV° siècle, renferme deux tombeaux remarquables en marbre.

La caserne, commencée en 1775, et dont une partie du petit quartier date des Génois, est un des plus magnifiques édifices que la Corse doive à l'ancienne monarchie. La citerne, dont la capacité est immense, a un escalier en pierre de taille qui descend jusqu'au fond, et permet d'en reconnaître la bonne construction. — Les fortifications sont jolies et bien entretenues. L'arsenal est regardé comme le premier de la Corse.

On doit visiter, aux environs de Bonifacio, l'oratoire de la Trinité, dont l'église, élevée sur une légère esplanade, à la moitié de la hauteur du mont Capo di Fino, et couronnée par de majestueuses cimes, offre des points de vue admirables ; les îles San-Bainzo, Cavallo et Lavezzi, amas de rochers au milieu de la mer, où l'on voit des carrières de marbre exploitées par les Romains, qui y ont laissé des colonnes à demi sculptées d'une énorme dimension.—Les grottes marines offrent aussi une des plus agréables promenades qui se puissent imaginer. Ces riantes caverunes, ornées de festons verdoyants, où serpente et murmure une mer limpide, deviennent souvent un rendez-vous de plaisir pour les habitants de Bonifacio, qui vont y dîner et y danser au frais : le Dragonale surpasse en magnificence toutes les autres grottes ; un haut portique battu des flots, qui s'élancent quelquefois avec fracas jusqu'au fronton, y introduit quand le vent le permet ; le centre offre une coupole à jour non moins admirable que la célèbre grotte d'azur récemment découverte aux environs de Naples.

Commerce de grains et d'huile d'olive. Pêche du corail.

BONIFACIO, vg. *Corse*, comm. de San-Damiano, ✉ de la Porta.

BONIPÈRE, vg. *Vosges* (Lorraine), arr., cant., ✉ et à 14 k. de St-Dié. Pop. 569 h.

BONLIERS, vg. *Oise* (Picardie), arr., ✉ et à 8 k. de Beauvais, cant. de Nivillers. Pop. 246 h.

BONLIEU, vg. *Drôme* (Dauphiné), arr. et à 11 k. de Montélimart, cant. de Marsanne, ✉ de Puy-St-Martin. Pop. 238 h.

BONLIEU, vg. *Loire*, comm. de Ste-Agathe-la-Bouteresse, ✉ de Boën.

BONLOC', vg. *B.-Pyrénées* (Gascogne), arr. et à 25 k. de Bayonne, cant. et ✉ d'Hasparren. Pop. 303 h.

BONMÉNIL, vg. *Orne*, comm. d'Aubry-en-Exme, ✉ de Trun.

BONNA (lat. 51°, long. 26°). « Ptolémée en fait mention, et y place le quartier de la première légion, comme en effet il y est désigné en plusieurs endroits de Tacite. La distance entre Bonn et Cologne, marquée XI également dans l'Itinéraire d'Antonin et dans la Table théodosienne, me paraît très-convenable au local; et on peut croire que Jean Gigas, qui a dressé la carte de l'archevêché de Cologne, a rencontré fort juste, en faisant cette distance, à la prendre du centre de Cologne, égale à 13 minutes de la graduation de latitude de sa carte; car il en résulte 12,375 toises ou environ, et le calcul de 11 lieues gauloises n'en diffère presque point, étant de 12,474 toises. La direction de la voie romaine paraît encore parfaitement assignée à la sortie de Cologne. On apprend de Florus, que Drusus jeta des ponts sur le Rhin en divers endroits différents, et l'un de ces endroits est nommé *Bonna*, non pas *Bonnonia*, comme on lit en quelques imprimés. V. au surplus sur ce qui intéresse Bonn, l'article ARA UBIORUM. » D'Anville. *Notice de l'ancienne Gaule*, p. 170.

BONNABAN, vg. *Ille-et-Vilaine*, comm. de la Gouesnière, ✉ de Châteauneuf-en-Bretagne.

BONNAC, vg. *Ariège* (pays de Foix), arr., cant., et à 6 k. de Pamiers. Pop. 948 h.—*Foire* le 23 août.

BONNAC, vg. *Cantal* (Auvergne), arr. et à 20 k. de St-Flour, cant. et ✉ de Massiac. Pop. 813 h.—*Fabriques* de toiles.

BONNAC, vg. *H.-Vienne* (Limousin), arr., ✉ et à 14 k. de Limoges, cant. d'Ambazac. Pop. 1,077 h.

BONNAL, vg. *Doubs* (Franche-Comté), arr. et à 18 k. de Baume-les-Dames, cant. et ✉ de Rougemont. Pop. 180 h.

BONNAL-DE-COMPS, vg. *Aveyron*, com. de Flavin, ✉ de Rodez.

BONNARD, vg. *Yonne* (Champagne), arr., cant. et à 15 k. de Joigny, ✉ de Basson. Pop. 158 h. — Les divisions qui régnaient entre Louis XI et Charles le Téméraire, duc de Bourgogne, le roi, pour faire diversion, s'avança à la tête d'une partie de ses troupes du côté de la Bourgogne, et se trouva à Bonnard le 26 juin 1472; c'est de ce lieu que sont datées les provisions de l'office de chancelier accordé à Pierre Doriole, qui succéda à Juvénal des Ursins, chancelier de France et ancien bailli de Sens. Ce fut à Bonnard que les dix mille Suisses, avec les gentilshommes de Bourgogne, qualifiés de nom de politiques, traversèrent en 1589, sous la conduite de Sancy, la rivière d'Yonne, pour aller joindre l'armée de Henri III à Étampes. Les troupes de l'amiral Biron, qui tenait pour Henri IV, passèrent aussi la même rivière en cet endroit, et ravagèrent les villages de l'un et l'autre côté.

BONNARDELIÈRE (la), vg. *Vienne*, com. de St-Pierre-d'Exideuil, ✉ de Civray.

BONNAT, joli bourg, *Creuse* (Marche), arr. et à 15 k. de Guéret, chef-l. de cant. Cure. ✉. A 326 k. de Paris pour la taxe des lettres. Pop. 2,830 h. — *Terrain* cristallisé ou primitif. — On y a trouvé depuis peu des traces du séjour que firent les Romains dans ce lieu, entre autres un bas-relief représentant un sabre et un bouclier antiques, et une pierre portant cette inscription :

D. M.
ET. MEMORIAE.
IVL. ATTIOLI. ET.
IVL. AVITAE.
CONIVGIS.
EIVS.
M. HIN. N.

A très-peu de distance de Bonnat, on remarque l'ancien CHÂTEAU DE BEAUVAIS, agréablement situé sur une éminence au pied de laquelle coule la petite Creuse, qui y fait mouvoir deux beaux moulins. — On voit aussi, sur le territoire de Bonnat et à quelques pas de la route qui conduit à Guéret, un autel ancien, de forme carrée, sur lequel on a élevé une colonne en pierre surmontée d'une croix, de construction plus récente. — *Foires* les 15 mars, 15 mai, 16 juin, 1er et 20 sept.

BONNAUD, vg. *Jura* (Franche-Comté), arr. et à 13 k. de Lons-le-Saunier, cant. et ✉ de Beaufort. Pop. 120 h.

BONNAY, vg. *Doubs* (Franche-Comté), arr. et à 12 k. de Besançon, cant. de Marchaux, ✉ de Voray. Pop. 559 h.

BONNAY, vg. *Saône-et-Loire* (Bourgogne), arr. et à 39 k. de Mâcon, cant. et ✉ de St-Gengoux-le-Royal. Pop. 502 h.

BONNAY, vg. *Somme* (Picardie), arr. et à 22 k. d'Amiens, cant. et ✉ de Corbie. Pop. 579 h.

BONNEAU, vg. *Indre*, comm. et ✉ de Buzançais.

BONNEBOS, vg. *Eure*, comm. de Manneville-sur-Rille, ✉ de Pont-Audemer.

BONNEBOSQ, vg. *Calvados* (Normandie), arr. et à 12 k. de Pont-l'Évêque, cant. et ✉ de Cambremer. Pop. 1,010 h.

BONNECOURT, vg. *H.-Marne* (Champagne), arr. et à 15 k. de Langres, cant. de Neuilly-l'Évêque, ✉ de Montigny-le-Roi. Pop. 538 h. — *Foires* les 3 mars, 6 juin, 1er sept. et 12 nov.

BONNÉE, vg. *Loiret* (Gatinais), arr. et à 22 k. de Gien, cant. d'Ouzouer-sur-Loire, ✉ de Sully. Pop. 246 h.

BONNEFAMILLE, vg. *Isère* (Dauphiné), arr. de Vienne, cant. et ✉ de la Verpillière. Pop. 755 h.

BONNEFOI, vg. *Orne* (Normandie), arr. et à 20 k. de Mortagne-sur-Huine, cant. et ✉ de Moulins-la-Marche. Pop. 342 h.

BONNEFOND, vg. *Corrèze* (Limousin), arr. et à 33 k. d'Ussel, cant. et ✉ de Bugeat, Pop. 687 h.

BONNEFONT, vg. *H.-Pyrénées* (Bigorre), arr. et à 31 k. de Tarbes, cant. et ✉ de Trie. Pop. 1,023 h.

BONNEGARDE, vg. *Landes* (Gascogne), arr. et à 35 k. de St-Sever, cant. d'Amou, et ✉ d'Orthez. Pop. 583 h.

BONNEIL, vg. *Aisne* (Picardie), arr., cant., ✉ et à 10 k. de Château-Thierry. P. 470 h.

BONNELEAU, vg. *Oise*, com. de Fontainebleau, ✉ de Crèvecœur.

BONNELLES, joli village, *Seine-et-Oise* (Beauce), arr. et à 12 k. de Rambouillet, cant. de Dourdan, ✉ de Limours. ☞. — Le CHÂTEAU DE BISSY, entouré de fossés remplis d'eau vive avec pont-levis, est une dépendance de cette commune. — PATRIE du général baron CHAMONIN, tué en Espagne en 1811.

BONNEMAIN, vg. *Ille-et-Vilaine* (Bretagne), arr. et à 31 k. de St-Malo, cant. et ✉ de Combourg. Pop. 1,772 h.

BONNEMAISON, vg. *Calvados* (Normandie), arr. et à 28 k. de Caen, cant. de Villers-Bocage, ✉ d'Aulnay-sur-Odon. Pop. 375 h.

BONNEMAISON, vg. *H.-Pyrénées* (Bigorre), arr., ✉ et à 15 k. de Bagnères-en-Bigorre, cant. de Lannemezan. Pop. 346 h.

BONNEMARRE, vg. *Eure*, comm. de Radepont, ✉ de Fleury-sur-Andelle.

BONNENCONTRE, *Villeium*, vg. *Côte-d'Or* (Bourgogne), arr. et à 34 k. de Beaune, cant. et ✉ de Seurre. Pop. 596 h. — On y remarque les ruines d'un ancien château fort. — *Foires* le 4 juin et 16 sept.

BONNE-NOUVELLE, vg. *Seine-Inf.*, com. et ✉ de Rouen.

BONNES, vg. *Aisne* (Picardie), arr. et à 15 k. de Château-Thierry, cant. et ✉ de Neuilly-St-Front. Pop. 333 h.

BONNES, vg. *Charente* (Angoumois), arr. et à 35 k. de Barbezieux, cant. et ✉ d'Aubeterre. Pop. 1,026 h.

BONNES, bg *Vienne* (Poitou), arr. et à 20 k. de Poitiers, cant. de St-Julien-l'Ars, ✉ de Chauvigny. Pop. 1,447 h. — Il est agréablement situé, sur la rive gauche de la Vienne. — *Foire* le lundi de la Pentecôte.

BONNET (St-), bg *H.-Alpes* (Dauphiné), arr. et à 16 k. de Gap, chef-l. de cant. Cure. Gîte d'étape. ✉. A 528 k. de Paris pour la taxe des lettres. Pop. 1,790 h. — TERRAIN jurassique.

Le bourg de Bonnet est bâti au milieu du bassin du Drac, que l'on y passe sur un pont en charpente très-fréquenté. C'est la PATRIE du connétable DE LESDIGUIÈRES, dont on voit encore la maison, sur laquelle M. Ladoucette, ancien préfet des Hautes-Alpes, a fait placer une inscription.

St-Bonnet possède une source d'eau minérale sulfureuse qui a été analysée en 1807 par M. Vauthier. — *Fabriques* de grosses draperies, toiles de ménage. Teintureries, scieries hydrauliques. — *Foires* les 25 juin (2 jours), 29 sept. (5 jours), 3e et 4e jours après Pâques, et 3e jour après la Pentecôte.

BONNET (St-), vg. *Cantal* (Auvergne), arr. et à 30 k. de Murat, cant. et ✉ de Marcenat. Pop. 780 h. — Carrière de basalte.

BONNET (St-), vg. *Charente* (Saintonge), arr., cant., ✉ et à 6 k. de Barbezieux. Pop. 846 h.

BONNET (St-), vg. *Charente-Inf.* (Saintonge), arr. et à 22 k. de Jonzac, cant. et ✉ de Mirambeau. Pop. 1,560 h. — *Foires* le dernier lundi d'avril, mai, juin, juillet, août, sept., oct. et nov.

BONNET (St-), vg. *Gard* (Languedoc), arr. et à 32 k. du Vigan, cant. et ✉ de la Salle. Pop. 141 h.

BONNET (St-), vg. *Gard* (Languedoc), arr. et à 19 k. de Nîmes, cant. d'Aramon, ✉ de Rémoulins. Pop. 536 h.

BONNET, vg. *Jura*, comm. de Froidefontaine, ✉ de Champagnole.

BONNET (St-), vg. *Lot*, comm. de Gignac, ✉ de Cressensac.

BONNET, *Bonneium*, vg. *Meuse* (Lorraine), arr. et à 32 k. de Commercy, 48 k. de St-Mihiel, cant. et ✉ de Gondrecourt. Pop. 590 h.

BONNET (St-), vg. *H.-Vienne* (Limousin), arr., cant., ✉ et à 10 k. de Bellac. P. 1,652 h.

BONNETABLE, ville, *Sarthe* (Maine), arr. et à 23 k. de Mamers, chef-l. de cant. Cure. ✉. ⌘. A 195 k. de Paris pour la taxe des lettres. Pop. 5,163 h. — TERRAIN jurassique.

Autrefois baronnie, diocèse et élection du Mans, parlement de Paris, intendance de Tours, justice royale, gouvernement particulier.

Cette ville, située dans une contrée très-fertile, se compose de deux rues principales et parallèles, dont une sert de passage à la grande route; le reste de la ville ne consiste qu'en petites rues de communication, pour la plupart étroites et escarpées. On y remarque de grandes et belles halles et un château gothique, l'un des plus lourds monuments de la féodalité et l'un des mieux conservés; au milieu s'élève un belvédère qui présente l'apparence d'un petit clocher. Dans l'intérieur on voit une salle remarquable par ses sculptures en bois où sont placés plusieurs portraits des seigneurs de Bonnetable. — Le château de Bonnetable est situé au milieu de la ville, et à droite de la route qui conduit au Mans; il est entouré de douves larges et profondes, flanqué de six grosses tours à créneaux et máchicoulis. Il a été reconstruit et fortifié en 1479 par Jean de Harcourt; mais une partie de l'aile méridionale n'a été élevée que vers la première moitié du XVIIe siècle. — Le château et la terre de Bonnetable, après avoir passé successivement à Marie de Bourbon d'Orléans, à Amédée de Savoie-Carignan, à Louise-Léontine-Jacqueline de Bourbon, qui épousa le duc de Chevreuse, est devenue la propriété de Mme la duchesse Matthieu de Montmorency, née Albert de Luynes.

Fabriques d'étamines, siamoises, calicots et mouchoirs de coton. — *Commerce* de grains, graines de trèfle, fruits, légumes, porcs et bestiaux. — *Foires* les 1er mardi de fév., 4e mardi après Pâques, 2e après la Pentecôte, 4e de juin, 1er de sept., 2e d'oct., de nov. et de déc.

BONNÉTAGE, vg. *Doubs* (Franche-Comté), arr. et à 50 k. de Montbelliard, cant. et ✉ de Russey. Pop. 586 h.

BONNETAN, vg. *Gironde* (Guienne), arr. et à 14 k. de Bordeaux, cant. et ✉ de Créon. Pop. 226 h.

BONNET-AVALOUZE (St-), vg. *Corrèze* (Limousin), arr., cant., ✉ et à 10 k. de Tulle. Pop. 291 h.

BONNET-D'AUROUX (St-), vg. *Lozère* (Languedoc), arr. et à 46 k. de Mende, cant. et ✉ de Grandrieu. Pop. 562 h.

BONNET-DE-CHAVAGNE (St-), vg. *Isère* (Dauphiné), arr., cant., ✉ et à 9 k. de St-Marcellin. Pop. 859 h.

BONNET-DE-CHIRAC (St-), vg. *Lozère* (Languedoc), arr., cant., ✉ et à 6 k. de Marvejols. Pop. 200 h.

BONNET-DE-CRAY (St-), vg. *Saône-et-Loire* (Bourgogne), arr. et à 49 k. de Charolles, cant. et ✉ de Semur-en-Brionnais. P. 1,026 h.

BONNET-DE-FOUR (St-), vg. *Allier* (Bourbonnais), arr. et à 30 k. de Montluçon, cant. et ✉ de Montmarault. Pop. 604 h.

BONNET-DE-GALAURE (St-), vg. *Drôme*, comm. de Châteauneuf-de-Galaure, ✉ de St-Vallier.

BONNET-DE-JOUX (St-), vg. *Saône-et-Loire* (Bourgogne), arr. et à 13 k. de Charolles, chef-l. de cant. Cure. ✉. A 394 k. de Paris pour la taxe des lettres. Pop. 1,534 h. — TERRAIN jurassique. — *Foires* les 16 janv., 5 fév., 7 mars, 13 avril, 19 mai, 19 août, 25 sept., 18 nov., 10 déc.

BONNET-DE-MURE (St-), vg. *Isère* (Dauphiné), arr. et à 23 k. de Vienne, cant. de Heyrieu, ✉ de la Verpillière. Pop. 887 h.

BONNET-DE-ROCHEFORT (St-), vg. *Allier* (Bourbonnais), arr., cant., ✉ et à 10 k. de Gannat. Pop. 1,266 h.

BONNET-DE-SALERS (St-), vg. *Cantal* (Auvergne), arr. et à 12 k. de Mauriac, cant. et ✉ de Salers. Pop. 1,153 h.

BONNET-DES-BRUYÈRES (St-), vg. *Rhône* (Beaujolais), arr. et à 41 k. de Villefranche-sur-Saône, cant. de Monsol, ✉ de Beaujeu. Pop. 1,392 h.

BONNET-DES-QUARTS (St-), vg. *Loire* (Forez), arr., et à 23 k. de Roanne, cant. et ✉ de la Pacaudière. Pop. 1,099 h.

BONNET-DE-VALCLÉRIEUX (St-), vg. *Drôme* (Dauphiné), arr. et à 40 k. de Valence, cant. et ✉ du Grand-Serre. Pop. 624 h. — *Foire* le 15 janv.

BONNET-DE-VIEILLE-VIGNE (St-), vg. *Saône-et-Loire* (Charollais), arr. et à 13 k. de Charolles, cant. de Palinges, ✉ de Perrecy. Pop. 701 h.

BONNET-ELVERT (St-), vg. *Corrèze* (Limousin), arr. et à 25 k. de Tulle, cant. et ✉ d'Argentat. Pop. 1,342 h.

BONNET-EN-BRESSE (St-), vg. *Saône-et-Loire* (Bourgogne), arr. et à 27 k. de Louhans, cant. et ✉ de Pierre. Pop. 1,222 h. — *Foires* les 4 oct. et lundi après le 22 juillet.

BONNET-LA-RIVIÈRE (St-), vg. *Corrèze* (Limousin), arr. et à 30 k. de Brives, cant. et ✉ de Juillac. Pop. 1,040 h.

BONNET-LA-RIVIÈRE (St-), village, *H.-Vienne* (Limousin), arr. et à 26 k. de Limoges, cant. et ✉ de Pierre-Buffière. Pop. 1,582 h.

BONNET-LE-BOURG (St-), vg. *Puy-de-Dôme* (Auvergne), arr. et à 20 k. d'Ambert, cant. et ✉ de St-Germain-l'Herm. P. 1,582 h.

BONNET-LE-CHASTEL (St-), vg. *Puy-de-Dôme* (Auvergne), arr. et à 18 k. d'Ambert, cant. et ✉ de St-Germain-Lherm. Pop. 1,653 h.

BONNET-LE-CHATEAU (St-), petite ville, *Loire* (Forez), arr. et à 26 k. de Montbrison, chef-l. de cant. Cure. Gîte d'étape. ✉. A 464 k. de Paris pour la taxe des lettres. P. 2,066 h. — TERRAIN cristallisé ou primitif. — Cette ville, située sur la belle voie romaine ouverte par Agrippa, est bâtie sur la haute montagne, dans un pays âpre et sauvage. On y remarque l'église paroissiale, bel et vaste édifice, de construction gothique, surmonté de deux clochers. — *Fabriques* de dentelles communes, de serrurerie connue sous le nom de serrurerie du Forez, de poix et de bois de construction pour les bateaux que l'on fabrique à St-Rambert. — *Foires* le jeudi saint et 1er vendredi de mars.

BONNET-LE-COURREAUX (St-), bg *Loire* (Forez), arr., ✉ et à 14 k. de Montbrison, cant. de St-Georges-en-Couzan. Pop. 1,957 h.

BONNET-LE-DÉSERT (St-), vg. *Allier* (Bourbonnais), arr. et à 45 k. de Montluçon, cant. de Cerilly, ✉ de Meaulne. Pop. 1,117 h.

De St-Bonnet dépend le village du TRONÇAIS, situé au milieu de la forêt de ce nom, dont l'étendue superficielle comprend plus de 10,000 hectares. Au centre de ce village sont assises, sur la rivière de la Sologne et à l'embranchement de deux routes, les forges de Tronçais, fondées par M. Rambourg, en 1784; c'est l'un des plus beaux et des plus grands établissements de ce genre que possède la France; il se compose de six étangs, de deux hauts fourneaux, de neuf feux d'affinerie d'après un nouveau système; de fonderies, fours à réverbère, fenderies, laminerics, machines à vapeur, etc. Il produit des fers fins de première qualité, particulièrement destinés à la serrurerie, aux manufactures d'armes, la carrosserie de Paris, les câbles-chaînes pour les vaisseaux et les tréfileries. Cette usine est alimentée avec les bois de la forêt de Tronçais; et les produits fabriqués exclusivement au charbon de bois. Les chaudières des machines sont chauffées avec de la houille de Commentry.

BONNET-LE-FROID (St-), vg. *H.-Loire* (Velay), arr. et à 32 k. d'Yssengeaux, cant. et ✉ de Montfaucon. Pop. 601 h.

BONNET-L'ENFANTIER (St-), vg. *Corrèze* (Limousin), arr. et à 12 k. de Brives, cant. et ✉ de Vigeois. Pop. 627 h.

BONNET-LE-PAUVRE (St-), vg. *Corrèze* (Limousin), arr. et à 46 k. de Tulle, cant. de Mercœur, ✉ d'Argentat. Pop. 255 h.

BONNET-LE-PORT-DIEU (St-), vg. *Corrèze* (Limousin), arr. et à 13 k. d'Ussel, cant. et ✉ de Bort. Pop. 463 h.

BONNET-LES-OULES (St-), vg. *Loire*

(Forez), arr. et à 23 k. de Montbrison, cant. et ✉ de St-Galmier. Pop. 840 h.

BONNET-LE-TRONCY (St-), vg. *Rhône* (Beaujolais), arr. et à 32 k. de Villefranche-sur-Saône, cant. de St-Nizier-d'Azergues, ✉ de la Mure. Pop. 1,690 h.

BONNET-PRÈS-CHAURIAT (St-), vg. *Puy-de-Dôme* (Auvergne), arr. et à 23 k. de Clermont-Ferrand, cant. de Vertaison, ✉ de Billom. Pop. 255 h.

BONNET−PRÈS−ORCIVAL (St-), vg. *Puy-de-Dôme*, arr. et à 25 k. de Clermont-Ferrand, cant. et ✉ de Rochefort. Pop. 930 h.

BONNET-PRÈS-RIOM (St-), vg. *Puy-de-Dôme* (Auvergne), arr., cant., ✉ et à 5 k. de Riom. Pop. 1,591 h.—*Foire* le 17 sept.

BONNET-TISON (St-), vg. *Allier* (Bourbonnais), arr. et à 20 k. de Gannat, cant. et ✉ d'Ebreuil. Pop. 437 h.

BONNEUIL, vg. *Charente* (Angoumois), arr. et à 18 k. de Cognac, cant. et ✉ de Châteauneuf-sur-Charente. Pop. 574 h.

BONNEUIL, vg. *Indre* (Berry), arr. et à 31 k. du Blanc, cant. et ✉ de St-Benoît-du-Sault. Pop. 250 h.

BONNEUIL, vg. *Oise* (Picardie), arr. et à 47 k. de Clermont, cant. et ✉ de Breteuil. Pop. 1,165 h.

BONNEUIL, ou **BONNEUIL-EN-FRANCE**, *Bonogilum*, *Bonolium*, vg. *Seine-et-Oise* (Ile-de-France), arr. et à 36 k. de Pontoise, cant. et ✉ de Gonesse. Pop. 421 h.

BONNEUIL-AUX-MONGES, vg. *Deux-Sèvres*, comm. de Ste-Soline, ✉ de Melle.— *Foires* les 24 juin et 26 août.

BONNEUIL-EN-VALOIS, vg. *Oise* (Valois), arr. et à 32 k. de Senlis, cant. et ✉ de Crépy. Pop. 762 h. — Il est situé dans une vallée profonde, près de la forêt de Villers-Cotterets, sur l'Automne.

BONNEUIL-MATOURS, vg. *Vienne* (Poitou), arr., ✉ et à 16 k. de Châtellerault, cant. de Vouneuil-sur-Vienne. Pop. 1,427 h. — *Foires* les 24 de chaque mois (avril et sept. exceptés).

BONNEUIL−SUR−MARNE, *Bonoïlum*, *Bougilum*, joli village, *Seine* (Ile-de-France), arr. et à 15 k. de Sceaux, cant. de Charenton-le-Pont, ✉ de Créteil). Pop. 292 h.

Bonneuil est un village très-ancien, où les rois de la première race avaient autrefois un palais. Une des premières et des plus importantes assemblées nationales y fut convoquée, en 616, par Clotaire II. Ce prince, resté seul maître de la monarchie par la mort de Brunehaut et par l'extinction de toute la race des rois austrasiens, dut payer aux grands du royaume, qui lui avaient donné la victoire, le prix de leur assistance. Le parlement assemblé à Bonneuil fut un des plus nombreux qu'on eût encore vus; tous les prélats et les seigneurs bourguignons y assistèrent. La constitution ou ordonnance émanée de l'assemblée de Bonneuil, renferme le détail des concessions que, sous le nom de sages réformes, la royauté fut contrainte de faire à l'aristocratie. Ce parlement avait été précédé d'un concile à Paris, composé de 79 évêques, de quantité de seigneurs et d'un grand nombre de vassaux du prince, qu'on désignait alors sous le nom de leudes ou fidèles. — Il est fait mention du château de Bonneuil à la fin d'une charte que Louis le Débonnaire y délivra en faveur du monastère de St-Denis à la fin de l'an 832, citée dans la chronique de Frédégaire.

Bonneuil-sur-Marne mérite d'être visité par les étrangers, tant par sa position pittoresque, sur une colline près de la Marne, que par ses promenades délicieuses. Un embranchement des eaux de la Marne forme, sur le territoire de cette commune, une petite rivière qui porte le nom de Mort-Bras. — L'église paroissiale est un joli petit édifice du XIII° siècle, dont les détails sont très-soignés et dans un bon état de conservation.

BONNEVAL, vg. *Drôme* (Dauphiné), arr. et à 32 k. de Die, cant. et ✉ de Châtillon-sur-le-Bez. Pop. 226 h. — *Foire* le 9 sept.

BONNEVAL, *Bonavallis*, jolie petite ville, *Eure-et-Loir* (Beauce), arr. et à 14 k. de Châteaudun, chef-l. de cant. Cure. Gîte d'étape. ✉. ⚞. A 123 k. de Paris pour la taxe des lettres. Pop. 2,671 h. — TERRAIN tertiaire moyen.

Autrefois diocèse de Chartres, parlement de Paris, intendance d'Orléans, élection de Châteaudun, prévôté, justice royale, abbaye de St-Benoît.

Bonneval était autrefois une place importante par sa position, close de murs et de fossés, et flanquée de tours. Louis le Gros l'assiégea, la prit et la fit raser en 1135. Henri V, roi d'Angleterre, la fit détruire presque entièrement lorsqu'il assiégeait Orléans. Elle a été rebâtie par les rois successeurs de Charles VII.

On voit à Bonneval les bâtiments d'une abbaye de l'ordre de St-Benoît, fondée, suivant quelques auteurs, par Charles le Chauve, en 841, et, suivant d'autres, par Foulques. L'église paroissiale est surmontée d'une flèche très-haute et remarquable; on y voit deux tableaux qui ne sont pas sans mérite, provenant de l'ancienne abbaye.

Au XIII° siècle, Bonneval était renommée pour ses fabriques de serges. C'était alors une ville murée; elle avait au nord-ouest une porte, dite la Porte-Blanche, un fossé et un pont non loin de ceux qui existent aujourd'hui de ce côté. Avant la révolution, elle relevait immédiatement de la couronne, et elle avait été donnée en apanage à plusieurs ducs d'Orléans.

Les armes de Bonneval sont: *de gueules au lion d'or sur une terrasse de sinople, tenant une hallebarde d'or emmanchée de sable de la patte droite, et ayant sur la patte gauche un écusson d'azur à trois fleurs de lis d'or deux et un.*

A 1 k. à l'est de Bonneval, sur le chemin qui conduit à Moriers, on trouve sur la droite un dolmen incliné, long de 3 m. 33 c. et large de 2 m.

Non loin de la route de Bonneval à Chartres, on remarque le CHÂTEAU DES COUDREAUX, ancienne habitation du maréchal Ney. C'est un édifice moderne, construit vers la fin du siècle dernier, à l'exception des tours, qui datent d'une autre époque.

PATRIE de M. LEJEUNE (H.-F.-A.), antiquaire, auteur de plusieurs mémoires sur l'histoire et l'archéologie du département d'Eure-et-Loir.

Fabriques de flanelles, couvertures de laine, calicots, toiles peintes. Filatures de laine et de coton. Moulin à foulon. Tanneries considérables. — *Commerce* de grains, farines, laines et bestiaux. — *Foires* les 1ᵉʳ, 2 et 3 sept., 1ᵉʳ lundi de mars, dernier lundi de juin, 3ᵉ lundi de nov.

Bibliographie. LEJEUNE. *Notice sur les usages des environs de Bonneval* (Mém. de l'académie celtique, t. IV, 1809). — *Description de plusieurs monuments celtiques qui existent principalement dans les environs de Bonneval* (Mém. de la soc. des antiq. de France, t. I, p. 2-27).

BONNEVAL, vg. *H.-Loire* (Auvergne), arr. et à 33 k. de Brioude, cant. et ✉ de la Chaise-Dieu. Pop. 591 h.

BONNEVAL. V. AURIN-DE-BONNEVAL (St-).

BONNEVAUX, vg. *Doubs* (Franche-Comté), arr. et à 20 k. de Besançon, cant. et ✉ d'Ornans. Pop. 234 h.

BONNEVAUX, vg. *Doubs* (Franche-Comté), arr., ✉ et à 22 k. de Pontarlier, cant. de Mouthe. Pop. 507 h. — Il est situé dans le vallon de la Brême. Au-dessous du dernier moulin de ce village, on remarque, dans la montagne, une ouverture haute de 27 m., de laquelle s'élance un ruisseau qui va plus bas faire tourner plusieurs moulins.

BONNEVAUX, vg. *Gard* (Languedoc), arr. et à 40 k. d'Alais, cant. et ✉ de Genolhac. Pop. 385 h.

BONNEVEAU, vg. *Loir-et-Cher* (Beauce), arr. et à 27 k. de Vendôme, cant. de Savigny, ✉ de Bessé-sur-Braye. Pop. 645 h.

BONNE-VEINE (la), vg. *Bouches-du-Rhône*, comm. et ✉ de Marseille.

BONNEVENT, vg. *H.-Saône* (Franche-Comté), arr. et à 30 k. de Gray, cant. et ✉ de Gy. Pop. 390 h. — Papeterie.

BONNEVILLE, vg. *Charente* (Angoumois), arr. et à 26 k. d'Angoulême, cant. de Rouillac, ✉ d'Aigre. Pop. 508 h.

BONNEVILLE, vg. *Dordogne* (Périgord), arr. et à 37 k. de Bergerac, cant. de Vélines, ✉ de Ste-Foy. Pop. 336 h.

BONNEVILLE, *Bonavilla*, vg. *Eure* (Normandie), arr. et à 11 k. d'Evreux, cant. et ✉ de Conches. Pop. 411 h. Sur l'Itoo. — Forges et hauts fourneaux. — Au hameau de la Noë, on voit les restes d'une abbaye de l'ordre de Citeaux fondée en 1144.

BONNEVILLE, vg. *Lot*, comm. de Prud'homat, ✉ de St-Céré.

BONNEVILLE (la), vg. *Manche* ((Normandie), arr. et à 14 k. de Valognes, cant. et ✉ de St-Sauveur-sur-Douve. Pop. 451 h.

BONNEVILLE, vg. *Somme* (Picardie), arr. et à 12 k. de Doullens, cant. et ✉ de Domart. Pop. 852 h.

BONNEVILLE-LA-LOUVET, vg. *Calvados* (Normandie), arr., ✉ et à 12 k. de Pont-l'Évêque, cant. de Blangy. Pop. 1,230 h.

BONNEVILLE-SUR-LE-BEC, vg. *Eure* (Normandie), arr. et à 23 k. de Pont-Audemer, cant. et ✉ de Montfort-sur-Rille. Pop. 381 h.

— En 1034, Helluin avait fondé à Bonneville un monastère qui fut transféré en 1039 dans la vallée du Bec, et devint la célèbre abbaye de ce nom. V. BEC-HELLOUIN.

BONNEVILLE-SUR-TOUQUES, vg. *Calvados* (Normandie), arr., cant. et à 8 k. de Pont-l'Évêque, ✉ de Touques. Pop. 407 h.

BONNICHÈRES, vg. *Isère*, comm. de St-Baudille, ✉ de Mens.

BONNIÈRES, vg. *Oise* (Picardie), arr. et à 14 k. de Beauvais, cant. et ✉ de Marseille. Pop. 242 h.

BONNIÈRES, vg. *Pas-de-Calais* (Artois), arr. et à 20 k. de St-Pol-sur-Ternoise, caut. et ✉ d'Auxy-le-Château. Pop. 1,045 h.

BONNIÈRES, vg. *Seine-et-Oise* (Beauce), arr. et à 13 k. de Mantes, chef-l. de cant. Cure. ✉. ⚘. A 71 k. de Paris pour la taxe des lettres. Pop. 756 h. — Il est agréablement situé, sur la grande route de Paris à Caen et sur le chemin de fer de Paris à Rouen et au Havre. — TERRAIN crétacé supérieur, craie.

Autrefois diocèse de Chartres, parlement et intendance de Paris, élection de Mantes.

BONNIEUX, petite ville, *Vaucluse* (comtat Venaissin), arr., ✉ et à 10 k. d'Apt, chef-l. de cant. Cure. Pop. 2,804 h. — TERRAIN tertiaire moyen. — Elle est bâtie dans une situation pittoresque, sur le penchant de la montagne du Léberon, et était autrefois entourée de bonnes murailles flanquées de tours; on n'y pouvait entrer que par deux portes bien fortifiées. — A environ 4 k. de Bonnieux, du côté de l'est, on voit sur le torrent de Calavon un beau pont romain, connu sous le nom de Pont-Julien, dont la construction est vulgairement attribuée à Jules César. Ce pont, le mieux conservé que l'on connaisse, paraît n'avoir été bâti que quatre siècles après la conquête des Gaules, par l'empereur Julien, pendant son séjour dans cette contrée. Il est composé de trois arches à plein cintre, soutenues par des piles et appuyées à des culées entaillées dans le roc vif ; c'est un monument d'une rare solidité, construit en pierres de taille d'un très-grand appareil.

PATRIE du conventionnel ROVÈRE, déporté le 18 fructidor à la Guyane française, où il est mort le 17 septembre 1798.

Foires les 17 janv., 25 avril, 25 oct., 6 août et 6 déc.

BONNING-LES-ARDRES, vg. *Pas-de-Calais* (Picardie), arr. et à 16 k. de St-Omer, cant. et ✉ de Ardres. Pop. 602 h.

BONNINGUES-LES-CALAIS, vg. *Pas-de-Calais* (Picardie), arr. et à 21 k. de Boulogne-sur-mer, cant. de Calais, ✉ de St-Pierre-les-Calais. Pop. 302 h.

BONNŒUIL, vg. *Calvados* (Normandie), arr., cant. et à 14 k. de Falaise, ✉ de Pont-d'Ouilly. Pop. 270 h.

BONNŒUVRE, vg. *Loire-Inf.* (Bretagne), arr., ✉ et à 20 k. d'Ancenis, cant. de St-Mars-la-Jaille. Pop. 803 h. — *Foire* le 1ᵉʳ oct.

BONNOT (St-), vg. *Nièvre* (Nivernais), arr. et à 45 k. de Cosne, caut. et ✉ de Prémery. Pop. 324 h.

BONNUT, vg. *B.-Pyrénées* (Béarn), arr., cant., ✉ et à 8 k. d'Orthez. Pop. 1,163 h.

BONNY, petite ville, *Loiret* (Gatinais), arr. et à 21 k. de Gien, cant. de Briare. ✉. Pop. 1,824 h. A 159 k. de Paris pour la taxe des lettres. — Elle est dans une situation agréable, sur la rive droite de la Loire.

Autrefois diocèse d'Auxerre, parlement de Paris, intendance d'Orléans, élection de Gien, bailliage particulier. — *Foires* les 17 mai, 24 août, 17 nov., lundi de la 3ᵉ semaine de carême.

BONPAS, vg. *Ariège* (pays de Foix), arr. et à 13 k. de Foix, cant. et ✉ de Tarascon-sur-Ariège. Pop. 235 h.

BONPAS ou **BOMPAS**, vg. *Vaucluse*, comm. de Caumont, ✉ de Cavaillon. — Il est situé sur la rive droite de la Durance, que l'on y passe sur un beau pont tout en bois de mélèse, formé de 46 arches de 12 à 15 m. d'ouverture, et a par conséquent près de 600 m. de long.

BONREPAUX, vg. *Ariège*, comm. de Prat-Bonrepaux, ✉ de St-Girons.

BONREPAUX, vg. *H.-Garonne* (Languedoc), arr. et à 18 k. de Toulouse, cant. et ✉ de Verfeil. Pop. 279 h. — *Foire* le 1ᵉʳ sept.

BONREPOS-DE-STE-FOI, vg. *H.-Garonne* (Armagnac), arr. et à 18 k. de Muret, cant. et ✉ de St-Lys. Pop. 248 h.

BONS, vg. *Ain*, comm. de Chazey-Bons-Cressieu, ✉ de Belley.

BONS, vg. *Calvados* (Normandie), arr., cant., ✉ et à 8 k. de Falaise. Pop. 287 h.

BONS, vg. *Isère*, comm. de Mont-de-Lans, ✉ de Bourg-d'Oisans.

BON-SECOURS, vg. *Bouches-du-Rhône*, comm. et ✉ de Marseille.

BONSMOULINS, vg. *Orne* (Normandie), arr. à 20 k. de Mortagne-sur-Huîne, cant. et ✉ de Moulins-la-Marche. Pop. 441 h.

BONSON, vg. *Loire* (Forez), arr. et à 15 k. de Monthrison, cant. de St-Rambert, ✉ de Sury-le-Comtal. Pop. 214 h.

BONVILLER, vg. *Meurthe* (Lorraine), arr., cant. et à 5 k. de Lunéville. Pop. 356 h.

BONVILLERS, vg. *Moselle* (Lorraine), arr. et à 12 k. de Briey, cant. et ✉ d'Audun-le-Roman. Pop. 176 h.

BONVILLERS, vg. *Oise* (Picardie), arr. et à 32 k. de Clermont, cant. et ✉ de Breteuil (Oise). Pop. 480 h.

BONVILLET, vg. *Vosges* (Lorraine), arr. et à 28 k. de Mirecourt, cant. et ✉ de Darney. Pop. 518 h.

BONY, vg. *Aisne* (Picardie), arr. et à 19 k. de St-Quentin, cant. et ✉ du Catelet. Pop. 309 h.

BONZAC, vg. *Gironde* (Guienne), arr. et à 12 k. de Libourne, cant. et ✉ de Guitres. Pop. 564 h.

BONZÉE, vg. *Meuse* (Lorraine), arr. et à 18 k. de Verdun-sur-Meuse, cant. de Fresnes-en-Voëvre, cant. de Manheulles. Pop. 413 h.

BOO-SILHENS, vg. *H.-Pyrénées* (Bigorre), arr., cant., ✉ et à 13 k. d'Argelès. Pop. 252 h.

BOOLZHEIM, vg. *B.-Rhin* (Alsace), arr. et à 26 k. de Schelestadt, cant. et ✉ de Benfeld. Pop. 987 h.

BOOLZHEIM, vg. *B.-Rhin* (Alsace), arr. et à 14 k. de Schelestadt, cant. et ✉ de Marckolsheim. Pop. 491 h.

BOOS, vg. *Landes* (Gascogne), arr. et à 44 k. de St-Sever, cant. et ✉ de Tartas. Pop. 177 h.

BOOS, vg. *Seine-Inf.* (Normandie), arr. et à 12 k. de Rouen, chef-l. de cant. Cure. ✉. A 118 k. de Paris pour la taxe des lettres. Pop. 912 h. — TERRAIN tertiaire moyen.

BORAN, vg. *Oise* (Picardie), arr. et à 20 k. de Senlis, cant. de Neuilly-en-Thelle, ✉ de Beaumont-sur-Oise. Pop. 757 h. — Il est bâti dans une belle situation, sur la rive droite de l'Oise ; on y voit un château flanqué de quatre tours, et plusieurs maisons de campagne.

BORBETOMAGUS (lat. 50°, long. 27°). « C'est la ville capitale des *Vangiones*, et il en est mention sous ce nom dans les Ptolémées, dans l'Itinéraire d'Antonin, dans la Table théodosienne. On la trouve néanmoins désignée, comme la plupart des capitales, par le nom de la nation; elle est citée dans Ammien Marcellin, dans la Notice de l'empire, et ailleurs, sous le nom de *Vangiones*. Quant à celui de Wormes qu'elle porte aujourd'hui, il vient de *Warmatia* ou *Wormatia* qui était en usage lorsque la seconde race de nos rois a commencé d'occuper le trône. » D'Anville. *Notice de l'ancienne Gaule*, p. 171.

BORCE, vg. *B.-Pyrénées* (basse Navarre), arr. à 35 k. d'Oloron, cant. d'Accous, ✉ de Bedous. Pop. 746 h. — Il est situé sur la rive gauche du gave d'Aspe. On trouve sur son territoire une source d'eau minérale ferrugineuse, nommée le Poutrou, dont on fait usage en boissons et sous forme de lotions.

BORCHAMP, vg. *Saône-et-Loire*, comm. et ✉ de Marcigny.

BORCQ-SUR-AIRVAULT, vg. *Deux-Sèvres* (Poitou), arr. et à 25 k. de Parthenay, cant. et ✉ d'Airvault. Pop. 373 h.

BORD, vg. *Creuse* (pays de Combraille), arr., cant. et à 12 k. de Boussac, et à 12 k. de Chambon, et de Gouzon. Pop. 1,040 h.

Cette commune possède plusieurs restes d'antiquités. Au bas d'une éminence, nommée la Roche-de-Beaume, près du sommet de la montagne de Toulx, on a trouvé les restes d'un bâtiment, recouvert de quelques pouces de terre végétale, qui annonçaient un édifice carré dont chaque face avait près de 20 m. de longueur. Après la porte d'entrée était un vestibule demi-circulaire de 8 m. de diamètre, au fond duquel régnait un corridor de 1 m. 32 c. de large communiquant à un autre par où on faisait intérieurement le tour de l'édifice. On voit aussi près de ce village de longs boyaux de

20 à 25 m. de profondeur, creusés dans le tuf et taillés en voûte : les plus grands ont à peine 1 m. de largeur sur environ 1 m. 63 c. de hauteur ; ils ont des branches latérales ; presque tous ont une sorte de puits à leur extrémité inférieure, où l'on trouve assez ordinairement de l'eau en toute saison. Ces cachettes sont très-souvent sous une masse de terre de 4 m. d'épaisseur, et par conséquent difficiles à rencontrer : elles servaient non-seulement à cacher les peuples, poursuivis par l'ennemi lorsqu'ils n'étaient pas les plus forts, mais encore d'embuscade pour surprendre ces mêmes ennemis.

BORD, vg. *Dordogne,* comm. de St-Rabier, ✉ d'Azerac.

BORDE (la), vg. *Corrèze,* comm. de St-Germain-les-Vergnes, ✉ de Tulle. ⌀.

BORDE (la), *Yonne,* comm. et ✉ d'Auxerre.

BORDE-AU-BUREAU, vg. *Côte-d'Or,* comm. de Montagny-les-Beaune, ✉ de Beaune.

BORDEAU-DE-VIGNY (le), *Seine-et-Oise,* comm. de Vigny, ✉ de Vaux. ⌀.

BORDEAUX, *Burdigala,* ancienne, grande, riche et belle ville maritime. Chef-l. du départ. de la Gironde. Cour royale d'où ressortissent les départements de la Gironde, de la Dordogne et de la Charente. Trib. de 1re inst. et de comm. Chambre et bourse de comm. Banque. Hôtel des monnaies (lettre K). Académie universitaire. Faculté de théologie, des sciences et des lettres. Athénée. Collège royal. Ecole d'hydrographie et de navigation de 1re classe. Ecoles de médecine, de dessin et de peinture. Chaires de chimie appliquée aux arts, de géométrie et de mécanique appliquée, d'agriculture. Institution des sourds-muets. Chef-l. de la 11e div. milit. Gîte d'étape. Direct. des douanes. Syndicat marit. Consulats étrangers. Archevêché. 8 cures. ✉. ⌀ (petite poste). Pop. 104,686 h. *Etablissement de la marée du port,* 6 heures 35 minutes.— TERRAIN d'alluvions modernes voisin du terrain tertiaire supérieur.

Autrefois capitale de la Guienne et du Bordelais, archevêché, parlement, cour des aides, généralité, intendance, amirauté, sénéchaussée, présidial, juges-consuls, hôtel des monnaies, maîtrise des eaux et forêts, table de marbre, bureau des cinq grosses fermes, élection, université, bureau des finances, académies des sciences et arts, chambre syndicale, 2 colléges, 3 séminaires, commanderie de Malte, chartreuse, abb. ordre de St-Benoît, et plusieurs couvents. — L'archevêché de Bordeaux fut fondé avant l'an 300 ; il avait pour suffragants les évêques d'Agen, d'Angoulême, de Saintes, de Poitiers, de Périgueux, de Condom, de Sarlat, de la Rochelle, de Luçon. Revenu, 60,000 liv.

La position de la ville ancienne de *Burdigala* à Bordeaux est prouvée par les mesures des routes de la Table de Peutinger et de l'Itinéraire d'Antonin, qui partent de *Mediolanum,* Saintes, *Vesuna,* Périgueux, *Aginnum,* Agen, *Elusa, Eause, Aquæ Tarbellicæ,* Aqs ; et les monuments qu'on y a trouvés, ainsi que l'édifice antique dit palais Gallien, confirment l'exactitude de ces mesures.

L'époque de la fondation de Bordeaux se perd dans la nuit des siècles. On ignore comment cette ville tomba au pouvoir des Romains ; on sait seulement que c'était dès lors une cité importante, chef-lieu des Bituriges Vibisci, sous le nom de Burdigala. Strabon est le premier qui en fasse mention sous ce nom, que lui donne aussi Ptolémée. Elle fut d'abord, comme toutes les villes, un village, un bourg, dont les maisons étaient de bois et de terre : c'est l'idée qu'en donne César (*De bello Gall.,* lib. VII) ; mais, agrandie par la succession du temps, et surtout grâce à son heureuse situation, elle devint, sous les Romains, la capitale de la seconde Aquitaine ; ils la firent entièrement démolir pour la reconstruire (an 260 de notre ère) d'après les dessins et l'architecture des cités d'Italie, et l'embellirent de plusieurs beaux édifices. C'est dans cet état qu'Ausone en a laissé une description dont on reconnaît encore de nos jours l'exactitude. La splendeur antique de Bordeaux disparut avec la présence et par l'invasion des barbares. D'abord, les Visigoths, qui la trouvèrent sur leur chemin se rendant en Espagne, la saccagèrent et l'occupèrent pendant près d'un siècle ; ils en furent chassés par Clovis, en 509, après la bataille de Vouillé. Les Sarrasins, appelés par Eudes, duc de Guienne, prirent et pillèrent la ville de Bordeaux en 729. Les Alains et les Normands, pirates du Nord, non moins insatiables que ceux du Midi, pillèrent cette ville, détruisirent ce qu'ils ne purent enlever, et abattirent la plupart des édifices. Vers 911, les ducs de Gascogne étant devenus paisibles possesseurs d'un des plus beaux pays que leur enviaient leurs rivaux, les autres grands vassaux de la couronne, la firent rebâtir, mais dans le goût barbare de leur temps, et y appelèrent de nouveaux habitants.

En 1152, Bordeaux passa sous la domination anglaise par le mariage d'Éléonore de Guienne avec Henri, duc de Normandie, depuis roi d'Angleterre. Charles VII, après avoir chassé les Anglais de la Normandie, voulut aussi leur enlever la Guienne. Fronsac, Blaye, Dax et la Roche-Guyon furent les premières villes qui tombèrent en son pouvoir. Le comte de Dunois vint ensuite mettre le siège devant Bordeaux. Cette ville n'était pas en état de soutenir un long siége ; elle se soumit et ouvrit ses portes. Dunois en prit possession au nom du roi, l'an 1451. Bordeaux se révolta l'année suivante ; le reste de la Guyenne suivit son exemple, et Talbot, l'un des meilleurs généraux que l'Angleterre eût alors, y fut envoyé avec des troupes ; mais il fut vaincu devant Castillon. Toute la Guienne rentra alors dans l'obéissance, et Charles VII arriva bientôt en personne devant Bordeaux ; il l'investit par terre, tandis que des vaisseaux, stationnés à l'entrée de la Gironde interceptaient tous les convois, et arrêtaient tous les secours. Cent députés furent alors envoyés au roi ; ils offrirent de rentrer sous son obéissance, à condition de conserver intacts leurs biens et leur vie. Mais Charles leur signifia qu'ils pouvaient se retirer, que son intention était de se rendre maître de la ville, et d'en avoir tous les habitants à discrétion ; afin que leur punition servît d'exemple aux siècles à venir. Les Bordelais se rendirent alors à discrétion. Ils payèrent une amende de cent mille marcs d'argent, perdirent leurs priviléges, prêtèrent un nouveau serment, et firent sortir la garnison anglaise. — Au milieu de l'été de 1548, les paysans de plusieurs villages se refusèrent absolument d'aller prendre le sel aux greniers qui leur étaient assignés. Les habitants de Bordeaux, ardemment attachés à leurs priviléges, auxquels l'impôt de la gabelle portait atteinte, prirent les armes, s'emparèrent de l'hôtel de ville, mirent en fuite plusieurs magistrats, et massacrèrent le lieutenant du gouverneur, Tristan de Monneins, ainsi que quelques commis de la gabelle ; mais bientôt les séditieux furent battus ou pris, et les plus coupables punis du dernier supplice. Tout était calmé, lorsque Henri II, qui commençait à régner, crut devoir punir d'une manière tout exemplaire tous les habitants de Bordeaux. Il envoya dans cette ville, à la tête d'une forte armée, le connétable Anne de Montmorency, qui, bien que la ville n'opposât aucune résistance, fit pointer le canon sur les murs et y entra de force, comme dans une ville prise d'assaut. Une contribution de 200,000 livres fut imposée aux habitants, qui furent en outre obligés de livrer leurs armes. « Le peuple, dit de Thou, fut privé de tous ses priviléges, du droit d'élire un maire et des jurats, de faire des assemblées de ville, de tenir des sceaux, d'exercer aucune juridiction, d'avoir un trésor commun, et des possessions publiques. La maison de ville devait être rasée, et toutes les cloches des églises transportées dans les châteaux, qui seraient fortifiés aux dépens du peuple. Il fut condamné encore à équiper à ses frais deux galères pour servir à la défense des gouverneurs contre les entreprises des citoyens mêmes. Enfin, pour expier l'horrible attentat qu'ils avaient commis contre la personne de Monneins, la sentence portait qu'ils le déterreraient eux-mêmes, non avec le secours de quelque instrument, mais avec leurs propres ongles, et que le corps de ce seigneur serait conduit de nouveau à la sépulture par les jurats, et six-vingts bourgeois en habits de deuil, et le flambeau à la main » (de Thou, liv. v, p. 458). Toutefois, cette punition ne parut pas encore suffisante au duc de Montmorency ; il avait amené avec lui des juges qui, après avoir fait le procès à la ville, condamnèrent, de dix en dix maisons, un Bordelais à être pendu et la plupart des officiers municipaux à être suppliciés sur la place publique. Il y en eut de brûlés, de pendus vifs, de pendus aux battants des cloches qu'ils avaient sonnées. Après avoir exercé ces actes de barbarie sur les malheureux habitants de Bordeaux, le connétable de Montmorency se déshonora par un trait de férocité qui a couvert à jamais son nom d'ignominie. Un des jurats de Bordeaux, nommé Lestonat, ayant été condamné à perdre la vie en vertu des jugements précités, la femme de ce magistrat vint se jeter aux pieds du connétable pour lui demander la grâce de son mari. Elle était d'une beauté rare. Montmorency en fut frappé, et lui fit entendre que la grâce qu'elle sollicitait dépendait du sacrifice de son honneur; condition à laquelle cette femme eut l'héroïsme ou la faiblesse de consentir. Après avoir passé la nuit avec elle, le connétable ouvrit une des fenêtres de son appartement, et le premier objet qui frappa les yeux de cette malheureuse femme fut une potence à laquelle était suspendu le corps de son mari (*Histoire de Bordeaux*, par Dom de Vienne). Une telle situation eut cependant un terme. Les Bordelais, poussés à bout, firent entendre au roi leurs réclamations, et leur voix fut enfin écoutée. Le parlement fut réintégré; on remit à la ville une partie de l'amende exigée, et la plupart de ses privilèges lui furent restitués; l'édit qui renferme ces dispositions porte la date du mois d'août 1550.

Bordeaux reconnut Henri IV, mais après délibération publique; on députa vers lui pour le supplier de rentrer dans le giron de l'Église romaine. — Le 25 novembre 1615, Louis XIII épousa dans l'église de St-André de Bordeaux l'infante d'Espagne; quelques jours auparavant, on avait célébré dans la même église les fiançailles de la sœur de ce roi avec le prince de Castille, fils de Philippe III. — En 1635, une insurrection éclata à Bordeaux au sujet d'un édit du roi qui établissait un nouvel impôt d'un écu par tonneau de vin sur les cabaretiers. — En 1675, une nouvelle révolte éclata dans cette ville à l'occasion de l'établissement de l'impôt du papier timbré et de la marque d'étain. La sédition fut réprimée par la fermeté du maréchal d'Albret, qui, pour punir les habitants, les contraignit de loger à discrétion pendant plus de six mois 18 régiments d'infanterie et 4 régiments de cavalerie. — En 1787, le parlement de Bordeaux, ayant refusé d'enregistrer les édits bursaux, fut transféré à Libourne, où il resta pendant quatre mois. — En 1793, Bordeaux subit le joug de la Montagne : Tallien et Isabeau vinrent lui notifier ses ordres, et pendant dix mois firent exécuter dans cette ville les ordres du gouvernement révolutionnaire. — En 1814, le maire de Bordeaux, Linch, livra aux Anglais, réunis aux Espagnols et aux Portugais, l'entrée de cette ville où il fit proclamer les Bourbons. — Lors du retour de Napoléon, la duchesse d'Angoulême, après avoir vainement pressé les troupes en garnison à Bordeaux de prendre les armes pour les Bourbons, fut obligée de quitter cette ville, où s'avançait le général Clausel, pour aller s'embarquer à Pauillac. — Il s'est tenu à Bordeaux 18 conciles.

Les **armes de Bordeaux** sont : *de gueules à un château d'argent sommé d'un lion* (alias *d'un léopard*) *passant d'or. Au bas des murailles coule un fleuve d'azur chargé d'un croissant montant d'argent; au chef d'azur chargé de trois fleurs de lis d'or*, et pour devise : LILIA SOLA REGUNT LUNAM VNDAS CASTRA LEONEM.

La ville de Bordeaux est dans une situation magnifique et très-avantageuse pour le commerce, sur la rive gauche de la Garonne, qui y forme un vaste port. Son enceinte s'est beaucoup agrandie sous Henri II et sous Édouard III; et la ville s'accrut et s'embellit sensiblement, après avoir été entièrement affranchie du joug étranger sous le règne de Charles VII, en 1451. Toutefois, la véritable splendeur de Bordeaux ne remonte guère au delà du règne de Louis XVI, époque où M. de Tourny, intendant de la province de Guienne, étendit immensément son enceinte, et traça le plan des embellissements qu'on y admire.

Bordeaux présente, à partir du magasin des vivres de la marine aux chantiers de construction, c'est-à-dire en suivant la courbure de la Garonne, qui a plus de 4 k. de développement, un croissant dont la partie orientale comprend la ville, et la partie occidentale le faubourg des Chartrons (remarquable par son étendue, par la beauté de ses édifices et par la richesse de ses habitants, presque tous adonnés au commerce). Quand on y arrive par eau du côté de Blaye, la largeur excessive de la Garonne, les vaisseaux de tant de pays différents et en aussi grand nombre, fixés au port, les édifices modernes qui s'élèvent sur les quais et forment avec le fleuve un arc parfait, présentent le point de vue le plus varié et le plus admirable. L'arrivée à Bordeaux par Saint-André-de-Cubzac et Libourne offre encore un spectacle plus magnifique et plus grand.

Bordeaux se divise en ville ancienne et en quartiers neufs. L'ancienne ville présente quelques rues étroites et tortueuses, des places irrégulières et resserrées, des maisons assez laides, presque toutes cependant en pierres de taille; les quartiers neufs sont d'une grande magnificence; plusieurs sont remarquables par leur architecture du moyen âge, et le pittoresque de cette partie de la ville est souvent même de l'effet le plus gracieux. La rue du Chapeau-Rouge, la plus grande et la plus belle rue de Bordeaux, dont la largeur forme une belle place oblongue depuis le port jusqu'au grand théâtre, s'étend jusqu'à l'extrémité de la ville, qu'elle divise en deux parties égales, l'ancienne et la nouvelle au nord. Les allées de Tourny; les différents cours; l'hôtel de la préfecture; la salle de spectacle; la bourse; le palais royal; la douane; le palais de justice; le jardin public, et surtout le beau pont nouvellement construit sur la Garonne, sont des objets dignes d'admiration, qui rivalisent avec les plus beaux établissements de ce genre situés dans les villes les plus riches de l'Europe. — Sur le port est une belle porte de ville, en forme d'arc de triomphe, nommée porte de Bourgogne, qui termine les fossés des Salinières, promenade en forme de boulevards; à droite de ces fossés est une autre porte de ville ouverte sous l'ancien hôtel de ville, bâtiment de forme gothique. A gauche se déploie le nouveau Bordeaux; le cours de Tourny, qui conduit au faubourg des Chartrons; non loin est la rue de l'Intendance, qui en s'éloignant à son extrémité forme la rue du Chapeau-Rouge, ornée de superbes édifices, parmi lesquels on distingue l'hôtel Fonfrède, la préfecture; à gauche est la salle de spectacle, le plus bel édifice en ce genre que possède la France. Au bout de cette rue est la bourse, dont la salle est magnifique.

Le port embrasse presque toute l'étendue demi-circulaire de la rivière, et peut contenir plus de mille navires; il est sûr, commode, et offre un coup d'œil imposant par la quantité de vaisseaux de toutes les grandeurs et de toutes les nations qui y sont continuellement mouillés : son développement est de 3,700 m. La largeur de la rivière devant la place Royale est de 660 m.; sa profondeur est de 6 m., et de 12 m. dans le maximum du reflux. En tout temps, des navires de 500 à 600 tonneaux peuvent y arriver; ceux d'un tonnage plus élevé sont souvent obligés de laisser une partie de leur cargaison à Blaye ou à Pauillac. La construction du pont, qui a coupé la rade en deux, ne permet plus que les navires aillent mouiller en amont du fleuve; cependant le port peut encore contenir 1,000 à 1,200 navires. A l'une des extrémités du port est le quartier des Chartrons, au centre est la place Royale qui règne en fer à cheval sur la Garonne, et l'emplacement du château Trompette, maintenant remplacé par un quartier neuf, par de grands établissements de bains et de belles promenades; à l'autre extrémité sont les chantiers de construction.

La Garonne est bordée de quais larges, sans parapets, qui descendent par une pente douce jusqu'au bord du fleuve, où les barques peuvent en tout temps être déchargées. Le quai des Chartrons est une des belles chaussées qui existent en France; il est bordé de maisons qui n'ont entre elles aucune uniformité, mais qui n'en présentent pas moins un ensemble aussi agréable qu'imposant par leur élévation et la beauté de leur architecture; on en compte près de trois cents, habitées par de riches négociants, qui en rend ce faubourg l'un des plus beaux et des plus riches de l'Europe. Des chais ou celliers occupent une grande partie des Chartrons; il en est qui contiennent cinq ou six cents, et même jusqu'à mille tonneaux de vins. A l'extrémité inférieure est l'ancien bâtiment du moulin des Chartrons, vaste établissement construit originairement pour moudre mille quintaux de grains en vingt-quatre heures, au moyen de vingt-quatre paires de meules mues sans interruption par le flux et le reflux de la Garonne; mais le dépôt journalier des vases ayant obstrué les canaux, il est aujourd'hui affecté à une fabrique de poterie fondée par M. Johnston.

Parmi les nombreux édifices et établissements publics de Bordeaux, on remarque principalement les suivants :

PALAIS GALLIEN. Quoique Bordeaux ait été l'une des villes les plus considérables des Gaules sous les Romains, il n'y reste que de faibles vestiges de leur puissance. Le cirque, appelé improprement palais Gallien, qui était encore presque intact en 1792, est sur le point d'être entièrement détruit, et cependant le peu qu'il en reste excite un puissant intérêt. L'arène proprement dite, qui était de forme elliptique et de 77 m. sur 55, n'offre plus que six enceintes obstruées par des constructions particulières. Les deux portes des deux extrémités du grand diamètre de l'ellipse subsistent encore presque tout entières; elles ont 9 m. de hauteur et 6 m. de largeur.

L'ÉGLISE CATHÉDRALE, dédiée à saint André, est un bel édifice gothique, qui date, dit-on, du IXᵉ siècle. Détruite par les Normands, le peuple le plus dévastateur du moyen âge, elle fut reconstruite d'abord par les soins d'un pape, et ensuite par les Anglais, qui l'achevèrent dans le XIIIᵉ siècle, lorsqu'ils possédaient la Guienne. C'est une très-vaste et très-belle basilique, malgré le défaut d'harmonie et de régularité qui dépare sa plus grande et sa plus belle nef, d'une largeur étonnante. La nef du chœur, plus élevée encore, mais d'une moindre largeur, est parfaitement régulière, ainsi que les nefs latérales. L'église, dans sa longueur, 126 m. d'une extrémité à l'autre. La nef du chœur est un chef-d'œuvre de hardiesse.

Avant la restauration du culte, la grande nef était fermée à son extrémité. On y a pratiqué depuis une ouverture que nous sommes obligé de désigner sous la modeste qualification de porte, bien qu'elle prétende à l'honneur de donner seule entrée aujourd'hui aux têtes couronnées. Certes, le moyen âge lui avait fait une part bien plus brillante. Rien n'égale, en effet, la richesse et le luxe de ce portail, maintenant étouffé dans une étroite sacristie, et par lequel les rois de France et leurs représentants, les gouverneurs et les archevêques, faisaient jadis leur entrée solennelle. Quatre grandes voussures en retraite entourent le tympan. Les trois plus petites contiennent chacune dix personnages, la plus grande douze. Dans la première sont les anges qui ne présentent aucune particularité remarquable. Dans la seconde, des anges encore portant des encensoirs, des ciboires, des ostensoirs et des bandelettes. Dans la troisième, les quatre personnages du sommet sont des anges ayant des roues sous leurs pieds, emblèmes peut-être de la rapidité avec laquelle ils transmettent les ordres du Seigneur. Les six autres personnages sont des religieux tenant dans les deux mains des objets carrés ressemblant à des reliquaires ou à des livres à fermoirs. Enfin, dans la quatrième, les deux personnages du haut nous ont paru être Salomon et David; ce dernier surtout est reconnaissable à sa harpe. Les autres portent des bandelettes. Le tympan est divisé en trois parties : dans la plus élevée on voit huit anges, dont les deux du milieu portent le soleil et la lune; la seconde représente le jugement dernier. A droite et à gauche du Christ sont deux anges et deux personnages à genoux, attendant, en prières, les paroles de leur juge. Enfin, la scène inférieure est la résurrection des morts. Le portail paraît être du commencement du XIIIᵉ siècle, ainsi que le prouveraient au besoin les arcades trilobées qui décorent la partie supérieure, et le style de la sculpture. — Au sud de la nef, et en avant de l'ancien jubé, une porte à ogive romane donne entrée dans les cloîtres. Ils sont assez bien conservés, mais nullement entretenus. Ils remontent évidemment à la fin du XIIIᵉ siècle.

La façade du midi contient trois divisions principales en largeur et en hauteur. Deux tours quadrilatères flanquent les extrémités, attendant les deux flèches qui devaient les couronner.

Le portail est composé de trois voussures en retraite, reposant sur des niches dont les statues ont été enlevées. A droite et à gauche, deux autres niches sont surmontées de pinacles. De ces trois voussures, deux contiennent chacune dix statues, et la troisième douze. Les personnages de la plus petite sont des anges qui n'offrent rien de particulier. La seconde compense largement la médiocrité de la première. Les vierges folles à gauche et les vierges sages à droite y sont représentées avec leurs attributs ordinaires, la lampe droite et la lampe renversée. Il est facile de reconnaître les douze apôtres dans les personnages de la troisième voussure.

L'abside est formée par trois galeries placées, l'une sur les murs extérieurs et au-dessus des chapelles, l'autre au-dessus du pourtour, et la troisième au-dessus du chœur. De vastes arcs-boutants partent du haut des contre-forts extérieurs, viennent soutenir le sommet du chœur, et correspondent aux piliers intérieurs de l'abside. Chacun d'eux est formé d'une galerie inclinée, ornée, sur une hauteur d'environ deux mètres, de découpures verticales à trèfles et à jour.

La façade du nord offre un singulier mélange de l'architecture de deux époques. La rose et le portail paraissent appartenir au commencement du XVᵉ siècle, tandis que les galeries qui les séparent sont évidemment du XIVᵉ. Le portail se compose de trois voussures : la première renferme dix personnages, des anges; la seconde, les douze apôtres; la troisième, Moïse et David, au sommet, et douze moines encapuchonnés. Le tympan se divise en trois parties qui représentent les deux actes principaux de la vie de Jésus-Christ; la cène occupe la partie inférieure; dans celle du milieu, les douze apôtres assistent à l'Ascension de Jésus-Christ, dont la tête se perd déjà dans les nuages. Enfin, dans la partie supérieure, le Père éternel, entouré de quatre anges, s'apprête à recevoir son divin Fils. Les trois voussures reposent de chaque côté sur trois niches, d'une grande dimension. Au milieu et sur le pilier qui partage le portail en deux et supporte le tympan est placée la statue de Bertrand de Gouth, archevêque de Bordeaux, devenu pape sous le nom de Clément V. — Sur cette façade se trouvent ces deux flèches élancées, d'une hauteur de 80 m., qui font de la cathédrale de Bordeaux un des monuments les plus remarquables que nous ait légués le moyen âge.

Une tour, d'un bon style gothique, nommée tour de Peyberland, et séparée de la cathédrale, lui sert de clocher. Elle fut construite de 1481 à 1530, par les soins et aux dépens de P. Berland, archevêque de Bordeaux.

L'ÉGLISE ST-MICHEL fut construite en 1160, pendant la domination des Anglais; elle est d'ordre gothique, et d'un style d'architecture plus pur et plus régulier que celui de la cathédrale. Cette église est surtout remarquable par son clocher, qui servait à la fois, par son élévation, de beffroi pour avertir le peuple pendant les guerres civiles, et, par sa solidité, de forteresse pour le garantir. Des balles, empreintes sur sa surface, attestent qu'il brava souvent la mousqueterie des divers partis. Un télégraphe a été placé sur cette tour en 1823.

Les caveaux souterrains de ce clocher jouissent de la propriété de conserver sans putréfaction, même sans altération, les cadavres qui y sont ensevelis depuis des siècles.

L'ÉGLISE STE-CROIX passe pour être la plus ancienne de Bordeaux; car on fait remonter l'époque de sa fondation à la moitié du VIIᵉ siècle, sous le règne de Clovis II. Cette église, ainsi que le monastère dont elle faisait partie, furent détruits par les Sarrasins; Charlemagne les fit reconstruire. Dans la suite, les Normands les pillèrent; mais ils furent reconstruits de nouveau au commencement du XIᵉ siècle. Le portail de cette église est extrêmement curieux, et décoré de figures, de symboles et d'allégories mystiques, dans lesquels quelques personnes croient reconnaître des obscénités, mais où M. Jouannet, à qui l'on doit une explication de ces allégories, n'a rien vu que de très-moral.

L'ÉGLISE DE ST-SEURIN, d'une construction irrégulière, paraît être antérieure à toutes les autres églises de Bordeaux; elle offre des constructions de différents âges, et possède plusieurs morceaux d'architecture dignes de fixer l'attention des amateurs. On y remarque une crypte ou chapelle souterraine, dédiée à saint Fort et renfermant son tombeau, qui attire chaque année, au mois de mai, une foule considérable de nourrices et de mères, qui viennent invoquer le saint pour attirer sur leurs enfants la force et la santé. Cette crypte est composée d'une nef voûtée à plein cintre et de deux bas côtés; le tout ayant 14 m. 33 c. de long sur 10 m. de large. La nef est partagée en deux parties égales; celle du fond renferme l'ancien tombeau de saint Fort, espèce de caisse en pierre brute de 3 m. de long sur 1 de large, au-dessus de laquelle on a érigé une élégante construction, dont les détails annoncent un ouvrage de la renaissance. On y remarquait autrefois le tombeau du célèbre paladin Roland, enterré primitivement à Blaye, mais dont le corps fut dans la suite transféré à Bordeaux.

L'ÉGLISE NOTRE-DAME, une des plus belles et des plus régulières de Bordeaux, fut fondée en 1230, et rebâtie à la moderne en 1701. On y admire la hardiesse, la largeur, l'étendue et l'élévation de sa principale nef, décorée de pilastres d'ordre corinthien; le maître-autel est en marbre blanc; le tabernacle est orné de deux anges de grandeur naturelle et surmonté de groupes d'anges d'un aspect aérien et pittoresque.

L'église des Feuillants, aujourd'hui l'église du Collège, est remarquable par le tombeau, en marbre blanc, de Michel Montaigne, décédé le 13 septembre 1592. Il est étendu sur sa tombe, vêtu d'une cotte de mailles ; son casque et ses brassards sont à ses côtés, un livre est à ses pieds. On y lit deux inscriptions : l'une grecque, très-emphatique ; l'autre latine, très-amphigourique.

L'hôtel de ville, ancienne résidence des archevêques de Bordeaux, a souvent changé de destination. Devenu palais de justice en 1791, hôtel de préfecture en 1803, château royal en 1815, cet édifice a été converti en hôtel de ville en 1836. Le plan est un vaste quadrilatère borné par les rues de Rohan et de Montbazon, par une portion des allées d'Albret et par la place de la Cathédrale. La porte d'entrée s'ouvre sur cette place, entre deux péristyles uniformes, d'une noble architecture. Une vaste cour, ayant à droite et à gauche deux bâtiments parallèles, conduit à un perron, d'où l'on entre dans l'intérieur du palais. Les appartements sont distribués avec beaucoup de goût et décorés avec luxe. Le vestibule, les grandes salles du rez-de-chaussée et du premier étage, où l'on monte par un bel escalier en limaçon, répondent à la beauté extérieure de l'édifice, qui offre un aspect imposant par sa longueur et par son élévation. Un vaste et beau jardin, fermé par une superbe grille, s'étend sur le côté opposé à la façade, en face des allées d'Albret.

Le grand théatre, construit sous le règne de Louis XVI, par le célèbre architecte Louis, sur l'emplacement du temple antique de Tutelle, détruit en 1677. Il est entièrement isolé, et occupe un des côtés d'une belle place carrée. Le péristyle, en voûte plate, est décoré de douze magnifiques colonnes d'ordre corinthien ; la frise, qui est au-dessus, est couronnée d'une balustrade qui porte douze statues répondant à chacune des colonnes. Les trois faces du même ordre que les colonnes du péristyle. Du portique on passe dans un vestibule majestueux et d'une extrême hardiesse, dont la voûte plate, ornée de belles rosaces, est soutenue par des colonnes cannelées, d'ordre dorique. Dans le fond de cet immense vestibule se développe, à droite et à gauche, un double et vaste escalier, d'une forme noble et hardie, éclairé par la coupole, et non moins riche de sculpture que d'architecture : il conduit à un second vestibule, soutenu par un péristyle de huit colonnes ioniques, d'où le public se distribue dans les diverses parties de la salle. Douze colonnes cannelées, d'ordre composite et du plus grand module, élèvent, dans cette salle, leurs chapiteaux dorés jusqu'au plafond, en séparant en autant de balcons chaque rang de loges. Le théâtre, par son immense étendue, répond parfaitement au grandiose de l'édifice, et ne le cède en grandeur à aucun autre théâtre connu. Au-dessus du vestibule est une belle salle de concert, de forme ovale, distribuée en trois rangs de loges et ornée de belles colonnes cannelées, d'ordre ionique. Un grand foyer d'hiver, une grande galerie d'été ornée des bustes des grands maîtres de la scène française, deux cafés et divers appartements occupent le reste de cet édifice, qui fut construit par les soins du duc de Richelieu, et ouvert, le 8 août 1780, par la plus belle de nos tragédies françaises, Athalie, qui fut représentée trois jours de suite.

Bourse. La bourse de Bordeaux est un vaste édifice, parallèle à l'hôtel des douanes, qui forme l'aile gauche de la place Royale. L'escalier principal, décoré de belles peintures, offre un aspect imposant. Au premier étage sont les salles du conseil et du tribunal de commerce, et de vastes salles destinées aux ventes publiques, éclairées et chauffées pendant l'hiver. Au centre de l'édifice est une vaste salle décorée d'un double rang d'arcades couronné par un entablement ; un balcon règne dans tout le pourtour au niveau du premier étage. Deux cadrans, placés en regard l'un de l'autre, ajoutent à la décoration intérieure de cette salle immense, regardée comme une des plus belles bourses de l'Europe : l'un de ces cadrans indique les heures et leurs nombreuses divisions ; l'autre, les différentes aires de vents. Tout l'édifice est éclairé par le gaz.

Hôpitaux. L'hôpital St-André, le plus ancien de Bordeaux, date de 1390. Des signes d'une ruine prochaine s'étant manifestés dans presque toutes ses parties, ont déterminé le conseil municipal de Bordeaux à en voter la suppression et la construction du grand hôpital destiné à le remplacer.

Le Grand-Hôpital, aujourd'hui achevé, est situé sur la partie la plus élevée de la ville. La principale façade donne sur la place du Fort-du Hâ ; elle est décorée, au centre, d'un frontispice de quatre colonnes doriques, et d'un fronton surmonté d'un dôme. Les trois autres côtés, qui couvrent ce vaste établissement, sont isolés. Rien n'a été omis pour l'assainissement de cet hôpital, qui offre aux malades 740 lits ordinaires et 18 chambres particulières ; cinq cours et huit jardins y entretiennent la circulation d'un air pur ; un puits immense et une machine hydraulique lui procurent en abondance d'excellente eau ; des canaux souterrains en débarrassent journellement les immondices, qu'ils conduisent au ruisseau du Peugne.

Bibliothèque publique. Cette bibliothèque occupe un beau local, dont la principale partie donne sur la façade des allées de Tourny. Elle doit sa fondation à M. J.-J. Bel, membre de l'académie de Bordeaux, qui légua à cette compagnie, en 1738, son hôtel et sa bibliothèque, à condition qu'elle serait publique. Depuis lors elle s'est considérablement accrue des dons de MM. Cardoz, Barbot, Beaujon, de la réunion de plusieurs bibliothèques de couvents supprimés à l'époque de notre première révolution, et de plusieurs ouvrages de prix donnés par le gouvernement. On y compte aujourd'hui environ 128,000 volumes, au nombre desquels sont plusieurs livres rares, des éditions du xve siècle, et quelques manuscrits précieux.

Cabinet d'histoire naturelle. Il occupe le même local que la bibliothèque. La conchyliologie est la partie la plus complète de cette collection ; elle offre tout ce qui est connu en ce genre, divisé méthodiquement par familles, et chaque objet porte un numéro désigné dans le catalogue. L'ornithologie est assez considérable ; les oiseaux sont bien choisis et surtout bien empaillés. Les autres collections sont plus ou moins complètes.

Musée. Divers établissements sont compris sous cette dénomination : outre la bibliothèque et le cabinet d'histoire naturelle, ce sont : le dépôt des antiques, la galerie de tableaux, l'école de dessin et de peinture, et l'observatoire. — Le dépôt d'antiques n'est pas riche, et n'offre que des fragments d'un ordre secondaire. — La galerie de tableaux a été placée au rez-de-chaussée de la mairie. On y remarque quelques tableaux des écoles française, flamande et italienne.

Places. On compte à Bordeaux quarante places publiques. Les plus remarquables sont les places Royale, Tourny, Dauphine, Richelieu. — La place Royale donne sur le quai ; elle est bordée d'un côté par la bourse, et de l'autre par l'hôtel des douanes. A cause de sa proximité du port et de la bourse, elle est le lieu de réunion des forains aux mois de mars et d'octobre. — La place Tourny est située à la jonction des cours de Tourny et du jardin public, des allées de Tourny et de la rue Fondandège. Elle est décorée de la statue pédestre, en marbre blanc, de l'illustre M. de Tourny, à qui Bordeaux doit ses principaux embellissements. — La place Dauphine, commencée en 1601, reçut son nom à l'occasion de la naissance du dauphin, depuis Louis XIII. Sa forme circulaire, la grandeur et la régularité des édifices qui l'entourent, la mettent au rang des plus belles places de Bordeaux. Le cours de Tourny s'y termine ; en face commence la rue Dauphine, les fossés de l'intendance y aboutissent ; et sur la droite, parallèlement au cours de Tourny, s'ouvre la longue rue du Palais-Gallien, formant avec ce cours un angle droit. — La place Richelieu présente, du côté de la rivière, un très-beau massif de maisons remarquables par leur élévation, par la beauté et la régularité de leur architecture. La maison Fonfrède, située à l'angle de cette place et de la rue du Chapeau-Rouge, est particulièrement digne d'attention.

Promenades. Bordeaux s'enorgueillit avec justice de ses promenades, qui peuvent passer pour les plus belles de France. Elles se déploient sur une vaste étendue, et forment une enceinte ombragée, large et très-bien entretenue. Le jardin public, avec sa terrasse, ses carrés de verdure, ses allées et ses massifs d'ombrages, occupe environ neuf hectares de superficie. Les allées de Tourny sont les plus jolies promenades de la ville ; viennent ensuite les cours de Tourny, du Jardin-Public, d'Albret, de St-André, de St-Louis et d'Aquitaine. Une nouvelle promenade des plus heureusement situées appelle aujourd'hui la foule, et peut, les jours de fête, contenir la nombreuse population de Bordeaux. C'est un parallélogramme dont l'aire, terminée en hémicycle à l'ouest, est bordé à l'est par une terrasse, d'où l'on découvre le port, toute la rade, la plaine de l'autre rive et toute sa riante ceinture de collines. Les grands côtés de l'aire sont accompagnés d'une triple allée. Deux quinconces, l'un au sud, l'autre au nord, ayant chacun 280 m. de long sur 80 m. de large, encadrent la place et ses allées.

PONT DE BORDEAUX. Ce pont est un monument unique par la difficulté que présentait son exécution. Il est composé de dix-sept arches en maçonnerie de pierre de taille et de brique, reposant sur seize piles et deux culées en pierre. Les sept arches du milieu sont d'égale dimension et ont 26 m. 49 c. de diamètre. L'ouverture de la première et de la dernière arche est de 20 m. 84 c.; les autres sont de dimensions intermédiaires et décroissantes. Les voûtes ont la forme d'arcs de cercle dont la flèche est égale au tiers de la corde. L'épaisseur des piles est de 4 m. 20 c.; elles sont élevées à une hauteur égale au-dessus des naissances, et couronnées d'un cordon et d'un chaperon. Elles se raccordent avec la douelle des voûtes au moyen d'une voussure qui donne plus de grâce et de légèreté à l'ensemble du monument, en même temps qu'elle facilite l'écoulement des eaux et des corps flottants. La pierre et la brique sont distribuées sous les voûtes de manière à simuler l'appareil des caissons d'architecture au moyen de chaînes transversales et longitudinales. Dans l'élévation géométrale, les voussoirs en pierre sont extradossés sur le dessin d'une archivolte. Le tympan, ou l'intervalle entre deux arches, est orné du chiffre royal entouré d'une couronne de chêne, et sculpté sur un fond de briques. Au-dessus des arches règne une corniche à modillons d'un style sévère. Deux pavillons décorés de portiques avec colonnes d'ordre dorique sont élevés à chaque extrémité du pont. Le parapet est de 1 m. 5 c. de hauteur du côté de la chaussée; la largeur de chaque trottoir est de 2 m. 50 c., et celle de la chaussée de 9 m. 86 c.; la largeur totale du pont est de 14 m. 86 c. — Une pente légère, partant de la cinquième arche de chaque côté, et descendant vers les rives, facilite le raccordement de la chaussée du pont avec les places et les quais aux abords, et favorise l'écoulement des eaux. La longueur du pont entre les culées est de 486 m. 68 c. Il a 52 m. 50 c. de plus que le pont de Tours, et 109 m. 68 c. de plus que le pont de Waterloo à Londres. Il a été commencé en 1811 et achevé en 1821.

On remarque encore à Bordeaux : l'hôtel des douanes, édifice parallèle à la bourse, et qui en forme l'heureux pendant; l'entrepôt réel; l'hôtel des monnaies; l'archevêché; la maison Fonfrède; la maison où vécut Montaigne (rue des Minimes); l'hôtel de ville; la tour de l'horloge; la prison du fort du Hâ; le collège; le théâtre françois; le jeu de paume; les deux temples protestants; la synagogue; le petit séminaire; les bains publics; les hospices des aliénés, des incurables, de la maternité et des vieillards; l'école de natation; l'entrepôt; les chantiers de construction; le dépôt des bois de la marine; l'abattoir général; la galerie bordelaise; le bazar; le jardin de botanique; les verreries des Chartrons; le magasin des vivres de la marine; la manufacture des tabacs; les fontaines de St-Projet, de la Grave et du Poisson salé; le jardin des plantes; la pépinière départementale; le vaste cimetière de la ville, etc., etc., etc. — Deux puits, situés rue de la Rousselle, fournissent des eaux minérales froides dont il a été fait plusieurs analyses.

Biographie. Bordeaux est le lieu de naissance d'un grand nombre d'hommes célèbres : les principaux sont :

Le poëte Ausone.
L'évêque saint Paulin.
Le pape Clément V.
Le général anglais connu sous le nom du Prince Noir.
Gérard du Haillland, auteur d'une *Histoire de France depuis Pharamond jusqu'à la mort de Charles VII*.
Jos. de Voisin, prédicateur et auteur latin, mort en 1685.
Jos.-Fr. Lafitau, voyageur historien, mort en 1740.
P.-Fr. Lafitau, évêque de Sisteron, mort en 1764.
Jos. Despaze, poëte satirique, auteur, entre autres ouvrages, de la *Vie privée des membres du directoire*.
Souriguères, poëte et auteur dramatique, auteur du *Réveil du peuple*.
Berquin, surnommé à juste titre l'*Ami des enfants*, à l'instruction et à l'amusement desquels il consacra sa plume.
Lebrun de Charmettes, littérateur distingué, sous-préfet sous la restauration.
Et. Gosse, fabuliste et littérateur.
Et. Barrau, littérateur.
P.-A. Dufau, historien et littérateur.
Le publiciste Ev. Dumoulin.
Le poëte Géraud.
J.-J. Bel, jurisconsulte, auteur du *Dictionnaire néologique*.
Aymar de Ranconnet, jurisconsulte, mort de douleur à la Bastille en 1559; la misère l'avait réduit à être simple correcteur des Estienne. On a de lui : le *Trésor de la langue françoise tant ancienne que moderne*.
J.-B. Duvergier, avocat distingué et savant jurisconsulte, auteur, entre autres ouvrages, d'un recueil intitulé : *Collection complète des lois, décrets, règlements et avis du conseil d'État*. Il a concouru pendant six années à la rédaction du *Recueil des lois et écrits de Sirey*, et en société avec Guadet et Dufau à la publication des *Constitutions, Chartes, et c., de tous les peuples de l'Europe et des deux Amériques*, 6 vol. in-8.
M. Dufaure, ancien ministre, membre de la chambre des députés.
Aug. Roux, professeur à la faculté de médecine de Paris, auteur des *Annales typographiques*, et de plusieurs savants mémoires concernant la chirurgie et la médecine.
Magendie, célèbre médecin, membre de l'Institut et de l'académie royale de médecine.

Le S. Mialle, auteur d'ouvrages sur le magnétisme.
Le jésuite Yv. de Valois, professeur d'hydrographie, auteur de: *Science et pratique du pilotage*, in-4, 1735.
L. Le Comte, jésuite et missionnaire, auteur de mémoires sur la Chine, mort en 1729.
P.-F. Latapie, botaniste.
Ed. Degrange, arithméticien.
Ch. Dupaty, statuaire, membre de l'Institut.
Le célèbre peintre A.-Ch.-H. Vernet, plus connu sous le nom de Carle Vernet.
Les peintres Monvoisin, Allaux, Brascassat et Lacour.
Le graveur en médailles Andrieu.
Les compositeurs de musique Lubbert et J.-D. Garat.
P. Gelin, inventeur de la méthode du méloplaste.
Les célèbres violonistes Rode et Gavinies.
Les chanteurs P.-J. Garat et Lais.
L'acteur des Français Ligier.
Les danseurs Trenitz, Paul et Albert.
Roger Ducos, député à la convention nationale, membre du conseil des anciens, membre du directoire, consul, sénateur, etc.
Gensonné, membre de la convention nationale, mort sur l'échafaud révolutionnaire le 31 octobre 1793.
Boyer Fonfrède, membre de la convention nationale, mort sur l'échafaud révolutionnaire le 31 octobre 1793.
J.-F. Ducos, membre de la convention nationale, mort sur l'échafaud révolutionnaire le 9 brumaire an II.
Grangeneuve, membre de la convention nationale, mort sur l'échafaud révolutionnaire le 21 décembre 1793.
La Case, membre de la convention nationale, mort sur l'échafaud révolutionnaire le 31 octobre 1793.
J.-Élie Gautier, législateur.
Laffond de Ladebat, député aux états généraux, à la convention et aux conseils des anciens, déporté à Cayenne après le 18 fructidor.
H.-J. vicomte de Lainé, député au corps législatif, préfet de la Gironde, président de la chambre des députés, ministre sous la restauration, pair de France, membre de l'Académie française.
A. vicomte de Martignac, ministre de l'intérieur sous la restauration.
Ch.-J. comte de Peyronnet, l'un des derniers ministres de Charles X et l'un des signataires des ordonnances de juillet 1830.
Jaubert, ancien ministre, membre de la chambre des députés.
Le comte Romain de Sèze, l'un des défenseurs de Louis XVI, membre de la chambre des pairs et de l'Académie française.
Le comte du Hamel, préfet des Pyrénées-Orientales, de la Vienne et de la Gironde sous la restauration.
Les généraux Nousouty, Ducos et Boudet.
Le fameux pirate N. Lafitte.
L'abbé de Ranzau, chef des missionnaires sous le gouvernement de la restauration.

Enfin Chronuc Duclos, que son cynisme avait fait surnommer le Diogène français.

Industrie. *Fabriques* de toiles, mousselines, indiennes, étoffes de laine, tissus de coton, gants de peau, bonneterie, cartes à jouer, bouchons de liège, instruments de musique, cordes à boyaux, barriques, amadou, bougie, savon, acides minéraux et autres produits chimiques, liqueurs et anisette renommées, instruments aratoires. Nombreuses distilleries d'eau-de-vie. Belles raffineries de sucre. Brasseries. Vinaigreries. Verreries à bouteilles. Faïenceries. Corderie pour la marine. Construction de navires. Manufacture des tabacs. Raffinerie de poudre (à St-Médard-en-Jalle près Bordeaux).

Commerce. La Garonne, dont la profondeur permet aux plus grands navires de remonter jusqu'à la ville, la Dordogne et les affluents de ces deux rivières, offrent de grandes facilités pour le commerce d'importation et d'exportation. Le commerce est aussi grandement favorisé par le canal du Languedoc, qui procure à Bordeaux une communication avec la Méditerranée. Au moyen de ce canal, Bordeaux est à même d'approvisionner le midi de la France de denrées coloniales à presque aussi bon marché que Marseille. Les vins, les eaux-de-vie et les fruits sont les principaux articles d'exportation; mais les négociants se livrent plus particulièrement au commerce des vins par commission. Les denrées coloniales forment les principaux articles d'exportation. — Bordeaux fait un commerce considérable de blés, farines, grains, vins, eaux-de-vie, esprits, chanvre, lin, résine, goudron, térébenthine, liège, huiles, savon, cuirs, denrées du Midi, comestibles, salaisons, quincaillerie, métaux, étoffes, cotons filés, bois pour la marine, agrès, denrées coloniales, etc. Centre du commerce des eaux-de-vie qui se fabriquent dans l'Armagnac, le Marmande et le pays. Entrepôt de sels. Entrepôts réels et fictifs. Commerce d'exportation et d'importation avec l'Europe entière, les colonies d'Amérique et les Indes. Armements pour la pêche de la baleine et la morue.

Les vins sont une des grandes richesses de Bordeaux. Les plus estimés sont ceux connus sous les noms de Médoc, de Haut-Bryon et des Graves. Les meilleures qualités de Médoc sont ceux de Lafitte, Latour et Château-Margaux. Ceux des Graves les plus recherchés sont ceux du Haut-Bryon, de Haut-Talence, de Mérignac, Preslac, Langon, Villenave. Une partie du vin de Médoc passe en Angleterre; les vins des Graves se consomment ordinairement en France. La plus grande partie de ceux des Palus s'embarquent pour l'Inde et les colonies; les Hollandais en tirent une quantité considérable. Les vins de côtes et autres qualités inférieures passent en grande partie en Allemagne, en Hollande et dans la ci-devant Bretagne; le surplus sert à la consommation du pays ou se convertit en eaux-de-vie et vinaigre.

Foires. Il se tient à Bordeaux deux foires principales : la première commence le 1er mars et la seconde le 15 octobre ; elles durent quinze jours. On y expose en vente des bijouteries, étoffes, cotons, etc. : elles se tiennent sur le port, la place Royale et dans la bourse ; les autres ne durent qu'un jour. La foire dite St-Fort se tient le 16 mai, sur la place des Capucins, le cours d'Albret, la place Dauphine et les fossés des Tanneurs, des Carmes, de St-Eloi et rue Ste-Eulalie. On expose à ces quatre foires toute espèce de marchandises.

Bordeaux est à 176 k. de Bayonne, 548 k. de Marseille, 577 k. de Lyon, 345 k. de Nantes, 561 k. de Paris. — Départ tous les jours et retour de bateaux à vapeur pour Langon, St-Macaire, la Réole, Marmande, Blaye, Macau, Pauillac, et deux fois par semaine pour Royan, lors de la saison des bains de mer. — Chemin de fer de Bordeaux à la Teste; la distance est de 90 k. que l'on parcourt en 90 minutes.

Buts d'excursions : aux bains de mer de Royan ; au château de la Brède (V. ce mot) ; aux châteaux de Pujeard et Lafitte ; à la tour de Cordouan ; aux beaux sites de Floirac et de Lormour. Un coteau s'élève sur la rive droite du fleuve, et domine toute la cité bordelaise; de ce point on embrasse toute l'étendue du port et de la ville, et ses clochers gothiques dont l'ensemble offre un des plus délicieux panoramas qu'il soit possible d'imaginer. Aux alentours, des sentiers agrestes et des coteaux champêtres offrent une multitude de promenades agréables, très-fréquentées dans la belle saison.

L'arrondissement de Bordeaux est composé de 18 cantons : St-André-de-Cubzac, Audenge, Belin, Blanquefort, Bordeaux, 1er J. de P., Bordeaux, 2e J. de P., Bordeaux, 3e J. de P., Bordeaux, 4e J. de P., Bordeaux, 5e J. de P., Bordeaux, 6e J. de P. ; Cadillac, Carbon-Blanc, Castelnau-de-Médoc, Créan, la Brède, Pessac, Podensac et la Teste-de-Buch.

Bibliographie. Vinet (E.). *Discours de l'antiquité de Bordeaux et de celle de Boulogne-sur-Mer*, in-4, 1565.

De Fonteneil. *L'Antiquité et l'Histoire des monuments de Bordeaux*, 2 vol. in-4, 1631.

Lurbe (G.). *Chronique bourdeloise, traduite en françois et augmentée par l'auteur jusqu'en* 1594, in-4, 1594. La même avec le supplément jusqu'en 1619 par Jean Darnalt, in-4, 1619 et 1620. Autre édition, in-4, 1672, augmentée de l'histoire et des privilèges de cette ville. La même corrigée et augmentée depuis l'année 1671, par M. Tillet, in-4, 1703.

Darnal. *Supplément des chroniques de la ville et cité de Bordeaux*.

Vinet. *L'Antiquité de Bordeaux et de Bourg*, pet. in-f°, 1571.

Darrérac (Jean). *Des antiquités de la ville de Bordeaux et son panégyrique* (imprimés au chapitre XIX de ses Antiquités, in-4, 1625).

La Colonie (M. de). *Histoire curieuse et remarquable de la ville et province de Bordeaux*, 3 vol. in-12, 1769-70.

Devienne (dom). *Histoire de Bordeaux*, in-4, 1771 (t. 1er, seul qui a été publié).

Dupré de-St-Maur. *Histoire curieuse de la ville et province de Bordeaux*, 3 vol. in-12, 1760.

Guilhé (H. -Ch.). *Études sur l'histoire de Bordeaux, de l'Aquitaine et de la Guienne*, in-8, 1836.

Bernadau. *Histoire de Bordeaux, contenant la continuation des dernières histoires de cette ville, depuis 1675, époque où elles se terminent jusqu'en 1838*, in-8, 1838-40.

* *Résumé de l'histoire de Bordeaux, suivi d'un Itinéraire du voyageur dans cette ville*, in-18, 1835.

* *Origine de Bordeaux et inondations de la Gironde et des départements limitrophes en janvier 1843*, in-16, 1843.

Sarrau. *Lettre sur le nom de la ville de Bourdeaux à M. Ferrachat* (Mercure, 1695, avril et juillet).

Jouannet. *Notice sur l'antique topographie de Bordeaux*, in-8.

Leydet. *Lettre sur la ville capitale de Guienne ; s'il faut l'appeler Bordeaux ou Bourdeaux* (Mercure, 1733, mars, et Variétés hist., t. 1, p. 339).

Leboeuf (l'abbé). *Observations sur l'ancienne situation de la ville de Bordeaux, et sur l'origine de son nom* (Académ. de belles-lettres, t. XXVII, p. 143).

Joubert (l'abbé). *Éloge de la ville de Bordeaux*, in-12, 1767.

Baurein. *Variétés bordelaises, ou Essai historique sur la topographie ancienne et moderne du diocèse de Bordeaux*, 6 vol. in-12, 1786.

Floirac (l'Ermite de). *Examen critique, ou Réfutation de l'Histoire de Bordeaux, suivi de la liste alphabétique des victimes qui ont péri dans nos murs à l'époque de la révolution, et des royalistes décorés en 1814 par S. A. R. Madame duchesse d'Angoulême*, in-8, 1838.

* *Remarquable Exécution faite à Bordeaux en la personne du gouverneur de Fronsac, près Libourne, estant sa majesté à Bordeaux*, in-8, 1620.

* *Manifeste sur le plan du château Trompette, par G. D. G. P.*, 25 novembre, in-4, 1649.

* *Journal de tout ce qui s'est fait et passé tant durant la guerre et siège de Bortant de Bortant, que dans le traité de paix, depuis le 7 juillet jusqu'au 1er octobre ; avec les harangues faites à l'entrée du roi dans ladite ville, et ce qui s'est observé à sa sortie*, in-4, 1650.

* *Les Particularités de ce qui s'est passé à Bordeaux jusqu'à l'inclusion de la paix*, in-4, 1650.

STE-LUCE-OUDAILLE. *Histoire de Bordeaux pendant dix-huit mois, depuis l'arrivée des représentants du peuple Tallien et Ysabeau jusqu'à la fin de leur mission*, in-8, 1794.
* *Ordre de l'entrée du roi Charles IX à Bordeaux, l'an 1571* (dans le t. 1er du Cérémonial de Godefroy, p. 907).
* *La Royale Réception de S. M. très-chrétienne Louis XIII et de reine Marie de Médicis son épouse dans Bordeaux*, in-8, 1615.
* *Entrée du roi Louis XIII et de la reine son épouse dans Bordeaux, l'an 1615* (imprimée dans Godefroy, t. 1er, p. 971).
* *Heureuse Arrivée du roi Louis XIII à Bordeaux pour la cérémonie du mariage de sa sœur aînée*, in-8, 1615.
* *Priviléges des bourgeois de la ville et cité de Bourdeaux*, in-8, 1574; in-4, 1611-1667.
* *Priviléges des bourgeois de la ville et cité de Bordeaux, octroyés et approuvés par les rois Henry II, Charles IX, Henry III, Henry IV et Louis XIII*, in-4, 1618.
LURBE (G. du). *Les Anciens et Nouveaux Statuts de la ville de Bourdeaux*, in-4, 1612.
— *Les mêmes, continués et augmentés par Tillet*, in-4, 1700.
* *Annales historiques et statistiques de Bordeaux*, etc., in-4, 1803.
* *Mélanges bordelais, ou Collection de mémoires et de pièces ou titres pour servir à l'histoire générale de Bordeaux et du pays bordelais*, in-fol., 1839.
* *Statistique morale, philosophique et politique de la ville de Bordeaux et des départements qui l'avoisinent, ou Histoire des événements qui se sont passés dans les départements de la Gironde, de la Charente, de la Dordogne, des Landes, de Lot-et-Garonne et du Gers depuis 89; la biographie des hommes qui ont exploité ces événements*, etc., etc., in-8, 1833.
VENUTI (l'abbé Philippe de). *Dissertations sur les anciens monuments de la ville de Bordeaux, sur les gahets, les antiquités et les ducs d'Aquitaine; un traité historique sur les monnaies que les Anglais ont frappées dans cette province*, in-4, 1754.
* *Mémoire sur la vie de Waifre, duc d'Aquitaine en 745-768, et sur son prétendu tombeau appelé la tombe de Caïfas* (se trouve dans les dissertations du même auteur sur les anciens monuments de la ville de Bordeaux).
JOUANNET. *Notice sur quelques antiquités récemment découvertes à Bordeaux et aux environs*, in-8, 1842.
* *Recueil des ouvrages du musée de Bordeaux*, grand in-8, 1787.
DEVIENNE (J.-B.). *Eclaircissements sur plusieurs antiquités trouvées à Bordeaux*, in-12, 1757.
BASTIE (le baron de la). *L'Amphithéâtre de Bordeaux, vulgairement appelé le palais Gallien* (Histoire de l'académie des belles-lettres, t. XII, p. 239).
LACOUR (P.). *Antiquités bordelaises; sarcophages antiques trouvés à St-Médard-d'Eyran, près Bordeaux*, petit in-fol., 1806.
LOPEZ (Jérôme). *L'Eglise métropolitaine et primatiale de St-André de Bordeaux, avec l'histoire de ses archevêques, et le pouillé des bénéfices du diocèse avec quelques actes*, in-4, 1668.
XAUPY. *Dissertation sur l'édifice de l'église primatiale de St-André de Bordeaux*, etc., in-4, 1751.
MARCHANDON (l'abbé). *Histoire du clocher de St-Michel*, in-8, 1842.
CORROT (l'abbé). *Notice sur l'église St-Seurin*, in-8, 1840.
JOUANNET. *Notice sur l'église de Ste-Croix à Bordeaux*, in-8, 1824.
LOUIS. *Salle de spectacle de Bordeaux*, in-fol., atlantique, 1782.
* *Détail et Description de la grille du pont de Bordeaux*, in-8, 1833.
* *Catalogue des livres composant la bibliothèque de la ville de Bordeaux* (jurisprudence), 4 vol. in-8, 1832-37.
DUPRÉ DE ST-MAUR fils. *Mémoires relatifs à quelques projets intéressants de la ville de Bordeaux*, in-4, 1782.
* *Projet de bienfaisance et de patriotisme pour la ville de Bordeaux*, in-8, 1783.
PLANQUE. *Lettre sur l'eau minérale de Bordeaux* (Mercure galant, mai 1693, p. 22; Bibliothèque de médecine, de Planque, t. IV, p. 173; Dictionn. minéral. et hydrol. de la France, t. II, p. 169; il s'agit des eaux de la Rousselle).
* *Seconde lettre sur l'eau minérale de Bordeaux* (Mercure galant, septembre 1693, p. 26; Bibliothèque de médecine, de Planque, t. IV, p. 176. Cette lettre est destinée à prouver que l'eau de la Rousselle a été autrefois en usage sous les Romains).
CASTELBÉRA. *Traité des eaux minérales de Bagnères, Barèges et autres petites sources de la Guienne et du Béarn, avec l'analyse des eaux minérales de la rue de la Rousselle* (à Bordeaux), in-12, 1762.
CAZALET. *Analyse de l'eau minérale du puits de M. Covy, à la Rousselle* (Journal de médecine, novembre 1780, p. 410).
BETBÉDER. *Topographie médicinale de la Guienne* (Histoire de la société royale de médecine, t. I, p. 185). On y trouve une notice sur les eaux de la Rousselle.
BARRUEL (J.-P.). *Eau de St-Nicolas-de-Grave, à Bordeaux, analysée par les professeurs à la faculté de médecine de Paris*, in-8, 1832.
BANCAL (A.-P.). *Lettres médicales sur le grand hôpital St-André et les hospices civils de Bordeaux, suivies d'aperçus philosophiques sur les mœurs médicales*, in-8, 1834.
MABIT (J.). *Rapport sur le choléra-morbus qui a été observé à Bordeaux depuis le 4 août 1832 jusqu'à ce jour, et sur la nécessité du complet assainissement de la ville pour diminuer la durée et prévenir de nouvelles invasions de cette maladie, fait au nom d'une commission de l'intendance sanitaire de la Gironde, et lu dans la séance du 12 sept. 1832*, in-8, 1833.
COURCY (L.-D. de). *Notice sur les marais de Bordeaux et de Bruges; la nécessité et les moyens de les dessécher*, in-8, 1838.
SARRAMEA (Isidore). *Considérations sur la maison centrale d'éducation correctionnelle de Bordeaux, et sur les divers systèmes pénitentiaires appliqués en France aux jeunes détenus*, in-8, 1842.
ST-SAUVEUR. *Voyage à Bordeaux et dans les Landes*, in-8, fig. VI.
* *Description historique de Bordeaux*, in-12, 1785.
* *Le Guide ou Conducteur de l'étranger à Bordeaux, départ. de la Gironde*, 3e édit. in-18, 1834.
CABILLET (E.). *Album des édifices et maisons remarquables de Bordeaux*, 1830.
* *Guide de l'étranger sur le chemin de fer de la Teste à Bordeaux*, broch. in-8, et carte, 1841.
GALARD (Gustave de). *Recueil de divers costumes des habitants de Bordeaux et des environs, dessinés d'après nature et précédés de notices*, in-f°, 1818-19.
* *Musée d'Aquitaine; recueil des séances publiques de l'académie de Bordeaux*, in-8.
* *Actes de l'académie royale des sciences, belles-lettres et arts de Bordeaux*.

BORDEAUX, vg. *Loiret* (Gatinais), arr. et à 23 k. de Pithiviers, cant. et ⊠ de Beaune-la-Rolande. Pop. 201 h.

BORDEAUX, vg. *Seine-Inf.* (Normandie), arr. et à 24 k. du Havre, cant. et ⊠ de Criquetot-Lesneval. Pop. 900 h.

BORDELAIS, pays qui était autrefois compris dans la ci-devant province de Guienne; il forme maintenant la presque totalité du dép. de la Gironde et partie de celui des Landes. Bordeaux en était la capitale. V. pour la description et la bibliographie, dép. de la GIRONDE.

BORDERAC, vg. *Gard* (Languedoc), arr. d'Alais, cant. de Genolhac.

BORDÈRES, vg. *Landes* (Gascogne), arr. et à 2 k. de Mont-de-Marsan, cant. et ⊠ de Grenade-sur-l'Adour. Pop. 524 h.

BORDÈRES, vg. *B.-Pyrénées* (Béarn), arr. et à 17 k. de Pau, cant. de Clarac-près-Nay, ⊠ de Nay. Pop. 482 h.

BORDÈRES, vg. *H.-Pyrénées* (Bigorre), arr. et à 34 k. de Bagnères-en-Bigorre, chef-l. de cant. Cure. ⊠ d'Arreau. Pop. 501 h. — TERRAIN de transition.— Ce village, situé sur la Neste de Louron, était autrefois défendu par une immense forteresse construite, dit-on, par les Vandales ou par les Sarrasins, et détruite par un incendie en 1740.— Carrière de marbre blanc.

BORDÈRES, vg. *H.-Pyrénées* (Bigorre), arr., cant., ⊠ et à 5 k. de Tarbes. P. 1,885 h.

BORDES (les), vg. *Ariège* (pays de Foix),

arr. et à 20 k. de Pamiers, cant. et ✉ du Mas-d'Azil. Pop. 1,331 h.

BORDES, vg. *Ariège* (Gascogne), arr. et à 15 k. de St-Girons, cant. et ✉ de Castillon. Pop. 1,087 h. On y voit une grotte curieuse et facile à parcourir. — *Foires* les 1er mars, 25 avril, 20 juin, 17 sept., 22 nov. et 19 déc.

BORDES, vg. *H.-Garonne* (Armagnac), arr. et à 8 k. de St-Gaudens, cant. et ✉ de Montrejeau. Pop. 697 h.

BORDES, vg. *H.-Garonne*, comm. de Chein-Dessus, ✉ d'Aspet.

BORDES (les), vg. *Indre*, comm. et ✉ d'Issoudun.

BORDES (les), *Loiret* (Gatinais), arr. et à 22 k. de Gien, cant. d'Ouzouer-sur-Loire, ✉ de Sully. Pop. 573 h.

BORDES, vg. *H.-Pyrénées* (Bigorre), arr., cant., ✉ et à 16 k. d'Argelès. Pop. 67 h.

BORDES, vg. *H.-Pyrénées* (Bigorre), arr. et à 15 k. de Tarbes, cant. et ✉ de Tournay. Pop. 929 h.

BORDES (les), vg. *Saône-et-Loire* (Bourgogne), arr. et à 23 k. de Châlons-sur-Saône, cant. et ✉ de Verdun-sur-le-Doubs. P. 361 h.

BORDES (les), vg. *Seine-et-Oise*, comm. de Jouars-Pont-Chartrain et ✉ de Pont-Chartrain.

BORDES (les), vg. *Seine-et-Oise*, comm. de la Selle-les-Bordes, ✉ de Rambouillet.

BORDES (les), vg. *Yonne* (Champagne), arr. et à 35 k. de Joigny, cant. et ✉ de Villeneuve-le-Roi. Pop. 633 h.

BORDES-DE-FONTENAY (les), vg. *Seine-et-Marne*, comm. et ✉ de Fontenay-Trésigny.

BORDES-D'ISLES (les), *Aube* (Champagne), arr., ✉ et à 15 k. de Troyes, cant. de Bouilly. Pop. 237 h.

BORDES-PRÈS-LEMBEYE, vg. *B.-Pyrénées* (Béarn), arr. et à 35 k. de Pau, cant. et ✉ de Lembeye. Pop. 132 h.

BORDES-PRÈS-NAY, vg. *B.-Pyrénées* (Béarn), arr. et à 10 k. de Pau, cant. de Clarac-près-Nay, ✉ de Nay. Pop. 774 h.

BORDES-D'EXPOUEY, vg. *B.-Pyrénées*, ✉, à 16 k. de Pau.

BORDS, vg. *Charente-Inf.* (Saintonge), arr. et à 22 k. de St-Jean-d'Angely, cant. et ✉ de St-Savinien. Pop. 1,032 h. — Il est situé sur une éminence d'où l'on découvre une grande étendue de pays, et dont le sommet était autrefois couronné par le donjon d'un ancien château nommé dans le pays Tour de la Nipoutière. L'église paroissiale est un édifice du style roman pur, dont l'abside est fort remarquable.

BORDS (grand et petit), vg. *Cher*, comm. de Saulzais-le-Potier, ✉ de St-Amand-Moutrond.

BORÉE, vg. *Ardèche* (Vivarais), arr. à 68 k. de Tournon, cant. et ✉ de St-Martin-de-Valamas. Pop. 2,014 h. — *Foires* le lundi de la Trinité et le 16 oct.

BORESSE, vg. *Charente-Inf.* (Saintonge), arr. et à 42 k. de Jonzac, cant. et ✉ de Montguyon. Pop. 351 h.

BORESSE, vg. *Drôme*, comm. de Beausemblant, ✉ de St-Vallier.

BOREST, vg. *Oise* (Picardie), arr., ✉ et à 7 k. de Senlis, cant. de Nanteuil-le-Haudouin. Pop. 407 h. — Borest est un des lieux les plus anciens du pays de Valois ; il était ceint de murailles, et l'on y voit encore les cintres et les jambages de quelques portes.

Auprès de ce village se trouve un monument appelé la Pierre de Borest ; c'est une plaque de grès brut, haute de 3 m., épaisse de 30 c., et enfoncée en terre. Au pied, il y en a une autre moins grande, enfoncée horizontalement au niveau du sol. Les habitants du village attachent beaucoup de prix à la conservation de ce monument. — *Fabriques* de dentelles.

BOREY, vg. *H.-Saône* (Franche-Comté), arr., ✉ et à 18 k. de Vesoul, cant. de Noroy-le-Bourg. Pop. 836 h.

BORGO, bg *Corse*, arr. et à 17 k. de Bastia, chef-l. de cant. ✉. A 1,170 k. de Paris pour la taxe des lettres. Pop. 687 h. — TERRAIN crétacé supérieur, craie.

Ce bourg, chef-lieu de l'ancien canton de Mariana, est bâti sur une éminence à l'extrémité du contre-fort qui sépare la vallée du Golo de celle du Bevinco, et domine sur la plaine fertile située entre les bouches de ces deux torrents. Sa position, au sommet d'une montagne conique, est on ne peut plus pittoresque.

Borgo est célèbre dans l'histoire militaire de la Corse. Paoli y remporta, en 1768, son dernier avantage sur les Français. La valeur des Corses brilla dans ce combat du plus vif éclat pour la défense de leur liberté mourante, et le courage de l'armée fut vaillamment secondé par les patriotiques efforts des femmes, des prêtres et des moines. La perte des Français put être évaluée à environ cinq cents morts et six cents prisonniers ; les Corses ne perdirent pas un seul homme ; le lendemain, le colonel comte du Lude se rendit avec les drapeaux de la légion royale et quatre pièces de canon.

Le canton de Borgo est un des plus fertiles du département. Quoique ses plaines soient marécageuses, et que la partie montueuse soit couverte de maquis, on y trouve d'excellents pâturages où l'on élève une grande quantité de bestiaux, et l'on y récolte en abondance du blé, du vin, de l'huile et des légumes de toute espèce. L'étang de Biguglia occupe la partie nord du canton. V. BIGUGLIA.

BORIE (la), *Corrèze*, comm. de Lapleau, ✉ d'Egletons.

BORMANNI (lat. 44°, long. 25°). « Ce nom doit être lu ainsi dans Pline (lib. III, cap. 4) et non pas *Bormannico*, selon la remarque du P. Hardouin, et il est compris dans une énumération de villes et de peuples renfermés dans la Narbonaise. Il faut convenir que l'ordre alphabétique que Pline suit dans cette énumération, n'est pas propre à nous faire juger de la position d'un lieu qui n'est point cité autre part. Cependant, la grande affinité de ce nom de *Bormanni* avec celui de *Borma*, ou de Bormes, entre Jères et St-Tropez, m'a fait ha-

sarder cette position. » D'Anville. *Notice de l'ancienne Gaule*.

BORMES, *Borma*, *Bormium*, petite ville, *Var* (Provence), arr. et à 41 k. de Toulon, cant. de Collobrières, ✉ d'Hyères. P. 1,718 h. — Cette ville est agréablement située, sur le penchant d'une colline ; le climat y est très-doux, et les jardins offrent les mêmes productions que ceux d'Hyères. Les pentes des montagnes qui l'environnent sont très-fertiles ; son territoire est couvert de vignes, d'oliviers et d'arbres fruitiers ; ses jardins sont plantés d'orangers en pleine terre. On y remarque, au quartier St-Clair, des poncères ou cèdrats qui acquièrent un volume extraordinaire ; on y voit aussi de beaux palmiers. Des coteaux sur les pentes desquels est assise la ville de Bormes, à l'ombre de ses palmiers, l'œil s'égare avec délices sur les eaux bleues de la Méditerranée, et, revenant en arrière, il se promène et se repose sur la vaste et belle rade d'Hyères. Au bas de la plaine est le hameau de Lavandon, où l'on a établi une pêcherie. — *Foire* le 19 mars.

BORN, vg. *Aveyron*, comm. de Pomayrols, ✉ de St-Geniez.

BORN (le), *H.-Garonne* (Languedoc), arr. et à 40 k. de Toulouse, cant. et ✉ de Villemur. Pop. 360 h.

BORN (le), *Lozère* (Languedoc), arr., cant., ✉ et à 9 k. de Mende. Pop. 462 h. — On y trouve une source d'eau minérale acidule. — *Fabrique* de cadis.

BORN-DE-CHAMPS, vg. *Dordogne* (Périgord), arr. et à 30 k. de Bergerac, cant. et ✉ de Beaumont. Pop. 234 h.

BORNAMBUSC, vg. *Seine-Inf.* (Normandie), arr. et à 27 k. du Havre, cant. et ✉ de Goderville. Pop. 308 h.

BORNAY, vg. *Jura* (Franche-Comté), arr., cant., ✉ et à 8 k. de Lons-le-Saunier. Pop. 298 h.

BORNE, vg. *Ardèche* (Languedoc), arr., ✉ et à 35 k. de Largentière, cant. de St-Etienne-de-Lugdarès. Pop. 353 h.

BORNE (la), vg. *Creuse*, comm. de Blessac, cant. et ✉ d'Aubusson. — *Foires* les 3 mars, jeudi après Pâques, le 25 mai, les 8 des mois de juin, sept. et oct.

BORNE, *H.-Loire* (Languedoc), arr. et à 11 k. du Puy, cant. et ✉ de St-Paulien. Pop. 314 h. — Sur la rivière de son nom. On y remarque le château de la Rochelambert, près duquel est un gîte de lignites ; et des grottes curieuses creusées dans une brèche argileuse que recouvre le basalte.

BORNEL, vg. *Oise* (Picardie), arr. à 32 k. de Beauvais, cant. et ✉ de Méru. P. 565 h.

BORNEL, vg. *Creuse*, comm. de Bord, ✉ de Gouzon.

BORNY, vg. *Moselle* (pays Messin), arr., cant., et à 4 k. de Metz. Pop. 713 h.

BORON, vg. *H.-Rhin* (Alsace), arr. à 20 k. de Belfort, cant. et ✉ de Delle. P. 338 h.

BORRE, vg. *Nord* (Flandre), arr., cant., ✉ et à 4 k. de Hazebrouck. Pop. 776 h.

BORRÈZE, vg. *Dordogne* (Périgord), arr.

et à 18 k. de Sarlat, cant. et ✉ de Salignac. Pop. 959 h.

BORS, vg. *Aveyron* (Rouergue), arr. et à 22 k. de Villefranche-de-Rouergue, cant. et ✉ de Najac. Pop. 839 h.

BORS-DE-BAIGNES, vg. *Charente* (Angoumois), arr. et à 19 k. de Barbezieux, cant. de Baignes, ✉ de Touvérac. Pop. 264 h.

BORS-DE-MONTMOREAU, *Charente* (en Saintonge), arr. et à 30 k. de Barbezieux, cant. et ✉ de Montmoreau. Pop. 677 h. — *Foires* les 25 avril, 6 juillet, 1er août et 8 oct.

BORT, *Extrema Terminus*, petite ville, *Corrèze* (Limousin), arr. et à 29 k. d'Ussel, chef-l. de cant. Cure. Gîte d'étape. ✉. A 458 k. de Paris pour la taxe des lettres. P. 2,367 h. — Terrain cristallisé, voisin du terrain volcanique.

Cette ville, située dans un joli vallon, sur la rive droite de la Dordogne, était autrefois entourée de murailles dont on voit encore quelques restes dans le quartier de Bessac. Lors des guerres de la Ligue, les habitants prirent parti pour Henri IV, qui leur en témoigna sa reconnaissance par une lettre écrite de sa main. Le principal faubourg, que traverse la grande route d'Aurillac à Clermont, est séparé de la ville par la Dordogne, que l'on passe sur un ancien pont. L'église paroissiale est surmontée d'un clocher en flèche, qu'on aperçoit de fort loin.

On voit près de cette ville une montagne basaltique appelée les Orgues-de-Bort, composée dans sa partie supérieure, de prismes irréguliers, mais énormes, de phonolite compacte, quelquefois poreux, souvent maculé, et se dilatant rarement en feuilles minces. Cette roche, qui forme près du tiers de la hauteur de la montagne, repose sur une couche de cailloux roulés et sur le gneiss ; le plateau, fort étendue et considérable, est généralement couvert de bruyères, dont quelques parties sont successivement mises en culture. Du haut des Orgues, dont la partie ouest est surmontée d'une pyramide construite pour la triangulation de la France, on a devant soi un horizon immense, un véritable et magnifique panorama : la vue embrasse à la fois une quantité innombrable de villages, de châteaux anciens et modernes, d'autres qui sont en ruine, de vallons couverts de la plus riche verdure, ainsi que des rivières et des ruisseaux qui les fécondent ; sur le dernier plan s'élèvent les chaînes de montagnes du Mont-Dore, du Cezalier, du Cantal, etc.

On doit visiter, à 4 k. E. de Bort, la belle cascade du saut de la Saule. V. Madic.

Patrie de Marmontel.

Fabriques de toiles recherchées dans tout le Midi. Blanchisserie de cire. Tanneries. Brasseries. — *Commerce* de grains, fromages, cire, porcs gras, chevaux, bœufs, fourrures estimées, peaux, merrain, planches, toiles. Entrepôt du Cantal et de la Corrèze. — *Foires* les 7 janv., 5 mai, 6 juin, 7 juillet, 12 août, 25 oct., 4 déc., 1er vendredi de carême, lundi après la Ste-Croix.

BORT, vg. *Puy-de-Dôme* (Auvergne), arr. et à 35 k. de Clermont-Ferrand, cant. et ✉ de Billom. Pop. 1,032 h.

BORVILLE, vg. *Meurthe* (Lorraine), arr. et à 23 k. de Lunéville, cant. de Bayon, ✉ de Gerbéviller. Pop. 347 h.

BOSAS, vg. *Ardèche* (Vivarais), arr., ✉ et à 21 k. de Tournon, cant. de St-Félicien. Pop. 805 h.

BOSBELEX, *Puy-de-Dôme*. V. Valbelaix.

BOSBÉNARD-COMMIN, vg. *Eure* (Normandie), arr. à 30 k. de Pont-Audemer, cant. et ✉ de Bourgthéroulde. Pop. 424 h. On remarque aux environs, dans les bois, des vestiges d'antiques constructions.

BOSBÉNARD-CRESCY, vg. *Eure* (Normandie), arr. et à 28 k. de Pont-Audemer, cant. de Bourgthéroulde, ✉ de Bourg-Achard. Pop. 258 h.

BOSC (le), vg. *Ariège* (pays de Foix), arr., cant., ✉ et à 11 k. de Foix. Pop. 1,381 h.

BOSC (le), *Hérault* (Languedoc), arr., cant., ✉ et à 8 k. de Lodève. Pop. 766 h.

BOSC (le), vg. *Seine-Inf.*, comm. du Mesnil-sous-Jumièges, ✉ de Duclair.

BOSC-ADAM, vg. *Seine-Inf.*, comm. d'Harcanville, ✉ de Doudeville.

BOSCADOULE, vg. *Aveyron*, comm. de la Salvetat, ✉ de Sauveterre.

BOSCAMENANT, vg. *Charente-Inf.* (Saintonge), arr. et à 49 k. de Jonzac, cant. et ✉ de Montguyon. Pop. 328 h.

BOSC-ASSELIN (le), vg. *Seine-Inf.* (Normandie), arr. et à 25 k. de Neufchâtel-en-Bray, cant. et ✉ d'Argueil. Pop. 53 h.

BOSC-BÉRENGER (le), vg. *Seine-Inf.* (Normandie), arr. et à 20 k. de Neufchâtel-en-Bray, cant. et ✉ de St-Saens. Pop. 156 h.

BOSC-BORDEL (le), vg. *Seine-Inf.* (Normandie), arr. et à 33 k. de Rouen, caut. et ✉ de Buchy. Pop. 539 h.

BOSC-EDELINE (le), vg. *Seine-Inf.* (Normandie), arr. et à 33 k. de Rouen, caut. et ✉ de Buchy. Pop. 72 h.

BOSC-GEFFROY, vg. *Seine-Inf.* (Normandie), arr. et à 13 k. de Neufchâtel-en-Bray, cant. de Loudinières, ✉ de Foucarmont. Pop. 416 h.

BOSC-GUÉRARD-ST-ADRIEN (le), vg. *Seine-Inf.* (Normandie), arr. et à 13 k. de Rouen, cant. de Clères, ✉ Malaunay. P. 364 h.

BOSCHERVILLE, vg. *Eure* (Normandie), arr. à 32 k. de Pont-Audemer, cant. et ✉ de Bourgthéroulde. Pop. 222 h.

BOSCHERVILLE. V. Martin-de-Boscherville (St-).

BOSC-LE-HARD, *Boscum Rohardi*, vg. *Seine-Inf.* (Normandie), arr. et à 34 k. de Dieppe, cant. et ✉ de Bellencombres. Pop. 814 h. — *Foires* les 24 juin et 4 nov.

BOSC-MESNIL, vg. *Seine-Inf.* (Normandie), arr. et à 13 k. de Neufchâtel-en-Bray, cant. et ✉ de St-Saens. Pop. 250 h.

BOSC-MOREL (le), *Boscus Moreti*, vg. *Eure* (Normandie), arr. et à 12 k. de Bernay, cant. et ✉ de Broglie. Pop. 274 h.

BOSCODON ou Boscodun, vg. *H.-Alpes*, cant. de Crottes, ✉ d'Embrun. — Il est situé dans la belle vallée de son nom. C'était autrefois une petite place forte entourée de remparts, qui fut prise d'assaut par Lesdiguières.

BOSC-RENOULT (le), *Boscus Renoldi*, vg. *Eure* (Normandie), arr. à 20 k. de Bernay, cant. de Beaumesnil, ✉ de la Barre. Pop. 418 h.

BOSC-RENOULT (le), *Boscus Renoldi*, *Eure* (Normandie), arr. et à 27 k. de Pont-Audemer, cant. et ✉ de Bourgthéroulde. Pop. 278 h.

BOSC-RENOULT (le), *Boscus Renoldi*, vg. *Orne* (Normandie), arr. et à 34 k. d'Argentan, cant. de Vimoutier, ✉ du Jap. Pop. 624 h.

BOSC-ROGER (le), *Boscus Rogerii*, vg. *Eure* (Normandie), arr. et à 22 k. de Pont-Audemer, cant. de Bourgthéroulde, ✉ d'Elbeuf. Pop. 1,939 h. — *Fabriques* de trames pour la fabrique d'Elbeuf. Briqueterie.

BOSC-ROGER (le), vg. *Seine-Inf.* (Normandie), arr. et à 27 k. de Rouen, caut. et ✉ de Buchy. Pop. 694 h.

BOSC-ROGER-SUR-EURE, *Boscus Rogerii*, vg. *Eure* (Normandie), arr. et à 23 k. d'Évreux, cant. et ✉ de Pacy-sur-Eure. Pop. 27 h. Sur l'Eure.

BOSC-YVES, vg. *Eure*, comm. de St-Eloi-de-Fourques, ✉ de Brionne.

BOSDARROS, vg. *B.-Pyrénées* (Béarn), arr., cant., ✉ et à 10 k. de Pau. P. 1,920 h.

BOSGOUET, vg. *Eure* (Normandie), arr. et à 30 k. de Pont-Audemer, cant. de Routot, ✉ de Bourg-Achard. Pop. 560 h. — Au hameau de Malesmain, on voit un monument druidique connu sous le nom de Pierre-Tournante.

BOSHION, *Boscus Hugonis*, *Eure*, comm. d'Orvaux, ✉ de Conches.

BOSHYON, vg. *Seine-Inf.* (Normandie), arr. à 50 k. de Neufchâtel-en-Bray, cant. et ✉ de Gournay. Pop. 545 h.

BOSJEAN, vg. *Saône-et-Loire* (Bourgogne), arr. et à 25 k. de Louhans, cant. et ✉ de St-Germain-du-Bois. Pop. 1,066 h.

BOSMARTEER (le), *Seine-Inf.*, comm. et ✉ de Doudeville.

BOSMIE, vg. *H.-Vienne* (Limousin), arr. et à 12 k. de Limoges, cant. et ✉ d'Aixe. Pop. 456 h.

BOSMONT, vg. *Aisne* (Picardie), arr. et à 27 k. de Laon, cant. et ✉ de Marle. P. 477 h. Il était autrefois défendu par un château fort, qui fut assiégé, pris et démoli en 1347.

BOSMOREAU, vg. *Creuse* (Marche), arr., cant., ✉ à 5 k. de Bourganeuf. Pop. 402 h.

BOSNORMAND, vg. *Eure* (Normandie), arr. à 34 k. de Pont-Audemer, cant. et ✉ de Bourgthéroulde. Pop. 328 h.

BOSQ (le), vg. *Aveyron*, comm. d'Auzits, ✉ de Rignac.

BOSQUELLE, vg. *Somme* (Picardie), arr. et à 22 k. d'Amiens, cant. de Conti, ✉ de Flers. Pop. 739 h.

BOSQUENTIN, *Boschentinum*, *Eure* (Normandie), arr. et à 25 k. des Andelys, cant. et ✉ de Lyons-la-Forêt. Pop. 375 h.

BOSROBERT (le), vg. *Eure* (Normandie), arr. et à 21 k. de Bernay, cant. et ✉ de Brionne. Pop. 550 h.

BOSROGER, vg. *Creuse* (Marche), arr., ✉ et à 7 k. d'Aubusson, cant. de Bellegarde. Pop. 487 h.

BOSROGER (le), *Eure* (Normandie), arr. et à 22 k. des Andelys, cant. et ✉ d'Ecos. Pop. 116 h.

BOSSAY, vg. *Indre-et-Loire* (Touraine), arr. et à 39 k. de Loches, cant. et ✉ de Preuilly. Pop. 1,850 h. — *Foire* le 5 juin.

BOSSE (la), vg. *Doubs* (Franche-Comté), arr. et à 57 k. de Montbelliard, cant. et ✉ de Russey. Pop. 123 h.

BOSSE (la), vg. *Ille-et-Vilaine* (Bretagne), arr. et à 48 k. de Redon, cant. du Sel, ✉ de Bain. Pop. 450 h.

BOSSE (la), vg. *Loir-et-Cher* (Orléanais), arr. et à 32 k. de Blois, cant. d'Ouzouër-le-Marché, ✉ d'Oucques. Pop. 240 h.

BOSSE (la), vg. *Oise* (Picardie), arr. et à 19 k. de Beauvais, cant. de Coudray-St-Germer, ✉ d'Auneuil. Pop. 797 h. — *Foire* le 30 nov.

BOSSE (la), vg. *Sarthe* (Maine), arr. et à 27 k. de Mamers, cant. de Tuffé, ✉ de Bonnétable. Pop. 466 h.

BOSSÉE, bg *Indre-et-Loire* (Touraine), arr. et à 22 k. de Loches, cant. de Ligueil, ✉ de Manthelan. Pop. 683 h. — C'est principalement sur le territoire de cette commune, et sur ceux de Manthelan, Louhoul, Ste-Catherine et Ste-Maure, que se trouve le prodigieux amas de coquilles auquel on a donné le nom de Falun. Cet immense dépôt a de 15 à 25 k. de longueur de l'est à l'ouest, sur à peine 8 k. de largeur, et 1 à 2 m. de profondeur. Le Falun comprend des coquilles marines de presque toutes les familles, les unes plus rares, les autres plus communes. Parmi les plus rares, nous citerons les oreilles-de-mer, les oursins et surtout les cames, les cœurs et les peignes avec leurs deux valves. Beaucoup de ces coquilles sont d'une extrême petitesse; la plupart sont broyées en fragments très-menus. Toutes sont dépouillées de leur nacre, qui ne se fait remarquer que sur des pèlerines de très-petite dimension, qui conservent encore une partie de leur couleur intérieure.

BOSSELSHAUSEN, vg. *B.-Rhin* (Alsace), arr. et à 15 k. de Saverne, cant. et ✉ de Bouxviller. Pop. 305 h.

BOSSENDORFF, vg. *B.-Rhin* (Alsace), arr. et à 18 k. de Saverne, cant. et ✉ de Hochefelden. Pop. 401 h.

BOSSERVILLE, vg. *Meurthe*, com. d'Art-sur-Meurthe, ✉ de St-Nicolas. — *Fabrique* de toiles peintes.

BOSSET, vg. *Dordogne* (Périgord), arr., ✉ et à 19 k. de Bergerac, cant. de la Force. Pop. 543 h.

BOSSEVAL, vg. *Ardennes* (Champagne), arr., cant. et à 7 k. de Sedan, ✉ de Donchery. Pop. 446 h.

BOSSICAN (forêt de), *Aube*, comm. de Bligny, arr. de Bar-sur-Aube.

BOSSIEUX, vg. *Isère* (Dauphiné), arr. et à 26 k. de Vienne, cant. et ✉ de la Côte-St-André. Pop. 496 h.

BOSSUET, vg. *Gironde*, comm. de St-Denis-de-Pille, ✉ de Libourne.

BOSSUGAN, vg. *Gironde* (Guienne), arr. et à 23 k. de Libourne, cant. de Pujols, ✉ de Castillon. Pop. 118 h.

BOSSUS-LES-RUMIGNY, vg. *Ardennes* (Champagne), arr. et à 25 k. de Rocroi, cant. de Rumigny, ✉ d'Aubenton. Pop. 263 h. — On y voit deux anciens châteaux dont la construction n'a rien de fort remarquable. On a trouvé sur son territoire des monnaies romaines, des urnes sépulcrales, des tombeaux, ainsi que deux statues de lions en pierre, celle d'une divinité, et beaucoup d'emblèmes du paganisme. C'est à Bossus que campa Coudé, deux jours avant la bataille de Rocroi. — Papeteries. Carrières de pierre calcaire recherchée pour les constructions.

BOST, vg. *Allier* (Bourbonnais), arr. de la Palisse, cant., ✉ et à 8 k. de Cusset. Pop. 347 h.

BOSTENS, vg. *Landes* (Gascogne), arr., cant. et à 13 k. de Mont-de-Marsan, ✉ de Roquefort. Pop. 324 h.

BOSVILLE, vg. *Seine-Inf.* (Normandie), arr. et à 20 k. d'Yvetot, cant. et ✉ de Cany. Pop. 1,445 h.

BOTANS, vg. *H.-Rhin* (Alsace), arr., cant., ✉ et à 20 k. de Belfort. Pop. 197 h.

BOTHOA, vg. *Côtes-du-Nord* (Bretagne), arr. et à 35 k. de Guingamp, chef-l. de cant., ✉ de Plésidy. V. ST-NICOLAS-DE-PELEUR, nom substitué en 1836 à celui de Bothoa.

BOTSORHEL, vg. *Finistère* (Bretagne), arr. et à 20 k. de Morlaix, cant. et ✉ du Pantbou. Pop. 1,463 h.

BOTTE (la), vg. *Seine-Inf.*, comm. d'Epretot, ✉ de St-Romain. ⚥.

BOTTEREAUX (les), *Boterellæ*, vg. *Eure* (Normandie), arr. et à 48 k. d'Evreux, cant. et ✉ de Rugles. Pop. 331 h. — *Fabriques* de clous. — A Rebais, dépendance des Bottereaux, on voit les vestiges d'un château considérable du moyen âge.

BOTZ, vg. *Maine-et-Loire* (Anjou), arr., ✉ et à 5 k. de Beaupréau, cant. de St-Florent-le-Vieil. Pop. 897 h.

BOU, vg. *Loiret* (Orléanais), arr., cant. et à 13 k. d'Orléans, ✉ de Pont-aux-Moines. Pop. 630 h.

BOUAFFLE, vg. *Seine-et-Oise* (Ile-de-France), arr. et à 30 k. de Versailles, cant. et ✉ de Meulan. Pop. 1,126 h.

BOUAFFLES, *Boafla*, vg. *Seine-Inf.*, comm. de Vieux-Rouen, ✉ d'Aumale.

BOUAFFLES, *Bodelfa*, vg. *Eure* (Normandie), arr., cant., ✉ et à 6 k. des Andelys. Pop. 294 h.

BOUAN, vg. *Ariége* (pays de Foix), arr. et à 24 k. de Foix, caut. et ✉ des Cabannes. Pop. 215 h. — Il est agréablement situé, au milieu de prairies entourées de coteaux cou-verts de vergers et de bocages, sur l'Ariége. — On voit près de ce village, dans les rochers et à l'entrée de plusieurs grottes, des restes d'antiques fortifications, des citernes assez bien conservées, etc. Malgré leur importance, ces constructions, que les habitants appellent *Las gleizos* (les églises), sont à peine connues, et n'ont encore fixé l'attention d'aucun historien. — *Fabriques* de draps, couvertures, cartons. Filature de laine, corderie et moulin à foulon.

BOUAU, vg. *Landes*, comm. de Parleboscq, ✉ de Gabarret.

BOUAYE, vg. *Loire-Inf.* (Bretagne), arr. et à 16 k. de Nantes, chef-l. de cant. Cure. ✉ de Port-St-Père. Pop. 1,298 h. — TERRAIN cristallisé, micaschiste. — *Foires* les 13 avril et 3 sept.

BOUBERS-LES-HESMOND, vg. *Pas-de-Calais* (Artois), arr., ✉ et à 14 k. de Montreuil-sur-Mer, cant. de Campagne-les-Hesdin. Pop. 110 h. — Manufacture hydraulique de toiles. — *Fabriques* de toiles. — Machines à battre le chanvre et le lin.

BOUBERS-SUR-CANCHE, vg. *Pas-de-Calais* (Artois), arr. et à 15 k. de St-Pol-sur-Ternoise, cant. d'Auxy-le-Château, ✉ de Frévent. Pop. 774 h. Filat. de laine.

BOUBIERS, vg. *Oise* (Picardie), arr. et à 33 k. de Beauvais, cant. de Chaumont-en-Vexin. Pop. 350 h. — On y remarque une ancienne église susceptible d'être classée au nombre des monuments historiques.

BOUC, vg. *Bouches-du-Rhône*. V. ALBERTAS.

BOUC (port et tour de), *Bouches-du-Rhône*, comm. et ✉ des Martigues. — L'île de la Tour de Bouc est située dans la Méditerranée, non loin de la côte, dans la partie occidentale de l'étang de Caronte, qui communique au golfe de Lion et à l'étang de Berre. Il existait jadis sur cette île une ville du nom de Corrento, dont il ne reste plus qu'une tour, convertie en phare, et connue sous le nom de Fort ou Tour de Bouc. Le fort a été construit en 1664, pour défendre le port de Bouc et les différents mouillages des Martigues ; il est assez bien conservé, et l'achèvement du canal d'Arles, qui débouche à la mer vis-à-vis de ce fort, doit lui faire acquérir un grand degré d'importance. Sur la tour, construite par les Marseillais vers le XIIe siècle, est un phare à feu fixe de 30 m. de hauteur et de 12 k. de portée ; un autre fanal à feu fixe est placé à l'entrée du môle, à gauche de l'entrée du port. Lat. 43° 23′, long. E. 2° 39′. — Entre le fort de Bouc et le cap Couronne est la redoute de Syncime, qui concourt avec la redoute de St-Louis à défendre l'approche du littoral sur ces parages.

Le port de Bouc n'est autre chose qu'un grand goulot qui conduit à l'étang de Berre. Il est extrêmement utile, par sa position, aux bâtiments battus par la tempête et les vents du midi, qui ne pourraient en faire naufrage, s'ils n'avaient pas ce lieu de refuge. Son utilité est surtout très-grande, en temps de guerre, aux convois qui partent de Marseille et se rendent à Cette et autres ports ; il sert alors de refuge aux bâtiments poursuivis par l'ennemi. Son bassin est des plus vastes; il a 80,000 m. de superficie, et est susceptible de recevoir un très-grand nombre de bâtiments; ce sera un très-beau port pour les vaisseaux de guerre, lorsqu'il sera approfondi et que les travaux entrepris pour la construction du môle qui doit le défendre des vents du large, seront achevés. Actuellement ce port est l'entrepôt de tout le commerce des pays situés sur les bords de l'étang de Berre, et des manufactures de soude établies dans le Plan-d'Aren; il est fréquenté par les navires qui font le cabotage, et par ceux qui viennent charger les sels, les vins et les huiles du pays.

BOUCAGNÈRE, vg. *Gers* (Armagnac), arr., cant., ⊠ et à 10 k. d'Auch. Pop. 221 h.

BOUCARD, vg. *Cher* (Berry), arr., ⊠ et à 14 k. de Sancerre, cant. de Vailly. Pop. 844 h. — Verrerie à bouteilles.

BOUCAUD, vg. *Landes*, comm. de Tarnos, ⊠ de Bayonne.

BOUCÉ, vg. *Allier* (Bourbonnais), arr. de la Palisse et à 26 k. de Cusset, cant. et ⊠ de Varennes-sur-Allier. Pop. 863 h.

BOUCÉ, vg. *Orne* (Normandie), arr. et à 14 k. d'Argentan, cant. et ⊠ d'Ecouché. Pop. 1,251 h. — Forges et fenderie.

BOUCEY, vg. *Manche* (Normandie), arr. et à 23 k. d'Avranches, cant. et ⊠ de Pontorson. Pop. 598 h.

BOUCHAGE (le), vg. *Charente* (Poitou), arr. et à 25 k. de Confolens, cant. de Champagne-Mouton, ⊠ de St-Claud. Pop. 473 h. — *Foire* le 28 août.

BOUCHAGE (le), vg. *Isère* (Dauphiné), arr., à 21 k. de la Tour-du-Pin et à 30 k. de Bourgoin, cant. et ⊠ de Morestel. Pop. 1,022 h.

BOUCHAIN, ville forte, *Nord* (Hainaut), arr. et à 18 k. de Valenciennes, chef-l. de cant. Place de guerre de 2ᵉ classe. Cure. Gîte d'étape. ✆. ⚘. A 192 k. de Paris pour la taxe des lettres. Pop. 1,401 h.— Terrain tertiaire inférieur.

Autrefois diocèse d'Arras, parlement de Douai, intendance de Lille.

Le plus ancien titre qui fasse mention de cette ville est un diplôme de Charles le Simple, de l'an 899. L'empereur Henri IV la prit et la brûla en 1102; Baudouin IV, comte de Hainaut, la fit entourer de murs, et y construisit un château en 1160. Louis XI l'assiégea et la prit en 1477, après avoir couru le danger d'y être tué d'un coup de fauconneau; il la rendit l'année suivante, en vertu d'une convention faite avec l'archiduc Maximilien. Les Français s'en emparèrent, la pillèrent et y mirent le feu en 1521. Le comte de Mansfeld s'en rendit maître par capitulation en 1580; peu de jours après, cette ville fut réduite en cendres, malheur qu'elle éprouva encore en 1642 et en 1655. Louis XIV la prit après cinq jours de tranchée ouverte, en 1676. Les alliés la reprirent en 1711, mais le maréchal de Villars la reprit l'année suivante.

Les *armes* de *Bouchain* sont : *d'argent*

I.

à *la tour crénelée de gueules*. Lemeau de Lajesse les représente *d'azur à la tour crénelée d'argent*.

Cette ville est bâtie dans une forte position, sur l'Escaut, et a l'avantage, au moyen de plusieurs écluses, de pouvoir inonder tous les environs à une grande distance. On y remarque la tour d'Ostrevent, reste de l'ancien château, qui sert maintenant de bâtiment militaire à l'artillerie et au génie. L'hôtel de ville et l'église paroissiale sont dans la ville haute.

Fabriques de sucre de betteraves. Blanchisseries de toiles. Raffineries de sel. Brasseries. — *Commerce* de bestiaux. — *Foires* le 1ᵉʳ vendredi de chaque mois.

Bibliographie. *Histoire de la ville de Bouchain*, in-12, 1659.
* *Discours sur l'heureuse réduction de Bouchain*, in-4, 1633.
* *Relation du siège et de la prise du Bouchain*, in-4, 1676.

BOUCHATAT (le), vg. *Loire*, comm. de St-Martin-Lestra, ⊠ de Feurs.

BOUCHAMPS, vg. *Mayenne* (Anjou), arr. et à 23 k. de Château-Gontier, cant. et ⊠ de Craou. Pop. 737 h.

BOUCHARD (le), vg. *Indre*, comm. de St-Denis-de-Jouhet, ⊠ d'Aigurande.

BOUCHAUD, vg. *Allier* (Bourbonnais), arr. de la Palisse et à 46 k. de Cusset, cant. et ⊠ du Donjon. Pop. 561 h.

BOUCHAUD (le), vg. *Creuse*, comm. de Bussières-Dunoise, ⊠ de St-Vaury.

BOUCHAUD (le), *Jura* (Franche-Comté), arr., cant. et à 10 k. de Poligny et à 22 k. d'Arbois, ⊠ de Sellières. Pop. 378 h.

BOUCHAVESNES, vg. *Somme* (Picardie), arr., cant., ⊠ et à 14 k. de Péronne. Pop. 706 h.

BOUCHE-D'AIGRE, vg. *Eure-et-Loir*, comm. de Romilly-sur-Aigre, ⊠ de Cloyes.

BOUCHEMAINE, vg. *Maine-et-Loire* (Anjou), arr., cant., ⊠ et à 7 k. d'Angers. Pop. 1,220 h.

BOUCHEPORN ou **BOSCHPORN**, vg. *Moselle* (Lorraine), arr. et à 35 k. de Metz, cant. et ⊠ de Boulay. Pop. 422 h.

BOUCHERANS, vg. *Jura*, comm. de Communaille, ⊠ de Champagnole.

BOUCHES (les), vg. *H.-Vienne*, comm. de St-Priest-d'Aixe, ⊠ d'Aixe.

BOUCHES-DU-RHONE (département des). Le département des Bouches-du-Rhône, situé à l'extrémité méridionale de la France, est un des plus intéressants par la variété de ses productions, par son commerce maritime et par les monuments antiques dont il abonde. Il est formé de la ci-devant basse Provence, et tire son nom du Rhône qui y termine son cours et se jette dans la Méditerranée par plusieurs bouches ou embouchures. — Ses limites sont : au nord, le département de Vaucluse dont il est séparé par la Durance; à l'est, celui du Var; à l'ouest, le Rhône qui le sépare du département du Gard; au sud, la mer Méditerranée.

Ce département est, dans la plus grande par-

tie de son étendue, hérissé de montagnes et de collines qui se rattachent à cinq chaînes principales qui sont : la Ste-Baume, la chaîne de l'Etoile, la chaîne de Ste-Victoire, la chaîne de la Trévaresse, et la chaîne des Alpines. Toutes ces chaînes sont calcaires et ne laissent voir, ni à leurs plus hauts sommets, ni dans leurs plus grands escarpements, la roche primitive qu'elles surmontent et recouvrent de toutes parts. Entre ces montagnes se trouvent des bassins plus ou moins étendus, de forme à peu près circulaire, et, sur le littoral, des plaines ou de grands espaces de plusieurs kilomètres d'étendue, dont le sol uni se penche doucement vers la mer.

Entre le Rhône et les étangs de Martigues, entre la chaîne des Alpines et la mer, est une vaste plaine d'environ 200 k. carrés de superficie, désignée sous le nom de crau d'Arles. Les bords en sont assez bien cultivés et nourrissent quantité de bestiaux; mais le centre n'offre qu'un champ immense couvert de différentes couches de terre roussâtre et brune mêlée avec une quantité innombrable de cailloux de divers calibres. V. CRAU. — Le Rhône, en se divisant entre Trinquetailles et Fourques, laisse entre ses deux branches un vaste delta, baigné au sud par la Méditerranée, qui est la plaine de la Camargue dont la superficie est évaluée à 50,000 hect., et dont environ un cinquième seulement des bords est cultivé. Cette île renferme 9 villages, grand nombre de belles maisons de campagne, et près de 350 fermes ou mas. V. CAMARGUE.

La surface totale du départem. est 512,991 hectares, répartis ainsi :

Terres labourables.	99,050
Prés.	4,994
Vignes.	39,490
Bois.	63,702
Vergers, pépinières et jardins.	2,129
Oseraies, aunaies et saussaies.	3,986
Etangs, mares, canaux d'irrigation.	16,474
Landes et bruyères.	143,725
Superficie des propriétés bâties.	1,701
Cultures diverses.	106,414
Contenance imposable.	481,665
Routes, chemins, places, rues, etc.	8,764
Rivières, lacs et ruisseaux.	22,270
Forêts et domaines non productifs.	192
Cimetières, églises, bâtiments publ.	82
Contenance non imposable.	31,308

On y compte :
64,044 maisons.
718 moulins à eau et à vent.
5 forges et fourneaux.
673 fabriques et manufactures.

soit : 65,440 propriétés bâties.
Le nombre des propriétaires est de 122,660
Celui des parcelles de 1,169,862

HYDROGRAPHIE. Les principales rivières qui arrosent le département sont : le Rhône, qui y est navigable, la Durance, la Touloubre, l'Are et l'Huveaune. Plusieurs canaux, dont les plus considérables sont ceux de Craponne

46

et des Alpines, contribuent à faciliter le transport des marchandises, servent aux travaux de desséchement et surtout aux irrigations.

L'étendue de toute la côte maritime du département est d'environ 200 k., en suivant les nombreuses sinuosités de cette côte et les contours de tous les golfes, depuis l'embouchure du petit Rhône, à l'ouest, jusqu'au grand cap Saint-Louis, à l'est, dans le golfe de Lèques ; mais si on va d'un promontoire à l'autre, cette étendue n'est que de 160 k. Ces côtes sont basses le long du Rhône et escarpées dans toutes les autres parties ; sur leurs bords sont de vastes étangs, ou plutôt des golfes peu profonds, qui communiquent à la mer par de simples décharges ou par des canaux navigables. Des îles peu importantes, habitées seulement par quelques familles de pêcheurs, dépendent aussi du département; telles sont celles de Ratoneau, de Pomègue, du château d'If, de Planier, etc.

COMMUNICATIONS. Le département est traversé par cinq routes royales et par quinze routes départementales, dont on évalue le parcours total à plus de 800,000 m.

MÉTÉOROLOGIE. Le climat des Bouches-du-Rhône est généralement très-chaud ; les gelées et la neige y sont peu fréquentes. Il y pleut rarement en été, mais on y est parfois fort incommodé par un vent très-froid, que l'on désigne sous le nom de mistral. Ce vent, qui est le vent dominant en Provence, prend naissance dans toute la région des Cévennes entre les Alpes et les Pyrénées ; c'est un fait constant qu'il succède toujours aux temps pluvieux, et il suffit assez souvent de quelques gouttes de pluie pour le faire naître. Le mistral arrive dans le bassin du Rhône, où il pénètre en Provence par deux directions : l'une qui descend le Rhône, et l'autre qui remonte la Durance. Le courant qui descend le Rhône s'épanche dans les plaines de la Camargue et de la Crau, se précipite dans l'étang de Berre, remonte la vallée de l'Arc, pénètre par la Viste dans le bassin de Marseille et la vallée de l'Huveaune, c'est-à-dire des deux côtés de la Ste-Baume. Le courant qui remonte la Durance pénètre par tous les affluents de cette rivière dans les vallées de Léberon et des Basses-Alpes jusqu'au pied même des montagnes, qui sont à peine suffisantes pour garantir l'Italie de la violence du mistral. Ce vent est le plus fréquent et le plus impétueux de tous ceux qui soufflent dans la Provence ; il dure ordinairement trois jours, quelquefois neuf, et rarement douze. On a remarqué que, lorsqu'il cesse au coucher du soleil, il reprend le lendemain avec plus de force, et que, lorsqu'il continue à souffler après le crépuscule du soir, il diminue de force et cesse ordinairement à minuit. Le mistral est toujours violent, mais il n'est pas continu et il souffle par rafales : ce qui est dû à la direction des montagnes. Il n'est pas rare, lorsqu'il est dans toute sa force, de le voir déraciner les plus gros arbres, emporter les toits des maisons et renverser même les édifices. Dans un instant il balaye l'atmosphère et en dévore toute l'humidité ; il dessèche toute les terres, et produit l'évaporation la plus prompte et la plus abondante. Ce vent se combine plus ou moins avec le vent du nord, qu'il reçoit dans le bassin du Rhône ; lorsqu'il se rapproche tout à fait du nord, il fait baisser tout à coup le thermomètre de 7 à 8 degrés, et nuit beaucoup à la végétation.

PRODUCTIONS. Le sol du département, exposé à un soleil ardent et à des vents froids, est généralement aride, et ne peut produire sans irrigation ; aussi exige-t-il de la part du cultivateur les travaux les plus assidus ; néanmoins, il est beau et fertile dans la partie arrosée par l'Huveaune, et dans celle située entre la Durance, le Rhône et la Craponne. Les plaines de la Crau et de la Camargue, qui occupent presque toute la partie sud-ouest du département et proviennent de terrains d'alluvion, sont aussi fertiles en beaucoup d'endroits. Les grains y sont généralement rares ; les vins, au contraire, sont très-abondants, et l'on cite les blancs de Cassis et de la Ciotat. Grâce à la douceur de la température, les végétaux qui, dans les départements du Nord, ne viennent qu'à force de soins, croissent spontanément dans les environs. Les cyprès, les lauriers, les myrtes y forment des haies touffues. Le laurier-rose orne le bord des eaux courantes. Le grenadier, les cistes, les philyréa, les pistachiers, poussent dans les creux des rochers ou sur les coteaux arides, qui produisent aussi en abondance le romarin, la sauge, le thym, la lavande et d'autres plantes odoriférantes. L'arbousier, le chêne vert, les cytises et de jolis arbrisseaux embellissent la cime des montagnes. L'azerolier et le jujubier donnent des fruits en quantité. Les amandiers, les figuiers, les câpriers, les noisetiers y sont aussi cultivés avec soin, et les produits des oliviers sont une des sources les plus importantes de la richesse agricole. Les pâturages ne sont fréquentés qu'en hiver, et l'on porte à 700,000 le nombre des bêtes à laine qu'ils nourrissent dans cette saison, et qu'une excessive chaleur force à transhumer en été vers les pâturages du Dauphiné.

En général, le département est peu fertile en grains, dont la récolte est insuffisante pour les besoins des habitants, à l'exception toutefois des territoires d'Arles qui est un des greniers de la Provence ; le blé y donne quelquefois quarante pour un : tous les ans, des milliers de moissonneurs y arrivent de toutes parts ; mais il est rare qu'il n'en meure pas un certain nombre à cause de l'insalubrité du climat.—Le produit annuel du sol est d'environ :

En céréales et parmentières. 1,700,000 h.
En avoine. 420,000

Quantité de fruits d'excellente qualité : olives, amandes, pistaches, prunes, figues renommées, raisins secs, olives, pichelines, câpres, truffes, garance. Graine de luzerne en abondance. Plantes aromatiques. — Culture en grand de l'olivier, produisant les huiles les plus fines et les plus recherchées de toute la France. — 37,857 hect. de vignes, donnant, année commune, environ 800,000 hect. de vin, dont moitié est consommée sur les lieux, et le reste converti en eaux-de-vie ou livré à l'exportation. Les meilleurs crus sont ceux de Séon-St-Henry, Séon-St-André et St-Louis, arrondissement de Marseille ; de Château-Renard, Eguilles, Orgon, et les Stes-Maries, arrondissement d'Arles. Cassis produit des vins blancs liquoreux d'un goût fort agréable, et Roquevaire de délicieux vins muscats rouges et blancs. — 31,337 hect. de forêts (chêne, érable, chêne-liège). — Chevaux et bœufs de la Camargue. Moutons mérinos, métis et autres. Quantité de chèvres. — Poisson de mer en grande quantité (thon, anchois, sardines, écrevisses, et toute espèce de coquillages).

MINÉRALOGIE. Traces de mines de fer. Mines de houille exploitées. Carrières de marbre, d'albâtre, de grès à paver et à aiguiser. Plâtre d'excellente qualité. Argile à potier et à creusets. Marne, terre vitriolique, ocre. Craie, pierres à chaux, etc.

SOURCES MINÉRALES à Aix et aux Camoins. — Exploitation de marais salants ; les salines de Berre sont renommées par la quantité, la bonté et la beauté du sel qu'elles produisent.

INDUSTRIE. Manufactures de savons renommés. Fabriques d'eaux-de-vie, esprits, huile d'olives, soude, produits chimiques, vinaigre, parfums, huiles essentielles, amidon, bougie, draps, cuirs, bonnets gasquets, corail. Filatures de soie et de coton. Raffineries de sucre et de soufre. Verreries. Tuileries. Briqueteries. Tanneries. — Manufacture de tabac. — Exploitation des marais salants à Arles, aux Martigues, Berre, St-Chamas, Istres, etc. — Nombreuses madragues ou pêcheries.

COMMERCE de grains, farines, vins, eaux-de-vie, esprits, huile, fruits secs et confits, bouchons de liège, soie, denrées coloniales et du Levant. — Commerce actif avec les départements méridionaux. Importation et exportation avec les Échelles du Levant, les côtes d'Afrique, d'Italie et d'Espagne ; avec les ports de l'Océan, de la Méditerranée, de la Baltique, les principaux États de l'Europe, les îles françaises d'Amérique et de l'Inde.

FOIRES. Environ soixante foires sont établies dans une soixantaine de communes du département. On y vend principalement du gros et du menu bétail, et des troupeaux de bêtes à laine destinés à la transhumance ; des amandes et des fruits secs ; des olives et des huiles d'olives à Rognes ; des draps d'amandiers et de mûriers à Lambesc ; des oignons à St-Chamas ; de la soie à Istres, des viandes salées à Gémenos ; des corbeilles d'osier et autres ustensiles pour la vendange à Tarascon ; des objets de dévotion à Vernègues, etc.

MŒURS ET USAGES. Le langage du pays est un composé de celtique, de grec et de catalan. Ce mélange entremêlé d'italien et de catalan forme un idiome particulier assez riche, et remarquable par une infinité de termes exprimant seuls des choses qui, dans la langue française, nécessitent plusieurs mots. Ce langage est parlé habituellement, non-seulement dans les campagnes, mais encore dans les petites villes, et même dans les chefs-lieux, en tout ce qui concerné les usages communs de la vie. Tout le monde entend pourtant le français ; mais la masse de la nation tient à ses habitudes. Dans les classes moyennes, on a l'usage singulier d'intercaler des mots provençaux dans le français, et cet usage est si général qu'il a gagné toutes les classes commerçantes et industrielles.

Les habitants de la Provence, dit un écrivain moderne, joignent en général à un caractère familier, franc, hospitalier et sobre, une vivacité naturelle, que l'on taxe quelquefois de grossièreté. Ils sont robustes et laborieux ; mais la modération, la douceur et le désintéressement ne sont point leurs vertus principales. Ils sont gais, vifs, emportés dans leurs plaisirs comme dans la colère ; fiers quelquefois, peu obligeants, souvent cruels jusque dans leurs plaisanteries. Leur esprit est brillant, leur tête prompte à s'enflammer ; leur sang bouillonne. Ils sont éloquents, mais ordinairement plus propres aux ouvrages d'imagination qu'à ceux qui demandent de la méditation et de la profondeur. Les femmes sont vives et enjouées dans la conversation ; on n'éprouve ni tiédeur ni ennui dans leur société : rien n'est plus aimable lorsqu'elles savent se tempérer ; mais c'est souvent un effort qui leur coûte.

Avant la première révolution, l'autorité paternelle était plus entière en Provence que dans les autres provinces. Le chef de la famille exerçait une véritable charge : rien ne se faisait sans son approbation, et il y a bien peu d'exemples que quelqu'un ait abusé de cette autorité patriarcale. Cette autorité passait du père à l'aîné des enfants mâles. La généalogie des familles, les titres et les délibérations, les actes de partages, les limites des propriétés, l'inventaire des meubles, tout ce qui était de quelque intérêt pour la famille, se trouvait consigné dans un grand registre, appelé le *livre de raison*. Ce livre était renfermé, avec tous les papiers de famille, dans un coffre de bois proprement sculpté, dont le chef avait seul la clef. On avait pour ce registre un respect infini ; on le consultait dans l'occasion, et il réglait la conduite à tenir. Du vivant du père, l'aîné des enfants était seul autorisé à remplir ce livre, dont tous les articles étaient signés par le père de famille, qui, dans les soirées d'hiver, le faisait apporter parfois pour en faire la lecture. Ces livres de raison, tenus dans la plupart des familles, ont en partie disparu, et c'est une véritable perte. Dans l'arrondissement d'Arles, on en trouve quelques-uns qui remontent jusqu'à Charles d'Anjou, et même plus haut.

Une multitude de coutumes civiles et populaires existaient jadis en Provence, et sont même encore en usage dans différentes communes du département.—La cérémonie du roi de la fève est générale dans toutes les communes le jour de l'Epiphanie.—La fête de Noël est celle qui se célèbre avec le plus de solennité.—Les réunions générales de famille sont obligatoires à l'époque de la Noël : on fait de longs voyages pour y assister. On se fait particulièrement des présents de fruits, de légumes, de gâteaux, de poisson, de gibier. Il n'y a pas d'époques dans l'année où il y ait plus de mouvement sur les routes et dans les rues. La veille de Noël surtout, les marchés sont encombrés, et la coutume d'avoir une table bien servie est tellement forte, qu'on voit les gens les plus pauvres engager leurs effets pour avoir de quoi faire face au service de la table. Vers les six heures du soir, la solitude est dans les rues, et toutes les familles sont réunies à la table du patriarche, autour duquel se pressent plusieurs générations.—Il est d'usage, le jour des Rameaux, de manger des pois chiches dans toute la Provence.—Durant la semaine sainte, les enfants sont armés de crécelles ; ils se rassemblent aux portes des églises, et, à la fin des ténèbres, ils font un bruit épouvantable, et parcourent ensuite, à la file, le quartier, en continuant leur tapage.—Les processions de la Fête-Dieu ont toujours été et sont encore remarquables dans toute la Provence, par l'empressement que met partout la population à les rendre brillantes et solennelles.—Dans toutes les communes du département, la veille de la St.-Jean, à huit heures du soir, le corps municipal, en grand cortège, et dans quelques villages le clergé et les prieurs des corporations, se rendent sur la place, où un grand feu de joie a été préparé. Le maire ou le curé approche le premier son flambeau ; la flamme pétille, les cloches sont en branle, les boîtes détonnent, des serpenteaux sont lancés de toutes parts et éclatent au milieu de la foule. Pendant que le cortège rentre, les danses se forment et se terminent par la farandole. Dans les villages voisins des montagnes, on a coutume de gravir avant le jour les plus hauts sommets pour observer l'instant du lever du soleil ; alors on pousse des cris de joie, qui sont répétés au loin ; le cornet ou buccin retentit dans les creux des vallons, et toutes les cloches sont en branle. A ce signal, toute la population est sur pied. Les observateurs retournent avec des bouquets d'herbes aromatiques qu'ils distribuent à leurs amis comme un spécifique pour toutes les maladies.— Le département des Bouches-du-Rhône abonde en lieux renommés par l'affluence des fidèles qui, à certaines époques de l'année, y vont en pèlerinage par partie de plaisir ou pour faire leurs dévotions. Le pèlerinage le plus célèbre est celui de Ste-Victoire, dont nous parlerons à l'article VAUVENARGUES.

Le costume des hommes consiste en une veste ronde, avec une cravate de soie de couleur voyante, nouée par devant le col de la chemise rabattu, le pantalon large et le gilet court ; ce costume leste est celui du joueur de tambourin. Le costume des femmes n'offre rien de particulier ; il ne reste que fort peu de chose de caractéristique de l'ancien costume, à l'exception toutefois de celui des Arlésiennes. Voici comment s'exprime l'auteur des *Soirées provençales*, en parlant du costume des femmes d'Arles : « Elles sont d'une vivacité, d'une pétulance à désoler. Laborieuses, actives, gaies, une draperie lourde et embarrassante ne saurait leur convenir ; un jupon simple et court tombe à moitié sur des jambes chaussées de bas propres et de souliers sans talons, sur lesquels leurs boucles larges et grandes, qui font paraître leurs pieds plus petits. Une robe, nommée drolet, blanche ou noire, laisse leurs bras presque nus, et couvre leur taille qu'elle dessine avec le plus coquet avantage. Cette robe est partagée en quatre points, et ne descend que jusqu'aux mollets ; elle rappelle les stolas flottantes des Lacédémoniennes. De grands yeux noirs, des sourcils bien arqués, des joues rondes et fraîches comme des pommes d'api, le plus joli sourire du monde, et une prodigieuse mobilité du visage... joignez un jargon d'une naïveté, d'une douceur infinie, des expressions caressantes, un accent séducteur, l'usage des diminutifs les plus mignards... et jugez si c'est à tort que Vénus était anciennement la patronne des femmes d'Arles. »

Les Provençaux sont amis du plaisir et de la gaieté ; ils sont ou ne peut mieux caractérisés dans le premier vers de ce refrain d'un de nos plus agréables opéras-comiques :

Enfant de Provence, jamais de noir chagrin.

Dans leurs roumevages, ou fêtes locales, ils se livrent avec passion à différents jeux, et surtout à diverses sortes de danses, qui s'exécutent presque toujours au son du tambour, du tambourin et du galoubet. Le tambour provençal est usité dans la plupart des communes du deuxième et du troisième arrondissement : sa grandeur est double de celle du tambour ordinaire ; les peaux en sont peu tendues, et le son est grave et sourd. Le tambourin est plus particulièrement en usage à Marseille ; les joueurs de tambourin de cette ville se distinguent par l'élégance de leur mise, par le luxe de leurs instruments et par la perfection de leur jeu. Autrefois les négociants ne dédaignaient pas d'apprendre à jouer du tambourin, et cet instrument se trouvait dans presque toutes les familles. Le galoubet accompagne ordinairement le tambourin, ou plutôt en est accompagné ; Marseille est le lieu où on en joue le mieux ; rien n'est plus agréable et plus gai que les sérénades des tambourins et des galoubets marseillais.

Parmi les jeux et divertissements publics, on cite principalement : les danses des Olivettes, des Bergères, des Jarretières, de la Cordelle, des Moresques, des Epées, des Bouffes, des Fieloués, et surtout la bruyante Farandoulo ; le divertissement de la Reine de Saba, de Caramoutran, du Chat, des Chevaux Frux, de la Targo, de la Bigue, de la Lutte, du Ballon et de la Paume. Ces différents divertissements sont décrits avec détails dans le III de la Statistique des Bouches-du-Rhône (p. 205 et suiv.). Un des plus curieux est, sans contredit, celui des Grimaces. Le peuple de la Provence se plaît, comme celui de l'Espagne, à voir faire des grimaces. Dans plusieurs roumevages, il y a un prix pour celui qui excelle dans cet art : les concurrents sont rangés en demi-cercle devant les juges, qui sont très-souvent embarrassés de décerner le prix. Les faiseurs de caricatures peuvent y trouver des sujets neufs en ce genre.

Dans toutes les saisons, les joyeux Provençaux trouvent des occasions de se réunir et de donner un libre cours à cette gaieté qui est comme un aliment nécessaire à leur constitution morale. — Au printemps, les sérénades, les farandoles, les parties de campagne, les bals champêtres, mettent en mouvement toute la population. Dans les villages, on plante le mai des amours : l'amant heureux cherche le plus beau peuplier des environs, il l'orne de rubans et de guirlandes, et, aidé de ses amis, il vient le planter sous les fenêtres de sa maîtresse ; les tambourins jouent la sérénade, et l'amant se retire pour se divertir avec ses amis. Dans plusieurs communes, et particulièrement à Marseille, on célèbre la fête du printemps et des fleurs. C'est encore dans le printemps que se fait la tonte des troupeaux, qui est une véritable fête dans plusieurs communes abondantes en pâturages, et notamment à Arles. — Durant l'été, les troupes de moissonneurs, composées d'environ quarante hommes et vingt femmes, descendent des montagnes du Var, de Vaucluse, des Hautes et Basses-Alpes, et viennent offrir leurs bras. Parmi eux se trouve toujours quelque bouffon qui divertit ses camarades par des plaisanteries, ou qui, monté sur un banc de pierre, débite des contes et des histoires. Le dernier jour de la moisson est consacré à la danse et à divers jeux. — L'automne, il n'est sorte de gaieté qu'on ne se permette aux fêtes des vendanges. La plupart des coutumes usitées aux fêtes de Bacchus se pratiquent encore : quand on cueille le raisin, les vendangeurs barbouillent de moût les vendangeuses ; lorsqu'on presse le marc, on donne à boire du vin nouveau à tous les passants, et plusieurs, abusant de cette faveur, font des extravagances qui divertissent les spectateurs. Les vendanges ne sont pas les seuls divertissements de l'automne : dans la vallée de l'Huveaune, et surtout à Roquevaire, la récolte des raisins secs, des figues, du vin cuit, donne lieu à des réunions où la gaieté préside. — La récolte des olives, qui commence à la fin de l'automne, et se prolonge tout l'hiver par le travail des moulins, offre plusieurs occasions de se divertir. Tout est en mouvement dans les vergers d'oliviers, et l'air retentit des chansons du bon vieux temps. Quand la cueillette est finie, le rassemblement est au moulin, où le villageois oisif va converser comme dans un café ou dans un cercle.

DIVISION ADMINISTRATIVE. Le département des Bouches-du-Rhône a pour chef-lieu Marseille. Il envoie six représentants à la chambre des députés, et est divisé en 3 arrondissements :

Marseille.	9 cant.	187,779 h.
Aix.	10 —	107,249
Arles.	8 —	79,975
		375,003 h.

Direction des douanes à Marseille. — 36° conservation des forêts (chef-l. Aix) ; — 4° direction des mines (chef-l. St-Etienne). — 8° direction militaire (chef-l. Marseille). 4 forts.— Archevêché à Aix. Evêché à Marseille. 22 cures. 93 succursales. 28 vicariats. Séminaire diocésain à Marseille et école sec. ecclés. — Eglise consistoriale pour le culte réformé à Marseille. — Synagogue consistoriale à Marseille. — Faculté de droit et de théologie à Aix. — Académie universitaire à Aix.— Ecole de médecine à Marseille. — Collèges royaux à Marseille et à Aix. — Collèges communaux à Arles, Tarascon ; écoles normales primaires à Aix, Marseille. — Académie royale des sciences, lettres et arts à Marseille. Académie des sciences à Aix. Sociétés savantes à Marseille.

Biographie. Parmi les hommes distingués nés dans le département des Bouches-du-Rhône, on cite principalement : le naturaliste ADANSON ; BARTHÉLEMY, auteur du voyage d'Anacharsis ; le généalogiste D'HOZIER ; MASSILLON ; MIRABEAU (que réclame aussi le département du Loiret) ; le botaniste TOURNEFORT ; les amiraux SUFFREN et GANTHEAUME ; les peintres VANLOO, GRANET et FORBIN ; le moraliste VAUVENARGUES ; les conventionnels BARBAROUX et ANTONELLE ; le grammairien DOMERGUE ; EMERIC DAVID, de l'académie des inscriptions ; le navigateur D'ENTRECASTEAUX ; les orientalistes GARCIN DE TASSY et JAUBERT ; les historiens THIERS et MIGNET, etc., etc. V. pour plus de détails les articles AIX, ARLES et MARSEILLE.

Bibliographie. EYGUIÈRES (Michel d'). *Statistique du département des Bouches-du-Rhône*, in-8, 1802.
PEUCHET et CHANLAIRE. *Statistique des Bouches-du-Rhône*, in-4, 1811.
VILLENEUVE BARGEMONT (le comte de). *Statistique du département des Bouches-du-Rhône*, 4 vol. in-4, et atlas in-f°, 1823-24.
Répertoire des travaux de la société de statistique des Bouches-du Rhône, in-8.
GUINDON (F.). *Statistique du département des Bouches-du-Rhône*, in-4, 1843.
BLAVIER. *Notice sur la constitution géologique du bassin houiller du département des Bouches-du-Rhône* (Recueil de l'académie d'Aix, t. II, 1823).
CAPPEAU. *De la compagnie des Alpines, etc., ou Recueil des titres et documents de cette compagnie en particulier et des eaux des Alpines en général*, in-8, 1817.
RIVIÈRE. *Mémoire sur l'eau, les terrains salants et le delta du Rhône ; suivi d'un second Mémoire sur la portion de ce delta appelée la Camargue*, in-8, 1825.
Fertilisation du delta du Rhône, in-8, 1833.
FAUJAS DE ST-FOND. *Notice sur le gisement de poissons fossiles et sur les empreintes de plantes d'une des carrières à plâtre des environs d'Aix*, in-4.
GARIDEL. *Histoire des plantes des environs d'Aix*, in-f°, 1715.
V. aussi pour compléter cette bibliographie les notices qui terminent les articles PROVENCE, AIX, ARLES, CAMARGUE, LA CIOTAT, GLANUM, MARTIGUES, ST-REMI, SALON, TARASCON et TAUREUNUM.

BOUCHET, vg. *Drôme* (Dauphiné), arr. et à 39 k. de Montélimart, cant. de Pierrelatte, ✉ de St-Paul-Trois-Châteaux. Pop. 928 h. — *Foire* le 20 juillet.

BOUCHET, vg. *Lot-et-Garonne*, comm. de Beauziac, ✉ de Casteljaloux.

BOUCHET (le), h. *Seine-et-Oise*, comm. de Ver-le-Petit. — La tour et le château du Bouchet, situés dans une plaine étendue, ont appartenu anciennement à Henri de Guénégaud, secrétaire d'Etat, qui les eut en échange de la belle maison qu'il possédait à Paris, appelée *l'hôtel Conti*, sur l'emplacement duquel on a bâti *l'hôtel des Monnaies*. Le célèbre marin Abraham Duquesne, ayant reçu de Louis XIV une gratification de 200,000 fr., l'employa à l'acquisition du château du Bouchet, que ce même prince érigea en marquisat en 1682. Le roi révoqua l'édit de Nantes, et fit défendre à Duquesne de laisser pratiquer dans sa terre la religion réformée. — Le vainqueur de Ruyter, celui qui avait rempli l'Europe, l'Asie et l'Afrique de son nom, mourut dans son château du Bouchet, en 1688, fidèle à sa croyance, et fut ignominieusement enterré, à cause d'elle, sur le bord d'un fossé, au bout de son jardin. Sans égard pour les services éminents qu'il avait rendus à sa patrie, on refusa son corps à ses quatre fils, qui lui avaient préparé une sépulture honorable sur une terre étrangère ; ceux-ci n'en purent obtenir que son cœur, qui fut déposé dans un simple monument à *Aubonne*, en Suisse. — Le château du Bouchet a été démoli, il n'en reste plus qu'une simple maison de campagne, près de laquelle on a construit une poudrière.

BOUCHET (le), *Maine-et-Loire*, comm. de St-Macaire-du-Bois ✉ de Montreuil-Bellay.

BOUCHET (le), *Vienne* (Poitou), arr., ✉ et à 8 k. de Loudun, cant. de Monts-sur-Guesnes. Pop. 399 h.— *Foire* le 3 juin.

BOUCHET-ST-NICOLAS (le), *H.-Loire* (Velay), arr. et à 23 k. du Puy, cant. et ✉ de Cayres. Pop. 725 h.—Il est situé sur le lac de son nom, qui paraît occuper le cratère d'un ancien volcan. Le lac est entouré et contenu par quatre montagnes, toutes formées de scories agglutinées, ou de débris de laves lithoïdes. Au fond de cet entonnoir reposent les eaux limpides du lac, qu'aucun poisson ne peuple, si ce n'est une très-petite espèce qui habite les bords. Sa profondeur, mesurée en 1788, à la faveur d'une glace épaisse de 20 c., a été trouvée de 28 m.

BOUCHETIÈRE, vg. *Isère*, comm. et ✉ de Vinay.

BOUCHEVILLIERS, vg. *Eure* (Normandie), arr. et à 40 k. des Andelys, cant. et ✉ de Gisors. Pop. 165 h.

BOUCHOIR, vg. *Somme* (Picardie), arr. et à 15 k. de Montdidier, cant. de Rosiers-en-Santerre, ✉ de Hangest. Pop. 708 h.

BOUCHON (le), *Meuse* (Lorraine), arr. et à 19 k. de Bar-le-Duc, cant. de Montiers-sur-Saux, ✉ de Ligny. Pop. 316 h.

BOUCHON, vg. *Somme* (Picardie), arr. et à 30 k. d'Amiens, cant. de Picquigny, ✉ de Flixecourt. Pop. 421 h.

BOUCHOUX (les), ou BONNEVILLE, vg. *Jura*

(Franche-Comté), arr. et à 20 k. de St-Claude, chef-l. de cant. Cure. Bur. d'enregist. à St-Claude. ✉. A 470 k. de Paris pour la taxe des lettres. Pop. 1,116 h. — TERRAIN jurassique. — Il est bâti dans une position pittoresque, sur le sommet d'un rocher élevé. — *Foires* les 23 mai, 16 août et 14 oct.

BOUCHY-LE-REPOS, vg. *Bussiacum*, Marne (Champagne), arr. et à 60 k. d'Epernay, cant. d'Esternay, ✉ de Courgivaux. Pop. 235 h. — On doit visiter aux environs les ruines imposantes du château de Montaiguillon. V. LOUAN.

BOUCIEUX-LE-ROI, vg. *Ardèche* (Vivarais), arr. et à 18 k. de Tournon, cant. de St-Félicien, ✉ du Chaylard. Pop. 631 h. — *Foires* les 24 fév., 28 avril, 25 juin, 27 oct. et 13 déc.

BOUCLANS, vg. *Doubs* (Franche-Comté), arr. et à 17 k. de Baume-les-Dames, cant. de Roulans, ✉ de Besançon. Pop. 588 h. — *Foires* les 4 avril, 4 mai, 3 juin, 3 juillet, 16 août et 16 oct.

BOUCLON (le), vg. *Seine-Inf.*, comm. de Boos, ✉ de Rouen.

BOUCLY, vg. *Somme*, comm. de Tincourt-Boucly, ✉ de Péronne.

BOUCOIRAN, vg. *Gard* (Languedoc), arr. et à 20 k. d'Alais, cant. et ✉ de Lédignan. Pop. 751 h. — Sur le chemin de Nîmes à Alais. — *Foires* les 2ᵉ samedi d'avril et 2ᵉ samedi de sept.

BOUCONVILLE, vg. *Aisne* (Picardie), arr. et à 15 k. de Laon, cant. de Craonne, ✉ de Corbeny. Pop. 593 h. — A peu de distance de ce village, on remarque le château de la Bove, qui, du temps de la Ligue, fut un des forts royalistes. Ce château a appartenu dans la suite à la duchesse de Narbonne; il fut visité plusieurs fois par les princesses filles de Louis XV : c'est de ces fréquents voyages qu'a pris son nom le Chemin-des-Dames, qui, partant de l'Auge-Gardien entre Soissons et Laon, vient aboutir à ce château. Le Chemin-des-Dames traverse dans toute sa longueur la montagne sur laquelle s'est donnée la bataille de Craonne. — *Fabrique* de poterie de terre commune vernissée. — *Foire* le 1ᵉʳ oct.

BOUCONVILLE, vg. *Ardennes* (Champagne), arr. et à 17 k. de Vouziers, cant. et ✉ de Montbois. Pop. 372 h.

BOUCONVILLE, *Beconis Villa*, vg. *Meuse* (Lorraine), arr., et à 13 k. de Commercy, cant. et à 16 k. de St-Mihiel. Pop. 338 h.

BOUCONVILLERS, vg. *Oise* (Picardie), arr. et à 35 k. de Beauvais, cant. et ✉ de Chaumont-en-Vexin. Pop. 213 h.

BOUCOU, vg. *H.-Garonne*, comm. de Sauveterre, ✉ de St-Gaudens.

BOUCOUE, vg. *B.-Pyrénées* (Gascogne), arr. et à 38 k. d'Orthez, cant. et ✉ d'Arzacq. Pop. 164 h.

BOUCQ, vg. et ancien château, *Meurthe* (Lorraine), arr., cant., ✉ et à 14 k. de Toul. Pop. 1,046 h.

BOUCRES, vg. *Pas-de-Calais*, comm. de Hames, ✉ de Guines.

BOUDES, vg. *Puy-de-Dôme* (Auvergne),

arr. et à 16 k. d'Issoire, cant. et ✉ de St-Germain-Lembron. Pop. 725 h.

BOUDEVILLE, vg. *Eure*, comm. de St-Acquilin-de-Pacy, ✉ de Pacy-sur-Eure.

BOUDEVILLE, *Bodivilla*, *Seine-Inf.* (Normandie), arr. et à 17 k. d'Yvetot, cant. et ✉ de Doudeville. Pop. 350 h. — Il est près de la rive droite du Cailly. On y remarque les ruines d'un monastère dont la fondation remonte au delà du XIIᵉ siècle. On voit à peu de distance de Boudeville, sur une éminence surmontant un cap qui s'avance dans la Seine, un camp romain renfermant dans son enceinte une étendue d'environ 150 acres de terre. — Manufacture d'indiennes. Filature hydraulique de coton. Construction de machines.

BOUDONVILLE, vg. *Meurthe*, comm. et ✉ de Nancy. C'est un faubourg de Nancy où l'on voit plusieurs jolies maisons de campagne, et une croix élevée par le cardinal Jean de Lorraine.

BOUDOU, vg. *Tarn-et-Garonne* (Quercy), arr., cant., ✉ et à 6 k. de Moissac. P. 1,040 h.

BOUDRAC, vg. *H.-Garonne* (Armagnac), arr. et à 19 k. de St-Gaudens, cant. et ✉ de Montréjeau. Pop. 466 h.

BOUDRELLE, vg. *Nord*, comm. de Stéenwerck, ✉ de Bailleul.

BOUDREVILLE, vg. *Côte-d'Or* (Bourgogne), arr. et à 26 k. de Châtillon-sur-Seine, cant. et ✉ de Montigny-sur-Aube. P. 337 h.

BOUDY, vg. *Lot-et-Garonne* (Agénois), arr. et à 14 k. de Villeneuve-sur-Lot, cant. et ✉ de Cancon. Pop. 448 h.

BOUÉ, vg. *Aisne* (Picardie), arr. et à 35 k. de Vervins, cant. et ✉ de Nouvion. Pop. 1,382 h.

BOUÉE, vg. *Loire-Inf.* (Bretagne), arr., cant., ✉ et à 5 k. de Savenay. Pop. 877 h. — *Foire* le 1ᵉʳ mai.

BOUELLE, vg. *Seine-Inf.* (Normandie), arr., cant., ✉ et à 4 k. de Neufchâtel-en-Bray. Pop. 319 h.

BOUER, vg. *Sarthe* (Maine), arr. et à 42 k. de Mamers, cant. de Tuffé, ✉ de Connerré. Pop. 401 h.

BOUERE, bg *Mayenne* (Maine), arr. et à 18 k. de Château-Gontier, cant. et ✉ de Grez-en-Bouère. Pop. 2,042 h.

BOUESSAY, bg *Mayenne* (Maine), arr. et à 24 k. de Château-Gontier, cant. et ✉ de Grez-en-Bouère. Pop. 692 h.

BOUESSE, vg. *Indre* (Berry), arr. et à 22 k. de Châteauroux, cant. et ✉ d'Argenton-sur-Creuse. Pop. 485 h.

BOUEX, vg. *Charente* (Angoumois), arr., cant., ✉ et à 13 k. d'Angoulême. P. 940 h.

BOUEXIÈRE (la), vg. *Ille-et-Vilaine* (Bretagne), arr. et à 20 k. de Rennes, cant. et ✉ de Liffré. Pop. 2,301 h. — Forges et hauts fourneaux. — *Foire* le 30 nov.

BOUFFEMONT, *Bofesmunt*, vg. *Seine-et-Oise* (Ile-de-France), arr. et à 25 k. de Pontoise, cant. d'Ecouen, ✉ de Moisselles. Pop. 336 h. — On voit aux environs le vieux château de la Chasse, ancienne demeure de Montmorency.

BOUFFERÉ, vg. *Vendée* (Poitou), arr. et à 32 k. de Bourbon-Vendée, cant. de Montaigu. Pop. 735 h.

BOUFFEY, vg. *Eure*, comm. et ✉ de Bernay.

BOUFFIGNEREUX, vg. *Aisne* (Picardie), arr. et à 35 k. de Laon, cant. de Neufchâtel, ✉ de Berry-au-Bac. Pop. 193 h.

BOUFFRY, vg. *Loir-et-Cher* (Beauce), arr. et à 25 k. de Vendôme, cant. de Droué, ✉ de la Ville-aux-Clercs. Pop. 629 h.

BOUFLERS, vg. *Somme* (Picardie), arr. et à 26 k. d'Abbeville, cant. de Crécy, ✉ d'Auxy-le-Château. Pop. 320 h.

BOUGAINVILLE, vg. *Somme* (Picardie), arr. et à 24 k. d'Amiens, cant. de Molliens-Vidame, ✉ de Quévauvillers. Pop. 1,013 h.

BOUGARBER, vg. *B.-Pyrénées* (Béarn), arr. et à 15 k. de Pau, cant. et ✉ de Lescar. Pop. 441 h.

BOUGAYROU, vg. *Lot*, comm. de Lacave, ✉ de Souillac.

BOUGÉ-CHAMBALUD, vg. *Isère* (Dauphiné), arr. et à 26 k. de Vienne, cant. de Roussillon. ✉. A 528 k. de Paris pour la taxe des lettres. Pop. 1,149 h. — *Foire* le lundi après la St-Michel.

BOUGES, vg. *Indre* (Berry), arr. et à 25 k. de Châteauroux, cant. et ✉ de Levroux. Pop. 633 h.

BOUGEY, vg. *H.-Saône* (Franche-Comté), arr. et à 33 k. de Vesoul, cant. de Combeaufontaine, ✉ de Jussey. Pop. 432 h. — On y voit les restes d'un château fort.

BOUGIVAL, *Buchivallis*, *Bachivallis*, vg. *Seine-et-Oise* (Ile-de-France), arr. et à 7 k. de Versailles, cant. de Marly-le-Roi, ✉ de Rueil. Pop. 1,106 h. — Il est fort agréablement situé, au pied et le long d'un coteau qui borde la rive gauche de la Seine. — L'église paroissiale, dont le chœur paraît être du XIIᵉ siècle, renferme un autel et un rétable qui proviennent d'une maison bâtie dans les environs pour Gabrielle d'Estrées. On y voyait aussi naguère une inscription gravée sur marbre, en l'honneur de Rennequin Sualem, seul inventeur de la machine de Marly; cette inscription se voit aujourd'hui chez un cabaretier de Marly. — Vis-à-vis de Bougival, la Seine forme une île importante qui s'étend jusqu'à proximité de la machine de Marly. Cette île passe pour être l'antique *Oscellus*, où les Normands firent leur retraite et leur place d'armes pendant les années 858, 859 et 861, et d'où ils furent chassés à cette dernière époque par Charles le Chauve. Cette île a une contenance de plus de 75 hectares; les fossés faits de main d'homme qui en isolent le milieu, les vestiges d'un édifice en pierre et de plus de la moitié de la vieille Laye, qu'elle portait au XIIᵉ siècle, paraissent confirmer l'opinion émise par l'abbé Lebeuf et par M. Aug. Leprévost, que c'est en cet endroit et non à Oissel qu'existait l'Oscellus du temps de Charles le Chauve.

BOUGLAINVAL, vg. *Eure-et-Loir* (Beauce), arr. et à 13 k. de Chartres, cant. et ✉ de Maintenon. Pop. 423 h. — On voit sur son territoire un fort beau château, et dans les environs les restes du canal de Maintenon.

BOUGLIGNY, vg. *Seine-et-Marne* (Gatinais), arr. et à 25 k. de Fontainebleau, cant. et ✉ de Château-Landon. Pop. 670 h.

BOUGLON, vg. *Lot-et-Garonne* (Condomois), arr., ✉ et à 18 k. de Marmande, chef-l. de cant. Pop. 817 h. — TERRAIN tertiaire supérieur. — *Foires* le 2ᵉ mercredi de chaque mois.

BOUGNEAU, vg. *Charente-Inf.* (Saintonge), arr. et à 21 k. de Saintes, cant. et ✉ de Pons. Pop. 683 h.

BOUGNON, vg. *H.-Saône* (Franche-Comté), arr. et à 9 k. de Vesoul, cant. et ✉ de Port-sur-Saône. Pop. 597 h.

BOUGON, vg. *Deux-Sèvres* (Poitou), arr. et à 18 k. de Melle, cant. et ✉ de la Mothe-St-Héraye. Pop. 489 h.

BOUGOUIN, vg. *Deux-Sèvres*, comm. de Chavagné, ✉ de St-Maixent. — *Foires* les 6 janv., 1ᵉʳ mars, 15 avril, lundi de la Pentecôte, 1ᵉʳ et 25 oct., pour mules, mulets, moutons et bœufs gras.

BOUGUE, vg. *Landes* (Gascogne), arr., cant., ✉ et à 9 k. de Mont-de-Marsan. Pop. 661 h.

BOUGUENAIS, vg. *Loire-Inf.* (Bretagne), arr., ✉ et à 8 k. de Nantes, cant. de Bouaye. Pop. 3,281 h. — Il est bâti dans une situation agréable, à peu de distance de la Loire, sur un rocher qui s'élève à plus de 40 m. au-dessus des eaux du fleuve. — *Commerce* de vins et de bestiaux. — *Foires* le lendemain du dimanche après le 29 juin, et le lundi avant l'Ascension.

BOUGY, vg. *Calvados* (Normandie), arr. et à 16 k. de Caen, cant. et ✉ d'Evrecy. Pop. 148 h.

BOUGY, *Bulgeium*, vg. *Eure* (Normandie), arr. à 22 k. de Bernay, cant. et ✉ de Beaumont-le-Roger. Pop. 121 h. — C'était autrefois un bourg assez considérable, qui fut brûlé en 1136 par Thibaut, comte de Blois.

BOUGY, vg. *Loiret* (Orléanais), arr. et à 18 k. d'Orléans, cant. et ✉ de Neuville-aux-Bois. Pop. 243 h.

BOUHAN, village et commune du dép. de l'*Ariége* (Foix), cant. des Cabannes, arr. et 25 k. de Foix, ✉ de Tarascon-sur-Ariége. Pop. 164 h.

BOUHANS, vg. *Saône-et-Loire* (Bourgogne), arr. et à 23 k. de Louhans, cant. et ✉ de St-Germain-du-Bois. Pop. 545 h. — Ce village est connu par une foire renommée, qui dure 8 jours et commence le 26 août : elle se tient au hameau de la Balme, dans un vaste enclos ombragé de marronniers et des plus pittoresques.

BOUHANS-LES-GRAY, vg. *H.-Saône* (Franche-Comté), arr. et à 9 k. de Gray, cant. d'Autrey. Pop. 532 h.

BOUHANS-LES-LURE, vg. *H.-Saône* (Franche-Comté), arr., cant., ✉ et à 7 k. de Lure. Pop. 481 h.

BOUHANS-LES-MONTBOZON, vg. *H.-Saône* (Franche-Comté), arr. et à 22 k. de Vesoul, cant. et ✉ de Montbozon. P. 239 h.

BOUHET, vg. *Charente-Inf.* (Aunis), arr. et à 32 k. de Rochefort-sur-Mer, cant. d'Aigrefeuille, ✉ de Surgères. Pop. 535 h.

BOUHEY, vg. *Côte-d'Or* (Bourgogne), arr. et à 32 k. de Beaune, cant. et ✉ de Pouilly-en-Mortagne. Pop. 207 h.

BOUHY, vg. *Nièvre* (Nivernais), arr. et à 30 k. de Cosne, cant. et ✉ de St-Amand-en-Puisaye. Pop. 1,750 h. — *Foires* les 16 fév., 14 mai, 7 oct. et 20 nov.

BOUILDROUX, vg. *Vendée*, comm. de Thouarsais, ✉ de la Châtaigneraie.

BOUILH-DEVANT, vg. *H.-Pyrénées* (Bigorre), arr. et à 23 k. de Tarbes, cant. et ✉ de Rabastens. Pop. 139 h.

BOUILH-PEREUILH, vg. *H.-Pyrénées* (Bigorre), arr., ✉ et à 16 k. de Tarbes, cant. de Pouyastruc. Pop. 306 h.

BOUILHONNAC, vg. *Aude* (Languedoc), arr., ✉ et à 11 k. de Carcassonne, cant. de Capendu. Pop. 205 h.

BOUILLAC, vg. *Aveyron* (Rouergue), arr. et à 30 k. de Villefranche-de-Rouergue, cant. d'Asprières, ✉ d'Aubin. Pop. 800 h.

BOUILLAC, vg. *Dordogne* (Périgord), arr. et à 43 k. de Bergerac, cant. de Cadouin, ✉ de la Linde. Pop. 346 h.

BOUILLAC, vg. *Gironde* (Guienne), arr., ✉ et à 7 k. de Bordeaux, cant. de Carbon-Blanc. Pop. 677 h.

BOUILLAC, bg *Tarn-et-Garonne* (Armagnac), arr. et à 36 k. de Castel-Sarrasin, cant. et ✉ de Verdun-sur-Garonne. P. 1,245 h. — *Foires* les 12 fév., 20 mai, 16 août et 11 nov.

BOUILLANCOURT, vg. *Somme* (Picardie), arr., cant., ✉ et à 6 k. de Montdidier. Pop. 337 h.

BOUILLANCOURT-EN-SÉRIE, vg. *Somme* (Picardie), arr. et à 7 k. d'Abbeville, cant. de Gamaches, ✉ de Blangy. Pop. 1,142 h.

BOUILLANCOURT-SUR-MIANNAY, vg. *Somme*, comm. de Moyenneville, ✉ d'Abbeville.

BOUILLANCY, vg. *Oise* (Picardie), arr. et à 31 k. de Senlis, cant. et ✉ de Betz. Pop. 434 h. — Tanneries.

BOUILLAND, *Bollens*, vg. *Côte-d'Or* (Bourgogne), arr. et à 14 k. de Beaune, cant. et ✉ de Bligny-sur-Ouche. Pop. 671 h. — Au-dessus de Bouilland, à l'est, est le Châtelet, lieu très-ancien, fortifié du temps des Romains. On y a découvert le fer de deux javelots très-antiques, une Diane, trois Mercures gaulois et trois tombes.

BOUILLANT, vg. *Oise*, comm. et ✉ de Crépy.

BOUILLARGUES, vg. *Gard* (Languedoc), arr., cant., ✉ et à 7 k. de Nîmes. Pop. 2,305 h.

BOUILLAS, vg. *Lot-et-Garonne*, comm. et ✉ de Marmande.

BOUILLE (la), *Butila*, bg *Seine-Inf.* (Normandie), arr. et à 19 k. de Rouen, cant. et ✉ de Grand-Couronne. Pop. 772 h. — Etablissement de la marée, 1 heure 30 minutes. — Il est bâti sur la rive gauche de la Seine, au pied d'un coteau escarpé, surmonté par les ruines d'un ancien château qui fut, selon la tradition, la demeure de Robert le Diable. Ce qui reste de ce château est, comme sa chronique, une chose vague et informe qui rappelle quelques événements merveilleux. Aucun souvenir historique n'est lié à la topographie de cet étrange monument : une chronique, une romance, un fabliau, les dits des vieillards et des bergers, les sont, sur ce qui le concerne, toutes les autorités du passé.

Robert le Diable est désigné, dans les annales équivoques du moyen âge, comme un chevalier célèbre par ses exploits aventureux et ses amours désordonnées. Tout jeune, il battait ses camarades d'école et tua son maître d'un coup de couteau : plus tard, il vint tout armé « à une recluserie à une lyeue près de Rouen, où il y avoit femmes qui vivoyent religieusement. Robert entra dedans, et fist venir deuant luy toutes les religieuses, et print laquelle qu'il luy plut à force, et l'emmena au boys de la vyolla , et depuis lui trancha les mammelles » (*Chroniques de Normandie*). Tout ce qu'on sait de positif sur ce château, c'est que Jean sans Terre le fit démolir à l'époque où Philippe Auguste réunissait la Normandie à la France.

Les amateurs de beaux sites ne doivent pas négliger de gravir la montagne, qui offre un point de vue magnifique.

La Bouille est un lieu de grand passage ; plusieurs fois par jour des bateaux font régulièrement le trajet de ce bourg à Rouen. Les amateurs de géologie doivent visiter, aux environs, les carrières de Caumont, notamment la carrière Jacqueline, célèbre par la beauté et par la variété de ses stalactites.

BOUILLÉ, vg. *Vendée* (Poitou), arr. et à 14 k. de Fontenay-le-Comte, cant. de Maillezais, ✉ d'Oulmes. Pop. 669 h.

BOUILLÉ-LORET, vg. *Deux-Sèvres* (Poitou), arr. et à 34 k. de Bressuire, cant. d'Argenton-Château, ✉ de Thouars. Pop. 1,080 h.

BOUILLÉ-MÉNARD, bg *Maine-et-Loire* (Anjou), arr. et à 11 k. de Segré, cant. de Pouancé. Pop. 926 h. — *Foires* les 11 mai et 13 sept.

BOUILLÉ-ST-PAUL, vg. *Deux-Sèvres* (Poitou), arr. et à 26 k. de Bressuire, cant. et ✉ d'Argenton-Château. Pop. 581 h.

BOUILLIE (la), vg. *Côtes-du-Nord* (Bretagne), arr. et à 36 k. de Dinan, cant. de Matignan, ✉ de Lamballe. Pop. 617 h. — *Foires* tous les vendredis, depuis le dernier vendredi de nov. inclusivement jusqu'au 2ᵉ vendredi de fév. inclusivement.

BOUILLON, village et commune du dép. du *Doubs* (Franche-Comté), cant. et ✉ de Quingey, arr. de Besançon. Pop. 28 h.

BOUILLON, vg. *Manche* (Normandie), arr. et à 20 k. d'Avranches, cant. et ✉ de Granville. Pop. 656 h. — On voit aux environs plusieurs monuments druidiques.

BOUILLON (le), vg. *Orne* (Normandie), arr. et à 18 k. d'Alençon, cant. et ✉ de Seés. Pop. 348 h.

BOUILLON, vg. *B.-Pyrénées* (Gascogne),

arr. et à 24 k. d'Orthez, cant. et ✉ d'Arzacq. Pop. 334 h.

BOUILLONVILLE, vg. *Meurthe* (Lorraine), arr. et à 35 k. de Toul, cant. et ✉ de Thiancourt. Pop. 284 h.

BOUILLY, *Bulliacum*, *Mons Abolinus*, vg. *Aube* (Champagne), arr. et à 15 k. de Troyes, chef-l. de cant. Cure. ✉. A 175 k. de Paris pour la taxe des lettres. Pop. 819 h. — TERRAIN crétacé supérieur, craie blanche.

Ce village est situé dans un territoire fertile en vins estimés. Il est bâti au pied de la montagne de son nom, d'où l'on jouit d'une vue fort étendue sur le vaste et riche bassin au milieu duquel est bâtie la ville de Troyes. L'église paroissiale est un bel édifice de construction gothique, restauré à neuf il y a quelques années. — *Foires* les 25 juin et 4 nov.

BOUILLY, vg. *Loiret* (Orléanais), arr., cant. et à 9 k. de Pithiviers, ✉ de Boynes. Pop. 502 h.

BOUILLY, vg. *Marne* (Champagne), arr. et à 13 k. de Reims, cant. et ✉ de Ville-en-Tardenois. Pop. 140 h.

BOUILLY, vg. *Yonne* (Champagne), arr. et à 23 k. d'Auxerre, cant. et ✉ de St-Florentin. Pop. 411 h.

BOUIN, vg. *Pas-de-Calais* (Artois), arr. et à 21 k. de Montreuil-sur-Mer, cant. et ✉ de Hesdin. Pop. 173 h.

BOUIN, vg. *Deux-Sèvres* (Poitou), arr. et à 19 k. de Melle, cant. et ✉ de Chef-Boutonne. Pop. 366 h.

BOUIN, vg. *Deux-Sèvres*, comm. de Neuvy-Bouin, ✉ de Moncoutant.

BOUIN, *Bovinum*, vg. *Vendée* (il est situé dans l'île de Bouin), arr. des Sables, cant. de Beauvoir-sur-Mer. ✉. A 461 k. de Paris pour la taxe des lettres. Pop. 2,628 h. — TERRAIN d'alluvions modernes. — *Foires* les 2ᵉˢ lundis de mai et de juillet.

BOUIN (île de). Cette île, située au fond de la baie de Bourgneuf, n'est séparée du continent au sud et à l'est que par un canal très-étroit nommé le Dain, qui, se rétrécissant de jour en jour, a fini par donner la possibilité de joindre l'île au continent au moyen d'une chaussée. Ce n'était dans l'origine qu'un rocher calcaire peu étendu, dont la circonférence est maintenant d'environ 24 k. Le sol y est de bonne qualité, les pâturages excellents, et les marais salants très-productifs. Quatre grands canaux traversent l'île et y facilitent l'écoulement des eaux; celui de Grand-Champ, situé à peu près au centre, est le seul qui puisse recevoir des barques de 30 à 40 tonneaux. — Il n'y a dans l'île que le village de Bouin. — Commerce d'exportation de grains, sels, chevaux et bestiaux. Importation de vins et de denrées du Midi pour les besoins de l'île.

BOUIS, vg. *Seine-et-Marne*, comm. de Chalautre-la-Petite, ✉ de Provins.

BOUISE (St-), vg. *Cher* (Berry), arr., cant., ✉ et à 8 k. de Sancerre. Pop. 573 h. — *Foires* les 26 mai, 22 juin et 12 sept.

BOUISSE, vg. *Aude* (Languedoc), arr. et à 45 k. de Carcassonne, cant. de Monthoumet,

✉ de Davejean. P. 712 h. — *Foire* le 1ᵉʳ sept.

BOUIX, vg. *Côte-d'Or* (Bourgogne), arr. et à 6 k. de Châtillon-sur-Seine, cant. et ✉ de Laignes. Pop. 450 h.

BOUJAN, vg. *Hérault* (Languedoc), arr., cant., ✉ et à 6 k. de Béziers. Pop. 703 h.

BOUJEAILLES, vg. *Doubs* (Franche-Comté), arr. et à 24 k. de Pontarlier, cant. et ✉ de Lévier. Pop. 1,059 h.

BOUJEONS, vg. *Doubs* (Franche-Comté), arr. et à 24 k. de Pontarlier, cant. et ✉ de Mouthe. Pop. 223 h.

BOUJON, vg. *Aisne*, comm. de Buironfosse, ✉ de la Capelle.

BOULAGES, vg. *Aube* (Champagne), arr. et à 22 k. d'Arcis-sur-Aube, cant. de Méry-sur-Seine, ✉ de Plancy. Pop. 488 h.

BOULAIE (la), *Eure*, comm. de Plasne, ✉ de Bernay.

BOULAINCOURT, vg. *Vosges* (Lorraine), arr., cant., ✉ et à 12 k. de Mirecourt. Pop. 153 h. — *Foire* le 16 août.

BOULANCOURT, vg. *Seine-et-Marne* (Gatinais), arr. et à 26 k. de Fontainebleau, cant. de la Chapelle-la-Reine, ✉ de Maisherbes. Pop. 240 h. — Il y avait autrefois une abbaye d'hommes de l'ordre de Cîteaux, fondée en 1149, où l'on voyait avant la révolution le tombeau d'Elion Amoncourt.

BOULANGE, vg. *Moselle* (Lorraine), arr. et à 19 k. de Briey, cant. d'Audun-le-Roman, ✉ de Fontoy. Pop. 509 h.

BOULAUR, vg. *Gers* (Armagnac), arr. et à 21 k. d'Auch, cant. et ✉ de Saramon. P. 438 h.

BOULAY (le), vg. *Indre-et-Loire* (Touraine), arr. et à 34 k. de Tours, cant. et ✉ de Château-Renault. Pop. 504 h. — *Fab.* de tapis de pied.

BOULAY, vg. *Loiret* (Orléanais), arr., cant. et à 14 k. d'Orléans, ✉ de Chevilly. P. 488 h.

BOULAY, vg. *Mayenne* (Maine), arr. et à 40 k. de Mayenne, cant. et ✉ de Prez-en-Paille. Pop. 445 h.

BOULAY, vg. *Moselle* (Lorraine), arr. et à 25 k. de Metz, chef-l. de cant. Cure. Gîte d'étape. ✉. ⚒. A 343 k. de Paris pour la taxe des lettres. Pop. 2,670 h. — TERRAIN de trias, marne irisée.

Autrefois château en Lorraine, diocèse de Metz, prévôté, couvent de récollets.

Cette ville est située près de la rive droite de la Nied, sur la pente au pied d'une colline, dans une vallée arrosée par la Katzbach. C'est une ville assez ancienne, qui était jadis entourée de murailles et défendue par un château dont il reste encore quelques vestiges. Les sires de Boulay furent des seigneurs puissants, qui se liguèrent souvent avec les comtes de Nassau, de Luxembourg et de Bar contre la cité de Metz, dont ils battirent complètement les troupes sous leurs remparts, en 1139. Boulay soutint trois assauts contre les troupes de Metz en 1386. — Les rues principales de cette ville sont larges et assez bien percées; la place publique, sur laquelle s'élève l'hôtel de ville, est vaste et décorée d'une fontaine. L'église paroissiale est un vaste édifice riche d'ornements, dont le

chœur a été décoré récemment de belles peintures.

PATRIE du savant officier d'artillerie DE VILLERS, correspondant de l'Institut; du général NEUVINGER.

Fabriques de draps, couvertures de laine, colle forte, noir d'ivoire, arçons, quincaillerie dite d'Allemagne, outils de toutes sortes, lames de fleurets, etc. Filature de coton. Tanneries. — *Foires* les 1ᵉʳ mai et 1ᵉʳ sept.

BOULAY (le), vg. *Vosges* (Lorraine), arr. et à k. d'Epinal, cant. et ✉ de Bruyères. Pop. 225 h.

BOULAY-MORIN (le), *Bouleyum Morini*, *Eure* (Normandie), arr., cant., ✉ et à 7 k. d'Evreux. Pop. 320 h.

BOULAYE (la), vg. *Saône-et-Loire* (Bourgogne), arr. et à 30 k. d'Autun, cant. de Mesvres, ✉ de Toulon-sur-Arroux. P. 342 h.

BOULAZAC, vg. *Dordogne* (Périgord), arr., ✉ et à 6 k. de Périgueux, cant. de St-Pierre-de-Chignac. Pop. 556 h.

BOULBON, *Bulbo*, vg. *Bouches-du-Rhône* (Provence), arr. d'Arles-sur-Rhône, cant., ✉ et à 8 k. de Tarascon-sur-Rhône. Pop. 1,171 h. — On y voit les ruines d'un ancien château, qui devait être une place imprenable avant l'invention de la poudre à canon. Une fortification irrégulière, qui couronne et dépasse la sommité du roc dont elle suit tous les contours, subsiste encore dans son entier, mais il est impossible d'y parvenir autrement qu'avec des échelles.

BOULBONNE, vg. *H.-Garonne*, comm. de Cintegabelle, ✉ d'Auterive.

BOULE (la), vg. *Ardèche* (Vivarais), arr., ✉ et à 16 k. de Largentière, cant. de Valgorge. Pop. 975 h.

BOULE, vg. *Drôme* (Dauphiné), arr. et à 29 k. de Die, cant. et ✉ de Châtillon. Pop. 327 h. — *Foires* les 20 avril et 3 sept.

BOULE-DAMONT, vg. *Pyrénées-Or.* (Roussillon), arr. et à 33 k. de Prades, cant. de Vinça, ✉ d'Ille. Pop. 537 h.

BOULE-TERNÈRE, vg. *Pyrénées-Or.* (Roussillon), arr. et à 17 k. de Prades, cant. et ✉ de Vinça. Pop. 922 h. — *Fabrique* de limes. — Carrières de marbre.

BOULÈME, vg. *Jura*, comm. de Bellecombe, ✉ de St-Claude.

BOULEURS, vg. *Seine-et-Marne* (Brie), arr. et à 10 k. de Meaux, cant. et ✉ de Crécy. Pop. 349 h.

BOULEUSE, vg. *Marne* (Champagne), arr. et à 16 k. de Reims, cant. et ✉ de Ville-en-Tardenois. Pop. 148 h.

BOULEY (le), vg. *Eure*, comm. de St-Vincent-du-Bouloy, ✉ de Thiberville.

BOULIEU, vg. *Ardèche* (Vivarais), arr. et à 33 k. de Tournon, cant. et ✉ d'Annonay. Pop. 1,192 h.

BOULIGNEUX, vg. *Ain* (Bresse), arr. et à 21 k. de Trévoux, cant. de St-Trivier-de-Moignans, ✉ de Châtillon-les-Dombes. Pop. 436 h.

PATRIE du mathématicien OZANAM.

BOULIGNEY, vg. *H.-Saône* (Franche-

Comté), arr. et à 35 k. de Lure, cant. de Nauvillers, ✉ de St-Loup. Pop. 906 h.

BOULIGNY, vg. *Meuse* (Franche-Comté), arr. et à 41 k. de Montmédy, cant. et ✉ de Spincourt. Pop. 410 h. On y voit la source remarquable du Plané.

BOULIN, vg. *Landes*, comm. de Montgaillard, ✉ de St-Sever.

BOULIN, vg. *H.-Pyrénées* (Bigorre), arr., ✉ et à 6 k. de Tarbes, cant. de Pouyastruc. Pop. 113 h.

BOULINCOURT, vg. *Oise*, comm. d'Agnets, ✉ de Clermont.

BOULLARRE, vg. *Oise* (Picardie), arr. et à 40 k. de Senlis, cant. et ✉ de Betz. Pop. 228 h.

BOULLAY-LES-DEUX-ÉGLISES, vg. *Eure-et-Loir* (Beauce), arr. et à 14 k. de Dreux, cant. et ✉ de Châteauneuf-en-Thymerais. Pop. 346 h.

BOULLAY-MIVOYE (le), vg. *Eure-et-Loir* (Beauce), arr. et à 10 k. de Dreux, cant. et ✉ de Nogent-le-Roi. Pop. 368 h.

BOULLAY-THIERRY (le), *Eure-et-Loir* (Beauce), arr. et à 12 k. de Dreux, cant. et ✉ de Nogent-le-Roi. Pop. 472 h. — *Fabriques* de couvertures de laine, de draps, et autres lainages de toutes sortes.

BOULLERET, *Cher* (Berry), arr. et à 14 k. de Sancerre, cant. et ✉ de Loré. P. 1,548 h. On y voit le joli château de Pezeau. — *Foires* les 30 avril, 4 juin, 15 sept. et 15 oct.

BOULLEVILLE, *Bollivilla*, *Bullivilla*, vg. *Eure* (Normandie), arr. et à 12 k. de Pont-Audemer, cant et ✉ de Beuzeville. Pop. 422 h.

BOULOC, vg. *H.-Garonne* (Languedoc), arr. et à 21 k. de Toulouse, cant. de Fronton, ✉ de St-Jory. Pop. 829 h. — *Foires* les 21 décembre et 1er lundi de juillet.

BOULOC, vg. *Tarn-et-Garonne* (Quercy), arr. et à 29 k. de Moissac, cant. et ✉ de Lauzerte. Pop. 630 h.

BOULOGNE (la), petite rivière qui a sa source à la Marsetti, arr. de Bourbon-Vendée; elle passe à Pont-de-la-Boulogne, la Roche-Servière et St-Philibert, au-dessous duquel elle se jette dans le lac de Grand-Lieu après un cours de 30 k. Cette rivière est navigable depuis Besson jusqu'à son embouchure, sur une étendue de 8,000 m.

BOULOGNE, jolie petite ville, *H.-Garonne* (Gascogne), arr. et à 5 k. de St-Gaudens, chef-l. de cant. Cure. ⚐. A 762 k. de Paris pour la taxe des lettres. Pop. 410 h. — Terrain crétacé inférieur, voisin du terrain tertiaire supérieur. — Elle est située dans une contrée fertile, sur une colline baignée par le Gimont. — Tannerie. — Commerce de grains, châtaignes, bestiaux et canards salés, etc.

BOULOGNE, vg. *Nord* (Flandre), arr., cant., ✉ et à 5 k. d'Avesnes. Pop. 410 h.

BOULOGNE, *Bononia Parva*, beau et grand village, *Seine* (Ile-de-France), arr. et à 14 k. de St-Denis, cant. de Neuilly-sur-Seine. ✉. A 9 k. de Paris pour la taxe des lettres. Pop. 6,906 h.

Boulogne est agréablement situé entre le bois qui porte son nom, et la Seine qu'on y traverse sur un beau pont de pierre de douze arches, qui sépare Boulogne de St-Cloud. Sous les rois de la première et de la deuxième race, il se nommait Menus-lez-St-Cloud; mais, en 1320, quelques habitants de ce lieu, à leur retour d'un pèlerinage à Notre-Dame de Boulogne-sur-Mer, firent bâtir auprès du village de Menus une église exactement semblable, dit-on, à celle qu'ils venaient de visiter, et qui reçut le nom de Notre-Dame de Boulogne-sur-Seine, puis de Boulogne-la-Petite; le village finit par retenir le nom de Boulogne. Cet édifice gothique fut achevé en 1343, et agrandi dans le siècle suivant.

Le village de Boulogne est un des plus remarquables des environs de Paris. Il est grand, percé d'une longue et belle rue, bien bâti, et formé principalement de belles maisons de campagne qui comptent parmi leurs agréments les charmantes promenades qu'offrent le bois de Boulogne et la proximité du parc de St-Cloud.

Le bois de Boulogne, dont la contenance est d'environ 1,000 hect., portait jadis le nom de bois de Rouvray; les Parisiens, obligés de le traverser pour aller à Boulogne, s'habituèrent à lui donner ce dernier nom qui lui est resté. Avant la révolution, il ne présentait plus que des bois décrépits presque mourants de vieillesse. Lorsque Napoléon eut choisi St-Cloud pour sa résidence d'été, il fit faire dans ce bois d'immenses défrichements, de nombreuses plantations, et en peu d'années il offrit une des promenades les mieux percées et les plus agréables des environs de Paris. En 1815, les troupes anglaises, sous les ordres du général Wellington, y établirent leur camp, et, pour se construire des baraques, rasèrent les taillis, les chênes séculaires, les arbres même des avenues de cette magnifique promenade! Trente ans se sont écoulés depuis cette époque, et le bois de Boulogne conserve encore des traces de cette dévastation; il a été endommagé récemment dans quelques-unes de ses parties par la construction des fortifications de Paris, qui en traversent une des extrémités. — Le bois de Boulogne est enclos de murs et fermé de onze portes ou grilles, dont deux au nord, la porte Maillot, qui donne sur la belle avenue de Neuilly, et la porte de Neuilly qui a conduit à ce village; quatre à l'ouest, la porte Ste-James, qui donne sur le parc de ce nom, la porte de Madrid, ainsi nommée d'un château construit par François 1er en 1520, et aujourd'hui détruit; la porte de Bagatelle, tire son nom de ce château, et la porte Longchamps, qui doit le sien à une ancienne abbaye. A l'extrémité méridionale du bois il y a deux portes, celle de Boulogne et celle des Princes, qui conduit au village de Billancourt. Les trois portes du bois du côté de l'est donnent sur les villages d'Auteuil, de Passy et sur le faubourg de Chaillot; la seconde porte le nom de la Muette, à cause de sa proximité du château de ce nom. V. Passy.

Le bois de Boulogne est percé d'une infinité de routes et de ronds-points. A l'exception de quelques arbres qui bordent les avenues, il n'est planté qu'un taillis qui commencent à donner d'épais ombrages, et offrent des promenades gracieuses très-vivantes et très-fréquentées dans la belle saison. C'est à cette époque le rendez-vous des heureux du jour, qui parcourent ses nombreuses allées dans leurs légers ou fastueux équipages; c'est aussi dans ses longues routes que les brillantes cavalcades de Paris, après avoir charmé de leur tumultueux éclat l'admirable avenue des Champs-Elysées, viennent se faire admirer encore. Qui ne connaît le bois de Boulogne, rendez-vous de chasse, de festins et de danse; rendez-vous d'amour, et surtout d'affaires d'honneur; rendez-vous enfin de promenades à pied, à cheval, à âne, en voiture à deux et à quatre roues, depuis le modeste cabriolet de place jusqu'au hardi phaéton et l'élégant wiski; depuis l'humble fiacre jusqu'à la légère calèche et au brillant landau? Est-il quelqu'un de nos lecteurs, même parmi ceux qui habitent la province et les pays étrangers, qui n'ait été au moins une fois au bois de Boulogne, comme gastronome, danseur ou promeneur? qui n'y soit allé avec sa belle ou pour rêver à sa belle? comme champion ou comme témoin d'un duel? Mais peut-être aussi en est-il peu qui l'aient parcouru en tous sens, qui en connaissent tous les détours, et surtout qui l'aient vu dans son ancien état.

L'abbaye de Longchamps était un monastère de l'ordre de Citeaux, situé à l'extrémité nord du bois de Boulogne, sur la rive droite de la Seine. Ce monastère fut fondé dans le XIIIe siècle, par Isabelle de France, sœur de saint Louis, qui y finit ses jours en 1269. Les religieuses de cette abbaye suivaient la règle de St-François. En 1543, leurs mœurs et leur discipline commencèrent à se relâcher; elles sortaient et recevaient des jeunes gens au parloir; enfin, le scandale devint tel, qu'il fut question de les réformer; mais on n'y parvint qu'en partie, et l'esprit mondain se perpétua dans cette abbaye jusqu'à sa suppression, qui eut lieu en 1792. Avant cette époque, il se faisait chaque année, les mercredi, jeudi et vendredi de la semaine sainte, un pèlerinage dont l'objet était une espèce de concert spirituel: les uns allaient pour voir, les autres pour être vus. Les femmes venaient y montrer leurs riches toilettes et leurs attraits, la richesse et l'élégance de leurs voitures, celles de leurs livrées et de leurs équipages; les étrangers venaient y faire assaut de magnificence avec les Français; on se réservait pour ces jours-là tout ce qu'il y avait de plus frais, de plus nouveau, de plus original. Le peuple s'y rendait à pied, les jeunes gens riches à cheval, lorgnant insolemment, comme aujourd'hui, toutes les femmes. Les sapins délabrés, traînés par des rosses efflanquées, faisaient ressortir la richesse et l'élégance des voitures de maîtres. Les artisans buvaient et s'enivraient; l'église était déserte, les cabarets étaient pleins: c'est ainsi qu'on pleurait la passion de Jésus-Christ.

L'archevêque de Paris crut arrêter le scandale en interdisant la musique aux religieuses. On venait dans leur église pour entendre leurs belles voix, on finit par ne plus y entrer. — La promenade de Longchamps, qui attirait une si grande affluence dans les allées du bois de Boulogne, cessa en 1792 et reprit en 1796. La file des voitures entrait par la porte Maillot, traversait le bois de Boulogne jusqu'à Longchamps sans s'arrêter, et sortait par une autre porte. Cette promenade se continue encore tous les ans; mais les voitures ne vont guère au delà de la barrière de l'Étoile.

LE CHATEAU DE BAGATELLE, situé dans l'enceinte du bois de Boulogne, est une dépendance de la commune de Neuilly. Cette jolie habitation, à laquelle on donna dans le temps le nom de Folie-d'Artois, fut construite et rendue logeable en soixante-quatre jours. C'était dans l'origine une espèce de vide-bouteille que le comte d'Artois transforma sans bourse délier en un admirable palais champêtre. Il paria cent mille francs avec la reine que ce palais de fée serait commencé et achevé durant le voyage de Fontainebleau, au point d'y donner une fête à Sa Majesté au retour. Il y employa immédiatement 800 ouvriers, et, pour que les travaux allassent plus vite, on arrêtait sur la route toutes les voitures de matériaux destinés aux bâtiments particuliers, dont on s'emparait au nom du prince, ce qui ruina plusieurs entrepreneurs, dont les constructions ne purent être achevées en temps utile. — Bagatelle fut dans sa nouveauté un des objets de promenades les plus en vogue des environs de Paris. On ne l'apercevait point en y arrivant, parce qu'il se trouvait au centre d'un petit taillis inculte et entouré seulement d'une simple haie, et on n'y parvenait que par une route tortueuse. Audessus de la porte d'entrée était cette devise : Parva sed apta... Six statues placées à l'entrée caractérisaient l'usage de ce lieu : le silence, le mystère, la folie, etc. Le rez-de-chaussée ne consistait qu'en un petit vestibule, une salle à manger, un salon, un billard, et un boudoir orné de peintures voluptueuses; au-dessus se trouvaient plusieurs chambres à coucher dont la plus remarquable était celle du prince, en forme de tente militaire ; des faisceaux d'armes figuraient les pilastres; deux canons sur leur culasse simulaient les jambages du chambranle de la cheminée, des boulets formaient les chenets, etc., etc. — La façade antérieure de l'édifice est d'une proportion élégante : ses détails sont riches et gracieux. La façade sur le jardin est beaucoup moins ornée, mais sa simplicité n'est dépourvue ni de goût ni de grâce.

À l'époque de la révolution, Bagatelle devint un établissement public, où l'on donnait des fêtes dans le genre de celles de Tivoli. Lors du retour des Bourbons, il fut rendu au comte d'Artois. Il appartenait avant la révolution de juillet à la duchesse de Berry, qui l'avait affecté au logement du duc de Bordeaux pendant la belle saison.

LE CHATEAU DE LA MUETTE, enclavé dans le bois de Boulogne, est une dépendance de la commune de Passy. Ce château, autrefois simple rendez-vous de chasse, fut fort embelli par le régent Philippe d'Orléans ; il devint alors l'habitation favorite de sa fille, la fameuse duchesse de Berry, qui y mourut en 1719, à l'âge de vingt-quatre ans, des suites de ses dérèglements. — La Muette devint ensuite un des principaux lieux où Louis XV allait se livrer aux plus dégoûtantes débauches. — C'est dans ce château que coucha Marie-Antoinette la veille de son mariage avec Louis XVI, pour obéir aux lois de l'Église, qui défendent aux fiancés d'habiter sous le même toit avant la cérémonie du mariage. — Après la mort de Louis XV, la cour fut habiter la Muette, et c'est de cette résidence qu'est daté le premier acte énoncé de l'autorité de Louis XVI, par lequel il renonçait au droit de joyeux avènement. — C'est à la Muette qu'eut lieu, le 1er novembre 1783, la seconde expérience aérostatique. — Le château de la Muette fut vendu comme bien national en 1791 ; il paraît toutefois qu'une partie seulement fut aliénée, que l'autre resta propriété de l'État, puis de la Couronne, jusqu'en 1830, époque où elle a été définitivement aliénée. — C'est dans les jardins de la Muette que la ville de Paris donna aux membres de la fédération du 14 juillet 1790, un banquet qui fut, dit-on, de plus de 15,000 couverts. — Plus tard, la Muette devint la propriété du célèbre facteur d'instruments de musique Ehrard, qui y avait fixé son domicile et y est mort en 1832 ; il avait réuni dans cette charmante habitation une magnifique collection de tableaux de toutes les époques. — Depuis, la Muette a été affectée à un grand établissement orthopédique, dirigé par les docteurs Provoz et Guérin. — Près de là, on trouve une vaste esplanade, au milieu de laquelle s'élève un bâtiment appelé le Ranelagh, où s'assemble tous les soirs, dans la belle saison, la plus brillante société, que des danses, des comédiens ambulants, le site le plus champêtre et le plus pittoresque, y attirent de Paris et des environs depuis nombre d'années.

Bibliographie. QUILLET (P.-N.). Passy et ses environs, ou Recherches historiques, statistiques et littéraires sur Passy, le bois de Boulogne et les alentours, etc., in-8, 1835.

BOULOGNE, vg. Vendée (Poitou), arr. et à 16 k. de Bourbon-Vendée, cant. et ✉ des Essarts. Pop. 559 h.

BOULOGNE-LA-GRASSE, vg. Oise (Picardie), arr. et à 31 k. de Compiègne, cant. et ✉ de Ressons. Pop. 728 h. — Il est bâti sur une montagne, d'où l'on jouit d'une vue très-étendue. Du haut de cette montagne, sur le sommet de laquelle est placé un télégraphe, on aperçoit la commune de Bus, au milieu des bois et des communes de Santerre. Dans la plaine immense qui se déploie sous les yeux, on distingue quelques clochers, des masses d'ombre et de lumière, Fécamp, et quelquefois, dans les beaux jours, le clocher de la cathédrale d'Amiens; vers d'autres points de l'horizon, on voit les montagnes de Clermont, l'abbaye de St-Martin-au-Bois, les montagnes qui couvrent Senlis, les monts voisins de Noyon, St-Quentin, etc., etc. — Le château de BAINS, qu'embellissent de charmants jardins et un beau parc dans le genre paysager, est une dépendance de cette commune.

BOULOGNE-SUR-MER, Gessoriacum, Bononia, ancienne, grande, belle et forte ville maritime, Pas-de-Calais (Picardie), chef-l. de sous-préf., place de guerre de 2e classe. Tribunaux de 1re inst. et de com. Chamb. et bourse de com. Direction des douanes. Syndicat maritime. Vice-consulats étrangers. Société d'agriculture, du commerce, des sciences et des arts. École d'hydrographie de 4e classe. 2 cures. Gîte d'étape. ✉. ⚓. Pop. 29,145 h. — TERRAIN d'alluvions modernes. — Établissement de la marée du port, 10 heures 50 minutes. — Feu de marée fixe et rouge sur l'estacade du nord-est, à 5 m. de hauteur et 2 k. de portée. Deux fanaux de marée sur la jetée du sud-ouest, installés à l'aplomb l'un de l'autre : feu supérieur, hauteur 13 m., portée 2 k. ; feu inférieur, hauteur 10 m., portée 2 k. Lat. 50° 44', long. 0° 45'.

Le feu supérieur est allumé à 3 m. d'eau sur l'estran en avant du musoir de la jetée du sud-ouest, et le 2e feu au moment de la pleine mer. On les éteint tous les deux quand il n'y a plus que 9 m. d'eau sur l'estran ; le feu rouge de la jetée du nord-est est éteint en même temps que le feu supérieur de la jetée du sud-ouest.

Autrefois évêché, comté et port de mer, capitale du Boulonnais, parlement de Paris, intendance d'Amiens, bailliage, sénéchaussée, maîtrise particulière, amirauté, traites foraines, collège des pères de l'Oratoire, 5 couvents. — L'évêché de Boulogne fut fondé en 1559. Après la destruction de Thérouane, Louis XI donna à la cathédrale de Boulogne la suzeraineté féodale du Boulonnais. — Revenu de l'évêque, 12,000 liv. ; taxe, 15,000 flor. Paroisses, 424. Abbayes, 12.

Les mesures que l'Itinéraire d'Antonin fournit pour Gessoriacum, dans le détail d'une route qui part d'Amiens, conduisent juste à Boulogne ; et en effet on sait, par le passage d'un auteur anonyme de la vie de Constantin, publié par Valois, que la ville qui fut depuis nommée Bononia, Boulogne, était la même que Gessoriacum. Les monuments historiques ne laissent aucun doute sur l'identité de la position de Boulogne et de Bononia ; la Table de Peutinger, où se trouve inscrite cette position, porte les deux noms, et on y trouve Gessoriacum quod nunc Bononia. Quoiqu'on ait longtemps douté que Gessoriacum fût réellement la même ville que Boulogne, et on a publié plusieurs dissertations pour éclaircir ce point obscur de géographie. On ne voit point dans l'histoire la cause ou l'époque du changement du nom de Gessoriacum en celui de Bononia ; il est présumable que le nom de Bononia fut d'abord donné à une autre ville bâtie de l'autre côté du port, et Gessoriacum et Bononia auront primitivement formé une même ville sous deux noms différents. M. Henri, auteur de l'Essai topographique sur Boulogne, in-4, 1810, cherche à prouver que ce qu'on nomme à Boulogne la basse ville, était autrefois une île qui formait l'ancien *Gessoriacum*; mais M. Walckenaer pense que c'est au midi de la baie et dans les environs de Capecure qu'il faut chercher l'ancien *Gessoriacum*.

La ville de Boulogne est située à l'embouchure de la Liane, sur la Manche, où elle a un port d'un accès facile. Ce fut dans ce port que Jules César prépara la première expédition contre l'Angleterre. En 882, cette ville fut assiégée par les Normands, et, quoique vaillamment défendue par ses habitants, elle fut prise d'assaut et tous ses habitants passés au fil de l'épée, sans distinction d'âge ni de sexe : les édifices furent brûlés, les murailles renversées et la ville presque entièrement détruite; ce ne fut qu'après le départ des Normands, en 912, qu'elle fut reconstruite et que ses fortifications furent rétablies. Edouard III, roi d'Angleterre, tenta sans succès de s'emparer de Boulogne en 1347. Sous le règne de François Iᵉʳ, Henri VIII, roi d'Angleterre, s'empara de cette ville après six semaines de tranchée ouverte. Après avoir soutenu huit assauts et plusieurs attaques successives, les habitants se rendirent par capitulation le 13 septembre 1544. Les Anglais restèrent maîtres de Boulogne jusqu'en 1550, époque où Edouard VI rendit cette ville à la France moyennant 400,000 écus. Charles-Quint la détruisit de fond en comble, en 1553, après un siège de six semaines. — Pendant la révolution, Boulogne reçut le nom de Port-de-l'Union.

Les **armes de Boulogne** sont : *de gueules au cygne d'argent becqueté et membré de sable; au chef d'azur chargé de trois fleurs de lis d'or*. — Dans un manuscrit de 1669, elles sont figurées : *parti, le premier de gueules au cygne d'argent; le deuxième d'or à trois tourteaux de gueules deux et un*.

Le port de Boulogne, formé de deux larges bassins joints ensemble par un beau quai et défendu par plusieurs forts, a été agrandi et embelli par Napoléon, qui fit pendant le temps de cette ville le grand quartier général, le chantier, l'arsenal et le point de station de l'armée destinée contre l'Angleterre. Un camp immense fut établi à droite et à gauche du port de Boulogne, depuis la Tour d'ordre jusqu'à Wimille, et depuis le sommet de la montagne d'Outreau jusqu'au Portel. Les premiers jours les troupes bivouaquèrent; mais en très-peu de temps les soldats construisirent des baraques aussi commodes que solides, avec des perches qu'ils allaient chercher dans la forêt, des gazons tirés de la plaine et des pierres de la côte.

— C'est au camp de Boulogne que furent distribuées, le 15 août 1804, les premières décorations de la Légion d'honneur. L'armée, pour retracer à la postérité l'époque de cet ordre célèbre, résolut d'ériger à ses frais, sur un plateau d'où l'on découvre l'Angleterre, une colonne monumentale capable de résister aux siècles, et le 9 novembre le maréchal Soult en posa la première pierre, sur laquelle on grava cette inscription :

Première pierre
du monument décerné
par l'armée expéditionnaire de Boulogne
et la flottille
à l'empereur Napoléon,
posée par le maréchal Soult, commandant en chef.
18 brumaire an XIII (9 novembre 1804).

Lors du retour des Bourbons, la colonne votée par l'armée à Napoléon fut consacrée à rappeler le retour des Bourbons et la concession de la charte. Le gouvernement de juillet a rendu à sa destination ce beau monument, qui est aujourd'hui surmonté de la statue de Napoléon et décoré de bas-reliefs en bronze qui rappellent les exploits des illustres guerriers qui posèrent la première pierre de cette colonne.

Située au pied et sur le sommet du mont Lambert, entourée de toute part de murailles élevées, Boulogne se divise en haute et basse ville. La haute ville (*Bononia*) a été bâtie par les Romains. On y remarque le palais impérial, habité par Napoléon, et l'ancien hôtel des ducs d'Aumont, gouverneurs du Boulonnais. Elle est ornée de deux places publiques et de plusieurs belles fontaines en marbre. Des remparts qui l'entourent, et qui sont une charmante promenade plantée d'arbres séculaires, la vue embrasse un panorama des plus pittoresques : ici la basse ville et son port, puis le phare de Caligula; plus loin, à droite du tableau la mer et les côtes blanchâtres de l'Angleterre à l'horizon; là, une immense colline ornée de villas et de bois, au pied de laquelle serpente la jolie rivière de Liane; d'un autre côté, la colonne de la grande armée, surmontée de la statue de l'empereur; plus loin, enfin, les villages de Maquitra et St-Martin, dominés par l'imposante montagne du mont Lambert et par son fort. — L'hôtel de ville est élevé sur l'ancien emplacement du palais des comtes de Boulogne. Là est né l'illustre Godefroi de Bouillon. — Le beffroi qui accompagne la maison de la commune est un monument du XIIIᵉ siècle. — Le château, espèce de citadelle de forme octogone arrondie, entouré de larges fossés, communique à la ville par un pont de pierre; il a été construit au XIIIᵉ siècle par Simon de Villers. — La haute ville devra dans quelques années, au soin et au zèle pieux de M. l'abbé Haffreingue, l'élévation de la nouvelle église Notre-Dame de Boulogne, édifiée sur les ruines de l'ancienne cathédrale, où presque tous les rois de France, depuis Louis XI jusqu'à Louis XV, vinrent tour à tour faire hommage de leur couronne à la patronne du Boulonnais, dont ils se regardaient comme les vassaux et les feudataires. De jolis boulevards intérieurs, promenades très-fréquentées dans la belle saison, séparent les deux villes.

La basse ville, *Gessoriacus Pagus*, présente une physionomie toute différente de celle de la ville haute. Tout y est mouvement, activité, commerce. Le port est de l'accès le plus facile; la nouvelle passe est formée de deux jetées qui font saillie sur les côtes. Celle au vent, au sud-ouest, de 672 m. de longueur, est formée d'une digue en enrochement, surmontée d'un coffrage en charpente plein jusqu'à la hauteur des plus grandes marées; celle du nord-est, à claire-voie, a 500 m. de long. Le chenal, en certains moments, présente 10 m. d'eau. Le bassin, demi-circulaire, au lieu d'assécher à marée basse, va être converti en un bassin à flot; la retenue de l'écluse de chasses dans le lit même de la Liane donne, dans la première heure, 220,000 m. cubes d'eau. Des batteries imposantes et les forts de l'Heurt et de la Crèche défendent l'approche du port, qui, sous le rapport militaire, est le port le plus sûr et le plus utile pour le rassemblement d'une flotte en temps de guerre. Les trois plus grands capitaines des temps anciens et modernes, César, Charlemagne et Napoléon, en ont fourni la preuve dans un espace de dix-huit siècles. Depuis les grands travaux que le gouvernement y a fait exécuter, ce port est devenu le plus constamment fréquenté de la Manche pour le passage de France en Angleterre; c'est le port d'où le trajet est le plus court pour se rendre à Londres, Douvres et Ramsgate. La moyenne des voyageurs qui s'y embarquent annuellement est de soixante mille.

— Le port de Boulogne est un port de marée, les bâtiments marchands y entrent avec le flux : quant aux vaisseaux de guerre, ils sont obligés de s'arrêter dans la rade St-Jean, qui est vaste, et dont le mouillage est sûr et à l'abri des vents d'ouest.

Eaux minérales de Boulogne. Boulogne possède une source d'eau minérale ferrugineuse très-abondante, située dans un kiosque élégant, à 300 m. de l'angle septentrional des remparts, et à 70 m. à droite de la route qui conduit à Wimille. Les eaux de cette source sont reconnues comme très-efficaces pour combattre l'atonie des organes digestifs dans les altérations des viscères abdominaux.

Bains de mer de Boulogne. Boulogne possède un bel établissement de bains de mer. La partie consacrée aux dames comprend un grand salon, une chambre de repos, une salle de rafraîchissements et un salon de musique, avec les dégagements convenables. La partie destinée aux hommes est composée d'une salle de billard, d'un logement particulier et d'autres pièces. Ces deux corps de logis, symétriquement disposés et n'en formant qu'un seul à l'extérieur, communiquent par les salons à une très-grande salle d'assemblée et de bal, décorée de colonnes et de pilastres ioniques. — On désigne communément, sous le nom de bain à la lame, une immersion subite et de courte durée, répétée un plus ou moins grand nombre de fois; on donne aussi des bains par immersion prolongée. Voici, dans l'un et l'autre cas, comment ils sont administrés : des voitures élégantes et commodes, formant autant de cabinets de toilette assez grands pour contenir à l'aise plusieurs personnes, prennent les baigneurs au bord de la plage et les conduisent au milieu de l'eau. Là, ces voitures, attelées chacune d'un cheval accoutumé à ce genre de travail, restent immobiles. Une tente en coutil y est adaptée, et c'est sous son abri que le bain se prend, sans que des regards indiscrets puissent en aucune manière offenser la décence. Les voitures des femmes sont constamment accompagnées par des matelots, et celles des hommes par des marins expérimentés, tous d'ailleurs excellents nageurs.

On remarque encore à Boulogne la bibliothèque publique contenant 25,000 vol.; le musée d'histoire naturelle et d'antiquités; l'hôtel de ville; l'hôpital général; la maison où mourut le Sage, auteur de l'admirable roman de Gil Blas; une inscription a été placée au-dessus de la porte d'entrée de la modeste demeure de cet illustre écrivain, par les soins de la société d'agriculture de Boulogne.

Biographie. Boulogne est le lieu de naissance de:

P. BLANQUART BAILLEUL, membre du corps législatif et de la chambre des députés.

P.-C.-F. DAUNOU, historien et littérateur, membre de l'Institut et de la chambre des pairs, auteur, entre autres savants ouvrages, de: *Essai historique sur la puissance temporelle des papes*, 3ᵉ édit., 2 vol in-8, 1818.

CH.-A. STE-BEUVE, l'un des littérateurs et des critiques les plus distingués de notre époque, membre de l'Institut.

CUVELIER DE TRYE, mélodramaturge et romancier, mort en 1824.

LEULIETTE, auteur de: *Tableau de la littérature en Europe depuis le xvıᵉ siècle jusqu'à la fin du xvıııᵉ*.

GRÉTRY aîné, littérateur.

HÉDOUIN, littérateur.

J.-B. BERTRAND, médecin, auteur de: *Précis de l'histoire de Boulogne-sur-Mer*, 2 vol. in-8, 1828-29.

F. DEZOTEUX, médecin, zélé propagateur de l'inoculation.

F. DELPORTE, agronome.

GAUTIER, artiste dramatique distingué.

TUROT, fameux armateur, mort en combattant les Anglais.

Industrie. Fabriques de grosses étoffes de laine, de toiles à voiles, tulles, filets de pêche, chandelles, faïence et grès pour les colonies. Filature de lin à la mécanique de 3,000 broches. Verreries à bouteilles; corderies; distilleries de genièvre; raffineries de sucre; tanneries; tuileries et briqueteries. — Armements pour la pêche de la morue d'Islande et de Terre-Neuve, du hareng et du maquereau. Navigation au long cours, grand et petit cabotage.

Commerce de vins, eau-de-vie, genièvre, thé, beurre salé, miel, salaisons, dentelles fines, savon, charbon de terre, bois et chanvre du Nord, etc. — Entrepôt de denrées coloniales, de sel et de genièvre de Hollande. —Transit des soies grèges d'Italie en Angleterre.— *Foires* les 10 avril, 10 juillet, 5 août et 11 nov.

L'arrondissement de Boulogne est composé de 6 cantons: Boulogne, Guines, Calais, Marquise, Desvres et Samer.

A 98 k. d'Arras, 33 k. de Calais, 237 k. de Paris.

Bibliographie. ABBOT DE BAZINGHEN. *Recherches historiques concernant la ville de Boulogne-sur-Mer et l'ancien comté de ce nom*; et in-8, 1822 (publiées par le baron Wattier).

SCOTTÉ VELINGHEN (F.). *Factum contenant en abrégé les privilèges et franchises de Boulogne-sur-Mer, pays et comté de Boulenois, recueillis et rédigés*, etc. in-4, 1661.

LE QUIEN (Michel). *Abrégé de l'histoire de la ville de Boulogne-sur-Mer* (Grand Coutumier de Picardie, 1726).

BERTRAND (P.-J.-B.). *Précis de l'histoire physique, civile et politique de la ville de Boulogne-sur-Mer et ses environs, depuis les Morins jusqu'en 1814*, etc., 2 vol. in-8, 1828-29.

ALPHONSE. *Histoire de l'ancienne image de Notre-Dame de Boulogne*, in-12, 1634, 1654.

LE ROI (A.). *Histoire de Notre-Dame de Boulogne-sur-Mer, dressée sur plusieurs chartes, histoires, chroniques, titres, registres et mémoriaux de la chambre des comptes de Paris et de Lille en Flandre*, in-8, 1681.

— *Histoire abrégée de Notre-Dame de Boulogne*, nouv. édit. augmentée de notes et suivie d'un appendice et de poésies, in-8, 1827.

* *Histoire de Notre-Dame de Boulogne, suivie de la continuation de cette histoire, depuis et y compris la fin du siècle de Louis XIV jusqu'en 1839*, in-8, 1840.

* *Colonne de la grande armée à Boulogne-sur-Mer. — Son origine, sa fondation*, in-18, 1841.

* *Histoire de la colonne Napoléon, érigée par l'armée expéditionnaire et la flottille à la gloire de l'empereur Napoléon*, in-8, 1841.

AMBERT. *Colonne Napoléon. Histoire des événements militaires qui se rattachent à ce monument, voté par l'armée réunie au camp de Boulogne en 1804, inaugurée le 15 août 1841*, in-8, 1842.

* *Simple Exposé de l'expédition de Boulogne, et quelques mots sur le prince Napoléon-Louis*, in-18, 1840.

DESMARES. *Mémoire sur l'air, la terre et les eaux de Boulogne-sur-Mer et ses environs*, in-12, 1761.

DE MORTEMART-BOISSE (le baron). *Notice sur le troupeau de moutons anglais importé en 1774 par F. Delporte et sur l'établissement formé par ses soins à Boulogne-sur-Mer*, in-8, 1824.

* *Dictionnaire minéralogique et hydrologique de la France*, in-8, 1772 (on trouve t. 1ᵉʳ, p. 194, une courte notice sur les eaux de Boulogne).

MORAND (F.) *Essai bibliographique sur les principales impressions boulonnaises des xvııᵉ et xvıııᵉ siècles; précédé d'une notice sur l'établissement de l'imprimerie à Boulogne-sur-Mer*, in-8, 1841.

* *Mémoires de la société d'agriculture, du commerce, des sciences et des arts de Boulogne*, 2 vol. in-8, 1826-41.

HENRY. *Essai historique, topographique, statistique, sur l'arrondissement de Boulogne-sur-Mer*, in-4, 1810.

* *Notice sur les ports de Boulogne et de Calais* (Annales de statistique, t. VII).

* *Guide de Boulogne-sur-Mer*, in-18, 1825.

BARTHÉLEMY (M.-F.). *Conducteur dans Boulogne et ses environs*, in-18, 2ᵉ édit., 1826.

BAUNET (J.). *Nouveau Guide dans Boulogne-sur-Mer et ses environs, contenant, etc.; suivi d'une notice sur les bains de mer*, lith., 1 plan, in-8, 1836.

BOULOIGNE. V. BOULOGNE.

BOULOIRE, petite ville, *Sarthe* (Maine), arr. et à 18 k. de St-Calais, chef-l. de cant. Cure. ⊠. ⚭. A 203 k. de Paris pour la taxe des lettres. Pop. 2,094 h. Sur la Tortue. — *Terrain* tertiaire moyen. — Elle est bâtie sur le penchant d'un coteau, et est remarquable par un antique château qui était jadis considérable. Un incendie la détruisit en 1681, à l'exception d'une partie du château et des murs de l'église paroissiale. — *Fabriques* et commerce de toiles communes. — *Foires* les mardi après Quasimodo, 1ᵉʳ mardi de fév. et de juillet, mardi le plus près de la St-Matthieu.

BOULOIS, vg. *Doubs*, comm. de Charquemont, ⊠ de Maîche.

BOULON, vg. *Calvados* (Normandie), arr. et à 25 k. de Falaise, cant. de Bretteville-sur-Laize, ⊠ de May-sur-Orne. Pop. 632 h.

BOULON (le), vg. *H.-Garonne*, comm. de Bourg-St-Bernard, ⊠ de Caraman.

BOULON, *Nièvre*, comm. de Lurcy-le-Bourg, ⊠ de Prémery.

BOULONNAIS (le), *Pagus Gessoriacus, Bononiensis*, petit pays qui dépendait autrefois de la ci-devant province de Picardie; il forme maintenant l'arr. de Boulogne, dép. du Pas-de-Calais. L'air y est froid et humide; son territoire est fertile en grains et en pâturages excellents, où l'on nourrit quantité de bestiaux: il s'y trouve des mines de charbon de terre. Les ports de Boulogne et de Calais y favorisent un commerce considérable. V. département du PAS-DE-CALAIS. — Le Boulonnais a un des comtés dès le xᵉ siècle: le dernier (Bertrand de la Tour d'Auvergne) en fut dépossédé par Philippe, duc de Bourgogne, à qui il fut cédé par Charles VIII, à titre d'engagement. Les comtes de Boulogne étaient au nombre des grands vassaux de la couronne.

Les armes du Boulonnais étaient: *d'or à trois tourteaux de gueules, deux en chef et un en pointe*.

BOULOT, vg. *H.-Saône* (Franche-Comté), arr. et à 40 k. de Vesoul, cant. de Rioz, ⊠ de Voray. Pop. 390 h. — Foires les 5 fév., 5 avril, 5 juin, 5 août, 5 oct., 5 déc.

BOULOU (le), bg *Pyrénées-Or.* (Roussillon), arr., cant. et à 11 k. de Céret. ⚭. ⊠. A 867 k. de Paris pour la taxe des lettres. Pop. 1,248 h.

Ce bourg, situé sur la rive gauche du Tech,

doit son origine à l'ancienne *Stabulum*, mentionnée dans les Itinéraires romains. C'était jadis une place forte qui a soutenu plusieurs sièges, où l'on voit encore quelques restes de murailles flanquées de tours. Le portail de l'église paroissiale offre des sculptures curieuses. — Aux environs on trouve une source d'eau minérale.

Les environs du Boulou ont été le théâtre de combats sanglants en 1793 et 1794, entre les Français et les Espagnols, qui y furent défaits en plusieurs rencontres. — *Fabrique* de liège.

Bibliographie. * *Notice sur les eaux acidules-alcalino-ferrugineuses de Boulou*, etc., in-8, 1840.

BOULOUNEIX, vg. *Dordogne* (Périgord), arr. et à 21 k. de Nontron, cant. de Champagnac, ✉ de Brantôme. Pop. 651 h.

BOULOUZE (la), vg. *Manche* (Normandie), arr. et à 16 k. d'Avranches, cant. et ✉ de Ducey. Pop. 194 h.

BOULT, vg. *H.-Saône* (Franche-Comté), arr. et à 35 k. de Vesoul, cant. de Rioz, ✉ de Voray. Pop. 798 h. — *Fabriques* de poteries de terre. Tréfilerie (à la Tournolle). Papeterie.

BOULT-AUX-BOIS, *Ardennes*. V. BOUX-AUX-BOIS.

BOULT-SUR-SUIPPE, grand village, *Marne* (Champagne), arr. et à 16 k. de Reims, cant. de Bourgogne, ✉ d'Isles-sur-Suippe. P. 1,332 h. — Il est situé au milieu des bois et des vergers, sur la Suippe, qui s'y divise en plusieurs bras. On y remarque une belle église en forme de croix, décorée de vitraux peints, et dont les bas côtés sont aussi larges que la nef; dans le chœur sont d'antiques stalles fort curieuses. — A peu de distance, on voit près d'un pont l'ancienne chapelle de Notre-Dame de Bon-Secours où il se fait une grande consommation de cierges. — *Fabriques* de draps et autres lainages. — *Foire* le 30 août.

BOULTROUDE, vg. *Seine-Inf.*, comm. et ✉ de St-Valery-en-Caux.

BOULVÉ, ou LE VOULVÉ, vg. *Lot* (Quercy), arr. et à 29 k. de Cahors, cant. et ✉ de Montcuq. Pop. 793 h. — *Foires* le 11 janv. et 16 mai.

BOULZANNE, petite rivière qui prend sa source au pied du roc de l'Escale, dép. de l'*Aude*; elle passe à Caudiès, et se jette dans la Gly, un peu au-dessus de St-Paul, après un cours d'environ 30 k.

BOULZICOURT, vg. *Ardennes* (Champagne), arr., ✉ de Mézières, à 10 k. de Charleville, cant. de Flize. Pop. 794 h. — On voit sur son territoire, au lieu dit Châtillon, les fondations d'un ancien château qui paraît avoir été considérable, et que l'on dit avoir été détruit du temps de la Ligue. — Filature hydraulique de laine.

BOUMOIS (château de). V. ST-MARTIN-LAPLACE.

BOUMOURT, vg. *B.-Pyrénées* (Béarn), arr. et à 22 k. d'Orthez, cant. d'Hartez, ✉ d'Artix. Pop. 270 h.

BOUNIAGUES, vg. *Dordogne* (Périgord) arr. et à 13 k. de Bergerac, cant. et ✉ d'Issi-geac. Pop. 525 h. — *Foires* les 1er mars, 8 juin, 8 août et 15 sept.

BOUPÈRE (le), bg *Vendée* (Poitou), arr. et à 39 k. de Fontenay-le-Comte, cant. et ✉ de Pouzauges. Pop. 2,383 h.

BOUQUEHAULT, vg. *Pas-de-Calais* (Picardie), arr. et à 30 k. de Boulogne-sur-Mer, cant. et ✉ de Guines. Pop. 675 h.

BOUQUELON, vg. *Eure* (Normandie), arr., ✉ et à 6 k. de Pont-Audemer, cant. de Quillebeuf. Pop. 440 h.

BOUQUEMAISON, vg. *Somme* (Picardie), arr., cant., ✉ et à 7 k. de Doullens. Pop. 1,059 h.

BOUQUEMONT, vg. *Meuse* (Lorraine), arr. de Commercy, ✉ et à 15 k. de St-Mihiel, cant. de Pierrefitte. Pop. 341 h.

BOUQUENOM, *B.-Rhin*. V. SAAR-UNION.

BOUQUET, vg. *Gard* (Languedoc), arr. et à 18 k. d'Alais, cant. et ✉ de St-Ambroix. Pop. 438 h.

BOUQUET (le), vg. *Seine*, comm. et ✉ de Champigny-sur-Marne.

BOUQUETOT, vg. *Eure* (Normandie), arr. et à 20 k. de Pont-Audemer, cant. de Routot, ✉ de Bourgachard. Pop. 863 h. — On y voit une ancienne église dont la construction paraît remonter au XIe siècle.

BOUQUEVAL, vg. *Seine-et-Oise* (Ile-de-France), arr. et à 36 k. de Pontoise, cant. et ✉ d'Ecouen. Pop. 129 h.

BOUQUIGNY, vg. *Maine*, comm. de Troissy, ✉ de Port-à-Bisson.

BOURANTON, vg. *Aube* (Champagne), arr., ✉ et à 9 k. de Troyes, cant. de Lusigny. Pop. 346 h.

BOURAY, vg. *Seine-et-Oise* (Beauce), arr. et à 22 k. d'Etampes, cant. de la Ferté-Aleps, ✉ d'Arpajon. Pop. 631 h. Près de la rive droite de la Juine. — Le château de FRÉMIGNY, remarquable par son architecture, sa position et ses points de vue pittoresques, est une dépendance de cette commune.

BOURBACH-LE-BAS, vg. *H.-Rhin* (Alsace), arr. et à 27 k. de Belfort, cant. et ✉ de Thann. Pop. 948 h.

BOURBACH-LE-HAUT, vg. *H.-Rhin* (Alsace), arr. et à 30 k. de Belfort, cant. et ✉ de Thann. Pop. 508 h.

BOURBENAUD, vg. *Loire*, comm. de Rozier-en-Donzy, ✉ de Feurs.

BOURBERAIN, vg. *Côte-d'Or* (Bourgogne), arr. et à 31 k. de Dijon, cant. et ✉ de Fontaine-Française. Pop. 677 h.

BOURBÉVELLE, vg. *H.-Saône* (Franche-Comté), arr. et à 46 k. de Vesoul, cant. et ✉ de Jussey. Pop. 342 h.

BOURBILLY, vg. *Côte-d'Or*, arr. de Semur. — PATRIE de Mme DE SÉVIGNÉ.

BOURBINCE (la), rivière qui prend sa source à l'étang de Montchanain, cant. de Montcenis, *Saône-et-Loire*. Cette rivière longe le canal du Centre, sur toute la partie du versant de la Loire, depuis le point de partage de ce canal jusqu'auprès de son embouchure dans le fleuve; elle passe à Ciry et Paray, et se jette dans l'Arroux, à 4 k. au-dessus de Digoin, après un cours d'environ 45 k.

BOURBON-LANCY, *Borbonium Anselmium*, petite ville très-ancienne, *Saône-et-Loire* (Bourgogne), arr. à 47 k. de Charolles, chef-l. de cant. Cure. Gîte d'étape. ✉. ⚥. A 324 k. de Paris pour la taxe des lettres. Pop. 2,879 h. — TERRAIN tertiaire moyen.

Autrefois diocèse d'Autun, parlement de Dijon, gouvernement particulier, bailliage, baronnie, châtellenie et gruerie royale, collégiale, prieuré, collège, 3 couvents.

La ville de Bourbon-Lancy est désignée dans les Itinéraires romains sous le nom d'*Aquæ Nisinei*, etc. Elle est agréablement située au sommet et sur le penchant d'une colline élevée, près de la rive droite de la Loire, et dominée par les ruines d'un ancien château fort entouré de fossés profonds creusés dans le roc. Le château de Bourbon fut souvent attaqué par les ligueurs, et démoli en 1775. Du haut du rocher granitique sur lequel il est construit on découvre un charmant paysage entrecoupé de champs fertiles, de bois et de prairies arrosées par une multitude de ruisseaux; dans le lointain apparaissent les montagnes d'Auvergne, le Nivernais, le Forez et les rives de la Loire; c'est cette vaste perspective qui fit donner à Bourbon-Lancy, pendant la révolution de 89, le nom de BELLEVUE-LES-BAINS. L'air y est pur et salubre: on n'y éprouve presque jamais de maladies épidémiques, et l'on y rencontre beaucoup de vieillards.

Les armes de Bourbon-Lancy sont: *d'azur à trois fleurs de lis d'or, 2 et 1, à un calice de gueules brochant sur le tout*. Dans d'Hozier, elles sont indiquées: *d'azur à un lion d'or et trois coquilles de même posées en orle*.

Foires les 25 janv., 25 fév., 30 mars, 28 juillet, 24 août, 8 et 26 oct. (2 jours), 24 nov., 1er et dernier jeudi de mai.

EAUX THERMALES DE BOURBON-LANCY.

Cette ville est célèbre par ses eaux thermales, dont la découverte remonte à la plus haute antiquité. Toutes les sources sont encaissées dans des bassins de marbre, et leurs eaux conduites dans des réservoirs revêtus en marbre blanc, ceints de gradins circulaires pour les baigneurs, et qui furent jadis décorés de bas-reliefs et de statues d'une grande beauté. Des vestiges d'édifices attribués aux Romains; une statue entière de marbre blanc; quantité de médailles d'or, d'argent et de bronze, trouvées dans l'un de ces bains, attestent leur antiquité. — Les sources sont au nombre de huit, dont sept thermales et une froide: quatre ont reçu des noms particuliers; la plus abondante et la plus chaude s'appelle la Lymbe; la seconde, Fontaine de la Reine, à cause des réparations qu'y fit faire Louise de Lorraine, en 1580; la troisième, Fontaine St-Léger, patron du faubourg; la quatrième, des Ecures, nom de celui qui l'a découverte; les trois autres n'ont pas de noms particuliers, non plus que la source froide.

Les eaux de toutes ces sources s'écoulent par différents canaux qui se réunissent en un seul, et vont remplir un bain de forme elliptique, qui était autrefois orné avec la plus grande magnificence. — L'établissement thermal est situé près d'une place publique que l'on trouve dans le faubourg dit de St-Léger, placé lui-même au sud-ouest de la ville et de l'ancien château qui le domine. Une vaste cour renferme sept fontaines chaudes et une froide, et deux vastes réservoirs pour alimenter les cabinets de bains. En regard de la roche, située au midi, se trouve au nord du bâtiment thermal une galerie qui donne entrée à huit cabinets de bains ; en dehors de cette galerie, on voit un pavillon qui surmonte deux piscines. Le bâtiment thermal est composé de deux pavillons et d'un corps de logis à un étage, distribué en plusieurs appartements, dont fait partie le salon destiné aux baigneurs.

On peut se procurer dans cette ville tout ce qui est nécessaire aux besoins et à l'agrément de la vie. La qualité du pain y est surtout en grande renommée ; on l'attribue à l'eau minérale dont on use pour le pétrir. La Loire fournit d'excellents poissons de toute espèce, etc. Les habitants sont affables et empressés pour les étrangers. — On arrive aux bains par trois grandes routes : celle d'Autun, celle de Moulins et celle de Charolles ; les deux premières sont desservies par des relais de poste.

SAISON DES EAUX. La saison des eaux s'ouvre à la fin de mai et se prolonge jusqu'à la fin de septembre ; le commencement du printemps et de l'automne sont les époques où l'on se rend aux eaux : la durée du séjour est communément de 20 à 25 jours.

PRIX DU LOGEMENT ET DE LA DÉPENSE JOURNALIÈRE. Les étrangers trouvent à se loger d'une manière commode, et tout près des bains salutaires qu'ils viennent y chercher. Le prix du logement est proportionné aux facultés pécuniaires des malades. On paye pour la nourriture, y compris le logement, depuis 3 fr. par jour jusqu'à 12 fr. et au delà.

TARIF DU PRIX DES EAUX, BAINS ET DOUCHES :
Bain simple. . . . . 1 fr. 50 c.
Bain et douche. . . . 1   80
Douche simple. . . . 1
Etuve. 1   50

PROPRIÉTÉS MÉDICINALES. Les eaux de Bourbon-Lancy, prises en boisson, sont diurétiques, diaphorétiques et toniques ; de là leur utilité contre les fièvres prolongées, les circonstances d'atonie des organes digestifs, etc. Administrées en bains, douches et étuves, ces eaux sont d'un effet presque certain contre les différentes affections rhumatismales, souvent utiles contre les sciatiques, les contractions de membres, les suites de fractures et de blessures. Elles produisent aussi de bons effets dans les cas de paralysie par faiblesse.

Bibliographie. CATTIER. *De la nature des eaux de Bourbon, et des abus qui se commettent dans la boisson de leurs eaux*, in-8, 1650. — *Lettres sur les vertus minérales des eaux de Bourbon-Lancy*, in-4, 1655.

MOUTEAU (P.). *Les Miracles de la nature, en la guérison de toutes sortes de maladies par l'usage des eaux minérales de Bourbon-Lancy*, in-8, 1655.

PINOT. *Lettre sur les eaux minérales de Bourbon-Lancy*, in-12, 1743. — *Dissertation sur les eaux minérales de Bourbon-Lancy*, in-12, 1752. — *Observations sur les eaux minérales de Bourbon-Lancy* (Journal de médecine, septembre 1772, p. 255).

VERCHÈRE (J.). *Notice sur les eaux minérales en général et sur celles de Bourbon-Lancy*, in-4, 1809.

TELLIER. *De l'action des eaux thermales et salines de Bourbon-Lancy*, broch. in-8, 1844.

BOURBON-L'ARCHAMBAULT, *Borbo Erchenbaldi*, ville ancienne, *Allier* (Bourbonnais), chef-l, de cant., arr. et à 26 k. de Moulins. Cure. Gîte d'étape. ⊠. ⚘. A 314 k. de Paris pour la taxe des lettres. Pop. 2,975 h. — Terrain du trias, marnes irisées.

Autrefois duché, diocèse de Bourges, parlement de Paris, intendance et élection de Moulins, sénéchaussée, châtellenie et justice royale, prieuré de filles, couvent de capucins.

Cette ville est du petit nombre de celles du Bourbonnais dont on peut faire remonter l'existence jusqu'au temps des Romains ; il est impossible de douter qu'elle ne soit l'*Aqua Bormonis* ou *Borvonis*, que l'on trouve sur les Tables romaines. L'histoire n'en fait pas mention avant le VIIIe siècle. Pepin l'assiégea et la prit en 759 ; il donna, à ce qu'il paraît, cette place et son territoire à un de ses parents, qui la transmit à sa postérité, dont la puissance s'accrut et jeta tant d'éclat sur un nom qui, par la suite, devint des plus fameux de l'Europe. Toutefois, Bourbon a peu profité d'être l'origine d'un si grand nom ; il a toujours été peu de chose, et sans ses eaux minérales il ne serait rien aujourd'hui. — A l'époque de la révolution, le nom de cette ville fut changé en celui de BURGES-LES-BAINS.

La ville de Bourbon-l'Archambault est située dans une vallée ouverte, et ses faubourgs sont bâtis sur trois collines, d'où ils prennent leurs noms de faubourgs de la Ste-Chapelle, de Villefranche et de la Paroisse. On y montre entières et bien conservées, revêtues de pierres taillées en pointe de diamant, sont les seuls restes de cette forteresse, qui pendant tant de siècles en offrit vingt-quatre. Ce château retrace de grands souvenirs ; mais on cherche en vain dans son enceinte cette Ste-Chapelle, élevée dans le XVe siècle par Anne de France, dont la structure hardie, l'élégance et la beauté des vitraux excitaient la curiosité.

Foires les 8 et 22 fév., 15 mars, 24 avril, 6 juin, 11 août, 27 oct. et 17 déc.

EAUX MINÉRALES DE BOURBON-L'ARCHAMBAULT.

Cette ville est célèbre par ses sources thermales, qui sourdent en bouillonnant au centre de la place des Capucins. Là, au milieu d'une plateforme élevée de 50 c. au-dessus du pavé de la rue, on voit trois cercles de pierre entièrement découverts, qui semblent indiquer trois puits, et qui n'en ont que la forme : ce sont des séparations superficielles, soutenues par trois arcades communiquant ensemble, et portées sur un massif de pierres de taille qui sert de réservoir à la source. De ce réservoir partent plusieurs conduits qui vont se rendre dans les caveaux du bâtiment thermal, et fournir l'eau nécessaire aux bains et aux douches, tandis que d'autres canaux portent l'eau dans l'hôpital pour le service des malades. — L'établissement thermal renferme : 1° les eaux thermales de Bourbon, 2° les eaux minérales froides de la fontaine de Jonas, 3° les eaux minérales froides de St-Pardoux.

La découverte des eaux thermales de Bourbon-l'Archambault se perd dans la nuit des temps. Les Romains les fréquentaient, et on a trouvé dans les fouilles plusieurs restes de leurs thermes.

Ces sources appartiennent au gouvernement, ainsi que les établissements qui en dépendent. Ceux-ci sont : 1° l'établissement thermal, où s'administrent les eaux en boisson et en douches ; 2° quatre grands réservoirs d'eau thermale ou d'eau douce froide ; 3° deux fontaines : celle de Jonas et celle de St-Pardoux ; 4° un pavillon ou salon de réunion, situé au milieu d'une promenade ; 5° et un hôpital où les malades indigents sont logés, nourris, et prennent les eaux.

Les sources de Jonas et de St-Pardoux sont reçues dans des fontaines séparées de l'établissement des eaux. Celui-ci se divise en deux parties, l'une nommée l'établissement public, et l'autre l'hôpital. Le premier se compose : 1° de quatre bassins et d'une baignoire pour l'aménagement des sources thermales et la modification de leur chaleur ; 2° de cinq puits où l'eau a une température différente de cinquante à soixante degrés du thermomètre centigrade ; 3° d'un bâtiment appelé établissement thermal, dont le rez-de-chaussée et le premier offrent seize piscines ou cabinets de bains et de douches. — Le second établissement, ou l'hôpital des eaux, est un vaste bâtiment où les malades sont logés, nourris et traités par l'usage des eaux en boisson, en bains et en douches. Ces eaux s'administrent dans deux grandes piscines, établies au rez-de-chaussée, où l'eau arrive des sources mêmes et est élevée par deux pompes pour le service des douches.

Bourbon-l'Archambault offre aux voyageurs des maisons spacieuses et bien distribuées, où l'on se procure meubles, linge et toutes les ressources de la vie domestique. Un paysage riant, varié et toujours frais ; d'immenses forêts voisines des manufactures, les forges, une verrerie, sont autant de buts qui excitent et entretiennent la curiosité des malades. Une promenade superbe, au milieu de laquelle est un pavillon de réunion, offre son ombrage à ceux qui veulent trouver près d'eux des moyens de distraction. La moitié de cette promenade fut plantée par les soins de la marquise de Montespan ; l'autre partie l'a été récemment.

Saison des eaux. On prend les eaux depuis le 15 mai jusqu'au mois d'octobre. L'hôpital des eaux est fermé le 15 septembre. Six cents personnes environ se rendent à Bourbon chaque année et y passent un ou deux mois.

Prix du logement et de la dépense journalière. Le logement et la nourriture coûtent en général de 6 à 7 francs par jour. Toutefois les gens peu favorisés de la fortune peuvent ne dépenser que de 3 à 4 francs.

Tarif des eaux, bains et douches. Un règlement a fixé le prix de la boisson, des bains et douches, ainsi qu'il suit :

	fr. c.
Chaque bain coûte . . . . les porteurs	1,25
Chaque douche. . . . . . compris.	1,25

Propriétés médicinales. Toutes les maladies chroniques adynamiques sont traitées avec succès par les eaux toniques, fondantes, diurétiques et résolutives. Les paralysies, les apoplexies imminentes, les rhumatismes, les accidents scrofuleux, les maladies de la peau et de la lymphe, les rétractions musculaire, les suites de plaies d'armes à feu et de maladies des os, quelques affections des voies urinaires, etc., attirent chaque année beaucoup de malades aux eaux de Bourbon-l'Archambault, et le succès répond à leurs espérances. — Les paralysies imminentes des nerfs optiques et quelques maladies chroniques des paupières s'y traitent heureusement par l'usage des douches d'eau de Jonas, administrées d'après un procédé particulier dû au docteur P.-P. Faye, leur inspecteur.

Bibliographie. Aubery (J.). *Les Bains de Bourbon-l'Archambault*, in-8, 1604. — *Antiquités du pays et du duché du Bourbonnois, principalement de la ville de Bourbon* (imprimé avec son *Traité des bains de Bourbon*, in-8, 1604.
Pidoux (Jean). *Avertissement sur les bains chauds de Bourbon-l'Archambault*, in-8, 1584.
Paschal (Jean). *Traité des eaux de Bourbon-l'Archambault*, in-12, 1699.
Boulduc. *Essai d'analyse en général des eaux minérales chaudes de Bourbon-l'Archambault*. Mém. de l'acad. roy. des sciences, 1729, p. 158).
Chomel. *Traité des eaux minérales, bains et douches de Vichy*, in-12, 1734; in-12, 1738 (on trouve à la suite un *Traité des eaux minérales de Bourbon-l'Archambault*).
Cattier (Isaac). *Divers Traités de la nature des bains de Bourbon, et des abus qui se commettent en la boisson de ces eaux*, in-8, 1751.
Brieude (de). *Observations sur les eaux thermales de Bourbon-l'Archambault, de Vichy et du Mont-Dore*, in-8, 1788.
Burlet. *Examen des eaux de Bourbon-l'Archambault* (Mém. de l'acad. royale des sciences, 1760, p. 112).
Faye (P.-Polycarpe). *Essai sur les eaux minérales et médicinales de Bourbon-l'Archambault*, in-8, 1778. — *Nouvel Essai sur les eaux thermales et minérales de Bourbon-l'Archambault*, in-8, 1804.
Perreau (Pierre). *La Singularité de la fontaine de St-Pardoux en Bourbonnois*, in-8, 1600.

BOURBONNAIS, *Burbonensis Ager*, ci-devant province de France, qui forme maintenant le dép. de l'*Allier* et l'arr. de St-Amand, dép. du *Cher*; Moulins en était la capitale : sous l'empire romain, il faisait partie de la première Aquitaine. Erigé en duché-pairie en 1329, il fut réuni à la couronne sous François Ier. Son territoire, généralement plat, produit abondamment du grain, des légumes, des fruits et du vin de bonne qualité; la volaille, le gibier et le poisson y abondent. On y trouve des mines de fer, des carrières de marbre, des eaux minérales estimées, plusieurs établissements d'industrie, des forges et des verreries considérables. — Bourbon, Gannat, Moulins, Montluçon, St-Amand, Souvigny et Vichy en étaient les principales villes. Le Cher et l'Allier sont les seules rivières considérables qui l'arrosent. V. pour la bibliographie dép. de l'Allier.

BOURBONNE-LES-BAINS, *Borvonis*, *Borbonna*, petite et ancienne ville, H.-Marne (Champagne), chef-l. de cant., arr. et à 50 k. de Langres. Cure. Gîte d'étape. ⊠. ⚒. A 305 k. de Paris pour la taxe des lettres.—Terrain jurassique, calcaire à gryphées.

Autrefois diocèse et élection de Langres, parlement de Paris, intendance de Châlons, gouvernement particulier, mairie royale.

L'origine de Bourbonne remonte à une haute antiquité. Elle est bâtie dans un lieu où les Romains avaient un établissement thermal, et où, dans le moyen âge, s'élevait un antique château (*castrum Vorvoniense*), construit en 612, sous le règne de Thierry II, roi de Bourgogne; il fut incendié en 1717, et des débris de ses ruines on construisit une maison seigneuriale, qui a été aliénée en 1822, avec toutes ses dépendances. Sur son emplacement on a planté une jolie promenade et des bosquets variés. — La ville actuelle est nouvelle en quelque sorte, ayant été en grande partie rebâtie depuis un incendie qui la dévasta en 1717. Elle est située partie sur une petite colline, et partie dans un double vallon, arrosé par la Borne et par l'Arpence; elle est ornée de belles fontaines, et possède d'agréables promenades. — Fabrique de coutellerie, bonneterie en coton. — Foires les 17 janv., 13 mars, 24 mai, 13 juillet, 12 sept. et 16 nov.

EAUX THERMALES DE BOURBONNE.

La découverte des eaux thermales de Bourbonne remonte à une haute antiquité; des travaux qui existent encore dénotent la grandeur et la magnificence des constructions romaines.

La source chaude est au pied de la colline qui, avec la ville, forme le vallon du midi. L'édifice thermal, construit entièrement en pierres de taille, offre un carré long avec un beau péristyle d'ordre ionique. La façade latérale, du côté de l'entrée, offre un autre péristyle et un balcon donnant sur une promenade plantée de tilleuls. Au delà du portique, un vestibule spacieux partage l'édifice en deux parties : les hommes occupent celle de droite, celle de gauche est réservée aux femmes. Vingt cabinets de bains, seize douches, deux piscines ou bassins, deux étuves, l'emplacement d'un puits ou réservoir de la source chaude, deux fontaines d'eau commune, quatre salles de service et un salon composent le rez-de-chaussée. Deux escaliers larges et commodes, placés de droite et de gauche à l'entrée du grand vestibule, conduisent au premier. Dans cette seconde partie de l'établissement le service y est également séparé ; on y trouve vingt-quatre cabinets de bains, deux salles, un grand et très-beau salon qui sert de réunion aux étrangers, et deux escaliers de dégagement. Dans le haut de l'établissement sont placés six réservoirs garnis en plomb, dont trois renferment de l'eau chaude et les trois autres de l'eau thermale refroidie. On trouve dans cet édifice toutes les aisances qui constituent un grand établissement, et des fontaines d'eau ordinaire pour mitiger les bains selon le désir du médecin. Les bains civils offrent aux malades tous les moyens d'administration désirables, et ne laissent rien à désirer sous le rapport de leur bonne tenue et de leur propreté.

A peu de distance de l'établissement civil est l'hôpital militaire, où se trouve le réservoir d'eau thermale qu'on appelait autrefois bain Patrice : cet hôpital se compose de deux cent cinquante lits en place, et de deux bassins qui peuvent contenir deux cent vingt hommes. MM. les officiers généraux et supérieurs ont leurs bains à part ; les officiers, leur salle de douches et baignoires particulières.

Les sources sont au nombre de trois : la fontaine de la place Bourbon, dont la température est de 58e centig. ; la source des bains civils, 57e; la fontaine de l'hospice militaire, 52e.

Il existe à la Rivière, village à 8 k. de Bourbonne, une source minérale ferrugineuse qu'on associe dans certains cas, avec succès, à l'eau thermale de Bourbonne, et qu'on emploie surtout avec avantage dans les engorgements et les maladies des voies urinaires.

Saison des eaux. L'établissement des bains est ouvert toute l'année, mais les étrangers n'y affluent que pendant cinq mois, du 1er mai au 1er octobre. Chaque année, l'hôpital militaire est ouvert du 1er juin au 1er octobre. Les militaires arrivent à deux époques, au 1er juin et 1er août. Douze à quinze cents malades fréquentent annuellement les eaux.

Prix du logement et de la dépense journalière. Bourbonne ne laisse rien à désirer sous le rapport de la commodité des logements et de la nourriture des malades. Des familles entières ou de grands personnages peuvent y trouver de vastes appartements. On loue par jour des chambres depuis 50 c. jusqu'à 5 et 6 fr. Le prix des bains et des douches est de 75 c., et dans les piscines 15 c.

Propriétés médicinales. Les eaux thermales de Bourbonne conviennent essentiellement dans le traitement de la plupart des maladies chroniques, et produisent des cures merveilleuses. L'expérience journalière constate leur efficacité dans les paralysies générales et partielles, dans les maladies du système lymphatique (scrofules), engorgements de la même nature et tumeurs indolentes des articulations, dans toutes les affections rhumatismales anciennes, dans les engorgements de la rate, du foie, des ganglions mésentériques et du tissu cellulaire de l'abdomen; dans les fièvres intermittentes anciennes, et notamment dans les fièvres quartes, dans la chlorose, l'aménorrhée et l'anaphrodisie des organes génitaux. Elles sont particulièrement indiquées dans les névralgies en général, les gastralgies et entéralgies, les gastrites et entérites chroniques, les luxations spontanées, les déplacements de l'utérus, les inflammations chroniques de la vessie et des organes sexuels de la femme, et des membranes synoviales. Leur emploi est surtout recommandé dans les rétractions des muscles et des tendons.

L'emploi des eaux de Bourbonne est nuisible, même dangereux, dans les constitutions pléthoriques et dans toutes les maladies aiguës.

Bibliographie. * *Notice sur la ville de Bourbonne-les-Bains*, in-8, 1836.

Berger de Livrey (Jules). *Lettre à M. Hase sur une inscription latine du IIe siècle trouvée à Bourbonne-les-Bains le 6 janvier 1833, et sur l'histoire de cette ville*, in-8, 1833.

Jean le Bon. *Traité sur les eaux de Bourbonne*, 1590.

Hubert Jacob. *Traité des admirables vertus des eaux de Bourbonne-les-Bains*, 1570.

Thibault. *Traité des eaux minérales de Bourbonne en Champagne, dans le Bassigny*, in-12, 1590; publié de nouveau sous le titre suivant : *Petit Traité des eaux et bains de Bourbonne*, in-8, 1658.

Geoffroy. *Examen des eaux de Bourbonne* (Histoire de l'académie royale des sciences, 1700, p. 60).

Bacot de la Bretonnière (Fr.). *Analyse des eaux chaudes et minérales de Bourbonne*, in-12, 1712.

Gautier. *Dissertation sur les eaux minérales de Bourbonne-les-Bains*, in-12, 1716.

Baux. *Lettre à M. Gautier sur l'analogie des eaux de Bourbonne-les-Bains avec celles de Balaruc* (Journal des savants, février 1717, p. 70).

Dufay. *Sur la chaleur des eaux de Bourbonne* (Histoire de l'académie royale des sciences, 1724, p. 47).

Juy (Nicolas). *Traité des propriétés et vertus des eaux minérales, boues et bains de Bourbonne-les-Bains*, in-12, 1716; in-12, 1728.

— *Avis sur les vertus des eaux de Bourbonne-les-Bains*, in-12, 1728.

* *Avis au public, en particulier aux pauvres et aux personnes charitables, sur les vertus et l'usage des eaux de Bourbonne-les-Bains, et sur l'établissement et les règlements d'un hôpital bourgeois commencé en ce lieu en faveur des habitants et des étrangers*, in-12, 1728.

Baudry. *Traité des eaux minérales de Bourbonne-les-Bains*, in 8, 1736.

Durod. *Histoire du second royaume de Bourgogne*, etc., in-4, 1737 (on trouve dans le second volume de cet ouvrage, p. 453, une notice des eaux de Bourbonne).

Marier (seigneur d'Odival). *Lettre sur les eaux de Bourbonne* (Journal de Verdun, mai 1731, p. 328).

Calmet (dom). *Traité historique des eaux et bains de Plombières, de Bourbonne, de Luxeuil et de Bains*, in-8, 1748.

Charles (René). *Dissertation sur les eaux de Bourbonne*, in-12, 1749.

Juvet. *Dissertations contenant de nouvelles observations sur la fièvre quarte et l'eau thermale de Bourbonne*, in-8, 1750.

Monnet. *Nouvelle Hydrologie*, in-12, 1772 (on trouve au chap. VI une notice sur les eaux de Bourbonne).

Chevalier. *Mémoires et Observations sur les effets des eaux de Bourbonne-les-Bains dans les maladies hystériques et chroniques*, in-8, 1772.

Mongin de Montrol. *Mémoire sur les eaux de Bourbonne-les-Bains* (Gazette salut., 1774, nos XIV et XV).

Martin de l'Aubepyie. *Lettres sur Bourbonne*, 1809.

Thévin (A.-F.-A.). *Notice sur les eaux thermales de Bourbonne-les-Bains*, 1813.

Analyse des eaux de Bourbon, par Rose et Bezu (Bulletin de pharmacie, t. I, p. 116).

Renard-Athanase. *Bourbonne et ses eaux thermales*, in-18, 1826.

* *Supplément à l'ouvrage intitulé : Bourbonne et ses eaux thermales*, in-18, 1828.

Prat (P.-L.) avec Duchanoy (P.-C.). *Mémoire sur les eaux minérales de Bourbonne, et Projet d'établissement pour ces mêmes eaux, suivi d'une analyse pratique des eaux minérales en général, et en particulier de celles de Bourbonne*, in-8, 5 pl., 1827.

Analyse de l'eau thermale de Bourbonne, par Desfosses et Poumier (Bulletin de pharmacie, t. XIII, p. 533).

Magistel. *Essai sur les eaux minérales de Bourbonne-les-Bains*, in-8, 1828.

Lemolt (F.). *Notice sur Bourbonne et ses eaux thermales*, in-8, 1830.

Ballard (J.-J.). *Précis sur les eaux thermales de Bourbonne-les-Bains*, in-8, 1831.

Rodes (E.). *Mémoire sur les eaux thermo-minérales en général, et sur celles de Bourbonne-les-Bains en particulier*, in-8, 1841.

Athenas (R.-A.). *Guide général des baigneurs aux eaux minérales de Bourbonne-les-Bains*, br. in-12, 1843.

Magnin (F.). *Les Eaux thermales de Bourbonne-les-Bains*, in-8, 1844.

BOURBON-VENDÉE, ci-devant la Roche-sur-Yon, puis Napoléon-Ville, jolie ville, chef-l. du dép. de la *Vendée* (Poitou) et d'un cant. Trib. de 1re inst. Société d'agriculture. Collège communal. Cure. Gite d'étape. ✉. ✆. Pop. 6,769 h. — Terrain cristallisé, micaschiste et gneiss.

Cette ville occupe l'emplacement de l'antique Roche-sur-Yon, château immense dont la fondation a dû être antérieure aux croisades et remonter aux premiers siècles de la monarchie; il s'élevait sur une roche coupée à pic vers la rivière, et dont le sommet forme un grand plateau que deux ravins isolent latéralement. Vers le milieu du XIVe siècle, ce château appartenait à Louis II, comte d'Anjou; par la trahison de Jean Blondeau, son gouverneur, il tomba au pouvoir du prince Noir. Quatre ans après, en 1373, il fut repris par Olivier Clisson. La Roche-sur-Yon devint ensuite une des nombreuses possessions de la maison de la Trémouille, puis passa à la maison de Bourbon, et fut érigée en principauté. Pendant les guerres de religion, le château fut souvent pris, et souffrit diverses dégradations; il fut enfin totalement démantelé sous le règne de Charles IX ou sous celui de Louis XIII. En 1793, les républicains se cantonnèrent dans ses débris, et achevèrent de les renverser; ce qui en restait, vaste amas de ruines informes, a été employé en grande partie aux édifices de la ville nouvelle; les derniers vestiges viennent de disparaître pour la construction de la grande caserne qui, non encore terminée, occupe avantageusement l'emplacement de l'ancienne forteresse. Le vieux bourg remplit le ravin entre la caserne et la ville, et forme un petit quartier assez triste. — En 1805, le site de la Roche-sur-Yon fut choisi pour chef-lieu du département de la Vendée par Napoléon, qui consacra trois millions pour l'édification des grandes constructions, d'édifices indispensables à un chef-lieu de préfecture. Napoléon appela sur les lieux des ingénieurs militaires et civils pour surveiller les travaux : préfecture, municipalité, tribunaux, casernes, lycée, cathédrale, hospice, promenades publiques; tout fut entrepris et commencé à la fois. — Pour favoriser l'accroissement de la ville, les terrains non bâtis furent livrés gratuitement à la spéculation des entreprises particulières. Dans le même but intervint la loi du 20e pluviôse an XIV, qui exemptait de la contribution foncière pendant quinze ans toutes les édifices, maisons et dépendances qui seraient construits dans l'enceinte de la ville. La Roche-sur-Yon prit alors le nom de Napoléon-Ville, qu'elle conserva jusqu'en 1814, où un décret du comte d'Artois, rendu le 25 avril, lui infligea le nom de Bourbon-Vendée qu'elle porte encore, malgré trois réclamations successives du département.

Bourbon-Vendée est située agréablement sur une colline, dont la petite rivière d'Yon baigne le pied. Au centre et sur le haut du plateau se trouve la place Royale, carré long, spacieux, bordé de plusieurs rangées d'arbres, entouré de monuments publics et de beaux hôtels où aboutissent la plupart des rues de la ville, ainsi que trois grandes routes qui se croisent au centre. Les rues de la ville sont larges et alignées, propres et formées de jolies maisons ; cependant plusieurs rues ne sont guère que tracées : elles abondent en cafés et en auberges, mais les établissements industriels y sont rares.

L'église paroissiale offre une façade élevée sur plusieurs degrés, décorée d'un péristyle formé de six colonnes doriques et d'un fronton ; de chaque côté est un joli clocher, trop petit pour la masse générale, et peu en harmonie avec le style grec du monument. Les trois nefs sont divisées par six colonnes corinthiennes, dont les chapiteaux sont d'un travail exquis ; deux autres supportent le porche intérieur ; la voûte est à plein cintre et couverte de caissons peints. Les bénitiers, les fonts baptismaux, le maître-autel, sont en marbre blanc, et le tabernacle resplendit de dorures ; enfin, l'édifice, construit en pierres de taille, est vaste et majestueux. — Sur la même place est la mairie, bâtiment à l'italienne, d'un travail élégant : édifice de style grec décoré d'un péristyle. — Derrière l'église, au sud-ouest, sur une promenade plantée de peupliers, se trouve la halle, bâtiment carré, entouré d'un péristyle élevé sur plusieurs degrés. L'un des angles de cette promenade est occupé par le théâtre. — La préfecture est un grand édifice carré dont une des façades donne sur la place de ce nom et se déploie sur une cour fermée par une grille en fer ; l'autre façade a vue sur le jardin.

On remarque encore à Bourbon-Vendée : la bibliothèque publique, renfermant 5,000 vol. ; l'hôpital ; la grande caserne, vaste et bel édifice formant trois corps de bâtiments à quatre étages, environnant une cour carrée, dont le quatrième côté borde la crête du roc, qui porte le plateau.

A 65 k. de Nantes, 80 k. de la Rochelle, 427 k. de Paris. — *Foires* les 2e lundis de chaque mois.

L'arrondissement de Bourbon-Vendée est composé de 10 cantons : Bourbon-Vendée, Chantonnay, les Essarts, Saint-Fulgent, les Herbiers, Mareuil, Montaigu, Mortagne, le Poiré et Roche-Servière.

BOURBOULE (la). V. Murat-le-Quaire.

BOURBOURG, ou Bourbourg-Ville, petite ville, *Nord* (Flandre), arr. et à 20 k. de Dunkerque, chef-l. de cant. Cure. ✉. A 302 k. de Paris pour la taxe des lettres. Pop. 2,474 h. — Terrain d'alluvions modernes.

Cette ville est située dans une contrée marécageuse, près de la rive droite de l'Aa, sur le canal de son nom. Son origine remonte à une époque reculée. Baudouin le Chauve la fit entourer de murs et de fossés au commencement du xe siècle. Clémence de Bourgogne y fonda une abbaye de religieuses de St-Benoît en 1102. Les Anglais se rendirent maîtres de cette ville en 1383 ; mais elle fut presque immédiatement reprise par les Français, qui la saccagèrent et la livrèrent aux flammes. Desquerdes la prit en 1487, le roi des Romains en 1489. Gaston d'Orléans s'en empara en 1645 ; les Français l'abandonnèrent en 1647 ; Turenne la reprit en 1657. Enfin, elle resta définitivement à la France par le traité des Pyrénées, mais ses fortifications furent détruites. Dans les siècles précédents, Bourbourg était le lieu ordinaire des entrevues des rois d'Angleterre et des comtes de Flandre.

Fabriques de dentelles. Raffinerie de sel. Brasseries. Moulins à huile. — *Foires* le 25 juin (3 jours), le lundi après le 3e dimanche de sept., et 1er mardi de chaque mois.

Bibliographie. * Le Siège et la Prise de la ville de Bourbourg, in-4, 1645.

BOURBOURG (canal de). Ce canal, qui est une dérivation de l'Aa, communique de Dunkerque à Bourbourg ; il a été construit en 1670. Indépendamment de l'importance de ce canal sous le rapport de la navigation, il est encore d'une grande utilité sous le rapport du desséchement et de l'irrigation, objets auxquels sont attachées la fortune et l'existence de l'arrondissement de Dunkerque. Il contribue, pendant l'hiver, au desséchement de plus de 12,500 hectares, et sert, pendant l'été, à l'irrigation des terres et aux besoins des bestiaux.

BOURBOURG - CAMPAGNE, vg. *Nord* (Flandre), arr. et à 20 k. de Dunkerque, cant. et ✉ de Bourbourg-Ville. Pop. 2,253 h.

BOURBRE (la), rivière qui prend sa source près du village de Burcin (*Isère*) ; elle passe à Virieu, à la Tour-du-Pin, près de Bourgoin, et se jette dans le Rhône, après un cours d'environ 50 k.

BOURBRIAC, bg *Côtes-du-Nord* (Bretagne), arr., ✉ et à 10 k. de Guingamp, chef-l. de cant. Cure. Pop. 4,114 h. — Terrain cristallisé, granit. — Commerce de bestiaux, chevaux, beurre, suif, etc. — *Foires* les 22 sept., 3e mardi de janv., 1er lundi de juin, et 3e mardi de juillet.

BOURCEFRANC, vg. *Charente-Inf.*, comm. et ✉ de Marennes.

BOURCIA, vg. *Jura* (Franche-Comté), arr. et à 36 k. de Lons-le-Saulnier, cant. de St-Julien, ✉ de Coligny. Pop. 503 h.

BOURCQ, vg. *Ardennes* (Champagne), arr., cant., ✉ et à 7 k. de Vouziers. P. 458 h. — Il est situé sur une montagne qui domine au loin les environs. C'était une châtellenie qui appartenait à Baudouin du Bourcq, second fils de Hugues Ier, comte de Réthel, qui fut troisième roi de Jérusalem sous le nom de Baudouin II. On voit dans cette commune les ruines d'un ancien château qui aurait été incendié à une époque que l'on ne peut préciser. On a trouvé dans les ruines des pièces de monnaies romaines, des fers de flèches et d'autres ferrements en usage dans les anciennes guerres.

BOURDABREN (le), *Dordogne*, comm. de St-Pierre-d'Eyraud, ✉ de Bergerac.

BOURDAINVILLE, *Burdini Villa*, vg. *Seine-Inf.* (Normandie), arr. et à 20 k. d'Yvetot, cant. et ✉ d'Yerville. Pop. 531 h.

BOURDAISIÈRE (la), *Indre-et-Loire*, comm. de Rochecorbon, ✉ de Vouvray. — On y voyait autrefois un ancien château, qui a été démoli par le duc de Choiseul, et dont il ne reste aucuns vestiges. C'est au château de la Bourdaisière que naquit, en 1565, Gabrielle d'Estrées. Elle avait vingt-six ans lorsque Henri IV eut occasion de la voir, en 1591, au château de Cœuvres. Les agréments de sa figure et de son esprit charmèrent tellement le monarque, qu'il conçut dès ce moment le dessein d'en faire sa maîtresse. Il lui fit alors épouser M. d'Arneval, dont elle fut aussitôt séparée, et avec lequel le roi la fit marquise de Monceaux, puis duchesse de Beaufort. On sait que cette maîtresse de Henri IV mourut en 1599, au moment où ce monarque était sur le point de l'épouser. Le bruit général fut qu'elle avait été empoisonnée, et ce qu'il y a de certain, c'est que, peu d'instants après sa mort, ses traits étaient tellement défigurés, qu'elle était alors aussi hideuse à voir qu'auparavant elle était belle.

BOURDALAT, vg. *Landes* (Gascogne), arr. et à 29 k. de Mont-de-Marsan, cant. et ✉ de Villeneuve. Pop. 604 h.

BOURDEAUX, vg. *Drôme* (Dauphiné), arr. et à 57 k. de Die, chef-l. de cant. Bureau d'enregist. à Die. Cure. ✉. A 601 k. de Paris pour la taxe des lettres. Pop. 1,424 h. — Terrain jurassique. — Il est situé dans une vallée étroite, mais fertile, qu'arrose le Roubion. Les protestants y furent défaits par un détachement de dragons, en 1685. — Patrie de Casaubon. — *Fabriques* de serges. Filatures de laine et de soie. — *Foires* les 5 mai, 26 mars, 24 août, 26 sept., 25 oct. et 25 nov.

BOURDEILLES, petite ville, *Dordogne* (Périgord), arr. et à 23 k. de Périgueux, cant. de Brantôme. ✉. A 510 k. de Paris pour la taxe des lettres. Pop. 1,485 h.

Autrefois diocèse et élection de Périgueux, parlement et intendance de Bordeaux.

Cette ville est bâtie dans une position fort remarquable, sur la Dronne, dont les eaux traversent les rochers qui lui servent de fondations. Sur le point le plus élevé de ces rochers se trouve une belle promenade qui s'avance sur la rivière comme un promontoire, d'où l'on jouit d'une vue magnifique sur une belle prairie et sur les riants coteaux qui l'entourent. Bourdeilles était autrefois une forteresse importante, défendue par un château fort qui subsiste encore presque entier. Guy, vicomte de Limoges, la prit en 1263. Les Anglais s'en emparèrent aussi, et la conservèrent jusqu'en 1377, époque où ils en furent chassés par du Guesclin. — On voit près de Bourdeilles une très-belle source, dont le bassin a environ 40 m. de longueur sur 30 m. de large. Elle est très-abondante, et produit beaucoup de brochets. — *Fabriques* de serges, étamines, cadis, bonneterie en coton. — *Foires* les 22 fév., 2 avril, 25 août et 13 déc.

BOURDEIX (le), vg. *Dordogne* (Périgord), arr., cant., ✉ et à 10 k. de Nontron. Pop. 567 h.

BOURDELINS (les), vg. *Cher*, comm. d'Ourouer, ✉ de Dun-le-Roi. — *Foire le 2e jeudi d'oct.*

BOURDELLES, vg. *Gironde* (Champagne), arr., cant., ✉ et à 5 k. de la Réole. Pop. 370 h.

BOURDENAY, *Bourdenagum*, vg. *Aube* (Champagne), arr. et à 18 k. de Nogent-sur-Seine, cant. et ✉ de Mareilly-le-Hayer. Pop. 288 h. — C'était anciennement un bourg fermé de murs et environné de fossés, dont il reste encore des vestiges. On y voit l'emplacement d'un ancien château fort.

BOURDERIE (la), vg. *Isère*, comm. de St-Laurent-du-Pont, ✉ des Echelles.

BOURDET (le), vg. *Deux-Sèvres* (Poitou), arr. et à 17 k. de Niort, cant. et ✉ de Mauzé. Pop. 646 h.

BOURDETTES, vg. *B.-Pyrénées* (Béarn), arr. et à 14 k. de Pau, cant. et ✉ de Nay. Pop. 274 h.

BOURDIC, vg. *Gard* (Languedoc), arr., ✉ et à 8 k. d'Uzès, cant. de St-Chaptes. Pop. 260 h.

BOURDINIÈRE (la), h. *Eure-et-Loir*. ☞. A 15 k. de Chartres.

BOURDON, vg. *Somme* (Picardie), arr. et à 24 k. d'Amiens, cant. et ✉ de Picquigny. Pop. 534 h.

BOURDONNAY, vg. *Meurthe* (Lorraine), arr. de Château-Salins, cant. et à 18 k. de Vic. ✉. ☞. A 361 k. de Paris pour la taxe des lettres. Pop. 966 h.

BOURDONNÉ, vg. *Seine-et-Oise* (Beauce), arr. et à 33 k. de Mantes, cant. et ✉ de Houdan. Pop. 539 h. — On y voit un beau château entouré de fossés remplis d'eau vive.

BOURDONS, vg. *H.-Marne* (Champagne), arr. et à 20 k. de Chaumont-en-Bassigny, cant. et ✉ d'Andelot. Pop. 736 h.

BOURECQ, vg. *Pas-de-Calais* (Artois), arr. et à 20 k. de Béthune, cant. de Norrent-Fontès, ✉ de Lillers. Pop. 487 h.

BOURESCHES, vg. *Aisne* (Brie), arr., cant., ✉ et à 10 k. de Château-Thierry. Pop. 242 h.

BOURESSE, vg. *Vienne* (Poitou), arr. et à 22 k. de Montmorillon, cant. et ✉ de Lussac. Pop. 1,119 h.

BOURET-SUR-CANCHE, vg. *Pas-de-Calais* (Artois), arr. et à 17 k. de St-Pol-sur-Ternoise, cant. d'Auxy-le-Château, ✉ de Frévent. Pop. 323 h.

BOURETOUT (le), vg. *Seine-Inf.*, comm. d'Anglesqueville-le-Bras-Long, ✉ de Doudeville.

BOUREUILLES, vg. *Meuse* (Champagne), arr. et à 28 k. de Verdun-sur-Meuse, cant. et ✉ de Varennes-en-Argonne. Pop. 813 h.

BOUREY, vg. *Manche* (Normandie), arr. et à 19 k. de Coutances, cant. et ✉ de Bréhal. Pop. 340 h.

BOURG (le), vg. *Lot* (Quercy), arr. et à 18 k. de Figeac, cant. et ✉ de la Capelle-Marival. ☞. Pop. 674 h.

BOURG, vg. *H.-Marne* (Champagne), arr. et à 10 k. de Langres, cant. et ✉ de Longeau. Pop. 278 h. — Il est bâti sur une montagne, dont le sommet était autrefois couronné par un château fort, qui appartenait aux évêques de Langres, où ils faisaient souvent leur résidence. Ce château a été démoli pendant les guerres des Anglais. On a découvert sur son territoire deux autels votifs et plusieurs autres fragments d'antiquités romaines.

BOURG, *Moselle*, comm. de Puttelange-les-Rodemack, ✉ de Sierck.

BOURG (le), *Puy-de-Dôme*, comm. et ✉ d'Arlane.

BOURG, vg. *H.-Pyrénées* (Bigorre), arr., ✉ et à 14 k. de Bagnères-en-Bigorre, cant. de Lannemezan. Pop. 726 h.

BOURG, vg. *H.-Rhin* (Alsace), arr., ✉ et à 13 k. de Belfort, cant. de Giromagny. Pop. 132 h.

BOURG (le), *Seine-Inf.*, comm. de Fontaine-le-Bourg, ✉ de Malaunay.

BOURGACHARD, *Burgus Acardi*, *Burgus Echardi*, bg *Eure* (Normandie), arr. et à 25 k. de Pont-Audemer, cant. de Routot. ✉. ☞. A 148 k. de Paris pour la taxe des lettres. Pop. 1,200 h. — TERRAIN tertiaire moyen.

Autrefois baronnie, parlement et intendance de Rouen, élection de Pont-Audemer, prieuré.

Ce bourg est situé dans une belle et riche plaine entrecoupée de haies vives et parsemée d'arbres, comme le pays de Caux. — Education des mérinos et des chevaux de race anglaise. Pépinière d'arbres fruitiers de l'Europe et de l'Amérique. — Marchés considérables. *Foires* les 11 juin, 21 sept., 9 nov. et dernier lundi de carême.

BOURGALTROFF, vg. *Meurthe* (Lorraine), arr. et à 28 k. de Château-Salins, cant. et à 24 k. de Vic, cant. et ✉ de Dieuze. P. 635 h. — On y voit les restes d'un ancien château fort, avec créneaux, pont-levis et fossés.

BOURGANEUF, petite ville, *Creuse* (Marche), chef-l. de sous-préf. et d'un cant. Trib. de 1re inst. Cure. Gîte d'étape. ✉. ☞. A 378 k. de Paris pour la taxe des lettres. P. 3,095 h. — TERRAIN cristallisé, granit.

Autrefois diocèse et intendance de Limoges, parlement de Paris, chef-lieu d'élection, justice royale, grand prieuré de Malte.

Cette ville est bâtie dans une position agréable, sur une éminence, près de la rive gauche du Taurion. Elle est célèbre par le séjour qu'y fit le prince Zizim, fils de Mahomet II, qui fut vaincu par Bajazet II, son frère puîné, auquel il disputa la couronne de l'empire ottoman. Le grand maître de l'ordre de St-Jean de Jérusalem, Pierre d'Aubusson, lui avait d'abord donné un asile dans l'île de Rhodes; ensuite, pour le mettre à l'abri des embûches de Bajazet, il le fit passer en France, et l'envoya au château de Rochechinard, en Dauphiné, d'où il fut transféré au grand prieuré de Bourganeuf, dont Pierre d'Aubusson était commandeur. Zizim, arrivé dans ce lieu, y fut gardé jusqu'au moment où il fut remis, en 1489, entre les mains des agents du pape Innocent VIII. A la mort de ce pape, l'infâme Alexandre VI, son successeur, au lieu de livrer Zizim au roi de France, ainsi qu'il s'y était obligé, l'empoisonna pour 300,000 ducats qu'il reçut de Bajazet. C'est au prince Zizim qu'on attribue la construction d'une grosse tour fort élevée qu'on remarque à Bourganeuf, et qui porte son nom. Cette tour, toute revêtue de pierres taillées en bossage, est remarquable par sa forme et sa solidité; on a pratiqué dans l'épaisseur des murailles un fort bel escalier tournant, en coquille de limaçon, par lequel on monte jusqu'au sommet, qui est couronné par une plateforme, que surmonte aujourd'hui une toiture conique. L'intérieur est divisé en six étages; au rez-de-chaussée étaient des bains que le prince Zizim avait fait construire à la manière des Orientaux.

Bourganeuf donne son nom à un bassin houiller qui s'étend dans les communes de Bosmoreau, Thauron, St-Dizier et Bourganeuf. Trois concessions, occupant ensemble une surface de 1,231 hectares, y ont été formées.

Fabriques de papiers gris et d'impression. Manufacture de porcelaine. — *Foires* les 31 janv., 26 juin, 21 août, 19 sept., 11 oct., 2 nov., 20 déc., et le jeudi de la mi-carême.

L'arrondissement de Bourganeuf est composé de 4 cantons : Bévévent, Bourganeuf, Pontarion et Royerre. A 27 k. de Guéret.

BOURG-ARCHAMBAULT, vg. *Vienne* (Poitou), arr., cant., ✉ et à 12 k. de Montmorillon. Pop. 417 h.

BOURG-ARGENTAL, jolie petite ville, *Loire* (Forez), arr. et à 30 k. de St-Etienne, chef-l. de cant. Cure. ✉. ☞. A 492 k. de Paris pour la taxe des lettres. Pop. 2,529 h. — TERRAIN cristallisé, voisin du terrain carbonifère. Elle est située dans un vallon fertile, sur la Déome, au pied de trois hautes montagnes; dans un territoire planté de mûriers qui donnent des produits tellement supérieurs, que la soie est toujours enlevée à l'avance par les fabricants de Lyon, de St-Chamond et St-Etienne. — *Fabriques* de lacets, crêpe, rubans. Filatures de soie et de coton. Belle blanchisserie de toiles. Elève du cocon blanc. Pépinières importantes (à Lardon). — *Foires* les 22 janv., 24 fév., 25 juin, 22 juillet, 10 août, 9 sept., 2 et 3 nov., 28 déc., et lundi avant le dimanche de la Passion.

BOURG-BARRÉ, vg. *Ille-et-Vilaine* (Bretagne), arr., cant. et à 15 k. de Rennes, ✉ de Châteaugiron. Pop. 1,112 h. — *Foire* le 30 nov.

BOURG-BEAUDOUIN, *Apegniès*, *Apenoix*, *Opiniensis Villa*, vg. *Eure* (Normandie), arr. et à 25 k. des Andelys, cant. d'Ecouis, ✉ de Fleury-sur-Andelle. Pop. 772 h. — C'est à Bourg-Beaudouin que mourut le ministre Rolland. Il s'était caché à Rouen; mais, dès qu'il apprit la mort de sa femme, il résolut de ne pas lui survivre. Pour ne pas compromettre les amis qui lui avaient donné asile, après avoir écrit quelques lignes, il prit une canne à épée, et les embrassa pour la dernière fois. C'était le 15 novembre 1793; il était six heures du soir : il suivit la route de Paris, et, lorsqu'il fut arrivé à Bourg-Beaudouin, il entra dans l'avenue qui conduit à la maison Normand; là, il s'assit contre un arbre, et enfonça, sans efforts et sans hésitation, dans son sein, le fer de la canne qu'il portait, après avoir placé sur sa poitrine ce billet écrit avec simplicité :

« Qui que tu sois, qui me trouves gisant, respecte mes restes : ce sont ceux d'un homme qui consacra toute sa vie à être utile, et qui est mort comme il a vécu, vertueux et honnête. »

BOURG-BLANC, vg. *Finistère* (Bretagne), arr. et à 15 k. de Brest, cant. de Plabennec, ✉ de Lannilis. Pop. 1,831 h.

BOURGBRUCHE, vg. *Vosges* (Lorraine), arr., ✉ et à 24 k. de St-Dié, cant. de Saales. Pop. 1,397 h.

BOURG-CHANEINS, vg. *Ain*, cant. de St-Didier-de-Chalaronne, ✉ de Thoissey.

BOURG-CHARENTE, bg *Charente* (Angoumois), arr. et à 10 k. de Cognac, cant. de Segonzac, ✉ de Jarnac. Pop. 940 h. — *Foires* les 24 fév. et 24 août.

BOURG-COMIN, vg. *Aisne* (Picardie), arr. et à 20 k. de Laon, cant. de Craonne, ✉ de Beaurieux. Pop. 342 h.

BOURG-DES-COMPTES, vg. *Ille-et-Vilaine* (Bretagne), arr. et à 43 k. de Redon, cant. de Guichen, ✉ de Bain. Pop. 1,662 h. — Il est agréablement situé près de la rive gauche de la Vilaine, et est renommé par la beauté et la variété de ses paysages. C'est le Clisson des environs de Rennes ; aussi est-il très-fréquenté dans la belle saison par les habitants de cette ville : on cite surtout les vues du tertre, de la Roche-du-Canibet, et des vallées de la Cahersi.
— Le château du Boschet, dont les magnifiques jardins furent dessinés par le célèbre le Nôtre, est une dépendance de cette commune. La chapelle passe pour la plus belle de la Bretagne.

Exploitation de carrières de grès à aiguiser, et de carrières d'ardoises de bonne qualité. Construction de bateaux. — *Foires* les 25 juin et 9 oct.

BOURG-DE-SIROD, vg. *Jura* (Franche-Comté), arr. et à 23 k. de Poligny et à 30 k. d'Arbois, cant. et ✉ de Champagnole. Pop. 271 h.

BOURG-DES-MAISONS, vg. *Dordogne* (Périgord), arr. et à 17 k. de Ribérac, cant et ✉ de Verteillac. Pop. 297 h.

BOURG-DESSUS, vg. *Eure*, comm. et ✉ de Beaumont-le-Roger.

BOURG-DE-THISY, vg. *Rhône* (Beaujolais), arr. et à 40 k. de Villefranche-sur-Soône, cant. et ✉ de Thisy. Pop. 1,926 h.

BOURG-DE-VISA, ou BOURG-DE-VISSAC, bg *Tarn-et-Garonne* (Languedoc), arr. et à 23 k. de Moissac, chef-l. de cant. Cure. ✉ A 618 k. de Paris pour la taxe des lettres. Pop.

1,002 h. — TERRAIN tertiaire moyen. — *Foires* les 2 janv., 1ᵉʳ fév., 20 mars, veille de Quasimodo, 15 mai, 23 juin, 18 juillet, nov., 6 août, 9 sept., 17 oct., 10 déc.

BOURG-D'HEM, vg. *Creuse* (Marche), arr. et à 14 k. de Guéret, cant. et ✉ de Bonnat. Pop. 1,014 h.

BOURG-DIEU, vg. *Indre*. V. DÉOLS.

BOURG-DIRÉ (le), *Maine-et-L.* (Anjou), arr., cant., ✉ et à 8 k. de Ségré. Pop. 1,182 h.

BOURG-D'OISANS, *Duisannæ Vallis Burgus*, vg. *Isère* (Dauphiné), arr. et à 43 k. de Grenoble, chef-l. de cant. Cure. Petit séminaire. Gîte d'étape. ✉. A 601 k. de Paris pour la taxe des lettres. Pop. 3,196 h. — TERRAIN jurassique, voisin du terrain cristallisé. Ce bourg est bâti dans un bassin de 12 k. de long sur 4 k. de large, à l'extrémité de la sombre et pittoresque vallée de la Romanche, resserrée entre de hautes montagnes boisées d'où se précipitent un grand nombre de cascades. On y remarque les restes de la digue de l'ancien lac de St-Laurent, formé, en 1181, par la crue subite de deux torrents, dont les eaux se précipitant du haut des montagnes dans la Romanche, entraînèrent au fond de la vallée une immense quantité de rochers, de terre et de graviers, qui la barrèrent entièrement. Les eaux, retenues par cette chaussée, s'élevèrent jusqu'à son niveau, en couvrant tout le bassin du bourg d'Oysans à une hauteur de 25 à 30 m. Un reste de pont qu'on trouve sur la route indique encore la hauteur du lac. Trente-huit ans après cet événement, l'abondance excessive des pluies opéra la destruction de la digue ; la masse d'eau qui s'échappa subitement fut si considérable qu'elle entraîna avec elle tous les villages, toutes les habitations placés sur son passage, et submergea presque entièrement la ville de Grenoble.
— *Fabriques* de toiles de coton. Aux environs, mines de plomb argentifère et de cristal de roche. — *Foires* les 22 sept. pour chevaux et mulets, et lundi de la semaine sainte.

BOURG-DOUEIL, vg. *H.-Garonne* (Comminges), arr. et à 55 k. de St-Gaudens, cant. et ✉ de Bagnères-de-Luchon. Pop. 129 h.

BOURG-DU-BOST, vg. *Dordogne* (Périgord), arr., cant., ✉ et à 8 k. de Ribérac. Pop. 452 h.

BOURG-D'UN (le), bg *Seine-Inf.* (Normandie), arr. et à 17 k. de Dieppe, cant. d'Offranville, ✉. A 185 k. de Paris pour la taxe des lettres. Pop. 1,213 h.

BOURG-DU-PÉAGE, bg *Drôme* (Dauphiné), arr. et à 18 k. de Valence, cant. et ✉ de Romans. Pop. 3,858 h. — TERRAIN tertiaire moyen.

Ce bourg, bâti dans une situation agréable, sur l'Isère, qui le sépare de Romans, doit sa fondation à saint Bernard, qui fit construire en cet endroit, au IXᵉ siècle, un pont avec droit de péage. Dans les premiers temps de la révolution, il porta le nom d'Unité-sur-Isère, qu'il garda assez longtemps. — En 1814, il se donna sur le pont un combat dont une maison conserve encore les traces. — *Fabriques*

de tissus de bourre de soie et de filoselle. Tanneries et corderies. — *Foires* les 24 juin, mardi de Pâques et de la Pentecôte, 29 juin et 1ᵉʳ sept.

BOURGEAUVILLE, vg. *Calvados* (Normandie), arr., ✉ et à 10 k. de Pont-l'Évêque, cant. de Dives. Pop. 341 h.

BOURG-ÉGALITÉ, nom donné pendant la révolution à BOURG-LA-REINE.

BOURG-EN-BRESSE, *Burgus Segusianorum, Forum Segusianorum*, ancienne et jolie ville, chef-l. du dép. de l'*Ain* (Bresse) et d'un cant. Trib. de 1ʳᵉ inst. Soc. d'agriculture et d'émulation. Cure. Grand sém. (à Brou). Collège comm. de 1ʳᵉ classe. Gîte d'étape. ✉. ⚜. Pop. 10,219 h.

Autrefois diocèse de Lyon, parlement de Dijon, bailliage, présidial, châtellenie royale, mairie et gruerie, recette des décimes et des finances, grenier à sel, bureau et justice des traites foraines, gouvernement particulier, prévôté de maréchaussée, collège, 5 couvents.

Bourg est une ville ancienne. Le président de Thou pense que c'est là qu'existait l'ancien *Forum Segusianorum*. Après la chute de l'empire romain, aux Vᵉ et VIᵉ siècles, la ville de Bourg fut successivement dépendante du premier royaume de Bourgogne ; elle obéit à la France sous les deux derniers rois de la première race ; aux Carlovingiens jusqu'au milieu du IXᵉ siècle ; ensuite au royaume d'Arles et duché de Bourgogne transjurans de l'empire ; les ducs de Savoie la possédèrent du XIᵉ au XVIᵉ siècle, et y firent construire une citadelle des plus régulières ; le traité de Lyon du 17 janvier 1601 l'assura à la France. Elle a été prise deux fois par les Français, en 1536 et en 1600, et sa citadelle rasée en 1611, par ordre de Louis XIII. — Bourg obtint une charte de commune en 1184. — Dans les premiers jours de janvier 1814, Bourg opposa une résistance courageuse aux armées étrangères, au moment où elles envahissaient la France. Les habitants, ayant pris les armes, livrèrent un combat de tirailleurs dans le faubourg, et tinrent en échec quinze cents Autrichiens ; mais, ceux-ci ayant reçu des renforts, la ville fut obligée de céder au nombre, et les généraux ennemis en permirent le pillage.

Les armes de Bourg sont : *parti, de sinople et de sable, à la croix de St-Maurice d'argent brochant sur le tout*. Sur un manuscrit du XVIᵉ siècle elles sont figurées : *de sable à la croix florée d'argent*.

La ville de Bourg est dans une charmante situation, près de la Veyle, sur la rive gauche de la Reyssouze. Du côté de l'est, elle domine un bassin agréable et varié, que terminent les coteaux de Revermont, puis le bassin se prolonge avec le cours de la Reyssouze, et la vue se perd dans de belles prairies qui s'étendent jusqu'à la Saône ; l'ouest et le midi présentent un plateau cultivé, terminé à l'horizon par une vaste forêt. Cette ville est généralement bien bâtie, les rues en sont assez bien percées, propres et ornées de fontaines publiques, dont une, en forme de pyramide, a été érigée par les habitants à la mémoire du général Joubert, né à Pont-de-Vaux, où nous aurons occasion de voir sa statue.

Bourg a peu de commerce : sa situation au centre d'un pays purement agricole, le défaut de rivière navigable ou de canal sous ses murs, la rareté du numéraire, l'absence des ressources et l'inertie résultant de l'influence du climat, l'ont jusqu'ici tenue dans un état d'inactivité à cet égard. Cependant, quelque peu riche et quelque peu considérable que soit cette ville, elle fait les frais d'un théâtre assez joli, et souvent occupé par des troupes ambulantes.

Les promenades de Bourg font le principal agrément de cette ville ; elles consistent en plusieurs belles avenues de peupliers, et en diverses allées, dont l'une, qui porte le nom de Mail, est remarquable par sa longueur. Au centre de la ville est la promenade dite du Bastion, dont l'hémicycle est décoré de la statue en bronze de Bichat, due au talent du célèbre statuaire David : la ville de Bourg devait cet hommage à Bichat, qui fit ses premières études médicales dans son hôpital.—On y remarque encore : l'église paroissiale de Notre-Dame, bel édifice du XVIe siècle, dont la façade, entièrement du style de la renaissance, s'élève sur la principale rue de la ville ; la bibliothèque publique, contenant 19,000 vol.; le musée départemental, et les cabinets de physique et de chimie ; la halle au blé, bâtiment circulaire assez agréable. Dehors la ville est un magnifique hôpital entouré de beaux jardins, et l'église gothique de Brou, qui mérite une attention particulière par la beauté de son architecture, le prix inestimable de ses vitraux de couleur, et les mausolées de la maison de Savoie qu'elle renferme.

L'ÉGLISE NOTRE-DAME-DE-BROU fut construite par les ordres de Marguerite d'Autriche, fille de l'empereur Maximilien Ier, et tante de Charles-Quint. Cette princesse *qu'eut deux maris et si mourut pucelle*, avait adopté pour devise ces mots : *fortune, infortune, fort une*, répétés de toutes parts dans l'église de Brou. Elle appela, pour concourir à cette construction, les artistes les plus célèbres ; quatre cents ouvriers furent promptement réunis, et un monument immense, commencé en 1511, fut achevé en 1536. La façade extérieure est d'un goût original. Le frontispice est couronné par trois frontons ; celui du milieu, qui est le plus élevé, offre un aspect qu'on ne trouve nulle part dans les monuments de la renaissance. Le portail, dont l'arc est surbaissé, est couvert d'ornements et d'arabesques remarquables par la richesse du travail et la perfection des détails. L'intérieur de l'édifice est généralement simple : ce n'est que dans le chœur que tout le luxe s'est déployé : la pierre éblouissante en blancheur, le marbre de Carrare le plus éclatant, et ces vitraux rehaussés de mille couleurs, qui multiplient en tant de variété le jeu pittoresque des rayons du soleil, tout donne à ce sanctuaire une magnificence qui rappelle ces temples chrétiens de Byzance, dont les voûtes recouvertes d'or étaient soutenues par des piliers de jaspe. C'est dans cette partie du chœur que se trouvent les trois mausolées en marbre blanc qui ont le plus contribué à la haute renommée de l'église de Brou. A droite est celui de Marguerite de Bourbon, femme de Philippe II, prince de Savoie, qui fit le vœu de bâtir l'église. Vis-à-vis est celui de Marguerite d'Autriche, sa belle-fille, qui exécuta ce vœu. Au milieu est le plus beau des trois, celui de Philibert le Beau, fils du premier et mari de la seconde. Le prince est représenté mort au-dessus du mausolée, et mourant au-dessous : l'une et l'autre figure offrent le même fini et la même vérité. Ces monuments, d'un style admirable et d'une belle exécution, sont, ainsi que l'église, l'ouvrage de Colomban, artiste dijonais, dont on voit la statue en marbre non loin des tombeaux. On remarque encore dans la même église des vitraux du plus riche coloris, les boiseries du chœur, la sculpture gothique du jubé, et une chapelle du même style revêtue en marbre dont les ornements sont d'une délicatesse admirable et d'un fini précieux. Sur l'autel est un immense tabernacle construit d'une espèce d'albâtre, et tout couvert de sculptures délicieuses, dont les sujets sont pris dans les mystères de nos livres sacrés.

On rencontre souvent dans l'église de Brou les belles formes de l'école italienne, trop souvent le fini de l'école allemande ; mais les beautés sont en si grand nombre, qu'elles font excuser quelques imperfections qui tiennent au siècle, et qui sont toujours rachetées par une originalité pleine de séductions et d'enchantements.

Devant le portail, qui est d'un très-beau gothique, on voit un cadran elliptique de la classe de ceux qu'on nomme analemmatiques ou azimutaux, situé horizontalement en avant de la porte d'entrée. La première construction de ce cadran date du XVIe siècle, et sa reconstruction fut entreprise et exécutée aux frais du célèbre Lalande, qui donna, en 1757, une démonstration de ce genre de gnomon. Le grand axe de l'ellipse est d'environ 10 m. 720 mil. et se dirige de l'ouest à l'est ; le petit axe est de 8 m. 746 mil. Au centre de l'ellipse est tracée une ligne méridienne, sur une table de pierre parallélogramme horizontale, coupée dans la longueur par la ligne méridienne. Sur chaque côté de cette ligne sont gravées les lettres initiales de chaque mois de l'année. En se plaçant sur la lettre du mois où l'on est, l'ombre de la personne va se projeter à la circonférence sur le chiffre qui doit indiquer l'heure. Ce monument curieux, qui donne une idée de ce qu'étaient les sciences exactes dans le XVIe siècle, est le seul monument de ce genre qui existe en France : un gnomon très-remarquable se voit aussi dans l'église de Tonnerre, mais ce gnomon diffère essentiellement de celui de Brou. — L'église de Brou est placée dans un site on ne peut plus agréable, à l'extrémité d'un faubourg de Bourg, sur la route d'Italie, et à proximité d'une vaste forêt.

Biographie. Bourg est la patrie de :

G. BACHET, traducteur et commentateur.

PH. COLLET, jurisconsulte.

N. FARET, auteur de l'*Histoire chronologique des Ottomans*.

ANT. FAVRE, jurisconsulte et auteur tragique.

FAVRE DE VAUGELAS, traducteur et grammairien, mort en 1650.

ALBERT JOLY DE CHOUIN, évêque de Toulon.

GOUJON, membre de la convention nationale, qui se poignarda pour se soustraire à la mort à laquelle il avait été condamné par suite de l'insurrection du 1er prairial.

JÉRÔME LALANDE, célèbre astronome, membre de l'Institut.

J. MICHAUD, historien des croisades.

L.-G. MICHAUD, frère du précédent, éditeur de la *Biographie universelle* et de la *Biographie des hommes vivants*.

CHEVRIER DE CORCELLES, idéologue, auteur de : *Essai sur les abstractions*.

AUBRY DE LA BOUCHARDIE (le comte), lieutenant général d'artillerie.

Fabriques de toiles, bonneterie. Filature d coton. Tanneries et corroieries. — *Commerce* considérable de blés, seigle, méteil, orge, avoine, menus grains, vins, cuirs, poulardes de Bresse, chevaux et bestiaux. Marchés très-importants pour les grains. — Foires les 12 nov. et les 1ers mercredis de chaque mois, excepté août.

—A 72 k. N.-E. de Lyon, 35 k. E.-S.-E. de Mâcon, 104 k. O. de Genève, 112 k. N.-O. de Chambéry, 422 k. de Paris. Long. E. 2° 53′ 55″, lat. 6° 12′ 31″.

L'arrondissement de Bourg est composé de 10 cantons : Bourg, Bagé-le-Châtel, Ceyzériat, Coligny, Montrevel, Pont-d'Ain, Pont-de-Vaux, Pont-de-Veyle, Treffort et St-Trivier-de-Courtes.

Bibliographie. * *Mémoire sur la ville de Bourg*, in-8.

* *Sommaire de ce qui s'est passé en la ville de Bourg, sur le sujet de la paix de Bourdeaux*, in-4, 1630.

ARANDAS (G.). *Combat en champ clos de Gérard de Stavayé et d'Othon de Grandson à Bourg, le 7 août 1398*, in-8, 1835.

DUFAY (J.-F.-C.). *Notice sur Brou, à l'occasion de sept nouveaux documents trouvés dans les anciennes archives de Flandre, pour servir à l'histoire de cette église*, etc., in-8 de 3/4 de feuille.

ROUSSELET (le P.). *Histoire et Description de l'église de Brou*, etc. (avec Puvis), in-12, 1764, 1767 ; 4e édit. in-12, 1840.

* *Description du gnomon de l'église de Brou*, etc. (Mém. de la soc. des antiq. de France, t. VII, p. CVI).

PUVIS. *Dissertation sur l'église de Brou, sur les noms des architectes et sur ceux des auteurs des mausolées des ducs et duchesses de Savoie*, in-8, 1840.

CUSSINET DE DOMBES. *Essai sur l'histoire de Marguerite d'Autriche et sur le monument de Brou, avec quelques particularités sur la ville de Bourg-en-Bresse*, in-8, 1838.

Moțaia (le vicomte de). *L'Eglise de Brou,* poëme, in-8, 1824.

Miquel (le docteur). *Inauguration de la statue de Xavier Bichat à Bourg, le 24 août 1843,* etc., in-f° de 14 f. et pl., 1843.

Album de M. Leymarie, et Itinéraire de M. St-Didier, 20 lithographies.

BOURGES, *Bituricæ* ou *Bituria* et *Biturigum, Bithireix, Avaricum, Bituricum* ou *Cuborum,* grande et très-ancienne ville, chef-l. du dép. du *Cher* (Berry). Cour royale d'où ressortissent les départements du Cher, de l'Indre et de la Nièvre. Trib. de 1re inst. et de comm. Académie universitaire. Collège royal. Société d'agriculture, sciences et arts. Chef-l. de la 21e division militaire. Direction d'artillerie. Archevêché. Séminaire diocésain. Gîte d'étape ⌧. ⚓. Pop. 22,826 h. — Terrain jurassique, étage moyen du système oolitique.

Autrefois archevêché, capitale du Berry, parlement de Paris, chef-lieu d'intendance et d'élection, université, collège, bureau des finances, bailliage, présidial et justice royale, juges-consuls, hôtel des monnaies, grenier à sel, maîtrise particulière, 2 chapitres, 2 collégiales, séminaire, collège, 6 abbayes ou couvents.— L'Archevêché de Bourges, établi dès l'an 250, avait pour suffragants les évêques de Clermont, de St-Flour, du Puy, de Tulle, de Limoges. Revenu, 30,000 liv.—L'archevêque de Bourges prétendit, dès le temps de Charlemagne, établir sa primatie sur les trois Aquitaines, et prit le titre de patriarche et de primat des Aquitaines.

L'origine de Bourges remonte à l'antiquité la plus reculée. Cent trente-neuf ans après la fondation de Rome, et six cent quinze ans avant l'ère chrétienne, elle était la capitale de la Gaule celtique, et jouissait du privilége de lui fournir des souverains. A cette époque régnait Ambigat, qui fut contemporain de Tarquin l'Ancien, cinquième roi de Rome ; on sait que les neveux d'Ambigat, Sigovèse et Bellovèse, envahirent, à la tête de cette innombrable de Celtes, la Germanie et l'Italie. Depuis ce souverain jusqu'à l'invasion des Gaules par les Romains, les plus épaisses ténèbres enveloppent l'histoire de cette ville. « César nomme *Avaricum* au nombre des villes situées sur le territoire de ce peuple, et la désigne comme l'une des plus belles villes des Gaules. Elle est reconnue comme la capitale des Bituriges par des écrivains postérieurs, et on a des médailles de cette ville sous le nom d'*Avaricum* avant qu'elle n'eût pris le nom du peuple *Bituriges,* d'où lui est venu celui de Bourges. Son premier nom paraît dérivé de la rivière *Avara* ou *Avera,* l'Evre, qui l'arrose. Les différentes routes de la Table de Peutinger et de l'Itinéraire d'Antonin qui se rattachent à *Augustodunum,* Autun, *Cæsarodunum,* Tours, et *Lemovices,* Limoges, déterminent la position d'*Avaricum* à *Bituriges,* Bourges. » Walckenaer. *G. des Gaules.*

Bourges est célèbre dans l'histoire par le siége qu'elle soutint contre César. Ce conquérant nous apprend que Vercingétorix, après avoir essuyé de grands revers à Vellodunum, à Genabum et à Noviodunum, prit le parti de brûler toutes les places que leur position ou la faiblesse des fortifications ne pouvaient préserver de tout péril, de peur qu'elles ne se servissent de refuge aux traîtres, ou que les Romains n'en tirassent des vivres ; plus de vingt villes des Bituriges furent livrées le même jour aux flammes. Après avoir mis à exécution cette résolution désespérée, on délibérait s'il convenait de brûler Avaricum ou de la défendre, lorsque les Bituriges demandèrent avec instance qu'on ne les forçât pas à brûler de leurs mains une des plus belles villes de la Gaule, l'ornement et le soutien de tout le pays, qui, par sa position au milieu des marais, et entourée presque de toutes parts par une rivière, était facile à défendre. Vercingétorix, cédant aux prières des habitants, épargna cette ville, et en confia la défense à des hommes d'élite. La place fut envahie par César, qui promit des prix à ceux qui, les premiers, escaladeraient la muraille ; les Romains s'élancent aussitôt de tous les points, et remplissent bientôt le rempart. Les assiégés, étonnés de cette attaque, chassés de leurs remparts et de leurs tours, se rangèrent en bataillons carrés sur la place publique et dans les lieux les plus ouverts, afin de faire face, de quelque côté que vînt l'attaque. Quand ils virent que les Romains, au lieu de descendre dans la place, se répandaient de tous côtés le long des murs, la crainte de se voir fermer toute retraite leur fit jeter leurs armes ; ils fuient et se précipitent vers l'autre extrémité de la ville : là, les portes étant trop étroites, les uns furent massacrés par les soldats ; les autres, déjà en dehors, tombèrent sous les coups de la cavalerie. Irrités par les fatigues du siége et par le souvenir des leurs qui avaient été égorgés à Genabum, les Romains n'épargnèrent ni la vieillesse, ni le sexe, ni l'enfance. D'environ quarante mille, à peine huit cents combattants purent-ils s'échapper.

Bourges resta sous la domination romaine jusqu'en 475, époque où cette ville tomba sous celle des Visigoths ; mais, après la bataille que Clovis remporta sur Alaric dans les plaines de Vouillé, elle se soumit volontairement au vainqueur. Après la mort de Clovis, elle fit partie du royaume d'Orléans, qui échut en partage à Clodomir, et en 614, elle fut réunie à la couronne de France par Clotaire II. L'an 767, au mois d'août, Pepin le Bref, dit Eginhard, tint une assemblée, selon la coutume franque, dans la ville de Bourges, qui était proche de la frontière d'Aquitaine, où Pepin faisait alors au duc Waifer à ses peuples une guerre d'extermination. On traita du moyen d'achever cette guerre, qui en effet fut terminée l'année suivante, après huit sanglantes campagnes.

Les rois de France avaient à Bourges un palais au viiie siècle. Cette ville soutint divers siéges, et fut prise et reprise plusieurs fois : en 585, les Poitevins, les Tourangeaux, les Angevins s'en emparèrent et la détruisirent en partie ; en 762, Pepin le Bref la prit après un long siége ; en 878, elle fut prise et pillée par les Normands ; en 1412, elle fut inutilement assiégée par le duc de Bourgogne. Charles VII y trouva un refuge au commencement de son règne, et les habitants lui donnèrent une preuve de fidélité en chassant de la ville quelques seigneurs français qui y étaient entrés sous la conduite du duc de Boussac, et qui voulaient la livrer aux Anglais ; ce fut à cette occasion que la noblesse fut accordée au maire et aux échevins de Bourges. En 1362, les protestants, commandés par le duc de Montgommery, s'emparèrent de Bourges par surprise, et s'y livrèrent à tous les désordres possibles ; ils restèrent maîtres de la ville jusqu'au 1er septembre, époque où elle fut reprise par les troupes royales, après un siége de quinze jours. Quelques jours après la St-Barthélemy, d'exécrable mémoire, les catholiques firent main basse sur les protestants, qu'ils emprisonnèrent dans différents endroits, et dont ils pillèrent les maisons ; le 10 septembre, ils réunirent toutes les victimes dans les prisons de l'archevêché, et le lendemain, à onze heures, une bande d'assassins, conduite par un échevin et par son frère, se rendit à l'archevêché, où elle massacra tous les prisonniers, dont les corps furent jetés dans les fossés de la ville du côté de Bourbonneux. En 1594, Bourges fut vendu ainsi qu'Orléans à Henri IV, par M. de la Châtre, pour 898,900 liv. Bourges, pris par les protestants en 1615, fut repris en 1616 par le maréchal de Montigny. En 1631, le prince de Condé, cherchant à exciter une guerre civile, s'y était retiré, et voulait y soutenir un siége ; mais les habitants s'opposèrent à sa résolution, et la même année le roi fit son entrée solennelle dans la ville. C'est alors que, sur la demande des habitants de Bourges, la forteresse dite la Grosse-Tour fut détruite.

Bourges a été de tout temps la capitale du Berry. Ses siéges ne sont pas les seuls désastres qu'elle ait éprouvés : elle fut ravagée par divers incendies ; en 1353, elle fut à moitié brûlée ; l'église cathédrale et le palais archiépiscopal échappèrent au désastre ; en 1487, un nouvel incendie détruisit plus de 3,000 maisons. Cet incendie porta au commerce de Bourges, alors florissant, un coup dont il n'a jamais pu se relever ; les fabricants de draps, dont le nombre était considérable, quittèrent la ville et portèrent en d'autres contrées leur industrie ; Lyon, où l'on transféra deux foires qui se tenaient à Bourges, fut une des villes qui tira le plus d'avantages de ce désastre. La population de Bourges a été décimée par la peste. Il périt 5,000 personnes dans celle de 1583.

Il s'est tenu à Bourges sept conciles, et ce fut en cette ville que se tint l'assemblée du clergé convoquée par Charles VII, et qui fut faite la pragmatique sanction de 1438. Bourges avait une université dont l'origine remonte, dit-on, jusqu'à saint Louis, et fut long-temps célèbre ; Alciat, Rebase et le grand Cujas y professèrent : aussi fut-il un temps où elle était fréquentée par des étrangers de toutes les nations.

Les armes de Bourges sont : *d'azur à trois moutons passants d'argent, à la bordure engrélée de gueules ; au chef d'azur chargé de trois fleurs de lis d'or.*

Cette ville est dans une situation agréable, sur les deux versants d'un coteau, à la jonction des rivières d'Auron, d'Yèvre et d'Yévrette. Elle était entourée de remparts défendus par quatre-vingts tours, qui ont été convertis en promenades publiques ; quelques tours sont encore debout, et l'on retrouve en plusieurs endroits les murs de l'enceinte gallo-romaine. L'enceinte de la ville, qui à différentes époques a reçu divers accroissements, peut être d'environ 4 k. ; mais la population est loin de répondre à son étendue. Les rues y sont en général assez larges et bien percées, mais tristes et désertes, ce qui tient au peu de population et au genre de construction des maisons, dont plusieurs sont situées entre cour et jardin. L'enceinte de la ville renferme des espaces considérables où on ne trouve aucune construction ; tels sont le pré Fichau, la partie qui longe le rempart des Pauvres, celles qui bordent les remparts Villeneuve et de St-François, où l'on ne voit également que de vastes jardins.

Bourges possède plusieurs promenades agréables, et, sous ce rapport, peu de villes sont aussi bien partagées ; il n'est pas une seule petite place dans son intérieur qui n'ait été utilisée par des plantations. Les plus remarquables sont : la place Séraucourt ; le jardin de l'archevêché ; la place St-Pierre, plantée de tilleuls, sous lesquels se tient le marché aux fleurs dans la belle saison ; le pré Fichau, planté de très-beaux peupliers ; la place Villeneuve, plantée en 1816 ; la jolie promenade du rempart St-Paul ; les remparts d'Auron, St-Louis et des Pauvres, plantés ou embellis sous l'administration de M. de Fussy.

Parmi les édifices et établissements publics de Bourges, on remarque particulièrement :

La cathédrale, dédiée à saint Étienne, un des plus beaux monuments d'architecture gothique qui existent en France ; on ignore la date précise de la construction de la première basilique, dont on voit encore des restes dans les catacombes ; l'église actuelle fut commencée au XIII° siècle. La cathédrale de Bourges est située sur le terrain le plus haut de la ville, et domine la vaste plaine qui l'environne. Le plan de l'édifice est un parallélogramme qui, comme les anciennes basiliques, se termine à l'orient par un hémicycle, et est aussi décoré à l'occident d'un grand portail surmonté de deux belles tours d'inégale hauteur ; ce portail est à trois étages ornés de plusieurs galeries à balustrades gothiques et d'une magnifique rosace ; la largeur du portail est de 54 m. 89 c. ; il est posé sur un perron de douze marches, au-dessus desquelles s'ouvrent cinq portiques qui donnent entrée dans l'église. Le portique principal et central est décoré d'un bas-relief représentant le jugement dernier ; les autres sont ornés de diverses sculptures dont les sujets sont pris dans l'Ancien et le Nouveau Testament : de nombreuses statues d'apôtres et de saints étaient autrefois placées dans les niches qui existent au portail ; ces statues ont été détruites par les protestants, pendant les guerres du XVI° siècle ; il en reste à peine quelques-unes qui aient échappé à la mutilation. L'intérieur de l'église, dont l'aspect est on ne peut plus majestueux, présente cinq rangs de nefs formées par les hautes colonnes qui, au nombre de soixante, soutiennent la voûte de l'église : la longueur totale de l'édifice est de 113 m., et sa largeur de 40 m. La nef principale a 37 m. de hauteur sous clef, et 12 m. 33 c. de largeur, d'une colonne à l'autre ; la hauteur moyenne des colonnes, jusqu'aux chapiteaux, est d'environ 16 m. 89 c. La voûte est composée d'une suite d'arceaux à ogives. L'église est éclairée par 59 grandes croisées ornées de vitraux magnifiques, dont une grande partie est du XII° siècle ; la grande rosace, dont le plus grand diamètre est de 8 m. 76 c., est d'une richesse de couleur admirable. Outre la sacristie, magnifique chapelle gothique, construite aux frais de Jacques Cœur, l'église possède dix-huit autres chapelles remarquables, décorées pour la plupart de sculptures et de vitraux. Le chœur est orné de stalles en bois sculpté, d'un beau travail : le maître-autel est en marbre, et d'une grande magnificence. L'église possède aussi un très-beau jeu d'orgues. Sous le chœur et le chevet de la cathédrale se trouvent les catacombes et l'église souterraine, où l'on voit le tombeau de Jean Ier, duc de Berry, ainsi que quelques statues dépendantes des anciennes tombes qui décoraient l'église, et qui ont été détruites à la révolution : une de ces statues est celle du maréchal de Montigny. Parmi les ouvrages d'art que renferme cette crypte, on remarque un vaste morceau de sculpture, ouvrage du XVI° siècle, représentant un saint sépulcre. On voit aussi, sous une des arcades des bas-côtés de la cathédrale, auprès de la vieille tour, un chef-d'œuvre d'horlogerie gothique qui porte la date de 1423, et qui marque le cours du soleil et de la lune.

L'église Notre-Dame, bâtie en 1157, détruite par un incendie en 1487, et reconstruite en 1520.

L'église St-Bonnet, bâtie en 1250, détruite, ainsi que la précédente, par l'incendie de 1487, et dont la reconstruction a été commencée en 1510. On y remarque plusieurs chapelles décorées de vitraux magnifiques.

L'archevêché, remarquable par un beau pavillon contenant le grand escalier, la chapelle et les appartements d'honneur. On admire, dans le jardin, dessiné par le Nôtre, une magnifique allée couverte et un monument élevé à la mémoire du duc de Béthune-Charost, qui contribua si puissamment à l'amélioration des bêtes à laine dans le département du Cher.

L'hôtel de la préfecture, autrefois l'intendance, occupe l'emplacement de l'ancien palais des ducs de Berry.

L'hôtel de ville est l'ancien hôtel que Jacques Cœur, célèbre et infortuné argentier de Charles VII, l'un des plus illustres citoyens dont s'honore la ville de Bourges, fit construire en 1443.

« Le plan de cet hôtel, dit M. Mérimée dans son Voyage en Auvergne, est d'une extrême irrégularité. Du côté de la place, la façade se compose de trois tours inégalement espacées, différentes de hauteur et de forme, toutes presque entièrement nues : une seule se distingue par un balcon dont la balustrade est ornée. Au contraire, la façade opposée, qui donne sur une rue, n'a rien de féodal et n'annonce qu'une opulente maison ; elle se compose d'un pavillon flanqué d'une petite tourelle fort ornée de clochetons et de moulures flamboyantes, et à droite et à gauche, de deux corps de bâtiment d'un seul étage, dont tout l'ornement consiste dans les ornements capricieux des chambranles et des balustrades qui garnissent les fenêtres. Celles-ci sont irrégulièrement espacées, et l'on n'en trouverait peut-être pas deux du même diamètre. Deux niches ou tribunes en encorbellement donnant, l'une sur la rue, l'autre sur la cour intérieure, contenaient autrefois des statues équestres de Jacques Cœur et de Charles VII. A droite et à gauche de la première, on voit deux fausses fenêtres avec les statues à mi-corps d'un homme et d'une femme entr'ouvrant une croisée, et regardant dans la rue d'un air inquiet. Ces figures rappellent, dit-on, la fidélité des domestiques qui, feignant d'attendre leur maître, persuadèrent à ses ennemis de faire sentinelle à cette porte pendant qu'il s'échappait par une porte de derrière. Dans la cour intérieure, même insouciance pour la symétrie.... La partie la plus remarquable de la décoration consiste en bas-reliefs fort bien exécutés, appliqués à l'extérieur des tours prismatiques qui servent de cages d'escaliers, ou bien sur les tympans des portes. Les toits ont conservé quantité d'ornements et de statuettes en plomb exécutées avec beaucoup de soin. On doit noter la forme des tuyaux de cheminée, qui représentent des colonnes en faisceaux avec un chapiteau de feuillages. » Partout se trouvent les armes parlantes de Jacques Cœur, qui se composent de coquilles de pèlerin de St-Jacques et de cœurs : on lit encore sur une balustrade en pierres découpées à jour, et qui communique au campanile de l'horloge, ces mots écrits en caractères gothiques, précédés de cœurs et de coquilles :

A vaillans cœurs rien impossible.

On conserve à la mairie, dans une galerie, les portraits d'une grande partie des hommes qui ont illustré Bourges : on y voit figurer Cujas, Bourdaloue, Jacques Cœur lui-même, et une foule d'autres personnages ; usage d'un bon exemple, et qui mérite d'être imité. — Outre la mairie, l'hôtel de Jacques Cœur renferme les salles de la cour royale, des tribunaux de première instance et de commerce, et la justice de paix ; la salle destinée aux audiences civiles est très-belle, et précédée d'une salle des pas-perdus presque aussi grande.

La caserne. Ce bel édifice est l'ancien grand séminaire, construit en 1682, par Phelippeaux de la Vrillère, archevêque de Bourges. Dans une partie des jardins, du côté des remparts, se trouvait la grosse tour de Bourges.

La maison des Allemands, appelée maison de Louis XI ou des Sœurs-Bleues, délicieuse construction de la renaissance, parfaitement conservée.

On remarque encore à Bourges : la bibliothèque publique, renfermant 20,000 vol., parmi lesquels se trouvent des ouvrages rares; le collége ; le grand séminaire ; l'hôpital général; la maison qu'occupait Cujas, dans la rue des Arènes ; la salle du spectacle ; les prisons ; le dépôt, autrefois dépôt de mendicité, maintenant maison de refuge, où on reçoit les aliénés, les incurables, et les filles publiques que l'état de leur santé met dans la nécessité de séquestrer et de traiter ; la fontaine de Fer, source d'eau minérale ferrugineuse, entourée de plantations ; les caves de l'ancien palais du duc Jean, qui ont longtemps servi de salpêtrière, remarquables par leur grande étendue ; le musée Jacques Cœur, collection récemment formée, mais déjà fort intéressante, d'objets d'art, d'archéologie, d'histoire naturelle et de numismatique.

Biographie. Bourges est la patrie de :
Louis XI, roi de France.
Jacques Cœur, argentier de Charles VII.
J. Le Bouvier, dit de Berry, auteur de : *Histoire chronologique de Charles VI et Charles VII*, attribuée à Alain Chartier.
P.-J. d'Orléans, historien.
L. Bordelon, docteur en théologie et auteur satirique.
Thomas de la Thaumassière, auteur de : *Histoire du Berri*, in-f°, 1689, etc., etc.
L. Bourdaloue, jésuite, orateur et controversiste.
Et. Chamillard, antiquaire et prédicateur.
J. Chapelle, auteur dramatique.
Jean Cœur, archevêque de Bourges.
Jean l'Ecuyer, célèbre peintre sur verre.
J. Boucher, peintre estimé du xviie siècle.
Emile Deschamps, poète et littérateur.
Boin, docteur en médecine et député.
Augier, lieutenant général.

Industrie. *Fabriques* de draps, couvertures de laine, coutellerie, salpêtre. Brasseries et tanneries. — *Commerce* de grains, chanvre, laine, couvertures de laine, peaux, bois et arbres fruitiers. — *Foires* les 3 et 20 mai, 20 et 24 juin, 10 et 24 août, 17 oct., 2 et 11 nov., 24 déc. (20 jours), mercredi des Cendres.

L'arrond. de Bourges contient 11 cantons : les Aix-d'Augillon, Baugy, Bourges, Charost, Graçay, Levet, St-Martin-d'Auxigny, Mehun et Vierzon.

A 221 k. de Paris.

Bibliographie. * *Dissertation en forme de lettre sur l'ancienne ville Avaricum* (Bourges) *et sur Genabum, que l'auteur prétend être Gien* (Mémoires de Trévoux, avril 1709).
* *Capitulation de la reddition de Bourges du 31 août 1562* (imprimée au t. ii des Mémoires de Condé (1565), p. 414).
Catherinot. *Le Siège de Bourges en 1562*, in-4, 1689.
* *Discours de l'entreprise faite, par les huguenots sur la ville de Bourges*, 1569.
Labbe (le P.). *Eloge panégyrique de la ville de Bourges, et Blasons et Armoiries des familles nobles du Berri*, in-12, 1649.

Chenu (J.). *Recueil des antiquités et priviléges de la ville de Bourges et autres villes capitales du royaume*, in-4, 1621.
Toubeau (J.). *Recueil des priviléges de la ville de Bourges*, in-4, 1643.
* *Priviléges de la ville de Bourges, avec la confirmation d'iceux*, in-4, 1660.
Le Comte (A.). *Oraison panégyrique à Monseigneur fils de France et frère du Roi (le duc d'Anjou, puis d'Alençon), à son heureuse entrée dans la ville de Bourges*, 1576.
* *Lettre au sujet du proverbe : Un âne en chasse* (Mercure, 1746, août ; 1747, mars).
* *Nouveau Mémoire sur les ânes de Bourges, adressé aux auteurs du Mercure*, 1748, vol. 1.
* *Libertez et immunitez, et exemptions de l'église patriarchale et métropolitaine de Bourges*, in-8, 1618.
* *Pouillé général des bénéfices de l'archevêché de Bourges, et des diocèses d'Alby, Cahors, Castres, Clermont, Limoges, Mande, le Puy, Rhodez, St-Flour, Tulles et Vabres*, in-4, 1648.
Catherinot (N.). *Le Pouillé de Bourges*, in-4, 1683.
— *Les Églises de Bourges*, in-4, 1683.
Romelot (l'abbé J.-L.). *Description historique et monumentale de l'église patriarcale, primatiale et métropolitaine de Bourges*, in-8, 1824.
Martin (Arthur), avec Cahier. *Vitraux peints de St-Etienne de Bourges, recherches détachées d'une monographie de cette cathédrale ; — Verreries du xiiie siècle*, in-f°, 1842.
* *Notice métropolitaine de Bourges, pour servir de guide aux personnes qui vont la visiter*, in-12, 1836.
* *La Draperie de Bourges*, in-4, 1621.
* *Etablissement de l'hôpital général de Bourges*, in-4, 1639.
Dey de Seraucourt (Louis-Fr.). *Mémoire sur la généralité de Bourges, dressé par ordre du duc de Bourgogne en 1697*, in-8, 1844.
Bernard. *Traité des eaux minérales de Bourges*, 1585.
* *Discours sur les vertus et facultés des eaux médicinales et minérales en général, et en particulier de la fontaine de St-Firmin, située au faubourg du St-Privélez-Bourges*, in-8, 1812.
Montreuil (Maurice de). *Fontaines minérales de la ville de Bourges*, in-8, 1631.
Costurier (Etienne). *Traité des eaux minérales de la fontaine-de-Fer, à Bourges*, in-12, 1683 ; in-12, 1685.
Vannier. *Analyse des eaux minérales de Bourges*, in-12, 1702.
Duperin. *Eclaircissements sur les usages et propriétés des eaux minérales de Bourges* (Mémoires littéraires, critiques, etc., pour servir à l'histoire de la médecine, 1776, p. 257; et Nature considérée, 1776, t. iii, p. 212).

BOURGET (le), vg. *B.-Alpes* (Provence), arr. et à 15 k. de Forcalquier, cant. et ✉ de Reillanne. Pop. 61 h.

BOURGET (le), vg. *Jura* (Franche-Comté), arr. et à 24 k. de Lons-le-Saulnier, cant. et ✉ d'Orgelet. Pop. 261 h.

BOURGET (le), bg *Seine* (Ile-de-France), arr. et à 6 k. de St-Denis, cant. de Pantin. ✉. ⚘. Pop. 738 h. A 11 k. de Paris pour la taxe des lettres. — Il se compose d'une seule rue où passe la grande route de Paris à Lille. Patrie de l'agronome Crette Palluel ; du littérateur et auteur dramatique Charlemagne. — *Fabrique* de toiles cirées.

BOURGFELDEN, vg. *H.-Rhin* (Alsace), arr. et à 26 k. d'Altkirch, cant. et ✉ d'Huningue. Pop. 388 h.

BOURG-FIDÈLE, vg. *Ardennes* (Champagne), arr., cant., ✉ et à 5 k. de Rocroi. Pop. 978 h. — Il doit son surnom au dévouement de ses habitants qui, lors de la bataille de Rocroi, en 1709, arrêtèrent et forcèrent à rétrograder un corps de cavalerie fort de 3,000 hommes. — *Commerce* de chevaux.

BOURHELLES, vg. *Nord* (Flandre), arr. et à 17 k. de Lille, cant. et ✉ de Cisoing. Pop. 1,154 h.

BOURGIDOU (canal du). Ce canal communique d'Aigues-Mortes au canal de Silvéréal ; il s'étend sur une longueur de 11,232 m.

BOURG-HERSENT, vg. *Mayenne*, comm. d'Avesnières, ✉ de Laval. — C'est la patrie du célèbre Ambroise Paré, chirurgien des rois Henri II, François II, Charles IX et Henri III, qui jeta pour ainsi dire les fondements de son art en France. On sait que Charles IX le sauva du massacre de la St-Barthélemy en l'enfermant dans sa chambre.

BOURG-L'ABBÉ, vg. *Calvados*, comm. et ✉ de Caen.

BOURG-LA-REINE, *Burgus Reginæ*, *Reginæ Burgus*, bg *Seine* (Ile-de-France), arr., cant. et à 2 k. de Sceaux. ✉. A 9 k. de Paris pour la taxe des lettres. Pop. 1,435 h. — Il est situé dans un vallon agréable, près de la rive gauche de la Bièvre, et consiste principalement dans les maisons qui bordent la grande route. Il possède plusieurs belles habitations, dont la plus remarquable a appartenu à Gabrielle d'Estrées. On y voit encore la chambre de cette belle, transformée aujourd'hui en un beau salon, où l'on a conservé quelques restes de l'ancienne décoration. Cette maison fut choisie en 1722 pour l'entrevue de l'infante d'Espagne, âgée seulement de quatre ans, et de son futur époux (depuis Louis XV), qui n'avait alors que douze ans. — Bourg-la-Reine a porté à l'époque de la révolution le nom de Bourg-Egalité.

C'est à Bourg-la-Reine que le célèbre Condorcet termina ses jours en 1794. Proscrit par la convention, et errant aux environs de Paris en attendant un passe-port qu'était allé lui chercher M. Suard, il était entré dans un cabaret de Clamart, pour y prendre un peu de nourriture, lorsqu'un municipal, qui s'y trouvait par hasard, lui demanda ses papiers. N'en ayant pas, il fut arrêté et conduit à Bourg-la-

Reine. Connaissant d'avance le sort qui l'attendait à Paris, Condorcet prit, pendant la nuit, une dose de poison actif qui mit fin à son existence. Il fut enterré dans le cimetière de Bourg-la-Reine, où aucun signe extérieur, pas même une simple pierre, n'indique le lieu où reposent les cendres du secrétaire perpétuel de l'Académie française, du philosophe qui a consacré sa vie entière à étendre le cercle des connaissances humaines, et à perfectionner les liens politiques qui doivent gouverner la société. — Le presbytère de Bourg-la-Reine a longtemps été possédé par le célèbre Dupuis, savant et ingénieux auteur de l'Origine de tous les cultes.

Manufacture de faïence. — C'est sur le territoire de cette commune que se tient, le lundi de chaque semaine, le marché important de bestiaux connu sous le nom de marché de Sceaux. V. SCEAUX.

BOURG-LASTIC, bg *Puy-de-Dôme* (Auvergne), arr. et à 50 k. de Clermont-Ferrand, chef-l. de cant. Cure. ✉. ⚹. A 436 k. de Paris pour la taxe des lettres. Pop. 2,759 h. — TERRAIN cristallisé ou primitif. — *Foires* le 11 déc. et le 20 de chaque mois.

BOURG-LE-COMTE, vg. *Saône-et-Loire* (Bourgogne), arr. et à 39 k. de Charolles, cant. et ✉ de Marcigny. Pop. 319 h. — *Foires* les 22 juin, 30 sept. et 14 nov.

BOURG-LE-ROI, vg. *Sarthe* (Maine), arr. et à 20 k. de Mamers, cant. de St-Pater, ✉ d'Alençon. Pop. 363 h.

BOURG-LÈS-VALENCE (le), bg *Drôme* (Dauphiné), arr., capt., ✉ et à 5 k. de Valence. Pop. 3,059 h. — Il est compris dans l'enceinte même de Valence; mais il forme une commune ayant une administration particulière. On y remarque plusieurs belles maisons de campagne, parmi lesquelles on distingue le château de Valentin.

BOURG-L'ÉVÊQUE, vg. *Maine-et-Loire* (Anjou), arr. à 15 k. de Segré, cant. et ✉ de Pouancé. Pop. 355 h.

BOURG-LIBRE, vg. *H.-Rhin*. V. ST-LOUIS.

BOURG-MADAME, vg. *Pyrénées-Or.* (Roussillon), arr. et à 65 k. de Prades, cant. de Saillagouse. ✉. A 931 k. de Paris pour la taxe des lettres. Pop. 350 h. — Il est sur la rive gauche de la Sègre, et communique par un petit pont en bois à l'autre rive, qui forme les limites des frontières d'Espagne. De Bourg-Madame, le voyageur curieux de jeter un coup d'œil vers la nation espagnole peut se rendre à Puycerda, ville forte située à une portée de fusil de Bourg-Madame. Puycerda, capitale de la Cerdagne espagnole, est placé dans une situation délicieuse au bout d'un promontoire qui domine la vallée.

Le petit village de Bourg-Madame a porté jusqu'en 1815 le nom de Hix, époque où il prit celui de Bourg-Madame, que lui donna le duc d'Angoulême lors, pendant les cent jours, y venait tous les jours de Puycerda. — *Comm.* de grains, bestiaux, etc. — Marché tous les jeudis.

BOURGNAC, vg. *Dordogne* (Périgord), arr. et à 33 k. de Ribérac, cant. et ✉ de Mussidan. Pop. 316 h.

BOURGNEUF, vg. *Charente-Inf.* (Aunis), arr. et à 9 k. de la Rochelle, cant. de la Jarrie, ✉ de Croix-Chapeau. Pop. 459 h. — *Foires* les 29 août, mardi de Pâques et 4ᵉ samedi de nov.

BOURGNEUF, vg. *Loiret*, com. de Loury, ✉ de Neuville.

BOURGNEUF, vg. *Maine-et-Loire*, com. de St-Laurent-de-la-Plaine, ✉ de Chemillé.

BOURGNEUF (le), vg. *Mayenne* (Maine), arr. et à 20 k. de Laval, cant. de Loiron, ✉ de la Gravelle. Pop. 1,985 h. — On y trouve une source d'eau minérale.

BOURGNEUF (le), vg. *Morbihan*, comm. de Moréac, ✉ de Locminé.

BOURGNEUF (le), *Saône-et-Loire*, com. de Touches. ✉. ⚹. A 339 k. de Paris pour la taxe des lettres. — PATRIE du général de division DUHESME, tué sur le champ de bataille de Waterloo.

BOURGNEUF, vg. *Deux-Sèvres*, comm. de St-Paul-en-Gatine, ✉ de Moncoutant.

BOURGNEUF (baie du). Elle est formée par l'Océan, sur les côtes du dép. de la *Loire-Inf.* et celles de la *Vendée*, et s'étend entre la pointe St-Gildas au nord, et l'île de Noirmoutiers au sud. Elle a environ 5 k. de long sur 12 k. de large, et était autrefois plus considérable; les vases en ont comblé une grande partie. La navigation y est dangereuse à cause des bancs de sable et du peu d'eau qu'on trouve dans le chenal; elle est à découvert des vents du nord-ouest, qui y soufflent avec violence, de sorte qu'un grand navire ne peut y mouiller en sûreté pendant la mauvaise saison. Cette baie est entourée d'un grand nombre de villages très-populeux, dont la plupart des habitants sont d'excellents marins.

BOURGNEUF-EN-RETZ, petite ville maritime, *Loire-Inf.* (Bretagne), arr. à 29 k. de Paimbœuf, chef-l. de cant. Cure. Gîte d'étape. ✉. A 451 k. de Paris pour la taxe des lettres. Pop. 2,625 h. — TERRAIN d'alluvions modernes, voisin du terrain cristallisé.

Autrefois diocèse de Nantes, parlement et intendance de Rennes.

Cette ville est située sur l'Océan, vis-à-vis de l'île de Noirmoutiers, au fond de la baie de son nom, qui y forme un petit port très-fréquenté. Elle est bâtie sur un terrain bas et marécageux, près d'anciens marais en partie desséchés qui en rendent le séjour malsain. — On se rend de la ville à la mer par une chaussée construite en 1755, par M. Robert, alors commandant de cette place. On y trouve un hôpital établi en 1712 et 1750. L'ancien prieuré de St-Laurent dépendait de l'abbaye de Ste-Marie-de-Pornic. Il existait, avant la révolution, un couvent de cordeliers, formé en 1332 par Gérard de Machecoul et par Aliénor de Thouars, son épouse, qui y furent inhumés l'un et l'autre.

Il existe, au rapport de M. le Retz, dans le voisinage de Bourgneuf, une source d'eau minérale, qu'il croit ferrugineuse. Cette source, située auprès du petit bourg de Prigny, est peu abondante et n'a point encore été analysée.

Exploitation de marais salants. Pêche de poissons frais. Armements pour la pêche de la morue. — *Commerce* considérable d'eau-de-vie et de sel. — *Foires* les 3 mars, 13 août et 11 oct.

BOURGNOUAC, h. *Tarn*. V. MIRANDOL.

BOURGNOUVEL, h. *Mayenne*. V. BELGEARD.

BOURGOGNE (la), *Burgundia*, ancienne, grande et l'une des plus considérables des ci-devant provinces de France. Le nom de Bourgogne s'est appliqué à diverses contrées. Dans la plus grande extension du nom, la Bourgogne comprenait tout le bassin du Rhône; dans sa plus petite extension, le nom de Bourgogne a été appliqué au pays borné au nord par la Champagne, à l'est par la Franche-Comté, au sud par le Beaujolais, et à l'ouest par le Bourbonnais et le Nivernais. Cette contrée, habitée anciennement par les *Ædui*, les plus célèbres d'entre les Celtes, fut comprise par Valens dans la première Lyonnaise. — Le nom de Bourgogne, en latin *Burgundia*, vient des Burgondes (*Burgundi* ou *Burgundiones*), peuples du Nord, qui s'y établirent au commencement du vᵉ siècle, et y fondèrent un puissant royaume qui subsista longtemps. Plus tard, cette province, érigée en duché, fut gouvernée par des ducs, dont le dernier, Charles le Téméraire, périt au siège de Nancy, en 1477, sans postérité mâle. Louis XI acquit alors la Bourgogne à la couronne par réversion, et depuis elle n'en a plus été séparée.

Dans tous les siècles, la Bourgogne s'est distinguée entre toutes les provinces de la France, par son degré de civilisation et ses lumières. Dans les temps anciens, lorsque la Gaule, encore idolâtre, immolait des victimes humaines à ses farouches divinités, ses druides, comme les prêtres de l'Égypte, étaient dépositaires des sciences qui l'éclairaient et des lois qui régissaient les intérêts si variés des peuplades diverses qui se partageaient son sol. Son éclat s'obscurcit il est vrai après que les aigles romaines se furent enfuies devant les drapeaux des barbares; mais cette contrée, où ne s'était jamais éteint le souvenir de son ancienne splendeur, ne fut pas la dernière des provinces françaises à accueillir les arts, les lettres et les sciences qui, à la chute de l'empire d'Orient, vinrent chercher dans l'Europe occidentale un asile contre la barbarie. Des talents nombreux et divers surgirent dans toutes les parties de la Bourgogne, et firent rejaillir sur leur patrie l'éclat dont elle n'a plus désormais cessé de briller. Dijon, sa capitale, devint un foyer de lumières, et sa réputation artistique et littéraire est parvenue sans nuage jusqu'à nous.

Avant 1789, sous le titre de *duché-pairie*, la Bourgogne formait un des principaux gouvernements du royaume. Il avait environ 120 k. dans sa longueur, depuis Bar-sur-Seine jusqu'à Mirebel, près de Lyon, du nord au midi, et 120 k. dans la longueur de l'orient à l'occident, depuis Auxonne jusqu'à Vezelay, ce qui donne à peu près 159 lieues anciennes de superficie, mais réduites, suivant les calculs de Vauban, à 120 lieues, en raison des sinuosités et des rétrécissements dans la largeur. Cette province produit en abondance toutes les choses nécessaires à la vie, et principalement quantité d'excellents vins, qui jouissent d'une réputation justement méritée, et dont les plus renommés sont ceux de Volnay, de Meursault, de la Romanée, du Clos-Vougeot, de Chambertin, etc. On y trouve des mines de fer abondantes, des sources d'eaux minérales estimées et de nombreux établissements d'industrie. Les principales rivières qui l'arrosent sont la Loire, la Saône, l'Yonne, l'Armançon, la Tille, le Doubs et la Reyssouse.

La Bourgogne se divisait autrefois en plusieurs petits pays, dont les principaux étaient : le Dijonnais, chef-lieu Dijon ; le pays de Montagne, chef-lieu Châtillon ; la Bresse, chef-lieu Bourg ; le Bugey, chef-lieu Belley ; le pays de Gex, chef-lieu Gex ; la principauté de Dombes, chef-lieu Trévoux. Elle forme aujourd'hui les départements de la Côte-d'Or, de Saône-et-Loire, de l'Yonne, et partie de ceux de l'Ain et de l'Aube.

Les armes de Bourgogne ancienne étaient : *bandé d'or et d'azur de six pièces, à la bordure de gueules.* — Les armes de Bourgogne moderne étaient : *écartelé, le premier et le quatrième d'azur semé de fleurs de lis d'or, à la bordure componée d'argent ; le deuxième et le troisième bandé d'or et d'azur de six pièces à la bordure de gueules.*

Bibliographie. SAINT-JULIEN (de). *L'Origine des Bourguignons et Antiquités des Etats de Bourgogne*, in-f°, 1581.

DUNOD DE CHARNAGE. *Histoire des Séquanois, des Bourguignons*, etc., 2 vol. in-4, 1735 (le t. II concerne le comté de Bourgogne.)

BLANCHER (dom). *Histoire générale et particulière de Bourgogne*, etc., etc., 1739-1748, in-f°, 4 vol.

CAUMONT DE LA FORCE (Mlle Charlotte-Rose de). *Histoire secrète de Bourgogne*, 3 vol. in-12, 1782 (avec des notices historiques et des remarques de Laborde). C'est une réimpression de l'Histoire secrète de Marie de Bourgogne, 2 vol. in-12, 1694, 1710, 1729.

GOLLUT. *Mémoire historique de la république séquanoise et des princes de la Franche-Comté de Bourgogne*, etc., in-f°, 1592, 2e édit., in-f°, 1647.

* *Mémoire précieux et intéressant pour l'histoire de Bourgogne sous Henry IV*, in-12, 1772.

* *Eclaircissements de plusieurs points de l'histoire de France et de Bourgogne*, in-8, 1774.

CHEVALIER. *Mémoires historiques sur l'histoire de Poligny et sur l'histoire de Bourgogne*, in-4, 1767.

BARADIN (Guillaume). *Annales de Bourgogne*, in-f°, 1566.

PERARD (Et.). *Recueil de plusieurs pièces curieuses servant à l'histoire de Bourgogne*, in-f°, 1664.

FENEL (l'abbé). *Dissertation de la conquête de la Bourgogne, par le fils de Clovis Ier*, in-12, 1744.

BÉGUILLET. *Histoire des guerres des ducs de Bourgogne sous Louis XIII et Louis XIV*, 2 vol. in-12, 1772.

GIRAULT (Claude-Xavier). *Désastres causés par l'armée de Galas dans le duché de Bourgogne en 1636*, in-12, 1821.

* *Remontrances faites au roi de France par les députés des trois états de Bourgogne*, in-8, 1564.

CHASTENAY-ST-GEORGE (le vicomte de). * *Manuel du Bourguignon, ou Nouvel Abrégé des titres qui servent à prouver les privilèges de la province*, in-8, 1790.

MILLE. *Abrégé chronologique de l'histoire ecclésiastique, civile et littéraire de Bourgogne, depuis l'établissement des Bourguignons dans les Gaules, jusqu'à l'année 1772*, 3 vol. in-8, 1771-73.

BÉGUILLET. * *Précis analytique du premier volume de l'histoire de Bourgogne de M. Mille*, par M. B***, in-8, 1771 (brochure de 4 pages).

DUFEY. *Résumé de l'histoire de Bourgogne*, 2 vol. in-18, 1825.

RAGON (M.-F.). *Précis de l'histoire de Bourgogne et de Franche-Comté*, in-18, 1833.

DUCHESNE (André). *Histoire généalogique des rois, ducs et comtes de Bourgogne et d'Arles, depuis l'an de Jésus-Christ 408, jusqu'en 1350*, etc., 2 vol. in-4, 1619.

LE GOUX DE JANSINI. *Essai sur l'histoire des premiers rois de Bourgogne et sur l'origine des Bourguignons*, in-4, 1770 (de 144 pages).

PYOT. *Tablettes jurassiennes, ou Histoire abrégée des ducs et comtes palatins de Bourgogne, suivie de la topographie statistique, industrielle et agricole des trente-deux cantons du Jura*, in-18, 1836.

FABERT. *Histoire des ducs de Bourgogne*, 2 vol. in-12, 1680.

BARANTE (de). *Histoire des ducs de Bourgogne de la maison de Valois, 1477-1634*, 12 vol. in-8, 1838.

COURTÉPÉE (Cl.). * *Histoire abrégée du duché de Bourgogne*, in-12, 1777.

GRAPPIN (Pierre-Philippe). *Histoire abrégée du duché de Bourgogne ;* nouvelle édit., in-12, 1780.

COUCHÉ. *Abrégé de l'histoire du comté de Bourgogne et de ses souverains jusqu'au règne de Louis XIV*, in-8, 1787.

DUNOD DE CHARNAGE. *Mémoire pour servir à l'histoire du comté de Bourgogne*, in-4, 1740.

ST-JULIEN (Pierre de). *Généalogies de quelques maisons de Bourgogne* (imprimées dans ses mélanges historiques), in-8, 1589.

HAUTE-RIVE (Gérard de). *Généalogie curieuse à l'honneur de quantité de noblesse de Bourgogne et du Bassigny*, in-12, 1653.

DUNOD DE CHARNAGE. *Nobiliaire du comté de Bourgogne ou de Franche-Comté* (Mém. pour servir à l'histoire du comté de Bourgogne, t. III, in-4, 1740).

* *Catalogue et Mémoire des gentilshommes qui ont assisté à la tenue des états généraux du duché de Bourgogne, depuis l'an 1548 jusqu'en l'an 1682* (par MM. de Courtivron, de Brosses, de Tournay, et de Thézut), grand in-f°, 1760.

CHEVILLARD (Jacques). *L'Armorial de Bourgogne et de Bresse*, in-8, feuille in-f°, 1726. — *Blason des gentilshommes de Bourgogne*, in-8, demi-feuille in-4, 1726.

* *Adages et Devises de divers seigneurs, barons, chevaliers et nobles hommes de la comté de Bourgogne* (imprimés dans la généalogie de St-Mauris, in-4, sans date, p. 30).

PAPILLON (l'abbé). *Bibliothèque des auteurs de la province de Bourgogne*, 2 vol. in-f°, 1745 (ou 1742).

LOBBEY DE BILLY. *Histoire de l'université du comté de Bourgogne*, etc., 2 vol. in-8, 1819.

* *Essai sur quelques gens de lettres nés dans le comté de Bourgogne*, in-8, 1806.

AMANTON (Cl.-N.). *Lettres bourguignonnes et correspondance sur divers points de l'histoire littéraire de biographie, de bibliographie*, etc., in-8, 1823.

PEIGNOT (Gabriel). *Les Bourguignons salés : diverses conjectures des savants sur l'origine de ce dicton populaire, recueillies et publiées avec des notes historiques et philologiques*, in-8, 1835. — *Essai chronologique sur les mœurs, coutumes et usages anciens les plus remarquables de Bourgogne*, in-12, 1827.

NÉE DE LA ROCHELLE. *Liste des villes, paroisses et justices régies par la coutume d'Auxerre*, in-4, 1747.

L'ISLE (Guillaume). *Table alphabétique des villes, bourgs, paroisses et autres communautés du duché de Bourgogne et des comtés en dépendants, marqués dans la carte qui en a été dressée sous les ordres de MM. les généraux de la province*, in-8, 1709.

QUERRET. *Etat par ordre alphabétique des villes, bourgs, villages*, etc., *du comté de Bourgogne*, in-8, 1748.

* *Etat général et alphabétique des villes, bourgs, paroisses et communautés du duché de Bourgogne, et du pays de Bresse, Bugey, Valromey et Gex*, in-f°, 1760.

PUTHOD DE MAISONROUGE. *Géographie de nos villages, ou Dictionnaire mâconnais, pour faire suite aux géographies et dictionnaires de Bourgogne*, in-12, 1800.

RICHARD (l'abbé). *Tablettes historiques, topographiques et physiques de Bourgogne, pour l'année 1753 et suivantes*, in-24.

* *Voyage de Bourgogne*, in-8, 1777.

GARREAU. *Description du gouvernement de Bourgogne suivant les principales divisions temporelles, civiles et militaires*, etc., *avec un abrégé de l'histoire de la province*, 2e édition considérablement augmentée, in-8, 1734.

COURTÉPÉE (Cl.). *Description générale et*

particulière du duché de Bourgogne, 7 vol. in-8, 1774-85.

* Traité des mesures de Bourgogne, in-8, 1772.

* Recherches sur les anciennes monnaies du comté de Bourgogne, in-8.

BONNARD (R.-Al. de). * Notice géognostique sur quelques parties de la Bourgogne, in-8, 1825.

DURANDE. Flore de Bourgogne, ou Catalogue des plantes naturelles à cette province, et de celles qu'on y cultive le plus communément, 2 vol. in-8, 1782.

DE LA FARE (l'abbé). Essais sur les productions et sur le commerce de la province de Bourgogne, in-8, 1783.

BOURGOGNE, vg. Marne (Champagne), arr. et à 12 k. de Reims, chef-l. de cant. Cure. ✉ d'Isles-sur-Suippe. Pop. 1,013 h. — TERRAIN crétacé supérieur, craie. — Il est situé sur la croupe d'une longue colline, au centre d'une vaste plaine dépourvue d'arbres et où on ne trouve pas le moindre filet d'eau, mais où l'on jouit d'une vue agréable et fort étendue; au couchant, l'œil s'arrête avec plaisir sur la riche montagne de St-Thierry et sur la hauteur de Brimont; au nord, apparaissent les pics boisés et pittoresques du département de l'Aisne; à l'est, on domine un frais vallon arrosé par la Suippe; au sud, on découvre la ville de Reims et le mont remarquable de Béru. — Bourgogne est un village de forme ovale, bien percé de grandes rues ferrées, mais assez étroites, et entouré de fossés et de remparts bien conservés. — Fabrique de tissus de laine. — Foires les 3 fév. et 24 juin.

BOURGOGNE (canal de), DE L'EST OU DE LA CÔTE-D'OR. Il établit une communication entre l'Yonne et la Saône, et forme ainsi une nouvelle jonction des deux mers, qui passe par le centre de la France; en outre il communique au Rhin par le canal du Rhône au Rhin, de sorte qu'il fait partie de la ligne de navigation la plus favorable aux relations commerciales du royaume. Ce canal communique avec l'Yonne, un peu au-dessus de la Roche, dép. de l'Yonne, et avec la Saône, à St-Jean-de-Losne, dép. de la Côte-d'Or. — La longueur totale du développement du canal de Bourgogne est, savoir: pour point de partage, 3,936 m.; pour le versant de l'Yonne, 55,482; pour le versant de la Saône, 82,051 : total, 141,469 m. Les travaux du canal de Bourgogne ont été commencés en 1775; interrompus pendant la révolution, ils furent repris en l'IX, et ont été achevés il y a quelques années. Le produit des droits perçus sur ce canal a été de 1,010,466 fr. en 1842.

BOURGOIN, Bergusia, Bergusium, petite ville, Isère (Dauphiné), à 55 k. de Grenoble, arr. et à 13 k. de la Tour-du-Pin, chef-l. de cant. Trib. de 1re inst. de l'arroud. Cure. Gîte d'étape. ✉. A 507 k. de Paris pour la taxe des lettres. Pop. 4,271 h. ☉. — TERRAIN d'alluvions voisin du terrain tertiaire supérieur.

Autrefois diocèse et élection de Vienne,

I.

parlement et intendance de Grenoble, gouvernement particulier.

Les armes de Bourgoin sont : d'azur à trois croissants montants d'argent, au chef d'or chargé d'un dauphin d'azur.

Cette ville est située à l'embranchement des routes de Lyon à Grenoble, et en Italie par Chambéry, qui y favorisent un commerce assez important. Elle est bâtie dans une position agréable sur trois petites rivières qui s'y réunissent, et entre plusieurs coteaux qui présentent des rideaux de verdure nuancés par tous les genres de végétation. Elle est environnée de marais considérables, en grande partie défrichés, qui renferment d'immenses tourbières exploitées d'excellente qualité, dont la puissance varie de 2 à 3 m.

Jean-Jacques Rousseau a habité quelque temps Bourgoin, où il vint demeurer le 16 août 1768. L'insalubrité de ce lieu le força d'accepter au mois de février 1769 un logement dans le vieux château de Monquin, situé à 2 k. de la ville, à mi-côte, isolé et loin de tout village. Rousseau y demeura jusqu'au mois de mai 1776. C'est de Bourgoin qu'il partit pour une herborisation au mont Pilat, avec trois messieurs qui faisaient, dit-il, semblant d'aimer la botanique. — C'est à Bourgoin qu'il épousa moralement l'indigne femme avec laquelle il vivait depuis longtemps, et dont le nom de fille était Thérèse le Vasseur. Ce mariage ne fut contracté ni civilement ni religieusement; il n'y eut ni contrat, ni bénédiction nuptiale; il l'avait simplement nommée sa femme en sortant de table, en présence de deux convives, M. Champagneux, maire de Bourgoin, et M. de Rosières, tous deux officiers d'artillerie.

PATRIE de J. RAILLON, archevêque d'Aix.

Manufactures d'indiennes. Fabriques de toiles d'emballage, de calicots. Filature de soie et de coton. Raffinerie de sucre de betteraves. Nombreux et beaux moulins à farine. — Commerce de farines recherchées, de chanvre, toiles, laines, etc. — Foires les 17 janv. et 1er mai.

Bibliographie. POTTON. Notes historiques sur le séjour de J.-J. Rousseau à Bourgoin durant les années 1768, 1769 et 1770, in-8 de 2 feuilles.

BOURGON, vg. Mayenne (Maine), arr. et à 28 k. de Laval, cant. de Loiron, ✉ de la Gravelle. Pop. 1,488 h. — Il est situé sur un coteau près de la rive gauche de la Vilaine. Mines de fer. Forges.

BOURGONCE (la), vg. Vosges (Lorraine), arr., cant., ✉ et à 15 k. de St-Dié. P. 789 h.

BOURGOUGNAGUE, vg. Lot-et-Garonne (Agénois), arr. et à 25 k. de Marmande, cant. et ✉ de Lauzun. Pop. 569 h.

BOURG-PAUL, vg. Morbihan, comm. et ✉ de Mazillac.

BOURG-ST-ANDÉOL (le), petite et très-ancienne ville, Ardèche (Languedoc), arr. et à 52 k. de Privas, chef-l. de cant. Cure. Petit séminaire. ✉. A 634 k. de Paris pour la taxe

des lettres. Pop. 4,535 h. — TERRAIN crétacé inférieur, grès vert.

Cette ville est fort agréablement située dans un pays fertile et bien cultivé, sur la rive droite du Rhône, qu'on y passe sur un pont suspendu. Son origine remonte au delà du IIIe siècle, époque où l'on croit que saint Andéol y fut martyrisé par ordre de l'empereur Sévère. Elle portait alors le nom de Gentibus, qu'elle changea pour celui de ce saint, dont on découvrit, dit-on, les reliques en 855. — Le baron des Adrets, à la tête du parti protestant, s'empara de Bourg-St-Andéol en 1562. Les catholiques le reprirent la même année; mais il retomba de nouveau au pouvoir des protestants en 1577.

Les armes de Bourg-St-Andéol sont : de gueules à trois bourdons d'or posés en pal, au chef d'azur chargé d'un gros couteau d'argent emmanché d'or.

Les environs de Bourg-St-Andéol sont très-agréables. Les plaines fertiles qui bordent le Rhône au nord et au sud offrent de beaux vignobles, des champs cultivés, des prairies artificielles plantées de mûriers et d'arbres fruitiers. La montagne, qui est de même couverte de vignes, de mûriers, d'oliviers et d'arbres à fruits.

Dans la partie septentrionale de l'église on voit un tombeau romain en marbre blanc veiné de bleu, sur lequel on lit l'inscription suivante :

TIB. IVLI. VALERIAN.
O. ANN. V. M. VII. D. VI.
IVLIVS. CHANTOR. T.
TERENTA. VALERIA.
FILIO DVLCISSIMO.

A cent pas de la ville, près de la fontaine de Tournes, est une grotte curieuse, taillée dans le roc vif, située entre deux gouffres profonds. Cette grotte offre un des monuments gaulois les plus remarquables; c'est un temple du dieu Mithras, où l'on voit encore un autel où sont sculptées plusieurs figures en bas-relief, représentant un jeune homme vêtu d'une draperie légère, et dont la tête est couverte d'un bonnet que les Perses appelaient tiare; il saisit de ses mains un taureau qu'il s'efforce de dompter, et auquel il a déjà fait plier les deux jarrets de devant. Un chien s'élance et se dresse sur le cou du taureau, entre les pieds duquel on voit un scorpion, et au-dessous un grand serpent qui rampe. Au-dessus, et à droite de la figure du jeune homme, est une tête entourée de neuf rayons, représentant le soleil; à gauche une autre tête déformée par le temps, mais à laquelle on distingue encore de grandes cornes, qui peut être l'image de la lune. Au bas de l'autel est une espèce de cartouche où l'on voit bien qu'il y avait une inscription, mais dont il reste peu de caractères distincts.

INDUSTRIE. Fabriques et filatures de soie. — Commerce de grains, farines, vins, eaux-de-vie, huile d'olive et autres productions du Midi. Entrepôt des vins fertiles de la Côte-d'Or, de la Haute-Saône, du Doubs, etc. — Foires les 10 juillet, 23 sept., 4 nov. et 17 déc.

Biographie. Patrie du célèbre médecin COMBALUSIER.

De C.-N. MADIER DE MONTJEAU, membre de l'assemblée constituante et du conseil des cinq cents.

De PAULIN MADIER DE MONTJEAU, ancien conseiller à la cour royale de Nîmes. Lorsque la réaction vint en 1815 remplir le département du Gard de meurtres et de dévastations, il lutta courageusement contre les assassins et leurs protecteurs, et donna plusieurs fois aux magistrats et aux citoyens l'exemple d'une rare magnanimité et d'un courage héroïque. Lorsqu'en 1820 d'odieuses machinations menacèrent le département du Gard du retour des excès de 1815, il adressa à la chambre des députés cette éloquente et courageuse pétition où il apprit à la France qu'un comité directeur correspondait à Paris avec de nombreux agents répandus sur toute la surface du royaume, et constituait un gouvernement clandestin en face du gouvernement constitutionnel. Il a publié entre autres écrits : *Pétition à la chambre des députés*, etc., in-8, 1820 ; *Du gouvernement occulte, de ses agents et de ses actes, suivi de pièces officielles sur les troubles de Vaucluse*, etc., etc., in-8, 1820.

Bibliographie. GUILLEAUME. *Dissertation sur un monument dédié à Mithras près de Bourg-St-Andéol* (Mém. de Trévoux, fév. 1724).

MÉNARD. *Dissertation sur un curieux monument de Bourg-St-Andéol* (Mercure, mars 1740).

DELICHÈRES. *Dissertation sur le monument de Mithras qui est à Bourg-St-Andéol.*

BOURG-ST-BERNARD, vg. *H.-Garonne* (Languedoc), arr. et à 25 k. de Villefranche-de-Lauraguais, cant. et ✉ de Lanta. Pop. 1,230 h. — *Foires* les 4 janv., 15 déc. et mardi après la Pentecôte.

BOURG - ST - CHRISTOPHE, vg. *Ain* (Bresse), arr. et à 35 k. de Trévoux, cant. et ✉ de Meximieux. Pop. 752 h.—*Foire* le 26 juillet.

BOURG-ST-LÉONARD (le), vg. *Orne* (Normandie), arr. et à 10 k. d'Argentan, cant. d'Exmes. ✉. P. 652 h. A 181 k. de Paris pour la taxe des lettres.

BOURG - STE - MARIE, vg. *H.-Marne* (Champagne), arr. et à 38 k. de Chaumont-en-Bassigny, cant. et ✉ de Bourmont. Pop. 297 h.

BOURG-ST-PIERRE, *Maine-et-Loire*. V. PIERRE-DE-CHEMILLÉ (St-).

BOURG, vg. *Morbihan*, ✉ de Muzillac.

BOURG-SOUS-BOURBON (le), vg. *Vendée* (Poitou), arr., cant., ✉ et à 3 k. de Bourbon-Vendée. Pop. 2,016 h.

BOURG-SUR-GIRONDE ou sur-Mer, jolie petite ville, *Gironde* (Guienne), arr. et à 13 k. de Blaye, chef-l. de cant. Cure. ✉. A 552 k. de Paris pour la taxe des lettres. Pop. 2,564 h. — TERRAIN crétacé inférieur.

Bourg est une ville fort ancienne, fondée, dit-on, par Ponce Paulin, préfet du prétoire sous l'empereur Valentinien, et père de saint Paulin, qui fut disciple d'Ausone. Sidoine Apollinaire a consacré un poëme entier à la description de cette ville. Elle possédait autrefois une abbaye de bénédictins, fondée en 1124, dont il reste encore quelques ruines assez pittoresques, entre autres une porte, qui prouve que ce couvent, comme la plupart des monastères de cette époque, était une espèce de citadelle.

Les armes de Bourg sont : *d'azur à trois fleurs de lis d'or, deux en chef et une en pointe.*

Cette ville est dans une situation avantageuse pour le commerce, sur la rive droite de la Dordogne, à 3 k. de son confluent avec la Garonne. Elle est assez bien bâtie, ornée de fontaines publiques, et possède un petit port, où remontent des navires de trois à quatre cents tonneaux. On y remarque un joli château construit sur l'emplacement d'une ancienne citadelle, au sommet d'un coteau qui domine le cours de la Dordogne. — De la partie située au sud et à l'ouest du coteau sur lequel la ville est bâtie, on jouit d'une vue admirable sur le Bec-d'Ambès, où s'opère la jonction de la Garonne et de la Dordogne. C'est le lieu plus convenable pour observer le phénomène étonnant qu'offrent, à certaines époques, les eaux de cette dernière rivière : nous voulons parler du mascaret. V. GIRONDE.

Commerce de vins. Exploitation de belles carrières de pierres de taille, qui sont particulièrement employées pour la construction des édifices de la ville de Bordeaux. — *Foires* les 1er sept. (8 jours), 10 déc. et veille de la Passion.

LA LIBARDE est un village dépendant de la commune de Bourg. Dans le cimetière de ce village, qui paraît avoir eu une certaine importance autrefois, se trouve une crypte romane parfaitement conservée, et présentant, sur de petites dimensions, une église complète à trois nefs et abside, mais sans croisillons. En longueur ce petit édifice a 8 m., en largeur 5 m. 60 c. ; 1 m. 30 c. pour la largeur de chaque bas côté, 3 m. pour la largeur de la nef. Cinq colonnes libres reçoivent de chaque côté les retombées de la voûte ; à l'entrée de la nef et à l'entrée de l'abside, les colonnes sont engagées. Après la crypte de St-Seurin de Bordeaux et celle de St-Emilion, le département de la Gironde n'en possède pas de plus intéressante que celle de la Libarde.

BOURGRENNE, vg. *Maine-et-Loire*, comm. de Tiercé, ✉ de Châteauneuf-sur-Sarthe.

BOURGTHÉROULDE, *Burgetherodus*, *Burgus Theroudi*, bg *Eure* (Normandie), arr. et à 35 k. de Pont-Audemer, chef-l. de cant. Cure. ✉. ⚭. A 136 k. de Paris pour la taxe des lettres. Pop. 773 h.—Autrefois baronnie, diocèse, parlement et intendance de Rouen, élection de Pont-Audemer. — TERRAIN tertiaire moyen.—*Foires* les 1er janv., 25 avril, 2 août et 25 nov. Marchés tous les samedis.

BOURGUÉBUS, *Burgasii Villa*, bg *Calvados* (Normandie), arr. et à 10 k. de Caen, chef-l. de cant., ✉ de May-sur-Orne. Pop. 321 h. — TERRAIN jurassique.

BOURGUEIL, petite ville, *Indre-et-Loire* (Touraine), arr. et à 17 k. de Chinon, chef-l. de cant. Collège communal. Cure. ✉. ⚭. A 278 k. de Paris pour la taxe des lettres. Pop. 3,493 h.—TERRAIN tertiaire moyen.

Cette ville est située dans un territoire fertile en vins rouges d'excellente qualité, sur la rive droite du Doit, qui prend en cet endroit le nom d'Authion. On y voit les restes d'une ancienne abbaye de bénédictins, fondée en 990 par Guillaume de Poitiers, qui, la même année, fut défait près de cette ville dans une bataille sanglante que lui livra Hugues Capet.

Bourgueil est environné de jardins agréables, où l'on cultive en abondance des légumes, du lin, du chanvre, de l'anis, de la réglisse, etc. — *Commerce* de vins rouges, fruits tapés et cuits, huile de noix, beurre renommé, graine d'oignon, millet, maïs, etc.—*Foires* les mardis de Pâques, après la Pentecôte, après le 13 nov. et après Noël.—Marché renommé pour la qualité de ses beurres.

BOURGUENOLLES, vg. *Manche* (Normandie), arr. et à 18 k. d'Avranches, cant. et ✉ de Villedieu. Pop. 466 h.

BOURGUET (le), vg. *Var* (Provence), arr. et à 36 k. de Draguignan, cant. et ✉ de Comps. Pop. 165 h.

BOURGUET-D'ORBE, vg. *Hérault*, com. de Camplong, ✉ de Bédarieux.

BOURGUIGNON, vg. *Aisne* (Picardie), arr. et à 43 k. de Laon, cant. de Coucy-le-Château, ✉ de Blérancourt. Pop. 113 h.

BOURGUIGNON, vg. *Doubs* (Franche-Comté), arr. et à 12 k. de Montbelliard, cant. et ✉ de Pont-de-Roide. Pop. 498 h.

BOURGUIGNON-LES-CONFLANS, vg. *H.-Saône* (Franche-Comté), arr. et à 15 k. de Lure, cant. de Vauvillers, ✉ de Faverney. Pop. 345 h.

BOURGUIGNON-LES-LA-CHARITÉ, vg. *H.-Saône* (Franche-Comté), arr. et à 22 k. de Vesoul, cant. de Scey-sur-Saône, ✉ de Frétigney. Pop. 274 h.

BOURGUIGNON-LES-MOREY, vg. *H.-Saône* (Franche-Comté), arr. et à 41 k. de Vesoul, cant. de Vitrey, ✉ de Cintrey. Pop. 440 h.

A peu de distance de ce village, on voit sur un plateau, dont la superficie est d'environ 20 hect., un camp romain dont la plus grande longueur est de 500 m. sur une largeur de 470. Des vestiges de murs entourent de plusieurs côtés ce camp, où l'on a trouvé des médailles à l'effigie des empereurs Gordien, et des fers de lance.

BOURGUIGNON - SOUS - MONTBAVIN, vg. *Aisne* (Picardie), arr. et à 16 k. d'Anisy-le-Château, ✉ de Chavignon. P. 212 h.

BOURGUIGNONS, vg. *Aube* (Bourgogne), arr., cant., ✉ et à 2 k. de Bar-sur-Seine. Pop. 522 h.

BOURGUILLEMONT, vg. *Oise*, comm. de Therdonne, ✉ de Beauvais.

BOURGVILLAIN, vg. *Saône - et - Loire* (Bourgogne), arr. et à 21 k. de Mâcon, cant. et ✉ de Tramayes. Pop. 749 h.

BOURIDEYS, vg. *Gironde* (Guienne), arr. et à 20 k. de Bazas, cant. et ✉ de Villandrault. Pop. 403 h.

BOURIÉGE, vg. *Aude* (Languedoc), arr., cant., ✉ et à 15 k. de Limoux. Pop. 451 h.

BOURIGEOLE, vg. *Aude* (Languedoc), arr., cant., ✉ et à 18 k. de Limoux. P. 237 h.

BOURISP, vg. *H.-Pyrénées* (Bigorre), arr. et à 45 k. de Bagnères-en-Bigorre, cant. de Nestier, ✉ d'Arreau. Pop. 239 h.

BOURBON, vg. *Pas-de-Calais* (Artois), arr. et à 28 k. d'Arras, cant. et ✉ de Marquion. Pop. 1,620 h.

BOURMONT, petite ville très-ancienne, *H.-Marne* (duché de Bar), arr. et à 40 k. de Chaumont-en-Bassigny, chef-l. de cant. Cure. Gîte d'étape. ✉. A 310 k. de Paris pour la taxe des lettres. Pop. 1,011 h. — TERRAIN jurassique.

Autrefois diocèse de Toul, conseil souverain et intendance d'Alsace, bailliage, collégiale, 2 couvents.

Cette ville, aujourd'hui peu importante, paraît avoir été une des fortes villes des Lingons : on a trouvé dans ses environs un assez grand nombre d'antiquités gauloises et romaines. Elle est bâtie sur une hauteur, et domine la vallée de la Meuse ; on y jouit d'une vue étendue sur un pays agréable et varié, qui, dans un rayon de moins de 8 k., offre aux regards plus de 60 villages. — *Fabriques* de coutellerie. Blanchisseries de cire. Brasseries. — *Commerce* de bois, fer, clous et fil de fer. — *Foires* les 22 fév., mardi après la Pentecôte, 13 août et 29 oct.

Bibliographie. *Notice historique sur la ville de Bourmont*, in-8, 1841.

BOURNAC, vg. *Tarn-et-Garonne*, comm. et ✉ de Montaigut.

BOURNAINVILLE, *Bournainvilla*, *Eure* (Normandie), arr. et à 10 k. de Bernay, cant. et ✉ de Thiberville. P. 444 h. — *Fabrique* de rubans.

BOURNAN, bg *Indre-et-Loire* (Touraine), arr. et à 25 k. de Loches, cant. et ✉ de Ligueil. Pop. 373 h.

BOURNAND, vg. *Vienne* (Poitou), arr., ✉ et à 9 k. de Loudun, cant. des Trois-Moutiers. Pop. 887 h.

BOURNAY, vg. *Isère* (Poitou), comm. et ✉ de St-Jean-de-Bournay.

BOURNAZEL, pet. ville, *Aveyron* (Rouergue), arr. et à 8 k. de Rodez, cant. et ✉ de Rignac. Pop. 1,040 h. — C'est une pauvre petite ville, composée d'un amas de maisons à moitié délabrées, mal closes, chevauchant les unes sur les autres, et dans lesquelles végètent quelques centaines d'hommes, de femmes et d'enfants, dont les plus pauvres vivent pêle-mêle avec les dindons et les pourceaux. C'était jadis le siège d'une ancienne baronnie de la province de Rouergue, érigée en marquisat en 1624. En 1545, Jean de Buisson, baron de Bournazel, y fit construire un magnifique château, où l'on admirait surtout les ceintures de bustes qui le décoraient extérieurement, la variété des sculptures, les corniches taillées en arabesques, et les chapiteaux des colonnes, entourées de danseurs en reliefs se tenant par la main. Malheureusement, ces richesses de l'art, que le temps avait respectées, n'ont pas trouvé grâce devant la colère ou l'ignorance des hommes ; les plombs qui couvraient les combles du château ayant été enlevés pendant la révolution, les intempéries des saisons y ont fait des ravages considérables qui augmentent sans cesse, et tout porte à croire qu'avant que peu d'années se soient écoulées, il ne restera pas pierre sur pierre de cet orgueilleux édifice. — *Foires* les 14 janv., 7 mai, 17 août et 22 sept.

BOURNAZEL, vg. *Tarn* (Languedoc), arr. et à 31 k. de Gaillac, cant. et ✉ de Cordes. Pop. 372 h.

BOURNE (la), petite rivière qui prend sa source près de Lans, dép. de l'*Isère* ; elle passe à Pont-en-Royans, à St-Nazaire, et se jette dans l'Isère, après un cours d'environ 25 k. Elle est flottable en trains depuis le Pont-en-Royans jusqu'à son embouchure.

BOURNEAU, vg. *Vendée* (Poitou), arr., ✉ et à 9 k. de Fontenay-le-Comte, cant. de l'Hermenault. Pop. 1,031 h. — *Fabriques* de toiles. — *Foire* le 2ᵉ lundi de nov.

BOURNÉE (la), vg. *Maine-et-Loire*, comm. de Louresse, ✉ de Doué.

BOURNEL, vg. *Lot-et-Garonne* (Agénois), arr. et à 29 k. de Villeneuve-sur-Lot, cant. et ✉ de Villeréal. Pop. 726 h.

BOURNEVILLE, vg. *Eure* (Normandie), arr., ✉ et à 11 k. de Pont-Audemer, cant. de Quilleboeuf. Pop. 802 h. — *Foires* les 2ᵈˢ samedis de juin et de sept. — Marché tous les samedis.

BOURNEZEAU, vg. *Vendée* (Poitou), arr. et à 21 k. de Bourbon-Vendée, cant. de Chantonnay, ✉ de Ste-Hermine. Pop. 1,780 h.

BOURNEZÈDE, vg. *Puy-de-Dôme*, comm. d'Amberre, ✉ de Mirebeau. — *Foires* le 1ᵉʳ mardi de chaque mois.

BOURNIQUEL, vg. *Dordogne* (Périgord), arr. et à 28 k. de Bergerac, cant. de Beaumont, ✉ de la Linde. Pop. 367 h.

BOURNOIS, vg. *Doubs* (Franche-Comté), arr. et à 22 k. de Baume-les-Dames, cant. et ✉ de l'Isle-sur-le-Doubs. Pop. 535 h.

BOURNONCLE, vg. *H.-Loire* (Auvergne), arr., cant., ✉ et à 9 k. de Brioude. P. 458 h.

BOURNONCLES, vg. *Cantal* (Auvergne), arr., ✉ et à 21 k. de St-Flour, cant. de Ruines. Pop. 272 h.

BOURNONVILLE, *Burnonisvilla*, vg. *Pas-de-Calais* (Boulonnais), arr., ✉ et à 21 k. de Boulogne-sur-Mer, cant. de Desvres. P. 210 h.

BOURNOS, vg. *B.-Pyrénées* (Béarn), arr. et à 17 k. de Pau, cant. de Thèze, ✉ d'Auriac. Pop. 382 h.

BOUROGNE, ou BOELL, vg. *H.-Rhin* (Alsace), arr. et à 11 k. de Belfort, cant. et ✉ de Delle. Bureau de douanes. Pop. 898 h. — Il est avantageusement situé sur le canal du Rhône au Rhin, où il a un port bien situé pour les expéditions en transit pour la Suisse et l'Italie. *Commerce* important de bois de charpente et de planches pour le midi de la France.

BOUROUILLAN, vg. *Gers* (Armagnac), arr. et à 38 k. de Condom, cant. de Cazaubon, ✉ de Manciet. Pop. 531 h.

BOURRAN, vg. *Lot-et-Garonne* (Agénois), arr., et ✉ d'Aiguillon.

BOURRE (canal de). Ce canal, formé par la rivière de Bourre, s'étend depuis le canal de Préaven jusqu'à la Lys, au sas de Merville, sur une longueur de 7,794 m.

BOURRÉ, vg. *Loir-et-Cher* (Blaisois), arr. et à 31 k. de Blois, cant. et ✉ de Montrichard. Pop. 695 h.

BOURRÉAC, vg. *H.-Pyrénées* (Bigorre), arr. et à 4 k. d'Argelès, cant. et ✉ de Lourdes. Pop. 110 h.

BOURRELIÈRE (la), *Vienne*, comm. de Culion, ✉ de Mirebeau.

BOURREPAUX, vg. *H.-Pyrénées* (Bigorre), arr. et à 28 k. de Tarbes, cant. de Galan, ✉ de Lannemezan. Pop. 538 h.

BOURRET, vg. *Tarn-et-Garonne* (Armagnac), arr. et à 18 k. de Castel-Sarrasin, cant. de Verdun-sur-Garonne, ✉ de Montech. Pop. 1,057 h. — *Foires* les 13 avril, 10 août et 19 nov.

BOURRIOT, vg. *Landes*, comm. de Lugaut, ✉ de Roquefort.

BOURRON, vg. *Seine-et-Marne* (Gâtinais), arr. et à 9 k. de Fontainebleau, cant. de Nemours. ✉. A 308 k. de Paris pour la taxe des lettres. Pop. 1,202 h. Près de la forêt de Fontainebleau. — C'est au milieu du grand chemin, qui traverse cette commune, qu'eut lieu, le 12 mai 1771, l'entrevue de Louis-Stanislas-Xavier de France, comte de Provence, depuis Louis XVIII, avec la princesse Marie-Joséphe-Louise de Savoie, son épouse. Cette princesse partit de Montargis où elle avait séjourné deux jours, pour se rendre à Fontainebleau ; le roi, qui s'y était rendu la veille, en partit accompagné de la famille royale et de ses principaux officiers, et alla au-devant d'elle jusqu'au bas de la montagne de Bourron.

BOURROU, vg. *Dordogne* (Périgord), arr. et à 22 k. de Périgueux, cant. de Vergt, ✉ de St-Astier. Pop. 375 h.

BOURS, vg. *Pas-de-Calais* (Artois), arr., ✉ et à 11 k. de St-Pol-sur-Ternoise, cant. de Heuchin. Pop. 636 h.

BOURS, vg. *H.-Pyrénées* (Bigorre), arr., cant., ✉ et à 7 k. de Tarbes. Pop. 470 h.

BOURSAULT, bg *Marne* (Champagne), arr. et à 8 k. d'Epernay, cant. de Dormans, ✉ de Port-à-Binson. Pop. 646 h. — Ce bourg est agréablement situé sur un coteau planté de vignes qui donnent des vins rouges estimés, près de la rive gauche de la Marne. On y voit un beau château moderne, construit sur l'emplacement d'un ancien manoir féodal, belle position d'où l'on jouit d'une agréable vue sur la vallée de la Marne. — Dans un bois situé près de ce bourg, on trouve une source d'eau minérale ferrugineuse froide, qui forme, en très-peu de temps, dans les vases où on la renferme, un dépôt ocreux assez considérable.

Bibliographie. NAVIER. *Notice sur l'eau*

minérale de *Boursault* (Nat. consid., t. 1, p. 120).

LA PLANCHE. *Examen analytique d'une eau hépato-ferrugineuse d'une côte voisine de Boursault* (Journal de médecine, nov. 1779, p. 436, et Nat. consid., fév. 1780, p. 166).

BOURSAY, vg. *Loir-et-Cher* (Beauce), arr. et à 28 k. de Vendôme, cant. de Droué, ✉ de Mondoubleau. Pop. 843 h.

BOURSCHEID, vg. *Meurthe* (pays Messin), arr. et à 24 k. de Sarrebourg, cant. et ✉ de Phalsbourg. Pop. 318 h.

BOURSE (la), vg. *Pas-de-Calais* (Artois), arr., ✉ et à 5 k. de Béthune, cant. de Cambrin. Pop. 321 h.

BOURSEUL, vg. *Côtes-du-Nord* (Bretagne), arr. et à 15 k. de Dinan, cant. et ✉ de Plancoet. Pop. 1,309 h. — *Foire* le 1er août.

BOURSEVILLE, vg. *Somme* (Picardie), arr. et à 25 k. d'Abbeville, cant. d'Ault, ✉ d'Eu. Pop. 704 h.

BOURSIÈRES, vg. *H.-Saône* (Franche-Comté), arr. et à 10 k. de Vesoul, cant. de Scey-sur-Saône, ✉ de Traves. Pop. 116 h.

BOURSIES, vg. *Nord* (Flandre), arr. et à 15 k. de Cambray, cant. de Marcoing. Pop. 819 h.

BOURSIN, vg. *Pas-de-Calais* (Boulonnais), arr. et à 24 k. de Boulogne-sur-Mer, cant. et ✉ de Guines. Pop. 239 h.

BOURSINES, vg. *Oise*, comm. d'Oroër, ✉ de Beauvais.

BOURSONNE, vg. *Oise* (Picardie), arr. et à 57 k. de Senlis, cant. de Retz, ✉ de la Ferté-Milon. Pop. 347 h.

BOURTH, bg *Eure* (Normandie), arr. et à 50 k. d'Évreux, cant. et ✉ de Verneuil. Pop. 1,946 h. Sur l'Iton. — *Fabriques* considérables d'épingles. Haut fourneau, forges et fonderie. — *Foire* le dernier samedi de mai. — Marché tous les samedis.

BOURTHES, grand et beau village, *Pas-de-Calais* (Boulonnais), arr. et à 20 k. de Montreuil-sur-Mer, cant. et ✉ d'Hucqueliers, à la source de l'Aa. Pop. 1,067 h.

BOURVILLE, vg. *Seine-Inf.* (Normandie), arr. et à 20 k. d'Yvetot, cant. de Fontaine-le-Dun, ✉ de Doudeville. Pop. 854 h.

BOURY, vg. *Oise* (Picardie), arr. et à 39 k. de Beauvais, cant. de Chaumont-en-Vexin, ✉ de Gisors. Pop. 582 h. — C'était autrefois une forteresse qui soutint un siège et fut enlevée de force en 1198 par Richard Cœur-de-Lion. Cet ancien château a été remplacé en 1685 par un autre château moderne, vaste et régulier, dont on attribue la construction à Mansard.

BOURZOLLES, vg. *Lot*, comm. et ✉ de Souillac. V. SOUILLAC.

BOUSBACH, vg. *Moselle* (Lorraine), arr. et à 12 k. de Sarreguemines, cant. et ✉ de Forbach. Pop. 605 h.

BOUSBECQUES, vg. *Nord* (Flandre), arr. et à 18 k. de Lille, cant. et ✉ de Tourcoing. Pop. 1,912 h. — Brasseries et moulins à huile.

BOUSCAT (le), vg. *Gironde* (Guienne), arr., cant., ✉ et à 3 k. de Bordeaux. Pop. 1,988 h. — *Foire* le jeudi de l'Ascension.

BOUSCAUT (le), joli village, *Gironde*, comm. de Cadaujac, ✉ et à 11 k. de Bordeaux. ⚭.

BOUSIES, vg. *Nord* (Flandre), arr. et à 24 k. d'Avesnes, cant. et ✉ de Landrecies. Pop. 1,772 h.

BOUSIGNIES, vg. *Nord* (Flandre), arr. et à 17 k. de Valenciennes, cant. et ✉ de St-Amand-les-Eaux. Pop. 298 h.

BOUSIGNIES, vg. *Nord* (Flandre), arr. et à 24 k. d'Avesnes, cant. de Solre-le-Château, ✉ de Mauhenge. Pop. 620 h.

BOUSQUET (le), vg. *Aude* (Languedoc), arr. et à 71 k. de Limoux, cant. de Roquefort-de-Sault, ✉ d'Axat. Pop. 466 h.

BOUSQUET (le), vg. *Lot*, comm. d'Arcambal, ✉ de Cahors.

BOUSSAC ou BOUSSAC-VILLE, petite ville fort ancienne, *Creuse* (Berry), chef-l. de sous-préf. dont le trib. de 1re inst. est à Chambon, chef-l. d'un cant. Cure. Gîte d'étape. ✉. A 333 k. de Paris pour la taxe des lettres, 33 k. de Guéret, 24 k. de Chambon. Pop. 995 h. — TERRAIN cristallisé ou primitif.

Cette ville est dans une situation des plus pittoresques, au milieu d'une gorge entourée de montagnes, de rochers, et de précipices, au confluent du Veron et de la petite Creuse. Elle est bâtie sur un rocher très-escarpé, entourée de murailles flanquées de tours, et dominée par un ancien château situé sur le sommet d'un rocher extrêmement élevé au-dessus de la petite Creuse. Cette ancienne forteresse offre un des sites les plus remarquables du département ; sa position, ses remparts, ses tours en faisaient une des plus fortes places du xve siècle ; les appartements en sont très-vastes ; les murs, construits en pierres de taille, ont partout 3 m. 32 c. d'épaisseur ; au rez-de-chaussée est une très-grande salle des gardes ; à droite et à gauche sont deux superbes escaliers, qui communiquent à des galeries dont il n'existe plus que quelques parties ; là même se trouve un troisième escalier qui aboutit à la salle de réception, où l'on voit d'anciennes tapisseries turques qui meublaient les appartements de l'infortuné Zizim lorsqu'il habitait la tour de Bourganeuf. — Ce qui forme aujourd'hui l'enceinte de Boussac était la place d'armes du château. Les rues de cette ville sont étroites, très-escarpées, et bordées de maisons généralement mal bâties ; on n'y parvient en voiture que par un seul chemin fort étroit.

Commerce de chevaux et de bestiaux. Tanneries et mégisseries. — *Foires* le 3e jeudi de juin, et le 1er jeudi de chaque mois.

L'arrondissement de Boussac est composé de 4 cantons : Boussac, Chambon, Châtelus, Jarnages.

BOUSSAC (la), vg. *Ille-et-Vilaine* (Bretagne), arr. et à 36 k. de St-Malo, cant. de Pleine-Fougères, ✉ de Dol. Pop. 2,801 h. — On remarque sur le territoire de cette commune la chapelle de Brouallan, édifice du xie siècle, situé sur une élévation qui domine une grande étendue de pays, et d'où l'on découvre plusieurs sites admirables. Cet édifice est d'architecture gothique, entièrement construit en granit taillé et sculpté avec le plus grand soin. Il a 28 m. de long sur 13 m. de large et 17 m. d'élévation ; la tour, surmontée d'un couronnement fort curieux, est élevée de 22 m. — La chapelle de Brouallan a été mutilée dans plusieurs de ses parties ; on y remarque cependant encore une belle rose en vitraux de couleur, placée au-dessus de l'entrée principale ; les murs latéraux ont conservé quelques restes de peintures à fresque représentant des chevaliers et de leurs armures, et les sculptures qui ont été préservées de la destruction sont d'un dessin très-correct.

Foire le mercredi de la semaine de Quasimodo.

BOUSSAC, vg. *Lot* (Quercy), arr., ✉ et à 12 k. de Figeac, cant. de Livernon. P. 236 h.

BOUSSAC-BOURG, ou BOUSSAC-LES-ÉGLISES, *Creuse* (Berry), arr., cant., ✉ et à 2 k. de Boussac et à 24 k. de Chambon. P. 1,212 h.

BOUSSAGNES, bg *Hérault* (Languedoc), arr. et à 41 k. de Béziers, cant. et ✉ de Bédarieux. Pop. 1,171 h. — Exploitation de houille. Papeterie.

BOUSSAIS, vg. *Deux-Sèvres* (Poitou), arr. et à 22 k. de Parthenay, cant. et ✉ d'Airvault. Pop. 696 h.

BOUSSAN, vg. *Ariège*, comm. de Soulan, ✉ de Massat.

BOUSSAN, vg. *H.-Garonne* (Comminges), arr. et à 21 k. de St-Gaudens, cant. d'Aurignac. Pop. 865 h.

BOUSSAY, vg. *Indre-et-Loir* (Touraine), arr. et à 40 k. de Loches, cant. et ✉ de Preuilly. Pop. 917 h. — On y voit un ancien château entouré de fossés remplis d'eau vive, et les restes d'un camp attribué aux Romains. — Le château de Boussay offre cette singularité, presque unique en France, d'avoir appartenu depuis un temps immémorial à une même famille, celle des Menou (dont est issu le général de l'armée d'Égypte), famille qui en fit sa résidence d'une manière non interrompue depuis le xiie siècle, chacun des membres de cette famille ayant conservé avec un scrupule religieux tout ce qui se rapportait à la mémoire de ses prédécesseurs. Cet antique château offre un véritable intérêt sous le rapport archéologique.

PATRIE du général Menou, commandant de l'expédition d'Égypte après l'assassinat de Kléber, et ensuite administrateur général du Piémont ; mort à Venise, le 13 août 1810.

BOUSSAY, vg. *Loire-Inf.* (Bretagne), arr. et à 36 k. de Nantes, cant. et ✉ de Clisson. Pop. 1,846 h. — C'est ici dans une situation charmante, sur la rive droite de la Sèvre Nantaise, dont le cours sinueux est bordé de rochers qui offrent les aspects les plus pittoresques. — *Fabrique* très-importante de flanelles qui jouissent d'une réputation méritée et dont il se fait en Bretagne une grande consommation. — Moulins à foulon ; nombreux moulins à farine.

BOUSSAY, vg. *Mayenne*. Exploitation de carrières et scieries de marbre.

BOUSSE, vg. *Moselle* (Lorraine), arr., ✉

et à 10 k. de Thionville, cant. de Metzervises. Pop. 403 h.

BOUSSE, vg. *Sarthe* (Anjou), arr., ✉ et à 10 k. de la Flèche, cant. de Malicorne. Pop. 876 h.

BOUSSEAU (grand et petit), *Deux-Sèvres*, comm. de la Charrière, ✉ de Beauvoir-sur-Niort.

BOUSSELANGE, vg. *Côte-d'Or* (Bourgogne), arr. et à 24 k. de Beaune, cant. et ✉ de Seurre. Pop. 246 h. — Il est situé sur une hauteur d'où l'on découvre une grande étendue de pays.

BOUSSELARGUES, vg. *H.-Loire* (Auvergne), arr. et à 20 k. de Brioude, cant. de Blesle, ✉ de Lempdes. Pop. 216 h.

BOUSSENAC, bg *Ariége* (Comminges), arr. et à 22 k. de St-Girons, cant. et ✉ de Massat. Pop. 2,825 h. — Aux environs forges et mines de fer.

BOUSSENOIS, vg. *Côte-d'Or* (Bourgogne), arr. et à 40 k. de Dijon, cant. et ✉ de Selongey. Pop. 500 h.

BOUSSENS, vg. *H.-Garonne* (Comminges), arr. et à 44 k. de Muret, cant. de Cazères, ✉ de Martres. Pop. 375 h.

BOUSSERAUCOURT, vg. *H.-Saône* (Franche-Comté), arr. et à 48 k. de Vesoul, cant. et ✉ de Jussey. Pop. 574 h.

BOUSSÈS, vg. *Lot-et-Garonne* (Condomois), arr. et à 23 k. de Nérac, cant. d'Houeillès, ✉ de Lavardac. Pop. 431 h.

BOUSSEWILLER, vg. *Moselle* (Lorraine), arr. et à 40 k. de Sarreguemines, cant. de Volmünster, ✉ de Bitche. Pop. 306 h.

BOUSSEY, vg. *Côte-d'Or* (Bourgogne), arr. et à 26 k. de Semur, cant. et ✉ de Vitteaux. Pop. 196 h.

BOUSSEY, vg. *Eure* (Normandie), arr. et à 24 k. d'Evreux, cant. et ✉ de St-André. Pop. 170 h.

BOSSICOURT, vg. *Somme* (Picardie), arr., cant., ✉ et à 7 k. de Montdidier. Pop. 168 h.

BOUSSIÈRES, vg. *Doubs* (Franche-Comté), arr. et à 16 k. de Besançon, chef-l. de cant. Bur. d'enregist. ✉ de Quingey. Pop. 295 h. — TERRAIN jurassique.

BOUSSIÈRES, vg. *Nord* (Flandre), arr. et à 18 k. d'Avesnes, cant. et ✉ de Berlaimont. Pop. 214 h.

BOUSSIÈRES, vg. *Nord* (Flandre), arr., ✉ et à 10 k. de Cambrai, cant. de Carnières. Pop. 824 h.

BOUSSOIS, vg. *Nord* (Flandre), arr. à 25 k. d'Avesnes, cant. et ✉ de Maubeuge. Pop. 362 h.

BOUSSY-ST-ANTOINE, *Buciacum*, vg. *Seine-et-Oise* (Ile-de-France), arr. et à 12 k. de Corbeil, cant. de Boissy-St-Léger, ✉ de Brunoy. Sur la rive droite de l'Yères. Pop. 219 h.

BOUST, vg. *Moselle* (pays Messin), arr., ✉ et à 10 k. de Thionville, cant. de Cattenom. Pop. 588 h.

BOUSTROFF, vg. *Moselle* (Lorraine), arr. de Sarreguemines, ✉ de Foulquemont.

BOUT-DE-BOIS, h. *Loire-Inf.* ⚓.

BOUT-DE-LA-VILLE, vg. *Seine-Inf.*, comm. du Boshyon, ✉ de Gournay.

BOUT-DE-LANDE, vg. *Ille-et-Vilaine*, comm. de Laillé, ✉ de Bain. ⚓.

BOUT-D'EN-HAUT] (le), vg. *Loir-et-Cher*, comm. de Malives, ✉ de St-Dyé-sur-Loire.

BOUT-DES-PONTS, *Indre-et-Loire*, comm. et ✉ d'Amboise.

BOUTANCOURT, vg. *Ardennes* (Champagne), arr. de Mézières, et à 12 k. de Charleville, cant. et ✉ de Flize. Pop. 292 h. — Hauts fourneaux. Forges, platinerie, fonderie à l'anglaise et fabrique de projectiles de guerre.

BOUTANCOURT, vg. *Oise* (Picardie), arr. et à 25 k. de Beauvais, cant. et ✉ de Chaumont-en-Vexin. Pop. 311 h.

BOUTAVANT, vg. *Jura*, comm. de Vescles, ✉ d'Arinthod.

BOUTAVENT, vg. *Oise* (Picardie), arr. et à 40 k. de Beauvais, cant. et ✉ de Formerie. Pop. 176 h.

BOUTEILLE (la), vg. *Aisne* (Picardie), cant., ✉ et à 22 k. de Vervins. Pop. 1,068 h. — Fab. de vannerie.

BOUTEILLE-LE-PORT, *Loiret*, comm. de Villemurlin, ✉ de Sully.

BOUTEILLES, vg. *Dordogne* (Périgord), arr. et à 14 k. de Riberac, cant. et ✉ de Verteillac. Pop. 707 h.

BOUTENAC, vg. *Aude* (Languedoc), arr. et à 23 k. de Narbonne, cant. de Lézignan. Pop. 407 h. — On y voit une église entièrement couverte de lierre, dont l'aspect est on ne peut plus pittoresque.

BOUTENAC, vg. *Charente-Inf.* (Saintonge), arr. et à 31 k. de Saintes, cant. de Cozes, ✉ de Mortagne-sur-Gironde. Pop. 367 h.

BOUTERVILLIERS, vg. *Seine-et-Oise* (Beauce), arr., cant., ✉ et à 10 k. d'Etampes. Pop. 194 h.

BOUTET (le), vg. *Gers*, comm. de Castillon-Debats, ✉ de Vic-Fézensac.

BOUTEVILLE, bg *Charente* (Angoumois), arr. à 27 k. de Cognac, cant. et ✉ de Châteauneuf-sur-Charente. Pop. 837 h. — Foire le 15 oct.

BOUTEVILLE, vg. *Manche* (Normandie), arr. à 23 k. de Valognes, cant. et ✉ de Ste-Mère-Eglise. Pop. 200 h.

BOUTHÉON, vg. *Loire* (Forez), arr. et à 18 k. de Montbrison, cant. et ✉ de St-Galmier. Pop. 750 h.

BOUTHIÈRE (la), vg. *Saône-et-Loire*, comm. de Chenove et St-Vallerin, ✉ de Buxy.

BOUTIE, vg. *Tarn-et-Garonne*, comm. de Puy-la-Roque, ✉ de Caussade.

BOUTIERS, vg. *Charente* (Angoumois), arr., cant., et à 5 k. de Cognac. P. 362 h.

BOUTIGNY, vg. *Eure-et-Loir* (Beauce), arr. et à 16 k. de Dreux, cant. de Nogent-le-Roi, ✉ de Houdan. Pop. 648 h.

BOUTIGNY, vg. *Seine-et-Marne* (Brie), arr., ✉ et à 7 k. de Meaux, cant. de Crécy. Pop. 786 h.

BOUTIGNY, vg. *Seine-et-Oise* (Ile-de-France), arr. et à 20 k. d'Etampes, cant. et ✉ de la Ferté-Aleps. Près de l'Essonne. Pop. 555 h.

BOUTOC, *Gironde*, comm. de Preignac, ✉ de Podensac.

BOUTONNE (la), rivière qui prend sa source au pied de l'une des tours de l'ancien château de Malesherbes, près du bourg de Chef-Boutonne, arr. de Melle, dép. des *Deux-Sèvres*; elle passe à Brioux, Chizé, Dampierre, St-Jean-d'Angely, Tonnay-Boutonne, et se jette dans la Charente, au port de Caudé (Charente-Inférieure), après un cours d'environ 85 k. — Elle est navigable depuis le moulin à poudre de St-Jean-d'Angely jusqu'à son embouchure.

BOUTTENCOURT, vg. *Somme* (Picardie), arr. et à 25 k. d'Abbeville, cant. de Gamaches, ✉ de Blangy. Pop. 775 h.

BOUTTENCOURT-ST-OUEN, vg. *Somme* (Picardie), arr. d'Amiens, cant. de Picquigny, ✉ de Flixecourt.

BOUTTENOL, *Nièvre*, comm. de Planchez, ✉ de Château-Chinon.

BOUTX, vg. *H.-Garonne* (Comminges), arr. et à 39 k. de St-Gaudens, cant. et ✉ de St-Béat. Pop. 897 h.

BOUVAINCOURT, vg. *Somme* (Picardie), arr. et à 27 k. d'Abbeville, cant. de Gamaches, ✉ d'Eu. Pop. 365 h.

BOUVANCOURT, beau village, *Marne* (Champagne), arr. et à 19 k. de Reims, cant. de Fismes, ✉ de Jonchery-sur-Vesle. Pop. 314 h. — Il est bâti en amphithéâtre et dominé par une église pittoresque que surmonte un clocher pyramidal. On remarque sur son territoire le château de Vaux-Varennes, construit en 1585.

BOUVANTE, vg. *Drôme* (Dauphiné), arr. et à 56 k. de Valence, cant. et ✉ de St-Jean-en-Royans. Pop. 908 h. — Il est situé au milieu des plus hautes montagnes du Royanais. On voit aux environs la source de la Bourne, qui naît au-dessous du domaine d'Ambel, au pied de la montagne de Touleau ; plus bas, elle se précipite par le Saut-de-la-Truite dans la vallée de Bouvante. Le banc des rochers d'Ambel, d'où elle tombe, est si élevé, l'eau se divise tellement dans sa chute, qu'un courant d'air l'enlève entièrement, et la rejette en pluie fine sur la montagne, de manière à mouiller les passants au Pas-de-la-Truite dans les temps les plus secs. — Non loin de là, on doit visiter aussi la perte de la rivière de Lionne, qui s'engouffre dans un précipice d'une grande profondeur, au centre des prairies d'Ambel : elle s'échappe de la vallée du Haut-Bouvante, entre deux montagnes dont les bords, garnis de rochers à pics très-élevés, ressemblent à deux murs immenses, parallèles et très-rapprochés, qui forment un encaissement de plus de 4 k. — Foire le 8 août.

BOUVÉES, vg. *Gers*, comm. de St-Bresq, ✉ de Mauvezin.

BOUVELINGHEM, vg. *Pas-de-Calais* (Boulonnais), arr., ✉ et à 14 k. de St-Omer, cant. de Lumbres. Pop. 287 h.

BOUVELLEMONT, vg. *Ardennes* (Champagne), arr. et à 22 k. de Mézières, et à 22 k. de Charleville, cant. d'Omont, ✉ de Poix. P. 419 h.

BOUVENT, vg. *Ain* (Bugey), arr. et à 23 k. de Nantua, cant. d'Oyonnax, ✉ d'Ortan. Pop. 147 h.

BOUVERANS, vg. *Doubs* (Franche-Comté), arr., cant., ✉ et à 14 k. de Pontarlier. Pop. 618 h.

BOUVESSE, vg. *Isère* (Dauphiné), arr. et à 27 k. de la Tour-du-Pin, et à 30 k. de Bourgoin, cant. et ✉ de Morestel. Pop. 740 h. — *Foire* le 18 juin.

BOUVIÈRE (la), *Isère*, comm. de Diémoz, ✉ de la Verpillière.

BOUVIÈRES, vg. *Drôme* (Dauphiné), arr. et à 56 k. de Die, cant. et ✉ de Bourdeaux. Pop. 741 h. — *Foires* les 9 mai, 1er sept., 6 nov.

BOUVIERS (les), vg. *Ardèche*, comm. de St-Martin-le-Supérieur, ✉ de Privas.

BOUVIERS, vg. *Seine-et-Oise*, comm. de Guyancourt, ✉ de Versailles.

BOUVIGNIES, vg. *Nord* (Flandre), arr. et à 15 k. de Douai, cant. et ✉ de Marchiennes. Pop. 1,873 h. — *Fabriques* de noir animal. Filature de lin fin pour les batistes et les dentelles.

BOUVIGNIES-BOYEFFLES, vg. *Pas-de-Calais* (Artois), arr. et à 12 k. de Béthune, cant. de Houdain. Pop. 685 h.
PATRIE du conventionnel DUQUESNOY. Traduit avec ROME, SOUBRANY, GOUJON, etc., devant une commission militaire qui les condamna à mort, il se frappa d'un coup de couteau et mourut sur-le-champ.

BOUVIGNY, vg. *Meuse* (Lorraine), arr. et à 39 k. de Montmédy, cant. et ✉ de Spincourt. Pop. 167 h.

BOUVILLE, vg. *Eure-et-Loir* (Beauce), arr. et à 23 k. de Châteaudun, cant. et ✉ de Bonneval. Pop. 717 h.

BOUVILLE, vg. *Seine-et-Oise* (Beauce), arr., cant., ✉ et à 10 k. d'Étampes. P. 583 h. — On y voit un ancien château flanqué de tours et environné de fossés.

BOUVILLE, vg. *Seine-Inf.* (Normandie), arr. et à 23 k. de Rouen, cant. de Pavilly, ✉ de Barentin. Pop. 1,091 h. — *Foire* le 15 nov.

BOUVINCOURT, vg. *Somme* (Picardie), arr., cant., ✉ et à 10 k. de Péronne. Pop. 288 h.

BOUVINES, vg. *Nord* (Flandre), arr. et à 13 k. de Lille, cant. de Cisoing. Pop. 551 h.
Ce village, situé sur une petite rivière qui se jette dans la Lys, est célèbre par la victoire qu'y remporta Philippe Auguste, le 27 juillet 1214, sur l'empereur Othon, le comte de Flandre et leurs alliés. L'armée française, qui allait à la rencontre de l'armée confédérée, se reposait d'une longue marche, et le roi lui-même était assis à l'ombre d'un frêne, tout auprès d'une petite chapelle, lorsqu'on lui annonça que la bataille venait de s'engager à l'arrière-garde et que les Français commençaient à plier. Il reprit aussitôt son armure, alla faire dans la chapelle une courte et fervente prière, et s'avança à la rencontre de l'ennemi. Après trois heures d'un combat acharné, l'empereur Othon prit la fuite, et son étendard tomba aux mains des Français; le comte de Flandre fut fait prisonnier et conduit à la tour du Louvre; le comte de Boulogne fut enfermé dans le château de Péronne, tandis que Philippe Auguste retournait triomphant à Paris.

La victoire de Bouvines, l'une des plus brillantes qui eussent été remportées par les Français, était décisive. Parmi les prisonniers se trouvaient cinq comtes : Ferrand de Flandre, Renaud de Boulogne, Guillaume de Salisbury, Othon de Teklembourg, et Conrad de Dortmund, avec vingt-cinq chevaliers bannerets et un grand nombre d'autres d'une dignité inférieure. Le roi abandonna plusieurs de ces captifs aux communes, pour que chacune pût s'enorgueillir de la part qu'elle avait eue à la victoire.

Les habitants de Bouvines virent une seconde fois la défaite des troupes étrangères. Au mois d'août 1340, Philippe de Valois, qui venait secourir Tournay, assiégé par les Anglais de concert avec les Flamands, campa sur le territoire de Bouvines, où il fut attaqué par 10,000 Anglais, qu'il défit complètement.

BOUVRESSE, vg. *Oise* (Picardie), arr. et à 41 k. de Beauvais, cant. et ✉ de Formerie. Pop. 161 h.

BOUVREUIL, *Seine-Inf.*, comm. et ✉ de Rouen.

BOUVRON, vg. *Loire-Inf.* (Normandie), arr., ✉ et à 10 k. de Savenay, cant. de Blain. Pop. 2,532 h. — *Foires* les 10 mai, 7 août et 1er déc.

BOUVRON, vg. *Meurthe* (pays Messin), arr., cant. et ✉ de Toul. Pop. 360 h.

BOUX-AUX-BOIS, vg. *Ardennes* (Champagne), arr., cant., ✉ et à 12 k. de Vouziers, cant. du Chêne. Pop. 579 h. — Il y avait autrefois dans ce village une commanderie de Malte, dont il reste encore de beaux bâtiments.

BOUX-SOUS-SALMAISE, vg. *Côte-d'Or* (Bourgogne), arr. et à 24 k. de Semur, cant. et ✉ de Flavigoy. Pop. 599 h. — Il est situé au fond d'un beau vallon, sur la Loze; c'était jadis une ville entourée de murs qui existent encore en partie, et autour desquels règne une jolie promenade. — Huileries, moulins à blé. Tannerie. — Éducation des abeilles.

BOUXAL, vg. *Lot*, comm. du Montel, ✉ de la Capelle-Marival.

BOUXIÈRES-AUX-BOIS, vg. *Vosges* (Lorraine), arr. et à 18 k. de Mirecourt, cant. et ✉ de Dompaire. Pop. 311 h.

BOUXIÈRES-AUX-CHÊNES, vg. *Meurthe* (Lorraine), arr., cant. et ✉ de Nancy. Pop. 1,139 h.

BOUXIÈRES-AUX-DAMES, vg. *Meurthe* (Lorraine), arr., cant. et ✉ de Nancy. Pop. 483 h. — Il est bâti au sommet et sur le penchant d'un coteau dont le pied est baigné par la Meurthe, que l'on y passe sur un pont en pierre de quatre arches, sur lequel s'acheva la défaite du duc de Bourgogne, en 1477.

BOUXIÈRES-SOUS-FROIDEMONT, vg. *Meurthe* (Lorraine), arr. et à 37 k. de Nancy, cant. de Pont-à-Mousson. Pop. 713 h.

BOUXURULLES, vg. *Vosges* (Lorraine), arr. et à 8 k. de Mirecourt, cant. et ✉ de Charmes. Pop. 558 h.

BOUXWILLER, ou BOSWILLER, ou BUCHSWILLER, petite ville, *Bas-Rhin* (Alsace), arr. et à 15 k. de Saverne, chef-l. de cant. Cure. ✉. Collège communal. À 429 k. de Paris pour la taxe des lettres. Pop. 3,566 h. — TERRAIN jurassique. — Elle est bâtie dans une situation charmante, au pied des Vosges. C'était autrefois une ville entourée de murs qui ont été détruits dans le XVIIe siècle. On trouve aux environs des pétrifications curieuses, une mine de houille et une mine de lignite exploitées.
PATRIE du littérateur PH. Loos.
Fabriques de sulfate de fer et d'alumine, Ⓐ 1822-23-27-34, Ⓞ 1839, de siamoises, futaines, toiles, chaudronnerie, quincaillerie. Tanneries. Blanchisseries de toiles. Séchoirs à garance. Brasseries. Corderies. — *Commerce* de grains, légumes, etc.
Bibliographie. DEISS (D.). *Essai d'une topographie de la ville de Bouxwiller*, in-4, 1829.

BOUXWILLER, vg. *H.-Rhin* (Alsace), arr. et à 20 k. d'Altkirch, cant. et ✉ de Ferrette. Pop. 443 h.

BOUY, vg. *Cher* (Berry), arr. et à 11 k. de Bourges, cant. et ✉ de Mehun-sur-Yèvre. Pop. 233 h.

BOUY, vg. *Marne* (Champagne), arr. et à 15 k. de Châlons-sur-Marne, cant. de Suippe, ✉ des Petites-Loges. Pop. 411 h.

BOUY-LUXEMBOURG, vg. *Aube* (Champagne), arr. et à 15 k. de Troyes, cant. de Piney. Pop. 316 h.

BOUY-SUR-ORVIN, vg. *Aube* (Champagne), arr., cant., ✉ et à 10 k. de Nogent-sur-Seine. Pop. 130 h.

BOUYON, *Boyo*, vg. *Var* (Provence), arr. et à 36 k. de Grasse, cant. de Coursegoules, ✉ de Vence. Pop. 621 h.

BOUYSSOU (le), vg. *Lot* (Quercy), arr. et à 15 k. de Figeac, cant. et ✉ de la Capelle-Marival. Pop. 674 h.

BOUZAILLES, vg. *Jura*, comm. des Petites-Chiettes, ✉ de St-Laurent.

BOUZAIS, vg. *Cher*, comm. de Berry-Bouy, ✉ de St-Amand-Montrond.

BOUZANCOURT, vg. *H.-Marne* (Champagne), arr. et à 26 k. de Vassy, cant. de Doulevant, ✉ de Cirey-sur-Blaise. P. 525 h.

BOUZANNE (la), petite rivière qui prend sa source au-dessus d'Aigurandes, *Indre*; elle passe à Cluis-Dessus, Neuvy, Arthon, et se jette dans la Creuse, un peu au-dessous de St-Gaultier, après un cours d'environ 40 k.

BOUZAINVILLE, vg. *Meurthe* (Lorraine),

arr. et à 43 k. de Nancy, cant. d'Haroué, ⊠ de Neuviller-sur-Moselle. Pop. 252 h.

BOUZE, *Buza, Bosa*, vg. *Côte-d'Or* (Bourgogne), arr., cant., ⊠ et à 7 k. de Beaune. Pop. 278 h.

BOUZEL, vg. *Puy-de-Dôme* (Auvergne), arr. et à 24 k. de Clermont-Ferrand, cant. de Vertaizon, ⊠ de Pont-du-Château. P. 670 h.

BOUZEMONT, vg. *Vosges* (Lorraine), arr. et à 20 k. de Mirecourt, cant. et ⊠ de Dompaire. Pop. 270 h.

BOUZERON, vg. *Saône-et-Loire* (Bourgogne), arr. et à 20 k. de Châlons-sur-Saône, cant. et ⊠ de Chagny. Pop. 188 h.

BOUZEVAL, vg. *Vosges*, comm. de Rozerotte, ⊠ de Mirecourt.

BOUZIC, vg. *Dordogne* (Périgord), arr. et à 22 k. de Sarlat, cant. et ⊠ de Domme. Pop. 764 h. — On y voit, au pied d'une haute colline, une des plus belles sources du département.

BOUZIÈS, vg. *Lot* (Quercy), arr., ⊠ et à 20 k. de Cahors, cant. de St-Géry. P. 338 h. Au-dessous du confluent du Lot et du Célé.

On voit sur le territoire de ce village des constructions anciennes, connues sous le nom de Château-des-Anglais. A cet endroit, tout le rocher de la rive droite du Lot présente, depuis sa base jusqu'à son sommet, de nombreuses cavités dans lesquelles existent des vestiges de murailles formées de pierres taillées et liées avec du ciment. Quelques-unes de ces constructions sont assez bien conservées; les ouvertures qu'elles offrent, annoncent qu'elles avaient trois étages.

BOUZIGUES, vg. *Hérault* (Languedoc), arr. et à 27 k. de Montpellier, cant. et ⊠ de Mèze. Pop. 1,290 h. Sur l'étang de Thau.

BOUZILLÉ, vg. *Maine-et-Loire* (Anjou), arr. et à 22 k. de Beaupréau, cant. de Champtoceaux, ⊠ d'Ancenis. Pop. 1,623 h.

Le château de la BOURGONNIÈRE, bâti entre deux collines, fait partie de cette commune. Ce château est un des plus anciens de l'Anjou. L'époque de sa fondation est incertaine. Presque détruit pendant la guerre de la Vendée, le bâtiment principal a été reconstruit dans le style moderne. Deux édifices qu'on aperçoit à chacun de ses côtés ont seuls échappé aux ravages du temps et des hommes. L'un est une tour dont les murs épais, les créneaux, le donjon qui la surmonte, rappellent le génie guerrier de nos pères; l'autre est une chapelle qui, jadis fortifiée, semble avoir traversé les siècles pour nous redire l'ancienne alliance du glaive et de la croix. Ce dernier monument est surtout remarquable : à l'extérieur, ses tours, ses ogives, ses murs couverts de croix de templier; au dedans, ses vitraux, où se retrouve le même signe de cet ordre célèbre, avec la coquille des pèlerins et le cimeterre arabe, lui donnent un aspect tout à la fois religieux et guerrier. Sous la voûte, formée de nombreux arceaux et qui brille d'or et d'azur, les souvenirs des anciens temps assiègent la pensée; on rêve les champs de la Palestine, le tombeau du Christ, et l'on murmure les noms de Philippe Auguste et de saint Louis, de Villehardouin et de Joinville. Une statue de proportions colossales attire particulièrement les regards : elle représente un homme attaché par des liens à une croix ; il est revêtu d'une tunique d'or; sa tête, d'une expression noble et imposante, porte une couronne de comte ; à ses côtés sont Charlemagne et saint Louis ; une multitude d'arabesques, d'un fini précieux, sont sculptées à l'entour.

BOUZIN, vg. *H.-Garonne* (Comminges), arr. et à 16 k. de St-Gaudens, cant. et ⊠ d'Aurignac. Pop. 234 h.

BOUZINCOURT, vg. *Somme* (Picardie), arr. et à 29 k. de Péronne, cant. et ⊠ d'Albert. Pop. 801 h.

BOUZOGLE, *Creuse*, comm. et ⊠ de Bourganeuf.

BOUZON-GELLENAVE, vg. *Gers* (Armagnac), arr. et à 42 k. de Mirande, cant. et ⊠ d'Aignan. Pop. 562 h.

BOUZONVILLE, petite ville, *Moselle* (Lorraine), arr. et à 15 k. de Thionville, chef-l. de cant. Cure. Gîte d'étape. ⊠. ⩗. A 357 k. de Paris pour la taxe des lettres. Pop. 2,160 h. — TERRAIN du trias, marnes irisées.

Cette ville est fort agréablement située sur la Nied française.

Elle possédait jadis une abbaye, fondée vers l'an 1030, dont les vastes et gothiques bâtiments occupent la partie supérieure d'un coteau orné de riants vergers : une large vallée qui déroule au loin son tapis de verdure; la Nied, qui s'y promène lentement, baigne le pied du monastère et roule sous un pont hardiment jeté; en perspective, des bois magnifiques, des vignes, des villages bien groupés, tel est le riant tableau qu'offre Bouzonville du côté de la vallée de la Nied et de la route de Thionville. — Bouzonville est à 24 k. de Sarrelouis, petite ville de la Prusse rhénane, patrie de l'illustre et infortuné maréchal NEY. — Fabriques de clous, colle forte, ateliers d'ébénisterie. Tanneries et chamoiseries. Teintureries. — Foires les 14 sept., 12 nov. et vendredi saint.

BOUZONVILLE-AUX-BOIS, vg. *Loiret* (Orléanais), arr., cant., ⊠ et à 8 k. de Pithiviers. Pop. 402 h.

BOUZONVILLE-EN-BEAUCE, vg. *Loiret* (Orléanais), arr., cant., ⊠ et à 4 k. de Pithiviers. Pop. 146 h.

BOUZY, vg. *Loiret* (Orléanais), arr. et à 39 k. d'Orléans, cant. et ⊠ de Châteauneuf-sur-Loire. Pop. 536 h.

BOUZY, joli petit village, *Marne* (Champagne), arr. et à 22 k. de Reims, cant. et ⊠ d'Aï. Pop. 308 h. — Bouzy est renommé pour l'excellente qualité des vins rouges de première classe que produit son territoire. Il est en général bien bâti, sur la pente d'un riche coteau, qui s'étend en amphithéâtre au-dessus du village, à l'exposition du sud-est, et à l'abri des vents du nord. — La commune possède environ 22 hectares de pâtures dans lesquels sont une cendrière très-productive, et une tuilerie toujours en activité, source principale de ses revenus. — La surface du territoire de la commune, planté en vignes, est de 106 hectares, valant de 2,000 à 3,000 fr. l'hectare, et produisant ensemble annuellement 900 pièces de vins au prix de 400 fr. la pièce de choix, ou de 150 fr. prix moyen. — On imite quelquefois le vin de Bouzy avec un art perfide; mais, en nature, il est d'une finesse, d'une délicatesse, d'une saveur, d'un bouquet admirables.

BOVÉE, vg. *Meuse* (Lorraine), arr. et à 14 k. de Commercy, et à 33 k. de St-Mihiel, cant. et ⊠ de Void. Pop. 412 h.

BOVELLES, vg. *Somme* (Picardie), arr. et à 12 k. d'Amiens, cant. de Molliens-Vidame, ⊠ de Picquigny. Pop. 548 h.

BOVES, joli village, *Somme* (Picardie), arr. et à 10 k. d'Amiens, cant. de Sains. Pop. 1,690 h. — Il est agréablement situé près de la vallée de Noye. On y remarque les ruines d'une forteresse qui fut construite vers le IXe siècle, pour servir de refuge contre les brigandages des Normands. — Blanchisseries considérables de toiles.

BOVETTE (la), vg. *Aisne*, comm. de St-Mihiel, ⊠ de Hirson.

BOVIOLLE, vg. *Meuse* (Lorraine), arr. et à 18 k. de Commercy, et à 33 k. de St-Mihiel, cant. de Void, ⊠ de Ligny. Pop. 334 h.

BOVONS, vg. *B.-Alpes* (Provence), arr., ⊠ et à 3 k. de Sisteron, cant. de Noyers. Pop. 247 h.

BOXUM (lat. 47°, long. 22°). « Ce lieu est placé dans la Table théodosienne entre *Aquæ Nisineii*, ou Bourbon-Lancy, et *Augustodunum*. La distance est marquée VIII à l'égard d'*Augustodunum*; et, en sortant de cette ville, elle porte vers un lieu, dont le nom de Bussière, *Buxeria*, est un dérivé de *Boxum*. Son éloignement d'Autun paraît en même temps convenable autant qu'on peut juger par ces cartes. Quant à la distance entre *Boxum* et *Aquæ Nisineii*, marquée XXII, et qui, avec la précédente, ferait compter 30 lieues gauloises entre Autun et Bourbon-Lancy ; quoique on compte de distance, dont il résulte 34,000 toises, paraisse un peu fort vis-à-vis de l'intervalle en droite ligne d'environ 28,000 toises, toutefois le coude qui se rencontre dans cette route, en passant l'Arrou, au lieu nommé *Telonnum*, aujourd'hui Toulon, et l'inégalité du pays font juger qu'il n'y a rien à rabattre. » D'Anv. *Notice de l'ancienne Gaule*, p. 171.

BOYAVAL, vg. *Pas-de-Calais* (Artois), arr., ⊠ et à 15 k. de St-Pol-sur-Ternoise, cant. de Heuchin. Pop. 220 h. — On y remarque un puits de 40 m. de profondeur, qui tantôt est et tantôt dégorge en abondance, mais particulièrement lorsque règne le vent du nord.

BOYELLES, vg. *Pas-de-Calais* (Artois), arr., ⊠ et à 10 k. d'Arras, cant. de Croisilles. Pop. 327 h.

BOYENTRAN, *Gironde*, comm. de St-Germain-d'Esteuil, ⊠ de Lesparre.

BOYER, vg. *Loire* (Lyonnais), arr. et à 15 k. de Roanne, cant. et ⊠ de Charlieu. Pop. 268 h.

BOYER, vg. *Saône-et-Loire* (Bourgogne), arr. et à 23 k. de Châlons-sur-Saône, cant. et

✉ de Senecey. Pop. 1,337 h. — Aux environs, entre la montagne de Montrond et la Saône, on remarque une pierre levée de 5 m. de hauteur au-dessus du sol, et de 2 m. de largeur à la base; à peu de distance, est une autre pierre du même genre, qui est renversée.

BOYER-LE-HAUT, *Aude*, comm. de St-Gauderie, ✉ de Castelnaudary.

BOYNES, petite ville, *Loiret* (Gâtinais), arr., cant. et à 10 k. de Pithiviers. Gîte d'étape. ✉. A 90 k. de Paris pour la taxe des lettres. Pop. 1,714 h. — Éducation des vers à soie. — Commerce de cire, miel, vins, safran, laines, etc. — *Foires* les 30 avril, vendredi saint et 3 nov.

BOZ, vg. *Ain* (Bourgogne), arr. et à 43 h. de Bourg-en-Bresse, cant. et ✉ de Pont-de-Vaux. Pop. 844 h. — Ce village est regardé comme une ancienne colonie des Sarrasins, dont les habitants se distinguaient autrefois par des usages particuliers. — *Commerce* de bœufs.

BOZOULS, petite ville, *Aveyron* (Rouergue), arr. et à 20 k. de Rodez, chef-l. de cant. Cure. Bur. d'enregist. à Rodez. ✉. A 578 k. de Paris pour la taxe des lettres. Pop. 2,585 h. — TERRAIN jurassique.

On doit visiter aux environs le site connu sous le nom d'abîmes de Bozouls, l'un des sites les plus curieux du département de l'Aveyron, où il s'en trouve cependant de si remarquables. Au-dessous du village, le sol, coupé à pic, forme un abîme descendant à une profondeur immense, que l'on ne mesure qu'avec effroi. Tout au fond, un ruisseau, qu'on n'aperçoit pas d'abord, fait tourner la roue d'un petit moulin, et serpente en mugissant au pied de l'abîme, qu'il creuse et ronge sans cesse pour faire son lit plus large. L'abîme embrasse un espace considérable de forme à peu près circulaire; dans quelques endroits, le précipice descend verticalement comme une muraille; ailleurs il offre seulement une pente rapide et escarpée, présentant ici l'âpreté de la roche, et là quelques parcelles de riantes prairies; plus loin apparaît une végétation parfois vigoureuse, et des noyers touffus croissent au milieu des rocs. Le long de cette pente on a tracé un sentier pierreux et pénible à gravir, qui monte à l'église de Bozouls, antique et gracieuse construction de style byzantin, élevée presque sur le versant de l'abîme. Le village est bâti de l'autre côté, et s'étend sur toute la partie opposée au précipice. — *Foire* le 25 juin, au hameau de Curlande.

BRABANT, vg. *Moselle*, comm. de Tucquegnieux, ✉ de Briey.

BRABANT-EN-ARGONNE, vg. *Meuse* (Lorraine), arr. et à 2 k. de Verdun-sur-Meuse, cant. et ✉ de Clermont-en-Argonne. Pop. 348 h.

BRABANT-LE-ROI, vg. *Meuse* (Lorraine), arr. et à 17 k. de Bar-le-Duc, cant. et ✉ de Revigny. Pop. 396 h.

BRABANT-SUR-MEUSE, vg. *Meuse* (pays Messin), arr. et à 30 k. de Montmédy, cant. de Montfaucon, ✉ de Damvillers. P. 396 h.

BRACH, vg. *Gironde* (Guienne), arr. et à 39 k. de Bordeaux, cant. et ✉ de Castelnau-de-Médoc. Pop. 226 h.

BRACHAY, vg. *H.-Marne* (Champagne) arr. et à 17 k. de Vassy, cant. et ✉ de Doulevant. Pop. 333 h.

BRACHES, vg. *Somme* (Picardie), arr. et à 12 k. de Montdidier, cant. et ✉ de Moreuil. Pop. 260 h.

BRACHEUX, vg. *Oise*, comm. de Marissel, ✉ de Beauvais.

BRACHY, vg. *Seine-Inf.* (Normandie), arr. et à 15 k. de Dieppe, cant. et ✉ de Bacqueville. Pop. 614 h.

BRACIEUX, vg. *Loir-et-Cher* (Blaisois), arr. et à 18 k. de Blois, chef-l. de cant. Cure. Gîte d'étape. ✉. A 192 k. de Paris pour la taxe des lettres. Pop. 1,007 h. — TERRAIN tertiaire moyen. — Il est situé sur la Bonneheure, près de son confluent avec le Beuvron. — *Foires* les 4ᵉˢ jeudis de janv. et d'août, jeudi après la mi-carême et avant la Pentecôte, jeudi avant le 24 juin.

BRACON, vg. *Jura* (Franche-Comté), arr. de Poligny, et à 13 k. d'Arbois, cant. et ✉ de Salins.

BRACQUEMONT, vg. *Seine-Inf.* (Normandie), arr., ✉ et à 5 k. de Dieppe, cant. d'Offranville. Pop. 619 h. — PATRIE DE ROBERT DE BRACQUEMONT, fameux marin, qui défit la flotte des Sarrasins en 1408, et celle des Anglais en 1419.

BRACQUETUIT, vg. *Seine-Inf.* (Normandie), arr. et à 30 k. de Dieppe, cant. et ✉ de Totes. Pop. 596 h.

BRADIANCOURT, vg. *Seine-Inf.* (Normandie), arr. et à 14 k. de Neufchâtel-en-Bray, cant. et ✉ de St-Saëns. Pop. 273 h.

BRAFFAIS, vg. *Manche* (Normandie), arr. et à 12 k. d'Avranches, cant. et ✉ de Brécey. Pop. 397 h.

BRAGAIRAC, vg. *H.-Garonne* (Armagnac), arr. et à 21 k. de Muret, cant. et ✉ de St-Lys. Pop. 304 h.

BRAGARD, *H.-Garonne*, comm. de Gragnague, ✉ de Montastruc.

BRAGASSARGUES, vg. *Gard* (Languedoc), arr. et à 48 k. du Vigan, cant. et ✉ de Quissac. Pop. 77 h.

BRAGEAC, vg. *Cantal* (Auvergne), arr., ✉ et à 7 k. de Mauriac, cant. de Pleaux. P. 486 h.

BRAGELOGNE, vg. *Aube* (Champagne), arr. et à 20 k. de Bar-sur-Seine, cant. et ✉ des Riceys. Pop. 560 h. — PATRIE du docteur en médecine J.-C. DESESSARTZ, membre de l'Institut.

BRAGNY, vg. *Saône-et-Loire* (Bourgogne), arr. et à 24 k. de Châlons-sur-Saône, cant. et ✉ de Verdun-sur-le-Doubs. Pop. 94 h. — Sur la Saône, que l'on y passe sur un pont suspendu. — *Foires* les 14 mai et 6 août.

BRAGNY EN CHAROLLAIS, *Braniacum*, vg. *Saône-et-Loire* (Bourgogne), arr. et à 18 k. de Charolles, cant. de Palinges, ✉ de Paray-le-Monial. Pop. 527 h.

BRAHIC, vg. *Ardèche* (Languedoc), arr. et à 31 k. de l'Argentière, cant. et ✉ des Vans. Pop. 529 h.

BRAILLANS, vg. *Doubs* (Franche-Comté), arr. et à 10 k. de Besançon, cant. et ✉ de Marchaux. Pop. 58 h.

BRAILLY-CORNEHOTTE, vg. *Somme* (Picardie), arr. et à 20 k. d'Abbeville, cant de Crécy, ✉ de Bernay. Pop. 519 h.

BRAIN, vg. *Côte-d'Or* (Bourgogne), arr. et à 16 k. de Semur, cant. et ✉ de Vitteaux. Pop. 178 h.

BRAIN, vg. *Ille-et-Vilaine* (Bretagne), arr., cant., ✉ et à 18 k. de Redon. Pop. 1,936 h. — *Foires* les 25 avril et 7 nov.

BRAIN-SUR-ALLONNES, bg *Maine-et-Loire* (Anjou), arr. et à 14 k. de Saumur. Pop. 1,574 h.

Le château de la COUTANCIÈRE fait partie de cette commune. Il était autrefois environné d'un large fossé rempli d'eau, que l'on traversait sur un pont-levis; une grande galerie en aile réunissait le principal corps de logis à la chapelle. Aujourd'hui les fossés sont en partie comblés, la galerie et la chapelle démolis; cependant, tel qu'il est, ce château annonce encore l'habitation d'un puissant seigneur. Il fut le théâtre des derniers exploits de Bussy d'Amboise, gouverneur ou plutôt tyran de l'Anjou, qui y fut assassiné par le comte de Montsoreau, gouverneur de Saumur.

BRAIN-SUR-L'AUTHION, bg *Maine-et-Loire* (Anjou), arr., cant., ✉ et à 13 k. d'Angers. Pop. 1,614 h.

BRAIN-SUR-LONGUEMÉ, bg *Maine-et-Loire* (Anjou), arr. et à 16 k. de Segré, cant. et ✉ du Lion-d'Angers. Pop. 1,054 h. — *Foires* les mercredis après l'Ascension, et le lundi après le 13 sept.

BRAINANS, vg. *Jura* (Franche-Comté), arr., cant., ✉ et à 9 k. de Poligny, et à 20 k. d'Arbois. Pop. 471 h.

BRAINS, vg. *Loire-Inf.* (Bretagne), arr. et à 18 k. de Nantes, cant. de Bouaye, ✉ du Pellerin. Pop. 1,060 h.

BRAINS, vg. *Sarthe* (Maine), arr. et à 20 k. du Mans, cant. de Loué, ✉ de Coulans. Pop. 1,121 h.

BRAINS-SUR-LES-MARCHES, vg. *Mayenne* (Maine), arr. et à 40 k. de Château-Gontier, cant. de St-Aignan-sur-Roé, ✉ de Craon. Pop. 678 h.

BRAINVILLE, vg. *Manche* (Normandie), arr., ✉ et à 7 k. de Coutances, cant. de St-Malo-de-la-Lande. Pop. 320 h.

BRAINVILLE, vg. *H.-Marne* (Champagne), arr. et à 40 k. de Chaumont-en-Bassigny, cant. et ✉ de Bourmont. Pop. 332 h.

BRAINVILLE, vg. *Moselle* (Lorraine), arr. et à 20 k. de Briey, cant. de Conflans, ✉ de Mars-la-Tour. Pop. 410 h.

BRAISNE, ou BRAISNE-SUR-VESLE, *Bronium*, petite ville, *Aisne* (Soissonnais), arr. à 22 k. de Soissons, chef-l. de cant. Cure. ✉. ⚖. A 115 k. de Paris pous la taxe des lettres. Pop. 1,574 h. — TERRAIN tertiaire supérieur.

Autrefois comté, diocèse, intendance et élection de Soissons, parlement de Paris, abbaye de prémontrés.

Cette ville est dans une belle situation, sur la

rive droite de la Veyle. C'est une ville ancienne, qui possédait au VIe siècle une maison royale ou plutôt une des immenses fermes où les rois de France tenaient leur cour ; c'est là que furent renfermés les trésors de Clotaire Ier, dont Chilpéric s'empara en 561. Pepin tint dans cette ville une diète en 754. Braisne était défendu par un château fort bâti par Hugues le Grand, en 931, et par une citadelle construite, au commencement du XIIIe siècle, par le comte de Dreux. Les murs de cette citadelle ont été conservés en grande partie : ils sont assis sur un rocher de 13 m. 15 c. de hauteur, entouré d'un fossé large et profond, taillé à vif dans le roc. Ces murs, flanqués de plusieurs tours, d'une hauteur et d'une épaisseur considérables, étaient défendus par une seconde enceinte garnie de tours et d'ouvrages extérieurs. La hauteur sur laquelle on voit encore les restes de cette espèce de forteresse est située à 600 m. au couchant de Braisne.

Vers le milieu du XIIe siècle, un frère de Louis le Jeune, Robert de France, comte de Dreux, et son épouse, Agnès de Baudiment, comtesse de Braisne, posèrent les fondements d'une belle et grande église qu'ils consacrèrent à St-Yved, mais dont les reliques y furent transportées. Leur fils, Robert II, continua la construction à peine ébauchée, et y mit la dernière main. Haimard de Provins, évêque de Soissons, en fit la dédicace en 1216. Depuis ce temps, jusqu'en 1282, cette église devint une sorte de succursale de St-Denis ; du moins elle donna successivement la sépulture à dix membres de la lignée royale. — Indépendamment de cette illustration historique, l'église de Braisne a toujours été très-renommée comme œuvre d'architecture. Elle n'a guère dans son élévation, la pureté, la simplicité grandiose du XIIIe siècle proprement dit; mais une belle distribution, une régularité parfaite, des détails délicats et ingénieux, quoique un peu monotones, attestent chez le premier architecte un génie singulièrement précoce et hardi pour l'époque (1152). Cette église, à demi démolie pendant la révolution, a été en partie restaurée sous le gouvernement des Bourbons de la branche ainée.

On trouve à Braisne des sources d'eaux minérales; une entre autres se rencontre près de la porte de Châtilon. La qualité des eaux de cette source approche de celle des eaux de Passy, près Paris. — *Foires* les 3 mai, 14 sept., le 1er et 3e mardis de chaque mois.

Bibliographie. JARDEL. *Notice sur les eaux de Braisne* (Dict. minéral. et hydrol., t. II, p. 176).

BRAISNES ou BRAINE-SUR-ARRONDE, vg. *Oise* (Picardie), arr., ✉ et à 9 k. de Compiègne, cant. de Ressons. Pop. 109 h.

BRAIZE, vg. *Allier* (Bourbonnais), arr. et à 44 k. de Montluçon, cant. de Cérilly, ✉ de Meaulne. Pop. 443 h. — *Fabrique de pointes de Paris*. Tréfilerie alimentée avec les fers de Tronçais.—*Foire* le 20 déc.

BRALLEVILLE, vg. *Meurthe* (Lorraine),
I.

arr. et à 39 k. de Nancy, cant. d'Haroué, ✉ de Neuviller-sur-Moselle. Pop. 285 h.

BRALY (la), vg. *Rhône*, comm. et ✉ de Vaugneray, ✌.

BRAM, bg *Aude* (Languedoc), arr. et à 16 k. de Castelnaudary, cant. de Fanjeaux, ✉ de Villasavary. Pop. 1,473 h. — C'était autrefois un château fort qui fut assiégé et pris deux fois par Simon de Montfort en 1281. — *Foire* le 1er oct.

BRAMARIE, vg. *Lot*, comm. de la Bastide, ✉ de Frayssinet.

BRAMETOT, vg. *Seine-Inf.* (Normandie), arr. et à 25 k. d'Yvetot, cant. de Fontaine-le-Dun, ✉ de Doudeville. Pop. 485 h.

BRAMEVAQUE, vg. *H.-Pyrénées* (Bigorre), arr. et à 47 k. de Bagnères-en-Bigorre, cant. de Mauléon-Barousse, ✉ de St-Bertrand. Pop. 174 h.

BRAMONAS, *Lozère*, comm. de Balsiège, ✉ de Mende.

BRAN, vg. *Charente-Inf.* (Angoumois), arr. et à 17 k. de Jonzac, cant. de Monteudre, de Tonverac. Pop. 422 h.

BRANCEILLES, vg. *Corrèze* (Limousin), arr. et à 27 k. de Brives, cant. et ✉ de Meyssac. Pop. 821 h.

BANCHÉ (St-), vg. *Yonne* (Bourgogne), arr. et à 10 k. d'Avallon, cant. et ✉ de Quarré-les-Tombes. Pop. 356 h.

BANCHECORBE, *Loire-Inf.* V. MONBERT.

BRANCHES, vg. *Yonne* (Champagne), arr. et à 17 k. de Joigny, cant. d'Aillant-sur-Tholon, ✉ de Bassou. Pop. 626 h.

BRANCHS (St-), vg. *Indre-et-Loire* (Touraine), arr. et à 21 k. de Tours, cant. de Montbazon, ✉ de Cormery. Pop. 2,003 h. — *Foire* le 29 août.

BRANCION, vg. *Saône-et-Loire* (Bourgogne), arr. et à 30 k. de Mâcon, cant. et de Touruus. Pop. 608 h. — *Foires* les 22 fév., 6 avril, 27 juillet et 25 nov.

BRANCOURT, vg. *Aisne* (Picardie), arr. et à 20 k. de Laon, cant. et ✉ d'Anizy-le-Château. Pop. 841 h.

BRANCOURT, vg. *Aisne* (Picardie), arr. et à 18 k. de St-Quentin, cant. et ✉ de Bohain. Pop. 1,644 h.

BRANCOURT, vg. *Vosges* (Lorraine), arr., ✉ et à 6 k. de Neufchâteau, cant. de Coussey. Pop. 377 h.

BRANDAN (St-), vg. *Côtes-du-Nord* (Bretagne), arr. et à 18 k. de St-Brieuc, cant. et ✉ de Quintin. Pop. 3,050 h. — *Foires* le lundi de Quasimodo, 3e lundi de juin et dernier lundi d'oct.

BRANDE (la), vg. *H.-Garonne*, comm. de Castiès, ✉ de Martres.

BRANDERION, vg. *Morbihan* (Bretagne), arr. et à 17 k. de Lorient, cant. et ✉ de Hennebont. Pop. 400 h.

BRANDEVILLE, vg. *Meuse* (Lorraine), arr. et à 15 k. de Montmédy, cant. et ✉ de Damvillers. Pop. 1,055 h.

BRANDIVI, vg. *Morbihan*, comm. de Grandchamp, ✉ d'Auray.

BRANDO, bg *Corse*, arr., ✉ et à 10 k. de Bastia, chef-l. de cant. TERRAIN crétacé supérieur.—Brando était autrefois un fief appartenant, ainsi que ceux de Nonza et de Canari, à la famille de Gentilli; ces seigneurs y avaient un château dont on voit encore les ruines au pied de la montagne, où un petit village porte le nom de Castello. — A 2 k. du village maritime d'Erbalunga, on remarque une jolie cascade, qui tombe d'une hauteur d'environ 10 m. Non loin du bourg est la madone de la Vasina, célèbre pèlerinage où se rendent de loin, au mois de septembre, à travers d'affreux chemins et pieds nus, les marins et les paysans des environs.

BRANDON, vg. *Saône-et-Loire* (Bourgogne), arr. et à 25 k. de Mâcon, cant. et ✉ de Matour. Pop. 829 h.

BRANDONNET, vg. *Aveyron*, comm. de Malleville, ✉ de Villefranche-de-Rouergue.

BRANDONVILLERS, vg. *Marne* (Champagne), arr. et à 20 k. de Vitry-le-François, cant. et ✉ de St-Remy-en-Bouzemont. Pop. 259 h.

BRANGES, vg. *Aisne* (Picardie), arr. et à 25 k. de Soissons, cant. d'Oulchy-le-Château, ✉ de Fère-en-Tardenois. Pop. 151 h.

BRANGES, vg. *Saône-et-Loire* (Bourgogne), arr., cant., ✉ et à 4 k. de Louhans. Pop. 1,780 h. — *Foires* les 26 juillet et 25 sept.

BRANLEURE (la), vg. *H.-Saône*, comm. d'Aillevillers, ✉ de St-Loup.

BRANGUES, vg. *Isère* (Dauphiné), arr. à 15 k. de la Tour-du-Pin, et à 30 k. de Bourgoin, ✉ de Morestel. Pop. 972 h. — *Foires* les 1er août et 6 oct.

BRANLES, vg. *Seine-et-Marne* (Gatinais), arr. et à 85 k. de Fontainebleau, cant. de Château-Landon, ✉ d'Egreville. Pop. 351 h. — *Foires* les 3 mai et 31 août.

BRANNAY, vg. *Yonne* (Champagne), arr. et à 15 k. de Sens, cant. de Cheroy, ✉ de Pont-sur-Yonne. Pop. 544 h.

Le château a été construit vers le milieu du siècle dernier par Gilles de Moinville, dont on cite le trait suivant : Ce seigneur avait fait aux Indes une fortune immense, et avait amené à Brannay plusieurs domestiques de couleur. L'un d'eux s'éprit d'une domestique du château, qui répondit à sa passion et eut le malheur de mettre au monde un fruit de ses noires amours. Ce fait étant venu à la connaissance du sire de Moinville, il fit saisir le coupable, et lui fit subir le même traitement que jadis Fulbert infligea à Abeilard. Cette malheureuse victime survécut à ce traitement barbare, et mourut à Brannay en 1808 :

L'aimable temps que le temps qui n'est plus.

BRANNE, vg. *Doubs* (Franche-Comté), arr. et à 10 k. de Baume-les-Dames, cant. et ✉ de Clerval. Pop. 355 h.

BRANNE, bg *Gironde* (Guienne), arr. et à 15 k. de Libourne, chef-l. de cant. Cure. ✉, ✌. Pop. 621 h. A 560 k. de Paris pour la taxe des lettres. — TERRAIN d'alluvions modernes.— *Foires* les 29 mars, 19 mai, 3 août, 13 déc.

BRANNENS, vg. *Gironde* (Bazadois), arr. et à 13 k. de Bazas, cant. d'Auros, ✉ de Langon. Pop. 236 h.

BRANOUX, vg. *Gard*, comm. de Blannaves, ✉ d'Alais.

BRANS, vg. *Jura* (Franche-Comté), arr. et à 19 k. de Dôle, cant. de Montmirey-la-Ville, ✉ de Moissey. Pop. 455 h.—*Fabrique d'absinthe.*

BRANSAS, vg. *Ardèche*, comm. de St-Marcel-d'Ardèche, ✉ du Bourg-St-Andéol.

BRANSAT, vg. *Allier* (Bourbonnais), arr. et à 36 k. de Gannat, cant. et ✉ de St-Pourçain. Pop. 1,193 h.

BRANSCOURT, vg. *Marne* (Champagne), arr. et à 17 k. de Reims, cant. de Ville-en-Tardenois, ✉ de Jonchery-sur-Vesle. Pop. 294 h.

BRANTES, *Brantulæ*, vg. *Vaucluse* (comtat Venaissin), arr. et à 45 k. d'Orange, cant. et ✉ de Malaucène. Pop. 442 h.—*Foires les* 15 nov. et 28 déc.

BRANTIGNY, vg. *Vosges* (Lorraine), arr. et à 11 k. de Mirecourt, cant. et ✉ de Charmes. Pop. 258 h.

BRANTIRAC, vg. *Gironde*, comm. de Sablons, ✉ de Coutras.

BRANTOME, *Brantosmum*, ancienne et jolie ville, *Dordogne* (Périgord), arr. et à 25 k. de Périgueux, chef-l. de cant. Cure. Gîte d'étape. ✉. ⚭. A 502 k. de Paris pour la taxe des lettres. Pop. 2,780 h. — TERRAIN jurassique.

Cette ville est dans une situation agréable, dans une île formée par la Dronne. C'était jadis une ville forte, entourée de murs et de fossés baignés par les eaux de la Dronne. Les ravages des Normands, les guerres des Anglais et les fureurs de la Ligue la détruisirent en partie, et l'on voit à peine quelques traces de ses fortifications.

Cette ville a dû longtemps sa prospérité à une ancienne et riche abbaye de bénédictins fondée par Charlemagne. La tradition rapporte que, vainqueur des Gascons et revenant vers le centre de ses États, il se reposa au bords de la Dronne, près d'une grotte célèbre où les druides rendaient leurs oracles, et que, pour effacer les dernières traces du culte druidique, il fonda l'ancienne église qui a donné naissance au monastère : quelques auteurs attribuent la fondation de l'abbaye de Brantôme à Louis le Débonnaire. La maison abbatiale est une vaste et solide construction qui date que du XVIIIe siècle. L'église est un ancien édifice dont le plan est rare : c'est un parallélogramme parfait, d'environ 40 m. 18 c., divisé en trois travées ; la première, vers l'occident, est presque entièrement romane ; les deux autres offrent le style ogival, bâtard, de nos provinces centrales. Les voûtes sont en ogives et d'arêtes ; des faisceaux de demi-colonnettes supportent leurs retombées ; enfin tous les chapiteaux sont à crochets, caractères qui accusent le XIIIe siècle, et cependant l'aspect général de la construction est roman. Le clocher, haut de près de 50 m., paraît dater de la fin du XIe siècle. Le chœur ne s'arrondit point en abside, il se termine carrément. — Au nord de l'abbaye existe une crypte, pratiquée dans le flanc de la colline, qui n'a rien de la forme consacrée des églises : c'est une grande salle irrégulière, à plafond horizontal, où l'on voit deux bas-reliefs immenses de plus de 3 m. en tous sens. Le premier offre le Christ en croix, et à ses côtés Marie et Madeleine ; ces figures sont de grandeur colossale ; d'autres, de moindre proportion, embrassent le pied de la croix. Le second bas-relief, bien plus curieux, représente, au centre, un personnage nu, décharné, de sexe douteux, qui pourrait bien être la Mort ; il est assis sur une tête d'idole ; à ses genoux, deux personnages joignant les mains lui adressent une prière ; au-dessus, deux autres plus importants crient avec des trompes à l'oreille du personnage principal, dont le visage est souriant et qui s'obstine à ne pas les entendre. Sur les côtés se tiennent deux figures ailées. Quel que soit le vrai sens et la date de ces bas-reliefs, ils offrent le plus grand intérêt et méritent d'être conservés. La crypte où ils se trouvent est affermée à un marchand de vin.

L'abbaye de Brantôme a été possédée en commende par l'historien de ce nom, qui s'y retira après la bataille de Jarnac, où il avait assisté : ce fut dans cette retraite qu'il composa une partie de ses ouvrages. — L'autel de l'église paroissiale, petit édifice de la fin du XVe siècle, est orné de deux curieux bas-reliefs sculptés sur bois, provenant de l'ancienne abbaye.

Sur un plateau voisin de Brantôme, on voit un beau dolmen, dont la table supérieure a 3 m. de long sur 1 m. 60 c. de large, et 1 m. 50 c. d'épaisseur ; elle est soutenue à 2 m. 66 c. de terre par trois pierres de moindre dimension.

Fabriques de serges, cadis, étamines. Teintureries. — *Commerce* considérable de truffes, réputées les meilleures du Périgord. — *Foires* les 22 janv., 1er vendredi de mars et de mai.

BRANVILLE, vg. *Calvados* (Normandie), arr. et à 13 k. de Pont-l'Évêque, cant. de Dives, ✉ de Dozullé. Pop. 262 h.

BRANVILLE, *Brantvilla*, vg. *Eure*, com. de Caugé, ✉ d'Évreux.

BRANVILLE, vg. *Manche* (Normandie), arr. et à 14 k. de Cherbourg, cant. et ✉ de Beaumont. Pop. 134 h.

BRAQUERIE (la), vg. *Seine-et-Oise*, com. et ✉ de Chevreuse.

BRAQUIS, vg. *Meuse* (Lorraine), arr. et à 19 k. de Verdun-sur-Meuse, cant. et ✉ d'Etain. Pop. 280 h.

BRAS, vg. *Meuse* (Lorraine), arr., ✉ et à 7 k. de Verdun-sur-Meuse, cant. de Charny. Pop. 483 h.

BRAS, *Brachium*, vg. *Var* (Provence), arr. et à 14 k. de Brignoles, cant. de Barjols, ✉ de St-Maximin. Pop. 1,520 h. — *Fab.* de draperies. — *Foires* les 3 août et 16 déc.

BRAS-D'ASSE, *Brasvallis Assiæ*, vg. *B.-Alpes* (Provence), arr. et à 30 k. de Digne, cant. et ✉ de Mézel. Pop. 482 h.

BRASLES, vg. *Aisne* (Champagne), arr., cant., ✉ et à 2 k. de Château-Thierry. Pop. 607 h.

BRASLOU, vg. *Indre-et-Loire* (Poitou), arr. et à 30 k. de Chinon, cant. et ✉ de Richelieu. Pop. 422 h.

BRASPART, bg *Finistère* (Bretagne), arr. et à 15 k. de Châteaulin, cant. et ✉ de Pleyben. Pop. 2,863 h. — *Foires* les lundi après dimanche des Rameaux, mardi après 21 sept., lundi de la Trinité, 1ers lundis de fév., avril, juin, août, oct. et déc.

BRASSAC, vg. *Ariège* (pays de Foix), arr., cant., ✉ et à 6 k. de Foix. Pop. 1,533 h. — *Fab.* de chevilles pour les vaisseaux.

BRASSAC, vg. *Dordogne* (Périgord), arr. et à 16 k. de Ribérac, cant. de Montagrier, ✉ de St-Apre. Pop. 1,782 h.

BRASSAC, vg. *Puy-de-Dôme* (Auvergne), arr. et à 17 k. d'Issoire, cant. et ✉ de Jumeaux. Pop. 2,071 h. — Il est situé sur la rive gauche de l'Allier, qui y est navigable, et où l'on embarque d'immenses quantités de houille, dont Brassac est l'entrepôt. Les environs abondent en améthystes et en beaux cristaux violets. — Brassac donne son nom à un bassin houiller partagé en huit concessions, dont l'étendue est d'environ 30 k. carrés.

BRASSAC, petite ville, *Tarn* (Languedoc), arr. et à 24 k. de Castres, chef-l. de cant. Cure. ✉. A 742 k. de Paris pour la taxe des lettres. Pop. 2,035 h. — TERRAIN cristallisé, voisin du terrain de transition.

Elle est située dans un vallon agréable, sur l'Agout, qui la divise en deux parties communiquant ensemble par un pont fort étroit. Gontaud de Biron la surprit par une nuit obscure en 1564, et fit périr un grand nombre de ses habitants.

Fabriques de cordelats, molletons, basins, cotonnades, etc.—*Foires* les 10 janv., 8 fév., 15 mars, 30 avril, 16 juin, 8 août, 30 sept. et 1er déc.

BAUDIN (L.-S.). *Notice géologique sur le bassin houiller de Brassac*, in-8, 1837. — *Précis historique sur les mines de houille de Brassac, depuis leur ouverture jusqu'en* 1836, in-8, 1842.

Bibliographie. CORDIER (P.-A.). *Rapport sur la mine de plomb de Brassac* (Journal des mines, t. XXVIII, 1810).

BRASSAC, vg. *Tarn-et-Garonne* (Languedoc), arr. et à 20 k. de Moissac, cant. de Bourg-de-Visa. Pop. 1,170 h.

BRASSEITTE, vg. *Meuse* (Lorraine), arr. de Commercy, cant., ✉ et à 6 k. de St-Mihiel. Pop. 224 h.

BRASSEMPOUY, bg *Landes* (Gascogne), arr. et à 20 k. de St-Sever, cant. d'Amou, ✉ d'Orthez. Pop. 1,016 h.

BRASSEUSE, vg. *Oise* (Picardie), arr. et à 9 k. de Senlis, cant. de Pont-Ste-Maxence, ✉ de Verberie. Pop. 126 h.

BRASSY, vg. *Nièvre* (Nivernais), arr. et à 30 k. de Clamecy, cant. et ✉ de Lormes. Pop. 1,983 h. — *Foire* le 20 juin.

BRASSY, vg. *Somme* (Picardie), arr. et à 31

k. d'Amiens, cant. de Conti, ✉ de Poix. Pop. 139 h.

BRATTE, vg. *Meurthe* (Lorraine), arr., ✉ et à 18 k. de Nancy, cant. de Nomény. Pop. 148 h.

BRATUSPANTIUM (lat. 50°, long. 20°). « César (*Comment.*, 11), sortant du territoire des *Suessiones*, entre chez les *Bellovaci*, et des *Bellovaci* chez les *Ambiani*. A son approche, les *Bellovaci* se renferment, *suaque omnia in oppidum Bratuspantium*. Il n'est fait, après cela, aucune mention de la même ville, à moins qu'elle ne soit cachée sous un nom différent. Car Ortelius se méprend, dans son Trésor géographique, quand il rapporte à la ville dont il s'agit, ce qui doit s'entendre du *Brachbantum*, dans la Chronique de Sigébert, sous l'an 997, où Ansfrid, comte de Brabant, est appelé *comes Bratuspantium*. Sanson a cru qu'il ne fallait point distinguer la ville qui est citée dans les Commentaires, d'avec la capitale des *Bellovaci*, qui a été appelée *Cæsaromagus*. Scaliger avait déjà regardé *Bratuspantium* comme étant Beauvais; et M. de Valois, qui se montre assez volontiers contraire aux opinions de Sanson, ne s'en écarte pas sur cet article. Mon premier avis, sur ce sujet, était le même. Cependant, je conviens d'avoir été ébranlé, en apprenant qu'il existait, il y a deux siècles, les vestiges d'une ville sous le nom de *Bratuspante*, à un quart de lieue de Breteuil et dans l'étendue de la paroisse de Vandeuil, sur la lisière du diocèse de Beauvais, limitrophe de celui d'Amiens. Cette position fait moins une coude dans la route que tient César du Soissonnais dans l'Amiénois, que celle qui résulte d'une position plus écartée, comme celle de Beauvais. M. Bonami a donné à l'académie un mémoire particulier sur *Bratuspantium*, qui n'est point encore rendu public par l'impression. » D'Anville. *Notice de l'ancienne Gaule*, p. 172. V. aussi Bonami. *Conjectures sur la position de Bratuspantium* (Mém. de l'acad. des belles-lettres, t. xxviii, p. 463, 474). Cambry. *Statistique du département de l'Oise*, t. 11, p. 78. Desroches. *Mémoire sur les dix-sept provinces des Pays-Bas*, in-4, 1770. Walckenaer. *Géographie des Gaules*, t. 1, p. 423.

BRAUCOURT, vg. *H.-Marne* (Champagne), arr. et à 15 k. de Vassy, cant. et ✉ de Montier-en-Der. Pop. 147 h.

BRAUVILLIERS, vg. *Meuse* (Champagne), arr. et à 24 k. de Bar-le-Duc, cant. de Montiers-sur-Saulx, ✉ de St-Dizier. P. 346 h.

BRAUX, vg. *B.-Alpes* (Provence), arr. et à 47 k. de Castellanne, cant. et ✉ d'Annot. Pop. 528 h.

BRAUX, vg. *Ardennes* (Champagne), arr. et à 12 k. de Mézières, et 12 k. de Charleville, cant. de Monthermé, ✉ de Charleville. Pop. 1,522 h.

BRAUX, vg. *Aube* (Champagne), arr. et à 32 k. d'Arcis-sur-Aube, cant. et ✉ de Chavanges. Pop. 373 h.

BRAUX, vg. *Côte-d'Or* (Bourgogne), arr. et à 13 k. de Semur, cant. de Précy-sous-Thil,

✉ de la Maison-Neuve. Pop. 347 h. — *Foires* les 2 avril, 5 juin, 2 juillet et 1er sept.

BRAUX-LE-CHATEL, vg. *H.-Marne* (Champagne), arr. et à 15 k. de Chaumont-en-Bassigny, cant. et ✉ de Château-Villain. Pop. 477 h.

BRAUX-LE-ST-PÈRE, vg. *Aube*, comm. de Braux, ✉ de Chavanges.

BRAUX-ST-COHIÈRE, vg. *Marne* (Champagne), arr., cant., ✉ et à 6 k. de Ste-Menehould. Pop. 162 h.

BRAUX-ST-LOUIS, vg. *Gironde* (Guienne), arr. et à 16 k. de Blaye, cant. de St-Ciers-la-Lande, ✉ de St-Aubin. Pop. 1,463 h.

BRAUX-ST-REMY, vg. *Marne* (Champagne), arr., cant., ✉ et à 9 k. de Ste-Menchould. Pop. 181 h.

BRAX, vg. *H.-Garonne* (Languedoc), arr. et à 20 k. de Toulouse, cant. et ✉ de Léguevin. Pop. 281 h.

BRAX, vg. *Lot-et-Garonne* (Armagnac), arr., ✉ et à 6 d'Agen, cant. de la Plume. Pop. 517 h.

BRAY, *Braium*, petit pays qui faisait anciennement partie de la ci-devant province de Normandie. Il est maintenant compris dans le dép. de la *Seine-Inf.*, où il forme l'arr. de Neufchâtel. Ce pays a 32 k. de long sur 28 de large. La Béthune, l'Andelle, l'Arques, l'Eaulne et l'Epte y prennent leur source. Le sol est fertile, et abonde en excellents pâturages.

BRAY, *Braium*, vg. *Eure* (Normandie), arr. et à 23 k. de Bernay, cant. et ✉ de Beaumont-le-Roger. Pop. 418 h. — *Fabrique* de toiles.

BRAY, vg. *Orne*, comm. et ✉ de Mortrée.

BRAY, vg. *Saône-et-Loire* (Bourgogne), arr. et à 26 k. de Mâcon, cant. et ✉ de Cluny. Pop. 389 h.

BRAY, vg. *Seine-et-Oise* (Vexin), arr. et à 28 k. de Mantes, cant. et ✉ de Magny. Pop. 213 h.

BRAY, *Brahium*, vg. haute Normandie.

BRAY-EN-CINGLAIS, vg. *Calvados*, comm. de Fontaine-le-Pin, ✉ de Langannerie.

BRAYE, vg. *Aisne* (Picardie), arr., ✉ et à 5 k. de Soissons, cant. de Vailly. Pop. 134 h.

BRAYE, vg. *Indre-et-Loire* (Touraine), arr. et à 26 k. de Chinon, cant. et ✉ de Richelieu. Pop. 433 h.

BRAYE, vg. *Loiret* (Orléanais), arr. et à 25 k. de Gien, cant. d'Ouzouer-sur-Loire, ✉ de Sully. Pop. 512 h.

BRAYE (la), petite rivière qui prend sa source à St-Bromes, arr. de Nogent-le-Rotrou, dép. d'*Eure-et-Loir*; elle passe à Vibray, Vallière, Sarey, Sargé, Savigny, Bessé, et se jette dans le Loir, au-dessous de Sougé, dép. de *Loir-et-Cher*, après un cours d'environ 60 k.

BRAYE-EN-LAONNOIS, vg. *Aisne* (Picardie), arr. et à 15 k. de Laon, cant. de Craonne, ✉ de Vailly. Pop. 639 h. — Braye tomba au pouvoir de Mayenne en 1590. Napoléon y coucha en 1814, après la bataille de Craonne.

BRAYE-EN-THIÉRACHE, vg. *Aisne* (Picardie), arr., cant. et à 10 k. de Vervins. Pop. 607 h.

BRAYE SUR MAULNE, vg. *Indre-et-Loire* (Touraine), arr. et à 46 k. de Tours, cant. et ✉ de Château-la-Vallière. P. 537 h.

BRAY-LA-CAMPAGNE, vg. *Calvados* (Normandie), arr. et à 13 k. de Falaise, cant. de Bretteville-sur-Laize, ✉ de Vimont. Pop. 141 h.

BRAY-LES-MAREUIL, vg. *Somme* (Picardie), arr., cant., ✉ et à 9 k. d'Abbeville. Pop. 348 h.

BRAY-ST-CHRISTOPHE, vg. *Aisne* (Picardie), arr. et à 15 k. de St-Quentin, cant. de St-Simon, ✉ de Ham. Pop. 269 h.

BRAY-SUR-SEINE, *Bragiacum*, *Braium ad Sequanam*, petite ville, *Seine-et-Marne* (Champagne), arr. et à 19 k. de Provins, chef-l. de cant. Cure. Gîte d'étape. ✉. ☉. A 89 k. de Paris pour la taxe des lettres. Pop. 1,752 h. — TERRAIN d'alluvions modernes.

Autrefois baronnie et pairie, diocèse de Sens, parlement de Paris, intendance de Châlons, élection de Nogent-sur-Seine, chapitre, prieuré.

Cette ville est bâtie dans une situation agréable, sur la rive droite de la Seine, que l'on y passe sur un pont en pierre de vingt-deux arches. — En 1192, il s'y commit un attentat horrible, qui donne une étrange idée des mœurs de ce temps. Un chrétien ayant tué et volé un juif dans le château de Bray, la châtelaine livra l'homicide à la famille de l'offensé, et l'on assura que les juifs, en lui infligeant le dernier supplice, avaient imité dans plusieurs circonstances la passion de Jésus-Christ. Philippe Auguste en fut averti le 18 mars à St-Germain-en-Laye, où il séjournait; à l'instant il monta à cheval avec tous ses gardes, et, arrivant à toute bride aux portes du château de Bray-sur-Seine, il le fit garder de sorte que personne ne pût s'échapper; puis, rassemblant tous les juifs qui se trouvaient dans ce château, au nombre de plus de quatre-vingts, il les fit, sans jugement, brûler vifs devant lui.

Les armes de Bray-sur-Seine sont : *de gueules à un château entre deux tours crénelées d'argent, ayant en chef un écusson d'azur à trois fleurs de lis d'or, 2 et 1*.

Commerce de grains, fourrages et de poisson. — *Foires* les 14 fév. et 14 sept.

BRAY-SUR-SOMME, *Braium*, petite ville, *Somme* (Picardie), arr. à 21 k. de Péronne, chef-l. de cant. ✉ d'Albert. Cure. Gîte d'étape. Pop. 1,450 h. — TERRAIN crétacé supérieur, craie.

Elle est dominée par des montagnes qui ont toujours empêché qu'elle pût tenir longtemps contre les ennemis. Philippe Auguste l'acheta en 1210 de Guillaume, comte de Ponthieu. En 1346, peu après la sanglante bataille de Crécy, Philippe de Valois s'y retira avec quelques troupes. Le duc de Suffolck l'emporta d'assaut et la brûla l'an 1522; le prince Thomas de Savoie la réduisit également en cendres, le 4 août 1636, pour se venger de la résistance opiniâtre que lui avait opposée le régiment de Piémont; enfin, lors de l'invasion de la France par les troupes alliées, une colonne d'environ 1,200 hommes de cavalerie légère la mit à contribution. — *Commerce* de grains et de tourbe. — Nombreuses tanneries. — *Foire* le 1ᵉʳ mercredi de chaque mois.

BRAZEY-EN-MONTAGNE, vg. *Côte-d'Or* (Bourgogne), arr. et à 55 k. de Beaune, cant. et ✉ de Liernais. Pop. 527 h.

BRAZEY - EN - PLAINE, *Brazium*, vg. *Côte-d'Or* (Bourgogne), arr. et à 44 k. de Beaune, cant. et ✉ de St-Jean-de-Losne. Pop. 1,836 h. — C'était jadis un bourg assez considérable, où les ducs de Bourgogne avaient un château spacieux, qui fut assiégé et pris par le duc de Nemours en 1592, et entièrement détruit par Galas. — *Foires* les 12 avril et 7 sept.

BRAZIS, *Tarn*, comm. de Fla, ✉ de Lavaur.

BRÉ, *Côtes-du-Nord*, lieu de foire, comm. de Péderuec, ✉ de Guingamp. V. PÉDERNEC.

BRÉAL, bg *Ille-et-Vilaine* (Bretagne), arr. et à 14 k. de Montfort-sur-Meu, cant. et ✉ de Plélan. Pop. 2,133 h. — *Foires* les 2 juillet et 5 nov.

BRÉAL, vg. *Ille-et-Vilaine* (Bretagne), arr., cant., ✉ et à 13 k. de Vitré. Pop. 650 h.

BRÉANÇON, vg. *Seine-et-Oise* (Vexin normand), arr. et à 15 k. de Pontoise, cant. et ✉ de Marines. Pop. 370 h.

BRÉAU, vg. *Gard* (Languedoc), arr., cant., ✉ et à 5 k. du Vigan. Pop. 1,045 h.

BRÉAU, vg. *Seine-et-Marne* (Gatinais), arr. et à 18 k. de Melun, cant. et ✉ de Mormant. Pop. 221 h.

BRÉAU (Grand-), *Seine-et-Marne*, comm. de Courpalay, ✉ de Rozoy-en-Brie. — *Foire* le 20 nov.

BRÉAU (le), *Yonne*, comm. de Villotte, ✉ de Villiers-St-Benoit.

BRÉAUTÉ, *Baltha*, bg *Seine-Inf.* (Normandie), arr. et à 33 k. du Havre, cant. et ✉ de Goderville. Pop. 1,283 h. — *Foires* les 23 avril et 16 oct.

BRÉBANT, vg. *Marne* (Champagne), arr., ✉ et à 24 k. de Vitry-le-François, cant. de Sommepuis. Pop. 181 h.

BRÉBIÈRES, vg. *Pas-de-Calais* (Artois), arr. et à 12 k. d'Arras, cant. de Vitry, ✉ de Douai. Pop. 1,394 h.

BREBOTTE, vg. *H.-Rhin* (Alsace), arr. et à 18 k. de Belfort, cant. et ✉ de Delle. P. 322 h.

BRÉCÉ, vg. *Ille-et-Vilaine* (Bretagne), arr., et à 13 k. de Rennes, cant. et ✉ de Châteaugiron. Pop. 650 h. — *Fabriques* de toiles à voiles.

BRÉCÉ, bg *Mayenne* (Maine), arr. et à 18 k. de Mayenne, cant. et ✉ de Gorron. P. 2,214 h.

BRÉCEY, *Brecetum*, bg *Manche* (Normandie), arr. et à 16 k. d'Avranches, chef-l. de cant. Cure. À 275 k. de Paris pour la taxe des lettres. Pop. 2,452 h. — TERRAIN de transition inférieur — PATRIE de l'agronome LE BERRAYS. — *Foires* les 3 janv., 4 juillet, 14 sept., 16 oct., 12 nov. et le 1ᵉʳ vendredi de chaque mois.

BRECH, vg. *Morbihan* (Bretagne), arr. et

à 36 k. de Lorient, cant. de Pluvigner, ✉ d'Auray. Pop. 2,505 h.

En 1364, le 29 septembre, Jean de Montfort défit près de ce village Charles de Blois, son compétiteur au duché de Bretagne. La victoire fut complète ; Charles de Blois y perdit la vie, et du Guesclin fut fait prisonnier. En 1382, Jean de Montfort fonda au lieu même où se donna la bataille, une chapelle en l'honneur de saint Michel, et y plaça des chanoines. Ce monastère fut donné aux chartreux en 1480 ; aujourd'hui il appartient aux sœurs de la Sagesse, qui y ont fondé une école de sourdes-muettes.

On remarque encore sur le territoire de cette commune, un monument élevé aux émigrés tués à Quiberon, ou fusillés après leur défaite, non loin de la Chartreuse, sur le bord de la rivière d'Auray. Il se compose de deux parties : le monument proprement dit, et la chapelle expiatoire.

Le monument est placé dans une chapelle attenante à l'église de la Chartreuse. Le sarcophage offre sur le devant les bustes de MM. de Sombreuil et de Soulanges ; sur le derrière ceux de MM. d'Hervilly et de Talhouet. Deux bas-reliefs représentent les faits les plus remarquables. Les noms des neuf cent cinquante-deux victimes de la défaite de Quiberon sont inscrits sur trois des faces du mausolée. Deux autres bas-reliefs sont placés dans la chapelle même. On pénètre dans l'édifice par un portique formé de colonnes doriques, sur le fronton duquel est cette inscription :

GALLIA MOERENS POSUIT.

La chapelle expiatoire est élevée non loin de là, sur le bord de la rivière ; c'est un temple d'une architecture grecque, dont le fronton est supporté par quatre colonnes doriques avec cette inscription :

IN MEMORIA ÆTERNA ERUNT JUSTI.

Au village de Herlano, dépendance de Brech, on a tenté d'élever, avant la révolution de 1830, à la mémoire de Georges Cadoudal, né à Brech, un monument qui est resté inachevé. — *Foires* les 24 mars et lundi après le 2ᵉ dimanche de mai.

BRÉCHAINVILLE, vg. *Vosges* (Lorraine), arr., cant., ✉ et à 19 k. de Neufchâteau. Pop. 250 h.

BRÉCHAMPS, vg. *Eure-et-Loir* (Beauce), arr., et à 15 k. de Dreux, cant. et ✉ de Nogent-le-Roi. Pop. 354 h.

BRÉCHAUMONT ou BRUCKENSWEILER, vg. *H.-Rhin* (Alsace), arr. et à 16 k. de Belfort, cant. de Fontaine, ✉ de la Chapelle-sous-Rougemont. Pop. 529 h.

BRÈCHE-ROLLAND. V. GAVARNIE.

BRÈCHES, vg. *Indre-et-Loire* (Touraine), arr. et à 14 k. de Tours, cant. et ✉ de Château-la-Vallière. Pop. 427 h. — PATRIE du célèbre chirurgien VELPEAU, membre de l'académie royale de médecine.

BRECHLING, vg. *B.-Rhin*, comm. et ✉ de Wasselonne.

BRÉCONCHAUX, vg. *Doubs* (Franche-Comté), arr. et à 6 k. de Baume-les-Dames, cant. et ✉ de Roulans. Pop. 121 h.

BRECTOUVILLE, vg. *Manche* (Normandie), arr. et à 13 k. de St-Lô, cant. et ✉ de Thorigny. Pop. 242 h.

BRÉCY, vg. *Aisne* (Brie), arr. et à 15 k. de Château-Thierry, cant. de Fère-en-Tardenois, ✉ de Coincy. Pop. 576 h.

BRÉCY, vg. *Ardennes* (Champagne), arr. et à 10 k. de Vouziers, cant. et ✉ de Monthois. Pop. 375 h.

BRÉCY, vg. *Calvados* (Normandie), arr. et à 20 k. de Caen, cant. et ✉ de Creully. Pop. 98 h.

BRÉCY, vg. *Cher* (Berry), arr. et à 18 k. de Bourges, cant. et ✉ des Aix-d'Angillon. Pop. 807 h.

BRÈDE (la). V. LABRÈDE.

BRÉDON, bg *Cantal* (Auvergne), arr., cant., ✉ et à 5 k. de Murat. Pop. 1,056 h. — Ce bourg est situé sur l'Alagnon, dans une vallée remarquable par la beauté de ses cascades. Il est bâti sur un rocher de basalte dans l'intérieur duquel les habitants se sont creusé plusieurs demeures assez commodes. — Près de Bredon, sur la rive gauche de l'Alagnon et au-dessus du moulin de Stalapos, il existe une source d'eau minérale ferrugineuse acidule. — Au-dessus des hameaux de Fraisse-Haut et de la Veyssière, dépendant de la commune de Bredon, on voit des grottes très curieuses à plusieurs étages, creusées dans le conglomérat. Dans cette partie de la vallée, les couches volcaniques en superposition immédiate atteignent une hauteur extrêmement considérable (200 à 300 m. d'épaisseur).

BRÉDON, vg. *Charente-Inf.* (Saintonge), arr. et à 30 k. de St-Jean-d'Angély, cant. et ✉ de Matha. Pop. 764 h.

BRÉE, vg. *Mayenne* (Maine), arr. et à 24 k. de Laval, cant. et ✉ de Montsurs. Pop. 961 h.

BRÉEL, vg. *Orne* (Normandie), arr. et à 31 k. de Domfront, cant. et ✉ d'Athis. Pop. 702 h.

BRÉGANÇON, fort et château du dép. du *Var* (Provence), cant. d'Hyères, arr. et à 32 k. E. de Toulon, sur la petite île de son nom, dans la rade d'Hyères, à 8 k. N.-O. du cap Bonnet. Lat. 43° 5' 25" N., long. 3° 59' 3" E.

BRÉGILLE, vg. *Doubs*, comm. et ✉ de Besançon.

BREGNIER-CORDON, vg. *Ain* (Bourgogne), arr., cant., ✉ et à 17 k. de Belley. Pop. 795 h.

BRÉGY, vg. *Oise* (Picardie), arr. et à 28 k. de Senlis, cant. de Betz, ✉ de Nanteuil-le-Haudouin. Pop. 525 h.

BRÉHAIN, vg. *Meurthe* (Lorraine), arr. et à 9 k. de Château-Salins, et à 18 k. de Vic, cant. et ✉ de Delme. Pop. 290 h. Près des sources de la Nied française.

BRÉHAIN-LA-VILLE, vg. *Moselle* (Lorraine), arr. et à 25 k. de Briey, cant. et ✉ de Longwy. Pop. 239 h.

BRÉHAL, bg *Manche* (Normandie), arr. et à 19 k. de Coutances, chef-l. de cant. Cure.

✉. ♂. Pop. 1,693 h. A 329 k. de Paris pour la taxe des lettres. — TERRAIN de transition inférieure. — Foires le 1er lundi de chaque mois, mardi après la Pentecôte, mardi après la St-Clair.

BRÉHAND, vg. *Côtes-du-Nord* (Bretagne), arr. et à 25 k. de St-Brieuc, cant. et ✉ de Moncontour. Pop. 2,003 h.

BRÉHAN-LOUDÉAC, vg. *Morbihan* (Bretagne), arr. et à 28 k. de Ploermel, cant. et ✉ de Rohan. Pop. 2,346 h. — *Foires* les mardi de Pâques et 2e jeudi d'oct.

BRÉHARAYE (la); *Ille-et-Vilaine*, com. de Fougeray, ✉ de Derval. ♂.

BRÉHAT (île de), *Côtes-du-Nord* (Bretagne), arr. et à 50 k. de St-Brieuc, cant. et ✉ de Paimpol. Pop. 1,519 h. — TERRAIN cristallisé, granit.

Cette île est séparée de la côte par un bras de mer de 1,700 m. de large. Elle a environ 5 k. de long sur 3 k. de large. Les deux tiers sont cultivés : des rochers et des terres vagues occupent le surplus. La population est disséminée sur des habitations éparses. L'île n'a pas de fontaine, et l'on n'y boit que de l'eau de pluie, qui est presque toujours saumâtre. Le climat est venteux, variable et froid; cependant le myrte et le figuier y réussissent parfaitement; le froment, l'orge et les pommes de terre y viennent bien, mais l'impétuosité des vents nuit à la végétation.

Cette île est remarquable par la propreté de ses habitants; et la probité y est si générale que rarement on ferme les portes à clef. C'est une place de guerre de 4e classe, et une pépinière de marins intelligents et d'excellents capitaines. Au milieu de l'île se trouve un point fort élevé, d'où l'on domine tout le pourtour, et où se trouve un corps de garde ainsi qu'un moulin à vent. Il y a en outre sept autres corps de garde, qui sont ceux de Guéréva, de l'île Lagodec, de l'île Rœgius, de Kérien, de l'anse de Goë, de Rhonai et de St-Samson; et douze batteries armées de vingt-quatre bouches à feu.

Bréhat a trois havres : le port Clos au sud, le port de la Corderie à l'ouest, et le port de la Chambre à l'est : à mer haute il y a dans ce dernier port seize brasses d'eau, et il en reste huit à mer basse ; le chenal du sud et le chenal de l'est conduisent à ces ports et se joignent à l'embouchure du Trieux. L'île de Bréhat est le seul point de la côte entre Brest et St-Malo où les frégates puissent entrer, et c'est le lieu où relâchent en temps de guerre les convois et les caboteurs qui entrent dans la Manche ou qui en sortent. C'est aussi la station de tous les corsaires, depuis Brest jusqu'à Grandville. — Sur le plateau des rochers du Heaux-Bréhat, à 4 m. 50 c. de l'île de Bréhat, est un phare de 43 m. de hauteur et 23 k. de portée. Lat. 48° 55′, long. 5°25′. — *Etablissement de la marée*, 5 heures 35 min.

BRÉHAVILLER, vg. *Vosges*, comm. de Syndicat-de-St-Amé, ✉ de Remiremont.

BRÉHEMONT, hg *Indre-et-Loire* (Touraine), arr. et à 21 k. de Chinon, cant. et ✉ d'Azay-le-Rideau. Pop. 1,706 h. — *Foire* le 3e lundi d'oct.

BRÉHÉVILLE, vg. *Meuse* (Lorraine), arr. et à 17 k. de Montmédy, cant. et ✉ de Damvillers. Pop. 866 h.

BRÉHIMONT, vg. *Vosges*, comm. de St-Michel, ✉ de St-Dié.

BREIDENBACH, vg. *Moselle* (Lorraine), arr. à 36 k. de Sarreguemines, cant. de Volmunster, ✉ de Bitche. Pop. 880 h.

BREIL (le), vg. *Lot* (Quercy), arr. et à 32 k. de Cahors, cant. et ✉ de Montcuq. Pop. 477 h.

BREIL, vg. *Maine-et-Loire* (Anjou), arr. et à 20 k. de Baugé, caut. et ✉ de Noyant. Pop. 780 h. — *Foire* le 9 oct.

BREIL (le), vg. *Sarthe* (Maine), arr. et à 24 k. du Mans, cant. de Montfort, ✉ de Connerré. Pop. 1,807 h. — *Fab.* de toiles. Blanchisseries de fil.

BREILLE (la), vg. *Maine-et-Loire* (Aujou), arr., cant., ✉ et à 16 k. de Saumur. P. 543 h.

BREILLY, vg. *Somme* (Picardie), arr. à 12 k. d'Amiens, cant. et ✉ de Picquigny. P. 472 h.

BREISTROFF-LA-GRANDE, vg. *Moselle* (Lorraine), arr. à 13 k. de Thionville, cant. de Catenom, ✉ de Sierck. Pop. 499 h.

BREITENAU, vg. *B.-Rhin* (Alsace), arr. et à 17 k. de Schelestadt, cant. et ✉ de Villé. Pop. 396 h.

BREITENBACH, vg. *B.-Rhin* (Alsace), arr. à 19 k. de Schelestadt, cant. et ✉ de Villé. Pop. 1,540 h. — C'est un grand village entouré de montagnes, au-dessus duquel est un des plus hauts monts d'Alsace, appelé Champdu-Feu ; sur son sommet règne une plaine de 8 k., qui s'élève à 1,100 m. au-dessus du niveau de la mer. Cette montagne, que l'on peut à peine franchir en cinq heures, produit d'excellents fourrages. — *Fabrique* de toiles de coton mécanique, de kirsch-wasser. Carrière d'ardoise. Scieries hydrauliques. — *Commerce* de bois.

BREITENBACH, vg. *H.-Rhin* (Alsace), arr. et à 24 k. de Colmar, cant. et ✉ de Munster. Pop. 992 h.

BRÉLÈS, vg. *Finistère* (Bretagne), arr. et à 25 k. de Brest, cant. de Ploudalmezeau, ✉ de St-Renan. Pop. 946 h. — On y remarquait naguère les ruines du plus antique édifice de toute la Bretagne, celles de Castel-Mériadec, bâti, suivant les traditions locales, par Conan-Mériadec, qui l'habitait de préférence à toutes ses autres résidences. Ces antiques vestiges ont été détruits depuis peu, et on en a employé les pierres à la construction d'un moulin. — *Foire* le 26 nov.

BRÉLEVENEZ, vg. *Côtes-du-Nord* (Bretagne), arr., cant., ✉ et à 2 k. de Lannion. Pop. 1,606 h. — L'église Notre-Dame-des-Neiges, située sur une montagne escarpée de environ 100 m. d'élévation, est un édifice d'architecture romane. Sur le flanc méridional s'élèvent trois piliers, dont la partie inférieure sert de contre-fort au bas côté; ils s'élancent ensuite, isolés, jusqu'à la hauteur de l'arête de la toiture ; celui de droite et celui de gauche, un peu moins élevés que celui du centre, sont tronqués carrément, le troisième est chaperonné. Le portail, à plein cintre couronné par un pignon formant comble à deux égouts, est placé entre le second et le troisième pilier. La tradition locale veut voir ici un emblème de la Trinité, adopté par l'ordre du Temple dans la construction de ses églises ; on peut tout aussi bien voir dans ces trois piliers une représentation du Calvaire, surtout eu égard à la position de l'église sur une montagne escarpée. L'église n'offre qu'un simple caveau ou sorte de concession, qui ne mérite de fixer l'attention que par la date de sa construction (1700). L'orgue est décoré de jolis panneaux en bois à sujets.

BRÉLIDY, vg. *Côtes-du-Nord* (Bretagne), arr. et à 15 k. de Guingamp, cant. et ✉ de Pontrieux. Pop. 817 h.

BRELOUX, vg. *Deux-Sèvres* (Poitou), arr. et à 13 k. de Niort, cant. et ✉ de St-Maixent. Pop. 1,813 h. — Il est situé sur la Sèvre niortaise, que l'on y passe sur un pont d'une seule arche de 7 m. de largeur. On y voit les vestiges d'un château qui était entouré par la Sèvre, et qui paraît avoir été très-fort. — *Foires* les 11 janv. et vendredi de la Passion.

BRÉMÉNIL, vg. *Meurthe* (Lorraine), arr. et à 37 k. de Lunéville, cant. de Baccarat, ✉ de Badonviller. Pop. 736 h. — Brasserie.

BRÊMES, vg. *Pas-de-Calais* (Picardie), arr. à 25 k. de St-Omer, cant. et ✉ d'Ardres. Pop. 904 h. — *Fab.* de mouchoirs.

BREMIEN (le), vg. *Eure*, comm. d'Illiers-l'Évêque, ✉ de Nonancourt.

BREMMELBACH, vg. *B.-Rhin* (Alsace), arr., ✉ et à 8 k. de Wissembourg, cant. de Soultz-sous-Forêts. Pop. 279 h.

BRÉMONCOURT, vg. *Meurthe* (Lorraine), arr. et à 18 k. de Lunéville, cant. de Bayon, ✉ de Neuviller-sur-Moselle. Pop. 272 h.

BRÉMONDANS, vg. *Doubs* (Franche-Comté), arr. à 15 k. de Baume-les-Dames, cant. de Vercel, ✉ de Landresse. Pop. 206 h.

BRÉMONTIER, *Bradum Monasterium*, vg. *Seine-Inf.*, comm. de Massy, ✉ de Neufchâtel-en-Bray.

BRÉMONTIER-MERVAL, vg. *Seine-Inf.* (Normandie), arr. et à 35 k. de Neufchâtel-en-Bray, cant. de Gournay, ✉ de la Feuillie. Pop. 698 h.

BRÉMOY, vg. *Calvados* (Normandie), arr. et à 20 k. de Vire, cant. d'Aulnay-sur-Odon, ✉ de Mesnil-Ausouf. Pop. 540 h.

BREMUR, vg. *Côte-d'Or* (Bourgogne), arr., cant., ✉ et à 17 k. de Châtillon-sur-Seine. Pop. 211 h. — Forges au confluent du Brevon et de la Seine.

BREN, vg. *Drôme* (Dauphiné), arr. et à 34 k. de Valence, cant. et ✉ de St-Donat. P. 502 h.

BRENAC, vg. *Aude* (Languedoc), arr. et à 30 k. de Limoux, cant. et ✉ de Quillan. Pop. 679 h.

BRENAC, vg. *Charente*, comm. de Fléac, ✉ d'Angoulême.

BRENAS, vg. *Hérault* (Languedoc), arr., ✉ et à 20 k. de Lodève, cant. de Lunas. Pop. 193 h.

BRENAT, vg. *Puy-de-Dôme* (Auvergne), arr., ✉ et à 6 k. d'Issoire, cant. de Sauxillanges. Pop. 783 h.

BRENAZ, vg. *Ain* (Bourgogne), arr. et à 25 k. de Belley, cant. de Champagne, ✉ de Culoz. Pop. 360 h.

BRENELLE, vg. *Aisne* (Picardie), arr. et à 22 k. de Soissons, cant. et ✉ de Braisne. Pop. 313 h.

BREUGUES, vg. *Lot* (Quercy), arr. et à 20 k. de Figeac, cant. de Livernon, ✉ de la Capelle-Marival. Pop. 554 h. — Ce village, situé sur la rive droite du Célé, possédait autrefois deux châteaux forts dont on voit encore les débris. Aux environs, on voit des retranchements, des cavernes, des bâtisses et des rochers fort remarquables. La chaîne de montagnes qui borde la rive droite du Célé, est coupée dans cette commune par deux vallées qui laissent entre elles une montagne dont la cime se termine presque en demi-globe. La partie qui est en face de la rivière présente, depuis sa base jusqu'à la moitié de sa hauteur, une pente très-rapide; au-dessus s'élève à pic, comme un mur recourbé en arc, un rocher de 60 m. de haut. Entre la base de ce rocher et l'autre partie de la montagne règne un chemin de environ 3 m. de large, qui était défendu aux deux extrémités par deux portes bâties avec de gros blocs bien taillés, réunis par un ciment très-dur. La porte qui défendait le côté du couchant est bien conservée; l'autre est en partie détruite; le mur dans lequel elles sont pratiquées s'appuie d'un côté au rocher, et aboutit de l'autre à un escarpement à pic; il était impossible d'arriver au chemin sans passer par ces deux portes, à cause de la rapidité de la pente de la montagne depuis le rocher jusqu'à la rivière. Cette bâtisse porte le nom de château des Anglais.

BRENNE (la), *Briona* ou *Saltus Brionæ in Biturigibus*, rivière qui prend sa source à 9 k. de Vendôme. Elle passe à Château-Regnault, et se jette dans la Loire, à 8 k. de Tours.

BRENNE (la), petite rivière qui prend sa source à Sombernon, dép. de la *Côte-d'Or*; elle passe à Vitteaux, Flavigny, Montbard, et se jette dans l'Armançon, au-dessus de Buffon, après un cours de 40 k.

BRENNES, vg. *H.-Marne* (Champagne), arr. et à 10 k. de Langres, cant. et ✉ de Longeau. Pop. 316 h.

BRENOD, bg *Ain* (Bourgogne), arr., ✉ à 20 k. de Nantua, chef-l. de cant. Cure. Pop. 1,002 h. — TERRAIN jurassique. — Il est situé dans un vallon agréable, sur la rive droite de l'Albarine. — *Commerce* de bois, chevaux et bestiaux.

BRENON, *Brenonium*, vg. *Var* (Provence), arr. et à 35 k. de Draguignan, cant. et ✉ de Comps. Pop. 121 h.

BRENOUILLE, vg. *Oise* (Picardie), arr. et à 13 k. de Clermont, cant. et ✉ de Liancourt. Pop. 200 h.

BRENOUX, vg. *Lozère* (Languedoc), arr., cant., ✉ et à 6 k. de Mende. Pop. 418 h.

BRENS, vg. *Ain* (Bourgogne), arr., cant., ✉ et à 5 k. de Belley. Pop. 366 h.

BRENS, vg. *Tarn* (Languedoc), arr., cant., ✉ et à 2 k. de Gaillac. Pop. 1,243 h. — *Foire* le lundi après le 6 sept.

BRENY, vg. *Aisne* (Brie), arr. et à 30 k. de Soissons, cant. et ✉ d'Oulchy-le-Château. Pop. 247 h.

BRÉOLLE (la), *Bredula*, *B.-Alpes* (Provence), arr. et à 40 k. de Barcelonnette, cant. et ✉ du Lauzet. Pop. 1,030 h. — Il est bâti près du confluent de l'Ubaye et de la Durance, et divisé en plusieurs parties presque toutes sur le même alignement. On remarque aux environs la montagne du Col-la-Cime, qui devient extrêmement brillante lorsque le soleil frappe de ses rayons les nombreuses pyrites qui la composent du côté du nord. Le chemin qui du village conduit en Dauphiné, tracé à travers des rochers dans une longueur d'environ 200 m., offrait un passage très-dangereux avant l'année 1755, époque où l'on y fit construire un parapet; il mérite de fixer l'attention sous le double rapport de la singularité du site et de la hardiesse des travaux.— *Foire* le 27 avril.

BRÈRES, vg. *Doubs* (Franche-Comté), arr. et à 24 k. de Besançon, cant. de Quingey. Pop. 63 h.

BRERY, vg. *Jura* (Franche-Comté), arr. et à 15 k. de Lons-le-Saulnier, cant. et ✉ de Seillières. Pop. 487 h.

BRÈS (St-), vg. *Gard* (Languedoc), arr. et à 23 k. d'Alais, cant. et ✉ de St-Ambroix. Pop. 676 h.

BRÈS (St-), vg. *Hérault* (Languedoc), arr. et à 15 k. de Montpellier, cant. de Castries, ✉ de Lunel. Pop. 334 h.

BRESCOU (île et fort de), *Brehecuria*, *Hérault*, comm. et ✉ d'Agde. — L'île de Brescou est située non loin de l'embouchure de l'Hérault, à 4 k. et vis-à-vis d'Agde. Sur ce rocher, décrit par Festus Avienus dans son poëme intitulé *Ora maritima*, et qui est, dit-on, le reste d'un ancien volcan, s'élève un fort imposant, avec des batteries creusées dans le roc, des magasins, des casernes, des cachots où ont été retenus plusieurs prisonniers d'État. En 1632, Louis XIII ordonna la démolition de cette forteresse; mais le cardinal de Richelieu, voulant mettre sous la protection de son canon le nouveau port dont il avait conçu le projet, fit rapporter cette décision. — Sur le fort de Brescou est un phare feu fixe de 4e ordre, de 18m de hauteur et 12 k. de portée. Lat. 43° 15', long. 1° 10'.

Les *armes du fort Brescou* sont : parti, au premier d'azur à trois fleurs de lis d'or, deux et une; au 2e de gueules à un orle de chaîne d'or passée en croix et en sautoir.

BRESEUX (les), vg. *Doubs* (Franche-Comté), arr. et à 35 k. de Montbelliard, cant. et ✉ de Maiche. Pop. 294 h.

BRESILLEY, vg. *H.-Saône* (Franche-Comté), arr. et à 25 k. de Gray, cant. et ✉ de Pesmes. Pop. 245 h.

BRESLE, vg. *Somme* (Picardie), arr. et à 26 k. d'Amiens, cant. et ✉ de Corbie. Pop. 411 h.

BRESLE (la), petite rivière qui prend sa source au-dessus de Blargis, à 4 k. de Formerie, arr. de Beauvais, *Oise*; elle passe à Aumale, Senarmont, Blangis, Gamache, Eu, et se jette dans la Manche au Tréport, après un cours de 45 k. Elle forme la limite entre les départements de la Seine-Inférieure et de la Somme.

BRESLES, grand village, *Oise* (Picardie), arr. et à 15 k. de Beauvais, cant. de Nivillers. ✉. ☞. A 69 k. de Paris pour la taxe des lettres. Pop. 1,824 h. — Il est situé près d'anciens marais de plus de 4 k. carrés de superficie, qui ont été convertis en une tourbière considérable. Cette exploitation a fait de Bresles la localité rurale la plus riche du département; elle dispose maintenant d'un revenu annuel de 30,000 fr.

Bresles, dans une charte du roi Robert, de 1015, appelé *Villa episcopi*, parce que l'évêque de Beauvais était seigneur de ce lieu: il y avait une maison de campagne que conservèrent ses successeurs. En 1210, cette maison de plaisance fut convertie en un château fort par Philippe de Dreux, cinquante-septième évêque de Beauvais, plus connu par ses faits d'armes que par les fonctions de son épiscopat. Ce château soutint plusieurs siéges; les ligueurs s'en emparèrent en 1590, ils y firent prisonnier l'évêque Fumée, auquel ils firent subir toutes sortes d'affronts pendant cinq jours. Démantelé en 1699, restauré vers 1708, et en partie détruit dans la révolution, ce qui en reste, devenu propriété communale, sert à loger le curé, la brigade de gendarmerie, la mairie et les écoles.

Près de Bresles, au sud-ouest, et entre ce village et l'ancienne abbaye de Froidmont, un camp romain d'une forme ovale, placé sur une éminence fort escarpée, nommée Mont-César. Ce camp, de 500 à 533 m. de longueur, était fortifié par un retranchement, dont les ruines rappellent le genre de la castramétation romaine. On y trouve quelquefois des médailles, des vases, des statuettes, etc.— Au pied du Mont-César sont les restes de la célèbre abbaye de Froidmont, fondée en 1148 par Lancelin et Manassès de Bulles.

Commerce de légumes potagers. Extraction considérable de tourbe. Tuileries et briqueteries. — *Foire* le 3e jeudi de nov.

BRESNAY, vg. *Allier* (Bourbonnais), arr., ✉ et à 19 k. de Moulins, cant. de Sauvigny. Pop. 801 h.

BRESOLETTES, vg. *Orne* (Perche), arr. et à 15 k. de Mortagne-sur-Huine, cant. et ✉ de Tourouvre. Pop. 181 h.

BRÉSOULOUX, *Finistère*, comm. de Cléden-Capsizun, ✉ de Pont-Croix.

BRESQ (St-), vg. *Gers* (Armagnac), arr. à 23 k. de Lectoure, cant. et ✉ de Mauvezin. Pop. 332 h.

BRESQUE (la), petite rivière qui prend sa source près du village de Montmeyan, arrondissement de Draguignan, *Var*; elle passe à Aups, Salernes, Entrecasteaux, et se jette dans l'Argens, après un cours de 25 k.

BRESSAC, *Ardèche*, comm. de St-Lager, ✉ de Privas.

BRESSE (la), *Brexia, Segusiani Brexienses*, ancienne province qui dépendait autrefois de la Bourgogne; elle a pris son nom d'une grande et belle forêt qui s'étendait depuis le Rhône jusqu'à Châlons, et qu'on appelait *Brixius saltus*. Au moment de la conquête des Gaules par les Romains, ce pays était habité par les Ségusiens ou Sébusiens, originaires du Forez, que les Éduens avaient subjugués, et que, pour cette raison, César appelle *Clientes Eduorum*. L'étendue actuelle de la Bresse est d'environ 64 k., soit en long, soit en large. Ses limites sont : au nord, le duché de Bourgogne et la Franche-Comté; au sud, le Rhône, qui la sépare du Dauphiné; à l'est, le Bugey; à l'ouest, le Lyonnais et la Saône qui la sépare du Lyonnais. Elle se divisait en haute Bresse, ou pays de Revermont, et en basse Bresse, située à l'ouest de la première. Au commencement du ve siècle elle fut conquise par les Bourguignons, et passa avec leurs autres possessions sous la domination des fils de Clovis. Elle fit partie du second royaume de Bourgogne qui se forma vers la fin du ixe siècle; ensuite les princes seigneurs, profitant de l'éloignement des rois d'Arles, se partagèrent la Bresse sous le règne de l'empereur d'Allemagne Henri III. Les principaux furent les sires de Baugé ou de Bagé, les sires de Coligny, ceux de Thoire et les seigneurs de Villars.— La Bresse forme maintenant la plus grande partie du département de l'Ain; Bourg en était la capitale.— Pour la description et la bibliographie, V. département de l'Ain.

Les armes de la Bresse étaient : d'argent à la bande d'azur, accompagnée de deux lions d'azur, un en chef et l'autre en pointe.

BRESSE (la), ou **WOHL**, vg. *Vosges* (Lorraine), arr. et à 35 k. de Remiremont, cant. de Saulxures, ✉ de Vagney. Pop. 3,085 h.

BRESSE-SUR-GROSNE, vg. *Saône-et-Loire* (Bourgogne), arr. et à 29 k. de Châlons-sur-Saône, cant. et ✉ de Sennecey. Pop. 519 h.

BRESSEY-SUR-TILLE, vg. *Côte-d'Or* (Bourgogne), arr., cant., ✉ et à 12 k. de Dijon. Pop. 130 h.

BRESSIEU, vg. *Rhône* (Lyonnais), arr. et à 24 k. de Lyon, cant. et ✉ de St-Laurent-de-Chamousset. Pop. 652 h.

BRESSIEUX, vg. *Isère* (Dauphiné), arr. et à 23 k. de St-Marcellin, cant. de St-Etienne-de-St-Geoirs, ✉ de la Côte-St-André. Pop. 183 h.

BRESSOLLES, vg. *Ain* (Bresse), arr. et à 29 k. de Trévoux, cant. et ✉ de Montluel. Pop. 557 h.

BRESSOLLES, vg. *Allier* (Bourbonnais), arr., caut., ✉ et à 3 k. de Moulins-sur-Allier. Pop. 685 h.

BRESSOLS, vg. *Tarn-et-Garonne* (Languedoc), arr. et à 24 k. de Castel-Sarrasin, cant. et ✉ de Montech. Pop. 862 h.

BRESSON, vg. *Isère* (Dauphiné), arr., cant., ✉ et à 9 k. de Grenoble. Pop. 295 h.

BRESSON (St-), vg. *Gard* (Languedoc), arr., ✉ et à 8 k. du Vigan, cant. de Sumène. Pop. 312 h.—Non loin de ce village, on remarque les sources de Fons-Bouillen (fontaines bouillonnantes). Ces sources, qui ne sont pas bouillantes, mais au contraire très-fraîches, sont au nombre de cinq, six ou sept, suivant la saison. Elles sont extrêmement rapprochées, très-abondantes, jaillissant avec force, de véritables trous au milieu du rocher recouvert d'une jolie pelouse, et dans les fentes duquel les racines de quelques beaux arbres ont pu pénétrer. De cet endroit, on domine le vallon tout entier de St-Laurent, on est au pied d'une cime toute boisée, vers le nord; on se croit au pied des rochers de Latude et du puech d'Aujeu, qu'il faudrait cependant plusieurs heures pour atteindre. C'est une délicieuse partie que de manger à Fons-Bouillen le déjeuner qu'on a pris la précaution d'y porter.

BRESSON (St-), vg. *H.-Saône* (Franche-Comté), arr. et à 24 k. de Lure, cant. et ✉ de Faucogney. Pop. 2,167 h.—Belle papeterie, regardée comme un des plus importants établissements de ce genre que possède la France; elle occupe 200 ouvriers.

BRESSONCOURT, vg. *H.-Marne* (Champagne), arr. et à 37 k. de Vassy, cant. de Poissons, ✉ de Sailly. Pop. 55 h.

BRESSOU (St-), vg. *Lot* (Quercy), arr. et à 13 k. de Figeac, cant. et ✉ de la Capelle-Marival. Pop. 498 h.

BRESSUIRE, *Bercorium*, petite ville, *Deux-Sèvres* (Poitou), chef-l. de sous-préf. et d'un cant. Trib. de 1re inst. Société d'agric. Cure. Petit séminaire. Gîte d'étape. ✉. ⚜. Pop. 2,685 h. — Terrain cristallisé, granit.

L'Itinéraire d'Antonin fait mention d'un lieu appelé *Segora* qui se trouvait sur la voie romaine de Poitiers à Nantes. Quelques écrivains pensent que c'est Bressuire; d'autres y voient que c'est Secondigni en Gâtine : ce point d'antiquité n'est point encore éclairci. Guyard de Berville, dans son Histoire de du Guesclin, dit qu'en 1371, époque où les Anglais en étaient maîtres, cette ville était considérable par le nombre et la richesse de ses habitants, par la bonté de ses fortifications, et surtout par son château : elle avait un gouverneur, une garnison, et du Guesclin fut obligé d'en faire le siège dans toutes les formes; il la prit d'assaut et passa la garnison au fil de l'épée; le château capitula; la ville fut pillée par le soldat, qui y fit un riche butin. Avant la révolution, les guerres de religion, des causes générales de dépopulation, et plusieurs banqueroutes éprouvées par ses principaux fabricants, avaient déjà réduit cette ville à un grand état de décadence. L'enceinte de ses murs, qui ne servait plus qu'à assurer la perception de l'octroi, attestait bien encore son ancienne importance; mais sur plusieurs points des jardins, des prés, des champs avaient remplacé les habitations. La guerre de la Vendée a consommé sa ruine; elle fut alors entièrement réduite en cendres, à l'exception d'une seule maison et de l'église. On pense que l'établissement des routes stratégiques lui sera très-profitable.

Cette ville, située dans une contrée agreste, est bâtie sur une colline au bas de laquelle serpente la petite rivière de l'Argenton. On y remarque une fort belle église entièrement construite en granit, et surmontée d'une belle tour de 56 m. d'élévation, en forme de clocher.

Patrie de M. Arm. La Fontenelle de Vaudoré, agronome et antiquaire distingué.

Fabriques de tiretaines, flanelles, serges rasées et drapées, basins, siamoises, mouchoirs façon Cholet. Exploitation des carrières de granit.—*Commerce* de grains et de bestiaux.—*Foires* les 26 juillet, 27 août et 2e jeudi de chaque mois, août et sept. exceptés.

A 65 k. de Niort, 347 k. de Paris.

L'arrondissement de Bressuire est composé de 6 cantons : Argenton-Château, Bressuire, Cerisais, Châtillon-sur-Serre, Thouars et St-Varent.

Bibliographie. La Fontenelle de Vaudoré. *Prise de Bressuire par du Guesclin*, br. in-8.

BREST, *Brivates Portus, Gesocribates*, grande et forte ville, *Finistère* (Bretagne), chef-l. de sous-préf. et de 3 cant. Préf. maritime. Place de guerre de 1re classe. École spéciale du génie maritime. Trib. de 1re inst. et de comm. Chambre et bourse de comm. Consulats étrangers. École de médecine, de chirurgie et de pharmacie. — Société d'agricult. École de maistrance. 2 cures. Direct. des douanes. Gîte d'étape. ✉. ⚜. Pop. 48,225 h. Terrain cristallisé, gneiss. — *Etablissement de la marée* du port, 3 heures 30 minutes. La mer y monte de 6 m. 40 c. — *Phare* à feu tournant à éclipses de demi-minute en demi-minute, établi sur la pointe St-Mathieu, à l'entrée du Goulet de Brest, élevé de 54 m. au-dessus de l'Océan, de 23 k. de portée. Lat. 48° 20', long. 7° 7'.

Autrefois diocèse et recette de St-Pol-de-Léon, parlement et intendance de Rennes, sénéchaussée, amirauté, intendance et arsenal de la marine, prieuré, collège, séminaire, couvent de carmes.

Quelques écrivains ont cru que Brest était le *Brivates Portus* des anciens, ou le *Gesocribates* des Romains; mais aucun vestige du séjour ou du passage des Romains à Brest, aucun titre, aucune autorité ne peut justifier cette prétention. Quelques auteurs prétendent, sans pouvoir alléguer aucune preuve, que ce fut Conan Mériadec qui bâtit le château de Brest. L'historien le Baud dit, avec aussi peu de fondement, que Brest était l'ancienne cité d'Occismor; ce qui est démenti par toutes les légendes, par tous les documents historiques authentiques. La vérité est que l'histoire ne fait aucune mention bien constatée de Brest avant l'an 1240 ; des légendes fort anciennes ne permettent cependant pas de douter qu'il n'y eût un château fort en ce lieu, à une époque bien antérieure. L'excellence de la rade et l'utilité du port de Brest excitèrent l'envie des Normands, des Anglais et des Espagnols, qui s'efforcèrent, à diverses reprises, de se rendre maîtres du château. En 1240, Hervé, vicomte de Léon, céda la forteresse de Brest à Jean Ier, duc de Bretagne. En 1341, le comte de Montfort mit le siége devant cette place, qui avait pour gouverneur Garnier de Clisson ; après un premier assaut infructueux, Clisson fait une sortie, à la tête de quarante hommes, et tue plusieurs ennemis. Montfort accourt, et repousse Clisson jusqu'à la porte du château, dont, par mégarde, les assiégés avaient baissé la herse. Leur brave commandant soutint seul le combat, adossé à la porte, et fit des prodiges de valeur. Ses gens s'aperçurent bientôt du danger où il se trouvait. Ils relevèrent la herse pour le faire rentrer dans la place ; mais Clisson avait été tellement criblé de blessures qu'il en mourut le surlendemain. Ce funeste événement jeta la consternation dans le château qui se rendit à Montfort. En 1372, Jean IV, duc de Bretagne, abandonna aux Anglais la ville et le château de Brest, à la charge par eux de les défendre et conserver pendant la guerre, et de les lui rendre à la paix. L'année suivante, du Guesclin et Olivier de Clisson tentèrent inutilement de reprendre cette place, qui toutefois fut remise en la possession du duc de Bretagne, en 1376, après la mort d'Édouard III, roi d'Angleterre. La guerre ayant éclaté de nouveau entre la France et la Bretagne, Jean IV confia derechef la défense de Brest à une garnison anglaise, qui y entra le 15 juin 1378, et qui refusa de rendre cette ville lorsque la paix fut conclue entre le roi de France et le duc de Bretagne. Les Français, unis aux Bretons, l'assiégèrent sans succès en 1382 et 1386. Toutefois, en 1397, le roi Richard II consentit à la restituer au duc de Bretagne, moyennant une forte rançon. Dans le siècle suivant, les Anglais essayèrent souvent de reprendre cette ville. En 1489, les Français, sous la conduite du vicomte de Rohan, s'en emparèrent. Trois ans après, la paix fut conclue entre la France et la Bretagne, et, par le mariage de Charles VIII et d'Aune de Bretagne, Brest demeura à la France. Pendant la Ligue, cette ville prit parti pour Henri IV, et lui demeura fidèle ; ce fut alors contre les Espagnols qu'elle eut à se défendre. En 1591, don Juan d'Aquila effectua un débarquement près de la ville, et construisit un fort sur la presqu'île de Quelern, où les Espagnols furent bientôt assiégés eux-mêmes ; ils y résistèrent à plusieurs attaques, mais un dernier assaut emporta leurs retranchements, et ils furent presque tous massacrés. En 1597, l'Espagne, résolue à venger cet échec, arma une flottille considérable qui arriva devant Brest, où elle fut atteinte par une tempête affreuse ; une partie des vaisseaux coula à fond ; les autres furent brisés sur les écueils qui hérissent les côtes voisines. Un siècle s'écoula sans nouvelles agressions. En 1694, une flotte anglaise de trente-cinq vaisseaux, portant 10,000 soldats, arriva devant Brest, et débarqua des troupes dans l'anse de Poldu ; mais la garnison, les paysans des environs et leurs femmes même, attaquèrent les ennemis et les mirent en déroute. Pendant le combat, la marée ayant laissé les chaloupes à sec, les Anglais ne purent se rembarquer ; ils furent tous tués ou faits prisonniers.

Les armes de Brest sont : *parti, le premier d'azur, semé de trois fleurs de lis d'or ; le deuxième d'argent semé de mouchetures d'hermines de sable*. Dans un manuscrit de 1669, elles sont figurées : *d'azur à un navire d'or, au chef d'argent chargé d'hermines*.

Jusqu'en 1630, la ville de Brest reçut peu d'accroissement, elle était petite, ne possédait aucun établissement maritime, et n'avait d'autre édifice religieux que la vieille église du château. Elle commença à s'agrandir, et le faubourg de Recouvrance fut fondé vers 1670. En 1680, le maréchal de Vauban fit construire une enceinte de fortifications ; Recouvrance fut alors joint à la ville qui continua de s'accroître. En 1773, la première enceinte ne suffisant plus, une seconde fut construite, et la ville atteignit bientôt la population dont elle jouit aujourd'hui.

La ville de Brest est située sur le bord septentrional d'une superbe rade, formée par l'Océan, à peu de distance de l'embouchure de la rivière de l'Elorn et sur les deux rives de celle de Penfeld, qui divise la ville en deux parties, l'une à droite, connue sous le nom de Recouvrance, et l'autre sur la rive gauche, plus spécialement désignée sous le nom de Brest. Cette ville s'élève au pied et sur le penchant d'un coteau très-escarpé ; elle a environ 5 k. de circonférence, et se divise naturellement en haute et basse ville. La ville haute se régularise et s'embellit autant que le permettent ses rues montueuses ; elle est régulièrement percée et offre plusieurs beaux édifices ; mais les quartiers supérieurs sont si escarpés que quelques-uns ne communiquent que par des escaliers avec la ville basse, dont plusieurs maisons ont le cinquième étage au niveau des jardins. La ville basse est belle et propre dans la partie qui avoisine le port, mais plusieurs quartiers sont mal bâtis, tristes et malpropres. Le quartier de Recouvrance est composé de quelques belles rues d'un plus grand nombre de rues fort laides, formées de maisons dont le style et l'aspect contrastent avec le quartier de Brest. La ville est ceinte de remparts garnis d'arbres qui forment des promenades agréables ; la vue, bornée du côté des terres, est superbe du côté de la rade.

RADE. La rade de Brest est regardée comme une des plus belles du monde. Constantinople et Rio-Janeiro en offrent, il est vrai, de plus spacieuses ; mais il n'en est aucune de plus sûre, tant sous le rapport de la bonté des mouillages que sous celui de l'excellence des abris. Exactement close dans toutes ses parties, une seule issue, dite le *Goulet*, sert de passage, et le peu de largeur de cette passe, divisée par les rochers, les formidables fortifications dont la côte est hérissée, interdisent l'entrée aux forces ennemies, et rendent Brest presque inexpugnable du côté de la mer. Depuis cette entrée jusqu'à l'embouchure de la rivière de l'Elorn, le diamètre est d'environ 10 k. ; la largeur varie en raison des divers golfes qu'elle contient et de l'inégalité de sa forme ; de Brest à la côte de Lanvoc, on compte 12 k. Cette rade, qui peut être considérée comme un ensemble de plusieurs rades, présente, y compris ses anses et ses baies, une surface de près de 60 k. carrés de superficie, dont plus du tiers offre des abris et des mouillages excellents, tels que la baie de Roscanvel, celle du Fret, et cette superbe embouchure de la rivière du Faou, qui s'ouvre entre l'île Ronde et le fort de Lanvéoc, et s'étend jusqu'à 6 k. dans la rivière, au promontoire du Bendi, surface équivalente à 4,000 m. en carré, dans laquelle on trouve huit à quinze brasses d'eau, fond de vase bien net ou de madrépores. A l'entrée du Goulet, sur la côte de St-Matthieu, on voit le fort Bertheaume, qui défend la passe et la rade. On ne peut y arriver que par un va-et-vient.

PORT. Le port de Brest est assez grand pour contenir plus de cinquante vaisseaux, frégates et autres bâtiments de guerre, tous à flot et garantis des vents par les hauteurs environnantes. Des batteries formidables en défendent toutes les parties. A gauche de l'entrée, on trouve d'abord une batterie à fleur d'eau, nommée Fer à cheval, qui sert d'avant-garde, et est parfaitement armée ; on y remarque des fours à rougir les boulets et un parc considérable de boulets ramés. Ce poste, bien fortifié, est couronné d'un beau rempart, auquel on gravit par une rampe, et qui est armé de vingt-quatre pièces de 48 en bronze. Derrière cette belle fortification, et tout à fait sur la sommité du roc, se trouvent les batteries du polygone et de très-beaux magasins d'artillerie, ainsi qu'un magasin à poudres qui fournit aux approvisionnements des escadres, et qui sert de dépôt pour les poudres des bâtiments armés qui entrent dans le port. Au-dessus de cette montagne règne un superbe quai, en amphithéâtre, bordé de magnifiques édifices. Si l'on parcourt ce quai, à partir de la batterie du Fer à cheval, on rencontre un parc à boulets, ensuite le parc aux vivres, qui contient d'immenses magasins servant d'ateliers de salaisons, des magasins de comestibles renfermant tous les vivres propres aux approvisionnements des flottes, etc. Là sont aussi d'énormes tas de fagots pour le chauffage des fours, et de bois de corde pour l'approvisionnement des cuisines des bords. Après les ateliers de salaisons, on rencontre un superbe magasin, actuellement en construction, et dont l'emplacement a été miné dans le roc, ainsi que ceux de tous les édifices du port. Enfin le parc aux vivres se termine par les boulangeries, d'une belle construction et à l'épreuve du feu, dont tous les étages sont parfaitement voûtés. Ces édifices contiennent vingt-quatre fours, des bluteries, des salles à grains, enfin tout ce qui est nécessaire à une grande manutention. Sur le quai s'élève une fontaine, qui distribue dans l'intérieur de l'eau à chaque four par un robinet privatif.—Une fort belle grille ferme le parc sur le quai de la ville, et clôt ainsi de ce côté ce superbe vestibule du port, barré, dans toute sa largeur, par la chaîne, assemblage de radeaux et de chaînes énormes en fer, qui ne laisse qu'une petite passe, fermée et soigneusement gardée la nuit.

A droite de l'entrée, et vis-à-vis le Fer à cheval et le parc aux vivres, domine majestueusement le château de Brest, avec ses tours et ses remparts élevés, aussi remarquable par sa force et sa situation que par les souvenirs historiques qui s'y rattachent. Cette forteresse, célèbre dans les fastes de la Bretagne, et dont les Français, les Américains, les Anglais se sont disputé la possession pendant tant d'années, est bâtie sur un rocher fort escarpé. Sa forme actuelle est celle d'un trapèze. Cinq tours énormes, liées par des courtines et par un chemin de ronde, sont couronnées de plates-formes d'une très-grande solidité, sur lesquelles des embrasures et des parapets sont destinés à recevoir des pièces de canon de gros calibre. Cependant l'extrême hauteur de ces tours fait présumer facilement que des batteries aériennes ne pourraient être pointées à un angle assez aigu pour servir à la défense du port. Les batteries du pied de la citadelle, celle particulièrement dite batterie couverte, sont autrement efficaces. Les trois tours qui regardent la rade ont chacune un nom particulier. Celle du milieu porte le nom de *César*, quoiqu'il soit bien démontré que ce conquérant ne vint jamais à Brest; son aspect seul atteste son ancienne origine, et des vestiges encore existants prouvent qu'elle fut construite avant l'invention de la poudre. Cette tour offre un très-vaste local, des caves souterraines et parfaitement voûtées; elle est couverte d'une très-belle et très-solide plate-forme. A gauche de la tour de *César*, vis-à-vis la chaîne, est celle appelée de *Brest*; elle forme un massif de la plus grande beauté, revêtu de pierres de taille liées entre elles avec un art remarquable. A droite et du côté de la rade est la tour des *Français*, également couronnée d'une plate-forme et d'une batterie dont les feux se croisent avec ceux de la batterie royale. Au pied de cette tour, et en longeant la courtine qui la sépare de la tour de la *Madeleine* et du front des ouvrages donnant sur la ville de Brest, se trouve la grève de Postrein, où l'on remarque un chantier de construction de navires de commerce et quelques fours à chaux. La tour de *Brest* est liée par une courtine d'une hauteur extraordinaire à une autre tour beaucoup plus élevée encore, qui termine le grand côté du trapèze sur le front de la ville. Les murailles sont de très-belle construction; les arêtes des angles, les cordons surtout, sont fort bien confectionnés, et ont été mis dans l'état actuel par Vauban lui-même. La tour restaurée porte le nom de Donjon; elle servait anciennement de demeure aux ducs de Bretagne. La distribution intérieure porte toute l'empreinte du siècle où elle fut construite (1330). C'est un dédale inextricable de chambres, de salles, d'avenues, de souterrains, où la féodalité et son affreux despotisme semblent régner encore, tant les cachots de tous les genres, les réduits de tortures rappellent à l'imagination affligée les souvenirs de ces temps d'ignorance et de barbarie. La profondeur du plus grand nombre, taillés dans le roc, et leur obscurité, inspirent un sentiment d'horreur que l'on voudrait vainement repousser, quand surtout on arrive à celui connu sous le nom d'*oubliettes*, cachot ou plutôt sépulcre fort resserré, qui n'a d'autre ouverture qu'une sorte de cheminée fort étroite de 10 m. de profondeur. Outre ces quatre tours, déjà décrites, il en existe trois autres; deux flanquent la porte du château, du côté de la ville, dont elles sont séparées par des remparts, des fossés très-profonds, et une demi-lune. Dans ces tours se trouvent les prisons. L'intérieur de ces fortifications renferme une très-belle place d'armes, l'arsenal de l'artillerie de terre, de très-beaux magasins et des casernes, dont une, nouvellement construite, est supérieurement distribuée et d'un bel ensemble.

BASSIN DE CONSTRUCTION. C'est un magnifique établissement construit en même granit dont sont bâtis tous les quais et édifices de la marine. Il est garni, à son extérieur, d'un canal couvert, avec des jours de distance en distance. Ce canal s'emplit à volonté, et l'eau qui s'amasse dans des auges de pierre ou de fonte sert aux pompes de précaution ou d'incendie dont on entoure les bâtiments lors de leur chauffage.

MAGASIN GÉNÉRAL. C'est un vaste édifice d'une distribution simple, mais bien entendue, dont les salles contiennent tous les objets d'approvisionnement qui ne se délivrent pas dans les ateliers mêmes ou dans les différentes directions. Vis-à-vis se développe un quai très-spacieux, qui forme une sorte de place d'armes, sur laquelle M. Cafarelli, préfet maritime, fit élever en l'an XII une élégante fontaine, surmontée d'une magnifique statue en marbre, représentant Amphitrite.

CORDERIE. Après ce front, d'une très-grande étendue, et pour l'emplacement duquel on a escarpé le roc jusque dans la mer, se trouvent les corderies, placées l'une au-dessus de l'autre dans la pente et aux dépens mêmes du rocher. Ces ateliers sont d'une longueur immense, et présentent, avec le bagne et le quartier de la marine, qui les dominent en amphithéâtre, le plus beau coup d'œil qu'il soit possible d'envisager. Les corderies contiennent chacune un corps de bâtiment, des ailes et des pavillons aux extrémités; elles ont trois étages et des mansardes, et ont plus de huit salles de plus de mille pas de longueur sur une belle largeur.

Vis-à-vis se trouve un quai superbe, qui sert à déposer les ancres destinées aux bâtiments, et dont le nombre est considérable. A l'extrémité des corderies, et au détour de l'angle que forme en cet endroit le chenal, on trouve les magasins des brais et goudrons, sous lesquels on a pratiqué un escalier en pierre pour gravir jusqu'à la corderie haute. Plus loin, on aperçoit un corps de garde, au-dessous de l'extrémité des remparts de la ville, du côté de Brest; un beau parc au lest, et un superbe réservoir d'eau excellente, qui, au moyen de six énormes tuyaux, sert à l'approvisionnement des navires.

ARSENAL. Une grille assez belle et un poste militaire annoncent, du côté de Recouvrance, l'entrée de l'arsenal. Elle en porte le nom spécial, parce qu'effectivement là se trouve l'arsenal de l'artillerie, avec un parc qui règne tout le long du quai, et qui contient des canons et des caronades de toutes les espèces, ainsi que des mortiers et des obusiers. Vis-à-vis le parc sont les ateliers de la direction d'artillerie, superbes édifices de très-belles voûtes et de très-beaux étages. Dans le bas sont les chantiers du charronnage, ceux des affûts, l'armurerie, la fonderie, où tous les travaux s'exécutent d'après les procédés les plus modernes et les plus ingénieux.

ANCIEN MAGASIN GÉNÉRAL. En sortant du parc, on rencontre un vieil édifice dont l'architecture porte le type du siècle où il fut construit; c'est l'ancien magasin général que fit bâtir le cardinal de Richelieu, le seul des établissements de cette époque qui subsiste encore dans le port.

BASSINS DE CONSTRUCTION. En face d'une anse large et profonde, entourée de beaux magasins et de superbes ateliers, existent quatre superbes formes ou bassins de construction, tels qu'il ne s'en trouve nulle part dans le monde; ils sont placés deux au bout l'un de l'autre, et communiquent entre eux par des portes; les deux rangées sont parallèles et séparées par un très-beau môle, qui règne dans toute la longueur. Ces bassins s'ouvrent et se ferment au moyen de bateaux-portes à leur communication avec la mer, et les eaux entrent de l'un dans l'autre par des portes battantes et busquées. Ils ont été creusés dans le roc. Au fond de l'anse est la prison de Pontanion.

ÉTABLISSEMENTS DIVERS. En rentrant dans l'alignement du chenal principal, on voit le superbe atelier de la menuiserie. Vis-à-vis, deux cales de construction, opposées l'une à l'autre, reçoivent des vaisseaux du premier rang. L'une d'elles est couverte d'une superbe charpente et d'une toiture à la Philibert-Delorme, supportée par des piliers en granit et des cintres en bois. Cette couverture est d'une légèreté extrême. Une belle et vaste place d'armes, de grands jardins, un bois fort agréable, embellissent cet établissement, que vient d'envahir encore le dépôt des équipages de ligne depuis la funeste suppression des compagnies d'apprentis canonniers. De cet endroit, on jouit de la plus belle vue du port. A gauche, on aperçoit une grande partie de la rade, le château, l'entrée du port, toute la ligne des quais que nous avons décrits, le chenal et ses nombreux vaisseaux; en face surtout, les corderies et le bagne, surmontés par l'hôpital nouveau, le quartier de la marine ainsi que la ville, qui s'élèvent en amphithéâtre, présentent un des plus beaux aspects qu'il soit possible d'imaginer.

Le bagne. Le bagne est un vaste édifice consacré au logement des forçats. C'est un bâtiment de 260 m. de longueur, où l'on remarque trois pavillons, un au centre et deux aux extrémités : celui du centre, destiné au logement des officiers, partage le bagne en quatre salles, dans chacune desquelles on peut loger cinq cents hommes ; les deux pavillons des extrémités sont destinés au logement des bas officiers commis à la garde de cette prison. Chaque salle a ses commodités particulières, consistant en latrines, fontaines, cuisines et tavernes ; et chacune d'elles est coupée en deux par un mur de 1 m. 30 c. d'épaisseur qui passe par le milieu de la largeur.

Indépendamment des salles, règne, le long de la cour, un grand édifice qui sert d'hôpital spécial pour les forçats. Les salles y sont parfaitement tenues, comme tout ce qui tient au service de santé de la marine, et les malades y ont les mêmes lits, y reçoivent les mêmes soins que les militaires. Au delà de l'hôpital, et dans une cour séparée, se trouve une manufacture de toiles, établissement vraiment philanthropique, qui met à la disposition des commissaires les moyens de récompenser la bonne conduite et de faire naître l'encouragement, en appliquant à ce travail moins pénible les condamnés qui se comportent le mieux, ainsi que les vieillards. Une autre cour spacieuse contient les casernes des chiourmes.

Au-dessus du bagne s'élève une superbe esplanade, d'une très-grande étendue, cernée de murs et de grilles. C'est un parallélogramme, dont un des grands côtés est occupé par une caserne d'un magnifique aspect.

On remarque encore à Brest : le cours d'Ajot, d'où l'on jouit de la vue de toute la rade ; la bibliothèque de la marine, renfermant 20,000 volumes, le cabinet d'histoire naturelle, le jardin des plantes, l'observatoire de la marine, les hôpitaux, la salle de spectacle, dont la façade est d'un bel effet, l'hôtel de ville, l'église de Saint-Louis, etc., etc.

Biographie. Brest est le lieu de naissance :

De Kersaint, député à l'assemblée législative.

Des amiraux Lamothe-Piquet, Linois et Rosolly-Mesros.

Du vicomte Bigot de Morogues, lieutenant général des armées navales.

Du comte F.-M. d'Aboville, lieutenant général et pair de France.

De l'abbé de Rochon, astronome et voyageur.

Du savant médecin Boisseau.

De N. Gilbert, médecin en chef des armées.

De Keraudren, médecin en chef des armées navales.

De Ch.-N. Feburier, auteur du Traité complet des abeilles.

De Choquet de Lindu, ingénieur des fortifications de la marine.

De L.-D. Bernard, avocat, défenseur de l'infortuné général Travot.

Du poëte Grée, auteur de : la Navigation, poëme en 4 chants.

D'Henriette de Castelnau, comtesse de Murat, romancière et poëte.

D'Edouard Corbière, littérateur et romancier.

Du graveur le Gouaz.

Du dessinateur N.-P. Ozanne.

Fabriques de cordages, chapeaux vernis. Tanneries. Construction de navires. Armement pour la pêche de la sardine, du maquereau et de la morue. — Commerce de grains, vins, bière, eau-de-vie, poisson frais et salé. Entrepôt fictif. Entrepôt de sel. — Le commerce de Brest est loin d'être aussi important qu'il pourrait le devenir. On a cependant formé le projet d'y établir un port de commerce qui se joindrait au port de guerre par un canal qui isolerait la citadelle et en formerait une île. Il est à désirer que ce projet se réalise, et nous donne sur l'Océan un grand port dont le besoin se fait sentir entre Nantes et le Havre. — Brest étant une place militaire, l'industrie y est peu active et peu importante. Le commerce s'y trouve à peu près réduit aux approvisionnements de la marine. — Foires les 1ers lundis de chaque mois.

A 92 k. de Quimper, 597 k. de Paris.

L'arrondissement de Brest est composé de 12 cantons : Brest 1er canton, Brest 2e canton, Brest 3e canton, Daoulas, Ouessant, Landerneau, Lannilis, Lesneven, Plabennec, Ploudalmezeau, Ploudiry et St-Renan.

Bibliographie. * La Prise et Possession de l'importante place et château de Brest, etc, in-8, 1626.

Dauvin. Essais topographiques, statistiques et historiques sur la ville et le château, le port et la rade de Brest, in-8, 1816.

Feraud. Notice historique sur la ville de Brest, in-32, 1838.

Choquet de Lindu. Description des trois formes du port de Brest, in-f°, 1757.

— Description du bagne pour loger les forçats de l'arsenal de Brest, in-f°, 1759.

Appert. Voyage aux bagnes de Brest, Lorient, Rochefort, in-8, 1828.

Miorce de Kerdanet. Voyage au château de Joyeusegarde, près de Brest, in-f°, 1823.

Bulletin de la société d'émulation de Brest, in-8, 1823-41.

Gilbert-Villeneuve. Itinéraire descriptif du département du Finistère, in-8, 1828 (on y trouve une description du bagne et des principaux établissements de Brest).

BRESTOT, vg. Eure (Normandie), arr. et à 18 k. de Pont-Audemer, cant. de Montfort-sur-Rille, ⊠ de Bourg-Achard. Pop. 854 h.

BRETAGNE (la), Britannia Aremorica, Britannia Armorica, ancienne province de France. A l'époque des conquêtes de César, toute la Gaule était possédée par trois races principales, qui différaient entre elles de langage, de mœurs et d'institutions. C'étaient les Belges, qui s'é-

tendaient depuis le Rhin jusqu'à la Seine ; les Aquitains, qui habitaient entre la Garonne et les Pyrénées ; et les Galls ou Celtes, qui possédaient les pays situés entre la Seine, la Garonne et l'Océan. Les habitants de l'île de Bretagne parlaient la même langue et avaient les mêmes mœurs et les mêmes institutions que les Galls ou Celtes, avec lesquels ils ne formaient qu'un même peuple. On désignait en général sous le nom d'Armorique les pays baignés par l'Océan. Cependant cette dénomination s'appliquait quelquefois, d'une manière plus particulière, à la pointe nord-ouest de la Gaule, qui finit par ne plus avoir d'autre nom. Trois peuples principaux occupaient l'Armorique : c'étaient les Vénètes, qui habitaient le territoire dont s'est formé le diocèse de Vannes ; les Osismiens, qui habitaient la pointe occidentale de la Péninsule, et les Curiosolites, établis dans la contrée qui forme le diocèse actuel de St-Brieuc. De ces trois peuples, les Vénètes étaient les plus puissants, et ils exerçaient sur les deux autres une sorte de souveraineté. — Sous l'empire romain, la Bretagne fit partie de la 3e Lyonnaise. Elle tire son nom des Bretons qui, contraints d'abandonner la Grande-Bretagne, par l'irruption des Anglais et des Saxons, s'y établirent au ve siècle. Elle fut ensuite soumise par les Francs et gouvernée par des souverains, qui eurent successivement le titre de rois, de comtes et de ducs. Cette province fut réunie à la France par le mariage de la duchesse Anne de Bretagne avec Charles VII, en 1495. Elle forme à présent les départements d'Ille-et-Vilaine, des Côtes-du-Nord, du Finistère, du Morbihan et de la Loire-Inférieure.

La Bretagne était un pays d'états, qui se tenaient tous les deux ans alternativement à Rennes, à Nantes et à St-Brieuc. L'ordre de la noblesse était composé des dix barons de Léon, Vitré, Châteaubriand, Retz, la Roche-Bernard, Ancenis, Pont-Château, Pont-l'Abbé, Derval, Malestroit et Quintin, et de tous les gentilshommes qui avaient les qualités portées par la déclaration du roi du 28 août 1736. Le tiers état était composé des députés de quarante et une villes, dont plus de la moitié pouvaient envoyer deux députés, et les autres seulement un. Le corps du clergé était représenté par les chefs de toutes les communautés.

Les armes de la Bretagne étaient : d'argent semé de mouchetures d'hermines de sable.

Le territoire de cette province, entrecoupé de montagnes et de landes incultes, produit peu de blé et de vin, du lin et du chanvre renommés pour leur bonne qualité. Il s'y trouve beaucoup d'excellents pâturages, des mines de plomb exploitées très-abondantes, des mines de fer, d'antimoine et de charbon de terre, des carrières de marbre, et quantité de fossiles. Elle possède de belles et nombreuses manufactures de toiles à voiles, de toiles de toutes qualités et plusieurs autres établissements d'industrie. Le grand nombre de baies et de ports de mer qui se trouvent sur l'étendue considérable de ses côtes, y facilite un commerce important, qui consiste principalement en vins, eaux-de-

BRETAGNE (la).

vie, excellent beurre, chevaux, bestiaux, toiles de chanvre et de lin, toiles à voiles, fer, plomb, sel, sardines, morue, maquereaux, etc.

La Bretagne se divisait autrefois en : haute Bretagne, capitale Rennes, basse Bretagne, capitale Vannes.

Bibliographie. BOUCHARD (Alain). * *Les Grandes Chroniques de Bretagne*, in-f°, 1514.
— *Les mêmes, avec des additions, depuis le roi Charles VIII jusqu'à l'an 1532*, in-f°, 1532.
— *Les mêmes, sous ce titre* : les *Chroniques annales des pays d'Angleterre et de Bretagne*, in-f°, 1531 ; in-4, 1541.

BIRÉ (P.). *Epimasie, ou Relation contenant l'origine, l'antiquité, etc., de la Bretagne armorique, et principalement des villes de Nantes et de Rennes*, in-4, 1580.

LE BAILLIF. *Petit Traité de l'antiquité et singularité de la Bretagne armorique*, in-4, 1587.

ARGENTRÉ (Bertrand d'). *Histoire de Bretagne, des rois, ducs, comtes et princes d'icelle*, in-f°, 1582-1588.
— *La même, augmentée*, in-f°, 1612; 3° édit., in-f°, 1618; in-f°, 1668.

LE BAUD. *Histoire de la Bretagne jusqu'en 1458, etc.*, etc., in-f°, 1638.

CHORIER. *Hist. générale de Bretagne depuis l'an 1000 de N.-S.*, in-f°, 1672.

LOBINEAU (dom). *Histoire de Bretagne composée sur les titres et les auteurs originaux, depuis l'année 458 jusqu'en 1532, enrichie de portraits, de tombeaux et de sceaux, avec les preuves et les pièces justificatives*, 2 vol. in-f°, 1707.

GASCHIGNARD. *Histoire de Bretagne, par demandes et par réponses*, in-12, 1773.

DARU (le comte). *Histoire de Bretagne*, 3 vol. in-8, 1826.

BROUSTER. *Histoire de Bretagne, contenant ce qui s'est passé de plus remarquable dans cette contrée sous ses rois et ses ducs*, 2 vol. in-8, 1833.

VIGNIER. *Traicté de l'ancien estat de la petite Bretagne*, in-4, 1619.

MANET. *Histoire de la petite Bretagne, ou Bretagne armorique*, 3 vol. in-8.

BUSSY (A.-M.-L. de). *Histoire de la Bretagne appelée aussi Bretagne armorique*, in-12, 1843.

LESCONVEL. *Abrégé de l'histoire de Bretagne de Bertrand d'Argentré*, in-12, 1685.

RICHER (Edouard). *Précis de l'histoire de Bretagne*, in-12, 1821 (V. aussi Départ. de la Loire-Inférieure, voyage pittoresque dans ce département).

BERNARD. * *Résumé de l'histoire de Bretagne jusqu'à nos jours, par M. B.....* in-18, 1826.

NADAUD. *Bretagne : Copie d'une lettre adressée le 12 juillet 1826 au rédacteur du Journal des débats*, broch. in-8, 1826.

ARNAUD (A.). *Délivrance de la Bretagne*, in-8, 1598.

BRETAGNE (la).

IRAIL (l'abbé). *Histoire de la réunion de la Bretagne à la France*, 2 vol. in-12, 1764.

ROEDERER. *Louis XII et François Ier. Mémoires concernant la réunion de la Bretagne à la France*, 2 vol. in-8, 1825.

DELAPORTE (J.-B.). *Recherches sur la Bretagne*, 2 vol. in-8, 1819-23.

ARGENTRÉ (Bertrand d'). *Privilèges et Franchises des habitants de la province et duché de Bretagne* (imprimés avec ses Commentaires sur la coutume de Bretagne, in-f°, 1628).

CRAPELET (G.-A.). *Le Combat de trente Bretons contre trente Anglais*, in-8, 1827.
* *Procès-verbal de la cérémonie de la pose de la première pierre de la bataille des Trente*, in-f°, 1819.

MOREAU. *Histoire de ce qui s'est passé en Bretagne pendant la guerre de la Ligue*, in-8, 1836.

CARADEUC DE LA CHALOTAIS. *Mémoire intéressant dans les affaires actuelles, contenant l'origine des troubles de Bretagne*, in-8, 1788.
* *Tableau des victimes de Quiberon, ou Liste nominative de MM. les émigrés ou insurgés de la Bretagne, etc.*, in-4, 1814.

LA BOISSIÈRE (le marquis de). *Précis de la campagne faite en 1815 par l'armée royale de Bretagne, sous les ordres du général Sol de Gresolle*, in-8, 1815.

DUCHATELLIER (A.). *Histoire de la révolution des départements de l'ancienne Bretagne, ouvrage composé sur documents inédits*, 6 vol. in-8, 1838.

TOUSSAINT DE ST-LUC. *Mémoire sur l'état du clergé et de la noblesse de Bretagne*, 3 vol. petit in-8, 1691.

LIRON (G.). *Apologie pour les Armoricains et pour les Eglises des Gaules*, in-12, 1708.

TAILLANDIER (dom). *Histoire ecclésiastique et civile de Bretagne* (avec dom MORICE), 2 vol. in-f°, 1750 et 1756.

MORICE (dom). *Mémoires pour servir de preuves à l'Histoire ecclésiastique et civile de Bretagne*, 3 vol. in-f°, 1742.

DERIC (l'abbé). *Histoire ecclésiastique de Bretagne*, 3 vol. in-12, 1787.

TRESVAUX (l'abbé). *L'Eglise de Bretagne, depuis ses commencements jusqu'à nos jours, ou Histoire des siéges épiscopaux, séminaires et collégiales, abbayes et autres communautés religieuses et séculières de cette province*, in-8, 1839.

VERTOT (l'abbé de). *Histoire critique de l'établissement des Bretons dans les Gaules, et de leur dépendance des rois de France et des ducs de Normandie*, 2 vol. in-12, 1720 (on trouve à la tête du premier un discours préliminaire au sujet des historiens de la province de Bretagne).

GUYOT DES FONTAINES (l'abbé). *Histoire des ducs de Bretagne, et des différentes révolutions arrivées dans cette province*, 6 vol. in-12, 1739. — *Dissertation historique sur l'origine des Bretons*, etc., 2 vol. in-12, 1739.

BRETAGNE (la). 403

ROUJOUX (le baron de). *Histoire des rois et des ducs de Bretagne*, 2 vol. in-8, 1828-29.

TREBUCHET. *Anne de Bretagne, reine de France, avec des notes sur plusieurs monuments de Nantes et de la Bretagne*, 2° édition, in-8, 1822.
* *Remontrance au roi Henri IV, contenant un bref discours des misères de la province de Bretagne, des causes d'icelles et du remède que S. M. y a apporté par le moyen de la paix*, in-8, 1598.
* *Preuves de la souveraineté du roi sur la province de Bretagne*, in-8, 1765.

TRAVERS (l'abbé). *Dissertation sur les monnaies de Bretagne*, in-8, sans date.

PAZ (du). *Histoire généalogique de plusieurs maisons illustres de Bretagne, enrichie des armes et blasons d'icelles, avec l'histoire chronologique des évêques de tous les diocèses de Bretagne, de diverses fondations, d'abbayes et de prieurés, etc.*, in-f°, 1620.

LABOUREUR (Jean le). *Histoire généalogique de plusieurs maisons de Bretagne imprimée avec la vie du maréchal de Guébriant*, in-f°, 1656).

TOUSSAINT DE ST-LUC. *Recueil alphabétique des noms et des armes des gentilshommes de Bretagne* (imprimé avec ses Mémoires d'Etat, 2 vol. in-8, 1691).

HOZIER (d'). *Recueil armorial, contenant par ordre alphabétique les armes et blasons des anciennes maisons de Bretagne* (imprimé avec l'histoire de Bretagne de le Baud, in-f°, 1638).

GUY LE BORGNE (G.-P.-B.). *Armorial de Bretagne, contenant par ordre alphabétique et méthodique les noms, qualités, armes et blasons des nobles, etc.*, etc., in-f°, 1681.

BRIANT DE LAURIÈRE. *Armorial général de Bretagne, relevé des diverses réformations de la noblesse de cette province depuis 1400 jusqu'à 1668*, in-8, 1844.
* *Etat des noms de ceux qui ont été déboutés de la qualité de nobles et d'écuyers, par arrêt de la chambre établie par le roi pour la réformation de la noblesse de Bretagne*, in-4 de 76 pages, 1671.

TOUSSAINT DE ST-LUC. *Mémoires sur l'état du clergé et de la noblesse de Bretagne*, 2 vol. in-8, 1691.
* *Brève Description de l'Armorique* (ou Bretagne), in-4, 1631.

OGÉE (J.). *Dictionnaire historique et géographique de la province de Bretagne*, 4 vol. in-8, 1778-80. 2° édition, revue et augmentée par Monet (le 2° volume a été mis sous presse en 1843).

PEPIN. *Topographie usuelle ; circonscription administrative, judiciaire et religieuse de la Bretagne, ou Nomenclature des communes des cinq départements, par évêchés, subdélégations, cantons de districts, cantons d'arrondissements ; précédée d'un tableau des juridictions ecclé-*

siastiques et seigneuriales, in-4 de 5 feuilles 1/4.

Richer (Ed.). Œuvres littéraires contenant l'*Histoire de Bretagne*, *la Bretagne poétique* et une *Description pittoresque et statistique du département de la Loire-Inférieure*, in-4.

* *Le Lycée armoricain*, recueil littéraire et scientifique, 16 vol. in-8, 1823-1832 (contient un grand nombre d'articles fort intéressants sur plusieurs localités de la Bretagne et sur les mœurs des habitants de cette province).

Gondinet (Ad.-G.). * *Voyage en Normandie et en Bretagne*, 1 vol. in-16, 1830.

La Sauvagère. *Recherches historiques sur les pierres extraordinaires et quelques camps des anciens Romains qui se remarquent dans la province de Bretagne, aux environs de la côte du sud du Morbihan et de Belle-Isle* (Journal de Verdun, 1755).

— *Recherches sous le titre de Dissertations militaires sur quelques camps des anciens Romains*, in-12, 1758.

Maudet de Penhouet (le comte). *Recherches historiques sur la Bretagne, d'après ses monuments anciens et modernes*, in-4, figures, 1814 (la première partie seulement a été publiée).

— *Archéologie armoricaine*. 1° Dissertation sur un ancien édifice dans le département des Côtes-du-Nord, vulgairement connu sous le nom de *Temple de Lanleff*, in-4, 1824; 2° *Médailles armoricaines avant la conquête du pays par les Romains*; 3° *Mémoire dans lequel on s'est proposé de nouveau d'examiner les monuments armoricains, connus des antiquaires sous la dénomination de pierres de Carnac jusqu'à présent inexpliquées*, in-4, 1826.

Souvestre (Émile). *La Bretagne pittoresque, choix des monuments, costumes, scènes de mœurs, dessinés et lithographiés par MM. Rouargue et St-Germain*, 2 parties in-4.

* *Esquisses sur la Bretagne, ou Vues de châteaux historiques, abbayes et monuments anciens, dessinés sur les lieux, avec Notice formant texte pour chaque vue*, 8 planches in-4, 1829-1830.

Potel. *La Bretagne et ses monuments*, 50 vues des monuments, églises, châteaux, ruines célèbres dites historiques, de cette province, accompagnées d'un texte et de feuilles de détails des monuments des cinq départements, in-f°, 1840.

Janin (Jules). *La Bretagne historique, pittoresque et monumentale*, in-8, 1844.

Pitre Chevalier. *La Bretagne ancienne et moderne* (ouvrage promis en 80 livraisons).

Bottin. *Mélanges d'archéologie sur la Bretagne*, in-8 et atlas.

* *Keepsake breton*, 1re année, in-8, 1832.

Latour d'Auvergne (Th. Malo Corret de). *Nouvelles Recherches sur la langue, l'origine et les antiquités des Bretons, pour servir à l'histoire de ce peuple*, in-8, 1792; 2e édition, in-8, 1795; 3e édition sous ce titre : *Origines gauloises*, etc., in-8, an x (1802).

Miorcec de Kerdanet. *Histoire de la langue des Gaulois, pour suite celle des Bretons, pour servir à l'histoire générale de France, de Velly, Villaret*, in-8, 1821.

Courson (Aurélien de). *Essai sur l'histoire, la langue et les institutions de la Bretagne armoricaine*, in-8, 1840.

— *Histoire des origines et des institutions des peuples de la Gaule armoricaine et de la Bretagne insulaire*, etc., in-8, 1843.

Mareschal (L.). *Galerie des mœurs, usages et costumes des Bretons de l'Armorique.*

Perrin (O.). *Galerie bretonne, ou Mœurs, Usages et Costumes des Bretons de l'Armorique, gravée sur acier par Reveil*, in-8, 1834.

Mareschal (Auguste). *L'Armorique littéraire, ou Notices sur les hommes de la ci-devant province de Bretagne qui se sont fait connaître par quelques écrits; suivies de notes bibliographiques*, in-12, 1795.

Miorcec de Kerdanet. *Notices chronologiques sur les théologiens, jurisconsultes, philosophes, artistes, littérateurs, poètes, bardes, troubadours et historiens de la Bretagne, depuis le commencement de l'ère chrétienne jusqu'à nos jours, avec deux Tables, la première présentant dans l'ordre alphabétique tous les personnages dont il est fait mention dans ces notices; la seconde les rapportant aux villes auxquelles ils appartiennent*, in-8, 1818.

Jouy. *L'Hermite en Bretagne*, in-12.

Villemarqué (de la). *Chants populaires de la Bretagne*, 2 vol. in-8, 1839.

* *Statistique bretonne*, in-8, 1827.

Ogée (Jean). *Atlas itinéraire de Bretagne, contenant les cartes particulières de tous les grands chemins de cette province, avec tous les objets remarquables qui se rencontrent à une demie-lieue à droite et à gauche*, in-4, 1769.

Gourmelin. *Tableau synoptique de la Bretagne armorique*, une feuille grand aigle.

Pouillon-Boblaye. *Essai sur la configuration et la constitution géologique de la Bretagne* (Mémoire du muséum, t. xv).

Guépin (A.). *Considérations statistiques sur les canaux de Bretagne*, in-8, 1832.

Nadaud (H.-L.-L.). *Mémoire sur les terres vaines et vagues et les biens communaux, et en particulier sur les propriétés de cette nature, situées dans l'ancienne province de Bretagne*, in-8, 1829.

Colombel. *Mémoire sur les terres vaines et vagues de Bretagne*, in-8, 1828.

Lorieux (A.). *Du partage des landes en Bretagne*, in-8, 1840.

Pinçon du Sel des Mons. *Considérations sur le commerce de Bretagne*, in-8.

BRETAGNE, vg. *Gers* (Armagnac), arr. et à 22 k. de Condom, cant. et ⊠ d'Eauze. Pop. 495 h. — *Foires* les 16 janv., 5 juin et 3 oct.

BRETAGNE, vg. *Indre* (Berry), arr. et à 21 k. de Châteauroux, cant. et ⊠ de Levroux. Pop. 214 h.

BRETAGNE, vg. *Landes* (Gascogne), arr., cant., ⊠ et à 7 k. de Mont-de-Marsan. Pop. 408 h.

BRETAGNE, vg. *B.-Pyrénées*, comm. de St-Laurent-Bretagne, ⊠ de Morlaas.

BRETAGNE ou BRETT, vg. *H.-Rhin* (Alsace), arr. et à 15 k. de Belfort, cant. et ⊠ de Delle. Pop. 348 h.

BRÉTAGNOLLES, *Bretaignollæ*, vg. *Eure* (Normandie), arr. et à 24 k. d'Evreux, cant. et ⊠ de St-André. Pop. 237 h.

BRETEAU, vg. *Loiret* (Gatinais), arr. et à 28 k. de Gien, cant. et ⊠ de Briare. Pop. 207 h.

BRÉTÈCHE-ST-NOM (la), Seine-et-Oise. V. St-Nom-la-Brétèche.

BRÉTEIL, vg. *Ille-et-Vilaine* (Bretagne), arr., cant., ⊠ et à 5 k. de Montfort-sur-Meu. Pop. 1,189 h.

BRÉTENCOURT, *Pas-de-Calais*, comm. de Rivière, ⊠ d'Arras.

BRETENIÈRE (la), vg. *Doubs* (Franche-Comté), arr. et à 26 k. de Besançon, cant. de Marchaux, ⊠ de Baume-les-Dames. Pop. 180 h.

BRETENIÈRE (la), vg. *Jura* (Franche-Comté), arr. et à 18 k. de Dôle, cant. de Dampierre, ⊠ d'Orchamps. Pop. 383 h.

BRETENIÈRE (la), vg. *Jura* (Franche-Comté), arr. et à 18 k. de Dôle, cant. de Chaussin, ⊠ du Deschaux. Pop. 169 h.

BRETENIÈRES, ou ST-PHAL-BRETENIÈRES, vg. *Côte-d'Or* (Bourgogne), arr. et à 11 k. de Dijon, cant. et ⊠ de Genlis. Près du canal de Bourgogne. Pop. 189 h.

BRÉTENOUX, petite ville, *Lot* (Quercy), arr. et à 49 k. de Figeac, chef-l. de cant. A 501 k. de Paris pour la taxe des lettres. Sur la Cère. Pop. 852 h. — Terrain jurassique. — On ignore l'époque de la fondation de cette ville, qui portait, en 1277, le nom de Villafranca d'Orlienfa, et qui plus tard a été occupée par les Anglais et par les protestants. Elle était jadis entourée de remparts, dont il existe encore de nombreux vestiges. On y remarque une vaste place carrée, à laquelle aboutissent des rues bien alignées, et d'où l'on aperçoit quatre portes fortifiées. — *Foires* les 8 janv., fév., mars et oct.

BRETÈQUE (la), *Seine-Inf.*, comm. de Caudebec-les-Elbœuf, ⊠ d'Elbœuf.

BRETÈQUE (le), *Seine-Inf.*, comm. du Bois-Guillaume, ⊠ de Rouen.

BRETEUIL, *Bretellium*, petite ville, *Eure*

(Normandie), arr. et à 35 k. d'Evreux, chef-l. de cant. Cure. ✉. ⚜. A 128 k. de Paris pour la taxe des lettres. Pop. 2,153 h. — Terrain tertiaire moyen.

Cette ville est située près de la vaste forêt du son nom, sur la rive droite de l'Iton, dans une contrée abondante en mines de fer. On y remarque une ancienne église du XIe siècle, les restes d'un antique château que fit bâtir Guillaume le Conquérant, et une source d'eau minérale ferrugineuse froide.

Breteuil était autrefois une place assez forte, qu'entouraient les eaux de l'Iton. Louis le Gros et Amaury de Montfort l'assiégèrent sans succès en 1119. Eustache, fils d'Etienne, roi d'Angleterre, l'assiégea et y mit le feu en 1137. Jean sans Terre accorda aux habitants, en 1199, plusieurs privilèges qui furent confirmés et augmentés, en 1223, par Louis VIII, et en 1286 et 1293, par Philippe le Bel. Le roi Jean assiégea Breteuil en 1356; le captal de Buch occupa cette ville en 1372; du Guesclin la prit en 1378, et fit démanteler le château; les ligueurs tentèrent, sans succès, de s'en emparer en 1590.

Fabriques d'épingles, clouterie et quincaillerie. Hauts fourneaux, fonderie, tréfilerie de laiton; fonderie pour moulages de toute espèce. — *Foires* les 25 avril, 1er mercredi de juillet, mercredi des Cendres et 28 oct.

BRETEUIL, *Britolium, Bretonis Villa*, petite ville, *Oise* (Picardie), arr. et à 40 k. de Clermont, chef-l. de cant. Cure. Gîte d'étape. ✉. ⚜. A 96 k. de Paris pour la taxe des lettres. Pop. 2,399 h. — Terrain crétacé supérieur.

Autrefois diocèse de Beauvais, parlement de Paris, intendance d'Amiens, élection de Montdidier, abbaye.

A 1 k. au sud-est de Breteuil, entre Vendeuil, Beauvoir et Caply, est un terrain que, depuis longtemps, les habitants des villages voisins ont nommé et nomment encore *Brantuspance*. On y a découvert un grand nombre d'antiquités, des médailles gauloises et romaines, des restes de murailles et des souterrains de construction antique. Mabillon dit que ces restes étaient ceux de *Brantuspantium*, mentionné dans les Commentaires de César; d'Anville n'est pas éloigné de partager cette opinion, et M. Bouami, qui a composé un mémoire sur cette position gauloise, déclare qu'il est tenté de l'adopter.

En 1355, les Anglais assiégèrent la ville de Breteuil, et furent contraints de la retirer. Dans le siècle suivant, elle se rendit au duc d'Etampes, et fut reprise peu de temps après par Lahire, en vertu d'une convention avec le duc de Bourgogne, fit démolir le château et les murs dont elle était entourée. Possédée dans la suite par la maison de Montmorency, cette seigneurie appartenait, au temps de Henri IV, au prince de Condé. Henri, deuxième du nom, la vendit au duc de Sully.

Breteuil est dans une position avantageuse, à la source de la rivière de la Noye; l'air qu'on y respire est assez sain. Il est, en général, mal bâti, mal pavé; on y remarque cependant quelques édifices assez beaux, parmi lesquels on distingue surtout le vaste bâtiment de l'abbaye de Ste-Marie, rebâtie en 1028 par Gilduin, seigneur de Breteuil.

Biographie. Patrie du littérateur Levasseur; de l'architecte Godde.

Fabriques de souliers à l'usage des troupes et des hôpitaux de Paris. — Manufactures de châles, serges, bas de laine et autres lainages. Taillanderies. Papeteries. Faïenceries, tanneries et corroieries. — Belles pépinières. — *Commerce* de blé, cidre et bestiaux. — *Foires* les 5 fév., 3 avril, 2 juin, 21 juillet, 26 sept. et 26 nov.

BRÉTHEL, vg. *Orne* (Normandie), arr. et à 30 k. de Mortagne-sur-Huine, cant. de Moulins-la-Marche, ✉ de l'Aigle. P. 243 h.

BRETHENAY, vg. *H.-Marne* (Champagne), arr., cant., ✉ et à 6 k. de Chaumont-en-Bassigny. Pop. 272 h.

BRETHON (le), vg. *Allier* (Bourbonnais), arr. et à 35 k. de Montluçon, cant. et ✉ d'Hérisson. Pop. 951 h.

BRETIGNETTE, *Nièvre*, comm. de Pougny, ✉ de Cosne.

BRETIGNEY, vg. *Doubs* (Franche-Comté), arr., cant., ✉ et à 7 k. de Baume-les-Dames. Pop. 340 h.

BRETIGNEY, vg. *Doubs* (Franche-Comté), arr., cant. et à 16 k. de Montbelliard, ✉ de l'Isle-sur-le-Doubs. Pop. 125 h.

BRETIGNOLLE, vg. *Deux-Sèvres* (Poitou), arr. et à 8 k. de Bressuire, cant. et ✉ de Cerizay. Pop. 363 h.

BRÉTIGNOLLES, vg. *Mayenne* (Maine), arr. et à 2 k. de Mayenne, cant. et ✉ de Lassay. Pop. 382 h.

BRETIGNOLLES, vg. *Vendée* (Poitou), arr. et à 16 k. des Sables, cant. et ✉ de St-Gilles-sur-Vie. Pop. 836 h.

BRÉTIGNY, *Bretenei, Breteni*, vg. *Eure* (Normandie), arr. et à 18 k. de Bernay, cant. et ✉ de Brionne. Pop. 351 h.

BRÉTIGNY, vg. *Eure-et-Loir*, comm. de Sours, ✉ de Chartres.

Ce village est célèbre par le traité de paix conclu entre la France et l'Angleterre le 8 mai 1360, en vertu duquel le roi Jean II, fait prisonnier à la bataille de Poitiers, obtint la liberté après quatre ans de captivité.

Les conférences qui précédèrent ce traité commencèrent le 1er mai 1360. La France y était représentée par Jean de Dormans, chancelier de Normandie, élu évêque de Beauvais, Charles de Montmorency, le comte de Tancarville et le maréchal Boucicault; l'Angleterre, par le duc de Lancastre, les comtes de Northampton, de Warwick et de Stafford; le pape, par l'abbé de Cluny, le général des dominicains, et Huynes de Genève, seigneur d'Anthon. Les Anglais, après avoir demandé la couronne même de France, insistèrent du moins sur la restitution de toutes les provinces qui avaient autrefois appartenu aux Plantagenets, et entre autres de la Normandie, de l'Anjou, du Maine et de la Touraine. Tout à coup Edouard leur fit dire d'abandonner cette prétention, et d'accepter les offres des Français, assurant que, dans un orage, il venait de faire vœu à Notre-Dame de Chartres de rendre la paix au monde. En conséquence, le traité de Brétigny fut signé le 8 mai. Par ce traité, Edouard III renonçait à ses prétentions sur la couronne de France, tandis qu'en retour le duché d'Aquitaine, que ses prédécesseurs avaient tenu en fief de la France, était érigé pour lui en souveraineté indépendante, à laquelle étaient annexées le Poitou, la Saintonge, l'Aunis, l'Agénois, le Périgord, le Limousin, le Quercy, le Bigorre, la vallée de Gaure, l'Angoumois et le Rouergue. Les comtes de Foix, d'Armagnac, de l'Ile-Jourdain et de Périgord, les vicomtes de Carmaing, de Limoges, et les autres seigneurs qui possédaient des fiefs dans l'étendue des pays cédés, devaient transporter leur hommage au roi de France au roi d'Angleterre. Un petit territoire autour de Calais, composé des comtés de Ponthieu et de Guines, et de la vicomté de Montreuil, était en même temps cédé en toute souveraineté au roi d'Angleterre; le roi de France devant renoncer expressément à tout droit sur toutes ces provinces, et le roi d'Angleterre devant les posséder comme voisin, et non comme feudataire. A ces conditions, la paix devait être rétablie entre les deux royaumes; quant à la rançon du roi Jean, elle devait être payée en argent et non en terres; elle fixée à trois millions d'écus d'or, dont six cent mille seraient payés sous quatre mois, avant que le roi de France pût sortir de Calais, et quatre cent mille écus chaque année pendant les six années suivantes; pour ces payements successifs, Jean devait laisser au choix d'Edouard un certain nombre d'otages, pris entre les plus nobles seigneurs et les plus riches bourgeois de son royaume. Quant aux droits de Jean de Montfort et de Charles de Blois sur la Bretagne, il fut convenu que les deux rois les régleraient d'après la justice, mais seulement dans la nouvelle conférence qu'ils promettaient d'avoir à Calais au bout de quatre mois, époque fixée pour le premier payement de la rançon du roi Jean. — Le traité fut juré à Paris, le 10 mai, par le régent, et le 16 mai, à Louviers en Normandie, par le prince de Galles. — Les principaux otages livrés par la France pour la rançon de son roi et pour l'accomplissement du traité de Brétigny, furent le duc d'Orléans, frère du roi; le second et troisième fils du roi, qu'il créa, à cette occasion, ducs d'Anjou et de Berry; le duc de Bourbon; les comtes d'Alençon, de Saint-Pol, d'Harcourt, d'Auvergne (comte dauphin), de Porcien, de Bresnes; les sires Jean d'Etampes, Gui de Blois, de Coucy, de Ligny, de Montmorency, de Royes, de Préaux, de la Tour-d'Auvergne, et plusieurs autres; enfin, quatre bourgeois de Paris, et deux bourgeois de chacune des dix-huit premières villes du royaume.

Le traité de Brétigny fut signé dans un petit château qui sert aujourd'hui de grange. A la paix, toutes les terres de la plaine où était campée l'armée anglaise furent, en mémoire de cet événement, affranchies de la dîme qu'elles payaient alors; et elles ont continué à jouir de cette exemption, jusqu'au moment de la suppression des dîmes, au commencement de la révolution.

Bibliographie. * *Lettre écrite de Chartres pour montrer que c'est à Brétigny près Chartres que fut conclu le traité de paix entre la France et l'Angleterre en 1360* (Mém. de Trévoux, décembre 1706, p. 210, 2127).

TEXTE. *Eclaircissements sur la véritable situation du lieu de Brétigny, si renommé par le traité de paix qui y fut fait entre les rois de France et d'Angleterre* (Mercure, novembre 1746, p. 32, 38).

Le traité de Brétigny est imprimé en deux langues, dans Rymer, t. vi, p. 175. On peut consulter aussi pour les faits qui l'ont précédé, déterminé et accompagné: Froissart, le continuateur de Nangis, Matteo Villani et les Chroniques de St-Denis.

BRETIGNY, vg. *Oise* (Picardie), arr. et à 40 k. de Compiègne, cant. et ✉ de Noyon. Pop. 466 h.

BRETIGNY, *Bretiniacum*, vg. *Seine-et-Oise* (Ile-de-France), arr. et à 17 k. de Corbeil, cant. d'Arpajon, ✉ de Linas. Pop. 808 h. Sur le chemin de fer de Paris à Orléans.

BRETIGNY-LES-NORGES, vg. *Côte-d'Or* (Bourgogne), arr., cant., ✉ et à 9 k. de Dijon. Pop. 298 h. Il est agréablement situé sur la Norges.

BRETON (pertuis), passage étroit et dangereux du golfe de Gascogne, situé entre l'île de Ré et la côte méridionale du dép. de la *Vendée*; il communique avec le pertuis d'Antioche par une passe étroite commandée par le fort de Sablanceau, situé dans l'île de Ré. L'entrée en est annoncée par le tour de la Baleine, un des plus beaux phares qui existent.

BRETON, banc de sable à 3 k. au large au sud de Granville, habité par ceux de Cancale.

BRETON (cap), promontoire à l'extrémité nord d'un lac qui s'étend au nord de l'embouchure de la rivière de Bayonne, dans la baie de Biscaye.

BRETONCELLES, bg *Orne* (Normandie), arr. et à 15 k. de Mortagne-sur-Huine, cant. et ✉ de Remalard. Pop. 2,220 h.

BRETONNIÈRE (la), vg. *Vendée* (Poitou), arr. et à 26 k. de Bourbon-Vendée, cant. de Mareuil, ✉ de Luçon. Pop. 471 h.

BRETONVILLERS, vg. *Doubs* (Franche-Comté), arr. et à 45 k. de Montbelliard, cant. et ✉ de Russey. Pop. 463 h.

BRETTEN, vg. *H.-Rhin* (Alsace), arr. et à 19 k. de Belfort, cant. de Fontaine, ✉ de la Chapelle-sous-Rougemont. Pop. 370 h.

BRETTES, vg. *Charente* (Angoumois), arr. et à 13 k. de Ruffec, cant. et ✉ de Villefagnan. Pop. 619 h.

BRETTES, vg. *Drôme* (Danphiné), arr. et à 32 k. de Die, cant. et ✉ de la Motte-Chalançon. Pop. 253 h.

BRETTES, vg. *Sarthe* (Maine), arr. à 17 k. du Mans, cant. d'Ecommoy, ✉ de Parigné. Pop. 1,181 h.

BRETTEVILLE, vg. *Manche* (Normandie), arr., ✉ et à 8 k. de Cherbourg, cant d'Octeville. Pop. 603 h.

BRETTEVILLE, vg. *Seine-Inf.* (Normandie), arr. de Rouen, cant. de Pavilly, ✉ de Barentin. Pop. 624 h.

BRETTEVILLE, vg. *Seine-Inf.* (Normandie), arr. et à 31 k. du Havre, cant. et ✉ de Goderville. Pop. 1,395 h. — PATRIE du conventionnel BAILLEUL, auteur de: *Examen critique des Considérations sur la révolution française*, par madame de Staël, et de plusieurs autres ouvrages.

BRETTEVILLE-LE-RABET, vg. *Calvados* (Normandie), arr. et à 15 k. de Falaise, cant. de Bretteville-sur-Laize, ✉ de Langannerie. Pop. 234 h.

BRETTEVILLE-L'ORGUEILLEUSE, vg. *Calvados* (Normandie), arr. et à 13 k. de Caen, cant. de Tilly-sur-Seulles. ✉. ✍. A 235 k. de Paris pour la taxe des lettres. Pop. 944 h. — Ce village possède une église paroissiale dont la construction date du xive siècle. La halle est une des plus considérables du département par les qualités de céréales qu'on y récolte, non-seulement dans les environs, mais encore de l'arrondissement de Bayeux, et même du département de la Manche. — Foire le 1er jeudi d'avril.

BRETTEVILLE-SUR-AY, *Britisvilla*, vg. *Manche* (Normandie), arr. et à 31 k. de Coutances, cant. et ✉ de Lessay. Pop. 748 h.

BRETTEVILLE-SUR-BORDEL, vg. *Calvados*, comm. de Tessel, ✉ de Tilly-sur-Seulles.

BRETTEVILLE-SUR-DIVES, *Brethevilla*, vg. *Calvados* (Normandie), arr. et à 23 k. de Lisieux, cant. et ✉ de St-Pierre-sur-Dives. Pop. 169 h.

BRETTEVILLE-SUR-LAIZE, bg *Calvados* (Normandie), arr. et à 20 k. de Falaise, chef-l. de cant., bur. d'enregist. à St-Sylvain, ✉ de Langannerie. Pop. 947 h. — TERRAIN de transition moyen.

Il est situé entre deux collines, à l'entrée de la forêt de Cinglais. On remarque aux environs les ruines d'un ancien château fort, nommé dans le pays la Motte de Rouvrou. — Tanneries et corroieries. — *Foire le 29 nov.*

BRETTEVILLE-SUR-ODON, *Britisvilla S.-Michaelis*, vg. *Calvados* (Normandie), arr., cant., ✉ et à 4 k. de Caen. Pop. 804 h.

BRETTEVILLE-ST-LAURENT, vg. *Seine-Inf.* (Normandie), arr. et à 20 k. d'Yvetot, cant. et ✉ de Doudeville. Pop. 397 h.

BRETTNACH, vg. *Moselle* (Lorraine), arr. et à 35 k. de Thionville, cant. et ✉ de Bouzonville. Pop. 476 h.

BRETX, vg. *H.-Garonne* (Languedoc), arr. et à 25 k. de Toulouse, cant. de Grenade-sur-l'Adour, ✉ de Lévignac. Pop. 244 h.

BREUCHE, vg. *H.-Saône* (Franche-Comté), arr. et à 28 k. de Lure, cant. et ✉ de Luxeuil. Pop. 1,212 h. — Filature de coton.

BREUCHIN (le), petite rivière qui prend sa source à Breuche, dép. de la *H.-Saône*, arr. de Lure; elle passe à Faucogney, Luxeuil, et se jette dans la Lanterne à Ormoiche, après un cours de 32 k. Cette rivière sert à transporter annuellement environ 150 milliers de merrain destiné pour Lyon.

BREUCHOTTE, vg. *H.-Saône* (Franche-Comté), arr. et à 20 k. de Lure, cant. de Luxeuil, ✉ de Faucogney. Pop. 287 h. — Papeterie.

BREUGNON, vg. *Nièvre* (Nivernais), arr., cant., ✉ et à 5 k. de Clamecy. Pop. 471 h.

BREUIL, vg. *Aisne* (Picardie), arr., ✉ et à 10 k. de Soissons, cant. de Vic-sur-Aisne. Pop. 82 h.

BREUIL (le), vg. *Allier* (Bourbonnais), arr., cant., ✉ et à 20 k. de la Palisse. Pop. 1,192 h. Près de la Bèbre.

BREUIL (le), *Brolium*, vg. *Calvados* (Normandie), arr. et à 13 k. de Bayeux, cant. et ✉ de Trévière. Pop. 421 h.

BREUIL (le), vg. *Calvados* (Normandie), arr. et à 7 k. de Lisieux, cant. de Mésidon, ✉ de Croissanville. Pop. 628 h.

BREUIL (le), vg. *Calvados* (Normandie), arr. et à 24 k. de Pont-l'Évêque, cant. de Blangy. Pop. 235 h.

BREUIL (grand et petit), vg. *Charente-Inf.* comm. de St-Augustin-sur-Mer, ✉ de la Tremblade.

BREUIL (le), *Loir-et-Cher*, comm. de Villefrancœur, ✉ de la Chapelle-Vendomoise. ✍.

BREUIL (le), vg. *Marne* (Champagne), arr. et à 27 k. d'Epernay, cant. d'Ornans, ✉ d'Orbais. Pop. 698 h.

BREUIL (le), vg. *Marne* (Champagne), arr. et à 22 k. de Reims, cant. de ✉ de Fismes. Pop. 162 h.

Ce village, situé sur la Vesle, avait autrefois le titre de vicomté, et était défendu par un château fort dont il ne reste plus aucuns vestiges. Il a beaucoup souffert de l'invasion étrangère en 1814.

BREUIL (le), vg. *Puy-de-Dôme* (Auvergne), arr. et 10 k. d'Issoire, cant. et ✉ de St-Germain-Lembron. Pop. 508 h. Près de la rive gauche de l'Allier.

BREUIL (le), vg. *Rhône* (Beaujolais), arr. et à 17 k. de Villefranche-sur-Saône, cant. et ✉ du Bois-d'Oingt. Pop. 428 h. Sur l'Azergue. On y remarque une église fort ancienne. — *Fabriques d'étoffes de coton et de toiles de coton. Moulins à blé. Tuileries et fours à chaux.*

BREUIL (le), vg. *Saône-et Loire* (Bourgogne), arr. et à 30 k. d'Autun, cant. de Montcenis, ✉ du Creuzot. Pop. 768 h.

BREUIL, vg. *Seine-et-Oise* (Ile-de-France), arr. et à 10 k. de Mantes, cant. de Limay, ✉ de Meulan. Pop. 316 h.

BREUIL (le), vg. *Seine-et-Oise* (Ile-de-France), arr., cant., ✉ et à 6 k. de Mantes. Pop. 2,240 h.

BREUIL (le), *Deux-Sèvres*, comm. de François, ✉ de St-Maixent.

BREUIL, vg. *Somme* (Picardie), arr. et à

33 k. de Montdidier, cant. de Roye, ✉ de Nesle. Pop. 239 h.

BREUIL (grand et petit), vg. *Vienne*, com. de St-Pierre-d'Exideuil, ✉ de Civray.

BREUIL-BARRET, vg. *Vendée* (Poitou), arr. et à 24 k. de Fontenay-le-Comte, cant. et ✉ de la Châtaigneraie. Pop. 872 h. — *Foires* les 23 avril, 2 juin, 7 juillet et 29 sept.

BREUIL-BERNARD (le), vg. *Deux-Sèvres* (Poitou), arr. et à 28 k. de Parthenay, cant. et ✉ de Moncoutant. Pop. 565 h.

BREUIL-CHAUSSÉE, vg. *Deux-Sèvres* (Poitou), arr., cant., ✉ et à 5 k. de Bressuire. Pop. 677 h.

BREUIL-LA-RÉORTE, vg. *Charente-Inf.* (Aunis), arr. et à 27 k. de Rochefort-sur-Mer, cant. et ✉ de Surgères. Pop. 629 h.

BREUILAUFA, vg. *H.-Vienne* (Limousin), arr. et à 11 k. de Bellac, cant. et ✉ de Nantiat. Pop. 210 h.

BREUILH, vg. *Dordogne* (Périgord), arr. et à 18 k. de Périgueux, cant. et ✉ de Vergt. Pop. 430 h.

BREUILLAUD, vg. *Charente* (Angoumois), arr. et à 26 k. de Ruffec, cant. et ✉ d'Aigre. Pop. 2,040 h.

BREUIL-LE-SEC, vg. *Oise* (Picardie), arr., cant., ✉ et à 31 k. de Clermont. Pop. 532 h.

BREUILLET, vg. *Charente-Inf.* (Saintonge), arr. et à 20 k. de Marennes, cant. et ✉ de Royan. Pop. 1,361 h.

BREUILLET, vg. *Seine-et-Oise* (Beauce), arr. et à 30 k. de Rambouillet, cant. de Dourdan, ✉ de St-Chéron. Pop. 641 h.

BREUILLOT, *H.-Saône*, comm. de Leffond, ✉ de Champlitte.

BREUIL-LE-VERT, vg. *Oise* (Picardie), arr., cant., ✉ et à 3 k. de Clermont. Pop. 797 h. Sur la Brèche.

Le hameau de CANETTECOURT est une dépendance de cette commune. En 1300, Canettecourt était une ville et une mairie royale. On y voit un château de construction moderne, bâti sur les ruines d'une ancienne forteresse, dite le Fort-l'Attaque. Les jardins, dessinés dans le genre paysager, sont agréables et bien entretenus.

BREUILMAGNÉ, *Charente-Inf.* (Aunis), arr., cant., ✉ à 7 k. de Rochefort-sur-Mer. Pop. 576 h. — *Foire* le lundi de la Pentecôte.

BREUILPONT, *Brolium Pontis*, *Eure* (Normandie), arr. et à 31 k. d'Evreux, cant. et ✉ de Pacy-sur-Eure. Pop. 432 h. Sur l'Eure.

BREUIL-SOUS-ARGENTON-CHATEAU (le), *Deux-Sèvres* (Poitou), arr. et à 18 k. de Bressuire, cant. et ✉ d'Argenton-Château. P. 351 h.

BREUIL-SUR-MARNE, vg. *H.-Marne* (Champagne), arr. et à 15 k. de Vassy, cant. de Chevillon, ✉ de Joinville. Pop. 219 h.

BREUREY-LES-FAVERNEY, vg. *H.-Saône* (Franche-Comté), arr. et à 17 k. de Vesoul, cant. de Port-sur-Saône, ✉ de Faverney. Pop. 1,368 h. — *Foires* les 24 janv.,

12 mars, 11 mai, 8 juin, 27 août et 30 oct. — Haut fourneau.

BREUVANNES, vg. *H.-Marne* (Champagne), arr. et à 40 k. de Chaumont-en-Bassigny, cant. et ✉ de Clefmont. Pop. 1,302 h. — PATRIE du médecin CHAMBON DE MONTAUX, élu maire de la commune de Paris, le 3 déc. 1793 en remplacement de Pétion. — *Fabrique* de coutellerie et de limes, (A) 1827-34-39. — *Foires* les 3 janv., 23 avril, 11 juillet et 3 sept.

BREUVERY, vg. *Marne* (Champagne), arr., cant. et à 13 k. de Châlons-sur-Marne, cant. d'Ecury-sur-Coôle. Pop. 136 h.

BREUVES, *Marne*, comm. de Brugny, ✉ d'Epernay.

BREUVILLE, vg. *Manche* (Normandie), arr. et à 22 k. de Valognes, cant. et ✉ de Bricquebec. Pop. 533 h.

BREUX, vg. *Allier*, comm. et ✉ de St-Pourçain.

BREUX, *Breolium*, vg. *Eure* (Normandie), arr. et à 35 k. d'Evreux, cant. de Nonancourt, ✉ de Tillières-sur-Avre. Pop. 518 h. — *Fabrique* de bas. Papeterie.

BREUX, vg. *Meuse* (Lorraine), arr., cant., ✉ et à 9 k. de Montmédy. Pop. 691 h.

BREUX, vg. *Seine-et-Oise* (Beauce), arr. et à 29 k. de Rambouillet, cant. de Dourdan, ✉ de St-Chéron. Pop. 398 h. — Tuilerie.

BRÉVAINVILLE, vg. *Loir-et-Cher* (Beauce), arr. et à 27 k. de Vendôme, cant. de Morée, ✉ de Cloyes. Pop. 362 h.

BRÉVAL, *Braiae Vallis*, vg. *Seine-et-Oise* (Beauce), arr. et à 17 k. de Mantes, cant. de Bonnières, ✉ de Rosny-sur-Seine. Pop. 578 h. — Il était autrefois défendu par un château en forme de fort, qui a été démoli par ordre de Charles V.

BRÉVANDS, vg. *Manche* (Normandie), arr. et à 28 k. de St-Lô, cant. et ✉ de Carentan. Pop. 451 h.

BREVANNES, vg. *Seine-et-Oise*, comm. de Limeuil-Brevannes, ✉ de Boissy-St-Léger. — On y voit un beau château entouré de fossés remplis d'eau vive, et embelli d'un parc et de jardins qui ont été exécutés sur les dessins de le Nôtre. Les bois de cette charmante propriété sont renommés par les bals champêtres d'été, qui réunissent les habitants des châteaux et des maisons de campagne des environs.

BREVANS, vg. *Jura* (Franche-Comté), arr., cant. et à 3 k. de Dôle, cant. de Rochefort. Pop. 298 h.

BRÉVEDENT (le), vg. *Calvados* (Normandie), arr., ✉ et à 11 k. de Pont-l'Evêque, cant. de Blangy. Pop. 244 h.

BRÈVES, vg. *Nièvre* (Nivernais), arr., cant., ✉ et à 10 k. de Clamecy. Pop. 817 h. — *Foire* le 29 oct.

BRÈVES-CHATEAU, ou BAUCHÉ, *Indre*, comm. de Vandœuvre, ✉ de Buzançais.

BRÉVIAIRES (les), vg. *Seine-et-Oise* (Beauce), arr., cant., ✉ et à 8 k. de Rambouillet. Pop. 314 h.

BRÉVIANDE, vg. *Aube* (Champagne),

arr., cant., ✉ et à 5 k. de Troyes. P. 664 h.

BREVIÈRE (la), vg. *Calvados* (Normandie), arr. et à 21 k. de Lisieux, cant. et ✉ de Livarot. Pop. 209 h.

BRÉVILIERS, vg. *H.-Saône* (Franche-Comté), arr. et à 29 k. de Lure, cant. et ✉ d'Héricourt. Pop. 391 h.

BRÉVILLE, vg. *Calvados* (Normandie), arr. et à 13 k. de Caen, cant. de Troarn, ✉ de Banville. Pop. 314 h.

BRÉVILLE, vg. *Charente* (Saintonge), arr., cant. et à 15 k. de Cognac, ✉ de Jarnac. Pop. 791 h.

BRÉVILLE, vg. *Manche* (Normandie), arr. et à 24 k. de Coutances, cant. et ✉ de Bréhal. Pop. 446 h.

BRÉVILLERS, vg. *Pas-de-Calais* (Artois), arr. et à 26 k. de Montreuil-sur-Mer, cant. et ✉ de Hesdin. Pop. 454 h.

BRÉVILLERS, vg. *Somme* (Picardie), arr., cant., ✉ et à 9 k. de Doullens. Pop. 153 h.

BRÉVILLY, vg. *Ardennes* (Champagne), arr. et à 12 k. de Sédan, cant. et ✉ de Mouzon. Pop. 370 h. — Le pape Calixte II y eut une entrevue avec Henri V, empereur d'Allemagne, en 1119. — Forges à l'anglaise, martinets et fenderie.

BREVIN (St-), vg. *Loire-Inf.* (Bretagne), arr., cant., ✉ et à 11 k. de Paimbœuf. Pop. 944 h. — Il est situé sur la rive gauche de la Loire, à l'entrée d'une anse que la mer abandonne chaque jour. Il y a un peu plus d'un siècle, les eaux de la mer baignaient les murs du cimetière; elle en est, aujourd'hui, éloignée d'un k. — Le fort de Mindin, à demi enseveli dans les sables, fait partie de la commune de St-Brevin. Ogée rapporte qu'il y avait autrefois, à la place de ce fort, un grand village dont on ne voit plus de traces. Le fort qui existe aujourd'hui fut construit en 1754. On a ce le projet d'établir un fort sur les chantiers dans la rade qu'il protége. C'est à St-Brevin que quelques historiens placent le *Brivates Portus* de Ptolémée, et la vue des lieux ne démentirait point cette opinion, si l'on n'avait des raisons presque certaines de le désigner ailleurs.

BREVIODURUM (lat. 50°, long. 19°). « On trouve ce lieu dans l'Itinéraire d'Antonin, entre *Juliobona*, capitale des *Caleti*, et *Noviomagus*, capitale des *Lexovii*; dans la Table théodosienne, entre *Juliobona* et *Rotogamus*. Le nom de *Brivodurum* ou *Breviodurum*, désigne indubitablement le passage d'une rivière sur un pont, et on reconnaît cette position dans celle du Pont-Audemer, situé sur la Risle, et qui a pris le nom de *Pons Audomari* ou *Aldemari*, dans le moyen âge. La distance de 22 à 23,000 toises, entre Rouen et le Pont-Audemer, selon la carte manuscrite levée par les frères Magin, répond à l'indication que donne la Table entre *Breviodurum* et *Rotomagus*, qui est XX; par le calcul de 20 lieues gauloises est de 22,680 toises. Cependant il ne faut point dissimuler que le contour de la Seine, au-dessous de Rouen, faisant circuler la route, la mesure itinéraire doit surpasser de quelques lieues ce que donne cette évaluation. Je suis informé qu'au delà du Pont-Audemer, en tendant vers Lisieux, il subsiste des vestiges de l'ancienne voie romaine qui conduisait de *Breviodurum* à *Noviogamus* des *Lexovii* ; c'est un reste de chemin qui est ferré, et que la tradition du pays veut être un ouvrage des Romains. L'indication de l'Itinéraire dans cet intervalle, savoir XVII, est trop forte : le local n'admet que XIII, et la manière de faire cette correction est facile. Il n'en est pas de même de XVII, selon l'Itinéraire, et de XVIII, selon la Table, entre *Juliobona* et *Breviodurum*. Quoique la disposition du local entre Lilebone, qui est *Juliobona*, et le Pont-Audemer donne lieu de présumer que la route faisait un détour, pour traverser la Seine au-dessus de Quilebœuf, et vraisemblablement à l'endroit qui se nomme le Vieux-Port, sur la rive gauche de la rivière ; cependant, il est hors de vraisemblance que l'intervalle des positions n'étant guère que de 8 lieues gauloises en droite ligne, la voie de communication entre ces positions en valût 17 ou 18. La trace d'une ancienne voie, entre le Vieux-Port et le Pont-Audemer, se distingue par le nom qu'on lui donne de chemin perré. On voit dans la Table une ligne de communication depuis *Juliobona* jusqu'à *Mediolanum* des *Eburovices* ou Evreux ; mais l'indication de distance y est omise. » D'Anville. *Notice de l'ancienne Gaule*. V. aussi Walckenaer, *Géographie des Gaules*, t. I, p. 393 ; t. II, p. 353.

BREVOINE, vg. *H.-Marne*, comm. et ⊠ de Langres.

BREVONNE, vg. *Aube* (Champagne), arr. et à 28 k. de Troyes, cant. et ⊠ de Piney. Pop. 840 h.

BREXENT-ENOCQ, vg. *Pas-de-Calais* (Boulonnais), arr. et à 10 k. de Montreuil-sur-Mer, cant. et ⊠ d'Etaples. Pop. 394 h.

BREY, vg. *Doubs* (Franche-Comté), arr. et à 23 k. de Pontarlier, cant. et ⊠ de Mouthe. Pop. 197 h.

BREY, vg. *Eure-et-Loir*, comm. d'Umpeau, ⊠ de Gallardon.

BREZÉ, bg *Maine-et-Loire* (Anjou), arr. et à 19 k. de Saumur, cant. et ⊠ de Montreuil-Bellay. Pop. 999 h. Sur la Dives.— Il était autrefois défendu par un château fort qui a été remplacé par un autre château bâti vers le commencement du XVIᵉ siècle. Ce château est à peine terminé à moitié ; le fossé qui l'entoure est creusé dans le tuf ; sa largeur est de 10 m., sa profondeur de 12 m. On a pratiqué dans ce fossé des logements pour 5 à 600 hommes ; on y voit une salle dans laquelle on prétend que le maréchal de Brezé faisait battre de la fausse monnaie.

BREZEY, vg. *Eure*, comm. d'Epinay, ⊠ de Bernay.

BREZIERS, vg. *H.-Alpes* (Dauphiné), arr. et à 35 k. d'Embrun, cant. de Chorges, ⊠ de Remollon. Pop. 637 h.— *Foires* les 6 août et 24 nov.

BRÉZILLAC, vg. *Aude* (Languedoc), arr. et à 24 k. de Limoux, cant. et ⊠ d'Alaigne. Pop. 326 h.

BREZINS, vg. *Isère* (Dauphiné), arr. et à 24 k. de St-Marcellin, cant. de St-Etienne-de-St-Geoirs, ⊠ de la Côte-St-André. Pop. 1,044 h.

BREZOLLES, bg *Eure-et-Loir* (Normandie), arr. et à 23 k. de Dreux, chef-l. de cant. Cure. ⊠. ⚡. A 128 k. de Paris pour la taxe des lettres. Pop. 912 h.— Terrain tertiaire moyen.— *Autrefois* diocèse de Chartres, parlement de Paris, intendance d'Alençon, élection de Mortagne.— *Foire* le 30 nov.

BREZONS, vg. *Cantal* (Auvergne), arr. et à 27 k. de St-Flour, cant. et ⊠ de Pierrefort. Pop. 1,354 h.— Il est situé dans une gorge au pied du Plomb-du-Cantal ; on y remarque les châteaux de Lavoix, celui du Griffoul, et des vestiges d'une voie romaine.

BRIAC (St-), bg *Ille-et-Vilaine* (Bretagne), arr. et à 13 k. de St-Malo, cant. de Pleurtuit, ⊠ de Dinan. Pop. 1,878 h.— Il est situé à peu de distance de l'Océan , près de l'embouchure du Frémur.

L'église de ce bourg fut élevée dans le XIVᵉ siècle, lors d'une abondante pêche de maquereaux. La reconnaissance des pêcheurs les porta à en faire représenter de tous côtés sur les murs, sur la voûte, et même dans le bénitier, où on les voit à la nage.— *Foire* le 28 oct.

BRIAILLES, *Allier*, comm. et ⊠ de St-Pourçain.

BRIANÇON, *Brigantio Caturicum*, *Brigantium*, ancienne et forte ville, *H.-Alpes* (Dauphiné), chef-l. de sous-préf. et d'un cant. Place de guerre de 1ʳᵉ classe. Trib. de 1ʳᵉ inst. Cure. Collège communal. Gîte d'étape. ⊠. ⚡. — Terrain jurassique.

Autrefois diocèse d'Embrun, parlement et intendance de Grenoble, gouvernement particulier, collège.

L'origine de Briançon remonte à une haute antiquité. Strabon la nomme *Brigantium vicum*, Ptolémée *Brigantion*, l'Itinéraire de Jérusalem *Byrigantium*. Pline attribue sa fondation à des Grecs chassés des bords du lac de Como ; d'autres auteurs l'ont fait élever par Bellovèse ou par Brennus. Cette ville était anciennement fortifiée, et Ammien Marcellin la nomme *Virgantia Castellum*. La position de cette ville est démontrée par les mesures de la voie romaine qui conduisait d'*Augusta Taurinorum*, Turin, jusqu'à *Valentia*, Valence, sur les bords du Rhône. — Après la chute de l'empire d'Occident, les Briançonnais se constituèrent en république, et, protégés par leur situation, réussirent à défendre leur indépendance et ne se donnèrent que volontairement aux dauphins viennois. Briançon portait pour armes la devise : *Petite ville et grand renom*. Elle fut en partie brûlée dans les guerres du calvinisme à la fin du XVIᵉ siècle, et incendiée de nouveau en 1624 et 1692 ; ce dernier incendie, en détruisant ses archives, nous a privés de l'histoire civile et militaire des Alpes cottiennes.

Les armes de **Briançon** sont : *d'azur à deux pals échiquetés d'or et de gueules de trois pièces*. Dans un manuscrit de 1669, elles sont figurées : *d'azur à une tour d'argent crénelée, sommée de trois tourillons de même*. Leman de Lajaisse les indique : *d'azur à une croix d'or*.

Cette ville est située sur un mamelon, au pied du col de Genèvre, à la jonction des vallées de la Guisanne et de la Clarée, et au point où les deux rivières de ce nom se réunissent et perdent leur nom pour prendre celui de la Durance. Elle est entourée d'une triple enceinte de murs et dominée par sept forts dont les feux se croisent. Le haut du mamelon est couronné par le fort Vieux. Plusieurs redoutes et lunettes battent la route d'Italie ; mais c'est sur le versant opposé de la Clarée que s'élèvent les principales fortifications, qui communiquent avec la ville par un pont d'une seule arche, d'une hardiesse peu commune, jeté sur le précipice au fond duquel mugit le torrent. On lit au milieu de ce pont l'inscription suivante :

Du règne de Louis XIV ce pont de 120 pieds d'ouverture d'arche, élevé de 168 pieds au-dessus de la rivière, a été construit par les ordres du maréchal d'Asfeld, général des armées du roi, chevalier de la Toison d'or, directeur général des fortifications. L'an 1734.

Une excellente route monte en zigzag du pont aux forts : ils communiquent entre eux par des routes aussi belles et par des galeries souterraines. Le plus grand des forts porte le nom de Forteresse-des-Trois-Têtes, parce qu'il couronne un mamelon à triple sommité. De niveau avec les Trois-Têtes est le Fort-Dauphin, situé sur la frontière. A 100 m. au-dessus, et vers la Durance, s'élève la forteresse du Randouillet ; celle du Donjon à 200 m. plus haut ; enfin, la lunette du Point-du-Jour domine toutes ces fortifications. Briançon est pour les Alpes françaises le principal arsenal, magasin et entrepôt ; c'est le point central d'attaque et de défense, soit que, pour l'offensive, nos troupes débouchent sur ce point même ou sur la gauche, par le Mont-Cenis, le St-Bernard ou le Simplon ; par la droite, sur le col du Tende ; soit que, pour la défensive, elles se portent sur le flanc des communications que l'ennemi se serait ménagées, pour celles qu'il veulent rendre plus difficile, d'un côté, le passage du Var ou des Hautes-Alpes, de l'autre celui du Rhône ou des montagnes de la Savoie.

En 1815, l'autorité supérieure du département avait cru nécessaire de faire ouvrir à l'armée austro-sarde le passage de Briançon, de Mont-Dauphin et du fort Queyras ; la postérité redira qu'elles restèrent fermées aux étrangers par le courage patriotique des habitants.

Vue de la vallée de la Durance, Briançon offre un aspect très-pittoresque ; elle forme un amphithéâtre dont la base est décorée de verdure et le premier étage de vastes bâtiments. La caserne se fait remarquer par sa grandeur et sa propreté. L'église s'élève sur une terrasse au bord de la ville ; c'est une jolie construction de style italien, dont le plan est régulier et la façade, à deux ordres de pilastres, couronnée de deux jolis clochers.

Cette ville n'a qu'une belle rue très-rapide qui la traverse du haut en bas, et où coule un ruisseau d'eau vive. Au milieu de cette rue est une place carrée qui sert de place d'armes et de marché. Le reste de la ville est assez triste, mais les environs sont on ne peut plus pittoresques. — A l'angle d'une rue, qui porte encore aujourd'hui le nom de rue du Temple, on remarque un bâtiment à trois étages, d'un caractère architectural simple et austère, qui était autrefois un temple de protestants. Sur la façade principale, on distingue plusieurs écussons dont les armoiries sont effacées; au bas on lit distinctement le millésime 1574.

L'élévation de Briançon au-dessus du niveau de la mer est de 1,306 m.

Près de Briançon sont plusieurs maisons de campagne fort agréables. On doit visiter, au bas de la rampe par laquelle on monte à cette ville, la belle propriété créée par M. Delphin, traversée par la Durance, par le canal de la Guisanne et par la rivière de Cervières; cette dernière a été amenée sur une montagne où elle se divise en deux parties, dont l'une se précipite de 66 m. de haut dans un bassin où elle tombe en pluie, et l'autre glisse sur la pierre qu'elle a polie. Le limon fourni par la Cervières a été porté peu à peu sur les rochers voisins, que M. Delphin a formé comme de petites digues qui retiennent les terres et les feuilles, et il y fait circuler de petits ruisseaux qui y entretiennent l'humidité et y donnent leur contingent de limon. Tout ce travail a été l'ouvrage de quinze ans; là où l'on ne voyait qu'une montagne desséchée et une carrière abandonnée, s'élève maintenant une très-belle forêt peuplée d'arbres indigènes et exotiques. Cette forêt, ces ruisseaux, ces canaux, ces cascades; les jardins, les serres sur les rocs qui semblent taillés à pic; les forts de Briançon, qui couronnent les rochers; la riante vallée que la Durance arrose, tout constitue la propriété la plus remarquable qu'il soit possible de rencontrer.

Biographie. Patrie du conventionnel COLAUD DE LA SALCETTE.
Du lieutenant général COLAUD.
Du mathématicien BÉRARD.

Fabriques de bonneterie, cotonnades, faux, faucilles, peignes pour le chanvre, clous, crayons, Filatures de coton. Tanneries. Fonderies de cuivre et de cloches. — Commerce de mine de plomb, craie de Briançon, crayons, mulets, juments et moutons que l'on élève dans l'arrondissement; de térébenthine, graine de mélèze, eau de lavande, de manne, suc résineux qui se forme par transsudation sur l'écorce et les feuilles du mélèze, que l'on récolte dans les environs. — Foires les 4ᵉ jeudi de carême, 2ᵉˢ lundi et mardi de juin, 2ᵉˢ lundi et mardi d'oct.

A 91 k. de Gap, 661 k. de Paris.

L'arrondissement de Briançon est composé de 5 cantons: Aiguilles, Largentière, Briançon, la Grave et le Monestier.

Bibliographie. CHAIX. Topographie, histoire naturelle et statistique de l'arrondissement de Briançon, in-8, 1816.

FAURÉ aîné. Statistique rurale de l'arrondissement de Briançon, in-8, 1823.

BRIANÇON, Indre-et-Loire, comm. de Cravant, ✉ de Chinon.

BRIANÇONNAIS (le), Brigantinensis Ager, était borné au nord par la Savoie, au sud par la vallée de Barcelonnette, à l'est par le Piémont, et à l'ouest par l'Embrunois et le Grésivaudan. Du temps de César, il était habité par les Brigiani, compris par Ptolémée dans la confédération des Segusini, par Pline dans celle des Caturiges, et mentionnés dans l'inscription du trophée des Alpes, au nombre des peuples qu'Auguste avait domptés. Le Briançonnais faisait, sous Honorius, partie de la province des Alpes maritimes. Depuis, il eut les mêmes destinées que sa capitale.

BRIANÇONNET, Castrum Briansoni, vg. Var (Provence), arr. et à 50 k. de Grasse, caut. et ✉ de St-Auban. Pop. 654 h. — C'est un village fort ancien où l'on a trouvé plusieurs inscriptions antiques et un grand nombre de médailles romaines.

BRIANNY, vg. Côte-d'Or (Bourgogne), arr. et à 11 k. de Semur, cant. de Précy-sous-Thil, ✉ de la Maison-Neuve. Pop. 331 h.

BRIANT, vg. Saône-et-Loire (Bourgogne), arr. et à 31 k. de Charolles, cant. et ✉ de Semur-en-Brionnais. Pop. 959 h.

BRIANTES, vg. Indre (Berry), arr., cant., ✉ à 4. k. de la Châtre. Pop. 768 h.

BRIARE, vg. Loiret (Orléanais), arr. et à 15 k. de Pithiviers, cant. et ✉ de Puiseaux. Pop. 434 h.

BRIARE, Brivodorum, Brevodurum, petite ville, Loiret (Gâtinais), chef-l. de cant., arr. et à 10 k. de Gien. Cure. ⚓. ✉ A 131 k. de Paris pour la taxe des lettres. Pop. 3,229 h.
— TERRAIN tertiaire moyen.

Autrefois diocèse d'Auxerre, parlement, intendance et élection de Paris, justice royale. Elle est très-agréablement située sur la rive droite de la Loire, à la jonction du canal de Briare avec ce fleuve. La partie construite sur le bord du canal offre une suite de maisons bien bâties, le long desquelles règne un joli quai bordé de deux rangs d'arbres, qui forme un port commode, et un abri pour les bateaux pendant la mauvaise saison ou le chômage du canal. L'autre partie de la ville ne consiste qu'en une seule rue, traversée par la grande route.

Commerce de vins, bois, charbons. —
Foires les 22 nov., 3ᵉ dim. de carême, dimanche après le 26 déc.

BRIARE, (canal de). Ce canal établit, avec celui de Loing, une communication entre la haute Loire et la Seine; il a son embouchure dans la Loire, à Briare, et se jette, à Montargis, dans le canal de Loing: c'est le premier ouvrage de cette nature qui ait été effectué en France. La longueur totale du développement est de 55,301 m. 43 c.

Le canal de Briare entre dans la Loire à Briare même, côtoie le ruisseau de Trézée, et remonte par Ouzouer, Rogny, Châtillon-sur-Loing et Montargis, où il joint le canal de Loing, qui se rend dans la Seine au-dessous de Moret. La navigation est interrompue annuellement du 1ᵉʳ août au 1ᵉʳ novembre.

Bibliographie. * Lettres patentes accordées par le roi pour la communication des rivières de Loire et de la Seine, appelé le canal de Briare, du mois de septembre 1638, in-4, 1731 et 1739.

BRIAS, vg. Pas-de-Calais (Artois), arr., cant., ✉ et à 5 k. de St-Pol-sur-Ternoise. Pop. 344 h.

BRIASTRE, vg. Nord (Cambrésis), arr. et à 22 k. de Cambray, cant. de Solesmes, ✉ du Cateau. Pop. 841 h.

BRIATEXTE, bg Tarn (Languedoc), arr. et à 12 k. de Lavaur, cant. et ✉ de Graulhet. Pop. 1,458 h. — Dans le XVIᵉ siècle, les protestants prirent souvent ce bourg, qui résista toutefois avec succès en 1622 au maréchal de Thémines, qui fut obligé d'en lever le siège.

Les armes de Briatexte sont: d'azur semé de fleurs de lis d'or, à une tête d'argent sur la tour. Dans un manuscrit du XVIIᵉ siècle, elles sont figurées: d'azur, au casque de front d'or, soutenu de deux lions affrontés de même.

Foires les 4 avril, 24 août et 9 déc.

BRIAUCOURT, vg. H.-Marne (Champagne), arr. et à 12 k. de Chaumont-en-Bassigny, cant. et ✉ d'Andelot. Pop. 229 h.

BRIAUCOURT, vg. H.-Saône (Franche-Comté), arr. et à 28 k. de Lure, cant. de St-Loup, ✉ de Luxeuil. Pop. 585 h.

BRICE (St-), vg. Charente (Angoumois), arr., cant., ✉ et à 5 k. de Cognac. Pop. 661 h.

BRICE (St-), vg. Gironde (Agénois), arr. et à 17 k. de la Réole, cant. et ✉ de Sauveterre. Pop. 223 h.

BRICE (St-), vg. Lot-et-Garonne (Agénois), arr. et à 30 k. d'Agen, cant. de Port-Ste-Marie, ✉ d'Aiguillon. Pop. 660 h.

BRICE (St-), vg. Manche (Normandie), arr., cant., ✉ à 5 k. d'Avranches. Pop. 226 h.

BRICE (St-), vg. Marne (Champagne), arr., cant., ✉ à 3 k. de Reims. Pop. 638 h.

BRICE (St-); Mayenne (Anjou), arr. et à 22 k. de Château-Gontier, cant. et ✉ de Grez-en-Bouère. Pop. 841 h.

BRICE (St-), Orne (Normandie), arr., cant., ✉ à 3 k. de Domfront. Pop. 388 h.

BRICE (St-), vg. Seine-et-Marne (Brie), arr., cant., ✉ et à 2 k. de Provins. Pop. 331 h.

BRICE (St-), vg. Seine-et-Oise (Ile-de-France), arr. et à 30 k. de Pontoise, cant. d'Ecouen. A 17 k. de Paris pour la taxe des lettres. Pop. 851 h. — Il est renommé pour la salubrité de l'air qu'on y respire.

BRICE (St-), vg. H.-Vienne (Limousin), arr. et à 14 k. de Rochechouart, cant. et ✉ de St-Junien. Pop. 1,183 h.

BRICE-DE-LANDELLE (St-), vg. Manche (Normandie), arr. à 24 k. de Mortain, cant. et ✉ de St-Hilaire-du-Harcourt. Pop. 1,198 h.

BRICE-EN-COGLES (St-), bg *Ille-et-Vilaine* (Bretagne), arr. et à 15 k. de Fougères, chef-l. de cant. Cure. ✉. ⚲. ⚔ 313 k. de Paris pour la taxe des lettres. Pop. 1,576 h. — Terrain cristallisé, granit. — Papeterie. — Foire le 24 nov.

BRICE-SOUS-RANES (St-), vg. *Orne* (Normandie), arr. et à 18 k. d'Argentan, cant. d'Ecouché, ✉ de Ranes. Pop. 512 h.

BRICHE (la), vg. *Seine*, comm. et ✉ d'Epinay.

BRICON, vg. *H.-Marne* (Champagne), arr. et à 13 k. de Chaumont-en-Bassigny, cant. et ✉ de Châteauvillain. Pop. 541 h.

BRICONVILLE, vg. *Eure-et-Loir* (Beauce), arr., cant., ✉ et à 11 k. de Chartres. Pop. 110 h.

BRICOT-LA-VILLE, vg. *Marne* (Champagne), arr. à 51 k. d'Epernay, cant et ✉ d'Esternay. Pop. 78 h.

BRICQUEBEC, gros bourg *Manche* (Normandie), arr. et à 13 k. de Valognes, chef-l. de cant. Cure. Gîte d'étape. ✉. ⚔ 335 k. de Paris pour la taxe des lettres. Pop. 4,484 h.— Terrain de transition moyen.

Ce bourg est situé presque au milieu de la forêt de son nom. On y remarque les ruines imposantes d'un ancien château fort, d'un effet très-pittoresque. Il est situé au milieu du bourg, au bas de la place des Buttes, dans un lieu peu élevé, et près d'un ruisseau dont les eaux remplissaient les fossés qui entouraient cette forteresse. Son enceinte était à peu près circulaire. La partie la plus remarquable était un donjon de plus de 27 m. de hauteur, et d'une grande largeur, terminé par une plate-forme qu'une voûte soutient et d'où l'on découvre tout le pays. Ce donjon, de la figure d'un hendécagone, et dont les murs sont d'une grande épaisseur, communiquait par un rempart élevé à une tour carrée, où est placée l'horloge, et sous laquelle est la porte d'entrée du château; devant furent jadis un pont-levis et un fossé. L'enceinte était encore défendue par six tours d'une grande solidité. La majeure partie des bâtiments de ce château date du xiv⁰ à la fin du xvi⁰ siècle : on remarque dans la cour des colonnes du xi⁰ siècle. Les ruines du château de Bricquebec attirent ceux qui veulent étudier l'histoire de l'architecture militaire du moyen âge, et les dessinateurs français et étrangers. Ce château a été aliéné: sa partie habitable est convertie en un misérable cabaret ; le reste tombe en ruines. L'enceinte était défendue par huit tours y compris le donjon et la tour qui est sur la porte d'entrée.

La nef de l'église paroissiale de Bricquebec est un excellent modèle du genre roman ; ses grosses colonnes groupées et très-courtes, leurs chapiteaux variés à l'infini, les archivoltes qui garnissent les entre-colonnements méritent d'être observés. Cette église a été désignée par l'autorité locale comme susceptible d'être classée au nombre des monuments historiques.

Patrie du lieutenant général comte le Marrois.

Il y a sur le territoire de cette commune beaucoup de mines de fer, et plusieurs sources d'eaux minérales froides, qui ont été analysées par MM. Piat et Cadet. M. Barbeu du Bourg a publié dans le Journal de médecine (janvier 1761, un Examen des eaux de Bricquebec.

Foires les 3 avril, 9 mai, 30 juin, 27 juillet et 23 nov.

BRICQUEBOSQ, vg. *Manche* (Normandie), arr. et à 15 k. de Cherbourg, cant. et ✉ des Pieux. Pop. 647 h.

BRICQUEVILLE-LA-BLOUETTE, *Manche* (Normandie), arr., cant., ✉ et à 4 k. de Coutances. Pop. 672 h.

BRICQUEVILLE-SUR-MER, vg. *Manche* (Normandie), arr. et à 18 k. de Coutances, cant. et ✉ de Bréhat. Pop. 1,767 h.

BRICY, vg. *Loiret* (Orléanais), arr. et à 15 k. d'Orléans, cant. de Patay, ✉ de Chevilly. Pop. 361 h.

BRIDIER, vg. *Creuse*, comm. et ✉ de la Souterraine.

BRIDORÉ, vg. *Indre-et-Loire* (Touraine), arr., cant., ✉ et à 14 k. de Loches. P. 319 h.

BRIE, *Briegium*, province qui faisait anciennement partie des gouvernements de Champagne et de l'Ile-de-France ; elle a pris son nom d'une grande forêt nommée *Saltus Brigensis*, dont il reste encore plusieurs parties considérables : Meaux était la capitale de la Brie. Ce pays est aujourd'hui compris dans les départements de *Seine-et-Marne*, de l'*Aisne* et de la *Marne* ; il produit en grande quantité des grains de toute espèce, et nourrit un grand nombre de bestiaux qui fournissent des fromages recherchés.

BRIE, vg. *Aisne* (Picardie), arr. à 12 k. de Laon, cant. et ✉ de la Fère. Pop. 207 h.

BRIE, vg. *Ariége* (pays de Foix), arr. et à 14 k. de Pamiers, cant. et ✉ de Saverdun. Pop. 378 h.

BRIE, vg. *Ille-et-Vilaine* (Bretagne), arr. et à 22 k. de Rennes, cant. et ✉ de Janzé. Pop. 983 h.

BRIE, vg. *Isère* (Dauphiné), arr. et à 13 k. de Grenoble, cant. et ✉ de Vizille. P. 642 h.

BRIE, vg. *Deux-Sèvres* (Poitou), arr. et à 35 k. de Bressuire, cant. et ✉ de Thouars. Pop. 455 h.

BRIE, *Seine*. V. Bry-sur-Marne.

BRIE, vg. *Somme* (Picardie), arr., cant., ✉ et à 7 k. de Péronne. Pop. 543 h.

BRIE-COMTE-ROBERT, *Bradeia, Braia Comitis Roberti*, petite ville, *Seine-et-Marne* (Brie), arr. à 18 k. de Melun, chef-l. de cant. Cure. Gîte d'étape. ✉. ⚲. ⚔ 29 k. de Paris pour la taxe des lettres. Pop. 2,665 h. —Terrain tertiaire inférieur.

Autrefois capitale de la Brie française, diocèse, parlement, intendance et élection de Paris, justice royale, châtellenie, bailliage.

Cette ville, située sur la rive droite de l'Isère, était anciennement fortifiée et défendue par un château construit vers la fin du xii⁰ siècle. Les Anglais la prirent d'assaut en 1430. Le duc de Bourbon la reprit par trahison en 1434. Pendant la guerre de la Praguerie, les princes révoltés contre Charles VII s'en emparèrent en 1440 ; mais ce monarque la reprit peu de temps après. Cette ville fut encore prise d'assaut du temps des guerres civiles de la Fronde, le 24 février 1649.—A l'époque de la révolution son nom fut changé en celui de Brie-sur-Yères.

Le château de Brie, situé à l'extrémité de la ville, près de la route de Paris, se composait d'une enceinte carrée, dont les angles étaient flanqués de tours rondes, et de trois autres tours placées au milieu des trois côtés du carré ; celle qu'on nommait la tour de Brie, qui était haute d'environ 33 m. 33 c. et bien conservée, a été démolie en 1830 ; ce château ne présente plus aujourd'hui que des ruines. Dans une des rues de la ville, on remarque la façade d'un ancien hôpital construit en 1208, composée de cinq arcades en ogive de la première époque. Entre chacun des arceaux, dont l'exécution est délicate, on remarque une figure en buste, sortant à mi-corps des nuages ou de l'eau figurée par des ondulations, et tenant un bâton entre leurs bras qui sont croisés. Les ornements de ces figures sont très-délicatement travaillés.

L'église paroissiale, où l'on voit plusieurs tombeaux remarquables, est élégamment bâtie et date du xiii⁰ siècle. Elle n'offre qu'une seule nef, accompagnée de deux bas côtés qui ne tournent point autour du chœur. Cette nef est percée par huit arcades ogives surmontées de galeries délicates et de grandes croisées. Le portail est une restauration du xvi⁰ ou du xvii⁰ siècle.

Les armes de Brie-Comte-Robert sont : *de gueules à la tour d'argent maçonnée de sable, surmontée de trois tourelles girouettées d'argent*. Dans un manuscrit du xvii⁰ siècle elles sont figurées : *d'azur à une tour crénelée d'argent, ouverte à jour et maçonnée de sable, accostée de deux fleurs de lis d'or*.

Fabriques de plumes à écrire. Tuileries. Tanneries.—Commerce considérable de grains et de fromages de Brie.—*Foires* les 11 sept., 30 nov. et 2⁰ lundi de juillet.

Bibliographie.* *La Prise de la ville et château de Brie-Comte-Robert*, in-4, 1649.

BRIE-DE-BARBEZIEUX, vg. *Charente* (Saintonge), arr., cant., ✉ et à 12 k. de Barbezieux. Pop. 312 h.

BRIEC, bg *Finistère* (Bretagne), arr., et à 15 k. de Quimper, chef-l. de cant. Pop. 5,149 h. — Terrain cristallisé. — *Foires* les 1⁰⁹ lundis de mars, juin, sept., oct. et nov.

BRIEL, vg. *Aube* (Bourgogne), arr., cant. et à 12 k. de Bar-sur-Seine, ✉ de Vendœuvre. Pop. 338 h.

BRIE-LA-ROCHEFOUCAULD, vg. *Charente* (Angoumois), arr. et à 12 k. d'Angoulême, cant. et ✉ de la Rochefoucauld. Pop. 1,863 h.

BRIELLES, vg. *Ille-et-Vilaine* (Bretagne), arr., ✉ et à 20 k. de Vitré, cant. d'Argentré. Pop. 995 h.

BRIENNE, vg. *Ardennes* (Champagne), arr. et à 25 k. de Réthel, cant. d'Asfeld, ✉

de Neufchâtel. Pop. 345 h. Au confluent de l'Aisne et de la Retourne.

BRIENNE, ou BRIENNE-LE-CHATEAU, *Brena, Brienna*, petite ville, *Aube* (Champagne), chef-l. de cant., arr. et à 24 k. de Bar-sur-Aube. Cure. Gîte d'étape. ✉. ✆. À 200 k. de Paris pour la taxe des lettres. Pop. 1,830 h.
— TERRAIN crétacée inférieur, grès vert.

Autrefois comté, diocèse de Troyes, parlement de Paris, intendance de Châlons, élection de Bar-sur-Aube, 1 couvent.

Cette ville est située au pied d'une colline élevée, près de l'Aube. Elle consiste en deux seules rues, dont l'une descend du château même et aboutit à la route de Joinville, l'autre conduit d'Arcis à Bar-sur-Aube. Derrière la ville est situé le château, bâti sur la colline qui, par une pente douce, va se perdre dans une forêt ombrageant les deux rives de l'Aube.

Flodoard nous apprend qu'au milieu du xe siècle des brigands, Gotbert et Angilbert, son frère, bâtirent, sur le coteau qui domine la ville, une forteresse qui devint un objet de crainte pour les rois de France. Louis d'Outre-mer en forma le blocus, la prit et la ruina de fond en comble en 951. Elle fut rebâtie dans la suite, et donnée à des seigneurs qui la tinrent en fief des comtes de Champagne. Brienne devint alors une des comtés-pairies de cette province. Ce fut un des trois comtés qu'avait achetés le pape Urbain IV, natif de Troyes, pour doter le chapitre de St-Urbain de cette ville. Le comté de Brienne fut érigé en duché-pairie en 1587, sous le règne d'Henri III ; mais les lettres patentes n'ayant point été enregistrées au parlement, il demeura simple comté.

Le château était entouré de fortifications redoutables, et communiquait, assure-t-on, par des signaux, avec les châteaux de Vendeuvre et de Chacenay.

Ce château fut assiégé, pris par famine et démoli en 1451, sous le règne de Charles VII, pendant les guerres des Anglais. Après leur expulsion du territoire français, il fut rebâti, et assiégé de nouveau pendant les guerres civiles, vers 1574 ou 1575. Cette antique forteresse a depuis longtemps disparu : elle a été remplacée par un superbe château moderne, construit par Louis-Marie-Athanase de Loménie, dernier comte de Brienne, devenu immensément riche par le mariage qu'il contracta, en 1757, avec la fille d'un fermier général. Ce château, un des plus beaux édifices que possède le département, est accompagné de deux pavillons détachés. Pour former le plateau sur lequel il est assis, il a fallu vaincre plusieurs obstacles, couper plusieurs buttes de terre, et les joindre par un pont qui a plus de 16 m. d'élévation ; il domine une plaine immense, qui n'a de bornes que l'horizon : on cite peu de châteaux en France dont la position soit plus avantageuse, qu'on aperçoive de plus loin d'autant de lieux, et auquel aboutissent un aussi grand nombre de routes parfaitement alignées. La beauté des jardins et du parc répond à l'élégance des bâtiments et à l'agrément de cette magnifique habitation.

Brienne est devenu célèbre par l'école militaire où Napoléon fit ses premières études. Le collège de Brienne fut fondé par des minimes, en 1730, pour l'instruction de la jeunesse du pays. En 1774, le zèle des moines, soutenu de la protection de l'archevêque de Toulouse et de celle de M. de Brienne, leur permit de donner plus d'étendue à l'enseignement. En 1776, le gouvernement fit choix de ce collège pour y établir une succursale de l'école militaire de Paris. Napoléon y entra le 23 avril 1779, à l'âge de neuf ans huit mois et cinq jours, et en sortit le 17 octobre 1784, après y avoir passé cinq ans cinq mois et vingt-cinq jours. C'est donc à Brienne que Napoléon a passé les premières années de sa vie intellectuelle : c'est là qu'à la lecture des poésies d'Ossian et de la Jérusalem délivrée, il a senti les premières émotions de la gloire ; là, qu'il a pu deviner son génie, et qu'il a étudié les premiers éléments de cet art qu'il devait un jour porter si loin.—Si les lieux consacrés par l'enfance des grands hommes doivent vivre dans la mémoire des siècles, l'humble ville de Brienne a des droits incontestables à l'immortalité, elle qui a nourri l'enfance du plus grand capitaine du siècle. Là se retrouve la place où, dans ses jeux d'enfant, il préludait aux jeux terribles des combats. Singulière vicissitude ! ce fut là, aux lieux mêmes où il avait promené les rêveries du jeune âge et les méditations de son génie naissant, ce fut là que ses mortels ennemis, réunis pour l'écraser, affrontèrent son premier choc sur le sol de la France. La fortune, déjà infidèle à ses aigles, sembla hésiter à briser son ancien favori ; mais bientôt s'accomplit l'arrêt fatal : et dès ce moment Brienne compte un titre de plus à l'immortalité ; car elle a vu l'aurore et le déclin d'un grand homme. Le 29 janvier 1814, Brienne fut le théâtre de ce combat sanglant où nos braves luttèrent courageusement contre l'armée des despotes coalisés contre la France. L'attaque commença à trois heures après midi, et finit à minuit. Les fastes militaires offrent peu d'exemples d'un combat aussi important, aussi opiniâtre, sur un terrain aussi peu étendu. Dans le fort de la mêlée, le feu prit à la ville dont les maisons, presque toutes construites en bois, furent embrasées en un instant. Bientôt l'incendie se propagea avec une rapidité effrayante, les Russes favorisant l'embrasement pour arrêter la marche des Français.—Le lendemain, Napoléon visita au point du jour occuper le château ; la ville n'était plus qu'un monceau de cendres ! Touché du malheur des habitants, il chercha, à force de libéralités sur la cassette, à soulager leurs nombreuses infortunes. Il se promit de rebâtir la ville, d'acheter le château, d'y fonder une résidence impériale et une école militaire. Vain projet ! le lendemain eut lieu la sanglante bataille de la Rothière, après laquelle Napoléon revint coucher au château, qu'il quitta à quatre heures du matin, pour ne plus le revoir. Le souvenir de Brienne le suivit jusque dans son exil : prêt à rendre le dernier soupir sur le rocher de Ste-Hélène, il disposa par son testament, qu'un

million serait prélevé sur son domaine privé pour la ville de Brienne, et que deux cent mille francs seraient distribués aux habitants de Brienne-le-Château qui avaient le plus souffert.

L'école militaire de Brienne a été supprimée en 1790 ; les bâtiments ont été vendus à l'enchère et démolis. Le château n'a rien perdu de sa magnificence.

PATRIE du maréchal de France VALLÉE.

Fabrique de bonneterie. Filature de coton. Huilerie et faïence.—*Commerce* de blé, légumes secs, chanvre et laine.—*Foires* les 9 janv., 26 oct. et 1er déc.

Bibliographie. * GIRAULT DE ST-FARGEAU. *Notice sur Brienne* (insérée dans le Progressif, journ. de l'Aube, du 11 nov. 1831). JAQUOT. *Notice sur Brienne*, in-8, 1832.

BRIENNE, vg. *Saône-et-Loire* (Bourgogne), arr. et à 19 k. de Louhans, cant. et ✉ de Cuisery. Pop. 580 h.

BRIENNE-LA-VIEILLE, vg. *Aube* (Champagne), arr. et à 21 k. de Bar-sur-Aube, cant. et ✉ de Brienne-le-Château. Pop. 692 h.— Il est situé sur la rive droite de l'Aube, avec un port sur cette rivière, où l'on construit des bateaux qui descendent à vide jusqu'à Arcis-sur-Aube.

BRIENNON, vg. *Loire* (Forez), arr., cant. et à 15 k. de Roanne, ✉ de St-Germain-l'Espinasse. Pop. 1,312 h.

On remarquait autrefois sur le territoire de ce village l'abbaye des Bénissons-Dieu, de l'ordre de Clairvaux, fondée par saint Bernard en 1138, dans un petit vallon arrosé par la Saône. L'église, d'architecture gothique, est belle, vaste et bien conservée ; on y admire surtout une chapelle dont les murs sont revêtus des plus beaux marbres d'Italie. Le portail est flanqué de deux tours surmontées de deux flèches d'une forme élégante, et d'une grande élévation.

BRIENON, ou BRIENON-L'ARCHEVÊQUE, jolie petite ville, *Yonne* (Champagne), arr. et à 20 k. de Joigny, chef-l. de cant. Cure. ✉. À 134 k. de Paris pour la taxe des lettres. Pop. 2,628 h.—TERRAIN d'alluvions modernes.

Autrefois diocèse de Sens, parlement de Paris, intendance de Châlons, élection de Joigny.

Plusieurs découvertes faites près de Brienon annoncent qu'il a été occupé par les Romains. Vers le milieu du XVIIe siècle, on y trouva sous une petite voûte, une urne cinéraire, avec une grande quantité de médailles romaines. En 1812, au mois d'août, sur une hauteur appelée la Garenne, un cultivateur trouva un vase antique contenant environ 4,500 médailles de petit bronze, toutes du Bas-Empire.

Brienon a été surnommé l'Archevêque pour le distinguer de Brienon-les-Allemands. Dans le cours de la révolution, il a porté le nom de BRIENON-SUR-ARMANÇON, à cause de la rivière qui arrose ce pays. Le surnom de l'Archevêque lui vient de saint Loup, archevêque de Sens, qui possédait cette terre et baronnie qui formaient son patrimoine ; il en fit concession, ainsi que de plusieurs autres biens, à son église cathédrale.—Dans le moyen âge c'était une place forte dont les Bourguignons s'emparèrent en 1431 et en 1434; le duc de Biron la prit sur les ligueurs en 1593.

Brienon est une ville très-agréablement située, sur le canal de Bourgogne et sur la rive droite de l'Armançon. Elle est bien bâtie, propre et d'un aspect agréable. Des sources inépuisables d'excellente eau y alimentent quatre fontaines, dont la principale épanche ses eaux dans un lavoir public, entouré d'une galerie couverte en forme de rotonde. Le canal de Bourgogne passe au pied de la ville, qu'il sépare d'un faubourg appelé le Port.

Fabriques de draps communs. Filatures de laine. Tanneries.—*Commerce* considérable de bois à brûler, charbons, grains, etc.—*Foires* les 25 janv., 6 mai, 24 juin, 2 sept., 25 nov. et vendredi saint, Vaste halle. Marché le mardi et le vendredi.

BRIE-SOUS-ARCHIAC, vg. *Charente-Inf.* (Saintonge), arr. et à 15 k. de Jonzac, cant. et ⊠ d'Archiac. Pop. 522 h.

BRIE-SOUS-MATHA, vg. *Charente-Inf.* (Saintonge), arr. et à 26 k. de St-Jean-d'Angely, cant. et ⊠ de Matha. Pop. 605 h.

BRIE-SOUS-MORTAGNE, vg. *Charente-Inf.* (Saintonge), arr. et à 31 k. de Saintes, cant. de Cozes, ⊠ de Mortagne-sur-Gironde. Pop. 354 h.—*Foires* les 2es samedis de juin et d'août.

BRIE-SUR-CHALAIS, vg. *Charente* (Saintonge), arr. et à 30 k. de Barbezieux, cant. et ⊠ de Chalais. Pop. 546 h.

BRIE-SUR-MARNE. V. BRY-SUR-MARNE.

BRIE-SUR-YÈRES, nom donné pendant la révolution à la ville de Brie-Comte-Robert.

BRIÈRES-LES-SCELLÉS, vg. *Seine-et-Oise* (Beauce), arr., cant., ⊠ et à 3 k. d'Étampes. Pop. 310 h.

BRIEUC (St-), *Brioci*, jolie ville maritime, *Côtes-du-Nord* (Bretagne), cap. du dép. des *Côtes-du-Nord*, du 2e arr. et de 2 cant. Trib. de 1re inst. et de comm. Chambre de comm. Société d'agricult. École d'hydrographie de 4e classe. Évêché. Collège comm. Sémin. diocésain. 2 cures. ⊠. ⌘. Pop. 12,484 h.—*Établissement de la marée du port*, 5 heures 55 minutes.—TERRAIN cristallisé, granit.

Autrefois parlement de Rennes, intendance de Nantes, amirauté, gouvernement particulier, chapitre, collégiale, collège, couvent de cordeliers. — L'évêché de St-Brieuc fut fondé en 844; revenu, 18,000 liv.

La ville de St-Brieuc doit son origine à un monastère fondé vers le ve siècle au milieu d'un bois, par le saint dont elle porte le nom. Les anciens rois de la Bretagne comblèrent de bien dons ce monastère naissant, et Childebert, roi de France, fut aussi un de ses bienfaiteurs.

Dans les guerres si fréquentes qui désolèrent la Bretagne avant la réunion de cette province à la couronne, cette ville, dépourvue de fortifications, fut envahie par les ennemis. Presque dès son origine elle devint la conquête des Normands, qui furent vaincus sous ses murs, en 937, par Alain Barbe-Torte.

Le *Chronicon Briocense* parle assez longuement de la prise et du pillage de St-Brieuc par Clisson, pendant la guerre qu'il fit en 1394 à Jean IV : la cathédrale avait été fortifiée par le duc, le connétable s'en empara et y établit son quartier général. Quelque temps après, le duc se présenta devant la place, sans oser en faire de nouveau le siège. En 1592, la ville fut prise et pillée par les lansquenets; les chouans y entrèrent en 1799, et en furent chassés par les habitants.

Les armes de St-Brieuc sont : *d'azur à un griffon d'or, lampassé et armé de gueules.* Dans un manuscrit de 1669 elles sont figurées : *d'azur au griffon ailé rampant d'or couronné d'argent;* et dans un autre manuscrit : *de gueules au griffon d'or.*

St-Brieuc est une ville agréablement située, dans un fond environné de montagnes, sur le Gouet et près de son embouchure dans l'Océan. Les restes de ses murs ont disparu en 1788, et sur leur emplacement on a formé une jolie promenade plantée de tilleuls joignant une autre promenade terminée par une terrasse où se trouve une rotonde d'où l'on découvre d'un côté la mer, et de l'autre la baie de St-Brieuc. De même que la plupart des villes anciennes, celle-ci est assez mal bâtie et mal percée. On y voit sept fontaines publiques et des ponts; celui de Gouet, construit en 1806, et le pont de Gouedic, formé de trois arches très-hardies, construit en 1744. Près de la ville est une fontaine d'eau minérale ferrugineuse.

Le port de St-Brieuc qu'on nomme le Legué, est situé à 1 k. de la ville, avec laquelle il sera bientôt réuni si l'on continue de construire dans l'espace intermédiaire comme on le fait depuis quelque temps. Ce port est très-sûr, d'un abord facile, bordé de fort beaux quais, cales, vastes magasins et chantiers de construction; il assèche à toutes les marées, et la mer s'en éloigne environ 6 k. ; mais pendant huit jours sur quinze elle monte de 6 à 7 m., ce qui la rend navigable pour des navires de 400 tonneaux.

On arrive de St-Brieuc au Legué par deux chemins : l'un court et bien entretenu, mais roide et d'une montée difficile; l'autre plus long, large, et d'une pente douce. Le village consiste en cent et quelques maisons fort jolies, et embellies pour la plupart de jardins; il est assis au pied de deux coteaux qui mettent le port à l'abri des vents du nord et de l'est. Sur une pointe de terre qui forme l'entrée du port, s'élèvent les restes de la tour de Cesson, entourée d'un double fossé creusé dans le roc; c'était autrefois une des meilleures places de la province. Bâtie en 1395, pour défendre l'entrée du Gouet, elle fut prise et reprise plusieurs fois pendant les guerres de la Ligue, et démolie en 1598 par ordre de Henri IV. Cette tour se trouve à 75 m. au-dessus du niveau de la mer; elle est vue de 24 k. en mer, et sert aux marins de point de reconnaissance. On y jouit d'une vue magnifique.

Au-dessous des falaises que dominent les restes de l'antique tour de Cesson, est une grève immense, d'un beau sable, unie et ferme, que la mer recouvre à toutes les marées, et qui chaque année pendant trois jours de la première quinzaine de juillet, sert d'hippodrome pour les courses de chevaux instituées pour les cinq départements des Côtes-du-Nord, du Finistère, de la Loire-Inférieure, d'Ille-et-Vilaine et du Morbihan.

LA CATHÉDRALE, dont la construction remonte au milieu du xiiie siècle, est un ancien édifice dont certaines parties remontent au xe et au xie siècle ; la nef a été reconstruite dans le xviiie; on y remarque deux belles rosaces. L'autel de la chapelle du St-Sacrement, qui occupe le bras méridional de la croix, est décoré de cinq grandes et belles figures en bois, représentant l'Annonciation, un ange conducteur, et un saint Michel écrasant le démon, exécutées, ainsi que l'immense décoration dont elles font partie vers le milieu du xive siècle par un ouvrier du pays du nom de Corlay, qui s'est montré artiste du premier mérite. On voit aussi, à l'entrée de cette chapelle, une statue en granit couchée contre deux piliers, les pieds tournés vers l'orient; cette statue est celle de l'évêque Guillaume, décédé en 1230.— L'orgue, acheté en Angleterre en 1540, est un chef-d'œuvre de sculpture en bois de la renaissance. — Les tours sont laides et peu élevées ; mais l'une d'elles est surmontée d'une flèche assez haute : c'est tout simplement une charpente recouverte d'ardoises. Cette église possède deux beaux gobelins qui méritent d'être mentionnés.

L'ÉGLISE ST-MICHEL est un édifice de construction récente. L'extérieur est hideux : on ne sait si c'est une église, une halle, ou une usine quelconque; l'intérieur est d'un assez bel effet. On a l'intention d'y placer le beau groupe de Duseigneur.

Biographie. St-Brieuc est le lieu de naissance du maréchal DE GUÉBRIANT, né au château de Plessis-Bade.

De M. Ch. LUCAS, publiciste et économiste distingué, membre de l'Institut, inspecteur général des prisons.

Du médecin BAGOT, membre de l'assemblée législative.

Du littérateur et administrateur CATINEAU-LAROCHE.

De l'abbé RUFFELET, auteur des *Annales briochiennes*.

INDUSTRIE. *Fabriques* de tiretaine, draps, molletons, chapelets, boutons d'or, liqueurs. Filatures de coton. Brasseries. Papeteries. Tanneries.— *Commerce* de grains, lin, chanvre, légumes, suif, beurre, miel, bestiaux. Armements pour les colonies et pour la pêche de la morue au banc de Terre-Neuve. Cabotage.— *Foires* les 7 et 30 sept., mercredi des Cendres, mercredi avant la mi-carême, 1er mercredi de mai, le lendemain des courses.

A 69 k. de St-Malo, 100 k. de Rennes, 456 k. de Paris. Lat. 48° 31′ 2″, long. occ. 5° 4′ 10″.

L'arrondissement de St-Brieuc est composé

de 11 cantons : St-Brieuc N., St-Brieuc S., Châtelaudren, Lamballe, Lanvollon, Moncontour, Paimpol, Pleneuf, Plœuc, Plouha et Quintin.
Bibliographie. RUFFELET (l'abbé). *Annales briochiennes, ou Abrégé chronologique de l'Histoire ecclésiastique, civile et littéraire du diocèse de St-Brieuc*, in-18, 1771.

BRIEUC-DE-MAURON (St-), vg. *Morbihan* (Bretagne), arr. et à 22 k. de Ploermel, cant. et ⊠ de Mauron. Pop. 812 h.

BRIEUC-DES-IFS (St-), vg. *Ille-et-Vilaine* (Bretagne), arr. et à 22 k. de Montfort-sur-Meu, cant. et ⊠ de Béchèrel. Pop. 565 h.

BRIEUL, vg. *Deux-Sèvres* (Poitou), arr. et à 20 k. de Melle, cant. et ⊠ de Brioux. Pop. 161 h.

BRIEULLÈS-SUR-BAR, vg. *Ardennes* (Champagne), arr. et à 15 k. de Vouziers, cant. du Chêne, ⊠ de Buzancy. Pop. 502 h.

BRIEULLES-SUR-MEUSE (Lorraine), arr. et à 27 k. de Montmédy, cant. et ⊠ de Dun-sur-Meuse. Pop. 1,009 h. — *Foires* les 6 mars et 20 nov.

BRIEUX, Bricasses, vg. *Orne* (Normandie), arr. et à 13 k. d'Argentan, cant. et ⊠ de Trun. Pop. 318 h.

BRIEY, petite ville, *Moselle* (Lorraine), chef-l. de sous-préf. du 1ᵉʳ arr. et d'un cant. Trib. de 1ʳᵉ inst. Société d'agricult. Cure. ⊠. ✆. A 295 k. de Paris pour la taxe des lettres. Pop. 1,938 h. — Terrain jurassique, étage inférieur du système oolitique.

Briey doit son origine à un camp romain auquel aboutissaient trois voies militaires. Dans le VIIIᵉ siècle, cette ville dépendait du duché de Mosellane et passa sous la domination des comtes de Metz, qui la cédèrent aux évêques de la même ville, lesquels l'engagèrent dans la suite aux comtes de Bar. Agrandie et fortifiée par ses différents possesseurs, elle était défendue par une citadelle, par deux châteaux, et par une forte enceinte de murailles, dont il reste encore de vastes souterrains et quelques vestiges que le temps efface tous les jours. Les Messins l'assiégèrent en 1363 et en 1370; le duc de Berg la saccagea en 1421; Charles le Téméraire s'en empara en 1475.

La ville de Briey est bâtie en amphithéâtre au pied et sur le revers d'une montagne, et se divise en haute et basse ville. Ses jardins sont élevés en terrasse sur la pente de la colline, dont le pied est arrosé par le Rupt-de-Mance, qui serpente dans une agreste vallée que de superbes forêts entourent de toutes parts. L'église paroissiale de cette ville a conservé dans toutes ses parties quelques ornements d'architecture gothique : on remarque au-dessus de l'ossuaire un fort beau bas-relief du XVᵉ siècle, représentant une danse des morts qui mérite de fixer l'attention.

Biographie. PATRIE de l'historien BÉRAULD BERCASTEL.
Du médecin GAMA.
D'ADRIEN DUQUESNOY, membre de l'assemblée constituante et économiste distingué.

Fabriques de grosses draperies, toiles, mouchoirs. Filatures de coton. Teintureries. Tanneries. Brasseries. Scieries hydrauliques. — *Foires* le dernier lundi de mars, de juillet, 1ᵉʳ lundi de sept. et lendemain de la Pentecôte.

A 26 k. de Metz, 300 k. de Paris.

L'arrondissement de Briey renferme 5 cantons : Audun-le-Roman, Briey, Conflans, Longuyon et Longwy.

BRIFFAUT, vg. *Nièvre*, comm. de Cercy-la-Tour, ⊠ de Fours.

BRIFFONS, vg. *Puy-de-Dôme* (Auvergne), arr. et à 38 k. de Clermont-Ferrand, cant. et ⊠ de Bourg-Lastic. Pop. 956 h.

BRIFOSSE, vg. *H.-Rhin*, comm. et ⊠ de Ste-Marie-aux-Mines.

BRIGANTIO (lat. 45°, long. 25°). « Strabon (lib. IV, p. 179), décrivant la route qui conduit au passage de l'*Alpis Graia*, cite *Brigantium Vicum*. Cette route était fort détaillée dans les Itinéraires et dans la Table théodosienne, la position de *Brigantio* y trouve sa place; et *Byrigantum*, comme on lit dans l'Itinéraire de Jérusalem, y porte le même qualification de *mansio*, qu'*Ebrodunum* et *Caturigæ* qui ont été des villes d'un rang distingué. Les distances qui y ont rapport sont discutées dans les articles des lieux, mais la carte marque en position immédiate celle de *Brigantio* ou de Briançon. Dans Ammien Marcellin (lib. XV), il est mention de *Brigantio*, en l'appelant *Virgantia Castellum*. Les inscriptions rapportées par Honoré Bouche (*Chor. de Prov.*, p. 281 et 928), où on lit ORD. BRIG., ne regardent point le Briançon dont il s'agit, comme le savant commentateur de l'Itinéraire paraît le croire, mais un autre Briançon en Provence, autrement appelé Briançonet pour le distinguer de celui-ci. Le P. Hardouin témoigne d'être porté à croire que les *Brigiani*, nommés dans l'inscription du trophée des Alpes (q), ou nous a été transmise par Pline (lib. III, cap. 20), se rapportent à *Brigantio*. Il ne faut point oublier que Ptolémée cite *Brigantium* comme appartenant aux Segusini qui tiraient leur nom de *Segusio*, Suse. Mais il est contre toute vraisemblance d'enlever aux *Caturiges* un lieu que les limites du diocèse d'Embrun réclament, indépendamment de sa position en deçà des Alpes. » D'Anville. *Notice de l'ancienne Gaule*, p. 174.

BRIGANTIO (lat. 44°, long. 25°). « Il faut reconnaître un autre *Brigantio*, comme il est dit dans l'article précédent. Ce lieu, appelé Briançon ou Briançonet, est situé sur l'Esteron dans le Var. Il n'est connu d'aucun des écrivains romains ; mais des vestiges d'antiquité qui y subsistent, et plusieurs inscriptions où le corps des magistrats est désigné par le terme *ordo*, nous font connaître que c'était le chef-lieu d'un peuple ou d'une communauté particulière, quoique l'inscription du trophée des Alpes n'en fasse point mention. Car le nom de *Brigiani* qu'on y trouve à la suite des *Caturiges*, est trop éloigné de position à l'égard du lieu dont il s'agit pour pouvoir s'y rapporter, parce qu'on distingue dans ce monument qu'il y a quelque suite ou liaison d'emplacement entre les peuples qui y sont nommés. » D'Anville. *Notice de l'ancienne Gaule*, p. 174. V. aussi Walckenaer. *Géographie des Gaules*, t. I, p. 37, 540 ; t. II, p. 65.

BRIGIOSUM (lat. 47°, long. 18°). « Dans la Table théodosienne ce lieu est placé sur une route qui conduit de *Mediolanum* des Santones, Saintes, à *Limonum*, Poitiers, entre *Avedonacum* ou *Aunedonacum* et *Raurana* ou *Raraunum*. Quoique l'Itinéraire d'Antonin décrive la même route, c'est en omettant *Brigiosum*, parce qu'il passe d'*Aunedonacum* à *Rauranum* sans mention intermédiaire. La distance que marque la Table VIII à l'égard du premier de ces lieux, XII à l'égard du second ; et l'Itinéraire y paraît d'accord en marquant XX d'*Aunedonacum* à *Rauranum*. On peut estimer que la position de Brigiosum, dans celle qui conserve sous le nom de Briou, s'écarte d'Aunai, qui est *Aunedonacum*, d'environ 9,000 toises, distance qui convient aux 8 lieues gauloises indiquées par la Table. Mais il faut être prévenu que ce qu'il y a d'espace depuis Aunai jusqu'à Rom, qui est *Rauranum*, en passant par Briou, vaut au moins 26,000 toises ; d'où il résulte 17,000 toises entre Briou et Rom, ce qui renferme 15 lieues gauloises, et met dans la nécessité de vouloir que l'indication de la Table entre *Brigiosum* et *Rauranum* soit XV plutôt que XII, en liant par le bas les jambages des deux unités pour faire V. Il faut convenir de même temps que l'Itinéraire ne saurait être juste d'*Aunedonacum* à *Rauranum* ; car 20 ne suffisent pas, ou l'estime prise par le local demande 23. Il est fait mention de Briou, sous le nom de *Briossium*, dans la vie de saint Junien, par un auteur contemporain de l'empereur Louis le Débonnaire, et le canton des environs a été appelé *pagus Briossensis*. » D'Anville. *Notice de l'ancienne Gaule*, p. 175.

BRIGITTE (Ste-), vg. *Morbihan* (Bretagne), arr., ⊠ et à 18 k. de Pontivy, cant. de Cléguerec. Pop. 758 h.

BRIGNAC, vg. *Corrèze* (Limousin), arr. et à 23 k. de Brives, cant. d'Ayen, ⊠ d'Objat. Pop. 1,020 h. — *Foires* le 1ᵉʳ lundi de chaque mois.

BRIGNAC, vg. *Hérault* (Languedoc), arr. et à 20 k. de Lodève, cant. et ⊠ de Clermont. Pop. 300 h.

BRIGNAC, vg. *Morbihan* (Bretagne), arr. et à 26 k. de Ploermel, cant. et ⊠ de Mauron. Pop. 597 h.

BRIGNAIS, *Prisciniacum*, petite ville, *Rhône* (Lyonnais), arr. et à 13 k. de Lyon, cant. de St-Genis-Laval. ⊠. ✆. A 479 k. de Paris pour la taxe des lettres. P. 1,901 h. — Elle est située à l'extrémité d'une plaine fertile qu'embellissent plusieurs maisons de campagne, sur le ruisseau de Garon. C'est dans cette plaine que se livra, en 1361, la bataille entre les Français et les Tard-Venus, où Jacques de Bourbon et son fils perdirent la vie en combattant. — *Commerce* de bestiaux. — *Foires* les 2 janv., 6 juin, 9 sept. et 21 déc.

BRIGNANCOURT, vg. *Seine-et-Oise* (Vexin français), arr. et à 18 k. de Pontoise, cant. et ⊠ de Marines. Pop. 110 h.

BRIGNÉ, vg. *Maine-et-Loire* (Anjou), arr. et à 28 k. de Saumur, cant. et ⊠ de Doué. Pop. 581 h.

BRIGNEMONT, *H.-Garonne* (Armagnac), arr. et à 47 k. de Toulouse, cant. et ⊠ de Cadours. Pop. 946 h.

BRIGNOLES, *Brinnōna, Brinōnia, Brinolium*, jolie ville, *Var* (Provence), chef-l. de sous-préfect., du 1er arr. et d'un cant. Trib. de 1re inst. et de com. Soc. d'agric. Cure. Gîte d'étape. ⊠. ⚓. Pop. 5,518 h. — Terrain du trias.

Autrefois diocèse, intendance et parlement d'Aix; sénéchaussée, viguerie et recette, brigade de maréchaussée, 5 couvents.

Dès le VIe siècle, Brignoles était une ville importante, entourée de faubourgs et de nombreux hameaux que les habitants furent obligés d'abandonner dans les guerres civiles, pour se réfugier sur une éminence où est bâtie la ville actuelle, qu'ils entourèrent de murs et de bastions flanqués de tours. L'heureuse situation de la ville, la bonté de son climat, la beauté de ses promenades et la fertilité de son territoire engagèrent les comtes de Provence à venir l'habiter pendant la belle saison; les comtesses venaient y faire leurs couches et y passer leur convalescence; nombre de familles opulentes y fixèrent leur domicile, et Brignoles devint la seconde capitale de la Provence. Le connétable de Bourbon s'en empara à la tête d'une armée autrichienne; mais, onze ans après, elle résista avec vigueur à Charles-Quint, qui finit cependant par s'en rendre maître, et la livra au pillage. Le duc d'Épernon la prit en 1595.

Les armes de Brignoles sont: écartelé, le premier d'azur à une fleur de lis d'or au lambel de trois pendants de gueules en chef; le deuxième et le troisième de gueules à la lettre capitale B d'argent; le quatrième d'or à trois pals de gueules.

Cette ville est dans une belle situation, au milieu d'un bassin agréable et fertile, lequel est dominé par des montagnes boisées, et arrosé par la petite rivière du Calami. Elle est assez bien percée, et possède plusieurs places publiques, plantées de beaux arbres et décorées de belles fontaines qui y entretiennent la propreté, et contribuent à la salubrité de l'air qu'on y respire.

Biographie. Patrie du P. Lebrun, oratorien, auteur, entre autres ouvrages, de l'*Histoire critique des pratiques superstitieuses qui ont séduit les peuples et embarrassé les savants*; 3e édit., 4 vol. in-12, 1750-51.

De Fr.-M.-J. Raynouard, littérateur distingué, membre de l'assemblée législative et de l'Académie française, auteur de: *Choix de poésies originales des troubadours*, 6 vol. in-8, 1816-21; *les Templiers*, tragédie en cinq actes, etc., etc.

De Isid. Gautier, publiciste.
De Jos. Parocel, peintre et graveur.

Industrie. *Fabriques* de draps communs, savon, colle forte, bougies. Filatures de soie; moulins à foulon; faïenceries; tanneries nombreuses et renommées; distilleries d'eaux-de-vie. — *Commerce* de vins, eaux-de-vie, liqueurs, huile d'olives, oranges, et surtout de prunes excellentes, connues dans le commerce sous le nom de *prunes de Brignoles*. — *Foires* les 19 août, 11 nov. (3 jours), lundi avant les Rameaux, mardi avant la Pentecôte. — A 67 k. de Marseille, 46 k. de Toulon, 819 k. de Paris. — Lat. 43° 24′ 8″, long. 3° 43′ 48″ E.

L'arrondissement de Brignoles est composé de 8 cantons: Barjols, Besse, Brignoles, Cotignac, Ginasservis, St-Maximin, Roquebrussane et Tavernes.

Bibliographie. Boxy. *Recherches curieuses du nom ancien de Brignoles*, in-8, 1628.

Amic. *Considérations médico-topographiques sur la ville de Brignoles*, etc., in-8, 1838.

Notice sur Brignoles, in-12, 1829.

BRIGNON, *Brinonus*, vg. *Gard* (Languedoc), arr., ⊠ et à 23 k. d'Alais, cant. de Vezenobre. Pop. 560 h. — On y a trouvé des médailles, des statues et des inscriptions romaines.

BRIGNON (le), vg. *H.-Loire* (Languedoc), arr. et à 16 k. du Puy, cant. de Solignac-sur-Loire, ⊠ de Cayres. Pop. 1,400 h.

BRIGUEIL, bg *Charente* (Poitou), arr., cant. et à 16 k. de Confolens, ⊠ de St-Junien. Pop. 2,071 h. — Manufacture de porcelaine. — *Foires* les 25 janv., 25 avril, 18 oct. et les 7 des autres mois.

BRIGUEIL-LE-CHANTRE, *Brigolium*, vg. *Vienne* (Poitou), arr. et à 18 k. de Montmorillon, cant. et ⊠ de la Trémouille. Pop. 1,301 h.

BRIIS-SOUS-FORGES, vg. *Seine-et-Oise* (Ile-de-France), arr. et à 18 k. de Rambouillet, cant. et ⊠ de Limours. Pop. 681 h. — Il était autrefois fermé de murs et défendu par un château, dont il ne reste plus que le donjon et une tour assez bien conservés. C'est dans ce château qu'Anne de Boelen fut élevée jusqu'à l'âge de quinze ans.

BRILLAC, vg. *Charente* (Poitou), arr., cant., ⊠ et à 10 k. de Confolens. Pop. 1,629 h. — *Foires* le 27 de chaque mois.

BRILLANNE (la), *Briniana*, vg. *B.-Alpes* (Provence), arr., ⊠ et à 12 k. de Forcalquier, cant. de Peyruis. Pop. 281 h. ⚓.

BRILLECOURT, vg. *Aube* (Champagne), arr. et à 23 k. d'Arcis-sur-Aube, cant. et ⊠ de Ramerupt. Pop. 156 h.

BRILLEVAST, vg. *Manche* (Normandie), arr. et à 15 k. de Cherbourg, cant. et ⊠ de St-Pierre-Eglise. Pop. 737 h.

BRILLON, vg. *Meuse* (Lorraine), arr. et à 9 k. de Bar-le-Duc, cant. d'Ancerville, ⊠ de Sandrupt. Pop. 863 h. — Exploitation des mines de fer et des carrières de pierres de taille. — *Commerce* de cerises, de kirsch-wasser, bois, etc.

BRILLON, vg. *Nord* (Flandre), arr. et à 19 k. de Valenciennes, cant. et ⊠ de St-Amand-les-Eaux. Pop. 736 h.

BRIMEUX, vg. *Pas-de-Calais* (Boulonnais), arr., ⊠ et à 17 k. de Montreuil-sur-Mer, cant de Campagne-les-Hesdin. P. 713 h.

BRIMONT, *Eburobrica*, vg. *Marne* (Champagne), arr., ⊠ et à 10 k. de Reims, cant. de Bourgogne. Pop. 499 h. — Ce village est situé sur le penchant d'un coteau, dont il occupait autrefois le sommet. Cette partie, qui se nommait Brimontel, passe pour avoir été détruite dans les guerres des règnes de Charles VI. et de Charles VII; plusieurs habitants se rappellent que leurs pères y ont vu de leur temps deux portes et des remparts, et tout porte à croire, que sur la cime de ce mont, comme au sommet de celui de Béru, il a dû exister un fort pour la sûreté de Reims. Un tombeau en plâtre, doublé de plomb, et renfermant divers objets curieux, dessinés par M. Ruinart, a été découvert au sommet de la montagne au commencement de la révolution.

Brimont est un village bien bâti, formé d'une principale rue en pente, qui aboutit à une grande place entourée de belles maisons, et dont un côté est occupé par l'église paroissiale, une des plus belles de la contrée; la grande nef et la tour du beffroi paraissent être des constructions du XIe siècle, la grande croix date du XVIe, le rond-point, les bras de la croix et le reste de l'édifice appartiennent au XVIIe siècle. Le maître-autel, d'un beau marbre brun foncé, est surmonté d'un riche tabernacle; toute le sanctuaire est revêtu et même pavé en marbre; le reste de l'église est pavé en belles pierres d'Hermonville; sur le cimetière s'élève une haute, et belle croix, près de laquelle est un monument funéraire en pierre. Le château de l'Hermitage, situé au sud du village et du mont, est une dépendance de la commune de Brimont; il est vaste et entouré de dépendances considérables arrosées par de belles eaux. O y remarque un chapelle construite récemment dans le genre gothique.

Bibliographie. Povillon-Piérard. *Tableau historique et statistique de la montagne et du village de Brimont*, in-8, 1826.

BRIN, *Gard*, comm. de Concoules, ⊠ de Génolhac.

BRIN ou **BRIN-SUR-SEILLE**, *Meurthe* (Lorraine), arr., ⊠ et à 20 k. de Nancy, cant. de Noména. Pop. 454 h.

BRINAY, vg. *Cher* (Berry), arr. et à 26 k. de Bourges, cant. de Lury, ⊠ de Vierzon. P. 607 h.

BRINAY, vg. *Nièvre* (Nivernais), arr. et à 25 k. de Château-Chinon, cant. et ⊠ de Châtillon-en-Bazois. Pop. 514 h.

BRINCKEIM, vg. *H.-Rhin* (Alsace), arr. et à 22 k. d'Altkirch, cant. de Landser, ⊠ de Sierentz. Pop. 225 h.

BRINDAS, vg. *Rhône* (Lyonnais), arr. et à 12 k. de Lyon, cant. et ⊠ de Vaugneray. P. 1,111 h.

BRINGOLO, vg. *Côtes-du-Nord* (Bretagne), arr. et à 13 k. de Guingamp, cant. de Plouagat, ✉ de Châtelaudren. Pop. 893 h.

BRINIG-HOFFEN ou **BRINIGEN**, *H.-Rhin* (Alsace), arr., cant., ✉ et à 7 k. d'Altkirch. Pop. 219 h.

BRINON, vg. *Cher* (Berry), arr. et à 35 k. de Sancerre, cant. et ✉ d'Argent. P. 1,125 h.

BRINON, ou **BRINON-LES-ALLEMANDS**, bg *Nièvre* (Nivernais), arr. et à 25 k. de Clamecy, chef-l. de cant. Cure. ✉ de Varzy. Pop. 596 h. Sur le Beuvron. — *Commerce* de bois. — TERRAIN jurassique. — *Foires* les 15 mai et 15 déc.

BRIOD, vg. *Jura* (Franche-Comté), arr., ✉ et à 7 k. de Lons-le-Saulnier, cant. de Conliège. Pop. 267 h.

BRIOLET, *Lot-et-Garonne*, comm. de Cocumont, ✉ de Marmande.

BRIOLLAY, *Brioledum*, bg *Maine-et-Loire* (Anjou), arr. et à 12 k. d'Angers, chef-l. de cant., ✉ de Châteauneuf-sur-Sarthe. Pop. 984 h. TERRAIN d'alluvions modernes. — Ce bourg, situé entre le Loir et la Sarthe, un peu au-dessus du confluent de ces deux rivières, était anciennement défendu par un château qui passait pour une des plus fortes places de l'Anjou; il fut assiégé et pris en 1103 par Geoffroy Martel, et par Geoffroy Plantagenet, le plus redouté des comtes d'Anjou, en 1140. Dans la suite ce château fut rétabli. Il ne reste plus de cet édifice qu'une masse informe de pierres, provenant de la tour de Briolay, espèce de forteresse qui existait encore en 1789.

BRION, vg. *Indre* (Berry), arr. et à 16 k. de Châteauroux, cant. et ✉ de Levroux. Pop. 765 h. — *Foire* le 21 sept.

BRION, vg. *Isère* (Dauphiné), arr. et à 15 k. de St-Marcellin, cant. de St.-Etienne-de-St-Geoirs, ✉ de la Côte-de-St-André. Pop. 285 h.

BRION, vg. *Lozère* (Languedoc), arr. et à 36 k. de Marvejols, cant. de Fournels, ✉ de St-Chély. Pop. 394 h. — Ce village possède un établissement thermal d'eaux sulfureuses, connu sous le nom de la Chaldette, qui paraissent jouir des mêmes propriétés que les eaux de Bagnols.

BRION, vg. *Maine-et-Loire* (Anjou), arr. et à La Baugé, cant. et ✉ de Beaufort. Pop. 1,682 h.

BRION, vg. *Puy-de-Dôme*, cant. de Compains, ✉ de Besse. — *Foires* les 2 mai, 16 et 25 juin, 22 juillet, 7 et 22 août, 1er et 14 sept. et 6 oct. Ces foires sont renommées par la quantité de jeunes bœufs et de vaches ; elles attirent beaucoup de marchands du Midi et du Lyonnais.

BRION, vg. *Saône-et-Loire* (Bourgogne), arr., ✉ et à 9 k. d'Autun, cant. de Mesvres. Pop. 561 h.

BRION, vg. *Deux-Sèvres* (Poitou), arr. à 33 k. de Bressuire, cant. et ✉ de Thouars. Pop. 323 h.

BRION, vg. *Vienne* (Poitou), arr. à 32 k. de Civray, cant. et ✉ de Gençais. Pop. 374 h.

BRION, vg. *Yonne* (Champagne), arr., cant., ✉ et à 8 k. de Joigny. Pop. 764 h.

BRION - SUR - OURCE, vg. *Côte-d'Or* (Bourgogne), arr., ✉ et à 10 k. de Châtillon-sur-Seine, cant. de Montigny-sur-Aube. Pop. 621 h.

BRIONNE (la), vg. *Creuse* (Marche), arr. et à 6 k. de Guéret, cant. et ✉ de St-Vaury. Pop. 304 h.

BRIONNE, *Briocus*, *Briognia*, *Briona*, *Brionium*, petite ville, *Eure* (Normandie), arr. et à 16 k. de Bernay, chef-l. de cant. Cure. ✉. ⌖. A 143 k. de Paris pour la taxe des lettres. Pop. 3,098 h. — TERRAIN crétacé inférieur, grès à points.

Autrefois comté, diocèse, parlement et intendance de Rouen, élection de Pont-Audemer, couvent de bénédictins.

Brionne est une ville ancienne que quelques auteurs croient être le *Breviodurum* mentionné dans l'Itinéraire d'Antonin. Quatre voies romaines venaient y aboutir d'Evreux, de Lisieux, de Lillebonne et de Rouen. — C'était autrefois une place très-forte. On voit encore sur la hauteur qui la domine du côté du levant, quelques restes de la citadelle formidable dans laquelle le comte Robert, à la tête d'une garnison de six cents hommes seulement, ne craignit pas d'attendre toute l'armée du duc de Normandie, qui ne parvint à s'en emparer qu'après un blocus de trois ans. Comme place forte, c'est une de celles dont le nom figure le plus fréquemment dans l'histoire du pays. Henri Ier assiégea et prit cette place, qu'il réduisit en cendres en 1124. Henri II d'Angleterre la prit en 1160, et Philippe Auguste en 1194. Elle fut prise en 1356 et en 1418 par les Anglais, qui la ruinèrent entièrement en 1421. Les protestants la pillèrent en 1562. Enfin un incendie la réduisit presque entièrement en cendres en 1772. — Elle est célèbre aussi par la fameuse conférence qui y fut tenue en 1040, en présence de Guillaume le Conquérant, et dans laquelle la doctrine de Béranger sur la présence réelle dans l'eucharistie, fut définitivement condamnée.

Brionne est une ville agréablement située sur la rive droite de la Risle. Dès le XVIe siècle, elle était réputée pour ses fabriques de draps et de toiles; mais sa prospérité ne date guère que de la fondation d'une grande fabrique de draps en 1803, et de l'établissement des filatures de coton en 1816.

Fabriques de draps. Filature hydraulique de coton. Huileries. — *Foires* le 9 oct. (très-importante), le 1er lundis de carême et 1er jeudi de chaque mois. *Marché* tous les jeudis.

Bibliographie. GUILMETH. *Histoire de la ville de Brionne, suivie de notices sur les endroits circonvoisins*, in-8, 1831.

* *Notice historique sur le château de Brionne*, pl. in-4, 1831.

BRIORD, vg. *Ain* (Bourgogne), arr., ✉ et à 23 k. de Belley, cant. de l'Huis. Pop. 763 h.

BRIOSNE, vg. *Sarthe* (Maine), arr. à 23 k. de Mamers, cant. et ✉ de Bonnétable. Pop. 532 h.

BRIOST, vg. *Somme*, comm. de St-Christ-Briost, ✉ de Péronne.

BRIOT, bg *Oise* (Picardie), arr. et à 28 k. de Beauvais, cant. et ✉ de Grandvilliers. Pop. 528 h.

BRIOU, vg. *Loir-et-Cher* (Beauce), arr. et à 33 k. de Blois, cant. de Marchenoir, ✉ de Mer. Pop. 221 h.

BRIOUDE, *Brivas*, *Brivatum*, très-ancienne ville, *H.-Loire* (Auvergne), chef-l. de sous-préf., du 2e arr. et d'un cant. Trib. de 1re inst. et de comm. Collège comm. Soc. d'agric. Cure. Gîte d'étape. ✉. ⌖. A 452 k. de Paris pour la taxe des lettres. Pop. 4,940 h. — TERRAIN carbonifère.

Autrefois diocèse de St-Flour, parlement de Paris, intendance de Riom, prévôté, bailliage, juges-consuls, brigade de maréchaussée, 6 couvents.

Brioude est une ancienne ville, mentionnée dans une pièce de vers par Sidoine Apollinaire, sous le nom de *Brivas*. Théodoric la prit et la livra au pillage en 532. Les Bourguignons s'en rendirent maîtres et en massacrèrent les habitants. 732. Le vicomte de Polignac la brûla et en massacra les habitants en 1179. Un seigneur de Castelnau, qui prenait le titre de roi des compagnies, assiégea Brioude en 1361 à la tête de 3,000 hommes, s'empara de cette ville, la fortifia, en fit sa place d'armes, et ne consentit à s'en dessaisir qu'au prix de 100,000 florins. Dans la suite, les habitants de Brioude furent longtemps en opposition avec les chanoines, qui s'obstinaient à leur refuser une charte de commune : une guerre et des procès continuels s'établirent entre eux; aussi, lorsque les principes de la réformation de Luther eurent pénétré dans ce pays, les habitants les adoptèrent avec empressement ; ils s'assemblaient en armes, et menaçaient le chapitre, qui fut obligé de se réfugier dans la forteresse. Les réformés de la ville s'emparèrent de Brioude le 19 octobre 1583; mais la place fut bientôt reprise par les catholiques. Peu s'en fallut cependant que les chanoines firent des ligueurs de tous les citoyens. — Brioude possédait, pendant l'époque mérovingienne, un atelier monétaire assez important. L'on cite, parmi les pièces qui y furent frappées, de nombreux triens, dont les types sont très-remarquables.

Les armes de Brioude sont : *parti, le premier d'azur à trois fleurs de lis d'or*, 2 et 1; *le deuxième d'azur à la lettre capitale B, couronnée d'or*.

Brioude est une ville agréablement située, dans un spacieux bassin entouré de montagnes dominées au loin par les cimes du Montculet et du Puy-de-Dôme. Elle est généralement mal bâtie, mal percée et malpropre. Les plus remarquables de ses constructions sont les bâtiments du collège, situés sur une colline d'où l'on jouit de charmants points de vue, et l'église cathédrale de St-Julien.

L'église St-Julien fut fondée sous le règne de Louis le Débonnaire, dans un lieu où existait une autre église de St-Julien, élevée sur la place où ce saint reçut le martyre; le comte Béranger fut chargé de la reconstruction de la basilique. Au commencement du xe siècle, les dégradations que la guerre avait occasionnées dans cette église furent réparées par Guillaume, duc d'Aquitaine, qui y trouva ensuite un tombeau. Le portail offre une foule de détails curieux et de nombreuses sculptures dont le style remonte au Bas-Empire; c'est en ce genre un des monuments les plus remarquables de l'Auvergne. Deux clochers surmontaient l'édifice avant la révolution; l'un, en forme de tour carrée, a été rasé en 1793; la flèche du second fut démolie à la même époque et réduite à la hauteur de l'édifice. — La chapelle St-Michel est décorée de fresques assez bien conservées. — L'église St-Julien a été classée au nombre des monuments historiques par le ministre de l'intérieur.

Commerce de grains, vins et chanvre. — Foires les 3 mai, 23 juin, 15 juillet, 20 août, 15 sept., 23 nov, 24 déc., 1er samedis de mars et d'avril.

A 58 k. du Puy, 70 k. de Clermont.

L'arrondissement de Brioude est composé de 8 cantons : Auzon, Blesle, Brioude, la Chaise-Dieu, Langeac, Lavoute, Paulhaguet et Pinols.

BRIOUDE-LA-VIEILLE. V. VIEILLE-BRIOUDE.

BRIOUX, bg *Deux-Sèvres* (Poitou), arr. et à 12 k. de Melle, chef-l. de cant. ✉. ⚘. A 403 k. de Paris pour la taxe des lettres. Pop. 1,202 h. — TERRAIN jurassique.

C'est un bourg fort ancien qui paraît avoir été bâti sur l'emplacement de *Brigiosum*, mentionné dans l'Itinéraire d'Antonin. On y a trouvé plusieurs restes d'antiquités, non loin de deux chemins que l'on croit de construction romaine. — *Fabriques* de tuiles. — *Commerce* de mulets, chevaux et bestiaux. — *Foires* les 2es jeudis de fév., mars, juin, pov. et déc.

BRIOUZE, bg *Orne* (Normandie), arr. et à 30 k. d'Argentan, chef-l. de cant. Cure. ✉. ⚘. A 219 k. de Paris pour la taxe des lettres. Pop. 1,568 h. TERRAIN de transition inférieure.

C'était autrefois une petite ville érigée en vicomté par Henri IV, et réunie à la vicomté de Falaise en 1780. — L'église paroissiale est de construction romane, formant une croix longue avec une abside arrondie. Le portail, à cintre plein, est soutenu par quatre colonnes dont les chapiteaux sont couverts de personnages bizarres et thèmes indécents. Ce monument appartient dans son ensemble au xie siècle; mais il a éprouvé plusieurs restaurations ou dégradations. — *Fabriques* de toiles. Tanneries. — *Foires* le 1er lundi de janv., lundi après la Septuagésime, veille des Rameaux, mercredi de Pâques, lundi de la Trinité, 1er lundi de juillet, lundi avant la foire de Guibray (elle commence le 15 août), lundi après la St-Denis, lundi le plus près de Ste-Catherine.

BRIOZ. V. BRION.

BRIQUEMESNIL, vg. *Somme* (Picardie), arr. et à 20 k. d'Amiens, cant. de Molliens-Vidame, ✉ de Piquigny. Pop. 283 h.

BRIQUENAY, vg. *Ardennes* (Champagne), arr. et à 15 k. de Vouziers, cant. et ✉ de Buzancy. Pop. 470 h.

BRIQUETIÈRE (la), vg. *Orne,* comm. de Ginay, ✉ de Nonant.

BRIQUEVILLE, vg. *Calvados* (Normandie), arr. et à 23 k. de Bayeux, cant. et ✉ de Trévières. Pop. 431 h.

BRIS (St-), jolie petite ville, *Yonne* (Bourgogne), arr., cant. et à 9 k. d'Auxerre. ✉.
A 178 k. de Paris pour la taxe des lettres. Pop. 1,953 h. — Elle est agréablement située sur la grande route de Paris à Auxerre. — Le hameau de BAILLY est une dépendance de cette commune. On y voit de vastes carrières de pierres de taille, éclairées par des lampes, où les voitures peuvent circuler jusqu'à la profondeur de 500 m. — *Foires* les 3 janv., 30 juin, 16 oct. et 1er déc.

BRISACK (Neuf-). V. NEUF-BRISACK.

BRISAMBOURG, bg *Charente-Inf.* (Saintonge), arr., ✉, ⚘ et à 14 k. de St-Jean-d'Angely, cant. de St-Hilaire. Pop. 1,611 h. — *Foires* les 1ers jeudis de fév., avril, juin, août, oct. et déc.

BRISAY, vg. *Vienne*, comm. de Goussay, ✉ de Mirebeau.

BRISCOUS, vg. *B.-Pyrénées* (Labour), arr., ✉ et à 15 k. de Bayonne, cant. de la Bastide-Clairence. Pop. 1,685 h.

BRIS-DES-BOIS (St-), ou ST-BRICE, vg. *Charente-Inf.* (Angoumois), arr. et à 11 k. de Saintes, cant. et ✉ de Burie. Pop. 583 h. — On y remarque les ruines de l'abbaye de Fond-Douce, fondée par Aliénor. Aux environs on voit plusieurs dolmens assez bien conservés.

BRISSAC, vg. *Hérault* (Languedoc), arr. et à 38 k. de Montpellier, cant. et ✉ de Ganges. Pop. 949 h. — On y voit les restes d'un château situé sur un rocher coupé à pic, flanqué d'énormes tours carrées surmontées de guérites en ruine à chacun de leurs angles, avec des débris de mâchicoulis, et des bossages à la porte d'entrée. Du côté du grand escarpement, on jouit d'une très-belle vue. — Ce château mériterait d'être classé au nombre des monuments historiques. — Papeterie.

BRISSAC, *Brisacum*, petite ville, *Maine-et-Loire* (Anjou), arr. et à 17 k. d'Augers, cant. de Thouarcé. Bureau d'enregist. ✉. ⚘. A 320 k. de Paris pour la taxe des lettres. Pop. 922 h.

Cette ville, bâtie sur le penchant d'une colline, sur l'Aubance, est remarquable par un des plus beaux châteaux du département, et renommée par les marchés de blé qui s'y tiennent tous les jeudis. Deux événements remarquables l'ont rendue célèbre : la défaite de Geoffroy Barbu, comte d'Anjou, en 1067, et la réconciliation de Louis XIII avec Marie de Médicis, sa mère, en 1620. — Le château de Brissac est situé entre deux collines : sur l'une est placée la ville; sur l'autre, qui est beaucoup plus élevée et d'où l'on découvre un vaste horizon, est un monument remarquable, destiné au culte des tombeaux. Il a la forme d'un carré long, divisé par deux rangs de colonnes; les deux faces latérales, au nord et au sud, sont ornées de pilastres; celle du côté de l'occident est terminée par un péristyle de six colonnes cannelées qui supportent un fronton triangulaire. Cette chapelle sépulcrale, construite en tuf blanc, est élevée sur un socle de pierre dure, qui règne tout autour et forme un avant-perron de sept degrés. L'ordre dorique grec, dans toute sa pureté, décore l'intérieur de ce monument, qu'on nomme dans le pays le *Mausolée*. — *Foires* les 4es jeudis de janv., mars, mai, juillet, août, sept., oct., déc. — Marchés importants pour les grains tous les jeudis.

BRISSARD, *Eure-et-Loir*, comm. d'Abondant, ✉ de Dreux.

BRISSARTHE, *Brieserta*, bg. *Maine-et-Loire* (Anjou), arr. et à 38 k. de Segré, cant. et ✉ de Châteauneuf-sur-Sarthe. P. 1,020 h.

C'est près de la porte de l'église de ce village que Robert le Fort fut tué, en 866, par les Normands, qui s'étaient retirés dans cet édifice. Voici à quelle occasion : Hasting, leur chef, ayant remonté la Loire avec une flotte formidable, Robert appelle à son secours Ranulphe, duc d'Aquitaine. Tous deux rassemblent ce qu'ils peuvent réunir d'Angevins, de Gascons et de Poitevins, et marchent au-devant d'Hasting, qui, ayant quitté ses barques, avait déjà pénétré bien avant dans l'Anjou avec une partie de ses troupes. Robert et Ranulphe se placent entre Hasting et sa flotte, et lui coupent la retraite. Hasting aperçoit l'église de Brissarthe, et s'y enferme avec tous ceux qui ont pu le suivre. Les Français entourent l'église, et, persuadés que l'ennemi ne peut leur échapper, ils remettent l'attaque au lendemain, et s'occupent tranquillement à établir leur camp pour y passer la nuit. Robert désarmé, ainsi que la plupart de ses soldats, ne pensait qu'à se reposer des fatigues de la journée, lorsque tout à coup les Normands, mettant à profit la sécurité des Français, sortent impétueusement de l'église et commencent le combat. Cette attaque imprévue jette le désordre parmi les Angevins et les Aquitains; on se bat dans le plus grand désordre; Robert est tué un des premiers; Ranulphe est blessé mortellement, et l'armée française, découragée par la perte de ses principaux chefs, est contrainte à la retraite. — La mort de Robert rend l'église de Brissarthe un monument historique du plus grand intérêt, non-seulement pour l'Anjou, mais pour la France entière. Elle a été bâtie à différentes époques, mais sa nef est bien celle dans laquelle les Normands se tinrent renfermés; sa construction paraît être du viiie ou du commencement du ixe siècle; le côté de cette nef, à droite en entrant, est percé de trois petits vitraux à plein cintre, de 33 c. de largeur sur 1 m. 32 c. de hauteur.

BRISSAY-CHOIGNY, vg. *Aisne* (Picardie), arr. et à 18 k. de St-Quentin, cant. de Moy, ✉ de la Fère. Pop. 823 h.

BRISSON (St-), vg. *Loiret* (Gatinais), arr., cant., ✉ et à 6 k. de Gien. Pop. 857 h.

BRISSON (St-), *Nièvre* (Nivernais), arr. et à 30 k. de Château-Chinon, cant. et ✉ de

Montsauche. Pop. 1,250 h. — *Foires* les 1ᵉʳ avril, 1ᵉʳ août et 23 sept.

BRISSY, vg. *Aisne* (Picardie), arr. et à 16 k. de St-Quentin, cant. de Moy, ✉ de la Fère. Pop. 970 h.

BRITANNI (lat. 51°, long. 20°). « Pline (lib. iv, cap. 17) est le seul qui en fasse mention, et il paraît les ranger sur la côte de la Belgique, entre le *Pagus Gessoriacus* et les *Ambiani*. Le passage de Pline qui renferme ces *Britanni* en fera juger ainsi : *Deinde (a Sculdi et Toxandris) Menapii, Morini, Orohansaci, juncti pago qui Gessoriacus vocatur, Britanni, Ambiani, introrsus*, etc. Selon cet ordre, et en procédant du nord au sud, les *Britanni* se placent au delà d'une rivière qui termine le diocèse de Boulogne, dans lequel le *Pagus Gessoriacus* est contenu, et ils s'étendent dans le *Pagus Pontivus*. Cette rivière est la Canche. Cuvier a pensé qu'il fallait lire *Brianni* au lieu de *Britanni*; serait-ce un établissement que quelque colonie de la Grande-Bretagne aurait formé dans ce canton maritime, comme les Belges s'étaient établis sur la côte méridionale de la Grande-Bretagne ? Sanson, voulant donner de l'illustration à sa patrie, suppose qu'il a existé une ville sous le nom de *Britannia* dans le lieu qu'occupe Abbeville, que l'on ne connaît néanmoins primitivement, sous le nom de *Abbatis villa*, que comme un bien dépendant à l'abbaye de Centul ou de St-Riquier, et qui ne devint une place de quelque importance, *Castrum*, que sous le règne de Hugues Capet. » D'Anville. *Notice de l'ancienne Gaule*, p. 176. V. aussi *Britannia, ou Recherches de l'antiquité d'Abbeville*, par N. Sanson, in-8, 1637 ; *les Véritables Antiquités d'Abbeville*, par Ph. Labbe (Tableaux méthodiques de la Géographie royale, in-f°, 1646).

BRIVA ISARÆ (lat. 50°, long. 20°). « On trouve sa position, dans l'Itinéraire d'Antonin, entre *Petromantalum* et *Lutecia*. La distance, à l'égard de *Lutecia*, est marquée XV dans la Table théodosienne, comme dans l'Itinéraire. La voie romaine, en partant de Paris, allait traverser ce que l'on appelait autrefois l'étendue actuelle de la ville de St-Denys, le bourg de l'Estrée, de Strata, séparé de l'ancien *Catolacum*, qui est le quartier qu'occupe l'abbaye. Cette voie arrivait au bord de la rivière d'Oise, non pas tout à fait vis-à-vis de l'emplacement où Pontoise paraît aujourd'hui, mais plus bas, et vis-à-vis du prieuré de St-Martin ; et on m'assure qu'on voit des vestiges dans un vignoble, derrière St-Ouen-de-l'Aumône, en tirant vers Eragni. La continuation au delà du passage de l'Oise tend directement à Magni, et vers la position qui convient à *Petromantalum*. Les titres de la terre du Perché, dans cet intervalle, font mention de la Chaussée de Jules César. Il y a des endroits qui montrent des restes de l'ancien pavé, et dans d'autres où le pavé de la surface est broyé on distingue la trace de cette chaussée par quelque élévation, et par un massif profond d'une qualité différente du sol des environs. Il paraît superflu de produire des citations pour prouver que, dans le moyen âge, *Pons Isaræ*, ou *Esiæ*, répond au nom de *Briva Isaræ*. Quant aux distances qui ont rapport à cette position, la mesure itinéraire à l'égard de *Lutecia*, ou du quartier de Paris qui se nomme la Cité, me paraît d'environ 16,400 toises, dont il résulte 14 à 15 lieues gauloises. L'indication de XLV, dans l'Itinéraire, entre *Briva Isaræ* et *Petromantalum*, est trop forte pour la mesure actuelle de Pontoise à Magni, laquelle, n'étant que de 13 à 14,000 toises, n'admet que XII au lieu de XLV. V. sur ce sujet l'article **PETROMANTALUM**. » D'Anville. *Notice de l'ancienne Gaule*, p. 176.

BRIVAS (lat. 46°, long. 22°). « Sidoine Apollinaire en fait mention dans une pièce de vers adressée à son livre : *Hinc te suscipiet benigna Brivas*. Ce lieu est devenu recommandable par la sépulture de saint Julien, près de laquelle l'empereur Avitus fut inhumé l'an 456 : *Ante pedes ante dicti martyris sepultus*, dit Grégoire de Tours. On distingue aujourd'hui la Vieille-Brioude de Brioude surnommée Clise ou Eglise ; et parce que la dénomination de *Brivas*, en langue celtique, désigne un pont, celui qui subsiste à Vieille-Brioude semble y déterminer l'emplacement de Brivas. Le *Vetus Brivate* est appelé *Castrum* dans un diplôme de Robert, comte d'Auvergne, en date de l'an 1060. Au reste, ces lieux, entre lesquels le nom de Brioude se trouve partagé, sont peu distants l'un de l'autre, et également sur la rive gauche de l'Allier. » D'Anville. *Notice de l'ancienne Gaule*, p. 177.

BRIVATES PORTUS, vel **GESOBRIVATE** (lat. 49°, long. 14°). « On trouve le port *Brivates* dans Ptolémée. Il le place entre l'embouchure de la Loire et celle du fleuve qu'il nomme *Herius*, et qui doit être la Vilaine. Selon cet emplacement, il semble qu'on doive jeter les yeux sur le Croisic plutôt que sur un autre endroit. Dans la Table théodosienne, le terme d'une route qui aboutit à la mer, et qu'il faut chercher à l'extrémité de la Bretagne, est nommé *Gesocribate*. Quant on a reconnu, en étudiant la Table, combien elle est susceptible de correction dans les dénominations de lieu, on est fort porté à croire que celle de *Gesocribate* doit se lire *Gesobricate*, ou *Brivate*, par la grande affinité qu'on y remarque avec le *Brivates* de Ptolémée. La baie de Brest, et sa grande profondeur dans la partie de la Bretagne la plus reculée, où l'on est conduit par la Table, sont l'objet qui peut fixer le plus d'être remarquable dans une géographie aussi sommaire que celle de Ptolémée, qui n'admet que les circonstances principales du local. Et comme il y a des positions hors de place dans cette géographie, ce que le *Brivates* paraît indiqué autre part qu'où il marque ce port, je me persuade qu'il ne se rapporte à aucun endroit aussi convenablement qu'il se rapporte à Brest. La voie romaine y tend directement dans toute la longueur de la Bretagne, depuis Nantes, par Vennes et par Karhez, Je ne dissimulerai pas que la distance marquée XLV dans la Table, à compter de *Vorgium* ou de *Vorganium*, est trop forte pour qu'il y a d'espace entre Karhez, ou *Vorganium*, et Brest. Le moyen de concilier la Table avec le local est de supposer que le compte de la distance a été prolongé jusqu'à la pointe du continent, qui fait l'entrée du golfe au fond duquel Brest est actuellement situé. » D'Anville. *Notice de l'anc. Gaule*, p. 178. V. aussi Walckenaer. *Géographie des Gaules*, t. I, p. 377.

BRIVE, vg. *H.-Loire* (Languedoc), arr., cant., ✉ et à 4 k. du Puy. Pop. 1,292 h.

BRIVÉ (le), petite rivière qui a son origine dans les marais de St-Gildas, *Loire-Inf.*, et qui se jette dans la Loire, un peu au-dessus de St-Nazaire, après un cours de 50 k. Elle est navigable au moyen des marées, depuis Pont-du-Château jusqu'à son embouchure.

BRIVES, ou **BRIVES-LA-GAILLARDE**, *Briva Curretia, Briva Tensis Vicus*, ville ancienne, *Corrèze* (Limousin), chef-l. de sous-préf. (3ᵉ arr.) et d'un cant. Trib. de 1ʳᵉ inst. et de com. Société d'agric. Collège com. Petit séminaire. Cure. Gîte d'étape. ✉. ⚐. P. 8,821 h. — Terrain carbonifère, houille.

Autrefois diocèse et intendance de Limoges, parlement de Bordeaux, élection, présidial, sénéchaussée, juges-consuls, 6 couvents.

Brives est une ville ancienne, où Goudebaud, qui se disait fils de Clotaire, fut élevé sur le pavois, et proclamé roi d'Aquitaine en 585. Elle dépendait autrefois du Périgord, et en fut détachée sous Charles V pour être réunie au Limousin, sur la demande du pape Grégoire XI. Elle a eu longtemps la prétention d'être la capitale du bas Limousin, et les discussions avec Tulle et Uzerche pour obtenir le siège de la sénéchaussée de la province ont duré plusieurs siècles. Sous les Mérovingiens, Brives, qui ne portait que le titre modeste de *Vicus*, jouissait cependant du droit de battre monnaie.

Les armes de Brives sont : *d'azur à neuf épis de blé mis en trois fleurs de lis, deux et un*.

Cette ville est située de la manière la plus gracieuse, dans le joli vallon de la Corrèze, au milieu d'un bassin de prairies et de vergers, entre des coteaux de vignes d'un côté, et des collines boisées de l'autre. Elle est entourée d'une allée de beaux ormes, en manière de boulevards, et bordée de jolies maisons en pierres de taille. Cette allée offre, du côté de la rivière, une promenade aussi fraîche que pittoresque. Mais les voyageurs, pour emporter de cette ville un souvenir que semble indiquer son aspect extérieur, ne doivent pas pénétrer dans son enceinte ; ils n'y trouveraient ni belles places, ni belles rues, quoique les unes et les autres soient bordées de maisons construites en pierres bien taillées ; une seule rue, celle des Nobles, offre un peu de largeur et quelques constructions de bon goût.

Le collège est un assez beau bâtiment, dont on remarque surtout le portail orné de colonnes ; non loin de là s'élève une tour en belvéder qui domine toute la ville, et n'est dominée elle-même que par le clocher de St-Martin.

L'hôpital est aussi un fort bel édifice. — On remarque encore à Brives : la bibliothèque publique, renfermant 2,000 vol., et la maison gothique de M. de Verlliac, bâtie, dit-on, du temps des Anglais. Cette maison est surtout curieuse par les sculptures qui la décorent intérieurement et extérieurement : parmi les premières, on cite un cerf sur une cheminée, et parmi les secondes, une femme à la fenêtre.

Non loin de Brives, sur la route de Tulle, se trouvent les ruines de l'ancien château de Beaufort, qui, dans le xv° siècle, servait de retraite à une de ces troupes d'aventuriers, appelés Brabançons, introduits en France à la suite de nos guerres avec les Anglais, et qui ravageaient le pays. Les seigneurs limousins prirent les armes; les aventuriers furent attaqués dans leur repaire et défaits le 21 avril 1477, on en tua deux mille, et depuis le nom de Beaufort fut changé en celui de Malemort. Il existe à Malemort une magnifique filature de coton.

Biographie. Brives est la patrie :
Du cardinal Dubois, mort en 1723.
Du maréchal de France Brune.
De J.-B. Treilhard, député aux états généraux et à la convention nationale, ministre plénipotentiaire et membre du directoire exécutif.
Du naturaliste et célèbre entomologiste Latreille, membre de l'Institut.
Du comte de Lasteyrie, agronome distingué et l'un des inventeurs de la lithographie.
Du baron Sahuguet d'Espagnac, lieutenant général, gouverneur des Invalides, mort en 1782.
Du général de division Ernault de Brulys.
Du lieutenant général vicomte Dubouzet de la Monjoie.

Industrie. *Fabriques* de bougies, huile de noix. Filatures de coton. Blanchisserie de cire. Distilleries d'eau-de-vie. — *Commerce* de bois de construction, vins, marrons, châtaignes, moutarde violette, truffes, dindes truffées renommées, laines, bestiaux, porcs, etc. — On exploite aux environs de Brives un bassin houiller qui occupe une surface assez considérable. Deux concessions y ont été instituées : celle de Lardin et celle de Cublac. — *Foires* les 7 janv., 3 fév., 1er mars, 17 avril, 19 mai, 12 juin, 20 juillet, 14 août, 9 sept., 18 oct., 21 nov., 13 déc. et mercredi saint.

L'arrondissement de Brives est composé de 10 cantons : Ayen, Beaulieu, Beynat, Brives, Donzenac, Juillac, Larche, Lubersac, Meyssac et Vigeois.

A 30 k. de Tulle, 474 k. de Paris.

BRIVES, vg. *Indre* (Berry), arr., cant., ✉ et à 12 k. d'Issoudun. Pop. 576 h.

BRIVES-SUR-CHARENTE, *Charente-Inf.* (Saintonge), arr. et à 18 k. de Saintes, cant. et ✉ de Pont. Pop. 371 h.

BRIVEZAC, vg. *Corrèze* (Limousin), arr. et à 35 k. de Brives, cant. et ✉ de Beaulieu. Pop. 913 h.

BRIVODURUM (lat. 48°, long. 21°). « Il en est mention dans l'Itinéraire d'Antonin et dans la Table théodosienne. L'Itinéraire et la Table sont d'accord à marquer XV entre *Brivodurum* et *Belca*; nonobstant quoi on peut voir dans l'article *Belca*, que la distance de Briare, qui est *Brivodurum*, jusqu'au lieu qui paraît représenter *Belca*, demande XVII plutôt que XV. D'un autre côté, *Brivodurum* étant placé dans l'Itinéraire entre *Condate* et *Belca*, la position de Cône, qui est aussi évidemment *Condate* que *Brivodurum* est Briare, n'admet qu'environ XIII, dans un intervalle où l'Itinéraire paraît marquer XVI; et sur ce sujet on peut recourir à ce qui est dit de ce *Condate*, compris avec plusieurs autres lieux qui ont eu la même dénomination. La position immédiate à celle de *Brivodurum* dans la Table, n'est point *Condate*, quoique sur la même route, mais *Massava*, ou Mesve, dont la distance de Briare en droite ligne étant d'environ 25,000 toises excède l'indication de la Table, qui est XVI. Dans l'histoire des évêques d'Auxerre, le nom de Briare est *Brioderus* ou *Brioderum*, dont on a fait par contraction Briodurum. » D'Anville. *Notice de l'ancienne Gaule*, p. 179.

BRIX, vg. *Manche* (Normandie), arr., cant., ✉ et à 11 k. de Valognes. Pop. 3,004 h. — Brix était autrefois défendu par un ancien château fort dont on voit encore de nos jours des restes près de l'église. En suivant les traces de la maçonnerie de cette forteresse, on voit qu'elle était une des plus étendues du pays. Quoique ce château ait été démoli au commencement du xiii° siècle, il en restait encore de grands débris dans le xvi°; ils furent employés à la construction de l'église actuelle. — *Foires* les 5 avril, 21 mai, 3 juin, 2 août et 9 oct.

BRIXEY-SUR-MEUSE (Lorraine), arr. de Commercy et à 55 k. de St-Mihiel, cant. et ✉ de Vaucouleurs. Pop. 381 h.

BRIZAY, vg. *Indre-et-Loire* (Poitou), arr. et à 20 k. de Chinon, cant. et ✉ de l'Isle-Bouchard. Pop. 290 h.

BRIZAY, *Vienne*, comm. de Marigny-Brizay, ✉ de Châtellerault.

BRIZEAUX, vg. *Meuse* (Champagne), arr. et à 30 k. de Bar-le-Duc, cant. de Triaucourt, ✉ de Beauzée. Pop. 476 h.

BROC, vg. *Maine-et-Loire* (Anjou), arr. et à 26 k. de Baugé, cant. et ✉ de Noyant. Pop. 807 h.

BROC (le), *Puy-de-Dôme* (Auvergne), arr., cant., ✉ et à 6 k. d'Issoire. Pop. 1,084 h.

BROC (le), *Castrum de Braco*, *Var* (Provence), arr. et à 35 k. de Grasse, cant. et ✉ de Vence. Pop. 1,134 h. Sur la rive droite du Var. — *Foire* le 17 janv.

BROCAS, village et château, *Landes* (Gascogne), arr. et à 18 k. de Mont-de-Marsan, cant. de Labrit. Pop. 981 h. — Il est situé d'une belle forêt de chênes-liège. — *Fabriques* d'essence de térébenthine et de poterie. Forges et haut fourneau. Carrière de grès.

BROCHON, vg. *Côte-d'Or* (Bourgogne), arr. et à 11 k. de Dijon, cant. et ✉ de Gevrey. Pop. 432 h.

BROCOMAGUS (lat. 49°, long. 26°). « Ptolémée donne deux villes aux *Triboci*, *Brocomagus* et *Helcebus*. Ammien Marcellin fait mention de celles dont il s'agit, et la vraie leçon dans son texte est *Brocomagus*, et on lit de même dans l'Itinéraire d'Antonin. La position entre *Argentoratum* et *Concordia* se trouve dans celle de Brumt ou de Brumat; et plusieurs savants ont cité la Chronique de Lauresheim sous l'an 883, où le nom de Brumt, maintéré qu'aujourd'hui, est *Bruochmagat*, *in Elisatia*. M. Schœpflin témoigne qu'aucun lieu en Alsace ne fournit autant de monuments romains de toute espèce. La distance que marque l'Itinéraire entre *Brocomagus* et *Concordia* peut convenir au local, comme on peut voir dans l'article *Concordia*. Il n'en est pas de même de l'indication entre *Argentoratum* et *Brocomagus*. Elle est manifestement fausse, sur le pied de XX, et celle de la Table, savoir VII, est recevable. Car, la distance entre Strasbourg et Brumt route entre 7 et 8 lieues gauloises. » D'Anville. *Notice de l'ancienne Gaule*, p. 179. V. aussi Valckenaer. *Géographie des Gaules*, t. II, p. 520.

BROCOTTE, vg. *Calvados* (Normandie), arr. et à 22 k. de Pont-l'Évêque, cant. de Cambremer, ✉ de Dozullé. Pop. 133 h.

BROCOURT, vg. *Meuse* (Lorraine), arr. et à 18 k. de Verdun-sur-Meuse, cant. et ✉ de Clermont-en-Argonne. Pop. 215 h.

BROCOURT, vg. *Somme* (Picardie), arr. et à 40 k. d'Amiens, cant. et ✉ de Hornoy. Pop. 208 h.

BROGLIE, ou **Chambrais**, bg *Eure* (Normandie), arr. et à 12 k. de Bernay, chef-l. de cant. Cure. ✉. ✦. A 163 k. de Paris pour la taxe des lettres. Pop. 1,024 h. — Terrain crétacé inférieur, grès vert, voisin du tertiaire moyen.

Autrefois duché, parlement de Rouen, intendance d'Alençon, élection de Bernay.

Ce bourg, situé à l'intersection de la voie romaine de Lisieux à Condé avec le chemin de Rouen, portait anciennement le nom de Chambrais. Les barons de Ferrières y avaient un château fort, que le comte de Dunois reprit sur les Anglais en 1449. Ce château ainsi que le bourg fut pris, pillé, repris et rendu par les protestants et par les ligueurs, en 1589. La baronnie de Ferrières fut érigée en duché en 1742, en faveur de la famille de Broglie; l'ancien château fut remplacé par un vaste château moderne, entouré d'un beau parc, où se retira le maréchal de Broglie, qui y mourut en 1745.

La nef de l'église paroissiale date du xi° siècle; le portail offre un groupe de six colonnes et arcades romanes formant des ogives par leurs entrelacements; les collatéraux sont du xiv° et du xvi° siècle.

Biographie. Patrie du maréchal de Broglie, ministre de la guerre sous Louis XVI.
Du duc de Broglie, ancien ministre, membre de la chambre des députés sous diverses législatures, pair de France, membre de l'Institut.
Du physicien Fresnel, célèbre par ses travaux sur la lumière et la construction des phares, mort en 1827.

Foires les vendredis avant Noël, avant le 21 sept. et avant le 18 oct.

BROGNARD, vg. *Doubs* (Franche-Comté), arr., ✉ et à 6 k. de Montbelliard, cant. d'Audincourt. Pop. 201 h.

BROGNON, vg. *Ardennes* (Champagne), arr. et à 20 k. de Rocroi, cant. de Signy-le-Petit, ✉ d'Aubenton. Pop. 618 h. — On y remarque une espèce de petit fort dont les fossés existent encore ; on croit que cet ouvrage fut établi par les Espagnols lors de la bataille de Rocroi.

BROGNON, vg. *Côte-d'Or* (Bourgogne), arr., cant., ✉ et à 11 k. de Dijon. Pop. 180 h.

BROIN, vg. *Côte-d'Or* (Bourgogne), arr. et à 32 k. de Beaune, cant. et ✉ de Seurre. Pop. 538 h.

BROIN-LES-ROCHES (St-), ou BROIN-LES-MOINES (St-), vg. *Côte-d'Or* (Bourgogne), arr. à 30 k. de Châtillon-sur-Seine, cant. et ✉ de Recey-sur-Ource. Pop. 474 h.

BROINDON, vg. *Côte-d'Or* (Bourgogne), arr. et à 15 k. de Dijon, cant. et ✉ de Gevrey. Pop. 121 h.

BROING-CORNEUX (St-), vg. *H.-Saône* (Franche-Comté), arr., cant., ✉ à 10 k. de Gray. Pop. 334 h. — Il a reçu le surnom de Corneux en 1841, époque de la réunion de cette commune à son territoire.

BROING - LE - BOIS (St-), *H. - Marne* (Champagne), arr. et à 18 k. de Langres, cant. de Longeau, ✉ de Chassigny. Pop. 265 h.

BROING-LES-FOSSÉS (St-), vg. *H.-Marne* (Champagne), arr. et à 21 k. de Langres, cant. et ✉ de Prauthoy. Pop. 469 h.

BROISSIA, vg. *Jura* (Franche-Comté), arr. et à 37 k. de Lons-le-Saulnier, cant. de St-Julien, ✉ de St-Amour. Pop. 202 h.

BROLADRE (St-), vg. *Ille-et-Vilaine* (Bretagne), arr. et à 31 k. de St-Malo, cant. de Pleine-Fougères, ✉ de Dol. Pop. 1,606 h. — *Foires* les 26 avril et 29 juillet.

BROLLES, vg. *Seine-et-Marne*, com. de Bois-le-Roi, ✉ de Melun.

BROMAGUS (lat. 47°, long. 25°). « Le nom de ce lieu est *Viromagus* dans la Table théodosienne ; mais elle ne diffère point de l'Itinéraire d'Antonin, en marquant VI de *Minnodunum* à *Bromagus*, et VIIII de *Bromagus* à *Viviscus*. Placer *Bromagus*, avec Cluvier, à un petit lac nommé Bré, ou Bro, c'est n'avoir aucun égard aux distances, le lac de Bré étant trop voisin de la position de *Viviscus* à Vevai, et trop éloigné de *Minnodunum* à Moudon. Le lieu de Promazens indiqué par Simler, commentateur de l'Itinéraire, conviendrait davantage. Il y a une autre remarque à faire, qui est que l'espace en droite ligne de Moudon à Vevai, quoiqu'il paraisse égaler pour le moins 15 milles romains, autant qu'on peut en juger par les cartes, et que la route circule le long d'une rivière nommée Broie, qui pour traverser ensuite une crête de montagne dont le lac Léman est couvert du côté du nord ; cependant on ne saurait guère substituer qu'il faille substituer la mesure de 75 lieues gauloises à celle de 15 milles. Il pourrait être question de milles en partant de *Viviscus*, parce que les distances qui y conduisent de quelque côté que ce soit, sont reconnues pour être propres au mille, comme on peut voir à l'article *Lacus Lausonius*. Mais, la lieue conviendrait du côté de *Minnodunum*, par la raison que de *Minnodunum* à *Aventicum*, la distance qui est indiquée par l'Itinéraire demande des lieues plutôt que des milles, comme je le remarque en parlant de *Minnodunum*. » D'Auville. *Notice de l'ancienne Gaule*, p. 180.

BROMBOS, vg. *Oise* (Picardie), arr. à 28 k. de Beauvais, cant. et ✉ de Grandvilliers. Pop. 388 h.

BROMEILLES, vg. *Loiret* (Gatinais), arr. et à 19 k. de Pithiviers, cant. et ✉ de Puiseaux. Pop. 791 h.

BROMMAT, vg. *Aveyron* (Rouergue), arr. et à 55 k. d'Espalion, cant. et ✉ de Mur-de-Barrez. Pop. 1,709 h.

BROMONT-LA-MOTHE, bg *Puy-de-Dôme* (Auvergne), arr. et à 29 k. de Riom, cant et ✉ de Pontgibaud. Pop. 3,114 h.

BRON, vg. *Isère* (Dauphiné), arr. et à 25 k. de Vienne, cant. et ✉ de Meyzieu. ✌. Pop. 929 h. — Chaque année, ce village offre un lieu de réunion où se rendent en foule une partie des habitants de Lyon ; on s'y adresse réciproquement de grosses injures, mais personne n'a le droit de se fâcher. — *Foires* les 10 oct. et 6 déc.

BRONCOURT, vg. *H.-Marne* (Champagne), arr. et à 26 k. de Langres, cant. et ✉ du Fayl-Billot. Pop. 244 h.

BRONVAUX, vg. *Moselle* (Lorraine), arr., cant. et à 15 k. de Briey, ✉ de Metz. Pop. 149 h. — *Foire* le 10 août.

BROONDINEUF, vg. *Côtes-du-Nord*, comm. de Sévignac, ✉ de Broons.

BROONS, bg *Côtes-du-Nord* (Bretagne), arr. à 25 k. de Dinan, chef-l. de cant. Cure. Gîte d'étape. ✉. ✌. A 409 k. de Paris pour la taxe des lettres. Pop. 2,504 h.—TERRAIN de transition.

On y voit les vestiges du château de Lamotte-Broons, où est né BERTRAND DU GUESCLIN ; cet antique édifice, autrefois très-vaste et bien fortifié, a été détruit à une époque qu'il est assez difficile de préciser ; on croit que ce fut pendant les guerres de la Ligue, puisqu'il existait encore au commencement du XVIe siècle. Le conseil général du département des Côtes-du-Nord a fait élever récemment sur ces ruines, qui bordent la grande route, un monument à la mémoire du Guesclin.—*Foires* le 1er mercredi de juin, 10 août, 1er vendredi d'oct., 1er mercredi après la Toussaint.

BROONS-SUR-VILAINE, vg. *Ille-et-Vilaine* (Bretagne), arr. à 20 k. de Vitré, cant. et ✉ de Châteaubourg. Pop. 470 h.

BROQUE (la), vg. *Vosges* (Lorraine), arr. à 40 k. de St-Dié, cant. et ✉ de Schirmech. Pop. 2,392 h.—Filature de coton.

BROQUIERS, vg. *Oise* (Picardie), arr. à 36 k. de Beauvais, cant. et ✉ de Formerie. Pop. 235 h.

BROQUIÈS, bg *Aveyron* (Rouergue), arr., ✉ et à 30 k. de St-Affrique, cant. de St-Rome-de-Tarn. Pop. 3,986 h. Sur la rive droite du Tarn.—*Commerce* de vins, noix, fruits et pruneaux.—*Foires* les 6 mai, 13 juin, 18 oct. et 13 déc.

BROQUINIÈRE (la), *Loire*, comm. de Cottance, ✉ de Fours.

BROSE, vg. *Tarn* (Languedoc), arr., cant., ✉ et à 6 k. de Gaillac. Pop. 187 h.

BROSSAC, bg *Charente* (Saintonge), arr. et à 20 k. de Barbezieux, chef-l. de cant. Cure. ✉. A 495 k. de Paris pour la taxe des lettres. Pop. 1,134 h. — *Foires* les 2es samedis de chaque mois ; celle de sept. dure 2 jours.

BROSSAINE, ou BROSSAIN, vg. *Ardèche* (Vivarais), arr. à 39 k. de Tournon, cant. et ✉ de Serrières. Pop. 359 h.

BROSSAY (le), vg. *Maine-et-Loire* (Anjou), arr. et à 20 k. de Saumur, cant. et ✉ de Montreuil-Bellay. Pop. 197 h.

BROSSE (la), *Loiret* (Gatinais), arr. à 25 k. de Pithiviers, cant. et ✉ de Malesherbes. Pop. 191 h.

BROSSE (la), *Saône-et-Loire*, comm. de Gilly-sur-Loire, ✉ de Bourbon-Lancy.

BROSSE-MONTCEAUX (la), vg. *Seine-et-Marne* (Brie), arr. et à 27 k. de Fontainebleau, cant. et ✉ de Montereau. Pop. 477 h.

BROSSE, vg. *Yonne* (Nivernais), arr. et à 20 k. d'Avallon, cant. et ✉ de Vezelay. Pop. 1,076 h.

BROSSES-DIEU (les), vg. *Saône-et-Loire*, comm. de St-Germain-des-Bois, ✉ de la Clayette.

BROSSIÈRE (la), *Vendée*, comm. de St-André-Gouldoré, ✉ de St-Fulgent.

BROSVILLE, vg. *Eure* (Normandie), arr., cant., ✉ et à 14 k. d'Evreux. Pop. 471 h.— C'était autrefois une baronie qui faisait partie du domaine des évêques d'Evreux, et dont les vassaux portaient une petite crosse brodée sur leurs manches ; ils étaient exempts de droits de péages et de foires et marchés par toute la France.

BROTEL, vg. *Isère*, comm. de St-Baudille, ✉ de Crémieu.

BROTTE, vg. *H.-Saône* (Franche-Comté), arr. à 25 k. de Gray, cant. de Dampierre-sur-Salon, ✉ de Lavoncourt. Pop. 203 h.

BROTTE, vg. *Saône-et-Loire* (Franche-Comté), arr. à 15 k. de Lure, cant. et ✉ de Luxeuil. Pop. 450 h.

BROTTEAUX (les), *Rhône*, comm. de la Guillotière, ✉ de Lyon.

BROTTES, vg. *H.-Marne* (Champagne), arr., cant., ✉ et à 4 k. de Chaumont-en-Bassigny. Pop. 340 h.

BROU, vg. *Ain*, comm. et ✉ de Bourg. V. BOURG-EN-BRESSE.

BROU, *Brovium*, petite ville, *Eure-et-Loir* (Perche), arr. et à 21 k. de Châteaudun, chef-l. de cant. Cure. ✉. ✌. A 130 k. de Paris pour la taxe des lettres. Pop. 2,444 h.— TERRAIN tertiaire moyen.

Cette ville, située sur l'Ozanne, doit son agrandissement à Florimont Vooerlet, secrétaire d'État sous Henri II. On remarque, dans les environs, les restes du château de Frazé, et dans quelques parties de son territoire des marnières dont la profondeur est considérable. — *Fabriques* de rots ou peignes mobiles pour tisser, de serges, étamines, toiles. Tuilerie. — *Foires* les 15 mars, 25 juin, 16 sept. et 26 nov.

BROU, *Berulfium*, vg. *Seine-et-Marne* (Brie), arr. et à 27 k. de Meaux, cant. de Lagny, ✉ de Chelles. Pop. 108 h.

BROUAGE, *Berulfiopolis*, *Broagium*, petite ville forte et maritime, *Charente-Inf.*, comm. d'Hiers. ✉. A 476 k. de Paris pour la taxe des lettres. Place de guerre de 3ᵉ classe.

Autrefois gouvernement particulier, justice royale, diocèse de Saintes, parlement de Bordeaux, intendance de la Rochelle, élection de Marennes.

Les armes de Brouage sont : *parti*, *le premier d'azur à trois fleurs de lis d'or deux et un*; *le deuxième de gueules à un orle de chaîne d'or passée en croix et en sautoir.*

Cette ville est située vis-à-vis de l'île d'Oléron, sur un chenal que forment le flux et le reflux de l'Océan, qui y forme un port profond où les vaisseaux peuvent mouiller en sûreté. Elle est près du canal de Brouage, entrepris en 1782, dans le but de dessécher les marais des environs de Rochefort, et rendu navigable en 1807. Ce canal est très-utile pour le transport des sels que produisent les immenses marais salants environnants.

La ville de Brouage fut fondée par Jacques de Pons, en 1555 ; elle fut agrandie et fortifiée dans le siècle suivant par le cardinal de Richelieu, pour en faire un double boulevard contre les calvinistes et contre l'ennemi extérieur. Par ordre de ce ministre, M. Dargencourt traça le plan des fortifications, lesquelles consistaient en un rempart revêtu de maçonnerie, flanqué de sept bastions, et défendu par des fossés larges et profonds. Un gouverneur, un hôpital, un arsenal et des magasins immenses furent établis ; la ville fut percée de larges rues coupées à angle droit ; quatre cents maisons y furent bâties ; on y plaça un siège royal d'amirauté et un bureau de fermes ; mais l'insalubrité de cette place fit transporter tous les établissements à Marennes en 1730. Depuis lors, l'importance et la population de Brouage ont toujours été en diminuant. — *Commerce* considérable de sel de première qualité.

Lat. 45° 52′ 13″, long. O. 3° 24′.

BROUAINS, vg. *Manche* (Normandie), arr. et à 10 k. de Mortain, cant. et ✉ de Sourdeval. Pop. 484 h. — Papeterie.

BROUAY, vg et comm. du dép. du *Pas-de-Calais* (Artois), cant. de Houdain, arr., ✉ et à 10 k. de Béthune. Pop. 606 h.

BROUAY, *Brocium*, *Calvados* (Normandie), arr. et à 18 k. de Caen, cant. de Tilly-sur-Seulles, ✉ de Bretteville-l'Orgueilleuse. Pop. 421 h.

BROUCHAUD, vg. *Dordogne* (Périgord), arr. et à 26 k. de Périgueux, cant. de Thenon, ✉ d'Azerac. Pop. 564 h.

BROUCHY, vg. *Somme* (Picardie), arr. et à 27 k. de Péronne, cant. et ✉ de Ham. Pop. 461 h.

BROUCK, *Moselle*, comm. de Narbéfontaine, ✉ de Boulay.

BROUCK, *Nord*, comm. de Loon, ✉ de Gravelines.

BROUCKERQUE, *Nord* (Flandre), arr. et à 16 k. de Dunkerque, cant. et ✉ de Bourbourg. Pop. 938 h.

BROUCK-LIBRE. V. ST-PIERRE-BROUCK.

BROUDERDORFF, vg. *Meurthe* (Lorraine), arr., cant., ✉ et à 7 k. de Sarrebourg. Pop. 630 h.

BROUÉ, vg. *Eure-et-Loir* (Beauce), arr. et à 12 k. de Dreux, cant. d'Anet, ✉ de Houdan. Pop. 663 h.

BROUENNE, vg. *Meuse* (Lorraine), arr., cant. et à 28 k. de Montmédy, ✉ de Stenay. Pop. 572 h.

BROUILLA, vg. *Pyrénées-Or.* (Roussillon), arr. et à 17 k. de Perpignan, cant. de Thuir, ✉ d'Elne. Pop. 233 h.

BROUILLET, vg. *Marne* (Champagne), arr. et à 23 k. de Reims, cant. de Ville-en-Tardenois, ✉ de Fismes.

BROUQUEYRAN, vg. *Gironde* (Condomois), arr., ✉ et à 7 k. de Bazas, cant. d'Auros. Pop. 265 h.

BROUSSANT (le), *Var*, comm. d'Évenos, ✉ d'Ollioules.

BROUSSE, vg. *Aveyron* (Rouergue), arr. et à 25 k. de St-Affrique, cant. de St-Rome-de-Tarn.

BROUSSE (la), *Charente-Inf.* (Saintonge), arr. et à 14 k. de St-Jean-d'Angély, cant. et ✉ de Matha. Pop. 882 h.

BROUSSE, vg. *Creuse* (Combrailles), arr. et à 21 k. d'Aubusson, cant. et ✉ d'Auzances. Pop. 122 h.

BROUSSE, vg. *Puy-de-Dôme* (Auvergne), arr. et à 25 k. d'Ambert, cant. de Cunlhat. Pop. 2,476 h.

BROUSSE (les), vg. *Deux-Sèvres*, à 17 k. de Melle. ✉.

BROUSSE, vg. *Tarn* (Languedoc), arr. et à 20 k. de Castres, cant. de Lautrec, ✉ de Réalmont. Pop. 695 h. — *Foires* les 13 janv., 14 mai, 20 août et 17 oct.

BROUSSE, vg. *Aude* (Languedoc), arr. et à 25 k. de Carcassonne, cant. de Saissac, ✉ de Cuzac-Cabardès. Pop. 443 h. — Papeterie.

BROUSSEVAL, vg. *H.-Marne* (Champagne), arr., cant., ✉ et à 2 k. de Vassy. Pop. 414 h. — Hauts fourneaux et forge à l'anglaise. Moulage de fonte de toute espèce.

BROUSSEY-EN-BLOIS, *Blesæ Siccæ*, vg. *Meuse* (Lorraine), arr. et à 14 k. de Commercy, à 33 k. de St-Mihiel, cant. et ✉ de Void. Pop. 325 h.

BROUSSEY-EN-VOËVRE, vg. *Meuse* (Lorraine), arr., et ✉ de Commercy, cant. et à 16 k. de St-Mihiel. Pop. 400 h.

BROUSSY-LE-GRAND, *Brossiacum*, vg. *Marne* (Champagne), arr. et à 33 k. d'Épernay, cant. et ✉ de Fère-Champenoise. Pop. 532 h.

BROUSSY-LE-PETIT, vg. *Marne* (Champagne), arr. et à 34 k. d'Épernay, cant. et ✉ de Sézanne. Pop. 299 h.

BROUT-VERNET, vg. *Allier* (Bourbonnais), arr., ✉ et à 20 k. de Gannat, cant. d'Escurolles. Pop. 1,713 h.

BROUTHIÈRES, vg. *H.-Marne* (Champagne), arr. et à 35 k. de Vassy, cant. de Poissons, ✉ de Sailly. Pop. 90 h.

BROUTRIE, vg. *Charente*, comm. de Mornac, ✉ d'Angoulême.

BROUVELIEURES, vg. *Vosges* (Lorraine), arr. et à 23 k. de St-Dié, chef-l. de cant., ✉ de Bruyères. Pop. 537 h. — Bureau d'enregist. à St-Dié. Cure. — TERRAIN de grès rouge, voisin du grès des Vosges. — Forges.

BROUVILLE, vg. *Meurthe* (Lorraine), arr. et à 24 k. de Lunéville, cant. et ✉ de Baccarat. Pop. 339 h.

BROUVILLE, vg. *Seine-et-Oise*, comm. de St-Martin-Bréteucourt, ✉ de Dourdan.

BROUVILLER, vg. *Meurthe* (Lorraine), arr. et à 11 k. de Sarrebourg, cant. et ✉ de Phalsbourg. Pop. 604 h. — Il est près de la forêt de Schvangen, où est établi un télégraphe.

BROUY, vg. *Seine et Oise* (Orléanais), arr. et à 20 k. d'Étampes, cant. de Milly, ✉ de Gironville. Pop. 206 h.

BROUZET, vg. *Gard* (Languedoc), arr., ✉ et à 16 k. d'Alais, cant. de Vezenobre. Pop. 448 h.

BROUZET, vg. *Gard* (Languedoc), arr. et à 50 k. du Vigan, cant. et ✉ de Quissac. Pop. 202 h. — *Foires* les 5 mai et 17 sept.

BROUZILS (les), *Vendée* (Poitou), arr. et à 25 k. de Bourbon-Vendée, cant. et ✉ de St-Fulgent. Pop. 2,001 h.

BROVES, *Brova*, vg. *Var* (Provence), arr. et à 26 k. de Draguignan, cant. et ✉ de Comps. Pop. 319 h.

BROXÉELE, vg. *Nord* (Flandre), arr. et à 30 k. de Dunkerque, cant. et ✉ de Wormhoudt. Pop. 405 h.

BROYE, vg. *Saône-et-Loire* (Bourgogne), arr. et à 11 k. d'Autun, cant. de Mesvres. Pop. 1,153 h.

BROYES-LES-LOUPS, *H.-Saône* (Franche-Comté), arr., ✉ et à 15 k. de Gray, cant. d'Autrey. Pop. 301 h.

BROYES-LES-PESMES, vg. *H.-Saône* (Franche-Comté), arr. et à 19 k. de Gray, cant. et ✉ de Pesmes. Pop. 644 h. — Il est sur la rive droite de l'Ognon, près de son confluent avec la Saône. Quelques savants pensent que Broye occupe l'emplacement de l'antique *Amagetobria* de Commentaires de César. Les restes d'un aqueduc et les traces de vastes constructions qu'on reconnaît sur le territoire de cette commune donnent un certain degré de certitude à cette opinion.

BROYES, *Brecæ*, bg *Marne* (Brie), arr. et à 37 k. d'Épernay, cant. et ✉ de Sézanne. Pop. 872 h.

BROYES, vg. *Oise* (Picardie), arr. et à 35 k. de Clermont, cant. et ✉ de Breteuil. Pop. 367 h.

BRU, vg. *Cantal*, comm. de Charmensac. — *Foire* le 3 oct.

BRU, vg. *Vosges* (Lorraine), arr. et à 30 k. d'Epinal, cant. et ⊠ de Rambervillers. Pop. 806 h.

BRUAILLES, vg. *Saône-et-Loire* (Bourgogne), arr., cant., ⊠ et à 5 k. de Louhans. Pop. 1,169 h.

BRUAY, vg. *Nord* (Flandre), arr., cant. et à 5 k. de Valenciennes, ⊠ d'Anzin. Pop. 2,089 h. — Verrerie de verre blanc pour gobeleterie.

BRUAY, vg. *Pas-de-Calais* (Artois), arr., ⊠ et à 10 k. de Béthune, cant. de Houdain. Pop. 711 h.

BRUC, vg. *Ille-et-Vilaine* (Bretagne), arr. et à 21 k. de Redon, cant. de Pipriac, ⊠ de Lohéac. Pop. 1,172 h.

BRUCAMPS, vg. *Somme* (Picardie), arr. et à 20 k. d'Abbeville, cant. d'Ailly-le-Haut-Clocher, ⊠ de Flixecourt. Pop. 478 h.

BRUCHE (la), rivière qui prend sa source dans l'arr. de St-Dié (*Vosges*); elle descend par la vallée du Banc-de-la-Roche, passe à Molsheim, Soulz, et se jette dans l'Ill, à 3 k. au-dessus de Strasbourg, après un cours d'environ 60 k.; elle est flottable jusqu'à Soulz, où ses eaux sont dérivées pour alimenter le beau canal de la Bruche.

BRUCHE (canal de la). Ce canal commence près de Soulz, et est alimenté par les eaux de la Monig et de la Bruche; il se dirige vers Wolxheim, Egersheim, Achenheim, Schaffolsheim, Wolfisheim et Eckbalsheim, et se jette dans la rivière d'Ill, à 3,000 m. au-dessus de Strasbourg. — Le canal de la Bruche sert au transport de la majeure partie des bois nécessaires au chauffage de la ville de Strasbourg; ces bois sont exploités dans les Vosges et flottés jusqu'à la tête du canal, au moyen de la rivière de Bruche et de ses affluents. C'est aussi par ce canal que les matériaux extraits des carrières de Wolxheim arrivent à Strasbourg; les transporte en grande partie outre-Rhin: les eaux de ce canal servent en outre à l'irrigation de 350 hectares de prairies, et au roulement de plusieurs usines.

BRUCK, bg *Lot-et-Garonne* (Agénois), arr. et à 12 k. de Nérac, cant. de Lavardac, ⊠ de Port-Ste-Marie. Pop. 1,180 h. — *Foires* les 15 janv., 3 mai, 28 juillet et 15 nov.

BRUCHE, *Vosges*, comm. de Bourg-Bruche, ⊠ de St-Dié.

BRUCH, vg. *Lot-et-Garonne* (Agénois), arr. et à 12 k. de Nérac, cant. de Lavardac, ⊠ de Port-Ste-Marie. Pop. 1,180 h. — *Foires* les 15 janv., 5 mai, 28 juillet et 15 nov.

BRUCHEVILLE, vg. *Manche* (Normandie), arr. et à 8 k. de Valognes, cant. et ⊠ de Ste-Mère-Eglise. Pop. 389 h.

BRUCOURT, *Berulfi Curtis*, vg. *Calvados* (Normandie), arr. et à 22 k. de Pont-l'Evêque, cant. et ⊠ de Dives. Pop. 158 h. — Il s'y trouve des eaux minérales ferrugineuses, qui passent dans le pays pour être très-bonnes dans les maladies chroniques et dans les maladies de la peau. L'eau de Brucourt est froide; elle contient, selon M. Deschamps, qui en a fait l'analyse, de l'acide carbonique, de l'oxyde de fer, du muriate et du sulfate de soude, du sulfate et du carbonate de chaux. Cette source minérale est assez fréquentée pendant la belle saison; on associe à la boisson les bains de mer, dont le village de Brucourt est peu éloigné.

Bibliographie. LE PECQ DE LA CLOTURE. *Collection d'observations sur les maladies*, etc. (on y trouve l'analyse des eaux de Brucourt, par M. Deschamps).

BRUE, vg. *Brua*, *Var* (Provence), arr. et à 29 k. de Brignoles, cant. et ⊠ de Barjols. Pop. 558 h.

BRUEBACH, vg. *H.-Rhin* (Alsace), arr. et à 13 k. d'Altkirch, cant. de Landser, ⊠ de Mulhausen. Pop. 623 h.

BRUEL (le), *Aveyron*, comm. de St-Jean-du-Bruel, ⊠ de Nant.

BRUÈRE, *Cher*, com. de la Celle-Bruère, ⊠ de St-Amand-Montrond.

BRUÈRE (la), vg. *Sarthe* (Anjou), arr. et à 39 k. de la Flèche, cant. de Lude, ⊠ du Vaas. Pop. 402 h.

BRUÈRES (les), *Indre-et-Loire*, com. de la Tour-St-Gélin, ⊠ de Richelieu.

BRUFFIÈRE (la), *Vendée* (Poitou), arr. et à 42 k. Bourbon-Vendée, cant. et ⊠ de Montaigu. Pop. 2,380 h. — *Foires* le 1er vendredi d'avril, 22 août (au hameau de St-Symphorien).

BRUGAIROLLES, vg. *Aude* (Languedoc), arr. et à 13 k. de Limoux, cant. et ⊠ d'Alaigne. Pop. 535 h. Sur le Sou. — C'était autrefois une ville forte, qui fut prise, brûlée et rasée jusqu'aux fondations par le prince de Joyeuse, en 1587. On y remarque un beau château de construction moderne.

Les armes de Brugairolles sont: *d'argent à trois fusées de gueules, accolées en face*.

BRUGERON (le), vg. *Puy-de-Dôme* (Auvergne), arr. et à 20 k. d'Ambert, cant. d'Olliergues, ⊠ de Cunlhat. Pop. 1,236 h.

BRUGES, vg. *Gironde* (Guienne), arr., cant., ⊠ et à 5 k. de Bordeaux. Pop. 979 h.

BRUGES, bg *B.-Pyrénées* (Béarn), arr. et à 24 k. de Pau, cant. et ⊠ de Nay. P. 1,784 h. — *Fabriques* de draps, filatures de laine. — *Foire* le 1er dimanche de juin.

BRUGHÉAS, vg. *Allier* (Bourbonnais), arr., ⊠ et à 20 k. de Gannat, cant. d'Escurolles. Pop. 1,759 h.

BRUGNAC, vg. *Lot-et-Garonne* (Agénois), arr. et à 27 k. de Marmande, cant. de Castelmoron, ⊠ de Tonneins. Pop. 727 h.

BRUGNAC, *Tarn*, comm. de Castelnau-de-Montmiral, ⊠ de Gaillac.

BRUGNENS, vg. *Gers* (Armagnac), arr. et à 14 k. de Lectoure, cant. et ⊠ de Fleurance. Pop. 541 h.

BRUGNY, vg. *Marne* (Champagne), arr., ⊠ et à 7 k. d'Epernay, cant. d'Avise. Pop. 414 h.

BRUGUIÈRE (la), *Brugetia*, *Brugeria*, vg. *Gard* (Languedoc), arr. et à 11 k. d'Uzès, cant. et ⊠ de Lussan. Pop. 389 h.

BRUGUIÈRE (la). V. LABRUGUIÈRE.

BRUGUIÈRES, vg. *H.-Garonne* (Languedoc), arr. et à 16 k. de Toulouse, cant. de Fronton, ⊠ de St-Jorry. ☞. Pop. 357 h. — *Foire* le 8 sept.

BRUILLE-LES-MARCHIENNES, vg. *Nord* (Flandre), arr. et à 13 k. de Douai, cant. et ⊠ de Marchiennes. Pop. 683 h.

BRUILLE-ST-AMAND, vg. *Nord* (Flandre), arr. et à 18 k. de Valenciennes, cant. et ⊠ de St-Amand-les-Eaux. Pop. 2,695 h.

BRUIS, vg. *H.-Alpes* (Dauphiné), arr. et à 60 k. de Gap, cant. de Rosans, ⊠ de Serres. Pop. 450 h.

BRULAIN, vg. *Deux-Sèvres* (Poitou), arr., ⊠ et à 19 k. de Niort, cant. de Prahecq. Pop. 934 h. — *Foire* le 20 janv.

BRULAIS (les), vg. *Ille-et-Vilaine* (Bretagne), arr. et à 30 k. de Redon, cant. de Maure, ⊠ de Lohéac. Pop. 685 h.

BRULANGE, ou **BRÆLING,** vg. *Moselle* (Lorraine), arr. et à 55 k. de Sarreguemines, cant. de Gros-Tenquin, ⊠ de Faulquemont. Pop. 547 h.

BRULATTE (la), vg. *Mayenne* (Maine), arr. et à 5 k. de Laval, cant. de Loiron, ⊠ de la Gravelle. Pop. 710 h.

BRULÉS (les), vg. *Eure*, comm. d'Acon, ⊠ de Tillières-sur-Avre.

BRULEY, vg. *Meurthe* (Lorraine), arr., cant., ⊠ et à 5 k. de Toul. Pop. 630 h.

BRULLEMAIS, vg. *Orne* (Normandie), arr. et à 40 k. d'Alençon, cant. de Courtomer, ⊠ du Merlerault. Pop. 532 h.

BRULLIOLES, vg. *Rhône* (Lyonnais), arr. et à 26 k. de Lyon, cant. et ⊠ de St-Laurent-de-Chamousset. Pop. 1,050 h. — *Foire* le lundi de la Pentecôte.

BRULON, bg *Sarthe* (Anjou), arr. et à 38 k. de la Flèche, chef-l. de cant. Cure. Bureau d'enregist. à Noyen. ⊠. A 249 k. de Paris pour la taxe des lettres. P. 1,731 h. — TERRAIN de transition moyen. — Ce bourg, situé sur un monticule très-élevé, était autrefois défendu par un château qui fut brûlé par les chouans en 1793. On a découvert dans les ruines de ce château des souterrains qui renfermaient plus de 150 tombeaux formés chacun d'une seule pierre et remplis d'ossements humains d'une grande proportion. — PATRIE de CL. CHAPPE, inventeur du télégraphe. — *Foires* les samedi après Pâques, 1er samedi de mai, 4e samedis de juin et d'oct.

BRULOTS (les), *Pas-de-Calais*, comm. de Lorgies, ⊠ de la Bassée.

BRUMATH ou **BRUMPT,** *Brocomagus*, petite ville, *B.-Rhin* (Alsace), arr. et à 17 k. de Strasbourg, chef-l. de cant. Cure. ⊠. ☞. A 442 k. de Paris pour la taxe des lettres. P. 3,761 h. — TERRAIN d'alluvions modernes.

Brumath est une ville ancienne dont l'existence remonte au temps des Romains: elle est située sur la Zorn, et occupe l'emplacement de l'antique *Brocomagus*, l'une des deux villes que Ptolémée attribue au peuple Triboques. Les barbares la saccagèrent au Ve siècle, et la réduisirent à l'état de simple village, que l'empereur Louis de Bavière éleva au rang de ville en 1336. Ruinée de nouveau en 1674, elle se releva bientôt grâce à l'activité de ses habitants, et forme actuellement une petite ville assez considérable. Les rois de France y avaient un palais au VIII° siècle.

Brumath possède une source d'eau minérale acidule froide, découverte en 1824.

A un k. de Brumath, on remarque le bel établissement de Stephansfelden, fondé vers l'an 1220, par les comtes de Werd, pour servir d'hospice aux enfants abandonnés. — *Fabrique de garance.* — *Foires* les 24 juin et 24 août.

BRUMETZ, vg. *Aisne* (Brie), arr. et à 30 k. de Château-Thierry, cant. de Neuilly-St-Front, ✉ de Gandelu. Pop. 307 h.

BRUNCAN, vg. *H.-Garonne*, comm. de Sauveterre, ✉ de St-Gaudens.

BRUNEHAUT, vg. *Seine-et-Oise*, comm. de Marigny, ✉ d'Etampes. V. ETAMPES.

BRUNEHAUT (chaussée), monument remarquable par son ancienneté et par sa construction, dont quelques parties existent encore dans le département de l'Oise. Connue autrefois sous le nom de *chemins de l'y Estrées* elle a pris au XIII° siècle le nom qu'elle porte aujourd'hui; mais elle est, comme celles du département du Nord, un ouvrage des Romains, que Brunehaut, reine d'Austrasie, fit sans doute réparer. V. aussi BAVAY.

BRUNELLES, vg. *Eure-et-Loir* (Normandie), arr., cant., ✉ et à 6 k. de Nogent-le-Rotrou. Pop. 952 h.—Papeterie.

BRUNELS (les), *Aude*, comm. de Labécède-Lauragais, ✉ de Castelnaudary.

BRUNEMBERT, vg. *Pas-de-Calais* (Boulonnais), arr., ✉ et à 23 k. de Boulogne-sur-Mer, cant. de Desvres. Pop. 377 h.

BRUNÉMONT, vg. *Nord* (Flandre), arr. et à 13 k. de Douai, cant. d'Arleux. Pop. 598 h.

BRUNET, *Castrum de Bruneto*, vg. *B.-Alpes* (Provence), arr. et à 42 k. de Digne, cant. et ✉ de Valensolle. Pop. 487 h.—*Commerce de lin et de toiles.* — *Marché important pour les grains tous les vendredis.*

BRUNHAMEL, vg. *Aisne* (Picardie), arr. et à 55 k. de Laon, cant. de Rozoy-sur-Serre. ✉. ⚘. A 187 k. de Paris pour la taxe des lettres. Pop. 947 h. — *Foires* les 17 fév., 27 mars, 11 mai, 26 août, 4 oct. et 7 déc.

BRUNIQUEL, petite ville, *Tarn-et-Garonne* (Languedoc), arr. et à 30 k. de Montauban, cant. et ✉ de Montclar. Pop. 1,809 h. —TERRAIN jurassique, étage inférieur du système oolitique.

Cette ville, située sur la rive gauche de la Verre, près de son confluent avec l'Aveyron, est remarquable par les ruines d'un château, ou palais fortifié d'un aspect on ne peut plus pittoresque, bâti au sommet d'un roc escarpé, sur la rive gauche de l'Aveyron. Ce château, dont le nom semble se rattacher à Brunehaut, Brunichilde, n'est accessible que par un seul point extrêmement étroit. La tradition reconnaît la reine Brunehaut comme fondatrice de ce château, dont elle prit solennellement possession en 587, par le traité d'Andelot. Le donjon porte les caractères que l'on assigne aux monuments militaires antérieurs au XII° siècle. Au plus haut de la cour s'élève la tour qui porte le nom de Brunehaut. Dans une des salles, dite de Maillebois, on voit un immense manteau de cheminée en chêne du XVII° siècle; deux femmes debout forment le montant de ce remarquable ouvrage de sculpture. Des caves immenses règnent sous la presque totalité du château. — Le village de Bruniquel renferme un grand nombre de maisons du XIII° et du XV° siècle, et un beau beffroi qui s'élève au-dessus d'une ancienne porte.—Hauts fourneaux, forges et martinets, ⓐ 1834-39. — *Foires* les 24 fév., 23 juin, 11 août, 11 nov. et 26 déc.

BRUNISSARD, *H.-Alpes*, comm. d'Arvicux, ✉ de Queyraz.

BRUNOY, *Braunadum*, vg. *Seine-et-Oise* (Ile-de-France), arr. et à 12 k. de Corbeil, cant. de Boissy-St-Léger. ✉. A 24 k. de Paris pour la taxe des lettres. Pop. 1,113 h. — L'antiquité de ce village est constatée par les monuments de l'abbaye de St-Denis, où il en est fait mention dès le VII° siècle. Il paraît constant que les rois de France y ont eu une habitation. Philippe de Valois y séjourna en 1346, et y donna le 25 mai un édit portant règlement pour les eaux et forêts.—La terre de Brunoy fut érigée en marquisat par Louis XV en faveur du financier Paris de Montmartel, Le vieux château, dont on voit encore les restes d'une tour, fut remplacé au XVIII° siècle par un bâtiment moderne construit avec une grande magnificence. Après la mort du financier Paris de Montmartel, son fils le marquis de Brunoy embellit considérablement ce château et ses magnifiques jardins. L'église paroissiale devint aussi l'objet principal de ses dépenses; elle fut dotée par lui de vases sacrés et d'ornements sacerdotaux les plus précieux. Ce n'est pas toutefois que ce seigneur fût dévot, mais il avait un goût passionné pour les cérémonies de l'Eglise, et surtout pour les belles processions. Pour satisfaire cette pasion, il sacrifia une partie de son immense fortune. Il faisait venir des prêtres de tous les côtés, et, à défaut de prêtres, réunissait des paysans qu'il revêtait de chapes magnifiques. A la procession de la Fête-Dieu de l'année 1770, il y avait cent cinquante prêtres loués à plus de dix lieues à la ronde. Il avait en outre donné des chapes à quantité de particuliers; en sorte qu'il en résultait un cortège de quatre cents personnes. On comptait vingt-cinq mille pots de fleurs, six reposoirs, dont un tout en fleurs et de l'élégance la plus exquise; toutes les jeunes filles étaient vêtues en blanc et couronnées de fleurs. Après la procession, le magnifique seigneur donna un repas de huit cents couverts, composé des prêtres, des chapiers et des paysans ses amis. On comptait plus de cinq cents carrosses venus de Paris, et le coup d'œil du monde épars dans la campagne, y faisant des repas champêtres, n'était pas un des moins agréables de cette fête, qui fut encore plus somptueuse le jeudi suivant. — La terre de Brunoy, qui était devenue la propriété du frère de Louis XVI (depuis Louis XVIII), fut vendue à l'époque de la révolution, et le château que ce prince s'était plu à embellir fut entièrement démoli; plusieurs maisons de campagne ont été bâties sur son emplacement. Celle située à l'endroit où commence la route conduisant à Montgeron a été bâtie par le célèbre tragédien Talma, qui y réunissait souvent l'élite de la meilleure société de Paris. — Lafont, du Théâtre-Français, possédait aussi à Brunoy une jolie habitation; et Martin, acteur célèbre de l'Opéra-Comique, en avait fait construire une au lieu dit les Gaudeaux, dépendance de Brunoy.

Patrie de J.-A. BARBIER, chirurgien en chef du Val-de-Grâce. — Filature de coton. Belle pépinière d'arbres fruitiers et forestiers.

BRUNSTATT, vg. *H.-Rhin* (Alsace), arr. et à 15 k. d'Altkirch, cant. et ✉ de Mulhausen. Pop. 1,560 h.

BRUNVILLE, vg. *Seine-Inf.* (Normandie), arr. et à 15 k. de Dieppe, cant. et ✉ d'Envermeu. Pop. 179 h.

BRUNVILLE (grand), *Seine-Inf.*, comm. de Limezy, ✉ de Barentin.

BRUX, vg. *Vienne* (Poitou), arr. et à 16 k. de Civray, cant. et ✉ de Coubé. Pop. 1,519 h.

BRUNVILLERS-LA-MOTTE, vg. *Oise* (Picardie), arr. et à 22 k. de Clermont, cant. et ✉ de St-Just-en-Chaussée. Pop. 352 h.

BRUQUEDALLE, vg. *Seine-Inf.* (Normandie), arr. et à 30 k. de Neufchâtel-en-Bray, cant. et ✉ d'Argueil. Pop. 76 h.

BRUSCHWICKERSHEIM, vg. *B.-Rhin* (Alsace), arr., ✉ et à 11 k. de Strasbourg, cant. d'Oberhausbergen. Pop. 532 h.

BRUSLES, *Somme*, comm. de Cartigny, ✉ de Péronne.

BRUSQUE, petite ville, *Aveyron* (Rouergue), arr. et à 35 k. de St-Affrique, cant. et ✉ de Camarès. Pop. 1,200 h. — Elle est bâtie sur le penchant d'une colline, du sommet de laquelle on découvre l'intérieur de son enceinte. Ses maisons antiques, bâties d'une pierre veinée comme le marbre, produisent par leurs teintes un effet pittoresque. — *Fabriques de draps.* — *Foires* le 12 fév. et lundi après le 25 juillet.

BRUSQUET (le), vg. *B.-Alpes* (Provence), arr., ✉ et à 14 k. de Digne, cant. de la Javie, Pop. 622 h.

BRUSSEY, vg. *H.-Saône* (Franche-Comté), arr. et à 27 k. de Gray, cant. et ✉ de Marnay. Pop. 340 h.

BRUSSON, vg. *Marne* (Champagne), arr., ✉ et à 10 k. de Vitry-le-François. Pop. 210 h.

BRUSTICO, vg. *Corse*, arr., ✉ et à 27 k. de Corté, cant. de Piédicroce. Pop. 182 h.

BRUSVILY, vg. *Côtes-du-Nord* (Bretagne), arr., cant., ✉ et à 8 k. de Dinan. Pop. 637 h.

BRUTELLES, vg. *Somme* (Picardie), arr. et à 24 k. d'Abbeville, cant. et ✉ de St-Valery-sur-Somme. Pop. 293 h.

BRUTINEL, vg. *H.-Alpes*, comm. de Laye, ✉ de St-Bonnet. ⚘.

BRUTUS-LE-MAGNANIME, nom donné pendant la révolution à la ville de St-Pierre-le-Moutiers.

BRUVILLE, *Berulfi Villa*, vg. *Moselle*

BRUYÈRES-SOUS-LAON. — **BUANES.** — **BUCHELAY.**

(Lorraine), arr. et à 17 k. de Briey, cant. de Conflans, ✉ de Mars-la-Tour. Pop. 309 h.
BRUYÈRE (la), *Loire*, comm. de Marcoux, ✉ de Boen.
BRUYÈRE (la), *Lot*, comm. de Calvignac, ✉ de Limoge.
BRUYÈRE (la), vg. *Oise* (Picardie), arr. et à 8 k. de Clermont, cant. et ✉ de Liancourt. Pop. 247 h.
BRUYÈRE (la), *Oise*, comm. du Meux, ✉ de Compiègne.
BRUYÈRE (la), vg. *H.-Saône* (Franche-Comté), arr. et à 19 k. de Lure, cant. et ✉ de Faucogney. Pop. 447 h.
BRUYÈRE-DE-MONT, *Nièvre*, comm. de Montambert-Tannay, ✉ de Fours.
BRUYÈRE-DES-GRANGES, *Nièvre*, com. de Chantenay, ✉ de St-Pierre-le-Moutier.
BRUYÈRE-GOSSE, *Eure*, comm. d'Epreville-en-Lieuvin, ✉ de Lieurey.
BRUYÈRES (les), *Isère*, comm. de Varacieux, ✉ de Vinay.
BRUYÈRES (les), *Nièvre*, comm. de Fleury-sur-Loire, ✉ de Decize.
BRUYÈRES (les), *Seine-et-Oise* (Ile-de-France), arr. et à 23 k. de Pontoise, cant. de l'Isle-Adam, ✉ de Beaumont-sur-Oise. Pop. 322 h. — On y voyait avant la révolution l'ancien château du chancelier Maupeou, bâti sur un tertre qui domine le village ; un pont-levis, une herse en fermaient l'entrée; un donjon, des tours, des créneaux, des mâchicoulis, le rendaient formidable pour la défense ; ses fossés étaient remplis d'eau ; ses prisons, ses cachots, encore existants, attestent les trois degrés de justice que le seigneur exerçait autrefois. Ces fortifications ont été démolies en 1793, à l'exception des tours qui joignent l'habitation principale.
BRUYÈRES (les), *Seine-et-Oise*, comm. de Clairefontaine, ✉ de Rambouillet.
BRUYÈRES, petite ville, *Vosges* (Lorraine), arr. et à 25 k. d'Epinal, chef-l. de cant. Cure. ✉. A 401 k. de Paris pour la taxe des lettres. Pop. 2,343 h. — TERRAIN de grès des Vosges. Cette ville est bâtie dans une agreste situation, au milieu des montagnes des Vosges, sur la petite rivière d'Areutelle. On y trouve une source d'eau minérale froide.
PATRIE de l'abbé GEORGEL.
Fabriques de calicots, de couteaux de table et de poche, en acier des Vosges et à très-bas prix. — *Commerce* considérable de fil, toiles, beurre, fromages et bestiaux. — *Foires* les 2ᵉˢ et 4ᵉˢ mardis de chaque mois.
BRUYÈRES-LE-CHATEL, vg. *Seine-et-Oise* (Ile-de-France), arr. et à 30 k. de Corbeil, cant. d'Arpajon. ✉. A 40 k. de Paris pour la taxe des lettres. Pop. 720 h. — A l'extrémité de ce village, vers Arpajon, est un château fort flanqué de tours et environné de vieux fossés secs, dont l'origine remonte au viᵉ siècle.
BRUYÈRES-RADON, *Nièvre*, comm. de Luthenay, ✉ de Magny.
BRUYÈRES-SOUS-LAON, petite ville, *Aisne* (Picardie), arr., cant., ✉ et à 6 k. de Laon. Pop. 1,195 h. — L'origine de Bruyères

remonte au delà du xᵉ siècle. En 1130, Louis le Gros l'érigea en commune, ainsi que les villages de Cheret et de Valbon. Les Anglais la saccagèrent en 1358 et en 1373. Jean de Luxembourg, l'un des chefs du parti bourguignon, s'en empara en 1433 ; mais il la rendit au roi l'année suivante, avec Aulnois, en échange de la ville de Ham. Les calvinistes s'en rendirent maîtres en 1567. Les ligueurs la prirent en 1589.
PATRIE du journaliste et auteur dramatique OURRY.
Commerce de chanvre, toiles, chevaux et bestiaux. — *Foires* les 3 fév., 11 oct. et mardi après la Pentecôte.
BRUYÈRES-VAL-CHRÉTIEN, vg. *Aisne* (Champagne), arr. et à 25 k. de Château-Thierry, cant. et ✉ de Fère-en-Tardenois. P. 313 h. — Aux environs, sur le bord de l'Ourcq, on remarque le château de Givray, construit, sous le règne de François Iᵉʳ, par Charles de Harlus. On y voit encore, dans un salon voûté, une grande cheminée en pierre, dont le manteau est orné de figures de salamandres, avec la devise *Nutrico et exstinguo*. — Source d'eau minérale ferrugineuse froide.
L'abbaye du VAL-CHRÉTIEN, de l'ordre des prémontrés, fondée en 1334, dépendait de la commune de Bruyères. Cette abbaye fut brûlée par les Anglais en 1431.
BRUYS, vg. *Aisne* (Picardie), arr. et à 30 k. de Soissons, cant. et ✉ de Braisnes. P. 114 h.
BRUZ, vg. *Ille-et-Vilaine* (Bretagne), arr., cant., ✉ et à 11 k. de Rennes. Pop. 2,409 h. — Ce village, renommé pour ses sites pittoresques, possède sur son territoire la plus riche mine argentifère de Pontpéan. Au nord de cette mine existe une source, appelée la Fontaine de Boutoir, qui est sans contredit la plus curieuse et la plus forte du pays. — *Foires* les 15 fév. et 15 sept.
BRUZAC, *Ardèche*, comm. de Gilhac, ✉ de la Voulte.
BRY, vg. *Nord* (Flandre), arr. et à 30 k. d'Avesnes, cant. et ✉ du Quesnoy. Pop. 421 h.
BRY-SUR-MARNE, *Briacum*, vg. *Seine* (Ile-de-France), arr. et à 22 k. de Sceaux, cant. de Charenton-le-Pont. ✉. A 14 k. de Paris pour la taxe des lettres. Pop. 362 h. — Il est bâti sur la rive droite de la Marne, que l'on y passe sur un pont suspendu. On y voit un château remarquable par sa situation et par la richesse de ses points de vue. — L'église paroissiale date, dit-on, du xiiiᵉ siècle. — *Fabriques* de faïence et de produits chimiques. — Fête patronale le 1ᵉʳ dimanche après le 24 juin.
Bibliographie. SEGUIN (J.) *Pont suspendu en fil de fer, construit à Bry-sur-Marne* (Annales des ponts et chaussées, 1832).
BU, bg *Eure-et-Loir* (Beauce), arr. et à 13 k. de Dreux, cant. d'Anet, ✉ d'Houdan. Pop. 1,519 h. — Il était jadis défendu par un château fort dont il ne reste plus qu'une vieille tour en ruines.
BUAIS, vg. *Manche* (Normandie), arr. et à 20 k. de Mortain, cant. et ✉ du Teilleul. Pop. 1,432 h. — *Foire* le 1ᵉʳ oct.
BUANES, vg. *Landes* (Gascogne), arr. et à 18 k. de St-Sever, cant. d'Aire-sur-l'Adour,

✉ de Grenade-sur-l'Adour. Pop. 603 h.
BUAT (le), *Manche* (Normandie), arr. et à 22 k. de Mortain, cant. d'Isigny, ✉ de St-Hilaire-du-Harcouet. Pop. 398 h.
BUAT (le), vg. *Orne* (Normandie), arr. et à 35 k. de Mortagne-sur-Huine, cant. et ✉ de l'Aigle. Pop. 134 h.
BUBLANNE, *Ain*, comm. de Châtillon-la-Palud, ✉ de Meximieux. ☞.
BUBERTRÉ, vg. *Orne* (Normandie), arr. et à 10 k. de Mortagne-sur-Huine, cant. et ✉ de Tourouvre. Pop. 458 h.
BUBRY, vg. *Morbihan* (Bretagne), arr. et à 32 k. de Lorient, cant. de Plouay, ✉ d'Hennebont. Pop. 3,796 h. — *Foires* les 2ᵉˢ mardis de janv., mars, mai, juin, sept. et nov.
BUC, *Aude*, comm. de Belcastel, ✉ de Limoux.
BUC, vg. *H.-Rhin* (Alsace), arr., cant., ✉ et à 6 k. de Belfort. Pop. 157 h.
BUC (le), *Saône-et-Loire*, comm. de Viré, ✉ de St-Oyen.
BUC, joli village, *Seine-et-Oise* (Ile-de-France), arr., caut., ✉ et à 4 k. de Versailles. Pop. 567 h. — Il est bâti en amphithéâtre sur le penchant d'un coteau, au pied duquel la Bièvre coule entre des coteaux boisés d'un aspect très-pittoresque. On y admire un bel aqueduc de 22 m. de hauteur, percé de 19 arches, construit en 1686 pour conduire à Versailles les eaux de plusieurs étangs. — Ce village, dont le site est un des plus gracieux des environs de Paris, est embelli par une multitude de maisons de campagne, parmi lesquelles on remarque celle dite de LA GUÉRINIÈRE. — *Fab.* d'étoffes de crin.
BUC (le), *Seine-Inf.*, comm. d'Ernemont-sur-Buchy, ✉ de Buchy.
BUC, *Gironde*, comm. de St-Sulpice-de-Pamiers, ✉ de Sauveterre.
BUCAILLE (la), *Eure*, comm. d'Ailly, ✉ de Gaillon.
BUCAILLE (la), *Eure*, comm. de Guiseniers, ✉ des Andelys.
BUCAILLE, *Pas-de-Calais*, comm. de Thiembronne, ✉ de Fauquembergue.
BUCAMP, *Oise* (Picardie), arr. et à 22 k. de Clermont, cant. de Froissy, ✉ de St-Just-en-Chaussée.
BUCÉELS, vg. *Calvados* (Normandie), arr. et à 12 k. de Bayeux, cant. de Balleroy, ✉ de Tilly-sur-Seulles. Pop. 313 h.
BUCEY-EN-OTHE, vg. *Aube* (Champagne), arr. et à 20 k. de Troyes, cant. et ✉ d'Estissac. Pop. 486 h.
BUCEY-LES-GY, vg. *H.-Saône* (Franche-Comté), arr. et à 22 k. de Gray, cant. et ✉ de Gy. Pop. 1,752 h. — *Foires* les 1ᵉʳ fév., avril, juin, août, oct. et déc.
BUCEY-LES-TRAVES, vg. *H.-Saône* (Fr.-Comté), arr. et à 15 k. de Vesoul, cant. de Scey-sur-Saône, ✉ de Traves. Pop. 184 h.
BUCH, ou BUSCH (captalat de), petite contrée du ci-devant Bordelais, dont la Teste-de-Buch fait le ch.-l. V. dép. de la GIRONDE : TESTE-DE-BUCH.
BUCHELAY, vg. *Seine-et-Oise* (Beauce), arr., cant., ✉ et à 4 k. de Mantes. P. 380 h.

BUCHELBERG, ou LA BLANCHERIE, ou BLEICH, *Meurthe*, comm. de Phalsbourg.

BUCHÈRES, vg. *Aube* (Champagne), arr., ✉ et à 10 k. de Troyes, cant. de Bouilly. Pop. 618 h.

BUCHEUIL, *H.-Vienne*, comm. de Raucon, ✉ de Bellac.

BUCHEY, vg. *H.-Marne* (Champagne), arr. et à 30 k. de Chaumont-en-Bassigny, cant. de Juzennecourt, ✉ de Colombey-les-Deux-Eglises. Pop. 148 h.

BUCHOIRE, *Oise*, comm. et ✉ de Guiscard.

BUCHY, vg. *Moselle* (Lorraine), arr. et à 18 k. de Metz, cant. de Verny, ✉ de Solgne. Pop. 188 h.

BUCHY, bg *Seine-Inf.* (Normandie), arr. et à 27 k. de Rouen, chef-l. de cant. Cure. ✉. ℣. A 129 k. de Paris pour la taxe des lettres. Pop. 612 h. — TERRAIN tertiaire moyen. — *Fabriques* de salpêtre. — *Commerce* de laine et bestiaux. — *Foires* le lundi de Pâques, lundi de la Pentecôte, 1ᵉʳ lundi de juillet, 1ᵉʳˢ lundis de sept. et de déc.

BUCILLY, vg. *Aisne* (Picardie), arr. à 16 k. de Vervins, cant. et ✉ d'Hirson. Pop. 431 h. — PATRIE du lieutenant général PRÉCHEUX.

BUCCONIS (lat. 44°, long. 19°). « Dans l'Itinéraire de Bourdeaux à Jérusalem, c'est une des mutations, ou relais, qui se trouvent entre Auscius, qui est Auch, et Toulouse. La somme des distances indiquées depuis Auch jusqu'à Toulouse, sur le pied de 34 lieues gauloises, paraît trop forte pour ce qu'il y a d'espace absolu, déterminé par les opérations sur le local à environ 35,000 toises, ou peu de chose de plus, ce qui ne renferme que 31 lieues; et la disposition du local, en cet intervalle, fait juger que la mesure itinéraire ne doit guère surpasser la mesure directe. J'en prends occasion d'observer que, quoique les distances soient, avec raison, qualifiées *leug* dans l'Itinéraire, en traversant la Novempopulane, toutefois cette qualification n'a peut-être pas dû s'étendre jusqu'à Toulouse précisément ; car cette ville, usant du privilége des capitales de compter les distances à partir de sa position, ce que des mutations *ad nonum*, *ad vicesimum*, que marque l'Itinéraire en tendant à Carcassonne, mettent en évidence; on doit trouver des milles, et non des lieues, dans le territoire des *Tolosates*, et sur la gauche du cours de la Garonne, comme sur la droite, ce territoire faisant partie d'une province où l'usage des milles était établi, comme on le trouve propre et convenable à la distance des mutations alléguées ci-dessus, et qui se rapportent à Toulouse. Il pourrait s'ensuivre de cette observation, par une grande délicatesse dans l'examen des distances, que bien loin que les nombres fussent excessifs entre Auch et Toulouse, ils demanderaient au contraire quelque supplément en mesure de milles, vu l'étendue que prenait en cet espace le district des *Tolosates*, séparément des *Ausci*, si on compare ce district à celui du siége épiscopal de Toulouse, qui a renfermé le diocèse actuel de Lombez. Pour revenir à ce qui concerne *Bucconis* en particulier, j'avoue ne point connaître de lieu qui le représente distinctement. Il paraît prendre sa place vers le passage de la Save, petite rivière qui renferme l'Isle-Jourdain, dont le nom était autrefois *Castrum Ictium*, comme on le trouve dans la Vie de saint Bertrand de Coninges. » D'Anville. *Notice de l'ancienne Gaule*, p. 181.

BUCQUIÈRE (le), vg. *Pas-de-Calais* (Artois), arr. et à 25 k. d'Arras, cant. de Bertincourt, ✉ de Bapaume. Pop. 763 h.

BUCQUOY, vg. *Pas-de-Calais* (Artois), arr. et à 18 k. d'Arras, cant. de Croisilles. ✉. A 162 k. de Paris pour la taxe des lettres. Pop. 1,665 h. — *Foires* les 12 juin et 15 oct.

BUCY-LE-LONG, vg. *Aisne* (Picardie), arr., ✉ et à 5 k. de Soissons, cant. de Vailly. Pop. 1,134 h. Sur la rive gauche de l'Aisne.

BUCY-LE-ROI, vg. *Loiret* (Orléanais), arr. et à 29 k. d'Orléans, cant. et ✉ d'Arteuay. Pop. 280 h.

BUCY-LES-CERNY, vg. *Aisne* (Picardie), arr., cant., ✉ et à 7 k. de Laon. P. 279 h.

BUCY-LES-PIERREPONT, vg. *Aisne* (Picardie), arr. et à 25 k. de Laon, cant. de Sissonne, ✉ de Notre-Dame-de-Liesse. Pop. 794 h.

BUCY-ST-LIPHARD, vg. *Loiret* (Orléanais), arr., ✉ et à 15 k. d'Orléans, cant. de Patay. Pop. 190 h.

BUDANGE-SOUS-JUSTEMONT, *Moselle*, comm. de Fameck, ✉ de Thionville.

BUDELIÈRE, *Creuse*, comm. de Châtelet, ✉ de Chambon.

BUDING, vg. *Moselle* (Lorraine), arr., ✉ et à 13 k. de Thionville, cant. de Metzervisse. Pop. 572 h.

BUDELING, vg. *Moselle* (Lorraine), arr., ✉ et à 18 k. de Thionville, cant. de Metzervisse. Pop. 751 h.

BUDOS, village et ancien château, *Gironde* (Guienne), arr. et à 47 k. de Bordeaux, cant. de Podensac, ✉ de Preignac. Pop. 1,037 h.

L'ancien château de Budos, dont la destruction est commencée et dont il ne restera bientôt aucun vestige, a été construit à la fin du XIIIᵉ siècle ou au commencement du XIVᵉ. Il est carré et flanqué aux angles de trois tours rondes et d'une tour octogone. La porte d'entrée se compose d'un large massif quadrilatère, saillant, orné d'une galerie posée sur des consoles surmontées elles-mêmes d'un petit mur crénelé ; de chaque côté existe une tourelle qui semble plutôt une décoration qu'un moyen de défense. Un donjon quadrilatère avec créneaux s'élève en saillie vers le milieu des trois autres murailles; le tout est entouré d'un fossé de ceinture. La cour a 49 m. de long sur 40 m. de large. — Les Anglais firent le siége de ce château en 1421, aidés des milices urbaines de Bordeaux. Ils traînèrent avec eux deux canons et une bombarde, qui lançaient, dit-on, des boulets énormes fabriqués à Podensac. Le seigneur capitula, à condition de rester neutre et de ne pas se faire Anglais. — *Foires* les 26 mai et 30 juin.

BUÉ, vg. *Cher* (Berry), arr., cant., ✉ et à 5 k. de Sancerre. Pop. 888 h.

BUECH (le), rivière qui prend sa source au pied de la Croix-Haute, dans les montagnes du dép. de la *Drôme*, à 24 k. E. de Die; elle passe à Aspre-les-Veynes, Serres, Laragne, Ribiers, et se jette dans la Durance, sous les murs de Sisteron (*B.-Alpes*), après un cours d'environ 25 k. — Cette rivière est flottable depuis St-Julien (*H.-Alpes*) jusqu'à son embouchure.

BUEIL, vg. *Eure* (Normandie), arr. et à 34 k. d'Evreux, cant. et ✉ de Pacy-sur-Eure. Pop. 274 h.

BUEIL-BOURG, vg. *Indre-et-Loire* (Touraine), arr. et à 35 k. de Tours, cant. et ✉ de Neuvy-le-Roi. Pop. 642 h. — On trouve dans cette commune un exemple de deux églises accolées l'une à l'autre : l'église du chapitre et celle de la paroisse.

BUEIL (St-), vg. *Isère* (Dauphiné), arr. de la Tour-du-Pin, à 30 k. de Bourgoin, cant. de St-Jouars, ✉ du Pont-de-Beauvoisin. Pop. 656 h.

BUEL (St-), *Isère*, comm. de St-Geoire, ✉ de Voiron.

BUELLAS, vg. *Ain* (Bourgogne), arr., cant., ✉ et à 7 k. de Bourg-en-Bresse. Pop. 590 h. — *Foires* les 15 juin, 15 oct. et 19 déc.

BUESWILLER, vg. *B.-Rhin* (Alsace), arr. et à 20 k. de Saverne, cant. et ✉ de Bouxviller. Pop. 393 h.

BUETTWILLER, vg. *H.-Rhin* (Alsace), arr. et à 26 k. de Belfort, cant. et ✉ de Dannemarie. Pop. 334 h.

BUFFAGASSE, *Deux-Sèvres*, comm. de St-Symphorien, ✉ de Niort.

BUFFARD, vg. *Doubs* (Franche-Comté), arr. et à 28 k. de Besançon, cant. et ✉ de Quingey. Pop. 526 h.

BUFFÉVENT, vg. *Deux-Sèvres*, comm. de Gournay, ✉ de Chef-Boutonne.

BUFFIÈRES, *Aveyron*, comm. de la Calm, ✉ de Laguiole.

BUFFIÈRES, vg. *Saône-et-Loire* (Bourgogne), arr. et à 38 k. de Mâcon, cant. et ✉ de Cluny. Pop. 956 h.

BUFFIGNÉCOURT, vg. *H.-Saône* (Franche-Comté), arr. et à 27 k. de Vesoul, cant. d'Amance, ✉ de Faverney. Pop. 425 h.

BUFFIGNY, *Aube*. V. ST-LOUP-DE-BUFFIGNY.

BUFFON, vg. *Côte-d'Or* (Bourgogne), arr. et à 21 k. de Semur, cant. et ✉ de Montbard. P. 401 h. Sur l'Armançon. — Hauts fourneaux, forges et martinets, établis par l'immortel naturaliste de ce nom.

BUGARACH, vg. *Aude* (Languedoc), arr. et à 35 k. de Limoux, cant. et ✉ de Couiza. Pop. 884 h. — *Foires* les 1ᵉʳ mai et 20 sept.

BUGARD, vg. *H.-Pyrénées* (Bigorre), arr. et à 29 k. de Tarbes, cant. et ✉ de Trie. Pop. 241 h.

BUGAT (le), vg. *Tarn-et-Garonne*, com. de Bourg-de-Visa, ✉ de Lauzerte.

BUGEAT, bg *Corrèze* (Limousin), arr. et

à 39 k. d'Ussel, chef-l. de cant. Cure. Bureau d'enregist. à Meymac. ✉. A 448 k. de Paris pour la taxe des lettres. Pop. 922 h. Il est sur la Vezère.—Terrain cristallisé ou primitif.—Foires les 2 mai, 8 oct., 13 déc. et 1er mardi de carême.

BUGES (les), vg. *Charente*, comm. de Ste-Sévère, ✉ de Jarnac.

BUGES, *Loiret*, comm. de Corquilleroy, ✉ de Montargis.—Papeteries.

BUGEY (le), *Beugesia*, petit pays qui était autrefois compris dans la ci-devant province de Bourgogne ; Belley en était la capitale. Il fait maintenant partie du dép. de l'*Ain*, et forme les arr. de Belley et de Nantua. C'est un pays riche en sites pittoresques et en souvenirs antiques ; Polybe, à cause de sa forme triangulaire lui donne le nom de *Delta celtique*. Gex, Nantua et Seyssel en étaient les principales villes. V. pour la bibliographie dép. de l'*Ain*.

Les armes du Bugey étaient : *de gueules au lion d'argent semé de mouchetures d'hermine*.

BUGLISE, *Seine-Inf.*, comm. de Cauville, ✉ de Montivilliers.

BUGLOSE, *Landes*, comm. de St-Vincent-de-Paul, ✉ de Dax.—Fonderies de cire brute. Lavoirs de laines.—*Commerce de cire, laines, plumes, pelleteries, etc.*

Buglose est le lieu de naissance de saint Vincent de Paul. Une chapelle abandonnée occupe aujourd'hui l'emplacement de la chaumière où il reçut le jour ; non loin de là est un vieux chêne, désigné sous le nom de l'arbre du presbytère, sous l'ombrage duquel ce bienfaiteur de l'humanité vint souvent se livrer à de pieuses méditations. Saint Vincent de Paul naquit en 1567 : ses principaux titres à la vénération publique sont la fondation de l'institution des filles de charité destinées à soigner les malades, de l'hôpital des enfants trouvés, de Bicêtre, de la Salpêtrière, de la Pitié, de celui de Marseille pour les forçats, de Sainte-Reine et du nom de Jésus. Il mourut en 1650, et fut canonisé par Clément XII en 1737.

BUGNAC, vg. *H.-Garonne* (Languedoc), arr. et à 15 k. de Villefranche-de-Lauragais, cant. et ✉ de Lanta. Pop. 94 h.

BUGNEIN, vg. *B.-Pyrénées* (Béarn), arr. et à 17 k. d'Orthez, cant. et ✉ de Navarrenx. Pop. 702 h.

BUGNEVAUSE, *Meuse*, comm. et ✉ de St-Mihiel.

BUGNICOURT, vg. *Nord* (Flandre), arr., ✉ et à 11 k. de Douai, cant. d'Arleux. Pop. 760 h.

BUGNIÈRES, vg. *H.-Marne* (Bourgogne), arr. et à 23 k. de Chaumont-en-Bassigny, cant. et ✉ d'Arc-en-Barrois. Pop. 360 h.

BUGNY, vg. *Doubs* (Franche-Comté), arr., ✉ et à 11 k. de Pontarlier, cant. de Mont-Benoît. Pop. 171 h.

BUGUE (le), jolie petite ville, *Dordogne*, arr. et à 28 k. de Sarlat, chef-l. de cant. Cure. ✉. A 513 k. de Paris pour la taxe des lettres. Pop. 2,398 h.—Ce bourg est avantageusement situé sur la Vezère près de son confluent avec la Dordogne. — Terrain crétacé inférieur.

On remarque sur le territoire de la commune de Bugue, à 4 k. de cette ville et près du village de Privaset, la célèbre grotte de Miremont, regardée comme une des plus belles de France. Elle est située aux deux tiers de la hauteur d'une colline extrêmement aride.

Sa profondeur, depuis l'ouverture jusqu'à l'extrémité de la plus grande branche, est de 1,100 m., et la totalité de ses ramifications est de 4,550 m. Si l'on compte tous les détours de la grotte et ceux que le voyageur fait ordinairement pour observer les objets attachés à la paroi, l'espace entier à parcourir est de plus de 10 k. Il serait dangereux de s'aventurer dans ce souterrain immense sans le secours d'un guide qui demeure sur les lieux.—L'entrée de la grotte est un peu étroite : il faut se coucher pendant quelques pas pour y pénétrer ; mais le souterrain s'abaisse à mesure qu'on avance, et l'on chemine bientôt sans obstacle. Au nombre des curiosités les plus remarquables que renferme cette grotte, nous citerons : la *Chambre des gâteaux*, la *Chambre des coquillages*, la grande route, la *Tombe de Gargantua*, la *Place du marché*, etc., etc.

Fabriques de bonneterie en laine. Haut fourneau et forges à l'anglaise, ⊙ 1839. Fab. en grand et comm. d'huile de noix, de serge, cadis, étamine. Entrepôt dans lequel Montignac et tous les cantons riverains déposent les vins et les denrées que les bateaux transportent à Bordeaux pour en rapporter les marchandises.—Foires les 7 janv., 25 fév., 25 avril, 25 août, 29 sept. et 3e mardi de chaque mois.

BUHL, ou BILL, vg. *Meurthe* (Lorraine), arr., cant., ✉ et à 3 k. de Sarrebourg. Pop. 836 h.

BUHL, vg. *B.-Rhin* (Alsace), arr. et à 15 k. de Vissembourg, cant. de Seltz, ✉ de Soultz-sous-Forêts. Pop. 677 h.—*Fabrique de draps fins*, ⓐ 1823, 27, 34. Fab. de calicots.—Filature de laine.

BUHL, vg. *H.-Rhin* (Alsace), arr. et à 29 k. de Colmar, cant. et ✉ de Guebwiller. Pop. 1,535 h.

BUHULIEN, vg. *Côtes-du-Nord* (Bretagne), arr., cant., ✉ et à 5 k. de Lannion. Pop. 1,076 h. Papeterie.

BUHY, vg. *Seine-et-Oise* (Vexin), arr. et à 27 k. de Mantes, cant. et ✉ de Magny. Pop. 380 h.—On y remarque un beau château environné d'un parc bien planté.—C'est le lieu de naissance du fameux Duplessis Mornay, ami de Henri IV, surnommé le pape des huguenots ; du satirique P. Dumoulin, auteur du *Capucin, ou l'Histoire de ces moines*, de *l'Anatomie de la messe*, etc., etc.

BUICOURT, *Oise* (Picardie), arr. et à 26 k. de Beauvais, cant. et ✉ de Songeons. Pop. 242 h.

BUIGNY-L'ABBÉ, *Somme* (Picardie), arr. et à 9 k. d'Abbeville, cant. d'Ailly-le-Haut-Clocher, ✉ de St-Riquier. Pop. 509 h.

BUIGNY-LÈS-GAMACHES, vg. *Somme* (Picardie), arr. et à 24 k. d'Abbeville, cant. et ✉ de Gamaches. Pop. 312 h.

BUIGNY-ST-MACLOUX, vg. *Somme* (Picardie), arr., ✉ et à 5 k. d'Abbeville, cant. de Nouvion-en-Ponthieu. Pop. 466 h.

BUILHAC, vg. *Aude*, comm. de Roquefort-de-Sault, ✉ de Quillan.

BUIRE, vg. *Aisne* (Picardie), arr. et à 13 k. de Vervins, cant. et ✉ de Hirson. Pop. 283 h.

BUIRE-AU-BOIS, vg. *Pas-de-Calais* (Artois), arr. et à 50 k. de St-Pol-sur-Ternoise, cant. et ✉ d'Auxy-le-Château. Pop. 800 h.

BUIRE-COURCELLES, vg. *Somme* (Picardie), arr., cant., ✉ et à 6 k. de Péronne. Pop. 499 h.

BUIRE-LE-SEC, vg. *Pas-de-Calais* (Picardie), arr. et à 9 k. de Montreuil-sur-Mer, cant. de Campagne-lès-Hesdin. Pop. 1,128 h.

BUIRE-SOUS-CORBIE, vg. *Somme* (Picardie), arr. et à 27 k. de Péronne, cant. et ✉ d'Albert. Pop. 428 h.

BUIRONFOSSE, bg *Aisne* (Picardie), arr. et à 16 k. de Vervins, cant. et ✉ de la Capelle. Pop. 2,456 h.—*Fabrique considérable de sabots*.

BUIS (le), *Buxium*, petite ville, *Drôme* (Dauphiné), arr. et à 33 k. de Nyons, chef-l. de cant. Cure. Gîte d'étape. ✉. A 664 k. de Paris pour la taxe des lettres. Pop. 2,263 h.—Terrain jurassique.

Autrefois diocèse de Vaison, parlement et intendance de Grenoble, bailliage et siège royal.

Cette ville est bâtie dans un vallon agréable, resserré entre de hautes montagnes que baigne la rivière d'Ouvèze, dont les débordements sont défendus par une digue de 900 m. de long. Elle est généralement mal bâtie ; mais elle possède de belles promenades, ainsi qu'une place publique entourée de tilleuls, plantée d'un double rang d'arbres et ornée d'une fontaine qui ne tarit jamais. C'était autrefois une place importante, entourée de remparts flanqués de tours, ceinte de fossés, et défendue par un château fort bâti hors des murs, sur le rocher d'Ubrieux. Les protestants la prirent en 1568. Les remparts existent encore ; les fossés ont été convertis en jardins, et le château n'offre plus que des ruines.

On pense que cette ville doit son nom à la grande quantité de buis qui croît dans les environs. Elle fut prise en 1568 par les protestants, qui tentèrent, sans succès, de s'en emparer de nouveau en 1623.—Filatures de soie, ⓐ 1834. Huileries. Tanneries.—*Commerce de draps, laines, soie, etc.—Foires les 10 août, 9 sept., 2 nov., 1er samedi de carême, lundi de la semaine sainte, mercredi avant la Pentecôte, 1er mercredi de juillet, 18 déc.

BEIS (le), *Busium*, *Drôme*, comm. d'Anneyron, ✉ de St-Vallier.

BUIS, *Isère*, comm. de Cour, ✉ de Vienne.

BUIS, vg. *H.-Vienne* (Limousin), arr. et 17 k. de Bellac, cant. et ✉ de Nantiat. Pop. 382 h.

BUISSARD, vg. *H.-Alpes* (Dauphiné), arr.

et à 17 k. de Gap, cant. et ✉ de St-Bonnet. Pop. 194 h.

BUISSE (la), bg *Isère* (Dauphiné), arr. et à 20 k. de Grenoble, cant. et ✉ de Voiron. Pop. 1,407 h.—*Fabrique* de toiles.

BUISSIÈRE (la), vg. *Isère* (Dauphiné), arr. et à 34 k. de Grenoble, cant. et ✉ du Touvet. Pop. 813 h.

BUISSIÈRE (la), vg. *Pas-de-Calais* (Artois), arr., ✉ et à 10 k. de Béthune, cant. d'Houdain. Pop. 813 h.

BUISSON, *Eure*, comm. de Marcilly-la-Campagne, ✉ de Nonancourt.

BUISSON (le), vg. *Loiret*, comm. et ✉ de Cléry.

BUISSON (le), *Loiret*, comm. et ✉ de Meung-sur-Loire.

BUISSON, vg. *Lozère* (Languedoc), arr., cant., ✉ et à 11 k. de Marvejols. P. 614 h.

BUISSON (le), vg. *Marne* (Champagne), arr., ✉ et à 14 k. de Vitry-le-François, cant. de Thiéblemont. Pop. 241 h.

BUISSON (le), *H.-Marne*, comm. de Louvemont, ✉ de Vassy.

BUISSON-LE-HAUT. V. le HAUT-BUISSON.

BUISSON, *Puy-de-Dôme*, comm. d'Auzelles, ✉ de St-Amand-Roche-Savine.

BUISSON (le), *Seine-et-Oise*, comm. de Grosrouvres, ✉ de Monfort-l'Amaury.

BUISSON, *Buissonum*, vg. *Vaucluse* (comtat Venaissin), arr. et à 24 k. d'Orange, cant. et ✉ de Vaison. Pop. 462 h. Sur l'Aigues.—*Fabrique* de toiles de lin.

BUISSON (le), *H.-Vienne*, comm. de Ladignac, ✉ de St-Yrieix.

BUISSON-HOCPIN, *Eure*, comm. et ✉ d'Évreux.

BUISSON-SUR-SERRIGNY, *Côte-d'Or*, comm. de Serrigny, ✉ de Beaune.

BUISSONCOURT, vg. *Meurthe* (Lorraine), arr. et à 15 k. de Nancy, cant. et ✉ de St-Nicolas-du-Port. Pop. 366 h. Il est sur la Rouanne, au milieu d'anciens étangs desséchés. — On y voit les restes d'un ancien fort.

BUISSONNET, *Seine-et-Oise*, comm. de Gazeran, ✉ de Rambouillet.

BUISSONNIÈRE, *Isère*, comm. et ✉ de Vinay.

BUISSONS (les), *Eure*, comm. du Theil-Nollent, ✉ de Thiberville.

BUISSY-BARALLE, vg. *Pas-de-Calais* (Artois), arr. et à 23 k. d'Arras, cant. et ✉ de Marquion. Pop. 437 h.

BUJALEUF, vg. *H.-Vienne* (Marche), arr. et à 33 k. de Limoges, cant. et ✉ d'Eymoutiers. Pop. 1,972 h.

BULAINVILLE, vg. *Meuse* (Lorraine), arr. et à 28 k. de Bar-le-Duc, cant. de Triaucourt, ✉ de Beauzée. Pop. 295 h.

BULAN, vg. *H.-Pyrénées* (Bigorre), arr. et à 18 k. de Bagnères-de-Bigorre, cant. et ✉ de la Barthe-de-Neste. Pop. 474 h.

BULCY, vg. *Nièvre* (Nivernais), arr. et à 25 k. de Cosne, cant. et ✉ de Pouilly-sur-Loire. Pop. 328 h.

BULEIX, *Ariège*, comm. de Soulan, ✉ de Massat.

BULÉON, vg. *Morbihan* (Bretagne), arr. et à 22 k. de Ploermel, cant. de St-Jean-Brevelay, ✉ de Josselin. Pop. 482 h.—*Foires* les 27 juillet, 3ᵉ lundi de chaque mois et 16 sept.

BULGNEVILLE, bg *Vosges* (Lorraine), arr. et à 21 k. de Neufchâteau, chef-l. de cant. Cure. ✉. A 358 k. de Paris pour la taxe des lettres. Pop. 1,030 h.—TERRAIN jurassique, étage inf. du syst. oolitique. — En 1431, il se donna près de ce village un combat sanglant, où René, duc de Lorraine, fut battu et fait prisonnier par le comte de Vaudemont. — On y remarque trois puits artésiens. — *Fabriques* de broderie sur mousseline. Souliers de pacotille, toiles communes, poterie de terre. Brasseries. Tanneries. Huileries. Filatures de laine. — *Foires* les 11 fév., mercredi après Quasimodo, 27 juin, 11 sept., 6 déc.

BULHON, vg. *Puy-de-Dôme* (Auvergne), arr. et à 53 k. de Thiers, cant. de Lezoux, ✉ de Pont-du-Château. Pop. 500 h.

BULLAINVILLE, vg. *Eure-et-Loir* (Beauce), arr. et à 18 k. de Châteaudun, cant. et ✉ de Bonneval. Pop. 274 h.

BULLE, vg. *Doubs* (Franche-Comté), arr. et à 11 k. de Pontarlier, cant. de Lévier. Pop. 510 h.

BULLECOURT, vg. *Pas-de-Calais* (Artois), arr. et à 16 k. d'Arras, cant. de Croisilles, ✉ de Bapaume. Pop. 601 h.

BULLES, *Bubulæ*, bg *Oise* (Picardie), arr., cant. et à 13 k. de Clermont, ✉ de Bresles. Pop. 1,016 h. — Il est situé dans une vallée, sur la Brèche. C'était anciennement un bourg fortifié, où l'on voit encore des restes d'anciennes portes.— Pendant longtemps le commerce des toiles de demi-Hollande, qui se fabriquaient à Bulles, lui donna une grande importance. On cultivait dans les environs une grande quantité de lins, préférables à ceux de la Flandre ; les Flamands et les Hollandais s'en procuraient à grands frais, pour donner à leurs toiles la finesse qui fait leur réputation. Les toiles de Bulles se répandirent en France, et surtout en Espagne. Leur principal entrepôt était Beauvais. En 1751 et 1753, les linières de Bulles furent à peu près abandonnées. Il paraît que des inondations détruisirent les digues qui les protégeaient. Dans les beaux jours de la manufacture des linières, on y fabriquait jusqu'à 5,000 pièces de toile par an. Ce genre d'industrie s'est perpétué à Bulles, mais il est bien moins important. — *Fabriques* de toiles dites mi-Hollande. Filatures de lin. Huileries. — *Foire* le vendredi saint.

BULLETIÈRE (la), *Eure*, comm. et ✉ de Thiberville.

BULLIGNY, *Beleniacus*, grand village, *Meurthe* (Lorraine), arr., cant., ✉ et à 15 k. de Toul. Pop. 851 h.

BULLION, vg. *Seine-et-Oise* (Beauce), arr. et à 14 k. de Rambouillet, cant. de Dourdan, ✉ de Limours. Pop. 856 h.

BULLOU, vg. *Eure-et-Loir* (Beauce), arr. et à 21 k. de Châteaudun, cant. et ✉ de Brou. Pop. 470 h.

BULLY, vg. *Calvados* (Normandie), arr. et à 10 k. de Caen, cant. et ✉ d'Évrecy. Pop. 164 h.

BULLY, vg. *Loire* (Forez), arr. et à 20 k. de Roanne, cant. et ✉ de St-Germain-Laval. Pop. 744 h.

BULLY, vg. *Pas-de-Calais* (Artois), arr. et à 15 k. de Lens. Pop. 428 h.

BULLY, vg. *Rhône* (Lyonnais), arr. et à 24 k. de Lyon, cant. et ✉ de l'Arbresle. Pop. 1,523 h.— Il est dominé par une haute tour, reste de son ancien château.— Carrière de marbre isabelle. Mine de houille. Tanneries. — *Foires* les 7 janv., 26 mars, 23 juin, 29 sept. et 4 nov.

BULLY, vg. *Seine-Inf*, (Normandie), arr., cant., ✉ et à 7 k. de Neufchâtel-en-Bray. Pop. 1,291 h.

BULON, ville ruinée. V. Louvois.

BULSON, vg. *Ardennes* (Champagne), arr., ✉ et à 12 k. de Sédan, cant. de Raucourt. Pop. 273 h.

BULOGER, *Seine-et-Oise*, comm. de Magny-les-Hameaux, ✉ de Chevreuse.

BULT, vg. *Vosges* (Lorraine), arr. et à 22 k. d'Épinal, cant. de Bruyères, ✉ de Rambervillers. Pop. 449 h.

BUN, vg. *H.-Pyrénées* (Bigorre), arr., ✉ et à 21 k. d'Argelès, cant. d'Aucun. Pop. 399 h.

BUNCEY, vg. *Côte-d'Or* (Bourgogne), arr., cant., ✉ et à 5 k. de Châtillon-sur-Seine. Pop. 587 h.

BUNNEVILLE, vg. *Pas-de-Calais* (Artois), arr. et à 15 k. de St-Pol-sur-Ternoise, ✉ de Frévent. Pop. 238 h.

BUNO-BONNEVAUX, vg. *Seine-et-Oise* (Gatinais), arr. et à 25 k. d'Étampes, cant. de Milly, ✉ de Gironville. Pop. 410 h.

BUNUS, vg. *B.-Pyrénées* (basse Navarre), arr. de Mauléon, à 17 k. de St-Palais, cant. d'Iholdy. Pop. 352 h.

BUNZAC, vg. *Charente* (Angoumois), arr. et à 16 k. d'Angoulême, cant. et ✉ de la Rochefoucauld. Pop. 511 h.

BUOUX, vg. *Vaucluse* (Provence), arr., ✉ et à 6 k. d'Apt, cant. de Bonnieux. Pop. 221 h.

BUQUET (le), *Seine-Inf.*, comm. de la Gaillarde, ✉ du Bourg-Dun.

BURBACH, vg. *B.-Rhin* (Alsace), arr. et à 35 k. de Saverne, cant. de Drulingen, ✉ de Saar-Union. Pop. 366 h.

BURBANCHE (la), *Ain* (Bourgogne), arr., ✉ et à 15 k. de Belley, cant. de Virieux-le-Grand. Pop. 516 h.

BURBURE, vg. *Pas-de-Calais* (Artois), arr. et à 15 k. de Béthune, cant. de Norrent-Fontès, ✉ de Lillers. Pop. 898 h.

BURCHÈRE (grand et petit), *Saône-et-Loire*, comm. d'Azé, ✉ de St-Oyen.

BURCIN, vg. *Isère* (Dauphiné), arr. de la Tour-du-Pin et à 25 k. de Bourgoin, cant. ✉ du Grand-Lemps. Pop. 517 h.— *Foire* le 9 sept.

BURCY, vg. *Calvados* (Normandie), arr. et à 7 k. de Vire, cant. et ✉ de Vassy. Pop. 669 h.

BURCY, vg. *Seine-et-Marne* (Gatinais), arr. et à 24 k. de Fontainebleau, cant. et ✉ de la Chapelle-la-Reine. Pop. 340 h.

BURDIGALA (lat. 45°, long. 18°). « Strabon (lib. IV, p. 190) est le premier qui en fasse mention comme de l'*emporium* des *Bituriges Iosci*, ou plutôt *Vivisci*, jusqu'où la mer remonte par l'embouchure de la Garonne. Car c'est ainsi qu'il faut entendre l'expression Ἀιμνοθαλάττη, dont il se sert en parlant de la situation de cette ville. Ptolémée a écrit *Burdigala*, de même que Strabon : les écrivains latins varient entre *Burdigala* et *Burdegala*. Il paraît dans l'usage du nom actuel une diversité autrement placée; mais, il convient d'écrire et de prononcer *Bourdeaux*, plutôt que *Bordeaux*, puisque l'on dit constamment le *Bourdelois*, et que la voyelle de la dénomination primitive qu'il s'agit de remplacer, détermine le son *ou*, et n'est pas communément convertie en *o* simple. C'est perdre du temps et mal employer la critique que d'entrer dans l'examen des diverses étymologies qu'on a données du nom de *Burdigala*. Ausone, lui, appelle cette ville sa patrie, *natale solum*, l'a célébrée dans ses vers, et en relève les avantages par toute sorte d'endroits. La preuve que c'était une ville puissante dès le temps des Romains, c'est que dans le partage de l'Aquitaine en plusieurs provinces, elle fut élevée à la dignité de métropole de l'Aquitaine seconde : *Metropolis civitas Burdigalensium*, dans la Notice des provinces de la Gaule. On peut dire que M. de Valois se livre avec trop de confiance à quelques passages de nos anciens historiens, en supposant, pour y paraître conforme, que Bourdeaux peut avoir changé de place, et qu'il devait être situé de la rive de la Garonne opposée à celle qu'il occupe. Les vestiges de l'ancienne ville dans la position actuelle démontrent cette opinion. » D'Anville. *Notice de l'ancienne Gaule*, p. 182. V. aussi Venuti. *Dissertation sur les anciens monuments de la ville de Bordeaux*, p. 9. *Annales de Bordeaux*, par Bernardau, 1808. *Recueil académique*, etc., 1828, p. 1 et suiv. *Géographie des Gaules*, par Walckenaer, t. I, p. 288, 302, 304; t. II, p. 235, 355.

BURDIGNE, vg. *Loire* (Forez), arr. et à 36 k. de St-Etienne, cant. et ✉ de Bourg-Argental. Pop. 950 h.

BURÉ, vg. *Meuse* (Lorraine), arr. et à 37 k. de Bar-le-Duc, cant. de Moutiers-sur-Saux, ✉ de Gondrecourt. Pop. 333 h.

BURE, *Moselle*, comm. de Tressange, ✉ de Briey.

BURÉ, vg. *Orne* (Normandie), arr. et à 13 de Mortagne-sur-Huîne, cant. de Bazoche-sur-Hoene, ✉ du Mesle-sur-Sarthe. Pop. 346 h.

BURÉ-LA-VILLE, *Moselle*, comm. de St-Pancré, ✉ de Longuyon.

BURE-LES-TEMPLIERS, vg. *Côte-d'Or* (Bourgogne), arr. et à 31 k. de Châtillon-sur-Seine, cant. et ✉ de Recey-sur-Ource. Pop. 74 h.

BURELLES, vg. *Aisne* (Picardie), arr., cant., ✉ et à 5 k. de Vervins. Pop. 512 h.

BURES, *Burae*, vg. *Calvados* (Normandie), arr. et à 18 k. de Caen, cant. et ✉ de Troarn, Pop. 316 h.

BURES, vg. *Calvados* (Normandie), arr., ✉ et à 16 k. de Vire, cant. de Bény-Bocage. Pop. 400 h.

BURES, vg. *Meurthe* (Lorraine), arr. de Château-Salins, à 13 k. de Vic, cant. de Vic et ✉ de Moyenvic. Pop. 222 h.

BURES, vg. *Orne* (Normandie), arr. et à 38 k. d'Alençon, cant. de Courtomer, ✉ de Ste-Scolasse. Pop. 656 h. — Le château de Touvois, petite fabrique féodale d'une originalité toute particulière, est une dépendance de cette commune. Sur le devant, une étroite façade avec deux pavillons; sur le derrière, deux demi-tours rondes qui semblent soutenir l'édifice; au sommet, un crénelage en mâchicoulis régnant sur toute l'étendue de la maison et soutenant un toit très-pointu en ardoise; autour de la cour d'honneur, des fossés en carré, encore remplis d'eau vive, avec les ruines d'un pont-levis; extérieurement les traces de fossés plus étendus; tels sont les caractères très-bien prononcés de cette ancienne habitation des seigneurs normands (*Mém. de la soc. des antiq. de Normandie*, t. IX).

BURES, vg. *Seine-et-Oise* (Ile-de-France), arr. et à 17 k. de Versailles, cant. de Palaiseau, ✉ d'Orçay. Pop. 395 h. — Il est situé dans une vallée agréable, sur l'Yvette, petite rivière bordée de jolies maisons de plaisance. L'une des plus remarquables est le château de GRANDMÉNIL, où l'on voit un charme, âgé d'environ deux cents ans, entre les branches duquel est un salon de verdure, où l'on peut placer une table de vingt couverts, non compris l'espace nécessaire pour le service. — Sur une éminence, on remarque le château de MONTJAI, d'où l'on jouit d'une vue des plus pittoresques.

BURES, vg. *Seine-et-Oise*, communes d'Orgeval et Morainvilliers, ✉ de Poissy.

BURES, bg *Seine-Inf*. (Normandie), arr. et à 12 k. de Neufchâtel-en-Bray, cant. et ✉ de Londinières. Pop. 530 h.

BURET (le), vg. *Mayenne* (Maine), arr. et à 20 k. de Château-Gontier, cant. de ✉ de Grez-en-Bouère. Pop. 707 h.

BURETTE, *Seine-Inf*., comm. de Bures, ✉ de Londinières.

BUREY, vg. *Eure* (Normandie), arr. et à 18 k. d'Evreux, cant. et ✉ de Conche. Pop. 115 h.

BUREY-EN-VAUX, vg. *Meuse* (Lorraine), arr. de Commercy et à 41 k. de St-Mihiel, cant. et ✉ de Vaucouleurs. Pop. 499 h.

BUREY-LA-COTE, vg. *Meuse* (Lorraine), arr. de Commercy, à 50 k. de St-Mihiel, cant. et ✉ de Vaucouleurs. Pop. 304 h.

BURG, vg. *H.-Pyrénées* (Bigorre), arr. et à 24 k. de Tarbes, cant. et ✉ de Tournay. Pop. 696 h.

BURGALAIS, vg. *H.-Garonne* (Languedoc), arr. et à 32 k. de St-Gaudens, cant. et ✉ de St-Béat. Pop. 408 h.

BURGARONNE, vg. *B.-Pyrénées* (Béarn), arr. et à 18 k. d'Orthez, cant. et ✉ de Sauveterre. Pop. 201 h.

BURGAUD (le), vg. *H.-Garonne* (Armagnac), arr. et à 35 k. de Toulouse (cant. et ✉ de Grenade-sur-Garonne. Pop. 896 h. — *Foires* les 18 mars, 8 mai, 6 août, 18 nov. et 12 déc.

BURGES-LES-BAINS, nom donné pendant la révolution à la ville de Bourbon-l'Archambault.

BURGHEIM ou BORIGEN, vg. *B.-Rhin* (Alsace), arr. et à 19 k. de Schelestadt, cant. d'Obernay, ✉ de Bar. Pop. 226 h.

BURGILLE, vg. *Doubs* (Franche-Comté), arr. et à 19 k. de Besançon, cant. d'Audeux, ✉ de Marnay. Pop. 264 h.

BURGINATIUM vel QUADRIBURGIUM (lat. 52°, long. 24°). « L'Itinéraire d'Antonin et la Table théodosienne sont d'accord à marquer cette position entre *Colonia Trajana* et *Harenatium* ou *Arenacum*. Les distances sont les mêmes, savoir : V de *Colonia Trajana* à *Burginatium*, VI de *Burginatium* à *Arenacum*. En examinant le local, à partir de Koln ou Keln, dont la position est connue près de Clève, et en s'arrêtant à celle qui convient à *Arenacum* ou Aert, on reconnaît que l'emplacement de *Burginatium* devait être le même que celui du fort qui a pris le nom de Skenk, au XVIe siècle, sur une langue de terre très-resserrée entre les deux bras du Rhin, dont celui de la gauche est distingué par le nom de Wahal. Mais les cartes récentes représentent du changement dans le Wahal, lui faisant abandonner son lit de séparation à la tête du fort, pour s'en ouvrir un autre plus bas, et entre le fort et le lieu de péage appelé Tol-Huys. Ammien Marcellin (lib. XVIII) nommant de suite, et dans l'ordre de leur position, des places que Julien fit réparer sur le Rhin, cite *Quadriburgium* entre *Castra Herculis* et *Tricesimæ* ; d'où il semble naturel de conclure que *Quadriburgium* est le même lieu que *Burginatium*, vu qu'une situation aussi avantageuse que celle-là ne peut avoir été négligée. Entre beaucoup d'explications des dénominations locales que Menso Alting prend à tâche de tirer de la langue tudesque ou germanique, une des plus heureuses à mon avis, est celle qui dérive de Water-Burg le nom de *Quadriburgium*, et elle serait propre à confirmer la position de cette place entre les eaux. On sait qu'en flamand un canal s'appelle *watergans*, ou chemin d'eau. Du reste, ce que je crois devoir remarquer particulièrement, c'est que l'indication de la distance entre *Colonia Trajana* et *Burginatium* ne peut convenir qu'en y employant la mesure du mille romain, à l'exclusion de la lieue gauloise, ce qui est suivi de même dans la distance de *Burginatium* à *Arenacum* ; je dirai plus, dans toutes les distances ultérieures dont on est le plus assuré en suivant les voies romaines de cette plus basse partie du Rhin ; et on peut consulter sur ce sujet les analyses de plusieurs espaces dans les articles *Albiniana*, *Fletio*, *Flenium*. » D'Anville. *Notice de l'ancienne Gaule*, p. 183.

BURGNAC, vg. *H.-Vienne* (Limousin), arr. et à 16 k. de Limoges, cant. et ✉ d'Aixe. Pop. 370 h.

BURGUÈDE (la), *Tarn-et-Garonne*, comm. de St-Nazaire, ✉ de Lauzerte.

BURGUS (lat. 46°, long. 18°). « Ce lieu est décrit par Sidoine Apollinaire (*Carm.* 22). Le terme de Burg, ou Bourg, qui est devenu commun depuis que les nations du Nord se sont répandues dans l'empire d'Occident, a pu être employé par les Romains, en le tirant du grec πύργος : et, selon Végèce (lib. iv, cap. 10), il désignait les camps établis pour la défense des frontières. On ne le trouve que dans les écrivains qui ont suivi le temps de Constantin. Le Burgus dont il s'agit est Bourg sur la Dordogne, près de son embouchure dans la Garonne, et il est mention de la jonction de ces rivières dans le poëme de Sidoine : *Jam pigrescentes sensim confunditis amnes.* » D'Anville. *Notice de l'ancienne Gaule*, p. 184.

BURGY, *Saône-et-Loire* (Bourgogne), arr. et à 18 k. de Mâcon, cant. de Lugny, ✉ de St-Oyen. Pop. 242 h.

BURIE, bg *Charente-Inf.* (Angoumois), arr. et à 17 k. de Saintes, chef-l. de cant. Cure. ✉. A 480 k. de Paris pour la taxe des lettres. Pop. 1,560 h. — *Foires* les 25 août, lundi de la Pentecôte, 2ᵉ lundi de mars et 26 déc.

BURIGNÆ, vg. *Jura*, comm. d'Aromas, ✉ d'Arinthod.

BURIGNY, village ruiné, *Marne*, près de l'emplacement duquel a été bâti, dit-on, le village de Vuitry-lès-Reims.

BURIVILLE, vg. *Meurthe* (Lorraine), arr. et à 19 k. de Lunéville, cant. et ✉ de Blamont. Pop. 191 h.

BURLATS, bg *Tarn* (Languedoc), arr. et à 9 k. de Castres, cant. et ✉ de Roquecourbe. Pop. 1,634 h. Sur l'Agout.

On remarque dans cette commune les restes du château de Burlats, qui s'élèvent sur les bords de l'Agout, dans un vallon remarquable par sa fraîcheur et sa fertilité. C'est dans ce château que la reine Constance, sœur de Louis le Jeune, et femme de Raymond, comte de Toulouse, donna le jour à une jeune fille aimable, connue sous le nom d'Adélaïde de Toulouse, comtesse de Burlats, célèbre par sa beauté et par les rares qualités de son esprit et de son cœur. Le château de Burlats devint le rendez-vous de tous les troubadours du midi de la France; plusieurs d'entre eux chantèrent la belle comtesse dans des vers qui suffisaient alors pour donner de la célébrité. Ce château fut pris sur les catholiques, en 1584, par Gontaud de Biron.

On voit à Burlats une ancienne église construite vers le xiiiᵉ siècle. Les parties de cet édifice qui présentent les détails les plus intéressants de l'architecture de cette époque sont les deux portes qui servaient d'entrée à l'ancienne basilique, et quelques chapiteaux qui existent encore dans le et les bas côtés. Cette église a été classée au nombre des monuments historiques par le ministre de l'intérieur.

La commune de Burlats présente plusieurs effets d'équilibre qui méritent de fixer l'attention : l'un des plus remarquables est connu dans le pays sous le nom de Roc qui tremble. A peu de distance de ce roc se trouve l'entrée d'une grotte dont l'étendue est d'environ 2,000 m., et d'où sort un ruisseau peu abondant dans les temps ordinaires, mais qui, dans ses crues, roule ses eaux avec fracas et met alors en mouvement deux moulins.

Foires les 4 mars, 28 mai, 20 juillet et 7 sept.

BURLIONCOURT, vg. *Meurthe* (Lorraine), arr. et à 9 k. de Château-Salins, et à 12 k. de Vic, cant. et ✉ de Château-Salins. Pop. 468 h.

BURLOTTE (la), *Nord*, comm. de Dompierre, ✉ d'Avesnes.

BURNAND, vg. *Saône-et-Loire* (Bourgogne), arr. et à 44 k. de Mâcon, cant. et ✉ de St-Gengoux-le-Royal. Pop. 364 h.

BURNEVILLERS, vg. *Doubs* (Franche-Comté), arr. et à 40 k. de Montbelliard, cant. et ✉ de St-Hippolyte. Pop. 162 h.

BURNHAUPT-LE-BAS, vg. *H.-Rhin* (Alsace), arr. et à 26 k. de Belfort, cant. et ✉ de Cernay. Pop. 1,110 h.

BURNHAUPT-LE-HAUT, vg. *H.-Rhin* (Alsace), arr. et à 25 k. de Belfort, cant. et ✉ de Cernay. Pop. 1,159 h. — *Foires* les 3ᵉˢ lundis de mars, oct. et nov.

BURON, un des principaux rochers de l'entrée de St-Malo, *Ille-et-Vilaine* ; il termine la rade du côté du nord-ouest ; il faut le laisser à tribord en entrant ; on le reconnaît toujours à sa bâtisse.

BURON, *Calvados*, comm. de St-Contest, ✉ de Caen.

BURON (le). V. SAUTRON.

BURON (le), *Sarthe*, comm. de Cherré, ✉ de la Ferté-Bernard.

BURON-DE-LA-MEYRAND, vg. *Puy-de-Dôme*, comm. de la Meyrand, ✉ d'Ardes.

BUROS, vg. *B.-Pyrénées* (Béarn), arr. et à 8 k. de Pau, cant. et ✉ de Morlaas. Pop. 662 h.

BUROSSE-MENDOSSE, vg. *B.-Pyrénées* (Béarn), arr. et à 42 k. de Pau, cant. et ✉ de Garlin. Pop. 168 h. — Il a reçu le surnom de Mendosse en 1842, époque de la réunion à son territoire de celui de cette commune.

BURRET, vg. *Ariège* (pays de Foix), arr., cant., ✉ de Foix. Pop. 525 h.

BURSARD, vg. *Orne* (Normandie), arr. et à 20 k. d'Alençon, cant. du Mesle-sur-Sarthe, ✉ d'Essai. Pop. 389 h.

BURTECOURT, *Meurthe*, comm. de Saloune, ✉ de Château-Salins.

BURTECOURT-AUX-CHÊNES, vg. *Meurthe* (Lorraine), arr. et à 16 k. de Nancy, cant. et ✉ de St-Nicolas-du-Port. Pop. 284 h.

BURTONCOURT, ou BRETTENDROFF, vg. *Moselle* (Lorraine), arr. et à 23 k. de Metz, cant. de Vigy, ✉ de Boulay. Pop. 365 h. — Tuilerie.

BURTULET, vg. *Côtes-du-Nord*, comm. de Duault, ✉ de Callac.

BURUNCUS (lat. 51°, long. 25°). « On trouve ce lieu dans l'Itinéraire d'Antonin, entre Cologne et Neuss ou Nuis, de la manière qui suit en partant de *Colonia Agrippina* : *Durnomago* VII, *Burunco* V, *Noresio* V. Le même Itinéraire, dans un autre endroit, ne faisant point mention de lieux intermédiaires, marque XVI entre *Novesium* et *Colonia Agrippina*, et la Table théodosienne y est conforme. J'estime que l'espace de Cologne à Neuss, à partir d'un point pris au centre de Cologne, dont l'emplacement est vaste, roule entre 15 et 16 lieues gauloises en droite ligne, et que la mesure de la route, en passant par quelques endroits qui s'écartent de la direction, peut aller au delà de 16, sans aller à 17 complétement : *Durnomagus*, qui paraît précéder *Buruncus* sur cette route, doit être un lieu nommé Dormagen, parce qu'on ne peut guère trouver d'analogie plus parfaite ; et Dormagen, selon tout ce qu'il y a de cartes, se rencontre sur la voie, près de Lons, qui est sur le bord du Rhin, un peu plus bas. Mais, en reconnaissant *Durnomagus*, dans la position de Dormagen, il se présente une difficulté qui est que l'intervalle de Cologne à Dormagen est plus grand que celui de Dormagen à Neuss, et selon la carte de l'archevêché de Cologne, dressée par Jean Gigas, le premier est au second comme 5 à peu près est à 4. Or il paraît le contraire dans l'Itinéraire, puisque *Durnomagus* devance *Buruncus*, sur la route de Cologne à Neuss ; et que l'Itinéraire n'indique que 7 de Cologne à *Durnomagus*, et 10 de *Durnomagus* à Neuss ; Cluvier a pensé que la position de *Buruncus* était Woringen, qui est le bord du Rhin ; mais Woringen se trouve en deçà de Dormagen à l'égard de Cologne. Ainsi cette position, comme celle de Dormagen, semble indiquer que l'ordre des positions de *Buruncus* et de *Durnomagus* est réellement interverti dans l'Itinéraire. Je vois pourtant pas que la position de Woringen me paraisse précisément celle de *Buruncus*, comme on verra ci-après, quoique la dénomination soit la même au fond. Car Woringen s'écarte du centre de Cologne d'environ 7 lieues gauloises, et la distance de Dormagen à Neuss est au moins égale à celle-là. De sorte que, entre *Buruncus* et *Durnomagus*, il n'y aurait qu'environ deux à compter ; ce qui n'a aucun rapport aux nombres marqués dans l'Itinéraire, lesquels peuvent subsister et suivre la transposition des lieux ; et on est engagé à le croire ainsi sur ce que l'on fait de *Durnomagus* tombe aussi celui de *Buruncus* à l'égard de Neuss ce qu'elle paraît à l'égard de Cologne dans l'Itinéraire. En partageant ce qu'il y a d'espace total, répondant à 10 lieues gauloises, entre Cologne et *Durnomagus*, pour en faire deux espaces égaux et de 5 chacun, puisque tels sont les nombres de l'Itinéraire, je remarque que la position de *Buruncus* tombe précisément au bord du Rhin, sur un lieu limitrophe de Woringen, et dont le nom de Rhin-Castel montre l'emplacement d'un poste établi par les Romains. Le terme *Ala*, qui dans l'Itinéraire accompagne le nom de *Buruncus* comme celui de *Durnomagus* et plusieurs autres sur cette frontière, désigne positivement un lieu gardé par un détachement de troupes. Cette discussion pour parvenir à fixer quelques points particuliers dans un lieu plutôt que dans un autre, fait voir dans quel détail de combinaison on se trouve engagé, et la critique qu'il est nécessaire d'y apporter, lorsque pour en marquer la place sur une carte on se propose de le faire sur quelque fondement réel et solide. Si les circonstances locales exigent quelquefois que l'on transporte le nombre des Itinéraires d'une distance à une autre, ici ce sont les positions mêmes que le local veut que l'on transpose. D'Anville. *Notice de l'ancienne Gaule*, p. 184.

BURY, vg. *Oise* (Picardie), arr. et à 10 k. de Clermont, cant. et ✉ de Mouy. P. 1,466 h. — Ce village, situé dans un fond, sur la rive gauche du Thérain, est dominé par une montagne d'où l'on jouit d'une fort belle vue sur une vallée pittoresque qui s'étend de Mouy jusqu'à Beauvais, etc. — *Fabriques* de serges. — Aux environs, carrières de pierres dures et de pierres de taille.

BURY, vg. *Seine-et-Oise*, comm. de Margency, ✉ de Montmorency.

BURY-NEUF, *Loir-et-Cher*, comm. de Chambon, ✉ d'Herbault.

BURZET, bg *Ardèche* (Vivarais), arr. et à 33 k. de l'Argentière, chef-l. de cant. Cure. ✉. A 596 k. de Paris pour la taxe des lettres. Pop. 3,436 h. — TERRAIN cristallisé. — Il est bâti sur le torrent de son nom, au pied d'une roche de granit, dont le sommet est couronné par les ruines pittoresques d'un ancien château. — *Fabriques* de couvertures de laine, filatures de soie. — *Foires* les 23 janv., 7 fév., 22 mars, 13 avril, 28 et 19 mai, 26 juillet, 10 août, 6 et 15 oct., 25 nov., 1er et 27 déc.

BURZY, vg. *Saône-et-Loire* (Bourgogne), arr. et à 45 k. de Mâcon, cant. de St-Gengoux-le-Royal, ✉ de Joncy. Pop. 253 h.

BUS, vg. *Pas-de-Calais* (Artois), arr. et à 31 k. d'Arras, cant. de Bertincourt, ✉ de Bapaume. Pop. 463 h.

BUS, vg. *Somme* (Picardie), arr. et à 18 k. de Doullens, cant et ✉ d'Acheux. Pop. 833 h.

BUS, *Somme* (Picardie), arr., cant. et à 12 k. de Montdidier, ✉ de Roye. Pop. 306 h.

BUSAGNY, vg. *Seine-et-Oise*, comm. d'Osny, ✉ de Pontoise.

BUSCHWILLER, vg. *H.-Rhin* (Alsace), arr. et à 24 k. d'Altkirch, cant. et ✉ de Huningue. Pop. 617 h. — PATRIE du médecin BESNARD.

BUSCOURT, vg. *Somme*, comm. de Feuillères, ✉ de Péronne.

BUSEINS, ou BUZINS, vg. *Aveyron* (Rouergue), arr. et à 37 k. de Millau, cant. et ✉ de Severac. Pop. 623 h. — Mine d'antimoine. — *Foire* le lundi après le 1er dimanche d'août.

BUSIGNY, vg. *Nord* (Cambresis), arr. et à 26 k. de Cambray, cant. de Clari, ✉ du Cateau. Pop. 2,425 h. — Il est situé au pied de monts couverts de bois, sur le ruisseau de Riot. C'était autrefois une place importante, défendue par un château et par plusieurs tours. — *Fabriques* de tissus merinos et de châles cachemires.

BUSLOUP, vg. *Loir-et-Cher* (Beauce), arr. et à 15 k. de Vendôme, cant. de Morée, ✉ de Pezou. Pop. 788 h.

BUSNES, vg. *Pas-de-Calais* (Artois), arr. et à 20 k. de Béthune, cant. de Lillers, ✉ de St-Venant. Pop. 1,603 h.

BUSQUE, vg. *Tarn* (Languedoc), arr. et à 18 k. de Lavaur, cant. et ✉ de Graulhet. Pop. 442 h.

BUSSAC, *Bussacum*, vg. *Charente-Inf.* (Saintonge), arr. et à 29 k. de Jonsac, cant. et ✉ de Montlieu. Pop. 608 h.

BUSSAC, vg. *Charente-Inf.* (Saintonge), arr., cant., ✉ et à 5 k. de Saintes. Pop. 708 h. — Il est peu de position plus pittoresque que celle de Bussac, placé au milieu des bois sur le bord de la Charente. Le château de Bussac, restauré ou rebâti dans le XVIIe siècle, occupe la pente du coteau et est baigné par la Charente ; il a été la retraite favorite de Dupaty, qui y rédigea ses *Lettres sur l'Italie*. — *Foires* les 1ers mardis de mai, juin, juillet et août.

BUSSAC, vg. *Dordogne* (Périgord), arr. et à 17 k. de Périgueux, cant. de Brantôme, ✉ de Bourdeilles. Pop. 647 h.

BUS-ST-REMY, vg. *Eure* (Normandie), arr. et à 22 k. des Andelys, cant. et ✉ d'Ecos. Pop. 248 h.

BUSSANG, ou BITZENBACH, vg. *Vosges* (Lorraine), arr. et à 38 k. de Remiremont, cant. de Ramonchamp, ✉ du Tillot. Pop. 2,335 h. — TERRAIN cristallisé, granit.

Ce bourg, situé au milieu des montagnes des Vosges, sur la rive droite de la première source de la Moselle, est renommé par ses sources d'eaux minérales acidules ferrugineuses. Il est bâti au fond d'une gorge sinueuse, dans un bassin resserré, dominé par des montagnes de 800 à 1,500 m. d'élévation au-dessus du niveau de la mer, et connues sous les noms de Ballon d'Alsace, de Comté et de Servance. Du haut de ces montagnes, on jouit d'un point de vue admirable : les regards plongent sur une immense étendue de pays ; en face et de chaque côté, l'Alsace déroule aux pieds de l'observateur ses campagnes fertiles et industrieuses ; dans le lointain, à travers un horizon vaporeux, l'œil suit le cours du Rhin, dominé par les ruines majestueuses d'anciens châteaux, derrière lesquels on aperçoit les montagnes de la forêt Noire, de la Suisse et la cime neigeuse du mont Blanc. Beaucoup d'étrangers viennent exprès à Bussang pour jouir de la majesté de ce tableau. L'aspect du pays est en général agreste et très-varié. Les habitations qui forment un village, une commune, y sont éparses, disséminées çà et là sur les montagnes, quelquefois même dans des endroits qui semblent inaccessibles. La vallée de Bussang est renommée pour être celle des belles femmes, avantage qu'elle doit, dit-on, principalement à la bonté de ses eaux minérales, dont les habitants font un usage journalier.

Les sources sont situées à 2 k. du bourg, dans un renfoncement de la vallée, non loin de la route de Thann. Elles sont au nombre de cinq ; mais il n'y en a que deux dont on fasse usage : l'ancienne fontaine et la fontaine d'en haut. Quelques tilleuls ombragent le bâtiment assez simple dans lequel sont réunies ces deux sources, assez rapprochées l'une de l'autre. L'une d'elles est placée sous le bâtiment même, et arrive dans un grand réservoir de pierre très-bien fermé, et remarquable par le soin que l'on a eu de faire pencher l'eau de haut en bas, en remontant vers son niveau, et d'établir des canaux de décharge dans sa partie inférieure, en sorte que le gaz qui se dégage de ces eaux n'est jamais perdu ; il est même comprimé par le poids de l'eau elle-même. Cette source fournit quatre-vingt-dix litres d'eau par heure. Les eaux de la fontaine d'en haut sont reçues dans un réservoir découvert, entouré de murailles à hauteur d'appui : elle ne fournit que douze à quinze litres par heure.

PROPRIÉTÉS MÉDICINALES. Les eaux de Bussang sont indiquées dans beaucoup de maladies des voies urinaires. Elles s'emploient avec succès dans les engorgements lents des viscères, les flueurs blanches, les diarrhées chroniques, la langueur des forces digestives, les jaunisses rebelles, et les fièvres d'automne et de printemps. Elles sont communément purgatives et laxatives.

MODE D'ADMINISTRATION. Les eaux de Bussang se prennent en boisson, à jeun ou aux repas. On les boit à la dose de trois ou quatre verres jusqu'à douze. Dans les Vosges et le Haut-Rhin, beaucoup de personnes font usage de ces eaux sans être malades, les mêlent avec du vin, et obtiennent par ce moyen une boisson agréable, à cause de la saveur piquante qu'elles acquièrent. On prend peu ces eaux sur les lieux ; mais on en envoie plus de 20,000 bouteilles par an dans toute la France et particulièrement à Plombières. Bussang est à 28 k. d'Epinal, 425 k. E.-S.-E. de Paris.

Bibliographie. DUNOD. *Notice sur les eaux de Bussang* (Hist. du second royaume de Bourgogne, t. II, p. 434).

BACHER. *Traité des eaux de Bussang*, in-12, 1738.

LE MAIRE. *Essai analytique sur les eaux de Bussang*, in-12, 1750.

MONNET. *Notice sur les eaux de Bussang* (Nouvelle Hydrologie, p. 144).

THOUVENEL. *Analyse des eaux de Bussang* (Mémoire sur les principes des eaux minérales de Contrexeville, p. 69).

DIDELOT. *Notice sur les eaux de Bussang* (Hist. de la soc. roy. de médecine, t. II, p. 107).

— *Examen sur les eaux minérales de la fontaine de Bussang*, in-12, 1777.

NICOLAS. *Notice sur les eaux de Bussang* (Dissertation sur les eaux minérales de la Lorraine, in-8, 1778).

BAGARD. *Dissertation sur les eaux de Bussang*, etc. (Vallirius Lotha, p. 119).

GRANDCLAUDE. *Des eaux ferrugineuses de Bussang*, in-8, 1838.

BUSSEAU, vg. *Seine-et-Marne*, comm. d'Aufferville, ✉ de Nemours.

BUSSEAU (le), vg. *Deux-Sèvres* (Poitou), arr. et à 35 k. de Niort, cant. et ✉ de Coulonges. Pop. 1,200 h. — *Foires* les 6 fév., 26 avril et 13 août.

BUSSEAUT, vg. *Côte-d'Or* (Bourgogne), arr. et à 19 k. de Châtillon-sur-Seine, cant. et ✉ d'Aignay-le-Duc. Pop. 222 h.

BUSSÉOL, vg. *Puy-de-Dôme* (Auvergne), arr. et à 18 k. de Clermont-Ferrand, cant. et ✉ de Vic-le-Comte. Pop. 361 h. — Hauts fourneaux, forges et martinets.

BUSSEROLLES, vg. *Dordogne* (Périgord), arr., ✉ et à 20 k. de Nontron, cant. de Bussières-Badil. P. 2,171 h. — *Foire* le 2 janv.

BUSSEROTTE, vg. *Côte-d'Or* (Bourgogne), arr. et à 46 k. de Dijon, cant. et ✉ de Grancey. Pop. 131 h.

BUSSET, vg. *Allier* (Bourbonnais), arr. de la Palisse, cant., ✉ et à 13 k. de Cusset. Pop. 1,691 h. — *Foires* les 19 mars, 11 mai et 21 déc.

BUSSIARES, vg. *Aisne* (Brie), arr. et à 15 k. de Château-Thierry, cant. de Neuilly-St-Front, ✉ de Gandelu. Pop. 234 h.

BUSSIÈRE, vg. *Loire* (Forez), arr. et à 33 k. de Roanne, cant. de Néronde, ✉ de St-Symphorien-de-Lay. Pop. 1,725 h. — *Foires* les 18 janv., 12 mai, 21 août et 3 nov.

BUSSIÈRE (la), bg *Loiret* (Gatinais), arr., et à 13 k. de Gien, cant. et ✉ de Briare. ℣. Pop. 672 h.

Autrefois marquisat, diocèse de Sens, parlement de Paris, intendance d'Orléans, élection de Montargis.

Il est remarquable par un joli château qui rappelle un donjon du XVᵉ siècle, bâti au milieu d'une belle pièce d'eau, qu'il faut traverser sur un pont-levis pour y arriver.

Ce village et le château ont été le théâtre de plusieurs sanglants événements pendant les guerres de religion. En 1563, trente ou quarante soldats de la religion réformée y furent massacrés par les gens à la solde du Tillot, seigneur de la Bussière. Quelque temps après, les huguenots prirent dans ce même château une revanche bien cruelle. Quinze prêtres, pour se soustraire aux massacres qui se commettaient à Gien, se retirèrent au château de la Bussière, croyant qu'ils y seraient en sûreté ou qu'il leur serait facile de s'y défendre ; mais ils y furent bientôt assiégés, et le défaut de provisions les obligea de se rendre, le 18 octobre 1567, sous la condition qu'on leur laisserait la vie sauve. On ne peut rapporter sans horreur ce qui se passa à la prise de ce château ; on vit alors ces gens qui reprochaient, non sans raison, aux catholiques de manquer à leur parole, violer sans scrupule le droit des gens, et inventer des tourments inconnus aux tyrans les plus cruels. Malgré la parole qu'ils avaient donnée aux assiégés de leur sauver la vie, leur fureur alla jusqu'à leur couper les oreilles et les parties honteuses ; quelques-uns même étalaient ces marques de leur barbarie sur des chasubles ou autres ornements d'église, dont ils s'étaient revêtus, criant de toute leur force : *Chapelets de papistes, à cinq sols ; la messe de la Bussière, à cinq sols.* On croit qu'ils jetèrent en suite les corps des quinze prêtres dans les fossés du château.

Foires les 1ᵉʳ mai, 25 juin et 19 oct.

BUSSIÈRE, *Buxaria*, *Nièvre*, comm. de Champvert, ✉ de Decize.

BUSSIÈRE, *Buxaria*, *Nièvre*, comm. de Charrin, ✉ de Decize.

BUSSIÈRE, *Buxaria*, vg. *Puy-de-Dôme* (Auvergne), arr. et à 15 k. de Riom, cant. et ✉ d'Aigueperse. Pop. 875 h.

BUSSIÈRE (la), vg. *Vienne* (Poitou), arr. et à 25 k. de Montmorillon, cant. et ✉ de St-Savin. Pop. 1,067 h.

BUSSIÈRE-BADIL, vg. *Dordogne* (Périgord), arr., ✉ et à 18 k. de Nontron, chef-l. de cant. Pop. 1,376 h. — Terrain cristallisé, voisin du terrain jurassique. — Tuilerie. — *Foires* le 25 de chaque mois.

BUSSIÈRE-BOFFY, vg. *H.-Vienne* (Limousin), arr., ✉ et à 19 k. de Bellac, caut. de Mézières. Pop. 1,151 h.

BUSSIÈRE-DUNOISE, vg. *Creuse* (Marche), arr. et à 13 k. de Guéret, cant. et ✉ de St-Vaury. Pop. 2,830 h. — *Foires* les 16 janv., 16 mars, 16 mai et 16 déc.

BUSSIÈRE — ÉTABLE (la), *H.-Vienne*, comm. de Châteauponsat, ✉ de Morterolles.

BUSSIÈRES — GALANT, vg. *H.-Vienne* (Limousin), arr. et à 16 k. de St-Yrieix, caut. et ✉ de Chalus. Pop. 1,520 h.

BUSSIÈRE - NOUVELLE, vg. *Creuse* (Combrailles), arr. et à 20 k. d'Aubusson, cant. et ✉ d'Auzances. Pop. 322 h. — *Foire* le jeudi après Pâques.

BUSSIÈRE-POITEVINE, petite ville, *H.-Vienne* (Limousin), arr., ✉ et à 19 k. de Bellac, cant. de Mézières. ℣. Sur la rive gauche de la Gartempe. Pop. 2,033 h. — *Foires* le 5 de chaque mois.

BUSSIÈRE-RAPY, *H.-Vienne*, comm. de St-Amant-Magnazeix, ✉ de Morterolles.

BUSSIÈRE-SUR-OUCHE (la), vg. *Côte-d'Or* (Bourgogne), arr. et à 32 k. de Beaune, cant. de Pouilly-en-Montagne, ✉ de Sombernon. Pop. 675 h. — *Foire* le 1ᵉʳ juillet.

BUSSIÈRES, vg. *Côte-d'Or* (Bourgogne), arr. et à 47 k. de Dijon, cant. et ✉ de Grancey. Pop. 103 h.

BUSSIÈRES, vg. *Saône-et-Loire* (Bourgogne), arr., cant. et à 12 k. de Mâcon, ✉ de St-Sorlin. Pop. 435 h.

BUSSIÈRES, vg. *Seine-et-Marne* (Brie), arr. et à 28 k. de Meaux, cant. et ✉ de la Ferté-sous-Jouarre. ℣. Pop. 406 h.

BUSSIÈRES, vg. *Yonne* (Bourgogne), arr. et à 14 k. d'Avallon, cant. de Quarré-les-Tombes, ✉ de Rouvray. Pop. 450 h.

BUSSIÈRES-LES-BELMONT, joli village, *H.-Marne* (Bourgogne), arr. et à 25 k. de Langres, cant. et ✉ du Fayl - Billot. Pop. 1,522 h. — Il est bâti dans une position pittoresque, à la jonction de deux vallées. — Fabriques d'ouvrages de vannerie fine. Culture en grand des oseraies, dont les produits sont employés dans le pays. — *Foires* les 22 sept. et 1ᵉʳˢ lundis de mars, juin et déc.

BUSSIÈRES-LES - CLEFMONT, vg. *H.-Marne* (Champagne), arr. et à 26 k. de Chaumont - en - Bassigny, cant. et ✉ de Clefmont. Pop. 216 h.

BUSSIÈRES-SOUS-ROCHE-D'AGOUT, bg *Puy-de-Dôme* (Auvergne), arr. et à 5 k. de Riom, cant. et ✉ de Pionsat. Pop. 755 h.

BUSSIÈRES-SUR-LOIGNON, vg. *H.-Saône* (Bourgogne), arr. et à 41 k. de Vesoul, cant. de Rioz, ✉ de Voray. Pop. 343 h.

BUSSIÈRES-ST-GEORGES, vg. (Marche), arr., cant., ✉ et à 8 k. de Boussac, à 32 k. de Chambon. Pop. 797 h.

BUSSOLLES, vg. *Allier*, comm. de Barrais, ✉ de la Palisse.

BUSSON, *Creuse* (Berry), arr. et à 33 k. de Chaumont - en-Bassigny, cant. de St-Blin, ✉ d'Andelot. Pop. 194 h.

BUSSUNARITS, vg. *B.-Pyrénées* (basse Navarre), arr. de Mauléon, à 22 k. de St-Palais, cant. et ✉ de St-Jean-Pied-de-Port. Pop. 316 h.

BUSSUREL, vg. *H.-Saône* (Franche-Comté), arr. et à 18 k. de Lure, cant. et ✉ d'Héricourt. Pop. 396 h.

BUSSUS, vg. *Somme* (Picardie), arr., cant., ✉ et à 4 k. de Péronne. Pop. 603 h.

BUSSUS-BUSSUEL, *Somme* (Picardie), arr. et à 15 k. d'Abbeville, cant. d'Ailly-le-Haut-Clocher, ✉ de St-Riquier. Pop. 652 h.

BUSSY, *Calvados*, comm. de St-Martins-des-Entrées, ✉ de Bayeux.

BUSSY, vg. *Cher* (Berry), arr. et à 23 k. de St-Amand-Montrond, cant. et ✉ de Dun-le-Roi. Pop. 773 h.

BUSSY, *Côte-d'Or*, nom donné pendant la révolution de la ville de Ste-Reine.

BUSSY, vg. *Oise* (Picardie), arr. et à 35 k. de Compiègne, cant et ✉ de Guiscard. Pop. 256 h.

BUSSY-ALBIEUX, *Loire* (Forez), arr. et à 26 k. de Montbrison, cant. et ✉ de Boen. Pop. 623 h. — *Foire* le 2 janv.

BUSSY-AUX-BOIS, *Marne* (Champagne), arr. et à 17 k. de Vitry-le-François, cant. et ✉ de St-Remy-en-Bouzemont. Pop. 122 h.

BUSSY-EN-OTHE, *Yonne* (Champagne), arr., ✉ et à 10 k. de Joigny, cant. de Brienon. Pop. 1,219 h. — Nombreuses tuileries. — *Foires* les 6 fév., 8 juin, 8 sept. et 28 oct.

BUSSY-LA-COTE, *Meuse* (Lorraine), arr., ✉ et à 8 k. de Bar-le-Duc, cant. de Revigny. Pop. 183 h.

BUSSY-LA-PESLE, *Côte-d'Or* (Bourgogne), arr. et à 42 k. de Dijon, cant. et ✉ de Soubernon. Pop. 321 h.

BUSSY-LA-PESLE, *Nièvre* (Nivernais), arr. et à 20 k. de Clamecy, cant. de Brinon-les-Allemauds, ✉ de Varsy. Pop. 229 h.

BUSSY-LE-CHATEAU ou LES MOTTES, *Marne* (Champagne), arr. et à 18 k. de Châlons-sur-Marne, cant. de Suippes, ✉ de Tilley. Pop. 423 h.

BUSSY-LE-GRAND, vg. *Côte-d'Or* (Bourgogne), arr. et à 19 k. de Semur, cant. et ✉ de Flavigny. Pop. 789 h. — Il est situé partie sur le penchant d'un coteau, et partie dans un vallon très-étroit et d'un accès difficile. On y voit un ancien château, remarquable par sa singulière situation, où Roger, comte de Rabutin, a passé les dix-sept années de son exil. Ce château offre encore une multitude de devises, de sentences, de vers, dont Bussy orna ses appartements, et qui font tout à la fois connaître sa vanité, l'inquiétude de son esprit et ses galanteries réelles ou supposées. Millin a donné une description de ces détails dans son Voyage dans le midi de la France : ils ne seront pas indifférents à ceux qui connaissent la célébrité bizarre de Bussy de Rabutin, et l'histoire anecdotique du règne de Louis XIV.

PATRIE du général de division JUNOT, duc d'Abrantès. — Foires les 26 fév., 6 et 29 mai, 3 oct., 22 déc.

BUSSY-LE-REPOS, vg. Marne (Champagne), arr. et ⊠ de Vitry-le-François, cant. et ⊠ de Heiltz-le-Maurupt. Pop. 372 h.

BUSSY-LE-REPOS, vg. Yonne (Champagne), arr. et ⊠ de Joigny, cant. et ⊠ de Villeneuve-le-Roi. Pop. 569 h.

BUSSY-LES-DAOURS, vg. Somme (Picardie), arr. et à 13 k. d'Amiens, cant. et ⊠ de Corbie. Pop. 496 h.

BUSSY-LES-POIX, Somme (Picardie), arr. et à 26 k. d'Amiens, cant. et ⊠ de Poix. P. 254 h.

BUSSY-LETTRÉE, vg. Marne (Champagne), arr. et ⊠ de Châlons-sur-Marne, cant. d'Eury-sur-Coole. Pop. 343 h.

BUSSY - ST - GEORGES, vg. Seine-et-Marne (Ile-de-France), arr. et à 24 k. de Meaux, cant. et ⊠ de Laguy. Pop. 487 h.

BUSSY - ST - MARTIN, vg. Seine-et-Marne (Ile-de-France), arr. et à 23 k. de Meaux, cant. et ⊠ de Laguy. Pop. 258 h.

BUSSY-VARACHE, H.-Vienne, comm. et ⊠ d'Eymoutiers.

BUST, ou BIST, vg. B.-Rhin (Alsace), arr. et à 20 k. de Saverne, cant. de Drulingen, ⊠ de Phalsbourg. Pop. 463 h.

BUSTANICO, vg. Corse, arr., ⊠ et à 15 k. de Corte, cant. de Sermiano. Pop. 317 h.

BUSTINCE-ISIBERRY, vg. B.-Pyrénées (basse Navarre), arr. de Mauléon, à 24 k. de St-Palais, cant. et ⊠ de St-Jean-Pied-de-Port. Pop. 313 h.

BUSY, vg. Doubs (Franche-Comté), arr., ⊠ et à 10 k. de Besançon, cant. de Boussières. ⚒. Pop. 438 h.

BUT-SUR-ROUVRES (le), vg. Calvados (Normandie), arr. et à 16 k. de Falaise, cant. de Bretteville-sur-Laize, ⊠ de Langannerie. Pop. 162 h.

BUTGNÉVILLE, vg. Meuse (pays Messin), arr. et à 16 k. de Verdun-sur-Meuse, cant. de Fresnes-en-Voëvre, ⊠ de Manheulles. P. 196 h.

BUTHIERS, vg. H.-Saône (Franche-Comté), arr. et à 38 k. de Vesoul, cant. de Rioz, ⊠ de Voray. Pop. 309 h.

BUTHIERS, vg. Seine-et-Marne (Gatinais), arr. et à 25 k. de Fontainebleau, cant. de la Chapelle-la-Reine, ⊠ de Malesherbes. Pop. 448 h.

BUTHON, Eure-et-Loir, comm. de St-Victor-de-Buthon, ⊠ de la Loupe.

BUTON, Indre-et-Loire, comm. et ⊠ de Bourgueil.

BUTOT, vg. Seine-Inf. (Normandie), arr. et à 24 k. de Rouen, cant. de Pavilly, ⊠ de Valmartin. Pop. 315 h.

BUTOT, vg. Seine-Inf. (Normandie), arr. et à 30 k. d'Yvetot, cant. et ⊠ de Cany. Pop. 332 h. — Foire le 2 nov.

BUTOT, Seine-Inf., comm. de Biville-la-Rivière, ⊠ de Bacqueville.

BUTTEAU, Seine-et-Marne, comm. et ⊠ de la Chapelle-la-Reine.

BUTTEAUX, vg. Yonne (Champagne), arr. et à 20 k. de Tonnerre, cant. et ⊠ de Flogny. Pop. 480 h.

BUTTE-ST-CHAUMONT. V. BELLEVILLE.

BUTTEN, vg. B.-Rhin (Alsace), arr. et à 35 k. de Saverne, cant. et ⊠ de Saar-Union. Pop. 846 h.

BUTZ, Ardennes, comm. de Balaives, ⊠ de Flize.

BUVERCHY, vg. Somme (Picardie), arr. et à 25 k. de Péronne, cant. de Nesle, ⊠ de Ham. Pop. 147 h.

BUVERLOT, Nord, comm. d'Alnes, ⊠ de Marchiennes.

BUVILLY, vg. Jura (Franche-Comté), arr., cant., ⊠ et à 5 k. de Poligny, et à 8 k. d'Arbois. Pop. 652 h.

BUXERETTE (la), vg. Indre (Berry), arr. et à 18 k. de la Châtre, cant. et ⊠ d'Aigurande. Pop. 351 h.

BUXEREUILLES, H.-Marne, comm. et ⊠ de Chaumont-en-Bassigny.

BUXEROLLES, vg. Côte-d'Or (Bourgogne), arr. et à 33 k. de Châtillon-sur-Seine, cant. et ⊠ de Recey-sur-Ource. Pop 227 h.

BUXEROLLES, Puy-de-Dôme, comm. de St-Ignat, ⊠ de Maringues.

BUXEROLLES, vg. Vienne (Poitou), arr., ⊠ et à 4 k. de Poitiers, cant. de St-Georges. Pop. 388 h.

BUXEROTTE, Côte - d'Or. V. BUSSEROTTE.

BUXERULLES, vg. Meuse (Lorraine), arr. de Commercy, ⊠ et à 10 k. de St-Mihiel, cant. de Vigneulles. Pop. 253 h.

BUXEUIL, vg. Aube (Bourgogne), arr., cant. et à 5 k. de Bar-sur-Seine, ⊠ de Gyé-sur-Seine. Pop. 370 h.

BUXEUIL, vg. Indre (Berry), arr. et à 31 k. d'Issoudun, cant. et ⊠ de Vatan. Pop. 650 h.

BUXEUIL, vg. Vienne (Poitou), arr. à 23 k. de Châtellerault, cant. de Dangé, ⊠ de la Haye-des-Cartes. Pop. 643 h.

BUXIÈRE-LA-GRUE, bg Allier (Bourbonnais), arr. et à 38 k. de Moulins-sur-Allier, cant. et ⊠ de Bourbon-l'Archambault. Pop. 1,613 h. — Blanchisserie. — Foires les 14 avril, 6 mai, 22 juillet, 21 sept. et 21 déc.

BUXIÈRES, vg. Aube (Champagne), arr., ⊠ et à 5 k. de Bar-sur-Seine, cant. d'Essoyes. Pop. 473 h.

BUXIÈRES, vg. Meuse (Lorraine), arr. de Commercy, ⊠ et à 11 k. de St-Mihiel, cant. de Vigneulles. Pop. 600 h.

BUXIÈRES-D'AILLAC, vg. Indre (Berry), arr. et à 20 k. de Châteauroux, cant. et ⊠ d'Ardentes-St-Vincent. Pop. 360 h.

BUXIÈRES - LES - FRONCLES, vg. H.-Marne (Champagne), arr. et à 25 k. de Chaumont-en-Bassigny, cant. et ⊠ de Vignori. Pop. 302 h.

BUXIÈRES - LES - VILLIERS, vg. H.-Marne (Champagne), arr., cant., ⊠ et à 8 k. de Chaumont-en-Bassigny. Pop. 161 h.

BUXIÈRES - SOUS - MONTAIGUT, vg. Puy-de-Dôme (Auvergne), arr. et à 53 k. de Riom, cant. et ⊠ de Montaigut. Pop. 514 h.

BUXY, bg Saône-et-Loire (Bourgogne), arr. et à 16 k. de Châlons-sur-Saône, chef-l. de cant. Cure. ⚒. A 352 k. de Paris pour la taxe des lettres. Pop. 1,995 h. — TERRAIN tertiaire supérieur.

Buxy est un lieu fort ancien : au xe siècle, c'était le chef-lieu du vicomté de Châlons, qui y tenait ses assises. La comtesse Béatrix affranchit les habitants de ce bourg en 1204. Les anciens seigneurs y avaient fait construire un fort château, dont il ne restait plus qu'une tour ruinée en 1466. Outre ce château, on voyait jadis, vers le nord, les ruines d'une autre forteresse appelée la Tour de Tenarre, ou le vieux château de Buxy, et au milieu du bourg un autre fort désigné sous le nom de Tour de Moroges. — Buxy fut brûlé par les reitres, et presque entièrement détruit pendant les guerres de religion.

Ce bourg est situé dans un territoire fertile en très-bons vins blancs. — Commerce de vins. — Foires les 1er mars, 4 juillet, 24 août, 18 oct. et 11 déc.

BUY, Saône-et-Loire, comm. de Chissey-en-Morvant, ⊠ de Lucenay.

BUYSSCHEURE, vg. Nord (Flandre), arr. et à 23 k. d'Hazebrouck, cant. et ⊠ de Cassel. Pop. 865 h.

BUZAN, vg. Ariège (Comminges), arr. et à 17 k. de St-Girons, cant. et ⊠ de Castillon. Pop. 417 h.

BUZANÇAIS, Busentiacum, petite ville, Indre (Berry), arr. et à 22 k. de Châteauroux, chef-l. de cant. Cure. Gîte d'étape. ⊠. ⚒. A 278 k. de Paris pour la taxe des lettres. Pop. 4,430 h. — TERRAIN jurassique, étage moyen du système oolitique.

Autrefois comté, diocèse et intendance de Bourges, parlement de Paris, élection de Châteauroux, grenier à sel, commanderie de Malte, couvent de chanoines réguliers.

Buzançais était autrefois défendu par un château fort très-considérable, dont il ne reste plus que quelques vestiges. Pendant la guerre qui avait lieu entre l'Angleterre et la France, cette place ayant été rendue à Henri II, roi d'Angleterre, Philippe Auguste s'en empara en 1173 au nom de Louis VII son père. Les Anglais, appelés en France par les princes assez aveuglés par l'esprit de parti pour invoquer les secours de l'étranger, lorsque le royaume était divisé par les Armagnacs et les Bourguignons, brûlèrent Buzançais et démolirent ses fortifications au commencement du xv⁵ siècle.

Les armes de Buzançais sont : *de gueules à trois fleurs d'argent, deux et une.*

Cette ville est fort agréablement située sur un coteau qui s'élève sur la rive droite de l'Indre, que l'on y passe sur cinq ponts. Les rues en sont étroites, sombres et mal percées ; les maisons, en général, fort mal bâties ; mais les alentours sont délicieux.

Fabriques de grosse draperie. Filature de laine. Nombreux et beaux moulins à farines, dont un, entre autres, mérite particulièrement de fixer l'attention.—Aux environs (à Bonneau), forges et fenderie.—*Commerce* de sangsues.—*Foires* les 6 mai, 18 juillet, 20 sept., 17 déc., le mercredi avant le dimanche des Rameaux.

BUZANCY, vg. *Aisne* (Picardie), arr., ⊠ et à 10 k. de Soissons, cant. d'Oulchy. Pop. 162 h.

BUZANCY ou BARLES, joli bourg, *Ardennes* (Champagne), chef-l. de cant., arr. et à 12 k. de Vouziers. Cure. ⊠. ⚡. A 245 k. de Paris pour la taxe des lettres. Pop. 892 h. — TERRAIN jurassique, étage supérieur du système oolitique.

Autrefois marquisat, diocèse de Reims, parlement de Paris, intendance de Châlons, élection de Ste-Menehould.

Il est situé dans un vallon agréable, entouré de vastes prairies constamment arrosées par plusieurs ruisseaux. — Ce bourg, autrefois fortifié, avait titre de baronnie dans le VIII⁵ siècle : on y voit encore les débris de la principale porte d'entrée, dite porte de St-Germain. Il était entouré de belles promenades qui ont été détruites au commencement de la révolution, et devint, en 1798, le siége du tribunal de première instance, qui, cinq ans après, fut transféré à Vouziers.

A l'extrémité orientale de Buzancy, sur l'emplacement de la citadelle, on remarque le CHATEAU DE LA COUR, ancienne habitation de saint Remy, archevêque de Reims, et de plusieurs de ses successeurs; des retraites pratiquées dans l'épaisseur des gros murs prouvent qu'il a subi des changements à diverses époques.

Au nord, et sur la partie haute du bourg, existe une mosquée, connue sous le nom de MAHOMET, bâtie par Pierre d'Anglure, comte de Bourlemont, à son retour des croisades. Cet édifice, construit en grosses pierres de taille, est de forme carrée ; il est maintenu par de larges éperons peu saillants, et l'on y voit encore, sous le cordon de l'entablement, un grand nombre de figures antiques, ainsi que plusieurs caractères symboliques.

Foires les 30 juin, 14 sept., 1ᵉʳ déc., mardi qui précède la semaine sainte.

BUZENOU, vg. *Lot-et-Garonne*, comm. de Castelsagrat, ⊠ de Valence-d'Agen.

BUZET, bg *H.-Garonne* (Languedoc), arr. et à 25 k. de Toulouse, cant. de Montastruc, ⊠ de la Pointe-St-Sulpice. Pop. 1,320 h.

Les armes de Buzet sont : *de gueules à un oiseau essorant d'or, posé sur une terrasse de sinople, tenant de sa patte dextre une feuille de même et la becquetant; au chef cousu de France.*

Foires le 1ᵉʳ mercredi après Pâques, 22 juillet et 25 nov.

BUZET, vg. *Lot-et-Garonne* (Bazadois), arr. et à 16 k. de Nérac, cant. et ⊠ de Damazan. Pop. 1,807 h. — *Foires* les 15 fév., 26 mai, 14 août et 6 oct.

BUZIET, vg. *B.-Pyrénées* (Béarn), arr., ⊠ et à 15 k. d'Oloron, ⊠ d'Arudy. P. 675 h. — Près de la moitié de la population de ce village appartenait à la race des Cagots, qui y habitaient un quartier particulier et entièrement séparé des autres habitations.

BUZIGNARGUES, vg. *Hérault* (Languedoc), arr. et à 26 k. de Montpellier, cant. de Castries, ⊠ de Sommières. Pop. 180 h. — On trouve dans ce village une source d'eau minérale éminemment ferrugineuse et légèrement acidule.

BUZON, *H.-Marne*, comm. et ⊠ de Langres.

BUZON, vg. *H.-Pyrénées* (Bigorre), arr. et à 29 k. de Tarbes, cant. et ⊠ de Rabastens. Pop. 341 h.

BUZY, vg. *Meuse* (Lorraine), arr. et à 26 k. de Verdun-sur-Meuse, cant. et ⊠ d'Etain. Pop. 660 h. — *Foire* le 10 juin.

BUZY, vg. *B.-Pyrénées* (Béarn), arr. et à 16 k. d'Oloron, cant. et ⊠ d'Arudy. Pop. 1,354 h.

BY, vg. *Doubs* (Franche-Comté), arr. et à 30 k. de Besançon, cant. et ⊠ de Quingey. Pop. 245 h.

BY, ou BICF, *Seine-et-Marne*, comm. de Thomery, ⊠ de Moret.

BYANS, vg. *Doubs* (Franche-Comté), arr. et à 19 k. de Besançon, cant. de Boussières, ⊠ de Quingey. Pop. 709 h.

BYANS, vg. *Saône* (Franche-Comté), arr. et à 25 k. de Lure, cant. et ⊠ d'Héricourt. Pop. 135 h.

C

CABADEUR, *H.-Pyrénées*, comm. de Campan, ⊠ de Bagnères-en-Bigorre.

CABADEX, vg. *Lot-et-Garonne*, comm. de Villefranche, ⊠ de Tonneins.

CABALCE, *B.-Pyrénées*, comm. de St-Jean-le-Vieux, ⊠ de St-Jean-Pied-de-Port.

CABALSAU, *Lot-et-Garonne*, comm. de St-Pierre-de-Clairac, ⊠ d'Agen.

CABANAC, *Cabiomogum, Cobiomachus,* vg. *H.-Garonne* (Languedoc), arr. et à 10 k. de St-Gaudens, cant. et ⊠ d'Aspet. P. 214 h.

CABANAC, vg. *Gironde* (Guienne), arr. et à 30 k. de Bordeaux, cant. de Labrède, ⊠ de Castres. Pop. 692 h.

CABANAC, vg. *H.-Pyrénées* (Bigorre), arr., ⊠ et à 18 k. de Tarbes, cant. de Pouyastruc. Pop. 378 h.

CABANASSE (la), vg. *Pyrénées-Or.* (Roussillon), arr. et à 45 k. de Prades, cant. et ⊠ de Montlouis. Pop. 246 h.

CABANÈS, vg. *Aveyron* (Rouergue), arr. et à 13 k. de Rodez, cant. et ⊠ de Sauveterre. Pop. 812 h.

CABANES, vg. *Aveyron*, comm. de la Bastide - l'Evêque, ⊠ de Villefranche - de-Rouergue.

CABANES (les), bg *Tarn* (Languedoc), arr. et à 27 k. de Gaillac, cant. et ⊠ de Cordes. Pop. 740 h.

CABANÈS, vg. *Tarn* (Languedoc), arr., ⊠ et à 12 k. de Lavaur, cant. de St-Paul-Cap-de-Joux. Pop. 404 h.

CABANES-DE-FITOU, *ad Vigesium*, vg. *Aude*, comm. de Fitou, ⊠ de Sigean.

CABANIAL (le), vg. *H.-Garonne* (Languedoc), arr. et à 21 k. de Villefranche-de-Lauraguis, cant. de Caraman. Pop. 550 h.

CABANES (les), joli bourg, *Ariége* (pays de Foix), arr. et à 26 k. de Foix, chel-l. de cant. Cure. Gîte d'étape. Bureau d'enregist. à Tarascon. ⊠. A 797 k. de Paris pour la taxe des lettres. Pop. 617 h. — TERRAIN crétacé inférieur, grès vert. — Il est assez bien bâti, et possède une grande place publique où aboutit une rue formée de maisons élevées et généralement bien construites. On remarque, près du pont jeté sur l'Aston, le fameux château de Gudannes, bâti dans une situation très-pittoresque, sur une plate-forme entourée de jardins et de bosquets couronnés de sapins, de frênes et de mélèzes. Du haut des terrasses de ce château on aperçoit, sur un pic escarpé, les ruines du château de Leudre, et, dans le lointain, celles du château de Lordat. L'ancien seigneur de Gudannes était appelé le *roi des Pyrénées.* — Aux environs, forges à la catalane.

— *Foires* les lundi de la Passion, 2ᵉ lundi de juin, 26 août et 22 nov.

CABANNES, *Cabannæ*, vg. *Bouches-du-Rhône* (Provence), arr. et à 30 k. d'Arles, et à 3 k. de Tarascon, cant. et ⊠ d'Orgon. Sur la rive gauche de la Durance. Pop. 1,508 h.

CABANNES-ET-BARRE, vg. *Tarn* (Languedoc), arr. et à 60 k. de Castres, cant. de Murat, ✉ de Lacaune. Pop. 1,476 h.—*Foires* les 12 fév., 3 juillet et 25 oct.

CABANS, vg. *Dordogne* (Périgord), arr. et à 42 k. de Bergerac, cant. de Cadouin, ✉ de Lalinde. Près de la Dordogne. P. 1,126 h.

CABARA, vg. *Gironde* (Guienne), arr. et à 15 k. de Libourne, cant. et ✉ de Branne. Pop. 634 h.

CABARET-DUBOIS (le), vg. *Seine-Inf.*, comm. de Rouelle, ✉ de Montivilliers.

CABAS-LOUMASSÈS, vg. *Gers* (Armagnac), arr. et à 26 k. de Mirande, cant. et ✉ de Masseube. Près du Rats. Pop. 228 h.

CABASSE, vg. *Var* (Provence), arr., ✉ et à 15 k. de Brignoles, cant. de Besse. Sur l'Issole. Pop. 1,458 h. — Le territoire de ce village renferme plusieurs restes d'antiquités, et l'on y a trouvé, à différentes époques, un grand nombre de médailles romaines. Sur la route du Thoronet, et près de la chapelle St-Loup, sont les ruines d'un château bâti par les Sarrasins, près desquelles se trouve la romantique vallée de l'Issole, que l'on ne peut parcourir sans admiration. — *Foires* les 11 mai et 30 août.

CABELLIO (lat. 44°, long. 23°). « On lit *Caballio* dans Strabon, dans Pline *Cabellio*, au nombre des villes latines, auquel Ptolémée lui donne le titre de colonie, comme à plusieurs autres villes des *Cavares*, dans le territoire desquels elle était comprise. Etienne de Bysance en fait une ville marseillaise, sur la foi d'Artémidore d'Éphèse. On trouve sa position dans l'Itinéraire d'Antonin et dans la Table théodosienne. M. Wesseling a remarqué l'erreur de *Surita*, de confondre *Cabellio* avec *Cabillonum*, ou Challon-sur-Saône. Dans la Notice des provinces de la Gaule, *Civitas Cabellicorum* est une de ces villes. » D'Anville. *Notice de l'ancienne Gaule*, p. 186. V. aussi Walckenaer. *Géographie des Gaules*, t. 1, p. 175, 187, 282.

CABESTANY, vg. *Pyrénées-Or.* (Roussillon), arr., cant., ✉ et à 5 k. de Perpignan. Pop. 574 h. — C'est la patrie de GUILLAUME CABESTAING, poëte provençal du XIIe siècle, célèbre par sa fin tragique. Voici comment son histoire est rapportée dans un manuscrit de la fin du XIIIe siècle : « Issu d'une famille noble du Roussillon, Guillaume Cabestaing, dès sa première jeunesse, fut obligé, par les mauvais état de sa fortune, de s'attacher à quelque grand seigneur riche; il se présenta à Raimond de Castell-Rossello, aujourd'hui Casteill-Roussillon. Raimond l'agréa pour *varlet*, c'est-à-dire pour page, et fut si content de lui, qu'il le nomma bientôt écuyer de madame Marguerite, sa femme. Cabestaing était jeune, aimable, de la figure la plus agréable : son humeur était enjouée, son esprit délicat et bien cultivé. Ses assiduités auprès de la comtesse eurent les suites qu'elles devaient avoir. Elle conçut pour lui une passion qu'il partagea, et l'amour développant son génie, il fit pour elle des vers et des chansons fort tendres. Raimond, averti de leur intelligence et jaloux de sa femme jusqu'à la fureur, conduit un jour Cabestaing hors du château, le poignarde, lui coupe la tête, lui arrache le cœur, rentre au château, donne ordre à son cuisinier d'apprêter ce cœur comme un morceau de gibier, en fait manger à sa femme, qui lui avoue qu'elle n'a pas depuis longtemps rien mangé de meilleur. Alors, lui présentant la tête sanglante qu'il se fait apporter, il lui apprend quel horrible repas elle vient de faire. Marguerite s'évanouit d'horreur et de désespoir. Ayant repris ses sens, elle s'écrie : » Oui, sans doute, j'ai trouvé ce mets si délicieux, que je n'en mangerai jamais d'autre » pour n'en pas perdre le goût. » Raimond, transporté de fureur, court à elle, l'épée à la main : elle fuit, se précipite d'un balcon, et se tue..... » Il est impossible de ne pas voir, entre l'histoire de Cabestaing et celle du châtelain de Coucy, un tel rapport, qu'il parait difficile que l'une ne soit pas l'original de l'autre ; car on répugne à croire qu'un pareil trait de férocité ait pu, même dans ces siècles barbares, être répété deux fois. V. Coucy.

CABIAC, *Gard*, comm. de St-Privat-de-Champclos, ✉ de Barjac.

CABIDOS, vg. *B.-Pyrénées* (Béarn), arr. et à 30 k. d'Orthez, cant. et ✉ d'Arzacq. Pop. 366 h.

CABILLONUM (lat. 47°, long. 23°). « Il n'y a point de nom de lieu que l'on trouve plus diversement écrit, et plus altéré dans ses variantes, que celui-ci. M. de Valois l'a remarqué. Les leçons qui paraissent plus correctes sont : *Cabilonum, Cabillonum, Cabillonnum*. César, Strabon, Ptolémée, les Itinéraires, font mention de cette ville : c'est *Cabyllinon* dans Strabon, *Caballinon* dans Ptolémée. Ammien Marcellin (lib. xv, cap. 2) la met au rang des villes distinguées : *Lugdunensem primam*, *Lugdunus ornat et Cabillones*. Les Romains y entretenaient une flotte sur la Saône, selon la Notice de l'empire : *Præfectus classis Aricæ Cabalduno*. Et dans le Panégyrique de Constantin Eumène parle du port de Challon : *A Cabillonensi portu navigia provideras*. La Notice des provinces de la Gaule ne qualifie pourtant point cette ville du titre de cité, mais seulement de *Castrum*; quoique ainsi qu'elle ait été primitivement comprise dans le territoire des *Ædui*, elle en ait été distraite, ainsi que Mâcon, pour composer un diocèse particulier, séparé depuis longtemps de celui d'Autun, puisqu'il est mention d'un évêque de Challon dans Sidoine Apollinaire. Plusieurs voies romaines partaient de Challon ou y aboutissaient. Les distances qui ont rapport à la position de cette ville sont expliquées dans l'article des différents lieux qui en sont immédiatement voisins. A l'égard d'*Augustodunum*, l'indication de l'Itinéraire d'Antonin, M. P. XXXIII, leugas XXII, est très-convenable. Dans la Table théodosienne, XXI. Ce qu'il y a d'espace en droite ligne entre Challon et Autun, est d'environ 24,000 toises. Le calcul des 22 lieues gauloises est de 24,948; et il convient que la mesure itinéraire surpasse ainsi la mesure aérienne et directe. » D'Anville. *Notice de l'ancienne Gaule*, p. 187. V. aussi Walckenaer. *Géographie des Gaules*, t. 1, p. 56, 325.

CABIN (le), *Seine-et-Oise*, comm. de Chaussy, ✉ de Magny.

CABOURG, vg. *Calvados* (Normandie), arr. et à 24 k. de Caen, cant. de Troarn, ✉ de Dives. Pop. 323 h.

CABREMORTE, *Lot*. V. ST-AMANS-DE-CABREMORTE.

CABRERETS, bg *Lot* (Quercy), arr., ✉ et à 23 k. de Cahors, cant. de Lauzès. Pop. 1,001 h.

Ce bourg est bâti sur la rive droite du Celé, au pied d'un rocher qui semble sans cesse menacer de s'écrouler sur les maisons qu'il domine de plus de 200 m. On y entre par deux portes, appuyées d'un côté au rocher, et aboutissant de l'autre à un escarpement à pic qui domine la rivière. Sur une saillie du rocher, qui s'élève au-dessus des habitations, on voit les restes d'une vaste construction formée de petits blocs bien taillés et réunis par un ciment très-dur, qui passe pour une des plus anciennes de la province. On ignore à quelle époque et par qui cette forteresse a été construite ; mais le nom de Château-des-Anglais ou de Maison-du-Diable qu'on lui donne semble prouver qu'elle a été occupée par les compagnies anglaises dans les guerres du XIVe siècle. — A peu de distance de cette ancienne forteresse, il en existe une autre d'une construction plus récente et plus soignée, bâtie en face d'une vallée presque perpendiculaire à celle du Celé ; elle occupe le sommet d'un rocher taillé à pic du côté de la rivière. Toutes les ouvertures de cet ancien château sont entourées, à l'extérieur, d'un ornement d'un travail soigné, qui représente un tronc d'arbre d'où partent de nombreuses branches coupées à une égale distance : on voit, du côté du midi, une belle galerie ornée de balustres, d'où l'on peut suivre pendant longtemps le cours du Celé.

Le territoire de Cabrerets renferme une grotte dans le genre de celle de Blars ou de Marcillac, mais moins belle. On y voit aussi, sur une montagne escarpée qui s'élève sur la rive gauche du Vert, les ruines ou retranchements de Coronzac. Le camp ou fort occupe la cime d'un rocher prodigieusement élevé et absolument escarpé à l'ouest, et sur une grande étendue du côté du nord et du midi ; il était défendu sur tous les autres points par des murailles ; vers l'orient, il présente deux lignes de murs solidement bâtis, séparées par un intervalle de 6 m. L'enceinte formée par ces remparts et le rocher présente un espace d'un peu plus de 3,000 m. carrés.

Foires les 27 mars, 9 mai, 24 sept. et 4 décembre.

CABREROLLES, vg. *Hérault* (Languedoc), arr. et à 26 k. de Béziers, cant. de Murviel, ✉ de Bédarieux. Pop. 694 h.

CABRESPINE, vg. *Aude* (Languedoc), arr. et à 25 k. de Carcassonne, cant. et ✉ de Peyriac-Minervois. Pop. 929 h. — Il est situé dans la montagne Noire, sur le Clamoux, qui arrose un joli vallon tapissé de prairies et bordé de coteaux plantés de vignes, d'oliviers et de châtaigniers.—*Fabriques* de draps communs. Tanneries.—*Commerce* de bestiaux.—*Foire* le 4 août.

CABRESPINE, *Aveyron*, comm. de Coubisou, ✉ d'Espalion.

CABRIÈRES, vg. *Gard* (Languedoc), arr. et à 13 k. de Nîmes, cant. de Marguerittes, ✉ de Remoulins. Pop. 550 h.

CABRIÈRES, bg *Hérault* (Languedoc), arr. et à 39 k. de Béziers, cant. de Montagnac, ✉ de Clermont-de-Lodève. P. 626 h.—On y voit un château fort très-ancien, sur la rivière de Boyne.—Distilleries d'eau-de-vie.

CABRIÈRES, *Capraria*, vg. *Vaucluse* (Provence), arr. et à 32 k. d'Avignon, cant. et ✉ de Lisle. Pop. 859 h.

CABRIÈRES-D'AIGUES, *Cabreria*, vg. *Vaucluse* (Provence), arr. et à 20 k. d'Apt, cant. et ✉ de Pertuis. Pop. 566 h.—L'histoire des guerres de religion fait souvent mention de ce village, l'un des vingt-quatre qui furent pillés et livrés aux flammes par les ordres de François Ier; trois mille religionnaires y furent massacrés par le vice-légat d'Avignon. V. Mérindol.

Foires, les 22 janv., 19 mars et 24 sept.

CABRIÈS, vg. *Bouches-du-Rhône* (Provence), arr., ✉ et à 12 k. d'Aix, cant. de Gardanne. Pop. 992 h.—Il est bâti sur une colline, et remarquable par un vaste château environné de jardins plantés de beaux amandiers.

CABRIS, vg. *Var* (Provence), arr., ✉ et à 5 k. de Grasse, cant. de St-Vallier. Pop. 1,757 h.—Il est bâti sur le sommet d'une montagne d'où l'on jouit d'un point de vue magnifique sur la belle campagne de Grasse et sur une grande étendue de mer.—*Foire* le 15 juin.

CACCIA, nom d'un ancien canton de la Corse, dont Castifao est maintenant le chef-lieu.

CACHAN, vg. *Gers*, comm. de Semezies, ✉ d'Auch.

CACHANT, *Cachautum*, *Caticantum*, h. *Seine*, comm. et ✉ d'Arcueil. Un titre de 1308 nous apprend que Philippe le Bel y avait une maison de plaisance.

CACHEN, vg. *Landes* (Gascogne), arr., à 32 k. de Mont-de-Marsan, cant. et ✉ de Roquefort. Pop. 726 h.

CACHY, *Somme* (Picardie), arr. et à 14 k. d'Amiens, cant. de Sains, ✉ de Villers-Bretonneux. Pop. 350 h.

CADALEN, *Cadelonia*, bg *Tarn* (Languedoc), arr., ✉ et à 10 k. de Gaillac, chef-l. de cant. Cure. Pop. 2,206 h.—Terrain tertiaire moyen.—C'était jadis un château qui a joué un grand rôle dans les guerres civiles et religieuses.—*Commerce* de bestiaux.—*Foires* les 8 mars, 8 mai et 30 nov.

CADAMAS, *Tarn-et-Garonne*, comm. et ✉ de Lauzerte.

CADARCET, vg. *Ariège* (pays de Foix), arr. et à 12 k. de Foix, cant. et ✉ de la Bastide-de-Seron. Pop. 745 h.

CADARS, *Aveyron*, comm. de Quins, ✉ de Sauveterre.

CADARSAC, vg. *Gironde* (Guienne), arr., cant., ✉ et à 8 k. de Libourne. Pop. 129 h.—On y remarque une antique chapelle que l'on a proposé de classer au nombre des monuments historiques.

CADAUJAC, vg. *Gironde* (Guienne), arr. et à 10 k. de Bordeaux, cant. de Labrède. Pop. 924 h.

CADAYRAC, *Aveyron*, comm. de Salles-Comtaux, ✉ de Rodez.

CADÉAC, vg. *H.-Pyrénées* (Bigorre), arr. et à 38 k. de Bagnères-en-Bigorre, cant. et ✉ d'Arreau. Pop. 429 h.

Ce village, surmonté d'une vieille tour féodale, est situé dans la vallée d'Aure, sur la rive gauche de la Neste; il est renommé par ses sources d'eau minérale sulfureuse froide, qui jaillissent de l'un et de l'autre côté de la rivière, et doit son origine aux Arrevasces, qui le bâtirent, ainsi qu'Arreau, Grézian, Azet, Stauzan et autres châteaux, pour mieux le défendre contre les Sarrasins qui dévastaient alors le pays. La plupart de ces châteaux existent encore.

EAUX MINÉRALES DE CADÉAC.

Les sources minérales de Cadéac sont au nombre de deux. Elles sourdent dans la vallée d'Aure, l'une sur la rive droite et l'autre sur la rive gauche de la Neste.

L'établissement des bains de Cadéac se compose d'un rez-de-chaussée, où sont six baignoires et une douche, et d'un premier étage, où l'on trouve trois appartements et une galerie faisant face aux Pyrénées au sud. La maison est saine, bien bâtie et très-bien aérée. Elle est située entre la rivière de Neste et la grande route qui conduit en Espagne, entourée de vergers et de prairies, et n'est séparée de l'autre établissement que par la rivière.—Les autres bains, situés sur la rive droite de la Neste et dominés par un rocher fort élevé, ne diffèrent en rien des premiers. Les eaux sont peut-être plus abondantes. Les appartements du premier étage sont destinées à loger les étrangers à qui il ne convient pas de rester au village. Les chambres des bains sont commodes, propres et bien éclairées. Soins, prévenances, égards, rien n'est oublié pour plaire aux baigneurs.

Saison des eaux. Les eaux de Cadéac sont fréquentées depuis les premiers jours de juin jusqu'à la fin d'octobre. Le nombre des malades est annuellement de deux à trois cents.

Prix du logement et de la dépense journalière. On a une chambre au village de Cadéac pour 7 fr. par mois, et une pension pour 25 à 30 fr.; mais le prix varie suivant la dépense que l'on veut faire.

Tarif du prix des eaux. Le prix des eaux est aujourd'hui de 35 c.; en 1828 il était de 40; les douches se payent 50 c.

Propriétés médicinales. Les eaux de Cadéac sont éminemment toniques, légèrement excitantes; elles sont exclusivement recommandées contre toute espèce de maladies cutanées, les douleurs articulaires, les affections arthritiques, les suites de blessures. L'expérience a démontré leur efficacité dans les maladies du sexe, telles que les pâles couleurs ou chlorose, l'hystérie, maux de nerfs ou vapeurs, et dans un grand nombre de maladies chroniques.

Mode d'administration. On prend les eaux de Cadéac en bains et en boisson. On les boit pures ou avec de la tisane, avant et après le bain, à midi même, et quelquefois le soir; on les marie souvent avec de l'eau de la rivière qui est très-fraîche et fort limpide.

CADEILHAN, vg. *Gers* (Armagnac), arr., à 18 k. de Lectoure, cant. et ✉ de St-Clar. Pop. 381 h.

CADEILLAN, vg. *Gers* (Armagnac), arr., cant., ✉ et à 8 k. de Lombez. Pop. 230 h.

CADEILLAN-TRACHÈRE, vg. *H.-Pyrénées* (Bigorre), arr. et à 46 k. de Bagnères-de-Bigorre, cant. de Vielle-Aure, ✉ d'Arreau. Pop. 163 h.

CADEMÈNE, *Doubs* (Franche-Comté), arr. et à 18 k. de Besançon, cant. de Quingey, ✉ d'Ornans. Pop. 123 h.

CADEN, vg. *Morbihan* (Bretagne), arr. et à 40 k. de Vannes, cant. et ✉ de Rochefort-en-Terre. Pop. 2,200 h.—*Foires* le 4 juillet et 29 déc.

CADENBORRN, *Moselle*, comm. de Nousseviller-les-Puttelange, ✉ de Sarreguemines.

CADENET, *Cadenetum*, petite ville, *Vaucluse* (Provence), arr. et à 19 k. d'Apt, chef-l. de cant. Cure. Gîte d'étape. △ A 736 k. de Paris pour la taxe des lettres. Pop. 2,441 h.—Terrain tertiaire moyen.

Cette ville est située dans une contrée fertile, sur la rive droite de la Durance. Un grand nombre d'antiquités trouvées dans les environs font présumer qu'elle existait du temps des Romains. Il y a même tout lieu de croire que la ville primitive était d'une grande étendue, et qu'elle embrassait les environs de la colline sur laquelle se trouvait la citadelle, et où l'on a découvert à différentes époques des colonnes et autres restes d'anciens monuments d'une ville importante. Les fonts baptismaux de l'église paroissiale (en marbre blanc orné d'un bas-relief admirable) ont vraisemblablement appartenu à un temple magnifique; ils sont considérés comme un des plus antiques et des plus beaux monuments de ce genre que l'on connaisse. La ville moderne, située à l'ouest de l'ancienne, sur le penchant d'une colline, est défendue du côté du nord par une terrasse et par des ouvrages avancés qui étaient autrefois considérables.

L'église de Cadenet est un édifice remarquable, qui a été classé au nombre des monuments historiques par le ministre de l'intérieur.—*Commerce* et filature de soie.—*Foires* 20 janv., 24 août, 25 sept. et 8 déc.

CADEROUSSE, *Cadarosseum*, *Caderosia*, petite ville, *Vaucluse* (Provence), arr., cant., ✉ et à 5 k. d'Orange. Pop. 3,131 h.—Elle est située dans une contrée fertile, sur la rive gauche du Rhône qui y forme un petit port.—Caderousse occupe l'emplacement de l'ancienne Vindale, où les Romains avaient élevé un temple à Jupiter Ammon. Domitien Ænobarbus rassembla sous ses murs une armée considérable, et, longtemps après, Fabius Maximus remporta dans le même endroit une grande victoire sur les Auvergnats, dont cent cinquante mille furent noyés dans le Rhône.

PATRIE du compositeur de musique BERDIGUIER.

Fabriques de serges, cadis. Filatures de soie. Culture en grand de la garance. Education des vers à soie.—*Commerce* de grains, vins, soie, etc.

CADI, *Seine-et-Oise*, comm. de Raizeux, ✉ d'Epernon.

CADIÈRE (la), bg *Var* (Provence), arr. et à 21 k. de Toulon-sur-Mer, cant. et ✉ du Beausset. Pop. 2,394 h.

C'était jadis une place forte entourée de trois enceintes de murailles, et défendue par un grand château flanqué de tours, qui a été détruit au commencement du XVIII° siècle.— *Commerce* d'huile d'olives, de figues estimées, de noisettes et de câpres de première qualité.— *Foires* les 24 juin et 30 nov.

CADILLAC, petite ville, *Gironde* (Guienne), arr. et à 37 k. de Bordeaux, chef-l. de cant. Cure. ✉. A 597 k. de Paris pour la taxe des lettres. Pop. 1,967 h.—TERRAIN tertiaire supérieur.

Autrefois baronnie et juridiction en Bordelais, diocèse, parlement, intendance et élection de Bordeaux, collégiale, couvent de capucins.

Cette ville est située dans une plaine fertile, sur la rive droite de la Garonne. C'était autrefois le chef-lieu du ci-devant comté de Benauge. On y remarque un vaste château qui sert aujourd'hui de maison de réclusion pour trois cents femmes. Il a été bâti par le duc d'Epernon, qui s'était proposé de n'y dépenser que cent mille écus, mais qui y dépensa plus de deux millions : ce château passait pour le plus vaste et le plus bel édifice qu'il y eût alors en France, après les maisons royales.—La chapelle, adossée à l'église, est susceptible d'être classée au nombre des monuments historiques.

Les armes de Cadillac sont : *écartelé, le premier et le quatrième d'or à trois pals de gueules; le deuxième et le troisième d'or, à deux vaches passantes acornées, onglées et clarinées d'azur.*

Quoique bâtie dans une plaine, la ville de Cadillac, avec ses vieilles tours, ses murs à créneaux et son château, offre un aspect très-pittoresque : elle communique avec la Garonne par un ruisseau, où les barques viennent prendre leur chargement.—*Fabriques* considérables de barriques, de creusets, d'outils aratoires.—*Commerce* d'excellents vins de son territoire. Entrepôt de toutes les denrées du canton.—*Foires* les derniers jeudis de mai, juin, juillet, août, sept. et oct.

CADILLAC-ST-GEORGES, vg. *Gironde* (Guienne), arr. et à 14 k. de Libourne, cant. de Fronsac, ✉ de St-André-de-Cubzac. Pop. 492 h.—*Fabrique* d'outils aratoires.—*Foires* les 15 janv. et 25 nov.

CADILLON, vg. *B.-Pyrénées* (Béarn), arr. et à 40 k. de Pau, cant. et ✉ de Lembeye. Pop. 384 h.

CADIX, vg. *Tarn* (Languedoc), arr. et à 38 k. d'Albi, cant. et ✉ de Valence-en-Albigeois. Pop. 804 h.

CADIX, *Tarn*, comm. de Cuq-Toulza, ✉ de Puy-Laurens.

CADOUIN, *Cadunium*, bg *Dordogne* (Périgord), arr. et à 37 k. de Bergerac, chef-l. de cant., ✉ de la Linde. Bureau d'enregistrement à Beaumont. Cure. Pop. 703 h. — TERRAIN crétacé inférieur. — Il y avait autrefois une abbaye de bénédictins de l'ordre de Cîteaux, célèbre dans tout le moyen âge par une relique du saint suaire qui y attirait un grand nombre de pèlerins. Il ne reste plus de ce monastère qu'une église romane du XII° siècle et un cloître magnifique, classés l'un et l'autre au nombre des monuments historiques. — *Foires* les 17 janv., 7 sept., 4 déc. et lundi de Quasimodo.

Bibliographie. AUDIERNE (l'abbé). *Notice historique sur l'abbaye de Cadouin, son église et ses cloîtres*, in-8, 1840.

CHARRIÈRE (A.). *Cloître de Cadouin*, in-18, 1840.

CADOUL, *Tarn*, comm. de la Cougotte-Cadoul, ✉ de Lavaur.

CADOUR, *Aveyron*, comm. de la Bastide-l'Evêque, ✉ de Villefranche-de-Rouergue.

CADOURS, vg. *H.-Garonne* (Languedoc), arr. et à 40 k. de Toulouse, chef-l. de cant. Bureau d'enregist. à Grenade. Cure. ✉. A 690 k. de Paris pour la taxe des lettres. Pop. 1,002 h. — TERRAIN tertiaire moyen. — *Foires* le 3° mercredi de fév., 1ers mercredis de sept. et de nov.

CADRIEU, vg. *Lot* (Quercy), arr. et à 23 k. de Figeac, cant. et ✉ de Cajare. Pop. 204 h.

CADURCI (lat. 45°, long. 20°). « Il en est mention dans César, dans Strabon, dans Pline, dans Ptolémée. Pline (lib. IV, cap. 19), qui les nomme à la suite des *Ruteni* et immédiatement avant les *Antobroges*, qui sont les *Nitiobriges*, est ainsi conforme à la situation du Querci entre le Rouergue et l'Agénois. Le territoire des Caduríci est appelé *Cadurcinum* dans Grégoire de Tours et d'autres écrits du moyen âge. M. de Valois remarque (p. 111) que postérieurement on a dit le Caorsin. » D'Anville. *Notice de l'ancienne Gaule*, p. 187. V. aussi Walckenaer. *Géographie des Gaules*, t. I, p. 191, 253, 339, 351.

CAEN, *Cadetopolis, Cadomus, Cadetum*, grande et belle ville, chef-l. du dép. du *Calvados* (Normandie), du 2° arr. et de 2 cant. Cour royale d'où ressortissent les départements du Calvados, de la Manche et de l'Orne. Trib. de 1re inst. et de com. Chambre et bourse de com. Conseil de prud'hommes. Vice-consulats étrangers. Académie des sciences, belles-lettres et arts. Académie universitaire. Collège royal. 4 cures. Gîte d'étape. Société de médecine. Ecole d'hydrographie de 3° classe. Société médicale, d'agriculture et de commerce. Institution des sourds-muets. Syndicat maritime.

Chef-l. de la 14° div. milit. ✉. ⌂. Pop. 43,079 h. — TERRAIN jurassique, étage inférieur du système oolitique. — *Etablissement de la marée du port*, 10 heures 45 minutes; la mer y marne de 6 m.

Autrefois capitale de la basse Normandie, diocèse de Bayeux, parlement de Rouen, chef-lieu d'une généralité, gouvernement particulier, présidial, bailliage, vicomté, hôtel des monnaies, juridiction consulaire, bureau des fermes, maîtrise particulière, amirauté, prévôté de maréchaussée, arsenal, chambre syndicale, académie, séminaire, université, 4 collèges, 10 abbayes ou couvents.

Les armes de Caen sont : *coupé d'azur et de gueules à trois fleurs de lis d'or, deux en chef et une en pointe.*

Caen n'est pas une ville fort ancienne, et cependant on ne peut fixer avec certitude l'époque de sa fondation. On croit qu'elle a remplacé une cité dont les débris se retrouvent au village de Vieux, que les Romains avaient décorée de nombreux édifices et qu'ils nommaient *Civitas Viducassium*. C'était la capitale du pays : elle fut entièrement détruite par les Saxons, dans les invasions du III° et du VI° siècle ; plus tard la nouvelle ville se forma des débris de l'ancienne, et occupa d'abord l'emplacement du château actuel. Son premier nom fut *Cathem* ou *Cathom* (en saxon, demeure de guerre). En 912, lors de la cession de la Neustrie aux Normands par Charles le Simple, Caen était déjà une cité grande et importante. Sous les ducs normands, et surtout sous Guillaume le Conquérant, son accroissement fut rapide; ce dernier prince et Mathilde, son épouse, contribuèrent à l'embellir. Ils y élevèrent les deux plus beaux édifices de la ville, l'abbaye de St-Etienne, dite l'Abbaye aux Hommes, et celle de la Trinité, dite l'Abbaye aux Dames. Guillaume commença la construction du château ; Henri Ier, d'Angleterre, le termina; Louis XII et François Ier le réparèrent et l'agrandirent. — Caen était devenu la capitale de la basse Normandie, honneur qui lui attira plus d'une fois les malheurs de la guerre. En 1346, Edouard III d'Angleterre l'assiégea ; les habitants, commandés par Raoul, comte d'Eu, et par Jean de Melun, firent une sortie et furent battus; ils rendirent la ville par capitulation ; mais, quand les Anglais y furent entrés, le combat recommença dans les rues. Edouard, furieux, livra la ville au pillage, massacra une partie de la population, et enleva un butin immense. En 1417, les Anglais prirent Caen une seconde fois, et s'y maintinrent jusqu'en 1450, époque où le brave Dunois leur enleva cette ville d'assaut et força à capituler le duc de Sommerset, qui s'était retiré dans le château avec 4,000 Anglais.

Caen est à 12 k. de la mer, dans un beau vallon, entre deux vastes prairies bordées de collines, où se trouvent les carrières de ces belles pierres dont la ville est bâtie, et qui ont aussi été employées à la construction de Westminster et de divers autres édifices de Londres. La ville décrit un demi-cercle qui embrasse une prairie arrosée par les bras nombreux de l'Odon. Au milieu de la courbe extérieure s'élève le château.

On est frappé de la régularité des rues de Caen, de la belle construction de ses monuments, ainsi que de la propreté générale de la ville. Les deux plus grandes rues sont celles de St-Jean et de St-Pierre; elles forment un angle droit et traversent la presque totalité de la ville, où passe aussi un canal qui vient de l'Odon et qui active de nombreuses usines. Le port formé par le lit de l'Orne et par celui de l'Odon sert au cabotage; il est peu important à cause des dangers que présente l'entrée de l'Orne, obstruée par de nombreux bancs de sable, et la presque impossibilité de remonter la rivière au-dessus de la ville; cependant la haute mer y amène des bateaux de 150 à 200 tonneaux, et il rend de grands services aux débouchés des produits de la ville. On travaille à un nouveau canal, déjà fort avancé, qui permettra de recevoir des bâtiments d'un tonnage beaucoup plus fort. Ce port est renfermé dans de beaux quais qui ont été commencés en 1787, et qui viennent d'être terminés. — Les places publiques sont remarquables, notamment la place St-Sauveur, et la place Royale décorée d'une statue de Louis XIV.

ÉGLISE CATHÉDRALE. Cet édifice, l'un des plus beaux de la Normandie, est l'ancienne église abbatiale de St-Étienne. Sa construction appartient à différentes époques : le portail, dont on admire avec raison la majesté et l'élévation des tours, la nef, une partie de la croisée et la base de la tour qui la surmonte, datent de la construction de l'église primitive (de 1061 à 1070). Le chevet, remarquable par son bel aspect, a entièrement été reconstruit vers le commencement du XIIIe siècle. L'intérieur offre aussi plusieurs différences de style : la nef, les bas côtés et la croisée sont du XIe siècle ; de vastes galeries, dont les ouvertures sont ornées de balustrades, règnent sur toute l'étendue des bas côtés. Le chœur, quoique d'une époque différente, se lie agréablement avec la nef ; il est terminé par un sanctuaire de forme circulaire, fermé de grilles et entouré de onze chapelles régulièrement construites.

Le grand bâtiment de l'abbaye dite l'Abbaye aux Hommes, fut commencé en 1704 et achevé en 1726. Les bâtiments du monastère se trouvant en dehors des remparts de la ville, le roi Jean autorisa les moines, en 1354, à le mettre en état de défense et à faire élever des fortifications dont on voit encore les restes du côté de la prairie, fortifications qui n'empêchèrent pas Henri IV de s'en emparer. Les protestants saccagèrent la plupart des bâtiments de ce monastère en 1562, et renversèrent le tombeau élevé dans l'église à la mémoire de Guillaume le Conquérant ; le prieur J. de Baillache lui fit élever un second mausolée qui subsista jusqu'en 1742, époque à laquelle les restes du Conquérant furent transportés dans l'intérieur de l'abbaye : ce troisième monument fut renversé en 1793, le marbre seul qui le recouvrait, fut replacé par le général Dugna, préfet du Calvados. — Les bâtiments de l'abbaye sont maintenant occupés par le collège royal.

L'ÉGLISE DE LA TRINITÉ est l'église abbatiale de l'abbaye de ce nom, fondée vers 1066, par Mathilde, fille de Baudouin, comte de Flandre, et épouse de Guillaume le Conquérant. Le plan de cet édifice, en forme de croix latine, est régulier ; la sévérité des lignes et les belles proportions du portail, les ornements des cintres de ce portail et ceux des murs latéraux de la nef, les mascarons ou corbeaux à figures chimériques qui couronnent le haut de ces murs, et l'abside ou chevet, sont à l'extérieur les parties qui méritent le plus d'attention. Dans l'intérieur, la nef offre une sorte de magnificence remarquable dans la disposition et l'élégance des galeries qui terminent les travées. Le chœur est peu spacieux. Le sanctuaire, élevé sur plusieurs rangs de degrés, est décoré d'un péristyle à double étage de forme demi-circulaire, et surmonté d'une coupole peinte à fresque ; on y voit un cénotaphe érigé à la mémoire de la reine Mathilde, épouse de Guillaume le Conquérant. Cette partie principale de l'église est d'un aspect noble et majestueux, et se distingue de tout ce qui est connu en ce genre par un caractère particulier. Sous le sanctuaire est une crypte ou chapelle souterraine, dont la voûte est soutenue sur trente-quatre colonnes d'environ 2 m. 65 c. d'élévation et très rapprochées, dont seize sont isolées.

Pendant longtemps un mausolée magnifique, élevé au milieu du chœur, offrait l'image de l'épouse du Conquérant, et indiquait le lieu de sa sépulture ; les protestants le détruisirent en 1562. Le cercueil et quelques fragments du corps furent recueillis par l'abbesse Anne de Montmorency, et replacés dans le tombeau où ils avaient reposé pendant cinq siècles. Un nouveau mausolée, érigé en 1708, par les soins de l'abbesse de Tessé, fut détruit de nouveau en 1793. Enfin les cendres de cette princesse, retrouvées en 1809 dans le même cercueil, furent replacées en 1819 sous un troisième monument érigé par les soins de M. le comte de Montlivaut.

Les bâtiments de l'abbaye désignée ordinairement sous le nom de l'Abbaye aux Dames, ont été convertis en hospice en 1823.

ÉGLISE ST-PIERRE. La fondation de cet édifice est attribuée à saint Regnobert. L'architecture de l'église actuelle est de plusieurs siècles et irrégulière ; mais elle présente plusieurs parties fort remarquables, et mérite d'être considérée comme une des plus belles églises de Caen. La tour, toute en pierre, terminée en pyramide, est un chef-d'œuvre de hardiesse et d'élégance : elle fut bâtie en 1308, ainsi qu'une partie de la nef et les trois portails, dont l'un forme l'entrée de la nef centrale. Cette tour repose en arcade sur quatre piliers dont la légèreté est loin de laisser supposer l'énorme poids qu'ils supportent. Au dehors, elle est environnée de huit tourelles, d'où la flèche s'élance majestueusement dans les airs. A l'intérieur, elle est vide jusqu'à la base de la croix, et formée de pierres de quatre doigts d'épaisseur, liées en dedans par des crampons de fer. Cinq siècles n'ont pu apporter la moindre atteinte à ce monument, dont la solidité égale l'élégance et la hardiesse. Le grand portail ne fut terminé qu'en 1384 ; son aspect est irrégulier, mais pittoresque. Le chevet et le rond-point sont regardés avec raison comme un chef-d'œuvre de bon goût, de délicatesse et d'élégance ; c'est un des morceaux les plus curieux et les plus parfaits qui existe fort peu en France, qui puissent lui être comparés. L'intérieur des chapelles de ce rond-point n'est pas moins magnifique que l'extérieur : on remarque surtout l'étonnante construction des voûtes, chargées de nervures et de pendentifs de la plus grande légèreté.

ÉGLISE ST-JEAN. Cette église fut commencée dans le XIVe siècle : le portail, la première tour et la nef sont de cette époque ; le chœur et la croisée sont du commencement du XVe siècle. L'intérieur présente quelques belles parties et un ensemble assez majestueux ; on y retrouve plusieurs fragments de riches vitraux, et deux belles statues représentant, l'une saint Jean-Baptiste, et l'autre saint Jean l'Évangéliste. — La tour de cette église est penchée depuis longtemps et semble menacer de sa chute les maisons qui l'entourent ; il paraît que le portail sur lequel repose cet édifice se pencha tout d'une pièce de 42 centimètres du côté du nord, lorsqu'il fut élevé de 10 mètres, et qu'afin de rétablir le niveau l'architecte fit construire un massif de maçonnerie en forme de coin. Au moyen de cette espèce de cale, la tour fut élevée d'environ 27 mètres, elle a peu souffert depuis plus de quatre cents ans qu'elle existe, quoiqu'elle penche sensiblement au nord. Cette inclinaison n'a du reste aucun rapport avec celle de la tour de Pise, comme quelques auteurs se sont plu à le répéter, puisqu'elle n'est pas le résultat d'une combinaison, mais bien d'un accident occasionné par le peu de consistance du sol.

ÉGLISE ST-NICOLAS. Cette église, qui depuis longtemps ne sert plus au culte, et qu'on a transformée en une fabrique de plomb de chasse, est peut-être le seul monument de la Normandie qui présente dans toute sa pureté, sans mélange d'ornements étrangers, et sans altérations modernes, le type de l'architecture française du XIe siècle. C'était donc un enceinte que se rendaient au XIIe siècle les jugements apostoliques en matière œcuménique, par les délégués des papes.

NOUVELLE ÉGLISE NOTRE-DAME. Le nom de Notre-Dame a été donné récemment à l'église que les jésuites firent construire en 1684. Elle est entièrement bâtie dans le goût italien : le portail, la nef et le chœur sont d'une élégance remarquable. L'ange qui paraît planer au-dessus de l'autel est particulièrement digne d'attention.

L'HÔTEL DE LA PRÉFECTURE est un grand et bel édifice du style italien, dont la façade est décorée de six colonnes; il est entouré de jardins et voisin du joli cours Caffarelli.

Le château, dont une grande partie a survécu aux siècles, est le reste le plus remarquable de l'ancienne splendeur militaire de la ville de Caen; il fut bâti par Guillaume le Conquérant, vers la fin du XIᵉ siècle, sur les débris de fortifications plus anciennes. Ce château fut augmenté ou réparé sous plusieurs rois de France, et notamment sous François Iᵉʳ. Le donjon fut démoli en 1793.

Le palais de justice, construit de 1784 à 1787, est un bel édifice situé sur la place Fontette, d'où il domine les prairies. Il est entouré d'une belle colonnade et d'un péristyle; mais l'intérieur est mesquin, exigu et mal distribué: on y voit cependant une grande salle où se tiennent les audiences solennelles de la cour royale et celles de la cour d'assises.

Promenades publiques. Les promenades publiques de Caen l'emportent sur la plupart de celles des autres villes du royaume, soit par leur étendue, soit par l'agrément des paysages qui les environnent. Le Cours, qui suit, depuis le pont d'Amour jusqu'à l'Orne, une ligne parallèle au canal du duc Robert, fut planté en 1676; celui qui remonte le cours de l'Orne jusqu'à Montaigu est de l'année 1691.

L'Orne donne à la promenade du grand Cours un attrait particulier. Soit qu'on la remonte, soit qu'on la descende, soit qu'on se repose sous ses ombrages, il est impossible qu'on n'oublie pas les heures à la vue de ces ondes qui s'échappent en cascade de la chaussée de Montaigu, s'étendent ensuite en nappe transparente, et vont disparaître sous les arches légères du pont de Vaucelles. La plantation du petit Cours est liée avec la place Fontette par une suite de plantations plus récentes, qui laissent à droite le boulevard ou la ceinture de marronniers d'Inde, la place et les jardins de la préfecture. Ailleurs sont des allées de tilleuls qui se dirigent de la place St-Martin vers la rue de Geôle. On en trouve plusieurs autres dans le faubourg St-Gilles. Les plantations faites récemment sur le quai Vendeuvre, de chaque côté du canal, ont puissamment contribué à l'embellissement de ce quartier. Mais les promenades qui rivalisent avec les deux premiers Cours sont celles qui ont été plantées au commencement de ce siècle, sur les deux rives du nouveau canal de l'Orne, qui s'étendent jusqu'au bas de Mondeville. On les désigne sous le nom de Cours Caffarelli, en mémoire du préfet qui administrait alors le département.

On remarque encore à Caen: l'hôtel Valois, édifice orné de belles sculptures, de statues et de beaux morceaux d'architecture, construit en 1538, et où se tiennent la bourse et le tribunal de commerce; la maison où naquit le poète Malherbe; la bibliothèque publique, renfermant 25,000 volumes; le musée; le cabinet d'histoire naturelle; le jardin de botanique, qui contient 3,000 espèces de plantes indigènes et exotiques; le collège royal; l'Hôtel-Dieu; etc., etc., etc. — Il y a à Caen plusieurs sources d'eaux minérales froides, situées dans le quartier de l'île St-Jean.

Biographie. Caen a vu naître un grand nombre de personnages illustres, parmi lesquels nous citerons:

J. Savary, poète latin.

Fr. Malherbe, regardé comme le père de la poésie française, mort en 1628.

J. Renaud de Segrais, poète et romancier, mort en 1701.

D. Huet, évêque d'Avranches, historien, géographe et romancier.

L. Metel de Boisrobert, poète courtisan, favori du cardinal de Richelieu.

J.-L. de Malvilatre, mort de misère en 1763.

René Turpin, poète.

J. Dalichamp, médecin, auteur de l'*Histoire des plantes*, 2 vol. in-f°, 1587.

B. Constantin, médecin, auteur d'un *Dictionnaire grec et latin*, 2 vol., in-f°, 1592.

P.-J. Malouin, chimiste et médecin.

Lefecq de la Cloture, savant médecin.

Michel dit Leblond, savant antiquaire, membre de l'acad. des inscriptions.

Coquille Deslonchamps, antiquaire.

D.-F.-E. Auber, gracieux compositeur de musique, membre de l'Institut, auteur de *la Neige*, *la Muette de Portici*, etc., etc.

Fleschelles dit Gautier Gargouille, célèbre acteur comique de son temps.

Blain de Fontenay, peintre.

P. Boisard, peintre.

M. Lasne, graveur.

Desfontaines de la Vallée, fécond auteur dramatique.

J.-B. Le Mascrier, littérateur.

G. Massieu, savant littérateur, membre de l'Académie française.

Bayeux, avocat et littérateur.

Ch. Woinez, auteur d'une *Histoire de la ville de Caen* (avec Mancel).

Le comte de Guernon-Ranville, membre de la chambre des députés, ministre de Charles X, et l'un des signataires des ordonnances de juillet.

Richer Serisy, écrivain royaliste.

Le baron Lorge, lieutenant général.

Le baron Lair, inspecteur du génie maritime.

Industrie. Fabriques considérables de bonneterie et de dentelles, de draps, casimirs, flanelles, toiles fines, linge de table, tissus de coton, futaines à poils, droguets, gants angora et de fourrure, blondes, chapeaux de paille, plomb de chasse, porcelaine, faïence, papiers peints, coutellerie, huiles, etc.; filatures de coton; blanchisseries de cire; teintureries; brasseries; tanneries et corroieries; construction de navires. — Caen, depuis un temps immémorial, fabrique des gants d'angora et de laine, et depuis quelques années on y en fait en coton retors dit fil d'Écosse. Les gants de laine sont tous ou vrais ou gris, et cette fabrique en fournit en grande quantité pour les campagnes de toute la France. C'est surtout pour les gants et mitaines d'angora que Caen est renommé et n'a pas de concurrence. On élève dans ce pays une immense quantité de lapins d'Angora, destinés à être plumés (c'est l'expression) tous les ans, pour donner leur poil à la fabrique qui l'emploie sans aucune préparation de lavage, ni teinture; il est ou gris blanc ou blanc.

Commerce de grains, vins, eaux-de-vie, cidre, graine de trèfle, chanvre, bestiaux, chevaux de prix, volailles, beurre, poisson, salaisons; fer, acier, quincaillerie, meules et pierres de taille tirées des carrières environnantes. — Entrepôt de sel. — Les exportations se font par le petit port situé sous les murs de la ville. Il se fait chaque année dans ce port des chargements considérables de carreau, qui s'expédient pour l'intérieur et pour l'étranger. Le granit qu'on rencontre à la surface du sol dans les environs de Vire et surtout dans le canton de St-Sever, est une des meilleures pierres à bâtir qui existent. — 6 *foires*, 1ᵉʳ lundi de carême, 1ᵉʳ dimanche après Quasimodo, de 15 jours, 29 sept., 28 oct., 28 déc. et lundi après la Trinité.

A 116 k. de Cherbourg, 133 k. de Rouen, 223 k. de Paris. Long. occid. 2° 41′ 53″, lat. 49° 11′ 12″ N.

L'arrondissement de Caen est composé de 9 cantons: Bourguébus, Caen E., Caen O., Creuilly, Douvres, Evrecy, Tilly-sur-Seulles, Troarn, Villers-Bocage.

Bibliographie. Bourqueville (Charles de). *Les Recherches et Antiquités de la province de Neustrie, à présent duché de Normandie, comme des villes remarquables d'icelle et spécialement de la ville et université de Caen*, in-4, 1583.

Huet (Daniel). *Origines de la ville de Caen et des lieux circonvoisins*, in-8, 1702.

— *Le même*, revu et augmenté, in-8, 1706.

La Rue (l'abbé de). *Essais historiques sur la ville de Caen et son arrondissement*, 2 vol. in-8, 1820.

— *Nouveaux Essais historiques sur la ville de Caen et son arrondissement, contenant Mémoires d'antiquités locales et Annales militaires, politiques et religieuses de la ville de Caen et de la basse Normandie*, 2 vol. in-8, 1842.

Mancel (G.). *Histoire de la ville de Caen et de ses progrès* (avec C. Woinez), in-8, 1844.

Vaultier (Fréd.). *Histoire de la ville de Caen depuis son origine jusqu'à nos jours*, in-12, 1843 (ouv. posthume).

* *Réduction de Caen du 17 juillet 1620*, in-8.

Mancel (G.). *Caen sous Jean sans Terre, fragments historiques*, in-8, 1840.

* *Discours de l'entrée faicte par très-haut, très-puissant prince Henri IIII, roy de France et de Navarre, et très-illustre princesse Marie de Médicis, la royne, son épouse, en leur ville de Caen, au mois de septembre 1603*, broch. in-8, 1843 (réimpression).

St-Amable (Bonaventure de). *Entrée du roi*

(Charles VII) à *Caen, l'an* 1450 (dans les *Annales* de cette ville).

BÉZIERS (Michel). *Chronologie historique des baillis et des gouverneurs de Caen*, in-12, 1769.

FORMEVILLE (H. de). *Notice sur les francs-brements-canonniers de la ville de Caen*, in-4, 1840.

— *Mémoire des citoyens détenus dans la tour de Caen, depuis le 5 novembre 1791*, in-8, 1795.

LANGE (G.-J.). *Mémoire sur le port de Caen; sur l'avantage qu'il y aurait à rendre l'Orne navigable, depuis cette ville jusqu'à Argentan*, in-8, 1818.

LA RUE (l'abbé de). *Sur le commerce de Caen, depuis le* XIᵉ *siècle jusqu'à la prise de cette ville par les Anglais en* 1417 (Mém. de la soc. d'agr. de Caen, 1827).

— *Mémoire sur le commerce de Caen depuis le* XIVᵉ *siècle jusqu'à la révocation de l'édit de Nantes* 1685 (id., 1805).

PORÉE (l'abbé). * *Nouvelles littéraires de Caen depuis* 1742 *jusqu'en* 1744, 3 vol. in-8, 1744. 3 vol. in-8, 1742-44.

MANCEL (G.). *Essai sur l'histoire de Caen, aux* XIᵉ *et* XIIᵉ *siècles*, in-8, 1842.

LA RUE (l'abbé de). *Recherches historiques sur la prairie de Caen*, in-8, 1840.

— *Mémoire historique sur le Palinod de Caen* (œuvre posthume), in-8, 1841.

DANIEL (l'abbé). *Embellissements de la ville de Caen. Notes historiques sur ses établissements universitaires, collège royal, école normale, faculté*, in-8, 1842.

MANCEL (G.). *Notice historique sur le musée de tableaux de la ville de Caen*, in-8, 1841.

* *Visite au collège royal de Caen, ancienne abbaye de St-Étienne, fondée par Guillaume le Conquérant*, in-8, et gr. in-4, 1829.

TOUSSAINT. *Indicateur complet de la ville de Caen. Guide des étrangers, contenant les adresses de tous les habitants, et précédé d'une Notice historique sur Caen et ses monuments*, in-18, 1835.

ODOLANT DESNOS. *Petit Dictionnaire topographique, historique et statistique de la ville de Caen*, in-12, 184..

MORLET. *Analyse des eaux minérales de l'Hôtel-Dieu de Caen* (Journal de médecine, mars 1757, p. 257).

LEPECQ DE LA CLOTURE. *Collection d'observations sur les maladies et constitutions épidémiques*, 2 vol. in-4, 1778 (il y est parlé, p. 386, des eaux de Caen).

FOSSARD (F.-G.). *L'Ancienne Fondation de la chapelle Notre-Dame de Bonne-Délivrande*, in-12, sans date.

* *Mémoire de l'académie des sciences, arts et belles-lettres de Caen*, 5 vol. in-8, 1754-58, et 5 vol. in-8, 1815-40.

JOLIMONT (de). *Description historique et critique et vues des monuments du département du Calvados*, in-4, 1825.

CÆRESI (lat. 50°, long. 24°). « Ils sont nommés par César (*Comment*., II), entre les Condrusi et les *Pœmani* dont on trouve l'emplacement dans la partie méridionale de l'évêché de Liége, pays de Luxembourg ; et comme il y a quelque rapport entre la dénomination des *Cæresi* et celle de la rivière de Chiers, qui sort du Luxembourg pour se rendre dans la Meuse, entre Mouson et Sedan ; c'est le canton que je crois qu'on peut leur attribuer, n'en ayant point d'autre indice. On a bien plus d'un exemple que le nom d'une rivière a fait celui d'un peuple ou de la contrée qu'elle traverse. » D'Anville. *Notice de l'ancienne Gaule*, p. 188.

CÆSAREA-INSULA (lat. 50°, long. 16°). « Dans l'Itinéraire maritime, c'est une des îles de l'Océan qui baigne les côtes de la Gaule et de la Grande-Bretagne. On y reconnaît l'île de Gersei, dont le nom actuel ne diffère essentiellement que par la transposition de deux consonnes. » D'Anville. *Notice de l'ancienne Gaule*, p. 188.

CÆSARODUNUM, posteà TURONES (lat. 48°, long. 19°). « Quoique le nom des Turones soit peu correctement écrit dans Ptolémée, cependant on l'y reconnaît assez pour être assuré qu'il les cite, et il indique leur capitale sous le nom de *Cæsarodunum*. Elle est appelée de même dans la Table théodosienne. — Quoique cette Table soit d'un siècle où la plupart des capitales étaient désignées par le nom du peuple, et que *Cæsarodunum* fût de ce nombre ; cependant le nom primitif de quelques-unes de ces capitales y est encore employé. Il faut convenir que c'est sous la forme de *Turoni*, plutôt que *Turones*, qu'on trouve ce nom plus fréquemment, quoique cette leçon ne paraisse pas préférable. On lit dans la Notice des provinces de la Gaule, Metropolis (*Lugdunensis tertiæ*) Civitas Turonorum. À l'égard de la dénomination de *Cæsarodunum*, par rapport à l'emploi du terme de *dunum*, la situation de Tours sur un terrain uni et sans élévation, est une de celles qui font connaître que ce terme a quelquefois été appliqué dans un sens métaphorique, et par allusion, soit à la supériorité des villes par leur dignité, soit plutôt à l'élévation de leurs remparts et boulevards, comme je l'ai remarqué en parlant d'*Augusta Suessionum*, qui paraît avoir porté le nom de *Noviodunum*. » D'Anville. *Notice de l'ancienne Gaule*, p. 188. V. aussi Walckenaer. *Géographie des Gaules*, t. I, p. 53, 375, 400.

CÆSAROMAGUS, posteà BELLOVACI (lat. 50°, long. 20°). « Ptolémée indique la capitale des *Bellovaci*, sous le nom de *Cæsaromagus*. Il en est mention dans l'Itinéraire d'Antonin et dans la Table théodosienne d'une manière convenable à la position de Beauvais, comme on peut voir dans les articles des lieux qui en sont immédiatement voisins sur les voies romaines. Cette ville a quitté son nom, pour prendre celui de la nation. Dans la Notice des provinces de la Gaule, *Civitas Bellovacorum* est une de celles de la seconde Belgique. On a dit *Belvacus* ou *Belvacum*, dans le moyen âge ; Sanson et M. de Valois ne veulent pas que l'on distingue *Cæsaromagus* de *Bratuspantium* dont il est parlé dans César ; et, sur ce sujet, voyez l'article BRATUSPANTIUM. » D'Anville. *Notice de l'ancienne Gaule*, p. 189.

CAESTRE, vg. *Nord* (Flandre), arr., cant., ✉ et à 8 k. d'Hazebrouck. Pop. 1,713 h.
— On y remarque l'antique chapelle dite des Trois-Vierges, dont la fondation remonte au IXᵉ siècle. — *Foire* le dimanche après le 1ᵉʳ jeudi de nov.

CAFFIERS, vg. *Pas-de-Calais* (Boulonnais), arr. et à 24 k. de Boulogne-sur-Mer, cant. et ✉ de Guines. Pop. 387 h.

CAGNAC, ou ST-DALMAZE, vg. *Tarn*, com. de St-Sernin-les-Mailhoc, ✉ d'Albi.

CAGNANO, vg. *Corse*, arr. et à 35 k. de Bastia, cant. de Lury, ✉ de Rogliano. Pop. 938 h.

CAGNES, *Cagna*, bg *Var* (Provence), arr. et à 21 k. de Grasse, cant. de Vence. ✉. A 942 k. de Paris pour la taxe des lettres. Pop. 2,482 h.

Il est situé sur une colline, à peu de distance de la mer, et dominé par les ruines imposantes et très-pittoresques du château seigneurial, où l'on admire un plafond représentant la Chute de Phaéton, attribuée au peintre italien Carlone. Non loin de l'embouchure du Loup, on voit les ruines du monastère de ST-VÉRAN. — Le GROS-DE-CAGNES est un hameau bâti sur le rivage de la mer, où il y a un port de débarquement et d'embarquement pour le commerce local et celui du canton de Vence. — *Foires* le 1ᵉʳ dimanche après le 2 janv., le 20 août.

Bibliographie. VILLENEUVE (le comte Christophe de). *Notice sur le plafond du château de Cagnes*.

CAGNICOURT, vg. *Pas-de-Calais* (Artois), arr., ✉ et à 20 k. d'Arras, cant. de Vitry. Pop. 1,123 h.

CAGNOLES, vg. *Calvados* (Normandie), arr. et à 16 k. de Bayeux, cant. et ✉ de Balleroy. Pop. 427 h.

CAGNONCLES, vg. *Nord* (Cambrésis), arr., cant., ✉ et à 7 k. de Cambray. Pop. 860 h.
— On remarque aux environs les débris d'un édifice dont on attribue la construction aux Romains.

CAGNOTTE-CAZORDITE, vg. *Landes* (Gascogne), arr., ✉ et à 15 k. de Dax, cant. de Pouillon. Pop. 720 h.

CAGNY, *Cagneium*, vg. *Calvados* (Normandie), arr. et à 9 k. de Caen, cant. de Troarn, ✉ de Vimont. Pop. 460 h.

CAGNY, vg. *Somme* (Picardie), arr., cant., ✉ et à 5 k. d'Amiens. Pop. 403 h.

CAGNY-LE-PETIT, *Somme*, comm. de St-Fuxien, ✉ d'Amiens.

CAHAGNES, vg. *Calvados* (Normandie), arr. et à 30 k. de Vire, cant. d'Aulnay-sur-Odon, ✉ de Villers-Bocage. Pop. 1,843 h.

CAHAGNOLES, village et comm. du dép. du *Calvados* (Normandie), cant. de Balleroy, arr. et à 14 k. de Bayeux, ✉ de Balleroy. Pop. 497 h.

CAHAIGNES, vg. *Eure* (Normandie), arr. et à 17 k. des Andelys, cant. d'Ecos, ✉ des

Thilliers-en-Vexin. Pop. 338 h. — *Fabrique* de draps et de couvertures de laine.

CAHAN, vg. *Orne* (Normandie), arr. et à 36 k. de Domfront, cant. et ✉ d'Athis. Pop. 570 h.

CAHARET, vg. *H.-Pyrénées* (Bigorre), arr. et à 26 k. de Tarbes, cant. et ✉ de Tournay. Pop. 105 h.

CAHNAC, *Lot*, comm. d'Aynac, ✉ de Gramat.

CAHON, vg. *Somme* (Picardie), arr., ✉ et à 8 k. d'Abbeville, cant. de Moyenneville. P. 220 h.

CAHORS, *Bibona*, *Divona*, *Civitas Cadurcorum*, *Cadurcum*, ancienne ville, chef-l. du dép. du *Lot* (Quercy), du 1ᵉʳ arr. et de 2 cant, Trib. de 1ʳᵉ inst. et de com. Chambre consultative des manufact. Acad. universit. Collége royal. Soc. d'agricult. et des arts. Evêché. Séminaire diocésain. 2 cures. Gîte d'étape. ✉. ✆. Pop. 12,852 h. — TERRAIN jurassique, étage supérieur du système oolitique.

Autrefois évêché, capitale du Quercy, parlement de Toulouse, intendance de Montauban, chef-lieu d'élection, présidial, sénéchaussée et juridiction consulaire, université, collège et séminaire, chartreuse ; plusieurs couvents d'hommes et de filles. — L'évêché de Cahors fut fondé vers 300. L'évêque était seigneur temporel de la ville, et portait le titre de comte de Cahors. Lorsqu'il officiait pontificalement, il avait le droit de faire placer sur l'autel son épée, ses gantelets et son armure.

L'origine de Cahors se perd dans la nuit des temps. Tout porte à croire que cette cité était la capitale des *Cadurci* avant la conquête des Gaules par César ; dont la position est démontrée par les mesures de la Table théodosienne et de l'Itinéraire, qui donnent quatre routes partant de *Vesunna*, Périgueux, *Aginum*, Agen, *Tolosa*, Toulouse, et *Segodunum*, Rodez, routes qui se croisent toutes à *Divona*. Quelques auteurs ont cru y reconnaître la ville qui, sous le nom d'*Uxellodunum*, osa soutenir un long siège contre César ; mais M. Champollion aîné a facilement démontré que ce n'est point là qu'on peut trouver ce qui, d'après les Commentaires, distinguait le dernier boulevard de la liberté des Gaules. Dans la description faite sous Théodose et sous Honorius, elle est désignée sous le nom de *Civitas Cadurcorum*, et l'on doit admettre avec Scaliger et Vinet, contre l'opinion de Juste Lipse, qu'elle est la ville que Ptolémée appelle *Divona*. Les Romains l'ornèrent d'un théâtre, de temples et d'un forum ; on attribue à Agrippa la construction des belles routes dont on voit encore de nombreux vestiges dans le Quercy, et qui semblent se diriger de Cahors vers le Limousin, le Rouergue et le bas Languedoc. — Cahors dut beaucoup souffrir des invasions nombreuses des barbares, qui eurent lieu dans le vᵉ siècle. Les Goths s'y établirent et y firent frapper monnaie, ainsi que l'attestent des médailles d'or où l'on voit une tête gothique, avec la légende *Cadurca*. Théodobert, fils de Chilpéric, la saccagea, fit piller les édifices sacrés,

et détruisit ses remparts, que l'évêque saint Géry fit reconstruire en 645. Pepin la prit et la dévasta en 763 ; Henri II, roi d'Angleterre, s'en empara peu après son mariage avec Eléonore d'Aquitaine ; les Normands la ravagèrent en 824, et pillèrent les monastères de ses environs. Le honteux traité de Brétigny la livra aux Anglais, ainsi que tout le Quercy ; mais bientôt les habitants de Cahors, de Figeac, de Capdenac et de soixante-dix autres villes ou châteaux forts, s'arment presque au même instant et font prisonnières leurs garnisons. Les Anglais rassemblent aussitôt des forces considérables, et viennent, à la tête de 3,000 hommes, assiéger Cahors ; mais ils éprouvèrent une si vigoureuse résistance qu'ils furent obligés de se retirer, après avoir éprouvé des pertes considérables. Le massacre de la St-Barthélemy ne s'étendit pas sur cette ville, les religionnaires s'y trouvant assez forts pour empêcher l'exécution des ordres atroces de Catherine de Médicis. Toutefois Cahors refusa de reconnaître Henri IV, alors roi de Navarre, qui entreprit d'en faire le siège à la tête d'une armée choisie. Dans la nuit du 22 mai 1580, il arrive sous ses murs sans avoir été aperçu ; aussitôt l'attaque commence à une des portes qu'un pétard fait sauter. Le bruit de l'explosion éveille les citoyens ; ils s'empressent de s'armer pour soutenir la garnison. De toute part on forme des barricades qui sont attaquées et défendues avec une égale valeur. Le roi de Navarre est plusieurs fois exposé à perdre la vie ; ce n'est qu'après avoir enlevé chaque barricade une à une, et après cinq jours de combat, qu'il est enfin maître de tous les postes de la ville. Irrités par une si opiniâtre résistance, et encore tout ulcérés des massacres de la St-Barthélemy, les soldats font un horrible carnage sans distinction d'âge ni de sexe, et saccagent la ville pendant plusieurs jours. — Sous Louis XI, Cahors fut du nombre des soixante-quatre villes dont les députés assistèrent au couronnement de ce roi, et elle obtient le trentième rang parmi celles qui furent représentées à cette cérémonie. Cahors avait jadis une université fondée par le pape Jean XXII, où Cujas enseigna le droit, et où Fénelon fit ses études.

Les armes de Cahors sont : *de gueules au pont d'argent sur une rivière d'argent, chargé de cinq tours couvertes de même, surmontées chacune d'une fleur de lis d'or mise en chef.*

La ville de Cahors s'étend dans une péninsule formée par le Lot ; le sol qu'elle occupe est en grande partie encadré de hautes collines, d'un aspect plus ou moins âpre ou fertile, qui bordent le côté gauche de la rivière ; de vieux remparts la défendent du côté de l'isthme. Elle est bâtie sur une colline de pente douce, et se divise en haute et basse ville. L'intérieur est peu agréable, la plupart des rues sont étroites, tortueuses, escarpées ; cependant on y a pratiqué de nouvelles rues et des quais bien alignés, et qui n'auraient besoin que d'être continués pour produire un bel

effet ; les maisons sont assez agréables, et en grande partie construites avec une terrasse ou plate-forme d'où l'œil aperçoit les sites charmants qui l'environnent. Les boulevards que suit la grande route de Paris, sont décorés de plusieurs belles maisons, et offrent une promenade fort agréable.

Les antiquités de cette ville consistent en un portique que l'on croit avoir fait partie d'un édifice pour les bains publics ; en un théâtre dont les restes annoncent qu'il avait été construit avec soin et dans de grandes proportions ; et dans les traces d'un aqueduc qui y conduisait l'eau de plus de 24 k.

La cathédrale de Cahors présente une vaste nef sans bas côtés, de 56 m. de long sur 15 de large : trois voûtes, dont deux en coupole, la couronnent ; la plus élevée des deux coupoles a 32 m. d'élévation et 46 m. de circonférence ; celle qui est la plus rapprochée de l'entrée n'a que 25 m. de hauteur avec la même circonférence que l'autre : elles sont toutes deux sans ornements, mais elles présentent des lignes très-pures et une construction très-soignée ; la troisième est formée par une voûte à tierspoint. Entre les pilastres qui portent les coupoles règnent de chaque côté de la nef, à 10 m. au-dessus du pavé, des galeries ou tribunes ornées de balustres : des chapelles occupent l'espace qui est au-dessous des galeries. Les ouvertures qui éclairent l'espace surmonté par les deux coupoles se terminent en demi-cercle ; celles de l'autre partie sont en ogive, et offrent les ornements bizarres, mais élégants et hardis, de l'architecture gothique. — Il est facile de se convaincre que cette église présente des constructions de plusieurs époques. Les deux coupoles demi-sphériques et les murs qui la supportent en sont évidemment les parties les plus anciennes : leur belle exécution et leurs proportions majestueuses les ont fait attribuer aux Romains ; ce qui est au-dessus du chœur passe pour être du commencement du VIIᵉ siècle.

On traverse le Lot à Cahors sur trois ponts, dont l'un, appelé pont de Valendre ou de Valendré, du nom de son constructeur, est particulièrement remarquable ; il est surmonté par trois hautes tours carrées, placées une à chaque extrémité et la troisième au centre. Ce pont et les tours sont bâtis de petits blocs liés par un ciment très-dur : il fut construit, suivant quelques auteurs, dans le XIIIᵉ siècle, et suivant d'autres dans le XIVᵉ. Le pont Louis-Philippe, récemment construit en pierres de taille, a remplacé le vieux pont Notre-Dame.

On remarque encore à Cahors l'hôtel de la préfecture, anciennement l'évêché, édifice majestueux qui fait le principal ornement d'une place assez régulière ; l'ancien séminaire, bâtiment vaste et imposant, aujourd'hui converti en casernes ; le séminaire, qui occupe le bâtiment des anciens chanoines réguliers ; le beau cloître de la cathédrale ; l'ancienne chartreuse, qui occupe l'emplacement d'une maison de templiers ; la salle de spectacle, édifice d'un beau style ; la bibliothèque publique, contenant 12,000 vol.; l'obélisque élevé à la mémoire de Fénelon, etc., etc.

On doit visiter aux environs de cette ville : la fontaine des Chartreux, qui sort d'une caverne profonde, au pied d'une des montagnes qui environnent Cahors ; elle remplit un vaste bassin d'où elle se précipite avec force pour faire mouvoir plusieurs moulins, et coule ensuite dans le Lot, où ses eaux vives, limpides et profondes se distinguent par leur teinte bleuâtre des eaux lentes et limoneuses qui les reçoivent. L'aqueduc destiné par les Romains à conduire les eaux du vallon de St-Martin-de-Vern à Divona, avait environ 24 k. de longueur ; à la Roque, près de Cahors, il présentait plusieurs rangs d'arches, qui paraissent avoir été supérieures par leur architecture gigantesque au célèbre pont du Gard.

Biographie. — Cahors est le lieu de naissance : du pape Jean XXII, auteur des *Taxes de la chancellerie romaine.*

De Clément Marot, poëte contemporain de François Ier.

De la Calprenède, prolixe romancier et auteur tragique.

Du poëte Treneuil.

Du général P. Ramel, député à l'assemblée législative, mort sur l'échafaud révolutionnaire.

De son frère le général J.-P. Ramel, déporté au 18 fructidor, assassiné à Toulouse le 15 août 1815, par les réacteurs de l'époque.

Du frère du baron Bessières, frère du maréchal de ce nom.

Du général baron Dellard.

Industrie. Fabriques de faïence grise. Filatures de coton. Tanneries. Beau moulin à farine. — *Commerce* de vins, eau-de-vie, truffes, huile de noix, porcs, cuirs, etc. — *Foires* les 3 janv., 3 août, 3 nov. et le 1er des autres mois.

A 60 k. de Montauban, 577 k. de Paris.

L'arrondissement de Cahors est composé de 12 cantons : Cahors N., Cahors S., Castelnau, Catus, Cazals, Lalbenque, Lauzès, Limogne, Luzech, Moncuq, Puy-l'Évêque, St-Géry.

Bibliographie. Rouaudes (F. de). *Discours des choses mémorables advenues à Cahors au au pays de Quercy en l'an 1428*, in-8, 1586.

Chaudruc de Crazannes (le baron). *Coup d'œil sur les monuments historiques du département du Lot* (Bulletin monumental, t. 1, p. 12).

CAHUS, vg. *Lot* (Quercy), arr. et à 58 k. de Figeac, cant. et ✉ de Bretenoux. P. 497 h. — Il est situé près de la rive gauche de la Cère, rivière de Cahus à la Mativie, coulé dans une vallée si étroite en quelques endroits qu'elle touche immédiatement les pieds des rochers qui la bordent : quelquefois ceux des deux rives s'inclinent l'un vers l'autre, se rapprochent vers leur sommet, et ne laissent entre eux que quelques toises de distance. Les aspérités du lit de cette rivière, les rochers en masse et en fragments dont il est hérissé sur ce point, et les cataractes qu'ils produisent, ne permettent pas aux bateaux de remonter son cours jusque-là, et il est à présumer qu'il y a certaines parties de ses bords où l'homme n'est jamais parvenu. — Carrière de belle serpentine exploitée.

CAHUSAC, vg. *Gers* (Armagnac), arr. et à 40 k. de Mirande, cant. et ✉ de Plaisance. Pop. 378 h.

CAHUZAC, vg. *Aude* (Languedoc), arr. et à 25 k. de Castelnaudary, cant. de Belpech, ✉ de Salles-sur-l'Hers. Pop. 173 h.

CAHUZAC, vg. *Gers*, comm. et ✉ de Gimont.

CABUZAC, bg *Lot-et-Garonne* (Agénois), arr. et à 37 k. de Villeneuve-sur-Lot, cant. et ✉ de Castillonès. Pop. 635 h. — *Foires* les 2 janv., 12 nov., jeudi gras et lundi saint.

CAHUZAC, vg. *Tarn* (Languedoc), arr. et à 34 k. de Castres, cant. de Dourgne, ✉ de Sorèze. Pop. 318 h.

CAHUZAC-SUR-VÈRE, bg *Tarn* (Languedoc), arr., ✉ et à 12 k. de Gaillac, cant. de Castelnau-de-Montmiral. Pop. 1,764 h. — *Foires* les 20 janv., 16 août et 13 nov.

CAICHAX, vg. *Ariège* (pays de Foix), arr. et à 29 k. de Foix, cant. et ✉ des Cabannes. Pop. 155 h.

CAIGNAC, vg. *H.-Garonne* (Languedoc), arr., ✉ et à 15 k. de Villefranche-de-Lauragais, cant. de Nailloux. Pop. 574 h.

CAILAR (le), vg. *Gard* (Languedoc), arr. et à 26 k. de Nîmes, cant. de Vauvert, ✉ de Lunel. Pop. 1,193 h.

CAILHAU, vg. *Aude* (Languedoc), arr. et à 17 k. de Limoux, cant. et ✉ d'Alaignes. Pop. 504 h. Sur le Sou.

CAILHAVEL, vg. *Aude* (Languedoc), arr. et à 20 k. de Limoux, cant. et ✉ d'Alaignes. Pop. 304 h. — *Commerce* de blés de semence.

CAILLA, vg. *Aude* (Languedoc), arr. et à 36 k. de Limoux, cant. de Roquefort-du-Sault, ✉ d'Axat. Pop. 211 h.

CAILLABET, *Lot-et-Garonne*, comm. de Frespech, ✉ de Villeneuve-sur-Lot.

CAILLAC, vg. *Lot* (Quercy), arr. et à 12 k. de Cahors, cant. de Luzech, ✉ de Castelfranc. Pop. 632 h.

CAILLADELLES, *Lot-et-Garonne*, comm. de Castelnau-de-Gratecambe, ✉ de Cancon.

CAILLAUDIÈRE, *Indre*, comm. de Vandœuvres, ✉ de Buzançais. — Forges et haut fourneau.

CAILLAUX (Petits et Grands), *Ardennes*, comm. de Blanchefosse, ✉ de Brunhamel.

CAILLAVET, vg. *Gers* (Armagnac), arr. et à 23 k. d'Auch, cant. et ✉ de Vic-Fézensac. Pop. 539 h.

CAILLE (la), *Ardennes*, comm. de l'Écaille, ✉ de Tagnon.

CAILLE, *Callia*, vg. *Var* (Provence), arr. et à 34 k. de Grasse, cant. de St-Auban, ✉ d'Escragnolles. Pop. 204 h. — On voit sur une montagne environnante une grotte souterraine fort belle, renfermant un grand nombre de stalactites des formes les plus bizarres.

CAILLIÈRE (la), vg. *Vendée* (Poitou), arr. et à 19 k. de Fontenay-le-Comte, cant. et ✉ de Ste-Hermine. Pop. 583 h. — *Foires* les 2es mardis de janv., mars, avril, mai et nov.

CAILLEVILLE, vg. *Seine-Inf.* (Normandie), arr. et à 25 k. d'Yvetot, cant. et ✉ de St-Valery-en-Caux. Pop. 625 h.

CAILLOTIÈRE, vg. *Isère*, comm. et ✉ de Vinay.

CAILLOUEL-CRÉPIGNY, vg. *Aisne* (Picardie), arr. et à 47 k. de Laon, cant. et ✉ de Chauny. Pop. 625 h.

CAILLOUET, *Caillouetum*, vg. *Eure* (Normandie), arr. et à 15 k. d'Évreux, cant. et ✉ de Pacy-sur-Eure. Pop. 203 h. Sur une voie romaine. — *Foire* le 25 sept.

CAILLOUX-SUR-FONTAINES, vg. *Rhône* (Lyonnais), arr. et à 10 k. de Lyon, cant. et ✉ de Neuville-sur-Saône. Pop. 899 h.

CAILLY, *Cailtyacus*, vg. *Eure* (Normandie), arr. et à 14 k. de Louviers, cant. et ✉ de Gaillon. Pop. 255 h. — Filature de laine. Papeterie.

CAILLY, bg *Seine-Inf.* (Normandie), arr. et à 21 k. de Rouen, cant. de Clères, ✉ de du Frenau. Pop. 405 h. A la source du ruisseau de son nom.

Le ruisseau de Cailly, dans un cours d'environ 24 k., fait mouvoir 27 moulins à blé, 25 papeteries, 44 filatures et 56 autres établissements industriels de différents genres. — *Commerce* de cresson de fontaine, un des principaux objets de culture de son territoire. — *Foires* le dernier samedi de mars et de mai. Marché tous les samedis.

Bibliographie. Lévy. *Notice sur les antiquités trouvées à Cailly* (Mém. de la société d'émulation de Rouen, in-8, 1822).

CAINE (la), *Calvados* (Normandie), arr. et à 23 k. de Caen, cant. et ✉ d'Évrecy. Pop. 149 h.

CAIRANNE, vg. *Vaucluse* (Provence), arr. et à 16 k. d'Orange, cant. et ✉ de Vaison. Pop. 923 h. — *Foires* les 25 août et 27 déc.

CARIE (la), *B.-Alpes* (Provence), arr. et à 32 k. de Sisteron, cant. et ✉ de la Motte-du-Caire. Pop. 239 h.

CARION, vg. *Calvados* (Normandie), arr. et à 10 k. de Caen, cant. de Creully, ✉ de Bretteville-l'Orgueilleuse. Pop. 684 h.

CAISNE (la), *Oise* (Picardie), arr. et à 30 k. de Compiègne, cant. et ✉ de Noyon. Pop. 834 h.

CAISSARGUES, vg. *Gard*, comm. et ✉ de Nîmes.

CAIX, *Lot*, comm. de Luzech, ✉ de Castelfranc.

CAIX, bg *Somme* (Picardie), arr. et à 22 k. de Montdidier, cant. de Rosières, ✉ d'Hangest. Pop. 1,299 h. — *Fabrique* de tricots. Filature de laine.

CAIXAS, vg. *Pyrénées-Or.* (Roussillon), arr. et à 27 k. de Perpignan, cant. et ✉ de Thuir. Pop. 434 h.

CAIXON, vg. *H.-Pyrénées* (Bigorre), arr. et à 23 k. de Tarbes, cant. et ✉ de Vic-en-Bigorre. Pop. 553 h.

CAJARC, petite ville, *Lot* (Quercy), arr. et à 25 k. de Figeac, chef-l. de cant. ✉. A

619 k. de Paris pour la taxe des lettres. Pop. 2,053 h. — TERRAIN jurassique, étage moyen du système oolitique.

Cajarc était autrefois une ville forte qui opposa aux Anglais à différentes époques une vigoureuse résistance, ce qui les détermina à détruire en 1368, un pont sur le Lot, dont on voit encore les vestiges. Les habitants de cette ville ne prêtèrent jamais serment au roi d'Angleterre, et, dans le XIII° et le XIV° siècle, ils empêchèrent, à force de courage et de surveillance, que ces étrangers ne s'emparassent de leur cité, qu'ils tentèrent plusieurs fois de surprendre. En 1622, Cajarc fut pris par Louis XIII, qui en fit démolir les fortifications.

Cette ville est dans une charmante situation, sur la rive droite du Lot, au bord d'un bassin fertile et étendu, terminé par des coteaux cultivés en vignes et couronnés par des rochers de formes variées, encadrés en quelque sorte dans des massifs de verdure. On y remarque l'église paroissiale, bâtie vers l'an 1289, dont l'intérieur renferme quelques beaux morceaux d'architecture gothique ; les restes d'un ancien fort qui paraît remonter à une haute antiquité ; et sur les bords du Lot, une jolie promenade formée de quatre longues allées plantées de peupliers d'Italie. L'intérieur de la ville offre des rues étroites et mal percées ; mais les habitations situées sur les anciens fossés, qui ont été convertis en promenades, sont bien construites et d'un aspect fort agréable.

Foires le 10 janv., lundi de la Passion, samedi de Quasimodo, 10 fév., 17 mai, 14 juin, 10 juillet, 8 août, 10 sept., 21 oct., 25 nov. et 15 déc.

CALACUCCIA, bg *Corse*, arr., ⌘ et à 21 k. de Corté, chef-l. de cant. Pop. 681 h.

Le canton de Calacuccia renferme cinq communes. Son territoire, extrêmement élevé, est traversé par une chaîne de montagnes qui, après s'être partagée dans sa plus grande élévation, s'abaisse insensiblement et forme une agréable vallée dont la pente est si douce qu'on la prendrait au premier abord pour une véritable plaine. Cette grande et populeuse vallée, connue sous le nom de Niolo, est, par son site et ses bergers, une des parties les plus curieuses et les plus intéressantes de l'île ; ses quatre issues qui donnent accès vers Vico, Calvi, Corté et Venaco, et sont bordées de hautes montagnes, pourraient être défendues par quelques hommes contre des forces nombreuses. De petits champs séparés par des murs peu élevés, formés de pierres entassées les unes sur les autres, servent de pâturages. La beauté, la stature des hommes, presque tous bergers, sont remarquables : quoique couchant sur la dure et à la belle étoile, enveloppés dans leur épais pelone, ils parviennent sans décrépitude, malgré cette âpre vie, à une vieillesse avancée. Cette population nomade s'élève à environ 3,300 habitants, sur lesquels il n'y a pas trente artisans ou marchands. — La langue et la poésie sont familiers à ces rudes Arcadiens de la Corse. L'hospitalité leur est sacrée : le berger qui vous donne le lait de ses brebis et la chair de son chevreau serait offensé si vous lui offriez de l'argent, et mépriserait le berger qu'il verrait en recevoir. Chaque famille forme une espèce de petit État qui fabrique tout ce qui est à son usage : les femmes tissent la toile et le drap pendant l'hiver, et c'est à leur rustique foyer que se sont réfugiées les mœurs et les vertus primitives de la Corse. — L'époque de la belle foire aux bestiaux qui se tient le 8 septembre, est le bon moment pour visiter le Niolo, et pour jouir de l'aspect pittoresque de la population. Les femmes sont les seules de l'île qui aient conservé leur ancien costume : une toque de velours noir, bordée par les cheveux en deux tresses, forme la coiffure ; la chemise boutonnée jusqu'au menton tient lieu de fichu ; la robe est de drap bleu, chamarrée de velours, ouverte à la gorge, et forme une espèce d'amazone.

CALAGORRIS (lat. 44°, long. 19°). « L'Itinéraire d'Antonin en fait mention sur la route qui de *Lugdunum Convenarum* conduit à Toulouse ; et, quoique Sanson ait transporté cette position à St-Lizier de Couserans, il est indubitable qu'elle appartient à Cazères. La distance marquée XXVI à l'égard de la ville capitale des *Convenæ*, n'a rien d'excessif en mesure itinéraire, quoiqu'en droite ligne elle soit moins forte de quelques lieues, parce que le cours de la Garonne fait circuler la voie. On lit *Calagorgis* dans l'Itinéraire : mais la leçon que le manuscrit du Vatican fournit à M. Wesseling est appuyée de l'autorité de saint Jérôme, qui en invectivant contre *Vigilantius*, qu'il dit être sorti de la nation des *Convenæ*, désigne le lieu qui avait donné la naissance à cet hérésiarque par l'ethnique *Calagorritanus*. » D'Anville. *Notice de l'ancienne Gaule*, p. 189.

CALAGUM (lat. 49°, long. 21°). « On peut voir dans l'article *Latinum*, que la position dont le nom se lit *Fixtuinum* dans la Table théodosienne est celle qui convient à la ville capitale des *Meldi*. De cette position, la Table continuant la trace d'une route qui se rend à *Agedincum*, ou Sens, après XII sur cette route, entre la capitale des *Meldi* ou Meaux, et un lieu dont le nom est écrit *Calagum*. Or, la mesure de 12 lieues gauloises ou de 13 à 14,000 toises, s'arrête en partant de Meaux, à un lieu dont le nom de Chailly doit dériver de *Calacum* ou *Calliacum*. Ce que cette position prend même de convenance avec celle qui la suit immédiatement dans la Table, savoir *Riobe*, confirme cet emplacement de *Calagum* à Chailly. V. l'article RIOBE. » D'Anville. *Notice de l'ancienne Gaule*, p. 190.

CALAIS, *Eure*, comm. du Fidelaire, ⌘ de la Neuve-Lyre.

CALAIS (St-), *Eure-et-Loir*, comm. de Remilly-sur-Aigre, ⌘ de Cloyes.

CALAIS, *Caletum, Calesium*, jolie et forte ville maritime, *Pas-de-Calais* (Calesis), arr. et à 31 k. de Boulogne-sur-Mer, chef-l. de cant. Place de guerre de 1re classe. Trib. de comm. Chambre de comm. Conseil de prud'h. Soc. d'agr. École de dessin. École d'hydrographie. Consulats étrangers. Cure. Gîte d'étape. ⌘.

℣. P. 12,580 h. — *Établissement de la marée du port*, 11 heures 25 minutes. — Phare à feu tournant à éclipses de une minute et demie en une minute et demie sur la tour centrale de la ville, à 38 m. d'élévation et 23 k. de portée. Feu fixe de marée, sur le fort Rouge, à l'entrée du port. Lat. 50° 58', long. 0° 29'. — TERRAIN d'alluvions modernes.

Autrefois diocèse de Boulogne, parlement de Paris, intendance d'Amiens, chef-lieu du gouvernement de son nom, bailliage, maîtrise particulière, amirauté, juridiction consulaire, 2 couvents.

D'Anville a tort de placer l'*Ulterior Portus* à Calais, dont l'origine moderne est connue, et qui ne paraît pas avoir existé du temps des Romains. Les premiers titres où il est fait mention de Calais ne remontent guère qu'au IXe siècle. Dans l'origine, ce n'était qu'une espèce de village formé de cabanes construites à peu près dans l'endroit où se trouvent aujourd'hui les quais, et habitées par des marins qui fréquentaient son port formé par la nature, et amélioré en 997, par ordre de Baudouin IV, comte de Flandre. Toute sa défense ne consistait alors qu'en deux grosses tours, dont une, attribuée à l'empereur Caligula, était située sur les sables, au nord de la ville, et l'autre placée à l'embouchure de la rivière de Guignes ; la première de ces tours a donné naissance au Risbanc, la seconde au château. En 1224, Philippe de France, comte de Boulogne, fit entourer Calais d'un mur flanqué de petites tours de distance en distance, avec des fossés extérieurs : ce premier mur d'enceinte fut construit avec une telle solidité, que six cents ans de vétusté n'ont pu le détruire. En 1227, ce même Philippe fit construire un vaste donjon que dès lors on nomma le Château, qui fut démoli en 1560, et remplacé par la citadelle.

En 1346, Édouard III, roi d'Angleterre, ayant gagné sur Philippe de Valois la sanglante bataille de Crécy, voulut mettre cette victoire à profit, en essayant d'enlever à la France la ville de Calais, commandée par Jean de Vienne. S'étant emparé de Vissant, il vint investir Calais le 1er août 1346. Le siège durait déjà depuis plus de onze mois, lorsque le roi de France, à la tête d'une armée de 60,000 hommes, se présenta pour secourir les assiégés ; mais ayant jugé la position des Anglais inattaquable, il se retira avec son armée, et les habitants de Calais, en proie à la plus horrible famine, furent forcés de capituler, après avoir soutenu plus d'un an le siège. Édouard, irrité de la longue résistance des Calaisiens, ne voulut pas les recevoir à composition, à moins qu'on ne lui livrât à discrétion six des bourgeois les plus notables. Eustache de St-Pierre, Jean d'Aire, Jacques et Pierre Wissant, et deux autres citoyens dont l'histoire n'a pas conservé le nom, se dévouèrent pour le salut commun : conduits, la corde au cou, devant le monarque anglais qui n'avait pas rougi d'imposer cette condition, ils lui présentèrent les clefs de la ville. Édouard, les regardant d'un air sévère, commandait qu'on les conduisît au supplice, quand sa femme, qui était enceinte, obtint, à force d'instances, qu'il ne ternirait pas son nom par la mort de ces infortunés. Cette reine généreuse les emmena immédiatement dans son appartement, les fit habiller, et les renvoya, après avoir fait donner à chacun d'eux une somme d'argent. Le roi d'Angleterre fit son entrée dans Calais le 29 août ; il chassa tous les habitants de la ville, qu'il repeupla d'Anglais, désarma la garnison et l'envoya prisonnière en Angleterre.

Devenus maîtres de Calais, les Anglais embellirent cette ville et en augmentèrent les fortifications ; ils la conservèrent jusqu'en 1558, époque où le duc de Guise s'en empara de vive force, après sept jours de siège. Par une juste représaille, les habitants et propriétaires anglais furent expulsés et expropriés ; les simples soldats obtinrent la liberté de se retirer dans les Pays-Bas, sans armes, sans argent, avec le seul habit qu'ils portaient sur eux ; le gouverneur et les officiers restèrent prisonniers de guerre.

En 1595, les ligueurs s'emparèrent de Calais, prirent d'assaut la citadelle, et en passèrent la garnison au fil de l'épée. En 1598, cette ville resta sous la domination du roi, en vertu du traité de Vervins ; les Espagnols tentèrent sans succès de la reprendre en 1657. Le 26 septembre 1804, les Anglais, voulant brûler une flottille venue de Dunkerque et relâchée dans le port de Calais, jetèrent un grand nombre de bombes jusque dans la ville, et endommagèrent plusieurs maisons.

Les armes de Calais sont : *d'azur à une fleur de lis d'or couronnée de même, accompagnée en pointe d'un croissant d'argent.* Dans un manuscrit de 1669, elles sont figurées *de gueules à l'écusson d'azur chargé d'une fleur de lis d'or soutenue par un croissant montant d'argent ; l'écusson couronné d'or et accompagné de deux croix de Lorraine d'argent en chef, et une croix de Jérusalem aussi d'argent en pointe.* Lemau de la Jaisse les a figurées : *de sinople, au chef d'argent chargé d'une étoile de sable.*

La ville de Calais est dans une situation très-favorable pour le commerce, sur la Manche, où elle a un port commode, à la jonction de plusieurs canaux qui facilitent ses communications avec Gravelines, Arras, Dunkerque et St-Omer. Son enceinte est petite, mais l'aspect de l'intérieur est fort agréable. Indépendamment de plusieurs beaux hôtels, où les étrangers trouvent à se loger convenablement, on y voit un grand nombre de maisons bâties avec goût ; les rues sont larges, bien pavées, et pour la plupart bordées de trottoirs. La place d'armes, presque au centre de la ville, est assez vaste, ornée de belles maisons et d'un hôtel de ville, près duquel est un beffroi d'une architecture délicate. Les remparts et le cours Berthois offrent des promenades sans sortir de la ville.

Le port, défendu ainsi que la ville par plusieurs forts et par une citadelle, est formé par un grand quai que terminent deux môles en pierre de près de 1,000 m. de longueur ; il est petit, peu profond, et ne peut recevoir que des navires de 4 à 500 tonneaux ; mais il est abrité des vents d'ouest, si violents dans ces parages, et accessible en tout temps. On y exécute, depuis quelques années, des travaux hydrauliques, en prolongement des jetées, écluses de chasse, bassin à flot, dont la dépense s'élèvera à plus de 6 millions. Ce port est, avec celui de Boulogne, le plus facile et le plus constamment fréquenté pour la communication avec l'Angleterre ; des paquebots à vapeur partent régulièrement de Calais pour Douvres tous les jours ; ils prennent des marchandises et transportent des passagers dont le nombre peut être évalué annuellement à cinquante mille ; le passage s'effectue ordinairement en deux heures et demie. Des bateaux à vapeur anglais partent aussi pour Londres, trois fois par semaine ; la traversée est de onze à douze heures.

Calais, considéré comme ville de guerre, est une place importante, comme barrière et comme frontière du nord ; sa défense est garantie par sa situation des plus avantageuses pour la fortification ; presque la moitié du circuit de cette place est entourée par la mer, la plus grande partie de l'autre moitié par des terres basses et marécageuses que l'on a la facilité d'inonder, et le reste, du côté de l'est, quoique n'étant pas soumis à cette inondation, sur une largeur de 200 m. seulement, n'en offre pas moins d'avantages pour les feux de revers, que des pièces inaccessibles peuvent prendre sur cette avenue.

Un établissement de bains de mer manque à Calais ; il n'y a que quelques voitures-baignoires qui stationnent à l'est du port, et où, moyennant un prix modique, on peut prendre des bains de mer agréablement.

Calais possède plusieurs édifices publics remarquables, et un grand nombre d'établissements consacrés au culte, à l'administration, à l'instruction, aux beaux-arts et à la bienfaisance. Les principaux sont :

La cathédrale, bel édifice gothique en forme de croix latine, décoré de onze chapelles, dont quatre dans la croisée et les sept autres au pourtour du chœur. Le retable du maître-autel, de 19 m. de haut sur 10 m. 33 c. de large, est entièrement en marbre de Gênes ; il est orné de colonnes de jaspe et de deux bas-reliefs en albâtre ; au-dessus de l'autel est un magnifique tableau de Van-Dyck, représentant l'Assomption de la Vierge. — Derrière le chœur se trouve la chapelle Notre-Dame, beau monument d'architecture élevé en forme de dôme, et couvert en plomb. La tour, qui sert de clocher, est fort élevée ; elle est placée au milieu de la croisée, et portée sur quatre piliers fort délicats. En 1840, on a découvert dans cette église des peintures à fresque cachées, depuis près de trois siècles, sous plusieurs couches de badigeon. C'est principalement autour du chœur, sur quatre colonnes qui en formaient les limites primitives, qu'ont été découverts de beaux tableaux composés avec la grâce et la naïveté de l'époque.

L'hôtel de ville, construit vers 1231, réparé du temps de la domination anglaise, et rebâti en 1740. C'est un assez bel édifice de forme parallélogramme, élevé à deux étages au-dessus du rez-de-chaussée, avec un balcon soutenu par des arcades qui règnent le long de la façade du côté de la place ; l'intérieur est décoré avec magnificence. À l'extrémité orientale de ce bâtiment s'élève une flèche à jour en charpente, couverte en plomb, et terminée par une couronne royale d'où sort une petite verge surmontée d'une girouette : cette flèche, remarquable par sa délicatesse et sa légèreté, renferme deux cloches, dont l'une sert pour l'horloge, et l'autre pour indiquer l'ouverture ou la fermeture des portes.

On remarque aussi à Calais : la cour de Guise ; la colonne élevée sur le port en mémoire du débarquement de Louis XVIII, en 1814 ; la bibliothèque publique ; la salle de spectacle (troupe sédentaire) ; les casernes, renfermant une immense citerne pouvant contenir 17,366 hectolitres d'eau pour l'usage de la garnison, etc., etc.

Les principaux hôtels sont ceux de Dessin, où se trouvent réunis une excellente table, la salle de spectacle, un très-beau jardin et des bains publics ; de Meurice, de Rignolle, Roberts, Bourbon, d'Europe.

Biographie. La ville de Calais a produit de tout temps des hommes remarquables. On cite principalement :

Ant. de Laplace, littérateur.

Pigault Lebrun, original et inimitable romancier.

Le comte Réal, préfet de police pendant les cent jours.

Le peintre François.

Le voyageur Mollien.

Industrie. *Fabriques* considérables de tulles façon anglaise, qui occupent plus de 782 métiers et emploient 4 à 5,000 ouvriers ; de machines à vapeur pour la mouture des grains et la fabrication des huiles ; de savon, d'huile de graines. Raffinerie de sel. Tanneries et corroieries. Construction de navires et de bateaux à vapeur.

Commerce de grains, vins, huiles, eaux-de-vie, lin, œufs pour l'Angleterre (environ 35,000,000 par an), bois, charbon. — Pêche de la morue, du hareng et du maquereau. Navigation au long cours. Grand et petit cabotage. — Entrepôt de sel, de genièvre et de denrées coloniales. Transit considérable de marchandises venant de Londres.

Foires les 22 janv. et 15 juillet.

À 33 k. de Boulogne, 42 k. de Dunkerque, 272 k. de Paris.

Bibliographie. L'Apostre (G.). *Calais, Port Iccius et ses antiquités,* in-12.

Lefebvre. *Histoire générale et particulière de la ville de Calais et du Calaisis,* etc., 2 vol. in-4, 1766.

Bernard. * *Les Annales de la ville de Calais et du pays reconquis,* in-4, 1715.

Lallement. *Notice historique sur la ville de Calais,* 1782.

* *Récit véritable de l'entreprise des Anglais sur la ville et citadelle de Calais,* in-8, 1628.

* *Lettres et Observations à une dame de*

province sur le siège de Calais, in-8 et carte, 1755.

MILLIN. *Port de Calais* (Antiquités nationales).

* *Notice sur les ports de Boulogne et de Calais* (Annales de statistique, t. VIII).

PIERS. *Calais et St-Omer*, in-8, d'une f., 1844.

AUDIBERT. *Table des heures de la pleine mer à Calais*, etc., in-12, 1840.

* *Mémoire sur le maître-autel et le tableau du chœur de l'église de Calais*, in-4 de 3 f., 1843.

CALAIS (St-), petite ville, *Sarthe* (Maine), chef-l. de sous-préf. et d'un cant. Trib. de 1re inst. Collége comm. Cure. ⊠. ⚭. P. 3,843 h.
— TERRAIN crétacé inférieur, grès vert.

Cette ville est située dans un bassin peu fertile, entouré de landes et de forêts, sur la petite rivière de l'Anille. Elle a porté primitivement le nom d'Anille ou d'Anisole; ce ne fut que vers 513 qu'elle prit le nom de saint Calais, qui y avait bâti un monastère. On y remarque deux jolies promenades, une assez grande place et une belle église paroissiale de construction gothique, classée au nombre des monuments historiques.

Fabriques de serges, étamines, toiles. Tanneries. Corroieries. Tuileries et briqueteries. — *Commerce* de grains, graines de trèfle, vins, bois, volailles et bestiaux. — *Foires* les 3e jeudi de janv., 4e jeudi avant Pâques, 2e jeudi de mai, mardi après le 1er dimanche de sept., 2e jeudi de juin et 2e jeudi après la Toussaint.

L'arrondissement de St-Calais est composé de 6 cantons : Bouloire, St-Calais, la Chartre, Château-du-Loir, Grand-Lucé, Vibraye.

A 44 k. du Mans, 187 k. de Paris.

CALAIS (St-), *Sarthe*, comm. de Tennie, ⊠ de Conlie.

CALAIS-DU-DÉSERT (St-), bg *Mayenne* (Maine), arr. et à 36 k. de Mayenne, cant. et ⊠ de Couptrain. Pop. 1,545 h.

CALAISIS, petit pays qui dépendait autrefois de la ci-devant basse Picardie; Calais en était la capitale. Il fait aujourd'hui partie du dép. du *Pas-de-Calais*, et comprend les contrées septentrionales des arr. de Boulogne et de St-Omer. — Le Calaisis a porté le nom de comté de Guines jusqu'en 1558, époque où, repris sur les Anglais par le duc de Guise, il prit le nom de pays reconquis. Pour la bibliographie, V. dép. du PAS-DE-CALAIS.

CALAMANE, vg. *Lot* (Quercy), arr. et à 12 k. de Cahors, cant. et ⊠ du Catus. Pop. 450 h.

CALAMI (le), petite rivière qui prend sa source à 12 k. S.-E. de St-Maximin, *Var*; elle passe à Brignoles, et se jette dans l'Issolle, après un cours d'environ 25 k.

CALAN, vg. *Morbihan* (Bretagne), arr. et à 15 k. de Lorient, cant. de Plouay, ⊠ d'Hennebont. Pop. 537 h. — *Foire* le 26 juin.

CALANHEL, vg. *Côtes-du-Nord* (Bretagne), arr. et à 38 k. de Guingamp, cant. et ⊠ de Callac. Pop. 808 h.—*Foires* le 1er jeudi de chaque mois.

CALAVANTÉ, vg. *H.-Pyrénées* (Bigorre), arr. et à 13 k. de Tarbes, cant. et ⊠ de Tournay. Pop. 183 h.

CALAVON (le), *Caslevo*, petite rivière, ou plutôt torrent rapide qui prend sa source dans les montagnes près de Banon, *B.-Alpes*; elle passe à Apt, et se jette dans la Durance, à 4 k. au-dessus de Cavaillon, *Vaucluse*, après un cours d'environ 50 k. Jules César fit bâtir plusieurs ponts sur cette rivière; on voit encore dans son entier, à 4 k. d'Apt, celui qui a conservé son nom de Pont-Julien.

CALCARIA (lat. 44°, long. 23°). « L'Itinéraire d'Antonin marque ce lieu entre Marseille et *Fossæ Marianæ*, à XIIII au delà de Marseille, et XXXIV en deçà des canaux creusés par Marius. Honoré Bouche (*Chorog. de Prov.*, liv. III, ch. 4) veut que ce lieu soit le même qu'*Incarus*, et il se fonde sur ce qu'il y a des fours à chaux à Carri, comme en effet je le trouve sur une carte très-exacte des rivages du golfe de Marseille. Mais on pourrait trouver étrange que l'Itinéraire connût plutôt ces fours à chaux que le lieu même de Carri, et les distances n'y conviennent point. Celle que marque l'Itinéraire maritime entre Marseille et *Incarus*, savoir XII, conduit précisément au port qui est sous le château de Carri, parce que c'est une traverse de mer très-directe, comme on peut voir à l'article *Incarus*. Or, il est question d'une route de terre dans l'Itinéraire d'Antonin, et le circuit du golfe de Marseille fait trouver 17 milles de chemin entre Marseille et Carri, et non pas 14 seulement. D'ailleurs, si la voie romaine se replie ainsi vers la côte, elle doit, en passant plus loin, rencontrer *Maritima* au débouché de l'étang de Berre, et on ne présume pas qu'une pareille circonstance locale fût oubliée dans l'Itinéraire. Ajoutons que cette partie ultérieure de la voie n'égalerait pas, à beaucoup près, les 34 milles indiqués entre *Calcaria* et *Fossæ Marianæ*, et sur lesquels la Table théodosienne est d'accord avec l'Itinéraire. Pour consumer une pareille mesure de chemin qui, à la suite de 14 entre Marseille et *Calcaria*, fait compter 48 milles, il faut nécessairement prendre dans les terres et tourner l'étang de Berre. Je remarque qu'en prenant cette route la distance de 14 milles de Marseille à *Calcaria* fait trouver *Calcaria* au passage d'une petite rivière, dont le nom de Cadière peut dériver de *Caldaria*; et il conviendrait peut-être de lire ainsi, plutôt que *Calcaria*, quoique la leçon de la Table soit la même que celle de l'Itinéraire. » D'Anville. *Notice de l'ancienne Gaule*, p. 190.

CALCATOGGIO, vg. *Corse*, arr., ⊠ et à 17 k. d'Ajaccio, cant. de Sari. Pop. 518 h.

CALCE, vg. *Pyrénées-Or.* (Roussillon), arr. et à 20 k. de Perpignan, cant. et ⊠ de Rivesaltes. Pop. 260 h.

CALDEGAS, vg. *Pyrénées-Or.* (Roussillon), arr. et à 63 k. de Prades, cant. de Saillagouse, ⊠ de Bourg-Madame.

CALEN, village et commune du dép. des *Landes* (Gascogne), cant. de Sore, arr. et à 74 k. de Mont-de-Marsan, ⊠ de Liposthey. Pop. 530 h.

CALENTES AQUÆ (lat. 45°, long. 21°). « Sidoine Apollinaire les appelle *Calentes Baiæ*, par allusion aux fameux bains de ce nom dans la Campanie; et ce qu'il ajoute, *Montanæ Sedes dictæ*, nous fait connaître qu'il est question de Chaudes-Aigues, dans la haute Auvergne, au pied des montagnes qui s'élèvent sur la frontière du Gévaudan et du Rouergue. Ainsi, c'est une méprise dans M. de Valois (p. 47) de prendre les *Calentes Aquæ* de Sidoine pour les *Aquæ Calidæ* de la Table théodosienne, qui, sous ce nom, indique les eaux de Vichi, vers l'autre extrémité de l'Auvergne. » D'Anville. *Notice de l'ancienne Gaule*, p. 191.

CALENZANA, vg. *Corse*, arr., ⊠ et à 10 k. de Calvi, chef-l. de cant. P. 2,250 h.
— TERRAIN cristallisé ou primitif. — Il est bâti dans un joli et frais vallon d'où l'on jouit d'une belle vue sur la mer, et possède une vaste et belle église où l'on voit le tombeau du pieux missionnaire dom Luigi.

Le canton de Calenzana peut être comparé à une large et profonde vallée, s'ouvrant à l'ouest vers la mer, et encaissée à l'est, au nord et au sud par des chaînes de montagnes, dont les principaux points sont Monte Lacontello, Monte Grosso, Capo di Vergio, et Capo Caviglia.

CALÈS, vg. *Dordogne* (Périgord), arr. et à 31 k. de Bergerac, cant. de Cadouin, ⊠ de Lalinde. Pop. 655 h.

CALÈS, vg. *Lot* (Quercy), arr. et à 18 k. de Gourdon, cant. et ⊠ de Payrac. Pop. 669 h. — Il est bâti dans une contrée pittoresque arrosée par l'Ouïsse, rivière lentueuse, à peu de distance de Calès, par deux sources qui surgissent au pied d'une montagne, dont l'une porte le nom de Caboui et l'autre celui de St-Sauveur. Ce sont deux lacs, ou plutôt deux gouffres, qui ont au moins 25 m. de profondeur verticale, et dont les eaux sont si abondantes que, séparées, elles portent bateau. Le Caboui sort sous un rocher et forme tout de suite un bassin d'environ 33 m. de diamètre. La source de St-Sauveur sort à 350 m. de la première; elle forme un lac autour duquel les flancs de la montagne, où croissent une multitude d'arbres à haute tige de diverses espèces, s'arrondissent en cirque majestueux. — *Foires* les 5 juin et 20 nov.

CALETI (lat. 50°, long. 19°). « César (*Comment.*, II) nomme les *Caleti* (comme on lit dans les manuscrits autrement *Caletes*) en parlant de la confédération des Belges contre les Romains; et suivant la division qu'il donne des provinces de la Gaule, en séparant les Belges d'avec les Celtes par la Seine, les *Caleti* devaient être rangés parmi les Belges. Il y a apparence que ce fut lors du changement que fit Auguste dans les provinces, que les *Caleti* passèrent dans la Celtique ou Lionoise, de même que leurs voisins les *Veliocasses*, dont la capitale devint la métropole de la seconde Lionoise. Ainsi, les *Caleti* font partie de la Lionoise dans Pline et dans Ptolémée. Le P. Hardouin a lu dans les manuscrits de Pline *Galletos* pour *Caletos*, et selon Ptolémée on écrirait *Caletæ*. Il s'explique exactement sur leur position, en disant qu'ils occupent le rivage septentrional depuis la rivière de Seine. Quand on lit dans Strabon, que le commerce avec la Grande-Bretagne se fait en descendant la Seine jusque dans l'Océan, et jusqu'aux *Lexovii* et *Yadeti*, on voit bien qu'il est question des *Caleti*, qui occupaient un des côtés de l'embouchure de la Seine, comme l'autre était occupé par les *Lexovii*. Il serait plus hasardeux de prononcer également sur le nom des *Cadetes*, que l'on trouve au septième livre des Commentaires, entre les cités armoriques, *Curiosolites, Redones, Osismii, Veneti Unelli*; ce qui semble distinguer ces *Cadetes* des *Caleti*, qui sont ailleurs mêlés avec les nations belgiques. Comme il y a, dans César, des peuples dont la position est inconnue, ce ne serait point une raison de rejeter les *Cadetes*, que d'ignorer quel peut avoir été leur emplacement. Quoi qu'il en soit, les *Caleti*, qui ont laissé leur nom au *Pagus Caletensis*, occupaient probablement dans l'étendue du diocèse de Rouen le district des archidiaconés du grand Caux et du petit Caux, et de plus une partie de ce qui compose le grand archidiaconé de cette église, puisque *Juliobona*, ou Lilebone, capitale des *Caleti*, s'y trouve actuellement comprise. V. D'Anville. *Notice de l'ancienne Gaule*, p. 192. V. aussi Toussaint Duplessis. *Étendue et anciens habitants du pays de Caux, appelés Calettes* (Description de la haute Normandie, part. 1). Walckenaer. *Géographie des Gaules*, t. 1, p. 433, 434.

CALEYÈRE, vg. *H.-Alpes*, comm. et ✉ d'Embrun.

CALEZ-EN-SAOSNOIS (St-), vg. *Sarthe* (Maine), arr., cant., ✉ et à 8 k. de Mamers. Pop. 712 h.

CALIAN, vg. *Gers* (Armagnac), arr. à 27 k. d'Auch, cant. et ✉ de Vic-Fezensac. P. 319 h.

CALIGNAC, vg. *Lot-et-Garonne* (Condomois), arr., cant., ✉ et à 7 k. de Nérac. Pop. 843 h.

CALIGNI, vg. *Orne* (Normandie), arr. à 25 k. de Domfront, cant. et ✉ de Flers. Pop. 1,560 h.

CALIQUE (la), vg. *Pas-de-Calais*, comm. de Vieil-Moutier, ✉ de Samer.

CALIX (faubourg de), *Calvados*, comm. et ✉ de Caen.

CALLAC, bg. *Côtes-du-Nord* (Bretagne), arr. et à 35 k. de Guingamp, chef-l. de cant. Cure. Gîte d'étapes. ✉. A 510 k. de Paris pour la taxe des lettres. — TERRAIN de transition moyen. — *Foires* les 3ᵉˢ mercredis de janv., de fév., 2ᵉ et 4ᵉ mercredis de juin, 1ᵉʳ et 4ᵉ mercredis de juillet, dernier mercredi d'août, 1ᵉʳ et 4ᵉ mercredis de sept., 3ᵉ mercredi d'oct., 3ᵉ et 4ᵉ mercredis de nov., mercredi après la Toussaint, mercredi avant la Nativité.

CALLAS, *Callaseium*, *Bouches-du-Rhône*, comm. de Cabriès, ✉ d'Aix.

CALLAS, petite ville, *Var* (Provence), arr. et à 10 k. de Draguignan, chef-l. de cant. Bureau d'enregist. de Draguignan. Cure. ✉. A 872 k. de Paris pour la taxe des lettres. P. 2,125 h. — TERRAIN du trias. — Elle est bâtie en amphithéâtre sur une colline calcaire, et dominée par la montagne de Piol, dont le sommet offre une roche entièrement nue. Les rues en sont étroites, mal percées, et malpropres à cause du fumier qu'on est dans la mauvaise habitude d'y faire pour la culture des oliviers. Le territoire, en général sec et peu fertile, produit cependant du blé, du vin, et surtout beaucoup d'huile d'olive, dont il se fait un commerce considérable. — *Fabrique* considérable d'huile d'olive. — Exploitation de houille. — *Foires* les 19 mars et 3ᵉ lundi d'août.

CALLEN, vg. *Landes* (Gascogne), arr. et à 50 k. de Mont-de-Marsan, cant. de Sore, ✉ de Sabres. Pop. 600 h.

CALLEVILLE, *Callevilla*, vg. *Eure* (Normandie), arr. et à 20 k. de Bernay, cant. et ✉ de Brionne. Pop. 623 h.

CALVILLE-LES-DEUX-ÉGLISES, *Callevilha*, vg. *Seine-Inf.* (Normandie), arr. et à 25 k. de Dieppe, cant. et ✉ de Tôtes. P. 550 h.

CALLIAN, *Liganium*, *Mons Calidus*, petite ville, *Var* (Provence), arr. et à 28 k. de Draguignan, cant. et ✉ de Fayence. Pop. 1,567 h.

Callian est une ville ancienne, où l'on trouve plusieurs inscriptions romaines que l'on conserve dans l'église paroissiale. Elle fut réduite en cendres en 1390 par Raymond de Turenne, et rebâtie sur une éminence où se trouvait un hameau fortifié qui, conjointement avec d'autres forts, avait servi de boulevards à l'ancienne ville. On voit encore, dans le quartier du Thanéron et près de la chapelle St-Cassien, une tour romaine et des restes de fortifications. — Verreries à bouteilles. Scieries hydrauliques de planches. Papeterie. Exploitation de houille et des carrières de marbre blanc. — *Foires* les 7 août, 1ᵉʳ et dernier vendredi de mars.

CALM (la), vg. *Aveyron* (Rouergue), arr. et à 45 k. d'Espalion, cant. de Ste-Geneviève. ✉. A 537 k. de Paris pour la taxe des lettres. Pop. 1,426 h.

CALM (la), *Tarn*, comm. d'Ambialet, ✉ d'Alban.

CALMEILLES, vg. *Pyrénées-Or.* (Roussillon), arr., cant., ✉ et à 16 k. de Céret. Pop. 365 h.

CALMEJANE, *Aveyron*, comm. de Salles-Curan, ✉ de Pont-de-Salars.

CALMELS-ET-LEVIALA, vg. *Aveyron* (Rouergue), arr., cant., ✉ et à 15 k. de St-Affrique.

CALMETTE (la), *Aude*, comm. de Rivel, ✉ de Chalabre.

CALMETTE (la), vg. *Gard* (Languedoc), arr., ✉, ⚒ et à 18 k. d'Uzès, cant. de St-Chaptes. Pop. 1,197 h.

CALMONT, vg. *Aveyron* (Rouergue), arr. et à 13 k. de Rodez, cant. et ✉ de Cassagnes-Begonhès. Pop. 1,344 h. — *Fabriques* de toiles. — *Commerce* de bestiaux pour l'approvisionnement de Marseille et de Bordeaux. — *Foires* les 25 janv., 20 mai et 4 oct.

Au sud de Calmont, sur la rive gauche du Viaur, on voyait autrefois la riche abbaye de Bonnecombe dont il ne reste presque aucun vestige.

CALMONT, vg. *H.-Garonne* (Languedoc), arr., ✉ et à 16 k. de Villefranche-de-Lauragais, cant. de Nailloux. Pop. 1,925 h. — *Foires* les 1ᵉʳ mars, 26 mai, 26 août et 1ᵉʳ déc.

CALMONT-D'OLT, *Aveyron*, comm. et ✉ d'Espalion.

CALMOUTIER, *H.-Saône* (Franche-Comté), arr., ✉ et à 11 k. de Vesoul, cant. de Noroy-le-Bourg. ⚒. Pop. 895 h. — On y voit les restes d'une voie romaine; une grotte spacieuse au fond de laquelle coule une belle fontaine, et un gouffre où se précipitent avec fracas les eaux de plusieurs sources environnantes. — Exploitation de minerai de fer oolitique qui rend 26 p. 0/0 d'une fonte excellente pour le moulage.

CALOIRE, ou DECALOIRE, vg. *Loire* (Forez), arr. et à 21 k. de St-Étienne, cant. du Chambon, ✉ de Firmini. Pop. 267 h.

CALONE (lat. 52°, long. 25°). « Dans l'Itinéraire d'Antonin, entre *Gelduba* et *Vetera*, on trouve Calone. La distance à l'égard de *Gelduba* est marquée IX, et à l'égard de *Vetera* VII. En mesurant la trace de la voie romaine, qui est remarquable dans le pays, et qu'on appelle *Die Hôgheestraet*, je compte 9 à 10 lieues gauloises, depuis les vestiges de *Gelduba*, qui conservent le nom de Gelduh, jusqu'au passage d'un bras de rivière, qui se nomme *Kelnet*, ou Kennelth, ou Kendel, par une transposition de lettres d'après la prononciation vulgaire. Je ne vois point de lieu plus convenable à *Calone*, quoique la distance à l'égard de *Vetera* ne soit pas suffisante, par l'indication de l'Itinéraire, pour ce qu'il y a d'espace entre Kelnet et Santen, qui est *Vetera*. Cluvier veut que Calonne soit un lieu nommé Kalen-Husen, ce que Cellarius et M. Wesseling ont adopté. Mais les distances de l'Itinéraire n'ont aucun rapport au lieu désigné par Cluvier, n'étant distant de Geldub que de 3 lieues gauloises, au lieu de 9, et conséquemment moins proche encore de *Vetera* qu'une autre position de *Calone*. D'ailleurs, le nom de ce lieu n'est point Kalenhusen, comme le donne Cluvier, mais Kalden-Husen; c'est ainsi qu'il est décrit dans la carte particulière du comté de Meurs, donnée par Mercator, qui était de ce pays-là même; et dans une autre carte plus récente et encore plus circonstanciée, dédiée à Guillaume, prince d'Orange. L'analogie qui paraissait établir cette dénomination, et qui servait de fondement à cette opinion touchant *Calone*, est ainsi détruite. » D'Anville. *Notice de l'ancienne Gaule*, p. 193.

CALONGES, vg. *Lot-et-Garonne* (Condomois), arr. et à 17 k. de Marmande, cant. du Mas-d'Agenais, ✉ de Tonneins. P. 1,000 h.

CALONNE-SUR-LA-LYS, vg. *Pas-de-*

Calais (Artois), arr. et à 12 k. de Béthune, cant. de Lillers, ✉ de St-Venant. P. 1,598 h.

CALONNE-RICOUART, *Pas-de-Calais* (Artois), arr. et à 20 k. de Béthune, cant. et ✉ d'Houdain. Pop. 296 h.

CALORGUEN, vg. *Côtes-du-Nord* (Bretagne), arr., cant., ✉ et à 6 k. de Dinan. Pop. 900 h.

CALOTTERIE (la), *Pas-de-Calais* (Picardie), arr., cant., ✉ et à 7 k. de Montreuil-sur-Mer. Pop. 491 h.

CALOY, *Landes*, comm. de St-Avit, ✉ de Mont-de-Marsan. ○.

CALUIRE, vg. *Rhône* (Lyonnais), arr., ✉ et à 4 k. de Lyon, cant. de Neuville-sur-Saône. Pop. 5,370 h. Sur la rive gauche de la Saône. — *Foires* les 22 mars, 19 août, 12 nov. et 22 déc.

CALVADOS (département du). Le département du Calvados est formé du pays d'Auge, du Bessin (comprenant le Bocage et la campagne de Caen), et d'une partie du Lieuvin. Il tire son nom d'une suite de rochers d'environ 25 k. d'étendue, située dans la Manche à peu de distance des côtes, entre l'embouchure de la Seulles et celle de la Vire; ces rochers doivent eux-mêmes leur nom à celui d'un navire espagnol qui s'y perdit autrefois. Ses bornes sont : au nord, la Manche; à l'est, le département de l'Eure; au sud, ceux de l'Orne et de la Manche; ce dernier le borne encore à l'ouest.

La partie méridionale du territoire de ce département est entrecoupée de collines qui se rattachent à la chaîne formant la ligne de partage d'eau entre la Seine et la Loire. Il n'y existe point de montagnes proprement dites; car on ne peut donner ce nom à des collines dont les plus hautes sommités n'excèdent pas généralement de 75 m. le niveau des plaines environnantes. Les plus élevées de ces collines se trouvent dans l'arrond. de Vire; leur point culminant est le mont Pinçon. L'aspect du départ. est singulièrement pittoresque : à côté des plaines de la campagne de Caen, le pays d'Auge et le Lieuvin offrent une perspective continuelle de collines et de vallées, où l'œil se repose avec complaisance sur de magnifiques herbages, source inépuisable de richesse, qui n'exigent ni soins ni cultures. Les vallées sont la partie la plus riche du Calvados; les principales sont celles de l'Aure inférieure, de Corbon et de Pont-l'Évêque : dans leurs gras pâturages paissent des vaches qui donnent les beurres si renommés de Trévières et d'Isigny, et les bœufs achetés dans les départements du Finistère, des Côtes-du-Nord, de la Sarthe, de la Mayenne et de la Vendée, pour être revendus aux marchés de Beaumont et de Poissy ; c'est là aussi qu'on élève les beaux chevaux de race normande. Le littoral du Bessin offre une longue suite de prairies non moins fertiles, qui se terminent au sud-ouest par les riants coteaux du Bocage. Dans l'arrondissement de Bayeux, les propriétés sont généralement entourées de fossés plantés, et de haies épaisses qui donnent à cette belle contrée l'aspect le plus varié. L'arrondissement de Pont-l'Évêque présente une suite continuelle de vallées fertiles et de collines verdoyantes.

La surface totale du départem. est de 555,368 hectares, répartis ainsi :

Terres labourables	316,523
Prés	123,058
Vignes	Néant.
Bois	39,074
Vergers, pépinières et jardins	40,325
Oseraies, aunaies et saussaies	30
Étangs, mares, canaux d'irrigation	304
Landes et bruyères	13,113
Superficie des propriétés bâties	3,587
Cultures diverses	98
Contenance imposable	**536,112**
Routes, chemins, places, rues, etc.	13,890
Rivières, lacs et ruisseaux	2,175
Forêts et domaines non productifs	2,794
Cimetières, églises, bâtiments publ.	397
Contenance non imposable	**19,256**

On y compte :
127,003 maisons.
988 moulins à eau et à vent.
152 forges et fourneaux.
144 fabriques et manufactures.

soit : 128,287 propriétés bâties.

Le nombre des propriétaires est de 167,605
Celui des parcelles de 1,142,252

HYDROGRAPHIE. Les principales rivières qui arrosent le département sont : la Touques, la Dives, l'Orne et la Vire, qui y sont navigables.

Les côtes du département du Calvados ont environ 100 k. de développement depuis Honfleur jusqu'à l'embouchure de la Vire ; elles sont défendues par des bancs de sable de la Dives à la Seulles, et par des falaises d'une terres élevées entre cette rivière et la Vire. Les côtes sont très-peu sinueuses ; leur accès est généralement difficile, à cause des rochers à fleur d'eau qui les bordent, et des amas de galets amenés par le mouvement de la mer. On y compte neuf ports : Honfleur, Trouville, Touques, Dives, Sallenelles, Caen, Courseulles, Port-en-Bessin et Isigny. Sur les rochers on pêche beaucoup de poisson, de homards et de coquillages : environ deux cents parcs, pratiqués à l'embouchure de la Dives, reçoivent annuellement jusqu'à vingt-cinq millions d'huîtres, pêchées dans la rade de Cancale.

COMMUNICATIONS. Le département est traversé par neuf routes royales et par dix-huit routes départementales, et sillonné en tous sens par des chemins vicinaux pour la plupart assez bien entretenus.

MÉTÉOROLOGIE. Le climat du département du Calvados est en général très-variable. L'air y est plus humide que sec, plus froid que tempéré, mais pur et sain, à l'exception de quelques parties de la contrée occidentale du canton d'Isigny, et de certaines parties des vallées d'Aure, de la Dives et de la Touque. La température est sujette à des variations aussi subites que fréquentes, et il n'est pas rare que d'un jour, et même d'une heure à l'autre, on y ressente la température de deux saisons opposées. Le printemps est ordinairement froid et pluvieux, excepté au commencement et à la fin. Les chaleurs les plus fortes se font sentir de la mi-juillet à la mi-août. Le mois de septembre n'est pas ordinairement aussi beau que le mois d'octobre. En novembre commencent les bruines et les pluies froides, qui durent jusqu'à Noël. Les neiges ne devancent guère cette dernière époque, excepté dans le Bocage. Les vents qui soufflent le plus habituellement sont ceux du nord, de l'ouest et du sud. Ils y causent des froids, des pluies et des chaleurs humides dans toutes les saisons ; les jours sereins sont dus aux vents du nord et de l'est, qu'on regarde comme les plus salutaires. Les tempêtes sont fréquentes aux approches des équinoxes et des solstices.

PRODUCTIONS. Le département du Calvados abonde en toute sorte de productions. Dans la majeure partie des arrondissements, la culture des céréales n'est qu'un objet secondaire ; le produit des terres arables n'y peut suffire à la consommation des habitants ; mais elle est d'une haute importance dans les pays de plaine, où elle constitue le premier produit. — On cultive partout la pomme de terre, notamment la hâtive, que l'on récolte au commencement de juin. Sur le littoral de l'arrondissement de Caen, on ensemence particulièrement les terres en navets, haricots, oignons, choux et autres légumes ; les environs d'Honfleur et de Lisieux produisent des melons en pleine terre, qu'on peut obtenir sans cloches. — Les produits de l'agriculture s'élèvent annuellement à environ :

Céréales et parmentières	2,300,000 hect.
Avoines	250,000
Cidre	1,376,000

Depuis un demi-siècle la culture des prairies artificielles a fait dans le département des progrès d'autant plus heureux, qu'ils ont eu lieu en grande partie au détriment des jachères. — Le pays d'Auge et la vallée d'Aure inférieure, nourrissent et engraissent un grand nombre de bestiaux. La vallée d'Aure donne les excellents beurres de Trévières et d'Isigny, dont il se fait un commerce très-considérable. Dans le pays d'Auge le lait se convertit plus particulièrement en fromages. Ceux de Livarot, de Pont-l'Évêque et celui qu'on désigne sous le nom de Mignot, ont une réputation justement méritée.

La culture des pommiers est d'une haute importance. Ces arbres donnent trois espèces de cidre : celui du pays d'Auge qui se garde plusieurs années, est capiteux, coloré et d'un goût âcre, on en tire beaucoup d'alcool celui du Bocage donne moins, mais d'une saveur douce et agréable, c'est le meilleur des cidres du pays quand on le boit dans l'année ; celui du Bessin, qui en donne excessivement léger, tourne facilement à l'aigre et n'a pas de durée. — La vente des chevaux constitue une branche importante dans le département du Calvados, c'est un des plus grands produits. La beauté des formes, la taille, la vigueur du cheval normand, ont acquis une réputation européenne. Le gouvernement, qui attache un grand prix à la conservation des races, a établi dans le département de la Seine-Inférieure, de l'Orne, et de la Manche, les haras du Ba, du Pin et de St-Lô, qui fournissent à la monte dans celui du Calvados. De son côté, le conseil général alloue des fonds spéciaux qui sont distribués en primes d'encouragement, aux foires d'Argences et de Bayeux, aux propriétaires des plus belles juments poulinières. — Les énormes chapons et les poulardes de Crève-Cœur ont une grande réputation qui doit le céder cependant à celle des gelinottes de Caumont, qui sont plus fines et plus recherchées. On élève aussi des quantités considérables de dindons, particulièrement dans le pays d'Auge et la plaine de Caen, ainsi que dans une partie du Bessin. Les oies ne s'élèvent guère que dans le pays d'Auge; leur plume est l'objet d'un commerce de quelque importance à St-Pierre-sur-Dive, et dans quelques autres localités. — Les pêches diverses sont une occupation importante pour les habitants du littoral.

MINÉRALOGIE. Le département du Calvados abonde en pierres à bâtir, en matériaux de toute espèce pour l'entretien des routes, en pierres propres à faire de la chaux et aux constructions. — On trouve le marbre dans certains terrains intermédiaires, mais l'épaisseur des couches dépasse rarement quelques décimètres. Le plus connu est celui de Vieux. On tire des ardoises des carrières de Curcy, de Castillon et de quelques autres; elles sont grossières et remplies de fissures transversales. Les argiles y sont communes; on en distingue de plusieurs sortes qui servent à la fabrication des tuiles, des briques et des poteries. La marne est employée comme engrais dans les arrondissements de Lisieux et de Pont-l'Évêque où elle est fort abondante.

Le département présente peu de ressources quant aux métaux proprement dits, à l'exception du fer qui s'y rencontre, notamment à Feuguerolles, May, Vacogne, Littry, Caumont, Urville, et dans quelques communes du canton d'Aunay. On exploite à Littry une mine de houille, dont les travaux sont activés par plusieurs machines à vapeur.

Mines de houilles exploitées. 1
Nombre d'ouvriers employés 768
Produit en quint. métr. 502,222
    Valeur en francs. 726,715
Tourbières exploitées. 11
Nombre d'ouvriers employés 33
Produit en stères 4,245
    Valeur en francs 20,376
Les marais salants exploités emploient 27 ouvriers, et produisent environ 192 quintaux métriques, ayant une valeur de. . . 5,760
SOURCES MINÉRALES à Brucourt, à Roques, à Touffreville et à Caen.

INDUSTRIE ET COMMERCE. La filature de la laine et du coton, la fabrication des draps fins et communs, des étoffes de laine et des couvertures dites thibaudes, celle des siamoises et des étoffes de coton occupent un grand nombre d'ouvriers. — Les produits des fabriques de dentelles de Caen et de Bayeux sont au premier rang par leur importance. Pour en donner une idée, il suffira de dire, que près de 50,000 ouvriers exercent cette industrie dans le département, et que le prix des dentelles livrées par le commerce à l'étranger s'élève annuellement à plusieurs millions. — Les toiles cretonnes, pour nappes et serviettes, les molletons, les flanelles et les frocs de Lisieux forment aussi une branche importante d'industrie. La fabrique de porcelaine de Bayeux jouit d'une réputation justement méritée. Caen possède des fabriques de châles et de gants d'angora qui occupent beaucoup d'ouvrières. Enfin le département renferme des papeteries, des raffineries de sucre, des fabriques de produits chimiques, des huileries, des blanchisseries de cire et de toiles, etc., etc. — Il se fait dans le Calvados un commerce considérable de grains et d'huiles, dont Caen est l'entrepôt. 40 usines, dont 37 sont mues par l'eau et 3 par la vapeur, fabriquent des huiles et en fournissent par an plus de 56,000 barriques de 100 kilog. chacune. Il existe des tanneries à Caen, Bayeux, Lisieux, Orbec, Condé et ailleurs. Cette industrie s'exerce sur les cuirs indigènes et sur ceux que le commerce maritime apporte du Brésil. Les mégisseries sont moins remarquables. Il résulte de ce qui précède que Caen, Lisieux, Condé, Vire, Falaise et Orbec peuvent être considérées comme les seules villes manufacturières du département. — Commerce de chevaux excellents, de bestiaux gras, beurre estimé, volailles fines, cidre, miel, oignons de fleurs, eaux-de-vie de cidre, biscuits pour la marine, fromages façon de Hollande, salaisons, graines de trèfle, chanvre, fer, dentelles et toiles, pierres de taille, bois, houille, etc. — Commerce d'exportation considérable avec les différentes puissances maritimes de l'Europe et les États-Unis d'Amérique. Les importations se font en fer, laine, coton, et denrées coloniales. — On entretient dans la plupart des communes de la côte, et particulièrement à Honfleur, à Trouville, à Luc, à Dives, à Port-en-Bessin, à Isigny, des bateaux pêcheurs qui approvisionnent les poissonnières du département et celles de la capitale.

FOIRES. Plus de 180 foires se tiennent dans environ 80 communes du département. Les articles de commerce principaux qui s'y vendent sont les bestiaux, les chevaux de service et de luxe, et les laines. On vend des poulains aux foires de Caen et de Bayeux; des laines et des oignons à celles de Falaise. Les foires de Caumont et de la Cambe sont consacrées à la location des domestiques, La foire de Guibray, faubourg de Falaise, a une grande renommée; elle attire des marchands de toutes les parties de la France, et dure 15 jours; on y fait souvent pour 30 millions d'affaires.

MŒURS ET USAGES. Les habitants du Calvados se montrent en général laborieux, intelligents et réfléchis; ils sont également propres à l'agriculture, à l'industrie et au commerce. Ils ont de l'aptitude pour la navigation et la carrière militaire, ainsi que le goût des lettres et des études savantes. Le Calvados mérite d'occuper un rang distingué parmi les départements qui renferment le plus grand nombre d'hommes distingués par leurs connaissances pratiques, leur zèle pour la propagation des sciences et des idées utiles. Sous ce rapport, comme Nantes, Dijon, Strasbourg, Lille, etc., Caen est une ville à part, un véritable foyer d'où l'intelligence et la civilisation rayonnent dans toute la Normandie.

Les habitants du *Bocage* sont remarquables par une taille moyenne, moins élevée que celle des habitants de la plaine de Caen et du pays d'Auge, par une mauvaise conformation des pieds, un teint pâle et grisâtre; leur regard est vif, ils ont beaucoup de finesse et de pénétration dans l'esprit, un grand attachement pour leur sol, l'amour du travail, et ils n'oublient point l'intérêt personnel. Les femmes, qui s'occupent aussi des travaux de l'agriculture, sont en général plutôt maigres que grasses: elles ont les articulations très-prononcées, sont robustes et fécondes. Le costume des hommes et des femmes est à peu près le même qu'il était il y a des siècles.

Les hommes de la *plaine de Caen* ont la taille élevée; leurs proportions sont belles, leurs muscles bien prononcés, leur teint coloré; le tempérament dit sanguin prédomine chez eux. Les femmes travaillent rarement à la terre, et conservent en général leurs formes et leur taille. La base de leur tête est remarquablement bien attachée. Les habitants de la plaine reçoivent plus que ceux du Bocage l'influence des villes; la mode y exerce un grand empire sur les femmes; leur costume a changé plusieurs fois depuis trente ans. Malheureusement le bon goût et le naturel ne président pas à ces changements: la coupe des robes, les petits fichus à fleurs, la coiffure compliquée des riches fermières, annoncent le luxe plutôt que l'élégance; et les énormes bonnets ronds, ou plutôt les ballons de papier bleu couverts de mousseline dont la plupart des femmes des environs de Caen se chargent la tête, feraient croire qu'elles se méprennent sur ce qui peut faire valoir leur beauté.

La population du *pays d'Auge* a des caractères moins locaux que celle du Bocage, et se distingue moins nettement de la population de la plaine de Caen. Les hommes y sont de même d'une assez haute stature, mais ils ont la fibre molle, et leur embonpoint dégénère promptement en obésité; leurs jambes sont grosses, souvent variqueuses; leurs mouvements sont plus lents, et leur intelligence moins vive; les femmes bornent leurs travaux aux soins du ménage; elles ont de la fraîcheur et de la finesse dans les traits, et chez elles comme chez les hommes, le tempérament lymphatique semble prédominer.

DIVISION ADMINISTRATIVE. Le département du Calvados a pour chef-lieu Caen. Il envoie 7 représentants à la chambre des députés, et est divisé en 6 arrondissements:

CALVADOS (département du).

Caen. . . .	9 cant.	139,777 h.
Bayeux. . . .	6 —	80,784
Falaise. . . .	5 —	61,163
Lisieux. . . .	6 —	68,313
Pont-l'Évêque.	5 —	57,673
Vire. . . .	6 —	88,488
	37 cant.	496,198 h.

15ᵉ conservation des forêts. — 14ᵉ division militaire (chef-l. Rouen). — Évêché à Bayeux. 71 cures. 194 succursales. Séminaire diocésain à Bayeux; école ecclésiastique à Lisieux. — Académie universitaire à Caen. Facultés de droit, des sciences, des lettres à Caen. Collège royal à Caen. Collèges communaux à Bayeux, Falaise, Lisieux, Vire. École normale primaire à Caen. — Académie royale des sciences, arts et belles-lettres à Caen. Société d'agriculture et de commerce. Société de médecine. Société des antiquaires de Normandie. Société linnéenne du Calvados. Société philharmonique. Société des vétérinaires du Calvados.

Biographie. Parmi les hommes distingués qui sont nés dans le Calvados, on cite principalement: BOISROBERT, BRÉBEUF, JEAN et ALAIN CHARTIER, CHENDOLLÉ, HUET, évêque d'Avranches, LEPECQ DE LA CLOTURE, MALFILATRE, MALHERBE, ROBERT LEFÈVRE, le chimiste ROUELLE, les poëtes SEGRAIS et SARASIN, le chimiste VAUQUELIN, etc., etc.

Bibliographie. PAUCHET et CHANLAIRE. *Statistique du département du Calvados*, in-4, 1811.

CAUMONT (de). *Essai sur la topographie géognostique du département du Calvados*, in-8, et atlas in-4, 1830.

LAIR. *Mémoire sur le parcage et le commerce des huîtres* (Fragment de statistique du Calvados), broch. in-8, 1828.

HÉRAULT. *Mémoire sur les terrains du département du Calvados* (Annales des mines, 1ʳᵉ série, t. IX, p. 553).

— *Sur les principales roches qui composent le terrain intermédiaire dans le département du Calvados* (ibid., 2ᵉ série, t. x, p. 511; et 3ᵉ série, t. v, p. 300, t. vi, p. 97).

DESLONGCHAMPS (E.). *Mémoire sur les coquilles fossiles lithophages des terrains secondaires du Calvados*, etc., in-4, 1838.

ROUSSEL (H.). *Flore du Calvados*, etc., in-8, 1806.

ROBERT (F.). *Chemins vicinaux du département du Calvados*, petit in-f°, 1836.

JOLIMONT (de). *Description historique et critique et Vues des monuments religieux et civils les plus remarquables du département du Calvados*, etc., in-4, 1825.

MASSON DE ST-AMAND, fils. *Lettres d'un voyageur à l'embouchure de la Seine*, in-8, 1824.

BONCERF. *Mémoire sur le dessèchement de la vallée d'Auge*, in-8, 1791.

SÉGUIN. *Histoire du pays d'Auge et des évêques comtes de Lisieux*, in-18, 1822; nouv. édit. in-8, 1842.

— *Essais sur l'histoire de l'industrie du Bo-*

cage en général, et de la ville de Vire, sa capitale, en particulier, in-18, 1810.

— *Histoire militaire des Bocains*, in-18, 1816.

— *Histoire archéologique des Bocains, contenant les antiquités naturelles, civiles, religieuses et littéraires du Bocage*, in-18, 1822.

VANIER. *Mémoire sur l'état actuel de l'arrondissement de Pont-l'Évêque*, etc., in-8, 1828.

V. aussi à la suite des articles NORMANDIE, AVRANCHES, BAYEUX, BRUCOURT, CAEN, CONDÉ-SUR-NOIREAU, CREUILLY, FALAISE, FORMIGNY, HONFLEUR, LISIEUX, LITTRY, ST-PIERRE-SUR-DIVES, THURY-HARCOURT, VIRE, VIEUX.

CALVAIRE (le) *Seine.* V. MONT-VALÉRIEN.

CALVÈSE, vg. *Corse*, arr. et à 25 k. de Sartène, cant. de Pétréto-et-Bicchisano, ☒ d'Olmeto. Pop. 188 h.

CALVI, ville forte et maritime, *Corse*, ch.-l. de sous-préf. et d'un cant. Place de guerre de 2ᵉ classe. Cure. ☒. Pop. 1,746 h. — Terrain cristallisé ou primitif.

La fondation de Calvi est due aux guerres civiles. Vers l'an 1268, Giovanninello de Pietra-Allerata, faisant la guerre à Giudice della Rocca, seigneur de toute l'île, vint se fortifier sur la hauteur où est aujourd'hui Calvi; il se retira ensuite; mais ce lieu continua d'être habité. Postérieurement les Avoghari, seigneurs de Nonza, y furent appelés, et continuèrent à y dominer jusqu'au moment où les habitants se soumirent aux Génois, avec les mêmes privilèges et immunités accordés aux habitants de Bonifacio. — Les troupes d'Alphonse, roi d'Aragon, occupèrent momentanément Calvi. Du temps de Henri II, l'armée combinée des Turcs et des Français en leva le siège, événement regardé alors comme un prodige opéré par un crucifix qu'on avait la veille planté sur les remparts, et qu'on a depuis appelé le crucifix des miracles. — La ville de Calvi ne prit jamais part aux mouvements insurrectionnels de l'intérieur. Pour reconnaître et encourager cette inaction, le gouvernement génois fit placer sur la porte de la citadelle cette inscription:

CIVITAS CALVI SEMPER FIDELIS.

Les Anglais assiégèrent Calvi au commencement de juin 1794. La garnison fut puissamment secondée par les citoyens pour sa défense; les femmes même, oubliant la délicatesse de leur sexe, se firent remarquer par leur courage en portant des munitions sur les remparts, et en travaillant aux fortifications dans le moment le plus terrible du bombardement. Après une longue et opiniâtre résistance, qui réduisit la garnison à 260 hommes, et après avoir vu les Anglais occuper le fort Mozzello, et lorsque 3,000 hommes eurent presque entièrement réduit la ville en cendres, Calvi se rendit faute de vivres. Les habitants abandonnèrent aux Anglais les restes méconnaissables de leur cité, et s'embarquèrent pour Toulon. En 1795, les conquêtes

du général Bonaparte en Italie encouragèrent les Corses à secouer le joug des Anglais; Calvi fut repris, et ses honorables habitants rentrèrent dans leur patrie. Mais depuis cette époque Calvi dépérit de jour en jour; son commerce jadis considérable est aujourd'hui presque nul: l'île-Rousse, plus heureusement située, est devenue le lieu d'entrepôt des objets d'importation et d'exportation.

La ville de Calvi est située au fond et sur la côte occidentale du golfe de son nom, sur un roc qui s'avance en forme de péninsule dans la mer, en sorte qu'elle est environnée d'eau de trois côtés; l'aspect en est imposant, et le port, dominé par un château presque imprenable, peut abriter une flotte nombreuse. Elle se divise naturellement en deux parties: la ville haute ou citadelle, fortifiée du côté de la mer et de la terre, par des murs construits avec des blocs de granit; et la marine ou ville basse, située au bord de la mer. Les eaux qui baignent à l'est le pied de la colline, y forment l'anse appelée Porto-Vecchio. Le port proprement dit est au fond des eaux qui baignent le côté oriental du golfe, et viennent s'y enfoncer en suivant une direction à peu près semi-circulaire. La citadelle est dominée par une hauteur située à portée du canon, appelée Mozzello, sur laquelle est un petit fort; mais celui-ci étant lui-même dominé par une colline voisine et plus élevée, il en résulte que la prise assez facile du Mozzello entraîne celle de la ville. — Le golfe de Calvi est de tous ceux de l'île le plus voisin du continent français: son ouverture, formée par la pointe de Revelata, à l'ouest, et le cap Spano à l'est, regarde le nord-ouest: le golfe offre un mouillage commode aux frégates et aux vaisseaux de ligne.

La caserne de Calvi est l'ancien palais des gouverneurs génois. L'église n'a de remarquable que le tombeau de l'ancienne famille Baglioni.

Le canton de Calvi ne comprend que le territoire de la ville. Il est sec, aride, et est cultivé principalement en arbres fruitiers et en vignes, qui produisent des vins estimés.

Commerce de vins, huile d'olive, amandes, citrons, cire vierge, peaux de chèvres, bois de chauffage, etc.

A 160 k. d'Ajaccio, 66 k. de Bastia, 1,233 k. de Paris. Lat. 42° 34' 7" N., long. 6° 23' 1" E.

L'arrondissement de Calvi est composé de 6 cantons: Calvi, Calenzana, Belgodere, Olmi-et-Capella, Algajola, Ile-Rousse.

CALVIAC, vg. *Gard*, comm. de la Salle, ☒ de St-Hippolyte.

CALVIAC, vg. *Lot*, ☒ de St-Géré.

CALVIAT, vg. *Dordogne* (Périgord), arr. ☒ et à 12 k. de Sarlat, cant. de Carlux. Pop. 734 h.

CALVIGNAC, vg. *Lot* (Quercy), arr. et à 44 k. de Cahors, cant. et ☒ de Limogne. Pop. 685 h.

CALVIGNAC, *Lot-et-Garonne*, comm. de Massoulès, ☒ de Villeneuve-sur-Lot.

CALVIN, *Morbihan*, comm. et ☒ de Lorient.

CALVINET, bg *Cantal* (Auvergne), arr. et à 27 k. d'Aurillac, cant. et ✉ de Montsalvy. Pop. 569 h. — Il y avait anciennement un château fort, chef-lieu d'une baronnie considérable qui appartint successivement aux comtes de Rodez, aux barons de Villemur, et fut enfin cédé au prince de Monaco en 1642. Les religionnaires y avaient garnison en 1591. — *Foires* les 20 mars, 23 avril, 22 mai, 25 août et 8 nov.

CALVISSON, petite ville *Gard* (Languedoc), arr. et à 17 k. de Nimes, cant. de Sommières. ✉. A 716 k. de Paris pour la taxe des lettres. Pop. 2,660 h. — Au milieu d'un riche vignoble.

Autrefois baronnie, diocèse et recette de Nimes, parlement de Toulouse, généralité de Montpellier.

Fabriques importantes d'eau-de-vie et de crème de tartre. — *Commerce* de vins. — *Foires* le 1er samedi de mai, samedi après le 4 sept.

CALZAN, vg. *Ariége* (Languedoc), arr. et à 13 k. de Pamiers, cant. et ✉ de Varilles. Pop. 104 h.

CAMALDULES (les), *Seine-et-Oise*, comm. d'Yerres, ✉ de Villeneuve-St-Georges.

CAMALÈS, vg. *H.-Pyrénées* (Gascogne), arr. et à 16 k. de Tarbes, cant. et ✉ de Vic-en-Bigorre. Pop. 565 h.

CAMALIÈRES, *Tarn*, comm. de Monestiès, ✉ de Cramoux.

CAMARACUM (lat. 51°, long. 21°). « La première notion que nous ayons de cette ville est due à l'Itinéraire d'Antonin et à la Table théodosienne, ce qu'il faut plutôt attribuer au silence des géographes et de tout autre écrivain antérieur, qu'au défaut de plus grande antiquité. Mais, je ne saurais adopter l'opinion de M. de Valois et de Cellarius, que *Camaracum* ait été la capitale des *Nervii*, au préjudice des *Bavai*, que l'on trouve dans Ptolémée, dont la méthode presque générale, à l'égard de la Gaule, est de nommer dans chaque peuple une ville qui en représente la capitale. Ce ne peut être que par la décadence de *Bavai*, que, dans la Notice des provinces de la Gaule, les *Nervii* sont représentés par deux autres cités, *Camaracensium* et *Turnacensium*. Les dépendances d'une nation aussi puissante que celle des *Nervii* ont pu souffrir d'être ainsi partagées en plusieurs de leurs différents districts. » D'Anville. *Notice de l'ancienne Gaule*, p. 193.

CAMARADE, vg. *Ariége* (pays de Foix), arr. et à 27 k. de Pamiers, cant. et ✉ du Mas-d'Azil. Pop. 1,263 h. Source d'eau salée.

CAMARAT (cap et tour de), *Var* (Provence), arr. de Draguignan, cant. de St-Tropès. — Il y a un phare à feu tournant à éclipses d'une minute en une minute, de 13 m. de hauteur et de 25 k. de portée. Lat. 43° 12′, long. 4° 22′.

CAMARÈS, ou **PONT-DE-CAMARÈS**, petite ville, *Aveyron* (Rouergue), arr. et à 25 k. de St-Affrique, chef-l. de cant. Cure. ✉. A 685 k. de Paris pour la taxe des lettres. Pop. 2,132 h.

Cette ville, non loin de laquelle se trouvent les eaux minérales d'Andabre, est mal construite, mal percée et encore plus mal pavée; elle est bâtie en amphithéâtre sur les flancs d'un rocher escarpé et de difficile accès, qui s'élève à pic au bord du Dourdou, que l'on traverse sur un pont fort ancien au delà duquel se trouve un joli faubourg très-peuplé, très-propre et d'un séjour agréable.

Fabriques de draperie et de tricot de laine. — Filature de laine. — *Foires* les 20 janv., 24 avril et 6 août.

EAUX MINÉRALES D'ANDABRE.

A deux kilomètres de Camarès, au hameau d'Andabre et dans celui de Prugne, on trouve deux sources d'eaux minérales salino-ferrugineuses froides, connues sous le nom d'Eaux froides de Camarès. Elles sourdent dans un vallon ouvert, au nord-ouest de Sylvanès, et ne sont séparées de cet établissement thermal que par une chaîne de montagnes.

La source jaillit du sein d'un rocher schisteux, en deux filets séparés de quelques mètres l'un de l'autre, et réunis en un seul, qui coule et s'élève en bouillonnant avec bruit dans un bassin de forme carrée, de 83 c. de diamètre. Cette source est entourée d'un joli bouquet de platanes, de tilleuls et d'ormeaux, auquel viennent se joindre de belles plantations de saules et de peupliers d'Italie, formant des allées agréables. Des bois de chênes, où croissent aussi le genêt, le genévrier, le thym, le serpolet, couvrent le côteau qui domine à l'est, et forment un beau rideau de verdure. En face, au nord-ouest des eaux minérales, à 100 m. de leur bassin, est un bel établissement construit depuis peu pour le logement des buveurs, auxquels une large terrasse plantée de beaux arbres sert de promenade. A trois cents pas de là, est la fontaine minérale de Prugne ; le nouvel établissement de bains, situé à 10 m. à l'ouest du grand établissement.

On trouve dans l'établissement d'Andabre tout ce que l'on peut désirer pour la commodité et l'agrément de la vie. Bon nombre de buveurs s'y rendent tous les ans des départements de l'Aveyron, du Tarn, de la Haute-Garonne, du Lot, de la Lozère, du Tarn-et-Garonne, du Gard, de l'Hérault et des autres départements méridionaux.

Andabre est à 60 k. de Rodez et à 2 k. de Sylvanès. L'heureuse situation de cet établissement et la disposition des lieux y favorisent les plaisirs de la chasse, les petites courses, les promenades à pied, à cheval, les exercices de toute espèce, si nécessaire pour seconder l'usage des eaux.

SAISON DES EAUX. La saison des eaux d'Andabre est ouverte du 15 juin à la fin d'octobre ; c'est le temps le plus propice pour en faire usage. Quoique ces eaux souffrent facilement le transport, on fait généralement mieux de les prendre à la source.

PROPRIÉTÉS MÉDICINALES. On prescrit l'usage des eaux froides de Camarès dans les engorgements des viscères abdominaux, l'atonie du canal digestif, la débilité des premières voies, les affections bilieuses, les affections des voies urinaires et de l'organe utérin, les affections du système lymphatique, les leucorrhées, la chlorose, etc.

MODE D'ADMINISTRATION. On fait usage des eaux froides de Camarès en boisson et en bains. On les associe aux bains de Sylvanès, où on les transporte dans des jarres bien bouchées, pour prévenir le dégagement du gaz acide carbonique.

Bibliographie. * *Poème à la louange des eaux minérales du Pont-de-Camarès*, in-8, 1662.

MALRIEU. *Mémoire sur les eaux minérales chaudes de Sylvanès et sur les eaux minérales froides de Camarès*, etc., in-12, 1776.

COULET. *Mémoire sur les eaux minérales d'Andabre*, in-8, 1826.

CAMARET, village maritime, *Finistère* (Bretagne), arr. et à 40 k. de Châteaulin, cant. de Crozon. Synd. mar. *Établissement de la marée*, 3 heures 15 minutes. ✉. A 608 k. de Paris pour la taxe des lettres. Pop. 1,181 h.

Il est situé sur l'Océan à l'extrémité d'une presqu'île qui s'avance entre la rade de Brest au nord et la baie de Douarnenez au sud; des bâtiments de toute espèce peuvent mouiller devant Camaret, mais il ne peut entrer dans le port que des barques. — Pêche et commerce de sardines.

On voit aux environs de Camaret, à la pointe de Toull-Inguet, le monument celtique le plus remarquable de toute la Bretagne après celui de Carnac ; M. le vice-amiral Thévenard en donne la description suivante : « La côte de Toull-Inguet est escarpée vers la mer ; le terrain, sur une longueur de 1,000 m., est uni et aride, et décline vers le sud en pente douce, comme un glacis de fortifications ; là se trouvent des masses informes de rochers d'une seule pièce, de 4 à 5 m. de base, sur autant de hauteur, qui sont placées à la file, dans la direction est et ouest, et à la distance d'environ 14 m. les unes des autres. Chacune de ces masses, de formes inégales et irrégulières, peut être évaluée à 500 m. cubes, et son poids à environ 100,000 kilog. Elles sont au nombre de soixante, et forment une rangée d'environ 3,600 m. de longueur. Sur cette ligne principale tombent perpendiculairement, séparées l'une de l'autre par une distance d'environ 300 m., deux autres lignes parallèles, composées chacune de douze masses rupétiennes semblables à celles qui forment la grande file. Ces deux rangées secondaires courent droit au nord. » Ce monument singulier a plus de régularité, malgré les blocs frustes et informes qui le composent, que celui de Carnac.

CAMARET, *Camaretum*, vg. *Vaucluse* (Provence), arr. et cant., ✉ à 6 k. d'Orange. Pop. 2,289 h. — Filature de soie. Blanchisserie de toiles.

CAMARGUE (île), *Castra Mariana*, *Camarca*, *Camaria insula*, *Anatilly*. La Camargue est une grande île primitivement créée par les atterrissements du Rhône, formant un vaste bassin triangulaire, garanti des inondations du fleuve par de fortes digues, et seulement séparé de la mer par des monticules de sables mobiles. Les terres cultivées se trouvent au sommet de l'île, ou sont en général rapprochées d'une des branches actuelles ou d'une des anciennes branches du Rhône; à mesure que l'on s'éloigne du fleuve, la qualité des terres diminue; les terrains bas contiennent une quantité considérable de sel qui empêche ou détruit toute végétation. En général, les bonnes terres conviennent aux céréales; les mûriers, la vigne et même les oliviers réussissent parfaitement dans les terrains sablonneux, où l'on cultive avec succès la luzerne, et les prairies artificielles; la garance, la gaude, y prospèrent dans les années pluvieuses; les parties très-sablonneuses de l'île sont peu cultivées, si ce n'est en vigne, et plus rarement en seigle. — On nomme herbages fins ceux où les bêtes à laine trouvent la nourriture la plus saine, la plus variée et la plus abondante; deux plantes frutescentes, l'ourse et l'ingane, sont la base de ces herbages, où croissent naturellement, principalement autour des fossés, l'ormeau, l'aube, le frêne élevé, le saule, le peuplier, et surtout le tamarix, qui réussit partout indistinctement, fertilise le sol où il croît sans l'épuiser, et sert en même temps à chauffer tous les foyers, à abriter et à nourrir en automne toute espèce de bétail. On appelle pâturages d'ingane ceux qui sont presque tout couverts de cette plante; ils sont peu propres à la nourriture des brebis nourrices; les plantes qui y croissent sont tellement salées, que le fumier provenant du bétail qui s'en nourrit, rend stériles, au lieu de les féconder, les terres déjà salantes. Les herbages grossiers sont ceux dont le fonds est sablonneux; les plantes qu'on y trouve sont peu recherchées par le bétail et surtout par les bêtes à laine. On donne le nom de montilles à des amas de sable micacé-siliceux, par eux-mêmes peu productifs, mais qui, fumés par les moutons qui paissent dans les pâturages voisins, donne une herbe printanière très-précoce, bien précieuse pour la nourriture des bêtes à laine. Les arbres et les arbustes y sont bien plus variés que dans les autres sols; il y croît, outre ceux du reste de l'île, de très-beaux chênes, des yeuses, etc. C'est dans les montilles que naissent ces nuées de sauterelles qui ont si souvent désolé la Camargue. — On appelle Coustières les intervalles qui séparent les marais des pâturages. Ordinairement il y croît en abondance le jonc maritime, dont le bétail mange volontiers les graines, qui restent presque tout l'hiver adhérentes à sa panicule volumineuse, et dont la tige nourrit ensuite les vaches et les chevaux sauvages, dans la saison où les herbes plus délicates sont consommées. — Le sol des marais est le plus riche en humus de tous ceux de la Camargue; mais cet humus approche, sur quelques points, de une espèce de tourbe qui doit sa formation aux amas de végétaux dont les détritus se sont amoncelés successivement. Un grand nombre de ces marais sont couverts de roseaux, la plus utile de toutes les plantes marécageuses, celle qui nourrit pendant l'hiver presque toutes les bêtes aratoires du Delta et du coteau vignoble qui le longe.

Pour obtenir des marais cette riche végétation, qui s'élève quelquefois à 3 et jusqu'à 4 m. de hauteur, il faut qu'ils soient submergés pendant l'hiver. Ces marais nourrissent une foule d'insectes aquatiques, et il en sort des myriades d'insectes ailés, qui tourmentent en été les habitants de la Camargue et font le désespoir des voyageurs qui la traversent. — Les étangs servent de retraite pendant tout le jour aux oiseaux aquatiques, qui vont s'abriter et chercher leur pâture pendant la nuit dans les marais. Au printemps, une foule d'oiseaux de passage qui arrivent des côtes d'Afrique, viennent en prendre possession; on remarque surtout parmi eux le flamant, le plus beau peut-être des oiseaux de l'Europe. C'est dans les étangs de la Camargue, lorsqu'ils sont entièrement desséchés, qu'a lieu le singulier et trompeur phénomène du mirage, dont la célèbre expédition d'Egypte a donné occasion aux savants de constater l'existence en France.

L'île de la Camargue nourrit un nombre considérable de moutons, de chevaux et de bêtes à cornes. Il paraît que les habitants ont retenu des Romains, et peut-être des premiers habitants de la Provence, l'usage de faire transhumer les troupeaux. Nourris pendant l'hiver en Camargue, ils vont au printemps dans les vastes plaines de la Crau, partent pour les Alpes vers la fin de mai, séjournent pendant tout l'été dans les montagnes, et rentrent dans leurs quartiers d'hiver au mois d'octobre. Tout est disposé de temps immémorial dans le pays pour ce régime, aussi salutaire aux troupeaux qu'avantageux à leurs propriétaires : les coutumes, les règlements les plus sages, dont la première institution se perd dans la nuit des temps, rendent facile et point trop dispendieuse cette vie nomade des bergers. L'ordre le plus admirable est observé, dans ces émigrations périodiques, par les bergers qui conduisent ces grandes caravanes, connues sous le nom de campagnes; elles se composent de quinze à vingt mille bêtes à laine, et se subdivisent en plusieurs troupeaux de même sexe et de même force; les plus faibles précèdent les autres, pour qu'ils trouvent l'herbe moins fanée et moins trépidée; des chèvres et des boucs, armés de grosses sonnettes, marchent les premiers et servent d'éclaireurs ; des ânes sauvages de la Camargue suivent avec les bagages, tandis que d'énormes chiens, de la race de ceux du mont St-Bernard, veillent contre les attaques des loups, qui accompagnent ordinairement à distance respectueuse, ainsi que les oiseaux carnivores, ces armées de moutons.

Les chevaux de la Camargue, d'origine africaine, mais bien dégénérés, sont errants tout l'hiver dans les pâturages dont l'herbe a été broutée par le menu bétail; ils n'y trouvent, pour soutenir leur misérable existence, que les grossières chénopodées rebutées par les brebis, et la chaume des graminées, qui se sont desséchés après la fructification. A la vérité, les marais leur fournissent une pâture abondante dès que la chaleur du printemps se fait sentir; mais lorsque ce surcroît de nourriture arrive, il en est mort de faim le vingtième. Leur taille ne dépasse guère 1 m. 33 c.

Les bœufs de la Camargue mènent une vie très-rapprochée de celle de l'état de nature ; ils sont aussi robustes que réguliers dans leurs formes, et contrastent par le noir de jais de leur poil avec la blancheur de celui des chevaux. Naturellement vifs, plus sobres et plus intelligents que les bœufs domestiques, ils peuvent devenir, par des soins bien entendus , aussi doux et non moins forts que ceux des races plus recherchées. Comme tous ces bœufs se ressemblent par leur couleur noire, on est dans l'usage de les faire marquer, afin de pouvoir les reconnaître et les réclamer quand ils s'introduisent dans un troupeau étranger. — On élève annuellement dans l'île de la Camargue 40,000 agneaux, 3,000 bœufs et 3,000 chevaux.

La circonférence de la Camargue est de 75 k. La surface est évaluée à 55,000 hect., dont il n'y a guère que le cinquième en terres cultivées. Un phare de premier ordre à feu fixe, de 36 m. de hauteur et de 23 k. de portée, est établi sur la rive gauche de l'embouchure du vieux Rhône. Lat. 43° 20′, long. E. 2° 20′.

Bibliographie. RIVIÈRE (de). *Mémoire sur l'eau, les terrains salants et le Delta du Rhône ; suivi d'un second Mémoire sur la portion de ce Delta appelée la Camargue,* in-8, 1823.
— *Mémoire sur la Camargue,* in-8, 1826.
* *Fertilisation du Delta du Rhône,* in-8, 1835.
POITEVIN. *Observations sur les chevaux camargues,* in-8, 1806.
ROSTAN (Casimir). *Observations sur les chevaux et les haras de la Camargue,* in-8, 1807.
TRUCHET. *Mémoire sur les chevaux de la Camargue,* in-8, 1807.

CAMARSAC, vg. *Gironde* (Guienne), arr. et à 18 k. de Bordeaux, cant. ✉ de Créon. Pop. 297 h.

CAMAS, *Bouches-du-Rhône*, comm. et ✉ de Marseille.

CAMATULLICI (lat. 44°, long. 25°). « Dans Pline (lib. III, cap. 4), *Regio Camatullicorum* est placée entre la mention qu'il fait du port *Citharista* et les *Suelteri*. Un lieu situé peu loin de la côte, au midi du *Sinus Sambracitanus* ou du golfe de Grimaud , ne diffère de celui de *Ramatuelle* qu'il porte, de celui de *Camatullici*, que par la lettre initiale. J'ignore dans quel exemplaire de Pline M. de Valois (p. 535) a lu *Clamatullici*. L'édition de Daléchamp est d'accord avec celle du P. Hardouin sur la leçon de *Camatullici*. » D'Anville. *Notice de l'ancienne Gaule*, p. 194.

CAMBAYRAC, vg. *Lot* (Querey), arr. et à 18 k. de Cahors, cant. de Luzech, ✉ de Castelfranc. Pop. 357 h. — On y remarque l'église paroissiale , revêtue intérieurement de beaux marbres.

CAMBE (la), bg *Calvados* (Normandie), arr. et à 27 k. de Bayeux , cant. et ✉ d'Isigny. ⚭. Pop. 880 h. — *Foire* le 1er août.

CAMBE (la), vg. *Orne* (Normandie), arr.

et à 20 k. d'Argentan, cant. et ✉ de Trun. Pop. 185 h.

CAMBERNARD, vg. *H.-Garonne* (Armagnac), arr. et à 13 k. de Muret, cant. et ✉ de St-Lys. Pop. 250 h.

CAMBERNON, bg *Manche* (Normandie), arr., cant., ✉ et à 6 k. de Coutances. Pop. 1,365 h.

CAMBES (lat. 48°, long. 26°). « L'Itinéraire d'Antonin en fait mention entre *Augusta Rauracorum* et *Argentovaria*, marquant la distance à l'égard d'*Augusta* XII, et faisant compter 24 depuis *Cambes* jusqu'à *Argentovaria*. La Table fournit 13, au lieu de 12, entre *Cambes* et *Augusta*, marquant de *Cambes* à *Arialbinnum* VII, et d'*Arialbinnum* à *Augusta* VI. Je trouve 7 lieues gauloises plus que complètes entre Binning, près de Basle, ou *Arialbinnum*, et la position de Kembs, qui est reconnue pour celle de *Cambes* ; et 5 à 6 entre Binning et l'emplacement d'*Augusta*, ce qui paraît remplir le compte de 13 lieues. L'indication de la Table entre *Cambes* et *Argentovaria*, savoir XII, n'est pas suffisante, comme on peut voir à l'article *Argentovaria*. On connaît aujourd'hui deux Kembs, dont celui qui tient la place de *Cambes* se nomme Gros-Kembs, pour le distinguer de Klein-Kembs, qui est situé vis-à-vis, sur l'autre bord du Rhin. » D'Anville. *Notice de l'ancienne Gaule*, p. 194.

CAMBES, vg. *Calvados* (Normandie), arr., ✉ et à 6 k. de Caen, cant. de Creuilly. Pop. 317 h.

CAMBES, vg. *Gironde* (Guienne), arr. et à 16 k. de Bordeaux, cant. et ✉ de Créon. Pop. 770 h.

CAMBES, vg. *Lot* (Quercy), arr., ✉ et à 8 k. de Figeac, cant. de Livernon. P. 385 h.

CAMBES, vg. *Lot-et-Garonne* (Agénois), arr. et 15 k. de Marmande, cant. de Seyches, ✉ de Miramont. Pop. 520 h.

CAMBES, *Lot-et-Garonne*, comm. et ✉ de Clairac.

CAMBIA, vg. *Corse*, arr., ✉ et à 14 k. de Corté, cant. de St-Laurent. Pop. 496 h.

CAMBIEURE, vg. *Aude* (Armagnac), arr. et à 17 k. de Limoux, cant. et ✉ d'Alaigne. Pop. 254 h.

CAMBION, vg. *H.-Garonne* (Languedoc), arr. et à 15 k. de Villefranche-de-Lauragais, cant. et ✉ de Caraman. Pop. 364 h.

CAMBIOVICENSES (lat. 47°, long. 20°). « Ce nom occupe une place dans la Table théodosienne; mais les noms de peuple qui y sont répandus paraissent presque généralement si peu correspondants à leur véritable position, que l'on ne peut faire aucun fond sur des positions qui ne sont point connues d'ailleurs. Les noms de lieu qu'on voit les plus voisins du nom de *Cambiovicenses* dans la Table, sont *Agedincum*, ou Sens, d'un côté ; *Aqua Nisinéii*, ou Bourbon-Lancy, de l'autre. Il faudrait, en conséquence de ces positions, chercher ces *Cambiovicenses* en quelque endroit du Nivernois, ou du Morvan, si l'on connaissait qu'il y eût quelque précision sur les objets de cette espèce dans la Table. M. de Valois (p. 120) a jeté les yeux sur Chambon, dans le canton de la Marche, limitrophe de l'Auvergne, que l'on nomme Combraille, dont un archiprêtre du diocèse de Limoges prend le nom. J'aurais fort désiré de pouvoir étayer cette conjecture de quelque preuve particulière, ayant eu à cœur de n'être pas dans le cas d'omission à l'égard des *Cambiovicenses*, dont le nom, en parcourant la Table, se fait remarquer plus qu'un autre. » D'Anville. *Notice de l'ancienne Gaule*, p. 195. V. aussi *Recherches sur les peuples Cambiovicenses de la Carte de Peutinger*, in-8, 1806; et Walckenaer. *Géographie des Gaules*, t. I, p. 372.

CAMBLAIN-L'ABBÉ, vg. *Pas-de-Calais* (Artois), arr. et à 25 k. de St-Pol-sur-Ternoise, cant. et ✉ d'Aubigny. Pop. 412 h.

CAMBLANES, vg. *Gironde* (Guienne), arr. et à 12 k. de Bordeaux, cant. et ✉ de Créon. Pop. 907 h.

CAMBLIGNEUL, vg. *Pas-de-Calais* (Artois), arr. et à 25 k. de St-Pol-sur-Ternoise, cant. et ✉ d'Aubigny. Pop. 306 h.

CAMBLIN-CHATELIN, vg. *Pas-de-Calais* (Artois), arr. et à 22 k. de Béthune, cant. et ✉ de Houdain. Pop. 706 h.— Papeterie.

CAMBO, vg. *Gard* (Languedoc), arr. et à 26 k. du Vigan, cant. et ✉ de St-Hippolyte. Pop. 56 h.

CAMBO, bourg et établissement d'eau minérale, *B.-Pyrénées* (pays basque), arr. et à 18 k. de Bayonne, cant. d'Espelette. ✉. A 805 k. de Paris pour la taxe des lettres. Pop. 1,418 h.

Ce bourg, situé dans un paysage riant et champêtre, offre une longue suite de maisons, bâties sur la crête d'un versant rapide qui mène à la Nive, que l'on voit serpenter dans un large et beau bassin.

EAUX THERMALES DE CAMBO.

On trouve à Cambo deux sources d'eau thermale sulfureuse, et une source d'eau minérale ferrugineuse, dont on peut associer l'usage à celui des eaux thermales. Les sources sulfureuses jaillissent sur la rive gauche de la Nive, dans un petit vallon au sud-est de Cambo. Les eaux sont renfermées dans un bassin ou réservoir en forme de trapèze. L'établissement thermal est un édifice construit récemment dans les formes les plus élégantes : une colonnade en péristyle décore la façade et embrasse en demi-cercle les deux côtés ; au milieu est un réservoir qui alimente onze baignoires, disposées à l'entour, qui suffisent aux besoins des malades. L'eau superflue va se rendre dans la Nive.

SAISON DES EAUX. La saison des eaux commence dans les premiers jours du mois de mai, et se prolonge jusqu'à la fin de juin ; elle se renouvelle ensuite le 1er septembre jusqu'à la mi-octobre. C'est à cette époque que le concours des étrangers est le plus considérable : une infinité de personnes s'y rendent de tous les lieux du département et même de quelques provinces de l'Espagne. L'Amour, autant qu'Esculape, rassemble surtout dans ce lieu romantique la foule des jolies Bayonnaises. On peut jouir dans la belle saison d'une très-belle chasse aux palombes. La vie est peu coûteuse, les routes superbes. — Napoléon visita Cambo en 1808, et projeta d'y former un établissement thermal militaire, qui devait servir de succursale à celui de Barèges ; 150,000 fr. furent affectés à ce projet utile, auquel la chute de l'empire empêcha de donner suite.

PROPRIÉTÉS MÉDICINALES. Les eaux sulfureuses de Cambo sont apéritives, fortifiantes et légèrement laxatives. Elles conviennent dans les fièvres intermittentes, les pâles couleurs, etc.

MODE D'ADMINISTRATION. Les eaux de Cambo se prennent en boisson et en bains. On les boit à la dose de quatre ou cinq verres. — La source ferrugineuse de Cambo jaillit à une petite distance des sources sulfureuses ; on l'emploie avec succès dans les maladies chroniques.

Bibliographie. BORDEU (Théoph.). *Lettres sur les eaux minérales du Béarn*, in-12, 1746 (il y est question des eaux de Cambo). LABORDE. *Essai sur les eaux de Cambo et de Villefranche*, in-12, 1766.

CAMBON, *Aveyron*, comm. et ✉ de St-Affrique.

CAMBON, vg. *Loire-Inf.* (Bretagne), arr., cant., ✉ et à 6 k. de Savenay. Pop. 3,848 h. — Foire le 7 mai.

CAMBON, vg. *Tarn* (Languedoc), arr. et à 15 k. de Lavaur, cant. de Cuq-Toulza, ✉ de Puy-Laurens. Pop. 580 h.

CAMBON-D'ALBI, vg. *Tarn* (Languedoc), arr., ✉ et à 7 k. d'Albi, cant. de Villefranche. Pop. 493 h.

CAMBONUM (lat. 45°, long. 24°). « On trouve ce lieu dans l'Itinéraire de Bordeaux à Jérusalem, sur la route qui de *Dea Vocontiorum*, ou de Die, et de *Lucus Augusti*, s'avance vers *Vapincum*, ou Gap, en passant par *Mons Seleucus*, que l'on connaît dans la position de la bâtie Mont-Saléon. La distance est marquée VIII également, à l'égard d'un lieu antérieur nommé *Vologatis*, et à l'égard de *Mons Seleucus* qui succède. Ces distances paraissent convenables au local, en admettant, comme il convient, que la mesure itinéraire surpasse sensiblement la mesure directe, vu l'inégalité du pays et le passage d'une montagne, entre *Vologatis* et *Cambonum*, dont l'Itinéraire fait mention sous le nom de *Gavra Mons*. La descente de cette montagne donne entrée dans une vallée appelée Argençon qui conduit précisément à la bâtie Mont-Saléon. Je ne hasarderai point d'appliquer la position de Cambonum à quelque lieu en particulier ; je me contente de dire, qu'à partir de Mont-Saléon, les 8 milles qu'indique l'Itinéraire conduisent, en remontant la vallée d'Argençon, vers la Baume des Arnauds, *Balma Arnaudorum* dans les titres du Dauphiné. » D'Anville. *Notice de l'ancienne Gaule*, p. 195.

CAMBOULAS, vg. *Aveyron*, cant. de Pont-de-Salars. — *Fabriques* d'étoffes de laine et de bourre de bœuf et de chanvre, qui se vendent à si bon marché, qu'un homme de forte taille peut se vêtir complétement pour moins de six francs.

CAMBOULAZET, vg. *Aveyron* (Rouergue), arr. et à 23 k. de Rodez, cant. de Naucelle, ✉ de Sauveterre. Pop. 749 h.

CAMBOUTIL, vg. *Lot* (Quercy), arr., cant., ✉ et à 9 k. de Figeac. Pop. 610 h.

CAMBOUNÈS, vg. *Tarn* (Languedoc), arr. et à 19 k. de Castres, cant. et ✉ de Brassac. Pop. 1,682 h. — *Fabriques* de cadis, molletons, flanelles, couvertures de laine, etc.

CAMBOUNET-LES-MONTAGNES, vg. *Tarn* (Languedoc), arr. et à 32 k. de Lavaur, cant. et ✉ de Puy-Laurens. Pop. 422 h.

CAMBOUR, vg. *Tarn*, comm. de Castelgnac, ✉ de Dax.

CAMBRAI, *Camaracum*, ancienne, grande, belle et très-forte ville, *Nord* (Cambresis), chef-l. de sous-préf. et de 2 cant. Bonne ville nº 39. Place de guerre de 2ᵉ classe. Trib. de 1ʳᵉ inst. et de comm. Conseil de prud'hommes. Société d'émulation. Collége com. Archevêché. 2 cures. Séminaire diocésain. ✉. ⚭. Pop. 20,141 h. — Terrain tertiaire inférieur.

Autrefois archevêché, comté et duché, principauté de l'empire et souveraineté, capitale du Cambresis, parlement de Douai, intendance de Lille, chef-lieu de subdélégation et recette, gouvernement particulier, brigade de maréchaussée, plusieurs bailliages, 10 paroisses, 3 chapitres, collége et séminaire, 2 abbayes ordre de St-Benoît, une ordre de St-Augustin, 2 autres abbayes, 10 couvents, etc.—L'évêché de Cambrai date du vᵉ siècle. Il fut, en 1559, à la prière de Philippe II, roi d'Espagne, érigé en archevêché par Paul IV, qui lui donna pour suffragants les évêques d'Arras, Tournay, St-Omer et Namur; cet archevêché fut supprimé pendant la révolution; le siège de Cambrai fut rétabli par le concordat, mais avec son ancien titre d'évêché qu'il a conservé jusqu'en 1841, époque où il a été érigé en archevêché ayant pour suffragant l'évêché d'Arras. — Les anciens évêques de Cambrai étaient seigneurs temporels de Cambrai, avec le titre de comtes et princes du saint-empire; mais les châtelains qu'ils y avaient établis se rendirent peu à peu indépendants de leur autorité. Cependant les archevêques rentrèrent en possession de la seigneurie de Cambrai, plus tard, et au dernier siècle ils avaient encore le haut domaine de la ville et du comté composé de vingt-deux villages. La souveraineté seule appartenait au roi de France; ce fut depuis Louis XIV seulement que l'archevêque de Cambrai devint un prélat français.

La position de *Camaracum* à Cambrai, seconde capitale de *Nervii*, et dont la première mention se trouve dans les Itinéraires, pourrait aussi se démontrer par les seuls monuments historiques; mais elle est aussi prouvée par les mesures des routes romaines qui s'y croisent et qui partaient de *Nemetacum*, Arras, *Bagacum*, Bavay, et *Augusta Veromanduorum*, St-Quentin.— Plusieurs historiens croient que Cambrai existait déjà lorsque les Romains firent la conquête de ce pays. Il devint une de leurs places fortes après la destruction de Bavay, et était si important que Clodion, après s'en être emparé, prit le titre de roi de Cambrai. Il ne paraît pas cependant que les Romains y aient érigé aucun monument considérable. Après la mort de Clodion, Cambrai échut à Regnacaire, à la mort duquel cette ville entra dans le domaine de Clovis et passa à ses descendants. Le roi Chilpéric, l'un d'eux, s'y retira en 584 avec ses trésors et ses effets les plus précieux. Lors du partage du royaume de Lothaire, elle échut à Charles le Chauve. En 870, le 28 décembre, les Normands s'en rendirent maîtres, massacrèrent ce qu'ils y trouvèrent, et emportèrent un butin immense. Dans la suite, cette ville passa à Charles le Simple qui la céda, en 922, à l'empereur Henri Iᵉʳ. En 953, les Huns vinrent camper sous ses murs et y demeurèrent pendant trois jours sans avoir pu la prendre, malgré tous leurs efforts.

La commune de Cambrai s'établit par insurrection en l'année 1076. Les évêques de cette ville avaient acquis une si grande considération, que dès le ixᵉ siècle les empereurs d'Allemagne leur avaient concédé les droits de souveraineté sur Cambrai; mais les bourgeois ne supportaient qu'impatiemment leur domination, et étaient depuis plus de cent ans en guerre ouverte avec l'autorité épiscopale. En l'année 957, ils profitèrent de l'absence de leur évêque, qui s'était rendu à la cour de l'empereur, pour former une ligue contre lui, et jurer les uns aux autres de ne pas se laisser entrer dans la ville. L'évêque s'étant remis en route vers Cambrai, ne tarda pas à apprendre par le bruit public que l'entrée de la ville lui était défendue, et qu'il en trouverait les portes closes et les murailles bien gardées. Il rebroussa chemin et alla demander à l'empereur du secours contre l'évêché qu'il avait fondé: on lui donna une armée d'Allemands et de Flamands, assez forte pour réduire la ville. À l'approche des troupes, les habitants eurent peur, et, ajournant leur projet de liberté, reçurent l'évêque sans opposition. Celui-ci, qui regardait comme une injure intolérable ce qu'ils avaient osé faire contre lui, attendit, pour se venger, que leur association fût entièrement dissoute, et alors, faisant revenir ses soldats auxiliaires, il attaqua les bourgeois à l'improviste dans les places et dans les rues. Les soldats les poursuivaient jusque dans les églises, tuaient tout ce qui leur résistait, et quand ils avaient un prisonnier, lui coupaient les pieds ou les mains, lui crevaient les yeux ou le menaient au bourreau, qui lui marquait le front d'un fer rouge. Cette exécution militaire laissa de profonds ressentiments dans le cœur des bourgeois de Cambrai, et accrut le désir qu'ils avaient d'élever une barrière entre eux et la puissance seigneuriale. Tout le clergé métropolitain, défenseur-né de cette puissance, fut enveloppé dans la haine que les citoyens lui portaient. En l'année 1024, il se fit une nouvelle conjuration, à la faveur de laquelle les bourgeois, un moment maîtres de la ville, expulsèrent les chanoines et tous les clercs de l'Eglise, démolirent leurs maisons et empoisonnèrent ceux dont ils avaient le plus à se plaindre. Cette révolution fut de peu de durée, et une armée impériale rétablit à Cambrai la seigneurie ecclésiastique. Mais la révolution se réveilla, pour ainsi dire, en 1064 : les bourgeois, ayant pris les armes, firent prisonnier leur évêque nommé Liébert, et, pour les réduire, il fallut trois armées envoyées contre eux par l'empereur, le comte de Flandre et la comtesse de Hainaut. Malgré cette nouvelle défaite, les Cambrésiens ne se découragèrent point, et, douze ans après, sous le pontificat de Gérard, neveu de Liébert, ils s'insurgèrent de nouveau et se constituèrent en association permanente sous le nom de commune. Voici le détail de cet événement tel qu'on le trouve dans une chronique rédigée en vieux français :

« Comme le clergé et tout le peuple étoient en grande paix, s'en alla l'évêque Gérard à l'empereur. Mais ne fut pas très-éloigné, quand les bourgeois de Cambrai, par mauvais conseil, jurèrent une commune et firent ensemble une conspiration que de longtemps avoient murmurée, et s'allièrent ensemble par serment, que si l'évêque n'octroyoit cette commune, ils lui défendroient l'entrée en la cité. Cependant l'évêque étoit à Lobbes, et lui fut dit le mal que le peuple avoit fait, et aussitôt il quitta sa route, et pour ce qu'il n'avoit gens pour le venger de ces bourgeois, il prit avec lui son bon ami Baudouin, le comte de Mons, et ainsi vinrent à la cité avec grande cavalerie. Lors eurent les bourgeois leurs portes closes et mandèrent à l'évêque qu'ils ne laisseroient entrer que lui et sa maison, et l'évêque répondit qu'il n'entreroit pas sans le comte et sa chevalerie, et les bourgeois le refusèrent. Quand l'évêque vit la folie de ses sujets, il lui prit grande pitié, et il désiroit plus faire miséricorde que justice. Alors leur manda qu'il traiteroit des choses devant dites, en sa cour, en bonne manière, et ainsi les apaisa. Alors l'évêque laissé entrer, et les bourgeois rentrèrent en leurs maisons, à grande joie, en tout fut oublié de ce qui avoit été fait. Mais il advint, après un peu de temps, par aventure, sans le su et le consentement de l'évêque et contre sa volonté, que grand nombre de chevaliers les assaillirent en leurs hôtels, en occirent aucuns et plusieurs blessèrent. Dont furent les bourgeois très-ébahis et fuirent à l'église St-Géry ; enfin furent pris et menés devant l'évêque. Ainsi fut cette conjuration et la commune défaite, et jurèrent désormais féauté à l'évêque. »

Les troubles qui survinrent presque aussitôt dans l'empire, par suite de l'excommunication de Henri IV, fournirent aux habitants de Cambrai une occasion pour tenter un nouveau mouvement et rétablir leur commune. Ils furent aidés par le comte de Flandre, qui fit alliance avec eux pour s'agrandir aux dépens de la puissance impériale. En vertu de cette alliance, ils installèrent comme évêque un ami du comte, appelé Eudes, et refusèrent de recevoir l'évêque Gaucher, désigné par l'empereur. Après l'avénement de Henri V, lorsque la paix eut rendu toute sa force à l'autorité impériale, « messire Gaucher, dit la chronique de Cambrai, alla vers l'empereur et fit sa complainte du comte Robert de Flandre, comment il avoit troublé son empire, saisi Cambrai et mis dedans l'élu Eudes, dont fut l'empereur fortement irrité. Lors il s'apprêta pour venir en Flandre, et y vint avec très-grande armée, et assiégea le château de Douai, qui étoit très-fort de murs et de fossés, dont fut celui de Flandre très-épouvanté, et les soldats que le comte avoit mis pour garder Cambrai, eurent peur, laissèrent la cité et s'enfuirent. Lors entra le comte dedans Douai, et en garnit toutes les forteresses. Au troisième jour après, l'empereur fit un très-grand assaut, et le comte merveilleusement bien se défendit, si qu'il y eut plusieurs chevaliers occis du côté de l'empereur, et ainsi laissèrent l'assaut. Dont eurent conseil tous les grands princes de l'empereur ensemble; car ils voyoient que rien ne profitoit et ne prendroient le château, et lui dirent qu'il reçût à amour le comte de Flandre. Lors reçut l'empereur le comte de Flandre à homme, et furent bons amis ensemble.

» Après ce, l'empereur vint à Cambrai très-terriblement; mais devant sa venue s'enfuit l'élu Eudes et grande partie du clergé et du peuple qui se sentoit coupable. Dont s'enfuirent plusieurs femmes avec leurs enfants dans les églises et les tours, et les pucelles s'effrayoient quand elles virent tant de chevaliers allemands, esclavons, lorrains, saxons. Alors fit l'empereur crier que les habitants et les bourgeois vinssent en sa présence; et ils y vinrent très-émus; car ils craignoient de perdre la vie ou leurs membres, et ne pouvoient contredire, ni ne l'osoient. Lors parla l'empereur très-durement à eux, et fortement les blâma, et dit comment ils étoient si osés qu'ils avoient fait tant de choses contre les droits de l'empire, conjuration, commune, nouvelles lois, et qui plus est, qu'ils avoient reçu nouvel évêque dedans la cité, contre Dieu et contre la seigneurie de l'empire. Quand ils ouïrent l'empereur ainsi parler, ils furent trop épouvantés et ne savoient qu'ils pussent répondre; et pour ce qu'ils se sentoient coupables, ils s'humilièrent durement et prièrent à l'empereur merci. Dont se prit le bon évêque Gaucher très-bénignement à prier pour ses sujets et tomba aux pieds du roi et disoit : « Très-doux empereur, ne dé-
» truisez pas mes bourgeois si cruellement et en
» si grande sévérité, car bien les pouvez corri-
» ger avec plus grande douceur. » Dont prièrent aussi les princes de l'armée avec l'évêque, et disoient qu'il eût pitié de tant de larmes. Quand ce entendit l'empereur, se relâcha un peu de sa colère, et crut le conseil de l'évêque et des princes, et ne les punit pas ainsi qu'il se proposoit par rigueur de justice. Cependant ne les épargna pas du tout; car il commanda qu'ils apportassent en sa présence la charte de la commune qu'ils avoient faite, et eux ainsi fi-

rent, et l'empereur tantôt la défit et leur fit jurer devant tous les princes que jamais autre ne feroient. Ainsi fut défaite cette commune, et leur fit l'empereur jurer féauté à lui par foi et par serment. »

Cette seconde destruction de la commune de Cambrai eut lieu en l'année 1107, et, moins de vingt ans après, la commune était rétablie. On la citait au loin comme un modèle d'organisation politique : « Que dirai-je de la liberté de cette ville? dit un ancien écrivain : ni l'évêque ni l'empereur ne peuvent y avoir de taxe; aucun tribut n'y est exigé; on ne peut faire sortir la milice, si ce n'est pour la défense de la ville, et encore à cette condition, que les bourgeois puissent le jour même être de retour dans leurs maisons. » La commune était gouvernée par un corps de magistrature élective, dont les membres avaient le titre de jurés et s'assemblaient tous les jours dans l'hôtel de ville, qu'on nommait la Maison de jugement. Les jurés, au nombre de quatre-vingts, se partageaient l'administration civile et les fonctions judiciaires. Tous étaient obligés d'entretenir un valet et un cheval toujours sellé, afin d'être prêts à se rendre, sans aucun retard, partout où les appelaient les devoirs de leurs charges. Ces devoirs n'étaient pas aussi aisés à remplir que ceux des maires et échevins de nos villes modernes; il s'agissait pas, en temps ordinaire, de veiller à la police des rues, et, dans les grandes circonstances, de régler le cérémonial d'une procession ou d'une entrée, mais de défendre, à force de courage, des droits chaque jour envahis. Il fallait vêtir la cotte de mailles, lever la bannière de la ville contre des comtes et des chevaliers, et, après la victoire, ne point se laisser abattre par les sentences d'excommunication dont s'armait le pouvoir épiscopal. Grâce à la constance inébranlable de ses magistrats électifs, la commune de Cambrai, abolie encore à deux reprises différentes, se releva et continua de prospérer et de se faire craindre. Elle soutint, jusqu'au milieu du XIVᵉ siècle, une guerre à outrance contre les évêques et contre leur clergé, qu'elle contraignit plusieurs fois de sortir en masse de la ville et de se réfugier à Valenciennes.

Au temps des guerres entre Philippe de Valois et le roi d'Angleterre, Cambrai, qui avait été dévolu au roi de France par un traité récent, fut inutilement assiégé par les Anglais, qui avaient réuni sous ses murs une armée de 80,000 hommes. En récompense de cette courageuse défense, Philippe de Valois accorda à cette ville de grands privilèges. Après la mort de Charles le Hardi, duc de Bourgogne, Cambrai fut livré aux troupes de Louis XI; mais ce prince les en retira, d'après une convention de 1478. Charles-Quint s'empara de Cambrai et y bâtit une des plus fortes citadelles de l'Europe, sur l'emplacement de l'église collégiale de St-Géry; plus de huit cents maisons, une partie de la ville de Crèvecœur, ainsi que les châteaux de Cuvillers, d'Escaudœuvres, de Rumilly, de Fontaine, de St-Aubert et de Cauroy, furent démolis pour fournir les matériaux

nécessaires à cette construction, dont, dans certaines parties, les remparts s'élèvent à 70 m. au-dessus des fossés. — La ville de Cambrai fut assiégée inutilement par Henri II en 1553. Elle fut livrée à la France par Baudouin de Grave, en 1580. Le duc de Parme l'assiégea sans succès l'année suivante. Balagni, évêque de Valence, en usurpa la souveraineté, qu'il tint sous la protection de la France, et en fut chassé par les Espagnols, en 1595. Turenne tenta inutilement de s'en emparer, en 1657. Louis XIV la prit après neuf jours de tranchée ouverte, le 5 avril 1677; douze jours après la citadelle capitula. Elle est restée à la France par l'article 11 du traité de Nimègue de 1678. Les Autrichiens l'assiégèrent en 1793, et ne purent s'en rendre maîtres.

Il s'est tenu à Cambrai deux conciles dans le XIVᵉ siècle, l'un en 1303 et l'autre en 1383. La fameuse ligue de Cambrai fut conclue dans ses murs entre le pape Jean II, l'empereur Maximilien et le roi de France Louis XIII, contre les Vénitiens.

La paix, dite de Cambrai, fut signée en cette ville le 5 août 1529, par Louise de Savoie, mère de François Iᵉʳ, et par Marguerite d'Autriche, gouvernante des Pays-Bas, tante de Charles-Quint, circonstance qui la fit appeler aussi la paix des dames. Les deux princesses se rendirent à Cambrai, accompagnées de huit cardinaux, dix archevêques, trente-trois évêques, quatre princes, soixante-douze comtes et quatre cents seigneurs. Le traité de Cambrai eut pour base le traité de Madrid, mais avec des modifications importantes aux articles 3, 4, 11 et 14. Ainsi François Iᵉʳ fut relevé de l'obligation d'abandonner la Bourgogne, et on accepta la rançon de 2,000,000 d'écus d'or, qu'il avait proposée pour la délivrance de ses fils. Du reste, ce double succès fut acheté au prix de grands sacrifices.

Les **armes de Cambrai** sont : *d'or à un aigle à deux têtes de sable béqué et membré de gueules, chargé sur l'estomac d'un écusson d'or à trois lions d'azur 2 et 1.*

La ville de Cambrai est située dans une contrée fertile en lin et abondante en pâturages, près de la source et sur la rive droite de l'Escaut, dont une des branches traverse la ville. Elle est généralement bien bâtie, assez bien percée, entourée de fortifications considérables, flanquées de tours rondes antiques, et défendue par une bonne citadelle. On y entre par quatre portes : la porte de Selles, la porte Cantimpré, celle de St-Sépulcre ou de Paris, et la porte de Notre-Dame ou de Valenciennes. — La place d'armes, au bout de laquelle on voit l'hôtel de ville, est remarquable par son étendue; toute la garnison peut y ranger en bataille. L'esplanade est une des plus belles et des plus vastes de la ci-devant province de Flandre. Cette ville renferme quelques beaux édifices et un grand nombre d'établissements publics, parmi lesquels on remarque :

L'ÉGLISE ST-SÉPULCRE, aujourd'hui cathédrale; ce n'était, dans des temps reculés, qu'une simple chapelle érigée par l'évêque Gérard sur les catacombes des victimes de la peste qui décimait alors la population de cette cité. En 1064, elle fut érigée en abbaye de religieux de l'ordre de St-Benoît, par Lietbert, évêque de Cambrai. Le couvent est aujourd'hui le palais épiscopal.

L'église, remarquable par ses sculptures, est riche d'objets d'art : on y admire un magnifique buffet d'orgues et neuf tableaux en grisaille, qui représentent les principales époques de la vie et de la mort du Sauveur. Ils ont été peints sur place, en 1760, d'après Rubens, par Gérard d'Anvers. La Descente de croix, placée dans la sacristie, est, au jugement des connaisseurs, le chef-d'œuvre de ce célèbre peintre.

Dans cette église reposent les restes de Fénelon, archevêque de Cambrai ; un monument digne de remarque y a été élevé dans une chapelle située derrière le chœur et qui termine le rond-point de l'église. Il est adossé au mur du fond, et s'appuie sur un soubassement orné des insignes de l'épiscopat. Dans ce soubassement est disposé le sarcophage qui contient la dépouille mortelle du vertueux archevêque. Ce monument a été achevé au mois de septembre 1823, et inauguré le 7 janvier 1825, jour anniversaire de la mort de Fénelon.

L'ÉGLISE ST-GÉRY, où l'on voit un magnifique jubé en marbre, qui supporte le buffet d'orgues ; un tableau précieux de Rubens orne une des chapelles latérales. Les quatre colonnes en pierres bleues, qui soutiennent le dôme de l'édifice, sont remarquables par leur élévation.

LA BIBLIOTHÈQUE PUBLIQUE, placée dans l'église de l'ancien hôpital St-Jean. Elle renferme 29 à 30,000 volumes et au moins 1,000 manuscrits, dont M. Leglay a fait un catalogue ou plutôt une description analytique. Parmi ces manuscrits on remarque un Grégoire de Tours d'un grand prix, qui renferme plusieurs leçons jusqu'ici inédites, et qu'on doit faire remonter aux VIIe et VIIIe siècles ; un exemplaire des Chroniques de St-Denis, qui appartenait à Froissart, et sur lequel il a travaillé ; un manuscrit de forme oblongue, très-long et très-étroit, du VIIIe siècle, et renfermant des lettres initiales d'un dessin fort curieux. On conserve en outre à Cambrai beaucoup de chartres très-belles et assez anciennes ; une entre autres, écrite en français, datée de 1121 ; une de 1215, qui accorde au nom de l'empereur la commune aux habitants de Cambrai ; une de Robert, comte d'Artois, de 1260, à laquelle est suspendu un sceau merveilleusement dessiné et exécuté. Cette empreinte peut soutenir la comparaison avec les beaux ouvrages de ciselure antique (L. Vitet, Rapp. au ministre de l'intérieur).

On remarque encore à Cambrai : l'hôtel de ville, l'hôpital militaire, le mont-de-piété, le collège, la salle de spectacle, etc., etc. — Il existe de temps immémorial, à la sortie de la porte Notre-Dame, au nord-nord-est de Cambrai, vers le commencement de l'ancienne chaussée Brunehaut, deux grès connus sous le nom de *Pierres Jumelles*, d'une taille monstrueuse, ayant 3 m. 6 déc. environ de hauteur, 6 à 8 déc. de largeur, sur 4 à 5 d'épaisseur.

Biographie. Cambrai est la patrie de : AMÉ BOURDON, habile anatomiste et savant médecin ; d'ENGUERRAND DE MONSTRELET, historien du XVe siècle ; du maréchal de France MORTIER, duc de Trévise ; du général en chef DUMOURIER.

Industrie. Fabriques de batistes, toiles fines, linons, fils retors, dentelles, bonneterie, percales, savon noir, amidon, bougies, fécule de pommes de terre, sucre de betteraves. Filatures de coton et de fil. Manufactures de toiles peintes. Belles blanchisseries de toiles. Nombreuses brasseries. Distilleries. Teintureries. Ateliers pour apprêt d'étoffes de coton et de lin. Raffinerie de sel et de salpêtre. Tanneries, etc. C'est de Cambrai que sortirent les premiers linons et batistes, dont la fabrication s'y soutient toujours avec avantage. — Commerce considérable de batistes et de toiles de lin, de grains, graines grasses, vin, eau-de-vie, épicerie, houblon, laine, fers, chevaux et bestiaux. Entrepôt de houille. — *Foires* les 1er mai (9 jours), 29 oct. (9 jours) et le 24 de chaque mois.

A 63 k. S. de Lille, 35 k. E.-S.-E. d'Arras, 177 k. N.-E. de Paris. Lat. 50° 10′ 37″ N., long. 0′ 53′ 32″ E.

L'arrondissement de CAMBRAI est composé de 7 cantons : Cambrai E., Cambrai O., Carnières, le Cateau, Clary, Marcoing, Solesmes.

Bibliographie. LE CARPENTIER. *Histoire de Cambray et du pays de Cambresis*, 2 vol. in-4, 1664.
DUPONT. *Histoire de Cambray et du Cambresis* (dans l'Almanach de cette ville de 1759-60-62-65 et 67).
BOULY (E.). *Histoire de Cambrai et du Cambresis*, 2 vol. in-8, 1842-43.
LEGLAY (le docteur). *Chronique d'Arras et de Cambrai, par Balderic, chantre de Terouane au XIe siècle, revue et augmentée*, etc., in-8, 1830, 1834.
BOULY (E.). *Mémoires chronologiques contenant ce qui s'est passé de plus remarquable à Cambrai, depuis la réunion de cette ville à la France sous Louis XIII, jusqu'en 1753*, in-8, 1838.
LINGNE (Jul. de). *L'Histoire de Cambray* (en vers), 1602.
* *Documents pour servir à l'histoire de Cambray et du Cambresis*.
CLÉMENT-HÉMERY (Mme). *Document inédit de l'histoire de Cambray*, etc., in-8, 1838.
BROUCK (de). *Cambray délivré du siège par les faveurs de très-sainte Vierge Notre-Dame de Grâ , et par les armes de S. A. S. l'archiduc Léopold V*, le 3 juillet 1649; in-4, 1650.
LALLOUX. *Relation du siège de Cambray et de sa levée le 3 juillet 1649*, in-4, 1560.
* *Relation particulière de tout ce qui s'est passé au siège de Cambray, depuis le 24 juillet 1649 jusqu'au 4 juillet*, in-4, 1649.
* *Journal de ce qui s'est passé au siège et à la prise de la ville et citadelle de Cambray*, in-4, 1677.
LEGLAY. *Recherches sur l'église métropolitaine de Cambrai*, in-4, 12 pl., 1825.
* *Médailles et monnaies de Cambrai*, in-8, 11 pl., 1823.
COUSSEMAKER. *Notice sur les collections musicales de la bibliothèque de Cambrai et autres villes du département du Nord*, in-8, 1843.
* *Programme de la marche triomphale, chœurs et cavalcades, etc., à la fête communale de Cambrai*, 15 et 17 août 1838, in-8, 1838.
LEGLAY. *Programme de la fête communale de Cambrai ; précédé d'une notice sur les principales fêtes et cérémonies publiques qui ont eu lieu à Cambrai depuis le XIe siècle jusqu'à nos jours*, in-4, 1836.
DINAUX. *Les Trouvères cambrésiens*, 2e édit. in-8, 1834.
CLÉMENT-HÉMERY (Mme). *Notice sur les communautés de femmes établies à Cambrai avant la révolution*, in-8, 1826.
BARALLE (A. de). *Rapport de l'architecte de la ville, sur la restauration de l'hôtel de ville de Cambrai*, in-4, 1836.
* *Notice sur le monument élevé à Fénelon dans l'église cathédrale de Cambrai*, etc., in-8 et pl., 1827.
DELCROIX. *Notice sur le château de Selles à Cambrai*, in-8, 1842.
CARPENTIER. *Généalogies, éloges et armes des comtes, ducs, évêques et archevêques de Cambray, et de presque quatre cents familles nobles, tant des dix-sept provinces que de France, qui ont possédé des terres*, 2 vol. in-4, 1664.
BOULY (E.). *Lettres sur Cambrai*, in-8, 1835.
DEMEUNYNCK et DEVAUX. *Précis historique et statistique des communes de l'arrondissement de Cambrai* (Annuaire du Nord, 1833).
Mémoires de la société d'émulation de Cambrai, in-8, 1804-41.
DINAUX (Arth.). *Bibliographie cambrésienne*, in-8, 1822.

CAMBRAN, vg. *Landes*, comm. de Saugnac, ✉ de Brassac.

CAMBREMER, bg *Calvados* (Normandie), arr. et à 19 k. de Pont-l'Évêque, chef-l. de cant. ✉. A 193 k. de Paris pour la taxe des lettres. Pop. 1,248 h. — Terrain jurassique, étage moyen du système oolitique.

CAMBRES (les), *Seine-Inf.*, comm. d'Anceaumeville, ✉ de Valmartin. ☞.

CAMBRESIS, *Cameracensium*, petit pays, de 40 k. de longueur sur 16 k. de largeur environ, qui dépendait autrefois de la ci-devant province de Flandre, il forme à présent la majeure partie de l'arr. de Cambrai, dép. du Nord. Selon les uns, Cambrai en était la capitale, et selon d'autres le Cateau-Cambresis. Son territoire est très-fertile en grains, en pâturages excellents, et en lin recherché pour la fabrique des toiles de batiste. Ce pays fut cédé à Louis XIV, en 1678, par le traité de Nimègue. V. pour la description et la bibliographie, l'article département du Nord.

CAMBRIN, vg. *Pas-de-Calais* (Artois), arr., ✉ et à 10 k. de Béthune, chef-l. de cant. Bureau d'enregist. à Beuvry. Pop. 468 h. — TERRAIN d'alluvions modernes.

CAMBRO (forge de), *Calvados*, comm. de Croisilles, ✉ d'Harcourt-Thury.

CAMBRON, vg. *Aisne*, comm. de Gercy, ✉ de Vervins.

CAMBRON, vg. *Somme* (Picardie), arr., cant., ✉ et à 5 k. d'Abbeville. P. 1,037 h.

CAMBRONNE, vg. *Oise* (Picardie), arr. et à 15 k. de Compiègne, cant. et ✉ de Ribecourt. Pop. 503 h.

CAMBRONNE-LES-CLERMONT, vg. *Oise* (Picardie), arr. et à 15 k. de Clermont, cant. et ✉ de Mouy. Pop. 502 h. — La construction du clocher de l'église est remarquable : il est en pierre et forme une pyramide octogone, avec une flèche fort élevée qui se voit de très-loin.

CAMBURAT, vg. *Lot* (Quercy), arr., cant., ✉ et à 7 k. de Figeac. Pop. 628 h.

CAME, vg. *B.-Pyrénées* (Gascogne), arr. et à 37 k. de Bayonne, cant. et ✉ de Bidache. Pop. 1,775 h.

CAMELAS, vg. *Pyrénées-Or.* (Roussillon), arr. et à 22 k. de Perpignan, cant. et ✉ de Thuir. Pop. 575 h.

CAMELIN, vg. *Aisne* (Picardie), arr. et à 45 k. de Laon, cant. de Coucy-le-Château, ✉ de Blérancourt. Pop. 709 h.

CAMELLE (Ste-), vg. *Aude* (Languedoc), arr. et à 24 k. de Castelnaudary, cant. de Salles-sur-Lhers. Pop. 374 h.

CAMEMBERT, vg. *Orne* (Normandie), arr. et 25 k. d'Argentan, cant. et ✉ de Vimoutier. Pop. 632 h.

CAMEREN, *Moselle*. V. LA CHAMBRE.

CAMERUN, vg. *Loire-Inf.*, comm. de la Chapelle-des-Marais, ✉ de Pont-Château.

CAMETOURS, bg *Manche* (Normandie), arr. et à 13 k. de Coutances, cant. de Cerisy-la-Salle, ✉ de Marigny. Pop. 1,260 h. — Manufacture de toiles.

CAMFLEUR - COURCELLES, vg. *Eure* (Normandie), arr., cant., ✉ et à 8 k. de Bernay. Pop. 166 h. — Filature de coton.

CAMI, vg. *Lot*, comm. et ✉ de Peyrac. — *Foires* les 3 fév., 23 avril et 17 août.

CAMIAC, vg. *Gironde* (Guienne), arr. et à 19 k. de Libourne, cant. et ✉ de Branne. Pop. 242 h.

CAMIERS, vg. *Pas-de-Calais* (Boulonnais), arr. et à 21 k. de Montreuil-sur-Mer, cant. et ✉ d'Etaples, Pop. 542 h.

CAMIFERRAT, *Lot*, comm. de Prayssac, ✉ de Castelfranc.

CAMILLAC, *Gironde*, comm. et ✉ de Bourg-sur-Gironde.

CAMILLE (Ste-), *Meurthe*, comm. de Vandœuvre, ✉ de Nancy.

CAMILLY, *Calvados*, comm. de Fresne-Camilly, ✉ de Creully.

CAMINEL, *Lot*, comm. du Breil, ✉ de Montcuq. — *Foire* le 11 août.

CAMIRAN, vg. *Gironde* (Guienne), arr., cant., ✉ et à 6 k. de la Réole. P. 577 h.

CAMJAC, vg. *Aveyron* (Rouergue), arr. de Rodez, cant. de Naucelle, ✉ de Sauveterre. Pop. 989 h.

CAMLEZ, vg. *Côtes-du-Nord* (Bretagne), arr. et à 15 k. de Lannion, cant. et ✉ de Tréguier. Pop. 1,241 h.

CAMMAZÈS (les), *Tarn* (Languedoc), arr. et à 32 k. de Castres, cant. de Dourgne, ✉ de Sorrèze. Pop. 832 h. — *Foires* les 12 août et 24 oct.

CAMOIL, vg. *Morbihan* (Bretagne), arr. et à 37 k. de Vannes, cant. et ✉ de la Roche-Bernard. Pop. 530 h. — *Foire* le 24 mai.

CAMOINS (les), vg. *Bouches-du-Rhône*, comm. et ✉ de Marseille. — Il est renommé par une source d'eau minérale sulfureuse froide, dont les eaux s'écoulent dans une vallée étroite bordée de coteaux couverts de vignes, au pied desquels s'étendent de vertes prairies. L'eau de la source des Camoins exhale une forte odeur de gaz hydrogène sulfuré ; on l'emploie avec succès dans les maladies cutanées, dans les maladies lymphatiques et les obstructions des viscères abdominaux. On est obligé de l'administrer en boissons froides, parce que la moindre chaleur suffit pour faire évaporer les principes gazeux. — Les bains sont ouverts du 1er mai au 1er juin. — Carrière de plâtre.

CAMON, vg. *Ariège* (Languedoc), arr. et à 35 k. de Pamiers, cant. et ✉ de Mirepoix. Pop. 516 h.

CAMON, vg. *Somme* (Picardie), arr., cant., ✉ et à 5 k. d'Amiens. Pop. 1,433 h.

CAMORS, vg. *Morbihan* (Bretagne), arr. et à 32 k. de Lorient, cant. de Pluvigner, ✉ de Baud. Pop. 2,007 h. — *Foires* les 8 mai, 22 juin, 7 sept. et 1er vendredi de juin.

CAMOU-SUHAST, vg. *B.-Pyrénées* (basse Navarre), arr. et à 25 k. de Mauléon, cant., ✉ et à 5 k. de St-Palais. Pop. 226 h. — Il portait autrefois le nom de Camou-Mixe, qu'il a porté jusqu'en 1842, époque de la réunion sur son territoire de celui de Suhast.

CAMOU-SOULE, vg. *B.-Pyrénées* (Béarn), arr. de Mauléon, et à 30 k. de St-Palais, cant. et ✉ de Tardets. Pop. 337 h.

CAMOUS, vg. *H.-Pyrénées* (Gascogne), arr. et à 31 k. de Bagnères-de-Bigorre, cant. et ✉ d'Arreau. Pop. 135 h.

CAMP - GUILHEM, vg. *Tarn*, comm. de Viane, ✉ de Lacaune.

CAMPAGNA, vg. *Aude* (Languedoc), arr. et à 68 k. de Limoux, cant. de Belcaire, ✉ de Quillan. Pop. 342 h.

CAMPAGNAC, bg *Aveyron* (Rouergue), arr. et à 48 k. de Millau, chef-l. de cant., ✉ de St-Geniez. Cure. Bureau d'enregist. à Séverac. Pop. 1,266 h. — TERRAIN jurassique. — *Foires* les 6 oct., 15 nov., lundi de Pâques, et 1er lundi de juillet.

CAMPAGNAC, vg. *Tarn* (Languedoc), arr. et à 17 k. de Gaillac, cant. de Castelnau-

de Montmiral, ✉ de Cordes. Pop. 467 h. — *Foires* les 6 oct., 15 nov., lundi de Pâques, 1er lundi de juillet.

CAMPAGNAC-LES-QUERCY, vg. *Dordogne* (Périgord), arr. et à 26 k. de Sarlat, cant. et ✉ de Villefranche - de - Belvès. Pop. 1,145 h. — *Foires* les 5 janv., 28 mars, 17 août et 13 sept.

CAMPAGNAN, vg. *Hérault* (Languedoc), arr. et à 33 k. de Lodève, cant. et ✉ de Gignac. Pop. 270 h.

CAMPAGNE, vg. *Ariège* (pays de Foix), arr. et à 23 k. de Pamiers, cant. et ✉ du Mas-d'Azil. Pop. 880 h. — *Foires* les 12 fév. et 10 août.

CAMPAGNE, vg. *Dordogne* (Périgord), arr. et à 24 k. de Sarlat, cant. et ✉ du Bugue. Pop. 632 h.

CAMPAGNE, vg. *Gers* (Condomois), arr. et à 34 k. de Condom, cant. de Cazaubon, ✉ d'Eauze. Pop. 427 h.

CAMPAGNE, vg. *Hérault* (Languedoc), arr. et à 27 k. de Montpellier, cant. de Claret, ✉ de Sommières. Pop. 110 h.

CAMPAGNE, vg. *Landes* (Gascogne), arr., cant., ✉ et à 12 k. de Mont-de-Marsan. ✍. Pop. 1,032 h.

CAMPAGNE, vg. *Oise* (Picardie), arr. et à 35 k. de Compiègne, cant. et ✉ de Guiscard. Pop. 176 h.

CAMPAGNE, vg. *Pas-de-Calais* (Boulonnais), arr. et à 32 k. de Boulogne-sur-Mer, cant. et ✉ de Guines. Pop. 426 h.

CAMPAGNE, vg. *Pas-de-Calais*, comm. de Wardrecques, ✉ de St-Omer.

CAMPAGNE, *Somme*, comm. du Quesnoy-Montant, ✉ d'Abbeville.

CAMPAGNE - LES - BOULONNAIS, vg. *Pas-de-Calais* (Artois), arr. et à 25 k. de Montreuil-sur-Mer, cant. et ✉ d'Hucqueliers. Pop. 1,004 h.

CAMPAGNE-LES-HESDIN, ou CAMPAGNE-LES-ST-ANDRÉ, vg. *Pas-de-Calais* (Artois), arr., ✉ et à 14 k. de Montreuil-sur-Mer, chef-l. de cant. Cure. Pop. 1,305 h. — TERRAIN tertiaire moderne.

CAMPAGNE-LES-WARDRECQUES, vg. *Pas-de-Calais* (Artois), arr., cant., ✉ et à 5 k. de St-Omer. Pop. 451 h. — *Fabrique* de sucre indigène.

CAMPAGNE-SUR-AUDE, vg. *Aude* (Languedoc), arr. et à 25 k. de Limoux, cant. de Quillan, ✉ de Couiza. Pop. 428 h. — Il est situé dans une vallée agréable, sur la rive gauche de l'Aude, et renommé par ses sources d'eaux minérales.

EAUX THERMALES DE CAMPAGNE.

Les sources de Campagne sont au nombre de deux : l'une dite la source du Pont, ou source Inférieure, est située presque au niveau des eaux d'un ruisseau appelé le Rieutort ; l'autre, qui est la principale, porte le nom de Campagne ou de source Supérieure ; elle est à l'abri des inondations occasionnées par les pluies torrentielles qui grossissent souvent, et dans une minute, le Rieutort.

Le propriétaire des sources thermales a fait construire sur les lieux une maison convenable pour loger les étrangers. Les chambres sont bien décorées ; l'ameublement est propre et commode ; il y a vingt lits de maîtres. On y trouve une table d'hôte très-délicatement servie. Les baignoires, au nombre de seize, distribuées dans des cabinets propres et bien conditionnées, occupent le rez-de-chaussée. Le logement étant insuffisant pour toutes les personnes qui fréquentent les bains, c'est au bourg d'Esperaza, distant de 1 k., que se loge le plus grand nombre.

La saison des eaux dure depuis le commencement de mai jusqu'à la fin d'octobre. Tous les ans il s'y réunit un nombre considérable de personnes qui, très-souvent, y recouvrent la santé.

La température des eaux des deux sources est de 23 degrés du thermomètre de Réaumur ; elle est invariable dans toutes les saisons. Leur pesanteur spécifique, comparée à celle de l'eau distillée, la température étant à 8 degrés, est comme 1000 à 1004.

Les eaux de Campagne sont diurétiques, purgatives, toniques, lithontriptiques. Elles conviennent comme boisson, dans tous les cas de maladies sthéniques, et comme moyen dérivatif, dans les maladies lentes, anciennes, surtout des organes de la génération, et les obstructions des viscères abdominaux. Les bains conviennent contre toutes les maladies de la peau où l'irritation prédomine, ainsi que contre les douleurs rhumastimales, aiguës et chroniques.

Ces eaux s'emploient en boisson, bains et douches ; on les boit depuis la dose de cinq à six verres jusqu'à douze chaque matin.

CAMPAGNOLLES, vg. *Calvados* (Normandie), arr., ✉ à 6 k. de Vire, cant. de St-Sever. Pop. 806 h.

CAMPAN, *Camponi*, joli bourg *H.-Pyrénées* (Bigorre), arr., ✉ et à 6 k. de Bagnères-de-Bigorre, chef-l. de cant. Bur. d'enregist. à Bagnères. Cure. Pop. 4,053 h. — Terrain de transition.

Ce bourg, chef-lieu de la riche vallée de son nom, a toute l'apparence d'une petite ville, par l'élégance et la propreté des habitations, presque toutes construites en marbre provenant des carrières environnantes. L'une de ses rues s'étend le long de l'Adour, l'autre borde la route de Bagnères-de-Bigorre. La place publique est ornée d'une belle fontaine, dont les eaux sont reçues dans des bassins en marbre vert.

La vallée de Campan est une des plus riches et des plus fertiles du département. Les *Camponi* l'habitaient autrefois et lui ont légué leur nom ; des monuments marquent encore les traces de cette tribu, et des tours féodales indiquent les temps plus rapprochés de notre siècle où quelques tyrans subalternes avaient établi le siége de leur puissance. Il existe, sur la rive droite de l'Adour, cinq ou six familles que le préjugé flétrit du nom de Cagots, et tient reléguées dans un quartier séparé du gros de la commune, et appelé *quartier des Cagots*. Ces familles, qui exerçaient toutes autrefois le métier de charpentier, ne s'alliaient qu'entre elles ; aujourd'hui elles se sont mêlées aux autres habitants. Il n'y a pas longtemps encore que les individus réputés Cagots étaient enterrés à part dans le cimetière commun ; ils entraient dans l'église par une porte particulière située sous le clocher, et y occupaient la place désignée aujourd'hui encore sous le nom de *Rang des Cagots*, place occupée aujourd'hui par les notabilités de la commune. A côté de cette porte existe un petit bénitier qui leur était particulièrement affecté.

La vallée de Campan est enfermée entre les montagnes de Lavedan, de Barèges et de la vallée d'Aure ; on y voit l'Adour de Beaudéan, qui descend du Tourmalet, et celui de Campan, qui vient des montagnes d'Aure. Les torrents qui parcourent les autres vallons pyrénéens sont pour la plupart sans doute ; mais leurs ondes, grossies par l'affreuse avalanche et par les orages, y portent souvent la dévastation et le deuil, tandis que l'Adour semble rouler avec ses flots limpides et la fortune et la sécurité. La montagne féconde située sur la rive gauche de l'Adour qui s'étend d'un bout de la gorge à l'autre, est couverte d'étage en étage de diverses moissons, de riantes métairies dont chacune a son jardin, sa fontaine, où l'on puise sans corde et sans efforts les eaux nécessaires pour arroser ; au-dessus sont des bosquets : la cime est couronnée de sapins. — On ne peut résister aux impressions ravissantes qu'on éprouve en traversant cette belle vallée. Quel riant tableau ! la plus féconde imagination ne saurait rien y ajouter ; en aucun lieu, on ne rencontre cette variété d'objets enchanteurs, ces molles ondulations du sol, partagé en prairies que des ruisseaux arrosent dans tous les sens ; ces habitations si propres, si riantes, qu'ombragent des bouquets d'arbres ; ces nombreux troupeaux, ces méandres fleuris de l'Adour ; ces douces collines d'où jaillissent de toutes parts des sources qui serpentent en ruisseaux, qui tombent en cascades ; ces bords des torrents ont creusées dans le marbre ; et pour servir de cadre à ce magnifique tableau, cette fière enceinte de rocs accumulés, au milieu desquels s'élève ce formidable pic du Midi suspendu sur cette paisible vallée.

On trouve dans la vallée de Campan, sur la rive droite de l'Adour, une grotte remarquable par les belles cristallisations dont elle est tapissée. On y descend par une ouverture circulaire assez étroite, et à l'aide d'une échelle de 2 m. Sa longueur est d'environ 300 pas ; la profonde obscurité qui y règne oblige de faire usage de flambeaux pour la parcourir ; la voûte a depuis 6 m. jusqu'à 8 m. d'élévation. Au fond, la grotte s'élargit ; elle s'élève et laisse apercevoir une immense stalagmite que la vanité a couverte de nombreuses inscriptions, de noms et de dates diverses.

Au-dessus du bassin de Paillolle est la célèbre marbrière de Campan, dont les produits sont d'une beauté remarquable. Il y a quatre qualités bien distinctes de *campan*, provenant toutes de la même carrière. La première et la plus recherchée est le *vert-vert*, dont le fond est clair, fouetté de veines en réseau de vert foncé et de quelques veines blanches ; son prix est le plus élevé à cause de la difficulté de l'obtenir ; il se vend, pris à Bagnères, de 10 à 12 fr. le pied cube, suivant sa beauté. La deuxième est le *campan mélangé*, appelé ainsi à cause de son mélange de vert, blanc et rouge ; il est d'une exploitation plus facile et plus abondante ; son prix, quoiqu'il soit regardé comme préférable au vert-vert pour la solidité, est cependant inférieur : il se vend 8 fr. le pied cube. La troisième est le *campan griotte*, appelé ainsi à cause de la ressemblance avec la *griotte d'Italie* ; cette qualité s'exploite peu, n'ayant pas de débouchés hors du département. Le fond de ce marbre n'est pas très-vif : il est mêlé, comme la griotte, de coquilles en spirales, appelées vulgairement œil-de-perdrix. Enfin, la quatrième variété est le *campan rosé*, qui est un mélange de rose et de blanc ; il est également exploité en petite quantité, et n'est pas très-estimé à cause des veines terreuses qui le traversent dans tous les sens et ne prennent pas un beau poli.

Fabriques d'étoffes de laine. Papeterie. Exploitation des carrières de marbre. — *Commerce* d'excellent beurre. — *Foires* les 25 avril, 28 sept. et 29 nov.

CAMPANA, vg. *Corse*, arr., ✉ et à 27 k. de Corté, cant. de Piédicroce. Pop. 170 h.

CAMPANDRÉ-VALCOUGRAIN, vg. *Calvados* (Normandie), arr. et à 30 k. de Caen, cant. de Villers-Bocage, ✉ d'Aulnay-sur-Odon. Pop. 368 h.

CAMPARAN, vg. *H.-Pyrénées* (Bigorre), arr. et à 43 k. de Bagnères-en-Bigorre, cant. de Vieille-Aure, ✉ d'Arreau. Pop. 111 h.

CAMPAUS, *Tarn*, comm. et ✉ de Castres.

CAMPDEVILLE, *Oise*, comm. de Milly, ✉ de Marseille.

CAMP-DUMY, *Campus Dumy*, vg. *Var*, comm. de Flassans, ✉ de Brignoles.

CAMPEAUX, vg. *Calvados* (Normandie), arr., ✉ et à 12 k. de Vire, cant. de Bény-Bocage. Pop. 924 h. — *Fabriques* de ficelle.

CAMPEAUX, vg. *Oise* (Picardie), arr. et à 37 k. de Beauvais, cant. et ✉ de Formerie. Pop. 808 h. — *Fabriques* de bonneterie, de tricots de laine, de lunettes.

CAMPEL, vg. *Ille-et-Vilaine* (Bretagne), arr. et à 35 k. de Redon, cant. de Maure, ✉ de Plélan. Pop. 661 h. — *Foires* les 17 mai et 1er déc.

CAMPEMEILLE, *Seine-Inf.*, comm. de Rogerville, ✉ d'Harfleur.

CAMPÉNÉAC, vg. *Morbihan* (Bretagne), arr., cant., ✉ et à 9 k. de Ploermel. Pop. 2,064 h. — *Foires* les 2e mardi de juin et 3e lundi de chaque mois.

CAMPES, vg. *Tarn* (Languedoc), arr. et à 28 k. de Gaillac, cant. et ✉ de Cordes. Pop. 308 h.

CAMPESTRE, vg. *Gard* (Languedoc), arr. et à 27 k. du Vigan, cant. et ✉ d'Alzon. Pop. 667 h. — *Foire* le 2 sept.

CAMPET (le), *Gironde*, comm. de Faleyras, ✉ de Cadillac.

CAMPET-LA-MOLÈRE, vg. *Landes* (Gascogne), arr., cant., ✉ et à 9 k. de Mont-de-Marsan. Pop. 533 h. — On y voit un château bâti sur un riant coteau, dont le pied est baigné par la petite rivière de Géloux ; de belles plantations, de charmantes prairies, une orangerie, des jardins ornés de bassins remplis d'eaux vives, embellissent cette charmante habitation, dont le propriétaire actuel est un des premiers qui aient introduit les moutons mérinos dans le département des Landes.

CAMPHIN-EN-CAREMBAULT, vg. *Nord* (Flandre), arr. et à 17 k. de Lille, cant. de Seclin, ✉ de Carvin. Pop. 895 h.

CAMPHIN-EN-PÉVÈLE, vg. *Nord* (Flandre), arr. et à 16 k. de Lille, cant. et ✉ de Cysoing. Pop. 1,490 h.

CAMPI, *Corse*, arr., ✉ et à 3 k. de Corté, cant. de Pietra-de-Verde. Pop. 271 h.

CAMPIGNEUL-LES-GRANDES, vg. *Pas-de-Calais* (Picardie), arr., cant., ✉ et à 8 k. de Montreuil-sur-Mer. Pop. 252 h.

CAMPIGNEUL-LES-PETITES, vg. *Pas-de-Calais* (Picardie), arr., cant., ✉ et à 5 k. de Montreuil-sur-Mer. Pop. 242 h.

CAMPIGNY, vg. *Calvados* (Normandie), arr. et à 11 k. de Bayeux, cant. et ✉ de Balleroy. Pop. 257 h.

CAMPIGNY, vg. *Eure*, *Campaniacus* (Normandie), arr., cant., ✉ et à 7 k. de Pont-Audemer. Pop. 788 h.

CAMPILE, bg *Corse*, arr. et à 40 k. de Bastia, chef-l. de cant., ✉ de Laporta. Pop. 804 h. — Terrain crétacé supérieur, craie.

CAMPISTROUS, vg. *H.-Pyrénées* (Bigorre), arr. et à 25 k. de Bagnères-en-Bigorre, cant. et ✉ de Lannemezan. Pop. 465 h.

CAMPITELLO, vg. *Corse*, arr., ✉ et à 44 k. de Bastia, chef-l. de cant. Pop. 255 h. — Terrain crétacé supérieur, craie. Il y existait autrefois des bains dont on voit encore quelques restes ; mais les sources qui les alimentent paraissent être perdues ou très-altérées.

CAMPLONG, vg. *Aude* (Languedoc), arr. et à 35 k. de Narbonne, cant. et ✉ de Lézignan. Pop. 277 h.

CAMPLONG, bg *Hérault* (Languedoc), arr. et à 46 k. de Béziers, cant. et ✉ de Bédarrieux. Pop. 2,550 h. — Il est situé au milieu de hautes montagnes. — Mines de houille, verrerie, clouterie. — La houille de Graissesac, hameau dépendant de cette commune, est très-estimée.

CAMPMAS, *H.-Garonne*, comm. de Castelmoron, ✉ de Toulouse.

CAMPNEUSEVILLE, vg. *Seine-Inf.* (Normandie), arr. et à 25 k. de Neufchâtel-en-Bray, cant. et ✉ de Blangy. Pop. 758 h.

CAMPO, vg. *Corse*, arr., ✉ et à 32 k. d'Ajaccio, cant. de Ste-Marie-et-Sicche. Pop. 279 h.

CAMPO-DARIETTO, *Corse*, comm. de Castellare-de-Casinca, ✉ de la Porta.

CAMPOLORO, ancien nom du canton qui porte actuellement celui de Cervione.

CAMPODONICO, *Corse*, comm. de Piedorezza, ✉ de Corté.

CAMPOME, vg. *Pyrénées-Or.* (Roussillon), arr., cant., ✉ et à 10 k. de Prades. Pop. 359 h.

CAMPO-MORO, *Corse*, comm. de Fozzano, ✉ de Sartène.

CAMPOMORO, nom d'un petit port situé dans le golfe de Valinco, où peuvent mouiller en sûreté quinze vaisseaux de guerre. P. 160 h. — On croit que c'est dans son voisinage qu'existait Mora, une des villes de la Corse citées par Ptolémée.

CAMPONI (lat. 49°, long. 18°). « Ils sont cités dans Pline (lib. IV, cap. 19), entre les peuples de l'Aquitaine, et du nombre de ceux qui paraissent avoir été subordonnés à un peuple plus considérable, et cantonnés vers les Pyrénées. Ils appartiennent vraisemblablement à la vallée de Campan, dans le Bigorre. » D'Anville. *Notice de l'ancienne Gaule*, p. 196.

CAMPO-VECCHIO, vg. *Corse*, arr., ✉ et à 11 k. de Corté, cant. de Serraggia. Pop. 75 h.

CAMPOULARIÈS, *Aude*, comm. et ✉ de Ste-Colombe-sur-Lhers.

CAMPOURIÈS, vg. *Aveyron* (Rouergue), arr. et à 35 k. d'Espalion, cant. de St-Amans, ✉ d'Entraigues. Pop. 1,211 h.

CAMPOUSSY, vg. *Pyrénées-Or.* (Roussillon), arr., ✉ et à 19 k. de Prades, cant. de Sournia. Pop. 311 h.

CAMPREDON. V. ST-PIERRE-DE-CAMPREDON.

CAMPREMY, vg. *Oise* (Picardie), arr. à 30 k. de Clermont, cant. de Froissy, ✉ de Breteuil. Pop. 441 h.

CAMPROND, vg. *Manche* (Normandie), arr., ✉ et à 19 k. de Coutances, cant. de St-Sauveur-Lendelin. Pop. 708 h.

CAMPS, vg. *Aude* (Languedoc), arr. et à 38 k. de Limoux, cant. de Couiza, ✉ de St-Paul-de-Fenouillet. Pop. 520 h.

CAMPS, vg. *Corrèze* (Limousin), arr. et à 48 k. de Tulle, cant. de Mercœur, ✉ d'Argentat. Pop. 762 h.

CAMPS, vg. *Gironde* (Guienne), arr. et à 23 k. de Libourne, cant. de Coutras, ✉ de St-Médard. Pop. 248 h.

CAMPS, vg. *Gironde*, comm. du Teich, ✉ de la Teste-de-Buch.

CAMPS, *Castrum de Campis*, vg. *Var* (Provence), arr., ✉ et à 5 k. de Brignoles. Pop. 1,092 h. — *Fabrique* de vin cuit renommée.

CAMPSAS, vg. *Tarn-et-Garonne* (Languedoc), arr. et à 26 k. de Castel-Sarrasin, cant. et ✉ de Grisolles. Pop. 550 h. — *Foire* le 4 fév.

CAMPSEGRET, vg. *Dordogne* (Périgord), arr. et à 14 k. de Bergerac, cant. de Villamblard, ✉ de Douville. Pop. 843 h.

CAMPS-EN-AMIÉNOIS, vg. *Somme* (Picardie), arr. et à 28 k. d'Amiens, cant. de Molliens - Vidame, ✉ d'Airaines. ॐ. Pop. 521 h.

CAMPTORT, vg. *B.-Pyrénées* (Navarre), arr. et à 23 k. d'Orthez, cant. et ✉ de Navarrenx. Pop. 151 h.

CAMPUAC, *Aveyron*, comm. de Villecomtal, ✉ d'Espalion. — *Foires* les 2 nov., lendemain de Quasimodo, lendemain de la Trinité.

CAMPUNAN, vg. *Gironde* (Guienne) arr., cant., ✉ et à 10 k. de Blaye. Pop. 583 h.

CAMPUZAN, vg. *H.-Pyrénées* (Armagnac), arr. et à 40 k. de Bagnères-de-Bigorre, cant. et ✉ de Castelnau-Magnoac. P. 350 h.

CAMPVILLE (le), *H.-Garonne* (Languedoc), arr., cant., ✉ et à 15 k. de Toulouse. Pop. 243 h.

CAMU, vg. *B.-Pyrénées*, comm. de Barante-Camu, ✉ de Sauveterre.

CAMURAC, vg. *Aude* (Languedoc), arr. et à 65 k. de Limoux, cant. de Belcaire, ✉ du Quillan. Pop. 453 h.

CAMY, *Lot*, comm. et ✉ de Payrac.

CANABIÈRES, vg. *Aveyron*, comm. de Salles-Curan, ✉ de Pont-de-Salars.

CANAC, *Tarn*, comm. de Murat, ✉ de Lacaune.

CANADEL (le), *Var*, comm. du Puget-près-Cuers, ✉ de Cuers.

CANADET (St-), *Bouches-du-Rhône*, comm. de Puy-Ste-Réparade, ✉ de Peyrolles.

CANAJA, *Corse*, comm. de Campile, ✉ de la Porta.

CANALE, *Corse*, comm. de San-Martino dit Lota, ✉ de Bastia.

CANALE-DE-VERDE, vg. *Corse*, arr., ✉ et à 36 k. de Corté, cant. de Piétra-de-Verde. Pop. 445 h.

CANALS, *Aveyron*, comm. de Cornus, ✉ de St-Affrique.

CANALS, vg. *Tarn-et-Garonne* (Languedoc), arr. et à 30 k. de Castel-Sarrasin, cant. et ✉ de Grisolles. Pop. 513 h.

CANAPLES, vg. *Somme* (Picardie), arr. et à 15 k. de Doullens, cant. et ✉ de Domart. Pop. 946 h. — C'était anciennement une ville qui n'est plus qu'un village remarquable par ses fontaines et par les excellentes truites qu'on pêche dans la petite rivière qui l'arrose.

CANAPPEVILLE, *Canapevilla*, vg. *Eure* (Normandie), arr., ✉ et à 10 k. de Louviers, cant. du Neufbourg. Pop. 740 h. — On y voit une ancienne église que l'on a proposé de classer au nombre des monuments historiques.

CANAPVILLE - SUR - TOUCQUES, vg. *Calvados* (Normandie), arr., cant. et à 5 k. de Pont-l'Évêque, ✉ de Toucques. P. 274 h.

CANAPVILLE - ST - AUBIN, vg. *Orne* (Normandie), arr. et à 36 k. d'Argentan, cant. et ✉ de Vimoutier. Pop. 597 h.

CANARI, vg. *Corse*, arr. et à 34 k. de Bastia, cant. de Nonza, ✉ de St-Florent. Pop. 1,133 h. — On y aperçoit les ruines de Canelata, dont l'église, qui paraît être un ancien temple, renferme des bas-reliefs et des pierres sépulcrales d'un grand intérêt.

CANAU (étang de la), *Gironde*. Il est situé près des bords de la mer, cant. et à 24 k. de

Castelnau-de-Médoc; sa longueur est de 8 k. sur environ 4 k. de large.

CANAULE, vg. *Gard* (Languedoc), arr. et à 48 k. du Vigan, cant. et ✉ de Sauve. Pop. 375 h.

CANAVAGGIA, vg. *Corse*, arr., ✉ et à 32 k. de Corté, cant. de Castifao. P. 518 h.

CANAVEILLES, vg. *Pyrénées-Or.* (Roussillon), arr. et à 26 k. de Prades, cant. et ✉ d'Olette. Pop. 294 h. — Aux environs, on voit un précipice remarquable par sa profondeur.

CANCALE, *Cancalla*, petite ville maritime, *Ille-et-Vilaine* (Bretagne), arr. et à 15 k. de St-Malo, chef-l. de cant. Bureau d'enregist. à St-Malo. Cure. Gîte d'étape. ✉. A 384 k. de Paris pour la taxe des lettres. P. 5,230 h. — TERRAIN cristallisé, granit. — *Etablissement de la marée du port*, 5 heures 45 minutes. Lat. 48° 40′ 40″, long. O. 4° 11′ 43″.

Cette ville est bâtie sur une hauteur près de la côte occidentale d'une baie très-étendue et d'un accès facile, où les vaisseaux peuvent mouiller en toute sûreté par sept ou huit brasses d'eau. Elle se divise en deux bourgades, dont l'une se nomme la Houle-de-Cancale, et l'autre le bourg ou la ville. Cette dernière est dans une situation riante, sur une hauteur d'où l'on jouit d'un horizon immense. Elle est assez bien bâtie et remarquable par une jolie église dédiée à saint Méen, qui en fut le fondateur.

La Houle est considérée comme le port de Cancale. C'est un groupe de maisons, peuplé de 1,500 habitants, et c'est là qu'abordent et que résident les pêcheurs. Elle est bâtie dans une position délicieuse; la mer vient battre ses quais; devant elle s'ouvre la vaste baie de Cancale, au fond de laquelle on aperçoit le mont St-Michel et les côtes de Normandie. Plusieurs îles rompent l'uniformité de ce tableau, et le fort des Rimains, situé à quelque distance au milieu des eaux, protège nos parages contre les attaques de l'ennemi. Par derrière, la vue est bornée, car la côte forme une espèce d'amphithéâtre; mais lorsqu'on jette les yeux sur les riches campagnes, sur les habitations charmantes dont elles sont couvertes, on ne regrette plus d'avoir un horizon resserré. Sur la gauche, on aperçoit la pointe de Cancale, extrêmement élevée au-dessus des eaux. Cette partie de la côte, à raison de sa forme, a reçu le nom de Groin. On y pêche d'excellent poisson et des huîtres avidement recherchées et qui méritent si bien la haute réputation qu'elles ont acquise. Au lever de l'aurore, on jouit à la Houle d'une perspective délicieuse, et trois fois par semaine cette vue est animée par plus de quarante braves pêcheurs qui attendent sur la grève que le reflux les emporte en pleine mer. Le flot arrive, aussitôt les voiles sont ouvertes au vent qui entraîne au large toutes les embarcations, dont bientôt on n'aperçoit plus que la couleur des voiles; le soir, tous ces bateaux rentrent au port avec une pêche abondante. A l'époque où la pêche des huîtres est permise, les travaux des pêcheurs durent nuit et jour, et l'on travaille avec activité à remplir les parcs qui fournissent les villes de la Bretagne, Paris, et même l'Angleterre.

Le 4 juin 1758, quinze mille Anglais, commandés par lord Marlborough, débarquèrent au port de Cancale, défendu seulement par la milice garde-côte. De là ils se portèrent à St-Servan, où ils brûlèrent tous les vaisseaux qui étaient dans la rade et sur les chantiers de construction, ainsi que les arsenaux, les bois de construction, et les corderies de la marine marchande. Après avoir inutilement sommé St-Malo de se rendre, ils se rembarquèrent dans les journées du 11 et du 12 juin.

La baie de Cancale, située entre la pointe de ce nom et celle de Grandville, est de forme circulaire, 100 vaisseaux de guerre et des milliers de transports peuvent y mouiller sur un fond de glaise; sa profondeur varie de 13 à 4 brasses; elle assèche à toutes les marées, au point que de Cancale on aperçoit à peine la mer. La plage est divisée en diverses propriétés renfermées dans des estacades très-fortes où il se prend une grande quantité de poisson, dont les habitants font un commerce considérable, ainsi que d'huîtres excellentes. La plus grande partie des huîtres qui se consomment en France, et même dans plusieurs contrées du nord de l'Europe, proviennent de la baie de Cancale. La quantité d'huîtres qui se pêchent annuellement à Cancale est immense : elle s'élève à plusieurs centaines de millions ; cependant on ne remarque aucune diminution sensible dans les produits de la pêche. Les huîtres n'acquièrent toutes les qualités qu'ils font rechercher qu'après avoir séjourné pendant quelque temps dans un bassin d'eau salée, qui a 3 à 4 pieds de profondeur, et qui communique avec la mer par un canal, ce qui permet d'en renouveler l'eau; c'est ce qu'on appelle parquer les huîtres. Le parc doit être garni, dans toute son étendue, d'une couche de sable, de petits galets, pour que l'eau reste toujours limpide. — *Foire* le 28 juin.

CANCE, *Aveyron*, comm. de Villeneuve, ✉ de Villefranche-de-Rouergue.

CANCE (la), petite rivière qui prend sa source dans le canton et à l'ouest du village de Satillieu, *Ardèche*; elle passe à Vaucance, à Ville-Vaucance, près d'Annonay, où elle reçoit la Deume, et se jette dans le Rhône à 2 k. au-dessus de St-Vallier, après un cours d'environ 40 k.

CANCHAY ou CANCHY, vg. *Calvados* (Normandie), arr. et à 25 k. de Bayeux, cant. ✉ d'Isigny. Pop. 506 h.

CANCHE (la), *Côte-d'Or*, ✉ d'Arnay-le-Duc. Sur le ruisseau de Gors.—Forge et hauts fourneaux, fonderie de divers ustensiles.

CANCHE (la), rivière, *Cancha*, *Cantia*, *Cuenta*. Elle prend sa source au-dessus du village d'Estrée, arr. de St-Pol, *Pas-de-Calais*; elle passe à Fravent, Vieil-Hesdin, Montreuil et Etaples, et se jette dans la Manche, après un cours d'environ 40 k. Cette rivière est navigable au moyen des marées, sur une étendue de 20,000 m.

CANCHY. V. CANCHAY.

CANCHY, vg. *Somme* (Picardie), arr., ✉ et à 10 k. d'Abbeville, cant. de Nouvion-en-Ponthieu. ⚜. Pop. 502 h.

CANCON, bg *Lot-et-Garonne* (Agénois), arr. et à 18 k. de Villeneuve-sur-Lot, chef-l. de cant. Bur. d'enregist. à Casseneuil. Cure. ✉. ⚜. A 562 k. de Paris pour la taxe des lettres. Pop. 1,642 h. — TERRAIN tertiaire moyen.—*Foires* les 7 janv., 6 fév., 11 juillet, 26 août, 9 déc., le lundi de Pâques et le lendemain de la Pentecôte.

CANDAS, *Aveyron*, comm. de Montjaux, ✉ de Millau.

CANDAS, *Somme* (Picardie), arr. et à 9 k. de Doullens, cant. et ✉ de Bernaville. Pop. 1,698 h.

CANDÉ, *Charente-Inf.*, comm. de St-Clément, ✉ de Tonnay-Charente.

CANDÉ, vg. *Loir-et-Cher* (Beauce), arr. et à 13 k. de Blois, cant. de Contres, ✉ des Montils. Pop. 579 h.

CANDÉ, *Candate Turonum* ou *ad Angerem*, petite ville, *Maine-et-Loire* (Anjou), arr. et à 19 k. de Segré, chef-l, de cant. Cure. ✉. ⚜. A 341 k. de Paris pour la taxe des lettres. Pop. 1,549 h. Au confluent de la Mandée et de l'Erdre. — TERRAIN de transition moyen.—*Fabriques* de toiles. — *Commerce* de grains, maïs, légumes secs, vins, huiles, pruneaux, etc. — Aux environs mines de fer et carrières de pierres. — *Foires* les 9 mai, 7 juin, 11 oct. et 1er lundi des autres mois.

CANDÉ, vg. *Vienne*, comm. de Veniers, ✉ de Loudun. — On y trouve une source d'eau minérale froide.

CANDES, petite ville, *Indre-et-Loire*, (Touraine), arr., cant. et à 17 k. de Chinon, ✉ de Montsoreau. Pop. 749 h. — Elle est bâtie dans une situation très-pittoresque, sur la rive gauche de la Loire, où elle a un petit port, au confluent de la Vienne et à peu de distance de Montsoreau (Maine-et-Loire).

L'église de Candes conserve des traces d'architecture militaire; elle est flanquée, sur ses diverses faces, de tours qui portaient des mâchicoulis, qu'on voit encore en entier par fragments. Au-dessus de sa grande porte latérale, dont la riche décoration est digne d'admiration, existe au bas une fenêtre allongée en meurtrière, une sorte de balcon, où ce moyen de défense est également employé. Le curieux porche de cette ancienne collégiale, est un assemblage, en style roman de la dernière époque, de quatre petites voûtes supportées au centre par une élégante colonne. Les parois du cône tronqué, formant au fond du porche l'entrée de l'église, sont ornées d'une autre arcature à statues, portée sur un riche soubassement, dont les divisions correspondantes aux arcades sont décorées chacune d'une espèce de cadre à ogive. Du champ quadrilatéral du médaillon ressort en fort relief un demi-buste de femme couronnée avec fleurons en palmes de chaque côté. Le sommet ogival est occupé par une demi-figure d'ange également couronnée, de petite proportion, jouant d'un instrument, et pareillement environnée de fleurs. Ces médail-

lons posent sur une sorte de frise composée de chimères en action. Immédiatement au-dessous est une zone ou bandeau d'étoiles à quatre pointes taillées à facettes. — La somptuosité de l'architecture de ce portail peut donner une idée de la richesse de l'ancien clergé de cette église, et la situation de cet édifice sur le bord de la Loire suffit pour expliquer la nécessité où l'on était alors de se mettre, par des ouvrages militaires, à l'abri des entreprises des maraudeurs qui couraient le pays dans ces temps où la force seule pouvait protéger contre la force.
— On remarque dans cette église le tombeau de saint Martin, mort à Candes en 397.

Fabriques de tonneaux. — *Foires* les 4 juillet et 11 nov.

CANDILLARGUES, vg. *Hérault* (Languedoc), arr. et à 17 k. de Montpellier, cant. de Maugnio, ✉ de Lunel. Pop. 198 h.

CANDOR, vg. *Oise* (Picardie), arr. et à 33 k. de Compiègne, cant. de Lassigny, ✉ de Noyon. Pop. 585 h. — L'église de Candor renferme un autel dédié à sainte Brigide, que la tradition locale dit avoir péri dans les bois entre ce village et Avricourt. Il s'y fait, à deux époques de l'année, un pèlerinage ayant pour objet de prévenir ou de guérir les maladies des animaux ruraux. Plus de deux mille personnes, venant de 50 à 60 k., assistent chaque fois à ce pèlerinage.

CANDOS, *Seine-Inf.*, comm. de St-Pierre de Varengeville, ✉ de Duclair.

CANDRESSE, vg. *Landes* (Gascogne), arr., cant., ✉ et à 6 k. de Dax. Pop. 376 h.

CANDUMI. V. CAMPDUMI.

CANECTANCOURT, vg. *Oise* (Picardie), arr. et à 24 k. de Compiègne, cant. et ✉ de Lassigny. Pop. 463 h.

CANEJEAN, vg. *Gironde* (Guienne), arr. ✉ et à 10 k. de Bordeaux, cant. de Pessac. Pop. 417 h.

CANENS, vg. *H.-Garonne* (Languedoc), arr. et à 15 k. de Muret, cant. et ✉ de Montesquieu-Volvestre. Pop. 204 h.

CANENX, vg. *Landes* (Gascogne), arr., ✉ et à 15 k. de Mont-de-Marsan, cant. de Labrit. Pop. 486 h. — Il est situé au milieu de landes étendues et de vastes marais. On y remarque une situation précédée de belles avenues, bâti dans une situation riante, qui contraste singulièrement avec l'aridité du paysage environnant. — Verrerie à Réaut.

CANET, vg. *Aude* (Languedoc), arr., cant. ✉ et à 16 k. de Narbonne. Pop. 622 h.

CANET (le), *Forum Vaconii*, *Bouches-du-Rhône*, comm. et ✉ de Marseille.

CANET (le), *Dordogne* (Périgord), arr. et à 28 k. de Bergerac, cant. de Velines, ✉ de Ste-Foy. Pop. 239 h.

CANET, vg. *Hérault* (Languedoc), arr. et à 23 k. de Lodève, cant. et ✉ de Clermont. Pop. 875 h.

CANET, vg. *Pyrénées-Or.* (Roussillon), arr., cant. ✉ et à 10 k. de Perpignan. Pop. 405 h. — Canet, situé sur la rive droite et près de l'embouchure de la Tet, est aujourd'hui peu important. De chef-lieu de la vicomté de même nom, de ville et place forte, il est devenu village, dont l'aspect n'offre que des ruines, soit du château, soit des fortifications, qui furent détruites après le siège que cette place soutint en juin 1641, contre l'armée française que commandait le prince de Condé. L'histoire fait mention du siège de Canet par Louis XI, en 1474, siège mémorable par la belle défense de la vicomtesse de Canet. Cette femme incomparable, remplissant tout à la fois les fonctions de soldat et de général, puisant dans le seul enthousiasme de la patrie ce que la plupart des guerriers ne prennent que dans l'exemple ou dans une longue habitude des armes, secondée par les seuls habitants, eut l'honneur de faire lever le siège.

CANET-D'OLT, *Aveyron*, comm. de St-Laurent-d'Olt, ✉ de la Canorgue.

CANET-ST-JEAN, *Aveyron* (Rouergue), arr. et à 23 k. de Rodez, cant. et ✉ de Pont-de-Salars. Pop. 704 h.

CANETTECOURT, vg. *Oise*, comm. de Breuil-le-Vert, ✉ de Clermont.

CANETTEMONT, vg. *Pas-de-Calais* (Artois), arr. et à 13 k. de St-Paul-sur-Ternoise, cant. d'Avesnes-le-Comte, ✉ de Frévant. P. 106 h.

CANEZAC, *Tarn*, comm. de Montirat, ✉ de Cordes.

CANGEY, ou **CANCY**, vg. *Indre-et-Loire* (Touraine), arr. et à 33 k. de Tours, cant. et ✉ d'Amboise. Pop. 768 h.

CANIAC, vg. *Lot* (Quercy), arr. et à 29 k. de Gourdon, cant. et ✉ de la Bastide-Fortunière. Pop. 1,055 h. — L'église paroissiale de cette commune passe pour être une des plus anciennes du département; on y voit une chapelle souterraine, où est déposé le corps de saint Nauphase dans un cercueil très-simple. — *Foires* les 12 et 29 mai, 25 juin, 9 sept. et 20 nov.

CANIGOT-LE-MONT, *Canigus Mons*.

CANIGOU (le), montagne du dép. des *Pyrénées-Or.*, arr. et cant. de Prades, comm. de Vernet. V. PYRÉNÉES.

CANIHUEL, vg. *Côtes-du-Nord* (Bretagne), arr. et à 35 k. de Guingamp, cant de Bothoa, ✉ de Plésidy. Pop. 1,552 h.

CANILHAC, vg. *Lozère* (Gévaudan), arr. et à 24 k. de Marvejols, cant. et ✉ de la Canourgue. Pop. 352 h.

CANILLO, village de la vallée d'Andorre, remarquable par ses mines de fer.

CANINEFATES (lat. 52°, long. 22°). « C'est ainsi qu'on lit dans Tacite, et un peu diversement ailleurs : *Cannanefates*, selon une inscription apportée par Gruter : *Eagens*, dit Tacite (*Hist.*, lib. IV, sect. 15), *partem insula (Batavorum) colit; origine, lingua, virtute, par Batavis; numero superantur.* Pline (lib. IV, cap. 15) : *In Rheno ipso, prope centum millia passuum in longitudinem; nobilissima Batavorum insula, et Cannenufatum.* Après ces témoignages, on peut être de l'avis de ceux qui veulent que les *Caninefates* aient habité dans la partie septentrionale de la Hollande, dont un canton se nomme Kennemerland. Même Alting (*Nota Batav.*, p. 25) tire de quelques circonstances de la guerre qu'excita la rébellion de Civilis, des inductions pour adjuger aux *Caninefates* la partie inférieure et maritime de l'île, qu'occupaient avec eux les *Batavi*. » D'Anville. *Notice de l'ancienne Gaule*, p. 196.

CANISY, *Canisiacum*, bg *Manche* (Normandie), arr., ✉ et à 8 k. de St-Lô, chef-l. de cant. Cure. Pop. 929 h. — TERRAIN de transition inférieur. — Centre de la *fabrique* de coutils de fil, dont il se fait un commerce considérable, ⓑ 1834-39.

CANISY, *Somme*, comm. de Hombleux, ✉ de Ham.

CANLERS, vg. *Pas-de-Calais* (Artois), arr. et à 38 k. de Montreuil-sur-Mer, cant. et ✉ de Fruges. Pop. 307 h.

CANLY, vg. *Oise* (Picardie), arr., ✉ et à 12 k. de Compiègne, cant. d'Estrées-St-Denis. Pop. 582 h.

CANNAT (St-), *Sanctus Cannatus*, petite ville, *Bouches-du-Rhône* (Provence), arr. et à 16 k. d'Aix, cant. et ✉ de Lambesc. ♂. Pop. 1,721 h. — Elle est très-irrégulièrement bâtie, mais il y a quelques belles maisons sur la grande route; et une belle source fournit abondamment de l'eau à plusieurs fontaines. On y remarque les ruines d'un ancien château qu'habitaient jadis les évêques de Marseille.

CANNEHAN, vg. *Seine-Inf.* (Normandie), arr. et à 21 k. de Dieppe, cant. et ✉ d'Eu. Pop. 403 h.

CANNELLE, vg. *Corse*, arr., ✉ et à 22 k. d'Ajaccio, cant. de Sari. P. 127 h.

CANNES, vg. *Seine-et-Marne* (Brie), arr. et à 24 k. de Fontainebleau, cant. et ✉ de Montereau. Pop. 618 h. — Il est situé sur la rive gauche de l'Yonne. On y voit un joli château flanqué de tourelles et entouré de fossés.
— *Foire* les 20 et 21 avril.

CANNES, *Cannæ*, *Castellum Marcellinum*, *Conoa*, *Castrum de Cannis*, jolie petite ville maritime, *Var* (Provence), arr. à 16 k. de Grasse, chef-l. de cant. Cure. Gîte d'étape. ♂. À 926 k. de Paris pour la taxe des lettres. Pop. 3,881 h. — TERRAIN cristallisé ou primitif.

Autrefois diocèse, viguerie et recette de Grasse, parlement d'Aix.

La ville de Cannes fut fondée par les Marseillais sur les ruines de l'ancienne Oxibia, détruite par les Sarrasins, qui emmenèrent les habitants en esclavage, rebâtie et repeuplée par quelques familles génoises. Cette ville est dans une situation pittoresque, au bord de la Méditerranée, sur le penchant d'une colline qui s'avance en cap dans la mer. Elle est assez bien bâtie, sans rade ni bassin, mais elle a seulement une anse peu profonde où les vaisseaux jettent l'ancre à peu de distance du rivage. Le quai est large, propre, bien ombragé et bordé de jolies maisons; il offre une promenade charmante et toujours fréquentée. La plage est commandée par une tour et par un château gothique bâti sur un rocher surmonté d'une ancienne église.

Les environs de Cannes, comme tous ceux

qui se trouvent dans cette partie délicieuse de la Provence, offrent des sites enchanteurs et de superbes jardins couverts d'orangers et de citronniers. C'est sur la plage, et non loin de cette ville, que Napoléon débarqua à son retour de l'île d'Elbe, le 1er mars 1815.
Fabriques de parfumerie et de barriques à huile. — *Commerce* de sardines salées, anchois, vins, huile d'olives, oranges, citrons, fruits délicieux, grains et autres productions du pays. — Haras. — *Foires* de 2 jours les 16 mai, 14 sept. et 6 déc. — Lat. 43° 34′ 14″, long. 4° 40′ 43″ E.

CANNES-CLAIRAN, vg. *Gard* (Languedoc), arr. et à 51 k. du Vigan, cant. et ✉ de Quissac. Pop. 328 h.

CANNESSIÈRES, vg. *Somme* (Picardie), arr. et à 48 k. d'Amiens, cant. et ✉ d'Oisemont. Pop. 158 h.

CANNET, vg. *Gers* (Armagnac), arr. et à 42 k. de Mirande, cant. et ✉ de Plaisance. Pop. 265 h.

CANNET-PRÈS-CANNES (le), vg. *Var* (Provence), arr. et à 14 k. de Grasse, cant. et ✉ de Cannes. Pop. 1,546 h. — Il est bâti sous le plus beau climat de la Provence, dans une exposition magnifique, abritée de tous les vents par des coteaux garnis d'oliviers et d'une grande quantité de beaux orangers dont les fleurs répandent les plus doux parfums; les roses, les tubéreuses, la cassie et une multitude d'autres fleurs odorantes embellissent les jardins et aliment de nombreuses distilleries; la campagne est arrosée d'une infinité de sources, qui font de ce pays un séjour réellement délicieux. Des hauteurs du village, on jouit d'une vue magnifique sur une vaste étendue de mer et sur les îles de Lérins; lorsque le ciel est sans nuages, on aperçoit à l'horizon l'île de Corse, située à une distance de plus de 169 k. — *Foires* les 25 et 26 nov., et le dimanche après le 19 sept.

CANNET-PRÈS-LE-LUC (le), vg. *Var* (Provence), arr. et à 24 k. de Draguignan, cant. et ✉ du Luc. Pop. 978 h. Il est près de l'Argent, qui y forme une fort belle cataracte, près de laquelle est la curieuse chapelle St-Michel, entièrement taillée dans le roc. — Verrerie à vitre et cristallerie.

CANNY-SUR-MATZ, vg. *Oise* (Picardie), arr. et à 26 k. de Compiègne, cant. et ✉ de Lassigny. Pop. 360 h.

CANNY-SUR-THERAIN, vg. *Oise* (Picardie), arr. et à 33 k. de Beauvais, cant. et ✉ de Formerie. Pop. 297 h. — *Fabriques* de miroirs doubles, faux, cylindriques, etc., optiques et verres d'optiques, verres à lunettes de Picardie.

CANOHÈS, vg. *Pyrénées-Orient.* (Roussillon), arr., cant., et ✉ à 10 k. de Perpignan. Pop. 373 h. — Durant la guerre entre la France et l'Espagne en 1793, il a été tour à tour occupé par les troupes belligérantes.

CANON, vg. *Calvados* (Normandie), arr. et à 26 k. de Lisieux, cant. de Mézidon, ✉ de Croissanville. Pop. 204 h. — A l'occasion de la grossesse de la comtesse d'Artois, qui mit au monde, le 6 août 1775, le duc d'Angoulême, M. et Mme Elie de Beaumont, aïeuls du savant distingué de ce nom, fondèrent une rosière à Canon. D'après l'acte de fondation, les trois communes de Canon, de Vieux-Fumé et de Mézidon concouraient, par vingt électeurs, au choix d'une bonne fille, d'une bonne mère, d'un bon fils, d'un bon vieillard et d'un bon père de famille. La première élection eut lieu au commencement de septembre, et le couronnement le 24 du même mois. Cette cérémonie eut lieu par la suite le 15 septembre.
Patrie de M. Elie de Beaumont, membre de l'Institut.

CANOURGUE (la), petite ville, *Lozère* (Languedoc), arr. et à 22 k. de Marjevols, chef-l. de cant. Cure. Gîte d'étape. Chambre consultative des manuf. ✉. A 576 k. de Paris pour la taxe des lettres. Pop. 1,910 h. — Terrain jurassique.

Cette ville, située dans un vallon agréable et fertile, sur l'Urugue et près de son confluent avec le Lot, passe pour être fort ancienne. On y voit les vestiges d'une fontaine que l'on croit de construction gauloise, et les mines d'un ancien fort. Des fouilles faites en 1829 ont fait découvrir dans les environs des vases et un grand nombre de débris de poterie romaine. — La Canourgue est depuis un temps immémorial le centre d'une fabrication de serges et autres étoffes de laine connues sous le nom de cadis de la Canourgue.

Les armes de la Canourgue sont : *miparti, le premier d'azur à deux fleurs de lis d'or, le deuxième d'argent à un ours de sable à collier d'or.*

Manufactures de serges et de cadisserie. — *Fabriques* de toiles de coton. — Grand commerce de cadis et de coton filé. — *Foires* les 4 janv., 19 mars, 2 mai, 30 juin, 14 sept. et 29 oct.

CANOUVILLE, vg. *Seine-Inf.* (Normandie), arr. à 28 k. d'Yvetot, cant. et ✉ de Canny. Pop. 403 h.

CANTAING, vg. *Nord* (Cambresis), arr., ✉ et à 7 k. de Cambrai, cant. de Marcoing. Pop. 710 h. — C'est, la patrie de *Baptiste Cambrai*, qui, vers l'an 1300, tissa les premières toiles fines, à Valenciennes. On le fait aussi inventeur du rot qui sert à fabriquer la batiste. Plusieurs familles du nom de Cambrai existent encore actuellement à Cantaing. — *Fabrique* de sucre indigène.

CANTAL (le Plomb du), *Mons Celtorum*, montagne très-connue des anciens, principale cime de la chaîne des monts Cantal, dont la plus haute s'élève à 1,857 m. 75 c. au-dessus du niveau de la mer. Ses ramifications s'étendent sur plusieurs communes, appartenant aux quatre arrondissements dont se compose le département auquel elle donne son nom. Cette montagne est couverte de neiges pendant plus de huit mois de l'année ; à l'est et à l'ouest, elle est couverte de vastes pacages qui nourrissent en été de nombreux troupeaux ; les expositions du nord et du midi sont en grande partie couvertes de forêts de chênes et de sapins.

CANTAL (département du). Le département du Cantal est formé de la partie de l'ancienne province d'Auvergne, connue sous le nom de haute Auvergne, et tire son nom de la plus élevée de ses montagnes, qui en occupe à peu près le centre. Ses bornes sont : à l'est, les départements de la Lozère et de la Haute-Loire ; au sud, ceux de la Lozère et de l'Aveyron ; à l'ouest, ceux du Lot et de la Corrèze ; au nord, ceux de la Corrèze et du Puy-de-Dôme.

Le département est hérissé de montagnes qui composent la majeure partie de son sol. La principale est le Cantal, connu des anciens sous le nom de *Mons Celtorum*. Ce mont, dont l'énorme base s'étend du nord au sud, dans une longueur de 12 k., est environné d'audacieux rivaux d'une étonnante élévation, quoique subordonnée à la sienne dans la proportion suivante :

Plomb du Cantal	1,857 m. 74 c.
Col de Cabre	1,689
Puy-Mary	1,639
Puy-Violent	1,594

Ces énormes aspérités, réunies dans un rayon de moins de 12 k. de diamètre, sont autant de cônes aigus qui s'élèvent avec audace infiniment au-dessus des autres montagnes qui les sont environnées, et qui peut-être elles-mêmes ne sont que leurs débris. L'escarpement de ces cônes rend leur accès presque impraticable.

La nature de ces montagnes est volcanique, et ici surtout que l'incendie a été terrible : tous les savants s'accordent à y reconnaître les indices de l'un des plus célèbres embrasements que le globe puisse compter dans ses révolutions ; mais on en ignore absolument l'époque. Les laves ont coulé avec une telle abondance, qu'elles ont comblé les vallées qui jadis séparaient quelques montagnes inférieures, et formé des plateaux qui s'abaissent en s'éloignant du centre, et laissent entre eux de larges et profondes vallées presque parallèles.

La nature semble communément traiter en marâtre les hautes montagnes, et ne composer leur draperie que des attributs lugubres et majestueux de sa sévérité et de son courroux ; c'est ce qu'elle a fait à l'égard du groupe le plus élevé du Cantal ; mais les montagnes inférieures et les plateaux qui leur servent d'appendices ont été plus favorisés. Quoique couvertes de neige pendant cinq mois de l'année, elles se parent de verdure à la belle saison et offrent d'excellents pâturages. L'herbe la plus fraîche, le gazon le plus touffu les tapissent ; les violettes, les hyacinthes, les muguets sauvages, les marguerites de tout genre, les primerolles, les œillets champêtres, émaillent et parfument à l'envi cette verdure délicieuse dont la délicate saveur appelle au printemps les troupeaux avides d'en jouir : mais c'est là, n'était pas assez de ces dons, et plus généreuse encore, c'est là qu'elle a caché ces plantes, ces simples salutaires dont le baume a plus d'une fois rappelé la vie dans le sein de l'homme déjà glacé par l'approche du trépas. — Cette région est semée de petites maisons appelées *Burons*, servant de demeure, après la fonte des neiges, aux bergers chargés de la garde des vacheries et de la manipulation des fromages célèbres sous le nom de fromages du Cantal, et qui forment une des principales branches de commerce du département.

C'est vers les extrémités inférieures des plateaux et dans les vallées qui les séparent, que se trouvent les villes, les bourgs et villages, ainsi que les terres cultivées, parce que ces contrées sont à la fois moins froides, plus fertiles et plus riantes. C'est là aussi que les troupeaux viennent passer l'hiver dans de vastes étables dont l'étage supérieur contient les grains et fourrages de la ferme.

La plupart des vallées du Cantal offrent l'aspect le plus agréable; vivifiées par des rivières et des sources qui jaillissent de toutes parts, la végétation s'y développe avec une étonnante vigueur; des bosquets, des haies vives, des clôtures de toute espèce, et des chemins, divisent et subdivisent à l'infini cette terre couverte de riches moissons, de prairies verdoyantes et émaillées de fleurs; des jardins et des vergers entourent des habitations modestes, mais propres, dominées par les clochers de villages ou par les ruines d'anciens châteaux forts, souvent aussi par des rochers énormes à la cime desquels est une chapelle ou un ermitage. Tous ces objets sont, par les souvenirs qui s'y rattachent, autant de dieux pénates qui ramènent sans cesse l'Auvergnat voyageur au sein de sa patrie, et qui l'occupent quand il en est éloigné.—La plus grande et la plus belle des vallées du Cantal est celle de Cère, qui prend naissance au pied sud-ouest du Cantal, et se termine à la plaine d'Arpajon; sa direction est du nord au sud-ouest, sa longueur d'environ 24 k., sa largeur de 4 k. Elle est arrosée par la rivière de Cère qui, après avoir descendu de cascade en cascade jusqu'à la commune de Vic, serpente lentement dans une contrée délicieuse et fertile, et va, au-dessous d'Arpajon, se réunir à la Jordanne, pour ensuite verser leurs eaux dans la Dordogne, près de Gagnac (Lot). — Le vallon de la Jordanne, d'abord séparé de la vallée de Cère par un pays très-montueux, court dans le même parallèle; mais il est à la fois plus resserré et plus sinueux; il commence au pied du Puy-Marcy et du Col-de-Cabre, au-dessous de la commune de Mandailles, et se termine à Aurillac en se réunissant à celui de Cère. Sa longueur est d'environ 20 k. La Jordanne, qui l'arrose, tombe de précipice en précipice jusqu'à la commune de Lascelle, où elle ralentit son cours pour aller paisiblement se mêler à la Cère. C'est le vallon le plus varié et le plus pittoresque du département. — Les autres principaux vallons sont ceux de Roquevieille, arrosé par l'Authre; le riant et pittoresque vallon de Fontanges, arrosé par la Maronne; le vallon de la Dienne, arrosé par la Rue, qui y forme la belle cascade du Saut-de-la-Saule; le vallon de l'Alagnon, qui communique au vallon de la Cère par l'audacieuse percée du Lioran; le vallon de Mazerolles, arrosé par l'Auze, qui forme la belle cascade de Salins, etc., etc., etc.

La superficie du département est de 582,959 hectares, répartis ainsi:

Terres labourables	164,188
Prés	224,715
Vignes	388
Bois	62,447
Vergers, pépinières et jardins	2,878
Etangs, mares, canaux d'irrigation	317
Landes et bruyères	103,124
Superficie des propriétés bâties	1,640
Cultures diverses	12,076
Contenance imposable	568,593
Routes, chemins, places publiques, etc.	9,437
Rivières, lacs et ruisseaux	3,479
Forêts et domaines non productifs	1,397
Cimetières, églises, bâtiments publics	35
Contenance non imposable	14,366

On y compte:
45,012 maisons.
1,291 moulins à eau et à vent.
56 fabriques et manufactures.

soit: 46,359

Le nombre des propriétaires est de 58,793, celui des parcelles de 763,688.

HYDROGRAPHIE. Les principales rivières qui arrosent le département sont: l'Alagnon, la Cère, la Truyère, la Rue et la Jordanne. Toutes ces rivières, ainsi que les ruisseaux qu'elles reçoivent, sont très-poissonneuses; on y pêche du saumon, des truites, des anguilles, des ombres-chevaliers, etc.: elles ne sont point navigables ni susceptibles de le devenir; la rapidité de leurs cours, leurs cascades multipliées, les roches au travers desquelles elles se sont frayé un passage, s'opposent à toutes les tentatives qu'on pourrait faire à cet égard; mais leurs eaux, qui ne servent guère qu'à l'irrigation des prairies, pourraient être avantageusement utilisées par l'établissement d'usines et de manufactures. La Dordogne baigne le département sur une longueur d'environ 44,000 m., et le sépare du département de la Corrèze.

COMMUNICATIONS. Le département du Cantal est traversé par cinq routes royales et par cinq routes départementales.

CLIMAT. Il serait très-difficile d'assigner au juste la température du Cantal, quoique le maximum du froid puisse être généralement évalué de 14 à 15 degrés, et celui de la chaleur de 24 à 25 degrés. On pourrait néanmoins diviser le département en trois climats distincts: le premier et le plus doux comprendrait tout le pays situé au midi et au couchant des montagnes, c'est-à-dire des quatre arrondissements d'Aurillac et de Mauriac. Le second, de température moyenne, serait celui qui est au nord et à l'est des mêmes montagnes, partie qui embrasse à peu près les arrondissements de St-Flour et de Murat. Le troisième et le plus rude, formé d'une portion de chacun des quatre arrondissements, embrasserait les grandes hauteurs intermédiaires entre le Plomb du Cantal, le Puy-de-Griou, le Col-de-Cabre, le Puy-Mary, l'Homme de pierre et le Puy-Violent, dans la direction du levant au couchant. Toute cette partie ne présente que des pacages, et d'autres habitations que les burons des vachers. — Le Cantal est sujet à des ouragans terribles; ceux qui éclatent en hiver sont redoutables, on les nomme ecirs; les plus dangereux sont les ecirs neigeux; ils ont la violence des trombes, poussent la neige devant eux, comblent les vallées et engloutissent les habitations.

PRODUCTIONS. Les terres labourables sont en général très-légères, peu profondes et communément pierreuses. On y cultive du seigle, de l'avoine, du sarrasin, de l'orge, des plantes oléagineuses, du chanvre et du lin. Les terres fortes, qui sont en petit nombre et presque toutes situées au centre du département, sont réservées pour le froment. C'est dans la Planèze, entre Murat et St-Flour, qu'on le cultive principalement; cette plaine, qui n'a que 15 à 20 k. d'étendue, peut être considérée comme le grenier du Cantal. Les récoltes sont loin de suffire à la consommation des habitants, qui tirent des départements voisins les grains nécessaires à leur subsistance. Dans certaines localités, on supplée à ce manque de céréales par l'emploi des châtaignes. Quelques cantons produisent des légumes secs, tels que pois et lentilles; les pois verts de Montsalvy sont très-estimés. — La culture de la vigne est circonscrite dans sept communes de l'arrondissement d'Aurillac, et à quatre de l'arrondissement de St-Flour; les produits s'élèvent annuellement à 5,950 hectol. de vins plats, très-chargés en couleur et de difficile digestion. — Dans quelques parties du département on récolte de bons fruits, notamment des pommes de reinette. — Il y avait autrefois beaucoup de bois dans le Cantal, presque toutes les montagnes en étaient couvertes; aujourd'hui, l'on n'en trouve que dans quelques cantons, et il devient rare dans presque tous. — Les prairies et les pacages couvrent plus du tiers de la surface du département dont ils sont la principale richesse; ils fournissent une nourriture aussi saine qu'abondante aux nombreux bestiaux dont ils sont couverts, qui produisent cette quantité immense de fromages qu'on vend dans tout le Midi sous le nom de fromage d'Auvergne, et dont la quantité s'élève annuellement à 50,000 quintaux. — On nourrit et l'on engraisse dans le département un nombre immense de bestiaux qui se vendent dans toute la France; ceux de Salers tiennent le premier rang, et sont plus vigoureux que ceux du reste du département. — On élève aussi des chevaux nerveux et durs à la fatigue, mais de petite taille. Les mulets, que l'on a considérablement multipliés, sont aussi d'une petite espèce. La race des bêtes à laine est généralement assez belle, sous le rapport de la taille comme sous celui de la finesse des laines.

MINÉRALOGIE. Tous les anciens auteurs ont rapporté que la rivière de Jordanne roulait des paillettes d'or, ce qui annoncerait la présence d'une mine de ce métal dans le voisinage; mais elle n'est pas connue. Les autres minéraux qu'on trouve dans le Cantal sont le cuivre, le fer, le plomb, l'argile, les pyrites, le soufre, l'alun, l'antimoine, le schorl, des cristaux, la houille, la tourbe, la pierre à chaux, le granit, le basalte, le schiste, etc.

Mines de houilles exploitées...	1
Nombre d'ouvriers employés..	6
Produit en quintaux métriques.	6,800
Valeur en francs......	8,160

EAUX MINÉRALES ET THERMALES. Il serait trop long de nommer ici toutes les sources de cette nature qui se trouvent dans le département, et l'on se contentera d'indiquer les plus fréquentées : ce sont celles de Chaudes-Aigues, de Condat, de Marcenat, de Cheylade, de Jaleyrac, de Vic, de Mandailles, de la Bastide, de St-Martin-Valmeroux, de Teissières-les-Bouliès, etc. Ces eaux sont plus ou moins chaudes, froides, tempérées, alcalines, acidules, ferrugineuses, gazeuses, oxygénées, etc., etc.

INDUSTRIE ET COMMERCE. L'industrie manufacturière du département du Cantal est peu importante. Elle consiste principalement en fabriques de blondes et de dentelles, de chaudrons et ustensiles de cuivre, d'étoffes communes, de colle forte et de cuirs. La principale industrie des habitants est l'éducation des bestiaux et la fabrication des fromages. Vient ensuite l'industrie, ou plutôt les industries que les Cantaliens vont exercer au dehors. C'est la ressource la plus importante des familles non propriétaires ; elle produisait autrefois environ trois millions de revenu au pays ; aujourd'hui on peut supposer ce taux réduit à moitié. Les émigrants se répandent dans toute la France et en Espagne ; ils sont, pour la plupart, marchands colporteurs, marchands de parapluies, chaudronniers, étameurs, remouleurs, potiers d'étain, savetiers, commissionnaires et porteurs d'eau. Des écrivains ont attribué ces migrations à la misère ; d'autres ont blâmé les Auvergnats de porter au dehors une activité qu'ils pourraient employer plus utilement dans leurs foyers. La première de ces assertions est fausse, du moins généralement parlant ; car, d'un côté, l'agriculture manque le bras, et emploierait par conséquent un plus grand nombre d'individus qui y trouveraient un moyen d'existence ; d'autre part, le mouvement ne s'opère guère que vers l'automne, alors que les travaux agricoles sont suspendus pour cinq ou six mois, tandis que la rentrée a lieu d'ordinaire vers le printemps. C'est donc moins pour fuir la misère que pour utiliser ailleurs un temps qu'ils seraient forcés de passer chez eux dans l'oisiveté. D'ailleurs, les émigrants appartiennent presque tous à la classe des cultivateurs à l'abri de l'indigence, et qui ne s'éloignent que dans le dessein d'acquérir des capitaux. Les hommes de la classe pauvre, au contraire, n'ayant pas de quoi faire une descente en Espagne ou à Paris, restent garçons de ferme ou bergers. On trouverait peut-être encore avec plus de certitude la cause de cet usage dans d'antiques habitudes, dans l'appât du gain, dans l'inquiétude de caractère, et surtout dans l'instinct d'une activité sans aliment dans un pays privé des bienfaits des grandes manufactures, et que domine cependant le sentiment de ses propres forces. C'est cet instinct puissant que suivaient autrefois les Gaulois, et que de nos jours suivent encore les Suisses dans leurs migrations militaires. Pourquoi, dans les mêmes lieux, refuserait-on d'assigner les mêmes causes aux mêmes effets, bien que ces effets aient, selon la différence des temps et des gouvernements, reçu des directions et des caractères essentiellement différents ?

La position topographique du Cantal, la difficulté des communications, le manque de canaux et de rivières navigables, semblaient s'opposer à ce que le commerce proprement dit y reçût un grand développement ; cependant, plus fortes que tous les obstacles, la nécessité et la nature de quelques-unes de ses ressources ont établi, avec le dehors, un échange de denrées considérable. En échange de ses chevaux, de son bétail, de ses fromages, de ses cuirs, toiles et cire vierge, le Cantal reçoit des grains, des vins, des huiles, du sel, des fers, des cuivres, des draps, et presque tous les objets de luxe.

FOIRES. Deux cent soixante foires environ se tiennent dans une soixantaine de communes du département. Les spéculations de ceux qui les fréquentent ont pour principal objet la vente ou l'achat des chevaux, mulets, mules, bêtes à cornes et à laine, fromage, chanvre, lin, laine du pays, etc. Aurillac est renommé pour la vente des jeunes mulets ; Maurs pour la vente des châtaignes ; la Roquebrou pour la vente des cochons gras, etc., etc.

DIVISION ADMINISTRATIVE. Le département du Cantal a pour chef-lieu Aurillac. Il envoie quatre représentants à la chambre des députés, est divisé en quatre arrondissements.

Aurillac.....	8 cant.	97,197 h.
Mauriac.....	6 —	62,860
Murat.....	3 —	35,676
St-Flour.....	6 —	61,690
	23 cant.	257,323 h.

30° conservation (chef-l. Aurillac).—12° arr. des mines.—19° div. militaire (chef-l. Clermont-Ferrand).—Evêché à St-Flour, 23 cures, 228 succursales ; séminaire diocésain à St-Flour, école secondaire ecclésiastique à Pléaux.—Collèges communaux à Aurillac, St-Flour, Mauriac.—Sociétés d'agriculture à Aurillac, St-Flour, Murat, Mauriac.

Biographie. Les hommes distingués nés dans le département sont : PIERRE D'AUVERGNE, troubadour du XIII° siècle ; le pape SILVESTRE II ; le chancelier DU VAIR ; le poète et auteur dramatique DU BELLOY ; le conventionnel CARRIER ; l'esavant PIGANIOL DE LA FORCE ; l'astronome CHAPPE D'AUTEROCHE ; l'hébraïsant CUIGARRES ; le géomètre ROLLE ; le voyageur XAV. PAGÈS ; les généraux MANHÈS, DELZONS et MILHAUD (né à Arpajon, Cantal, et non à Arpajon, Seine-et-Oise, comme nous l'avons indiqué par erreur, t. I, p. 138).

Bibliographie. DERRIBIER. *Dictionnaire statistique du Cantal*, in-8, 1824.

LAFORCE (Ed.). *Essai sur la statistique du département du Cantal*, in-8, 1836.

DURAT-LASSALLE. *Tableau topographique, historique et statistique du Cantal* (Annales de statistique, t. VIII).

LAKAIRIE. *Tableau chorographique et historique du département du Cantal*, in-12, 1819.

BRIEUDE. *Observations économiques et politiques sur la chaine des montagnes d'Auvergne, faisant partie des départements du Puy-de-Dôme et du Cantal* (Annales de statistique, t. III).

DUFRESNOY. *Mémoire sur les groupes du Mont-Dore et du Cantal, et sur les soulèvements auxquels les montagnes doivent leurs reliefs*, avec Elie de Beaumont (Annales des mines, juillet 1833).

LYELL et MURCHISON. *Mémoire sur les dépôts lacustres tertiaires du Cantal* (Annales des sciences naturelles, 1829).

MONTLOSIER (le comte de). *Du Cantal, du basalte et des révolutions de la terre*, in-8, 1834.

LEGRAND-D'AUSSI. *Voyage dans la ci-devant haute et basse Auvergne*, etc., 3 vol. in-8, an III.

PEYNAGUET. *Relation de la haute Auvergne, en trois parties, sur les mœurs de ses habitants et sur la fructification des terrains vagues et incultes du département*, in-8, 1826.

PEGHOUX. *Promenade au Cantal*, in-8, 1833.

BOUILLET. *Description historique et scientifique de la haute Auvergne* (département du Cantal), etc., in-8, et atlas de 35 planches, 1834.

BRIEUDE. *Topographie médicinale de la haute Auvergne* (Cantal), in-8, 1821.

LOUBEYRE. *Quelques Considérations sur l'hygiène de la haute Auvergne*, in-4, 1829.

BESSON. *De l'Étiologie et de la prophylactique de la maladie scrofuleuse dans le département du Cantal*, in-4, 1832.

HÉRICART DE THURY. *Rapport fait à la société d'agriculture sur un projet de classification des terres cultivées du Cantal*, in-8, 1821.

DEVÈZE DE CHABROL. *Observations sur les bêtes à laine du Cantal*, in-8, 1818.

— *Observations sur les bêtes à cornes du Cantal*, in-8, 1820.

SISTRIÈRES MURAT. *Analyse et Description topographique, agricole et commerciale du département du Cantal*, in-12.

— *Procédés et mécanismes nouveaux ou rectifiés sur l'art de la fromagerie, appropriés au fromage du Cantal*, in-12.

GROGNIER. *Recherches sur le bétail de la haute Auvergne, et particulièrement sur la race bovine de Salers*, in-8, 1832.

HUMIÈRES (D.). *Coup d'œil sur l'agriculture du Cantal* (Mém. de la société royale d'agriculture de Paris, t. III).

RAULHAC (Ch.-J.-F.). *Discours sur les développements de l'industrie dans le Cantal*, in-8, 1812.

* *Annuaire statistique du Cantal*, in-12, 1817.

V. pour compléter cette bibliographie le titre

des ouvrages mentionnés à la fin des articles : AUVERGNE, CHAUDES-AIGUES, JALEYRAC, PERUCHÈS, STE-MARIE, VIC-EN-CARLADEZ.

CANTARANA (la), rivière qui prend sa source à 8 k. O.-S.-O. de Thuir, arr. de Perpignan, *Pyrénées-Or.*, et qui, sans sortir de ce département, se jette dans le Réart, après un cours d'environ 25 k.

CANTE, vg. *Ariège* (Roussillon), arr. et à 19 k. de Pamiers, cant. et ✉ de Saverdun. Pop. 397 h.

CANTEBONE, *Moselle*, comm. de Villerupt, ✉ de Longwy.

CANTELEU, vg. *Seine-Inf.*, comm. de Luneray, ✉ de Bacqueville.

CANTELEU, vg. *Seine-Inf.* (Normandie), arr., ✉ et à 7 k. de Rouen, cant. de Maromme. Pop. 3,594 h. — Il est bâti sur le penchant d'un coteau couvert en partie par la forêt de Roumare et couronné par le beau parc de l'ancien château de Canteleu dont les jardins s'étendent sur une terrasse très-hardie qu'on aperçoit le long de la montagne ; le lierre épais qui couvre une très-grande partie de cette terrasse lui donne un air antique et pittoresque qui plaît à l'amateur de paysages. Du sommet de la montagne de Canteleu, l'œil embrasse toute la péninsule formée par un contour de la Seine, entre Elbeuf et la Bouille, avec les nombreux hameaux de sa rive gauche, le Petit et le Grand-Quevilly, les deux Couronne et le faubourg St-Sever. Sur un plan moins éloigné apparaît la côte de Bon-Secours, avec les grandes roches blanches, qui terminent à la barrière Saint-Paul la montagne Ste-Catherine, qui bornent la vue à l'est. En suivant le nord, on voit la vallée où se cache Darnétal, la côte Beauvoisine, les hauteurs du Mont-aux-Malades, et enfin la ville de Rouen avec ses nombreuses églises et leurs flèches d'architecture sarrasine, qui semblent à l'œil autant de minarets.

Canteleu est cité pour une coutume singulière, à laquelle les habitants ne paraissent pas entendre de malice : depuis un temps immémorial, on distribue chaque année, à la fête de St-Gorgon, de petites figures en émail, des deux sexes : on donne celles des figures féminin aux garçons et celles du sexe masculin (très-prononcé) aux jeunes filles, qui les portent suspendues au cou par une faveur rose. Il n'est pas difficile de reconnaître dans cette coutume les traces de l'ancien culte du phallus. — *Fabriques* d'indiennes. Filatures de coton. Teintureries. — *Commerce* d'excellent cidre que l'on récolte sur son territoire.

CANTELEUX, vg. *Pas-de-Calais* (Artois), arr. et à 20 k. de St-Pol-sur-Ternoise, cant. d'Auxy-le-Château, ✉ de Doullens. P. 103 h.

CANTELOUP-LE-BOCAGE, *Cantus Lupi*, *Eure*, comm. de Renneville, ✉ de Fleury-sur-Andelle.

CANTELOUP, vg. *Calvados* (Normandie), arr. et à 27 k. de Caen, cant. de Troarn, ✉ de Croissanville. Pop. 167 h.

CANTELOUP, *Gironde*, comm. de St-Estèphe, ✉ de Pauillac.

CANTELOUP, vg. *Manche* (Normandie), arr. et à 22 k. de Cherbourg, cant. et ✉ de St-Pierre-Eglise. Pop. 390 h.

CANTEMANCHE, *Eure*, comm. et ✉ de Vernon.

CANTENAC, vg. *Gironde* (Guienne), arr. et à 24 k. de Bordeaux, cant. de Castelnau-de-Médoc, ✉ de Margaux. Pop. 893 h. — *Foire* le 22 juillet.

CANTENAY-ÉPINARD, vg. *Maine-et-Loire* (Anjou), arr., cant., ✉ et à 7 k. d'Angers. Pop. 807 h.

CANTIERS, vg. *Eure* (Normandie), arr. et à 15 k. des Audelys, cant. d'Ecos, ✉ des Tilliers-en-Vexin. Pop. 210 h.

CANTIGNY, vg. *Somme* (Picardie), arr., cant., ✉ et à 6 k. de Montdidier. Pop. 216 h.

CANTILIA (lat. 47°, long. 21°). « Ce lieu est placé dans la Table théodosienne entre *Aquæ Neræ*, Néris, et *Augustonemetum*, Clermont. La distance marquée XV à l'égard d'*Aquæ Neræ* serait plus convenable en rigueur à Chantelle, surnommée la Vieille, comme étant plus près de Néris, qu'à Chantelle-le-Châtel. Car on distingue ainsi deux positions de Chantelle, dont la dernière est *Cantela Castellum* dans les Annales des gestes de Pépin, *Cantilla* dans Eginhard, entre Bourbon et Clermont, sous l'an 761. De *Cantilia* à *Augustonemetum* l'indication de XXIII, dans la Table, avec ce que l'on peut estimer entre l'une ou l'autre Chantelle et Clermont. » D'Anville. *Notice de l'ancienne Gaule*, p. 197.

CA...O. (lat. 46°, long. 19°). « C'est ainsi, et avec un vide de trois ou quatre lettres, qu'on trouve dans la Table théodosienne une position qui suit *Corterate* et qui précède immédiatement *Vesunna* ou Périgueux, sur une route qui part de Bourdeaux. La distance à l'égard de *Corterate* est omise ; elle est marquée X à l'égard de Périgueux. Vers Coutras, qui est *Corterate* dans la Table, on trouve la voie, le lieu que l'on rencontre sous le nom de Connazat pourrait convenir à celui que la Table désigne. Quant à l'intervalle de Coutras à cette position, si, comme je le crois, on peut l'estimer d'environ 25,000 toises, il en résulte que l'omission de la Table en cette partie tient lieu de 22, ou même de 23 lieues gauloises en mesure itinéraire. » D'Anville. *Notice de l'ancienne Gaule*, p. 197.

CANTILLAC, vg. *Dordogne* (Périgord), arr. et à 18 k. de Nontron, cant. de Champagnac, ✉ de Brantôme. Pop. 359 h.

CANTIN (fort), *Gironde*, comm. et ✉ de la Teste-de-Buch.

CANTIN, vg. *Nord* (Flandre), arr., ✉ et à 8 k. de Douai, cant. d'Arleux. Pop. 832 h. — *Fabriques* de noir animal et de sucre indigène.

CANTIRAN, vg. *Gers*, comm. de Caupène, ✉ de Nogaro.

CANTOBRE, *Aveyron*, comm. et ✉ de Nant.

CANTOIN, vg. *Aveyron* (Rouergue), arr. et à 49 k. d'Espalion, cant. de Ste-Geneviève, ✉ de la Calm. Pop. 1,777 h. — *Foires* les 11 août, 27 sept. et 23 nov.

CANTOIS, vg. *Gironde* (Guienne), arr. et à 24 k. de la Réole, cant. de Targon, ✉ de Cadillac. Pop. 217 h.

CANTON, *Gironde*, comm. de Cérons, ✉ de Podensac.

CANTONS (les), *Landes*, comm. de Benesse-Marenne, ✉ de St-Vincent-de-Tyrosse. ☞.

CANTRAINE, *Pas-de-Calais*, comm. et ✉ de Lillers.

CANTURA, *Rhône*, comm. et ✉ de Tarare.

CANVILLE, vg. *Manche* (Normandie), arr. et à 39 k. de Coutances, cant. et ✉ de la Haye-du-Puits. Pop. 502 h.

CANVILLE-LES-DEUX-ÉGLISES, vg. *Seine-Inf.* (Normandie), arr. et à 20 k. d'Yvetot, cant. et ✉ de Doudeville. Pop. 1,045 h.

CANY, bg *Seine-Inf.* (Normandie), arr. et à 25 k. d'Yvetot, chef-l. de cant. Cure. Gîte d'étape. ✉. ☞. A 178 k. de Paris pour la taxe des lettres. Pop. 1,978 h. — *Terrain* tertiaire supérieur.

Ce bourg, situé sur la rive gauche de la Durdent, qui lui fait mouvoir un grand nombre d'usines, est assez bien bâti, et possède un joli château dont le parc est embelli par les eaux vives de la Durdent. — *Fabriques* de toiles à claires-voies. Filatures de coton. Nombreuses huileries. — *Commerce* de toiles de toute sorte, graines oléagineuses, huile, lin, fil et bestiaux. — *Foires* les 14 avril, 11 juin, 1er sept., dernier mardi d'oct. et lundi gras.

CAORCHES, *Cahorcas*, vg. *Eure* (Normandie), arr., cant., ✉ et à 4 k. de Bernay. Pop. 205 h. — *Fabriques* de toiles et de rubans.

CACOUENNE, vg. *Côtes-du-Nord* (Bretagne), arr., cant., ✉ et à 8 k. de Lannion. Pop. 673 h.

CAOURS, ou **CAUX**, vg. *Somme* (Picardie), arr., cant., ✉ et à 5 k. d'Abbeville. Pop. 338 h.

CAP-BÉARN. V. **BÉARN**.

CAPBIS, vg. *B.-Pyrénées* (Béarn), arr. et à 27 k. de Pau, cant. et ✉ de Nay. Pop. 254 h.

CAP-BRETON, bourg maritime, *Landes* (Gascogne), arr. et à 37 k. de Dax, cant. et ✉ de St-Vincent-de-Tyrosse. Pop. 968 h. — Il est situé près de l'Océan, dans un territoire fertile en vins estimés, mais à proximité de vastes marais qui rendent l'air malsain.

Cap-Breton fut autrefois une ville très-considérable, si l'on en juge par son enceinte, par le grand nombre de maisons désertes ou habitées qui le composent, et par celles qui n'offrent que des ruines et qui sont disséminées sur une assez vaste étendue. Des dunes séparent aujourd'hui le bourg de Cap-Breton de la mer, qui en est éloigné que d'un k. : de petites embarcations viennent aborder en face. Jadis ces dunes n'existaient point ; elles occupent la place d'un port assez vaste et qui était toujours rempli de vaisseaux (on comptait cent capitaines de navire en 1690). La principale partie du commerce de Bayonne se faisait alors à Cap-

Breton, et cet état de choses dura jusqu'en 1579, époque où l'ingénieur Louis de Foix reporta l'embouchure de l'Adour près de Bayonne.

Fabriques de fécule de pommes de terre. — *Commerce* de vins, liège, matières résineuses, cire, gibier, poisson de mer et d'étang, bois de chauffage et de charpente, planches, charbon, etc.

CAPDEMAL, *Lot-et-Garonne*, comm. et ✉ de Clairac.

CAPDENAC, petite et très-ancienne ville, *Lot* (Querey), arr., cant., ✉ et à 6 k. de Figeac. Pop. 1,318 h.

Cette ville, située sur la rive droite du Lot, est bâtie sur le sommet d'une montagne entourée presque de tous les côtés par le Lot. C'était jadis une place très-importante qui conserve encore des restes de fortifications. Quelques archéologues y placent même l'antique Uxellodunum, citée dans le VIIIe livre des Commentaires, et sa position, ainsi que l'a prouvé M. Champollion aîné, présente en effet la plupart des circonstances qui caractérisent ce dernier boulevard de la liberté des Gaules. On y voit encore une porte à plein cintre, évidemment de construction romaine, qui a conservé le nom du conquérant des Gaules, ainsi que l'emplacement de la fontaine détournée par lui pour obliger les habitants à se rendre.

Capdenac a été successivement occupé par les Visigoths, par les Francs, par les Anglais, et à plusieurs époques par des compagnies de partisans qui désolaient la contrée. C'était encore une ville importante sous le règne de Charles VIII. Sully s'y retira après la mort de Henri IV, et l'on y voit encore le château qu'il habitait, et qui a pris aujourd'hui une forme toute moderne. Les traces d'antiquités et de fortifications que présentait cette cité, commencent à disparaître; la plus grande partie des remparts ont été détruits, les fossés sont presque comblés, une seule tour de la citadelle et celles des portes sont restées debout, et cependant cette place présente encore un aspect menaçant, par sa position était heureuse pour la défense. — *Foires* les 11 avril, 8 juin et 4 sept.

Bibliographie. CHAMPOLLION-FIGEAC. *Charte inédite de la ville de Capdenac* (Recherches sur Uxellodunum, in-4, 1820).

CAPDEVILLE, *H.-Garonne*, comm. de Landorthe, ✉ de St-Gaudens.

CAPDEVILLE, *Tarn-et-Garonne*, comm. de la Mothe-Capdeville, ✉ de Montauban.

CAPDROT, vg. *Dordogne* (Périgord), arr. et à 47 k. de Bergerac, cant. et ✉ de Monpazier. Pop. 1,253 h.

CAPÉCURE, vg. *Pas-de-Calais*, comm., ✉ et à peu de distance de Boulogne. Ce village, où fut signée la paix entre la France et l'Angleterre en 1550, est un des plus fréquentés des environs de Boulogne; abrité des vents de mer par la montagne d'Outreau, la végétation y est belle, et les collines qui l'environnent offrent un coup d'œil des plus agréables. Lors de l'expédition projetée contre l'Angleterre, le château de Capécure et ses dépendances avaient été transformés en arsenal et en parc d'artillerie pour la marine. Rendu aujourd'hui à sa première destination, il est la plus belle habitation des alentours de Boulogne.

CAPEL-FARCEL (la), *Aveyron*, comm. de Villefranche-de-Panat, ✉ de Cassagnes-Bégonhès.

CAPELLE (la), *Capella Duronum, Veromanduorum*, petite ville, *Aisne* (Picardie), arr. et à 16 k. de Vervins, chef-l. de cant. Cure. ✉. ✶. A 178 k. de Paris pour la taxe des lettres. Pop. 1,532 h. — TERRAIN tertiaire. — Elle est située dans une plaine fertile, à l'intersection de quatre grandes routes. — En 1553, la Capelle n'était qu'une chétive bourgade. François Ier la fit fortifier, et elle devint une place importante. Les Espagnols l'incendièrent en 1557. Mansfeld, général des ligueurs, la prit par capitulation le 25 avril 1594. Le traité de Vervins la rendit à la France en 1598. Les Espagnols la prirent par capitulation en 1636, elle fut reprise l'année suivante par le cardinal de la Valette. Pendant les guerres de la Fronde, cette ville fut prise, après neuf jours de siège, le 27 septembre 1656; l'année ensuite, ses fortifications furent rasées. — *Fabriques* de café-chicorée. Brasseries. — *Commerce* considérable de grains. — *Foires* le 1er mardi de chaque mois.

Bibliographie. « *La Prise de la Capelle, par l'armée du roi*, en 1656, in-4.

CAPELLE (la), vg. *Gard* (Languedoc), arr., cant., ✉ à 10 k. d'Uzès. Pop. 536 h.

CAPELLE (la), vg. *Lozère* (Languedoc), arr. à 25 k. de Marvejols, cant. et ✉ de la Canourgue. Pop. 317 h.

CAPELLE, *Nord*, V. ARMBOUTS-CAPPEL.

CAPELLE, vg. *Pas-de-Calais* (Boulonnais), arr. et à 25 k. de Montreuil-sur-Mer, cant. et ✉ de Hesdin. Pop. 421 h.

CAPELLE (la), *Tarn*, comm. de Damiate, ✉ de Lavaur.

CAPELLE-BALAGUIER (la), vg. *Aveyron* (Rouergue), arr. et à 13 k. de Villefranche-de-Rouergue, cant. et ✉ de Villeneuve. Pop. 674 h.

CAPELLE-BANHAC (la), vg. *Lot* (Querey), arr., cant., ✉ et à 17 k. de Figeac. P. 2,203 h.

CAPELLE-BARREZ (la), vg. *Cantal* (Auvergne), arr. et à 36 k. de St-Flour, cant. et ✉ de Pierrefort. Pop. 225 h. — *Foires* les 7 mai, 23 juin, 29 août et 22 oct.

CAPELLE-BIRON (la), vg. *Lot-et-Garonne* (Agenois), arr. et à 32 k. de Villeneuve-sur-Lot, cant. et ✉ de Monflanquin. P. 1,107 h. — *Foires* les 26 juillet, 2 nov., 29 déc., mercredi après Pâques et mercredi de la Pentecôte.

CAPELLE-BLAYS (la), *Aveyron*, comm. de Rieupeyroux, ✉ de Villefranche-de-Rouergue.

CAPELLE-BONNANCE (la), *Aveyron* (Rouergue), arr. et à 38 k. de Millau, cant. de Champagnac, ✉ de St-Geniez.

CAPELLE-CABANAC (la), vg. *Lot* (Querey), arr. et à 43 k. de Cahors, cant. et ✉ de Puy-l'Évêque. Pop. 503 h.

CAPELLE-DEL-FRAISSE (la), vg. *Cantal* (Auvergne), arr. et à 25 k. d'Aurillac, cant. et ✉ de Montsalvy. Pop. 408 h.

CAPELLE-EN-PEVÈLE, vg. *Nord* (Flandre), arr. et à 20 k. de Lille, cant. de Cysoing, ✉ de Pont-à-Marcq. P. 1,538 h.

CAPELLE-EN-VEZIE (la), *Cantal*, com. de la Capelle-del-Fraisse, ✉ de Montsalvy.

CAPELLE-FERMONT, vg. *Pas-de-Calais* (Artois), arr. et à 25 k. de St-Pol-sur-Ternoise, cant. et ✉ d'Aubigny. Pop. 79 h.

CAPELLE-LIVRON (la), vg. *Tarn-et-Garonne* (Querey), arr. et à 48 k. de Montauban, cant. et ✉ de Caylux. P. 644 h. — *Foires* les 3 fév., 5 mai, 13 août et 3 déc.

CAPELLE-MARIVAL (la), petite ville, *Lot* (Querey), arr. et à 21 k. de Figeac, chef-l. de cant. Cure. ✉. A 569 k. de Paris pour la taxe des lettres. Pop. 1,851 h. — TERRAIN jurassique. — On y voit un château formé de deux corps de logis, dont l'un est de construction assez récente, l'autre est flanqué de tours et paraît remonter au XIIIe siècle; il est environné de fossés creusés dans le roc, excepté du côté de l'est, où il est appuyé sur un rocher d'une pente rapide.

Les armes de la Capelle-Marival sont: de gueules à une chapelle d'argent.

Fabriques de toiles.

CAPELLE-SEGALAR (la), vg. *Tarn* (Languedoc), arr. et à 35 k. de Gaillac, cant. et ✉ de Cordes. Pop. 318 h.

CAPELLE-STE-LUCE (la), vg. *Tarn*, com. des Cabannes, ✉ de Cordes.

CAPELLE-VIAUR (la), *Aveyron*, comm. de Flavin, ✉ de Rodez.

CAPELLE-VIESCAMP (la), vg. *Cantal* (Auvergne), arr. et à 13 k. d'Aurillac, cant. de la Roquebrou, ✉ de Montvert. Pop. 619 h.

CAPELLES-LES-GRANDS, *Capellæ Magnæ*, vg. *Eure* (Normandie), arr. et à 12 k. de Bernay, cant. et ✉ de Broglie. Pop. 994 h. — *Fabrique* de frocs et de toiles.

CAPELETTE (la), *Bouches-du-Rhône*, comm. et ✉ de Marseille.

CAPENDU, *Cane Suspensa*, vg. *Aude* (Languedoc), arr. et à 18 k. de Carcassonne, chef-l. de cant. ✉. A 798 k. de Paris pour la taxe des lettres. Pop. 720 h. — TERRAIN crétacé supérieur, voisin du terrain tertiaire moyen. — Il est bâti dans une belle situation, au pied du mont Alaric, près de la rive gauche de l'Aude, dont les bords, plantés de belles saussaies, présentent un aspect magnifique. Capendu est souvent mentionné dans les anciennes chroniques pour son ancien château, qui fut la propriété de Raymond Bérenger et de plusieurs autres illustres personnages; il en reste encore d'immenses murailles qui, avec les ruines d'une église construite vers le XIVe siècle, et placées sur un rocher escarpé au centre du village, lui donnent un aspect pittoresque.

CAPENS, vg. *H.-Garonne* (Languedoc), arr. et à 15 k. de Muret, cant. de Carbonne,

⊠ de Noé. Pop. 369 h. Dans une charmante situation, sur la rive droite de la Garonne. — Haras.

CAPESTANG, *Caput Stagni*, bg *Hérault* (Languedoc), arr., ⊠ et à 16 k. de Béziers, chef-l. de cant. Cure. Pop. 1,933 h. — Terrain d'alluvions modernes. — Il est situé près du bord septentrional d'un étang considérable auquel il donne son nom, sur le canal du Midi. Ce bourg existait en 862 ; il est ceint de murs ruinés, flanqués de tours également en ruine. On remarque dans l'église quelques sculptures gothiques, et dans l'intérieur de la ville les restes d'un pont romain. — On doit visiter près de ce bourg un épanchoir à siphon du canal des Deux-Mers : c'est un des principaux détails d'art de ce célèbre ouvrage. — *Foire* le 4 août.

CAPIAN, vg. *Gironde* (Guienne), arr. et à 26 k. de Bordeaux, cant. et ⊠ de Cadillac. Pop. 665 h.

CAPINGHEM, vg. *Nord* (Flandre), arr., ⊠ et à 8 k. de Lille, cant. d'Armentières. Pop. 305 h.

CAPITAIN (les), *Rhône*, comm. de Juliénas, ⊠ de Romanèche.

CAPITELLO (tour de), *Corse*, comm. et ⊠ d'Ajaccio.

CAPLONG, vg. *Gironde* (Guienne), arr. et à 42 k. de Libourne, cant. et ⊠ de Ste-Foy. Pop. 543 h.

CAPLY, *Oise*, comm. de Vandeuil-Caply, ⊠ de Breteuil.

CAPO-MURO (tour de), *Corse*, comm. de Zicavo, ⊠ d'Ajaccio.

CAPOULET, vg. *Ariége* (pays de Foix), arr. et à 22 k. de Foix, cant. et ⊠ de Tarascon-sur-Ariége. Pop. 192 h.

CAPPE (la), *Loire*, comm. de St-Genis-Terre-Noire, ⊠ de Rive-de-Gier.

CAPPEL-BROUCK, vg. *Nord* (Flandre), arr. et à 25 k. de Dunkerque, cant. et ⊠ de Bourbourg. Pop. 1,064 h.

CAPELLE, vg. *Moselle* (Lorraine), arr. et à 20 k. de Sarreguemines, cant. et ⊠ de St-Avold. Pop. 511 h.

CAPELLE — SUR — ÉCAILLON, vg. *Nord* (Flandre), arr. et à 28 k. de Cambrai, cant. de Solesmes, ⊠ du Quesnoy. Pop. 330 h. — *Fab.* de sucre indigène.

CAPPY, vg. *Somme* (Picardie), arr. et à 17 k. de Péronne, cant. de Bray-sur-Somme, ⊠ d'Estrées-Deniécourt. Pop. 1,116 h.

CAPRAIS (St-), vg. *Allier* (Bourbonnais), arr. et à 28 k. de Montluçon, cant. et ⊠ d'Hérisson. Pop. 390 h.

CAPRAIS (St-), vg. *Cher* (Berry), arr. et à 16 k. de Bourges, cant. de Lovet, ⊠ de St-Florent. Pop. 292 h.

CAPRAIS (St-), vg. *Gironde* (Guienne), arr. et à 20 k. de Blaye, cant. de St-Ciers-la-Lande, ⊠ de St-Aubin. Pop. 476 h.

CAPRAIS (St-), vg. *Gironde* (Guienne), arr. et à 20 k. de Bordeaux, cant. et ⊠ de Créon. Pop. 255 h.

CAPRAIS (St-), *Tarn-et-Garonne*, com. de Belmontet, ⊠ de Monclar.

CAPRAIS-DE-LERM (St-), vg. *Lot-et-Garonne* (Agénois), arr. et à 13 k. d'Agen, cant. et ⊠ de Puymirol. Pop. 619 h.

CAPRAIS-DE-PAVÉE (St-), *Tarn*, com. et ⊠ de Rabastens.

CAPRAIS-DIT-ROUANEL (St-), *H.-Garonne*, comm. et ⊠ de Grenade-sur-Garonne.

CAPRAIS-DU-TEMPLE (St-), *Lot-et-Garonne*, com. du Temple, ⊠ de Ste-Livrade.

CAPRAISE (St-), *Lot*, com. de Frayssinet-le-Gélat. — *Foires* les 28 fév., 18 juin, 18 juillet, et le 19 des autres mois.

CAPRAISE-DE-LALINDE (St-), vg. *Dordogne* (Périgord), arr. et à 17 k. de Bergerac, cant. et ⊠ de la Linde. Pop. 448 h. — *Foire* le 24 juin.

CAPRAISE-D'EYMET (St-), vg. *Dordogne* (Périgord), arr. et à 20 k. de Bergerac, cant. et ⊠ d'Eymet. Pop. 440 h.

CAPSUS, *Gironde*, comm. de Biganos, ⊠ de la Teste-de-Buch.

CAPTIEUX, joli bourg, *Gironde* (Guienne), arr. et à 17 k. de Bazas, chef-l. de cant. Cure. Gîte d'étape. ⊠. ∨. A 638 k. de Paris pour la taxe des lettres. Pop. 1,431 h. — Terrain tertiaire supérieur. — Il est situé au milieu de landes immenses, qui font ressortir son agréable situation. — *Foires* les 29 avril, 25 mai et 22 sept.

CAPVERN, ou Capbern, village et établissement d'eaux minérales, *H.-Pyrénées* (Bigorre), arr. et à 19 k. de Bagnères-de-Bigorre, cant. et ⊠ de Lannemezan. Pop. 850 h.

EAUX MINÉRALES DE CAPVERN.

A 2 k. de Capvern, dans un vallon sauvage et pittoresque, on trouve une source d'eau minérale ferrugineuse, qui a donné lieu à un établissement de bains assez fréquenté. Cette source est très-abondante ; elle remplit une ouverture de 11 pouces carrés, surgit par siphon, et verse par jour 28,540 litres d'eau minérale.

L'établissement offre un carré long, ayant au milieu un très-beau vestibule et trois belles portes d'entrée. Un corridor principal le traverse de l'est à l'ouest dans toute sa longueur ; il est éclairé par les portes d'entrée, et par une croisée à chaque extrémité. En face de la grande porte d'entrée placée au midi est un beau bassin de marbre, alimenté par un conduit dérivé de la grande source. A la gauche du vestibule se trouve la grande source qui alimente tous les baignoires, au moyen de conduits en plomb.

On trouve dans cet établissement plusieurs appartements très-commodes, un salon, un chauffoir pour le linge des malades et une jolie chapelle.

Près de la source de Capvern est une jolie promenade où se rassemblent les buveurs ; au midi et à l'ouest la vue est bornée par un bois taillis ; les autres aspects sont cultivés en plantes, céréales. Les alentours offrent un paysage agreste et sauvage, dominé par la masse imposante des Pyrénées.

SAISON DES EAUX. La saison des eaux commence ordinairement au mois de juin et finit en octobre. Le terme moyen du nombre des malades qui s'y rendent est de six cents.

PRIX DU LOGEMENT ET DE LA DÉPENSE JOURNALIÈRE. Dans les meilleurs logements, le prix varie suivant le nombre des malades, d'un franc à trois francs par jour. Le bas peuple se loge à des prix très-modiques. La dépense ordinaire est de deux francs à deux francs cinquante centimes par jour.

Prix des bains chauds. . . 50 c.
Id. des bains froids . . . 30

PROPRIÉTÉS MÉDICINALES. Ces eaux sont le plus efficace de tous les moyens connus dans le pays, pour la guérison des diverses affections hémorroïdales et des suppressions menstruelles. Elles ont acquis pour le traitement de ces deux genres de maladies une réputation célèbre, que l'expérience confirme tous les jours. Efficaces dans l'ictère, elles sont très-utiles dans les engorgements chroniques du foie, dans les fleurs blanches, dans les gonorrhées anciennes et invétérées, dans l'atonie du système gastrique, surtout lorsque cet organe a été débilité par une cause qui a exercé lentement son action, et pendant un long espace de temps.

MODE D'ADMINISTRATION. L'eau de Capvern se prend également en boisson et en bains. Elle est si peu thermale qu'on est obligé de la faire chauffer pour l'administrer en bains.

Bibliographie. BUCNOZ. *Notice sur les eaux de Capvern* (Dictionnaire minéralog. et hydrograph.).

TAILHADE. *Lettres médico-topographiques sur Capvern et ses eaux minérales*, in-8, 1837.

LATOUR (A.). *Traité de l'eau médicinale et thermale de Capbern*, in-8, 1838.

CARACATES (lat. 50°, long. 26°). « Tacite nomme de suite (*Hist.*, lib. IV, sect. 70) *Vangiones*, *Caracates*, *Tribocos* ; et plus bas, *Tribocos*, *Vangiones*, *Caracates*. Cette nation n'est point connue par d'autres endroits. Cluvier (*German.*, lib. II, cap. 12) veut supprimer leur nom, et y substituer celui de *Nemetes*, ce qui paraît faire trop de violence au texte de Tacite. M. de Valois (*Not. Galliar.*, pag. 42) place les *Caracates* dans le territoire d'*Argentoratum*, qui appartient incontestablement aux *Triboci*, dont il méconnaît la position, en les transportant à Maïence. Les *Triboci*, les *Nemetes*, les *Vangiones*, sont les cités qui se succèdent immédiatement le long du Rhin, sans qu'il paraisse entre elles de vide, dont on soit libre de disposer en faveur de quelque autre peuple particulier. Mais, en poussant plus loin, nous ne sommes point instruits dans quel territoire était située la ville de Maïence. Car, de l'adjuger à la cité des *Vangiones*, comme a fait Cluvier, il répugne de voir, lorsque Maïence avait rang supérieur à celui de la capitale des *Vangiones*, étant métropole de la première Germanie, que cette capitale se soit néanmoins appropriée le nom dominant de la nation, étant désignée par celui de *Vangiones* dans Ammien Marcellin, et dans la Notice de l'empire. Cette considération, quand on a connaissance du gouvernement civil des Gaules, met une distinction formelle entre le territoire des *Vangiones* et celui de Maïence. Mais quel était le nom du peuple limitrophe des *Vangiones* du côté de Maïence, c'est ce qui n'est point marqué positivement dans l'antiquité. Nous voyons toutefois les *Caracates* nommés à côtés des *Vangiones* dans l'auteur qui fait mention des *Caracates*; y aurait-il trop de témérité à croire qu'un territoire qui se trouve vacant soit celui qui peut leur avoir appartenu? Cette conjecture n'a point le double inconvénient d'altérer le texte de Tacite, ou de placer ce peuple dans un canton que l'on sait avoir été occupé par un autre peuple. » D'Anville. *Notice de l'ancienne Gaule*, p. 197. V. aussi Walckenaer. *Géogr. des Gaules*, t. II, p. 278.

CARADEC, vg. *Côtes-du-Nord* (Bretagne), arr., cant., ✉ et à 8 k. de Loudéac. Pop. 2,024 h.—*Foires* les derniers mardis de mars, avril, mai et juin.

CARADEC (St-), *Morbihan*, comm. et ✉ d'Hennebont.

CARADEC-TRÉGOMEL (St-), vg. *Morbihan* (Bretagne), arr. et à 32 k. de Pontivy, cant. et ✉ de Guémené. Pop. 1,274 h.—*Foires* les 24 fév., 19 mars, 23 avril, 17 mai, 30 juin, 29 août, 4 oct., 29 déc. et samedi après la Toussaint.

CARAGOUDES, vg. *H.-Garonne* (Languedoc), arr. et à 44 k. de Villefranche-de-Lauragais, cant. et ✉ de Caraman. Pop. 531 h.

CARAMAN, bg *H.-Garonne* (Languedoc), arr. et à 18 k. de Villefranche-de-Lauragais, chef-l. de cant. Cure. ✉. ⚘. A 716 k. de Paris pour la taxe des lettres. Pop. 2,572 h.—TERRAIN tertiaire supérieur.—*Foires* les 23 juin, 14 sept., 16 nov., 16 déc. et 1er jeudi de chaque mois.

CARAMANY, vg. *Pyrénées-Or.* (Roussillon), arr. et à 35 k. de Perpignan, cant. de la Tour-de-France, et ✉ d'Estagel. Pop. 561 h.

CARANTEC, vg. *Finistère* (Bretagne), arr., ✉ et à 13 k. de Morlaix, cant. de Taulé. Pop. 1,230 h.

CARANTILLY, vg. *Manche* (Normandie), arr. et à 13 k. de St-Lô, cant. de Marigny, ✉ à la Fosse. Pop. 1,466 h.

CARANTONUS, vel CANENTELUS, fluv. (lat. 46°, long. 17°). « Il est mention de la Charente dans ces vers d'Ausone:

Santonico refluus non ipse Carantonus aestu.

On trouve la même rivière dans Ptolémée, et dans Marcien d'Héraclée, sous le nom de *Canentelus*, entre le port de *Santones* et le promontoire des *Pictones*. Ausone, né dans l'Aquitaine, et habitant du pays, devait mieux connaître le nom de cette rivière que Ptolémée. » D'Anville. *Notice de l'ancienne Gaule*, p. 198.

CARANUSCA (lat. 50°, long. 24°). « La Table théodosienne fournit le détail d'une route entre *Divodurum Mediomatricorum* et *Augusta Treverorum*. L'Itinéraire d'Antonin se borne à marquer XXXIIII en une seule distance entre *Treveri* et *Divodurum*. Mais on trouve dans la Table *Divodurum* XLII (ou plutôt XIII), *Caranuxa* X, *Ricciacum* II, *Aug. Treviror*. Le détail de ces distances sur le pied de 33 est trop voisin de l'indication de l'Itinéraire, pour vouloir qu'il y ait XLII, dans la Table, au lieu de ce qui convient en marquant XIII. D'ailleurs, ce qu'il y a d'espace réel entre Metz et Trèves, ne pouvant s'estimer que 34 à 35,000 toises, il est évident que cet espace n'admet point une mesure itinéraire qui serait beaucoup plus considérable, puisque le calcul de 33 lieues gauloises, surpasse déjà la mesure directe d'environ 3,000 toises, étant en rigueur de 37,422 toises. Je ne vois point de lieu qui réponde aux positions de la Table sur la droite de la Moselle. Les 13 lieues gauloises de la première distance conduisent, à partir de Metz, un peu au delà de Thionville; et un lieu dont le nom est Garsch pourrait dans cette dénomination conserver quelque analogie à celle de *Caranusca*. La distance d'environ 10 lieues gauloises, en poussant plus loin, rencontre la position de Remich sur le bord de la Moselle, et paraît l'endroit où il convient de passer cette rivière, pour achever la route à la droite de son cours, vu que la position de Trèves la demande. Sur cette route on trouve un lieu nommé *Taberna*, Taverne et Consarbrick, dont le nom désigne le passage de la Sare sur un pont autant que j'en puis juger, la distance particulière de Remich à Trèves, si elle surpasse celle qui précède, c'est de peu de chose. Voilà ce que j'ai pu jusqu'à présent découvrir de plus convenable, sur cette ancienne voie de Metz à Trèves. » D'Anville. *Notice de l'ancienne Gaule*, p. 199.

CARAOUËDE (la), vg. *Gers*. ⚘. A 17 k. d'Auch.

CARASA (lat. 44°, long. 17°). « Ce lieu est placé dans l'Itinéraire d'Antonin entre *Imus Pyrenaeus*, ou le pied des Pyrénées, qui est la position de St-Jean-Pied-de-Port, et *Aquae Tarbellicae*, Aqs. La distance marquée XII à l'égard d'*Imus Pyrenaeus* conduit à Paris, qui porte le titre de ville, et dont le nom conserve assez d'analogie avec l'ancienne dénomination pour la reconnaître. De plusieurs espaces fixés géométriquement dans ce canton, j'ai lieu de conclure qu'entre St-Jean-Pied-de-Port et Garis, il passe 13,000 toises, et le calcul rigoureux de la mesure itinéraire de 12 lieues gauloises est de 13,600. Surita a remarqué que les manuscrits et les éditions de l'Itinéraire ne s'accordaient point sur la distance de *Carasa* à *Aquae*, et qu'on trouvait XVIIII ou XXXVIII, son édition, de même que celle de M. Wesseling, porte le dernier de ces nombres. Le local nous instruira de ce qui est le plus convenable. Ce qu'il y a d'espace absolu entre Garis et Aqs, s'estime de 21,000 toises dont il résulte 18 à 19 lieues gauloises, et vraisemblablement 19, assez complètes en mesure de chemin. Or, l'indication de XXXVIIII, au premier coup d'œil, devait paraître excessive; mais cela n'était pas suffisant pour décider précisément en faveur de XVIII. La partie méridionale de la carte de Guienne, qui fait entrer au moins 40 minutes de latitude entre St-Jean-Pied-de-Port et Aqs, au lieu d'environ 32, n'aurait pas été propre à vérifier les distances de l'Itinéraire. » D'Anville. *Notice de l'ancienne Gaule*, p. 200.

CARAYAC, vg. *Lot* (Quercy), arr. et à 13 k. de Figeac, cant. et ✉ de Cajarc. Pop. 236 h.

CARAYBAT, *Ariège*, comm. de Soula, ✉ de Foix.

CARBAY, vg. *Maine-et-Loire* (Anjou), arr. et à 28 k. de Segré, cant. et ✉ de Pouancé. Pop. 254 h.

CARBEC-GRESTAIN, vg. *Eure* (Normandie), arr. et à 18 k. de Pont-Audemer, cant. et ✉ de Beuzeville. Pop. 402 h.—Il est situé sur la rive gauche et près de l'embouchure de la Seine, à 12 k. de Pont-Audemer. On y remarque les ruines de l'église de l'abbaye de Grestain, où fut enterrée la mère de Guillaume le Conquérant. Non loin de là sont deux fontaines très-anciennement renommées pour la guérison des maladies de la peau.

Aux environs de Grestain est le joli château de LA POMMERAYE, près duquel est le Mont-Courel, hauteur couverte d'immenses bruyères, d'où l'on jouit d'une vue magnifique sur l'embouchure de la Seine.

CARBES, vg. *Tarn* (Languedoc), arr., ✉ et à 7 k. de Castres, cant. de Vielmur. Pop. 375 h.

CARBINI, *Corse*, comm. de Lérie, ✉ de Sartène.

CARBON-BLANC, beau village, *Gironde* (Guienne), arr. et à 10 k. de Bordeaux, chef-l. de cant. Cure. ✉. ⚘. A 550 k. de Paris pour la taxe des lettres. Pop. 1,869 h.—TERRAIN tertiaire supérieur.—Il est situé dans une contrée fertile en vins estimés.—*Fabrique* de faïence. Laminoirs pour le cuivre et le plomb.

CARBONACCIA, *Corse*, comm. de Velone, ✉ de Cervione.

CARBONNE, petite ville, *H.-Garonne* (Languedoc), arr. et à 23 k. de Muret, chef-l. de cant. Cure. ✉ de Noé. Pop. 2,293 h.—TERRAIN tertiaire moyen.—Elle est fort agréablement située sur la rive gauche de la Garonne, près du confluent de l'Arize.

Les armes de Carbonne sont: *d'azur à trois fleurs de lis d'or*, 2 et 1.

Fabriques de draperies. Moulin à foulon. Teintureries. Briqueteries.—*Commerce* d'huiles et de laines.—*Foires* les 25 avril, 3 août, 6 déc., jeudi avant la Purification, jeudi de la 3e semaine de carême, jeudi après le Rosaire.

CARBONNIÈRE (la), *Eure*, comm. et ✉ de Thiberville.

CARBUCCIA, vg. *Corse*, arr. et à 25 k. d'Ajaccio, cant. et ✉ de Bocognano. Pop. 421 h.

CARCAGNY, vg. *Calvados* (Normandie), arr. et à 23 k. de Caen, cant. de Tilly-sur-Seulles, ✉ à St-Léger. Pop. 331 h.

CARCANIÈRES, vg. *Ariège* (Roussillon), arr. et à 66 k. de Foix, cant. de Quérigut, ✉ d'Ax. Pop. 267 h.—On y trouve une source d'eau thermale sulfureuse.

CARCANS, vg. *Gironde* (Guienne), arr. et à 30 k. de Lesparre, cant. de St-Laurent-de-Médoc. Pop. 1,050 h. — Il est situé dans une contrée sablonneuse, près de l'étang de son nom, dont la longueur est de 16 k. sur 4 k. de large.

CARCARÈS, vg. *Landes* (Gascogne), arr. et à 27 k. de St-Séver, cant. et de Tartas. Pop. 507 h. — On y voit une ancienne église dont quelques parties remontent à l'an 810.

CARCASSÈZ, *Pagus Carcassensis*, petit pays compris dans la ci-devant province du Languedoc. Il formait avant la révolution l'évêché de Carcassonne, et fait aujourd'hui partie du département de l'Aude.

CARCASO (lat. 44°, long. 21°). C'est ainsi que ce nom est écrit dans les *Commentaires* de César; on a écrit depuis *Carcasso*. Pline et Ptolémée font mention de cette ville entre celles des *Tectosages*. Dans l'Itinéraire de Bourdeaux à Jérusalem, elle est appelée *Castellum Carcassonæ*, et on y compte 82 milles de Toulouse à Carcassonne, et 38 de Carcassonne à Narbonne. Quand on cherche à connaître la longueur du mille romain par la distance de quelques positions en Languedoc, si on y avait employé ce grand espace de Toulouse à Narbonne, qui comprend 100 milles, selon le témoignage de l'Itinéraire le plus circonstancié de ceux que nous restent, on n'aurait pas jugé que la longueur du mille romain fut aussi forte qu'on l'a conclu par d'autres endroits. Entre Toulouse et Carcassonne, l'espace qui résulte des positions géométriques est d'environ 44,000 toises, et entre Carcassonne et le quartier de Narbonne qu'on appelle la Cité, qu'il faut remarquer être le plus reculé à l'égard de Carcassonne, on trouve au plus 28,000 toises. Total 72,000; et puisque le compte est de 100 milles, cette somme de toises ne fournit pour chaque mille que 720 toises. Quoique la route soit directe en chaque intervalle, par l'emplacement des lieux qu'on rencontre sur son passage, et que le pays ne soit pas fort inégal, il n'y a point de risque à convenir que les différentes inclinaisons du terrain, et quelques détours particuliers doivent faire que la mesure itinéraire surpasse de quelque chose la mesure en droite ligne. Mais l'évaluation du mille romain à 756 toises, comme nous l'admettons dans cet ouvrage sur la Gaule, fournit assez d'accroissement à la mesure itinéraire sur la directe pour ne pouvoir admettre un plus grand espace dans chaque mille. Quelques mesures actuelles qui ont été prises en Languedoc dans l'intervalle de plusieurs colonnes milliaires qui sont encore debout et dans leur place sont inférieures de quelques toises à l'évaluation sur le pied de 756; et on pourrait dire que la mesure d'espace entre Toulouse et Narbonne, en passant par Carcassonne, leur est favorable. D'Anville. *Notice de l'ancienne Gaule*, p. 200.

CARCASSONNE, *Carcasso*, *Carcasumo*, grande et très-ancienne ville, chef-l. du dép. de l'*Aude* (Languedoc), chef-l. du 2ᵉ arr. et de 2 cant., 1ᵉʳ arr. 4ᵉ jmt. et de com. Chambre et bourse de commerce. Conseil de prud'hommes. Syndicat maritime. Évêché. Petit et grand séminaire. 2 curés. Collège communal. Gîte d'étape. Pop. 19,824 h. — Terrain tertiaire moyen.

Autrefois évêché, parlement et généralité de Toulouse, intendance de Languedoc, chef-lieu d'une recette, présidial, sénéchaussée, chapitre, séminaire, abbaye de St-Benoît; couvent de dominicains. — L'évêché de Carcassonne fut fondé vers 800. Ses évêques ont été élus par le clergé et le peuple du diocèse, jusqu'au concordat passé entre François Iᵉʳ et Léon X.

L'origine de Carcassonne est inconnue. On sait seulement que les *Volcæ Tectosages* furent ses premiers habitants. Du temps de Jules César, elle était déjà considérable et occupait un rang distingué parmi les villes de la Narbonnaise; de la domination romaine, elle passa sous celle des Visigoths, qui la fortifièrent et bâtirent les tours et le château encore existants. En 724, les Sarrasins, venus d'Espagne, l'enlevèrent aux Visigoths, et en furent chassés à leur tour par Charles Martel; puis celui-ci par Pepin le Bref, qui soumit toute la Septimanie et la réunit à la couronne. Sous Louis le Débonnaire, Carcassonne fut séparée de la Septimanie pour être jointe au marquisat de Toulouse, qui dépendait du royaume d'Aquitaine; toutefois cette ville fut gouvernée par un comte particulier. — En 1209, l'armée des croisés, commandée par le légat du pape et par d'autres prêtres ou moines, après avoir massacré, sans exception, tous les habitants de Béziers, au nombre de 60,000, après avoir pillé et incendié la ville, vint mettre le siège devant Carcassonne, dans l'intention de faire éprouver le même sort à cette ville et à ses habitants; c'était alors une des plus fortes places du Languedoc; qui ne consistait que dans la partie élevée qu'on nomme la Cité. La garnison était très-nombreuse, et le vicomte Raymond-Roger s'y était rendu pour la défendre. Les croisés assiégèrent le premier faubourg; et, malgré la défense vigoureuse de Raymond-Roger, qui fit en cette occasion des prodiges de valeur, ce faubourg fut pris et brûlé; le second faubourg fut pris ensuite, mais avec beaucoup plus de difficultés et de temps.

Les assiégeants, impatients de ces retards, s'approchèrent enfin de la ville, tentèrent de combler les fossés et d'escalader les murailles; alors les assiégés se défendirent et les repoussèrent vivement. Les croisés commencèrent à désespérer de prendre cette place; mais la saison combattit pour eux; les chaleurs devinrent excessives; tous les puits de Carcassonne étaient taris; les habitants, désolés par la soif, demandèrent à capituler. Un historien dit qu'on leur permit d'évacuer la ville, à condition qu'ils n'emporteraient avec eux que la chemise et les *braies* (culottes) qu'ils avaient sur le corps. Un autre dit qu'ils sortirent sans chemise, l'un après l'autre, et que la vicomtesse, jeune et belle personne, ne fut pas exempte de cette condamnation vigoureuse et humiliante. Un troisième historien rapporte que ces malheureux, faibles, décharnés, et à demi morts de misère, déclarèrent qu'ils voulaient embrasser la foi catholique, et que, de quatre cent cinquante d'entre eux qui ne voulurent pas changer de religion, quatre cents furent brûlés vifs, et cinquante pendus. Enfin, un auteur, qui a écrit l'histoire de la croisade, dit que les habitants de Carcassonne, ayant appris la trahison dont le légat avait usé envers leur vicomte, sortirent tous de la ville, pendant la nuit, par un souterrain qui communiquait aux tours de Cabardez, à 12 k. de Carcassonne; et le lendemain, les croisés, voulant escalader les murailles, furent fort surpris de ne trouver aucun obstacle, et de voir la ville dépeuplée.

En 1262, les habitants de Carcassonne se révoltèrent contre le roi; ils furent sévèrement punis de cet acte de rébellion. Les principaux citoyens furent chassés de la ville; ils obtinrent cependant plus tard la permission de bâtir des maisons à quelque distance du pont. Ce fut là l'origine de la ville basse. En 1347, les habitants de Carcassonne obtinrent du roi la permission de fortifier leur ville, afin de pouvoir, à leur sûreté, compromise par les cruels événements de la guerre survenue entre la France et l'Angleterre, sous le règne de Philippe de Valois. Le prince de Galles, dans l'irruption qu'il fit dans le Languedoc, en 1355, s'empara de la ville basse, y mit le feu, et emmena avec lui les principaux habitants. La vigoureuse résistance que firent ceux de la cité les préserva du même sort, et força le prince de Galles d'abandonner le siège. Quelque temps après, le comte d'Armagnac, lieutenant du roi dans la province du Languedoc, la rebâtit la ville basse, la fit fortifier et entourer de remparts. — Carcassonne embrassa le parti de la Ligue, qu'elle abandonna bientôt après. Le parlement de Toulouse, ayant été cassé, y fut établi en 1589. Les ligueurs la prirent en 1591; elle se soumit à Henri IV et le reconnut pour roi en 1596.

Les armes de Carcassonne (VILLE HAUTE) sont: *d'azur à un portail de ville accompagné de deux tours crénelées d'argent et surmonté d'un écusson d'azur à trois fleurs de lis d'or 2 et 1.* — Celles de la VILLE BASSE sont: *d'azur semé de lis d'or sans nombre, au besant d'or mis en cœur chargé d'un tourteau de gueules surchargé d'un agneau pascal d'argent supportant une croix d'or avec un guidon d'argent chargé d'une croix de sable, avec cette légende écrite en argent:* HIC OVES BENE NATÆ AGNUM COMITANTUR. D'Hozier les a figurées: *d'azur semé de fleurs de lis d'or à un grand mur de même maçonné de sable, derrière trois tours rondes pavillonnées, celle du milieu plus grosse que les autres, ayant une porte en arcade sur laquelle est un agneau pascal d'argent.*

Carcassonne est dans une très-belle position au milieu d'un pays riche et fertile, arrosé par l'Aude, plusieurs autres rivières, et traversé par le canal du Midi. La ville basse, entièrement circonscrite par une muraille assez élevée, est très-régulièrement bâtie; les rues sont larges, bien alignées, d'une propreté extrême, rafraîchies par une quantité d'eau courante, ornées de nombreuses fontaines, exécutées en général avec beaucoup de goût. Toutes les rues se croisent à angle droit, de telle sorte que, dans quelque point de la ville que l'on se trouve, on aperçoit toujours les boulevards extérieurs. Les maisons sont en général élégantes, commodes et bien bâties ; on y remarque plusieurs magasins de fort bon goût, et des hôtels construits et décorés avec luxe. La place publique est plantée de deux allées de beaux arbres ; elle est vaste, et forme un carré long : une très-jolie fontaine en marbre blanc représentant Neptune sur son char, traîné par quatre chevaux marins, contribue beaucoup à l'embellir. Aux quatre angles sont des bornes-fontaines, dont la simplicité contraste avec l'élégance de la fontaine principale.

Carcassonne est sans contredit une des plus jolies villes de France ; elle continue à s'embellir tous les jours par les nombreuses réparations que l'on ne cesse d'y faire, et par les monuments que l'on y élève. Les fossés qui régnaient autrefois au-dessous des murs ont été comblés et convertis en belles promenades, par les soins d'Armand de Bezuns, qui fut évêque de Carcassonne depuis 1731 jusqu'en 1778. Ces promenades, qui entourent la ville et forment les boulevards extérieurs, sont d'autant plus agréables que leur situation permet aux habitants d'en jouir tous les jours, sans avoir l'inconvénient d'y ressentir les vents furieux qui désolent le pays. On change de promenade selon le vent régnant ; et, comme elles se prolongent dans tout le pourtour de la ville, une portion est toujours abritée.

Les nouvelles allées que l'on a plantées sur les bords du canal, au milieu desquelles s'élève une belle colonne de marbre rouge, érigée en l'honneur de Riquet, créateur du canal des Deux-Mers, forment une promenade magnifique. A une petite distance de ces allées est le beau pont-aqueduc de Fresquel, remarquable autant par sa gracieuse et majestueuse architecture que par sa largeur considérable. Le Fresquel traverse sous ce pont le canal des Deux-Mers, qui passe sur ses voûtes, ainsi que le chemin de halage et la grande route. Le grand pont sur l'Aude, qui joint la ville basse avec les faubourgs et la cité, mérite aussi d'être remarqué.

La beauté de la ville basse dont nous venons de donner une faible idée, contraste singulièrement avec la ville haute, qui est l'ancienne cité, et avec les deux faubourgs connus sous les noms de Barbe-Canse et de Trivalle. La cité, bâtie sur une petite élévation, n'offre plus maintenant que de vieilles murailles et quelques édifices à demi ruinés ; on y trouve une caserne et plusieurs maisons appartenant à des familles pauvres. Il est impossible de voir ces vieux remparts et ces vieilles tours, sans songer à la vertu guerrière des habitants de cette ancienne cité. C'est là que se trouve l'ancienne cathédrale St-Nazaire, qui serait depuis longtemps oubliée, si elle ne renfermait la tombe de Simon de Montfort « Il est là, dit l'auteur des voyages dans les départements, sans honneur, sans marbre, sans mausolée : ses complices ne l'ont pas osé. »

Ce qui reste des fortifications de la cité remonte au règne d'Alaric ; c'est un des monuments d'architecture militaire de cette époque les mieux conservés. Ces fortifications ont été pendant longtemps entretenues avec beaucoup de soin, et le château qu'elles renferment a servi souvent de prison. Le plan des constructions est extrêmement curieux, et la disposition des fortifications offre un modèle admirable des anciens systèmes de défense.

Les principaux édifices et établissements publics de Carcassonne sont :

La BIBLIOTHÈQUE, composée d'environ 6,000 volumes, provenant principalement des collections qui se trouvaient dans les anciens couvents.

La MAISON D'ARRÊT, située sur une des promenades de la ville, est une construction nouvelle, qui ne laisse rien à désirer sous le rapport de la sûreté et de la salubrité.

MONUMENTS RELIGIEUX. Les principaux sont : la cathédrale, sous l'invocation de St-Michel, et l'église de St-Vincent, dont la tour élevée a souvent servi à des mesures trigonométriques : ces deux monuments sont peu dignes d'être visités.

L'église St-Nazaire, classée par le ministre de l'intérieur au nombre des monuments historiques, est fort curieuse en ce qu'elle est composée de deux parties bien distinctes appartenant à deux genres d'architecture différents : la nef, qui date de la fin du xie siècle, offre un modèle élégant de l'architecture romane ; le chœur présente les formes gracieuses et légères de l'architecture gothique au temps de sa plus grande splendeur. Cette église est décorée de vitraux assez bien conservés, dont quelques-uns sont fort remarquables. — C'est là que fut enterré Simon de Montfort, dont les restes ont été recouverts par une simple dalle en marbre rouge.

On remarque encore à Carcassonne le palais de justice, le palais épiscopal.

L'hôtel de la préfecture offre de beaux appartements d'où l'on jouit d'une vue magnifique, et un jardin assez bien tenu. On remarque dans le jardin une colonne antique élevée à Numérien, fils de l'empereur Carus, et né à Narbonne.

Outre les édifices que nous venons de signaler, il en est d'autres qui n'ont pas moins de droits à fixer l'attention ; ce sont les nombreuses manufactures de draps et les filatures de laine. Ces ateliers occupent une grande partie de la population de Carcassonne, et répandent l'aisance dans tous les rangs de la société. Les principaux sont : l'ancienne manufacture de la Trivalle, située à l'extrémité du pont, près la rivière d'Aude ; la filature de laine, construite il y a bon nombre d'années par une réunion de fabricants de draps et de capitalistes. Ce grand édifice, de forme carrée, est situé au centre d'une petite île formée par l'Aude dans une position fort agréable, d'où l'on jouit d'une vue délicieuse. Le troisième établissement, destiné à la filature des laines, est à Maquens.

Biographie. Carcassonne est le lieu de naissance de :

PASCAL DE LA COURT, historien.

RAMEL DE NOGARET, député aux états généraux, membre de la convention nationale et du conseil des cinq cents, ministre des finances en 1798, membre de la chambre des représentants pendant les cent jours.

MARRAGON, membre de la convention et du conseil des cinq cents.

FABRE DE L'AUDE, membre du sénat conservateur, et pair de France.

J.-F. DOUGADOS, plus connu sous le nom de père VENANCE, mort sur l'échafaud révolutionnaire en 1793.

SACOMBE, médecin accoucheur, auteur de plusieurs ouvrages sur les accouchements.

ALPH. MAHUL, littérateur et publiciste.

Mme PRADHER, actrice distinguée de l'Opéra-Comique.

Des généraux AUSSENAC, CHARTRAND, ARNAUD, GROS, etc., etc.

Quelques auteurs font naître à Carcassonne FABRE D'EGLANTINE, qui est né à Limoux.

INDUSTRIE. Manufactures importantes de draps, dont les produits s'expédient pour le Levant et les Indes. — Fabriques de couvertures de laine, molletons, bas, toiles, savons. Teintureries ; superbe établissement hydraulique de filature de laine. Distilleries d'eaux-de-vie. Tanneries. Papeteries. Clouteries. Commerce considérable de vins, grains, farines, fruits, épiceries, cuirs, fer, quincaillerie, draps, etc. — Foires les 6 et 7 mars, 6 et 7 août, 25, 26 et 27 nov., mardi, mercredi et jeudi de la Pentecôte.

A 93 k. de Toulouse, 121 k. de Perpignan, 781 k. de Paris. Lat. 43° 12′ 54″ N., long. orientale 0° 0′ 46″.

L'arrondissement de CARCASSONNE est composé de 12 cantons : Alzonne, Capendu, Carcassonne E., Carcassonne O., Conques, Lagrasse, le Mas-Cabardès, Montréal, Monthoumet, Peyriac-Minervois, Saïssac, Tuchan.

Bibliographie. MARCA. Histoire des comtes de Carcassonne, in-f^o, 1633.

BESSE. Histoire des antiquités de la ville de Carcassonne, in-4, 1645.

BOUGES (le P. Th.). Histoire ecclésiastique et civile de la ville et diocèse de Carcassonne, in-4, 1741.

GUILHE. Histoire de Carcassonne, spécialement rapportée aux temps antiques de la cité, in-8, 1838.

VIGUERIE. Annales de la ville et du diocèse de Carcassonne, t. I (et unique), in-4, an XIII (1805).

ROLLAND (J.). Mémoire sur le commerce de Carcassonne, in-4, 1806.

CARCASSONNE (canal de). Ce canal est un embranchement du canal du Midi ; il a sa prise d'eau en amont des écluses de Foucaud, longe les murs de Carcassonne, et se réunit au canal du Midi, en amont de l'écluse de Fresquel, après un développement de 7,064 m. Il a pour objet, non-seulement de procurer au commerce de Carcassonne des moyens faciles de transport, mais encore de préserver le canal du Midi des ensablements que causaient les crues de la rivière de Fresquel, et qui interrompaient souvent la navigation. Cette nouvelle branche du canal du Midi est divisée en deux parties, à peu près égales, par le bassin et l'écluse de Carcassonne. Ce bassin a une longueur de 142 m. 96 c. et une largeur de 46 m. 76 c.; il a la forme d'un parallélogramme arrondi par les angles, et peut contenir de 36 à 40 barques, déduction faite de la surface nécessaire au passage de celles qui doivent continuer leur marche.

CARCEN, vg. *Landes* (Gascogne), arr. et à 31 k. de St-Sever, cant. et ✉ de Tartas. Pop. 530 h. — On y trouve une source d'eau minérale, des mines de fer en grain, quantité de fossiles et de vastes tourbières.

CARCENAC-PEYRALÈS, vg. *Aveyron* (Rouergue), arr. et à 20 k. de Rodez, cant. et ✉ de Sauveterre. Pop. 598 h.

CARCÈS, *Tarn-et-Garonne*, com. et ✉ de Lauzerte.

CARCÈS, *Carcer*, joli bourg, *Var* (Provence), arr., ✉ et à 16 k. de Brignoles, cant. de Cotignac. ☉. Pop. 2,219 h. — Il est agréablement situé au confluent de l'Issole et de l'Argens. — Moulin à soie. — *Foires* les 14 fév., 9 et 10 mai, 20 juillet et 14 oct.

CARCHETO, vg. *Corse*, arr., ✉ et à 26 k. de Corté, cant. de Piedicroce. Pop. 362 h.

CARCICI (lat. 44°, long. 24°). — C'est ainsi que ce nom doit être écrit, plutôt que *Carsici*, selon l'Itinéraire maritime. M. l'abbé Barthélemy m'a fait connaître une inscription qu'il a lue sur le lieu, et qui est un voeu à la divinité tutélaire de *Carcici*, TUTELÆ CARCITANÆ. J'étais antérieurement persuadé qu'il fallait reconnaître *Carcici* dans le lieu de Cassis, nonobstant l'opposition qu'Honoré Bouche y apportait, qui ne m'a paru fondée que sur ce qu'il ne trouve point Cassis dans un ancien dénombrement des lieux de la Provence. Mais le lieu de Cassis pouvait avoir été abandonné, sans que le son port, *Carcicis Portus*, eût perdu le nom qui lui était propre; et une nouvelle habitation n'est pas toujours une raison de nier qu'il en ait existé une plus ancienne. Il est vrai que la position de Cassis dérange l'ordre qui paraît dans l'Itinéraire maritime entre Toulon et Marseille, et il faut recourir à l'article *Æminæ Portus*, pour voir qu'un lieu qui doit succéder à *Telo Martius* immédiatement, en serait séparé par les ports de *Taurentum*, de *Carcici* et de *Citharista*, selon l'Itinéraire. En consultant le local, je trouve une route entre le port de Cassis et l'île de Maire, dont il est mention dans l'Itinéraire sous le nom d'*Immadra*, répond à peu près à l'indication de distance que donne cet Itinéraire, savoir XII à l'égard du lieu précédé *Immadra*. Donc ce lieu est *Carcici*, nonobstant que l'Itinéraire nomme en cette place *Citharista*; et, quand on a pris connaissance du lieu qui convient spécialement à *Citharista*, on voit *Carcici* plus voisin d'*Immadra* que *Citharista*, par un arrangement de positions qui dément celui que donne l'Itinéraire, et qui ne permet pas de s'y assujettir. » D'Anville. *Notice de l'ancienne Gaule*, p. 202.

CARCOPINO, *Corse*, comm. de Sarrola-et-Carcopino, ✉ d'Ajaccio.

CARCOUËT (le), *Eure*, comm. de la Vacherie-de-Surville, ✉ de Louviers.

CARDAILLAC, petite ville, *Lot* (Quercy), arr. et à 10 k. de Figeac, cant. et ✉ de la Capelle-Marival. Pop. 1,317 h. — Cette ville, située sur une montagne très-escarpée du côté du nord et de l'ouest, était autrefois une place fort importante, qui embrassa avec ardeur la cause de la réforme. Ses fortifications furent démolies, par ordre de la cour, vers le commencement du siècle de Louis XIV. On y remarque, sur les bords d'un rocher qui domine un ruisseau, les restes d'un vaste fort dont l'enceinte renfermait quatre tours isolées : trois de ces tours existent encore; deux sont carrées, la troisième est ronde; la quatrième, qu'on a démolie il y a quelque temps, était aussi carrée. — *Foires* les 28 janv., 29 août et 25 nov.

CARDAN, vg. *Gironde* (Guienne), arr. et à 28 k. de Bordeaux, cant. et ✉ de Cadillac. Pop. 300 h.

CARDEILHAC, vg. *H.-Garonne* (Languedoc), arr. et à 11 k. de St-Gaudens, cant. et ✉ de Boulogne. Pop. 745 h.

CARDESSE, vg. *B.-Pyrénées* (Béarn), arr., cant., ✉ et à 9 k. d'Oloron. Pop. 647 h.

CARDET, vg. *Gard* (Languedoc), arr. et à 14 k. d'Alais, cant. et ✉ de Lédignan. Pop. 440 h.

CARDO, vg. *Corse*, arr., ✉ et à 3 k. de Bastia, cant. de San-Martino dit Lota. Pop. 235 h. — On y remarque une source pittoresque et très-abondante, qui sort de rochers entremêlés d'oliviers, de noyers et de châtaigniers, et dont les eaux sont regardées comme les meilleures des eaux si exquises de la Corse. Les habitants trafiquent l'été de l'eau de Cardo, qui est très-recherchée par les habitants de Bastia.

CARDONNAC, vg. *Tarn*, com. de Noailles, ✉ de Cordes.

CARDONNETTE, vg. *Somme* (Picardie), arr., et à 9 k. d'Amiens, cant. et ✉ de Villers-Bocage. Pop. 411 h.

CARDONNOIS (le), vg. *Somme* (Picardie), arr., cant., ✉ et à 8 k. de Montdidier. Pop. 129 h.

CARDONVILLE, vg. *Calvados* (Normandie), arr. et à 31 k. de Bayeux, cant. et ✉ d'Isigny. Pop. 171 h.

CARDROC, vg. *Ille-et-Villaine* (Bretagne), arr. et à 15 k. de Montfort-sur-Meu, cant. et ✉ de Bécherel. Pop. 864 h.

CARREAU-D'ÉCOULLEVILLE (le), *Seine-Inf.*, comm. de St-Laurent-de-Brévedent, ✉ d'Harfleur.

CAREIL, *Loire-Inf.*, com. et ✉ de Guérande.

CAREL, vg. *Calvados* (Normandie), arr. et 27 k. de Lisieux, cant. et ✉ de St-Pierre-sur-Dives, Pop. 133 h.

CARELLE, vg. *Mayenne* (Maine), arr. et à 25 k. de Mayenne, cant. et ✉ de Gorrow. Pop. 846 h.

CARENCY, vg. *Pas-de-Calais* (Artois), arr., ✉ et à 13 k. d'Arras, cant. de Vimy. Pop. 470 h.

CARENNAC, bg *Lot* (Quercy), arr. et à 41 k. de Gourdon, cant. de Vayrac, ✉ de Martel. Pop. 1,124 h. — Il est situé sur la rive gauche de la Dordogne. On y remarque les vastes bâtiments d'une ancienne abbaye de l'ordre de Cluny. Ce monastère, où l'on voit des morceaux de sculpture précieux pour l'histoire de l'art, présentait plusieurs corps de logis, dans l'un desquels on visite, au quatrième étage d'une tour carrée, le cabinet de Fénelon, retraite où l'on assure que cet illustre écrivain composa une partie de ses ouvrages; cet appartement n'offre aujourd'hui que les quatre murs, et une cheminée dont l'architecture est très-ornée; toutes les pierres y sont couvertes de noms des admirateurs de Fénelon qui sont venus visiter Carennac. L'escalier du monastère qui conduisait à l'appartement du trésor est fort beau; il présente une coupole d'une courbure élégante et d'une très-belle exécution.

Patrie de M. Dunoyer, littérateur distingué, préfet du département de la Somme, membre de l'Institut.

Exploitation des carrières d'oolithe calcaire qui fournissent la plus belle pierre de taille du département du Lot.

CARENTAN, *Carentonum Unellorum*, petite ville, *Manche* (Normandie), arr. et à 27 k. de St-Lô, chef-l. de caut. Cure. Gîte d'étape. ☉. A 293 k. de Paris pour la taxe des lettres. Pop. 2,990 h. — TERRAIN d'alluvions modernes.

Autrefois diocèse de Bayeux, parlement de Rouen, intendance de Caen, chef-lieu d'élection, bailliage et vicomté, amirauté, bureau des traites foraines, gouvernement particulier.

Carentan est une petite ville située au milieu de marais qui en rendent l'air insalubre, sur la rive gauche de la Taute; elle était défendue par un fort château qui a été pris et repris plusieurs fois. Quand les Anglais descendirent à la Hougue en 1346, les fortifications du château de Carentan pouvaient résister même à l'armée d'Édouard III. Il y avait une garnison de soldats génois qui étaient disposés à se défendre; mais les bourgeois rendirent la ville à la première sommation, et la garnison, forcée de se retirer dans le château, ne put y faire une longue résistance. Elle y obtint pourtant une capitulation honorable, tandis que les bourgeois furent emmenés en Angleterre. Les fortifications furent démolies. Michel de Northbury, clerc du roi Édouard, qu'il suivit à cette expédition, dit que Carentan était alors aussi peuplé que Leicester. Charles le Mauvais fit rebâtir les fortifications de Carentan. Le duc de Richemont prit cette ville d'assaut en 1449. Les protestants s'en emparèrent en 1574. — Une grande partie du château de Carentan existe encore, mais il ne pourrait tenir contre une attaque sérieuse. On peut y étudier l'architecture militaire, dont il y a des modèles depuis le xiie siècle jusqu'à la fin du xvie. — L'église paroissiale est un édifice remarquable. Les rues de la ville sont assez bien percées, mais les maisons ne sont pas belles.

Les armes de Carentan sont : *d'azur à un sautoir d'argent.*

La position de la forteresse des Ponts-d'Ouve, à 2 k. de Carentan, sur la route de Valognes, au milieu de rivières et dans des marais qui, il y a moins d'un siècle, étaient presque continuellement inondés, est on ne peut mieux choisie pour empêcher un ennemi venant vers Carentan de pénétrer dans la presqu'île du Cotentin. Elle a dans tous les temps attiré l'attention. Sous les Romains il y eut un port de mer, et dans le moyen âge une forteresse.

Biographie. Patrie de P. Angier et de Rob. le Roquez, poëtes du xvie siècle.

D'Élie de Beaumont, défenseur des Calas.

De J. Godefroy, commentateur de la *Coutume de Normandie.*

De J. Loret, poëte burlesque, auteur d'une Gazette en vers, en 3 vol. in-fo.

De Léonor Langevin, auteur ascétique.

Commerce de blé, cidre, chanvre, lin, miel, beurre salé, poisson de mer, bestiaux gras, chevaux. — Manufactures de dentelles et de toiles de coton. — Foires les 18 juillet, 7 nov. (3 jours), lundi après le 1er janv., 1er et 4e lundi de carême, vendredi saint, lundis de Quasimodo, après la Trinité et avant Noël.

CARENTOIR, bg *Morbihan* (Bretagne), arr. et à 60 k. de Vannes, chef-l. de cant. Cure. ✉. A 417 k. de Paris pour la taxe des lettres. Pop. 5,277 h. — Terrain cristallisé ou primitif. — *Foires* les 1er mai, 15 oct., mardi après l'Assomption.

CARENTOMAGUS (lat. 45°, long. 20°). « On trouve ce lieu, en lisant *Carantomago*, dans la Table théodosienne, sur une route qui conduit de *Bibona*, ou plutôt *Divona*, ou Cahors, à *Segodum*, c'est-à-dire *Segodunum*, ou Rodez. La distance est marquée XI à l'égard d'un lieu placé entre *Divona* et *Carentomagus*, sous le nom de *Varadetum*, et XV de *Carentomagus* et *Segodunum*. La combinaison des distances fait tomber la position de *Carentomagus* dans les environs de Villefranche-en-Rouergue, sans néanmoins connaître le lieu particulier qui s'y rapporte précisément par quelque indice. » D'Anville. *Notice de l'ancienne Gaule*, p. 202.

CARESTIEMBLE, *Côtes-du-Nord*, com. de St-Braudan-et-Laufaius, ✉ de Quintin.

CARFANTIN, *Ille-et-Vilaine*, com. et ✉ de Dol.

CARGÈSE ou Cargèse, vg. *Corse*, arr. et à 52 k. d'Ajaccio, cant. de Piana, ✉ de Vico. Pop. 923 h. — Cargèse est un beau village situé sur le bord septentrional du golfe de Sagone, dans une contrée fertile et bien cultivée. Il doit son origine à une colonie grecque, réfugiée en Corse en 1676. Cette colonie se divisa d'abord en cinq hameaux, et les terres incultes qui en formaient l'apanage ne tardèrent point à changer d'aspect; mais les communes voisines, qui se croyaient des droits sur ces terres, envahirent chaque jour ce que les Grecs édifiaient; la jalousie arrosait de sang ce que l'insouciance avait négligé; de telle sorte que cet établissement, malgré la protection de la république de Gênes et les efforts plus récents du comte de Marbœuf, n'a jamais pu atteindre le but pour lequel il avait été formé, celui d'augmenter la population et d'importer le goût de l'agriculture. Après 161 ans d'existence, la colonie ne forme qu'un village de moins de 700 individus; et son territoire, le mieux cultivé de la Corse, est toujours revendiqué par des naturels qui possèdent et ne défrichent pas les champs limitrophes.

Ce village, élevé régulièrement en amphithéâtre au-dessus de la mer, planté de beaux mûriers, est on ne peut plus agréable. Il a été bâti par M. de Marbœuf, pour lequel il fut même érigé en marquisat. Les Grecs qui en forment la population ont conservé leur langue, leurs rites, leurs habitudes; mais le costume national, qu'ils avaient autrefois conservé, a disparu; les yeux et les physionomies ont seuls retenu quelque trace grecque.

Bibliographie. Stephanopoli (N.). *Histoire de la colonie grecque établie en Corse.... et Aperçu sur la Corse et sur les moyens à employer pour améliorer le sort des habitants de cette île*, in-12, 1826.

CARGIACA, vg. *Corse*, arr., ✉ et à 20 k. de Sartène, cant. de Ste-Lucie. Pop. 262 h.

CARHAIX, *Caretum*, petite et ancienne ville, *Finistère* (Bretagne), arr. et à 50 k. de Châteaulin, chef-l. de cant. Cure. Gîte d'étape. ✉. A 524 k. de Paris pour la taxe des lettres. Pop. 2,021 h. — Terrain de transition moyen.

Autrefois diocèse et recette de Quimper, parlement et intendance de Rennes, gouvernement particulier, maîtrise des eaux et forêts.

Carhaix, Keraës ou Ker-Ahès, est un des points sur lesquels l'érudition bretonne s'est le plus essayée. On a prétendu que cette ville tenait son nom de la princesse Ahès, fille de Conan Mériadec, ou du roi Grallon, qui la fit bâtir et l'enrichit de deux beaux chemins, dont l'un allait à Brest et l'autre à Nantes. On en voit encore des fragments nommés, en langue du pays, *hent Ahès* (chemin d'Ahès). On a pris Kéraës pour les Kéris des anciens, pour la ville d'Is; mais, suivant Corzet, il paraît qu'Aëtius en est le fondateur. Albert le Grand dit qu'en 878 les Normands, joints aux Danois, ruinèrent Carhaix. En 1197, Richard II, roi d'Angleterre, fut défait par les barons de la Bretagne, près de cette ville, qui était alors une place très-forte. En 1341, elle se rendit au comte de Montfort. Charles de Blois la prit en 1342, et en rétablit les fortifications. Le comte de Northampton, chef des Anglais, du parti de Montfort, s'en empara en l'an 1345. Reprise par les Français, les Anglais s'en rendirent maîtres une seconde fois après la fameuse journée de la Roche-Derrien, en 1347. Bertrand du Guesclin s'en rendit maître en 1363, après six semaines d'une vigoureuse résistance. Du temps de la Ligue, un parti de royalistes, commandé par le capitaine Duliscoët, la surprit deux heures avant le jour, en 1590. Carhaix ne put résister, en 1592, à la fureur de Guy de Fontenelle, aidé des troupes espagnoles, qui marchaient sous les ordres du duc de Mercœur; Duliscoët s'en ressaisit deux ans après.

On devait ambitionner la possession de Carhaix, placé sur une montagne élevée, dont l'accès est facile à défendre. Cette ville est le centre du Finistère, d'une partie des terres de Vannes et de St-Brieuc, de ce qu'on nommait la basse Bretagne. Le duc d'Aiguillon, la jugeant propre à recevoir le camp d'observation qu'il voulait établir à l'extrémité de la France, fit ouvrir ou perfectionner les six grandes routes qui s'y rendent, et conduisent à Brest, à Quimper, à Châteaulin, à Vannes, à St-Brieuc et à Morlaix. Ces chemins sont ferrés, et peuvent aisément porter une très-forte artillerie.

Les armes de Carhaix sont : *d'azur au bœuf passant de sable.*

Cette ville, située sur la petite rivière d'Iliers, est généralement mal bâtie et mal percée. On y remarque l'église paroissiale, qui paraît être une construction du vie siècle.

Biographie. Patrie du vice-amiral Emériau.

De Théophile-Malo Corret de la Tour d'Auvergne, célèbre par ses *Origines gauloises, ou Recherches sur la langue, l'origine et les antiquités des Celto-Bretons de l'Armorique*, etc., in-8, 1795, et plus célèbre encore par sa bravoure, sa modestie et son désintéressement, mort au champ d'honneur, sur les hauteurs de Neufbourg, le 28 juin 1800. Son corps, enveloppé de feuilles de chêne et de laurier, fut déposé dans le lieu même où il avait reçu la mort, où l'on mit un monument sur lequel on mit cette épitaphe :

LA TOUR D'AUVERGNE.

Il comptait quarante années de service effectif, non compris ses campagnes. Appelé à tous les conseils de guerre, il fit constamment le service de général sans vouloir le devenir, et ne voulut accepter que le titre de premier grenadier des armées françaises. Une statue en bronze a été élevée à ce héros dans sa ville natale; l'inauguration a eu lieu le 27 juin 1841, en présence des députations venues de divers points de la Bretagne. Il est représenté tenant de la main gauche un sabre d'honneur, et semble indiquer de la main droite qu'il saura le conserver : à ses pieds est un petit trophée où l'on voit un livre. Le piédestal est en granit blanc d'Huelgoat.

Fabriques de chapeaux communs. — *Commerce* de draperies et de toiles. — *Foires* les 13 mars (8 jours), 3 juin (8 jours), 9 et 28 août, 20 sept., 2 et 29 nov., 1er jeudi après Pâques, veille de l'Ascension.

CARIGNAN, petite ville, *Ardennes* (pays Messin), arr. et à 20 k. de Sédan, chef-l. de cant.

Cure. Gîte d'étape. ⊠. ⚲. A 277 k. de Paris pour la taxe des lettres. Pop. 1,792 h. — Terrain jurassique.

Autrefois duché, diocèse de Trèves, parlement et intendance de Metz, recette de Sedan, collégiale.

Cette ville portait autrefois le nom d'Ivoi, *Epodium*, elle existait du temps des Romains qui y tenaient garnison, et était traversée par la route romaine de Reims à Trèves. Après avoir appartenu successivement aux comtes de Chimay, aux ducs de Luxembourg, aux maisons de Bourgogne et d'Autriche, elle fut cédée à la France en 1659. Louis XIV en disposa ensuite en faveur du comte de Soissons, érigeant sa prévôté en duché de Carignan, dont Ivoi prit le nom. En 1752, le duc de Penthièvre acheta ce duché et le donna à la duchesse de Chartres, sa fille, mère du roi Louis-Philippe Ier. Cette ville fut prise par le maréchal de Châtillon en 1659, et ses fortifications furent rasées; elle est presque entièrement composée d'une seule rue assez large et extrêmement longue, bordée de belles constructions.

Patrie du lieutenant général baron DE LACOUR.

Fabriques de fer-blanc. Filature de laine. Moulins à foulon. Scieries hydrauliques. Laminoirs. Tanneries, Brasserie, etc. — *Foires* les 11 mai, 16 et 31 août, 10 oct., 7 déc. et 4e lundi de carême.

CARIGNAN, vg. *Gironde* (Guienne), arr., ⊠ et à 10 k. de Bordeaux, cant. de Créon. Pop. 627 h.

CARISEY, vg. *Yonne* (Champagne), arr. et à 18 k. de Tonnerre, cant. et ⊠ de Flogny. Pop. 484 h.

CARISIEU, vg. *Isère* (Dauphiné), arr. et à 20 k. de la Tour-du-Pin, et à 15 k. de Bourgoin, cant. et ⊠ de Cremieu. Pop. 160 h.

CARLA (le), *Aude* (Languedoc), comm. d'Orsans, ⊠ de Castelnaudary.

CARLA-DE-ROQUEFORT (le), vg. *Ariège* (Languedoc), arr. et à 14 k. de Foix, cant. ⊠ de Lavelanet. Pop. 417 h. — On voit aux environs, sur la cime de deux mamelons, les restes de deux antiques châteaux. Quelques auteurs désignent à tort ce village comme le lieu de naissance du célèbre Bayle, né à Carla-le-Comte.

CARLADEZ, petit pays qui dépendait autrefois de la ci-devant haute Auvergne, et dont Vic-en-Carladez était le chef-lieu. Il est aujourd'hui compris dans le département du Cantal.

CARLA-LE-COMTE, vg. *Ariège* (Roussillon), arr. et à 20 k. de Pamiers, cant. de Fossat, ⊠ du Mas-d'Azil. Pop. 1,909 h.

Patrie du célèbre philosophe et critique P. BAYLE, né en 1647, mort en 1706.

Foires les 3 janv., 3 fév., 5 mars, 5 avril, 25 juin, 28 août, 18 oct., 19 nov.

CARLARET (le), vg. *Ariège* (pays de Foix), arr., cant., ⊠ et à 8 k. de Pamiers. Pop. 198 h.

CARLAT, *Cartilatum Castrum*, bg Cantal (Auvergne), arr. et à 15 k. d'Aurillac, cant. et ⊠ de Vic-sur-Cère. Pop. 994 h.

Ce bourg était jadis célèbre par un antique château qui était regardé comme une des plus anciennes forteresses de France, et comme la plus forte place de l'Aquitaine. Sous les Romains, il fut longtemps possédé par la maison prétorienne de Ferréol; sous Charlemagne, c'était le chef-lieu héréditaire d'un comté, qui fut plus tard divisé en deux vicomtés. Le château de Carlat, suivant la description des anciens historiens, était entouré de rochers escarpés, et ne communiquait avec la campagne que par un sentier en zigzag pratiqué dans le basalte : indépendamment de la forteresse qui était très-vaste, il existait dans la double enceinte qui l'entourait, les bâtiments nécessaires à la garnison, la maison du gouverneur, un couvent de religieuses, une église et un cimetière. — Après la bataille de Vouillé, le château de Carlat résista avec succès aux armes de Clovis; il fut aussi une des principales barrières qui arrêtèrent les conquêtes de Thierry. Louis le Débonnaire en fit le siège en 839, et le prit sur les partisans de son fils. Les Anglais le prirent par ruse en 1359, l'abandonnèrent quelque temps après, et s'en ressaisirent en 1370; deux ans après, ils en furent chassés par le duc de Bourbon; mais ils ne tardèrent pas à y rentrer, et le possédèrent jusqu'en 1387. Jacques d'Armagnac, duc de Nemours, dont Louis XI avait juré la perte, s'y retira en 1459, et y fut assiégé inutilement pendant dix-huit mois par les troupes du roi, qui furent obligées de se retirer. En 1475, Louis XI en fit faire de nouveau le siège par le duc de Beaujeu; la place fut serrée de si près que Jacques d'Armagnac obligé de se rendre. On sait qu'il fut enfermé à Pierre-en-Seize, transféré à la Bastille, renfermé dans une cage de fer, d'où il ne sortit que pour aller au supplice. — En 1568, le château de Carlat fut assiégé et pris par les religionnaires du Languedoc, sur lesquels il fut repris par les royalistes, qui le rendirent aux premiers en 1583. — Marguerite de Valois, première femme de Henri IV, chassée d'Agen par sa mauvaise conduite, vint à Carlat en 1585, et s'y séjourna dix-huit mois; mais ses amours scandaleuses ayant soulevé contre elle tous les habitants de Carlat, force lui fut d'en sortir précipitamment pour se réfugier à Usson. Le château de Carlat fut encore assiégé en 1602, et défendu par Mme de Navroze, qui, s'étant emparée de la place en l'absence de son mari, arrêté par ordre du roi, déclara qu'elle ne le rendrait qu'autant que son mari serait remis en liberté, ce qu'elle ne fut pas longtemps à obtenir. — Henri IV, instruit des vexations qu'exerçaient dans les environs les gentilshommes qui gardaient la forteresse de Carlat, en ordonna la démolition, qui fut exécutée en 1603. Il ne reste plus aujourd'hui de cet immense château qu'une apparence de murs d'enceinte et de fortifications, que l'on voit du côté du bourg, placé ainsi que l'église au-dessus du plateau basaltique qui supportait la forteresse.

Près de Carlat est la jolie vallée de Raulhac, remarquable par sa belle végétation, et non loin de là le château de CROPIÈRE, où l'on trouve des eaux minérales ferrugineuses acidules, très-fréquentées par les habitants des villages voisins. Le château de Cropière appartenait à la famille de Fontanges; Mlle de Fontanges, maîtresse de Louis XIV, y fut reléguée, et l'on y voit encore son portrait. Ce château est aujourd'hui la propriété de M. de Valady.

CARLENCAS, vg. *Hérault* (Languedoc), arr. et à 41 k. de Béziers, cant. et ⊠ de Rédarieux. Pop. 153 h.

CARLEPONT, vg. *Oise* (Picardie), arr. et à 25 k. de Compiègne, cant. de Ribecourt. ⊠. A 97 k. de Paris pour la taxe des lettres. Pop. 1,778 h. — *Fabrique* de calicots. Filature de coton, ⒷⒷ 1827. — *Foires* les 1res mardis de janv., avril, juillet et oct.

CARLING, *Moselle*, comm. de l'Hôpital, ⊠ de St-Avold.

CARLIPA, vg. *Aude* (Languedoc), arr., cant., ⊠ et à 15 k. de Castelnaudary. Pop. 635 h. — *Foire* le 16 oct.

CARLUCET, *Dordogne*, comm. de St-Crépin, ⊠ de Salignac.

CARLUCET, vg. *Lot* (Quercy), arr. et à 20 k. de Gourdon, cant. de Gramat, ⊠ de Montfaucon. Pop. 928 h. — *Foires* les 3 mai et 5 nov.

CARLUS, vg. *Tarn* (Languedoc), arr., cant., ⊠ et à 5 k. d'Albi. Pop. 555 h.

CARLUX, vg. *Dordogne* (Périgord), arr. ⊠ et à 13 k. de Sarlat, chef-l. de cant. Bur. d'enregist. à Sarlat, Cure. Pop. 990 h. — Terrain crétacé inférieur, grès vert. — *Foires* les 3 juillet, 1er déc., 2e mardi d'avril et le jour des Cendres.

CARLY, vg. *Pas-de-Calais* (Boulonnais), arr. et à 12 k. de Boulogne-sur-Mer, cant. et ⊠ de Samer. Pop. 301 h.

CARME, *Gard*, comm. de Sahran, ⊠ de Bagnols.

CARMEAUX. V. ST-MARTIN-DE-LA-GUÉPIE.

CARMIER (le), *Sarthe*, comm. et ⊠ d'Ecommoy.

CARNAC, *Lot*, comm. de Rouffiac, ⊠ de Castelfranc.

CARNAC, bg *Morbihan* (Bretagne), arr. et à 42 k. de Lorient, cant. de Quiberon, ⊠ d'Auray. Pop. 3,437 h. — Terrain cristallisé ou primitif.

Ce bourg est situé sur une hauteur, à peu de distance de la mer. Il possède une ancienne église, qui est annuellement le but d'un célèbre pèlerinage, où l'on accourt de très-loin, pour préserver les bestiaux des maladies contagieuses. La beauté de cette église, bâtie en pierres de taille et décorée de peintures, indique l'abondance des offrandes. Deux bœufs, réduits au quart de la proportion naturelle, sont sculptés au-dessus de la grande porte et au-devant de la niche du saint.

A un kilomètre de Carnac se trouve l'un des monuments celtiques les plus remarquables qui existent en France. Il est situé dans une vaste lande, et consiste en plus de douze cents énormes pierres brutes, rangées en ligne droite sur onze files parallèles, s'étendant du sud-est au nord-ouest, sur une longueur de 1,536 m., et une largeur de 94 m. A l'extrémité nord-ouest de ces files est un demi-cercle formé de pierres semblables. La majeure partie des pierres qui composent le bizarre monument de Carnac, sont de véritables menhirs ou pierres plantées verticalement en terre, pour la plupart la pointe en bas, dont les hauteurs varient autant que les formes. Les plus élevées ont de 6 à 7 m. de haut, beaucoup en ont de 3 à 4, et quelques-unes seulement 1 m. 33 c. à 1 m. 66; d'autres enfin sont de gros blocs simplement posés sur le sol. Rien ne présente un spectacle plus étrange, plus singulier, plus grand, que l'assemblage de ce monument aussi grossier que gigantesque. Le nombre de ces pierres, leurs figures bizarres, l'élévation de leurs sommités, allongées et mousseuses, qui se dessinent d'une manière tranchante sur la noire bruyère dont la plaine est couverte, enfin la silencieuse solitude qui les environne, tout frappe, tout étonne l'imagination, tout pénètre l'âme d'une vénération mélancolique pour ces antiques témoins des événements qui signalèrent tant de siècles accumulés sur leurs têtes. — Une foule de conjectures plus ou moins vraisemblables ont été faites par les antiquaires sur ces monuments, dont l'origine et la destination sont restés inconnus.

Le 27 juin 1795, le comte de Puisaye, général en chef des armées vendéennes, débarqua à Carnac; le quartier général fut établi à la Genèse, près du rivage; les troupes cantonnèrent à Carnac et dans les villages voisins, d'où elles se portèrent ensuite dans la presqu'île de Quiberon. V. QUIBERON.

Foires les 15 avril, 17 mai, 1er juillet et 11 sept.

Bibliographie. MAUDET DE PENHOUET (le comte). *Mémoire sur les pierres de Carnac* (Archéologie armoricaine, in-4, 1826).

CARNAS, vg. *Gard* (Languedoc), arr. et à 50 k. du Vigan, cant. et ✉ de Quissac. Pop. 366 h.

CARNAUX (les), *Seine-et-Oise*, comm. de Vauréal, ✉ de Pontoise.

CARNÉ (St-), vg. *Côtes-du-Nord* (Bretagne), arr., cant., ✉ et à 5 k. de Dinan. Pop. 805 h.

CARNEILLE (la), Lg *Orne* (Normandie), arr. et à 26 k. de Domfront, cant. et ✉ d'Athis. Pop. 1,602 h. — *Foires* les 23 fév., 31 mai, 31 août, 5 oct. et 28 déc.

CARNEL, *Morbihan*, comm. et ✉ de Lorient.

CARNET, bg *Manche* (Normandie), arr. et à 21 k. d'Avranches, cant. et ✉ de St-James. Pop. 1,236 h. — *Fabriques* de toiles dites de St-Georges.

CARNETIN, vg. *Seine-et-Marne* (Brie), arr. et à 18 k. de Meaux, cant. et ✉ de Claye. Pop. 231 h. Sur une éminence, près de la rive droite de la Marne.

CARNETTES, *Orne*, comm. de la Genevraie, ✉ du Merlerault.

CARNEVILLE, vg. *Manche* (Normandie), arr. et à 13 k. de Cherbourg, cant. et ✉ de St-Pierre-Eglise. Pop. 590 h.

CARNIÈRES, *Carneres*, vg. *Nord* (Cambresis) arr., ✉ et à 8 k. de Cambrai, chef-l. de cant. Cure. Pop. 1,489 h. — TERRAIN tertiaire inférieur, voisin du terrain crétacé supérieur.

CARNIN, vg. *Nord* (Flandre), arr. et à 18 k. de Lille, cant. et ✉ de Séclin. Pop. 454 h. — *Fabrique* de sucre indigène. Geniévrerie.

CARNIOL, *Carniolum*, vg. *B.-Alpes* (Provence), arr. et à 23 k. de Forcalquier, cant. et ✉ de Banon. Pop. 104 h.

CARNOËT, vg. *Côtes-du-Nord* (Bretagne), arr. et à 40 k. de Guingamp, cant. et ✉ de Callac. Pop. 2,013 h.

CARNOIS, *Nord*, comm. de Gommegnies, ✉ du Quesnoy.

CARNOULÈS, *Gard*, comm. de St-Sébastien, ✉ d'Anduze.

CARNOULÈS, *Castrum de Carnolis*, vg. *Var* (Provence), arr. et à 34 k. de Toulon-sur-Mer, cant. de Cuers, ✉ de Pignans. P. 1,084 h. — *Foire* le 11 oct.

CARNOY, vg. *Somme* (Picardie), arr., ✉ et à 15 k. de Péronne, cant. de Combles. Pop. 142 h.

CARNUTES (lat. 49°, long. 20°). « Il en est mention longtemps avant César, puisque Tite Live (lib. v, sect. 341) les nomme entre les nations celtiques qui passèrent les Alpes pour s'établir en Italie, du temps que Tarquin l'Ancien régnait à Rome. On les voit se déclarer les premiers dans le soulèvement presque général de la Gaule, et que César ne vint à bout de réprimer que par la plus laborieuse de ses campagnes, et par la réduction d'Alise. Les *Carnutes* sont nommés dans Strabon; dans Pline, *Carnuti* ou *Carnuteni fœderati*; selon Ptolémée, *Carnutæ*; selon Plutarque (in Cæsare), *Carnutini*. Il ne convient point de prendre dans une rigueur géométrique ce qu'on lit dans César (Comment., vi), en parlant de leur territoire, *quæ regio totius Galliæ media habetur*; mais, l'entendre de la commodité que trouvaient les druides à former tous les ans leur assemblée, comme le dit César, dans un lieu du pays des *Carnutes*. Ce territoire était considérable, s'étendant depuis la Seine jusqu'à la Loire et au delà. Il y a longtemps que le diocèse d'Orléans n'a été détaché; et celui de Blois en est encore un démembrement que le diocèse de Chartres a souffert de nos jours. Un lieu qui est nommé Fins, entre Chartres et Orléans, fait connaître la séparation des territoires remontant au temps où les Romains dominaient encore dans la Gaule. » D'Anville. *Notice de l'ancienne Gaule*, p. 203. V. aussi Walckenaer. *Géographie des Gaules*, t. i, p. 57, 66, 399, 403.

CARO, *Landes*, comm. de Lucbardez, ✉ de Roquefort.

CARO, vg. *Morbihan* (Bretagne), arr. et à 11 k. de Ploërmel, cant. et ✉ de Malestroit. Pop. 1,557 h. — *Foires* les 2es mardis de mai et de sept.

CARO, vg. *B.-Pyrénées* (basse Navarre), arr. de Mauléon, à 30 k. de St-Palais, cant. et ✉ de St-Jean-Pied-de-Port. Pop. 295 h.

CAROCOTINUM (lat. 50°, long. 18°). « C'est le terme d'une route romaine, qui rencontre le bord de la mer, comme la carte le fait connaître. L'Itinéraire d'Antonin, où ce lieu est cité, et par lequel cet Itinéraire commence la description de la route jusqu'à *Augustobona* ou Troies, marque X entre *Carocotinum* et *Juliobona*, la capitale des *Culeti*, et dont la position est celle de Lilebone. En partant de cette position pour trouver celle de *Carocotinum*, l'ancienne voie dont il est mention dans quelques titres sous le nom de *Calceia*, la Chaussée, et qui passe dans son alignement par un lieu nommé la Remuée, aboutit à Harfleur. La distance qui est de 12 à 13,000 toises répond à 11 lieues gauloises; et je ne vois point qu'on puisse s'arrêter autre part qu'à un port où la mer arrivait autrefois, et qui est le débouché d'une vallée par laquelle les falaises qui bordent l'embouchure de la Seine sont interrompues. Au pied du coteau qui succède à l'ouverture de cette vallée, le nom de Cretin que portent les masures d'un château paraît fort analogue au nom de *Carocotinum*, ce qui peut dériver du voisinage de position. Mais, outre que le lieu de Cretin n'a pas les avantages de l'emplacement de Harfleur, la distance où il se trouve d'environ 1,400 toises au delà, demanderait plus de 12 lieues gauloises entre *Juliobona* et *Carocotinum*. La dénomination de *Hare Fléot*, ou de Harfleur, est du moyen âge; et le terme de *Fléot* ou *Fleu* doit être ici d'autant plus commun avec beaucoup d'autres dénominations, qui appartiennent également à des lieux maritimes dans l'étendue de l'ancienne Neustrie ou Normandie. Nous sommes ici bien écartés de M. de Valois (p. 129), qui veut que *Carocotinum* soit le Crotoi à l'embouchure de la Somme. » D'Anville. *Notice de l'ancienne Gaule*, p. 204. V. aussi Caylus. *Recueil d'antiquités*, t. IV, p. 383.

CAROGNO, *Corse*, comm. de Monte, ✉ de la Porta.

CAROL (la Tour de), *Pyrénées-Or*. V. VALLÉE DE CAROL (la).

CAROLLES, vg. *Manche* (Normandie), arr. et à 19 k. d'Avranches, cant. et ✉ de Sartilly. Pop. 552 h.

CAROMB, petite ville, *Vaucluse* (Provence), arr., cant., ✉ et à 11 k. de Carpentras. Pop. 2,573 h.

Cette ville, située dans une contrée fertile, est entourée de murailles en pierres de taille, avec poterne, fossés, pont-levis, et présente l'apparence d'une ville bien fortifiée.

A une petite distance de Caromb, du côté du nord, on remarque un des plus importants travaux hydrauliques exécutés dans le département, connu sous le nom d'Ecluse-de-Caromb. Entre une haute montagne appelée le Paty, s'étendant du nord au midi, et plusieurs autres montagnes également élevées suivant la même direction, coule le ruisseau de Lauron. L'entrée de ce vallon, formée de rocs vifs où l'on n'aperçoit aucune espèce de verdure, a 40 m. de largeur d'une montagne à l'autre : les flancs des montagnes se creusent ensuite, le vallon s'élargit, puisse il se resserre bientôt au midi, de manière à ne plus laisser, dans la partie la plus profonde, que 2 m. 30 c. d'ouverture. La disette d'eau où se trouvait la commune de Caromb donna l'idée de fermer par un mur épais la sortie étroite de ce vallon, d'y retenir et amasser les eaux qui y coulent pendant l'hiver, pour la disperser ensuite pendant l'été, au moyen de vannes mobiles. Après plusieurs années de travail, cette hardie entreprise fut exécutée; elle est aujourd'hui achevée et présente une digue de 50 m. de hauteur, sur 80 m. dans sa plus grande largeur et 8 m. d'épaisseur au sommet : on estime que le bassin qu'elle forme peut contenir 400,000 m. cubes d'eau, qui, sagement distribués, procurent à la commune d'immenses avantages.— *Foire* le 22 sept.

CARONTE (étang de). Il est situé sur le littoral du département des *Bouches-du-Rhône*, et forme la communication entre l'étang de Berre et la Méditerranée. Sa longueur est de 2 k. et sa largeur moyenne de 800 m. Les deux rives en sont escarpées; la fin est marquée par un étranglement qui n'a que 300 m. de largeur où commencent les bourdigues des Martigues : la chapelle de St-Geniez est sur la pointe méridionale.

CAROUGE (le), *Carubeum*, Seine-et-Oise, comm. de Bretigny, ✉ de Linas.

CARPENTORACTE (lat. 45°, long. 23°). « Cette ville n'est citée que dans Pline (lib. III, cap. 4), *Carpentoracte Meminorum*. Ptolémée donne aux Memini une autre ville sous le nom de *Forum Neronis*; et M. de Valois (p. 129) en conclut que c'est la même ville sous deux noms différents : l'un gaulois, l'autre romain. Deux choses me font difficulté dans cette opinion : la première, que le nom de *Forum* subsiste dans celui de For-Calquier, quoique le nom de Néron n'y paraisse plus, ayant fait place à un autre terme, pour distinguer ce *Forum* d'avec les lieux auxquels la dénomination de *Forum* a été commune ; la seconde vient de la situation de Carpentras, dont le territoire se trouve investi de trois côtés par ceux d'Orange, d'Avignon et de Cavaillon, ville des Cavares ; et l'on ne se persuade point que cette nation, que l'on sait avoir été considérable et puissante, fut resserrée au point qu'entre les limites de Carpentras et le bord du Rhône la largeur du terrain qu'elle occupait se réduisît à une lieue et demie. Il n'y a qu'une connaissance positive et très-circonstanciée du local qui puisse fournir un pareil argument, et qui fasse bien sentir l'inconvénient de ce qui est contraire. Au reste je ne suis point le premier à croire que *Carpentoracte* devait appartenir aux *Cavares*, plutôt qu'à un autre peuple, et Sanson m'a devancé sur ce sujet. Il n'est point mention de *Carpentoracte* dans la Notice des provinces de la Gaule, que l'on croit avoir été dressée sous Honorius, et cette circonstance n'est point favorable à l'opinion d'en faire la capitale d'un peuple particulier au milieu des *Cavares*. Elle a été immatriculée dans d'autres Notices postérieures comme étant de la province viennoise ; et dans les souscriptions du concile tenu à Épaone en 518, on voit celle d'un évêque de Carpentras, *Civitatis Carpentoratensis*. » D'Anville. *Notice de l'ancienne Gaule*, p. 205. V. aussi Walckenaer. *Géographie des Gaules*, t. II, p. 182.

CARPENTRAS, *Carpentoracte, Carpentoracte Meminorum, Forum Neronis*, très-ancienne ville, *Vaucluse* (comtat Venaissin), chef-l. de sous-préf. (3ᵉ arr.) et de 2 cant. Chef-l. judiciaire du dép. (cour d'assises). Trib. de 1ʳᵉ inst. Collége comm. Cure. Gîte d'étape. Soc. d'économie rurale. ✉ ✆ Pop. 9,776 h.— Terrain d'alluvion voisin du tertiaire moyen.

L'origine de cette ville est incertaine et remonte à une haute antiquité. L'opinion la plus probable est qu'elle était la capitale des Cavares, sous le nom de *Carpentoracte*. Pline est le seul auteur ancien qui fasse mention de *Carpentoracte* ; mais il est prouvé que dès l'an 518 cette ville portait ce nom. Les Romains y fondèrent une colonie et l'embellirent de plusieurs édifices ; mais les Goths, les Vandales, les Lombards et les Sarrasins, qui la saccagèrent tour à tour, ne laissèrent aucune trace des nombreux monuments dont elle était décorée.

En 1313, le pape Clément V vint habiter à Carpentras et y fixa la résidence du saint-siège. Cet honneur coûta cher à la ville : pendant le conclave qui suivit la mort de ce pape, six cardinaux italiens voulurent faire nommer un souverain pontife italien, dans l'espérance qu'il transfèrerait le saint-siège à Rome ; un plus grand nombre de cardinaux voulaient un Français ; l'élection traînant en longueur, après qu'on eut vainement supprimé une partie de la subsistance des cardinaux, le peuple, fatigué d'attendre, mit le feu au collége où le conclave était assemblé, et ce feu consuma une grande partie de la ville. Toutefois, les maisons brûlées furent promptement reconstruites, et, cinquante ans après cet événement, le pape Innocent VI fit ceindre la nouvelle ville des murs qui l'entourent aujourd'hui.

Les **armes de Carpentras** sont : *de gueules, à un mors antique de cheval d'argent, dont le milieu est forgé d'un des clous de la Passion de Jésus-Christ*.

Cette ville est très-agréablement située dans un riche et fertile territoire, au pied du mont Ventoux, sur la rive gauche de l'Auzon. Elle est entourée de belles murailles flanquées de tours et percées de quatre portes qui s'ouvrent dans des directions diamétralement opposées. Les rues en sont étroites et mal percées ; mais la plupart des maisons sont bien bâties ; presque toutes pourvues d'eau provenant des fontaines abondantes qui décorent les places publiques. Les faubourgs sont agréables et formés de maisons d'une belle construction. En dehors des murs règne une large esplanade, plantée d'arbres, qui forme de charmantes promenades d'où l'on jouit de plusieurs vues délicieuses ; peu de villes ont des alentours aussi pittoresques et aussi variés.

On remarque à Carpentras : la cathédrale, bel édifice gothique, orné d'une belle façade et surmonté d'un clocher dont la construction remonte au siècle de Charlemagne ; la nef est unique, mais fort belle (cette église a été classée au nombre des monuments historiques) ; la porte d'Orange, que couronne une haute et belle tour ; le palais de justice, qui occupe les bâtiments de l'ancien palais épiscopal, et dont l'une des cours renferme un bel arc triomphal antique, jadis enseveli dans une cuisine, et aujourd'hui isolé ; l'Hôtel-Dieu, superbe édifice construit en 1751, décoré d'une façade majestueuse, et dont la chapelle, le grand escalier sont dignes d'admiration : on voit dans l'intérieur le mausolée en marbre blanc du vertueux évêque Inguimbert ; le lavoir public, composé de quatre immenses bassins couverts où l'eau se renouvelle sans cesse ; la salle de spectacle ; les halles ; les prisons neuves, etc., etc.

Les fontaines de Carpentras sont alimentées par les eaux de plusieurs sources conduites en ville par un bel aqueduc, construit par Clément V, dont l'étendue totale est d'environ 10 k. ; la longueur de la partie qui traverse le vallon de l'Auzon est de 850 m. Après un certain espace de maçonnerie simple, formant un mur gradinal, cette longueur est composée d'un seul rang d'arcades au nombre de quarante-huit, suivant une ligne droite du nord au midi jusqu'à la quarante-deuxième arcade, et formant ensuite un léger coude sur la droite : les pieds-droits sont quadrangulaires et pyramidaux jusqu'à la naissance des cintres, qui sont tous égaux, ce qui donne à cet aqueduc une grande légèreté. Aux trois dernières arcades, est accolé un pont sur lequel on traverse l'Auzon.

Bibliothèque publique. La ville de Carpentras possède une bibliothèque publique, formée dans le principe par le fameux Peyresc, augmentée par les Thomassin-Mazangue, et achetée en 1745 par l'évêque Inguimbert, qui l'enrichit en outre de tous les livres qu'il avait lui-même rapportés d'Italie, et la légua ensuite à la ville de Carpentras. Cette bibliothèque se compose de 22,000 vol. imprimés et d'environ 2,000 manuscrits, dont les plus précieux viennent du célèbre Peyresc ; on y voit une belle collection d'estampes, plusieurs excellents tableaux, quelques antiquités, divers objets d'histoire naturelle et autres rares curiosités ; son médaillier est riche de 6,000 médailles, or, argent et bronze. Ce dépôt des productions de l'esprit humain, l'un des plus complets de ceux que possèdent les départements, est placé dans un vaste bâtiment acheté par le fondateur, qui avait doté ce bel établissement d'une somme de plus de 60,000 fr., dont le revenu annuel était destiné à son accroissement et au traitement du conservateur.

Biographie. PATRIE de l'abbé MAXIME DE PAZZIS, auteur d'un savant *Mémoire statistique sur le département de Vaucluse*.

Du peintre paysagiste BIDAULD, membre de l'Institut.

De J.-V. RASPAIL, naturaliste, à qui la physique et la chimie sont redevables d'importantes découvertes.

INDUSTRIE. Fabriques d'eau-de-vie, esprits, acide nitrique, colle forte, vert-de-gris. Filatures de coton. Moulin à soie et à garance. Teintureries. Tanneries.— Commerce de vins, eaux-de-vie, esprits, essences de différentes sortes, huile d'olives excellente, fruits, amandes, safran, garance, graine de trèfle et de luzerne, cire, miel, soie, laine, savon, cuirs, etc. — Entrepôt et point central pour l'achat des productions du pays. — Tous les vendredis, marchés considérables et des plus fréquentés des départements méridionaux. — *Foires* les 21 sept. et 27 nov.

A 24 k. d'Avignon, 690 k. de Paris. Lat. 44° 3′ 28″ N., long. 2° 42′ 28″ E.

L'arrondissement de Carpentras est composé de 5 cantons : Carpentras N., Carpentras S., Mormoiron, Pernes, Sault.

Bibliographie. MARTIN (J.-Cl.). *Antiquités et inscriptions de la ville de Carpentras*, in-8, 1818.

CARPILLOU, *Lot-et-Garonne*, comm. et ✉ de la Roque-Timbault.

CARPINETO, vg. *Corse*, arr., ✉ et à 28 k. de Corté, cant. de Piedicroce. Pop. 369 h.

CARPIQUET, vg. *Calvados* (Normandie), arr., ✉ et à 6 k. de Caen, cant. de Tilly-sur-Seulles. Pop. 863 h.

CARQUAIRANNES, *Var*, comm. et ✉ d'Hyères.

CARQUEBUT, vg. *Manche* (Normandie), arr. et à 23 k. de Valognes, cant. et ✉ de Ste-Mère-Eglise. Pop. 589 h.—On y voit une ancienne église susceptible d'être classée au nombre des monuments historiques.

CARQUEFOU, bg *Loire-Inf.* (Bretagne), arr., ✉ et à 10 k. de Nantes, chef-l. de cant. ♀. Cure. Bur. d'enregist. à Nantes. Pop. 2,690 h.—TERRAIN cristallisé ou primitif.

A une petite distance, on voit le beau château de la Seilleraye, dont les jardins ont été plantés sur les plans de le Nôtre. Madame de Sévigné y a habité et y a écrit plusieurs lettres. On y voit encore la chambre qu'elle a occupée, dans laquelle se trouve un très-beau portrait de cette femme célèbre. — *Foires* les 13 avril, 22 juillet et 2 nov.

CARRAGINTE, *Corse*, comm. de Castellare-de-Casinesa, ✉ de la Porta.

CARRAQUE (la), *Lot-et-Garonne*, comm. de St-Gervais, ✉ de Castelgialoux.

CARRÉ (le), *Isère*, comm. de la Terrasse, ✉ du Touvet.

CARRELIER (le), *Tarn*, comm. de Mirandol, ✉ de Pampelonne.

CARRÉPUIS, *Somme* (Picardie), arr. et à 22 k. de Montdidier, cant. et ✉ de Roye. Pop. 257 h.—*Fabrique de sucre indigène*.

CARRÈRE, vg. *B.-Pyrénées* (Béarn), arr. et à 24 k. de Pau, cant. de Thèse, ✉ d'Auriac. Pop. 302 h.

L.

CARRESSE, vg. *B.-Pyrénées* (Béarn), arr. et à 22 k. d'Orthez, cant. et ✉ de Salies. Pop. 716 h.

CARRETEY (le), *Gironde*, comm. de Barsac, ✉ de Podensac.

CARRETIER, *Ariège*, comm. de St-Martin-de-Caralp, ✉ de Foix.

CARREUC (St-), vg. *Côtes-du-Nord* (Bretagne), arr. et à 10 k. de St-Brieuc, cant. et ✉ de Moncontour. Pop. 1,161 h.

CARRIÈRE (la), *Seine-Inf.*, comm. de St-Martin-de-Boscherville, ✉ de Rouen.

CARRIÈRES-CHARENTON (les), *Seine*, comm. et ✉ de Charenton-le-Pont.

CARRIÈRES-D'AMÉRIQUE, *Seine*, com. et ✉ de Belleville.

CARRIÈRES-DE-CREVILLER, *Meurthe*, comm. de Merviller, ✉ de Baccarat.

CARRIÈRES-ST-DENIS, vg. *Seine-et-Oise* (Ile-de-France), arr. à 16 k. de Versailles, cant. d'Argenteuil, ✉ de Chatou. Pop. 1,057 h.—Il est bâti dans une situation pittoresque, sur la pente d'une colline qui borde la Seine. On y remarque les restes d'un château fort, ancien manoir royal, où Philippe le Bel et Philippe de Valois tinrent plusieurs ordonnances.

CARRIÈRES-SOUS-BOIS, *Seine-et-Oise*, comm. de Mesnil-le-Roi, ✉ de St-Germain-en-Laye.—Belle carrière de pierre de taille.

CARRIÈRES-SOUS-POISSY, vg. *Seine-et-Oise* (Ile-de-France), arr. et à 19 k. de Versailles, cant. de Poissy. Pop. 503 h.

CARRI-LE-ROUET, joli village maritime, *Bouches-du-Rhône* (Provence), arr. et à 38 k. d'Aix, cant. et ✉ de Martigues. Pop. 503 h.—Il est très-agréablement situé, au bas d'une riante vallée qui se prolonge jusqu'à la mer, et possède une belle source dont l'eau est conduite, par un aqueduc en pierre de taille, dans un bassin situé sur la place, d'où elle s'échappe pour aller arroser les prairies et les jardins environnants. Le port est formé par un enfoncement demi-circulaire qui sert d'asile aux bateaux pêcheurs de Marseille et des Martigues, et de relâche aux bâtiments d'Arles.—Pêcherie de thon.

CARROIS, *Oise*, comm. de Romescamps, ✉ de Formerie.

CARROS, *Carrocium*, vg. *Var* (Provence), arr. et à 32 k. de Grasse, cant. et ✉ de Vence. Pop. 819 h.

CARROUGES, *Cadrugiæ, Carrucæ*, bg *Orne* (Normandie), arr. à 30 k. d'Alençon, chef-l. de cant. ♀. A 219 k. de Paris pour la taxe des lettres. Pop. 2,145 h.—TERRAIN de transition moyen.—On y voit un beau château, construit dans le XIVe siècle par la famille de Carrouges, considérablement augmenté dans le siècle suivant par le sénéchal de Normandie, Jean de Blosset, et restauré depuis par M. Leveneur et ses successeurs : c'est un des plus beaux restes de la puissance féodale.

La porte d'entrée du château, parfaitement conservée, est en forme de donjon carré, flanqué de quatre tours surmontées de toits longs et pointus et ornés de frontons lancés et fleuris ; c'est un ouvrage de l'an 1400 environ. L'intérieur du château est insignifiant pour l'architecture, mais la galerie est intéressante par une collection assez complète de portraits de la famille Leveneur, qui fit construire et qui possède encore cette habitation ; on y voit aussi plusieurs portraits de souverains, de personnages et de femmes célèbres de la cour au XVIIe siècle.

Exploitation des mines de fer qui se trouvent aux environs. Forges et haut fourneau.—Commerce d'excellents moutons.—*Foires* les 17 mars, 4 mai, 18 juin, 20 juillet, 29 août, 1er mercredi d'oct., 10 nov. et 1er déc.

CARROUGES (forges de), *Orne*, comm. de St-Martin-l'Aiguillon, ✉ de Carrouges.

CARRUGE, *Saône-et-Loire*, comm. de Péronne, ✉ de St-Oyen.

CARS, vg. *Gironde* (Guienne), arr. et à 4 k. de Blaye. Pop. 1,346 h.

CARS (les), vg. *H.-Vienne* (Limousin), arr. et à 25 k. de St-Yrieix, cant. et ✉ de Chalus. Pop. 896 h.—*Foires* les 17 janv. et 1er déc.

CARSAC, vg. *Dordogne* (Périgord), arr. et à 38 k. de Bergerac, cant. de Villefranche-de-Longchapt, ✉ de Montpont. Pop. 340 h.

CARSAC, vg. *Dordogne* (Périgord), arr., ✉ et à 8 k. de Sarlat, cant. de Carlux. P. 1,053 h.

CARSAN, vg. *Gard* (Languedoc), arr. à 29 k. d'Uzès, cant. et ✉ de Pont-St-Esprit. Pop. 420 h.

CARSIX, *Carsici*, vg. *Eure* (Normandie), arr., cant., ✉ et à 9 k. de Bernay. Pop. 643 h.—*Fabrique de toiles.*—*Foire* le 8 août (au hameau de Malbrouck).

CARSPACH, ou CAROLSBACH, vg. *H.-Rhin* (Alsace), arr. et cant., ✉ et à 3 k. d'Altkirch. Pop. 1,217 h.

CARTE (la), *Deux-Sèvres*, comm. de Cherveux, ✉ de St-Maixent.

CARTELÈGUE, vg. *Gironde* (Guienne), arr., cant., ✉ et à 9 k. de Blaye. P. 1,226 h.—Filature de coton.

CARTERET, village maritime, *Manche* (Normandie), arr. à 29 k. de Valognes, cant. ✉ de Barneville. Pop. 542 h. Il est situé sur la Manche, où il a un petit port qui favorise avec Jersey et Guernesey un commerce assez considérable de porcs, moutons, volailles, œufs, beurre, vins, légumes, etc.—Phare à feu tournant par éclipses de demi-minute en demi-minute, établi sur le cap Carteret, à 80 m. de hauteur, et 23 k. de portée. Lat. 49° 22′, long. O. 4° 8′.—*Etablissement de la marée*, 6 heures 15 minutes.—Les dunes de Carteret sont les plus curieuses de la côte.

CARTICASI, vg. *Corse*, arr., ✉ et à 13 k. de Corté, cant. de St-Laurent. Pop. 316 h.

CARTIGNIES, vg. *Nord* (Hainaut), arr., cant., ✉ et à 7 k. d'Avesnes. Pop. 1,802 h.—*Fabrique de boissellerie.*

CARTIGNY, vg. *Somme* (Picardie), arr., cant., ✉ et à 6 k. de Péronne. Pop. 836 h.

CARTIGNY-L'ÉPINAY, vg. *Calvados* (Normandie), arr. et à 8 k. de Bayeux, cant. d'Isigny, ✉ de Colombières. Pop. 534 h.

CARTIGNY-TESSON, vg. *Calvados* (Normandie), arr. et à 8 k. de Bayeux, cant. et ✉ d'Isigny. Pop. 755 h.

CARVES, vg. *Dordogne* (Périgord), arr.

60

et à 20 k. de Sarlat, cant. et ⊠ de Belvès. Pop. 645 h.

CARVILLE, vg. *Calvados* (Normandie), arr., ⊠ et à 13 k. de Vire, cant. de Béni-Bocage. Pop. 594 h.

CARVILLE-LA-FOLLETIÈRE, vg. *Seine-Inf.* (Normandie), arr. et à 26 k. de Rouen, cant. de Pavilly, ⊠ de Barentin. Pop. 347 h.

CARVILLE-POT-DE-FER, *Caerville*, vg. *Seine-Inf.* (Normandie), arr., et à 12 k. d'Yvetot, cant. d'Ourville, ⊠ de Doudeville. P. 474 h.

CARVIN, gros bourg, *Pas-de-Calais* (Artois), arr. et à 30 k. de Béthune, chef-l. de cant. Cure. ⊠. ⚘. A 222 k. de Paris pour la taxe des lettres. Pop. 5,053 h. — TERRAIN crétacé supérieur, craie. — *Fabriques* d'amidon, sucre indigène, fécule de pommes de terre, Tanneries.

CARVO (lat. 52°, long. 24°). « On ne saurait lui assigner une place que par la distance que l'Itinéraire d'Antonin marque XXII à l'égard d'*Harenatium*, ou *Arenacum*, et par celle de XIII, d'un lieu plus voisin et intermédiaire, savoir *Castra Herculis*, dans la Table. Une route qui suit le cours du Rhin jusqu'à *Lugdunum* des *Batavi*, ou Leyde, nous procure la connaissance de ces lieux; et parce que la mesure du mille romain m'a paru plus convenable que celle de la lieue gauloise, aux distances marquées sur cette route, on peut estimer que la position de *Carvo* ne descend pas plus bas que Wageningen, sur la rive opposée. Ce qui est plus clair que le jour, c'est que pour aller chercher la position de *Carvo* dans celle de Grave, sur la gauche de la Meuse, comme a fait Simler, et après lui M. de Valois (*Val.*, p. 314), il faut s'écarter étrangement de ce qui convient. » D'Anville. *Notice de l'ancienne Gaule*, p. 206.

CASABIANCA, vg. *Corse*, arr. et à 50 k. de Bastia, cant. et ⊠ de la Porta. Pop. 258 h.

CASACCONI, nom d'un ancien canton de la Corse, dont Campile est aujourd'hui le chef-lieu.

CASAGLIONE, vg. *Corse*, arr., à 28 k. d'Ajaccio, cant. de Sari. Pop. 353 h.

CASAL-STE-MARIE (le), *Aude*, comm. et ⊠ de Chalabre.

CASALABRIVA, vg. *Corse*, arr. et à 25 k. de Sartène, cant. de Petreto-et-Bicchisano (ci-devant de Taravo), ⊠ d'Olmeto. ⚘. P. 275 h.

CASALS, vg. *Tarn-et-Garonne* (Languedoc), arr. et à 35 k. de Montauban, cant. de Nègrepelisse, ⊠ de St-Antonin. Pop. 616 h. — *Foires* les 12 mai, 12 juin, 18 août et 18 nov.

CASALTA, vg. *Corse*, arr. et à 30 k. de Bastia, cant. et ⊠ de la Porta. Pop. 204 h.

CASAMACCIOLI, vg. *Corse*, arr. et à 25 k. de Corté, cant. de Calacuccia. P. 482 h. — *Foire* le 7 sept. (2 jours).

CASANOVA, vg. *Corse*, arr., ⊠ et à 8 k. de Corté, cant. de Serraggio. Pop. 226 h.

CASAUGRAND, *Lot-et-Garonne*, comm. de Réaup, ⊠ de Mézin.

CASAVECCHIA, *Corse*, comm. de Nocetà, ⊠ de Vezzani.

CASCASTEL, vg. *Aude* (Languedoc), arr. et à 38 k. de Narbonne, cant. de Durban, ⊠ de Sijean. P. 788 h.

CASEDAMES, *Hérault*, comm. de Cessenon, ⊠ de St-Chinian.

CASEFABRES, vg. *Pyrénées-Or.* (Roussillon), arr. et à 30 k. de Prades, cant. de Vinça, ⊠ d'Ille. Pop. 150 h.

CASENEUVE, *Casa Nova*, vg. *Vaucluse* (Provence), arr., cant., ⊠ et à 31 k. d'Apt. Pop. 730 h.

CASES-DE-PÈNE, vg. *Pyrénées-Or.* (Roussillon), arr. et à 15 k. de Perpignan, cant. et ⊠ de Rivesaltes. Pop. 262 h. — *Fabrique* d'eau-de-vie.

CASEVECCHIE, *Corse*, comm. de Ghisoni, ⊠ de Vezzani.

CASEVECCHI, *Corse*, comm. de *Villa di Pietra Bugno*, ⊠ de Bastia.

CASINCA, nom d'un ancien canton de la Corse, dont Vescovato est aujourd'hui le chef-lieu.

CASINOMAGUS (lat. 44°, long. 19°). « On voit dans la Table théodosienne la trace d'une route entre Climberris, ou Auch et Toulouse : *Cliberre* XV, *Casinomagus* XXVIIII, *Tolosa*. Cette route peut n'avoir rien de commun avec celle qui, dans l'Itinéraire de Jérusalem, conduit en droiture d'Auch à Toulouse. Les nombres de la Table excèdent ce qu'il y a d'espace entre Auch et Toulouse ; et l'Itinéraire de Jérusalem n'y fait compter que 34 au lieu de 44 que l'on compte ici. Je crois voir dans la Table ce qui détermine la direction de la route de *Casinomagus*, c'est la communication qui y paraît marquée avec un lieu nommé Aquis ; et entre les lieux que ce nom désigne, celui que l'on connaît le plus à portée, est *Aquæ Convenarum*, dont l'Itinéraire d'Antonin fait mention entre *Beneharnum* et *Lugdunum* des *Convenæ*, en dérivant une route *ab Aquis Tarbellicis Tolosam*. Je remarque qu'en plaçant *Casinomagus* selon ce que veulent les distances indiquées à l'égard d'Auch et de Toulouse, cette position doit se rencontrer aux environs de Lombez ou de Samatan, qui en est voisin : c'est ce qui résulte de la position de Lombez fixée par des opérations, et ce qui ne paraîtra pas convenable si on consulte des cartes, qui ne donnent que le même espace entre Lombez et Toulouse qu'entre Auch et Lombez ; or, cette position de Casinomagus s'écarte assez de la direction d'Auch à Toulouse sur la droite pour se trouver à peu près dans celle de Toulouse aux eaux des Convenæ ou cap Bern. Quant à la distance qui de *Casinomagus* conduisait à ces eaux, c'est une omission dans la Table, qui nous prive du secours qu'on en pourrait tirer pour mieux connaître le lieu dont il est question. » D'Anville. *Notice de l'ancienne Gaule*, p. 206.

CASPINGIUM (lat. 52°, long. 23°). « La Table théodosienne indique ce lieu sur une route qui, partant de *Lugdunum* des *Batavi*, ou de Leyde, et s'écartant d'une autre route qui suit le bord du Rhin, conduit à *Noviomagus* ou à Nimègue. Elle fait compter 24 en deux distances, XVIII, et VI entre *Caspingium* et un autre lieu, dont la dénomination, qui est *Duodecimum*, marque sa vraie distance de *Noviomagus*, quoiqu'on ait écrit dans la Table XVIII au lieu de XII. Donc, entre *Noviomagus* et *Caspingium* 36, la direction de cette route rend la position de *Caspingium* très convenable à Asperen, dont le nom se prononce aujourd'hui sans une aspiration dure, qui a produit la consonne initiale du nom de *Caspingium*, ainsi qu'il se lit dans la Table. La distance mesurée sur le local approche de 14,000 verges du Rhin, dont on peut conclure environ 27,000 toises, ce qui répond à peu près à 36 milles romains, dont le calcul est rigoureusement de 27,216 toises. L'analyse de plusieurs distances dans cette partie inférieure du Rhin, y fait reconnaître constamment le mille romain plutôt que la lieue gauloise. » D'Anville. *Notice de l'ancienne Gaule*, p. 207.

CASQUETS, ou CASKETS, rochers du dép. de la *Manche*, situés à une très-petite distance les uns des autres, dans le nord-ouest-quart-ouest de l'île d'Aurigny. Ils sont assez gros pour qu'on ait pu bâtir sur les plus gros trois phares à feux tournants et à éclipses de 15 secondes en 15 secondes, situés triangulairement, de 24 m. de hauteur et de 23 k. de portée. Lat. 49° 43', long. O. 4° 43'. — *Établissement de la marée*, 6 heures 45 minutes.

CASSABE, vg. *B.-Pyrénées* (Béarn), arr. et à 23 k. d'Orthez, cant. et ⊠ de Salies. Pop. 312 h.

CASSAGNABÈRE, vg. *H.-Garonne* (Languedoc), arr. et à 15 k. de St-Gaudens, cant. et ⊠ d'Aurignac. Pop. 1,411 h. — *Foires* les 2 janv., 13 mai, 2 sept., 2 nov. et 1er lundi de carême.

CASSAGNAS, vg. *Lozère* (Languedoc), arr. et à 19 k. de Florac, cant. de Barre. Pop. 683 h. — *Fabrique* de mouchoirs. Filature de coton. Exploitation d'antimoine.

CASSAGNE-DE-LA-FRONTIÈRE, ou CASSANYAS, vg. *Pyrénées-Or.* (Roussillon), arr. et à 30 k. de Perpignan, cant. de la Tour-de-France, ⊠ d'Estagel. Pop. 352 h.

CASSAGNE-BÉGONHES, vg. *Aveyron* (Rouergue), arr. et à 25 k. de Rodez, chef-l. de cant. Cure. ⊠. A 622 k. de Paris pour la taxe des lettres. Pop. 1,113 h. — TERRAIN cristallisé ou primitif.

Ce village est entouré de murs, et beaucoup plus ancien qu'un grand nombre de villes de France. Les Anglais s'en rendirent maîtres sous le règne de Charles VI, et l'on voyait encore leurs léopards sur les portes vers la fin du siècle dernier. L'intérieur est obscur et malpropre. — *Foires* les 11 mai, 11 juin, 11 juillet, 6 août, 5 nov. et 29 déc.

CASSAGNES-COMTAUX, vg. *Aveyron* (Rouergue), arr. et à 21 k. de Rodez, cant. et ⊠ de Bignac. Pop. 1,256 h.

CASSAGNOLES, vg. *Gard* (Languedoc), arr. et à 14 k. d'Alais, cant. et ⊠ de Ledignan. Pop. 351 h.

CASSAGNOLLES, vg. *Hérault* (Languedoc), arr. et à 22 k. de St-Pons, cant. d'Olonzac, ✉ de la Bastide–Rouairoux. P. 642 h.

CASSAIGNE (la), *Ariége*, comm. de Ganac, ✉ de Foix.

CASSAIGNE (la), vg. *Aude* (Languedoc), arr. et à 16 k. de Castelnaudary, cant. de Fanjeaux, ✉ de Villasavary. Pop. 708 h. — *Foire* le 2 sept.

CASSAIGNE, vg. *Aude* (Languedoc), arr. et à 17 k. de Limoux, cant. et ✉ de Couiza. Pop. 153 h.

CASSAIGNE, vg. *H.-Garonne* (Languedoc), arr. et à 24 k. de St-Gaudens, caut. et ✉ de Salies. Pop. 794 h. — *Fabrique* de faïence blanche.

CASSAIGNE, vg. *Gers* (Condomois), arr., cant., ✉ et à 6 k. de Condom. Pop. 489 h.

CASSAN. V. GABIAN.

CASSANIOUSE, bg *Cantal* (Auvergne), arr. et à 33 k. d'Aurillac, cant. et ✉ de Montsalvy. Pop. 1,641 h.

CASSANO, vg. *Corse*, arr., ✉ et à 15 k. de Calvi, cant. de Calenzana. Pop. 521 h.

CASSANOUS, vg. *H.-Garonne* (Languedoc), arr. et à 16 k. de St-Gaudens, cant. et ✉ d'Aspet. Pop. 443 h.

CASSEAUX, *Seine-et-Oise*, comm. de Villebon, ✉ de Palaiseau.

CASSEL, *Castellum Menapiorum*, ville ancienne, *Nord* (Flandre), arr. et à 14 k. de Hazebrouck, chef-l. de cant. Cure. Gîte d'étape. Collége communal. ✉. ⋄. A 251 k. de Paris pour la taxe des lettres. Pop. 4,410 h. — TERRAIN tertiaire inférieur.

Autrefois châtellenie et subdélégation, diocèse d'Ypres, parlement de Douai, intendance de Lille.

La Table de Peutinger indique un lieu qu'elle représente comme capitale sous le nom de *Castellum Menapiorum*. Les mesures de cette Table et celle de l'Itinéraire déterminent la position de ce lieu à Cassel ; mais tous les modernes, sans exception, d'après la fausse idée qu'ils s'étaient formée de l'étendue du territoire des *Morini*, ont changé les mots de *Castellum Menapiorum* en ceux de *Castellum Morinorum*, prétendant qu'il y avait erreur dans la Table. — Tous les historiens assurent que Cassel était la capitale de la Morinie quand Jules César conquit ce pays. Cette ville devint bientôt célèbre par le nombre d'habitants qui vinrent s'y ablir. En 1071 elle était entourée d'épaisses murailles, de bastions, et cinq portes en fermaient l'enceinte, lorsque Philippe Ier, roi de France, se présenta avec son armée devant cette ville pour combattre Robert le Frisou, qui prit poste au pied du mont Cassel, et suppléant au nombre par l'avantage du lieu, remporta une victoire signalée sur Philippe, qui fut forcé de battre en retraite. — La ville de Cassel fut consumée par les flammes en 1311. Philippe Auguste la prit en 1213. Philippe le Bel l'assiégea en 1328, et courut le danger de perdre la vie sous ses murs, ayant été surpris dans son camp par 16,000 hommes sortis de la place : trois corps d'armée avaient pénétré dans le camp français ; trois monceaux de morts marquèrent leur place ; les gentilshommes n'accordèrent de quartier à personne : treize mille morts furent comptés sur le champ de bataille. — Après leur victoire, les Français entrèrent à Cassel, qu'ils pillèrent, et où ils exercèrent d'horribles cruautés.

Sous le règne de Charles VI, les Anglais se rendirent maîtres de cette ville, d'où ils furent chassés par Clisson, qui l'abandonna au pillage des Français. En 1477, Louis XI, irrité contre les Flamands de ce qu'ils avaient fait pendre ses espions à Bruges, se jeta sur Cassel, pilla cette ville, et fit mettre le feu à tous les édifices : les habitants qui n'eurent pas la force de fuir furent passés au fil de l'épée. Cassel fut encore pris par les Français en 1658. Le 13 avril 1677, le duc d'Orléans défit sous ses murs une armée de 30,000 Espagnols et Hollandais, commandés par le prince d'Orange. Sa possession fut assurée à la France en 1678, par le traité de Nimègue.

Les *armes* de Cassel sont : *d'or à une épée de sable posée en pal, cotoyée de deux clefs de même*.

La ville de Cassel est bâtie au sommet d'une montagne conique isolée, au milieu d'une vaste et riche plaine. De nos jours, ouverte et démantelée, cette ville est bâtie en longueur du sud-est au nord-ouest, et protégée contre les vents du nord par la terrasse de son ancien château. La place ou grand marché est au centre ; les rues sont peu nombreuses, propres, assez bien entretenues, et pourvues chacune d'une fontaine abondante. Les maisons sont solidement bâties en briques, la plupart à un seul étage, surmontées de greniers spacieux, tenues avec une propreté remarquable, et pourvues chacune d'un jardin bien soigné : on en voit encore quelques-unes de construction espagnole.

Parmi les édifices publics, on remarque l'église paroissiale, bâtie en 1290 : le maître-autel est en marbre et décoré d'une statue de la Vierge, qui est réputée miraculeuse dans tout le pays ; dans la tour ont été placés l'horloge de l'ancienne cathédrale de Térouane et un beau carillon. — Derrière cette église se voient encore les restes du couvent et du collége des Jésuites. — Sur la grande place est un bâtiment spacieux où s'assemblaient les administrateurs de la Flandre maritime ; maintenant il sert de dépôt aux anciennes archives de la châtellenie, et la mairie en occupe une grande partie. Vis-à-vis de ce bâtiment existe une belle fontaine. On voit encore sur la même place un bâtiment de construction espagnole, qui servait anciennement de maison de ville. — Des six portes fortifiées qui servaient d'entrée à la ville, il en existe encore trois dont la maçonnerie est très-bien conservée : ce sont celles d'Ypres, d'Aire et de Bergues ; ces deux dernières passent pour être l'ouvrage des Romains. Quant à la muraille garnie de bastions qui entourait la ville, on en voit encore quelques fragments le long de la promenade des remparts. On voit aussi, sur la terrasse de l'ancien Castellum, les restes d'une voûte de chemin souterrain, avec un puits très-profond de construction romaine.

Cassel, placé sur le point le plus élevé de la Flandre, offre une des vues les plus étendues que l'on connaisse, et que l'on peut dire unique en Europe. Lorsqu'on se place à l'endroit où était le vieux castel des Morins, on découvre par un temps serein les côtes de la mer du Nord, avec les vaisseaux de la rade de Dunkerque, Gravelines et Calais. Avec le secours de lunettes d'approche, et même à l'œil nu, on voit trente-deux villes fortes plus ou moins considérables ; ce sont celles d'Aire, Armentières, Arras, Bailleul, Bergues, Béthune, Boulogne, Bourbourg, Burges, Calais, Dixmude, Douai, Douvres (en Angleterre), Dunkerque, Estaires, Furnes, Gravelines, Hazebrouck, Hondtschoote, la Bassée, Lagorgue, Laventhie, Lens, Lillers, Loo, Nerville, Nieuport, St-Omer, Ostende, Poperingue, Rousbrugghe, Steenvoorde, Térouane, St-Venant et Watten. On découvre aussi près de cent bourgs, dont les tours et les cimes des clochers s'élèvent au-dessus des bouquets d'arbres qui les entourent et couvrent au loin la plaine. Au nord, les lunettes permettent de découvrir les vaisseaux dans la rade de Douvres, et le soir, le phare de cette ville s'offre parfois à la vue de l'observateur.

PATRIE du lieutenant général VANDAMME.

INDUSTRIE. *Fabriques* de dentelles, toiles, chapeaux, bas de laine et de fil, savon, poterie de terre. Nombreux moulins à huile. Blanchisseries de toiles et de fil. Raffineries de sel. Brasseries. Tanneries et corroieries. — *Commerce* de grains, légumes secs, beurre, volailles, bestiaux, etc. — *Foires* les jeudi saint, jeudi après la Trinité (8 jours), 1er jeudi d'août, dernier jeudi d'oct., de nov., 1er, 3e, 5e, 7e, 9e, 11e jeudi de l'année.

Bibliographie. DE SMYTTÈRE. *Topographie historique, physique, statistique et médicale de la ville et des environs de Cassel*, in-8, 1828 ; 2e édit., in-8, 1833.

CASSEN, vg. *Landes* (Gascogne), arr. et à 20 k. de Dax, cant. de Montfort, ✉ de Tartas. Pop. 466 h.

CASSENEUIL, *Casanogilus*, *Cassinogilum*, petite ville, *Lot-et-Garonne* (Agénois), arr., ✉ et à 10 k. de Villeneuve-sur-Lot, cant. de Cancon. Pop. 1,921 h. — Elle est très-agréablement située sur la rive droite du Lot.

Cette ville a joué un rôle important dans les guerres de religion. Après avoir été enlevée deux fois aux protestants par les croisés, elle fut prise, pillée et livrée aux flammes par Simon de Montfort, en 1214. Les rois de France y avaient un palais, où naquit Louis le Débonnaire en 814. — *Fabriques* de minots. — *Foires* les 20 mars, 14 mai, 30 juin, 22 sept. et 15 déc.

CASSÈS (les), vg. *Aude* (Languedoc), arr., cant., ✉ et à 20 k. de Castelnaudary. Pop. 471 h. — Il était autrefois défendu par un château fort dont Jeanne d'Angleterre tenta vainement de s'emparer en 1199. Ce château fut assiégé et pris par les croisés en 1211, qui en brûlèrent vifs tous les habitants. Peu de temps après, l'abbé de Cîteaux surprit quatre-vingts religionnaires dans une tour du château, les livra aux flammes, et fit ensuite raser les tours et le village. Ce château fut reconstruit par le comte de Toulouse, et repris en 1212 par Simon de Montfort. — *Foires* les 9 mai et 17 août.

CASSET (le), *H.-Alpes*, comm. du Monetier, ✉ de Briançon.

CASSEUIL, vg. *Gironde* (Condomois), arr., cant. et à 5 k. de la Réole, ✉ de Caudrot. Pop. 629 h.

CASSIEN (St-), vg. *Dordogne* (Périgord), arr. et à 41 k. de Bergerac, cant. et ✉ de Monpazier. Pop. 187 h.

CASSIEN (St-), *Tarn-et-Garonne*, com. de Masgrenier, ✉ de Grisolles.

CASSIEN (St-), vg. *Vienne* (Poitou), arr., ✉ et à 7 k. de Loudun, cant. de Moncontour. Pop. 175 h.

CASSIENT (St-), vg. *Isère* (Dauphiné), arr. et à 23 k. de St-Marcellin, cant. de Rives, ✉ de Voiron. Pop. 843 h.

CASSIGNAS, vg. *Lot-et-Garonne* (Agénois), arr. et à 20 k. d'Agen, cant. et ✉ de la Roque-Timbaut. Pop. 361 h.

CASSINE (la), vg. *Ardennes* (Champagne), arr. et à 25 k. de Mézières, et à 25 k. de Charleville, cant. d'Omont, ✉ de Flize. P. 212 h. — On y voit les restes d'un ancien château qui servait autrefois de maison de plaisance aux comtes de Rethel.

CASSINOMAGUS (lat. 46°, long. 19"). « Ce lieu est marqué dans la Table théodosienne, sur la trace d'une route qui paraît se détacher, à *Aunedonacum*, de la route qui conduit de *Mediolanum Santonum*, ou de Saintes, à *Limonum*, ou Poitiers. Celle qui passe à *Cassinomagus* se rend à *Augustoritum*, ou Limoges, et l'indication de la distance entre *Cassinomagus* et *Augustoritum*, qui est XVII, fait connaître que *Cassinomagus* est un lieu nommé actuellement Chassenon, sur la gauche de la Vienne, dans l'intervalle de St-Junien à Chabannois. Ce qu'il y a d'espace entre Limoges et Chassenon paraît valoir 18,000 toises, et il en peut résulter 17 lieues gauloises, à peu près, de mesure itinéraire. De *Cassinomagus* a dû faire Chassenom ou Chassenon, de même que de *Cassinogilum* ou a fait Chasseneuil, dans le même canton de pays; car il s'y trouve un lieu du même nom que le Chasseneuil de l'Agénois, que l'on connaît pour être le palais fréquenté par nos rois, sous le nom de *Cassinogilum*. » D'Anville. *Notice de l'ancienne Gaule*, p. 208.

CASSIS, *Carcisis Portus*, *Villa Carcitana*, jolie petite ville maritime, *Bouches-du-Rhône* (Provence), arr. et à 22 k. de Marseille, cant. de la Ciotat. ✉. A 807 k. de Paris pour la taxe des lettres. Pop. 2,093 h. — TERRAIN crétacé inférieur, grès vert.

Cassis est une ville fort ancienne, mentionnée dans l'Itinéraire d'Antonin sous le nom de *Carcisis Portus*; elle était alors située au fond du golfe de l'Arène, entourée de remparts, ornée de temples, pourvue d'un aqueduc, et possédait un beau port. Les Lombards la détruisirent de fond en comble en 575, et, après leur départ, les habitants se transportèrent sur l'éminence voisine, où ils se fortifièrent pour se garantir de nouveaux malheurs. Au commencement du XIIIᵉ siècle, cette position fut encore abandonnée pour l'emplacement où existe la ville actuelle, qui occupe le fond d'une vallée très-étroite. — Cassis est une ville très-jolie, bien percée, formée de maisons d'une propreté et d'une élégance remarquables. La place publique est ornée d'une belle fontaine dont l'eau est abondante et d'une grande pureté. Le port, bordé de quais spacieux, est défendu par une longue jetée; mais l'entrée en est dangereuse dans les gros temps. Ce port est remarquable par son étendue, par sa profondeur et par une belle source d'eau douce qui surgit du milieu de la mer, à travers des rochers qui en bordent l'entrée à gauche; il offre un excellent abri, non-seulement aux bâtiments de commerce, mais encore à ceux de l'Etat. — A gauche de l'entrée est un fanal à feu fixe de 28 m. de hauteur et de 12 k. de portée; lat. 43° 12′, long. 3° 12′. — A 400 m. et à l'est de la ville est un fort, formant un excellent poste pour la protection qu'il offre au port et à la rade, que défendent encore plusieurs batteries.

Biographie. PATRIE de l'abbé BARTHÉLEMY, savant antiquaire et littérateur distingué.

INDUSTRIE. Le territoire de Cassis est planté d'oliviers, de figuiers, de câpriers, et de vignes qui produisent des vins d'excellente qualité; les vins blancs de Cassis, et surtout les vins muscats, jouissent d'une réputation justement méritée. — Pêche du corail. Construction de navires. Cabotage très-actif. — Exploitation de belles carrières de pierres de taille. Fours à chaux. — *Commerce* de vins et de fruits. — *Foire* le lundi après le 8 mai.

CASSON, vg. *Loire-Inf.* (Bretagne), arr. et à 45 k. de Châteaubriant, cant. et ✉ de Nort. Pop. 997 h. — On y remarque un château construit sur l'emplacement d'un ancien castel flanqué de quatre tours, entouré de douves, et où l'on entre par un pont-levis.

CASSONILLE, *Gard*, com. de St-Julien-de-Valgalgues, ✉ d'Alais.

CASSUÉJOULS, vg. *Aveyron* (Rouergue), arr. et à 30 k. d'Espalion, cant. et ✉ de Laguiole. Pop. 775 h. — *Foire* le lendemain des fêtes de Pâques.

CAST (St-), vg. *Côtes-du-Nord* (Bretagne), arr. et à 33 k. de Dinan, cant. et ✉ de Matignon. Pop. 1,421 h.

Ce village est célèbre par la victoire de son nom, remportée sur les Anglais en 1758. Aucun événement n'a produit en Bretagne autant d'enthousiasme, aucun n'y est plus populaire, aucun n'a laissé autant de souvenirs, aucun peut-être n'a été si souvent raconté que la bataille de St-Cast.

Le 4 septembre, une flotte anglaise composée de cent neuf voiles vint mouiller dans la baie de St-Brieuc, et y débarqua sans obstacle huit à dix mille hommes, dont deux cents dragons à cheval. Le 5, les Anglais poussèrent des reconnaissances jusqu'à la pointe de Dinan. Le 10, à quatre heures du matin, ils établirent leur camp à Matignon. Le duc d'Aiguillon les tourna sur leur gauche, tandis que M. d'Aubigny arrivait sur leur droite avec sa division. Le 11, à six heures du matin, les ennemis commencèrent leur retraite et travaillèrent au rembarquement de leurs troupes dans l'anse de St-Cast. Sur-le-champ les troupes françaises se mirent en marche, et arrivèrent en courant sur les hauteurs de St-Cast. Malgré le feu continuel de l'artillerie et de la mousqueterie des vaisseaux, l'arrière-garde des Anglais fut culbutée, les retranchements furent emportés à la baïonnette, ce qui épouvanta l'ennemi et lui fit prendre la fuite. Les soldats cherchaient à se sauver, soit en gagnant la pointe de l'anse où étaient les chaloupes, soit en se jetant à la mer pour se rendre aux vaisseaux à la nage. De trois mille Anglais qui étaient à terre, aucun ne regagna les vaisseaux; mille à douze cents périrent dans l'eau, et le reste, dont trente officiers de marque, furent faits prisonniers.

Bibliographie. SAINT-PERN COUELLAN (J.-Ch. de). *Combat de St-Cast, orné d'un plan, suivi de pièces à l'appui*, etc., in-8, 1836.

CAST, vg. *Finistère* (Bretagne), arr., cant., ✉ et à 6 k. de Châteaulin. Pop. 1,850 h.

CASTA, *Corse*, comm. de Campile, ✉ de la Porta.

CASTAGNAC, vg. *H.-Garonne* (Languedoc), arr. et à 29 k. de Muret, cant. et ✉ de Montesquieu-Volvestre. Pop. 616 h.

CASTAGNÈDE, vg. *H.-Garonne* (Languedoc), arr. et à 22 k. de St-Gaudens, cant. et ✉ de Salies. Pop. 234 h.

CASTAGNÈDE, vg. *B.-Pyrénées* (Languedoc), arr. et à 26 k. d'Orthez, cant. et ✉ de Salies. Pop. 540 h.

CASTAGNETO, *Corse*, comm. de Valle-d'Alesani, ✉ de Corté.

CASTAGNOS, vg. *Landes* (Gascogne), arr. et à 20 k. de St-Sever, cant. d'Amou, ✉ d'Orthez. Pop. 341 h.

CASTANDET, vg. *Landes* (Gascogne), arr. et à 18 k. de Mont-de-Marsan, cant. et ✉ de Grenade-sur-l'Adour. Pop. 1,070 h. — *Fab.* de poterie.

CASTANET, *Aveyron*, com. de Castelnau-Peyralès, ✉ de Sauveterre.

CASTANET, joli bourg, *H.-Garonne* (Languedoc), arr. et à 12 k. de Toulouse, chef-l. de cant. Bureau d'enregist. de Toulouse. Cure. ✉. ☞. A 700 k. de Paris pour la taxe des lettres. Pop. 1,156 h. — TERRAIN d'alluvions modernes.

Castanet est un bourg fort agréablement situé, près du canal du Midi; il est surtout remarquable par l'abondant territoire qui l'entoure, qui par la prospérité générale qui règne dans ses habitations, toutes propres et généralement bien bâties. — *Foire* le dernier mardi d'avril.

CASTANET, vg. *Tarn* (Languedoc), arr., cant., ✉ et à 15 k. de Gaillac. Pop. 450 h.

CASTANET, vg. *Tarn-et-Garonne* (Languedoc), arr. et à 65 k. de Montauban, cant. de St-Antonin, ⊠ de Cailux. Pop. 845 h.

CASTANET - DE - BLANNAVES, *Gard*, comm. de Blannaves, ⊠ d'Alais.

CASTANET-LE-BAS, *Hérault*, com. de St-Gervais, ⊠ de Bédarieux.

CASTANET - LE - HAUT, vg. *Hérault* (Languedoc), arr. et à 49 k. de Béziers, cant. et ⊠ de St-Gervais. Pop. 694 h.

CASTANET-PEYRALÈS, *Aveyron*, com. de Castelnau-Peyralès, ⊠ de Sauveterre.

CASTANS, vg. *Aude* (Languedoc), arr. et à 35 k. de Carcassonne, cant. et ⊠ de Peyriac-Minervais. Pop. 820 h.

CASTBERGH, *Nord*. V. MONT-DES-CHATS.

CASTEIDE - CAMI, vg. *B. - Pyrénées* (Béarn), arr. et à 24 k. d'Orthez, cant. d'Arthez, ⊠ d'Artix. Pop. 308 h.

CASTEIDE - CANDAU, vg. *B.-Pyrénées* (Béarn), arr., ⊠ et à 20 k. d'Orthez, cant. d'Arthez. Pop. 409 h.

CASTEIDE - DOAT, vg. *B. - Pyrénées* (Béarn), arr. et à 34 k. de Pau, cant. de Montaner, ⊠ de Morlaas. Pop. 256 h.

CASTEILL, vg. *Pyrénées-Or.* (Roussillon), arr., cant. et à 17 k. de Prades, ⊠ de Villefranche-de-Couflens. Pop. 144 h.

A 1 k. de ce village, sur le revers septentrional du mont Canigou, se trouvent les ruines du monastère de St-Martin-du-Canigou, fondé en 1001 par Guifre ou Guiffred, comte de Cerdagne et de Couflent. Il paraît que ce monastère remplaça un ermitage qui fut témoin, dit-on, d'une scène sanglante, lequel donna lieu à la foundation de l'abbaye, dont l'église fut consacrée en 1009. Les ruines de ce monastère s'accordent parfaitement avec la triste solitude environnante et le climat qui y règne, St-Martin-du-Canigou étant situé à l'entrée des forêts qui couronnent les deux tiers du sommet de la montagne ; pendant l'hiver elles sont couvertes de neige, et servent de repaire aux loups qui descendent des sommets voisins.

CASTEILL-ROUSSILLON.V. PERPIGNAN.

CASTEL, vg. *Somme* (Picardie), arr. et à 21 k. de Montdidier, cant. d'Ailly-sur-Noye, ⊠ de Moreuil. Pop. 341 k.

CASTEL-ARROUY, vg. *Gers* (Armagnac), arr. et à 10 k. de Lectoure, cant. et ⊠ de Miradoux. Pop. 363 h.

CASTELBON, lieu du dép. des *B.-Pyrénées*, arr. d'Orthez, cant. de Lagor. — Les mesures et les vestiges d'une route antique, que M. Walckenaer a reconnus dans le pays dans toute sa longueur, déterminent selon cet auteur la position de l'antique *Beneharnum* aux ruines de Castelbon, un peu à l'est de Maflacq, vis-à-vis de Lendresse et d'Arance.

CASTEL-D'AQUA, *Corse*, comm. de San-Gavina-d'Ampugnani, ⊠ de la Porta.

CASTELBAJAC, vg. *H. - Pyrénées* (Bigorre), arr. et à 28 k. de Tarbes, cant. de Galan, ⊠ de Lannemezan. Pop. 827 h.

CASTELBIAGUE, vg. *H.-Garonne* (Comminges), arr. et à 20 k. de St-Gaudens, cant. et ⊠ de Saliès. Pop. 545 h.

CALTELBOUC, *Lozère*, com. de Prades-de-Tarn, ⊠ de Mende.

CASTELCULIER, vg. *Lot - et - Garonne* (Agénois), arr. et à 10 k. d'Agen, cant. et ⊠ de Puymirol. Pop. 810 h. — Ce village doit son origine au château fort de son nom, qui avait déjà quelque importance en 1049, et qui a souvent figuré dans les guerres civiles et de religion. Dans le XVIIᵉ siècle, ce fort étant devenu un repaire de voleurs qui désolaient les environs, Louis XIII, sur les plaintes des habitants de la contrée, en ordonna la démolition. L'espace qu'occupait cette forteresse, au sommet d'une colline, n'offre plus que trois ou quatre maisons, une citerne comblée et des ruines. — *Foire* le 13 nov.

CASTELET. V. CASTELLET.

CASTELET, vg. *Ariège*, comm. de Perles, près de l'Ariège. — Forges importantes.

CASTELET (le), vg. *Var* (Provence), arr. et à 10 k. de Toulon-sur-Mer, cant. et ⊠ du Beausset. Pop. 1,714 h. — *Fabrique* d'eau-de-vie.

CASTELFERRUS, vg. *Tarn-et-Garonne* (Armagnac), arr., ⊠ et à 4 k. de Castel-Sarrasin, cant. de St-Nicolas-de-la-Grave. Pop. 604 h.

CASTELFRANC, vg. *Lot* (Quercy), arr. et à 26 k. de Cahors, cant. de Luzech. ⊠. A 592 k. de Paris pour la taxe des lettres. Pop. 767 h. — *Commerce* de vins, eaux-de-vie, huile de noix, grains, maïs, graine de genièvre, chanvre, fer, cuivre, etc. — *Foires* les 11 janv., 16 fév., 3 mai, 5 et 21 oct.

CASTELGAILLARD, vg. *H. - Garonne* (Comminges), arr. et à 33 k. de St-Gaudens, cant. et ⊠ de l'Isle-en-Dodon. Pop. 297 h.

CASTELGINEST, vg. *H.-Garonne* (Languedoc), arr., cant., ⊠ et à 12 k. de Toulouse. Pop. 459 h.

CASTELJALOUX, *Gers*, comm. de Ste-Christie, ⊠ d'Auch.

CASTEL-JALOUX, *Castrum Gelosium*, jolie petite ville, *Lot-et-Garonne* (Bazadois), arr. et à 34 k. de Nérac, chef-l. de cant. Cure. Gîte d'étape. ⊠. ⌘. A 651 k. de Paris pour la taxe des lettres. Pop. 2,585 h. — TERRAIN tertiaire supérieur, alluvions anciennes.

Autrefois diocèse de Bazas, parlement et intendance de Bordeaux, élection de Condom, présidial, siège d'un sénéchal.

Castel-Jaloux doit son origine et son nom à un château construit par les seigneurs d'Albret sur la rive gauche de l'Avance, dont on voit encore les ruines : on l'appelait jadis château du Jaloux, dénomination due à cause de la jalousie reprochée à l'un de ses seigneurs. Cette ville avait autrefois enturée de fortifications que Louis XII fit détruire en 1622. Elle est d'un aspect agréable, propre et bien bâtie, au milieu d'une de ces oasis que l'on rencontrent dans l'océan sablonneux des Landes. On y trouve une source d'eau minérale.

Fabriques de grosses draperies. Papeteries. Verrerie de verre blanc. Tanneries. Forges, hauts fourneaux, martinets à cuivre. Scierie hydraulique. — *Commerce* de grains, millet, panis, blé d'Espagne, vins, cire, miel, goudron, résine. Grand commerce de châtaignes d'Eute, d'écorce de chêne pour tan, et de sangsues de première qualité. — *Foires* les 25 août, 13 oct., 13 déc., mardi après les Rois, 1ᵉʳ mardi de carême, mardi après Quasimodo, 2ᵉ mardi après la Pentecôte.

Bibliographie. SAMAZEUILH. *Eaux minérales de Castel-Jaloux, découvertes en 1836*, in-8, 1839.

* *Mémoire sur le desséchement des marais de Castel-Jaloux*, in-4, 1841.

CASTELJAU, vg. *Ardèche* (Languedoc), arr. et à 25 k. de l'Argentière, cant. et ⊠ des Vans. Pop. 398 h.

CASTELLA, *Lot-et-Garonne* (Agénois), arr. et à 16 k. d'Agen, cant. et ⊠ de la Roque-Timbaut. Pop. 328 h.

CASTELLANA, *Corse*, comm. de San-Nicolao, ⊠ de Cervione.

CASTELLANE, *Castellum Sollinensium*, petite et ancienne ville, *B.-Alpes* (Provence), chef-l. de sous-préf. (3ᵉ arrond.) et d'un cant. Trib. de 1ʳᵉ inst. Collège communal. Société d'agriculture. Cure. Gîte d'étape. ⊠. Pop. 2,252 h. — TERRAIN jurassique, étage supérieur du système oolitique.

Castellane était autrefois la capitale de la nation *Suetri*, qui occupait le territoire des environs ; elle était bâtie sur un rocher et portait alors le nom de *Salinæ*. Cette cité ayant été détruite par les Sarrasins, vers l'an 812, les habitants transportèrent leurs habitations tout à fait au haut du rocher, où ils se fortifièrent. La population ayant ensuite augmenté, on bâtit une ville bien fortifiée au-dessous de l'ancienne, à laquelle on donna le nom de Castellana. Peu à peu les habitants descendirent dans la plaine et y établirent une nouvelle ville qu'ils entourèrent de murailles, et qui devint la capitale d'une petite souveraineté.

Les *armes de Castellane* sont : *de gueules à une tour d'or crénelée ; sommée de trois tourillons d'or*.

Cette ville est bâtie au pied des Alpes, dans une vallée agréable et fertile, sur la rive droite du Verdon, que l'on traverse sur un pont d'une seule arche très-hardie, qui occupe le fond d'un défilé, et s'appuie au roc de Castellane, promontoire de rochers de cent mètres de haut, dont le Verdon baigne la base. On communique au sommet de ce roc, couronné par la chapelle de Notre-Dame, par un sentier difficile : de ce point on jouit d'une vue remarquable sur un amphithéâtre de monts sauvages, dont le plus élevé, le Taillon, a plus de 1,600 m. de hauteur au-dessus de la mer. La ville est assez bien bâtie et possède plusieurs grands bâtiments d'un aspect assez triste ; elle est formée de rues étroites, malpropres et mal percées, et en partie entourée de murailles délabrées, flanquées de tours en ruine, restes de ses anciennes fortifications. D'autres ruines de ce genre existent sur le coteau et couronnent le roc voisin. Entre la ville et le Verdon est une place spacieuse, propre et ornée d'un château d'eau. On remarque la fontaine de Pasquier à la Palud, qui est fort abondante, celle des Moulins, qui est salée, et celle de la place de la Foire, qui est intermittente. Les montagnes des environs de Castellane offrent une grande quantité de fossiles et de pétrifications ; on y trouve une infinité de poissons, de crustacés, de coquilles et autres objets d'histoire naturelle. Le territoire, arrosé par des rivières et des ruisseaux rapides, produit des fruits de toute espèce, principalement des prunes qu'on fait sécher et dont il se fait un assez grand commerce.

INDUSTRIE. *Fabriques* de draps communs. Blanchisseries de cire. — *Commerce* de fruits secs et confits, et surtout de pruneaux dits de Castellane. — *Foires* les vendredis saint, lundi après St-Pons, avant la Madeleine, après Notre-Dame de septembre, avant la Toussaint.

A 40 k. de Digne, 782 k. de Paris. Lat. 43° 49′ 49″ N., long. 4° 10′ 47″ E.

L'arrondissement de Castellane est composé de 6 cantons : Saint-André, Annot, Colmars, Entrevaux, Senez, Castellane.

Bibliographie. * *Privilèges, franchises et immunités concédés par les rois et comtes de Provence, en faveur de la ville de Castellane,* in-4, 1657.

LOUIQUY. *Histoire de Castellane*, in-8, 1836.

GRAS BOURGUET. *Antiquités de l'arrondissement de Castellane,* 2e édit., in-8, 1843.

CASTELLARD (le), vg. *B.-Alpes* (Provence), arr., cant., ✉ et à 21 k. de Digne. Pop. 207 h.

CASTELLARE DE CASINCA, vg. *Corse,* arr. et à 35 k. de Bastia, cant. de Vescovato, ✉ de Venzolasca. Pop. 363 h.

CASTELLARE-DI-MERCURIO, vg. *Corse,* arr., ✉ et à 11 k. de Corté, cant. de Sermano. Pop. 276 h.

CASTELLET (le), vg. *B.-Alpes* (Provence), arr. et à 38 k. de Digne, cant. et ✉ des Mées. Pop. 261 h.

CASTELLET, *Casteletum*, vg. *Vaucluse* (Provence), arr., cant., ✉ et à 54 k. d'Apt. Pop. 224 h. — *Fabrique* importante de poterie de terre.

CASTELLET-LES-SAUSSES, vg. *B.-Alpes* (Provence), arr. et à 54 k. de Castellane, cant. et ✉ d'Entrevaux. Pop. 450 h.

CASTELLET-ST-CASSIEN, *Casteletum Sancti Cassiani*, vg. *B.-Alpes* (Provence), arr. et à 66 k. de Castellane, cant. et ✉ d'Entrevaux. Pop. 89 h.

CASTELLOUBON, vallée du dép. des *H.-Pyrénées*, arr. d'Argelès, cant. de Lourdes ; elle prend son nom d'un château situé sur une hauteur, près du village de Col-Doussau, et renferme 16 villages. V. GAZOST.

CASTELLUM MENAPIORUM (lat. 52°, long. 24°). « C'est Ptolémée qui en fait mention, et tout le monde est d'accord à en rapporter la position à Kessel, sur la gauche de la Meuse, dans l'intervalle de Ruremonde à Venlo. Si l'on en croit Dion Cassius, les *Menapii* habitaient des cabanes, et n'avaient point de ville. Je suis persuadé que c'est de Kessel dont parle Ammien Marcellin en ces termes (lib. XVI) : *Castellum oppidum, quod Mosa fluvius preterlambit.* Car il est question dans cet historien d'une expédition de Julien contre les Francs, qui faisaient le dégât dans ces cantons, et qu'il força dans cette place où ils s'étaient retirés. » D'Anville. *Notice de l'ancienne Gaule,* p. 208.

CASTELLUM MORINORUM (lat. 51°, long. 21°). « Il est nommé simplement *Castellum* dans l'Itinéraire d'Antonin. On lit dans la Table théodosienne, *Castello Menapiorum,* ce qui ne saurait être regardé que comme une méprise, quand on a reconnu que le Castellum des *Menapii* est Kessel, sur la Meuse. Quoique les *Menapii,* ayant perdu une partie des terres qu'ils possédaient jusqu'au Rhin, et même au delà, en aient occupé d'autres vers le bas de l'Escaut, cependant le *Pagus Menpiscus* ou *Menopiscus,* dans un canton de Flandre, ne paraît pas s'être étendu sur les *Morini* au point de leur enlever Cassel, et son territoire vers le haut de la Lys. Plusieurs distances qui ont rapport au *Castellum Morinorum,* sont discutées dans d'autres articles concernant les lieux qui en sont voisins. Celle que marque la Table à l'égard de *Bononia,* savoir XXIIII, ne remplit pas ce qu'il y a d'espace entre Boulogne et Cassel. Car, cet espace étant de 31 à 32,000 toises, il demande en lieues gauloises XXVIII au lieu de XXIII. Outre la voie romaine qui conduit actuellement de Cassel à Esterre, comme on peut voir dans l'article *Minariacum,* la connaissance du local nous instruit de plusieurs autres voies qui partent également de Cassel, quoique l'Itinéraire et la Table n'en indiquent point la trace. Ce sont les cartes manuscrites du roi, levées dans le plus grand détail, qui m'en instruisent ; il y en a une que l'on voit tendre à Mardik directement, et une autre qui, s'en écartant sur la droite, conduisait à quelque lieu situé également près de la mer, au delà de Dunkerque, vers la grande Moère. Une troisième, alignée dans une direction contraire et vers le midi, se rend au bord de la Lys, à un endroit nommé Bac à Trione, entre Aire et Sevenant. Sa continuation au delà m'est inconnue, et l'on pourrait inférer de sa direction, que traversant l'Artois, cette voie tendait à *Samarobriva,* sans se détourner par *Nemetacum* ou Arras, comme par une autre route que l'on peut suivre en s'attachant à l'Itinéraire. » D'Anville. *Notice de l'ancienne Gaule,* p. 208.

CASTELLUM ROMANUM (lat. 52°, long. 23°). « Quoiqu'il n'en soit fait aucune mention expresse dans les écrits qui nous restent de l'âge romain, on ne saurait douter qu'il n'ait existé près de l'ancienne embouchure du Rhin. La mer, chassée par un vent d'est, et ayant été reculée du rivage actuel plus loin qu'à l'ordinaire, en plusieurs années du XVIe siècle, 1520, 1552, 1562, a laissé voir sur la plage les fondements de ce château, que les monuments qu'on y a trouvés déclarent être un ouvrage des Romains. Ce n'est pourtant que d'après le nom vulgaire de *Britten-Burg,* que ce château est appelé dans quelques auteurs modernes *Arx Britannica.* Il y a même lieu de révoquer en doute l'opinion qui y rapporte l'expédition de Caligula sur le rivage de la Gaule opposé à la Grande-Bretagne, et le phare que cet empereur y fit élever ; ces circonstances paraissant plus convenables à quelque endroit de la côte des *Morini,* d'où le passage du continent dans l'île Britannique était plus commode et plus ordinaire. » D'Anville. *Notice de l'ancienne Gaule,* p. 210.

CASTELLUM TRAJANI (lat. 50°, long. 27°). « Ammien Marcellin (lib. XVII) nous apprend que Trajan avait construit une forteresse sur la rive ultérieure du Rhin ; car il rapporte qu'elle fut réparée par Julien : *Munimentum quod in Alemanorum solo Trajanus suo nomine voluit adpellari, dudum violentius oppugnatum, tumultuario studio reparatum est.* Le lieu qu'occupait cette forteresse, vis-à-vis de Mayence, nous est indiqué par le nom de Cassel qu'il a conservé. Mais, il ne faut point en confondre l'emplacement avec celui dont parle Tacite, comme d'un poste établi par Drusus sur le mont *Taunus* (*Ann.,* I, 56), à l'entrée du pays des Cattes, et fortifié par Germanicus : *Posito castello super vestigia paterni præsidii, in monte Tauno, expeditum exercitum (Germanicus) in Cattos rapit.* On convient de reconnaître le mont Taunus dans une coupe de montagne qui règne à quelque distance de Francfort, en s'approchant de la droite du Rhin, près de Vis-Baden, qui est le lieu des *fontes Mattiaci calidi Rheni,* dont Pline fait mention. Je remarque que les vestiges d'un ancien château, précisément sur la chaîne du *Taunus,* environ trois lieues au nord-ouest de Francfort, entre la forteresse actuelle de Kœnigstein et Lomburg, et qu'on nomme Alt Kœnigstein (*vetus regia petra*), pourraient être un indice du poste romain qui appartient à Drusus ou son fils Germanicus. Le canton de la Germanie, au delà du Mein, conserve des restes d'un long retranchement, nommé sur le lieu *Pfahlgraben,* ou fossé palissadé, et qu'on regarde comme un ouvrage des Romains, dont le but aurait été de couvrir les environs du Mein, en opposant une barrière à la nation puissante des Cattes. » D'Anville. *Notice de l'ancienne Gaule,* p. 210.

CASTELMARY, vg. *Aveyron* (Rouergue), arr. à 31 k. de Rodez, cant. de la Salvetat, ✉ de Sauveterre. Pop. 1,205 h.

CASTEL-MAUROU, vg. *H.-Garonne* (Languedoc), arr., cant., ✉ et à 13 k. de Toulouse. Pop. 802 h.

CASTEL-MAYRAN, petite ville, *Tarn-et-Garonne* (Armagnac), arr. à 6 k. de Castel-Sarrasin, cant. et ✉ de St-Nicolas-de-la-Grave. Pop. 1,001 h.

CASTEL-MORON-D'ALBRET, bg *Gironde* (Bazadois), arr. à 12 k. de la Réole, cant. et ✉ de Montségur. Pop. 140 h. — On y voit les ruines d'un ancien château bâti par les Maures, que l'on a proposé de classer au nombre des monuments historiques. — *Foires* les 17 janv., 21 sept., jeudi avant le dimanche des Rameaux, jeudi avant la Pentecôte.

CASTEL-MORON-SUR-LOT, bg *Lot-et-Garonne* (Agénois), arr. et à 33 k. de Marmande, chef-l. de cant. Cure. ✉. A 602 k. de Paris pour la taxe des lettres. Pop. 2,379 h. — TERRAIN tertiaire moyen. — Ce bourg était jadis fortifié. Les Anglais le prirent en 1315 ; Raymond de Montpezat s'en empara en 1435, et en fit démolir les fortifications. — *Fabrique* de minoterie. — *Foires* les 26 fév., 26 juillet, 29 août, 19 oct., 22 déc. et mardi après la Pentecôte.

CASTELMUS, *Aveyron*, comm. de Castelnau-Pégayrols, ✉ de Millau.

CASTELNAU, vg. *Aveyron*, comm. de Pradinas et de Castanet.

CASTELNAU, vg. *Hérault* (Languedoc), arr., cant., ✉ et à 3 k. de Montpellier. Pop. 787 h. — Il est bâti dans une situation pittoresque, sur la rivière de Lez. En sortant de ce village, au nord, on voit la colline sur laquelle était bâtie l'ancienne ville de *Substantion*, où fut établi, durant trois siècles, de 757 à 1037, le siège épiscopal de Magueloune. Des ruines de murs, d'aqueducs, etc., existent encore. Elles ont été dernièrement l'objet d'explorations de la société archéologique de Montpellier. La vue est frappée d'un spectacle magnifique au sommet de la colline. — Scierie hydraulique de marbre.

CASTELNAU, *Landes*, comm. de Saugnac-Muret, ✉ de Liposthey.

CASTELNAU, *Lot*, comm. de Prud'homat, ✉ de St-Céré.

CASTELNAU-BARBARENS, bg *Gers* (Armagnac), arr., ✉ et à 15 k. d'Auch, cant. de Saramon. Pop. 1,353 h. — Il est bâti sur un coteau élevé, près du Rats.

C'était autrefois une petite ville assez importante, à laquelle il avait été concédé des armes que d'Hozier a figurées : *de gueules à un château d'argent, et une burelle d'azur brochant sur le tout*.

Foires les 23 mars et 25 mai.

CASTELNAU-CHALOSSE, *Calossia*, vg. *Landes* (Gascogne), arr. à 3 k. de St-Sever, cant. d'Amou, ✉ d'Orthez. Pop. 938 h. — On remarque les ruines d'un ancien château fort. — *Fabrique* de paniers.

CASTELNAU-D'ANGLÈS, vg. *Gers* (Armagnac), arr., ✉ de Mirande, cant. et ✉ de Montesquiou. Pop. 383 h.

CASTELNAU-D'ARBIEU, vg. *Gers* (Armagnac), arr. à 9 k. de Lectoure, cant, et ✉ de Fleurance. Pop. 658 h.

CASTELNAUDARY, *Castellum Arrii, Castrum novum Arrii, Fines Tolosatium*, ville ancienne, *Aude* (Languedoc), chef-l. de sous-préf. (1er arr.) de 2 cant. Trib. de 1re inst. et de comm. Bourse de comm. Société d'agriculture. Société philotechnique. Collège communal. ✆. ⚒. Pop. 9,993 h.—TERRAIN tertiaire moyen.

Autrefois diocèse et recette de St-Papoul, parlement et intendance de Toulouse, sénéchaussée, présidial, justice royale, maîtrise des eaux et forêts.

L'opinion la plus probable sur l'origine de Castelnaudary est que cette ville occupe la place d'un lieu indiqué sous le nom de *Sostomagus*. Lors de l'irruption des Vandales et des Goths, Sostomagus fut détruit, et reconstruit quelque temps après sous le nom de *Castrum novum Arianorum*. Cette désignation rappelait l'arianisme que les Visigoths avaient embrassé, et c'est de là qu'est venu le nom de la ville. Le plus ancien monument où il en soit fait mention, est un testament daté du 7 mai 1118, et fait par Bernard Aton, vicomte de Béziers et de Carcassonne. A cette époque, ce n'était encore qu'un château. Raymond VI, comte de Toulouse, ne pouvant le défendre contre l'armée des croisés, qui, en 1211, ravageait le Lauraguais, prit le parti d'y mettre le feu, dans la crainte que les croisés ne s'en emparassent. Néanmoins Simon de Montfort le prit et le fit rétablir.

En 1220, Raymond VII reprit Castelnaudary sur Amauri de Montfort, fils de Simon. Ayant fait ensuite la paix avec saint Louis, il se soumit à raser les murs de Castelnaudary et à remettre cette place au roi pour la garder pendant dix ans. En 1237, les inquisiteurs firent dans Castelnaudary la recherche des hérétiques ; ils rendirent plusieurs sentences contre les morts et contre les vivants, poussèrent la cruauté jusqu'à faire exhumer les corps de plusieurs personnes accusées d'être mortes dans l'hérésie, et eurent la barbarie de traîner leurs ossements dans les rues, en criant au son de trompe : *Qui fera ainsi, périra ainsi*. Une foule de personnes furent brûlées vives dans cette occasion, et plusieurs évêques, abbés et religieux assistèrent à ces scènes horribles, provoquèrent de tous leurs moyens et de tout leur pouvoir. — En 1355 , le prince de Galles vint mettre le siège devant Castelnaudary, qu'il brûla et détruisit presque entièrement, après s'en être rendu maître. Cette ville fut rebâtie et fortifiée de nouveau au nom du roi, en 1356, par les soins de Jean, comte d'Armagnac.

C'est sous les murs de Castelnaudary que se livra, en 1632, le fameux combat entre les troupes de Louis XIII et celles de Gaston d'Orléans, où le duc de Montmorency fut grièvement blessé et fait prisonnier. Il fut porté à Castelnaudary, où l'émotion fut telle à l'aspect de ce gouverneur bien-aimé, qu'il fallut user de quelque violence pour empêcher la douleur populaire de devenir séditieuse. Le chirurgien et le valet de chambre arrivés avec passe-port du maréchal de Schomberg, on le remit à leurs soins. — Le duc d'Orléans se réfugia à Béziers, et signa un traité d'accommodement par lequel il s'engageait « *à aimer tous les ministres du roi et particulièrement le cardinal de Richelieu*. » Il n'intercéda que faiblement en faveur du duc de Montmorency, qui fut condamné à mort par le parlement de Toulouse. Louis XIII résista à toutes les sollicitations en faveur de l'illustre condamné ; inspiré par l'inexorable Richelieu, il resta inflexible, et le duc de Montmorency porta sa tête sur l'échafaud (30 octobre 1632).

Les armes de **Castelnaudary** sont : *de gueules à une tour d'argent donjonnée de trois tours de même (alias à un château de trois tours d'argent), au chef d'azur chargé de trois fleurs de lis d'or*.

Castelnaudary est bâti en amphithéâtre sur une petite éminence, au pied de laquelle coule le canal du Midi. Au sud, le canal forme un superbe bassin de 1,200 m. de tour, bordé de beaux quais, de chantiers et de magasins qui donnent à cette ville l'aspect d'un port de commerce. La promenade publique domine le bassin ; on y jouit d'une belle vue, qui plonge sur une plaine vaste et fertile, et s'étend jusqu'aux Pyrénées.

L'intérieur de cette ville est peu remarquable ; les rues sont en général mal percées, et les maisons mal construites ; il y existe peu d'édifices qui méritent d'être visités, si ce n'est l'église de St-Michel, qui est très-belle, bien décorée, et où l'on voit un tableau de Rivals fort estimé, ainsi que le tombeau du général Andréossy.

L'hôpital général est un bel établissement fondé il y a environ quatre siècles, et doté, en 1774, de 500,000 fr., provenant de la succession de M. de Langle, évêque de St-Papoul.

Biographie. Patrie de PIERRE DE CASTELNAU, martyrisé par les Albigeois.

De GUIL. DE LA FAILLE, annaliste, mort en 1711, auteur des *Annales de Toulouse* et du *Traité de la noblesse des Capitouls*.

De M. ALEX. SOUMET, poète et auteur dramatique, membre de l'Institut.

Du lieutenant général d'artillerie, comte ANDRÉOSSY, membre de l'Institut.

Du lieutenant général, comte J.-F.-A, DEJEAN.

INDUSTRIE. Exploitation de chaux et de gypse; fabriques de faïence, de poterie et de briques ; distilleries, moulins à farine , machines à épurer les grains et les farines ; fabriques de draps grossiers ; construction de bateaux pour le canal du Midi, etc. — *Commerce* de bois de construction, fers, cuirs, blés, farines, etc. — *Foires* les 8 et 18 janv., 22 et 23 juillet, 10 et 11 sept., 2 et 3 nov., lundi et mardi de la Quasimodo, 1er lundi de mars, lundi des Rogations et avant St-Jean-Baptiste.

A 36 k. de Carcassonne, 14 k. de Toulouse, 745 k. S. de Paris par Toulouse. Lat. 43° 19′ 4″ N., long. 0° 27′ 30″ O.

L'arrondissement de Castelnaudary est composé de 5 cantons : Belpech, Castelnaudary N., Castelnaudary S., Fanjeaux, Salles-sur-l'Hers.

Bibliographie. LABOUISSE (Aug. de). *Journal anecdotique de la ville de Castelnaudary, depuis le 5 août 1821 jusqu'au 24 mars 1834 inclus*, 3 vol. in-8, 1825.

CASTELNAUD, vg. *Dordogne* (Périgord), arr. et à 13 k. de Sarlat, cant. et ✉ de Domme. Pop. 736 h.

CASTELNAU-D'AUDE, ou RIVE-D'AUDE, vg. *Aude* (Languedoc), arr. à 32 k. de Narbonne, cant. et ✉ de Lezignan. Pop. 351 h.

CASTELNAU-D'AUZAN, vg. *Gers* (Armagnac), arr. et à 25 k. de Condom, cant. et ✉ de Montréal. Pop. 1,629 h.—*Foires* les 7 janv., 14 juillet, 8 sept. et lendemain de Pâques.

CASTELNAU-DE-BONNAFOUX. V. CASTELNAU-DE-LÉVIS.

CASTELNAU-DE-BRASSAC, vg. *Tarn* (Languedoc), arr. et à 27 k. de Castres, cant. et ✉ de Brassac. Pop. 4,680 h.—PATRIE de l'abbé BONAFOUS DE FONTENAY.—*Foires* les 30 avril et 13 déc.

CASTELNAU-DE-BRETENOUX, vg. *Lot*, comm. de Prudhomat.—Ce village est remarquable par un ancien château de forme triangulaire, bâti sur la croupe d'une montagne fort élevée. Le côté oriental a 93 m. de long, celui du nord 84 m., et celui du sud-ouest 86 m. Il est flanqué d'une grosse tour ronde à chacun des angles et sur les côtés : du milieu de la masse que forme le corps de logis du sud-ouest s'élance une tour carrée qui servait de beffroi, dont l'élévation est de 64 m. au-dessus du sommet de la montagne.

Ce château était défendu, du côté de l'est, par un fossé de 12 m. de large et de 8 m. de profondeur, par une terrasse élevée au-dessus du sol de 12 m. et garnie de cinq bastions. A environ 50 m. de cette enceinte, une autre ligne de fossés l'entourait sur tous les points, excepté du côté du nord. On y parvient par un bastion situé à l'angle sud-est, d'où on suit la terrasse des remparts qui conduit à la porte d'entrée défendue par deux tours, dont l'une est ronde et l'autre carrée. Ce château, qui pouvait braver les siècles, n'a point résisté à de sordides spéculations. Ce que l'intérieur présente de plus remarquable est une galerie de 60 m. de long sur 7 m. de large, qui aboutit à un balcon exposé au sud-ouest ; elle était partout ornée de tableaux et de peintures que le mauvais état du toit a entièrement dégradés. La bibliothèque est la seule pièce encore bien conservée ; on voit sur le plafond des peintures d'une fraîcheur admirable et du coloris le plus suave. Près de là, se trouve une chapelle d'une construction fort ancienne, dont les boiseries de l'autel sont couvertes d'ornements variés et d'une exécution soignée, mais du goût le plus étrange.

Castelnau avait obtenu des armes de concession, que d'Hozier a figurées : *d'or à un château de quatre tours de gueules.*

CASTELNAU-DE-GRATTE-CAMBE, vg. *Lot-et-Garonne* (Agénois), arr. et à 12 k. de Villeneuve-sur-Lot, cant. et ✉ de Cancon. Pop. 883 h.—*Foires* les 2 janv., 15 avril, 9 mai, 26 juillet, 13 sept., 12 nov. et mardi avant mardi gras.

CASTELNAU-DE-SUERS, vg. *Hérault* (Languedoc), arr. et à 25 k. de Béziers, cant. de Florensac, ✉ de Montagnac. Pop. 821 h.

CASTELNAU-DE-LEVEZOU. V. CASTELNAU-DE-PEYRALÈS.

CASTELNAU-DE-LÉVIS, ou DE LEVI, pet. ville, *Tarn* (Languedoc), arr., cant., ✉ et à 7 k. d'Alby. Pop. 1,310 h.—Elle est bâtie en amphithéâtre sur la rive droite du Tarn, et dominée par les ruines pittoresques d'un antique château, auquel la ville doit son origine. C'était une baronnie dont les possesseurs avaient droit d'assister aux états de la province du Languedoc.—Elle a porté primitivement le nom de Bonnafous, qui était celui du Puy où fut construit le château.—*Foire* le 6 mai.

CASTELNAU-DE-MANDAILLES, ci-devant CASTELNAU-DE-RIVE-D'OLT, vg. *Aveyron* (Rouergue), arr., cant., ✉ et à 15 k. d'Espalion. Pop. 1,839 h.—Il a reçu le surnom de Mandailles en 1843, époque de la réunion à son territoire de celui de la commune de ce nom.—*Foires* les 26 avril et 29 nov.

CASTELNAU-DE-MÉDOC, petite ville *Gironde* (Guienne), arr. et à 28 k. de Bordeaux, chef-l. de cant. Cure. Gîte d'étape. ✉. A 595 k. de Paris pour la taxe des lettres. Pop. 1,211 h.—TERRAIN tertiaire supérieur, alluvions anciennes.

Autrefois diocèse, parlement, intendance évêché et élection de Bordeaux.

Elle est située dans un territoire qui produit les premiers vins de Grave rouge de Bordeaux. On y voit les restes d'un ancien château que l'on a proposé de classer au nombre des monuments historiques.—Forges.—Commerce de vins.—*Foires* les 26 et 27 juillet, 1er samedi de carême, veille des Rameaux, 1er dimanche de mai, samedi avant la Toussaint, veille de la Pentecôte.

CASTELNAU-DE-MONTMIRAL, petite ville *Tarn* (Languedoc), arr. et à 12 k. de Gaillac, chef-l. de cant. Cure. ✉. A 601 k. de Paris pour la taxe des lettres. Pop. 3,086 h.—TERRAIN tertiaire moyen.—Il est bâti sur une hauteur, dans une contrée fertile en grains.—Dans le XIIIe siècle, c'était déjà un château considérable. Louis XIII y séjourna en 1622.—Carrière de marbre.—*Foires* les 27 et 28 janv., lundi de Quasimodo, 9 juin, 1er août, 14 sept., 22 nov. et 29 déc.

CASTELNAU-DE-MONTRATIER, Castelnovum, petite ville, *Lot* (Quercy), arr. et à 22 k. de Cahors, chef-l. de cant. Cure. ✉. A 601 k. de Paris pour la taxe des lettres. Pop. 4,133 h.—TERRAIN tertiaire moyen.

Autrefois baronnie, diocèse et élection de Cahors, parlement de Toulouse, intendance de Montauban.

Cette ville, appelée autrefois Castelnau-de-Vaux, reçut le surnom qu'elle porte aujourd'hui de Ratier, qui augmenta ses fortifications. Elle occupe le sommet d'une colline courbée en fer à cheval, dont les flancs sont en pente rapide. Sa position, les remparts qui l'entouraient jadis et dont il existe encore de beaux vestiges, un château fort d'une vaste étendue, environné de fossés, lui donnaient une grande importance pendant les guerres du moyen âge. Simon de Montfort s'empara de cette ville en 1214 ; les Anglais la prirent sous le règne de Charles VI, qui la possédaient en 1428. On y voit encore d'anciennes portes surmontées de tours ; le presbytère et l'église, dont les murs ont une grande épaisseur, faisaient partie de l'ancien fort.

Les armes de Castelnau-de-Montratier sont : *de sable à une porte d'argent accompagnée en chef de trois tours de même.*

Aux environs, on remarque les restes de l'église de St-Cernin de Thésel, dont la construction remonte à une très-haute antiquité.

PATRIE de l'ingénieur et botaniste BARON.

Fabriques de cadis.—*Foires* les 19 janv., 14 fév., 18 avril, 23 mai, 29 juillet, 30 août, 13 oct., 13 nov. et 13 déc.

CASTELNAU-DE-RIVE-DOLT. V. CASTELNAU-DE-MANDAILLES.

CASTELNAU-D'ESTRETEFOXS, *Castrum novum de Strictis*, bg. *H.-Garonne* (Languedoc), arr. à 23 k. de Toulouse, cant. de Fronton, ✉ de St-Jory. Pop. 1,816 h.—Il est bâti au pied d'un monticule sur lequel s'élève l'ancien château auquel il doit son nom.—*Foires* les 24 juillet et 28 oct.

CASTELNAU-D'URBAN, vg. *Ariège* (Comminges), arr., cant. et à 3 k. de St-Girons, ✉ de la Bastide-de-Séron. Pop. 1,595 h.—Forges. Martinets à cuivre. Carrières de marbre.—*Foires* les 12 janv., 5 mai, 20 juillet, 25 sept., 20 nov. et 2e lundi de carême.

CASTELNAU-LE-CRÈS, vg. *Hérault* (Languedoc), arr., cant., ✉ et à 3 k. de Montpellier. Pop. 787 h.

CASTELNAU-MAGNOAC, petite ville, *H.-Pyrénées* (Armagnac), arr. et à 45 k. de Bagnères-de-Bigorre, chef-l. de cant. Cure. Gîte d'étape. ✉. ⚜. A 718 k. de Paris pour la taxe des lettres. Pop. 1,513 h.—TERRAIN tertiaire supérieur.

Autrefois diocèse et intendance d'Auch, parlement de Toulouse, recette des quatre vallées.

On y remarque une belle église paroissiale, et l'hôtel de ville, assez bel édifice supporté sur des piliers élevés qui forment une halle.

PATRIE du général du génie baron DABADIE.

Fabriques d'étoffes de laine, de bougies. Blanchisseries de cire.—*Foires* les 12 et 13 mars, 6 mai, 27 juillet, 1er vendredi d'oct. (2 jours) et 13 déc.

CASTELNAU-PEGAYROLS, ou DE LEVEZOU, vg. *Aveyron* (Rouergue), arr., ✉ et à 20 k. de Millau, cant. de St-Beauzely. Pop. 1,210 h.—*Foire* le 2 nov.

CASTELNAU-PEYRALÈS, vg. *Aveyron* (Rouergue), arr. et à 36 k. de Rodez, cant. et ✉ de Sauveterre.—*Foires* les 8 mai, 2 nov. et 20 déc.

CASTELNAU-PICAMPEAU, vg. *H.-Garonne* (Comminges), arr. et à 31 k. de Muret, cant. de Fousseret, ✉ de Martres. P. 505 h.

CASTELNAU-RIVE-D'AUDE. V. CASTELNAU-D'AUDE.

CASTELNAU-RIVIÈRE-BASSE, petite ville, *H.-Pyrénées* (Bigorre), arr. et à 42 k. de Tarbes, chef-l. de cant. Cure. ✉. A 735 k. de Paris pour la taxe des lettres. P. 1,323 h.—TERRAIN tertiaire supérieur.—Elle est bâtie sur un coteau très-élevé, qui domine une vaste plaine traversée par l'Arros et par l'Adour. La place publique a la forme d'un trapèze, dont un des côtés est occupé par l'église paroissiale. Cette ville a longtemps appartenu aux comtes d'Armagnac, qui y avaient un château dont il reste encore partie d'une tour et quelques autres vestiges. On y jouit d'une vue magnifique et fort étendue sur une partie de la chaîne des monts Pyrénées. L'air y est très-sain, et l'on y arrive à un âge très-avancé sans presque jamais avoir éprouvé d'infirmités.

Patrie du médecin Dupouart, chirurgien en chef et professeur à l'hôpital de Val-de-Grâce de Paris.—*Commerce* de cuisses d'oies et de jambons préparés dans le pays, qui se vendent sous le nom de jambons de Bayonne.—*Foires* les 3 fév., 17 juin, 23 août et 8 nov.

CASTELNAU-SUR-LOVIGNON, vg. *Gers* (Condomois), arr., cant., ✉ et à 7 k. de Condom. Pop. 434 h.

CASTELNAU-TIERSAN, vg. *Landes* (Gascogne), arr. et à 20 k. de St-Sever, cant. de Geaune, ✉ d'Aire-sur-l'Adour. Pop. 590 h.

CASTELNAU-VALENCE, vg. *Gard* (Languedoc), arr., et à 23 k. d'Alais, cant. de Vezenobres. Pop. 360 h. — C'est près du château de Castelnau que périt le fameux chef de partisans Rolland, qui prit le commandement des camisards, après la retraite de Cavalier. Un fort détachement du régiment de Charollais et deux compagnies de dragons cernèrent ce château pendant la nuit. Rolland parvint à s'échapper, mais il fut aperçu ; enveloppé de toutes parts, seul contre tous, il s'adosse à un olivier creusé par le temps. Sommé de se rendre, il répond par trois décharges d'un fusil à trois coups. Une prime considérable avait été promise à qui le prendrait vivant ; mais un dragon, effrayé par le nombre de ses camarades tombés sous le feu de Rolland, tira sur lui et le tua. Avec lui périt le dernier soutien, le dernier espoir des camisards.

CASTELNAUD-SUR-GUPIE, vg. *Lot-et-Garonne* (Agénois), arr., ✉ et à 8 k. de Marmande, cant. de Seiches. Pop. 899 h.—*Foires* les 3 fév., 30 avril et 25 nov.

CASTELNAVET, vg. *Gers* (Armagnac), arr. et à 31 k. de Mirande, cant. et ✉ d'Aignan. Pop. 530 h.

CASTELNER, vg. *Landes* (Gascogne), arr. et à 26 k. de St-Sever, cant. et ✉ d'Hagetmau. Pop. 305 h.

CASTELNOU, vg. *Pyrénées-Or.* (Roussillon), arr., à 23 k. de Perpignan, cant. et ✉ de Thuir. Pop. 460 h.

CASTELPERS, *Aveyron*, comm. de St-Just, ✉ de Sauveterre.

CASTELRENG, vg. *Aude* (Languedoc), arr., cant., ✉ et à 12 k. de Limoux. Pop. 518 h.

CASTELS, vg. *Dordogne* (Périgord), arr. et à 16 k. de Sarlat, cant. et ✉ de St-Cyprien. Pop. 760 h.

CASTELSAGRAT, petite ville, *Tarn-et-Garonne* (Agénois), arr. et à 17 k. de Moissac, cant. et ✉ de Valence-d'Agen. Pop. 1,350 h. — *Foires* les 14 janv., 6 fév., 10 mars, 28 avril, 4 août, 15 sept., 15 oct., 5 et 22 nov., 9 déc., veille des Rameaux, veille de la Pentecôte.

CASTELSARRAZIN, bg *Landes* (Gascogne), arr. et à 26 k. de St-Sever, cant. d'Amou. ✉. A 644 k. de Paris pour la taxe des lettres. Pop. 813 h. — L'étymologie du nom de ce bourg paraît venir d'un ancien château fort bâti dans une position qui paraît inexpugnable, et dont il existe encore des restes imposants.

CASTEL-SARRASIN, *Castrum Saracenum*, jolie ville, *Tarn-et-Garonne* (Languedoc), chef-l. de sous-préf. (3e arr.) et d'un canton. Trib. de 1re inst. Collége comm. Cure. ✉. ⚘. Pop. 7,008 h. — Terrain d'alluvions modernes.

Autrefois diocèse de Montauban, parlement et généralité de Toulouse, intendance de Languedoc, justice royale.

Cette ville est bâtie au milieu d'une vaste et fertile plaine, dans une situation agréable, sur la petite rivière d'Azine et près de la rive droite de la Garonne. Quelques auteurs pensent qu'elle existait déjà du temps des Sarrasins, mais on a lieu de croire qu'elle est moins ancienne ; elle était toutefois connue dès le XIIe siècle. Le parlement de Toulouse y chercha un asile contre les dernières fureurs de la Ligue.

Les armes de Castel-Sarrasin sont : *d'azur à un château sommé de trois tours d'argent maçonnées de sable, au chef de gueules chargé d'une croix vidée, clechée et pomcetée d'or.*

Castel-Sarrasin est une ville propre et bien bâtie. Elle était autrefois entourée de murs et de fossés, que d'agréables promenades ont remplacés. Quelques restes de remparts, deux portes parfaitement semblables à celles de Toulouse, et le portail gothique de l'église paroissiale, sont les seuls restes d'anciennes constructions que l'on y remarque.

Patrie du littérateur Dezos de la Roquette.

Industrie. *Fabriques* importantes de serges, cadis, bonneterie, toiles, chapeaux. Tanneries et teintureries. — *Commerce* de grains, huile, safran, etc. — *Foires* les 9 avril, 29 août et 4 nov.

A 21 k. de Montauban, 664 k. de Paris.

L'arrondissement de Castel-Sarrasin est composé de 7 cantons : Castel-Sarrasin, Beaumont, Grisolles, Lavit-de-Lomagne, Montech, St-Nicolas et Verdun.

CASTELVIEIL, vg. *Gironde* (Guienne), arr. et à 13 k. de la Réole, cant. et ✉ de Sauveterre. Pop. 360 h.

CASTELVIEIL, *Tarn*, comm. et ✉ d'Albi.

CASTELVIEIL, *H.-Garonne*, comm. de Castelmauron, ✉ de Toulouse.

CASTELVIEIL, vg. *H.-Pyrénées* (Bigorre), arr., ✉ et à 14 k. de Tarbes, cant. de Pouyastruc. Pop. 428 h.

CASTERA, vg. *H.-Garonne* (Comminges), arr. à 21 k. de St-Gaudens, cant. et ✉ de Boulogne. Pop. 224 h.

CASTERA (le), vg. *H.-Garonne* (Languedoc), arr. et à 29 k. de Toulouse, cant. de Cadours, ✉ de Léviguac. Pop. 890 h.

CASTERA, *Landes*, comm. d'Audignon, ✉ de St-Sever.

CASTERA, vg. *B.-Pyrénées* (Béarn), arr. et à 33 k. de Pau, cant. de Montaner, ✉ de Morlaas. Pop. 163 h.

CASTERA, vg. *H.-Pyrénées* (Bigorre), arr., ✉ et à 17 k. de Tarbes, cant. de Pouyastruc. Pop. 312 h.

CASTERA-BOUZET, vg. *Tarn-et-Garonne* (Armagnac), arr. et à 18 k. de Castel-Sarrasin, cant. et ✉ de Lavit. Pop. 529 h.

CASTERA-LANUSSE, vg. *H.-Pyrénées* (Bigorre), arr. et à 23 k. de Tarbes, cant. et ✉ de Tournay. Pop. 128 h.

CASTERA-LECTOUROIS, vg. *Gers* (Armagnac), arr., cant., ✉ et à 5 k. de Lectoure. Pop. 906 h. Sur la rive droite du Gers. — *Foires* les 2 mai et 16 août.

CASTERAS, vg. *Ariége* (Languedoc), arr. et à 18 k. de Pamiers, cant. du Fossat, ✉ du Mas-d'Azil. Pop. 161 h.

CASTERA-VERDUZAN, ou CASTERA-VIVANT, joli village, *Gers* (Armagnac), arr. et à 20 k. de Condom, cant. de Valence. ✉. A 690 k. de Paris pour la taxe des lettres. Pop. 1,070 h.

Il est situé dans un riant et fertile vallon, sur la grande route d'Auch à Condom, et renommé par ses sources d'eaux minérales.

Sur un plateau, au sud-est, on aperçoit le vieux Castera, village très-élevé, qui domine la grande route, la rivière et la plaine ; on y remarque les ruines d'un antique château, ancienne demeure des templiers.

Foires les 1ers mercredis de mars, de juillet, de sept.

EAUX MINÉRALES DE CASTERA-VERDUZAN.

Les eaux minérales de Castera-Verduzan sont connues depuis un temps immémorial. La source se trouvait autrefois au milieu d'une mare dégoûtante, d'où l'on n'approchait qu'avec peine, avant qu'on eût rassemblé les eaux dans un seul réservoir. Vers le milieu du siècle dernier, M. d'Etigny, intendant de la généralité d'Auch, auquel le nom se rattache de tout ce qui a été fait d'utile et de grand dans ce pays, y fit construire un réservoir entouré de cabinets, où étaient quelques baignoires en bois. Comme la construction de cet établissement avait fort peu de solidité, il ne tarda pas à se dégrader, et ce n'était plus qu'un vrai cloaque en 1817, époque où M. de Mins en fit l'acquisition. Par ses soins, l'ancien établissement a été remplacé par un vaste et superbe édifice, qui peut rivaliser avec les édifices du même genre les plus fréquentés.

Les étrangers trouvent à Castera des logements commodes, bien décorés, et pourvus de tout ce qui leur est nécessaire aux malades. Le pauvre comme le riche, l'habitant des champs et celui des villes, l'artisan et le bourgeois, tous peuvent s'y loger au gré de leurs désirs et suivant leur fortune. Toutes les maisons sont vastes, saines, très-commodes et d'une extrême propreté. Quant à la dépense, chacun peut se conformer à son goût, à sa manière de vivre, à ses habitudes, à sa fortune. Les hôtels et les auberges de Castel-Verduzan ne laissent rien à désirer sous ce rapport.

SAISON DES EAUX. Les eaux de Castera sont fréquentées depuis le commencement de mai jusqu'à la mi-octobre ; mais il convient mieux de s'y rendre en mai, juin, juillet et août, qu'en septembre et octobre, l'expérience ayant démontré que l'effet de ces eaux est d'autant plus prompt et plus sensible que la chaleur est plus grande. Il s'y rend annuellement de onze à douze cents personnes.

PROPRIÉTÉS MÉDICINALES. L'eau sulfureuse de Castera-Verduzan convient dans presque toutes les éruptions de la peau, les ulcères atoniques entretenus par le vice scrofuleux ou par toute autre cause débilitante, les inflammations des membranes muqueuses, les vieux catarrhes de la vessie et de l'urèthre. On les administre aussi avec avantage dans les affections hystériques et hypocondriaques, la jaunisse, les pâles couleurs, et dans toutes les maladies provenant de l'inertie de l'organe utérin. Elle est d'une efficacité admirable dans les rhumatismes chroniques, et dans les engorgements non aigus des articulations, et généralement dans toutes les maladies des os.

L'eau ferrugineuse est souveraine pour le traitement de la chlorose, des maladies qui tiennent à l'atonie des organes digestifs.

Bibliographie. RAULIN. *Traité des eaux minérales de Verduzan, connues sous le nom de Castera-Vivant*, etc., in-12, 1772.

* *Une Saison aux eaux de Castera-Verduzan...* 1824.

BAZIN. *Observations sur les eaux minérales sulfureuses et ferrugineuses de Castera-Verduzan*, in-8, 1841.

CASTERETS, vg. *H.-Pyrénées* (Armagnac), arr. et à 50 k. de Bagnères-de-Bigorre, cant. et ✉ de Castelnau-Magnoac. Pop. 93 h.

CASTERON, vg. *Gers* (Armagnac), arr. à 22 k. de Lectoure, cant. et ✉ de St-Clar. Pop. 318 h.

CASTET, vg. *B.-Pyrénées* (Roussillon), arr. et à 23 k. d'Oloron, cant. et ✉ d'Arudi. Pop. 411 h.

CASTETARBE, *B.-Pyrénées*, comm. et ✉ d'Orthez.

CASTETBON, vg. *B.-Pyrénées* (Béarn), arr. et à 15 k. d'Orthez, cant. de Sauveterre. Pop. 730 h.

CASTETIS, vg. *B.-Pyrénées* (Béarn), arr., cant., ✉ et à 5 k. d'Orthez. Pop. 620 h.

CASTETNAU-CAMPLONG, vg. *B.-Pyrénées* (Béarn), arr. et à 20 k. d'Orthez, cant. et ✉ de Navarrenx. Pop. 745 h.

CASTETNER, vg. *B.-Pyrénées* (Béarn), arr., ✉ et à 6 k. d'Orthez, de Lagor. Pop. 335 h.

CASTETPUGON, vg. *B.-Pyrénées* (Béarn), arr. et à 41 k. de Pau, cant. et ✉ de Garlin. Pop. 461 h.

CASTETS, bg *Landes* (Gascogne), arr. et à 21 k. de Dax, chef-l. de cant. Cure. Gîte d'étape. ✉. A 767 k. de Paris pour la taxe des lettres. Pop. 1,605 h. — TERRAIN tertiaire supérieur. — Il est situé dans un riant vallon, sur la Palue. On y voit les restes d'un ancien château.

Ce bourg possède une fontaine d'eau minérale ferrugineuse, d'une intermittence remarquable. L'église paroissiale, de construction gothique, passe pour avoir été élevée par les Anglais.

CASTETS-EN-DORTHE, joli village, *Gironde* (Bazadois), arr. et à 18 k. de Bazas, cant. et ✉ de Langon. Pop. 1,127 h. — Il est formé de maisons propres, blanches et bien bâties, groupées au fond d'une vallée charmante, de chaque côté de laquelle s'élèvent deux petits tertres, portant l'un une vieille église, et l'autre un beau château, dont la construction date de 1213. — Le château de Castets fut bâti par Guillème de Got, frère de Bertrand de Got, qui fut pape sous le nom de Clément V, et qui, de concert avec Philippe le Bel, décida la ruine des templiers. La position de ce château, sous le rapport de l'attaque et de la défense, dut lui donner une grande importance pendant les guerres féodales et l'occupation des Anglais. Sully rapporte dans ses Mémoires, qu'en 1586 il accourut pour faire lever le siége de cette place, alors investie par les troupes de Henri III, commandées par le maréchal de Matignon. Depuis cette dernière époque, le château de Castets a été successivement dépouillé de ses tours et de ses moyens de défense. Des constructions de meilleur goût ont remplacé la sombre demeure féodale ; l'épaisseur prodigieuse de quelques vieux murs et les souterrains en partie comblés par le temps, voilà tout ce qui reste de l'ancienne forteresse. Mais ce qui subsiste encore dans tout son éclat, c'est la beauté du site, la richesse du paysage. Un vaste parc et de magnifiques jardins font de cette belle propriété une des habitations les plus agréables des environs de Bordeaux.

Foires le 25 août et le 1er lundi de chaque mois.

CASTEX, vg. *Ariège* (Roussillon), arr. et à 28 k. de Pamiers, cant. et ✉ du Mas-d'Azil. Pop. 401 h.

CASTEX, vg. *Gers* (Armagnac), arr. et à 49 k. de Condom, cant. et ✉ de Cazaubon. Pop. 547 h.

CASTEX, vg. *Gers* (Armagnac), arr. et à 18 k. de Mirande, cant. et ✉ de Miélan. Pop. 252 h.

CASTIÈRE (la), *Loire-Inf.*, comm. de Rouans, ✉ du Pellerin.

CASTIES, vg. *H.-Garonne* (Languedoc), arr. à 32 k. de Muret, cant. du Fosseret, ✉ de Martres. Pop. 411 h.

CASTIFAO, vg. *Corse*, arr., ✉ et à 28 k. de Corté, chef-l. de cant. Pop. 645 h. — TERRAIN crétacé supérieur, craie. — Ce village portait anciennement le nom de la Petrera de Caccia ; il est fort par sa position, et célèbre dans l'histoire des guerres du pays, notamment dans celles de St-Piero contre les Génois.

CASTIGLIONE, vg. *Corse*, arr., ✉ et à 15 k. de Corté, cant. d'Omessa. Pop. 360 h. — Un peu au-dessous de ce village, un mamelon du mont Traonato présente, dans sa partie supérieure, une grande ouverture dans laquelle se précipite une portion des eaux du torrent Tarivola. La partie inférieure offre trois autres ouvertures, par une desquelles ces eaux trouvent leur issue et vont se réunir au torrent ; les deux autres conduisent à une grotte large et spacieuse creusée dans le roc vif, laquelle, dans différentes saisons, d'abri aux bestiaux contre les ardeurs du soleil ou contre la pluie. De cette grotte on passe dans plusieurs enfoncements, et les habitants du pays prétendent que la caverne a une issue dans la partie opposée de la montagne.

CASTILLON, vg. *B.-Alpes* (Provence), arr., cant., ✉ et à 5 k. de Castellane. Pop. 180 h.

CASTILLON, petite ville, *Ariège* (Comminges), arr. et à 12 k. de St-Girons, chef-l. de cant. Cure. ✉. A 798 k. de Paris pour la taxe des lettres. Pop. 1,215 h. Sur la rive droite du Lez. — TERRAIN jurassique, voisin du terrain cristallisé.

Les armes de Castillon sont : *de gueules à une tour d'argent surmontée d'une cigogne de même*.

Scieries hydrauliques. — *Foires* les 25 avril, 1er juin, 22 sept., 20 oct., 1er mardi avant le mardi gras, 1er mardi avant la St-Jean et 1er mardi de déc.

CASTILLON, vg. *Calvados* (Normandie), arr. et à 14 k. de Bayeux, cant. de Balleroy, ✉ de Livarot. Pop. 755 h.

CASTILLON, vg. *Calvados* (Normandie), arr. et à 17 k. de Lisieux, cant. de Mézidon, ✉ de Balleroy. Pop. 362 h.

CASTILLON, vg. *H.-Garonne*, comm. de Pechbonnieu, ✉ de Toulouse.

CASTILLON, *H.-Garonne*, comm. et ✉ de Toulouse.

CASTILLON, vg. *Gers* (Armagnac), arr. et à 13 k. de Lombez, cant. et ✉ de l'Isle-en-Jourdain. Pop. 566 h.

CASTILLON, *Castillo*, petite ville, *Gironde* (Guienne), arr. et à 18 k. de Libourne, chef-l. de cant. Cure. Gîte d'étape. ✉. ⚓. A 563 k. de Paris pour la taxe des lettres. Pop. 3,009 h. — TERRAIN tertiaire moyen.

Autrefois diocèse, parlement, intendance et élection de Bordeaux.

Cette ville est dans une situation agréable, sur la rive droite de la Dordogne. On voit les restes d'un ancien château que l'on a proposé de classer au nombre des monuments historiques. — En 1451, les Français y défirent les Anglais dans une bataille sanglante où le général Talbot périt avec son fils, ainsi que la plus grande partie des troupes qu'il commandait. Ces troupes assiégeaient Castillon qui devait leur livrer le cours de la Dordogne, lorsque Talbot, cédant aux téméraires instances des habitants de Bordeaux, sortit de cette ville et tomba à l'improviste sur les postes avancés de l'armée française ; en un instant, il les eut délogés d'une abbaye qu'ils occupaient et où il s'établit lui-même. Comme il entendait la messe, on lui apporte la fausse nouvelle que les Français ont quitté leur camp et sont en pleine retraite ; l'aventureux vieillard n'attend pas de savoir la vérité, il la repousse même avec hauteur dans la bouche d'un de ses vieux compagnons d'armes, et, sortant brusquement de la chapelle, il se lance sur les retranchements ennemis et y fait planter son étendard. Mais là, au lieu d'une armée en fuite, il trouve pour le recevoir une artillerie formidable. En vain crie-t-il à sa gendarmerie de mettre pied à terre pour assaillir avec plus d'avantage les palissades du camp français; en vain appelle-t-il les Bretons pour appuyer de leur opiniâtre vaillance les Anglais qui reculent : un coup de couleuvrine abat par terre le héros octogénaire, et sa chute entraîne le destin de la bataille. Lord Lisle, son fils, et trente autres seigneurs, la fleur de la jeunesse anglaise, se font tuer auprès de lui sans pouvoir détourner le coup fatal qui l'achève. Le combat n'est plus dès lors qu'un affreux carnage : lord Molines, lieutenant de Talbot, rend son épée, et les débris de l'armée anglaise se réfugient dans la forteresse de Castillon, qui le lendemain ouvre ses portes. Bordeaux, forcé de se rendre à son tour, paya sa révolte au prix d'une amende de 100,000 écus d'or et de la perte de ses priviléges.

Fabriques de tonnellerie. Filature de coton. Tanneries. Corderies. Nombreuses clouteries. — *Commerce* de laines.— *Foires* les 24 fév., 11 juin, 18 oct., 21 déc. et le dernier lundi de chaque mois.

CASTILLON, vg. *B.-Pyrénées* (Béarn), arr. et à 30 k. de Pau, cant. et ✉ de Lembeye. Pop. 209 h.

CASTILLON, vg. *H.-Pyrénées* (Bigorre), arr., ✉ et à 9 k. de Bagnères-de-Bigorre, cant. de Lannemezan. Pop. 261 h.

CASTILLON-DEBATS, vg. *Gers* (Armagnac), arr. et à 34 k. d'Auch, cant. et ✉ de Vic-Fezensac. Pop. 1,047 h.

CASTILLON-DE-CASTELS, vg. *Gironde* (Guienne), arr. et à 17 k. de Bazas, cant. d'Auros, ✉ de Langon. Pop. 380 h.

CASTILLON-DE-GANIÈRE, vg. *Gard* (Languedoc), arr. et à 28 k. d'Alais, cant. et ✉ de St-Ambroix. Pop. 1,416 h.

CASTILLON-DE-LUCHON, vg. *H.-Garonne* (Comminges), arr. et à 50 k. de St-Gaudens, cant. et ✉ de Bagnères-de-Luchon. Pop. 221 h.

CASTILLON-DE-ST-MARTORY, vg. *H.-Garonne* (Comminges), arr. et à 12 k. de St-Gaudens, cant. et ✉ de St-Martory. Pop. 766 h.

CASTILLON-DU-GARD, vg. *Gard* (Languedoc), arr. et à 12 k. d'Uzès, cant. et ✉ de Remoulins. Pop. 750 h.

CASTILLON-EN-SAUVESTRE, vg. *B.-Pyrénées* (Béarn), arr., ✉ et à 18 k. d'Orthez, cant. d'Ortbez. Pop. 371 h.

CASTILLON-MASSAS, vg. *Gers* (Armagnac), arr., ✉ et à 9 k. d'Auch, cant. de Jagun. Pop. 341 h.

CASTILLONNÈS, petite ville, *Lot-et-Garonne* (Agénois), arr. et à 35 k. de Villeneuve-sur-Lot, chef-l. de cant. Cure. Gîte d'étape. ✉. ⚜. A 548 k. de Paris pour la taxe des lettres. Sur la rive droite du Dropt. Pop. 1,908 h. — Terrain tertiaire moyen.— *Foires* les 20 janv., 1er avril, 15 mai, 11 juin, 20 août, 12 sept. 18 oct., 19 nov., 17 déc et 1er mardi de carême.

CASTILLY, vg. *Calvados* (Normandie), arr. et à 28 k. de Bayeux, cant. et ✉ d'Isigny. Pop. 652 h.

CASTIN, vg. *Gers* (Armagnac), arr., cant., ✉ et à 6 k. d'Auch. Pop. 334 h.

CASTIN (St-), vg. *B.-Pyrénées* (Béarn), arr. et à 12 k. de Pau, cant. et ✉ de Morlaas. Pop. 867 h.

CASTINETA, vg. *Corse*, arr., ✉ et à 25 k. de Corté, cant. de Morosaglia. Pop. 290 h.

CASTIRLA, vg. *Corse*, arr., ✉ et à 8 k. de Corté, cant. d'Omessa. Pop. 300 h.

CASTRA HERCULIS (lat. 52°, long. 24°). « Selon Ammien Marcellin, c'est une des sept places de la frontière du Rhin que Julien fit réparer ; et en rangeant ces places dans l'ordre qu'elles tiennent , en remontant du bas Rhin vers le haut jusqu'à Bingen, l'historien nomme en premier lieu *Castra Herculis*. Mais, ce qui détermine plus précisément la situation de ce camp romain, c'est la distance qu'indique la Table théodosienne de VIII à l'égard de *Noviomagus* de Nimègue, et celle de XIII à l'égard de *Carvo*, de laquelle on peut en conclure une troisième à compter d'*Arenacum*. Car, l'Itinéraire d'Antonin marquant XXII entre *Carvo* et *Harenatium* ou *Arenacum*, la déduction de XIII entre *Carvo* et *Castra Herculis*, fait qu'il reste IX pour la distance particulière d'*Arenacum* à *Castra Herculis*. Or, la combinaison de ces trois distances sur le local fixe la position dont il s'agit à l'endroit du bord du Rhin, vis-à-vis duquel s'ouvre le canal creusé par Drusus, pour faire couler une partie des eaux du fleuve dans l'Issel. Les gens du pays, au rapport de Menso-Alting, ont une tradition que Tibère, frère de Drusus, construisit un château en cet endroit sous le nom de Malit, et il semble que le nom de Malburg qu'on voit sur les cartes en soit un reste. » D'Anville. *Notice de l'ancienne Gaule*, p. 211. V. aussi Walckenaer, *Géographie des Gaules*, t. 11, p. 307.

CASTRES, vg. *Aisne* (Picardie), arr., ✉ et à 8 k. de St-Quentin, cant. de St-Simon. Pop. 468 h.

CASTRES, joli bourg, *Gironde* (Guienne), arr. et à 23 k. de Bordeaux, cant. de Labrède. ✉. ⚜. A 584 k. de Paris pour la taxe des lettres. Pop. 722 h.

Autrefois diocèse, parlement, intendance et élection de Bordeaux.

Il est bien bâti, dans une situation agréable, près de la rive gauche de la Garonne. On voit aux environs les restes d'un ancien camp romain. — Le bourg de Portez, situé à peu de distance de Castres, a un petit port sur la Garonne, où l'on embarque les diverses productions des Landes. — *Foires* les 4 mai, 8 août et 12 nov.

CASTRES, *Castra*, *Castrena*, *Castrum*, *Castrum Albiensium*, ville ancienne, *Tarn* (Languedoc), chef-l. de sous-préf. (3e arr.) et d'un cant. Trib. de 1re inst. et de com. Chamb. consult. des manufac. Société d'agric. Collège comm. Cure. Grand et petit séminaires. Gîte d'étape. ✉. ⚜. Pop. 19,250 h. — Terrain tertiaire moyen.

Autrefois comté et évêché, parlement et généralité de Toulouse, intendance du Languedoc, sénéchaussée, justice royale, recette. — L'évêché de Castres, fondé en 1317, était suffragant d'Albi. Revenu, 33,000 fr.

Suivant quelques auteurs, Castres a été fondé en 647, et doit son nom à un ancien camp romain; d'autres pensent que cette ville doit son origine à un monastère de bénédictins, fondé, dit-on, par Charlemagne. Les habitants, au commencement des guerres civiles, embrassèrent le protestantisme, fortifièrent leur ville, et s'érigèrent en république ; mais leur parti ayant été vaincu par Louis XIII, ils furent forcés de se soumettre et de démolir leurs fortifications. C'était à Castres qu'était établi autrefois le tribunal appelé la chambre de l'édit, où tous les protestants du ressort de Toulouse avaient leurs causes commises. En 1679, Louis XIV fit transférer, on ne sait trop pour quelle raison, ce tribunal à Castelnaudary. En 1681, il l'abolit tout à fait.

Les armes de Castres sont : *emmanché d'argent et de gueules de sept pièces, au chef d'azur chargé de trois fleurs de lis d'or*, avec cette devise : DE BOVT.

Cette ville, située dans un bassin agréable et fertile, est séparée en deux parties par l'Agout, qui la traverse dans la direction du nord au sud-ouest. La partie sud-est, nommée Villegoudon, communique avec Castres proprement dit par deux ponts de pierre. Castres est entouré de superbes promenades que l'on nomme Lices ; Villegoudon a aussi ses promenades, qui consistent en une vaste esplanade formée de cinq belles allées. Depuis 1830, la place royale est magnifique.

En général, Castres est une ville assez bien bâtie, formée de rues que l'on aligne tous les jours, où l'on remarque toutefois quelques belles constructions. L'hôtel de ville, ancien palais épiscopal, est un bel édifice construit par J.-H. Mansard, dans lequel se trouvent la préfecture, une bibliothèque publique, renfermant environ 7,000 volumes ; il tient à un jardin public, distribué sur le même plan que le jardin des Tuileries de Paris.

L'église St-Benoît, jadis cathédrale du diocèse, bâtie de sa voûte élancée, de ses chapelles bien éclairées, manque de façade. On y voit plusieurs beaux tableaux de Rivals, un saint Jean Baptiste de Lesueur, une Résurrection de Coypel, et quatre statues d'une excellente exécution.—L'église Notre-Dame de la Platé possède d'admirables fonts baptismaux en marbre blanc.—Castres possède aussi deux beaux hospices, une jolie salle de spectacle, de belles casernes de cavalerie et un abattoir public.

On doit visiter aux environs de Castres la côte des Bijoux, où l'on trouve des pétrifications singulières connues sous le nom de Priapolithes, et qui méritent en effet ce nom.

Biographie. Castres est le lieu de naissance de :

P. BOREL, médecin de Louis XIV, membre de l'académie des sciences, auteur des *Antiquités de Castres* et de plusieurs autres savants ouvrages.

AB. BOYER, grammairien et biographe, auteur des *Annales de la reine Anne*, 12 vol. in-8.

AND. DACIER, traducteur d'*Horace*, de *Plutarque*, etc., membre de l'académie des sciences et de l'académie des inscriptions.

L'abbé ANT. SABATIER (de Castres), auteur des *Trois Siècles de la littérature française*, et d'un grand nombre d'autres ouvrages.

AUDOUARD, savant médecin.

FREGEVILLE (marquis H. de), publiciste.

FREGEVILLE (marquis Ch. de), lieutenant général.

MARTURÉ, auteur d'une *Histoire de Castres et du pays castrais*.

INDUSTRIE. Manufactures de casimirs et de draps cuir laine de première qualité ; de draps pour l'habillement des troupes, castorines, ratines, molletons de laine, flanelles, couvertures de laine, etc. — *Fabriques* de toiles, cuile forte, savon noir. Blanchisseries. Teintureries. Tanneries. Papeteries. Forges et fonderies de cuivre. — *Commerce* considérable de draperies, laines, coton, papiers, liqueurs, confitures, etc. — *Foires* les 28 avril, 11 juin, 28 août, 3 nov., 6 déc. et 1er jeudi de carême.

A 42 k. S. d'Albi, 56 k. N. de Carcassonne, 74 k. E. de Toulouse, 723 k. S. de Paris. Lat. 43° 37′ 10″ N., long. 0° 5′ 15″ O.

L'arrondissement de Castres est composé de 14 cantons : St-Amans-la-Bastide, Angles, Brassac, Castres, Dourgne, la Bruguière, la Caune, Lautrec, Mazamet, Montredon, Murat, Roquecourbe, Vabre, Vielmur.

Bibliographie. BOREL (P.). *Les Antiquités et choses considérables de la ville et comté de Castres*, in-8, 1649.

BELHOMME (J.-B.). *Recherches sur la ville de Castres*, etc., in-8, 18...

DEFOS. *Traité du comté de Castres et seigneurs et comtes d'icelui*, in-4, 1633.

NAYRAL. *Biographie castraise*, etc., 4 vol. in-8, 1840.

COMBES (A.). *Statistique de l'arrondissement de Castres*, in-8, 1836.

MARTURÉ. *Histoire de Castres et du pays castrais*, 2 vol. in-8, 1822-24.

ROGER. *Historique de l'Albigeois et du pays castrais*, in-8, 1841.

CASTRIÈS, bg *Hérault* (Languedoc), arr., ✉ et à 12 k. de Montpellier, chef-l. de cant. Cure. Pop. 934 h. — TERRAIN tertiaire moyen. — On y voit un vaste château dont le parc abonde en eaux vives d'un bel effet, qui y sont conduites par un aqueduc de 6,822 m. de longueur, qui, par ses sinuosités, ses différents niveaux, ses tentures de lierre, présente des aspects très-pittoresques. — L'église paroissiale est un ancien édifice que l'on a proposé de classer au nombre des monuments historiques. —

Carrières de pierres à bâtir renommées. — *Fabriques* d'huile d'olives très-recherchée. — A 2 k. de Castriès est le parc de FONMAGNE, habitation délicieuse.

CASTWILLER, ou CASVILLER, *Moselle*, comm. d'Hilsprich, ✉ de Puttelange.

CASUARIA (lat. 46°, long. 23°). « L'Itinéraire d'Antonin fait mention de ce lieu, le plaçant à XXIIII milles de *Durantasia*, sur une route qui conduit à Genève ; et parce qu'il indique ailleurs XIII milles entre *Darantasia* et *Obilunum*, qui doit se rencontrer au passage de cette route, c'est XI à ajouter à la distance d'*Obilunum*, dont la position paraît à peu près celle de Conflans, vers l'endroit où une rivière nommée Arli se joint à l'Isère. On peut en voir à l'article *Obilunum*. Or, par cette mesure de chemin, on arrive, en passant par le bourg d'Ugine et en approchant de la source d'une petite rivière nommée la Chaise, à un canton dont le nom de Césérieux a trop d'analogie à celui de *Casuaria* pour le méconnaître. Une grande carte manuscrite, et vraiment topographique d'une partie de la Savoie, m'instruisit de ces circonstances, que l'on ne trouve point ailleurs. Cette position de *Casuaria* devient bien différente de celle que prend Sanson vers la source de la rivière d'Arve, au pied des Glacières, quant à la continuation de la route dont il s'agit jusqu'à Genève, par un lieu qu'indique l'Itinéraire sous le nom de *Bauta*. V. l'article qui concerne ce lieu en particulier. » D'Anville. *Notice de l'anc. Gaule*, p. 212.

CATALANS (les), vg. *Bouches-du-Rhône*, com. et ✉ de Marseille. — Il est situé au fond d'une anse où était autrefois le port Lambert, qui renfermait les anciennes infirmeries. Lorsque ces infirmeries furent abandonnées, les Catalans fréquentèrent cette anse, et plusieurs d'entre eux s'y fixèrent avec leurs familles. Il y a un petit port très-fréquenté.

CATALAUNI (lat. 49°, long. 23°). « Ils ne paraissent tenir le rang d'un peuple particulier dans la Gaule, où par conséquence de cela la Notice des provinces fait mention de *Civitas Catellaunorum*, entre les cités de la seconde Belgique. Eutrope (lib. IX), parlant de la victoire remportée par Aurélien sur Tétricus, *apud Catalaunos*, ce nom de la ville de Châlons paraît semblable à ceux que beaucoup d'autres capitales ont emprunté de leur peuple, et qu'elles ont conservé de même que Châlons. En supposant que primitivement le district de Châlons était compris dans les dépendances d'un peuple plus considérable, il y a toute apparence que ce peuple était les *Remi* ; car les *Viducasses* de Pline, ou les *Vadicasses* de Ptolémée, auxquels M. de Valois (p. 137) veut attribuer le territoire des *Catalauni*, ont leur place autre part. Il est constant par la Notice que, dans le nombre des cités dont elle fait le dénombrement, il y en a plusieurs qui n'ont acquis ce rang que pour avoir été démembrées d'un Etat de peuple plus ancien. » D'Anville. *Notice de l'ancienne Gaule*, p. 212. V. aussi Walckenaer. *Géographie des Gaules*, p. 407.

CATEAU-CAMBRESIS (le), *Novum Ca-stellum, Vendelgiæ*, jolie ville, *Nord* (Cambrésis), arr. et à 25 k. de Cambrai, chef-l. de cant. Collège com. Cure. Gîte d'étape. ✉ ⚜. A 200 k. de Paris pour la taxe des lettres. Pop. 6,880 h. — Sur la rive droite de la Selle. — TERRAIN tertiaire moyen, voisin du terrain crétacé supérieur.

Le Cateau s'est formé de la réunion des deux villages de Péronne et de Vendelgies, où l'évêque Hallui fit bâtir un château pour protéger les habitants. L'évêque Gérard Ier y fonda une abbaye en 1020. Un seigneur, nommé Mauflatre, prit cette ville d'assaut et y mit le feu en 1133, et la rendit en 1136. Au commencement du XVe siècle, le Cateau tomba au pouvoir des Anglais, qui y furent assiégés par Dunois, et contraints de se rendre à discrétion. Louis XI s'empara de cette ville en 1477. Les Français l'occupèrent en 1481. Un capitaine huguenot s'en rendit maître en 1491. Les Français la brûlèrent en 1354, après la levée du siège de Cambrai. Les Autrichiens la prirent en 1793, et l'occupèrent pendant quelque temps. C'est au Cateau que fut signé en 1365, entre Henri II et Philippe II, le traité si funeste à la France, connu sous le nom de traité de Cateau-Cambrésis.

Les armes du Cateau sont : *de gueules à un château d'argent accompagné de deux tours, et surmontées chacune d'un donjon couvert en pointe girouettée*.

Biographie. Le Cateau est la patrie d'un des plus illustres guerriers de la révolution, du maréchal MORTIER, duc de TRÉVISE dont nous avons par erreur assigné le lieu de naissance à Cambrai. Parti avec un des premiers bataillons du Nord, il gagna tous ses grades sur le champ de bataille, et se distingua particulièrement aux batailles d'Iéna, d'Eylau, de Friedland, d'Occana, de Lutzen, de Bautzen, de Dresde, de Hanau, etc., etc. Le plus grand sang-froid uni à la plus grande valeur étaient les qualités distinctives de ce guerrier, que le plomb meurtrier d'un assassin atteignit sur le boulevard de Paris le 28 juillet 1835, lors de l'explosion de la machine infernale destinée à donner la mort au roi Louis-Philippe. Une souscription a été ouverte dans sa ville natale pour lui élever un monument.

Fabriques de châles, de tissus mérinos, batistes, calicots, chaussons, amidon, savon noir. Filatures hydrauliques de laine et de coton. Raffineries de sel. Fonderies de cuivre et de fonte. Nombreuses brasseries et genièvreries. Tanneries, chamoiseries et moulins à tan. — *Commerce* de grains, graines grasses, cuirs, tissus mérinos, toiles et autres articles de ses manufactures. — *Foires* de 9 jours le 22 sept. et d'un jour le 22 de chaque mois.

CATELET (le), petite ville, *Aisne* (Picardie), arr. et à 20 k. de St-Quentin, chef-l. de cant. Cure. ✉. A 155 k. de Paris pour la taxe des lettres. Pop. 612 h. — TERRAIN crétacé supérieur, craie.

Autrefois diocèse de Cambrai, parlement de Paris, intendance d'Amiens.

Cette ville a pris son nom d'une forteresse que François Ier avait fait bâtir en cet endroit, en 1520. Cette place fut prise par les Espagnols en 1557, et restituée à la France par le traité du Cateau-Cambresis. Une armée espagnole la prit par capitulation, en 1595, après un siége de cinq semaines. Le traité de Vervins la reudit à la France en 1598. Les Espagnols s'en rendirent maîtres en 1636 ; mais les Français la prirent d'assaut sur ces derniers ; le 14 septembre 1638. Le 14 mai 1650, cette place tomba de nouveau au pouvoir des Espagnols. Les Français la prirent d'assaut le 29 août 1653, et la garnison fut passée au fil de l'épée. Enfin ses fortifications furent détruites en 1674. — Filatures de lin et de chanvre. — Foires le 1er lundi de chaque mois.

CATELET (le), *Nord,* comm. de Flines-les-Rach, ✉ de Douai.

CATELIER (le), vg. *Seine-Inf.* (Normandie), arr. et à 20 k. de Dieppe, cant. et ✉ de Longueville. Pop. 393 h.

CATELON, vg. *Eure* (Normandie), arr. et à 20 k. de Pont-Audemer, cant. de Bourgtheroulde, ✉ de Bourgachard. Pop. 169 h.

CATELUN, vg. *Côtes-du-Nord,* com. de St-Launeuc, ✉ de Merdrignac.

CATENAY, vg. *Seine-Inf.* (Normandie), arr. et à 20 k. de Rouen, cant. et ✉ de Buchy. Pop. 363 h.

CATENOY, vg. *Oise* (Picardie), arr. et 7 k. de Clermont, cant. et ✉ de Liancourt. Pop. 583 h. — L'église paroissiale est un ancien édifice que l'on a proposé de classer au nombre des monuments historiques. — *Fab.* d'escots et autres étoffes de laine. — *Foire* le 29 sept.

CATERONGE, *Lot-et-Garonne,* comm. de Bournel, ✉ de Villeréal.

CATHERINE (Ste-), *H.-Alpes,* comm. de ✉ de Briançon.

CATHERINE (Ste-), *H.-Alpes,* comm. de Vars, ✉ de Mont-Dauphin.

CATHERINE (Ste-), *Finistère,* comm. de Mespaul, ✉ de St-Pol-de-Léon.

CATHERINE (Ste-), *Finistère,* comm. de Plounévézel, ✉ de Carhaix.

CATHERINE (Ste-), *Gironde,* comm. de Paillet, ✉ de Cadillac.

CATHERINE (Ste-), vg. *Puy-de-Dôme* (Auvergne), arr. et à 25 k. d'Ambert, cant. et ✉ de St-Germain-l'Herm. Pop. 611 h.

CATHERINE-DE-FIERBOIS (Ste-), bg *Indre-et-Loire* (Touraine), arr. et à 41 k. de Chinon, cant. de Ste-Maure. Pop. 610 h. — On remarque sur son territoire le vieux château de Comonacre. C'est, dit-on, derrière l'autel de la chapelle de ce château, dans le tombeau d'un ancien chevalier (d'autres disent dans le tombeau de sainte Catherine), que Jeanne d'Arc envoya chercher, en 1429, l'épée de Charles Martel, qui délivra la France des Sarrasins, et dont l'héroïne fit un si noble usage. L'église actuelle, qui est d'un joli style gothique, ne date que du règne de François 1er.

CATHERINE-DE-MOURENS (Ste-), *Tarn,* comm. de Puiceley, ✉ de Gaillac.

CATHERINE-LES-ARRAS (Ste-), *Pas-de-Calais* (Artois), arr., cant., ✉ et à 75 k. d'Arras. Pop. 629 h.

CATHERINE-SUR-RIVERIE (Ste-), vg. *Rhône* (Lyonnais), arr. et à 29 k. de Lyon, cant. et ✉ de Mornant. Pop. 700 h.

CATHERINE (Ste-), ruines d'une ancienne ville de Corse, *Clunium.*

CATHERVIELLE, vg. *H.-Garonne* (Armagnac), arr. et à 53 k. de St-Gaudens, cant. et ✉ de Bagnères-de-Luchon. Pop. 177 h.

CATHEUX, vg. *Oise* (Picardie), arr. et à 47 k. de Clermont, cant. et ✉ de Crèvecœur. Pop. 392 h.

CATHIÈRES, *Aveyron,* comm. de Ledergues, ✉ de Cassagne-Bégonhès.

CATIGNY, vg. *Oise* (Picardie), arr. et à 35 k. de Compiègne, cant. et ✉ de Guiscard. Pop. 327 h.

CATIGNY, *Somme,* comm. d'Arret, ✉ de St-Valéry-sur-Somme.

CATILLON, vg. *Oise* (Picardie), arr. et à 21 k. de Clermont, cant. et ✉ de St-Just-en-Chaussée. Pop. 616 h.

CATILLON, *Seine-Inf.,* comm. de Rouvray-en-Bray, ✉ des Forges.

CATILLON-DU-TEMPLE, vg. *Aisne* (Picardie), arr. et à 20 k. de Laon, cant. de Crécy-sur-Serre, ✉ de la Fère. Pop. 47 h.

CATORISSIUM (lat. 46°, long. 24°). « La Table théodosienne donne la trace d'une route qui, partant de Vienne, et passant à *Cularo* ou Grenoble, conduit à l'*Alpis Cottia,* ou au mont Genèvre. On y trouve, entre *Cularo* et *Catorissium* XII; de *Catorissium à Mellosedum* V; de *Mellosedum à Durotincum* X; de *Durotincum à Stabatio* VII, et à la suite de *Stabatio* sur la ligne tracée vers le passage de l'*Alpis Cottia* VIII. La somme de ces distances est 42 ; et dans ce que renferme la province romaine, il ne saurait être question que du mille romain. Or, le décompte itinéraire ne remplit pas l'intervalle de Grenoble au mont Genèvre, qui peut s'estimer à vol d'oiseau, d'environ 42,000 toises ; à quoi il convient d'ajouter ce que la mesure itinéraire doit avoir de plus que la mesure directe, dans un pays couvert de montagnes, où il faut que la route suive les replis des vallées resserrées entre ces montagnes. Il est donc très-difficile de prendre des notions bien précises sur le détail de cette route. En étudiant le local d'après la plus parfaite topographie que donne la carte des Alpes levée par ordre du roi, on reconnaît en général que la route devait arriver au bord de la Romanche, au-dessous du lieu appelé Livet, et que remontant le cours de la Romanche jusque vers le bourg d'Oisans, elle s'en détachait pour se rendre au lieu nommé Mizouin, qui semble être le *Mellosedum* de la Table, et où retrouvant la Romanche, le cours de ce torrent se vallon que l'on nomme Combe-de-Malaval, dirigeait cette route vers le col du Lautaret, au débouchement duquel la vallée du Monestier conduit directement à Briançon. Comme je trouve beaucoup de vraisemblance dans la position de *Mellosedum,* dont je viens de parler, l'indication qui est V, entre ce lieu et *Catorissium,* placerait *Catorissium* à peu près vis-à-vis du bourg d'Oisans ; et on peut attribuer à l'omission de quelque position le vide que l'indication entre *Cularo* et *Catorissium* laisse dans cet intervalle. Car, on peut estimer que la route vaut plus de vingt milles de mesure itinéraire. Au reste, ce qu'on est en droit de dire affirmativement sur ce qui concerne *Catorissium,* c'est qu'en considérant que la route tend à *Cularo,* à l'*Alpis Cottia,* on tourne le dos à la direction de cette route, si l'on prend avec M. de Valois (p. 138), *Catorissium* pour la Grande-Chartreuse. D'Anville. *Notice de l'ancienne Gaule,* p. 213.

CATLLAR, vg. *Pyrénées-Or.* (Roussillon), arr., cant., ✉ et à 4 k. de Prades. P. 606 h.

CATONVIELLE, vg. *Gers* (Armagnac), arr. et à 22 k. de Lombez, cant. de Cologne, ✉ de Gimont. Pop. 204 h.

CATTENIÈRES, vg. *Nord* (Cambresis), arr., ✉ et à 9 k. de Cambrai, cant. de Carnières. Pop. 918 h. — Brasseries.

CATTENOM, ou KETTENNOWEN, vg. *Moselle* (Lorraine), arr., ✉ et à 10 k. de Thionville, chef-l. de cant. Cure. Pop. 1,100 h. Sur la rive gauche de la Moselle. — TERRAIN jurassique, voisin du trias. — C'était autrefois un bourg assez considérable entouré de murs. — Commerce de bois et de planches. Tanneries. — *Foire* (de 3 jours) le 1er lundi d'oct.

CATTERI, vg. *Corse,* arr., ✉ et à 13 k. de Calvi, cant. d'Algajola. Pop. 525 h.

CATTEVILLE, vg. *Manche* (Normandie), arr. et à 20 k. de Valognes, cant. et ✉ de St-Sauveur-sur-Douve. Pop. 274 h.

CATILLON-SUR-SAMBRE, vg. *Nord* (Cambresis), arr., ✉ et à 34 k. de Cambrai, cant. et ✉ du Cateau. Pop. 2,327 h. — Il est situé au bord de la Sambre. Dix-neuf hameaux plus ou moins considérables dépendent de cette commune, qui porta pendant quelque temps le nom d'ÉGALITÉ-SUR-SAMBRE. — *Commerce* de mulquinerie en fils les plus fins, et de bois de construction. — *Foires* le 10 de chaque mois.

CATUALIUM (lat. 52°, long. 24°). « On trouve ce lieu dans la Table théodosienne, sur une route qui conduit de Tongres à Nimègue, et la distance est marquée XII, à l'égard du lieu nommé *Blariacum,* en se rapprochant d'*Aduaca* ou de Tongres. La position de *Blariacum* est connue distinctement dans celle de Blérick, sur le rivage de la Meuse opposé à Venlo ; et en partant de ce point, la distance s'arrête à un lieu dont le nom est Hael ou Héel. J'ai eu quelque soupçon que *Catualium* pourrait bien cacher le *Castellum* des *Menapii,* aujourd'hui Kessel ou le montre précisément au passage de la voie, et dont le nom serait altéré dans la Table, comme beaucoup d'autres le sont. Mais, la distance de Kessel à Blérick ne pouvant s'évaluer qu'à 4 lieues gauloises, cette conjecture attaquait la chaîne des distances indiquées entre *Blariacum* et Tongres. » D'Anville. *Notice de l'ancienne Gaule,* p. 214.

CATUS, petite ville, *Lot* (Quercy), arr. et

à 18 k. de Cahors, chef-l. de cant. Cure. ✉.
A 558 k. de Paris pour la taxe des lettres.
Pop. 1,461 h. — TERRAIN jurassique, étage
moyen de système oolitique.

Cette ville, située sur le ruisseau de Vert,
était autrefois une des places les plus importantes du Quercy, pendant les guerres que cette
province eut à soutenir contre les Anglais. Elle
était entourée de remparts et de fossés dont on
voit encore les restes, et était bâtie partie dans
la vallée et partie sur le sommet de la montagne, où existent les vestiges d'un ancien fort.

Les Anglais, après l'avoir attaquée inutilement, s'en emparèrent sous le règne de Charles VI, et cette conquête affermit leur domination dans la contrée. Les habitants de Cahors
la prirent sous le règne de Charles VII, après
une vigoureuse résistance. — *Foires* les 13
janv., 6 et 25 fév., 20 mars, 6 mai, 12 juin,
24 juill., 30 août, 22 sept., 22 oct., 22 nov.
et 17 déc.

CATUIACA (lat. 44°, long. 24°). « Il est
mention de ce lieu dans l'Itinéraire d'Antonin,
sur la route qui communique de *Segustero* à
Apta Julia; et la même route tracée dans la
Table théodosienne indique le même lieu entre
Apta Julia et un autre dont le nom est *Alaunium*. L'Itinéraire et la Table sont d'accord à
marquer XVI entre *Alaunium* et *Catuiaca*.
On voit XII dans la Table entre *Apta Julia*
et *Catuiaca*, où l'Itinéraire marque XV, et
les indications de la Table paraissent préférables à celles de l'Itinéraire sur cette route,
comme on peut voir à l'article *Alaunium*. Je
n'ai point de connaissance positive et bien distincte du lieu de *Catuiaca*; je présume seulement qu'il faut le chercher aux environs du
Calaon, en tendant d'Apt vers Sistéron. Honoré
Bouche (*Chor. de prov.*, liv. III, ch. 3) s'é-
carte de cette direction, en s'attachant à un lieu
nommé Céreste, qui d'ailleurs ne s'éloigne d'Apt
que de 10 milles au plus, selon une grande
carte manuscrite de Provence, non de 12,
ou de 15. » D'Anville. *Notice de l'ancienne
Gaule*, p. 213.

CATURIGES (lat. 45°, long. 23°). « Dans
le premier livre des Commentaires, les *Caturiges* sont nommés avec les *Centrones* et les
Garoceli, pour avoir entrepris de s'opposer à
César, dans le passage des Alpes. Strabon
(lib. IV, p. 204) nomme les *Caturiges* avec les
Centrones, comme occupant le sommet des
montagnes. Les *Caturiges* tiennent leur place
dans l'inscription du trophée des Alpes, que
Pline (lib. III, cap. 20) nous a transmise, et
qui fait le dénombrement des peuples cantonnés
dans ces montagnes, et réduits par Auguste à
l'obéissance du peuple romain. On trouve en
d'autres endroits de Pline (lib. III, cap. 5) le
nom de *Caturiges*, en citant comme sortie de
cette nation celle des *Vagienni*, dont le nom
subsiste dans celui de la Viozenna, au pied de
l'Appennin, vers le haut du Tanaro. Il nomme
ailleurs (cap. 17) *Caturiges* une troupe exilée
par les *Insubres* de la Gaule cisalpine, d'où on
pourrait inférer, que lorsque Bellovèze passa
en Italie, un détachement de *Caturiges* se sera

joint aux autres nations gauloises dont Tite
Live (lib. V, sect. 34) a rapporté les noms, ce
qui est de plus ancienne date que la connaissance qu'on a d'ailleurs de la nation des *Caturiges*. Ptolémée place mal à propos les *Caturigides*, selon qu'il écrit leur nom, dans les
Alpes grecques, puisque c'est dans les Alpes
cottiennes qu'ils ont habité. Cette nation était
puissante, et il y a lieu de présumer que depuis
une position de *fines* qui nous est connue, et
qui renferme *Vapincum*, ou Gap, elle s'étendait jusqu'au pied de l'*Alpis Cottia*. Elle pouvait dominer sur plusieurs peuples ou communautés de moindre considération, dont ce quartier des Alpes paraît rempli, et je n'hésite point
à dire, qu'il est plus convenable de voir *Brigantio* compris dans cette extension de *Caturiges*, que de le donner aux *Segusini*, comme
a fait Ptolémée. La capitale des *Caturiges*
nous est connue sous le nom du peuple. On
sait que beaucoup de villes du même rang ont
perdu un nom primitif, que nous ignorons à
l'égard de celle-ci. Les Itinéraires indiquent
Caturigas ou *Catorigas*, la Table théodosienne *Catorigomagus*, entre *Vapincum* et
Ebrodunum; et on reconnaît cette position
par un reste de l'ancienne dénomination, dans
le lieu appelé actuellement Chorges, entre Gap
et Embrun. La distance du côté de *Vapincum*
est discutée dans l'article *Ictodurum*, que la
Table place dans cet intervalle. Quant à celle
de *Caturigœ* à *Ebrodunum*, l'Itinéraire d'Antonin marque XVI dans un endroit, XVII dans
un autre; et l'Itinéraire de Jérusalem est conforme à la première indication. Ce qu'il y a
d'espace en droite ligne de Chorges à Embrun
ne s'évalue néanmoins qu'à 12 milles romains
au plus; mais il est vrai que la route fait un
coude considérable en descendant le long de la
Durance depuis Embrun, pour ensuite remonter
dans les terres jusqu'à Chorges, indépendamment des détours particuliers sur un terrain fort
inégal, au moyen de quoi la mesure itinéraire
peut bien égaler 15 à 16 milles. Dans l'Itinéraire de Léon d'Ostie, publié par le P. Labbe
(*Biblioth. nov.*, p. 357), la distance marquée
quatuor leucarum convient à l'évaluation la
plus propre à la lieue dans les provinces méridionales de la France, sur le pied de 4 milles
romains. Spon (*Miscell.*, p. 161) rapporte
une inscription trouvée à Chorges, où on lit
CIV. CATUR. Il faut remarquer que, dans l'Itinéraire de Jérusalem, la qualification est également celle de *mansio* pour *Catorigœ*, comme
pour *Hebridunum* (ou *Ebrodunum*); d'où il
faut conclure que cette ville n'était point en
décadence dans le IVᵉ siècle, quoique Embrun
ait prévalu en qualité de métropole des Alpes
maritimes. L'historien de Provence, Honoré
Bouche (*Chorog.*, lib. III, ch. 3), considérant
qu'en la place de *Caturigœ* ou *Catorigœ*, selon les Itinéraires, on lit dans la Table est
Catorigomagus, pense qu'il faut y rapporter la
mention qui est faite de *Civitas Rigomagen-
sium*, entre celles de la province des Alpes maritimes, dans la Notice des provinces de la
Gaule. Holstenius (*Annot. in Ortel.*, p. 163)

est dans la même opinion. M. Wesseling (*Itin.*,
p. 155) paraît y accéder; nonobstant que M. de
Valois (p. 477) ne veuille point de *Caturigœ*,
s'autorisant de la qualification de *mansio* qu'il
croit insuffisante pour une ville qui aurait été
civitas, faute d'avoir observé qu'Embrun n'a
point d'autre qualification, comme je viens de
le rapporter. » D'Anville. *Notice de l'ancienne Gaule*. p. 215. V. aussi Walckenaer.
Géographie des Gaules, t. I, p. 227, 260,
534, 539, 541; l. II, p. 26, 30, 65.

CATURIGIS (lat. 49°, long. 23°). « On lit
ainsi dans l'Itinéraire d'Antonin, *Caturices*
dans la Table théodosienne, sur une route qui,
partant de *Durocortorum*, rencontre ce lieu
avant que d'arriver à *Nasium*; et la distance
qui conduit à *Nasium* est également marquée
IV par la Table comme par l'Itinéraire. A l'é-
gard d'une mansion antérieure à *Caturigis*,
qui est Ariola, l'Itinéraire donne la même indication de IX. Selon la Table, la distance à reprendre de plus loin, et la position dont le
nom défiguré tient lieu de *Fanum Minervœ*,
est XXV, et vu que du *Fanum* à *Ariola* l'Itinéraire marque XVI, on voit que 16 et 9 font
effectivement 25, comme la Table l'indique.
Ainsi les distances sont d'accord sur *Caturigis*,
que l'Itinéraire fixe particulièrement dans l'intervalle d'*Ariola* à *Nasium*, et dans un éloignement égal de chacun de ces lieux. Leur position se retrouve, *Ariola*, dans celle dont le
nom actuel est Vroil, et l'emplacement de *Nasium* à Nais ne souffre point de difficulté. En
tirant une ligne de Vroil à Nais, le milieu de
l'espace se rencontre par le travers de Bar-le-Duc, qui reste à quelque distance de la ligne sur la gauche. Cet espace,
étant d'environ 21,000 toises, répond aux 18
lieues gauloises, que fait compter l'Itinéraire en
les surpassant néanmoins d'une fraction de lieue
parce que le calcul de ce nombre de lieues ne
donne en rigueur que 20,412 toises. Et j'en
prends occasion de remarquer, que si l'on voulait appliquer à Bar-le-Duc, précisément la
position de *Caturigis*, en suivant la trace d'une
route qui circule le long de l'Ornez jusqu'à
Nasium, plutôt que de prendre un alignement
plus direct entre *Ariola* et *Nasium*; on per-
drait de vue l'accord des distances sur la position de *Caturigis* parce que la mesure itinéraire paraîtrait conserver environ 22,500 toises, demandera 20 lieues gauloises au lieu de
18, depuis *Ariola* jusqu'à *Nasium*. » D'Anville, *Notice de l'ancienne Gaule*, p. 217.

CATUSEAU, *Gironde*, comm. de Pomerol,
✉ de Libourne.

CATUSIACUM (lat. 50°, long. 22°). « L'I-
tinéraire d'Antonin en fait mention sur la route
de *Bagacum* à *Durocortorum*, ou de Bavai à
Reims, marquant sa distance au delà de *Ver-
binum* V. Ce lieu ne paraît point dans la Table
théodosienne, quoique la même route y soit
tracée. On retrouve sa position dans celle de
Chaours, au passage de la rivière de Serre,
par la distance convenable à l'égard de Vervins. » D'Anville. *Notice de l'ancienne
Gaule*, p. 218.

CATZ, vg. *Manche* (Normandie), arr. et à 25 k. de St-Lô, cant., et ✉ de Carentan. Pop. 187 h.

CAU, *Gers*, comm. d'Armous, ✉ de Marciac.

CAUBEL, vg. *Lot-et-Garonne* (Agénois), arr. et à 17 k. de Villeneuve-sur-Lot, cant. et ✉ de Monclar. Pop. 642 h.

CAUBERT, *Somme*, comm. de Mareuil, d'Abbeville.

CAUBEYRES vg. *Lot-et-Garonne* (Condomois), arr. et à 21 k. de Nérac, cant. et ✉ de Damazan. Pop. 433 h.

CAUBIAC, vg. *H.-Garonne* (Armagnac), arr. et à 35 k. de Toulouse, cant. et ✉ de Cadours. Pop. 526 h.

CAUBIOS-LOOS, vg. *B.-Pyrénées* (Béarn), arr. et à 15 k. de Pau, cant. et ✉ de Lescar. Pop. 297 h. — Il a reçu le surnom de Loos en 1842, époque de la réunion à son territoire de celui de cette commune.

CAUBOUS, vg. *H.-Garonne* (Armagnac), arr. et à 53 k. de St-Gaudens, cant. et ✉ de Bagnères-de-Luchon. Pop. 81 h.

CAUBOUS, vg. *H.-Pyrénées* (Armagnac), arr. et à 36 k. de Bagnères-de-Bigorre, cant. et ✉ de Castelnau-Magnoac. Pop. 225 h.

CAUCALI-LÈS-CASTRES, vg. *Tarn* (Languedoc), arr. et à 12 k. de Castres, cant. et ✉ de Mazamet. Pop. 368 h.

CAUCHIE (la), vg. *Pas-de-Calais* (Artois), arr. et à 20 k. d'Arras, cant. de Beaumetz-les-Loges, ✉ de l'Arbret. Pop. 264 h.

CAUCHIE-A-LA-TOUR, vg. *Pas-de-Calais* (Artois), arr. et à 17 k. de Béthune, cant. de Norrent-Fontes, ✉ de Lillers. Pop. 376 h.

CAUCHOISE, *Seine-Inf.*, comm. et ✉ de Rouen.

CAUCOURT, vg. *Pas-de-Calais* (Artois), arr. et à 20 k. de Béthune, cant. et ✉ de Houdain. Pop. 796 h.

CAUDAN, vg. *Morbihan* (Bretagne), arr. et à 8 k. de Lorient, cant. et ✉ de Pont-Scorff. Pop. 3,059 h. — Foires les 15 avril, veille du 2ᵉ dimanche de mai, lundi après le 2ᵉ dimanche d'août.

CAUDEBEC, *Chimarus, Caletum, Calidobeccum, Calidum-Beccum*, jolie petite ville maritime, *Seine-Inf.* (Normandie), arr. et à 10 k. d'Yvetot, chef-l. de cant. Cure. ✉. ⚓. A 157 k. de Paris pour la taxe des lettres. P. 2,616 h. — Terrain crétacé supérieur, craie. — *Etablissement de la marée du port*, 11 heures 10 minutes. — Phare de 4 k. de portée, situé à 1,200 m. à l'est de l'église.

Autrefois diocèse, parlement et intendance de Rouen, chef-lieu d'élection, sergenterie, bailliage, présidial, amirauté, vicomté, gouvernement particulier.

L'origine de Caudebec paraît remonter au delà du IXᵉ siècle. C'était autrefois une ville très-forte, entourée de murailles flanquées de tours, qui subsistent encore dans presque toute la ligne qu'elles occupaient jadis, et annoncent que ce devait être une place importante. Après la prise de Rouen par les Anglais, en 1419, Caudebec fut assiégée par Talbot, qui ne parvint à s'en rendre maître qu'après six mois de tranchée ouverte. Les Anglais l'évacuèrent en 1450. Durant les guerres de la Ligue, les protestants la prirent en 1582.

Les armes de Caudebec sont : *de gueules à trois poissons d'argent péris en face, la tête tournée à droite.*

La ville de Caudebec est bâtie en amphithéâtre, au pied d'une montagne couverte de bois, sur la rive droite de la Seine, qui y forme un port commode, mais peu fréquenté ; la partie située sur le fleuve est bordée de beaux quais bien ombragés, d'où l'on jouit d'une vue magnifique. Elle est arrosée par la petite rivière de Ste-Gertrude, qui se sépare en deux bras avant de se jeter dans le port, qu'elle divise en deux parties.

L'église paroissiale est un édifice remarquable du XVᵉ siècle, où l'artiste a prodigué à l'extérieur tous les trésors de l'architecture gothique. Le grand portail, en particulier, est un chef-d'œuvre d'élégance et de délicatesse. La tour, surmontée d'une flèche élancée, est entourée de trois couronnes qui semblent figurer la tiare romaine. Une galerie intérieure domine tout le pourtour de la nef ; une autre galerie, dont les balustres découpés figurent en lettres gothiques la première strophe du Salve Regina règne autour de la partie supérieure de l'édifice. Une chose digne de remarque est que le rond-point de la voûte de la principale chapelle est terminé en pointe aiguë, exécution pleine de hardiesse. On ne doit pas manquer de visiter la chapelle de la Vierge, qui renferme un pendentif admirable.

Aux environs, on remarque les ruines de l'église Ste-Gertrude, décorée de magnifiques vitraux ; et la chapelle de Notre-Dame-de-Barre-y-Va, joli édifice du XIIIᵉ siècle.

Patrie du bibliographe Licquet.

Manufacture de toiles à voiles. — Fabriques d'amidon, savon, cuirs. Filatures de coton. Blanchisseries. — *Commerce* de biscuit pour la marine, grains, légumes secs, fruits, volailles, etc. Entrepôt de tout le pays de Caux. — *Foires* les 15 mars, 20 sept. et samedi avant le 22 juillet. — Marchés considérables pour les grains.

CAUDEBEC-LES-ELBŒUF, vg. *Seine-Inf.* (Normandie), arr. et à 3 k. de Rouen, cant. et ✉ d'Elbœuf. Pop. 6,051 h. —Manufactures importantes de draps. Filatures de laine et de coton. Teintureries.

CAUDEBEQUET, *Seine-Inf.*, comm. et ✉ de Caudebec.

CAUDEBRONDE, vg. *Aude* (Languedoc), arr. et à 26 k. de Carcassonne, cant. de Mas-Cabardès, ✉ de Cuxas-Cabardès. Pop. 599 h.

CAUDECOSTE, bg *Lot-et-Garonne* (Armagnac), arr. et à 15 k. d'Agen, cant. d'Astaffort, ✉ de Layrac. Pop. 1,116 h. — C'était autrefois une petite ville assez importante, à laquelle il avait été concédé des armes que d'Hozier a figurées : *d'or à une montagne et 3 coupeaux d'azur*. — Foires les 26 janv., 23 juin, 22 juillet, 14 sept. et 30 nov.

CAUDERAN, joli village, *Gironde* (Guienne), arr., cant., ✉ et à 3 k. de Bordeaux. Pop. 3,490 h. — Il est environné de nombreuses maisons de campagne, et très-fréquenté par les habitants de Bordeaux, particulièrement le mercredi des Cendres et lundi de Pâques.— Foires les 10 juin et 6 août.

CAUDESAIGUES, *Tarn-et-Garonne*, comm. et ✉ de Caylux.

CAUDEVAL, vg. *Aude* (pays de Foix), arr. et à 24 k. de Limoux, cant. et ✉ de Chalabre. Pop. 334 h.

CAUDIÈS-DE-MONT-LOUIS, *Cauderiæ, Pyrénées-Or.* (Roussillon), arr. et à 47 k. de Prades, cant. et ✉ de Montlouis. P. 143 h.

CAUDIÈS-DE-ST-PAUL, *Cauderiæ*, bg *Pyrénées-Or.* (Roussillon), arr. et à 54 k. de Perpignan, cant. de St-Paul-de-Fenouillet. ✉. ⚓. A 831 k. de Paris pour la taxe des lettres. Pop. 1,411 h.

Ce bourg est bâti dans une belle et fertile plaine, sur la rive droite de la Boulzane. Il est entouré de rochers arides que couronnent les donjons ruinés des châteaux de Fenouillèdes, de Puylaurens et de Quéribus. — A peu de distance, sur un mamelon élevé, on remarque le joli ermitage de Notre-Dame-de-Laval, d'où l'on jouit d'une vue des plus pittoresques sur la belle vallée de Caudiès. — Au village d'Aigues-Bonnes, dépendance de cette commune, on trouve une source d'eau thermale dont la température est de 19° R. — *Commerce* de laines. —Foires les 13 janv., 18 août, 2 nov. et jeudi avant la Pentecôte.

CAUDON, *Dordogne*, comm. et ✉ de Domme.

CAUDOS-MORA, *Gironde*, comm. de Mios, ✉ de la Teste-de-Buch.

CAUDROT, bg *Gironde* (Guienne), arr. et à 8 k. de la Réole, cant. de St-Macaire. ✉. ⚓. A 616 k. de Paris pour la taxe des lettres. Pop. 1,350 h.

CAUDRY, *Caldriacum*, vg. *Nord* (Flandre), arr. et à 14 k. de Cambrai, cant. de Clary, ✉ du Cateau. Pop. 3,318 h.

CAUFFRY, vg. *Oise* (Picardie), arr. et à 7 h. de Clermont, cant. et ✉ de Liancourt. Pop. 280 h.

CAUGÉ, *Caugeium, Caugy*, vg. *Eure* (Normandie), arr., cant., ✉ et à 10 k. d'Evreux. Pop. 424 h.

CAUHAPE, *H.-Garonne*, comm. de Cuing, ✉ de Montrejeau.

CAUJAC, vg. *H.-Garonne* (Languedoc), arr. et à 25 k. de Muret, cant. de Cintegabelle, ✉ d'Auterive. Pop. 631 h.

CAULAINCOURT, vg. *Aisne* (Picardie), arr. et à 16 k. de St-Quentin, cant. de Vermand, ✉ de Ham. Pop. 462 h.

Patrie du lieutenant général Caulincourt, duc de Vicence, et de son frère le général de division A.-G. de Caulincourt, mort au champ d'honneur à la bataille de la Moskowa, le 7 septembre 1812.

Foires le 12 de chaque mois.

CAULE-STE-BEUVE (le), vg. *Seine-Inf.* (Normandie), arr., ✉ et à 14 k. de Neufchâtel-en-Bray, cant. de Blangy. Pop. 834 h. —Verrerie pour gobeleterie.

CAULLERY, vg. *Nord* (Cambresis), arr., ✉ et à 16 k. de Cambrai, cant. de Clary. P. 717 h.

CAULNES, vg. *Côtes-du-Nord* (Bretagne), arr. et à 22 k. de Dinan, cant. de St-Jouan-de-l'Isle, ✉ de Broons. Pop. 1,911 h. — Carrières d'ardoises exploitées. — *Foires* les 1er mai et 1er août.

CAUMONT, vg. *Aisne* (Picardie), arr. et à 45 k. de Laon, cant. et ✉ de Chauny. Pop. 534 h.

CAUMONT, vg. *Ariége* (Comminges), arr. et à 7 k. de St-Girons, cant. et ✉ de St-Lizier. Pop. 566 h.

CAUMONT, vg. *Calvados* (Normandie), arr. et à 27 k. de Bayeux, chef-l. de cant. Cure. ✉. ⚞. A 261 k. de Paris pour la taxe des lettres. Pop. 910 h. — TERRAIN de transition inférieure. — Il est situé sur une colline d'où l'Aure supérieur tire sa source. On y jouit d'une fort belle vue sur la mer et sur les clochers de la ville de Coutances. — *Commerce* de volailles. — *Foires* les 18 juillet, jeudi de Quasimodo, jeudi après la St-Martin (11 nov.) et après Noël.

CAUMONT, vg. *Calvados* (Normandie), arr. et à 25 k. de Falaise, cant. et ✉ d'Harcourt-Thury. Pop. 142 h.

CAUMONT, vg. *Eure* (Normandie), arr. et à 35 k. de Pont-Audemer, cant de Routot, ✉ de Bourgachard. Pop. 930 h. Près de la rive gauche de la Seine. — On y remarque de belles carrières de pierres de taille ; le principal souterrain, qui a plus de 163 m. de diamètre, renferme plusieurs grottes tapissées de stalactites de différentes formes. — Filature de laine. — *Commerce* de pommes de reinette, qui s'expédient jusqu'en Russie. — *Foires* les 18 juillet, jeudi de Quasimodo, jeudi après la St-Martin, et jeudi après Noël.

CAUMONT, vg. *Gers* (Armagnac), arr. et à 49 k. de Mirande, cant. et ✉ de Risule. P. 238 h.

CAUMONT, vg. *Gironde* (Condomois), arr. et à 13 k. de la Réole, cant. de Pellegrue, ✉ de Monségur. Pop. 271 h.

CAUMONT, petite ville, *Lot-et-Garonne* (Agénois), arr., ✉ et à 8 k. de Marmande, cant. du Mas-d'Agénois. Pop. 1,664 h.
Cette ville est bâtie sur une éminence qui domine la rivière de la Garonne. C'était autrefois une place importante par ses fortifications. Les réformés s'en emparèrent en 1621 ; mais elle fut reprise peu de temps après par le duc de Mayenne, qui ordonna la démolition de la ville et du château.

CAUMONT, vg. *Pas-de-Calais* (Artois), arr. et à 24 k. de Montreuil-sur-Mer, cant. et ✉ de Hesdin. Pop. 686 h.

CAUMONT, *Somme*, comm. d'Huchenneville, ✉ d'Abbeville.

CAUMONT, vg. *Tarn-et-Garonne* (Languedoc), arr. et à 10 k. de Castel-Sarrasin, cant. et ✉ de St-Nicolas-de-la-Grave. Pop. 807 h.—*Foires* les 7 janv., 25 avril et 24 août.

CAUMONT, *Calvi Montes*, vg. *Vaucluse* (Provence), arr. et à 30 k. d'Avignon, cant. et ✉ de Cavaillon. Pop. 1,927 h.
Cette ville est dans une fort belle position, au milieu d'une fertile contrée, sur la Durance ; elle est ceinte de murailles et dominée par un ancien château.—Education des vers à soie. —*Commerce* de vins, huile d'olives et de fruits secs excellents.—*Foires* les 22 mai et 3e dimanche de sept.

CAUNA, vg. *Landes* (Gascogne), arr., cant., ✉ et à 8 k. de St-Sever. Pop. 674 h.

CAUNANT, *Ain*, comm. d'Arandas, ✉ de St-Rambert.

CAUNAS, *Hérault*, comm. de Lunas, ✉ de Lodève.

CAUNAY, vg. *Deux-Sèvres* (Poitou), arr. et à 20 k. de Melle, cant. et ✉ de Sauzé. P. 620 h.—On trouve sur son territoire, au hameau de Fontadan, une source d'eau minérale ferrugineuse froide, dont les eaux sont employées avec succès dans diverses maladies. Ces eaux sont très-fréquentées par les habitants des communes environnantes, et même par ceux des départements voisins.

CAUNEILLE, vg. *Landes* (Gascogne), arr. et à 25 k. de Dax, cant. et ✉ de Peyrehorade. Pop. 716 h.

CAUNES, bg *Aude* (Languedoc), arr. et à 22 k. de Carcassonne, cant. et ✉ de Peyriac-Minervois. Pop. 2,210 h.—TERRAIN crétacé supérieur, craie.
Ce bourg est bâti sur le penchant d'une montagne, dans une situation agreable sur la petite rivière d'Argent-Double. Il est désigné dans les anciens titres sous le nom de *St-Jean in extorio*, et était autrefois célèbre par une abbaye de bénédictins fondée dans le VIIIe siècle. Cette abbaye existait encore avant la révolution : son église, qui sert aujourd'hui de paroisse, est un édifice fort remarquable ; les marbres de toute espèce qui la décorent, la belle boiserie du chœur, les statues en marbre blanc de Carrare dont elle est ornée, les piliers et les autels revêtus de portor et de vert antique, donnent à cet édifice un aspect grandiose qui rappelle la splendeur dont a brillé le monastère.
Caunes est célèbre par ses carrières de beaux marbres qui ont servi à l'ornement de plusieurs palais (toutes les colonnes du grand et du petit Trianon et de Marly sont sorties des carrières de Caunes et de Campan). Les montagnes qui recèlent ces carrières sont situées dans une position pittoresque, à peu de distance du bourg. On remarque sur l'une d'elles un ermitage fort ancien et très-révéré, appelé le Cros, dont l'enclos renferme une halle anciennement construite pour l'étalage des marchandises, pendant la foire qui s'y tient les 8 et 9 septembre. La chapelle de l'ermitage est un édifice assez ordinaire, décoré avec profusion de marbres de toutes couleurs et est dans une situation charmante, sur un rocher de 300 m. d'élévation taillé à pic, au pied duquel jaillit une source abondante qui arrose l'étroit et frais vallon que l'on traverse pour aller au Cros.
Les carrières d'où l'on tire les marbres se trouvent sur un terrain vague qui sépare les départements de l'Aude et de l'Hérault auxquels ce terrain appartient à peu près par moitié ; elles sont exploitées depuis des siècles, et sont loin, malgré cela, d'être épuisées. On distingue parmi ces marbres : la *griotte*, que l'on a longtemps désignée sous la dénomination de griotte du Languedoc ; elle est d'un fond rouge brun, avec des taches d'un rouge clair sanguin, mêlé de spirales noires et quelquefois blanches, dues à des coquilles.—L'*incarnat*, marbre désigné assez communément sous le nom de Languedoc. Il est d'un rouge de feu, fouetté et jaspé de veines blanches et grises. Ce marbre, d'un aspect très-monumental, se rencontre fréquemment dans les églises d'Italie, où il est employé à profusion et en grandes masses ; les colonnes du Grand-Trianon, celles de l'arc du Carrousel à Paris, et celles du Capitole à Toulouse, sont de ce marbre. On peut se les procurer en masses de toutes les dimensions, ce qui est un avantage précieux pour les monuments, et doit lui assurer un emploi constant dans les arts. Le prix de ce marbre est de 700 à 875 fr. le mètre.—Le *gris de Caunes*. Le fond est gris, fouetté de taches d'un rouge clair. Quand il est bien nuancé, ce qui est assez rare, il devient un beau marbre de décoration.— L'*isabelle* ou *rosé*. Le fond est rose jaspé de blanc ; il a quelque analogie avec le rosé vif des Pyrénées ; mais il a sur lui l'avantage de pouvoir être offert en grandes masses ; les carrières fournissent ce marbre en abondance et en blocs de 3 à 4 m. de hauteur sur 1 m. 33 c. à 1 m. 66 c. de largeur et d'épaisseur.
Fabriques de draps. Exploitation des carrières et scieries hydrauliques de marbre. Tanneries. Teintureries. — *Foires* les 4 mai et 9 sept.

CAUNETTE (la), vg. *Hérault* (Languedoc), arr., ✉ et à 22 k. de St-Pons, cant. d'Olonzac. Pop. 613 h.—Il est bâti dans une situation pittoresque au pied d'un beau rocher, sur la Cesse.— Exploitation de marbres.

CAUNETTE-SUR-LAUQUET, vg. *Aude* (Languedoc), arr. et à 22 k. de Limoux, cant. et ✉ de Couiza. Pop. 87 h.—A la source du Lauquet.

CAUNETTES-EN-VAL, vg. *Aude* (Languedoc), arr. et à 34 k. de Carcassonne, cant. et ✉ de Lagrasse. Pop. 160 h.

CAUPÈNE, vg. *Gers* (Armagnac), arr. et à 44 k. de Condom, cant. et ✉ de Nogaro. P. 696 h.

CAUPENNE, vg. *Landes* (Gascogne), arr. et à 19 k. de St-Sever, cant. et ✉ de Mugron. Pop. 949 h.

CAUQUENAS, *Lozère*, comm. de la Malène, ✉ de la Canourgue.

CAURE (la), vg. *Marne* (Champagne), arr. et à 20 k. d'Epernay, cant. et ✉ de Montmort. Pop. 235 h.

CAUREL, vg. *Côtes-du-Nord* (Bretagne),

arr. et à 25 k. de Loudéac, cant. de Mur, ✉ d'Uzel. Pop. 740 h.

CAUREL-LEZ-LAVANNES, joli village, *Marne* (Champagne), arr. et à 11 k. de Reims, cant. de Bourgogne, ✉ d'Isle-sur-Suippe. P. 594 h.

Caurel est un village très-ancien, entouré encore en partie d'anciens remparts et de fossés, et divisé en deux parties par deux rues principales bien alignées qui se coupent à angles droits près d'une vaste mare alimentée par les eaux pluviales. Dans l'église paroissiale, remarquable par sa solidité, on voit un bénitier colossal en marbre très-délicatement travaillé, provenant, dit-on, d'un couvent voisin, détruit il y a plus d'un siècle.—*Fabriques* d'étoffes de laine.

CAURIEU, *Gard*, comm. de St-Sauveur-des-Pouceils, ✉ de Nant.

CAURO, vg. *Corse*, arr., ✉ et à 20 k. d'Ajaccio, cant. de Bastelica. Pop. 526 h.

CAUROIR, vg. *Nord* (Cambresis), arr., cant., ✉ et à 6 k. de Cambrai. Pop. 709 h.

CAUROY (le), *Pas-de-Calais*, comm. de Bertencourt, ✉ de Frévent.

CAUROY-LES-HERMONVILLE, vg. *Marne* (Champagne), arr. et à 13 k. de Reims, cant. de Bourgogne, ✉ de Berry-au-Bac. P. 500 h.

Cauroy est un village essentiellement vignoble, formé de rues mal percées et tortueuses, à cause des eaux qui coulent presque continuellement de la montagne. Il possède deux fontaines abondantes, qui alimentent un lavoir couvert.—Le beurre et les fromages de Cauroy jouissent de beaucoup de réputation à Reims, où deux fois la semaine on en porte en quantité.

CAUROY-LÈS-MACHAULT, vg. *Ardennes* (Champagne), arr. et à 13 k. de Vouziers, cant. et ✉ de Machault. Pop. 305 h.

CAURROY, *Somme*, comm. de Tours, ✉ de Vaînes.

CAUSANS, *Vaucluse*, comm. de Jonquières, ✉ d'Orange.—PATRIE du lieutenant général marquis DE CAUSANS, député aux états généraux de 1789.

CAUSE (le), vg. *Tarn-et-Garonne* (Languedoc), arr. et à 4 k. de Castel-Sarrasin, cant. et ✉ de Beaumont-de-Lomagne. Pop. 620 h.

CAUSE-DE-CLÉRANS, vg. *Dordogne* (Périgord), arr. et à 18 k. de Bergerac, cant. et ✉ de Lalinde. Pop. 763 h.—*Foires* les 24 août, 3 nov., 2 déc. et 2e mercredi de chaque mois.

CAUSSADE (la), *Gers*, comm. de Sarragachies, ✉ de Riscle.

CAUSSADE, vg. *H.-Pyrénées* (Armagnac), arr. et à 34 k. de Tarbes, cant. et ✉ de Maubourguet. Pop. 237 h.

CAUSSADE, jolie petite ville, *Tarn-et-Garonne* (Quercy), arr. et à 22 k. de Montauban, chef-l. de cant. Cure. ☿. A 614 k. de Paris pour la taxe des lettres. Pop. 4,292 b. — TERRAIN jurassique, étage moyen du système oolitique.

Autrefois diocèse, intendance et élection de Montauban, parlement de Toulouse, justice royale.

L'origine de cette ville est inconnue. Pendant la guerre des Albigeois, les croisés firent payer une forte rançon aux habitants. En 1562, Duras, chef d'un corps de protestants, la surprit et la détruisit presque entièrement, massacra les habitants qui ne voulurent point embrasser le calvinisme, et fit précipiter les ecclésiastiques du haut du clocher. Après le massacre de la St-Barthélemy, les vicomtes de Paulin et de Panat se rendirent maîtres de Caussade et y mirent garnison. Mayenne s'en empara en 1621. Sept ans après, les protestants s'y établirent, relevèrent les fortifications, et ne la rendirent qu'après la capitulation de Montauban.

Caussade est une ville aussi agréable par sa situation dans un pays riche, découvert et ombragé, que par les faubourgs bien bâtis qui environnent en forme de boulevards son étroite enceinte. L'intérieur offre une vieille ville, toutefois assez bien bâtie, qui n'a de remarquable que la tour de l'église paroissiale, et la façade de l'hôtel de ville, décorée d'un péristyle. Ses fortifications n'existent plus depuis longtemps; ses dehors sont arrosés par la petite rivière de Lère, qui ne contribue pas moins à les embellir qu'à les fertiliser.— L'église paroissiale est un édifice remarquable qui a été classé au nombre des monuments historiques.

Fabriques de toiles communes, étoffes de laine. Raffinerie de sucre de betteraves. Tanneries.— *Commerce* de farines, grains, safran, genièvre, pruneaux, truffes, volailles, bestiaux, fil, chanvre, laine, etc.— *Foires* les 7 et 8 janv., 5 fév., 1er jeudi de carême, 2 mai, 18 juin, 21 juillet, 16 août, 14 sept., 1er lundi d'oct., 2 et 25 nov.

CAUSSANEL (le), *Aveyron*, comm. de Sauclières, ✉ de Nant.

CAUSSE-BÉGON, vg. *Gard* (Languedoc), arr. et à 39 k. du Vigan, cant. et ✉ de Tréves. Pop. 100 h.

CAUSSE-DE-LA-SELLE, vg. *Hérault* (Languedoc), arr. et à 38 k. de Montpellier, cant. et ✉ de St-Martin-de-Londres. Pop. 532 h.

CAUSSENS, vg. *Gers* (Armagnac), arr., cant., et à 5 k. de Condom. Pop. 619 h.

CAUSSES, vg. *Hérault* (Languedoc), arr., ✉ et à 20 k. de Béziers, cant. de Murviel. Pop. 581 h.

PATRIE du P. VANIÈRE, jésuite, auteur d'un *Cours de latinité*, et d'un poëme intitulé : *Prædium rusticum*.— *Foires* le dernier mercredi de fév.

CAUSSEVIEL, *Tarn-et-Garonne*, comm. de Castanet, ✉ de Caylux.

CAUSSIDIÈRES, vg. *H.-Garonne*, comm. de St-Léon, ✉ de Villefranche-de-Lauragais.

CAUSSINIOJOULS, vg. *Hérault* (Languedoc), arr. et à 29 k. de Béziers, cant. de Murviel, ✉ de Bédarieux. Pop. 303 h.

CAUSSOLS, *Cavus, Solum*, vg. *Var* (Provence), arr., ✉ et à 14 k. de Grasse, cant. de Bar. Pop. 38 h.

CAUSSOU-ET-SABENAC, vg. *Ariège* (Roussillon), arr. et à 37 k. de Foix, cant. et ✉ de Cabannes. Pop. 462 h.— On trouve dans ses environs une grotte curieuse, une mine de plomb argentifère, et une source d'eau minérale.

CAUTERETS, joli bourg, *H.-Pyrénées* (Bigorre), arr., cant. et à 29 k. d'Argelès. ✉. ☿. A 801 k. de Paris pour la taxe des lettres. Pop. 1,054 h.

Cauterets, célèbre par les sources d'eaux thermales qu'il renferme, est bâti dans le fond d'un bassin très-agréable, à 1,000 m. d'élévation au-dessus du niveau de l'Océan, sur le gave de son nom, qui traverse le bourg et le vallon, coule avec une grande rapidité entre deux montagnes resserrées, précipité de rochers en rochers ses ondes blanchissantes d'écume, et vient former une cascade naturelle à une petite distance des bains de la Raillère.

EAUX THERMALES DE CAUTERETS.

Tout porte à croire que les eaux thermales de Cauterets étaient connues des Romains et très-fréquentées par eux. Si les preuves écrites manquent pour appuyer ce fait, les antiques constructions des bains situés à l'orient de Cauterets, et le nom de César que porte l'une des sources, ne laissent aucun doute à cet égard. Cauterets, composé d'abord d'une douzaine de maisons pauvres, s'est successivement agrandi, au point qu'il forme aujourd'hui un joli bourg composé de plus de cent maisons, toutes bien bâties, d'une distribution commode et d'un aspect agréable. En entrant dans ce bourg on est frappé de l'élégance et de la propreté qui y règnent. La teinture bleuâtre des toitures d'ardoise, la blancheur éclatante des maisons, font un admirable contraste avec la belle verdure des montagnes qui l'environnent. Les habitants répondent par leurs attentions, leur prévenance et leur propreté à tous ces agréments et les complètent : aussi Cauterets est-il l'un des établissements thermaux dont le séjour est le plus recherché.

Les bains de Cauterets ne sont point dans le village comme à Barèges et à St-Sauveur : ils sont disséminés dans la montagne, à différentes distances et hauteurs ; ce qui donne beaucoup de mouvement au paysage. La distance des bains et la difficulté des chemins obligent à se servir de chaises à porteurs : un service public est organisé pour cet objet ; les femmes en prennent toujours pour les longues promenades dans les montagnes. On trouve aussi à louer des chevaux qui, accoutumés à gravir les rochers, parcourent les sentiers les plus étroits avec un instinct et une adresse incroyables.

Un des principaux objets de curiosité pour les baigneurs de Cauterets est le lac de Gaube, situé à 12 k. au delà de Cauterets, et à 8 k. en deçà de Vignemale. Ce lac offre un très-bel aspect ; sa circonférence est d'une lieue et demie ou 6 k. environ, et sa plus grande profondeur de 50 m.; il abonde en truites. Ses eaux calmes et limpides réfléchissent, par un beau jour, les rochers qui l'avoisinent et les hautes sommités qui forment sa grande enceinte. On voit sur ses bords, du côté du couchant, des masses énormes qui l'ont en partie comblé; quelques débris ont roulé du haut des monts jusque dans le centre de ce vaste réservoir; une barque d'une forme particulière, joli petit esquif, procure aux personnes qui vont le visiter, le plaisir d'une promenade par eau, au sein des plus hautes montagnes. Un pasteur et pêcheur à la fois, dont la cabane est sur le bord du lac, en fait les honneurs aux curieux, et se plait à raconter les visites antérieures.

On doit visiter aussi le site et la cascade du Pont-d'Espagne, les cascades du val de Jaret, les cascades du Cerizet, du Pas-de-l'Ours et de Boussès; le val de Marcadeau, qui communique à l'Espagne par un port assez facile; l'ermitage de Pyn; les jardins créés par le docteur Labat. Enfin ceux qui ne craignent pas la fatigue ne doivent pas manquer de faire une ascension au Vignemale.

Saison des eaux. Il y a trois saisons bien distinctes : la première commence vers la fin du mois d'avril, et se termine à la fin de mai ou tout au plus du 10 au 15 juin. C'est la saison des cultivateurs du pays et des environs. Du 10 juin aux premiers jours de septembre est le fort, le brillant de la saison. De septembre à novembre recommence la saison des habitants du pays.

Prix du logement et de la dépense journalière. Dans le fort de la saison, chaque chambre se paye depuis 3 fr. jusqu'à 6 par jour. La nourriture d'une famille de quatre maîtres et de deux domestiques peut aller de 12 à 15 fr., sans pain ni vin. On a d'excellentes tables d'hôtes, où l'on ne paye que 3 fr. par tête, déjeuner compris.

Il y a un superbe salon de réunion, où l'on s'abonne moyennant 20 fr. par mois. On y danse deux fois la semaine, le jeudi et le dimanche.

Tarif du prix des eaux, bains et douches. La boisson aux différentes sources est gratuite.

Prix du bain. . . . .   1 fr. » c.
(Plus 20 c. pour les garçons.)
Prix de la douche.   1   »
On paye aux porteurs l'aller
et le retour aux sources
De la Raillère.   1   »
De Maouhourat.   1   »
Du Bois.   1   50
Du Pré.   2   »
De Pauze.   1   »
De St-Sauveur.   1   50

Les sources thermales de Cauterets sont au nombre de dix; six appartiennent à la commune et quatre à divers particuliers. Quatre sont situées à l'est de Cauterets, sur le flanc d'une montagne qu'on appelle le Pic du Bain : ce sont les plus anciennes. Les six autres sont situées au midi : ces dernières n'ont été découvertes que plusieurs siècles après.

Établissement Bruzeaud ou Sources de Canarie. L'établissement Bruzeaud contient treize cabinets très-propres, dont les quatre extrêmes renferment chacun deux baignoires : il y a, en outre, un joli salon qui sert de pièce d'attente, une douche à quatre robinets de différentes grosseurs et élévation, et une buvette fort commode. La température des sources est de $+38°$.

Établissement de Pauze. Il se compose de treize cabinets propres, mais bas et serrés, qui se communiquent par un beau vestibule pavé en schiste. Le cabinet du milieu contient une douche à robinets fixes, plus élevés les uns que les autres, et de différents diamètres, appropriés aux divers cas maladifs. A l'entrée, et sur le vestibule, est une buvette à robinet. Quatre des autres cabinets contiennent deux baignoires chacun; les autres n'en ont qu'une. Toutes les baignoires, au nombre de dix-sept, sont en marbre. La température de la source est de $+35°$.

Bains des Espagnols. La source des Espagnols est voisine de celle de Pauze, mais elle a 38° de chaleur. Les deux établissements se tiennent. Celui-ci, dont la construction est voûtée, paraît être de fondation romaine.

Bains de César. Les bains de César paraissent être aussi de construction romaine, comme les précédents; il y avait autrefois une large piscine, surmontée d'une voûte, et éclairée, par le devant, par deux ouvertures de forme ovale. On y a fait un mur de séparation, et maintenant il y a deux baignoires, une de chaque côté, et deux buvettes qui coulent continuellement. On a joint à l'ancien édifice un cabinet à douche. La température des eaux est de $+39° 1/2$.

Source de la Raillère. Cette source, la moins éloignée de toutes, est aussi la plus abondante : elle donne 1020 m. cubes d'eau par jour, à $+34°$.

La Raillère est l'établissement le plus important de Cauterets. Il contient vingt-trois cabinets de bains, une buvette, une douche; il y a neuf cabinets en marbre poli. Les autres sont en maçonnerie. Sur le devant de l'établissement est une belle terrasse. L'entrée de l'édifice, totalement construite en marbre, est décorée d'un portique de six arcades, surmontées d'un fronton. Un vestibule spacieux au delà du portique le divise en deux parties : la première contient un corridor bien éclairé, qui communique aux neuf cabinets formés de marbre poli, d'une grandeur et d'une beauté remarquables; et la seconde renferme un corridor communiquant à treize cabinets moins riches que les premiers, mais de forme et de grandeur pareilles. Les baignoires dans tous les cabinets sont en marbre; deux robinets, l'un d'eau chaude naturelle à 30°, l'autre d'eau minérale aussi, à 27°, fournissent l'eau nécessaire à chaque baignoire.

Établissement du petit St-Sauveur. Il est situé après la Raillère, et à quelques mètres des bains du Pré. La source, qui est très-faible, n'a que 24° de chaleur, et paraît provenir des infiltrations des sources supérieures. Il y a quatre baignoires.

Source du Pré. Elle est située bien au delà du pont, et avant Maouhourat, près de la cascade du même nom; on y a formé un superbe établissement, sur le plan de ceux de Bruzeaud et de Pauze. Il y a une buvette, une douche graduée, seize bains, une étuve, un bain de vapeur, un péristyle, et tous les embellissements que les lieux pouvaient comporter. La température des eaux est de $+32°$.

Sources de Maouhourat, de Bayard et des Œufs. Ces trois sources sont comme groupées à très-peu de distance de là, et elles sortent du creux des rochers. On arrive à la première par un sentier tracé sur la rive droite du gave, et l'on parvient à l'ancienne excavation, transformée en une grotte pittoresque, où l'on recueille les eaux, que l'on n'emploie qu'en boisson. Chacun va puiser, selon ses désirs, au filet d'eau qui coule continuellement et file à travers les fissures du roc. Le produit n'en est pas très-abondant, mais elle a 38° de chaleur. Les deux autres surgissent au-dessus, et presque au niveau du gave. La source de Bayard a $+23°$ de chaleur; celle des Œufs a $+45°$. C'est la plus chaude de tout Cauterets.

Une quatrième source est tout près de là, mais elle ne donne presque rien : c'est celle des Yeux, ainsi nommée, parce qu'on l'a quelquefois employée dans les maladies de ces organes.

Source du Bois. Elle est située fort au-dessus des précédentes; et il faut beaucoup monter dans le bois pour y arriver. L'établissement présente une riche façade de cinq arcades en marbre, un superbe péristyle, deux piscines, quatre cabinets de bains, ayant chacun sa douche. Au premier sont deux chambres de repos pour les baigneurs. Il y a trois sources, dont la température varie de $+34$, $+36$ et $+38°$.

Propriétés médicinales. Les différentes sources de Cauterets s'appliquent à une infinité de maladies chroniques. La Raillère est indiquée pour les affections catarrhales chroniques, les phthisies commençantes, laryngées ou pulmonaires.

Pauze convient dans les affections rhumatismales chroniques, les asthmes humides; Maouhourat, dans les maladies des voies digestives tenant à la faiblesse des tissus. César, les Espagnols, le Pré, les Bois, font des merveilles dans les affections cutanées, rhumatismales avec engorgement des articulations, les plaies anciennes, atoniques, etc.; le petit St-Sauveur, dans les maladies nerveuses et hémorroïdales; Bruzeaud, dans la faiblesse générale des tissus musculaires, etc.

Bibliographie. Borie. *La Recherche des eaux minérales de Cauterets et de la manière d'en user*, in-8, 1714.

Bordeu (Théoph.). *Lettres sur les eaux minérales du Béarn* (la 22e lettre concerne les eaux de Cauterets).

Secondat (de). *Observations de physique sur les eaux minérales de Dax, de Bagnères, de Barèges*, etc., in-8, 1750 (on y trouve un article sur les eaux de Cauterets).

LABAIG. *Parallèle des Eaux-Bonnes et des Eaux-Chaudes, des eaux de Cauterets et de celles de Barèges*, in-8, 1750.
BORDEU. *Lettre sur un effet singulier des eaux minérales de Cauterets* (Journal de médecine, septembre 1763, p. 255).
THIERRY. *Lettre sur un voyage fait à Barèges, à Cauterets*, etc. (Journal de médecine, mai 1760, p. 387).
MONTAUT. *Lettre sur les eaux de Barèges, de Bagnères et de Cauterets.* (Nat. consid., 1771, t. VII, p. 16).
CHAMPMARTIN. *Observations sur les eaux minérales de Cauterets, faites le 15 juin 1768* (ibid., 1772, t. I, p. 204).
DE LA PLAGNE. *Observations sur les eaux de Cauterets* (Hist. de la soc. roy. de méd., t. I, p. 336).
POUMIER. *Analyse et Propriétés médicales des eaux minérales des hautes et basses Pyrénées*, in-8, 1813 (on y trouve un article sur les eaux de Cauterets).
CAMUS (Cyprien). *Opuscule sur Cauterets et ses eaux minérales chaudes*, in-8, 1817.—Nouvelle édition sous ce titre : *Nouvelles Réflexions sur Cauterets et ses eaux minérales*, in-8, 1824 (c'est le meilleur traité qui ait été publié sur les eaux de Cauterets).

CAUVERVILLE-EN-LIEUVIN, vg. *Eure* (Normandie), arr. et à 21 k. de Pont-Audemer, cant. de Cormeille, ⊠ de Lieurey. Pop. 237 h.—*Fabrique de rubans.*

CAUVERVILLE-EN-ROMOIS, *Calvernia*, vg. *Eure* (Normandie), arr., ⊠ et à 11 k. de Pont-Audemer, cant. de Routot. Pop. 264 h.

CAUVICOURT, vg. *Calvados* (Normandie), arr. et à 18 k. de Falaise, cant. de Bretteville-sur-Laize, ⊠ de Langannerie. Pop. 433 h.

CAUVIGNAC, vg. *Gironde* (Bazadois), arr. et à 13 k. de Bazas, cant. et ⊠ de Grignols. Pop. 331 h.

CAUVIGNY, vg. *Oise* (Picardie), arr. et à 22 k. de Beauvais, cant. de Noailles. Pop. 1,031 h.—C'est un village très-ancien où l'on rencontre fréquemment des tombes antiques, à 30 ou 40 c. de profondeur : elles renferment des vases, des plaques de fer argentées, et divers autres objets.—*Fabriques de brosses à dents.*
PATRIE du conventionnel ISORÉ.

CAUVILLE, vg. *Calvados* (Normandie), arr. et à 22 k. de Falaise, cant. et ⊠ d'Harcourt-Thury. Pop. 403 h.

CAUVILLE, *Calvavilla*, vg. *Seine-Inf.* (Normandie), arr. à 15 k. du Havre, cant. et ⊠ de Montivilliers. Pop. 608 h.

CAUX (Pays de), *Pagus Caletensis*, petit pays qui dépendait autrefois de la ci-devant province de Normandie, et dont Caudebec était la capitale. Il forme aujourd'hui la plus grande partie du département de la Seine-Inférieure, car il comprend l'arrondissement du Havre, la presque totalité des arrondissements de Dieppe et d'Yvetot et une partie de celui de Neufchâtel. Le pays de Caux avait environ 64 k. de long sur autant de large. Son territoire est renommé pour sa fertilité, et surtout pour sa belle cul-

ture : on y récolte une grande quantité de céréales de toute espèce, beaucoup de lin et du chanvre de très-belle qualité. Les pâturages y sont excellents et nourrissent de nombreux troupeaux; aussi les veaux gras dits de rivière, les moutons de présalé ont-ils de la réputation dans la capitale. Les volailles surtout sont renommées pour la délicatesse de leur chair. Le gibier y est abondant et le poisson exquis. L'attention des propriétaires se porte principalement sur la culture des arbres fruitiers, qui y sont multipliés à l'infini ; les bourgs, les villages et presque toutes les habitations particulières sont entourés d'arbres élevés ; la campagne même est plantée d'arbres à fruits alignés, qui n'empêchent pas que l'on n'y fasse d'excellentes récoltes, tant la terre y est fertile. Partout ce pays offre des sites agréables et variés et de charmants paysages.—L'habitant des fermes se fait remarquer par sa rare propreté, par ses meubles commodes, par les couverts d'argent qui sont le luxe de sa table, par les belles plantations d'arbres qui forment un rempart d'ombrage autour des édifices de son exploitation, près de laquelle se trouve un jardin enclos d'une haie vive, où l'on réunit, suivant un dire plein de grâce, quelques roses pour la beauté, quelques pommiers pour la boisson, quelques poiriers pour les amis.—Les femmes du pays de Caux sont remarquables par la beauté de leur physionomie, par leurs grâces naturelles et surtout par l'admirable fraîcheur de leur teint; leur habillement est riche et élégant, leur coiffure singulière et très-élevée.

Bibliographie. MANGON DE LA LANDE. *Notice sur le pays de Caux* (Mém. de la soc. des antiq. de Normandie, t. III, p. 210).

LAUTÉ. *Costumes des femmes du pays de Caux* (avec Gatine), in-4, 1827.

CAUX, vg. *Aude* (Languedoc), arr. et à 11 k. de Carcassonne, cant. et ⊠ d'Alzonne. Pop. 488 h.

CAUX, vg. *Hérault* (Languedoc), arr. et à 26 k. de Béziers, cant. et ⊠ de Pézenas. Pop. 1,667 h.—*Foire le 4 sept.*

CAUX (cap de). V. ANTIFER.

CAUX, *Somme*. V. CAOURS.

CAUZAC, vg. *Lot-et-Garonne* (Agénais), arr. et à 25 k. d'Agen, cant. de Beauville, ⊠ de la Roquetimbault. Pop. 800 h.

CAVAGNAC, vg. *Lot* (Quercy), arr. et à 47 k. de Gourdon, cant. de Vayrac, ⊠ de Cressense. Pop. 901 h.

CAVAGNAN, vg. *Lot-et-Garonne*, com. de Grezet-Cavagnan, ⊠ de Marmande.

CAVAILLON, *Var*, com. et ⊠ de la Seyne.

CAVAILLON, *Cabellio-Cavarum, Cavellio*, ville ancienne, *Vaucluse* (comtat Venaissin), arr. et à 25 k. d'Avignon, chef-l. de cant. Cure. Gîte d'étape. ⊠ A 709 k. de Paris pour la taxe des lettres. Pop. 7,195 h.—TERRAIN d'alluvions modernes.

Autrefois évêché, fondé vers le VIᵉ siècle, collégiale, 10 couvents.

Les mesures de la route romaine qui conduisait d'*Apta Julia*, Apt, à *Arelate*, Arles, déterminent la position de *Cabellio* à Cavail-

lon, où l'on a trouvé de beaux restes d'antiquités romaines. Pline met *Cabellio*, déjà connu au temps d'Artémidore, au nombre des villes latines ; Strabon et Etienne de Byzance nomment aussi cette ville. Les premiers Marseillais y avaient établi un comptoir et des marchés. Les Romains y fondèrent une colonie qui devint assez importante, et l'embellirent d'édifices dont quelques débris existent encore. Elle était primitivement bâtie sur la montagne de Caveau, où l'on voit encore des ruines de l'ancienne ville ; mais il paraît que, dès le temps des Romains, elle fut reconstruite au pied de la montagne, dans la position qu'elle occupe aujourd'hui.—Les restes d'antiquités qui dénotent le long séjour que les Romains ont fait en ce lieu, consistent en un grand nombre de médailles qu'on trouve journellement dans les terres ; en quelques tombeaux, et en un fragment d'arc de triomphe que l'on remarque près de l'ex-palais épiscopal : la partie inférieure de cet arc est cachée sous terre jusqu'à la corniche de l'archivolte.

Les **armes de Cavaillon** sont : *d'azur à une tour de clocher d'argent au premier, accompagnée au deuxième d'une tour crénelée d'argent maçonnée de sable, moins haute que la première, dont elle est séparée, le tout sur une terrasse de sinople.*

La ville de Cavaillon est très-agréablement située, au centre d'une contrée fertile, sur la rive droite de la Durance. Elle est généralement mal bâtie, malpropre et mal percée : le seul de ses édifices qui mérite une mention particulière est l'hôtel de ville. Avant la révolution, cette ville était encore ceinte de remparts, qui ont été détruits, ainsi que les promenades qui les entouraient. Les alentours sont fort gracieux, et l'on y respire un air pur. Le territoire semble ne faire qu'un vaste jardin, où l'on recueille en abondance toute sorte de fruits et de denrées : les aulx qu'on y récolte en très-grande quantité, approvisionnent plusieurs provinces ; ses melons sont expédiés jusqu'à Paris ; les artichauts, les pois verts, des fruits exquis, surtout des pêches, procurent annuellement au pays un revenu considérable. On doit encore ajouter à ces produits la culture du sumac, de la gaude, du safran, du chardon à bonnetier, et d'une grande quantité de mûriers, qui alimentent un grand nombre de magnaneries.

On doit visiter aux environs de Cavaillon, dans la montagne du Léberon, une vaste grotte appelée poétiquement des Enfers, qui abrite, en été, plus de quatre mille bêtes à laine, et renferme une fontaine pour les abreuver.

Biographie. Patrie du lieutenant général comte de CHABRAN.
Du littérateur A.-Hy. SABATIER.
De N. CASTIL BLAZE, compositeur de musique, auteur de : *Théâtres lyriques de Paris*, et de plusieurs articles de musique publiés dans divers recueils périodiques.

INDUSTRIE. *Fabriques de vermicelle. Filatures de soie. Moulins à garance, à huile et à soie.—Commerce d'huile d'olives, amandes, fruits, melons, artichauts, soie, garance, etc.*

— Marché très-considérable pour les soies tous les lundis ; 40,000 kilog. des départements du Var, des Bouches-du-Rhône et de Vaucluse, sont achetés par les négociants du Gard, de Vaucluse et des Bouches-du-Rhône.— *Foires* les 1ᵉʳ mai, 2ᵉ lundi de juillet, 1ᵉʳ lundi de sept. et 13 nov.

Bibliographie. CALVET (E.-Cl.-F.). *Dissertation sur un monument singulier des utriculaires de Cavaillon, où l'on éclaircit un point important de la navigation des anciens,* in-8, fig., 1766.

CAVALA, *Aveyron*, comm. de Florentin-la-Chapelle, ✉ d'Entraigues.

CAVALERIE (la), petite ville, *Aveyron* (Rouergue), arr. et à 16 k. de Milhau, cant. de Nant. ⌧. ☞. A 646 k. de Paris pour la taxe des lettres. Pop. 1,413 h. — Elle est bâtie au milieu de rochers et ceinte de hauts remparts brunis par le temps, qui dérobent à la vue les habitations intérieures. — *Foires* les 4 sept. et 10 oct.

CAVAN, vg. *Côtes-du-Nord* (Bretagne), arr., ✉ et à 15 k. de Lannion, cant. de la Roche-Derrien. Pop. 1,971 h.

CAVANAC, vg. *Aude* (Languedoc), arr., cant., ✉ et à 7 k. de Carcassonne. P. 531 h.

CAVANIÈS, *Lot*, com. et ✉ de Cahors.

CAVARC, vg. *Lot-et-Garonne* (Agénais), arr. et à 32 k. de Villeneuve-sur-Lot, cant. et ✉ de Castillonnès. Pop. 576 h.

CAVARES (lat. 45°, long. 23°). « Ce nom s'écrit aussi Cavari, en changeant de déclinaison. Strabon (lib. IV, p. 186) fait juger que c'était une nation puissante, en disant que les peuples situés au delà du Rhône, à l'égard des *Arecomici*, sont compris sous le nom général de Cavares. C'est par cette raison qu'il pouvait lui être permis d'étendre comme il le fait (p. 185) le pays des Cavares depuis la Durance, près de Cabellio, en remontant jusqu'à la jonction de l'Isère avec le Rhône, quoique les *Tricassini* et les *Segalauni* occupent une partie de ce pays. Cette considération aurait dû disculper Strabon (p. 35) aux yeux de M. de Valois, qui l'accuse de faux sur cet article. On connaît dans la Gaule des peuples qui, par leur puissance, ont dominé sur d'autres, sans néanmoins empêcher qu'on ne les distingue. Ce qui convient particulièrement aux Cavares consiste dans le district des villes d'Orange, d'Avignon, de Cavaillon et même de Carpentras, quoique Pline attribue *Carpentoracte* aux *Memini*. » D'Anville. *Notice de l'ancienne Gaule*, p. 217, 219. V. aussi Walckenaer. *Géographie des Gaules*, t. I, p. 132, 190, 253 ; t. II, p. 200.

CAVEIRAC, vg. *Gard* (Languedoc), arr. à 10 k. de Nîmes, cant. de St-Mamert, ✉ de Calvisson. Pop. 850 h. — On y trouve une source d'eau minérale acidule.

CAVES (les), *Indre-et-Loire*, com. de St-Nicolas-de-Bourgueil, ✉ de Bourgueil.

CAVES (les), *Vienne*, comm. d'Orches, ✉ de Châtellerault.

CAVES-GRANDMONT (les), *Indre-et-Loire*, comm. de Benais, ✉ de Bourgueil.

CAVIGNAC, vg. *Gironde* (Guienne), arr. et à 25 k. de Blaye, cant. de St-Savin. ⌧. ☞. A 524 k. de Paris pour la taxe des lettres. Pop. 736 h. — *Foire* le 25 mars.

CAVIGNY, vg. *Manche* (Normandie), arr. et à 11 k. de St-Lô, cant. de St-Jean-de-Daye, ✉ de la Périne. Pop. 487 h.

CAVILLARGUES, vg. *Gard* (Languedoc), arr. et à 14 k. d'Uzès, cant. et ✉ de Bagnols. Pop. 853 h.

CAVILLON, vg. *Somme* (Picardie), arr. et à 16 k. d'Amiens, cant. et ✉ de Picquigny. Pop. 243 h.

CAVIRAC, *Aude*, comm. de Belvianes, ✉ de Quillan.

CAVOVILLE, *Calvavilla*, vg. *Eure*, com. de Mesnil-Jourdain, ✉ de Louviers.

CAVRON-ST-MARTIN, vg. *Pas-de-Calais* (Artois), arr. et à 22 k. de Montreuil-sur-Mer, cant. et ✉ de Hesdin. Pop. 895 h.

CAYEUX, *Cadocum*, bg *Somme* (Picardie), arr. et à 28 k. d'Abbeville, cant. et ✉ de Valery-sur-Somme. Syndicat maritime. Pop. 2,796 h. — Il est situé à la pointe occidentale de l'atterrissement que forme la rive gauche de la Somme, sur lequel est un phare de 3ᵉ ordre, varié par des éclats de 4 en 4 minutes ; de 28 m. de hauteur et de 20 k. de portée. Lat. 50° 12′, long. O. 0° 49′.

Cayeux est un village fort singulier, dont les maisons, d'argile et de paille, bâties sans ordre, sur la plage, à des hauteurs inégales, à des distances sous des monceaux de sable, sans un arbre, sans une herbe qui pare leur voisinage, semblent plutôt avoir été jetées là par le caprice des vents que disposées par la main de l'homme. — La fabrication de la serrurerie et la pêche nourrissent une grande partie de la population.

CAYEUX, vg. *Somme* (Picardie), arr. et à 22 k. de Montdidier, cant. de Moreuil, ✉ d'Angest. Pop. 296 h.

CAYLA (le), vg. *Aveyron*, com. de Rieuperoux, ✉ de Villefranche.

CAYLAR (le), petite ville, *Hérault* (Languedoc), arr. et à 20 k. de Lodève, cant. Cure. Gîte d'étape. ⌧. ☞. A 668 k. de Paris pour la taxe des lettres. Pop. 824 h. — Terrain jurassique, étage inférieur du système oolitique.

Cette ville est située sur un plateau élevé, hérissé de rochers amoncelés, d'un aspect très-pittoresque. Au XVIᵉ siècle, c'était une baronnie et la tête des états de Languedoc. Ce lieu souffrit beaucoup durant les guerres de religion. — On y voit encore de vieux murs, les restes d'un fort, et quelques débris d'anciennes constructions et de fortifications. — *Foires* les 26 avril, 18 juin, 18 oct. et 12 nov.

CHEMIN DE L'ESCALETTE. En se rendant du Caylar au village de Pégairolles, on descend le pas appelé le chemin de l'Escalette, site des plus agrestes et des plus pittoresques, ainsi nommé du sentier qu'on suit pour y arriver. — Une vallée profonde, étroite, très-variée ; le nom tier qu'on jugerait d'abord inaccessible et taillé en degrés ; la route même, soutenue par un arceau, et disparaissant au delà d'un gros rocher dépendant du plateau de Caylar ; un moulin suspendu sur les rochers qui s'élèvent de l'autre côté du vallon, forment un tableau d'un effet admirable. Le fond de la vallée est fermé par des rochers très-hauts, verticaux et prismatiques. Un autre moulin, tapissé de lierre et d'autres plantes ligamenteuses, qu'on découvre plus loin, laisse échapper une cascade magnifique, qui ajoute un grand charme à la perspective. La rivière de l'Ergue, dont la source est non loin de ce beau paysage, dans le territoire de la commune de Rives, arrose le fond de ce vallon enchanteur ; d'autres cascades bondissent à travers quelques bouquets de bois, sur l'escalier champêtre ; enfin, en descendant de roche en roche, on découvre successivement une habitation isolée, des tapis de verdure, des ombrages, un chemin sauvage, difficile, et toujours de nouveaux objets que le regard contemple avec une espèce de ravissement.

CAYLUS, ou CAYLUX, *Castutium*, ville ancienne, *Tarn-et-Garonne* (Quercy), arr. et à 44 k. de Montauban, chef-l. de cant. Cure. Gîte d'étape. ⌧. ☞. A 637 k. de Paris pour la taxe des lettres. Pop. 5,152 h. — Terrain jurassique.

Autrefois diocèse, intendance et élection de Montauban, parlement de Toulouse, justice royale.

Cette ville est agréablement située, sur la Bonnette, et remarquable par les restes d'un ancien château. — *Commerce* de grains. — *Foires* les 25 janv., fév., mars, avril, 17 mai, août, oct., déc., 4 juin, 22 juillet, sept., et 11 nov.

CAYONNIÈRE, *Isère*, comm. de Chasignieu, ✉ de Virieu.

CAYRAC, *Aveyron*, comm. de Flavin, ✉ de Rodez.

CAYRAC, vg. *Tarn-et-Garonne* (Quercy), arr. et à 14 k. de Montauban, cant. de Caussade, ✉ de Réalville. Pop. 356 h.

CAYRES, vg. *H.-Loire* (Velay), arr. et à 18 k. du Puy, chef-l. de cant. Cure. Bureau d'enregistr. à Solignac. ⌧. A 529 k. de Paris pour la taxe des lettres. Pop. 1,179 h. — Terrain jurassique. — *Foires* les 13 avril et 3ᵉ lundi d'oct.

CAYRIECH, vg. *Tarn-et-Garonne* (Quercy), arr. et à 32 k. de Montauban, cant. et ✉ de Caussade. Pop. 453 h.

CAYROLS, vg. *Cantal* (Auvergne), arr. et à 26 k. d'Aurillac, cant. et ✉ de St-Mamet. ☞. Pop. 554 h.

CAYRON, *Gers*, comm. de Beaumarchès, ✉ de Plaisance.

CAZAL-DES-BAILLES, vg. *Ariège* (pays de Foix), arr. et à 29 k. de Pamiers, cant. et ✉ de Mirepoix. Pop. 164 h.

CAZAL-DES-FAURÈS, vg. *Ariège* (Languedoc), arr. et à 29 k. de Pamiers, cant. et ✉ de Mirepoix. Pop. 177 h.

CAZAL-DILLAT, *Ariège*, comm. d'Illat, ✉ de Lavelanet.

CAZALIS, *Gironde*, comm. de Préchac, ✉ de Villandraut.

CAZALIS, vg. *Landes* (Gascogne), arr. et à

20 k. de St-Sever, cant. et ✉ de Hagetmau. Pop. 336 h.
CAZALON, *Landes*, comm. de Momuy, ✉ de Hagetmau.
CAZALRENOUX, vg. *Aude* (Languedoc), arr., ✉ et à 25 k. de Castelnaudary, cant. de Fanjeaux. Pop. 331 h.
CAZALS. V. CASALS.
CAZALS, *Ariège*, comm. de Brassac, ✉ de Foix.
CAZALS (les), *Aveyron*, comm. et ✉ de Cassagnes-Bégonhès.
CAZALS, bg *Lot* (Quercy), arr. et à 32 k. de Cahors, chef-l. de cant., ✉ de Castelfranc. Pop. 793 h. Sur la rive gauche de la Masse. — TERRAIN jurassique.
PATRIE de SALEL, auteur d'une traduction d'Homère en vers français.
De MALLEVILLE, auteur d'une histoire manuscrite du Quercy.
Foires les 12 avril, 27 juillet, 29 déc. et 28 de chaque mois (excepté mai, juillet, août et déc).
CAZARIL, vg. *H.-Garonne* (Cominges), arr. et à 17 k. de St-Gaudens, cant. de Montrejeau, ✉ de St-Bertrand. Pop. 328 h.
CAZARIL-LASPÈNES, vg. *H.-Garonne* (Cominges), arr. et à 46 k. de St-Gaudens, cant. et ✉ de Bagnères-de-Luchon. P. 167 h.
CAZARILH, vg. *H.-Pyrénées* (Bigorre), arr. et à 46 k. de St-Gaudens, cant. de Mauléon-Barousse, ✉ de Montrejeau.Pop. 317 h.
CAZATS, vg. *Gironde* (Bazadois), arr., cant., ✉ et à 5 k. de Bazas. Pop. 338 h.
CAZAU, *Gironde*, comm. et ✉ de la Teste-de-Buch.
CAZAUBON, petite ville, *Gers* (Armagnac), arr. et à 39 k. de Condom, chef-l. de cant. Cure. ✉. A 694 k. de Paris pour la taxe des lettres. Pop. 2,657 h. Sur la Douze. — TERRAIN tertiaire supérieur. — Distilleries et commerce d'eaux-de-vie excellentes, dirigées sur Mont-de-Marsan et le Pont-de-Bordes.—*Foires* les 20 fév., 8 juin et 6 nov.
CAZAUGITAT, vg. *Gironde* (Condomois), arr. et à 16 k. de la Réole, cant. de Pellegrin, ✉ de Monségur. Pop. 178 h.
CAZAULETS, vg. *Landes* (Gascogne) arr. et à 25 k. de St-Sever, cant. de Geaune, ✉ d'Aire-sur-l'Adour. Pop. 216 h.
CAZAUX, vg. *Ariège* (pays de Foix), arr. et à 12 k. de Pamiers, cant. et ✉ de Varilles. Pop. 200 h.
CAZAUX-D'ANGLÈS, vg. *Gers* (Armagnac), arr. et à 28 k. d'Auch, cant. et ✉ de Vic-Fezenzac. Pop. 528 h.
CAZAUX-LAYRISSE, vg. *H.-Garonne* (Cominges), arr. et à 33 k. de St-Gaudens, cant. et ✉ de St-Béat. Pop. 217 h.
CAZAUX-SUR-SAVE, vg. *Gers* (Armagnac), arr. et à 4 k. de Lombez, cant. et ✉ de Samatan. Pop. 350 h.
CAZAUX-VILLE-COMTAL, vg. *Gers* (Armagnac), arr. et à 21 k. de Mirande, cant. et ✉ de Marciac. Pop. 297 h.
CAZAVET, vg. *Ariège* (Cominges), arr. et

à 8 k. de St-Girons, cant. et ✉ de St-Lizier. Pop. 726 h.
CAZEAUX-DÉBAT, vg. *H.-Pyrénées* (Bigorre), arr. et à 32 k. de Bagnères-de-Bigorre, cant. de Bordères, ✉ d'Arreau. Pop. 121 h.
CAZEAUX-DE-L'ARBOUST, vg. *H.-Garonne* (Cominges), arr. et à 50 k. de St-Gaudens, cant. et ✉ de Bagnères-de-Luchon. P. 287 h.
CAZEAUX-FRÉCHET, ou CAZEAUX-DESSUS, vg. *H.-Pyrénées* (Bigorre), arr. et à 32 k. de Bagnères-de-Bigorre, cant. de Bordères, ✉ d'Arreau. Pop. 186 h.
CAZEJOURDES, *Aveyron*, comm. de Sauclières, ✉ de Nant.
CAZELLES, *Aude*, comm. de Cuxac-Cabardès, ✉ de Mascabardes.
CAZELLES, *Gironde*, comm. de Prignac-Cazelles, ✉ de Bourg-sur-Gironde.
CAZELLES, *Tarn*, comm. de Livers-Cazelles, ✉ de Cordes.
CAZENAVE, vg. *Ariège* (pays de Foix), arr. et à 18 k. de Foix, cant. et ✉ de Tarascon-sur-Ariège. Pop. 283 h.
CAZENEUVE, vg. *H.-Garonne* (Armagnac), arr. et à 14 k. de St-Gaudens, cant. et ✉ d'Aurignac. Pop. 363 h.
CAZENEUVE, vg. *Gers* (Condomois), arr. et à 20 k. de Condom, cant. de Montréal, ✉ de Gondrin. Pop. 427 h.
CAZÈRES, *Calagoris Convenarum*, petite ville, *H.-Garonne* (Gascogne), arr. et à 38 k. de Muret, chef-l. de cant. Cure. ✉. A 756 k. de Paris pour la taxe des lettres. P. 2,471 h. — TERRAIN d'alluvions modernes. Elle est assez bien bâtie, sur la Garonne, qui commence en cet endroit à être navigable. — *Fabriques* de chapeaux communs. Tanneries et teintureries. —*Commerce* de bestiaux.—*Foires* les 25 fév., 2 mai, 11 juin, 17 août, 16 oct. et 26 déc.
CAZÈRES, *Caseræ*, petite ville, *Landes* (Gascogne), arr. de Mont-de-Marsan, cant. de Grenade-sur-l'Adour. ✉. A 713 k. de Paris pour la taxe des lettres. P. 948 h. — Elle est située dans une contrée fertile, sur la rive droite de l'Adour.—Tanneries. Teintureries.—*Foire* le lundi de la dernière semaine d'août.
CAZES (les), *Aveyron*, comm. de Castelnau-Peyrales, ✉ de Sauveterre.
CAZES-MONDENARD, vg. *Tarn-et-Garonne* (Quercy), arr. et à 35 k. de Moissac, cant. et ✉ de Lauzerte. Pop. 3,002 h.—*Foires* les 28 janv., 1er juin, 27 août et 21 oct.
CAZEVIEILLE, vg. *Hérault* (Languedoc), arr. et à 22 k. de Montpellier, cant. et ✉ des Matelles. Pop. 55 h.
CAZEVIEILLE, *H.-Garonne*, comm. de Fougaron, ✉ d'Aspet.
CAZILHAC, vg. *Aude* (Languedoc), arr., cant., ✉ et à 4 k. de Carcassonne. Pop. 188 h.
CAZILHAC-LE-BAS, vg. *Hérault* (Languedoc), arr. et à 44 k. de Montpellier, cant. et ✉ de Ganges. Pop. 551 h.
CAZILLAC, vg. *Lot* (Quercy), arr. et à 41 k. de Gourdon, cant. de Martel, ✉ de Cressensac. Pop. 1,234 h.

CAZILLAC, *Tarn-et-Garonne*, comm. de Cazès-Mondenard, ✉ de Lauzerte.
CAZOTTE (la), *Aveyron*, comm. de Broquiès, ✉ de St-Affrique.
CAZOULÈS, vg. *Dordogne* (Périgord), arr. et à 13 k. de Sarlat, cant. de Carlux, ✉ de Souillac. Pop. 385 h.
CAZOULS-D'HÉRAULT, vg. *Hérault* (Languedoc), arr. et à 30 k. de Béziers, cant. de Montaguac, ✉ de Pézenas. Pop. 500 h.— *Fabrique d'eau-de-vie.*
CAZOULS-LES-BÉZIERS, bourg très-ancien, *Hérault* (Languedoc), arr. et ✉ et à 12 k. de Béziers. Pop. 2,110 h.—Il est situé dans un territoire fertile en vins muscats renommés. On y voit les restes d'un ancien château.—*Fabrique d'eau-de-vie.*
CEAUCÉ, vg. *Orne* (Normandie), arr., cant., ✉ et à 13 k. de Domfront. P. 2,428 h.
CÉAULMONT, vg. *Indre* (Berry), arr. à 32 k. de la Châtre, cant. d'Eguzon, ✉ d'Argenton-sur-Creuse. Pop. 1,173 h.
CEAUX, vg. *Manche* (Normandie), arr. et à 10 k. d'Avranches, cant. et ✉ de Ducey. Pop. 790 h.—*Exploitation de marais salants.*
CÉAUX, vg. *Vienne* (Poitou), arr. et à 25 k. de Civray, cant. et ✉ de Couhé. P. 708 h. —*Foires* les 13 août et mardi de la Pentecôte.
CÉAUX, vg. *Vienne* (Poitou), arr., cant., ✉ et à 12 k. de Loudun. Pop. 987 h.
CÉAUX-D'ALLÈGRE, vg. *H.-Loire* (Auvergne), arr. et à 21 k. du Puy, cant. et ✉ d'Allègre. Pop. 1,535 h.
CÉBAZAN, vg. *Hérault* (Languedoc), arr. et à 20 k. de St-Pons, cant. et ✉ de St-Chinian. Pop. 386 h.
CÉBAZAT, *Sabaziacum*, bg *Puy-de-Dôme* (Auvergne), arr., cant., ✉ et à 6 k. de Clermont-Ferrand. Pop. 2,126 h.—Il est situé sur le ruisseau de Bedat, dans un riche et fertile territoire, arrosé par des courants d'eau vive et abondant en fruits estimés qui s'expédient pour Paris. C'était jadis une petite ville forte, désignée dans les vieilles chartes sous le nom de *Sabaziacum*, qui a soutenu un siège en 1593.—*Foires* les 20 mai et 4 août.
CEBENNA MONS (lat. 45°, long. 22°).
« Quoiqu'on lise *Gebenna* dans plusieurs éditions de César, et dans la Métaphraste, dans Méla, dans Pline ; cependant Scaliger, Adrien de Valois, Cellarius, ont remarqué qu'il était plus convenable de lire *Cebenna*; ce qui est aussi plus conforme à la dénomination actuelle des Cévennes. Selon les auteurs grecs, Strabon, Ptolémée, le même nom est *Cemmenus* ; et entre les Latins *Festus Avienus* in *Ora marit.*) écrit *Cimenus* et *Cimenia regio.* Méla (lib. II, cap. 5) considère la Gaule comme divisée en deux régions, *in duo latera*, dont le lac Léman et les montagnes des Cévennes font la séparation ; et on ne peut remarquer sur ce sujet qu'une grande inégalité entre ces deux parties. Les Arverni croyaient l'entrée de leur pays défendue par le *Mons Cebenna*, comme par un mur, *ut muro se munitos existimabant* ; ce qui n'empêcha point que César ne pénétrât chez eux, *durissimo anni tempore*,

altissima nive, comme on lit au septième livre des Commentaires. » D'Anville. *Notice de l'ancienne Gaule*, p. 219.

CÉCILE (Ste-), *Bouches-du-Rhône*, com. et ✉ d'Arles-sur-Rhône.

CÉCILE (Ste-), vg. *Indre* (Berry), arr. et à 36 k. d'Issoudun, cant. de St-Christophe, ✉ de Poulaines. Pop. 347 h.

CÉCILE (Ste-), vg. *Manche* (Normandie), arr. et à 25 k. d'Avranches, cant. et ✉ de Villedieu. Pop. 708 h.

CÉCILE (Ste-), vg. *Saône-et-Loire* (Bourgogne), arr. et à 20 k. de Mâcon, cant. et ✉ de Cluny. Pop. 493 h.

CÉCILE (Ste-), *Sarthe*, comm. de Flée-Ste-Cécile, ✉ de Château-du-Loir.

CÉCILE (Ste-), *Tarn*, comm. d'Ambres, ✉ de Lavaur.

CÉCILE (Ste-), *Tarn-et-Garonne*, comm. et ✉ de Moutaigut.

CÉCILE (Ste-), vg. *Vaucluse* (Provence), arr., ✉ et à 16 k. d'Orange, cant. de Bollène. Pop. 2,080 h. — Education des vers à soie. Filatures de soie. — *Foire le 23 janv.*

CÉCILE (Ste-), vg. *Vendée* (Poitou), arr. et à 25 k. de Bourbon-Vendée, cant. des Essarts, ✉ de Fougerais. Pop. 1,685 h.

CÉCILE-D'ANDORGE (Ste-), vg. *Gard* (Languedoc), arr. et à 22 k. d'Alais, cant. et ✉ de Génolhac. Pop. 690 h.

CÉCILE-DU-CAIROU (Ste-), vg. *Tarn* (Languedoc), arr. et à 18 k. de Gaillac, cant. de Castelnau-de-Montmiral. Pop. 448 h.

CEDROS (ad) (lat. 44°, long. 20°). « Dans l'Itinéraire de Bourdeaux à Jérusalem, distance marquée VIII milles en deçà de Carcassonne. » D'Anville. *Notice de l'ancienne Gaule*, p. 220.

CEFFIA, vg. *Jura* (Franche-Comté), arr. et à 50 k. de Lons-le-Saulnier, cant. et ✉ d'Arinthod. Pop. 202 h.

CEFFONDS, vg. *H.-Marne* (Champagne), arr. et à 16 k. de Vassy, cant. et ✉ de Montierender. Pop. 832 h. — L'église paroissiale est un ancien édifice susceptible d'être classé au nombre des monuments historiques.

CÉGALA, *Aude*, comm. de la Bastide-d'Anjou, ✉ de Castelnaudary.

CEIGNE, *Ain*, comm. d'Étable, ✉ de Cerdon.

CEILHES, bg *Hérault* (Languedoc), arr., ✉ et à 23 k. de Lodève, cant. de Lunas. Pop. 1,067 h. — Il est agréablement situé sur la rive droite de l'Orb. — *Foires les 2 et 3 janv., 3 et 4 fév., 28 et 29 avril, 1ᵉʳ sept., 25 nov. et le lendemain de la Trinité.*

CEILLAC, vg. *H.-Alpes* (Dauphiné), arr. et à 30 k. d'Embrun, cant. et ✉ de Guillestre. Pop. 841 h. — *Foire le 1ᵉʳ oct.*

CEILLOUX, vg. *Puy-de-Dôme* (Auvergne), arr. et à 40 k. de Clermont-Ferrand, cant. et ✉ de St-Dier. Pop. 911 h.

CEINTREY, bg *Meurthe* (Lorraine), arr. et à 22 k. de Nancy, cant. d'Haroué, ✉ de Vezelize. Pop. 816 h. Sur la rive droite du Madon.

CEISSEINS, vg. *Ain* (Bresse), arr. et à 18 k. de Trévoux, cant. et ✉ de St-Trivier-sur-Moignans, ✉ de Montmerle. Pop. 191 h.

CÉLAS, *Ardèche* comm. de St-Pierre-le-Colombier, ✉ de Montpezat.

CELAVO, ancien nom d'un canton du département de la Corse, dont Bocognano est actuellement chef-lieu.

CELERIX (St-), vg. *Sarthe* (Maine), arr. et à 36 k. du Mans, cant. de Montfort, ✉ de Bonnétable. Pop. 1,001 h.

CELETTE-EN-BERRY (la), vg. *Cher* (Berry), arr., ✉ et à 9 de St-Amand-Montrond, cant. de Saulxais-le-Potier. Pop. 325 h.

CELETTES, vg. *Charente* (Saintonge), arr. et à 20 k. de Ruffec, cant. et ✉ de Mansle. Pop. 475 h.

CELLAND-LE-GRAND, vg. *Manche* (Normandie), arr. et à 13 k. d'Avranches, cant. et ✉ de Brecey. Pop. 869 h.

CELLAND (le petit), vg. *Manche* (Normandie), arr. et à 13 k. d'Avranches, cant. et ✉ de Brecey. Pop. 548 h.

CELLAS, *Drôme*, comm. de Saon, ✉ de Crest.

CELLE (la), vg. *Aisne* (Picardie), arr. et à 25 k. de Château-Thierry, cant. de Condé-en-Brie, ✉ de Montmirail.

CELLE (la), vg. *Allier* (Bourbonnais), arr. et à 23 k. de Montluçon, cant. de Marcillat, ✉ de Néris. Pop. 1,088 h.

CELLE (la), vg. *Corrèze* (Limousin), arr. et à 62 k. de Tulle, cant. et ✉ de Treignac. Pop. 494 h.

CELLÉ, vg. *Loir-et-Cher* (Blaisois), arr. et à 23 k. de Vendôme, cant. de Savigny, ✉ de Bessé-sur-Braye. Pop. 505 h.

CELLE (la), vg. *Puy-de-Dôme* (Auvergne), arr. et à 60 k. de Riom, cant. et ✉ de Pontaumur. Pop. 560 h.

CELLE (la), vg. *Seine-et-Marne* (Brie), arr., cant. et à 9 k. de Coulommiers, ✉ de Faremoutiers. Pop. 1,072 h. Sur une colline au pied de laquelle coule le grand Morin.

CELLE (la), ou CELLE-SOUS-MORET, vg. *Seine-et-Marne* (Gâtinais), arr. et à 12 k. de Fontainebleau, cant. et ✉ de Moret. Pop. 305 h. Sur la rive droite de la Seine. — On y voit l'ancien château de Graville, qui a été habité par Henri IV, lorsqu'il appartenait à Mlle Balzac d'Entragues.

CELLE (la), *Artacella*, vg. *Var* (Provence), arr., cant., ✉ et à 3 k. de Brignoles. Pop. 473 h.

CELLÉ (le), rivière qui prend sa source dans les bois du Bousquet, *Cantal*; elle passe à St-Constant, Figeac, Marcillac, Cabrières, et se jette dans le Lot, après un cours d'environ 70 k.

CELLE-BARMONTOISE (la), vg. *Creuse* (Marche), arr. et à 14 k. d'Aubusson, cant. et ✉ de Croq. Pop. 782 h.

CELLE-BRUÈRE (la), vg. *Cher* (Berry), arr., cant., ✉ et à 8 k. de St-Amand-Montrond. Pop. 1,088 h. — Manufacture de porcelaine. Exploitation des carrières de belles pierres de taille.

CELLE-CONDÉ (la), vg. *Cher* (Berry), arr. et à 27 k. de St-Amand-Montrond, cant. et ✉ de Lignières. Pop. 540 h.

CELLE-DUNOISE (la), vg. *Creuse* (Marche), arr. et à 17 k. de Guéret, cant. et ✉ de Dun-le-Palleteau. Pop. 1,953 h. — *Foire le 22 sept.*

CELLE-FROUIN (la), vg. *Charente* (Angoumois), arr. et à 22 k. de Ruffec, cant. et ✉ de Mansles. Pop. 2,069 h. — *Foire le 9 de chaque mois.*

CELLE-LES-BORDES. V. SELLE-LES-BORDES.

CELLE-LES-CONDÉ, vg. *Aisne* (Brie), arr. et à 20 k. de Château-Thierry, cant. et ✉ de Condé-en-Brie. Pop. 192 h.

CELLE-LÈS-ST-CLOUD. V. SELLE-ST-CLOUD.

CELLE-LÉVÉCAULT, vg.*Vienne* (Poitou), arr. et à 22 k. de Poitiers, cant. de Lusignan, ✉ de Vivonne. Pop. 1,458 h.

CELLE-NEUVE, *Hérault*, comm., ✉ et faubourg de Montpellier.

CELLE-ST-CYR (la), vg. *Yonne* (Champagne), arr., cant. et à 10 k. de Joigny, cant. de St-Julien-du-Sault. Pop. 1,326 h. — *Foires les 1ᵉʳ oct. et lundi après le 16 juin.*

CELLE-SOUS-CHANTEMERLE (la), vg. *Marne* (Champagne), arr. et à 56 k. d'Epernay, cant. et ✉ d'Anglure. Pop. 404 h.

CELLE-SOUS-GOUZON (la), vg. *Creuse* (Limousin), arr. et à 15 k. de Boussac, et à 16 k. de Chambon, cant. de Jarnages, ✉ de Gouzon. Pop. 372 h.

CELLE-SUR-LOIRE (la), vg. *Nièvre* (Nivernais), arr., cant., ✉ et à 10 k. de Cosne. Pop. 778 h.

CELLE-SUR-NIÈVRE (la), vg. *Nièvre* (Nivernais), arr. et à 40 k. de Cosne, cant. et ✉ de la Charité. Pop. 726 h.

CELLES, vg. *Ariège* (pays de Foix), arr., cant., ✉ et à 11 k. de Foix. Pop. 646 h. — Forges à la catalane.

CELLES, vg. *Aube* (Bourgogne), arr., ✉ et à 3 k. de Bar-sur-Seine, cant. de Mussy-sur-Seine. Pop. 1,011 h.

CELLES, vg. *Cantal* (Auvergne), arr., cant., ✉ et à 8 k. de Murat. Pop. 725 h. Sur l'Alagnon. — L'église paroissiale est d'une construction fort ancienne; elle a successivement appartenu aux templiers et à l'ordre de Malte.

CELLES, vg. *Charente-Inf*. (Saintonge), arr., et à 23 k. de Jonzac, cant. et ✉ d'Archiac. Pop. 492 h.

CELLES, vg. *Dordogne* (Périgord), arr. et à 10 k. de Ribérac, cant. de Montagrier, ✉ de Verteillac. Pop. 1,678 h. — *Foires les 2ᵉ fête de Pâque, lendemain du 1ᵉʳ dimanche d'août, 2ᵉ fête de Noël.*

CELLES, vg. *Hérault* (Languedoc), arr. et à 10 k. de Lodève, cant. et ✉ de Clermont. Pop. 115 h.

CELLES, vg. *H.-Marne* (Champagne), arr. et à 19 k. de Langres, cant. de Varennes, ✉ de Montigny-le-Roi. Pop. 383 h. — Exploitation des carrières d'excellentes meules à aiguiser.

CELLES, vg. *Puy-de-Dôme* (Auvergne), arr., ⊠ et à 15 k. de Thiers, cant. de St-Remy. Pop. 3,060 h. — *Foires* les 13 janv., 20 juillet, 1ᵉʳ sept., lundi de la Pentecôte, et vendredi de carême.

CELLES, bg *Deux-Sèvres* (Poitou), arr. et à 9 k. de Melle, chef-l. de cant. Bur. d'enregist. à Melle. Cure. ⊠. A 396 k. de Paris pour la taxe des lettres. Pop. 1,479 h.—TERRAIN jurassique. — L'église paroissiale est un édifice remarquable qui a été classé au nombre des monuments historiques. — Carrière de quartz disposé eu groupes considérables ; il en est de laiteux, de demi-transparent et d'autres auxquels l'oxyde de fer a donné différentes teintes rouges, vertes, violettes, etc. —*Foires* le 17 janv. et les mercredis avant la Ste-Madelaine, St-Michel et Noël.

CELLES, vg. *Vosges* (Lorraine), arr. et à 30 k. de St-Dié, cant. et ⊠ de Raon-l'Étape. Pop. 1,591 h. — Filatures de coton.—*Foires* les 2ᵉˢ lundis de janv., mars, juillet et oct.

CELLES-SUR-AISNE, vg. *Aisne* (Picardie), arr. et à 15 k. de Soissons, cant. et ⊠ de Vailly. Pop. 326 h.

CELLETTE (la), *Creuse* (Limousin), arr. et à 25 k. de Boussac, et à 40 k. de Chambon, cant. de Châtelus, ⊠ de Génouillet. P. 812 h.

CELLETTE (la), vg. *Puy-de-Dôme* (Auvergne), arr. et à 50 k. de Riom, cant. et ⊠ de Pionsat. Pop. 592 h.

CELLETTES, vg. *Loir-et-Cher* (Blaisois), arr., cant. et à 8 k. de Blois. ⊠. A 182 k. de Paris pour la taxe des lettres. Pop. 1,194 h. — On y voit une ancienne église susceptible d'être classée au nombre des monuments historiques.

CELLIER (le), *Aveyron*, comm. de Laval-Roquecézière, ⊠ de St-Cernin.

CELLIER (le), *Isère*, comm. de Venosc, ⊠ de Bourg-d'Oisans.

CELLIER (le), bg *Loire-Inf.* (Bretagne), arr. et à 19 k. d'Ancenis, cant. de Ligné, ⊠ d'Oudon. Pop. 2,161 h. — Il est situé sur un coteau, près de la rive droite de la Loire. On remarque dans cette commune le beau château de CLERMONT, bâti sur un plateau élevé, et l'ancien château de Guy, dont les fortifications ont été démantelées en 1387. L'église paroissiale date de la fin du xᵉ siècle.

CELLIER-LE-DUC, vg. *Ardèche* (Languedoc), arr. et à 50 k. de Largentière, cant. de St-Etienne-de-Lugdarès, ⊠ de Langogne. Pop. 335 h.

CELLIEU, vg. *Loire* (Forez), arr. et à 21 k. de St-Etienne, cant. de Rive-de-Gier. Pop. 1,019 h.

CELLULE, vg. *Puy-de-Dôme* (Auvergne), arr., cant., ⊠ à 9 k. de Riom. P. 2,103 h.

CELON, vg. *Indre* (Berry), arr. et à 35 k. de Châteauroux, cant. et ⊠ d'Argenton-sur-Creuse. Pop. 507 h.

CELOUX, vg. *Cantal* (Auvergne), arr. et à 20 k. de St-Flour, cant. de Ruines, ⊠ de Massiac. Pop. 227 h.

CELSOY, vg. *H.-Marne* (Champagne), arr., ⊠ et à 10 k. de Langres, cant. de Neuilly-l'Evêque. Pop. 356 h. —C'est la PATRIE de GUI-

BERT DE CELSOY, médecin des rois de France Jean II et Charles V. Ayant acquis une fortune considérable, il fit bâtir dans le village où il était né l'église qui existe encore aujourd'hui, et voulut y être enterré dans un caveau placé à gauche de l'autel. La tombe qui lui fut élevée près de l'entrée de ce caveau est très-curieuse par la manière dont elle est gravée, et par l'inscription qui l'entoure. Au milieu d'une ogive qui en occupe le centre, Guibert est représenté enveloppé d'une grande robe, assis dans une chaise gothique; devant lui est un livre ouvert sur un pupitre ; à ses côtés et à ses pieds sont plusieurs personnages plus petits que lui, et occupés à lire ou à écouter. Au-dessus de la tombe on voit le Père éternel tenant devant lui l'enfant Jésus. Entre ce groupe et la grande ogive dont il vient d'être question se trouvent six petites ogives renfermant chacune une figure ; les deux grands côtés de cette tombe sont encore ornés de plusieurs ogives renfermant divers personnages. Toutes ces gravures, remarquables par le dessin et la richesse des ornements, sont d'une exécution parfaite et très-bien conservées. L'inscription porte la date de 1410.

CELUNE, ou **SELUNE** (la), petite rivière qui prend sa source près de Barenton-du-Harcourt, arr. de Mortain, *Manche*; elle passe à Ducey, où elle commence à être navigable, et se jette dans la baie du Mont-St-Michel, après un cours de 50 k.

CÉLY, vg. *Seine-et-Marne* (Gâtinais), arr., cant. et à 14 k. de Melun, ⊠ de Chailly. Pop. 544 h.—On y voit un beau château bâti par Jacques Cœur, en 1400, dont le parc renferme une belle collection de plantes rares et d'arbres précieux.

CEMA MONS (lat. 45°, long. 25°). « Le Var sort de cette montagne, selon Pline (lib. III, cap. 4). *Amnis Varus, ex Alpium monte Cema profusus.* On lit *Acema* dans l'édition de Daléchamp, qui cite néanmoins le nom de *Cema*, comme une plus ancienne leçon. Augustin Justiniani, décrivant la Ligurie, donne le nom de *Camelione* à la rivière d'où sort le Var ; et on pourrait croire que ce nom lui aurait été commun avec la ville de *Cemenelium*, quoiqu'il y ait une grande distance entre la position de cette ville et la source du Var ; ce qu'il y a de certain, c'est que le Var sort d'une montagne qu'on appelle la Cailiole. Or, ce nom serait-il une altération de celui de *Camelione* ? Je ne hasarderai point de le nier, non plus que de l'affirmer. » D'Anville. *Notice de l'ancienne Gaule*, p. 220.

CEMBOING, vg. *H.-Saône* (Franche-Comté), arr. et à 43 k. de Vesoul, cant. et ⊠ de Jussey. Pop. 724 h.

CEMENELIUM (lat. 44°, long. 26°). « Plusieurs inscriptions sur lesquelles on lit *Cemenel* veulent que ce nom soit écrit ainsi, quoique dans Pline on lise autrement en ées termes : *Oppidum, Vediantiorum Civitatis Cemelion* : Ptolémée est conforme aux inscriptions sur cette dénomination. On trouve *Cemenelo*,

comme au datif dans l'Itinéraire d'Antonin ; et *Cemenello* pour *Cemenelio*, dans la Table théodosienne. Dans la Notice des provinces de la Gaule, *Civitas Cemenelensium* est une de celles des Alpes maritimes. Cette contraction de *Cemenelium* ou *Cemelium*, qu'on voit dans le texte de Pline, a prévalu par l'usage dans le moyen âge. On lit *Cimela* ou *Cimella*, dans les actes de St-Pons, évêque de cette ville, qui souffrit le martyre sous Valérien et Gallien, selon le martyrologe d'Usuard. Cette ville fut détruite du temps des Lombards, vers la fin du vɪᵉ siècle. Mais son nom subsiste dans celui d'une église, appelée Notre-Dame de Cimies, à la droite du Paillon, à un mille et demi au nord de Nice, qui a profité de la décadence de *Cemenelium*, pour ne plus partager avec elle, comme elle avait fait auparavant, la dignité épiscopale. La distance que l'Itinéraire et la Table marquent également VI entre *Cemenelium* et le passage du Var, en prenant la route d'Antibe, est très-convenable au local, dont j'ai la représentation la plus fidèle sous les yeux. Du Var à Antibe, l'Itinéraire et la Table étant d'accord à marquer X, c'est en effet ce qui la mesure itinéraire paraît donner entre Antibe et St-Laurent, qui est situé sur le bord du Var, au passage de la voie Aurélienne. » D'Anville. *Notice de l'ancienne Gaule*, p. 220.

CEMPUIS, vg. *Oise* (Picardie), arr. et à 28 k. de Beauvais, cant. et ⊠ de Grandvilliers. Pop. 623 h.

CÉNAC, vg. *Dordogne* (Périgord), arr. et à 13 k. de Sarlat, cant. et ⊠ de Domme. Pop. 1,381 h.— *Foires* le 1ᵉʳ mardi de mars, de juin et de sept.

CÉNAC, vg. *Gironde* (Guienne), arr. et à 12 k. de Bordeaux, cant. et ⊠ de Créon. Pop. 507 h.

CENANS, vg. *H.-Saône* (Franche-Comté), arr. et à 26 k. de Vesoul, cant. et ⊠ de Montbozon. Pop. 263 h.

CENDRAS, vg. *Gard* (Languedoc), arr., cant., ⊠ et à 6 k. d'Alais. Pop. 684 h.

CENDRE, *Manche*, comm. et ⊠ de Pontorson.

CENDRE, *Puy-de-Dôme*, comm. d'Orcet, ⊠ de Veyre.—Magnanerie.

CENDRECOURT, vg. *H.-Saône* (Franche-Comté), arr. et à 35 k. de Vesoul, cant. et ⊠ de Jussey. Pop. 779 h.

CENDREY, vg. *Doubs* (Franche-Comté), arr. et à 25 k. de Besançon, cant. de Marchaux, ⊠ de Baume-les-Dames.

CENDRIÈRE (la), *Seine-et-Oise*, comm. de Morainvilliers, ⊠ de Poissy.

CENDRIEUX, vg. *Dordogne* (Périgord), arr. et à 26 k. de Périgueux, cant. et ⊠ de Wergt. Pop. 1,055 h.

CENÉ, *Vendée*. V. BOIS-DE-CÉNÉ.

CÉNÉRÉ (St-), bg *Mayenne* (Maine), arr. et à 16 k. de Laval, cant. et ⊠ de Montsurs. Pop. 874 h.

CÉNÉRY-LE-GÉREI (St-), *Sancti Serenici*, vg. *Orne* (Normandie), arr., cant., ⊠ et à 16 k. d'Alençon. Pop. 308 h. Sur la rive droite de la Sarthe.

Ce village, aujourd'hui peu important, était autrefois une ville forte défendue par un château célèbre dans les fastes de la Normandie. Elle doit son origine et son nom à un solitaire italien, qui s'y retira au milieu du VII° siècle.

— St-Cénery soutint plusieurs siéges ; ses barons prirent part à tous les exploits des Normands contre les Italiens et les Grecs, à la conquête de l'Angleterre, aux guerres entre les Français, les Normands et les Anglais.—L'important château de St-Cénéry fut construit dans l XI° siècle par Geoffroy d'Anjou, et brava pendant quatre cents ans les efforts des ennemis de ses possesseurs. En 1060, Guillaume le Bâtard l'assiégea et le prit par capitulation. En 1088, le fils du conquérant le prit et fit prisonnier le jeune Giroie qui le défendait. Le comte de Bellesme en força l'enceinte en 1093. Vers le commencement du IX° siècle, cette forteresse fut mise en état d'opposer une longue résistance, et d'immenses travaux furent ajoutés à ceux qu'on y voyait déjà; elle fut prise toutefois en 1434, après cinq jours d'assaut, par les Anglais, commandés par Arondel, qui l'assiégea avec une armée de 15,000 hommes et 20 pièces d'artillerie. Arondel fit raser tous les travaux extérieurs de la forteresse, et détruisit la ville et le château de fond en comble. — Les ruines de St-Cénéry sont d'un grand effet et très-dignes d'être signalées aux amateurs d'antiquités : l'entrée vers le pont, taillée entre des masses de rochers ; les pans d'anciens murs suspendus au-dessus des jardins ou soutenant les habitations modernes ; les fondements presque ébranlés du donjon; les blocs de maçonnerie épars sur les chemins ou disséminés vers la rivière, retracent encore à la pensée les événements dont ce lieu a été le théatre.—En arrivant à St-Cénéry, du côté du Maine, on voit entre le fort et la chapelle où l'on vénère l'ermite Cénéry, une église toute romane en apparence, assise sur le roc vif. Trois petites absides rondes, une tour carrée, deux croisillons et une nef unique composent l'édifice, dont le premier aspect frappe et charme l'antiquaire, qui croit y retrouver, sans altération, tous les caractères de ce style roman si rare dans cette partie de la Normandie.

CÉNEVIÈRES, vg. *Lot* (Quercy), arr. et à 36 k. de Cahors, cant. et ⊠ de Limogne. Pop. 717 h. Sur la rive gauche du Lot.—C'est sur le territoire de cette commune qu'est situé le vignoble de Prémiac, qui produit les meilleurs vins du département du Lot.—On remarque aux environs, sur un rocher qui domine le Lot, l'antique et vaste château de Cénevières ; l'épaisseur des murs, qui ont 3 m., les nombreuses tours dont il est flanqué du côté par où il pouvait être attaqué, annoncent qu'il fut bâti pour servir de fort. Mais les dix corps de bâtiments dont il se compose, et qui forment presque tous des angles aigus ou obtus qui les rendent très-irréguliers, prouvent qu'il a été construit à plusieurs époques. L'entrée, située au midi, était autrefois défendue par un grand fossé, un pont-levis et un fort rempart. L'intérieur n'offre qu'une longue suite d'appartements remarquables seulement par leur nombre et leurs vastes proportions. En face de la rivière s'étend une longue et superbe terrasse, d'où la vue domine sur une vallée agréable.

CENFOSSE, *Côte-d'Or*, comm. de Liernais, ⊠ de Saulieu.

CENNE-MONESTIÈS, vg. *Aude* (Languedoc), arr., cant., ⊠ et à 18 k. de Castelnaudary. Pop. 1,008 h. Sur le Lampy.—*Fabriques* importantes de draps, ⓐ 1839.—*Foire* le 13 sept.

CÉNOMÈS, *Aveyron*, comm. de Montagnol, ⊠ de Camarès.

CÉNON, vg. *Vienne* (Poitou), arr., ⊠ et à 5 k. de Châtellerault, cant. de Vouneuil-sur-Vienne. Pop. 391 h.—Suivant le P. Routh et Bourignon, il existait autrefois à Cénon un cimetière très-étendu, qui renfermait plusieurs milliers de tombeaux en pierre, à peu près semblables à ceux que l'on trouve dans le cimetière de Civaux. Le cimetière de Cénon a depuis longtemps disparu et a été remplacé par une pièce de terre labourable.

CÉNON, *H.-Vienne*, comm. de St-Gence, ⊠ de Nieul.

CÉNON - LA - BASTIDE, vg. *Gironde* (Guienne), arr. et à 5 k. de Bordeaux, cant. de Carbon-Blanc. ⊠. ⚐ 559 k. de Paris pour la taxe des lettres. Pop. 2,667 h.—Marché tous les jeudis.

CENSAC-LAVAUX, vg. *H.-Loire*, comm. et ⊠ de Paulhaguet. On y remarque une ancienne église que l'on a proposé de classer au nombre des monuments historiques.

CENSEAU, vg. *Jura* (Franche-Comté), arr. de Poligny et à 37 k. d'Arbois, cant. et ⊠ de Nozeroy. ⚐. Pop. 789 h.—*Commerce* de sel, grains, planches de sapin et bois de construction.—*Foires* les 1er avril et 10 oct.

CENSEREY, vg. *Côte-d'Or* (Bourgogne), arr. et à 55 k. de Beaune, cant. de Liernais, ⊠ d'Arnay-le-Duc. Pop. 591 h.

CENSY, vg. *Yonne* (Bourgogne), arr. et à 21 k. de Tonnerre, cant. et ⊠ de Noyers. Pop. 133 h.

CENT-ACRES (les), vg. *Seine-Inf.* (Normandie), arr. et à 18 k. de Dieppe, cant. et ⊠ de Longueville. Pop. 105 h.

CENTRE (canal du), de DIGOIN ou du CHAROLLAIS. Ce canal établit une communication entre la Saône et la Loire. Son embouchure dans la Saône est à Châlons ; de là il passe par Bourgneuf, St-Léger, St-Julien, Blanzy, Ciry, Genelard, Paray et Digoin, où il se jette dans la Loire ; il communique à la Méditerranée par le Rhône, à l'Océan par la Loire, et à la Manche par le canal de Briare et la Seine.

Le canal du Centre, commencé le 3 juillet 1784, a été livré à la navigation en 1791. Les vins des départements méridionaux, du Mâconnais et d'une partie de la Bourgogne, destinés à l'approvisionnement de Paris, forment à peu près les trois cinquièmes des transports qui se font par le canal du Centre ; les autres objets consistent en merrain, cercles, échalas, charbon de terre et de bois, bois de chauffage, de sciage et de charronnage, fers, fontes, blés, légumes secs, meules de moulins, plâtres et pierres à bâtir. — Le nombre des bâteaux qui parcourent le canal du Centre est annuellement de quatre à cinq mille. La navigation est suspendue chaque année pendant deux ou trois mois.

CENTRÈS, vg. *Aveyron* (Rouergue), arr. et à 30 k. de Rodez, cant. de Naucelle, ⊠ de Sauveterre. Pop. 1,619 h.

CENTRONES (lat. 46°, long. 25°). « César (*Comment.*, 1) rapporte que les *Centrones*, joints aux *Garoceli* et aux *Caturiges*, voulurent s'opposer au passage de son armée dans les Alpes. Strabon (lib. IV, p. 204) fait mention des *Centrones*, en y joignant les *Caturiges* et les *Veragri*. Pline (lib. III, cap. 20), désignant les *Veragri* par le nom d'*Octodurenses*, tiré de leur capitale, le fait suivre de celui des *Centrones*, qu'il dit être limitrophes. Ptolémée, qui renferme dans l'Italie les peuples qui habitent les Alpes, place les *Centrones* dans les Alpes grecques. Ils occupaient la Tarentaise, et le diocèse de Moustier peut représenter leur territoire. Plusieurs critiques ont opinion que le nom qu'on lit, *Acitavones*, dans l'inscription du trophée des Alpes, rapportée par Pline (*Ubi supra*), tient la place de celui des *Centrones*. Dans l'édition de Dalécamp, le manuscrit de Chiflet est cité en marge comme ayant le nom de *Centrones*. En effet il y aurait lieu d'être surpris que les *Centrones* fussent oubliés dans un dénombrement de peuples qui en renferme de bien plus obscurs que celui-là. Et on remarque encore que la place donnée dans l'inscription à la suite des *Veragri* et des *Salassi*, et entre ces derniers et les *Medulli*, est précisément celle qui convient à la position des *Centrones*. » D'Anville. *Notice de l'ancienne Gaule*, p. 221. V. aussi Walckenaer. *Géographie des Gaules*, t. I, p. 222, 251, 343 ; t. II, p. 11, 21.

CENTURIONES (ad) (lat. 43°, long. 21°). « Ce lieu est marqué dans l'Itinéraire d'Antonin entre *Ruscino* et le *Summus Pyrenæus*, et la distance est indiquée XX à l'égard de *Ruscino*, et V à l'égard du passage de la montagne. Dans la Table théodosienne, le même lieu parait nommé *ad Centenarium* ; et la distance de *Summus Pyrenæus* y est également V, et, en partant de *Illiberis*, qui est en position plus immédiate que *Ruscino*, elle est marquée XII. M. de Marca (*Marc. Hisp.*, lib. I, cap. 11) et M. Astruc (*Hist. nat. du Languedoc*, p. 119 et 122) veulent établir à Céret cette station *ad Centuriones* ou *ad Centenarium*. J'ai souvent remarqué que, pour donner une place à quelque lieu cité dans les anciens monuments, on s'adressait par préférence aux lieux qui figurent actuellement sur les cartes plus que d'autres, sans trop examiner si les circonstances qui amènent la citation du lieu conviennent à ce choix ; ou, si elles ne conviennent point, on entreprend de les reformer. Par exemple, quoique Céret n'ait aucun rapport *Ceretanum*, aux *Ceretani*, habitants de la Cerdagne, au delà des Pyrénées. On substitue XX à XII, dans la Table, pour la distance à compter d'Illiberis, sans faire attention qu'était marquée

XX dans l'Itinéraire, à l'égard de *Ruscino*, elle ne saurait être la même pour Illiberis que pour *Ruscino*, puisque Illiberis est entre *Ruscino* ou *Centenarium*. En courant jusqu'à Céret depuis Illiberis, on ne prend pas garde ici, peu au delà de ce qui fait la moitié du chemin, la route est arrivée au point de se trouver par le travers de Bellegarde, qui est le *Summus Pyrenæus*, et que, s'avancer jusqu'à Céret, c'est laisser Bellegarde fort loin derrière soi. Il faut ajouter que, dans cet éloignement de Céret, le retour jusqu'au *Summus Pyrenæus* excèdera sensiblement la distance sur laquelle l'Itinéraire et la Table sont d'accord à marquer V. Ce n'est donc pas sans fondement que ce qu'on doit prendre pour une simple station, selon l'idée qu'en donne le nom *ad Centuriones*, doit être placé au delà de Céret, sur le bord du Tech, à l'endroit précisément où il faut quitter le bord de cette rivière pour suivre un vallon qui conduit en montant jusqu'à Bellegarde. Les distances indiquées par l'Itinéraire par la Table n'ont rien que de convenable par cette position, et la dénomination même ne devait pas paraître applicable à un lieu de quelque considération, parce qu'elle ne désigne d'autre lieu qu'une station dans l'ordre de celle que l'Itinéraire place sur la même route sous le nom *ad Stabulum*, et qui est presque aussi voisine des Pyrénées. » D'Anville. *Notice de l'ancienne Gaule*, p. 222.

CENTURY, village maritime, *Corse*, arr. et à 50 k. de Bastia, cant. et ✉ de Rogliano. Pop. 731 h. — Il est situé au bord de la mer, où il a un petit port.

CENVES, vg. *Rhône* (Beaujolais), arr. et à 30 k. de Villefranche-sur-Saône, cant. de Monsol, ✉ de Tramayes. Pop. 1,458 h. — *Foires* les 25 janv., 30 juin, 22 juillet, 29 août, mardi après Pâques, le mardi de la Pentecôte.

CÉOLS (St-), bg *Cher* (Berry), arr. et à 24 k. de Bourges, cant. et ✉ des Aix-d'Angillon. Pop. 113 h.

CÉOR, *Aveyron*, comm. et ✉ de Cassagnes-Bégonhès.

CEPET, vg. *Tarn-et-Garonne* (Languedoc), arr. et à 19 k. de Toulouse, cant. de Fronton, ✉ de St-Jorry. Pop. 386 h.

CEPIE, vg. *Aude* (Languedoc), arr., cant., et à 7 k. de Limoux. Pop. 510 h.

CEPOY, vg. *Loiret* (Gatinais), arr., cant., et à 6 k. de Montargis. Pop. 949 h. Sur le canal du Loing. — C'était autrefois une ville assez considérable. Aux environs, on remarque les débris d'un pont d'une très-longue étendue, que l'on présume de construction romaine, et les restes d'une salle de bains, pavée en mosaïques.

CEPS, *Hérault*, comm. de Roquebrun, ✉ de St-Chinian.

CERAC, *Ariège*, comm. d'Ustou, ✉ de St-Girons.

CÉRAN, vg. *Gers* (Armagnac), arr. et à 15 k. de Lectoure, cant. et ✉ de Fleurance. Pop 321 h.

CÉRANS-POULLETOURTE, vg. *Sarthe* (Anjou), arr. et à 22 k. de la Flèche, cant. de Pontvalain, ✉ à Foulletourte. Pop. 2,432 h.

CÉRAY, *Cérate*, *Indre-et-Loire*. V. CÉRÉ.

CERBOIS, vg. *Cher* (Berry), arr. et à 25 k. de Bourges, cant. de Lury, ✉ de Vierzon. Pop. 314 h.

CERCAMP-SUR-CANCHE, *Pas-de-Calais*, comm. et ✉ de Frévent. — Filature de laine.

CERCANCEAU, *Seine-et-Marne*, comm. et ✉ de Souppes. — Papeterie pour papier à sucre.

CERCEY, *Côte-d'Or*, comm. de Thoisy-le-Désert, ✉ de Pouilly-en-Montagne.

CERCIÉ, vg. *Rhône* (Beaujolais), arr. à 15 k. de Villefranche-sur-Saône, cant. et ✉ de Belleville-sur-Saône. Pop. 670 h. — *Foires* les 10 mars, 10 oct. et 20 nov.

CERCLES, vg. *Dordogne* (Périgord), arr. et à 20 k. de Ribérac, cant. et ✉ de Verteillac. Pop. 837 h. — L'église paroissiale est un édifice remarquable qui a été classé au nombre des monuments historiques.

CERCOT, *Saône-et-Loire*, comm. de Moruges, ✉ de Buxy.

CERCOTTES, vg. *Loiret* (Orléanais), arr. et à 10 k. d'Orléans, cant. d'Artenay, ✉ de Chevilly. Pop. 378 h.

CERCOUX, vg. *Charente-Inf.* (Saintonge), arr. et à 45 k. de Jonzac, cant. et ✉ de Montguyon. Pop. 1,701 h.

CERCUEIL, *Marne*, comm. de Mareuil-le-Port, ✉ de Port-à-Binson.

CERCUEIL, ou OURCHES, vg. *Meurthe* (Lorraine), arr. et à 15 k. de Nancy, cant. et ✉ de St-Nicolas-du-Port. Pop. 303 h.

CERCUEIL (le), vg. *Orne* (Normandie), arr. et à 25 k. d'Alençon, cant. de Carrouges, ✉ de Sées. Pop. 391 h.

« Sur le territoire de cette commune, à 6 k. de Mortrée, se trouve le CAMP de César ou du CHATELLIER. C'est une enceinte presque ovale, disposée sur le penchant d'une bruyère élevée, de manière à ce qu'une de ses parties occupe le point culminant, tandis que le reste s'étend vers le fond du vallon en s'adossant à trois étangs. Le rempart, composé de terre et de pierres sèches merveilleusement unies ensemble, a, d'après M. Odolant Denos, 33 m. à la base sur 13 m. d'élévation vers l'ouest, et 10 m. seulement vers l'est. L'axe du grand diamètre a 432 m., et le petit 280 m. L'entrée est au nord; elle est défendue par des bastions en pierre et en terre. Toute l'enceinte, aujourd'hui bien couverte de bois, présente l'aspect d'un camp bien retranché, à l'abri duquel une demi-légion pourrait être cantonée. Du rempart le plus élevé, la vue embrasse les vastes bruyères voisines, les cimes des bois d'Écouves, les campagnes d'Essey, les beaux bois du Pin et les sommets où s'élevait jadis la ville d'Exmes ». (*Mém. de la soc. des antiq. de Normandie*, t. IX).

CERCY-LA-TOUR, vg. *Nièvre* (Nivernais), arr. et à 55 k. de Nevers, cant. et ✉ de Fours. Pop. 1,559 h.

CERDAGNE FRANÇAISE (la), petit pays qui dépendait anciennement du Roussillon; il fait aujourd'hui partie du dép. des *Pyrénées-Or.*, et forme l'arr. de Prades et une partie de celui de Céret. Il est rempli de montagnes et abonde en excellents pâturages : Montlouis en était le chef-lieu.

CERDON, bg *Ain* (Bugey), arr. et à 19 k. de Nantua, cant. de Poncin. ✉. ⚡. A 455 k. de Paris pour la taxe des lettres. Pop. 1,837 h.

Autrefois baronnie, diocèse de Lyon, parlement et intendance de Dijon, élection, bailliage et recette de Belluy, collégiale.

Ce bourg est situé au pied d'une montagne escarpée, sur le ruisseau de Veyron et sur la route de Pont-d'Ain à Nantua. Cette route, au sortir du village, offre une montée longue et assez difficile; elle a été pratiquée en corniche sur un flanc escarpé de la montagne, qui a son versant de gauche à droite. Au bas est une gorge profonde, dont le ton sauvage rappelle quelques-unes de celles qui sillonnent les chaînes des Alpes et les Pyrénées. La cascade de Marcellin, qui se précipite du haut de la montagne opposée, ajoute à cette ressemblance : peu remarquable par son volume, cette cascade l'est beaucoup par sa hauteur et la beauté de sa chute; mais elle tarit dans les grandes chaleurs. Sur un rocher, au-dessus de cette cascade, on voit les gothiques et pittoresques ruines du château de Labatie. Sur un autre rocher s'élèvent les ruines de l'ancien château de St-Julien, qui n'offrent pas un effet moins extraordinaire. — A 4 k. de Cerdon, la petite rivière de la Fouge forme une cascade magnifique, qui mérite que le voyageur se détourne du grand chemin pour la visiter. Elle tombe à la naissance d'une vallée des plus agrestes, et se termine par un tapis de gazon planté de beaux noyers, qui, élevé en terrasse sur le ruisseau produit par la cascade, en face même de la chute, présente un repos agréable dans un des plus solitaires et des plus frais asiles qu'il soit possible d'imaginer.

Fabriques de balances et d'ustensiles de ménage en cuivre. — *Foires* les 4 mai, 22 juillet, 26 août, 2 nov. et lundi des Rameaux.

CERDON, vg. *Loiret* (Orléanais), arr. à 25 k. de Gien, cant. et ✉ de Sully. P. 955 h.

CÉRÉ, vg. *Indre-et-Loire* (Touraine), arr. et à 47 k. de Tours, cant. et ✉ de Bléré. P. 940 h. — *Foire* le 30 oct.

CÈRE, vg. *Landes* (Gascogne), arr. et à 12 k. de Mont-de-Marsan, cant. de Labrit. Pop. 445 h. — Il est situé au milieu des Landes, près de l'Estrigon. On y remarque une ferme royale pour l'éducation des mérinos, établie dans le beau domaine de M. Poiféré, agronome distingué , qui, l'un des premiers, s'est adonné dans les Landes à l'éducation des moutons mérinos. Les étrangers qui parcourent cette partie du département sont d'autant plus agréablement surpris de trouver, au milieu d'un désert aride, de belles habitations entourées de cultures variées et très-productives, qu'il passe pour constant dans le pays, *qu'aucune culture ne réussit dans les Landes*.

CÉRÉ (St-), petite ville, *Lot* (Quercy), arr. et à 41 k. de Figeac, chef-l. de cant. Cure. ✉. A 56 k. de Paris pour la taxe des lettres. P.

3,902 h. — TERRAIN jurassique, calcaire à gryphées.

St-Céré doit son origine à une chapelle bâtie en l'honneur de sainte Espérie. La vénération qu'on eut pour cette chapelle, où les reques de la sainte furent exposées, un terrain fertile à mettre en culture, la facilité de trouver dans la forêt voisine des bois de construction, y attirèrent bientôt des habitants. Dès le milieu du XIIIe siècle, cet établissement portait le nom de ville, ainsi qu'on le voit par une charte de 1278. Cette ville est bâtie dans une île formée par la Bave, et entourée de montagnes qui présentent une grande variété de culture : de belles allées d'arbres l'environnent, et ses édifices semblent s'élancer d'une corbeille de verdure.

Au nord de St-Céré s'élève une butte parfaitement conique, qui se termine par un plateau en forme d'ellipse d'environ 4,000 m. carrés, élevé à près de 200 m. au-dessus de la rivière de Bave. Le sommet de ce plateau, formé par un rocher calcaire d'une hauteur moyenne de 5 m., est coupé à pic tout autour. Ce rocher sert de base à un rempart de 2 m. 33 c. d'épaisseur qui entoure le plateau, et où l'on ne pénètre que par une porte en ogive; un fossé de 8 m. de large règne tout autour des remparts. Vers les deux extrémités du grand diamètre de l'ellipse qu'environnent les remparts, existent deux tours carrées isolées, séparées par une distance de 80 m. Ces tours sont connues sous le nom de Tours de St-Laurent : celle qui est au nord, formée de six étages, dont l'un est souterrain, se termine par une plate-forme entourée de créneaux : elle a 41 m. de haut, et chaque face a 30 m. de large; la tour méridionale n'a que 30 m. de haut, et se termine également par une plate-forme. Quoique ces tours n'aient jamais fait partie d'aucun autre bâtiment, ainsi que le prouvent leurs murs à vives arêtes, l'intervalle qui les sépare est occupé par de nombreux restes d'édifices, dont il y en a un de forme carrée assez bien conservé : on y voit aussi une citerne voûtée d'une belle construction, plusieurs petits appartements voûtés, et les ruines d'une église ou d'une chapelle. Aucune inscription n'apprend à quelle époque remonte ce fort; mais on lit dans un manuscrit composé dans le XIIe ou le XIIIe siècle, que les troupes romaines y avaient établi un camp sous le règne d'Auguste.

Fabriques de chapeaux, recherchés pour la durée et la beauté de leur noir, qui se vendent principalement pour l'Auvergne. — *Commerce* considérable de toiles. — *Foires* les 12 janv., 8 fév., 22 avril, 6 mai, 18 juin, 10 juillet, 28 août, 11 sept., 25 oct., 1er déc., 1er lundi de carême et lundi des Rameaux.

CEREBELLIACA (lat. 45°, long. 23°). « On trouve ce lieu dans l'Itinéraire de Bourdeaux à Jérusalem, entre *Valence* et *Augusta*, dont le nom actuel est Aouste, sur la Drôme au-dessous de Die. La distance de Valence à *Cerebelliaca* est marquée XII, et de *Cerebelliaca* à *Augusta* X. Ces distances s'accordent dans leur total avec l'indication de XXII, dans l'Itinéraire d'Antonin, et dans la Table théodosienne, entre *Valentia* et *Augusta*, en omettant le lieu intermédiaire de *Cerebelliaca*. Je ne vois néanmoins entre Valence et Aouste qu'un intervalle d'environ 18 milles en droite ligne. Mais je suis persuadé que, comme la position de *Cerebelliaca* paraît être Chabueil, qui ne décline pas considérablement de la hauteur de Valence, elle met un coude sensible dans la route, qui se replie vers le midi; et la disposition du local, qui est montueux entre Chabueil et Aouste, doit contribuer à consumer ce qu'il y a de mesure itinéraire indiquée. Il ne faut pourtant point dissimuler que Chabueil se trouvait plus près de Valence que d'Aouste, cette circonstance ne cadre point avec l'Itinéraire de Jérusalem, en ce que l'indication y est plus forte entre *Valentia* et *Cerebelliaca*, qu'entre *Cerebelliaca* et *Augusta*. » D'Auville. *Notice de l'ancienne Gaule*, p. 223.

CERELLES, vg. *Indre-et-Loire* (Touraine), arr. et à 13 k. de Tours, cant. de Neuillé-Pont-Pierre, ✉ de Monnaie. Pop. 547 h.

CÉRENCES, *Cerentiæ*, bg *Manche* (Normandie), arr. et à 16 k. de Coutances, cant. et ✉ de Bréhal. Pop. 2,253 h. — *Foires* les 19 avril et 17 nov.

CÉRESTE, *Cœsarita*, vg. *B.-Alpes* (Provence), arr. et à 26 k. de Forcalquier, cant. et ✉ de Reillanne. ⚡. Gîte d'étape Pop. 1,141 h. — *Foires* les 17 janv. et 20 nov.

CÉRESTE, *Citharista*, vg. *Bouches-du-Rhône* (Provence), arr. et à 35 k. de Marseille, cant. et ✉ de la Ciotat. Pop. 665 h.

C'était jadis une forteresse bâtie par les Romains, dont on distingue parfaitement l'enceinte. Il est entouré de remparts, dans lesquels on a percé des fenêtres pour les maisons qui y sont adossées.

On voit à Ceyreste une fontaine de construction romaine ; c'est un beau carré long, construit en grandes pierres de taille, où l'on arrive par un canal ouvert sur un des flancs.

— On remarque encore dans le village les ruines d'un ancien édifice nommé le Château, ainsi qu'une inscription romaine et une inscription grecque.

CÉRET, *Ceretum*, petite ville très-ancienne, *Pyrénées-Or.* (Roussillon), chef-l. de 1er arr. (2e arr.) et d'un cant. Trib. de 1re inst. Collège communal. Cure. ✉. A 873 k. de Paris pour la taxe des lettres. Pop. 3,325 h. — TERRAIN de transition inférieur.

En l'année 1660, les commissaires des rois de France et d'Espagne s'assemblèrent dans Céret pour l'établissement des limites, conformément à l'article 42 du traité de paix des Pyrénées, qui donna le Roussillon à la France et remit le reste de la Catalogne sous la domination de l'Espagne. Aux termes de ce même article, la division des deux royaumes devait être déterminée de ce côté-là *par les monts Pyrénées qui avaient anciennement divisé les Gaules des Espagnes*. Dans la première conférence, tenue le 22 mars 1660, il fut établi pour base : qu'il s'agissait de trouver la division de la Gaule narbonnaise et de l'Espagne tarragonnaise. Le savant M. de Marca, commissaire du roi de France, la détermina par les témoignages de Tite Live, de Ptolémée, de Strabon, de Pomponius Méla et par les Itinéraires des empereurs romains ; à ces autorités il joignit celle des chartes du moyen âge ; la ressemblance des noms anciens avec les modernes lui fit retrouver les trophées de Pompée, placés aux points de la division des deux provinces Gaules et des Espagnes. A la faveur de toutes ces preuves, il conduisit les limites depuis le bord de la mer près l'ancien temple qui avait donné le nom au Port-Vendres (*Portus Veneris*), jusques à la hauteur de la ville de Céret. Les commissaires espagnols, gens de mérite, mais moins versés dans les monuments de l'antiquité, redoutèrent l'érudition de M. de Marca pour la suite de la démarcation. Ils formèrent plusieurs difficultés. La cour de France, pour ne pas aliéner celle d'Espagne, consentit que M. Serroui, évêque d'Orange, qui était adjoint à la commission française, continuât seul la fixation des limites ; et M. de Marca partit de Céret le 25 avril suivant. Les limites furent fixées, mais leur position et l'inspection des lieux font assez connaître qu'elles ont été dirigées, pour la France, par un commissaire moins instruit et moins habile que M. de Marca, qui nous aurait donné Puycerda, ou du moins n'aurait pas consenti à laisser la petite ville de Llivia à l'Espagne.

Le 9 et le 10 prairial an III (29 et 30 avril 1794), le pont et les gorges voisines de Céret furent enlevés par un détachement de l'armée des Pyrénées-Orientales, sous les ordres du général Dugommier ; là, dix mille ennemis furent repoussés par trois mille Français.

La ville de Céret est située au pied des Pyrénées, à peu de distance des frontières d'Espagne, près de la rive droite du Tech, que l'on traverse sur un pont d'une seule arche, remarquable par la hardiesse de sa construction. Elle est entourée de hautes murailles flanquées de tours de distance en distance, autour desquelles règne une belle promenade plantée d'arbres. Les rues sont généralement étroites et mal percées. Dans un faubourg très-agréable se trouve une belle place ornée d'une fontaine en marbre blanc, qui jette continuellement, par huit côtés en forme d'arc, une grande quantité d'eau que reçoit un grand bassin de forme ronde. Le pont, sur le Tech, dont l'élévation prodigieuse fait l'admiration des connaisseurs, est bâti sur deux rochers à 46 m. d'une culée à l'autre ; depuis la destruction du pont de Vieille-Brioude (Haute-Loire), cette arcade est la plus large, la plus haute et la plus hardie qu'il y ait en France.

Aux environs, on remarque le célèbre ermitage de St-Féréol.

Fabriques de bouchons de liège. Tanneries et tisseranderies. Batterie de cuivre. — *Commerce* de grains, huile, cuirs, liège, etc. —

Foires le 18 sept. (à St-Féréol) et 28 oct. — A 31 k. de Perpignan, à 943 k. de Paris.

L'arrondissement de Céret est composé de 4 cantons : Argelès, Arles, Céret, et Prats-de-Mollo.

CERFONTAINE, vg. *Nord* (Hainault), arr. et à 23 k. d'Avesnes, cant. et ⊠ de Maubeuge. Pop. 339 h.

CERGY, vg. *Seine-et-Oise* (Vexin), arr., cant., ⊠ et à 4 k. de Pontoise. Pop. 970 h.

CERILLY, jolie petite ville, *Allier* (Bourbonnais), arr. et à 40 k. de Montluçon, chef-l. de cant. Cure. ⊠. A 333 k. de Paris pour la taxe des lettres. Pop. 2,387 h. — TERRAIN cristallisé, granit.

Cette ville est assez bien bâtie, sur la rive droite de la Marmande. Les protestants la prirent et la ravagèrent en 1568. C'est la PATRIE de FRANÇOIS PÉRON, navigateur, l'un de nos plus célèbres naturalistes.

Fabriques d'étamines. Carrière de plâtre. —*Foires* les 15 et 16 fév., 11 mars, 5 mai, 6 et 25 juillet, 18 sept., 15 nov. et 20 déc.

CÉRILLY, vg. *Côte-d'Or* (Bourgogne), arr. et à 7 k. de Châtillon-sur-Seine, cant. et ⊠ de Laignes. Pop. 524 h. — *Fabriques* de clous et d'ouvrages en tôle.

CERILLY (*Yonne*) (Champagne), arr. et à 33 k. de Joigny, cant. et ⊠ de Serisiers. P. 238 h.

CERILLY, *Yonne*, comm. d'Etigny, ⊠ de Sens.

CERIBOS, *H.-Garonne*, comm. d'Estadens, ⊠ d'Aspet.

CERISÉ, vg *Orne* (Normandie), arr., cant., ⊠ et à 4 k. d'Alençon. Pop. 178 h.

CERISEAUX (grand et petit), *Seine-et-Marne*, comm. et ⊠ de Souppes.

CERISI-BELLE-ÉTOILE, *Ceresium*, vg. *Orne* (Normandie), arr. et à 24 k. de Domfront, cant. et ⊠ de Flers. Pop. 1,498 h. — . *Foires* les jeudi après la Pentecôte, et jeudi le plus près du 27 sept.

CERISIERS, bg *Yonne* (Champagne), arr. et à 20 k. de Joigny, chef-l. de cant. Cure. ⊠. A 118 k. de Paris pour la taxe des lettres. P. 1,444 h. — TERRAIN crétacé supérieur, craie. —Il est situé dans un vallon resserré, et a été presque entièrement détruit par une inondation en 1736. La récolte que l'on venait de rentrer fut enlevée, les maisons entraînées par les eaux, les habitants et les troupeaux noyés, les puits comblés, enfin tout dans la ville fut à peu près anéanti.—*Foires* les 14 fév., 20 mai, 28 août et 15 oct.

CERISY-BULEUX, vg. *Somme* (Picardie), arr., ⊠ et à 19 k. d'Abbeville, cant. de Gamaches. Pop. 516 h.

CERISY-GAILLY, vg. *Somme* (Picardie), arr. et à 28 k. de Péronne, cant. de Bray-sur-Somme, ⊠ d'Albert. ℣. Pop. 750 h. — *Fabrique* de sucre indigène.

CERISY-LA-FORÊT, bg *Manche* (Normandie), arr. et à 18 k. de St-Lô, cant. de Ste-Clair. ⊠. A 272 k. de Paris pour la taxe des lettres. Pop. 2,055 h. — *Foires* les 15 juillet et 4ᵉ mercredi de nov.

CERISY-LA-SALLE, bg *Manche* (Normandie), arr. et à 13 k. de Coutances, chef-l. de cant. Cure. Bur. d'enregist. à Coutances. ⊠. A 308 k. de Paris pour la taxe des lettres. Pop. 2,327 h.—TERRAIN de transition moyen.

On remarque aux environs plusieurs monuments druidiques. — *Fabriques* de toiles, mousselines, coutils, calicots.—*Commerce* de fil, etc. — *Foire* le 10 nov. Belle halle.

CERIZAY, bg *Deux-Sèvres* (Poitou), arr. et à 15 k. de Bressuire, chef-l. de cant. Cure. ⊠. A 360 k. de Paris pour la taxe des lettres. Pop. 1,230 b — TERRAIN cristallisé, granit.—*Fabriques* de toiles. — *Foires* le 1ᵉʳ lundi de chaque mois.

CERIZIÈRES, vg. *H.-Marne* (Champagne), arr. et à 3 k. de Vassy, cant. de Doulaincourt, ⊠ de Vignory. Pop. 328 h.

CERIZOLS, vg. *Ariège* (Gascogne), arr. et à 19 k. de St-Girons, cant. de Ste-Croix, ⊠ de St-Lizier. Pop. 784 h.

CERIZY, vg. *Aisne* (Picardie), arr., ⊠ et à 11 k. de St-Quentin, cant. de Moy. ℣. Pop. 78 h.

CERLANGUE (la), *Cervilangua*, vg. *Seine-Inf.* (Normandie), arr. et à 24 k. du Havre, cant. et ⊠ de St-Romain. Pop. 912 h.

CERLEAU (la), vg. *Ardennes* (Champagne), arr. et à 22 k. de Rocroi, cant. de Rumigny, ⊠ d'Aubenton. Pop. 178 h.

CERNANS, vg. *Jura* (Franche-Comté), arr. de Poligny et à 20 k. d'Arbois, cant. et ⊠ de Salins. Pop. 371 h.

CERNAY, *Ardennes*, comm. d'OEuilly, ⊠ de Mouzon.

CERNAY, vg. *Calvados* (Normandie), arr. et à 16 k. de Lisieux, cant. et ⊠ d'Orbec. Pop. 261 h.

CERNAY, vg. *Doubs* (Franche-Comté), arr. et à 40 k. de Montbelliard, cant. et ⊠ de Maiche. Pop. 175 h.

CERNAY, vg. *Eure-et-Loir* (Beauce), arr. et à 21 k. de Chartres, cant. et ⊠ d'Illiers. Pop. 188 h.

CERNAY, *Loiret*, comm. de Cravant, ⊠ de Beaugency.

CERNAY, ou SENNHEIM, petite ville, *H.-Rhin* (Alsace), arr. et à 34 k. de Belfort, chef-l. de cant. Cure. Gîte d'étape. ⊠. A 471 k. de Paris pour la taxe des lettres. Pop. 3,433 h. — TERRAIN d'alluvions modernes.— Elle est agréablement située, sur la rive gauche de la Thur.

Les armes de *Cernay* sont : *de gueules à un puits couvert d'argent, accosté de deux barbeaux adossés.*

Manufacture de toiles peintes. Fabriques de calicots, de garnitures de cardes. Filatures de coton. Blanchisserie de toiles. Papeterie. Haut fourneau. — *Foires* les mardis après Quasimodo, la Trinité et la St-Martin.

CERNAY, *Seine-et-Oise*, comm. de Sannois et Ermont, ⊠ de Franconville.

CERNAY, vg. *Vienne* (Poitou), arr., ⊠ et à 20 k. de Châtellerault, cant. de l'Encloître. Pop. 415 h.

CERNAY - EN - DORMOIS, bg *Marne* (Champagne), arr. et à 21 k. de Ste-Menehould, cant. et ⊠ de Ville-sur-Tourbe. Sur la Dormoise. Pop. 861 h. — PATRIE de Nic. BOUCHER qui, de fils d'un laboureur, devint évêque et comte de Verdun. On voit son portrait dans la sacristie de l'église paroissiale.

CERNAY-LA-VILLE, vg. *Seine-et-Oise* (Ile-de-France), arr. et à 12 k. de Rambouillet, cant. et ⊠ de Chevreuse. Pop. 424 h.— De ce village dépend le hameau de VAUX-DE-CERNAY, où existait jadis une abbaye de l'ordre de Cîteaux. Ce hameau est remarquable par sa situation pittoresque. A la chute de l'étang de Vaux, on voit les ruines de l'abbaye, dont la fondation date de 1128; et dans une maison de campagne des environs, une belle terrasse plantée d'arbres, qui repose sur un vaste cellier percé d'arcades et partagé dans toute sa longueur par une file de piliers qui supportent des retombées de voûtes en ogive.

CERNAY-LEZ-REIMS, vg. *Marne* (Champagne), arr., ⊠ et à 6 k. de Reims, cant. de Beine. Pop. 830 h. — L'église paroissiale de ce village est une des plus belles de la contrée.

CERNEUX, vg. *Seine-et-Marne* (Brie), arr. et à 17 k. de Provins, cant. de Villiers-St-Georges, ⊠ de Champcenest. Pop. 416 h.

CERNÉBAUD, vg. *Jura* (Franche-Comté), arr. de Poligny, et à 44 k. d'Arbois, cant. et ⊠ de Nozeroy. Pop. 274 h.

CERNIN (St-). V. SERNIN (St-).

CERNIN (St-), bg *Cantal* (Auvergne), arr. et à 15 k. d'Aurillac, chef-l. de cant. Cure. Gîte d'étape. ⊠. A 566 k. de Paris pour la taxe des lettres. Pop. 3,046 h. — TERRAIN volcanique. — On remarque sur son territoire les châteaux de Cros, de Bournazel, l'antique tour de Marzères, et les jolies campagnes du Cambon et des Réjaux. L'église paroissiale est un ancien édifice que l'on a proposé de classer au nombre des monuments historiques. — *Foires* les 20 janv., 15 avril et 26 août.

CERNIN (St-), vg. *Lot* (Quercy), arr. et à 25 k. de Cahors, cant. de Lauzès, ⊠ de Pélacoy. Pop. 1,043 h. — *Foires* les 24 avril, 28 mai, 5 oct. et 30 nov.

CERNIN-DE L'ARCHE (St-), vg. *Corrèze* (Limousin), arr. et à 15 k. de Brives, cant. et ⊠ de l'Arche. Pop. 590 h.

CERNIN-DE L'HERM (St-), vg. *Dordogne* (Périgord), arr. et à 37 k. de Sarlat, cant. et ⊠ de Villefranche-de-Belvès. Pop. 731 h.

CERNIN-DE-REILLAC, vg. *Dordogne* (Périgord), arr. et à 34 k. de Sarlat, cant. et ⊠ du Bugue. Pop. 427 h.

CERNION, vg. *Ardennes* (Champagne), arr. et à 17 k. de Rocroi, cant. de Rumigny, ⊠ de Maubert-Fontaine. Pop. 199 h.

CERNON, vg. *Jura* (Franche-Comté), arr. et à 35 k. de Lons-le-Saunier, cant. et ⊠ d'Arinthod. Pop. 505 h.

CERNON, vg. *Marne* (Champagne), arr., et à 14 k. de Châlons-sur-Marne, cant. d'Écury-sur-Coole. Pop. 182 h. — On y voit un château remarquable par la beauté de sa construction et par l'agrément de ses promenades, qu'embellissent des canaux remplis d'eaux vives.

CERNOY, vg. *Loiret* (Berry), arr. et à 18 k. de Gien, cant. et ⊠ de Châtillon-sur-Loire. Pop. 861 h.

CERNOY, vg. *Oise* (Picardie), arr. et à 12 k. de Clermont, cant. et ⊠ de St-Just-en-Chaussée. Pop. 174 h.

CERNUSSON, vg. *Maine-et-Loire* (Anjou), arr. et à 40 k. de Saumur, cant. et ⊠ de Vihiers. Pop. 362 h.

CERNY, bg *Seine-et-Oise* (Gatinais), arr. et à 17 k. d'Etampes, cant. et ⊠ de la Ferté-Aleps. Pop. 842 h. — C'était autrefois une petite ville, qui obtint une charte de commune en 1184.

CERNY-EN-LAONNOIS, vg. *Aisne* (Picardie), arr. et à 17 k. de Laon, cant. de Craonne, ⊠ de Corbeny. Pop. 204 h.

CERNY-LES-BUCY, *Aisne* (Picardie), arr., cant., ⊠ et à 6 k. de Laon. Pop. 136 h. — On y voit un ancien château fort qui a conservé ses grilles et ses herses, ainsi que les chaînes qui servaient à attacher les prisonniers.

CÉRON, vg. *Saône-et-Loire* (Charollais), arr. et à 46 k. de Charolles, cant. et ⊠ de Marcigny. Pop. 817 h.

CERONNE-LES-MORTAGNE (Ste-), vg. *Orne* (Perche), arr. et à 6 k. de Mortagne-sur-Huine, cant. de Bazoches-sur-Hoëne. Pop. 695 h. — On voit sur son territoire les ruines curieuses de la ville ancienne de MONT-CACONE, située sur une colline exposée au levant. Des fouilles faites sur cet emplacement ont fait découvrir des fondations de bâtiments, des voûtes, des débris de poterie et de briques, diverses monnaies de cuivre portant presque toutes d'un côté l'empreinte d'une tête ornée d'une couronne rayonnante, et de l'autre un soldat armé d'une lance. La colline voisine contient un grand nombre de tombeaux d'un grès très-fin, où l'on découvre quelques ossements et plusieurs médailles dont on n'a pu déchiffrer l'empreinte.

CÉRONS, vg. *Gironde* (Guienne), arr. et à 33 k. de Bordeaux, cant. et ⊠ de Podensac. ⚬. Sur la rive gauche de la Garonne. Pop. 1,344 h. — *Foire* le 7 sept.

CÉROTTE (Ste-), vg. *Sarthe* (Maine), arr., cant., ⊠ et à 5 k. de St-Calais. P. 562 h.

CÉROU (le), petite rivière qui prend sa source à 4 k. E.-N.-E. de Valence, *Tarn*; elle passe à Carmeaux, à Monestiès, près de Cordes, et se jette dans l'Aveyron, après un cours d'environ 60 k.

CERQUEUX, vg. *Calvados* (Normandie), arr. et à 21 k. de Lisieux, cant. et ⊠ d'Orbec. Pop. 232 h.

CERQUEUX, *Calvados*, comm. de St-Crespin, ⊠ de Cambremer.

CERQUEUX-DE-MAULÉVRIER (les), vg. *Maine-et-Loire* (Anjou), arr. et à 40 k. de Beaupréau, cant. et ⊠ de Cholet. Pop. 361 h.

CERQUEUX-SOUS-PASSAVANT (les), vg. *Maine-et-Loire* (Anjou), arr. et à 45 k. de Saumur, cant. et ⊠ de Vihiers. Pop. 301 h.

CERRE-LES-NOROY, vg. *H.-Saône* (Franche-Comté), arr., ⊠ et à 14 k. de Vesoul, cant. de Noroy-le-Bourg. Pop. 470 h.

CERS, vg. *Hérault* (Languedoc), arr., cant., ⊠ et à 9 k. de Béziers. Pop. 313 h.

CERSAY, vg. *Deux-Sèvres* (Poitou), arr. et à 28 k. de Bressuire, cant. et ⊠ d'Argenton-Château. Pop. 743 h.

CERSEUIL, vg. *Aisne* (Picardie), arr. et à 22 k. de Soissons, cant. et ⊠ de Braisne. Pop. 230 h.

CERSOT, vg. *Saône-et-Loire* (Bourgogne), arr. et à 22 k. de Châlons-sur-Saône, cant. et ⊠ de Buxy. Pop. 289 h.

CERT, *Ariège*, comm. de Castelnau-d'Urban, ⊠ de la Bastide-de-Séron.

CERTEMERY, vg. *Jura* (Franche-Comté), arr. de Poligny, à 10 k. d'Arbois, cant. de Villers-Farlay, ⊠ de Mouchard. Pop. 60 h.

CERTES, vg. *Gironde*, comm. d'Audenge, ⊠ de la Teste-de-Buch. C'était autrefois un bourg situé sur la baie d'Arcachon, dont il est aujourd'hui éloigné de près de 2 k. — Etablissement de la marée, 4 h. 45 m. — 6 *foires*; celle de St-Yves y attire une grande affluence d'habitants des communes environnantes.

CERTILLEUX, vg. *Vosges* (Lorraine), arr., cant., ⊠ et à 6 k. de Neufchâteau. Pop. 222 h.

CERTINES, vg. *Ain* (Bresse), arr. et à 9 k. de Bourg-en-Bresse, cant. et ⊠ de Pont-d'Ain. Pop. 437 h.

CERVARIA (lat. 43°, long. 21°). « On lit dans Mela (lib. II, cap. 5) : *Inter Pyrenæi promontoria*, ou, selon d'autres éditions que celle de Vossius : *In Pyrenæi promontorio, Portus Veneris, in sinu fulso, et Cervaria locus, finis Galliæ*. Le nom de *Cervera* est encore celui d'un cap qui couvre une anse qu'on appelle Calla Cervera, et à laquelle succède un autre cap nommé cap de las Portas. Quoique ce lieu fût autrefois de la Gaule, cependant la Catalogne l'usurpe aujourd'hui; et il y a toute apparence que le nom de *las Portas*, ou des Portes, désigne les anciennes limites et le passage de la Gaule en Espagne. Cette côte est peu correctement figurée dans la grande carte de la frontière des Pyrénées en 8 feuilles. » D'Anville. *Notice de l'ancienne Gaule*, p. 224. V. aussi Walckenaer. *Géographie des Gaules*, t. III, p. 174.

CERVENON, vg. *Nièvre*, comm. de St-Germain, ⊠ de Clamecy.

CERVIÈRE, vg. *Loire* (Forez), arr. et à 47 k. de Montbrison, cant. et ⊠ de Noirétable. Pop. 602 h. — *Foires* les lundi gras, mardi de Pâques, lundis avant la Pentecôte, avant la St-Jean, avant le 15 août, avant le 5 oct., après la Toussaint, avant Noël.

CERVIÈRES, vg. *H.-Alpes* (Dauphiné), arr., cant., ⊠ et à 8 k. de Briançon. P. 825 h.

CERVIONE, petite ville, *Corse*, arr. et à 61 k. de Bastia, chef-l. de cant. Cure. ⊠. A 1,104 k. de Paris pour la taxe des lettres. Pop. 1,536 h. — TERRAIN crétacé supérieur, craie. Cette ville est bâtie dans une situation pittoresque, sur le penchant d'un coteau, au milieu de belles plantations d'oliviers et de châtaigniers. On remarque aux environs l'église de Ste-Christine, très-ancien édifice, bâti en belles pierres blanches carrées, dont on attribue la construction aux Sarrasins : cette église a la forme d'un *tau*; au lieu d'un autel situé sur l'axe de la nef, il y en a deux placés de part et d'autre de cet axe, dans les demi-rotondes en saillie du tau. Tout l'intérieur est orné de peintures grossières. Les deux autels de demi-rotondes sont surmontés de deux figures colossales du Sauveur, portant la date de 1273; la même date est sculptée en pierre au-dessus du portail.

CERVON, *Cervedo*, bg *Nièvre* (Nivernais), arr. et à 30 k. de Clamecy, cant. et ⊠ de Corbigny. Pop. 2,060 h. — *Foires* les 1er avril, 9 mai, 4 juin, 25 août, 20 sept. et 21 déc.

CERZAT, vg. *H.-Loire* (Auvergne), arr. et à 2 k. de Brioude, cant. de Lavoute-Chilhac, ⊠ de Langeac. Pop. 547 h.

CERZAULT, *Deux-Sèvres*, com. d'Azay-Brûlé, ⊠ de St-Maixent.

CERZÉ (grand et petit), *Deux-Sèvres*, com. de Mairé-l'Evescault, ⊠ de Sauzé.

CÉSAIRE (St-), *Bouches-du-Rhône*, com. et ⊠ d'Arles-sur-Rhône.

CÉSAIRE-DE-GAUZIGNAN (St-), vg. *Gard* (Languedoc), arr., ⊠ et à 17 k. d'Alais, cant. de Vezezobre. Pop. 359 h.

CESANCEY, vg. *Jura* (Franche-Comté), arr. et à 8 k. de Lons-le-Saulnier, cant. de Beaufort. Pop. 490 h.

CÉSARIS (les), *H.-Alpes*, com. de la Batie-Neuve, ⊠ de Gap.

CÉSARVILLE, vg. *Loiret* (Orléanais), arr. et à 9 k. de Pithiviers, cant. de Malesherbes, ⊠ de Sermaises. Pop. 287 h.

CESCAU, vg. *Ariège* (Comminges), arr. et à 11 k. de St-Girons, cant. et ⊠ de Castillon. Pop. 619 h.

CESCAU, vg. *B.-Pyrénées* (Béarn), arr. et à 26 k. d'Orthez, cant. d'Arthez, ⊠ d'Artix. Pop. 540 h.

CÉSEMBRE (île de), *Ille-et-Vilaine*, com. et ⊠ de St-Malo.

CÉSERT (St-), vg. *H.-Garonne* (Languedoc), arr. et à 35 k. de Toulouse, cant. et ⊠ de Grenade-sur-Garonne. Pop. 415 h.

CESNY-AUX-VIGNES, vg. *Calvados* (Normandie), arr. et à 23 k. de Caen, cant. de Bourguebus, ⊠ de Croissanville. Pop. 223 h.

CESNY-EN-CINGLAIS, vg. *Calvados* (Normandie), arr. et à 19 k. de Falaise, cant. et ⊠ d'Harcourt-Thury. Pop. 691 h. — *Foire* le vendredi saint.

CESSAC, vg. *Gironde* (Condomois), arr. et à 23 k. de la Réole, cant. de Targon, ⊠ de Sauveterre. Pop. 217 h.

CESSALES, vg. *H.-Garonne* (Languedoc), arr., cant., ⊠ et à 9 k. de Villefranche-de-Lauragais. Pop. 234 h.

CESSE (la), petite rivière qui prend sa source au-dessus de Cassaignoles, à St-Pons, *Hérault*; elle passe à Minerve, à la Caunette, à Bize, et se jette dans le canal du Midi, vis-à-vis de l'embranchement de la Roubine de

Narbonne. — Cette rivière coule continuellement à travers des rochers escarpés et au milieu de gorges effrayantes.

CESSEINS, *Ain*. V. Ceisseins.

CESSENON, jolie petite ville, *Hérault* (Languedoc), arr. et à 34 k. de St-Pons, cant. et ✉ de St-Chinian. Pop. 2,190 h. — Elle est bâtie dans une charmante situation, sur la rive gauche de l'Orb. — Foires les 3 fév. et 16 août.

CESSERAS, vg. *Hérault* (Languedoc), arr. et à 32 k. de St-Pons, cant. d'Olonzac, ✉ d'Azille. Pop. 572 h. — On y voit les restes d'un vieux château et une grotte curieuse par les stalactites qu'elle renferme. — La grotte de Cesseras ou de Minerve, à cause du voisinage de cette commune, appelée Baume-de-la-Coquille, la troisième du département pour son importance et pour sa beauté, est dans le genre de celle de St-Guilhem-le-Désert. L'entrée est au milieu d'un rude escarpement des bords de la rivière de la Cesse. Les stalactites y paraissent souvent comme des flots amoncelés et congelés en sortant par les trous des parois verticales. On y voit une grande coquille ellipsoïde, remplie d'eau, dont les bords sont presque symétriquement contournés, qui a probablement fait donner à cette grotte le nom qu'elle porte. La grotte se compose de galeries et de salles tantôt spacieuses et tantôt étroites, présentant des objets naturels et artificiels de forme plus ou moins exacte. Les rameaux de cette grotte sont plus longs que les galeries de celle de St-Guilhem, mais les salles en sont moins vastes : elle est d'ailleurs beaucoup moins riche en stalactites. Le sol et le toit sont de marbre noir.

CESSERO (lat. 44°, long. 22°). « Ptolémée a connu le nom de *Cessero* entre les villes des *Volcæ Tectosages*, mais non pas la position qui lui convient, par la place qu'il lui donne entre Toulouse et Carcassonne, et avant que d'arriver à Béziers. Les Itinéraires et la Table théodosienne sont de plus sûrs guides, en s'accordant à marquer XII entre *Bœteræ*, ou Béziers, et *Cessero*, sur la grande voie romaine qui conduisait à Nîmes. Car cette distance, qui, en milles romains, fournit 9,000 toises et quelque chose de plus, porte à St-Tiberi, qui est *Cessero*, sans qu'il soit permis d'en douter. Un titre daté de la trentième année (*Diplom. Mabill.*, p. 541) du règne de Charles le Chauve, ou de l'an 867, en donne la preuve, en disant du monastère de St-Tiberi : *cui vocabulum est Cesurion*. On lit dans le Martyrologe composé par Adon de Vienne dans le même siècle : *In territorio Agathensi* (comme il est vrai que St-Tiberi est du diocèse d'Agde), *in Cesserone* (vel *Cesarione*, selon la leçon de différents manuscrits), *Natalis SS. Tiberii, Modestii, et Florentiæ*. Des noms de saints, comme on sait, ont pris la place d'une infinité de dénominations plus anciennes, et les ont fait oublier. St-Tiberi est sur le bord de l'Erault, dont le nom est *Araurix*; et de là vient que, dans l'Itinéraire d'Antonin, cette mansion est appelée *Araura sive Cessero*. » D'Anville. *Notice de l'ancienne Gaule*, p. 224.

CESSES, vg. *Meuse* (Lorraine), arr. et à 17 k. de Montmédy, cant. et ✉ de Stenay. Pop. 459 h.

CESSET, vg. *Allier* (Bourbonnais), arr. à 30 k. de Gannat, cant. et ✉ de St-Pourçain. Pop. 631 h.

CESSEVILLE, vg. *Eure* (Normandie), arr. et à 17 k. de Louviers, cant. et ✉ du Neubourg. Pop. 539 h.

CESSEY, vg. *Doubs* (Franche-Comté), arr. et à 22 k. de Besançon, cant. et ✉ de Quingey. Pop. 352 h.

CESSEY - LES - VITTEAUX, vg. *Côte-d'Or* (Bourgogne), arr. et à 25 k. de Semur, cant. et ✉ de Vitteaux. Pop. 105 h. — On y trouve une source d'eau thermale.
Bibliographie. D. de Maurec. *Traité des eaux de Cessei* (le Tombeau de l'envie, etc., in-12, 1679).

CESSEY - SUR - TILLE, vg. *Côte-d'Or* (Bourgogne), arr. et à 17 k. de Dijon, cant. et ✉ de Genlis. Pop. 658 h.

CESSIAT, *Jura*, com. de St-Jean-d'Etreux, ✉ de St-Amour.

CESSIÈRES, vg. *Aisne* (Picardie), arr. et à 10 k. de Laon, cant. et ✉ d'Anizy-le-Château. Pop. 605 h. — Exploitation de cendres pyriteuses.

CESSIEUX, vg. *Isère* (Dauphiné), arr., cant., ✉ et à 5 k. de la Tour-du-Pin, et à 7 k. de Bourgoin. Pop. 2,033 h. — Foire le 11 mai.

CESSON, *Côtes-du-Nord*, comm. et ✉ de St-Brieuc.

CESSON (tour de). V. St-Brieuc.

CESSON, vg. *Ille-et-Vilaine* (Bretagne), arr., cant., ✉ et à 6 k. de Rennes. P. 2,283 h. — Il est agréablement situé sur la rive droite de la Vilaine, qui commence en cet endroit à être navigable au moyen de plusieurs écluses. — On remarque aux environs de Cesson, sur la droite de la grande route de Paris, les buttes élevées de Brais et de Prince-Roche, d'où l'on jouit d'une vue admirable sur le cours de la Vilaine, le coteau d'Aigué, la forêt de Rennes, le château et les bois d'Ecures ; à l'ouest on aperçoit Rennes; au nord on domine le village de Cesson, les prairies que baigne la Vilaine, et plusieurs jolies maisons de campagne. — Foire le 12 nov.

CESSON, *Seine-et-Marne* (Gatinais), arr., cant., ✉ et à 6 k. de Melun. Pop. 372 h. — Tuileries.

CESSONS, *Gard*, comm. de Portes, ✉ de Génolhac. — Patrie du savant mathématicien et arithméticien de la vie humaine Deparcieux.

CESSOY, vg. *Seine-et-Marne* (Brie), arr. et à 17 k. de Provius, cant. et ✉ de Donnemarie. Pop. 369 h.

CESSY, vg. *Ain* (pays de Gex), arr., cant., ✉ et à 2 k. de Gex. Pop. 533 h.

CESSY-LES-BOIS, vg. *Nièvre* (Nivernais), arr. et à 8 k. de Cosnes, cant. et ✉ de Donzy. Pop. 683 h. — Forges.

CESTAS, vg. *Gironde* (Guienne), arr., et à 15 k. de Bordeaux, cant. du Pessac. Sur le chemin de fer de la Teste à Bordeaux. Pop. 935 h.

CESTAYROLS, bg *Tarn* (Languedoc), arr., cant., ✉ et à 13 k. de Gaillac. Pop. 1,109 h.

CESTIAS, *H.-Pyrénées*, comm. et ✉ de Trie.

CETON, bg *Orne* (Normandie), arr. et à 42 k. de Mortagne-sur-Huine, cant. du Theil, ✉ de la Ferté-Bernard. P. 3,559 h. — Foires les 1er août, 2 nov. et vendredi saint.

CETTE, *Setium Promontorium*, *Mons Setius*, ville forte et maritime, *Hérault* (Languedoc), arr. de Montpellier, chef-l. de cant. Place de guerre de 4e classe. Trib. et bourse de comm. Ecole d'hydrographie de 3e classe. Conseil de prud'hommes pêcheurs. Cure. Collège comm. Consulats étrangers. ✉. A 780 k. de Paris pour la taxe des lettres. Pop. 13,413 h. — Terrain d'alluvions modernes, voisin du terrain jurassique.

Autrefois diocèse et recette d'Agde, parlement de Toulouse, généralité de Montpellier, amirauté, gouvernement particulier.

Cette occupe l'emplacement d'une ancienne ville qui fut souvent prise et reprise par les Français et par les Visigoths dans le vie siècle. La ville actuelle et le port ne datent que du milieu du xviie siècle. Ce n'était auparavant qu'une plage aride où gisaient quelques cabanes de pêcheurs. La première pierre du môle fut posée le 29 juillet 1666. Une médaille, frappée à cette occasion, en l'honneur de Louis XIV, portait cette inscription : *tutum in importuoso littore portum struxit*. On est mieux fait d'appliquer ces paroles à la province de Languedoc qui supporta une partie de la dépense, laquelle s'éleva à deux millions.

La ville de Cette est dans une agréable situation, à l'embouchure du canal du Midi, sur une presqu'île qui se prolonge parallèlement à la mer, et la sépare de l'étang de Thau, que l'on est obligé de traverser sur un beau pont de cinquante-deux arches pour arriver à Cette. C'est sur cette langue de terre, dans une partie où l'on n'aperçoit peu et forme une petite montagne calcaire, que la ville est située ; elle est bâtie en amphithéâtre sur le penchant de cette colline isolée, et s'étend jusqu'au bord de la Méditerranée, où elle a un port sûr, commode et très-fréquenté. Au pied de la montagne, dont l'élévation est de 179 m., un magnifique môle, de 600 m. de long, défend le port des vents du sud et du sud-est ; il s'allonge directement vers l'est-nord-est sur une étendue de 470 m., et se brise ensuite en se dirigeant vers le nord-nord-est. A son extrémité s'élève le fort St-Louis que domine un phare à feu fixe de 25 m. de hauteur, et de 12 k. de portée. Ce fort, celui de St-Pierre, et la citadelle, construits sur l'escarpement, vers l'extrémité opposée du môle, battent la passe du port, formée par un second môle, et déjà difficile par les récifs et les sables qui se trouvent à l'entrée. Le port présente une surface de 120,000 m. carrés. Sa profondeur est de 6 m. ; il peut contenir 400 navires de diverses grandeurs. Le canal du port est bordé de beaux quais sur lesquels s'élèvent de nombreux magasins appartenant au commerce de Cette, Montpellier, etc. Un second canal, qui coupe le premier à angles droits, communique d'une part au canal des Étangs, à l'étang de Thau, au canal du Midi, à la Garonne, à l'Océan ; et de l'autre part, au canal des Étangs et au Rhône. — Sur le fort Richelieu sont deux fanaux de 60 m. de hauteur et de 6 k. de portée, placés à 740 m. du phare du môle de St-Louis.

Le port de Cette est très-important, puisqu'il est le seul dans le golfe du Lion qui offre en tout temps un asile sûr aux navires battus par la tempête ou poursuivis par l'ennemi. Ses relations commerciales s'étendent en Espagne, en Provence, en Italie, dans les Échelles du Levant, aux ports de l'Océan, à ceux du nord de l'Europe, des États-Unis, du Brésil et de l'Amérique méridionale, des îles de France et de Bourbon. Son commerce consiste dans l'exportation des vins et eaux-de-vie, liqueurs, sels, vert-de-gris, plantes tinctoriales. Il importe des laines et des cotons en rame, des chargements de blé, d'huiles, de merrain, de riz, de vermicelles, de denrées coloniales, de cuirs en poil, de liège, de sparterie, d'anchois en saumure, d'oranges, enfin de vins et eaux-de-vie de Roussillon. La plupart des gros navires arrivent à Cette sur leur lest ; plusieurs importent du sucre et du café, du chanvre, des huiles de poisson, du brai et du goudron, du suif, des bois du Nord, des fers, du cuivre, et des chargements de morue et de sardines pressées. Le cabotage est une des principales branches du commerce de Cette.

Cette communique avec Montpellier par un chemin de fer dont l'inauguration a eu lieu le 9 juin 1839, aux acclamations des populations du Midi. Cette importante communication fait du port de Cette en quelque sorte un faubourg de Montpellier, et multiplie rapidement les rapports journaliers et incessants entre ces deux villes.

En 1789, des marais salants considérables ont été établis près de cette ville. On est parvenu, dans l'espace de six ans, à former le plus vaste et le plus bel établissement que l'on connaisse en ce genre. Une plage immense, de près de 12 k. d'étendue, a été convertie en salines. Le sel qu'on en retire est d'une blancheur éblouissante ; son goût est très-piquant et n'a aucune amertume. Comme il est très-épuré et peu chargé de parties aqueuses, il peut être regardé comme un des plus sains et des plus propres à conserver aux chairs et à la marée leur fraîcheur primitive.

Cette présente plusieurs constructions d'un bon style : l'église de St-Louis mérite surtout d'être remarquée par sa belle position dominant une étendue de mer immense. La ville possède une bibliothèque publique, des bains de mer et de sable, qui attirent un concours de douze à quinze cents étrangers dans le mois de juillet. La pente douce et prolongée de la plage permet aux baigneurs de s'avancer fort loin dans la mer sans danger ; et la vague, brisée sur cette surface unie, procure des douches continuelles. — C'est dans le port de Cette que la duchesse de Berry, après son échauffourée sur Marseille, débarqua en 1832 pour se rendre dans la Vendée.

Les armes de Cette sont : coupé, le premier d'azur à un soleil d'or à senestre ; le deuxième, à une mer d'argent avec une montagne à dextre.

PATRIE DE M. PONS DE L'HÉRAULT, préfet du Rhône pendant les cent jours. — Du diplomate baron DE LESSEPS.

INDUSTRIE. Fabriques de verdet, savon vert, cendres gravelées, sirop et sucre de raisin, eaux-de-vie, esprit, eaux de senteur et parfums, bouchons, confitures, liqueurs fines très-renommées, notamment d'huile et de crème de rose, de menthe et autres ; de tonneaux parfaits et en quantité prodigieuse. Salaisons de sardines. Pêcheries importantes d'huîtres et de poisson frais. Verreries. — Construction de navires.

COMMERCE. La situation de Cette au centre des vignobles, et ses communications avec Bordeaux par le canal de Languedoc, avec Lyon par le canal de Beaucaire et le Rhône, et avec l'étang de Thau par le canal de Cette, font de cette petite ville une place de commerce très-importante. La vente des vins surtout y est considérable ainsi que celle des eaux-de-vie, dont l'exportation s'élève annuellement à plus de 40,000 tonneaux, chiffre dans lequel les eaux-de-vie entrent pour un dixième. Cette ville exporte encore des amandes, des verts-de-gris ; elle fait un commerce considérable de liqueurs fines, esprits, savon, grains, farine, fruits secs et denrées coloniales. C'est par cette voie que s'expédient dans les cinq parties du monde les abondantes productions de l'Hérault et de tout le midi de la France. Elle a un entrepôt de douanes, des sécheries de morue, de vastes chantiers de construction, des fabriques où l'on imite parfaitement les vins étrangers, etc., etc., etc.

Foires les 31 janv. et 11 août.

A 29 k. de Montpellier, 780 k. de Paris. — Lat. 43° 24′, long. 1° 22′ E.

Bibliographie. Relation de ce qui s'est passé dans la descente des ennemis au port de Cette le 30 juillet 1710, in-4°, 1711.

GRANGENT. Faits historiques sur l'île et presqu'île de Cette, ou Observations sur son commerce, etc., in-8, 1805.

BOMBONEL SIAU. Port de Cette, examen critique des ouvrages proposés pour en prévenir l'ensablement, etc., in-8°, 1836.

CETTE (canal de). Lors de l'établissement du port de Cette, en 1666, on ouvrit le canal qui porte ce nom, afin de le faire communiquer à l'étang de Thau, par suite au canal du Midi. Ce canal forme le prolongement du port de Cette, dont il n'est séparé que par un pont, qui réunit les deux parties de la ville.

CETTE-EYGUN, vg. B.-Pyrénées (Bigorre), arr. et à 32 k. d'Oloron, cant. d'Accous, ✉ de Bedous Pop. 470 h.

CEUILLON, Nièvre, comm. et ✉ de Châtillon-en-Bazois.

CEVELUM (lat. 52°, long. 24°). « La Table théodosienne, traçant une route de Noviomagus, ou de Nimègue, à Aduaca, ou à Tongres, indique Cevelum entre Noviomagus et Blariacum, dont la position se retrouve avec évidence dans celle de Blérick, près de la Meuse, vis-à-vis de Venlo. La distance de Noviomagus à Cevelum est marquée III, et de Cevelum à Blariacum XXII. En effet, l'espace actuel de Nimègue à la position de Blérick admet environ 2⅔ lieues gauloises de mesure itinéraire, quoique la mesure directe ait quelque chose de moins. Mais cette convenance dans la totalité de l'espace ne m'empêche pas d'employer la critique sur les distances qui le composent, en cherchant à connaître l'emplacement de Cevelum. Car, à la distance de Nimègue ne pouvant, à la Table, on ne trouve point de lieu qu'on puisse par quelque raison prendre pour Cevelum ; et, en déférant à une circonstance exprimée dans la Table, qui est que l'intervalle de Noviomagus à Cevelum est coupé par une rivière, qui ne saurait être que la Meuse, il faut mettre plus d'espace entre Noviomagus et Cevelum, que la Table n'en indique par le nombre III. La Meuse, passant entre Noviomagus et Cevelum, je ne distingue aucun lieu qui convienne aussi bien que Cuick à la position de Cevelum; sur laquelle une leçon plus correcte, comme on sait que la Table le demande souvent, serait Cevecum. Ce lieu de Cuick est distingué en ce qu'il donne le nom à un territoire appelé lund van Cuick. La distance de Nimègue peut s'estimer d'environ 6 lieues gauloises, et, à l'égard de Blérick, d'environ 19. Ainsi les nombres seront VI au lieu de III, d'une part, et XIX au lieu de XXII de l'autre. Ce n'est qu'en faisant plus de violence à la Table qu'on placera Cevelum à Genuep, avec Cluvier et Menso-Alting. » D'ANVILLE. Notice de l'ancienne Gaule, p. 225.

CÉVENNES (les), Cebenna, Cebennæ, Commeni, montagnes qui s'étendent du canal du Centre au canal du Midi, et de la rive droite de la Saône-Inférieure et du Rhône à la lisière où commencent les plaines des régions sud-ouest et centrales de la France, entre lesquelles s'élèvent les montagnes d'Auvergne. Les Cévennes couvrent, soit en totalité, soit en partie, les départements de l'Allier, de Saône-et-Loire, de la Loire, du Rhône, de la Haute-Loire, de l'Ardèche, de la Lozère, du Gard, de l'Aveyron, du Tarn et de l'Hérault. — Les Cévennes se lient au nord avec la Côte-d'Or, et au sud avec les Pyrénées, et forment le cinquième système ou massif de la longue suite de chaînes, de hauteurs ou de dos de pays par lesquels les eaux en Europe se trouvent partagées en deux versants généraux : océanique et méditerranéen.

Bibliographie. D'HOMBRES-FIRMAS. Mémoire sur l'arrosement dans les Cévennes, in-8, 1819.

CÉVENNES, contrée qui formait la partie septentrionale du ci-devant gouvernement de Languedoc, et comprenait le Vivarais, le Velay et le Gévaudan ; la partie la plus méridionale de cette dernière province formait le diocèse d'Alais, comprenant aujourd'hui l'arrondissement d'Alais et presque tout l'arrondissement du Vigan dans le département du Gard, et la partie orientale de l'arrondissement de Millau, département de l'Aveyron.

Lors des guerres des Albigeois, les Cévennes, comme les vallées du Piémont, furent l'asile d'un grand nombre de religionnaires auxquels, pendant trois siècles, l'inquisition ne laissa pas un instant de repos. Ces malheureux ne furent pas non plus épargnés lors des massacres de la St-Barthélemy. Sous Louis XIII, de nombreuses scènes sanglantes se passèrent dans les villes cévenoles entre les calvinistes et les catholiques ; enfin, sous Louis XIV, eut lieu en 1652 la prise d'armes appelée guerre de Walls, suscitée par le comte de Rieux, qui, de son autorité privée, avait résolu d'extirper entièrement l'hérésie dans le Vivarais. A partir de ce moment, et avant la révocation de l'édit de Nantes, des persécutions commencèrent contre les protestants de ces contrées. Ainsi, en 1681, on eut recours à ce que l'on nommait alors les *missions bottées* de Louvois, qui consistaient en différents corps de troupes qu'on envoyait dans les provinces où il y avait le plus de réformés, et qu'on logeait à discrétion chez les religionnaires jusqu'à ce que ceux-ci se fussent convertis. Puis vinrent les *dragonnades*, qui provoquèrent cette terrible guerre des camisards. Malgré le rétablissement de la paix en 1711, les persécutions continuèrent, et un édit de 1724 multiplia les cas de galères pour les actes de protestantisme. L'intervalle de 1745 à 1750 fut encore marqué par de nouvelles dragonnades et de nombreuses arrestations dans le territoire d'Uzès ; mais ce furent les dernières. Des routes que Basville, Villars et Berwick avaient fait percer dans les Cévennes facilitèrent les abords de ces montagnes ; tout en rendant impossibles les soulèvements des protestants, elles furent un bienfait pour le pays, et réparèrent un peu les souffrances qu'il avait éprouvées pendant un demi-siècle.

Bibliographie. LOUVRELEUL. *Le Fanatisme renouvelé, ou l'Histoire des sacrilèges, des incendies, des meurtres et autres attentats que les calvinistes ont commis dans les Cévennes*, 4 vol. in-12, 1701-6.
BRUEYS. *Histoire du fanatisme de notre temps*, 3 vol. in-12, 1692 ; nouv. édit., 4 vol. in-12, 1713 ; 3 vol. in-12, 1737.
CAVALIER. *Mémoire sur la guerre des Cévennes* (en anglais), in-8, 1726.
* *Le Théâtre sacré des Cévennes*, in-8, Londres, 1707.
COURT. *Histoire des troubles des Cévennes ou de la guerre des camisards sous le règne de Louis XIV*, 3 vol in-12, 1760 ; nouv. édit., 3 vol. in-12, 1819.
FLÉCHIER. *Lettres choisies sur divers sujets*, 2 vol. in-12, 1711, 1715 (on y trouve une relation des troubles des Cévennes).
RABAUT ST-ETIENNE. *Le Vieux Cévenol*, in-8, 1780 ; 2e édit. in-8, 1821.

CEYRAC *Aveyron*, comm. de Gabriac, ✉ d'Espalion.
CEYRAS, vg. *Hérault* (Languedoc), arr. et à 15 k. de Lodève, cant. et ✉ de Clermont. Pop. 760 h. — *Fabriques* de verdet.
CEYRAT, bg *Puy-de-Dôme* (Auvergne), arr., cant., ✉ et à 7 k. de Clermont-Ferrant. Pop. 1,522 h.
CEYRESTE. V. CÉRESTE.

CEYROUX, vg. *Creuse* (Limousin), arr. et à 14 k. de Bourganeuf, cant. et ✉ de Bénévent. Pop. 660 h.
CEYSSAC, vg. *H.-Loire* (Velay), arr., cant., ✉ et à 4 k. du Puy. Pop. 271 h.
Les maisons de ce village entourent la base d'un rocher sur lequel est bâti l'ancien château de Ceyssac, dont il reste encore une tour. Dans les flancs de ce rocher, on a creusé une multitude de points des grottes artificielles qui existent encore, et qui paraissent avoir servi tout à la fois de logements, d'écuries et de casemates en temps de guerre. L'église a été bâtie dans une grande excavation pratiquée dans le roc même qu'on a percé de part en part, de sorte que l'on aperçoit de cet édifice que la porte d'entrée placée au midi, et l'extrémité du sanctuaire qui prend jour au nord par une seule fenêtre. — C'est dans la commune de Ceyssac qu'on a découvert le gîte unique de zircon-hyacinthe que l'on connaisse en France.
CEYSSAT, *Puy-de-Dôme*, comm. d'Allagnat, ✉ de Rochefort.
CEYZÉRIAT, joli bourg, *Ain* (Bresse), arr. et à 8 k. de Bourg-en-Bresse, chef-l. de cant. Pop. 981 h. — On voit aux environs plusieurs restes d'antiquités, et une source minérale ferrugineuse. — *Foires* les 21 fév., 1er juin, 17 août, 2 nov., mardi après Pâques.
CEYZÉRIEU, vg. *Ain* (Bourgogne), arr. et à 11 k. de Belley, cant. de Virieux-le-Grand, ✉ de Culoz. Pop. 1,782 h. — *Foires* les 22 fév. et 29 sept.
CÉZAC, vg. *Gironde* (Guienne), arr. à 23 k. de Blaye, cant. de St-Savin, ✉ de Cavignac. Pop. 1,496 h.
A MAGRIGUES, dépendance de la commune de Cézac, existe une chapelle de transition entre le style roman et le style ogival, qui, a-t-on dit, appartenait aux templiers. Le plan est un parallélogramme de 10 m. de largeur sur 20 m. de profondeur. Le sanctuaire est à l'orient et rectiligne ; l'entrée est à l'occident et sans clocher.
CÉZAC, vg. *Lot* (Quercy), arr. à 36 k. de Cahors, cant. et ✉ de Castelnau-de-Montratier. Pop. 573 h.
CÉZAIRE (St-), vg. *Charente-Inf.* (Saintonge), arr. et à 5 k. de Saintes, cant. et ✉ de Burie. Pop. 945 h.
CÉZAIRE (St-), *Meurthe*, comm. de Parey-St-Cézaire, ✉ de Vezelize.
CEZAIRE (St-), vg. *Var* (Provence), arr., ✉ et à 13 k. de Grasse, cant. de St-Vallier. Pop. 1,038 h. — Ce village, formé de plusieurs rues bien percées qui aboutissent à une place, est bâti au bord d'un précipice, au fond duquel la rivière de la Siagne roule avec impétuosité. On y voit de vastes citernes de construction romaine, et dans la campagne les ruines d'une villa élevée sur un rocher taillé à pic, à peu de distance de la chapelle St-Ferréol. — A environ 4 k. de St-Cézaire, au quartier de la Foux, on remarque une belle source d'eau pure qui jaillit d'un vaste réservoir souterrain, où l'on entre par une ouverture étroite dans une grotte formée d'énormes rochers, dont les uns servent de parois et les autres

forment la voûte, qui s'élève dans certains endroits à une hauteur prodigieuse. — *Foire* le 18 sept.
CÉZAIS, vg. *Vendée* (Poitou), arr. et à 14 k. de Fontenay-le-Comte, cant. et ✉ de la Châtaigneraie. Pop. 474 h.
CÉZAN, vg. *Gers* (Armagnac), arr. et à 18 k. de Lectoure, cant. et ✉ de Fleurance. Pop. 577 h.
CÉZARDIÈRES (les), *Seine-et-Oise*, com. de St-Yon, ✉ de St-Chéron.
CÉZAS, vg. *Gard* (Languedoc), arr. et à 20 k. du Vigan, cant. et ✉ de Sumène. Pop. 133 h.
CÉZAY, vg. *Loire* (Forez), arr. à 26 k. de Montbrison, cant. de Boën, ✉ de St-Germain-Laval. Pop. 437 h.
CÈZE (la), petite rivière qui prend sa source près du village de Villefort, arr. de Mende, dép. de la *Lozère* ; elle entre peu après dans le département du Gard, passe à St-Ambroix et près de Bagnols, et se jette dans le Rhône un peu au-dessus de Caderousse, après un cours d'environ 80 k. Elle roule des paillettes d'or.
CÉZENS, vg. *Cantal* (Auvergne), arr. et à 22 k. de St-Flour, cant. et ✉ de Pierrefort. Pop. 1,017 h. *Foires* le 12 juillet et vendredi de la mi-carême.
CÉZIA, vg. *Jura* (Franche-Comté), arr. et à 36 k. de Lons-le-Saulnier, cant. et ✉ d'Arinthod. Pop. 169 h.
CÉZY, vg. *Yonne* (Champagne), arr., cant. ✉ et à 5 k. de Joigny. Pop. 1,395 h. Sur la rive gauche de l'Yonne. — C'était autrefois une ville forte que le duc de Bourgogne fit assiéger en 1434. Le célèbre Jacques Cœur y avait un des plus beaux châteaux de la province.

CHAALIS, *Caroli Locus*, *Chailly*, *Oise*, comm. de Fontaine-les-Corps-Nus, ✉ de Senlis. — On y remarque les ruines d'une abbaye de l'ordre de Cîteaux.
L'abbaye de Chaalis fut d'abord un petit prieuré de bénédictins, fondé au XIIe siècle par Regnault, seigneur de Merlon. Du prieuré Louis VII fit une abbaye, à laquelle il donna le nom de Chaalis en l'honneur de son cousin Charles le Bon, comte de Flandre. Les abbés jouissaient du droit de haute, moyenne et basse justice ; leurs prisons ont été converties en auberges. — On remarque encore à l'extrémité du transept nord de l'église une tour obscure, percée de meurtrières très-rares et très-étroites, qui servait de prison aux moines réfractaires ou relâchés. Il ne reste plus de l'église que ce transept nord, qui se termine en abside pentagone, forme excessivement rare ; la presque totalité des transepts des églises se terminant carrément.

CHABALIER, *Lozère*, comm. de Chasserades, ✉ de Blaymard.
CHABAN, *Charente-Inf.*, comm. de Cramchaban, ✉ de Mauzé.
CHABAN, *Deux-Sèvres*, comm. de Chauray, ✉ de Niort.
CHABANAIS, *Chabanosium*, petite ville, *Charente* (Angoumois), arr. et à 16 k. de Confolens, chef-l. de cant. Cure. Gîte d'étape.

✉. ⌀. A 428 k. de Paris pour la taxe des lettres. Pop. 1,877 h. — TERRAIN jurassique.

Autrefois principauté, chapitre et prieuré, diocèse et intendance de Limoges, parlement de Paris, élection d'Angoulême. — Cette ville est bâtie dans une position agréable, sur la Vienne, qu'on y passe sur un pont fort ancien. On y remarque une tour antique et les ruines d'un château qui a appartenu à Colbert.

Commerce de grains, haricots, châtaignes et bestiaux. — *Foires* les 17 de chaque mois.

PATRIE du lieutenant général DUPONT-CHAUMONT. — Du lieutenant général P. DUPONT, ministre de la guerre sous la restauration, connu par la désastreuse capitulation de Baylen.

CHABANAS, *H.-Vienne*, comm. et ✉ de St-Junien.

CHABESTAN, vg. *H.-Alpes* (Dauphiné), arr. et à 33 k. de Gap, cant. et ✉ de Veynes. Pop. 280 h.

CHABEUIL, petite et ancienne ville, *Drôme* (Dauphiné), arr. et à 12 k. de Valence, chef-l. de cant. Cure. Collége communal. ✉. A 568 k. de Paris pour la taxe des lettres. P. 4,461 h. — TERRAIN d'alluvions modernes.

Selon d'Anville, Chabeuil est le *Cerelelliaca* mentionné dans les Itinéraires entre Aoste et Valence. C'est dans ses environs que l'empereur Constance fit préparer l'expédition pour repousser les barbares qui s'avançaient dans les Gaules, vers 353, expédition dont Julien, surnommé l'Apostat, eut le commandement, et dans le cours de laquelle il parvint à l'empire. Vers 1208, Goutard, seigneur de Chabeuil, soutint un siége dans son château contre l'évêque de Valence, qui s'empara de cette forteresse et fit Goutard prisonnier.

Les armes de **Chabeuil** sont : *d'azur à un lis au naturel posé en pal, les fleurs d'argent, les feuilles et la tige de sinople; le bas de la tige enlacé d'un lacs d'amour d'argent*.

Cette ville est assez mal bâtie, sur la rive gauche de la Véore, et dominée par les ruines de l'ancien château, dont la tour subsiste encore ; elle avait autrefois le titre de principauté.

PATRIE de M. DE MONTALIVET, ministre de l'intérieur sous l'empire.

Fabriques de draps communs. Filatures de soie. Tanneries et mégisseries. Papeteries. Blanchisseries de toiles. — *Foires* les 24 fév., 23 avril, 24 juin, 10 août, 28 oct. et 8 déc.

CHABLIS, *Capleia*, *Cabliacum*, petite ville *Yonne* (Champagne), arr. et à 19 k. d'Auxerre, chef-l. de cant. Cure. ✉. ⌀. A 180 k. de Paris pour la taxe des lettres. Pop. 2,603 h. — TERRAIN jurassique, étage supérieur du système oolitique.

Autrefois prévôté, diocèse de Langres, parlement et intendance de Paris, élection de Tonnerre, gouvernement particulier.

Cette ville est située sur la rive gauche du Serain, au milieu d'un riche vignoble qui donne des vins blancs très-renommés. — *Fabriques* de feuillettes et de biscuits. Tanneries. — Commerce de vins dits de Chablis estimés. — *Foires* les 1er mai, 31 août, 31 oct., 31 déc. et 1er lundi de carême, jeudi saint, samedi avant le 14 juillet.

CHABONS, vg. *Isère* (Dauphiné), arr. et à 18 k. de la Tour-du-Pin, et à 23 k. de Bourgoin, cant. et ✉ du Grand-Lemps. P. 2,268 h. — *Foires* les 28 janv., mardi après Pâques, 3 août et 3 oct.

CHABOTTES, vg. *H.-Alpes* (Dauphiné), arr. et à 18 k. de Gap, cant. et ✉ de St-Bonnet. Pop. 714 h.

CHABOTTONNES, vg. *H.-Alpes* (Dauphiné), arr. et à 20 k. de Gap, cant. et ✉ de St-Bonnet. Pop. 157 h.

CHABOURNAIS, vg. *Vienne* (Poitou), arr. et à 17 k. de Poitiers, cant. et ✉ de Neuville. Pop. 668 h.

CHABRAIS (St-), vg. *Creuse* (Marche), arr. et à 19 k. d'Aubusson, cant. et ✉ de Chénérailles. Pop. 1,235 h.

CHABRAC, vg. *Charente-Inf.* (Angoumois), arr. et à 10 k. de Confolens, cant. et ✉ de Chabanais. ⌀. Pop. 817 h.

CHABRIGNAC, vg. *Corrèze* (Limousin), arr. et à 33 k. de Brives, cant. et ✉ de Juillac. P. 689 h. — Mine de plomb exploitée.

CHABRILLAN, vg. *Drôme* (Dauphiné), arr. et à 45 k. de Die, cant. et ✉ de Crest. Pop. 1,025 h. — Filature de soie. — *Foire* le 10 avril.

CHABRIS, *Carobriæ*, vg. *Indre* (Berry), arr. et à 42 k. d'Issoudun, cant. de St-Christophe, ✉ de Selles-sur-Cher. Pop. 2,730 h. Sur la rive gauche du Cher. — *Foires* les 9 avril et 8 mai.

CHACÉ, vg. *Maine-et-Loire* (Anjou), arr., cant., ✉ et à 7 k. de Saumur. Pop. 780 h. — Dans une prairie, à peu de distance de ce village, on voit près de la rive droite du Thouet un peulvan composé d'une seule pierre brute posée verticalement ; sa hauteur est de 3 m., sa largeur de 2 m. sur 3 d'épaisseur. Cette énorme pierre, la seule qui soit dans cette grande prairie, produit de loin un très-bel effet, soit qu'elle se réfléchisse dans l'eau, dont elle est environnée à chaque débordement du Thouet, soit qu'au printemps elle se détache par sa blancheur de la verdure naissante qui lui sert de fond.

CHACENAY, vg. *Aube*. V. CHASSENAY.

CHACORNAC, *H.-Loire*, comm. et ✉ de Cayres.

CHACRISE, vg. *Aisne* (Picardie), arr., ✉ et à 15 k. de Soissons, cant. d'Oulchy. Pop. 453 h.

CHADELEUF, vg. *Puy-de-Dôme* (Auvergne), arr. et à 10 k. d'Issoire, cant. et ✉ de Champeix. Pop. 400 h.

CHADENAC, bg *Charente-Inf.* (Saintonge), arr. et à 31 k. de Saintes, cant. et ✉ de Pons. Pop. 796 h.

CHADENET, vg. *Lozère* (Languedoc), arr., ✉ et à 14 k. de Mende, cant. de Blaymard. P. 229 h.

CHADENIERS, *Charente-Inf.*, comm. de Gémozac, ✉ de Pons.

CHADERNOLLES, *Puy-de-Dôme*, comm. de Marsac, ✉ d'Ambert.

CHADRAC, vg. *H.-Loire* (Languedoc), arr., cant., ✉ et à 3 k. du Puy. Pop. 160 h.

CHADRAT, *Puy-de-Dôme*, comm. de St-Saturnin, ✉ de Veyre.

CHADRON, vg. *H.-Loire* (Languedoc), arr. et à 12 k. du Puy, cant. et ✉ du Monastier. Pop. 753 h.

CHADURIE, vg. *Charente* (Angoumois), arr. et à 16 k. d'Angoulême, cant. et ✉ de Blanzac. Pop. 809 h. — *Foires* les 17 janv., 17 fév., 17 mars, 17 mai et 17 juin.

CHAFFART (le), *Isère*, comm. des Avenières, ✉ de Morestel.

CHAFFAT, vg. *Drôme* (Dauphiné), arr. et à 34 k. de Valence, cant. et ✉ de Crest. Pop. 250 h. — *Foire* le 4 oct. (au hameau de la Vacherie).

CHAFFAT (le), *Isère*, comm. de Roche, ✉ de la Verpillière.

CHAFFAUT (le), *Castrum de Cadafalio*, vg. *B.-Alpes* (Provence), arr., cant., ✉ et à 13 k. de Digne. Pop. 262 h.

CHAFFOIS, vg. *Doubs* (Franche-Comté), arr., cant., ✉ et à 9 k. de Pontarlier. P. 730 h.

CHAFFREY (St-), vg. *H.-Alpes* (Dauphiné), arr., ✉ et à 3 k. de Briançon, cant. de Monetier. Pop. 1,247 h.

CHAGEY, vg. *H.-Saône* (Franche-Comté), arr. et à 25 k. de Lure, cant. et ✉ d'Héricourt. Pop. 854 h. — *Fabrique* de tissus de coton. — Forges et haut fourneau.

CHAGNON, bg *Loire* (Forez), arr. et à 21 k. de St-Etienne, cant. et ✉ de Rive-de-Gier. Pop. 530 h.

CHAGNY, vg. *Ardennes* (Champagne), arr. de Mézières, et à 25 k. de Charleville, cant. d'Omont, ✉ de Flize. — *Fabriques* de clous.

CHAGNY, vg. *Orne* comm. du Pin, ✉ de Nonant.

CHAGNY, bg *Saône-et-Loire* (Bourgogne), arr. et à 17 k. de Châlons-sur-Saône, chef-l. de cant. Cure. Gîte d'étape. ⌀. A 323 k. de Paris pour la taxe des lettres. Pop. 2,926 h. — TERRAIN tertiaire supérieur.

Autrefois baronnie, bailliage et recette de Châlons, parlement et intendance de Dijon.

Il est assez bien bâti, dans une contrée agréable et fertile en vins, sur la rivière de Dheune et près du canal du Centre. C'est un bourg fort ancien, dont il est fait mention dans une charte de l'empereur Lothaire, datée de 840. Les habitants furent affranchis et le bourg érigé en commune en 1224.

L'église paroissiale, composée d'une nef et de deux bas côtés, est un édifice commencé dans le XIIe siècle et achevé dans le XIVe.

Fabriques de toiles et de serges. Exploitation de vastes carrières de pierre d'un grain très-fin, pour des constructions hydrauliques. — *Commerce* de vins estimés de son territoire. — *Foires* les 12 juin, 30 août, 15 oct., 14 déc. et jeudi avant la Chandeleur.

CHAHAIGNES, *Chahana*, bg *Sarthe* (Maine), arr. et à 31 k. de St-Calais, cant. et ✉ de la Chartre-sur-le-Loir. Pop. 1,538 h. — Papeterie.

CHAHAINS, vg. *Orne* (Normandie), arr. et à 27 k. d'Alençon, cant. et ✉ de Carrouges. Pop. 284 h.

CHAIGNAY, vg. *Côte-d'Or* (Bourgogne), arr. et à 18 k. de Dijon, cant. et ✉ d'Is-sur-Tille. Pop. 586 h.

CHAIGNES, vg. *Eure* (Normandie), arr. et à 28 k. d'Evreux, cant. et ✉ de Pacy-sur-Eure. Pop. 231 h. — Tuilerie.

CHAIL, vg. *Deux-Sèvres* (Poitou), arr., cant., ✉ et à 5 k. de Melle. Pop. 515 h.

CHAILAND (le), *Lozère*, comm. de Chaudeyrac, ✉ de Châteauneuf-de-Randon.

CHAILLAC, bg *Indre* (Berry), arr. et à 28 k. du Blanc, cant. et ✉ de St-Benoît-du-Sault. Pop. 2,663 h. — *Foires* les 10 fév. et 10 juin.

CHAILLAC, vg. *H.-Vienne* (Limousin), arr. et à 9 k. de Rochechouart, cant. et ✉ de St-Junien. Pop. 1,213 h.

CHAILLAND, bg *Mayenne* (Maine), arr. et à 20 k. de Laval, chef-l. de cant. Cure. Bur. d'enregist. à St-Ouen-du-Toit, ✉ d'Ernée. Pop. 2,504 h. — TERRAIN de transition moyen, voisin du terrain cristallisé. — Exploitation de houille, haut fourneau, forges (sur l'Ernée). Fours à chaux.

CHAILLÉ-LES-MARAIS, bg *Vendée* (Poitou), arr. et à 19 k. de Fontenay-le-Comte, chef-l. de cant. Cure. Bur. d'enregist. à Luçon. ✉. A 474 k. de Paris pour la taxe des lettres. P. 2,296 h. — TERRAIN d'alluvions modernes. Il est situé au milieu des marais, sur la grande route de Bourbon-Vendée à la Rochelle. — *Fabriques* de toiles communes. — *Foires* les 3ᵉˢ lundis d'avril et de sept.

CHAILLÉ-LES-ORMEAUX, vg. *Vendée* (Poitou), arr., cant., ✉ et à 12 k. de Bourbon-Vendée. Pop. 1,248 h.

CHAILLES, vg. *Loir-et-Cher* (Blaisois), arr., cant., ✉ et à 7 k. de Blois. Pop. 851 h.

CHAILLEVETTE, bg *Charente-Inf.* (Saintonge), arr. et à 14 k. de Marennes, cant. et ✉ de la Tremblade. Pop. 928 h.

CHAILLEVOIS, vg. *Aisne* (Picardie), arr. et à 10 k. de Laon, cant. d'Anizy-le-Château, ✉ de Chavignon. Pop. 227 h. — Usine vitriolique.

CHAILLEY, vg. *Yonne* (Champagne), arr. et à 35 k. de Joigny, cant. de Brienon, ✉ de St-Florentin. Pop. 1,268 h. — *Foires* les 14 fév., 5 mars, 26 déc. et lundi de la Pentecôte.

CHAILLOL, *H.-Alpes*, comm. de St-Michel-de-Chaillol, ✉ de St-Bonnet.

CHAILLON, vg. *Meuse* (Lorraine), arr. de Commercy, ✉ et à 10 k. de St-Mihiel, cant. de Vigneulles. Pop. 540 h.

CHAILLOT, *Caleio*, *Callevio*, vg. *Seine*, com. et ✉ de Paris. Chaillot est un village très-ancien, cité pour la première fois dans un acte du xIᵉ siècle. Il a été érigé en faubourg de Paris en 1659, sous le nom de faubourg de la Conférence, et enclavé dans l'intérieur de cette capitale lors de la construction du mur d'enceinte par les fermiers généraux en 1786, 1787 et 1788. C'est aujourd'hui, pour ainsi dire, une petite ville tombée par hasard dans un coin de Paris, dont il forme un des plus agréables faubourgs intérieurs, séparé de la grande cité d'un côté par la Seine, et de l'autre par les Champs-Elysées. V. PARIS.

CHAILLOUÉ, *Calecta*, bg *Orne* (Normandie), arr. et à 31 k. d'Alençon, cant. et ✉ de Sées. Pop. 804 h. — Forges et martinets.

CHAILLY, *Challeium*, vg. *Côte-d'Or* (Bourgogne), arr. et à 45 k. de Beaune, cant. et ✉ de Pouilly-en-Montagne. Pop. 623 h. — *Foires* les 22 avril, 2 juin et 10 oct.

CHAILLY, vg. *Loiret* (Gatinais), arr. et à 17 k. de Montargis, cant. et ✉ de Lorris. Pop. 540 h.

CHAILLY, ou CRAILLY-EN-BRIE, *Cailliacum*, vg. *Seine-et-Marne* (Brie), arr., cant., ✉ et à 4 k. de Coulommiers. P. 838 h.

CHAILLY, ou CHAILLY-EN-BIÈRE, vg. *Seine-et-Marne* (Gatinais), arr., cant. et à 10 k. de Melun. ✉. ✪. A 50 k. de Paris pour la taxe des lettres. Pop. 268 h.

CHAILLY-LÈS-ENNERY, vg. *Moselle* (pays Messin), arr., ✉ et à 13 k. de Metz, cant. de Vigy. Pop. 1,001 h.

CHAINÉE-DES-COUPIS, vg. *Jura* (Franche-Comté), arr. et à 20 k. de Dôle, cant. de Chaussin, ✉ du Deschaux. Pop. 232 h.

CHAING, *Yonne*, comm. de Neuvy-Sautour, ✉ de St-Florentin.

CHAINGY, vg. *Loiret* (Orléanais), arr., cant., ✉ et à 11 k. d'Orléans. Pop. 1,770 h.

CHAINTRÉ, vg. *Saône-et-Loire* (Bourgogne), arr., ✉ et à 9 k. de Mâcon, cant. de la Chapelle-Guinchay. Pop. 569 h.

CHAINTRÉAUVILLE, *Seine-et-Marne*, comm. de St-Pierre, ✉ de Nemours.

CHAINTREAUX, vg. *Seine-et-Marne* (Gatinais), arr. et à 31 k. de Fontainebleau, cant. de Château-Landon, ✉ d'Egreville. Pop. 803 h.

CHAINTRIX, vg. *Marne* (Champagne), arr. et à 22 k. de Châlons-sur-Marne, cant. et ✉ de Vertus. ✪. P. 264 h. — Papeterie.

CHAIR-AUX-GENS (la), *Seine-et-Marne*, com. de Jouy-sur-Morin, ✉ de la Ferté-Gaucher.

CHAISE (la), vg. *Aube* (Champagne), arr. et à 24 k. de Bar-sur-Aube, cant. de Soulaines, ✉ de Ville-sur-Terre. Pop. 91 h.

CHAISE (la), vg. *Charente* (Saintonge), arr., cant., ✉ et à 10 k. de Barbezieux. Pop. 706 h.

CHAISE (la), *Loir-et-Cher*, comm. de St-Georges-sur-Cher, ✉ de Montrichard.

CHAISE (la), *Nièvre*, comm. de Planchez, ✉ de Château-Chinon.

CHAISE (la), *H.-Vienne*, comm. de St-Sylvestre, ✉ de Chanteloube.

CHAISE-BAUDOIN (la), vg. *Manche* (Normandie), arr. et à 14 k. d'Avranches, cant. et ✉ de Brecey. Pop. 886 h.

CHAISE-DIEU, vg. *Eure* (Normandie), arr. et à 31 k. d'Evreux, cant. de Rugles, ✉ de Chanday. Pop. 559 h. — *Fabriques* d'épingles.

CHAISE-DIEU (la), *Casa Dei*, petite ville, *H.-Loire* (Auvergne), arr. et à 38 k. de Brioude, chef-l. de cant. Cure. Gîte d'étape. ✉. ✪. A 475 k. de Paris pour la taxe des lettres. Pop. 1,923 h. — TERRAIN cristallisé.

Cette ville doit son origine à une célèbre abbaye de bénédictins, fondée par saint Robert, vers le milieu du IXᵉ siècle. L'église fut dédiée à saint Rancon en 1052, et l'établissement consacré par le pape Urbain II en 1095. La ferveur des moines et leur exactitude à observer la règle de St-Benoît, attira les donations de plusieurs grands seigneurs et des riches bourgeois; en peu de temps une petite ville se forma autour du couvent, auquel Robert donna le nom mystique de Case-Dieu. Ce monastère, où l'on compta jusqu'à trois cents religieux, devint dès lors le plus fameux de l'Auvergne et le plus productif de France. Il subit toutefois, à diverses époques, de cruelles dévastations: Blacons, un des lieutenants du farouche baron des Adrets, s'empara de la ville de la Chaise-Dieu, qui fut reprise peu de temps après par les catholiques. L'abbaye était alors entourée de murs très-épais, construits en 1378, et défendue par une vaste et forte tour carrée attenant à l'église, où se retirèrent les religieux, qu'on ne put forcer dans cette retraite. Cette tour avait été bâtie par ordre de Clément VI, auquel on doit aussi la construction de l'église, l'une des plus belles qui subsistent en France.

L'église abbatiale de la Chaise-Dieu est d'architecture gothique, à ogives et à nervures. Elle a 92 m. de longueur et 29 de largeur, les dimensions des chapelles non comprises. Le chœur a 40 m. de long jusqu'à la grille du sanctuaire, et ses deux côtés sont bordés de cent cinquante-six stalles sculptées avec beaucoup de richesse et de goût; les voûtes, aussi solides que hardies, sont supportées par vingt-deux colonnes de 8 m. de circonférence. Au milieu du chœur s'élève un monument funèbre en marbre noir, sur lequel est couchée une statue en marbre blanc, revêtue d'habits pontificaux et la tiare sur la tête; c'est le tombeau du pape Clément VI, qui voulut être inhumé dans l'église qu'il avait fait construire par reconnaissance pour l'instruction qu'il avait reçue à la Chaise-Dieu. L'orgue est orné de sculptures en bois du style de Lepautre, d'une composition large et riche, qui égale ce que cet architecte a fait de plus beau à Versailles. Le portail est orné de bas-reliefs, de figures de saints de différents cotés; ils sont d'une lave noire très-ressemblante à celle de Volvic.

Des peintures fort curieuses, et maintenant assez rares, entourent le chœur; elles représentent la danse macabre, où la danse des morts, branle de personnages que la mort et les démons, qui lui servent de satellites, animent à cette fête fantastique au son du rebec ou du psaltérion. La ronde se divise en autant de menuets que la mort danse seule avec seule avec des gens de tout âge et de tous les états; d'autres fois la ronde devient générale, et une foule bizarre, bruyante, pressée, décrit un cercle ou développe une longue ligne où les génies de la mort alternent dans les rangs avec les danseurs, et contrastent avec des jeunes hommes et des jeunes femmes, avec des seigneurs et de grandes dames richement vêtues, ou de pauvres gens couverts des haillons de la misère ; allégorie grave et terrible du néant de l'homme et de l'égalité de la mort !

Fabriques de dentelles. — *Foires* les 1er août, 1er jeudi de carême, jeudi avant les Rogations, et 1er jeudi de chaque mois.

CHAIX, *Ain*, comm. d'Injoux, ⊠ de Châtillon-de-Michaille.

CHAIX, vg. *Vendée* (Poitou), arr., cant., ⊠ et à 5 k. de Fontenay-le-Comte. P. 434 h.

CHAIZE-GIRAULT, vg. *Vendée* (Poitou), arr. et à 16 k. des Sables, cant. et ⊠ de St-Gilles-sur-Vie. Pop. 228 h. — *Foires* les 1er mars, 7 avril, 15 mai, 17 juillet, 7 nov. et le 1er mercredi de sept.

CHAIZE-LE-VICOMTE (la), vg. *Vendée* (Poitou), arr., cant., ⊠ et à 10 k. de Bourbon-Vendée. Pop. 2,100 h. — *Foires* le 3e mardi de mars, avril, mai, juin, sept. et nov.

CHALABRE, jolie petite ville, *Aude* (pays de Foix), arr. et à 27 k. de Limoux, chef-l. de cant. Cure. Chambre consultat. des manufact. ⊠. ⚘. A 817 k. de Paris pour la taxe des lettres. Pop. 3,416 h. — Terrain tertiaire moyen.

Cette ville est dans une situation agréable, sur la rive droite du Lers, à l'extrémité de deux vallons arrosés par le Blau et le Chalabreil. On y arrive, en venant de Limoux, par une route pittoresque, qui descend en serpentant pendant environ 4 k., jusqu'au château semi-gothique, semi-moderne, situé à l'entrée de la ville, qu'il domine d'une manière pittoresque, et dans l'intérieur duquel on voit la statue de son premier possesseur, le sire de Bruyères, l'un des compagnons de Simon de Montfort dans les guerres qui désolèrent ce pays. On longe ce château à gauche en arrivant sur les boulevards de la ville, bâtie au fond du vallon, sur le bord du Lers. Il est difficile de voir une ville plus régulière et plus petite pour son enceinte ; le milieu est marqué par une place centrale qu'occupe une halle, et d'où partent toutes les rues principales, dirigées du centre aux extrémités ; la circonférence en est dessinée par une allée de platanes qui porte le nom de Cours et aboutit aux faubourgs, lesquels forment à eux seuls les trois quarts de la ville. — Chalabre s'annonce assez bien, grâce au haut clocher, surmonté d'une flèche et flanqué d'une tourelle, ainsi que par un ermitage perché sur un mamelon qui domine la ville, et ajoute au pittoresque de sa situation.

Manufactures considérables de draps, fabriquant annuellement 14 ou 15,000 pièces. Filatures de laine. Teintureries. — *Foires* les 30 juin, 1er août, 15 sept., 18 et 19 oct., 22 et 23 déc., le samedi de Pâques, mardi avant mardi des Cendres, samedi avant la fin de l'Ascension.

CHALAGNAC, vg. *Dordogne* (Périgord), arr., ⊠ et à 14 k. de Périgueux, cant. de Vergt. Pop. 696 h.

CHALAIN-D'UZORE, vg. *Loire* (Forez), arr., cant., ⊠ et à 12 k. de Montbrison. Pop. 274 h.

CHALAIN-LE-COMTAT, vg. *Loire* (Forez), arr., cant., ⊠ et à 12 k. de Montbrison. Pop. 532 h.

CHALAINES, vg. *Meuse* (Lorraine), arr. de Commercy, et à 38 k. de St-Mihiel, cant. et ⊠ de Vaucouleurs. P. 371 h.

CHALAIS, bg *Charente* (Saintonge), arr. et à 30 k. de Barbezieux, chef-l. de cant. Cure. Gîte d'étape. ⊠. A 518 k. de Paris pour la taxe des lettres. Pop. 616 h. — Terrain crétacé inférieur, grès vert. — Il est bâti sur la rive droite de la Tude et dominé par un ancien château. C'était autrefois une place forte, qui fut prise le 17 juin 1432 par les troupes de Charles VII ; quatre-vingts soldats qui avaient survécu au combat furent décapités. — Tanneries. — *Foires* les 20 janv., avril, juin, nov., déc., 30 mars, mai, juillet, août, sept., oct. et 28 fév.

CHALAIS, vg. *Dordogne* (Périgord), arr. et à 25 k. de Nontron, cant. de Jumilhac-le-Grand, ⊠ de Thiviers. Pop. 800 h. — Fonderies et haut fourneau.

CHALAIS, vg. *Indre* (Berry), arr. et à 15 k. du Blanc, cant. et ⊠ de Bélabre. Pop. 732 h.

CHALAIS, vg. *Vienne* (Poitou), arr., cant., ⊠ et à 4 k. de Loudun. Pop. 769 h.

CHALAMONT, *Calamontium*, petite ville, *Ain* (Dombes), arr. et à 29 k. de Trévoux, chef-l. de cant. Cure. Gîte d'étape. Bureau d'enregist. à Maximieux. ⚘. A 447 k. de Paris pour la taxe des lettres. Pop. 1,561 h. — Terrain tertiaire supérieur, alluvions anciennes. — Cette ville est située sur une montagne, entre deux grands étangs ; elle était autrefois défendue par un fort château, qui a été détruit lors des guerres qu'elle eut à soutenir contre les ducs de Savoie. — Commerce de gibier et de poisson. — *Foires* les 16 août, lundi saint, lundi des Rogations, lundi après 29 sept., après St-André et le lundi gras.

CHALAMONT, *Doubs*. V. Villers-sous-Chalamont.

CHALAMPÉ, vg. *H.-Rhin* (Alsace), arr. et à 39 k. d'Altkirch, cant. et ⊠ d'Habsheim. Pop. 313 h.

CHALANCEY, bg *H.-Marne* (Champagne), arr. et à 28 k. de Langres, cant. et ⊠ de Prauthoy. Pop. 431 h. — On y voit un ancien château où séjourna Louis XIII en 1639 : la chambre dans laquelle il coucha existe encore aujourd'hui. La partie de ce château qui regarde l'ouest est très-ancienne ; sa forme est à peu près celle d'un demi-cercle, au milieu duquel s'élève le donjon ; la façade opposée est plus moderne. On arrive au château par deux ponts jetés sur les fossés, qui sont encore dans l'état où ils étaient autrefois ; seulement la source qui servait à les remplir n'y forme plus qu'un limpide ruisseau ; de nombreux peupliers s'élan-

cent de leur profondeur, et le lierre qui s'attache aux rochers et aux vieux murs y forme un rempart de verdure. Le château est entouré par une plantation de tilleuls séculaires, et par un jardin anglais qui communique, au moyen d'un pont jeté sur une rue, à un parc de plus de 4 k. de long, traversé par de nombreuses allées, et dans lequel on trouve plusieurs fabriques. Une grotte située dans le parc renferme trois bas-reliefs romains, qui ont été trouvés à Langres.

CHALANCEY, *Saône-et-Loire*, comm. et ⊠ de Couches.

CHALANÇON, petite ville, *Ardèche* (Languedoc), arr. et à 39 k. de Tournon, cant. et ⊠ de Vernaux. Pop. 1,125 h. — *Foires* les 25 janv., 24 fév., 30 juin, 10 août, 9 oct., 11 nov., 13 déc., mercredi de la semaine sainte.

CHALANÇON, vg. *Drôme* (Dauphiné), arr. et à 35 k. de Die, cant. et ⊠ de la Motte-Chalançon. Pop. 523 h.

CHALANÇON, *H.-Loire*, comm. de St-André-de-Chalançon, ⊠ de Monistrol.

CHALANDRAY, vg. *Vienne* (Poitou), arr. et à 30 k. de Poitiers, cant. de Vouillé, ⊠ d'Ayron. Pop. 718 h.

CHALANDREY, vg. *Manche* (Normandie), arr. et à 24 k. de Mortain, cant. d'Isigny, ⊠ de St-Hilaire-du-Harcouet. Pop. 653 h.

CHALANDRY-ÉLAIRE, vg. *Ardennes* (Champagne), arr., ⊠ et à 8 k. de Mézières, et à 7 k. de Charleville, cant. de Flize. Pop. 211 h.

CHALANDRY-SUR-SERRE, vg. *Aisne* (Picardie), arr. et à 15 k. de Laon, cant. et de Crécy-sur-Serre. Pop. 558 h.

CHALANGE, *Côte-d'Or*, comm. et ⊠ de Beaune.

CHALANGE (le), vg. *Orne* (Normandie), arr. et à 38 k. d'Alençon, cant. de Courtomer, ⊠ de Sées. Pop. 300 h.

CHALAP, *Dard.*, comm. de Sénéchas, ⊠ de Génolhac.

CHALARD (le), *H.-Vienne*, comm. de Ladignac, ⊠ de St-Yrieix.

CHALARDS (les), *Puy-de-Dôme*, comm. et ⊠ de Lezoux.

CHALAUTRE-LA-GRANDE, *Calestria*, vg. *Seine-et-Marne* (Brie), arr. et à 13 k. de Provins, cant. de Villiers-St-Georges, ⊠ de Nogent-sur-Seine. Pop. 1,130 h. Près de la forêt de Sordun. — *Foires* les 15 avril et 16 sept.

CHALAUTRE-LA-PETITE, vg. *Seine-et-Marne* (Brie), arr., cant., ⊠ et à 4 k. de Provins. Pop. 814 h.

CHALAUTRE-LA-REPOSTE, vg. *Seine-et-Marne* (Brie), arr. et à 21 k. de Provins, cant. et ⊠ de Dannemarie. Pop. 523 h.

CHALAUX, *Charente-Inf.*, comm. de la Garde-Montlieu, ⊠ de Montlieu.

CHALAUX, vg. *Nièvre* (Nivernais), arr. et à 40 k. de Clamecy, cant. et ⊠ de Lormes. Pop. 387 h.

CHALDECOSTE, *Lozère*, comm. et ⊠ de Mende.

CHALDETTE (la), établissement d'eaux thermales. V. BRION.

CHALÉAT, *Jura*, comm. de Thoirette, ✉ d'Arinthod.

CHALEINS, vg. *Ain* (Dombes), arr. et à 13 k. de Trévoux, cant. de St-Trivier-sur-Moignans, ✉ de Montmerle. Pop. 878 h.

CHALÉMES (les), vg. *Jura* (Franche-Comté), arr. de Poligny, à 40 k. d'Arbois, cant. des Planches, ✉ de Foncine-le-Haut. Pop. 440 h.

CHALETTE, *Catsaleta*, vg. *Aube* (Champagne), arr. et à 30 k. d'Arcis-sur-Aube, cant. de Chavanges, ✉ de Brienne. Sur la Voire. Pop. 311 h.— Construction de bateaux pour la navigation de l'Aube.

CHALETTE, vg. *Loiret* (Gatinais), arr., cant., ✉ et à 2 k. de Montargis. Pop. 537 h. PATRIE du célèbre peintre LANTARA, mort à l'hospice de la Charité à Paris, à l'âge de trente-trois ans, le 22 sept. 1778.

CHALEUR (la), *Côte-d'Or*. V. LACHALEUR.

CHALEY, vg. *Ain* (Bourgogne), arr. et à 31 k. de Belley, cant. et ✉ de St-Rambert. Pop. 284 h.

CHALEYSSIN, *Isère*, comm. de St-Just-Chaleyssin, ✉ de la Verpillière.

CHALÈZE, vg. *Doubs* (Franche-Comté), arr., cant., ✉ et à 6 k. de Besançon. P. 278 h.

CHALEZEULE, vg. *Doubs* (Franche-Comté), arr., cant., ✉ et à 5 k. de Besançon. Pop. 242 h.

CHALGOUTTE, *Vosges*, comm. d'Anould, ✉ de Corcieux.

CHALLIARGUES, *Puy-de-Dôme*, comm. de St-Just-de-Baffie, ✉ d'Arlanc.

CHALIERS, vg. *Cantal* (Auvergne), arr. et à 14 k. de St-Flour, cant. et ✉ de Ruines. Sur la Truyère. Pop. 1,270 h.— On y trouve une fontaine d'eau minérale, et l'on y voit encore les ruines d'un ancien château que les Anglais prirent en 1357, et qu'ils rendirent en 1370. Les châteaux de la Bessayre, de Longevialle, de Pompignat et de Loubaresse, dépendent aussi de cette commune.

CHALIFERT, vg. *Seine-et-Marne* (Brie), arr. et à 15 k. de Meaux, cant. et ✉ de Lagny. Pop. 339 h.

CHALIGNY, vg. *Meurthe* (Lorraine), arr., cant. et à 13 k. de Nancy, ✉ de Pont-St-Vincent. Pop. 868 h.— On y trouve une source d'eau minérale, et l'on y voit les vestiges d'une ancienne forteresse construite par les comtes de Vaudemont.

CHALINARGUES, bg *Cantal* (Auvergne), arr., cant., ✉ et à 8 k. de Murat. P. 1,415 h. — L'église de ce bourg est fort ancienne. Près de la route de Massiac à Murat, on voit sur un rocher basaltique très-escarpé quelques vestiges de tours qui faisaient partie de l'ancien CHATEAU DE CHEYLARD, au-dessous duquel existe une magnifique cascade, qui forme, avec les ruines du château et la végétation qui l'entourent, un charmant paysage.

PATRIE de l'abbé DE LABOUDERIE, antiquaire et littérateur.

Commerce de moutons. — *Foires* les 22 sept. et 25 sept.

CHALINDREY, vg. *H.-Marne* (Champagne), arr., ✉ et à 10 k. de Langres, cant. de Longeau. Pop. 857 h. — *Foires* les 1er mars, 25 mai, 26 août, 19 nov.

CHALIVOY-MILON, vg. *Cher* (Berry), arr. et à 23 k. de St-Amand-Montrond, cant. de Dun-le-Roi, ✉ de Blet. Pop. 700 h.

CHALLAIN, bg *Maine-et-Loire*. V. la PATRERIE.

CHALLANS, bg *Vendée* (Poitou), arr. et à 40 k. des Sables, chef-l. de cant. Cure. ✉. A 438 k. de Paris pour la taxe des lettres. Pop. 3,843 h. — *Terrain* cristallisé, micaschiste. — Il est situé au milieu des marais, entre les canaux du Périer et de l'Etier.— *Foires* le 2e mardi et le 2e lundi de sept. (2 jours).

CHALLEMENT, vg. *Nièvre* (Nivernais), arr. et à 20 k. de Clamecy, cant. de Brinon-les-Allemands, ✉ de Tannay. Pop. 525 h.

CHALLERANGE, vg. *Ardennes* (Champagne), arr. et à 10 k. de Vouziers, cant. et ✉ de Monthois. Pop. 419 h.

CHALLES, vg. *Ain* (Dombes), arr. et à 16 k. de Nantua, cant. d'Izernore, ✉ de Cerdon. Pop. 577 h.

CHALLES, *Ain*, comm. de St-Didier-de-Chalaronne, ✉ de Thoissey.

CHALLES, vg. *Sarthe* (Maine), arr., cant. et à 21 k. du Mans, ✉ de Parigné-Lévêque. Pop. 1,325 h.— Papeterie.

CHALLET, *Eure-et-Loir* (Beauce), arr., cant., ✉ et à 13 k. de Chartres. Pop. 310 h.

CHALLEX, vg. *Ain* (pays de Gex), arr. et à 20 k. de Gex, cant. et ✉ de Collonges. Pop. 640 h.

CHALLIGNAC, bg *Charente* (Saintonge), arr., cant., ✉ et à 10 k. de Barbézieux. Pop. 755 h.

CHALLUY, vg. *Nièvre* (Nivernais), arr., cant., ✉ et à 5 k. de Nevers. Pop. 639 h.

CHALMAISON, bg *Seine-et-Marne* (Brie), arr. et à 11 k. de Provins, cant. et ✉ de Bray-sur-Seine. Pop. 471 h.

CHALMAZELLE, vg. *Loire* (Forez), arr. et à 27 k. de Montbrison, cant. de St-Georges-en-Cuzan, ✉ de Boen. Pop. 1,176 h.— *Foires* les 25 juin et 20 août.

CHALMESSIN, vg. *H.-Marne* (Champagne), arr. et à 33 k. de Langres, cant. et ✉ d'Auberive. Pop. 123 h.

CHALMETTES, *H.-Alpes*, comm. de Ceillac, ✉ de Mont-Dauphin.

CHALMEUX, vg. *Saône-et-Loire* (Bourgogne), arr. et à 40 k. de Charolles, cant. et ✉ de Bourbon-Lancy. Pop. 1,255 h.

CHALON, vg. *Isère* (Dauphiné), arr., et à 10 k. de Vienne, cant. de Beaurepaire. Pop. 166 h.

CHALON-SUR-SAONE, ou CHALLON, *Cabillonum*, *Cabillo Æduorum*, ancienne, grande et belle ville, *Saône-et-Loire* (Bourgogne), chef-l. de sous-préf. (3e arr.) et de 2 cant. Trib. de 1re inst. (cour d'assises) et de

comm. Bourse et chambre de comm. Société d'agric. Collège communal. 2 cures. Gîte d'étape. ✉. ⚓. Pop. 14,342 h. — *Terrain* d'alluvions modernes.

Autrefois évêché fondé vers 340, parlement de Dijon, gouvernement particulier, recette générale, bureau des finances, bailliage, présidial, mairie et châtellenie royale, collège, chapitre, séminaire, commanderie de Malte, 10 couvents ou abbayes.

L'origine de Chalon remonte aux temps les plus reculés. Lors de la conquête des Gaules par les Romains, la situation avantageuse de cette ville détermina César à y former des magasins de grains à l'usage des troupes cantonnées dans cette contrée. Auguste la visita lors de son passage dans les Gaules; mais le véritable bienfaiteur de Chalon, ou plutôt de toute la Bourgogne, fut l'empereur Probus, qui introduisit la culture de la vigne sur les coteaux voisins, la naturalisa peu à peu dans le pays, et la dota ainsi d'une source inépuisable de richesse. Constantin le Grand s'y arrêta avec ses légions, l'an 312 de l'ère chrétienne, lorsqu'il se rendait à Rome pour combattre Maxence. Cette ville a été ruinée plusieurs fois. Les Germains la pillèrent et y mirent le feu, vers 264. Attila s'en empara, après une vigoureuse résistance, et y mit le feu en 451. Elle tomba ensuite au pouvoir des rois mérovingiens. Chrame la prit et la dévasta; mais Childebert la reconstruisit et lui rendit quelque importance. Les Sarrasins, sous la conduite d'Abdérame, la saccagèrent en 732. Trente ans après, Waifre, duc d'Aquitaine, la ravagea. Elle fut rétablie par Charlemagne, qui y tint un concile où il recommanda le soin de l'instruction publique et l'amour des sciences; mais, après la mort de ce monarque, la barbarie y reprit son empire. Lothaire la saccagea en 834, y mit le feu, et y commit une atrocité révoltante. Pour assouvir sa haine contre le sang qui portait aux fils du comte de Toulouse, il fit saisir leur sœur, la belle et vertueuse Gerberge, admirée par sa douceur et ses vertus, la fit traîner par les cheveux sur le pont, où il la fit clouer dans un tonneau et précipiter dans la Saône!…

Les rois de France avaient un palais dans cette ville au IXe siècle. Les Hongrois s'emparèrent de Chalon en 937; et les grandes compagnies d'Écorcheurs, en 1365, y causèrent de nouveaux malheurs. — En 1273, Edouard Ier, roi d'Angleterre, à son retour de Palestine, fut invité par le comte de Chalon-sur-Saône à un tournoi que ce seigneur voulait donner en l'honneur des guerriers revenant de la terre sainte. Edouard accepta, encore que le pape lui adressât de pressantes exhortations de s'en abstenir. Les hérauts d'armes annoncèrent alors dans toute la Bourgogne, que le roi d'Angleterre, avec les chevaliers qui l'avaient accompagné en Palestine, tiendrait un pas d'armes contre tous venants. Il reste douteux si le rendez-vous fut donné pour cette année même, ou pour le mois de mai de l'année suivante. Afin de s'y présenter avec plus d'honneur, Edouard invita les chevaliers et les archers d'Angleterre qui voudraient partager la fortune de leur jeune roi à se hâter de se rendre en Bourgogne. Quand il entra dans le champ clos il avait mille Anglais sous ses ordres, et le comte de Chalon avait près du double de soldats. Une jalousie nationale avait succédé au désir primitif de fêter les pèlerins. Après qu'Edouard eut remporté les honneurs du combat sur les comtes et les barons qui joutèrent avec lui, les fantassins des deux nations s'attaquèrent à outrance; mais l'avantage devait rester aux Anglais, chez qui le peuple était exercé aux armes, tandis qu'en France la noblesse ne permettait guère aux roturiers de développer leur bravoure. « Les Anglais, dit Matthieu de Westminster, s'abandonnant à leur colère, tuèrent un très-grand nombre de Français, et comme c'étaient des gens de condition vile on se souciait fort peu de leur mort; car c'étaient des fantassins désarmés qui ne songeaient qu'à enlever du butin. » Le champ clos fut couvert de morts, et ce tournoi fut désigné par le nom de la petite guerre de Chalon. — Chalon fut exposé à de grands malheurs pendant les guerres civiles du XVe et du XVIe siècle ; ils furent tels, dit un historien, qu'ils eussent dû être écrits en lettres de feu et de sang. Le comte de Fribourg, ayant rassemblé la noblesse de la province à Chalon, en tailla en pièces une partie, et fit périr le reste par la main du bourreau : la Saône était si pleine de leurs corps, que les pêcheurs, au rapport d'Olivier de la Marche, au lieu de poissons, les tiraient bien souvent deux à deux ou trois à trois, liés et accouplés avec des cordes. — Chalon embrassa le parti de la Ligue; Mayenne s'y retira en 1588, et en confia le commandement au seigneur de l'Artusie, qui feignit de vouloir livrer la place au maréchal d'Aumont, auquel il extorqua 10,000 écus. Théodore de Bissy, gouverneur de Verdun, se vengea de cette perfidie en faisant tomber deux fois les Chalonais dans une embuscade. Par représailles, l'Artusie pilla le château et ravagea les terres de l'évêque Ponthus de Thyard, qui, détestant la rébellion de ses diocésains, s'était retiré à Bragny. Lors de la trêve de 1595, Chalon, Seurre et Soissons furent accordées au duc de Mayenne pour villes de sûreté.

Chalon, l'une des premières villes qui tombèrent au pouvoir des Bourguignons, lorsqu'ils s'emparèrent du territoire éduen, fut réuni à la couronne par les fils de Clovis en 524. Après la mort de Clotaire II, le royaume étant échu en partage à Gontran, ce prince choisit Chalon pour sa capitale, où il mourut à l'âge de soixante ans. Son palais était bâti dans l'emplacement du Châtelet : les deux grandes tours de la Porte-au-Change, qui n'existent plus aujourd'hui, en formaient l'entrée. La reine Brunehaut résida à Chalon, et Thierry y fit battre monnaie. Le gouvernement de Chalon, dès le VIe siècle, fut confié à des comtes, d'abord amovibles, et qui devinrent bientôt héréditaires. Adèle, comtesse de Chalon, ayant épousé en secondes noces Geoffroy, comte d'Anjou, devint mère de Foulques, qui fut la tige des rois d'Angleterre, depuis Henri II jusqu'à Richard III. Le dernier de ces comtes, qui furent souverains du Chalonais pendant quatre cents ans environ, est Jean, tige de la maison des princes d'Orange. Il échangea ce comté avec Hugues IV, duc de Bourgogne, en 1237, pour la seigneurie de Salins et autres terres en Franche-Comté, en réservant néanmoins le titre de comte de Chalon pour lui et ses descendants. Cette maison a été éteinte en Philibert, prince d'Orange, qui quitta la France, s'attacha au service de Charles-Quint, et fut tué, en 1530, au siége de Florence.

Les armes de Chalon sont : *d'azur à trois annelets ou cercles d'or, deux en chef et un en pointe.*

Cette ville est dans une situation agréable, au milieu d'une vaste plaine couverte de prairies, de champs fertiles, de vignes et de taillis, sur la rive droite de la Saône et à l'embouchure du canal du Centre, qui joint la Loire à Digoin. Elle est avantageusement placée pour le commerce et généralement bien bâtie : la partie située sur le bord de la rivière, le long de laquelle règne un fort beau quai, offre surtout un aspect agréable et fort animé. Cependant, on n'y trouve aucun édifice que l'on puisse citer pour sa grandeur et son architecture, mais seulement quelques maisons particulières remarquables par leur élégance. L'un des faubourgs, celui de St-Laurent, est bâti sur la rive gauche de la Saône, que l'on traverse sur un grand et beau pont de pierre, de style ancien, formé de cinq arches hardies; les piles sont garnies de contre-forts surmontés de lourds obélisques qui s'élèvent de plusieurs mètres au-dessus des parapets et forment une décoration singulière.

La ville de Chalon s'est considérablement accrue pendant la guerre continentale ; ce qu'elle dut principalement à sa position sur le canal du Centre. Lors de la déplorable invasion étrangère en 1814, ses habitants montrèrent le plus grand courage, et coopérèrent activement à la défense du territoire ; ils rompirent deux arches du pont sur la Saône, et tinrent en échec, pendant vingt jours, une division autrichienne qu'ils empêchèrent de passer cette rivière. Pour récompenser de cette belle conduite, l'empereur leur fit don de quatre pièces d'artillerie, qu'on leur retira sous la restauration, qu'on leur rendit après la révolution de 1830, et qui maintenant sont devenues inutiles depuis le licenciement de la garde nationale.

On remarque à Chalon la cathédrale, édifice gothique fondé en 532, mais dont la construction actuelle est de la fin du XIIIe siècle : on a commencé en 1827, d'après les dessins de M. Chenavard, la reconstruction des clochers, qui avaient été abattus pendant la révolution. — L'église St-Pierre, surmontée de deux hauts clochers à doubles dômes. — L'hospice St-Laurent, vaste établissement, bien distribué et parfaitement administré, fondé en 1529 par François Ier : l'église en est fort jolie. — L'hôpital St-Louis, bel établissement, refuge des vieillards indigents et des orphelins des deux sexes, situé dans le faubourg Ste-Marie et fondé en 1682. — L'hospice de la Providence. — L'hôtel de ville. — La place St-Pierre, dont un des côtés est décoré de la façade de l'église du même nom. — Le nouveau palais de justice. — La jolie place de Beaune, dont le centre est occupé par une des plus belles fontaines de la ville, qui verse ses eaux dans un bassin octogone, au milieu duquel s'élève un piédestal quadrangulaire surmonté d'une statue de Neptune. — La fontaine St-Vincent, en forme de colonne, d'un bel effet. — L'île St-Laurent, bordée de belles allées d'arbres qui offrent de charmantes promenades. — L'obélisque érigé en 1793 en mémoire de l'ouverture du canal du Centre. — La bibliothèque, renfermant 10,000 volumes. — Le collège. — Une petite salle de spectacle, des bains publics, etc.

Biographie. Chalon est le lieu de naissance de :

Saint Didier, archevêque de Vienne, assassiné en 607 par ordre de la reine Brunehaut.

C. Pontoux, médecin et littérateur du XVIe siècle.

J. Moreau, habile médecin du XVIIe siècle.

Grivaud de la Vincelle, antiquaire et littérateur.

Leschenault de Latour, naturaliste.

Roberjot, membre de la convention nationale et du conseil des cinq cents, ministre plénipotentiaire de la république française au congrès de Rastadt, où il a été assassiné, le 9 brumaire an VII (31 novembre 1798).

Vivant Denon, littérateur, homme de lettres, voyageur, antiquaire, et l'un des plus illustres savants dont s'honore la France, directeur des musées sous l'empire.

Boichot, sculpteur.

Vivant Lagneau, médecin, auteur de : *Traité des maladies syphilitiques.*

Industrie. Fabriques de chapeaux, vinaigre. Huileries. Teintureries. Préparation avec les écailles d'ablettes de l'essence dite d'Orient, pour la fabrication des perles fausses. Poteries. Poteries. Moulins à farines et huileries mus par des machines à vapeur. — Commerce de grains, farines, vins de Bourgogne et du Midi, fourrages, légumes, bestiaux, laines, bois de chauffage pour Lyon, charbon de bois, houille, fer, fonte, plâtre, tuiles, bitume, articles des manufactures du Creuzot. — Entrepôt considérable de toutes sortes de marchandises pour le nord et le midi de la France. — Commerce de commission très-florissant. — Foires les 11 et 27 fév. (3 jours), 25 juin (30 jours), 9 août (3 jours), spécialement consacrée à la vente des cercles, 12 sept. et 30 oct. (3 jours).

A 58 k. de Mâcon, 125 k. de Lyon, 341 k. de Paris. Lat. 46° 46' 53" long. E. 2° 30' 53".

L'arrondissement de Chalon est composé de 10 cantons : Buxy, Chagny, Chalon N., Chalon S., St-Germain-du-Plain, Givry, St-Martin-en-Bresse, Mont-St-Vincent, Sennecey-le-Grand et Verdun-sur-le-Doubs.

Bibliographie. Perry (Cl.). *Histoire civile et ecclésiastique ancienne et moderne de* la ville de Chalon-sur-Saône, in-f°, 1639.

BERTHAUD (L.). L'Illustre Orbandale, ou Histoire ancienne et moderne de la ville et cité de Chalon-sur-Saône, etc., 2 vol. in-4, 1662 (avec Cussey).

DURAND (B.). Priviléges octroyés aux maires, échevins, bourgeois et habitants de la ville et cité de Chalon-sur-Saône, par les rois de France et les ducs de Bourgogne, in-4, 1804.

* Entrée de Sa Majesté (Louis XIII) dans Chalon-sur-Saône, l'an 1629 (Mercure français, t. xv, p. 60, 89, 106, 110 et 505.

* Pollié (sic) des bénéfices de Chalon-sur-Saône (t. II de l'Illustre Orbandale).

SUCHET. Topographie physico-médicale de Chalon-sur-Saône, in-8, 1820.

BAUNE (A.). Notice sur la bibliothèque publique de Chalon-sur-Saône, in-8, 1834.

CHALONAIS, Cabillonensis Ager, pays qui faisait anciennement partie de la Bourgogne; il est maintenant compris dans le dép. de Saône-et-Loire, où il forme les arr. de Louhans et de Chalon-sur-Saône.

CHALONNAIS, Pagus Catalonicus, petit pays compris autrefois dans la ci-devant province de Champagne; il fait maintenant partie des arr. de Châlons, de Ste-Ménehould et de Vitry, dép. de la Marne.

CHALONNES, ou CHALONNES-SUR-LOIRE, Colonna, petite ville, Maine-et-Loire (Anjou), arr. à 23 k. d'Angers, chef-l. de cant. Cure. ⊠. A 316 k. de Paris pour la taxe des lettres. Pop. 4,927 h. — TERRAIN de transition supérieur.

Cette ville est bâtie dans une position fort agréable, au pied d'un coteau, entre le Layon et la Loire, dans un territoire fertile en assez bons vins, près des îles de la Lombardière, qui offrent l'un des plus beaux pays que présente le cours de la Loire.

Chalonnes est une ville fort ancienne, dont l'origine parait remonter avant la domination romaine. Elle était autrefois protégée par un château fort, assis sur un rocher élevé, baigné au nord par la Loire et défendu sur les autres points par un large fossé. Ce château existait encore au temps de la Ligue; il fut pris par le duc de Mercœur, repris par la Rochepot, et démoli à la fin de la guerre, comme beaucoup d'autres forteresses. On en voit encore des restes considérables, des pans de murs et des tours en partie détruites.

PATRIE du conventionnel LECLERC, membre du conseil des cinq cents.

Fabriques de mouchoirs, serges, siamoises, distilleries d'eau-de-vie. — Foires les 14 sept., 16 oct., 25 nov., 3e samedi de mars, mardi après la Pentecôte et 1er mardi d'août.

CHALONNES, vg. Maine-et-Loire (Anjou), arr. et à 22 k. de Baugé, cant. et ⊠ de Noyant. Pop. 413 h.

CHALONS, vg. Corrèze. ☞. A 15 k. d'Ussel.

CHALONS, vg. Mayenne (Maine), arr. et à 18 k. de Laval, cant. d'Argentré, ⊠ de Martigné. Pop. 755 h.

CHALONS-SUR-MARNE, Catalaunum, Durocatalonum, grande et très-ancienne ville, chef-l. du dép. de la Marne (Champagne), du 4e arr. et d'un cant. Chef-l. de la 2e division militaire. Trib. de 1re inst. et de comm. Chamb. consult. des manuf. Conseil de prud'h. Société d'agric., sciences et arts. Collège com. Ecole royale des arts et métiers. Evêché. Grand et petit séminaire. Cure. Gîte d'étape. ⊠. ☞. Pop. 14, 683 h. — TERRAIN crétacé supérieur, craie blanche.

Autrefois évêché, parlement de Paris, chef-lieu de généralité et élection, bureau des finances, bailliage, présidial, justice consulaire, grenier à sel, deux collégiales, séminaire, collège, onze abbayes ou couvents. — L'évêché de Châlons a été fondé dans le IIIe siècle. Revenu, 25,000 livres; taxe, 3,000 florins.

Châlons est une ancienne cité dont la position est prouvée par trois routes qui partent de Durocortorum, Reims, Augustabona, Troyes, et Andomatunum, Langres. Les plus célèbres historiens, entre autres Vopiscus, Eutrope et Ammien Marcellin en font mention. Ce dernier, qui suivait à la guerre des Gaules l'empereur Julien, nomme Chalons Catalauni, et la place entre les belles villes de la seconde Belgique, même avant Reims, sa métropole. Antonin la nomme dans son Itinéraire; les anciennes Notices des cités et provinces des Gaules lui donnent le troisième rang parmi celles de la Gaule belgique. Les Romains embellirent cette ville et la fortifièrent. Saint Memmie y prêcha le christianisme vers 250, et en fut le premier évêque. En 273, une bataille sanglante eut lieu près de Châlons entre Aurélien et Tétricus. En 450, saint Alpin arrêta sous ses murs Attila, qui allait s'en rendre maître. L'évêque se présente devant le farouche conquérant, le supplie d'épargner les habitants qui ne peuvent s'opposer à sa marche, et parvient à décider Attila à s'éloigner. En 963, Herbert et Robert de Vermandois l'assiégèrent et la brûlèrent avec la tour qui en faisait la principale défense. Au Xe siècle, Châlons, qui avait depuis longtemps titre de comté, forma une espèce d'Etat libre et absolu sous le gouvernement de ses évêques, investis du titre de grands vassaux de la couronne, gouvernement qui dura jusqu'en 1360, époque où le roi Jean réunit le comté de Châlons à la couronne. — En 1147, le pape Eugène III, Louis VII et saint Bernard se réunissent à Châlons avec une foule innombrable de croisés; saint Bernard monte au milieu du Jard, dans une chaire de pierre de taille qui a subsisté là jusqu'en 1681, époque où l'intendant de Champagne la fit abattre à l'insu du conseil de ville, et du haut de cette tribune il promet aux croisés, de la part du ciel, la réussite de cette entreprise qui fut si malheureuse.

C'est à Châlons que Charles VII, accompagné de Jeanne d'Arc, reçut les députés de Reims. Les Anglais tentèrent sans succès de s'emparer de cette ville en 1430 et en 1434. Sous la Ligue, Châlons resta fidèle à Henri III, et garda la même fidélité à Henri IV; le 15 juin 1591, le parlement de cette ville eut le courage de faire brûler publiquement, par la main du bourreau, la bulle d'excommunication du roi de France, lancée par Clément VIII. — Les rois de France y avaient un palais au XVIe siècle.

Les armes de Châlons sont: *d'azur à une croix d'or cantonnée de quatre fleurs de lis de même*. Alias: *d'azur à la croix de gueules cantonnée de quatre fleurs de lis d'or*.

Cette ville est située entre deux belles prairies, entourée de fossés et traversée par deux bras de la Marne, qui la baigne à l'ouest, et que l'on passe sur un beau pont de pierre formé de trois arches très-hardies, de 26 m. d'ouverture. Elle était autrefois entourée de remparts, aujourd'hui presque entièrement détruits, et fermée de murs peu élevés, percés de six portes auxquelles aboutissent six grandes routes: l'une de ces portes, celle de Ste-Croix, sur la route de Vitry, a la forme d'un arc de triomphe. Châlons est une ville en général assez mal bâtie, où l'on voit cependant d'assez belles constructions, et dont l'ensemble est agréable.

Les édifices et établissements les plus remarquables sont:

LA CATHÉDRALE, dédiée à saint Etienne. Commencée vers l'an 450, sur l'emplacement d'un temple antique, elle fut d'abord dédiée à saint Alpin. Deux incendies la détruisirent en 1138 et en 1238. Un troisième incendie consuma entièrement le chœur et la belle flèche qui le surmontait, en 1668; désastre qui fut réparé en 1672, par la munificence de Louis XIV. On doit à M. Vialart les deux belles flèches de pierres taillées à jour dans toute leur longueur, qui s'élèvent à 30 m. de haut, avec autant de hardiesse que de majesté. Le corps de l'édifice a 100 m. de longueur, sur 22 de largeur; prise aux bras de la croix, sa hauteur est d'environ 60 m. L'église a trois nefs, dont la plus grande est majestueuse; les voûtes sont soutenues par dix piliers de 4 m. 5 c. de circonférence. Le sanctuaire est d'une beauté remarquable; le maître-autel, surmonté d'un baldaquin que supportent six colonnes de marbre, passe pour un des plus beaux que l'on connaisse en France. Huit piliers ou arcs-boutants, terminés par autant de pyramides sculptées, soutiennent le corps du vaisseau. Le portail, d'architecture grecque et d'ordre corinthien, est majestueux. Les vitraux, quoique ayant beaucoup souffert, offrent encore des parties bien conservées, où l'on remarque, à droite, l'histoire de Jésus-Christ, et à gauche, la création du monde. Sous l'édifice est une crypte que l'on croit antérieure à sa construction.

L'ÉGLISE NOTRE-DAME, située presque au centre de la ville, fut commencée vers 1157 et achevée seulement en 1322. Elle est d'architecture gothique assez riche, et en partie couverte en plomb. L'intérieur offre des vitraux précieux du XVIe siècle, et un pavé en mosaïque chargé d'une foule d'inscriptions. Avant la révolution, elle était surmontée de quatre clochers sembla bles au seul que l'on admire encore aujourd'hui. Cette église a été classée au nombre des monuments historiques.

L'ÉGLISE ST-ALPIN est un ancien édifice où l'on remarque d'anciens vitraux, où, entre autres sujets, est représenté Attila, que saint Alpin détermine à éloigner son armée des murs de Châlons. On y voit aussi une chaire à prêcher en menuiserie, qui n'est pas sans mérite.

L'ÉGLISE ST-JEAN, située à l'extrémité sud-ouest de la ville, se présente sous un extérieur simple et modeste ; c'est la plus ancienne église de Châlons ; elle date de l'apostolat de saint Memmie, vers l'an 324, et n'était alors qu'un baptistère où cet évêque administrait le baptême aux païens qui embrassaient le christianisme.

L'ÉGLISE ST-LOUP paraît également fort ancienne ; mais rien n'atteste son origine ; elle était autrefois dédiée à saint Jacques, et ne prit le nom de St-Loup qu'en 1380.

L'HOTEL DE VILLE, situé sur la place d'armes, au centre de la ville. C'est un édifice construit en 1772, dont la façade est ornée de huit colonnes, de balustres et chapiteaux d'ordre ionique ; le fronton est décoré de bas-reliefs représentant la Ville exploitant les productions de la Champagne. Le péristyle est formé de colonnes d'ordre toscan. Le vestibule, de style ionique, offre les portraits des plus illustres Châlonnais. Aux quatre angles du perron sont quatre lions en pierre, d'un assez mauvaise exécution.

L'HOTEL DE LA PRÉFECTURE, autrefois hôtel de l'Intendance, bâti en 1764. Cet édifice, l'un des plus beaux en son genre qui existent en France, forme une cour carrée dont l'entrée offre une colonnade d'ordre dorique, surmontée de deux groupes de trophées militaires. Le corps principal est d'ordre ionique, et se termine par des balustrades qui masquent une partie des combles ; il est situé entre cour et jardin, et a vue sur ce dernier, dont la beauté a d'autant plus de charmes que le cours d'Ormesson, la grande allée de la belle promenade du Jard et les plantations qui se prolongent au delà de la Marne semblent en être une continuation.

LA CASERNE ST-PIERRE, ancienne abbaye de bénédictins. C'est un vaste et bel édifice orné de corniches, de pilastres et de sculptures d'un fort bon goût. Les deux escaliers en pierre de taille et leurs rampes en fer sont d'une belle exécution ; le grand corridor du premier étage a 96 m. de longueur. Les cours sont vastes et peuvent servir de manège découvert.

On remarque encore à Châlons : le manège ; les bâtiments des approvisionnements militaires; la salle de spectacle ; l'école royale des arts et métiers, où l'on voit une élégante chapelle d'ordre corinthien ; le collège, dont on admire l'église surmontée d'un dôme que termine un campanile en forme de beffroi ; la bibliothèque publique, renfermant 20,000 vol.; le cabinet d'histoire naturelle; l'hôtel-Dieu ; le dépôt de mendicité ; la magnifique promenade du Jard, qui occupe une surface de 7 hectares 69 ares, que sillonnent trente-six allées plantées de 1,788 ormes de la plus belle venue, entre lesquels règnent de belles pelouses de gazon, etc., etc.

Biographie. Châlons est le lieu de naissance:
De CL. MOLINET, antiquaire et bibliographe, auteur de l'*Histoire des papes par médailles*.
Du célèbre chimiste BAYEN.
Du littérateur SABBATHIER, fondateur de l'académie de Châlons.
De PERROT D'ABLANCOURT, traducteur de plusieurs ouvrages anciens, mort en 1664.
Du graveur en médailles VARIN.
Du lieutenant général STE-SUZANNE.
Du lieutenant général POINSOT.
De M. DELALOT, membre de la chambre des députés sous la restauration.
De l'inspecteur général des ponts et chaussées GAUTHEY.
De M. JULES GARINET, historien et littérateur.
De la célèbre courtisane MARION DELORME.

INDUSTRIE. *Fabriques* d'espagnolettes, bonneterie en coton, sangles, surfaix, cardes, blanc d'Espagne. Filatures de coton, tanneries et chamoiseries.—Ecole royale des arts et métiers, où trois cent cinquante élèves sont entretenus aux frais du gouvernement. Ces jeunes gens, destinés à former les chefs d'atelier, sont instruits dans plusieurs arts et professions mécaniques.—*Commerce* de grains, avoine, chanvre, laine, huile de navette, osiers, vins de Champagne mousseux en pièces et en bouteilles. —*Foires* considérables de 8 jours, 1ᵉʳ samedi de carême, 15ᵉ jour après le mardi de Pâques, dite *les Sannes*, veille de la Pentecôte, 1ᵉʳ samedi après la St-Denis, 1ᵉʳ samedi après la St-Martin, et le samedi après le 15 juin ; cette dernière est spécialement pour les laines ; samedi qui suit le 1ᵉʳ septembre. —*Marchés* très-forts, principalement pour les grains, tous les samedis.

A 43 k. de Reims, 170 k. de Paris. Long. or. 2° 1′ 46″, lat. 48° 57′ 16″.

L'arrondissement de Châlons est composé de 5 cantons : Châlons, Ecury-sur-Coole, Marson, Suippes, Vertus.

Bibliographie. * *Catalogue alphabétique des lieux dépendants du bailliage de Chaalons* (imprimé à la fin de la Coutume de Chaalons, in-12, 1777).
BUIRETTE DE VERRIÈRES. * *Annales historiques de la ville et comté-pairie de Châlons-sur-Marne*, 2 vol. grand in-8, 1788.
RAPINE (Ch.). *Annales ecclésiastiques de Châlons en Champagne, pour la succession des évêques de cette église*, etc., in-8, 1636.
ESTRAYEZ CABASSOLLE (l'abbé). *Notice et Description sur la cathédrale de Châlons-sur-Marne*, in-8, 1843.
BUIRETTE DE VERRIÈRES. *Ode sur les embellissements de Châlons-sur-Marne, suivie d'un éloge historique de cette ville*, in-8, 1773.
JOLLY (P.). *Essai sur la statistique et la topographie médicale de Châlons-sur-Marne*, in-8, 1820 (ouvrage couronné par la soc. d'agr., etc., de la Marne).

CHALONS - SUR - VESLE, vg. *Marne* (Champagne), arr. et à 10 k. de Reims, cant. de Ville-en-Tardenois, ✉ de Jonchery-sur-Vesle. Pop. 110 h.

CHALONVILLARS, vg. *H.-Saône* (Franche-Comté), arr. et à 26 k. de Lure, cant. et ✉ d'Héricourt. Pop. 996 h.—On y remarque une croix en pierre portant le millésime 1111.
—*Fabriques* de tissus de coton.

CHALO-ST-MARS, vg. *Seine-et-Oise* (Ile-de-France), arr. et à 14 k. d'Etampes. Pop. 1,080 h. — Tuileries.

CHALOSSE, *Calossia*, *Landes*. V. CASTELNAU-CHALOSSE.

CHALOSSE (la), ancien pays qui était autrefois compris dans la Guienne ; St-Sever en était la capitale. Il fait aujourd'hui partie du département des Landes. Son territoire est généralement fertile et agréable.

CHALOU - MOULINEUX, vg. *Seine-et-Oise* (Gatinais), arr. et à 14 k. d'Etampes, cant de Méréville, ✉ d'Angerville. Pop. 478 h.

CHALP (la), *H.-Alpes*, comm. de Crevoux, ✉ d'Embrun.

CHALTRAIT, vg. *Marne* (Champagne), arr. et à 15 k. d'Epernay, cant. et ✉ de Montmort. Pop. 184 h.

CHALUCE, *Nièvre*, comm. de Crux-la-Ville, ✉ de St-Saulge.

CHALUS, vg. *Puy-de-Dôme* (Auvergne), arr. et à 13 k. d'Issoire, cant. et ✉ de St-Germain-Lembron. Pop. 491 h.

CHALUS, *Castrum Lucii*, petite ville, *H.-Vienne* (Limousin), arr. et à 26 k. de St-Yrieix, chef-l. de cant. Cure. Gîte d'étape. ⌂. ✉. A 415 k. de Paris pour la taxe des lettres. Pop. 2,052 h. — *Terrain* primitif.

Autrefois baronnie, diocèse, intendance et élection de Limoges, parlement de Bordeaux.

On attribue la fondation de cette ville à *Lucius Capreolus*, proconsul d'Aquitaine sous Auguste, qui fit bâtir à l'endroit où existe aujourd'hui Chalus, un château fortifié de tours et de remparts, ainsi qu'un vaste palais. C'était une opinion ancienne, accréditée par plusieurs siècles et appuyée par le témoignage des chroniqueurs, que le proconsul Lucius avait caché dans de profonds souterrains du château de Chalus un trésor inappréciable. En 1199, Guiddmar, vicomte de Limoges, découvrit ce trésor, qui consistait en plusieurs figures en or assises autour d'une table de même métal, représentant un homme, une femme et plusieurs enfants vêtus à la romaine. Par les lois féodales, les trésors trouvés étaient réservés au seigneur du fief. Richard demanda le trésor du vicomte, refusa la part que Guidomar lui en offrit, voulut l'avoir en entier, et vint aussitôt mettre le siège devant le château de Chalus, où ce trésor devait être déposé. Parmi les assiégés se trouvait un nommé Bertrand de Gourdon, qui nourrissait contre Richard une haine héréditaire. Ce soldat remarqua le roi qui faisait le tour du château, pour chercher par où il commencerait son attaque : il le mit en joue et l'atteignit à l'épaule gauche d'une flèche d'arbalète qui pénétra très-avant dans la côte. Soit que la blessure fût mortelle, ou que, comme d'autres l'ont dit, Richard l'envenimât par son intempérance, il languit sur un lit de douleur, du 26 mars qu'il fut frappé, jusqu'au 6 avril 1199 qu'il mourut. Pendant ce temps, ses guerriers avaient continué le siège du château, et s'en étaient rendus maîtres ; ils en firent pendre aussitôt tous les défenseurs, à la réserve de Bertrand de Gourdon qu'ils destinaient à un supplice plus horrible. Auparavant Richard voulut le voir. « C'est donc toi, lui dit-il, qui as osé frapper l'oint du Seigneur. — C'est moi, répondit Bertrand avec audace ; et je me réjouis de ce que j'ai fait, car j'ai eu le bonheur de venger ainsi mon père et mes deux frères qui étaient tombés par ta main. » Richard fut touché du courage de son ennemi ; il ordonna qu'on le laissât libre, et qu'on lui donnât quelque argent pour retourner auprès des siens. Mais les grâces que font les rois sur leur lit de mort, si elles coûtent peu aux mourants, profitent moins encore à ceux qui les reçoivent : on ne tint aucun compte du pardon accordé au prisonnier, qui n'avait fait qu'user du droit de la guerre ; Bertrand de Gourdon, livré aux bourreaux, fut tenaillé et écorché vif avant d'être pendu. Roger de Hoveden accuse Marchades de cet acte de cruauté ; mais l'historien Velly en réclame la gloire pour Philippe Auguste, qui, « par sa grandeur d'âme, dit-il, autant que par politique, voulut tout à la fois venger la mort d'un ennemi qu'il estimait, et pourvoir à la sûreté des souverains. »

A peu de distance de Chalus et au-dessous du bourg de Montbrun, l'on observe les restes d'un vieux château, qui a dû être d'une grande importance. La solidité de sa construction, l'effet pittoresque de ses débris, le nombre de ses débris, le nombre de ses vieilles tours dont on admire à la fois la hauteur et les vastes dimensions, tout fait croire d'abord que ces ruines sont celles d'une des forteresses les plus célèbres de la contrée.

Commerce considérable de chevaux et de mulets. — *Foires* les 1res vendredis de janv., fév., mai, juin, mercredi saint et 16 août.

CHALUY, village et commune du dép. de la *Nièvre* (Nivernais), cant., arr., ⊠ et à 6 k. de Nevers. Pop. 522 h.

CHALUSSET, *Dordogne*, comm. et ⊠ de Jumillac-le-Grand.

CHALUSSET, lieu du dép. de la *H.-Vienne*, comm. de Boisseuil. — On remarque en cet endroit, près du pont de Roselle, les ruines importantes de l'ancien château de CHALUSSET, ruines les plus curieuses et les plus considérables de toutes celles qui existent dans le département de la Haute-Vienne. D'après la tradition la plus répandue, le château de Chalusset occupait l'emplacement d'une station romaine. Vers le milieu du XIIe siècle, cette forteresse appartenait à la vicomtesse Marguerite ; elle la vendit en 1273 à Gérald de Maumont. Sous le règne de Charles V, les Anglais en furent chassés par les habitants de Limoges, avec l'aide du célèbre connétable et maréchal de Sancerre. En 1574, J. de Maumont, sei-

gneur de St-Vic, se saisit de ce château, devenu presque inhabitable depuis l'expulsion des Anglais, et le fortifia de nouveau, prétendant, dit le P. Bonaventure, le tenir pour ceux de la religion prétendue réformée. Il commença en même temps à piller les villages voisins, à rançonner les paysans et les voyageurs. Les habitants de Limoges, s'étant rassemblés, marchèrent contre lui, sous la conduite du capitaine Vouzelle, et le forcèrent à s'enfermer dans ses murs. Trois ans après les bourgeois de St-Léonard, réunis à ceux de Limoges, de Solignac, d'Eymoutiers, etc., firent le siège de Chalusset. Le fort fut investi de tous côtés, et se rendit au bout de cinq jours. On résolut alors, pour assurer la tranquillité du pays, de démolir cette place de manière à en rendre le rétablissement impossible. — Les tours de Chalusset, si remarquables par l'étendue qu'elles couvrent de leurs débris, le sont peut-être davantage par leur position singulièrement pittoresque. Du haut d'une roche inculte et sauvage, au pied de laquelle deux ruisseaux assez rapides viennent confondre leurs eaux, ces vieux remparts semblent menacer encore l'habitant des campagnes.

CHALVIGNAC, vg. *Cantal* (Auvergne), arr., cant., ⊠ et à 6 k. de Mauriac. Pop. 1,192 h.

Sur un plateau basaltique très-élevé, escarpé de tous côtés, on aperçoit de fort loin les ruines imposantes de l'antique château de MIREMONT, qui présente aujourd'hui l'aspect des anciennes fortifications des temps féodaux : pont-levis, mâchicoulis, meurtrières, double enceinte, etc. Ces ruines dominent les gorges de la Dordogne, et plus de cent villages du Cantal ou de la Corrèze. L'approche de ce fort était très-difficile ; aussi a-t-il soutenu plusieurs sièges contre les Anglais en 1183, 1196, 1337, 1359, etc. A cette dernière époque, Robert Knol le surprit et y laissa le fameux Mandonet Badaful, qui ravagea longtemps le pays ; il en fut pourtant expulsé en 1374, s'en empara de nouveau, et le rendit ensuite par composition.

Pendant les guerres de religion, Madeleine de St-Nectaire, veuve de Guy de St-Exupéry, se rendit célèbre par sa valeur : elle marchait à la tête d'un corps considérable de la noblesse du pays, avec lequel elle battit souvent les troupes du baron de Montal, qu'elle tua de sa main en 1594. Madeleine de St-Nectaire était si belle, si avenante, disent les historiens, que les gentilshommes qui combattaient pour elle, animés autant par le désir de lui plaire que par l'amour de la gloire, étaient autant de héros auxquels rien ne résistait. C'est sans doute à sa beauté qu'elle est redevable de la réputation de femme galante que la tradition lui conserve ; car vous ne trouveriez pas dans tout le pays un seul villageois qui ne soutînt fort et ferme qu'elle revient encore chaque nuit expier les fautes de sa vie.

CHALVRAINES, vg. *H.-Marne* (Champagne), arr. et à 40 k. de Chaumont-en-Bas-

signy, cant. et ⊠ de St-Blin. Pop. 729 h. — *Fabriques* de clous d'épingles et de quincaillerie.

CHAMADELLE, vg. *Gironde* (Guienne), arr. et à 30 k. de Libourne, cant. et ⊠ de Coutras. Pop. 765 h.

CHAMAGNAT, *Ain*, comm. de St-Alban, ⊠ de Cerdon.

CHAMAGNE, *Campus Agni*, *Vosges* (Lorraine), arr. et à 20 k. de Mirecourt, cant. et ⊠ de Charmes. Pop. 654 h.

PATRIE du célèbre peintre CLAUDE GELÉE, dit CLAUDE LORRAIN, mort à Rome en 1678.

CHAMAGNIEU, vg. *Isère* (Dauphiné), arr. et à 2 k. de la Tour-du-Pin, et à 15 k. de Bourgoin, cant. et ⊠ de Crémieu. Pop. 601 h.

CHAMALIÈRES, vg. *H.-Loire* (Velay), arr. à 26 k. du Puy, cant. de Vorey, ⊠ de St-Paulien. Pop. 1,045 h.

CHAMALIÈRES, *Camelaria*, bourg très-ancien, *Puy-de-Dôme* (Auvergne), arr., cant., ⊠ et à 2 k. de Clermont-Ferrand. P. 1,025 h. — *Fabrique* de cordes d'instruments. Papeterie. Mine de bitume pisasphalte exploitée.

Ce bourg paraît devoir son origine à deux monastères fondés par saint Genest. L'église d'un de ces monastères, dédiée à saint Ramezy, existe encore, et sa construction porte le caractère des constructions du VIIe et du XIe siècle. Chamalières a longtemps appartenu aux dauphins d'Auvergne ; l'ancien château était construit près de l'endroit où l'on voit encore une haute tour carrée, qui porte le nom de tour des Sarrasins. — La place publique est ornée d'une fontaine ; on y voit aussi un de ces ormes séculaires plantés pour honorer la mémoire de Sully.

Près de Chamalières est la jolie maison de campagne de Montjoli, dont les caves pratiquées sous la coulée de Gravenoire, contiennent presque en tout temps du gaz acide carbonique.

ROYAT, lieu célèbre dans la Limagne par l'abondance, la pureté et l'utilité de ses eaux, est une dépendance de la commune de Chamalières. Ce village est bâti dans une gorge, entre deux montagnes de basalte, sur un ancien courant de laves, et entouré de gibbosités énormes que la coulée a faites en se boursouflant. Au milieu de ces horreurs on rencontre à chaque pas des points de vue admirables ; et les sources nombreuses qui jaillissent ou qui coulent de toutes parts ont fait naître sur ces antiques masses de lave plusieurs vergers et quelques prairies dont les nuances fraîches réjouissent la vue : la fraîcheur et la solitude de ces retraites charmantes, le bel ombrage qu'offrent dans la belle saison les noyers et les châtaigniers, font de cet endroit un asile délicieux. En remontant la gorge basaltique, on voit de toutes parts découler et dégoutter les eaux qui descendent des hauteurs voisines ; à gauche sont des sources abondantes, qui, arrivant à travers la montagne, viennent sourdre sous le basalte qui la couvre. Dans une gorge étroite, au bas du Royat, en descendant un sentier cahotant, et après avoir traversé une petite rivière appelée la Tiretaine, qui descend, en bruissant, des villages de Fontanat et de la Font-de-l'Arbre, on trouve une grotte charmante, formée de rochers basaltiques, d'où s'élancent sept jets d'une eau limpide et intarissable, qui va se joindre au joli torrent des sources de Fontanat. Cette grotte a environ 10 m. de large sur autant de profondeur, et 3 à 4 m. de hauteur ; l'aspect et le murmure des sources, la fraîcheur de la verdure, les masses de rochers qui entourent la grotte que surmontent les ruines d'une ancienne église, concourent à rendre le site de Royat l'un des plus remarquables de toute l'Auvergne.

Le village de Royat doit son origine à un ancien monastère de filles, fondé, à ce qu'on présume, par saint Projet, évêque de Clermont, qui vivait dans le VIIe siècle. Il est aussi présumable que l'église qui existe aujourd'hui date de la même époque; son élévation extérieure a un caractère particulier qui la fait ressembler à un temple militant ; les chapiteaux romans qui la décorent à l'intérieur ne laissent presque pas de doute sur l'époque de sa fondation. — A côté de la principale grotte de Royat est une autre grotte fort remarquable où sourdent les principales sources qui alimentent les fontaines de Clermont. — Sur la place, près de l'église, on voit une belle croix gothique sur laquelle sont sculptés les douze apôtres.

Le Puy de Chateix, élevé de 600 m. au-dessus du niveau de la mer, n'est séparé de Royat que par la vallée des sources. Non loin de là est le Puy de la Poix, célèbre depuis un temps immémorial par ses sources bitumineuses.

St-Marc est un hameau dépendant de la commune de la Chamalière, situé dans un vallon charmant, très-renommé par ses sources d'eau minérale. On y voit une petite église dans laquelle saint Marc a été enterré; cette église est l'objet d'un pèlerinage très-fréquenté pendant le mois de mai par les habitants des environs.

EAUX THERMALES DE ST-MARC.

Une tradition populaire, qui plus tard a été confirmée par des témoignages authentiques, apprend que les Romains avaient établi à St-Marc des piscines considérables, et un établissement thermal d'une grande importance par son voisinage de la capitale des Arvernes. Cet établissement, qui subsistait à l'époque de l'envahissement des Gaules par les barbares, fut probablement détruit par Thierry, fils de Clovis, lors de la dévastation complète qu'il fit des environs de Clermont, dont il s'empara peu après. Enfin, la destruction du château de Gaifre en 761, et les éboulements partiels de la montagne de Chaté, à laquelle était adossé l'établissement thermal des Romains, en firent entièrement disparaître les derniers vestiges.

L'établissement actuel (si toutefois il est permis de se servir de ce nom) se compose d'un petit appareil pour la douche et d'une demi-douzaine de cabinets de bains, étroits, malaisés, formés de planches mal jointes entre elles, et disposés circulairement autour de la source, sur un espace de quelques mètres carrés, à plus d'un mètre au-dessous du niveau du sol.

Saison des eaux. Les eaux se prennent depuis le mois de mai jusqu'en septembre. Le nombre des malades qui les fréquentent est annuellement de deux à trois cents.

On jouit à St-Marc du voisinage de la ville de Clermont. Les eaux sont d'ailleurs situées dans le délicieux vallon de Royat qui fait l'admiration des étrangers, et que recherchent surtout avec empressement les poètes et les peintres.

A St-Marc il serait difficile de trouver des logements agréables : tant qu'il n'y aura point d'établissement thermal, les malades seront obligés d'habiter Clermont, qui est à 1 k. de la source. Dans cette ville, les logements sont à des prix modérés, et les autres dépenses sont peu considérables.

Propriétés médicinales. De nombreuses observations ont constaté les bons effets de l'usage interne de ces eaux dans la langueur des organes digestifs, dans la chlorose, les engorgements abdominaux, les catarrhes chroniques. Sous forme de bains ou de douches, elles sont très-efficaces dans la roideur des articulations, les ankyloses, les rhumatismes chroniques, les luxations, etc. On les administre en boisson, bains et douches.

CHAMALOC, vg. *Drôme* (Dauphiné), arr., cant., ✉ et à 7 k. de Die. Pop. 244 h.

CHAMANT (St-), vg. *Cantal* (Auvergne), arr. et à 22 k. de Mauriac, cant. de Salers, ✉ de St-Martin-Valmeroux. Pop. 1,075 h. — *Foires* les 4 nov., la mi-carême et jeudi après la Pentecôte.

CHAMANT (St-), vg. *Corrèze* (Limousin), arr. et à 26 k. de Tulle, cant. et ✉ d'Argentat. Pop. 1,325 h. — Exploitation de houille. — *Foire* le 12 nov.

CHAMANT, vg. *Oise* (Picardie), arr., cant., ✉ et à 4 k. de Senlis. Pop. 423 h. — On y remarquait autrefois un magnifique château construit sous le règne de Henri IV, et embelli de nos jours par Lucien Bonaparte. Ce château a été démoli depuis quelques années, et il ne reste debout que des bâtiments accessoires dont on a fait une maison de campagne.

Le village de Chamant est très-intéressant pour les naturalistes, à cause du grand nombre de coquilles fossiles qu'on trouve sur son territoire.

CHAMARAND (St-), vg. *Lot* (Quercy), arr. et à 13 k. de Gourdon, cant. de St-Germain, ✉ de Frayssinet. Pop. 789 h. — *Foires* les 8 janv., 10 mars, 28 sept. et 4 déc.

CHAMARANDE, *Fines Parisiorum*, vg. *Seine-et-Oise* (Gâtinais), arr. à 12 k. d'Étampes, cant. de la Ferté-Aleps, ✉ d'Étréchy. Pop. 376 h. — Il est bâti dans une vallée sauvage, bordée de rochers et traversée par la Juine. On y voit un château d'un aspect sévère, construit en grès et en briques, et entouré de larges fossés.

CHAMARANDES, vg. *H.-Marne* (Champagne), arr., cant., ✉ et à 3 k. de Chaumont-en-Bassigny. Pop. 183 h.

CHAMARAUDE, *Loire*, comm. et ✉ de St-Germain-l'Espinasse.

CHAMARET, vg. *Drôme* (Dauphiné), arr. et à 30 k. de Montélimart, cant. et ✉ de Grignan. Pop. 545 h.

CHAMAS (St-), *Sanctus Amantius*, petite ville maritime, B.-du-Rhône (Provence), arr. et à 36 k. d'Aix, cant. d'Istres, ✉ de Salon. Pop. 2,443 h. — Elle est sur l'étang de son nom, situé à l'extrémité de l'étang de Berre.

St-Chamas n'est pas une ville ancienne : le premier titre où il en est fait mention ne remonte qu'au XIIIe siècle. Elle est divisée en deux parties par une colline qui longe les bords de l'étang du nord au sud, sur une étendue de 2,000 m., entre Miramas et la rivière de la Touloubre. Cette colline est tout entière d'une espèce de limon qu'on appelle safre; au sommet est l'ancienne chapelle de St-Amand. Du côté de l'étang, le rocher est creusé dans toute sa hauteur de grottes souterraines, dont quelques-unes servent d'habitations; du côté opposé, on voit les restes d'anciens remparts. La colline est percée dans toute sa masse, et forme une voûte d'environ 65 m. de longueur, par laquelle communiquent les deux parties du bourg. — La partie de l'est est la plus ancienne : elle est entourée de remparts ; les rues en sont larges et assez bien percées. La partie à l'ouest de la colline est régulièrement bâtie, et habitée principalement par les gens de mer.

Cette ville possède une poudrière nationale, qui occupe tout l'espace compris entre la colline et les bords de l'étang. C'est un vaste enclos, dont une partie est occupée par les moulins et les bâtiments, et l'autre par de jolis jardins. La chute qui fait tourner les moulins à pilons est une magnifique cascade formée par un plan incliné, dont la vue est on ne peut plus pittoresque.

A cinq cents pas de la ville, au milieu d'une plaine unie où rien n'arrête les regards, on remarque le pont Flavien, de construction romaine, que quelques-uns regardent comme un monument triomphal, à cause de la magnificence de sa décoration. Il est bâti sur la Touloubre, dont le lit est creusé, en cet endroit, dans un massif de roc, et consiste en une seule arche formée de grands blocs de pierre. A chacune de ses extrémités est élevé un arc de bonne proportion, dont les pieds-droits sont accompagnés de pilastres cannelés d'ordre corinthien : ces pilastres, accouplés en retour, viennent former les faces latérales. L'entablement porte à chaque extrémité un lion. Le pont a 21 m. 40 c. de longueur et 6 m. 20 c. de largeur ; la hauteur des arcs, jusqu'au-dessus de l'entablement, est de 7 m. La frise des faces extérieures porte à son centre l'inscription suivante :

L. DONNIUS. C. FLAVOS. FLAMEN. ROME. ET. AUGUSTI
TESTAMENTO. FIEGEI. IVSSIT ARLITRATU
C. DONNEI. VENAE. ET. CATTEI. RUFEI

Le port de St-Chamas est formé par deux

jetées, et consiste dans un petit bassin de 59 m. de longueur sur 35 m. de largeur, qui communique avec l'étang au moyen d'un chenal de 80 m. de long sur 18 m. de large. Il est fréquenté par de petits bâtiments de mer, par des tartanes de la rivière de Gênes et par les allèges d'Arles, qui viennent charger de la poudre de guerre, des farines, des vins, des huiles, des olives et autres productions du pays. — *Foires* le 8 sept. et le jour de l'Ascension.

CHAMASSY (St-), vg. *Dordogne* (Périgord), arr. et à 28 k. de Sarlat, cant. de St-Cyprien, ✉ du Bugue. Pop. 952 h.

CHAMBA (la), vg. *Loire* (Forez), arr. et à 37 k. de Montbrison, cant. et ✉ de Noiretable. Pop. 586 h.

CHAMBAIN, vg. *Côte-d'Or* (Champagne), arr. et à 32 k. de Châtillon-sur-Seine, caut. et ✉ de Recey-sur-Ource. Pop. 263 h.

CHAMBEIRE, vg. *Côte-d'Or* (Bourgogne), arr. et à 20 k. de Dijon, cant. et ✉ de Genlis. Pop. 254 h.

CHAMBELLAY, vg. *Maine-et-Loire* (Anjou), arr. et à 17 k. de Segré, cant. et ✉ du Lion-d'Angers. Pop. 814 h.

CHAMBÉON, vg. *Loire* (Forez), arr., cant., ✉ à 15 k. de Montbrison. Pop. 443 h.

CHAMBÉRAT, *Allier*, comm. de Nocq, ✉ de Montluçon.

CHAMBÉRAUD, vg. *Creuse* (Marche), arr., ✉ et à 14 k. d'Aubusson, cant. de St-Sulpice-les-Champs. Pop. 437 h.

CHAMBÉRET, bg *Corrèze* (Limousin), arr. et à 55 k. de Tulle, cant. et ✉ de Treignac. Pop. 2,848 h.

Chambéret est dominé par une montagne qui forme, pour ainsi dire, le gradin le plus élevé d'un immense amphithéâtre qui s'étend jusque dans les plaines de St-Viance. Cette montagne porte le nom de Mons-Cez ; on croit y reconnaître les ruines d'une ancienne ville, et on y a trouvé plusieurs médailles romaines.

Le territoire de cette commune est entrecoupé de vallées, parmi lesquelles on distingue celle d'Euval, dont le site heureux réunit tous les agréments d'une paisible retraite ; non loin de là, dans un lieu solitaire, s'élèvent les ruines pittoresques de l'antique château de Lafage. — *Foires* les 9 mars et 9 avril.

CHAMBÉRIA, vg. *Jura* (Franche-Comté), arr. et à 24 k. de Lons-le-Saulnier, cant. et ✉ d'Orgelet. Pop. 543 h. — *Foires* les 27 mars, 10 juillet et 7 sept.

CHAMBERJOT, *Seine-et-Marne*, comm. de Noisy-sur-Ecoles, ✉ de la Chapelle-la-Reine.

CHAMBERTIN, célèbre vignoble du dép. de la *Côte-d'Or* (Bourgogne), comm. de Vosne. Le vin de Chambertin est placé dans la 1re classe des bons vins de la France. V. VOSNE.

CHAMBEUF, *Chamborium*, vg. *Côted'Or* (Bourgogne), arr. et à 15 k. de Dijon, cant. et ✉ de Gevrey. Pop. 323 h.

CHAMBEUGLE, vg. *Yonne* (Champagne), arr. et à 33 k. de Joigny, cant. et ✉ de Charny. Pop. 195 h.

CHAMBEZON, vg. *H.-Loire* (Auvergne), arr. et à 18 k. de Brioude, cant. de Blesle, ✉ de Lempdes. Pop. 315 h.

CHAMBILLY, vg. *Saône-et-Loire* (Bourgogne), arr. et à 38 k. de Charolles, cant. et ✉ de Marcigny. Pop. 668 h.

CHAMBLAC, *Campus Blaque*, vg. *Eure* (Normandie), arr. et à 15 k. de Bernay, cant. et ✉ de Broglie. Pop. 507 h.

CHAMBLANC, vg. *Côte-d'Or* (Bourgogne), arr. et à 28 k. de Beaune, cant. et ✉ de Seurre. Pop. 675 h.

CHAMBLAY, vg. *Jura* (Franche-Comté), arr. de Poligny, cant. à 16 k. d'Arbois, cant. de Villers-Farlay, ✉ de Mouchard. Pop. 1,317 h. — *Foires* les 5 avril et 5 sept.

CHAMBLE, vg. *Loire* (Forez), arr. et à 23 k. de Montbrison, cant. de St-Rambert, ✉ de Sury-le-Comtal. Pop. 791 h.

CHAMBLET, vg. *Allier* (Bourbonnais), arr., cant., ✉ à 10 k. de Montluçon. Pop. 599 h.

CHAMBLEY, vg. *Moselle* (pays Messin), arr. à 23 k. de Metz, cant. de Gorze, ✉ de Mars-la-Tour. Pop. 564 h.

CHAMBLY, *Camiliacum*, *Cameliacum*, petite ville, *Oise* (Picardie), arr. à 30 k. de Senlis, cant. de Neuilly-en-Thelle, ✉. A 37 k. de Paris pour la taxe des lettres. P. 1,325 h.

Autrefois prévôté et châtellenie, parlement et intendance de Paris, élection de Senlis, prieuré.

Cette ville est située sur la grande route de Paris à Beauvais, à l'extrémité d'une plaine fertile, terminée à l'ouest par des montagnes pittoresques. Elle est généralement bien bâtie : les rues sont larges, bien percées ; au midi, une vaste promenade, plantée d'ormeaux, ajoute au charme de sa position. On y voit un grand nombre de jolies maisons bourgeoises, embellies de jardins, et habitées toute l'année par des propriétaires aisés qui jouissent dans cet endroit des agréments de la campagne et de la société. Les maisons des plus petits cultivateurs, entourées de vergers et de petits jardins, couvertes de vignes, ornées de fleurs, offrent l'aspect le plus agréable.

Chambly est sur le ru de Méru, qui y fait tourner huit moulins à farines pour l'approvisionnement de Paris. C'était autrefois une ville fermée de murs où l'on entrait par plusieurs portes, qui existaient encore vers la fin du XVIIIe siècle. — Manufactures de tresses et lacets de soie, tresses d'or et d'argent, cordons, ganses, etc. — *Fabriques* de blondes. Tuilerie. Lavoirs de laines. — *Commerce* de farines, chevaux et bestiaux. — *Foires* le lundi après le dimanche de carême et après le 8 sept.

CHAMBŒUF, vg. *Loire* (Forez), arr. et à 20 k. de Montbrison, cant. de St-Galmier, ✉ de Chazelles. Pop. 378 h.

CHAMBOIS, vg. *Orne* (Normandie), arr. et à 15 k. d'Argentan, cant. et ✉ de Trun. Pop. 684 h. — On y remarque un ancien château fort dont la façade est percée de 38 croisées. — *Fabrique* d'étoffes de laine. — *Foires* le mardi après 3 juillet, 1er mardi après le 12 nov.

CHAMBOIS, *Puy-de-Dôme*, comm. de Mazaye, ✉ de Pontgibaud.

CHAMBOLE, vg. *Côte-d'Or* (Bourgogne), arr. et à 17 k. de Dijon, cant. et ✉ de Gevrey. Pop. 413 h. — Il est situé dans une contrée fertile en vins d'excellente qualité, à l'entrée d'une gorge, sur le revers d'une montagne d'où l'on découvre une grande étendue de pays. A peu de distance, on remarque des rochers escarpés, dans l'un desquels est une grotte de 20 m. de long sur environ 7 m. de large.

CHAMBON, vg. *Charente-Inf.* (Saintonge), arr. et à 27 k. de Rochefort-sur-Mer, cant. d'Aigrefeuille, ✉ de Surgères. Pop. 824 h.

CHAMBON, vg. *Cher* (Berry), arr. et à 16 k. de Saint-Amand-Montrond, cant. et ✉ de Châteauneuf-sur-Cher. Pop. 500 h. — On voit sur son territoire les traces d'un camp romain.

CHAMBON, ou CHAMBON-VILLE, vg. *Creuse* (Combrailles), arr. et à 22 k. de Boussac, et à 42 k. de Guéret. Chef.-l. de cant. Trib. de 1re inst. de l'arrondissement. Cure. ✉. A 358 k. pour la taxe des lettres. Pop. 2,125 h. — TERRAIN cristallisé ou primitif.

Autrefois châtellenie et prévôté, ordre de St-Benoît, diocèse de Limoges, parlement de Paris, intendance de Moulins, élection de Combrailles.

Suivant M. Baraillon, auteur de *Recherches historiques sur le département de la Creuse*, Chambon était la capitale des Cambiovicenses, peuple indiqué dans la Table de Peutinger. C'est l'endroit de Combrailles où il existe le plus de traces du peuple dont il fut le chef-lieu : on y voit un temple carré, solidement construit en pierres taillées, tourné au midi, et qui dans l'origine était ouvert par le haut ; les Romains y ajoutèrent une voûte, ainsi que l'attestent les briques qu'ils y employèrent : on a découvert dans l'épaisseur des murailles un escalier dérobé, qui devait servir à plus d'un usage. Ce temple, qui n'offre intérieurement que 10 m. 66 c. de long sur 7 m. de large, fait aujourd'hui partie de l'église de Ste-Valérie, et forme la chapelle de cette patronne. Au VIe siècle, Chambon jouissait d'une si grande réputation comme ville forte, qu'on y transporta de Limoges les reliques de sainte Valérie, afin de les soustraire à la rapacité de Chilpéric, qui ravageait le Limousin. — Dans les fouilles faites en 1805, on a trouvé les fondations de l'enceinte d'un château fort, qui occupait le terrain que couvrent aujourd'hui la maison commune et la promenade publique.

Lors de la guerre de la Praguerie, Charles VII fit assiéger Chambon par Xaintrailles et plusieurs autres seigneurs, qui avaient 10,600 hommes sous leurs ordres. La ville fut prise de vive force ; tous les habitants qui s'échappèrent se réfugièrent dans la tour dite de l'Horloge, et payèrent cent marcs d'argent pour leur rançon.

Dans le cimetière de cette commune, on voit une petite chapelle romane, remarquable par sa forme circulaire, ses colonnes avec chapiteaux, ses cordons, ses modillons et ses très-petites fenêtres.

PATRIE du médecin BARAILLON, député de la Creuse à la convention nationale: *Fabriques* de cuirs, corroieries.—*Commerce* de bestiaux.—*Foires* les 18 mai, 12 sept., 27 oct., 9 déc. et le 3ᵉ vendredi de chaque mois.—Marché tous les vendredis.

CHAMBON, vg. *Gard* (Languedoc), arr. d'Alais, cant. et ⊠ de Genolhac.

CHAMBON (le), bg *Loire* (Forez), arr. et à 7 k. de St-Etienne, chef-l. de cant. Cure. ⊠. A 463 k. de Paris pour la taxe des lettres. P. 4,028 h.—TERRAIN carbonifère, houille.—Est situé sur la Dondaine-Vachery, dont les eaux sont excellentes pour la trempe de l'acier.— *Fabriques* de rubans, d'acier fondu, limes, scies, clous, étrilles, cuillers et fourchettes en acier, coutellerie, principalement de couteaux de poche à manches de bois, dits eustaches, dont le prix varie de 48 c. à 1 fr. 33 c. la douzaine. Fenderie pour les fabriques de clous.— *Foires* les 24 fév., 11 juin, 10 août et 11 nov.

CHAMBON, vg. *Loire*, comm. de Grammout, ⊠ de Chazelles.

CHAMBON (le), vg. *H.-Loire* (Languedoc), arr. et à 23 k. d'Yssengeaux, cant. et ⊠ de Tence. Pop. 2,319 h.—*Foires* les 17 janv., 24 fév., 3 mai, 3 juillet, 28 août et 29 sept.

CHAMBON, vg. *Loir-et-Cher* (Blaisois), arr. et à 10 k. de Blois, cant. d'Herbault, ⊠ de Melineuf. Pop. 655 h.

CHAMBON, vg. *Loiret* (Gatinais), arr. et à 14 k. de Pithiviers, cant. de Beaune-la-Rolande, ⊠ de Bois-Commun. Pop. 931 h.

CHAMBON, vg. *Lozère*, comm. de St-Symphorien, ⊠ de Langogne.—*Foires* les 30 juin, 30 sept. et jeudi après la Pentecôte.

CHAMBON, vg. *Meurthe* (Lorraine), arr. de Briey.

CHAMBON, vg. *Puy-de-Dôme* (Auvergne), arr. et à 15 k. d'Ambert, cant. et ⊠ de St-Germain-l'Herm. Pop. 1,192 h.

CHAMBON, vg. *Puy-de-Dôme* (Auvergne), arr. et à 30 k. d'Issoire, cant. et ⊠ de Besse. Pop. 1,107 h.

CHAMBONS, vg. *Ardèche* (Languedoc), arr. et à 27 k. de l'Argentière, cant. et ⊠ des Vans. Pop. 1,327 h.

CHAMBON-CAMPAGNE, vg. *Creuse*, comm. et ⊠ de Chambonville.

CHAMBON-SUR-CREUSE, vg. *Indre-et-Loire* (Touraine), arr. et à 46 k. de Loches, cant. et ⊠ de Preuilly. Pop. 658 h.

CHAMBON-SUR-INDRE, *Indre*, comm. et ⊠ de Villedieu.

CHAMBON-STE-CROIX, vg. *Creuse* (Marche), arr. et à 22 k. de Guéret, cant. de Bonnat, ⊠ d'Aigurande. Pop. 305 h.

CHAMBONNET, vg. *Puy-de-Dôme* (Bourbonnais), arr. et à 35 k. de Riom, cant. et ⊠ de St-Gervais. Pop. 247 h.

CHAMBORAND, vg. *Creuse* (Berry), arr. et à 23 k. de Guéret, cant. et ⊠ de Grand-Bourg. Pop. 590 h.—On y voit les restes imposants d'un vaste et fort château. Berceau de l'ancienne maison de Chamborand.

CHAMBORD, vg. *Eure* (Normandie), arr. et à 52 k. d'Evreux, cant. et ⊠ de Rugles. P. 352 h.—*Fabrique* de clous.

CHAMBORD, *Camboritum*, village et magnifique château, *Loir-et-Cher* (Blaisois), arr. et à 15 k. de Blois, cant. de Bracieux, ⊠ de St-Dyé-sur-Loire. P. 327 h.—TERRAIN tertiaire moyen.

Dès l'an 1090, Chambord était un château de plaisance et un rendez-vous de chasse des comtes de Blois. Depuis longtemps les rois de France en avaient fait l'acquisition, lorsque François Iᵉʳ fit édifier par le Primatice, sur les ruines de l'ancien château, l'édifice qu'on admire encore de nos jours. Depuis 1526 jusqu'à sa mort, François Iᵉʳ occupa à la construction de Chambord dix-huit cents ouvriers, et dépensa, suivant les comptes du trésor royal, 444,570 livres, somme qui représente plus de cinq millions de notre monnaie. Après la mort de ce monarque, le mauvais état des finances empêcha Henri II, Henri III et Charles IX de dépenser, pour la continuation de l'édifice, plus de 391,000 liv., somme qui, réunie à la première, donne une douzaine de millions de notre monnaie. Cependant, malgré de si énormes dépenses, jamais les bâtiments du château n'ont été complètement achevés. Le Primatice mourut sans voir son chef-d'œuvre exécuté, et Louis XIV, plus ardent à fonder Versailles qu'à achever ce que ses prédécesseurs avaient laissé incomplet, se contenta de faire combler les fossés et de construire quelques bâtiments supplémentaires pour le service de sa maison.

Ce château, situé au milieu d'un parc de 6,000 hectares clos de murs, dont l'enceinte a près de 32 k., réunit, par la variété des sites et les accidents du terrain, ce qui peut favoriser tous les genres de chasse. Des taillis immenses et des forêts spacieuses sont peuplés de cerfs, de biches, de chevreuils et de sangliers; des garennes, des terriers nombreux et de vastes prairies, y attirent et y fixent du gibier de toute espèce; la rivière de Cosson, qui traverse le parc et dont les rives touchent presque aux murs du château, offre tous les agréments de la pêche; ses bords, ombragés par des touffes de joncs et de roseaux, servent de retraite aux oiseaux aquatiques; le parc, coupé par de larges allées et par des sentiers battus, favorise les chasses les plus nombreuses et les plus brillantes; les chevaux et les voitures peuvent le parcourir en tous sens. C'est de ces différentes routes que le château se présente sous divers aspects aux voyageurs. On découvre de loin ses dômes, ses donjons, ses tourelles et ses terrasses. La belle lanterne qui couronne l'escalier et s'élève majestueusement au-dessus de l'édifice, est aperçue de la levée de la Loire et des hauteurs du château de Blois.

Le château de Chambord est de forme quadrangulaire, de 48 m. de diamètre, connu sous le nom de Donjon. Ce donjon est flanqué de quatre grosses tours, et entouré d'un bâtiment rectangulaire, dont les quatre angles sont aussi marqués par des tours fort en usage dans les anciens châteaux, mais dont deux, situées du côté du midi, sont beaucoup moins élevées, la plus grande partie de ces derniers bâtiments n'ayant été achevée que sous le règne de Louis XIV. Le bâtiment rectangulaire est d'une architecture semi-gothique bien inférieure à celle du château; la forme des cours qui l'environnent est désagréable à l'œil et à l'effet pyramidal de ce bâtiment. Les quatre tours du donjon ont chacune 20 m. de diamètre. Au milieu de cet édifice s'élève une cinquième tour de 10 m. de diamètre sur 33 m. 33 c. de hauteur, ce qui donne une forme pyramidale très-ingénieuse à ce monument, couvert en partie par des terrasses et en partie par des combles terminés par une multitude de lanternes qui, entremêlées avec les souches des cheminées, ornées de salamandres et s'élevant comme de beaux fûts de colonnes au-dessus des bâtiments, annoncent un lieu d'habitation important et d'un aspect fort singulier. Le château est composé de trois rangs d'étages. A l'extérieur, il est orné de pilastres, espacés de 5 m. et couronnés chacun d'un entablement d'un travail recherché. La distribution intérieure de l'édifice n'est pas moins intéressante: le grand escalier est pratiqué dans la tour placée au centre du bâtiment; on y arrive au rez-de-chaussée par quatre salles des gardes, de 17 m. de longueur et de 10 m. de largeur; en sorte que dans les quatre massifs angulaires sont distribués à chaque étage autant d'appartements complets. Ce qui mérite surtout les plus grands éloges, c'est la disposition ingénieuse de cet escalier à double rampe, se croisant l'une sur l'autre, toutes deux communes à un même noyau: on ne peut en effet trop admirer la légèreté de son ordonnance, la hardiesse de son exécution et la délicatesse de ses ornements, perfection qui, aperçue de la plate-forme du château, frappe, étonne et laisse à peine concevoir comment on a pu parvenir à imaginer un dessein aussi pittoresque, et comment on a pu le mettre en œuvre. On compte dans le château quatre cents pièces, qui, d'après le luxe du temps, ont leurs cheminées, et treize escaliers, qui s'élèvent par une pente douce autour d'élégantes colonnes tordues; l'escalier des cariatides est terminé par les bustes de François Iᵉʳ, d'Henri II et de Diane de Poitiers. Toutes les portes et les boiseries qui datent de la création de l'édifice, ainsi que la plupart des voûtes, murs et plates-formes, sont ornées d'un F et d'une salamandre, auxquels le cordon de saint François sert de cadre; des soleils sont sculptés sur les boiseries des appartements de Louis XIV.

Le caractère d'architecture du château de Chambord a quelque chose de particulier qui l'éloigne autant des formes gothiques que des proportions élégantes des édifices grecs et romains; on serait tenté de croire que le Primatice a voulu laisser un monument singulier, pour indiquer l'époque qui a séparé la barbarie de la renaissance des arts. Le donjon, flanqué de ses quatre grosses tours, rappelle les constructions uniformes du XIIᵉ et du XIIIᵉ siècle; mais les galeries qui en prolongent la façade lui donnent une élégance qui était inconnue jusqu'alors. Il y a dans l'ensemble de l'édifice un caractère de force, on pourrait même dire de lourdeur, qui ne manque cependant pas de noblesse, et qui contraste merveilleusement avec la richesse et le fini des détails. Le corps de bâtiment, composé de trois ordres de pilastres, présente d'abord à l'œil une grande simplicité; mais au-dessus des terrasses qui couronnent le troisième étage, les ornements sont prodigués avec une telle profusion, les pilastres, les colonnes, les bas-reliefs, les frises, y sont si richement sculptés, qu'on a peine à concevoir, après en avoir attentivement examiné le travail, admiré la délicatesse et la prodigieuse variété des formes, que douze années aient pu suffire pour exécuter tant de chefs-d'œuvre de dessin et de sculpture.

Le nom de François Ier est inséparable de Chambord; tout y rappelle ce monarque. On attribue à la chasse sa prédilection pour celieu, et surtout aux souvenirs de ses premières amours avec la châtelaine de Montfrault et la brillante comtesse de Thoury. Les constructions mystérieuses de ce château favorisaient les galantes inclinations de ce roi; et c'est à leur aide qu'il parvint à satisfaire à l'amour que lui inspirait Diane de Poitiers, sans éveiller les soupçons de la duchesse d'Etampes. On sait que, dans les voyages de la cour où se trouvait la reine, la belle Diane ne logeait point au château; elle occupait une maison construite au milieu du parc et connue sous le nom de l'hôtel de Montmorency. Le roi ne manquait pas de s'y rendre dans le plus strict incognito chaque soir après son coucher. Mais comme l'heure en était régulièrement fixée, Brissac, qui captivait le cœur de la favorite, pouvait aussi, sans crainte d'être surpris, passer auprès d'elle tous les instants que le roi ne lui consacrait pas. Vers la fin de sa carrière, François Ier éprouvait encore une secrète jouissance à revoir des lieux empreints des plus doux souvenirs : cependant il paraît que parfois il s'y mêlait des regrets : ce fut sans doute dans l'un de ces moments de jalousie ou de dépit qu'à l'aide d'un diamant il traça, sur l'une des vitres de la croisée de sa chambre, ces vers dont on chercherait vainement la trace :

Souvent femme varie,
Est bien fol qui s'y fie.

Louis XIII fit de Chambord sa résidence favorite, après l'exil de Mlle de Lafayette. Louis XIV habita ce château plusieurs années, et y donna de brillantes fêtes; ce fut dans l'une d'elles, au mois d'octobre 1670, que *le Bourgeois Gentilhomme* y fut joué par Molière et sa troupe pour la première fois. Pélisson, dans une lettre en vers et en prose adressée à Mlle de Scudéri, nous donne les détails de cette fête : on y trouve une gracieuse description de Chambord et de son parc, avec d'ingénieuses allusions aux royales amours dont ses arbre touffus avaient été les discrets confidents et les muets témoins.

Louis XV donna Chambord à Stanislas, roi de Pologne, son beau-père : celui-ci y demeura longtemps. A Stanislas succéda le maréchal de Saxe, qui y vécut en prince. Le maréchal de Saxe étant mort sans postérité, ce beau domaine passa au comte de Frise son neveu, et après lui il retourna à la couronne. La famille de Polignac en obtint la jouissance de Louis XVI, en 1777. En 1797, le château de Chambord, par ordonnance du prétendant (Louis XVIII), fut octroyé, avec le brevet de duc, à Pichegru, pour prix de sa trahison. En 1799, il fut transféré par le même prince, sous la sanction de Paul Ier, à Barras, pour appât d'une défection. Pendant la révolution, un dépôt de remonte y fut établi. Après le 18 brumaire an VIII, il fut offert par la commission de constitution au premier consul Bonaparte, qui le refusa. En 1808, il fut donné à Charles IV, ex-roi d'Espagne, par le traité de Bayonne. Sous l'empire, le château de Chambord et ses dépendances furent affectés à la dotation de la quinzième cohorte de la Légion d'honneur, et il fut question d'y établir une succursale de la maison d'éducation pour les filles de cet ordre. Après la bataille de Wagram, l'empereur, érigea Chambord en principauté et en fit don au maréchal Berthier, sous la condition de faire terminer le château d'après les dessins du Primatice. Berthier étant mort, la princesse de Wagram fut forcée d'aliéner ce domaine, qui fut mis en vente en 1820, et acheté par souscription pour être offert en don au duc de Bordeaux. Tout le monde a lu le spirituel pamphlet que l'inimitable Paul-Louis Courier publia, à l'occasion de cette souscription, pour détourner les habitants de Chambord de contribuer à cette acquisition.

Bibliographie. LE ROUGE. *Description du château de Chambord*, en 14 planches in-f°, 1751.

GILBERT. *Notice historique et descriptive du château de Chambord et de ses dépendances*, etc., in-8, 1821.

MERLE. *Description historique et pittoresque du château de Chambord*, grav., plan et carte, in-f°, 1821.

COURIER DE MÉRÉ (Paul-Louis). *Simple Discours de Paul-Louis, vigneron, aux membres du conseil de la commune de Veretz, à l'occasion d'une souscription proposée par Son Ex. le ministre de l'intérieur pour l'acquisition de Chambord*, broch. in-8, 1821.

* *Relation d'une visite de S. A. R. Mme la duchesse de Berry au château de Chambord*, in-4, 1828.

VERGNAUD ROMAGNESI. *Notice sur le château de Chambord, ses dépendances, les moyens de l'utiliser*, etc., etc., in-8, 1832.

SAUSSAYE (de la). *Notice sur le domaine de Chambord*, in-12, 1835.

* *Églises, châteaux et hôtels du Blaisois* (château de Chambord), in-4°.

CHAMBORD (le petit), *Seine*, comm. de Châtenay, ✉ de Bourg-la-Reine.

CHAMBORET, vg. *H.-Vienne* (Limousin), arr. et à 16 k. de Bellac, cant. et ✉ de Nantiat. Pop. 908 h.

CHAMBORIGAUD, vg. *Gard* (Languedoc), arr. et à 28 k. d'Alais, cant. et ✉ de Genolhac. Pop. 920 h. — *Foires* les 2 janv., 12 avril, 9 sept. et 20 déc.

CHAMBORNAY-LES-BELLEVAUX, vg. *H.-Saône* (Franche-Comté), arr. et à 31 k. de Vesoul, cant. et ✉ de Rioz. Pop. 305 h.

CHAMBORNAY-LES-PIN, vg. *H.-Saône* (Franche-Comté), arr. et à 31 k. de Gray, cant. et ✉ de Marnay. Pop. 263 h.

CHAMBORS, vg. *Oise* (Picardie), arr. et à 32 k. de Beauvais, cant. et ✉ de Chaumont-en-Vexin. Pop. 341 h. — On y remarque les vestiges d'un ancien château fort détruit depuis longtemps.

CHAMBOST-SOUS-LONGESSAIGNE, bg *Rhône* (Beaujolais), arr. et à 35 k. de Lyon cant. et ✉ de St-Laurent-de-Chamousset. Pop. 1,757 h.

CHAMBOST-SUR-CHAMELET, vg. *Rhône* (Beaujolais), arr. et à 17 k. de Villefranche-sur-Saône, cant. de St-Nizier-d'Azergue, ✉ de la Mure. Pop. 515 h. Dans une riante vallée, sur l'Azergue. — *Fabrique* de toiles de coton.

CHAMBOUCHARD, vg. *Creuse* (Combrailles), arr. et à 38 k. d'Aubusson, cant. et ✉ d'Évaux. Pop. 431 h.

CHAMBOULIVE, bg *Corrèze* (Limousin), arr. et à 25 k. de Tulle, cant. de Seilhac. ✉. A 451 k. de Paris pour la taxe des lettres. Pop. 3,095 h. — *Foires* les 8 janv., mars, avril, août, sept., oct., nov. et déc.

CHAMBOURCI, vg. *Seine-et-Oise* (Ile-de-France), arr. et à 17 k. de Versailles, cant. et ✉ de St-Germain-en-Laye. Pop. 695 h. — Chambourci est un lieu fréquenté par les paysagistes pour les magnifiques études qu'offre sa châtaigneraie, où l'on voit des arbres séculaires d'une dimension et d'une conformation réellement extraordinaires. — Le domaine de Retz, dit le Désert, contigu à la forêt de Marly, est une dépendance de la commune de Chambourci. Il renferme, dans une enceinte de 160 hectares, une habitation d'une distribution originale et bizarre, à laquelle on a donné la forme d'un débris de colonne gigantesque et cannelée. Les cannelures ont 2 m. et les côtés 75 c. ; le diamètre de la colonne est d'environ 14 m. ; les assises, travaillées en refend, imitent assez bien les dégradations du temps. Au centre de la colonne est un escalier à vis ; entre la cage circulaire de cet escalier et la circonférence du monument, on a pratiqué, jusqu'au sommet de la colonne, de petits appartements d'une distribution bizarre ; le premier étage prend jour par des portes-croisées ; au second, les baies sont carrées ; au troisième, elles sont ovales et toujours placées dans les cannelures ; enfin le quatrième étage ne reçoit la lumière que par des lézardes, qui paraissent assez naturelles.

CHAMBOURG, vg. *Indre-et-Loire* (Touraine), arr., cant., ✉ et à 7 k. de Loches. Pop. 1,011 h.

CHAMBRAY, *Cambresum*, *Cammeragus*, vg. *Eure* (Normandie), arr. et à 19 k. d'Évreux, cant. de Vernon, ✉ de Pacy-sur-Eure. Pop. 504 h. Dans une vallée agréable, sur l'Eure.

CHAMBRAY, vg. *Indre-et-Loire* (Touraine), arr. et à 7 k. de Tours, cant. et ⊠ de Montbazon. Pop. 754 h.

CHAMBRE, *Cantal,* comm. de Vigean, ⊠ de Mauriac.

CHAMBRE (la), ou CAMEREN, vg. *Moselle* (Lorraine), arr. et à 32 k. de Sarreguemines, cant. et ⊠ de St-Avold. Pop. 365 h.

CHAMBRE, *Nièvre,* comm. de Pougny, ⊠ de Cosne.

CHAMBRECY, vg. *Marne* (Champagne), arr. et à 20 k. de Reims, cant. et ⊠ de Ville-en-Tardenois. Pop. 186 h.

CHAMBRES (les), vg. *Manche* (Normandie), arr. et à 11 k. d'Avranches, cant. et ⊠ de la Haye-Pesnel. Pop. 318 h.

CHAMBRETEAU, vg. *Vendée* (Poitou), arr. et à 45 k. de Bourbon-Vendée, cant. et ⊠ de Mortagne-sur-Sèvre. Pop. 797 h.

CHAMBREY, vg. *Meurthe* (pays Messin), arr., cant., ⊠ et à 17 k. de Château-Salins, et à 8 k. de Vic. Pop. 886 h.

CHAMBROIS, *Eure.* V. BROGLIE.

CHAMBRON, *Deux-Sèvres,* comm. d'Ardin, ⊠ de Niort.

CHAMBRONCOURT, vg. *H.-Marne* (Champagne), arr. et à 40 k. de Chaumont-en-Bassigny, cant. de St-Blin, ⊠ d'Andelot. Pop. 202 h.

CHAMBROUTET, vg. *Deux-Sèvres* (Poitou), arr., cant., ⊠ et à 5 k. de Bressuire. Pop. 260 h.

CHAMBRY, vg. *Aisne* (Picardie), arr., cant., ⊠ et à 4 k. de Laon. Pop. 260 h.

CHAMBRY, vg. *Seine-et-Marne* (Brie), arr., cant., ⊠ et à 5 k. de Meaux. Pop. 639 h.

CHAMDOTRE, vg. *Côte-d'Or* (Bourgogne), arr. et à 26 k. de Dijon, cant. et ⊠ d'Auxonne. Pop. 729 h.

CHAMÉANE, vg. *Puy-de-Dôme* (Auvergne), arr. et à 19 k. d'Issoire, cant. de Sauxillanges, ⊠ de Vernet-la-Varenne. Pop. 582 h. — On trouve de belles améthystes sur son territoire.

CHAMELARD, *Yonne,* comm. de Melisey, ⊠ de Tonnerre.

CHAMELET, *Chameletum,* bg *Rhône* (Beaujolais), arr. et à 18 k. de Villefranche-sur-Saône, cant. et ⊠ du Bois-d'Oingt. Pop. 915 h.

Ce bourg, situé sur un contre-fort de la vallée de l'Azergue, avait autrefois un mur d'enceinte, dont on voit encore les restes, avec plusieurs tours dont il était flanqué. Près de l'église est une ancienne tour carrée, qui s'élève de beaucoup au-dessus des maisons et de l'église ; elle dépendait du château.

PATRIE du baron RICHE DE PRONY, l'un des plus savants ingénieurs de notre époque, membre de l'académie des sciences. — Et de son frère C.-A.-G. RICHE, voyageur et naturaliste, membre de l'Institut, mort en 1797.

Fabriques d'étoffes de soie, de mousselines, de toiles de fil et de coton. — Nombreuses blanchisseries de toiles. — *Foires* les 25 janv., 23 avril, 28 oct., 13 déc., jeudi de la mi-carême, et veille de la Pentecôte.

CHAMEROY, vg. *H.-Marne* (Bourgogne), arr. et à 17 k. de Langres, cant. et ⊠ d'Auberive. Pop. 437 h.

CHAMERY, vg. *Marne* (Champagne), arr., ⊠ et à 12 k. de Reims, cant. de Verzy. Pop. 623 h. — Il est agréablement situé sur la pente d'un coteau planté de vignes, près d'un étang formé par des sources qui descendent de la montagne.

CHAMESEY, vg. *Doubs* (Franche-Comté), arr. à 43 k. de Montbelliard, cant. de Russey, ⊠ de Morteau. Pop. 223 h.

CHAMESOL, vg. *Doubs* (Franche-Comté), arr. à 20 k. de Montbelliard, cant. et ⊠ de St-Hippolyte. Pop. 761 h.

CHAMESSON, vg. *Côte-d'Or* (Bourgogne), arr., cant., ⊠ et à 8 k. de Châtillon-sur-Seine. Pop. 371 h. — Les rois de France y avaient un palais au IXe siècle. — Forges et haut fourneau.

CHAMEYRAC, vg. *Corrèze* (Limousin), arr., cant., ⊠ et à 10 k. de Tulle. P. 1,320 h. — *Foire* le 1er août et le 28 déc.

CHAMFREMONT, vg. *Mayenne* (Maine), arr. et à 45 k. de Mayenne, cant. et ⊠ de Prez-en-Pail. Pop. 973 h. — *Foire* le 26 juillet.

CHAMIGNY, vg. *Seine-et-Marne* (Brie), arr. et à 23 k. de Meaux, cant. et ⊠ de la Ferté-sous-Jouarre. Pop. 845 h. Près de la Marne.

L'église paroissiale de Chamigny est une des plus anciennes du diocèse. Elle a été bâtie à différentes époques ; quoique ayant subi beaucoup de modifications, elle est encore remarquable par un beau sanctuaire dans le style ogival, et surtout par une crypte à laquelle on descend par un escalier pratiqué sous le chœur ; elle est soutenue par quatre colonnes élégantes de 16 c. de diamètre et de 1 m. 35 c. de fût, avec des chapiteaux de feuillages variés ; quatre bases sont engagées sous le carrelage. Douze colonnes adossées aux murailles répondent aux quatre colonnes isolées, et soutiennent les voûtes, dont les arcades sont formées de simples tores. Quatre petites fenêtres cintrées éclairent ce sanctuaire souterrain ; on y descend du milieu de la nef par douze degrés ; l'entrée, décorée d'une espèce de portique, est surmontée d'une rampe en fer travaillé. Cette église mérite d'être classée au nombre des monuments historiques.

CHAMILLY, vg. *Saône-et-Loire* (Bourgogne), arr. à 19 k. de Châlons-sur-Saône, cant. de Chagny, ⊠ de Bourgneuf. Pop. 389 h. — *Foires* les 1er juillet, 1er sept., 12 nov. et mardi de Pâques.

CHAMITAUX, *Aisne,* comm. de St-Michel, ⊠ d'Hirson.

CHAMMES, vg. *Mayenne* (Maine), arr. et à 31 k. de Laval, caut et ⊠ de Ste-Suzanne. Pop. 1,029 h.

CHAMOLAY, vg. *Isère,* comm. des Avenières, ⊠ de Morestel.

CHAMOLE, vg. *Jura* (Franche-Comté), arr., cant., ⊠ et à 4 k. de Poligny, et à 12 k. d'Arbois. Pop. 324 h.

CHAMOND (St-). *Castrum Anemundi,* ville manufacturière, *Loire* (Lyonnais), arr. et à 12 k. de St-Étienne, chef-l. de cant. Cure. Chambre consult. des manuf. Conseil de prud'hommes. ⊠. ☼. A 476 k. de Paris pour la taxe des lettres. Pop. 8,204 h. — TERRAIN carbonifère, houille.

L'origine de St-Chamond ne remonte qu'au commencement du VIIe siècle. Vers l'an 640, saint Ennemond, archevêque de Lyon, y fit bâtir une église ; mais son accroissement est principalement dû aux seigneurs qui l'habitèrent, et qui dans la suite y firent construire un château dont on voit encore de beaux restes. Cet édifice présentait la singularité remarquable d'un clocher sous une église, et d'une église sous un parterre dont on pouvait faire le tour en voiture. Elevé sur le flanc de la colline qui domine la ville, il était le seul dans le pays qui pût donner une idée de ce genre de construction ; la position des lieux, les remparts, les bastions, de larges fossés, de vastes souterrains, y rendaient alors facile une grande résistance.

Cette ville est située au pied d'une colline, dans un joli bassin tapissé de vergers, de bosquets et de vignes, au confluent du Gier et du Janon, sur le chemin de fer de St-Étienne à Lyon. Elle est assez bien bâtie, et renferme plusieurs maisons élégantes, accompagnées de jolis enclos, qui annoncent l'aisance des habitants. On y remarque une belle église paroissiale, une jolie promenade et un bel établissement de bains publics. Aux environs, on voit une montagne dont la partie supérieure est une roche calcaire qui fournit de belles pierres à bâtir, tandis que la basse n'offre, pour ainsi dire, qu'une masse de houille dans laquelle on a creusé des mines très-étendues. Cette montagne renferme des masses schisteuses, dont tous les feuillets portent sur leur superficie l'empreinte de feuilles de plantes qui n'existent que dans les Indes orientales et dans les climats chauds de l'Amérique.

PATRIE du littérateur DUGAZ-MONTBEL, député du Rhône, membre de l'acad. des inscript.

Les armes de St-Chamond sont : parti de premier d'argent à la face de gueule ; le deuxième d'azur plein.

INDUSTRIE. St-Chamond est une ville essentiellement manufacturière. Trois branches principales d'industrie alimentent son commerce : le moulinage des soies grèges, la fabrication des clous pour la marine et les particuliers, et la fabrique des rubans de soie, galons, padous et lacets. — *Fabriques* de rubans, quincaillerie. Moulins à soie. Teintureries. Blanchisserie de coton. Exploitation de houille et de grès. Fonderies et clouteries. Aux environs, forges et hauts fourneaux. — *Commerce* de houille, soie, rubans, fer, clous, châles, mousselines. — *Foires* les 17 janv., 24 fév., 3 mai, 3 juillet, 28 août et 29 sept.

Bibliographie. HEDDE. *Indicateur du commerce, des arts, des manufactures, etc., de St-Chamond et de Rive-de-Gier,* in-8, 1832.

CHAMONT, *Isère,* comm. de St-Chef, ⊠ de Bourgoin.

CHAMOUILLAC, vg. *Charente-Inf.* (Saintonge), arr. et à 17 k. de Jonzac, cant. et ⊠ de Montendre. Pop. 475 h.

CHAMOUILLE, vg. *Aisne* (Picardie), arr. et à 12 k. de Laon, cant. de Craonne, ✉ de Chavignon. Pop. 225 h. — C'était anciennement une petite ville, qui obtint une charte de commune en 1184.

CHAMOUILLEY, vg. *H.-Marne* (Champagne), arr. et à 18 k. de Vassy, cant. et ✉ de St-Dizier. Pop. 698 h.
Patrie de M. Etienne, pair de France, littérateur, poëte dramatique et publiciste, membre de l'Institut, auteur, entre autres ouvrages et pièces de théâtre, de l'*Histoire du théâtre français*, de la comédie des *Deux Gendres*, et de plusieurs opéras-comiques, parmi lesquels on distingue *Joconde*, *Cendrillon*, *Gulistan*, *Jeannot et Colin*, etc., etc.
Hauts fourneaux, forges, sur la Marne.

CHAMOUX, vg. *Yonne* (Nivernais), arr. et à 21 k. d'Avallon, cant. et ✉ de Vézelay. P. 462 h.

CHAMOUZEY, vg. *Vosges* (Lorraine), arr., cant., ✉ et à 8 k. d'Épinal. Pop. 363 h.

CHAMOY, vg. *Aube* (Champagne), arr. et à 22 k. de Troyes, cant. d'Ervy, ✉ d'Auxon. Pop. 890 h. — *Foires* les 11 juin et 27 sept.

CHAMP (St-), vg. *Ain* (Bourgogne), arr., cant., ✉ et à 7 k. de Belley. Pop. 400 h.

CHAMP, vg. *Maine-et-Loire* (Anjou), arr. et à 28 k. d'Angers, cant. de Thouarcé, ✉ de St-Lambert-du-Lattay. Pop. 811 h.

CHAMP, *Campus Leucorum Castrensium*, vg. *Meuse*, comm. de Champneuville, ✉ de Verdun-sur-Meuse.

CHAMPAGNAC, vg. *Cantal* (Auvergne), arr. et à 15 k. de Mauriac, cant. et ✉ de Saignes. Pop. 1,993 h. — Cette commune occupe un plateau terminé à l'ouest par des précipices qui bordent la rive gauche de la Dordogne. Il y a des houillères abondantes et de bonne qualité; mais l'exploitation est peu importante à cause de l'éloignement et du défaut de communications faciles avec les grands foyers d'industrie. — *Foire* le 19 novembre.

CHAMPAGNAC, vg. *Charente-Inf.* (Saintonge), arr., cant., ✉ et à 5 k. de Jonzac. Pop. 646 h.

CHAMPAGNAC, ou Champagnac-de-Bélair, bg *Dordogne* (Périgord), arr. et à 19 k. de Nontron, chef-l. de cant., ✉ de Brantôme. Cure. Pop. 921 h. Sur la rive droite de la Dronne. — Terrain jurassique, voisin du terrain crétacé inférieur.

CHAMPAGNAC, vg. *H.-Loire* (Auvergne), arr., ✉ et à 14 k. de Brioude, cant. d'Auzon. Pop. 1,085 h. — *Foires* les 1er juin, 1er sept., 1er déc. et 2e lundi de carême.

CHAMPAGNAC, vg. *H.-Vienne* (Limousin), arr., ✉ et à 17 k. de Rochechouart, cant. d'Oradour-sur-Vayres. Pop. 1,902 h. Sur la Tardoire. — *Fab.* de fil de fer et de pointes dites de Paris.

CHAMPAGNAC-LA-NOAILLES, vg. *Corrèze* (Limousin), arr. et à 30 k. de Tulle, cant. et ✉ d'Egletons. Pop. 754 h.

CHAMPAGNAC-LA-PRUNE, vg. *Corrèze* (Limousin), arr. et à 26 k. de Tulle, cant. de la Roche-Canillac, ✉ d'Argentat. Pop. 388 h.

CHAMPAGNAT, vg. *Creuse* (Marche), arr. et à 10 k. d'Aubusson, cant. et ✉ de Bellegarde. Pop. 1,952 h.

CHAMPAGNAT, vg. *Saône-et-Loire* (Bourgogne), arr. et à 23 k. de Louhans, cant. et ✉ de Cuiseaux. Pop. 883 h.

CHAMPAGNAT-LE-JEUNE, vg. *Puy-de-Dôme* (Auvergne), arr. et à 20 k. d'Issoire, cant. et ✉ des Jumeaux. Pop. 705 h.

CHAMPAGNE (la), *Campania Gallica* ancienne, grande et l'une des plus considérables des ci-devant provinces de France. Du temps de César, cette province était habitée par les *Tricasses*, les *Remi*, les *Catalauni*, les *Senones*, les *Lingones* et une partie des *Meldæ*. Après la division de la Gaule en 17 provinces, la contrée où, depuis, existe le nom du Champagne, était comprise dans la première et quatrième Lyonnaise et dans la deuxième Belgique. Les rois Clovis Ier et Clotaire Ier ont possédé la Champagne. Sous Charles le Simple elle fut gouvernée par des ducs et comtes, qui, par la suite des temps, rendirent cette province héréditaire dans leurs familles. — La Champagne eut des comtes jusqu'en 1274, époque de la mort de Henri III, comte de Champagne et roi de Navarre : ce dernier n'ayant laissé qu'une fille, appelée Jeanne de Navarre, Philippe le Bel l'épousa, et réunit par ce moyen la Champagne à la couronne.

La Champagne était bornée au nord par le pays de Liège et le Hainaut français, au sud par la Bourgogne, à l'est par le duché de Bar, le Toulois et la Lorraine, à l'ouest par la Brie, qui, au xive siècle, fut comprise dans la province et qui confinait avec l'Ile-de-France. Elle se divisait en huit parties, savoir : 1° la Champagne proprement dite, comprenant les villes de Troyes, Châlons, Ste-Menehould, Epernay, Vertus; 2° le Rémois comprenant : Reims, Rocroy, Fismes, Château-Porcien; 3° le Réthelois comprenant : Rethel, Mézières, Charleville, Donchery; 4° le Partois comprenant : Vitry-le-François, St-Dizier; 5° le Vallage comprenant: Joinville, Bar-sur-Aube, Arcis-sur-Aube, Vassy; 6° le Bassigny comprenant: Langres, Chaumont, Montigny-le-Roi, Andelot, Grand; 7° le Sénonais comprenant : Sens, Joigny, Tonnerre, Chably; 8° la Brie champenoise comprenant : Meaux, Provins, Château-Thierry, Sézanne, Coulommiers, Montereau-faut-Yonne, Bray-sur-Seine.

Le gouvernement de Champagne et Brie était l'un des douze grands gouvernements du royaume. Il renfermait deux archevêchés, Reims et Sens; quatre évêchés, Langres, Châlons, Troyes et Meaux; et de plus, un grand nombre d'abbayes, dont la plus célèbre était celle de Clairvaux. Le revenu du clergé était estimé à quatre millions et demi de rente annuelle. Le grand prieuré de Champagne, de l'ordre de Malte, était divisé en quinze commanderies pour les chevaliers, et cinq commanderies pour les chapelains et servants d'armes. Ses revenus s'élevaient à cent quarante-trois mille sept cent quatre-vingt-quatre livres.

Toute la Champagne était, ainsi que la Brie, du ressort du parlement, de la chambre des comptes et de la cour des aides de Paris. Son gouvernement renfermait neuf bailliages et sièges présidiaux, et sa généralité douze élections. La Champagne était régie par diverses coutumes: celles de Troyes, de Meaux et de Chaumont étaient remarquables par un usage singulier. Nous voulons parler de la noblesse de ventre, c'est-à-dire de la noblesse que les femmes pouvaient transmettre. Ce privilège fut, si l'on veut en croire quelques auteurs, accordé aux Champenois par Charles le Chauve, après la bataille de Fontenay, où la plus grande partie de la noblesse de Champagne avait péri. Quoi qu'il en soit, voici comment à cet égard s'exprime la coutume de Troyes : « Entre les rivières d'Aube et de Marne, le fruit ensuit le ventre et la condition d'icelui, excepté quand ensuit le côté noble, si suivre le veut. »

On appelait bourgeois du roi en Champagne les roturiers qui demeuraient dans les ressorts du bailliage de la prévôté de Troyes, ou dans la terre d'un seigneur haut justicier qui n'avait pas de droits féodaux.

La Champagne forme aujourd'hui les départements de la Marne, de la Haute-Marne, de l'Aube, des Ardennes, et une partie des départements de l'Yonne, de l'Aisne, de Seine-et-Marne, de la Meuse, de la Côte-d'Or, de la Haute-Saône et des Vosges.

Le vaste territoire de la Champagne, tour à tour uni et montueux, boisé et découvert, offre une grande variété de culture et de productions : le sol n'est pas également fertile dans toutes ses parties ; celle surtout qui s'étend entre Nogent et Piney ne présente que des plaines immenses, dont le fond de craie, à peine recouvert de quelques pouces de terre végétale, ne produit que du seigle et du sarrasin en petite quantité ; mais aussi les autres parties produisent beaucoup de grains, de légumes et des fruits de toute espèce ; la volaille, le gibier et le poisson y abondent. Une grande partie des coteaux est plantée de vignes, qui donnent des vins estimés et des plus agréables, surtout ceux du département de la Marne, connus sous le nom de vins de Champagne, recherchés par toutes les nations de l'Europe. On y trouve de vastes et belles forêts, d'excellents pâturages, de nombreux étangs, des mines de fer, des forges, des usines et d'assez nombreux d'établissements d'industrie. Les **armes de la Champagne** étaient : *d'azur à la bande d'argent à doubles cotices potencées et contre-potencées d'or de treize pièces* (pour 13 comtés dépendants de la Champagne).

Mœurs et usages. Il est peu d'habitants des anciennes provinces de la France sur le compte desquels son se soit plus égayé que des Champenois, dont l'innocente bonhomie a donné lieu à l'injurieux proverbe si victorieusement réfuté par Grosley, par l'abbé Herluison, par Salgues, et tout récemment par M. Thiérion père, qui a prouvé par des faits, que peu de provinces ont autant produit de grands hommes que la Champagne. — On ne peut disconvenir toutefois qu'il est peu de provinciaux qui, sous certains rapports, prêtent plus à la plaisanterie. L'épithète seule de Champenois, prononcée dans toute autre province que dans la Champagne, fait naître le sourire sur les lèvres : qui ne connaît quelques anecdotes piquantes sur la prétendue simplicité d'esprit des Champenois ? Qui n'a pas entendu citer la bêtise des Châlonnais, la niaiserie des Rémois ? Dans les réunions d'artistes, dans les ateliers, voire même dans les salons, les Lorrains, les Bretons, les Poitevins, les Périgourdins sont tour à tour l'objet de plaisanteries généralement assez vraies et souvent des plus comiques; mais s'il arrive un Champenois, c'est sur lui que tombent immédiatement tous les brocards ; comme il est loin d'avoir la repartie vive, il est rare qu'il donne de lui une meilleure opinion que celle que l'on en avait conçue, surtout s'il est entrepris par un Gascon ou par un Parisien. On ne doit pas en conclure cependant que le Champenois ait moins d'esprit que ses adversaires; mais comme le fait observer Grosley, lorsque par hasard il a le malheur d'être sot, il n'est plus qu'un autre; il l'est à perpétuité.

L'habitant des campagnes ne manque ni de bon sens ni de jugement ; mais communément il n'est pas doué d'une forte dose d'esprit naturel. Ignorant, et crédule à l'excès, il adopte comme des vérités les histoires les plus invraisemblables, les contes les plus absurdes; et l'on peut dire aussi que, comparativement à quelques autres contrées de la France, la civilisation dans les communes rurales d'une partie de la Champagne est arriérée d'un demi-siècle. — Insouciant, apathique, le paysan champenois est cependant capable d'une certaine énergie quand il s'agit de son intérêt, de défendre ou de faire respecter ses droits, dont il est très-jaloux, et qu'il ne néglige jamais de faire valoir. Les laboureurs tiennent fortement à leurs habitudes et à la routine de leur art ; ils sont en général ennemis des innovations et de toute tentative d'amélioration (ce reproche ne peut toutefois s'adresser aux habitants de plusieurs communes du département de la Marne, où les nouvelles pratiques d'agriculture ont été généralement adoptées et couronnées par le plus brillant succès). Indifférent, sinon insensible à tout ce qui peut embellir et charmer l'existence, le paysan champenois n'a rien fait pour rendre sa demeure confortable. Et l'on peut dire, sans être taxé d'exagération, que dans toute l'Europe, si ce n'est en Bretagne, en Pologne et en Irlande, il n'est aucune contrée où les habitations soient plus misérables que dans certaines parties de la Champagne. Les maisons, placées dans une situation souvent malsaine, n'y ont en général qu'un rez-de-chaussée ; les chambres ne carrelées, ni planchéiées, reposent sur le sol qui n'est pas même battu comme l'aire d'une grange ; dans l'intérieur elles ne reçoivent le jour que par une petite croisée fixe, qui ne permet pas d'en renouveler l'air ni d'en dessécher le pavé, presque toujours humide ; les portes mal jointes n'opposent aucun obstacle à l'impétuosité du vent ni à la rigueur du froid pendant l'hiver. Le plus souvent la cour se trouve au-dessus du niveau de la maison, dont la porte est obstruée par des tas de fumier où l'on enfonce jusqu'à mi-jambe, et dont la fermentation charge l'air d'exhalaisons putrides, dont le moindre inconvénient est d'affecter désagréablement l'odorat.

L'amour de la justice, la probité, la foi dans les engagements sont les qualités distinctives des Champenois. Sans avoir un grand amour de l'ordre, ils aiment que chaque chose soit à sa place et remplisse sa destination. Assez opiniâtres dans leurs desseins et dans leurs goûts, ils sont capables d'une certaine application ; mais ils ont la conception lente, difficile, et redoutent le travail continu. Quoique laborieux et économes, ils sont moins propres à acquérir qu'à conserver. Peu doués de talent d'observation, peu susceptibles d'invention, la routine exerce sur eux un empire assez étendu. D'autant plus pleins de confiance en eux qu'ils sont moins instruits, ils imaginent difficilement qu'il y ait de méthodes plus parfaites que celles qu'ils emploient, et tout ce qui tend à démontrer dans les arts industriels ou dans la pratique de l'agriculture leur infériorité, les chagrine et les humilie : rien même n'égale leur joie, lorsque les essais tentés dans les vues de perfectionnements ne sont pas couronnées par le succès.—Sans être doués d'une grande sensibilité, ils ont beaucoup de compassion pour les maux d'autrui et sont très-charitables. Ils sont bons époux, fils respectueux et amis obligeants. Comme ils sont difficiles à émouvoir, que leurs passions sont peu violentes et de peu de durée, ils sont par conséquent ennemis peu dangereux, et c'est peut-être ce qui explique pourquoi dans tout le cours de la révolution les réactions ont été accompagnées de moins d'excès dans la Champagne que dans toutes les autres parties de la France.

Reims, Châlons et Troyes sont les cités qui prêtent le plus aux observations qu'il est possible de faire sur le caractère des habitants. — A Reims, ville essentiellement manufacturière, les habitants sont intelligents, laborieux, actifs, entièrement occupés des différents travaux des fabriques. Ils se livrent au commerce avec une grande activité, et n'ont entre eux qu'une sorte de rivalité, celle de mieux faire, la plus capable d'exciter l'émulation. En cela ils l'emportent de beaucoup sur les habitants de Troyes et de Châlons. La classe du peuple et les ouvriers sont aussi dans ces deux dernières villes, et leur intelligence est plus développée; ce qu'on peut attribuer à la diversité des occupations industrielles, qui obligent les ouvriers et les enfants de passer fréquemment d'un atelier dans un autre pour y exercer une industrie nouvelle, quand les chances du commerce forcent d'abandonner tel ou tel genre de fabrication.

A Châlons le peuple est peu actif, peu intelligent, extrêmement routinier et d'une ignorance extrême : sous plusieurs rapports le proverbe cité plus haut, quoique exagéré, n'est pas entièrement dénué de vérité. La classe aisée, au contraire, possède une instruction remarquable : on trouve dans cette ville un grand nombre de personnes adonnées à la culture des sciences et des lettres, parmi lesquelles on remarque des littérateurs et des savants distingués. En général, dans le département de la Marne, le nombre des personnes instruites est de beaucoup plus considérable que dans le département de l'Aube : la société d'agriculture du département de la Marne, qui a contribué si puissamment à l'amélioration de la culture dans ce département, compte presque autant d'hommes de mérite qu'elle a de membres résidents et de correspondants, et le nombre s'en élève à plus de 150.

A Troyes le peuple, sans être très-actif, est laborieux ; sans posséder une intelligence supérieure, il est propre à réussir dans tout ce qui ne demande pas une trop grande application. En général il n'est pas ennemi de l'instruction, et on trouve peu d'ouvriers qui ne fassent apprendre au moins à lire, à écrire et à compter à leurs enfants ; mais là se borne à peu près tout leur savoir ; ce qui ne les empêche pas d'avoir d'eux-mêmes une assez bonne opinion.

On voit, par ce qui précède, que le Champenois possède plusieurs bonnes qualités, qui compensent jusqu'à un certain point quelques-uns de ses défauts. S'il n'a pas la brusque franchise du Bourguignon, il est aussi moins enclin à la colère; s'il est moins fin que le Normand, il est de meilleure foi ; s'il possède moins d'esprit que le Parisien, il est aussi ami plus sincère; s'il est moins franc que le Picard, il est aussi moins entêté ; s'il a moins d'imagination que le Provençal, il n'en a pas la brutalité ; enfin, s'il a moins de gaieté que le Languedocien, il est d'un caractère beaucoup plus facile à vivre. En réalité, le Champenois est un être à part, un type original, qui, à un grand fonds de bonté naïve joint une certaine innocence, qu'injustement on a confondue avec la bêtise.

Bibliographie. * *Mémoires concernant la province de Champagne*, in-f°, 1698.

Secousse. *Mémoires sur l'union de la Champagne et de la Brie à la couronne de France* (Mém. de l'académie des inscriptions, t. XVII, p. 295).

Beaugier. *Mémoires historiques de la province de Champagne*, 2 vol. in-8, 1721.
* *Remarques critiques sur les Mémoires historiques de Beaugier, adressées à un conseiller au parlement* (Mercure, avril 1722).

Beaugier. *Réponse aux Remarques précédentes* (Mercure, juillet 1722).

Taillandier (D.-Ch.). *Projet d'une histoire générale de Champagne et de Brie*, in-4, 1783.

Montrol (J. de). *Résumé de l'histoire de Champagne, depuis les premiers temps de la Gaule jusqu'à nos jours*, in-18, 1826.

Ragon (F.) avec Fabre d'Olivet. *Précis de l'histoire de la province de Champagne et de ses anciennes dépendances* (Brie, Beauce, Blaisois), in-18, 1833).

CHAMPAGNE (la). CHAMPAGNE. CHAMPAGNE-SUR-VINGEANNE. 519

* *Recueil des élections de Champagne, avec les noms des villes, bourgs, etc., qui les composent*, in-12, 1688.
BUIRETTE DE VERRIÈRES. *Les Etats de Champagne* (tenus en 1358), in-8, 1788.
* *Catalogue, ou Pouiller des bénéfices du diocèse de Troyes*, in-8, 1612.
* *Mémoire sur l'origine des droits de collation et de dismes aujourd'hui exercés sur une partie des cures du diocèse de Troyes par différents chapitres, abbayes et prieurés* (Ephémérides troyennes, 1764).
* *Statuts du diocèse de Troyes*, in-4 gothique, 1530; gr. in-8, id. 1729 et 1783.
RAPINE. *Annales ecclésiastiques du diocèse de Châlons*, in-8, 1836.
PITHOU (P.). *Extrait et Etat sommaire du bailliage de Troyes* (p. 605 des Coutumes du bailliage de Troyes en Champagne, in-4, 1628, 1629, 1630).
COURTALON-DELAISTRE. *Topographie historique de la ville et du diocèse de Troyes*, 3 vol. in-8, 1783 (le t. III contient la description des villes, bourgs et villages du diocèse; les t. I et II, la description de la ville et des paroisses de Troyes).
DE TORCY (C.-M.). *Recherches chronologiques, historiques et politiques sur la Champagne; sur les villes, bourgs, villages et monastères du pays Partois, etc.*, in-8, 1832 (cet ouvrage devait se composer de trois volumes; le premier seul a paru).
— *Fragments tirés d'un manuscrit, contenant des recherches chronologiques et historiques sur l'ancienne ville de Vitry en Partois, sur les comtes particuliers et les comtes de Troyes ou de Champagne*, in-8, 1839.
GÉRONVAL (E.-A. de). *Lettres sur la Champagne*, in-12, 1822.
THIERRIOT. *Division du territoire régi par la coutume de Troyes, eu égard à ses différents ressorts* (cet état est à la fin de son livre, intitulé : *l'Esprit de la coutume de Troyes*, in-8, 1765).
PITOU. *Le premier livre des Mémoires des comtes héréditaires de Champagne et de Brie*, in-4, 1572.
ETIENNE-GALLOIS. *Les Ducs de Champagne, pour servir d'introduction à l'Histoire de Champagne*, in-8 de 4 feuilles et demie, 1843.
BERNIER (J.). *Des comtes de Champagne* (Hist. de Blois, in-4, 1682, p. 278).
PELLETIER (Robert-Martin). *Histoire des comtes de Champagne et de Brie*, 2 vol. in-12, 1753.
BÉRAUD (J.-B.). *Histoire des comtes de Champagne et de Brie*, 2 vol. in-8, 1839.
CAUMARTIN (L.-Fr. Lefèvre de). *Procès-verbal de la recherche de la noblesse de Champagne, avec les armes et blazons de chaque famille*, in-f°, 1673.
GROSLEY. *Recherches sur la noblesse utérine de Champagne* (se trouvent à la fin des *Recherches pour servir à l'histoire du droit français*, in-12, 1752).
* *Armes et Blazons des familles de Champagne* (se trouvent dans le Procès-verbal de la recherche de la noblesse de cette province, in-f°, 1673).
DESGUERROIS. *La Sainteté chrétienne, contenant les vies, morts et miracles de plusieurs saints de France*, etc., in-4, 1637.
HÉDOUIN DE PONS-LUDON (J.-Ant.). *Essai sur les grands hommes d'une partie de la Champagne, par un homme du pays*, in-8, 1770.
LE TILLOIS. *Biographie générale des Champenois célèbres morts et vivants*, 1 vol. in-8, 1836.
GROSLEY (P.-J.). *Réflexions historiques, critiques et morales sur un proverbe* (Quatre-vingt-dix-neuf moutons et un Champenois font cent bêtes), inséré dans les soi-disant Mémoires de l'académie de Troyes, in-12, 1768, p. 75).
HERLUISON (l'abbé). *Discours sur un misérable dicton* (Quatre-vingt-dix-neuf moutons et un Champenois font cent bêtes), prononcé en l'an X dans une des séances publiques de la société académique du département de l'Aube, in-8, 1810.
SALGUES. *Des erreurs et des préjugés répandus dans la société* (au mot Champenois, l'auteur a consacré un article particulier où il se fait cette question : Quatre-vingt-dix-neuf moutons et un Champenois font-ils cent bêtes?).
THIÉRION père (Alex.). *Encore un mot sur le dicton proverbial : Quatre-vingt-dix-neuf moutons et un Champenois, etc., etc.*, broch. in-8, 1844.
MONTENDER (de). *De l'état de l'amélioration des chevaux dans l'ancienne province de Champagne*, in-8, 1820.
GUETTARD. *Mémoire où l'on examine en général le terrain, les pierres et les différents fossiles de la Champagne, et de quelques endroits des provinces qui l'avoisinent, avec une carte minéralogique* (Mémoires de l'académie des sciences, 1754, p. 435).
CLIQUOT BLERVACHE. *Mémoire sur la possibilité et sur l'utilité d'améliorer la qualité des laines de la province de Champagne*, in-8, 1787.
* *La Chronique de Champagne*, revue mensuelle, historique et littéraire, publiée sous la direction de MM. Fleury et Louis Paris, in-8, 1837 et 1838.
Voyez aussi la bibliographie placée à la suite des articles concernant les départements de l'Aube, de la Marne, de la Haute-Marne, des Ardennes, de l'Aisne, de Seine-et-Marne, de la Côte-d'Or, de la Meuse, de la Haute-Saône, des Vosges et de l'Yonne, et les articles concernant les villes citées dans cette bibliographie.

CHAMPAGNE, bg *Ain* (Bourgogne), arr. et à 18 k. de Belley, chef-l. de cant. Cure. ✉ de Culoz. Pop. 562 h. Sur la rive gauche du Sérar. — TERRAIN jurassique. — Fabriques de fromage façon de gruyère.
CHAMPAGNE, vg. *Ardèche* (Vivarais), arr. et à 25 k. de Tournon, cant. et ✉ de Serrières. Pop. 501 h. — On y remarque une ancienne église que l'on a proposé de classer au nombre des monuments historiques. — *Foire* le 30 juin.
CHAMPAGNE, vg. *Charente-Inf.* (Saintonge), arr. et à 25 k. de Marennes, cant. de St-Agnant, ✉ de Rochefort-sur-Mer. Pop. 508 h.
CHAMPAGNE, vg. *Dordogne* (Périgord), arr. et à 24 k. de Riberac, cant. et ✉ de Verteillac. Pop. 1,451 h. — *Foires* les 7 janv., 25 avril, 29 juin, 29 août, 2 nov. et 2e lundi de carême.
CHAMPAGNE, vg. *Eure-et-Loir* (Beauce), arr. et à 16 k. de Dreux, cant d'Anet, ✉ d'Houdan. Pop. 117 h.
CHAMPAGNE, vg. *Isère*, comm. de St-Maurice-de-l'Exil, ✉ du Péage.
CHAMPAGNE, vg. *Jura* (Franche-Comté), arr. de Poligny, à 18 k. d'Arbois, cant. de Villers-Farlay, ✉ de Mouchard. Pop. 315 h.
CHAMPAGNE, vg. *Marne* (Champagne), arr. et à 15 k. de Châlons-sur-Marne, cant. d'Écury-sur-Coole, ✉ de Jaalons. Pop. 33 h.
CHAMPAGNE, *Nièvre*, comm. de Metz-le-Comte, ✉ de Tannay.
CHAMPAGNE, *Saône-et-Loire*, comm. de St-Maurice-des-Prés, ✉ de St-Oyen.
CHAMPAGNÉ, bg *Sarthe* (Maine), arr. et à 12 k. du Mans, cant. de Montfort, ✉ de Connerré. Sur la rive gauche de l'Huîne, qu'on y passe sur un pont de treize arches.
CHAMPAGNE, vg. *Seine-et-Marne* (Gatinais), arr. et à 9 k. de Fontainebleau, cant. et ✉ de Moret. Pop. 528 h.
CHAMPAGNE, vg. *Seine-et-Oise* (Ile-de-France), arr. et à 17 k. de Pontoise, cant. et ✉ de l'Ile-Adam. Pop. 643 h.
CHAMPAGNE-DE-BLANZAC, vg. *Charente* (Angoumois), arr. et à 18 k. d'Angoulême, cant. et ✉ de Blanzac. Pop. 336 h.
CHAMPAGNÉ-LE-SEC, vg. *Vienne* (Poitou), arr., cant., ✉ et à 12 k. de Civray. P. 538 h. — *Foires* les 19 juin et le 1er lundi de chaque mois.
CHAMPAGNÉ-LES-MARAIS, vg. *Vendée* (Poitou), arr. et à 26 k. de Fontenay-le-Comte, cant. de Chaillé-les-Marais, ✉ de Luçon. P. 1,684 h.
CHAMPAGNE-MOUTON, petite ville, *Charente* (Poitou), arr. à 23 k. de Confolens, chef-l. de cant. Cure. ✉ de St-Claude. Pop. 1,222 h. — TERRAIN jurassique, étage inférieur du système oolitique.
Elle est près de la petite rivière d'Argent, qui arrose de belles prairies où l'on élève une grande quantité de bestiaux, dont il se fait un commerce considérable. — *Foires* le 7 de chaque mois.
CHAMPAGNE-SUR-VINGEANNE, vg. *Côte-d'Or* (Bourgogne), arr. et à 33 k. de Di-

jon, cant. et ✉ de Mirebeau-sur-Bèze. P. 501 h.

CHAMPAGNE-ST-HILAIRE, bg *Vienne* (Poitou), arr. et à 25 k. de Civray, cant. et ✉ de Gençais. Pop. 1,524 h.

CHAMPAGNES, *Ardèche*, comm. et ✉ de Montpezat.

CHAMPAGNEY, vg. *Doubs* (Franche-Comté), arr., ✉ et à 9 k. de Besançon, cant. d'Audeux. Pop. 180 h.

CHAMPAGNEY, vg. *Jura* (Franche-Comté), arr. et à 23 k. de Dôle, cant. de Montmirey-la-Ville, ✉ de Pesmes. Pop. 585 h.

CHAMPAGNEY, vg. *H.-Saône* (Franche-Comté), arr. et à 16 k. de Lure, chef-l. de cant. Bur. d'enregist. à Lure. ✉. ⌛. A 407 k. de Paris pour la taxe des lettres. Pop. 3,000 h. — TERRAIN du trias. Entre Champagney et Ronchamp il existe une mine de houille exploitée, dont les produits s'élèvent annuellement à environ 350,000 quintaux métriques. Cette houillère occupe 300 ouvriers et alimente presque exclusivement les nombreuses fabriques du Haut-Rhin et une partie des importantes usines de la Haute-Saône, des Vosges et du Haut-Rhin. 600 ouvriers sont employés aux différents travaux de la houillère, non compris les voituriers, dont le nombre peut être évalué à 200. — *Foires* le dernier jeudi de mars, mai, août et nov.

CHAMPAGNIER, vg. *Isère* (Dauphiné), arr. et à 12 k. de Grenoble, cant. et ✉ de Vizille. Pop. 530 h. — *Foires* les 24 mai et 5 sept.

CHAMPAGNIEUX, vg. *Rhône*, comm. de Haies, ✉ de Condrieu.

CHAMPAGNOLE, joli bourg, *Jura* (Franche-Comté), arr. de Poligny. A 25 k. d'Arbois. Chef-l. de cant. Cure. ✉. ⌛. A 416 k. de Paris pour la taxe des lettres. Pop. 3,276 h. — TERRAIN jurassique, étage inférieur du système oolitique.

Ce bourg, bâti dans une situation pittoresque au pied du mont Rivel, sur la rive droite de l'Ain, ne consiste, pour ainsi dire, qu'en une première rue très-large, longue d'un demi-kilomètre, dirigée du nord au sud, et coupée d'une seconde rue qui se dirige à l'occident : il est traversé dans toute sa longueur par la route de Paris à Genève, qui joint à son extrémité méridionale une autre grande route qui mène de Lyon en Suisse. Cette position avantageuse, le voisinage des frontières, la pureté de l'air et l'agrément naturel du site ont rendu cette bourgade une des plus belles, des plus riches et des plus populeuses du département. La rivière de l'Ain y met en mouvement un grand nombre d'usines différentes, ainsi qu'une des plus belles tréfileries de fer qui existent en France ; deux cents ouvriers y sont constamment occupés, tant au tirage du fil de fer qu'à la fabrication des clous d'épingles.

Cette belle manufacture fut consumée par un incendie, ainsi que la totalité du bourg de Champagnole, le 28 avril 1798. Le gouvernement a donné 13,000 pieds de beaux sapins et des secours en argent pour son rétablissement ; et la bienfaisance des habitants du Jura y a joint le produit d'une quête montant à 150,000 fr. Le bourg et la manufacture ont été rebâtis sur un plan plus régulier, et présentent aujourd'hui un aspect aussi vivant qu'agréable. Le très-petit coteau sur lequel les maisons paraissent comme suspendues, le petit bassin animé par les bruyantes eaux de l'Ain, dont un magnifique canal se détache pour donner le mouvement à l'usine, pendant qu'un autre court, en cascade en cascade, à travers les jardins verser le trop-plein du lit principal, forment un horizon des plus circonscrits, mais on ne peut plus pittoresque.

A peu de distance de Champagnole on doit visiter Châteauvillain et les forges du bourg de Sirod. V. SIROD, CHATEAUVILLAIN.

Fabriques de clous, fil de fer, pointes de Paris, aiguilles à tricoter, sabots de voitures. Scieries hydrauliques. Tréfileries. — *Foires* le 1er samedi de mai, sept. et oct., et le 3e samedi de mars, juin, nov. et déc.

CHAMPAGNOLLES, bg *Charente-Inf.* (Saintonge), arr. à 20 k. de Jonzac, cant. et ✉ de St-Genis. Pop. 1,068 h.

CHAMPAGNY, vg. *Côte-d'Or* (Bourgogne), arr. et à 31 k. de Dijon, cant. et ✉ de St-Seine. Pop. 166 h.

CHAMPAGNY, vg. *Jura* (Franche-Comté), arr. et à 22 k. de Poligny, et à 14 k. d'Arbois, cant. et ✉ de Salins. Pop. 122 h.

CHAMPAGNY, *Saône-et-Loire*, comm. de Colombier-sous-Uxelles, ✉ de St-Gengoux-le-Royal.

CHAMPAISSANT, vg. *Sarthe* (Maine), arr., cant. et à 12 k. de Mamers, ✉ de St-Cosme. Pop. 768 h.

CHAMPALLEMENT, vg. *Nièvre* (Nivernais), arr. et à 30 k. de Clamecy, cant. de Brinon-les-Allemands, ✉ de St-Révérien. P. 282 h. — *Foires* les 7 fév., 29 avril, 10 juin, 16 août, 3 nov. et 19 déc.

CHAMPAUBERT, vg. *Marne* (Champagne), arr. et à 24 k. d'Epernay, cant. de Moutmort, ✉ de Baye. Pop. 231 h.

Champaubert est célèbre par un des combats qui illustra le plus l'armée française dans l'immortelle campagne de 1814. Frappé d'un de ces rayons lumineux qui, dans les beaux jours de sa gloire, avaient éclairé son génie militaire, Napoléon résolut, par une marche rapide et hardie, de tomber sur le flanc et sur les derrières de l'armée prussienne, et de la forcer de s'arrêter. Il calcule d'abord qu'en se frayant un passage par Villenauxe et Sézanne, il arrivera en deux marches sur la route de Châlons à Paris, et qu'après avoir coupé à l'armée prussienne ses communications, il pourra l'attaquer en flanc et en queue. Le 10 février, il joint et défait complétement l'avant-garde des Prussiens, commandés par le général Alsufief, dont les troupes furent mises en pleine déroute, et s'enfuirent, les unes du côté de Montmirail, les autres du côté de Châlons et d'Etoges, d'Orbais et de Montmort. Maître de Champaubert, Napoléon s'y logea dans une auberge située à l'intersection des routes d'Epernay et de Paris.

CHAMP-AUBERT, vg. *Orne*, comm. de Villebadin, ✉ d'Exmes.

CHAMPAUBERT-AUX-BOIS, vg. *Marne* (Champagne), arr. et à 26 k. de Vitry-le-François, cant. et ✉ de St-Remy-en-Bouzemont. Pop. 403 h.

CHAMP-AU-ROI, ou SUR-BARGE, vg. *Aube* (Champagne), arr. et à 36 k. de Bar-sur-Aube, cant. et ✉ de Vendeuvre. Pop. 96 h.

CHAMP-BERTRAND, vg. *Deux-Sèvres*, comm. de Villiers-en-Plaine, ✉ de Niort.

CHAMPCELLOY, vg. *H.-Alpes* (Dauphiné), arr. et à 25 k. d'Embrun, cant. de Guillestre, ✉ de Mont-Dauphin. Pop. 713 h.

CHAMPCENEST, vg. *Seine-et-Marne* (Brie), arr. et à 13 k. de Provins, cant. de Villiers-St-Georges. ✉. A 94 k. de Paris pour la taxe des lettres. Pop. 291 h.

CHAMPCERIE, vg. *Orne* (Normandie), arr. et à 30 k. d'Argentan, cant. et ✉ de Putanges. Pop. 437 h.

CHAMPCERY, vg. *Saône-et-Loire*, comm. d'Issy-l'Evêque, ✉ de Luzy. — PATRIE de Mme de GENLIS l'une des plus fécondes femmes auteurs du commencement du XIXe siècle.

CHAMPCERVON, vg. *Manche* (Normandie), arr. et à 13 k. d'Avranches, cant. et ✉ de la Haye-Pesnel. Pop. 492 h.

CHAMPCEVINEL, vg. *Dordogne* (Périgord), arr., cant., ✉ et à 5 k. de Périgueux. Pop. 864 h.

CHAMPCEVRAIS, vg. *Yonne* (Champagne), arr. et à 60 k. de Joigny, cant. et ✉ de Bleneau. Pop. 739 h.

CHAMPCEY, vg. *Manche* (Normandie), arr. et à 10 k. d'Avranches, cant. et ✉ de Sartilly. Pop. 339 h.

CHAMPCOMMEAU, *Nièvre*, comm. d'Alligny, ✉ de Saulieu.

CHAMPCOUELLE, vg. *Seine-et-Marne*, comm. et ✉ de Villiers-St-Georges.

CHAMPCOURT, vg. *H.-Marne* (Champagne), arr. et à 34 k. de Chaumont-en-Bassigny, cant. et ✉ de Vignory. Pop. 223 h.

CHAMPCUEIL, vg. *Seine-et-Oise* (Gatinais), arr., cant. et à 12 k. de Corbeil, ✉ de Mennecy. Pop. 585 h.

CHAMPDENIERS, petite ville, *Deux-Sèvres* (Poitou), arr. et à 20 k. de Niort. Chef-l. de cant. Cure. ✉. ⌛. A 388 k. de Paris pour la taxe des lettres. Pop. 1,424 h. — TERRAIN cristallisé, gneiss.

Cette ville est bâtie dans une position agréable, sur une colline entourée de prairies, au pied de laquelle coulent de belles eaux vives et la rivière de l'Egrai. On y voit un vaste champ de foire, de belles halles et une jolie église.

Fabriques de chapeaux. Tanneries. Tuileries. — *Commerce* d'entrepôt des denrées de la Gatine et des départements voisins. Foires considérables pour la vente des denrées et bestiaux ; c'est à ces foires que l'Espagne, la Navarre, le midi de la France, l'Auvergne et le Dauphiné viennent acheter une grande partie des mules et des mulets dont ils ont besoin. — *Foires* les 15 janv., 28 mai, 22 août,

19 déc., samedi avant la mi-carême, veille des Rameaux, samedi après le 8 sept., après la St-Martin.

CHAMP-DE-LA-PIERRE (le), *Orne* (Normandie), arr. et à 35 k. d'Alençon, cant. et ✉ de Carrouge. Pop. 221 h. — Forges et haut fourneau.

CHAMP-DES-OISEAUX (le), *Seine-Inf.*, comm. et ✉ de Rouen.

CHAMPDEUIL, vg. *Seine-et-Marne* (Brie), arr. et à 11 k. de Melun, cant. de Mormant, ✉ de Guignes. Pop. 166 h.

CHAMPDIEU, bg *Loire* (Forez), arr., cant., ✉ et à 4 k. de Montbrison. Pop. 978 h. — On y voit une ancienne église que l'on a proposé de classer au nombre des monuments historiques. — *Foire* le 21 janv.

CHAMPDIVERS, vg. *Jura* (Franche-Comté), arr. et à 13 k. de Dôle, cant. et ✉ de Chemin. Pop. 427 h.

CHAMP-D'OISEAU, vg. *Côte-d'Or* (Bourgogne), arr. et à 9 k. de Semur, cant. et ✉ de Montbard. Pop. 165 h.

CHAMPDOLENT, vg. *Charente-Inf.* (Saintonge), arr. et à 23 k. de St-Jean-d'Angely, cant. et ✉ de St-Savinien. Pop. 546 h.

Une tradition vivace dans le pays veut que ce soit dans la plaine de Champdolent qu'Eudes, duc d'Aquitaine, fut définitivement battu par Abderhame et ses Sarrasins, que Charles Martel chassa de la France, grâce à la victoire de Poitiers. Non loin, dans la commune de Bords, on montrait encore, avant la révolution, de vastes auges massives appelées les tombes sarrasines, et des débris d'armes ont été fréquemment rencontrés par le laboureur. — Champdolent est clairement mentionné dans un passage des guerres de Charlemagne contre les ducs d'Aquitaine, et on attribue au grand empereur la prise d'un château gallo-romain des plus fortifiés, que la tradition dit avoir été ruiné en 808. Rebâti presque aussitôt, cet important castrum présentait encore, il y a peu de temps, des pans de murs, en petit appareil, ayant, par la nature du mortier, de l'analogie avec les murs romains.

L'église paroissiale est un ancien édifice dont le portail, de style roman, dénote une construction du Xᵉ siècle; certaines fenêtres restaurées sont en style ogival de la fin du XIIIᵉ siècle; la voûte est du XVᵉ.

CHAMPDOLENT, vg. *Eure* (Normandie), arr. et à 16 k. d'Evreux, cant. et ✉ de Couches. Pop. 63 h.

CHAMP-DOMINEL, vg. *Eure* (Normandie), arr. et à 14 k. d'Evreux, cant. et ✉ de Damville. Pop. 80 h.

CHAMPDOR, vg. *Ain* (Bourgogne), arr., ✉ et à 36 k. de Nantua, cant. de Brénod. Pop. 683 h.

CHAMPDOSSIN, *Ain*, comm. de Belmont, ✉ de Belley.

CHAMPDRAY, *Campus Rectus*, vg. *Vosges* (Lorraine), arr. et à 38 k. de St-Dié, cant. de Corcieux, ✉ de Bruyères. Pop. 800 h.

CHAMP-DU-BOULT, vg. *Calvados* (Normandie), arr. et à 10 k. de Vire, cant. et ✉ de St-Sever. Pop. 1,440 h.

CHAMPEAU, vg. *Dordogne* (Périgord), arr. et à 11 k. de Nontron, cant. et ✉ de Mareuil. Pop. 832 h.

CHAMPEAU (haut et bas), *Indre*, comm. de Cheniers, ✉ d'Aigurande.

CHAMPEAUX, vg. *Ille-et-Vilaine* (Bretagne), arr., cant., ✉ et à 9 k. de Vitré. Pop. 359 h.

CHAMPEAUX, *Campelli*, *Manche* (Normandie), arr. et à 17 k. d'Avranches, cant. et ✉ de Sartilly. Pop. 606 h.

CHAMPEAUX (les), vg. *Orne* (Normandie), arr. et à 23 k. d'Argentan, cant. et ✉ de Vimoutier. Pop. 493 h.

CHAMPEAUX, *Campellis*, bg *Seine-et-Marne* (Brie), arr. et à 13 k. de Melun, cant. de Mormant, ✉ de Guignes. Pop. 433 h. — Ce bourg est dans une situation agréable, près de la source abondante de la Varvanne, qui dès sa naissance fait tourner un moulin et ensuite quatre autres dans l'espace de 2 k. C'était autrefois une petite ville fermée de murs, qui renfermait une collégiale. L'église, remarquable par une belle tour carrée et la délicatesse de son architecture, a été classée au nombre des monuments historiques.

Le château d'Aunoy, entièrement construit en grès et embelli de jardins bien distribués, est une dépendance de cette commune; il a été possédé par le célèbre avocat Gerbier, qui y a fait des dépenses considérables.

Bibliographie. TAILLANDIER (Alph.). *Notice sur l'église Champeaux* (Mém. de la soc. roy. des antiq. de France, t. XI, 1835).

CHAMPEAUX, vg. *Deux-Sèvres* (Poitou), arr. et à 21 k. de Niort, cant. et ✉ de Champdeniers. Pop. 298 h.

CHAMPEAUX-SUR-SARTHE (les), vg. *Orne* (Perche), arr., ✉ et à 19 k. de Mortagne-sur-Huîne, cant. de Bazoche-sur-Hoëne. Pop. 669 h.

CHAMPEGAULT, *Indre-et-Loire*, comm. d'Esvres, ✉ de Cormery.

CHAMPEIROUX, *Puy-de-Dôme*, comm. de St-Ignat, ✉ de Maringues.

CHAMPEIX, vg. *Creuse*, comm. de Malleret, ✉ de Boussac.

CHAMPEIX, vg. *Puy-de-Dôme* (Auvergne), arr. et à 13 k. d'Issoire, chef-l. de cant. ✉. A 412 k. de Paris pour la taxe des lettres. Pop. 1,864 h.

Cette ville est bâtie au pied des montagnes, dans une gorge profonde, sur le bord de la Couze, qui roule ses eaux sur la coulée de lave du volcan de Murol, et divise la ville en deux parties. On y voit une place très-vaste. — Sur une montagne de granit isolée, d'environ 100 m. de hauteur, s'élevait jadis l'ancien château seigneurial, dont on voit encore des restes considérables, notamment des glacis et des murs très-épais. Ce château fut assiégé sous le règne de Louis XIII, ne put être pris que par famine; il a été démoli par ordre du cardinal de Richelieu. — Entre Champeix et Ludesse, on voit un menhir en arkose de 1 m. de diamètre, qui s'élève à 3 m. 70 c au-dessus du sol.

PATRIE du chimiste MONNET, auteur d'une *Description minéralogique de la France* (avec Guettard), in-fᵒ, 1780.

Foires les 3 mars, 13 mai, 13 nov.

CHAMPEL, vg. *Ain*, comm. et ✉ de Coligny.

CHAMPELAUSE, vg. *H.-Loire* (Velay), arr. et à 27 k. du Puy, cant. et ✉ de Fay-le-Froid. Pop. 1,166 h.

CHAMPELOU, *Vendée*, comm. d'Olonne, ✉ des Sables.

CHAMPÉNARD, *Campus Enardi*, vg. *Eure* (Normandie), arr. et à 25 k. de Louviers, cant. et ✉ de Gaillon. Pop. 119 h.

CHAMPENAY, *Vosges*, comm. de Plaine, ✉ de Schirmoch.

CHAMPENGISE (la), vg. *Indre* (Berry), arr., cant., ✉ et à 15 k. d'Issoudun. Pop. 801 h.

CHAMPENOUX, *Campus Pænosus*, vg. *Meurthe* (Lorraine), arr., cant., ✉ et à 15 k. de Nancy. ⚬. Pop. 634 h.

CHAMPÉON, bg *Mayenne* (Maine), arr. et à 10 k. de Mayenne, cant. du Horps, ✉ du Ribay. Pop. 1,461 h.

CHAMPEPIN, *Deux-Sèvres*, comm. de Fonperron, ✉ de St-Maixent.

CHAMPÉRAUX, *Puy-de-Dôme*, comm. et ✉ d'Arlane.

CHAMPÉTIÈRES, bg *Puy-de-Dôme* (Auvergne), arr., cant., ✉ et à 8 k. d'Ambert. Pop. 1,463 h. — Fabriques de couvertures, filatures de laine.

CHAMPEY, vg. *Meurthe* (Lorraine), arr. et à 36 k. de Nancy, cant. et ✉ de Pont-à-Mousson. Pop. 292 h.

CHAMPEY, vg. *H.-Saône* (Franche-Comté), arr. et à 21 k. de Lure, cant. et ✉ d'Héricourt. Pop. 755 h.

CHAMPFLEUR, vg. *Sarthe* (Maine), arr. et à 22 k. de Mamers, cant. de St-Pater, ✉ d'Alençon. Pop. 651 h.

CHAMPFLEURY, vg. *Aube* (Champagne), arr. et à 18 k. d'Arcis-sur-Aube, cant. de Méry-sur-Seine, ✉ de Plancy. P. 310 h.

CHAMPFLEURY, vg. *Marne* (Champagne), arr., ✉ et à 8 k. de Reims, cant. de Verzy. Pop. 339 h. — Education en grand des abeilles.

CHAMPFORGUEIL, vg. *Saône-et-Loire* (Bourgogne), arr., cant., ✉ et à 5 k. de Chalon-sur-Saône. Pop. 472 h.

CHAMPFROMIER, vg. *Ain* (Bugey), arr. et à 22 k. de Nantua, cant. et ✉ de Châtillon-de-Michaille. Pop. 1,160 h.

CHAMPGENÉTEUX, bg *Mayenne* (Maine), arr. et à 20 k. de Mayenne, cant. et ✉ de Bais. Pop. 1,770 h.

CHAMPGUYON, *Campus Guidonis*, vg. *Marne* (Champagne), arr. et à 45 k. d'Epernay, cant. et ✉ d'Esternay. Pop. 408 h.

CHAMPHAUT, vg. *Orne* (Normandie), arr. et à 30 k. d'Argentan, cant. et ✉ de Merlerault. Pop. 220 h.

CHAMPHOL, vg. *Eure-et-Loir* (Beauce),

arr., cant., ⊠ et à 3 k. de Chartres. Pop. 410 h.

CHAMPIEN, vg. *Somme* (Picardie), arr. et à 24 k. de Montdidier, cant. et ⊠ de Roye. Pop. 312 h.

CHAMPIER, vg. *Isère* (Dauphiné), arr. et à 37 k. de Vienne, cant. de la Côte-St-André. ⊠. A 526 k. de Paris pour la taxe des lettres. Pop. 1,102 h. — *Foire* le 18 janv.

CHAMPIGNÉ, vg. *Maine-et-Loire* (Anjou), arr. et à 25 k. de Segré, cant. et ⊠ de Châteauneuf-sur-Sarthe. ⚭. Pop. 1,262 h. — *Foires* les 27 janv., 5 mai, 23 juin et 15 sept.

CHAMPIGNELLES, vg. *Yonne* (Champagne), arr. et à 40 k. de Joigny, cant. de Bléneau, ⊠ de Charny. Pop. 1,372 h. — *Foires* les 22 janv., jeudi saint, 29 juillet, 29 sept. et 30 nov.

CHAMPIGNEUL, vg. *Ardennes* (Champagne), arr., ⊠ de Mézières, et à 10 k. de Charleville, cant. de Flize. Pop. 594 h.

CHAMPIGNEUL, vg. *Marne* (Champagne), arr. et à 15 k. de Châlons-sur-Marne, cant. d'Écury-sur-Coole, ⊠ de Jaalons. P. 381 h. Sur la rive gauche de la Somme-Soude.

CHAMPIGNEULES, *Campinoia*, vg. *Meurthe* (Lorraine), arr., cant., ⊠ et à 5 k. de Nancy. Pop. 961 h. — Il est situé près de la forêt de la Haye, sur la rive gauche de la Meurthe. C'est sur son territoire que Charles II, duc de Lorraine, gagna la bataille de 1407 sur les ducs d'Orléans et de Bar. — Papeterie et fabrique de carton.

CHAMPIGNEULLE, vg. *Ardennes* (Champagne), arr. et à 20 k. de Vouziers, cant. et ⊠ du Grand-Pré. Pop. 330 h. — PATRIE de F. DESPORTES, peintre assez célèbre du siècle de Louis XIV. — Forges et haut fourneau.

CHAMPIGNEULLES, vg. *H.-Marne* (Lorraine), arr. et à 44 k. de Chaumont-en-Bassigny, cant. et ⊠ de Bourmont. Pop. 243 h.

CHAMPIGNOL, vg. *Aube* (Champagne), arr., cant., ⊠ et à 13 k. de Bar-sur-Aube. Pop. 1,338 h. — *Foire* le 1ᵉʳ mars.

CHAMPIGNOL, *Seine*, comm. et ⊠ de St-Maur-les-Fossés.

CHAMPIGNOLE (haut et bas), *Nièvre*, comm. de Bazoches, ⊠ de Lormes.

CHAMPIGNOLLES, *Villa de Campis*, vg. *Côte-d'Or* (Bourgogne), arr. et à 25 k. de Beaune, cant. et ⊠ d'Arnay-le-Duc. P. 236 h. — Aux environs, on remarque le champ des Barres, où l'on trouve journellement beaucoup de débris et d'antiquités romaines. PATRIE du maréchal BEURNONVILLE.

CHAMPIGNOLLES, *Campenolæ*, vg. *Eure* (Normandie), arr. et à 35 k. d'Évreux, cant. de Rugles, ⊠ de la Neuve-Lyre. Pop. 127 h.

CHAMPIGNY, vg. *Eure* (Normandie), arr. et à 24 k. d'Évreux, cant. et ⊠ de St-André. Pop. 272 h. Sur la Rille.

CHAMPIGNY, petite ville, *Indre-et-Loire* (Touraine), arr. et à 15 k. de Chinon, cant. de Richelieu. ⊠. A 289 k. de Paris pour la taxe des lettres. Pop. 1,113 h.

Autrefois baronnie, diocèse et intendance de Tours, parlement de Paris, élection de Richelieu.

Ce village possède un ancien château, et une sainte chapelle en style ogival de la fin du xvᵉ siècle, dédiée à saint Louis. Cette chapelle ressemble beaucoup à la sainte chapelle de Paris; onze fenêtres ogivales, décorées d'admirables vitraux de couleur bien conservés, éclairent ce monument; une douzième est percée en forme de rose dans le pignon occidental. Chaque fenêtre est divisée en trois panneaux dans sa hauteur; le premier contient un trait de la passion; le second, un ou plusieurs traits de la vie de saint Louis; le troisième, deux, trois ou quatre portraits en pieds, représentant des membres de la famille Montpensier à genoux devant des prie-Dieu. L'ancienne sainte chapelle de Champigny mérite, sous tous les rapports, d'être classée au nombre des monuments historiques. — *Foires* les 13 janv. et 25 août.

CHAMPIGNY, vg. *Marne* (Champagne), arr., cant., ⊠ et à 5 k. de Reims. P. 194 h.

CHAMPIGNY, vg. *Seine-et-Oise*, arr. et près d'Étampes.— C'est à Champigny, dans un château dont il ne reste aucuns vestiges, que Diane de Poitiers fut reléguée et finit ses jours.

CHAMPIGNY-EN-BEAUCE, vg. *Loir-et-Cher* (Blaisois), arr. de Blois, cant. d'Herbault, ⊠ de la Chapelle-Vendômoise. Pop. 692 h.

CHAMPIGNY-LE-SEC, *Maine-et-Loire*, comm. de Souzay, ⊠ de Saumur.

CHAMPIGNY-LE-SEC, vg. *Vienne* (Poitou), arr. et à 21 k. de Poitiers, cant. et ⊠ de Mirebeau. Pop. 747 h.

CHAMPIGNY-LÈS-LANGRES, vg. *H.-Marne* (Champagne), arr., cant., ⊠ et à 6 k. de Langres. Pop. 202 h.

CHAMPIGNY-SOUS-VARENNES, vg. *H.-Marne* (Champagne), arr. et à 27 k. de Langres, cant. de Varennes, ⊠ de Bourbonne. Pop. 368 h.

CHAMPIGNY-SUR-AUBE, vg. *Aube* (Champagne); arr., cant. et à 8 k. d'Arcis-sur-Aube. Pop. 207 h. Sur l'Herbisson. — Au centre de ce village est une petite place où s'élève l'arbre aujourd'hui si rare de la liberté; c'est un superbe peuplier planté en 1793, et entretenu avec soin par les habitants.

CHAMPIGNY-SUR-L'OURCE, vg. *Côte-d'Or*, comm. de Riel-les-Eaux, ⊠ de Mussy-sur-Seine. — Forges et haut fourneau.

CHAMPIGNY-SUR-MARNE, *Campiniacum*, beau et grand village, *Seine* (Ile-de-France), arr. et à 21 k. de Sceaux, cant. de Charenton-le-Pont. ⊠. ⚭. A 14 k. de Paris pour la taxe des lettres. Pop. 1,533 h. Près de la rive gauche de la Marne. Ce village était autrefois défendu par un château fort, qui fut pris le 5 avril 1419, sous le règne de Charles VI, par les Armagnacs; ils y brûlèrent, dit le Journal du règne de Charles VI, femmes, enfants, hommes et bestiaux, et massacrèrent tous ceux qui tentaient de s'échapper pour se soustraire aux flammes. — Aux environs, sur une des collines qui bordent la Marne, on remarque un magnifique château de construction moderne, dont les points de vue sont admirables. — Récolte de paille de seigle estimée pour les ouvrages en paille, légumes, etc. — Carrières de pierre calcaire et moellons. — *Foire* le dimanche de la Trinité et le lundi suivant.

CHAMPIGNY-SUR-YONNE, vg. *Yonne* (Champagne), arr. et à 18 k. de Sens, cant. de Pont-sur-Yonne, ⊠ de Villeneuve-la-Guyard. Pop. 1,690 h.

CHAMPILLET, vg. *Indre* (Berry), arr., cant., ⊠ et à 10 k. de la Châtre. P. 167 h.

CHAMPILLON, vg. *Marne* (Champagne), arr. et à 20 k. de Reims, cant. et ⊠ d'Aï. Pop. 338 h.

CHAMPIS, vg. *Ardèche* (Languedoc), arr. et à 20 k. de Tournon, cant. et ⊠ de St-Péray. Pop. 823 h. — Il est situé dans une gorge, au pied d'une montagne escarpée qui y intercepte pendant une partie du jour les rayons du soleil, et possède une fontaine qui sort d'un rocher et verse ses eaux dans un abreuvoir. — Le territoire de cette commune, planté en vignes, a une étendue de 48 hect., du prix de 2,000 à 5,000 fr. l'hect., produisant ensemble 600 pièces de vin, au prix de 30 fr. la pièce.

CHAMP-JOUAU, *Ille-et-Vilaine*, comm. de Plerguer, ⊠ de Châteauneuf.

CHAMPLAN, *Campiplanum*, vg. *Seine-et-Oise* (Ile-de-France), arr. et à 22 k. de Corbeil, cant. et ⊠ de Longjumeau. P. 361 h.

CHAMPLAT, vg. *Marne* (Champagne), arr. et à 21 k. de Reims, cant. de Châtillon-sur-Marne, ⊠ de Port-à-Binson. Pop. 262 h.

CHAMPLATREUX, village et beau château, *Seine-et-Oise*, comm. d'Épinay, ⊠ de Luzarches. V. ÉPINAY.

CHAMPLAY, vg. *Yonne* (Champagne), arr., cant. et à 7 k. de Joigny, ⊠ de Basson. Pop. 898 h. — Vers le xivᵉ siècle, il y avait à Champlay, ou aux environs, une forteresse dite la Motte-de-Champlay, où les Anglais mirent garnison lors de la détention du roi Jean en Angleterre.

CHAMPLECY, vg. *Saône-et-Loire* (Bourgogne), arr., cant., ⊠ et à 6 k. de Charolles. Pop. 531 h.

CHAMP-LE-DUC ou SUR-LIZERNE, vg. *Vosges* (Lorraine), arr. et à 27 k. d'Épinal, cant. de Bruyères. P. 337 h. — Ce village est très ancien; les rois de France de la deuxième race y avaient un palais: Charlemagne et son fils, Louis le Débonnaire, y ont résidé. Plusieurs chartes et diplômes sont datés de cet endroit. — Blanchisseries de toiles. Papeterie.

CHAMPLEMY, vg. *Nièvre* (Nivernais), arr. et à 45 k. de Cosne, cant. de Premery. ⊠. A 236 k. de Paris pour la taxe des lettres. Pop. 1,355 h. — Forges. 3 nov. et 20 déc. — *Foires* les 25 janv., dite de Pâques, 6 mai, 21 juin, 22 juillet, 21 sept., 3 nov. et 20 déc.

CHAMPLET, *Indre*, comm. de Neuvy-Pailloux, ⊠ d'Issoudun.

CHAMPLIEU, vg. *Saône-et-Loire* (Bourgogne), arr. et à 26 k. de Châlon-sur-Saône, cant. et ⊠ de Sennecey. Pop. 193 h.

CHAMPLIN, vg. *Ardennes* (Champagne),

arr. et à 20 k. de Rocroi, cant. de Rumigny, ✉ de Maubert-Fontaine.

CHAMPLIN, vg. *Nièvre* (Nivernais), arr. et à 55 k. de Cosne, cant. et ✉ de Prémery. Pop. 300 h.

CHAMPLITTE, petite ville, *H.-Saône* (Franche-Comté), arr. et à 24 k. de Gray, chef-l. de cant. Cure. Gîte d'étape. ✉. ⚜. A 323 k. de Paris pour la taxe des lettres. Pop. 3,084 h. — TERRAIN jurassique, étage inférieur du système oolitique.

Champlitte est une ville assez ancienne que Philippe II, roi d'Espagne, érigea en comté en 1574. Charles-Quint l'environna d'un fossé et de bons murs flanqués de tours, dont il ne reste que quelques vestiges. Sous Louis XI, cette ville souffrit considérablement et fut réduite à dix ou douze maisons. Henri IV l'assiégea sans succès en 1595. Le duc de Weimar la prit par capitulation en 1637, et la rendit peu de temps après. Le duc d'Angoulême s'en empara en 1638, et la brûla entièrement ainsi que le château.

Cette ville est agréablement située entre plusieurs coteaux couverts de vignes, qui dominent un vallon arrosé par le Salon. Elle est dominée par un magnifique château qui sert aujourd'hui d'hôtel de ville.

Biographie. Patrie du général comte DE TOULONGEON, député à l'assemblée constituante et au corps législatif, membre de l'Institut.

D'AD.-SIM. BOY, médecin en chef de l'armée du Rhin, auteur de l'hymne : *Veillons au salut de l'empire.*

De J.-B. NAUDET, l'un des meilleurs acteurs de la Comédie française, où il débuta en 1784.

Fabriques de tissus pour bretelles. Distilleries d'eau-de-vie. — *Commerce* de vins estimés de son territoire. — *Foires* les 10 mai, 11 août, 29 oct. et 1er déc.

CHAMPLITTE-LAVILLE, vg. *H.-Saône* (Franche-Comté), arr. et à 23 k. de Gray, cant. et ✉ de Champlitte. Pop. 285 h. — Dans une prairie de cette commune on voit une source remarquable, le Trou de Jaleux, qui surgit d'un rocher par une ouverture circulaire verticale, et forme un ruisseau assez considérable.

CHAMPLIVE, vg. *Doubs* (Franche-Comté), arr. et à 12 k. de Baume-les-Dames, cant. et ✉ de Roulans. Pop. 337 h.

CHAMPLOISEAU, *Yonne*, comm. de Guerchy, ✉ de Bassou.

CHAMPLON, vg. *Meuse* (pays Messin), arr. et à 23 k. de Verdun-sur-Meuse, cant. de Fresnes-en-Voëvre, ✉ de Manheulles. P. 134 h.

CHAMPLOST, vg. *Yonne* (Champagne), arr. et à 25 k. de Joigny, cant. et ✉ de Brienon. Pop. 1,539 h.

CHAMPMILLON, vg. *Charente* (Saintonge), arr., et à 12 k. d'Angoulême, cant. d'Hiersac. Pop. 575 h.

CHAMPMOTTEUX, vg. *Seine-et-Oise* (Gatinais), arr. et à 20 k. d'Etampes, cant. de Milly. ✉ de Gironville. Pop. 385 h. — A 2 k. de ce village on remarque le château de VIGNAY, édifice considérable où est mort l'illustre chancelier de l'Hôpital, dont les restes mortels sont déposés dans l'église paroissiale de Champmotteux. Son tombeau, qui avait été transporté au musée des Petits-Augustins, a été replacé dans cette église en 1818.

CHAMPNETERI, vg. *H.-Vienne* (Limousin), arr. et à 28 k. de Limoges, cant. et ✉ de St-Léonard. Pop. 891 h.

CHAMPNEUVILLE, vg. *Meuse* (pays Messin), arr., ✉ et à 11 k. de Verdun-sur-Meuse, cant. de Charny-sur-Meuse. Pop. 521 h.

CHAMPNIER, vg. *Vienne* (Angoumois), arr., cant., ✉ et à 8 k. de Civray. P. 796 h.

CHAMPNIERS, vg. *Charente* (Angoumois), arr., 2e cant., ✉ et à 9 k. d'Angoulême. Pop. 4,062 h. — *Commerce* de safran que l'on récolte sur son territoire. Tuileries. — *Foires* le 29 de chaque mois.

CHAMPNIERS, vg. *Dordogne*, comm. de Reillac, ✉ de Nontron. — *Foires* les 17 janv., 22 mai, 16 août et jeudi des Rameaux.

CHAMPOLÉON, vg. *H.-Alpes* (Dauphiné), arr. et à 52 k. d'Embrun, cant. d'Orcières, ✉ de St-Bonnet. Pop. 714 h.

CHAMPOLY, vg. *Loire* (Forez), arr. et à 35 k. de Roanne, cant. et ✉ de St-Just-en-Chevalet. Pop. 978 h.

On remarque dans cette commune le CHATEAU D'URPHÉ. Construit sur une montagne élevée, dans un site sauvage, il domine toute la contrée, s'aperçoit de presque tous les points, et semble encore imprimer une sorte d'effroi. Ce château est célèbre dans le pays par le souvenir d'une horrible catastrophe qui en fit abandonner le séjour par ses anciens possesseurs. En 1418, les domestiques, on ne sait par quel motif, ayant conspiré contre leurs maîtres, assassinèrent toutes les personnes qui se trouvaient dans le château. La postérité des seigneurs d'Urphé aurait été éteinte dans ce massacre, si l'un d'eux, Pierre d'Urphé, ne se fût trouvé à Paris à la tête des pages de Charles VII. L'auteur de l'Astrée a placé dans les environs de ce séjour pittoresque plusieurs scènes de son roman.

Foires les 10 mars et 10 nov.

CHAMPOSOULT, vg. *Orne* (Normandie), arr. et à 23 k. d'Argentan, cant. et ✉ de Vimoutier. Pop. 443 h.

CHAMPOUGNY, vg. *Meuse* (Lorraine), arr. de Commercy et à 44 k. de St-Mihiel, cant. ✉ de Vaucouleurs. Pop. 223 h.

CHAMPOULET, vg. *Loiret* (Gatinais), arr. et à 31 k. de Gien, cant. et ✉ de Briare. Pop. 164 h.

CHAMPOUX, vg. *Doubs* (Franche-Comté), arr. et à 14 k. de Besançon, cant. et ✉ de Marchaux. Pop. 94 h.

CHAMPOUX, vg. *Yonne*, comm. de Molesme, ✉ de Courson.

CHAMP-RAPHAEL (le), *Ardèche*, comm. et ✉ d'Aubenas. — *Foires* le 22 sept. et un mois après Pâques.

CHAMPRENAULT, vg. *Côte-d'Or* (Bourgogne), arr. et à 36 k. de Semur, cant. et ✉ de Vitteaux. Pop. 169 h.

CHAMPREPUS, vg. *Manche* (Normandie), arr. et à 21 k. d'Avranches, cant. et ✉ de Villedieu. Pop. 902 h.

CHAMPRERT, *Rhône*, comm. de Tassin, ✉ de Lyon.

CHAMP-PRÈS-FROGES (le), vg. *Isère* (Dauphiné), arr. et à 22 k. de Grenoble, cant. et ✉ de Goncelin. Pop. 567 h.

CHAMP-PRÈS-VIZILLE, vg. *Isère* (Dauphiné), arr. et à 15 k. de Grenoble, cant. et ✉ de Vizille. Pop. 505 h. — Carrière et fabrique de plâtre pour engrais. Papeterie.

CHAMPRON, vg. *Manche* (Normandie), arr. et à 9 k. de Coutances, cant. de St-Sauveur-Lendelin. Pop. 708 h.

CHAMPROND, ou CHAMPROND-EN-GATINE, *Campus Rotundus*, vg. *Eure-et-Loir* (Beauce), arr. et à 23 k. de Nogent-le-Rotrou, cant. de la Loupe. ✉. A 127 k. de Paris pour la taxe des lettres. Pop. 929 h. — Aux environs, forges, mine de fer et tourbières.

CHAMPROND-EN-PERCHET, bg *Eure-et-Loir* (Beauce), arr., cant., ✉ et à 5 k. de Nogent-le-Rotrou. Pop. 348 h.

CHAMPROND-SOUS-MONTMIRAIL, bg *Sarthe* (Perche), arr. et à 48 k. de Mamers, cant. de Montmirail, ✉ de Vibraye. Pop. 185 h.

Autrefois élection de Chartres, parlement de Paris, intendance d'Orléans.

Fabrique de poterie. Forges et haut fourneau.

CHAMPROSAY, *Seine-et-Oise*, comm. de Draveil, ✉ de Ris.

CHAMP-ROUGIER, vg. *Jura* (Franche-Comté), arr., cant. et à 18 k. de Poligny, 25 k. d'Arbois, ✉ de Sellières. Pop. 311 h.

CHAMPROUX, *Allier*, comm. de Pouzy, ✉ de Veurdre. — *Fabrique* de porcelaine.

CHAMPROY, vg. *Creuse*, comm. et ✉ de Bourganeuf.

CHAMPS, vg. *Aisne* (Picardie), arr. et à 35 k. de Laon, cant. et ✉ de Coucy-le-Château. Pop. 548 h.

CHAMPS, bg *Cantal* (Auvergne), arr. et à 30 k. de Mauriac, chef-l. de cant., ✉ de Bort. Cure. Bur. d'enregist. à Saignes. Pop. 1,694 h. — TERRAIN cristallisé ou primitif. — *Commerce* de boissellerie, sabots, planches de sapin, merrain. Scierie hydraulique. — *Foire* le 2 oct.

CHAMPS, *Dordogne*. V. BORN-DE-CHAMPS.

CHAMPS, vg. *Orne* (Perche), arr. et à 8 k. de Mortagne-sur-Huine, cant. et ✉ de Tourouvre. Pop. 287 h. — L'église paroissiale, dont plusieurs parties offrent des restes de construction romane, est décorée de magnifiques vitraux dont quelques panneaux sont d'une très-belle conservation.

CHAMPS, vg. *Puy-de-Dôme* (Auvergne), arr. et à 20 k. de Riom, cant. et ✉ de Combronde. Pop. 618 h.

CHAMPS, ou CHAMPS-SUR-MARNE, vg. *Seine-et-Marne* (Ile-de-France), arr. et à 29 k. de Meaux, cant. de Lagny, ✉ de Noisy-le-Grand. Pop. 443 h.

On remarque à l'extrémité de ce village un magnifique château, bâti au commencement du siècle dernier par Bourvalais, sur les dessins de

Chamblin; les points de vue en sont admirables. L'église paroissiale, édifice qui a la forme d'une grande chapelle sans ailes, mais fort propre, est dans une situation très-agréable.

CHAMPS (les), *Vosges*, comm. du Val-d'Ajol, ✉ de Plombières.

CHAMPS, vg. *Yonne* (Bourgogne), arr., cant. et à 8 k. d'Auxerre, ✉ de St-Bris. Pop. 364 h.

CHAMPSAC, bg *H.-Vienne* (Limousin), arr., ✉ et à 20 k. de Rochechouart, cant. d'Oradour-sur-Vayres. Pop. 1,380 h. — L'église paroissiale est un édifice remarquable qui a été classé au nombre des monuments historiques.

CHAMP-ST-PÈRE, vg. *Vendée* (Poitou), arr. et à 34 k. des Sables, cant. de Moutiers, ✉ d'Avrillé. Pop. 1,380 h.

CHAMP-SANGLANT, vg. *Creuse* (Marche), nom de cant. et aujourd'hui compris dans les arr. et à 11 k. de Guéret, cant. et ✉ de Bonnat. Pop. 931 h.

CHAMPSAUR, petit pays du ci-devant Dauphiné, dont la ville de St-Bonnet était le chef-lieu; il est aujourd'hui compris dans les départements des Hautes-Alpes et de la Drôme. Bibliographie. LAMANON. *Mémoire lithogéognosique sur la vallée de Champsaur*, etc., in-8, 1784.

CHAMPS-DE-BRACH (les), *Corrèze*, comm. d'Eyren, ✉ d'Egletons. ✷. A 17 k. de Tulle.

CHAMPS-DE-LOSQUE (les), vg. *Manche* (Normandie), arr. et à 2 k. de St-Lô, cant. de St-Jean-de-Daye, ✉ de la Périne. P. 506 h.

CHAMPS-DE-PIES, *Côtes-du-Nord*, com. de Ploeuc, ✉ de Moncontour.

CHAMPSECRET, vg. *Orne* (Normandie), arr., cant., ✉ et à 7 k. de Domfront. Pop. 4,049 h. — *Fabrique* importante de boissellerie, comme cuillers, jattes, moules de boutons, etc., que l'on exporte dans la Bretagne, le Maine, l'Anjou et jusqu'à Paris. Hauts fourneaux, forges et fonderie.

CHAMPSERU, vg. *Eure-et-Loir* (Beauce), arr. et à 14 k. de Chartres, cant. d'Auneau, ✉ de Gallardon. Pop. 332 h.

CHAMPSERVÉ, *Charente-Inf.*, comm. et ✉ de Tonnay-Charente.

CHAMPTERCIER, *Castrum de Oseda*, *Campus Terserius*, vg. *B.-Alpes* (Provence), arr., cant., ✉ et à 9 k. de Digne. Pop. 420 h. — Il est situé dans une contrée fertile, sous un climat doux et tempéré. C'était autrefois un faubourg de Digne, où il se tenait les foires et des marchés.

PATRIE du célèbre GASSENDI.

Du général DESMICHELS.

CHAMPTOCÉ, joli bourg, *Maine-et-Loire* (Anjou), arr. et à 24 k. d'Angers, cant. de St-Georges-sur-Loire, ✉ d'Ingrande. ✷. Pop. 1,487 h. — Il est situé à l'extrémité d'un petit vallon, traversé par la petite rivière de Rome, qui forme en cet endroit un bel étang. On y remarque les ruines imposantes d'un vieux château, ancienne propriété de Gilles de Champtocé, second fils de Jeanne de France, sœur de Charles VII, que François Ier, duc de Bretagne, son frère, fit condamner à mort, et étouffer entre deux matelas, en 1450. On ignore l'époque de la destruction de ce château, qui fut témoin des crimes du maréchal de Retz, et retentit si souvent des cris de ses infortunées victimes; on présume seulement qu'elle date des guerres civiles du xvie siècle.

Foires les 8 mai, 29 nov., le samedi qui précède le dimanche où a lieu la fête patronale de la commune.

CHAMPTOCEAUX, *Castrum Celsum*, bg *Maine-et-Loire* (Anjou), arr. et à 27 k. de Beaupréau. Chef-l. de cant., ✉ d'Ancenis. P. 1,440 h.

Ce bourg, bâti dans une charmante situation sur la rive gauche de la Loire, presque en face d'Oudon, est placé sur un coteau qui s'élève d'environ 50 m. au-dessus du fleuve. Cette position agréable et forte tout à la fois lui fit donner le nom de *Castrum Celsum*. Autour de ce château on bâtit des maisons, et peu à peu il se forma une ville que devint considérable, que l'on environna d'une forte muraille flanquée de tours, et d'un fossé large et profond. Cette ville fut prise, en 1173, par les troupes de Henri II, roi d'Angleterre et comte d'Anjou. Saint Louis l'assiégea et la prit aussi en 1230. Jean, duc de Normandie, s'en empara en 1341. Le duc de Bretagne assiégea cette place et la prit en 1420; il fit détruire la ville, le château et toutes les fortifications. Quatre siècles se sont écoulés depuis cette époque, et Champtoceaux présente encore aujourd'hui les plus grandes ruines féodales qu'il y ait en Anjou; elles sont près du bourg actuel, qui, dans l'origine, était le faubourg de la ville. Le mur d'enceinte existe presque en entier avec quatre tours, dont deux servaient de défense à la seule porte qu'il y eût. Tout l'intérieur de la ville, dans laquelle on voyait des églises et plusieurs grands édifices, n'offre plus qu'une campagne cultivée et environnée de murs, ce qui lui donne l'air d'un parc. A quelque distance, on aperçoit plusieurs pans de murs entassés les uns sur les autres, et qui forment, pour ainsi dire, une petite montagne; ce sont les restes du formidable château. Il était séparé de la ville par un large fossé et une double enceinte de murs très-épais et de la plus solide construction. Par sa position, il commandait tout le pays d'alentour; ses restes, imposants par leurs grandes masses, sont couverts de broussailles, d'arbustes, de lierre, et présentent, sous divers aspects, des points de vue pittoresques. — *Foires* les 23 avril, lundi de la Pentecôte, 22 juillet et 29 sept.

CHAMPTON, *Nièvre*, comm. d'Alligny, ✉ de Cosne.

CHAMPVALLON, vg. *Yonne* (Champagne), arr., ✉ et à 8 k. de Joigny, cant. d'Aillant-sur-Tholon. Pop. 466 h.

CHAMPVANS, vg. *Doubs* (Franche-Comté), arr., cant., ✉ et à 1 k. de Baume-les-Dames. Pop. 71 h.

CHAMPVANS, vg. *Doubs* (Franche-Comté), arr., ✉ et à 1/2 k. de Besançon, cant. d'Audeux. Pop. 109 h.

CHAMPVANS, vg. *Jura* (Franche-Comté), arr., cant., ✉ et à 5 k. de Dôle. Pop. 1,094 h. —*Foire* le 11 mai.

CHAMPVANS, vg. *H.-Saône* (Franche-Comté), arr., cant., ✉ et à 5 k. de Gray. P. 364 h.

CHAMPVERT, vg. *Nièvre* (Nivernais), arr. et à 45 k. de Nevers, cant. et ✉ de Decize. Pop. 793 h.—Forges et mine de fer.

CHAMPVIGY, *Saône-et-Loire*, comm. de St-Bonnet-de-Vieillevigne, ✉ de Perrecy.

CHAMPVOISY, vg. *Marne* (Champagne), arr. à 27 k. d'Epernay, cant. et ✉ de Dormans. Pop. 528 h.

CHAMPVOUX, vg. *Nièvre* (Nivernais), arr. et à 40 k. de Cosne, cant. et ✉ de la Charité. Pop. 388 h.

CHAMVRES, vg. *Yonne* (Champagne), arr., cant., ✉ et à 5 k. de Joigny. Pop. 708 h.

CHANAC, vg. *Corrèze* (Limousin), arr., cant., ✉ et à 8 k. de Tulle. Pop. 600 h.

CHANAC, *Chanacum*, petite ville, *Lozère* (Languedoc), arr., ✉ et à 14 k. de Marvejols, chef-l. de cant. Cure. Bur. d'enregist. de Marvejols. Pop. 1,753 h. — TERRAIN jurassique, calcaire à gryphées. — Elle est située sur la rive gauche du Lot, que l'on y passe sur un beau pont en pierre de construction récente. On y voit les ruines de l'ancien château des évêques de Mende, qui dominent un vallon étendu; les environs offrent plusieurs monuments druidiques remarquables.—*Foires* les 15 mars et 11 oct.

CHANALEILLES, vg. *H.-Loire* (Velay), arr. et à 44 k. du Puy, cant. et ✉ de Saugues. Pop. 741 h.

CHANANS, vg. *Doubs* (Franche-Comté), arr. et à 35 k. de Baume-les-Dames, cant. de Vercel, ✉ du Valdahon. Pop. 296 h.

CHANAS, vg. *Isère* (Dauphiné), arr. et à 24 k. de Vienne, cant. de Roussillon, ✉ de Bougé-Chambalud. Pop. 1,172 h.—*Foire* le lundi de Quasimodo.

CHANAT, *Puy-de-Dôme*, comm. de Nohanent, ✉ de Clermont-Ferrand.

CHANAY, vg. *Ain* (Bourgogne), arr. et à 33 k. de Belley, cant. et ✉ de Seyssel. Pop. 737 h.

CHANAY, vg. *Vendée* (Poitou), arr. et à 38 k. de Fontenay-le-Comte, cant. et ✉ de Luçon. Pop. 332 h.

CHANÇAY, vg. *Indre-et-Loire* (Touraine), arr. et à 19 k. de Tours, cant. et ✉ de Vouvray. Pop. 782 h.—*Foire* le 1er sept.

CHANCÉ, vg. *Ille-et-Vilaine* (Bretagne), arr. et à 26 k. de Rennes, cant. de Châteaugiron, ✉ de Châteaubourg. Pop. 523 h.

CHANCEAUX, joli bg *Côte-d'Or* (Bourgogne), arr. et à 35 k. de Semur, cant. de Flavigny. Gîte d'étape. ✉. ✷. A 271 k. de Paris pour la taxe des lettres. Pop. 635 h. Près d'une des sources de la Seine.—*Foires* les 25 janv., 5 mars, 3 juin, 1er sept., 15 nov. et 7 déc.

CHANCEAUX, vg. *Indre-et-Loire* (Touraine), arr., cant., ✉ et à 5 k. de Loches. P. 291 h.

CHANCEAUX, vg. *Indre-et-Loire* (Touraine), arr., cant., ✉ et à 10 k. de Tours, cant. de Vouvray. Pop. 712 h.
CHANCELLADE, vg. *Dordogne* (Périgord), arr., cant., ✉ et à 7 k. de Périgueux. Pop. 1,001 h.—Il possédait autrefois une célèbre abbaye de bénédictins, fondée en 1133. L'église est un édifice remarquable, que l'on a proposé de classer au nombre des monuments historiques.
CHANCENAY, vg. *H.-Marne* (Champagne), arr. et à 26 k. de Vassy, cant. et ✉ de St-Dizier. Pop. 497 h.—Haut fourneau.
CHANCEPOIS, *Seine-et-Marne,* comm. et ✉ de Château-Landon.
CHANCEY, vg. *H.-Saône* (Franche-Comté), arr. et à 18 k. de Gray, cant. de Pesmes. ✉ de Marnay. Pop. 431 h.
CHANCIA, vg. *Jura* (Franche-Comté), arr. et à 28 k. de St-Claude, cant. et ✉ de Moirans. Pop. 118 h.—Fabrique de tabatières en bois.
CHANDAI, vg. *Orne* (Normandie), arr. et à 37 k. de Mortagne-sur-Huîne, cant. de l'Aigle. ✉. ✷. A 130 k. de Paris pour la taxe des lettres. Pop. 914 h.—On y a découvert récemment des constructions romaines d'un grand intérêt ; ce sont des salles munies d'hypocaustes et dont une se termine en demi-cercle. Des médailles, des peintures à fresque, un grand nombre de conduits de chaleur, de briques et de poteries, ont été recueillis dans les fouilles (V. *Mém. de la soc. des antiq. de Normandie,* t. IX, p. 495).—Tréfilerie de laiton.
CHANDELLES, *Eure-et-Loir,* comm. de Coulombs, ✉ de Nogent-le-Roi.
CHANDIEU, vg. *Isère* (Dauphiné), arr. à 18 k. de Vienne, cant. d'Heyrieux, ✉ de la Verpillière. Pop. 1,468 h.—On y remarque l'église romane d'un ancien prieuré qui s'est conservée presque intacte. Le chœur se termine par trois absides, semi-circulaires qui correspondent à trois nefs. Le portail, roman pur, se compose d'un plein cintre, reposant sur deux colonnes, une de chaque côté ; le chapiteau de l'une représente un être humain dont les jambes recourbées comme celles des Sirènes sont palmées, et celui de l'autre est orné de ces volutes, que, d'après l'examen des chapiteaux romans de cette province, on peut considérer comme une dégénérescence des têtes de béliers.
CHANDOLAS, ou Comps, vg. *Ardèche* (Languedoc), arr. et à 24 k. de l'Argentière, cant. et ✉ de Joyeuse. Pop. 944 h.—Filature de soie.
CHANDON, vg. *Loire* (Forez), arr. et à 20 k. de Roanne, cant. et ✉ de Charlieu. Pop. 897 h.
CHANE, *Ain,* comm. de Bellignieux, ✉ de Montluel.
CHANÉAC, vg. *Ardèche* (Languedoc), arr. et à 60 k. de Tournon, cant. et ✉ de St-Martin-de-Valamas. Pop. 1,038 h.—*Foires* les 24 avril et 8 mai.
CHANEINS, vg. *Ain* (Dombes), arr. et à 25 k. de Trévoux, cant. de St-Trivier-sur-Moignans, ✉ de Châtillon-les-Dombes. Pop. 756 h.
CHANES, vg. *Saône-et-Loire* (Bourgogne), arr., ✉ et à 10 k. de Mâcon, cant. de la Chapelle-Guinchay. Pop. 512 h.
CHANET, vg. *Cantal* (Auvergne), arr. et à 20 k. de Murat, cant. et ✉ d'Allanche. Pop. 315 h.—Aux environs de ce village, à 400 m. au-dessus du moulin de la Peyronée, on trouve, dans un petit bois, les eaux minérales ferrugineuses acidules de Couches, dont la température est de + 11° Réaumur.
CHANET, *Isère,* comm. de St-Prin, ✉ de Condrieu.
CHANEY (le), vg. *Ain,* comm. de Tenay, ✉ de St-Rambert.
CHANGE (le), *Dordogne* (Périgord), arr. et à 17 k. de Périgueux, cant. de Saviguac, ✉ de Cubjac. Pop. 732 h.
CHANGE (le petit), *Dordogne,* comm. de Boulazac, ✉ de Sorges.
CHANGE, bg *Mayenne* (Maine), arr., cant., ✉ et à 4 k. de Laval. Pop. 2,034 h.—Fours à chaux.
CHANGÉ, vg. *Saône-et-Loire* (Bourgogne), arr. et à 23 k. d'Autun, cant. d'Epinac, ✉ de Nolay. Pop. 556 h.
CHANGÉ, bg *Sarthe* (Maine), arr., cant., ✉ et à 8 k. du Mans. Pop. 2,881 h.
A 4 k. de ce bourg, au milieu d'un bois taillis s'élève sur un coteau l'antique manoir de la Buzardière remarquable par l'irrégularité de sa construction, par une enceinte jadis garnie de tours, par un groupe de bâtiments de différents âges qui forment un tout bizarre dont l'aspect varie à chaque pas. Si un romancier, imitateur d'Anne Radcliffe, voulait mettre sous les yeux de son lecteur le modèle d'un de ces châteaux mystérieux appartenant à l'histoire des temps féodaux, il pourrait sans avoir besoin de recourir à son imagination prendre pour modèle la Buzardière. Dans cette masse de bâtiments discordants, on aperçoit à côté de quelques parties presque modernes des tours rondes, d'autres carrées, des tourelles portées par encorbellement et terminées en trompe ou en culs-de-lampes, des créneaux, des mâchicoulis, des croisées à meneaux et des croisées en flèches ornées de moulures. La construction de la chapelle gothique remonte à la fin du XIV° siècle, et c'est à cette époque que paraissent appartenir les parties les plus anciennes de ce vaste manoir, qui est aujourd'hui la propriété de M. Nicolaï.—Fabrique de sucre indigène.
CHANGEY, vg. *Côte-d'Or* (Bourgogne), arr. et à 35 k. de Châtillon-sur-Seine, cant. et ✉ de Recey-sur-Ource. Pop. 100 h.
CHANGEY, *Côte-d'Or,* comm. d'Echevronne, ✉ de Nuits.
CHANGEY, vg. *H.-Marne* (Champagne), arr., ✉ et à 8 k. de Langres, cant. de Neuilly-l'Evêque. Pop. 277 h.—On y voit un des plus beaux châteaux des environs de Langres, bâti sur l'emplacement d'un ancien château fort, dont les Anglais s'emparèrent sous Charles VI ou Charles VII, et qui fut ensuite pris et rasé par les habitants de Langres.

CHANGES, vg. *Seine-et-Marne* (Brie), arr. et à 11 k. de Meaux, cant. et ✉ de la Ferté-sous-Jouarre. Pop. 208 h.
CHANGY, bg *Loire* (Forez), arr. et à 18 k. de Roanne, cant. et ✉ de la Pacaudière. Pop. 911 h.—*Foires* les 21 mars, 18 nov., jeudi après Quasimodo, mardi avant le 15 août.
CHANGY, vg. *Marne* (Champagne), arr. et à 9 k. de Vitry-le-François, cant. et ✉ de Heiltz-le-Maurupt. Pop. 322 h.—Il est situé sur une colline élevée qui domine tout le Parthois et le bas Vallage. De la maison presbytériale, bâtie sur le sommet de la colline, on jouit d'une vue admirable sur un vaste bassin entièrement couvert de vignes, arrosé par la Vierre et par la Chée, et où l'on peut compter à la vue simple deux villes et près de cent villages.
CHANGY, *Nièvre,* comm. de Chevannes, ✉ de Varzy.
CHANGY, vg. *Saône-et-Loire* (Bourgogne), arr., cant., ✉ et à 4 k. de Charolles. P. 786 h.
CHANGY, *Seine-et-Marne,* comm. d'Avon, ✉ de Fontainebleau.
CHANGY-COURT. V. Court.
CHANGY-LES-BOIS, vg. *Loiret* (Gâtinais), arr. et à 18 k. de Montargis, cant. de Lorris, ✉ de Noyen-sur-Vernisson. Pop. 209 h.
CHANIAT, vg. *H.-Loire* (Auvergne), arr., cant., ✉ et à 11 k. de Brioude. Pop. 318 h.
CHANIERS, vg. *Charente-Inf.* (Saintonge), arr., cant., ✉ et à 7 k. de Saintes. Pop. 2,530 h.—*Foires* le 3° mardi de juin et d'août.
CHANIZIEU, *Isère,* comm. de Courtenay, ✉ Morestel.
CHANNAY, vg. *Côte-d'Or* (Bourgogne), arr. et à 23 k. de Châtillon-sur-Seine, cant. et ✉ de Laignes. Pop. 235 h.
CHANNAY, vg. *Indre-et-Loire* (Anjou), arr. et à 40 k. de Tours, cant. et ✉ de Château-Lavallière. Pop. 1,137 h.—*Foire* le 1ᵉʳ mars.
CHANNES, vg. *Aube* (Champagne), arr. et à 25 k. de Bar-sur-Seine, cant. et ✉ des Riceys. Pop. 456 h.
CHANONAT, bg *Puy-de-Dôme* (Auvergne), arr. et à 11 k. de Clermont-Ferrand, cant. de St-Amand-Tallande, ✉ de Veyre. Pop. 1,241 h.—Il est bâti dans une belle vallée, chantée par Delille sous le poème de l'Homme des champs. Dans un riant vallon, à peu de distance de ce bourg, on trouve une source d'eau minérale froide, que l'on emploie avec succès dans diverses maladies.
CHANOS-CURSON, vg. *Drôme* (Dauphiné), arr. et à 18 k. de Valence, cant. et ✉ de Tain. Pop. 965 h.—*Foire* le 11 nov.
CHANOUSSE, vg. *H.-Alpes* (Dauphiné), arr. et à 50 k. de Gap, cant de Rosans, ✉ de Serres. Pop. 242 h.
CHANOY, vg. *H.-Marne* (Champagne), arr., cant., ✉ et à 10 k. de Langres. P. 135 h.
CHANOY (le), *Seine-et-Marne,* comm. de Cerneux, ✉ de Champcenest.
CHANOZ, vg. *Ain* (Doubs), arr. et à 35 k. de Trévoux, cant. et ✉ de Châtillon-les-Dombes. Pop. 607 h.

CHANTAREINE, *Seine-et-Marne*, com. de St-Denis-les-Rebais, ✉ de Rebais.

CHANTEAU, *Côte-d'Or*, comm de St-Didier, ✉ de Saulieu.

CHANTEAU, vg. *Loiret* (Orléanais), arr., cant., ✉ et à 9 k. d'Orléans. Pop. 384 h.

CHANTECOCQ, vg. *Marne* (Champagne), arr. et à 22 k. de Vitry-le-François, cant. et ✉ de St-Remy-en-Bouzemont. Pop. 97 h.

CHANTECOCQ, vg. *Loiret* (Gatinais), arr. et à 20 k. de Montargis, cant. et ✉ de Courtenay. Pop. 582 h. — Les rois de France y avaient un manoir ou maison royale dont on voit encore des débris et des souterrains.

CHANTECORPS, vg. *Deux-Sèvres* (Poitou), arr. et à 24 k. de Parthenay, cant. de Ménigoute, ✉ de Vantebis. Pop. 891 h.

CHANTEGRUE, *Doubs*, comm. de Vaux, ✉ de Pontarlier.

CHANTEHEUX, vg. *Meurthe* (Lorraine), arr., cant., ✉ et à 3 k. de Lunéville. Pop. 331 h.

CHANTEIX, vg. *Corrèze* (Limousin), arr. et à 16 k. de Tulle, cant. et ✉ de Seilhac. P. 1,225 h.

CHANTELLE, *Cantilia*, ou CHANTELLE-LE-CHATEAU, petite ville, *Allier* (Bourbonnais), arr. et à 20 k. de Gannat, chef-l. de cant. Cure. ✉. A 331 k. de Paris pour la taxe des lettres. Pop. 1,800 h. — TERRAIN tertiaire moyen, voisin du terrain cristallisé.

Il est fait pour la première fois mention de cette ville dans les lettres de Sidoine Apollinaire, qui visita son église vers 480. Les sires de Bourbon y possédaient un antique château fort dont Pepin s'empara en 762. Ce château, construit sur le sommet d'une colline élevée, était environné de fortifications considérables, et défendu, du côté de l'ouest, par un épouvantable précipice bordé de rochers, au fond duquel coule la petite rivière ou plutôt le torrent de la Bouble. C'était, à ce qu'il paraît, la plus importante forteresse des seigneurs de Bourbon, et leur principale place d'armes : le duc Louis II en tirait ses machines de guerre dans le XIVᵉ siècle. François Iᵉʳ ordonna la démolition de cet immense édifice, dont on voit encore des restes imposants. C'est aujourd'hui une vaste carrière où les gens du pays vont chercher de la pierre lorsqu'ils veulent bâtir. — *Foires* les 22 janv., 1ᵉʳ avril, 27 mai, 27 juillet, 18 oct. et 25 nov.

Bibliographie. PEIGNE. *Notice historique sur la ville de Chantelle-le-Château*, in-8, 1842.

CHANTELOUBE, *H.-Vienne*, comm. et ✉ de Razès. ⚜. C'était autrefois un bourg du diocèse de Limoges, parlement de Paris, intendance de Moulins.

CHANTELOUP, *Cantalupus*, vg. *Eure* (Normandie), arr. et à 24 k. d'Evreux, cant. et ✉ de Damville. Pop. 133 h.

CHANTELOUP, *Eure*, comm. de St-Vigor, ✉ d'Evreux.

CHANTELOUP, vg. *Ille-et-Vilaine* (Bretagne), arr. et à 54 k. de Redon, cant. du Sel, ✉ de Bain. Pop. 1,510 h. — *Foire* le 1ᵉʳ mardi de sept. ou le lendemain si le mardi est le 1ᵉʳ du mois.

CHANTELOUP, *Indre-et-Loire*, comm. de St-Denis-Hors, ✉ d'Amboise.—On y voyait naguère un superbe château où fut exilé sous Louis XV le duc de Choiseul. Sous l'empire il fut acquis par le comte Chaptal, ministre de l'intérieur, qui y avait établi une manufacture de sucre de betteraves. Ce château a été démoli en 1823 ; il n'en reste plus que le parc, où l'on voit une belle pagode.

CHANTELOUP, vg. *Maine-et-Loire* (Anjou), arr. et à 25 k. de Beaupréau, cant. et ✉ de Cholet. Pop. 1,050 h.

CHANTELOUP, vg. *Manche* (Normandie), arr. et à 19 k. de Coutances, cant. et ✉ de Bréhal. Pop. 503 h. — On y voit un beau château offrant la réunion d'une habitation moderne et d'une ancienne forteresse, qui a soutenu un siège de plusieurs mois en 1594.

CHANTELOUP, vg. *Seine-et-Marne* (Ile-de-France), arr. et à 19 k. de Meaux, cant. et ✉ de Lagny. Pop. 104 h.

CHANTELOUP, *Cantū Lupum*, *Campus Lupi*, vg. *Seine-et-Oise*, cant. et ✉ d'Arpajon. — Philippe le Bel y avait une maison de plaisance, qui fut aussi habitée par Philippe le Long.

CHANTELOUP, vg. *Seine-et-Oise* (Ile-de-France), arr. et à 22 k. de Versailles, cant. de Poissy, ✉ de Triel. Pop. 753 h.

CHANTELOUP, vg. *Deux-Sèvres* (Poitou), arr. et à 29 k. de Parthenay, cant. de Moncoutant, ✉ de Bressuire. Pop. 991 h.

CHANTELOUP, *Deux-Sèvres*, comm. de Bessine, ✉ de Niort.

CHANTELOUVE, *H.-Alpes*, comm. de St-Crépin, ✉ de Mont-Dauphin.

CHANTELOUVE, vg. *Isère* (Dauphiné), arr. et à 65 h. de Grenoble, cant. d'Entraigues, ✉ de la Mure. Pop. 424 h. — *Foire* le 1ᵉʳ lundi d'août.

CHANTEMELLE, *Seine-et-Oise*, comm. de Haute-Ile, ✉ de Bonnières.

CHANTEMERLE, *H.-Alpes*, comm. de St-Chaffrey, ✉ de Briançon.

CHANTEMERLE, vg. *Charente-Inf.* (Saintonge), arr. et à 10 k. de St-Jean-d'Angely, cant. et ✉ de Tonnay-Boutonne. Pop. 308 h.

CHANTEMERLE, vg. *Drôme* (Dauphiné), arr. et à 25 k. de Montélimart, cant. et ✉ de Grignan. Pop. 458 h.

CHANTEMERLE, vg. *Drôme* (Dauphiné), arr. et à 24 k. de Valence, cant. et ✉ de Tain. Pop. 936 h.

CHANTEMERLE, vg. *Marne* (Charlemagne), arr. et à 56 k. d'Epernay, cant. d'Esternay, ✉ de Villenauxe. Pop. 179 h.

CHANTEMERLIÈRE, *Charente-Inf.*, comm. de Contrée, ✉ d'Aulnay.

CHANTENAI, bg *Loire-Inf.* (Bretagne), arr., cant. ✉ et à 3 k. de Nantes. Pop. 3,935 h.

Il est dans une situation très-agréable, sur un coteau élevé, près de la rive droite de la Loire. Rien n'est plus majestueux que le tableau dont on jouit sur le sommet de ce coteau. De l'étroite enceinte du cimetière, on voit se développer tout le bassin de la Loire. Ici, des nappes, parsemées d'îles, et que traversent une multitude de voiles, s'y peignent de tous les reflets du ciel. De longues prairies d'alluvions, couvertes de bestiaux, en bordent les deux côtés et viennent expirer au pied des coteaux. Plus loin enfin, les coteaux eux-mêmes s'élèvent en amphithéâtre, jusqu'à ce que leurs crêtes embrumées aillent s'unir, par des teintes à demi effacées, aux teintes plus pâles du ciel.

Fabriques de céruse. Constructions et radoubs de navires, cabotage, pêche du poisson frais, exploitation des carrières de granit.— *Commerce* de denrées coloniales.

CHANTENAY, vg. *Nièvre* (Nivernais), arr. et à 45 k. de Nevers, cant. et ✉ de St-Pierre-le-Moutier. Pop. 1,375 h. — *Foires* les 16 août et 28 oct.

CHANTENAY, vg. *Sarthe* (Anjou), arr. et à 30 k. de la Flèche, cant. de Brulon, ✉ de Noyon-sur-Sarthe. Pop. 1,531 h.

CHANTEPIE, *Ille-et-Vilaine* (Bretagne), arr., cant., ✉ et à 5 k. de Rennes. Pop. 862 h.

CHANTÉRAC, vg. *Dordogne* (Périgord), arr. et à 14 k. de Ribérac, cant. et ✉ de Neuvic. Pop. 997 h.

CHANTERENNE, *Loire*, comm. de St-Jean-Soleymieux, ✉ de Montbrison.

CHANTES, vg. *H.-Saône* (Franche-Comté), arr. et à 20 k. de Vesoul, cant. de Sceysur-Saône, ✉ de Traves, Pop. 380 h. — On y remarque une vieille église gothique, près de laquelle est une grande maison qui a appartenu aux templiers.

CHANTESSE, vg. *Isère* (Dauphiné), arr. et à 14 k. de St-Marcellin, cant. et ✉ de Vinay. Pop. 365 h.

CHANTEUGES, *Cantogilus*, vg. *H.-Loire* (Auvergne), arr. et à 33 k. de Brioude, cant. et ✉ de Langeac. Pop. 839 h. — On y remarque une ancienne église, qui a été classée au nombre des monuments historiques.

CHANTEUSSÉ, vg. *Maine-et-Loire* (Anjou), arr. et à 22 k. de Segré, cant. de Châteauneuf-sur-Sarthe, ✉ du Lion-d'Angers. P. 418 h.

CHANTILLAC, vg. *Charente* (Angoumois), arr. et à 19 k. de Barbezieux, cant. de Baigues, ✉ de Touvérac. Pop. 803 h.

CHANTILLY, *Cantiliacum*, jolie petite ville, *Oise* (Ile-de-France), arr. et à 8 k. de Senlis, cant. de Creil. ✉. ⚜. A 40 k. de Paris pour la taxe des lettres. Pop. 2,446 h.

Autrefois diocèse et élection de Senlis, parlement et intendance de Paris.

La ville de Chantilly est dans une charmante situation, près de la forêt de son nom, sur la petite rivière de Nonette. Elle est composée de sept rues principales, dont la plus grande, qui conduit au château, n'a pas moins de cent soixante maisons. Sur le canal dit de la *Manse*, dans la vallée de la Nonette, est une machine hydraulique, à l'aide de laquelle on remplit un réservoir placé au centre de la grande pelouse, d'où les eaux se répartissent dans les établissements publics et dans des bornes-fontaines, établies en 1823 sur la place et dans la principale rue, par ordre du duc de Bourbon.—L'église paroissiale, consacrée sous le nom de l'Assomption, est de construction moderne.

On remarquait à Chantilly avant la révolution un magnifique château, qui, par l'élégance de ses bâtiments, la richesse des collections qu'il renfermait, la beauté de ses eaux, de son parc et de ses jardins, égalait les plus belles résidences royales de l'Europe.

Le domaine de Chantilly s'est accru et embelli successivement sous une longue succession de propriétaires dont les richesses égalaient le rang éminent ; mais c'est aux princes de la maison de Condé que cette terre doit la splendeur et la célébrité européenne dont elle a joui pendant près de deux siècles.

Chantilly éprouva pendant la révolution des pertes et des dommages considérables. Le grand château fut vendu ainsi que le petit ; les acquéreurs démolirent le premier ; mais, ayant encouru la déchéance, ils furent dépossédés de l'autre par le gouvernement ; et c'est à cette circonstance que l'on doit la conservation du petit château. Les magnifiques bâtiments de Chantilly, ses décorations magiques, ses jardins superbes, ses chefs-d'œuvre de peinture, de sculpture, ont disparu ; mais les principaux ouvrages de l'art, susceptibles d'être transportés, furent envoyés à Paris. Les armes anciennes et modernes, dont la riche et précieuse collection était un des premiers ornements de Chantilly, furent enlevées à la même époque, et transférées dans la capitale. En démolissant la chapelle du château, on a trouvé la tombe où fut déposé le corps de l'amiral Coligny, l'une des plus illustres victimes du massacre de la St-Barthélemy : il avait été détaché secrètement des fourches de Montfaucon, et enterré non loin de cet endroit, d'où il fut transféré à Montauban, et ensuite à Châtillon-sur-Loing. — Sur l'emplacement du fastueux château de Chantilly se sont élevés des monuments plus utiles au pays : de nombreuses manufactures ont remplacé les cascades, les jets d'eau ; l'aisance et le bonheur coulent encore dans le village de Chantilly, mais par des conduits impérissables, l'industrie et les travaux des habitants.

Sous le gouvernement impérial, la forêt de Chantilly fut donnée à la reine Hortense à titre de dotation. En 1814, le prince de Condé et le duc de Bourbon rentrèrent en possession de ce qui restait de l'ancien domaine de Chantilly ; par leurs soins, les ruines disparurent en peu d'années ; tout ce qui pouvait être réparé l'a été ; on embellit tout ce que la révolution avait laissé debout. — Les amateurs admirent dans l'intérieur du château un charmant boudoir orné de peintures représentant les amours de Louis XV et de madame de Pompadour, sous des figures de singes et de guenons. — Les écuries, qui n'ont subi aucune dégradation. Les réservoirs, placés sur la pelouse, à l'extrémité de la ville, présentent deux vastes pièces d'eau qui ont près de 200 m. de long chacune, sur environ 160 de large. Ils fournissent une partie des eaux de Chantilly. Plusieurs allées plantées d'arbres entourent ces deux pièces d'eau, et forment de cet endroit une promenade agréable. Un jardin anglais a très-heureusement remplacé les anciens parterres de Lenôtre ; enfin Chantilly, sans être redevenu complètement ce qu'il était autrefois, constitue encore un magnifique domaine, digne de l'admiration des étrangers et des nationaux.

L'hospice de Chantilly, fondé et doté par les princes de Condé, peut servir de modèle sous tous les rapports aux établissements de ce genre ; il est peu de villes en province dont les Hôtels-Dieu puissent lui être comparés pour la beauté des bâtiments et leur appropriation parfaite à leur destination. La formation de cet hospice est un immense bienfait pour le canton de Creil dont presque toutes les communes, ressortissant de l'ancienne seigneurie de Chantilly, peuvent y envoyer leurs malades.

PATRIE du duc D'ENGHIEN, fusillé le 21 mars 1804 dans les fossés de Vincennes.

INDUSTRIE. Chantilly est en France l'un des centres principaux de la confection des dentelles ordinaires et des dentelles de soie appelées blondes. C'est vers 1710 que M. Moreau introduisit dans cette petite ville le genre d'industrie dont il s'agit ; sa maison subsista longtemps seule, et c'est à elle qu'est due la célébrité dont jouissent dans toute l'Europe les dentelles de Chantilly. Vers 1736, une seconde maison fut organisée par M. Auguste Moreau ; la fabrication prit un nouvel essor vers 1798 ; elle se compose aujourd'hui de sept entreprises principales dont les directeurs résident à Chantilly, et de sept autres dont les chefs habitent Viarmes, Mareil, Valdampierre, Groslay, Fresneaux, Labosse, Chaumont et Paris, mais dont les produits sont compris au nombre de ceux de la fabrique connue sous le nom de Chantilly. On sait que la dentelle ne se fait pas en atelier, mais que les ouvrières travaillent chez elles sur les dessins et avec les matériaux qui leur sont remis par les manufacturiers, en sorte que cette fabrication est étendue sur plusieurs cantons, et que, quoiqu'elle porte le nom de Chantilly, cette commune est cependant l'une de celles qui lui fournissent le moins de bras. — Il y a encore à Chantilly une manufacture de porcelaine, des fabriques de bonneterie et de tabletterie.

Foires les 20 juin et 18 sept.

Bibliographie. FAUQUEMPREZ (l'abbé). *Histoire de Chantilly, depuis le xe siècle jusqu'à nos jours*, etc., in-8, 1840.
* *État des forêts de Chantilly, de Hallatte et d'Ermenonville*, in-8, 1733.
GUICHARD. *Voyage de Chantilly*, in-12, 1761.
MÉRIGOT. *Promenade ou Itinéraire des jardins de Chantilly, orné d'un plan et de vingt estampes*, in-4, 1791.
* *Trois Jours en voyage, ou Guide du promeneur à Chantilly, Mortefontaine et Ermenonville, avec trois plans*, in-12, 1828.

CHANTOISEAU, *Charente*, comm. de St-Michel, ✉ d'Angoulême.

CHANTOME, vg. *Indre* (Marche), arr. et à 37 k. de la Châtre, cant. et ✉ d'Eguzon. Pop. 282 h. — *Foires* les 17 janv., 3 mai et 17 sept.

CHANTONNAY, vg. *H.-Saône* (Franche-Comté), arr., cant., ✉ et à 11 k. de Gray. Pop. 199 h.

CHANTONNAY, bg *Vendée* (Poitou), arr. et à 29 k. de Bourbon-Vendée, chef-l. de cant. Cure. Gîte d'étape. ✉. À 422 k. de Paris pour la taxe des lettres. Pop. 2,662 h. — TERRAIN carbonifère, houille, voisin du terrain jurassique.

Autrefois diocèse de Luçon, intendance de Paris, intendance de Poitiers, élection de Fontenay.

Chantonnay donne son nom à un bassin houiller divisé en trois concessions occupant ensemble une surface de 1,532 hectares.

En 1793, les républicains avaient près de Chantonnay un camp de 6,000 hommes qui fut attaqué au mois de septembre par les Vendéens, sous la conduite du général d'Elbée. Les républicains, accablés par le nombre, opposèrent la plus héroïque résistance. Le général Lecomte qui les commandait, ayant été mortellement blessé, et le nombre des défenseurs ayant été réduit de 6,000 à 1,500, le camp fut levé ; mais 3,000 Vendéens, morts par l'arme blanche, attestèrent que la victoire fut chèrement achetée.

Foires le 3e jeudi de janv., fév., mars, avril, mai et juin.

CHANTRAINES, vg. *H.-Marne* (Champagne), arr. et à 15 k. de Chaumont-en-Bassigny, caut. et ✉ d'Audelot. Pop. 386 h.

CHANTRANS, vg. *Doubs* (Franche-Comté), arr. à 33 k. de Besançon, cant. et ✉ d'Ornans. Pop. 584 h.

CHANTREZAC, vg. *Charente* (Angoumois), arr. et à 12 k. de Confolens, cant. et ✉ de St-Claud. Pop. 741 h.

CHANTRIGNÉ, vg. *Mayenne* (Maine), arr. et à 13 k. de Mayenne, cant. et ✉ d'Ambrières. Pop. 1,876 h.

CHANU, S. Petrus de Canutes, vg. *Eure* (Normandie), arr. et à 34 k. d'Evreux, cant. et ✉ de Pacy-sur-Eure. Pop. 138 h. — On voit les ruines d'anciens bâtiments qui ont été le siège d'une commanderie de l'ordre de Malte.

CHANU, vg. *Orne* (Normandie), arr. et à 17 k. de Domfront, cant. et ✉ de Tinchebray. Pop. 2,819 h. — *Fabriques* de coutil genre de Flers, qui occupe plus de quatre cents ouvriers ; de clous ; de quincaillerie et de serrurerie, notamment de serrures de 50 à 60 centimes la pièce, et d'autres serrures tout en cuivre, sans une seule pièce de fer, pour la marine. Exploitation de pierre de taille verte très-dure, qui fournit des blocs d'une grande dimension. — *Foires* le samedi avant le 4 juillet, samedi le jour près du 27 sept., et 1er janv., 25 avril, 1er juin et 20 nov.

CHANUS, vg. *Isère* (Dauphiné), arr. et à

24 k. de Vienne, caut. de Roussillon. Pop. 1,172 h.

CHANVILLE, vg. *Moselle* (pays Messin), arr. et à 23 k. de Metz, cant. de Pange, ✉ de Courcelles-Chaussy. Pop. 367 h.

CHANZEAUX, vg. *Maine-et-Loire* (Anjou), arr. et à 28 k. d'Angers, cant. de Thouarcé, ✉ de St-Lambert-du-Lattay. Pop. 1,703 h.

CHAOMPS, *Aisne*. V. CHAMPS.

CHAON, vg. *Loir-et-Cher* (Orléanais), arr. et à 45 k. de Romorantin, cant. et ✉ de la Motte-Beuvron. Pop. 495 h.

CHAOUILLEY, vg. *Meurthe* (Lorraine), arr. et à 34 k. de Nancy, cant. et ✉ de Vezelize. Pop. 299 h.

CHAOURCE, *Caduppa, Chaorsium*, petite ville, *Aube* (Champagne), arr. et à 20 k. de Bar-sur-Seine, chef-l. de cant. Cure. Gîte d'étape. ✉. A 212 k. de Paris pour la taxe des lettres. Pop. 1,540 h. — TERRAIN crétacé inférieur, grès vert.

L'époque de la fondation de cette ville est inconnue : on sait seulement que, vers le milieu du IXᵉ siècle, Charlemagne fit don à Robert de la terre de Chaource. Dans les archives se trouve une charte latine donnée en 1125 par Henri de Troyes, comte palatin de Champagne. Suivant Robert Gaguin, Chaource serait bien antérieur au règne de saint Louis, qui fit, dit cet historien, ses premières armes devant le château de cette place, que la génération actuelle a vu encore flanqué de tours à tous ses angles. Les rois de France y avaient une maison de plaisance au IXᵉ siècle.—Au mois d'octobre 1782, on trouva dans les archives de Chaource d'anciens statuts d'un ordre établi autrefois par une comtesse de Champagne, sous le nom de *l'ordre de la Constance*. Des gentilshommes du canton, après avoir vérifié les statuts de cet ordre, se réunirent pour le faire revivre, et élurent grande maîtresse la dame du lieu, connue par sa bienfaisance envers ses vassaux. La roture, comme la noblesse, y était reçue, sans qu'il fût besoin de faire preuve de service. La décoration consistait en un cœur en diamants attaché à un ruban bleu, que les hommes et les femmes portaient à l'instar de l'ordre du Mérite.

Chaource est une petite ville mal bâtie, qui était autrefois entourée de murailles crénelées, environnées de fossés remplis d'eau vive. Elle est située près de l'abondante source de l'Amance, dont les eaux font mouvoir plusieurs moulins, et possède trois belles fontaines publiques alimentées par des sources d'eau excellente. On y voit une ancienne église, dont les vitraux et les murs sont couverts d'inscriptions gothiques qui portent à croire que cet édifice religieux existait avant 634. Au-dessus de ces vitraux, on montre un bas-relief représentant deux chats et un ours.

Patrie d'AMADIS JAMYN, l'un des poètes les plus célèbres du XVIᵉ siècle, et d'EDMOND RICHER, l'un des défenseurs les plus intrépides de l'église gallicane.

Fabriques de cordes et de ficelles ; aux environs, verrerie à bouteilles et fabrique de poterie de terre. — *Foires* les 3 et 18 mai, 28 juin, 25 août, 18 oct., 20 déc. et lundi gras.

CHAOURSE, vg. *Aisne* (Picardie), arr. et à 35 k. de Laon, cant. de Rozoy-sur-Serre, ✉ de Montcornet. Pop. 994 h. — *Foire* le 9 oct.

CHAPAIZE, vg. *Saône-et-Loire* (Bourgogne), arr. et à 33 k. de Mâcon, cant. et ✉ de St-Gengoux-le-Royal. Pop. 618 h.

CHAPAREILLAN, vg. *Isère* (Dauphiné), arr. et à 43 k. de Grenoble, cant. de Touvet. ✉. ✧. A 597 k. de Paris pour la taxe des lettres. Pop. 2,504 h.

CHAPDES-BEAUFORT, bg *Puy-de-Dôme* (Auvergne), arr. et à 20 de Riom, cant. et ✉ de Pontgibaud. Pop. 2,269 h. — On y trouve une source d'eau minérale acidule.— *Foires* les 25 fév., 4 mai, 28 juin, 1ᵉʳ août et 12 déc.

CHAPDEUIL (le), vg. *Dordogne* (Périgord), arr. et à 19 k. de Ribérac, cant. de Montagrier, ✉ de Bourdeilles. Pop. 777 h. — *Foires* les 11 juin, 4 oct., 6 déc. et jeudi gras.

CHAPEAU, vg. *Allier* (Bourbonnais), arr., ✉ et à 18 k. de Moulins-sur-Allier, cant. de Neuilly-le-Réal. Pop. 477 h.

CHAPEAUX, *Isère*, comm. de Roussillon, ✉ du Péage.

CHAPELAINE, vg. *Marne* (Champagne), arr. et à 21 k. de Vitry-le-François, cant. de Sommepuis, ✉ de St-Remy-en-Bouzemont. Pop. 163 h.

CHAPELAINE, *Marne*, comm. de Vassimont, ✉ de Fère-Champenoise.

CHAPELAUDE (la), vg. *Allier* (Bourbonnais), arr. et à 13 k. de Montluçon, cant. et ✉ d'Huriel. Pop. 1,220 h. — *Foire* le 11 mai.

CHAPELETTE (la), vg. *Allier* (Bourbonnais), arr. et à 28 k. de Montluçon, cant. et ✉ d'Huriel. Pop. 332 h.

CHAPELLE (la), vg. *Allier* (Bourbonnais), arr. et à 12 k. de la Palisse, cant. de Custet. Pop. 932 h.

CHAPELLE (la), vg. *Ardèche* (Vivarais), arr. et à 34 k. de Privas, cant. et ✉ d'Aubenas. Pop. 750 h.

CHAPELLE (la), vg. *Ardèche* (Languedoc), arr. et à 59 k. de Tournon, cant. et ✉ de St-Martin-de-Valamas. Pop. 532 h. — *Foires* le 7 mai.

CHAPELLE (la), vg. *Ardennes* (Champagne), arr., cant., ✉ et à 7 k. de Sédan. Pop. 298 h.

CHAPELLE (la), *Corrèze*, comm. de Combrossol, ✉ de Meymac. ✧.

CHAPELLE (la), *Côtes-du-Nord*, comm. et ✉ de Matignon.

CHAPELLE (la), vg. *Dordogne*, comm. de Mauzens-et-Miremont, ✉ de Sarlat. — *Foires* le 1ᵉʳ mercredi de chaque mois.

CHAPELLE (la), *Indre*, comm. de Mers, ✉ de Neuvy-St-Sépulcre. ✧.

CHAPELLE (la), vg. *Isère* (Dauphiné), arr. et à 16 k. de Vienne, cant. de Roussillon, ✉ du Péage. Pop. 615 h.

CHAPELLE (la), vg. *Jura* (Franche-Comté), arr. de Poligny et à 13 k. d'Arbois, cant. et ✉ de Salins. Pop. 642 h.

CHAPELLE (la), vg. *Loire* (Forez), arr. et à 36 k. de St-Étienne, cant. de Pelussin, ✉ de Condrieu. Pop. 307 h.

CHAPELLE (la), vg. *Lot-et-Garonne* (Agenois), arr., ✉ et à 12 k. de Marmande, cant. de Seyches. Pop 354 h.

CHAPELLE, ou CHAPELLE-FELCOURT (la), vg. *Marne* (Champagne), arr., cant., ✉ et à 11 k. de Ste-Menehould. Pop. 146 h.—On voit encore sur le territoire de cette commune plusieurs retranchements faits par les Prussiens en 1792.

CHAPELLE (la), vg. *Meurthe* (Lorraine), arr. et à 35 k. de Lunéville, cant. et ✉ de Baccarat. Pop. 335 h.

CHAPELLE (la), vg. *Morbihan* (Bretagne), arr., ✉ et à 8 k. de Ploermel, cant. de Malestroit. Pop. 846 h.

CHAPELLE (la), vg. *Rhône* (Lyonnais), arr. et à 29 k. de Lyon, cant. de St-Symphorien-sur-Coise, ✉ de Duerne. Pop. 383 h.

CHAPELLE, ou CHAPELLE-EN-VEXIN (la), vg. *Seine-et-Oise* (Vexin), arr. à 28 k. de Mantes, cant. et ✉ de Magny. Pop. 228 h. — On remarque à l'entrée et à la sortie de ce village de très-beaux parapets plantés en ormes des deux côtés, d'où l'on jouit d'une vue magnifique sur un pays coupé de bois et de bosquets, et peuplé de villages et de châteaux presque à l'infini.

CHAPELLE (la), *Seine-Inf.*, comm. de St-Pierre-Benouville, ✉ de Tôtes.

CHAPELLE (la), vg. *Somme* (Picardie), arr. et à 36 k. d'Amiens, cant. et ✉ de Poix. Pop. 73 h.

CHAPELLE (la), vg. *Tarn-et-Garonne* (Armagnac), arr. et à 26 k. de Castel-Sarrasin, cant. et ✉ de Lavit. Pop. 453 h.

CHAPELLE (la), vg. *Vosges* (Lorraine), arr. et à 35 k. de St-Dié, cant. et ✉ de Corcieux. Pop. 1,282 h. — Mine abondante de schiste duré qui sert de poudre pour l'écriture.

CHAPELLE-ACHARD (la), vg. *Vendée* (Poitou), arr. et à 15 k. des Sables, cant. et ✉ de la Mothe-Achard. Pop. 1,014 h.

CHAPELLE-AGNON (la), vg. *Puy-de-Dôme* (Auvergne), arr. et à 16 k. d'Ambert, cant. et ✉ de Cunlhat. Pop. 3,038 h.

CHAPELLE-ALAGNON (la), *H.-Loire*, comm. de Blesle, ✉ de Massiac.

CHAPELLE-ANTHENAISE (la), bg *Mayenne* (Maine), arr., ✉ et à 13 k. de Laval, cant. d'Argentré. Pop. 742 h.

CHAPELLE-AUBAREIL (la), vg. *Dordogne* (Périgord), arr. et à 48 k. de Sarlat, cant. et ✉ de Montignac. Pop. 930 h.

CHAPELLE-AU-MANS (la), vg. *Saône-et-Loire* (Bourgogne), arr. et à 42 k. de Charolles, cant. et ✉ de Gueugnon. Pop. 570 h.

CHAPELLE-AU-MOINE (la), vg. *Orne* (Normandie), arr. et à 15 k. de Domfront, cant. et ✉ de Flers. Pop. 521 h.

CHAPELLE-AU-RIBOULE (la), vg. *Mayenne* (Maine), arr. et à 15 k. de Mayenne, cant. du Horps, ✉ du Ribay. Pop. 1,164 h.

CHAPELLE-AUX-BOIS, vg. *Vosges*

(Lorraine), arr. et à 23 k. d'Epinal, cant. et ✉ de Xertigny. Pop. 2,516 h.

CHAPELLE-AUX-BROTS (la), ou Prugné, vg. *Corrèze* (Limousin), arr., cant., ✉ et à 9 k. de Brives. Pop. 384 h.

CHAPELLE-AUX-CHASSES (la), vg. *Allier* (Bourbonnais), arr. et à 25 k. de Moulins-sur-Allier, cant. et ✉ de Chevagnes. Pop. 308 h.

CHAPELLE-AUX-CHOUX (la), vg. *Sarthe* (Anjou), arr. et à 29 k. de la Flèche, cant. et ✉ du Lude. Pop. 490 h.

CHAPELLE-AUX-FILZ-MÉENS (la), vg. *Ille-et-Vilaine* (Bretagne), arr. et à 41 k. de St-Malo, cant. de Tinteniac, ✉ de Combourg. Pop. 585 h.

CHAPELLE-AUX-LYS, vg. *Vendée* (Poitou), arr. et à 21 k. de Fontenay-le-Comte, cant. et ✉ de la Châtaigneraie. Pop. 618 h.

CHAPELLE-AUX-NAUX (la), vg. *Indre-et-Loire* (Touraine), arr. et à 33 k. de Chinon, cant. et ✉ d'Azay-le-Rideau. P. 554 h.

CHAPELLE-AUX-POTS (la), vg. *Oise* (Picardie), arr. et à 16 k. de Beauvais, cant. du Coudray-St-Germer, ✉ de Songeons. Pop. 695 h. — Nombreuses fabriques de poterie de grès et de poterie commune.

CHAPELLE-AUX-SAINTS (la), vg. *Corrèze* (Limousin), arr. et à 20 k. de Brives, cant. et ✉ de Beaulieu. Pop. 485 h.

CHAPELLE-AUZAC (la), vg. *Lot* (Quercy), arr. et à 28 k. de Gourdon, cant. et ✉ de Souillac. Pop. 925 h.

CHAPELLE-BALOUE (la), vg. *Creuse* (Marche), arr. et à 31 k. de Guéret, cant. et ✉ de Dun-le-Palleteau. Pop. 409 h.

CHAPELLE-BASSE-MER (la), bg *Loire-Inf.* (Bretagne), arr. et à 19 k. de Nantes, cant. et du Loroux. Pop. 4,336 h.

Ce village est très-agréablement situé, sur une hauteur, au milieu de terres fertiles et bien cultivées, de vignes productives, et de belles prairies arrosées par la Loire et par la Divatte. On y trouve le bois de la Verrière, dont les arbres le disputent en beauté à ceux de quelques parties de la forêt du Gâvre. — *Foires* le lundi d'après Pâques; et à Barbechat, village de cette commune, les 1er août et 28 sept.

CHAPELLE-BATON, vg. *Charente-Inf.* (Saintonge), arr., cant., ✉ et à 9 k. de St-Jean-d'Angely. Pop. 136 h.

CHAPELLE-BATON (la), vg. *Deux-Sèvres* (Poitou), arr. et à 22 k. de Niort, cant. et ✉ de Champdeniers. Pop. 751 h.

CHAPELLE-BATON (la), vg. *Vienne* (Poitou), arr. et à 13 k. de Civray, cant. et ✉ de Charroux. Pop. 680 h.

CHAPELLE-BAYVEL, vg. *Eure* (Normandie), arr. et à 13 k. de Pont-Audemer, cant. et ✉ de Cormeilles. Pop. 484 h.

CHAPELLE-BECQUET, vg. *Eure* (Normandie), arr. et à 11 k. de Pont-Audemer, cant. de Cormeilles, ✉ de Lieurez. P. 164 h.

CHAPELLE-BERTIN (la), vg. *H.-Loire* (Auvergne), arr. et à 18 k. de Brioude, cant. et ✉ de Paulhaguet. Pop. 447 h.

CHAPELLE-BERTRAND (la), vg. *Deux-Sèvres* (Poitou), arr., cant., ✉ et à 6 k. de Parthenay. Pop. 651 h.

CHAPELLE-BICHE (la), vg. *Orne* (Normandie), arr. et à 15 k. de Domfront, cant. et ✉ de Flers. Pop. 1,020 h. — *Fabrique* de clous.

CHAPELLE-BLANCHE (la), vg. *Côtes-du-Nord* (Bretagne), arr. et à 26 k. de Dinan, cant. de St-Jean-de-l'Isle, ✉ de Broons. Pop. 494 h. — Exploitation des carrières d'ardoises.

CHAPELLE-BLANCHE (la), bg *Indre-et-Loire* (Touraine), arr. et à 24 k. de Loches, cant. et ✉ de Ligueil. Sur la rive droite de la Loire. Pop. 929 h.

CHAPELLE-BLANCHE (la), *H.-Vienne*, comm. de St-Victurnien, ✉ de la Barre.

CHAPELLE-BLANCHE (la). V. Chapelle-St-Loire.

CHAPELLE-BOUEXIC (la), vg. *Ille-et-Vilaine* (Bretagne), arr. et à 36 k. de Redon, cant. de Maure, ✉ de Lohéac. Pop. 1,083 h. — Foire le 8 mai.

CHAPELLE-CÉCELIN (la), vg. *Manche* (Normandie), arr. et à 29 k. de Mortain, cant. de St-Pois, ✉ de Villedieu. Pop. 466 h.

CHAPELLE-CHAMPIGNY (la), *Yonne*, comm. de Champigny-sur-Yonne, ✉ de Villeneuve-la-Guyard.

CHAPELLE-CHATENAY (la), *Seine-et-Marne*, comm. de Châtenay-sur-Seine, ✉ de Donnemarie.

CHAPELLE-CHAUSSÉE (la), vg. *Ille-et-Vilaine* (Bretagne), arr. et à 19 k. de Montfort-sur-Meu, cant. et ✉ de Bécherel. ⚭. Pop. 1,198 h.

CHAPELLE-CRAONNAISE (la), vg. *Mayenne* (Maine), arr. et à 20 k. de Château-Gontier, cant. et ✉ de Cossé-le-Vivien. Pop. 587 h.

CHAPELLE-D'ALAGNON (la), vg. *Cantal* (Auvergne), arr., cant., ✉ et à 5 k. de Murat. Pop. 403 h.

CHAPELLE-D'ALIGNÉ (la), bg *Sarthe* (Anjou), arr., cant., ✉ et à 14 k. de la Flèche. Pop. 1,746 h.

CHAPELLE-D'ANDELOT (la), *Puy-de-Dôme*, comm. de St-Priest-d'Andelot, ✉ de Gannat.

CHAPELLE-D'ANGILLON (la), petite ville, *Cher* (Berry), arr. et à 33 k. de Sancerre, chef-l. de cant. Cure. ⚭. A 190 k. de Paris pour la taxe des lettres. Pop. 782 h. — Terrain crétacé inférieur, grès vert, voisin du terrain tertiaire moyen. — Cette ville est bâtie sur la petite Sauldre et traversée par la grande route de Paris à Bourges. On y remarque les restes d'un château gothique transformé en ferme, avec pont-levis et donjon; il est bâti sur le penchant d'un coteau et possède une terrasse d'où l'on jouit d'une fort belle vue sur un frais vallon arrosé par la Sauldre. — *Foires* les 14 sept. et 15 mai.

CHAPELLE-D'ARMENTIÈRES (la), vg. *Nord* (Flandre), arr. et à 11 k. de Lille, cant. et ✉ d'Armentières. P. 2,031 h.

CHAPELLE-D'AUNAINVILLE (la), vg. *Eure-et-Loir* (Beauce), arr. et à 25 k. de Chartres, cant. et ✉ d'Anneau. Pop. 277 h.

CHAPELLE-D'AUREC (la), vg. *H.-Loire* (Languedoc), arr. et à 26 k. d'Yssengeaux, cant. et ✉ de Monistrol. Pop. 860 h.

CHAPELLE-DE-BARBEZIEUX (la), vg. *Charente* (Angoumois), arr., cant., ✉ et à 10 k. de Barbezieux. Pop. 275 h.

CHAPELLE-DE-BRAGNY (la), vg. *Saône-et-Loire* (Bourgogne), arr. et à 21 k. de Châlons-sur-Saône, cant. et ✉ de Sennecey. Pop. 435 h.

CHAPELLE-DE-GUINCHAY (la), vg. *Saône-et-Loire* (Bourgogne), arr. et à 13 k. de Mâcon, chef-l. de cant. Bur. d'enregist. à Mâcon, ✉ de Romanèche. Pop. 1,906 h. — Foires les 1ers mardis de fév., avril, juin et déc.

CHAPELLE-DE-LA-TOUR (la), vg. *Isère* (Dauphiné), arr., cant., ✉ et à 4 k. de la Tour-du-Pin, et à 15 k. de Bourgoin. Pop. 973 h.

CHAPELLE-DE-MARDORE (la), vg. *Rhône* (Beaujolais), arr. et à 35 k. de Villefranche-sur-Saône, cant. et ✉ de Thizy. P. 684 h.

CHAPELLE-DE-PEYRIN (la), *Isère*, com. de la Bâtie-Divisin, ✉ des Abrets.

CHAPELLE-DE-ST-AMANT-DE-BOIXE (la), vg. *Charente* (Angoumois), arr. et à 23 k. d'Angoulême, cant. et ✉ de St-Amant-de-Boixe. Pop. 360 h.

CHAPELLE-DE-ST-CHEF, *Isère*, comm. de St-Chef, ✉ de Bourgoin.

CHAPELLE-DES-BOIS (la), vg. *Doubs* (Franche-Comté), arr. et à 45 k. de Pontarlier, cant. et ✉ de Monthe. Pop. 702 h.

CHAPELLE-DES-BOIS (la), *Rhône*, com. de Fleurie, ✉ de Romanèche.

CHAPELLE-DES-FOUGERETS (la), vg. *Ille-et-Vilaine* (Bretagne), arr., cant., ✉ et à 9 k. de Rennes. Pop. 642 h.

CHAPELLE-DES-MARAIS (la), vg. *Loire-Inf.* (Bretagne), arr. et à 33 k. de Savenay, cant. d'Herbignac, ✉ de Pont-du-Château. P. 1,882 h. — Construction de bateaux plats et de chaloupes du port de 10 à 12 tonneaux.—*Commerce* de foin des marais. Cabotage qui consiste à conduire à Nantes et autres ports de mer les mottes de la Brière. — *Foires* pour les bestiaux les 16 mai et 8 juin.

CHAPELLE-DES-POTS (la), bg *Charente-Inf.* (Saintonge), arr., cant., ✉ et à 7 k. de Saintes. Pop. 824 h.

CHAPELLE-DE-VILLARS (la), vg. *Saône-et-Loire* (Bourgogne), arr. et à 26 k. de Chalon-sur-Saône, cant. et ✉ de Buxy. P. 157 h.

CHAPELLE-D'HUIN, vg. *Doubs* (Franche-Comté), arr. et à 16 k. de Pontarlier, cant. et ✉ de Lévier. Pop. 806 h.

CHAPELLE-DU-BARD (la), vg. *Isère* (Dauphiné), arr. et à 48 k. de Grenoble, cant. et ✉ d'Allevard. Pop. 1,332 h. — *Fabrique* de kirsch-wasser.

Les hameaux de Pont-du-Bens et de St-Hugon font partie de cette commune. Le prenier possède quatre forges et huit martinets, renommés par la bonne qualité du fer que l'on y fabrique, et par un grand nombre d'objets de taillanderie dont il se fait des envois considérables pour la foire de Beaucaire. Le second possède un haut fourneau qui occupe une centaine d'ouvriers. A 2 k. avant d'arriver à St-Hugon, on voit sur le Bens le fameux PONT DU DIABLE, ainsi nommé à cause de sa construction hardie : il n'a qu'une seule arche de 30 m. d'ouverture, jetée sur le Bens, qui roule ses eaux blanchies d'écume à 40 m. de profondeur.

CHAPELLE-DU-BOIS (la), vg. *Sarthe* (Maine), arr. et à 25 k. de Mamers, cant. et ✉ de la Ferté-Bernard. Pop. 1,164 h.

CHAPELLE-DU-BOIS-DES-FAULX, vg. *Eure* (Normandie), arr. et cant. N. d'Evreux, ✉ et à 13 k. de Louviers.

CHAPELLE - DU - BOURGAY (la), vg. *Seine-Inf.* (Normandie), arr. et à 13 k. de Dieppe, cant. et ✉ de Longueville. P. 180 h.

CHAPELLE-DU-CHATELARD (la), vg. *Ain* (Dombes), arr. et à 25 k. de Trévoux, cant. et ✉ de Châtillon-les-Dombes. P. 272 h.

CHAPELLE-DU-FEST (la), vg. *Manche* (Normandie), arr. et à 11 k. de St-Lô, cant. et ✉ de Torigny. Pop. 193 h.

CHAPELLE-DU-GENET (la), vg. *Maine-et-Loire* (Anjou), arr., cant., ✉ et à 4 k. de Beaupréau. Pop. 908 h.

CHAPELLE-DU-LOU (la), vg. *Ille-et-Vilaine* (Bretagne), arr. et à 10 k. de Montfort-sur-Meu, cant. et ✉ de Montauban. P. 466 h.

CHAPELLE - DU - MONT - DE - FRANCE (la), vg. *Saône-et-Loire* (Bourgogne), arr. et à 27 k. de Mâcon, cant. et ✉ de Matour. P. 636 h.

CHAPELLE-DU-NOYER (la), vg. *Eure-et-Loir* (Beauce), arr., cant., ✉ et à 4 k. de Châteaudun. Pop. 436 h..

CHAPELLE-EN-BLAISY (la), vg. *H.-Marne* (Champagne), arr. et à 20 k. de Chaumont-en-Bassigny, cant. et ✉ de Juzennecourt. Pop. 441 h.

CHAPELLE-ENCHÉRIE (la), vg. *Loir-et-Cher* (Beauce), arr. et à 12 k. de Vendôme, cant. de Selommes, ✉ d'Oucques. Pop. 363 h.

CHAPELLE-ENGERBOLD, vg. *Calvados* (Normandie), arr. et à 22 k. de Vire, cant. et ✉ du Condé-sur-Noireau. Pop. 401 h.

CHAPELLE-EN-JUGER (la), vg. *Manche* Normandie), arr. et à 15 k. de St-Lô, cant. et ✉ de Marigny. Pop. 1,049 h.

CHAPELLE-EN-LA-FAYE (la), vg. *Loire* (Forez), arr. et à 33 k. de Montbrison, cant. et ✉ de St-Jean-Soleymieux. Pop. 406 h.

CHAPELLE-EN-SERVAL (la), vg. *Oise* (Picardie), arr., cant. et à 8 k. de Senlis. Cure. ✉. ○. A 34 k. de Paris pour la taxe des lettres. Pop. 577 h. — TERRAIN tertiaire inférieur.

CHAPELLE - EN-VALGODEMARD (la), *H.-Alpes*, comm. de Clémence-d'Ambel, ✉ de Corps.

CHAPELLE-EN-VERCORS (la), *Drôme* (Dauphiné), arr. et à 32 k. de Die où est le bureau d'enregistrement, chef-l. de cant. Cure. ✉. A 604 k. de Paris pour la taxe des lettres. Pop. 1,309 h. — TERRAIN crétacé injérieur, grès vert. — Il est situé dans la vallée de Vercors, sur la rivière de Vernaison. Les montagnes qui entourent cette vallée sont sur tous les points de très-difficile accès ; elles sont couvertes de neiges plusieurs mois de l'année, ce qui ferme souvent, en hiver, les communications de ce canton avec les pays voisins. Autrefois, la vallée était défendue au nord par une forteresse dont on voit encore les ruines à St-Julien.

Aux environs, on remarque une grotte qui renferme des stalagmites d'une grande beauté. — *Commerce* de bois, charbon et bestiaux.— *Foires* les 2 juillet, 17 sept. et 7 oct. (dans la vallée de Lossence).

CHAPELLE-ERBRÉE (la), vg. *Ille-et-Vilaine* (Bretagne), arr., cant., ✉ et à 10 k. de Vitré. Pop. 692 h.

CHAPELLE-FAUCHER (la), vg. *Dordogne* (Périgord), arr. et à 22 k. de Nontron, cant. de Champagnac, ✉ de Brantôme. Pop. 861 h.

CHAPELLE-FORAINVILLIERS (la), vg. *Eure-et-Loir* (Beauce), arr., cant., ✉ et à 10 k. de Dreux. Pop. 188 h.

CHAPELLE-FORTIN (la), vg. *Eure-et-Loir* (Beauce), arr. et à 39 k. de Dreux, cant. et ✉ de la Ferté-Vidame. Pop. 404 h.

CHAPELLE-GACELIN (la), vg. *Morbihan*, comm. et ✉ de Carentoir.

CHAPELLE-GAUDIN (la), vg. *Deux-Sèvres* (Poitou), arr. et à 12 k. Bressuire, cant. de St-Varent, ✉ d'Argentan-Château. P. 451 h.

CHAPELLE-GAUGAIN (la), vg. *Sarthe* (Maine), arr. et à 17 k. de St-Calais, cant. de la Chartre-sur-le-Loire, ✉ de Bessé-sur-Braye. P. 754 h.

CHAPELLE-GAUTHIER (la), *Seine-et-Marne* (Ile-de-France), arr. et à 18 k. de Melun, cant. de Mormant. ✉. A 62 k. de Paris pour la taxe des lettres. Pop. 897 h.—C'était autrefois une petite ville entourée de murs et de fortifications, dont on voit encore quelques restes. — *Foire* le lundi après le 11 nov.

CHAPELLE-GAUTIER (la), *Eure* (Normandie), arr. et à 17 k. de Bernay, cant. et ✉ de Broglie. Pop. 496 h.

CHAPELLE-GENESTE (la), vg. *H.-Loire* (Auvergne), arr. et à 27 k. de Brioude, cant. et ✉ de la Chaise-Dieu. Pop. 804 h.

CHAPELLE - GENNEVRAY, vg. *Eure* (Normandie), arr. et à 28 k. d'Evreux, cant. et ✉ de Vernon. Pop. 169 h.

CHAPELLE-GLAIN (la), vg. *Loire-Inf.* (Bretagne), arr. et à 18 k. de Châteaubriant, cant. de St-Julien-de-Vouvantes. ○. Pop. 1,025 h.— *Foires* les 23 juin et 29 sept.

CHAPELLE-GODEFROY (la), *Aube*, com. de St-Aubin, ✉ de Nogent-sur-Seine. — Source d'eau minérale froide.

CHAPELLE-GONAGUET (la), vg. *Dordogne* (Périgord), arr., ✉ et à 12 k. de Périgueux, cant. de St-Astier. Pop. 651 h.

CHAPELLE-GRAILLOUZE (la), vg. *Ardèche* (Languedoc), arr. et à 56 k. de Largentière, cant. de Coucouron, ✉ de Pradelles. Pop. 1,072 h.

CHAPELLE-GRÉSIGNAC (la), vg. *Dordogne* (Périgord), arr. de Ribérac, canton de Verteillac.

CHAPELLE-GUILLAUME, vg. *Eure-et-Loir* (Beauce), arr. et à 27 k. de Nogent-le-Rotrou, cant. d'Authon, ✉ de la Bazoche-Gouet. Pop. 927.

CHAPELLE-HAINFRAY (la), vg. *Calvados* (Normandie), arr. et à 9 k. de Pont-l'Evêque, cant. de Cambremer. Pop. 109 h.

CHAPELLE-HAMELIN, *Manche*. V. HAMELIN.

CHAPELLE-HARENG (la), vg. *Eure* (Normandie), arr. et à 16 k. de Bernay, cant. et ✉ de Thiberville. Pop. 471 h.

CHAPELLE-HAUTEGRUE (la), vg. *Calvados* (Normandie), arr. et à 22 k. de Lisieux, cant. et ✉ de Livarot. Pop. 122 h.

CHAPELLE-HERMIER (la), vg. *Vendée* (Poitou), arr. et à 22 k. des Sables, cant. et ✉ de la Mothe-Achard. Pop. 536 h.

CHAPELLE-HEULIN (la), vg. *Loire-Inf.* (Bretagne), arr. et à 17 k. de Nantes, cant. et ✉ de Vallet. Pop. 1,464 h. — *Foires* les 30 avril et 1er jeudi de chaque mois.

CHAPELLE-HEURLET (la), *Marne*, comm. de Champvoisy, ✉ de Dormans.

CHAPELLE-HORTEMALE (la), vg. *Indre* (Berry), arr. et à 18 k. de Châteauroux, cant. et ✉ de Buzançais. Pop. 261 h.

CHAPELLE-HUGON (la), vg. *Cher* (Berry), arr. et à 43 k. de St-Amand-Montrond, cant. et ✉ de la Guerche-sur-l'Aubois. Pop. 767 h.

CHAPELLE-HULLIN (la), vg. *Maine-et-Loire* (Anjou), arr. et à 22 k. de Segré, cant. et ✉ de Pouancé. Pop. 226 h.

CHAPELLE-HUON (la), vg. *Sarthe* (Maine), arr., cant., ✉ et à 8 k. de St-Calais. Pop. 985 h.

CHAPELLE-IGER (la), vg. *Seine-et-Marne* (Brie), arr. et à 24 k. de Coulommiers, cant. et ✉ de Rozoy-en-Brie. Pop. 273 h.

CHAPELLE-JANSON (la), vg. *Ille-et-Vilaine* (Bretagne), arr., cant., ✉ et à 9 k. de Fougères. Pop. 2,010 h.

CHAPELLE - LA - REINE (la), petite ville *Seine-et-Marne* (Gatinais), arr. à 14 k. de Fontainebleau, chef-l. de cant. Cure. ✉. ○. A 74 k. de Paris pour la taxe des lettres. Pop. 876 h. — TERRAIN tertiaire moyen. — Elle est située sur une éminence où il ne se trouve qu'un seul puits de 72 m. de profondeur. — *Foires* les 21 janv. et le lundi suivant, et 4e dimanche après Pâques.

CHAPELLE-LARGEAU (la), vg. *Deux-Sèvres* (Poitou), arr. à 32 k. de Bressuire, cant. et ✉ de Châtillon-sur-Sèvre. Pop. 811 h.

CHAPELLE-LASSON (la), vg. *Marne* (Brie), arr. et à 53 k. d'Epernay, cant. et ✉ d'Anglure. Pop. 209 h.

CHAPELLE-LAUNAY (la), bg *Loire-Inf.* (Bretagne), arr., cant., ✉ et à 3 k. de Savenay. Pop. 1,275 h. — L'abbaye de Blanche-

Couronne, fondée vers 1161, est une dépendance de cette commune. — *Foires* les 4 mai et 9 oct. (à Blauche-Couronne).

CHAPELLE-LAURENT (la), vg. *Cantal* (Auvergne), arr. et à 21 k. de St-Flour, cant. et ✉ de Massiac. Pop. 720 h.

CHAPELLE-LES-LUXEUIL (la), vg. *H.-Saône* (Franche-Comté), arr. et à 16 k. de Lure, cant. et ✉ de Luxeuil. Pop. 524 h.

CHAPELLE-LES-RAYNE (la), vg. *Jura*, ✉ de Salins. — *Foires* les 27 avril, 1er juillet et 20 oct.

CHAPELLE-MARCOUSSE, vg. *Puy-de-Dôme* (Auvergne), arr. et à 15 k. d'Issoire, cant. et ✉ d'Ardes. Pop. 578 h.

CHAPELLE-MERLAS (la), *Isère*, comm. de Merlas, ✉ du Pont-de-Beauvoisin.

CHAPELLE - MOCHE (la), vg. *Orne* (Maine), arr. et à 17 k. de Domfront, cant. de Juvigny-sous-Andaine, ✉ de Couterne. Pop. 2,598 h. — *Commerce* de lin.

CHAPELLE-MOLIÈRE, vg. *Vienne* (Poitou), arr. et à 20 k. de Poitiers, cant. de St-Julien-Lars, ✉ de Chauvigny. Pop. 352 h. — *Foires* les 7 et 19 sept.

CHAPELLE — MONTMOREAU (la), vg. *Dordogne* Périgord), arr., ✉ et à 11 k. de Nontron, cant. de Champagnac. Pop. 311 h.

CHAPELLE — MONTBRANDEIX (la), vg. *H.-Vienne* (Poitou), arr. et à 23 k. de Rochechouart, cant. et ✉ de St-Matthieu. Pop. 661 h. — Forges et aciérie.

CHAPELLE-MONTHODON (la), vg. *Aisne* (Brie), arr. et à 25 k. de Château-Thierry, cant. de Condé-en-Brie, ✉ de Dormans. Pop. 444 h.

CHAPELLE — MONTLIGEON (la), vg. *Orne* (Perche), arr., cant., ✉ et à 10 k. de Mortagne-sur-Huine. Pop. 1,004 h.

CHAPELLE — MONTLINARD, vg. *Cher* (Nivernais), arr. et à 23 k. de Sancerre, cant. de Sancergues, ✉ de la Charité. Pop. 401 h.

CHAPELLE—MONTMARTIN (la), vg. *Loir-et-Cher* (Blaisois), arr. et à 12 k. de Romorantin, cant. de Mennetou. Pop. 338 h.

CHAPELLE — MONVOISIN (la), *Orne* comm. de Bazoche-au-Houlme, ✉ de Putanges.

CHAPELLE — MORTHEMER (la), vg. *Vienne* (Poitou), arr. et à 19 k. de Montmorillon, cant. de Lussac-les-Châteaux, ✉ de Chauvigny. Pop. 377 h.

CHAPELLE-NAUDE (la), vg. *Saône-et-Loire* (Bourgogne), arr., cant., ✉ et à 4 k. de Louhans. Pop. 794 h.

CHAPELLE-ONZERAIN (la), vg. *Loiret* (Beauce), arr. et à 27 k. d'Orléans, cant. et ✉ de Patay. Pop. 252 h.

CHAPELLE-PALLUAU (la), vg. *Vendée* (Poitou), arr. et à 35 k. des Sables, cant. et ✉ de Palluau. Pop. 1,033 h.

CHAPELLE-PÉCHAUD (la), ou DE-CASTELNAUD, vg. *Dordogne* (Périgord), arr. et à 18 k. de Sarlat, cant. et ✉ de Domme. Pop. 407 h.

CHAPELLE-POUILLOUX (la), vg. *Deux-Sèvres* (Poitou), arr. et à 18 k. de Melle, cant. et ✉ de Sauzé. Pop. 552 h.

CHAPELLE-PRÈS-SÉES (la), vg. *Orne* (Normandie), arr. et à 21 k. d'Alençon, cant. et ✉ de Sées. Pop. 341 h.

CHAPELLE-RABLAIS (la), vg. *Seine-et-Marne* (Brie), arr. et à 29 k. de Provins, cant. et ✉ de Nangis. Pop. 499 h.

CHAPELLE-RAINSOUIN (la), ou BOURG-LE-PRÊTRE, vg. *Mayenne* (Maine), arr. et à 19 k. de Laval, cant. de Montsurs, ✉ de Vaige. Pop. 579 h.

CHAPELLE-ROUSSELIN (la), vg. *Maine-et-Loire* (Anjou), arr. et à 20 k. de Beaupréau, cant. et ✉ de Chemillé. Pop. 646 h.

CHAPELLE-ROYALE, vg. *Eure-et-Loir* (Beauce), arr. et à 28 k. de Nogent-le-Rotrou, cant. d'Authon, ✉ de la Bazoche-Gouet. Pop. 642 h.

CHAPELLE-ST-ANDRÉ (la), vg. *Nièvre* (Nivernais), arr. et à 15 k. de Clamecy, cant. et ✉ de Varzy. Pop. 1,155 h. — Hauts fourneaux.

CHAPELLE-ST-AUBERT (la), vg. *Ille-et-Vilaine* (Bretagne), arr. et à 9 k. de Fougères, cant. et ✉ de St-Aubin-du-Cormier. Pop. 679 h.

CHAPELLE-ST-AUBIN (la), vg. *Sarthe* (Maine), arr., cant., ✉ et à 5 k. du Mans. Pop. 598 h.

CHAPELLE-ST-DENIS (la), beau village, *Seine* (Ile-de-France), arr., cant. et à 5 k. de St-Denis. ✉. A 5 k. de Paris pour la taxe des lettres. Pop. 8,724 h.

Ce village, dont les premières maisons touchent aux barrières de la capitale, forme la continuation du faubourg St-Denis. Il forme cependant une commune séparée, qui doit son origine à une chapelle élevée en l'honneur de sainte Geneviève. Les Anglais le brûlèrent en 1358, et les Armagnacs en 1418. C'est sur son territoire que se tenait autrefois la fameuse foire du Landit, le mercredi avant la fête de saint Barnabé et les jours suivants. V. ST-DENIS.

A l'extrémité de ce village commence la belle avenue qui conduit à St-Denis, dont on découvre de la hauteur les clochers; à gauche s'élève la butte Montmartre. — C'est la PATRIE de CLAUDE-EMMANUEL LUILLIER, surnommé CHAPELLE, du lieu où il reçut le jour, et connu par le charmant Voyage de Chapelle et de Bachaumont. L'historien Mezeray avait à la Chapelle-St-Denis une maison où il mourut en 1683.

Fabriques de liqueurs fines, produits chimiques, faïence, vinaigre. Toiles cirées, peaux de buffle. Distilleries d'eaux-de-vie. Raffinerie de sel. — *Commerce* de vaches laitières et de porcs.

CHAPELLE-ST-ÉTIENNE (la), vg. *Deux-Sèvres* (Poitou), arr. et à 27 k. de Parthenay, cant. et ✉ de Moncoutant. Pop. 642 h.

CHAPELLE-ST-FLORENT (la), vg. *Maine-et-Loire* (Anjou), arr. et à 18 k. de Beaupréau, cant. de St-Florent-le-Vieil, ✉ de Vades. Pop. 1,119 h.

CHAPELLE-ST-FRAY (la), *Sarthe* (Maine), arr. et à 17 k. du Mans, cant. et ✉ de Conlie. Pop. 503 h.

CHAPELLE-ST-GÉRAUD (la), vg. *Corrèze* (Limousin), arr. et à 39 k. de Tulle, cant. de Mercœur, ✉ d'Argentat. Pop. 523 h. — *Foire* le 16 déc.

CHAPELLE-ST-HÉBERT (la), *Nord*, com. de Crespin, ✉ de Condé-sur-l'Escaut.

CHAPELLE-ST-JEAN (la), vg. *Dordogne* (Périgord), arr. et à 41 k. de Périgueux, cant. de Hautefort, ✉ d'Azerac. Pop. 154 h.

CHAPELLE-ST-LAUD (la), vg. *Maine-et-Loire* (Anjou), arr. et à 18 k. de Baugé, cant. de Seiches, ✉ de Durtal. Pop. 647 h.

CHAPELLE-ST-LAURENT (la), vg. *Deux-Sèvres* (Poitou), arr. et à 24 k. de Parthenay, cant. et ✉ de Moncoutant. Pop. 1,410 h.

On voit à peu de distance de ce village, près du vieux château des Mothes, un antique monument en terre, que les antiquaires prétendent être un tombeau gaulois ou un ancien autel de ces temps reculés. Il est entouré d'un fossé circulaire revêtu de glacis, et beaucoup plus étroit au côté de l'est que dans tout le reste de son pourtour ; inégalité qui ne paraît point être un accident causé par le temps, mais, au contraire, dater de l'origine du monticule. Le château des Mothes, voisin du monument, a appartenu à Philippe de Commines.

Commerce de bestiaux. Tuilerie. — *Foires* les 12 janv., 1er lundi de carême, mardi de Pâques, 11 juin, 11 août, 1er oct., 2 nov. et 21 déc.

CHAPELLE-ST-LAURIANT (la), vg. *Indre* (Blaisois), arr. et à 20 k. d'Issoudun, cant. et ✉ de Vatan. Pop. 339 h.

CHAPELLE-ST-LUC (la), vg. *Aube* (Champagne), arr., cant., ✉ et à 5 k. de Troyes. Pop. 373 h.

CHAPELLE-ST-LUC (la), *Loire*, comm. de Panissières, ✉ de Feurs.

CHAPELLE-ST-MARTIAL (la), vg. *Creuse* (Marche), arr. et à 15 k. de Bourganeuf, cant. et ✉ de Pontarion. Pop. 377 h.

CHAPELLE-ST-MARTIN (la), vg. *Loir-et-Cher* (Blaisois), arr. et à 17 k. de Blois, cant. et ✉ de Mer. Pop. 1,050 h.

CHAPELLE-ST-MESMIN (la), vg. *Loiret* (Orléanais), arr., cant. et à 5 k. d'Orléans. Pop. 1,271 h.

CHAPELLE-ST-OUEN, vg. *Eure* (Normandie), arr. et à 23 k. des Andelys, cant. d'Ecos, ✉ de Vernon. Pop. 145 h.

CHAPELLE-ST-OUEN (la), vg. *Seine-Inf.* (Normandie), arr. et à 28 k. de Neufchâtel-en-Bray, cant. et ✉ d'Argueil. Pop. 68 h.

CHAPELLE-ST-PIERRE (la), vg. *Oise* (Picardie), arr. et à 25 k. de Beauvais, cant. et ✉ de Noailles. Pop. 309 h.

CHAPELLE-ST-QUILLAIN, vg. *H.-Saône* (Franche-Comté), arr. et à 20 k. de Gray, cant. de Gy. Pop. 537 h. — *Foires* les 31 mai, 14 août, 1er oct. et lundi après les Cendres.

CHAPELLE-ST-REMY (la), bg *Sarthe* (Maine), arr. et à 33 k. de Mamers, cant. de Tuffé, ✉ de Couerré. Pop. 1,120 h.

CHAPELLE-ST-SAUVEUR (la), vg. *Loire-Inf.* (Bretagne), arr. et à 20 k. d'Ancenis, cant. et ✉ de Varades. Pop. 2,047 h. — Exploitation de houille. — *Foire* le 19 sept.

CHAPELLE-ST-SAUVEUR (la), vg. *Saône-et-Loire* (Bourgogne), arr. et à 29 k. de Louhans, cant. et ✉ de Pierre. Pop. 1,900 h. — Foire le 21 nov.

CHAPELLE-ST-SÉPULCHRE (la), vg. *Loiret* (Gatinais), arr., ✉ et à 9 k. de Montargis, caut. de Courtenay. Pop. 233 h.

CHAPELLE-ST-SULPICE (la), vg. *Seine-et-Marne* (Brie), arr., cant., ✉ et à 10 k. de Provins. Pop. 151 h.

CHAPELLE-ST-URSIN (la), vg. *Cher* (Berry), arr., ✉ et à 6 k. de Bourges, cant. de Mehun-sur-Yèvre. Pop. 347 h.

CHAPELLES-BOURBON (les), vg. *Seine-et-Marne* (Brie), arr. et à 24 k. de Coulommiers, cant. de Rozoy-en-Brie, ✉ de Tournau. Pop. 105 h.

CHAPELLES (les), bg *Mayenne* (Maine), arr. et à 28 k. de Mayenne, cant. et ✉ de Couptrain. Pop. 934 h.

CHAPELLE-SÉGUIN (la), vg. *Deux-Sèvres*, comm. et ✉ de l'Absie.

CHAPELLE-SOUEF (la), vg. *Orne* (Perche), arr. et à 25 k. de Mortagne-sur-Huine, cant. et ✉ de Bellême. Pop. 884 h.

CHAPELLE-SOUS-BRANCION (la), vg. *Saône-et-Loire* (Bourgogne), arr. et à 31 k. de Mâcon, cant. et ✉ de Tournus. Pop. 646 h.

CHAPELLE-SOUS-CHAUX (la), ou CAPELTSCHA, vg. *H.-Rhin* (Alsace), arr., ✉ et à 6 k. de Belfort, cant. de Giromagny. Pop. 602 h.

CHAPELLE-SOUS-DOUÉ (la), vg. *Maine-et-Loire*, comm. et ✉ de Doué. — Exploitation de houille.

CHAPELLE-SOUS-DUN (la), vg. *Saône-et-Loire* (Bourgogne), arr. et à 24 k. de Charolles, cant. et ✉ de la Clayette. Pop. 588 h. — Exploitation de houille.

CHAPELLE-SOUS-GERBEROY (la), vg. *Oise* (Picardie), arr. et à 24 k. de Beauvais, cant. et ✉ de Songeons. Pop. 237 h.

CHAPELLE-SOUS-ORBAIS (la), vg. *Marne* (Champagne), arr. et à 23 k. d'Epernay, cant. et ✉ de Montmort. Pop. 145 h.

CHAPELLE-SOUS-ROUGEMONT (la), ou KAPALEN, vg. *H.-Rhin*, arr. et à 14 k. de Belfort, cant. de Fontaine. ✉. ⚘. A 439 k. de Paris pour la taxe avec lettres. Pop. 814 h.

CHAPELLE-SOUS-UCHON (la), vg. *Saône-et-Loire* (Bourgogne), arr., ✉ et à 15 k. d'Autun, cant. de Mesvres. Pop. 586 h.

CHAPELLE-SUR-AVEYRON (la), vg. *Loiret* (Gatinais), arr. et à 19 k. de Montargis, cant. et ✉ de Châtillon-sur-Loing. P. 451 h.

CHAPELLE-SUR-CHÉZY (la), vg. *Aisne* (Brie), arr. et à 15 k. de Château-Thierry, cant. et ✉ de Charly. Pop. 290 h.

CHAPELLE-SUR-CRÉCY (la), vg. *Seine-et-Marne* (Brie), arr. et à 16 k. de Meaux, cant. et ✉ de Crécy. Pop. 1,186 h.

L'église paroissiale est une des plus belles du département après celle de Meaux. C'est une ancienne collégiale érigée en 1202 par Anseau, évêque de Meaux. Elle est composée de trois nefs terminées par trois absides; le portail de l'ouest est décoré, de chaque côté, de cinq colonnettes avec chapiteaux à feuilles roulées en volute; un petit portail ouvert sur la façade septentrionale présente les mêmes caractères. Cette église, classée au nombre des monuments historiques, est surmontée d'une tour placée à l'extrémité occidentale de l'aile gauche, et terminée par quatre pignons au-dessus desquels s'élève une haute flèche octogone couverte en ardoises.

On voit aussi dans ce village un vieux château bâti par Sully; c'est un ancien manoir, aujourd'hui inhabité et tombant en ruines, entouré de larges et profonds fossés remplis d'eau vive, et aussi agréablement qu'avantageusement situé.

SERBONNE est un hameau considérable dépendant de la Chapelle-sur-Crécy, situé sur la rive droite du Grand-Morin, qui le sépare d'une haute montagne de roches. Il est remarquable par la belle perspective qu'offre sa situation; par un moulin d'un mécanisme ingénieux, et par un joli pont suspendu en fil de fer, dont l'arche unique a plus de 20 m. d'ouverture.

CHAPELLE-SUR-DUN (la), vg. *Seine-Inf.* (Normandie), arr. et à 27 k. d'Yvetot, cant. de Fontaine-le-Dun, ✉ du Bourg-Dun. Pop. 832 h.

CHAPELLE-SUR-ERDRE (la), vg. *Loire-Inf.* (Bretagne), arr., ✉ et à 10 k. de Nantes, chef-l. de cant. Cure. Pop. 2,420 h. — Terrain tertiaire moyen. — Il est dans une situation pittoresque, sur la pente d'un coteau, près de la rive gauche de l'Erdre. Aux environs, on remarque le vieux château de LA GACHERIE, où la reine de Navarre composa une partie des contes enjoués et naïfs qui portent son nom. Il est peu de communes du département qui présentent autant de sites remarquables que celle de la Chapelle-sur-Erdre.

A 1 k. de la Chapelle, et à peu de distance du pont de Forges, on trouve, dans une situation on ne peut plus pittoresque, la source d'eau minérale ferrugineuse de Forges, découverte par M. Daubuisson, de nos plus célèbres géologues. L'eau de cette source s'emploie dans les cas de chlorose avec atonie, chez les jeunes personnes; dans l'œdématie avec engorgement des viscères abdominaux; après les fièvres intermittentes; enfin, dans le plus grand nombre d'affections qui dépendent de la faiblesse ou de l'atonie des organes de la digestion. — Foire le 6 mai.

CHAPELLE-SUR-LOIRE (la), vg. *Indre-et-Loire* (Touraine), arr. et à 17 k. de Chinon, cant. de Bourgueil. ✉. A 282 k. de Paris pour la taxe des lettres. Pop. 3,401 h. — On y remarque l'ancien château de GUILLEMONT, qui a été possédé par le fameux Tristan l'Hermite et habité par Louis XI. — Foires le 2e mercredis d'avril et de nov. et 3e vendredi d'oct.

CHAPELLE-SUR-OREUSE (la), vg. *Yonne* (Champagne), arr. et à 11 k. de Sens, cant. de Sergines, ✉ de Pont-sur-Yonne. Pop. 540 h.

CHAPELLE-SUR-OUDON (la), vg. *Maine-et-Loire* (Anjou), arr., cant., ✉ et à 4 k. de Segré. Pop. 750 h.

CHAPELLE-SUR-USSON (la), vg. *Puy-de-Dôme* (Auvergne), arr. et à 17 k. d'Issoire, cant. et ✉ de Jumeaux. Pop. 236 h.

CHAPELLE-TAILLEFERT (la), bg *Creuse* (Marche), arr., cant., ✉ et à 8 k. de Guéret. Pop. 808 h. — Il est agréablement situé sur la Gartempe, et était autrefois défendu par un château fort, où naquit le cardinal Pierre de la Chapelle, dont on voyait naguère le tombeau dans l'église paroissiale du bourg.

CHAPELLE-THÈCLE (la), vg. *Saône-et-Loire* (Bourgogne), arr. et à 12 k. de Louhans, cant. et ✉ de Montpont. Pop. 1,353 h.

CHAPELLE-THÉMER (la), vg. *Vendée* (Poitou), arr. et à 16 k. de Fontenay-le-Comte), cant. et ✉ de Ste-Hermine. Pop. 926 h.

CHAPELLE-THIREUIL (la), vg. *Deux-Sèvres* (Poitou), arr. et à 30 k. de Niort, cant. et ✉ de Coulonges. Pop. 683 h.

CHAPELLE-THOUARAULT (la), vg. *Ille-et-Vilaine* (Bretagne), arr., cant., ✉ et à 8 k. de Montfort-sur-Meu. Pop. 538 h.

CHAPELLE-URÉE (la), vg. *Manche* (Normandie), arr. et à 16 k. d'Avranches, cant. et ✉ de Brécey. ⚘. Pop. 422 h.

CHAPELLE-VALLON, *Capella Valonis*, vg. *Aube* (Champagne), arr. et à 17 k. d'Arcis-sur-Aube, cant. et ✉ de Méry-sur-Seine. Pop. 503 h.

CHAPELLE-VAUPELLETEIGNE (la), vg. *Yonne* (Champagne), arr. et à 17 k. d'Auxerre, cant. et ✉ de Ligny-le-Châtel. Pop. 270 h.

CHAPELLE-VENDOMOIS (la), vg. *Loir-et-Cher* (Blaisois), arr. et à 12 k. de Blois, cant. d'Herbault. ✉. A 189 k. de Paris pour la taxe des lettres.

CHAPELLE-VERONGE (la), vg. *Seine-et-Marne* (Brie), arr. et à 26 k. de Coulommiers, cant. et ✉ de la Ferté-Gaucher. Pop. 588 h.

CHAPELLE-VICOMTESSE (la), vg. *Loir-et-Cher* (Blaisois), arr. et à 24 k. de Vendôme, cant. de Doué, ✉ de la Ville-aux-Clercs. Pop. 423 h.

CHAPELLE-VIEILLE-FORÊT (la), vg. *Yonne* (Champagne), arr. et à 13 k. de Tonnerre, cant. et ✉ de Flogny. Pop. 650 h.

CHAPELLE-VIEL (la), vg. *Orne* (Perche), arr. et à 30 k. de Mortagne-sur-Huine, cant. de Moulins-la-Marche, ✉ de l'Aigle. Pop. 371 h.

CHAPELLE-VIVIERS, vg. *Vienne* (Poitou), arr. et à 13 k. de Montmorillon, cant. et ✉ de Chauvigny. Pop. 521 h.

CHAPELLE-VOLAND, vg. *Jura* (Franche-Comté), arr. et à 24 k. de Lons-le-Saulnier, cant. et ✉ de Bletterans. P. 1,867 h.

CHAPELLE-YVON, vg. *Calvados* (Normandie), arr. et à 13 k. de Lisieux, cant. et ✉ d'Orbec. Pop. 624 h. — Filature de coton.

CHAPELON, vg. *Loiret* (Gatinais), arr. et à 12 k. de Montargis, cant. de Bellegarde, ✉ de Ladon. Pop. 335 h.

CHAPELONNE-DE-LA-GARDE (la), vg. *Corrèze*. ⚘. A 14 k. de Tulle.

CHAPELOTTE (la), vg. *Cher* (Berry), arr. et à 20 k. de Sancerre, cant. et ⊠ de Henrichemont. Pop. 693 h.

CHAPENDU, *H.-Saône*, comm. de Radon, ⊠ de Luxeuil.

CHAPET, vg. *Seine-et-Oise* (Ile-de-France), arr. et à 28 k. de Versailles, cant. et ⊠ de Meulan. Pop. 461 h.

CHAPLAMBERT, *Jura*, comm. de Mantry, ⊠ de Sellières.

CHAPONNAY, vg. *Isère* (Dauphiné), arr. et à 13 k. de Vienne, cant. et ⊠ de St-Symphorien-d'Ozon. Pop. 1,262 h. — *Foire* le mercredi après la Pentecôte.

CHAPONOST, vg. *Rhône* (Lyonnais), arr. et à 10 k. de Lyon, cant. et ⊠ de St-Genis-Laval. Pop. 1,588 h.

On remarque dans cette commune les superbes restes du grand aqueduc que les Romains avaient construit pour amener l'eau des hauteurs du Forez sur les points les plus élevés de la montagne de Fourvière, d'où ils pouvaient aisément le conduire dans toutes les parties de l'ancien Lyon. Cet aqueduc prenait l'eau du Gier, à 32 k. de Lyon, et s'étendait, par ses contours, sur une ligne de 54 k., en passant par Chaponost, Bionant et Ste-Foy. Il reste encore à Chaponost une série bien marquée de plus de soixante arches, dont la plupart ont plus de 13 m. de haut. Cette série forme un angle obtus, dont la partie qui se dirige vers Bionant est formée d'arches décroissantes en hauteur, suivant l'inclinaison de la vallée sur laquelle elles s'appuient. Toutes ces arches sont vides ; ce n'est qu'à Bionant qu'on trouve des arches pleines et le parement en pierres alternativement blanches et noires, et posées sur leurs angles, qui forment une espèce de mosaïque en losanges. Cette sorte de marqueterie rend la partie qui traverse le vallon de Bionant beaucoup plus élégante que celle de Chaponost ; mais il est aisé de voir que sa construction n'a pas été aussi solide.

Fabriques de filets de pêche et de chasse, de peignes d'acier pour toutes sortes de tissus. Carrière très-abondante de baryte. — *Foires* les 17 janv. et 12 août.

Bibliographie. BRIFFAUDON. *Note sur les grenats des bords du Garou, commune de Chaponost*, in-8, 1829.

CHAPONVAL, *Seine-et-Oise*, com. d'Auvers, ⊠ de Pontoise.

CHAPPES, vg. *Allier* (Bourbonnais), arr. et à 32 k. de Montluçon, cant. et ⊠ de Montmarault. Pop. 757 h. — *Foires* les 15 avril, 16 août et 9 oct.

CHAPPES, vg. *Ardennes* (Champagne), arr. et à 15 k. de Réthel, cant. et ⊠ de Chaumont-Porcien. Pop. 350 h.

CHAPPES, *Coppæ*, vg. *Aube* (Champagne), arr., cant. et à 12 k. de Bar-sur-Seine, ⊠ de St-Parres-les-Vaudes. Pop. 447 h. — Il est situé sur la rive gauche de la Seine, dont la navigation remontait autrefois jusqu'à Chappes.

Quelques auteurs prétendent que Chappes a été, dans les temps reculés, une ville considérable, qu'on y a battu monnaie ; qu'avant la conquête des Gaules par César, c'était le chef-lieu d'un petit peuple gaulois, ainsi que l'indique son nom latin *caput*, qui signifie *capitale*. Quoique ces prétentions ne soient pas suffisamment justifiées, il convient de dire qu'elles ne sont pas tout à fait dénuées de fondement. Grosley, qui a laissé sur Chappes une notice historique, partage l'avis de ceux qui croient à l'ancienne importance de ce village. — Chappes était partagé en haute et basse ville, dont la première, sur la rive droite de la Seine, défendue par un château, avait un prieuré ; la seconde remplissait un espace considérable sur la rive opposée. L'église paroissiale, dédiée à saint Loup, était dans la basse ville. L'une et l'autre était habitée par des artisans et des manufacturiers, aux différents corps desquels étaient assignées différentes rues qui en portent aujourd'hui le nom.

En 1429, le château de Chappes, alors tenu par Jacques d'Aumont, allié des Anglais, soutint un siège, à la suite duquel il fut pris et détruit. Quelque temps après, Chappes fut repris par les Anglais, qui furent délogés une seconde fois de ce bourg par Barberey en 1431.

Foires les 18 mai et 5 nov.

CHAPPES, vg. *Puy-de-Dôme* (Auvergne), arr. et à 10 k. de Riom, cant. et ⊠ d'Ennezat. Pop. 790 h.

CHAPPOIS, vg. *Jura* (Franche-Comté), arr. et à 14 k. de Poligny, et à 20 k. d'Arbois, cant. et ⊠ de Champagnole. Pop. 434 h.

CHAPRAIS, *Doubs*, comm. de ⊠ de Besançon.

CHAPTELAT, vg. *H.-Vienne* (Limousin), arr. et à 10 k. de Limoges, cant. et ⊠ de Nieul. Pop. 563 h.

CHAPTES (St-), vg. *Gard* (Languedoc), arr., ⊠ et à 12 k. d'Uzès, chef-l. de cant. Pop. 758 h. — TERRAIN tertiaire moyen.

CHAPTUZAT, vg. *Puy-de-Dôme* (Auvergne), arr. de Riom, cant. et ⊠ d'Aigueperse. Pop. 794 h.

CHAPUISIÈRE, village et commune du dép. de l'*Isère* (Dauphiné), cant. de Vinay, arr., ⊠ et à 18 k. de St-Marcellin. Pop. 87 h.

CHAPUS (fort du), *Charente-Inf.*, comm. et ⊠ de Marennes. — Il est situé au bord de l'Océan, et assure les communications de l'île d'Oléron avec la côte.

CHARAIS, *Drôme*, comm. de Montrigaud, ⊠ de Moras.

CHARAMEL, *B.-Alpes*, com. de la Bréolle, ⊠ du Lauzet.

CHARANCIEUX, vg. *Isère* (Dauphiné), arr. de la Tour-du-Pin, et à 22 k. de Bourgoin, cant. de St-Geoire, ⊠ des Abrets. Pop. 590 h.

CHARANCIN, vg. *Ain* (Bourgogne), arr. et à 22 k. de Belley, cant. de Champagne, ⊠ de Culoz. Pop. 277 h.

CHARANTON (grand et petit), *Indre*, com. et ⊠ de Buzançais.

CHARANTONNAY, vg. *Cher* (Berry), arr. et à 23 k. de Sancerre, cant. et ⊠ de Sancergues. Pop. 714 h.

CHARAVINES, vg. *Isère* (Dauphiné), arr. et de la Tour-du-Pin, à 29 k. de Bourgoin, cant. et ⊠ de Virieu. Pop. 775 h.

CHARBEAUX, *Ardennes*, com. de Puilly, ⊠ de Carignan.

CHARBES, ou MITTELSCHER, *B.-Rhin*, comm. de Lalaye, ⊠ de Villé.

CHARBILLAC, *H.-Alpes*, com. de Bénévent, ⊠ de St-Bonnet.

CHARBOGNE, vg. *Ardennes* (Champagne), arr. et à 17 k. de Vouziers, cant. et ⊠ d'Attigny. Pop. 475 h.

CHARBONNAT-SUR-ARROUX, vg. *Saône-et-Loire* (Bourgogne), arr. et à 26 k. d'Autun, cant. de Mesvres, ⊠ de Toulon-sur-Arroux. Pop. 817 h.

CHARBONNERIE (la), *Loire-Inf.*, comm. de Montrelais, ⊠ de Varades.

CHARBONNIER, *Creuse*, comm. de Chavanat, ⊠ d'Aubusson. ⚋

CHARBONNIER, vg. *Puy-de-Dôme* (Auvergne), arr. et à 18 k. d'Issoire, cant. et ⊠ de St-Germain-Lembron. Pop. 273 h.

CHARBONNIÈRE (la), *Isère*, com. de St-Laurent-du-Pont, ⊠ des Echelles.

CHARBONNIÈRE (la), *Nièvre*, comm. de St-Léger-des-Vignes, ⊠ de Decize. — Haut fourneau. Verreries qui produisent annuellement deux millions de bouteilles.

CHARBONNIÈRE, vg. *Saône-et-Loire* (Bourgogne), arr., cant., et à 11 k. de Mâcon. Pop. 235 h.

CHARBONNIÈRES, vg. *Doubs* (Franche-Comté), arr. et à 19 k. de Besançon, cant. et ⊠ d'Ornans. Pop. 197 h.

CHARBONNIÈRES, vg. *Eure-et-Loir* (Beauce), arr. et à 17 k. de Nogent-le-Rotrou, cant. d'Authou, ⊠ de Beaumont-les-Autels. Pop. 1,020 h.

CHARBONNIÈRES, joli village, *Rhône* (Lyonnais), arr., ⊠ et à 7 k. de Lyon, cant. de Vaugneray. Pop. 396 h. — Il est bâti dans une situation pittoresque, au milieu d'un vallon environné de bois et de rochers. On y voit un beau château, dont le parc renferme une source d'eau minérale très-fréquentée dans la belle saison par les habitants de Lyon.

La source de Charbonnières a été découverte en 1774, par M. de Marsonnat. L'eau est reçue dans un grand réservoir couvert ; elle est claire, limpide, d'un goût légèrement ferrugineux, et répand une odeur d'hydrogène sulfuré. Sa température est à peu près égale à celle de l'atmosphère.

Bibliographie. MARSONNAT. *Analyse des eaux minérales de Charbonnières*, in-8, 1784.

CHARBONNIÈRES-LES-VARENNES, vg. *Puy-de-Dôme* (Auvergne), arr., ⊠ et à 8 k. de Riom, cant. de Manzat. Pop. 1,277 h.

CHARBONNIÈRES-LES-VIEILLES, vg. *Puy-de-Dôme* (Auvergne), arr., ⊠ et à 20 k. de Riom, cant. de Manzat. Pop. 2,284 h.

CHARBONNY, vg. *Jura*, comm. de Mournans, ⊠ de Champagnole.

CHARBUY, vg. *Yonne* (Champagne), arr., cant., ⊠ et à 9 k. d'Auxerre. Pop. 1,276 h.

CHARCÉ (la), vg. *Drôme* (Provence), arr. et à 38 k. de Nyons, cant. et ✉ de Rémuzat. Pop. 232 h.—Il est dominé par les restes d'un ancien château, de forme à peu près ovale, dont les bâtiments paraissent assez solides, quoique inhabités depuis longtemps.

CHARCÉ, vg. *Maine-et-Loire* (Anjou), arr. et à 18 k. d'Angers, cant. de Thouarcé, ✉ de Brissac. Pop. 637 h.—On voit aux environs plusieurs monuments druidiques.

CHARCENNE, vg. *H.-Saône* (Franche-Comté), arr. et à 19 k. de Gray, cant. de Marnay, ✉ de Gy. Pop. 892 h.

CHARCEY, vg. *Saône-et-Loire* (Bourgogne), arr. et à 16 k. de Chalon-sur-Saône, cant. de Givry, ✉ de Bourgueuf. Pop. 580 h.—Exploitation de pierres de taille.

CHARCHIGNÉE, vg. *Mayenne* (Maine), arr. et à 20 k. de Mayenne, cant. du Horps, ✉ du Ribay. Pop. 1,007 h.

CHARCHILLAT, vg. *Jura* (Franche-Comté), arr. et à 24 k. de St-Claude, cant. et ✉ de Moirans. Pop. 355 h.

CHARCIER, vg. *Jura* (Franche-Comté), arr. et à 35 k. de St-Claude, cant. et ✉ de Clairvaux.

CHARCOY, *Seine-et-Oise*, comm. de Plessis-Paté, ✉ de Linas.

CHARD, vg. *Creuse* (Combrailles), arr. et à 23 k. d'Aubusson, cant. et ✉ d'Auzances. Pop. 808 h.

CHARDAVON, *Cardavo, Chardavo*, vg. *B.-Alpes* (Provence), arr., cant., ✉ et à 12 k. de Sisteron. Pop. 30 h.

CHARDAVON, *B.-Alpes*, comm. et ✉ de Seyne.

CHARDENY, *Ardennes*, comm. de Tourcelle, ✉ de Vouziers.

CHARDES, vg. *Charente-Inf.* (Saintonge), arr. et à 19 k. de Jonzac, cant. et ✉ de Montendre. Pop. 237 h.

CHARDOGNE, vg. *Meuse* (Lorraine), arr., ✉ et à 7 k. de Bar-le-Duc, cant. de Vavincourt. Pop. 624 h.

CHARDONNAY, vg. *Saône-et-Loire* (Bourgogne), arr. et à 25 k. de Mâcon, cant. de Lugny, ✉ de St-Oyen. Pop. 462 h.

CHAREIL-CINTRAT, vg. *Allier* (Bourbonnais), arr. et à 25 k. de Gannat, cant. et ✉ de Chantelle. Pop. 889 h.

CHARENCEY, vg. *Côte-d'Or* (Bourgogne), arr. et à 33 k. de Semur, cant. et ✉ de Vitteaux. Pop. 162 h.

CHARENCEY, vg. *Moselle* (Lorraine), arr. et à 50 k. de Briey, cant. et ✉ de Longuyon. Pop. 881 h. Sur la route droite du Chiers.—Forges et clouterie.

CHARANCY, vg. *Jura* (Franche-Comté), arr. de Poligny, à 30 k. d'Arbois, cant. et ✉ de Nozeroy. Pop. 171 h.

CHARANCY, *Nièvre*, comm. de St-Aubin, ✉ de Monceaux-Lecomte.

CHARENS, vg. *Drôme* (Dauphiné), arr. et à 31 k. de Die, cant. et ✉ de Luc-en-Diois. Pop. 215 h.

CHARENSAC, vg. *H.-Loire*, comm. de Brives, ✉ du Puy. — *Fabriques* de poêles en faïence. Filature de laine. Tuilerie et briqueterie.

CHARENSAT, bg *Puy-de-Dôme* (Auvergne), arr. et à 43 k. de Riom, cant. et ✉ de St-Gervais. Pop. 2,044 h.

CHARENTAY, vg. *Rhône* (Beaujolais), arr. et à 13 k. de Villefranche-sur-Saône, cant. et ✉ de Belleville-sur-Saône. Pop. 970 h.

CHARENTE, rivière, *Caranthonus, Carentonus*, fleuve qui prend sa source près du village de Cheronnac, arr. de Rochechouart, dép. de la *H.-Vienne*; il passe à Anois, Civray, Verteuil, Mansle, Montignac, Angoulême, Châteauneuf, Jarnac, Cognac, Saintes, St-Savinien, Tonnay-Charente, Rochefort, où il forme un beau port de marine, et se jette dans l'Océan, vis-à-vis de la rade de l'île d'Aix, *Charente-Inf.*

Cette rivière roule ses eaux dans un riche vallon, sur un lit de bonne terre; son cours est bordé de moulins et d'usines; sa navigation, qui remonte jusqu'à 15 k. au-dessus d'Angoulême, sert avantageusement au débouché et à la circulation des denrées du pays et des approvisionnements de la marine pour Rochefort. Les bateaux qui servent à la navigation de la Charente portent jusqu'à quatre-vingts tonneaux, et remontent jusqu'à Tonnay-Charente. La navigation est favorisée et soutenue par vingt-sept écluses de 6 m. 50 c. de largeur, destinées à tenir les eaux dans un équilibre propre à la faciliter; sans ces écluses, la rapidité du fleuve rendrait presque impossible la navigation, surtout en remontant. Les débordements de cette rivière sont des causes de fertilité : les prairies qui en sont couvertes donnent de très-abondantes récoltes. On ignore précisément le temps où la Charente a été rendue navigable : les titres de la maison de Jarnac le font remonter au delà de 1300 ; François Ier s'occupa des travaux nécessaires pour améliorer cette navigation, qui enrichissait son pays natal ; les écluses ont été ensuite très-multipliées, notamment depuis que Louis XIV eut établi, en 1664, un port de grande marine à Rochefort.

La Charente commence à être flottable à Civray (Vienne), et navigable à Montignac (Charente); la longueur de la partie flottable est de 96,000 m., celle de la partie navigable est de 191,000 m. Les objets de transport consistent principalement en vins, eaux-de-vie, sels, denrées coloniales, foins, engrais, chiffons pour les papeteries, papiers, bois de flottage et de construction, bois de sapin du Nord, charbon de bois, merrain, cercles, pierres de taille, grains, chanvres, fer, boulets et attirails de guerre de la forge royale de Ruelle.—La marée s'y fait sentir jusqu'à 4,500 m. au-dessus de Saintes.—Les principaux affluents de la Charente sont : la Bogueure, la Touvre, le Né, la Seugne, la Boutonne et les canaux de Brouage et de Charras ; son cours est d'environ 340 k.

CHARENTE (département de la). Ce département est formé de l'ancien Angoumois, d'une partie de la Saintonge et du Limousin, et d'une faible partie du Poitou. Il tire son nom de la Charente, rivière qui prend sa source dans la Haute-Vienne, traverse l'extrémité nord-est du département, pour gagner Civray dans le département de la Vienne, rentre ensuite dans l'arrondissement de Ruffec, et coule à travers ceux d'Angoulême et de Cognac. Ses limites sont : au nord, les départements des Deux-Sèvres et de la Haute-Vienne ; à l'est, ceux de la Vienne et de la Dordogne ; au sud et à l'ouest, ceux de la Dordogne et de la Charente-Inférieure.

Le territoire de ce département est inégal, entrecoupé de collines élevées, couvertes en partie de châtaigniers, de plaines sablonneuses et calcaires, de prairies, de landes et de rochers. Le sol est, en général, aride, sec et brûlant ; un tiers est employé en terres labourables, un autre à la culture des vignes, et le reste en prairies, bois, terres incultes. Les collines s'y élèvent toutes à la même hauteur ; elles sont composées de couches horizontales et verticales, dans lesquelles se trouve une immense quantité de coquillages et de débris de corps marins. Les landes qui couvrent une partie de l'arrondissement de Barbezieux servent de pacage pour les bestiaux, et pourraient être cultivées, elles qui occupent près d'un tiers de l'arrondissement de Confolens sont en général moins susceptibles d'être utilisées ; on n'y élève que quelques troupeaux de moutons d'une race chétive.

La surface du département est de 602,742 hectares, divisés ainsi :

Terres labourables.	288,064
Prés.	70,692
Vignes.	99,493
Bois.	74,203
Vergers, pépinières et jardins. . . .	4,172
Oseraies, aunaies et saussaies. . . .	1
Étangs, mares, canaux d'irrigation.	327
Landes et bruyères.	33,918
Autres cultures.	8,199
Superficie des propriétés bâties. . .	4,613
Contenance imposable. . . .	583,682
Routes, chemins, places, rues, etc. .	11,953
Rivières, lacs et ruisseaux. . . .	2,489
Forêts et domaines non productifs. .	4,459
Cimetières, églises, bâtiments publ. .	159
Contenance non imposable. .	19,060

On y compte :
88,712 maisons.
1,444 moulins à eau et à vent.
5 forges et fourneaux.
387 fabriques et manufactures.

soit : 90,548 propriétés bâties.

Le nombre des propriétaires est de. 153,064
Celui des parcelles de. 1,814,401

HYDROGRAPHIE. Les principales rivières du département sont la Charente, qui y est navigable, la Vienne, la Dronne, la Tardouère, la Bandia, la Touvre et le Né. Toutes ces rivières sont extrêmement poissonneuses. Le canal du Poitou joint la Charente à la Vienne, par le Clain. On compte 62 étangs dans l'arrondissement de Confolens ; les principaux sont ceux de la Courrière, des Champs, de Serail, de Brigueil et de Sèches.

COMMUNICATIONS. Le département est traversé par 5 routes royales et par 9 routes départementales dont une route stratégique. Le parcours total de ces routes dépasse 800,000 m.

MÉTÉOROLOGIE. Le climat du département est agréable et tempéré; l'air y est pur, et le ciel presque constamment serein. Les fortes chaleurs et les grands froids ne s'y font que rarement sentir; on a vu cependant le thermomètre monter à + 31° cent. et descendre à —6°. Les vents dominants sont ceux de l'ouest et du sud-ouest.

PRODUCTIONS. Les céréales les plus cultivées sont le froment, le seigle, le méteil, l'épeautre, l'avoine, le millet, le maïs et le sarrasin, dont la récolte est suffisante pour la consommation des habitants. On évalue ainsi le produit du sol.

Céréales et parmentières. . 1,500,000 hect.
Avoines 140,000
Châtaignes. 90,000

Quoique l'agriculture ne fasse pas de grands progrès, les terres sont en général bien cultivées.—Les truffes sont regardées comme une production assez importante: elles se trouvent principalement dans les vignes, dans les terres labourables et dans les chaumes, presque toujours dans le voisinage des chênes, des genévriers, de l'épine noire, des noisetiers ou des charmes: vient-on à abattre quelqu'un de ces arbres, la truffière disparaît et périt. Les truffes sont, comme on sait, fort recherchées par les amateurs de bonne chère, et, indépendamment de la très-grande consommation qui s'en fait à Angoulême et dans les principales villes du département, il s'en dirige encore des envois considérables sur Paris et sur Bordeaux. On ne peut apprécier la quantité qui s'en récolte annuellement, parce que ce n'est jamais le propriétaire du terrain dans lequel se trouve une truffière qui les recueille; les paysans les lui volent ou se les volent entre eux pendant la nuit et les portent aux marchés voisins. Mais on peut affirmer, sans rien hasarder, qu'il s'en vend au moins pour 2 ou 300,000 fr. par an. Leur prix varie selon leur abondance, et encore selon le temps qu'il fait à l'époque de la vente. S'il a fait un froid sec pendant 15 ou 20 jours de suite, elles augmentent chaque jour et finissent par valoir quelquefois 5 ou 6 fr. la livre; s'il dégèle, elles ne valent plus que 20 ou 30 sous au marché prochain.

Le département de la Charente possède 66,500 hect. de vignes. Quelques cantons produisent du vin d'une très-bonne qualité et qui se conserve assez longtemps. L'excédant de la consommation trouve des débouchés utiles dans les départements de la Vienne, de la Haute-Vienne et de la Charente-Inférieure. Mais c'est particulièrement dans la fabrication des eaux-de-vie que se dirige l'industrie des propriétaires de vignes. Ces eaux-de-vie, justement renommées sous le nom d'eaux-de-vie de Cognac, sont un objet considérable d'exportation. Le raisin qui fournit cette précieuse liqueur est la *folle blanche*, dont le fruit produit un vin blanc dénué d'agrément, mais très-spiritueux. L'eau-de-vie que l'on tire des vins rouges est inférieure et n'a pas la douceur et le bouquet que l'on estime dans celle qui provient des vins blancs. Dans les bonnes années, le vin donne le cinquième de son volume en eau-de-vie de 22 à 23 degrés. Dans les mauvaises années, au contraire, il faut jusqu'à neuf, dix et même onze parties de vin pour en faire une d'eau-de-vie. La distillation se fait dans chaque vignoble, chez les propriétaires, qui ont tous des alambics, plus ou moins grands, selon leurs besoins.—Le safran est cultivé dans la commune de Champdeniers.—Le département manque de pâturages, et l'usage des prairies artificielles est loin d'être assez répandu; on engraisse cependant des bestiaux qui se vendent pour la consommation de la capitale.—Le département abonde en gibier de toute espèce, en poisson de rivières et d'étangs. On y engraisse aussi beaucoup de porcs; les volailles de Blanzac et de Barbezieux sont estimées. Quelques cantons se livrent avec succès à l'éducation des abeilles.

MINÉRALOGIE. Minerai de fer d'excellente qualité, mais en quantité insuffisante pour alimenter les usines du département. Mine de plomb exploitée à Allone; exploitation d'antimoine à Estagnat. Carrières de belle pierre de taille, de gypse et de meules à aiguiser.

Minerai de fer produit quint. mét. . 69,409
Valeur en francs. 104,808
Valeur créée par la préparation et l'exploitation. 100,444
Fabrique de gros fer produit quint. mét. 9,647
Valeur en francs. 507,134
Valeur créée par la fabrication. . . 235,432

SOURCE D'EAU MINÉRALE à Barbezieux.

INDUSTRIE ET COMMERCE. On fabrique dans le département des grosses toiles de chanvre, des draps, des cordages, des chapeaux, des bouchons de liège, du merrain, de la faïence, de la poterie de fonte; mais la fabrication du papier et des eaux-de-vie occupe le premier rang parmi les établissements industriels. On y compte 19 papeteries mécaniques et 4 papeteries à la cuve, fabriquant annuellement pour 7 à 8 millions de papiers; l'origine de trois de ces papeteries remonte à l'année 1350. La réputation des papiers de l'Angoumois est due à la beauté de leurs apprêts, pour lesquels les fabricants font des sacrifices continuels, mais surtout à la limpidité extraordinaire des cours d'eau qui alimentent les usines, avantage qui assurera toujours à leurs produits le premier rang. Toutefois, cette supériorité des papiers de l'Angoumois est plus marquée pour les papiers légers que pour les papiers forts et d'impression, genre de fabrication que les Vosges ont adopté presque exclusivement.

COMMERCE important d'eau-de-vie dite de Cognac, de vins, huile, noix, merrain, futailles, papiers, chiffons, marrons, pâtés et dindes truffés, etc.

FOIRES: 880 foires environ se tiennent dans 68 à 70 communes. Les principales affaires qui s'y traitent sont les bestiaux, les cochons gras et maigres, les chevaux, les mulets, les grains, les légumes secs; on vend beaucoup d'eau-de-vie à celles de l'arrondissement de Cognac; des fers à celles des Combiers, Suris, Champagne-Mouton, Vitrac; du merrain et des cercles à la Rochefoucauld, Lesterps, Cognac; des volailles à Barbezieux, Chabanais, Confolens, Lesterps; du safran à Champniers; des haricots à Chabanais, etc., etc.

DIVISION ADMINISTRATIVE. Le département de la Charente a pour chef-lieu Angoulême. Il envoie 5 représentants à la chambre des députés, et est divisé en 5 arrondissements.

Angoulême. . 9 cant. 132,323 h.
Barbezieux. . 6 — 56,077
Cognac. . . . 4 — 52,301
Confolens. . . 6 — 68,511
Ruffec. . . . 4 — 58,681
—— ————
29 cant. 267,893 h.

26e conservation des forêts (chef-l. Niort).—18e arr. des mines (chef-l. Montpellier).—20e division militaire (chef-l. Périgueux).—Evêché à Angoulême. 29 cures. 256 succursales. Séminaire diocésain à Angoulême.—Eglise consistoriale protestante à Jonzac.—Collèges communaux à Angoulême et à Confolens.—Société d'agriculture, arts et commerce à Angoulême.

Biographie. On cite parmi les hommes célèbres nés dans le département: FRANÇOIS Ier, roi de France; MARGUERITE DE VALOIS, reine de Navarre; le maréchal DE SAUZAC; le poëte ST-GELAIS; BALZAC; LA ROCHEFOUCAULD, célèbre auteur des Maximes; la marquise DE MONTESPAN; LA QUINTINIE; les généraux LABOISSIÈRE, RIVAUD; le contre-amiral TERRASSON; l'ingénieur MONTALEMBERT, etc., etc.

Bibliographie.* *Aperçu statistique du département de la Charente* (Annales de statistique, an xi, 30e liv.).

DELAISTRE (préfet de la Charente). *Statistique du département de la Charente*, in-8, an x.

QUÉNOT. *Statistique du département de la Charente*, in-4, 1818.

MUNIER. *Description statistique agricole de la Charente* (Mém. de la société d'agriculture de Paris, t. xv).

MICHON. *Statistique monumentale de la Charente* (publiée par livraisons, dont la 1re a paru en avril 1844).

V. aussi aux articles: ANGOUMOIS, SAINTONGE, ANGOULÊME, COGNAC, CONFOLENS, JARNAC.

CHARENTE-INFÉRIEURE (département de la). Le département de la Charente-Inférieure est formé des ci-devant provinces de Saintonge et d'Aunis, et a tiré son nom de sa position physique relativement au cours de la Charente, qui y coule de l'est à l'ouest, et s'embouche dans l'Océan au-dessous de Rochefort. Cette rivière, que Henri IV appelait le plus beau fossé de son royaume, coule dans des plus délicieux vallons qu'il ait été donné à aucune rivière de parcourir. Depuis Angoulême jusqu'à Tonnay-Charente, elle est bordée par une suite de prairies de 400 jusqu'à 2,000 m. de largeur, encadrées par une double ligne de coteaux boisés et dominés par des villages pittoresques, ou par les ruines d'anciens châteaux. Les paysages se succèdent avec la plus agréable variété, mais toujours dans le genre doux et gracieux, sans que l'œil néanmoins regrette ces parties agrestes et sauvages qui, ailleurs, semblent nécessaires au complément du tableau. Mais la Charente n'est pas seulement une des plus jolies rivières de France; elle en est une des plus profondes: aussi jouit-elle de l'avantage de posséder sur sa rive droite l'importante ville de Rochefort.

Les limites de ce département sont : au nord, celui de la Vendée; au nord-est, celui des Deux-Sèvres; à l'est, celui de la Charente; au sud, celui de la Gironde, et à l'ouest l'Océan.

Le territoire du département de la Charente-Inférieure est généralement bas et uni; la sixième partie consiste en marais desséchés et fécondés, formés de terres d'alluvions, comptés aujourd'hui au nombre des terrains les plus productifs, mais qui étaient jadis une cause permanente de maladie et de dépopulation. Ces marais, situés au-dessous du niveau des hautes mers, et bordés de ce côté de dunes sablonneuses, se divisent en marais salants et en marais desséchés : les digues et les canaux des derniers sont l'objet des travaux de 114 associations particulières. Le sol, en général crayeux et sablonneux, est très-fertile et bien cultivé : une grande partie est plantée en vignes; on appelle champagnes des terres dont la couche végétale repose sur un tuf crayeux et tendre qu'on nomme banché : ce sont celles qui produisent le vin le plus propre pour être converti en eaux-de-vie. Les pâturages sont excellents et nourrissent un grand nombre de bœufs, de chevaux de sûreté, et beaucoup de moutons. Le long de la côte règnent des marais salants d'une grande étendue, qui fournissent une immense quantité de sel, estimé le meilleur de l'Europe.

Le département de la Charente-Inférieure est essentiellement maritime. La quantité de ses rades et de ses ports, qui tous offrent la plus grande sûreté, les cours de la Gironde, de la Charente et de la Boutonne, qui le traversent; les îles de Ré, d'Oleron et d'Aix, qui en font partie, lui donnent une grande importance sous le rapport commercial. Riche à la fois de sa situation, de son sol et de son industrie, il est regardé, à juste titre, comme un des plus favorisés de cette partie de la France. Les côtes sont découpées par des baies nombreuses, dont le développement, y compris le littoral de la Gironde, peut être évalué à 170,000 m. — A peu de distance de la côte, dans l'Océan, se trouvent les îles assez étendues d'Oleron et de Ré, et deux îles plus petites, l'île Madame et l'île d'Aix.

La contenance totale du département de la Charente-Inférieure est de 654,685 hectares divisés ainsi :

Terres labourables	328,603
Prés	78,600
Vignes	111,682
Bois	71,109
Vergers, pépinières et jardins	5,568
Oseraies, aunaies et saussaies	28
Etangs, mares, canaux d'irrigation	8,014
Landes et bruyères	13,971
Superficie des propriétés bâties	5,658
Contenance imposable	623,233
Routes, chemins, places, rues, etc.	19,229
Rivières, lacs et ruisseaux	4,214
Forêts et domaines non productifs	7,864
Cimetières, églises, bâtiments publics	145
Contenance non imposable	31,452

On y compte :
121,108 maisons.
2,764 moulins à eau et à vent.
» forges et fourneaux.
757 fabriques et manufactures.
124,029 propriétés bâties
Le nombre des propriétaires est de 229,938
Celui des parcelles de 2,884,463

HYDROGRAPHIE. Les principales rivières qui arrosent ou qui bornent le département sont la Charente, la Gironde, la Seudre, la Boutonne et la Sèvre niortaise, qui y sont navigables; la longueur de cette navigation peut être évaluée à 86,000 m. Sur une grande partie de l'étendue du département des canaux ont été creusés pour le desséchement des marais; il s'y trouve aussi deux canaux navigables, celui de Brouage, et celui de Niort à la Rochelle, dont l'étendue est de 93,870 m.

COMMUNICATIONS. Le département de la Charente-Inférieure est traversé par neuf routes royales, par seize routes départementales, et par la route stratégique de Saumur à la Rochelle.

MÉTÉOROLOGIE. Le climat est en général tempéré et sain; mais dans quelques parties des arrondissements de Marennes, de Rochefort et de la Rochelle, les exhalaisons des marais et des étangs sont des causes fréquentes de maladies, notamment de fièvres de diverses natures, d'hydropisie et d'affections rhumatismales. — Les vents dominants sont ceux d'ouest et de nord-ouest.

PRODUCTIONS. Le département produit des grains de toute espèce, en quantité plus que suffisante pour la consommation des habitants. Les produits du sol sont évalués ainsi :
Céréales. . . . . 1,100,000 hect.
Parmentières. 180,000
Avoine. 1,212,000
On y récolte d'excellents légumes potagers, des fèves de marais dont il se fait des exportations considérables, du safran, de l'absinthe, des graines de trèfle et de lin, de très-beau chanvre. Les vignes produisent, année moyenne, 1,600,000 hectolitres de vin, dont près de 600,000 sont consommés par les habitants; une pareille quantité est ordinairement convertie en eau-de-vie; le surplus est, en majeure partie, exporté en Bretagne. Lorsque les récoltes ne sont pas assez abondantes dans l'Orléanais, dans la Touraine et dans les autres vignobles qui approvisionnent Paris, cette capitale en tire quelques milliers de barriques, qui entrent dans les vins que l'on vend en détail. Les vins de la rive droite de la Charente ont presque seuls quelque mérite, comme vins d'ordinaire de troisième qualité; les vins blancs de la rive gauche de la Charente, et ceux que l'on tire de la partie orientale de l'arrondissement de la Rochelle, sont convertis en eaux-de-vie, qui prennent le nom d'eaux-de-vie de Cognac, dont elles ont une partie des qualités : dans toutes les communes, et même dans tous les hameaux de l'arrondissement de la Rochelle, il est peu de propriétaires aisés qui n'aient des alambics pour distiller les vins de leur récolte. Les environs de St-Jean-d'Angély, de Surgères, de la Tremblade, les îles d'Oleron et de Ré, en fournissent aussi une grande quantité. — Le chêne domine dans les forêts, où l'on trouve aussi quelques bois résineux. Les arbres à fruits les plus communs sont le pommier, le noyer et le prunier; les pêches de Luchat ont de la réputation. — On fait dans le département des élèves assez nombreux de chevaux de bonne race, et l'on y engraisse beaucoup de porcs et de volailles. — Les lièvres et les lapins sont très-multipliés. Le gibier ailé est assez abondant; une innombrable quantité d'oiseaux aquatiques peuplent les canaux et les marais, où il s'en fait des chasses très-productives. — Les rivières ne renferment pas de poissons de qualité supérieure; mais les côtes de l'Océan sont très-poissonneuses, et fournissent des sardines et des huîtres estimées.

MINÉRALOGIE. On trouve dans le département des indices de minerai de fer et de cuivre non exploités, des carrières de belles pierres de taille, des cailloux transparents, de la marne fine propre aux verreries et aux fabriques de savon.

Tourbières exploitées	18
Nombre d'ouvriers employés	50
Produit en stères	4,414
Valeur en francs	12,000
Marais salants exploités	7
Surface	10,579
Nombre d'ouvriers employés	7,000
Poids en quint. métr.	1,147,701
Valeur en francs	2,295,402

SOURCES MINÉRALES à Archingeay, à la Rouillasse, près de Soubise et à Pons.

INDUSTRIE ET COMMERCE. La distillation des eaux-de-vie, l'exploitation des marais salants, celle des parcs d'huîtres vertes et la pêche de la sardine occupent le premier rang dans l'industrie locale. L'industrie secondaire consiste en fabriques de grosses étoffes de laine, bonneterie, cuirs, peaux mégissées, poteries fines, creusets, vinaigre, merrain et bois pour la marine. Construction de navires.

Les ports de la Rochelle, Rochefort, Royan, Marans, Tonnay-Charente, Marennes, la Tremblade, favorisent un commerce considérable qui consiste principalement en vins, eaux-de-vie, esprits, vinaigre, sel gris et blanc, denrées coloniales, épiceries, beurre, huile, légumes secs, grains, futailles, bouteilles, liqueurs fines, etc.—Armements pour la pêche de la morue et au long cours; cabotage.

Foires. 600 foires environ sont établies dans à peu près 125 communes. On y débite principalement du gros et du menu bétail; des cercles, osiers et approvisionnements de vendange. On vend des laines à la foire de St-Ouen; des chevaux et du sel à celle de St-Just; des vins et des eaux-de-vie à Bourgneuf, St-Jean-d'Angély à Pons, Jonzac, Cazès, etc. Des cercles et approvisionnements de vendange à Marennes, la Jarne, Matha, Varaize, Tonnay-Boutonne, Aunay, Néré, Neuvic, Loulay, Brisambourg, Beauvais, Taillebourg et St-Savinien; des légumes secs à Marans, etc.

Division administrative. Le département de la Charente-Inférieure a pour chef-lieu la Rochelle. Il envoie 7 représentants à la chambre des députés, et est divisé en 6 arrondissements :

La Rochelle.	7 cant.	82,076 h.
Jonzac.	7	—	83,322
Marennes.	6	—	50,508
Rochefort.	7	—	57,233
Saintes.	8	—	105,033
St-Jean-d'Angély.	7	—	81,773
	29 cant.	460,245 h.

26ᵉ conservation des forêts (chef-l. Niort), 18ᵉ arrondissement des mines (chef-l. Montpellier); 2ᵉ division militaire (chef-l. Nantes). Évêché à la Rochelle; 38 cures; 233 succursales; séminaire diocésain à la Rochelle; école ecclésiastique à Pons.—Églises consistoriales à Saintes, la Tremblade et la Rochelle; 26 temples ou maisons de prières.—Académie royale des belles-lettres, sciences et arts, et société d'agriculture à la Rochelle. Société d'agriculture à St-Jean-d'Angély, Jonzac. Société des sciences et arts à Rochefort.

Biographie. Les hommes les plus remarquables nés dans ce département, sont : les amiraux La Galissonnière, Duperré, Latouche-Tréville; le conventionnel Billaud-Varennes; les médecins Venette et Guillotin; l'antiquaire Chaudruc de Crazannes; le sculpteur Ch. Dupaty; le président Dupaty, auteur des *Lettres sur l'Italie*, et son fils Emmanuel Dupaty; l'historien Tallement des Réaux; l'acteur Larive, etc.

Bibliographie. Maichin (A.). *Histoire d'Aunis et d'Angoumois*, 2 p. in-f°, 1671.

Arcère. *L'Aulnis, ancienne dépendance des Santones* (Discours préliminaire, t. 1ᵉʳ de l'Histoire de la Rochelle, in-4, 1756).

Masson. *Histoire politique, civile et religieuse de la Saintonge et de l'Aunis*, 6 vol. in-8, 1838.

Beaupied Dumenil. *Mémoire sur les marais salants des provinces d'Aunis et de Saintonge*, petit in-f°, 1765.

Gauthier (A.). *Statistique du département de la Charente-Inférieure*, in-4, 1839.

Lesson. *Fastes historiques, archéologiques, biographiques, etc., du département de la Charente-Inférieure*, in-8, 1842-43.

Chaudruc de Crazannes. *Antiquités celtiques et gauloises du département de la Charente-Inférieure* (Mémoires de la société royale des antiq. de France, t. IV, p. 53).

* *Ephémérides ou Almanach de la Charente-Inférieure*, in-18, 1819.

V. aussi aux articles Archingeay, Brouage, Clérac, St-Jean-d'Angély, Marans, Marennes, Mont-Guyon, Montravel, Ile-de-Ré, Rochefort, la Rochelle, Sablonceaux, Saintes, Soubise, Taillebourg.

Charente, ville maritime. V. Tonnay-Charente.

CHARENTENAY, Charente-Inf., comm. de St-Marc, ✉ de Surgères.

CHARENTENAY, vg. H.-Saône (Franche-Comté), arr. et à 30 k. de Gray, cant. de Fresnes-St-Mamès, ✉ de Fretigney. Pop. 299 h.

CHARENTENAY, vg. Yonne (Champagne), arr. et à 20 k. d'Auxerre, cant. de Coulanges-la-Vineuse, ✉ de Courson. Pop. 678 h.

CHARENTILLY, vg. Indre-et-Loire (Touraine), arr. et à 11 k. de Tours, cant. et ✉ de Neuillé-Pont-Pierre. Pop. 551 h.

CHARENTON, bg Cher (Bourbonnais), arr. et à 11 k. de St-Amand-Montrond, chef-l. de cant. Bureau d'enregist. Cure. A 273 k. de Paris pour la taxe des lettres. Pop. 1,436 h. Sur le canal du Cher. — Terrain jurassique. — Forges et hauts fourneaux. — Foires les 19 août, 29 sept., 5 déc., et lundi avant la Pentecôte.

CHARENTON-LE-PONT, Carentonnus, vg. Seine (Ile-de-France), arr. et à 15 k. de Sceaux, chef-l. de cant. Cure. ✉. A 7 k. de Paris pour la taxe des lettres. Pop. 3,393 h. — Terrain tertiaire inférieur.

Ce bourg est agréablement situé en amphithéâtre, sur la rive droite de la Marne; au confluent de cette rivière avec la Seine. Il est divisé en deux communes, dont l'une porte le nom de Charenton-le-Pont; l'autre, où se trouve une célèbre maison pour le traitement des aliénés, où était jadis un temple de protestants, a porté le nom de Charenton-St-Maurice jusqu'en 1842, époque où il a reçu, par ordonnance royale, le nom de St-Maurice.

Charenton-le-Pont doit son surnom à un pont sur la Marne, qui est un des plus anciennement bâtis pour faciliter, par terre, les arrivages à Paris; aussi sa possession a-t-elle toujours été regardée comme une des clefs de la capitale. Les Normands s'emparèrent de ce pont et le rompirent en 863. Les Anglais le prirent en 1436, et en furent chassés en 1437, sous le règne de Charles VII. En 1465, l'armée de la ligue, dite du Bien public, s'y vint pour protéger ses opérations contre Louis XI. Les calvinistes le prirent en 1567. Henri IV l'enleva, en 1590, aux soldats de la Ligue, qui s'y défendirent avec acharnement. Sa défense fut confiée, en 1814, aux élèves de l'école d'Alfort, qui résistèrent avec un grand courage aux attaques des armées étrangères. — Ce pont a été rebâti plusieurs fois : sa dernière reconstruction date de 1714. Il se compose de dix arches, dont six sont en pierre et quatre en bois. Bien qu'irrégulier, la manière dont il se groupe avec les moulins, les maisons du bourg, les grands arbres des îles de la Marne et les coteaux environnants, en fait un des points de vue les plus pittoresques des environs de Paris.

Fabriques de savon vert, produits chimiques. Manufacture de porcelaine. — Fête patronale le 2ᵉ dimanche de juillet.

Conflans, dépendance de Charenton, possède un château d'où l'on jouit d'une vue variée sur le confluent de la Marne et de la Seine; cette habitation, qui appartenait à M. de Quélen, archevêque de Paris, fut pillée et dévastée en 1831, en même temps que le palais archiépiscopal de Paris.

Les Carrières, autre dépendance de Charenton, renfermaient naguère une belle fonderie de fer qui a reçu une autre destination.

Bibliographie. * *La Prise de Charenton par les troupes du roi*, in-4, 1649.

* *Description historique du bourg de Charenton, près Paris, et de quelques-uns de ses environs* (Nouv. Rech. sur la France, 1766, t. I, p. 213-237).

CHARENTON-ST-MAURICE. V. St-Maurice.

CHARENTONNAY, Isère, com. de Beauvoir-de-Marc, ✉ de St-Jean-de-Bournay.

CHARENTONNE (la), Carentona, rivière qui prend sa source dans la forêt de St-Evrould, arr. de Mortagne, Orne; elle passe à St-Evrould, Chambroy, Bernay, et se jette dans la Rille, à 4 k. au-dessous de Beaumont, après un cours d'environ 52 k.

CHARENTONNEAU, vg. Seine, comm. et ✉ de Maison-Alfort.

CHARÉSIER, Jura, c. et ✉ de Clairvaux.

CHARETTE, vg. Isère (Dauphiné), arr. de la Tour-du-Pin, à 30 k. de Bourgoin, cant. et ✉ de Morestel. Pop. 502 h.

CHARETTE, vg. Saône-et-Loire (Bourgogne), arr. et à 33 k. de Louhans, cant. et ✉ de Pierre. Pop. 684 h.

CHAREY, Isère, comm. de Vézeronces, ✉ de Morestel.

CHAREY, vg. Meurthe (Lorraine), arr. et à 4 k. de Toul, cant. et ✉ de Thiaucourt. Pop. 382 h.

CHARGEY, vg. Indre-et-Loire (Touraine), arr. et à 27 k. de Tours, cant. et ✉ d'Amboise. Pop. 315 h.

CHARGEY-LES-AUTREY, vg. H.-Saône (Franche-Comté), arr., ✉ et à 6 k. de Gray, cant. d'Autrey. Pop. 943 h.

CHARGEY-LES-PORTS, vg. H.-Saône (Franche-Comté), arr. et à 20 k. de Vesoul, cant. de Combeaufontaine, ✉ de Port-sur-Saône. Pop. 720 h.

CHARGNAT, h. Puy-de-Dôme, cant. de Sauxillange, ✉ d'Issoire. — Foire le 11 nov.

CHARIERS (les), H.-Vienne, com. de St-Gence, ✉ de Nieul.

CHARIEZ, vg. *H.-Saône* (Franche-Comté), arr., cant., ✉ et à 6 k. de Vesoul. P. 714 h.
— C'était autrefois un bourg entouré d'une triple enceinte de fortes murailles environnées de fossés, et défendu par un château fort. L'une de ces murailles existe encore, ainsi qu'une des portes, plusieurs tours carrées et partie des murs du vieux château. Au-dessus de la colline au pied de laquelle est bâti le village, on voit les restes d'un camp romain, où l'on reconnaît les vestiges de deux murs parallèles, et de deux portes qui ont chacune 12 m. d'épaisseur. — *Foires* les 12 mars, 7 juin, 5 sept. et 18 oct.

CHARIGNY, vg. *Côte-d'Or* (Bourgogne), arr., cant., ✉ et à 11 k. de Semur. P. 171 h.

CHARINTRU, *Seine-et-Oise*, com. d'Epinay-sur-Orge, ✉ de Longjumeau.

CHARITÉ (la), *Caritas, Charitæum*, petite ville, *Nièvre* (Nivernais), arr. et à 35 k. de Cosne, chef-l. de cant. Cure. Chambre cons. des manuf. Gîte d'étape. ✉. ⚜. A 210 k. de Paris pour la taxe des lettres. Pop. 5,032 h.— TERRAIN jurassique, étage moyen du système oolitique.

Autrefois diocèse d'Auxerre, parlement de Paris, intendance de Bourges, chef-lieu d'élection, bailliage, grenier à sel, gouvernement particulier, prieuré ordre de St-Benoît, deux couvents.

La Charité est une ville ancienne, qui était jadis fortifiée et beaucoup plus considérable qu'elle ne l'est aujourd'hui. Elle a été plusieurs fois prise et dévastée, notamment par les Anglais et par les protestants, qui, à différentes époques, la détruisirent presque entièrement.

Les armes de la Charité sont : *coupé, le haut d'azur à trois tours crénelées d'argent posées en fasce et surmontées de trois fleurs de lis d'or; la pointe échiquetée d'or et de gueules.* — Devise : IN VARIETATE SECURITAS SUB LILIO.

Cette ville est dans une agréable situation, au pied d'une colline plantée de vignes, sur la rive droite de la Loire, que l'on y passe sur un pont remarquable, au-dessous duquel est un port commode. Elle est en général assez mal bâtie, mais percée de rues propres et bien aérées. Ses édifices publics ont une assez belle apparence, quoique modestes dans leur style. A l'extrémité de l'un des faubourgs, au confluent de deux bras de la Loire, on remarque une presqu'île ombragée de beaux arbres, qui forme une promenade charmante.

Patrie de M. HYDE DE NEUVILLE, ministre de la marine sous le gouvernement dit de la restauration.

Fabriques de quincaillerie et de grosse ferronnerie, de limes, acier, fer battu, boutons de métal. — Aux environs, forges, verreries et faïenceries. — *Commerce* de grains, vins, bois à brûler et de construction, charbon de bois, chanvre. Entrepôt de fer du Berry et d'ancres pour la marine.

Bibliographie. LERY (Jean de). *Discours du siège tenu devant la Charité l'an* 1577, in-8, 1577.

BERNOT DE CHARANT. * *Abrégé chronologique du prieuré et de la ville de la Charité*, in-8, 1709.

CHARIX, vg. *Ain* (Bourgogne), arr., cant., ✉ et à 10 k. de Nantua. Pop. 729 h. — *Fabriques* de pointes de Paris.

CHARLAS, vg. *H.-Garonne* (Comminges), arr. et à 15 k. de St-Gaudens, cant. et ✉ de Boulogne. Pop. 594 h.

CHARLES (St-), *B.-du-Rhône*, comm. et ✉ de Marseille.

CHARLES (St-), bg *Mayenne* (Maine), arr. et à 16 k. de Château-Gontier, cant. et ✉ de Grez-en-Bouère. Pop. 534 h.

CHARLEVAL, joli village, *B.-du-Rhône* (Provence), arr. et à 34 k. d'Aix, cant. et ✉ de Lambesc. Pop. 939 h. — Il est bâti sur les bords du canal de Craponne, et domine une plaine riante et fertile. Il se compose de cinq grandes rues tirées au cordeau dans la direction de l'est à l'ouest : au milieu est une vaste place formant un carré parfait, dont l'église et le presbytère occupent le côté oriental, et la maison commune le côté occidental. — *Foire* le 15 oct.

CHARLEVAL, *Carolovallis Noionum*, vg. *Eure* (Normandie), arr. à 17 k. des Andelys, cant. d'Ecouis, ✉ de Fleury-sur-Andelle. Pop. 1,183 h. — Ce bourg, situé sur l'Andelle et le Fouillebroc, était autrefois défendu par un fort château. Il portait primitivement le nom de Noyon-sur-Andelle, qu'il changea pour celui de Charleval, lorsque Charles IX y fit commencer en 1571 une maison de plaisance, dont sa mort l'empêcha de l'achèvement. — *Manufacture* de toiles peintes renommées, mouchoirs, etc. Filatures de coton et de laine, moulin à foulon. Papeterie. — *Foire* le 1er lundi après le 10 nov.

CHARLEVANE. V. LA CHAUSSÉE.

CHARLEVILLE, *Arcæ Remenses Carolopolis*, jolie ville, *Ardennes* (Champagne), arr. et à 4 k. de Mézières, chef-l. de cant. Trib. de 1re inst. de l'arr. Cour d'assises. Trib. de comm. Chambre consult. des manuf. Cure. Petit. sém. Collège comm. ✉. ⚜. A 235 k. de Paris pour la taxe des lettres. Pop. 9,875 h. — TERRAIN de transition, voisin du terrain jurassique.

Autrefois diocèse de Reims, parlement de Paris, intendance de Châlons, élection de Rethel, gouvernement particulier.

Les Armes de Charleville sont : *d'azur à un bras dextre d'argent mouvant au 2e parti, tenant une épée d'argent à la garde d'or, et côtoyée à droite d'un gland d'or à droite, d'un laurier à gauche, et un soleil d'or en chef sur la pointe de l'épée.*

Charleville doit son origine à Charles de Gonzagues, duc de Nevers et de Mantoue, qui la fit bâtir en 1606 et lui donna son nom. Elle fut régulièrement construite et fortifiée, plutôt, disent les auteurs du temps, pour l'ornement que pour en faire une place de défense. Les ducs de Nevers et de Mantoue y exerçaient tous les droits de souveraineté. Pour tenir cette ville en respect, Louis XIII fit élever, en 1639, un château fort sur le mont Olympe, qui la domine au nord, et dont elle n'est séparée que par la Meuse. Les fortifications de Charleville ayant été jugées inutiles, furent démolies en 1686 et 1687, et cette destruction fut pour Charleville la cause d'un grand accroissement et d'une grande prospérité.

Cette ville est régulièrement bâtie; les rues sont propres, larges et tirées au cordeau. Au centre de la ville est une belle place publique entourée d'arcades et décorée d'une fontaine, où viennent aboutir les quatre rues principales. Les environs offrent de charmantes promenades, notamment celles des Allées, de la route de Flandre et du Petit-Bois. La Meuse, que l'on passe sur un beau pont suspendu, assez solide pour supporter les plus fortes charges, même les trains d'artillerie, y forme un port commode. — La belle porte conduisant au Petit-Bois, bâtie au XVIIIe siècle, dans le style de la place Royale, et semblable à la belle porte de Flandres, qui existe encore, a été détruite en 1839.

Charleville possède un hôpital, un collège, une salle de spectacle, une bibliothèque publique, renfermant 22,000 vol.

Biographie. PATRIE de l'abbé LONGUERUE.
De P. CARPENTIER, continuateur de Ducange.
Du jésuite COURTOIS.
Du conventionnel DUBOIS-CRANCÉ, ministre de la guerre en 1799.
Du général vicomte MAUCOMBLE.
De l'habile ingénieur DUVIVIER.

Fabriques d'armes de luxe, de savon gras, de clouterie et de ferronnerie. Fonderie de cuivre. Brasserie. Tanneries et corroieries.

Commerce de grains, vins, eaux-de-vie, charbon de terre, fer, marbre, ardoises, etc. — *Foires* les derniers lundi et mardi de janv., 28 août, lundi et mardi après Quasimodo, lundi et mardi après le 22 juillet, 1ers lundi et mardi d'oct., 4es lundi et mardi de nov.

CHARLEVILLE, vg. *Marne* (Champagne), arr. et à 37 k. d'Epernay, cant. et ✉ de Montmirail. Pop. 400 h.

CHARLEVILLE, *Marne*, comm. de Moiremont, ✉ de Ste-Menehould.

CHARLEVILLE, vg. *Moselle* (pays Messin), arr. et à 20 k. de Metz, cant. de Vigy, ✉ de Boulay. Pop. 481 h.

CHARLIEU, *Carus Locus*, petite ville, *Loire* (Charollais), arr. et à 20 k. de Roanne, chef-l. de cant. Cure. ✉. A 399 k. de Paris pour la taxe des lettres. P. 3,689 h. — TERRAIN jurassique, étage inférieur du système oolitique.

Cette ville, située dans un vallon agréable, sur le Sornin, possédait autrefois une abbaye de bénédictins, fondée dans le IXe siècle, l'église, encore occupée par les religieux, était grande et bien bâtie; le clocher fut détruit par la foudre en 1638. Le portail, qui existe encore, et dont le style indique le XIIe siècle, était orné de figures aujourd'hui mutilées. Le cloître, encore intact, a la forme d'un quadrilatère à côtés inégaux, soutenu aux quatre angles par un contre-fort percé à la hauteur de 1 m. de terre, d'une ouverture affectant pour chacun une forme différente. Les dimensions de chacun des côtés de ce cloître sont d'environ 33 m. 43 c., 38 m. 41 c., 34 m. 09 c., 34 m. 42 c. C'est une suite d'arcades trilobées et soutenues par quatre-vingt-dix-neuf colonnettes prismatiques à l'extérieur et demi-circulaires à l'intérieur, et ayant chacune 3 m. de hauteur ; une riche corniche règne tout le long du cloître, mais elle change d'ornement sur chaque face ; c'est en général un feuillage large, bien refouillé et d'un beau travail, partant d'un vase pour aboutir dans la gueule d'un animal ; sur une seule des faces les chapiteaux des colonnettes sont ornés de grotesques. Sans parler des chiens ou singes portant des calottes, des singes muselés et enchaînés, de différents animaux plus ou moins fantastiques, on doit signaler particulièrement le démon de l'avarice : c'est un personnage ayant la partie postérieure du corps en forme de cheval, un coffre-fort entr'ouvert près de lui, il y plonge sa main droite, et tient l'autre cachée dans son vêtement, qui s'ouvre sur sa poitrine comme une soutane. Sur un autre l'on voit une représentation de danse macabre, un dragon tire par le bras un individu armé d'une large épée, qui lui-même tient la main d'une femme, laquelle attire aussi un fou. — L'ancien réfectoire, où l'on remarque une chaire romane, est décoré de peintures du XVIe siècle, représentant, plus grands que nature, le Christ et les douze apôtres. La chaire est sculptée de quatre statues nimbées et encadrées par des colonnettes qui supportent de riches archivoltes.

L'hôpital, fondé par saint Louis, est un des plus anciens du royaume. — *Fabriques* de toiles de fil ; cotonnades. Filature de coton et de soie. Tanneries, mégisseries et chamoiseries. — Commerce considérable de bestiaux. — Aux environs, argile à faïence et terre à creusets.

CHARLY, bg *Aisne* (Brie champenoise). arr. et à 15 k. de Château-Thierry, chef-l. de cant. Cure. ✉. A 90 k. de Paris pour la taxe des lettres. Pop. 1,676 h. — TERRAIN tertiaire inférieur. — *Autrefois* diocèse et intendance de Soissons, parlement de Paris, élection de Château-Thierry. — Il est bâti dans une riante situation, près de la rive droite de la Marne, et entouré de jolies promenades. — *Fabriques* de bonneterie, boutons, draps, serges. Fonderie de cuivre. — *Foires* les 15 juin, jeudi de la 5e semaine de carême, 19 nov. et 28 déc.

CHARLY, vg. *Cher* (Berry), arr. et à 29 k. de St-Amand-Montrond, cant. de Nérondes, ✉ de Blet. Pop. 776 h. — Exploitation de carrières de pierres dures, d'un grain serré et fin, susceptibles de recevoir un beau poli, et qui peuvent être employées avec avantage dans l'architecture : toutes les statues qui décorent la cathédrale de Bourges ont été exécutées en pierres de Charly.

CHARLY, vg. *Moselle* (pays Messin), arr., ✉ et à 8 k. de Metz, cant. de Vigy. Pop. 377 h.

CHARLY, vg. *Rhône* (Lyonnais), arr. et à 15 k. de Lyon, cant. et ✉ de St-Genis-Laval. Pop. 1,182 h.

CHARMANT, vg. *Charente* (Saintonge), arr. et à 16 k. d'Angoulême, cant. et ✉ de la Valette. Pop. 686 h. — *Foires* les 20 janv., fév., avril, mai, juin, juillet et août.

CHARMAUVILLERS, vg. *Doubs* (Franche-Comté), arr. et à 46 k. de Montbéliard, cant. et ✉ de Maîche. Pop. 311 h.

CHARMÉ, vg. *Charente* (Angoumois), arr. et à 11 k. de Ruffec, cant. et ✉ d'Aigle. Pop. 1,158 h.

CHARME, vg. *Côte-d'Or* (Bourgogne), arr. et à 28 k. de Dijon, cant. et ✉ de Mirebeau-sur-Bèze. Pop. 214 h.

CHARME (la), vg. *Jura* (Franche-Comté), arr. et à 26 k. de Lons-le-Saulnier, cant. et ✉ de Sellières. Pop. 91 h.

CHARME (le), vg. *Loiret* (Gatinais), arr. et à 35 k. de Montargis, cant. et ✉ de Châtillon-sur-Loing. Pop. 353 h.

CHARME (le), vg. *H.-Saône*, comm. de St-Gand, ✉ de Frétigney.

CHARME-ST-VALBERT, vg. *H.-Saône* (Franche-Comté), arr. et à 41 k. de Vesoul, cant. de Vitrey, ✉ de Cintrey. Pop. 279 h.

CHARMÉE (la), *Saône-et-Loire* (Bourgogne), arr., cant., ✉ et à 9 k. de Chalon-sur-Saône. Pop. 540 h.

CHARMÉE (la), *Yonne*, comm. de Lailly, ✉ de Villeneuve-l'Archevêque.

CHARMEIL, vg. *Allier* (Bourbonnais), arr., ✉ et à 25 k. de Gannat, cant. d'Escurolles. Pop. 370 h.

CHARMEL (le), vg. *Aisne* (Brie), arr. et à 20 k. de Château-Thierry, cant. et ✉ de Fère-en-Tardenois. Pop. 354 h. — On y voit un château construit au commencement du XIIIe siècle, qui existe encore avec toutes ses formes primitives.

CHARMENSAC, vg. *Cantal* (Auvergne), arr. et à 25 k. de Murat, cant. et ✉ d'Allanche. Pop. 601 h.

CHARMENTRAY, vg. *Seine-et-Marne* (Brie), arr. et à 9 k. de Meaux, cant. et ✉ de Claye. Pop. 208 h. — Les rois de France y avaient une maison de plaisance au IXe siècle.

CHARMES, vg. *Aisne* (Picardie), arr. et à 23 k. de Laon, cant. et ✉ de la Fère. P. 646 h.

CHARMES, vg. *Allier* (Bourbonnais), arr., cant., ✉ et à 7 k. de Gannat. Pop. 700 h.

CHARMES, vg. *Ardèche* (Languedoc), arr. et à 30 k. de Privas, cant. et ✉ de la Voulte. Pop. 892 h. — *Foires* les 24 avril, 25 août, 4 nov. et le lundi après le 1er dimanche de carême. A cette dernière foire, les maquignons du Dauphiné font en cet endroit un grand commerce de poulains qu'ils amènent de l'Auvergne, et qu'ils vendent à une grande quantité d'acheteurs qui, de tous côtés, arrivent à Charmes à cette époque.

CHARMES, vg. *Drôme* (Dauphiné), arr. et à 32 k. de Valence, cant. et ✉ de St-Donnat. Pop. 1,062 h. — *Foires* les 19 déc. et 2e lundi d'oct.

CHARMES, vg. *H.-Marne* (Champagne),

arr., ✉ et à 10 k. de Langres, cant. de Neuilly-l'Evêque. Pop. 195 h.

CHARMES, ou CHARMES-SUR-MOSELLE, *Carpini Leucorum, Segintenum*, petite ville, *Vosges* (Lorraine), arr. et à 15 k. de Mirecourt, chef-l. de cant. Cure. Gîte d'étape. ✉. ☞. A 359 k. de Paris pour la taxe des lettres. Pop. 2,883 h. — TERRAIN du trias, marne irisée.

Cette ville, située sur la rive gauche de la Moselle, était autrefois défendue par un château fort dont il ne reste plus aucun vestige. Elle a été plusieurs fois détruite dans les guerres du XVe et du XVIe siècle, mais sa situation avantageuse lui a toujours permis de réparer ses désastres. On y remarque un pont de dix arches hardies sur la Moselle ; une église gothique ornée de beaux vitraux bien conservés, et une jolie fontaine publique. Ce fut à Charmes que fut conclu en 1633, entre Charles IV, duc de Lorraine, et Richelieu, le traité en vertu duquel les troupes de Louis XIII occupèrent Nancy. — *Fabriques* de dentelles. Distilleries d'eau de cerise. Pépinières. Tanneries. — *Commerce* de grains, vins, bois, cuirs, dentelles, etc. — *Foires* les 11 juin, mardi de Pâques, 26 août et 1er déc.

CHARMES-EN-LANGLE, vg. *H.-Marne* (Champagne), arr. et à 16 k. de Vassy, cant. et ✉ de Doulevant. Pop. 172 h. — Forges.

CHARMES-LA-COTE. vg. *Meurthe* (Lorraine), arr., cant., ✉ et à 7 k. de Toul. Pop. 575 h.

CHARMES-LA-GRANDE, vg. *H.-Marne* (Champagne), arr. et à 15 k. de Vassy, cant. et ✉ de Doulevant. Pop. 580 h. — Forges et hauts fourneaux.

CHARMESSEAUX, vg. *Aube*, comm. de Trancault, ✉ de Marcilly-le-Hayer.

CHARMOILLE, vg. *Doubs* (Franche-Comté), arr. et à 42 k. de Montbéliard, cant. de Maîche, ✉ de St-Hippolyte. Pop. 481 h.

CHARMOILLE, vg. *H.-Saône* (Franche-Comté), arr., cant., ✉ et à 7 k. de Vesoul. Pop. 286 h.

CHARMOILLES, vg. *H.-Marne* (Champagne), arr., ✉ et à 12 k. de Langres, cant. de Neuilly-l'Evêque. Pop. 444 h. — Il appartenait autrefois à trois seigneurs, qui y avaient chacun un château fort, dont l'un était situé près du ruisseau qui vient de Dampierre, un autre à l'extrémité du village, du côté de Langres, et le dernier vis-à-vis de l'église. Le premier de ces châteaux a seul conservé ses vieilles tours ; le second, appelé la Baronnie, est dans une jolie position. — On voit dans l'église paroissiale une tombe du XVe siècle, sur laquelle est représenté en demi-relief un écuyer couvert de son armure.

CHARMOIS, vg. *Meurthe* (Lorraine), arr., ✉ et à 12 k. de Lunéville, cant. de Bayon. Pop. 124 h.

CHARMOIS, vg. *H.-Rhin* (Alsace), arr., cant., ✉ et à 6 k. de Belfort. Pop. 275 h.

CHARMOIS-LE-ROUILLIER, vg. *Vosges* (Lorraine), arr., ✉ et à 15 k. d'Epinal, cant. de Bruyères. Pop. 568 h.

CHARMOIS-L'ORGUEILLEUX, vg. *Vos-*

ges (Lorraine), arr. et à 19 k. d'Epinal, cant. et ⊠ de Xertigny. Pop. 1,215 h.—Verrerie à bouteilles.

CHARMONT, vg. *Aube* (Champagne) arr., cant., ⊠ et à 18 k. d'Arcis-sur-Aube. Pop. 721 h. — *Fabrique* de cordes et de ficelles. — *Foires* les 20 fév. et 11 sept.

CHARMONT, vg. *Loiret* (Orléanais), arr. et à 13 k. de Pithiviers, cant. d'Outarville, ⊠ d'Angerville. Pop. 642 h.

CHARMONT, vg. *Marne* (Champagne), arr. et à 30 k. de Vitry-le-François, cant. et ⊠ de Heiltz-le-Maurupt. Pop. 1,195 h.— *Foires* les 9 sept., 7 déc., 4e lundi de carême et vendredi saint.

CHARMONT, vg. *Seine-et-Oise* (Normandie), arr. et à 20 k. de Mantes, cant. et ⊠ de Magny. Pop. 53 h.

CHARMONTOIS - L'ABBÉ, vg. *Marne* (Champagne), arr., ⊠ et à 19 k. de Ste-Menehould, cant. de Dommartin-sur-Yèvre. Pop. 305 h. Sur la Marne, qui le sépare de Charmontois-le-Roi.

CHARMONTOIS-LE-ROI, vg. *Marne* (Champagne), arr., ⊠ et à 18 k. de Ste-Menehould, cant. de Dommartin-sur-Yèvre. Pop. 318 h.

CHARMOY, vg. *Aube* (Champagne), arr. et à 12 k. de Nogent-sur-Seine, cant. et ⊠ de Marcilly-le-Hayer. Pop. 98 h.

CHARMOY, vg. *H.-Marne* (Champagne), arr. et à 26 k. de Langres, cant. et ⊠ de Fayl-Billot. Pop. 414 h.

CHARMOY, vg. *Saône-et-Loire* (Bourgogne), arr. et à 28 k. d'Autun, cant. et ⊠ de Montcenis. Pop. 638 h.

CHARMOY, vg. *Yonne* (Champagne), arr., cant. et à 12 k. de Joigny, ⊠ de Bassou. Pop. 407 h.

CHARMOY (le), *Yonne*, comm. de Bellechaume, ⊠ de Brienon.

CHARMOY-GONTIER, *Eure-et-Loir*, comm. de Digny, ⊠ de Châteauneuf-en-Thimerais.

CHARNAILLES, *Saône-et-Loire*, comm. de Jambles, ⊠ de Givry.

CHARNAS, vg. *Ardèche* (Languedoc), arr. et à 35 k. de Tournon, cant. et ⊠ de Serrières, Pop. 534 h.

CHARNAT, vg. *Puy-de-Dôme* (Bourbonnais), arr. et à 15 k. de Thiers, cant. de Lezoux, ⊠ de Maringues. Pop. 340 h.

CHARNAVAS, *Gard*, comm. de Sénéchas, ⊠ de Génolhac.

CHARNAY, vg. *Doubs* (Franche-Comté), arr. et à 15 k. de Besançon, cant. et ⊠ de Quingey. Pop. 233 h.

CHARNAY, vg. *Rhône* (Lyonnais), arr. et à 10 k. de Villefranche-sur-Saône, cant. et ⊠ d'Anse. Pop. 728 h.

CHARNAY, vg. *Saône-et-Loire* (Bourgogne), arr., cant., ⊠ et à 4 k. de Mâcon. Pop. 1,569 h.

CHARNAY-LES-CHALES, vg. *Saône-et-Loire* (Bourgogne), arr. lès-Chalon, k. de Chalon-sur-Saône, cant. et ⊠ de Verdun-sur-le-Doubs. Pop. 685 h.

CHARNÈCLES, vg. *Isère* (Dauphiné), arr. et à 41 k. de St-Marcellin, cant. et ⊠ de Rives. Pop. 1,342 h.

CHARNELLES, vg. *Eure*, comm. de Piseux, ⊠ de Verneuil.

CHARNEUIL-GASTEVINE (la), *Indre*, comm. de Bélabre, ⊠ du Blanc.

CHARNIZAY, bg *Indre-et-Loire* (Touraine), arr. et à 27 k. de Loches, cant. de Preuilly, ⊠ de St-Flovier-sur-l'Egronne. Pop. 1,521 h.

CHARNOD, vg. *Jura* (Franche-Comté), arr. et à 45 k. de Lons-le-Saulnier, cant. et ⊠ d'Arinthod. Pop. 154 h.

CHARNOIS, vg. *Ardennes* (Champagne), arr. et à 40 k. de Rocroi, cant. et ⊠ de Givet. Pop. 131 h.

CHARNOY-SUR-GUÉRARD (le), *Seine-et-Marne*, comm. de Guérard, ⊠ de Faremoutiers.

CHARNOY-SUR-TRESMES (le), *Seine-et-Marne*, comm. de Pommeuse, ⊠ de Faremoutiers.

CHARNOZ, vg. *Ain* (Bourgogne), arr. et à 40 k. de Trévoux, cant. et ⊠ de Meximieux. Pop. 311 h.

CHARNY, vg. *Côte-d'Or* (Bourgogne), arr. et à 23 k. de Semur, cant. de Vitteaux, ⊠ de la Maison-Neuve.

CHARNY, *Seine-et-Marne* (Brie), arr. à 11 k. de Meaux, cant. et ⊠ de Claye. P. 432 h.

CHARNY, *Cariniacum*, bg *Yonne* (Champagne), arr. et à 27 k. de Joigny, chef-l. de cant. ⊠. ⚭. A 145 k. de Paris pour la taxe des lettres. Pop. 1,364 h. Sur l'Ouanne. — C'est la PATRIE de PIERRE DE CHARNY, archevêque de Sens. — On y voyait autrefois un château qui fut longtemps occupé par les Anglais. — *Foires* les 25 janv., 3 mai, 28 juin, 28 oct. (2 jours).

CHARNY-LE-BACHOT, vg. *Aube* (Champagne), arr. et à 17 k. d'Arcis-sur-Aube, cant. de Méry-sur-Seine, ⊠ de Plancy. Pop. 316 h. — *Fabrique* de bas de coton.

CHARNY-SUR-MEUSE, vg. *Meuse* (Lorraine), arr., ⊠ et à 7 k. de Verdun-sur-Meuse, chef-l. de cant. Cure. Pop. 441 h. — TERRAIN jurassique.

CHAROLLAIS (canal du). V. CANAL DU CENTRE.

CHAROLLAIS, *Pagus Quadrigellensis, Carolesium, Carolliæ*, petit pays qui était autrefois compris dans la ci-devant province de Bourgogne ; Charolles en était la capitale : il fait aujourd'hui partie du dép. de Saône-et-Loire.

Les armes du **Charollais** étaient : *de gueules au lion d'or*; au chef d'azur chargé d'une fleur de lis d'or.

CHAROLLES, *Quadrigella, Cadressæ, Carollia*, jolie petite ville, *Saône-et-Loire* (Bourgogne), chef-l. de sous-préf. du 2e arr. et d'un cant. Trib. de 1re inst. et de comm. Société d'agric. Collège comm. Gîte d'étape. ⊠. A 372 k. de Paris pour la taxe des lettres. — TERRAIN jurassique, étage moyen du système oolitique.

Autrefois comté et château, diocèse d'Autun, parlement et intendance de Dijon, bailliage, châtellenie, justice des eaux et forêts, recette des états, gouvernement particulier, collégiale, collège, prieuré de bénédictins, 3 couvents.

L'origine de cette ville paraît antérieure au xe siècle. Il en est fait mention dans une ancienne charte, portant que ce fut près de Charolles que Raoul défit les Normands en 929. Elle fut prise pendant nos démêlés avec les rois d'Espagne, et fut ensuite quelque temps sous la domination des calvinistes, qui la pillèrent. Une famine horrible causa la destruction d'une grande partie de ses habitants en 1531.

Les armes de **Charolles** sont : *de gueules au lion d'or, la tête contournée; au chef d'azur à une fleur de lis d'or*.

Charolles, autrefois capitale de la ci-devant province du Charollais, est dans une situation agréable, entre deux coteaux, au confluent de la Semence et de l'Arconce. Elle est assez bien bâtie, et dominée par une colline dont le sommet est couronné par les ruines pittoresques d'un ancien château. — *Fabriques* de chapellerie. Tuilerie, four à chaux, moulin à plâtre. — *Commerce* de grains, vins, bois, fer, houille, et principalement de bœufs. — Aux environs, nombreuses et belles forges qui alimentent les clouteries de St-Etienne. — *Foires* le 2e mercredi de chaque mois.

A 67 k. de Mâcon, 372 k. de Paris.

L'arrondissement de Charolles est composé de 13 cantons : St-Bonnet-de-Joux, Bourbon-Lancy, Charolles, Chauffailles, la Guiche, Marcigny, Palinges, Paray-le-Monial, Semur-en-Brionnais, Toulon-sur-Arroux.

CHAROLS, vg. *Drôme* (Dauphiné), arr. et à 14 k. de Montélimart, cant. de Marsanne, ⊠ du Puy-St-Martin. Pop. 460 h. — *Foires* le 12 mai et le 1er oct.

CHARONNE (le Grand et le Petit), *Carronenses, Charrona*, vg. *Seine* (Ile-de-France), arr. et à 11 k. de St-Denis, cant. de Pantin. ⊠. A 6 k. de Paris pour la taxe des lettres. Pop. 4,726 h. — Ce village, qui touche aux barrières de l'est du faubourg St-Antoine, comprend une partie du parc de Bagnolet et de Ménilmontant, ainsi que le hameau du Petit-Charonne. L'église paroissiale, bâtie sur la pente d'un coteau, est une des plus anciennes des environs de Paris.

PATRIE du fécond auteur dramatique BAYARD.

Fabriques de papiers peints, produits chimiques, couleurs. Ecole d'arts et métiers. Blanchisserie de cire et fabrique de bougie.

CHARONVILLE, vg. *Eure-et-Loir* (Beauce), arr. et à 25 k. de Chartres, cant. et ⊠ d'Illiers. Pop. 373 h.

CHAROST, petite ville *Cher* (Berry), arr. et à 25 k. de Bourges, chef-l. de cant. Cure. ⊠. A 246 k. de Paris pour la taxe des lettres. Pop. 1,411 h. — TERRAIN jurassique, étage moyen du système oolitique.

Autrefois duché-pairie et châtellenie, diocèse et intendance de Bourges, parlement de Paris, élection d'Issoudun, abbaye.

Cette ville est située au milieu d'un riche vignoble, sur la rive gauche de l'Arnon, que l'on y passe sur un pont en pierre. Elle est assez mal bâtie, et était anciennement entourée de murailles garnies de tours. Près de l'église, on voit les ruines d'un ancien château, que de larges et profonds fossés, de hautes murailles flanquées de bastions, rendaient jadis assez fort : les fortifications du château et de la ville ont été détruites pendant les guerres de la Ligue. Les environs offrent des sites agréables et des promenades délicieuses.— *Commerce* de bestiaux.
— *Foires* les 3 fév., 18 juin et 2 nov.

CHAROUX, *H.-Vienne*, comm. de Bosmie, ✉ d'Aix.

CHARPEIZE, *Isère*, comm. de St-Savin, ✉ de Bourgoin.

CHARPENNES (les), *Isère*, comm. de Villeurbanne, ✉ de Lyon.

CHARPENTRY, vg. *Meuse* (Lorraine), arr. et à 31 k. de Verdun-sur-Meuse, cant. et ✉ de Varenne-en-Argonne. P. 194 h. — *Forges*.

CHARPEY, vg. *Drôme* (Dauphiné), arr. et à 16 k. de Valence, cant. de Bourg-du-Péage, ✉ de Romans. P. 2,721 h.—*Fabrique* d'étoffes de laine. Éducation des vers à soie. — *Foires* les 8 sept. et 2 nov.

CHARPIEUX, *Isère*, comm. de Decines-Charpieu, ✉ de Lyon.

CHARPONT, vg. *Eure-et-Loir* (Beauce), arr., cant., ✉ et 7 k. de Dreux. Pop. 393 h.

CHARQUEMONT, vg. *Doubs* (Franche-Comté), arr. et à 45 k. de Montbéliard. cant. et ✉ de Maîches. Pop. 1,141 h.
Patrie de l'astronome P.-A. Mougin. *Fabrique* de fournitures d'horlogerie.

CHARRAIS, vg. *Vienne* (Poitou), arr. et 18 k. de Poitiers, cant. et ✉ de Neuville. P. 702 h.

CHARRAIX, vg. *H.-Loire* (Auvergne), arr. et à 39 k. de Brioude, cant. et ✉ de Langeac. Pop. 391 h.

CHARRAS (le canal de), *Charente-Inf.* Ce canal fait partie de ceux qui composent le système général de dessèchement des marais de Rochefort et de ses environs; il est placé sur la rive droite de la Charente, dans laquelle il débouche par un chenal d'environ 300 m. de longueur. Le vaste terrain qu'il traverse était enseveli presque toute l'année sous des eaux stagnantes, l'air était pestilentiel, et la terre ne produisait que des roseaux et des joncs; depuis que ce canal est ouvert, l'atmosphère est pure, et le sol donne d'excellents pâturages et des blés de très-bonne qualité.

CHARRAS, vg. *Charente* (Angoumois), arr. et à 24 k. d'Angoulême, ✉ de Montbron. Pop. 834 h. — *Foires* les 9 janv., 9 mars, 9 mai, 9 juillet, 9 août, 9 nov.

CHARRAY, vg. *Eure-et-Loir* (Beauce), arr. et à 12 k. de Châteaudun, cant. et ✉ de Cloyes. Pop. 331 h.

CHARRE, vg. *B.-Pyrénées* (Béarn), arr. et à 27 k. d'Orthez, cant. et ✉ de Navarrenx. Pop. 542 h.

CHARRENEC, *H.-Alpes*, c. et ✉ de Gap.

CHARREY, vg. *Côte-d'Or* (Bourgogne), arr. et à 36 k. de Beaune, cant. et ✉ de St-Jean-de-Losne. Pop. 446 h.

CHARREY, vg. *Côte-d'Or* (Bourgogne), arr., cant. et à 12 k. de Châtillon-sur-Seine, ✉ de Mussy-sur-Seine. Pop. 471 h.

CHARRIÈRE (la), *Isère*, comm. de Bevenais, ✉ du Grand-Lemps.

CHARRIÈRE (la), vg. *Deux-Sèvres* (Poitou), arr. et à 20 k. de Niort, cant. et ✉ de Beauvoir-sur-Niort. Pop. 624 h.

CHARRIN, vg. *Nièvre* (Nivernais), arr. et à 50 k. de Nevers, cant. de Fours, ✉ de Decize. Pop. 904 h.—*Forges*.

CHARITTE-DE-BAS, vg. *B.-Pyrénées* (Navarre), arr., cant., ✉ et à 7 k. de Mauléon, est à 14 k. de St-Palais. Pop. 354 h.

CHARITTE-DE-HAUT, *B.-Pyrénées*, comm. de Lacarry, ✉ de Tardets.

CHARITTE-MIXE, *B.-Pyrénées*, comm. d'Arraute-Charitte, ✉ de St-Palais.

CHARRON, vg. *Charente-Inf.* (Aunis), arr. et à 16 k. de la Rochelle, cant. et ✉ de Marans. Pop. 929 h.

CHARRON, vg. *Creuse* (Combrailles), arr. et à 31 k. d'Aubusson, cant. d'Evaux, ✉ d'Auzances. Pop. 1,403 h.

CHARROUX, petite ville, *Allier* (Bourbonnais), arr., ✉ et à 17 k. de Gannat, cant. de Chantelle. Pop. 1,640 h. Sur une hauteur. — *Commerce* de grains. Tanneries importantes.
— *Foires* les 7 janv., 22 mars, 9 juin, 11 sept. *Bibliographie*. PEIGNE. *Notice historique sur la ville de Charroux-en-Bourbonnais*, in-8, 1843.

CHARROUX, *Carrofium*, *Carrofum*, petite ville, *Vienne* (Poitou), arr. et à 11 k. de Civray, chef-l. de cant. Cure. Gîte d'étape. ✉. ✆. A 385 k. de Paris pour la taxe des lettres. Pop. 1,787 h. — TERRAIN jurassique, étage inférieur du système oolitique.

Cette ville doit son origine à un célèbre monastère fondé en 785, par Roger, comte de Limoges, et par Euphrasie son épouse. Charlemagne le dota de grands biens, lui donna une bibliothèque ainsi que plusieurs reliques qui devinrent pour cette maison une source de richesses. L'église de ce monastère fut bâtie vers la fin du VIIIe siècle : elle était alors une des plus belles du royaume. Au-dessus de l'autel, placé au milieu de trois rangs de piliers, s'élevait un dôme de marbre d'une hauteur prodigieuse. Cet édifice fut entièrement détruit pendant les guerres de religion, et n'offre plus aujourd'hui que des ruines, dont l'aspect imposant rappelle la splendeur dont il jouissait autrefois, et qui ont été classées récemment au nombre des monuments historiques.

Foires les 1er mars, 3 mai, 14 juin, 11 juillet, 4e vend., 17 oct. et le 1er sam. de chaque mois.

CHARS, bg *Seine-et-Oise* (Ile-de-France), arr. et à 18 k. de Pontoise, cant. et ✉ de Marines. ✆. Pop. 1,019 h. — Ce bourg, situé dans une jolie vallée, sur la Viosne, était autrefois une ville fortifiée qui avait titre de baronnie. L'église paroissiale, que surmonte un clocher décoré dans sa hauteur par trois ordres de pilastres, est un édifice remarquable que l'on a proposé de classer au nombre des monuments historiques.

CHARSONVILLE, vg. *Loiret* (Orléanais), arr. et à 27 k. d'Orléans, cant. de Meung-sur-Loire, ✉ d'Ouzouer-le-Marché. Pop. 851 h.
— *Foire* le 1er sept.

CHARTAINVILLIERS, vg. *Eure-et-Loir* (Beauce), arr. et à 12 k. de Chartres, cant. et ✉ de Maintenon. Pop. 458 h.

CHARTERIE (la), *Eure*, comm. de St-Aubin-de-Scellon, ✉ de Thiberville.

CHARTÈVES, vg. *Aisne* (Champagne), arr., ✉ et à 10 k. de Château-Thierry, cant. de Condé-en-Brie. Pop. 400 h.

CHARTIER (St-), petite ville, *Indre* (Berry), arr., cant., ✉ et à 7 k. de la Châtre. Gîte d'étape. Pop. 989 h. — TERRAIN jurassique, étage inférieur du système oolitique. — *Foires* les 3 fév., 4 mai et 15 sept.

CHARTRAGE, *Orne*, comm. et ✉ de Mortagne-sur-Huine.

CHARTRAIN (pays), ou BEAUCE PROPRE, *Pagus Carnutinus*, petit pays qui dépendait autrefois du gouvernement de l'Orléanais, et qui est maintenant compris dans le département d'Eure-et-Loir.

CHARTRE-SUR-LE-LOIR (la), *Carcer Castellum*, petite ville, *Sarthe* (Anjou), arr. et à 29 k. de St-Calais, chef-l. de cant. Cure. ✉. ✆. A 219 k. de Paris pour la taxe des lettres. Pop. 1,613 h. — TERRAIN crétacé inférieur.

Cette ville est située en longueur entre le Loir et un coteau très-escarpé qui s'élève à plus de 20 m. au-dessus des maisons, et où sont creusées plusieurs habitations souterraines. On y voit les restes d'un ancien château jadis très-fort, démantelé par ordre de Henri IV.

Fabriques de cuirs. — *Foires* les 1er jeudi de fév., 3e jeudi de mars, 4e jeudi après Pâques, 1er jeudis de juillet, d'oct. et de déc.

CHARTRENÉ, vg. *Maine-et-Loire* (Anjou), arr., cant., ✉ et à 6 k. de Beaugé. Pop. 214 h.

CHARTRES, *Autricum*, *Civitas Carnutum*, grande et très-ancienne ville, *Eure* (Beauce), chef-l. du département d'Eure-et-Loir, du 2e arr. et d'un cant. Trib. de 1re inst. et de com. Collège communal. Évêché. Grand séminaire. 2 cures. Soc. d'agric. Gîte d'étape. ✉. ✆. Pop. 16,383 h. — TERRAIN tertiaire moyen.

Autrefois évêché et duché-pairie, capitale de la Beauce, parlement de Paris, intendance d'Orléans, gouvernement particulier, vidamie, prévôté, bailliage, présidial, justice royale, 2 séminaires, 12 abbayes ou couvents. — L'évêché de Chartres fut fondé au IVe siècle, et détaché de Sens en 1622; ce diocèse fut un des plus grands du royaume jusqu'en 1695, qu'on érigea le nouvel évêché de Blois. Avant cette séparation, le diocèse de Chartres renfermait 1,700 paroisses.

César, Strabon, Pline et Ptolémée font mention des Carnutes. Ptolémée leur donne pour villes principales *Autricum* et *Genabum*. Le nom d'*Autricum* parait dérivé de celui d'*Autura*, qui était celui de la rivière d'Eure, sur laquelle elle était située; et la position d'*Autricum* à Chartres est prouvée par deux routes de la Table de Peutinger qui y aboutissent, et qui se rattachent à *Durocasses*, Dreux, et *Subdinnum*, le Mans ; c'est par erreur de copiste que le nom d'*Autricum*, dans la Table, se trouve changé en celui de *Mitricum*. *Autricum* prit, comme tant d'autres villes, dans les derniers temps de la puissance de Rome, le nom de *Carnutes* ou de *Carnotes*, que l'on trouve dans la Notice des provinces de la Gaule et dans Sulpice Sévère. — Les Romains exécutèrent pour l'utilité et la défense de cette cité des travaux importants dont on trouve à peine quelques vestiges : sous leur domination succéda au culte des druides le culte des dieux du Capitole, qui cédèrent la place au christianisme vers la fin du IVᵉ siècle. — De la puissance romaine, Chartres passa sous la puissance immédiate des rois francs. Vers l'an 600, Thierry II, roi d'Orléans et de Bourgogne, assiégea cette ville, qui était très-fortifiée, et ne parvint à s'en rendre maître qu'après avoir rompu l'aqueduc et détourné l'eau qui servait aux besoins des habitants. Les Normands la prirent, la brûlèrent et la détruisirent en 838 et en 872. Un de leurs chefs, le fameux Rollon, l'assiégea sans succès en 911. Dans les sanglants combats des Armagnacs et des Bourguignons, Chartres fut pris par ces derniers et passa sous la domination anglaise, dont cette ville ne parvint à s'affranchir qu'en 1432, où Dunois la surprit et s'en rendit maître. Attaquée sans succès par les protestants en 1568, elle fut prise en 1591 par Henri IV, qui s'y fit sacrer trois ans après. C'est dans sa cathédrale que saint Bernard prêcha la première croisade en 1445. Toute la France était si prévenue que le succès de la croisade dépendrait de lui, qu'on lui offrit le commandement de l'armée, qu'il refusa. Content de l'emploi de prédicateur et de thaumaturge, dit l'historien Velly, il partit pour l'Allemagne.

Les armes de Chartres sont : *de gueules à trois besants d'argent, chargés chacun d'une lettre antique et d'une fleur de lis de sable; au chef d'azur chargé de trois fleurs de lis d'or*.

Vers la fin du XIᵉ siècle, la ville de Chartres fut défendue par une enceinte de fortifications qui subsistent encore en entier. On y entrait par sept portes, savoir : les portes Drouaise, de St-Jean, Châtelet, des Epars, St-Michel, Morard et Guillaume. La dernière a quelque chose d'imposant par son apparence guerrière: elle est flanquée de deux grosses tours unies par une courtine et couronnée d'une galerie saillante à créneaux et à machicoulis ; cette porte est voûtée en ogive. On remarque encore sous la voûte la coulisse de la herse, et l'ouverture qui donnait passage à l'assommoir ; on voit aussi celle par où passaient les flèches du pont-levis.

Cette ville est située sur la croupe d'une montagne, au pied de laquelle coule la rivière d'Eure qui baigne une partie de ses remparts. Elle est mal bâtie, ses rues sont étroites, mal percées, et dans la partie appelée la ville basse, tellement escarpées qu'elles sont inaccessibles aux voitures ; on y trouve cependant quelques quartiers agréables et plusieurs places publiques, notamment celle dite des Epars, qui est d'une grandeur démesurée. La plupart des maisons sont construites en pans de bois, et présentent le pignon saillant sur les rues ; toutefois il en existe un certain nombre d'assez bien bâties et commodément distribuées. La ville est en grande partie ceinte de murs et de fossés, environnés de vieux remparts, couronnés de buttes, plantés d'arbres, qui offrent des promenades agréables. La partie basse est arrosée par deux bras formés par l'Eure, et dont l'un coule en dedans et l'autre en dehors des remparts : ils se réunissent ensuite et dirigent leur cours au milieu d'un bassin fertile où ils font mouvoir de nombreux moulins, et côtoient une vaste prairie qui, dans la belle saison, forme une promenade délicieuse.

L'ÉGLISE CATHÉDRALE de Chartres est l'un des temples les plus vastes et les plus imposants que l'architecture ait produits dans le moyen âge. Elle occupe l'emplacement d'une ancienne basilique dont on ignore la forme et l'étendue, qui subit le sort commun à la plupart des édifices religieux de cet âge ; elle fut incendiée vers l'année 858 par les Normands, qui entrèrent dans la ville sous le prétexte d'y recevoir le baptême et de rendre les honneurs de la sépulture à Hastings, leur chef, qu'ils supposèrent mort, et mirent tout à feu et à sang. Cette basilique fut réparée par l'évêque Gislebert, et incendiée de nouveau en 962 ou 973, pendant la guerre entre Thibault le Tricheur, comte de Chartres, et Richard, duc de Normandie. Enfin, en l'année 1020, le 7 septembre, veille de la Nativité de la Vierge, un incendie dont on ignore la cause, et qu'on présume avoir été occasionné par le feu du ciel, embrasa en très-peu de temps presque toute la ville, sans épargner la cathédrale : il y a apparence qu'alors elle n'était construite qu'en bois. Ce troisième incendie arriva sous l'épiscopat de Fulbert. Le premier soin de ce prélat fut d'écrire au roi de France, aux autres souverains de l'Europe, aux princes et seigneurs du royaume, pour les engager à coopérer par leurs bienfaits à la reconstruction de la ville et de son église. Il commença par donner l'exemple, en employant trois années de ses revenus et de ceux de la mense capitulaire. La grande réputation dont Fulbert jouissait à la cour de France, et même dans l'Europe chrétienne, ainsi que la dévotion particulière que tous les peuples avaient pour l'église de Chartres, permirent à ce prélat et à ses successeurs d'exécuter sur un plan aussi vaste un édifice qui, par son ordonnance et la difficulté du travail des pierres que l'on y a employées, a dû coûter des sommes immenses. Jean Cormier, médecin du roi Henri Iᵉʳ, voulant donner sa piété et son amour pour la ville de Chartres, lieu de sa naissance, fit bâtir à ses dépens, vers l'année 1060, le portail méridional, à l'exception du porche formant péristyle au-devant, dont la construction parait être du milieu du XIIᵉ siècle. La princesse Mahaut, veuve de Guillaume le Bâtard, duc de Normandie, vers 1088, fit couvrir en plomb le principal corps de l'édifice, c'est-à-dire le chœur, la croisée et une partie de la nef. L'entrée de la nef, le grand portail, et les deux clochers auxquels on travaillait depuis longtemps, ne furent achevés qu'en 1145. La construction de la cathédrale de Chartres s'est donc prolongée pendant près de cent trente ans; elle fut dédiée à la Vierge, le 17 octobre 1260, par Pierre de Maincy, soixante-seizième évêque de Chartres.

Cette église est bâtie en pierre dure et bien appareillée, d'une construction solide. La disposition générale du plan est noble et grande, et es proportions en sont heureuses : ses dehors offrent un aspect imposant ; le caractère mâle et sévère de la masse de son architecture (sans y comprendre les constructions postérieures) indique le premier âge du style improprement appelé gothique.

La façade principale, dont la largeur totale est de 50 m., présente deux grosses tours carrées surmontées de deux hautes pyramides octogones, séparées par un intervalle de 17 m. Cette façade est divisée en trois portions égales par trois grandes portes précédées d'un perron de cinq marches et pratiquées sous des voussures en ogive chargées de figures et d'ornements.

Au-dessus des portiques sont trois grandes fenêtres en verre peint, plus haut une superbe rose, et au-dessus de la rose une galerie qui fait communiquer d'un clocher à l'autre. Là sont placées dans des niches quinze grandes statues : celles des bienfaiteurs de l'église. La façade du côté du midi présente un vaste porche à trois portiques ; on y monte par un perron composé de dix-sept marches, et soutenu par des massifs ou pieds-droits, sur lesquels on voit un grand nombre de figures et des colonnes dont presque tous les fûts sont d'une seule pierre. Les portiques sont surmontés de pignons et d'une suite de statues placées dans des niches, avec les couronnements ordinaires à ce genre d'architecture. Dans le fond sont trois portails en ogive, d'une belle proportion et décorés de riches ornements. Au-dessus du porche, et sur une même ligne, on compte cinq fenêtres au milieu desquelles est placée la grande rose. — La partie latérale de l'église du côté du nord offre à peu près le même aspect que celui du midi : même grandeur dans la distribution, même richesse dans les statues et les ornements. Les deux porches paraissent avoir été bâtis à la même époque, c'est-à-dire vers le milieu du XIIᵉ siècle.

L'intérieur de l'église est digne d'admiration ; la première chose qui frappe en entrant c'est l'harmonie des proportions ; elle semble ajouter quelque chose d'auguste à la majesté du lieu, où les jours sont d'ailleurs tellement ménagés, que tout y prend une teinte sévère, peut-être même un peu sombre, mais qui convient très-bien à la destination de l'édifice. Ce caractère tient sans doute, jusqu'à un certain point, aux édifices gothiques ; mais il parait être plus particulier à l'église de Chartres qu'à tout autre. Tout l'édifice a de longueur dans œuvre 133 m.

sur 34 m. de largeur d'un mur à l'autre, et 35 m. de hauteur sous la clef de la voûte. La largeur de la nef, depuis la porte principale jusqu'au milieu du premier pilier du chœur, est de 75 m. d'un pilier à l'autre. Les bas côtés ont chacun 6 m. 66 c. de largeur sur 16 m. de hauteur; ces bas côtés sont doubles autour du chœur. La croisée a de longueur, d'une porte à l'autre, 65 m. sur 12 m. de largeur; elle est accompagnée de deux bas côtés. Au-dessus des grands vitraux de la nef et du chœur règne dans l'épaisseur du mur une galerie, au moyen de laquelle on peut faire intérieurement le tour de l'église.

Au rond-point du chœur, et derrière le maître-autel, est placé un groupe de marbre blanc de 6 m. de haut. L'Assomption de la Vierge Marie en est le sujet; trois anges la soutiennent et dirigent leur vol vers le ciel. Cette composition est fort belle; les figures ont près de 3 m. de proportion, et sont liées entre elles par des masses de nuages habilement disposées.

On voit au milieu de la nef un labyrinthe exécuté en pierre bleue de Senlis; les Chartrains l'appellent communément la Lieue; il a 256 m. de développement depuis l'entrée jusqu'au centre.

Les grands vitraux de la nef, de la croisée, du chœur, des bas côtés et des chapelles, sont ornés de figures représentant plusieurs saints personnages, un grand nombre de sujets de l'Ancien et du Nouveau Testament, et des tableaux sur lesquels sont figurées les corporations d'arts et métiers qui ont contribué, soit par leurs cotisations ou par des travaux manuels, à la construction de ce superbe édifice. Dans les parties circulaires en forme de rose qui surmontent les pans de vitres de la partie supérieure de l'église, sont représentés des rois, des ducs, des comtes, des barons, armés de pied en cap, ayant chacun leur écu chargé d'armoiries, et montés sur des chevaux richement barnachés et caparaçonnés; tous ces personnages sont pour la plupart les bienfaiteurs de cette église.
— Le sujet représenté dans les interstices de la grande rose au-dessus de la porte royale, est le Jugement dernier.

La clôture du chœur est un ouvrage digne de l'admiration des connaisseurs, tant par la richesse de son architecture que par la composition et l'heureux choix des ornements, le fini et la belle exécution des figures. Les principaux traits de la vie de la sainte Vierge, ainsi que ceux de la vie de Jésus-Christ, y sont représentés en figures d'une très-belle proportion. Le tout est surmonté d'une multitude de pyramides et de découpures à jour, du style gothique le plus riche et le plus élégant, et qu'on peut comparer, pour la délicatesse du travail, à ces ouvrages d'orfèvrerie appelés filigranes.

Au-dessous de cette église, il en est une autre dite l'Église sous terre, dans laquelle on descend par cinq escaliers différents. Elle se compose de deux longues nefs pratiquées sous chacun des bas côtés de l'église haute. Les voûtes sont en arête : dans la partie qui correspond au pourtour du chœur de l'église haute, on a élevé treize chapelles, entre autres celle de la Vierge, où les fidèles vinrent de tout temps en pèlerinage faire des dévotions et déposer des *ex-voto* et des offrandes; près de l'autel est un ancien puits, nommé dans le pays le Puits des saints forts, parce que, dit Roulliard, du temps de l'empereur Claude, grand persécuteur des chrétiens, le gouverneur de Chartres, après en avoir fait passer plusieurs au fil de l'épée, fit jeter leurs corps dans ce puits.

En 1836, par la négligence de quelques ouvriers fondeurs, le feu prit à la toiture du bâtiment et dévora complètement la charpente qui était magnifique, sans pourtant endommager presque en rien l'édifice. Dans l'impossibilité de refaire une charpente en bois, on résolut de la construire en fer; mais la dépense ayant été reconnue trop considérable, on décida alors de construire la charpente en fonte, ce qui fut exécuté avec un plein succès; cette toiture en fonte a été achevée le 16 janvier 1841.

On remarque encore à Chartres : l'ancienne église de St-André, dont les dimensions sont très-hardies; l'hôtel de la préfecture, dont les bâtiments, les jardins et les terrasses offrent un séjour agréable; la maison commune, solidement et régulièrement bâtie, près de la place d'armes ou des halles; le ci-devant monastère de St-Père, dont la construction était à peine achevée lors de la suppression des communautés religieuses; la maison dite de St-Jean, occupée jadis par des chanoines réguliers, et maintenant convertie en un atelier pour les indigents; le petit séminaire, où sont établis le tribunal civil et la caserne de la gendarmerie; le tribunal criminel, joignant les prisons; l'Hôtel-Dieu, dans le cloître de Notre-Dame; l'hôpital général, situé au faubourg St-Brice, dans l'enclos de St-Martin-au-Val, sur les bords de l'Eure; le cabinet d'histoire naturelle; la bibliothèque publique, renfermant 40,000 vol. imprimés et 800 manuscrits : on y conserve le verre de Charlemagne, anciennement déposé dans l'abbaye de la Madelaine de Châteaudun, à qui cet empereur en avait fait cadeau.

Sur une des places de la ville, qui porte le nom de Marceau, s'élève une pyramide érigée en l'honneur de ce général. On y lit les inscriptions suivantes :

A LA MÉMOIRE DE MARCEAU.

IL NAQUIT A CHARTRES
LE 1ᵉʳ MARS M D CC LXIX.
SOLDAT A SEIZE ANS,
GÉNÉRAL A VINGT-TROIS,
IL MOURUT A VINGT-SEPT.

BLESSÉ MORTELLEMENT
A HOESTBACK,
IL EXPIRA A ALTENKIRKEN,
LE 3ᵉ JOUR COMPLÉMENTAIRE AN IV.
LES GÉNÉRAUX AUTRICHIENS
RENVOYÈRENT SON CORPS
A L'ARMÉE FRANÇAISE,
ET LUI RENDIRENT LES HONNEURS FUNÈBRES
DANS LEUR CAMP.

Biographie. Chartres est le lieu de naissance de :

Foulques ou Foucher de Chartres, historien de ce qui s'est passé à Jérusalem de 1095 à 1127.

Guill. de Saintes, évêque d'Evreux, l'un des plus fameux ligueurs.

P. Nicolle, l'un des écrivains les plus distingués de Port-Royal.

Mich. Félibien, collaborateur de l'historien de Paris dom Lobineau.

And. Félibien, de l'académie des inscriptions, auteur de plusieurs ouvrages sur les arts et les artistes.

Math. Regnier, poëte satirique et licencieux, mort en 1613.

Ph. Desportes, poëte, dont les vers pleins de grâce contribuèrent à épurer notre langue, mort en 1606.

Cl. Deshais-Gendron, médecin et littérateur, mort en 1750.

Soulas d'Allinval, auteur comique assez médiocre, mort à l'hôpital en 1753.

Fleury, acteur célèbre de la Comédie française, où il conserva jusqu'en 1818, époque de sa retraite, la tradition des manières de l'ancienne cour; mort en 1822.

Pethion de Villeneuve, membre de l'assemblée constituante et de la convention nationale, maire de Paris en 1791 et 1792, et l'un des plus célèbres personnages de la révolution française, mort en fuite en 1793.

J. Dussaulx, littérateur, membre de l'académie des inscriptions, député à la convention nationale et au conseil des cinq cents, mort en 1798.

Lacroix de Frainville, avocat, membre de la convention nationale, mort sur l'échafaud révolutionnaire le 5 avril 1794.

P.-J.-M. Chasles, chanoine, député à la convention nationale, mort en 1826.

L.-M.-S. Boutroux, membre de la convention nationale, mort en 1816.

L. Sergent, graveur de mérite, membre de la convention nationale.

Le général Marceau, que ses belles actions firent élever au grade de général de division à vingt-trois ans.

Chauveau-Lagarde, savant jurisconsulte, défenseur au tribunal révolutionnaire du général Miranda, de Brissot de Warville, de Charlotte Corday, de Marie-Antoinette, et à une autre époque du général Bonnaire et de plusieurs autres proscrits.

F. Doublet, professeur à la faculté de médecine de Paris.

J.-F.-L. Deschamp, habile chirurgien.

V. Chevard, historien de Chartres.

Industrie. Fabriques de bonneterie à l'aiguille, draps communs. Tanneries et mégisseries. — Commerce de grains, chevaux, moutons, filasse, balais, et de pâtés de gibier à croûte fine qui jouissent d'une réputation méritée. Les marchés de Chartres sont toujours copieusement approvisionnés de gibiers succulents, et nulle autre ville ne peut songer à lui enlever cette branche de commerce qui est pour elle d'une grande importance. Ces pâtés se composent ordinairement de perdreaux, de cailles, d'alouettes ou de lièvres; on y fait aussi des pâtés de pluviers et de guignards, et autres oiseaux de passage.

Il se tient à Chartres les mardi, jeudi et samedi de chaque semaine, des marchés très-considérables de grains. Ces marchés sont les plus forts de la France; il n'est pas rare de voir vendre dans un seul jour jusqu'à six mille quintaux de blé et plus, outre celui qui se vend sur échantillon, et qui se livre dans les greniers. Tous les grains qui s'exposent sur le carreau des halles s'achètent au comptant : c'est un usage qui subsiste de temps immémorial, avantage qui ne se rencontre pas dans les autres marchés : aussi ceux de Chartres sont-ils constamment bien approvisionnés. Celui du samedi est le plus considérable, et celui du mardi le plus faible. La bonne tenue de ces marchés, la police qui les surveille avec soin, la fidélité dans les livraisons, et les payements que les cultivateurs et marchands sont assurés d'y trouver, les attirent de tous les points du département et de ceux environnants. Il y règne un tel ordre et tant d'activité, qu'en trois quarts d'heure, une heure au plus, tout ce qui se trouve exposé sur la place est vendu. Le mesurage et les livraisons sont toujours terminés et les payements faits dans le jour. — Foires les 11 mai (10 jours), 24 août (3 jours), 8 sept. (10 jours), 30 nov. (2 jours), 1er samedi après la St-Jean (2 jours). Foire aux laines tous les jeudis de juillet.

A 92 k. de Paris. Long. 0° 50′ 55″, lat. 48° 26′ 54″.

L'arrondissement de Chartres est composé de 8 cantons : Auneau, Chartres N., Chartres S., Courville, Illiers, Janville, Maintenon, Voves.

Bibliographie. Doyen (Guillaume). *Histoire de la ville de Chartres, du pays chartrain et de la Beauce,* 2 vol. grand in-8, 1786.

Chevard (V.). *Histoire de Chartres et de l'ancien pays chartrain, avec une description statistique du département d'Eure-et-Loir,* 2 vol. in-8, 1801-02.
— *Supplément à l'Histoire de Chartres et de l'ancien pays chartrain,* in-8, 1811.

Ozeray (M.-J.). *Histoire générale, civile et religieuse de la cité des Carnutes ou du pays chartrain, vulgairement appelé la Beauce, depuis la première émigration des Gaulois jusqu'à l'année de Jésus-Christ 1697,* t. 1, in-8, 1835.

Lejeune (H.-F.-A.). *Annales historiques du département d'Eure-et-Loir et en particulier de la ville de Chartres depuis 1789,* 1 vol. in-f°.

Cartier (E.). *Essai sur les monnaies chartraines frappées par les comtes de Chartres et de Blois jusqu'au XIVe siècle,* etc., in-8, 1833.

Lacombe. *Précis historique des comtes, ducs et évêques de Chartres,* in-8, 1782.

Lelong (dom Jean). *Bibliothèque générale des auteurs de France,* in-4, 1719 (le livre

1er contient la Bibliothèque chartraine. On y traite des auteurs et des hommes illustres de l'ancien diocèse de Chartres).

* *L'ordre observé au sacre et couronnement du roi Henri IV, l'an 1594, par Nicolas de Thou, évêque de Chartres,* in-4 et in-8, 1594; in-8, 1610.

* *Entrée de Sa Majesté le roi Louis XIII et de la reine, son épouse, à Chartres, le 26 septembre 1619* (imprimée au t. 1 du Cérémonial de Godefroy, p. 981).

Anquetin. *La Beauvsse desséchée, ou Discours sur ce qui s'est passé à la procession générale faite à Chartres le dix-huitième juin mil six cens quatre-vingt-un,* petit in-4, sans date.

Rouillard (Séb.). *Parthène, ou Histoire de la très-auguste et très-dévote église de Chartres, dédiée par les vieux Druides en l'honneur de la vierge qui enfanteroit,* etc., in-8, 1609.

Sablon (V.). *Histoire de l'auguste et vénérable église de Notre-Dame de Chartres, tirée des manuscrits et des originaux de cette église,* in-12, 1671, 2e édit.; in-12, 1683; in-16, 1697; in-12, 1707, 1714.

Duhan de Mézières. *Lettre contenant la description de la cathédrale de Chartres* (Mercure, p. 1624, 1626, juillet 1733).

* *Histoire de l'auguste et vénérable église de Chartres, dédiée par les anciens Druides à une vierge qui devait enfanter, tirée des manuscrits et originaux de ladite église,* in-12, 1715; nouv. édit., in-18, 1835.

Lejeune. *Histoire de la cathédrale de Chartres, premier appendice comprenant ses sinistres jusqu'à celui du 4 juin 1836 inclusivement,* in-12, 1839.

* *Nouvelle Histoire de l'Église de Chartres,* in-8, 1808.

Chevard. *Notice sur l'origine et la description de l'église de Chartres* (Annuaire d'Eure-et-Loir, 1807, p. 221).

Gilbert. *Description historique de l'église cathédrale de Notre-Dame de Chartres,* nouv. édit., considérablement augmentée et ornée de gravures, in-8, 1824.

Jolimont (F.-T.). *Vues pittoresques de la cathédrale de Chartres, dessinées par Chapuy,* avec un texte de F.-T. Jolimont, in-f°, 1828.

Didron. *Archéologie nationale, rapport à M. de Salvandy, ministre de l'instruction publique, sur la monographie de la cathédrale de Chartres,* in-8, 1839.
— *Monographie de la cathédrale de Chartres,* in-f° et grav.

* *La Cathédrale de Chartres, ses vitraux et ses statues,* petit in-8, 1839.

* *Notice historique concernant la sonnerie ancienne et moderne de l'église cathédrale de Chartres,* in-12, 1842.

Robert. *Relation de l'accident arrivé à Chartres par le feu qui auroit embrasé toute l'église sans la protection toute visible de la sainte Vierge,* in-8, 1675.

Vallemont (l'abbé). *Description de l'aimant qui s'est formé à la pointe du clocher neuf de Notre-Dame de Chartres,* in-12, 1692.

Miroir. *De l'incendie de la cathédrale de Chartres, et des moyens certains et peu dispendieux de prévenir à l'avenir des ravages du feu du ciel ou accidentel des églises, et en général tous les édifices de haute structure, avec une notice historique sur l'édifice,* in-8, 1836.

Santeul. *Le Trésor de Notre-Dame de Chartres,* 1 vol. grand in-8, ornée de 10 planches, 1841.

Janvier de Hainville (J.-F.-Aug.). *Relation des entrées des évêques de Chartres, avec des remarques historiques,* in-8, 1780.

* *Notre-Dame de Chartres, mystère du Rosaire,* in-8, 1835.

Doublet. *Pouillé du diocèse de Chartres,* in-8, 1738.

Cassegrain (Jean). *Dissertation apologétique sur la fontaine minérale du faubourg St-Maurice de Chartres,* 1702, in-12, p. 24.

CHARTRES, vg. *Ille-et-Vilaine* (Bretagne), arr., cant., ✉ à 9 k. de Rennes. Pop. 768 h.

CHARTRES (St-), vg. *Vienne* (Poitou), arr. et à 23 k. de Loudun, cant. de Moncontour, ✉ de Mirebeau. Pop. 421 h.

CHARTRETTES, joli village, *Seine-et-Marne* (Gatinais), arr., ✉ et à 7 k. de Melun, cant. du Châtelet. Pop. 512 h. — Il est bâti dans une belle situation, sur un coteau qui borde la rive droite de la Seine. On remarque, entre autres, plusieurs belles habitations qui se trouvent sur son territoire, le château du Pré, qu'Henri IV fit bâtir pour Gabrielle d'Estrées.

CHARTREUSE, *Aveyron,* comm. et ✉ de Villefranche-de-Rouergue.

CHARTREUSE (la Grande-), *Cartusia Major, Catorissium, Isère,* com. de St-Pierre-de-Chartreuse, ✉ des Échelles. — Ce monastère, renommé par la beauté de ses sites pittoresques, par son ancienneté et par l'étendue de ses bâtiments, est situé au fond d'une vallée sauvage donnée, en 1084, par saint Hugues, évêque de Grenoble, à saint Bruno, qui y institua l'ordre des chartreux. Deux chemins conduisent à ce monastère : l'un, scabreux et difficile, passe au Sapey, et n'est praticable que pour les personnes à cheval; il traverse une forêt continuelle de sapins, et offre de charmants points de vue sur la délicieuse vallée de Grésivaudan. L'autre chemin, beaucoup plus long, est tracé dans une vallée très-resserrée où coule l'Isère, en passant par les villages de la Buisserate, de St-Robert et de Voreppe ; au delà de cet endroit, il s'enfonce entre deux montagnes dont l'une, à gauche, est cultivée jusqu'au sommet; l'autre, à droite, presque partout inculte et couverte de forêts de sapins, est sillonnée de profonds ravins qui la rendent inaccessible. Ce chemin aboutit au bourg de St-Laurent-du-Pont, bâti au milieu de montagnes à pic d'une hauteur prodigieuse. A peu de distance de ce bourg, on trouve le hameau de Fourvoirie, qui offre un point de vue extrêmement pittoresque. Bientôt la vallée se resserre; tout à coup les deux montagnes se rapprochent et perdent dans les nues leurs cimes devenues presque verticales. En avançant encore, il faut nécessairement, après avoir franchi le torrent sur un horrible pont jeté d'une montagne à l'autre, passer sous une voûte étroite fermée par une double porte, sous laquelle le chemin semble fuir; c'est le seul passage qu'on aperçoive, c'est la première entrée de ce désert. Au delà de cette double porte, le chemin se rétrécit davantage, les montagnes s'élèvent à une telle hauteur, qu'on peut à peine voir le ciel. La route est presque partout taillée dans le roc : il a fallu établir à une grande profondeur un mur très-épais pour soutenir le chemin; dans les endroits les plus dangereux, des blocs de rochers, placés sur le bord du précipice, servent de parapets; ailleurs, le rocher a été taillé en voûte, de manière à s'opposer au passage de toute espèce de voiture. On marche pendant plus d'une heure en longeant à gauche et remontant le torrent du Guiers-Vif, qui va former avec le Guiers-Mort la rivière des Echelles. On l'entend sans cesse lutter contre les rochers qui lui disputent le passage; mais on ne l'aperçoit que par intervalles, à travers l'épaisseur de la forêt, et dans un effroyable abîme, dont un seul faux pas peut vous faire mesurer la profondeur. On avance dans l'obscurité de la forêt, toujours entre la montagne et le torrent, jusqu'au deuxième pont qui était l'ancienne entrée des chartreux, et qui se trouve à 4 k. du premier. Ce dernier pont franchi, on côtoie la rive opposée, et l'on n'a plus que 2 k. de forêt avant d'arriver au couvent. Même horreur, même ombrage impénétrable à l'astre du jour, même profondeur des précipices, même hauteur des montagnes. La fraîcheur dont on jouit ajoute, dans la saison des chaleurs, un charme de plus à toutes les sensations qu'on éprouve. Enfin la vallée s'évase un peu, la forêt cesse entièrement, et l'on se trouve dans une vaste prairie au fond de laquelle l'œil mesure toute l'immensité des bâtiments, une partie du désert dont ils occupent le centre.

Ces bâtiments de l'ancien chef d'ordre des chartreux sont d'une architecture noble, simple et solide. Tels qu'on les voit aujourd'hui, ils ont été élevés vers 1678, sous le généralat de dom Innocent le Masson, après un incendie qui venait de détruire pour la huitième fois la maison. Adossés contre la montagne qui borde la rive gauche du torrent, ils n'ont d'autre aspect que la coupe très-rapprochée qui s'élève sur l'autre rive. La prairie dont ils sont entourés l'est elle-même par la forêt qui couvre toute cette haute région. La façade est embellie par des jardins en terrasse; on voit dans la cour, qui est assez grande, deux bassins d'eaux vives avec des jets qui s'élèvent à plusieurs pieds. Le monastère se compose de deux grands édifices en forme de parallélogramme, dont l'un est dirigé obliquement contre l'autre, et forme avec lui un angle aigu. Le premier a environ 300 m. de longueur sur 17 m. de largeur. Une longue galerie conduit, d'un côté, aux maisons de chacun des grands officiers de l'ordre; celle du général occupe l'extrémité de cette galerie. A droite sont les cuisines et le réfectoire. L'église est placée au centre. Au premier étage se trouvent la salle capitulaire, les chambres des frères, et des logements pour les prieurs qui étaient appelés au chapitre général. — Le second corps de logis peut avoir 400 m. de long sur 17 m. de large : cette partie des bâtiments forme le cloître, contre lequel sont rangées les cellules des religieux, au nombre de 54, et la Correrie, où se trouvaient les écuries, les greniers, l'infirmerie, des ateliers pour toute sorte d'industrie, et jusqu'à une imprimerie. — Le cloître est composé de trois cours parallèles : le cimetière, au centre duquel s'élève une grande croix de pierre, occupe celle du milieu; une multitude de petites arcades à vitres plombées éclairent ces longs corridors. Quatre fontaines, d'une eau aussi froide que la glace, interrompent seules le silence qui règne sous ces voûtes. Tous les bâtiments sont entourés de jardins et de cours assez vastes et fermés par un mur. L'église n'offre rien de remarquable. On visite dans l'intérieur : la salle du chapitre, longue de 15 à 16 m. et large de 9 à 10 m., et dont le fond est occupé par une chaire d'où les généraux haranguaient le chapitre assemblé; les cuisines, où se trouvent de longues tables en marbre; les appartements des étrangers; les caves, fraîches et spacieuses, et la fromagerie. — En remontant le torrent, par un chemin ombragé, large et assez commode, on arrive en un quart d'heure à la cellule de saint Bruno, aujourd'hui convertie en chapelle, au-dessous de laquelle est une grotte qui renferme une fontaine.

Non loin de la Grande-Chartreuse, on remarque la grotte du *Trou-du-Glaz*, ou de la Glace, parce qu'elle en conserve souvent toute l'année. Sa longueur est de 240 m. Elle renferme des stalactites d'une grosseur énorme et d'une assez belle transparence.

Bibliographie. Mandar (Le P. J.-Fr.). *Voyage à la Grande-Chartreuse fait en 1715*, poëme, in-8, 1722.
Lettu. *Description du désert de la Grande-Chartreuse*, etc., in-f° et pl., 1820.
Bourgeois. *Voyage pittoresque à la Grande-Chartreuse*, in-f°, texte et planches, 1821.
Guérin. *Voyage à la Grande-Chartreuse et à la Trappe d'Aiguebelle*, in-18, 1827.
Dupré Deloire. *Voyage à la Grande-Chartreuse*, in-12, 1831.
* *Notice historique sur la Grande-Chartreuse*, in-8 et pl., 1839.
Ombros. *Voyage phrénologique à la Grande-Chartreuse*, in-8, 1836.
* *Tableau pittoresque de la Grande-Chartreuse et de ses alentours, par un religieux du monastère*, in-8, 1838.
* *Notice sur la Grande-Chartreuse*, in-f°, 1839.

CHARTREUX (les), *Bouches-du-Rhône*, comm. et ✉ de Marseille.
CHARTREUX (les), *Seine-Inf.*, comm. du Petit-Quevilly, ✉ de Rouen.
CHARTRIER, vg. *Corrèze* (Limousin), arr. et à 16 k. de Brives, cant. et ✉ de Larche. Pop. 516 h.
CHARTRONGES, vg. *Seine-et-Marne* (Brie), arr. et à 17 k. de Coulommiers, cant. et ✉ de la Ferté-Gaucher. Pop. 267 h.
CHARTRUZAC, vg. *Charente-Inf.* (Saintonge), arr. et à 14 k. de Jonzac, cant. et ✉ de Montendre. Pop. 276 h.
CHARVIEUX, vg. *Isère* (Dauphiné), arr. et à 35 k. de Vienne, cant. de Meyzieux, ✉ de Pont-de-Chernis. Pop. 418 h.
CHARZAI, vg. *Vendée* (Poitou), arr., cant., ✉ et à 3 k. de Fontenay-le-Comte. Pop. 614 h.
CHAS, vg. *Puy-de-Dôme* (Auvergne), arr. et à 25 k. de Clermont-Ferrand, cant. de Vertaison, ✉ de Billom. Pop. 559 h. — On y voit un vieux château qui a appartenu au chancelier Jean de Gouges, et de belles sources recueillies pour l'usage des habitants.
CHASELLE-L'ÉCOT, *Côte-d'Or*, comm. de Fontangis, ✉ de la Maison-Neuve.
CHASELLET, *H.-Alpes*, comm. et ✉ de la Gravée.
CHASNAY, vg. *Nièvre* (Nivernais), arr. et à 35 k. de Cosne, cant. de la Charité, ✉ de Châteauneuf-Val-de-Bargis. Pop. 533 h.
CHASNÉ, vg. *Ille-et-Vilaine* (Bretagne), arr. et à 18 k. de Rennes, cant. et ✉ de Liffré. Pop. 637 h.
CHAZOT, vg. *Doubs* (Franche-Comté), arr. et à 18 k. de Baume-les-Dames, cant. et ✉ de Clerval. Pop. 240 h.
CHASPINHAC, vg. *H.-Loire* (Velay), arr., cant., ✉ et à 7 k. du Puy. Pop. 1,153 h.
CHASPUSAC, vg. *H.-Loire* (Languedoc), arr., ✉ et à 13 k. du Puy, cant. de Loudes. Pop. 476 h.
CHASSAGNE, ou Chassagne-le-Haut, *Cussania*, vg. *Côte-d'Or* (Bourgogne), arr. et à 15 k. de Beaune, cant. de Nolay, ✉ de Chagny. Pop. 958 h. — Commerce d'excellents vins de Bourgogne de son territoire, qui produit les vins renommés des clos de Montrachet, de Chassagne, de Puligny, de Morgeot, des Changuins, etc.
CHASSAGNE, vg. *Doubs* (Franche-Comté), arr. et à 25 k. de Besançon, cant. et ✉ d'Ornans. Pop. 257 h. — On voit sur le territoire de ce village deux belles grottes : l'une appelée la Baume, est précédée d'une avant-salle dont la voûte est très-élevée. Dans le fond est une ouverture basse et étroite, par où l'on s'introduit dans une grotte profonde, garnie de fort belles stalactites, et au fond de laquelle se trouve un rocher qui donne naissance à une fontaine d'eau vive. La seconde grotte, d'un accès difficile, est très-vaste.
CHASSAGNE (la), *Jura* (Franche-Comté), arr. et à 28 k. de Dôle, cant. de Chaumergy, ✉ de Sellières. Pop. 323 h.
CHASSAGNE, *Nièvre*, comm. de Moux, ✉ de Montsauche.
CHASSAGNE, vg. *Puy-de-Dôme* (Au-

vergne), arr. et à 15 k. d'Issoire, cant. et ✉ d'Ardes. Pop. 589 h.

CHASSAGNES, vg. *Ardèche* (Languedoc), arr. et à 24 k. de Largentière, cant. et ✉ des Vans. Pop. 420 h.

CHASSAGNES, vg. *Dordogne* (Périgord), arr., cant., ✉ et à 8 k. de Ribérac. P. 338 h.

CHASSAGNES, vg. *H.-Loire* (Auvergne), arr. et à 19 k. de Brioude, cant. et ✉ de Paulhaguet. Pop. 702 h.

CHASSAGNY, vg. *Rhône* (Lyonnais), arr. et à 20 k. de Lyon, cant. et ✉ de Givors. Pop. 403 h.

CHASSAIS-L'ÉGLISE, *Vendée*, comm. de Sigournais, ✉ de Chantonnay.

CHASSAL, vg. *Jura* (Franche-Comté), arr., cant., ✉ et à 9 k. de St-Claude. Pop. 253 h. — Exploitation en grand de beaux marbres qui sont mis en œuvre dans les usines de Molinges.

CHASSANT, vg. *Eure-et-Loir* (Beauce), arr. et à 19 k. de Nogent-le-Rotrou, cant. et ✉ de Thiron-Gardais. Pop. 372 h. — *Foires* les 14 mars et 15 sept.

CHASSÉ, vg. *Sarthe* (Maine), arr. et à 2 k. de Mamers, cant. de la Fresnaye, ✉ d'Alençon. Pop. 219 h.

CHASSEGUEY, vg. *Manche* (Normandie), arr. et à 14 k. de Mortain, cant. de Juvigny, ✉ de St-Hilaire-du-Harcouet. Pop. 248 h.

CHASSEIGNE, *Nièvre*, comm. de St-Parize-le-Châtel, ✉ de Magny.

CHASSEIGNE, *Vienne* (Poitou), arr., cant., ✉ et à 6 k. de Loudun. Pop. 536 h.

CHASSELAS, vg. *Saône-et-Loire* (Bourgogne), arr., ✉ et à 11 k. de Mâcon, cant. de la Chapelle-Guinchay. P. 351 h. — *Foires* le 4 déc.

CHASSELAY, vg. *Isère* (Dauphiné), arr. et à 12 k. de St-Marcellin, cant. et ✉ de Vinay. Pop. 766 h.

CHASSELAY, petite ville, *Rhône* (Lyonnais), arr. et à 13 k. de Lyon, cant. de Limonest. ✉. A 258 k. de Paris pour la taxe des lettres. Pop. 1,121 h.—Il existe sur son territoire une mine de plomb sulfuré exploitée avec avantage, dont le souterrain a plus de 70 m. de profondeur avec une source dans le bas. On y trouve du plomb cristallisé, quelques parties d'argent, et du quartz qui réunit un grand nombre de couleurs. Cette mine a été découverte vers le milieu du XVIII° siècle. — *Foires* les 6 mai et 28 déc.

CHASSEMY, vg. *Aisne* (Picardie), arr. et à 17 k. de Soissons, cant. et ✉ de Braisne. Pop. 705 h.

CHASSENARD, vg. *Allier* (Bourbonnais), arr. et à 60 k. de la Palisse, cant. du Donjon, ✉ de Digoin. Pop. 734 h.

CHASSENAY, vg. *Aube* (Champagne), arr., ✉ et à 12 k. de Bar-sur-Seine, cant. d'Essoyes. Pop. 289 h.

CHASSENEUIL, petite ville, *Charente* (Angoumois), arr. et à 29 k. de Confolens, cant. de St-Claud. ✉. A 447 k. de Paris pour la taxe des lettres. Pop. 2,167 h. Sur la rive gauche de la Bogueure. — *Foire* le 22 de chaque mois.

CHASSENEUIL, vg. *Indre* (Berry), arr. et à 23 k. de Châteauroux, cant. et ✉ d'Argenton-sur-Creuse. Pop. 1,038 h.

CHASSENEUIL, vg. *Vienne* (Poitou), arr., ✉ et à 8 k. de Poitiers, cant. de St-Georges-les-Baillargeaux. Pop. 1,152 h. — *Foire* le 9 sept.

CHASSENON, vg. *Charente* (Angoumois), arr. et à 20 k. de Confolens, cant. et ✉ de Chabanais. Pop. 1,008 h.

CHASSENON-LE-BOURG, *Vendée*, com. de Xanton, ✉ de Fontenay-le-Comte.

CHASSERADÈS, vg. *Lozère* (Languedoc), arr. et à 33 k. de Mende, cant. et ✉ de Blaymard. Pop. 780 h.—*Foires* les 20 avril, 17 mai et 16 août.

CHASSERICOURT, vg. *Aube* (Champagne), arr. et à 40 k. d'Arcis-sur-Aube, cant. et ✉ de Chavanges. Pop. 200 h.

CHASSEUX, *Saône-et-Loire*, comm. de Chissey, ✉ de St-Gengoux-le-Royal.

CHASSEY, vg. *Côte-d'Or* (Bourgogne), arr., cant., ✉ et à 9 k. de Semur. P. 284 h.

CHASSEY, *Jura*, comm. de Mutigney, ✉ de Pesmes.

CHASSEY, *Meuse* (Lorraine), arr. et à 38 k. de Commercy et à 57 k. de St-Mihiel, cant. et ✉ de Gondrecourt. Pop. 367 h.

CHASSEY, vg. *Saône-et-Loire* (Bourgogne), arr. et à 22 k. de Chalon-sur-Saône, cant. et ✉ de Chagny. Pop. 521 h.

CHASSEY-LES-MONTBOZON, vg. *H.-Saône* (Franche-Comté), arr. et à 21 k. de Vesoul, cant. et ✉ de Montbozon. P. 832 h.

CHASSEY-LES-SCEY, vg. *H.-Saône* (Bourgogne), arr. et à 16 k. de Vezoul, cant. et ✉ de Scey-sur-Saône. Pop. 201 h.

CHASSEZAC (le), petite rivière qui prend sa source au-dessus du village de Chasseradez, arr. de Mende, *Lozère*; elle passe à Chasseradez, près des Vans, et se jette dans l'Ardèche, au-dessous de Ruons, après un cours d'environ 40 k.

CHASSIECQ, vg. *Charente* (Angoumois), arr. et à 25 k. de Confolens, cant de Champagne-Mouton, ✉ de St-Claud. Pop. 665 h.

CHASSIERS, vg. *Ardèche* (Languedoc), arr., cant., ✉ et à 1 k. de Largentière. Pop. 1,336 h. — Filatures de soie.

CHASSIEUX, vg. *Isère* (Dauphiné), arr. et à 26 k. de Vienne, cant. et ✉ de Meyzieux. Pop. 747 h.

CHASSIGNELLES, vg. *Yonne* (Champagne), arr. et à 21 k. de Tonnerre, cant. et ✉ d'Ancy-le-Franc. Pop. 487 h.

CHASSIGNEU, vg. *Isère* (Dauphiné), arr. de la Tour-du-Pin, à 20 k. de Bourgoin, cant. et ✉ de Virieu. Pop. 600 h.

CHASSIGNEUX (le), *Isère*, comm. du Pin, ✉ de Virieu.

CHASSIGNOLES, vg. *Indre* (Berry), arr., cant., ✉ et à 6 k. de la Châtre. Pop. 968 h.

CHASSIGNOLES, vg. *H.-Loire* (Auvergne), arr. et à 17 k. de Brioude, cant. d'Auzon, ✉ de Ste-Florine. Pop. 899 h.

CHASSIGNOLLES, *Allier*, comm. et ✉ de Cusset.

CHASSIGNY, vg. *H.-Marne* (Champagne), arr. et à 20 k. de Langres, cant. de Prauthoy. ✉. A 306 k. de Paris pour la taxe des lettres. Pop. 664 h.

CHASSIGNY, *Yonne*, comm. et ✉ d'Avallon.

CHASSIGNY-SOUS-DUN, vg. *Saône-et-Loire* (Bourgogne), arr. et à 23 k. de Charolles, cant. et ✉ de Chauffailles. P. 961 h.

CHASSILLAC, *Charente-Inf.*, comm. de St-Disant-du-Gua, ✉ de St-Fort.

CHASSILLÉ, vg. *Sarthe* (Maine), arr. et à 27 k. du Mans, cant. de Loué, ✉ de Coulans. Pop. 710 h. — Ce village, situé au bas d'une éminence, sur la rive droite de la Vègre, était autrefois défendu par un château fort, dont l'emplacement est occupé par une jolie habitation qu'embellissent de charmants jardins. L'église paroissiale a la forme des basiliques de la primitive Eglise et est ornée de beaux tableaux provenant de la chapelle de l'ancien évêché du Mans. — Chassillé a été le théâtre de plusieurs combats sanglants pendant les guerres de la chouannerie. — Briqueteries et fours à chaux.

CHASSIRON (tour de), située à l'extrémité nord-ouest de l'île d'Oléron, près du rocher d'Antioche, dép. de la *Charente-Inf.* A 24 k. S.-O. de la Rochelle.

Il y a un phare à feu fixe, de 1er ordre, de 50 m. de hauteur et de 28 k. de portée, qui est situé à 18 k. 1/2 S.-S.-E. du phare de la Tour-des-Baleines (île de Rhé), lequel est à feu tournant. Lat. 46° 3', long. 3° 15'.

Etablissement de la marée, 3 h. 45 m. La mer y marne de 6 m.

CHASSORS, bg *Charente* (Saintonge), arr. et à 12 k. de Cognac, cant. et ✉ de Jarnac. Pop. 1,019 h. — *Fabriques d'eaux-de-vie*.

CHASSY, vg. *Cher* (Berry), arr. et à 37 k. de Bourges, cant. de Baugy, ✉ de Villeguiers. Pop. 681 h.

CHASSY, vg. *Saône-et-Loire* (Bourgogne), arr. et à 31 k. de Charolles, cant. et ✉ de Geugnon. Pop. 540 h.

CHASSY, vg. *Yonne* (Champagne), arr. et à 17 k. de Joigny, cant. et ✉ d'Aillant-sur-Tholon. ✉. Pop. 883 h.

CHASTAGNAS, *Ardèche*, comm. de Burzet, ✉ de Montpezat.

CHASTANG (le), vg. *Corrèze* (Limousin), arr., cant., ✉ et à 15 k. de Tulle. Pop. 361 h.

CHASTANIER, vg. *Lozère* (Languedoc), arr. et à 37 k. de Mende, cant. de Langogne. Pop. 242 h.

CHASTEAUX, vg. *Corrèze* (Limousin), arr. et à 12 k. de Brives, cant. et ✉ de Larche. Pop. 1,017 h.

CHASTEL, vg. *Cantal* (Auvergne), arr. à 20 k. de Mauriac, cant. et ✉ de Saignes. Pop. 1,334 h.

CHASTEL, vg. *H.-Loire* (Auvergne), arr. et à 29 k. de Brioude, cant. de Pinols, ✉ de la Voûte-Chilhac. Pop. 690 h.

CHASTEL-MARLAC, *Cantal*. V. CHASTEL.

CHASTEL-NOUVEL, vg. *Lozère* (Languedec), arr., cant., ✉ et à 6 k. de Mende. Pop. 594 h.

CHASTEL-SUR-MURAT, vg. *Cantal* (Auvergne), arr., cant., ✉ et à 5 k. de Murat. Pop. 470 h.

CHASTENAY, vg. *Yonne* (Bourgogne), arr. et à 24 k. d'Auxerre, cant. et ✉ do Courson. Pop. 426 h.

CHASTEUIL, *Castellium*, *Castoneum*, vg. *B.-Alpes* (Provence), arr., cant., ✉ et à 12 k. de Castellane. Pop. 170 h.

CHASTREIX, vg. *Puy-de-Dôme* (Auvergne), arr. et à 50 k. d'Issoire, cant. de la Tour, ✉ de Tauves. Pop. 974 h.

CHAT-BRULÉ (le), *Pas-de-Calais*, comm. de Blendecques, ✉ de St-Omer.

CHATAGNA, *Jura*, comm. de Chavéria, ✉ d'Orgelet. — On remarque à peu de distance de ce village, vers le pied d'une côte d'environ 200 m., coupée verticalement, un grand canal souterrain par lequel la montagne vomit, pendant l'hiver, un petit torrent ; l'été, le lit de ce torrent est parfaitement à sec ; il ne sort pas une goutte d'eau du rocher, mais il en sort un vent continuel.

CHATAIGNAIS (les), *Indre*, comm. de St-Denis-de-Jouet, ✉ d'Aigurandes.

CHATAIGNE (la), *Indre*, comm. de Ceaulmont, ✉ d'Argenton-sur-Creuse.

CHATAIGNERAIE (la), petite ville, *Vendée* (Poitou), arr. et à 20 k. de Fontenay-le-Comte, chef-l. de cant. Cure. ✉. A 393 k. de Paris pour la taxe des lettres. Pop. 1,620 h. — TERRAIN cristallisé ou primitif. — Elle est située dans une contrée fertile, près du Loing. — *Commerce* de grains et de bestiaux. Centre d'une fabrique considérable de grosses étoffes en laine. — *Foires* la veille des Rameaux, 1er samedi de mai, de juin, de nov., et 3e samedi de sept. et dernier samedi de déc.

CHATAIGNIER, vg. *Corrèze*, comm. de St-Martial, ✉ de Tulle. — *Foires* les 19 juin, 16 sept., 6 déc., et jeudi de Pâques.

CHATAIN, *Charente-Inf.*, comm. et ✉ de Marennes.

CHATAIN, vg. *Vienne* (Poitou), arr. et à 21 k. de Civray, cant. et ✉ de Charroux. Pop. 972 h. — *Commerce* d'excellentes châtaignes que l'on récolte sur le territoire. — *Foires* le jeudi saint, lundi de la Pentecôte, et 3e lundi de chaque mois.

CHATAINCOURT, vg. *Eure-et-Loir* (Beauce), arr. et à 12 k. de Dreux, cant. de Brezolles, ✉ de Nonancourt. Pop. 397 h.

CHATAS, vg. *Vosges* (Lorraine), arr. et à 15 k. de St-Dié, cant. et ✉ de Sénones. Pop. 308 h.

CHATEAU, vg. *Saône-et-Loire* (Bourgogne), arr. et à 25 k. de Mâcon, cant. et ✉ de Cluny. Pop. 697 h. — *Foires* les 25 fév., 27 avril, 6 juillet, 24 sept., 24 nov. et 26 déc.

CHATEAU (le), *H.-Vienne*, comm. de Dompierre, ✉ de Magnac-Laval.

CHATEAU-ARNOUX, *Castrum Arnulphi*, vg. *B.-Alpes* (Provence), arr., ✉ et à 16 k. de Sisteron, cant. de Volonne. Pop. 649 h.

CHATEAU-BERNARD, vg. *Charente* (Saintonge), arr., cant., ✉ et à 2 k. de Cognac. Pop. 314 h.

CHATEAU-BERNARD, vg. *Isère* (Dauphiné), arr. et à 24 k. de Grenoble, cant. et ✉ de Monestier-de-Clermont. Pop. 435 h.

CHATEAU-BLEAU, vg. *Seine-et-Marne* (Brie), arr. et à 15 k. de Provins, cant. et ✉ de Nangis. Pop. 216 h.

CHATEAU-BLANC, *Vaucluse*, comm. et ✉ d'Avignon.

CHATEAUBOURG, vg. *Ardèche* (Languedoc), arr. et à 8 k. de Tournon, cant. et ✉ de St-Péray. Pop. 330 h.

CHATEAUBRIANT (Bretagne), chef-l. de cant., arr. et à 14 k. de Vitré. Cure. ✉. ☞. A 335 k. de Paris pour la taxe des lettres. Pop. 1,321 h. — TERRAIN de transition moyen. — Il est situé sur une éminence, dans un pays couvert et abondant en excellents pâturages, sur la rive droite de la Vilaine, que l'on passe sur un pont en pierre.

A 2 k. de Châteaubourg, sur la route de ce bourg à Rennes, on trouve une carrière d'ardoise que l'on exploite à ciel ouvert, à plus de 32 m. de profondeur. L'aspect de cette prodigieuse excavation, qui ressemble à un abîme situé au bord et à droite de la route, n'est pas un coup d'œil sans intérêt pour les voyageurs. — *Commerce* de toiles, étoffes communes, vins, etc. — *Foires* les 18 avril, 6 sept., et lundi après le dimanche où l'on célèbre la St-Pierre.

CHATEAU-BREHAIN, vg. *Meurthe* (Lorraine), arr. et à 11 k. de Château-Salins, et à 18 k. de Vic, cant. et ✉ de Delme. P. 403 h.

CHATEAUBRIANT, *Castrum Brientii*, *Briandi*; *Cadète*; ville ancienne, *Loire-Inf.* (Bretagne), chef-l. de sous-préf. (2e arr.). Trib. de 1re inst. Soc. d'agric. Cure. ✉. ☞. A 350 k. de Paris pour la taxe des lettres. Pop. 3,732 h. — TERRAIN de transition moyen.

Autrefois diocèse et recette de Nantes, parlement et intendance de Rennes, gouvernement particulier, 2 couvents.

L'origine de cette ville paraît remonter au temps de la domination romaine. En 1015, Briant, comte de Penthièvre, y fit bâtir un château auquel il donna son nom ainsi qu'à la ville, qui perdit celui de Cadète, qu'elle avait porté jusqu'alors, pour prendre celui de Châteaubriant. Sous le règne de Charles VIII, la Trémouille assiégea cette ville, qui soutint avec courage plusieurs assauts ; mais les assiégés, ne recevant point de renforts, furent obligés de capituler. Les Français détruisirent le château, les tours, les fortifications, et réduisirent la ville dans l'état où elle est aujourd'hui.

Les armes de **Châteaubriant** sont : *de gueules semé de fleurs de lis d'or*. Dans d'Hozier elles sont figurées : *d'azur à trois fleurs de lis d'or 2 et 1, brisé en cœur d'un blason raccourci et péri en bande de gueules*.

Il ne reste plus du vieux château bâti par Briant que la tour du donjon et deux autres tours fort élevées. Au pied de ces tours se groupent quelques centaines de maisons : leurs façades bizarres, l'irrégularité des ouvertures, leurs toits avancés, dénotent l'ancienneté de leur construction et le mauvais goût de l'époque. L'antique chapelle de cette forteresse et la salle des gardes, autrefois décorée de trophées, rappellent la piété et les occupations guerrières de nos aïeux. Dans le nouveau château, appelé le Château neuf, on admire une magnifique galerie composée de quarante arcades ; le grand escalier voûté en pierres ; un autre escalier merveilleusement exécuté en colimaçon ; et l'appartement qu'occupait Françoise de Foix : c'est une grande pièce lambrissée et séparée en deux par une balustrade travaillée avec goût ; les vitraux sont petits et laissent apercevoir quelques restes de peinture ; la cheminée, soutenue par des cariatides, est sculptée en entier suivant le goût du temps. De cette pièce on entre, par une double porte basse et étroite, dans une tour qui était entièrement dorée et où se trouve une alcôve : on l'appelle le *cabinet doré*. La boiserie est couverte de sculptures et offre encore des dorures d'une grande fraîcheur. C'est dans ce lieu que, suivant des bruits fabuleux, Mme de Châteaubriant aurait perdu la vie, victime de la jalousie de son époux. Ce château mériterait d'être classé au nombre des monuments historiques.

PATRIE de l'habile médecin FR.-J. HUNAULD.

Fabriques d'étoffes de laine communes, de conserves d'angélique renommées, de poterie de terre. Tuileries. Tanneries. — *Commerce* considérable de bestiaux, de grains, bois, fer, cuirs, etc. — *Foires* de 8 jours les 14 sept., mercredi après la Trinité et après la Toussaint.

A 64 k. de Nantes, 48 k. de Rennes, 335 k. de Paris. — L'arrondissement de Châteaubriant est composé de 7 cantons : Châteaubriant, Derval, St-Julien-de-Vouvantes, Moisdon-la-Rivière, Nort, Nozay et Rougé.

CHATEAU-CHALON, *Castellum Carnones*, bg *Jura* (Franche-Comté), arr. et à 13 k. de Lons-le-Saulnier, cant. et ✉ de Voiteur. P. 700 h.

Ce bourg est situé sur une montagne élevée à 400 m. au-dessus de la plaine, près de la rive droite de la Seille. Il est généralement mal bâti et formé de rues étroites et irrégulières. Sur le sommet de la montagne, au sud, on remarque les bâtiments d'une ancienne abbaye de bénédictines, formés de petites maisons isolées, séparées par des corridors plutôt que par des cours, sans alignement et rustiquement construites. Mais si ce bâtiment n'est pas un chef-d'œuvre, sa position est on ne peut plus belle : établi sur le bord méridional d'un pic très-haut, au couchant, les regards se déploient sur toute la Bresse et sur les côtes de la Bourgogne ; au levant, la vue plonge sur un riche et grand vallon cultivé avec soin, entrecoupé de monticules également bien cultivés et couverts d'habitations que l'aisance et la paix semblent avoir choisies pour asile. La Seille descend en torrent dans ce gracieux vallon, revient et se reploie plusieurs fois sur elle-même, et forme, au bas

de l'enclos, une cascade des plus agréables.
Des monuments de l'histoire il semble résulter que l'abbaye de Château-Chalon subsistait antérieurement au IXᵉ siècle. Quelques ruines d'un château fort, appelé la Tour de Charlemagne, et qui ne tient point à l'abbaye, sont cependant les seuls restes de bâtiments qu'on puisse faire remonter à une haute antiquité. Ce qu'on y voit de plus remarquable, ce sont les citernes; l'une d'elles a 4 m. de large et 13 m. de profondeur, sans y comprendre la voûte.—Dans l'église paroissiale on voit une Trinité en ivoire d'un beau travail.

Les environs de Château-Chalon sont couverts de vignes dont les produits jouissent d'une grande réputation : très-peu de vins connus, en effet, surpassent en bonté les vins de gelée de Château-Chalon, quand ils ont vingt-cinq à trente ans; ils ont alors la couleur et le goût des célèbres vins de Tokaï.—*Foires* les 1ᵉʳ juillet, 8 sept. et 12 nov.

Bibliographie. Dunod (J.-F.). *Histoire de Château-Chalon* (se trouve t. II de son Hist. des Séquanais, in-4, 1735, part. II, p. 140, 150).

* *Mémoire et Consultation pour servir à l'histoire de Château-Chalon*, in-8, 1766.

CHATEAU-CHERVIX, bg *H.-Vienne* (Limousin), arr. et à 18 k. de St-Germain-les-Belles, ⊠ de Pierre-Buffière. Pop. 1,679 h.

CHATEAU-CHINON, ou Château-Chinon-Ville, *Castrum Cainonense*, *Castrum Caninum*, petite ville, *Nièvre* (Nivernais), chef-l. de sous-préf. (4ᵉ arr.) et d'un cant. Trib. de 1ʳᵉ inst. Soc. d'agricult. Cure. Gîte d'étape. ⊠. ⌾. Pop. 2,900 h.—Terrain plutonique, porphyre.

Autrefois comté, diocèse de Nevers, parlement de Paris, intendance de Moulins, chef-lieu d'élection, bailliage, seigneurie.

Château-Chinon est une ville fort ancienne, jadis connue sous le nom de *Castrum Caninum*: on présume que les Romains y construisirent une forteresse renfermant un temple, auquel quelques décorations en forme de têtes de chien, firent joindre le nom de *Caninum*. C'était autrefois une place importante, entourée de fortifications considérables, et défendue par un vaste château environné de doubles fossés, dont il reste encore quelques vestiges. Les Anglais s'emparèrent de cette place en 1467 et la saccagèrent. En 1475, Louis XI défit sous les murs l'armée du duc de Bourgogne. Les royalistes se rendirent maîtres de Château-Chinon après un long siège, et passèrent au fil de l'épée la garnison ainsi qu'une grande partie des habitants.

Cette ville est située en amphithéâtre, sur le sommet d'une montagne élevée de 600 m. au-dessus du niveau de la mer, et dominée de tous côtés par des hauteurs couvertes de bois. Elle est assez bien bâtie, sur le canal du Nivernais, près de la rive gauche de l'Yonne et non loin des sources de cette rivière. L'air y est sain, mais vif et très-froid.

Patrie du lieutenant général baron Goguelat; du littérateur Bazot.

Fabriques de grosses draperies. Tanneries importantes.—*Commerce* considérable de bois de chauffage et de charbon pour l'approvisionnement de Paris, de cuirs, laines, froment, avoine, chevaux, bestiaux du Morvan, etc.—Entrepôt de vins de Bourgogne.—*Foires* les 26 juillet, 7 sept., lundi après le 1ᵉʳ janv., 1ᵉʳ lundi de carême, lundi après les Rameaux.

A 80 k. de Nevers, 271 k. de Paris.

L'arrondissement de Château-Chinon est composé de 5 cantons : Château-Chinon, Châtillon-en-Bazois, Luzy, Montsauche, Moulins-Engilbert.

CHATEAU-CHINON-CAMPAGNE, vg. *Nièvre* (Nivernais), arr., cant., ⊠ et à 5 k. de Château-Chinon. Pop. 1,776 h.

CHATEAU-CREUX (le), *Loire*, comm. de d'Outrefurens, ⊠ de St-Etienne.

CHATEAU - D'ALMENÈCHES (le), vg. *Orne* (Normandie), arr. et à 15 k. d'Argentan, cant. et ⊠ de Mortrée. Pop. 328 h.

CHATEAU-D'ANCELLE, *H.-Alpes*, com. d'Ancelle, ⊠ de St-Bonnet.

CHATEAU-DE-JOUX. V. Joux.

CHATEAU-DES-PRÉS, vg. *Jura* (Franche-Comté), arr. et à 16 k. de St-Claude, cant. et ⊠ de St-Laurent, Pop. 301 h.—*Foires* les 24 juillet et 4 sept.

CHATEAU-DES-RENTIERS, *Seine*, com. et ⊠ d'Ivry-sur-Seine.

CHATEAU-D'OLERON (le), ou Château Ile d'Oleron, petite ville forte, *Charente-Inf.* (Saintonge), arr. et à 11 k. de Marennes, ch.-l. de cant. Place de guerre de 3ᵉ classe. Bur. d'enregist. à St-Pierre-d'Oleron. Cure. ⊠. A 503 k. de Paris pour la taxe des lettres. Pop. 3,135 h.—Terrain crétacée inférieur.

Cette ville est située dans la partie de l'île d'Oleron la plus rapprochée du continent, vis-à-vis de Marennes.—Construction de navires. Distilleries d'eau-de-vie. Corderies.— *Commerce* de grains, fèves, maïs, vins, eaux-de-vie, sels, etc.—*Foires* le lundi de Pâques et les 1ᵉʳˢ lundis de mai et de sept.

CHATEAU-D'OLONNE, vg. *Vendée* (Poitou), arr., cant., ⊠ et à 4 k. des Sables. Pop. 1,093 h.

CHATEAUDOUBLE, vg. *Drôme* (Dauphiné), arr. et à 18 k. de Valence, cant. et ⊠ de Chabeuil. Pop. 654 h.—*Foires* les 4 juin et 14 août.

CHATEAUDOUBLE, *Castellum Duplum*, vg. *Var* (Provence), arr. et à 10 k. de Draguignan, cant. et ⊠ de Callas. Pop. 989 h. On remarque sur un roc qui domine les restes d'un temple antique, les débris d'une citerne qui fournissait jadis l'eau pour les besoins des habitants.—*Foire* le 25 juillet.

CHATEAU-DU-BOIS, *Nièvre*, comm. et ⊠ d'Entrains.

CHATEAU-DU-LOIR, *Castrum Lidi*, *Castrum Lædum*, petite ville, *Sarthe* (Maine), arr. et à 42 k. de St-Calais, chef-l. de cant. Cure. Gîte d'étape. ⊠. ⌾. A 235 k. de Paris pour la taxe des lettres. Pop. 3,029 h.—Terrain crétacée inférieur, grès vert.

Autrefois baronnie et château, diocèse du Mans, parlement de Paris, intendance de Tours, chef-lieu d'élection, sénéchaussée, maîtrise particulière, gouvernement particulier.

Cette ville était anciennement une des meilleures forteresses du pays. Vers le commencement du XIᵉ siècle elle soutint un siège de sept ans contre Geoffroy Martel, comte d'Anjou. En 1075, le château fut assiégé de nouveau et pris par Foulques Réchin. En 1181, Philippe Auguste s'empara de Château-du-Loir sur Henri II, roi d'Angleterre, et le rendit à Richard Cœur de lion, qui assigna sur cette terre le douaire de la reine Bérangère, sa femme.—Cette place, qui tenait pour la Ligue, se soumit à Henri IV en 1589. Un incendie consuma le tiers des habitations en 1798, et en 1800 une inondation dévasta tout le territoire environnant.

Les armes du Château-du-Loir sont : *de gueules à un château d'argent crenelé à trois tours couvertes en pointe, sur une onde ombrée d'azur; au chef d'azur chargé de deux fleurs de lis d'or.*

Cette ville est placée sur le penchant d'un coteau qui domine la délicieuse vallée du Loir. Autrefois ce n'était un château fort, célèbre dans l'histoire pour avoir soutenu un siège de sept ans. Construit sur un rocher isolé et entouré d'eau, ce château avait été séparé de main d'homme d'un coteau au pied duquel coulent à droite et à gauche deux ruisseaux, et ne lui plus considérable était appelé le Lyre. Un rocher tendre et calcaire, comme celui qui règne le long du Loir depuis Vendôme, couronnait les tours et les murailles du fort; mais ce rocher et le fort ont disparu en même temps : on les a fait sauter, et de leurs ruines on a comblé le fossé. — Une jolie place plantée d'arbres, qui forme aujourd'hui une promenade agréable, a remplacé les retranchements du fort, le rocher escarpé et les créneaux gothiques au milieu desquels on ne respirait que la guerre et les combats. Un autre rocher, qui s'élevait à côté de celui qu'on a fait disparaître, domine la grande place et presque toute la ville. On y a construit une habitation singulière, dont la cour et les cuisines sont au-dessus du comble; elle est surtout remarquable par ses jardins qu'on a osé placer sur un fragment de rocher, et qui sont pratiqués en terrasses ascendantes et circulaires. Du point le plus élevé de ce rocher, ombragé par les arbres les plus rares, on a sous ses pieds la ville entière, ainsi que les trois vallons qui y aboutissent, et l'on embrasse d'un coup d'œil la vallée du Loir, une des plus belles et des plus riches de France.

La ville de Château-du-Loir se compose d'une rue principale tirée au cordeau, ornée de jolies boutiques, de belles maisons bourgeoises et de jardins en terrasses. Cette rue traverse la ville en entier, et est divisée par une place carrée servant de promenade; le surplus consiste en plusieurs rues montueuses, étroites, mal percées et assez mal bâties; en petites places où se trouvent l'hôtel de ville, la halle, l'hôpital, etc. L'église St-Guingalois,

CHATEAUDUN.

la seule des deux anciennes églises paroissiales qui existe actuellement, est un édifice d'une belle construction, à arcades intérieures cintrées du côté droit, et semi-ogives à gauche, à ouvertures également de différents styles ; on y remarque un bel autel à la romaine en marbre, et un groupe aussi en marbre, placé au fond du chœur, représentant le Christ mort, couché sur les genoux de sa mère.

Patrie du général Perron, qui servit longtemps dans les Indes orientales, d'où il est revenu possesseur d'une fortune considérable.

Industrie. Château-du-Loir est le centre d'une fabrique de toiles renommées par leur bonne qualité, qui occupe environ 800 métiers dans 40 communes des environs. Filatures de coton. Tanneries. — *Commerce* de grains, chanvre, lin, gibier, volailles, bestiaux, vins estimés du territoire. Commerce considérable de marrons, dont il s'exporte chaque année pour près de 200,000 fr. —*Foires* les 2es samedis de mars, de mai, de juin, 4e samedi d'août, 3e samedi de nov. et 1er déc.

CHATEAUDUN, *Costellio-Dunum, Castrodunum, Dunum-Carnutum*, jolie ville, Eure-et-Loir (Beauce), chef-l. de sous-préfect. (3e arr.). Trib. de 1re inst. Soc. d'agric. Collége communal. Cure. Gîte d'étape. ⊠. ⚘. Pop. 6,680 h. — Terrain crétacée inférieur, grès vert.

Autrefois diocèse de Chartres, parlement de Paris, intendance d'Orléans, chef-lieu d'élection, gouvernement particulier, bailliage, justice royale, grenier à sel, 2 collégiales, 3 couvents.

Châteaudun est une ville fort ancienne, qui porta le nom de Ville-Claire jusqu'au temps de Gontran ou de Sigebert, roi d'Orléans. Dès la fin du ve siècle, cette ville fut érigée en évêché, qui fut supprimé par décision du concile tenu à Paris en 573. Il y avait, avant la révolution, une abbaye royale de l'ordre de St-Augustin, dont on attribue la fondation à Charlemagne, où plusieurs comtes de Dreux ont été enterrés.

— Les environs de Châteaudun ont été le théâtre d'un massacre épouvantable de troupes auxiliaires, connues sous le nom de Brabançons, Cotereaux, etc., vers 1183.

Les armes de **Châteaudun** sont : *de gueules à trois croissants montants d'argent 2 et 1 et pour devise* : extincta revivisco.

La ville de Châteaudun fut presque entièrement détruite par un incendie en 1723. Louis XV en fit relever les premières façades, et exempta les habitants de taille pendant vingt ans. Depuis cet incendie, Châteaudun est devenu une des villes les plus régulières : ses rues, tirées au cordeau, aboutissent à une grande place parfaitement carrée, d'où l'on voit toute la ville.

Les plus habiles peintres ont reproduit plusieurs fois les coteaux pittoresques qui bornent cette ville du côté du nord. Deux chaînes de montagnes, à gauche et à droite du Loir, laissent au milieu une vallée fertile, de 2 k. de largeur ; la ville s'élève à près de 130 k. en l'air ; le Loir, qui coule au pied, se divise en deux bras, et roule paisiblement dans son lit étroit une eau argentine qui semble quitter à regret la montagne d'où elle filtre par cent crevasses invisibles. Au printemps, des jardins d'un côté ; de l'autre, de riches prairies laissent le spectateur immobile promener ses regards sur un tapis de verdure liséré de fleurs ; des vignes rampantes couvrent la cime des rochers à pic, plantés de bois qui ombragent çà et là des réservoirs d'une eau pure ; bois, prés, vallons, montagnes, gazons, jardins, vergers, se trouvent confondus dans un magnifique désordre.

Le château est remarquable par la hardiesse de sa construction ; les deux escaliers sont surtout d'une grande légèreté. La grosse tour qui l'accompagne fut construite en 935 par Thibault le Tricheur, dit le Vieux ; le reste des bâtiments est du xve siècle. Cette tour tient au château et mérite d'être visitée : on voit dans l'intérieur la salle d'armes, et la chapelle pour la garnison ; à l'extérieur se trouve une inscription indiquant ses dimensions et la date de sa construction. Du château on jouit d'une vue magnifique sur le beau bassin où coule le Loir, et sur le moulin bâti au pied du roc sur lequel la ville est construite.

Châteaudun possède une petite bibliothèque publique, renfermant 5,000 volumes. L'hôtel de ville et les bâtiments du collège sont remarquables.

Patrie de Jean Toutain, habile orfèvre, inventeur de la peinture en émail ; du savant docteur en médecine Gendrin.

Fabriques de couvertures de laine. Tanneries importantes. — *Foires* les derniers jeudis de janv., d'août, d'oct. ; jeudi de la mi-carême ; 1ers jeudis de mai et de juillet.

A 44 k. S. de Chartres, 137 k. S.-O. de Paris. Lat. 48° 4′ 12″ N., long. 0° 59′ 58″ O.

L'arrondissement de Châteaudun est composé de 5 cantons : Bonneval, Brou, Châteaudun, Cloyes, Orgères.

Bibliographie. Lancelot (A.). *Description des figures qui sont sur la façade de l'église de l'abbaye royale de la Madeleine de Châteaudun, et de l'antiquité de cette ville* (Hist. de l'académie des belles-lettres, t. IX, p. 181).

CHATEAUFARINE, Doubs, comm. et ⊠ de Besançon.

CHATEAUFORT, vg. B.-Alpes (Provence), arr., ⊠ et à 16 k. de Sisteron, cant. de la Motte-du-Caire. Pop. 236 h.

CHATEAUFORT, *Castellum Forti*, vg. Seine-et-Oise (Ile-de-France), arr., ⊠ et à 10 k. de Versailles, cant. de Palaiseau. Pop. 624 h.

Châteaufort est situé sur un coteau qui s'élève rapidement du fond d'une gorge ou vallée dans laquelle coule un ruisseau qui se jette dans l'Yvette. Il doit son nom à une importante forteresse dont on voit encore aujourd'hui les ruines. Elle était entourée de murailles épaisses, ceinte d'un double fossé, et appuyée de trois grosses tours qui en faisaient la principale défense. Deux de ces tours existent encore presque entières, quoique à plusieurs reprises on ait fait jouer la mine pour les abattre. Elles sont là comme d'énormes et inutiles rochers, pour attester aux générations futures qu'à l'époque de leur fondation, dans ces temps reculés où les peuples étaient esclaves des seigneurs, ceux-ci n'épargnaient ni les bras ni les matériaux pour construire des édifices dont les masses indestructibles pussent perpétuer de génération en génération et leur puissance et sa servitude.

Châteaufort, ruiné dans les guerres de la religion, n'est plus aujourd'hui qu'un petit village composé de maisons éparses. On remarque encore quelques vestiges de rues et de places, et une espèce de contiguïté dans l'emplacement qu'occupaient les maisons. Il y a deux moulins que fait tourner la petite rivière qui arrose ses prairies. — *Foire* le 28 oct.

CHATEAU-GAILLARD, *Gaillardum Castrum*, vg. Ain (Bourgogne), arr. et à 49 k. de Belley, cant. et ⊠ d'Ambérieux. P. 594 h.

CHATEAU-GAILLARD, Ain, comm. de Genouilleux, ⊠ de Thoissey.

CHATEAU-GAILLARD. V. Andelys.

CHATEAU-GARNIER, vg. Vienne (Poitou), arr. et à 22 k. de Civray, cant., ⊠ d'Usson. Pop. 974 h. — *Foires* les 29 juin, 1er août, 27 fév., mars, avril, mai, sept., oct. et déc.

CHATEAUGAY, *Vigosche*, vg. Puy-de-Dôme (Auvergne), arr., cant., ⊠ et à 7 k. de Riom. Pop. 1,160 h. — Il est situé au sommet d'une montagne basaltique que couronnent les restes d'un ancien château fort d'un aspect pittoresque, d'où l'on jouit d'une fort belle vue sur les plaines de la Limagne. La construction de ce château remonte à 1381, époque où le village changea son nom de Vigosche pour celui de Châtelguy, dont on a fait Châteaugay. — *Foire* le 22 juillet.

CHATEAU-GIRON, petite ville, Ille-et-Vilaine (Bretagne), arr. et à 16 k. de Rennes, chef-l. de cant. Cure. ⊠. A 371 k. de Paris pour la taxe des lettres. Pop. 1,405 h. — Terrain de transition moyen.

C'était autrefois une ville fortifiée. Le comte de Soissons fut battu sous ses murs et fait prisonnier en 1590 par le duc de Mercœur. L'éminence sur laquelle elle est bâtie forme le sommet d'un plateau qui suit la direction du cours de la petite rivière d'Yaigue, dont les eaux alimentent pendant l'hiver le moulin que l'on trouve à l'entrée de la ville. Le château, de construction assez récente, donne d'un côté sur la ville, de l'autre sur la campagne ; on remarque au nord une tour fort élevée, qui domine tout le pays. — *Commerce* de toiles et de fil assez important, alimenté par les habitants des communes circonvoisines, qui tous cultivent le chanvre et le travaillent ; car dans presque toutes les fermes on trouve une pièce de la maison destinée à recevoir le métier que l'on emploie l'hiver à tisser les toiles qui proviennent du chanvre cultivé dans la belle saison. — *Foires* les 23 juin, 4me jeudi d'avril, de mai et de sept.

CHATEAU-GOMBERT, *Bouches-du-Rhône*, comm. et ✉ de Marseille.

CHATEAU-GONTIER, *Castrogonterium*, *Castrum Gonterii*, petite ville, Mayenne (Maine), chef-l. de sous-préfect. (3ᵉ arr.) et d'un cant. Trib. de 1ʳᵉ inst. Soc. d'agric. Collége communal. Cure. Gîte d'étape. ✉. ⚘. P. 6,485 h.—Terrain tertiaire moyen.

Autrefois marquisat, diocèse d'Angers, parlement de Paris, intendance de Tours, chef-l. d'élection, présidial, sénéchaussée, collégiale, prieuré, collège, 2 couvents.

Cette ville doit son origine à un château fort, construit au commencement du xıᵉ siècle par Foulques Néra, comte d'Anjou, et démoli par ordre de Louis XIII. Le lieu où Foulques établit son château portait le nom de *Basilica* (Bazoche) ; le comte d'Anjou lui donna le nom de Gontier, chevalier auquel il en confiait la garde. Il s'y est tenu cinq conciles provinciaux, en 1231, 1254, 1269, 1336 et 1448 : l'archevêque de Tours, Juhel de Mayenne, présida le concile en 1336.

Château-Gontier était entouré de fortifications, mais il ne paraît pas que cette ville ait été assiégée dans les guerres du xıvᵉ et du xvᵉ siècle. Louis XI y a fait sa résidence pendant quelques mois. Les Vendéens la prirent le 21 octobre 1793, et l'évacuèrent peu de temps après.

Château-Gontier est agréablement situé au milieu d'une riante campagne ; c'est une ville mal percée, mais assez bien bâtie, sur la Mayenne, que l'on y passe sur un pont de pierre, qui la sépare de son principal faubourg. Elle possède une jolie promenade, d'où l'on jouit d'une vue délicieuse sur le bassin de la Mayenne, dont les rives sont bordées de noyers, de vergers, de prairies, et dominées par des escarpements ombragés qui produisent un effet très-pittoresque. Il ne reste de l'ancien château qu'un pan de mur qui fait partie d'une maison particulière, et qui a environ 3 m. d'épaisseur. Le site que ce château occupait est devenu une place, sous laquelle la tradition prétend qu'il existe d'anciens souterrains qui s'étendent jusqu'à la rivière. — On trouve aux environs une source d'eau minérale.

Patrie du littérateur et publiciste Loyson.

Fabriques de toiles, serges, étamines. Blanchisseries de toiles et de fil. Tanneries. — *Commerce* de graine de trèfle, toiles, fils, fers, bois, vins, etc. — *Foires* les 7 mai, 1ᵉʳ jeudi de juillet, 30 août, lundi de la mi-carême, mardi après la Toussaint.

A 30 k. S. de Laval, 294 k. S. de Paris.

L'arrondissement de Château-Gontier est composé de 6 cantons : St-Aignan, Berné, Château-Gontier, Cossé-le-Vivien, Craon, Grez-en-Bouère.

CHATEAU-GUIBERT, vg. *Vendée* (Poitou), arr. et à 18 k. de Bourbon-Vendée, cant. et ✉ de Mareuil. Pop. 1,214.

CHATEAU-GUILLAUME, vg. *Indre*, comm. de Lignac, ✉ de St-Benoît-du-Sault. — On y remarque les restes d'un antique château, qui présente un quadrilatère irrégulier,

sur les angles et les côtés duquel sont distribuées des tours de diverses grosseurs. Des logements s'appuient aux murs de l'ouest et du midi. Les autres côtés laissent voir des restes de constructions inachevées ou ruinées. Dans l'espace intérieur de ces constructions s'élève un imposant donjon carré, entièrement construit en pierres de taille, de 17 m. 53 c. de face, sur 11 m. 74 c. de côté. On n'y pénètre que par un pont étroit jeté du premier étage aux bâtiments voisins, que l'on pouvait lever à volonté. Un escalier de 144 marches conduit jusqu'aux mâchicoulis et communique aux divers étages, dont chacun ne comporte qu'une seule salle. Un petit oratoire, à fenêtres gothiques, pris dans l'épaisseur du mur, est attenant à la salle du second étage, et de vastes cheminées de 3 à 4 m. de large, dont le manteau est orné de feuillages, se font remarquer dans chaque pièce. — Le ruisseau l'Allemette coule au pied des murs de Château-Guillaume, à l'est, et y reçoit un petit ruisseau que l'on baigne les murs au nord. Au moyen d'une chaussée de 20 m. de largeur à sa base, sur 230 à 240 m. de longueur, construite en quartiers de roches énormes liées avec des crampons en fer, les eaux de ces deux ruisseaux pouvaient être élevées à 5 ou 6 m. de hauteur, remplissaient les fossés du château, et formaient sous ses murs un étang de près de 4 ou 5 k. de circonférence.

CHATEAU-L'ABBAYE, vg. *Nord* (Flandre), arr. et à 18 k. de Valenciennes, cant. et ✉ de St-Amand-les-Eaux. Pop. 1,042 h. — Il doit son origine à une abbaye de prémontrés fondée au ıxᵉ siècle par Louis le Bègue.

CHATEAU-LAMBERT, vg. *H.-Saône* (Franche-Comté), arr., ✉ et à 32 k. de Lure, caut. de Melisey. Pop. 264 h. — *Fab.* de tissus de coton.

CHATEAU-LANDON, *Castrum Latonense*, *Castrum Nantonis*, *Vellonodunum*, *Castrum Landonis*, petite ville, Seine-et-Marne (Gâtinais), arr. et à 31 k. de Fontainebleau, chef-l. de cant. Cure. ✉. A 93 k. de Paris pour la taxe des lettres. Pop. 2,336 h. — Terrain tertiaire inférieur, calcaire grossier.

Autrefois prévôté royale, diocèse de Sens, parlement et intendance de Paris, élection de Nemours, une abbaye.

Château-Landon est une ville très-ancienne ; tout porte à croire qu'elle existait sous la domination romaine : le moine Aymoin raconte que saint Séverin y mourut en 503. Sous les rois de la seconde race, elle devint le chef-lieu d'un comté. Le roi Louis le Gros y avait un château, où il séjourna en 1119, pendant les vives et longues querelles des chanoines d'Etampes et de l'abbé de Maurigny. En 1436, les Anglais s'emparèrent de la ville et du château, que le connétable de Richemont reprit d'assaut en 1437. Cette ville fut encore prise par les reîtres en 1587, et par les ligueurs en 1589.

Château-Landon possédait, sous la seconde race et au commencement de la troisième, un atelier monétaire d'où sont sorties quelques pièces, dont quelques-unes sont parvenues jus-

qu'à nous. Tels sont, entre autres, des deniers d'argent de Charles le Chauve et de Carloman II, et à 20 k. de Poitiers, cant. de Vivonne. Pop. 679 h. — des deniers frappés au nom de Philippe Iᵉʳ, de Louis VI et de Louis VII. Ceux de Philippe Iᵉʳ, qui sont fort rares, présentent d'un côté le nom de la ville, *Landonis Casti*, avec une croix grecque, cantonnée de deux croisettes dans le champ ; de l'autre, le nom du roi, *Philippus rex*, inscrit autour d'une figure bizarre.

Cette ville est située dans un fertile territoire, sur le Suzain. — L'église paroissiale, dédiée à Notre-Dame en 1548, est remarquable par son clocher, que fit, dit-on, construire un évêque de Poitiers vers le milieu du xvᵉ siècle. On voit dans l'intérieur la vie de saint Séverin, sculptée en bois d'un travail remarquable. — L'église de Ste-Croix fut bâtie dans le château, sur le haut du fort ; ce n'était anciennement qu'une chapelle sous le nom de St-Maurice, fondée par Philippe Auguste, roi de France. Cette paroisse a été réunie depuis à celle de Notre-Dame. — L'église de St-Thugal fut fondée en l'honneur de saint Etienne, mais depuis que le corps de saint Thugal y est apporté, elle en a gardé le nom. — L'abbaye de St-Séverin de Château-Landon doit son origine aux bienfaits de Childebert, roi de France. Elle fut incendiée en 1468 par les Anglais, lorsqu'ils ravageaient la France. En 1587, elle fut ruinée et ravagée par l'armée du prince de Condé.

Fabriques de blanc dit d'Espagne. Exploitation de belles carrières de pierres dures, susceptibles de recevoir un beau poli, que l'on transporte par le canal du Loing ; l'arc de triomphe de l'Etoile, à Paris, est construit en pierres de Château-Landon. — *Commerce* de grains et de vins. — *Foires* le jeudi avant le 11 fév., jeudi de la Passion, jeudi avant le 4 juillet, 21 sept. et 21 déc.

Bibliographie. * Recherches de l'antiquité de la ville et bailliage de Château-Landon, servant de défense contre les officiers du bailliage de Nemours*, in-4, 1662.

Poitevin (P.-E.). *Histoire topographique et physique de Château-Landon*, in-8, 1831.

V. aussi dom Morin, *Histoire du Gâtinais*, in-4, 1630.

CHATEAU-LARCHER, vg. *Vienne* (Poitou), arr. et à 20 k. de Poitiers, cant. de Vivonne. Pop. 679 h. — *Foires* les 28 janv., 25 avril, 25 juin et 14 sept.

CHATEAU-LA-VALLIÈRE, joli bourg, *Indre-et-Loire* (Berry), arr. et à 38 k. de Tours, chef-l. de cant. Cure. Gîte d'étape. ✉. A 250 k. de Paris pour la taxe des lettres. Pop. 1,370 h. — Terrain tertiaire moyen. — Il est situé sur le bord d'un étang que traverse la rivière de la Fare, près d'une forêt considérable. C'est un bourg bien bâti, célèbre pour avoir soutenu un long siège contre un comte du Maine. Il se nommait autrefois Château-Vaujour, et a pris le nom de la Vallière en 1667, époque de son érection en duché-pairie.

en faveur de Françoise de la Vallière, fille légitimée de Louis XIV, qui épousa le prince de Conti. — On trouve aux environs une source d'eau minérale ferrugineuse.

Forges à l'anglaise très-curieuses; fabrique d'essieux estimés et d'instruments aratoires. — *Foires* les 4ᵉˢ lundis de juillet, d'oct. et de déc.

CHATEAU - L'ÉVÊQUE ou **PREYSSAC-D'AGONAC**, vg. *Dordogne* (Périgord), arr., cant., ⊠ et à 10 k. de Périgueux. P. 1,560 h.

CHATEAU - L'HERMITAGE, vg. *Sarthe* (Maine), arr. et à 25 k. de la Flèche, cant. de Pontvallain, ⊠ de Foulletourte. Pop. 266 h.

CHATEAULIN, *Castrolinium*, petite ville maritime, *Finistère* (Bretagne), chef-l. de sous-préf. (3ᵉ arr.) et d'un cant. Tribunal de 1ʳᵉ inst. Société d'agriculture. Cure. Gîte d'étape. ⊠. ⚓. Pop. 2,548 h. — TERRAIN de transition moyen. — *Etablissement de la marée*, 4 heures 25 minutes.

Cette ville est située dans un vallon pittoresque entouré de montagnes schisteuses, sur la rivière d'Aulne qui la divise en deux parties et y forme un petit port, où remontent des barques de 60 à 80 tonneaux. A l'époque de la révolution, son nom fut changé en celui de VILLE-SUR-AÔNE.

Châteaulin est une ville généralement mal bâtie, mais ses alentours sont riants et pittoresques : la digue qui barre la rivière, une belle prairie plantée de peupliers et de chênes, et parsemée de plusieurs groupes de rochers qui s'élèvent au-dessus de ses beaux tapis verts, donnent à son paysage un aspect séduisant. Sur le sommet d'une colline élevée qui domine la rivière, et au pied de laquelle passe la route de Quimper, on voit les restes de l'ancien château des seigneurs de Châteaulin : les fossés et les pans de murs d'une triple enceinte prouvent quelle a dû être jadis la force de cette place, que sa situation avantageuse devait rendre presque imprenable. Le donjon, dont on voit encore la base, était un édifice carré, flanqué à chaque angle d'une tour ronde, dont une existe encore en partie. Toutes les constructions sont en pierres brutes et n'ont pas de revêtement en pierres de taille, ce qui indique une époque fort ancienne. Ce château fut bâti en effet vers l'an 1000 par Budic, comte de Cornouailles. — Plusieurs parties de la Bretagne ont conservé la coutume de recueillir dans de petits édifices construits *ad hoc*, et entièrement à jour, les ossements qu'on retire de la terre pour une cause ou pour une autre. Celui de Châteaulin est un joli petit hors-d'œuvre, trop joli peut-être pour sa destination, datant de la première époque de la renaissance, adossé au mur latéral (sud) de l'église, offrant un développement de six arcades sur la face, avec une seule en retour à chaque bout. Les ouvertures, étroites et allongées comme la lancette gothique, sont couronnées par des arcs en anse de panier, et séparées par d'élégants contreforts surmontés de petits pignons.

On trouve aux environs de Châteaulin une source d'eau minérale ferrugineuse froide, et deux sources intermittentes.

Commerce de bestiaux, poissons, beurre, fer, plomb, ardoises, etc. Pêche du saumon et de sardines. — *Foires* les 12 mars, 6 mai, 18 et 19 oct., et 1ᵉʳ jeudi de janv., mars, mai, juin, juillet, oct., nov. et déc.

A 30 k. N. de Quimper, 24 k. S.-E. de Brest, 559 k. O. de Paris.

L'arrondissement de Châteaulin est composé de 7 cantons : Châteaulin, Châteauneuf-du-Faou, le Faou, Carhaix, Pleyben, Crozon Huelgoat.

CHATEAUMEILLANT, *Castrum Mediolanum*, *Castrum Melliani*, petite ville très-ancienne, *Cher* (Berry), arr. à 34 k. de St-Amand-Montrond, chef-l. de cant. Cure. ⊠. A 297 k. de Paris pour la taxe des lettres. Pop. 2,711 h. — TERRAIN du trias, marne irisée.

Cette ville est située sur le flanc d'un coteau, dans un pays qui offre les aspects les plus variés, sur le ruisseau de Sinoise; on attribue sa fondation aux Romains, et l'on y voyait encore, au siècle dernier, une grosse tour carrée bâtie, suivant la tradition populaire, par Jules César, et sur la lanterne du dôme de laquelle était une figure en cuivre doré, représentant Mellusine, personnage qui figurait aussi dans les armes de la maison du St-Gelais-Lusignan, à laquelle la seigneurie de Châteaumeillant avait appartenu. — Châteaumeillant a porté pendant la révolution le nom de TELL-LE-GRAND. On y remarque un ancien château, que l'on fait remonter au Vᵉ siècle; il est entouré d'eau, et offre un singulier mélange d'architecture de plusieurs siècles et de genres opposés. De grosses tours carrées, avec des meurtrières et des mâchicoulis, s'y trouvent associés à des tours et à des tourelles octogones décorées de précieuses sculptures et d'arabesques fantastiques.

Commerce de châtaignes. — *Foires* les 2 janv., 1ᵉʳ vendredi de mai, 4 juillet, 16 août, 30 sept., 16 oct., 11 nov., 1ᵉʳ mardi de carême et lundi après la Trinité.

Bibliographie. LEBEUF (l'abbé). *Dissertation sur le lieu de la bataille donnée dans le Berry par les troupes du roi Chilpéric en 583, où l'on prouve qu'elle fut livrée dans le Berry* (Recueil d'écrits, t. 1, p. 1 et 22).

CHATEAUMUR, *Vendée*, comm. du Châtelier, ⊠ de Pouzanges.

CHATEAUNEUF, *Ardèche*, comm. de St-Félix-de-Châteauneuf, ⊠ de Vernoux.

CHATEAUNEUF, *Cantal*, com. de Riom-ès-Montagne, ⊠ de Bort.

CHATEAUNEUF, *Castrum Novum*, *Cher*. V. CHATEAUNEUF-SUR-CHER.

CHATEAUNEUF, bg *Côte-d'Or* (Bourgogne), arr. à 35 k. de Beaune, cant. ⊠ de Pouilly-en-Montagne. Pop. 436 h.

L'origine de ce bourg remonte à une époque très-reculée; un des principaux fondateurs fut Jean de Châteauneuf, seigneur damoiseau, qui y habitait, vers l'an 1260; il est bâti sur une montagne élevée, et offre plusieurs aspects pittoresques; on y voit un château assez ancien dont une partie est en ruine.

PATRIE du général baron BLONDEAU.

Foires les 2 janv., 20 fév., 9 avril, 8 juin, 23 août et 6 nov.

CHATEAUNEUF, *Loire* (Forez), arr. et à 27 k. de St-Etienne, cant. et ⊠ de Rive-de-Gier. Pop. 554 h.

CHATEAUNEUF, vg. *Puy-de-Dôme*, (Auvergne), arr., ⊠ et à 28 k. de Riom, cant. de Manzat. Pop. 935 h.

Ce village, situé sur les deux rives de la Sioule, possède des sources d'eaux thermales, qui paraissent avoir été connues des Romains. Dans les environs, la nature s'est plu à déployer un luxe de variété qu'on chercherait vainement ailleurs : ici des collines escarpées, déchirées par des aiguilles de granit ou de porphyre qui en hérissent la surface, et pour toute végétation quelques buis, quelques genêts, et çà et là quelques pieds de digitale; tandis qu'en face s'offrent de belles plantations et des coteaux d'une grande fertilité. Sur une des rives de la Sioule, rivière dont le cours offre une continuité non interrompue de sites pittoresques, la côte, coupée à pic et dépourvue de végétation, ne présente que des blocs énormes de rochers détachés des masses supérieures et arrêtés dans leur chute par d'autres masses qui se sont rencontrées sur leur passage. Vis-à-vis, et comme pour former le plus admirable contraste, la côte opposée est recouverte dans sa partie inférieure de riches récoltes, et dans sa partie élevée plantée de beaux arbres de l'aspect le plus vigoureux. La profondeur des vallées, la hauteur des rochers, la beauté et les gracieuses sinuosités de la Sioule, la diversité des sites, font de Châteauneuf un pays curieux, dont les sites pittoresques sont, pour les malades qui fréquentent les eaux, des buts de promenades agréables.

Les principaux sont : les BOIS DU MÉRITIS, où la Sioule forme une presqu'île charmante, où l'on voit les ruines d'une église et de l'ancien château des seigneurs de Châteauneuf; le PUY-CHALARD, montagne volcanique fort remarquable; le LAC DE TAZANA, ancien cratère rempli d'eau dont la profondeur est considérable; le site et les carrières de schiste de MENAT, etc.

— Près de Châteauneuf, sur une petite colline factice en forme de tumulus, on voit une table de dolmen d'une très-grande dimension, à peu de distance de laquelle est un menhir sur lequel on a posé une croix.

EAUX MINÉRALES DE CHATEAUNEUF.

On compte à Châteauneuf six principales sources, désignées sous les noms suivants : *sources de Chambon*; elles sont froides et acidules; *sources des Bordats*, réparties dans trois établissements : 1° bain de la Rotonde (+25° R.); 2° bain du Petit-Rocher, ou des Galeux (+25° R.); 3° bain Chevarier (+24° R.); *sources du Méritis*, alimentant le Grand-Bain ou Bain-Chaud (+31° R.), et le bain Tempéré, ou du Chardonneret (+29° à 30° R.).

— Très-près du Grand-Bain est une fontaine

chaude dont les eaux dégagent du gaz acide sulfurique. Un peu plus loin se trouve une autre fontaine d'eau thermale dite *Fontaine de la Pyramide.*

Les eaux de Châteauneuf jouissent dans le pays d'une réputation méritée pour la guérison d'un grand nombre de maladies,

La saison des eaux commence au 1er mai et se prolonge jusqu'à la fin d'octobre.—Il s'y rend annuellement de cinq à six cents malades.

Ces eaux sont limpides, incolores, et ont une légère odeur de gaz hydrogène sulfuré. On les emploie avec avantage dans les rhumatismes chroniques, les ulcères fistuleux, les chutes de l'utérus, et autres affections analogues. On les administre en bains et en douches. Dans beaucoup de cas, les malades se trouvent bien d'adjoindre aux bains et douches de Châteauneuf les eaux acidules de Châtel-Guyon, que l'on boit à la dose de deux ou trois verres chaque matin.

CHATEAUNEUF, bg *Saône-et-Loire* (Bourgogne), arr. et à 28 k. de Charolles, cant. et ✉ de Chauffailles. Pop. 276 h.—On y remarque les ruines d'un ancien château royal, d'où probablement il tire son nom.—*Foires* les 29 janv., 23 mai, 2 juillet, 22 août, 19 nov. et mardi avant Pâques.

CHATEAUNEUF, *Castrum Novum*, vg. *Var* (Provence), arr., ✉ et à 6 k. de Grasse, cant. du Bar. Pop. 651 h. — *Foire* le lundi après le 11 nov.

CHATEAUNEUF, vg. *Vendée* (Poitou), arr. et à 49 k. des Sables, cant. et ✉ de Challans. Pop. 589 h.

CHATEAUNEUF, *Vienne*, comm. et ✉ de Châtellerault.

CHATEAUNEUF, bg *H.-Vienne* (Limousin), arr. et à 34 k. de Limoges, chef-l. de cant., ✉ d'Eymoutiers. Cure. Pop. 1,345 h. —Terrain cristallisé ou primitif.

Ce bourg paraît devoir son nom à un château féodal qui a été démoli en 1840, et dont la destruction est une perte pour l'histoire militaire. Ce château avait résisté à quatorze sièges; l'épaisseur des murs était telle, qu'on disait communément qu'une table de seize personnes pouvait tenir à l'aise dans l'embrasure des baies.—Un ancien proverbe patois, qui caractérisait les principales maisons du Limousin, disait : Lescars, *richesso*; Ventadour, *vento*; Pompadour, *poumpo* (pompe); *Chateauniau lous craint pas tous un y au* (plus qu'un œuf). Les murs étaient couverts de fresques du moyen âge.— *Foires* les 28 janvier, 27 fév., 29 mars, 27 juin, 26 août, 30 oct. et 29 nov.

CHATEAUNEUF-CALCERNIER, ou **CHATEAUNEUF-DU-PAPE**, vg. *Vaucluse* (Comtat), arr., cant., ✉ et à 9 k. d'Orange. P. 1,351 h.

—A peu de distance de ce village, sur le bord du Rhône, on voit la tour de l'Air, située dans le voisinage de l'antique Aëria, dont Strabon nous a conservé le souvenir. Aux environs se trouve un lac d'eau salée.

Le territoire de Châteauneuf produit des vins fort estimés, provenant de plants anciens du pays et de plants nouveaux d'Espagne. Les meilleurs se récoltent dans le clos de la Nerthe et de St-Patrice; ils sont fins, délicats, très-chauds, très-colorés, et sont dans leur parfaite maturité lorsqu'ils ont trois ou quatre ans.

CHATEAUNEUF-DE-BORDETTE, vg. *Drôme* (Dauphiné), arr., cant., ✉ et à 6 k. de Nyons. Pop. 224 h.

CHATEAUNEUF-DE-CHABRE, vg. *H.-Alpes* (Dauphiné), arr. et à 45 k. de Gap, cant. de Ribiers, ✉ de Laragne. Pop. 207 h.

CHATEAUNEUF-DE-GADAGNE, *Castrum Novum Amici*, vg. *Vaucluse* (Comtat), arr. et à 12 k. d'Avignon, cant. de l'Isle, ✉ de Sorgues. Pop. 1,176 h.

CHATEAUNEUF-DE-GALAURE, vg. *Drôme* (Dauphiné), arr. et à 48 k. de Valence, cant. et ✉ de St-Vallier. Pop. 1,233 h. —*Foires* les 5 mai, 28 oct. et 17 nov.

CHATEAUNEUF-DE-MAZENC, vg. *Drôme* (Dauphiné), arr. et à 19 k. de Montélimart, cant. et ✉. A 624 k. de Paris pour la taxe des lettres. Pop. 1,796 h.—*Fabrique* de poterie de terre. Filatures de soie.—*Foires* les 4 janv., 3 mai, 10 juillet, 14 sept. 26 oct. et 1er déc.

CHATEAUNEUF-DE-RANDON, petite ville, *Lozère* (Languedoc), arr. et à 25 k. de Mende, chef-l. de cant. Cure. ✉. A 562 k. de Paris pour la taxe des lettres. Pop. 608 h.— Terrain cristallisé, granit.

Cette ville, située sur une montagne, autrefois fortifiée, fut jusqu'à la fin du XVIIe siècle le siège d'une des baronnies du Gévaudan; elle était jadis défendue par un antique château fort dont on voit encore les ruines, et est célèbre par le siége qu'y soutinrent les Anglais en 1380, contre les armées de Charles V, que commandait du Guesclin. Ce héros, aussi respecté des étrangers qu'il était adoré de ses soldats, mourut devant cette place, en donnant aux vieux capitaines qui l'entouraient ce conseil, qu'il avait toujours suivi lui-même : « Qu'en quelques pays qu'ils fissent la guerre, les gens d'Eglise, les femmes, les enfants et le pauvre peuple n'étaient pas leurs ennemis. » Le gouverneur de Randon avait capitulé avec le connétable, et s'était promis de se rendre dans quinze jours, dans le cas où il ne recevrait pas de secours. Lorsque ce temps fut expiré, le maréchal de Sancerre s'avança sur les bords du fossé de la ville assiégée, et somma le gouverneur de rendre la place; le gouverneur répondit qu'il avait donné sa parole à du Guesclin, et qu'il ne la rendrait qu'à lui. Alors Sancerre reprit le gouverneur, je porterai les clefs sur son tombeau.» Sancerre revint tout préparer pour la cérémonie extraordinaire. On ôta de la tente du héros tout ce qu'elle renfermait de lugubre; son cercueil fut placé sur une table couverte de fleurs. Bientôt tout le gouverneur de Châteauneuf-Randon sortir de la place à la tête de sa garnison; il traversa l'armée au bruit des trompettes, et arriva devant la tente de du Guesclin : les principaux officiers de l'armée, debout et silencieux, y étaient rassemblés. Le gouverneur se mit à genoux devant le corps du connétable, et déposa sur son cercueil les clefs de la place et son épée. Un modeste monument a été élevé en 1820 au hameau de la Bitarelle, sur le lieu où se passa cet événement.—*Foires* les 13 janv., 1er lundis de fév., de mars, d'av., 26 juillet, 20 août, 22 sept., 29 oct. et 8 nov.

CHATEAUNEUF-D'ISÈRE, .vg. *Drôme* (Dauphiné), arr. et à 12 k. de Valence, cant. de Bourg-du-Péage, ✉ de Romans. P. 2,303 h. —Il est sur la rive gauche de l'Isère, au pied d'une éminence dont le sommet est couronné par les ruines de l'ancien château où naquit St-Hugues, fondateur de la Grande-Chartreuse. La citerne de ce château est parfaitement conservée et sert encore à recevoir les eaux pluviales. On a trouvé dans les environs plusieurs inscriptions romaines, et notamment un taurobole.—A l'extrémité du village sont des carrières formant un grand nombre de souterrains, qui portent les noms de plusieurs rues de Valence, et où coule un ruisseau dont les eaux sont constamment abondantes et limpides. —*Foires* les 28 avril, 18 sept. et 6 nov.

CHATEAUNEUF-D'OZE, vg. *H.-Alpes* (Dauphiné), arr. et à 25 k. de Gap, cant. et ✉ de Veynes. Pop. 136 h.

CHATEAUNEUF-DU-FAOU, petite ville, *Finistère* (Bretagne), arr. et à 25 k. de Châteaulin, chef-l. de cant. Cure. Gîte d'étape. ✉. A 538 k. de Paris pour la taxe des lettres. P. 2,536 h.—Terrain de transition moyen.

Cette ville est bâtie dans une position riante, sur un coteau bien abrité des vents du nord-ouest, au pied duquel coule l'Aulne, qui serpente à travers de riches prairies, et fait mouvoir plusieurs moulins. Il est difficile de trouver rien de plus frais et de plus pittoresque que les paysages situés sur cette rivière, dont les rives sont bordées de prairies, de bosquets, de chaumières, de jolis parcs et de petits jardins. Dans le lointain apparaît le vieux château de Trévaré, au delà duquel se montrent de noirs rochers, surmontés par les masses ondulées de la forêt de Laz-les-Couronnes. — *Foires* les 20 janv., 3 mars, 23 avril, 15 mai, 11 juin, 20 août, 15 oct. et 11 nov.

CHATEAUNEUF-DU-PAPE. V. CHATEAUNEUF-CALCERNIER.

CHATEAUNEUF-DU-RHONE, vg. *Drôme* (Dauphiné), arr., cant., ✉ de Montélimart. Pop. 1,450 h.—Il est bâti dans une situation pittoresque, au pied d'un coteau et à l'entrée d'un étroit défilé, près de la rive gauche du Rhône et presque vis-à-vis de Viviers. C'était autrefois une place entourée de murailles et défendue par deux châteaux forts, placés de chaque côté du défilé. On présume que l'on occupe l'emplacement d'une ancienne cité détruite par les Sarrasins, dont on voit encore l'enceinte.—Aux environs, la fontaine de Monterol, où l'on voit de beaux vestiges d'un bain dont la construction est attribuée aux Romains.

Patrie du marquis de Courbon, lieutenant général des armées de Venise.

Foires les 24 août et 7 nov.

CHATEAUNEUF-EN-BRETAGNE, petite et très-ancienne ville, *Ille-et-Vilaine* (Bretagne), arr. et à 13 k. de St-Malo, chef-l. de cant. Cure. ✉. ⚘. A 378 k. de Paris pour la taxe des lettres. Pop. 756 h.—TERRAIN d'alluvions modernes.

Châteauneuf était jadis une place forte, qui fut prise et reprise plusieurs fois pendant les guerres de Bretagne. On y voit un fort hexagone, construit sous terre en 1777, d'après les plans de Vauban. Ce fort protège la côte nord-ouest du département d'Ille-et-Vilaine. On ne le voit pas de la route, attendu qu'il ne s'élève pas au-dessus du sol qui l'environne ; il est entièrement caché par le glacis qui défend l'abord du fossé. Il y a toujours une garnison. On a pratiqué sous ses bastions des casemates où peuvent loger 600 hommes. Le magasin à poudre, voûté à l'épreuve de la bombe, est fort vaste et bâti avec la plus grande solidité.

Cette ville était autrefois défendue par un château fort construit en 1117. Dans les guerres de la Ligue, ce château, qui tenait pour le duc de Mercœur, fut pris par les troupes royales le 26 mars 1592, et repris peu de temps après par Mercœur, qui en fit démolir le donjon et transporter l'artillerie à St-Malo. Henri IV le fit démanteler en 1594. Il reste encore de cet antique édifice des ruines imposantes enclavées dans le parc d'un château moderne qui domine Châteauneuf, et dont les jardins descendent jusque sur la grande route ; ces ruines forment assurément une des plus belles fabriques de jardins paysagers qui existent en France.— *Foires* les 11 mai, 1er août et 9 nov.

CHATEAUNEUF-EN-THIMERAIS, *Castrum Theodemerense*, jolie petite ville, *Eure-et-Loir* (Perche), arr. et à 20 k. de Dreux, chef-l. de cant. Cure. Gîte d'étape. ✉. ⚘. A 102 k. de Paris pour la taxe des lettres. Pop. 1,352 h.—TERRAIN tertiaire moyen.

Autrefois diocèse de Chartres, parlement de Paris, intendance d'Alençon, élection de Verneuil, bailliage.

Cette ville est assez bien bâtie, dans une plaine fertile, près d'une belle forêt. Dans l'intérieur de l'hôtel de ville, on voit sur l'une des poutres la représentation des armoiries données à Châteauneuf en 1595 par Henri IV.

PATRIE DE DREUX DURADIER, auteur de la *Bibliothèque historique du Poitou*, et de plusieurs autres ouvrages.

Du publiciste ALB. FATTOT.

Foire de 2 jours le mercredi avant le 7 juillet.

CHATEAUNEUF-LE-ROUGE, OU LA GALINIÈRE, OU NÉGREL, *Castrum Novum Rubrum*, vg. *Bouches-du-Rhône* (Provence), arr., ✉ et à 11 k. d'Aix, cant. de Trets. ⚘. Pop. 380 h.

CHATEAUNEUF - LÈS - MARTIGUES, *Castrum Novum Ruffi*, vg. *Bouches-du-Rhône* (Provence), arr. et à 31 k. d'Aix, cant. et ✉ des Martigues. Pop. 991 h.

CHATEAUNEUF - LÈS - MOUSTIERS, *Castrum Novum*, vg. *B.-Alpes* (Provence), arr. et à 56 k. de Digne, cant. et ✉ de Moustiers. Pop. 525 h.

CHATEAUNEUF-MIRAVAIL, vg. *B.-Alpes* (Provence), arr., ✉ et à 25 k. de Sisteron, cant. de Noyers. Pop. 560 h.

CHATEAUNEUF-SUR-CHARENTE, *Castrum Novum*, *Neo-Castellum*, petite et ancienne ville, *Charente* (Angoumois), arr. et à 27 k. de Cognac, chef-l. de cant. Cure. ✉. A 462 k. de Paris pour la taxe des lettres. Pop. 2,336 h.—TERRAIN crétacé inférieur, grès vert.

Autrefois comté, diocèse de Saintes, parlement de Paris, intendance de la Rochelle, élection de Cognac.

Elle est située dans une contrée fertile, sur la rive gauche de la Charente. C'était autrefois une ville forte, que Charles V prit sur les Anglais après un long siège, en 1380. Aux environs, on remarque une grotte curieuse par les stalactites qu'elle renferme.— *Commerce* de vins, eau-de-vie, sel, merrain, bestiaux, etc.— *Foires* le 16 de chaque mois.

CHATEAUNEUF-SUR-CHER, petite ville, *Cher* (Berry), arr. et à 22 k. de St-Amand-Montrond, chef-l. de cant. Cure. ✉. A 250 k. de Paris pour la taxe des lettres. Pop. 2,219 h. —TERRAIN jurassique, étage moyen du système oolitique.

Autrefois marquisat, diocèse et intendance de Bourges, élection d'Issoudun.

Cette ville est située dans une île formée par le Cher. Elle était autrefois défendue par un château fort dont il reste à peine quelques vestiges.— *Commerce* de vins, bestiaux, etc.—Tréflerie.— *Foires* les 7 fév., 22 août, 13 oct., mardi de la Passion, lundi des Rogations, lundi après la St-Pierre, après la St-Martin.

CHATEAUNEUF-SUR-LOIRE, bg *Loiret* (Orléanais), arr. et à 26 k. d'Orléans, chef-l. de cant. Cure. Gîte d'étape. ✉. ⚘. A 144 k. de Paris pour la taxe des lettres. Pop. 2,994 h. —TERRAIN d'alluvions modernes.—Il est situé sur la grande route d'Orléans à Nevers, près de la rive droite de la Loire.— *Fabriques* de draperies, ruffineries de sucre de betterave.— *Foires* le 1er juillet, 24 août, 28 oct., 13 déc., 2e vendredi de fév., jeudi saint et le lendemain de l'Ascension.

CHATEAUNEUF-SUR-SARTHE, petite ville, *Maine-et-Loire* (Anjou), arr. et à 33 k. de Segré, chef-l. de cant. Cure. ✉. A 287 k. de Paris pour la taxe des lettres. P. 1,326 h. —TERRAIN de transition moyen.—Il est situé dans un pays fertile en grains et en pâturages, sur la rive droite de la Sarthe. C'était autrefois une petite ville qui portait le nom de Séronne. En 1131, Geoffroi le Bel entoura de fortifications et y fit construire un château fort pour défendre le pont sur la Sarthe. La ville alors changea de nom, et fut appelée, ainsi que le château, Châteauneuf. On y voit encore quelques restes des anciennes fortifications.—Filature de lin. Tanneries. Tuileries. — *Commerce* de vins, lin et ardoises. —

Foires les 15 mars, 27 avril, 27 mai, 16 août et 30 nov.

CHATEAUNEUF-VAL-DE-BARGIS, bg *Nièvre* (Nivernais), arr. et à 35 k. de Cosne, cant. de Donzy. ✉. ⚘. A 230 k. de Paris pour la taxe des lettres. Pop. 2,174 h. — De cette commune dépendait la Chartreuse de Bellors, fondée par Hervé de Donzy. — *Foires* les 4 avril, 1er juin, 4 juillet et 3 août.

CHATEAUNEUF-VAL-ST-DONAT, vg. *B.-Alpes* (Provence), arr., ✉ et à 16 k. de Sisteron, cant. de Volonne. Pop. 441 h.

CHATEAUPONSAT, bg *H.-Vienne* (Limousin), arr. et à 20 k. de Bellac, chef-l. de cant. Cure. ✉. A 350 k. de Paris pour la taxe des lettres. Pop. 3,837 h. Sur la rive droite de la Gartempe. — TERRAIN cristallisé, granit. — *Foires* le 3 de chaque mois.

Bibliographie. *Notice historique sur Châteauponsat*, in-8, 1842.

CHATEAU - PORCIEN, *Castrum Porciani*, petite ville, *Ardennes* (Champagne), arr. et à 10 k. de Rethel, chef-l. de cant. Cure. ✉. A 203 k. de Paris pour la taxe des lettres. Pop. 2,463 h. — TERRAIN crétacé supérieur, craie.

Saint Remy, archevêque de Reims, fit mention de Porcien dans son testament, ce qui est une preuve que Château-Porcien existait au ve siècle. Tout porte à croire même qu'il existait bien antérieurement, puisqu'on a découvert sur la montagne, au nord-est de ce bourg, d'anciennes fondations de murs, des puits, des pavés et des médailles romaines.

Château-Porcien est situé sur la rive droite de l'Aisne, qui forme en cet endroit une île dans laquelle est comprise une partie de la ville. Elle est dominée par un rocher escarpé, couronné jadis par un château fort, bâti dans le xve siècle, dont il ne reste plus que le donjon et quelques pans de murs.

Château-Porcien avait ses comtes particuliers. Charles IX l'érigea en principauté dont la maison de Mazarin était en possession depuis 1666. La ville a soutenu plusieurs sièges : les Espagnols s'en rendirent maîtres en 1650, mais ils furent obligés de la rendre aux Français dans la même année. Réoccupée par les Espagnols en 1652, les Français la leur enlevèrent l'année suivante. — *Fabriques* de serges, flanelles, mérinos, casimirs. Filatures de laine. Huilerie. Tanneries. — *Foires* les 8 juin, 24 août, 28 oct. et mardi avant la semaine sainte.

Bibliographie. * *Discours des prises de Château-Porcien, Pierrefonds*, etc. ; par MM. de Guise, in-8, 1617.

CHATEAU-REDON, *Castrum Redunum*, vg. *B.-Alpes* (Provence), arr. et à 14 k. de Digne, cant. et ✉ de Mezel. Pop. 153 h.

CHATEAU-REGNAULT, *Castrum Reginuldis*, petite ville, *Ardennes* (Champagne), arr. et à 12 k. de Mézières, cant. de Monthermé, ✉ et à 2 k. de Charleville. P. 720 h. — TERRAIN tertiaire moyen, voisin du terrain crétacé inférieur. — C'était autrefois une principauté souveraine, dont 27 villages dépendaient. Hugues, comte de Rethel, fit construire en 1227, sur une montagne nommée *Chatellier*, un château que Louis XIII fit démolir. Sur cette montagne, près de l'emplacement du château, on voit une grande pierre carrée que l'on regarde comme un monument des druides.

CHÂTEAU-RENARD, *Castrum Raynaro*, *Castel Renardus*, bg *Bouches-du-Rhône* (Provence), arr. d'Arles-sur-Rhône, à 19 k. de Tarascon, chef-l. de cant., ✉ de St-Remy. Cure. Pop. 4,744 h. — Terrain d'alluvions modernes.

Ce bourg, situé sur la rive gauche de la Durance, est bâti sur le penchant d'un coteau où l'on voit les ruines d'un château fort, construit vers la fin du XIIᵉ siècle, dont il reste encore deux tours assez bien conservées. Il se compose de cinq rues principales assez grandes, auxquelles viennent aboutir plusieurs petites rues. Du côté du levant est un cours spacieux et fort long, ombragé de platanes, qui forme une jolie promenade. On y jouit d'un point de vue magnifique sur une vaste étendue de pays, peuplé de bastides en si grand nombre et si rapprochées, qu'elles forment une espèce de ville rurale. — Fours à chaux.

CHÂTEAU-RENARD, petite ville, *Loiret* (Gâtinais), arr. et à 17 k. de Montargis, chef-l. de cant. Cure. ✉. ✆. A 127 k. de Paris pour la taxe des lettres. Pop. 2,378 h. — Terrain tertiaire moyen.

Cette ville doit son origine à un château fort construit par Reguard le Vieux, comte de Sens, vers le milieu du Xᵉ siècle. Louis le Gros détruisit ce château en 1230; mais Robert, comte de Joigny, le fit reconstruire et entourer de fortes murailles flanquées de tours, dont il existe encore quelques restes assez bien conservés. La ville, située sur la rivière d'Ouanne, était aussi fortifiée; mais étant devenue un des remparts des calvinistes pendant les guerres de religion, Louis XIII en fit démolir les fortifications en 1627.

Les **armes de Château-Renard** sont : *de gueules à un château de trois tours crénelées d'argent, ayant au pied un renard passant d'or; au chef d'azur chargé de trois fleurs de lis d'or.*

Fabriques de draps pour l'habillement des troupes. — *Commerce* de toiles, laine et safran. — *Foires* les 3 fév., 1ᵉʳ mai, 20 juin, 24 août et 25 nov.

CHÂTEAU-RENARD, *Castrum Reginaldi*, *Seine-et-Marne*, comm. de St-Léger, ✉ de Rebais.

CHÂTEAU-RENAUD, *Charente*, comm. de St-Groux, ✉ de Mansle.

CHÂTEAU-RENAUD, vg. *Saône-et-Loire* (Bourgogne), arr., cant., ✉ et à 1 k. de Louhans. Pop. 1,450 h. — Il est bâti dans une charmante situation, sur une colline élevée, d'où l'on jouit d'une vue agréable et fort étendue. — Cet endroit paraît avoir été autrefois une ville assez considérable; des vestiges de temples, des pavés en mosaïques, des restes de colonnes et autres débris d'antiquités, portent à croire que c'était jadis une station romaine, qui fut saccagée et brûlée par les barbares. — *Foires* les 13 juin et 10 août.

CHÂTEAU-RENAULT, petite et ancienne ville, *Indre-et-Loire* (Touraine), arr. et à 29 k. de Tours, chef-l. de cant. Cure. Gîte d'étape. ✉. ✆. A 203 k. de Paris pour la taxe des lettres. Pop. 2,887 h. — Terrain tertiaire moyen.

Autrefois marquisat, diocèse, intendance et élection de Tours, parlement de Paris.

Cette ville est située au pied et sur le penchant d'une colline, dans un pays charmant, sur la Brenne qui la divise en deux parties. Elle est formée de rues étroites et très-irrégulières, et tire son nom d'un vieux château encore assez bien conservé, construit en 981.

Les **armes de Château-Renault** sont : *d'azur à un château crénelé d'argent avec trois tours couvertes, celle du milieu plus haute que les deux autres.*

Fabriques de draperies et de flanelle. Tanneries renommées. Ⓐ 1823-27. Tuileries. — *Foires* le dernier mercredi de fév., 1ᵉʳˢ mardis de mai et de juillet, 2ᵉ mardi d'oct., dernier mardi de nov.

CHÂTEAU-ROUGE, ou ROUDENDORFF, vg. *Moselle* (pays Messin), arr. à 35 k. de Thionville, cant. et ✉ de Bouzonville. Pop. 224 h.

CHÂTEAUROUX, bg *H.-Alpes* (Dauphiné), arr., cant., ✉ et à 7 k. d'Embrun. P. 1,724 h. — Il est bâti dans une situation très-pittoresque, et la nature semble l'avoir entouré de tout ce qu'elle a de plus gracieux : l'œil s'y repose sur de riantes prairies, sur des vergers, sur de frais bocages, sur des rochers entourés d'arbustes, sur des eaux qui bouillonnent, bondissent, murmurent, se rapprochent, se fuient, s'éloignent encore et vont confondre au loin leur pur cristal avec la sombre Durance. — A côté de cette riante harmonie, la nature a placé la douloureuse image du chaos : le torrent de la Grave, après s'être précipité de hautes montagnes, tombe avec encore plus de fracas par une ouverture creusée profondément au milieu de rochers à pic, et se divise en plusieurs branches divergentes. Changeant sans cesse de direction, il bouleverse de fond en comble un large espace compris entre les prairies de Châteauroux et les hauteurs opposées.

On prétend que Châteauroux se nommait autrefois *Castrum Rodolphi*, et qu'il devait ce nom à un ancien château fort détruit par Lesdiguières; son territoire renferme des vignobles très-étendus, des montagnes pastorales qu'on affèrme aux bergers de la Provence, et des belles ardoisières qui fournissent tout le département et qu'on expédie au dehors. — Mine de plomb argentifère. — *Foires* les 20 avril et 20 sept.

CHÂTEAUROUX, *Castrum Rodolphi*, *Castrum Rodulphium* ou *Rufum*, ville ancienne, chef-l. du dép. de l'*Indre* (Berry), du 2ᵉ arr. et d'un cant. Trib. de 1ʳᵉ inst. et de comm. Chambre consultative des manufactures. Soc. d'agric., sciences et arts. Collège comm.

Cure. Gîte d'étape. ✉. ✆. Pop. 13,551 h. — Terrain jurassique, étage moyen du système oolitique.

Autrefois duché-pairie, diocèse et intendance de Bourges, parlement de Paris, chef-lieu d'élection, collégiale, gouvernement particulier, 2 couvents.

Châteauroux doit son nom et son origine à un château qu'y fit bâtir en 950 Raoul le Large, descendant du fondateur de la ville de Déols. Des maisons se groupèrent autour du château, et formèrent dans le cours du XIᵉ siècle une ville qui prit le nom de *Castrum Rodolphi*, château de Raoul, d'où est venu le nom moderne de Châteauroux. Philippe Auguste conquit cette ville ainsi qu'Issoudun, et les réunit au Berry. Toutefois elle fut longtemps peu considérable, et ne prit quelque accroissement qu'après avoir été érigée par Louis XIII en duché-pairie, en faveur des descendants de Henri II de Bourbon, prince de Condé. Charles de Bourbon, comte de Clermont, vendit ce duché à Louis XV, qui en fit don à une de ses maîtresses, à la mort de laquelle il rentra dans le domaine de la couronne.

La ville de Châteauroux a porté pendant la révolution le nom d'INDRE-VILLE.

Les **armes de Châteauroux** sont : *d'argent à un château ouvert de gueules sur une terrasse de sinople*. — Alias : *d'azur au château d'argent girouetté d'or*. — *D'argent au château de gueules, ayant au pied un écusson d'azur à trois fleurs de lis d'or au bâton de gueules péri en pal.*

Cette ville est située sur une colline et sur un terrain légèrement onduleux, au milieu d'une belle et vaste plaine, près de la rive gauche de l'Indre, qui y arrose de belles prairies. Elle était autrefois mal bâtie, mal percée, et surtout très-mal pavée; la plupart de ses maisons étaient anciennes, petites, irrégulières et sombres; les places publiques étaient petites et sans symétrie; mais, depuis environ vingt ans, elle a entièrement changé de face. Aujourd'hui, on y trouve des rues assez droites, larges et mieux pavées; les places publiques sont agréables et spacieuses.

On remarque à Châteauroux l'hôtel de la préfecture, vaste et beau bâtiment construit en 1823, près de l'ancien château, dont une partie sert aux bureaux et renferme les archives du département; l'hôtel de ville, où se trouvent réunis la mairie, le palais de justice et la bibliothèque publique; la nouvelle salle de spectacle, de construction moderne; l'église gothique des Cordeliers, où l'on voyait jadis le tombeau des chevaliers de la Tour-Landry; le jardin public; les promenades qui entourent la ville et celles qui bordent le cours de l'Indre, etc., etc. — Le château qui a donné naissance à la ville existe encore en partie dans un état de conservation. Il est élevé sur une colline qui s'élève au bord de l'Indre, flanqué de tourelles d'une hauteur assez remarquable, et offre un aspect pittoresque. On jouit des fenêtres de cet ancien édifice, ainsi que de celles de l'hôtel de la préfecture qui l'avoisine et le comprend dans son enclos, d'une fort belle vue sur la vallée qu'arrose la rivière d'Indre, sur une riche et fertile plaine, et sur les belles forêts de St-Maur et de Châteauroux.

Biographie. Châteauroux est la patrie de l'évêque OTHON, qui accompagna saint Louis dans ses croisades.

Du général BERTRAND, connu du monde entier par son dévouement à Napoléon et par son noble caractère.

Fabriques de draps de diverses qualités qui occupent 1,800 à 2,000 ouvriers, et donnent lieu annuellement à un commerce de 3 à 4 millions; de bonneterie en coton. Filature de laine; teintureries; tuileries; papeteries; parchemineries; tanneries et corroieries. — Parc de construction pour les équipages militaires. — *Commerce* considérable de grains, fers, laines, volailles, bestiaux, moutons, etc. — *Foires* les 17 mai, 17 sept., 9 oct., 30 nov., 21 déc., 1er samedi de carême et les samedis depuis le 1er juin jusqu'au 1er juillet, et le 9 de chaque mois.

A 334 k. S. de Paris. Lat. 46° 48′ 45″ N., long. 0° 38′ 50″ S.

L'arrondissement de Châteauroux renferme 8 cantons : Ardentes-St-Vincent, Argenton, Buzançais, Châteauroux, Châtillon, Ecueillé, Levroux, Valançay.

CHATEAU-SALINS, *Castrum Salinense*, petite ville, *Meurthe* (Lorraine), chef-l. de sous-préf. (3e arr.) et d'un cant. (Trib. de 1re inst. à Vic). Soc. d'agric. Cure. ⌘. ⚓. Pop. 2,468 h. — TERRAIN du trias, marne irisée.

Autrefois bailliage, diocèse de Metz, conseil souverain et intendance de Lorraine.

Château-Salins tire son nom des salines qui y furent établies en 1330, et d'un château bâti en 1342 par Isabelle d'Autriche, épouse du duc de Lorraine Raoul. Ce fort et les salines furent de tout temps un sujet de querelles entre les princes lorrains et les évêques de Metz, dont le résultat fut la prise de Château-Salins, qu'Adhémar rasa en 1349. Avant la découverte de la mine de sel gemme de Vic, le gouvernement possédait dans cette ville une saline qui a été abandonnée en 1826, et dont les bâtiments ont été vendus.

Château-Salins est une petite ville agréablement située dans un beau vallon, sur la petite Seille. On y voit encore une porte d'entrée, quelques tourelles et des vestiges de murailles de ses anciennes fortifications.

Pendant la révolution, le nom de cette ville fut changé en celui de SALINS-LIBRE.

Fabriques de bonneterie au tricot. Verrerie. Tanneries. — *Commerce* de toiles de chanvre, plâtre, sel, etc. — *Foires* les 5 fév., 28 sept., 28 oct., 26 déc. et lundi après le 24 juin.

A 30 k. de Nancy, 346 k. de Paris.

L'arrondissement de Château-Salins est composé de 5 cantons : Albestroff, Château-Salins, Delme, Dieuze et Vic.

CHATEAU-SÉNÉCHAL, *Sarthe*, comm. de Clermont, ⌘ de la Flèche.

CHATEAU-SUR-ALLIER, vg. *Allier* (Bourbonnais), arr. à 38 k. de Moulins-sur-Allier, cant. de Lurcy-Lévy. ⌘ du Veurdre. Pop. 521 h. — *Foire* le 21 sept.

CHATEAU-SUR-CHER, vg. *Puy-de-Dôme* (Bourbonnais), arr. et à 60 k. de Riom, cant. et ⌘ de Pionsat. Pop. 601 h.

CHATEAU-SUR-EPTE, *Novum Castrum*, vg. *Eure* (Normandie), arr. et à 25 k. des Andelys, cant. d'Ecos, ⌘ des Thilliers-en-Vexin. Pop. 144 h.

CHATEAU-THÉBAUD, joli bourg *Loire-Inf.* (Bretagne), arr. et à 17 k. de Nantes, cant. de Vertou, ⌘ d'Aigrefeuilles. Pop. 1,712 h.

— Ce bourg, situé à l'extrémité d'un riant vallon arrosé par la Moine, est bâti sur un coteau formé de rocs énormes, dont l'un, coupé perpendiculairement à pic comme un mur à plus de 40 m. de hauteur, paraît soutenir l'église au bord du précipice. Un peu plus loin et sur le même coteau sont des jardins en amphithéâtre, établis au milieu des rochers d'où l'on jouit d'un point de vue magnifique sur le vallon arrosé par la Moine. Du côté opposé au bourg, on aperçoit, au-dessus des arbres, la tour gothique démantelée et les murailles en ruines du château de CHASSELOIR, détruit pendant la révolution.

CHATEAU-THIERRY, *Castrum Theodorici*, ville ancienne, *Aisne* (Brie), ch.-l. de sous-préf. (5e arr.). Trib. de 1re inst. Collége comm. Cure. Gîte d'étape. ⌘. ⚓. Pop. 4,995 h. — TERRAIN tertiaire inférieur.

Autrefois châtellenie et duché-pairie en Brie, diocèse et intendance de Soissons, parlement de Paris, chef-lieu d'élection, présidial, bailliage et prévôté royale, 5 couvents.

Une ancienne tradition fait remonter l'origine de cette ville à Thierry, l'un des rois de la première race, qui fit, dit-on, construire sur un rocher escarpé l'ancien château dont on voit encore aujourd'hui les ruines imposantes. Mais l'opinion la plus accréditée est que Chilpéric II, roi de France, étant mort en 720, Charles Martel, maire du palais, choisit le bel emplacement qu'occupe Château-Thierry, où il fit élever un château de peu d'étendue, qu'il fit revêtir de fortifications, pour en faire un séjour à l'abri de toute attaque. L'achèvement de cette construction remonte à l'an 730 environ. Le château resta à la couronne jusqu'à ce que Hébert Ier, comte de Vermandois, se le fit donner par Louis le Bègue, vers 877. Les comtes de Vermandois le conservèrent jusqu'en 945, époque à laquelle il devint la propriété de Richard, comte de Troyes, qui le vendit à un nommé Thierry, lequel répara et augmenta considérablement le château et les fortifications; ce qui avait fait présumer jusqu'à beaucoup de personnes que ce Thierry en avait été le fondateur. — Comme place de guerre, Château-Thierry a eu à soutenir de nombreux assauts. Raoul, duc de Bourgogne, l'assiégea en 933, et s'en rendit maître après six semaines de siège. Le comte de Vermandois le reprit la même année. En 934, Château-Thierry fut assiégé de nouveau par Raoul et par Hugues, duc de France, qui le prirent après quatre mois de siège. Hébert rentra en possession de cette ville en 933, par la trahison du commandant. Les Anglais l'assiégèrent sans succès en 1371. Le sire de Châtillon, qui tenait pour le parti des Anglais, la prit par trahison en 1421; mais en 1425 les habitants firent rentrer cette ville sous l'obéissance du roi, après en avoir chassé la garnison anglaise. Charles-Quint attaqua, en 1344, Château-Thierry, où étaient enfermées des provisions en abondance, et parvint à s'en emparer. — Château-Thierry est l'un des endroits de la France où les fureurs de la Ligue se firent sentir avec le plus de violence. Le duc de Mayenne s'en empara en 1591, et rien n'est comparable aux horreurs que les Espagnols exercèrent quand ils pillèrent cette ville malheureuse. Château-Thierry se soumit à Henri IV en 1595, pendant qu'il faisait le siège de Laon. Lors de l'insurrection de 1615, cette ville se rendit au prince de Condé, lors de Bouillon; elle rentra sous l'obéissance du roi l'année suivante. Enfin, elle fut prise et pillée en 1652 pendant les guerres de la Fronde. — En 1231, Château-Thierry obtint une charte de commune du comte de Champagne. Philippe le Bel confirma, en 1301, les franchises et libertés de cette ville. — En 1303 eut lieu à Château-Thierry une assemblée des grands du royaume pour délibérer sur les affaires publiques avec le monarque. — Cette ville a porté pendant la révolution le nom d'EGALITÉ-SUR-MARNE.

Château-Thierry est une des villes du département de l'Aisne qui ont eu le plus à souffrir des événements de la guerre, lors de l'invasion de 1814. Le 8 février, le maréchal duc de Tarente, se retirant devant les troupes étrangères; fit sauter le pont, qui fut ensuite alternativement reconstruit et détruit de nouveau, soit par les Français, soit par l'ennemi traversant et retraversant la ville, tantôt vainqueur, tantôt vaincu. Souvent la plus vive fusillade s'engagea d'une rive à l'autre, et la ville furent trois fois livrés au pillage. C'est le 12 février 1814 qu'eut lieu, non loin de Château-Thierry, le combat auquel cette ville a donné son nom. Trois pièces de canon, 1,200 hommes hors de combat et 1,800 prisonniers furent le résultat de cette journée.

Les armes de Château-Thierry sont : *d'azur au château d'argent sommé de trois girouettes d'or accompagné de trois fleurs de lis d'or, deux en chef et une en pointe.*

Cette ville est bâtie en amphithéâtre sur le penchant d'une colline qui domine une longue chaîne de coteaux dont le pied vient mourir sur la rive droite de la Marne. Du sein de cette colline s'élève un rocher escarpé, couronné encore par les ruines imposantes de l'ancien château; ce site riant offre une vue magnifique, et les campagnes environnantes présentent un riche panorama. — Un faubourg considérable s'étend sur la rive gauche de la Marne, que l'on traverse sur un beau pont en pierre, percé de trois arches. Du côté opposé, sur la route de Soissons, se forme une espèce de faubourg plus élégant; celui de la Barre est séparé de la ville par une ancienne porte en ruines.

Château-Thierry a deux sources d'eaux minérales ferrugineuses, qui coulent dans deux maisons voisines l'une de l'autre; celle qui a le plus de réputation, et qui attire beaucoup de malades pendant la belle saison, est celle de la Fleur-de-Lis.

Biographie. Patrie de GAUTHIER, évêque de Paris, mort en 1240.

De saint THIERRY, évêque d'Orléans.

De J. LA FONTAINE, inimitable fabuliste, né en 1621, mort en 1695. Par la munificence du gouvernement, une statue en marbre blanc a été érigée à la mémoire de ce grand homme dans sa ville natale, et une inscription simple indique la maison où il est né.

D'HARMAND D'ABANCOURT, député aux états généraux et préfet de la Mayenne.

De J. MENTEL, savant médecin.

Du peintre REVEL.

Du mathématicien LOMET.

INDUSTRIE. *Fabriques* de toiles. Filature de coton. Teintureries. Faïenceries. Tanneries et corroieries. — *Commerce* de blé, vins, laines, moutons, chevaux, bestiaux, plâtres, meules de moulin, etc. — *Foires* de trois jours, le vendredi après l'Ascension et après la Toussaint, et les 1ers vendredis de chaque mois. La première de ces foires est la principale; son importance est dans la vente des bêtes à laine, qui y sont amenées tant de l'Aisne que de l'Oise, de la Marne et des Ardennes. On y en conduit, année commune, 25 à 30,000, qui sont achetées en grande partie par des cultivateurs de la Seine, de Seine-et-Oise, de Seine-et-Marne.

A 80 k. de Laon, 90 k. de Paris.

L'arrondissement de Château-Thierry est composé de 5 cantons : Château-Thierry, Charly, Condé, Fer-en-Tardenois, Neuilly-St-Front.

Bibliographie. POQUET (l'abbé). *Histoire de Château-Thierry*, in-8, 1839.

GALIEN (Cl.). *Découverte des eaux minérales de Château-Thierry et de leur propriété*, in-8, 1630.

* *Lettre sur l'analyse d'une eau minérale de Château-Thierry, nommée eau minérale de la Fleur-de-Lis* (Nat. consid., t. VII, p. 57).

CHATEAU-VERDUN, vg. *Ariége* (pays de Foix), arr. et à 26 k. de Foix, cant. et ✉ des Cabannes. Pop. 176 h. — On y voit un château bâti sur un rocher élevé, qui paraît avoir été très-fort; un peu plus bas est une chapelle gothique dédiée à la Vierge. — Forges.

CHATEAU-VERT, *Castrum Verum*, vg. *Var* (Provence), arr., ✉ et à 6 k. de Brignoles, cant. de Cotignac. Pop. 210 h.

CHATEAU-VIEUX, *Allier*, comm. et ✉ de Montluçon.

CHATEAU-VIEUX, vg. *Doubs* (Franche-Comté), arr. et à 28 k. de Besançon, cant. et ✉ d'Ornans. Pop. 141 h. — On y voit les ruines d'un vaste et ancien château, qui, à l'exception de quelques maisons de vignerons encore subsistantes, ne présente plus que le tableau d'une destruction complète. Dans l'enceinte de ces gothiques murailles, derrière les créneaux ombragés de feuillages, sont d'énormes crampons de fer; là était l'antique chapelle; plus bas est un puits taillé dans le roc à une immense profondeur; un peu plus loin sont de vastes souterrains où l'on renfermait les vassaux sous le plus léger prétexte. Les magnifiques bâtiments, construits par l'archevêque de Rye, au commencement du XVIe siècle, sont devenus la proie des flammes en 1807; et à la place des lambris dorés, des longues galeries de tableaux, des armes d'acier suspendues au plafond, on ne voit plus que des voûtes enfoncées, des colonnes mutilées, et de chétifs arbrisseaux qui croissent dans les interstices des murailles. De cette splendeur il ne reste plus qu'une fête annuelle, fondée à une époque très-reculée et encore aujourd'hui très-fréquentée, chaque année, le quatrième jour après Pâques.

CHATEAU-VIEUX, vg. *Loire-et-Cher* (Blaisois), arr. et à 43 k. de Blois, cant. et ✉ de St-Aignan. Pop. 870 h.

CHATEAU-VIEUX, *Castrum Vetus*, vg. *Var* (Provence), arr. et à 36 k. de Draguignan, cant. et ✉ de Comps. Pop. 140 h.

CHATEAU-VIEUX-SUR-TALLARD, vg. *H.-Alpes* (Dauphiné), arr., ✉ et à 11 k. de Gap, cant. de Tallard. Pop. 261 h.

CHATEAU-VILLAIN, *Isère* (Dauphiné), arr. de la Tour-du-Pin, cant., ✉ et à 10 k. de Bourgoin. Pop. 692 h.

CHATEAU-VILLAIN, ou VILLE-SUR-AUJON, *Castrum Villanum*, petite ville, *H.-Marne* (Champagne), arr. et à 20 k. de Chaumont-en-Bassigny, chef-l. de canton. Cure. ✉. A 272 k. de Paris pour la taxe des lettres. P. 2,068 h. — TERRAIN jurassique.

Autrefois châtellenie et duché-pairie, diocèse de Langres, intendance de Châlons, élection de Chaumont.

Cette ville, bâtie sur la rive gauche de l'Aujon, est une ancienne place forte qui était entourée de murailles flanquées de tours et cernée de fossés remplis d'eau vive. C'était le chef-lieu d'un comté dont les seigneurs accompagnèrent saint Louis en Palestine. En 1703, ce comté fut érigé en duché-pairie, en faveur du comte de Toulouse, et passa ensuite dans la maison d'Orléans. On y voit les restes du château des sires de Châteaux-Vilain, qui passait avant la révolution pour un des plus beaux de la Champagne.

Les *armes* de Château-Villain sont : *d'azur à un château d'or flanqué de trois tours d'or couvertes en pointe, celle du milieu plus haute que les autres*.

PATRIE du lieutenant général VAUBOIS, sénateur et pair de France.

Commerce de chevaux et de bestiaux. — Forges et hauts fourneaux. — *Foires* les 23 avril, 30 juin, 11 août, 18 oct., 6 déc., mardi avant la Purification.

CHATEAU-VILLAIN, château du dép. *Jura*, arr. et à 24 k. S.-E. de Poligny, cant. de Champagnole. Il est bâti sur un roc d'une hideuse nudité, qui s'élève perpendiculairement de 167 m. au-dessus d'un vallon cultivé; c'est le dernier et presque le seul château fort qui ait échappé à la démolition générale qui fut faite de ces forteresses lors de la réunion définitive de la Franche-Comté à la France. Ce château n'est, au reste, un peu fort que par sa situation sur la crête d'une montagne qui n'a de largeur que ce qu'il en a fallu pour asseoir les bâtiments. Le chemin de Sirod le tourne complètement vert le sud, en suivant une pente longue et médiocrement rapide qui mène au corps avancé des fortifications : c'est une sorte de tour carrée qui se trouve aux deux tiers de la hauteur du mont, et qui en remplit la coupure primitive. Cette tour est percée d'une arcade de l'épaisseur, hauteur et largeur d'une porte de ville, et ressemble à une vraie porte de citadelle. — Ce château qui, du côté du sud, se montre sous un aspect imposant, n'a cependant rien de très-remarquable, ni pour la régularité du plan, ni pour l'élégance de la construction. Trois objets néanmoins méritent de fixer l'attention : le premier est la prison, creusée dans le rocher au-dessous des bâtiments; on y descend par un escalier qui n'a pas 50 c. de large, et où le corps peut à peine passer; trois portes épaisses fermaient l'entrée de ce tombeau, où nulle fenêtre, nul tuyau, nul canal, ne permettaient ni à la lumière, ni à l'air, ni aux sons de s'introduire. Le deuxième objet remarquable est un puits de 3 m. de profondeur, alimenté par une source qui ne tarit jamais. Enfin, dans l'intérieur, on remarque l'appartement des jeunes princesses, où l'on arrive par un petit escalier à deux cabinets boisés qui se communiquent, et dont les fenêtres sont disposées de manière à ne pouvoir donner d'espérance aux plus hardis galants. — Une voie de 3 m. de large, entaillée dans le flanc de la roche, offre une descente rapide du côté de la plaine de Sirod. Ce n'est point ici le rocher qu'est tracée la route, c'est dans le rocher même; et si la tête venait à manquer, on roulerait, sans que rien pût retenir, dans la rivière d'Ain, qui roule ses eaux parmi les rochers à 120 m. plus bas.

CHATEAU-VILLE-VIEILLE, vg. *H.-Alpes* (Dauphiné), arr. et à 54 k. de Briançon, cant. d'Aiguilles, ✉ à Queyras. Pop. 1,326 h.

— *Foire* le 21 sept.

CHATEAUVOUÉ, vg. *Meurthe* (Lorraine), arr., cant., ✉ et à 12 k. de Château-Salins, et à 13 k. de Vic. Pop. 337 h.

CHATEL, vg. *Ardennes* (Champagne), arr. et à 27 k. de Vouziers, cant. et ✉ de Grandpré. Pop. 843 h.

CHATELAINE, vg. *Mayenne* (Anjou), arr., ✉ et à 8 k. de Château-Gontier, cant. de Bierné. Pop. 626 h.

CHATELAINE (la), vg. *Jura* (Franche-Comté), arr. de Poligny, cant., ✉ et à 17 k. d'Arbois. Pop. 190 h.

CHATELAINES (les), *Yonne*, comm. et ✉ d'Avallon.

CHATELAIS, vg. *Maine-et-Loire* (Anjou), arr., cant., ✉ et à 12 k. de Segré. Pop. 1,010 h.

CHATELANS, vg. *Isère*, com. d'Annoisin-Chatelans, ✉ de Crémieu.

CHATELARD (le), *Ain*, comm. de St-

Germain-de-Renom, ✉ de Châtillon-les-Dombes.

CHATELARD, *Castelarius*, bg *B.-Alpes* (Provence), arr., cant. et à 15 k. de Barcelonnette. ✉. A 780 k. de Paris pour la taxe des lettres. Pop. 572 h. — Il est situé sur la rive droite de l'Ubaye, et se compose d'une cinquantaine de maisons, bâties sur un rocher, au centre desquelles sont les ruines d'un vieux château. C'était autrefois une forteresse importante, aujourd'hui démolie. — Moulins à foulon.

CHATELARD (le), vg. *H.-Vienne*, comm. de Ladignac. — On voit dans l'église paroissiale une châsse couverte de plaques, émaillée et ornée de figures en relief. D'un côté, le Christ roman bénit entre les symboles des évangélistes; de l'autre, la Vierge bénit aussi entre les figures des douze apôtres. Hors le temps des ostensions, cette châsse est déposée dans une niche ogivale creusée dans le mur, et couverte de fresques du XVe siècle; sur la voûte prient des anges vêtus de blanches tuniques; un abbé en pluvial, crossé et mitré, de grandeur naturelle, bénit dans le fond. Sa niche est recouverte par une boiserie en chêne divisée en vingt-trois panneaux imitant des fenestrages flamboyants. Dans la crypte reposent les cendres du valeureux chevalier Gouffier, qui monta le premier sur les murs de Jérusalem.

CHATEL-ARNAUD, vg. *Drôme* (Dauphiné), arr. et à 30 k. de Die, cant. et ✉ de Saillans. Pop. 193 h.

CHATELARS - LA - RIVIÈRE, vg. *Charente* (Angoumois), arr. et à 25 k. de Confolens, cant. de Montembeuf, ✉ de Chasseneuil. Pop. 218 h.

CHATELAUDREN, jolie petite ville, *Côtes-du-Nord* (Bretagne); arr. et à 20 k. de St-Brieuc, chef-l. de cant. Cure. ✉. ⚷. A 473 k. de Paris pour la taxe des lettres. Pop. 1,367 h. — Terrain cristallisé, granit.

Autrefois diocèse et recette de Tréguier, parlement et intendance de Rennes.

Cette ville doit son nom à Audren, quatrième roi de Bretagne, et au noble châtel qu'il y fit construire en 444. Ce fut une des places que Clisson se vit contraint de livrer à Jean IV, duc de Bretagne, pour sortir du château de l'Hermine, où traîtreusement le duc l'avait fait prisonnier. — Resserrée par les douves de l'ancien château, cette ville ne s'étend point à la campagne; elle est bien bâtie, formée de rues propres, assez larges, et possède une jolie halle entourée de maisons agréables. Sur les ruines de l'ancien château, rasé par ordre de Jean V, pour punir les Penthièvre de leur trahison, a été établie en 1808 une promenade elliptique, dont la situation, entre la ville qu'elle domine et l'étang qui en bat les murs, est de l'effet le plus gracieux. On voit aux environs un grand nombre de châteaux et de maisons de campagne.

Fabriques de chapeaux. Clouteries. Tanneries. — *Commerce* de grains, fruits, légumes, miel, cire, beurre, cuirs, suif, chiffons pour papeterie, etc. — *Foires* les 1ers lundis de fév. et de juin, dernier lundi de juillet et 3e lundi d'oct.

CHATELAY (le), vg. *Jura* (Franche-Comté), arr., cant. de Poligny, à 26 k. d'Arbois, ✉ de Sellières. Pop. 270 h.

CHATELBLANC, vg. *Doubs* (Franche-Comté), arr. et à 37 k. de Pontarlier, cant. et ✉ de Mouthe. Pop. 500 h. — *Foires* les 10 juin et 15 sept.

CHATEL - CENSOIR, *Castrum Censorium*, bg *Yonne* (Nivernais), arr. et à 23 k. d'Avallon, cant. de Vézelay, ✉ de Coulange-sur-Yonne. Pop. 1,312 h. Sur la rive droite de l'Yonne. — *Foires* les 22 mars, 9 mai, 26 juillet, 25 août, 20 oct. et 6 déc.

CHATEL-DE-JOUX, vg. *Jura* (Franche-Comté), arr. et à 26 k. de St-Claude, cant. et ✉ de Moirans. Pop. 227 h.

CHATEL-DE-NEUVRE, joli bourg, *Allier* (Bourbonnais), arr. et à 20 k. de Moulins-sur-Allier, cant. de Montet, ✉ de St-Pourçain. ⚷. Pop. 921 h. — Il est bien bâti; sur un coteau d'où l'on jouit d'une vue superbe qui s'étend au nord jusqu'à Moulins, et à l'est jusqu'aux montagnes du Forez, et se compose de deux rangs de maisons qui bordent la grande route. — *Foires* les 30 juillet et 14 nov.

CHATELDON, petite ville et établissement d'eaux minérales, *Puy-de-Dôme* (Auvergne), arr. et à 15 k. de Thiers, chef-l. de cant. Cure. ✉. A 373 k. de Paris pour la taxe des lettres. Pop. 1,691 h. — Terrain cristallisé ou primitif.

EAUX MINÉRALES DE CHATELDON.
Cette ville est dans une situation très-agréable, au milieu des montagnes, près de la Dore, dans un vallon entouré de coteaux couverts de vignes. On y trouve deux sources d'eaux minérales acidules froides; l'une, désignée sous le nom de Source des Vignes, l'autre sous celui de Source de la Montagne. La première sourd au pied d'un coteau couvert de vignes, à peu de distance de la ville; la seconde naît sur le penchant d'un coteau couvert de broussailles; c'est la plus abondante des deux.

Les eaux de Châteldon ont une saveur aigrelette, piquante et légèrement astringente. Elles contiennent une quantité assez considérable de gaz acide carbonique, des carbonates de soude et de magnésie, de l'hydrochlorate de soude, et du fer tenu en dissolution par le gaz acide carbonique.

Ces eaux sont apéritives et rafraîchissantes. Elles conviennent dans la faiblesse des organes digestifs, les rougeurs de la face, les leucorrhées constitutionnelles, le catarrhe chronique de la vessie, l'incontinence d'urine, etc. On les boit froides à la dose de quatre à cinq verres jusqu'à douze ou quinze.

Foires les 6 mai, 10 août, 25 nov. et 1er samedi de carême.

Bibliographie. Desbret. *Traité des eaux minérales de Châteldon*, etc., in-12, 1778. — *Eaux de Châteldon* (Hist. de la société royale de médecine, t. y, p. 335). — *Eaux minérales et médicinales de Châteldon*, in-4, 1780.

— *Précis sur les eaux minérales de Châteldon*, in-8 d'une demi-feuille, 1843.

CHATELET (le), *Aisne*, comm. de Montigny-l'Engrain, ✉ de Vic-sur-Aisne.

CHATELET (le), vg. *Ardennes* (Champagne), arr., cant. et à 12 k. de Rocroi, ✉ de Rimogne. Pop. 473 h.

CHATELET (le), joli bourg, *Cher* (Berry), arr. et à 21 k. de St - Amand - Montrond, chef-l. de cant. Cure. Gîte d'étape. ✉. A 283 k. de Paris pour la taxe des lettres. Pop. 1,583 h. — Terrain du trias, marne irisée. ✉. — *Commerce* de grains. — *Foires* les 4 fév., 26 avril, 1er déc. et lundi après les Morts.

CHATELET (le), vg. *Côte-d'Or* (Bourgogne), arr. et à 33 k. de Beaune, cant. et ✉ de Seure. Pop. 466 h.

CHATELET (le), vg. *Creuse* (Combraille), arr. et à 25 k. de Boussac, cant., et à 23 k. de Chambon. Pop. 718 h.

CHATELET (le), *Maine-et-Loire*, comm. de Tiercé, ✉ de Châteauneuf-sur-Sarthe.

CHATELET (le), *Nièvre*, comm. d'Arleuf, ✉ de Château-Chinon.

CHATELET (le), bg *Seine-et-Marne* (Gatinais), arr. et à 11 k. de Melun, chef-l. de cant. Cure. Gîte d'étape. ✉. ⚷. A 55 k. de Paris pour la taxe des lettres. Pop. 1,115 h. — Terrain tertiaire inférieur.

CHATELET, *Vosges*, comm. de Barville, ✉ de Neufchâteau.

CHATELET-SUR-RETOURNE (le), vg. *Ardennes* (Champagne), arr. et à 14 k. de Rethel, cant. de Juniville, ✉ de Tagnon. Pop. 408 h.

CHATELETS (les), vg. *Eure-et-Loir* (Beauce), arr. et à 30 k. de Dreux, cant. et ✉ de Brezolles. Pop. 224 h.

CHATELETS (les), *Eure-et-Loir*, comm. de Chuisnes, ✉ de Courville.

CHATELEY, vg. *Jura* (Franche-Comté), arr. et à 26 k. de Dôle, cant. de Montbarrey, ✉ de Mont-sous-Vaudrey. Pop. 224 h.

CHATEL-GÉRARD, bg *Yonne* (Bourgogne), arr. et à 30 k. de Tonnerre, cant. et ✉ de Noyers. Pop. 570 h.

CHATEL - GUYON, vg. *Puy-de-Dôme* (Auvergne), arr., cant., ✉ et à 7 k. de Riom. Pop. 1,775 h. — Il est situé au pied d'une petite montagne, dans un pays agréable et fertile, et renommé par ses sources d'eaux minérales. Il était autrefois défendu par un château dont les ligueurs s'emparèrent en 1590.

En remontant un ruisseau qui côtoie le village, on trouve une petite cascade où l'eau, par sa chute, forme des stalactites pendantes. De tout côté on voit sourdre et percer des jets d'eaux gazeuses et ferrugineuses, qu'on reconnaît aux dépôts d'une ocre rougeâtre qu'ils laissent dans leurs cours, ou aux bulles de gaz qui viennent crever à la surface du liquide. — A cinq ou six cents pas de Châtel-Guyon, on trouve cinq sources d'eaux gazeuses thermales, dont les deux principales ont reçu le nom de Fontaine d'Asan et de Fontaine Grillée.

L'eau de Châtel-Guyon a une saveur aigrelette, piquante et un peu amère; elle est claire, très-limpide, et n'a pas d'odeur particulière. Sa température est de 30° du thermomètre centigrade. Cette eau a été examinée par M. Cadet, qui y a trouvé une petite quantité de fer, de l'hydrochlorate de soude, de la magnésie, du sulfate de magnésie et de la chaux, tenus en dissolution par le gaz acide carbonique. Une lumière s'y éteint à quatre pouces au-dessus du niveau de l'eau. — L'eau de Châtel-Guyon s'emploie avec succès dans les fièvres intermittentes, dans les maladies des viscères abdominaux, les affections nerveuses, la chlorose, les flueurs blanches. On en fait usage en boisson, à la dose de plusieurs verres chaque matin. Il ne faut les prendre qu'en petite quantité, à cause de leur propriété enivrante et de leur vertu laxative.

Bibliographie. RAULIN. *Traité analytique des eaux minérales*, 2 vol. in-12, 1774 (le chap. 5 du t. II traite des eaux de Châtel-Guyon). V. aussi *Parallèle des eaux minérales d'Allemagne*, etc., du même auteur, IVe section.

BARSE (Jules). *Châtel-Guyon et ses Eaux minérales*, in-8, 1840.

CHATELIER (le), vg. *Vendée* (Poitou), arr. et à 44 k. de Fontenay-le-Comte, cant. et ✉ de Pouzauges. Pop. 626 h.

CHATELLARD, vg. *Creuse* (Combraille), arr. et à 22 k. d'Aubusson, cant. et ✉ d'Auzances. Pop. 171 h.

CHATELLENOT, vg. *Côte-d'Or* (Bourgogne), arr. et à 46 k. de Beaune, cant. et ✉ de Pouilly-en-Montagne. Pop. 537 h.

CHATELLERAULT, *Castrum Heraldi*, ville ancienne, *Vienne* (Poitou), chef-l. de sous-préf. (2e arr.) et d'un cant. Trib. de 1re inst. et de com. Société d'agric. Collège comm. Cure. Col. d'étape. ✉. ⚒. Pop. 9,904 h. — TERRAIN crétacé inférieur, grès vert.

Autrefois duché-pairie, diocèse et intendance de Poitiers, parlement de Paris, chef-lien d'élection, sénéchaussée, justice consulaire, 4 couvents, 2 prieurés.

Cette ville tire son nom d'un de ses anciens seigneurs, nommé Hérault, qui y fit bâtir un château dont il ne reste plus aucuns vestiges. En 200, cette seigneurie fut érigée en vicomté, qui passa par la suite dans la maison de Bourbon, et fut réunie à la couronne en 1525, après la révolte du connétable de Bourbon.

Les armes de Châtellerault sont : *d'argent au lion de sable*. — Alias, *d'argent au lion de gueules, à la bordure de sable chargée de besants d'or*.

La ville de Châtellerault est située dans un pays charmant, coupé par des rivières, dont les vallons, des coteaux et des jardins qui offrent des points de vue agréables et très-variés. Elle est en général assez mal bâtie, sur la rive droite de la Vienne, qui commence en cet endroit à être navigable, et sur laquelle est un joli port très-fréquenté. L'enceinte de cette ville avait été fortifiée avec soin; mais les épaisses murailles, alternativement défendues par les catholiques et par les protestants, ont été remplacées par de belles habitations et par d'agréa-

bles promenades. La Vienne la sépare d'un de ses faubourgs, avec lequel elle communique par un magnifique pont en pierre de taille, dont une des extrémités est occupée par un joli château, flanqué de quatre grosses tours, qui sert de porte de ville, et sous laquelle passe la grande route. La construction de ce château, où l'on arrive par une belle avenue en forme de promenade, est attribuée à Sully.

Châtellerault est renommé par ses fabriques de coutellerie. Dès qu'on y arrive, on est assailli par un essaim de femmes qui veulent à toute force vendre des couteaux, et qui offrent civilement leurs jolis magasins; il faut en acheter malgré soi; de jeunes et jolies filles suivent le voyageur partout, jusqu'à ce qu'il ait fait quelques emplettes, et il faut avouer qu'il est difficile de ne pas se laisser tenter; ce qu'on offre est si beau, la marchande est si agaçante, quelquefois même elle est peu cruelle, on achète donc, et chacun y trouve son compte. C'est, dit-on, à la galanterie des jolies Châtelleraudaines que nous devons ce proverbe d'amour : « Je te donnerai de petits couteaux pour les perdre. »

On remarque à Châtellerault l'église gothique de St-Jean et la tour de l'église Notre-Dame; la grande et belle promenade publique, ornée d'une jolie fontaine; la salle de spectacle; la manufacture royale d'armes blanches.

Biographie. Patrie de J.-ANT. CREUZÉ LATOUCHE, député aux états généraux, membre de la convention nationale, du conseil des anciens et du sénat conservateur.

Du savant vétérinaire GILBERT.

Fabriques considérables de coutellerie renommée, d'orfèvrerie, quincaillerie, dentelles. Blanchisseries de cire et de toiles. Manufacture royale d'armes blanches. Forges. — *Commerce* de grains, vins, eaux-de-vie, graines de trèfle et de luzerne, pruneaux, pois, haricots, anis vert, chanvre, sel, fer, acier, ardoises, merrains, meules de moulin. Entrepôt d'eau-de-vie. — *Foires* les 1ers jeudis de chaque mois et le lundi qui suit l'assemblée de la St-Roch.

A 32 k. N.-E. de Poitiers, 302 k. S.-O. de Paris. Lat. 46° 49′ 6″ N., long. 1° 47′ 56″ O.

L'arrondissement de Châtellerault est composé de 6 cantons : Châtellerault, Dangé, Leigné-sur-Usseau, Lencloître, Plumartin, Vouneuil-sur-Vienne.

Bibliographie. CREUZÉ LA TOUCHE. *Description topographique du district de Châtellerault*, in-8, 1790.

CHATELLIER (le), vg. *Ille-et-Vilaine* (Bretagne), arr., ✉ et à 8 k. de Fougères, cant. de St-Brice-en-Cogles. Pop. 993 h.

CHATELLIER (le), vg. *Marne* (Champagne), arr., ✉ et à 19 k. de Ste-Menehould, cant. de Dommartin-sur-Yèvre. Pop. 370 h.

CHATELLIER, vg. *Orne* (Normandie), arr. et à 14 k. de Domfront, cant. de Messey, ✉ de Flers. Pop. 436 h.

CHATELLIER-ST-PIERRE, *Castellaria*

Castellerium, Eure, comm. du Noyer, ✉ de Bernay.

CHATELLIERS (les), Seine-et-Oise, com. de Ponthévrard, ✉ de St-Arnould.

CHATELLIERS-NOTRE-DAME (les), vg. *Eure-et-Loir* (Beauce), arr. et à 23 k. de Chartres, cant. et ✉ d'Illiers. Pop. 199 h.

CHATELLUS, vg. *Loire* (Forez), arr. et à 41 k. de Montbrison, cant. de St-Galmier, ✉ de Chazelles. Pop. 283 h.

CHATELOT, vg. *Doubs*, comm. de Colombier-Châtelot, ✉ de l'Isle-sur-le-Doubs.

CHATEL-MONTAGNE, vg. *Allier* (Bourbonnais), arr. et à 28 k. de la Palisse, cant. et ✉ de Mayet-de-Montagne. Pop. 2,031 h. — On y remarque les ruines pittoresques d'un ancien château, bâti dans un site agreste et même tant soit peu sauvage. La Bèbre, qui coule très-près de Châtel-Montagne, et semble vis-à-vis retourner sur ses pas, pour revenir, après une sinuosité considérable, avec plus de force dans sa direction naturelle, rappelle assez quelques torrents de la Suisse. — Filature hydraulique de laine. — *Foires* les 1er et 15 fév., 2 avril, 23 et 29 mai, 1er sept. et 20 déc.

CHATEL-MORON, vg. *Saône-et-Loire* (Bourgogne), arr. et à 17 k. de Chalon-sur-Saône, cant. de Givry, ✉ du Bourgneuf. Pop. 295 h.

CHATEL-NEUF, vg. *Jura* (Franche-Comté), arr. de Poligny, à 35 k. d'Arbois, cant. et ✉ de Champagnole. Pop. 295 h.

CHATEL-NEUF, vg. *Loire* (Forez), arr., ✉ et à 9 k. de Montbrison, cant. de St-Georges-en-Couzan. Pop. 327 h.

CHATEL-PERRON, vg. *Allier* (Bourbonnais), arr. et à 40 k. de la Palisse, cant. et ✉ de Jaligny. Pop. 454 h. — On y remarque les ruines d'un ancien château. — Aux environs, forges, mines de fer, carrières de marbre de différentes couleurs.

CHATEL-RAOULD, vg. *Marne* (Champagne), arr., ✉ et à 8 k. de Vitry-le-François, cant. de St-Remy-en-Bouzemont. Pop. 198 h.

CHATEL-ST-GERMAIN, vg. *Moselle* (pays Messin), arr., ✉ et à 8 k. de Metz, cant. de Gorze. Pop. 811 h. — On y voit les restes d'un château fort qui appartenait aux évêques de Metz. L'un d'eux, Jean d'Apremont, s'étant brouillé avec les habitants de Metz, se retira, en 1221, dans le château de St-Germain, où il fut assiégé par les Messins, assistés du comte de Bar. Après trois ans d'une vigoureuse résistance, il était réduit aux dernières extrémités, lorsque l'évêque de Toul offrit sa médiation, et parvint à réconcilier le prélat avec ses diocésains.

CHATEL-SUR-MOSELLE, petite ville, *Vosges* (Lorraine), arr. et à 17 k. d'Epinal, chef-l. de cant. Cure. Petit séminaire. ✉. A 374 k. de Paris pour la taxe des lettres. Pop. 1,397 h. — TERRAIN du trias. — Elle est bâtie en amphithéâtre sur le penchant d'une colline, au confluent du Dourbion et de la Moselle. — *Commerce* de houblon. Tanneries.

Foires les mardis après le 26 fév., après la Pentecôte, après le 11 août, après le 19 oct.

CHATELUS, vg. *Allier* (Bourbonnais), arr., cant. et à 28 k. de la Palisse, ⊠ de St-Martin-d'Estreaux. Pop. 338 h. — *Foires* les 5 fév., 15 mai, 18 août.

CHATELUS, joli bourg, *Creuse* (Marche), chef-l. de cant., arr. de Boussac, à 33 k. de Chambon. Cure. ⊠. A 394 k. de Paris pour la taxe des lettres. Pop. 1,298 h. — TERRAIN cristallisé, granit. — *Foires* les 13 et 28 janv., 7 et 23 mars, 29 avril, 9 juin, 1ᵉʳ août, 14 sept., 7 nov., 13 et 29 déc.

CHATELUS, vg. *Isère* (Dauphiné), arr. et à 20 k. de St-Marcellin, cant. et ⊠ de Pont-en-Royans. Pop. 278 h.

CHATELUS, *Loire*, comm. de St-Marcellin, ⊠ de Sury-le-Comtal.

CHATELUS-LE-MARCHEIX, petite ville, *Creuse* (Marche), arr., ⊠ et à 12 k. de Bourganeuf, cant. de Bénévent. Pop. 1,604 h. — Elle est dans un pays fertile en grains et en pâturages, sur la rive droite du Taurion. — *Commerce* considérable de bestiaux. — *Foires* les 3ᵉˢ mardis de sept. et de déc.

CHATELUX, vg. *Yonne* (Bourgogne), arr. et à 13 k. d'Avallon, cant. de Quarré-les-Tombes. ⊠. A 230 k. de Paris pour la taxe des lettres. Pop. 712 h.

CHATEL-VILAIN, vg. *Saône-et-Loire*, comm. de Champlecy, ⊠ de Charolles.

CHATELVILLE, *Loire*, com. de Chazelles-sur-l'Avieu, ⊠ de Montbrison.

CHATENAY, vg. *Ain* (Dombes), arr. et à 46 k. de Trévoux, cant. et ⊠ de Chalamont. Pop. 410 h.

CHATENAY, vg. *Eure-et-Loir* (Beauce), arr. et à 33 k. de Chartres, cant. d'Auneau, ⊠ d'Angerville. Pop. 365 h. — *Fabriques* de bonneterie en laine. Tuileries et fours à chaux. — *Commerce* de grains.

CHATENAY, *Eure-et-Loir*, comm. de Mittainvilliers, ⊠ de Courville.

CHATENAY, vg. *Isère* (Dauphiné), arr. à 27 k. de St-Marcellin, cant. et ⊠ de Roybon. Pop. 536 h.

CHATENAY, ou CHATENAY-LES-BAGNEUX, *Castanetum*, joli village, *Seine* (Ile-de-France), arr., cant. et à 6 k. de Sceaux, ⊠ d'Antony. Pop. 496 h. — Il est situé sur un coteau planté de vignes, qui domine une campagne fertile. La beauté du site de ce village et la variété de ses points de vue y ont fait construire un grand nombre de maisons de plaisance, parmi lesquelles on distingue celle de la Vallée-aux-Loups, construite dans le style gothique par M. de Châteaubriand.

Biographie. Châtenay est le lieu de naissance du plus grand génie qu'ait produit le siècle dernier; c'est dans une des maisons de ce village, que possédait naguère et que possède peut-être encore Mᵐᵉ la comtesse de Boignes, qu'est né VOLTAIRE, le 20 février 1694.

Fête patronale le 1ᵉʳ dimanche d'août.

CHATENAY, ou CHATENAY-EN-FRANCE, *Castanetum*, vg. *Seine-et-Oise* (Ile-de-France), arr. et à 34 k. de Pontoise, cant. d'Ecouen, ⊠ de Louvres. Pop. 85 h.

Bibliographie. * *Notice sur la trombe de Châtenay*, in-8, 1839.

CHATENAY-MACHERON, vg. *H.-Marne* (Champagne), arr., cant., ⊠ et à 8 k. de Langres. Pop. 215 h.

CHATENAY-SUR-SEINE, vg. *Seine-et-Marne* (Brie), arr. et à 23 k. de Provins, cant. et ⊠ de Donnemarie. Pop. 634 h.

CHATENAY-VAUDIN, vg. *H.-Marne* (Champagne), arr., cant., ⊠ et à 13 k. de Langres. Pop. 190 h.

CHATENET, vg. *Charente-Inf.* (Saintonge), arr. et à 21 k. de Jonzac, cant. et ⊠ de Montlieu. Pop. 669 h.

CHATENET (le), *Indre*, com. d'Orsennes, ⊠ d'Aigurande.

CHATENET-COLON, *H.-Vienne*, comm. de St-Pardoux, ⊠ de Chanteloube.

CHATENET-EN-DOGNON (le), vg. *H.-Vienne* (Marche), arr. et à 24 k. de Limoges, cant. et ⊠ de St-Léonard. Pop. 730 h.

CHATENEY, vg. *H.-Saône* (Franche-Comté), arr. et à 16 k. de Lure, cant. et ⊠ de Saulx. Pop. 228 h.

CHATENOIS, vg. *Jura* (Franche-Comté), arr., ⊠ et à 9 k. de Dôle, cant. de Rochefort. Pop. 383 h.

CHATENOIS, bg *B.-Rhin* (Alsace), arr., cant., ⊠ et à 6 k. de Schelestadt. P. 3,819 h. — Il est situé au pied des Vosges, et dominé par les ruines imposantes d'un ancien château qui couronne le sommet d'une haute montagne couverte de forêts.

Ce bourg fut brûlé par les Schlestadiens, durant la guerre entre les Impériaux et l'évêque de Strasbourg, en 1298, parce que les habitants avaient détourné le ruisseau qui coulait de la vallée sur Schelestadt. Ceux de Châtenois s'en vengèrent sur Kintzheim, auquel ils firent éprouver le même sort. Les Armagnacs l'incendièrent en 1444. En 1525, les paysans, s'étant révoltés, y essuyèrent une défaite sanglante. On voit encore à Châtenois quelques débris d'anciennes fortifications.

Dans un pré, au pied du Hahnenberg, est une source minérale, appelée dans le pays *Baadbrünnlein* (fontaine aux bains).

Cette eau contient du sulfate de soude, du muriate de soude, de la terre calcaire, de la silice, et quelques vestiges de pétrole. Elle possède des vertus apéritives, digestives, légèrement stimulantes et détersives; mais son usage se borne uniquement aux bains, qu'on prend tièdes, et qu'on recommande contre les douleurs des membres, la gale et autres maladies cutanées.

Fabriques de tissus de coton. Papeterie. — *Foires* les 23 et 24 avril.

CHATENOIS, ou HESTENKOLTZ, vg. *H.-Rhin* (Alsace), arr., cant., ⊠ et à 10 k. de Belfort. Pop. 1,049 h.

CHATENOIS, vg. *H.-Saône* (Franche-Comté), arr. et à 16 k. de Lure, cant. et ⊠ de Saulx. Pop. 438 h.

CHATENOIS, *Castanetum Solecensium*, bg *Vosges* (Lorraine), arr. et à 13 k. de Neufchâteau, chef-l. de cant. Cure. ⊠. A 326 k. de Paris pour la taxe des lettres. Pop. 1,593 h. — TERRAIN jurassique. — *Fabriques* d'instruments de musique, dentelles, toiles de chanvre. — *Foires* les 14 fév., 25 mai, 2 août, 15 sept. et 21 déc.

CHATENOY, vg. *Loiret* (Orléanais), arr. et à 41 k. d'Orléans, cant. de Châteauneuf-sur-Loire, ⊠ de Lorris. Pop. 421 h.

CHATENOY, vg. *Seine-et-Marne* (Gatinais), arr. et à 23 k. de Fontainebleau, cant. et ⊠ de Nemours. Pop. 170 h.

CHATENOY-EN-BRESSE, vg. *Saône-et-Loire* (Bourgogne) arr., cant., ⊠ et à 13 k. de Chalon-sur-Saône. Pop. 336 h.

CHATENOY-LE-ROYAL, vg. *Saône-et-Loire* (Bourgogne), arr., cant., ⊠ et à 4 k. de Chalon-sur-Saône. Pop. 728 h.

CHATIGNAC, vg. *Charente* (Saintonge), arr. et à 19 k. de Barbezieux, cant. et ⊠ de Brossac. Pop. 526 h. — *Foires* les 17 fév., 17 avril, 17 juin, 17 août, 17 oct. et 17 déc.

CHATIGNONVILLE, vg. *Seine-et-Oise* (Beauce), arr. et à 30 k. de Rambouillet, cant. et ⊠ de Dourdan. Pop. 134 h.

CHATILLON (le), ruisseau qui prend sa source dans la montagne des Sapins, au milieu de la forêt de Domèvre, arr. de Lunéville (Meurthe), et qui, sans sortir de ce département, se jette dans la Vezouze, vis-à-vis de Cirey. Il est flottable sur une partie de son cours, qui est de 16 k.

CHATILLON, vg. *Allier* (Bourbonnais), arr. et à 23 k. de Moulins-sur-Allier, cant. de Montet, ⊠ de Souvigny. Pop. 634 h. — Exploitation de houille.

CHATILLON, vg. *Ardennes* (Champagne), arr. et à 12 k. de Vouziers, cant. et ⊠ du Chesne. Pop. 349 h.

CHATILLON, bg *Drôme* (Dauphiné), arr., ⊠ et à 10 k. de Die, chef-l. de cant. Cure. ⊠. A 630 k. de Paris pour la taxe des lettres. P. 188 h. — TERRAIN jurassique. — Il est bâti sur le penchant d'un coteau qui domine une plaine arrosée par le Bès et par trois sources abondantes. C'était autrefois une place forte qui a soutenu un siège contre les protestants en 1575. — Aux environs, on trouve une source d'eau minérale bitumineuse. — *Fabrique* de tuiles. Mégisseries. — *Commerce* considérable de chanvre. — *Foires* les 26 et 27 mars, 29 août, 27 nov., jeudi gras, 3ᵉ jeudi de mai, lundi et mardi avant le 1ᵉʳ nov.

CHATILLON, *Indre*, comm. du Pin, ⊠ d'Argenton-sur-Creuse.

CHATILLON, vg. *Jura* (Franche-Comté), arr., ⊠ et à 14 k. de Lons-le-Saulnier, cant. de Conliège. Pop. 546 h. — *Foires* les 22 mai (15 jours), 22 juillet, 22 août et 11 sept.

CHATILLON, ou CHATILLON-D'AZERGUE, bg *Rhône* (Lyonnais), arr. et à 15 k. de Villefranche-sur-Saône, cant. de Bois-d'Oingt, ⊠ d'Anse. Pop. 954 h. Il est situé sur la rive gauche de l'Azergue. — Il y avait autrefois un prieuré de bénédictins, et un château fort qui existe encore en partie. — *Fabriques* d'étoffes de soie et de toiles de fil.—Exploitation d'ocre.—*Foires* les 5 fév., 6 juin, 4 oct. et 16 déc.

CHATILLON, ou CHATILLON-SOUS-BAGNEUX, joli village, *Seine* (Ile-de-France), arr., cant. et à 4 k. de Sceaux. ⊠. A 8 k. de Paris. Pop. 1,416 h.—Il est bâti dans une belle position, sur une hauteur d'où l'on jouit d'une vue magnifique : de cet endroit l'œil embrasse Bagneux, Montrouge, Vaugirard, Vanvres, Issy, Paris, le cours de la Seine, le Mont-Valérien, Vincennes et les hauteurs de Montmartre; dans le lointain, une partie de la vallée de Montmorency sert de cadre à ce vaste et riant tableau.—On voit à Châtillon une carrière remarquable par une galerie souterraine, où des voitures attelées de trois chevaux peuvent descendre jusqu'à une profondeur de 28 m. pour y charger la pierre qu'elle fournit. Sur la hauteur, on remarque les ruines pittoresques de la tour du Croux, qui servait autrefois à transmettre les signaux de la tour de Mont-le-Héry. Non loin de là est une fort belle glacière.—Fête patronale le dimanche qui suit le 1er mai.

CHATILLON, vg. *Vienne* (Poitou), arr. et à 25 k. de Civray, cant. et ⊠ de Couhé. Pop. 211 h.

CHATILLON, vg. *Vosges* (Lorraine), arr. et à 35 k. de Neufchâteau, cant. de l'Amarche, ⊠ de Bourbonne. Pop. 746 h.—*Foires* les 23 fév., 10 juin, 27 août et 10 nov.

CHATILLON-DE-MICHAILLE (Bugey), arr. et à 20 k. de Nantua, chef-l. de cant. Cure. Gîte d'étape. ⊠. A 491 k. de Paris pour la taxe des lettres. Pop. 1,451 h.—TERRAIN jurassique.

Autrefois diocèse de Genève, bailliage et recette de Belley, mandement de Seyssel.

Il est bien bâti et agréablement situé, au confluent de la Semine et de la Valserine.—*Foires* les jeudi saint, lundi de Quasimodo, 1er mai, lendemain de la Pentecôte, 30 sept.—Marchés très-importants.

CHATILLON-EN-BAZOIS, *Castellio*, bg *Nièvre* (Nivernais), arr. et à 25 k. de Château-Chinon, chef-l. de cant. Cure. Gîte d'étape. ⊠. ⚹. A 269 k. de Paris pour la taxe des lettres. P. 1,306 h.—TERRAIN jurassique.—Commerce de bœufs gras.—*Foires* les 2 et 23 mai, mardi gras, lundi de Passion, 23 juin, 31 juillet, lundi après le 14 nov.

CHATILLON-EN-DUNOIS, bg *Eure-et-Loir* (Beauce), arr. et à 12 k. de Châteaudun, cant. de Cloyes, ⊠ de Courtalin. Pop. 1,434 h.

CHATILLON-EN-VENDELAIS, vg. *Ille-et-Vilaine* (Bretagne), arr., caut., et à 9 k. de Vitré. Pop. 1,458 h.—Il est situé au bord d'un étang d'où sort la Canlache.—*Foires* le mardi après la St-Georges, et derniers mardis de mai, juillet et sept.

CHATILLON-GUYOTTE, vg. *Doubs* (Franche Comté), arr. et à 15 k. de Baume-les-Dames, cant. de Roulans, ⊠ de Besançon. Pop. 216 h.

CHATILLON-LABORDE, vg. *Seine-et-Marne* (Gatinais), arr. et à 15 k. de Melun, cant. et ⊠ du Châtelet. ⚹. Pop. 230 h.

CHATILLON-LA-PALUD, vg. *Ain* (Dombes), arr. et à 38 k. de Trévoux, cant. et ⊠ de Chalamont. Pop. 700 h.

CHATILLON-LE-DÉSERT, vg. *H.-Alpes* (Dauphiné), arr. et à 30 k. de Gap, cant. et ⊠ de Veynes. Pop. 92 h.

CHATILLON-LE-DUC, vg. *Doubs* (Franche-Comté), arr. et à 8 k. de Besançon, cant. et ⊠ de Marchaux. Pop. 283.—*Foires* les 1er mars, 1er mai, 1er juillet et 1er sept.

CHATILLON-LE-ROI, vg. *Loiret* (Orléanais), arr., cant. et à 12 k. de Pithiviers, cant. d'Outarville. Pop. 369 h.

CHATILLON-LES-DOMBES ou SUR-CHALARONNE, petite ville, *Ain* (Dombes), arr. et à 27 k. de Trévoux, chef-l. de cant. Cure. Gîte d'étape. ⊠. A 434 k. de Paris pour la taxe des lettres. Pop. 3,236 h.—TERRAIN tertiaire supérieur, alluvions anciennes.—Elle est agréablement située entre deux collines, sur la Chalaronne.—*Fabrique* de papiers.—Commerce de vins.—*Foires* les 26 juin, 22 juillet, 1er août, 21 et 22 sept., samedi avant la Notre-Dame de fév., 1er samedi de carême, samedi de la mi-carême, veille du dimanche des Rameaux, veille de Quasimodo, lendemain de l'Ascension, 2e samedi avant Noël.

CHATILLON-LES-SONS, vg. *Aisne* (Picardie), arr., cant. et à 25 k. de Laon, cant. et ⊠ de Marle. Pop. 519 h.

CHATILLON-SOUS-LES-COTES, vg. *Meuse* (pays Messin), arr. et à 11 k. de Verdun-sur-Meuse, cant. et ⊠ d'Etain. Pop. 709 h.

CHATILLON-SUR-BROUÉ, vg. *Marne* (Champagne), arr. et à 29 k. de Vitry-le-François, cant. et ⊠ de St-Remy-en-Bouzemont. Pop. 141 h.

CHATILLON - SUR - CHALARONNE. V. CHATILLON-LES-DOMBES.

CHATILLON-SUR-CHER, vg. *Loir-et-Cher* (Blaisois), arr. et à 38 k. de Blois, cant. St-Aignan, ⊠ de Selles-sur-Cher. Pop. 995 h. Sur un coteau près du Cher. — *Fabrique* de pierres à fusil.—*Foire* le jeudi après la Trinité.

CHATILLON - SUR - COLMONT, bg *Mayenne* (Maine), arr., cant. et à 10 k. de Mayenne, cant. de Goron. Pop. 2,544 h.

CHATILLON - SUR - INDRE, *Castellio ad Ingerim*, petite ville, *Indre* (Touraine), arr. et à 44 k. de Châteauroux, chef-l. de cant. Cure. Gîte d'étape. ⊠. ⚹. A 72 k. de Paris pour la taxe des lettres. Pop. 3,575 h. — TERRAIN crétacé inférieur, grès vert.

Châtillon était place forte située sur les frontières du Berry, ce qui en rendait la possession importante; elle a porté pendant la révolution le nom d'INDRE-MONT. — Cette ville est bâtie sur une éminence que couronnent les ruines d'un ancien château fort, près de la rive gauche de l'Indre. Elle est entourée d'une promenade charmante, traversée par une longue rue qui donne passage à la grande route de Tours à Châteauroux, et possède une assez jolie place publique, d'où l'on aperçoit une belle échappée de vue. Les ruines du château dont la construction remonte au xie siècle, et qui fut démantelé sous le règne de Philippe Auguste, sont vastes, pittoresques et fort curieuses ; au milieu de leurs énormes pans de murailles délabrées s'élève sur un mamelon de roc une tour de forme rônde, de 26 m. de diamètre et d'environ 10 m. de haut, qui supporte une autre tour d'un diamètre moitié moindre, mais de 20 m. de haut. Les murs ont de 3 m. à 4 m. d'épaisseur. Ces deux espèces de cylindres sont entourés et à demi encombrés de débris informes. La singulière construction de ces tours, leur bizarre agglomération, leur grande masse, les vertes draperies de lierre qui couvrent leurs ruines, offrent l'aspect le plus pittoresque. De leur sommet on jouit d'une fort belle vue sur les bords de l'Indre et sur le bourg de Palluau que couronnent les restes d'un manoir gothique.—L'église, bâtie vers le milieu du xe siècle, est grande et assez belle ; le haut pignon de l'aile qui regarde le château présente des sculptures remarquables quoique grossières : dans un médaillon, le Père éternel lève la main droite pour donner sa bénédiction ; au-dessous est un bas-relief divisé en deux compartiments, dont l'un représente saint Pierre en Outrille, et le martyre de saint Tiburce en saint Ursin ; le deuxième tableau offre des scènes d'enfer ou des diableries. On remarque encore à Châtillon une maison du xvie siècle, dans la grande rue, dont les poteaux représentent un Momus et un joueur de cornemuse. De la place du marché on découvre tout le vallon de l'Indre et les belles prairies, la route de Cléon qui serpente au pied de coteaux variés et semble suivre le cours de la rivière ; le fond du vallon est terminé par le beau château de l'Isle-Savary.

Fabriques d'étoffes communes. — *Foires* les 17 janv., 1er vendredi de carême, 18 avril, 20 mai, 3 juillet, 5 sept., 29 oct., 24 nov. et 19 déc.

CHATILLON-SUR-LE-LOIR, *Sarthe*, comm. et ⊠ de la Chartre-sur-le-Loir.

CHATILLON - SUR - LIZON, vg. *Doubs* (Franche-Comté), arr. et à 26 k. de Besançon, cant. et ⊠ de Quingey. Pop. 259 h. — Forge à l'anglaise. Tréfilerie.

CHATILLON-SUR-LOING, *Castellio ad Lupam*, petite ville, *Loiret* (Gatinais), arr. et à 23 k. de Montargis, chef-l. de cant. Cure. ⊠. A 135 k. de Paris pour la taxe des lettres. Pop. 2,067 h. — TERRAIN tertiaire moyen.

Autrefois duché, diocèse de Sens, parlement de Paris, intendance d'Orléans, élection de Montargis, collégiale et couvent.

Cette ville est située dans une vallée agréable, sur la rivière et le canal du Loing. Elle est dominée par un ancien château où est né l'amiral Coligny, dont le tombeau se voit dans la chapelle de cet édifice, avec ceux des seigneurs de Châtillon.

Il y avait autrefois une riche collégiale, fondée en 1209 par un archevêque de Sens, et enrichie de reliques précieuses par les anciens seigneurs qui étaient de la maison de Melun, et auxquels succèdent ceux de la famille de Bacque.

Vers le milieu du xvie siècle, le comté de Châtillon passa par alliance aux seigneurs de la maison de Coligny; il fut érigé en duché-pairie en 1648, en faveur du petit-fils de l'amiral de ce nom.

La ville de Châtillon a considérablement souffert pendant les guerres de religion. Vers l'an 1562 les huguenots, s'en étant rendus maîtres, pillèrent l'église qui était fort riche, firent souffrir des tourments horribles aux chanoines, en massacrèrent quelques-uns, et contraignirent les autres de s'éloigner; ils occupèrent cette ville jusqu'en 1569. Le comte Martinangues, qui logeait ordinairement à Gien, les en débusqua après un long siège, où les habitants souffrirent tout ce qu'on peut attendre de la fureur des assiégeants et des huguenots qui s'y trouvaient assiégés, et qui s'étaient retirés dans le château. La ville et l'église furent brûlées. Pendant tout le temps que durèrent les guerres civiles, Châtillon devint tour à tour la proie des deux partis.—Après l'assassinat de l'amiral Coligny, un arrêt du parlement de Paris, du 27 octobre 1572, ordonna que son château seigneurial de Châtillon-sur-Loing serait rasé, qu'on pût jamais le rebâtir; que les arbres du parc seraient coupés à la moitié de leur hauteur, qu'on sèmerait du sel sur le terrain de la maison, et qu'on élèverait dans la cour une colonne sur laquelle on graverait cet arrêt; mais, en vertu d'un autre arrêt du 15 mai 1576, ces dispositions ne furent point exécutées. François, duc de Montmorency, qui s'était retiré à Chantilly peu de temps avant le massacre, envoya un de ses valets de chambre, nommé Antoine, avec ordre de détacher pendant la nuit le cadavre de l'amiral du gibet de Montfaucon, et de le faire transporter à Chantilly, ce qui fut exécuté. Il fit cacher ce cadavre dans un lieu secret, après qu'on l'eut enfermé dans un cercueil de plomb; et il défendit qu'on le mît dans la chapelle, de peur qu'on ne vînt l'en tirer. On fit depuis consumer les chairs dans la chaux, et les os furent gardés jusqu'en 1582, qu'on les transporta à Montauban. Ils furent donnés à Louise de Coligny, fille de l'amiral, et veuve de Téligny, qui les fit transporter plus tard à Châtillon-sur-Loing, où ils furent renfermés dans un tombeau de marbre noir, sur lequel on grava une magnifique épitaphe composée par Scaliger.

Les armes de Châtillon sont : *de gueules à l'aigle au vol abaissé d'argent, béqué et membré d'azur.*

Patrie de l'amiral de Coligny, assassiné à Paris en 1572. — Du savant chimiste Becquerel, membre de l'Institut.

Commerce de bois et de charbon.—*Foires* les 14 janv., 2e samedi de carême, 20 mai, 30 juin, 14 sept. et 6 déc.

CHATILLON-SUR-LOIRE, *Castellio ad Ligerim*, petite ville, *Loiret* (Berry), arr. et à 16 k. de Gien, chef-l. de cant. Cure. ✉. A 159 k. de Paris pour la taxe des lettres. Pop. 2,783 h. — Terrain tertiaire moyen. — Elle est agréablement située sur la rive gauche de la Loire. — Carrières de pierres de taille.

Patrie de l'architecte Verniquet, auteur du beau plan de Paris en 72 feuilles, qui porte son nom.—*Foires* les 10 mai, 11 juin, 29 août, 3 nov. et 13 déc.

CHATILLON-SUR-MARNE, *Castellio ad Matronam*, petite ville, *Marne* (Champagne), arr. et à 30 k. de Reims, chef-l. de cant. ✉. Pop. 931 h. — Terrain crétacé supérieur.

Cette ville est pittoresquement située en amphithéâtre, près de la rive droite de la Marne. Si l'on en croit la tradition, c'était autrefois une grande ville qui s'étendait jusqu'au bord de la rivière. Hérivée, fils d'Eudes, premier seigneur de la maison de Châtillon, y fit construire en 926 un château, que Louis d'Outremer assiégea sans succès en 940 et en 947. Le comte de Rousy le prit d'assaut en 949. Châtillon fut pris, pillé, et le château en grande partie détruit par l'armée de Charles-Quint, en 1545. Il paraît que ce château fut encore mis en état de défense : car en 1575, lors des guerres de religion, il fut pris et pillé par les calvinistes, qui achevèrent de le détruire.—Dès le xe siècle, Châtillon était le chef-lieu d'une châtellenie considérable, dont les seigneurs tiennent le premier rang dans les fastes historiques, ecclésiastiques, civils et militaires. La châtellenie de Châtillon devint l'apanage d'une reine de France ; dans le xiiie siècle, elle fut élevée par Philippe le Bel au rang de prévôté royale, reçut ensuite le titre de duché, et fut possédée par des princes distingués. De trente à quarante officiers judiciaires qui y résidaient avant la révolution, il ne lui reste qu'un juge de paix du canton. Et on ne peut plus dire comme jadis : *Châtillon est moult noble chose, et des plus nobles noms.*

Les armes de Châtillon-sur-Marne sont : *de gueules à trois pals d'ivoire; au chef d'or chargé d'une merlevette de sable au 1er canton.* Dans la partie du manuscrit de d'Hozier, relative aux armes de concession, elles sont indiquées : *de gueules à un château d'argent.*

Patrie du pape Urbain II. — *Foires* les 11 juin, 12 nov., 1er mercredi de carême et 8 sept.

CHATILLON-SUR-MEICHES, vg. *Doubs* (Franche-Comté), arr. et à 22 k. de Montbéliard, cant. et ✉ de St-Hippolyte. Pop. 97 h. — On y remarque les ruines pittoresques d'un ancien château fort.

CHATILLON-SUR-MORIN, vg. *Marne* (Champagne), arr. et à 49 k. d'Epernay, cant. et ✉ d'Esternay. Pop. 338 h. — Il est bâti sur le sommet d'une colline, au pied de laquelle coule le grand Morin. Son origine est inconnue; mais elle paraît remonter à une époque éloignée, si l'on en juge par les fragments de murailles et de débris de tuiles qu'on trouve sur son territoire. — Tuileries et fours à chaux.

On y voit un ancien château jadis habité par le maréchal de Fabert, et ensuite par le savant de Caylus.

CHATILLON-SUR-OISE, vg. *Aisne* (Picardie), arr., ✉ et à 12 k. de St-Quentin, cant. de Moy. Pop. 287 h. Sur la rive droite de l'Oise.

CHATILLON-SUR-SEICHE, vg. *Ille-et-Vilaine* (Bretagne), arr., cant., ✉ et à 9 k. de Rennes. Pop. 913 h.

CHATILLON-SUR-SEINE, *Castellio ad Sequanam*, ancienne et jolie petite ville, *Côte-d'Or* (Bourgogne), chef-l. de sous-préf. (1er arr.) et d'un cant. Trib. de 1re inst. et de commerce. Collège comm. Cure. Gîte d'étape. ✉. ⚘. A 227 k. de Paris pour la taxe des lettres. Pop. 4,779 h. — Terrain jurassique.

Autrefois duché-pairie, diocèse de Langres, parlement de Dijon, gouvernement particulier, bailliage, présidial, prévôté de maréchaussée, 7 abbayes ou couvents, commanderie de Malte.

L'origine de cette ville remonte à une époque assez reculée, mais elle a éprouvé tant de révolutions, et a été ruinée si souvent, qu'on ne peut rien indiquer de précis pour prouver son antiquité. On ignore l'époque de sa fondation et par qui elle a été fondée. Cependant on est porté à croire que son origine remonte au ive ou au ve siècle. Elle formait autrefois deux villes distinctes, séparées par deux bras de la Seine, par des murs, des fossés et des portes. L'une portait le nom de Bourg, et l'autre était nommée Chaumont, et chacune avait son château : celui du Bourg était situé sur une petite montagne qui domine toute la ville, et où l'on voit encore quelques restes de remparts; celui de Chaumont, bâti à l'extrémité occidentale de cette ville, était appelé Châtelot. Ces deux villes sont réunies depuis longtemps et ne forment plus qu'une seule commune.

Les armes de Châtillon-sur-Seine sont : *de gueules au château d'argent accompagné de quatre tours de même, et 3 fleurs de lis d'or mises en chef.*

Cette ville a une situation pittoresque, au centre d'un pays montagneux, sur la Seine, qui y reçoit la petite rivière de la Douix ; cependant, comme dans les grandes sécheresses il arrive que les eaux de la Seine ne parviennent pas jusqu'à Châtillon, il en résulte que ce fleuve prend réellement naissance à la belle fontaine de la Douix qu'on n'a jamais vue tarir. Châtillon est une ville très-bien bâtie, propre, bien pavée, qui s'embellit et s'augmente tous les jours de nouveaux quartiers. L'air y est tempéré et très-sain; on voit assez souvent des étrangers venir y habiter pour se rétablir de longues et graves maladies.

Les ducs de Bourgogne de la première race avaient choisi pour séjour habituel la ville de Châtillon. Cette ville était regardée avant la révolution comme la capitale de la contrée connue sous le nom de Pays de la Montagne.

Châtillon-sur-Seine est célèbre par le congrès de ce nom, ouvert le 4 février 1814, deux jours après la bataille de Brienne, et rompu le 18 mars.

Les édifices les plus remarquables sont : l'hôtel de ville, environné de beaux jardins qui servent de promenade publique; il occupe une partie de l'ancien couvent des bénédictins, où se trouve aussi la sous-préfecture ; le nouveau palais de justice, établi dans l'ancien couvent des carmélites ; l'église St-Nicolas, située au centre du quartier du Bourg, dont la construction remonte au XIIe siècle ; l'église St-Vorle, ancienne chapelle du château des ducs de Bourgogne, sous laquelle est un oratoire souterrain dit Chapelle Notre-Dame, ou de St-Bernard, où l'on dit que saint Bernard a prié, et où peut-être il a eu la célèbre vision de sa veille de Noël ; le château du quartier de Chaumont, entouré d'un vaste et superbe parc, traversé par la Seine (autrefois le Châtelot) : il a été fondé par les ancêtres du duc de Raguse, qui l'a embelli avec toute la magnificence dont sa situation le rendait susceptible, et y a fondé plusieurs établissements industriels importants.

On remarque encore à Châtillon la bibliothèque publique, renfermant 7,000 volumes ; le collège ; les hospices. Aux environs, la fontaine de la Douix, et les restes d'une voie romaine qui allait de Langres à Auxerre.

Biographie. Patrie de l'ancien ministre de la guerre PÉTIET.

Du maréchal MARMONT, duc de Raguse.

INDUSTRIE. *Fabriques* de draps, serges, toiles, futailles. Hauts fourneaux, forges, papeteries, tanneries, brasseries. Moulins à blé, à foulon et à écorce. Blanchisseries de cire. Distilleries. Exploitation de belles carrières de pierres de taille. — *Commerce* de fers de tous échantillons, de bois, laines, cuirs, meules à aiguiser. Entrepôt des produits des nombreuses forges des environs. — *Foires* les 27 janv., 7 avril, 5 et 18 juin, 21 août, 19 oct. et 4 déc. N.-O. de Dijon, S.-E. de Troyes, S.-E. de Paris.

L'arrondissement de Châtillon-sur-Seine est composé de 6 cantons : Aignay-le-Duc, Baigneux, Châtillon-sur-Seine, Laignes, Montigny, Recey.

CHATILLON-SUR-SÈVRE, jolie petite ville , *Deux-Sèvres* (Poitou), arr. et à 25 k. de Bressuire, chef-l. de cant. Cure. Gîte d'étape. ✉. ✆. A 369 k. de Paris pour la taxe des lettres. Pop. 1,170 h. — TERRAIN cristallisé, granit.

Autrefois diocèse de la Rochelle, parlement de Paris, intendance de Poitiers, chef-lieu d'élection, prieuré et commanderie de Malte, abbaye ordre de St-Augustin.

Cette ville est située sur le penchant d'une colline , sur un des affluents de la Sèvre nantaise , qui fertilise de nombreux pâturages. — Elle existait du temps des Romains sous le nom de *Mons Leonis*, Mauléon, et a conservé ce nom jusqu'en 1737, époque à laquelle le duc de Châtillon en fit l'acquisition, lui donna son nom, et la fit ériger en duché-pairie. Châtillon fut entièrement détruit et rasé dans les anciennes guerres de la religion. Il était entouré de murs et défendu par un château dont on aperçoit encore les traces. La ville nouvelle, qui renfermait un siège des traites et gabelles, et une riche abbaye de génovéfains, souffrit de grands désastres pendant la guerre de la Vendée, parce qu'elle fut le quartier général et le siège du gouvernement des insurgés. Elle fut prise et reprise, puis brûlée, et il n'y resta debout que trois maisons ; elle a été depuis réédifiée. L'ancienne église de l'abbaye est aujourd'hui l'église paroissiale.

PATRIE du marquis DE LA ROCHEJAQUELEIN, généralissime des insurgés de la Vendée, tué le 4 mars 1794, près de Nuaillé.

Commerce de moutons. — *Fabriques* de flanelle rayée. — *Foires* les 25 janv., lundi après la mi-carême, 3 mai , 20 juin, 22 juillet, 14 sept., 11 nov., 27 déc., dernier vendredi de mai , et 3e vendredi d'août et d'oct.

CHATILLON-SUR-THOUÉ, vg. *Deux-Sèvres* (Poitou), arr., cant., ✉ et à 2 k. de Parthenay. Pop. 515 h.

CHATILLON-ST-JEAN, vg. *Drôme* (Dauphiné), arr. et à 27 k. de Valence, cant. et ✉ de Romans. Pop. 824 h. — *Foire* le lundi de Pâques.

CHATIN , vg. *Nièvre* (Nivernais), arr., cant., ✉ et à 10 k. de Château-Chinon. Pop. 350 h.

CHATOILLENOT, vg. *H.-Marne* (Champagne), arr. et à 25 k. de Langres, cant. et ✉ de Prauthoy. Pop. 418 h.

CHATONAY, bg *Isère* (Dauphiné) , arr. et à 29 k. de Vienne, cant. et ✉ de St-Jean-de-Bournay. ✆. Pop. 3,056 h. — *Fabriques* de pointes de Paris. — *Foires* les 12 janv., 9 mai, 26 juillet, 2 sept. et lundi après le 11 nov.

CHATONNAY, vg. *Jura* (Franche-Comté), arr. à 30 k. de Lons-le-Saulnier, cant. et ✉ d'Arinthod. Pop. 191 h.

CHATONRUPT, vg. *H.-Marne* (Champagne), arr. et à 13 k. de Vassy, cant. et ✉ de Joinville. Pop. 407 h.

CHATOU, *Chato, Captonacum*, vg. *Seine-et-Oise* (Ile-de-France), arr. et à 13 k. de Versailles, cant. de St-Germain-en-Laye, à 13 k. de Paris. ✉. Pop. 1,100 h. Station du chemin de fer.

Chatou est agréablement situé sur la rive droite de la Seine, qu'on y passe sur un beau pont de pierre et sur le chemin de fer de Paris à St-Germain. C'est un village très-ancien où les rois de France avaient un palais ou maison de plaisance du VIe siècle. Il est environné de belles maisons de campagne et remarquable par un château dans les dépendances duquel est une longue terrasse qui borde la rivière, et d'où l'on jouit de points de vue délicieux sur de admirables sites des environs. Dans le parc qui en dépend, on voit une grotte charmante construite sur les dessins de Soufflot, et une belle pièce d'eau. — Plusieurs autres maisons de campagne embellissent encore les environs de Chatou, celle nommée la Faisanderie est surtout remarquable , tant par la simplicité de sa construction , qui représente un joli ermitage, que par un jardin qui renferme de belles plantations d'arbres exotiques. Avant la révolution , la Faisanderie était un rendez-vous de chasse, dépendant de l'apanage du comte d'Artois. — Le jour de l'Assomption, fête patronale de Chatou, il se tient dans la garenne du Vésinet une foire très-fréquentée. — Vis-à-vis de Chatou, le chemin de fer laisse sur la droite le pont de ce village, et franchit sur deux ponts en bois d'une élégante construction les deux bras de la Seine, séparés par l'île du Chiard : de ces ponts, la vue de Chatou, de son château et des bords de la Seine, est on ne peut plus agréable. — *Fabrique* de bonneterie orientale.

CHATRE (la), *Castra* , ancienne et jolie ville, *Indre* (Berry), chef-l. de sous-préf. (3e arr.) et d'un cant. Trib. de 1re inst. Collège comm. Cure. Gîte d'étape. ✉. ✆. A 291 k. de Paris pour la taxe des lettres. P. 4,635 h. — TERRAIN jurassique , étage inférieur du système oolitique.

Autrefois diocèse et intendance de Bourges, parlement de Paris, chef-lieu d'élection, chapitre, 3 couvents

L'origine de cette ville n'est fait inconnue , on sait seulement que vers le commencement du XVe siècle elle était entourée de murs où l'on entrait par plusieurs portes. Une grosse tour de forme carrée, élevée sur la partie la plus abrupte de la colline, est tout ce qui reste des travaux de défense ; cette tour sert aujourd'hui de prison. — Elle est bâtie dans une situation pittoresque, sur une colline qui borde la rive droite de l'Indre, et domine une étroite et profonde vallée qu'embellissent des jardins et des vergers. Les rues sont , en général , bordées de maisons irrégulièrement construites , mais l'ensemble en est agréable ; l'église paroissiale est propre et fort jolie ; les promenades qui entourent la ville offrent de charmants points de vue sur la vallée et sur le cours de l'Indre. — On y remarque deux vieilles maisons en bois, dont l'une a déjà été célébrée par la plume de Georges Sand, et l'antique fontaine de la Font sous la voûte de laquelle on fait brûler, devant l'image de la sainte qui y est renfermée, des chandelles pour la délivrance des femmes en couches !...

Le territoire de la Châtre est à la fois un des plus fertiles et des plus pittoresques du Berry, et , pour qu'il ne manque rien aux agréments de cette ville, la beauté du sexe semble y être en harmonie avec celle du lieu.

PATRIE du conventionnel PORCHER DE LISSONNAY, membre de la chambre des pairs.

Fabriques de draps. Tanneries et corroieries importantes. — *Commerce* considérable de laine, de draps, cire, peaux de chèvres, plumes, bestiaux, et surtout de châtaignes, dont les récoltes sont abondantes dans les environs. — *Foires* les 5 janv., 21 juin, 23 août, veille des Rameaux, de la Pentecôte, et tous les samedis depuis le 20 mars jusqu'au 20 nov.

A 30 k. de Châteauroux, 336 k. de Paris. Lat. N. 46° 34' 4'', long. O. 0° 25' 56''.

L'arrondissement de la Châtre est composé de 5 cantons : la Châtre, Aigurande, Eguzon, Neuvy-St-Sépulchre, Ste-Sévère.

Bibliographie. PISAQUIN DE GEMBLOUX, *Histoire de la Châtre*, in-8, 1840.

CHATRE, *Indre*, comm. de Sassiergues, ✉ de Châteauroux.

CHATRE-LANGLIN (la), ou LA CHATRE-LE-VICOMTE, vg. *Indre* (Berry), arr. et à

35 k. du Blanc, cant. et ✉ de St-Benoît-du-Sault. Pop. 1,315 h.

CHATRES, vg. *Aube* (Champagne), arr. et à 26 k. d'Arcis-sur-Aube, cant. et ✉ de Méry-sur-Seine. Pop. 585 h. — *Fabrique* de bonneterie.

CHATRES, vg. *Dordogne* (Périgord), arr. et à 40 k. de Sarlat, cant. de Terrasson, ✉ d'Azerac. Pop. 585 h.

CHATRES, vg. *Loir-et-Cher* (Blaisois), arr. et à 17 k. de Romorantin, cant. et ✉ de Mennetou. Pop. 965 h.

CHATRES, vg. *Mayenne* (Maine), arr. et à 30 k. de Laval, cant. et ✉ d'Evron. Pop. 683 h.

CHATRES, ou CHATRES-EN-BRIE, *Castræ*, vg. *Seine-et-Marne* (Brie), arr. et à 24 k. de Melun, cant. et ✉ de Tournan. P. 318 h. — Suivant la tradition, les rois de France y avaient une maison de plaisance; on y voit les vestiges d'une tour ronde qui faisait, dit-on, partie d'un château où résida Charles V.

CHATRESSAC, *Charente-Inf.*, comm. de Chaillevette, ✉ de la Tremblade.

CHATRICE, vg. *Marne* (Champagne), arr., cant., et à 8 k. de Ste-Menehould. Pop. 141 h. — Châtrice n'était dans l'origine qu'un fort ou château nommé *Castricium*; il doit son existence à une abbaye fondée en 1137 et brûlée par les calvinistes en 1586.

CHATTANCOURT, vg. *Meuse* (pays Messin), arr., cant., et à 12 k. de Verdun-sur-Meuse. Pop. 433 h.

CHATTE, vg. *Isère* (Dauphiné), arr., cant., ✉ et à 3 k. de St-Marcellin. Pop. 2,256 h. — Foires les 29 oct. et 17 déc.

CHATTON, *Seine-et-Marne*, comm. de Vendrest, ✉ de Lizy.

CHATTON, *Yonne*, comm. de Champlost, ✉ de Brienon.

CHATUZANGE, vg. *Drôme* (Dauphiné), arr. et à 20 k. de Valence, cant. de Bourg-du-Péage, ✉ de Romans. Pop. 1,908 h.

CHAU (la). V. LACHAU.

CHAUCENNE, vg. *Doubs* (Franche-Comté), arr., ✉ et à 12 k. de Besançon, cant. d'Audeux. Pop. 259 h.

CHAUCHAILLE, vg. *Lozère* (Languedoc), arr. et à 40 k. de Marjevols, cant. de Fournels, ✉ de St-Chély. Pop. 353 h.

CHAUCHÉ, vg. *Vendée* (Poitou), arr. et à 21 k. de Bourbon-Vendée, cant. et ✉ de St-Fulgent. Pop. 1,553 h.

CHAUCHET (le), vg. *Creuse* (Combraille), arr. et à 21 k. d'Aubusson, cant. de Chénérailles, ✉ d'Evaux. Pop. 1,079 h.

CHAUCHIGNY, vg. *Aube* (Champagne), arr. et à 23 k. d'Arcis-sur-Aube, cant. et ✉ de Méry-sur-Seine. Pop. 451 h.

CHAUCONIN, vg. *Seine-et-Marne* (Brie), arr., cant., ✉ et à 4 k. de Meaux. P. 272 h.

CHAUD (la), *Puy-de-Dôme*, comm. de Vic-le-Comte, ✉ de Veyre.

CHAUDARDES, vg. *Aisne* (Brie), arr. et à 30 k. de Laon, cant. de Neufchâtel, ✉ de Beaurieux. Pop. 170 h.

CHAUDEAU, *H.-Saône*, comm. d'Aille-villers, ✉ de St-Loup. — *Fabrique* de tôle. Usine à fer. Tréfilerie.

CHAUDEBONNE, vg. *Drôme* (Dauphiné), arr. et à 55 k. de Die, cant. et ✉ de la Motte-Chalançon. Pop. 458 h.

CHAUDEFONDS, bg *Maine-et-Loire* (Maine), arr. et à 27 k. d'Angers, cant. et ✉ de Chalonnes. Pop. 1,369 h. Sur la rive gauche du Layon. — On trouve aux environs une mine de houille et une source d'eau minérale.

CHAUDEFONTAINE, vg. *Doubs* (Franche-Comté), arr. et à 16 k. de Besançon, cant. et ✉ de Marchaux. Pop. 263 h.

CHAUDEFONTAINE, vg. *Marne* (Champagne), arr., cant., ✉ et à 3 k. de Ste-Menehould. Pop. 503 h.

CHAUDENAY, vg. *H.-Marne* (Champagne), arr. et à 15 k. de Langres, cant. et ✉ du Fayl-Billot. Pop. 503 h.

CHAUDENAY, vg. *Saône-et-Loire* (Bourgogne), arr. et à 12 k. de Chalon-sur-Saône, cant. et ✉ de Chagny. Pop. 840 h.

CHAUDENAY-LA-VILLE, *Caldiniacum*, vg. *Côte-d'Or* (Bourgogne), arr. et à 28 k. de Beaune, cant. et ✉ de Bligny-sur-Ouche. Pop. 165 h.

CHAUDENAY-LE-CHATEAU, vg. *Côte-d'Or* (Bourgogne), arr. et à 29 k. de Beaune, cant. et ✉ de Bligny-sur-Ouche. Pop. 225 h.

CHAUDENEY, *Caldeniacum*, vg. *Meurthe* (Lorraine), arr., cant., ✉ et à 4 k. de Toul. P. 413 h. — Les évêques de Toul y avaient autrefois une maison de campagne près de laquelle se trouve une fontaine qui eut quelque célébrité.

CHAUDERON, vg. *Doubs* (Franche-Comté), arr., cant. et à 13 k. de Pontarlier, ✉ de Jougne. Pop. 233 h.

CHAUDES-AIGUES, *Calentes Baiæ*, *Aquæ Calidæ*, jolie petite ville, *Cantal* (Auvergne), arr. et à 25 k. de St-Flour, chef-l. de cant. Cure. Bureau d'étape. ✉. ⚜. A 517 k. de Paris pour la taxe des lettres. Pop. 2,476 h.
— TERRAIN cristallisé ou primitif.

Cette ville est assez bien bâtie, dans une gorge horrible, au pied des montagnes qui séparent l'Auvergne du Gévaudan. On y arrive de St-Flour par une route vraiment étonnante par les difficultés qu'on eut à vaincre dans certains passages. Telle est spécialement la partie qu'on a nommée le Saut-du-Loup, et qui, commençant au-dessous de Sioujac, côtoie, entre des montagnes à pic, le ruisseau de ce nom jusqu'à son embouchure dans la Truyère, puis la Truyère jusque vers l'endroit où on la traverse. Pour tracer le chemin, on fut obligé de suspendre avec des cordes les ouvriers qui plantèrent les jalons. La roche est un granit à éléments très-fins, dont la dureté est telle qu'on n'a pu l'entamer qu'avec la poudre à canon; et néanmoins cette roche si dure, cette montagne si roide, on les a ouvertes et creusées dans une longueur de 2,000 m. Le chemin a, au-dessus de la Truyère et du ruisseau, depuis 115 jusqu'à 130 m. d'élévation, et, dans toute son étendue, il ne présente qu'un long précipice. A droite est la montagne avec sa hauteur rapide et ses roches menaçantes; à gauche, cette gorge profonde dans laquelle les eaux roulent en grondant. On les voit presque perpendiculairement sous ses pieds; le moindre faux pas ferait rouler dans l'abime qu'elles parcourent; et ce danger, dont on ne peut s'empêcher d'être effrayé, ne laisse pas admirer assez la hardiesse de l'ingénieur qui osa tracer là un chemin, la courage de ceux qui l'exécutèrent, et la beauté de cette route, qui, conduite avec un art infini, ne marche que par une pente presque insensible.

EAUX MINÉRALES DE CHAUDES-AIGUES.

Chaudes-Aigues a passé longtemps pour être l'*Aquæ Calentes* de Sidoine Apollinaire; mais lors des dernières constructions faites au Mont-Dore, on a découvert d'anciens bains et des vestiges d'édifices romains, qui prouvent évidemment que l'application du passage de cet auteur n'appartient pas à Chaudes-Aigues. Elle tire cependant son nom des eaux thermales qui jaillissent de plusieurs points de son enceinte, et qui étaient fameuses au ve siècle sous le nom de *Calentes Baiæ*. On y compte douze sources très-abondantes, qui sortent toutes d'une montagne volcanisée. Les principales sont: celle du Par, dont la température est de + 88° du thermomètre centigrade; c'est celle qui fournit le plus grand volume d'eau; elle produit 8,543 m. cubes en 24 heures: c'est une des plus chaudes et des plus abondantes que nous ayons en France; la source de la grotte du Moulin du Ban, qui élève le thermomètre centigrade à + 68°. Il y a en outre plusieurs sources qui sourdent dans quelques maisons voisines de la fontaine du Par, et donnent au même thermomètre + 67° 1/2. La vapeur qui s'exhale des sources est telle qu'on ne peut y tenir la main au-dessus sans l'avoir enveloppée. Et cependant, au milieu de ces tourbillons de fumée, sur le roc même d'où l'eau sort, il y a deux plantes qui végètent. L'une est celle que les botanistes appellent *tremella reticulata*; l'autre est une espèce de fucus ou de mousse; celle-ci est d'un vert éclatant, le plus beau possible; mais, quoique croissant dans la vapeur, elle en occupe néanmoins l'extrémité. La tremelle, au contraire, se trouve au-dessus de la bouche même de sortie, à l'endroit où la fumée est plus épaisse et plus brûlante.

L'eau thermale, en sortant de la montagne, descend par une pente rapide dans la rue du Parc, et va se perdre plus loin dans la petite rivière qui traverse Chaudes-Aigues. Les vapeurs qu'elle élève dans son cours couvrent en partie la rivière et la rue. Il en est de même des autres sources et filets d'eau. Chacun fumant de son côté, la ville est enveloppée du nuage humide qu'ils exhalent.

La source du Par alimente une belle fontaine continuellement fréquentée par des femmes chargées de cruches, qui viennent y puiser de l'eau qu'on emploie généralement à tous les usages domestiques: leur tête est couverte d'un petit chapeau rond, noir et sans fond, selon la mode du pays; mais sous cette drôle de coiffure on trouve de beaux yeux, des couleurs fraîches, quelquefois même des figures agréables, et surtout de la physionomie.—Les indigents trouvent une grande ressource dans le haut degré de température de ces eaux ; ils peuvent y préparer une partie de leurs aliments ; un œuf y durcit dans cinq minutes d'immersion. Les bouchers vont y épiler leurs cochons, les pieds et les têtes de veau ; deux ou trois seaux au plus suffisent pour cette opération. La propriété qu'ont les eaux de Chaudes-Aigues de bien dissoudre le savon les fait surtout rechercher pour le dégraissage et le blanchiment des laines : depuis un temps immémorial on les emploie au lavage des laines qu'on tire du département de l'Aveyron ; deux ou trois lavages suffisent pour leur donner un éclat éblouissant.

En hiver, c'est avec cette eau que les maisons sont échauffées : on recueille à la source un certain volume d'eau, qui, conduit sous les rues par des canaux en bois, va, par des embranchements particuliers, se distribuer dans le rez-de-chaussée de chaque maison ; à l'entrée du logement est pratiqué un canal en maçonnerie avec son écluse, et au milieu, un petit bassin, recouvert d'une pierre mobile ; l'eau entrant par le canal va se répandre et circuler dans le bassin, échauffe le pavé, et sort au dehors pour aller se perdre dans la rivière. En ouvrant plus ou moins la petite écluse, par conséquent en admettant un volume d'eau plus ou moins grand, il est possible de donner au chauffoir la température que l'on désire. Ce mode de chauffage procure aux habitants l'avantage d'économiser une grande quantité de combustible, qui est rare et assez cher dans le pays.

La petite ville de Chaudes-Aigues renferme trois cents maisons, et pourrait recevoir cinq à six cents étrangers. Le mouvement annuel des malades est de trois à quatre cents personnes, pour la plupart des villes environnantes. La vie animale y est très-abondante et à très-bon marché. On y remarque un établissement d'incubation artificielle, monté en 1827 par M. Darcet, au moyen d'étuves chauffées par les eaux thermales.

Au nord-est et à cinq ou six minutes de Chaudes-Aigues, sont les eaux minérales froides de la Condamine, dont on ne fait encore aucun usage.

PROPRIÉTÉS MÉDICINALES. Malgré la haute température et les vertus puissantes des eaux de Chaudes-Aigues, elles sont peu fréquentées, et étaient, pour ainsi dire, dans un oubli profond avant la publication de l'ouvrage de M. Alibert sur les eaux minérales. Ce savant médecin se croit fondé à croire que si l'établissement thermal de Chaudes-Aigues était aussi connu qu'il le mérite, il deviendrait un jour le Carlsbad de la France, où les malades afflueraient de toutes parts.

Les eaux thermales de Chaudes-Aigues pourraient être employées avec de grands avantages en boisson, en bains et en douches, dans les affections rhumatismales chroniques, dans la paralysie partielle, dans les engorgements des viscères abdominaux, etc.

Fabriques de cadis, bas de laines. Tanneries. Verreries dans les environs. — *Commerce* de colle forte. — *Foires* les 13 janv., 6 mai, 22 juillet, 29 oct., lundi gras, lundi avant la mi-carême, lundi de Quasimodo, lundi après la St-Michel et lundi avant Noël.

Bibliographie. BOSC D'ANTIC. *Examen des eaux thermales de Chaudes-Aigues* (imprimé au t. II de cet auteur).
OZY. *Analyse des eaux minérales de Chaudes-Aigues* (Mercure, 1758).
BRÉMONT (G.). *Matière médicale des eaux thermales de Chaudes-Aigues*, etc., in-4, 1831.
* *Projet d'un établissement thermal à Chaudes-Aigues*, in-4, 1835.
TEILHARD. *Recherches sur les propriétés médicales des eaux minérales thermales et froides de Chaudes-Aigues*, in-8, 1842.
CHEVALLIER (A.). *Essai sur Chaudes-Aigues, et Analyse chimique des eaux minérales thermales de cette ville*, in-4, 1828.

CHAUDEYRAC, vg. *Lozère* (Languedoc), arr. et à 34 k. de Mende, cant. et ✉ de Châteauneuf-de-Randon. Pop. 1,075 h.

CHAUDEYROLES, vg. *H.-Loire* (Languedoc), arr. et à 32 k. du Puy, cant. et ✉ de Fay-le-Froid. Pop. 685 h. — Ce village est situé au haut de la chaîne du Mezenc. On y remarque une belle carrière de pierres régulaires. A Chanteloube sont des grottes spacieuses creusées dans le roc. — Le Mezenc est la plus haute et la plus vaste montagne dans la chaîne qui borde tout le côté est du département. De cette cime, haute de 1,774 m., on jouit d'un des plus magnifiques panoramas qu'offre la France. A l'ouest se montrent les cimes jadis embrasées du Cantal, des monts Dores et des monts Dômes ; au nord, les plaines de la Bresse ; au sud, autour du mont Ventoux, celles de la Provence ; à l'est, les Alpes du Dauphiné et de la Savoie : au-dessus d'elles s'élève, dans la région des nuages, le gigantesque Mont-Blanc, distant de 200 k. Du Mezenc jusqu'au Rhône, des gorges escarpées, profondes, innombrables, déchirent en tous sens le sol, tandis qu'aux pieds mêmes de l'observateur s'élèvent du fond des abîmes, des rocs aigus, des crêtes tranchantes, des pics inaccessibles, qui tous affectent, dans leur décrépitude, les formes les plus fantastiques.

CHAUDIÈRE (la), vg. *Drôme*, comm. de Taillette, ✉ de Saillans. Pop. 158 h.

CHAUDON, *Caldunum*, bg *B.-Alpes* (Provence), arr. et à 24 k. de Digne, cant. et ✉ de Barrême. Pop. 651 h.

CHAUDON, vg. *Eure-et-Loir* (Beauce), arr. et à 13 k. de Dreux, cant. et ✉ de Nogent-le-Roi. Pop. 869 h.

CHAUDRES, *Eure-et-Loir*, comm. de l'Ormaye, ✉ de Nogent-le-Roi.

CHAUDREY, vg. *Aube* (Champagne), arr. et à 11 k. d'Arcis-sur-Aube, cant. de Ramerupt, ✉ de Coclois. Pop. 394 h.

CHAUDRON, vg. *Aisne*, comm. d'Origny-en-Thiérache, ✉ de Hirson.

CHAUDRON, bg *Maine-et-Loire* (Anjou), arr., ✉ et à 12 k. de Beaupréau, cant. de Montrevault. Pop. 1,605 h.

CHAUDRY (le), vg. *Cher*, comm. de St-Christophe-le-Château, de Châteaumeillant.

CHAUDUN, vg. *Aisne* (Picardie), arr., ✉ et à 10 k. de Soissons, cant. d'Oulchy. Pop. 224 h.

CHAUDUN, vg. *H.-Alpes* (Dauphiné), arr., cant., ✉ et à 16 k. de Gap. Pop. 137 h.

CHAUFAYER, *H.-Alpes*, comm. d'Aubessagne, ✉ de Corps.

CHAUFFAILLES, joli bourg, *Saône-et-Loire* (Bourgogne), arr. et à 29 k. de Charolles, chef-l. de cant. Cure. ✉. A 394 k. de Paris pour la taxe des lettres. Pop. 3,570 h. — TERRAIN cristallisé.

Avant la révolution, ce n'était qu'un chétif village, que l'industrie a transformé en un bourg où règne la plus grande activité. — Manufactures importantes de toiles. Filatures de coton. — *Commerce* considérable de toiles, fabriquées tant à Chauffailles que dans les communes environnantes, qui alimentent les marchés de Roanne, de Beaucaire, de Lyon et de Villefranche. — *Foires* le 1er jeudi de chaque mois.

CHAUFFECOURT, vg. *Vosges* (Lorraine), arr., cant., ✉ et à 5 k. de Mirecourt. Pop. 56 h.

CHAUFFOUR, vg. *Corrèze* (Auvergne), arr. et à 23 k. de Brives, cant. et ✉ de Meyssac. Pop. 633 h.

CHAUFFOUR, *Loiret*, comm. d'Auxy, ✉ de Boynes.

CHAUFFOUR, vg. *H.-Marne* (Champagne), arr. et à 20 k. de Langres, cant. et ✉ de Montigny-le-Roi. Pop. 567 h.

CHAUFFRY, vg. *Seine-et-Marne* (Brie), arr. et à 8 k. de Coulommiers, cant. et ✉ de Rebais. Pop. 479 h.

CHAUFOUR, vg. *Aube* (Champagne), arr., cant., ✉ et à 12 k. de Bar-sur-Seine. Pop. 215 h.

CHAUFOUR, vg. *Sarthe* (Maine), arr., cant. et à 11 k. du Mans, ✉ de Coulans. Pop. 722 h.

CHAUFOUR, vg. *Seine-et-Oise* (Beauce), arr., cant. et à 10 k. d'Étampes, ✉ d'Étréchy. Pop. 90 h.

CHAUFOUR, vg. *Seine-et-Oise* (Gâtinais), arr. et à 19 k. de Mantes, cant. et ✉ de Bounières. Pop. 210 h.

CHAUFOURS, vg. *Eure-et-Loir* (Beauce), arr. et à 12 k. de Chartres, cant. d'Illiers, ✉ de St-Loup. Pop. 217 h.

CHAUGEY, vg. *Côte-d'Or*, comm. de Losne, ✉ de St-Jean-de-Losne.

CHAULGNES, vg. *Nièvre* (Nivernais), arr. et à 45 k. de Cosne, cant. et ✉ de la Charité. Pop. 1,354 h.

CHAULIAC, vg. *Lozère* (Languedoc), arr. et à 53 k. de Marvejols, cant. et ✉ de Malzieu. Pop. 277 h.

CHAULIAC, *H.-Vienne*, comm. de St-Martin-de-Jussac, ✉ de St-Junien.

CHAULIEU, *Calidus Locus*, *Manche*,

comm. de St-Martin-de-Chaulieu, ✉ de Sourdeval.
CHAULME (la), vg. *Puy-de-Dôme* (Auvergne), arr. et à 35 k. d'Ambert, cant. et ✉ de St-Anthème. Pop. 150 h.
CHAULNES, petite ville, *Somme* (Picardie), arr. et à 20 k. de Péronne, chef-l. de cant., ✉ de Libons-en-Santerre. — P. 1,159 h. — TERRAIN tertiaire supérieur. — PATRIE du professeur LHOMOND. — *Fabriques* de toiles, treillis, batistes, mousselines. Blanchisseries de toiles. Tanneries.
CHAUM, vg. *H.-Garonne* (Languedoc), arr. et à 30 k. de St-Gaudens, cant. et ✉ de St-Béat. Pop. 392 h.
CHAUMARD, vg. *Nièvre* (Nivernais), arr., ✉ et à 10 k. de Château-Chinon, cant. de Montsauche. Pop. 1,031 h. — *Foire* le 16 oct.
CHAUME (la), *Charente-Inf.*, comm. de Pont-l'Abbé, ✉ de St-Porchaire. — *Foires* les 3es lundis de juillet et de nov.
CHAUME, vg. *Côte-d'Or* (Bourgogne), arr. et à 30 k. de Châtillon-sur-Seine, cant. et ✉ de Baigneux-les-Juifs. Pop. 305 h.
CHAUME (la), *Côte-d'Or* (Bourgogne), arr. et à 27 k. de Châtillon-sur-Seine, cant. et ✉ de Montigny-sur-Aube. Pop. 404 h.
CHAUME, vg. *Côte-d'Or* (Bourgogne), arr. et à 43 k. de Dijon, cant. de Selongey, ✉ de Saquenay. Pop. 191 h.
CHAUME (la), *Loire-Inf.*, comm. et ✉ de Machecoul.
CHAUME, *Nièvre*, comm. et ✉ de Châteauneuf-Val-de-Bargis.
CHAUME (la), *Vendée*, comm. et ✉ des Sables. — Phare à feu fixe. V. SABLES-D'OLONNE.
CHAUME-DE-LOUDUN, *Cher*, comm. de Précy, ✉ de Sancergues.
CHAUME-DESSUS (la), *Côte-d'Or*, com. de Magnien, ✉ d'Arnay-le-Duc.
CHAUMEIL, vg. *Corrèze* (Limousin), arr. et à 32 k. de Tulle, cant. de Corrèze, ✉ de Treignac. Pop. 756 h.
CHAUMERCENNE, vg. *H.-Saône* (Franche-Comté), arr. et à 19 k. de Gray, cant. et ✉ de Pesmes. Pop. 436 h.
CHAUMERÉ, vg. *Ille-et-Vilaine* (Bretagne), arr. et à 24 k. de Vitré, cant. et ✉ de Châteaubourg. Pop. 257 h.
CHAUMERGY, vg. *Jura* (Franche-Comté), arr. et à 33 k. de Dôle, chef-l. de cant., ✉ de Sellières. Bureau d'enregist. à Chaussin. Pop. 480 h. Sur la rive gauche de la Brenne. — TERRAIN tertiaire supérieur. — *Foires* les 9 mars, 27 mai, 25 juillet, 24 sept. et 17 déc.
CHAUMES, petite ville, *Seine-et-Marne* (Brie), arr. et à 21 k. de Melun, cant. de Tournan. Cure. Gîte d'étape. ✉. A 48 k. de Paris pour la taxe des lettres. Pop. 1,685 h.
Autrefois diocèse de Sens, parlement et intendance de Paris, élection de Rosoy, abbaye de St-Benoît, séminaire.
Elle est agréablement située sur un coteau, près de l'Yères. L'église paroissiale est ornée d'un beau tableau de Philippe de Champagne.

PATRIE de l'organiste et compositeur de musique COUPERIN.
Foires le 19 oct. (3 jours), et les mardis de la Passion, de Pâques et de la Pentecôte.
CHAUMESNIL, *Calvum Mongolium*, vg. *Aube* (Champagne), arr. et à 22 k. de Bar-sur-Aube, cant. de Soulaines, ✉ de Brienne. Pop. 199 h.
CHAUMONT, vg. *Cher* (Berry), arr. et à 24 k. de St-Amand-Montrond, cant. de Charenton, ✉ de Blet. Pop. 128 h.
CHAUMONT, vg. *Jura* (Franche-Comté), arr., cant., ✉ et à 4 k. de St-Claude. Pop. 404 h.
CHAUMONT, *Calidus Mons Andegavorum*, vg. *Maine-et-Loire* (Anjou), arr. et à 14 k. de Baugé, cant. de Seiches, ✉ de Suette. Pop. 422 h.
CHAUMONT, vg. *Orne* (Normandie), arr. et à 58 k. d'Argentan, cant. et ✉ de Gacé. Pop. 711 h.
CHAUMONT, vg. *Puy-de-Dôme* (Auvergne), arr. et à 20 k. d'Ambert, cant. et ✉ d'Arlanc. Pop. 783 h.
CHAUMONT-DEVANT-DAMVILLERS, vg. *Meuse* (pays Messin), arr. et à 27 k. de Montmédy, cant. et ✉ de Damvillers. Pop. 210 h.
CHAUMONT-EN-BASSIGNY, *Calvus Mons in Bassiniaco*, ancienne et jolie ville, chef-l. du dép. de la *H.-Marne* (Champagne), chef-l. du 2e arr. et d'un cant. Tribunaux de 1re inst. et de com. Société d'agricult., sciences et arts. Collège royal. Cure. Gîte d'étape. ✉. Pop. 6,347 h. — TERRAIN jurassique, étage inférieur du système oolitique.
Autrefois diocèse de Langres, parlement de Paris, intendance de Châlons, chef-lieu d'élection, bailliage, présidial, justice royale, gouvernement particulier, collégiale, collège, un couvent.
L'origine de cette ville est inconnue. On sait seulement qu'elle portait le nom sous lequel on la connaît aujourd'hui dès 961, époque où Lothaire, roi de France, y passa à son retour de Bourgogne; ce n'était alors qu'un bourg fortifié par un château. La mort du sire de Chaumont, tué à la terre sainte, fit réunir cette châtellenie au domaine des comtes de Champagne. En 1190, une charte du comte Henri II accorda aux habitants de Chaumont la coutume de Lorris. En 1202, une prévôté fut établie dans cette ville, qui commença dès lors à prendre quelque importance. Plusieurs fois les évêques de Langres élevèrent la prétention d'étendre leur suzeraineté sur Chaumont, et l'un d'eux obtint même, en 1214, que la comtesse Blanche, veuve de Thibaut III, lui prêtât hommage pour cette seigneurie. — Le château de Chaumont, qui était alors séparé de la ville et portait le nom de Haute-Feuille, devint une des maisons de plaisance des comtes de Champagne, et fut transformé en un rendez-vous de chasse. Du temps de Belforest, « on y voyoit encore des chambres et salles bien basties, et qui ressentent leur grandeur, et entre autres il y a encore une chambre qu'on

nomme des Demoiselles, et près du donjon on voit une chapelle de Notre-Dame qu'on nomme la chapelle du Roi. On n'habite point de présent dans ce château, si ce n'est les concierges et geôliers, d'autant que ce lieu sert à tenir l'audience des Mrs. présidiaux; » Il ne reste plus de ce château que les débris d'une tour carrée, bâtie de grosses pierres. La ville qu'il protégeait augmenta en richesse et en population. Louis XII l'environna de murailles; François Ier et Henri II y ajoutèrent quelques bastions presque entièrement détruits et de larges fossés aujourd'hui à peu près comblés. Cependant Chaumont n'est pas tout à fait une ville ouverte; une porte du côté de Langres et quelques débris de ses vieilles fortifications restent debout. En 1814, les puissances étrangères y conclurent un traité pour renverser Napoléon. Ce traité fut signé le 1er mars 1814, dix-neuf jours avant la rupture du congrès de Châtillon. Jusque-là l'instinct de la peur et une haine commune contre la supériorité de Napoléon étaient les seuls liens qui unissaient les rois coalisés; à partir du traité de Chaumont, il y eut entre eux une ligue offensive et défensive, cimentée par la foi des serments. Ce fut une ébauche du pacte impie auquel ils osèrent plus tard donner le nom de Sainte-Alliance. Leurs plénipotentiaires étaient : lord Castlereagh, pour l'Angleterre; le prince de Metternich, pour l'Autriche; le baron, depuis prince de Hardenberg, pour la Prusse, et le comte de Nesselrode, pour la Russie. Au terme de l'article 1er, chacune des grandes puissances s'engageait à tenir en campagne contre l'ennemi commun une armée de cent cinquante mille hommes, total six cent mille hommes. Art. 2, chaque allié s'engageait à ne pas traiter séparément avec l'ennemi commun. Art. 3 et 4, un subside de cinq millions de livres sterling, fourni par l'Angleterre pour le service de l'année 1814, devait être réparti en portions égales et en termes mensuels entre les trois autres puissances. Les secours fournis ultérieurement par l'Angleterre devaient être convenus le 1er janvier de chaque année, et le devait payer encore, après la conclusion de la paix, et par prorata du subside convenu, deux mois à l'Autriche et à la Prusse, et quatre mois à la Russie, pour le retour des troupes. Art. 5 et 8, si l'une des puissances était menacée de quelque attaque de la part de la France, chacune devait envoyer immédiatement à son secours un corps de soixante mille hommes, dont dix mille de cavalerie. Enfin, aux termes de l'art. 16, la quadruple alliance était conclue pour vingt années.
Les armes de **Chaumont** sont : *mi-parti, au premier de gueules à une demi-escarboucle pommetée et fleurdelisée d'or, mouvante du flanc à senestre de la partie; au deuxième d'azur à la bande d'argent accompagnée de deux cotices potencées et contre-potencées d'or; au chef d'azur chargé de trois fleurs de lis d'or.*
Chaumont est une ville généralement bien bâtie, dont les rues sont larges et propres; quelques-unes sont d'un accès difficile. Pen-

dant longtemps et en raison de sa position, elle manquait d'eau, et on y était réduit à boire celle des citernes ; maintenant douze bornes-fontaines et quatre fontaines jaillissantes, alimentées par une machine hydraulique de l'invention de l'ingénieur mécanicien Cordier (de Béziers), distribuent dans la ville les eaux limpides de la Suize.

Chaumont renferme plusieurs édifices publics, parmi lesquels on remarque : l'église St-Jean, classée au nombre des monuments historiques, où l'on voit un beau morceau de sculpture de la fin du XVe siècle, représentant le Christ au tombeau, entouré de dix personnes qui l'ensevelissent ou qui le pleurent ; le collège et sa jolie chapelle ; l'hôpital ; l'hôtel de ville ; ce dernier bâtiment, d'architecture moderne, est d'une élégante construction. — Cette ville possède un cabinet de physique et une bibliothèque publique, renfermant 35,000 volumes. La partie la plus élevée est entourée de jolies promenades ; celle qui est bâtie en amphithéâtre sur le penchant de la colline, se présente sous un aspect agréable et pittoresque. — On voit, dans la ville haute, une espèce de porte ou d'arc de triomphe assez joli, commencé sous Napoléon et achevé sous Louis XVIII.

A 4 kilom. de Chaumont, sur le territoire de la commune de Luzy, existait avant la révolution la célèbre abbaye du Val-des-Ecoliers, fondée en 1212 par quatre docteurs de Paris, que l'esprit de retraite et de perfectionnement conduisit dans une affreuse solitude ; elle conserve encore aujourd'hui quelque chose de sombre et de pittoresque.

Biographie. Patrie du célèbre sculpteur BOUCHARDON.

De l'ex-ministre de la marine DECRÈS.

INDUSTRIE. *Fabriques* de bas de laine drapés à l'aiguille, de gants de peau recherchés, de serges, droguets, draps communs, bougies. Filatures de coton et de laine. Blanchisserie de cire. Tanneries, corroieries et mégisseries. Raffinerie de sucre de betteraves (à Jonchery). — *Commerce* de fer, coutellerie, gants de peau, bougies, eau-de-vie de marc, etc. — *Foires* les 14 janv. (3 jours), mardi après Pâques, mardi avant la St-Jean et 1er oct.

A 93 k. de Troyes, 253 k. S.-E. de Paris. Lat. 48° 6′ 13″ N., long. 2° 50′ 0″ E.

L'arrondissement de Chaumont est composé de 10 cantons : Andelot, Arc-en-Barrois, Bourmont, Château-Villain, Chaumont, Clefmont, Suzennecourt, Nogent-le-Roi, St-Blin, Vignory.

Bibliographie. * *Priviléges de la ville de Chaumont-en-Bassigny*, contenus en une charte de *Thibault, comte de Champagne*, de 1228, et par *Philippe de Valois*, en 1338 (imprimée à la suite du commentaire de Housset sur la coutume de Chaumont, 1722).

* *Quelques heures à Chaumont*, en septembre 1828, etc. (récit du passage de Mme la Dauphine), in-8, 1829.

CHAUMONT-EN-VEXIN, ou CHAUMONT-OISE, *Calvomontium*, *Calvus Mons*, *Veliocassium*, jolie petite ville, Oise, (Vexin), arr. et à 27 k. de Beauvais, chef-l. de cant. Cure. Gîte d'étape. ✉. ⛒. A 63 k. de Paris pour la taxe des lettres. Pop. 1,136 h. — Terrain tertiaire moyen.

Autrefois vicomté, diocèse et intendance de Rouen, parlement de Paris, chef-lieu d'élection, bailliage, prévôté et justice royale, maîtrise particulière, prieuré, 2 couvents.

Cette ville, placée sur les limites de la Normandie, joua un rôle important dans les guerres que les Normands et les rois d'Angleterre soutinrent contre la France jusque vers 1260 ; elle obtint une charte de commune en 1182. Bâtie sur un mamelon, au nord du plateau qui s'étend vers Gisors, elle était isolée et forte naturellement par sa position. Les rois de France, voulant en faire un point de défense contre les incursions des Normands, firent élever au sommet de cette butte un château qui dominait le pays, et dont il ne reste aujourd'hui que quelques vestiges de murs. Brûlée par les Normands en 1140, et par les Anglais en 1167, la ville ne fut plus rebâtie sur le coteau, mais s'étendit dans la vallée, sur le bord de la rivière de Troène. Elle fut alors fermée par trois portes, dont une existait encore il y a quelques années. On assure que l'ancienne cité contenait jusqu'à 5,000 habitants.

Les armes de Chaumont sont : *de gueules à un bras dextre d'argent mouvant du 2e paru, tenant une bannière de France frangée d'or avec son bâton d'or*. — Alias : *de gueules au bras armé d'or, tenant une bannière de France à bâton d'argent*.

L'église de St-Jean-Baptiste fut construite, ou plutôt rebâtie en 1417 ; elle est placée à mi-côte, dans une position pittoresque ; son accès est peu commode : on y arrive par des rues en forme d'escalier. Cette église est bien bâtie, d'une architecture gothique très-légère ; elle a été réparée dans le temps de la renaissance des arts. La tour, qui est postérieure à tout le reste, est carrée et placée sur une arcade à côté de l'église ; elle est haute de 33 m. et ornée de pilastres d'ordre ionique. Le portail est composé d'une grande arcade ogive remplie de petites figures de saints dans les niches qui suivent le contour de cette arcade. Au-dessus est un grand panneau orné d'arabesques. Les statues qui garnissaient les grandes niches du portail ont été détruites. L'intérieur de l'église est d'un gothique délicat, composé d'un chœur et d'une nef, accompagnés de bas-côtés qui tournent autour du chœur, et de deux chapelles dans la croisée. L'église était ornée de statues, qui ont disparu, et de vitraux très-bien peints, dont il ne reste presque que des débris.

Chaumont est une ville agréablement située, au pied et sur la pente d'une montagne, dont le sommet est couronné par l'église paroissiale. Les maisons sont en général solidement bâties en pierres, ou en briques et moellons. Les rues sont larges et bien pavées. Du haut de la montagne on découvre un horizon immense.

Le château de BERTICHÈRES, bâti dans une belle situation sur la rivière de Troène, à 2 k. O. de Chaumont, fait partie de cette commune. On ne connaît pas l'époque de sa fondation ; mais sa construction bizarre, la tour antique formant un de ses angles, et le donjon qui occupe le centre de cet édifice, démontrent assez que son origine remonte à une époque très-reculée.

CAILLOUET, hameau dépendant de Chaumont, était autrefois un couvent de trinitaires, fondé en 1600 ; ce monastère a été remplacé par une belle ferme.

INDUSTRIE. Fabriques de blondes. Tanneries. Mégisseries. Fours à chaux. — *Foires*, pour la vente des chevaux et des bestiaux, les 12 mai et 6 déc. — Marché tous les jeudis.

CHAUMONTÉ, vg. *Charente*, comm. de l'Isle-d'Espagnac, ✉ d'Angoulême.

CHAUMONTEL, vg. *Seine-et-Oise* (Ile-de-France), arr. et à 33 k. de Pontoise, cant. et ✉ de Luzarches. Pop. 355 h.

CHAUMONT-LAVILLE, vg. *H.-Marne* (Lorraine), arr. et à 44 k. de Chaumont-en-Bassigny, cant. et ✉ de Bourmont. P. 493 h.

CHAUMONT-LE-BOIS, vg. *Côte-d'Or* (Bourgogne), arr., cant., ✉ et à 11 k. de Châtillon-sur-Seine. Pop. 432 h.

CHAUMONT-PORCIEN ou SUR-AISNE, vg. *Ardennes* (Champagne), arr. et à 22 k. de Rethel, chef-l. de cant. Cure. ✉. A 160 k. de Paris pour la taxe des lettres. Pop. 1,100 h. — Terrain crétacé inférieur, grès vert. — Il y avait autrefois un château bâti sur le sommet d'une montagne qui domine la contrée ; il a été entièrement détruit lors de la première révolution. — *Fabriques* de toiles. — *Foires* les 8 juin, 24 août, 28 oct. et mardi de la semaine sainte.

CHAUMONT-SUR-AIRE, vg. *Meuse* (Lorraine), arr. et à 21 k. de Bar-le-Duc, cant. de Vaubécourt, ✉ de Beauzée. Pop. 527 h.

CHAUMONT-SUR-LOIRE, vg. *Loir-et-Cher* (Blaisois), arr. et à 19 k. de Blois, cant. de Montrichard, ✉ de Pontlevoy. ⛒. P. 925 h.

— Il est bâti dans une situation délicieuse, sur la rive gauche de la Loire, au pied d'un joli coteau boisé, dont le sommet est couronné par un vaste et antique château d'un aspect on ne peut plus pittoresque. Ce château occupe l'emplacement d'un manoir féodal dont la fondation est attribuée à Gueldin, chevalier danois, et que Thibaud le Grand, comte de Blois, fit démolir. Le château actuel fut reconstruit par les seigneurs d'Amboise, dans la maison desquels il resta jusqu'en 1550. A cette époque, il passa aux seigneurs de la Rochefoucauld, qui le vendirent à la reine Catherine de Médicis pour la somme de 120,000 livres. C'est dans le château de Chaumont que cette reine artificieuse sacrifiait aux absurdes croyances du temps où elle vivait les moments qu'elle pouvait dérober à sa politique ombrageuse ; c'était là qu'elle asservissait son génie fier et dominateur aux bizarres pratiques de l'astrologie judiciaire. A la mort de Henri II, Catherine de Médicis, pour satisfaire la haine qu'elle portait à Diane de Poitiers, la contraignit à lui céder Chenonceaux en retour de Chau-

LOIR ET CHER

CHÂTEAU DE CHAUMONT.

mont, et cet échange forcé fut ratifié par la duchesse de Valentinois en 1559. — Le château de Chaumont a son entrée principale au midi; c'est un édifice peu régulier, construit à diverses époques, mais très-remarquable dans ses détails. — A son retour d'Allemagne, Mᵐᵉ de Staël se fixa dans ce château romantique, berceau du cardinal d'Amboise, et encore plein des souvenirs de Catherine de Médicis, de Nostradamus, de Diane de Poitiers.

CHAUMONT - SUR - THARONNE, vg. *Loir-et-Cher* (Blaisois), arr. et à 32 k. de Romorantin, cant. de la Motte-Beuvron. ⊠. A 153 k. de Paris pour la taxe des lettres. P. 1,211 h. — *Foires* les 18 juin et 25 nov.

CHAUMONT-SUR-YONNE, vg. *Yonne* (Champagne), arr. et à 19 k. de Sens, cant. de Pont-sur-Yonne, ⊠ de Villeneuve-la-Guyard. Pop. 619 h. — *Foire* le 26 mars.

CHAUMOT, vg. *Nièvre* (Nivernais), arr. et à 30 k. de Clamecy, cant. et ⊠ de Corbigny. Pop. 159 h.

CHAUMOT, vg. *Yonne* (Bourgogne), arr. et à 23 k. de Joigny, cant. et ⊠ de Villeneuve-le-Roi. Pop. 705 h.

CHAUMOUZEY, vg. *Vosges* (Lorraine), arr., cant., ⊠ et à 8 k. d'Épinal. Pop. 363 h.

Patrie de Boulay de la Meurthe, républicain sincère, membre du conseil des cinq cents, et membre du conseil d'État sous l'empire.

CHAUMUSSAY, vg. *Indre-et-Loire* (Touraine), arr. et à 41 k. de Loches, cant. et ⊠ de Preuilly. Pop. 747 h. — Il est bâti dans un riant vallon arrosé par la Claise, et dominé par un ancien château d'un aspect pittoresque. — *Foire* le 4 nov.

CHAUMUSSE (la), vg. *Jura* (Franche-Comté), arr. et à 28 k. de St-Claude, cant. et ⊠ de St-Laurent. Pop. 437 h.

CHAUMUZY, vg. *Marne* (Champagne), arr. et à 17 k. de Reims, cant. et ⊠ de Ville-en-Tardenois. Pop. 875 h. — *Foires* les 25 mai et 15 déc.

CHAUNAC, vg. *Charente-Inf.* (Saintonge), arr., cant., ⊠ et à 13 k. de Jonzac. Pop. 171 h.

CHAUNAI, bg *Vienne* (Poitou), arr. et à 16 k. de Civray, cant. et ⊠ de Couhé. ⚘. P. 2,241 h. — *Foires* les lundis de Pâques et 3ᵉ lundi de janv., fév., mars, avril, mai et sept.

Autrefois châtellenie royale, diocèse et élection de Noyon, parlement de Paris, intendance de Soissons, prévôté, bailliage, 2 couvents.

CHAUNY, *Contragium, Calniacum*, petite vlle, *Aisne* (Picardie), arr. et à 40 k. de Laon, chef-l. de cant. Cure. ⊠. ⚘. A 115 k. de Paris pour la taxe des lettres. Pop. 5,154 h. — Terrain tertiaire inférieur.

Chauny est une ville ancienne que l'on croit être le *Contragium* de l'Itinéraire d'Antonin. Philippe de Flandre lui donna une charte de commune en 1167, qui fut confirmée par Philippe Auguste en 1213. Les Espagnols l'assiégèrent en 1552, et s'en emparèrent par capitulation après six jours de tranchée ouverte.

Les armes de Chauny sont : *d'azur semé de fleurs de lis d'or, au château de même crénelé, surmonté de trois tours, crénelées de même, le tout posé sur une terrasse de sinople.*

Cette ville est bâtie dans une belle plaine à l'embranchement du canal St-Quentin, sur la rive droite de l'Oise qui y est navigable, et qui forme en cet endroit une île dans laquelle se trouve comprise la moitié de la ville. — *Fabriques* de toiles de chanvre, treillis, chaussons de laine tricotés, soude, acide sulfurique et muriatique. Filatures de coton. Usine à polir les glaces. Blanchisseries renommées de toiles. Tanneries. — *Commerce* de grains, cidre, huile, bois, bonneterie en laine, chevaux et bestiaux. — *Foires* le 29 et 30 août, et le dernier mardi de chaque mois.

Bibliographie. Vrevin (Louis de). *Antiquités de la ville de Chauny* (impr. dans le Commentaire sur la coutume de Chauny, in-4, 1641).

Capaumont (L.). *Notice historique sur la ville de Chauny*, etc., in-12, 1840.

CHAURAY, vg. *Deux-Sèvres* (Poitou), arr., cant., ⊠ et à 6 k. de Niort. P. 847 h.

CHAURIAT, vg. *Puy-de-Dôme* (Auvergne), arr. et à 23 k. de Clermont-Ferrand, cant. de Vertaison, ⊠ de Billom. P. 1,461 h.

CHAUSSADE (la), vg. *Creuse* (Marche), arr., ⊠ et à 5 k. d'Aubusson. Pop. 444 h.

CHAUSSADE (la), vg. *Nièvre*. V. Guérigny.

CHAUSSAIRE (la), vg. *Maine-et-Loire* (Anjou), arr., ⊠ et à 13 k. de Beaupréau, cant. de Montrevault. Pop. 920 h.

CHAUSSAN, vg. *Rhône* (Lyonnais), arr. et à 21 k. de Lyon, cant. et ⊠ de Mornant. Pop. 580 h.

CHAUSSAYRIE, *Ille-et-Vilaine*, comm. de Bruz, ⊠ de Rennes.

CHAUSSÉE (la), joli village *Marne* (Champagne), arr., cant. et à 15 k. de Vitry-le-François. ⚘. A 188 k. de Paris pour la taxe des lettres. Pop. 831 h. — Il est agréablement situé près du confluent du Fion avec la Marne, et traversé par la grande route. C'est dans ce village que fut conclu, en 1544, entre François Iᵉʳ et Charles-Quint, une trève que suivit peu après le fameux traité de Crépy. — *Foires* les 25 janv. et 15 sept.

CHAUSSÉE (la), vg. *Meuse* (Lorraine), arr. de Commercy, cant. à 29 k. de St-Mihiel, cant. et ⊠ de Vigneulles. Pop. 626 h.

CHAUSSÉE (la), *B.-Pyrénées*, comm. et ⊠ d'Orthez.

CHAUSSÉE (la), vg. *Seine-Inf.* (Normandie), arr. et à 13 k. de Dieppe, cant. et ⊠ de Longueville. Pop. 311 h.

CHAUSSÉE-LA-GRANDE, *Seine-Inf.*, comm. et ⊠ de Rouen.

CHAUSSÉE (la), vg. *Vienne* (Poitou), arr. et à 15 k. de Londun, cant. de Moncontour, ⊠ de Mirebeau. Pop. 433 h.

CHAUSSÉE-DE-BOUGIVAL (la), *Seine-et-Oise*, comm. de Bougival, ⊠ de Rueil.

CHAUSSÉE-DE-L'OUEST, *Hérault*, com. de Villeneuve-les-Maguelonne, ⊠ de Montpellier.

CHAUSSÉE-D'IVRY (la), vg. *Eure-et-Loir* (Beauce), arr. et à 19 k. d'Evreux, cant. et ⊠ d'Anet. Pop. 468 h.

CHAUSSÉE-DU-BOIS-D'ÉCU (la), vg. *Oise* (Picardie), arr. et à 35 k. de Clermont, cant. et ⊠ de Crèvecœur. Pop. 381 h.

CHAUSSÉE-ST-VICTOR (la), vg. *Loir-et-Cher* (Beauce), arr., cant., ⊠ et à 4 k. de Blois. Pop. 702 h.

CHAUSSÉE-TIRANCOURT (la), vg. *Somme* (Picardie), arr. et à 16 k. d'Amiens, cant. et ⊠ de Picquigny. Pop. 892 h.

CHAUSSENAC, vg. *Cantal* (Auvergne), arr., ⊠ et à 8 k. de Mauriac, cant. de Pléaux. Pop. 950 h.

CHAUSSENANS, vg. *Jura* (Franche-Comté), arr., cant., ⊠ et à 5 k. de Poligny, et à 15 k. d'Arbois. Pop. 239 h.

CHAUSSES, *Ardèche*, comm. de Burzet, ⊠ de Montpezat.

CHAUSSEY (île), *Manche*, comm. et ⊠ de Granville. Etablissement de la marée, 5 heures 55 minutes. — Cette île a environ 18 k. de long sur 7 k. de large, et est entourée de plusieurs autres îles beaucoup plus petites; toutes appartenaient autrefois à la maison de Matignon. — Carrières de beau granit; les ouvrages des ports de Granville et de St-Malo sont faits de cette pierre. L'île n'est habitée, en été, que par les tireurs de pierres de Granville. On y voit beaucoup de lapins. Long. O. 4° 7′ 0″, lat. 48° 51′ 0″.

CHAUSSIN, bg *Jura* (Bourgogne), arr. et à 20 k. de Dôle, chef-l. de cant., ⊠ du Deschaux. Cure. Pop. 1,296 h. — Terrain tertiaire moyen. — Ce bourg, situé sur la rive gauche du Dorain, était autrefois une ville assez importante, qui fut détruite par Galas en 1636. — Les habitants furent affranchis par Simon de la Marche en 1260; un terrier porte qu'ils étaient obligés de battre les fossés pendant le sommeil du seigneur de peur que les croassements des grenouilles ne l'interrompissent. — *Foires* les 10 mars, 5 mai, 11 juillet et 15 sept.

CHAUSSOY-ÉPAGNY. V. Saulchoy-Épagny.

CHAUSSY, vg. *Loiret* (Orléanais), arr. et à 21 k. de Pithiviers, cant. d'Outarville, ⊠ de Thoury. Pop. 555 h.

CHAUSSY, bg *Seine-et-Oise* (Normandie), arr. et à 17 k. de Mantes, cant. et ⊠ de Magny. Pop. 905 h. — On remarque aux environs le beau château de Villarceau, qui a été habité par Ninon de l'Enclos. — Papeterie pour papier à sucre.

CHAUTAY, vg. *Cher* (Berry), arr. et à 51 k. de St-Amand-Montrond, cant. et ⊠ de la Guerche-sur-l'Aubois. Pop. 425 h.

CHAUVAC, vg. *Drôme* (Dauphiné), arr. et à 48 k. de Nyons, cant. et ⊠ de Remusat. P. 264 h.

CHAUVANCY-LE-CHATEAU, vg. *Meuse* (pays Messin), arr., cant., ⊠ et à 54 k. de Montmédy. P. 603 h. Sur la rive droite du Chiers.

Chauvancy est une ancienne châtellenie des comtes de Los et de Chiny, dont l'un d'eux confirma, en 1242, les privilèges des habitants. Le pont jeté sur le Chiers, sur lequel passe la route de Montmédy à Stenay, était défendu par une tour et par un château, qui furent pris et rasés par Philippe de Bourgogne, dans la guerre qu'il fit au duc de Saxe au sujet du comté de Chiny ; il reste encore quelques vestiges de ces édifices dans une île entourée des eaux du Chiers.—On prétend que c'est à Chauvancy que s'est fait le premier tournoi.

CHAUVANCY-ST-HUBERT, vg. *Meuse* (pays Messin), arr., cant., ✉ et à 6 k. de Montmédy. Pop. 599 h.

CHAUVÉ, vg. *Loire-Inf.* (Bretagne), arr. et à 16 k. de Paimbœuf, cant. de St-Père-en-Retz, ✉ de Pornic.—Forges et haut fourneau.— *Foires* les 1er janv. et 3 fév.

CHAUVEAU, village maritime, *Charente-Inf.*, comm. de Chauiers, ✉ de Saintes.— Phare à feu fixe sur la pointe de Chauveau, de 19 k. de portée. Lat. 46° 8′, long. O. 3° 37′.

CHAUVEAUX (les), *Charente-Inf.*, comm. et ✉ de Pons.

CHAUVEAUX, vg. *Maine-et-Loire*, com. de St-Michel, ✉ de Pouancé.

CHAUVET, *H.-Alpes*, comm. de Risoul, ✉ de Mont-Dauphin.

CHAUVETTES (sur les), *Jura*, comm. de Chaumusse, de St-Laurent.

CHAUVIGNÉ, vg. *Ille-et-Vilaine* (Bretagne), arr. et à 23 k. de Fougères, cant. et ✉ d'Antrain. Pop. 938 h.—On y trouve une source d'eau minérale et des carrières de beau granit.—Papeterie.

CHAUVIGNY, vg. *Loir-et-Cher* (Maine), arr. et à 20 k. de Vendôme, cant. de Droué, ✉ de la Ville-aux-Clercs. Pop. 765 h.

CHAUVIGNY, *Calviniacum*, petite ville, *Vienne* (Poitou), arr. à 24 k. de Montmorillon, chef-l. de cant. Cure. Gîte d'étape. ✉. ⚘. A 327 k. de Paris pour la taxe des lettres. P. 1,768 h.—Terrain jurassique, étage moyen du système oolitique.—Elle est située dans une contrée fertile en excellents vins, près de la rive droite de la Vienne, et possède une église remarquable qui a été classée au nombre des monuments historiques.—*Fabriques* de serges, droguets et autres étoffes de laine. Tanneries renommées.—*Foires* les 2es samedis de chaque mois.

CHAUVILLERAIN, vg. *H.-Saône*, comm. de Faucogné, ✉ de Luxeuil.—Exploitation d'oxyde de manganèse.

CHAUVINCOURT, vg. *Eure* (Normandie), arr. et à 20 k. des Andelys, cant. de Gisors, ✉ d'Étrépagny. Pop. 261 h.

CHAUVIN-LE-DRAGON, nom donné pendant la révolution à la ville de St-Jean-de-Luz.

CHAUVINS (les), *Jura*, comm. de la Grande-Rivière, ✉ de St-Laurent.

CHAUVIREY-LE-CHATEL, vg. *H.-Saône* (Franche-Comté), arr. et à 41 k. de Vesoul, cant. de Vitrey, ✉ de Cintrey. Pop. 771 h.— *Foires* les 19 mars, 6 juin, 24 août et 6 déc.

CHAUVONCOURT, vg. *Meuse* (Lorraine), arr. de Commercy, cant., ✉ et à 10 k. de St-Mihiel. Pop. 240 h.

CHAUVRY, *Chauveriacum*, vg. *Seine-et-Oise* (Ile-de-France), arr. et à 16 k. de Pontoise, cant. de Montmorency, ✉ de Moisselles. Pop. 309 h.

CHAUX, *Calx, Calceia*, vg. *Côte-d'Or* (Bourgogne), arr. à 15 k. de Beaune, cant. et ✉ de Nuits. Pop. 312 h.

CHAUX, vg. *Doubs* (Franche-Comté), arr. et à 22 k. de Montbelliard, cant. et ✉ de St-Hippolyte. Pop. 76 h.

CHAUX (la), vg. *Doubs* (Franche-Comté), arr., ✉ et à 17 k. de Pontarlier, cant. de Montbenoît. Pop. 494 h.

CHAUX (la), vg. *Orne* (Normandie), arr. et à 24 k. d'Alençon, cant. de Carrouges, ✉ de la Ferté-Macé. Pop. 278 h.

CHAUX, ou *Tscha*, vg. *H.-Rhin* (Alsace), arr., ✉ et à 10 k. de Belfort, cant. de Giromagny. Pop. 723 h.

CHAUX (la), vg. *Saône-et-Loire* (Bourgogne), arr. à 27 k. de Louhans, cant. et ✉ de Pierre. Pop. 651 h.

CHAUX-DES-CROTENAY, vg. *Jura* (Franche-Comté), arr. de Poligny, et à 35 k. d'Arbois, cant. des Planches, ✉ de Champagnol. Pop. 565 h. — *Fabriques* d'horlogerie et de boissellerie. Forges. — *Foires* les 29 août et 29 nov. pour vente en gros des fromages, des bois de sapin pour l'embarcation, etc., etc.

CHAUX-DES-PRÉS (les), vg. *Jura* (Franche-Comté), arr. et à 18 k. de St-Claude, cant. et ✉ de St-Laurent. Pop. 210 h.

CHAUX-DU-DOMBIEF, vg. *Jura* (Franche-Comté), arr. et à 31 k. de St-Claude, cant. et ✉ de St-Laurent. Pop. 973 h.— *Fabrique* de meubles en bois de sapin.

CHAUX-EN-BRESSE (la), vg. *Jura* (Franche-Comté), arr. et à 35 k. de Dôle, cant. de Chaumergy, ✉ de Sellières. Pop. 65 h.

CHAUX-LA-LOTIÈRE, vg. *H.-Saône* (Franche-Comté), arr. et à 36 k. de Vesoul, cant. de Rioz, ✉ de Voray. Pop. 367 h.

CHAUX-LES-CHERVAL, vg. *Doubs* (Franche-Comté), arr. et à 14 k. de Baumes-les-Dames, cant. et ✉ de Cherval. P. 302 h.

CHAUX-LES-PASSAVANT, vg. *Doubs* (Franche-Comté), arr., ✉ et à 15 k. de Baume-les-Dames, cant. de Vercel. P. 348 h. — A 2 k. de ce village, on remarque la glacière naturelle de la Grâce-Dieu, caverne singulière, située au milieu d'une antique forêt. On y arrive par une longue allée de verdure, à l'extrémité de laquelle se trouve une belle grotte dont le sol s'incline une pente rapide vers la glacière proprement dite, qui présente la figure d'un triangle dont les côtés, à peu près égaux, ont environ 50 m. ; la hauteur, depuis le sol jusqu'à la voûte, est de 28 m. ; mais cette hauteur diminue vers le fond, qui n'est plus que de 14 m. La profondeur, depuis l'entrée jusqu'au fond, est de 21 m. et la plus grande largeur de 20 m. Lorsque l'on entre dans cette glacière, l'œil se repose dans tout l'intérieur sur des milliers de stalactites de glace, formées par l'infiltration de l'eau qui se congèle avant de tomber, ou qui tombe et se change au fond en une masse éclatante de cristaux. — Haut fourneau. Sablerie renommée.

CHAUX-LES-PORTS, vg. *H.-Saône* (Franche-Comté), arr. et à 16 k. de Vesoul, cant. et ✉ de Port-sur-Saône. Pop. 296 h.

CHAUX-NEUVE (la), vg. *Doubs* (Franche-Comté), arr. et à 35 k. de Pontarlier, cant. et ✉ de Mouthe. Pop. 681 h. — Patrie du lieutenant général baron Michaud. — *Foires* les 21 mai et 26 oct.

CHAUX-SUR-CHAMPAGNY, vg. *Jura* (Franche-Comté), arr. et à 22 k. de Poligny, à 14 k. d'Arbois, cant. et ✉ de Salins. Pop. 143 h.

CHAUZON, vg. *Ardèche* (Languedoc), arr., cant., ✉ et à 12 k. de Largentière. Pop. 604 h.

CHAVAGNAC, vg. *Cantal* (Auvergne), arr., cant., ✉ et à 7 k. de Murat. P. 493 h.

CHAVAGNAC, vg. *Dordogne* (Périgord), arr. et à 31 k. de Sarlat, cant. et ✉ de Terrasson. Pop. 646 h.

CHAMPAGNAT, *H.-Loire*, comm. de St-Georges-d'Aurat, ✉ de Paulhaguet.

CHAVAGNE, vg. *Ille-et-Vilaine* (Bretagne), arr., ✉ et à 10 k. de Rennes, cant. de Mordelles. Pop. 820 h.

Ce village possède une source d'eau minérale ferrugineuse acidule. On voit dans le cimetière deux ormes magnifiques, plantés, dit-on, par ordre de Sully en 1598. — Filature de laine. — *Foire* le 18 août.

CHAVAGNÉ, vg. *Deux-Sèvres* (Poitou), arr. et à 12 k. de Niort, cant. et ✉ de St-Maixent. Pop. 1,060 h.

CHAVAGNES, vg. *Maine-et-Loire* (Anjou), arr. et à 25 k. d'Angers, cant. de Thouarcé, ✉ de Brissac. Pop. 1,187 h.

CHAVAGNES-EN-PAILLERS, vg. *Vendée* (Poitou), arr. à 28 k. de Bourbon-Vendée, cant. et ✉ de St-Fulgent. Pop. 2,296 h.— *Foire* le 17 janv.

CHAVAGNES-LES-REDOUX, vg. *Vendée* (Poitou), arr. et à 40 k. de Fontenay-le-Comte), cant. et ✉ de Pouzauges. P. 537 h.

CHAVAGNIEUX, vg. *Isère* (Dauphiné), arr. à 33 k. de Vienne, cant. de Meyzieu, ✉ de Pont-de-Chernis. Pop. 284 h.

CHAVAIGNES, vg. *Maine-et-Loire* (Anjou), arr. et à 14 k. de Baugé, cant. et ✉ de Noyant. Pop. 326 h.

CHAVANAC, vg. *H.-Loire*, arr. et à 13 k. de Brioude. — Patrie de l'illustre général Lafayette, du héros des deux mondes, qui voua toute son existence au culte de la liberté.

CHAVANAC, vg. *Corrèze* (Limousin), arr. et à 25 k. d'Ussel, cant. de Sornac, ✉ de Meymac. Pop. 295 h.

CHAVANAT, vg. *Creuse* (Marche), arr., ✉ et à 16 k. d'Aubusson, cant. de St-Sulpice-les-Champs. Pop. 600 h.

CHAVANAY, petite ville, *Loire* (Forez), arr. et à 36 k. de St-Étienne, cant. de Pelussin, ✉ de Condrieu. Pop. 1,821 h. Sur la rive droite du Rhône. — *Foires* les 6 fév. et 10 août.

CHAVANGES, *Chavangiæ*, bg *Aube* (Champagne), arr. et à 40 k. d'Arcis-sur-Aube, chef-l. de cant. Cure. ✉. A 216 k. de Paris pour la taxe des lettres. Pop. 1,093 h. — TERRAIN crétacé supérieur, craie. — *Fabriques* de cotonnades. — *Foires* les 4 oct., lundi avant le dimanche des Rameaux, avant la St-Jean, avant la St-Martin et avant le jour de Noël.

CHAVANNATTE, vg. *H.-Rhin* (Alsace), arr. et à 21 k. de Belfort, cant. et ✉ Dannemarie. Pop. 212 h.

CHAVANNE, vg. *H.-Saône* (Franche-Comté), arr. et à 22 k. de Lure, cant. et ✉ d'Héricourt. Pop. 316 h.

CHAVANNE-SUR-L'ÉTANG, ou KLEINSCHAFFNATT, vg. *H.-Rhin* (Alsace), arr. et à 14 k. de Belfort, cant. de Fontaine, ✉ de Dannemarie. ⚒. Pop. 472 h.

CHAVANNES, vg. *Cher* (Bourbonnais), arr. et à 18 k. de St-Amand-Montrond, cant. et ✉ de Châteauneuf-sur-Cher. Pop. 319 h.

CHAVANNES, vg. *Drôme* (Dauphiné), arr. et à 24 k. de Valence, cant. et ✉ de St-Donat. Pop. 324 h.

CHAVANNES, *Indre-et-Loire*, comm. de Benais, ✉ de Bourgueil.

CHAVANNES, *Jura*, comm. de Courlans, ✉ de Lons-le-Saulnier.

CHAVANNES, *Maine-et-Loire*, comm. du Puy-Notre-Dame, ✉ de Montreuil-Bellay.

CHAVANNES (les), *Saône-et-Loire*, comm. de Mailly, ✉ de Marcigny.

CHAVANNES (les), *Saône-et-Loire*, comm. d'Iguerande, ✉ de Marcigny.

CHAVANNES-LES-GRANDS, ou GROSSSCHAFFNATT, vg. *H.-Rhin* (Alsace), arr. et à 18 k. de Belfort, cant. et ✉ de Dannemarie. Pop. 458 h.

CHAVANNES-SUR-REYSSOUSE, vg. *Ain* (Bourgogne), arr. et à 36 k. de Bourg-en-Bresse, cant. et ✉ de Pont-de-Vaux. Pop. 1,269 h.

CHAVANNES-SUR-SURAN, vg. *Ain* (Bourgogne), arr. et à 18 k. de Bourg-en-Bresse, cant. et ✉ de Treffort. Pop. 1,217 h. — *Foires* les 2 janv., 4 mai, 22 sept., lundi après le 29 juin.

CHAVANOUX (le), rivière qui prend sa source près de Monteil-le-Guillaume, cant. de Crocq, arr. d'Aubusson (*Creuse*), et qui se jette dans la Dordogne, à 16 k. N. au-dessus de Bort. Elle est flottable, à bûches perdues, depuis le pont de la forêt de Chavanon jusqu'à son embouchure. Son cours est d'environ 40 k.

CHAVANOZ, vg. *Isère* (Dauphiné), arr. et à 37 k. de Vienne, cant. de Meyzieu, ✉ de Pont-de-Chernis. Pop. 1.212 h. — Tuilerie.

CHAVAROUX, vg. *Puy-de-Dôme* (Auvergne), arr. et à 15 k. de Riom, cant. et ✉ d'Ennezat. Pop. 314 h.

CHAVATTE (la), vg. *Somme* (Picardie), arr. et à 21 k. de Montdidier, cant. de Rosières, ✉ de Roye. Pop. 116 h.

CHAVEIGNES, vg. *Indre-et-Loire* (Poitou), arr. et à 25 k. de Chinon, cant. et ✉ de Richelieu. Pop. 456 h.

CHAVELOT, vg. *Vosges* (Lorraine), arr., ✉ et à 8 k. d'Epinal, cant. de Châtel-sur-Moselle. Pop. 325 h.

CHAVENAT, vg. *Charente* (Angoumois), arr. et à 22 k. d'Angoulême, cant. et ✉ de la Valette. Pop. 368 h.

CHAVENAY, vg. *Seine-et-Oise* (Ile-de-France), arr. et à 15 k. de Versailles, cant. de Marly-le-Roi, ✉ de Villepreux. Pop. 604 h.

CHAVENÇON, vg. *Oise* (Vexin), arr. et à 32 k. de Beauvais, cant. et ✉ de Méru. P. 216 h.

CHAVENON, vg. *Allier* (Bourbonnais), arr. et à 35 k. de Montluçon, cant. et ✉ de Montmarault. Pop. 421 h.

CHAVERIA, vg. *Jura* (Franche-Comté), arr. et à 19 k. de Lons-le-Saulnier, cant. et ✉ d'Orgelet. Pop. 440 h.

CHAVEROCHE, vg. *Corrèze* (Limousin), arr., cant., ✉ et à 6 k. d'Ussel. Pop. 329 h.

CHAVEROCHE. V. CHAVROCHE.

CHAVEYRIAT, vg. *Ain* (Bourgogne), arr. et à 40 k. de Trévoux, cant. de Châtillon-les-Dombes, ✉ du Logis-Neuf. Pop. 923 h.

CHAVIGNOL, *Cher*, comm. et ✉ de Sancerre. Dans un territoire fertile en vins renommés.

CHAVIGNON, *Cavinio*, vg. *Aisne* (Picardie), arr. et à 23 k. de Soissons, cant. de Vailly. ✉. A 112 k. de Paris pour la taxe des lettres. Pop. 1,045 h. — *Foire* le 1er jeudi de mars et d'oct.

CHAVIGNY, vg. *Aisne* (Picardie), arr., cant., ✉ et à 10 k. de Soissons. Pop. 298 h.

CHAVIGNY, *Calvenanum*, *Chavineum*, vg. *Eure* (Normandie), arr. et à 20 k. d'Evreux, cant. et ✉ de St-André. Pop. 382 h.

CHAVIGNY, vg. *Meurthe* (Lorraine), arr., cant. et à 10 k. de Nancy, ✉ de Pont-St-Vincent. Pop. 467 h.

CHAVILLE, *Cati Villa*, vg. *Seine-et-Oise* (Ile-de-France), arr. et à 5 k. de Versailles, cant. de Sèvres, ✉ de Viroflay. Pop. 1,562 h. — Station du chemin de fer de Paris à Versailles. — Louvois, ministre de la guerre sous Louis XIV, y avait fait bâtir un magnifique château qui fit longtemps l'ornement de Chaville. Ce château, qui n'était pas entièrement achevé, et qui ne fut jamais habité, étant devenu propriété nationale, fut vendu à un sieur Gouly qui le fit démolir en 1800.

CHAVIN, vg. *Indre* (Berry), arr. et à 28 k. de Châteauroux, cant. et ✉ d'Argenton-sur-Creuse. Pop. 639 h.

CHAVOY, vg. *Manche* (Normandie), arr., cant., ✉ et à 7 k. d'Avranches. Pop. 216 h.

CHAVONNE, vg. *Aisne* (Picardie), arr. à 25 k. de Soissons, cant. et ✉ de Vailly. Pop. 404 h.

CHAVORNAY, vg. *Ain* (Bourgogne), arr. et à 17 k. de Belley, cant. de Champagne, ✉ de Culoz. Pop. 442 h.

CHAVOT, vg. *Marne* (Champagne), arr., cant. et à 5 k. d'Epernay, cant. d'Avize. Pop. 273 h. Dans un territoire fertile en vins rouges estimés. — Carrières de sable réfractaire.

CHAVRÉ, *Vosges*, comm. et ✉ de Raon-l'Etape.

CHAVROCHE, vg. *Allier* (Bourbonnais), arr. et à 30 k. de la Palisse, cant. et ✉ de Jaligny. Pop. 711 h. — Il était autrefois défendu par un château composé d'une grande tour carrée servant de donjon, de plusieurs autres tours carrées et rondes, clos de hautes murailles et entouré de profonds fossés; sa situation sur un coteau élevé au pied duquel passe la Bèbre, en faisait un poste important pour défendre le passage de cette rivière. Les matériaux provenant de la démolition de ce château, qui était déjà ruiné en 1572, ont servi à bâtir dans le village quelques belles habitations.

CHAVUISSIAT (Grand et Petit-), *Ain*, com. de Chavannes-sur-Suran, ✉ de Bourg-en-Bresse.

CHAY (le), vg. *Charente-Inf.* (Saintonge), arr. et à 25 k. de Saintes, cant. et ✉ de Saujon. Pop. 549 h.

CHAY, vg. *Doubs* (Franche-Comté), arr. et à 35 k. de Besançon, cant. et ✉ de Quingey. Pop. 320 h.

CHAYLARD (le), petite ville, *Ardèche* (Vivarais), arr. et à 48 k. de Tournon, chef-l. de cant. Cure. ✉. A 602 k. de Paris pour la taxe des lettres. P. 2,353 h. — TERRAIN cristallisé.

Le Chaylard était autrefois une ville forte, dont les murs, les portes et les tours furent rasés en 1621. Il est bâti dans une situation pittoresque, sur les bords de la rivière de Dorne, dans une vallée resserrée par des montagnes très-élevées et dont la pente est excessivement inclinée. — *Fabriques* de soie. Nombreuses tanneries, mégisseries. — *Commerce* de grains, vins, châtaignes, fruits de toute espèce, bestiaux pour l'agriculture et les boucheries, etc. — *Foires* les 24 janv., 25 juin, 23 juillet, 7 sept., 20 oct., 1er et 2 déc., jeudi gras, jeudi de la mi-carême, mercredi après l'octave de Pâques, le lendemain de l'Ascension, jeudi avant Noël.

Bibliographie. * *Les Ruines et Razement des murailles de la ville de Cheylard, par la rébellion des habitants d'icelle, de la religion prétendue réformée, les 29 et 30 juillet 1621*, in-8, 1621.

CHAZAUT, *Saône-et-Loire*, comm. de St-Cyr, ✉ de Sennecey.

CHAZAY-D'AZERGUES, bourg et ancienne baronnie, *Rhône* (Lyonnais), arr. et à 15 k. de Villefranche-sur-Saône, cant. et ✉ d'Anse. Pop. 938 h. — Il est situé sur l'Azergue, dans une contrée fort agréable. C'était autrefois une forteresse, appelée le fort St-André, qui servait de retraite aux paroisses voisines dans le temps des guerres civiles. L'église est même dédiée à saint André. Il y avait aussi une abbaye de grands bénédictins, qui ont été sécularisés et transférés à Ainay. — On trouve dans les environs des ammonites, des bélemnites et différents fossiles. — *Fabrique* d'étoffes de soie. — *Foires* les 1er jeudi de janv., dernier jeudi d'avril, 1er jeudi de sept. et de déc.

CHAZAY, *Deux-Sèvres*, comm. de Mazières-sur-la-Beronne, ✉ de Melle. — *Foires* les 6 mai et 6 déc.

CHAZE, *Jura*, comm. d'Arlay, ✉ de Bletterans.

CHAZEAU, vg. *Loire* (Forez), arr. et à 12 k. de St-Etienne, cant. du Chambon, ✉ de Firminy. Pop. 698 h.

CHAZEAU, *Loire*, comm. de St-Just-en-Bas, ✉ de Boen.

CHAZEAUX, vg. *Ardèche* (Languedoc), arr., cant., ✉ et à 8 k. de Largentière. Pop. 475 h.

CHAZEAUX, *Lozère*, comm. de St-Frézal-d'Albuges, ✉ de Blaymard.

CHAZÉ-HENRI, bg *Maine-et-Loire* (Anjou), arr. et à 33 k. de Segré, cant. et ✉ de l'ouanré. Pop. 1,045 h.—*Foire* le 24 août.

CHAZEAUX, h. *H.-Vienne*, arr. de Bellac. —*Foires* les 7 oct. et 26 déc.

CHAZEIX, *Creuse*, comm. de la Vaufranche, ✉ de Boussac.

CHAZEL, vg. *Meurthe* (pays Messin), arr. et à 26 k. de Lunéville, cant. et ✉ de Blamont. Pop. 190 h.

CHAZELET, vg. *Indre* (Berry), arr. et à 32 k. du Blanc, cant. et ✉ de St-Benoît-du-Sault. Pop. 501 h.—On y remarque un château gothique, flanqué de tours rondes et carrées, d'une belle conservation, qui a appartenu longtemps aux d'Aubusson. Le tombeau de l'un d'eux se voit encore dans l'église du lieu, avec cette épitaphe :

CY GIST MESSIRE GVIL^m DAVBVSSON CHEVA-LIER SEIGNEUR DE CHASSINGRIMON CHAZELET ET AVTRES PLACES . LEQVEL DECEDA LE . 17 . IOUR DV MOIS DE MAY LAN 1638 . ET DAME . LOYZE DIEV POVR LEVR AME QVIL . LA METTE EN SON PARADIS . AINSI SOIT IL.

Aux environs, forges considérables sur l'A-bloux.

CHAZELLE, bg *Charente* (Angoumois), arr. et à 16 k. d'Angoulême, cant. et ✉ de la Rochefoucauld. Pop. 856 h.

CHAZELLE, vg. *Saône-et-Loire* (Bourgogne), arr. et à 30 k. de Mâcon, cant. et ✉ de St-Gengoux-le-Royal. Pop. 234 h.

CHAZELLE, *Saône-et-Loire*, comm. de Mont-lès-Seurre, ✉ de Seurre.

CHAZELLES, vg. *Cantal* (Auvergne), arr., ✉ et à 21 k. de St-Flour, cant. de Ruines. Pop. 144 h.

CHAZELLES, vg. *Jura* (Franche-Comté), arr. et à 34 k. de Lons-le-Saulnier, cant. et ✉ de St-Amour. Pop. 194 h.

CHAZELLES, ou CHAZELLES-SUR-LYON, jolie petite ville, *Loire* (Forez), arr. et à 29 k. de Montbrison, cant. de St-Galmier. Cure. ✉. ☞. A 450 k. de Paris pour la taxe des lettres. Pop. 3,011 h.—Elle est située dans un vallon agréable et fertile, bien bâtie et entourée de murs construits dans le XIVe siècle, et ornée d'une jolie place entourée d'arbres. Dans le XVIe siècle, elle fut ravagée par la peste et devint presque déserte.—*Fabriques* de chapellerie.—*Foires*, samedi avant le 2 fév., dernier samedi d'avril, samedi après le 15 août, le 18 oct., samedi avant les Quatre-Temps de déc.

CHAZELLES, vg. *H.-Loire* (Auvergne),

arr. et à 37 k. de Brioude, cant. de Pinols, ✉ de Langeac. Pop. 199 h.—Il est situé dans un étroit vallon, sur la rive gauche de la Dège. Quand on y arrive en descendant le long de la Dège, on est agréablement frappé du singulier contraste que forme son site avec l'horrible nudité des montagnes qui le dominent à gauche, et la profondeur des gorges qui l'environnent.

CHAZELLES, *Moselle*, comm. de Scy, ✉ de Metz.

CHAZELLES-SUR-L'AVIEU, vg. *Loire* (Forez), arr. et à 12 k. de Montbrison, cant. et ✉ de St-Jean-Soleymieux. Pop. 743 h.

CHAZELOT, vg. *Doubs* (Franche-Comté), arr. à 14 k. de Baume-les-Dames, cant. et ✉ de Rougemont. Pop. 129 h.

CHAZELOT-LES-MAILLEY, *H.-Saône*, comm. de Mailley, ✉ de Fretigney.

CHAZELOU, *Cantal*, comm. de Bonac, de Massiac.

CHAZEMAIS, vg. *Allier* (Bourbonnais), arr. et à 22 k. de Montluçon, cant. et ✉ d'U-riel. Pop. 727 h.

CHAZEREY, vg. *Aube* (Champagne), arr. et à 30 k. de Bar-sur-Seine, cant. et ✉ de Chaource. Pop. 175 h.

CHAZES (la), vg. *Lozère* (Languedoc), arr. et à 21 k. de Marvejols, cant. et ✉ d'Aumont. Pop. 563 h.

CHAZÉ-SUR-ARGOS, vg. *Maine-et-Loire* (Anjou), arr., ✉ et à 10 k. de Segré, cant. de Candé. Pop. 1,250 h.—*Foire* le 10 août.—Carrière de marbre gris.

CHAZEUIL, vg. *Côte-d'Or* (Bourgogne), arr. et à 33 k. de Dijon, cant. de Selongey, ✉ de Sacquenay. Pop. 414 h.

CHAZEUIL, vg. *Nièvre* (Nivernais), arr. et à 25 k. de Clamecy, cant. de Brinon-les-Allemands, ✉ de Champlemy. Pop. 270 h.

CHAZEUILLE, *Allier*, comm. et ✉ de Varennes-sur-Allier.

CHAZEY - BONS - CRESSIEU, vg. *Ain* (Lyonnais), arr., cant., ✉ et à 3 k. de Belley. Pop. 645 h.

CHAZEY-SUR-AIN, vg. *Ain* (Lyonnais), arr. et à 58 k. de Belley, cant. et ✉ de Lagnieu. Pop. 1,102 h.

CHAZILLY-LE-HAUT, vg. *Côte-d'Or* (Bourgogne), arr. et à 25 k. de Beaune, cant. et ✉ de Pouilly-en-Montagne. Pop. 350 h.

CHAZOI, vg. *Doubs* (Franche-Comté), arr. et à 18 k. de Besançon, cant. d'Audeux, ✉ de Marnay. Pop. 89 h.

CHÉBRAC, vg. *Charente* (Saintonge), arr. et à 15 k. d'Angoulême, cant. et ✉ de St-Amant-de-Boixe. Pop. 132 h.

CHÉBUETTE (la), *Loire-Inf.*, comm. de St-Julien-de-Courcelles, ✉ de Nantes.

CHÉCY, vg. *Loiret* (Orléanais), arr., cant. et à 10 k. d'Orléans, ✉ de Pont-aux-Moines. Pop. 2,018 h.—*Foires* les 18 avril et 3 nov.

CHÉDIGNY, vg. *Indre-et-Loire* (Touraine), arr., cant., ✉ et à 11 k. de Loches. P. 659 h. Sur l'Indrois.

CHÉE (la), petite rivière du dép. de la *Meuse*; elle prend sa source au village de Seigneulles, cant. de Varincourt, arr. de Bar-

le-Duc, et passe à Heiltz-le-Maurupt, à Heiltz-l'Evêque, et se jette dans la Saulx, au-dessus de Vitry-le-Brûlé, *Marne*, après un cours d'environ 50 k. Cette rivière est flottable en trains, depuis le point où vient aboutir le canal de Ruvigny jusqu'un peu au-dessous de Villers-le-Sec, point où s'embranche un petit canal de dérivation de la Chée dans l'Ornain.

CHEF (St-), bg *Isère* (Dauphiné), arr. et à 12 k. de la Tour-du-Pin, cant., ✉ et à 10 k. de Bourgoin. Pop. 3,411 h. On y voit une église remarquable qui a été classée au nombre des monuments historiques.—*Foires* les 1er mercredi après Pâques et 1er lundi de sept.

CHEF-BOUTONNE, *Caput Vultunæ*, bg *Deux-Sèvres* (Poitou), arr. et à 15 k. de Melle, chef-l. de cant. Cure. ✉. A 410 k. de Paris pour la taxe des lettres. Pop. 2,366 h.—TERRAIN jurassique.—Il est situé à la source de la Boutonne, qui lui donne son nom. C'est un bourg très-ancien, mentionné dans les Commentaires de César, et défendu autrefois par un château fort.—*Fabriques* de serges et de droguets.—*Commerce* de grains, laines et bestiaux.—*Foires* 23 avril, 26 juin, 31 oct., 24 déc. et 2e samedi de chaque mois (excepté juillet).

CHEF-DUPONT, vg. *Manche* (Normandie), arr. et à 2 k. de Valognes, cant. et ✉ de Ste-Mère-Eglise. Pop. 370 h.

CHEFFES, bg *Maine-et-Loire* (Anjou), arr., ✉ et à 25 k. d'Angers, cant. de Briollay. Pop. 1,354 h. Sur la rive droite de la Sarthe. — *Foires* les 3e jeudi d'avril et 3e jeudi de juin.

CHEFFOIS, bg *Vendée* (Poitou), arr. et à 23 k. de Fontenay-le-Comte, cant. et ✉ de la Châtaigneraie. Pop. 959 h.

CHEFFREVILLE, vg. *Calvados* (Normandie), arr. et à 13 k. de Lisieux, cant. de Livarot, ✉ de Fervaques. Pop. 305 h. — Filature de coton et de laine.

CHEF-HAUT, vg. *Vosges* (Lorraine), arr., cant., ✉ et à 14 k. de Mirecourt. Pop. 190 h.

CHÉFRESNE (le), *Manche* (Normandie), arr. et à 27 k. de St-Lô, cant. de Percy, ✉ de Villebaudon. Pop. 858 h.

CHÉHERY, vg. *Ardennes* (Champagne), arr., cant. et à 10 k. de Sédan, ✉ de Donchery. Pop. 199 h.—On remarque sur le territoire de cette commune un château fort, appelé château de Rocan, bâti sur un roc en 1556 par Raoul de Coucy.

CHÉHÉRY, *Ardennes*, comm. d'Apremont, ✉ de Grandpré.—Il y avait une abbaye d'hommes de l'ordre de Cîteaux, fondée en 1147, dont les bâtiments subsistent encore.—Haut fourneau. Forges et martinets.

CHEIGNI, *Indre*, comm. de Sacierges, ✉ de St-Benoît-du-Sault.

CHEILLÉ, bg *Indre-et-Loire* (Touraine), arr. et à 19 k. de Chinon, cant. et ✉ d'Azay-le-Rideau. Pop. 1,403 h.—On y voit un château qui a servi de rendez-vous de chasse à Charles VII.

CHEILLY, vg. *Saône-et-Loire* (Bourgogne),

arr. et à 33 k. d'Autun, cant. et ✉ de Couches. Pop. 870 h.

CHEIN-DESSUS, vg. *H.-Garonne* (Gascogne), arr. et à 20 k. de St-Gaudens, cant. et ✉ d'Aspet. Pop. 1,129 h.

CHEIX, vg. *Loire-Inf.* (Bretagne), arr. et à 22 k. de Paimbœuf, cant. et ✉ de Pellerin. Pop. 341 h.

CHEIX, *Puy-de-Dôme*, comm. de Cisternes-la-Forêt, ✉ de Pontaumur.

CHÉLAN, vg. *Gers* (Armagnac), arr. et à 24 k. de Mirande, cant. et ✉ de Masseube. Pop. 308 h.

CHÉLERS, vg. *Pas-de-Calais* (Artois), arr. et à 15 k. de St-Pol-sur-Ternoise, cant. et ✉ d'Aubigny. Pop. 377 h.

CHELIEU, vg. *Isère* (Dauphiné), arr. de la Tour-du-Pin et à 20 k. de Bourgoin, cant. et ✉ de Virieu. Pop. 805 h.

CHELLE (la), vg. *Oise* (Picardie), arr., ✉ et à 9 k. de Compiègne, cant. d'Estrées-St-Denis. Pop. 261 h.

CHELLE (le), vg. *Pas-de-Calais* (Artois), arr. et à 30 k. d'Arras, cant. de Bertincourt, ✉ de Bapaume. Pop. 289 h.

CHELLE-DEBAT, vg. *H.-Pyrénées* (Bigorre), arr., ✉ et à 15 k. de Tarbes, cant. de Pouyastruc. Pop. 441 h.

CHELLE-ESPOU, vg. *H.-Pyrénées* (Bigorre), arr. et à 19 de Bagnères-en-Bigorre, cant. de Lannemezan. Pop. 396 h.

CHELLES, vg. *Oise* (Picardie), arr. et à 20 k. de Compiègne, cant. d'Attichy, ✉ de Couloisy. Pop. 401 h.

CHELLES, *Calœ* ou *Cala*, bg *Seine-et-Marne* (Ile-de-France), arr. et à 29 k. de Meaux, cant. de Lagny. ✉. A 24 k. de Paris pour la taxe des lettres. Pop. 1,632 h.

Sous la première race des rois francs, Chelles possédait un manoir royal, où Chilpéric, qui y résidait souvent, fut assassiné en 584. Voici la cause et les détails de cet assassinat : un maire du palais de Chilpéric, nommé Landri, était l'amant favorisé de Frédégonde. Un matin, le roi entra dans la chambre de son épouse; elle était courbée et se lavait la tête; il la frappa par derrière avec sa canne. La reine, croyant que ce coup partait de la main de son favori, dit : Pourquoi me frappes-tu ainsi, Landri? Bientôt, levant la tête, au lieu de son amant, elle voit le roi son époux. A cette vue, Frédégonde est saisie d'effroi ; et Chilpéric, irrité, part brusquement pour la chasse. Après son départ, Frédégonde fit appeler Landri, lui raconta l'événement, et tous deux résolurent, plutôt que de souffrir la torture et la mort, de faire tuer le roi. Celui-ci, arrivant à Chelles au commencement de la nuit, fut frappé, en descendant de cheval, de plusieurs coups de couteau par les satellites de Frédégonde, et expira sur-le-champ. L'endroit où ce roi a été assassiné est marqué par un piédestal qui a été classé au nombre des monuments historiques.

Chelles possédait autrefois une des plus riches abbayes du royaume, fondée au VIIᵉ siècle par Bathilde, femme de Clovis II. L'abbaye de Chelles était une des plus opulentes de France, et son trésor rivalisa longtemps de richesses et de magnificence avec celui de St-Denis. Cette antique et célèbre abbaye fut supprimée en 1790, en partie démolie trois ans après, vendue par lots, et convertie dans la suite en habitations particulières.—*Foires* les 4 nov. et 2ᵉ lundi de juillet.

CHELS (St-), vg. *Lot* (Querey), arr. et à 23 k. de Figeac, cant. et ✉ de Cajarc. P. 252 h.

CHESLEY, *Côte-d'Or*, comm. de Sussey, ✉ de Saulieu.

CHELUN, vg. *Ille-et-Vilaine* (Bretagne), arr. et à 34 k. de Vitré, cant. de la Guerche, ✉ de Martigné-Ferchaud. Pop. 751 h.

CHÉLY (St-), ou St-Chély-Ville, ou St-Chély-d'Apcher, petite ville, *Lozère* (Languedoc), arr. et à 5 k. de Marvejols, chef-l. de cant. Cure. Gîte d'étape. ✉. ⚘. A 519 k. de Paris pour la taxe des lettres. Pop. 1,582 h. — Terrain cristallisé, granit.

Cette ville est située au milieu des montagnes. On trouve aux environs une source d'eau minérale. — *Fabriques* de toiles, serges, cadis. Filatures de coton et de laine. Tanneries et parcheminerie. — *Commerce* de grains et de bestiaux. — *Foires* les 2 et 17 mai, 11 juin, 26 juillet, 14 sept., 18 oct. et 13 déc.

CHÉLY-DAUBRAC (St-), bg *Aveyron* (Rouergue), arr., ✉ et à 20 k. d'Espalion, chef-l. de cant. Cure. Pop. 2,088 h. — Terrain cristallisé ou primitif. — *Fabriques* de cadis et de flanelle.— *Commerce* de bestiaux. —*Foires* les 22 sept., 14 déc., 2ᵉ mardi de carême et jeudi après la Pentecôte.

CHÉLY-DU-TARN (St-), vg. *Lozère* (Languedoc), arr. et à 26 k. de Florac, cant. et ✉ de Ste-Enimie. Pop. 553 h.

CHÉLY-FORAIN (St-), vg. *Lozère* (Languedoc), arr. et à 35 k. de Marvejols, cant. et ✉ de St-Chély. Pop. 330 h.

CHEMAUDIN, vg. *Doubs* (Franche-Comté), arr., ✉ et à 10 k. de Besançon, cant. d'Audeux. Pop. 545 h.

CHEMAULT, vg. *Loiret* (Gatinais), arr. et à 17 k. de Pithiviers, cant. de Beaune-la-Rolande, ✉ de Bois-Commun. Pop. 485 h.

CHEMAZÉ, bg *Mayenne* (Anjou), arr., cant., ✉ et à 8 k. de Château-Gontier. Pop. 1,786 h. — On y voit un fort joli château, dont on attribue la construction à la reine Anne.— *Foires* les 8 avril et 8 août.

CHEMELLIER, vg. *Maine-et-Loire* (Anjou), arr. et à 30 k. de Saumur, cant. de Gennes, ✉ de Brissac. Pop. 613 h. — *Foire* le 11 août.

CHEMENOT, vg. *Jura* (Franche-Comté), arr., ✉ et à 10 k. de Poligny, et à 25 d'Arbois, ✉ de Sellières. Pop. 221 h.

CHÉMERÉ, vg. *Loire-Inf.* (Bretagne), arr. et à 21 k. de Paimbœuf, cant. et ✉ de Bourgneuf-en-Retz. Pop. 1,008 h.

CHÉMERÉ-LE-ROI, bg *Mayenne* (Maine), arr. et à 30 k. de Laval, cant. et ✉ de Meslay. Pop. 1,311 h. — *Foires* les 16 mai, 27 oct., mardi après Quasimodo, et lundi après le 4 juillet.

CHÉMERY, vg. *Ardennes* (Champagne), arr., ✉ et à 15 k. de Sédan, cant. de Raucourt. Pop. 759 h.

CHÉMERY, vg. *Loir-et-Cher* (Blaisois), arr. et à 30 k. de Blois, cant. de St-Aignan, ✉ de Selles-sur-Cher. Pop. 789 h. — *Foire* le 2ᵉ lundi de sept.

CHÉMERY, vg. *Moselle* (pays Messin), arr. et à 38 k. de Metz, cant. et ✉ de Faulquemont. Pop. 167 h.

CHÉMERY (les Deux-), vg. *Moselle* (pays Messin), arr. et à 25 k. de Thionville, cant. et ✉ de Bouzonville. Pop. 759 h.

CHEMILLA, vg. *Jura* (Franche-Comté), arr. et à 37 k. de Lons-le-Saulnier, cant. et ✉ d'Arinthod. Pop. 141 h.

CHEMILLÉ, *Camilliacum*, petite ville, *Maine-et-Loire* (Anjou), arr. et à 25 k. de Beaupréau, chef-l. de cant. Cure. Gîte d'étape. ✉. ⚘. A 339 k. de Paris pour la taxe des lettres. Pop. 4,049 h. — Terrain cristallisé, micaschiste et gneiss. — Chemillé est une ville sainte-ancienne, située près de la petite rivière d'Ivonne. C'est à peu de distance de cette ville, au château de Soucherau, que fut pris le général vendéen Stofflet, ainsi que ses deux aides de camp Devaraines et Lichtenheim, avec lesquels il fut conduit à Angers, où ils furent traduits devant une commission militaire, condamnés à mort et fusillés.

Fabriques de toiles de toute espèce, de mouchoirs, siamoises, calicot. Filatures de coton. Blanchisseries de toiles. Papeterie. — *Foires* les jeudi de la mi-carême, 1ᵉʳ jeudi après Pâques, 1ᵉʳˢ jeudis de janv., fév., mai, juin, sept. et nov. — Marché considérable pour la vente des bestiaux tous les jeudis.

CHEMILLÉ-LE-BLANC, vg. *Indre-et-Loire* (Touraine), arr. et à 31 k. de Tours, cant. et ✉ de Neuvy-le-Roi. Pop. 1,120 h.

CHEMILLÉ-SUR-INDROIS, vg. *Indre-et-Loire* (Touraine), arr. et à 15 k. de Loches, cant. et ✉ de Montrésor. Pop. 528 h. — Non loin de ce village était la chartreuse de St-Jean-de-Liguet, fondée en 1176 par Henri II, roi d'Angleterre , en expiation du meurtre de Thomas Becket, archevêque de Cantorbéry.

CHEMILLY, vg. *Orne* (Perche), arr. et à 20 k. de Mortagne-sur-Huine, cant. et ✉ de Bellême. Pop. 855 h.

CHEMILLY, vg. *Allier* (Bourbonnais), arr., ✉ et à 10 k. de Moulins-sur-Allier, cant. de Souvigny. Pop. 677 h.

CHEMILLY, vg. *H.-Saône* (Franche-Comté), arr. et à 12 k. de Vesoul, cant. de Scey-sur-Saône, ✉ de Port-sur-Saône. Pop. 167 h.

CHEMILLY-PRÈS-SEIGNELAY, vg. *Yonne* (Bourgogne), arr. et à 12 k. d'Auxerre, cant. et ✉ de Seignelay. Pop. 436 h.

CHEMILLY-SUR-SEREIN, vg. *Yonne* (Bourgogne), arr. et à 24 k. d'Auxerre, cant. et ✉ de Chablis. Pop. 399 h.

CHEMIN, vg. *Jura* (Franche-Comté), arr. et à 20 k. de Dôle, chef-l. de cant. Bureau d'enregist. à Tavaux. Cure. ✉. A 377 k. de Paris pour la taxe des lettres. Pop. 448 h. — Terrain tertiaire supérieur.

CHEMIN (le'), vg. *Marne* (Champagne), arr., ⊠ et à 13 k. de Ste-Menehould, cant. de Dommartin-sur-Yèvre. Pop. 353 h.

CHEMIN (le), *Nièvre*, comm. d'Anthien, ⊠ de Corbigny.

CHEMIN - CHAUSSÉ, vg. *Côtes-du-Nord*, comm. de la Bouillie, ⊠ de Dinan. V. LA BOUILLIE.

CHEMIN - LE - GRAND, *Seine-et-Oise*, comm. de Villiers-en-Arties, ⊠ de Bonnières.

CHEMIN-D'AISEY, vg. *Côte-d'Or* (Bourgogne), arr., cant., ⊠ et à 15 k. de Châtillon-sur-Seine. Pop. 179 h.

CHEMIN - NEUF, *Isère*, comm. d'Agnin, ⊠ du Péage.

CHEMIN-NEUF (le), *Seine-Inf.*, comm. Blosseville-Bonsecours, ⊠ de Rouen.

CHEMIN-NEUF (le), *Seine-Inf.*, comm. et ⊠ de Rouen.

CHEMINAS, vg. *Ardèche* (Languedoc), arr., cant., ⊠ et à 15 k. de Tournon. P. 451 h.

CHEMINE-RUEL, *Nord*, com. de la Chapelle-d'Armentières, ⊠ d'Armentières.

CHEMINON, ou CHEMINON-LA-VILLE-ET-L'ABBAYE, bg *Marne* (Champagne), arr., ⊠ et à 27 k. de Vitry-le-François, cant. de Thiéblemont. Pop. 1,387 h. — Il y avait autrefois une célèbre abbaye de l'ordre de Cîteaux, fondée en 1108 par Alix, comtesse de Champagne.

PATRIE du célèbre lexicographe RICHELET, auteur du Dictionnaire de la langue française qui porte son nom, dont la première édition, aujourd'hui très-rare, est recherchée pour la naïveté quelque peu cynique de certaines définitions. — Forges.

CHEMINOT, vg. *Moselle* (pays Messin), arr. et à 23 k. de Metz, cant. de Verny, ⊠ de Solgne. Pop. 620 h. — PATRIE du général THOMAS.

CHEMIRÉ - EN - CHARNIE, vg. *Sarthe* (Maine), arr. et à 36 k. du Mans, cant. de Loué, ⊠ de Coulans. P. 932 h. Sur un étang.

CHEMIRÉ - LE - GAUDIN, vg. *Sarthe* (Maine), arr. et à 21 k. du Mans, cant. de la Suze. ℣. A 224 k. de Paris pour la taxe des lettres. Pop. 1,600 h. — Il est situé dans un fond, sur la rive droite du Renom, qu'on y passe sur un pont de pierre fort ancien. On y remarque le château de Bellefille, près duquel on trouve une source d'eau saline qui a beaucoup d'analogie avec celle de la Suze.

CHEMIRÉ-SUR-SARTHE, vg. *Maine-et-Loire* (Anjou), arr. et à 40 k. de Segré, cant. et ⊠ de Châteauneuf-sur-Sarthe. Pop. 468 h.

CHEMY, vg. *Nord* (Flandre), arr. et à 16 k. de Lille, cant. et ⊠ de Séclin. Pop. 418 h.

CHENAC, bg *Charente-Inf.* (Saintonge), arr. et à 35 k. de Saintes, cant. et ⊠ de Cozes. Pop. 835 h.

CHENADE (la), *Charente-Inf.*, comm. et ⊠ de Marennes.

CHENAIS, *Deux-Sèvres*, comm. de Vairé-l'Evescault, ⊠ de Sauzé.

CHÉNAL (la), *Saône-et-Loire*, comm. d'Artaix, ⊠ de Marcigny.

CHENALIERS, vg. *Corrèze* (Limousin), arr. et à 31 k. de Brives, cant. et ⊠ de Beaulieu. Pop. 566 h.

CHENALOTTE (la), vg. *Doubs* (Franche-Comté), arr. et à 55 k. de Montbelliard, cant. et ⊠ de Russey. Pop. 177 h.

CHENAS, vg. *Rhône* (Beaujolais), arr. et à 23 k. de Villefranche-sur-Saône, cant. de Beaujeu, ⊠ de Romanèche. Pop. 727 h.

CHENAUD, vg. *Dordogne* (Périgord), arr. et à 23 k. de Riberac, cant. et ⊠ de St-Aulaye. Pop. 766 h.

CHÉNAULT, Côte-d'Or, comm. de Précy-sous-Thil, ⊠ de la Maison-Neuve.

CHENAY, vg. *Marne* (Champagne), arr., ⊠ et à 10 k. de Reims, cant. de Fismes. Pop. 422 h. Dans un territoire fertile en vins rouges estimés ; on trouve aux environs une source d'eau minérale. — Exploitation de tourbe. Carrières de pierre de taille.

Bibliographie. MAILLY (Nic. de). *Traité des eaux minérales de Chenai*, etc., in-12, 1697.

CHENAY, vg. *Sarthe* (Maine), arr. et à 22 k. de Mamers, cant. de la Fresnaye, ⊠ d'Alençon. Pop. 143 h.

CHENAY, vg. *Deux-Sèvres* (Poitou), arr. et à 15 k. de Melle, cant. et ⊠ de Lezay. ℣. Pop. 1,270 h. — Foires les 22 août, 14 sept. et 19 oct.

CHENAY - LE - CHATEL, vg. *Saône-et-Loire* (Bourgogne), arr. et à 48 k. de Charolles, cant. et ⊠ de Marcigny. P. 1,118 h. — Foires les 13 mai, 3 août et 28 oct.

CHENAYE (la), *Deux-Sèvres*, comm. de Ste-Néomaye, ⊠ de St-Maixent.

CHÊNE (le), vg. *Ardennes* (Champagne), arr. et à 15 k. de Vouziers, chef-l. de cant. ⊠. ℣. A 240 k. de Paris pour la taxe des lettres. Pop. 1,578 h.

Ce bourg, traversé par trois grandes routes, est le principal port du canal des Ardennes. Pendant les guerres civiles, il avait pour défense l'église, une enceinte formée de murs, un pont-levis et des fossés. Les habitants étaient en possession d'accompagner la sainte ampoule au sacre de nos rois, depuis l'église de St-Remy de Reims jusqu'à la métropole de cette ville.

Fabriques d'acier poli. Forges et haut fourneau. — Foires les 6 janv., 5 mai, 21 juillet et 7 oct.

CHÊNE (le), vg. *Aube* (Champagne), arr., cant., ⊠ et à 4 k. d'Arcis-sur-Aube. Pop. 455 h.

CHÊNE (le), *Calvados*, comm. de Lessard, ⊠ de Livarot.

CHÊNE-ARNOULT, vg. *Yonne* (Gatinais), arr. et à 28 k. de Joigny, cant. et ⊠ de Charny. Pop. 265 h.

CHÊNE-BERNARD, vg. *Jura* (Franche-Comté), arr. et à 20 k. de Dôle, cant. de Chaussin, ⊠ du Deschaux. Pop. 138 h.

CHÊNE-BOURDON (haut et bas), *Aisne*, comm. de Landouzy-la-Ville, ⊠ de Vervins.

CHENEBIER, vg. *H.-Saône* (Franche-Comté), arr. et à 20 k. de Lure, cant. et ⊠ d'Héricourt. Pop. 769 h.

CHENECEY, vg. *Doubs* (Franche-Comté), arr. et à 13 k. de Besançon, cant. et ⊠ de Quingey. Pop. 1,013 h. Sur la Loue. — Sur le territoire de ce village, on remarque des grottes beaucoup moins étendues que celles d'Osselle, mais offrant des phénomènes particuliers et des stalactites très-brillantes. — Forges et tréflerie. ⓜ 1823-27.

CHÉNÉCHÉ, vg. *Vienne* (Poitou), arr. et à 19 k. de Poitiers, cant. et ⊠ de Neuville. Pop. 301 h. — Foires les 22 janv., 22 mai, 25 juin, 31 août, 20 déc., et 1er mardi de janv., fév., et 2e de déc.

CHÊNE-CHENU, vg. *Eure-et-Loir* (Beauce), arr. et à 19 k. de Dreux, cant. et ⊠ de Châteauneuf-en-Thymerais. Pop. 240 h.

CHÉNEDOUIT, vg. *Orne* (Normandie), arr. et à 27 k. d'Argentan, cant. et ⊠ de Putanges. Pop. 709 h.

CHÊNE-RAOUL (le), *Nord*, comm. et ⊠ de Condé-sur-l'Escaut.

CHÊNE - ROGNEUX, *Seine-et-Oise*, comm. de Grosrouvres, ⊠ de Montfort-l'Amaury.

CHENEHUTTE, vg. *Maine-et-Loire* (Anjou), arr. et à 10 k. de Saumur, cant. de Gennes, ⊠ des Rosiers. Pop. 1,078 h. Sur la rive gauche de la Loire.

On remarque à Chenehutte le seul ouvrage romain qui soit parvenu presque entier jusqu'à nos jours ; c'est un camp retranché, situé près de l'ancienne église, sur le sommet d'un coteau dont le pied touche la rive gauche de la Loire, et qui s'élève à 50 m. au-dessus du fleuve, ce qui le rend inaccessible du côté du nord. A l'est et au sud, ce camp est défendu par un ravin profond, au milieu duquel court un ruisseau qui entre dans la Loire au-dessus du bourg des Tuffaux. A l'ouest, il est séparé de la plaine par un large rempart, dans lequel on remarque de gros blocs de grès, sa hauteur est d'environ 7 m. à quelques endroits, et 4 à 5 m. dans d'autres, suivant qu'il s'approche ou qu'il s'éloigne des points qui l'unissent à l'escarpement du coteau ; sa plus grande largeur à la base est de 30 m. ; ce rempart existe encore dans toute sa longueur, qui est de 253 m. Le fossé, qui était au pied du côté de la plaine, est comblé, on en voit à peine la trace. — La forme de ce camp est un polygone irrégulier qui approche de l'ovale. Sa circonférence est d'environ 950 m., sa largeur de 240 m. et sa longueur de 370. Ainsi, il n'y en avait pas que le quart de fortifié par l'art ; le bon choix de la position faisait la force et la défense du surplus. Le camp de Chenebutte pouvait contenir une demi-légion, c'est-à-dire environ 3,000 hommes.

CHENELETTE, vg. *Rhône* (Lyonnais), arr. et à 32 k. de Villefranche-sur-Saône, cant. de St-Nizier-d'Azergues, ⊠ de Beaujeu. Pop. 749 h. — La montagne de Tourvéon (en patois *Trévaillon*, en latin *Turres vehens*), portant de *tours*) est dans cette commune ; elle a une forme conique qui la fait facilement reconnaître. C'est sur son sommet qu'était autrefois la forteresse appelée le château de Ganelon, dont les seigneurs s'étaient décla-

INDRE ET LOIRE

CHÂTEAU DE CHENONCEAUX

rés les ennemis du royaume, et répandaient l'effroi dans les contrées environnantes. L'emplacement de ce château se reconnaît facilement ; autant qu'il est possible d'en juger par l'inspection des lieux, il se composait d'un immense bâtiment flanqué à ses deux extrémités de deux énormes tours. — *Foires* les 24 mars, 16 avril, 16 mai, 1ᵉʳ et 16 juin, 29 juillet, 14 août, 21 sept., 4 et 27 oct., et 11 nov.

CHÉNÉRAILLES, *Canalis*, très-ancienne ville, *Creuse* (Marche), arr. et à 16 k. d'Aubusson, chef-l. de cant. Cure. ✉. ⚬. A 358 k. de Paris pour la taxe des lettres. P. 1,079 h. —Terrain cristallisé ou primitif.

L'origine de cette ville remonte au temps des Romains, ainsi que le prouvent plusieurs urnes pleines de cendres, de médailles des empereurs Maximien, Gallien, Gordien, Licinius et autres, qu'on y a trouvées. C'était autrefois une ville forte, au milieu de laquelle il y avait une roche élevée, dont le sommet était couronné par un château détruit depuis longtemps, et dont l'emplacement est occupé par l'église paroissiale.—Cette ville souffrit beaucoup de la guerre des Anglais, au commencement du XVᵉ siècle, et fut même presque entièrement détruite ; mais Bernard et Jacques d'Armagnac, comtes de la Marche, la firent reconstruire de l'an 1430 à 1440. Le premier de ces comtes confirma plusieurs priviléges qui avaient été accordés à Chénérailles en 1265, par Hugues XII de Lusignan, dans une charte écrite en vieux langage. En 1592, cette ville soutint un siége pour la Ligue ; elle opposa aux royalistes une vigoureuse résistance, ne se rendit qu'après un blocus de huit mois, et lorsque la garnison et les habitants eurent épuisé tous leurs moyens de subsistance.—*Commerce* considérable de bestiaux. — *Foires* le 5 de chaque mois, 20 mars, 20 avril, 20 mai, 25 août, 20 fév., et le 3ᵉ lundi de juin.

CHENEREILLE, vg. *Loire* (Forez), arr. et à 15 k. de Montbrison, cant. et ✉ de St-Jean-Soleymieu. Pop. 616 h.

CHENERILLES, *Castrum de Canilis Chinetensis*, vg. *B.-Alpes* (Provence), arr. et à 22 k. de Digne, cant. et ✉ des Mées. Pop. 81 h.

CHENEROILLES, *Côte-d'Or*, comm. de Vaux-Saules, ✉ de St-Seine.

CHÊNES (les), *Ille-et-Vilaine*, comm. de St-Père, ✉ de Châteauneuf-en-Bretagne.

CHENEVELLE, *Saône-et-Loire*, comm. et ✉ de Buxy.

CHENEVELLES, vg. *Vienne* (Poitou), arr. et à 14 k. de Châtellerault, cant. de Pleumartin, ✉ de la Roche-Posay.

CHENEVIÈRE, *Marne*, comm. de St-Quentin-le-Verger, ✉ d'Aglure.

CHENEVIÈRES, *Cannabetum, Calvomontense*, vg. *Meurthe* (Lorraine), arr., cant., et à 15 k. de Lunéville. Pop. 378 h.

CHENEVIÈRES, vg. *Seine-et-Oise*, com. de Jouars-Pontchartrain, ✉ de Pontchartrain.

CHENEVREY, vg. *H.-Saône* (Franche-Comté), arr. et à 25 k. de Gray, cant. et ✉ de Marnay. Pop. 406 h.

CHENEY, vg. *Yonne* (Champagne), arr., cant., ✉ et à 7 k. de Tonnerre. Pop. 332 h.

CHENICOURT, vg. *Meurthe* (Lorraine), arr. et à 21 k. de Nancy, cant. et ✉ de Nomény. Pop. 275 h.

CHÉNIÈRES, vg. *Moselle* (pays Messin), arr. et à 37 k. de Briey, cant. et ✉ de Longwy. Pop. 362 h.

CHÉNIERS, joli bourg, *Creuse* (Marche), arr. et à 20 k. de Guéret, cant. et ✉ de Bonnat. Pop. 1,932 h. Sur la petite Creuse.—*Foires* les 8 juin et 10 août.

CHÉNIERS, vg. *Marne* (Champagne), arr., ✉ et à 12 k. de Châlons-sur-Marne, cant. d'Ecury-sur-Coole. Pop. 143 h.—Il est situé dans une plaine aride, près d'assez belles plantations de sapins.—Poste télégraphique.

CHENILLÉ-CHANGÉ, vg. *Maine-et-Loire* (Anjou), arr. et à 18 k. de Segré, cant. de Châteauneuf-sur-Sarthe, ✉ du Lion-d'Angers. Pop. 287 h.

CHENIMENIL, vg. *Vosges* (Lorraine), arr., ✉ et à 15 k. d'Epinal, cant. de Bruyères. Pop. 1,027 h.

CHENIMONT, *Vosges*, comm. de la Viéville-devant-Dompaire, ✉ de Dompaire.

CHENIVRAY (Grand et Petit-), *Isère*, com. de St-Pierre-d'Entremont, ✉ des Echelles. Pop. 65 h.

CHENNEBRUN, vg. *Eure* (Normandie), arr. à 65 k. d'Evreux, cant. de Verneuil, ✉ de St-Maurice. Pop. 303 h.—C'est un ancien bourg, qui fut pris et brûlé par Louis le Jeune en 1168.—*Foires* les jeudi gras, jeudi après la Trinité et le 1ᵉʳ jeudi de nov.

CHENNEGY, *Chenigeium*, vg. *Aube* (Champagne), arr. à 25 k. de Troyes, cant. et ✉ d'Estissac. Pop. 970 h.

CHENNEVIÈRES, vg. *Meuse* (Lorraine), arr. de Commercy, et à 32 k. de St-Mihiel, cant. de Void, ✉ de Ligny. P. 134 h.

CHENNEVIÈRES, vg. *Seine-et-Oise* (Ile-de-France), arr. et à 40 k. de Pontoise, cant. de Luzarches, ✉ de Louvres. P. 143 h.—*Fabrique* de blondes.

CHENNEVIÈRES-SUR-MARNE, *Canaveria*, vg. *Seine-et-Oise* (Ile-de-France), arr. et à 28 k. de Corbeil, cant. de Boissy-St-Léger, ✉ de Champigny-sur-Marne. Pop. 666 h.—Il est dans une belle situation, sur un coteau qui baigne la Marne.—Tuileries.

CHENOIS, vg. *Meurthe* (Lorraine), arr. de Château-Salins et à 25 k. de Vic, cant. et ✉ de Delme. Pop. 212 h.

CHENOIS (le), *Seine-et-Marne*, comm. de Vernon, ✉ de Moret.

CHENOISE, vg. *Seine-et-Marne* (Brie), arr., cant., ✉ et à 11 k. de Provins. Pop. 1,039 h. — *Foires* les 19 juillet et 16 oct.

CHENOMMES, vg. *Charente* (Angoumois), arr. à 14 k. de Ruffec, cant. et ✉ de Mansle. Pop. 435 h.

CHENON, vg. *Charente* (Angoumois), arr. et à 10 k. de Ruffec, cant. et ✉ de Mansle. P. 507 h.

CHENON, vg. *Seine-et-Marne* (Gatinais), arr. et à 32 k. de Fontainebleau, cant. et ✉ de Château-Landon. Pop. 459 h.

CHENONCEAUX, petit bourg, *Indre-et-Loire* (Touraine), arr. et à 31 k. de Tours, cant. et ✉ de Bléré. Pop. 333 h. — On y remarque un des plus beaux châteaux de la contrée.

La fondation du château de CHENONCEAUX paraît remonter au XIIIᵉ siècle. Ce n'était alors qu'un très-simple manoir, appartenant à la famille de Marquis, dont l'un des descendants le vendit à Thomas Bohier, qui jeta, sous le règne de François Iᵉʳ, les fondations du château que l'on admire aujourd'hui. Henri II l'acheta, en 1535, et le donna à Diane de Poitiers avec le duché de Valentinois. Diane porta dans les embellissements qu'elle fit à Chenonceaux la magnificence et le goût qui lui étaient naturels ; mais elle fut arrêtée dans ses projets par Catherine de Médicis, qui la contraignit, après la mort de Henri II, à lui céder Chenonceaux en échange de la terre de Chaumont-sur-Loire. Catherine, devenue maîtresse de Chenonceaux, se piqua de surpasser sa rivale dans les différents travaux qu'elle fit exécuter. Plus tard il appartint à Louise de Vaudemont qui vint y pleurer la mort de Henri III, son époux, puis enfin à la maison de Condé, qui le vendit à M. Dupin, fermier général, dont la veuve, non moins célèbre par son esprit que par ses grâces, y attira les hommes les plus illustres du siècle dernier ; elle laissa cette terre à ses neveux, MM. de Villeneuve. — Le château de Chenonceaux est construit sur un pont qui traverse le Cher ; c'est dans les premières piles, qui sont creuses, que sont pratiquées les cuisines. Au-dessus règne une longue et belle galerie, à l'aide de laquelle on est porté sans s'en apercevoir sur la rive opposée. Ce château est parfaitement conservé, et de beaux tableaux en décorent l'intérieur.

Les propriétaires de Chenonceaux, animés de sentiments généreux, conservent religieusement à leur château sa physionomie du moyen âge. Architecture, meubles, décors, rien de ce qui existait sous les derniers Valois n'est changé ; il serait difficile de mieux agir dans l'intérêt des arts, des lettres et de la science historique.

Bibliographie. BOURGEAT-GUILLAUME. *Le Triomphe fait à l'entrée du roi François II à Chenonceaux en 1559* .. Tours, 1559. * *Notice historique sur le château de Chenonceaux*, in-8, 1841.

CHENOVE, vg. *Côte-d'Or* (Bourgogne), arr., cant., ✉ et à 5 k. de Dijon. Pop. 793 h. — Il est situé au pied de la Côte-d'Or, dans un territoire fertile en excellents vins. — Carrière de belles pierres de taille.

CHENOVE, vg. *Saône-et-Loire* (Bourgogne), arr. et à 21 k. de Chalon-sur-Saône, cant. et ✉ de Buxy. Pop. 503 h.

CHENU, vg. *Sarthe* (Maine), arr. et à 38 k. de la Flèche, cant. du Lude, ✉ du Waas. Pop. 1,098 h. — On y voit une belle église du style roman, qui se compose du chœur, d'une nef et de deux bas côtés dont les arcades sont à plein cintre. Le fond du tabernacle est orné d'un beau tableau représentant une adoration des mages, attribué à Mignard. — Aux environs, près du ruisseau de l'Ardillère, on trouve un dolmen composé d'une large pierre, supportée par quatre pierres posées de champ et élevées à 1 m. au-dessus du sol. Non loin de là, on voit les traces d'un ancien camp qu'on croit un ouvrage des Romains.

CHENUSSON, *Indre-et-Loire*, comm. de St-Laurent, ✉ de Château-Renault.

CHÉNY, vg. *Yonne* (Champagne), arr. et à 22 k. d'Auxerre, cant. de Seignelay, ✉ de Brienon. Pop. 808 h. — *Foires* les 10 août, 4 déc. et jeudi de la Passion.

CHEPNIERS, bg *Charente-Inf.* (Saintonge), arr. et à 27 k. de Jonzac, cant. et ✉ de Montlieu. Pop. 1,018 h.

CHEPOIX, vg. *Oise* (Picardie), arr. et à 30 k. de Clermont, cant. et ✉ de Breteuil. P. 904 h.

CHEPPE (la), *Cippidum*, vg. *Marne* (Champagne), arr. et à 15 k. de Châlons-sur-Marne, cant. de Suippes, ✉ de Tilloy. Pop. 341 h.

Entre ce village et celui de Cuperly existent des retranchements auxquels les titres authentiques de dates fort reculées donnent le nom de camp d'Attila, et où, suivant quelques auteurs, se donna la célèbre bataille où le roi des Huns fut défait en 451 par Aétius. Ces retranchements, qui ont été, dit-on, élevés en une nuit, mesurent sur les remparts, ont 1,792 m. de circonférence. L'espace enfermé dans ce cercle a 243,648 m. carrés de surface. L'ouverture qui est au sud, et celle où passe le chemin de Cuperly, paraissent avoir été faites par les cultivateurs, pour faciliter l'exploitation des terres labourables enfermées dans cette enceinte. — Deux tombelles éloignées d'un kilomètre de ce camp, et deux autres pareilles situées sur le territoire d'Auve, paraissent avoir été élevées à la même époque où le furent les retranchements. Ces quatre tombelles, formant chacune un carré de 33 m. sur 3 m. 33 c. de hauteur, ont été fouillées en 1766 et en 1806. Elles renfermaient des fosses de 1 m. de profondeur sur 1 m. 66 c. de longueur, contenant chacune plusieurs urnes de terre cuite de forme antique, des cendres, du charbon très-bien conservé, et un couteau de sacrifice.

Foires les 28 mai et 12 nov.

Bibliographie. SABBATHIER. *Mémoire sur le lieu où Attila fut défait par l'armée d'Aétius* (Mercure, avril 1765, t. I, p. 163-67). CAYLUS (le comte de). *Sur le prétendu camp d'Attila qui se voit près du village de Cheppe* (Rec. d'antiq., t. IV, p. 332).

CHEPPES, vg. *Marne* (Champagne), arr., ✉ à 15 k. de Châlons-sur-Marne, cant. d'Ecury-sur-Coole. Pop. 433 h. Il est sur l'Issor qui y arrose de belles prairies.

CHEPPY, vg. *Meuse* (Lorraine), arr. et à 28 k. de Verdun, cant. et ✉ de Varennes-en-Argonne. Pop. 624 h. — *Forges.* — *Fabriques d'essieux. Papeterie.*

CHEPTAINVILLE, vg. *Seine-et-Oise* (Ile-de-France), arr. et à 25 k. de Corbeil, cant. et ✉ d'Arpajon. Pop. 524 h.

CHÉPY, vg. *Marne* (Champagne), arr., ✉ et à 9 k. de Châlons-sur-Marne, cant. de Marson. Pop. 316 h. — Raffinerie en grand de blanc dit d'Espagne.

CHÉPY, vg. *Somme* (Picardie), arr. et à 17 k. d'Abbeville, cant. de Moyenneville, ✉ de Valines. Pop. 934 h.

CHER (le), *Carus*, *Caris*, rivière qui prend sa source au hameau du Cher, près du village de Merinchal, cant. de Crocq, arr. d'Aubusson, dép. de la *Creuse*; elle passe près d'Auzances, à Montluçon, St-Amand, Châteauneuf, St-Florent, Vierzon, Mennetous, Selles, St-Aignan, Montrichard, Bléré, Veretz, au sud et près de Tours, à St-Sauveur et Savonnières, et se jette dans la Loire, vis-à-vis de St-Mars, *Indre-et-Loire*, au lieu dit *Bec-du-Cher*, après un cours d'environ 320 k.

Cette rivière commence à être flottable à Chambouchard, Creuse, et navigable à Vierzon, *Cher*. Les objets de transport consistent principalement en bois, charbons, pierres à bâtir, grains et fourrages. Le canal de Berry, livré à la navigation en 1839, a beaucoup activé la navigation de cette rivière. Ses principaux affluents sont, à gauche, la Tardes et l'Arnon, et, à droite, l'Aumanche, l'Evre et la Sauldre.

Le Cher tient le second rang parmi les rivières navigables du département d'Indre-et-Loire. Il est navigable dans toute l'étendue du territoire de ce département, et forme une communication très-intéressante, au moyen de ce que la navigation s'y fait à la voile comme sur la Loire. Depuis la pointe occidentale du territoire de Montlouis, appelée la Roche-Pinard, jusqu'à son embouchure dans la Loire, le Cher est contenu le long de sa rive septentrionale par une levée de 27,180 m. 10 c. de longueur, que l'on doit aux soins prévoyants de Mme de Vermandois, abbesse de Beaumont-lès-Tours, et qui sert à garantir des débordements de cette rivière une partie des plus précieuses propriétés rurales de ce département. — La hauteur des plus grandes crues de cette rivière n'excède pas 4 m. 54 c. à 4 m. 97 c. au-dessus de son étiage. Sa pente est de 41 c. par 950 m. Son lit se trouve plus bas de 1 m. 54 c. que celui de la Loire. Ses fortes et fréquentes inondations rendent ses bords désagréables et dangereux. Le Cher fait mouvoir dans le département d'Indre-et-Loire neuf usines, dont les digues sont quelquefois dangereuses pour la navigation, surtout dans les crues moyennes.

CHER (le), petite rivière qui prend sa source à 4 k. de Châteaubriant, dép. de la *Loire-Inf.*, et qui se jette dans la Vilaine, vis-à-vis de Langon, après un cours d'environ 48 k.; elle est navigable et sert au transport des ardoises provenant des carrières environnantes.

CHER (canal du). V. CANAL DU BERRY.

CHER (département du). Ce département est formé d'une partie du ci-devant Berry et d'une très-petite partie du ci-devant Bourbonnais. Il tire son nom de la rivière du Cher, qui l'arrose du sud-est à l'ouest. — Ses limites sont : au nord, le département du Loiret ; à l'est, celui de la Nièvre ; au sud, celui de l'Allier ; à l'ouest, ceux de l'Indre et de Loir-et-Cher.

Le territoire se compose presque en entier d'une vaste plaine de nature argilo-calcaire et d'une fertilité très-inégale. La partie septentrionale, connue sous le nom de Saucerrois, est coupée par des montagnes et par des vallons où coulent des rivières peu encaissées, dont la direction est presque constamment du sud-est au nord-ouest. Une grande partie des plaines et des vallons, dont les bassins, ordinairement très-étendus, se confondent quelquefois avec eux, est couverte de pâturages qui nourrissent une immense quantité de bêtes à laine, et de forêts qui alimentent plusieurs forges considérables. Le sol à l'est, et particulièrement sur les bords de la Loire et de l'Arnon, est extrêmement fertile ; au sud-est, il est de qualité médiocre et renferme plus de cinq cents étangs, dont la superficie peut être évaluée à 8,380 hectares ; au nord, il est sablonneux, couvert en partie de landes, de bruyères, de sables stériles et de marais ; le centre est mélangé. La partie nord-est, connue sous le nom de Sologne, ne présente qu'un fond de sable maigre et couvert de bruyères et de genêts. En somme, les terres ingrates et pourtant assez productives couvrent les deux tiers de toute sa superficie ; le reste est doué de la plus grande fertilité.

La contenance totale du département du Cher est de 711,502 hectares, divisés ainsi :

Terres labourables.	375,097
Prés.	111,319
Vignes.	12,883
Bois.	103,472
Vergers, pépinières et jardins.	5,928
Oseraies, aunaies et saussaies.	17
Etangs, mares, canaux d'irrigation.	3,094
Landes et bruyères.	62,827
Cultures diverses.	982
Superficie des propriétés bâties.	1,842
Contenance imposable.	676,461
Routes, chemins, places, rues, etc.	15,736
Rivières, lacs et ruisseaux.	5,166
Forêts et domaines non productifs.	14,096
Cimetières, églises, bâtiments publ.	43
Contenance non imposable.	35,041

On y compte :

48,935 maisons.
475 moulins à eau et à vent.
17 forges et fourneaux.
43 fabriques et manufactures.

soit : 49,470 propriétés bâties.
Le nombre des propriétaires est de. 83,827
Celui des parcelles de. 784,863

HYDROGRAPHIE. Les rivières qui longent ou parcourent le département sont : l'Allier, qui le sépare des départements de l'Allier et de la Nièvre jusqu'à sa jonction avec la Loire au bec d'Allier ; la Loire, qui le longe dans son extrémité orientale, et le sépare du département de la Nièvre ; le Cher, qui lui donne son nom, et y reçoit la Marmande, le Chinon, l'Escotard, l'Arnon, l'Yèvre et la Sauldre. La Loire, l'Allier et le Cher seuls y sont navigables. — Le département est traversé par le canal du Centre ou de Berry et par le canal latéral de la Loire. On y comte plus de cinq cents étangs, presque tous répartis dans l'arrondissement de St-Amand.

COMMUNICATIONS. Le département du Cher est traversé par huit routes royales et vingt et une routes départementales.

MÉTÉOROLOGIE. La température est, en général, froide et humide ; cependant le froid y est rarement de longue durée, et la gelée n'y persiste pas plus de dix à douze jours de suite. Les vents dominants sont ceux de l'ouest et du nord-ouest.

PRODUCTIONS. Le département du Cher produit toutes les céréales, en quantité plus que suffisante pour les besoins des habitants. Châtaignes, truffes, mousserons, noix, arbres fruitiers, chanvre excellent et recherché, dont on évalue la récolte annuelle à plus de 750,000 kilog. ; lin. Bons et médiocres pâturages. — 11,694 hectares de vignes, produisant, année commune, 250,000 hectolitres de vins, dont environ 150,000 sont consommés sur les lieux. On distingue particulièrement les vignobles de Chavignole et de St-Satur. — 148,011 hectares de forêts (chênes, ormes, etc.) ; les taillis sont convertis en cordes de cuisine pour la consommation du peuple, ou réduits en charbon pour le service des nombreuses forges du département. Les bois futaies sont convertis en bois équarris et merrain pour la marine ou le commerce. — Élève de chevaux de trait d'une taille moyenne, propres à l'agriculture et à l'artillerie. Nombreux troupeaux de moutons recherchés pour la finesse de leur toison et la délicatesse de leur chair. Chèvres assez multipliées ; beaucoup de porcs. Quantité de gibier. Poissons de rivières et d'étangs. Élève en grand des abeilles et de la volaille.

MINÉRALOGIE. Mines de fer d'excellente qualité, exploitées dans 15 hauts fourneaux et 30 forges, dont les produits rivalisent avantageusement avec les meilleurs fers connus de la France. Indices de mines d'argent, de plomb et de cuivre. Mines exploitées de manganèse, d'ocre, de houille. Carrières remarquables par leur étendue souterraine, de marbre commun, grès, pierre de taille calcaire, pierre meulière, pierres lithographiques. Marne ; gypse ; terre à porcelaine, à poterie et à foulon.

Minerai de fer produit quint. mét. . 797,244
Valeur en francs. 861,407
Valeur créée par la préparation et
l'exploitation. 964,969
Fabrique de gros fer produit quint.
mét. 44,264
Valeur en francs. 1,979,787
Valeur créée par la fabrication. 909,228
Mines de manganèse exploitées. . . 1
Nombre d'ouvriers employés. . . 6
Produit en quintaux métriques. . . 20
Valeur en francs. 200

SOURCE D'EAU MINÉRALE à Bourges.

INDUSTRIE ET COMMERCE. Manufactures de draps communs, droguets, toiles de chanvre. Fabriques de clous, poterie de terre et de fonte, coutellerie, porcelaine, faïence, salpêtre, potasse, merrain, sabots, cuirs. Filatures de coton et de laine. Hauts fourneaux, forges, aciéries. Blanchisseries de laines.

Commerce considérable de laines, grains, vins, noix châtaignes, chanvre, mousserons secs très-recherchés, bestiaux gras, peaux de chèvre, bois, merrain, faïence, fer et fonte d'excellente qualité, etc.

FOIRES. 220 foires environ se tiennent dans cinquante et quelques communes. On y vend en grande quantité des bœufs gras et de trait, des vaches grasses, laitières et autres ; des chevaux et des juments, quelques mulets ; beaucoup de laine en suint et de chanvre ; des châtaignes, des cercles, du merrain, des sabots et de la bimbeloterie en hêtre, etc., etc.

MŒURS ET USAGES. Le peuple du département du Cher est généralement bon, d'un esprit facile à diriger, honnête dans ses rapports ; ses plaisirs sont tranquilles et peu tumultueux ; il a peu le goût de l'ivrognerie, et son humeur n'est pas querelleuse ; aussi ses réunions sont-elles exemptes de ces rixes violentes qui troublent et ensanglantent si fréquemment celles des autres contrées ; il a un grand fonds de probité, aussi les affaires criminelles y sont en petit nombre, et les peines graves très-rarement prononcées envers ses habitants. En général, on ne trouve pas dans les habitants du département du Cher cette richesse d'imagination, cette variété d'esprit, ces saillies brillantes qui sont l'apanage des habitants de nos départements méridionaux ; mais on y trouve un esprit juste, un sens droit et un grand fonds de jugement. Le peuple est apathique, peu industrieux, ennemi irréfléchi de toute innovation, et obstinément attaché aux vieilles routines ; mais cela tient principalement à l'absence des communications. Les classes élevées de la société se distinguent par un excellent ton, par beaucoup d'affabilité dans les manières et de régularité dans les mœurs ; il existe généralement une grande union dans les ménages, un goût d'ordre et d'économie poussé peut-être un peu loin ; mais en même temps un esprit de charité et de bienfaisance au-dessus de tout éloge.

DIVISION ADMINISTRATIVE. Le département du Cher a pour chef-lieu Bourges. Il envoie 4 représentants à la chambre des députés, et est divisé en 3 arrondissements :

Bourges. . . . . 10 cant. 106,345 h.
Sancerre. . . . . 8 — 71,275
St-Amand-Montrond. 11 — 96,025
                        ———————————————
                        29 cant. 273,645 h.

22e conservation des forêts (chef-l. Moulins). —11e arr. des mines (chef-l. Dijon).—15e division militaire (chef-l. Bourges).—Archevêché à Bourges, 35 cures, 168 succursales.—Académie universitaire et collège royal à Bourges. Collèges communaux à St-Amand-Montrond et à Sancerre. Ecole normale primaire à Bourges. —Société d'agriculture à Bourges, St-Amand et Sancerre.

Biographie. On cite principalement parmi les hommes distingués nés dans le département : le peintre BOUCHER ; l'illustre orateur BOURDALOUE ; le célèbre argentier de Charles VII, JACQUES CŒUR ; les poëtes ÉMILE et ANTONY DESCHAMPS ; le physicien SIGAUD-LAFOND ; le maréchal MACDONALD, que revendique le département des Ardennes ; les lieutenants généraux DEVAUX et AUGIER ; le savant antiquaire RAOUL-ROCHETTE, etc., etc.

Bibliographie. LEGENDRE DE LUÇAY. Description du département du Cher, in-8, 1802.
* Topographie du département du Cher (Annales de statistique, t. VIII, p. 47).
REBOY. Examen critique des considérations sur le département du Cher...
FABRE (J.-M.). Mémoire pour servir à la statistique du Cher, in-8, 1838.
BUTET (P.-A.). Statistique du département du Cher, in-8, 1829.
BARRAL (le vicomte de). Mémoire sur les usines employées à la fabrication du fer dans le département du Cher, in-8, 1809.
PEAN (A.). Excursions archéologiques sur les bords du Cher (avec G. Charlot), in-8 et pl., 1843.
BENGY-PUYVALLÉE. Mémoire historique sur le Berry, et particulièrement sur quelques châteaux du département du Cher, in-8, 1842.
HAIGNÈRE. Itinéraire étymologique de St-Amand à Bourges, in-32, 1835.
V. aussi la bibliographie des articles BERRY, ST-AMAND-MONTROND, AVARICUM, BOURGES, CHATEAUMEILLANT, DREVENT, DUN, SANCERRE, VIERZON.

CHER (le), Charente-Inf., comm. de Chambon, ⌂ de Surgères.

CHÉRAC, bg Charente-Inf. (Saintonge), arr. et à 16 k. de Saintes, caut. de Burie. Pop. 1,729 h. — On y voit une église de construction romane.

CHÉRAILLE (la), Seine-et-Oise, comm. de Souchamp, ⌂ de St-Arnoult.

CHÉRANCÉ, vg Mayenne (Anjou), arr. et à 19 k. de Château-Gontier, cant. et ⌂ de Craon. Pop. 314 h.

CHÉRANCÉ, vg Sarthe (Maine), arr. et à 19 k. de Mamers, cant. et ⌂ de Beaumont-sur-Sarthe. Pop. 1,000 h.

CHÉRAUTE, vg B.-Pyrénées (Gascogne), arr., cant., ⌂ et à 2 k. de Mauléon, et à 22 k. de St-Calais. Pop. 1,520 h.

CHERBONNIÈRES, bg Charente-Inf. (Saintonge), arr. et à 13 k. de St-Jean-d'Angély, cant. et ⌂ d'Aulnay. Pop. 729 h.

CHERBOURG, Caroburgus, Chereburgium, Coriallum, Carus Burgus, ville forte et maritime, Manche (haute Normandie), ch.-l. de sous-préf. et d'un cant. Place de guerre de 1re classe. Chef-l. de préf. maritime. Trib. de 1re inst., de commerce et de marine. Direction des douanes. Consulats étrangers. Ecole d'hydrographie de 2e classe. Société royale académique. Collège communal. Cure. Gîte d'étape. ⌂. ✶. Pop. 23,408 h.—TERRAIN de transition inférieur et moyen.—*Etablissement de la marée du port*, 7 heures 45 minutes. La marée y monte de 6 m.

Autrefois diocèse de Coutances, parlement de Rouen, intendance de Caen, élection de Valognes, gouvernement particulier, vicomté, amirauté.

Cherbourg est une ville fort ancienne. Son nom latin de *Cæsaris Burgus* ne prouve point qu'elle ait été bâtie par César, puisqu'on ne le trouve dans aucun écrivain antérieur au XII° siècle. Cherbourg est le *Coriallum* de l'Itinéraire d'Antonin. On l'appelait *Castellum Carusbur* sous les premiers ducs de Normandie. On croit que son château est d'origine romaine : en le faisant démolir en 1688, Vauban crut y reconnaître des restes de maçonnerie antique. Il est prouvé d'ailleurs que Cherbourg est bâti sur l'emplacement d'une station romaine. Aigrold, roi de Danemark, y séjourna vers 945. Un acte de 1026 parle de son château. Guillaume le Conquérant fonda un hôpital à Cherbourg ; il fit bâtir l'église du château en conséquence d'un vœu qu'il avait fait à Cherbourg même durant une très-grave maladie, plusieurs années avant de partir pour l'Angleterre. Le règne de Henri II fut pour le château de Cherbourg un temps de paix et de splendeur. Ce prince y séjourna fréquemment ; il y passa souvent les grandes solennités de l'année avec la reine Éléonore et une cour nombreuse et brillante. Le château de Cherbourg fut une des places fortes de Normandie qui passèrent sans résistance sous la domination de Philippe Auguste. Vers 1295, la flotte d'Yarmouth fit une descente à Cherbourg, et les Anglais pillèrent l'abbaye et la ville ; le château échappa aux ravages d'une troupe qui n'avait ni le temps ni les moyens de l'assiéger. Par la cession définitive du Cotentin, en 1355 à Charles le Mauvais, roi de Navarre, Cherbourg devint la principale forteresse de la domination de ce prince, qui fit tant de mal à la France. Son alliance avec l'Angleterre lui apprit bientôt à connaître toute l'importance de cette place. Durant le reste du XIV° siècle, ce fut là que débarquèrent presque toujours les troupes anglaises et navarraises qui ravageaient la Normandie, quand elles étaient les plus fortes, et qui s'y retiraient en sûreté, dès qu'elles ne pouvaient plus tenir la campagne.—Le château de Cherbourg soutint trois sièges mémorables, l'un en 1378, l'autre en 1418, le troisième en 1450.

En 1758, quoique la garnison fût considérable et la presqu'île pleine de troupes, les Anglais prirent la ville sans opposition. Ils en restèrent tranquilles possesseurs durant huit jours, démolirent les fortifications, emportèrent l'artillerie et même les cloches, et ne se retirèrent qu'après avoir fait payer une forte rançon aux habitants.

Les armes de Cherbourg sont : *d'azur à la face d'argent, accompagnées de trois besants d'argent, deux en chef et un en pointe*.

Cette ville est située à l'extrémité de la presqu'île du Cotentin, à l'embouchure de la Divette, au fond de la baie comprise entre le cap Lévi à l'est et le cap de la Hague à l'ouest.

Le port du commerce consiste dans un avant-port et un bassin, l'un de 240 m. environ de longueur et 200 m. dans sa plus grande largeur, l'autre de 408 m. de longueur sur 127 m. de largeur. Entre l'avant-port et le bassin est une écluse de 120 mèt. de largeur avec portes de flot, au moyen desquelles on retient dans le bassin, au moment de la marée montante, la quantité d'eau nécessaire pour que les bâtiments puissent toujours flotter. Au-dessus de l'écluse est un pont qui s'ouvre pour laisser passer les navires. L'avant-port communique avec la mer par un canal ou *chenal*, dirigé du nord au sud, et dans lequel on trouve au moins 6 mètres d'eau. Ce chenal a 600 m. de longueur et 50 m. de largeur. La jetée s'étend le long du chenal : elle est en granit, bordée de parapets, et terminée au nord par un musoir.

A l'est de l'avant-port du commerce on voit le vieil arsenal de la marine, qui occupe un emplacement de 288 m. environ de longueur sur 100 m. de largeur. Il est divisé en quatre grandes cours entourées de bureaux, d'ateliers et de magasins.—A l'est de la jetée du port du commerce, sur la grève, on voit l'établissement des bains de mer, de 64 m. de longueur sur 15 m. de large.

Le port militaire ou le grand port, à 1 k. environ vers le nord-ouest, a été construit sur une côte de rochers schisteux, au fond d'une baie de 7,000 m. d'ouverture et de 3,000 m. de profondeur. Il est enveloppé par une enceinte bastionnée, ayant la forme d'un triangle rectangle, dont le fort d'Artois occuperait le sommet. Sa rade est couverte, à marée basse, d'une hauteur d'eau suffisante pour que les plus gros vaisseaux puissent toujours flotter. Elle possède un fonds d'une excellente tenue. L'avant-port a 300 m. de longueur sur 230 m. de largeur, et peut contenir quinze vaisseaux de ligne. Il a été creusé dans le roc, à 16 m. de profondeur au-dessous du niveau des hautes mers.

Le 2 décembre 1840, jour anniversaire de la bataille d'Austerlitz, la frégate la Belle-Poule entra à Cherbourg, ramenant de Ste-Hélène les cendres de Napoléon, et fut amarrée dans la même partie du bassin de ce port où le duc de Berry débarqua le 13 avril 1814 ; à la place qu'avait occupée le bateau sur lequel, en 1830, s'étaient embarqués Charles X et les autres restes de la branche aînée des Bourbons ; au même lieu où don Pedro débarqua le 10 juin 1831.

Au sud de l'avant-port militaire sont quatre cales couvertes pour la construction des vaisseaux. Elles ont plus de 26 m. de hauteur, et leurs murs sont en granit : chacune a coûté 300,000 fr. Au milieu des cales est un bassin pour radouber les vaisseaux.

L'enceinte des cales Chantereyne mérite aussi l'attention. Elle renferme différents ateliers, deux cales pour la construction des grandes frégates, les remises pour les canots royaux, et un magnifique hangar de 292 m. qui sert à mettre à l'abri les bois destinés aux constructions navales.

La digue a été établie à 4,000 m. environ de l'entrée du port de commerce, et à 1,200 m. du fort Royal, en un point où les plus basses eaux s'élèvent à 13 m. au-dessus de la grève, et les plus hautes à 19 m. 50 c. Sa longueur est de 3,768 m. Elle a 30 m. de largeur au sommet, et 13 m. à sa base. La passe de l'est a 1,000 m. d'ouverture, celle de l'ouest 2,400. Son objet est de rompre l'effort des vagues et des courants pour procurer du calme à l'intérieur, et de défendre la partie de la rade qui se trouve hors de la portée de l'artillerie des forts.

La rade de Cherbourg est une des meilleures de la Manche ; elle peut contenir jusqu'à 400 vaisseaux. — La rade et les ports de Cherbourg sont signalés par plusieurs fanaux disposés ainsi :

1° Fanal de la rade, deux feux de l'entrée E. de la rade dans l'île Pelée, sur le fort Royal, à 14 m. de distance l'un de l'autre ; hauteur 26 m., portée 8 k. Lat. 49° 40′, long. 3° 55′.

2° Fanal du fort central de la digue de Cherbourg, varié par des éclats de 3 minutes en 3 minutes, feu de 4° ordre ; hauteur 20 m., portée 12 k. Lat. 49° 40′, long. 3° 57′.

3° Fanal de l'entrée O. de la rade, feu de 4° ordre sur une tour dans le fort de Querqueville ; hauteur 18 m., portée 12 k. Lat. 49° 40′, long. 4° 1′.

4° Fanal du port de commerce, feu rouge de 4° ordre, sur la jetée E. du port de commerce ; hauteur 10 m., portée 4 k.

On remarque encore à Cherbourg : le musée Henri ; la bibliothèque publique ; le cabinet d'histoire naturelle ; la salle de spectacle ; les promenades.

Biographie. Cherbourg est la patrie des frères PARMENTIER, qui, en 1550, découvrirent l'île de Fernambouc.

De LE HÉDOIS, vice-amiral du Brésil, qui débuta comme matelot.

De JACQUES DE CALLIÈRES, historien.

De FRANÇOIS DE CALLIÈRES, plénipotentiaire au congrès de Riswick, membre de l'Académie française.

De JOSEPH GRIVEL, auteur ascétique du XVIII° siècle.

De JEAN HAMON, médecin.

De DESROCHES-ORANGES, qui, de simple soldat, s'éleva par sa valeur au grade de lieutenant général des armées du roi et de gouverneur des Invalides.

De BEAUVAIS, évêque de Senez, orateur chrétien.

Du contre-amiral TROUDE, mort en 1820.

De DUCHEVREUIL, savant antiquaire, etc.

INDUSTRIE ET COMMERCE. On embarque à Cherbourg beaucoup d'œufs pour l'Angleterre, et des mulets pour Bourbon et les Antilles ; les salaisons y sont considérables. Le commerce de cette ville consiste encore en soude de varech brute et raffinée. — *Fabriques* de produits chimiques. Raffineries de sucre et de sel. Fabriques de bas. Teintureries. Tanneries. —

Constructions et armements maritimes. Exportation de toiles, de beurre dit de la Hague. Importation considérable de bois de sapin, de chanvres et de lins du Nord, épiceries, vins, fers, etc. Manufacture de dentelles, dirigée par quatre religieuses; trois cent cinquante ouvrières, dont cent cinquante toutes jeunes, y reçoivent en même temps l'instruction.— *Foires* les 27 janv., 26 août, 1ᵉʳ lundi de carême, lundi des Rameaux, lundis après la Trinité et après la St-Michel.

A 83 k. de St-Lô, 343 k. de Paris.

L'arrondissement de Cherbourg est composé de 5 cantons : Cherbourg, les Pieux, St-Pierre-Eglise, Octeville, Beaumont.

Bibliographie. Retau du Frêne (Mᵐᵉ). *Histoire de la ville de Cherbourg et de ses antiquités*, in-12, 1760.

Voisin la Hougue. *Histoire de la ville de Cherbourg*, in-8, 1835.

Verusmor. *Histoire de la ville de Cherbourg de Voisin la Hougue, continuée depuis 1728 jusqu'à 1835*, in-8, 1839.

Foncemagne. *Observations géographiques et historiques concernant la ville de Cherbourg* (Mém. de l'acad. des inscriptions et belles-lettres, t. xvi, p. 133).

Asselin (A.). *Notice sur la découverte d'une habitation romaine dans la Mielle de Cherbourg*, in-8.

Lair (P.-A.). *Description de l'ouverture de l'avant-port de Cherbourg, qui a eu lieu le 27 août 1813, et détails sur ce qui s'est passé à cette époque*, in-8, 1803.

Savary. * *Notice sur la rade de Cherbourg, sur le port Bonaparte et ses accessoires, par un officier français*, in-8, 1805.

Gerville (C. de). *Recherches sur l'état des ports de Cherbourg et de Barfleur pendant le moyen âge* (Arch. ann. de la Normandie, 1826).

Asselin (A.). *Détails historiques sur l'ancien port de Cherbourg, pour servir de réponse au mémoire de M. de Gerville*, in-8, 1826.

Egron. *Cherbourg et la Mer*, in-8, 1835.

Morlent (J.). *Promenade maritime du Havre à Cherbourg*, in-18, 1838.

Des Naylies. * *Relation du voyage à Cherbourg, par un garde du corps*, br. in-8, 1831.

« *Relation de ce qui s'est passé à Cherbourg à l'occasion du transbordement des restes mortels de l'empereur Napoléon*, in-4, 1841.

* *Notice des tableaux composant le musée de Cherbourg*, in-12, 1835.

Berruyer (A. de). *Guide du voyageur à Cherbourg*, in-8, 1833-41.

Mémoires de la société académique de Cherbourg, in-8, 1833-41.

CHERENCE, vg. *Seine-et-Oise* (Normandie), arr. et à 14 k. de Mantes, cant. de Magny, ✉ de Bonnières. Pop. 352 h.

CHERENCÉ-LE-HÉRON, vg. *Manche* (Normandie), arr. et à 19 k. d'Avranches, cant. et ✉ de Villedieu. Pop. 814 h.

CHERENCÉ-LE-ROUSSEL, vg. *Manche* (Normandie), arr. et à 11 k. de Mortain, cant. de Juvigny, ✉ de Sourdeval. P. 991 h. — Papeteries.

CHERENCÉ-LE-VIEUX, *Orne*, comm. et ✉ de St-Maurice.

CHÉRENG, vg. *Nord* (Flandre), arr., ✉ et à 12 k. de Lille, cant. de Launoy. Pop. 1,291 h.

CHÈRES (les), vg. *Rhône* (Lyonnais), arr. et à 16 k. de Lyon, cant. de Limoges, ✉ de Chasselay. Pop. 602 h.

CHÉREST, vg. *Aisne* (Picardie), arr., cant., ✉ et à 6 k. de Laon. Pop. 202 h.

CHÉRIENNE, vg. *Pas-de-Calais* (Artois), arr. et à 33 k. de Montreuil-sur-Mer, cant. et ✉ de Hesdin. Pop. 417 h.

CHÉRIER, vg. *Loire* (Forez), arr., ✉ et à 20 k. de Roanne, cant. de St-Just-en-Chevalet. Pop. 1,190 h.

CHERIGNÉ, vg. *Deux-Sèvres* (Poitou), arr. et à 16 k. de Melle, cant. et ✉ de Brioux. Pop. 305 h.

CHÉRIS (les), vg. *Manche* (Normandie), arr. et à 12 k. d'Avranches, cant. et ✉ de Ducey. Pop. 563 h.

CHERISAY, vg. *Sarthe* (Maine), arr. et à 15 k. de Mamers, cant. de St-Pater, ✉ d'Alençon. Pop. 370 h.

CHÉRISEY, vg. *Moselle* (pays Messin), arr. et à 15 k. de Metz, cant. de Verny, ✉ de Solgne. Pop. 308 h.

CHÉRISY, vg. *Eure-et-Loir* (Beauce), arr., cant., ✉ et à 5 k. de Dreux. P. 1,118 h.

CHÉRISY, vg. *Pas-de-Calais* (Artois), arr., ✉ et à 12 k. d'Arras, cant. de Croisilles. Pop. 557 h.

CHERIZET, vg. *Saône-et-Loire* (Bourgogne), arr. et à 38 k. de Mâcon, cant. et ✉ de Cluny. Pop. 155 h.

CHERMIGNAC, vg. *Charente-Inf.* (Saintonge), arr., cant., ✉ et à 10 k. de Saintes. Pop. 800 h.

CHERMIZEY, vg. *Vosges* (Lorraine), arr., ✉ et à 14 k. de Neufchâteau, cant. de Coussey. Pop. 380 h.

CHERMIZY, *Calmiciacum*, vg. *Aisne* (Picardie), arr. et à 15 k. de Laon, cant. de Craonne, ✉ de Corbeny. Pop. 466 h.

CHERMONT, *Seine-et-Marne*, comm. de Nanteuil-les-Meaux, ✉ de Meaux.

CHÉRON (St-), *Carranus*, *Eure* (Normandie), arr. et à 32 k. d'Evreux, cant. et ✉ de Pacy-sur-Eure. Pop. 118 h.

CHÉRON (St-), vg. *Eure-et-Loir*, comm. et ✉ de Chartres.

CHÉRON (St-), vg. *Marne* (Champagne), arr. et à 14 k. de Vitry-le-François, cant. et ✉ de St-Remy-en-Bouzemont. Pop. 212 h.

CHÉRON (St-), *Sarthe*, comm. de Mézières-sous-Lavardin, ✉ de Conlie.

CHÉRON, vg. *Seine-et-Oise* (Beauce), arr. et à 31 k. de Rambouillet, cant. de Dourdan. ✉. A 44 k. de Paris pour la taxe des lettres. Pop. 1,030 h. — On remarque sur son territoire la fontaine la Rachée, belle source d'eau vive qui sort d'un rocher par neuf ouvertures différentes, et forme une fontaine abondante; c'est sans contredit une des plus belles sources de la contrée.

CHÉRON-DES-CHAMPS (St-), vg. *Eure-et-Loir* (Beauce), arr. et à 51 k. d'Evreux, cant. et ✉ de Châteauneuf-en-Thimerais. Pop. 126 h.

CHÉRON-DU-CHEMIN (St-), vg. *Eure-et-Loir*, comm. de Gué-de-Longroy, ✉ de Gallardon.

CHÉRONNAC, bg *H.-Vienne* (Poitou), arr., cant. et à 10 k. de Rochechouart, ✉ de St-Matthieu. Pop. 1,003 h. — Forges et affineries.

CHERONVILLIERS, vg. *Eure* (Normandie), arr. et à 20 k. d'Evreux, cant. de Rugles. Pop. 842 h. — *Fabrique d'épingles.* Verrerie pour gobeleterie.

CHEROY, petite ville, *Yonne* (Gatinais), arr. et à 21 k. de Sens, chef-l. de cant. Gîte d'étape. ✉. ❀. A 100 k. de Paris pour la taxe des lettres. Pop. 886 h. — Terrain tertiaire moyen. — Elle est située sur une hauteur au bas de laquelle coule le Lunain, assez bien bâtie, et possède deux grandes places et une petite promenade. En 1587, les reitres assiégèrent Cheroy, mais les habitants se défendirent avec courage et forcèrent ces troupes à lever le siège. On voit encore dans l'église une inscription constatant cet événement. — *Commerce* de grains et de fourrages. Marchés aux chevaux renommés. — *Foires* les 19 oct., mardis après St-Antoine, après Pâques, après le 24 mai et le 29 juin, et mardi avant le 29 août. Fort marché aux chevaux tous les mardis.

CHERRÉ, vg. *Maine-et-Loire* (Anjou), arr. et à 25 k. de Segré, cant. et ✉ de Châteauneuf-sur-Sarthe. Pop. 774 h.

CHERRÉ, bg *Sarthe* (Maine), arr. et à 34 k. de Mamers, cant. et ✉ de la Ferté-Bernard. Pop. 1,687 h.

CHERREAU, vg. *Sarthe* (Maine), arr. et à 34 k. de Mamers, cant. et ✉ de la Ferté-Bernard. Pop. 939 h.

CHERRUEIX, bourg maritime, *Ille-et-Vilaine* (Bretagne), arr. et à 25 k. de St-Malo, cant. et ✉ de Dol. Pop. 1,788 h. — Il est près de l'Océan où il a des pêcheries importantes.

CHERVAL, vg. *Dordogne* (Périgord), arr. et à 22 k. de Ribérac, cant. de Verteillac. Pop. 1,334 h.

CHERVEIX-CUBAS, vg. *Dordogne* (Périgord), arr. et à 40 k. de Périgueux, cant. et ✉ d'Hautefort. Pop. 1,279 h.

CHERVES, bg *Vienne* (Poitou), arr. et à 30 k. de Poitiers, cant. et ✉ de Mirebeau. Pop. 1,064 h.

CHERVES-DE-COGNAC, bg *Charente* (Saintonge), arr., cant., ✉ et à 6 k. de Cognac. Pop. 1,523 h. — *Commerce* de vins et d'eau-de-vie. — *Foires* les 28 mars et 28 août.

CHERVES-DE MONTEMBŒUF, vg. *Charente* (Angoumois), arr. et à 26 k. de Confoens, cant. de Montembœuf, ⊠ de Chasseneuil. Pop. 1,377 h.

CHERVETTES, vg. *Charente-Inf.* (Saintonge), arr. et à 19 k. de St-Jean-d'Angely, cant. et ⊠ de Tonnay-Boutóune. Pop. 238 h.

CHERVEUX, vg. *Deux-Sèvres* (Poitou), arr. et à 15 k. de Niort, cant. et ⊠ de St-Maixent. Pop. 1,411 h. — On y voit un ancien château fort remarquable par sa belle situation, par la régularité et la hardiesse de son architecture. Il a été fort endommagé dans les anciennes guerres civiles, ainsi qu'une partie de l'église, qui était aussi très-remarquable. — *Foires* les 17 janv., 22 fév., mardi après Pâques, mardi après la Pentecôte, 29 juin, 1er août et 29 sept.

CHERVEY, vg. *Aube* (Champagne), arr., ⊠ et à 8 k. de Bar-sur-Seine, cant. d'Essoyes. Pop. 660 h.

CHERVILLE, vg. *Marne* (Champagne), arr. et à 18 k. de Châlons-sur-Marne, cant. d'Écury-sur-Coole, ⊠ de Jaalons. P. 103 h.

CHERVINGES, *Rhône*, comm. de Gleizé, ⊠ de Villefranche-sur-Saône.

CHÉRY, vg. *Cher* (Berry), arr. et à 29 k. de Bourges, cant. de Lury, ⊠ de Vierzon. Pop. 344 h.

CHÉRY-CHARTREUSE, vg. *Aisne* (Picardie), arr. et à 35 k. de Soissons, cant. de Braisnes, ⊠ de Fismes. Pop. 562 h. — Il y avait autrefois une abbaye de prémontrés fondée en 1127.

CHÉRY-LES-POUILLY, vg. *Aisne* (Picardie), arr. et à 10 k. de Laon, cant. et ⊠ de Crécy-sur-Serre. Pop. 762 h.

CHÉRY-LES-ROZOY, vg. *Aisne* (Picardie), arr. et à 50 k. de Laon, cant. et ⊠ de Rozoy-sur-Serre. Pop. 450 h.

CHÈSENEUVE, vg. *Isère* (Dauphiné), arr. et à 30 k. de Vienne, cant. de la Verpillière, ⊠ de Bourgoin. Pop. 403 h.

CHESLEY, vg. *Aube* (Champagne), arr. et à 27 k. de Bar-sur-Seine, cant. et ⊠ de Chaource. Pop. 857 h.

PATRIE de CLAUDE ROBERT, premier auteur de la *Gallia christiana*, publiée en 1626, ouvrage dont l'idée lui fut donnée par le cardinal Baronius et dont le plan fut bientôt goûté, agrandi et appliqué à toutes les provinces ecclésiastiques. Ce recueil a forcé de mettre à découvert les archives des abbayes, chapitres et couvents dont les richesses étaient ignorées, et il est devenu l'une des pierres angulaires de notre histoire de France.

Foires les 17 mars, 14 mai, 18 juillet, 10 sept. et 10 nov.

CHESNAY (le), *Seine-et-Oise* (Ile-de-France), arr., cant., ⊠ et à 4 k. de Versailles. Pop. 679 h.

CHESNE (le), vg. *Eure* (Normandie), arr. et à 8 k. d'Évreux, cant. et ⊠ de Breteuil. Pop. 679 h.

CHESNEDOLLÉ, vg. *Calvados* (Normandie), arr. et à 10 k. de Vire, cant. et ⊠ de Vassy. Pop. 472 h.

CHESNE-LE-POPULEUX, *Ardennes*. V. CHÊNE.

CHESNOIS, vg. *Ardennes* (Champagne), arr. et à 20 k. de Réthel, cant. de Nouvion, ⊠ de Saulces-aux-Bois. Pop. 620 h.

CHESNY, vg. *Moselle* (Lorraine), arr., ⊠ et à 8 k. de Metz, cant. de Verny. P. 182 h.

CHESSY, *Chessiacum*, vg. *Aube* (Champagne), arr. et à 33 k. de Troyes, cant. et ⊠ d'Ervy. Pop. 1,297 h. — PATRIE du littérateur DUCROISY. — *Foire* le 10 nov.

CHESSY, bg *Rhône* (Lyonnais), arr. et à 15 k. de Villefranche-sur-Saône, cant. de Bois-d'Oingt, ⊠ de l'Arbresle. Pop. 762 h. — Il est fort agréablement situé dans un pays riant, sur la rive gauche de l'Azergue. On y voit une très-belle fontaine qui ne tarit jamais, et qui fait tourner deux moulins. — Près du château de Baronnat, l'un des deux anciens fiefs du pays, se trouve une des mines de cuivre les plus considérables de France : son exploitation date du temps des Romains. Abandonnée sous le cardinal de Richelieu, l'exploitation en a été reprise et se continue aujourd'hui avec un grand succès. Il y a à Chessy une fonderie qui renferme trois fourneaux à manche et un grand fourneau de raffinage à réverbère. Il y a en outre, près de la fonderie, un martinet et un laminoir. — *Foires* les 25 janv., 29 juin, 8 sept. et 4 déc.

CHESSY, vg. *Seine-et-Marne* (Ile-de-France), arr. et à 15 k. de Meaux, cant. et ⊠ de Lagny. Pop. 355 h.

CHESTRES, vg. *Ardennes* (Champagne), arr., cant., ⊠ et à 2 k. de Vouziers. Pop. 359 h.

CHEU, vg. *Yonne* (Champagne), arr. et à 30 k. d'Auxerre, cant. et ⊠ de St-Florentin. Pop. 652 h.

CHEUBY, *Moselle*, comm. de Ste-Barbe, ⊠ de Metz.

CHEUGE, vg. *Côte-d'Or* (Bourgogne), arr. et à 3 k. de Dijon, cant. et ⊠ de Mirebeau-sur-Bèze. Pop. 263 h.

CHEURS, *Indre*, comm. de St-Août, ⊠ de Châteauroux.

CHEUST, *H.-Pyrénées* (Gascogne), arr. et à 7 k. d'Argelès, cant. et ⊠ de Lourdes. Pop. 267 h.

CHEUVRY, *Vosges*, comm. de Taintrux, ⊠ de St-Dié.

CHEUX, bg *Calvados* (Normandie), arr. et à 13 k. de Caen, cant. et ⊠ de Tilly-sur-Seulles. Pop. 959 h. — On y voit une église dont la construction paraît remonter au XIVe siècle. — *Commerce* considérable de grains. — *Foire* le 11 nov.

CHEVAGNES, bg *Allier* (Bourbonnais), arr. et à 18 k. de Moulins-sur-Allier, chef-l. de cant. Cure. ⚭. A 306 k. de Paris par la taxe des lettres. Pop. 858 h. — TERRAIN tertiaire moyen. — Ce bourg est situé dans une contrée stérile, auprès de la petite rivière d'Acolin. Il est bien bâti, et possédait autrefois un château appartenant aux ducs du Bourbonnais, dont on voit encore les traces au lieu appelé la Motte. — *Foires* les 10 janv., 30 avril et 7 août.

CHEVAGNES-LES-REDOUX, vg. *Ven-*

dée (Poitou), arr. et à 40 k. de Fontenay-le-Comte, cant. et ⊠ de Pouzauges. Pop. 537 h.

CHEVAGNY-LES-CHEVRIÈRES, vg. *Saône-et-Loire* (Bourgogne), arr., cant., ⊠ et à 7 k. de Mâcon. Pop. 295 h.

CHEVAGNY-SUR-GUYE, vg. *Saône-et-Loire* (Bourgogne), arr. et à 24 k. de Charolles, cant. de la Guiche, ⊠ de St-Bonnet-de-Joux. Pop. 303 h.

CHEVAGUY, *Saône-et-Loire*, comm. de St-Julien-de-Civry, ⊠ de Charolles.

CHEVAIGNÉ, vg. *Ille-et-Vilaine* (Bretagne), arr., ⊠ et à 13 k. de Rennes, cant. de St-Aubin-d'Aubigné. Pop. 682 h.

CHEVAIGNÉ, vg. *Mayenne* (Maine), arr. et à 22 k. de Mayenne, cant. de Couptrain, ⊠ du Ribay. Pop. 1,177 h.

CHEVAIN (le), bg *Sarthe* (Maine), arr. et à 24 k. de Mamers, cant. de St-Pater, ⊠ d'Alençon. Pop. 349 h.

CHEVAL-BLANC (le), *Dordogne*, comm. et ⊠ de Bergerac.

CHEVAL-BLANC, vg. *Vaucluse* (Comtat), arr. et à 31 k. d'Avignon, cant. et ⊠ de Cavaillon. Pop. 1,670 h.

CHEVAL-MORT, *Seine-et-Oise*, comm. de Mareil-le-Guyon, ⊠ de Montfort-l'Amaury.

CHEVALET (le), *Aisne*, com. de Papleux, ⊠ de la Capelle.

CHEVALLIER (l'île). Cette île, située dans l'Océan Atlantique, fait partie du dép. du *Morbihan*, arr. de Quimperlé; elle a 4 k. de tour et renferme plusieurs petits villages.

CHEVAL-RIGOND, *Allier*, com. de Ferrières, ⊠ de Mayet de Montagne.

CHEVANCEAUX, vg. *Charente-Inf.* (Saintonge), arr. à 24 k. de Jonzac, cant. et ⊠ de Montlieu. Pop. 1,452 h. — *Foires* le 4e lundi de chaque mois.

CHEVANNAY, vg. *Côte-d'Or* (Bourgogne), arr. et à 32 k. de Semur, cant. et ⊠ de Vitteaux. Pop. 218 h.

CHEVANNE, vg. *Côte-d'Or* (Bourgogne), arr. et à 25 k. de Dijon, cant. et ⊠ de Gevrey. Pop. 281 h.

CHEVANNES, vg. *Loiret* (Gatinais), arr. et à 16 k. de Montargis, cant. de Ferrières, ⊠ de Fontenay. Pop. 396 h.

CHEVANNES, vg. *Seine-et-Oise* (Ile-de-France), arr., cant. et à 15 k. de Corbeil, ⊠ de Mennecy. Pop. 299 h.

CHEVANNES, vg. *Yonne* (Champagne), arr., cant., ⊠ et à 8 k. d'Auxerre. Pop. 1,336 h.

CHEVANNES-CHANGY, ci-devant CHEVANNES-TREIGNY, vg. *Nièvre* (Nivernais), arr. et à 25 k. de Clamecy, cant. de Brinon-les-Allemands, ⊠ de Varzy. Pop. 829 h.

CHEVENAY, *Loire*, comm. de Cordelle, ⊠ de Roanne.

CHEVENNES, vg. *Aisne* (Picardie), arr. et à 18 k. de Vervins, cant. de Sains, ⊠ de Marle. Pop. 560 h.

CHEVENON, vg. *Nièvre* (Nivernais), arr.,

cant. et à 20 k. de Nevers, ⊠ de Magny. Pop. 530 h.

CHEVERNY, vg. *Loire-et-Cher* (Blaisois), arr. et à 14 k. de Blois, cant. de Contres, ⊠ de Cour-Cheverny. Pop. 1,033 h.

CHEVEUGES, vg. *Ardennes* (Champagne), arr., cant. et à 12 k. de Sédan, ⊠ de Donchery. Pop. 673 h. — C'est sur le territoire de cette commune qu'a été donnée, en 1641, la fameuse bataille de la Marfée.

CHEVIGNEY, vg. *Doubs* (Franche-Comté), arr. et à 16 k. de Baume-les-Dames, cant. de Vercel, ⊠ du Valdahon. Pop. 138 h.

CHEVIGNEY, vg. *Doubs* (Franche-Comté), arr., ⊠ et à 23 k. de Besançon, cant. d'Audeux. Pop. 185 h.

CHEVIGNEY, vg. *Jura* (Franche-Comté), arr. et à 11 k. de Dôle, cant. de Montmireyla-Ville, ⊠ de Moissey. Pop. 618 h.

CHEVIGNÉ, vg. *H.-Saône* (Franche-Comté), arr. et à 15 k. de Gray, cant. et ⊠ de Pesmes. Pop. 240 h. — Mine de fer.

CHEVIGNY, vg. *Marne* (Champagne), arr. et à 26 k. de Châlons-sur-Marne, cant. et ⊠ des Vertus. Pop. 110 h.

CHEVIGNY-EN-VALLIÈRE, *Chevigneium*, vg. *Côte-d'Or* (Bourgogne), arr., cant., ⊠ et à 10 k. de Beaune. Pop. 432 h. — *Foires* les 25 mai et 27 sept.

CHEVIGNY-FENAY, *Côte-d'Or*, comm. de Fenay, ⊠ de Gevrey.

CHEVIGNY-ST-SAUVEUR, vg. *Côte-d'Or* (Bourgogne), arr., cant., ⊠ et à 7 k. de Dijon. Pop. 418 h.

CHEVILLARD, vg. *Ain* (Bourgogne), arr., ⊠ et à 14 k. de Nantua, cant. de Brénod. Pop. 278 h.

CHEVILLÉ, *Charente*, comm. de Bassac, ⊠ de Jarnac.

CHEVILLÉ, vg. *Sarthe* (Maine), arr. et à 36 k. de la Flèche, cant. et ⊠ de Brûlon. Pop. 944 h.

CHEVILLECOURT, *Oise*, comm. d'Autrêche, ⊠ de Vic-sur-Aisne.

CHEVILLETS, *Aube*, comm. de St-Germain, ⊠ de Troyes.

CHEVILLON, vg. *Loiret* (Gatinais), arr., cant., ⊠ et à 8 k. de Montargis. Pop. 737 h.

CHEVILLON, bg *H.-Marne* (Champagne), arr., bureau d'enregist. et à 17 k. de Vassy, chef-l. de cant., ⊠ de Joinville. Cure. Pop. 991 h. — TERRAIN jurassique. — Carrières de pierres à bâtir.

CHEVILLON, *Moselle*, comm. de Maizeroy, ⊠ de Courcelles-Chaussy.

CHEVILLON, vg. *Yonne* (Champagne), arr. et à 20 k. de Joigny, cant. et ⊠ de Charny. Pop. 539 h. — *Foires* les 13 avril et 10 juillet.

CHEVILLOTTE (la), vg. *Doubs* (Franche-Comté), arr., cant., ⊠ et à 10 k. de Besançon. Pop. 77 h.

CHEVILLY ou LANGENNERIE, vg. *Loiret* (Orléanais), arr. et à 15 k. d'Orléans, cant. d'Artenay. ⊠. ☞. A 105 k. de Paris pour la taxe des lettres. Pop. 1,459 h. — *Foires* les 19 juillet et 28 oct.

CHEVILLY, *Civiliacum*, vg. *Seine* (Ile-de-France), arr. et à 5 k. de Sceaux, cant. de Villejuif, ⊠ de Bourg-la-Reine. Pop. 298 h. Sur le chemin de fer de Paris à Orléans.

CHEVINAY, vg. *Rhône* (Lyonnais), arr., ⊠ et à 21 k. de Lyon, cant. de Vaugneray. Pop. 558 h. — Il y a, sur son territoire, des souterrains qui ont servi, dit-on, de retraite aux Sarrasins. On trouve, dans la montagne appelée les Vieilles-Mines, des mines de cuivre qui étaient connues des Romains.

CHEVINCOURT, vg. *Oise* (Picardie), arr. et à 15 k. de Compiègne, cant. et ⊠ de Ribecourt. Pop. 784 h.

CHEVIRÉ-LE-ROUGE, vg. *Maine-et-Loire* (Anjou), arr., cant., ⊠ et à 10 k. de Baugé. Pop. 1,635 h.

CHEVRAIN-VILLIERS, vg. *Seine-et-Marne* (Gatinais), arr. et à 23 k. de Fontainebleau, cant. et ⊠ de Nemours. Pop. 261 h.

CHEVRAUX, vg. *Jura* (Franche-Comté), arr. et à 20 k. de Lons-le-Saulnier, cant. de St-Amour, ⊠ de Cousance. Pop. 364 h.

CHÈVRE (la), *Loire*, comm. de Perreux, ⊠ de Roanne.

CHEVRECUL, *Vosges*, com. de Granges-de-Plombières, ⊠ de Plombières.

CHEVREGNY, vg. *Aisne* (Picardie), arr. et à 12 k. de Laon, cant. d'Anizy-le-Château, ⊠ de Chavignon. Pop. 800 h. — *Foire* le lundi saint.

CHEVREMONT ou GEISENBERG, vg. *H.-Rhin* (Alsace), arr., cant., ⊠ et à 6 k. de Belfort. Pop. 576 h.

CHEVRERIE (la), vg. *Charente* (Angoumois), arr. et à 6 k. de Ruffec, cant. et ⊠ de Villefagnan. Pop. 331 h.

CHEVRESIS-LE-MELDEUX, ou CHEVRESIS-MONTCEAU (Picardie), arr. et à 10 k. de St-Quentin, cant. et ⊠ de Ribemont. Pop. 425 h.

CHEVRET, *H.-Saône*, comm. de Couthenans, ⊠ d'Héricourt.

CHEVRETTE, *Vendée*, com. de Nalliers, ⊠ de Luçon.

CHEVRETTES, *Indre-et-Loire*, comm. de St-Nicolas-de-Bourgueil, ⊠ de Bourgueil.

CHEVREUSE, *Caprosia*, *Caprusium*, petite ville, *Seine-et-Oise* (Ile-de-France), arr. et à 18 k. de Rambouillet, chef-l. de cant. Cure. ⊠. A 32 k. de Paris pour la taxe des lettres. Pop. 1,730 h. — TERRAIN tertiaire moyen.

Autrefois duché-pairie, diocèse, parlement, intendance et élection de Paris.

Cette ville est bâtie dans une situation pittoresque, sur la pente d'un coteau qui domine une vallée agréable arrosée par l'Yvette. C'était jadis un lieu important, défendu par l'un des plus forts châteaux de la province. Ce château, célèbre par son antiquité, ses barons et ses ducs, était placé au sommet le plus élevé de la hauteur sur laquelle est bâtie la ville. Aujourd'hui, il ne présente plus qu'un monceau de ruines, où l'on peut cependant encore apercevoir qu'il était carré et environné de huit ou dix tours.

Lors des guerres qui désolèrent la France sous Charles VI, la ville de Chevreuse fut prise d'abord par le duc de Bourgogne, puis reprise, en 1417, par Tanneguy du Châtel, prévôt de Paris; le château resta au duc, et la ville fut entièrement pillée. Quelque temps après, la ville et le château tombèrent au pouvoir des Anglais, qui les possédèrent jusqu'en 1431.

A quelque distance de Chevreuse, on voit au milieu d'un bois les ruines d'un autre château, nommé MÉRIDAN, dont la fondation remonte du XIII° siècle.

PATRIE de LEROI DE GOMBERVILLE, de l'Académie française.

Fabrique de châles. Tanneries et mégisseries. Lavoirs de laine. — *Foires* les 30 avril, 22 juillet, 14 sept. et 12 nov.

CHEVREVILLE, vg. *Manche* (Normandie), arr. et à 9 k. de Mortain, cant. et ⊠ de St-Hilaire-du-Harcouet. Pop. 346 h.

CHEVREVILLE, vg. *Oise* (Picardie), arr. et à 24 k. de Senlis, cant. et ⊠ de Nauteuille-Haudoin. Pop. 302 h.

Vers 1416, Chevreville fut entièrement détruit par les gens du duc de Bourgogne; le bâtard de Waurre, capitaine de Meaux, Jean Dupont, capitaine de la Ferté-Milon, et Thibault de Germicourt, capitaine du Crépy, assiégèrent à la fois ce misérable village avec plus de six mille hommes et du gros canon; ils abattirent l'église, prirent et pendirent ou noyèrent tous les habitants, mirent le feu de tous côtés; le curé fut amené à Meaux et noyé dans une mare. Le désastre fut tel, qu'on ne put recommencer la culture des terres que trente ans après. — Les murs de l'église, brûlée en 1416, subsistent encore et offrent des restes d'une architecture à plein cintre, noble et élégante. On avait construit sur le même emplacement, mais dans de moindres proportions, une autre église qui s'est écroulée, il y a quelques années, par la chute du clocher sur le chœur. On a rebâti au même lieu un troisième édifice encore plus petit : il est, comme les précédents, sous l'invocation de saint Martin.

L'abbé Rozier, homme de lettres distingué, a habité pendant plusieurs années Chevreville, où il avait une belle propriété.

CHEVREY, vg. *Côte-d'Or* (Bourgogne), arr. et à 2 k. de Beaune, cant. et ⊠ de Nuits. Pop. 87 h.

CHEVREY, *Saône-et-Loire*, comm. de St-Maurice-en-Rivière, ⊠ de Verdun-sur-le-Doubs.

CHEVRIÈRE, vg. *Loire* (Forez), arr. et à 35 k. de Montbrison, cant. et ⊠ de St-Galmier. Pop. 1,409 h.

CHEVRIÈRE, vg. *Isère* (Dauphiné), arr., cant., ⊠ et à 9 k. de St-Marcellin. P. 934 h.

CHEVRIÈRE, vg. *Oise* (Picardie), arr. et à 14 k. de Compiègne, cant. d'Estrées-St-Denis, ⊠ de Verberie. Pop. 823 h. — *Commerce* de chanvre. — *Foire* le 30 oct.

CHEVRIOTS (les), *Aube*, comm. d'Aix-en-Othe, ⊠ d'Estissac.

CHEVROCHES, vg. *Nièvre* (Nivernais), arr., cant., ⊠ et à 5 k. de Clamecy. P. 238 h.

CHEVROLLEY, vg. *H.-Marne,* comm. de Dancevoir, ⊠ d'Arc-en-Barrois. Haut fourneau.

CHEVROLLIÈRE (la), vg. *Loire-Inf.* (Bretagne), arr. et à 15 k. de Nantes, cant. et ⊠ de St-Philbert. Pop. 1,765 h.

CHEVROTAINE, vg. *Jura* (Franche-Comté), arr. et à 27 k. de Lons-le-Saulnier, cant. et ⊠ de Clairvaux. Pop. 104 h.

CHEVROUX, vg. *Ain* (Bourgogne), arr. et à 33 k. de Bourg-en-Bresse, cant. et ⊠ de Pont-de-Vaux. Pop. 979 h.

CHEVROZ, vg. *Doubs* (Franche-Comté), arr. et à 11 k. de Besançon, cant. de Marchaux, ⊠ de Voray. Pop. 99 h.

CHEVRU, vg. *Seine-et-Marne* (Brie), arr. et à 12 k. de Coulommiers, cant. et ⊠ de la Ferté-Gaucher. Pop. 507 h.

CHEVRY, vg. *Ain* (Bourgogne), arr., cant., ⊠ et à 6 k. de Gex. Pop. 482 h.

CHEVRY, vg. *Jura* (Franche-Comté), arr., cant., ⊠ et à 5 k. de St-Claude. Pop. 128 h.

CHEVRY, vg *Loiret* (Gatinais), arr. et à 19 k. de Montargis. cant. de Ferrières, ⊠ de Fontenay. Pop. 359 h.

CHEVRY, vg. *Manche* (Normandie), arr. et à 19 k. de St-Lô, cant. de Tessy, ⊠ de Villebaudon.

CHEVRY-COSSIGNY, vg. *Seine-et-Marne* (Brie), arr. de Melun, à 15 k. de Melun, cant. et ⊠ de Brie-Comte-Robert. Pop. 691 h.

CHEVRY-EN-SEREINE, vg. *Seine-et-Marne* (Gatinais), arr. et à 29 k. de Fontainebleau, cant. et ⊠ de Lorez-le-Bocage. Pop. 636 h.

CHEY, vg. *Deux-Sèvres* (Poitou), arr., et à 13 k. de Melle, cant. de Lezay. P. 1,149 h.

CHEYLADE, vg. *Cantal* (Auvergne), arr., cant., ⊠ et à 15 k. de Murat. Pop. 1,267 h.

CHEYLARD (le), *Drôme* (Dauphiné), arr. et à 18 k. de Die, cant. de Saillans, ⊠ de Crest. Pop. 437 h.

CHEYLAS, vg. *Isère* (Dauphiné), arr. et à 34 k. de Grenoble, cant. et ⊠ de Goncelin. P. 805 h.

CHEYSSIEUX, vg. *Isère* (Dauphiné), arr. et à 12 k. de Vienne, cant. de Roussillon, ⊠ du Péage. Pop. 359 h.

CHEZAL-BENOIT, vg. *Cher* (Berry), arr. et à 35 k. de St-Amand-Montrond, cant. et ⊠ de Lignières. Pop. 530 h.—On y remarque les beaux et vastes bâtiments d'une ancienne abbaye de bénédictins dont l'église est une des plus belles et des plus vastes du département.

CHÈZE (la), bg *Côtes-du-Nord* (Bretagne), arr., ⊠, bureau d'enregist. et à 10 k. de Loudéac, chef-l. de cant. Pop. 410 h.—TERRAIN de transition.—On y remarque le CHATEAU DU GUÉ-DE-L'ILE, bâti dans le XVe siècle, et dont la charpente offre la forme d'un vaisseau renversé.—*Foires* le lundi de Quasimodo, 1er oct., 3e jeudi de juillet, dernier jeudi d'oct. et de nov.

CHÈZE, *H.-Pyrénées* (Bigorre), arr. et à 26 k. d'Argelès, cant. de Luz, ⊠ de Barèges. Pop. 529 h.

CHEZEAUX (les), *Doubs*, comm. de Glères, ⊠ de St-Hippolyte.

CHEZEAUX, vg. *H.-Marne* (Champagne), arr. et à 26 k. de Langres, cant. de Varenne, ⊠ de Bourbonne. Pop. 329 h.

CHEZEAUX (les), *H.-Vienne* (Limousin), arr. et à 42 k. de Bellac, cant. de St-Sulpice-les-Feuilles, ⊠ d'Arnac-la-Poste. Pop. 464 h. —*Foires* les 1er mai et 25 oct.

CHEZELLES, vg. *Allier* (Bourbonnais), arr. et à 32 k. de Gannat, cant. et ⊠ de Chantelle. Pop. 348 h.

CHEZELLES, vg. *Indre* (Berry), arr. et à 12 k. de Châteauroux, cant. de Buzançais, ⊠ de Villedieu. Pop. 330 h.

CHEZELLES, vg. *Indre-et-Loire* (Touraine), arr. et à 27 k. de Chinon, cant. et ⊠ de l'Isle-Bouchard. Pop. 427 h.

CHEZELLES, *Indre-et-Loire,* comm. de St-Nicolas-de-Bourgueil, ⊠ de Bourgueil.

CHÉZENAS, *Loire,* comm. de St-Pierre-de-Bœuf, ⊠ du Péage.

CHEZERY, vg. *Ain* (Bourgogne), arr. et à 26 k. de Gex, cant. de Collonges, ⊠ de Châtillon-de-Michaille. Pop. 1,154 h.—*Foires* les 8 mai, 15 juillet et 14 sept.

CHÉZI, vg. *Allier* (Bourbonnais), arr. et à 12 k. de Moulins-sur-Allier, cant. et ⊠ de Chevagnes. Pop. 374 h.

CHEZ-MALLET, *H.-Vienne,* comm. de St-Victurnien, ⊠ de la Barre.

CHEZ-PAULLIER, *H.-Vienne,* comm. de St-Bonnet, ⊠ de Bellac.

CHEZ-ROBI, vg. *Charente,* arr. d'Angoulême.—Il est situé sur le Bandiat, sur les bords duquel on remarque un gouffre d'une immense profondeur. Ce gouffre, en forme de cône renversé, suffirait pour engloutir toute la rivière, si elle n'était retenue par une digue qui détourne son cours. Les eaux qui s'échappent à travers cette digue se précipitent dans cette espèce d'entonnoir avec un bruit effroyable, et à une profondeur incalculable.

CHEZ-ROYER, *H.-Vienne,* comm. de St-Priest-d'Aixe, ⊠ d'Aixe.

CHÉZY-EN-ORXOIS, vg. *Aisne* (Picardie), arr. et à 23 k. de Château-Thierry, cant. de Neuilly-St-Front, ⊠ de la Ferté-Milon. Pop. 792 h.

CHÉZY-L'ABBAYE, *Casiacum,* vg. *Aisne* (Picardie), arr. et à 10 k. de Château-Thierry, cant. et ⊠ de Charly. Pop. 1,258 h.—Il y avait autrefois une abbaye de bénédictines, fondée en 800 et détruite par les Normands en 887. L'église est un édifice remarquable que l'on a proposé de classer au nombre des monuments historiques.—*Foires* les 28 juin, lundi de la Passion et 11 nov.

CHÉZY-SUR-MARNE, *Aisne.* V. CHÉZY-L'ABBAYE.

CHIATRA, vg. *Corse,* arr., ⊠ et à 36 k. de Corté, cant. de Piétra-de-Verde. P. 400 h.

CHICHÉ, bg *Deux-Sèvres* (Poitou), arr., cant., ⊠ et à 10 k. de Bressuire. P. 1,221 h. —*Foires* le samedi de la Pentecôte, 12 fév., 26 mai, 4 juillet, 16 oct. et 1er déc.

CHICHEBOVILLE, vg. *Calvados* (Normandie), arr. et à 15 k. de Caen, cant. de Bourguébus, ⊠ de Vimont. Pop. 465 h.

CHICHEI, vg. *Yonne* (Champagne), arr. et à 22 k. d'Auxerre, cant. et ⊠ de Chablis. P. 772 h.

CHICHERAY, *Loire-et-Cher,* comm. et ⊠ de Pezou.

CHICHERY, vg. *Yonne* (Champagne), arr. et à 17 k. de Joigny, cant. d'Aillant-sur-Tholon, ⊠ de Bassou. Pop. 660 h.—On trouve aux environs une source d'eau minérale froide.

CHICHÉS (les), *Gironde,* comm. de Reignac, ⊠ de St-Aubin.

CHICHEVILLE, *Deux-Sèvres,* comm. du Beugnon, ⊠ de Niort.

CHICHEY, vg. *Marne* (Brie), arr. et à 47 k. d'Epernay, cant. et ⊠ de Sézanne. P. 144 h.

CHICHILIANNE, vg. *Isère* (Dauphiné), arr. et à 53 k. de Grenoble, cant. et ⊠ de Clelles. Pop. 641 h.—*Foire* le 12 sept.

CHICHIVIEUX, *Loire,* comm. de St-Victor-sur-Loire, ⊠ de St-Etienne.

CHICHY, vg. *Yonne* (Champagne), arr. et à 18 k. d'Auxerre, cant. de Seignelay, ⊠ de Brinon. Pop. 104 h.

CHICOURT, vg. *Meurthe* (Lorraine), arr. de Château-Salins, à 19 k. de Vic, cant. et ⊠ de Delme. Pop. 353 h.

CHIDES, vg. *Nièvre* (Nivernais), arr. et à 30 k. de Château-Chinon, cant. et ⊠ de Luzy. Pop. 1,158 h.

CIDES, *Saône-et-Loire,* comm. de Pressy-sous-Dondin, ⊠ de St-Bonnet-de-Joux.

CHIDRAC, vg. *Puy-de-Dôme* (Auvergne), arr. et à 8 k. d'Issoire, cant. et ⊠ de Champeix. Pop. 371 h.

CHIENNÉ, vg. *Ille-et-Vilaine* (Bretagne), arr. et à 12 k. de Fougères, cant. et ⊠ de St-Aubin-du-Cormier. Pop. 800 h.

CHIERRY, vg. *Aisne* (Brie), arr., cant., ⊠ et à 2 k. de Château-Thierry. Pop. 254 h.

CHIERS, *Chares,* *Charus,* rivière qui prend sa source dans le duché de Luxembourg, à 7,000 m. environ de la frontière de France; elle entre dans le dép. de la *Moselle,* près du village de Long-la-Ville, passe à Longwy, à Longuyon, près de Montmédy, à la Ferté, Carignan, Donzy, et se jette dans la Meuse, vis-à-vis du village de Remilly, dép. des *Ardennes,* après un cours d'environ 90 k.

CHIERS (les), *H.-Vienne,* comm. de St-Leger-Magnazeix, ⊠ d'Arnac-la-Poste.

CHIERZAC, *Charente-Inf.,* comm. de Bénac, ⊠ de Montlieu. ᛟ.

CHIETTES (les Petites-). V. PETITES-CHIETTES.

CHIEULLES, vg. *Moselle* (pays Messin), arr., cant., ⊠ et à 7 k. de Metz. Pop. 156 h.

CHIGLIACCI, *Corse,* comm. de St-André-de-Cotone, ⊠ de Cervione.

CHIGNAC (St-Pierre-de-). V. PIERRE-DE-CHINAC (St-).

CHIGNES (St-), *Lot,* comm. et ⊠ de Gramat.

CHIGNÉ, vg. *Maine-et-Loire* (Anjou), arr. et à 15 k. de Baugé, cant. et ⊠ de Noyant. Pop. 736 h.

CHIGNY, vg. *Aisne* (Picardie), arr. et à 12 k. de Vervins, cant. de la Capelle, ✉ de Guise. Pop. 679 h.

CHIGNY, vg. *Marne* (Champagne), arr., ✉ et à 11 k. de Reims, cant. de Verzy. P. 519 h. — *Foire* le lundi après le 9 mai.

CHIGY, vg. *Yonne* (Champagne), arr. et à 16 k. de Sens, cant. et ✉ de Villeneuve-l'Archevêque. Pop. 473 h.

CHILHAC, vg. *H.-Loire* (Auvergne), arr. et à 18 k. de Brioude, cant. et ✉ de la Voulte-Chilhac. Pop. 662 h. — Ce village, situé sur la rive droite de l'Allier, est bâti sur un massif de basalte qui repose immédiatement sur un banc de cailloux roulés, qu'un escarpement formé au sud-ouest a laissé à découvert. C'est un objet d'étonnement pour les curieux, et un beau morceau d'étude pour les naturalistes. — *Foires* les 20 janv. et 13 déc.

CHILLAC, vg. *Charente* (Saintonge), arr. et à 15 k. de Barbezieux, cant. et ✉ de Brossac. Pop. 592 h. — *Commerce* de bestiaux.

CHILLE, vg. *Jura* (Franche-Comté), arr., ✉ et à 2 k. de Lons-le-Saulnier, cant. de Conliège. Pop. 244 h.

CHILLEURS-AUX-BOIS, vg. *Loiret* (Orléanais), arr., cant. et à 14 k. de Pithiviers. ✉. ∽. A 98 k. de Paris pour la taxe des lettres. Pop. 1,711 h. — *Foires* le 1ᵉʳ mars et le 1ᵉʳ oct.

Le château de Chamerolles, ancienne propriété de Lancelot-du-Lac, est une dépendance de cette commune ; c'était une des quatre baronnies de l'Orléanais. Vendu révolutionnairement en 1790, ce château resta inhabité pendant plusieurs années, et devint la retraite de faux monnayeurs. Il a été réparé récemment, et se compose de quatre corps de logis, flanqués de grosses tours aux angles, et entouré de larges fossés d'eau vive. On y remarque une jolie galerie qui conduit à une chapelle gothique bien conservée.

CHILLOU (le), vg. *Deux-Sèvres* (Poitou), arr. à 18 k. de Parthenay, cant. de St-Loup, ✉ d'Airvault. Pop. 317 h.

CHILOUX (le), *Deux-Sèvres*, comm. de St-Varent, ✉ de Thouars.

CHILLY, vg. *Ardennes* (Champagne), arr., cant. et à 12 k. de Rocroi, ✉ de Maubert-Fontaine. Pop. 372 h.

CHILLY, ou Mazarin, vg. *Seine-et-Oise* (Ile-de-France), arr. et à 2 k. de Corbeil, cant. et ✉ de Longjumeau. P. 360 h. — C'est un village bien bâti, et formé de belles rues larges, droites et bien pavées, mais solitaires, n'étant pas sur une route de passage pour les voitures publiques.

Chilly était anciennement renommé par la qualité supérieure du pain qu'on y faisait. — Le poëte Chapelle y avait fait bâtir une maison, en 1680, où il passa les dernières années de sa vie.

La terre et seigneurie de Chilly a été possédée par des familles du premier rang, ou par les rois de France. Au XIVᵉ siècle, ce village était peu considérable. Robert, comte de Dreux, fils de Louis le Gros, y bâtit un château et une chapelle. Ce Robert est le premier seigneur de Chilly que l'on connaisse en cette qualité d'une manière certaine. Il paraît que cette terre vint depuis à la couronne, puisqu'en 1234 Louis IX, la céda, en échange d'autres terres, à Pierre, duc de Bretagne, dont la postérité en jouit quelque temps ; elle revint, en 1300, au roi Philippe le Bel. François Iᵉʳ la donna à sa sœur naturelle, souveraine d'Angoulême, qui avait épousé Michel Gaillard, panetier du roi : la postérité de Gaillard en jouit jusqu'en 1616. Martin Rusé, secrétaire d'État, en fit l'acquisition, et Antoine Grossier d'Effiat, neveu de Martin Rusé, en hérita. Celui-ci, surintendant des finances, mourut maréchal de France : ce fut lui qui fit bâtir le château de Chilly avec une magnificence vraiment royale. Ses héritiers embellirent beaucoup ce domaine.

L'ancien château avait été en grande réputation : on en voit la représentation dans la Topographie de France, de Pierre Chastillon, gravée en 1610. Le nouveau, dont il ne reste plus aucuns vestiges, fut bâti sous le règne de Louis XIII, par le maréchal d'Effiat, avec beaucoup de soins et de dépenses ; il n'était élevé que de deux étages : sa forme était carrée ; quatre pavillons également carrés en occupaient les angles, et se terminaient en terrasses revêtues d'une balustrade de pierre, d'où la vue s'étendait dans la vaste plaine des environs ; au milieu s'élevait une campanile carré : à la porte du château était ornée de deux colonnes et de deux niches, dans chacune desquelles était une statue. Jacques Lemercier conduisit la construction de cet édifice sur les dessins de l'architecte Métézeau. Les appartements étaient décorés de magnifiques dorures. Vouet, sur les dessins de Vouet, avait peint dans la chapelle douze tableaux représentant l'histoire de saint Antoine ; les sculptures étaient de Sarrazin ; Vouet lui-même avait peint les plafonds et la galerie. — Ce séjour a été, dans le siècle dernier, le témoin d'une fête brillante donnée par la duchesse de Mazarin, et à laquelle assistèrent les dames de France.

Le Val-St-Eloi, situé à peu de distance de Chilly, est un ancien prieuré fondé par J. de Dreux en 1234 ; on y remarque une église gothique, dont la construction paraît être du règne de saint Louis et de ses successeurs.

CHILLY, vg. *Somme* (Picardie), arr. et à 24 k. de Montdidier, cant. de Rosières, ✉ de Lihons-en-Santerre. Pop. 508 h.

CHILLY-LE-VIGNOLLE, vg. *Jura* (Franche-Comté), arr., cant., ✉ et à 5 k. de Lons-le-Saulnier. Pop. 426 h. — *Foires* les 29 avril et 29 août.

CHILLY-SUR-SALINS, vg. *Jura* (Franche-Comté), arr. et à 20 k. de Poligny, et à 11 k. d'Arbois, cant. et ✉ de Salins. P. 273 h.

CHIMILIN, vg. *Isère* (Dauphiné) arr. de la Tour-du-Pin, à 2 k. de Bourgoin, cant. du Pont-de-Beauvoisin, ✉ des Abrets. Pop. 1,651 h. — *Foire* le 30 nov.

CHINAIS, vg. *Isère*, comm. de Ville-sous-Anjou, ✉ du Péage.

CHINAULT, *Indre*, comm. et ✉ d'Issoudun.

CHINIAN (St-), petite ville, *Hérault* (Languedoc), arr. et à 25 k. de St-Pons, chef-l. de cant. Cure. Gîte d'étape. ✉. ∽. A 798 k. de Paris pour la taxe des lettres. Pop. 3,627 h. — Terrain tertiaire moyen.

St-Chinian est une petite ville industrielle, fort agréablement située dans une belle et vaste vallée, tapissée de riches prairies, sur la rivière de Bernasobre. On admire dans ses environs une montagne couronnée de rochers calcaires, renfermant des grottes remplies de stalactites, et embellie par des cascades magnifiques.

Fabriques importantes de draps qu'on expédie pour le Levant et pour l'intérieur de la France. Cet établissement a produit, en 1833, 9,500 pièces de draps. — Distilleries d'eaux-de-vie. Tanneries. Teintureries, etc. — *Foires* les 2 nov., lundi de Quasimodo et mardi après le 10 janv.

CHINON, *Caino Turonum*, ville ancienne, *Indre-et-Loire* (Touraine), chef-l. de sous-préf. (3ᵉ arr.) et d'un cant. Trib. de 1ʳᵉ inst. Collège comm. Caisse d'épargne. Gîte d'étape. ✉. ∽. Pop. 6,785 h. — Terrain crétacé inférieur, grès vert.

Autrefois diocèse et intendance de Tours, parlement de Paris, chef-lieu d'élection, bailliage, collégiale, 2 couvents.

L'époque de la fondation de Chinon est fort incertaine. On sait seulement que c'était déjà une ville assez considérable dans le Vᵉ siècle. Les Visigoths la possédèrent jusqu'à la défaite d'Alaric ; elle tomba alors sous la domination de Clovis, et ses successeurs l'ont possédée jusqu'à Charles le Simple. Thibaut le Vieil en devint maître à cette époque, et les augmentations qu'il fit faire au château l'en ont fait regarder comme le fondateur. Les comtes de Blois possédèrent le château de 964 à 1044, époque où il passa dans la famille des comtes d'Anjou qui le possédèrent jusqu'en 1151, et comme rois d'Angleterre jusqu'en 1205 ; à cette époque, Philippe Auguste s'en étant emparé le réunit à la couronne. Louis XI le donna en apanage à sa mère. Plus tard la ville de Chinon fut distraite du domaine de la couronne, achetée par le cardinal de Richelieu et immédiatement érigée en duché. — Le château de Chinon avait été réparé et augmenté en 914 par Thibaut, comte de Blois, en 1173 par Henri II, roi d'Angleterre, et en 1204 par Philippe Auguste. Charles VII, appréciant toute l'importance de cette place forte, la principale qui lui restât, en fit une véritable place d'armes, aussi redoutable par ses fortifications que l'était déjà par sa position naturelle ; ce roi ceignit la ville entière de hautes et fortes murailles, avec des tours de distance en distance, dans lesquelles étaient enclavées des portes de ville massives, et puissamment protégées par des ouvrages avancés.

En 1314, lors de la persécution exercée contre les juifs, cent soixante de ces malheureux, dit le continuateur de Nangis, furent brûlés vifs dans le château de Chinon : « On creusa une fosse immense, dans laquelle on alluma un immense bûcher, et cent soixante juifs de l'un et de l'autre sexe y furent brûlés tous ensemble. » — Les états généraux des pays restés sous l'obéissance de Charles VII furent assemblés à Chinon en 1428 ; ils accordèrent au roi une aide de 400,000 liv. payable moitié par la langue d'Oïl et moitié par la langue d'Oc et le Dauphiné. — Le château de Chinon a été habité par dix rois. C'est à Chinon que mourut Henri II, roi d'Angleterre, en 1189, du chagrin que lui avait causé la rébellion de son fils Jean sans Terre ; c'est là que Charles VII fut reconnu par Jeanne d'Arc ; c'est là que fut enfermé Jacques Molay, grand maître des templiers, avec les cinq grands dignitaires de l'ordre ; c'est là enfin que Louis XI, encore dauphin, fit à Chabannes l'infâme proposition d'assassiner son père. On compte au nombre des gouverneurs de ce château le célèbre Philippe de Commines.

Les **armes de Chinon** sont : *d'azur à trois châteaux d'argent et trois fleurs de lis d'or, dont deux fleurs de lis d'or en chef et un château au milieu, et deux châteaux en pointe et une fleur de lis d'or au milieu*. D'Hozier les a figurées : *de gueules à trois châteaux composés chacun de trois tours d'or pavillonnées et girouettées de même, deux en chef et un en pointe accompagnée de trois fleurs de lis d'or, une en chef et deux en pointe.*

La ville de Chinon est bâtie dans une situation on ne peut plus pittoresque, sur la rive droite de la Vienne, et resserrée entre cette rivière et la montagne sur laquelle on remarque les ruines de son ancienne forteresse, qui, quoiqu'elle semble aujourd'hui n'avoir formé qu'un tout, se composait de trois châteaux différents, réunis dans la même enceinte, mais construits à trois époques différentes. Ainsi que tous les châteaux forts situés dans l'intérieur de la France, le château de Chinon a été livré à la destruction rapide du temps, lorsque le royaume n'a plus eu à craindre d'être troublé par des guerres intestines ; mais telle est la masse imposante de ses ruines, que peut-être plusieurs siècles devront s'écouler encore n'en faire disparaître les traces, s'ils ne sont secondés par la main des hommes. On entre dans le fort du milieu, le plus considérable de tous, par un portail flanqué d'une tour d'environ 20 m. de hauteur, où est placée aujourd'hui l'horloge de la ville. On voit encore les vestiges de la chambre où Jeanne d'Arc vint trouver Charles VII, et la tour d'Argenton, d'où l'on communiquait par un souterrain à la maison Roberdeau, qu'habitait la belle Agnès Sorel, lorsque ce monarque demeurait à Chinon. Du sommet de la plus haute tour de ce château, l'œil se plaît à suivre, depuis l'île Bouchard jusqu'à Candes, les contours de la Vienne, dans une plaine immense qu'elle vivifie, et dont la culture variée et la fertilité annoncent l'industrie et l'aisance de ses habitants.

Chinon s'embellit tous les jours ; à la place de ses vieux remparts sont maintenant de vastes et beaux quais. On y remarque la sous-préfecture, le collège, la mairie, les restes de l'abbaye de St-Mexme, les caves des Vallains, vastes souterrains ornés de belles stalactites.

Biographie. Patrie de Rabelais.
Du poète latin Quillet.
Du littérateur et musicien René Ouvrard.

Industrie. *Fabriques* de serges, droguets, étamines, poterie de terre, salpêtre. — *Commerce* de bestiaux, grains, vins, eaux-de-vie, huile de noix, cire, miel, plumes, et surtout de pruneaux dits *de Tours*, qui se préparent dans les environs et s'expédient sur tous les points de la France et à l'étranger. — *Foires* de 3 jours les 1ers jeudis d'avril, de juin, d'août, d'oct. et de déc.

A 46 k. S.-O. de Tours, 279 k. S.-O. de Paris.

L'arrondissement de Chinon est composé de 7 cantons : Azay-le-Rideau, Bourgueil, Chinon, Ile-Bouchard, Langeais, Ste-Maur, Richelieu.

Bibliographie. La Sauvagère. *Observations historiques sur St-Maime de Chinon et sur son ancienne église* (Journal de Verdun, sept. 1753, p. 206, 213).

Dumoustier. *Essais sur l'histoire de la ville de Chinon*, in-12, fig., 1807.

CHINON - LA - MONTAGNE, nom donné pendant la révolution à la ville de Château-Chinon.

CHINTRES (les), *Nièvre*, comm. d'Arleuf, ✉ de Château-Chinon.

CHIPAL (le), vg. *Vosges*, comm. de la Croix-aux-Mines, ✉ de St-Dié.

CHIPILLY, vg. *Somme* (Picardie), arr. et à 27 k. de Péronne, cant. de Bray-sur-Somme, ✉ d'Albert. Pop. 418 h.

CHIRAC, vg. *Corrèze* (Limousin), arr., et à 13 k. d'Ussel, cant. de Neuvic. Pop. 859 h.

CHIRAC, bg *Lozère* (Languedoc), arr., ✉ et à 5 k. de Marvejols, cant. de St-Germain-du-Teil. Pop. 1,644 h. Sur la rive droite de la Colagne. — Les Anglais, qui ravageaient le pays environnant, furent défaits aux environs de ce bourg dans le XIVe siècle. — *Foires* les 9 et 10 déc.

CHIRASSIMONT, vg. *Loire* (Beaujolais), arr. et à 26 k. de Roanne, cant. et ✉ de St-Symphorien-de-Lay. Pop. 2,273 h.

CHIRAT, bg *Charente* (Angoumois), arr. et à 11 k. de Confolens, cant. et ✉ de Chabanais. Pop. 1,220 h.

CHIRAT-L'ÉGLISE, vg. *Allier* (Bourbonnais), arr. et à 28 k. de Gannat, cant. et ✉ d'Ebreuil. Pop. 513 h.

CHIRÉ-EN-MONTREUIL, vg. *Vienne* (Poitou), arr. et à 19 k. de Poitiers, cant. de Vouillé, ✉ de Neuville. Pop. 921 h. — *Foire* le 22 juin.

CHIRÉ-LES-BOIS, *Vienne*, comm. de Vernon, ✉ de Gençais.

CHIRENS, bg *Isère* (Dauphiné), arr. et à 33 k. de Grenoble, cant. et ✉ de Voiron.

Pop. 2,022 h. — Tuileries et fours à chaux. — *Foires* les 1er fév., 1er mai, 1er août et 28 oct.

CHIRIAT, *Jura*, comm. de Vaux-St-Claude, ✉ de St-Claude.

CHIRMONT, vg. *Somme* (Picardie), arr. et à 17 k. de Montdidier, cant. d'Ailly-sur-Noye, ✉ de Flers. Pop. 253 h.

CHIROUBLES, vg. *Rhône* (Beaujolais), arr. et à 34 k. de Villefranche-sur-Saône, cant. de Beaujeu, ✉ de Romanèche. Pop. 710 h. — L'église de cette commune, qui est dédiée à saint Roch, fut construite par Antoine Blondel, habitant du lieu, à une époque où la peste exerçait de grands ravages. Le procès-verbal de sa fondation rapporte que, le jour où l'on commença à la bâtir, la peste cessa dans la paroisse, et que les pestiférés, se trouvant guéris, vinrent se joindre aux ouvriers qui y travaillaient !.... miracle auquel ne croient plus que les personnes douées d'une foi robuste. — L'air de Chiroubles est extrêmement vif et pur ; on y voit assez communément des centenaires sans aucune infirmité. Le sol produit de très-bons vins et d'excellents navets, renommés dans tout le pays, et notamment à Lyon.

CHIROUZE, *H.-Alpes*, comm. de la Salle, ✉ de Briançon.

CHIRY, vg. *Oise* (Picardie), arr. et à 26 k. de Compiègne, cant. et ✉ de Ribécourt. Pop. 1,394 h. — Le célèbre abbaye d'Ourscamp, fondée par l'évêque Simon, au commencement du XIIe siècle, se trouve sur le territoire de cette commune. C'est aujourd'hui une filature de coton mue par deux machines à vapeur dont l'une est fort remarquable.

CHIS, vg. *H.-Pyrénées* (Gascogne), arr., cant., ✉ et à 9 k. de Tarbes. Pop 190 h.

CHISSAY, vg. *Loir-et-Cher* (Touraine), arr. et à 8 k. de Blois, cant. et ✉ de Montrichard. Pop. 1,091 h.

CHISSEAUX, *Cisomagus*, vg. *Indre-et-Loire* (Touraine), arr. et à 7 k. de Tours, cant. et ✉ de Bléré. Pop. 685 h.

CHISSERIA, vg. *Jura* (Franche-Comté), arr. et à 35 k. de Lons-le-Saulnier, cant. et ✉ d'Arinthod. Pop. 263 h.

CHISSEY, vg. *Jura* (Franche-Comté), arr. et à 29 k. de Dôle, cant. de Montbarrey, ✉ de Mont-sous-Vaudrey. Pop. 330 h. — On y remarque une ancienne église qui a été classée au nombre des monuments historiques. — *Foires* les 15 août et 23 oct.

CHISSEY, vg. *Saône-et-Loire* (Bourgogne), arr. et à 28 k. de Mâcon, cant. et ✉ de St-Gengoux-le-Royal. Pop. 1,056 h.

CHISSEY-EN-MORVANT, vg. *Saône-et-Loire* (Bourgogne), arr. et à 2 k. d'Autun, cant. et de Lucenay. ✉. Pop. 1,629 h.

CHITENAY, vg. *Loir-et-Cher* (Blaisois), arr. et à 12 k. de Blois, cant. de Contres, ✉ des Montils. Pop. 1,277 h.

CHITRAY, vg. *Indre* (Berry), arr. et à 23 k. du Blanc, cant. et ✉ de St-Gaultier. ✉. P. 390 h. — On rencontre sur le territoire de ce village quelques fragments de tuiles et de poterie romaines. Un camp se trouvait dans le voisinage, et la voie romaine d'Argenton à

Poitiers longeait la Creuse à peu de distance.

CHITRY-LE-FORT, vg. *Yonne* (Champagne), arr. et à 13 k. d'Auxerre, cant. de Chablis, ⊠ de St-Bris. Pop. 706 h.

CHITRY-LES-MINES, vg. *Nièvre* (Nivernais), arr. et à 30 k. de Clamecy, cant. et ⊠ de Corbigny. Pop. 568 h.

CHITRY-MONTSABOT, *Nièvre*, comm. de Neuffontaines, ⊠ de Monceaux-le-Comte.

CHIVES, vg. *Charente-Inf.* (Saintonge), arr. et à 31 k. de St-Jean-d'Angély, cant. et ⊠ d'Aulnay. Pop. 1,038 h. — *Foires* les 1er mardi de janv., 4es mardis de mars et de déc.

CHIVRES, vg. *Côte-d'Or* (Bourgogne), arr. et à 33 k. de Beaune, cant. et ⊠ de Seurre. Pop. 544 h.

CHIVRES-MACHECOURT, vg. *Aisne* (Picardie), arr. et à 20 k. de Laon, cant. de Sissonne, ⊠ de Notre-Dame-de-Liesse. P. 745 h.

CHIVRES-SUR-AISNE, vg. *Aisne* (Picardie), arr., ⊠ et à 10 k. de Soissons, cant. de Vailly. Pop. 388 h.

CHIVY-LES-ÉTOUVELLES, vg. *Aisne* (Picardie), arr., cant., ⊠ et à 5 k. de Laon. Pop. 297 h.

CHIZÉ, petite ville, *Deux-Sèvres* (Poitou), arr. et à 22 k. de Melle, cant. et ⊠ de Brioux. Pop. 788 h. — Elle est située près de la belle forêt de son nom, sur la rive droite de la Boutonne. C'était autrefois une place forte qui a soutenu un siége contre les Anglais et ensuite contre Henri IV. On voit aux environs un vieux château en ruines. — *Fabriques* de sabots et de boisellerie. — *Commerce* de bois, charbons et bestiaux. — *Foires* les 3es mercredis de mars et d'août.

CHIZE (la), *H.-Vienne*, comm. de la Porcherie, ⊠ de Pierrebuffière.

CHOCHÉ, *Isère*, comm. de St-Geoire, ⊠ de Voiron.

CHOCQUES, vg. *Pas-de-Calais* (Artois), arr., cant., ⊠ et à 6 k. de Béthune. Pop. 1,288 h.

CHOGES (les), *Puy-de-Dôme*, comm. de St-Denis-Combarnazat, ⊠ de Randans.

CHOGNE, *Saône-et-Loire*, comm. de Vendenesse-les-Charolles, ⊠ de Charolles.

CHOIGNES, vg. *H.-Marne* (Champagne), arr., cant., ⊠ et à 3 k. de Chaumont-en-Bassigny. Pop. 205 h.

CHOILLEY, vg. *H.-Marne* (Champagne), arr. et à 27 k. de Langres, cant. et ⊠ de Prauthoy. Pop. 248 h.

CHASEAU, *Côte-d'Or*, comm. de Marmagne, ⊠ de Montbard. Haut fourneau.

CHOISEL, vg. *Seine-et-Oise* (Ile-de-France), arr. et à 16 k. de Rambouillet, cant. et ⊠ de Chevreuse. Pop. 407 h.

CHOISEUL, *Caseolum, Casolium*, vg. *H.-Marne* (Champagne), arr. et à 37 k. de Chaumont-en-Bassigny, cant. et ⊠ de Clefmont. Pop. 349 h.

CHOISEY, vg. *Jura* (Franche-Comté), arr., cant., ⊠ et à 5 k. de Dôle. Pop. 510 h.

CHOISIES, vg. *Nord* (Hainaut), arr. et à 16 k. d'Avesnes, cant. et ⊠ de Solre-le-Château. Pop. 73 h.

CHOISY, terres et villages, *Cauciacum*.

CHOISY-AU-BAC, *Cauciacum*, vg. *Oise* (Picardie), arr., cant., ⊠ et à 6 k. de Compiègne. Pop. 823 h. Sur la rive droite de l'Aisne. — C'est dans l'église de ce village que fut enterré Clovis III, fils aîné de Thierry Ier.

CHOISY-AUX-BŒUFS, *Seine-et-Oise*, comm. de Vémars, ⊠ de Louvres.

CHOISY-EN-BRIE, bg *Seine-et-Marne* (Brie), arr. et à 12 k. de Coulommiers, cant. et ⊠ de la Ferté-Gaucher. Pop. 1,225 h. — *Foires* les 2 fév., 29 juin et 8 déc.

CHOISY-LA-VICTOIRE, vg. *Oise* (Picardie), arr. et à 13 k. de Clermont, ⊠ d'Estrées-St-Denis. Pop. 160 h.

CHOISY-LE-ROI, *Choisiacum*, *Chosiacum*, jolie petite ville, *Seine* (Ile-de-France), arr. et à 9 k. de Sceaux, cant. de Villejuif. ⊠. A 13 k. de Paris pour la taxe des lettres. Caisse d'épargne. Station du chemin de fer de Paris à Orléans. Pop. 3,119 h.

Cette ville est bâtie dans une charmante situation, sur la rive gauche de la Seine, que l'on y passe sur un beau pont.

On y remarquait autrefois un magnifique château, construit en 1682 pour Mlle de Montpensier, sur les dessins de F. Mansard, et possédé successivement par Mme de Louvois, par le dauphin fils de Louis XIV, et par la princesse de Conti. A la mort de cette princesse, Louis XV acheta le château de Choisy, et le fit rebâtir presque entièrement en 1739, par l'architecte Gabriel, qui construisit aussi, à peu de distance, un petit château pour Mme de Pompadour. Il ne reste plus de ces deux châteaux que quelques bâtiments accessoires, convertis aujourd'hui en manufactures, et les restes d'une belle terrasse, contre laquelle venaient se briser les flots de la Seine.

La ville de Choisy est une des plus agréables des environs de Paris : sa position dans un riant bassin, ses rues larges et tirées au cordeau, ses maisons construites élégamment et presque toutes embellies par des jardins, les restes des anciennes avenues du château, la proximité de la Seine et du chemin de fer, qui y amènent chaque jour de nombreux voyageurs, concourent à en faire un séjour des plus riants.

Le pont, bâti en 1802, a 123 m. de longueur sur 8 de largeur ; il est en bois de chêne avec culées et piles en pierre, et se compose de cinq travées d'un élégant dessin.

Gentil Bernard était bibliothécaire de Choisy, quand Louis XV y faisait sa résidence. L'auteur de l'hymne célèbre de la Marseillaise, Rouget de Lisle, dont le nom sera cher à tous les Français, tant que battra dans leurs cœurs l'amour de la patrie, de la liberté et de la gloire nationale, passa les dernières années de sa vie à Choisy, où il mourut le 27 juin 1836.

Fabriques de toiles cirées, savon, maroquin, produits chimiques, grosse horlogerie. Manufacture de faïence fine façon anglaise, demi-porcelaine blanche et décorée, impression sur émail, etc. Verrerie et cristallerie pour verres à vitres et gravures, verres à vitres de couleur, peintures sur verre pour églises et décoration de fenêtres d'appartements. Distilleries d'acides acétique et pyroligneux. — *Commerce* de vins, vinaigre, charbon de terre, etc. — Fête patronale le dimanche après la St-Louis.

CHOLET, petite ville manufacturière, *Maine-et-Loire* (Anjou), arr. et à 20 k. de Beaupréau, chef-l. de cant. Trib. de commerce. Chambre consultat. des manufact. Conseil de prud'hommes. Cure. Collége communal. Gîte d'étape. Abattoir public. ⊠. ♉. A 362 k. de Paris pour la taxe des lettres. Pop. 8,413 h.— TERRAIN cristallisé, granit.

Autrefois marquisat et château, diocèse de la Rochelle, parlement de Paris, intendance de Tours, élection de Montreuil-Bellay, sénéchaussée, gouvernement particulier, prieuré, 2 couvents.

Cette ville est dans une situation très-agréable, sur la rive droite de la Moine qui se jette dans la Sèvre à Clisson. Elle possédait autrefois un très-beau château, qui a été détruit, ainsi qu'une partie de la ville, pendant les guerres de la Vendée. Cholet, incendié d'abord par les Vendéens, et ensuite par les républicains qui achevèrent de le détruire, resta pendant plusieurs années enseveli sous ses ruines. Les ateliers et les fonds des fabriques furent entièrement anéantis ; une partie des fabricants périt, l'autre fut dispersée. Cependant en 1795, aussitôt après la première pacification de la Vendée, ceux qui avaient survécu aux désastres de leur pays s'empressèrent d'y rentrer, mirent tout en œuvre pour faire sortir la fabrique de dessous ses cendres, et parvinrent non-seulement à la rebâtir, mais encore à lui donner plus d'importance qu'elle n'en avait jamais eu.

— De la promenade qui formait autrefois les terrasses du château, on jouit d'une vue très-étendue, sur un riant pays borné à l'horizon par une chaîne de jolies collines.

PATRIE du conventionnel TALOT, membre du conseil des cinq cents.

Manufactures renommées de toiles, dites choletles, de mouchoirs de la plus grande beauté, de siamoises, flanelle, calicots, etc. Filatures de coton. Tanneries. — *Commerce* considérable de bestiaux, bœufs gras, et principalement d'articles de ses nombreuses manufactures, qui s'expédient dans toute la France et à l'étranger. — *Foires* le 1er samedi de chaque mois.

CHOLLETS (les), *Yonne*, comm. de Nailly, ⊠ de Sens.

CHOLONGE, vg. *Isère* (Dauphiné), arr. et à 29 k. de Grenoble, cant. de la Mure, ⊠ de Vizille. Pop. 547 h.

CHOLOY, *Cauliacus*, vg. *Meurthe* (Lorraine), arr., cant., ⊠ et à 5 k. de Toul. Pop. 554 h.

CHOMÉLIX, bg *H.-Loire* (Auvergne), arr. et à 29 k. du Puy, cant. et ⊠ de Craponne. Pop. 1,625 h. — *Foires* le 1er lundi de mars et de sept.

CHOMÉRAC, bg *Ardèche* (Languedoc), arr., bur. d'enregist. et à 8 k. de Privas, chef-l. de cant. Cure. ✉. A 605 k. de Paris pour la taxe des lettres. Pop. 2,505 h. — Terrain jurassique, voisin du terrain crétacé inférieur.

Ce bourg est bâti dans une petite plaine circonscrite par les montagnes volcaniques du Coiron et d'Andaure, et par les masses calcaires de Baix et de St-Alban. Son territoire renferme des carrières de marbre exploitées. — *Commerce* de soie qu'on y travaille dans plusieurs établissements. — *Foires* les 20 mars, 15 juillet et 25 nov.
Bibliographie. " *La Prise de la ville de Chomerac (en 1628) par le duc de Montmorency*, etc., in-8, 1628.

CHOMETTE (la), vg. *H.-Loire* (Auvergne), arr. et à 11 k. de Brioude, cant. et ✉ de Paulhaguet. Pop. 365 h.

CHOMPEYRE, *Puy-de-Dôme*, comm. de Beurrières, ✉ d'Arlanc.

CHONAS, vg *Isère* (Dauphiné), arr., cant. et à 7 k. de Vienne, ✉ de Condrieu. Pop. 651 h.

CHONOT-CHATENAN. V. Chonoz.

CHONVILLE, vg. *Meuse* (Lorraine), arr., cant., ✉ et à 7 k. de Commercy, à 19 k. de St-Mihiel. Pop. 530 h.

COHOZ, vg. *Ardennes* (Champagne), arr. et à 37 k. de Rocroi, cant. et ✉ de Givet. Pop. 641 h. Sur la rive gauche de la Meuse. — Son territoire est fertile en excellents légumes, qui alimentent les marchés de Givet.

CHOQUEL (le), *Pas-de-Calais*, comm. de St-Martin-Choquel, ✉ de Samer.

CHOQUEUSE-LES-BESNARD, vg. *Oise* (Picardie), arr. à 49 k. de Clermont, cant. et ✉ de Crèvecœur. Pop. 316 h.

CHORA (lat. 52°, long. 22°). « Ammien Marcellin en fait mention sur la route qui conduit d'Autun à Auxerre, *per Sidoleucum et Choram*; car la leçon des anciennes éditions, *per sedes leucorum*, doit être corrigée de cette manière. On trouve *Chora* sur cette même route dans la vie de saint Colomban, écrite par le moine Jonas dans le VII° siècle : *Per Augustodunum ad Avallonem castrum pervenit (Columbanus). Deinde ad Choram fluvium properavit. Eadem die ad vicum quem Choram vocant, exin Autissiodorum, properavit.* Ou voit que ces circonstances s'appliquent à la voie romaine que décrivent les Itinéraires entre *Augustodunum* et *Autissiodurum*. Ainsi, *Chora* doit trouver sa place au passage de cette voie, sur une rivière de même nom , entre *Aballo*, ou Avalon, et Auxerre. M. de Valois (p. 143), en prenant l'abbaye de Cure pour *Chora*, n'a pas pris garde à la position de cette abbaye est fort écartée de la voie sur la gauche d'Avalon. D'ailleurs, l'abbaye de Cure est du diocèse d'Autun ; et le *vicus Chora*, dont l'histoire de la translation des saints Georges et Aurèle en 858, écrite par Aimoin (*Sæcul. Bened.*, IV, part. 3), place sur cette même route, *est in pago jam Autissiodorensi*, position qui se trouve conforme aux anciennes descriptions du diocèse d'Auxerre, par lesquelles le *Choræ Vicus* est renfermé dans ce diocèse. Il a donc existé un lieu portant le même nom que la rivière de Cure : et en effet ce nom subsiste dans l'emplacement d'une métairie, à l'entrée du diocèse d'Auxerre, en sortant de celui d'Autun. On peut (p. 364 et suiv.) voir, dans les éclaircissements sur l'ancienne Gaule qui ont paru en 1741, les raisons qui ne permettent pas d'adhérer à l'opinion de M. Lebœuf, en confondant *Chora* avec *Crèvan*, qui était distingué par son nom de *Crevennum* dès le temps de Charles Martel, et par suite antérieur. d'un siècle à la mention qui est faite de *Chora* dans la translation des saints Georges et Aurèle. Il est intéressant de connaître la position de *Chora* par rapport à cet endroit de la Notice de l'empire, *præfectus Sarmatarum gentilium a Chora Parisios usque*. Sanson, en plaçant *Chora* à Corbeil, ne voyait point que le nom de *Corboïlum*, qui est celui de Corbeil, ne saurait être confondu avec *Chora* par une supposition d'analogie. » D'Anville. *Notice de l'ancienne Gaule*, p. 220.

Bibliographie. Lebœuf (l'abbé). *Lettre à M. Moillart, au sujet d'un lieu nommé anciennement Chora, du diocèse d'Auxerre, où il critique à ce sujet l'auteur des éclaircissements géographiques* (Mercure, p. 711, 725, avril 1742). *Réponse à la lettre précédente par d'Anville* (ibid., août, p. 1703).

— *Notice de deux lieux appelés anciennement Chora et Contraginnum* (Recueil d'écrits sur l'histoire de France, t. I, p. 309, 332).

Pasumot. *Dissertation sur la position d'un lieu nommé Chora, cité par plusieurs auteurs.....* p. 220.

CHORANCHE, vg. *Isère* (Dauphiné), arr. et à 20 k. de St-Marcellin, cant. et ✉ de Pont-en-Royans. Pop. 443 h. — Il est situé sur la rive droite de la Bourne, dans l'enfoncement d'une gorge sauvage, bordée, à droite et à gauche, par une longue file de montagnes sans végétation, qui conduisent les regards jusqu'à d'autres montagnes plus élevées et encore plus stériles. Des sentiers de chèvres, des ponts tremblants suspendus à chaque instant le voyageur au-dessus de l'abîme ; il entend sous ses pieds la rivière, qui tantôt s'élance en cascatelles, tantôt s'épand en nappes blanchissantes, tantôt mugit entre de grosses pierres amoncelées par sa fureur et noircies par le dépôt ferrugineux qu'elle abandonne.

Ce village possède une source d'eau minérale sulfureuse froide, qui jouit d'une grande réputation pour la guérison de la paralysie, les rhumatismes et autres maladies. Il s'y rend chaque année un grand nombre d'étrangers, qui presque tous en éprouvent de bons effets.

CHOREY, *Carretum, Carraium*, vg. *Côte-d'Or* (Bourgogne), arr., cant., ✉ et à 4 k. de Beaune. Pop. 348 h. — C'est un lieu fort ancien, où les Romains avaient des établissements ; on y a trouvé récemment des fragments de mosaïque.

CHORGES, *Caturiges, Catorimagus*, petite et ancienne ville, *H.-Alpes* (Dauphiné), arr. et à 24 k. d'Embrun, chef-l. de cant. Bureau d'enregist. à Remollon. Cure. Gîte d'étape. ✉. ✆. A 674 k. de Paris pour la taxe des lettres. Pop. 1,891 h. — Terrain jurassique, voisin du terrain crétacé inférieur.

Ce bourg est situé au milieu d'un bas-fond que dominent deux torrents dévastateurs. Il est bâti près de l'emplacement occupé jadis par une ancienne cité des Caturiges, que les Romains avaient décorée de plusieurs beaux édifices, et dont il ne reste plus que le temple de Diane, qui sert maintenant d'église paroissiale. — La Table de Peutinger et les Itinéraires romains fixent l'emplacement de *Caturiges* à Chorges, par une route qui aboutit d'une part à *Ebrodunum*, Embrun, et de l'autre à *Dea*, Die. Chorges céda son rang à *Ebrodunum* dans des temps postérieurs ; mais elle paraît cependant l'avoir conservé jusque dans les derniers temps de la puissance romaine ; elle est nommée *Catorimagus* dans la Table de Peutinger. — L'aspect des lieux et les vestiges que l'on rencontre offrent la preuve incontestable qu'à côté du temple de Diane s'élevait autrefois une citadelle qui dominait la ville, dont elle était séparée par une enceinte de murs et par un fossé. La cité, inférieure au bourg actuel, s'étendait à l'est et au midi. Quelques débris de colonnes gisent devant les habitations, et servent de bancs : des fûts et des chapiteaux d'une belle architecture ont été trouvés dans les décombres qui avoisinent le bourg. Sur l'esplanade, devant l'église, on voit un bloc de marbre blanc qui paraît avoir servi de piédestal à un buste ou à une colonne érigée en l'honneur de Néron. — *Fabriques* de draps, toiles de chanvre, vinaigre. Huilerie. Education des abeilles. — *Foires* les 1er avril, 23 mai, 3 sept., 8 oct. et 19 nov.

CHOUAIN, vg. *Calvados* (Normandie), arr. et à 10 k. de Bayeux, cant. de Balleroy, ✉ de Tilly-sur-Seulles. Pop. 278 h.

CHOUDANS, *Ain*, comm. de St-Jean-de-Gondeville, ✉ de Collonges.

CHOUDAY, vg. *Indre* (Berry), arr., cant., ✉ et à 7 k. d'Issoudun. Pop. 366 h.

CHOUE, vg. *Loir-et-Cher* (Maine), arr. et à 27 k. de Vendôme, cant. et ✉ de Mondoubleau. Pop. 1,084 h.

CHOUETTE (la), *Côte-d'Or*, comm. d'Aisey-sur-Saône, ✉ de Châtillon-sur-Seine. — Forges.

CHOUGNY, vg. *Nièvre* (Nivernais), arr. et à 20 k. de Château - Chinon, cant. et ✉ de Châtillon-en-Bazois. Pop. 323 h.

CHOUILLY, vg. *Marne* (Champagne), arr., cant., ✉ et à 5 k. d'Epernay. Pop. 1,030 h. — C'était autrefois un bourg défendu par un fort, dont on voyait encore quelques vestiges il y a peu d'années. On y remarque un ancien château qui appartenait, avant la révolution, au duc d'Orléans, père du roi Louis-Philippe Ier.

CHOUPEAU, *Charente-Inf.*, com. de St-Jean-de-Liversay, ⊠ de Nuaillé.

CHOUPPES, vg. *Vienne* (Poitou), arr. et à 24 k. de Loudun, cant. de Monts-sur-Guesnes, ⊠ de Mirebeau. Pop. 537 h.

CHOUQUET (le), *Seine-Inf.*, com. d'Anceaumeville, ⊠ de Valmartin.

CHOURGNAC, ou EYCHOURGNAC-D'ANS, vg. *Dordogne* (Périgord), arr. et à 34 k. de Périgueux, cant. et ⊠ d'Hautefort. P. 359 h. — Exploitation de marne et de minerai de fer.

CHOUSSY, vg. *Loire-et-Cher* (Blaisois), arr. et à 29 k. de Blois, cant. de St-Aignan, ⊠ de Contres. ☞. Pop. 237 h.

CHOUVIGNY, vg. *Allier* (Bourbonnais), arr. et à 20 k. de Gannat, cant. et ⊠ d'Ebreuil. Pop. 895 h.

CHOUX, vg. *Jura* (Franche-Comté), arr. et à 20 k. de St-Claude, cant. et ⊠ des Bouchoux. Pop. 432 h.

CHOUX (les), vg. *Loiret* (Gatinais), arr., cant. et à 14 k. de Gien, ⊠ de Noyen-sur-Vernisson. Pop. 415 h.

CHOUY, vg. *Aisne* (Picardie), arr. et à 25 k. de Château - Thierry, cant. et ⊠ de Neuilly-St-Front. Pop. 607 h.

CHOUZELOT, vg. *Doubs* (Franche-Comté), arr. et à 19 k. de Besançon, cant. et ⊠ de Quingey. Pop. 307 h.

CHOUZÉ-SUR-LOIRE, petite ville, *Indre-et-Loire* (Anjou), arr. et à 15 k. de Chinon, cant. de Bourgueil. ⊠. ☞. A 281 k. de Paris pour la taxe des lettres. Pop. 3,852 h. — Il est bâti dans une situation des plus agréables, sur la rive droite de la Loire.

PATRIE du savant médecin CHAUMETON. *Commerce* de pruneaux dits de Tours, fruits, légumes, vins. — *Foires* les 3ᵉ mercredi d'avril et mercredi après le 8 juin.

CHOUZY, bg *Loir-et-Cher* (Blaisois), arr. et à 11 k. de Blois, cant. de Herbault, ⊠ d'Ecure. Pop. 1,390 h. — Il est bâti dans une situation agréable sur la levée et la rive droite de la Loire; on y jouit d'une vue délicieuse sur le site du château de Chaumont, qui domine au loin toute cette riche et belle contrée. — *Foires* les 1ᵉʳ mai et 11 nov.

CHOYE, vg. *H.-Saône* (Franche-Comté), arr. et à 16 k. de Gray, cant. et ⊠ de Gy. Pop. 1,022 h. — *Foires* les 21 janvier, 21 juin et 24 mars.

CHOZEAU, vg. *Isère* (Dauphiné), arr. de la Tour-du-Pin et à 5 k. de Bourgoin, cant. et ⊠ de Crémieu. Pop. 616 h.

CHRÉTIENVILLE, *Christiani - Villa*, vg. *Eure*, comm. de Harcourt, ⊠ de Brionne.

CHRISTAU (St-), *Gers*, comm. et ⊠ de Cazaubon.

CHRISTAUD (St-), vg. *H.-Garonne* (Comminges), arr. et à 37 k. de Muret, cant. et ⊠ de Cazères. Pop. 619 h.

CHRISTAUD (St-), vg. *Gers* (Armagnac), arr. et à 12 k. de Mirande, cant. et ⊠ de Montesquiou. Pop. 422 h.

CHRIST-BRIOST (St-), vg. *Somme* (Picardie), arr., ⊠ et à 10 k. de Péronne, cant.

de Nesle. Pop. 586 h. — On y trouve une source d'eau minérale froide.

CHRISTIE (Ste-), vg. *Gers* (Armagnac), arr., cant., ⊠ et à 14 k. d'Auch. Pop. 539 h.

CHRISTIE (Ste-), vg. *Gers* (Armagnac), arr. et à 39 k. de Condom, cant. de Nogaro, ⊠ de Manciet. Pop. 906 h.

CHRISTINE (Ste-), *Eure-et-Loir.* V. VILLIERS-ST-ORIEN.

CHRISTINE (Ste-), vg. *Maine-et-Loire* (Anjou), arr. et à 15 k. de Beaupréau, cant. et ⊠ de Chemillé. Pop. 909 h. — *Foires* les 22 avril, 10 juin, 12 août, 30 sept. et 18 oct.

CHRISTINE (Ste-), vg. *Puy-de-Dôme* (Bourbonnais), arr. et à 35 k. de Riom, cant. et ⊠ de St-Gervais. Pop. 533 h.

CHRISTINE (Ste-), vg. *Vendée* (Poitou), arr. et à 17 k. de Fontenay-le-Comte, comm. de Maillezais, ⊠ d'Oulmes. Pop. 430 h.

CHRISTO-EN-JARRET (St-), vg. *Loire* (Forez), arr. et à 18 k. de St - Etienne, cant. de St-Héant, ⊠ de St-Chamond. Pop. 1,700 h.

CHRISTOL (St-), vg. *Ardèche* (Languedoc), arr. et à 49 k. de Tournon, cant. et ⊠ du Chaylard. Pop. 823 h.

CHRISTOL (St-), vg. *Gard* (Languedoc), arr., cant., ⊠ et à 5 k. d'Alais. P. 1,193 h.

CHRISTOL (St-), vg. *Hérault* (Languedoc), arr. et à 23 k. de Montpellier, cant. et ⊠ de Lunel. Pop. 673 h.

CHRISTO-LACHAL-VAL-FLEURY (St-), vg. *Loire* (Forez), arr. et à 18 k. de St-Etienne, cant. et ⊠ de St-Chamond. Pop. 717 h.

CHRISTOL-D'ALBION (St-), vg. *Vaucluse* (Comtat), arr. et à 54 k. de Carpentras, cant. et ⊠ de Sault. Pop. 666 h.

CHRISTOL-DE-RODIÈRES (St-), vg. *Gard* (Languedoc), arr. et à 30 k. d'Uzès, cant. et ⊠ de Pont-St-Esprit. Pop. 310 h.

CHRISTOLY (St-), vg. *Gironde* (Guienne), arr. et à 13 k. de Blaye, cant. et ⊠ de St-Savin. Pop. 377 h. — *Foire* de 3 jours le 26 juillet.

CHRISTOLY (St-), vg. *Gironde* (Guienne), arr., cant., ⊠ et à 11 k. de Lesparre. Pop. 717 h. — *Foire* de 3 jours le 26 juillet.

CHRISTOPHE (St-), vg. *Ain*, comm. de St-Trivier-sur-Moignans, ⊠ de Châtillon-les-Dombes.

CHRISTOPHE (St-), vg. *Allier* (Bourbonnais), arr., cant., ⊠ et à 14 k. de la Palisse. Pop. 664 h. — *Foire* le 26 juillet.

CHRISTOPHE (St-), *Allier*, comm. de Huriel, ⊠ de Montluçon.

CHRISTOPHE (St-), vg. *Aube* (Champagne), arr. et à 31 k. de Bar-sur-Aube, cant. et ⊠ de Brienne. Pop. 66 h.

CHRISTOPHE (St-), vg. *Aveyron* (Rouergue), arr. et à 23 k. de Rodez, cant. de Rignac, ⊠ de Marcillac. Pop. 918 h. — Il est bâti dans une situation agréable et dominé par une tour gothique, et par un mont en cône tronqué, dont le double effet ajoute au ton pittoresque de son charmant paysage.

CHRISTOPHE (St-), vg. *Cantal* (Auvergne), arr. et à 16 k. de Mauriac, cant. et ⊠ de Pléaux. — Pop. 1,168 h. — Mine de houille.

CHRISTOPHE (St-), bg *Charente-Inf.* (Angoumois), arr. et à 18 k. de la Rochelle, cant. de la Jarrie, ⊠ de Croix-Chapeau. Pop. 1,045 h. — *Foires* le 2 de chacun des mois de fév., de mai, de juin et de nov. Ces quatre foires seront remises au lendemain lorsque le premier jour de chacun des mois précités sera un dimanche, et que les foires de la commune de Bellac (Haute-Vienne), fixées au 1ᵉʳ, seront reportées au 2.

CHRISTOPHE (St-), vg. *Creuse* (Marche), arr., cant., ⊠ et à 7 k. de Guéret. P. 278 h.

CHRISTOPHE (St-), vg. *Drôme* (Dauphiné), arr. et à 36 k. de Valence, cant. de Grand-Serre, ⊠ de Moras. Pop. 274 h. — *Foire* le mardi après la St-Luc.

CHRISTOPHE (St-), vg. *Eure-et-Loir* (Beauce), arr., cant., ⊠ et à 8 k. de Châteaudun. Pop. 356 h.

CHRISTOPHE (St-), ou ST-CHRISTOPHE-EN-BAZELLE, bg *Indre* (Berry), arr. et à 34 k. de Châteauroux, chef-l. de cant. et bureau d'enregist. à Poulaines. Pop. 553 h. — TERRAIN tertiaire moyen. — *Foire* le 27 juillet.

CHRISTOPHE (St-), *S. Christophori*, bg *Indre-et-Loire* (Touraine), arr. et à 33 k. de Tours, cant. de Neuvy-le-Roi. ⊠. A 244 k. de Paris pour la taxe des lettres. Pop. 1,504 h. — *Fabriques* de faïence et d'étoffes de laine. — *Foires* le 2ᵉ mardis de janv., les mardis d'après la mi-carême, derniers mardis de juin et d'août, mardi après Noël.

CHRISTOPHE (St-), *Isère*, comm. de Chatonay, ⊠ de St-Jean-de-Bournay.

CHRISTOPHE (St-), *Jura*, comm. de la Tour-du-Meix, ⊠ d'Orgelet.

CHRISTOPHE (St-), *Lot-et-Garonne*, comm. de St-Jean-de-Thurac, ⊠ de la Magistère.

CHRISTOPHE (St-), vg. *Rhône* (Beaujolais), arr. et à 34 k. de Villefranche-sur-Saône, cant. de Monsol, ⊠ de Beaujeu. Pop. 948 h. — *Foires* les 2 mai et 13 nov.

CHRISTOPHE (St-), *Tarn*, comm. de Monitrat, ⊠ de Cordes.

CHRISTOPHE (St-), *Tarn-et-Garonne*, comm. et ⊠ de Moissac.

CHRISTOPHE (St-), vg. *Vienne* (Poitou), arr. et à 18 k. de Châtellerault, cant. de Leigné-sur-Usseau. Pop. 486 h. — PATRIE du médecin BRICHETEAU de l'académie royale de médecine, auteur du *Précis analytique du croup*, 2ᵉ édit. in-8, 1826.

CHRISTOPHE-A-BERRY (St-), vg. *Aisne* (Picardie), arr. à 20 k. de Soissons, cant. et ⊠ de Vic-sur-Aisne. Pop. 440 h.

CHRISTOPHE-D'ALLIER (St-), vg. *H.-Loire* (Auvergne), arr. et à 33 k. du Puy, cant. et ⊠ de Saugues. Pop. 552 h.

CHRISTOPHE-D'AUBIGNY (St-), vg. *Manche*, comm. de St-Martin-d'Aubigny, ⊠ le Périers. — *Foires* les 24 et 25 juillet.

CHRISTOPHE-DE-CHALAIS (St-), vg. *Charente* (Angoumois), arr. et à 31 k. de Bar-

bézieux, cant. et ✉ de Chalais. Pop. 414 h.
CHRISTOPHE-DE-CHARTEUSE (St-), *Vendée*, comm. et ✉ de Rocheservière.
CHRISTOPHE-DE-CHOLIEU (St-), *Orne* (Normandie), arr. et à 22 k. de Domfront, cant. et ✉ de Tinchebray. Pop. 414 h.
CHRISTOPHE-DE-CONFOLENS (St-), vg. *Charente* (Angoumois), arr., cant., ✉ et à 14 k. de Confolens. Pop. 1,205 h.
CHRISTOPHE-DE-DOUBLE (St-), vg. *Gironde* (Guienne), arr. et à 34 k. de Libourne, cant. de Coutras, ✉ de Rochechalais. Pop. 952 h.
CHRISTOPHE-DE-LA-COUPERIE (St-), vg. *Maine-et-Loire* (Anjou), arr., ✉ et à 20 k. de Beaupréau, cant. de Champtoceaux. Pop. 566 h.
CHRISTOPHE-DE-LA-FOX (St-), *Lot-et-Garonne*, comm. de la Fox, ✉ d'Agen.
CHRISTOPHE-DES-BARDES (St-), vg. *Gironde* (Guienne), arr., ✉ et à 10 k. de Libourne, cant. de Lussac. Pop. 654 h.
CHRISTOPHE-DES-BOIS (St-), vg. *Ille-et-Vilaine* (Bretagne), arr., cant., ✉ et à 11 k. de Vitré. Pop. 490 h.
CHRISTOPHE-DES-VALAINS (St-), *Ille-et-Vilaine* (Bretagne), arr. et à 21 k. de Fougères, cant. et ✉ de St-Aubin-du-Cormier. Pop. 290 h.
CHRISTOPHE-DU-BOIS (St-), vg. *Maine-et-Loire* (Anjou), arr. et à 25 k. de Beaupréau, cant. et ✉ de Chollet. Pop. 870 h.
CHRISTOPHE-DU-FOC, vg. *Manche* (Normandie), arr. et à 13 k. de Cherbourg, cant. et ✉ des Pieux. Pop. 277 h.
CHRISTOPHE-DU-JAMBET (St-), vg. *Sarthe* (Maine), arr. et à 32 k. de Mamers, cant. de Beaumont-sur-Sarthe, ✉ de Fresnay-sur-Sarthe. Pop. 864 h. — On y remarque une église de style roman, située sur l'un des monts les plus élevés du département de la Sarthe, que l'on a proposé de classer au nombre des monuments historiques.
CHRISTOPHE-DU-LIGNERON (St-), vg. *Vendée* (Poitou), arr. et à 37 k. des Sables, cant. de Palluau, ✉ de Challans. P. 1,735 h. — *Foires* les 11 avril et 3 nov.
CHRISTOPHE-DU-LUAT (St-), vg. *Mayenne* (Maine), arr. et à 28 k. de Laval, cant. et ✉ d'Evron. Pop. 1,416 h.
CHRISTOPHE-EN-BOUCHERIE (St-), vg. *Indre* (Berry), arr., cant., ✉ et à 15 k. de la Châtre. Pop. 598 h. — *Foire* le 26 juillet.
CHRISTOPHE-EN-BRESSE(St-), vg. *Saône-et-Loire* (Bresse), arr., ✉ et à 12 k. de Chalon-sur-Saône, cant. de St-Germain-du-Plain. Pop. 953 h.
CHRISTOPHE-EN-BRIONNAIS(St-), vg. *Saône-et-Loire* (Bourgogne), arr. et à 17 k. de Charolles, cant. de Semur-en-Brionnais. Pop. 1,340 h. — Mine de plomb dont l'exploitation est suspendue. — *Foires* le 3ᵉ jeudi de chaque mois.
CHRISTOPHE-EN-CHAMPAGNE (St-), vg. *Sarthe* (Maine), arr. et à 36 k. de la Flèche, cant. et ✉ de Brulon. Pop. 495 h.
CHRISTOPHE-EN-OISANS (St-), vg. *Isère* (Dauphiné), arr. et à 68 k. de Grenoble, cant. et ✉ de Bourg-d'Oisans. Pop. 568 h.
CHRISTOPHE - ENTRE - DEUX-GUIERS (St-), vg. *Isère* (Dauphiné), arr. et à 39 k. de Grenoble, cant. de St-Laurent-du-Pont, ✉ des Echelles. Pop. 1,368 h.
CHRISTOPHE-LE-CHATEAU (St-), vg. *Cher* (Bourbonnais), arr. et à 20 k. de St-Amand-Montrond, cant. de Châteaumeillant, ✉ de Culan. Pop. 283 h.
CHRISTOPHE-LE-JAJOLET (St-), vg. *Orne* (Normandie), arr. et à 8 k. d'Argentan, cant. et ✉ de Mortrée. Pop. 460 h.
CHRISTOPHE-SUR-AVRE(St-), vg. *Eure* (Normandie), arr. et à 60 k. d'Evreux, cant. et ✉ de Verneuil-sur-l'Avre. Pop. 360 h.
CHRISTOPHE-SUR-CONDÉ, vg. *Eure* (Normandie), arr. et à 11 k. de Pont-Audemer, cant. de Saint-Georges-du-Vièvre, ✉ de Montfort-sur-Rille. Pop. 916 h.
CHRISTOPHE-SUR-DOLAISON (St-), vg. *H.-Loire* (Languedoc), arr., ✉ et à 8 k. du Puy, cant. de Solignac-sur-Loire. P. 800 h.
CHRISTOPHE-SUR-ROC (St-), vg. *Deux-Sèvres* (Poitou), arr. et à 17 k. de Niort, cant. et ✉ de Champdeniers. Pop. 742 h.
CHUELLES, *Loiret* (Gatinais), arr. à 18 k. de Montargis, cant. et ✉ de Château-Renard. Pop. 1,504 h. — *Foires* les 29 mars, 7 juin et 30 sept.
CHUFFILLY, vg. *Ardennes* (Champagne), arr. et à 10 k. de Vouziers, cant. et ✉ d'Attigny. Pop. 313 h.
CHUIGNES, vg. *Somme* (Picardie), arr. et à 16 k. de Péronne, cant. de Chaulnes, ✉ d'Estrées-Deniecourt. Pop. 325 h.
CHUIGNOLLES, vg. *Somme* (Picardie), arr. et à 20 k. de Péronne, cant. de Bray-sur-Somme, ✉ d'Estrées-Déniecourt. P. 357 h.
CHUISNES, vg. *Eure-et-Loir* (Beauce), arr. et à 21 k. de Chartres, cant. et ✉ de Courville-sur-l'Eure. Pop. 740 h. — Il existait jadis dans ce lieu un prieuré dont l'église, sous le vocable de saint Santin, était fort belle. Cette église, qui paraît avoir été bâtie vers le xiᵉ ou le xiiᵉ siècle, est aujourd'hui abandonnée.
CHURET (Pont-de-), *Charente*, comm. d'Auais, ✉ de Mansle. ⚜.
CHUSCLAN, vg. *Gard* (Languedoc), arr. et à 26 k. d'Uzès, cant. et ✉ de Bagnols. Pop. 706 h.
CHUYER, vg. *Loire* (Forez), arr. et à 36 k. de St-Etienne, cant. de Pélussin, ✉ de Condrieu. Pop. 1,153 h.
CHUZELLE, vg. *Isère*, comm. de Villette-Serpaize-Chuzelle, ✉ de Vienne.
CIADOUX, vg. *H.-Garonne* (Comminges), arr. et à 21 k. de St-Gaudens, cant. et ✉ de Boulogne. Pop. 388 h.
CIAMANACCE, vg. *Corse*, arr., ✉ et à 72 k. d'Ajaccio, cant. de Zicavo. Pop. 752 h.
CIBARD (St-), vg. *Gironde* (Guienne), arr. et à 19 k. de Libourne, cant. de Lussac. Pop. 295 h.
CIBITS, vg. *B.-Pyrénées* (Navarre), arr. de Mauléon, ✉ et à 14 k. de St-Palais, cant. d'Iholdy. Pop. 373 h.
CIBOURE, vg. *B.-Pyrénées* (Gascogne), arr. et à 21 k. de Bayonne, cant. et ✉ de St-Jean-de-Luz. Pop. 2,153 h.
CIBRANET (St-), vg. *Dordogne* (Périgord), arr. et à 14 k. de Sarlat, cant. et ✉ de Domme. Pop. 572 h.
CIDETOT, *Seine-Inf.*, comm. de Mesnil-Panneville, ✉ de Barentin.
CIDEVILLE, vg. *Seine-Inf.* (Normandie), arr. et à 12 k. d'Yvetot, cant. et ✉ d'Yerville. Pop. 356 h.
CIDROINE (St-), vg. *Yonne* (Champagne), arr., cant. et à 16 k. de Joigny, ✉ à la Roche-sur-Yonne. Pop. 1,063 h.
CIEL, vg. *Saône-et-Loire* (Bourgogne), arr. et à 19 k. de Chalon-sur-Saône, cant. et ✉ de Verdun-sur-le-Doubs. Pop. 952 h. — *Fabrique* de sucre indigène. — *Foire* le 1ᵉʳ lundi après la Notre-Dame de sept.
CIER-DE-LUCHON, vg. *H.-Garonne* (Comminges), arr. et à 37 k. de St-Gaudens, cant. et ✉ de Bagnères-de-Luchon. P. 469 h.
CIER-DE-RIVIÈRE, vg. *H.-Garonne*(Comminges), arr. et à 11 k. de St-Gaudens, cant. de St-Bertrand, ✉ de Montrejeau. P. 814 h.
CIERGE (St-), vg. *Ardèche* (Vivarais), arr. et à 43 k. de Tournon, cant. et ✉ du Chaylard. Pop. 377 h.
CIERGE, vg. *Meuse* (Champagne), arr. et à 35 k. de Montmédy, cant. de Montfaucon, ✉ de Varenne-en-Argonne. Pop. 277 h.
CIERGE-LA-SERRE (St-), vg. *Ardèche* (Vivarais), arr. et à 14 k. de Privas, cant. et ✉ de la Voulte. Pop. 646 h.
CIERGES, vg. *Aisne* (Brie), arr. et à 25 k. de Château-Thierry, cant. et ✉ de Fère-en-Tardenois. Pop. 335 h.
CIERGUES (St-), vg. *H.-Marne* (Champagne), arr., cant., ✉ et à 8 k. de Langres. P. 326 h.
CIERP, vg. *H.-Garonne*(Comminges), arr. et à 29 k. de St-Gaudens, cant. et ✉ de St-Béat. Pop. 1,141 h.
CIERREY, *Cirreium, Cisseium*, vg. *Eure* (Normandie), arr. et à 11 k. d'Evreux, cant. et ✉ de Pacy-sur-Eure. Pop. 201 h.
CIERS (St-), vg. *Charente* (Angoumois), arr. et à 20 k. de Ruffec, cant. et ✉ de Mansle. Pop. 702 h.
CIERS - CANESSE (St-), vg. *Gironde* (Guienne), arr., ✉ et à 7 k. de Blaye, cant. de Bourg-sur-Gironde. Pop. 901 h.
CIERS-CHAMPAGNE (St-), bg *Charente-Inf.* (Saintonge), arr. et à 10 k. de Jouzac, cant. et ✉ d'Archiac. Pop. 979 h.
CIERS - D'ABZAC (St-), vg. *Gironde* (Guienne), arr. et à 17 k. de Libourne, cant. et ✉ de Guitres. Pop. 754 h.
CIERS-DU-TAILLON (St-), bg *Charente-Inf.* (Saintonge), arr. et à 18 k. de Jonzac, cant. et ✉ de Mirambeau. Pop. 1,316 h. — *Foires* les 3ᵉˢ mardis de mai, juin, juillet, août, sept. et oct.
CIERS - LA - LANDE (St-), bg *Gironde* (Guienne), arr. et à 21 k. de Blaye, chef-l. de

cant. Cure. ⌷ de St-Aubin. Pop. 2,825 h.— TERRAIN d'alluvions modernes.—*Fabrique* de serges.—*Foires* les 24 juin et 29 août.

CIERZAC, vg. *Charente-Inf.* (Saintonge), arr. et à 17 k. de Jonzac, cant. et ⌷ d'Archiac. Pop. 298 h.

CIEURAC, *Gers.* V. SCIEURAC.

CIEURAC, vg. *Lot* (Quércy), arr. et à 13 k. de Cahors, cant. et ⌷ de l'Albenque. P. 606 h.

CIEURAC, vg. *Lot*, comm. de Lauzac, ⌷ de Jouillac.

CIEUTAT, vg. *H.-Pyrénées* (Bigorre), arr., cant., ⌷ et à 10 k. de Bagnères-en-Bigorre. Pop. 1,389 h.

CIEUX, bg *H.-Vienne* (Limousin), arr. et à 16 k. de Bellac, cant. et ⌷ de Nantiat. Pop. 1,816 h.—*Fabrique* de sabots.—*Foires* les 28 de chaque mois.

CIEZ, vg. *Nièvre* (Gatinais), arr. et à 25 k. de Cosne, cant. et ⌷ de Donzy. Pop. 1,272 h.

CIGLIO, *Corse*, comm. de St-André-de-Cotone, ⌷ de Cervione.

CIGNÉ, vg. *Mayenne* (Maine), arr. et à 28 k. de Mayenne, cant. et ⌷ d'Ambrières. Pop. 1,389 h.

CIGOGNE (île), *Finistère*, comm. de Fouesnant, ⌷ de Quimper.

CIGOGNÉ, vg. *Indre-et-Loire* (Touraine), arr. et à 26 k. de Tours, cant. et ⌷ de Bléré. Pop. 411 h. Dans un territoire fertile en vins de bonne qualité.

CIGOGNE, *Nièvre*, comm. de la Fermeté, ⌷ de St-Beuin-d'Azy.—Haut fourneau où l'on fabrique annuellement 450,000 kil. de fontes, dont une partie est convertie em fer dans deux forges qui se trouvent aux environs.

CILLY, vg. *Aisne* (Picardie), arr. et à 25 k. de Laon, cant. et ⌷ de Marle. Pop. 607 h.

CIMETIÈRE-LE-GRAND, *Loire*, comm. de St-Jean-Bonnefond, ⌷ de St-Etienne.

CIMETIÈRE-DU-PÈRE-LACHAISE (le), *Seine.* V. MORT-LOUIS.

CINAIS, vg. *Indre-et-Loire* (Touraine), arr., cant., ⌷ et à 7 k. de Chinon. P. 522 h. —On y remarque les restes d'un ancien camp, que, suivant l'usage, on attribue aux Romains, mais qui paraît être un ouvrage de Henri II, roi d'Angleterre.

CINGAL, vg. et comm. du dép. du *Calvados* (Normandie), cant. de Bretteville-sur-Laise, et à 16 k. de Falaise, ⌷ d'Harcourt. Pop. 42 h.

CINDRÉ, bg *Allier* (Bourbonnais), arr. et à 30 k. de La Palisse, cant. et ⌷ de Jaligny. Pop. 755 h.

CINQ-AUTELS, vg. *Calvados* (Normandie), arr. et à 23 k. de Caen, cant. de Bourguébus, ⌷ de Vimont. Pop. 79 h.

CINQ-MARS, bg *Indre-et-Loire* (Touraine), arr. et à 25 k. de Chinon, cant. et ⌷ de Langeais. Pop. 1,728 h.—Il est bâti dans une situation pittoresque, près de la rive droite de la Loire, sur le penchant d'un coteau, où l'on remarque les ruines d'un ancien château, à peu de distance desquelles s'élève une tour légère très-curieuse, dont plusieurs antiquaires se sont vainement efforcés de pénétrer l'origine.

La pile Cinq-Mars est un pilier quadrangulaire de 27 m. 50 c. de hauteur, et de 4 m. 17 c. de largeur sur chacune de ses quatre faces. Cette largeur est égale depuis la base jusqu'au sommet, qui est surmonté de cinq piliers de 3 m. 33 c. de haut, assez semblables à ceux qu'on remarque sur les mosquées; celui du milieu a été renversé par un ouragan, en 1751, et ceux des quatre angles sont seuls restés debout. Cette pile est un massif plein, qui n'a ni escalier ni fenêtres, entièrement composé de briques de la plus grande dimension (38 c. de longueur sur 25 c. de largeur et 5 c. d'épaisseur), séparées par des couches de mortier à chaux et à ciment. La construction de cette tour, que l'on aperçoit de très-loin lorsque l'on parcourt la belle levée de Tours, est attribuée par quelques auteurs aux Romains, et par d'autres aux Visigoths ou aux Sarrasins.—*Foire* le dimanche après la St-Médard.

Bibliographie. LEMOINE. *Observations sur la pile de St-Mars*, etc. (Journ. de Verdun, janv. 1757, p. 39).

VEAU DELAUNAY. *Notice sur la pile Cinq-Mars, monument antique attribué aux Romains*, etc. (Mém. de l'acad. celtique, t. IV, p. 302).

CINQUÉTRAL, vg. *Jura* (Franche-Comté), arr., cant., ⌷ et à 7 k. de St-Claude. Pop. 598 h.

CINQUEUX, vg. *Oise* (Picardie), arr. et à 12 k. de Clermont, cant. et ⌷ de Liancourt. Pop. 712 h.

CINTEGABELLE, petite ville, *H.-Garonne* (Languedoc), arr. et à 32 k. de Muret, chef-l. de cant. Cure. ⌷ et bureau d'enregist. d'Auterive. Pop. 4,016 h.—TERRAIN tertiaire moyen. —Elle est située au confluent du Lers et de l'Ariège, qui commence en cet endroit à être navigable.—*Foires* les 7 sept., 29 oct., 6 déc. et mardi après Quasimodo.

CINTHEAUX, vg. *Calvados* (Normandie), arr. et à 19 k. de Falaise, cant. de Bretteville-sur-Laize, ⌷ de Langannerie. Pop. 259 h.

CINTRAY, *Cintraium*, vg. *Eure* (Normandie), arr. et à 40 k. d'Evreux, cant. et ⌷ de Breteuil. Pop. 583 h. Sur l'Iton.—*Fabrique* de quincaillerie.

CINTRAY, vg. *Eure-et-Loir* (Beauce), arr., cant., ⌷ et à 9 k. de Chartres. P. 94 h.

CINTRÉ, vg. *Ille-et-Vilaine* (Bretagne), arr. et à 15 k. de Rennes, cant. de Mordelles, ⌷ de Montfort-sur-Meu. Pop. 702 h.

CINTREY, vg. *H.-Saône* (Franche-Comté), arr. et à 39 k. de Vesoul, cant. de Vitrey. ⌷. ✪. A 325 k. de Paris pour la taxe des lettres. Pop. 420 h.

CINTURAT, *H.-Vienne*, comm. de Cieux, ⌷ de Nantiat.

CIOTAT (la), *Elusa Vetus, Taurentium, Citharistes*, jolie ville maritime, *Bouches-du-Rhône*, arr. et à 32 k. de Marseille, ch.-l. de cant. Trib. de comm. Conseil de prud'hommes. Ecole d'hydrographie de 4ᵉ classe. Cure. ⌷. A 807 k. de Paris pour la taxe des lettres. Pop. 5,902 h. — TERRAIN crétacé inférieur, grès vert.

La Ciotat occupe l'emplacement de l'ancienne Citharistes, fondée par les Marseillais 160 ans avant l'ère chrétienne. Les Romains y avaient une station maritime, mentionnée dans l'Itinéraire d'Antonin; mais il paraît qu'elle se dépeupla par l'effet des guerres et de la cessation du commerce, au point qu'il ne resta bientôt plus aucuns vestiges de son existence. La fondation de la ville actuelle remonte au règne de Raymond de Béranger, époque où quelques familles de l'ancienne Citharistes, qui s'étaient dispersées dans les environs, revinrent sur les bords de la mer, et se livrèrent à la pêche. Plus tard, des pêcheurs catalans se joignirent à ces familles et formèrent une nouvelle population, qui, sous François Iᵉʳ, s'élevait à 12,000 âmes. La Ciotat devint alors un port de commerce important, renommé pour ses constructions maritimes, où il se faisait des chargements considérables pour le Levant. La prospérité de ce port se soutint jusqu'à la révocation de l'édit de Nantes; depuis cette époque, elle a toujours été en déclinant.

Les armes de la Ciotat sont: *d'azur à une ville d'argent en face, soutenue d'un mur de même; la ville sommée d'une crosse d'or, à dextre d'un C, à senestre d'un T d'argent, et au milieu de la mer une barque de sable des voiles déployées.* Dans un manuscrit de 1669 elles sont figurées: *d'azur à un pont de quatre arches d'argent surmonté d'une mitre et d'une crosse d'or; au bas du pont est un poisson d'argent posé sur des ondes de même en pointe.*

La ville de la Ciotat est dans une situation des plus agréables, au milieu d'une campagne riante, couverte d'oliviers, de grenadiers et d'orangers. Elle est bâtie au fond d'une anse que forme la mer, sur le bord occidental du golfe de Lèques. L'enceinte, qui est fort grande, est formée par un ancien rempart en assez bon état. Les rues sont bien pavées, bien percées, et presque toutes tirées au cordeau; les maisons sont en général bâties avec goût et très-proprement décorées, tant à l'extérieur qu'à l'intérieur. La plus grande longueur de la ville est du nord au sud; l'exposition générale est à l'est. Une très-belle esplanade, appelée la Tasse, qui domine le golfe et s'étend au nord de l'entrée du port, sert de promenade et offre une vue magnifique.

L'entrée du port est à l'est, entre la pointe Berouard et l'extrémité d'une longue chaussée qui joint le chantier de construction situé au midi; ce port est de bonne tenue, et peut recevoir des frégates et des bâtiments de commerce de 300 tonneaux. Le mouillage du golfe est très-sûr, non-seulement pour les bâtiments de commerce, mais encore pour les vaisseaux de guerre. A l'extrémité de la langue de terre qui forme la gauche de l'entrée du port est situé le Château, dont les feux croisent avec ceux des diverses batteries qui défendent le golfe. L'Ile-Verte, que la nature semble avoir formée tout exprès pour la défense du golfe et du port, est occupée militairement par des tours et par de bons retranchements, qui en assurent la possession. — Deux phares à feux fixes signalent l'entrée du port : 1° un fanal de 25 m. d'élévation sur le port Berouard, à droite de l'entrée du port ; 2° un fanal de 28 m. de hauteur au sommet de la tourelle du nouveau môle ; ces deux fanaux ont 12 k. de portée. Lat. 43° 11', long. 3° 16'.

L'église paroissiale est un vaste édifice, construit dans le XVI° siècle; l'intérieur est très-orné. — L'hôtel de ville a peu d'apparence; mais la principale salle est très-vaste, et la salle du conseil richement décorée. Les bureaux sont bien distribués, et les archives conservées avec un ordre admirable.

Patrie de l'amiral Gantheaume. Du littérateur Marini.

Fabriques d'huile. Filature de coton. Construction de navires de toutes grandeurs. Armements pour la pêche. Cabotage. — *Commerce* de vins très-estimés, fruits secs et figues blanches de son territoire.

Bibliographie. Marin (F.-L.-Cl.). *Mémoires sur l'ancienne ville de Taurenium. Histoire de la ville de la Ciotat,* etc., in-12, 1782.

CIOTI, *Corse,* comm. de San-Giovanni, ⊠ de Cervione.

CIPIÈRES, *Cippus,* vg. *Var* (Provence), arr. et à 22 k. de Grasse, cant. de Coursegoules, ⊠ de Vence. Pop. 827 h.

CIRAC (St-), vg. *Ariége,* comm. de Soula, ⊠ de Foix.

CIRAL, vg. *Orne* (Normandie), arr. et à 23 k. d'Alençon, cant. et ⊠ de Carrouges. Pop. 1,291 h.

CIRAN, ou CIRAN-LA-LATTE, vg. *Indre-et-Loire* (Touraine), arr. et à 13 k. de Loches, cant. et ⊠ de Ligueil. ⊙. Pop. 612 h. — Aux environs, on voit le vieux château flanqué de tours de LA ROCHE-BRETEAU.

CIRAN-DU-JAMBOT (St-), vg. *Indre* (Berry), arr. et à 47 k. de Châteauroux, cant. et ⊠ de Châtillon-sur-Indre. Pop. 405 h.

CIRAT, *H.-Vienne,* com. de la Porcherie, ⊠ de Pierre-Buffière.

CIRCOURT, *Moselle,* comm. de Xivry-le-Franc, ⊠ de Briey.

CIRCOURT, vg. *Vosges* (Lorraine), arr., cant., ⊠ et à 7 k. de Neufchâteau. P. 365 h.

CIRÉ, vg. *Charente-Inf.* (Aunis), arr. et à 15 k. de Rochefort-sur-Mer, cant. d'Aigrefeuille, ⊠ de Croix-Chapeau. Pop. 934 h. — *Foires* les 1ers lundis de mars, mai, 10 nov. et 22 déc.

CIRÈS, vg. *H.-Garonne* (Comminges), arr. et à 54 k. de St-Gaudens, cant. et ⊠ de Baguères-de-Luchon. Pop. 123 h.

CIRES-LES-MELLO, vg. *Oise* (Picardie), arr. et à 20 k. de Senlis, cant. de Neuilly-en-Thelle, ⊠ de Creil. Pop. 1,318 h. — Il est situé dans la vallée du Thérain, est formée en partie par une branche de cette rivière, et n'est séparé du bourg de Mello que par un ruisseau. Le hameau de Tillet, qui en dépend, est remarquable par un château et un parc. Dans le territoire de ce hameau, il y a une mine de cuivre, mais pas assez considérable pour être exploitée. — *Fabriques* de bonneterie, de calicots et de linge de table en coton. Carrières et moulins à blé. Filatures de laine.

CIREY, vg. *Côte-d'Or* (Bourgogne), arr. et à 2 k. de Beaune, cant. et ⊠ de Nolay. Pop. 425 h.

CIREY, vg. *Côte-d'Or* (Bourgogne), arr. et à 22 k. de Dijon, cant. et ⊠ de Pontailliersur-Saône. Pop. 302 h.

CIREY, ou CIREY-MARLOZ, ou LES NEUVES-GRANGES, vg. *H.-Saône* (Franche-Comté), arr. et à 29 k. de Vesoul, cant. et ⊠ de Rioz. Pop. 566 h. Près de la rive droite de l'Ognon. — L'abbaye de BELLEVAUX, fondée en 1119 et occupée aujourd'hui par des religieux de l'ordre de Sept-Fonts, est une dépendance de cette commune.

CIREY-LES-FORGES, bg *Meurthe* (Lorraine), arr. et à 21 k. de Sarrebourg, cant. de Lorquin, ⊠ de Blamont. Pop. 2,332 h. — Il est situé au pied des Vosges, à la source de la Vezouze. — *Fabrique* de faïence. Manufacture de glaces coulées, montée sur la plus grande échelle; elle fournit des glaces de la plus grande dimension, qui se distinguent par la beauté de leur poli et la blancheur de leur matière : cette manufacture occupe de 900 à 1,000 ouvriers (V. ST-QUIRIN). Scierie hydraulique. Papeterie. — *Foires* le dimanche qui suit le 20 janv. et le 20 août, ou ces mêmes jours si c'est un dimanche, et le 4° dimanche de carême.

CIREY-LES-MAREILLES, vg. *H.-Marne* (Champagne), arr. et à 15 k. de Chaumont-en-Bassigny, cant. et ⊠ d'Andelot. P. 285 h.

CIREY-SUR-BLAISE (avec un CIREY-LE-CHATEAU), vg. *H.-Marne* (Champagne), arr. et à 23 k. de Vassy, cant. de Doulevant. ⊠. A 349 k. de Paris pour la taxe des lettres. Pop. 721 h. Sur la rive droite de la Blaise.

Cirey possède un beau château, où se retira, dans le siècle dernier, la marquise du Châtelet, après avoir rompu avec son mari par une de ces demi-séparations décentes dans lesquelles n'interviennent point les tribunaux. Mᵐᵉ du Châtelet usa de sa liberté pour former une liaison douce pour son cœur et satisfaisante pour son esprit. Voltaire la suivit, et partagea avec elle la retraite studieuse qu'elle s'était choisie; il y passa cinq années consécutives pour se mettre à l'abri des persécutions de ses ennemis, qui le croyaient hors de France. Pour maintenir cette opinion, il fit insérer dans les papiers publics qu'il était en Angleterre, et datait toutes ses lettres de Cambridge. Ce fut dans cette retraite qu'il composa *Mahomet, Mérope,* l'*Enfant prodigue,* le *Discours philosophique sur l'homme.* Le voisinage de Cirey, où l'on trouve des forges, détermina Voltaire à faire plusieurs expériences chimiques et à étudier la physique. Aidé des secours de Mᵐᵉ du Châtelet, il publia bientôt ses *Éléments de Newton.* Clairaut, Mayran, Maupertuis, etc., se rendirent souvent à Cirey.

On voyait encore naguère dans ce château l'appartement et la bibliothèque qui servirent à Voltaire. Dans le boudoir de Mᵐᵉ du Châtelet, on avait conservé les vers suivants, écrits de la main de Voltaire, et qui ne sont point dans ses œuvres :

Doux repos, point d'inquiétude,
Peu de livres, point d'ennuyeux :
Un ami dans la solitude :
Voilà mon sort, il est heureux.

Forges et hauts fourneaux. — *Foire* le 12 nov.

CIRFONTAINE, *Calvados,* com. de Marolles, ⊠ de Lisieux.

CIRFONTAINE-EN-AZOIS, vg. *H.-Marne* (Champagne), arr. et à 22 k. de Chaumont-en-Bassigny, cant. et ⊠ de Château-Villain. Pop. 567 h.

CIRFONTAINES-EN-ORMOIS, vg. *H.-Marne* (Champagne), arr. et à 38 k. de Vassy, cant. de Poissons, ⊠ de Sailly. Pop. 388 h.

CIRGUE (St-), vg. *Tarn* (Languedoc), arr. et à 28 k. d'Albi, cant. et ⊠ de Valence-en-Albigeois. Pop. 861 h.

CIRGUE (St-), vg. *H.-Loire* (Auvergne), arr. et à 19 k. de Brioude, cant. et ⊠ de la Voulte-Chilhac. Pop. 655 h.

CIRGUES (St-), vg. *Lot* (Quercy), arr. à 20 k. de Figeac, cant. de Latronquière, ⊠ de Maurs. Pop. 1,568 h.

CIRGUES (St-), vg. *Puy-de-Dôme* (Auvergne), arr. et à 10 k. d'Issoire, cant. et ⊠ de Champeix. Pop. 335 h. — Il y avait jadis un château fort, illustré par le séjour de la marquise de Rupelmonde, à laquelle Voltaire adressa son épître à Uranie. — On y trouve une source d'eau minérale froide.

CIRGUES (St-), *Tarn,* comm. et ⊠ de Lavaur.

CIRGUES-DE-JORDANNE (St-), vg. *Cantal* (Auvergne), arr., cant., ⊠ et à 17 k. d'Aurillac. Pop. 1,279 h.

CIRGUES-DE-MALBERT (St-), vg. *Cantal* (Auvergne), arr. à 20 k. d'Aurillac, cant. et ⊠ de St-Cernin. Pop. 1,375 h.

CIRGUES-DE-PRADES (St-), vg. *Ardèche* (Languedoc), arr. et à 15 k. de Largentière, cant. de Thueyts, ⊠ d'Aubénas. Pop. 474 h.

CIRGUES-EN-MONTAGNE (St-), vg. *Ardèche* (Languedoc), arr. et à 47 k. de Largentière, cant. et ⊠ de Montpézat. Pop. 765 h. — *Foires* les 12 avril, 12 et 18 mai, 12 juin, 12 juillet, 16 août, 12 sept., 24 oct., 4 nov. et 12 déc.

CIRGUES-LA-ROCHE (St-), vg. *Corrèze* (Limousin), arr. et à 49 k. de Tulle, cant. de Servières, ⊠ de St-Privat. Pop. 988 h.

CIRIAC (St-), *Tarn,* comm. de Giroussens, ⊠ de Lavaur.

CIRICE (St-), vg. *Tarn-et-Garonne* (Languedoc), arr. et à 26 k. de Moissac, cant. et ⊠ d'Auvillars. Pop. 362 h.

CIRIÈRE, vg. *Deux-Sèvres* (Poitou), arr. et à 8 k. de Bressuire, cant. et ⊠ de Cerisay. Pop. 642 h.

CIRON, vg. *Indre* (Berry), arr., cant., ⊠ et à 15 k. du Blanc. Pop. 731 h. — On remarque à Ciron un joli lampadaire, élevé jadis dans l'intention d'honorer les morts. Du petit nombre de ces antiques monuments qui nous restent encore, c'est peut-être celui qui a eu le moins à souffrir des ravages du temps. Les pierres sépulcrales qui l'entourent ou affleurent le sol attestent son ancienne destination.

A peu de distance de ce village est le château de LA BARRE dont les tourelles peintes en rose se présentent agréablement au milieu de vastes jardins que termine la Creuse.

Non loin de Ciron sont les ruines imposantes du château de Romefort ou RAMAFORT. Ce château était environné d'une triple enceinte, et la Creuse, qui coule au pied, le défendait encore de toute attaque. Le donjon reste debout, serré entre quatre tours qui le pressent aux quatre angles. L'on ne pouvait y pénétrer que par une entrée oblique, tortueuse et basse, donnant accès à une salle carrée dont la voûte retombe sur un pilier central et cylindrique.

CIRON (le), rivière qui prend sa source dans la lande de Lubon, arr. de Mont-de-Marsan, *Landes*; elle passe à Lubon, Allon, Villandraut, Pujols, et se jette dans la Garonne, près de Barsac, *Gironde*, après un cours d'environ 40 k. : elle est flottable en trains, depuis la Trave jusqu'à son embouchure.

CIRQ (St-), vg. *Aveyron* (Rouergue), arr. et à 50 k. de Rodez, cant. de Requista, ✉ de Cassagnes-Bégouhès. Pop. 976 h.

CIRQ (St-), vg. *Dordogne* (Périgord), arr. et à 24 k. de Sarlat, cant. et ✉ du Bugue. P. 298 h.

CIRQ (St-), vg. *Tarn-et-Garonne* (Quercy), arr. et à 25 k. de Montauban, cant. et ✉ de Caussade. Pop. 769 h.

CIRQ-DE-MADELON (St-), *Lot*, comm. de Millac, de Gourdon.

CIRQ-LAPOPIE (St-), bg *Lot* (Quercy), arr., ✉ et à 24 k. de Cahors, cant. et ✉ de St-Géry. Pop. 1,276 h. — Ce bourg est bâti sur la rive gauche du Lot, au pied d'énormes rochers dont le sommet était autrefois fortifié. On y voit les ruines d'un antique château où Henri IV séjourna après la prise de Cahors. — *Fabriques d'ouvrages en buis*, moules de boutons, cuillers, etc. — Foires les jeudi gras, 20 avril, 6 sept. et 14 nov.

CIRY, vg. *Saône-et-Loire* (Bourgogne), arr. et à 24 k. de Charolles, cant. de Toulon-sur-Arroux, ✉ de Perrecy. Pop. 1,465 h. — Il est situé sur la Bourbince, près du canal de Bourgogne. — *Fabriques de creusets* et de briques réfractaires très-estimées. Forges et aciéries. Mine de houille d'excellente qualité, exploitée au moyen de deux machines à vapeur, qui servent à l'extraction du charbon et à l'épuisement des eaux : un chemin de fer de 3 k. de longueur, terminé par un plan incliné automoteur de 150 m., facilite le transport d'une partie des produits sur le canal du Centre.

CIRY-SALSOGNE, vg. *Aisne* (Picardie), arr. et à 13 k. de Soissons, cant. et ✉ de Braisne. Pop. 635 h.

CISAI-ST-AUBIN, vg. *Orne* (Normandie), arr. et à 28 k. d'Argentan, cant. et ✉ de Gacé. Pop. 603 h.

CISARDIÈRES (les), *Loiret*, comm. de Trainou, ✉ de Pont-aux-Moines.

CISE, vg. *Jura* (Franche-Comté), arr. de Poligny, à 28 k. d'Arbois, cant. et ✉ de Champagnole. Pop. 182 h.

CISERY, vg. *Yonne* (Bourgogne), arr. et à 13 k. d'Avallon, cant. de Guillon, ✉ de Cussy-les-Forges. Pop. 164 h.

CISOING. V. CYSOING.

CISSAC, *Aveyron*, comm. de Cantoin, ✉ de Laguiole.

CISSAC, vg. *Gironde* (Guienne), arr. et à 14 k. de Lesparre, cant. et ✉ de Pauillac. P. 960 h.

CISSÉ, vg. *Vienne* (Poitou), arr. et à 12 k. de Poitiers, cant. et ✉ de Neuville. P. 945 h. — Foire le lundi du 2ᵉ dimanche après la St-Jean.

CISSE (la), rivière qui prend sa source dans un étang, près du village de Conon, cant. de Marchenoir, arr. de Blois, dép. de *Loir-et-Cher*. Elle passe à St-Lubois, Orchaize, Chambon, Coulanges, Chousy; entre ensuite dans le département d'*Indre-et-Loire*, passe à Limeray, Nazelles, et se jette dans la Loire, au bas du Vouvray, après avoir reçu la Brande au-dessous de Vernon. Son cours est d'environ 60 k.

CISSEY, vg. *Côte-d'Or*, comm. de Mercueil, ✉ de Beaune.

CISSEY, vg. *Eure* (Normandie), arr. et à 10 k. d'Evreux, cant. et ✉ de St-André. Pop. 172 h.

CISTERNES-LA-FORÊT, vg. *Puy-de-Dôme* (Auvergne), arr. et à 40 k. de Riom, cant. et ✉ de Pontaumur. Pop. 1,222 h.

CISTRIÈRES, vg. *H.-Loire* (Auvergne), arr. et à 23 k. de Brioude, cant. et ✉ de la Chaise-Dieu. Pop. 1,062 h.

CITADELLE (la), *B.-Rhin*, comm. et ✉ de Strasbourg.

CITÉ (la), *Dordogne*, comm. et ✉ de Périgueux.

CITEAUX, *Cistertium*, *Cisterriense Monasterium*, comm. de St-Nicolas, ✉ de Nuits. — On y voit les magnifiques bâtiments de la célèbre abbaye de Citeaux, fondée en 1098 par Robert, abbé de Molesme, qui abandonna son abbaye et se rendit avec vingt et un religieux dans la forêt de Citeaux, que lui avait concédée Reynard, vicomte de Beaune. Cet établissement, protégé par Eudes, duc de Bourgogne, et par l'évêque de Chalon, ne tarda pas à devenir célèbre. Robert donna à ses religieux la règle de St-Benoît, et bientôt leur réputation de ferveur et d'austérité leur attira une foule de novices. Ce fut sous Albéric, second abbé de Citeaux, que cette maison commença à avoir des statuts particuliers. Sous le troisième abbé, Etienne, la nouvelle abbaye, devenue trop nombreuse, fut obligée de détacher d'elle plusieurs colonies, et en moins de trois ans on vit s'élever les abbayes de la Ferté, de Pontivy, de Clairvaux et de Morimond, que l'on nomme les quatre filles de Citeaux ; et comme ces filles produisirent à leur tour un très-grand nombre de communautés, elles eurent le rang et la prérogative de maisons chefs d'ordre, bien qu'elles demeurassent toujours sous la direction de l'abbé de Citeaux. L'abbaye de Morimond posséda seule jusqu'à sept cents bénéfices, et eut sous sa dépendance les ordres militaires de Calatrava, d'Alcantara et de Montesa en Espagne, et ceux de Christ et d'Avis en Portugal. Mais de toutes les filles de Citeaux, la plus illustre de toutes fut sans contredit celle de Clairvaux. — Vers la fin du XIIᵉ siècle, le relâchement s'introduisit dans l'ordre de Citeaux, qui était possesseur d'immenses richesses. Jean de la Barrière, abbé de Notre-Dame des Feuillants, près Toulouse, parvint en 1577 à opérer parmi ses religieux une réforme, qui donna naissance à la congrégation des feuillants. Toutefois, de toutes les réformes des Cisterciens, la plus célèbre est celle qui fut opérée en 1664 par l'abbé de Rancé. — Une pièce des archives historiques de l'Aube porte que 1,800 monastères de religieux et 1,400 monastères de religieuses dépendaient de l'abbaye de Citeaux.

Fabrique de sucre indigène.

Bibliographie. LENAIN (D.-P.). *Essais de l'histoire de l'ordre de Citeaux*, 9 vol. in-12, 1696, 1797.

* *Traité historique du chapitre général de l'ordre de Citeaux*, in-4, 1737.

HÉLYOT (P.). *Histoire abrégée de tout ce qui concerne l'ordre de Citeaux et ses différentes réformes* (dans son Histoire des ordres monastiques, t. v, p. 341 et suiv., in-4, 1714).

MOREAU DE MAUTOUR. *Description historique des principaux monuments de l'abbaye de Citeaux* (Histoire de l'académie des belles-lettres, t. IX, p. 193).

CITERNE, vg. *Somme* (Picardie), arr. et à 20 k. d'Abbeville, cant. d'Hallencourt, ✉ d'Airaine. Pop. 514 h.

CITERS, vg. *H.-Saône* (Franche-Comté), arr. et à 12 k. de Lure, cant. et ✉ de Luxeuil. Pop. 996 h.

CITEY, vg. *H.-Saône* (Franche-Comté), arr. et à 17 k. de Gray, cant. et ✉ de Gy. Pop. 804 h.

CITHARISTA (lat. 44°, long. 24°). « Entre plusieurs ports, dont l'Itinéraire fait mention dans l'intervalle de Toulon à Marseille, on trouve *Citharista*, dont on reconnaît le nom sous celui de Ceireste, qui est *Cisarista* dans une bulle de Grégoire VII, de l'an 1084, en faveur de l'abbaye de St-Victor de Marseille. Mais, la position de Ceireste étant à quelque distance de la mer, celle que désigne l'Itinéraire doit conserver le Ciotat, qui est le port correspondant à cette position, et dont les accroissements et l'état actuel peuvent être regardés comme récents, car qu'Honoré Bouche remarque qu'il n'est point mention de la Ciotat, mais bien de Ceireste, dans un ancien dénombrement des lieux de la Provence. On peut voir dans les articles *Æmines Portus*, *Carcici*, *Tauroentum*, qu'il y a du dérangement dans l'ordre des positions que suit l'Itinéraire, en parcourant cette côte depuis Toulon jusqu'à Marseille : de sorte que *Citharista*, qui suit *Carcici* dans l'Itinéraire, doit au contraire devancer *Carcici*, selon que le local en décide. J'observe que l'indication de l'Itinéraire entre *Citharista* et le lieu qui convient à *Carcici*, nonobstant que l'Itinéraire y place *Æmines* au lieu de *Carcici*, est VI. Or, je trouve que cette indication répond assez précisément à la route que l'on tiendra du port de la Ciotat à celui de Cassis, qui est *Carcici*, en serrant la côte et le cap de l'Aigle, dont la saillie forme la baie de la Ciotat. » D'Anville. *Notice de l'ancienne Gaule*, p. 227.

CITHARISTES, *promotorium* (lat. 44°, long. 24°). « Ptolémée place ce promontoire entre *Tauroentum* et *Olbia*, et il en fait la pointe la plus méridionale de cette partie du continent. Or, ces circonstances désignent indubitablement le cap Cicier, près de Toulon. » D'Anville. *Notice de l'ancienne Gaule*, p. 228. V. aussi Walckenaer. *Géographie des Gaules*, t. II, p. 196.

CITOU, vg. *Aude* (Languedoc), arr. et à 30 k. de Carcassonne, cant. et ✉ de Peyriac-Minervois. Pop. 613 h.

CITRY, vg. *Seine-et-Marne* (Brie), arr. et à 30 k. de Meaux, cant. et ✉ de la Ferté-sous-Jouarre. Pop. 752 h.

L'église de Citry, de construction romane, mérite d'être signalée par un joli portail à plein cintre bien conservé, qui décore la façade septentrionale. L'archivolte est ornée d'un triple rang de zigzags qui retombent sur trois colonnettes ; les chapiteaux, à larges feuilles roulées en volutes, sont coupés vers le milieu par un rang de petites dents de scie. — Dans l'église on voit le mausolée de Jacques de Renty et de Françoise de la Haye, son épouse. Ce monument, d'une belle exécution, se compose d'une large table de marbre noir, supportée par quatre pieds du même marbre. Les deux époux sont représentés en demi-ronde bosse, dans deux arcades formées par des colonnes d'ordre composite et surmontées d'un fronton triangulaire. — Le célèbre Gaston de Renty, mort à Paris en odeur de sainteté en 1649, a été inhumé dans un caveau, sous la chapelle gauche de l'église.

CIVEAUX, vg. *Vienne* (Poitou), arr. et à 17 k. de Montmorillon, cant. et ✉ de Lussac. Pop. 914 h. Sur la rive gauche de la Vienne. Ce village est situé sur une langue de terre plate et unie, longue d'environ 3 k. et large à peu près de quatre cents pas, bornée d'un côté par la Vienne, et de l'autre par des terres qui s'élèvent presque insensiblement et se terminent en coteaux. Au milieu de cette plage, on trouve un vaste espace où l'on a découvert plus de sept mille tombes en pierres de toutes grandeurs, dont la forme ordinaire est précisément celle de nos cercueils en bois. Chacune de ces tombes était couverte d'une grande pierre, souvent plate, quelquefois convexe par-dessus, sans la moindre trace de sculpture. La plaine de Civeaux, d'après les découvertes qui ont été faites, particulièrement par Siauve, paraît avoir été un cimetière public, dont l'établissement remonte à l'époque de la domination romaine, et peut-être même antérieurement.

Bibliographie. * *Recherches sur la manière d'inhumer des anciens, à l'occasion des tombeaux de Civeaux en Poitou*, par B. R., in-12, 1738.

CIVENS, vg. *Loire* (Forez), arr. et à 29 k. de Montbrison, cant. et ✉ de Feurs. P. 504 h.

CIVIÈRE, vg. *Eure* (Normandie), arr. à 18 k. des Andelys, cant. et ✉ d'Écos. Pop. 284 h.

CIVRAC, vg. *Gironde* (Guienne), arr. et à 5 k. de Blaye, cant. de St-Savin, ✉ de Cavignac. Pop. 800 h.

CIVRAC–EN–MÉDOC, vg. *Gironde* (Guienne), arr., cant., ✉ et à 21 k. de Lesparre. Pop. 689 h.

CIVRAC-SUR-DORDOGNE, vg. *Gironde* (Guienne), arr. et à 18 k. de Libourne, cant. de Pujols, ✉ de Castillon. Pop. 406 h.

CIVRAIS, vg. *Deux-Sèvres*, com. de Cherveux, ✉ de St-Maixent.

CIVRAN (St-), vg. *Indre* (Berry), arr. et à 29 k. du Blanc, cant. et ✉ de St-Benoist-du-Sault. Pop. 482 h.

CIVRAY, vg. *Cher* (Berry), arr. et à 21 k. de Bourges, cant. et ✉ de Charost. Pop. 1,343 h.

CIVRAY, vg. *Indre-et-Loire* (Touraine), arr. et à 29 k. de Loches, cant. et ✉ de la Haye-des-Cartes. Pop. 416 h.

CIVRAY, bg *Indre-et-Loire* (Touraine), arr. et à 30 k. de Tours, cant. et ✉ de Bléré. Pop. 1,083 h.

CIVRAY, petite ville, *Vienne* (Poitou), chef-l. de sous-préf. Trib. de 1re inst. Société d'agric. Collège comm. Cure. Gîte d'étape. ✉. ✶. A 397 k. de Paris pour la poste des lettres. Pop. 2,147 h. — TERRAIN jurassique, étage inférieur du système oolitique.

Cette ville est située dans un riche bassin, sur la rive droite de la Charente, qui y fertilise de belles prairies. L'origine de Civray date du temps des empereurs ; elle fut anciennement fortifiée, et l'on y voit encore les ruines d'un ancien château. L'église paroissiale, par sa construction, sa forme et ses sculptures, paraît remonter à une haute antiquité.

Fabriques d'étoffes de laine. — *Commerce* de grains, truffes, marrons renommés, châtaignes, graines de trèfle et de luzerne, bestiaux, etc. — Foires les 17 janv., 30 juin, 2 oct., 13 nov., mardi avant la mi-carême, lundi après la Pentecôte, et 1er mardi de chaque mois.

A 51 k. de Poitiers, 397 k. de Paris.

L'arrondissement de Civray est composé de 5 cantons : Availles, Charroux, Civray, Couhé, Gençay.

CIVRAY-LES-ESSARTS, *Vienne*, com. de Vouillé, ✉ de Neuville.

CIVRIEUX, vg. *Ain* (Bourgogne), arr., cant., ✉ et à 11 k. de Trévoux. Pop. 482 h.

CIVRIEUX – D'AZERGUES, vg. *Rhône* (Lyonnais), arr. et à 18 k. de Lyon, cant. de Limonest, ✉ de Chasselay. Pop. 404 h.

CIVRY, vg. *Eure-et-Loir* (Beauce), arr., cant., ✉ et à 12 k. de Châteaudun. P. 574 h.

CIVRY, *Saône-et-Loire*, comm. de St-Julien-de-Civry, ✉ de Charolles.

CIVRY, vg. *Yonne* (Bourgogne), arr. et à 16 k. d'Avallon, cant. et ✉ de l'Isle-sur-le-Serein. Pop. 429 h.

CIVRY-EN-MONTAGNE, vg. *Côte-d'Or* (Bourgogne), arr. et à 43 k. de Beaune, cant. et ✉ de Pouilly-en-Montagne. Pop. 340 h.

CIVRY–LA–FORÊT, vg. *Seine-et-Oise* (Beauce), arr. et à 16 k. de Mantes, cant. de Houdan, ✉ de Septeuil. Pop. 299 h.

CIZANCOURT, vg. *Somme* (Picardie), arr., ✉ et à 12 k. de Péronne, cant. de Mesle. Pop. 90 h.

CIZAY, vg. *Maine-et-Loire* (Anjou), arr. et à 15 k. de Saumur, cant. et ✉ de Montreuil-Bellay. Pop. 553 h.

CIZAY, vg. *Ain* (Bresse), arr., ✉ et à 19 k. de Bourg-en-Bresse, cant. de Ceyzeriat. Pop. 196 h.

CIZELY, vg. *Nièvre* (Nivernais), arr. et à 30 k. de Nevers, cant. et ✉ de St-Benin-d'Azy. Pop. 115 h.

CIZOS, vg. *H.-Pyrénées* (Armagnac), arr. et à 33 k. de Bagnères-en-Bigorre, cant. et ✉ de Castelnau-Magnoac. Pop. 394 h.

CIZY (St-), vg. *H.-Garonne* (Gascogne), arr. à 34 k. de Muret, cant. et ✉ de Cazères. Pop. 83 h.

CLACHALOZE, *Seine-et-Oise*, comm. de Gommecourt, ✉ de Bonnières.

CLACY, vg. *Aisne* (Picardie), arr., cant., ✉ et à 5 k. de Laon. Pop. 166 h.

CLADECH, vg. *Dordogne* (Périgord), arr. et à 18 k. de Sarlat, cant. et ✉ de Belvès. Pop. 305 h.

CLAIDS, *Manche*, comm. de St-Patrice-de-Claids, ✉ de Périers.

CLAIN (le), *Clanis*, *Clanus*, *Clenus*, *Clytis*, *Clitis*, rivière qui prend sa source au village de Jessé, arr. de Confolens, *Charente* ; elle passe à Pressac, Lareau, Vareilles, Vivonne, Poitiers, Chasseneuil, et se jette dans la Vienne, au-dessous de Cernon. Dans son cours, qui est environ de 100 k., elle reçoit la Dive, la Vonne, l'Auzance, le Palu, et autres petites rivières. Le gouvernement s'occupe des moyens de rendre cette rivière navigable depuis Poitiers jusqu'à son embouchure.

CLAINPOSOULT, vg. *Orne* (Normandie), arr. d'Argentan, cant. et ✉ de Vimoutiers. Pop. 443 h.

CLAIR (St-), vg. *Ardèche* (Vivarais), arr. et à 34 k. de Tournon, cant. et ✉ d'Annonay. Pop. 459 h.

CLAIR (St-), *Calvados*, com. de Goustranville-St-Clair, ✉ de Dozulé.

CLAIR (St-), vg. *Isère* (Dauphiné), arr., cant., ✉ et à 9 k. de la Tour-du-Pin, et à 14 k. de Bourgoin. Pop. 945 h.

CLAIR (St-), vg. *Isère* (Dauphiné), arr. et à 12 k. de Vienne, cant. de Roussillon, ✉ de Condrieu. Pop. 623 h.

CLAIR (St-), vg. *Lot* (Quercy), arr., cant., ⌧ et à 5 k. de Gourdon. Pop. 508 h. — *Foires* les 2 juin, 14 sept., 9 déc., et lendemain de Quasimodo.

CLAIR (St-), bg *Manche* (Normandie), arr. et à 11 k. de St-Lô, chef-l. de cant. Cure. ⌧ de Cérisy-la-Forêt. Pop. 691 h. — TERRAIN de transition inférieure. — *Foires* les 1er mardi de janv., 8 mai et 8 oct.

CLAIR (St-), *Rhône*, comm. de la Croix-Rousse, ⌧ de Lyon.

CLAIR (St-), vg. *Tarn-et-Garonne* (Quercy), arr. et à 18 k. de Moissac, cant. et ⌧ de Valence-d'Agen. Pop. 413 h.

CLAIR (St-), vg. *Vienne* (Poitou), arr. et à 16 k. de Loudun, cant. de Moncontour, ⌧ de Mirebeau. Pop. 372 h.

CLAIRA, bg *Pyrénées-Or.* (Roussillon), arr. et à 10 k. de Perpignan, cant. de Rivesaltes, ⌧ de St-Laurent-de-la-Salanque. Pop. 1,090 h. — C'était autrefois une place forte, démantelée par ordre du prince de Condé, qui s'en rendit maître en 1641.

PATRIE de LLOT DE RIBERA, auteur de plusieurs ouvrages ascétiques.

CLAIRAC, *Clairiacum*, jolie ville, *Lot-et-Garonne* (Agénois), arr. et à 25 k. de Marmande, cant. de Tonneins. Cure. Gîte d'étape. ⌧. A 598 k. de Paris pour la taxe des lettres. Pop. 4,842 h.

Cette ville doit son origine à un monastère fondé, dit-on, en 767, par Centulle Maurelle, seigneur qui s'était rendu précédemment à Arles auprès de Pepin, pour lui demander l'autorisation de fonder et d'élever cette abbaye. Les historiens ecclésiastiques rapportent qu'un parlement y fut tenu en 1138; mais il est reconnu que la prétendue tenue de ce parlement est un conte inventé à plaisir. Quoi qu'il en soit, il paraît que Clairac était déjà une place importante vers la fin du XIIe siècle. Le seigneur de Montpezat la prit par escalade en 1441. En 1527, Gérard Rousselle, abbé de Clairac, embrassa la religion protestante, et attira à sa nouvelle croyance une partie des habitants de la ville. Les capitaines catholiques Lavalette, de Losse et Monferrand, investirent cette place le 30 mai 1574, et se retirèrent le 20 juin suivant, après avoir donné deux assauts dans lesquels ils furent vaillamment repoussés par les protestants. Louis XIII en fit le siège en personne en 1621. La garnison était forte de 2,000 hommes, et les habitants étaient presque tous exercés au métier des armes, et familiarisés avec les dangers depuis que se perpétuaient les troubles civils. Après douze jours de tranchée ouverte, la ville se rendit à discrétion. Louis XIII imposa aux habitants une contribution de 150,000 livres pour le rachat de leurs biens, ordonna que les soldats de la garnison sortiraient de la ville avec un bâton blanc à la main; que les anciennes murailles, tours et portes resteraient dans leur état actuel, mais que les nouvelles fortifications seraient démolies : quatre des principaux chefs furent pendus. L'année suivante, les habitants de Clairac firent main basse sur la garnison catholique, et se rendirent de nouveau maîtres de la place.

PATRIE du célèbre anatomiste et physiologiste ET. SERRES, membre de l'Institut et de l'académie royale de médecine.

Clairac est une ville propre, bien bâtie, qui occupe une position fort agréable, sur la rive droite du Lot. — *Fabriques* de farines dites de minot. — *Commerce* de vins blancs estimés, prunes d'Agen, farines, tabac. — *Foires* les 2 janv., 13 avril, jeudi gras et 1er jeudi de sept.

CLAIRAVAUD, vg. *Creuse* (Marche), arr. et à 19 k. d'Aubusson, cant. et ⌧ de la Courtine. Pop. 838 h. — C'était autrefois une ville assez considérable, à laquelle Imbert de Beaujeu accorda diverses franchises en 1270. On présume que cette ville, qui n'est maintenant qu'un triste village, a été détruite lors de l'invasion des Anglais, vers le milieu du XVe siècle.

CLAIR-D'ARCEY (St-), *Dercaium in Oca, Derchaium*, vg. *Eure* (Normandie), arr., cant., ⌧ et à 6 k. de Bernay. Pop. 629 h.

CLAIR-DE-BEAUVILLE (St-), vg. *Lot-et-Garonne*, comm. de Cauzac, ⌧ de la Roque-Timbault.

CLAIR-DE-HALOUSE (St-), vg. *Orne* (Normandie), arr., cant., ⌧ et à 9 k. de Domfront. Pop. 992 h.

CLAIRE (la), *Meuse*, comm. de Chattancourt, ⌧ de Verdun-sur-Meuse.

CLAIREFONTAINE, vg. *Seine-et-Oise* (Beauce), arr., ⌧ et à 8 k. de Rambouillet, cant. de Dourdan. Pop. 484 h. — Il y avait autrefois une abbaye du même nom, fondée en 1100, dont les bâtiments sont occupés aujourd'hui par un hospice de bienfaisance et une manufacture de dentelles dont les produits sont distribués aux indigents.

CLAIREFONTAINE, *Vosges*, comm. de Ruaux, ⌧ de Plombières.

CLAIRE-FAUGÈRE, vg. *Orne* (Normandie), arr. et à 26 k. de Domfront, cant. et ⌧ de Tinchebray. Pop. 362 h.

CLAIREGOUTTE, vg. *H.-Saône* (Franche-Comté), arr. à 12 k. de Lure, cant. et ⌧ de Champagney. Pop. 610 h. — *Fabriques* de clous, d'eau de cerise de première qualité, de toiles de coton, de poterie commune. Blanchisserie de toiles. Moulins à foulon. — *Foires* les 2es lundis de mars et de sept.

CLAIREGOUTTE, *Vosges*, comm. du Val-d'Ajol, ⌧ de Plombières.

CLAIRFAYTS, vg. *Nord* (Hainaut), arr. et à 16 k. d'Avesnes, cant. et ⌧ de Solre-le-Château. Pop. 502 h.

CLAIRFONTAINE, vg. *Aisne* (Picardie), arr. et à 18 k. de Vervins, cant. et ⌧ de la Capelle. Pop. 679 h.

CLAIRLIEU, vg. *Meurthe*, comm. et ⌧ de Villers-lès-Nancy. — Il y avait autrefois une abbaye de l'ordre de Citeaux, fondée en 1159 et célèbre au XVIIe siècle par une imprimerie d'où sortit plusieurs beaux ouvrages. L'église est la plus vaste et la plus magnifique de toutes les églises rurales du département de la Meurthe.

CLAIRMAIN, vg. *Saône-et-Loire* (Bourgogne), arr. de Mâcon, cant. de Tramayes, ⌧ de Cluny. Pop. 448 h.

CLAIRMARAIS, vg. *Pas-de-Calais* (Artois), arr., cant., ⌧ et à 6 k. de St-Omer. Pop. 301 h.

On voit dans un marais des environs plusieurs îles flottantes plantées d'arbres, que l'on peut mouvoir comme un bateau. Une partie de ces îles, dont le nombre était autrefois assez considérable, a fini par se fixer au sol, et il est probable que d'ici à peu de temps elles seront entièrement adhérentes au fond du marais.

CLAIROIX, vg. *Oise* (Picardie), arr., cant., ⌧ et à 5 k. de Compiègne. Pop. 671 h.

CLAIR-SUR-EPTE (St-), vg. *Seine-et-Oise* (Vexin), arr. et à 29 k. de Mantes, cant. et ⌧ de Magny. Pop. 627 h. — Ce bourg, situé dans une jolie vallée, sur la rive gauche de l'Epte, qui reçoit le Cudron, est traversé par la grande route de Paris à Rouen. On y voit les restes d'un ancien château seigneurial, fameux autrefois par divers sièges qu'il a soutenus contre les Normands et les Anglais. Au XIIe siècle, l'abbaye de St-Denis avait à St-Clair un prieuré considérable. Près de ce prieuré était un coteau, nommé à cette époque *Fuscelmont* ou *Ficelmont*. C'est sur ce même coteau que le duc de Normandie, Henri II, qui fut plus tard roi d'Angleterre, fit bâtir une forteresse à laquelle on donna le nom de Château-sur-Epte.

St-Clair-sur-Epte est surtout fameux dans l'histoire par le traité que Charles IV, dit le Simple, roi de France, y conclut avec Rollon, chef de Normands, qui avait été plus que tous les autres la terreur des Français. Le brigandage que les Normands exerçaient désolait tellement le royaume, et leurs forces étaient tellement redoutables, qu'on fut obligé de pactiser avec eux. Charles offrit à Rollon de lui abandonner la partie des côtes de France qu'il avait si souvent ravagée, et qui prit depuis le nom de Normandie, de lui céder en outre toute la Bretagne, et de lui donner sa fille Giselle en mariage, à condition qu'il lui rendrait hommage pour les territoires qui lui étaient cédés, et qu'il se ferait chrétien avec toute son armée. Les clauses arrêtées, Rollon se rendit à St-Clair pour y prêter serment de fidélité au roi.

St-Clair-sur-Epte fut aussi le lieu désigné pour la conférence du roi de France, Louis IV, dit d'Outremer, et de Richard, duc de Normandie, en 951 : on y termina, par un traité de paix, les querelles du roi, de Hugues, duc de France, et du roi Richard, et on confirma la liberté de Louis, qui avait été fait prisonnier peu de temps avant cet accord.

A l'entrée du bourg, du côté de Gisors, se trouve, dans la prairie, un joli ermitage, qu'a habité et où a été martyrisé saint Clair en 881. La fontaine de cet ermitage jouit, on ne sait trop pourquoi, d'une grande réputation pour la guérison des maladies.

CLAIR-SUR-GALAURE (St-), vg. *Isère* (Dauphiné), arr. et à 24 k. de St-Marcellin, cant. et ⌧ de Roybon. Pop. 536 h.

CLAIR-SUR-LES-MONTS (St-), vg. *Seine-Inf.* (Normandie), arr., cant., ✉ et à 4 k. d'Yvetot. Pop. 773 h.

CLAIRVAUX, *Clara Vallis*, bg *Aube*, comm. de Ville-sous-la-Ferté. ✉. ⛾. A 227 k. de Paris pour la taxe des lettres.

Ce bourg, situé sur la rive gauche de l'Aube, entre deux collines couvertes de bois, est célèbre par l'abbaye de son nom détruite à l'époque de la révolution, et dont les vastes bâtiments ont été affectés à une maison centrale de détention pour les condamnés de treize départements.

L'abbaye de Clairvaux, chef d'ordre de la filiation de Cîteaux, fut fondée en 1114, par saint Bernard et par Hugues, comte de Champagne, dans un vallon entouré de bois et de montagnes, appelé Clairval. Cette première fondation fut augmentée dans la suite par Thibaut le Grand, comte de Champagne, et ses revenus s'accrurent des dons des rois de France, des comtes de Flandre, et de ceux d'un grand nombre de seigneurs particuliers. La partie de la vallée où fut bâti le monastère portait le nom de vallée d'Absinthe. C'était une retraite inculte et sauvage, où Bernard, à peine âgé de vingt-quatre ans, Bernard dont ni les attraits séduisants des sociétés séculières, ni les remontrances de ses parents, ni les prières de ses amis, ne purent détourner du penchant qui l'entraînait au fond d'un cloître, vint avec quelques autres moines bâtir le premier asile de leur communauté.

Dix-sept années seulement après la fondation de Clairvaux, les religieux étaient devenus si nombreux qu'on fut obligé de leur bâtir un plus spacieux monastère, où, vers la fin de la vie de saint Bernard, qui mourut en 1153, on ne comptait pas moins de sept cents moines. En peu d'années, Bernard fonda ou agrégea à son abbaye soixante-seize monastères, dont trente-cinq en France, onze en Espagne, dix en Angleterre et en Irlande, six en Flandre, quatre en Italie, deux en Allemagne, deux en Suède, un en Hongrie et un en Danemark. Le nombre de ces fondations, tout incroyable qu'il paraisse, n'a toutefois pas lieu de surprendre; car alors les institutions monastiques avaient une importance que nous ne pourrions guère soupçonner aujourd'hui, si elle n'était attestée par tous les monuments de cet âge. La richesse des monastères, la multitude des moines, l'autorité des uns, l'opulence des autres, la considération qu'attirait à plusieurs d'entre eux ou la noblesse de leur extraction, ou l'éclat de leurs vertus, ou la renommée de leur savoir, ou l'activité de leur esprit, de leur caractère; toutes les causes qui peuvent distinguer, illustrer, enrichir une profession, s'étaient réunies en faveur de celle des religieux. Les cloîtres étaient à la fois des asiles et des théâtres. On pouvait y être également entraîné, soit par le goût de la solitude, soit par le désir de la célébrité ou même de la puissance. La carrière monastique conduisait à la gloire et aux dignités; à l'épiscopat, au souverain pontificat; quelquefois à l'administration des empires. Les couvents, et à plus forte raison les ordres, étaient devenus en quelque sorte de petits Etats, presque indépendants de l'autorité civile, même de la juridiction ecclésiastique ordinaire; et peu s'en fallait qu'un abbé ne fût véritablement un prince au dehors comme au dedans de sa communauté.

L'histoire de Clairvaux témoigne d'une manière remarquable en faveur de la règle des bénédictins, qui se distinguait entre toutes les autres par un esprit éminemment laborieux et utile, et qui, en des temps qui ne sont plus, rendit à la civilisation de très-grands services. Non contents de réunir dans leur trésor les riches donations qu'y faisait affluer la piété des premiers âges, d'accroître par un sage aménagement les revenus multipliés qu'elles produisaient, les religieux de Clairvaux cherchèrent de bonne heure dans la culture de la terre et de leur propre fonds une source de fortune plus sûre, plus équitable et plus morale. Aussi, dès les temps reculés, le régime de la maison offre-t-il le spectacle curieux d'un immense développement industriel : exploitation et scieries de bois, travaux d'hydraulique et d'irrigation, dessèchements ; usines et moulins de toute espèce ; fermes, forges, foulons, huileries, tanneries, draperies, filatures ; en un mot métiers industriels et agricoles de toute sorte se trouvaient réunis sur le domaine de Clairvaux. Chacune de ces catégories constituait une préfecture, qui donnait son titre à un officier de l'abbaye; de là les dénominations de *maître des eaux et forêts, maître des forges*, etc., etc. Les ressources d'une pareille production suffisant et au delà à la consommation de l'abbaye, elle trouvait dans l'échange de son superflu le moyen de se procurer un surcroît de bien-être. Les foires de Châtillon-sur-Seine, de Bar-sur-Aube et autres servaient à l'écoulement de ces produits.

Une pièce des archives de l'Aube élève à 537 le nombre des maisons religieuses de l'un et de l'autre sexe, appartenant à la filiation particulière de Clairvaux. Selon les auteurs de la *Gallia christiana*, cette quantité monterait à 800 monastères, dont plus de 70, répandus dans toute l'Europe, furent fondés et consacrés par saint Bernard. Enfin, Mabillon rapporte, en racontant la vie de ce grand homme, avoir vu dans la nef de la grande église de Clairvaux, 400 stalles ou places subsistant encore de celles qui jadis avaient servi aux 700 religieux et convers que saint Bernard avait laissés à sa mort, dans sa seule abbaye. — Une sentence arbitrale sur gageure, qui se trouve dans les curieuses archives de l'Aube, et que nous a révélée l'importante publication de M. Vallet de Viriville, prouve qu'en 1633 l'enceinte des murailles de Clairvaux était de 650 pieds plus étendue que celle de la ville de Chaumont.

Au XVIIIe siècle, l'abbé de Clairvaux était seigneur de près de cinquante villages, sans compter les innombrables censes et fermes où il levait également la dîme. Il possédait 1,500 fauchées de prés, 6,000 journées de vignes, 60,000 arpents de bois, 4 forges et fonderies de fer d'un produit annuel de 108,000 liv. Les revenus annuels de toute sorte étaient évalués à plus de 600,000 liv.

Cette abbaye a été la pépinière de plusieurs grands hommes, et elle a donné à l'Eglise un pape, qui fut Eugène III, quinze cardinaux, et un très-grand nombre d'archevêques et évêques. A l'époque de la suppression des communautés religieuses, il y avait encore à Clairvaux quarante religieux de chœur, vingt frères convers et un grand nombre de domestiques : le revenu de l'abbaye était alors de plus de soixante-six mille livres en argent, sept à huit cents setiers de blé et sept à huit cents muids de vin; ce revenu en nature augmentait quelquefois de la moitié, et cette augmentation seule produisait plus de vingt mille francs. Les murs de l'enclos de l'abbaye avaient près de 2 k. de tour ; outre les magnifiques bâtiments claustraux, cette vaste enceinte renfermait plusieurs églises, un cellier aussi spacieux que la salle des Pas perdus du palais de justice de Paris, où se trouvait une fameuse tonne qui contenait jusqu'à huit cents muids de vin; un pressoir banal, une boulangerie, des carrières, un four à chaux, une tuilerie, une scierie hydraulique, des moulins à tan et à blé, une tannerie, une infirmerie, une prison, une glacière, etc.

A l'époque de la révolution, les bâtiments de l'abbaye de Clairvaux ont été vendus à un particulier, qui y établit une verrerie. Rachetés par l'Etat, ils furent affectés par un décret de 1808 a un dépôt de mendicité, que le gouvernement de la restauration a transformé en une maison centrale de détention pour les condamnés des départements de l'Ain, des Ardennes, de l'Aube, de la Côte-d'Or, du Jura, de la Marne, de la Haute-Marne, de la Meurthe, de la Meuse, de la Moselle, de la Nièvre, de Saône-et-Loire et de l'Yonne.

Les bâtiments que l'on voit aujourd'hui ne remontent pas au delà de la dernière moitié du XVIIIe siècle, et la seule chose qui rappelle leur destination, c'est, dans la distribution intérieure, un caractère de grandeur sévère qui s'élève quelquefois jusqu'à la majesté. Le principal édifice est un vaste bâtiment carré avec une cour intérieure sur laquelle donnent de larges corridors qui font deux fois le tour de l'édifice. C'était le cloître occupé par les cellules des moines; et, malgré les changements qu'on lui a fait subir, il est facile de se le représenter tel qu'il était lorsqu'il servait de demeure aux moines de Clairvaux. L'immensité des corridors, les hautes voûtes en plein cintre lui donnent une apparence monumentale qui produit un effet imposant.

A l'édifice principal se rattachent les nombreux bâtiments d'observation qui, comme le cloître, n'ont de remarquable que leur solidité et leur grandeur. Quelques pièces, auxquelles on a conservé dans la destination actuelle leur forme primitive, méritent d'être remarquées. L'ancien réfectoire des moines, qui sert aujourd'hui de chapelle, a 8 m. 20 c. de hauteur sous clef de voûte, et son étendue étonne encore quoiqu'on l'ait de beaucoup rétréci. Deux mille détenus peuvent tenir sans peine dans cette salle immense, qui ressemble à la nef d'une vaste église. Une boiserie de chêne recouvre jusqu'à moitié de la hauteur les fortes murailles percées de fenêtres allongées qui montent jusqu'à la voûte. Dans cette boiserie, au milieu des massifs qui séparent les fenêtres, on remarque des médaillons peints, d'une exécution grossière, mais qui n'en sont pas moins fort curieux par les sujets qu'ils représentent et par le goût qu'ils attestent. Chacun de ces médaillons est occupé par une figure de femme, que l'artiste s'est efforcé de faire belle, avenante, coquettement vêtue, les épaules et la gorge nues, les formes vivement accusées sous la robe que relève toujours un petit pied indiscret, telle enfin qu'elle devait être pour servir de sujet aux pieuses méditations des bons pères. Il est probable que toutes ces jeunes femmes si bien portantes représentent des saintes, et que l'artiste les a suspendues aux murs du réfectoire afin de donner aux religieux un avant-goût des joies du paradis. Une autre pièce d'un genre différent a été conservée telle qu'elle était autrefois et avec la même destination : c'est la buanderie. Au milieu de la salle coule entre les dalles inclinées un courant d'eau vive, d'environ 3 m. de largeur, véritable rivière domestique, où on lave tout le linge de la prison.

L'abbaye de Clairvaux est aujourd'hui un superbe établissement industriel, renfermant de vastes ateliers, où les condamnés sont employés, suivant leur capacité, au battage, à l'épluchage, à la filature, au tissage, etc., du coton ; les balles qui arrivent à Clairvaux, telles qu'elles sortent des colonies, en sortent converties en tissus de la plus grande beauté. Afin de ménager aux détenus qui ont des états en entrant dans cette maison les moyens de les cultiver, on y a établi des ateliers de menuisiers, de tailleurs, de cordonniers, de sabotiers, de cordiers, etc. La laine y est aussi tissée et filée pour l'habillement des détenus. Le chanvre y est filé et sert pour la fabrication du linge. Tous les objets nécessaires aux détenus se confectionnent dans l'établissement.

Bibliographie. Merlin (le P.). *Observations historiques sur la maison de Clairvaux* (Mém. de Trévoux, août 1739).
Harmand. *La Bibliothèque de Clairvaux en 1503, notice présentée à la société académique de l'Aube,* broch. in-8, 1838.

CLAIRVAUX, bg *Aveyron* (Rouergue), arr. et à 19 k. de Rodez, cant. et ⌧ de Marcillac. Pop. 2,318 h.—On remarque aux environs de ce bourg la jolie grotte de Salles-Pinvson, composée de stalactites et de stalagmites produites par l'infiltration des eaux ; elle se cache au fond d'une prairie derrière une touffe de noyers, et offre un site extrêmement agréable. —*Fabriques* de serges et de toiles.—*Foires* les 4 fév. et 2 nov.

CLAIRVAUX, bg *Jura* (Franche-Comté), arr. et à 21 k. de Lons-le-Saulnier, chef-l. de cant. Cure. ⌧. ☞. A 432 k. de Paris pour la taxe des lettres. Pop. 1,355 h.—Terrain jurassique, étage moyen du système oolitique.—Il est situé dans un vallon, sur un beau lac alimenté par un ruisseau qui fait mouvoir une des plus belles forges du département, et qui nourrit une grande quantité d'excellentes écrevisses. Les ouvriers de cette forge composent une petite population qui habite aux environs de l'usine, située dans une gorge étroite et profonde, qui aboutit au nord-ouest dans une plaine de 4 k. de diamètre, cernée de tous côtés par de hautes montagnes entièrement couvertes de bois. Cette plaine ou large vallée porte le nom de Combe-d'Ain : elle est belle, fertile, produit de riches moissons, et est traversée par la rivière d'Ain, qui y circule au milieu de vastes prairies.—Hauts fourneaux, forges, martinets, fonderie, clouterie mécanique à froid. Papeterie. Tanneries. —*Foires* les 20 fév., avril, juin, août, oct. et déc.

Bibliographie. Pyot (J.-J.-R.). *Statistique du canton de Clairvaux accompagnée d'un essai historique sur cette partie intéressante des montagnes du département du Jura,* in-8, 1835.

CLAIRY, vg. *Somme* (Picardie), arr., ⌧ et à 12 k. d'Amiens, cant. de Molliens-Vidame. Pop. 573 h.

CLAIRY-CRÉQUY, vg. *Somme* (Picardie), arr., cant. ⌧ et à 6 k. de Péronne. Pop. 891 h.—*Foire* le 12 nov.

CLAIS, vg. *Seine-Inf.* (Normandie), arr. et à 13 k. de Neufchâtel-en-Bray, cant. ⌧ de Loudinières. Pop. 394 h.

CLAISE (la), rivière qui prend sa source au-dessous de Luant, arr. de Châteauroux, dép. de l'*Indre* ; elle passe à Mézières, Martizay, Preuilly, Pressigny-le-Grand, et se jette dans la Creuse, entre la Haye et la Guerche, après un cours d'environ 80 k. Cette rivière, qui a quelquefois la fureur d'un torrent, roule de très-gros blocs de pierres qui se trouvent disséminés dans son lit.

CLAIX, vg. *Charente* (Angoumois), arr. et à 13 k. d'Angoulême, cant. et ⌧ de Blanzac. Pop. 601 h.

CLAIX, bg *Isère* (Dauphiné), arr., ⌧ et à 13 k. de Grenoble, cant. de Vif. Pop. 1,333 h. —Il est assez bien bâti près de la rive gauche du Drac, que l'on passe sur un pont en pierre d'une seule arche, qui étonne par la hardiesse de sa construction. Ce pont, construit par le connétable de Lesdiguières, a 43 m. d'ouverture d'une culée à l'autre, et 40 m. de hauteur.—*Fabrique* de papier, ⓑ 1839. ⌧. —*Foires* les 3 mai et 4 sept.

CLAM, bg *Charente-Inf.* (Saintonge), arr., ⌧ et à 6 k. de Jonzac, cant. de St-Genis. P. 378 h.

CLAMANGES, vg. *Marne* (Champagne), arr. et à 28 k. de Châlons-sur-Marne, cant. ⌧ de Vertus. Pop. 290 h.

CLAMART, ou Clamart-sous-Meudon, *Clamartium,* vg. *Seine* (Ile-de-France), arr., cant., ⌧ et à 6 k. de Sceaux. Pop. 1,567 h. Station du chemin de fer de Paris à Versailles (rive gauche).—Il est situé dans une plaine couverte de bocages romantiques, et environné de jolies maisons de campagne.—*Fabriques* de chaux et de plâtre. Nombreux établissements de blanchisserie. Exploitation des carrières de pierre de taille formées de galeries souterraines, où des voitures attelées de trois chevaux peuvent parvenir jusqu'à 40 m. de profondeur pour y faire leur chargement.

CLAMECY, vg. *Aisne* (Picardie), arr., ⌧ et à 5 k. de Soissons, cant. de Vailly. Pop. 371 h.

CLAMECY, *Clamenciacum, Climiciacum,* ancienne et jolie petite ville, *Nièvre* (Nivernais), chef-l. de sous-préf. (2ᵉ arr.) et d'un cant. Trib. de 1ᵉʳ inst. et de comm. Société d'agric. Collège communal. Cure. ⌧. ☞. P. 5,734 h.—Terrain jurassique, étage inférieur du système oolitique.

Autrefois diocèse d'Auxerre, parlement de Paris, intendance d'Orléans, chef-lieu d'élection, châtellenie.

La fondation de Clamecy remonte à une époque très-reculée et qu'il est difficile de préciser. On croit qu'elle fut bâtie par un général romain nommé Clementius; et on lit dans un ancien titre de la ci-devant abbaye de St-Julien d'Auxerre, en date de l'an 653, que cette abbaye fut dotée, entre autres terres, de celle de Clamecy.—C'était autrefois une place forte entourée de murailles énormes, dont on voit à peine quelques vestiges, et défendue par un château qui commandait la ville et les environs. Elle a beaucoup souffert dans nos guerres civiles, et a soutenu plusieurs sièges. Le château a été détruit lors des dissensions des seigneurs de Nevers et des ducs de Bourgogne.

Un des faubourgs de Clamecy, situé de l'autre côté de l'Yonne, était autrefois le siége d'un évêché *in partibus,* connu sous le nom d'évêché de Bethléem, qui a subsisté jusqu'à notre première révolution ; il avait été fondé par Guillaume IV, comte de Nevers, mort de la peste en 1168, en faveur de Raynaud, évêque de Bethléem en Palestine, chassé par les Sarrasins, L'évêché de Bethléem de Clamecy avait été confirmé par lettres patentes de Charles VI, de l'an 1412.

Les armes de Clamecy sont : *d'azur semé de billettes d'argent, au lion d'argent brochant sur le tout.*

Cette ville est agréablement située au pied et sur le penchant d'une colline, au confluent du Beuvron et de l'Yonne, qui y nourrit un commerce considérable de bois pour l'approvisionnement de la capitale. C'est sur son port que le bois de chauffage est assemblé par des branches flexibles en radeaux ingénieux appelés trains, qui descendent par l'Yonne et la Seine jusqu'à Paris.—On remarque sur le pont le buste en bronze de Jean Rouvet, introducteur dans le Nivernais, en 1549, du flottage à bûches perdues ; il a été élevé par souscription en 1828, sur la proposition de MM. Dupin, qui y ont contribué pour une assez forte somme. Le buste a été fait par M. David, d'après une ancienne médaille représentant Jean Rouvet.

L'église paroissiale de Clamecy est d'une

architecture légère et de bon goût ; le portail est d'un travail achevé ; la tour qui le domine est surtout remarquable par ses belles proportions et par ses admirables sculptures ; elle a été fondée en 1497, ainsi que l'indiquent les vers suivants :

Mil cinq cens, moins trois seulement,
Fut de la tour de cette église,
En avril pris le fondement,
Et la première pierre assise ;
Laquelle tour fut entreprise
Le lundi de Pasque la grande.
Votre aumône soit ici mise
Tant que puis vous le recommande.

L'ancienne église de l'évêché de Bethléem est convertie aujourd'hui en magasin à fourrages.
Biographie. *Patrie de* JEAN ROUVET, qui le premier introduisit dans le Nivernais le flottage à bûches perdues.
De SALLONNIER, qui réalisa l'ingénieuse idée du flottage en train, ou radeau d'une certaine longueur et d'une épaisseur assez forte pour conduire une quantité assez grande de bois à flotter.
De ROGER DE PILES, diplomate et littérateur, mort en 1709.
De MARCHANGY, homme de lettres et ancien magistrat, auteur de la *Gaule poétique*.
De CH.-ANDRÉ DUPIN, membre de l'assemblée législative, dont les trois fils ont rendu leur nom célèbre à divers titres (V. VARZY).
De M. P. DE BOGNE DE FAYE, ex-diplomate et publiciste.
Du célèbre critique DUVIQUET.
Fabriques de draps communs. Teintureries. Moulins à foulon. Faïencerie. Tanneries renommées.—*Commerce* considérable de bois et de charbon de bois.—*Foires* les 9 fév., 28 mai, 28 juin, 19 oct., jeudi avant les Rameaux, samedi après le 8 sept.
A 70 k. N.-N.-E. de Nevers, 209 k. S.-E. de Paris. Lat. 47° 27′ 37″ N., long., 1° 11′ 11″ E.
L'arrondissement de Clamecy est composé de 6 cantons : Brinon-les-Allemands, Clamecy, Corbigny, Lormes, Tannay, Varzy.
Bibliographie. * *La Prise de la ville et place de Clamecy, le* 10 *mars, avec celle d'Antrain et de Donzy,* 1617.

CLAMENSANE, vg. *B.-Alpes* (Provence), arr. et à 25 k. de Sisteron, cant. et ✉ de la Motte-du-Caire. Pop. 429 h.—*Foire* le 8 sept.

CLAMEREY, vg. *Côte-d'Or* (Bourgogne), arr. et à 15 k. de Semur, cant. de Précy-sous-Thil, ✉ de la Maison-Neuve. Pop. 604 h.

CLAN, *Vienne*, comm. de Jaulnay, ✉ de Poitiers. ☞.

CLANS, vg. *H.-Saône* (Franche-Comté), arr. et à 10 k. de Vesoul, cant. de Scey-sur-Saône, ✉ de Traves. Pop. 264 h.

CLANSAYES, vg. *Drôme* (Dauphiné), arr. et à 28 k. de Montélimart, cant. de Pierrelatte, ✉ de St-Paul-Trois-Châteaux. Pop. 447 h.

Près de la montagne de son nom, que l'on suppose être un volcan éteint.
CLANUM (lat. 49°, long. 22°). « L'Itinéraire d'Antonin marque ce lieu entre *Agedincum*, ou Sens, et *Augustobona*, ou Troies. La distance à l'égard d'*Agedincum* est marquée XVII, et à l'égard d'*Augustobona* XVI. Ce qu'il y a d'espace entre Sens et Troies, ne passant guère 30,000, le compte de l'Itinéraire dont il résulte en calculant 37,400 toises, est manifestement excessif, parce que la mesure itinéraire ne saurait surpasser la mesure directe d'environ un cinquième. Je ne vois point de lieu sur la direction de cette route qui m'indique la position de *Clanum*, à moins que ne soit Vulaine, qui est la dernière paroisse du diocèse de Sens, sur les confins du diocèse de Troies. Sa distance à l'égard de Sens peut faire estimer la mesure itinéraire entre *Agedincum* et *Clanum* de 13 lieues gauloises ou à peu près. Ainsi, il convient de substituer XIII à XVII dans l'Itinéraire ; et ce qui appuie cette correction, c'est que le supplément d'intervalle jusqu'à Troies convient à l'indication de l'Itinéraire entre *Clanum* et *Augustobona* sur le pied de XVI. » D'Anville. *Notice de l'ancienne Gaule,* p. 228.

CLAON (le), vg. *Meuse* (Lorraine), arr. et à 33 k. de Verdun-sur-Meuse, cant. et ✉ de Clermont-en-Argonne. Pop. 210 h.—Verrerie à bouteilles.

CLAPARÈDE (la), *Aveyron*, comm. de Laval-Roquecezière, ✉ de St-Sernin.

CLAPIER (le), *Aveyron*, comm. de Montpaon, ✉ de St-Affrique.

CLAPIERS, vg. *Hérault* (Languedoc), arr., ✉ et à 7 k. de Montpellier, cant. de Castries. Pop. 284 h.

CLAPPIER (le), *Loire*, comm. de Montaud, ✉ de St-Étienne.

CLAR (St-), vg. *H.-Garonne* (Languedoc), arr., cant., ✉ et à 9 k. de Muret. Pop. 564 h.

CLAR (St-), ou ST-CLAR-DE-LOMAGNE, petite ville, *Gers* (Armagnac), arr. et à 14 k. de Lectoure, chef-l. de cant. Cure. ✉. ☞. A 652 k. de Paris pour la taxe des lettres. P. 1,575 h.—TERRAIN tertiaire moyen.—*Fabrique* importante de rubans de fil.—*Foires* les 2 nov., 2es jeudis de janv., mars, mai, juin, août, sept et déc.

Les armes de St-Clar sont : *de gueules à trois soleils d'or,* 2 et 1.

CLARA, vg. *Pyrénées-Or.* (Roussillon), arr., cant., ✉ et à 6 k. de Prades. P. 286 h.

CLARAC, vg. *H.-Garonne* (Comminges), arr. et à 9 k. de St-Gaudens, cant. et ✉ de Montrejeau. Pop. 297 h.

CLARAC, *Gers*, comm. de Roquefort, ✉ d'Auch.

CLARAC, vg. *H.-Pyrénées* (Gascogne), arr. et à 19 k. de Tarbes, cant. et ✉ de Tournay. Pop. 516 h.

CLARAC, ou CLARAC-PRÈS-NAY, bg *B.-Pyrénées* (Béarn), arr. et à 18 k. de Pau, chef-l. de cant., ✉ de Nay. Pop. 312 h. Sur le Gave de Pau.—TERRAIN tertiaire supérieur, voisin du terrain crétacé supérieur.

CLABACQ-PRÈS-THÈZE, vg. *B.-Pyrénées* (Béarn), arr. et à 27 k. de Pau, cant. de Thèze, ✉ d'Auriac. Pop. 458 h.

CLARBEC, vg. *Calvados* (Normandie), arr., cant., ✉ et à 5 k. de Pont-l'Évêque. Pop. 590 h.

CLARENS, vg. *Gers*, comm. de Lanne-Soubiran, et ✉ de Nogaro.

CLARENS, vg. *H.-Pyrénées* (Bigorre), arr. et à 30 k. de Bagnères-en-Bigorre, cant. et ✉ de Lannemezan. Pop. 442 h.

CLARENSAC, vg. *Gard* (Languedoc), arr. et à 13 k. de Nîmes, cant. de St-Mamert. Cure. Bureau d'enregist. ✉ de Calvisson. Pop. 1,033 h.—*Fabrique* de cadis.—*Foires* les 2es lundis d'avril et de juin.

CLARET, bg *B.-Alpes* (Provence), arr. et à 28 k. de Sisteron, cant. et ✉ de la Motte-du-Caire. Pop. 396 h.

CLARIBES, *Gironde*, comm. de Gensac, ✉ de Castillon.

CLARQUES, vg. *Pas-de-Calais* (Artois), arr. et à 12 k. de St-Omer, cant. et ✉ d'Aire-sur-la-Lys. Pop. 381 h.

CLARRET, vg. *Hérault* (Languedoc), arr. et à 33 k. de Montpellier, chef-l. de cant., ✉ des Matelles. Bur. d'enregist. à St-Martin-de-Londres. Pop. 753 h.—TERRAIN jurassique.—Il est situé au fond d'un vallon ceint de rochers arides.—Culture du mûrier.

CLARTÉ (la), *Côtes-du-Nord*, comm. de Perros-Guirec, ✉ de Lannion.

CLARY, vg. *Nord* (Cambrésis), arr. et à 17 k. de Cambrai, cant. ✉ de Clary. Bureau d'enregist. ✉. A 172 k. de Paris pour la taxe des lettres. Pop. 2,233 h.—TERRAIN tertiaire inférieur.—C'était autrefois une place assez importante, défendue par un château fort.—*Fabriques* de gazes, linons, jaconas et autres articles de St-Quentin, qui emploient plus de 800 métiers ; de tulles, dentelles, fil de dentelles, poterie de terre. Brasseries et tanneries.

CLASSUN, vg. *Landes* (Gascogne), arr. à 18 k. de St-Sever, cant. d'Aire-sur-l'Adour, ✉ de Grenade-sur-l'Adour. Pop. 475 h.

CLASTRES, vg. *Aisne* (Picardie), arr. et à 13 k. de St-Quentin, cant. et ✉ de St-Simon. Pop. 766 h.

CLASVILLE, vg. *Eure* (Normandie), arr., cant., ✉ et à 12 k. d'Évreux. Pop. 508 h.—*Fabrique* de coutil.

CLAT (le), vg. *Aude* (Languedoc), arr. et à 65 k. de Carcassonne, cant. de Roquefort-de-Sault, ✉ d'Axat. Pop. 323 h.

CLAU (la), *Aveyron*, comm. de Vesins, ✉ de Sévérac.

CLAUD (St-), bg *Charente* (Angoumois), arr. et à 22 k. de Confolens, chef-l. de cant. Cure. ✉. A 448 k. de Paris pour la taxe des lettres. Pop. 2,115 h.—TERRAIN jurassique, étage inférieur du système oolitique.—*Commerce* de grains et de bestiaux.—Aux environs forges et hauts fourneaux.—*Foires* le 28 de chaque mois.

CLAUD, *Loiret,* comm. et ⊠ de Meung-sur-Loire.

CLAUDE (St-), *Doubs,* comm. et ⊠ de Besançon.

CLAUDE (St-), *Jurense Monasterium S. Claudii,* jolie ville, *Jura* (Franche-Comté), chef-l. de sous-préf. (3ᵉ arr.) et d'un cant. Trib. de 1ʳᵉ inst. et de comm., chamb. cons. des manufact. Société d'agricult. Collège communal. Evêché. Cure. Gîte d'étape. ⊠. A 448 k. de Paris pour la taxe des lettres. Pop. 5,270 h.— TERRAIN jurassique, étage supérieur et moyen du système oolitique.

Cette ville est dans une situation on ne peut plus pittoresque, à l'extrémité d'une profonde vallée, circonscrite par de hautes montagnes boisées et par des rochers arides du Jura, au pied desquels elle se trouve comme ensevelie, et qui menacent, pour ainsi dire, perpétuellement de l'engloutir. Elle est bâtie à mi-côte, entre trois montagnes, au confluent de la Bienne et du Tacon où l'on passe sur un pont suspendu de construction récente. Un horrible incendie la détruisit presque entièrement le 20 mai 1799. Le gouvernement de cette époque donna 750,000 fr. pour aider à la réédification d'un grand nombre de bâtiments, ce qui, joint à de nombreuses collectes faites dans l'intérieur de la France, contribua promptement à sa reconstruction. C'est aujourd'hui une ville bien bâtie, bien percée, propre et ornée de plusieurs fontaines. On y remarque la cathédrale, et une jolie promenade pratiquée avec art dans les rochers dont le pied est baigné par les eaux de la Bienne, qui prêtent un charme indescriptible aux beautés champêtres du paysage environnant.

St-Claude est une ville très-ancienne ; et si l'on avait pu reculer les monts qui la pressent il est probable que, malgré la rigueur de son climat, elle aurait acquis un développement plus considérable. Elle doit son origine à une célèbre abbaye de bénédictins fondée dans le vᵉ siècle, et érigée en évêché en 1742. Le renoncement de ces moines aux richesses et aux vanités du monde leur fit, ainsi que partout ailleurs, obtenir de très-grands biens ; ils devinrent presque souverains, et leurs vassaux étaient complètement serfs. Leurs droits étaient si atroces, qu'un homme qui habitait pendant un an sur leur terre devenait leur esclave, ses biens étaient arrachés à sa femme et à ses enfants, vendus et confisqués au profit de l'abbaye, n'importe en quelle contrée de la France ces biens se trouvaient. C'est le dernier lieu de la France où la servitude de droit subsistait à l'époque de la première révolution, et ce ne sera pas dans l'histoire une note sans intérêt, que l'évêque et le chapitre de St-Claude se soient refusés opiniâtrement à l'abolissement de la servitude sous leur juridiction, quand Louis XVI lui-même les y provoquait, et en donnait l'exemple en l'abolissant dans ses domaines.

Les stalles de l'église St-Pierre sont remarquables par les figures et les sujets qui y sont sculptés. On y lit l'inscription suivante :

MIL LXV QUATRE CENS
DE LA MAIN DE JEHAN DE VITRY
FVRENTP FAIS LES CIEGES.

Les armes de St-Claude sont : *d'or à un pin de sinople, au chef d'azur à un croissant montant d'argent.*

Biographie. Patrie de l'historien DUNOD DE CHARNAGE.
De l'agronome J.-N. DALLOZ.
Du littérateur DAVID DE ST-GEORGES.
Du mécanicien, horloger et astronome JANVIER.

INDUSTRIE. Manufactures renommées de toute sorte d'ouvrages en corne, écaille, os, ivoire, bois, buis ; fabriques de boutons, tabatières, boîtes à musique, instruments à vent, peignes de corne, chapelets, quincaillerie, clous d'épingles, crêpes. Filatures hydrauliques de coton. Tanneries. Papeteries. Tuileries et poteries. — *Commerce* de quincaillerie, clous, buis, et ouvrages au tour dits de St-Claude. Entrepôt de sel des salines de l'Est.— *Foires* le 12 de chaque mois, à l'exception de celle de juin qui se tient le 7.

A 56 k. S.-E. de Lons-le-Saulnier, 40 k. N.-O. de Genève, 465 k. S.-E. de Paris.

L'arrondissement de St-Claude est composé de 5 cantons : les Bouchoux, St-Claude, St-Laurent, Moirans et Morez.

Bibliographie. CHRISTIN (Ch.-G.-F.). * *Dissertation sur l'établissement de l'abbaye de St-Claude, ses chroniques, ses légendes, ses chartes, son usurpation, et sur les droits des habitants,* in-8, 1772.
DUNOD. *Histoire de l'abbaye de St-Claude* (t. I de son Hist. de Séquanois, in-4, 1735).
CRESTIN. *Notice historique sur la ville de St-Claude,* etc., in-8, 1813.
* *Recherches sur les antiquités celtiques et romaines de St-Claude et de Poligny,* in-8.

CLAUDE (St-), *Oise,* comm. de Bury, ⊠ de Mouy.

CLAUDE (St-), *Rhône,* comm. d'Amplepuis, ⊠ de Tarare.

CLAUDE-DE-DIRAY (St-), bg *Loir-et-Cher* (Blaisois), arr., cant., ⊠ et à 8 k. de Blois. Pop. 1,463 h.

CLAUDON, vg. *Vosges* (Lorraine), arr. et à 37 k. de Mirecourt, cant. et ⊠ de Monthureux-sur-Saône. Pop. 1,0365 h.— Forges.

CLAUGNAC, vg. *Aveyron,* comm. de Salles-Courbatiez, ⊠ de Villefranche-de-Rouergue.

CLAUNAY, vg. *Vienne* (Poitou), arr., cant. ⊠ et à 9 k. de Loudun. Pop. 486 h.

CLAUSEVIGNES, *Aveyron,* com. de Valady, ⊠ de Rodez.

CLAUSONNE, vg. *H.-Alpes* (Dauphiné), arr. et à 38 k. de Gap, cant. et ⊠ de Veynes. Pop. 59 h.

CLAUX, *Aveyron,* comm. d'Auzits, ⊠ de Rignac.

CLAUX, vg. *Cantal* (Auvergne), arr., cant. et ⊠ de Murat. Pop. 781 h.

CLAUX (le), *Tarn-et-Garonne,* comm. de Roquecor, ⊠ de Moutaigut.

CLAUZETS, *Tarn-et-Garonne,* commune de Cordes-Tolosanes, ⊠ de Montech.

CLAVANS, vg. *Isère* (Dauphiné), arr. et à 63 k. de Grenoble, cant. et ⊠ du Bourg-d'Oisans. Pop. 368 h.

CLAVAS, *H.-Loire,* comm. de Riotord, ⊠ de Montfaucon.

CLAVE, vg. *Deux-Sèvres* (Poitou), arr. et à 24 k. de Parthenay, cant. de Mazières, ⊠ de Vautebis. Pop. 671 h.

CLAVEISOLLES, bg *Rhône* (Beaujolais), arr. et à 27 k. de Villefranche-sur-Saône, cant. de St-Nizier-d'Azergues, ⊠ de la Mure.
— Cette commune passait autrefois pour être la partie la plus riche du Beaujolais en mines. On y trouve encore du cuivre sulfuré, de la couperose, du vitriol et de l'ocre.

CLAVENAS, vg. *H.-Loire* (Languedoc), arr., cant. et ⊠ d'Yssingeaux.

CLAVETTE, vg. *Charente-Inf.* (Aunis), arr. et à 10 k. de la Rochelle, cant. de la Jarrie, ⊠ de Croix-Chapeau. Pop. 517 h.

CLAVEYSON, vg. *Drôme* (Dauphiné), arr. et à 34 k. de Valence, cant. et ⊠ de St-Vallier. Pop. 901 h. — *Foires* les 1ᵉʳ lundi de juillet et 14 nov.

CLAVIÈRES, vg. *Cantal* (Auvergne), arr. et à 17 k. de St-Flour, cant. et ⊠ de Ruines. Pop. 532 h.

CLAVIÈRES, *Indre,* comm. d'Ardentes-St-Vincent, ⊠ de Châteauroux. — Forges et hauts fourneaux, aciérie, fonderie et martinets.

CLAVIERS, *Claverium,* vg. *Var* (Provence), arr. et à 13 k. de Draguignan, cant. de Callas. Pop. 1,237 h. — Il est bâti sur un coteau, près des ruines d'un vaste château très-fort, construit sur une élévation inabordable sur plusieurs points. Aux environs, au lieu dit la Lioure, on trouve une grotte remarquable par les masses d'albâtre et par les belles stalactites qu'elle renferme. — *Fabriques* de grosses draperies. — *Foire* le 7 juin.

CLAVILLE, vg. *Seine-Inf.* (Normandie), arr. et à 26 k. d'Yvetot, cant. et ⊠ de Cany. Pop. 420 h.

CLAVILLE-MOTTEVILLE, vg. *Seine-Inf.* (Normandie), arr. et à 23 k. de Rouen, cant. de Clères, ⊠ du Fréneau. Pop. 409 h.

CLAVOILLON, *Côte-d'Or,* com. de Besseyen-Chaume, ⊠ de Bligny-sur-Ouche.

CLAVY-WARBY, vg. *Ardennes* (Champagne), arr. et à 13 k. de Mézières, et à 15 k. de Charleville, cant. de Renwez, ⊠ de Launoy. Pop. 683 h. — Filature de laine.

CLAYE-SOUILLY, *Claya,* bg *Seine-et-Marne* (Brie), arr. et à 15 k. de Meaux, chef-l. de cant. Cure. Gîte d'étape. ⊠. ✠. A 29 k. de Paris pour la taxe des lettres. Pop. 1,499 h.
— TERRAIN tertiaire inférieur. — Ce bourg, situé sur la Beuvronne, et traversé par le canal de l'Ourcq, a reçu le surnom de Souilly en 1839, époque de la réunion à son territoire de celui de cette commune. — Manufacture de toiles peintes. — *Fabrique* de châles. Blanchisseries de toiles, ⊙ 1834-39.

CLAYE (la), vg. *Vendée* (Poitou), arr. et à 26 k. de Bourbon-Vendée, cant. de Mareuil, ⊠ de Luçon. Pop. 149 h.

CLAYES, vg. *Ille-et-Vilaine* (Bretagne), arr., cant. et à 10 k. de Montfort-sur-Meu, ✉ de Bédée. Pop. 334 h. — *Foire* le 27 déc.

CLAYES (les), *Saône-et-Loire*, comm. de Savigny-en-Revermont, ✉ de Louhans.

CLAYES (les), vg. *Seine-et-Oise* (Ile-de-France), arr. et à 13 k. de Versailles, cant. de Marly-le-Roi, ✉ de Trappes. Pop. 264 h.

CLAYETTE (la), bg *Saône-et-Loire* (Bourgogne), arr. et à 20 k. de Charolles, chef-l. de cant. ✉. A 387 k. de Paris pour la taxe des lettres. Pop. 1,296 h. — TERRAIN cristallisé ou primitif. — Il est situé sur les bords d'un vaste étang, dont les eaux font mouvoir deux moulins à blé, deux moulins à tan, une huilerie, une scierie à bois, et servent à l'exploitation de plusieurs tanneries. — *Fabrique de poterie de terre.* — *Commerce* de toiles, fil, chevaux et bestiaux. — *Foires* le 1er mardi de chaque mois. — *Marché* les lundis et vendredis.

CLAYEURES, vg. *Meurthe* (Lorraine), arr. et à 17 k. de Lunéville, cant. de Bayon, ✉ de Gerbéviller. Pop. 485 h. Sur l'Euron.

CLAZAY, vg. *Deux-Sèvres* (Poitou), arr., cant., ✉ et à 8 k. de Bressuire. Pop. 428 h.

CLEAUME (la), *Vosges*, comm. du Val-d'Ajol, ✉ de Plombières.

CLECY, bg *Calvados* (Normandie), arr. et à 25 k. de Falaise, cant. et ✉ d'Harcourt-Thury. Pop. 2,025 h. Sur la rive gauche de l'Orne. — *Fabrique* de dentelles et de tissus de coton. — *Foire* le 9 nov.

CLÉDEN-CAPSIZUN, bg *Finistère* (Bretagne), arr. et à 45 k. de Quimper, cant. de Pont-Croix, ✉ d'Audierne. Pop. 2,142 h. — Il est à l'extrémité d'une presqu'île qui ferme au sud la baie de Douarnenez.

CLÉDEN-POHER, bg *Finistère* (Bretagne), arr. et à 40 k. de Châteaulin, cant. et ✉ de Carhaix. Pop. 1,497 h.

CLÉDER, bg *Finistère* (Bretagne), arr. et à 30 k. de Morlaix, cant. de Plouzevedé, ✉ de St-Pol-de-Léon. Pop. 5,002 h.

Entre Cléder et Sibiril est le château de Kerouséré, assemblage de grosses tours liées par des bâtiments qui forment leurs courtines. La mer baigne les grands bois de chêne qui s'étendent autour du château, dont les murs ont 4 à 5 mètres d'épaisseur; les créneaux, les mâchicoulis, les meurtrières, y sont encore dans le meilleur état. On y voit une salle énorme, et une cheminée grande comme une salle. Les alentours du château offrent d'intéressants aspects et des sites très-variés, qu'embellissent les noirs rochers qui s'avancent dans la mer, l'île de Batz, St-Pol et ses jolis clochers. Ce château soutint un siège du temps de la Ligue.

On remarque encore sur le territoire de cette commune les vastes ruines du château de Kergourœdec'h, et non loin de là les ruines pittoresques de l'antique chapelle de St-Jean Kerhan, dont le caveau renferme le tombeau d'un chevalier représenté couché et armé de toutes pièces.

Foires les 28 janv. et 18 nov.

CLÈDES, vg. *Landes* (Gascogne), arr. et à 27 k. de St-Sever, cant. de Geaune, ✉ d'Aire-sur-l'Adour. Pop. 304 h.

CLÉEBOURG, vg. *B.-Rhin* (Alsace), arr., cant., ✉ et à 6 k. de Wissembourg. P. 823 h. — *Foires* de 2 jours les 25 mars et 21 oct.

CLEFCY, vg. *Vosges* (Lorraine), arr. et à 23 k. de St-Dié, cant. de Fraize, ✉ de Corcieux.

CLEFMONT, vg. *H.-Marne* (Champagne), arr. et à 32 k. de Chaumont-en-Bassigny, chef-l. de cant. Cure. ✉. ☿. A 291 k. de Paris pour la taxe des lettres. Pop. 512 h. — TERRAIN jurassique. — *Foires* les 24 fév., 14 mai, 14 sept. et 14 nov.

CLEFS, bg *Maine-et-Loire* (Anjou), arr., cant., ✉ et à 10 k. de Baugé. Pop. 1,230 h.

CLÉGUER, vg. *Morbihan* (Bretagne), arr. et à 15 k. de Lorient, cant. et ✉ de Pontscorff. Pop. 2,014 h.

CLÉGUÉREC, bg *Morbihan* (Bretagne), arr., ✉ et à 11 k. de Pontivy, chef-l. de cant. Cure. Pop. 3,434 h. — TERRAIN de transition, voisin du terrain cristallisé. — *Foires* les 25 juillet et 30 nov.

CLELLES, vg. *Isère* (Dauphiné), arr. et à 50 k. de Grenoble, chef-l. de cant. Cure. ✉. ☿. A 607 k. de Paris pour la taxe des lettres. Pop. 746 h. — TERRAIN jurassique, étage supérieur du système oolitique. — *Foires* les 23 avril et 9 oct.

CLÉMENCE-D'AMBEL, vg. *H.-Alpes* (Dauphiné), arr. et à 45 k. de Gap, cant. de St-Firmin-en-Valgodemard, ✉ de Corps. Pop. 354 h.

CLÉMENCEY, *Clemenciacum*, vg. *Côte-d'Or* (Bourgogne), arr. et à 16 k. de Dijon, cant. et ✉ de Gevrey. Pop. 227 h.

CLÉMENCIA, vg. *Ain*, comm. et ✉ de Châtillon-les-Dombes.

CLÉMENSAT, vg. *Puy-de-Dôme* (Auvergne), arr. et à 13 k. d'Issoire, cant. et ✉ de Champeix. Pop. 163 h.

CLÉMENT (St-), vg. *Aisne* (Picardie), arr. et à 15 k. de Vervins, cant. d'Aubenton, ✉ de Plomion. Pop. 195 h.

CLÉMENT (St-), bg *Allier* (Bourbonnais), arr. et à 23 k. de la Palisse, cant. et ✉ de Mayet-de-Montagne. Pop. 1,697 h. — *Foires* les 25 fév., 6 juin, 16 août et 17 nov.

CLÉMENT (St-), vg. *H.-Alpes* (Dauphiné), arr. et à 13 k. d'Embrun, cant. de Guillestre, ✉ de Montdauphin. Pop. 631 h. — *Scierie* de marbre. — *Foires* les 31 mai et 30 sept.

CLÉMENT (St-), vg. *Ardèche* (Languedoc), arr. et à 67 k. de Tournon, cant. et ✉ de St-Martin-de-Valamas. Pop. 779 h.

CLÉMENT (St-), vg. *Ardennes* (Champagne), arr. et à 22 k. de Vouziers, cant. et ✉ de Machault. Pop. 512 h.

CLÉMENT (St-), vg. *Aveyron*, comm. de St-Rome-de-Tarn, ✉ de St-Affrique.

CLÉMENT (St-), vg. *Calvados* (Normandie), arr. et à 36 k. de Bayeux, cant. et ✉ d'Isigny. Pop. 202 h.

CLÉMENT (St-), vg. *Cantal* (Auvergne), arr. et à 25 k. d'Aurillac, cant. et ✉ de Vic-sur-Cère. Pop. 592 h.

CLÉMENT (St-), vg. *Charente-Inf.* (Saintonge), arr. et à 11 k. de Rochefort-sur-Mer, cant. et ✉ de Tonnay-Charente. Pop. 837 h.

CLÉMENT (St-), vg. *Corrèze* (Limousin), arr. et à 16 k. de Tulle, cant. et ✉ de Seilhac. Pop. 1,591 h. — *Foires* les 20 janv., 6 mai, 6 juin, 26 août et mercredi après la mi-carême.

CLÉMENT (St-), vg. *Dordogne* (Périgord), arr. et à 24 k. de Nontron, cant. et ✉ de Thiviers. Pop. 626 h.

CLÉMENT (St-), *Drôme*, comm. de Mercurol, ✉ de Tain.

CLÉMENT (St-), vg. *Gard* (Languedoc), arr. et à 33 k. de Nîmes, cant. et ✉ de Sommières. Pop. 130 h. — On y trouve une source très-abondante, dont l'eau est conduite à Montpellier par un magnifique aqueduc. V. MONTPELLIER.

CLÉMENT (St-), ou ST-CLÉMENT-DE-RIVIÈRE, vg. *Hérault* (Languedoc), arr. et à 10 k. de Montpellier, cant. et ✉ des Matelles. Pop. 130 h.

CLÉMENT (St-), vg. *Manche* (Normandie), arr., cant., ✉ et à 6 k. de Mortain. P. 1,395 h. — *Foire* le 1er mardi après la Pentecôte.

CLÉMENT (St-), vg. *Meurthe* (Lorraine), arr., cant., ✉ et à 12 k. de Lunéville. Pop. 925 h. — *Fabrique* de faïence renommée.

CLÉMENT (St-), *Oise*, comm. de Morienval, ✉ de Crépy.

CLÉMENT (St-), vg. *Puy-de-Dôme* (Auvergne), arr. et à 30 k. d'Ambert, cant. et ✉ de St-Anthème. Pop. 804 h.

CLÉMENT (St-), *Tarn*, comm. de Lautrec, ✉ de Castres.

CLÉMENT (St-), ou ST-CLÉMENT-LÈS-SENS, vg. *Yonne* (Champagne), arr., cant., ✉ et à 3 k. de Sens. Pop. 758 h. — *Fête champêtre* le 1er mercredi après Pâques, très-fréquentée par les populations voisines, qui ne manquent pas d'aller visiter la fontaine d'Azon, près de laquelle était un petit oratoire fondé en 1552, et dont les eaux passent aux yeux de ceux qui sont doués d'une dose suffisante de crédulité pour jouir de la propriété de faire connaître aux jeunes filles si elles seront mariées dans l'année. L'expérience consiste à placer une épingle à la surface de l'eau ; si elle va au fond, pas de mari à espérer ; si elle surnage tant soit peu, on s'en retourne avec l'espoir, assez souvent déçu, de devenir bientôt femme de ménage.

CLÉMENT-DE-CRAON, *Mayenne*, com. et ✉ de Craon.

CLÉMENT-DE-LA-PLACE (St-), ou ST-JEAN-DES-MARAIS, vg. *Maine-et-Loire* (Anjou), arr. et à 16 k. d'Angers, cant. et ✉ du Louroux-Béconnais. Pop. 1,219 h. — *Foires* les 8 mai et 14 août.

CLÉMENT-DE-REIGNAT (St-), vg. *Puy-de-Dôme* (Auvergne), arr. et à 23 k. de Riom, cant. et ✉ de Randans. Pop. 1,103 h.

CLÉMENT-DES-LEVÉES (St-), vg. *Maine-et-Loire* (Anjou), arr. et à 15 k. de Saumur, ✉ des Rosiers. Pop. 1,756 h.

CLÉMENTIÈRE, *Allier*, comm. de Tronges, ⊠ de Montet.
CLÉMENTIN (St-), vg. *Deux-Sèvres* (Poitou), arr. et à 14 k. de Bressuire, cant. et ⊠ d'Argenton-Château. Pop. 715 h. — *Foires* les 5 avril, 1ᵉʳ mai, 2 août et 14 nov.
CLÉMENT-LES-MACON (St-), vg. *Saône-et-Loire* (Bourgogne), arr., cant., ⊠ et à 2 k. de Mâcon. Pop. 1,037 h.
CLÉMENT-LES-PLACES (St-), vg. *Rhône* (Lyonnais), arr. à 32 k. de Lyon, cant. et ⊠ de St-Laurent-de-Chamousset. P. 878 h.
CLÉMENTS (les), *Vaucluse*, comm. de Villars, ⊠ d'Apt.
CLÉMENT-SOUS-VALSONNE. vg. *Rhône* (Lyonnais), arr. et à 27 k. de Villefranche-sur-Saône, cant. et ⊠ de Tarare. Pop. 1,001 h. — *Foires* le lundi gras, lundi de la Pentecôte, 17 août et 23 nov.
CLÉMENT-SUR-GUYE (St-), vg. *Saône-et-Loire* (Bourgogne), arr. à 30 k. de Chalon-sur-Saône, cant. de Mont-St-Vincent, ⊠ de Joncy. Pop. 424 h.
CLÉMERY, vg. *Meurthe* (Lorraine), arr. et à 29 k. de Nancy, cant. et ⊠ de Nomeny. Pop. 541 h. Sur la rive gauche de la Seille.
CLÉMONT, bg *Cher* (Berry), arr. et à 50 k. de Sancerre, cant. et ⊠ d'Argent. Pop. 856 h. — *Commerce* de chanvre.
CLENAY, vg. *Côte-d'Or* (Bourgogne), arr., cant., ⊠ et à 10 k. de Dijon. P. 168 h. — *Fabrique* de fécule de pommes de terre et de sirop de fécule.
CLENLEU, vg. *Pas-de-Calais* (Artois), arr. à 10 k. de Montreuil-sur-Mer, cant. et ⊠ d'Hucqueliers. Pop. 278 h.
CLÉON, vg. *Seine-Inf.* (Normandie), arr. et à 17 k. de Rouen, cant. et ⊠ d'Elbœuf. P. 510 h.
CLÉON-DANDRAN, vg. *Drôme* (Dauphiné), arr. et à 10 k. de Montélimart, cant. de Marsanne, ⊠ de Puy-St-Martin. P. 707 h. — *Foires* les 2 janv., 17 avril, 5 août et 15 nov.
CLEPPÉ, vg. *Loire* (Forez), arr. à 25 k. de Montbrison, cant. de Boen, ⊠ de Feurs. P. 494 h.
CLÉRAC, vg. *Charente-Inf.* (Saintonge), arr. et à 36 k. de Jonzac, cant. et ⊠ de Montguyon. Pop. 1,347 h.
Autrefois chef-lieu de juridiction, diocèse et élection d'Agen, parlement et intendance de Bordeaux, 2 couvents.
PATRIE du baron DE FÉRUSSAC.
Foires les 3ᵐᵉˢ mardis de janv., fév., mars, avril, mai, juin, juillet, août et sept.
CLERAI, vg. *Orne*, comm. de Belfonds, ⊠ de Séez.
CLÉRANS, *Dordogne*, comm. de Cause-de-Clérans, ⊠ de Lalinde.
CLÉRÉ, vg. *Indre-et-Loire* (Touraine), arr. et à 45 k. de Chinon, cant. et ⊠ de Langeais. ⚬⚬. Pop. 1,220 h. — On remarque sur son territoire l'ancien château de Chétardière. — *Foires* les 24 avril, 6 sept., 28 oct., 25 nov. et jeudi gras.
CLÉRÉ, vg. *Maine-et-Loire* (Anjou),

arr. et à 45 k. de Saumur, cant. et ⊠ de Vihiers. Pop. 594 h.
CLÉRÉ-DU-BOIS, vg. *Indre* (Berry), arr. et à 33 k. de Châteauroux, cant. et ⊠ de Châtillon-sur-Indre. Pop. 743 h.
CLÈRES, bg *Seine-Inf.* (Normandie), arr. et à 22 k. de Rouen, chef-l. de cant., ⊠ de Valmartin, bur. d'enregist. à Cailly. Cure. P. 871 h. — TERRAIN tertiaire moyen. — Il est situé à la source du ruisseau de son nom, dans une contrée extrêmement fertile — *Commerce* de légumes secs, chanvre et bestiaux. — *Foire* le 1ᵉʳ mardi d'octobre.
CLÉREY, *Cleryum*, vg. *Aube* (Champagne), arr. et à 15 k. de Troyes, cant. de Lusigny, ⊠ de St-Parres-les-Vaudes. Pop. 802 h. Sur la Seine. — *Foires* les 6 août, 12 juillet et 25 nov.
CLÉREY-LA-COTE, vg. *Vosges* (Lorraine), arr., ⊠ et à 17 k. de Neufchâteau, cant. de Coussey. Pop. 215 h.
CLÉREY-SUR-MADON, vg. *Meurthe* (Lorraine), arr. et à 23 k. de Nancy, cant. et ⊠ de Vezelize. Pop. 141 h.
CLERGOUX, vg. *Corrèze* (Limousin), arr. et à 24 k. de Tulle, cant. de la Roche-Canillac, ⊠ d'Egletons. Pop. 353 h.
CLERIEUX, vg. *Drôme* (Dauphiné), arr. et à 22 k. de Valence, cant. et ⊠ de Romans. Pop. 1,860 h. — *Fabrique* d'instruments aratoires. Filatures de soie. Exploitation de pierres meulières. Tuilerie. — *Foires* les 1ᵉʳˢ lundis d'avril et d'oct.
CLÉRIMOIS, vg. *Yonne*, comm. de Foissy-les-Clérimois, ⊠ de Villeneuve-l'Archevêque.
CLERJUS (le), vg. *Vosges* (Lorraine), arr. et à 30 h. d'Épinal, cant. de Xertigny, ⊠ de Bains. Pop. 2,565 h.
CLERMAIN, vg. *Saône-et-Loire* (Bourgogne), arr. et à 24 k. de Mâcon, cant. et ⊠ de Tramayes. Pop. 448 h.
CLERMONT, *Clarimons*, vg. *Aisne* (Picardie), arr. à 30 k. de Laon, cant. de Rozoy-sur-Serre, ⊠ de Montcornet. Pop. 89 h.
CLERMONT, vg. *Ariège* (Comminges), arr., cant. et à 14 k. de St-Girons, ⊠ de la Bastide-de-Serou. Pop. 359 h.
CLERMONT, vg. *Aude* (Languedoc), arr. et à 24 k. de Limoux, cant. et ⊠ de St-Hilaire. Pop. 244 h.
CLERMONT, *Dordogne*, comm. et ⊠ de Donville.
CLERMONT, vg. *H.-Garonne* (Languedoc), arr. à 20 k. de Toulouse, cant. et ⊠ de Castanet. Pop. 479 h.
CLERMONT, vg. *Gers* (Armagnac), arr. et à 20 k. de Lombez, cant. et ⊠ de l'Isle-en-Jourdain. Pop. 372 h.
CLERMONT, ou CLERMONT-LODÈVE, CLERMONT-L'HÉRAULT, *Claromontium*, ville industrielle, *Hérault* (Languedoc), arr. et à 15 k. de Lodève, chef-l. de cant. Trib. de comm. Cons. de prud'hommes. Caisse d'épargne. Collège comm. Cure. Gîte d'étape. ⚬⚬. A 713 k. de Paris pour la taxe des lettres. Pop. 6,294 h. — TERRAIN jurassique, étage inférieur du système oolitique.

Autrefois baronnie, diocèse et recette de Lodève, parlement de Toulouse, généralité de Montpellier, intendance de Languedoc.
Cette ville est dans une belle situation, sur le penchant d'une colline au pied de laquelle coule le ruisseau d'Ydromiel; elle est dominée par les restes d'un ancien château d'où l'on jouit d'une fort belle vue.
Clermont possède une belle église gothique à trois nefs, remarquable par un clocher très-élevé, et par une abside d'un bel aspect. C'était jadis une église collégiale, dont la fondation remonte à une époque reculée. L'édifice actuel date du commencement du XIVᵉ siècle. Au-dessus de l'entrée principale est une rose en vitraux de différentes couleurs, d'un très-grand diamètre, regardée comme un chef-d'œuvre architectonique. On voit, au centre, les emblèmes de l'eucharistie, exécutés pour témoigner d'un vœu fait par les habitants de vivre dans la foi catholique romaine, et pour repousser le soupçon qui s'était élevé contre eux, de favoriser les Albigeois. Cette église eut beaucoup à souffrir des religionnaires.
Manufacture de draps renommée, qui a produit, en 1833, 24,000 pièces de draps. — *Fabriques* de mouchoirs, bas de laine et de coton; crème de tartre; vitriol. Distilleries d'eaux-de-vie. Filatures de coton. Tanneries. — *Commerce* de vins, eaux-de-vie, huile d'olives, amandes, vert-de-gris, etc. — Fours à plâtre et à chaux. — Fort marché tous les vendredis.
Bibliographie. * Histoire de la ville de Clermont-l'Hérault et de ses environs, in-8 et pl., 1838.
CLERMONT, *Isère*, comm. de Chirens, ⊠ de Voiron.
CLERMONT, vg. *Landes* (Languedoc), arr. à 16 k. de Dax, cant. et ⊠ de Montfort. Pop. 913 h.
CLERMONT, *Meuse*. V. CLERMONT-EN-ARGONNE.
CLERMONT, CLERMONT-EN-BEAUVOISIS, CLERMONT-OISE, *Claromontium*, petite ville, *Oise* (Picardie), chef-l. de sous-préf. (2ᵉ arr.) et d'un cant. Trib. de 1ʳᵉ inst. Collège comm. Soc. d'agric. Cure. Gîte d'étape. ⚬⚬. Pop. 4,192 h. — TERRAIN crétacé supérieur, craie.
Autrefois comté, diocèse de Beauvais, parlement de Paris, intendance de Soissons, chef-lieu d'élection, bailliage, justice royale, maîtrise particulière.
Le nom de Clermont, en latin *Claromontium*, commun à plusieurs bourgs et villes de France, et qui signifie mont illustre, ne paraît pas avoir une origine certaine. On prétend que cette ville a été beaucoup plus considérable qu'elle ne l'est aujourd'hui, bien que ceux qui ont écrit son histoire ne présentent rien de positif avant le IXᵉ siècle. Ses premiers seigneurs, comme tant d'autres, usurpèrent, lors de l'élévation de Hugues Capet, et à son exemple, un titre et une souveraineté qui ne leur appartenaient pas ; ils se firent comtes, et le château, bâti pour défendre la contrée contre les ennemis de la France, devint le repaire où ils cher-

chaient un asile pendant les guerres qu'ils livraient aux seigneurs voisins, ou après avoir exercé leurs brigandages contre les habitants des campagnes. Le premier de ces comtes dont l'histoire ait gardé le nom est Renaud 1er, qui vivait en 1087. — Une commune fut instituée à Clermont en 1197 par une charte de Louis, comte de Blois.

Le château de Clermont était originairement une forteresse, construite sous le règne de Charles le Chauve, ou peut-être rebâtie du temps de ce prince, pour arrêter les incursions des Normands. Après les soulèvements de paysans, qui, en 1356, prirent naissance dans le Beauvoisis, et qu'on désigne sous le nom de la jacquerie, Clermont fut surpris par le fameux capital de Buch, qui y leva des contributions extraordinaires. Cette ville fut pillée et brûlée par les Anglais en 1359. En 1415, ils l'assiégèrent de nouveau, mais ils éprouvèrent une résistance opiniâtre, et se retirèrent après avoir incendié le faubourg St-André. En 1430, le maréchal de Boussac assiégea et prit le château à la tête d'une armée avec laquelle il venait de délivrer Compiègne. En 1434, cette ville fut encore prise par les Anglais. Lahire la reprit; elle fut rendue en 1437, pour la rançon du même Lahire, qui avait été enlevé à Beauvais pendant qu'il jouait à la paume. Elle revint à la France après l'expulsion des Anglais. En 1569, Charles IX, ayant besoin d'argent pour combattre les protestants, aliéna cette ville en faveur du duc de Brunswick pour une somme de 360,000 liv. La duchesse de Brunswick la revendit, trente ans après, à Charles, duc de Lorraine. Henri IV la prit sur la Ligue en 1595; elle fut alors en proie aux ravages d'une cruelle épidémie qualifiée du nom de peste. En juillet 1615, le prince de Condé, mécontent de la cour, se retira à Clermont avec quelques troupes et parvint à s'y fortifier. La seigneurie de Clermont fut engagée à la maison de ce prince, à laquelle elle appartint longtemps. Après la révolution, le château passa à différents propriétaires, jusqu'en 1808, époque où il fut vendu au gouvernement pour y établir une prison, puis ensuite un dépôt de mendicité. En 1820, on en fit une maison de détention pour hommes, femmes et enfants; enfin, une ordonnance royale de 1826 en créa une maison centrale de détention destinée à recevoir les femmes condamnées à une réclusion de plus d'une année par les tribunaux des départements de l'Oise, de la Seine, de Seine-et-Oise, de Seine et-Marne et de l'Aisne.

Les armes de Clermont sont: *de gueules au château d'or hersé couvert en croupe et accompagné de deux tours couvertes en pointe et girouettées de même; au chef d'azur semé de fleurs de lis d'or*. Dans la partie du manuscrit d'Hozier, relative aux armes de concession, elles sont indiquées: *de gueules à une montagne d'argent accompagnée en chef d'un soleil d'or*.

Clermont était anciennement fortifié; mais ses remparts sont maintenant chargés de bâtisses modernes et de plantations diverses, et il n'en reste plus que de faibles vestiges. Cette ville, agréablement située, est bâtie sur le sommet et les deux versants d'un monticule allongé, placé à l'est d'une chaîne de collines, et dominée par le château dont la construction s'élève sur la partie la plus haute du monticule. Il est rare, en France, de trouver une vue plus étendue que celle dont on jouit de ce château, au pied duquel est la belle promenade du Chatellier: forêts, bosquets, collines boisées, vallons, riantes prairies, coteaux pittoresques, plaines immenses entrecoupées par de profonds ravins et variées par plusieurs bourgs, villages et châteaux, enrichissent cette superbe perspective, et présentent à l'œil de l'observateur un des plus beaux panoramas que l'on puisse voir. La petite rivière de Brêche passe au bas de la ville.

Biographie. Clermont est la patrie de CHARLES LE BEL.

De JACQUES GRÉVIN, poëte français et latin, médecin et conseiller de Marguerite de France, mort en 1570.

De CASSINI, célèbre ingénieur géographe, auteur de la grande carte de France qui porte son nom.

De CHARPENTIER, auteur du Parallèle entre Aristote et Platon.

De JEAN FERNEL, célèbre médecin de Henri II, né en 1506.

INDUSTRIE. *Fabriques* de toiles, calicots, indiennes. Filatures de coton. Raffinerie de salpêtre. Blanchisseries de toiles. Brasseries. Tanneries. — *Commerce* de grains, fruits rouges, lins, toiles dites mi-Hollande, qui se fabriquent dans les environs; chevaux, bestiaux. — *Foires* le 10 août (3 jours), le mardi de la Chandeleur, et le dernier samedi de chaque mois.

A 27 k. E. de Beauvais, 62 k. N. de Paris. Lat. 49° 22′ 45′′, long. 0° 4′ 53′′. E.

L'arrondissement de Clermont-Oise est composé de 8 cantons: Breteuil, Clermont, Crèvecœur, Froissy, Liancourt, Maignelay, Mouy, St-Just-en-Chaussée.

Bibliographie. WOISSEL (Eug.). *Essai historique, descriptif et statistique sur la maison d'aliénés de Clermont-Oise*, in-8 et plan, 1839.

CLERMONT, vg. *Sarthe* (Anjou), arr., cant., ✉ et à 5 k. de la Flèche. Pop. 1,478 h.

CLERMONT - DE - BEAUREGARD, vg. *Dordogne* (Périgord), arr. et à 22 k. de Bergerac, cant. de Villamblard, ✉ de Douville. Pop. 326 h.

CLERMONT-DESSOUS, petite ville, *Lot-et-Garonne* (Agénois), arr. et à 18 k. d'Agen, cant. et ✉ de Port-Ste-Marie. Pop. 1,242 h. — C'était autrefois une place forte qu'Amaury de Montfort assiégea sans succès en 1221, et que les routiers prirent en 1437. — *Foires* les 7 mars, 19 oct. et 13 déc.

CLERMONT - DESSUS, vg. *Lot-et-Garonne* (Agénois), arr. et à 22 k. d'Agen, cant. de Puymirol, ✉ de la Magistère. Pop. 869 h.

CLERMONT-D'EXCIDEUIL, vg. *Dordo-* gne (Périgord), arr. et à 40 k. de Périgueux, cant. et ✉ d'Excideuil. Pop. 611 h.

CLERMONT-EN-ARGONNE, petite ville, *Meuse* (Clermontois), arr. et à 25 k. de Verdun-sur-Meuse, chef-l. de cant. Cure. Gîte d'étape. ✉. ⌂. A 226 k. de Paris pour la taxe des lettres. Pop. 1,424 h. — TERRAIN jurassique. — Autrefois comté, parlement de Paris, élection de Ste-Menehould.

Clermont était jadis une place forte, capitale du comté de son nom. Louis XIII et Louis XIV la prirent plusieurs fois sur les ducs de Lorraine; ses fortifications ont été rasées quelque temps après sa réunion à la France.

Cette ville occupe une position pittoresque, sur le flanc d'une montagne élevée, près de vastes forêts. Elle est généralement bien bâtie et traversée par la grande route de Paris à Metz.

Patrie de M. CASIMIR BONJOUR, poëte et auteur dramatique.

Fabriques de faïence. — *Commerce* de bois, clous, fers, etc. — *Foires* les 10 août (3 jours), mardi de la Chandeleur, 30 nov., et le dernier de chaque mois.

CLERMONT-EN-AUGE, vg. *Calvados* (Normandie), arr. et à 19 k. de Pont-l'Evêque, cant. de Cambremer, ✉ de Dozullé. Pop. 84 h.

CLERMONT-FERRAND, *Nemetum, Augusto-Nemetum, Urbs Arverni, Clarus Mons*, grande et très-ancienne ville, chef-l. du départ. du *Puy-de-Dôme* (Auvergne), du 4e arr. et de 4 cant., bonne ville n° 16. Trib. de 1re inst. et de comm. Académie universitaire. Académie des sciences, belles-lettres et arts. Collége royal. Ecole secondaire de médecine. Ecole départementale d'accouchements. Chambre consultative des manuf. Bourse de comm. Abattoir public. ✉. ⌂. Pop., y compris Montferrand, 35,152 h. — TERRAIN cristallisé ou primitif.

Autrefois évêché, parlement de Paris, intendance de Riom, chef-lieu d'élection, sénéchaussée, présidial, cour des aides, justice royale, juridiction consulaire, prévôté générale de maréchaussée, 4 chapitres, 3 abbayes, collège, sociétés littéraires, nombreux couvents de l'un et de l'autre sexe.

L'évêché de Clermont, fondé vers 250, porta jusque vers 1160 le nom d'évêché d'Auvergne. L'évêque fut seigneur du Clermont du XIIIe au XVIe siècle, mais sans jouir d'une grande autorité dans cette ville, dont les habitants avaient des privilèges étendus. Au dernier siècle, il était encore seigneur des deux petites villes de Billon et de Croupières et de plus de dix-huit paroisses. Revenu, 15,000 liv.; taxe, 4,550 flor. Paroisses, 850. Abbayes, 17: revenu, 103,000 liv.; taxe, 7,000 liv.

Quatre routes, dont l'une part de *Segodium*, Rhodez, de *Rodumna*, Roanne, d'*Augustoritum*, Limoges, et d'*Avaricum*, Bourges, prouvent, par l'exactitude des distances, que la capitale des *Arverni*, nommée *Nemetum* et ensuite *Augusto-Nemetum*, était située où se trouve actuellement Clermont. Le château de *Clarus*

Mons, qui défendait anciennement cette ville, se trouve mentionné par un annaliste du temps de Pépin et par une pièce de l'an 422. Mais *Augusto-Nemetum* n'était pas la capitale des *Arverni* du temps de César; elle n'a dû ce titre qu'à la destruction de *Gergovia*.

On a beaucoup écrit sur l'origine de Clermont. Les uns ont prétendu que cette ville était l'ancien Gergovia assiégé par Jules César, et qui était regardé comme une des plus fortes places des Gaules. D'autres, avec plus de raison, croient que Gergovia existait du temps des Gaulois sur la montagne appelée encore aujourd'hui Gergovia, située à 6 k. de Clermont. On ne sait à quelle époque cette forteresse fut détruite : Sidoine Apollinaire, qui habitait l'Auvergne et qui écrivait au ve siècle, n'en parle point, et l'on peut conjecturer que les Romains, enfin maîtres des Gaules, firent ruiner une ville où leur courage avait échoué, et qui devenait un monument de honte pour eux et de gloire pour les Auvergnats. Sous la domination d'Auguste, les habitants de Gergovia abandonnèrent ce lieu escarpé, peu propre aux nécessités de la vie, et se transportèrent à *Nemetum* ou *Nemosus*, lieu plus commode, qui fut embelli par les bienfaits de cet empereur. Pour en conserver le souvenir, on joignit à son nom celui d'Auguste; la ville fut appelée *Augusto-Nemetum*, devint la capitale des Auvergnats, et reçut dans la suite le nom du château qui la dominait. Sous l'empire romain, cette cité devint célèbre, et eut un sénat qui subsistait encore au viie siècle; elle fut du nombre de celles qui jouirent du droit latin, droit qui lui donnait l'avantage de se gouverner par ses propres magistrats, et en vertu duquel les habitants pouvaient prétendre au titre de citoyens romains, ainsi qu'aux premières charges de l'empire. — Il paraît que sous les Romains cette capitale fut divisée en deux parties : la Ville et la Cité. La ville était placée au bas du monticule, et s'étendait de l'est au midi; plusieurs monuments historiques et des débris antiques de colonnes de marbre, de mosaïques et de constructions romaines, qu'on découvre tous les jours dans cet emplacement, fortifient cette opinion. La cité, construite sur le sommet de l'éminence, dans l'endroit où se trouve la cathédrale, était entourée de murs et fortifiée de belles tours; ce fut pour le besoin de cette partie élevée de la ville qu'il fut construit un aqueduc de plus de 4 k. de longueur, qui partait des montagnes situées à l'occident de Clermont, nom qui devint celui de toute la ville vers le ixe siècle. — Les Auvergnats jouirent de tous les avantages que leur offrait la domination romaine; ils cultivèrent les beaux-arts, établirent des écoles publiques, dont celles de Clermont et d'Issoire étaient les plus fameuses, et embellirent leur ville capitale de plusieurs monuments magnifiques; l'un des plus remarquables était le temple dédié à Mercure sous le nom de *Vasso-Galate*, détruit, suivant Dulaure, au temps où saint Austremoine vint établir le christianisme dans la capitale de l'Auvergne, en 250 ou 253.

Clermont, célèbre par ses prérogatives, par son sénat, par ses édifices magnifiques, perdit dans peu de temps une partie de son bien-être; les fréquentes incursions des barbares du Nord, qui dévastèrent et se partagèrent l'empire romain, causèrent cette fatale révolution. Crocus, à la tête d'une troupe de Vandales, entra en Auvergne en 408, assiégea et prit Clermont, renversa de fond en comble tous les édifices antiques qui décoraient cette ville. Clermont fut encore saccagé en 412 par les capitaines d'Honorius, qui y prirent le lieutenant du tyran Constantin. Euric, roi des Visigoths, l'assiégea sans succès en 473 : cette ville était alors défendue par les Bourguignons et par les habitants, secondés par l'évêque Sidoine Apollinaire. L'Auvergne ayant été cédée aux Visigoths en 474, Euric, irrité de la longue résistance que les habitants de Clermont lui avaient opposée, ennemi d'ailleurs des peuples qui professaient le christianisme, tandis que lui était de la secte des ariens, tourna toute sa colère sur l'évêque Sidoine, qu'il fit renfermer dans le château de Liviane. — Thierry, fils naturel de Clovis, prit Clermont en 507, et soumit pour la première fois toute l'Auvergne à la domination des rois de France. En 532 Thierry, ayant appris que son frère Childebert s'était emparé de Clermont, vint assiéger cette ville, la prit, brûla, détruisit, pilla tout sur son passage, et démolit l'aqueduc romain qui conduisait des montagnes voisines les eaux dans cette ville. Quelques années après, Chramne, fils de Clotaire, fut envoyé à Clermont pour gouverner la province, et ne se servit de son autorité que pour y exercer des excès de tout genre : entouré de jeunes libertins, ce prince se livrait aux actions les plus violentes et à la débauche la plus honteuse; il enlevait les filles des sénateurs sous les yeux de leurs pères, et après les avoir déshonorées il les livrait à des brigands. En 761, Pepin s'empara du château de Clarus Mons, y mit le feu, fit égorger les habitants sans distinction d'âge ni de sexe. Cette ville fut encore ravagée et détruite en 853 par les Normands, et en 916 par les Danois, auxquels s'étaient joints ces mêmes Normands. Elle fut aussi en proie aux guerres particulières des évêques de Clermont et des comtes d'Auvergne.

En 1095, le pape Urbain II convoqua à Clermont un concile, afin d'y faire voir les dangers auxquels étaient exposés les pèlerins qui se rendaient à Jérusalem, et demander des secours contre les Turcs. L'ermite Pierre, qui avait parcouru la plupart des régions de l'Occident, adressait de ville en ville des prédications aux grands et aux petits; aussi ce concile fut-il très-nombreux : treize archevêques, deux cent vingt-cinq évêques, un nombre presque égal d'abbés mitrés, avec plusieurs milliers de chevaliers, et une foule immense d'hommes et de femmes de toute condition, se rassemblèrent en Auvergne ; et malgré la rigueur de la saison, plus âpre qu'ailleurs dans cette région montueuse, ils passèrent sept jours sous la tente, attendant ce que leurs pères spirituels décideraient sur le sort de la chrétienté. Un premier discours du pape Urbain II fut adressé à la multitude, qui attendait en quelque sorte le signal de courir aux armes. Pierre l'Ermite parla ensuite aux chevaliers assemblés, avec des sentiments vrais, avec des expressions qui partaient d'un cœur ardent et attendri; il excita le plus vif enthousiasme parmi ses nombreux auditeurs, et Urbain lui-même n'y demeura pas étranger; celui-ci prononça un second discours fort long, très-passionné, qui éveilla tour à tour la compassion, l'indignation ou le désir de vengeance, et fut interrompu à plusieurs reprises par les sanglots du peuple et par ses acclamations : *Dieu le veut, Dieu le veut!* s'écria-t-on de toutes parts. A peine Urbain avait-il fini de parler, qu'Aymar, évêque de Puy-en-Velay, et Hugues, frère du roi Philippe, furent parmi les premiers qui s'engagèrent à l'expédition sacrée. La foule des seigneurs et des chevaliers moins illustres qui prirent le même engagement était si grande, que, pour se distinguer entre les autres, ils se marquèrent d'une croix rouge sur l'épaule droite; et ce signe, qui leur fit donner le nom de croisés, tout comme celui de croisade à leur expédition, contribua bientôt à augmenter leur nombre.

Louis le Gros mit le siège devant Clermont en 1100, pour obliger les habitants à recevoir leur évêque qu'ils avaient chassé. Du xiie au xiiie siècle, Clermont eut beaucoup à souffrir de nos guerres intestines et des incursions des Anglais; la ville fut plusieurs fois fortifiée et démantelée. En 1220, les habitants obtinrent le privilège de se garder eux-mêmes, de s'assembler et de se choisir des capitaines; ils furent pendant longtemps exempts de toutes impositions. — En 1285 ou 1286 le bailliage de la justice royale fut transféré par Philippe le Bel à Montferrand. — En 1356, Clermont fut déclaré chef et ville capitale du duché d'Auvergne. Les premiers grands jours s'y tinrent des premiers jours de septembre au 15 novembre 1382. Les états de la province s'assemblèrent à Clermont en 1356, et plusieurs fois en 1359 pour s'entendre sur les moyens d'expulser les Anglais.

Pendant les guerres de la Ligue, les habitants de Clermont montrèrent pour le parti du roi beaucoup d'énergie et un dévouement héroïque; quelques chanoines de la cathédrale, qui, à l'exemple des curés de Paris, commençaient à soulever le peuple par des discours ou par des sermons séditieux, furent chassés de la ville. — Le 28 septembre 1665 s'ouvrirent les séances de la cour des grands jours, pour réprimer les vexations criantes et les désordres de toute espèce des nobles; ces séances se prolongèrent jusqu'au 1er février 1666 : une médaille fut frappée sous Louis XIV pour rappeler cette grande époque.

Les armes de Clermont sont : *d'azur à la croix pleine de gueules orlée d'or, cantonnée de quatre fleurs de lis d'or*.

La ville de Clermont est bâtie dans cette entrée d'un vaste bassin semi-circulaire, de plus de 25 k. de tour que couronnent des riches coteaux, derrière lesquels s'élève le majestueux puy de Dôme. Ce superbe vallon est largement ouvert au levant, en sorte que de la ville et de quelques-unes de ses promenades, la vue se déploie sur la grande largeur de la Limagne, jusqu'aux montagnes orientales du département, à 30 ou 40 k. de distance. — Depuis environ cinquante ans, Clermont s'est fort embelli et agrandi; de nouvelles rues larges et bien percées ont été ouvertes ; les cailloux pointus qui les pavent ont été remplacés dans quelques parties par de larges et beaux pavés; plusieurs quartiers ont été presque entièrement rebâtis; de nouvelles constructions se sont élevées et forment de nouveaux quartiers remarquables par leur élégance; les promenades ont été embellies, et les fontaines ont été multipliées.

L'exposition salubre et pittoresque de cette ville lui permet de jouir à souhait de la vue du superbe panorama qui l'entoure : du nord à l'est, on voit s'étendre une plaine immense, vallée magnifique qu'arrose l'Allier ; de ce côté, la ville de Montferrand occupe le premier plan; au delà se montrent une foule de bourgs et de villages, entourés d'une épaisse verdure ; de l'autre côté se déploie un demi-cercle de monts, dont la ville occupe le centre ; le milieu de la courbe est occupé par le majestueux puy de Dôme; divers étages de collines, les unes nues et stériles, les autres couvertes de vignes ou parsemées de bois, s'élèvent du pied de la vallée jusqu'au bord du plateau qui supporte les puys supérieurs. Au sud, on remarque le vaste plateau de Gergovia, le puy volcanique de Gravenoire, et le mont Rognon, dont le sommet conique offre les ruines d'une forteresse féodale. A l'autre extrémité de la chaîne, sont les puys de Chanturges et de Vars, qui lèvent leurs croupes scorifiées et chargées de vignobles ; mais la vue se reporte incessamment sur le puy de Dôme, qu'un manteau de neige recouvre pendant six mois de l'année, et que couronnent presque toujours les nuages.

Cette ville est ceinte de boulevards plantés d'arbres, et environnée de faubourgs qui forment près de moitié de son étendue. Les rues sont, la plupart, étroites, sombres et mal percées ; les maisons sont hautes et resserrées, surtout dans la partie la plus élevée de la ville; mais elles sont solidement bâties en laves de Volvic, dont l'aspect est sombre et triste. Les différents quartiers n'ont nulle symétrie; les places sont vastes, mais irrégulières ou mal entourées ; toutefois, les nouvelles constructions offrent un aspect agréable, leurs façades sont blanchies, propres et fort jolies.

PLACES PUBLIQUES. Les principales places sont : la place d'Armes ou de Jaude, parallélogramme de 262 m. de long sur 82 de large, environnée de maisons presque toutes neuves et bien bâties. — La place de la Poterne, située dans la partie la plus élevée de la ville, et dont le terrain est soutenu par un fort mur de terrasse: elle est exposée au nord, plantée d'arbres, et domine sur le faubourg St-Alyre, ainsi que sur une grande étendue de pays, et offre aux promeneurs une perspective des plus variées;

presque en face sont le puy de Dôme, le puy de Sarcouy et la cime du Quierson, trois sommités qui couronnent agréablement un rideau de collines couvertes de vignes, de vergers et de maisons de campagne : l'espace entre la ville et ces vignobles est un riche bassin parsemé d'une immense quantité d'arbres de toute espèce, qui forment, au milieu des prairies, le tapis de verdure le plus frais et le plus varié. — La place d'Espagne, située à la suite de celle de la Poterne avec laquelle elle communique par une rampe douce et ombragée, est ainsi nommée parce que des Espagnols, prisonniers en Auvergne, furent employés aux travaux de sa construction; elle domine sur la grande route et offre plusieurs points de vue superbes. — La place du Taureau est parfaitement carrée, et remarquable par une belle fontaine en obélisque, de 12 m. de haut, élevée à la mémoire du général Desaix ; on y jouit d'une vue magnifique sur le riant bassin de la Limagne, sur le plateau de Gergovia et sur le pic du mont Rognon, couronné par les ruines pittoresques d'un château gothique. — La place Delille ou Champeix est vaste, irrégulière, et ornée d'une superbe fontaine de style gothique. — Les autres places sont : la place St-Pierre, la place St-Herem, la place Michel-de-l'Hospital, la place de Sugny, la place du Marché-aux-Poissons, la place des Petits-Arbres, la place Derrière-Clermont, la place Royale.

FONTAINES PUBLIQUES. Clermont est une des villes de France qui jouissent des eaux les plus belles, les plus abondantes et les plus salubres; elles arrivent par des conduits souterrains de Royat jusqu'à la partie la plus élevée de la ville, d'où elles se distribuent dans tous les quartiers, où elles alimentent plusieurs fontaines. L'une des plus remarquables est le château d'eau, construit en 1511, et transféré en 1808 à la place où on le voit aujourd'hui. Cette fontaine isolée offre une construction ornée d'une multitude de figures, de jets, de bassins et de bas-reliefs disposés en forme pyramidale, dont l'ensemble, quoique chargé et confus, présente un aspect singulier et riche d'effet ; les détails sont surtout curieux par le choix des dessins et la délicatesse de l'exécution. Ce monument est composé d'un bassin de forme circulaire, au milieu duquel s'élève un massif octogone; aux huit angles sont des candélabres alternativement ronds et pentagones, dont les bases sont joinques, les fûts ornés de feuillages en relief, et surmontés de fleurons; quatre de ces candélabres produisent chacun un jet qui tombe dans le bassin, au milieu duquel s'élève, à la hauteur d'environ 7 m., une pile entourée de jets, de petits bassins et de figures. Quatre piliers-butants entourent et soutiennent cette pile ; ils sont chargés d'ornements, de bas-reliefs, et surmontés chacun par la figure d'un génie représenté assis, au-dessous duquel sort un jet d'eau. Entre ces quatre piliers, et vers la moitié de leur hauteur, sont quatre bassins adossés qui ont une saillie assez considérable, et dont la forme est très-gracieuse ; ces bassins sont en forme de mascaron jetant de l'eau dans le

grand bassin ; ils sont remplis par des jets que vomissent ou pissent des figures de génies, suivant l'idée singulière de l'artiste. Au-dessus de cette ordonnance est une lanterne percée de fenêtres gothiques, qui sert de réservoir : elle est accompagnée de quatre pilastres chargés de sculptures d'un goût très-pur; au-dessus de chacun de ces pilastres est un génie qui s'appuie sur un écusson. Au milieu de ces quatre génies s'élève une figure bien plus grande qui sert d'amortissement à toute la fontaine.

ÉGLISE CATHÉDRALE. La cathédrale de Clermont fut bâtie au ve siècle, par saint Namatius, 9e évêque d'Auvergne. Suivant Grégoire de Tours, l'édifice avait 50 m. de longueur sur 20 de largeur ; 42 fenêtres l'éclairaient, le toit était soutenu par 70 colonnes, et on y entrait par 8 portes. Cette antique métropole fut ruinée par les barbares, puis rétablie et détruite plusieurs fois. L'église actuelle fut commencée en 1248, par l'évêque Hugues de la Tour, et continuée par ses successeurs ; cent ans après sa fondation, elle n'avait pu être achevée, et elle était encore imparfaite en 1496 ; le portail latéral et les deux tours étaient à construire, ainsi que plusieurs chapelles. Conformément au plan, la nef devait se prolonger du côté de la rue des Gras et aboutir aux escaliers de cette église ; le prix énorme demandé par les architectes étant hors de proportion avec les fonds dont on pouvait disposer, on se borna à exécuter les travaux les plus urgents, et on ajourna indéfiniment les autres, notamment la prolongation de la nef, qui est restée jusqu'à présent inachevée et disproportionnée avec la grandeur du reste de l'édifice. Néanmoins, cette basilique, tout imparfaite qu'elle est, peut être comparée avec avantage aux plus beaux monuments gothiques; elle a 100 m. de longueur, 43 m. de largeur, et 33 m. de hauteur du pavé à la voûte, qui est en ogive et soutenue par 56 piliers. Chacun de ces piliers forme un faisceau carré de colonnes rondes extrêmement déliées; au-dessus de la corniche, et à la naissance de la voûte, ces colonnes se détachent et se courbent pour former les arêtes des voûtes; les piliers du rond-point sont surtout remarquables par leur délicatesse. La pierre sombre avec laquelle a été construit ce monument, qui domine toute la ville, lui donne un aspect sévère et imposant; outre plusieurs parties curieuses de la construction, les vitraux et les riches rosaces de la croisée méritent particulièrement l'attention des artistes et des hommes de goût ; on remarque aussi la beauté du chœur, l'entourage de jolies chapelles. Tout l'édifice est recouvert en plomb, et au-dessus des bas côtés règnent de vastes terrasses, dont l'une est surtout remarquable par la belle perspective dont on y jouit ; l'extérieur est très-beau, l'église étant enclavée et bordée de chétives boutiques; il ne reste qu'un clocher des quatre qui le décoraient autrefois.

LE PORT. L'église de Notre-Dame du Port, bâtie vers l'an 580 par saint Avit, évêque de Clermont, fut pillée et brûlée par les Normands en 824. L'évêque Sigon la fit rétablir en 853.

C'est le plus ancien et l'un des plus remarquables édifices de Clermont; car il est évident que plusieurs de ses parties appartiennent à la construction primitive. Les ornements et les bas-reliefs de la porte méridionale sont extrêmement curieux; l'extérieur est décoré, en divers endroits, de mosaïques composées de pierres noires et blanches, du plus beau style byzantin. Au-dessous du chœur est une crypte, au centre de laquelle se trouve un puits dont l'eau passait autrefois pour guérir plusieurs maladies; et au-dessus de l'autel de cette chapelle souterraine on voit une statue de la Vierge, en bois noirci par le temps, objet de grande dévotion pour les habitants de la ville et des lieux circonvoisins, qui y viennent en pèlerinage le 15 mai et les 8 jours suivants.

On remarque encore à Clermont: la bibliothèque publique renfermant 18,000 volumes; le jardin de botanique; le muséum d'histoire naturelle; le cabinet de minéralogie, qui renferme des échantillons des roches et de toutes les substances volcaniques de l'Auvergne; le musée des antiques; le collège; la maison où est né Pascal (rue St-Genès, maison Thibaud Landriot); la salle de spectacle; l'hôtel de ville; le palais de justice; la halle aux grains, la halle aux toiles; l'Hôtel-Dieu; l'hôpital général; le cours Sablon, jolie promenade plantée en 1800; l'église des Carmes, dont le devant d'autel est un sarcophage chrétien des temps primitifs, où sont sculptées des figures représentant la guérison du paralytique, la résurrection du Lazare, la conversation de la Samaritaine, l'entrée dans Jérusalem au jour des Rameaux.

Clermont possède plusieurs sources d'eaux minérales ferrugineuses acidules, dont la température varie de 16 à 18 degrés du thermomètre de Réaumur. Les seules dignes de quelque attention sont celle de Jaude et de St-Alyre.

La fontaine de Jaude est située à l'extrémité de la place de ce nom, au sud-ouest de la ville: elle est intermittente; après avoir coulé uniformément quelques minutes, elle éprouve tout à coup des bouillonnements rapides et désordonnés. Elle reprend ensuite son cours naturel pour couler avec impétuosité quelques minutes après. L'eau est claire et limpide; sa saveur est agréable, vineuse et légèrement astringente. On l'emploie en boisson avec avantage dans les fièvres intermittentes ou printanières, et dans les maladies de l'appareil digestif.

La fontaine de St-Alyre est située dans les jardins du faubourg dont elle porte le nom; elle forme un petit ruisseau qui dépose au fond de son canal des sédiments calcaires et ferrugineux, que l'on est obligé de détruire de temps en temps pour éviter les pétrifications qui en résultent. Une seule fois on a laissé arriver la pétrification à son dernier degré, et il s'est formé un mur de 80 m. de long, à l'extrémité duquel est un objet de stalactites fort curieux. L'eau de St-Alyre ne pétrifie pas, mais elle dépose un suc pierreux qui se forme en incrustations et couvre en un court espace de temps tout ce qu'on lui présente. On construit dans les endroits où coule le ruisseau forme des chutes, de petites cabanes fermées où l'on place des fruits, du bois, des oiseaux et diverses autres choses, qui parviennent très-promptement à se couvrir d'un sédiment calcaire et forment des objets de curiosité.

Environs de Clermont. On doit visiter aux environs de cette ville le site admirable de Royat, dont il a été fait mention à l'article Chamalières. — La montagne de Gergovia, située à 4 k. de Clermont, d'où l'on aperçoit très-distinctement. C'est un long et large plateau, célèbre par le camp ou la forteresse que les Gaulois y avaient établi, et par la victoire que Vercingétorix, leur chef, remporta sur les troupes de César, l'an 53 avant notre ère. Les diverses fouilles qu'on a faites sur ce plateau ont mis à découvert des murs bâtis à chaux et sable, des puits cimentés, des bétons, des pavés, etc., qui sembleraient prouver qu'il a été habité postérieurement à la conquête des Gaules par les Romains. Dans les fouilles que l'on fait journellement en cultivant la terre, on trouve, particulièrement sur la partie occidentale, des médailles gauloises en or, en argent, mais surtout en bronze; des vases de terre brisés, des bouts de flèches en silex et des haches gauloises de toutes les espèces. — Le puy de Dôme, dont on peut atteindre facilement le sommet à cheval ou en voiture par de petites heures. A partir de Clermont, on monte beaucoup, mais par une belle route, jusqu'à la Baraque, où commence le terrain volcanique moderne. De ce point jusqu'à la base de la montagne, on traverse une plaine fertile, laissant à gauche les ruines du vieux château de Montrodeix. Le côté le plus favorable pour monter et pour voir la coupe volcanique de la montagne est celui du midi. Au delà des grands rochers qui font face à cet aspect, il existe un chemin en zigzag, facile jusqu'à la cime; mais les gens de pied seulement, car il ne serait pas prudent d'y monter à cheval. Ce chemin conduit jusque sur le plateau inégal mais vaste, où, selon d'anciennes fables du pays, se tenait, le mercredi et le vendredi de chaque semaine, le chapitre général de tous les sorciers de France. Pour profiter de tout l'intérêt que présente cette montagne qui existe à l'aspect du nord, et qui conduit au petit puy de Dôme et au Nid de la Poule, joli puits justement renommé, et dont la profondeur est de 89 m. à partir du bord le plus élevé. — Le puy de Pariou, l'un des volcans modernes les plus puissants de la chaîne du puy de Dôme. — Le puy de Montaudon, où l'on voit les ruines qui paraissent être celles du château d'Eudes, roi d'Aquitaine, et que l'on désigne sous le nom de Mur des Sarrasins. — Montrognon, monticule situé à 4 k. S.-S.-O. de Clermont. Il est composé de basalte en gros et petits prismes, dont les derniers sont les plus réguliers que l'on connaisse en Auvergne. Le sommet est surmonté d'une tour qui faisait partie d'un château construit par le premier dauphin d'Auvergne en 1196, et démoli par ordre de Louis XIII en 1634. — Le puy de Gravenoire, volcan moderne, situé à 4 k. de Clermont, offrant une masse énorme de scories, et du flanc duquel est sortie une large coulée de lave qui s'est divisée en deux branches; dont l'une va à la gorge de Royat et l'autre jusqu'à l'Oradou.

La ville de Clermont est jointe à la ville de Montferrand, avec laquelle elle ne forme qu'une seule et même commune, par une belle allée ombragée d'arbres entretenus avec soin, d'une longueur de 2,600 m. C'est depuis cette réunion opérée en 1731, que la capitale de l'Auvergne a pris le nom de Clermont-Ferrand.

Biographie. Clermont est le lieu de naissance d'un grand nombre d'hommes distingués, parmi lesquels on cite principalement:

Avitus, préfet des Gaules, mort dans le ve siècle.

Grégoire de Tours, historien, mort en 595.

Sidoine Apollinaire, que revendique aussi la ville de Lyon, l'un des hommes les plus célèbres du son siècle.

Blaise Pascal, l'un des plus illustres écrivains et des plus grands philosophes que la France ait produits, mort en 1662.

J. Domat, célèbre jurisconsulte, mort en 1696.

J. Audigier, auteur d'importants manuscrits sur l'histoire d'Auvergne.

J. Savaron, auteur des Origines de Clermont et de plusieurs autres ouvrages, mort en 1622.

J.-A. Dulaure, auteur célèbre de l'Histoire de Paris, député de Clermont à la convention nationale et au conseil des cinq cents, mort en 1835.

Le comte de Montlosier, député de la noblesse aux états généraux de 1789; auteur du célèbre Mémoire à consulter concernant les jésuites, et de nombreux écrits contre-révolutionnaires.

H. Bancal des Issarts, membre de la convention nationale et du conseil des cinq cents.

Delarbre, médecin et botaniste, auteur de la Flore d'Auvergne, etc.

J. Breschet, chef des travaux anatomiques de la faculté de médecine, membre de l'Institut.

A.-A. Blancheton, médecin, auteur d'un Essai sur l'homme considéré dans ses rapports géographiques.

A.-L. Thomas, membre de l'Académie française, célèbre par ses Éloges, et par son ardent amour pour les hommes, pour la gloire, les talents et la vertu.

F.-A. Mège, historien de la congrégation de St-Maur.

J. Bonnefons, poëte latin, mort en 1614.

Piganiol de la Force, géographe, auteur d'une Description de la France, 15 vol. in-12, 1753.

J.-A. Bourlain de Dumaniant, comédien, romancier et fécond auteur dramatique, auteur de Guerre ouverte, de Ricco, etc.

J.-Ch.-Ph. Trudaine, conseiller d'État et intendant des finances.

Le chevalier d'Assas, capitaine au régiment d'Auvergne, célèbre par sa mort héroïque.
Le marquis Debouchet, lieutenant général.

Industrie. *Fabriques* de bas de soie, droguets, papiers peints, cartes à jouer, ébénisterie, orseille, pipes en terre, clous, chocolat, fécule, pâtes alimentaires, fruits confits et particulièrement pâte d'abricots renommée.—Manufacture de vitraux peints, etc. Filatures de coton et de chanvre. Raffineries de salpêtre. Tanneries et corroieries.—Commerce considérable de toiles qui se fabriquent dans le pays, dont il se vend annuellement pour plus de 4 millions de francs; de draperies, chanvre, fil, laines, peaux en poil dont il se fait des ventes considérables, blé, vins estimés, sel, huiles, fromage, et confitures sèches renommées. — Entrepôt de la Provence et du Languedoc pour Paris, et du commerce de Bordeaux pour Lyon. — Entrepôt général de marchandises pour les départements voisins. — Roulage très-actif. — *Foires* de 8 jours les 9 mai, mardi saint, 23 juin, 16 août et 11 nov. — Les foires de Clermont sont renommées dans une partie de la France, et attirent dans cette ville un grand nombre d'étrangers, qui s'y rendent de 200 à 220 k. Les toiles d'Auvergne, les cuirs, les fromages, les bestiaux, les bois de construction et quelques autres objets d'industrie locale donnent lieu à un grand mouvement de capitaux.

A 382 k. S. de Paris. Long. 0° 45' 2" E., lat. 45° 46' 44".

L'arrondissement de Clermont-Ferrand est composé de 14 cantons: Clermont S., Clermont N., Clermont S.-O., Clermont E., St-Amand-Tallende, Billom, Bour-Lastic, St-Dier, Herment, Pont-du-Château, Rochefort, Vertaison, Veyre-Mouton, Vic-le-Comte.

Bibliographie. * *Coustumes et establissement du château de Clermont*, in-8, 1396.

Villevaut. *Les Antiquités de Clermont* (imprimées dans la Description du siège de Gergovie, trad. par Villevaut, in-8, 1589).

Savaron (J.). *Les Origines de Clermont*, in-8, 1607.

Dufraisse. *Origine de Clermont et de ses évêques* (on trouve de grands détails à ce sujet dans ses Origines des Eglises de France, in-8, 1668).

Jonchère (de la). *Abrégé historique de la ville de Clermont-Ferrand* (cet abrégé orne l'encadrement d'une carte de la ville de Clermont, exécutée en 1739).

Delarbre. *Notice sur l'ancien royaume des Auvergnats et sur la ville de Clermont*, in-8, 1805.

* *Recueil des arrêts, déclarations, etc., de la cour des grands jours tenus à Clermont en 1665 et 1666*, in-4, 1666.

Procès-verbal des séances de l'assemblée provinciale tenue à Clermont en 1787-88-89 et 90, in-4.

Cortigier. *Recueil concernant la juridiction consulaire de Clermont*, in-4, 1722.

Gonod. *Chronologie des évêques de Clermont et des principaux événements de l'histoire ecclésiastique de l'Auvergne*, in-4, 1833.

— *Notice historique de la cathédrale de Clermont-Ferrand*, in-8, 1839.

Ozy. *Analyse des eaux minérales de St-Alyre*, in-8, 1749.

* *Observations sur la source incrustante de St-Alyre*, broch. in-8, 1837.

Delarbre. *Dissertation sur l'arcade et le mur formés par les eaux minérales de St-Alyre*, in-8, 1768.

Bouillet. *Guide du voyageur à Clermont-Ferrand*, etc., in-18, 1836.

* *Notice sur l'histoire de la ville de Clermont-Ferrand*, etc., in-8, 1816.

Rababay Beauregard. *Promenade à Royat*, in-8, 1823.

* *Promenades à Royat et Souvenirs du mont d'Or, vues pittoresques dessinées par Delorieux*.

CLERMONT-POUYGUILLÈS, ou Clermont-Derrière, vg. *Gers* (Armagnac), arr., cant. et à 12 k. de Mirande, ✉ de Masseube. Pop. 440 h.

CLÉRON, vg. *Doubs* (Franche-Comté), arr. et à 20 k. de Besançon, cant. d'Amancey, ✉ d'Ornans. Pop. 500 h.—Aux environs, dans le vallon de Valbois, qui se termine par une suite de bancs de rochers à pic, de forme cintrée, on remarque une fort belle cascade, et plus bas que le pont de Cléron, les sources jaillissantes de ce nom. V. Scey.

CLERQUES, vg. *Pas-de-Calais* (Artois), arr. et à 16 k. de St-Omer, cant. et ✉ d'Ardres. Pop. 330 h.

CLERVAL, petite ville, *Doubs* (Franche-Comté), arr. et à 12 k. de Baume-les-Dames, chef-l. de cant. Cure. ✉. ♀. A 449 k. de Paris pour la taxe des lettres. Pop. 1,312 h.— Terrain jurassique — Elle est fort agréablement située sur le Doubs. C'était autrefois une place forte, défendue par un ancien château, dont il reste encore une tour et quelques vestiges de murailles. — Tanneries et haut fourneau. — *Foire* le 2e mardi de chaque mois.

CLÉRY, vg. *Côte-d'Or* (Bourgogne), arr. et à 38 k. de Dijon, cant. et ✉ de Pontailler-sur-Saône. Pop. 253 h.

CLÉRY, ou Cléry-sur-Loire, *Clericum*, jolie petite ville, *Loiret* (Orléanais), arr. et à 15 k. d'Orléans, chef-l. de cant. Cure. ✉. A 144 k. de Paris pour la taxe des lettres. P. 2,578 h. — Terrain tertiaire moyen.

Cette ville est bâtie dans une belle situation, sur la rive gauche de la Loire. Elle obtint une charte de commune en 1201. Autrefois elle était entourée de murs, de tours, de fossés, et paraît devoir son origine à un oratoire sous le vocable de la Vierge Marie, qui, suivant saint Liphard de Meung, existait dès 550. Simon de Melun y fonda un chapitre sous l'invocation de Ste-Marie, en 1302. Philippe de Valois posa, en 1330, la première pierre d'une église qui fut entièrement terminée sous son règne. Cette église fut en partie détruite par le comte de Salisbury, en 1428; mais Louis XI la fit reconstruire avec magnificence, la dota de 2,330 écus d'or, et la désigna par son testament pour le lieu de sa sépulture.

L'église de Cléry est dans le genre gothique, et digne de fixer l'attention des artistes et des archéologues. Intéressante sous le rapport historique, elle ne l'est pas moins sous celui de l'art par ses ornements. Le portail est majestueux et élégamment surmonté d'un campanile. A côté de l'entrée latérale nord est une grosse tour carrée, jadis surmontée d'une flèche. Des contre-forts nombreux et bien disposés ajoutent encore à son aspect monumental extérieur. La forme de cet édifice est celle d'une croix, du centre de laquelle s'élève un clocher en forme de pyramide. A l'intérieur, la nef principale est éclairée par vingt-trois croisées, dont les vitraux peints devaient produire un bel effet, à en juger par ceux de la croisée du rond-point, les seuls conservés. Des basses nefs entourent la nef principale et contribuent à la beauté de l'édifice. Les ornements de la porte de la sacristie et de celle du chapitre font à juste titre l'admiration des artistes; les guirlandes qui entourent ces portes sont sculptées avec une grâce, une délicatesse infinie. Les stalles offrent des têtes bizarres et des ornements curieux, dessinés avec goût et fort bien sculptés. Dans la grande nef, on remarque le monument de Louis XI, exécuté en 1622, dont le bon la Fontaine a donné la description suivante, dans son voyage en Limousin.

« Louis XI est enterré à Cléry; on le voit à genoux sur son tombeau, quatre enfants aux coins: ce sont quatre anges, et ce pourrait être quatre amours, si on ne leur avait point arraché les ailes. Le bon apôtre ne fait point le saint homme, et est bien mieux pris que quand le Bourguignon le mena à Liége.

Je lui trouvai la mine d'un matois;
Aussi l'étoit ce prince dont la vie
Doit rarement servir d'exemple aux rois,
Et pourroit être en quelques points suivie.

» A ses genoux, sont ses heures et son chapelet, et autres menus ustensiles, sa main de justice, son sceptre, son chapeau et sa Notre-Dame; je ne sais comment le statuaire n'y a point mis le prévôt Tristan; le tout est en marbre blanc et m'a semblé d'assez bonne main. »

Ce monument, que l'on a vu figurer à Paris au musée des monuments français, a été replacé à Cléry en 1816. Il est élevé sur un piédestal orné de quatre colonnes, et porte pour principale inscription: *A la mémoire de Louis XI, roi de France, et de Charlotte de Savoie, son épouse*.

On remarque encore à Cléry la maison qu'habita Louis XI, et l'hôtellerie où descendirent Louis XIII, Louis XIV et la marquise de Pompadour; cette habitation conserve encore des plafonds peints à fresque, avec des devises, des emblèmes et des amours: on y voit aussi une très-belle rampe d'escalier en fer, ornée d'LL entrelacées, d'assez bon goût et en cuivre. — Le château du Mardreau, sur la pelouse duquel les habitants d'Orléans et des environs se rendent en foule pour danser, à la Notre-Dame de septembre, est une habitation très-agréable et digne d'être visitée. — *Foires* les 16 fév., 16 mai, 8 juin, 16 août, 30 nov. et lundi après le 8 sept.

CLÉRY, vg. *Seine-et-Oise* (Normandie), cant. de Marines, arr. et à 40 k. de Pontoise, ✉ de Magny. Pop. 346 h.

CLÉRY (Grand-), *Meuse* (Lorraine), arr. et à 25 k. de Montmédy, cant. et ✉ de Dun-sur-Meuse. Pop. 371 h.

CLÉRY (Petit-), *Meuse* (Lorraine), arr. et à 24 k. de Montmédy, cant. et ✉ de Dun-sur-Meuse. Pop. 163 h.

CLESLES, vg. *Marne* (Champagne), arr. et à 66 k. d'Épernay, cant. et ✉ d'Anglure.

CLESSÉ, vg. *Saône-et-Loire* (Bourgogne), arr. et à 15 k. de Mâcon, cant. de Lugny, ✉ de St-Oyen. Pop. 1,131 h.

CLESSÉ, vg. *Deux-Sèvres* (Poitou), arr. et à 12 k. de Parthenay, cant. et ✉ de Moncoutant. Pop. 789 h.

CLESSY, vg. *Saône-et-Loire* (Bourgogne), arr. et à 29 k. de Charolles, cant. et ✉ de Gueugnon. Pop. 393 h.

CLET (St-), vg. *Côtes-du-Nord* (Bretagne), arr. et à 15 k. de Guingamp, cant. et ✉ de Pontrieux. Pop. 1,690 h.

CLÉTY, vg. *Pas-de-Calais* (Artois), arr. et à 9 k. de St-Omer, cant. de Lumbres, ✉ de Fauquembergue. Pop. 506 h.

CLEURIE, vg. *Vosges* (Lorraine), arr., cant., ✉ et à 12 k. de Remiremont. P. 521 h.

CLEUVILLE, vg. *Seine-Inf.* (Normandie), arr. et à 15 k. d'Yvetot, cant. et ✉ d'Ourville. Pop. 536 h.

CLÉVILLE, vg. *Calvados* (Normandie), arr. de Caen, cant. de Troarn, ✉ de Croissanville. Pop. 523 h.

CLÉVILLE, vg. *Seine-Inf.* (Normandie), arr. et à 12 k. d'Yvetot, cant. et ✉ de Fauville. Pop. 446 h.

CLÉVILLIERS-LE-MOUTIERS, *Eure-et-Loir* (Beauce), arr., cant., ✉ et à 13 k. de Chartres. Pop. 551 h.

CLEYRAC, vg. *Gironde* (Bazadois), arr. et à 19 k. de la Réole, cant. et ✉ de Sauveterre. Pop. 295 h.

CLÉZENTAINE, vg. *Vosges* (Lorraine), arr. à 38 k. d'Épinal, cant. et ✉ de Rambervilliers. Pop. 533 h.

CLÉZIEU, vg. *Ain* (Bourgogne), arr. et à 42 k. de Belley, cant. et ✉ de St-Rambert. Pop. 475 h.

CLICHY, vg. *Seine-et-Oise* (Ile-de-France), arr. et à 40 k. de Pontoise, cant. de Gonesse, ✉ de Livry. Pop. 156 h.

CLICHY-LA-GARENNE, *Clipiacum*, *Glipiacum Caniculosum*, vg. *Seine* (Ile-de-France), arr. et à 7 k. de St-Denis, cant. de Neuilly-sur-Seine. ✉. A 7 k. de Paris. Pop. 4,189 h.

Ce village est situé dans une belle plaine, entre la rive droite de la Seine et la route de St-Denis à Versailles, près du chemin de fer, à 3 k. de la barrière de Clichy, qui donne 'entrée au beau quartier de la Chaussée-d'Antin.

Clichy est un village très-ancien. Les rois de la première race y avaient un palais où Dagobert épousa, en 625, Gomatrude, qu'il répudia quatre ans plus tard également dans cet endroit, où il se maria ensuite avec Nantechilde, suivante de sa première femme. Dagobert y fit son séjour le plus ordinaire, et il affectionnait tellement Clichy, qu'il engagea la plupart des hommes de sa cour y à bâtir des habitations. — Le 26 mai 627, Clotaire II convoqua dans son palais de Clichy un concile mixte, composé d'évêques et de laïques, pour régler les affaires du royaume. Deux autres conciles y furent encore convoqués en 636 et en 653. — La construction de l'église paroissiale est due à l'illustre saint Vincent de Paul, qui était curé de Clichy en 1612.

C'est à Clichy que se tenait, pendant les années 1795-96-97, le fameux club dit la Société de Clichy, réunion composée d'anciens émigrés et de royalistes avoués, où les chefs du parti s'occupaient des mesures propres à hâter le retour de l'ancien régime. Le directoire effrayé, s'étant rapproché des démocrates, fit un coup d'État pour changer la majorité royaliste des conseils ; Pichegru fut arrêté ; on déporta une partie des contre-révolutionnaires à Cayenne, et le club fut fermé.

Une association, soi-disant religieuse, fondée par les prêtres de Clichy, qui y était établie il y a quelques années. Cette église, qui était séparée de celle de l'abbé Châtel, célébrait l'office divin en langue vulgaire. On ne le reconnaissait que des prêtres et des curés ; ces derniers devaient être élus par le peuple ; les autres fonctions de la hiérarchie disciplinaire étaient électives et temporaires. L'abbé Auzou, président du comité central, était curé de Clichy.

Dans la journée du 30 mars 1814, les grenadiers et les chasseurs de la garde nationale parisienne se replièrent sur le village de Clichy, et prirent poste aux fenêtres et sur la plateforme du bâtiment de la barrière. Les troupes de ligne qui les secondaient prirent place aux créneaux du tambour en charpente ; les canonniers vétérans se placèrent aux embrasures, et un feu vif et fourni força les troupes étrangères à se jeter dans les maisons. Le maréchal Moncey, pour préparer un second point de défense, fit construire en arrière un retranchement de charrettes et de bois de chantier : à sa voix, les sapeurs-pompiers, les femmes et les enfants improvisèrent ce retranchement. Le travail avançait avec une rapidité incroyable, et bientôt une seconde barricade allait s'élever au bas de la rue, lorsque la trompette annonça l'armistice, et le feu s'éteignit sur toute la route ; mais un nouveau mouvement de tirailleurs russes parut offensif, et le combat recommença entre eux et la garde nationale. De nouveaux ordres survenus arrêtèrent cette reprise d'hostilité. Clichy fut livré aux troupes étrangères, qui, furieuses d'avoir été arrêtées si longtemps sous les murs de Paris, livrèrent cette commune au pillage.

Fabrique importante de céruse dite de Clichy, supérieure en qualité aux céruses de Hollande et des autres pays étrangers, ⊙ 1819-23-39 ; de produits chimiques renommés, sel ammoniac, colle forte, vernis, cordes à boyau, plomb laminé, tuiles de Bourgogne. Teintureries et apprêts divers.

Bibliographie. *Notice historique sur l'Église catholique et apostolique française de Clichy*, etc., in-8, 1832.

CLIGNANCOURT, *Seine*, comm. et ✉ de Montmartre.

CLIMBACH, vg. *B.-Rhin* (Alsace), arr., cant., ✉ et à 7 k. de Vissembourg. P. 583 h.

CLIMBERRIS, vel Augusta, postea Ausci (lat. 44°, long. 19°). « Le nom de cette ville, qui dans les éditions de Méla (lib. III, cap. 2), antérieures à celles d'Isaac Vossius, se lit *Elusaberris*, est *Elimberris* selon les manuscrits, au rapport de Vossius ; et il y substitue *Climberris* dans le texte de son édition ; parce qu'en effet on trouve *Climberrum* dans l'Itinéraire d'Antonin, *Cliberre* dans la Table théodosienne. Selon la langue vasconne ou basque, *berri* est un adjectif qui fait la terminaison de plusieurs noms de villes, ce qui les qualifie de nouvelles par la signification qui lui est propre. Pour désigner une ville nouvelle, les Basques diraient *Irum-Berri*, et cette dénomination se confondrait par le changement d'une seule liquide avec la leçon d'*Elimberris* dans les manuscrits de Méla. Ptolémée donne à la capitale des *Auscii*, ou *Ausci*, le nom d'*Augusta*. Mais cette capitale est du nombre de celles qui, pour prendre le nom du peuple, ont quitté le nom qui leur était propre. Elle est dénommée *Ausci* dans Ammien Marcellin, *Civitas Auscius* dans l'Itinéraire de Bourdeaux à Jérusalem, *Civitas Ausciorum* dans la Notice des provinces de la Gaule. On est surpris au reste de la voir au dernier rang des cités de la Novempopulane dans cette Notice ; car, quoiqu'elle ait été longtemps sous la métropole d'*Elusa*, cependant quand on voit dans Méla les *Ausci* être appelés *Aquitanorum clarissimi*, comme les *Ædui* entre les Celtes, les *Treveri* entre les Belges, il semble que leur capitale ne pouvait céder qu'à la métropole. Cette métropole ayant été ruinée par les Normands dans le IXe siècle, la dignité dont elle avait joui jusque-là a été transférée au siège qui était établi depuis longtemps à Auch : de sorte que, dans une lettre du pape Jean VIII aux prélats des Églises de France, publiée par le P. Sirmond, Airard, qui siégeait à Auch vers la an 879, est qualifié du titre d'*archiepiscopus*. » D'Auville. *Notice de l'ancienne Gaule*, p. 228.

CLINCHAMP, *Agelli*, vg. *H.-Marne* (Champagne), arr. et à 30 k. de Chaumont-en-Bassigny, cant. et ✉ de Bourmont. Pop. 562 h.

CLINCHAMPS, vg. *Calvados* (Normandie), arr. et à 7 k. de Vire, cant. et ✉ de St-Sever. Pop. 1,336 h.

CLINCHAMPS-SUR-ORNE, *Agelli*, vg. *Calvados* (Normandie), arr. et à 15 k. de

Caen, cant. de Bourguébus, ✉ de May-sur-Orne. Pop. 765 h.

CLION, vg. *Charente-Inf.* (Saintonge), arr. et à 8 k. de Jonzac, cant. et ✉ de St-Genis. Pop. 1,032 h.

CLION, bg *Indre* (Berry), arr. et à 38 k. de Châteauroux, cant. et ✉ de Châtillon-sur-Indre. Pop. 1,631 h.—*Foires* les 1er mars, 28 avril, 9 et 28 juin, 28 oct., 8 nov. et 30 déc.

CLION (le), *Loire-Inf.* (Bretagne), arr. et à 20 k. de Paimbœuf, cant. et ✉ de Pornic. Pop. 2,080 h.

CLIOU-USCLAT, vg. *Drôme* (Dauphiné), arr. et à 26 k. de Valence, cant. et ✉ de Loriol. Pop. 756 h.—*Fabrique* de faïence.—*Foire* le lundi après le dernier dimanche de juin.

CLIPONVILLE, vg. *Seine-Inf.* (Normandie), arr. et à 10 k. d'Yvetot, cant. et ✉ de Fauville. Pop. 641 h.

CLIQUETS, *Seine-et-Oise*, comm. de St-Martin-du-Tertre, ✉ de Luzarches.

CLIRON, vg. *Ardennes* (Champagne), arr. et à 10 k. de Mézières, et à 12 k. de Charleville, cant. et ✉ de Renwez. Pop. 321 h.

CLISSE (la), vg. *Charente-Inf.* (Saintonge), arr., ✉ et à 10 k. de Saintes, cant. de Saujon. Pop. 325 h.

CLISSON, petite et très-ancienne ville, *Loire-Inf.* (Bretagne), arr. à 27 k. de Nantes, chef-l. de cant. Cure. Gîte d'étape. ✉. ⚓. △ 391 k. de Paris pour la taxe des lettres. P. 2,759 h.—TERRAIN cristallisé ou primitif.

Cette ville est bâtie sur le penchant de deux collines qui encaissent les deux rivières qui s'y réunissent, rivières dont les bords riants offrent des sites délicieux, comparables à ceux de la Suisse et de l'Italie, et où l'on trouve distribué par des hasards heureux tout ce que ces deux pays offrent de plus curieux. Sur un roc qui domine la ville et ses charmants alentours s'élèvent les ruines majestueuses du vaste et antique château de Clisson, dont les hautes tours, d'une couleur rougeâtre, et les créneaux, festonnés de lierre, offrent un aspect imposant et des plus pittoresques.

Le château de Clisson et ses tours abandonnées furent autrefois habités par un connétable de France et par le dernier duc de Bretagne, François II. Le héros de la maison de Clisson, Olivier IV, naquit au château de Clisson en 1336 ; le fils de Jean IV fut enfermé dans ce château ; le duc d'Orléans, qui fut depuis Louis XII, s'y réfugia après avoir été déclaré coupable de lèse-majesté par les intrigues de madame de Beaujeu. Après son mariage avec Anne de Bretagne, Charles VIII donna des fêtes à Clisson à la noblesse de Bretagne. Le château de Clisson tint constamment pendant la Ligue pour Henri III et Henri IV.—Aujourd'hui, ses portes en ogive, ses doubles herses, ses triples ponts-levis, ses galeries sont livrés au silence, aux oiseaux de proie et aux ronces ; le lierre et les plantes sauvages croissent sur ses murailles et recouvrent des inscriptions et des vers. Qu'est devenue cette cour galante de François II ? Que reste-t-il des fêtes brillantes que ce duc de Bretagne donnait dans cette enceinte à la belle Antoinette de Villequier ? Où sont les armées royales et les nobles cortéges qui accompagnèrent dans ce château Philippe Auguste, le superstitieux Louis XI, Charles XIII, Louis XII, François Ier, le sombre Charles IX, et l'altière Catherine de Médicis ? Que sont devenus les souverains de France et de Bretagne qui visitèrent ou habitèrent cet antique manoir ? Tout a disparu depuis longtemps. Le donjon du château où tout respirait l'effroi est à moitié écroulé ; le soleil éclaire maintenant l'intérieur des prisons où Jean Ier, duc de Bretagne, victime de la plus noire trahison, expia par une détention horrible la perfidie de son père envers le connétable de Clisson ; ces fiers remparts qui résistèrent jadis au fougueux duc de Bretagne Jean Ier, à la valeur de Henri IV, à l'ambition et aux armes du duc de Mercœur, ont été livrés eux-mêmes à la destruction par le temps, par l'insouciance et par les ravages de la guerre de la Vendée.

Les armes de Clisson sont : *de gueules au lion d'argent*.

Le château de Clisson, un des plus remarquables qu'il y ait en France, par son étendue, par son genre de construction et par la majesté de ses ruines, a été acquis par M. Lemot, membre de l'Institut, qui y a fait faire les réparations nécessaires pour en arrêter l'entière destruction. Ses ruines présentent aux amateurs de la belle nature des sites magnifiques ; les bords de la Sèvre offrent des torrents, des cascades, des rochers, de riches coteaux et de fraîches vallées, dont les sombres ombrages accusent une nature belle et féconde, qui se révèle sous les formes les plus variées : on ne peut voir d'ailleurs sans émotion les lieux où Abeilard reçut les larmes d'Héloïse et le fruit de leurs tristes amours ; et la patrie des Clisson, des du Guesclin et de la Galissonnière, qui les premiers délivrèrent la France du joug des Anglais.

Fabriques d'étoffes de laine. Filatures de coton. Papeteries. Tanneries.—*Commerce* de grains et de grosses étoffes de laine fabriquées dans les environs.—*Foires* le lendemain de la mi-carême, vendredi après St-Antoine, l'Ascension, la Fête-Dieu, la Ste-Madeleine, la St-Luc et St-André, et 1er vendredi de sept.

Voitures-omnibus partant plusieurs fois par jour pour Nantes et retour.

Bibliographie. LEMOT. *Notice historique sur la ville et le château de Clisson*, in-8, 1812 (réimprimée à la suite de l'ouvrage suivant).

TRIÉNON. *Voyage pittoresque dans le Bocage de la Vendée, ou Vues de Clisson et de ses environs*, in-4, 1817.

RICHER (Ed.). *Voyage à Clisson*, in-4, 1823 ; 7e édit., suivie d'une Notice sur M. Lemot, in-18, 1834.

* *Notice sur la ville et le château de Clisson*, broch. in-18, 1841.

CLISSON, *Deux-Sèvres*, comm. de Boismé, ✉ de Bressuire.

CLITOURPS, vg. *Manche* (Normandie), arr. et à 19 k. de Cherbourg, cant. et ✉ de St-Pierre-Eglise. Pop. 461 h. — *Foire* le 13 oct.

CLOHAR-CARNOET, vg. *Finistère* (Bretagne), arr., cant., ✉ et à 10 k. de Quimperlé. Pop. 2,850 h. — On remarque aux environs de ce village, sur la rive droite de la Laita, les ruines imposantes de l'antique château de Carnoet, couvertes de grands arbres, de ronces, d'épines et de plantes de toute nature.

CLOHARS - FOUESNAN, vg. *Finistère* (Bretagne), arr., ✉ et à 15 k. de Quimper, cant. de Fouesnan. Pop. 614 h.

CLOITRE (le), vg. *Finistère* (Bretagne), arr. et à 15 k. de Châteaulin, cant. et ✉ de Pleyben. Pop. 1,027 h.

CLOITRE (le), vg. *Finistère* (Bretagne), arr., ✉ et à 15 k. de Morlaix, cant. de Thégonnec. Pop. 1,449 h.

CLOMERIES (les), *Charente*, comm. de Ste-Radegonde, ✉ de Touvérac.

CLOMOT, vg. *Côte-d'Or* (Bourgogne), arr. et à 35 k. de Beaune, cant. et ✉ d'Arnay-le-Duc. Pop. 280 h.

CLONAS, vg. *Isère* (Dauphiné), arr. et à 14 k. de Vienne, cant. de Roussillon, ✉ du Péage. Pop. 493 h.

CLOS-AUBRY (le), *Yonne*, comm. des Bordes, ✉ de Villeneuve-le-Roi.

CLOS-FONTAINE, *Seine-et-Marne* (Brie), arr. et à 31 k. de Melun, cant. de Mormant, ✉ de Nangis. Pop. 159 h.

CLOS-MORTIER, *H.-Marne*, comm. et ✉ de St-Dizier.

CLOS-VOUGEOT (le), *Côte-d'Or*, comm. de Vougeot, ✉ de Nuits.

CLOS (les), *H.-Alpes*, comm. de St-Clément, ✉ de Montdauphin.

CLOTTE (la), vg. *Charente-Inf.* (Saintonge), arr. et à 46 k. de Jonzac, cant. et ✉ de Montguyon. Pop. 742 h.

CLOUANGE, vg. *Moselle*, comm. de Vitry, ✉ de Thionville. On remarque dans un bois des environs une très-belle fontaine, dont les eaux limpides tombent en cascade de près de 100 m. de haut.

CLOUAY, *Manche*, comm. de St-Jean-de-Savigny, ✉ de St-Lô.

CLOUD (St-), vg. *Eure-et-Loir* (Beauce), arr., cant., ✉ et à 11 k. de Châteaudun. Pop. 262 h.

CLOUD (St-), *Noviente, Novigentum*, *Fanum S. Clodoaldi*, joli bourg et château royal, *Seine-et-Oise* (Ile-de-France), arr. et ✉ de Sèvres. Pop. 3,417 h. Station du chemin de fer de Paris à Versailles (rive droite). — Ce bourg est très-agréablement situé sur la pente d'une colline qui borde la rive gauche de la Seine, que l'on y passe sur un beau pont.

St-Cloud doit sa fondation à Clodoald, petit-fils de Clovis, qui y fonda un monastère en 551. Henri III y fut assassiné par Jacques Clément, en 1589. Le général Bonaparte y fut nommé premier consul, après en avoir chassé par la force les représentants de la nation. Sous l'empire, le château était la résidence du chef du gouvernement pendant la belle saison, et, depuis la restauration, il a toujours été le palais de prédilection des rois de France, qui y font chaque année un séjour plus ou moins prolongé. Les mémorables ordonnances de juillet furent datées de St-Cloud.

Le château de St-Cloud, bâti sur la pente d'une colline, est dans une des plus belles situations des environs de Paris. Il est composé d'un grand corps de bâtiment et de deux ailes en retour, avec chacune un pavillon. Tous les appartements sont richement meublés, et renferment un grand nombre de statues, de vases de porcelaine, et plus de deux cents tableaux des plus célèbres peintres anciens et modernes. Les parties les plus remarquables de ce palais sont la chapelle, l'orangerie, la salle de spectacle, le pavillon d'Artois, les écuries, le manége, le grand commun et le bureau des bâtiments.

Le parc s'étend depuis le bord de la Seine jusqu'à Garches, et a environ 16 k. d'étendue; il a été planté par le Nôtre, et se divise en grand et en petit parc. Le premier renferme plusieurs belles allées, dans l'une desquelles se tient la célèbre foire de St-Cloud; c'est aussi dans cette partie que se trouvent les cascades. Le petit parc entoure le château, et s'étend à droite jusqu'au sommet de la colline; il renferme des jardins et des parterres ornés de bosquets, de gazons, de bassins et de statues.

Les pièces d'eau et les cascades méritent l'attention des curieux, particulièrement la grande cascade, qui a 36 m. de face sur autant de pente. La distribution des eaux est si bien entendue que, par l'arrangement et la distribution des chutes, des jets, des nappes, des bouillons et des lames, on prendrait cette cascade pour un vaste théâtre de cristal jaillissant. Le grand jet d'eau, placé à gauche des cascades, vis-à-vis d'une grande et belle allée, s'élance avec une force et une rapidité incroyables à la hauteur de 41 m.

On remarque encore dans le parc le joli monument de Lysicrate, appelé vulgairement la lanterne de Démosthène, construit sur un des points les plus élevés du coteau qui domine à la fois St-Cloud, Sèvres et l'immense bassin au milieu duquel est situé Paris; le jardin fleuriste; les pavillons de l'allée des Soupirs, de Montretout et de Breteuil; la glacière, etc.

La fête ou foire de St-Cloud est l'une des plus célèbres des environs de Paris; elle commence le 7 septembre et dure quinze jours, et pendant trois dimanches elle attire une foule innombrable d'habitants de Paris et des campagnes environnantes. Pendant la durée de cette foire, les cascades jouent, les grands appartements du château sont ouverts, et le public peut les visiter. Le soir, le parc et la grande avenue sont illuminés.

Biographie. Patrie de PHILIPPE D'ORLÉANS, régent de France après la mort de Louis XIV.

Du prince LOUIS-PHILIPPE-JOSEPH, duc D'ORLÉANS, membre de l'assemblée constituante et de la convention nationale, mort sur l'échafaud révolutionnaire le 6 novembre 1793.

Du poëte dramatique MAISONNEUVE.

Du célèbre peintre en décors CICÉRI.

Bibliographie. COMBES. *Explication historique de ce qu'il y a de plus remarquable dans la maison royale de Monsieur* (à St-Cloud), in-12, 1695.

HARCOURT DE LONGEVILLE. *Description des cascades de St-Cloud*, in-12, 1706.

PONCET DE LA GRAVE. *Tableau historique des maisons royales, châteaux*, etc., 2 vol. in-4, fig., 1788, ou 4 vol. in-12, 1788-89 (les t. III et IV sont relatifs au château de St-Cloud).

* *Curiosités de St-Cloud*, par J. P. C**, in-12, 1815.

* *Guide des voyageurs à St-Cloud*, in-12, 1826.

* *Livret historique et descriptif de St-Cloud*, in-12, 1840.

VATOUT. *Souvenirs historiques des résidences royales* (t. V, palais de St-Cloud), in-8, 1842.

CLOUD (St-), *Vaucluse*, comm. de Caromb, ⊠ de Carpentras.

CLOUÉ, vg. *Indre* (Berry), arr. et à 36 k. de Châteauroux, cant. et ⊠ d'Ecueillé. Pop. 354 h.

CLOUF, vg. *Vienne* (Poitou), arr. et à 22 k. de Poitiers, cant. et ⊠ de Lusignan. P. 509 b.

CLOULAS, *Charente*, comm. de Beaulieu-Cloulas, ⊠ de la Valette.

CLOUZEAUX (les), vg. *Vendée* (Poitou), arr., cant., ⊠ et à 8 k. de Bourbon-Vendée. Pop. 853 h.

CLOYES, petite ville, *Eure-et-Loir* (Beauce), arr. et à 11 k. de Châteaudun, chef-l. de cant. Cure. ⊠. ✡. À 149 k. de Paris pour la taxe des lettres. Pop. 2,324 h.— TERRAIN tertiaire moyen.—Elle est bâtie dans une situation agréable, sur le Loir, au milieu de belles prairies.—*Fabrique* de sucre de betteraves. — *Foires* les 1er lundi de janv., 1ers samedis d'avril, juillet et oct.

CLOYES, vg. *Marne* (Champagne), arr. et à 9 k. de Vitry-le-François, cant. de Thiéblemont. Pop. 176 h.

CLUCY, vg. *Jura* (Franche-Comté), arr. et à 22 k. de Poligny, ⊠ de Salins. Pop. 129 h.

CLUGNAT, vg. *Creuse* (Berry), arr. et à 11 k. de Boussac, et à 27 k. de Chambon, cant. et ⊠ de Chatelus. Pop. 2,145 h.

CLUIS, ou CLUIS-DESSUS, petite ville, *Indre* (Berry), arr. et à 19 k. de la Châtre, cant. de Neuvy-St-Sépulcre. ⊠. À 305 k. de Paris pour la taxe des lettres. Pop. 1,909 h. — Elle est située au milieu de belles prairies, dans un territoire fertile en vins blancs estimés, sur la rive gauche de la Boulzanne. Pop. 1,912 h. —Education des abeilles. Forges et hauts fourneaux. — *Commerce* de grains, vins et bestiaux. — *Foires* les 25 janv., 29 mars, 1er et 25 mai, 30 juin, 28 juillet, 27 août, 24 sept., 18 oct., 3 et 23 déc.

CLUMANE, *Clumaneum*, *Clumanæ*, vg. *B.-Alpes* (Provence), arr. et à 30 k. de Digne, cant. et ⊠ de Barême. Pop. 1,043 h.

CLUNY, *Clunacum*, *Cluniacum*, petite ville, *Saône-et-Loire* (Bourgogne), arr. et à 25 k. de Mâcon, chef-l. de cant. Collége communal. Cure. Gîte d'étape. ⊠. À 397 k. de Paris pour la taxe des lettres. Pop. 4,185 h.— TERRAIN jurassique, étage inférieur du système oolitique.

Cette ville est située dans une vallée étroite traversée par la Grosne, entre deux montagnes en grande partie couvertes de bois. Son existence remonte à une époque assez reculée : au IXe siècle les rois de France y avaient une maison de plaisance. Sous Charlemagne, ce n'était encore qu'un simple village, que cet empereur donna à Léduard, treizième évêque de Mâcon, pour être réuni aux propriétés de la cathédrale de St-Vincent. Cluny fut cédé, en 825, à Guérin, comte de Mâcon, et passa ensuite à Guillaume Ier, duc d'Aquitaine, lequel y fonda, en 910, une abbaye qui fut dès son origine chef d'ordre de St-Benoît, ordre qui plus tard eut dans sa dépendance plus de six cents maisons religieuses. Le monastère jouissait, avant la révolution de 1789, de plus de 300,000 fr. de revenus. Le palais abbatial a survécu à la destruction de l'abbaye; mais il ne reste plus qu'une chapelle et une partie des clochers de sa superbe église gothique, remarquable par son immensité et par la hardiesse de son architecture : elle avait 200 m. de long sur 40 de large, et était bâtie en forme de croix archiépiscopale, avec double croisée, l'une de 65 m., l'autre de 40. La nef avait 31 m. d'élévation, et les deux bas côtés chacun 18 ; les voûtes étaient soutenues par 60 piliers. Le chœur était surtout remarquable par une magnificence rare ; six colonnes, dont quatre de marbre, portaient une coupole du plus beau développement, enrichie de peintures estimées. On peut encore admirer six statues qui ont échappé à la dévastation : l'une d'elles représente le duc de Bouillon, frère de Turenne, et une autre Eléonore de Bergh, son épouse.

Les **armes de Cluny** sont : *de gueules à une clef d'argent et une épée de même à la garde d'or passée en sautoir.*

La ville de Cluny était autrefois ceinte de murs assez élevés, existant encore en partie ; ils sont garnis de quelques fortifications, dont la construction remonte à 1159. Cette ville fut prise et pillée à deux époques différentes par les protestants, qui entreprirent sans succès de s'en rendre maîtres une troisième fois en 1570.

PATRIE du peintre PRUDHON, membre de l'Institut.

Fabriques de droguets. Ouvrages en acier. Vinaigre, cendres gravelées. Blanchisseries de fil. Papeterie. Tuileries, poteries. Tanneries et mégisseries. — *Commerce* de bois, grains, fourrages et bestiaux. — Dépôt de 60 étalons. —*Foires* les derniers samedis de janv., fév., mars, avril, mai, juin, juillet, août, sept., déc. et 12 nov.

CLUSE (la), vg. *H.-Alpes* (Dauphiné), arr. et à 30 k. de Gap, cant. de St-Etienne-en-Dévoluy, ✉ de Veyne. Pop. 389 h. — Il est situé dans une contrée agreste, au pied du mont Aurouze, dont la cime ressemble à une forteresse aérienne. — Carrières de marbre.

CLUSE (la), vg. *Doubs* (Franche-Comté), arr., cant., ✉ et à 3 k. de Pontarlier. Pop. 1,061 h.

CLUSSAIS, vg. *Deux-Sèvres* (Poitou), arr. et à 17 k. de Melle, cant. et ✉ de Sauzé. P. 1,452 h.

CLUX, vg. *Saône-et-Loire* (Bourgogne), arr. et à 34 k. de Chalon-sur-Saône, cant. de Verdun-sur-le-Doubs, ✉ de Seurre. Pop. 220 h.

CLUZE, vg. *Isère* (Dauphiné), arr. et à 28 k. de Grenoble, cant. et ✉ de Vif. Pop. 788 h.

CLUZEAU (le), *Charente*, comm. de Houlette, ✉ de Jarnac.

CLUZEL (le), *Lot*, comm. de Pontcirecq, ✉ de Castelfranc.

COADOUT, vg. *Côtes-du-Nord* (Bretagne), arr., cant., ✉ et à 5 k. de Guingamp. Pop. 520 h.

COARRAZE, vg. *B.-Pyrénées* (Béarn), arr. et à 19 k. de Pau, cant. de Clarac, ✉ de Nay. Pop. 2,418 h. — Ce village est très-agréablement situé dans une belle vallée, au milieu de belles prairies et de vergers, sur la rive droite du Gave.

Coarraze est célèbre par l'antique château de ce nom où Henri IV vit s'écouler les premières années de son enfance, et fut préservé de l'éducation efféminée des cours. Il ne reste plus de ce château qu'une tour et l'enceinte d'une cour : le petit château bâti à côté de la tour est moderne ainsi que ses dépendances. Sur l'entrée de l'ancien bâtiment, on lit l'inscription espagnole suivante : *Lo que a de ser no puede faltar* (ce qui doit être ne peut manquer d'arriver). C'est sur les coteaux déjà assez élevés de ce site enchanteur que Henri se plaisait à gravir avec ses camarades; c'est près des bords du Gave, dont les eaux offrent la rapidité du torrent, qu'il médita sans doute le proverbe béarnais : Qui veut aller loin doit aller vite et ne pas s'arrêter aux obstacles. C'est au milieu de cette nature agreste et des bons villageois dont il mangeait le pain bis, l'ail et le lait, que ce jeune prince reçut cette mâle éducation, qui sans doute prépara ses succès militaires.

Fabriques de couvertures de laine et de cappas.

COAT-MÉAL, vg. *Finistère* (Bretagne), arr. et à 15 k. de Brest, cant. de Plabennec, ✉ de Lannilis. Pop. 213 h.

COAT-QUÉAU, *Finistère*, comm. de Scrignac, ✉ de Carhaix.

COATASCORNE, vg. *Côtes-du-Nord* (Bretagne), arr. et à 23 k. de Lannion, cant. de la Roche-Derrien, ✉ de Pontrieux.

COATRÉVEN, vg. *Côtes-du-Nord* (Bretagne), arr. et à 14 k. de Lannion, cant. et ✉ de Tréguier. Pop. 973 h.

COBONNE, vg. *Drôme* (Dauphiné), arr. et à 10 k. de Die, cant. et ✉ de Crest. Pop. 245 h.

COBRIEUX, vg. *Nord* (Flandre), arr. et à 18 k. de Lille, cant. et ✉ de Cysoing. P. 416 h.

COCHÈRE (la), *Cochera*, vg. *Orne* (Normandie), arr. et à 15 k. d'Argentan, cant. d'Exmes, ✉ de Nonant. Pop. 413 h.

COCHEREL, vg. *Eure*, comm. de Houlbec-Cocherel, ✉ de Pacy-sur-Eure.

Le village de Cocherel, situé sur la rive droite de l'Eure, au pied d'une côte escarpée, a donné son nom à la célèbre bataille qui fut livrée le 16 mai 1364, entre l'armée des Français ayant pour chef principal du Guesclin, et celle des Anglais et des Navarrais commandée par le captal de Buch. Les Français, venant de la Croix-St-Leufroy, passèrent un pont qui existait alors à Cocherel, et se portèrent sur la rive gauche dans la prairie, restant maîtres du pont, ainsi que du village. Ce fut par ce pont que du Guesclin, voulant attirer l'ennemi, commença une retraite simulée : l'ennemi s'étant mis à sa poursuite, les Français se retournent, et trente d'entre eux, désignés par du Guesclin, se jettent sur le captal de Buch, l'enlèvent et le font prisonnier. La nouvelle de cette victoire parvint à Reims la veille du sacre du roi, et redoubla l'éclat de cette cérémonie.

COCHEREL, vg. *Seine-et-Marne* (Brie), arr. et à 22 k. de Meaux, cant. et ✉ de Lizy. Pop. 373 h.

COCHEREN, vg. *Moselle* (Lorraine), arr. et à 23 k. de Sarreguemines, cant. et ✉ de Forbac. Pop. 572 h. Près de la rive droite de la Roselle. — On remarque aux environs, sur la montagne d'Hérapel, les vestiges d'une voie militaire et d'un camp romain où l'on trouve fréquemment des médailles et autres antiquités.

COCLOIS, vg. *Aube* (Champagne), arr. à 28 h. d'Arcis-sur-Aube, cant. de Ramerupt. ✉. ⚜. A 173 k. de Paris pour la taxe des lettres. Pop. 302 h.

COCONNIÈRE (la), *Mayenne*, comm. et ✉ de Laval.

COCOSA (lat. 45°, long. 17°). « Dans l'Itinéraire d'Antonin, deux voies partant d'*Aquæ Tarbellicæ* conduisent l'une et l'autre à Bordeaux. Celle qui peut servir à fixer le lieu dont il s'agit est décrite ainsi : *Cœquosa* XVI, *Tellonum* XVIII, *Salomaco* XII, *Burdigala* XVIII. La distance en droite ligne de Bordeaux à Aqs étant d'environ 68,000 toises, qui ne répondent qu'à 60 lieues gauloises lorsque l'Itinéraire en fait compter 64, il faut supposer, en admettant les nombres, que la route s'écartait de la direction immédiate, pour communiquer à quelque lieu de considération. En effet, je trouve qu'à partir de Bordeaux cette déviation d'un alignement direct de Bordeaux à Aqs est indiquée par la position que prend *Salomacum*, dont la dénomination est conservée dans le nom actuel de Sales. On découvre même un vestige du passage de l'ancienne voie romaine qui conduisait à Sales, en rencontrant sur la route un lieu appelé Sestas, dont l'éloignement de Bordeaux est très-convenable à cette dénomination de Sestas, qui dénote six lieues gauloises. Et pour qu'il n'y ait aucun moyen de douter que Sales ne soit *Salomacum*, je trouve par un rapport de position avec des points fixés en rigueur géométrique dans les environs, que la distance à l'égard de Bordeaux s'évalue à 21,000 toises, ce qui répond à peu près aux 18 lieues marquées dans l'Itinéraire, et dont le calcul est strictement de 21,412 toises. On peut juger que c'est pour conduire à la ville d'un des peuples qui partageaient l'Aquitaine, les *Cocosates*, que la route de Bordeaux à Sales ne tend pas directement à Aqs. J'avoue que le lieu marqué dans l'Itinéraire sous le nom de *Tellonum*, entre *Salomacum* et *Cœquosa*, ou pour lire correctement *Cocosa*, ne m'est point connu. Mais, en m'attachant aux 30 lieues que l'Itinéraire fait compter depuis *Salomacum*, la distance porte à l'entrée du canton, appelé aujourd'hui Marensin ; et je trouve que ce qui reste ensuite de distance en tendant vers Aqs directement peut convenir à l'indication de l'Itinéraire entre *Aquæ Tarbellicæ* et *Cocosa*, cette distance tenant lieu de 16 lieues gauloises. » D'Anville. *Notice de l'ancienne Gaule*, p. 229.

COCOSATES (lat. 45°, long. 17°). « Il en est mention dans César (*Commentaires*, III) entre plusieurs autres peuples de l'Aquitaine. Dans Pline, *Cocossates Sexsignani*. La position de Cocosa nous indique le canton qu'ils occupaient. L'opinion de Sanson, que les *Cocosates* sont un même peuple que les *Datii* mentionnés dans Ptolémée, n'est autorisée d'aucune preuve solide. » D'Anville. *Notice de l'ancienne Gaule*, p. 230. V. aussi Walckenaer. *Géographie des Gaules*, t. I, p. 283, 303.

COCQUAINVILLIERS, vg. *Calvados* (Normandie), arr. et à 11 k. de Pont-l'Evêque, cant. de Blangy, ✉ de Lisieux. Pop. 593 h.

COCRÉAUMONT, *Aisne*, comm. de St-Michel, ✉ de Hirson.

COCUMONT, bg *Lot-et-Garonne* (Condomois), arr. et à 15 k. de Marmande, cant. et ✉ de Meilhan. Pop. 1,664 h. — *Foires* les 26 janv., avril, 10 août, 30 nov., lundi de Pâques, de la Pentecôte, et le 2ᵉ lundi de chaque mois.

COCURÈS, vg. *Lozère* (Languedoc), arr., cant., ✉ et à 5 k. de Florac. Pop. 319 h.

CODALET, vg. *Pyrénées-Or.* (Roussillon), arr., cant., ✉ et à 1 k. de Prades. Pop. 297 h.

CODOGNAN, vg. *Gard* (Languedoc), arr. et à 17 k. de Nîmes, cant. de Vauvert, ✉ de Calvisson. Pop. 831 h.

CODOLET, vg. *Gard* (Languedoc), arr. et

à 26 k. d'Uzès, cant. et ✉ de Bagnols. Pop. 794 h.

CODOLIVE, *Bouches-du-Rhône*, comm. de St-Savournin, ✉ de Roquevaire.

COESMES, vg. *Ille-et-Vilaine* (Bretagne), arr. et à 38 k. de Vitré, cant. de Rhétiers, ✉ de la Guerche. Pop. 1,512 h. — *Foires* les 2° lundi de juillet et 2° jeudi d'oct.

COETBO, *Morbihan*, comm. et ✉ de Guer.

Au château de Coëtbo, la société des connaissances utiles a fondé un établissement sous le nom d'institut agricole de Coëtbo. C'est à la fois une école d'agriculture, une fabrique d'instruments aratoires perfectionnés, et une ferme modèle.

COETMIEUX, vg. *Côtes-du-Nord* (Bretagne), arr. et à 18 k. de St-Brieuc, cant. et ✉ de Lamballe. Pop. 664 h.—Il se compose d'une vingtaine de maisons fort éloignées les unes des autres, parmi lesquelles se trouve le moulin des Ponts-Neufs, construit sur une belle chaussée de 42 m. de long sur 15 m. de large.

CŒUVRES, petite ville, *Aisne* (Picardie); arr. et à 15 k. de Soissons, cant. et ✉ de Vic-sur-Aisne. Pop. 678 h.

On voit dans cet endroit les ruines de l'ancien château de Cœuvres, où naquit la belle Gabrielle, fille de Jean d'Estrées, maréchal de France. On ne peut contempler ce lieu, qui n'existera bientôt plus, sans songer au bon Henri, qui traversant, sous divers déguisements, les postes des ligueurs, pour y entretenir l'objet de ses plus chères affections. — La terre de Cœuvres fut érigée en marquisat en 1585 : elle reçut, en 1649, le titre de duché-pairie. Les calvinistes s'emparèrent de Cœuvres en 1567.

PATRIE de GABRIELLE D'ESTRÉES.

Foires les 1ers lundis de mai et d'oct.

COEX, village et commune du dép. de la *Vendée* (Poitou), cant. et ✉ de St-Gilles, arr. et à 26 k. des Sables-d'Olonne. Pop. 1,075 h. — *Foires* les 1er mardi de mai et 13 sept.

COGES, vg. *Jura* (Franche-Comté), arr. et à 15 k. de Lons-le-Saulnier, cant. et ✉ de Bletterans. Pop. 899 h.

COGGIA, vg. *Corse*, arr. et à 42 k. d'Ajaccio, cant. et ✉ de Vico. Pop. 662 h.

COGLES, vg. *Ille-et-Vilaine* (Bretagne), arr. et à 20 k. de Fougères, cant. et ✉ de St-Brice-en-Cogles. Pop. 1,262 h.

COGNA, vg. *Jura* (Franche-Comté), arr. et à 22 k. de Lons-le-Saulnier, cant. et ✉ de Clairvaux. Pop. 349 h.

COGNAC, *Condate*, *Coniacum Pictonum*, *Campiniacum*, *Connacum*, *Compiniacum*, petite ville, *Charente* (Angoumois), chef-l. de sous-préf. (5° arr.) et d'un cant. Trib. de 1re inst. et de comm. Collège comm. Cure. Gîte d'étape. Soc. d'agric. ✉. ⚘. Pop. 4,118 h.

— TERRAIN crétacé inférieur, grès vert.

Cognac est une ville ancienne où il s'est tenu plusieurs conciles dans le XIIIe siècle. Une assemblée de notables y fut convoquée en 1526 par François Ier, à son retour d'Espagne, pour prendre l'avis de ses sujets avant de ratifier le traité de Madrid.

Les armes de Cognac sont : *d'argent à la figure du roi François (Ier) à cheval revêtu d'azur et de gueules tenant un sceptre d'or, monté sur un cheval de sable; au chef d'azur chargé de trois fleurs de lis d'or.*

Cette ville est située sur une éminence, dans un pays charmant, sur la rive gauche de la Charente, qui y est navigable, et dont les eaux limpides fertilisent de vastes et belles prairies. Elle est en général assez bien bâtie, mais fort mal percée; et est dominée par les restes d'un ancien château qui lui servait autrefois de défense. C'est aux environs de ce château que la duchesse d'Angoulême donna le jour à François Ier, en 1494. Cette princesse, en se promenant, fut saisie par les douleurs de l'enfantement; ne pouvant revenir jusqu'au château, elle accoucha au pied d'un orme, que l'on entoura, dans la suite, d'une muraille hexagone, dont on voit encore les vestiges non loin du parc, qui est bien conservé et sert de promenade aux habitants.

Biographie. Patrie de FRANÇOIS Ier.

Du général DANICAUD DUPERAT.

Manufactures de faïence. Tanneries.—*Commerce* de vins, eau-de-vie, esprits, graine de lin, genièvre. Entrepôt des excellentes eaux-de-vie qui se fabriquent dans les communes environnantes, dont Cognac fait des expéditions immenses dans toutes les parties de l'Europe et de l'étranger. — *Foires* de 3 jours les 8 mai et 8 nov., et tous les 2me samedis de chaque mois.

A 460 k. S.-O. de Paris. Lat. 45° 41′ 49″ N., long. 2° 40′ 6″ O.

L'arrondissement de Cognac est composé de 4 cantons : Cognac, Châteauneuf, Jarnac-Charente, Segonzac.

Bibliographie. * *Priviléges de la ville de Cognac*, in-4.

* *Relation de la levée du siége de Cognac*, etc., in-4, 1651.

COGNAC, vg. *H.-Vienne* (Poitou), arr. et à 17 k. de Rochechouart, cant. de St-Laurent-sur-Gorre, ✉ d'Aixe. Pop. 1,874 h.

COGNAT, vg. *Allier* (Bourbonnais), arr., ✉ et à 10 k. de Gannat, cant. d'Escurolles. Pop. 307 h.

COGNEHORS, bg *Charente-Inf.* (Aunis), arr., cant., ✉ et à 1 k. de la Rochelle. Pop. 1,192 h.

COGNERS, vg. *Sarthe* (Maine), arr., cant., ✉ et à 10 k. de St-Calais. Pop. 613 h.

PATRIE du marquis DE MUSSET, membre du corps législatif et de la chambre des députés.

COGNET, vg. *Isère* (Dauphiné), arr. et à 41 k. de Grenoble, cant. et ✉ de la Mure. Pop. 108 h.

COGNIÈRES, vg. *H.-Saône* (Franche-Comté), arr. et à 21 k. de Vesoul, cant. et ✉ de Montbozon. Pop. 306 h.

COGNIN, vg. *Isère* (Dauphiné), arr. et à 16 k. de St-Marcellin, cant. et ✉ de Vinay. Pop. 1,114 h. — *Filature de soie.—Foires* les 23 avril et 29 oct.

COGNOCOLI, vg. *Corse*, arr., ✉ et à 30 k. d'Ajaccio, cant. de Ste-Marie-et-Sicche. Pop. 209 h.

COGNY, vg. *Cher* (Bourbonnais), arr. et à 18 k. de St-Amand-Montrond, cant. et ✉ de Dun-le-Roi. Pop. 243 h.

COGNY, vg. *Rhône* (Beaujolais), arr., cant., ✉ et à 7 k. de Villefranche-sur-Saône. Pop. 1,005 h. — *Carrière de pierres de taille*. On y trouve de la pierre grise, des gryphites, des bélemnites et autres fossiles.

COGOLIN, *Cogolini*, bg *Var* (Provence), arr. et à 45 k. de Draguignan, cant. de Grimaud. ✉. A 870 k. de Paris pour la taxe des lettres. Pop. 1,373 h. — Il est bâti sur le penchant méridional d'un vaste plateau, dont le sommet est couronné par une petite élévation pyramidale que surmonte un moulin à vent. Sur cette sommité était autrefois une station des Sarrasins, sur l'emplacement de laquelle on bâtit ensuite un château entouré d'une vaste enceinte de hautes murailles, où se retiraient, en cas de danger, les habitants des environs avec leurs troupeaux. En 1379, la garnison de cette forteresse, qui se livrait à toute sorte d'excès, fut surprise par les habitants de Cogolin, exterminée, et le château rasé jusqu'aux fondements; toutefois on épargna une porte surmontée d'une tour dans laquelle est placée l'horloge publique. — *Foires* les 6 et 7 août.

COGULOT, vg. *Dordogne* (Périgord), arr. et à 28 k. de Bergerac, cant. et ✉ d'Eymet. Pop. 240 h.

COHAN, vg. *Aisne* (Picardie), arr. et à 30 k. de Château-Thierry, cant. et ✉ de Fère-en-Tardenois. Pop. 225 h.

COHAN, *Oise*, comm. d'Etouy, ✉ de Clermont.

COHARTILLE, vg. *Aisne* (Picardie), arr. et à 15 k. de Laon, cant. et ✉ de Marle. Pop. 562 h.

COHEM, *Pas-de-Calais*, com. de Wittes-Cohem, ✉ d'Aire-sur-la-Lys.

COHIÈRE (Ste-), *Marne*. V. BRAUX-STE-COHIÈRE.

COHINIAC, vg. *Côtes-du-Nord* (Bretagne), arr. et à 15 k. de St-Brieuc, cant. et ✉ de Châteaulaudren. Pop. 812 h.

COHONS, vg. *H.-Marne* (Champagne), arr. et à 10 k. de Langres, cant. et ✉ de Longeau. Pop. 624 h.

COIFFY-LE-BAS, ou COIFFY-LA-VILLE, vg. *H.-Marne* (Champagne), arr. et à 30 k. de Langres, cant. de Varennes, et ✉ de Bourbonne. Pop. 677 h.

COIFFY-LE-HAUT, ou COIFFY-LE-CHATEAU, vg. *H.-Marne* (Champagne), arr. et à 30 k. de Langres, cant. et ✉ de Bourbonne. Pop. 1,049 h. — Il est situé sur le sommet et le penchant d'une haute montagne, de laquelle on jouit d'une vue fort étendue. C'était autrefois une place très-forte, dont le comte de Furstemberg s'empara en 1523 ou 1524, et qu'il fut obligé d'abandonner peu de temps après. Les ligueurs la prirent en 1590, et la gardèrent jusqu'en 1593, époque où la plupart des places des environs de Langres se soumirent à Henri IV. Ce château fut détruit en 1635; il

était situé au sommet de la montagne, et avait la forme d'un quadrilatère : on voit encore aujourd'hui deux côtés du bastion sur lequel il était élevé, ainsi que les restes d'une tour.
— En 1638, un corps de Suédois, qui avait stationné à Coiffy, abandonnait ce bourg, lorsqu'un habitant tua, dit-on, un des officiers de l'arrière-garde : tous les Suédois rentrèrent aussitôt à Coiffy, et massacrèrent 390 personnes.

COIGNEUX, vg. *Somme* (Picardie), arr. et à 17 k. de Doullens, cant. et ✉ d'Acheux. Pop. 193 h.

COIGNIÈRES, vg. *Seine-et-Oise* (Beauce), arr. et à 14 k. de Rambouillet, cant. de Chevreuse, ✉ de Trappes. ☞. Pop. 409 h.

COIGNY, *Cuneæ*, vg. *Manche* (Normandie), arr. et à 35 k. de Coutances, cant. de la Haye-du-Puits, ✉ de Prétot. Pop. 419 h.

COIMÈRES, vg. *Gironde* (Bazadois), arr., ✉ et à 8 k. de Bazas, cant. d'Auros. Pop. 369 h.

COINCES, vg. *Loiret* (Orléanais), arr. et à 17 k. d'Orléans, cant. et ✉ de Patay. Pop. 631 h.

COINCHE, vg. *Vosges* (Lorraine), arr., cant., ✉ et à 6 k. de St-Dié. Pop. 372 h.

COINCOURT, vg. *Meurthe* (Lorraine), arr. de Château-Salins, cant. et à 13 k. de Vic, ✉ de Moyenvic. Pop. 511 h.

COINCOURT, *Oise*, comm. et ✉ de Mouy.

COINCY, bg *Aisne* (Brie), arr. et à 15 k. de Château-Thierry, cant. de Fère-en-Tardenois. ✉. A 106 k. de Paris pour la taxe des lettres. Pop. 1,167 h. — *Foires* les 4 juillet et 6 déc.

COINCY, vg. *Moselle* (pays Messin), arr. et à 78 k. de Metz, cant. de Pange, ✉ de Courcelles-Chaussy. Pop. 321 h.

COINGS, vg. *Indre* (Berry), arr., cant., ✉ et à 8 k. de Châteauroux. Pop. 646 h.

COINGT, vg. *Aisne* (Picardie), arr. et à 15 k. de Vervins, cant. d'Aubenton, ✉ de Plomion. Pop. 601 h.

COIN-LES-CUVRY, vg. *Moselle* (pays Messin), arr., ✉ et à 10 k. de Metz, cant. de Verny. Pop. 308 h.

COIN-SUR-SEILLE, vg. *Moselle* (pays Messin), arr., ✉ et à 13 k. de Metz, cant. de Verny. Pop. 266 h.

COINTRICOURT, vg. *Aisne* (Brie), arr. et à 15 k. de Château-Thierry, cant. et ✉ de Neuilly-St-Front. Pop. 112 h.

COISE, vg. *Rhône* (Lyonnais), arr. et à 25 k. de Lyon, cant. et ✉ de St-Symphorien-sur-Coise. Pop. 649 h.

COISEAUX, *Oise*, comm. d'Essuiles, ✉ de St-Just-en-Chaussée.

COISERETTE, vg. *Jura* (Franche-Comté), arr., ✉ et à 10 k. de St-Claude, cant. des Bouchoux. Pop. 280 h.

COISEVAUX, vg. *H.-Saône* (Franche-Comté), arr. et à 22 k. de Lure, cant. et ✉ d'Héricourt. Pop. 242 h.

COISIA, vg. *Jura* (Franche-Comté), arr. et à 48 k. de Lons-le-Saulnier, cant. et ✉ d'Arinthod. Pop. 286 h.

COISY, vg. *Somme* (Picardie), arr. et à 10 k. d'Amiens, cant. et ✉ de Villers-Bocage. Pop. 586 h.

COIVERT, vg. *Charente-Inf.* (Saintonge), arr. et à 16 k. de St-Jean-d'Angély, cant. et ✉ de Loulay. Pop. 640 h.

COIVREL, vg. *Oise* (Picardie), arr. et à 27 k. de Clermont, cant. et ✉ de Maignelay. Pop. 399 h.

COIZARD, vg. *Marne* (Champagne), arr. et à 27 k. d'Epernay, cant. de Montmort, ✉ d'Etoges. Pop. 205 h.

COL-DE-ST-MARTIN (le), *B.-Alpes*, comm. de St-Martin-les-Seyne, ✉ de Seyne.

COLAGNE (la), petite rivière qui prend sa source non loin de Rieutort, arr. de Mende, *Lozère*; elle passe à Marvejols et à Chirac, au-dessous duquel elle se jette dans le Lot, après un cours d'environ 40 k.

COLANCELLE (la), vg. *Nièvre* (Nivernais), arr. et à 35 k. de Clamecy, cant. et ✉ de Corbigny. Pop. 650 h.

COLANDRE, vg. *Cantal* (Auvergne), arr. et à 30 k. de Mauriac, cant. et ✉ de Riom-ès-Montagnes. Pop. 906 h.

COLEMBERT, ou **COLEMBERG**, vg. *Pas-de-Calais* (Boulonnais), arr., ✉, ☞ et à 17 k. de Boulogne-sur-Mer, cant. de Desvres. Pop. 501 h. — On y remarque un château bâti dans une heureuse situation, d'où l'on découvre tout le bas Boulonnais jusqu'à la mer.

COLICHONERIE (la), *Seine-et-Oise*, comm. de St-Illiers-la-Ville, ✉ de Rosny-sur-Seine.

COLIGNY, *Colliniacum, Coloniacum, Coloniacus Tractus*, bg *Ain* (Bourgogne), arr. et à 22 k. de Bourg-en-Bresse, chef-l. de cant. Cure. ✉. A 441 k. de Paris pour la taxe des lettres. Pop. 1,697 h. — TERRAIN tertiaire supérieur.

PATRIE de Mme BRUN, auteur d'un Essai d'un Dictionnaire comtois-français, et de quelques poésies.

Foires les 23 janv., 5 mars, 18 mai, 18 août, 18 oct. et 18 déc.

COLINÉE, vg. *Côtes-du-Nord* (Bretagne), arr. et à 30 k. de Loudéac, chef-l. de cant., ✉ de Moncontour. Pop. 573 h. — TERRAIN de transition inférieure. — *Foires* les 2 mai et 30 juillet.

COLLAN, vg. *Yonne* (Champagne), arr., cant. et à 81 k. de Tonnerre, ✉ de Chablis. Pop. 472 h.

COLLANDANNES, vg. *Creuse* (Limousin), arr. et à 23 k. de Guéret, cant. et ✉ de Dun-le-Palleteau. Pop. 678 h.

COLLANDIÈRE (la), *Indre*, comm. de Vandœuvre, ✉ de Buzançais.

COLLANDRES, vg. *Eure* (Normandie), arr. et à 25 k. d'Evreux, cant. et ✉ de Conches. Pop. 321 h.

COLLANGES, vg. *Saône-et-Loire*, comm. de Vendenesse-les-Charolles, ✉ de Charolles.

COLLANGES, vg. *Puy-de-Dôme* (Auvergne), arr. et à 14 k. d'Issoire, cant. et ✉ de St-Germain-Lembron. Pop. 345 h.

COLLAT, vg. *H.-Loire* (Auvergne), arr. et à 22 k. de Brioude, cant. et ✉ de Paulhaguet. Pop. 504 h.

COLLE (la), vg. *Var* (Provence), arr. et à 18 k. de Grasse, cant. de Vence, ✉ de Cagnes. Pop. 1,473 h.

COLLÉGE, *Sarthe*, comm. de Préciagné, ✉ de Sablé.

COLLÉGIEN, *Collogenum, Collogen*, vg. *Seine-et-Marne* (Ile-de-France), arr. et à 26 k. de Meaux, cant. de Lagny, ✉ de Torcy. Pop. 162 h.

COLLEIGNES, *Lot-et-Garonne*, comm. de Bourran, ✉ d'Aiguillon.

COLLEMIERS, vg. *Yonne* (Champagne), arr., cant., ✉ et à 7 k. de Sens. Pop. 461 h. — Il est situé dans une profonde vallée, entre des coteaux plantés de vignes.

COLLENOIRE (la), h. *Var.* ☞.

COLLERET, vg. *Nord* (Hainaut), arr. et à 26 k. d'Avesnes, cant. et ✉ de Maubeuge. Pop. 1,096 h.

COLLE-ST-MICHEL (la), vg. *B.-Alpes* (Provence), arr. et à 33 k. de Castellane, cant. de St-André, ✉ d'Aunot. P. 83 h.

COLLET-DE-DÈZE, bg *Lozère* (Languedoc), arr. et à 39 k. de Florac, cant. et ✉ de St-Germain-de-Calberte. Pop. 1,329 h. — Exploitation d'antimoine et de plomb sulfuré.
— *Foires* les 10 et 26 janv., 18 mars, 1er et 25 avril, 10 mai, 4 juillet, août, 6 et 21 nov., 28 déc.

COLLETOT, vg. *Eure* (Normandie), arr., cant., ✉ et à 8 k. de Pont-Audemer. P. 193 h.

COLLEVILLE, vg. *Seine-Inf.* (Normandie), arr. et à 13 k. d'Yvetot, cant. et ✉ de Valmont. Pop. 413 h.

COLLEVILLE-SUR-MER, vg. *Calvados* (Normandie), arr. et à 15 k. de Bayeux, cant. et ✉ de Trévières. Pop. 320 h.

COLLEVILLE-SUR-ORNE, vg. *Calvados* (Normandie), arr. et à 13 k. de Caen, cant. de Douvres, ✉ de la Délivrande. Pop. 693 h.

COLLIAS, vg. *Gard* (Languedoc), arr. et à 9 k. d'Uzès, cant. et ✉ de Remoulins. Pop. 785 h.

COLLIGIS, vg. *Aisne* (Picardie), arr. et à 10 k. de Laon, cant. de Craonne, ✉ de Chavignon. Pop. 206 h.

COLJGNY, vg. *Marne* (Champagne), arr. et à 34 k. de Châlons-sur-Marne, cant. et ✉ de Vertus. Pop. 315 h.

COLLIGNY, vg. *Moselle* (pays Messin), arr. et à 13 k. de Metz, cant. de Pange, ✉ de Courcelles-Chaussy. Pop. 207 h.

COLLINE-BEAUMONT, vg. *Pas-de-Calais* (Picardie), arr., cant., ✉ et à 20 k. de Montreuil-sur-Mer. Pop. 162 h.

COLLIOURE, *Cocoliberis, Eliberis, Eliberis, Illiberis*, anciennne et très-forte ville maritime, *Pyrénées-Or.* (Roussillon), arr. et à 37 k. de Céret, cant. d'Argelès. Ecole d'hydrographie de 4e classe. ☞. A 873 k. de Paris pour la taxe des lettres. Pop. 3,476 h. — TERRAIN cristallisé, granit.

L'origine de Collioure remonte à une haute antiquité. Il existait dès l'an 535 de Rome, époque où des ambassadeurs romains y débarquèrent pour se rendre à Ruscino, où ils allaient demander aux chefs des Sardons, assemblés dans cette ville, de s'opposer au passage d'Annibal. — En 1793, Collioure tomba au pouvoir des Espagnols, qui furent forcés de rendre cette place au général Dugommier le 29 mai 1794.

Les armes de Collioure sont : *d'azur semé de fleurs de lis d'or à un saint de carnation d'argent posé sur une montagne de même mouvante d'une terrasse de sinople, vêtu de gueules, tenant de sa main dextre une épée d'argent garnie d'or, la pointe en bas, et de sa main senestre une palme aussi d'or, la tête entourée d'une gloire.*

Cette ville est dans une belle situation, sur le penchant d'une colline, au bord de la Méditerranée, avec un port qui y favorise un assez grand commerce, mais qui ne peut recevoir que de petits bâtiments. Elle est généralement mal bâtie, mal percée, et défendue par plusieurs forts ; celui qui porte spécialement le nom de château est situé sur le sommet d'un rocher escarpé et battu par la mer, et l'approche en est impossible ; les forts l'Etoile et le Miradou s'unissent au premier pour rendre la place inabordable ; enfin, de l'autre côté du port, le fort St-Elme, bâti sur une haute montagne qui domine au loin la mer, complète la défense de cette place. — A droite, en entrant dans le port, on voit une petite île formée par un rocher sur lequel est un oratoire où l'on va en procession sur des barques le jour de la fête patronale.

Le célèbre ermitage de NOTRE-DAME-DE-CONSOLATION est situé à 2 k. S.-O. de Collioure, dans une jolie vallée, couverte d'arbres touffus, arrosée par une multitude de fontaines, et dominée par les tours de la Massane et de Madeloc, construites par les Romains. — Le 8 septembre, jour de la fête patronale, un grand concours de monde et le son des instruments champêtres qui servent aux danses catalanes, viennent égayer ces lieux sauvages ; la jeunesse forme des danses, tandis que les anciens, assis auprès des fontaines, se dédommagent en savourant les vins délicieux que produisent les vignes qu'on aperçoit aux approches de l'ermitage.

On remarque, à peu de distance de Collioure, dans les montagnes de liège, les ruines de l'ancienne abbaye de Valbonne, de l'ordre de Citeaux, fondée en 1164, et le lieu de sépulture d'Yolande, épouse de Jacques Ier, roi d'Aragon. — Aux environs de cette ville, et près de l'ermitage de Notre-Dame de Consolation, on trouve deux sources d'eau minérale froide, dont on ne fait aucun usage.

Fabriques de bouchons de liège. Pêche du thon et de la sardine. — Commerce de vins excellents, sardines et poisson salé, ortolans, etc.

COLLOBRIÈRES, *Colluberia*, bg *Var* (Provence), arr. et à 46 k. de Toulon-sur-Mer, chef-l. de cant. Bureau d'enregist. à Hyères. ✉. A 871 k. de Paris pour la taxe des lettres. Pop. 1,866 h. — TERRAIN du trias, grès bigarré.

Fabrique de bouchons. — *Foire* le 1er nov.

COLLOMBELLES, vg. *Calvados* (Normandie), arr., ✉ et à 6 k. de Caen, cant. de Troarn. Pop. 333 h.

COLLOMBIER - EN - BRIONNAIS , vg. *Saône-et-Loire* (Bourgogne), arr. et à 12 k. de Charolles, cant. et ✉ de la Clayette. Pop. 812 h.

COLLONGE, vg. *Saône-et-Loire*, comm. de la Chapelle-sous-Brancion, ✉ de Tournus.

COLLONGE - EN - CHAROLLAIS , vg. *Saône-et-Loire* (Bourgogne), arr. et à 37 k. de Charolles, cant. de la Guiche, ✉ de Joncy. Pop. 602 h.

COLLONGES, *Colonia Allobrogum*, bg *Ain* (pays de Gex), arr. et à 23 k. de Gex, chef-l. de cant. Cure. Gîte d'étape. ✉. ⚘. A 503 k. de Paris pour la taxe des lettres. Pop. 1,278 h. — TERRAIN jurassique. — Il est situé à l'extrémité de la gorge que commande le fort l'Ecluse, au commencement d'un riche bassin qui s'étend jusques au delà de Genève, et dont la perspective est magnifique. — *Foires* les 12 avril, 12 mai et 12 nov.

COLLONGES, vg. *Corrèze* (Limousin), arr. et à 18 k. de Brives, cant. et ✉ de Meyssac. Pop. 1,482 h. — *Foire* le 6 janv.

COLLONGES-LES-BÉVY, vg. *Côte-d'Or* (Bourgogne), arr. et à 24 k. de Dijon, cant. et ✉ de Gevrey. Pop. 222 h.

COLLONGES - LES - PREMIÈRES , vg. *Côte-d'Or* (Bourgogne), arr. et à 22 k. de Dijon, cant. et ✉ de Genlis. Pop. 197 h.

COLLONGETTE, *Saône-et-Loire*, comm. de Lugny, ✉ de St-Oyen.

COLLONGUES, vg. H.-*Pyrénées* (Bigorre), arr., ✉ et à 13 k. de Tarbes, cant. de Pouyastruc. Pop. 228 h.

COLLONGUES, vg. *Var* (Provence), arr. et à 50 k. de Grasse, cant. et ✉ de St-Auban. Pop. 217 h.

COLLOREC, vg. *Finistère* (Bretagne), arr. et à 30 k. de Châteaulin, cant. et ✉ de Châteauneuf-du-Faou. Pop. 1,328 h.

COLLORGUES, vg. *Gard* (Languedoc), arr., ✉ et à 10 k. d'Uzès, cant. de St-Chaptes. Pop. 341 h.

COLMAR, ou KOLMER, *Colmaria, Columbaria*, belle et très-ancienne ville, chef-l. du dép. du H.-*Rhin*. Cour royale d'où ressortissent les dép. du Haut et du Bas-Rhin. Bonne ville no 38. Trib. de 1re inst. et de comm. Société d'émulation. Collège comm. Institut des sourds-muets. Cure. Gîte d'étape. Station du chemin de fer de Strasbourg à Bâle. Bureau et relais de poste. Pop. 19,908 h.— TERRAIN d'alluvions modernes.

Quelques auteurs pensent que Colmar fut bâti sur les ruines de l'ancienne ARGENTOURIA, où les Romains avaient bâti une forteresse que les barbares détruisirent plusieurs fois ; mais l'opinion de Schœpflin, qui place Argentouaria à Horbourg, est de plus en plus solidement établie. Sous la monarchie des Francs, Colmar était une cense royale, où les rois de France avaient une maison de plaisance au IXe siècle ; il devint peu à peu un village, qui fut réduit en cendres en 1106, et rebâti peu de temps après. En 1220, sous Frédéric II, le bailli Wœlfel l'éleva au rang de ville, dont l'enceinte fut agrandie en 1282. Peu après, Colmar devint ville libre impériale. En 1552, elle fut entourée de tours et de fortifications qui furent considérablement augmentées par la suite. Les Suédois s'en emparèrent en 1632. Louis XIV la prit en 1673, et en fit raser les fortifications. Elle a été réunie à la France en 1697, par la paix de Riswick.

Les armes de Colmar sont : *parti, diapré de gueules et de sinople, à la molette d'éperon d'or attachée à sa branche périe en bande de même.*

Colmar est une ville agréablement située, à 4 k. des Vosges, sur les rivières de la Lauch et de la Fecht, dont les eaux font mouvoir de nombreux établissements d'industrie, vivifient de jolis jardins, arrosent les rues où elles entretiennent la propreté et la salubrité. Elle est généralement bien bâtie, quoique composée de rues irrégulières où l'on voit plusieurs vieilles maisons. On y entre par trois portes : celles de Brisack, de Bâle et de Rouffac. La seule place publique qui mérite d'être citée est celle de la cathédrale, où se tient un marché hebdomadaire fréquenté par les habitants de plus de cinquante villages des environs. Des boulevards plantés de beaux arbres entourent la ville et servent de promenades ; le champ de Mars, l'ancienne pépinière, l'orangerie et les dehors de la porte de Bâleout se trouvent des beaux jardins et de jolies maisons de campagne, offrent aussi des promenades fort agréables.

L'édifice le plus remarquable de Colmar est l'église cathédrale, ancienne collégiale construite en 1363. La tour a 303 degrés d'élévation : au cent vingtième se trouve la porte d'une galerie qui fait le tour extérieur de la nef. Dans l'intérieur, on lit une inscription qui rappelle en hébreu, en grec, en latin et en allemand, les horribles ravages de la peste de 1541.

Les autres établissements publics sont le palais de justice ; l'hôtel de ville ; l'hôtel de la préfecture ; l'ancienne maison de ville ; le collège, où est placée la bibliothèque publique, riche de 36,000 volumes, où l'on voit aussi plusieurs tableaux peints sur bois par Martin, Schœn, Albert Durer et Grünwal ; l'institut des sourds-muets ; l'hôpital civil et l'hôpital militaire ; la salle de spectacle ; l'église du collège, bâtie par les jésuites en 1750 ; l'église des Dominicains, admirable par la beauté de sa nef, qui sert aujourd'hui de halle au blé ; l'église de la Trinité, affectée au culte protestant ; le musée, où l'on voit un aérolithe pesant 150 livres, et pesait autrefois 260, etc., etc.

Biographie. Patrie de REWBELL, député aux états généraux et à la convention nationale, membre du conseil des cinq cents, du directoire exécutif et du conseil des anciens.

Du lieutenant général RAPP.

Du célèbre pianiste BIGOT.

Du philologue et antiquaire DE GOLBERY, membre de la chambre des députés.

Du savant chimiste HAUSSMANN.

Du littérateur allemand G.-C. PFEFFEL.

Du diplomate C.-Fréd. Pfeffel.

Fabriques de draps, toiles peintes, siamoises, impressions sur soie, madras, guingamps, calicots, papiers peints, rubans, bonneterie, etc. Filatures de coton. Tanneries et chamoiseries.—*Commerce* de grains, vins, fer, épicerie, etc.—*Foires* les jeudis après la Pentecôte, après la Fête-Dieu, après St-Martin et aux Quatre-Temps.

A 67 k. S. de Strasbourg, 76 k. N.-O. de Bâle (Suisse), 450 k. E. de Paris. Long. orient. 5° 2′ 11″, lat. 48° 4′ 44″.

L'arrondissement de Colmar est composé de 13 cantons : Andolsheim, Neuf-Brisack, Colmar, Ensisheim, Guebwiller, Kaysersberg, Ste-Marie-aux-Mines, Munster, la Poutroye, Ribeauvillé, Rouffach, Soultz, Wintzenheim.

COLMAR, *Seine-Inf.*, comm. d'Yquebœuf, ✉ du Fréneau.

COLMARS, *Colmartium, Collis Martis*, petite ville forte, *B.-Alpes* (Provence), arr. et à 61 k. de Castellane, chef-l. de cant. Place de guerre de 4ᵉ classe. Cure. Gîte d'étape. ✉. A 772 k. de Paris pour la taxe des lettres. P. 1,033 h.

Cette ville, située au pied des Alpes, au confluent du Verdon et de la Sence, tire son nom d'une colline que les Romains avaient consacrée au dieu de la guerre, et sur laquelle les premiers chrétiens firent bâtir une église en l'honneur de saint Pierre. Cette ville était autrefois divisée en plusieurs parties, dont la principale était sur un coteau où on remarque encore quelques ruines. Peu à peu les habitants se réunirent au bord du Verdon. Raymond de Tureune la réduisit en cendres en 1390; le capitaine Cartier la prit en 1583 ; enfin la France s'en empara dans le XVIIᵉ siècle et en fit une place de guerre. Deux forteresses et des remparts flanqués de tours la mettent en état de résister à une armée qui voudrait passer son artillerie par le défilé qu'elle occupe.

La situation très-élevée de cette ville, jointe au voisinage des hautes montagnes, y rend les hivers longs et rudes ; mais c'est un séjour très-agréable dans l'été, par la variété et la grandiose des sites environnants. Le territoire est fertile en grains et en fruits ; les montagnes, couvertes de gazon, nourrissent en été de nombreux troupeaux qui viennent de la basse Provence. A une petite distance de la ville, et près de la route d'Allos, on remarque une fontaine intermittente, dont la durée de l'intermittence est de sept à huit minutes, en sorte qu'elle coule et qu'elle s'arrête environ huit fois par heure.

Fabriques de draps communs. Tanneries.—*Commerce* de fromages estimés.—*Foires* les 20 sept. et 1ᵉʳ lundi de juillet.

COLME (la), rivière du dép. du *Nord*. C'est un bras de la rivière d'Aa, qui s'en sépare au Sas-de-Wate, passe par Bergues, où elle se jette dans le canal de cette ville à Furnes (Pays-Bas).

COLMEN, vg. *Moselle* (Lorraine), arr. et à 38 k. de Thionville, cant. et ✉ de Bouzonville.

COLMERY, vg. *Nièvre* (Nivernais), arr. et à 35 k. de Cosne, cant. de Donzy, ✉ de Châteauneuf-Val-de-Bargis. Pop. 1,310 h.

COLMESNIL-MANNEVILLE, vg. *Seine-Inf.* (Normandie), arr., ✉ et à 9 k. de Dieppe, cant. d'Offranville. Pop. 154 h.

COLMEY, vg. *Moselle* (Lorraine), arr. et à 40 k. de Briey, cant. et ✉ de Longuyon. P. 900 h.

COLMIER-LE-BAS, vg. *H.-Marne* (Champagne), arr. et à 35 k. de Langres, cant. et ✉ d'Auberive. P. 225 h.—Forges, sur l'Ource.

COLMIER - LE - HAUT, vg. *H.-Marne* (Champagne), arr. et à 33 k. de Langres, cant. et ✉ d'Auberive. Pop. 334 h.—*Foires* les 5 fév., 10 juillet et 8 nov.

COLOGNAC, vg. *Gard* (Languedoc), arr. et à 25 k. du Vigan, cant. et ✉ de Lasalle. Pop. 562 h.

COLOGNE, petite ville, *Gers* (Armagnac), arr. et à 31 k. de Lombez, chef-l. de cant., ✉ et bureau d'enregist. de l'Isle-en-Jourdain. Cure. Pop. 892 h.—TERRAIN tertiaire moyen.—*Foires* les 17 janv., 19 mars, 1ᵉʳ juin, 17 août, 22 sept. 25 nov., 3ᵉ jeudi de fév., 4ᵉ jeudi d'avril, 3ᵉ jeudi de juillet et d'oct.

COLOMBAIZE (la), *Isère*, comm. d'Entre-deux-Guiers, ✉ des Echelles.

COLOMBE (Ste-), vg. *H.-Alpes* (Dauphiné), arr. et à 52 k. de Gap, cant. d'Orpierre, ✉ de Serres. Pop. 544 h.

COLOMBE (Ste-), vg. *Charente* (Angoumois), arr. et à 24 k. de Ruffec, cant. et ✉ de Mansle. Pop. 528 h.

COLOMBE (Ste-), vg. *Charente-Inf.* (Saintonge), arr. et à 25 k. de Jonzac, cant. et ✉ de Montlieu. Pop. 307 h.

COLOMBE (Ste-), vg. *Côte-d'Or* (Bourgogne), arr. et à 13 k. de Semur, cant. et ✉ de Vitteaux. Pop. 227 h.

COLOMBE (Ste-), vg. *Doubs* (Franche-Comté), arr., cant. et à 8 k. de Pontarlier.

COLOMBE (Ste-), *Sancta Columba*, vg. *Eure* (Normandie), arr., cant. et à 23 k. d'Evreux, ✉ à la Commanderie.

COLOMBE (Ste-), *Sancta Columba*, vg. *Eure* (Normandie), arr. et à 27 k. d'Evreux, cant. de Vernon, ✉ de Gaillon.

COLOMBE (Ste-), vg. *H.-Garonne*, com. et ✉ de Baziège.

COLOMBE (Ste-), vg. *Gironde* (Guienne), arr. et à 19 k. de Libourne, cant. et ✉ de Castillon. Pop. 309 h.

COLOMBE (château de), *Cher*, comm. de St-Baudel, ✉ de Châteauneuf-sur-Cher.

COLOMBE (Ste-), vg. *Ille-et-Vilaine* (Bretagne), arr. et à 38 k. de Vitré, cant. de Rhétiers, ✉ de la Guerche. Pop. 528 h.

COLOMBE (Ste-), vg. *Indre* (Berry), arr. et à 24 k. de Châteauroux, cant. et ✉ de Levroux. Pop. 272 h.

COLOMBE (Ste-), vg. *Landes* (Gascogne), arr. et à 11 k. de St-Sever, cant. et ✉ d'Hagetmau. Pop. 791 h.

COLOMBE (la), vg. *Loir-et-Cher* (Beauce), arr. et à 38 k. de Blois, cant. d'Ouzouer-le-Marché, ✉ de Oucques. Pop. 470 h.

COLOMBE (Ste-), vg. *Loire* (Forez), arr. et à 29 k. de Roanne, cant. de Néronde, ✉ de St-Symphorien-de-Lay. Pop. 1,405 h.—*Fabriques* de mousselines et de broderies.—*Foires* les 1ᵉʳ avril, 6 juin, 21 août et 30 sept.

COLOMBE (Ste-), vg. *Lot* (Quercy), arr. et à 14 k. de Figeac, cant. et ✉ de la Capelle-Marival.

COLOMBE (Ste-), vg. *Manche* (Normandie), arr. et à 13 k. de Valognes, cant. et ✉ de St-Sauveur-sur-Douve. Pop. 351 h.

COLOMBE (la), vg. *Manche* (Normandie), arr. et à 31 k. de St-Lô, cant. de Porcy, ✉ de Villedieu. Pop. 1,129 h.

COLOMBE (Ste-), vg. *Nièvre* (Nivernais), arr. et à 25 k. de Cosne, cant. et ✉ de Donzy. Pop. 418 h.

COLOMBE (Ste-), petite ville, *Rhône* (Lyonnais), arr. et à 27 k. de Lyon, chef-l. de cant., ✉ de Vienne. Pop. 654 h.—TERRAIN cristallisé, gneiss.—Elle est située dans une contrée fertile en excellents vins, sur la rive droite du Rhône, qui la sépare de la ville de Vienne.—*Foires* les 5 fév., 4 avril, 14 juillet et 5 nov.

COLOMBE, vg. *H.-Saône* (Franche-Comté), arr., ✉ et à 5 k. de Vesoul, cant. de Noroy-le-Bourg. Pop. 399 h.

COLOMBE (Ste-), vg. *Sarthe* (Maine), arr., cant., ✉ et à 1 k. de la Flèche. P. 2,317 h.

COLOMBE (Ste-), *Seine-et-Marne* (Brie), arr., cant., ✉ et à 5 k. de Provins. P. 608 h.

COLOMBE (Ste-), vg. *Seine-Inf.* (Normandie), arr. et à 21 k. d'Yvetot, cant. et ✉ de St-Valery-en-Caux. Pop. 419 h.

COLOMBE (Ste-), *Vaucluse*, comm. de Bédouin, ✉ de Carpentras.

COLOMBE-DE-DURAS (Ste-), vg. *Lot-et-Garonne* (Gascogne), arr. et à 26 k. de Marmande, cant. et ✉ de Duras. P. 360 h.

COLOMBE-DE-LA-FARGUES (Ste-), vg. *Lot-et-Garonne* (Gascogne), arr. et à 10 k. d'Agen, cant. de la Plume. Pop. 1,375 h.

COLOMBE-DE-LAS-ILLAS (Ste-), *Pyrénées-Or.*, comm. de Caixas, ✉ de Perpignan.

COLOMBE - DE - MONTAUROUX (Ste-), vg. *Lozère* (Languedoc), arr. et à 40 k. de Mende, cant. de Grandrieu, ✉ de Langogne. Pop. 233 h.

COLOMBE-DE-PEYRE (Ste-), vg. *Lozère* (Languedoc), arr. et à 20 k. de Marvejols, cant. et ✉ d'Aumont. Pop. 602 h.

COLOMBE-DE-PUJOLS (Ste-), *Lot-et-Garonne*, comm. de Pujols, ✉ de Villeneuve-sur-Lot.

COLOMBE-DE-THUIR (Ste-), vg. *Pyrénées-Or.* (Roussillon), arr. et à 16 k. de Perpignan, cant. et ✉ de Thuir. Pop. 70 h.

COLOMBE-DE-VILLENEUVE (Ste-), vg. *Lot-et-Garonne* (Agénois), arr., cant., ✉ et à 8 k. de Villeneuve-sur-Lot. Pop. 758 h.—*Foires* les 6 nov. et lundi gras.

COLOMBE - EN - MORVANT (Ste-), vg. *Yonne* (Nivernais), arr. et à 11 k. d'Avallon, cant. de l'Isle-sur-le-Serein, ✉ de Lucy-le-Bois. Pop. 483 h.

COLOMBE-EN-PUISAYE (Ste-), vg. *Yonne* (Gatinais), arr. et à 41 k. d'Auxerre, cant. et ✉ de St-Sauveur. Pop. 678 h.

COLOMBE-LA-PETITE (Ste-), *Orne*, comm. de St-Léonard-des-Parcs, ✉ du Merlerault.

COLOMBE-LES-BITHAINE (Ste-), *H.-Saône* (Franche-Comté), arr. et à 12 k. de Lure, cant. et ✉ de Saulx. Pop. 193 h.

COLOMBÉ-LE-SEC, vg. *Aube* (Champagne), arr., cant., ✉ et à 8 k. de Bar-sur-Aube. Pop. 358 h.

COLOMBES, vg. *Isère* (Dauphiné), arr. de la Tour-du-Pin, à 25 k. de Bourgoin, cant. et ✉ du Grand-Lemps. Pop. 1,207 h.

COLOMBES, grand et beau village, *Seine* (Ile-de-France), arr. et à 11 k. de St-Denis, cant. de Courbevoie. ✉. A 12 k. de Paris. Pop. 1,548 h.—Il est très-agréablement situé sur une colline dont l'aspect est au nord, et presque à l'extrémité d'une plaine renfermée dans le second coude que forme la Seine au sortir de Paris, près du chemin de Paris à St-Germain ; c'est un village généralement bien bâti, et remarquable par plusieurs belles places publiques bien plantées. On voit aux environs plusieurs maisons de campagne fort agréables, dans l'une desquelles le bon Rollin composa son Histoire ancienne.—*Fabriques* de colle forte, bonneterie en coton, fécule de pommes de terre. Épuration d'huiles.

COLOMBE-SUR-GUETTE (Ste-), ou DE ROQUEFORT, vg. *Aude* (Languedoc), arr. et à 65 k. de Limoux, cant. de Roquefort-de-Sault, ✉ d'Axat. Pop. 355 h.

COLOMBE-SUR-LHERS (Ste-), vg. *Aude* (Languedoc), arr. et à 33 k. de Limoux, cant. de Chalabre. ✉. A 832 k. de Paris pour la taxe des lettres. Pop. 1,368 h.—Ce village est fort bien bâti et présente un aspect riant ; la longueur des rues, la propreté des maisons, les belles plantations qui l'environnent, l'air salubre qu'on y respire, en font un séjour charmant.—Manufactures de draps.—*Fabriques* de jaiet, peignes de corne et de bois. Filatures de laine. Moulins à foulon. Teintureries.—*Foires* le 9 sept et 2ᵉ lundi après la Pentecôte.

COLOMBE-SUR-RILLE (Ste-), vg. *Orne* (Normandie), arr. et à 40 k. d'Argentan, cant. du Merlerault, ✉ de St-Gauburge. P. 503 h.

COLOMBE-SUR-SEINE (Ste-), vg. *Côte-d'Or* (Bourgogne), arr., cant., ✉ et à 3 k. de Châtillon-sur-Seine. Pop. 867 h.

COLOMBETTE, *Loire*, comm. de St-Justen-Bas, ✉ de Boen.

COLOMBEY, ou COLOMBEY-AUX-BELLES-FEMMES, *Columbarium Tullense*, bg *Meurthe* (Lorraine), arr. et à 20 k. de Toul, chef-l. de cant. Cure. Gîte d'étape. ✉. ⚯. A 315 k. de Paris pour la taxe des lettres. Pop. 970 h. — TERRAIN jurassique.—On croit que Colombey existait déjà en 806 ; quoi qu'il en soit, il en est parlé dans une charte de Charles le Chauve. Thiébault II y fit régler, en 1307, que si le fils d'un duc de Lorraine venait à mourir avant son père, ses enfants succéderaient au duché à l'exclusion de tous autres héritiers. — *Foires* les 27 juillet, 25 oct., 2ᵉ lundi de carême et mardi après la Pentecôte.

COLOMBEY, *Saône-et-Loire*, com. d'Ouroux, ✉ de Chalon-sur-Saône.

COLOMBEY-LA-FOSSE, vg. *Aube* (Champagne), arr., ✉ et à 8 k. de Bar-sur-Aube, cant. de Soulaines. Pop. 557 h.

COLOMBEY-LES-CHOISEUL, vg. *H.-Marne* (Champagne), arr. et à 44 k. de Chaumont-eu-Bassigny, cant. et ✉ de Clefmont. Pop. 661 h.

COLOMBEY-LES-DEUX-ÉGLISES, vg. *H.-Marne* (Champagne), arr. et à 25 k. de Chaumont-en-Bassigny, cant. de Juzennecourt. ✉. ⚯. A 228 k. de Paris pour la taxe des lettres. Pop. 734 h.

COLOMBIÉ, *Lot-et-Garonne*, comm. de Dovilne, ✉ de Villeréal.

COLOMBIER, vg. *Allier* (Bourbonnais), arr. et à 20 k. de Montluçon, cant. et ✉ de Montmarault. Pop. 631 h.

COLOMBIER, *Columbarium*, vg. *Côte-d'Or* (Bourgogne), arr. et à 26 k. de Beaune, cant. et ✉ de Bligny-sur-Ouche. Pop. 204 h.

COLOMBIER, vg. *Dordogne* (Périgord), arr. et à 11 k. de Bergerac, cant. et ✉ d'Issigeac. Pop. 410 h.

COLOMBIER (St-), ou ST-PIERRE-EN-COLOMBARET, vg. *Loire* (Forez), arr. et à 24 k. de St-Etienne, cant. de Bourg-Argental, ✉ de St-Jullien-Molin-Molette. Pop. 669 h.

COLOMBIER, vg. *H.-Saône* (Franche-Comté), arr., cant., ✉ et à 8 k. de Vesoul. Pop. 1,172 h. — On y voit les ruines de deux châteaux, dont l'un, appelé le château de Montaigu, offre encore des murs de 15 à 20 mètres de hauteur du côté du midi. L'autre, nommé le château de la Roche, était situé un peu au-dessous de l'emplacement qu'occupe aujourd'hui le château de St-Mauris-Châtenois, édifice remarquable par sa belle architecture, par sa distribution intérieure et surtout par son agréable position.

COLOMBIER-CHATELOT, vg. *Doubs* (Franche-Comté), arr. et à 23 k. de Baume-les-Dames, cant. et ✉ de l'Isle-sur-le-Doubs. Pop. 405 h. — *Fabriques* de tissus de coton et de fil.

COLOMBIÈRE (la), *Loire*, com. du Chambon, ✉ de St-Etienne.

COLOMBIÈRES, *Columberiæ*, vg. *Calvados* (Normandie), arr. et à 25 k. de Bayeux, cant. de Trevières. ✉. A 279 k. de Paris pour la taxe des lettres. Pop. 602 h.

COLOMBIÈRES, vg. *Hérault* (Languedoc), arr. et à 29 k. de St-Pons, cant. et ✉ d'Olargues. Pop. 765 h.

Ce village est situé à mi-côte, dans un pays abondant en châtaignes, au milieu des rochers du Carroux qui le dominent. On y remarque les restes d'un ancien château et d'une tour quadrangulaire bâtie sur un roc très-élevé.

Un des plus beaux sites, un des plus agréables aspects dont on puisse jouir dans le département, c'est la chute d'eau du PONT-DU-VERDIER, près du hameau des Esclasses, dépendant de cette commune. Le pont est fort élevé, d'une seule arche, et s'appuie sur des rochers.

COLOMBIER-FONTAINE, vg. *Doubs* (Franche-Comté), arr., ✉ et à 12 k. de Montbelliard, cant. de Pont-de-Roide. Pop. 432 h.

COLOMBIER-LE-CARDINAL, vg. *Ardèche* (Languedoc), arr. et à 28 k. de Tournon, cant. de Serrières, ✉ d'Annonay. Pop. 340 h.

COLOMBIER-LE-JEUNE, vg. *Ardèche* (Languedoc), arr., cant., ✉ et à 17 k. de Tournon. Pop. 909 h. — *Foires* les 4 janv., 7 mars, 14 mai, 23 juillet et 1ᵉʳ déc.

COLOMBIER-LE-VIEUX, vg. *Ardèche* (Languedoc), arr., ✉ et à 17 k. de Tournon, cant. de St-Félicien. Pop. 1,044 h.

COLOMBIERS, vg. *Charente-Inf.* (Saintonge), arr., cant., ✉ et à 16 k. de Saintes. Pop. 584 h.

COLOMBIERS, vg. *Cher* (Berry), arr., cant., ✉ et à 4 k. de St-Amand-Montroud. Pop. 378 h.

COLOMBIERS, vg. *Hérault* (Languedoc), arr., cant., ✉ et à 7 k. de Béziers. Pop. 515 h.

COLOMBIERS, *Hérault*, comm. de Baillargues, ✉ de Lunel. ⚯.

COLOMBIERS, vg. *Mayenne* (Maine) ; arr. et à 20 k. de Mayenne, cant. et ✉ de Gorron. Pop. 1,212 h.

COLOMBIERS, vg. *Orne* (Normandie), arr., cant., ✉ et à 6 k. d'Alençon. P. 511 h.

COLOMBIERS, vg. *Vienne* (Poitou), arr., cant., ✉ et à 10 k. de Châtellerault. Pop. 910 h.

COLOMBIER-SAUGNIEU, vg. *Isère* (Dauphiné), arr. et à 30 k. de Vienne, cant. et ✉ de la Verpillière. Pop. 1,397 h. — On y remarque les ruines d'un ancien château, démantelé du temps de Louis XIII.

COLOMBIER-SOUS-UXELLES, vg. *Saône-et-Loire* (Bourgogne), arr. et à 29 k. de Chalon-sur-Saône, cant. de Sennecey, ✉ de St-Gengoux-le-Royal. Pop. 532 h.

COLOMBIERS-SUR-SEULLES, vg. *Calvados* (Normandie), arr. et à 12 k. de Bayeux, cant. de Ryes, ✉ de Creully. Pop. 416 h.

COLOMBIÈS, vg. *Aveyron* (Rouergue), arr. et à 30 k. de Rodez, cant. de Sauveterre, ✉ de Rignac. Pop. 1,947 h. — *Foires* les 4 janv. et 17 mai.

COLOMBIN (St-), vg. *Loire-Inf.* (Bretagne), arr. et à 25 k. de Nantes, cant. et ✉ de St-Philbert. Pop. 1,958 h. — Les Vendéens, commandés par Charette, furent défaits près de ce village, en janvier 1794, par le général Duquesnoy. — *Foire* le 1ᵉʳ mardi de fév.

COLOMBINE, *Lot-et-Garonne*, comm. de Doudrac, ✉ de Villeréal.

COLOMBOTTE, vg. *H.-Saône* (Franche-Comté), arr., ✉ et à 12 k. de Vesoul, cant. de Noroy-le-Bourg. Pop. 235 h.

COLOMBY, vg. *Manche* (Normandie), arr.,

⊠ et à 7 k. de Valognes, cant. de St-Sauveur-le-Vicomte. Pop. 874 h.
COLOMBY-SUR-THAN, vg. *Calvados* (Normandie), arr. et à 12 k. de Caen, cant. de Creully, ⊠ de la Délivrande. Pop. 238 h.
COLOMIE (Ste-), vg. *B.-Pyrénées* (Béarn), arr. et à 20 k. d'Oloron, cant. et ⊠ d'Arudy. Pop. 1,826 h.
COLOMIERS, vg. *H.-Garonne* (Languedoc), arr., cant., ⊠ et à 10 k. de Toulouse. Pop. 1,325 h.
COLOMIEU, vg. *Ain* (Bourgogne), arr., cant., ⊠ et à 11 k. de Belley. Pop. 296 h.
COLONARD, vg. *Orne* (Perche), arr. et à 15 k. de Mortagne-sur-Huîne, cant. de Nocé, ⊠ de Bellême. Pop. 612 h.
COLONFAY, vg. *Aisne* (Picardie), arr. et à 13 k. de Vervins, cant. de Sains, ⊠ de Guise. Pop. 243 h.
COLONGE-LA-MAGDELAINE, vg. *Saône-et-Loire* (Bourgogne), arr. et à 19 k. d'Autun, cant. et ⊠ d'Epinac. Pop. 212 h.
COLONGES, vg. *Rhône* (Lyonnais), arr., ⊠ et à 7 k. de Lyon, cant. de Limonest. Pop. 1,049 h.
COLONGES-LES-SABLONS, *Orne*. V. COULONGES-LES-SABLONS.
COLONIA AGRIPPINA (lat. 51°, long. 25°). « Elle porte le nom d'Agrippine, fille de *Germanicus* et femme de Claude, sous lequel cette colonie fut fondée. Tacite : *Agrippina...... in oppidum Ubiorum, in quo genita erat, veteranos, coloniamque deduci impetrat, cui nomen inditum est ex vocabulo ipsius*. Elle est aussi appelée *Agrippinensis*, et quelquefois sous le nom de *Colonia* spécialement dans Ptolémée. Les Alemans disent actuellement Coln, au lieu de Cologne. Cette ville prit le rang de métropole dans la Germanie inférieure ou seconde : *Metropolis (Germaniæ secundæ) civitas Agrippinensium*, selon la Notice des provinces de la Gaule. » D'Anville. *Notice de l'ancienne Gaule*, p. 231.
COLONIA EQUESTRIS NOIODUNUM (lat. 47°, long. 25°). « Pline est le premier qui en fasse mention, et après lui Ptolémée. Dans l'Itinéraire d'Antonin et dans la Table théodosienne, cette ville n'a point d'autre nom que celui d'*Equestris*, de même que dans les auteurs précédents. Quelques inscriptions (*Spon*, p. 167) font connaître que cette colonie était appelée *Julia*. Mais la Notice des provinces de la Gaule nous apprend qu'indépendamment d'un nom purement romain, que l'établissement d'une colonie avait fait donner à cette ville, elle se nommait *Noiodunum*. Cette Notice, *Civitas Equestrium Noiodunus* suit immédiatement la métropole de la grande Séquanaise, ou Besançon. Ce nom propre et celtique s'est conservé dans celui de Nion. Mais, selon un titre de l'an 1011 rapporté par Guichenon (*Hist. de Savoie*, p. 8), le canton des environs a été appelé *Pagus Equestricus*; et Spon (*Hist. de Genève*, t. II) a remarqué que ce pays, le long du lac Léman, conserve chez les habitants le nom d'*Enqueste*. L'Itinéraire d'Antonin marque XVII entre *Cenava*, ou

Genève, et *Equestribus*; la Table, XII. Une colonne milliaire, numérotée VIII, a été trouvée à Versoi, sur le bord du lac, entre Nion et Genève; et c'est la distance qui convient en milles romains entre Nion et Versoi. De Versoi jusqu'à Genève, la distance parait l'équivalent d'environ 5 milles. Donc, entre Genève et Nion, le nombre XVII qu'on voit dans l'Itinéraire tient lieu de XIII; et ce nombre XIII donne une distance plus complète que l'indication de XII dans la Table. » D'Anville. *Notice de l'ancienne Gaule*, p. 231.
COLONIA TRAJANA (lat. 52°, long. 24°). « L'Itinéraire d'Antonin et la Table théodosienne sont les seuls monuments qui en fassent mention. Car l'opinion de plusieurs savants, et de M. de Valois entre autres (p. 150), que *Colonia Trajana* et *Tricesimæ*, dont parle Ammien Marcellin, sont le même lieu, ne peut se soutenir contre les preuves qui établissent le poste de la légion appelée *Tricesima Ulpia* auprès de *Vetera*. On connait l'emplacement de la colonie Trajane, à environ un mille de Clève, vers l'orient d'été, sous le nom de Koln ou Keln. » D'Anville. *Notice de l'ancienne Gaule*, p. 232.
COLONNE, vg. *Jura* (Franche-Comté), arr., cant., ⊠ et à 15 k. de Poligny, et à 25 k. d'Arbois. Pop. 734 h.
COLONZELLES, bg *Drôme* (Provence), arr. et à 30 k. de Montélimart, cant. et ⊠ de Grignan. Pop. 495 h. — *Foire* le 4 nov.
COLROY-LA-GRANDE, vg. *Vosges* (Lorraine), arr., ⊠ et à 18 k. de St-Dié, cant. de Saales. Pop. 1,216 h.
COLROY-LA-ROCHE, ou CONROT, vg. *Vosges* (Lorraine), arr. et à 35 k. de St-Dié, cant. de Salues, ⊠ de Schirmech. Pop. 676 h.
COLTAINVILLE, vg. *Eure-et-Loir* (Beauce), arr., cant., ⊠ et à 8 k. de Chartres. Pop. 552 h.
COLTINES, vg. *Cantal* (Auvergne), arr., cant., ⊠ et à 10 k. de St-Flour. Pop. 734 h.
COLY, vg. *Dordogne* (Périgord), arr. et à 26 k. de Sarlat, cant. et ⊠ de Terrasson. Pop. 310 h.
COMARQUÉ (château de). V. LAROQUE.
COMBAILLAUX, vg. *Hérault* (Languedoc), arr. et à 13 k. de Montpellier, cant. et ⊠ des Matelles. Pop. 168 h.
COMBARISTUM (lat. 48°, long. 17°). « La Table théodosienne trace une voie de communication entre Rennes et Angers : *Condate* XVI, *Sipia* XVI, *Combaristum* XVI *Juliomago*. En partant de *Juliomagus*, ou d'Angers, pour reconnaitre la position qui est immédiate à l'égard de cette ville, on rencontre sur la direction de la voie un lieu dont le nom de Combrée conserve trop d'analogie avec le nom de *Conbaristum*, ou, selon une meilleure orthographe, *Combaristum*, pour n'y pas fixer cette position. Mais la distance que marque la Table parait trop courte pour ce qu'il y a d'espace réel entre Combrée et Angers; car on peut l'estimer de 23,000 toises en droite ligne, et, comme il est naturel que la mesure itinéraire surpasse la mesure directe, elle peut se faire

égale à 21 lieues gauloises, dont le calcul est de 23,814 toises. Ainsi, la Table doit être corrigée de la manière la plus simple qu'on puisse employer à la réformer; et pour substituer XXI à XVI, il suffit d'allonger par en bas les jambages du V, ou de les croiser. Cette correction est indispensable, et elle ne répand point de doute sur l'identité du lieu de *Combaristum* et de Combrée, que la dénomination et le passage de la route indiquent au premier coup d'œil. Les opérations trigonométriques faites en France donnent au moins 57,000 toises de distance entre Rennes et Angers; et l'évaluation de 50 lieues gauloises en droite ligne, indépendamment de l'excédant qu'il convient d'accorder à la mesure itinéraire. La Table, qui ne fait compter que 48, doit donc renfermer quelque erreur dans ce compte, et cette erreur se manifeste entre *Combaristum* et *Juliomagus*. Ce qui le confirme, c'est que du point où je crois pouvoir estimer que se place Combrée, dans l'intervalle des positions déterminées de Rennes et d'Angers, en me portant sur Rennes, l'espace me parait de 34,000 toises; et on peut bien supposer qu'en cet espace la mesure itinéraire approche fort des 32 lieues gauloises marquées par la Table. Ainsi, ce n'est pas sur cette partie de la voie que la Table est en défaut; c'est donc sur l'endroit de *Combaristum* à *Juliomagus*. » D'Anville. *Notice de l'ancienne Gaule*, p. 232.
COMBAS, vg *Gard* (Languedoc), arr., ⊠ et à 21 k. de Nimes, cant. de St-Mamers. Pop. 552 h.
COMBAULT ou COMBEAUX-EN-BRIE, *Combelli*, Seine-et-Marne, comm. de Pontault, ⊠ de la Queue-en-Brie. — Les rois de la première race y avaient une maison de plaisance.
COMBE (la), *Aude*, comm. de Frontiers-Cabardès, ⊠ d'Alzonne.
COMBE, *Gard*, comm. de Sabran, ⊠ de Bagnols.
COMBE (la Grande-), *Gard*, comm. des Salles-du-Gardon, ⊠ d'Alais.
COMBE-D'ALLOIX (la), *Isère*, comm. de St-Vincent-de-Mercuze, ⊠ du Touvet.
COMBE-DE-LANCEY (le), vg. *Isère* (Dauphiné), arr. et à 21 k. de Grenoble, cant. et ⊠ de Domène. Pop. 611 h. — *Foire* le 9 sept.
COMBE-DE-MIJOUX (la), *Ain*, comm. et de Gex.
COMBE-DE-MIJOUX (la), *Jura*, comm. de Septmoncel, ⊠ de St-Claude.
COMBE-DE-VOLX, *B.-Alpes*, comm. de Banon, ⊠ de Forcalquier.
COMBE-DÉVUAZ (la), *Ain*, comm. de Champfromier, ⊠ de Châtillon-de-Michaille.
COMBEAUFONTAINE, bg *H.-Saône* (Franche-Comté), arr. de Vesoul, chef-l. de cant. Cure. Gîte d'étape. ⊠. ♥. A 337 k. de Paris pour la taxe des lettres. Pop. 806 h. — TERRAIN jurassique. — Il est avantageusement situé, à l'intersection de trois grandes routes. — *Commerce* de chevaux et de bestiaux. — *Foires* les 20 janv., 5 mars, 25 mai, 18 août et 3 nov.

COMBEBONNET, vg. *Lot-et-Garonne* (Agénois), arr. et à 26 k. d'Agen, cant. de Beauville, ✉ de Roque-Timbault. Pop. 603 h.

COMBEFA, vg. *Tarn* (Languedoc), arr. et à 17 k. d'Albi, cant. et ✉ de Monestiès. Pop. 108 h.

COMBÉRANCHE, vg. *Dordogne* (Périgord), arr., cant., ✉ et à 7 k. de Ribérac. Pop. 329 h.

COMBERJON, vg. *H.-Saône* (Franche-Comté), arr., cant. et ✉ de Vesoul.

COMBEROUGER, vg. *Tarn-et-Garonne* (Languedoc), arr. et à 31 k. de Castel-Sarrasin, cant. et ✉ de Verdun-sur-Garonne. P. 551 h.

COMBEROUSE, *Isère*, comm. de St-Georges-d'Espéranche, ✉ de St-Jean-de-Bournay.

COMBERTAULT, *Cors Bertaldi*, vg. *Côte-d'Or* (Bourgogne), arr., cant., ✉ et à 6 k. de Beaune. Pop. 235 h.

COMBES (les), *H.-Alpes*, comm. et ✉ de St-Bonnet.

COMBES, *Ardèche*, comm. de St-Clair, ✉ d'Annonay.

COMBES (les), vg. *Doubs* (Franche-Comté), arr. et à 26 k. de Pontarlier, cant. et ✉ de Morteau. Pop. 579 h.

COMBES (les), *H.-Vienne*, comm. de St-Léger-la-Montagne, ✉ de Chanteloube.

COMBES-TERRE-FORAINE-DU-POUJOL, vg. *Hérault* (Languedoc), arr. et à 43 k. de Béziers, cant. de St-Gervais, ✉ de Bédarieux. Pop. 506 h.

COMBIERS, vg. *Charente* (Angoumois), arr. et à 27 k. d'Angoulême, cant. de la Valette, ✉ de Mareuil. Pop. 675 h. Près de la rive droite de la Nizonne.—*Fabriques* de poterie, chaudières, grilles et pièces de mécanique en fonte. Mines de fer, forges et hauts fourneaux.—*Foires* le 24 de chaque mois.

COMBLANCHIEN, vg. *Côte-d'Or* (Bourgogne), arr. et à 11 k. de Beaune, cant. et ✉ de Nuits. Pop. 226 h.

COMBLAT, *Cantal*, comm. et ✉ de Vic-sur-Cère.

COMBLE, vg. *Meuse* (Lorraine), arr., cant., ✉ et à 4 k. de Bar-le-Duc. Pop. 316 h.

COMBLES, vg. *Somme* (Picardie), arr., ✉ et à 15 k. de Péronne, chef-l. de cant. Pop. 1,628 h.

COMBLESSAC, vg. *Ille-et-Vilaine* (Bretagne), arr. et à 29 k. de Redon, cant. de Maure, ✉ de Lohéac. Pop. 804 h.—*Foire* le 23 juin.

COMBLEUX, vg. *Loiret* (Orléanais), arr., cant., ✉ et à 7 k. d'Orléans. Pop. 461 h.

COMBLIZY, vg. *Marne* (Champagne), arr. et à 19 k. d'Epernay, cant. et ✉ de Dormans. Pop. 120 h.

COMBLOT, vg. *Orne* (Perche), arr., cant., ✉ et à 7 k. de Mortagne-sur-Huine. P. 281 h.

COMBOINON, *Doubs*, comm. de Droitfontaine, ✉ de St-Hippolyte.

COMBON, *Combonium*, *Combonum*, vg. *Eure* (Normandie), arr. et à 26 k. de Bernay, cant. de Beaumesnil, ✉ de Beaumont-le-Roger. Pop. 926 h.

COMBOURG, gros bourg, *Ille-et-Vilaine* (Bretagne), arr. et à 38 k. de St-Malo, chef-l. de cant. Cure. ✉. ⚡. A 393 k. de Paris pour la taxe des lettres. Pop. 4,847 h.—Terrain de transition inférieur.—Il est situé près d'un bel étang, sur le ruisseau de Linon. On y remarque un ancien château flanqué de quatre tourelles et bien conservé, dont s'empara Conan, duc de Bretagne, en 1065.—Près de Combourg était l'abbaye de St-Méen, en grande partie détruite.

Patrie de M. DE CHATEAUBRIAND.

Fabriques considérables de toiles. Tanneries.—*Foires* les lundi après les 30 mars, 15 avril, 15 mai, 2 juin, 16 juin, 2 juillet, 5 août, 12 oct., 15 nov. et 1er lundi de sept. (2 jours).

COMBOURTILLÉ, vg. *Ille-et-Vilaine* (Bretagne), arr., cant., ✉ et à 10 k. de Fougères. Pop. 589 h.

COMBOVIN, vg. *Drôme* (Dauphiné), arr. et à 18 k. de Valence, cant. et ✉ de Chabeuil. Pop. 792 h.—*Foires* les 26 avril et 7 oct.

COMBRAILLE, vg. *Puy-de-Dôme* (Auvergne), arr. et à 50 k. de Riom, cant. et ✉ de Pontaumur. Pop. 851 h.

COMBRAILLE, *Combralia*, petit pays qui dépendait autrefois de la ci-devant province d'Auvergne, et qui fait à présent partie du dép. de la *Creuse*. Evaux en était la capitale.

COMBRAND, vg. *Deux-Sèvres* (Poitou), arr. et à 13 k. de Bressuire, cant. et ✉ de Cerizay. Pop. 793 h.

COMBRAY, *Combraium* vg. *Calvados* (Normandie), arr. et à 22 k. de Falaise, cant. et ✉ d'Harcourt-Thury. Pop. 363 h.

COMBRE, vg. *Loire* (Forez), arr., ✉ et à 20 k. de Roanne, cant. de Perreux.

COMBRÉE, bg *Maine-et-Loire* (Anjou), arr., ✉ et à 14 k. de Segré, cant. de Pouancé. Pop. 551 h.

COMBRES, vg. *Eure-et-Loir* (Beauce), arr. et à 19 k. de Nogent-le-Rotrou, cant. et ✉ de Thiron-Gardais. Pop. 911 h.

COMBRES, vg. *Meuse* (pays Messin), arr. et à 33 k. de Verdun-sur-Meuse, cant. de Fresnes-en-Woëvre, ✉ de Manheulles. Pop. 551 h.

COMBRET, bg *Aveyron* (Rouergue), arr. et à 25 k. de St-Affrique, cant. et ✉ de St-Sernin. Pop. 1,180 h. — *Foires* les 1er mars, 1er juin, 1er sept., 1er et 28 déc.

COMBRET, vg. *Lozère* (Languedoc), arr. et à 41 k. de Mende, cant. et ✉ de Villefort. Pop. 132 h.

COMBRET, *Lozère*, comm. de St-Germain-du-Teil, ✉ de la Canourgue.

COMBREUX, vg. *Loiret* (Orléanais), arr. et à 34 k. d'Orléans, cant. de Châteauneuf-sur-Loire, ✉ de Vitry-aux-Loges, Pop. 289 h.

COMBRIMONT, *Vosges*, comm. de Bonpaire, ✉ de St-Dié.

COMBRIT, vg. *Finistère* (Bretagne), arr. et à 18 k. de Quimper, cant. et ✉ de Pont-l'Abbé. Pop. 1,623 h.

COMBRONDE, bg *Puy-de-Dôme* (Auvergne), arr. et à 10 k. de Riom, chef-l. de cant. Cure. ✉. A 361 k. de Paris pour la taxe des lettres. Pop. 2,203 h. — Terrain tertiaire moyen. — Commerce de bestiaux. — *Foires* les 3 fév., 23 avril, 4 juin, 30 août et 28 oct.

COMBROSSOL, vg. *Corrèze* (Limousin), arr. et à 17 k. d'Ussel, cant. et ✉ de Meymac. Pop. 1,041 h.—*Foires* les 21 mars, 25 avril, 22 mai, 23 juin et 8 nov.

COMBS-LA-VILLE, *Cumbis*, vg. *Seine-et-Marne* (Brie), arr. et à 18 k. de Melun, cant. et ✉ de Bric-Comte-Robert. Pop. 494 h. —Il est dans une belle situation, sur une colline au pied de laquelle coule l'Yères. C'est un village très-ancien dont il est fait mention dans le testament de Dagobert. — A peu de distance était une terre royale connue sous le nom de *Vaux-la-Comtesse*, qui était devenue la propriété de la fameuse Isabeau de Bavière.

COMBUSTA (lat. 43°, long. 21°). « Ce lieu est marqué dans l'Itinéraire d'Antonin, sur la voie qui conduit de Narbonne au passage des Pyrénées ; et la distance à l'égard du lieu nommé *ad Vigesimum* est marquée XIII, et de *Combusta* à *Ruscino* VI. La position de *Vigesimum* doit être placée, en conséquence de la dénomination, à compter de Narbonne ; et on connaît *Ruscino* pour avoir été situé près de la Tet, un peu plus bas que n'est aujourd'hui Perpignan. Ce qu'il y a d'espace direct entre ce point qui paraît convenir à *Vigesimum* et *Ruscino* s'estime au moins de 14,000 toises, ce qui équivaut à près de 19 milles romains, indépendamment de ce que la mesure itinéraire doit avoir de plus que la mesure directe. M. de Marca (*Mare Hispan.*, lib. I, cap. 11) place *Combusta* à Rives-Altes, par la raison vraisemblablement qui détermine souvent le choix, en voyant qu'un lieu figure actuellement plus que d'autres dans le canton où l'on se croit transporté. Mais Rives-Altes s'écarte sensiblement sur la droite de la direction de la voie, et d'autant plus que cette voie tend à *Ruscino* et non pas à Perpignan. La distance de Rives-Altes à l'égard de *Vigesimum* étant de 11 à 12,000 toises en droite ligne, passe d'environ 1,000 toises de calcul de la mesure itinéraire de 14 milles romains. D'ailleurs, pourquoi le nom de Rives-Altes dans l'Itinéraire ne serait-il pas *Ripæ-Altæ*, comme on connaît *Alta-Ripa*, Altrip, sur le bord du Rhin ? Cette dénomination n'est pas moins romaine que celle de *Combusta*. Il faut donc s'en tenir à placer *Combusta* sur la voie qui tendait à *Ruscino*, dans une distance respective de *Vigesimum* et de *Ruscino*, qui soit analogue à ce qu'indique l'Itinéraire, sans entreprendre de désigner un lieu actuel qui y réponde. » D'Anville. *Notice de l'ancienne Gaule*, p. 233 h.

COMDAT, *Lot-et-Garonne*, comm. de Casseneuil, ✉ de Villeneuve-sur-Lot.

COME (St-), petite ville, *Aveyron* (Rouergue), arr., cant., ✉ et à 5 k. d'Espalion. Pop. 1,979 h.—Elle est fort mal bâtie, mais très-agréablement située sur le Lot.—*Fabrique* de flanelles.—*Foires* les 18 janv., 15 mai, 22 déc. et le lendemain de Quasimodo.

COME (St-), vg. *Gard* (Languedoc), arr. et à 14 k. de Nîmes, cant. de St-Mamert, ✉ de Calvisson. Pop. 705 h.

COME (St-), vg. *Gironde* (Bazadois), arr., cant., ✉ et à 3 k. de Bazas. Pop. 413 h.

COME (St-), ou SANCT-COMAN, vg. *H.-Rhin* (Alsace), arr. et à 10 k. de Belfort, cant. de Fontaine, ✉ de la Chapelle-sous-Rougemont. Pop. 94 h.

COME (St-), *Var*, comm. de la Cadière, ✉ du Beausset.

COME-DE-FRÊNE (St-), vg. *Calvados* (Normandie), arr. et à 12 k. de Bayeux, cant. et ✉ de Ryes. Pop. 231 h.

COME-DU-MONT (St-), vg. *Manche* (Normandie), arr. et à 31 k. de St-Lô, cant. et ✉ de Carentan. Pop. 739 h. — On y voit une belle église de construction romane. — *Foire* le 27 sept.

COMELLE (la), vg. *Saône-et-Loire* (Bourgogne), arr., ✉ et à 18 k. d'Autun, cant. de St-Léger-sur-Beuvray. Pop. 753 h.

COMIAC, bg *Lot* (Quercy), arr. et à 47 k. de Figeac, cant. et ✉ de Bretenoux. Pop. 1,245 h.—C'était autrefois une place forte dont les ligueurs s'emparèrent dans le XVIᵉ siècle.—*Foires* les 18 avril et 28 déc.

COMIGNE, vg. *Aude* (Languedoc), arr. et 21 k. de Carcassonne, cant. et ✉ de Capendu. Pop. 170 h.

COMINES, jolie petite ville, vg. *Nord* (Flandre), arr. et à 17 k. de Lille, cant. de Quesnoy-sur-Deule, ✉. À 235 k. de Paris pour la taxe des lettres. Pop. 5,161 h. Cette ville est située à l'extrême frontière, sur la Lys qui la divise en deux parties : la partie qui se trouve sur la rive droite de la rivière appartient à la Belgique.—Comines existait en l'année 303, et fut détruit par les Normands vers l'an 880. Les Français prirent cette ville pendant le siège de Lille en 1197. Le fameux la Noue, dit Bras de fer, la fortifia, ainsi que l'église, et y mit une garnison de 3,000 hommes pour ôter toute communication aux troupes retirées dans le château, qui était grand, très-fort et entouré par la Lys. Les Français s'emparèrent de ce château en 1645, et furent forcés de le rendre aux Impériaux deux ans après; le maréchal d'Humières le fit sauter en 1674. La partie de Comines, située sur la rive droite de la Lys fut cédée à la France en 1713, par la paix d'Utrecht.

PATRIE DE PHILIPPE DE COMINES, véridique historien et habile négociateur.

Fabriques de rubans de fil, cotonnettes, fils retors. Brasseries. Distillerie. Moulins à huile et à blé. Tanneries.—*Foire* le 1ᵉʳ jour de marché après la St-Denis.

COMINGES. V. COMMINGES.

COMMAGNY, *Nièvre*, comm. et ✉ de Moulins-en-Gilbert.

COMMANA, vg. *Finistère* (Bretagne), arr. et à 25 k. de Morlaix, cant. de Sizun, ✉ de Landivisiau. Pop. 2,891 h.—*Foires* le dernier mardi de janv., mars, mai, juillet, sept. et nov.

COMMANDERIE (la), ou ST-ÉTIENNE-DE-RENNEVILLE, h. *Eure*, comm. de Ste-Colombe. ✉. ⚒. À 122 k. de Paris pour la taxe des lettres.—Ce hameau occupe un des points les plus élevés du département. On y remarque les restes d'un château gothique, construit par les templiers, dans lequel on voit encore plusieurs tombes d'anciens chevaliers de cet ordre. Il est environné de terrasses très-élevées, d'où l'on découvre un horizon des plus étendus.

COMMANDERIE (la), *Loir-et-Cher*, com. de Villefranche, ✉ de Romorantin.

COMMARIN, joli village, *Côte-d'Or* (Bourgogne), arr. et à 41 k. de Beaune, cant. de Pouilly-en-Montagne, ✉ de Sombesnon. ⚒. Pop. 330 h.—On y voit un fort beau château auquel tient un superbe parc de 4 k. de tour, dont l'usage est accordé par le propriétaire aux habitants, pour leur servir de promenade. Au milieu de la place publique est un tilleul remarquable par son volume et par l'étendue de ses branches, qui couvrent presque entièrement cette place de leur ombre.—*Foires* les 16 juin et 12 oct.

COMMEAUX, vg. *Orne* (Normandie), arr., cant., ✉ et à 10 k. d'Argentan. Pop. 306 h.

COMMELLE, vg. *Isère* (Dauphiné), arr. et à 32 k. de Vienne, cant. et ✉ de la Côte-St-André. Pop. 800 h.

COMMELLE-VERNAY, vg. *Loire* (Beaujolais), arr., ✉ et à 6 k. de Roanne, cant. de Perreux. Pop. 612 h. Il a reçu le surnom de Vernay en 1839, époque de la réunion à son territoire de celui de cette commune.

COMMENAILLES, vg. *Jura* (Franche-Comté), arr. et à 38 k. de Dôle, cant. de Chaumergy, ✉ de Bletterans. Cure. Pop. 1,270 h. —*Foires* les 4 janv., 6 mai et 6 août.

COMMENCHON, vg. *Aisne* (Picardie), arr. et à 45 k. de Laon, cant. et ✉ de Chauny. Pop. 301 h.

COMMENSACQ, vg. *Landes* (Gascogne), arr. et à 46 k. de Mont-de-Marsan, cant. et ✉ de Sabres. Pop. 663 h.—Cette commune est une de celles où l'on s'est livré avec le plus de succès à l'amélioration de la culture des landes et au dessèchement des marais. On y compte 23,302 m. de longueur de canaux, exécutés à peu de frais, qui ont puissamment contribué à l'assainissement de cette contrée, et qui ont permis d'ensemencer une grande étendue de terrain jadis d'un produit tout à fait nul et aujourd'hui en plein rapport.

COMMENTRY, vg. *Allier* (Bourbonnais), arr. et à 15 k. de Montluçon, cant. de Montmarault, ✉ de Néris. Pop. 1,424 h.—TERRAIN cristallisé, voisin du terrain carbonifère. Ce village est situé sur la rivière d'OEil, près de la route de Moulins à Toulouse. Commentry donne son nom à un bassin houiller qui se compose de quatre bassins distincts : le bassin de Commentry, celui de Doyet, et les bassins de la Barre et de l'Aumance. Trois concessions y ont été instituées; elles occupent une surface de 2,320 hectares. Deux couches de houille reconnues jusqu'ici, et présentant, la première 2 m., la seconde 20 m. d'épaisseur, produisent toutes deux un charbon maréchal de première qualité, et un coke supérieur. Une galerie d'écoulement, de 1,260 m. de long, assèche le terrain houiller sur une profondeur de 30 m. L'exploitation s'y fait souterrainement et à ciel ouvert tout à la fois. Les travaux sont disposés de manière à pouvoir déboucher annuellement un million au moins d'hectolitres.—*Commerce* de cheveux : chaque année, le jour de la St-Jean, les femmes et les filles viennent y vendre leur chevelure.

COMMENY, vg. *Seine-et-Oise* (Vexin), arr. et à 24 k. de Pontoise, cant. et ✉ de Marines. Pop. 317 h.

COMMEQUIERS, petite ville, *Vendée* (Poitou), arr. et à 33 k. des Sables, cant. et ✉ de St-Gilles-sur-Vie. Pop. 1,442 h.—*Foire* le 1ᵉʳ mercredi de sept.

COMMER, bg *Mayenne* (Maine), arr., cant., ✉ et à 6 k. de Mayenne. P. 1,460 h.

COMMERCY, *Commerciacum*, *Commarchia*, jolie petite ville, *Meuse* (Lorraine), ch.-l. de sous-préf. (3ᵉ arr.) et d'un cant. Trib. de 1ʳᵉ inst. à St-Mihiel. Collège communal. Cure. Gîte d'étape. ✉. ⚒. Pop. 4,761 h.—TERRAIN jurassique, étage moyen du système oolitique.

Autrefois duché, diocèse de Toul, conseil souverain et intendance de Lorraine, bailliage, gouvernement particulier, 2 couvents.

Commercy n'est connu que depuis le IXᵉ siècle, époque où les rois de France y avaient une maison de campagne; mais il est probable qu'il existait antérieurement. Dans le principe, c'était une simple seigneurie, qui fut érigée plus tard en principauté, et obtint le titre de commune en 1324. Charles-Quint assiégea Commercy en 1554. Cette ville formait alors deux seigneuries distinctes, le château haut et le château bas : la première fut possédée par Philippe-Emmanuel de Gondy, lequel la transmit à son fils, le cardinal de Retz , qui en aimait le séjour, parce qu'il se trouvait à proximité de son abbaye de St-Mihiel, et de la campagne qu'il possédait sur la Meuse à Ville-Issey; on sait que c'est dans cette solitude que le héros de la Fronde rédigea ses mémoires. Le cardinal de Retz répara l'ancien château de Commercy, qu'il vendit avec la ville à Charles IV. Le prince de Vaudemont, qui la posséda depuis, fit reconstruire, en 1708, le château, dont Stanislas fit une demeure magnifique, transformée aujourd'hui en un quartier de cavalerie.

Commercy est une ville fort agréablement située, sur la rive gauche de la Meuse : elle est assez bien bâtie et ornée de fontaines publiques; une longue rue tirée au cordeau, aboutit à une belle avenue plantée de tilleuls, qui s'élève en amphithéâtre jusqu'aux confins d'une forêt située à 2 k. de la ville. On y remarque les casernes, le grand manège couvert, l'hôtel de ville, l'hôpital, les halles, etc. La Meuse, après avoir arrosé une belle et riche vallée, se divise en deux bras près de la ville; sur le bord du second bras, près de Vignot, était établi un château d'eau, qui devait être magnifique à en juger par les descriptions du temps. De ce point, où aboutit la route de Pont-à-Mousson, on découvre un riant paysage, dont Commercy et son château forment le principal point de vue ; à droite et à gauche s'étend une vaste prairie ; des villages, des moulins, des coteaux plantés de vignes, terminent cette perspective ; à l'est s'étend une belle forêt percée d'avenues, et rafraîchie par de belles fontaines.

Biographie. Patrie du professeur de chimie BRACONNOT, auteur de savants mémoires sur diverses parties de cette science.

Du bibliographe PSAUME.

Fabriques de toiles de coton, de couverts en fer battu. Brasseries. Tanneries. Filatures de coton à Enville.—Aux environs forges, martinets, hauts fourneaux.—*Commerce* de grains, vins, huiles, chanvre, navette, cuirs, bois, bestiaux, etc.—*Foires* les 10 mars, 2 mai, 27 juillet et 8 déc.

L'arrondissement de Commercy est composé de 7 cantons : Commercy, Gondrecourt, Pierrefitte, St-Mihiel, Vaucouleurs, Vigneulles-les-Hatton-Châtel, Void.

A 38 k. de Bar-le-Duc, 271 k. de Paris.

Bibliographie. * *Usages et Croyances de Commercy* (Mém. de l'ac. celtique, t. III, p. 441).

DUMONT (C.-L.). *Histoire de la ville et des seigneurs de Commercy*, 3 vol. in-8, 1843.

COMMERVEIL, vg. *Sarthe* (Maine), arr., cant., ✉ et à 4 k. de Mamers. Pop. 447 h.

COMMES, vg. *Calvados* (Normandie), arr., ✉ et à 10 k. de Bayeux, cant. de Ryes. Pop 509 h.

COMMIERS (Notre-Dame-de-), vg. *Isère* (Dauphiné), arr. et à 24 k. de Grenoble, cant. et ✉ de Vizille. Pop. 258 h.

COMMINGES, ou COMINGES, petit pays qui dépendait autrefois de la Gascogne, et qui fait maintenant partie du dép. de la H.-Garonne. St-Bertrand en était la capitale. Le Comminges était du ressort du parlement de Bordeaux, généralité d'Auch, élection de St-Bertrand. On le divisait en trois parties ; savoir : le *bas*, le *haut* et le *Couserans*. Chacune de ces parties renfermait un évêché. Le bas Comminges avait l'évêché de Lombez, érigé en 1317, qui renfermait 90 paroisses et une abbaye. L'évêché de St-Bertrand, érigé au VIᵉ siècle, occupait le haut Comminges ; on y comptait 200 paroisses et 4 abbayes. Le Couserans renfermait l'évêché de St-Lizier, érigé au Vᵉ siècle, qui renfermait 82 paroisses et une abbaye.

Les armes du Comminges étaient : *de gueules à amandes ou otelles d'argent posées en sautoir.*

COMMISSEY, vg. *Yonne* (Champagne), arr., ✉ et à 8 k. de Tonnerre, cant. de Cruzy. Pop. 405 h.

COMMODITÉ (la), *Loiret*, comm. de Soltera, ✉ de Noyen-sur-Vernisson. ✧.

COMMONI (lat. 44°, long. 24°). « C'est un peuple de la Narbonaise, selon Ptolémée, qui range sous ce nom Marseille et plusieurs autres lieux le long de la côte, jusqu'à Fréjus inclusivement. Il n'est point connu d'ailleurs.

M. de Valois (p. 319) aimerait mieux que Ptolémée eût nommé en cette place les *Cenomani*, que Caton le Censeur, au rapport de Pline (lib. III, cap. 19), disait avoir habité *prope Massiliam in Volcis.* On sait par Tite Live (lib. V, sect. 34) que les Phocéens qui fondèrent Marseille furent secourus contre les *Salyes*, habitants du pays, par les Gaulois que Bellovèse conduisait en Italie. L'historien nomme parmi eux les *Aulerci*, ce qui peut désigner des *Cenomani*, dont quelque détachement aura pris le parti de s'établir dans le même canton que venaient occuper des étrangers ; quant à la mention qui est faite ici des *Volcæ*, on ne saurait douter que les *Arecomici* n'aient possédé des terres au delà du Rhône ; mais on a peine à croire que ces possessions s'étendissent jusqu'à Marseille et au delà. Quoi qu'il en soit, je n'ai point hasardé de supprimer les *Commoni* de Ptolémée. Il faut les regarder comme faisant partie de la nation de *Salyes*, dont le nom s'est étendu jusqu'à la côte. On lit dans Tite Live (lib. XXI, sect. 26), en parlant du père de Scipion l'Africain : *Prætoram Etruriæ, Ligurumque, et inde Salyum, mox pervenit Massiliam.* » D'Anville. *Notice de l'ancienne Gaule*, p. 234.

COMMUNAILLES, vg. *Jura* (Franche-Comté), arr. de Poligny, à 4 k. d'Arbois, cant. et ✉ de Nozeroy. Pop. 222 h.

COMMUNAL, *Ain*, comm. de Champfromier, ✉ de Châtillon-de-Michille.

COMMUNAY, vg. *Isère* (Dauphiné), arr. et à 9 k. de Vienne, cant. et ✉ de St-Symphorien-d'Ozon. Pop. 756 h.—Il existe dans cette commune un petit bassin houiller désigné sous le nom de Ternay et de Communay, emprunté aux deux concessions qui y ont été instituées il y a quelques années.

COMMUNE (la), *Saône-et-Loire*, comm. de Martigny-le-Comte, ✉ de Charolles.

COMPAINS, vg. *Puy-de-Dôme* (Auvergne), arr. et à 30 k. d'Issoire, cant. et ✉ de Besse. Pop. 849 h.

COMPAINVILLE, vg. *Seine-Inf.* (Normandie), arr. et à 13 k. de Neufchâtel-en-Bray, cant. et ✉ de Forges. Pop. 325 h.

COMPANS, vg. *Seine-et-Marne* (Brie), arr. et à 22 k. de Meaux, cant. et ✉ de Claye, Pop. 218 h.

COMPAS (le), vg. *Creuse* (Combraille), arr. et à 22 k. d'Aubusson, cant. et ✉ d'Auzances. Pop. 935 h.

COMPERTRIX, vg. *Marne* (Champagne), arr., cant., ✉ et à 3 k. de Châlons-sur-Marne. Pop. 122 h. — Ce village est situé sur la Marne, au bord de laquelle est un joli chemin en forme de promenade, très-fréquenté les jours de fête par la jeunesse de Châlons, qui vient jouir à Compertrix des plaisirs d'un bal champêtre qui y est établi depuis plusieurs années.

COMPEYRE, petite ville, *Aveyron* (Rouergue), arr., cant., ✉ et à 8 k. de Millau. Pop. 775 h.—Elle est située d'une manière pittoresque sur le penchant oriental d'une montagne au pied de laquelle coule le Tarn. C'était jadis une ville fortifiée, qui a soutenu un siège contre les calvinistes.—*Foires* les 23 janv. et 16 août.

COMPIÈGNE, *Compendium*, ville ancienne *Oise* (Picardie), chef-l. de sous-préf. (3ᵉ arr.) et d'un cant. Trib. de 1ʳᵉ inst. et de comm. Collège communal. Cure. Gîte d'étape. ✉. ✧. Pop. 9,076 h. — TERRAIN crétacé supérieur, craie.

Autrefois château royal, diocèse de Soissons, parlement et intendance de Paris, chef-lieu d'élection, gouvernement de place, prévôté, bailliage, maîtrise particulière, capitainerie des chasses, abbaye ordre de St-Benoît, collégiale, collège royal, 2 couvents.

On a attribué la fondation de Compiègne à Jules César, mais sans aucune espèce de preuves. Cependant, si l'on considère la vieille tour de construction romaine, dont les ruines subsistent encore près de la rivière, la quantité de médailles, de fragments d'armures et de vases recueillis sur le mont Ganelon, et autres lieux circonvoisins de cette ville, il ne sera pas permis de douter que les Romains n'aient fréquenté ces lieux. Ce qui est plus certain, c'est que Compiègne fut, dans l'origine, une maison de chasse ou un de ces nombreux palais du Valois, où les rois des deux premières races faisaient de fréquents voyages. Les anciennes chartes le désignent sous le titre de *Palatium*. Il n'y a presque point de rois des deux premières races qui n'y aient publié quelque acte important ou tenu quelque assemblée politique. Charles le Chauve donna à Compiègne le nom de Carlopolis. Il y établit l'abbaye de St-Corneille et y fit construire un palais. Clotaire Iᵉʳ y mourut en 561. Un parlement y fut convoqué en 757, où l'on fit quelques règlements sur les mariages. En 830, Louis le Débonnaire y tint une assemblée, où, après avoir fait l'aveu de ses fautes, il abandonné et forcé de se livrer à la discrétion de son fils rebelle. Trois ans après, Lothaire convoqua un parlement à Compiègne où il fit déposer l'empereur son père. En 877, Louis le Bègue y fut couronné ; en 879 il y mourut et fut enterré. En 884, Carloman y rassembla les seigneurs et les princes de la France, pour délibérer sur le parti qu'il y avait à prendre afin d'empêcher les ravages des Normands. En 888, il s'y tint un parlement composé d'évêques et des seigneurs de France, qui élurent pour leur roi Eudes, comte de Paris. Louis V, dit le Fainéant, dernier roi de la seconde race, y fut couronné et y reçut la sépulture. Les rois de la troisième race semblent avoir un peu le séjour de Compiègne. En 1007, une assemblée générale de la nation fut convoquée à Compiègne ; Hugues, l'aîné des enfants de Robert, y fut associé à la couronne, et la cérémonie de son couronnement se fit avec une grande pompe le jour de la Pentecôte. En 1230, la reine Blanche convoqua à Compiègne une assemblée de tous les grands du royaume, qui prêtèrent au roi le serment de fidélité.—Compiègne obtint une charte de commune vers 1322.—Aux temps des Bourguignons et des Armagnacs, les premiers s'emparèrent des villes de Noyon, Soissons et Compiègne, et restèrent en possession de leurs postes depuis la fin de décembre 1413 jusqu'à Pâques 1414. Pendant ce laps de temps, ils se livrèrent à toute sorte d'excès, auxquels les Armagnacs répondaient par des excès plus grands encore; le sort des paysans était affreux. Cependant les Armagnacs entraînèrent le roi Charles VI devant Compiègne pour en faire le siége et en chasser les Bourguignons. Ce siége commença le 31 mars, et, dans le courant d'avril, cette ville se rendit par composition. Charles VI la garda jusqu'en 1417. Les Anglais, s'étant réunis aux Bourguignons après avoir ravagé tout le Valois, entrèrent dans Compiègne sans éprouver de résistance. Quelques partis des leurs poussèrent même la hardiesse au point de s'avancer jusqu'aux portes du château de Pierrefond, défendu par Bosquiaux, le premier capitaine de son temps. Bosquiaux résolut de les punir de leur témérité : il surprit les Bourguignons, entra par ruse dans Compiègne, à la tête de 500 hommes, et, ayant recherché tous ceux qui tenaient le parti du duc de Bourgogne, on pilla leurs maisons, on saisit leurs biens, et on les amena prisonniers au château de Pierrefond. Par les intrigues d'Isabeau de Bavière, Compiègne, comme tout le nord de la France, tomba au pouvoir des Anglais, jusqu'à ce que Charles VII s'étant présenté devant la ville, les portes lui furent ouvertes, et il y fit son entrée solennelle au milieu des acclamations et de l'expression de la joie publique. Cette reddition fut le signal d'une révolution générale dans tout le pays : toutes les places des frontières de la Picardie, le long de l'Oise, ouvrirent leurs portes. Cependant la fortune fut un instant balancée ; et, après l'affaire de Pont-l'Évêque, où la perte fut à peu près égale des deux côtés, la Pucelle d'Orléans jugea à propos de se retirer dans Compiègne. Saintrailles prit à Crépy quelques renforts et l'alla joindre, parce qu'on avait lieu de craindre que les ennemis entreprissent le siége de la ville. Il fit faire quelques ouvrages avancés du côté du pont. Les Anglais et les Bourguignons, ayant reçu des renforts aux ordres du comte de Huntington, assiégèrent la place et changèrent ensuite le siége en blocus. Cependant Saintrailles sortit de la ville avec un détachement, afin d'y faire entrer des vivres et des munitions de guerre ; le maréchal de Boussac et le comte de Vendôme joignirent alors Saintrailles avec des renforts, et marchèrent de concert au secours de la place. La Pucelle, informée dans la ville de la jonction des trois généraux et de l'arrivée des secours, fit une sortie le 24 mai, à la tête de 600 hommes, pour faciliter les opérations. Elle tua de sa main bon nombre d'Anglais, et chargea les autres avec beaucoup de vigueur. Elle se replia ensuite et arriva en bon ordre à la porte, fit défiler sa troupe devant elle et resta la dernière, de peur que quelqu'un des combattants ne tombât au pouvoir des ennemis lorsque les portes auraient été fermées. Mais Guillaume de Flavi, gouverneur de la ville, voyant les Anglais approcher, fit précipitamment, par inattention ou à dessein, tomber la herse de la porte. Jeanne

d'Arc s'écria : Je suis trahie ! Un gentilhomme picard, de l'ancienne bande du duc de Belfort, se saisit de sa personne ; dans ce moment, le bâtard de Vendôme s'approcha d'elle ; elle se rendit à lui et donna sa foi. Aussitôt elle fut envoyée à Marigny, sous une forte garde. Les Bourguignons et les Anglais se pressaient pour la voir passer désarmée ; ils poussaient des cris de joie ; et leur rage redoublait en reconnaissant que c'était une jeune et belle fille qui les avait si souvent mis en fuite. Il y avait précisément quinze mois qu'elle était entrée à Chinon, la première fois, pour être présentée au roi. Cependant, à l'approche de Saintrailles, les Anglais levèrent le siége, et se retirèrent à Pont-l'Évêque. Jeanne d'Arc fut abandonnée par ceux qu'elle avait si puissamment servis ; l'ingratitude et l'envie la laissèrent périr sur un bûcher. L'horreur de son supplice couvrit d'un opprobre éternel les soldats de l'Angleterre et les prêtres français. C'est près de la porte du Vieux-Pont que fut prise cette héroïne, le personnage le plus remarquable de cette époque.

Le 8 août 1589, l'armée de Henri IV, qui était à St-Cloud et aux environs, partit pour la Normandie et le corps de Henri III, qui fut mis dans l'église St-Corneille de Compiègne, où le roi lui fit rendre les honneurs dus à sa mémoire.

Les armes de Compiègne sont : *d'argent au lion d'azur semé de fleurs de lis d'or et couronné de même*, et pour devise : Regi regnoque fidelissima.

Compiègne n'offre rien d'imposant à la curiosité du voyageur ; la plupart des rues sont mal percées, mal bâties ; néanmoins les environs du château, et principalement la place d'armes, se garnissent de jolies habitations ; la rue St-Corneille se fait aussi remarquer depuis qu'elle a été reconstruite. Cette ville est assise sur la rive gauche de l'Oise, dans une situation très-agréable, entre cette rivière et la forêt. L'Oise est traversée par un beau pont de trois arches elliptiques, bâti de 1730 à 1733; Louis XV posa la première pierre de ce monument. L'arche du milieu a 24 m. d'ouverture, et les autres 22 ; le pont a en total 113 m. de long et 12 m. de large.

Compiègne renfermait autrefois une succursale et trois paroisses : la paroisse St-Jacques et la succursale St-Antoine ont seules été conservées. L'église St-Jacques est un monument curieux, en partie du XIIIe siècle, en partie du XIVe et du XVe. Tout l'extérieur de l'église, savoir, les chapelles collatérales, les fenêtres, les combles, et enfin le portail et les tours non achevées, sont l'ouvrage du XVe siècle; la nef est longue, et le chœur est d'une croix latine. On remarque dans cette église un bénitier ou cuve baptismale, composé d'un pilastre carré supportant une patère octogonale ; la base est décorée de quatre pattes retombantes, caractère assez constant de l'époque romane. Sur trois des faces de l'octogone sont sculptés des poissons à

tête humaine. L'église St-Antoine est d'une belle architecture gothique.

L'hôtel de ville mérite de fixer l'attention : c'est un monument gothique, remarquable par ses tourelles et les sculptures qui décorent sa façade.

On a construit en 1827 dans cette ville une salle de spectacle, à deux rangs de loges, avec des baignoires, un orchestre et un parterre assis. Les ornements sont de bon goût, les décorations très-fraîches : elle peut contenir 600 spectateurs.

Mais l'édifice qui donne le plus d'éclat à la ville, c'est, sans contredit, le château royal. Ce monument, sous Louis XV, fut à peu près rebâti sur les dessins de l'architecte Gabriel, en sorte que tout ce qui restait d'antique disparut alors. Il a toute l'étendue et la magnificence qui conviennent à un palais ; les péristyles et la salle des gardes sont surtout remarquables ; tous les appartements, au nombre desquels se trouve une superbe galerie, se communiquent de plain-pied. La salle de bal est superbe, et celle de spectacle, qui vient d'être construite, est fort jolie. La façade qui donne sur la forêt, d'une longueur de 195 m., est magnifique. De la terrasse on descend, par une pente douce et par plusieurs escaliers, dans des jardins remarquables par la beauté de leurs plans ; ils communiquent avec les avenues de la forêt, qui paraît en être la continuation. On y remarque un berceau en fer d'une longueur considérable. Une machine à vapeur fournit les eaux de l'Oise au palais.

Ce fut dans le château de Compiègne que Napoléon, au mois de mai 1808, relégua Charles IV, roi d'Espagne, son épouse, leur favori Godoï et leur suite. — Le 27 mars 1810, à neuf heures du soir, arriva dans le château de Compiègne Marie-Louise, archiduchesse d'Autriche, venue en France pour épouser Napoléon. Ce fut là que les futurs époux se virent pour la première fois.

Biographie. Compiègne est la patrie de : Pierre d'Ailly, chancelier de l'université de Paris, confesseur et aumônier de Charles VI, auteur d'un *Traité de la réforme de l'Église.*

Jean Fillion de Venette, légendaire du XIVe siècle, auteur d'un poëme de 40,000 vers, intitulé : *Roman des trois Maries.*

Dom Pierre Coutant, religieux bénédictin de la congrégation de St-Maur, connu dans le monde littéraire par de très-bons et très-solides ouvrages.

Jacques de Billy, mathématicien et astronome.

Marc-Antoine Hersan, professeur fameux du collége Duplessis et du collége royal de France, fondateur du collége de Compiègne, bienfaiteur des pauvres.

Claude-François Mercier, mort en 1800, auteur de quelques romans.

Industrie. Autrefois le commerce de Compiègne était très-considérable ; il y avait des manufactures en plusieurs genres. La population a beaucoup diminué. Des quatre grandes foires qui, avant 1792, se tenaient les trois premiers jours de chaque trimestre, il n'y en a plus qu'une le 15 de chaque mois pour la vente des chevaux et bestiaux. Le marché est le samedi de chaque semaine ; on y vend des grains de toute espèce, des chanvres et d'autres denrées. Sur les bords de l'Oise sont un port pour l'arrivée et le départ des marchandises voiturées par eau, et un chantier pour la construction des bateaux. On y trouve une manufacture de corderie pour leurs agrès. Il y a, en outre, des fabriques de tuiles, briques, carreaux et poteries de terre.

A 58 k. E. de Beauvais, 75 k. N.-N.-E. de Paris. Lat. 49° 24′ 59″, long. 0° 29′ 41″ E.

L'arrondissement de Compiègne est composé de 8 cantons : Attichy, Compiègne, Estrée-St-Denis, Guiscard, Lassigny, Noyon, Ressons, Ribécourt.

FORÊT DE COMPIÈGNE. La forêt de Compiègne, connue autrefois sous le nom de forêt de Guise, contient environ 15,000 hectares. Primitivement elle n'était percée en ligne droite que par la chaussée dite de Brunehaut. François Ier fit percer cette forêt de huit grandes routes ; Louis XIV y ajouta 54 petites laies, et enfin Louis XV fit ouvrir 229 routes, ce qui étend à 1,100 k. le chemin qu'on peut parcourir dans cette forêt. Les immenses bois de Compiègne ne sont eux-mêmes qu'une partie de la vaste forêt de Guise, démembrée et défrichée en divers temps. — Toute cette forêt fait partie de la forêt de Compiègne. Différentes habitations isolées, telles que la Croix du St-Siège, les deux faisanderies de St-Corneille et autres, la Motte-Blin, sur le bord de l'Aisne, et le moulin de l'Ortille, y sont enclavées, ainsi que les hameaux du Vieux-Moulin, du Bréviaire de St-Nicolas, de St-Jean, avec leurs dépendances.

L'une des curiosités de cette forêt est le chêne dit de St-Jean, qui, à 50 c. du sol, a une circonférence de 6 m. 40 c., et dont la hauteur totale est de 35 m.

Bibliographie. CHARPENTIER (A.). *Séjour royal de Compiègne, depuis Clovis Ier jusqu'à Louis XIV*, in-4, 1647.

FRÉMICOURT (Fleury de). *L'Illustre Compiègne : lettre où l'on rapporte ce qui s'est passé sous chaque roi*, etc., in-12, 1698.

EWIG (Léon). *Compiègne et ses environs*, in-8 et 12 pl., 1836.

* *Notice historique sur Compiègne et Pierrefonds*, in-8, 1838. — 2e édit. in-8, 1843.

* *Tableau synoptique et comparatif des rues de Compiègne jusqu'à nos jours*, in-plano, 1842.

* *Description ou Abrégé historique de Compiègne, avec le guide de la forêt*, in-12.

* *Description du château royal de Compiègne*, in-8, 1829.

* *Château de Compiègne, domaine de la couronne*, in-8, 1839.

PERINT (C.). *Compiègne, la Forêt de Pierrefonds*, texte et lithographies, in-8, 1842.

LAMBERT DE BALLYTHIER. *Compiègne historique et monumental*, in-8, 1841-43.

MANS. *État de la forêt de Guise dite de Compiègne, avec ses routes, carrefours, etc., et une carte de la même forêt*, in-12, 1736. — Le même, 1739-1749-1763, in-8.

LOUIS XVI (Louis-Auguste, dauphin). *Description de la forêt de Compiègne*, in-8, 1766.

GAYA (de). *Les huit Barons ou Fiefs de l'abbaye royale de St-Corneille de Compiègne*, pet. in-12, 1686.

* *Inventaire du trésor de l'abbaye de St-Corneille de Compiègne*, in-8, 1730.

* *Histoire des religieuses carmélites de Compiègne*, in-12.

COMPIGNY, vg. *Yonne* (Champagne), arr. et à 19 k. de Sens, cant. de Sergines, ✉ de Pont-sur-Yonne. Pop. 204 h.

COMPOLIBAT, vg. *Aveyron* (Rouergue), arr. et à 17 k. de Villefranche-de-Rouergue, cant. de Montbazens, ✉ de Rignac. P. 806 h.

COMPREGNAC, bg *Aveyron* (Rouergue), arr., cant., ✉ et à 12 k. de Millau. P. 497 h.

COMPREIGNAC, bg *H.-Vienne* Limousin), arr. à 26 k. de Bellac, cant. et ✉ de Nantiat. Pop. 2,090 h. — *Foires* le 8 de chaque mois.

COMPS, vg. *Drôme* (Dauphiné), arr. et à 35 k. de Montélimart, cant. et ✉ de Dieu-le-Fit. Pop. 348 h.

COMPS, vg. *Gard* (Languedoc), arr. et à 22 k. de Nîmes, cant. d'Aramon, ✉ de Beaucaire. Pop. 921 h.

COMPS, vg. *Gironde* (Guienne), arr. et à 10 k. de Blaye, cant. et ✉ de Bourg-sur-Gironde. Pop. 472 h.

COMPS, vg. *Puy-de-Dôme* (Auvergne), arr. et à 30 k. de Riom, cant. de Manzat, ✉ de St-Gervais. Pop. 905 h.

COMPS, *Castrum de Comis*, petite ville, *Var* (Provence), arr. et à 25 k. de Draguignan, chef-l. de cant. Cure. Bur. d'étape. ✉. A 836 k. de Paris pour la taxe des lettres. Pop. 907 h. — TERRAIN crétacé inférieur, grès vert.

Comps était jadis une place assez considérable, entourée de remparts et bien fortifiée. Elle subit un long siège et fut détruite de fond en comble lors de la guerre acharnée que se firent Charles d'Anjou et Charles de Duras pour la succession de la reine Jeanne. Après la paix, cette ville sortit de ses ruines et fut rebâtie en amphithéâtre sur le penchant d'un rocher et dans un quartier dégarni d'arbres, ce qui en fait un séjour fort triste. — *Fabriques* de poterie. — *Foires* les 23 mai, 4 juin, 9 sept. et le dernier lundi d'avril.

COMPS - LA - GRANVILLE, *Aveyron* (Rouergue), arr. et à 18 k. de Rodez, cant. et ✉ de Cassagnes-Bégonhès. Pop. 1,026 h.

COMTÉ D'AVIGNON. V. AVIGNON (comté d').

COMTAT VENAISSIN, *Comitatus Vindiscinus*, ou simplement *Comtat*. C'est le nom que l'on donnait à une petite province enclavée dans la Provence, et qui, avant la révolution, formait avec le comté d'Avignon un État indépendant dont la souveraineté appartenait au pape. Cette contrée tirait son nom de la ville de Venasque (*Vindiscina*), qui en fut la capitale, et posséda un évêché jusque vers le XIe siècle. Les villes les plus considérables étaient Carpentras, qui en était la capitale, Valréas, Cavaillon et Vaison. Le Comtat fit partie du royaume d'Arles, et plus tard du marquisat de Provence. Dans le partage qui fut fait de cette dernière seigneurie, en 1125, le Comtat échut au comte de Toulouse, Alphonse Jourdain, par les héritiers duquel il fut possédé jusqu'à la guerre des Albigeois en 1229. Raymond VII se rendit à Paris, et y signa un traité par lequel il céda au saint-siège tous les pays qu'il possédait au delà du Rhône. Mais l'empereur Frédéric II, suzerain légitime du Comtat, réclama contre ce traité, et ordonna à ses sujets de ne reconnaître d'autre seigneur que le comte de Toulouse, en faveur duquel Grégoire IX renonça enfin à ses prétentions en 1234. Malgré cette renonciation, lorsque les États des comtes de Toulouse tombèrent par succession entre les mains de Philippe le Hardi, Grégoire X, se fondant sur le traité de Paris, réclama vivement l'abandon du comtat Venaissin. Philippe promit au pape de faire droit à ses réclamations, et Grégoire X, par une lettre du 27 novembre 1273, le remercia de cette promesse, qui fut exécutée au mois d'avril de l'année suivante.

En 1791, la guerre civile éclata entre Avignon et Carpentras ; mais, malgré la résistance de cette dernière ville, le Comtat fut réuni à la France par un décret du 14 septembre de cette même année, et forma les deux tiers du département de Vaucluse. Les habitants de cette province jouissaient depuis François Ier du privilège d'être considérés comme Français et régnicoles.

Les états de la province s'assemblaient à Carpentras. Il y en avait de trois sortes : 1° les états généraux, qui ne furent pas convoqués depuis 1594 ; 2° l'assemblée générale, qui se tenait régulièrement chaque année ; 3° et enfin l'assemblée ordinaire. On suivait dans le comtat Venaissin le droit romain et les constitutions des papes.

Bibliographie. PERUSSIS (Loys). *Discours des guerres du comté Venaissin et de Provence*, etc., depuis 1560 jusqu'en 1562, in-4, 1563 ; in-8, 1564.

CAUMONT (Loys de). *Le second Livre des discours des guerres de la comté de Venaissin*, etc., 1564.

JUSTIN (P.). * *Histoire des guerres excitées dans le comté de Venaissin et dans les environs, par les calvinistes du XVIe siècle*, 2 vol. in-12, 1782.

BELLEVILLE (Ch. de). *Description historique du comté Venaissin* (Mém. de Trévoux, 1712, tome i, cxxxxIv).

MOREAU (J.-N.). * *Lettres historiques sur le comtat Venaissin et sur la seigneurie d'Avignon*, in-8, 1768.

MÉNARD. *Mémoire sur quelques anciens monuments du comté Venaissin* (Mém. de l'acad. royale des inscriptions et belles-lettres, t. XXXII.)

COTTIER. *Notice historique concernant les recteurs du ci-devant comté Venaissin*, in-8, 1806.

PITHON-COURT (l'abbé). " *Histoire de la noblesse du comté Venaissin, d'Avignon et de la principauté d'Orange*, 4 vol. in-4, 1743-1750.

ACHARD. *Dictionnaire de Provence et du comtat Venaissin*, 4 vol. in-4, 1785.

COMTÉ (la), vg. *Pas-de-Calais* (Artois), arr. et à 7 k. de St-Pol-sur-Ternoise, cant. et ✉ d'Aubigny. Pop. 445 h.

COMUS, vg. *Aude* (Languedoc), arr. et à 68 k. de Limoux, cant. de Belcaire, ✉ de Quillan. Pop. 554 h.

CONAC (St-), vg. *Ariége* (pays de Foix), arr. et à 29 k. de Foix, cant. et ✉ de Cabannes. Pop. 187 h.

CONAN, vg. *Loir-et-Cher* (Beauce), arr. et à 20 k. de Blois, cant. de Marchenoir, ✉ d'Oucques. Pop. 340 h.

CONAT, vg. *Pyrénées-Or.* (Roussillon), arr., cant., ✉ et à 8 k. de Prades. P. 351 h.

CONCA, vg. *Corse*, arr. et à 75 k. de Sartène, cant. de Porto-Vecchio, ✉ de Bonifacio. Pop. 538 h.

CONCARNEAU, *Vorganium*, *Vorgium*, *Conquarneum*, *Conquarnellum*, petite ville forte, *Finistère* (Bretagne), arr. et à 25 k. de Quimper, chef-l. de cant. Gîte d'étape. ✉. A 531 k. de Paris pour la taxe des lettres. Pop. 1,984 h. — TERRAIN cristallisé ou primitif. — *Etablissement de la marée du port*, 3 heures 5 minutes.

Concarneau est une ville très-ancienne dont on ignore l'origine moderne, autrefois capitale des Osmii. En 1373, le connétable du Guesclin s'en empara et fit passer la garnison au fil de l'épée. En 1489, le vicomte de Rohan assiégea cette ville qui ne tarda pas à capituler. Le 17 janvier 1576, elle fut surprise par trente gentilshommes du pays, qui professaient la religion réformée, ligués avec les protestants de la Rochelle. Deux heures après, elle fut investie par huit mille hommes; on eût eu peine à les forcer sans Charles le Bois, marchand de Quimper, qui poignarda dans son lit le sieur de Kermahouet, saisit les clefs qu'il avait autour des bras, et fut ouvrir les portes de la ville. Les calvinistes furent tous égorgés. La ville fut donnée au duc de Mercœur, en 1583.

Cette ville est bâtie à l'entrée d'un havre profond qui donne sur la baie de la Forêt, sur un îlot qui n'a que quatre cents pas de longueur sur cent vingt de large. Elle est environnée de murs épais, en pierres de taille, garnis d'un parapet saillant, avec des mâchicoulis, et flanqués de tours de distance en distance; à mer basse, on peut s'en approcher du côté de l'ouest; on s'y rend en traversant le chenal de l'est au moyen d'un bac, souvent par les courants. Dans l'intérieur de la ville, on remarque plusieurs maisons de construction ancienne, et les ruines d'une église gothique. Le faubourg est plus considérable que la ville, et généralement mieux bâti.

Le port a 200 m. de large et 87 m. de long ; le mouillage en est bon, mais difficile pour les navigateurs étrangers, à cause des roches de Penro, qui ne sont couvertes que de 50 à 60 centimètres d'eau dans la pleine mer; la plus élevée, qu'on appelle Roche-plate, est la plus dangereuse. Ce port peut contenir trois cents barques et quelques bâtiments de cinq à six cents tonneaux ; les grosses frégates ne pourraient mouiller qu'au-dessus de la roche de Penro.

Le commerce de Concarneau occupe environ trois cents bâtiments à la pêche de la sardine ; on en prend, année commune, de douze à quinze mille barils, et jusqu'à trente mille dans les années abondantes, sans y comprendre sept à huit mille barils de sardines anchoisées. Les chasse-marée de la côte de Vannes en enlèvent une égale quantité pour les porter à Nantes, à la Rochelle, à Bordeaux ; des chevaux en transportent aussi dans l'intérieur des terres : c'est une manne inappréciable qui procure une nourriture abondante aux habitants les plus pauvres de la campagne. Dans le printemps, on fait aussi, sur cette côte, la pêche du merlan, qu'on prend la nuit à la ligne. — *Commerce de sardines.* — *Foires* les 11 fév., 11 mai, 11 août et 11 nov.

CONCEVREUX, vg. *Aisne* (Picardie), arr. et à 35 k. de Laon, cant. de Neufchâtel, ✉ de Beaurieux. Pop. 352 h.

CONCÈZE, vg. *Corrèze* (Limousin), arr. et à 37 k. de Brives, cant. de Juillac. P. 714 h.

CONCHE (la), *B.-Alpes*, comm. d'Enchastrayes, ✉ de Barcelonnette.

CONCHES, *Conchus, Conchæ*, petite ville, *Eure* (Normandie), arr. et à 20 k. d'Evreux, chef-l. de cant. Cure. Gîte d'étape. ✉. ⚘. A 122 k. de Paris pour la taxe des lettres. P. 2,094 h. — TERRAIN crétacé supérieur, craie.

Autrefois marquisat, diocèse d'Evreux, parlement de Rouen, intendance d'Alençon, chef-lieu d'élection, bailliage, vicomté, mairie, gouvernement particulier.

Cette ville est située dans une contrée fertile en grains et abondante en pâturages, sur le penchant d'une montagne au pied de laquelle coule l'Iton. Elle est dominée à l'est par les ruines d'un château fort, dont les fortes murailles, les fossés profonds et les quatre tours de défense vers la ville existent encore en partie. Conches a été assiégée et prise plusieurs fois. Le roi de Navarre s'en empara en 1355; du Guesclin en 1572; Robert Floques l'emporta d'assaut sur les Anglais en 1449. — On y trouve deux sources d'eau minérale froide. — L'église de Conches est en grande partie du XVIe siècle, et ses vitraux ne sont pas sans intérêt. — PATRIE de l'instituteur des sourds-muets PAULMIER. — *Fabriques* d'outils aratoires. Tanneries et mégisseries. Clouteries. Haut fourneau, forges, fenderies, martinets. — *Commerce* de fer, de poteries et de fontes pour le besoin des arts. — *Foires* les 29 juin, 16 sept., à la mi-carême, et le lendemain de l'Ascension.

Bibliographie. DE FOUCY. *Notice sur les eaux de Conches* (Journal de Verdun, sept. 1729, p. 184).

D'ANJOU. *Note sur les avantages des eaux de Conches* (ibid., août 1731, p. 83).

CONCHES, vg. *Seine-et-Marne* (Ile-de-France), arr. et à 21 k. de Meaux, cant. et ✉ de Lagny. Pop. 127 h.

CONCHES (les), *Seine-et-Marne*, comm. de Trilhardon, ✉ de Meaux.

CONCHEZ, bg *B.-Pyrénées* (Béarn), arr. et à 43 k. de Pau, cant. et ✉ de Garlin. Pop. 551 h.

CONCHIL-LE-TEMPLE, vg. *Pas-de-Calais* (Picardie), arr., cant., ✉ et à 20 k. de Montreuil-sur-Mer. Pop. 507 h.

CONCHY-D'ECQUES, vg. *Pas-de-Calais*, comm. d'Ecques, ✉ de St-Omer.

CONCHY-LES-POTS, vg. *Oise* (Picardie), arr. et à 28 k. de Compiègne, cant. et ✉ de Ressons. ⚘. Pop. 994 h. — *Fabrique* de fromages renommés.

CONCHY-SUR-CANCHE, vg. *Pas-de-Calais* (Artois), arr. et à 15 k. de St-Pol-sur-Ternoise, cant. d'Auxy-le-Château, ✉ de Frévent. Pop. 456 h.

CONCŒUR, vg. *Côte-d'Or* (Bourgogne), arr. et à 20 k. de Beaune, cant. et ✉ de Nuits. Pop. 216 h.

CONCORDIA (lat. 50°, long. 26°). « L'Itinéraire d'Antonin en fait mention entre *Brocomagus* et *Noviomagus*, c'est-à-dire, Brumpt et Spire. La distance est marquée XVIII à l'égard de *Brocomagus*, et XX à l'égard de *Noviomagus* ; ces distances conviennent à la position du lieu qu'on nomme Alt-Stat, ou la vieille ville, sur la rivière de Lauter, un peu au-dessous de Weissembourg. Je remarque que les 18 lieues gauloises ne sont pas tout à fait complètes dans la distance de Brumt à Alt-Stat, et que celle d'Alt-Stat à Spire est au contraire un peu plus forte que l'espace de 20 lieues gauloises ; au moyen de quoi on peut juger qu'il se fait une compensation entre ces distances, de ce que chacune en particulier a de plus ou de moins que son indication. Ammien Marcellin (liv. XVI) parle de *Concordia* au sujet de la fuite de Chnodomaire, roi des Alemans, défait par Julien auprès d'*Argentoratum* : *Rex Chnodomarius..... properabat ad castra, quæ prope Tribuncos et Concordiam, monumenta romana, fixit intrepidus*. Il faut adjuger *Concordia* aux *Nemettes*, si les limites des diocèses de Spire et de Strasbourg sont ceux des *Nemettes* et des *Triboci*. » D'ANVILLE. *Notice de l'ancienne Gaule*, p. 235.

CONCORÈS, vg. *Lot* (Quercy), arr. et à 10 k. de Gourdon, cant. de St-Germain, ✉ de Frayssinet. Pop. 1,253 h. Sur le Céou.

On voit sur une montagne, à peu de distance de ce village, les ruines d'un château fort près duquel on reconnaît des vestiges d'anciennes constructions, où l'on a trouvé des armes, des médailles, des pierres gravées et plusieurs autres antiquités. — *Foire* le 4 déc.

CONCORET, vg. *Morbihan* (Bretagne), arr. et à 24 k. de Ploermel, cant. et ✉ de Mauron. Pop. 1,128 h.

CONCOTS, bg *Lot* (Quercy), arr. et à

25 k. de Cahors, cant. et ✉ de Limogne. Pop. 843 h. — *Foires* les 14 janv., 1ᵉʳ mai, 4 sept. et 24 nov.

CONCOULES, vg. *Gard* (Languedoc), arr. et à 40 k. d'Alais, cant. et ✉ de Génolhac. Pop. 775 h.

CONCOURÈS, vg. *Aveyron* (Rouergue), arr., ✉ et à 14 k. de Rodez, cant. de Bozouls. Pop. 797 h.

CONCOURON, *H.-Loire*, comm. de Solignac-sur-Loire, ✉ de Pradelles.

CONCOURSON, vg. *Maine-et-Loire* (Anjou), arr. et à 25 k. de Saumur, cant. et ✉ de Doué. Pop. 707 h.

CONCREMIERS, vg. *Indre* (Berry), arr., cant., ✉ et à 5 k. du Blanc. Pop. 925 h. — On voit aux environs, sur une petite élévation au bord de l'Auglin, l'ancien château de Forges, reconstruit vers le milieu du XVᵉ siècle, dont les tours réunies en faisceau offrent un aspect pittoresque.

CONCRESSAULT, *Concurcallum*, *Concercellum*, bg *Cher* (Berry), arr. et à 29 k. de Sancerre, cant. de Vailly, ✉ d'Aubigny-Ville. Pop. 458 h. — *Foire* le 29 oct.

CONCRIERS, vg. *Loir-et-Cher* (Blaisois), arr. à 28 k. de Blois, cant. de Marchenoir, ✉ de Mer. Pop. 373 h.

CONCY, *Seine-et-Oise*, comm. d'Yères, ✉ de Villeneuve-St-Georges.

CONDAC, *Condate ad Carantonum*, vg. *Charente* (Angoumois); arr., cant., ✉ et à 2 k. de Ruffec. Pop. 472 h. Sur la rive droite de la Charente. — Minoterie.

CONDAC, *Vienne*, comm. de Thollet, ✉ de Montmorillon.

CONDAL, vg. *Saône-et-Loire* (Bourgogne), arr. et à 21 k. de Louhans, cant. et ✉ de Cuiseaux. Pop. 849 h.

CONDAMINE, vg. *Ain* (Bourgogne), arr., ✉ et à 27 k. de Nantua, cant. de Brenod. Pop. 336 h. — *Fabrique* de couvertures de laine.

CONDAMINE, vg. *Jura* (Franche-Comté), arr., cant., ✉ et à 11 k. de Lons-le-Saulnier. Pop. 366 h.

CONDAMINE (la), vg. *Tarn*, comm. d'Ambialet. — *Foire* le 17 mai.

CONDAT, vg. *Corrèze* (Limousin), arr. et à 44 k. de Tulle, cant. et ✉ d'Uzerche. Pop. 707 h.

CONDAT, vg. *Lot* (Quercy), arr. de Gourdon, cant. de Vérac, ✉ de Martel.

CONDAT, *Lot-et-Garonne*, comm. et ✉ de Fumel.

CONDAT, bg *Puy-de-Dôme* (Auvergne), arr. et à 55 k. de Riom, cant. et ✉ de Pontaumur. Pop. 1,665 h.

CONDAT, vg. *H.-Vienne* (Limousin), arr., cant., ✉ et à 6 k. de Limoges. Pop. 990 h. — *Fabrique* de papier. Usine à préparer les matières propres à faire de la porcelaine.

CONDATE, postea REDONES, et autres lieux du nom de *Condate* (lat. 49°, long. 16°). « On sait, en général, que cette dénomination est commune à bien des lieux, et qu'elle désigne leur situation dans l'angle de terre formé par l'union de deux rivières. Sa signification n'est pas proprement celle de *confluens*, quoique M. de Valois le décide ainsi (p. 457). *Condate*, *nomine Celtico*, *confluentes significantes*; c'est plutôt ce qu'on entend par *cuneus*, coin ; et il y a des dénominations comme celles de *Acunum*, de *Anconna*, et autres, dont on peut conclure que la forme essentielle de ce mot et ce qu'il signifie étaient propres aux Gaulois, de même que *cuneus* est propre à la langue romaine ou latine. On trouve donc plus d'un lieu auquel la circonstance locale de sa position a fait donner le nom de *Condate*, duquel dérive ce qu'on appelle aujourd'hui *Condé*, *Condat*, *Cône*, etc. Mais je ne dois faire ici mention que des lieux de ce nom qui sont cités dans les monuments romains. Je commencerai par le *Condate* que Ptolémée indique comme ville capitale des *Redones*, et dont le nom paraît aussi dans l'Itinéraire d'Antonin et subsiste même dans la Table théodosienne, quoiqu'il soit moins douteux à l'égard de cette Table que de l'Itinéraire, qu'elle est d'un temps où les capitales étaient presque généralement désignées par le nom des peuples, comme ce nom s'est conservé dans celui de Rennes. L'emplacement de cette ville à l'endroit où la Vilaine reçoit une petite rivière, qui est appelée *Isola* dans les lettres de Hamelin, évêque de Rennes, aujourd'hui l'Isle, fait connaître ce qui avait donné lieu au nom de *Condate*. » D'Anville. *Notice de l'ancienne Gaule*, p. 235.

CONDATE (lat. 49°, long. 21°). « Un *Condate* de moindre considération est placé dans l'Itinéraire entre *Mecletum*, vel *Melodunum*, et *Agedincum*; et on ne saurait se méprendre sur sa position au confluent de la rivière d'Ione dans la Seine, qui se rencontre sur la direction de la route, quoique l'ancienne dénomination de *Condate* ait été remplacée en ce lieu par celle de *Monasteriolum*, Montreau, qu'une église dédiée à saint Martin lui a fait donner. La distance marquée XIII, entre *Condate* et *Agedincum* dans l'Itinéraire, est trop faible d'environ une lieue gauloise, parce que l'espace actuel entre Montreau et Sens s'étend jusqu'à 16,000 toises, suivant la carte du diocèse de Sens assujettie à des opérations géométriques par l'abbé Outhier. » D'Anville. *Notice de l'ancienne Gaule*, p. 236.

CONDATE. (lat. 49°, long. 19°). « On connaît un autre *Condate* dans l'Itinéraire d'Antonin, entre *Noviomagus* qui désigne la capitale des *Lexovii* et *Durocasses*. Condé-sur-Iton, à l'endroit où deux bras séparés de cette rivière viennent se réunir, et sur la direction qui tend de Lizieux à Dreux, est certainement le lieu dont il s'agit. Mais je ne ferai point difficulté de remarquer que les nombres de l'Itinéraire, savoir XXIV, entre *Noviomagus* et *Condate*, X entre *Condate* et *Durocasses*, comme la Table théodosienne le marque aussi en cette dernière distance, ne cadrent point avec le local. Car, de Lizieux à Condé, l'espace est égal à environ 28 lieues gauloises, et de Condé à Dreux il en faut compter 14. La Table est plus convenable en marquant XII dans l'intervalle de *Mediolanum Aulercorum*, ou d'Évreux, au même *Condate*; il s'en faut peu que la mesure ne soit complète. » D'Anville. *Notice de l'ancienne Gaule*, p. 237.

CONDATE (lat. 48°, long. 21°). « Je passe au *Condate* qu'indique l'Itinéraire d'Antonin sur la route d'Autun à Paris, entre *Nevirnum*, Nevers, et *Brivodurum*, Briare, à XXIV de *Nevirnum* et XVI de *Brivodurum*. L'intervalle de *Mediolanum Aulercorum*, ou d'Évreux, au même *Condate*; il s'en faut peu que la mesure ne soit complète. L'intervalle de *Mediolanum* 26,000 toises entre Nevers et Cône, qui est ce *Condate*, au confluent de la petite rivière de Nouain dans la Loire, sera jugé convenable à l'indication de l'Itinéraire, parce que quelque courbure dans la route, en suivant le cours de la Loire, fait la mesure du chemin plus longue que la mesure directe. Car les 24 lieues gauloises valent en rigueur 27,216 toises; mais j'avoue en même temps que l'intervalle en droite ligne de Cône à Briare, n'étant que d'environ 15,000 toises qui ne répondent qu'à 13 lieues gauloises, on peut juger que le nombre XVI est trop fort dans l'Itinéraire. C'est sous le nom de Coudida qu'il est parlé de Cône dans les titres du moyen âge. » D'Anville. *Notice de l'ancienne Gaule*, p. 237.

CONDATE (lat. 46°, long. 18°). « La Table théodosienne fait mention d'un *Condate* entre *Mediolanum Santonum* et *Vesunna*, ou Périgueux; et cette position ne convient mieux à aucun endroit qu'à cet intervalle qu'à Coignac, quoiqu'on ne soit point en état de s'en assurer par la distance à l'égard de Saintes, qui est omise dans la Table; mais il en est encore parlé dans l'article *Sarrum*. » D'Anville. *Notice de l'ancienne Gaule*, p. 238.

CONDATE. (lat. 45°, long. 18°). « On trouve un *Condate* dans Ausone (Epist. v) : *Condatem ad portum si modo deproperes*, et dans saint Paulin (Epist. XII) : *In Condatino diceris degere vico*. On a cru jusqu'à présent que c'était Libourne, à la jonction de l'Ille dans la Dordogne. Ce n'est pourtant pas Libourne précisément, mais un ancien château dans le voisinage, dont les princes anglais possesseurs de la Guienne ont habité quelquefois, et dont les mesures conservent le nom de Condat. » D'Anville. *Notice de l'ancienne Gaule*, p. 238.

CONDATE (lat. 45°, long. 22°). « Le *Condate* entre *Revessio* et *Anderitum* est tiré de la Table théodosienne; il n'est pas bien évident que le nombre XXII, de la manière dont il y est placé à la suite d'*Anderitum*, s'adresse à *Condate*. Mais le nombre XII, dans l'intervalle de *Condate* à *Revessio*, conviendrait assez à ce qu'il y a de distance entre l'ancienne capitale des *Vellavi*, ou St-Paulian, et un lieu qui a pris le nom de Monistrol-d'Allier, situé au confluent d'une petite rivière dans l'Allier, et dans la direction qui tend à la capitale des *Gabali*, ou à Javouls. » D'Anville. *Notice de l'ancienne Gaule*, p. 238.

CONDATE (lat. 46°, long. 24°). « Il ne faut

point omettre le *Condate* qu'on trouve dans la Table entre *Etanna*, ou *Yenne*, sur le bord du Rhône, et Genève. La distance d'*Etanna* est marquée XXI, et de *Condate* à Genève XXX. M. de Valois (p. 474), prenant pour ce *Condate* un lieu nommé *Chana*, à l'endroit où le canal sorti du lac du Bourget entre dans le Rhône, et dont le nom est *Chanates* dans les titres du Dauphiné, n'a pas fait attention que ce lieu est trop près d'Yenne et en même temps trop loin de Genève pour avoir quelque rapport aux distances que marque la Table. Mais on ne trouve point le même inconvénient à reconnaître *Condate* à la jonction de la rivière de Sier avec le Rhône, près de Seissel. Il faut avoir attention que cette route étant comprise dans le territoire des *Allobroges*, et par conséquent dans la province romaine, c'est le mille romain qui doit convenir à ces distances plutôt que la lieue gauloise. » D'Anville. *Notice de l'ancienne Gaule*, p. 238.

CONDAT-EN-FÉNIERS, bg *Cantal* (Auvergne), arr. et à 35 k. de Murat, cant. et ✉ de Marcenat. Pop. 363 h. — Il est situé dans un bassin profond et triangulaire, dont le paysage est vraiment délicieux.

A peu de distance de Condat, vers l'est, sur la rive droite de la Santoire et à la base d'un grand escarpement de roche primitive, coulent trois sources d'eaux minérales froides, peu abondantes, dont les bassins sont creusés dans la roche même. M. le docteur Mourguye, qui a analysé un litre d'eau de l'une de ces sources, a trouvé qu'elle contenait une petite quantité d'acide carbonique, 2 décigr. de carbonate de protoxyde de fer, 3 décigr. de carbonate de magnésie, 1 gr. de carbonate de chaux, 1 gr. 1/2 de sulfate de soude, et 1 gr. 1/5 de sulfate de magnésie. Ces sources sont fréquentées par les habitants du pays.

Très-près de Condat, on voit au bord de la rivière une belle grotte qu'on dit avoir été un ermitage. — *Foires* les 21 janv., 15 mars, 12 et 29 avril, 29 mai, 13 juin, 4 sept., 15 oct. et 15 nov.

CONDAT-LES-MONTBOISSIER, vg. *Puy-de-Dôme* (Auvergne), arr. et à 25 k. d'Ambert, cant. et ✉ de St-Germain-l'Herm. Pop. 1,261 h.

CONDATOMAGUS (lat. 44°, long. 21°). « Voici encore un *Condate*, placé dans la Table théodosienne entre *Segodunum*, capitale des *Ruteni*, et *Luteva* ou *Lodève*. Mais je ne connais point le lieu qui peut y répondre précisément. Des deux distances que donne la Table, dans l'intervalle de *Segodunum* à *Luteva*, XXX et XXIII, la première parait devoir être prise en lieues gauloises, comme étant fermée dans une partie de la Gaule où l'usage de la lieue était établi ; la seconde en milles romains, parce qu'elle se porte dans la province narbonaise : il en résultera 51,000 et quelques centaines de toises. Or, ce qu'il y a d'espace de Rodez à Lodève peut s'estimer à peu près 48,000 toises, et la mesure itinéraire plus forte de 3 à 4,000 toises n'a rien d'excessif sur une route qui traverse une branche des Cé-

vennes. » D'Anville. *Notice de l'ancienne Gaule*, p. 239.

CONDAT-SUR-TRICON, vg. *Dordogne* (Périgord), arr. et à 19 k. de Nontron, cant. de Champagnac, ✉ de Brantôme. Pop. 669 h.

CONDAT-SUR-VÉZÈRE, vg. *Dordogne* (Périgord), arr. et à 30 k. de Sarlat, cant. et ✉ de Terrasson. Pop. 695 h.

CONDÉ (canal de) à Mons (Pays-Bas), ou canal latéral à la Haisne. Ce canal, tracé sur une seule ligne droite, a été ouvert en 1807, et livré à la navigation le 27 novembre 1814.

CONDÉ, vg. *Cher* (Berry), arr. et à 25 k. de St-Amand-Montrond, cant. de Lignières, ✉ de Châteauneuf-sur-Cher. Pop. 209 h.

CONDEAU, vg. *Orne* (Perche), arr. et à 33 k. de Mortagne, cant. et ✉ de Remalard. Pop. 990 h.

CONDÉCOURT, vg. *Seine-et-Oise* (Vexin), arr. et à 15 k. de Pontoise, cant. de Marines, ✉ de Vaux. Pop. 347 h.

CONDÉ-EN-BARROIS, vg. *Meuse* (Lorraine), arr., ✉ et à 12 k. de Bar-le-Duc, cant. de Vavincourt. Pop. 1,178 h. — *Foire* le 23 oct.

CONDÉ-EN-BOMMIÈRES, vg. *Indre* (Berry), arr., cant., ✉ et à 8 k. d'Issoudun. Pop. 447 h.

CONDÉ-EN-BRIE, vg. *Aisne* (Brie), arr. et à 20 k. de Château-Thierry, chef-l. de cant. Cure. ✉. A 104 k. de Paris pour la taxe des lettres. Pop. 746 h. Sur le Surmelin. — TERRAIN tertiaire inférieur.—*Foires* les 1er sept., 23 nov., lundi de la 3e semaine de carême, et lendemain de la Pentecôte.

CONDÉ-FOLIE, vg. *Somme* (Picardie), arr. et à 3 k. d'Amiens, cant. de Picquigny, ✉ de Flixecourt. Pop. 1,167 h.

CONDÉ-LE-BUTOR, *Orne*, com. de Belfonds, ✉ de Sées.

CONDÉ-LES-AUTRY, vg. *Ardennes* (Champagne), arr. et à 25 k. de Vouziers, cant. de Monthois, ✉ de Grandpré. Pop. 406 h. — On voit sur son territoire une grotte profonde et très-spacieuse qui n'a point encore été explorée.

CONDÉ-LES-HERPY, vg. *Ardennes* (Champagne), arr., cant. et à 12 k. de Rethel, cant. et ✉ de Château-Porcien. Pop. 318 h.

CONDÉ-LES-VOUZIERS, vg. *Ardennes* (Champagne), arr., cant., ✉ et à 2 k. de Vouziers. Pop. 363 h.

CONDÉ-NORTHEN, ou CONTCHEM, vg. *Moselle* (pays Messin), arr. et à 20 k. de Metz, cant. et ✉ de Boulay. Pop. 533 h.

CONDÉON, vg. *Charente* (Saintonge), arr. et à 8 k. de Barbezieux, cant. de Baignes, ✉ de Touvérac. Pop. 1,303 h.

CONDES, vg. *Jura* (Franche-Comté), arr. et à 45 k. de Lons-le-Saulnier, cant. et ✉ d'Arinthod. Pop. 252 h.

CONDES, vg. *H.-Marne* (Champagne), arr., cant., ✉ et à 4 k. de Chaumont-en-Bassigny. Pop. 158 h.

CONDESAYGUES, vg. *Lot-et-Garonne* (Agénois), arr. et à 23 k. de Villeneuve-sur-Lot, cant. et ✉ de Fumel. Pop. 515 h.

CONDÉ-SUR-AISNE, *Condate Suessionum*, vg. *Aisne* (Picardie), arr. et à 15 k. de Soissons, cant. et ✉ de Vailly. Pop. 441 h.

CONDÉ-SUR-HUINE, *Condate Perticum*, vg. *Orne* (Perche), arr. et à 35 k. de Mortagne-sur-Huine, cant. et ✉ de Rémalard. Pop. 1,336 h.

CONDÉ-SUR-ITON, *Condate*, *Condatum*, bg *Eure* (Normandie), arr. et à 32 k. d'Evreux, cant. et ✉ de Breteuil. Pop. 989 h. — Il est situé au confluent de deux bras de l'Iton, et à la jonction de six voies romaines. — Suivant M. Auguste le Prevost, Condé occupe l'emplacement d'un établissement romain qui existait sur la rive gauche du bras de rivière venant de Breteuil, près de la fontaine de St-Lambert. On trouve en effet en cet endroit des tuiles et des briques romaines, des cubes polis provenant d'une mosaïque, un canal de 1 m. à 1 m. 33 c. de largeur sur 2 m. de profondeur, dont on a découvert 8 à 10 m. de long, se dirigeant de la côte vers la rivière entre deux gros murs romains, etc. — Condé est un lieu fort ancien, mentionné dans l'Itinéraire d'Antonin et sur la Carte de Peutinger. En 1190, la baronnie et le château de Condé furent donnés par Richard Cœur de lion à l'évêque d'Evreux ; on voit encore au milieu de la vallée le vieux château à tourelles de cette époque. — Haut fourneau et fonderie.—*Foire* le dernier jeudi de sept.

CONDÉ-SUR-LAISON, vg. *Calvados* (Normandie), arr. et à 18 k. de Falaise, cant. de Bretteville-sur-Laize, ✉ de St-Pierre-sur-Dives. Pop. 462 h.—On voit aux environs une pierre levée connue sous le nom de *Pierre-Cornue*, et quelques autres monuments druidiques. A 1 k. environ de la Pierre-Cornue, dans la direction du midi, on voit un tumulus connu dans le pays sous le nom de *Butte-de-Hâ*.

CONDÉ-SUR-L'ESCAUT, ville forte, *Nord* (Hainaut), arr. et à 12 k. de Valenciennes, chef-l. de cant. Place de guerre de 4e classe. Cure. Gîte d'étape. ✉. ✣. A 222 k. de Paris pour la taxe des lettres. Pop. 5,103 h.—TERRAIN carbonifère.

Autrefois parlement de Douai, intendance de Lille, collégiale, gouvernement particulier. Condé est une ville fort ancienne, dont les Normands s'emparèrent en 882. Philippe d'Alsace la ruina, ainsi que le château, en 1174. Toutefois la ville et le château furent rebâtis et choisis, en 1326, pour y tenir un tournoi célèbre. Louis XI assiégea cette place sans succès en 1477 ; il la prit cependant l'année suivante, après une vigoureuse résistance d'une garnison composée de 300 hommes seulement. Louis XI ne resta pas longtemps maître de Condé, car l'archiduc Maximilien ayant rassemblé une armée à Mons, et les Français croyant d'être forcés, pillèrent la ville et l'abandonnèrent, après y avoir mis le feu : tout fut brûlé, à l'exception de quatorze maisons et de l'église, où ils avaient enfermé le peuple. En 1649, le comte d'Harcourt prit cette ville sur les Espagnols, et l'abandonna quelque temps après. Turenne s'en rendit maître en 1655, après trois jours de tranchée ouverte. Le prince de Condé, général de l'armée espagnole, la reprit en 1656. Louis XIV l'assiégea et la prit le 16 avril 1696, après cinq jours de tranchée. La possession de cette ville fut assurée à la France par le traité de Nimègue.

Les armes de Condé sont : *de sinople à la face d'argent.* Alias : *d'argent à la face de gueules.*

La ville de Condé reçut, à l'époque de la révolution, le nom de NORD-LIBRE. Cette place fut bloquée par les Autrichiens le 9 avril 1793, après la défection de Dumouriez. Le général Chancel, avec quatre mille hommes qu'il commandait, y défendit courageusement les avant-postes; mais, malgré ses efforts, il fut forcé de se replier dans toutes les sorties vigoureuses qu'il tenta. Le général Dampierre, cherchant à secourir Condé, livra des combats sans nombre aux environs et dans les bois de Raismes; mais il ne fut pas plus heureux, et succomba. La garnison de la place donna des preuves d'un dévouement qui n'a guère d'exemple, en supportant, pendant près de trois mois, les plus dures privations. Enfin, le 12 juillet 1794, cédant à la nécessité (il restait à peine pour deux jours de vivres), la garnison rendit la place pour ne pas mourir de faim dans ses murs. — Après les victoires d'Hondscoote et de Fleurus, le général autrichien qui commandait Condé, ayant perdu tout espoir d'être secouru, se rendit à discrétion. Les Français trouvèrent dans cette place cent soixante et une bouches à feu, six mille fusils, cent mille boulets, quinze mille cartouches, trois cents milliers de poudre, six cents milliers de plomb, des vivres pour six mois, et, dans les canaux voisins, cent soixante et une barques, en grande partie très-richement chargées. — Après la désastreuse campagne de Russie, l'immortel Daumesnil défendit vaillamment Condé. En 1815, cette ville fut de nouveau assiégée, et se rendit avec les honneurs de la guerre. Ce fut pendant ce siège que se passa un fait qui mérite d'être cité. Le colonel Gourgon, l'un de ceux qui trahirent Napoléon, se présenta pour demander la reddition de la place au nom de Louis XVIII, proposition qui fut rejetée par le général Bonnaire, alors commandant de la place. Son aide de camp, ayant reconnu dans Gourgon un ennemi de la patrie, le fit fusiller dans les retranchements. Peu après, la ville se rendit; le général et son aide de camp furent pris et conduits à Paris, où ils furent jugés par un conseil de guerre et condamnés, le général à la dégradation et à la déportation, l'aide de camp à la peine de mort, qu'il subit avec un courage héroïque.

La ville de Condé est dans une forte situation, au confluent de la Hayne et de l'Escaut, d'où part un canal qui communique directement avec Mons. Elle est généralement bien bâtie, assez bien percée, et possède un bel hôtel de ville, un superbe arsenal, une écluse qui sert à la défense de la place, et de jolies fortifications construites par Vauban. Aux environs, on doit visiter le beau château de l'ERMITAGE, propriété du duc de Croï.

PATRIE de Mlle CLAIRON, célèbre actrice du Théâtre-Français, décédée le 11 pluviose an XI.

Fabriques d'amidon, de chicorée-café. Raffineries d'huile et de sel. Blanchisserie de toiles. Clouteries. Corderies. Tanneries. Teintureries. Construction de bateaux. — *Commerce* de houille, cordages, bestiaux, etc. — *Foire* de 9 jours le 1er dimanche d'oct.

Bibliographie. * *La Marche du roi dans le pays ennemi, avec la prise de Condé,* in-4, 1655.

— *Particularités de cette prise,* in-4, 1655.

* *Le Siège et la Prise de Condé par l'armée du roi,* in-4, 1696.

CONDÉ-SUR-MARNE, *Condate ad Matronam, Condate ad Mueram minorem,* vg. *Marne* (Champagne), arr., ✉ et à 17 k. de Châlons-sur-Marne. Pop. 356 h. Près de la rive droite de la Marne. — *Foire* le 7 déc.

CONDÉ-SUR-NOIREAU, *Condate Biducastium,* petite ville, *Calvados* (Normandie), arr. et à 23 k. de Vire, chef-l. de cant. Trib. de com. Cure. Gîte d'étape. ✉. ☿. A 245 k. de Paris par la taxe des lettres. Pop. 5,976 h. — TERRAIN de transition inférieur.

Autrefois châtellenie, diocèse de Bayeux, parlement de Rouen, intendance de Caen, élection de Vire.

Condé-sur-Noireau est une petite ville très-commerçante, située dans une contrée peu fertile, au confluent du Noireau et de la Druance. Elle doit son origine à un ancien château fort, dont la construction est attribuée aux Romains. Elle tomba, en 1418, au pouvoir des Anglais, sur lesquels les troupes de Charles VII la reprirent en 1449. Ce fut une des premières qui embrassèrent la réforme : les protestants y tinrent des assemblées dès les dernières années du XVIe siècle. En 1674, ils y tinrent un synode provincial. Pendant le cours de la révolution elle perdit le nom de Condé, et ne conserva que celui de Noireau.

Les vieilles églises St-Sauveur et St-Martin sont les seuls édifices publics remarquables. Il existe dans le chœur de celle de St-Martin de beaux vitraux, qui représentent la passion de Jésus-Christ. Le château, qui existait encore au milieu du XVIIIe siècle, était remarquable : il avait quatre portes, dont deux étaient situées auprès du pont qui traverse la Druance. Le style de presque toutes les constructions de cette ville est vieux, lourd et fort simple; cependant diverses améliorations commencent à varier un aspect jusqu'ici très-monotone.

Biographie. Patrie de l'amiral DUMONT-D'URVILLE, l'une des nombreuses victimes de la fatale catastrophe du 8 mai 1842 sur le chemin de fer de Versailles.

Fabriques de toiles de coton, siamoises, draperies, coutellerie. Filatures de coton. Clouteries. Tanneries et Teintureries. — *Commerce* de lin, fil, chevaux, bestiaux, miel, coutellerie, etc. — *Foires* les 11 fév., 19 mars, 6 avril, 19 mai, 9 juin, 1er sept. (8 jours) et 12 nov.

Bibliographie. BEZIERS. *Mémoire sur le bourg de Condé-sur-Noireau* (imprimé dans les Nouvelles Recherches sur la France, t. 1, p. 238-250).

CONDÉ-SUR-RILLE, *Condetum,* vg. *Eure* (Normandie), arr. et à 11 k. de Pont-Audemer, cant. et ✉ de Montfort-sur-Rille. Pop. 643 h. — *Fab.* de toiles.

CONDÉ-SUR-SARTHE, *Condate Sagiorum, Condetum,* vg. *Orne* (Normandie), arr., cant., ✉ et à 5 k. d'Alençon. Pop. 776 h. — C'est sur le territoire de cette commune que se trouve la carrière de Pont-Percé, qui renferme de beaux cristaux de quartz enfumé, connus sous le nom de diamants d'Alençon.

CONDÉ-SUR-SEULE, vg. *Calvados* (Normandie), arr., ✉ et à 9 k. de Bayeux, cant. de Balleroy. Pop. 303 h.

CONDÉ-SUR-SUIPPE, vg. *Aisne* (Picardie), arr. et à 37 k. de Laon, cant. de Neuchâtel, ✉ de Berry-au-Bac. Pop. 207 h.

CONDÉ-SUR-VÈGRE, vg. *Seine-et-Oise* (Beauce), arr. et à 35 k. de Mantes, cant. et ✉ de Houdan. Pop. 191 h. — L'abside de l'église de Condé est décorée de jolis vitraux du XVIe siècle, représentant la naissance, la vie et la mort de Jésus-Christ. — Culture du mûrier.

CONDÉ-SUR-VIRE, vg. *Manche* (Normandie), arr. et à 5 k. de St-Lô, cant. et ✉ de Torigni. Pop. 2,071 h.

CONDÉ-STE-LIBIÈRE, *Condate ad Mueram majorem,* vg. *Seine-et-Marne* (Brie), arr. et à 10 k. de Meaux, cant. de Crécy, ✉ de Couilly. Pop. 440 h. — *Fabrique* de châles.

CONDESSIAT, vg. *Ain* (Bourgogne), arr. et à 38 k. de Trévoux, cant. et ✉ de Châtillon-les-Dombes. Pop. 523 h.

CONDETTE, vg. *Pas-de-Calais* (Boulonais), arr. et à 8 k. de Boulogne-sur-Mer, cant. et ✉ de Samer. Pop. 579 h.

CONDILLAC, vg. *Drôme* (Dauphiné), arr., et à 9 k. de Montélimart, cant. de Marsanne, Pop. 191 h. — Il est situé sur le flanc d'un rocher escarpé, à peu de distance de la grande route. On y remarque un ancien château, dont une des salles est ornée de peintures à fresque représentant les principaux événements de la guerre de Troie.

CONDIVICNUM, postea NAMNETES (lat. 48°, long. 17°). « Ptolémée nous apprend que le nom de la capitale des *Namnetes* était *Condivicnum.* Cette dénomination, qui renferme le terme de *Condate,* convenait à la ville de Nantes, en ce qu'elle est située à l'endroit où la Loire reçoit une rivière, appelée Erde ou Erdre, et dont le nom est *Heredis,* dans une chronique de Nantes, en parlant d'événements qui sont du IXe siècle. Cette ville a quitté, depuis beaucoup d'autres, son nom primitif, pour prendre celui de *Namnetes* ou *Namnetæ.* M. de Valois (p. 367) conjecture qu'il faut lire *Namnetas,* au lieu de *Manatias,* dans la Notice de l'empire, entre les lieux dont elle fait mention, *in tractu Armoricano;* et j'étais dans la même opinion, quand je me suis aperçu que ce savant critique m'avait prévenu sur ce sujet. ». D'Anville. *Notice de l'ancienne Gaule*, p. 239.

CONDOM, *Condomum, Condominum Vasconum*, ville commerçante, *Gers* (Condomois), chef-l. de sous-préf. (1er arr.) et d'un cant. Trib. de 1re inst. Soc. d'agric. Collége comm. Cure. Gîte d'étape. ✉. ⚭. Pop. 6,915 h. — Terrain tertiaire moyen.

Autrefois évêché, parlement et intendance de Bordeaux, chef-lieu d'élection, présidial, sénéchaussée, chapitre, séminaire, collége, 5 couvents.

Suivant quelques auteurs, Condom doit son origine à un monastère qui existait au commencement du IXe siècle ; mais il paraît que cette ville est beaucoup plus ancienne ; on croit généralement qu'elle fut fondée par les Vascons. Ce monastère fut détruit plusieurs fois par les Normands, rétabli en 1011 par Hugues, évêque d'Agen, il fut érigé en évêché en 1317, par le pape Jean XII. Condom a toujours été capitale d'un vaste pays, connu dans l'histoire sous le nom de *pays de Condomois*. Ce pays était autrefois un pays d'états, dont les députés tenaient leurs assises à Condom. En 1601, les états furent érigés en élections, dont cette ville était le chef-lieu. — Condom avait un sénéchal, dont l'origine ne peut être assignée, tant elle est ancienne : des documents authentiques peuvent faire remonter son existence au moins à 1286.

Les fortifications de Condom furent démolies en 1229, lors de la paix qu'obtint Raymond, comte de Toulouse. Elles furent réparées depuis, moins peut-être la citadelle dont les ruines se voyaient encore il y a peu d'années. — Condom a beaucoup souffert, lorsqu'en 1569 Montgommery y pénétra à la tête des protestants.

Les armes de **Condom** sont : *de gueules à deux clefs adossées d'argent posées en pal, l'anneau vers le chef*, avec cette devise : Civitas Condomiencis. Alias : *de gueules à un pont de cinq arches d'argent crénelé de même, sur une rivière aussi d'argent ondée d'azur de quatre pièces, supportant cinq tours du second, celle du milieu, plus haute et plus grosse que les deux dont elle se côtoie, et surmontée de deux clefs confrontées aussi d'argent.*

Condom est une ville fort agréablement située ; elle couvre un mamelon dont le pied est baigné par la Baïse, qu'on y passe sur deux ponts en pierre. Au centre de la ville, sur le haut du terrain, est une grande place, propre et bien entourée, dont un des côtés est formé par l'église paroissiale, noble et grand édifice gothique encore digne de remarque malgré les mutilations qu'il a subies ; la voûte de la nef est d'une hauteur majestueuse ; ses élégantes nervures, ses écussons dorés, sont splendides. Une galerie borde cette église, sur le côté de la place ; près de là est la bourse, dans un local propre et bien appropriée à sa destination.

Comme toutes les anciennes cités, Condom est une ville mal bâtie ; mais elle s'embellit tous les jours. Ses boulevards sont plantés de belles allées d'arbres ; de nombreuses et jolies maisons de campagne décorent les environs. Un peu au-dessous de la ville, une haute levée borne le cours de la Baïse, qui, lorsque ses eaux sont abondantes, forme une agréable cascade.

Biographie. Condom est la patrie de Scipion Dupleix, historiographe du XVIe siècle.

De Sabatier, auteur d'un Dictionnaire classique des antiquités.

De Salluste Dubartas, poëte du XVIe siècle.

Du maréchal de Montluc, l'un des militaires les plus courageux et les plus féroces de son siècle, auteur de commentaires curieux pour l'histoire de la guerre des Albigeois : ses cruautés, sa barbarie, effacent aux yeux de la postérité le mérite de ses actions guerrières ; on a oublié celles-ci pour ne se souvenir que des autres.

De G.-A. Jaubert, évêque constitutionnel de St-Flour.

De J.-Ch. Persil, pair de France, ancien ministre de la justice, directeur de l'administration des monnaies.

De N.-Ach. de Salvandy, littérateur et publiciste, membre de l'Institut, ancien ministre de l'instruction publique, membre de la chambre des députés.

Du lieutenant général baron Laroche Dubouscat.

Fabriques importantes de plumes à écrire et de bouchons de liége. Manufacture de porcelaine. Distilleries d'eau-de-vie. Filature de laine. Tanneries. — *Commerce* actif de grains, farines, vins, eau-de-vie, cuirs. Entrepôt des eaux-de-vie qui se fabriquent dans la partie occidentale du département — *Foires* de 2 jours les 22 juin, 5 sept., 25 nov., le mercredi 15 jours avant les Cendres et lundi après Quasimodo.

A 53 k. N.-O. d'Auch, 671 k. S.-O. de Paris. Lat. 43° 57′ 49″, long. 1° 57′ 53″ O.

L'arrondissement de Condom est composé de 6 cantons : Condom, Cazaubon, Eauze, Montréal, Nogaro, Valence.

CONDOM-D'AUBRAC, *Aveyron*, comm. de St-Chély-d'Aubrac, ✉ d'Espalion. ⚭.

CONDOMOIS, *Condomensis Ager*, petit pays qui, selon les uns, dépendait de la Gascogne, et, selon les autres, de la Guienne. Il était borné au nord par l'Agénois, dont il avait commencé par faire partie, au midi par l'Armagnac, à l'est par la Lomagne, à l'ouest par le Bazadois, et il formait avec ce dernier pays une lieutenance royale sous le gouvernement de Guienne et de Gascogne.

Du temps de César, la plus grande partie du Condomois était habitée par les Nitobriges. Sous Honorius, ce pays se trouvait compris dans l'Aquitaine. De la domination des Romains il passa sous celle des Wisigoths ; puis, comme il faisait anciennement partie de l'Agénois, il suivit la destinée de ce dernier pays, et appartint successivement aux ducs de Gascogne et de Guienne ; et fut enfin réuni à la couronne avec le Bordelais et la Guienne, en 1451, sous le règne de Charles VII. Les villes principales de ce pays étaient Condom, capitale, Nérac, Gabaret et Mont-de-Marsan. Il est compris aujourd'hui dans les départements du *Gers* et de *Lot-et-Garonne*.

CONDON, *Ain*, comm. d'Andert, ✉ de Belley.

CONDORCET, bg *Drôme* (Dauphiné), arr., cant., ✉ et à 10 k. de Nyons. Pop. 714 h. — Il est entouré de murailles et généralement mal bâti, sur le penchant d'un coteau escarpé au sommet duquel on voit les ruines d'un antique château, dans l'intérieur duquel est un temple si solidement construit, que les murs et la voûte sont intacts, quoique livrés, depuis des siècles, à toute la rigueur des intempéries. Ce village fut pris d'assaut par Dupuy-Montbrun, en 1573 ; mais les habitants, qui s'étaient retirés dans le château, forcèrent presque aussitôt ce chef à prendre la fuite. — Carrière de plâtre estimé. — *Foires* les 13 janv., 16 août et 12 nov.

CONDREN, *Condrinum*, vg. *Aisne* (Picardie), arr. et à 35 k. de Laon, cant. et ✉ de Chauny. Pop. 359 h. — Condren est situé sur la rive droite de l'Oise. Sous les Romains, c'était un lieu considérable, dont il est fait mention dans l'Itinéraire d'Antonin.

CONDRIEU *Conderates, Condrevium* et *Condriacum*, petite ville, *Rhône* (Forez), arr. et à 38 k. de Lyon, cant. de Ste-Colombe. ✉. A 505 k. de Paris pour la taxe des lettres. Pop. 3,300 h. — Terrain carbonifère.

Condrieu, ville très-ancienne, par où passait une voie romaine, paraît être l'ancienne capitale des *Conderates*, située sur les bords du Rhône. Une inscription prouve qu'elle était dans l'antiquité principalement composée de nautoniers. Cette ville, située sur la rive droite du Rhône, dans un territoire fertile en excellents vins blancs, est encore aujourd'hui habitée en partie par des gens de rivière fort expérimentés et fort adroits dans la navigation, et par des charpentiers continuellement occupés à construire des bateaux et des barques. Les vignes de Condrieu passent pour avoir été plantées par les Romains.

Les armes de **Condrieu** sont : *de gueules au griffon d'or affronté à un lion d'argent couronné d'or.*

Fabriques d'étoffes de soie noire. Teinturerie. Raffinerie de sel. Tanneries. Construction de bateaux et de tonneaux. — *Commerce* de vins blancs renommés, de grains, merrain, etc. Marchés considérables pour les bestiaux tous les vendredis. — *Foires* les 16 fév., vendredi saint, 11 juin, 26 août, 28 oct. et 6 déc. — Forts marchés tous les vendredis.

CONDRUSI (lat. 51°, long. 24°). « César, au second livre des Commentaires, nomme les *Condrusi* entre plusieurs nations germaniques d'en deçà du Rhin, qui entraient dans la ligue des Belges contre les Romains. Ils étaient *Treverorum clientes, ex gente et numero Germanorum, qui sunt inter Eburones Treverosque*, comme on lit au quatrième et au sixième des Commentaires. Le canton de pays qu'ils ont habité est appelé *Condrustum* dans les écrits du moyen âge. Les Annales de St-Bertin sous l'an 839 placent *Comitatum Con-*

drustum entre les *Arduennenses* et les *Ripuarii*; et ceux-ci bordaient les rives de la Meuse, comme celles du Rhin. Aujourd'hui l'archidiaconé de Condros, dans l'évêché de Liége, s'étend le long de la Meuse, sur l'un et l'autre bord de la rivivière d'Ourt, étant contigu vers le midi à l'archidiaconé des Ardennes.» D'Anville. *Notice de l'ancienne Gaule*, p. 240. V. aussi Walckenaer. *Géog. des Gaules*, t. I, p. 502.

CONE, vg. *Vosges*, comm. d'Uriménil, ✉ d'Epinal.

CONEY (le), petite rivière qui prend sa source dans un étang au-dessus du village d'Uzemain, arr. d'Epinal, dép. des *Vosges*; elle passe à Fontenois, à Selle, et se jette dans la Saône, à Corre (*H.-Saône*), après un cours d'environ 50 k.: elle est flottable depuis Uzemain jusqu'à son embouchure, sur une étendue de 46,681 m.

CONFLANDEY, vg. *H.-Saône* (Franche-Comté), arr. et à 17 k. de Vesoul, cant. et ✉ de Port-sur-Saône. Pop. 475 h.—Hauts fourneaux et martinets.

CONFLANS, vg. *Loiret* (Gatinais), arr., cant., ✉ et à 7 k. de Montargis. Pop. 245 h.

CONFLANS, *Confluens Leucorum*, bg *Moselle* (Lorraine), arr., ✉ et à 12 k. de Briey, chef-l. de cant. Cure. Gîte d'étape. P. 446 h. —TERRAIN jurassique. — Ce bourg, situé au confluent de l'Orne et de l'Iron, était autrefois défendu par un château fort construit en 1170 par Thierry, évêque de Metz. Ce château fut pris par les Messins en 1354, rendu peu de temps après au comte de Bar, assiégé sans succès par le duc de Bourgogne en 1546, pris par le maréchal de Vieilleville en 1552. On aperçoit encore quelques vestiges de ses fortifications.—*Foires* les 15 mai et 16 oct.

CONFLANS, *Confluens*, petite ville. *H.-Saône* (Franche-Comté), arr. et à 30 k. de Lure, cant. de St-Loup, ✉ de Luxeuil. Pop. 802 h.—Elle est située dans une belle prairie, au confluent du Breuchin et de la Semone. C'était autrefois une place entourée de murs dont il reste encore une ancienne porte.—*Fabriques* de chapeaux de paille. Papeterie. Exploitation de minerai de fer dans lequel se trouve un grand nombre de belles pétrifications.—*Foires* les 23 fév., 23 mars, 21 avril, 26 mai, 25 juin, 11 août, 20 sept et 11 nov.

CONFLANS, vg. *Sarthe* (Maine), arr., cant., ✉ et à 4 k. de St-Calais. Pop. 1,091 h. Au confluent de l'Anille et du Roule-Crotte.

CONFLANS-SUR-SEINE, vg. *Marne* (Champagne), arr. et à 62 k. d'Epernay, cant. d'Anglure, ✉ de Pont-le-Roi. Pop. 688 h.— Il est sur la rive droite de la Seine, un peu au-dessous du confluent de l'Aube.

CONFLANS-STE-HONORINE, *Condate*, *Confluens Isaræ*, grand et beau village, ✉ *Seine-et-Oise* (Ile-de-France), arr. et à 25 k. de Versailles, cant. de Poissy, ✉ de Pontoise. Pop. 1,423 h.—Il est situé au pied d'un coteau élevé, sur la rive droite de la Seine, un peu au-dessus du confluent de l'Oise. Dès le IXe siècle, ce lieu était illustre par deux tours

seigneuriales ou châteaux dont les paysans cherchaient toujours la protection dans les temps de féodalité. Mais ce qui contribua surtout à l'accroissement de Conflans, c'est la fondation de son prieuré. Sous le règne de Charles le Simple, lors de l'irruption des Normands, on transporta les reliques de sainte Honorine de Granville à Conflans, comme dans un lieu de sûreté. Ces reliques ne furent point restituées; on les plaça dans une modeste chapelle de Notre-Dame, que les seigneurs de Beaumont-sur-Oise firent, au XIe siècle, remplacer par une église plus spacieuse, à laquelle ils attachèrent une communauté de moines qu'ils firent venir de l'abbaye du Bec. La communauté prospéra, et le pèlerinage aux reliques de sainte Honorine rendit bientôt le lieu célèbre.—Sur le flanc de la montagne où était bâti le prieuré de Conflans, on voit encore les ruines de deux forteresses. La plus considérable, de forme carrée, était nommée le Vieux-Château ou la Baronnie; l'autre le Château-Neuf ou simplement la Tour.

PATRIE de l'orientaliste DESHAUTESRAYES. *Fabriques* de bronze. Affinerie de cuivre et de laiton.

CONFLENT, petit pays du ci-devant Roussillon, qui avait titre de comté et de viguerie, et dont Villefranche était le chef-lieu. Il fait aujourd'hui partie du département des *Pyrénées-Orientales*.

CONFLUENTES (lat. 51°, long. 26°). «On lit dans Ammien Marcellin (lib. XVI): *Apud Confluentes, locum ita cognominatum, ubi amnis Mosella confunditur Rheno*. L'Itinéraire, la Table, la Notice de l'empire, en font mention; et une situation aussi avantageuse que celle de Coblentz n'a jamais dû être négligée. C'est ce qui me fait croire que la position de *Legio Trajana*, dans Ptolémée, entre *Bonna* et *Mogontiacum*, Bonn et Mayence, ne convient à aucun lieu dans cet intervalle par préférence à Coblentz. Dans un titre de l'an 840, rapporté par Schannat (*Trad. Fuldensnum*, 447), il est mention de Coblentz sous le nom de Coboleneze; et dans Ditmar de Mersbourg on lit: *Cophelinci urbs Trevericæ civitatis archiepiscopi.*» D'Anville. *Notice de l'ancienne Gaule*, p. 240.

CONFOLENS, *Confluentes Lemovicum*, petite ville, *Charente* (Marche), chef-l. de sous-préf. (2e arr.) et de 2 cant. Trib. de 1re inst. Collège communal. Société d'agriculture. Cure. Gîte d'étape. ✉. ⚓. Pop. 2,765 h.— TERRAIN cristallisé en primitif.

Autrefois comté, diocèse de Limoges, parlement de Paris, intendance de Poitiers, chef-lieu d'élection, gouvernement particulier.

Cette ville est bâtie au milieu d'une contrée stérile, au confluent du Goire et de la Vienne, rivières dont les bords riants et fertiles offrent d'abondants pâturages où l'on élève un grand nombre de bestiaux. Elle est ancienne et généralement mal bâtie. On y remarque les restes d'une tour carrée, qui dépendait autrefois d'un ancien château fort, devant lequel fut tué, en 1091, Bozon III, comte de la Marche, qui en

faisait le siége. On s'arrête avec plaisir sur le pont de la Vienne pour admirer le large cours de cette rivière, la beauté de son onde et les paysages qui bordent ses rives: la construction de ce pont remonte à une haute antiquité.

PATRIE de l'historien dom RIVET, l'un des auteurs de l'*Histoire littéraire de France*.

INDUSTRIE. Elève des bestiaux, que l'on envoie dans la Haute-Vienne pour y être engraissés. Tanneries.

Commerce considérable de bois de construction, de merrain, de bœufs gras et autres bestiaux.

Foires très-fréquentées les 23 août et le 12 de chaque mois.

A 446 k. S.-S.-O. de Paris.

L'arrondissement de Confolens est composé de 6 cantons: Confolens N., Confolens S., Chabanais, Champagne-Mouton, St-Claud, Montembœuf.

CONFORT, *Ain*, comm. de Lancrans, ✉ de Châtillon-de-Michaille.

CONFORT, vg. *Finistère*, comm. de Meillars, ✉ de Pont-Croix.—*Foires* les 17 mai, 7 sept. et lundi qui suit le 1er dimanche de juillet.

CONFOULEUX, *Aveyron*, comm. et ✉ de Camarès.

CONFRACOURT, vg. *H.-Saône* (Franche-Comté), arr. et à 37 k. de Gray, cant. de Dampierre-sur-Salon, ✉ de Combeau-Fontaine. Pop. 791 h.

CONFRANÇON, vg. *Ain* (pays de Gex), arr. et à 17 k. de Bourg-en-Bresse, cant. de Montrevel, ✉ du Logis-Neuf. Pop. 1,401 h.

CONGARD (St-), vg. *Morbihan* (Bretagne), arr. et à 42 k. de Vannes, cant. de Rochefort-en-Terre, ✉ de Malestroit. Pop. 716 h.

CONGÉ-DES-GUÉRETS, *Sarthe*, comm. de Vivoin, ✉ de Beaumont-sur-Sarthe.

CONGÉ-SUR-SARTHE, *Orne*, comm. de Semalé, ✉ d'Alençon.

CONGENIÈS, vg. *Gard* (Languedoc), arr. et à 19 k. de Nîmes, cant. de Sommières, ✉ de Calvisson. Pop. 1,000 h.—*Fabrique* d'eau-de-vie.

Cette commune est citée entre toutes celles qui donnent un des meilleurs exemples de tolérance. Outre des catholiques et des protestants elle compte des méthodistes et des quakers; chaque culte a sa chapelle et subsiste dans la meilleure harmonie avec les autres. Dans ce bourg du département du Gard, à 12 k. de Nîmes, sous le même soleil, toutes les opinions, tous les cultes, toutes les formes diverses d'adorer la Divinité semblent s'être donné un pacifique rendez-vous. L'église, le temple, la maison des quakers s'y touchent presque, et n'ont pas encore frémi d'un pareil voisinage.—Les industrieux habitants de Congéniès ont porté toute l'activité de leur esprit sur l'agriculture et l'ont singulièrement perfectionnée.

Bibliographie. * *Mémoire sur l'agriculture de Congéniès*, in-8, 1832.

CONGERVILLE, vg. *Seine-et-Oise* (Beauce), arr. et à 18 k. d'Etampes, cant. de Méréville, ✉ d'Angerville. Pop. 163 h.—*Fabrique* de bonneterie en laine drapée.

CONGÉ-SUR-ORNE, vg. *Sarthe* (Maine), arr. et à 22 k. de Mamers, cant. de Marolles-les-Braux, ✉ de Beaumont-sur-Sarthe. Pop. 985 h.

CONGIS, vg. *Seine-et-Marne* (Brie), arr. et à 13 k. de Meaux, cant. de Lagny, ✉ de Lizy. Pop. 943 h.

CONGRIER, vg. *Mayenne* (Anjou), arr. et à 32 k. de Château-Gontier, cant. de St-Aignan-sur-Roé, ✉ de Craon. Pop. 1,132 h.

CONGY, bg *Marne* (Champagne), arr. et à 24 k. d'Epernay, cant. de Montmort, ✉ d'Etoges. Pop. 641 h. Poste de télégraphe.

Congy est un bourg très-ancien, situé au fond d'une gorge, entre des montagnes, au pied d'un coteau planté de vignes. Il est assez bien bâti, bien pavé, bien percé, et possède un ancien château entouré de belles eaux.—*Foires* le jeudi avant la St-Mathias, jeudi avant l'Ascension, la St-Remi et la St-Martin.—Marché tous les jeudis.

CONIE (la), rivière qui prend sa source près d'Artenay, dans la forêt d'Orléans ; elle passe près de Patay, et se rend dans le Loir à Châteaudun, après un cours d'environ 100 k.

Le cours de la Conie est on ne peut plus irrégulier : une grande partie ne présente qu'un vaste marécage couvert de roseaux (la rouche du pays), et est rempli de fondrières dont le nombre et la profondeur sont inconnus. Le lit de cette rivière n'est sensible à l'œil que lorsque ces fondrières regorgent ; ses eaux sont constamment hautes, lorsque les autres rivières sont basses, et *vice versâ*. Elle a éprouvé depuis peu un dessèchement absolu.

CONIE, vg. *Eure-et-Loir* (Beauce), arr., cant., ✉ et à 10 k. de Châteaudun. P. 536 h.

CONILHAC-DE-LA-MONTAGNE, vg. *Aude* (Languedoc), arr. et à 15 k. de Limoux, cant. et ✉ de Couiza. Pop. 110 h.

CONILHAC-DU-PLAT-PAYS, vg. *Aude* (Languedoc), arr. et à 30 k. de Narbonne, cant. et ✉ de Lézignan. Pop. 498 h.

CONLIE, joli bourg, *Sarthe* (Maine), arr. et à 25 k. du Mans, chef-l. de cant. Cure. ✉. A 239 k. de Paris pour la taxe des lettres. P. 1,627 h.—TERRAIN crétacé inférieur, voisin du terrain jurassique.—Ce bourg renferme une prison solidement bâtie, et se compose d'une grande et belle place entourée d'assez jolies maisons et vers le milieu de laquelle est construite la halle.—*Fabriques* de toiles de ménage et de canevas. Blanchissage de toiles. Tanneries.—*Foires* le 2e jeudi de fév., jeudi avant le dimanche gras, 3e mercredi d'avril, 3es jeudis de juin, d'oct. et de nov., jeudi après le 10 déc.

CONLIÉGE, bg *Jura* (Franche - Comté), arr., ✉ et à 4 k. de Lons-le-Saulnier, chef-l. de cant. Cure. Pop. 1,270 h. — TERRAIN jurassique. — Il est agréablement situé, sur la Seille. On trouve aux environs des traces de mines de cuivre.—*Foires* les 15 fév., 15 avril, 15 sept. et 13 nov.

CONNAGE, vg. *Ardennes* (Champagne), arr. et à 13 k. de Sedan, cant. de Raucourt, ✉ de Donchery. Pop. 236 h.

CONNAN (St-), vg. *Côtes-du-Nord* (Bretagne), arr., et à 25 k. de Guingamp, cant. de Bothoa, ✉ de Plésidy. Pop. 937 h.

CONNANGLES, vg. *H.-Loire* (Auvergne), arr. et à 24 k. de Brioude, cant. et ✉ de la Chaise-Dieu. Pop. 1,036 h.

CONNANTRAY, vg. *Marne* (Champagne), arr. et à 36 k. d'Epernay, cant. et ✉ de Fère-Champenoise. Pop. 248 h.

CONNANTRE, vg. *Marne* (Champagne), arr. et à 39 k. d'Epernay, cant. et ✉ de Fère-Champenoise. Pop. 624 h.

CONNAUX, vg. *Gard* (Languedoc), arr. et à 15 k. d'Uzès, cant. de Bagnols. ✉. ⚘. A 663 k. de Paris pour la taxe des lettres. Pop. 1,145 h. Dans une contrée fertile en blé et plantée de mûriers.

CONNEC (St-), vg. *Côtes-du-Nord* (Bretagne), arr. et à 15 k. de Loudéac, cant. de Mur, ✉ d'Uzel. Pop. 671 h.

CONNE - DE - LABARDE, vg. *Dordogne* (Périgord), arr. et à 12 k. de Bergerac, cant. et ✉ d'Issigeac. Pop. 541 h.

CONNELLES, *Colnella, Cornellæ*, vg. *Eure* (Normandie), arr. et à 13 k. de Louviers, cant. de Pont-de-l'Arche, ✉ de Notre-Dame-du-Vaudreuil. Pop. 217 h.

CONNERRÉ, *Connerœum, Connedrationum*, bg *Sarthe* (Maine), arr. et à 27 k. du Mans, cant. de Montfort. ✉. ⚘. A 189 k. de Paris pour la taxe des lettres. Pop. 1,695 h.

Ce bourg est bâti sur la rive droite de l'Huine, qui l'environne en partie ; il est clos de bons murs entourés de fossés remplis d'eau vive, et avait autrefois le titre de ville. Connerré soutint un siège long et pénible, vers 1364, contre Philippe le Hardi, duc de Bourgogne, qui ne s'en rendit maître qu'après avoir éprouvé les effets meurtriers d'une honorable résistance. On y voit une belle église paroissiale de construction gothique, surmontée d'un clocher pyramidal quadrangulaire.

A 2 k. de ce bourg on voit, près de la route qui mène à la verrerie de la Pierre, un dolmen remarquable par ses proportions.

Fabriques de toiles communes et de canevas. Tanneries. — *Foires* les mercredi après le 20 janv., la veille de l'Ascension, et mercredi avant la Toussaint.

CONNES-MACLIN, *Aveyron*, comm. de Salles-Curan, ✉ de Pont-de-Salars.

CONNEZAC, vg. *Dordogne* (Périgord), arr., ✉ et à 13 k. de Nontron. Pop. 306 h.

CONNIGIS, vg. *Aisne* (Brie), arr. à 15 k. de Château-Thierry, cant. et ✉ de Condé-en-Brie. Pop. 318 h.

CONNORE, vg. *H.-Vienne*. ⚘. A 20 k. de Limoges.

CONQUEREUIL, vg. *Loire-Inf.* (Bretagne), arr. et à 34 k. de Savenay, cant. et ✉ de Guéméné. Pop. 872 h.—*Foires* les 25 mai et 25 août.

CONQUES, bg *Aude* (Languedoc), arr., ✉, bureau d'enregist. et à 8 k. de Carcassonne, chef-l. de cant. Cure. Pop. 1,654 h. — TERRAIN tertiaire moyen. — Il est bâti en amphithéâtre, sur une petite éminence au pied de laquelle coule l'Orbiel, rivière qui arrose une des plus riantes et des plus productives vallées du département.—*Fabriques* de draps. Filatures de laine. Teintureries. Moulins à foulon et à farine.—*Commerce* de bestiaux.—*Foires* les 14 janv., 17 avril et 11 août.

CONQUES, petite ville, *Aveyron* (Rouergue), arr. et à 40 k. de Rodez, chef-l. de cant., ✉ de Marcillac. Cure. Pop. 1,418 h. — TERRAIN cristallisé ou primitif.

Cette ville est bâtie, ou plutôt cachée, dans une profonde vallée : rien n'est plus sauvage que cette position ; on n'y voit de la terre et de la végétation que dans les fentes de rocher, le ciel on n'y regardant au-dessus de sa tête, le soleil que lorsqu'il approche de son zénith ; on n'y entend d'autre bruit que celui du torrent qui se précipite du haut de la montagne, où tout enfin rappelle l'ancienne Thébaïde.

Conques doit son origine à une abbaye fondée vers les premiers temps de la monarchie, qui s'enrichit rapidement des dons des peuples et des rois, et compta jusqu'à neuf cents moines ; ses titres féodaux formaient un immense cartulaire, qui fut brûlé publiquement peu de temps après l'extinction des droits féodaux.

Les armes de **Conques** sont : *de gueules à une perle d'argent, accompagnée de trois huîtres de même, deux en chef et une en pointe*.

La ville est située à mi-côte, et la pente de ses rues est si rapide, que certains puits se trouvent de niveau avec les greniers ; si on laisse tomber un peloton de fil au haut de la ville, on est obligé d'aller le chercher en bas. L'abbaye et le cloître sont vers le centre ; c'est un assez bel édifice gothique, dont le portail, chargé de sculptures grossières, passait jadis pour une merveille.

PATRIE du célèbre médecin CHIRAC.

Foires les 2 janv., 20 août et 7 oct.

CONQUES, vg. *H.-Garonne*, comm. de Buzet, ✉ de la Pointe-St-Sulpice.

CONQUET (le), *Conquestus Portus*, jolie petite ville maritime, *Finistère* (Bretagne), arr. et à 25 k. de Brest, cant. et ✉ de St-Renan. Pop. 1,848 h. — *Etablissement de la marée du port*, 3 heures 40 minutes.

Cette ville est généralement bien bâtie, sur le bord de l'Océan, où elle a une rade sûre, et un port, défendu par un fort, qui peut recevoir environ soixante bâtiments de 100 tonneaux. Le Conquet est une place fort ancienne, dont le port était autrefois très-commerçant et très-fréquenté ; elle était peuplée de marins, de marchands et d'armateurs, et avait dès le XVe siècle une véritable importance. Les Anglais le dévastèrent en 1597 ; peu de maisons échappèrent à leurs ravages, et celles qui furent conservées se distinguent facilement par le style gothique de leur architecture.

PATRIE du naturaliste HACQUET.

A 2 k. S. du Conquet se trouve le cap de St-Matthieu, pointe la plus occidentale de la

France, sur laquelle est un phare à feu tournant à éclipses. Sur cette pointe escarpée, minée par les flots impétueux du vaste Océan Atlantique, se trouvent les ruines imposantes de l'antique abbaye de St-Matthieu, célèbre dans les annales de la Bretagne, et dont les rochers escarpés sur lesquels elle est bâtie sont continuellement battus par les flots d'une mer orageuse. Il ne reste plus de la construction primitive de cette abbaye, fondée au commencement du VIIe siècle, que la façade de son portail; elle est fort simple et sans aucune décoration de sculpture. La grande porte offre une triple arcade à plein cintre, dont les voussoirs sont petits, nombreux et serrés, comme dans tous les édifices antérieurs à l'introduction du gothique à ogives. Au-dessus est la fenêtre principale, absolument du même style, ainsi que deux autres fenêtres plus petites dont elle est accompagnée. Le reste de l'église porte le caractère de l'architecture du XIIIe siècle, et ses ruines présentent un aspect fort pittoresque.

Un spectacle imposant, immense et sublime, se déploie aux yeux de l'observateur, à l'extrémité du cap de St-Matthieu. De ce point extrême du globe, les regards s'étendent sur l'immensité de l'Océan, dont le vaste horizon limite seul la perspective. A gauche, dans l'extrême lointain, on découvre la pointe allongée du Raz de Sein et ses funèbres écueils; à droite on voit les rochers menaçants du dangereux passage du Four; en face, une chaîne d'écueils non moins redoutables s'étend entre cette chaîne d'îles, prolongement antique du continent, que la main puissante du temps et les efforts continuels des flots de l'Océan en ont facilement séparé.

Fabrique de produits chimiques. — *Commerce* de poissons frais et salés. Raffinerie de soude. — *Foires* les 10 mai et 23 sept.

CONQUEYRAC, vg. *Gard* (Languedoc), arr. et à 33 k. du Vigan, cant. et ✉ de St-Hippolyte. Pop. 124 h.

CONROT, *Vosges*. V. COLROY-LA-ROCHE.

CONSÉGUDES, vg. *Var* (Provence), arr. et à 34 k. de Grasse, cant. de Coursegoules, ✉ de Vence. Pop. 309 h.

CONSENVOYE, vg. *Meuse* (Lorraine), arr. et à 29 k. de Montmédy, cant. de Montfaucon, ✉ de Damvillers. Pop. 894 h.

CONSIGNY, vg. *H.-Marne* (Champagne), arr. et à 24 k. de Chaumont-en-Bassigny, cant. et ✉ d'Andelot. Pop. 338 h. — *Fab.* de limes.

CONS-LA-GRANDVILLE, vg. *Ardennes* (Champagne), arr., cant., ✉ et à 10 k. de Mézières, et à 7 k. de Charleville. Pop. 779 h. — Cette commune n'est réunie à la France que depuis 1769, par suite d'un traité du 16 mai de la même année entre le roi de France et l'impératrice d'Autriche.

CONS-LA-GRANDVILLE, bg *Moselle* (pays Messin), arr. et à 35 k. de Briey, cant. et ✉ de Longuyon. Pop. 504 h. — Ce bourg, situé dans une petite gorge sur le Chiers, est dominé par un beau château de la renaissance,

dont les murs ont 3 m. 33 c. d'épaisseur et 20 m. d'élévation du côté du bourg. — *Fabriques* de draps. Filatures de laine. Forges et haut fourneau. — *Foires* les 5 juin et 5 oct.

CONSONOVES, *B.-Alpes*. V. MALLE-FOUGASSE.

CONSORANNI (lat. 43°, long. 19°). « Pline (lib. IV, cap. 19) les met au nombre des peuples de l'Aquitaine. Dans la Notice des provinces de la Gaule, *Civitas Consorannorum* est une de celles de la Novempopulane. Le pays conserve le nom de Consérans, quoique l'usage soit de prononcer Couserans; et la ville a porté le même nom, sous lequel elle est citée par Grégoire de Tours, avec *vicus Julii* (Aire) et *Lapurdum* (Baïone), dans l'accord des rois Gontram et Childebert. Elle a quitté ce nom pour prendre celui d'un de ses évêques, St-Lizier, *Lycerius*, ou plutôt *Glycerius*, selon qu'il est lit dans les souscriptions du concile d'Agde, en 506; et M. de Valois rapporte un passage que lui fournit ce prélat : *Obiit in territorio Tolosano, in civitate quæ vocatur Coseranis, sive Austria*. Il tire cette dénomination d'*Austria* du vent qui souffle *ab Austro*; peut-être était-elle propre à cette ville avant que d'être désignée par celui du peuple dont elle était capitale, comme on sait que beaucoup de villes du même rang ont ainsi changé de nom. Mais, ce qui est plus à remarquer dans ce passage, c'est de voir *Consoranni in territorio Tolosano*, lorsque cette cité est rangée dans la Novempopulane, comme son siège épiscopal est encore suffragant d'Auch, métropole de cette province. Doit-on inférer de là que les *Consoranni* pouvaient être partagés entre la province narbonaise et l'Aquitaine? Pline (lib. III, cap. 4) nomme les *Consuarani* dans la Narbonaise : *In ora regio Sardonum, intusque Consuaranorum*. Or, ces *Consuarani* étant ainsi plus avant dans les terres que le district des *Sardones*, il peut en résulter qu'ils soient tellement voisins des *Consoranni*, qu'on ne voie point de différence assez marquée dans la dénomination pour en faire deux au lieu d'une, et ne pas voir simplement différentes leçons de la même dénomination. Plusieurs savants, à la tête desquels est M. de Marca (*Marc. Hispania*, lib. II, cap. 26), veulent néanmoins établir des *Consuarani* qui soient différents des *Consoranni*, distinction que M. de Valois (*Hist. de Lang.*, t. I, p. 54 et 605) n'a pas jugé à propos de faire. Ce n'est point un argument propre à séparer des *Consuarani* d'avec les *Consoranni* (*Hist. nat. de Lang.*, p. 44), de dire que ces noms se trouvent partagés entre l'Aquitaine et la Narbonaise. Car on trouvera qu'il en est de même des *Ruteni* dans Pline, sans qu'on puisse l'accuser de méprise sur leur compte, puisque César distingue des *Ruteni provinciales* soumis aux Romains, d'avec les *Ruteni* qui arment contre les Romains dans la ligue des nations gauloises. Je dirai même des *Consoranni* qu'on ne saurait les décider renfermés dans l'Aquitaine avant l'arrangement des provinces de la Gaule, fait par Auguste. Il faut croire que l'A-

quitaine avait été entamée de plain-pied à la province romaine vers les Pyrénées avant la conquête du reste de la Gaule par César, puisque Pompée, à son retour de la guerre d'Espagne contre Sertorius et ses partisans, plaça les *Convenæ* dans l'Aquitaine. Or, par la position que l'on connaît aux *Convenæ*, les *Consoranni* se trouvaient enveloppés, renfermés entre les *Convenæ* et les cantons méridionaux de cette province, qui a été nommée Narbonaise. Dans cette position, il est aisé de voir qu'il a été un temps où les *Consoranni* ont pu être confondus avec ce qui dépendait de cette province, et flotter de moins entre elle et l'Aquitaine, en sorte que leur nom puisse se trouver placé également d'un côté comme de l'autre. Je dirai finalement, qu'il m'a paru hasardeux d'inscrire sur la carte le nom de *Consuarani* séparément des *Consoranni*, dans une place qu'on ne saurait dire être déterminée. Pour déférer cependant au témoignage de l'auteur de la vie de saint Lizier, par rapport au *territorium Tolosanum*, j'ai cru pouvoir étendre le nom des *Consoranni* au delà des limites de leur diocèse actuel, en prenant sur celui de Pamiez, qui est un démembrement de l'ancien diocèse de Toulouse. Quoique la ville de *Consoranni* ait dans la carte la position distincte de l'emplacement général du peuple *Consoranni*, cet article suffit également à ce qui concerne la ville comme le peuple. » D'Anville. *Notice de l'ancienne Gaule*, p. 241. V aussi Walckenaer. *Géographie des Gaules*, t. I, p. 196; t. II, p. 169, 174, 244.

CONSORCE (Ste-), vg. *Rhône* (Lyonnais), arr. et à 12 k. de Lyon, cant. et ✉ de Vaugneray. Pop. 687 h.

CONSTANS, *Lot*, comm. de Larroque-des-Arcs, ✉ de Cahors.

CONSTANS (les), *Lot-et-Garonne*, comm. de St-Martin-les-Castons, ✉ de Marmande.

CONSTANT (St-), vg. *Cantal* (Auvergne), arr. à 40 k. d'Aurillac, cant. et ✉ de Maurs. Pop. 1,141 h. — *Foires* les 5 juin et 9 déc.

CONSTANT (St-), vg. *Charente* (Saintonge), arr. et à 17 k. d'Angoulême, cant. et ✉ de la Rochefoucauld. Pop. 203 h.

CONSTANTIA (lat. 50°, long. 17°). « Le premier auteur qui en fasse mention est Ammien Marcellin (lib. XV), et il en parle comme d'un camp romain, *Castra Constantia*. C'était une ville peu de temps après Ammien, puisque dans la Notice des provinces de la Gaule on trouve dans la Lionaise seconde *Civitas Constantia*, mais nous ignorons ce que cette ville pouvait être avant la famille de Constantin. La tradition du pays au temps d'Ordéric-Vital, moine de St-Evroul, dans le diocèse de Lizieux, attribuait la fondation de *Constantia* à Constance Chlore, père de Constantin : *Hic in Neustria civitatem condidit, quam a suo nomine Constantiam nominavit*. On peut voir dans l'article *Cosedia*, quelles sont les raisons qui ne permettent pas de confondre la position de celui-ci, de *Cosedia*, avec *Constantia*, comme ont fait Sanson et le P. Briet. Quoique M. de Valois (p. 156) paraisse embrasser une autre opinion, qui est de prendre *Constantia* pour la même ville, *Crociotanum* est encore plus éloignée de *Constancia*, ou de Coutance, que de *Cosedia*. Que Coutance ait prévalu sur toute autre ville de la contrée, qui en a pris la dénomination, de *Pagus Constantinus*, le Cotantin, c'est ce dont on ne saurait disconvenir. » D'Anville. *Notice de l'ancienne Gaule*, p. 243.

CONSUOZ, *Isère*, comm. de St-Géoire, ✉ de Voiron.

CONTADOUR, *B.-Alpes*, comm. de Redortiers, ✉ de Forcalquier.

CONTALMAISON, vg. *Somme* (Picardie), arr. et à 21 k. de Péronne, cant. et ✉ d'Albert. Pop. 359 h.

CONTAMINE, *Isère*, comm. d'Apprieu, ✉ du Grand-Lemps.

CONTAUT – LE – MAUPAS, vg. *Marne* (Champagne), arr., ✉ et à 25 k. de Ste-Menehould, cant. de Dommartin-sur-Yèvre. Pop. 265 h.

CONTAY, vg. *Somme* (Picardie), arr. et à 22 k. d'Amiens, cant. et ✉ de Villers-Bocage. Pop. 1,023 h.

CONTCHEN, *Moselle*. V. CONDÉ-NORTHEN.

CONTE, vg. *Jura* (Franche-Comté), arr. de Poligny, à 30 k. d'Arbois, cant. et ✉ de Nozeroy. Pop. 162 h.

CONTEBAUT, *Indre-et-Loire*, comm. de Huismes, ✉ de Chinon.

CONTES, vg. *Pas-de-Calais* (Artois), arr. et à 22 k. de Montreuil-sur-Mer, cant. et ✉ de Hesdin. Pop. 637 h.

CONTESCOURT, vg. *Aisne* (Picardie), arr., ✉ et à 8 k. de St-Quentin, cant. de St-Simon. Pop. 214 h.

CONTEST (St-), vg. *Calvados* (Normandie), arr., cant., ✉ et à 6 k. de Caen. Pop. 955 h.

CONTEST, bg *Mayenne* (Maine), arr., cant., ✉ et à 6 k. de Mayenne. Pop. 1,242 h.

CONTEVILLE, vg. *Calvados* (Normandie), arr. et à 16 k. de Caen, cant. de Bourguébus, ✉ de Vimont. Pop. 144 h.

CONTEVILLE, joli bourg, *Eure* (Normandie), arr. et à 15 k de Pont-Audemer, cant. et ✉ de Beuzeville. Pop. 856 h. — C'était au xi° siècle le chef-lieu d'un comté. Avant la révolution, il avait pour curé F.-G. Rever, député à l'assemblée législative, mort en 1828 à Conteville, et bienfaiteur de cette commune, à laquelle il a légué des biens assez considérables.

CONTEVILLE, vg. *Oise* (Picardie), arr. et à 30 k. de Clermont, cant. et ✉ de Crèvecœur. Pop. 370 h.

CONTEVILLE, vg. *Pas-de-Calais* (Boulonnais), arr., cant., ✉ et à 6 k. de Boulogne-sur-Mer. Pop. 270 h.

CONTEVILLE, vg. *Pas-de-Calais* (Artois), arr., ✉ et à 6 k. de St-Pol-sur-Ternoise, cant. d'Heuchin. Pop. 139 h.

CONTEVILLE, vg. *Seine-Inf*. (Normandie), arr. et à 18 k. de Neufchâtel-en-Bray, cant. et ✉ d'Aumale. Pop. 740 h.

CONTEVILLE, *Seine-Inf*., comm. de Paluel, ✉ de Cany.

CONTEVILLE, vg. *Somme* (Picardie), arr. et à 22 k. d'Abbeville, cant. de Crécy, ✉ d'Auxy-le-Château. Pop. 313 h.

CONTHIL, vg. *Meurthe* (Lorraine), arr., cant., ✉ et à 17 k. de Château-Salins et à 19 k. de Vic. Pop. 450 h.

CONTIGNÉ, vg. *Maine-et-Loire* (Anjou), arr. et à 32 k. de Segré, cant. et ✉ de Châteauneuf-sur-Sarthe. Pop. 1,235 h.

CONTIGNY, vg. *Allier* (Bourbonnais), arr. et à 25 k. de Moulins-sur-Allier, cant. de Montet, ✉ de St-Pourçain. Pop. 1,032 h.

CONTILLY, vg. *Sarthe* (Maine), arr., cant., ✉ et à 6 k. de Mamers. Pop. 670 h. — On voit à peu de distance de ce village un ancien camp appelé Château ou Mont de la Nue, ceint d'un large et profond fossé, entouré de parapets et flanqué de deux petites redoutes en terre.

CONTINVOIR, vg. *Indre-et-Loire* (Anjou), arr. et à 32 k. de Chinon, cant. de Langeais, ✉ de Bourgueil. Pop. 1,010 h. — Foire le jour de la mi-carême.

CONTOIRE, vg. *Somme* (Picardie), arr. et à 9 k. de Montdidier, cant. et ✉ de Moreuil. Pop. 412 h. — Papeterie.

CONTOUS, *Tarn-et-Garonne*, comm. de Bourret, ✉ de Montech.

CONTRA AGINNUM (lat. 50°, long. 21°). « Ce lieu est placé dans l'Itinéraire d'Antonin entre *Augusta Veromanduorum*, St-Quentin, et *Augusta Suessionum*, Soissons, et la distance est marquée XIII également à l'égard de chacune de ces villes; la Table théodosienne, qui trace la même route de communication entre les capitales des *Veromandui* et des *Suessiones*, ne fait point mention de *Contra Aginnum*, et marque XXV en une seule distance. J'ai plusieurs cartes manuscrites très-circonstanciées, qui m'indiquent les vestiges de l'ancienne voie sous le nom de Chaussée de Brunehaut, dont l'alignement, à partir de St-Quentin, traverse la rivière d'Oise près d'un lieu nommé Condran, et continue sur la même direction jusqu'au bord de l'Aisne, un peu au-dessous de Soissons, et vers l'endroit où il y a un bac établi sur cette rivière. Ce qu'il y a d'espace entre les points de Soissons et de St-Quentin est déterminé par des opérations trigonométriques, entre 27 et 28,000 toises, ce qui n'admet que 24 à 25 lieues gauloises. On ne saurait douter que le lieu de Condran ne se rapporte à la position de *Contra Aginnum*, et je suis informé qu'il y reste quelques vestiges d'un ancien pont. Sa distance de Soissons, qui est d'environ 15,000 toises, répond à l'indication de 13 lieues gauloises dans l'Itinéraire, en la surpassant d'une fraction de lieue; mais, de là jusqu'à St-Quentin, la distance ne renferme qu'environ 11 lieues, et ne suffit pas pour admettre les 13 que répète l'Itinéraire dans cet intervalle. C'est le local qui exige cette sévérité d'analyse. M. de Valois (p. 157) et plusieurs autres ont déplacé *Contra Aginnum*, en le prenant pour Chauni. La Notice de l'empire fait mention d'une milice de *Batavi Contraginenses*, établie à *Noviomagus Belgicæ secundæ*, qui est Noyon. » D'Anville. *Notice de l'ancienne Gaule*, p. 244.

CONTRAZY, vg. *Ariège* (Comminges), arr. et à 12 k. de St-Girons, cant. de Ste-Croix, ✉ de St-Lizier. Pop. 531 h.

CONTRÉ, vg. *Charente-Inf*. (Saintonge), arr. et à 21 k. de St-Jean-d'Angely, cant. et ✉ d'Aulnay. Pop. 353 h.

CONTRE, vg. *Somme* (Picardie), arr. et à 25 k. d'Amiens, cant. de Conty, ✉ de Poix. Pop. 313 h.

CONTRÉGLISE, vg. *H.-Saône* (Franche-Comté), arr. et à 28 k. de Vesoul, cant. d'Amance, ✉ de Faverney. Pop. 430 h.

CONTREMOULIN, *Vosges*, comm. de St-Léonard, ✉ de St-Dié.

CONTREMOULINS, *Comitis Molendina*, vg. *Seine-Inf*. (Normandie), arr. et à 32 k. d'Yvetot, cant. de Valmont, ✉ de Fécamp. Pop. 274 h.

CONTRES, vg. *Cher* (Berry), arr. et à 18 k. de St-Amand-Montrond, cant. et ✉ de Dun-le-Roi. Pop. 67 h.

CONTRES, bg *Loir-et-Cher* (Blaisois), arr. et à 21 k. de Blois, chef-l. de cant. Cure. ✉. ⌖. Il est sur la rive droite de la Bièvre, à 197 k. de Paris pour la taxe des lettres. Pop. 2,166 h. — Terrain tertiaire moyen.

Patrie de M. Eloi Johanneau, antiquaire et lexicographe.

Foires les 1ers vendredis de janv., de fév., la mi-carême, de mai, 15 et 16 juin, vendredi le plus près de la St-Denis et le plus rapproché de la St-Martin.

CONTRES, vg. *Sarthe* (Maine), arr., cant. et à 14 k. de Mamers, ✉ de St-Cosme. Pop. 630 h.

CONTREUVE, vg. *Ardennes* (Champagne), arr., cant., ✉ et à 7 k. de Vouziers. Pop. 335 h.

CONTREVOZ, vg. *Ain* (Bourgogne), arr., ✉ et à 7 k. de Belley, cant. de Virieux-le-Grand. Pop. 1,317 h. — *Foires* les 10 mars, 18 juillet et 20 nov.

CONTREXEVILLE, vg. *Vosges* (Lorraine), arr. et à 27 k. de Mirecourt, cant. de Vittel. ⌖. ✉. À 337 k. de Paris pour la taxe des lettres. Pop. 708 h.

Contrexeville, célèbre par ses sources d'eaux minérales, est situé dans un vallon étroit formé par deux coteaux qui dominent de beaucoup ce village. Du côté du nord, le vallon s'élargit et forme une belle vallée arrosée par le Vair, petite rivière qui a sa source principale dans le village même, à son extrémité sud, au pied d'une maison adossée au coteau de l'ouest. Le vallon étant ouvert au nord, et l'eau du Vair qui le traverse étant très-fraîche, la température de Contrexeville est très-variable, et les vicissitudes atmosphériques très-brusques.

— *Fabrique* de pointes de Paris. — Tuilerie.

EAUX MINÉRALES DE CONTREXEVILLE.

Les eaux minérales de Contrexeville ne paraissent pas avoir été connues des anciens. M. Pagard, médecin de Nancy, est le premier

CONTREXEVILLE.

qui en ait fait connaître les propriétés chimiques et les vertus médicinales, dans un mémoire lu en 1760 à la société des sciences et arts de Nancy. La fondation de l'établissement actuel est due au célèbre docteur Thouvenel, qui a été pendant longtemps inspecteur des eaux de Contrexeville, dont il a singulièrement accru la célébrité.

Les fontaines de Contrexeville sont au nombre de deux : l'une, dite du Pavillon, fournit l'eau pour la boisson ; l'autre, dite fontaine des Bains, est uniquement destinée à cet usage.

L'établissement est composé de six cabinets, ayant chacun une baignoire ; d'un cabinet de douche descendante, et d'un de douche ascendante. Il est situé au couchant du village, dans une presqu'île formée par le Vair et le ruisseau qui vient de Surianville. On y entre à l'aspect du midi par une vaste cour ornée d'arbustes et environnée à gauche de bâtiments servant de logement au propriétaire et aux personnes qui viennent prendre les eaux. A l'extrémité de la cour, séparée d'une pelouse par une palissade, sont des allées qui conduisent à la fontaine du Pavillon. A droite et à gauche se trouvent les bâtiments destinés aux buveurs et le salon de réunion ; à la suite sont des galeries circulaires où l'on peut se promener dans le mauvais temps. Ces galeries sont terminées par un pavillon octogone où est renfermée la fontaine. — Le canal d'écoulement des eaux surabondantes de la fontaine se jette dans le Vair. Il est creusé entre les deux allées principales d'une promenade située au nord du pavillon. Près de ces allées, formées de peupliers et d'acacias, existent des bosquets, des jardins et une petite prairie servant de promenade aux buveurs.

Les environs offrent de beaux paysages et des buts de promenades intéressants. On doit surtout visiter, près du village de la Vacheresse, à 8 k. S.-O. de Contrexeville, sur les bords de la forêt de St-Ouen, le chêne des Partisans, remarquable par sa hauteur, par ses dimensions et sa belle végétation. Ce chêne domine de beaucoup tous les arbres de la forêt : on le prendrait de loin pour une vieille tour ; il a 13 m. de circonférence à sa base, 9 m. à un demi-mètre de terre, 6 m. à deux mètres du sol, et 5 m. 70 c. à la naissance des branches, qui se développent à sept mètres et demi du sol ; sa hauteur est de 33 m. (près de 102 pieds), et son envergure de 25 m. ; son tronc, quoique fortement conique, n'est point caverneux, et l'on est étonné de ne pas voir une branche sèche dans son énorme ramure.

Saison des eaux. L'époque la plus favorable pour boire les eaux à la source est du 15 juin au 15 septembre ; une saison est de vingt et un jours.

Propriétés médicinales. Le grand nombre de cures déterminées par l'usage des eaux de Contrexeville, dans diverses affections des voies urinaires, a seul fait leur réputation ; depuis une époque très-reculée, elles attiraient les habitants du pays affectés de ces maladies, sans être connues au delà d'un rayon de 40 à 60 k.

Elles sont souveraines dans les affections graveleuses et calculeuses des reins et de la vessie, en facilitant l'expulsion de ces corps étrangers, lorsqu'ils ne sont pas trop volumineux pour sortir par la voie que la nature leur offre. Elles ont aussi la faculté de diviser et de détacher les molécules de ces concrétions, lorsque leur agrégation n'est pas parfaite.

Bibliographie. Bayard (A.). *Mémoire sur les eaux de Contrexeville*, in-8, 1760 ; in-4, 1760.

Thouvenel. *Mémoire chimique et médicinal sur les principes et les vertus des eaux minérales de Contrexeville*, in-12, 1774.

* *Lettre sur les maladies épidémiques de la Lorraine et sur la fontaine de Contrexeville* (Nature considérée, t. IV, p. 143).

Nicolas. *Notice sur les eaux de Contrexeville* (Dissertation sur les eaux minérales de la Lorraine, in-8, 1778).

* *Voyage de Metz à Contrexeville, où l'on boit une eau efficace pour plusieurs maladies* (en stances de 4 vers), pet. in-8, 1829.

Mamelet (A.-F.). *Notice sur les propriétés minérales des eaux de Contrexeville*, in-8, 1840.

CONTRIÈRES, vg. *Manche* (Normandie), arr., ✉ et à 8 k. de Coutances, cant. de Montmartin-sur-Mer. Pop. 776 h.

CONTRISSON, vg. *Meuse* (Lorraine), arr. et à 17 k. de Bar-le-Duc, cant. ✉ de Revigny. Pop. 799 h.

CONTY, *Constiacum*, petite ville, *Somme* (Picardie), arr. et à 25 k. d'Amiens, chef-l. de cant., ✉ de Flers. Cure. Pop. 923 h. Bur. d'enregist. à Sains. — Terrain crétacé supérieur, craie. — C'était autrefois une principauté appartenant à la famille de Bourbon. On y voit une église de style flamboyant très-riche, dont le portail est du XIIIe siècle. — Papeterie.

CONVENÆ (lat. 43°, long. 19'). « On sait qu'ils ont été ainsi appelés d'un terme latin dérivé du verbe *convenire*, pour avoir été rassemblés en un corps de nation par Pompée, qui, à son retour de la guerre d'Espagne contre Sertorius, établit dans ce canton, au pied des Pyrénées, une troupe de gens ramassés. Saint Jérôme (lib. II, adv. Vigil.) les tire *de Pyrenœis jugis* ; et cependant il les dit sortis des *Vettones, Arebaci, Celtiberi*, dont la position en Espagne est assez éloignée des Pyrénées, au delà de l'Ebre, et jusque dans la Lusitanie. Aussi M. de Valois accuse-t-il (p. 157) saint Jérôme de n'être pas d'accord avec lui-même. Ce qui pourrait faire croire qu'il y avait en effet quelques Espagnols fugitifs entre les *Convenæ*, c'est de trouver dans leur voisinage une ville dont le nom est *Calagorris*, comme on en connaît une de même nom chez les anciens Vascones, sur la droite du cours de l'Ebre. M. de Valois remarque judicieusement que c'est des *Convenæ* qu'on peut entendre ce qui est dit dans le troisième livre *De bello civili*, savoir, *fugitivis ab saltu Pyrenœo, prœdonibusque*. Strabon, Pline, Pto-

lémée font mention des *Convenæ*; et Pline (lib. IV, cap. 19) d'une manière qui leur convient particulièrement, *in oppidum, contributi Convenæ*. Le pays où ils ont pris de l'extension après leur établissement, porte le nom de Cominge ; et dans une Notice de la Gaule dont on a trouvé le manuscrit dans la bibliothèque de de Thou, le nom de *Civitas Convenarum* est suivi de cette addition : *id est Communica*. Il ne faut pourtant pas confondre ce que l'on comprend aujourd'hui sous le nom de haut et de bas Cominge avec le diocèse de Cominge, qui est moins étendu. Car sous la recette de Cominge, St-Lizier, chef-lieu du Couserans, Cazères et Louïbez, qui sont de l'ancien territoire de Toulouse, ne sauraient appartenir aux *Convenæ*. » D'Anville. *Notice de l'ancienne Gaule*, p. 244. V. aussi Walckenaer. *Géographie des Gaules*, t. I, p. 191, 196, 285 ; t. II, p. 169, 238.

CONVERS, *Tarn*, com. et ✉ de l'Isle-d'Albi.

CONZAC, vg. *Charente* (Angoumois), arr., cant., ✉ et à 12 k. de Barbezieux. P. 175 h.

CONZAC, vg. *Charente-Inf.* (Saintonge), arr., cant. et à 13 k. de Jouzac, cant. et ✉ de Mirambeau. Pop. 586 h.

CONZIEU, bg *Ain* (Bourgogne), arr., cant., ✉ et à 11 k. de Belley. Pop. 367 h.

COOLE (la), rivière, *Marne*. Elle prend sa source près du village de Coole, passe à Faux-Fontaine, Vesigneul, Coupetz, Cernon, St-Quentin, Breuvery, Nuisement, Ecury, où elle fait mouvoir de belles papeteries, et vient se réunir à la Marne, entre les villages de Coolus et de Compertrix, à 2 k. au-dessus de Châlons. — On y pêche beaucoup d'écrevisses.

COOLE, vg. *Marne* (Champagne), arr. et à 14 k. de Vitry-le-François, comm. de Sommepuis, ✉ de Sommessous. ℣. Pop. 326 h.

COOLUS, vg. *Marne* (Champagne), arr., cant., ✉ et à 5 k. de Châlons-sur-Marne. P. 139 h. Au confluent de la Coole et de la Marne.

COPECHAGNIÈRE (la), vg. *Vendée* (Poitou), arr. à 20 k. de Bourbon-Vendée, cant. et ✉ de St-Fulgent. Pop. 391 h. — Foire le 18 oct.

COQUELLES, vg. *Pas-de-Calais* (Bourbonnais), arr. et à 25 k. de Boulogne-sur-Mer, cant. de Calais, ✉ de St-Pierre-les-Calais. P. 436 h.

COQUEREL, vg. *Somme* (Picardie), arr., ✉ et à 13 k. d'Abbeville, cant. d'Ailly-le-Haut-Clocher. Pop. 459 h.

COQUILLE (la), *Dordogne*, comm. de Ste-Marie-de-Frugie, ✉. ℣. A 428 k. de Paris pour la taxe des lettres.

COQUILLÈRE (la), vg. *Sarthe*. ℣. A 14 k. du Mans.

COQUINPRIX, *Aisne*, comm. de Watigny, ✉ d'Hirsou.

CORANCEZ, vg. *Eure-et-Loir* (Beauce), arr., cant., ✉ et à 9 k. de Chartres. P. 321 h. — Sur les confins de la commune de Corancez et de Morez se trouvent des restes de monuments druidiques, consistant en plusieurs gros blocs de grès ou laderes disséminés, sans ordre, dans un champ inculte, et simplement posés par terre. On en compte plus de cent dans un espace très-circonscrit ; leurs figures bizarres, leur surface hérissée d'aspérités, rougée par le temps, et dont la teinte grise contraste d'une manière frappante avec la verdure du gazon qui les entoure, donnent à leur ensemble un aspect singulier.

CORANCY, vg. *Nièvre* (Nivernais), arr., cant., ⊠ et à 35 k. de Château-Chinon. Pop. 1,203 h.

CORAY, vg. *Finistère* (Bretagne), arr. et à 30 k. de Châteaulin, cant. et ⊠ de Châteauneuf-du-Faou. Pop. 1,834 h. — *Foires* les 2 janv., 3 et 25 fév., 26 mars, 28 avril, 19 mai, 1ᵉʳ août, 14 sept., 28 oct. et 29 nov.

CORBANÇON (forges de), *Indre*, comm. et ⊠ de Mézières-en-Brenne.

CORBAON, *Vendée*, comm. de Château-Guibert, ⊠ de Mareuil.

CORBARA, vg. *Corse*, arr. et à 17 k. de Calvi, cant. et ⊠ de l'Isle-Rousse. P. 1,240 h.

CORBARIEU, vg. *Tarn-et-Garonne* (Languedoc), arr., ⊠ et à 9 k. de Montauban, cant. de Villebrumier. Pop. 513 h.

CORBAS, *Isère*, comm. de Marennes, ⊠ de St-Symphorien-d'Ozon.

CORBASSIL, vg. *Pyrénées-Or.*, comm. de la Vallée-de-Carol, ⊠ de Mont-Louis.

CORBCHEM, vg. *Pas-de-Calais* (Artois), arr. et à 22 k. d'Arras, cant. de Vitry, ⊠ de Douai. Pop. 360 h.

CORBEIL, vg. *Marne* (Champagne), arr., ⊠ et à 23 k. de Vitry-le-François, cant. de Sommepuis. Pop. 227 h.

CORBEIL, *Metiosedum*, *Corboili*, *Corbolium*, petite ville, *Seine-et-Oise* (Ile-de-France), chef-l. de sous-préf. (4ᵉ arr.) et d'un cant. Trib. de 1ʳᵉ inst. Cure. Gite d'étape. ⌘. ♆. Pop. 4,455 h. — TERRAIN tertiaire inférieur.

Autrefois diocèse, parlement, intendance et élection de Paris, prévôté royale, châtellenie, capitainerie des chasses, collégiale, 2 couvents.

Au commencement du IXᵉ siècle, Corbeil n'était que le nom d'un territoire ou la réunion de quelques cabanes de pêcheurs ou de bateliers. En 863, les incursions des Normands obligèrent ceux qui possédaient les reliques de saint Exupère et de saint Loup de les transporter dans le voisinage de Corbeil, et de les mettre en sûreté, non dans ce lieu qui n'avait point de forteresse, mais dans un château appelé Paluau, proche la jonction des rivières d'Etampes et de Juives à 8 ou 12 k. du bourg d'Essonne. Ces reliques conservées contribuèrent dans la suite à l'illustration de Corbeil, qui reçut en moins d'un siècle une consistance qu'il n'avait jamais eue. Sa situation sur la route que suivaient les Normands dévastateurs y fit établir un château.

Une charte du comte Bourchard, de l'année 1008, démontrerait que les comtes de Corbeil y avaient dès lors un palais. Corbeil et ses dépendances furent donnés à titre de douaire à Isemburge, veuve de Philippe Auguste, qui s'y retira et y fonda une église et une communauté, qui plus tard devint une commanderie de l'ordre de Malte. Ce fut dans le palais d'Isemburge que le grand maitre, Villiers de l'Ile-Adam, tint un chapitre de son ordre. L'église, la commanderie et le palais, tout a disparu ou changé de face pendant la révolution. — Plusieurs reines eurent aussi leur douaire assigné sur Corbeil et habitèrent cette ville. La première fut Adèle de Champagne, épouse de Louis VII ; elle y résida quelquefois depuis la mort de ce prince. La seconde fut Isemburge. La troisième fut Blanche de Castille, qui resta veuve de Louis VIII dès l'an 1226, et vécut jusqu'en 1250 ; elle y était en 1248, lorsque Louis IX, avant de partir pour la terre sainte la même année, l'établit régente du royaume par lettres datées de l'Hôpital-lez-Corbeil, c'est-à-dire, de St-Jean-en-l'Ile. La quatrième fut Marguerite de Provence, veuve de Louis IX. La cinquième fut Clémence de Hongrie, veuve de Louis le Hutin, depuis l'an 1316.

Louis le Gros prit possession du château des comtes de Corbeil, après en avoir soumis et châtié le dernier propriétaire. Louis VII y résidait en 1143, et saint Bernard vint l'y trouver et lui parler de l'incendie de Vitry en Champagne. Selon Joinville, la cour était alors composée de plus de trois cents chevaliers. Vers 1262, Jacques 1ᵉʳ, roi d'Aragon, y vint régler quelques différends avec le roi, et le mariage de sa fille avec Philippe le Hardi. Philippe le Bel tenait sa cour à Corbeil en 1290 ; ce même roi y était encore en 1303. Philippe le Long faisait sa résidence la plus ordinaire à Corbeil : il s'y maria en janvier 1306 avec Jeanne, fille d'Othon IV, comte de Bourgogne. Au mois d'avril 1329, Charles le Bel signa à Corbeil une alliance avec Robert, roi d'Ecosse. Louis XI et Louis XII séjournèrent aussi au même château : le premier n'y passa que deux jours après la bataille de Montlhéry, en 1465 ; le second y venait assez souvent, et c'est là que le recteur de l'université de Paris et ses suppôts vinrent le trouver pour recouvrer ses bonnes grâces.

Plusieurs sièges et combats ont désolé Corbeil. En 1357, cette ville fut prise et pillée par un chef de partisans appelé le Bègue de Villaines, et ensuite par les Anglais et les Navarrais. En 1363, des gens d'armes français y commirent des excès inouis. En 1415, le duc de Bourgogne l'assiégea sans succès pendant un mois : Corbeil devint alors un lieu de réunion, d'asile et de conférence ; le château était vaste et bien fortifié : c'est dans sa grosse tour, fameuse par son élévation, que Charles VII fit enfermer le fameux Georges d'Amboise.

Le 16 octobre 1590, le duc de Parme prit d'assaut la ville de Corbeil, après y avoir perdu beaucoup de monde, et l'abandonna à discrétion à son armée ; les habitations furent pillées et saccagées, les filles et les femmes violées, les habitants tués, blessés ou horriblement maltraités. Rigault, chargé de défendre la ville, fut tué sur la place. — Le 10 novembre de la même année, de Givry, gouverneur de la Brie, partit de Melun, et dans l'espace d'une heure reprit cette ville par escalade.

Les armes de Corbeil sont : *d'azur à un cœur de gueules à une fleur de lis d'or en abîme.*

La ville de Corbeil est agréablement située sur la rive gauche de la Seine, au confluent de l'Essonne. Les environs sont très-riants ; mais la partie qui est la plus agréable est celle qui s'étend dans le vallon qu'arrosent les ramifications de l'Essonne. Outre son antique église, on y remarque les superbes moulins de MM. d'Arblay, où le système de mouture à l'anglaise est appliqué dans toute sa perfection ; la halle au blé, et le vaste grenier de réserve, immense bâtiment à six étages, construit sous le ministère de l'abbé Terray : nous avons vu réunie dans ce grenier (en juin 1841) une quantité de grains suffisante pour nourrir pendant quinze jours toute la population de Paris.

Corbeil communique avec Paris par un chemin de fer achevé depuis 1840. La station de départ est située sur le boulevard de l'Hôpital, vis-à-vis le pont d'Austerlitz. Le trajet de Corbeil à Paris et retour se fait en 55 minutes.

Biographie. Patrie de GILLES, médecin de Philippe Auguste.

De D'ANSE DE VILLOISON, antiquaire et savant helléniste, mort à Corbeil dans l'ancien couvent des Ursulines.

Du conventionnel MELLINET.

Du docteur en médecine ED. PETIT.

Du peintre MAUZAISSE.

INDUSTRIE. *Fabriques* de châles et étoffes cachemires, ⊙ 1827-34-39, de toiles peintes. Tuyaux sans couture, sangles, faïence, plâtre. Filature de laine. — *Commerce* de grains et de farines pour l'approvisionnement de Paris.

— *Foires* le 5ᵉ dimanche après Pâques et le 8 sept. — *Marchés* importants pour les grains deux fois par semaine.

A 50 k. S.-E. de Versailles, 33 k. S.-E. de Paris.

L'arrondissement de Corbeil renferme 4 cantons : Corbeil, Arpajon, Boissy-St-Léger, Longjumeau.

Bibliographie. BARBE (Jean de la). *Antiquités de la ville, comté et châtellenie de Corbeil*, in-4, 1647.

GUIOT (J.-A.). *Almanach de la ville et châtellenie de Corbeil*, in-16, 1789.

— *Notice périodique de l'histoire moderne et ancienne de la ville et district de Corbeil*, in-18, 1792.

CORBEIL-CERF, vg. *Oise* (Picardie), arr. et à 20 k. de Beauvais, cant. et ⊠ de Méru. Pop. 331 h. — *Fabriques* de bois d'éventails, de blondes et de dentelles.

CORBEILLES, vg. *Loiret* (Gatinais), arr. et à 17 k. de Montargis, cant. de Ferrières, ⊠ de Ladon. P. 1,141 h. — *Foires* les 13 janv., 23 avril, 30 juin, 30 sept. et 19 oct.

CORBEIL-VIEUX, *Seine-et-Oise.* V. ST-GERMAIN-LE-CORBEIL.

CORBELIN, vg. *Isère* (Dauphiné), arr., ⊠ de la Tour-du-Pin, à 22 k. de Bourgoin, cant. du Pont-de-Beauvoisin. Pop. 1,775 h.

CORBELIN, vg. *Nièvre*, comm. de la Cha-pelle-St-André, ⊠ de Varzy. — Haut fourneau à air chaud et froid. — *Fabrique* d'acier, essieux, etc.

CORBENAY, vg. *H.-Saône* (Franche-Comté), arr. et à 30 k. de Lure, cant. et ⊠ de St-Loup. Pop. 1,019 h.

CORBENY, *Corbiniacum*, bg *Aisne* (Picardie), arr. et à 25 k. de Laon, cant. de Craonne. ⊠. ⚘. A 150 k. de Paris pour la taxe des lettres. Pop. 926 h. — Il y avait autrefois une maison royale où Charlemagne fut reconnu seul roi par les grands de France et d'Austrasie, après la mort de son frère Carloman, et à l'exclusion de ses enfants.

Suivant une coutume pratiquée depuis un temps immémorial, les rois de France, après la cérémonie du sacre, se rendaient à Corbeny, où reposait le corps de saint Marcoul. C'était, dit-on, par les mérites de ce saint, issu du sang royal, que les rois de France passaient pour avoir obtenu du ciel le don de guérir les personnes attaquées des écrouelles. Foulques, archevêque de Reims, fut tué près de ce lieu par les gens du comte de Flandre en 900. Louis d'Outremer le prit en 938. Thomas de Marle le brûla en 1101.

Foires les 1er mai, 1er juillet, 14 sept. et 18 déc.

Bibliographie. * *Histoire du pèlerinage de saint Marcoul à Corbeny, ou Don de guérir les écrouelles accordé aux rois de France*, in-12, 1842.

CORBÈRE, vg. *Pyrénées-Or.* (Roussillon), arr. et à 20 k. de Perpignan, cant. et ⊠ de Millas. P. 1,545 h. — Aux environs de ce village on trouve une grotte spacieuse présentant une suite de cavités et de galeries pratiquées d'une manière assez symétrique : on ne peut la parcourir dans toute son étendue ; car, lorsqu'on est parvenu à une certaine distance, l'on est forcé de s'arrêter au bruit épouvantable d'un torrent souterrain que l'on n'aperçoit pas, et qui, selon toute apparence, se précipite dans quelque abime. On voit dans cette grotte de belles cristallisations de formes très-variées. Les montagnes des environs de Corbère abondent en marbre gris.

CORBÈRES-ABÈRE, vg. *B.-Pyrénées* (Béarn), arr. et à 34 k. de Pau, cant. et ⊠ de Lembeye. Pop. 392 h.

CORBERON, *Cors Beronis*, vg. *Côte-d'Or* (Bourgogne), arr. et à 13 k. de Beaune, cant. et ⊠ de Seure. Pop. 493 h.

CORBÈS, vg. *Gard* (Languedoc), arr. et à 14 k. d'Alais, cant. et ⊠ de St-Jean-du-Gard. Pop. 159 h.

CORBEVILLE, *Seine-et-Oise*, comm. de St-Martin-des-Champs, ⊠ de Septeuil.

CORBEYSSIEU, *Isère*, comm. de Frontonas, ⊠ de Cremieux.

PATRIE du conventionnel CHARREL, membre du conseil des cinq cents et du corps législatif, mort en exil dans l'indigence en 1817.

CORBIAN (St-), *Gironde*, comm. de St-Estèphe, ⊠ de Pouillac.

CORBIE, *Corbeia* et *Corbia*, petite ville, *Somme* (Picardie), arr. et à 20 k. d'Amiens, chef-l. de cant. Cure. ⊠. A 147 k. de Paris pour la taxe des lettres. Pop. 2,745 h. — TERRAIN tertiaire supérieur.

Autrefois diocèse et intendance d'Amiens, parlement de Paris, élection de Dourlens, gouvernement particulier, collège, abbaye.

Cette ville, aujourd'hui peu importante, était jadis très-peuplée, riche, fortifiée, et possédait cinq églises paroissiales. Elle obtint une charte de commune sous Louis VI. Les Espagnols s'en emparèrent en 1636, mais Louis XIII la reprit la même année. Louis XIV en fit raser les fortifications en 1673.

Corbie est agréablement située sur la Somme, que l'on y passe sur un beau pont. Elle était autrefois célèbre par une abbaye de bénédictins fondée en 660 par la reine Bathilde. Cette abbaye, si célèbre dans nos annales, n'a conservé de ses vastes bâtiments que l'église, réédifiée au commencement du XVIIe siècle, sous l'abbé Pierre d'Osterel. La mort de cet abbé et les ravages exercés par les Impériaux en Picardie ne permirent pas de l'achever d'après le plan primitif. Il s'écoula un laps de temps assez considérable entre l'époque où le chœur, la croisée et la nef furent construits, et celle où l'on éleva les tours carrées qui flanquent le portail ; ces tours ne datent que du XVIIIe siècle. Le chœur et les transepts ont été démolis, et cette église, autrefois si belle, ne se compose plus maintenant que du portail et de la partie de la nef qui s'étendait jusqu'à la croisée. La crypte ou chapelle souterraine, dédiée à sainte Bathilde, a été bouchée, ce que l'on doit d'autant plus regretter qu'il parait qu'elle contenait des restes de fresques anciennes, un pavé en mosaïque, quelques tombes et plusieurs statues d'illustres abbés.

Les **armes de Corbie** sont : *d'or à une crosse d'azur posée en pal, côtoyée de deux clefs de gueules aussi en pal, et un corbeau de sable sur le pied de la crosse*.

Fabriques de tuiles, de toiles de coton, alépines, velours, bonneterie. Extraction de tourbe. Filatures de laine. — *Foires* les 3es lundis de fév. et d'oct. et le lundi de Pâques.

CORBIÈRE (la), vg. *H.-Saône* (Franche-Comté), arr. et à 15 k. de Lure, cant. et ⊠ de Luxeuil. Pop. 285 h.

CORBIÈRES, *Corberiæ*, *Corberiis*, vg. *B.-Alpes* (Provence), arr. et à 29 k. de Forcalquier, cant. et ⊠ de Manosque. Pop. 635 h.

CORBIGNY, petite ville, *Nièvre* (Nivernais), arr. et à 30 k. de Clamecy, chef-l. de cant. Cure. ⊠. ⚘. A 238 k. de Paris pour la taxe des lettres. Pop. 2,124 h. — TERRAIN jurassique.

Autrefois diocèse d'Autun, parlement et intendance de Paris, élection de Vezelay, 2 couvents.

Cette ville est située au milieu des montagnes, dans un pays couvert de bois, sur l'Anguison et un peu au-dessus de son confluent avec l'Yonne. Elle doit son origine à un monastère fondé en 798 ; mais elle n'acquit quelque importance qu'en 1230, époque où les corps de saint Léonard et de saint Valérien y furent transportés et y attirèrent un grand nombre de fidèles. Un incendie la détruisit ainsi que le monastère au commencement du XVe siècle. En 1425, elle fut reconstruite et entourée de bonnes murailles, qui n'empêchèrent pas cependant les calvinistes de s'en emparer de vive force en 1563. — Il y avait à Corbigny, à l'époque de Charlemagne, une maison royale où, plus tard, Charles le Chauve fit sa résidence, et qui fut donnée en douaire à la femme de Charles le Simple, suivant les uns, de Lothaire, suivant les autres. Celle-ci en fit don à l'abbaye de St-Remi de Reims, qui, bientôt après, y établit une communauté de religieux. Les rois de France, après leur sacre, allaient ordinairement faire une neuvaine dans le monastère de Corbigny, et c'est alors, suivant la tradition, qu'ils recevaient du ciel le prétendu pouvoir de guérir les écrouelles.

Fabriques de grosses draperies. Tanneries. — *Commerce* de bois. — Dépôt d'étalons. — *Foires* les 10 janv., 1er fév., 2 mai, 30 juin, 20 juillet, 20 août, 15 oct., 19 sept., 19 nov., 14 déc., lundi avant la mi-carême et mercredi après Pâques.

CORBILO (lat. 48°, long. 16°). « Pythéas, qui est célèbre dans l'antiquité par ses découvertes dans l'Océan septentrional, mettait *Corbilo* du nombre des villes les plus opulentes de la Gaule. Strabon (lib. IV, p. 190) nous apprend que *Corbilo* était un port sur la Loire, qui devait être déchu de son état florissant, puisque aucun autre auteur n'en fait mention. Sanson veut que *Corbilo* et *Condivicnum* soient la même ville, mais il ne donne pas de preuves. D'autres ont jeté les yeux sur Couëron, situé à deux lieues au-dessous de Nantes, et sur le même bord de la Loire, et je crois cette opinion fort convenable. M. de Valois (p. 159) appuie même sur l'analogie qui paraît entre la dénomination ancienne et le nom actuel. » D'ANVILLE. *Notice de l'ancienne Gaule*, p. 245. V. aussi Walckenaer. *Géogr. des Gaules*, p. 103.

CORBLEU, *Landes*, comm. de Peuy-Desseaux, ⊠ de Roquefort.

CORBON, vg. *Calvados* (Normandie), arr. et à 24 k. de Pont-l'Évêque, cant. et ⊠ de Cambremer. Pop. 118 h.

CORBON, vg. *Orne* (Perche), arr., cant., ⊠ et à 10 k. de Mortagne-sur-Huine. Pop. 316 h. Autrefois chef-lieu de Corbonnois.

CORBONNOIS, *Corbonisum*, *Corbonensis Pagus*, pays qui dépendait autrefois de la province du Perche, et qui fait maintenant partie de l'arr. de Mortagne, dép. de l'*Orne*. Corbon en était le chef-lieu.

CORBONOD, vg. *Ain* (Bourgogne), arr. et à 31 k. de Belley, cant. et ⊠ de Seyssel. Pop. 1,448 h.

CORBREUSE, vg. *Seine-et-Oise* (Beauce), arr. et à 27 k. de Rambouillet, cant. et ⊠ de Dourdan. Pop. 585 h.

CORCELLE, vg. *Ain*, comm. de St-Etienne-de-Chalaronne, ⊠ de Thoissey.

CORCELLE, vg. *Doubs* (Franche-Comté),

arr. et à 19 k. de Besançon, cant. et ✉ de Marchaux. Pop. 188 h.
CORCELLE, *Jura*, comm. d'Arlay, ✉ de Bletterans.
CORCELLE, vg. *Rhône* (Beaujolais), arr. et à 18 k. de Villefranche-sur-Saône, cant. de Belleville-sur-Saône, ✉ de Romanèche. Pop. 652 h.
CORCELLE-FERRIÈRE, vg. *Doubs* (Franche-Comté), arr. et à 17 k. de Besançon, cant. d'Audeux, ✉ de St-Wit. Pop. 141 h.
CORCELLES, vg. *Ain* (Bourgogne), arr., ✉ et à 38 k. de Nantua, cant. de Brenod. P. 366 h.—*Foires* les 27 mars, 25 avril, 16 août et lundi avant la St-Martin.
CORCELLES, *Ain*, comm. de Chevannes-sur-Suran, ✉ de Bourg-en-Bresse.
CORCELLES, vg. *H.-Saône* (Franche-Comté), arr. et à 21 k. de Lure, cant. et d'Héricourt. Pop. 303 h. — Exploitation de houille.
CORCELLES-LES-ARTS, *Corcella*, vg. *Côte-d'Or* (Bourgogne), arr., cant., ✉ et à 10 k. de Beaune. Pop. 471 h.
CORCELLES-LES-CITEAUX, vg. *Côte-d'Or* (Bourgogne), arr. et à 12 k. de Dijon, cant. et ✉ de Gevrey. Pop. 358 h.
CORCELLES - LES - MONTS, vg. *Côte-d'Or* (Bourgogne), arr., cant., ✉ et à 8 k. de Dijon. Pop. 402 h.
CORCELLES SOUS-GRIGNON, vg. *Côte-d'Or* (Bourgogne), arr. et à 32 k. de Semur, cant. et ✉ de Montbard. Pop. 101 h.
CORCELLES - SUR - SERRIGNY, *Côte-d'Or*, comm. de Serrigny, ✉ de Beaune.
CORCIEUX, vg. *Vosges* (Lorraine), arr. et à 23 k. de St-Dié, chef-l. de cant. Cure. A 406 k. de Paris pour la taxe des lettres. Pop. 1,648 h.—TERRAIN cristallisé, voisin du grès rouge.—Scieries hydrauliques de planches, brasseries.—*Foires* les derniers lundis de fév., de mai, de juillet et de déc.
CORCONDRAY, vg. *Doubs* (Franche-Comté), arr. et à 16 k. de Besançon, cant. d'Audeux, ✉ de St-Wit. Pop. 221 h.
CORCONNE, vg. *Gard* (Languedoc), arr. et à 44 k. du Vigan, cant. et ✉ de Quissac. Pop. 648 h.
CORCY, *Ain*. V. ST-ANDRÉ-DE-CORCY.
CORCY, vg. *Aisne* (Picardie), arr. et à 20 k. de Soissons, cant. et ✉ de Villers-Cotterets. Pop. 453 h.
CORDÉAC, vg. *Isère* (Dauphiné), arr. et à 50 k. de Grenoble, cant. et ✉ de Mens. Pop. 1,209 h.
CORDEBUGLE, vg. *Calvados* (Normandie), arr., ✉ et à 13 k. de Lisieux, cant. d'Orbec. Pop. 331 h.
CORDELLE, vg. *Loire* (Forez), arr., ✉ et à 12 k. de Roanne, cant. de St-Symphorien-de-Lay. Pop. 1,398 h.
CORDELLEVILLE, *Seine-Inf.*, comm. de Clères, ✉ de Valmartin.
CORDEMAIS, bg *Loire-Inf.* (Bretagne), arr., ✉ et à 10 k. de Savenay, cant. de St-Etienne-de-Montluc. Pop. 2,576 h.—Il est situé près de la rive droite de la Loire, où il avait autrefois un petit port.—*Foires* le 20 avril et le 4 sept.

CORDES, petite ville, *Tarn* (Languedoc), arr. et à 26 k. de Gaillac, chef-l. de cant. Cure. Gîte d'étape. ✉. ⚘. A 438 k. de Paris pour la taxe des lettres. Pop. 2,779 h.—TERRAIN tertiaire moyen.
Cette ville est bâtie sur une éminence en forme de pain de sucre, et les rues ont des pentes si rapides, que les voitures sont obligées de faire de longs circuits pour arriver jusqu'au sommet, où se trouvent les restes d'un ancien fort, et une place assez vaste, d'où la vue s'étend fort loin. Cordes possède aussi quelques édifices qui paraissent être du moyen âge, et qui ont été bien conservés par les particuliers qui les habitent.—*Fabriques* de produits chimiques. Tanneries. Tuileries. — *Foires* les 29 mai, 25 août, 25 nov., 2ᵉ samedi de janv., jeudi après Pâques et 1ᵉʳ samedi d'oct.
CORDESSE, *Cordissa*, vg. *Saône-et-Loire* (Bourgogne), arr. et à 11 k. d'Autun, cant. et ✉ de Lucenay. Pop. 199 h.—*Foire* le 2 mai, ou le 3 si le 2 est un dimanche.
CORDES-TOLOSANES, vg. *Tarn-et-Garonne* (Armagnac), arr., ✉ et à 12 k. de Castel-Sarrasin, cant. de St-Nicolas-de-la-Grave. Pop. 818 h. Sur la rive gauche de la Garonne.
Ce village, nommé autrefois Concordia Tolosana, conserve des restes d'une grande ancienneté : des vestiges d'aqueducs, des vases, des médailles qu'on y a trouvés, indiquent qu'il existait du temps où les Romains étaient maîtres des Gaules.
CORDEY, vg. *Calvados* (Normandie), arr., cant., ✉ et à 6 k. de Falaise. Pop. 250 h.
CORDIEUX, vg. *Ain* (Bourgogne), arr. et à 23 k. de Trévoux, cant. et ✉ de Montluel. P. 179 h.
CORDIRON, *Doubs* (Franche-Comté), arr. et à 17 k. de Besançon, cant. d'Audeux, ✉ de Marnay. Pop. 129 h.
CORDON, *Ain*, comm. de Breguier-Cordon, ✉ de Belley. ⚘.
CORDONNET (le), *H.-Saône*, comm. de Haute-Rive, ✉ de Rioz.
CORDOUX, *Seine-et-Marne*, comm. de Courpalay, ✉ de Rozoy-en-Brie.
CORDOUAN (la Tour de), *Corduenna Turris*. Phare de 1ᵉʳ ordre, situé sur un rocher, à l'embouchure de la Gironde. Quelques auteurs en font remonter la construction au siècle de Louis le Débonnaire ; d'autres pensent qu'il a été bâti par ordre du prince de Galles en 1370. Il a été rééédifié en 1584 par l'architecte Louis de Foix, et diverses réparations y ont été faites en 1665, 1729 et 1789. — Ce phare est bâti en forme de pyramide, et se compose de trois ordres d'architecture superposés ; une lanterne en forme de dôme, à foyer tournant d'après le système de Fresnel, en occupe le sommet. L'intérieur de la pyramide se compose d'un rez-de-chaussée voûté, d'un premier étage où se trouve une grande salle, et un second étage occupé par une chapelle. Le phare de Cordouan est à feu tournant à éclipses d'une en une minute ; il a 63 m. de hauteur et 31 k. de portée. Quatre gardiens, chargés de son entretien, y séjournent constamment ; ils ont des vivres pour six mois ; car pendant une partie de l'année la communication avec la terre est impossible. Lat. 45° 35', long. O. 3° 31'.—Etablissement de la marée, 3 heures 40 minutes.

COREN, bg *Cantal* (Auvergne), arr., cant., ✉ et à 6 k. de St-Flour. Pop. 588 h.
CORENC, vg. *Isère* (Dauphiné), arr., cant., ✉ et à 6 k. de Grenoble. Pop. 709 h.
CORENÇON, vg. *Isère*, comm. de Villard-de-Lans, ✉ de Grenoble.
CORENT, *Puy-de-Dôme*, comm. de Martres-de-Veyre, ✉ de Veyre.
CORENTIN (St-), *Seine-et-Oise*, comm. de Septeuil-et-Rosay, ✉ de Septeuil.
CORFÉLIX, vg. *Marne* (Brie), arr. et à 31 k. d'Epernay, cant. et ✉ de Montmirail. Pop. 231 h.
CORGENGOUX, vg. *Côte-d'Or* (Bourgogne), arr. et à 14 k. de Beaune, cant. et ✉ de Seurre. Pop. 619 h.
CORGIRNON, vg. *H.-Marne* (Champagne), arr. et à 15 k. de Langres, cant. et ✉ du Fayl-Billot. Pop. 557 h.
CORGNAC, vg. *Dordogne* (Périgord), arr. et à 35 k. de Nontron, cant. et ✉ de Thiviers. Pop. 1,222 h.
CORGOLOIN, vg. *Côte-d'Or* (Bourgogne), arr. et à 9 k. de Beaune, cant. et ✉ de Nuits. Pop. 616 h.
CORIALLUM (lat. 50°, long. 16°). « Il faut en chercher la position à l'extrémité du Cotantin, que l'on nomme la Hague, et sur le rivage de la mer, où une route vient aboutir et se terminer ; car c'est ainsi que ce lieu est placé dans la Table théodosienne, comme plusieurs autres lieux maritimes, qui sont suffisamment connus d'ailleurs, me contentant d'alléguer pour exemple *Bononia*. Sanson a bien pensé qu'il fallait s'attacher à une pareille position, et il a jeté les yeux sur Cherbourg, mais le nom de Cherbourg dérivé de *Cherusburc* n'a point avec *Coriallum* l'affinité que Sanson a cru y voir. On en reconnaît véritablement dans le nom de *Gouril*, qui est celui d'un petit havre entre les falaises, sous le cap de la Hague, à l'endroit où le continent a le plus de saillie dans la mer. Les XXIX milles que marque la Table entre *Cosedia* et *Coriallum*, sont très convenables à l'éloignement où se trouve le havre dont je parle à l'égard du lieu que j'estime répondre à l'emplacement de *Cosedia*. » D'Anville. *Notice de l'ancienne Gaule*, p. 246. V. aussi Walckenaer. *Géogr. des Gaules*, t. I, p. 396 ; t. II, p. 259.
CORIOVALLUM (lat. 51°, long. 24°). « Il en est mention dans l'Itinéraire d'Antonin en deux endroits et dans la Table théodosienne. L'Itinéraire marque XII dans un endroit, et XVIII dans l'autre, entre *Coriovallum* et *Juliacum* ou Juliers. La première de ces deux distances paraît devoir être préférée parce que celle de la Table y est conforme. L'Itinéraire et la Table s'accordent pareillement à marquer XVI entre *Aduaca*, qui est Tongres,

et *Coriovallum* ; et j'ai lieu d'estimer que l'espace actuel de Tongres à Juliers répond en effet à 28 lieues gauloises, que donnent les deux distances. En partant de Juliers, la première de ces distances paraît se terminer vers un lieu nommé Cortembach, et suivant la leçon de la Table qui est *Cortovallio*, on dirait *Cortovallum*, plutôt que *Coriovallum*. Cluvier a placé ce lieu à Valkenbourg, qui en effet semble être sur la direction de la route. Mais je remarque que la distance à l'égard de Juliers est trop forte, et en même temps trop faible à l'égard de Tongres ; car ayant sous les yeux des cartes levées géométriquement pendant les campagnes que le roi a faites en personne, la distance de Tongres au vieux Valkenbourg ne s'étend qu'à environ 15,000 toises, en suivant la trace de l'ancienne chaussée, que de Tongres est alignée vers Mastrict. Or, cette mesure ne répond qu'à 13 lieues gauloises lorsqu'il en faut trouver 16. Menso-Alting (*Not. Batav.*, p. 51), en s'écartant de Cluvier, rencontre encore moins juste ; car le lieu dont il fait choix, par rapport au nom de Keyer qu'il porte, croyant y retrouver le premier membre du nom de *Coriovallum*, n'est qu'à 12,000 toises de Tongres, c'est-à-dire 10 à 11 lieues gauloises. Il ne convient pas même à la direction de la voie, dont il s'écarte sur la droite au delà de Mastrict. On peut voir comment le savant que je cite dispose à son gré des distances pour les amener à son point. Quoiqu'il ne soit pas mention de *Trajectum Mosœ* dans les Itinéraires, cependant on ne saurait douter que ce ne fût le passage de la voie romaine. On lit dans Grégoire de Tours, en parlant d'*Aravatius*, qui le premier de ces évêques de Tongres, transféra son siège à *Trajectum* dans le vᵉ siècle, que ce prélat fut inhumé *juxta pontem aggeris publici*, et ce qu'on doit entendre par *agger publicus* ne souffre point de difficulté. Il y a même grande apparence que cet *ad Mosœ Trajectum*, est celui dont Tacite fait mention (*Hist.*, lib. iv, sect. 66) en disant que Civilis ayant altiré ceux de Cologne dans son parti et armé les *Sunici*, fut arrêté dans ses progrès par Labéon, qui avec ce qu'il avait ramassé de monde à la hâte chez les *Betasii*, *Tungri* et *Nervii*, *pontem Mosœ fluminis anteceperat*. » D'Anville. *Notice de l'ancienne Gaule,* p. 246.

CORIGNAC, vg. *Charente-Inf.* (Saintonge), arr. et à 24 k. de Jonzac, cant. et ⊠ de Montendre. Pop. 154 h.

CORISOPITI (lat. 48°, long. 14°). « En ne confondant point, comme on a fait jusqu'à présent, les *Corisopiti* avec les *Curiosolites*, on ne trouvera dans les monuments romains que la Notice des provinces de la Gaule qui fasse mention des *Corisopiti*, et cette Notice est du commencement du vᵉ siècle ou peu antérieure. Avant qu'on eût découvert les *Curiosolites* dans un lieu qui se nomme Corseult, renfermé actuellement dans le diocèse de St-Malo, on s'accordait à leur assigner pour territoire le diocèse de Kimper. Il est hors de doute que Kimper est le siège épiscopal désigné dans les actes du moyen âge par le nom de *Corisopitensis* ; et puisque les *Curiosolites* ont un autre emplacement, c'est mal à propos qu'on n'a point distingué d'avec eux les *Corisopiti*. Dans le procès que Nominé, qui prit en Bretagne le titre de roi vers le milieu du ixᵉ siècle, fit aux évêques de cette province, l'évêché de Kimper est appelé *Corisopitensis*; et ce nom subsistait plusieurs siècles après, comme des lettres datées de l'an 1166, dans lesquelles un évêque de Kimper s'intitule *Corisopitensis Ecclesiœ humilis minister*, en font foi. M. de Valois (p. 166) citant un martyrologe, qui fait mémoire de saint Corentin, *episcopi civitatis Aquilœ*, ne dit point quelle était cette ville. Le nom de Kimper a désigné chez les Bretons, suivant les titres du pays, le confluent de plusieurs rivières, comme en effet il s'en réunit plusieurs à Kimper ; et les lettres que je viens de citer ont été données *apud Confluentiam, in ecclesia B. Mariœ et B. Chorentini.* On lit dans un autre titre du cartulaire de Kimper, *Ecclesia S. Chorentini in Confluentia* ; et c'est avec surprise qu'on trouve le P. Hardouin, dont Kimper était la patrie, se méprendre sur la signification du nom de Kimper, dans une note sur Pline (édit. in-f°., t. I, p. 225). *Quœ vox*, dit-il, *Britannica lingua oppidum muris cinctum significat.* Dans le langage des habitants du pays de Galles, *Kimmer* désigne une jonction ou association. Mais, pour en venir au nom d'*Aquila* que porte le martyrologe, et qui donne lieu au P. Rostrenen, dans son Dictionnaire breton, de dériver le nom de Kimper, de Kamp et d'Er, qu'il interprète *Campum Aquilœ*, il n'est pas moins propre à désigner la même ville, quoique par une dénomination particulière et différente de Kimper. L'église que l'on nomme aujourd'hui le Loc Maria, *Locus Mariœ*, à Kimper, est appelée dans les titres *Sancta Maria de Aquilonia* ; et des lettres de Benedic ou Budic, évêque, et en même temps comte de Cornouaille et père d'Alain surnommé Canhiart, ont été expédiées *in Aquilonia civitate.* Il est donc constant que les *Corisopiti* étaient placés dans le diocèse de Kimper; et cependant on trouvera d'une manière également évidente, dans les articles *Osismii* et *Vorganium*, que le territoire de ce diocèse faisait partie de la cité des Osismiens. Or, que doit-on conclure de là, si n'est qu'entre les cités de la Gaule, comme on en connaît plusieurs qui ont renfermé des peuples de moindre considération dans leur dépendance, les *Corisopiti*, dont aucun auteur ne fait mention avant la Notice des provinces, n'étaient primitivement qu'une portion des *Osismii* que l'établissement d'un évêché particulier en a séparée et fait distinguer.» D'Anville. *Notice de l'ancienne Gaule*, p. 248.

CORLAY, petite ville, *Côtes-du-Nord* (Bretagne), arr. et à 35 k. de Loudéac, chef-l. de cant. Cure. Gîte d'étape. ⊠. A 488 k. de Paris pour la taxe des lettres. Pop. 1,485 h. — TERRAIN de transition inférieur. — C'était autrefois une place assez importante que le trop célèbre Beaumanoir, dit Fontenelle, saccagea en 1591. Le château, dans les dépendances duquel on a placé un dépôt d'étalons, fait partie du domaine privé du roi des Français, Louis-Philippe Iᵉʳ. — *Foires* 22 juillet, 3ᵉ jeudi de janv., 1ᵉʳ jeudi de fév., jeudi de la Passion, 2ᵉ jeudi après Pâques, lendemain de l'Ascension, 2ᵉ jeudi de juin, 1ᵉʳ jeudi de juillet, 3ᵉ jeudi de sept., jeudi après le 29 sept., 3ᵉ jeudi d'oct. et jeudi de l'avent.

CORLAY-LE-HAUT, vg. *Côtes-du-Nord* (Bretagne), arr. et à 35 k. de Loudéac, cant. et ⊠ de Corlay. Pop. 1,202 h.

CORLÉE, vg. *H.-Marne* (Champagne), arr., cant., ⊠ et à 5 k. de Langres. P. 216 h.

CORLIER, vg. *Ain* (Bourgogne), arr. et à 42 k. de Belley, cant. de Hauteville, ⊠ de St-Rambert. Pop. 235 h. — *Foire* le mardi après Pâques.

CORMAINVILLE, vg. *Eure-et-Loir* (Beauce), arr. et à 22 k. de Châteaudun, cant. d'Orgères, ⊠ de Patay. Pop. 540 h.

CORMARANCHE, vg. *Ain* (Bourgogne), arr. et à 35 k. de Belley, cant. de Hauteville, ⊠ de St-Rambert. Pop. 732 h. — *Foires* les 15 avril et 15 juillet.

CORMARANCHE, vg. *Ain* (Bourgogne), arr. et à 35 k. de Bourg-en-Bresse, cant. et ⊠ de Pont-de-Veyle. Pop. 926 h. — *Foire* le 15 mai.

CORMATIN, vg. *Saône-et-Loire* (Bourgogne), arr. et à 32 k. de Mâcon, cant. et ⊠ de St-Gengoux-le-Royal. Pop. 773 h. — Papeterie. — *Foires* les 16 août, 26 oct. et 22 déc.

CORME-ÉCLUSE, Coma, bg *Charente-Inf.* (Saintonge), arr. et à 23 k. de Saintes, cant. et ⊠ de Saujon. Pop. 1 002 h. — L'église, dédiée à Notre-Dame, est une vaste et belle basilique romane dont les grandes proportions attestent qu'elle a dû appartenir à quelque riche communauté. La façade, du xɪᵉ siècle, présente, à la première assise, trois portails à plein cintre et à deux voussures (les latéraux sont bouchés) formant une arcature romane dont chaque retombée est soutenue par une colonnette fort grosse. Un fronton triangulaire, percé d'une baie sans caractère, surmonte la console, que soutiennent des modillons. Les côtés de la nef présentent deux immenses ogives du xɪɪɪᵉ siècle bouchées, appuyées sur des pieds-droits. Les transepts forment la croix latine, et sont percés de portes et de fenêtres du xɪɪɪᵉ siècle. Des deux chapelles appliquées sur les transepts, une seule a été conservée et une petite fenêtre romane. L'abside est semi-arrondie, soutenue par des contre-forts plats et percée de petites fenêtres refaites vers la fin du xɪɪᵉ siècle. Le clocher est placé sur le chœur. Il est carré, et présente à sa première assise une arcature pleine du xɪᵉ siècle. La deuxième assise du xɪɪɪᵉ siècle est percée de deux baies ogivales. Un escalier à vis, coiffé d'un cône écaillé, s'élève à l'angle droit jusqu'à la première assise.

CORMÈDE, vg. *Puy-de-Dôme*, comm. de Martres-d'Artières, ⊠ de Pont-du-Château.

CORMEILLE-EN-PARISIS, *Curmiliaca*, bg *Seine-et-Oise* (Ile-de-France), arr.

et à 25 k. de Versailles, cant. d'Argenteuil, ✉ de Franconville. Pop. 1,219 h.

Ce bourg est situé sur une éminence d'où l'on jouit d'une fort belle vue, dans un territoire presque entièrement cultivé en vignes qui produisent d'assez bon vin : on y trouve également beaucoup d'arbres fruitiers. L'élévation des collines de ce bourg y a fait bâtir plusieurs moulins à vent ; un d'eux est fameux pour avoir longtemps servi à Cassini, lorsqu'il travaillait à la grande carte topographique de France. Gui-Patin, médecin et littérateur, y avait une maison de campagne.—On trouve aux environs une source d'eau minérale ferrugineuse à FONTAINE.—Exploitation des carrières de pierres à plâtre.—Fabrique de briques, tuiles et carreaux.

PATRIE de l'opticien CAUCHOIS, dont les travaux ont enrichi les sciences physiques.

Du peintre DAGUERRE, créateur du diorama et inventeur du daguerréotype.

CORMEILLES, *S. Petrus Cormeliis, Cormeliæ*, vg. *Eure* (Normandie), arr. et à 17 k. de Pont-Audemer, chef-l. de cant. Cure. Bureau d'enregist. à Lieurey. ✉. ⚘. A 176 k. de Paris pour la taxe des lettres. Pop. 1,373 h.— TERRAIN tertiaire supérieur.—C'est un ancien bourg d'origine romaine, situé près de la Calonne, sur la voie antique de Lillebonne à Lisieux.—*Fabriques* de drocs, tissus de lin et coton. Filature de laine. *Foires* les 1er vendredi de carême, 25 sept. (2 jours) et 21 déc.

CORMEILLES-EN-VEXIN, vg. *Seine-et-Oise* (Vexin), arr. et à 14 k. de Pontoise, cant. et ✉ de Marines. Pop. 906 h.

CORMEILLES-LE-CROCQ, bg *Oise* (Picardie), arr. et à 43 k. de Clermont, cant. de Crèvecœur, ✉ de Breteuil. Pop. 1,040 h.— Ce bourg occupe l'emplacement d'une station posée sur la voie romaine qui allait de Beauvais à Amiens, et désignée sous le nom de Curnilacia dans l'Itinéraire d'Antonin.—*Fabrique* d'étoffes de laine.

CORMEILLES, vg. *Calvados* (Normandie), arr., cant., ✉ et à 4 k. de Caen. Pop. 268 h.

CORMENIER (le), vg. *Deux-Sèvres* (Poitou), arr. et à 16 k. de Niort, cant. et ✉ de Beauvoir-sur-Niort. Pop. 367 h.

CORMENON, vg. *Loir-et-Cher* (Maine), arr. et à 22 k. de Vendôme, cant. et ✉ de Montdoubleau. Pop. 464 h.

CORMERAY-LE-BOURG, *Loir-et-Cher*, comm. de Chitenay, ✉ des Montils.

CORME - ROYAL, vg. *Charente - Inf.* (Saintonge), arr. et à 14 k. de Saintes, cant. et ✉ de Saujon. Pop. 1,400 h.

Corme-Royal a été un des établissements des Romains dans la Saintonge. Il était près du camp retranché de Toulon, le *Noviuregum* de la carte de Peutinger. On y rencontre de nombreux pans de murs romains, des restes de bains, une enceinte de camp, des débris de tuiles antiques. Entre Corme et St-Romain de Benet, les endroits appelés les terriers et les tonnelles, sont d'origine celtique. Un dolmen occupait les bois de Sénathe à peu distance.—Au moyen âge, Corme avait une ceinture de mu-

railles dont il reste une porte avec des tourelles.
—*Foires* les 25 août, 2 nov., 2e mercredi de mars et de mai.

CORMERY, petite ville, *Indre-et-Loire* (Touraine), arr. et à 20 k. de Tours, cant. de Montbazon. Cure. ✉. ⚘. A 234 k. de Paris pour la taxe des lettres. Pop. 985 h. Sur l'Indre. On y voit les restes d'une abbaye fondée en 780, détruite par les Anglais en 1358, et reconstruite quelque temps après.—*Foires* les derniers jeudis de fév., d'avril, de juin, d'août et d'oct.

CORMES, vg. *Sarthe* (Maine), arr. et à 37 k. de Mamers, cant. et ✉ de la Ferté-Bernard. Pop. 871 h.

CORMETTE, *Pas-de-Calais*, comm. de de Zudausques, ✉ de St-Omer.

CORMICY, *Culmiciacum, Cormiciacum*, petite ville très-ancienne, *Marne* (Champagne), arr. et à 16 k. de Reims, cant. de Bourgogne, ✉ de Berry-au-Bac. Pop. 1,590 h.

Cormicy date à peu près de la même époque que la ville de Reims, dont elle a toujours partagé la destinée. Le célèbre historien Flodoard en était curé en 925. On lit dans cet historien que vers l'an 950 Cormicy fut assiégé par Hugues de Vermandois, archevêque de Reims, que sa mauvaise conduite avait fait chasser de son siége ; que la ville fut prise d'assaut après une vigoureuse résistance, et que 400 de ses habitants furent passés au fil de l'épée, tant dans l'église où ils s'étaient réfugiés, que sur la place adjacente. Flodoard, complice de cette résistance, perdit sa cure et se retira dans un monastère aux environs d'Epernay, où il mourut en 966.—On lit dans un ancien manuscrit conservé dans les archives de la mairie de Cormicy, que cette ville était autrefois très-fortifiée et commandée par un lieutenant de roi. Elle était entourée d'un mur flanqué de tours, avec remparts, fossés, glacis, et avait un château dont une vieille tour existait encore en 1790.— Cormicy appartenait directement aux rois de la première et de la seconde race, qui y ont fait battre monnaie ; il a été donné aux archevêques de Reims, en échange de la ville de Mouzon dans les Ardennes. En 1235, le chapitre de Reims, menacé par les bourgeois, se retira précipitamment à Cormicy, où il resta deux ans. Sous le règne de Jean II, dit le Bon, Cormicy fut assiégé et pris par les Anglais, qui démantelèrent cette place, dont ils s'emparèrent de nouveau en 1430, et qu'ils gardèrent jusqu'à l'époque où ils en furent chassés par Charles VII lorsqu'il vint se faire sacrer à Reims assisté de la Pucelle d'Orléans.—Vers la fin du XIVe siècle, les Rémois détruisirent les fortifications de Cormicy, dans la crainte qu'elles ne servissent de retraite aux troupes de brigands qui infestaient alors la campagne. Il paraîtrait que ces fortifications furent ensuite reconstruites, puisqu'une ordonnance de Louis XIII, de 1614, porte que, sur chaque minot de sel qui sera vendu à Cormicy, on prélèvera cinq sols qui seront employés aux réparations des fortifications, ponts et chaussées de ladite ville. En 1650, l'archiduc Léopold s'empara de Cormicy,

et l'hôpital qui se trouvait dans les faubourgs fut brûlé par ses soldats.—Cormicy jouissait du droit de commune de temps immémorial. Le corps municipal était composé de trois échevins, trois conseillers, huit notables, un syndic et un greffier.

Cormicy est formé de rues étroites et tortueuses qui dénotent son ancienneté. On y voit une belle fontaine alimentée par des eaux limpides et très-salubres. L'église paroissiale, par sa belle forme, par la régularité et l'étendue de son vaisseau, est digne de toute l'attention des archéologues. Le maître-autel en marbre est surmonté d'un baldaquin supporté par six colonnes en marbre lilas, dont les chapiteaux sont en cuivre doré. Le chœur renferme de belles stalles, et la nef une chaire à prêcher remarquable ; le prix une chaire à prêcher remarquable ; un beau buffet d'orgues s'élève au-dessus de la principale porte d'entrée.

Les vins de Cormicy sont l'objet principal de son commerce ; ils sont légers et très-agréables ; les vins blancs sont surtout recherchés dans les bonnes années. En année favorable, on peut récolter de 25 à 30 pièces par hectare, du prix moyen de 40 à 50 fr. la pièce. Le prix de l'hectare de 1re classe vaut 7,000 fr., celui de dernière classe 2,400 fr.—*Tuilerie.—Foire* le 1er mardi de chaque mois.

CORMIER (le), *Cormerium*, vg. *Eure*, comm. de Martainville-du-Cormier, ✉ de Pacy-sur-Eure.

CORMOLAIN, vg. *Calvados* (Normandie), arr. et à 24 k. de Bayeux, cant. de Caumont, ✉ de Balleroy. Pop. 937 h.

CORMONT, vg. *Pas-de-Calais* (Boulonnais), arr. et à 15 k. de Montreuil-sur-Mer, cant. et ✉ d'Etaples. ⚘. Pop. 432 h.

CORMONTREUIL, vg. *Marne* (Champagne), arr., cant., ✉ et à 4 k. de Reims. Pop. 629 h.—*Foires* le 1er lundi de carême et lundi après le 15 août.

CORMORAND, *Ain*, comm. de Villereversur, ✉ de Bourg-en-Bresse.

CORMORIN, *Sarthe*, comm. de Champrond-sous-Montmirail, ✉ de la Ferté-Bernard.

CORMOT, ou **CRÉMEAUX**, vg. *Aube* (Champagne), arr., ✉ et à 17 k. de Troyes, cant. de Bouilly. Pop. 312 h.

CORMOT-LE-GRAND, vg. *Côte-d'Or* (Bourgogne), arr. et à 20 k. de Beaune, cant. et ✉ de Nolay. Pop. 360 h.

CORMOT-LE-PETIT, vg. *Côte-d'Or*, comm. de Cormot-le-Grand, ✉ de Nolay.

CORMOYEUX-ET-ROMERY, vg. *Marne* (Champagne), arr. et à 20 k. de Reims, cant. d'Ay, ✉ d'Epernay. Pop. 575 h.—Cormoyeux et Romery sont d'anciennes paroisses réunies en une même commune, contenant 123 hect. de vignes, du prix de 2,000 à 5,000 fr. l'hect., et produisant ensemble annuellement 1,200 pièces de vin du prix moyen de 40 fr. la pièce.

CORMOZ, *Ain* (Bourgogne), arr. et à 35 k. de Bourg-en-Bresse, cant. de St-Trivier-de-Courtes, ✉ de St-Amour. Pop. 1,080 h.

CORN-ET-ROQUEFORT, vg. *Lot* (Quercy), arr., ✉ et à 13 k. de Figeac, cant. de

Livernon. Pop. 785 h. — Il est situé au pied d'un énorme rocher, sur la rive droite du Célé. On remarque aux environs deux grottes qui communiquent entre elles par une terrasse naturelle que forment les saillies du rocher; l'une est appelée grotte du Consulat, et l'autre la Citadelle. On ne parvient à la première que par un sentier très-étroit taillé dans le rocher : devant la grotte s'étend une plate-forme coupée à pic de trois côtés ; de là on communique par une corniche avec la caverne dite la Citadelle. —Foires les 4 mai et 4 juin.

CORNABEY, *Doubs*, comm. de la Grand-Combe, ✉ de Morteau.

CORNAC, vg. *Lot* (Quercy), arr. et à 47 k. de Figeac, cant. et ✉ de Bretenoux. P. 1,504 h. —Foires les 4 janv., 16 mars, 4 avril, 13 mai et 15 nov.

CORNALIS, vg. *Landes*, comm. d'Arjuzaux, ✉ de Tartas.

CORNANT, vg. *Yonne* (Champagne), arr., cant., ✉ et à 11 k. de Sens. Pop. 345 h.

CORNAS, vg. *Ardèche* (Languedoc), arr. et à 13 k. de Tournon, cant. et ✉ de St-Peray. Pop. 903 h. — Il est situé près de la rive droite du Rhône, dans un territoire fertile en excellents vins. — Le vignoble de Cornas (canton de St-Peray) produit des vins rouges de première classe. Il se garde souvent dix-huit à vingt ans, et leur qualité ne fait que s'accroître, mais ils n'ont pas de bouquet.

CORNASÉ, vg. *Indre*, comm. de Montierchaume, ✉ de Châteauroux.

CORNAY, vg. *Ardennes* (Champagne), arr. et à 25 k. de Vouziers, cant. et ✉ de Grandpré. Pop. 508 h.

CORNÉ, bg *Maine-et-Loire* (Anjou), arr. et à 20 k. de Baugé, cant. et ✉ de Beaufort. ✉. Pop. 2,092 h. — Carrière d'ardoises.

CORNE-DE-CERF (la), *Indre-et-Loire*, comm. et ✉ de la Chapelle-sur-Loire.

CORNEBARIEU, vg. *H.-Garonne* (Languedoc), arr., cant., ✉ et à 13 k. de Toulouse. Pop. 892 h.

CORNE-DE-CHAUX, vg. *Doubs*, comm. de Roset-Fluans, ✉ de St-Wit.

CORNEILHAN, vg. *Hérault* (Languedoc), arr., cant., ✉ et à 7 k. de Béziers. P. 710 h.

CORNEILLA-EN-CONFLENT, vg. *Pyrénées-Or.* (Roussillon), arr., cant. et à 9 k. de Prades, ✉ de Villefranche-de-Conflent. Pop. 491 h.

CORNEILLA-DEL-VERCOL, vg. *Pyrénées-Or.* (Roussillon), arr., cant. et à 9 k. de Perpignan, ✉ d'Elne. Pop. 224 h.

CORNEILLA-LA-RIVIÈRE, vg. *Pyrénées-Or.* (Roussillon), arr., ✉ et à 17 k. de Perpignan, cant. de Millas. Pop. 1,261 h. Près de la Tet. — Dans un vallon situé à 2 k. de Corneilla, au lieu dit la Berne, on trouve une source d'eau minérale ferrugineuse froide, que Carrère compare à celles du Bernadal près de Vinça.

CORNEILLAN, bg *Gers* (Armagnac), arr. et à 55 k. de Mirande, cant. et ✉ de Riscle. Pop. 520 h.

CORNEILLE (St-), vg. *Sarthe* (Maine), arr. et à 15 k. du Mans, cant. de Montfort, ✉ de Savigné-l'Évêque. Pop. 866 h.

CORNEILLE (St-), *Tarn*, comm. et ✉ de l'Isle-d'Albi.

CORNETS (les), *Eure*, comm. de la Neuve-Grange, ✉ d'Étrépagny.

CORNEUIL, vg. *Eure* (Normandie), arr. et à 19 k. d'Evreux, cant. et ✉ de Damville. Pop. 353 h. — On y voit les vestiges et les fossés d'un ancien château fort. — *Fabrique* de coutils.

CORNEUX, vg. *H.-Saône*, comm. de St-Broing-Corneux, ✉ de Gray.

CORNEVILLE-LA-FOUQUETIÈRE, *Cornevilla*, vg. *Eure* (Normandie), arr., cant., ✉ et à 9 k. de Bernay. Pop. 230 h.

CORNEVILLE-SUR-RILLE, *Cornevilla*, vg. *Eure* (Normandie), arr., cant., ✉ et à 8 k. de Pont-Audemer. Pop. 862 h.

CORNIER-DES-LANDES (St-), vg. *Orne* (Normandie), arr. à 17 k. de Domfront, cant. et ✉ de Tinchebray. Pop. 2,001 h. — *Fabrique* de clous.

CORNIÉVILLE, vg. *Meuse* (Lorraine), arr., cant., ✉ et à 8 k. de Commercy, et à 21 k. de St-Mihiel. Pop. 425 h. — Tuileries.

CORNIL, vg. *Corrèze* (Limousin), arr., cant., ✉ et à 17 k. de Tulle. Pop. 1,353 h.

CORNILLAC, vg. *Drôme* (Provence), arr. et à 29 k. de Nyons, cant. de ✉ de Remuzat. Pop. 350 h.

CORNILLAC, *Tarn-et-Garonne*, comm. de St-Clair, ✉ de Valence-d'Agen.

CORNILLE, vg. *Dordogne* (Périgord), arr. ✉ et à 11 k. de Périgueux, cant. de Savignac. Pop. 482 h.

CORNILLÉ, vg. *Ille-et-Vilaine* (Bretagne), arr., cant., ✉ et à 10 k. de Vitré. Pop. 863 h.

CORNILLÉ, vg. *Maine-et-Loire* (Anjou), arr. et à 20 k. de Baugé, cant. de Seiches, ✉ de Beaufort. Pop. 603 h.

CORNILLON, vg. *Bouches-du-Rhône* (Provence), arr. et à 36 k. d'Aix, cant. et ✉ de Salon. Pop. 621 h. — Il est bâti au-dessus du confluent de la Touloubre et du canal de Crapponne. On y jouit d'une fort belle vue sur l'étang de Berre. — On doit visiter le lit de la Touloubre, appelé le Vallon des Prés, long défilé qui n'a guère que 300 m. de largeur, dont les bords sont taillés à pic dans le roc ; le fond est une prairie, au milieu de laquelle coule la Touloubre.

CORNILLON, vg. *Drôme* (Provence), arr., ✉ et à 30 k. de Nyons, cant. de Remuzat. P. 290 h.

CORNILLON, vg. *Gard* (Languedoc), arr. et à 23 k. d'Uzès, cant. et ✉ de Pont-St-Esprit. Pop. 930 h.

CORNILLON, vg. *Loire*, com. de St-Paulen-Cornillon, ✉ de Firminy.

CORNILLON-EN-TRIÈVES, vg. *Isère* (Dauphiné), arr. et à 48 k. de Grenoble, cant. et ✉ de Mens. Pop. 358 h.

CORNIMONT, ou HORNENBERG, vg. *Vosges* (Lorraine), arr. et à 30 k. de Remiremont, cant. de Saulxures, ✉ de Vagney. P. 2,598 h. — Il est situé sur une des branches de la Moselle, au milieu des montagnes des Vosges. — *Fabrique* et commerce de fromages anisés, façon de Gérardmer.—Foires les 1ers jeudis de mars, avril, mai, juin, août, oct. et nov.

CORNIOU, *Hérault*, comm. et ✉ de St-Pons.

CORNOD, vg. *Jura* (Franche-Comté), arr. et à 46 k. de Lons-le-Saulnier, cant. et ✉ d'Arinthod. Pop. 707 h. — Éducation des vers à soie.

CORNON, vg. *Puy-de-Dôme* (Auvergne), arr. et à 11 k. de Clermont-Ferrand, cant. et ✉ de Pont-du-Château. Pop. 2,607 h.

CORNOT, vg. *H.-Saône* (Franche-Comté), arr. et à 30 k. de Vesoul, cant. et ✉ de Combeaufontaine. Pop. 457 h. — Le hameau d'Artaufontaine, où l'on voit un ancien château fort converti en ferme, est une dépendance de cette commune.

CORNU, *Maine-et-Loire*, comm. de Marligné-Briand, ✉ de Doué.

CORNUAILLE (la), bg *Maine-et-Loire* (Anjou), arr. et à 35 k. d'Angers, cant. du Louroux-Béconnais, ✉ de Candé. P. 1,403 h.

CORNUS, petite ville, *Aveyron* (Rouergue), arr., ✉ et à 36 k. de St-Affrique, chef-l. de cant. Cure. Pop. 1,654 h. — TERRAIN jurassique.

Cette ville est bâtie sur le penchant d'un coteau couronné par un joli bouquet de hêtres qui donne un air de fraîcheur à son paysage. L'intérieur n'est rien moins qu'agréable ; les rues sont mal pavées, malpropres et bordées de maisons mal bâties. — *Fabriques* de draps communs, d'étoffes mélangées de fil et de coton, de forces pour papeteries. Filatures de laine. Préparation des fromages façon de Roquefort. — *Foires* les 14 mai, 12 oct. et 19 déc.

CORNUS, *Lot*, comm. de Cénevières, ✉ de Limogne.

CORNUSSE, vg. *Cher* (Berry), arr. à 33 k. de St-Amand-Montrond, cant. de Nérondes, ✉ de Blet. Pop. 570 h.

CORNUSSON, *Tarn-et-Garonne*, comm. de Parisot, ✉ de Caylux.

CORNY, vg. *Ardennes* (Champagne), arr., ✉ et à 12 k. de Réthel, cant. de Novion. Pop. 512 h.

CORNY, vg. *Eure* (Normandie), arr., cant. et à 5 k. des Andelys, ✉ d'Écouis. Pop. 201 h.

CORNY, vg. *Moselle* (pays Messin), arr. et à 13 k. de Metz, cant. et ✉ de Gorze. Pop. 1,012 h. — Fab. de pipes.

COROBILIUM (lat. 49°, long. 23°). « On trouve ce lieu dans la Table théodosienne, sur la trace d'une route entre *Durocortorum* et *Andomatunum*, Reims et Langres. Il n'y a point de distance marquée dans l'intervalle de *Durocortorum* à *Corobilium*. Je vois même un défaut considérable par l'omission de la position de *Duro-Catalonum*, ou de Châlons, entre *Durocortorum* et *Corobilium*. Cette omission est évidente par la position de *Corobilium*. Je la retrouve distinctement dans le nom de Corbeille, sur la trace d'une ancienne voie qui de Châlons conduit à Langres, et la situation de Châlons est convenable au passage de la route, en partant de Reims pour se rendre à Langres. La Table fait compter 42 entre *Corobilium* et *Andomatunum*, en deux distances particulières, par la position d'un lieu intermédiaire sous le nom de *Segessera*, et marquant XXI également de *Corobilium* à *Segessera*, et de *Segessera* à *Andomatunum*. Ce qu'il y a d'espace sur le local entre Corbeille et Langres ne peut s'estimer au-dessous de 52,000 toises, ce qui renferme 46 lieues gauloises; et on les retrouvera si l'on suppose que l'une des deux distances de la Table est XXV plutôt que XXI. Il est indispensable de convenir, d'une manière ou d'autre, de quelque insuffisance dans la Table, parce qu'on ne saurait méconnaître la position de *Corobilium* dans celle de Corbeille, dont l'identité de la dénomination, et la situation sur la voie même, décide souverainement. Pour suppléer ensuite à l'omission de la Table, je remarque que la position de Corbeille se trouvant distante de Châlons de 22 à 23,000 toises, il en résulte 20 lieues gauloises; et on est instruit par l'Itinéraire d'Antonin qu'entre Reims et Châlons la distance est de 27 milles ou de 18 lieues; il faut donc compter sur 38 lieues entre *Durocortorum* et *Corobilium*, et j'ai lieu d'estimer que la distance en droite ligne de Corbeille au point de Reims est au moins de 42,000 toises. » D'Anville. *Notice de l'ancienne Gaule*, p. 250.

COROMBLES, vg. *Côte-d'Or* (Bourgogne), arr., cant. à 11 k. de Semur, ⊠ d'Époisses. Pop. 550 h.

CORON, bg *Maine-et-Loire* (Anjou), arr. et à 60 k. de Saumur, cant. et ⊠ de Vihiers. Pop. 1,839 h.

CORPEAU, *Corpellum*, vg. *Côte-d'Or* (Bourgogne), arr. et à 16 k. de Beaune, cant. de Nolay, ⊠ de Chagny. Pop. 310 h. — Il est bâti dans une situation riante, près de la Dheune.

On a trouvé à diverses reprises, sur le territoire de cette commune, sept tombeaux en laves, des squelettes sans tombes, ayant à côté d'eux des armes en cuivre consumées par le temps. On a trouvé aussi il y a trois ans, quelques médailles effacées et un débris d'ornement en cuivre peint qui a été acquis, pour une petite somme, par l'académie de Dijon. Tout porte à croire que le territoire de Corpeau a été le théâtre d'événements importants dans les guerres, soit de l'antiquité, soit des siècles moins reculés. — *Foires* les 14 janv. et 4 sept.

CORPOYER-LA-CHAPELLE, vg. *Côte-d'Or* (Bourgogne), arr. et à 24 k. de Semur, cant. et ⊠ de Flavigny. Pop. 167 h.

CORPS, vg. *Charente*, comm. de Foussignac, ⊠ de Jarnac.

CORPS, bg *Isère* (Dauphiné), arr. et à 58 k. de Grenoble, chef-l. de cant. Cure. Gîte d'étape. ⚒. ⚒. A 620 k. de Paris pour la taxe des lettres. Pop. 1,386 h. — TERRAIN jurassique. — Il est situé près de la rive gauche du Drac. C'était autrefois une petite place assez forte, qui fut prise et reprise plusieurs fois pendant les guerres de religion. — *Commerce* de laines et de bestiaux. — *Foires* les 3 mai, 6 et 29 juin et 24 août.

CORPS, vg. *Vendée* (Poitou), arr. et à 27 k. de Bourbon-Vendée, cant. et ⊠ de Mareuil. Pop. 739 h.

CORPS-D'URIAGE, *Isère*, comm. de St-Martin-d'Uriage, ⊠ de Grenoble.

CORPS-NUDS, ou CORPS-NUDS-LES-TROIS-MARIES, vg. *Ille-et-Vilaine* (Bretagne), arr. et à 17 k. de Rennes, cant. et ⊠ de Jauzé. Cure. ⚒. Pop. 2,196 h. — On y voit une église dont la construction paraît remonter à une époque reculée. — *Foires* le mardi avant Pâques, mardi après la St-Pierre, 2e mardi d'oct. et mardi avant Noël.

CORQUILLEROY, vg. *Loiret* (Gatinais), arr., cant., ⊠ et à 6 k. de Montargis. Pop. 745 h. — Le château du Châtelet, qui rappelle plusieurs souvenirs historiques, est une dépendance de cette commune. — *Fab.* de papier (à Buges), Ⓑ 1839.

CORQUOY, vg. *Cher* (Berry), arr. et à 26 k. de St-Amand-Montrond, cant. et ⊠ de Châteauneuf-sur-Cher. Pop. 432 h.

CORRA, vg. *Corse*, arr., ⊠ et à 50 k. d'Ajaccio, cant. de Zicavo. Pop. 281 h.

CORRAVILLERS (le Plain de), vg. *H.-Saône* (Franche-Comté), arr. et à 30 k. de Lure, cant. et ⊠ de Faucogney. Pop. 778 h.

CORRE, vg. *H.-Saône* (Franche-Comté), arr. à 41 k. de Vesoul, cant. et ⊠ de Jussey. Pop. 721 h. — Corre, qui n'est plus qu'un village, a été une cité populeuse, si l'on en juge par les nombreux débris de monuments antiques qu'on a découverts et qu'on découvre encore sur son territoire. On croit même qu'il est bâti sur la place de Dittation, ville séquanaise que d'Anville place au confluent de la Saône et du Coney, précisément sur le point qu'occupe aujourd'hui le village de Corre. M. Monnier, conservateur du musée de Dôle, a publié une description des *Antiquités de Corre*. Après avoir parlé de son trajet de Luxeuil à Corre, en suivant l'ancienne voie romaine de Mandeure à Langres, qui passe près de Fontaines-les-Luxeuil, St-Loup, Anjeux, Girefontaine, Vauvillers et Demangevelle, il dit : « Une fois arrivé à Corre, vous ne ressentez plus de fatigues : la vue des monuments épars vous les fait oublier. Ici, vous voyez une vache s'abreuver dans un vieux sarcophage apporté près d'un puits; là, des laveuses blanchir le linge sur un bas - relief couché dans la rivière. Ailleurs, l'adjoint du maire se délasse, à l'entrée de sa demeure, sur le torse d'un Apollon pythien; et à l'église, le bénitier n'est autre chose que le buste renversé d'une statue en marbre blanc. Dans les jardins de M.***, on est passé en revue par des sénateurs et contrôlé par de vénérables matrones, personnages à longues robes, devant lesquels la France a honte de paraître en petit frac à l'anglaise.... Ces antiquités romaines appartiennent, pour la plupart, à des autels consacrés aux dieux mânes, et sortent de chènevières placées à la jonction de la Saône et du Coney. La rive gauche du Coney a produit, sous la pioche du vigneron, des cercueils et des tombeaux à figures. Au reste, sur tous les points du territoire, le hasard restitue des antiques précieuses. Un jour un laboureur, se reposant vers l'heure de midi, voit une motte de terre remuée par une taupe; il s'avance pour tuer l'animal, et trouve une pièce d'or qui venait d'être rendue à la lumière. C'était une médaille de César, ayant au revers un quadrige.... Un des beaux monuments découverts en 1822, représentant des personnages taillés en demi-relief dans une niche cintrée et ornée de draperies, se voit devant l'habitation de M. Barbey, maire, qui, cette même année, a dirigé des fouilles utiles. » M. le docteur Pratbernon et feu M. le docteur Humblot, membres de la société centrale d'agriculture du département de la Haute-Saône, ont aussi exploré le territoire de Corre, et ont rendu compte de leur travail à la société dans deux manuscrits auxquels ils ont joint des dessins exacts de la plupart des monuments que cette commune possède.

Bibliographie. MONNIER. *Vestiges d'antiquités observés dans le Jurassien* (Mém. de la soc. des antiquit. de Fr., t. v).

CORRENS, *Castrum de Corredis*, *Correno*, bg *Var* (Provence), arr., ⊠ et à 12 k. de Brignoles, cant. de Cotignac. Pop. 1,511 h. Sur l'Argens. — On y voit un ancien quartier, ceint de murailles épaisses, et formé de rues étroites qui aboutissent à une place bien ombragée, dans lequel est une vieille citadelle appelée Fort-Gibron. — *Fab.* d'huile d'olives. Distilleries d'eau-de-vie. — *Foires* les 3 mai et 1er sept.

CORRÉO, *H.-Alpes*, comm. de la Roche, ⊠ de Gap.

CORRÈZE, bg *Corrèze* (Limousin), arr., ⊠ et à 21 k. de Tulle, chef-l. de cant. Cure. Pop. 1,675 h. — TERRAIN cristallisé ou primitif. — Il est sur la rive droite de la Corrèze, où il a un port commerçant et très-fréquenté. — *Foires* les 9 janv., 9 juin, 18 juillet, 11 sept., 22 déc., lundi de la 1re semaine de carême, avant les Rameaux, le 20 de chaque mois, excepté juillet et déc.

CORRÈZE (la), rivière qui prend sa source aux montagnes de Monédières, d'Ussel, dans le département auquel elle donne son nom; elle passe à Corrèze, Tulle, Brives-la-Gaillarde, et se jette dans la Vézère, à St-Pantaléon, après un cours d'environ 80 k. Elle est flottable à bûches perdues, depuis Bar jusqu'à son embouchure, sur une étendue de 60,000 m.

CORRÈZE (département de la). Le département de la Corrèze est formé du ci-devant bas Limousin, c'est-à-dire de tout le ci-devant diocèse de Tulle et d'une partie considérable de celui de Limoges. Il tire son nom de la rivière de Corrèze, qui y coule en partie du nord au sud, en tirant un peu à l'ouest. — Ses bornes sont : au nord, les départements de la Haute-Vienne et de la Creuse ; à l'est, ceux du Puy-

CORRÈZE (département de la). de-Dôme et du Cantal ; au sud, celui du Lot ; et à l'ouest, celui de la Dordogne.

Le département de la Corrèze gît sur le versant occidental des montagnes qui, groupées au centre de la France, forment un point moyen entre la Méditerranée et l'Océan. Terrain de transition entre les plaines de l'ouest et du sud de ce royaume vers lesquelles il s'allonge, et les montagnes de l'Auvergne dont il se détache, ce pays tend à s'identifier de configuration avec ces deux localités géographiques. Profondément déchiré du nord-est au sud-ouest, et mamelonné sur une grande partie de sa surface, il offre des plans saillants et d'une grande élévation, par opposition à des plans inférieurs et profonds: par les premiers, il reproduit l'Auvergne ; par les seconds, il rappelle les plaines de l'Ouest et du Sud. Trois rivières principales, produit d'affluents nombreux dérivés de ces plans inclinés, parcourent trois vallées d'une médiocre ouverture. Ces rivières se dirigent dans le sens des déchirures, du nord-est au sud-ouest. Un groupe de montagnes détaché domine, au nord, le département. Le pays est nu sur ses points les plus culminants, boisé ou cultivé à mi-côte : dans les vallées, il est riche en prairies.

Dans toute la partie nord, à l'est, et dans une partie de l'ouest, le sol est formé de roches primitives ; les variétés principales de ce gisement sont le granit blanc, le gris, le rosacé, et le quartz. A l'ouest et au sud se trouvent des carbonates de chaux de plusieurs variétés. Les terres se présentent sous trois grandes divisions : 1° les terres rouges de nature argileuse, onctueuses, tenaces, retenant fortement l'humidité et les eaux, d'un travail pénible et long, mais d'une grande fertilité ; 2° les terres grises blanche de composition siliceuse, légères, faciles à soulever et à apprêter, filtrant aisément les eaux, d'une médiocre production ; 3° les terres noires, d'une nature à peu près semblable aux précédentes, ayant les mêmes propriétés, les moins propres de toutes à la végétation. A l'est, il existe et on exploite un dépôt de fossile végétal. On trouve dans certaines localités la pyramide de quartz, de beaux cristaux de ce minéral. Il y en a deux variétés : le quartz blanc et le quartz rosacé. Certains endroits présentent des blocs énormes de granit blanc noir maculé, affectant presque tous la forme sphéroïdale.

Le sol de la Corrèze est en général médiocre sous le rapport des productions. On trouve, dans la partie vignoble, quelques vallons, tels que ceux de Brives, de St-Antoine et d'Objat, où le terrain est riant, riche et productif ; mais ces expositions ne sont pas très-nombreuses. On doit, au reste, pour se faire une idée juste de la fertilité ou de la stérilité du territoire, diviser le département en deux parties, celle qu'on appelle la Montagne et celle qu'on appelle le Pays bas. La première division comprend tout l'arrondissement d'Ussel et la majeure partie de celui de Tulle ; la seconde se compose du surplus de l'arrondissement de Tulle et de celui de Brives.

La surface totale du département de la Corrèze est de 582,796 hectares, répartis ainsi :

Terres labourables. 153,396
Prés. 73,069
Vignes. 15,203
Bois. 31,044
Vergers, pépinières et jardins. . . . 1,688
Oseraies, aunaies et saussaies. . . . »
Étangs, mares, canaux d'irrigation. . 1,232
Landes et bruyères. 164,330
Cultures diverses. 122,440
Superficie des propriétés bâties. . . 1,875

Contenance imposable. . . . 566,277

Routes, chemins, places, rues, etc. . 11,366
Rivières, lacs et ruisseaux. 3,566
Forêts et domaines non productifs. . 1,478
Cimetières, églises, bâtiments publ. . 109

Contenance non imposable. . 16,519

On y compte :
49,418 maisons.
1,252 moulins à eau et à vent.
7 forges et fourneaux.
88 fabriques et manufactures.

soit : 507,66 propriétés bâties.
Le nombre des propriétaires est de. 58,130
Celui des parcelles de. 1,024,133

HYDROGRAPHIE. Le département de la Corrèze est traversé par une multitude de cours d'eau dont les plus considérables sont : la *Dordogne*, qui sert de limites à la partie occidentale du département, qu'elle sépare sur une certaine étendue de ceux du Puy-de-Dôme et du Cantal ; la *Vienne*, la *Vezère* et la *haute Vezère*, qui prennent leur source dans le département ; la *Corrèze*, la *Diège*, la *Troussonne*, la *Luzège*, la *Doustre*, et la *Loyre*, qui y ont tout leur cours.

COMMUNICATIONS. Le département de la Corrèze est traversé par cinq routes royales et par cinq routes départementales.

MÉTÉOROLOGIE. Le département de la Corrèze, quoique placé au midi de la France, a pourtant une température fraîche, occasionnée par les plans élevés de son sol et les nombreux cours d'eau qui le parcourent dans tous les sens. Cette vaste surface liquide sature incessamment l'atmosphère de vapeur d'eau, ce qui fait que ce pays est éminemment sujet aux gelées blanches, et a en toute saison des nuits d'une fraîcheur excessive. Cette condensation de vapeur est surtout appréciable le long des cours d'eau, où, dessinant, la nuit, sur un plan aérien, leurs sinuosités et leurs volumes, elle présente à l'observateur une image tout à fait pittoresque. Au nord, à l'est, et dans une partie de l'ouest, là où sont les grandes stratifications granitiques, les eaux sont fraîches et vives, d'une limpidité extrême, presque réduites à l'état de pureté de l'eau distillée ; ce n'est qu'à l'ouest et au midi qu'elles commencent à se charger de substances salines.—Le thermomètre s'est rarement abaissé au delà de -10° R. ; son terme moyen en hiver est + 1° R. au-dessous de zéro. En été, la plus grande ascension, dans cette saison, est de 18° à + 20° R. ; mais à cet égard, dans une région où les localités ont des différences si sensibles et dans les élévations et dans les expositions, ce que nous indiquons n'est que l'expression d'un terme très-général et très-abstrait, et s'applique plus spécialement à la météorologie de la ville de Tulle. Cette restriction porte aussi sur l'observation barométrique qui, dans la localité de Tulle, a présenté des variations peu remarquables entre les limites 27 et 29. — L'état électrique tend sans cesse à l'équilibre ; et cette distribution météorologique est à la fois due à la constitution humide de l'atmosphère et à la configuration aiguë d'une infinité de points du sol.—Les vents dominants sont ceux du nord et du sud ; le vent nord y amène les temps sereins, et le vent sud les jours nuageux, les pluies et les orages. Les équinoxes y sont vivement sentis ; ils sont froids, pluvieux, venteux, et font de ces deux saisons l'époque dominante des maladies.

PRODUCTIONS. Dans la première division, la Montagne, on ne rencontre que monts, vallées, torrents ou rivières ; le sol, que recouvre fort peu de terre végétale, est cependant assez productif en seigle, avoine, sarrasin, chanvre et lin ; on y sème aussi du blé de mars qui donne un pain léger et nourrissant. La vigne, qui réussit assez bien dans tout l'arrondissement de Brives, ne végète là qu'avec peine ; si elle parvient à produire un petit nombre de grappes, elle ne peut que bien rarement leur donner la maturité propre à en faire du vin. Les fruits, d'ailleurs peu abondants, y sont de médiocre qualité ; on trouve quelques noyers dans les meilleurs terrains et les positions les plus favorables, mais leur forme rabougrie, leur air languissant, prouvent assez qu'ils ne sont pas dans une bonne terre. Le châtaignier réussit cependant assez aux environs du bourg de Neuvic et dans les aspects du midi ; mais l'on n'en trouve point dans le reste de l'arrondissement d'Ussel ; et, lorsqu'on le voit là, planté par curiosité, ils ne donnent pas de fruit. En général, on peut estimer que la moitié du territoire dont se compose la première division, appelée la Montagne, est couverte de bruyères stériles ; mais, si leur aspect offre un coup d'œil fâcheux, en récompense on rencontre des terres bien cultivées et de bonnes prairies à l'approche des villes et des villages. Les terrains incultes et élevés fournissent une excellente pâture pour les bêtes à laine ; aussi sont-elles plus multipliées et plus belles dans l'arrondissement d'Ussel que dans toute autre partie du département. Les cantons les plus estimés pour cette espèce de bestiaux sont ceux de Meymac, de Sornac, de Bugeat.

La deuxième division du territoire, que l'on appelle le Pays bas, situé au midi et à l'ouest, dans un climat beaucoup plus tempéré et même assez chaud, est aussi la portion la plus belle, la plus riche et la plus populeuse. Elle contient des vignobles considérables dont la qualité varie suivant les localités. A ces principaux avantages, dont la nature a doté cette partie du département, il faut joindre ses autres productions céréales, telles que froment, seigle, orge, avoine, maïs, sarrasin, indépendamment des fruits de toute espèce et d'une excellente qualité.

Il est peu de localités en France qui offrent une botanique aussi variée et aussi riche que celle du département de la Corrèze, et ce luxe de végétation il le doit à l'abondance de ses eaux, à l'élévation de son sol et à la diversité de ses expositions ; deux grandes familles paraissent cependant y être en majorité et dominer toutes les autres : ce sont les graminées et les labiées. Les graminées, dont les espèces sont très multipliées, forment le fond des pâturages qui tapissent les vallées. Les labiées se rencontrent à mi-côte et dans les expositions sèches. Après ces deux familles, celle des liliacées prédomine par le nombre ; on les rencontre dans les fonds humides et sur quelques points culminants ; l'asphodèle et les espèces les plus élégantes des orchis s'y font remarquer. Les ombellifères et les renonculacées fournissent des espèces dangereuses, telles que la ciguë vulgaire, la renoncule des prés, la renoncule à feuille d'aconit, la renoncule des marais, et la renoncule flottante : mais ces plantes, à raison de la grande quantité d'eau dont elles s'imprègnent sur le sol humide, se trouvent tellement altérées dans leur principe vénéneux, que leurs tiges peuvent être broutées impunément par beaucoup de quadrupèdes. La botanique compte encore des espèces très-variées : les mousses, les lichens, les fougères et les champignons, dont les espèces vénéneuses sont sans aucun danger, par la connaissance familière qu'en ont tous les habitants. On y cultive grand nombre de céréales : le seigle, le froment, l'avoine, l'orge, etc., etc. Le seigle, susceptible, comme toutes les autres céréales sus-désignées, d'une carie noire qui lui donne une saveur amère, est exempt de cette altération dangereuse et morbifique, éprouvée dans d'autres pays et connue sous le nom d'ergot. Dans les grands végétaux, l'on y rencontre trois arbres de haute futaie : le châtaignier, qui donne un fruit nourricier et qui occupe une vaste étendue de pays, connue sous le nom de Châtaigneraie ; le noyer, qui se trouve dans les fonds humides, et le chêne, qui croît dans les lieux secs. Un phénomène assez remarquable, et qui n'est pas rare dans la végétation du pays, c'est la carbonisation spontanée du châtaignier. La vigne est cultivée dans le sud et une partie de l'ouest du département, et donne un assez bon raisin qu'on convertit en un vin de médiocre valeur.

Dans ses parties basses et humides, ce pays est susceptible de nourrir tous les grands herbivores du climat de la France ; les parties sèches et élevées ne sont propres qu'à la tenue du mouton et de la chèvre. La classe des bêtes fauves n'y renferme que le sanglier, le loup et le renard. L'humidité du sol favorisait beaucoup la production des reptiles, cet ordre y est très-nombreux : on y rencontre une variété considérable de couleuvres ; la vipère y est très-rare. L'ornithologie est belle et variée. Indépendamment des espèces indigènes, de nombreuses espèces étrangères y viennent, l'hiver, chercher un climat plus doux ; d'autres, en été, une région plus fraîche.

La culture des prairies artificielles est peu connue et point en usage dans le département de la Corrèze, mais les prairies naturelles y sont multipliées. Elles sont plus substantielles, nourrissent mieux les bestiaux dans l'arrondissement de Brives et partie de celui de Tulle où l'on en élève de fort belle race, dont on se sert pour labourer la terre, et qu'on engraisse pour Paris. Elles sont plus étendues, mais moins bonnes dans l'arrondissement d'Ussel, où les gros bestiaux sont, en général, maigres et faibles. Les animaux de belle race qu'on y transporte de la partie méridionale, dégénèrent et finissent par s'y dégrader. Il en est tout autrement des bêtes à laine : elles y prospèrent mieux que partout ailleurs, parce que sans doute elles y trouvent, sur les montagnes et sur les collines, une pâture plus analogue à leur espèce. Les cantons les plus estimés pour ce genre de pâturages, et où les moutons sont d'une plus belle nature que dans le reste du département, sont ceux de Meymac, Sornac et Bugeat ; on y trouve de très-beaux individus de cette espèce de bestiaux, et l'on a lieu de croire que les mérinos s'y acclimateraient très-bien, si on les y introduisait.

MINÉRALOGIE. Mines de plomb à Chabrignac, Argentat, Issaudon ; d'antimoine entre Ségur et St-Yrieix ; indices de mines d'argent et de plomb aux environs d'Ayen. — Mines abondantes à Nespouls, près de Turenne, et de la grenerie, près de Meillars : cette dernière fournit au département entier le fer de toutes qualités, et pour tous les usages. — Nombreuses mines de houille à Argentat, St-Bonnet-la-Forêt, Bort, la Paillerie, St-Chamout, Ste-Saurelière, Gimel, la Chapelle, la Grange, Lanteuil, Laverine, Malemort, Lepeu, Maudon, Mausac, Meymac, Lapléau (très-riche), St-Pantaléon, Perpezac, St-Sornin, Varetz, Voutenac et Cheverie. — Carrière de granit de différentes qualités, à Tulle et à Ussel ; d'albâtre gypseux, à St-Ferréol ; de porphyre, de granit et de beau marbre blanc, dans le lit des rivières de la Corrèze et de la Soulane ; de très-beau granit noir et blanc, à St-Angel, Peyrelevade, Chavagnac et Meymac ; d'ardoises, à Donzenac et à Saillant ; de grès, à Brives et à Meissac ; de pierre de taille, à Grammont ; d'argile, à Lapiéau et dans quelques autres localités.

Mines de houille exploitées.	2
Nombre d'ouvriers employés.	97
Produit en quintaux métriques.	12,893
Valeur en francs.	29,610
Fabrication de la fonte produit en quint. mét.	2,894
Valeur en francs.	59,992
Valeur créée par la fabrication.	32,982
Fabrique de gros fer produit quint. mét.	6,756
Valeur en francs.	318,540
Valeur créée par la fabrication	133,269

SOURCE D'EAU MINÉRALE à St-Exupéry.

INDUSTRIE ET COMMERCE. Le département de la Corrèze, abondant en cours d'eau, en mines de houille, de divers métaux, et en nombreuses carrières, pourrait être un des plus industrieux de la France ; mais, de si précieuses richesses sont jusqu'à ce jour restées inutiles pour le pays qui les possède, faute de débouchés et de communications faciles. On y trouve néanmoins des forges et hauts fourneaux, une manufacture d'armes à feu, 3 papeteries, des tanneries, des verreries, des briqueteries, des fabriques d'étoffes de laine du pays, de bougie, d'huile de noix, etc., etc. — Le commerce consiste principalement en vins, bois, huile de noix, chevaux et mulets, bestiaux gras, cuirs, papier, dentelles, fer, cuivre, et articles des manufactures.

FOIRES. Environ 650 foires se tiennent dans près de 80 communes. On y vend principalement des bestiaux gras et maigres ; celles de la Graulière, de Tulle, d'Uzerche, de St-Exupéry et d'Arnac-Pompadour sont renommées pour la vente des chevaux, et celles de Bort pour la vente des mules. On vend aussi à celle de la Graulière beaucoup de cire jaune ; du fil écru et blanchi à Lubersac et à Bort ; des bas de lin du pays à Bort ; des marrons, des truffes et des dindonneaux à Brives.

MŒURS ET USAGES. Le peuple de la Corrèze est doux, bon, patient, pacifique. Il était cité, dans les états de justice de 1825, comme le département français qui avait le moins commis de crimes, proportion gardée avec sa population. Lent au travail, et ménager de ses forces, il en abuse rarement ; il est sobre, et propre à supporter beaucoup de privations. Timide, circonspect et défiant, il réunit néanmoins à beaucoup de précision dans l'esprit beaucoup de finesse. Froid et peu susceptible d'enthousiasme, il vise plus à la justesse qu'à la chaleur et à l'entraînement de l'expression. Aussi, lorsque toutes les langues élémentaires, comme la sienne, présentent de nombreuses traces et des fragments entiers de cette poésie vulgaire qui n'a besoin que de l'imagination pour se produire, on n'en trouve aucun essai dans la sienne, et l'on reconnaît aisément, aux adages, aux proverbes et aux sentences dont il l'a parsemée, l'esprit fin et réfléchi du peuple qui s'en sert. Il est sincèrement religieux et tolérant, quoique superstitieux. La religion est un besoin pressant pour lui : il l'implore à tout instant, comme espérance et comme consolation. Par son aide, il se soumet à tous les maux, et cette résignation profonde qu'elle lui inspire explique naturellement cette incurie et cette insensibilité assez générales qu'il témoigne pour ses propres calamités.

Dans son habitation, le campagnard de la Corrèze est misérable, et souverainement à plaindre : sa maison présente la triple image de l'insalubrité, de la saleté et de la misère. La plupart, adossées à des terrains humides, situées sur des plans inférieurs à celui du sol environnant, reçoivent l'humidité qui ruisselle des murs et de terre. Exposées sans art, percées sans concordance, elles attirent les souffles froids et humides de l'hiver, en concentrant les chaleurs dévorantes de l'été. La fumée de leurs foyers ne trouvant pas d'issue par des cheminées vicieusement disposées, se condense dans l'appartement : elle se dépose, sous forme de suie ou d'un vernis noir, sur les murs, et la teinte noire uniforme qui en résulte obscurcit le jour et attriste l'habitation. L'air, saturé de cette vapeur irritante, va affecter péniblement l'œil : des ophthalmies chroniques rebelles s'ensuivent, et la cécité souvent. Les parties apparentes de la peau, telles que le visage, le cou et les mains, se noircissent ; et une couche de substance terreuse noire, en enlaidissant ces parties, s'oppose à la transpiration nécessaire de leur tissu. Le poumon lui-même, organe de premier ordre, dans l'impression souvent répétée de ce gaz délétère, est exposé à s'irriter et à contracter des maladies graves. Ajoutez à ce récit pénible le voisinage très-immédiat et souvent la cohabitation d'un animal sale et dégoûtant, le cochon, et on aura une image assez exacte du malheur de l'habitant des campagnes retiré sous son toit, destiné partout à être l'asile du repos et du contentement.

DIVISION ADMINISTRATIVE. Le département de la Corrèze a pour chef-lieu Tulle ; il envoie 3 représentants à la chambre des députés, et est divisé en trois arrondissements :

Tulle. . . . . . . 12 cant. 130,853 h.
Brives. . . . . . 10 — 113,581
Ussel. . . . . . . 7 — 62,046
                   29 cant. 306,480 h.

31e conserv. des forêts (chef-l. Aurillac). — 2e arr. des mines (chef-l. Paris). — 20e div. milit. (chef-l. Périgueux). — Évêché et séminaire diocésan à Tulle ; écoles secondaires ecclésiastiques à Servières et à Brives ; 34 cures, 221 succursales. — Collèges communaux à Brives, Treignac, Tulle, Ussel, Uzerche. Ecole normale primaire à Tulle. — Société d'agricult. à Tulle.

Biographie. Parmi les hommes remarquables nés dans le département de la Corrèze, on cite principalement : ET. BALUZE, MARMONTEL, LATREILLE, TREILHARD, le maréchal BRUNE, etc., etc.

Bibliographie. VERNEIL DE PUYRAZEAU. *Mémoires sur le département de la Corrèze*, in-8, an IX.

FIRMIGIER. *Essai de statistique du département de la Corrèze* (Annales de statistique, t. IV).

PEUCHET et CHANLAIRE. *Statistique du département de la Corrèze*, in-4, 1808.

VIAL. *Coup d'œil sur la topographie physique et médicale du département de la Corrèze*, in-8, 1816.

JUGE. *Annuaire du département de la Corrèze pour l'an XII*, in-12, 1804.

Annuaires statistiques de la Corrèze, in-18, 1823-43 (contiennent de nombreux documents relatifs à diverses localités du département).

V. aussi aux articles LIMOUSIN, BRIVES, TULLE, TURENNE, USSEL, UZERCHE.

CORRIBERT, vg. *Marne* (Champagne), arr. et à 19 k. d'Epernay, cant. et ⊠ de Montmort. Pop. 156 h. Sur la rive gauche du Surmelin.

CORROBERT, vg. *Marne* (Champagne), arr. et à 32 k. d'Epernay, cant. et ⊠ de Montmirail. Pop. 275 h.

CORRONSAC, vg. *H.-Garonne* (Languedoc), arr. et à 22 k. de Villefranche-de-Lauragais, cant. et ⊠ de Montgiscard. P. 346 h.

CORROY, vg. *Marne* (Champagne), arr. et à 41 k. d'Epernay, cant. et ⊠ de Fère-Champenoise. Pop. 268 h. — L'église paroissiale est un vaste et ancien édifice dont la charpente est particulièrement fort remarquable.

CORSAIN, vg. *Côte-d'Or* (Bourgogne), arr., cant. et à 14 k. de Semur, ⊠ d'Epoisses. Pop. 625 h. Poste télégraphique.

CORSAVY, vg. *Pyrénées-Or.* (Roussillon), arr. et à 23 k. de Céret, cant. et ⊠ d'Arles-sur-Tech. Pop. 1,007 h.

Ce village est situé sur une montagne, au pied du Canigou. Son territoire abonde en truffes, et on y trouve dix mines de fer spathique, oxydé, hématite, etc., qui sont en exploitation. — Forges. — *Commerce* de minerai de fer.

La forge de Corsavy est située sur la petite rivière appelée le Riou-Ferrar ; elle se compose d'un fourneau à la catalane, et fournit un fer en barres très-doux.

On remarque près de ce village un précipice affreux d'environ 276 m. de profondeur.

CORSAY, *Vienne*, comm. de Naintré, ⊠ de Châtellerault.

CORSCIA, *Corse*, arr., ⊠ et à 20 k. de Corté, cant. de Calacuccia. Pop. 740 h.

CORSE (île et département de la), *Corsica*. — L'ILE DE CORSE, une des îles les plus considérables de la Méditerranée et l'une des plus importantes par sa situation, s'étend depuis le 41° 21′ 4″ de latitude jusqu'au 43° 41′ 7″ ; et en longitude occidentale depuis 6° 11′ 47″ 4 jusqu'au 7° 13′ 3″ 5. Sa distance du continent français est 180 k. ; 10 k. seulement la séparent de la Sardaigne. Ses bornes sont : au nord, la mer de Ligurie et le golfe de Gênes ; à l'est, la mer de Toscane ; au sud, le détroit qui la sépare de la Sardaigne ; à l'ouest, la Méditerranée. Sa plus grande longueur, à prendre de la partie la plus méridionale, près de Bonifacio, jusqu'à l'extrémité septentrionale, qui est le cap Corse, est de 182,885 m. ; sa grande largeur est de 84,333 m. : sa superficie de 874,741 hectares.

APERÇU HISTORIQUE. L'île de Corse a été souvent subjuguée, mais non soumise. Possédée anciennement par les Etrusques, elle passa sous la domination des Carthaginois, qui l'abandonnèrent. Dans le VIIe siècle, les Sarrasins s'en emparèrent et la conservèrent pendant 166 ans ; elle passa ensuite sous la domination des papes, puis sous celle des Pisans, et fut ensuite gouvernée par les Génois, qui la possédèrent pendant plusieurs siècles ; mais au XVIIIe siècle, n'étant plus en état de s'y faire obéir, ils appelèrent à leur secours, en 1730, les troupes impériales, et, huit ans après, celles de la France. En 1755, le général Paoli affranchit une grande partie de l'île de la domination génoise, et J.-J. Rousseau faillit donner un code de lois aux insulaires ; cependant la France, qui s'était fait céder l'île, la subjugua après avoir éprouvé une forte résistance. Elle resta assez tranquille jusqu'à l'époque de la révolution, qui en devint aussi une pour la Corse. Quoique érigée en département français, elle se souleva : Paoli se fit un parti puissant, et demanda des secours à l'amiral Hood, qui bloquait Toulon. Les Anglais firent immédiatement passer en Corse cinq régiments commandés par le général Dundas, qui parvint, après une assez vive résistance, à s'emparer des principales places de l'île. Après leur reddition et l'émigration des familles les plus attachées à la France, Paoli convoqua une assemblée de la nation à Corté ; on y rédigea une constitution, à peu près semblable à celle que l'assemblée constituante avait donnée à la France, par laquelle la Corse était sous la domination de l'Angleterre. — Sir Gilbert Elliot fut nommé vice-roi de l'île, où la bonne intelligence entre les Anglais et les nationaux ne fut pas de longue durée. Les amis et les admirateurs de Paoli furent bientôt eux-mêmes au nombre des mécontents. La grande influence que cet homme célèbre conservait sur ses compatriotes ayant inspiré des inquiétudes au gouvernement anglais, ce gouvernement invita l'illustre général à passer à Londres. Paoli, cédant à cette invitation, qui pouvait être considérée comme un ordre, quitta la Corse pour ne plus la revoir. Les habitants subirent la domination des Anglais jusqu'au mois d'octobre 1793, époque où les généraux républicains Lacombe et Casalta les chassèrent de l'île en moins de six semaines. Les Anglais y rentrèrent de nouveau en 1814, et l'évacuèrent après quelques mois de séjour. Durant les cent jours, la Corse arbora le drapeau national, qui fut remplacé peu de temps après par celui de la restauration. En 1830, les glorieuses couleurs de ce drapeau reparurent plus brillantes, et furent accueillies en Corse avec un enthousiasme difficile à décrire, par les descendants des Sampiero, des Sambucuccio, des Giudice, des Giafferri, des Gafforri, etc., etc., qui, pendant les siècles, combattirent pour la liberté de leur pays.

DIVISION DU TERRITOIRE. Avant la révolution de 1789, l'île de Corse était divisée en 11 provinces et 4 fiefs. De ces 11 provinces il y en avait 7 en deçà des monts, savoir : le cap Corse, Bastia, Nebbio, la Balagne, Corté, Aleria, Calvi, et les 3 fiefs de Nonza, Brando et Canary. Au delà des monts étaient les provinces de Vico, Ajaccio, Sartène, Bonifacio et le fief d'Istria. Ces provinces contenaient chacune plusieurs pièves plus ou moins étendues, dénomination qui comprenait divers lieux, villages et hameaux sous la même régie, quoiqu'ils dépendissent de différentes paroisses. On comptait en Corse 61 pièves.

Aujourd'hui l'île de Corse forme un département français divisé en 5 arrondissements et en 61 cantons.

COMMUNICATIONS. Il n'existait en Corse en 1832 que trois routes royales : celle d'Ajaccio à Bastia, celle de Bastia à St-Florent, et la route forestière d'Aitone; mais ces routes, après avoir été construites avec le plus grand soin, avaient disparu sur plusieurs points par le défaut d'entretien bien entendu, et étaient devenues en partie impraticables pour les voitures. Une loi du 25 mai 1836 a classé cinq routes royales dans le département de la Corse, et un crédit de 3,400,000 fr. fut affecté à leur achèvement en 1837. Ce sont : la route d'Ajaccio à Bastia, la route de Bastia à St-Florent, la route de Sagone à la forêt d'Aitone, la route d'Ajaccio à Bonifacio, la route de Calvi à Corté. Ces cinq routes ayant été reconnues insuffisantes pour les besoins de la circulation de la Corse, deux nouvelles routes, celle de Bastia à Bonifacio, et d'Ajaccio à Bastia par Calvi, ont été classées en 1839, et un crédit de 5,000,000 fr. a été affecté à leur construction. — Il y a aussi deux routes départementales; celle d'Ajaccio aux bains de Guagno, et celle de Bastia au Macinaggio, et douze chemins vicinaux de grande communication, savoir : 1° de Bocognano à Zicavo; 2° de Ponte-Bonelli à Vico; 3° de Brando à Ersa; 4° de St-Florent à Piedicroce; 5° de Fiumalto à Piedicroce; 6° de Corté à Aleria; 7° de Ponte-alla-Leccia à Cervione; 8° de Sartène à Gatti-di-Vivario; 9° de Campo-di-Loro à la bouche della Cilacce; 10° de Piano à Vescovato; 11° de l'Ile-Rousse à la forêt de Tartaggine; 12° de Serraggio à Migliacciaro.

TOPOGRAPHIE. La superficie absolue de la Corse est d'environ 874,771 hectares, répartis à peu près ainsi qu'il suit :

Terrains cultivés.

En oliviers.	3,443,49 hect.
vignes.	9,883,18
châtaigniers.	27,647.90
bois.	77,096.62
grains.	143,996,82
prés.	441,07
	262,513,08

Terrains incultes cultivables.

En oliviers.	7,514,56
vignes.	12,365,62
châtaigniers.	7,793,13
bois.	1,974,13
grains.	213,411,88
prés.	7,59
	243,099,34

Terrains non susceptibles de culture.

Pâturages.	208.650,82
Eaux.	5,888,45
Rochers.	154,619.30
	369,158,57

L'aspect général de l'île de Corse est on ne peut plus pittoresque : l'intérieur présente un amas de montagnes très-rapprochées, formant une multiplicité de gorges et de belles vallées traversées par des ruisseaux ou des torrents : des roches sourcilleuses, des forêts séculaires, de profonds précipices où mugissent des eaux turbulentes, de vieilles tours disséminées sur les plages de distance en distance, comme des vestiges de civilisation au milieu de cette nature robuste et capricieuse, offrent tour à tour une multitude de sites charmants ou agrestes qu'on ne se lasse pas d'admirer. Ces tours, au nombre d'à peu près cinquante, furent élevées au XVIe siècle par les Génois, sur la demande et les plaintes des habitants exposés comme sujets de la république aux spoliations et aux représailles des Barbaresques, avec lesquels celle-ci était en guerre. La garnison de chaque tour se composait ordinairement de trois soldats, d'un caporal et d'un gardien, petit gouverneur. A l'approche des barques ennemies, on allumait des feux qui, aperçus et répétés par les gardiens des tours voisines, faisaient voler la nouvelle et hâter la défense. La construction de ces tours protectrices et l'envoi de quelques colonies, sont le beau côté de la domination génoise, mais ne compensent pas le mal de ce joug étranger.

L'île est traversée par une chaîne de montagnes qui part de l'extrémité septentrionale, se dirige au sud l'espace de 40 k., tourne à l'ouest jusqu'au mont Grosso, à 40 k. plus loin, et reprend sa première direction pendant 24 k., sous le nom de montagnes de Frontogna; parvenue ainsi à la moitié de son développement, aux monts Rotondo, d'Oro et de la Cagnone, puis, à partir de Foce-di-Verde, se dirige constamment au sud vers les bouches de Bonifacio, où elle se termine par la pointe lo Sprono. Cette chaîne forme deux versants principaux, à l'est et à l'ouest, d'où descendent de nombreux cours d'eau. La hauteur des principales montagnes est évaluée ainsi :

Mont Rotondo.	2,763,m53
Mont Paglia-Orba.	2,649, 97
Mont Ciuto.	2,519, 51
Mont Cardo.	2.499, 73
Mont Padro.	2,457, 73
Mont Artica.	2,439, 70
Mont Tafonato.	2,314, 67
Mont Renoso.	2,300, 28
Mont Traunato.	2,196, 56
Mont Ladroucelle.	2,135, 45
Mont Saradine.	2,055, 99
Mont Conia.	1,983, 59
Mont Grosso.	1,860, 78
Mont Asinao.	1,823, 32
Mont San-Pietro.	1,659, 47
Mont Stello.	1,382, 92
Mont Mantellucio.	1,535, 97
Mont l'Allicione.	1,288, 54
Mont Cerio.	1,071, 93

La Corse est sillonnée par de nombreux torrents, dont quelques-uns sont décorés du nom de fleuves, bien que leurs fonctions se bornent à tomber du centre à la circonférence de l'île en roulant des cailloux sur un lit de rochers : jamais on ne s'avisa de leur faire porter une barque. En été, ces torrents sont presque tous guéables. On distingue, sur la côte de l'est, le Bevinco, le Golo, le Fiumalto, l'Alezani, la Bravona, le Tavignano, le Fiumorbo, l'Abatesco, le Travo, la Solenzara, la Ste-Lucie, l'Oso, le Stabiaccio; sur la côte du sud-ouest, l'Ortelo; sur la côte de l'ouest, le Valinco, le Taravo, le Prunelli, la Gravona, le Liamone, la Sagone, le Porto, le Fango; sur la côte du nord-ouest, la Ficarela, le Secco, le Regino, l'Osticroni et l'Aliso.

L'intérieur de l'île, où les montagnes se croisent et forment les grandes divisions territoriales, est entrecoupé de nombreuses collines peu élevées et généralement verdoyantes, qui se prolongent souvent sur un espace de plusieurs milles On y voit aussi un nombre prodigieux de monticules couverts d'arbres et d'arbustes, ainsi que des rochers détachés ou amoncelés en pente les uns sur les autres. De distance en distance, on rencontre des vallées amphithéâtrales, circulaires ou carrées, plus ou moins régulières dans leur forme, mais toutes agréablement situées et ayant chacune son cachet particulier et caractéristique. La situation de la pieve de Niolo, aujourd'hui canton de Calacuccia, est sans contredit une des plus remarquables de l'île.

Les forêts qui couvrent les montagnes jusqu'à une certaine élévation sont d'une beauté remarquable, et formées principalement de pins, de chênes blancs et verts, de châtaigniers, de térébinthes, etc.; des bois d'oliviers y sont disséminés sur plusieurs points. Les rochers dont l'île est couverte forment dans les forêts des grottes où se retirent la nuit les bergers avec leurs troupeaux de moutons, de chèvres et de cochons. Les cimes des montagnes, sur lesquelles se trouvent assez souvent un petit lac peuplé de truites, sont couvertes de plantes aromatiques, et rouges de fraises dans la saison : les bestiaux y pâturent pendant l'été; l'hiver, ils sont conduits sur les plages. Au sud de l'île, l'oranger, le citronnier, le grenadier, produisent des fruits délicieux; et partout, dès que l'on donne quelques soins à la terre, on recueille les meilleurs légumes et toutes les espèces de céréales.

Les alluvions formées par les torrents, à leur embouchure, ont donné naissance à de nombreux amas d'eaux stagnantes, principalement sur la côte de l'est, dont les vapeurs délétères exercent la plus funeste influence sur la santé des habitants. On évalue l'étendue des marais de la Corse à 6,787 hectares, dont 967 baignés toute l'année, 2,116 baignés l'hiver seulement, et 3,704 d'eaux stagnantes. Sur cette étendue, 3,640 hectares sont réputés impossibles à dessécher, 1,137 hectares d'un dessèchement difficile, et 2,010 hectares d'un dessèchement facile.

Les côtes de l'île de Corse forment une multitude de golfes, d'anses, de caps, où l'on trouve beaucoup d'ancrages pour des vaisseaux qui tirent peu d'eau, et, en plusieurs endroits, des ports et des rades pour les grands vaisseaux : les plus remarquables de ces enfoncements sont les golfes de St-Florent, de Calvi, de Porto, della Liscia, d'Ajaccio, de Valinco, de Mauza et de Porto-Vecchio. La côte orientale suit à peu près la direction du méridien ; elle est basse, sablonneuse, en quelques endroits bordée d'étangs et de marais, et peu découpée, si ce n'est dans la partie méridionale, qui est escarpée, bordée d'îlots et d'écueils. La côte occidentale est bordée de quelques îlots, abrupte et très-découpée ; on y voit de nombreux enfoncements séparés par des pointes ou des caps, dont le plus considérable est le cap Corse, promontoire escarpé qui se prolonge au loin vers le nord. Sur les bords de la mer, on remarque un grand nombre de tours élevées par les Génois lorsqu'ils tenaient l'île dans leur dépendance : plusieurs de ces tours ont un aspect pittoresque. — Les principaux ports sont ceux de Bastia, d'Ajaccio, de l'Ile-Rousse, de Bonifacio, de Calvi, de Maccinagio et de St-Florent. Parmi les autres ports ou mouillages que l'on rencontre sur les côtes, les plus sûrs et les plus fréquentés sont ceux de Girolata, de Sagone, de Propriauo, de Figari, de Ventiligne, de Santa-Manza et de Porto-Vecchio.

MÉTÉOROLOGIE. Le climat de l'île de Corse est un des meilleurs de l'Europe, et, quoiqu'on y ressente quelquefois des chaleurs excessives, l'air, à l'exception de quelques cantons marécageux, y est pur et sain, principalement dans les montagnes ; le ciel y est presque toujours serein ; pendant trois années d'observations faites par M. Dupeirat à Ajaccio, on ne compte que neuf orages, dont cinq seulement accompagnés de pluie. Quoique la température soit très-variable, surtout dans le mois de mars, cette variation est peu sensible d'un jour à l'autre ; le passage des saisons se fait doucement, et chacune d'elles porte ordinairement le caractère qui lui est propre. — La hauteur du mercure dans le baromètre varie entre 27 et 29 pouces. Le temps est beau pendant 237 jours, nébuleux pendant 110 et pluvieux pendant 18. — La température de l'air varie, pendant le premier trimestre de l'année, entre 0° et +15° R. ; pendant le second, entre +5° et +30° ; pendant le troisième, entre +15° et +30° ; pendant le quatrième, entre 0° +20°. Les températures moyennes sont, pour le premier trimestre, +9°,67 ; pour le second, +17°,09 ; pour le troisième, +21°,87 ; pour le quatrième, +12°,83 ; pour l'année, +15°,39. — Le vent du sud-est est celui qui souffle le plus habituellement ; il soutient quelquefois pendant quinze jours de suite, et souffle dans toutes les saisons. Le sud-ouest vient ensuite ; il souffle souvent en tourmente, et est plus fréquent de la fin de novembre à la fin de mai. Le nord-est vient après le sud-ouest ; le nombre de jours pendant lesquels les vents soufflent dans l'une de ces trois directions forme à peu près les deux tiers de ceux où le calme ne règne pas. L'ouest vient après le nord-est, puis le sud, le nord, l'est et le nord-ouest.

PRODUCTIONS MINÉRALES. On n'a reconnu jusqu'à présent que deux mines de fer susceptibles d'être exploitées avec avantage ; ce sont celles d'Olmeta, de Farinole, au cap Corse. Une mine de plomb argentifère se trouve dans le petit vallon de Barbaggio, qui sépare la chaîne principale du chaînon calcaire, à une heure et demie de St-Florent. Une mine d'antimoine existe à Ersa, et une mine de manganèse oxydé noir compacte très-pur, à Valle. — Mais c'est principalement dans l'existence des roches précieuses susceptibles d'être employées dans les arts que réside la richesse minérale de la Corse ; sous ce rapport, elle peut être considérée comme l'Elysée de la belle géologie. « On trouve, dit M. Gueymard, sur les bords de la mer, à l'Agajola, le granit oriental contenant du sphène ou titane oxydé, qui a été exploité récemment pour le soubassement de la colonne de la place Vendôme à Paris. Un des plus beaux granits de la meilleure espèce existe près de Vico, sur la grande route de la forêt d'Aitone à Sagone. On trouve un porphyre roide assez joli, et des granits où le feldspath imite la couleur du corail, dans le pays de Tallano. Il existe, sur un grand nombre de points de l'île, des gisements de serpentine, souvent avec diallage, susceptibles d'exploitation. Les environs de Corté renferment des marbres calcaires en grande quantité. Les pays d'Ortiporio et de Rostino possèdent deux carrières de beaux marbres blancs qui peuvent être employés par le marbrier et le statuaire. Les pays de Tallano et d'Olmeto possèdent de belles siénites. Le granit orbiculaire de Ste-Lucie et les porphyres globuleux de Galeria, de Girolate et de Curzo sont connus du monde entier, et il est étonnant que les beaux-arts ne se soient pas emparés de ces roches uniques. Le jade et le diallage de Stazzona (vert antique), roche unique en son genre, se trouvent dans tous les pays d'Orezza et d'Alessani en blocs considérables et en plans de la montagne ; mais c'est principalement sur les blocs qu'on devrait porter ses vues : la nature semble avoir fait la moitié du travail en les roulant sur toute la longueur d'un ruisseau où l'on compte les chutes ou cascades par milliers. La belle formation du porphyre de la vallée de Stagno, ne connaît pas de rivale ; mais elle se trouve à une grande élévation dans le pays de Niolo, etc. » L'amiante est très-commun ; il se trouve à Scolca, à Noceta, à Brando, à Crocciechia, au mont Cinto, etc., etc.

EAUX MINÉRALES. La Corse possède plusieurs sources d'eaux minérales ; les plus connues sont les eaux thermales de Guagno, de Pietra Pola, de Guitera, de Tallano, d'Olmeto, de Caldaniecia, et les eaux acidules froides d'Orezza et de Puzzichello.

PRODUCTIONS VÉGÉTALES. Le sol de la Corse est des plus fertiles et se prête à toute espèce de culture ; les meilleures terres cultivées en céréales rendent sans engrais plus de trente pour un ; il n'y a pas de plante qui ne s'y acclimate, pas de légume qui n'y réussisse, pas de céréale qui n'y prospère. Qui pourrait dire les avantages que la France retirerait de la Corse si l'on cherchait à naturaliser les productions que nous faisons venir à grands frais des colonies ; le sol se couvre sans aucune espèce de soins d'orangers, de citronniers, d'oliviers ; quelques essais ont prouvé que le mûrier, l'indigo, la canne à sucre, le coton, le tabac, la garance y réussissent à merveille. Sur les coteaux les mieux exposés croissent le grenadier, la vigne, une multitude d'arbres dont les fruits sont exquis ; les vallons sont ombragés par de superbes châtaigniers et par de magnifiques noyers dont on trouverait difficilement ailleurs les pareils.

CÉRÉALES. Le sol de l'île est, en général, pierreux, parce que le roc est presque partout voisin de la surface ; à mesure que l'on s'avance sur les hauteurs, la terre devient rare, finit même par disparaître en approchant des sommités. Néanmoins, dans le fond des vallons, et dans la plupart des terrains d'alluvion, la terre est forte et pleine de vie. On trouverait difficilement un endroit plus favorisé de la nature, sous le rapport des produits, que le territoire de l'ancienne ville d'Aleria ; c'est une plaine d'environ cinquante milles carrés, d'une fertilité réellement prodigieuse ; le blé y rapporte de dix-huit à cinquante pour un de semence ; l'orge y dépasse beaucoup ce taux, et le maïs y centuple. Sur les autres parties de l'île le produit du froment est évalué, année moyenne, à neuf fois la semence, celui du seigle et de l'orge à douze ou treize fois, celui du maïs à trente-neuf, et celui des pommes de terre à vingt-trois.

Une partie des 243,299 hectares de terrains incultes cultivables produit spontanément un mélange de végétaux auquel on donne le nom de maquis. Ce mélange a d'un à 4 m. de haut, et se compose d'arbousiers, de lauriers, de cistes, de myrtes, de bruyères, etc., qui croissent sur de vieilles racines, et deviennent si épais que le cerf ou le mouflon, pour s'y réfugier, sont réduits à chercher une clairière. Quand on se détermine à mettre un maquis en valeur, on y met le feu, et après que l'incendie a fait disparaître les végétaux qui le couvraient, et que la pluie a donné de la compacité à la cendre, on remue un peu le terrain et on l'ensemence. La récolte levée, on abandonne le fond, où bientôt les arbustes repoussent de toutes parts. Les pâtres, sûrs de trouver l'année suivante en cet endroit des rejets pour leurs troupeaux, ne manquent pas de les y amener ; mais après leur retraite le maquis reprend peu à peu son ancienne vigueur, et devient aussi touffu, aussi serré qu'il était avant la dernière incinération.

VIGNES. La vigne vient dans presque tous les cantons, principalement dans les environs de Bastia, de Corté et d'Ajaccio ; il y a même très-peu de terrains où on ne puisse obtenir de fort bons vins, si on les fabriquait avec plus de soin, et si l'on ne mettait dans la cuve que les raisins qui ont acquis leur maturité. Les vignobles dont les produits se distinguent par leur qualité sont ceux d'Ajaccio, de Sari, de Peré, de Vico, de Bastia, de Pietra-Negra, du cap Corse, de Bassanese, de Macraticcia, de Calvi, de l'Algajola, de Callenzane, de Monte-Maggiore, de Tallano, de Bonifacio et de Porto-

Vecchio. En général, tous les vins de Corse faits avec soin sont excellents; et comme presque tout le littoral de cette île est propre à la culture de la vigne, cette branche de son agriculture peut devenir pour elle un jour la source d'une haute prospérité.

Les 9,885 hectares de terrains cultivés en vignes produisent annuellement environ 300,000 hectolitres de vin, et une assez grande quantité de raisins que l'on fait sécher. La consommation des habitants est évaluée à 160,000 hectolitres; une petite portion du surplus est convertie en eau-de-vie, et le reste livré à l'exportation, principalement pour Hambourg et les autres villes hanséatiques. On fait dans quelques cantons un vin de liqueur estimé, qui se consomme dans le pays.

Fruits. L'olivier croît naturellement sur presque toute la surface de l'île. Les parties où cette culture est aujourd'hui la plus étendue sont la Balagne, le Nebbio et les environs de Bonifacio.— Le mûrier réussit très-bien; des pépinières ont été établies à Ajaccio, à Calvi et à Sartène; mais cette culture, pour productive, aurait besoin d'être encouragée par l'établissement de magnaneries pour l'éducation des vers à soie.— Les revers des coteaux et la plupart des montagnes élevées et à pentes rapides sont occupés par de magnifiques châtaigniers, qui fournissent pendant l'hiver la nourriture à une partie de la population : on évalue année moyenne la récolte des châtaignes à 133,827 hectolitres. La plupart des châtaigniers sont d'une grandeur et d'une beauté merveilleuse; il est des troncs de ces arbres assez entr'ouverts par l'âge pour donner asile à dix personnes, et dont cependant les branches produisent avec toute la vigueur de la jeunesse.— L'oranger et le citronnier réussissent très-bien dans les petites vallées qui avoisinent la côte; leur culture paraît faire des progrès dans l'arrondissement de Bastia, qui exporte une assez grande quantité de citrons.

Forêts. Les montagnes de la Corse sont couronnées de forêts jusque sur leurs sommets les plus élevés. Les plus belles sont peuplées de pins larix, de chênes et de hêtres d'une grande beauté. Les forêts d'Aitone, de Vizzavona, de Rospa, etc., ont fourni de beaux bois de construction pour le service de la marine; on a tiré de la première, en 1812 et années suivantes, des bois de mâture de 29 m. 232 de longueur, 0ᵐ,761 de diamètre au gros bout, et 0ᵐ,430 au petit bout. La forêt de Valdoniello à Sagone n'a jamais été exploitée; elle contient des arbres d'une grande beauté, parmi lesquels on en voit un de 8 m. de circonférence à 1 m. au-dessus du sol, de 6 m. 60 c. à 11 m. d'élévation, et de 45 m. de hauteur; ses branches, qui n'existent qu'à la cime la plus élevée et qui se déploient en éventail, ont 37 m. de largeur.

Productions animales. Le climat de la Corse étant extrêmement varié, on trouve dans cette île la plupart des quadrupèdes utiles de l'Europe. La race des chevaux est petite, mais vigoureuse; il en est de même de celle des ânes.

Les mulets sont beaux, ont les extrémités fines et le pied très-sûr; ils sont employés à tous les transports. La race bovine est assez forte, mais les pâturages ne lui sont pas avantageux; les vaches donnent peu de lait, le bœuf y est maigre et dur, ce qui vient du peu de soin et de l'état d'abandon où on les laisse constamment. Les chèvres sont grandes, d'une belle espèce et très-multipliées. Les moutons sont renommés pour la délicatesse de leur chair; mais leur laine est commune et généralement de couleur noire; les brebis ont ordinairement quatre cornes et quelquefois six. Le mouflon, que Buffon considérait comme le type originel des diverses variétés de moutons domestiques, est un animal particulier à l'île de Corse; sa taille, ses cornes, l'espèce de laine dont il est revêtu, le rapprochent en effet beaucoup du mouton.

La Corse possède une belle race de chiens de bergerie, et d'autres chiens propres à la chasse du cerf et du sanglier. Il n'y a pas de loups dans l'île, mais les renards y sont nombreux, ainsi que les sangliers; les porcs y sont très-multipliés et à demi sauvages. Le cerf est assez commun dans les grandes forêts, qui recèlent aussi des lièvres d'une grande beauté. La perdrix, la bécasse, la Lécassine, la pintade, le faisan, sont fort communs et d'une grande délicatesse; rien n'égale la bonté des grives, des merles, des cailles et des ramiers de montagnes. Les aigles, les vautours et une grande quantité d'oiseaux de proie habitent les hauteurs.— Les reptiles sont assez communs, mais peu dangereux, si ce n'est une espèce d'araignée venimeuse connue sous le nom de malmignate, dont la morsure est, dit-on, mortelle : elle a le corps noir, avec treize petites taches d'un rouge de sang sur l'abdomen.— L'éducation des abeilles est assez multipliée; les ruches sont grossièrement confectionnées; elles sont abandonnées au coin d'un bois, où on les visite deux ou trois fois dans l'été pour recueillir le miel par le moyen de la fumée.

Les rivières et même les plus petits ruisseaux de la Corse produisent des truites et des anguilles délicieuses. Les étangs abondent en poisson de toute espèce. La mer qui entoure l'île passe pour être la plus poissonneuse de toute la Méditerranée; c'est de ses rives que sont approvisionnées les villes de la Toscane, de la Ligurie, et la capitale des Deux-Siciles.

Mœurs et coutumes des Corses. Les Corses sont, en général, de taille moyenne, bien faits, alertes et vigoureux; ils ont peu d'embonpoint, le teint pâle et brun, les traits réguliers, la physionomie expressive. Les femmes aussi sont généralement bien faites; elles ont presque toutes de beaux yeux et de belles dents.

Le Corse est essentiellement fier, spirituel et brave : chacun de ses actes porte l'empreinte de l'une au moins de ces qualités. Doué d'une grande pénétration, du talent de l'analyse et d'une ténacité originelle, il conçoit rapidement, combine avec adresse et marche à son but avec une constance imperturbable. Prodigieusement ardent dans toutes ses affections, n'oubliant ni l'injure ni le bienfait, il sert l'amitié au péril de ses jours, et ne suspend la vengeance que pour mieux en assurer l'effet. Nul peuple n'est plus avide de gloire et moins avide de richesses; l'honneur, bien ou mal entendu, est chez lui ce que l'intérêt est ailleurs : la cause du mouvement ou de l'inaction.— Les Corses dédaignent les travaux sans noblesse, et rangent dans cette classe presque tous les travaux pénibles. Les conditions serviles répugnent surtout à leur orgueil; la mendicité, si rare en Corse parce que les familles font les plus grands efforts pour la prévenir, la mendicité elle-même a son point d'honneur; car les infortunés qui s'y livrent s'abstiennent toujours de demander publiquement et dans le lieu qu'ils habitent.

Les Corses ont généralement d'eux-mêmes la meilleure opinion; la confiance en leur mérite ne les abandonne jamais : le rang, l'appareil de la puissance ne leur en impose nullement; si l'on éveillait un Corse pour lui annoncer qu'il vient d'être appelé à régir un empire, il ne s'étonnerait certainement pas plus de sa fortune qu'il ne se méfierait de ses moyens.

La passion de la vengeance est un des traits les plus prononcés des mœurs des paysans corses. Toutefois cet esprit de vengeance ne dérive pas d'une âme féroce, mais bien de la haute idée qu'ils ont d'eux-mêmes et de leur indépendance. Rarement cependant la vengeance s'exerce par surprise : un Corse est-il en vendetta, il prévient son ennemi qu'à compter de tel jour il cherchera l'occasion de le tuer. De ce moment, les deux champions, armés jusqu'aux dents, ne marchent plus qu'avec précaution, car ils doivent s'attendre à tout; les embuscades sont de bonne guerre; le choix des armes reste à chacun; sa force dépend de ses calculs ou de son influence; il est libre de tenir seul la campagne ou de se faire suivre d'amis qui le secondent activement. Il est juste toutefois de faire observer que les exemples de cette terrible passion de la vengeance deviennent heureusement chaque jour plus rares, et tout porte à croire qu'ils finiront par disparaître tout à fait.

Une partie plus ou moins considérable de la population des communes rurales se compose de bergers, dont plusieurs sont en même temps agriculteurs. Les uns sont propriétaires de leurs troupeaux, les autres n'en sont que dépositaires, à la charge de tenir compte au maître de la moitié du profit; condition qui n'a d'autre garantie que la conscience du pâtre. Ils errent l'été sur les montagnes, l'hiver dans les plaines et les vallons; tantôt seuls, tantôt plusieurs ensemble, mais toujours suivis de leur famille. Quelquefois ils se construisent des cabanes, quelquefois ils abandonnent pour en construire d'autres, sèment un peu de blé ou d'orge à l'endroit où ils se trouvent, mangent des châtaignes et du gibier, boivent du lait et fabriquent des fromages qu'ils envoient vendre à la ville quand l'occasion s'en présente : c'est assez souvent ils passent la nuit en plein air, enveloppés dans leur pelone.

Presque tous les montagnards sont propriétaires. Les paysans agriculteurs aisés sont logés chez eux; ils ont ordinairement un cheval, une chèvre ou deux, autant de cochons, un petit enclos à quelque distance du village, et près de la maison un petit jardin potager; ils ont de plus leur part de biens communaux, dont les terres labourables se divisent chaque année entre toutes les familles. Dans les villages, le paysan corse est généralement mieux logé que ceux du continent français; toutes les maisons sont en pierre; la plupart ont un étage au-dessus du rez-de-chaussée; souvent, une des chambres, au milieu de laquelle est placé le foyer, présente à une certaine hauteur un plancher à claire-voie où l'on place les châtaignes pour les faire sécher. Dans les établissements temporaires de la plaine, les agriculteurs habitent le plus souvent des cabanes de trois ou quatre pieds de haut, ayant pour toute ouverture une seule porte qui sert en même temps de fenêtre et de cheminée, et semblables à celles des bergers.

En Corse, l'hospitalité est une sorte de culte, et l'exercice de cette touchante vertu se retrouve dans toutes les classes; il existe à cet égard une émulation générale, poussée quelquefois si loin, qu'un Corse regarde comme une insulte le refus que l'on fait d'entrer chez lui. Quelles que soient les apparences qui accompagnent dans cette île un étranger, il est toujours bien reçu; et, lorsqu'il veut quitter le toit hospitalier, il est difficile qu'il échappe aux politesses, qui souvent le suivent à plusieurs milles.

Les Corses sont généralement plus instruits que la plupart des habitants des campagnes du continent français; il en est peu qui ne sachent lire et écrire. M. Limperani, ancien député de Bastia, dont les persévérantes réclamations ont puissamment contribué à doter la Corse de l'établissement du jury, de l'institution de la garde nationale, et de la création d'un système de douanes en harmonie avec les besoins du pays, a prouvé à la tribune nationale que la Corse est un des départements français les mieux partagés sous le rapport de l'instruction primaire; et bien qu'il n'y ait en France que quatre départements d'une population inférieure à la Corse, il y en a cependant vingt-huit où le nombre des élèves fréquentant les écoles primaires est moins considérable.

INDUSTRIE ET COMMERCE. Quoique encore bien arriérée dans les arts industriels, la Corse n'en est pas tout à fait dépourvue, et tout porte à croire que le système plus large et mieux entendu à son égard, adopté il y a quelques années par le gouvernement, donnera avant peu à ces arts un grand développement. On y compte plusieurs forges à la catalane qui tirent le minerai de l'île d'Elbe, et dont le nombre ne tardera pas à s'accroître, à présent que l'on peut compter sur le débouché du continent français. Plusieurs tanneries; des fabriques de pâtes alimentaires; deux savonneries; une verrerie; des briqueteries; des moulins à huile; de nombreux moulins à blé; des fabriques de boissellerie, de goudron, de fromages du pays, etc., existent dans plusieurs localités.

L'industrie commerciale de la Corse est loin d'être en rapport avec l'importance de cette île et la diversité de ses produits. Les principaux objets de commerce consistent en vins, eau-de-vie, huile d'olive, châtaignes, oranges, citrons, fruits secs, cire jaune, poisson salé, corail brut, feuilles de myrte, fleurs d'oranger, graine de lupins, lichen, peaux tannées et corroyées, etc.

FOIRES. Le système des foires n'est point en usage en Corse; il n'y existe que des marchés de chevaux. Seulement dans les principales communes, la fête du patron attire quelques marchands qui débitent, sur la place la plus voisine de l'église, quelques marchandises de peu d'importance.

DIVISION ADMINISTRATIVE. Le département de la Corse a pour chef-lieu Ajaccio; il envoie 2 représentants à la chambre des députés, et est divisé en 5 arrondissements:

Ajaccio	12 cant.	51,040	h.
Bastia	20 —	67,517	
Calvi	6 —	23,024	
Corte	15 —	52,662	
Sartène	8 —	27,220	
	61 cant.	221,463 h.	

40e conserv. des forêts (chef-l. Ajaccio). — 15e arr. des mines (chef-l. St-Étienne). — 17e div. milit. (chef-l. Bastia). — Évêché à Ajaccio; 66 cures, 288 succursales. — Cour royale à Bastia, d'où ressortissent les tribunaux de la Corse. — Collèges communaux à Ajaccio, Bastia, Calvi.

Biographie. Patrie des patriotes SAMPIERO, SAMBUCUCCIO, du général PAOLI, de NAPOLÉON et des nombreux membres de la famille impériale, du maréchal SÉBASTIANI; du diplomate POZZO DI BORGO, des généraux ARRIGHI, CASABIANCA, CATTANEO, CERVONI, ORNANO, TIBURCE SÉBASTIANI, etc., etc., etc.

Bibliographie. * *Origine des cardinaux du saint-siège*, édition augmentée de la relation d'insulte faite par les Corses contre le duc de Créqui, in-18, 1680.

— * *Histoire des révolutions de l'île de Corse et de l'élévation de Théodore*, in-18, 1730.

LA VILLEBEURNOIS (de). * *Histoire de l'île de Corse, contenant en abrégé les principaux événements de ce pays*, in-12, 1749.

CHEVRIER (F.-Ant.). *Histoire de l'île de Corse*, in-12, 1749 (paraît être le même ouvrage que celui de la Villeheurnois).

JAUSSIN. *Mémoires historiques, militaires et politiques, sur les principaux événements arrivés dans l'isle et royaume de Corse, depuis le commencement de l'année 1738 jusqu'à la fin de l'année 1741, avec l'histoire naturelle de ce pays*, 2 vol. in-12, 1758-59.

FRÉDÉRIC (le colonel). *Mémoire pour servir à l'histoire de la Corse*, in-8, 1768.

BOSWEL. *État de la Corse, suivi d'un Journal d'un voyage dans l'île, et des Mémoires de Pascal Paoli*, trad. par S. D. C. 2 vol. in-12, 1769.

Mémoire apologétique sur la dernière révolution de Corse, in-8, 1769.

— * *Procès-verbal de l'assemblée de la consulte générale de la nation corse, tenue à Bastia le 15 septembre 1770*, petit in-f° de 173 pag., 1771.

— * *Traité conclu à Versailles, le 15 juin 1768, entre S. M. très-chrétienne et l'illustre république de Gênes, touchant l'île de Corse, qui est cédée au roi* (Gazette d'Amsterdam, du 12 mai 1769).

SERVAL. *Traduction des statuts civils de l'île de Corse*, in-8, 1769.

GERMANÈS. *Histoire des révolutions de la Corse*, 3 vol. in-12, 1774-1776.

FERRAND DUPUY. *Essai chronologique, historique et politique de l'île de Corse, ensemble l'origine de ce peuple, son caractère, la description du sol, les différentes révolutions*, etc., in-12, 1776.

POMMEREUL. (François-René-Jean de). *Histoire de l'île de Corse*, 2 vol. in-8, 1779.

— * *Précis de l'histoire de Corse jusqu'en 1766*, in-8, 1784.

CADET. *État de la Corse pendant la révolution française*, br. in-8 sans date (vers 1798). — Idem, in-4, 1824.

— *Mémoire sur les bois de la Corse*, etc., in-12, 1792.

— *Mémoire sur les jaspes et autres pierres précieuses de la Corse*, in-8, 1785.

NECKER (Jacques). *Étendue, population et contributions de la Corse* (Administration des finances, t. I, p. 307).

PIETRY. *Statistique du département du Golo*, in-8, an x.

DURAND (d'Agde). *Mémoire sur l'amélioration des départements du Golo et du Liamone (île de Corse)*, in-8, 1808.

ORNANO. *Statistique de la Corse*, 1827.

ROBIQUET (M.-F.). *Recherches historiques et statistiques sur la Corse*, 1 vol. grand in-8, et atlas in-f°, 1835.

GUEYMARD. *Notice sur la géologie de l'île de Corse* (Ann. des mines, t. IX, p. 123).

THIERRY. *Notices sur la Corse et la Grèce, suivies d'un coup d'œil rapide sur l'expédition d'Afrique, et détail exact des marchandises que contenaient les magasins de la Casbah, résidence du dey d'Alger*, in-18, 1832.

JACOBI (J.-M.). *Histoire générale de la Corse, depuis les premiers temps jusqu'à nos jours (1835), avec une introduction contenant un aperçu topographique et statistique sur l'île, le précis de son histoire naturelle, et une notice bibliographique des principaux auteurs qui en ont parlé; ouvrage enrichi d'une carte géographique et d'un grand nombre de documents inédits*, 2 vol. in-8, 1835.

— * *Anecdote historique de la colonie grecque établie dans l'île de Corse en 1676*, in-8, 1780.

— * *Mémoire historique de l'émigration de la colonie grecque en Corse*, in-8, 1820.

STEPHANOPOLI (Nicolas). *Histoire de la co-*

lonie grecque établie en Corse, accompagnée de réflexions politiques sur l'état actuel de la Grèce, et d'un court aperçu sur la Corse, où l'on indique les moyens à employer pour améliorer le sort des habitants de cette île, in-12, 1826.

PERNY DE VILLENEUVE (J.). *Département de l'île de Corse, sa population, les mœurs de ses habitants*, etc., in-8, 1792.

POMPEI (P.-P.). *Etat actuel de la Corse, caractère et mœurs de ses habitants*, in-8, 1821.

L'HERMITE-SOULIERS (J.-B. dit Tristan). * *Les Corses françois, contenant l'histoire des plus illustres seigneurs, gentilshommes de l'isle de Corse, qui se sont attachés au service de France*, in-12, 1662.

* *Essai sur les traces anciennes du caractère des Italiens, Siciliens, Sardes et Corses*, in-8, 1807.

VALADE (J.-J.-Denis). * *Etat de la Corse pendant la révolution française, ou Mémoire en faveur des réfugiés corses*, in-8, 1800.

* *Réflexions sur le peuple corse et sur quelques grands hommes*, par P..., in-8, 1814.

FEYDEL (Gab.). *Mœurs et Coutumes des Corses; Mémoire tiré en partie d'un grand ouvrage sur la politique, la législation et la morale de diverses nations de l'Europe*, in-8, 1799; 2ᵉ édit. in-8, 1802.

AGOSTINI (F.-P.). *De la Corse et des mœurs de ses habitants*, in-8, 1819.

RÉALIER DUMAS. *Mémoire en Corse*, in-8, 1818; 2ᵉ édit., in-8, 1828.

MARSILI. *Observation au mémoire de M. Dumas*, in-8, 1820.

SIMONOT (J.F.). *Lettres sur la Corse, ou ouvrage destiné à faire connaître la véritable situation de ce pays, et à rectifier les idées de ceux qui le jugent d'après le mémoire de M. Réalier Dumas*, in-8, 1821.

* *Notice sur la Corse* (Revue encyclopédique, 96ᵉ liv., t. IV, p. 564).

BEAUMONT (le baron). *Observations sur la Corse*, in-8, 1822.

PATORNI (F.-M.). *La Corse; documents historiques, législatifs et judiciaires*, in-8, 1842.

BLANQUI. *La Corse; rapport sur son état économique et moral en 1838, lu à l'académie des sciences morales et politiques dans les séances des 18 et 27 octobre, 10 et 17 novembre, 8 et 22 décembre 1838*, in-8, 1840.

TRUCHY BASOUCHE (J.-B.). *Quelques mots sur la Corse et sur la nécessité d'y établir un bon cadastre*, in-8, 1837.

LAMBERT DE CALVI (J.-F.). *Aperçu sur la Corse, relativement à la conquête d'Alger*, in-8, 1836.

BEAULIEU (C.). *Observations sur la Corse*, in-8, 1822 ou 1824.

* *La Corse depuis 1830 jusqu'en 1844*; pétition à la chambre des députés, in-8 de 7 feuilles.

POLI (J. de). *Quelques Observations sur la Corse, au point de vue cultural*, in-8 de 2 feuilles un quart.

STEPHANOPOLI. *La Corse et les torys auxquels cette île et la France ont été inféodées*; pétition aux chambres par un Corse, in-8, 1843.

* *Description de la Corse, suivie d'une relation de la conquête des Français en 1739*, in-12, 1768.

BELLIN. *Description géographique et historique de l'île de Corse*, in-4, et atlas de 35 cartes, 1769.

* *Description de la Corse et relation de la dernière guerre*, in-12, 1743 et 1750.

GAUDIN (Jacques). *Voyage en Corse* (en vers et en prose) *et vues politiques sur l'amélioration de cette île*, grand in-8, 1787.

VAUBIGNON (J. de la). *Voyage pittoresque en Corse*, in-f°, 1822.

GIRAULT DE ST-FARGEAU. * *Description de l'île de Corse, contenant un résumé historique, un aperçu statistique et la topographie de toutes les communes de cette île*, in-8, gravure et carte, 1835.

VALERY (Antoine-Claude Pasquin). *Voyages en Corse, à l'île d'Elbe et en Sardaigne*, 2 vol. in-8, 1837-38 (le 1ᵉʳ vol. ne traite que de la Corse).

MÉRIMÉE (Prosper). *Notes d'un voyage en Corse; rapport au ministre de l'intérieur*, in-8, 1840.

MONTHEROT. *Promenades en Corse; anecdotes, rencontres, conversations* (juin 1839), in-8, 1840.

BARRAL. *Mémoire sur l'histoire naturelle de l'isle de Corse, avec un catalogue lithologique de cette isle, et des réflexions sommaires sur l'existence physique de notre globe*, in-8, 1783.

B.-C. PAYRAUDEAU. *Catalogue descriptif et méthodique des annélides et des mollusques de l'île de Corse*, in-8, 1826.

* *Mémoire présenté à l'assemblée nationale sur les bois de la Corse*, in-4, 1790.

VANUCCI (A.). *Observations sur les eaux minérales de la Corse* (Journal analytique de médecine, fév. 1829).

— *Tableau topographique et médical de l'île de Corse*, présenté à l'académie royale de médecine, in-8, 1839.

PASQUALINI. *Sujets d'histoire de Corse* (1ʳᵉ composition), in-f°, 1834.

On peut consulter aussi entre autres écrivains étrangers : GIOVANNI DELLA GROSSA, auteur du XIVᵉ siècle, le premier qui ait entrepris une histoire de la Corse; MONTEGGIANI, continuateur de Giovanni; MARC-ANTOINE CECCALDI, qui a écrit les événements arrivés en Corse de 1525 à 1559; ANT.-D. FILIPPINI, continuateur de Ceccaldi jusqu'à la fin de 1593; P. CYRNÉE; FOGLIETTA; STELLA; MERELLO; CASONI; CURZIO TULLIANO (Natali); SALVINI; CAMBIAGGI; GRE-

GORI, éditeur de la dernière édition de Filippini.

V. aussi aux articles ST-ANTOINE-DE-GUGUAGNO, BASTIA, BIGUGLIA, CARGHÈSE, SARTÈNE.

CORSEPT, vg. *Loire-Inf.* (Bretagne), arr., cant., ⊠ et à 2 k. de Paimbœuf. Pop. 1,045 h.

CORSEUL, *Curiosolites*, village très-ancien, *Côtes-du-Nord* (Bretagne), arr. et à 10 k. de Dinan, cant. et ⊠ de Plancoët. Pop. 4,236 h. — Ce bourg est situé sur un coteau fertile, à 10 k. de Dinan. On pense qu'il était jadis la capitale des *Curiosolites*, l'un des sept peuples qui habitaient, dès le temps de César, le territoire de l'Armorique. Ce point historique a cependant été contesté pendant longtemps, et plusieurs écrivains, notamment Ogée dans son dictionnaire, ont avancé que la cité des *Curiosolites* n'occupait point ce pays, mais bien celui qui forme actuellement le diocèse de Quimper. Quelques réclamations que l'on élève à cet égard, nous devons tenir pour constant que Corseul était, sinon la capitale, du moins l'une des villes principales du peuple connu dans l'Armorique sous le nom de *Curiosolites*.

Ce bourg est couvert de ruines qui attestent son antique splendeur. Quelque part que l'on ouvre la terre, dans les environs, on rencontre des murs qui se croisent dans tous les sens, des restes d'édifices, des tronçons de colonnes, des médailles et des tombeaux. Parmi les restes d'antiquités encore existants on remarque, à 1 k. de Corseul, les ruines d'un temple de Mars, dont l'élévation est encore de plus de 30 m., non compris la partie qui est cachée par les décombres amoncelés au pied; plusieurs restes de voies romaines; l'inscription placée dans l'église paroissiale, connue de tous ceux qui ont visité Corseul, monument touchant de la piété filiale de C. H. Januarius à la mémoire de sa mère, qui abandonna ses biens et le doux climat de l'Italie pour suivre son fils malheureux sous le ciel brumeux de l'Armorique; les restes du château de Montafilan, d'une étendue immense, et dont le milieu de la cour est occupé par un puits très-large, très-profond, et revêtu intérieurement de belles pierres de taille.

Bibliographie. POIGNANT. *Antiquités historiques et monuments à visiter de Montfort à Corseul*, etc., in-8, 1820.

* *Notice sur Corseul et les Curiosolites* (Mémoires de l'académie celtique, t. I, p. 246).

CORTAMBERT, vg. *Saône-et-Loire* (Bourgogne), arr. à 24 k. de Mâcon, cant. et ⊠ de Cluny. Pop. 573 h.

CORTAMBLIN, *Saône-et-Loire*, comm. de Malay, ⊠ de St-Gengoux-le-Royal.

CORTÉ, jolie et forte ville, *Corse*, chef-l. de sous-préf. et d'un cant. Place de guerre de 4ᵉ classe. Trib. de 1ʳᵉ inst. Cure. Gîte d'étape. ⊠. ⚒. Pop. 4,036 h. — TERRAIN crétacée supérieur, craie.

Cette ville, située au centre de l'île, était le lieu où, dans le XIᵉ siècle, les principaux comtes de Corse tenaient leur cour. Cette prérogative, que Corté perdit sous les Pisans, les papes et les Génois, qui préférèrent Biguglia et Bastia', lui fut rendue au temps du gouvernement national, lorsque les Génois furent resserrés dans les places maritimes ; c'était à Corté que résidaient le général, les représentants de la nation et le tribunal suprême. Après la réunion de la Corse à la France, les principaux établissements furent placés à Bastia et à Ajaccio. Le gouvernement fit fortifier la partie haute de la ville, au sud de laquelle s'élève l'ancien château, et y fit construire de belles casernes.

La ville de Corté est située sur la rive gauche du Tavignano, au point où le torrent sort des montagnes et reçoit la Restonica. Elle est bâtie sur la pente orientale d'un monticule très-escarpé du côté de l'ouest, et domine une vallée délicieuse couverte de jardins, de vignes, d'oliviers et de maisons de campagne. A peu de distance se dessinent de tous côtés des habitations et des bourgs qui embellissent la perspective. On arrive dans la ville par une avenue de châtaigniers aboutissant à une place assez grande, mais irrégulière ; l'intérieur est aussi fort irrégulier ; comme on ne s'est assujetti à aucun ordre, à aucun alignement dans la construction des anciennes maisons, on pourrait presque dire que cette ville n'a pas de rues. Un aqueduc de 4,000 m. de longueur y amène des eaux limpides, fraîches et abondantes.

On remarque à Corté, dans l'ancien palais où le tribunal tient ses séances, l'appartement de Paoli ; la maison de l'héroïque Gaffori ; la citadelle, ancien château élevé au commencement du XVᵉ siècle par Vincentello d'Istria ; et les casernes bâties en belles pierres de taille, et qui peuvent contenir douze cents hommes.

Commerce de grains et de vins de son territoire.—Foire de 2 jours le 16 août.

A 67 k. de Bastia, 94 k. d'Ajaccio, 1,245 k. de Paris.

CORTERATE (lat. 46°, long. 18°). « La Table théodosienne indique ce lieu sur une route qui est tracée de Bourdeaux à Vesunna, ou Périgueux. Or, la direction de la voie, et une grande analogie dans la dénomination, font connaître que c'est Coutras. Un autre lieu placé entre Bourdeaux et Corterate, sous le nom de Varatedum, se retrouve également bien, et sa position conduit à celle de Coutras. On peut même voir, à l'article concernant Varatedum, comment l'indication de distance marquée dans la Table convient à ce qu'il y a d'espace actuel entre Bourdeaux et Coutras. » D'Anville. Notice de l'ancienne Gaule, p. 251.

CORTEVAIX, vg. Saône-et-Loire (Bourgogne), arr. et à 38 k. de Mâcon, cant. et ⊠ de St-Gengoux-le-Royal. Pop. 935 h.

CORTIAMBLES, Saône-et-Loire, comm. et ⊠ de Givry.

CORTORIACUM (lat. 51°, long. 21°). « C'est la Notice de l'empire qui nous l'indique, en faisant mention des Cortoriacenses sous les ordres du général de cavalerie dans les Gaules. Car les noms que quelques milices romaines empruntaient de différents lieux nous font connaître l'existence de ces lieux du temps des Romains, et celle de Courtrai sous le nom de Cortoriacum. On a depuis écrit par altération Curtricum, et dans les capitulaires de Charles le Chauve, de l'an 853, le Pagus Curtricisus est nommé entre Adversisus et Flandra. » D'Anville. Notice de l'ancienne Gaule, p. 251.

CORTRAT, vg. Loiret (Gatinais), arr. et à 14 k. de Montargis, cant. de Châtillon-sur-Loing, ⊠ de Noyen-sur-Vernisson. P. 122 h.

CORUBERT, Coruberedum, vg. Orne (Perche), arr. et à 17 k. de Mortagne-sur-Huine, cant. de Nocé, ⊠ de Bellême. Pop. 302 h.

CORVÉES (les), vg. Eure-et-Loir (Beauce), arr. et à 26 k. de Nogent-le-Rotrou, cant. de la Loupe, ⊠ de Champrond. Pop. 635 h.

CORVEISSIAT, vg. Ain (Bourgogne), arr. et à 25 k. de Bourg-en-Bresse, cant. et ⊠ de Treffort. Pop. 575 h.

Près de ce village, on remarque une des plus belles grottes de tout le département : les stalactites colorées en lilas et en gris de lin d'une grande fraîcheur qui décorent cette belle grotte ; sa situation, l'entrée, et la rivière qui s'en échappe en bouillonnant, forment un tableau très-remarquable et on ne peut plus pittoresque.

CORVELLES (les), Seine-et-Marne, com. de Chauffry, ⊠ de Rebais.

CORVOL-D'EMBERNARD, vg. Nièvre (Nivernais), arr. et à 25 k. de Clamecy, cant. de Brinon-les-Allemands, ⊠ de Champlemy. Pop. 541 h.

CORVOL-L'ORGUEILLEUX, vg. Nièvre (Nivernais), arr. et à 10 k. de Clamecy, cant. de Varzy. Pop. 1,502 h. — Commerce de bois. — Foires les 20 janv., 2 avril, 10 juillet et 8 oct.

CORZÉ, bg Maine-et-Loire (Anjou), arr. et à 24 k. de Baugé, cant. de Seiches, ⊠ de Suette. Pop. 1,606 h.

COS, vg. Ariège (pays de Foix), arr., cant. ⊠ et à 3 k. de Foix. Pop. 182 h.

COS, Tarn-et-Garonne, comm. de la Mothe-Capdeville, ⊠ de Montauban.

COSA (lat. 45°, long. 20°). « Ce lieu est marqué par la Table théodosienne sur une route qui conduit à Toulouse, en partant de Divona, capitale des Cadurci, nonobstant qu'on lise Bibona. L'indication de la distance, qui paraît XX, est trop forte, et il faut que ce nombre tienne lieu de XV ou de XVI pour répondre à ce qu'il y a d'espace actuel entre Cahors et le bord de l'Aveiron, où il existe une terre sous le nom de Coz. Altaserra (Rer. Aquitaniæ lib. I, cap. 8) cite un titre de l'abbaye de Moissac, qui est une donation faite par Guillaume, comte de Toulouse, d'une église située in Pago Caturcino super ripam Avarionis alvei, juxta Castrum Chos cognominatum. D'Anville. Notice de l'ancienne Gaule, p. 251.

COSEDIA (lat. 50°, long. 17°). « L'Itinéraire d'Antonin et la Table théodosienne en font mention sur une route qui communique d'un côté à Condate, capitale des Redones, et de l'autre à des lieux situés dans le Cotantin. Sanson a cru que Cosedia pouvait être le même lieu que Coutances ; et en effet la position de Cosedia, représentée dans la Table par une tourelle, comme plusieurs autres lieux qui sont reconnus pour des villes capitales, peut faire estimer que Cosedia était un endroit assez considérable pour mériter quelque distinction. Elle aurait pourtant mieux convenu dans la Table à Crociatonum, qui était la capitale des Veneli, et qui s'y trouve ainsi que Cosedia. Le compte qu'elle donne de 68 lieues gauloises entre Condate, ou Rennes, et Cosedia ne sauraient convenir à Coutances. L'intervalle des positions de Rennes et de Coutances n'est que de 54 à 53,000 toises, selon les opérations faites en France, ce qui ne répond qu'à 48 lieues gauloises, et l'excédant de la mesure itinéraire sur la mesure directe ne saurait être de 20 sur 48. Bien loin de pouvoir soupçonner, en consultant l'Itinéraire d'Antonin, que la Table donne plus qu'il ne convient entre Condate et Cosedia, cet Itinéraire fournit 88 dans le même espace au lieu de 68, et 88 conviendront encore moins entre Rennes et Coutances que 68. Il est vrai que l'Itinéraire est manifestement fautif dans le détail des distances, sur la route qu'il décrit d'Alauna à Condate ; car on y compte 108 par ce détail, tandis que la somme marquée par l'Itinéraire même n'est que LXXVII. Cette somme est beaucoup plus convenable au local que le compte donné par le détail. L'espace entre le point de Rennes et la position d'Alauna, qui est indubitablement celle que donnent les moutiers d'Alonne, peut pouvant être estimé d'environ 75,500 toises, qui ne répondent qu'à 67 lieues gauloises, il est évident que cet espace direct ne peut admettre qu'environ 10 lieues gauloises de plus en mesure itinéraire, supposé même qu'un pareil excédant ne paraisse pas trop considérable. Mais il reste pour constant que Cosedia était dans un plus grand éloignement de Rennes que la position de Coutances. La Table indiquant 68 entre Condate et Cosedia, et l'Itinéraire 77 jusqu'à Alauna, en passant par Cosedia avant que d'arriver à Alauna, il s'ensuit que Cosedia n'est distant de la position d'Alauna que d'environ 9. Si l'Itinéraire paraît marquer XX, il est suffisamment prouvé que les distances particulières ont un excès dans les nombres, qu'il est indispensable de corriger. Tout ce qu'on a de notion touchant Cosedia résidant ainsi dans les Itinéraires, ce n'est qu'en les étudiant assez bien pour trouver le vrai, qui les concilie, qu'on peut juger de l'emplacement de ce lieu. Je n'entreprendrai pas de l'appliquer précisément à quelque position en particulier dans le canton qui lui convient. Je pense néanmoins qu'en fouillant aux environs de Montgardon, qui domine sur le pays aux environs de la Haye-du-Puis, et à la distance de 9 lieues gauloises porte en partant d'Alonne, on y découvrirait peut-être quelques vestiges d'antiquités. Je suis informé d'avance qu'au pied de Montgardon on retrouve des vestiges de l'ancienne chaussée qui y conduisait. » D'Anville. *Notice de l'ancienne Gaule*, p. 252. V. aussi Walckenaer. *Géographie des Gaules*, t. I, p. 386.

COSLÉDAA, vg. *B.-Pyrénées* (Béarn), arr. et à 25 k. de Pau, cant. de Lembeye, ✉ d'Auriac. Pop. 549 h.

COSME (St-), vg. *Saône-et-Loire* (Bourgogne), arr., cant., ✉ et à 1 k. de Chalon-sur-Saône. Pop. 1,654 h.

COSME (St-), vg. *Sarthe* (Maine), arr., cant. et à 13 k. de Mamers. ✉. ⚜. A 183 k. de Paris pour la taxe des lettres. Pop. 2,263 h.

COSMES, vg. *Mayenne* (Anjou), arr. et à 19 k. de Château-Gontier, cant. et ✉ de Cossé-le-Vivien. Pop. 569 h.

COSNAC, vg. *Corrèze* (Limousin), arr., cant., ✉ et à 7 k. de Brives. Pop. 941 h. — Patrie de Cabanis, médecin, philosophe et littérateur distingué, membre de l'Institut.

COSNAY, *Indre*, comm. de Lacs, ✉ de la Châtre.

COSNE, bg *Allier* (Bourbonnais), arr. et à 25 k. de Montluçon, cant. et ✉ d'Herisson. Pop. 1,201 h. — Il est situé dans une belle prairie, près du confluent des ruisseaux de l'Œil et de l'Aumance. — *Commerce de bestiaux.* — *Foires* les 10 janv., 18 mars, 29 avril, 22 juin, 6 août, et 18 oct.

COSNE, *Côte-d'Or*, comm. de Quémiguy-sur-Seine, ✉ d'Aiguay-le-Duc.

COSNE, *Conada, Conium, Condate Carnutum, Condate ad Noianum*, ville, *Nièvre* (Nivernais), chef-l. de sous-préf. et d'un cant. Trib. de 1ʳᵉ inst. Collège comm. Cure. Gîte d'étape. ✉. ⚜. Pop. 6,308 h. — Terrain d'alluvions modernes.

Autrefois diocèse d'Auxerre, parlement de Paris, intendance d'Orléans, élection de Gien, 3 couvents.

Cosne est une ville ancienne. Sous les Romains, elle portait le nom de *Condate*, et était défendue par un *castrum*, qu'un château gothique remplaça dans le moyen âge. En 875, Wala, évêque d'Auxerre, y fit élever une chapelle sous le nom de Notre-Dame de Gale, beau monument gothique, qu'un autre évêque agrandit et embellit en 1490, et qui est encore digne de remarque. Les rois de France y avaient une maison de plaisance au IXᵉ siècle. Elle fut fortifiée et assiégée plusieurs fois, et a surtout beaucoup souffert dans les guerres de religion.

Les armes de Cosne sont : *d'azur à trois canards d'argent becqués et membrés d'or*.

Cette ville est dans une situation agréable sur la rive droite de la Loire, que l'on y passe sur un pont suspendu, au confluent du Nohain, petite rivière qui y met en mouvement diverses usines, des coutelleries et des forges considérables d'ancres pour la marine. Elle est généralement bien bâtie, propre et bien percée. De la promenade, située entre les forges et la Loire, on jouit d'une vue délicieuse sur le cours du fleuve, qui serpente dans une belle vallée : vers l'ouest, on découvre les collines du Berry, et dans le lointain on aperçoit la ville de Sancerre,

bâtie sur une colline élevée qui domine tous les environs.

Fabriques de coutellerie, clous, quincaillerie, ancres pour la marine. — *Commerce* de grains, vins, bois, fer, chanvre, bestiaux. — Entrepôt des fers provenant des forges environnantes. — Entrepôt des départements du Cher, de l'Yonne et de la Nièvre. — *Foires* le dernier mercredi de janv., 29 avril, 2ᵉ mercredi de juin et 1ᵉʳ et dernier mercredi d'août.

A 65 k. N.-N.-O. de Nevers, 182 k. S.-E. de Paris.

L'arrondissement de Cosne est composé de 6 cantons : Cosne, la Charité, Pouilly, Prémery, Donzy, St-Amand.

COSNES, vg. *Moselle* (pays Messin), arr. et à 40 k. de Briey, cant. et ✉ de Longwy. Pop. 919 h.

COSQUEVILLE, vg. *Manche* (Normandie), arr. et à 18 k. de Cherbourg, cant. et ✉ de St-Pierre-Eglise. Pop. 461 h.

COSSAYES, vg. *Nièvre* (Nivernais), arr. et à 45 k. de Nevers, cant. de Dornes, ✉ de Decize. Pop. 1,181 h. — *Foires* les 2 janv., 14 avril et 14 nov.

COSSÉ, *Coceium*, vg. *Maine-et-Loire* (Anjou), arr. et à 28 k. de Beaupréau, cant. et ✉ de Chemillé. Pop. 830 h.

COSSÉ-EN-CHAMPAGNE, vg. *Mayenne* (Maine), arr. et à 40 k. de Laval, cant. de Meslay, ✉ de Sablé. Pop. 965 h.

COSSÉ-LE-VIVIEN, bg *Mayenne* (Anjou), arr. à 22 k. de Château-Gontier, chef-l. de cant. Cure. ⚜. A 301 k. de Paris pour la taxe des lettres. Pop. 3,408 h. — Terrain de transition moyen.

Foires le 2ᵉ jeudi de carême, jeudi après Quasimodo, après Pentecôte, dernier jeudi de juillet et d'août, 2ᵉ jeudi d'oct.

COSSESSEVILLE, vg. *Calvados* (Normandie), arr. et à 19 k. de Falaise, cant. d'Harcourt-Thury, ✉ de Pont-Douilly. Pop. 311 h.

COSSIGNY, *Cocinacum*, *Seine-et-Oise*, comm. de Bretigny, ✉ de Linas.

COSSIO, postea Vasates « La capitale des *Vasarii* ou plutôt *Vasates*, dans Ptolémée, est *Cossio*. On voit aussi *Cossio Vasatum* dans Ausone (*Parental.* 24). Le nom du peuple a prévalu sur le nom propre et primitif ; et dans Ammien Marcellin (lib. xv) il est mention de *Vasatæ*, comme d'une ville recommandable dans la Novempopulane. On trouve *civitas Vasatas* dans l'Itinéraire de Bourdeaux à Jérusalem, *civitas Varatica* entre celles de la Novempopulane, dans la Notice des provinces de la Gaule. La situation de cette ville sur le bord des Landes l'a fait appeler par saint Paulin *Arenosas Vasatas*. Dans Sidoine Apollinaire (*Ep. IV ad Aus.*, *Ep. XII*, lib. VIII), le pays des environs est appelé *syrticus ager, ac vagum solum*; il dit, en parlant de *Vasaticum, civitas non cespiti imposita, sed pulveri*. Cependant il a été un temps où les églises de la Gascogne, ayant été détruites par les Normands et manquant de pasteur, l'évêque de Bazas a été le seul dans ce pays, et a pris la qualité de *Vasconensis episcopus.* » D'Anville.

Notice de l'ancienne Gaule, p. 253. V. aussi Walckenaer. *Géogr. des Gaules*, t. 1, p. 302.

COSSON (le), petite rivière qui prend sa source au-dessus du village de Vannes, arr. d'Orléans, *Loiret*. Elle passe à la Ferté-Senneterre, la Ferté-St-Aignan, Chambord, et se jette dans la Loire, au-dessus de Candé, dép. d'*Indre-et-Loire*, après un cours d'environ 80 k.

COSSONNERIE (la), *Seine-et-Oise*, comm. de Ste-Geneviève-du-Bois, ✉ de Linas.

COSWILLEE, vg. *B.-Rhin* (Alsace), arr. et à 27 k. de Strasbourg, cant. et ✉ de Wasselonne. Pop. 468 h.

COSTA, vg. *Corse*, arr. et à 30 k. de Calvi, cant. et ✉ de Belgodère. Pop. 186 h.

COSTAROS, h. *H.-Loire*. ⚜. A 19 k. du Puy.

COSTE (la), *Gard*, comm. de St-André-de-Magencoules, ✉ du Vigan.

COSTE (la), vg. *Vaucluse* (Comtat), ✉ d'Apt. — *Foires* les 24 sept. et 29 déc.

COSTEBELLE, vg. *B.-Alpes*, comm. de la Bréole, ✉ de Lauzet.

COSTES (les), vg. *H.-Alpes* (Dauphiné), arr. et à 23 k. de Gap, cant. et ✉ de St-Bonnet. Pop. 296 h.

COSTOJA, *Pyrénées-Or.* V. Coustouges.

COTDOUSSAN, vg. *H.-Pyrénées* (Gascogne), arr. et à 9 k. d'Argelès, cant. et ✉ de Lourdes. Pop. 90 h.

COTE (la), *H.-Rhin*, comm. de Ste-Marie-aux-Mines.

COTE (la), vg. *H.-Saône* (Franche-Comté), arr., cant., ✉ et à 8 k. de Lure. Pop. 489 h.

COTE (la), vg. *Seine-Inf.*, comm. de St-Aubin-Jouxte-Boulleng, ✉ d'Elbeuf.

COTE-BRUNE, vg. *Doubs* (Franche-Comté), arr., cant., ✉ et à 13 k. de Baume-les-Dames. Pop. 398 h.

COTE-DE-BONSECOURS, vg. *Seine-Inf.*, comm. de Blosseville-Bonsecours, ✉ de Rouen.

COTE-D'OR (département de la), l'un des quatre formés de la ci-devant province de Bourgogne, comprend l'Auxois, l'Auxonnais, le Nuyton, le Beaunois et la Montagne ; il tire son nom d'une chaîne de collines qui de Dijon s'étend vers le sud-ouest, et qu'on nomme Côte-d'Or à cause des excellents vins qu'on y récolte. Ses limites sont : au nord le département de l'*Aube* ; au nord-est, celui de la Haute-Marne ; à l'est, ceux de la Haute-Saône et du Jura ; au sud, celui de Saône-et-Loire ; à l'ouest, ceux de la Nièvre et de l'Yonne.

Le territoire du département de la Côte-d'Or est entrecoupé de plaines d'une grande fertilité, de collines et de montagnes. Les plaines offrent une grande variété de culture et renferment des pâturages où l'on élève quantité de bestiaux, principalement des bœufs et des chevaux : les prairies naturelles sont particulièrement très-abondantes sur les bords de la Saône. — Les collines sont en partie plantées d'arbres fruitiers et de vignes qui produisent en abondance les vins les plus délicats de l'Europe. A 2 k. S.-O. de Dijon commence cette chaîne célèbre à laquelle on a donné le nom de Côte-d'Or, et qui se prolonge jusqu'à la rivière de Dheune, où finit le Beaunois. — Les montagnes sont couronnées de forêts peuplées de gibier, et fournissent toute sorte de bois de construction, de chauffage et de merrain. — En général, ce département est en premier ordre de ceux de la France, sous le rapport de l'étendue de ses forêts; il est le quatrième, pour le nombre des communes; le cinquième, sous le rapport de l'étendue en superficie; le quinzième, sous celui des produits en grains; le vingt-cinquième, sous le rapport de la population et des contributions.

La surface du département est de 856,445 hectares, divisés ainsi :

Terres labourables 457,088
Prés. 62,970
Vignes. 26,371
Bois. 198,057
Vergers, pépinières et jardins. . . . 6,009
Oseraies, aunaies et saussaies. . . . 411
Etangs, mares, canaux d'irrigation. . 2,778
Superficie des propriétés bâties. . . 2,961

Contenance imposable. . . 785,588

Routes, chemins, places, rues, etc. . 15,546
Rivières, lacs et ruisseaux. 3,505
Forêts et domaines non productifs. . 51,570
Cimetières, églises, bâtiments publics. 236

Contenance non imposable. . . 70,857

On y compte :
78,253 maisons.
572 moulins à eau et à vent.
88 forges et fourneaux.
292 fabriques et manufactures.

soit : 79,205 propriétés bâties.
Le nombre des propriétaires est de. 161,326
Celui des parcelles de. 2,232,740

HYDROGRAPHIE. Le département de la Côte-d'Or est sillonné en tous sens par une multitude de cours d'eau plus ou moins abondants, qui y entretiennent et favorisent la fertilité du sol. L'Aube, la Dheune, et la Vingeaune forment ses limites sur plusieurs points de son contour. A son extrémité sud-est, il est traversé par la Saône qui y est navigable et y favorise un commerce important, et dans la plus grande partie de son étendue par le canal de Bourgogne et par le canal du Rhône au Rhin. Les principales rivières qui y prennent leurs sources sont : la Seine, l'Ource, la Laignes, l'Arroux, l'Armançon et le Serain. Celles qui y ont tout leur cours sont : la Tille, la Bèze, l'Arnisson, le Lignon, le Suzon, la Norge, l'Ouche, la Vouge, la Bouzeoise, la Brenne, le Lozerain, la Loze, la Digeune, etc,

COMMUNICATIONS. 9 routes royales et 15 routes départementales traversent le département.

MÉTÉOROLOGIE. Le climat est en général tempéré, plutôt sec qu'humide; l'air y est vif, pur et très-sain. Les plus grands froids ne dépassent guère —15° centig. et les plus fortes chaleurs +30°.

PRODUCTIONS. La culture des céréales est généralement bien entendue, et donne des produits supérieurs à la consommation. On récolte également beaucoup d'avoine et de maïs qui y mûrit parfaitement : on cite celui d'Eschenon et de St-Jean-de-Losne. — On cultive aussi en grand les légumes verts et secs, les lentilles d'Etaule et de Nolay; les navets de Véronnes et de Saulieu, les oignons de Heuilley, les raiforts et les melons d'Auxonne; le millet et les haricots d'Aizery sont estimés, et donnent lieu à un commerce d'exportation; il en est de même pour les pruneaux de Saffre et de Vitteaux. — La culture se fait avec des chevaux ou avec des bœufs, excepté dans les parties montueuses et sur les collines escarpées, où l'on est obligé de se servir de la bêche. — Le département renferme de belles prairies naturelles, principalement sur les bords de la Saône; l'usage des prairies artificielles est aussi assez généralement répandu. — On cultive en quelques cantons le chanvre et le lin, ainsi que les plantes oléagineuses, et le sénevé qui produit la moutarde. — Les habitants des campagnes s'adonnent à l'engrais des bestiaux. On estime les bœufs gras du Morvan. L'éducation des troupeaux est bien entendue. Le croisement des races a amélioré la qualité des bêtes à laine; les mérinos et les métis sont nombreux. — On élève beaucoup d'abeilles. Les vaches du pays sont assez bonnes laitières. On fabrique à St-Jean-de-Losne et à Epoisse des fromages recherchés, et estimés à l'égal des bons fromages de Brie. — Les produits de la vigne occupent le premier rang dans les richesses que le territoire de la Côte-d'Or livre à ses habitants. Les vins de qualité supérieure proviennent des vignes plantées sur la chaîne de montagnes qui porte le nom de Côte-d'Or et qui se divise en deux parties. La première, nommée Côte-de-Nuits, s'étend entre Dijon et Nuits; la seconde, nommée Côte-Beaunoise, est comprise entre Nuits et la rivière de Dheune. C'est dans la Côte-de-Nuits que se récoltent les vins célèbres de la Romanée, du clos de Vougeot, de Chambertin, de Richebourg, de la Tâche, de Nuits, de Chambolle, etc. La Côte-Beaunoise produit les vins de Vollenay, de Pomard, de Beaune, de Lapeyrière, etc. Elle fournit en outre des vins blancs d'une grande qualité, tels que le montrachet et le meursault. — Les vins rouges de la Côte-d'Or joignent à une belle couleur beaucoup de parfum et un goût délicieux; ils sont à la fois corsés, fins, délicats et spiritueux, sans être trop fumeux. Bus avec modération, ils donnent du ton à l'estomac, et facilitent la digestion. Les vins blancs possèdent les même qualités; ils sont moelleux, et leur couleur prend en vieillissant une teinte ambrée. Ceux des premiers crus peuvent disputer les honneurs du dessert aux vins de liqueur les plus estimés. Depuis quelques années l'industrie des propriétaires de vignes est venue à bout d'imiter avec les vins blancs et rosés du pays les vins de Champagne mousseux : c'est à Meursault que se trouve la principale fabrique de vins de Bourgogne mousseux. Ces vins sont d'excellente qualité, mais beaucoup plus capiteux que les vins de Champagne.

MINÉRALOGIE. Les mines de fer occupent le premier rang parmi les richesses minérales de la Côte-d'Or; elles se présentent en garnis et en roches, et se divisent en mines rouges et en mines grises, dont les qualités sont à peu près analogues. Les autres substances minérales consistent en marbre, albâtre, porphyre, pierres statuaires, pierres lithographiques, pierres de taille, pierres meulières, bonnes meules à aiguiser, gypse, argile à potier et à briques, etc.

Minerai de fer, produit quint. mét. 882,806
   Valeur en francs. . . . 1,193,552
Valeur créée par l'extract. et la prép. 843,792
Fab. de la fonte produit quint. mét. 299,733
   Valeur en francs. . . . 5,576,208
Valeur créée par la fabrication. . . 4,376,715
Fab. du gros fer produit quint. m. 165,253
   Valeur en francs. . . . 6,831,500
Valeur créée par la fabrication. . . 3,454,918

SOURCES MINÉRALES à Alize-Ste-Reine, à Prémeaux, à Auvillars, à Corcelles, à Bussy-le-Graud, à Cessey-les-Vitteaux, etc. — Sources salées à Aignay, Diancey, Lucenay, Maizières, Mimeures, Pouillenay.

INDUSTRIE ET COMMERCE. Fabriques de toiles, draps, couvertures de laine. Acides minéraux et végétaux. Moutarde renommée. Filatures de laine et de coton. Raffineries de sucre de betteraves. Distilleries d'eau-de-vie. Fabrique de moutarde renommée. Vinaigreries. Blanchiseries de cire. Faïenceries. Papeteries. Huileries. Brasseries. Tanneries. Nombreux hauts fourneaux, produisant gueuse et moulerie; forges importantes et fours d'affinerie, donnant fer, acier naturel et cémenté. Clouteries et autres usines pour le travail du fer.

Le commerce, favorisé par la Saône et par le canal de Bourgogne, est considérable; il consiste en vins fins, eaux-de-vie de marc, vinaigres de vin et de bois, moutarde, huiles, cuirs, laines, chanvre, fer, acier, clous, meules à aiguiser, bois de chauffage et de construction, etc.

FOIRES. Environ 400 foires se tiennent dans plus de 100 communes du département. On y vend principalement du bétes à cornes et à laine, des porcs gras et maigres, des bestiaux de toute espèce, des chevaux, des grains et autres denrées; on y trouve aussi des cuirs, toiles, laines, fers, chapeaux communs; des tonneaux, et des cercles, aux foires de Beaune et de Gemeaux; des paisseaux pour soutenir la vigne à Gemeaux; de la faïence à Dijon et à Genlis; du chanvre de Gemeaux et à Vitteaux; des bonnets à Auxonne; des laines améliorées et communes, des béhers, moutons et brebis de race pure étrangère et métis à Châtillon-sur-Seine. Aux principales foires, les troupeaux de bêtes à laine se vendent la veille.

DIVISION ADMINISTRATIVE. Le département de la Côte-d'Or a pour chef-lieu Dijon ; il envoie 5 représentants à la chambre des députés, et est divisé en 4 arrondissements :

Dijon. . . . . . . 14 cant. 144,549 h.
Beaune . . . . . . 10 — 123,446
Châtillon-sur-Seine. 6 — 54,181
Semur . . . . . . 6 — 71,140
                36 cant. 393,316 h.
3ᵉ Conservation des forêts (chef-l. Dijon).— Arr. des mines (chef-l. Dijon). — 18ᵉ division militaire (chef-l. Dijon).—Evêché et séminaire diocésain à Dijon ; école secondaire ecclésiastique à Plombière-lès-Dijon; 36 cures, 419 succursales.—Synagogue à Dijon — Cour royale d'où ressortissent les tribunaux des départements de la Côte-d'Or , de la Haute - Marne et de Saône-et-Loire.—Académie universitaire, faculté de droit, faculté des sciences, faculté des lettres, collège royal et école secondaire de médecine à Dijon.—Collèges communaux à Beaune, Arnay-le-Duc, Auxonne, Châtillon-sur-Seine, Saulieu, Semur et Seurre. —Académie des sciences, arts et belles-lettres, à Dijon.

Biographie. Patrie de PHILIPPE LE BON, duc de Bourgogne ; de HUGUES AUBRIOT, prévôt de Paris ; de BOSSUET ; de dom MARTÈNE ; du P. MENESTRIER ; de VAUBAN ; de LA MONNOYE ; de THÉOD. DE BÈZE ; de BUFFON ; de DAUBENTON ; du président BOUHIER ; de PIRON ; de CRÉBILLON ; de RAMEAU ; de LONGE-PIERRE ; de SAUMAISE ; de l'helléniste LARCHER ; du bibliographe FEVRET DE FONTETTE; de GUYTON MORVEAU ; de BAZIRE ; de SOUFFLOT ; de MONGE ; de CARNOT, du maréchal MARMONT ; de JUNOT ; du député CHAUVELIN ; du duc DE BASSANO, etc.

Bibliographie. MANGIN. *Histoire du diocèse de Dijon et de Langres*, 3 vol. in-12, 1765.

PEUCHET et CHANLAIRE. *Statistique du département de la Côte-d'Or*, in-4, 1811.

GIRAULT (CH.-XAV.). *Détails historiques et statistiques sur le département de la Côte-d'Or*, etc., in-8, 1818.

—*Nomenclature des hameaux, écarts, etc.*, *du département de la Côte-d'Or*, in-8, 1821.

—*Archéologie de la Côte-d'Or*, rédigée par ordre de localités, etc., in-8, 1823.

—*Notice des objets d'antiquités découverts dans le département de la Côte-d'Or*, in-8, 1821.

GUITAUDET (Ch.-Ph.). *Mémoires sur les forges du département de la Côte-d'Or*, in-8, 1802.

* *Statistique minéralogique, emplacement des hauts fourneaux de la Côte-d'Or*, (Revue encyclopédique, t. LII, p. 129).

FRANÇOIS DE NEUFCHATEAU (le comte). *Voyage dans la sénatorerie de Dijon*, in-8, 1806.

* *Notice sur les forêts du département de la Côte-d'Or*, in-12, 1827.

MORELOT (Denis). *Statistique œnologique de l'arrondissement de Beaune*, in-8, 1825.

—*Statistique de la vigne dans le département de la Côte-d'Or*, in-8, 1831.

LOREY. *Flore du département de la Côte-d'Or*, etc. (avec DUREL), 2 vol. in-8, 1831.

LIMONET (CH.). *Précis des principes élémentaires de l'étude de la botanique spécialement destiné à l'usage de la Flore de la Côte-d'Or*, etc., in-18, de 6 f.,1844.

BEAUREPÈRE (C.-F.). *L'Art d'élever les vers à soie dans le département de la Côte-d'Or*, etc., in-8, 1833.

* *Voyage pittoresque en Bourgogne, ou Description historique et Vues des monuments antiques, modernes et du moyen âge*, etc. (1ʳᵉ partie, départ. de la Côte-d'Or), in-fᵒ, 1835.

ROSIGNOL. *Compte rendu des travaux de la commission des antiquités de la Côte-d'Or*, in-4, 1843.

Mémoires de la commission des antiquités du département de la Côte - d'Or, 2 vol. in-4, 1842.

AMANTON (Cl.-N.). *Annuaires du département diocèse de la Côte-d'Or*, in-12, 1827 et années suivantes.

V. aussi aux articles BOURGOGNE, ALESIA, ALISE, AMAGETOBRIA, AUXONNE, BEAUNE, CHATILLON-SUR-SEINE, CITEAUX, CLUNY, CUSSY, DIJON, DITTATIUM, FLAGEY-LÈS-AUXONNE, FONTAINE-LÈS-DIJON, ST-JEAN-DE-LOSNE, MEURSAULT, MONT-AUXOIS, MONTBARD, NUITS, PONTAILLER, PRÉMEAUX, ST-REINE, SANTHENAY, SAULIEU.

COTE-EN-COUZAN (la), *Loire* (Forez), arr. et à 37 k. de Montbrison, cant. et ✉ de Noiretable. Pop. 344 h.

COTENTIN (le), pays qui dépendait autrefois de la ci-devant province de Normandie et dont Coutances était la capitale. Il forme maintenant la majeure partie du département de la Manche, à l'exception de l'arrondissement d'Avranches et d'une partie de celui de Carentan ; Coutances, Cherbourg, Granville et Valognes en étaient les principales villes.

COTERG (le), *Isère*, comm. de St-Laurent-du-Pont, ✉ des Echelles.

COTE-FRANÇAISE (la), *H.-Saône*, com. de Passavant-en-Vosges, ✉ de Vauvillers.

COTE-ST-ANDRÉ (la), petite ville, *Isère* (Dauphiné), arr. et à 36 k. de Vienne, chef-l. de cant. Cure. Gîte d'étape. ✉. A 540 k. de Paris pour la taxe des lettres. Pop. 4,083 h.

—TERRAIN tertiaire supérieur.

Autrefois diocèse et élection de Vienne, parlement et intendance de Grenoble.—Cette ville est bâtie dans une jolie position, au pied d'une colline, sur la rivière de la Frette.—La Côte-St-André était autrefois une place importante. Après avoir appartenu aux comtes de Savoie, elle passa sous la puissance des dauphins, et faisait partie de leurs Etats lorsque Humbert en disposa en faveur de la France. Pendant les guerres de religion, cette ville a été en proie à tous les malheurs qu'elles entraînaient à leur suite. En 1568 elle soutint un siège contre les catholiques. Pipet, qui y commandait les protestants, en sortit après avoir essuyé plusieurs assauts , dans lesquels il déploya des connaissances militaires et un grand courage. Peu de temps après , les fortifications de cette place furent rasées par ordre de Gordes, qui commandait pour le roi dans le Dauphiné. — Fabriques de liqueurs renommées, d'acide pyroligneux , de cierges et de bougie. Tanneries. Verrerie de verre blanc (dans la forêt de Bonnevaux). — *Foires* les 7 janv, 16 août, 24 sept. et 1ᵉʳ déc.

COTES (les Grandes-), vg. *Marne* (Champagne), arr. et à 21 k. de Vitry-le-François, cant. et ✉ de St-Remy-en-Bouzemont. Pop. 392 h.

COTES (les), *Seine-Inf.*, comm. du Bois-Guillaume, ✉ de Rouen.

COTES-D'AREY (les), vg. *Isère* (Dauphiné), arr. , cant. , ✉ et à 9 k. de Vienne. Pop. 1,207 h. — *Foire* le 16 août.

COTES-DE-CORPS, vg. *Isère* (Dauphiné), arr. et à 55 k. de Grenoble , cant. et ✉ de Corps. Pop. 389 h.

COTES-DU-NORD (département des). Le département des Côtes-du-Nord est formé de St-Brieuc et d'une partie de celui de St-Malo (comprenant l'arrondissement de Dinan), qui appartenaient à la moyenne Bretagne ; de la presque totalité du diocèse de Tréguier et d'une petite partie de celui de Quimper, qui dépendaient de la basse Bretagne. Il tire son nom de sa position maritime sur le canal de la Manche, qui baigne toute sa partie septentrionale. — Ses bornes sont : au nord, la Manche ; à l'est, le département d'Ille-et-Vilaine ; au sud, celui du Morbihan ; à l'ouest, celui du Finistère.

Ce département est traversé de l'est à l'ouest par la chaîne du Menez ou des Montagnes Noires, dont le point culminant est le Menez haut, qui a environ 340 m. au-dessus du niveau de la mer. Cette chaîne forme dans les Côtes-du-Nord une ligne de partage des eaux, qui se jettent au nord dans la Manche, et au sud dans l'Océan ; elle se ramifie en un grand nombre de contre-forts, dont les sommets, presque arrondis, sillonnent tout le pays, et se succèdent sur une largeur de 24 ou 28 k. Sur quelques points , ces coteaux sont nus et donnent naissance à de petits vallons et à des plaines d'une grande fertilité, qui dédommage de la stérilité de leurs sommets. Le sol des Côtes-du-Nord est donc fort inégal. Il renferme peu de plaines ; mais l'on y trouve beaucoup de vallées entrecoupées de ruisseaux et de petites rivières, et de nombreux coteaux, au pied desquels se groupent des villes, des bourgs et plus de deux cents communes.

Le territoire se divise naturellement en deux grandes régions : l'une, qui suit les sinuosités du rivage de la mer, s'étend dans l'intérieur jusqu'à 12 k. de distance des côtes, est riche, industrieuse, peuplée et civilisée ; l'autre, qui embrasse le surplus du département, naguère inculte et sauvage dans quelques parties, est en voie de progrès et de civilisation. La première région, engraissée par le goëmon et autres plantes marines ; offre des terres excellentes et bien cultivées ; dans la seconde , la superficie du terrain est une couche de terre à bruyère ou de landes peu profonde, d'ailleurs assez fertile. Les côtes, déchirées par un grand nombre de baies et creusées par l'embouchure de plusieurs rivières, présentent un développement d'environ 245,000 m. Elles sont généralement escarpées, et défendues par des roches et des falaises granitiques, au pied desquelles se trouvent dans certaines localités de grandes surfaces de sable que l'Océan découvre à la marée basse. Les plages sont composées tantôt de sables fermes et solides, comme dans le golfe de St-Brieuc, tantôt de sables mouvants, et qui offrent des dangers réels, comme la grève de Yaudet, près de Lannion. On trouve sur les côtes du nord plusieurs ports de mer, dont les principaux sont le Legué (port de St-Brieuc), Binic, Pontrieux (St-Quay), Paimpol et Tréguier. — La partie la plus septentrionale et occidentale des côtes présente un grand nombre d'îles, dont les plus remarquables sont celle de St-Riom-de-Bréhat et le groupe des Sept-Iles.

Depuis un temps immémorial il existe des salines sur les grèves d'Hillion, d'Yffiniac et de Langueux. Hillion compte sept salines, Yffiniac deux, et Langueux quarante-sept. Toutes les salines ne sont pas à la fois en activité; dans le courant de 1831, trente et une salines ont fabriqué 157,496 kilog. de sel, qui, à raison de 30 fr. par cent, ont produit une somme de 47,249 fr.

La contenance totale du département des Côtes-du-Nord est de 672,096 hectares, divisés ainsi :

Terres labourables.	411,379
Prés.	54,516
Bois.	40,539
Vergers, pépinières et jardins.	5,532
Oseraies, aunaies et saussaies.	5
Etangs, mares, canaux d'irrigation.	1,495
Landes et bruyères.	129,635
Autres cultures.	3
Superficie des propriétés bâties.	3,301
Contenance imposable.	**646,405**
Routes, chemins, places, rues, etc.	23,823
Rivières, lacs et ruisseaux.	1,318
Forêts et domaines non productifs.	315
Cimetières, églises, bâtiments publics.	235
Contenance non imposable.	**25,691**

On compte :
125,983 maisons.
1,822 moulins à eau et à vent.
20 forges et fourneaux.
460 fabriques et manufactures.

soit : 128,285 propriétés bâties.
Le nombre des propriétaires est de 158,114
Celui des parcelles de. . . . . 1,680,238.

HYDROGRAPHIE. La Rance et le Blavet sont les seules rivières du département navigables en tout temps. Quelques autres le deviennent au bord de la mer à l'aide du flux seulement, et cessent de l'être à marée basse. Les principales sont : le Guer, le Guindy, le Jaudy, le Trieux, le Leff, le Gouet, l'Evron, le Gouessan, l'Arguenon et la Rance, qui coulent tous du sud au nord, et qui ont tout leur cours dans le département ; l'Aven, le Blavet, l'Oust, le Lié et le Meu ont seulement leur source dans le département, et se dirigent du nord au sud. On évalue la longueur de la partie navigable des rivières à environ 41,000 m.
— Le département est en outre traversé par deux canaux : l'un, celui du Blavet, fait partie de la grande communication de Nantes à Brest ; l'autre, celui d'Ille-et-Rance, réunit les deux versants de la Bretagne et a 80,796 m. de développement.

COMMUNICATIONS. Le département est traversé par 7 routes royales, par 14 routes départementales et par un grand nombre de chemins vicinaux de grande communication pour la plupart bien entretenus.

MÉTÉOROLOGIE. Le climat des Côtes-du-Nord est en général triste, humide ; le ciel y est gris, sombre ; l'air vif et bon. La neige tombe peu sur le littoral et n'y dure pas longtemps. La grêle n'y cause pas de grands ravages ; mais les pluies y sont fréquentes. L'été n'y a pas de chaleurs excessives, ni l'hiver de froids trop rigoureux. Le printemps s'annonce seulement par la pousse des feuilles et par de plus longs jours. L'automne est généralement beau, notamment pendant les mois de septembre et d'octobre.—Le maximum d'élévation du thermomètre a été en juillet 1832 de $+28°25$, et le minimum en janvier de $-6°25$. La pression moyenne de l'atmosphère soutient à St-Brieuc une colonne de mercure de 75788 : le maximum de l'année 1832, en mars, a été de 76824 ; le minimum, en décembre, de 73338.—Les vents dominants sont ceux du sud-ouest, de l'est et du nord-ouest.

PRODUCTIONS. Considérées sous le point de vue purement agricole, le département des Côtes-du-Nord se divise en deux parties bien distinctes : le littoral et l'intérieur. Le littoral, riche de ses ports, de son commerce, des engrais marins et calcaires, a fertilisé son sol, et mérite à bon droit le nom de ceinture dorée. L'intérieur, dépourvu d'engrais marins, manquant de l'amendement calcaire, ruiné par la décadence de l'industrie linière qui fournait pour lui autrefois un commerce florissant, décimé dans sa population par l'émigration d'une partie de ses ouvriers, privé longtemps de moyens de communications, est resté épartie stationnaire vers ses landes, sa culture misérable et son chétif bétail. Le littoral comprend tout l'arrondissement de Lannion, une grande partie de ceux de St-Brieuc et de Dinan et quelques cantons de l'arrondissement de Guingamp ; on y obtient les plus riches produits en froment, orge, lin, chanvre ; on cultive le trèfle, on élève les chevaux. A l'intérieur on se contente du seigle, de l'avoine, on conserve d'immenses étendues de terres incultes, où l'on élève quelques chevaux sans valeur, beaucoup de bestiaux dégénérés et des chèvres. La culture légumière qui se fait à 2 ou 3 k. de St-Brieuc mérite une mention particulière ; les produits consistent principalement en oignons, choux-fleurs, choux-pommes, petits pois, carottes et pommes de terre ; un hectare peut rapporter 600,000 plants de choux qui s'expédient pour Rosteenen, Loudéac, Vannes et Rennes. Langueux et Yffiniac font une rude concurrence à St-Brieuc pour les oignons et les choux ; vers Cesson et Hillion, on n'en est encore qu'aux pois, fèves et haricots.
— La culture des arbres est complètement négligée, à l'exception des pommiers, dont le fruit est employé à faire du cidre. La douceur du climat permet aux myrtes et aux figuiers d'y fleurir et d'y donner des fruits en pleine terre.
— Les essences dominantes dans les forêts sont le chêne, le hêtre et le bouleau.—Le châtaignier y vient bien.—Les arbres verts et le pin maritime surtout acquièrent dans les landes une prompte et belle croissance. On remarque parmi les arbustes l'arbousier, le houx, le genêt, l'ajonc épineux, etc.—Le département est placé en dehors de la limite où la vigne peut être cultivée. Il renferme de grandes plantations de pommiers.—Les cultivateurs s'adonnent à l'élève des chevaux et des bêtes à cornes et à l'éducation des abeilles ; la race ovine est faible et petite. On estime, pour la qualité de leur chair, les moutons de Goëlo.—Les forêts abondent en animaux de toute espèce ; on y trouve des loups, des renards, des blaireaux, etc. Les chevreuils et les sangliers n'y sont pas rares. — Les lièvres et les lapins sont très-multipliés dans les plaines. —Le pays renferme un grand nombre d'oiseaux de toute espèce. Parmi les oiseaux aquatiques et les oiseaux de mer qui se montrent sur les côtes et dans les îles voisines, on cite les pingouins, les goëlands, les grèbes, les mauves, les eïders, les cormorans, etc.
— Les coquillages, les crustacés, les poulpes et les mollusques sont très-multipliés sur les rochers de la côte.—La mer y est très-poissonneuse ; outre le hareng, le maquereau et la sardine, qu'on pêche en quantité pendant la saison, on y trouve des congres, des soles, des plies, des turbots, des saumons, etc.

MINÉRALOGIE. Les terrains primitifs occupent à peu près les trois quarts du département ; on y remarque du granit, du gneiss, du porphyre et de schiste.—Le pays n'est pas riche en mines métalliques, on y exploite cependant du fer et de la plombagine. On trouve près de St-Quay des sables magnétiques.—On exploite aussi en diverses localités des ardoises assez bonnes et du granit d'une grande beauté. Le granit de St-Brieuc est susceptible de recevoir un beau poli.—D'après les géologues du département, on y trouve en outre du marbre, du kaolin, de l'ocre jaune et rouge, de la serpentine verte, des améthystes, du quartz hyalin, de la tourmaline, du grès réfractaire, de l'argile blanche et plastique propre à la poterie et à la terre de pipe, etc.—Dans un banc de cailloux considérable qui se trouve auprès de Ploua, on trouve des pierres de diverses couleurs et dont quelques-unes sont herborisées.

Minerai de fer produit quint. mét.	53,925
Valeur en francs.	50,689
Valeur créée par l'extraction et la préparation.	64,767
Fabrication de la fonte produit quint. mét.	29,254

Valeur en francs	496,176
Valeur créée par la fabrication	429,919
Fabrication du gros fer produit quint. mét.	8,300
Valeurs en francs	337.000
Valeur créée par la fabrication	177'930
Nombre d'ouvriers occupés aux marais salants	240
Produit en quintaux métriques	4,000
Valeur en francs	40,000

Sources minérales à Dinan, St-Brieuc, Paimpol, Tréguier, Lannion.

Industrie et commerce. Fabriques de toiles dites de Quintin ou de Bretagne, de Dinan dites de Combourg, et de toiles à voiles. On fait remonter au XV° siècle l'établissement de cette industrie dans le pays, et on en fait honneur à une baronne de Quintin, dame flamande, qui aurait fait venir de son pays des fileuses, et fait semer du lin et du chanvre. D'après des documents officiels publiés en 1834 par l'Annuaire dinanais, la fabrication des toiles dans le seul arrondissement de Loudéac occuperait environ 4,000 métiers, mis en action par 4,000 tisserands, et produisant annuellement 2,000,000 d'aunes de toile d'une valeur de 4,000,000 fr. L'Annuaire des Côtes-du-Nord de 1836 évalue à 8,539 le nombre des métiers, produisant annuellement 5,572,000 aunes de toiles. Les toiles de Bretagne sont recherchées principalement pour le commerce avec l'Amérique du Sud. — Le département renferme des hauts fourneaux pour gueuses et mouleries; des forges; un grand nombre de tanneries, des papeteries, des filatures de laine, des fabriques d'étoffes communes, des manufactures de souliers de troupes et de pacotille, des fabriques des sucre de betterave, un assez grand nombre de marais salants, plusieurs exploitations d'ardoises, des fabriques de poterie et de faïencerie, etc.—Armements pour la pêche de la morue au banc de Terre-Neuve. Cabotage.

L'exportation des grains, des bestiaux, des chevaux, des suifs, du beurre salé, de la cire et du miel, produits principaux de l'industrie agricole, donne lieu à un commerce étendu.

Foires. Plus de 425 foires se tiennent dans environ 100 communes du département. On y vend principalement des bestiaux, des chevaux, quantité de beurre, des cuirs, des toiles, de la filasse, du fil. On cite la foire de St-Alban pour la vente des oies et de la volaille; Pléboulle pour celle de la plume d'oie. C'est à la foire d'Etables du 3° jeudi d'avril que les marins qui font la pêche de Terre-Neuve font leurs emplettes.

Mœurs et usages. Les habitants des Côtes-du-Nord, particulièrement ceux de la basse Bretagne, forment dans les campagnes quatre classes bien distinctes : celle des journaliers et ouvriers, celle des fermiers, celle des convenanciers ou propriétaires fermiers, et celle des propriétaires. La classe des convenanciers et celle des propriétaires, quoique ressemblant aux autres classes dans des points généraux, en différent essentiellement sous beaucoup de rapports : des sentiments plus élevés, plus généreux, que leur donnent des habitudes d'ordre et une éducation un peu moins négligée, les distinguent éminemment des journaliers et des fermiers. Cependant les habitudes des uns diffèrent peu de celles des autres; le paysan le plus riche se prive volontairement des douceurs de la vie, ou, pour parler plus exactement, il ne les connaît pas. Celui qui a dix, douze ou quinze mille francs de rente, vit comme celui qui n'a rien, c'est-à-dire qu'il mange de la viande deux ou trois fois la semaine, et le reste du temps de la bouillie, du far, des crêpes, de la galette, du pain de seigle ou d'orge, point de légumes frais, jamais de poisson, si ce n'est quelques livres de morue dans le carême. Les vêtements de l'homme riche diffèrent toutefois de ceux du pauvre, en ce que le premier est habillé en étoffe, tandis que le second l'est toujours en toile, hiver comme été; une autre différence est que l'homme riche porte des souliers pendant quatre mois de l'année, tandis que le pauvre ne quitte jamais ses sabots, à moins que ce ne soit pour aller pieds nus. — Les Bas-Bretons sont francs, brusques, quoique froids et indolents ; leur entêtement fait proverbe. Ils sont bons soldats, excellents marins, mais peu industrieux. Une chose digne de remarque, c'est que, de retour dans ses foyers après dix, quinze, vingt ans de service, le Breton reprend ses habitudes premières, et néglige même jusqu'aux soins de la propreté. En général, le Bas-Breton est charitable, loyal, grave, hospitalier. Sous son humble toit, l'étranger reçoit un bon accueil, et la place d'honneur lui est réservée. Le pauvre même a toujours accès à son foyer, et, quand il arrive à la ferme à l'heure du repas, il est rare qu'on ne le fasse pas asseoir à la table du laboureur, où il dîne mêlé aux gens de la maison, avec lesquels il fume ensuite et dont il se fait écouter avec intérêt, parce qu'il redit dans une ferme ce qu'il a appris dans l'autre, et qu'il a toujours soin de recueillir dans sa course vagabonde quelques nouvelles politiques dont le cultivateur est singulièrement avide; curiosité qui s'explique quand on sait que les fermes sont éparpillées dans la campagne, et non groupées en villages.

Division administrative. Le département des Côtes-du-Nord a pour chef-lieu St-Brieuc; il envoie 6 représentants à la chambre des députés, et est divisé en 5 arrondissements :

St-Brieuc	12 cant.	174,132 h.
Dinan	10	—	111,876
Guingamp	10	—	120,691
Lannion	7	—	108,749
Loudéac	9	—	92,124
	48 cant.	607,572 h.

25° conservation des forêts (chef-l. St-Brieuc).—3° arrondissement des mines (chef-l. Paris).—13° division militaire (chef-l. Rennes). Évêché et séminaire diocésain à St-Brieuc; écoles secondaires ecclésiastiques à Dinan, Tréguier, Plouguernevel; 48 cures, 315 succursales.—Colléges communaux à Dinan, Lannion, St-Brieuc, Guingamp. — Société d'agriculture à Dinan.

Biographie. Au nombre des hommes marquants nés dans le département, on cite le maréchal de Beaumanoir ; le maréchal de Guébriant ; l'historien Duclos ; les savants le Brigant et Legonidec ; l'archevêque de Paris de Quélen, etc., etc.

Bibliographie. Bigot de Morogues, *Observations minéralogiques et géologiques sur les principales substances des départements du Morbihan, du Finistère et des Côtes-du-Nord*, in-8, 1810.

* *Agriculture française, par MM. les inspecteurs de l'agriculture du département des Côtes-du-Nord*, in-8, 1844.

Habasque. *Notions historiques, géographiques, statistiques et agronomiques sur le littoral du département des Côtes-du-Nord*, 3 vol. in-8, 1834-36.

Souguet (l'abbé). *Lettres à M. Habasque, auteur des Notions historiques, etc., sur le littoral des Côtes-du-Nord*, broch. in-8, 1837.

— *Statistique des Côtes-du-Nord* (annoncée en 3 vol. in-8).

Bourel Roncière (Aug.). *De l'utilisation des landes communales en Bretagne, et particulièrement dans les Côtes-du-Nord*, in-8, 1844.

St-Pern Couellan (Jos.-Chr. de). * *Annuaires Dinanais*, 5 vol. in-18, 1832-36.

Habasque. *Annuaire des Côtes-du-Nord*, in-18, 1843 (on y trouve un Dictionnaire des personnes marquantes nées dans les Côtes-du-Nord).

V. aussi aux articles : Bretagne, St-Brieuc, St-Cast, Dinan, St-Jouan, Jugon, Lanleff, Lannion, St-Servan, St-Suliac.

COTEUGE, *Puy-de-Dôme*, comm. de St-Dierry, ⊠ de Besse.

COTIGNAC, petite ville, *Var* (Provence), arr. et à 20 k. de Brignoles, chef-l. de cant. Cure. ⊠. A 836 k. de Paris pour la taxe des lettres. Pop. 3,551 h. — Terrain du trias. Elle est bâtie au pied d'un banc de tuf de 82 m. d'élévation verticale, dont les masses saillantes en encorbellement menacent les habitations. — Aux environs on remarque sur une hauteur, l'église Notre-Dame-de-Grâce, fondée en 1519, et fameuse par la dévotion des fidèles, qui y venaient jadis en procession de toutes les parties de la Provence. Louis XIV et Anne d'Autriche, sa mère, visitèrent cette chapelle en 1663.—Bibliothèque publique de 4,000 volumes.—*Fabriques* de soie. Tanneries.—*Commerce* de vins, soie, figues, etc.—*Foires* les 19 mars, 9 juin, tous les lundis pendant les cinq fêtes de la Vierge, et après la St-Martin.

COTTANCE, vg. *Loire* (Forez), arr. et à 29 k. de Montbrison, cant. de Feurs, ⊠ de Panissière. Pop. 1,229 h.

COTTE, ou COTTES, *Pas-de-Calais*, comm. de St-Hilaire-Cotte, ⊠ de Lillers.

COTTENCHY, vg. *Somme* (Picardie), arr., ⊠ et à 15 k. d'Amiens, cant. de Sains. Pop. 760 h.

COTTEVRARD, vg. *Seine-Inf.* (Normandie), arr. et à 35 k. de Dieppe, cant. et ✉ de Bellencombre. Pop. 374 h.

COTTIER, vg. *Doubs* (Franche-Comté), arr. à 22 k. de Besançon, cant. d'Audeux, ✉ de St-Wit. Pop. 107 h.

COTTONE, *Corse*, comm. de St-André-de-Cottone, ✉ de Cervione.

COTTUN, vg. *Calvados* (Normandie), arr., cant., ✉ et à 8 k. de Bayeux. Pop. 191 h.

COUARD, vg. *Saône-et-Loire*, comm. et ✉ d'Autun. — *Fabriques* de rasoirs et de pointes de Paris.

COUARDE (la), vg. *Charente-Inf.* (île de Ré), arr. et à 25 k. de la Rochelle, cant. d'Ars-en-Ré, ✉ de St-Martin-de-Ré. Pop. 1,761 h.

COUARGUES, vg. *Cher* (Berry), arr., cant., ✉ et à 9 k. de Sancerre. Pop. 433 h.

COUAT-D'AUDE (St-), vg. *Aude* (Languedoc), arr. et à 23 k. de Carcassonne, cant. et ✉ de Capendu. Pop. 254 h.

COUAT-DU-RAZES (St-), vg. *Aude* (Languedoc), arr., ✉ et à 15 k. de Limoux, cant. de Chalabre. Pop. 266 h.

COUAVOUX, *Loire*, comm. de Salles, ✉ de Noiretable.

COUBERT, *Curtisbardi*, vg. *Seine-et-Marne* (Île-de-France), arr. et à 7 k. de Melun, cant. de Brie-Comte-Robert. ✉. A 36 k. de Paris pour la taxe des lettres. Pop. 522 h.

Ce village est divisé en deux parties : Plessis-Courbard ou le bas Coubert, et le haut Coubert où se trouve une église du XIIIe siècle, bâtie en forme de grande chapelle terminée en rond-point et sans galeries. — Au midi, entre les deux chemins qui vont de Coubert à Sognolles, on remarque la Fontaine de Ste-Geneviève, voûtée, accompagnée d'un grand bassin revêtu de pierres de taille et entourée de murs à hauteur d'appui. — On remarque aussi à Coubert un beau château bâti par le financier Samuel Bernard, où l'on voit une orangerie magnifique ; le parc, clos de murs, a environ 300 hectares d'étendue ; il renferme de grandes allées couvertes, de belles pièces d'eau, et est très-bien percé pour la chasse.

COUBERTIN, *Seine-et-Marne*, comm. de Mouroux, ✉ de Coulommiers.

COUBEYRAC, vg. *Gironde* (Guienne), arr. et à 34 k. de Libourne, cant. de Pujols, ✉ de Castillon. Pop. 191 h.

COUBISOU, vg. *Aveyron* (Rouergue), arr., ✉ et à 10 k. d'Espalion, cant. d'Estaing. Pop. 2,339 h.

COUBJOURS, vg. *Dordogne* (Périgord), arr. et à 51 k. de Périgueux, cant. et ✉ d'Hautefort. Pop. 459 h.

COUBLADOUR, *H.-Loire*, comm. de Loudes, ✉ du Puy.

COUBLANC, vg. *H.-Marne* (Champagne), arr. et à 28 k. de Langres, cant. de Prauthoy, ✉ de Chassigny. Pop. 487 h. — Il est situé sur une éminence près du confluent du Saulon et du Maatz, dans une jolie position ; il domine d'un côté des rochers escarpés, et de l'autre se prolonge jusqu'au bord de la rivière. On y voit une source abondante, appelée Couverte-Fontaine, qui sort d'une grotte large et profonde. — *Foires* les 20 fév., 1er avril, 6 juillet et 5 nov.

COUBLANC, vg. *Saône-et-Loire* (Bourgogne), arr. et à 33 k. de Charolles, cant. et ✉ de Chauffailles. Pop. 1,457 h.

COUBLEVIE, vg. *Isère* (Dauphiné), arr. et à 21 k. de Grenoble, cant. et ✉ de Voiron. Pop. 1,454 h. — *Forges* et papeterie. — *Foire* le 1er lundi après la St-Pierre.

COUBLUCQ, vg. *B.-Pyrénées* (Gascogne), arr. et à 39 k. d'Orthez, cant. et ✉ d'Arzacq. Pop. 261 h.

COUBON, vg. *H.-Loire* (Velay), arr., cant., ✉ et à 7 k. du Puy. Pop. 2,513 h. — *Mine* d'asphalte.

COUBRE, pointe septentrionale de l'embouchure de la Gironde, sur laquelle est un phare à feu fixe de quatrième ordre, de 11 m. de hauteur et de 12 k. de portée. Lat. 43° 42', long. O. 2° 36'.

COUBRON, vg. *Seine-et-Oise* (Île-de-France), arr. et à 47 k. de Pontoise, cant. de Gonesse, ✉ de Livry. Pop. 328 h.

COUCHES, *Colchœ*, *Cacheium*, bg *Saône-et-Loire* (Bourgogne), arr. et à 25 k. d'Autun, chef-l. de cant. Cure. Gîte d'étape. ✉. A 324 k. de Paris pour la taxe des lettres. Pop. 3,050 h. — Terrain jurassique.

Couches est un lieu fort ancien, qui, suivant d'Anville, occupe l'emplacement où Sacrovir fut défait par Silius, l'an 21 de l'ère chrétienne. Il y avait un château célèbre dans le XIIe siècle, dont il ne subsiste plus que quelques restes de tours d'un aspect assez pittoresque. — Aux environs, forges et mines de fer. — *Foires* les 16 janv., 8 mars, 23 avril, 23 mai, 23 juin, 26 août, 1er oct. et 10 nov.

COUCHEY, vg. *Côte-d'Or* (Bourgogne), arr. et à 9 k. de Dijon, cant. de Gevrey. Pop. 586 h. — *Foires* les 3 mars et 25 oct.

COUCOURON, vg. *Ardèche* (Vivarais), arr. et à 52 k. de. Largentière, chef-l. de cant. ✉ de Langogne. Bur. d'enregist. à Montpezat. Cure. P. 1,072 h. — Terrain cristallisé ou primitif. — *Foires* les 8 janv., 22 mars et 23 juin.

COUCY, vg. *Ardennes* (Champagne), arr., cant., et à 7 k. de Réthel. Pop. 357 h.

COUCY-LA-VILLE, *Codiciacum*, *Cociacum Suessionum*, vg. *Aisne* (Picardie), arr. et à 25 k. de Laon, cant. et ✉ de Coucy-le-Château. Pop. 295 h. — On y remarque l'église paroissiale, construite du XIIe siècle, dont le clocher en pierres de taille passe pour avoir été construit par les Anglais. V. Coucy-le-Château.

COUCY-LE-CHATEAU, *Condisiacum*, *Consiacum*, ville, *Aisne* (Picardie), arr. et à 30 k. de Laon, chef-l. de cant. Cure. A 114 k. de Paris pour la taxe des lettres. Pop. 830 h. — Terrain tertiaire moyen, voisin du tertiaire inférieur.

Cette ville est agréablement située, au pied et sur le penchant d'une colline, près de la Forêt-Basse. Elle est divisée en deux parties qui ne se touchent point, qui sont même à quelque distance l'une de l'autre ; la partie la plus considérable, qu'on appelle Coucy-le-Châtel, ou la ville haute, est située sur la partie élevée d'une colline, au pied de laquelle on voit la ville basse, nommée Coucy-la-Ville. La ville haute ou Coucy-le-Château, située au midi de la ville basse, qui n'est qu'un village, est entourée de hautes murailles flanquées d'une grande quantité de tours. De cette espèce de forteresse élevée, la vue plane sur une riche vallée, traversée par la rivière de la Lette, qui va se perdre dans l'Oise à 12 k. de là, au-dessous de Chauny. La ville est percée de trois portes ; la première, appelée la porte de Laon ; la seconde, au sud, nommée porte d'Etrelles, et anciennement porte Soissonne, et la troisième à l'ouest, appelée porte de Guimerou. Ces portes sont défendues par des tours, et la dernière, qui est commandée par la montagne, en a deux très-fortes ; elle est en outre garantie par un fossé très-profond que l'on traverse sur un pont de pierre. — Il y a une source d'eau minérale ferrugineuse.

La ville de Coucy commence à figurer dans l'histoire dès le commencement de la troisième race. Elle fut du nombre de celles dont la reine Constance, veuve de Robert, voulut en vain conserver la possession en 1031. Cette ville fut érigée en commune en 1197. Dans la guerre entre les Bourguignons et les Orléanais, Coucy fut assiégé et pris en 1411 par le duc de Bourgogne. Le traité d'Auxerre, qui suspendit pour un moment la guerre civile, procura, en 1412, la restitution de Coucy au duc d'Orléans ; mais en 1418, la forteresse ayant été livrée aux Bourguignons, par la trahison de deux valets qui assassinèrent le gouverneur, Pierre Saintrailles, Lahire ne put tenir dans la ville et fut forcé de l'évacuer, ce qu'il fit après avoir passé au fil de l'épée soixante prisonniers. L'année suivante, le duc de Bourgogne ayant été lui-même assassiné, Coucy fut enlevée à cette domination, sous laquelle elle retomba en 1428. A la mort de Jean de Luxembourg, arrivée en 1440, l'officier qui commandait pour lui à Coucy rendit cette ville au duc d'Orléans, moyennant une somme d'argent. En 1487, le maréchal d'Esgurdes s'en rendit maître après huit jours de siège. L'avénement de Louis XII au trône, en 1498, fit de la baronnie de Coucy une propriété royale. Coucy tomba au pouvoir des calvinistes en 1567. Cette ville se déclara pour la Ligue en 1591 ; Lameth, qui y commandait, la rendit au roi le 1er mai 1594. A l'époque de la Fronde, les mécontents s'emparèrent de Coucy, qui fut assiégé sans succès par les troupes royales. Cependant ce château fut remis au roi sur la fin de cette même année 1652. Mazarin en envoya aussitôt un ingénieur pour faire sauter ce boulevard trop redoutable pour la puissance royale. Ce que la mine épargna ne résista point au tremblement de terre qui eut lieu en 1692.

Ce château, reconstruit en 1598 par Enguerrand de Coucy, est situé à l'extrémité occidentale de la ville. L'ensemble de cet édifice féodal formait un carré irrégulier, défendu par un large fossé, dont chaque angle présentait une tour. Il existe encore une des cinq portes qui formaient l'entrée de la ville, protégée de deux tours. On voit aussi les restes de cet ancien château, et au milieu de ces ruines se tient encore debout une grosse et volumineuse tour, qui offre un des plus solides et des plus étonnants monuments de la féodalité. Bien qu'en ruines depuis deux cents ans , le château de Coucy est heureusement à l'abri de nouvelles dégradations, car il fait partie des domaines du roi, et sa majesté le fait conserver avec un respect religieux. Dans l'intérieur des tours, et plus particulièrement dans le donjon, on aperçoit des traces fort intéressantes de l'ancienne décoration intérieure. Non-seulement à chaque étage et dans chaque pièce on retrouve la preuve visible que les murailles étaient complétement peintes, mais rien ne serait si facile que de restaurer aujourd'hui ces peintures avec le seul secours des fragments qui se sont conservés.

La seigneurie de Coucy était un fief immédiat de la couronne. Les sires de Coucy ne portaient cependant que le titre de barons; mais ce titre était synonyme de pair, et les barons de Coucy jouirent en effet longtemps du privilège de la pairie. La cour des sires de Coucy était composée à l'instar de la cour du roi; ils avaient, dit Duchesne dans son Histoire de la maison de Coucy, un sénéchal, un chambellan et un bouteiller. Voici leur devise telle que plusieurs monuments l'ont conservée :

ROI NE SUIS,
NE PRINCE, NE DUC, NE COMTE AUSSI,
JE SUIS SIRE DE COUCY.

Un fameux châtelain de Coucy est connu par ses amours avec Gabrielle de Vergy, dame de Fayel, dont la fin tragique, digne de ces temps de barbarie, a fourni le sujet du drame le plus effrayant de notre théâtre. On sait que ce châtelain, blessé mortellement au siège d'Acre en 1191, chargea son écuyer d'extraire son cœur, de le saler, et de le porter dans un petit coffre avec une lettre à sa chère Gabrielle. Le seigneur de Fayel, déjà prévenu des fautes de sa femme, se trouva sur le passage de l'écuyer près d'entrer au château, lui enleva la lettre et le coffre, et ordonna à son cuisinier d'apprêter ce cœur, qu'il offrit à manger à Gabrielle. Cette viande est-elle bonne ? lui dit-il. Délicieuse, répondit l'infortunée. Je le crois bien, ajouta Fayel en lui remettant la lettre, c'est le cœur du châtelain de Coucy. Gabrielle, après cet affreux repas, déclara qu'elle n'en ferait pas d'autre, et se laissa mourir de faim.

Les armes de Coucy sont : coupé le chef de vair à la face de gueules chargée d'une fleur de lis d'or ; la pointe d'azur à une tour crénelée d'argent côtoyée à droite d'un gantelet fermé d'argent et à gauche d'un lion d'or. Dans un manuscrit de 1677 elles sont figurées : d'azur à la face vairée et trois fleurs de lis d'or mises en chef, avec une tour et un lion d'or en pointe. — Alias : d'azur à la tour d'argent chargée d'un écusson d'azur chargé d'une fleur de lis d'or.

PATRIE DE RAOUL DE COUCY, poëte français du XIIe siècle, tué au siège d'Acre en 1191.
Du bénédictin THUILLIER, auteur satirique.
De l'habile chirurgien PIPELET.

Foires le 6 déc., vendredi saint, vendredis après la Pentecôte et avant la Toussaint.
Bibliographie. TOUSSAINT DU PLESSIS (dom). Histoire de la ville et des seigneurs de Coucy, etc., in-4, 1728.
DUCHESNE (André). Histoire généalogique de la maison de Coucy (avec celles des maisons de Guines, de Gand, etc., in-f°, 1631).
L'ALLOUETTE (Fr.). Histoire et Description généalogique de la maison de Coucy (se trouve à la fin du Traité des nobles, in-4, 1557).
LÉPINOIS (le ch. de). Souvenirs de Coucy, in-1° et 15 pl., 1834).

COUCY-LES-EPPES, vg. Aisne (Picardie), arr., ⊠ et à 12 k. de Laon, cant. de Sissonne. Pop. 496 h.

COUDDES, vg. Loir-et-Cher (Blaisois), arr. et à 27 k. de Blois, cant. de St-Aignan, ⊠ de Contres. Pop. 364 h.

COUDEHARD, vg. Orne (Normandie), arr. et à 20 k. d'Argentan, cant. et ⊠ de Trun. Pop. 311 h.

COUDEKERQUE, vg. Nord (Flandre), arr., cant., ⊠ et à 6 k. de Dunkerque. Pop. 460 h.

COUDEKERQUE-BRANCHE, vg. Nord (Flandre), arr., cant., ⊠ et à 1 k. de Dunkerque. Pop. 1,703 h.

COUDES-MONTPEYROUX, vg. Puy-de-Dôme (Auvergne), arr., cant., ⊠ et à 11 k. d'Issoire. ⚘. Pop. 1,478 h.

Coudes et Montpeyroux ne forment qu'une même commune, quoiqu'ils soient séparés par la nature du sol : Montpeyroux occupe le sommet d'une montagne volcanique coupée presque à pic, que surmonte la tour d'un vieux château qui a appartenu à Philippe Auguste, à Henri III et à Louis XIII ; Coudes est situé au bas de la montagne, au confluent de la Couse et de l'Allier. Montpeyroux est un lieu très-ancien, où l'abbé Lebeuf a découvert cinq tombeaux, dont quatre en marbre blanc, portant des inscriptions qui dénotent que ce lieu avait déjà quelque importance sous la domination romaine. La tour de Montpeyroux, bâtie en pierre de taille et d'une belle conservation, domine une vaste étendue de pays ; elle est entièrement isolée, et paraît n'avoir été construite que pour observer la marche des ennemis, dans un temps où la guerre désolait toutes les parties de la France.

COUDEVILLE, vg. Manche (Normandie), arr. et à 23 k. de Coutances, cant. et ⊠ de Bréhal. Pop. 972 h.

COUDONS, vg. Aude (Languedoc), arr. et à 41 k. de Limoux, cant. et ⊠ de Quillan. Pop. 314 h.

COUDOUX, Bouches-du-Rhône, comm. de Ventabren, ⊠ de Berre.

COUDRAIE (la), Nièvre, comm. de Lys, ⊠ de Tannay.

COUDRAY, vg. Calvados (Normandie), arr., cant., ⊠ et à 2 k. de Pont-l'Évêque. Pop. 220 h.

COUDRAY, Coldreium, Coldretum, vg. Eure (Normandie), arr. et à 15 k. des Andelys, cant. d'Étrépagny, ⊠ d'Ecouis. Pop. 372 h. — On remarque sous l'église paroissiale une crypte qui a servi, dit-on, au culte des premiers chrétiens, et où il se fait annuellement un pèlerinage.

COUDRAY, (le), Coldreium, Eure, comm. de Quatre-Marre. ⊠ de Louviers.

COUDRAY (le), Eure, comm. de St-Aubin-du-Vieil-Evreux, ⊠ d'Evreux.

COUDRAY (le), Eure, comm. de St-Aubin-le-Vertueux, ⊠ de Bernay.

COUDRAY (les), vg. Eure-et-Loir (Beauce), arr., cant., ⊠ et à 3 k. de Chartres. Pop. 704 h.

COUDRAY, vg. Loiret (Orléanais), arr. et à 15 k. de Pithiviers, cant. et ⊠ de Malesherbes. Pop. 396 h.

COUDRAY, vg. Mayenne (Anjou), arr., ⊠ et à 6 k. de Château-Gontier, cant. de Bierné. Pop. 528 h.

COUDRAY (Beauce), arr., ⊠ et à 10 k. de Nogent-le-Rotrou, cant. d'Authon. Pop. 854 h.

COUDRAY-AU-PERCHE, vg. Eure-et-Loir (Beauce), arr., ⊠ et à 10 k. de Nogent-le-Rotrou, cant. d'Authon. Pop. 854 h.

COUDRAY-LA-NEUVILLE ou COUDRAY-BELLE-GUEULE (le), vg. Oise (Picardie), arr., ⊠ et à 16 k. de Beauvais, cant. et ⊠ de Noailles. Pop. 138 h. — Fabrique d'éventails en bois des îles, ivoire, nacre (ce qu'il y a de plus beau), et de peignes en corne découpés.

COUDRAY-MACOUARD (le), vg. Maine-et-Loire (Anjou), arr., ⊠ et à 10 k. de Saumur, cant. de Montreuil-Bellay. Pop. 853 h. — Foire le 1er juin.

COUDRAY-MONCEAUX ou SUR-SEINE, vg. Seine-et-Oise (Ile-de-France), arr., cant. et à 6 k. de Corbeil, ⊠ du Plessis-Chenet. Pop. 490 h.

COUDRAY-ST-GERMER (le), vg. Oise (Picardie), arr. et à 23 k. de Beauvais, chef-l. de cant., ⊠ de Gournay. Cure. Pop. 461 h. — Terrain tertiaire moyen.

COUDRE (la), vg. Deux-Sèvres (Poitou), arr. et à 14 k. de Bressuire, cant. et ⊠ d'Argenton-Château. Pop. 265 h.

COUDRECEAU, vg. Eure-et-Loir (Beauce), arr., ⊠ et à 5 k. de Nogent-le-Rotrou, cant. de Thiron-Gardais. Pop. 881 h. — Fabrique considérable de poterie de terre.

COUDRECIEUX, vg. Sarthe (Maine), arr. et à 14 k. de St-Calais, cant. et ⊠ de Bouloire. Pop. 1,411 h. — Verrerie considérable dite la Pierre, qui occupe environ 50 ouvriers ; on y fabrique des gobelets, carafes, cornues et autres objets de verre blanc.

COUDRES, vg. Eure (Normandie), arr. et à 22 k. d'Evreux, cant. et ⊠ de St-André. Pop. 564 h.

COUDREY (le), Seine-et-Marne, comm. et ⊠ d'Egreville.

COUDROY, vg. Loiret (Gatinais), arr. et à 24 k. de Montargis, cant. et ⊠ de Lorris. Pop. 378 h.

COUDUN, vg. Oise (Picardie), arr., ⊠ et à 8 k. de Compiègne, cant. de Ressons. Pop. 542 h. — Il est situé sur la petite rivière d'Aronde, au pied d'une colline, sur laquelle était autrefois un château qui a donné son nom à ce lieu. Coudun était anciennement une ville ceinte de murs, où l'on entrait par deux portes, dont une subsistait encore dans le siècle dernier.

COUDURES, bg *Landes* (Gascogne), arr., cant., ✉ et à 10 k. de St-Sever. Pop. 980 h.

COUEDET-CASSÉ, *H.-Garonne*, comm. et ✉ d'Aspet.

COUEILLES, vg. *H.-Garonne* (Comminges), arr. et à 33 k. de St-Gaudens, cant. et ✉ de l'Isle-en-Dodon. Pop. 416 h.

COUÉRON, gros bourg, *Loire-Inf.* (Bretagne), arr. et à 24 k. de Savenay, cant. de St-Etienne-de-Montluc, ✉ de la Basse-Indre. Pop. 4,214 h. — Il est très-agréablement situé, sur la rive droite de la Loire qui y forme un port commode pour le radoub et le carénage des vaisseaux. — Verrerie à bouteilles et dames-jeannes de toutes dimensions. — *Foires* les 28 mars, 7 et 23 août, et 28 oct.

COUESMES, vg. *Indre-et-Loire* (Anjou), arr. et à 40 k. de Tours, cant. et ✉ de Château-la-Vallière. Pop. 680 h. — *Foire* le 24 sept.

COUESMES, vg. *Mayenne* (Maine), arr. et à 18 k. de Mayenne, cant. et ✉ d'Ambrières. Pop. 1,548 h.

COUESNON (le), *Coena Coetuum*, petite rivière qui prend sa source près du village de Fleurigné, arr. de Fougères, Ille-et-Vilaine; elle passe à St-Mard, Antrain, Pontorson, et se jette dans la Manche, aux grèves du Mont-St-Michel, dép. de la *Manche*. Cette rivière, dont le cours est d'environ 60 k., est navigable à l'époque des marées de vives eaux de pleine et nouvelle lune, depuis Antrain jusqu'à son embouchure.

COUETS (les), *Loire-Inf.*, comm. de Bouguenais, ✉ de Nantes.

COUFAN (St-), *Tarn-et-Garonne*, com. de Castelmayran, ✉ de St-Nicolas-de-la-Grave.

COUFFÉ, bg *Loire-Inf.* (Bretagne), arr. et à 10 k. d'Ancenis, cant. de Ligné, ✉ d'Oudon. Pop. 1,751 h. — Il est bâti dans une situation pittoresque, sur un coteau élevé, près de la petite rivière du Havre.

Patrie du général vendéen Charette de la Contérie, fusillé à Nantes le 29 mars 1796. — *Foire* le 30 juin.

COUFFINAL, *Tarn*, comm. et ✉ de Revel.

COUFFINHET, h. *Lozère*. ⚒. A 16 k. de Marvejols.

COUFFOULENS, vg. *Aude* (Languedoc), arr., cant., ✉ et à 8 k. de Carcassonne. Pop. 527 h. — Il est situé sur une éminence, au confluent de l'Aude et du Lauquet, en face de la prise d'eau de l'aqueduc qui fournit l'eau à la ville de Carcassonne. On y remarque un ancien château, d'où l'on jouit d'une belle vue sur les Corbières, les Pyrénées et la montagne Noire. — *Foire* le lundi qui suit le 29 juin.

COUFFOULEUX, vg. *Tarn* (Languedoc), arr. et à 22 k. de Gaillac, cant. et ✉ de Rabastens. Pop. 1,221 h.

COUFFY, vg. *Corrèze* (Limousin), arr., ✉ et à 19 k. d'Ussel, cant. d'Eygurande. Pop. 530 h.

COUFFY, vg. *Loir-et-Cher* (Blaisois), arr. et à 44 k. de Blois, cant. et ✉ de St-Aignan. Pop. 685 h. — Carrières importantes de pierres à fusil. V. Meusnes.

COUFLENS, vg. *Ariège* (Languedoc), arr. et à 26 k. de St-Girons, cant. d'Oust, ✉ de Seix. Pop. 1,238 h. — Aux environs, près du village de Salau, dépendant de la commune de Couflens, on voit la belle source du Salat, qui jaillit avec abondance au pied d'un rocher, par neuf ouvertures appelées les neuf fontaines.

COUGEAC, vg. *H.-Loire*, comm. de Lamothe, ✉ de Brioude.

COUGEANS, *Charente*, comm. de Coulgens, ✉ de la Rochefoucauld.

COUGOTTE - CADOUL (la), vg. *Tarn* (Languedoc), arr., cant., ✉ et à 7 k. de Lavaur. Pop. 349 h.

COUHAT (le), *Puy-de-Dôme*, comm. de St-André, ✉ de Randans.

COUHAY, *Puy-de-Dôme*, comm. de Mazaye, ✉ de Pontgibaud.

COUHÉ, ou Couhé-Vérac, bg *Vienne* (Poitou), arr. et à 25 k. de Civray, chef-l. de cant. Cure. ✉. ⚒. A 370 k. de Paris pour la taxe des lettres. Pop. 1,913 h. — Terrain jurassique, étage inférieur du système oolitique.

Autrefois marquisat, diocèse, intendance et élection de Poitiers, parlement de Paris.

Il est situé près de la rive droite de la Dive. — *Fabriques* de grosses étoffes de laine. — *Commerce* très-actif des productions du pays, notamment de mules, mulets, châtaignes, écrevisses renommées, etc. — *Foires* le 2e mercredi de chaque mois, 1er mai, mercredi gras, lundi avant St-Luc, lundi avant St-Martin, lundi avant le 21 déc., mercredi après Noël.

COUILLY, vg. *Seine-et-Marne* (Brie), arr. et à 10 k. de Meaux, cant. de Crécy. ✉. ⚒. A 42 k. de Paris pour la taxe des lettres. Pop. 699 h. Dans une vallée près du Grand-Morin. — Marché le mardi de chaque semaine.

COUIN, vg. *Pas-de-Calais* (Artois), arr. et à 24 k. d'Arras, cant. de Pas, ✉ de l'Arbret. Pop. 368 h.

COUIZA, vg. *Aude* (Languedoc), arr., bureau d'enregist. et à 13 k. de Limoux, chef-l. de cant. Cure. ✉. ⚒. A 822 k. de Paris pour la taxe des lettres. Pop. 953 h. — Terrain crétacé inférieur, grès vert. — Il est sur la rivière d'Aude, qu'on y passe sur un beau pont. On y voit un ancien château, converti depuis peu en une filature. — *Fabriques* de clous. Filatures de laine. Fours à plâtre. — *Foires* les 25 juin et 29 août.

COULADÈRE, vg. *H.-Garonne* (Languedoc), arr. et à 38 k. de Muret, cant. et ✉ de Cazères. Pop. 384 h.

COULAINES, vg. *Sarthe* (Maine), arr., cant., ✉ et à 2 k. du Mans. Pop. 394 h.

COULAMER, *Mayenne*. V. St-Germain-de-Coulamer.

COULANDON, vg. *Allier* (Bourbonnais), arr., cant., ✉ et à 6 k. de Moulins-sur-Allier. Pop. 665 h.

COULANDON, *Orne*, comm. et ✉ d'Argentan.

COULANGE-LA-VINEUSE, petite ville, *Yonne* (Bourgogne), arr. et à 13 k. d'Auxerre, chef-l. de cant. Cure. ✉. ⚒. A 181 k. de Paris pour la taxe des lettres. Pop. 1,328 h. — Terrain jurassique. — Elle est située dans un territoire fertile en excellents vins. C'était autrefois une place forte, qui fut prise d'assaut par les ligueurs en 1589.

Patrie du littérateur Maizeau.

Foires les 22 janv., 11 juin et 25 nov.

COULANGERON, vg. *Yonne* (Bourgogne), arr. et à 17 k. d'Auxerre, cant. et ✉ de Coulange-la-Vineuse. Pop. 458 h.

COULANGES, vg. *Allier* (Bourbonnais), arr. et à 48 k. de Moulins-sur-Allier, cant. de Dompierre, ✉ de Digoin. Pop. 723 h. — *Foire* le 10 sept.

COULANGES, vg. *Loir-et-Cher* (Blaisois), arr. et à 12 k. de Blois, cant. d'Herbault, ✉ d'Ecure. Pop. 349 h.

COULANGES-LES-NEVERS, vg. *Nièvre* (Nivernais), arr., cant., ✉ et à 5 k. de Nevers. Pop. 700 h.

COULANGE-SUR-YONNE, petite ville, *Yonne* (Bourgogne), arr. et à 32 k. d'Auxerre, chef-l. de cant. Cure. Gîte d'étape. ✉. ⚒. A 198 k. de Paris pour la taxe des lettres. Pop. 1,247 h. — Terrain jurassique. — Elle est située dans une contrée fertile en vins de bonne qualité, sur la rive gauche de l'Yonne. On y remarque les ruines d'un ancien château où a séjourné le roi d'Angleterre Edouard III. — *Commerce* considérable de bois. — *Foires* les 17 janv., 25 avril et 10 août.

COULANS, vg. *Doubs* (Franche-Comté), arr. et à 30 k. de Besançon, cant. d'Amancey, ✉ d'Ornans. Pop. 60 h.

COULANS, bg *Sarthe* (Maine), arr. et à 17 k. du Mans, cant. de Loué. ✉. ⚒. A 229 k. de Paris pour la taxe des lettres. P. 1,904 h. — *Fabriques* de toile. Papeterie.

COULAURES, vg. *Dordogne* (Périgord), arr. et à 29 k. de Périgueux, cant. de Savignac, ✉ d'Excideuil. Pop. 1,538 h.

COULEDOUX, vg. *H.-Garonne* (Gascogne), arr. et à 23 k. de St-Gaudens, cant. et ✉ d'Aspet. Pop. 742 h.

COULEUVRE, vg. *Allier* (Bourbonnais), arr. et à 44 k. de Moulins-sur-Allier, cant. et ✉ de Lurcy-le-Sauvage. Pop. 1,405 h. — Verrerie à bouteilles. — *Foires* les 12 avril, 1er juin et 28 août.

COULEVON, vg. *H.-Saône* (Franche-Comté), arr., cant., ✉ et à 4 k. de Vesoul. Pop. 195 h.

COULGENS, vg. *Charente* (Angoumois), arr. et à 21 k. d'Angoulême, cant. et ✉ de la Rochefoucauld. Pop. 796 h.

COULIBŒUF, bg *Calvados* (Normandie), arr., ✉, bureau d'enregist. et à 10 k. de Falaise, chef-l. de cant. Cure. Pop. 406 h. — Terrain jurassique.— *Fabriques* de toiles, fil de lin, padoue, etc.

COULIMELLE, *Loiret*, comm. de Ste-Péravy-la-Colombe, ✉ de Patay.

COULMER, bg *Orne* (Perche), arr., (?) et à 8 k. de Mortagne-sur-Huine, cant. de Pervenchères. Pop. 1,053 h.

COULITZ (St-), vg. *Finistère* (Bretagne), arr., cant., ✉ et à 3 k. de Châteaulin. Pop. 528 h.

COULLEMELLE, vg. *Somme* (Picardie), arr., ✉ et à 12 k. de Montdidier, cant. d'Ailly-sur-Noye. Pop. 534 h.

COULLEMONT, vg. *Pas-de-Calais* (Artois), arr et à 25 k. de St-Pol-sur-Ternoise, cant. d'Avesnes-le-Comte, ✉ de l'Arbret. Pop. 280 h.

COULLON, vg. *Loiret* (Gatinais), arr., cant., ✉ et à 16 k. de Gien. Pop. 1,938 h.

COULMER, vg. *Orne* (Normandie), arr. à 25 k. d'Argentan, cant. et ✉ de Gacé. Pop. 293 h.

COULMIER (le), *Meuse*, comm. et ✉ de Verdun-sur-Meuse.

COULMIER - LE - SEC, vg. *Côte-d'Or* (Bourgogne), arr., cant., ✉ et à 15 k. de Châtillon-sur-Seine. ⚘. Pop. 639 h.—On y voit une ancienne église d'une belle construction, dont le portail est fort remarquable.—Belles carrières de pierres de taille.—*Foires* le 15 fév., 12 mai, 4 sept. et 10 oct.

COULMIERS, vg. *Loiret* (Orléanais), arr. et à 21 k. d'Orléans, cant. et ✉ de Meung-sur-Loire. Pop. 381 h.

COULOBRES, vg. *Hérault* (Languedoc), arr., ✉ et à 12 k. de Béziers, cant. de Servian. Pop. 181 h.

COULOGNE, vg. *Pas-de-Calais* (Boulonnais), arr. et à 35 k. de Boulogne-sur-Mer, cant. de Calais, ✉ du St-Pierre-lès-Calais. Pop. 659 h.

COULOISY, vg. *Oise* (Picardie), arr. et à 20 k. de Compiègne, cant. d'Attichy. ✉. A 90 k. de Paris pour la taxe des lettres. Pop. 211 h.

COULOMB (St-), vg. *Ille-et-Vilaine* (Bretagne), arr. et à 10 k. de St-Malo, cant. et ✉ de Cancale. Pop. 2,091 h.

Cette commune est située sur le bord de la mer. Le territoire, parsemé de coteaux qui se déroulent jusque sur la plage, est généralement pittoresque et couvert d'une riche culture. On y remarque, sur un rocher situé à quelque distance de la mer, les ruines du château de Guarplie, bâti en 1160. Dans cette même commune existaient aussi les ruines du Plessis-Bertran, place forte qui appartenait au célèbre du Guesclin, et qui a successivement été possédée par les Châteaubriand et les Châteauneuf.

COULOMB (St-), vg. *Lot-et-Garonne* (Languedoc), arr. et à 31 k. de Marmande, cant. et ✉ de Lauzun. Pop. 1,235 h.

COULOMBIERS, vg. *Sarthe* (Maine), arr. et à 22 k. de Mamers, cant. de Beaumont-sur-Sarthe, ✉ de Fresnay-sur-Sarthe. Pop. 986 h.

COULOMBIERS, vg. *Vienne* (Poitou), arr. et à 17 k. de Poitiers, cant. et ✉ de Lusignan. Pop. 662 h.

COULOMBS, vg. *Calvados* (Normandie), arr. et à 19 k. de Caen, cant. et ✉ de Creuilly. Pop. 357 h.

COULOMBS, vg. *Eure-et-Loir* (Beauce), arr. et à 18 k. de Dreux, cant. et ✉ de Nogent-le-Roi. Pop. 865 h.—Il y avait autrefois une abbaye de bénédictins dont il ne reste plus que l'abbatiale, où l'on vénérait autrefois le saint prépuce de Notre-Seigneur Jésus-Christ !.....—Forges.

COULOMBS, vg. *Seine-et-Marne* (Brie), arr. et à 26 k. de Meaux, cant. de Lizy, ✉ de Crouy-sur-Oureq. Pop. 700 h.

L'église paroissiale présente, dans les débris de sa tour et dans la nef, des restes de construction romane. Le chœur, dans le style ogival du XVIe siècle, est soutenu par six colonnes très-svelles, sans chapiteaux; il présente, avec ses deux collatéraux d'égale hauteur, une composition des plus remarquables. Le portail, dans le style de la renaissance, porte la date de 1842.

COULOMBY, vg. *Pas-de-Calais* (Artois), arr., ✉ et à 20 k. de St-Omer, cant. de Lumbres. Pop. 593 h.

COULOMME, vg. *Seine-et-Marne* (Brie), arr. et à 10 k. de Meaux, cant. et ✉ de Crécy. Pop. 443 h.

COULOMMES, vg. *Ardennes* (Champagne), arr. et à 12 k. de Vouziers, cant. et ✉ d'Attigny. Pop. 386 h.

COULOMMES, vg. *Marne* (Champagne), arr., ✉ et à 10 k. de Reims, cant. de Ville-en-Tardenois. Pop. 244 h.

COULOMMIERS, vg. *Loir-et-Cher* (Beauce), arr., ✉ et à 7 k. de Vendôme, cant. de Selommes. Pop. 361 h.

COULOMMIERS, *Colomeria, Colomeriæ*, petite ville, *Seine-et-Marne* (Brie), chef-l. de sous-préf. (4e arr.) et d'un cant. Trib. de 1re inst. Cure. Gîte d'étape. ✉. ⚘. P. 3,658 h.

—Terrain tertiaire inférieur.

Autrefois diocèse de Meaux, parlement et intendance de Paris, chef-l. d'élection, bailliage.

Coulommiers paraît devoir son origine à une église dédiée à saint Denis, qui existait très-anciennement en ce lieu. Les comtes de Champagne en étaient seigneurs, et y avaient un manoir où ils résidaient assez fréquemment. En 1321, Thibaut VI, comte de Champagne et de Brie, octroya aux habitants, à prix d'argent, une charte qui constituait ce qu'on appelait alors l'affranchissement des communes.—Coulommiers souffrit beaucoup pendant les guerres civiles qui livrèrent la France aux Anglais. Cette ville fut distraite du comté de Champagne en 1404, et passa sous la domination du roi de Navarre; Jean sans Peur s'en rendit maître en 1417; plus tard elle fut reprise par les troupes de Charles VII, et retomba peu après sous la domination des Anglais, qui en furent chassés par les habitants. Elle fut prise, pillée et en partie brûlée, le 13 janvier 1593, par les ligueurs. En 1630, Catherine de Gonzague, mère du duc de Longueville, y fit bâtir un château dans une île que forme la rivière du Morin. Le duc de Chevreuse fit abattre, en 1736, cette demeure seigneuriale, dont il ne reste plus que quelques ruines d'un aspect pittoresque. Près de ce château, il y avait naguère un couvent de capucins aujourd'hui détruit, à l'exception de l'église, qui se fait remarquer par une architecture élégante.

Les armes de **Coulommiers** sont : *d'azur à une tour de colombier d'or, entre quatre pigeons volants d'argent, 2 vers le chef et 2 vers les flancs.* Et pour devise : INGREDIOR et INGREDIOR.

Cette ville est située dans une belle et fertile contrée, sur le Grand-Morin, qui y fait mouvoir plusieurs moulins. Elle n'offre rien de bien remarquable; les rues en sont étroites et en général assez mal percées.

Biographie. Patrie du célèbre peintre VALENTIN DE BOULLONGNE.

Du bibliographe BARBIER.

Du général BEAUREPAIRE, qui préféra se brûler la cervelle à signer la capitulation de la ville de Verdun dont il était commandant en 1792.

Du littérateur HUVIER DES FONTENELLES.

Commerce considérable de grains, farines, fromages de Brie renommés, melons, laines, cuirs, chevaux et bestiaux. Nombreuses tanneries et moulins à tan. Aux environs (à Ste-Marie), belle papeterie.—*Foires* les 10 et 11 oct. et 1er dimanche de mai.

A 47 k. de Melun, 62 k. E. de Paris.

L'arrondissement de Coulommiers est composé de 4 cantons : Coulommiers, la Ferté-Gaucher, Rebais, Rozoy.

Bibliographie. ROUGET. *Notice historique sur la ville de Coulommiers*, in-8, 1829.

COULON, vg. *Loiret*, ✉ de Gien.—*Foires* les 13 janv., 1er août et jeudi avant la Pentecôte.

COULON, vg. *Deux-Sèvres* (Poitou), arr., cant., ✉ et à 11 k. de Niort. Pop. 1,652 h.

COULONCES, vg. *Calvados* (Normandie), arr., cant., ✉ et à 4 k. de Vire. Pop. 1,163 h.

COULONCES, *Coluncellæ, Coluncæ*, bg *Orne* (Normandie), arr. et à 8 k. d'Argentan, cant. et ✉ de Trun. Pop. 321 h.

COULONCHE (la), vg. *Orne* (Normandie), arr. et à 17 k. de Domfront, cant. de Messey, ✉ de Ferrière-aux-Étangs. Pop. 1,688 h.—*Fabriques* de toiles et de coutils.

COULONGÉ, vg. *Sarthe* (Anjou), arr. et à 25 k. de la Flèche, cant. de Mayet, ✉ de Lude. Pop. 1,043 h.

COULONGES, vg. *Aisne* (Picardie), arr. et à 30 k. de Château-Thierry, cant. et ✉ de Fère-en-Tardenois. Pop. 674 h.

COULONGES, vg. *Charente* (Angoumois), arr. et à 21 k. d'Angoulême, cant. et ✉ de St-Amand-de-Boixe. Pop. 325 h.

COULONGES , vg. *Charente-Inf.* (Saintonge), arr. et à 26 k. de Saintes, cant. et ✉ de Pons. Pop. 557 h.

COULONGES, vg. *Charente-Inf.* (Saintonge), arr. et à 16 k. de St-Jean-d'Angély, cant. et ✉ de St-Savinien. Pop. 304 h.

COULONGES, vg. *Eure* (Normandie), arr. et à 18 k. d'Evreux, cant. et ✉ de Damville. P. 306 h.

COULONGES, ou COLONGES-LES-SABLONS, vg. *Orne* (Perche), arr. et à 40 k. de Mortagne-sur-Huîne, cant. et ✉ de Remalard. Pop. 988 h.

COULONGES, vg. *Vienne* (Poitou), arr. et à 23 k. de Montmorillon, cant. et ✉ de la Trimouille. Pop. 708 h. — *Foire* le 29 mars (au lieu dit les Herolles).

COULONGES-SUR-LAUTIZE, petite ville, *Deux-Sèvres* (Poitou), arr. et à 25 k. de Niort, chef-l. de cant. Cure. ✉. A 432 k. de Paris pour la taxe des lettres. Pop. 1,968 h. — TERRAIN jurassique. — Cette ville est agréablement située dans un territoire fertile, arrosé par les eaux de plusieurs fontaines. Elle a une importance assez considérable par l'activité de son commerce et de son industrie : c'est l'entrepôt des bois de charpente et de merrain venant de la Gatine, et des vins de la Saintonge. Il y a une halle aux blés qui est la plus belle du département. — *Fabriques* de serges, droguets, grosses étoffes de laine dites borlanges, Tanneries. — *Commerce* de vins estimés de son territoire, de bestiaux, cuirs, chapeaux. Entrepôt de bois, de merrain, de vins, de laines, etc. — *Foires* le 1ᵉʳ mardi de chaque mois.

COULONGES-SUR-SARTHE, vg. *Orne* (Normandie), arr. et à 30 k. d'Alençon, cant. et ✉ du Mesle-sur-Sarthe. Pop. 576 h.

COULONGES-THOUARSAIS, vg. *Deux-Sèvres* (Poitou), arr. et à 15 k. de Bressuire, cant. de St-Varent, ✉ de Thouars. Pop. 516 h.

COULONVILLERS, vg. *Somme* (Picardie), arr. et à 15 k. d'Abbeville, cant. d'Ailly-le-Haut-Clocher, ✉ de St-Riquier. Pop. 497 h.

COULOUNIEIX, vg. *Dordogne* (Périgord), arr., cant., ✉ et à 5 k. de Périgueux. Pop. 1,011 h.

COULOURS, vg. *Yonne* (Champagne), arr. et à 29 k. de Joigny, cant. et ✉ de Cerisiers. Pop. 535 h.

COULOUSSAC-BAGORRE, *Tarn-et-Garonne*, comm. et ✉ de Montaigut.

COULOUTRE, vg. *Nièvre* (Nivernais), arr. et à 30 k. de Cosne, cant. et ✉ de Donzy. P. 591 h. — *Foires* les 24 fév., 11 juin, 30 juillet et 30 août.

COULOUVRAY, vg. *Manche* (Normandie), arr. et à 24 k. de Mortain, cant. de St-Pois, ✉ de Sourdeval. — Papeteries.

COULVAIN, vg. *Calvados* (Normandie), arr. et à 28 k. de Vire, cant. d'Aulnay-sur-Odon, ✉ de Villers-Bocage. Pop. 515 h.

COULX, vg. *Lot-et-Garonne* (Agénois), arr. et à 31 k. de Marmande, cant. de Castelmoron, ✉ de Tonneins. Pop. 763 h.

COUME, vg. *Moselle* (pays Messin), arr. et à 30 k. de Metz, cant. et ✉ de Boulay. P. 778 h.

COUNOZOULS, vg. *Aude* (Languedoc), arr. et à 70 k. de Limoux, cant. de Roquefort-de-Sault, ✉ d'Axat. Pop. 453 h. — Forges.

COUPELLE-NEUVE, vg. *Pas-de-Calais* (Artois), arr. et à 35 k. de Montreuil-sur-Mer, cant. et ✉ de Fruges. Pop. 362 h.

COUPELLE-VIEILLE, vg. *Pas-de-Calais* (Artois), arr. et à 35 k. de Montreuil-sur-Mer, cant. et ✉ de Fruges. Pop. 909 h.

COUPESARTE, vg. *Calvados* (Normandie), arr. et à 14 k. de Lisieux, cant. de Mézidon, ✉ de Livarot. Pop. 102 h.

COUPETZ, vg. *Marne* (Champagne), arr., ✉ et à 19 k. de Châlons-sur-Marne, cant. d'Ecury-sur-Coole. Pop. 155 h.

COUPÉVILLE, vg. *Marne* (Champagne), arr., ✉ et à 21 k. de Châlons-sur-Marne, cant. de Marson. Pop. 272 h.

COUPIAC, bg *Aveyron* (Rouergue), arr. et à 30 k. de St-Affrique, cant. et ✉ de St-Sernin. Pop. 2,714 h. — *Foires* les 6 mars, 1ᵉʳ avril, 6 juin, 6 oct. et 6 déc.

COUPOIS, *Cher*, comm. de Gron, ✉ de Villequiers. ⚒.

COUPRAY, vg. *H.-Marne* (Champagne), arr. et à 20 k. de Chaumont-en-Bassigny, cant. et ✉ d'Arc-en-Barrois. Pop. 416 h.

COUPRU, vg. *Aisne* (Picardie), arr. et à 15 k. de Château-Thierry, cant. et ✉ de Charly. Pop. 204 h.

COUPTRAIN, bg *Mayenne* (Maine), arr. et à 32 k. de Mayenne, chef-l. de cant. Bur. d'enregist. à Pré-en-Pail. Cure. ✉. A 224 k. de Paris pour la taxe des lettres. Pop. 499 h. — TERRAIN de transition moyen.

COUPVRAY, vg. *Seine-et-Marne* (Brie), arr. et à 14 k. de Meaux, cant. et ✉ de Lagny. Pop. 543 h. — On y voit un beau château où l'on arrive par de superbes avenues. — Education des mérinos.

COUQUEQUES, *Gironde*, comm. de St-Christoly, ✉ de Lesparre.

COUR, ou COUR-LES-BAUME, vg. *Doubs* (Franche-Comté), arr., cant., ✉ et à 1 k. de Baume-les-Dames. Pop. 229 h. — Il est situé sur la rive droite du Doubs ; on y remarque la jolie grotte de Buin, dont l'ouverture domine le cours de la rivière.

COUR, vg. *Isère* (Dauphiné), arr. et à 18 k. de Vienne, cant. et ✉ de Beaurepaire. Pop. 654 h.

COURAL (le), *Hérault*, comm. d'Avesne, ✉ de Lodève.

COURANCES, vg. *Seine-et-Oise* (Gatinais), arr. et à 25 k. d'Etampes, cant. de Milly. Pop. 352 h. — On y voit un château dont le parc est embelli d'eaux vives agréablement distribuées, provenant de la rivière d'Ecole.

COURANT, vg. *Charente-Inf.* (Saintonge), arr. et à 16 k. de St-Jean-d'Angely, cant. et ✉ de Loulay. Pop. 633 h.

COURANT, *Charente-Inf.*, comm. de Chaniers, ✉ de Saintes.

COURANT (le), *Eure*, comm. de Bois-Arnault, ✉ de Rugles.

COURANT (le), *Eure*, comm. de Sébécourt, ✉ de Conches.

COURBAN, vg. *Côte-d'Or* (Bourgogne), arr. et à 15 k. de Châtillon-sur-Seine, cant. et ✉ de Montigny-sur-Aube. Pop. 466 h. — Forges.

COURBE (la), vg. *Orne* (Normandie), arr. et à 15 k. d'Argentan, cant. et ✉ d'Ecouché. Pop. 302 h. — On y remarque les restes d'un fort extrêmement curieux, désigné sous le nom de Château-Gontier. Ce fort, placé au centre de deux presqu'îles formées par les sinuosités de l'Orne, offre un large système de défense. La première enceinte environne la première courbure de l'Orne, et est formée par plusieurs lignes de retranchements destinées à défendre l'approche des gués de la rivière. La seconde courbure, celle du milieu, renferme un camp ayant la forme d'un carré long, avec des remparts de 33 à 36 m. d'élévation, et l'emplacement de la forteresse, qui était bâtie à l'entrée de la presqu'île. Ces remparts offrent une particularité assez commune en Ecosse, mais que l'on n'avait encore observée que dans les ruines de la petite ville de Ste-Suzanne ; les murs en sont vitrifiés, et les pierres fortement liées ensemble par une substance semblable à la lave ou aux scories qui sortent d'une fonderie de fer. En examinant les ruines du donjon, on voit qu'une partie des pierres qui le composaient sont également en partie vitrifiées. — Le château Gontier fut pris et repris plusieurs fois ; le duc Robert de Normandie et le roi Henri Iᵉʳ d'Angleterre, son frère, l'attaquèrent en personne. Depuis eux, la forteresse ne paraît plus avoir joué un rôle bien important ; et ses ruines passent pour avoir été abandonnées bien avant la chute de la féodalité.

COURBEHAYE, vg. *Eure-et-Loir* (Beauce), arr. et à 24 k. de Châteaundun, cant. d'Orgères, ✉ de Patay. Pop. 302 h.

COURBÉPINE, *Curva Spina*, vg. *Eure* (Normandie), arr., cant., ✉ et à 6 k. de Bernay. Pop. 842 h.

COURBERIE, vg. *Mayenne* (Maine), arr. et à 18 k. de Mayenne, cant. du Horps, ✉ de Lassay. Pop. 304 h.

COURBERIEU, *Lot-et-Garonne*, comm. de Montaut, ✉ de Villeréal.

COURBES, vg. *Aisne* (Picardie), arr. et à 20 k. de Laon, cant. et ✉ de la Fère. P. 82 h.

COURBESSEAUX, *Curva Salix*, vg. *Meurthe* (Lorraine), arr., cant., ✉ et à 15 k. de Lunéville. Pop. 322 h.

COURBETEAUX, vg. *Marne* (Brie), arr. et à 39 k. d'Epernay, cant. et ✉ de Montmirail. Pop. 246 h.

COURBETTE, vg. *Jura* (Franche-Comté), arr., ✉ et à 8 k. de Lons-le-Saulnier, cant. de Conliège. Pop. 136 h.

COURBEVEILLE, vg. *Mayenne* (Maine), arr. et à 15 k. de Laval, cant. d'Evron, ✉ de Cossé-le-Vivien. Pop. 954 h.

COURBEVOIE, *Curvavia*, vg. *Seine* (Ile-de-France), arr. et à 12 k. de St-Denis, chef-l. de cant. ✉. ⚒. A 9 k. de Paris. Station du chemin de fer de Paris à Versailles (rive droite). Pop. 6,085 h. — TERRAIN tertiaire inférieur. Il y a peu de villages, aux environs de Paris, qui possèdent autant de jolies maisons de plaisance bâties entièrement en pierres, que Courbevoie; presque toutes ont de fort beaux jardins, avec des charmilles qui forment des masses de verdure et servent de fond aux divers tableaux. Parmi ces habitations, celle connue sous le nom de Château-des-Colonnes, créée par M. Poze, fermier général, est une des plus jolies et des plus agréables.

La caserne de Courbevoie, construite sous le règne de Louis XV pour loger le régiment suisse, est la plus considérable des environs de Paris. Elle consiste en un grand corps de bâtiment de 21 m. de face, situé au fond de la cour, et ayant deux ailes en retour : de ce côté, le bâtiment et ses deux ailes sont partagés dans leur longueur par un corridor donnant entrée aux chambres ; du côté de la terrasse, trois pavillons font avant-corps sur cette façade, qui, ainsi que les autres corps de logis, est élevée de deux étages au-dessus du rez-de-chaussée. Le pavillon du milieu, décoré d'un fronton et percé d'une grande porte en arcade, contient un grand vestibule et un vaste escalier. Les pavillons des angles sont distribués en logements d'officiers. Sur les côtés de la cour, s'élèvent deux bâtiments en regard, ayant aussi deux pavillons à leurs extrémités. Le quatrième côté est fermé par un mur, contre lequel sont appuyés divers pavillons symétriques. Au milieu de tous ces bâtiments existe une vaste cour ombragée de plusieurs rangs d'arbres. Derrière le bâtiment principal est une belle terrasse, plantée d'arbres, dont la vue étendue est fort agréable ; sur les côtés sont des jardins à l'usage des officiers.

L'église paroissiale a été reconstruite presque en entier en 1780.

Fabriques de blanc de céruse, toiles peintes. Beau lavoir de laines. Distilleries d'eau-de-vie. — *Commerce* de bois, vins, eau-de-vie et vinaigre.

COURBIÈRES, vg. *Aude* (Languedoc), arr. et à 24 k. de Limoux, cant. et ✉ de Chalabre. Pop. 161 h.

COURBIEU, *Tarn-et-Garonne*, comm. et ✉ de Castel-Sarrasin.

COURBILLAC, vg. *Charente* (Saintonge), arr. et à 29 k. d'Angoulême, cant. et ✉ de Rouillac. Pop. 653 h.

COURBOIN, vg. *Aisne* (Picardie), arr. et à 15 k. de Château-Thierry, cant. et ✉ de Condé-en-Brie. Pop. 448 h.

COURBOIS, *Nord*, comm. et ✉ de Condé-sur-l'Escaut.

COURBONS, vg. *B.-Alpes* (Provence), arr., cant., et à 7 k. de Digne. P. 473 h.

COURBOUX, *H.-Saône*, comm. de Pennesières, ✉ de Rioz.

COURBOUZON, vg. *Jura* (Franche-Comté), arr., cant., ✉ et à 3 k. de Lons-le-Saulnier. Pop. 446 h. — Ce village est bâti dans une situation pittoresque près du Mont-Orient, l'un des points les plus élevés du grand plateau formant le premier degré des montagnes du Jura. De cet endroit, la vue s'étend sur le fertile bassin de la Bresse, borné par les montagnes de Saône-et-Loire et de la Côte-d'Or, traversé par la Saône et le Doubs, qui y forment des détours multipliés et s'y grossissent de mille petites rivières.

COURBOUZON-HERBILLY, vg. *Loir-et-Cher* (Orléanais), arr. et à 22 k. de Blois, cant. et ✉ de Mer. Pop. 912 h.

COURÇAIS, vg. *Allier* (Bourbonnais), arr. et à 20 k. de Montluçon, cant. et ✉ d'Huriel. Pop. 651 h.

COURÇAY, vg. *Indre-et-Loire* (Touraine), arr. et à 23 k. de Tours, cant. de Bléré, ✉ de Cormery. Pop. 800 h. — Ce village est bâti dans une situation pittoresque, sur l'Indre. Il possède deux papeteries que font mouvoir des fontaines qui sortent de roches très-élevées. L'eau de ces fontaines est incrustante et forme des stalactites fort curieuses. — Courçay mérite aussi de fixer l'attention des naturalistes par les anfractuosités d'une suite de rochers nus, d'un kilomètre de longueur, et plus encore par les écroulements multipliés d'énormes blocs de rochers épars au milieu des bois, des prés et des jardins, dans une multitude de directions.

COURCEAUX, vg. *Yonne* (Champagne), arr. et à 23 k. de Sens, cant. de Sergines, ✉ de Pont-sur-Yonne. Pop. 204 h.

COURCEBŒUFS, vg. *Sarthe* (Maine), arr. et à 19 k. du Mans, cant. et ✉ de Ballon. Pop. 1,130 h.

COURCELETTE, vg. *Somme* (Picardie), arr. et à 23 k. de Péronne, cant. et ✉ d'Albert. Pop. 497 h.

COURCELLES, *Corticella*. V. Courcelles.

COURCELLES, vg. *Aisne* (Picardie), arr. et à 25 k. de Soissons, cant. et ✉ de Braisne. Pop. 440 h. — C'est dans ce village que Napoléon eut sa première entrevue avec Marie-Louise. Il avait été convenu que l'entrevue aurait lieu à Compiègne ; mais Napoléon courut au-devant de sa jeune épouse, dépassa Soissons, et arriva à Courcelles au moment où les courriers de l'impératrice faisaient disposer le relai qui devait mener sa voiture. Il fit ranger sa calèche, et pour se garantir de la pluie qui tombait, il s'abrita sous le porche de l'église, située à moitié d'une petite côte hors du village. Il se tint à l'écart avec le roi de Naples ; lorsque la voiture fut arrivée, et pendant qu'on changeait les chevaux, il se précipita vers la portière, l'ouvrit lui-même : l'écuyer de service qui l'avait reconnu, et qui n'était pas dans le secret de l'incognito, s'empressa de baisser les marchepieds et d'annoncer l'empereur. Il se jeta au cou de l'impératrice, qui n'était nullement préparée à cette brusque et galante entrevue, et ordonna sur-le-champ d'aller en toute hâte vers Compiègne, où il arriva à dix heures du jour.

COURCELLES, *Aisne*, com. de Tréloup, ✉ de Dormans.

COURCELLES, vg. *Aube* (Champagne), arr. et à 35 k. de Bar-sur-Aube, cant. de Brienne, ✉ de Chavanges. Pop. 893 h.

COURCELLES, vg. *Charente-Inf.* (Saintonge), arr., cant., ✉ et à 4 k. de St-Jean-d'Angély. Pop. 396 h.

COURCELLES, vg. *Doubs* (Franche-Comté), arr. et à 19 k. de Besançon, cant. et ✉ de Quingey. Pop. 102 h.

COURCELLES, vg. *Doubs* (Franche-Comté), arr. et à 23 k. de Montbelliard, cant. et ✉ de St-Hippolyte. Pop. 106 h.

COURCELLES, vg. *Indre-et-Loire* (Touraine), arr. et à 33 k. de Tours, cant. et ✉ de Château-la-Vallière. Pop. 651 h.

COURCELLES, vg. *Loiret* (Orléanais), arr. et à 10 k. de Pithiviers, cant. de Beaune-la-Rolande, ✉ de Boynes. Pop. 505 h.

COURCELLES, vg. *Meurthe* (Lorraine), arr. et à 44 k. de Toul, cant. et ✉ de Colombey. Pop. 307 h.

COURCELLES, vg. *Nièvre* (Nivernais), arr. et à 10 k. de Clamecy, cant. et ✉ de Varzy. Pop. 633 h.

COURCELLES, vg. *H.-Rhin* (Alsace), arr. et à 27 k. de Belfort, cant. et ✉ de Delle. Pop. 282 h.

COURCELLES, joli village, *Sarthe* (Anjou), arr. et à 12 k. de la Flèche, cant. de Malicorne, ✉ de Fouletourte. Pop. 887 h. — Il est situé sur une éminence d'où la vue s'étend fort loin, près de la forêt de Vadré, où l'on voit un antique château remarquable par l'étendue de ses bâtiments, par ses belles avenues et par les belles plantations qui l'environnent. A peu de distance de ce château est l'ancien manoir des Vieilles-Courcelles.

COURCELLES, *Seine*, comm. de Neuilly-sur-Seine, ✉ de l'Étoile.

COURCELLES, vg. *Seine-et-Marne* (Brie), arr. et à 30 k. de Fontainebleau, cant. et ✉ de Montereau. Pop. 207 h.

COURCELLES, vg. *Seine-et-Oise* (Vexin), arr. et à 9 k. de Pontoise, cant. et ✉ de Marines. Pop. 176 h.

COURCELLES, *Seine-et-Oise*, comm. de Presles, ✉ de Beaumont-sur-Oise.

COURCELLES, *Corticella*, *Yonne*, com. de Neuvy-Santour, ✉ de St-Florentin.

COURCELLES-AUX-BOIS, vg. *Somme* (Picardie), arr. et à 21 k. de Doullens, cant. et ✉ d'Acheux. Pop. 113 h.

COURCELLES-AUX-BOIS, vg. *Meuse* (Lorraine), arr. de Commercy, à 10 k. de St-Mihiel, cant. de Pierrefitte, ✉ de Villotte-devant-St-Mihiel. Pop. 167 h.

COURCELLES-CAMPEAUX, *Oise*, com. de Campeaux, ✉ de Formerie.

COURCELLES-CHAUSSY, vg. *Moselle* (pays Messin), arr. et à 18 k. de Metz, cant. de Pange. Gîte d'étape. ✉. ⚒. A 336 k. de Paris pour la taxe des lettres. Pop. 1,321 h. — *Fabriques* d'instruments aratoires. — *Foire* le 3e lundi d'avril.

COURCELLES-EN-MONTAGNE, vg. *H.-Marne* (Champagne), arr., cant., ✉ et à 13 k. de Langres. Pop. 360 h.

COURCELLES-ÉPAYELLES, vg. *Oise* (Picardie), arr. et à 32 k. de Clermont, cant. et ✉ de Maignelay. Pop. 300 h.

COURCELLES-FRÉMOY, vg. *Côte-d'Or* (Bourgogne), arr., cant. et à 15 k. de Semur, ✉ d'Epoisses. Pop. 522 h.

COURCELLES-LE-COMTE, vg. *Pas-*

de-Calais (Artois), arr. et à 14 k. d'Arras, cant. de Croisilles, ✉ de Bapaume. P. 917 h.

COURCELLES-LES-AUBRÉVILLE, vg. Meuse, comm. d'Aubréville, ✉ de Clermont-en-Argonne.

COURCELLES-LES-DÉMUIN, Somme, comm. de Démuin, ✉ de Villers-Bretonneux.

COURCELLES-LES-GISORS, vg. Oise (Picardie), arr. et à 37 k. de Beauvais, cant. de Chaumont-en-Vexin, ✉ de Gisors. Pop. 597 h. Dans la vallée de l'Epte. — C'est sur le territoire de cette commune que fut livrée la bataille de ce nom, en 1198, entre Philippe Auguste et Richard Cœur de lion. — On remarque au milieu du village les restes d'un château fort.

COURCELLES-LÈS-LENS, vg. Pas-de-Calais (Artois), arr. et à 25 k. de Béthune, cant. de Carvin, ✉ de Douai.

COURCELLES-LÈS-MANDEURE, vg. Doubs, comm. de Mandeure, ✉ de Montbelliard.

COURCELLES-LÈS-MONTBELLIARD, vg. Doubs (Franche-Comté), arr., ✉ et à 2 k. de Montbelliard, cant. d'Audincourt. Pop. 313 h.

COURCELLES-LÈS-ROSNAY, vg. Marne (Champagne), arr. et à 14 k. de Reims, cant. de Ville-en-Tardenois, ✉ de Jonchery-sur-Vesle. Pop. 132 h.

COURCELLES-LÈS-SEMUR, vg. Côte-d'Or (Bourgogne), arr., cant., ✉ et à 5 k. de Semur. Pop. 376 h.

COURCELLES-RANCON, Seine-Inf., comm. de Haussey, ✉ de Forges.

COURCELLES-SOUS-CHATENOIS, vg. Vosges (Lorraine), arr. et à 13 k. de Neufchâteau, cant. et ✉ de Châtenois. Pop. 215 h.

COURCELLES-SOUS-MOYENCOURT, vg. Somme (Picardie), arr. et à 25 k. d'Amiens, cant. et ✉ de Poix. Pop. 325 h.

COURCELLES-SOUS-THOIX, vg. Somme (Picardie), arr. et à 28 k. d'Amiens, cant. de Conty, ✉ de Flers. Pop. 266 h.

COURCELLES-SUR-AIRE, vg. Meuse (Lorraine), arr. et à 22 k. de Bar-le-Duc, cant. de Vaubécourt, ✉ de Beauzée. Pop. 400 h.— Filature de coton.

COURCELLES-SUR-AUJON, vg. H.-Marne (Champagne), arr. et à 16 k. de Langres, cant. d'Auberive, ✉ d'Arc-en-Barrois. Pop. 130 h. — Il est situé sur un coteau, au pied duquel coule l'Aujon. On y voit les ruines d'un ancien château fort, qui était bâti au bord de la prairie, dans une position charmante.

COURCELLES-SUR-BLAISE, vg. H.-Marne (Champagne), arr. et à 12 k. de Vassy, cant. et ✉ de Doulevant. Pop. 331 h.

COURCELLES-SUR-NIED, vg. Moselle (pays Messin), arr., ✉ et à 13 k. de Metz, cant. de Pange. Pop. 227 h.

COURCELLES-SUR-SEINE, Aube, comm. de Cléry, ✉ de St-Parres-les-Vaudes.

COURCELLES-SUR-SEINE, Courcellæ, vg. Eure (Normandie), arr., cant., ✉ et à 11 k. des Andelys. Pop. 258 h. Sur la Seine.

COURCELLES-ST-GERMAIN, Aube, com. de St-Germain, ✉ de Troyes.

COURCELLES-VAL-DESNOMS, vg. H.-Marne (Champagne), arr. et à 25 k. de Langres, cant. et ✉ de Prauthoy. Pop. 519 h. — Foires les 4 fév., 24 mars, 23 mai et 13 sept.

COURCELOTTE, Côte-d'Or, comm. de Dampierre-en-Morvant, ✉ de la Maison-Neuve.

COURCELOTTE, H.-Marne. V. COURCELLES-SUR-AUJON.

COURCEMAIN, vg. Marne (Champagne), arr. et à 7 k. d'Epernay, cant. de Fère-Champenoise, ✉ de Pleurs. Pop. 283 h. — Fabrique de bonneterie.

COURCEMONT, vg. Sarthe (Maine), arr. et à 36 k. du Mans, cant. de Ballon, ✉ de Bonnétable. Pop. 1,805 h.

COURCERAC, vg. Charente-Inf. (Saintonge), arr. et à 17 k. de St-Jean-d'Angely, cant. et ✉ de Matha. Pop. 500 h.

COURCERAULT, vg. Orne (Perche), arr. et à 13 k. de Mortagne-sur-Huine, cant. de Nocé, ✉ de Rémalard. Pop. 800 h.

COURCERIERS, Mayenne. V. THOMAS-DE-COURCERIERS (St-).

COURCEROY, vg. Aube (Champagne), arr., cant., ✉ et à 10 k. de Nogent-sur-Seine. Pop. 229 h.

COURCHAMP, vg. Côte-d'Or (Bourgogne), arr. et à 47 k. de Dijon, cant. et ✉ de Fontaine-Française. Pop. 143 h.

COURCHAMP, vg. Seine-et-Marne (Brie), arr., ✉ à 20 k. de Provins, cant. de Villiers-St-Georges. Pop. 195 h.

COURCHAMPS, vg. Aisne (Brie), arr. et à 20 k. de Château-Thierry, cant. de Neuilly-St-Front, ✉ du Gandelu. Pop. 151 h.

COURCHAMPS, vg. Maine-et-Loire (Anjou), arr. et à 13 k. de Saumur, cant. et ✉ de Montreuil-Bellay. Pop. 479 h.

COURCHAPON, vg. Doubs (Franche-Comté), arr. et à 21 k. de Besançon, cant. d'Audeux, ✉ de Marnay. Pop. 348 h.

COURCHATON, vg. H.-Saône (Franche-Comté), arr. et à 15 k. de Lure, cant. et ✉ de Villersexel. Pop. 1,030 h. — Tuilerie.

COURCHELETTES, vg. Nord (Flandre), arr., cant. et à 3 k. de Douai. Pop. 208 h. Sur la Scarpe.

On y voit de belles écluses et une chaussée communiquant avec les routes de Valenciennes et de Cambrai à Arras. — Moulin à huile et à farine.

COURCHEVERNY, vg. Loir-et-Cher (Blaisois), arr. et à 13 k. de Blois, cant. de Contres, ✉. A 188 k. de Paris pour la taxe des lettres. Pop. 1,897 h. — Foires les 2 nov., 26 déc. et le lundi de la Pentecôte (2 jours).

COURCHONS, vg. B.-Alpes (Provence), arr. et à 16 k. de Castellane, cant. et ✉ de St-André. Pop. 159 h.

COURCITE, vg. Mayenne (Maine), arr. et à 30 k. de Mayenne, cant. et ✉ de Villaines-la-Juhel. Pop. 1,962 h.

COURCIVAL, vg. Sarthe (Maine), arr. et à 16 k. de Mamers, cant. et ✉ de Bonnétable. Pop. 461 h.

COURCOME, vg. Charente (Angoumois), arr., ✉ et à 7 k. de Ruffec, cant. de Ville-Fagnan. Pop. 1,018 h.

COURCON, vg. Charente-Inf. (Saintonge), arr. et à 29 k. de la Rochelle, chef-l. de cant., ✉ et bur. d'enregist. de Nuaillé. Cure. Pop. 1,084 h. — TERRAIN jurassique, étage supérieur du système oolitique. — Foires les 1ers samedis de fév., avril, juin, août, oct. et déc.

COURCOUÉ, vg. Indre-et-Loire (Poitou), arr. et à 28 k. de Chinon, cant. et ✉ de Richelieu. Pop. 428 h.

COURCOURONNES, vg. Seine-et-Oise (Ile-de-France), arr., cant. et à 7 k. de Corbeil, ✉ de Ris. Pop. 163 h. — Il est bâti sur une éminence dont le sommet est couronné par une petite église fort ancienne.

COURCOURY, vg. Charente-Inf. (Saintonge), arr., cant., ✉ et à 8 k. de Saintes. P. 952 h.—Il est situé dans une petite île formée par la Seugne et par la Charente. On y remarque un tumulus nommé Terrier de la Fée. Aux environs, on a découvert plusieurs restes de constructions romaines et quelques morceaux de sculpture antique.

COURCUIRE, vg. H.-Saône (Franche-Comté), arr. et à 24 k. de Gray, cant. et ✉ de Marnoy. Pop. 369 h.

COURCY, Curceium, vg. Calvados (Normandie), arr. et à 15 k. de Falaise, cant. de Coulibœuf, ✉ de Jort. Pop. 341 h. — On y remarque les restes imposants d'un ancien château fort, qui, malgré son état de dégradation, est ce que l'arrondissement possède de plus remarquable et de plus entier en ce genre après le château de Falaise.

Bibliographie. RICHOMM. Note sur le château fort et sur l'église de Courcy (Mém. de la soc. des antiq. de Normandie, t. III, p. 102).

COURCY, vg. Loiret (Orléanais), arr., cant. et à 13 k. de Pithiviers, ✉ de Chilleurs-aux-Bois. Pop. 624 h.

COURCY, Curceium, vg. Manche (Normandie), arr., cant., ✉ et à 4 k. de Coutances. Pop. 1,075 h.

COURCY-ET-LA-NEUVILLETTE, vg. Marne (Champagne), arr., ✉ et à 8 k. de Reims, cant. de Bourgogne. Pop. 589 h. — Courcy et la Neuvillette sont deux communes qui ont été réunies en une seule en 1822. D'après d'anciennes traditions, Courcy était jadis très-important et formait deux paroisses, Courcy et Roquincourt. Cette dernière partie a été détruite entièrement par suite d'anciennes guerres, à l'exception du château, qui a conservé de beaux jardins, une petite chapelle et une fête particulière. Courcy est formé de deux rues principales, aujourd'hui assez bien pavées ; il possède une petite place publique triangulaire ornée d'une belle croix en pierre. — La Neuvillette est un joli village, bien bâti, commerçant et riche, situé sur une route royale, à 4 k. de Reims ; il a une église et une fête particulière.

COUR-D'ARANCENAY (la), vg. *Côte-d'Or* (Bourgogne), arr. et à 18 k. de Semur, cant. de Précy-sous-Thil, ⊠ de la Maison-Neuve. Pop. 354 h.

COUR-DE-FRANCE. V. FROMENTEAU.

COURDEMANCHE, *Curia Dominica, Curtis Dominicus*, vg. *Eure* (Normandie), arr. et à 29 k. d'Evreux, cant. et ⊠ de Nonancourt. Pop. 414 h. — Briqueterie.

COURDEMANCHE, vg. *Sarthe* (Maine), arr. et à 51 k. de St-Calais, cant. et ⊠ de Grandlucé. Pop. 1,598 h.

COURDEMANCHE, vg. *Marne* (Champagne), arr., cant. et à 7 k. de Vitry-le-François. Pop. 350 h. Sur la Cheronne.

COURDIMANCHE, vg. *Seine-et-Oise* (Ile-de-France) arr., cant. et à 7 k. de Pontoise, ⊠ de Vaux. Pop. 432 h.

COURDIMANCHE - SUR - ESSONNE, vg. *Seine-et-Oise* (Gatinais), arr. et à 20 k. d'Etampes, cant. de Milly, ⊠ de Gironville. Pop. 164 hab.

COURET, vg. *H.-Garonne* (Comminges), arr. à 11 k. de St-Gaudens, cant. et ⊠ d'Aspet. Pop. 470 h.

COURGAINS, vg. *Sarthe* (Maine), arr. et à 11 k. de Mamers, cant. et ⊠ de Marolles-les-Braux. Pop. 1,410 h.

COURGEAC, bg *Charente* (Angoumois), arr. et à 26 k. de Barbezieux, cant. et ⊠ de Montmoreau. Pop. 681 h.

COURGENARD, vg. *Sarthe* (Maine), arr. et à 41 k. de Mamers, cant. de Montmirail, ⊠ de la Ferté-Bernard. Pop. 784 h.

COURGENAY, vg. *Yonne* (Champagne), arr. à 22 k. de Sens, cant. et ⊠ de Villeneuve-l'Archevêque. Pop. 743 hab. — *Foire* le 9 juin.

COURGENT, vg. *Seine-et-Oise* (Beauce), arr. et à 13 k. de Mantes, cant. de Loudan, ⊠ de Septeuil. Pop 197 h.

COURGEON, vg. *Orne* (Perche), arr., cant., ⊠ et à 7 k. de Mortagne-sur-Huine. Pop. 503 h.

COURGEOUT, *Curia Gehouldi*, vg. *Orne* (Perche), arr., ⊠ et à 6 k. de Mortagne-sur-Huine, cant. de Bazoches - sur - Hoëne. Pop. 940 h.

COURGIVAUX, vg. *Marne* (Brie), arr. et à 54 k. d'Epernay, cant. d'Esternay. ⊠. A 104 k. de Paris pour la taxe des lettres. Pop. 431 h. — *Foires* les 9 mai et 24 sept.

COURGOUIN (le Grand et le Petit-), *Pas-de-Calais*, comm. d'Offekerque, ⊠ d'Ardres.

COURGOUL, vg. *Puy-de-Dôme* (Auvergne), arr. et à 23 k. d'Issoire, cant. et ⊠ de Champeix. Pop. 294 h.

COURGUIN (le), *Pas-de-Calais*, comm. de Vieille-Eglise, ⊠ d'Ardres.

COURGY, vg. *Yonne* (Champagne), arr. et à 15 k. d'Auxerre, cant. et ⊠ de Chablis. Pop. 722 h.

COURJEONNET, vg. *Marne* (Champagne), arr. et à 27 k. d'Epernay, cant. de Montmort, ⊠ d'Etoges. Pop. 170 h.

COURLAC, vg. *Charente* (Angoumois),

arr. et à 27 k. de Barbezieux, cant. et ⊠ de Chalais. Pop. 307 h.

COURLANDON, vg. *Marne* (Champagne), arr. à 23 k. de Reims, cant. et ⊠ de Fismes. Pop. 135 h.

COURLANS, vg. *Jura* (Franche-Comté), arr., cant., ⊠ et à 5 k. de Lons-le-Saulnier. Pop. 471 h.

COURLAOUX, vg. *Jura* (Franche-Comté), arr., cant., ⊠ et à 7 k. de Lons-le-Saulnier. Pop. 920 h.

COURLAY, bg *Deux-Sèvres* (Poitou), arr., ⊠ et à 9 k. de Bressuire, cant. de Cerizay. Pop. 180 h.

COURLÉON, vg. *Maine-et-Loire* (Anjou), arr. et à 26 k. de Baugé, cant. de Longué, ⊠ de Bourgueil. Pop. 482 h.

COUR-L'ÉVÊQUE, vg. *H.-Marne* (Champagne), arr. et à 20 k. de Chaumont, cant. et ⊠ d'Arc-en-Barrois. Pop. 334 h.

COUBLON, vg. *Côte-d'Or* (Bourgogne), arr. et à 44 k. de Dijon, cant. et ⊠ de Grancey. Pop. 248 h.

COUBLON, vg. *Yonne* (Champagne), arr. et à 19 k. de Sens, cant. de Sergines, ⊠ de Pont-sur-Yonne. Pop. 1,212 h. — Ce village est très-agréablement situé sur la rive droite de l'Yonne ; il est bâti en amphithéâtre, et jouit d'une fort belle vue sur un riant paysage entrecoupé de prairies, de coteaux couverts de vignes, peuplé de villages et de nombreuses maisons de plaisance.

L'église paroissiale est une des plus belles des environs. Elle est bien voûtée, régulière, avec deux bas côtés. Le chœur surtout se distingue par son étendue et son élévation ; il est éclairé par cinq grandes croisées, et revêtu de lambris richement sculptés. Le baldaquin du maître-autel est soutenu par huit colonnes cannelées d'ordre corinthien, surmontées d'une archivolte, du centre duquel tombent des draperies bien imitées, et couronné par un pélican qui nourrit ses petits.

COURMANGOUX, vg. *Ain* (Bresse), arr. et à 24 k. de Bourg-en-Bresse, cant. de Treffort, ⊠ de Coligny. Pop. 926 h.

COUR-MARIGNY (la), vg. *Loiret* (Gatinais), arr. et à 17 k. de Montargis, cant. et ⊠ de Lorris. Pop. 450 h. — Une charte de Charles VII, dont nous ne connaissons pas l'époque précise, accorde aux habitants de la Cour-Marigny, Oussoy et Montereau, le droit de bourgeoisie, l'exemption de péages sur les ponts de St-Denis, Jargeau, Orléans, Beaugency, Blois, Nemours, Montereau-Faut-Yonne et Melun, et leur fourniture de sel dans la vente qui s'en faisait alors au marché de Lorris, sous la condition de faucher, faner et serrer les foins du roi dans les greniers de son château des Salles-de-Lorris.

COURMAS, vg. *Marne* (Champagne), arr. et à 13 k. de Reims, cant. et ⊠ de Ville-en-Tardenois. Pop. 189 h.

COURMELLES, vg. *Aisne* (Picardie), arr., cant., ⊠ et à 5 k. de Soissons. Pop. 587 h.

COURMELOIS, vg. *Marne* (Champagne),

arr. et à 18 k. de Reims, cant. de Verzy, ⊠ des Petites-Loges. Pop. 175 h.

COURMEMIN, vg. *Loir-et-Cher* (Blaisois), arr., cant. et à 16 k. de Romorantin, ⊠ de Bracieux. Pop. 503 h.

COURMÉNIL, vg. *Orne* (Normandie), arr. et à 24 k. d'Argentan, cant. et ⊠ d'Exmes. Pop. 461 h.

COURMES, *Corma*, vg. *Var* (Provence), arr. et à 17 k. de Grasse, cant. du Bar, ⊠ de Vence. Pop. 162 h.

COURMONONCLE, vg. *Aube* (Champagne), arr. et à 35 k. de Troyes, cant. d'Aix-en-Othe, ⊠ de Rigny-le-Ferron. Pop. 90 h.

COURMONT, vg. *Aisne* (Brie), arr. et à 20 k. de Château-Thierry, cant. et ⊠ de Fère-en-Tardenois. Pop. 218 h.

COURMONT, vg. *H.-Saône* (Franche-Comté), arr., ⊠ et à 15 k. de Lure, cant. d'Héricourt. Pop. 602 h.

COURNANEL, vg. *Aude* (Languedoc), arr., cant., ⊠ et à 6 k. de Limoux. Pop. 388 h.

COURNAUDERIE (la), *H.-Garonne*, com. de l'Union, ⊠ de Toulouse.

COURNEUVE (la), vg. *Seine* (Ile-de-France), arr., cant., ⊠ et à 2 k. de St-Denis. Pop. 586 h. — *Fabrique* de semoule. — Commerce de lait pour Paris.

COURNÈZE, *Aude*, comm. de Couffoulens, ⊠ de Carcassonne.

COURNOL, *Puy-de-Dôme*, comm. d'Olloix, ⊠ de Veyre.

COURNON, vg. *Morbihan* (Bretagne), arr. et à 6 k. de Vannes, cant. de Carentoir, ⊠ de la Gacilly. Pop. 407 h.

COURNON, bg *Puy-de-Dôme* (Auvergne), arr. et à 10 k. de Clermont, cant. de Pont-du-Château, ⊠ de Clermont-Ferrand. Pop. 2,572 h. — *Foire* le 22 sept. (30 jours).

COURNONSEC, vg. *Hérault* (Languedoc), arr., cant., ⊠ et à 17 k. de Montpellier. Pop. 473 h. — Carrières de marbre.

COURNONTERRAL, bg *Hérault* (Languedoc), arr., cant., ⊠ et à 16 k. de Montpellier. Pop. 1,630 h. Sur le Coulazou. — *Foire* le 1er mai.

COURNOUX, *Lot*, comm. de St-Vincent-de-Rive-d'Olt, ⊠ de Castelfranc.

COURONNE (la), ou COURONNE-LA-PALUE, vg. *Charente* (Angoumois), arr., cant., ⊠ et à 5 k. d'Angoulême. Pop. 2,355 h. — On y remarque les ruines pittoresques de l'église et d'une abbaye commendataire d'augustins, fondée sous le règne de Childebert. — Nombreuses papeteries, d'où la ville d'Angoulême tire la plus grande partie des papiers qu'elle expédie. — *Fabrique* de toiles métalliques. — *Foires* le 25 juin et le 1er de tous les autres mois.

COURONNE (Grand-), *Seine-Infér.* V. GRAND-COURONNE.

COURONNE (le Petit-). V. PETIT-COURONNE.

COUROUDES. *Tarn-et-Garonne*, comm. de Génébrières, ⊠ de Monclar.

COUROUVRE, vg. *Meuse* (Lorraine), arr. de Commercy, à 16 k. de St-Mihiel, cant.

SEINE ET MARNE. N.º 33

LA GRANGE BLENEAU.
Ancienne habitation du Général Lafayette

de Pierrefitte, ✉ de Villotte-devant-St-Mihiel. Pop. 269 h.

COUROY, *Yonne*, comm. de Grange-le-Bocage, ✉ de Pont-sur-Yonne.

COURPALAY, bg *Seine-et-Marne* (Brie), arr. et à 24 k. de Coulommiers, cant. et ✉ de Rozoy-en-Brie. Pop. 981 h.

Le château de LA GRANGE-BLENEAU, ancienne habitation du général Lafayette, et aujourd'hui la propriété de son fils Georges Lafayette, est une dépendance de cette commune. Cet antique château conserve encore un aspect imposant : trois corps de bâtiments, flanqués de cinq grosses tours bâties en grès, bordent de trois côtés une vaste cour, qui laisse voir du quatrième côté le riant tableau que présente le parc, dont la vue est on ne peut plus pittoresque. De belles masses de peupliers, de saules et d'arbres verts de plusieurs espèces, habilement distribuées et plantées par le général Lafayette, offrent à chaque pas de gracieux points de vue. L'entrée du château est remarquable : après le pont, construit sur le fossé, on rencontre une porte flanquée de deux grosses tours presque entièrement tapissées de lierre ; décoration qui inspire le plus vif intérêt, lorsqu'on apprend que ce lierre vigoureux fut planté par le célèbre Fox. Les amis de la liberté admirent avec intérêt dans l'intérieur du château les portraits de tous les présidents des États-Unis de l'Amérique septentrionale, et ceux de Bailly, de la Rochefoucauld, de Franklin, de Kosciusko, etc.; on y voit aussi le drapeau ou pavillon des États-Unis, offert, au nom de ces États, par les officiers du bâtiment que montait le général Lafayette lors de son dernier voyage en Amérique.

COURPIAC, vg. *Gironde* (Guienne), arr. et à 25 k. de la Réole, cant. de Targon, ✉ de Sauveterre. Pop. 124 h.

COURPIÈRE, petite ville, *Puy-de-Dôme* (Auvergne), arr. et à 15 k. de Thiers, chef-l. de cant. Cure. ✉. A 101 k. de Paris pour la taxe des lettres. Pop. 3,592 h.—TERRAIN cristallisé.—Elle est bâtie dans une situation pittoresque, sur la rive gauche de la Dore. On trouve sur son territoire les eaux minérales dites du Salé.—*Fabriques* de passementeries, de rubans de laine, de creusets et de poterie de grès.—*Foires* les 6 août, 1er mardi de janv., dernier mardi d'avril, mercredi avant la St-Jean, 3e mardi de nov.

COURPIGNAC, vg. *Charente-Inf.* (Saintonge), arr. et à 15 k. de Jonzac, cant. et ✉ de Mirambeau. Pop. 579 h.

COURQUETAINE, vg. *Seine-et-Marne* (Brie), arr. et 18 k. de Melun, cant. de Tournan, ✉ de Coubert. Pop. 213 h.

COURRENSAN, vg. *Gers* (Condomois), arr. et à 17 k. de Condom, cant. d'Eauze, ✉ de Gondrin. Pop. 1,093 h.

COURRIÈRES, vg. *Pas-de-Calais* (Artois), arr. et à 30 k. de Béthune, cant. et ✉ de Carvin. Pop. 2,610 h.

COURRIS, vg. *Tarn* (Languedoc), arr. et à 31 k. d'Albi, cant. et ✉ de Valence-en-Albigeois. Pop. 409 h.

COURROIS (les), *Seine-et-Marne*, comm. de Mourroux, ✉ de Coulommiers.

COURRY, vg. *Gard* (Languedoc), arr. et à 26 k. d'Alais, cant. et ✉ de St-Ambroix. Pop. 607 h.

COURS, vg. *Gironde* (Bazadois), arr. et à 17 k. de Bazas, cant. et ✉ de Grignols. Pop. 447 h.

COURS, vg. *Gironde* (Bazadois), arr. et à 16 k. de la Réole, cant. et ✉ de Monségur. Pop. 368 h.

COURS, *Loire*, comm. de Noailly, ✉ de St-Germain-l'Espinasse.

COURS, vg. *Lot-et-Garonne* (Agénois), arr. et à 16 k. d'Agen, cant. de Prayssas, ✉ de Ste-Livrade. Pop. 643 h.

COURS, vg. *Nièvre* (Nivernais), arr., cant., ✉ et à 5 k. de Cosne. Pop. 697 h.—*Foire* le 7 mai.

COURS, vg. *Rhône* (Beaujolais), arr. et à 38 k. de Villefranche-sur-Saône, cant. de Thizy. ✉. A 419 k. de Paris pour la taxe des lettres. Pop. 4,478 h.—*Fabriques* importantes de toiles du fil et de coton dites de Beaujolais.—*Foires* les 1ers lundis de chaque mois.

COURS, vg. *Deux-Sèvres* (Poitou), arr. et à 21 k. de Niort, cant. et ✉ de Champdeniers. Pop. 640 h.

COURSAC, vg. *Dordogne* (Périgord), arr., ✉ et à 11 k. de Périgueux, cant. de St-Astier. Pop. 1,168 h.

COURS-ST-MAURICE, vg. *Doubs* (Franche-Comté), arr. et à 38 k. de Montbelliard, cant. de Maiche, ✉ de St-Hippolyte. Pop. 206 h.

COURS-ST-MICHEL, vg. *Lot* (Quercy), arr. et à 14 k. de Cahors, cant. de St-Géry, ✉ de Pélacoy. Pop. 775 h.

COURS-ST-PIERRE. V. LACOURT-ST-PIERRE.

COURSAN, vg. *Aube* (Champagne), arr. et à 33 k. de Troyes, cant. d'Ervy, ✉ d'Auxon. Pop. 351 h.

COURSAN, bg *Aude* (Languedoc), arr., ✉, bureau d'enregist. et à 8 k. de Narbonne, chef-l. de cant. Cure. Pop. 2,022 h.—TERRAIN d'alluvions modernes.—Il est situé sur la rive droite de l'Aude, au milieu de la plaine la plus fertile de tout le département. La route qui y conduit de cette ville, construite sur une chaussée d'une grande largeur et coupée d'un grand nombre de ponts, est une des plus belles routes de France.

COURSAY, *Loire-Inf.*, comm. de Monnières, ✉ de Clisson.

COURS-DE-PILLE, vg. *Dordogne* (Périgord), arr., cant. et à 7 k. de Bergerac, ✉ de Mouleydier. Pop. 629 h.

COURSEGOULES, *Corsica*, *Corsicula*, bg *Var* (Provence), arr. et à 25 k. de Grasse, chef-l. de cant. Cure. ✉ de Vence. Bureau d'enregistrement à la Gréolière. Pop. 596 h.—TERRAIN crétacée inférieur, grès vert.—On remarque aux environs la source de la Cagne, que l'on entend rouler avec fracas dans l'intérieur de la montagne longtemps avant qu'elle arrive à l'issue d'où sortent ses eaux.—*Foire* le 8 sept.

COURSET, vg. *Pas-de-Calais* (Boulonnais), arr. et à 20 k. de Boulogne-sur-Mer, cant. de Desvres, ✉ de Samer. Pop. 389 h.—On y remarque un vaste jardin de botanique qui, par la richesse de sa végétation et la beauté de ses plantes, n'a peut-être pas son égal en France.

COURSEULLES-SUR-MER, village maritime, *Calvados* (Normandie), arr. et à 21 k. de Caen, cant. de Creully. ✉. A 242 k. de Paris pour la taxe des lettres. Pop. 1,565 h.—Il est situé à l'embouchure de la Seulles dans la Manche, qui y forme un petit port.—Feu de port fixe sur la jetée O. de 9 m. de hauteur et de 8 k. de portée. Lat. 49° 20′, long. O. 2° 18′.—*Établissement de la marée*, 9 heures.

Un établissement de bains de mer y a été fondé dans l'île de Plaisance ; il se compose : 1° de salles de bains chauds et froids d'eau de mer et d'eau douce, où sont placés des lits ; ces salles sont couvertes d'une belle plate-forme d'où l'on voit monter et descendre la mer, et les mouvements du port de Courseulles. 2° De petites voitures commodes, destinées pour aller dans la mer et dans la rivière, à la hauteur qu'on le désire, et où l'on peut s'habiller. 3° D'un petit bateau voilé, sans serrage ni bordage, autres que quelques faibles branches de fer, destiné à prendre des bains dans une grande retenue d'eau de mer, presque tiède en été, d'un demi-kil. de longueur, et d'un m. de profondeur. 4° De tentes destinées à être placées sur le rivage de la mer et sur le lit de la rivière, pour s'y déshabiller et s'y habiller.—Une jolie voiture part de Caen, tous les matins à 7 heures, pour Courseulles, l'île de Plaisance, en passant par les beaux hameaux de la Délivrande, Langrune, St-Aubin et Bernières, qui longent le rivage de la mer.

Commerce considérable d'huîtres ; on évalue à près de 50,000,000 le nombre de celles qu'on en tire pour la consommation de Paris.—*Fabriques* de blondes et de dentelles.—*Foire* le 2e mardi d'avril.

COURS-LES-BARRES, vg. *Cher* (Nivernais), arr. et à 59 k. de St-Amand-Montrond, cant. de la Guerche-sur-l'Aubois, ✉ de Fourchambault. Pop. 638 h.

COURSIÈRE (la), *Aveyron*, comm. du Nayrac, ✉ d'Espalion.

COURSON, vg. *Calvados* (Normandie), arr. et à 15 k. de Vire, cant. et ✉ de St-Sever. Pop. 1,409 h.

COURSON, vg. *Yonne* (Bourgogne), arr. et à 24 k. d'Auxerre, chef-l. de cant. Cure. ✉. ⚘. A 190 k. de Paris pour la taxe des lettres. Pop. 1,586 h.—TERRAIN jurassique.—Il possède des carrières souterraines très-remarquables, d'où l'on tire la plus grande partie de la pierre de taille employée à Auxerre dans les constructions.—*Foires* les 28 fév., 6 mai, 28 juin, 16 août, 19 oct. et jeudi avant Noël.

COURSON-LAUNAY, vg. *Seine-et-Oise*

(Île-de-France), arr. et à 30 k. de Rambouillet, cant. de Limours, ⊠ de Bruyères-le-Châtel. Pop. 154 h.

COURS-SUR-LOIRE, vg. *Loir-et-Cher* (Blaisois), arr. et à 10 k. de Blois, cant. de Mer, ⊠ de Ménars. Pop. 384 h.

COURTACON, vg. *Seine-et-Marne* (Brie), arr. et à 15 k. de Provins, cant. de Villiers-St-Georges, ⊠ de Champcenest. ⚭. Pop. 250 h.

COURTAGNON, vg. *Marne* (Champagne), arr. et à 15 k. de Reims, cant. de Châtillon-sur-Marne, ⊠ de Port-à-Binson. P. 1,025 h.
Le territoire de ce village offre un banc de sable très-étendu, qui renferme une grande quantité de fossiles les plus entiers, et dont quelques-uns ont conservé leur couleur et leur poli ; on en compte plus de soixante espèces. —On y voit un château de construction moderne, bâti sur l'emplacement d'un ancien château fort.

COURTALIN, bg *Eure-et-Loir* (Beauce), arr. et à 14 k. de Châteaudun, cant. de Cloyes. ⊠. ⚭. A 152 k. de Paris pour la taxe des lettres. Pop. 669 h.—Ce bourg, situé sur l'Yères, possède de vastes halles où se tiennent des marchés assez considérables. On y voit un beau château construit par G. Devangour, vers le milieu du xv° siècle, appartenant aujourd'hui à la famille de Montmorency. — *Foires* les 1ᵉʳ mai, 29 août, 29 sept. et 25 nov.

COURTALY, vg. *Seine-et-Marne*, com. de Pommeuse, ⊠ de Farmoutiers.—Belle papeterie où l'on voit un des premiers puits artésiens forés en France.

COURTAOULT, vg. *Aube* (Champagne), arr. et à 23 k. de Troyes, cant. et ⊠ d'Ervy. Pop. 354 h.—Tuilerie.

COURTAULY, v. *Aude* (Languedoc), arr. et à 15 k. de Limoux, cant. et ⊠ de Chalabre. P. 287 h.

COURTAVENT, vg. *Aube* (Champagne), comm. de Barbuise, ⊠ de Villeneuve.

COURTAVON, ou OTTENDORF, vg. *H.-Rhin* (Alsace), arr. et à 23 k. d'Altkirch, cant. et ⊠ de Ferrette. Pop. 617 h.

COURTECON, vg. *Aisne* (Picardie), arr. et à 15 k. de Laon, cant. de Craonne, ⊠ de Chavignon. Pop. 147 h.

COURTEFONTAINE, vg. *Doubs* (Franche-Comté), arr. et à 37 k. de Montbelliard, cant. et ⊠ de St-Hippolyte. Pop. 345 h.

COURTEFONTAINE, vg. *Jura* (Franche-Comté), arr. et à 39 k. de Dôle, cant. de Dampierre, ⊠ de St-Wit. Pop. 393 h.

COURTEILLE, vg. *Orne* (Normandie), arr. et à 17 k. d'Argenton, cant. et ⊠ de Putanges. Pop. 358 h.—*Fab.* de toiles.

COURTEILLES, vg. *Eure* (Normandie), arr. et à 45 k. d'Evreux, cant. et ⊠ de Verneuil. Pop. 380 h. — On y voit un magnifique château construit au xviii° siècle.

COURTEIX, vg. *Corrèze* (Limousin), arr., ⊠ et à 15 k. d'Ussel, cant. d'Eygurande. Pop. 401 h.

COURTELEVANT, ou HERSDORF, vg. *H.-Rhin* (Alsace), arr. et à 27 k. de Béfort, cant. et ⊠ de Delle. Pop. 375 h.

COURTEMANCHE, vg. *Somme* (Picardie), arr., cant., ⊠ et à 3 k. de Montdidier. Pop. 159 h.

COURTEMAUX, vg. *Loiret* (Gatinais), arr. et à 18 k. de Montargis, cant. et ⊠ de Courtenay. Pop. 471 h.

COURTEMONT, vg. *Marne* (Champagne), arr., cant., ⊠ et à 10 k. de Ste-Ménehould. Pop. 334 h.

COURTEMONT-VARENNES, vg. *Aisne* (Picardie), arr. et à 15 k. de Château-Thierry, cant. de Condé-en-Brie, ⊠ de Dormans. Pop. 269 h.

COURTEMPIERRE, vg. *Loiret* (Gatinais), arr. à 16 k. de Montargis, cant. de Ferrières, ⊠ de Château-Landon. Pop. 344 h.

COURTENAY, vg. *Isère* (Dauphiné), arr. et à 19 k. de la Tour-du-Pin, cant. et ⊠ de Morestel. Pop. 1,337 h.

COURTENAY, petite ville, *Loiret* (Gatinais), arr. et à 25 k. de Montargis, chef-l. de cant. Cure. Gîte d'étape. ⊠. ⚭. A 135 k. de Paris pour la taxe des lettres. Pop. 2,567 h. — TERRAIN tertiaire inférieur. — Cette ville est bâtie dans une situation agréable au pied d'une colline, sur le ruisseau de Clare. On y voit un ancien château, qui fut le berceau de l'ancienne maison de Courtenay, dont l'un des ancêtres fut un des fils de Louis le Gros.
Les armes de Courtenay sont : *écartelé, les premier et quatrième d'azur à trois fleurs de lis d'or deux et un; les deuxième et troisième d'or à trois tourteaux de gueules deux et un.*
Foires les 30 nov., à la mi-carême, jeudi après le 3 mai, 29 juin et 8 sept.

COURTENOT, vg. *Aube* (Champagne), arr., cant., ⊠ et à 8 k. de Bar-sur-Seine. Pop. 312 h.

COURTERANGES, vg. *Aube* (Champagne), arr. et à 14 k. de Troyes, cant. et ⊠ de Lusigny.

COURTERON, vg. *Aube* (Champagne), arr. et à 12 k. de Bar-sur-Seine, cant. de Mussy-sur-Seine, ⊠ de Gié. Pop. 498 h.

COURTES, ou COURTOUX, vg. *Ain* (Bresse), arr. et à 32 k. de Bourg, cant. de St-Trivier-de-Courtes. Pop. 452 h.

COURTESOULT, vg. *H.-Saône* (Franche-Comté), arr. et à 15 k. de Gray, cant. et ⊠ de Champlitte. Pop. 485 h.—Il est situé dans un territoire fertile en vins estimés. On y voit une église remarquable par la beauté de sa construction, et les ruines pittoresques du château de Gatey.

COURTETAIN, vg. *Doubs* (Franche-Comté), arr. et à 13 k. de Baume-les-Dames, cant. de Vercel, ⊠ de Landresse. Pop. 217 h.

COURTÈTE (la), vg. *Aude* (Languedoc), arr. et à 21 k. de Limoux, cant. et ⊠ d'Alaigne. Pop. 207 h.

COURTEUIL, vg. *Oise* (Picardie), arr., cant., ⊠ et à 4 k. de Senlis. Pop. 285 h.—Filature de coton. Haras.

COURTEVILLE, vg. *Pas-de-Calais*, com. de Tursent, ⊠ de Montreuil-sur-Mer.

COURTEVROUST, vg. *Seine-et-Marne*, comm. et ⊠ de la Maison-Rouge.

COURTHESON, petite ville, *Vaucluse* (Provence), arr. et à 20 k. d'Avignon, cant. de Bédarrides, ⊠ d'Orange. Pop. 3,363 h.—Il est dans une contrée agréable et fertile, près d'un ancien lac d'eau salée, aujourd'hui converti en marais salants. — *Fab.* de garance. Filatures de soie.

COURTIES, vg. *Gers* (Armagnac), arr. et à 22 k. de Mirande, cant. de Montesquieu, de Marcillac. Pop. 230 h.

COURTIEUX, vg. *Oise* (Picardie), arr. et à 25 k. de Compiègne, cant. d'Attichy, ⊠ de Couloisy. Pop. 152 h.

COURTIEZY, vg. *Marne* (Champagne), arr. et à 28 k. d'Epernay, cant. et ⊠ de Dormans. Pop. 460 h.

COURTIL, vg. *Aisne*, com. d'Osly-Courtil, ⊠ de Vic-sur-Aisne.

COURTILLIERS, vg. *Sarthe* (Anjou), arr. et à 25 k. de la Flèche, cant. et ⊠ de Sablé. Pop. 211 h.

COURTILS, vg. *Manche* (Normandie), arr. et à 12 k. d'Avranches, cant. et ⊠ de Ducey. Pop. 661 h.

COURTINE (la), joli bourg, *Creuse* (Auvergne), arr. et à 29 k. d'Aubusson, chef-l. de cant. Cure. ⊠. A 189 k. de Paris pour la taxe des lettres. Pop. 1,030 h. — TERRAIN cristallisé ou primitif. — *Commerce* de bestiaux. *Foires* les 12 janv., 3 et 16 mai, 4 et 27 juin, 20 juillet, 14 sept., 9 oct., samedi de la mi-carême, lundi des Rameaux, jeudi de Quasimodo et 1ᵉʳ lundi de carême.

COURTINES, *Loir-et-Cher*, comm. et ⊠ de Vendôme.

COURTISOLS, bg *Marne* (Champagne), arr., cant., ⊠ et à 11 k. de Châlons. Pop. 1,900 h. Dans une riante vallée, sur la Vesle. Vers la fin du xvii° siècle, Courtisols était un des plus misérables hameaux de la Champagne; quelques familles s'y fixèrent et y introduisirent d'heureuses améliorations agricoles; grâce à leurs travaux, le pays a complètement changé d'aspect ; des terrains qu'on avait jugés stériles se sont couverts de bois; des prairies artificielles ont remplacé de maigres pâturages; les troupeaux s'y sont multipliés ; de beaux froments ont remplacé l'avoine la plus chétive ; enfin, le territoire de Courtisols est devenu le plus florissant du département, et le village est maintenant cité, pour sa population et sa prospérité, comme il l'était autrefois pour sa misère. Voici le tableau qu'en a fait M. de Jessaint, préfet du département. « En venant de Ste-Ménehould à Châlons, on aperçoit de la route une grande commune appelée Courtisols. Cette commune a environ 10,000 m. d'étendue. Les maisons y sont espacées, et chaque habitant a autour de lui ses *accins* et partie de son héritage, comme dans le département de la Seine-Inférieure. On prétend que c'est une ancienne colonie d'Helvétiens qui est venue s'établir dans ce canton, et que le jargon qui leur est particulier provient héréditairement de leurs ancêtres. Au reste, on ne peut pousser le génie agricole plus loin que ces industrieux cultivateurs. Ils ont eu l'art de perfectionner les engrais, et ils sont venus à bout de fertiliser un des sols les plus ingrats de la contrée. Ils ne se sont pas contentés d'être habiles colons ; à cette première source de prospérité ils ont réuni celle du commerce. Personne n'a peut-être étendu plus qu'eux cet esprit mercantile et spéculateur. On les trouve, on les rencontre partout, même à des distances éloignées. Partout ils s'adonnent à un commerce d'échange, qu'ils exercent avec intelligence et profit. »

Foires les lundi de la Passion, 3e jeudi de juin , 2es jeudis d'août et d'oct., et 3e jeudi de déc.

COURTIVRON, ou LE COMPOSSEUR, vg. *Côte-d'Or* (Bourgogne), arr. et à 29 k. de Dijon, cant. et ✉ d'Ys-sur-Tille. Pop. 324 h.— Il est situé sur l'Ignon, dans un pays couvert de bois et de broussailles. C'était autrefois une place forte, dont il reste encore une tour carrée assez bien conservée. Les habitants obtinrent du duc Jean des lettres d'affranchissement, moyennant 120 livres d'or, destinées aux réparations de la forteresse. — Filatures hydrauliques de coton et de laine. — *Fabrique* de draps.

COURTOIN, vg. *Yonne* (Gatinais), arr. et à 16 k. de Sens, cant. et ✉ de Cherry. Pop. 122 h. A la source du Lunain.

COURTOIS, vg. *Yonne* (Champagne), arr., cant., et à 4 k. de Sens. Pop. 222 h.

COURTOMER, petite ville, *Orne* (Normandie), arr. et à 15 k. d'Alençon, chef-l. de cant., ✉ de Ste-Scolasse. Cure. Pop. 1,215 h. — TERRAIN jurassique, étage moyen du système oolitique.—On y voit un magnifique château moderne, construit sur le plan de l'hôtel des Monnaies de Paris, et l'emplacement d'un ancien château, fondé par les seigneurs de Bellesme vers 1135. Il ne reste plus que la motte de cette forteresse, qui occupe le milieu d'un des plus beaux parcs du département de l'Orne. — *Foires* les 13 janv. et vendredi saint.

COURTOMER, vg. *Seine-et-Marne* (Brie), arr. et à 26 k. de Melun , cant. de Mormant, ✉ de Chaumes. Pop. 392 h.

COURTONNE-LA-MEUDRAC, vg. *Calvados* (Normandie), arr., cant., et à 7 k. de Lisieux. Pop. 872 h.

COURTONNE-LA-VILLE, vg. *Calvados* (Normandie), arr. et à 13 k. de Lisieux, cant. et ✉ d'Orbec. Pop. 881 h. — *Fab.* de tulle. — *Foire* le 2e jeudi après Pâques.

COURTOULIN, vg. *Orne* (Perche), arr., ✉ et à 6 k. de Mortagne, cant. de Bazoches-sur-Hoëne. Pop. 177 h.

COURTRIZY, vg. *Aisne* (Picardie), arr. et à 15 k. de Laon, cant. de Sissonne, ✉ de Corbeny. Pop. 248 h.

COURTRY, vg. *Seine-et-Marne*, comm. de Sivry, ✉ du Châtelet.

COURTRY, vg. *Seine-et-Marne* (Ile-de-France), arr. et à 23 k. de Meaux, cant. de Claye, ✉ de Ville-Parisis.

COURVAUDON, vg. *Calvados* (Normandie), arr. et à 2 k. de Caen, cant. et ✉ de Villers-Bocage. Pop. 589 h.

COURVIÈRES, vg. *Doubs* (Franche-Comté), arr., ✉ et à 22 k. de Pontarlier, cant. de Levier. Pop. 442 h.

COURVILLE, petite ville, *Eure-et-Loir* (Beauce), arr. et à 19 k. de Chartres, chef-l. de cant. Cure. Gîte d'étape. ✆. ⌧. A 111 k. de Paris pour la taxe des lettres. P. 1,547 h. — TERRAIN tertiaire moyen.

Autrefois marquisat, diocèse et élection de Chartres, parlement de Paris, intendance d'Orléans.

Elle est située au sommet et sur le penchant d'un coteau au pied duquel coule l'Eure. Aux environs, on remarque le château de Villebon, où est mort Sully en 1641 ; c'est un beau monument gothique du XVIe siècle, et l'un des mieux conservés du royaume. V. VILLEBON.

PATRIE de PANARD, auteur dramatique et chansonnier célèbre.

Commerce de grains , chevaux, volailles et bestiaux. — *Foires* les jeudis après Quasimodo, après la foire de St-Thibault en après la foire d'oct. : ces deux dernières se tiennent à la Loupe.

COURVILLE, gros village, *Marne* (Champagne), arr. et à 26 k. de Reims, cant. et ✉ de Fismes. Pop. 491 h. Sur le Noron. — On y remarque l'habitation dite la grande maison, jadis propriété de l'archevêque de Reims. Les jardins, qui sont très-vastes , dépendaient autrefois d'un château fort, où fut exilé le cardinal Mazarin.

COURZIEU, vg. *Rhône* (Lyonnais), arr. et à 20 k. de Lyon, cant. et ✉ de Vaugneray. P. 1,604 h.

COUSANCE, bg *Jura* (Franche-Comté), arr. et à 20 k. de Lons-le-Saulnier, cant. de Beaufort. Cure. ✉. A 406 k. de Paris pour la taxe des lettres. Pop. 1,552 h.

Ce village offre aux amis de la table (et dans quel pays n'y en a-t-il pas ?) de très-bonnes volailles, d'excellentes poulardes, dont il se fait commerce dans tout le département, et même dans les départements voisins. — Aux environs on remarque la vallée, ou plutôt la culée de Gizia. V. GIZIA. —*Commerce* de volailles fines de Bresse.— *Foires* le lundi après les Rois, lundi après Quasimodo, lundi avant la St-Jean-Baptiste, lundi avant la Notre-Dame de sept. et après le 11 nov.

COUSANCELLES, vg. *Meuse* (Lorraine), arr. et à 19 k. de Bar-le-Duc, cant. d'Ancerville, ✉ de St-Dizier. Pop. 443 h.

COUSANCES-AUX-BOIS, vg. *Meuse* (Lorraine), arr., cant. et ✉ de Commercy. A 18 k. de St-Mihiel. Pop. 208 h.

COUSANCES-LES-COUSANCELLES, vg. *Meuse* (Lorraine), arr. et à 21 k. de Bar-le-Duc, cant. d'Ancerville, ✉ de St-Dizier. Pop. 1,193 h. — Hauts fourneaux et fabriques de pièces mécaniques pour machines à vapeur. Fonderie d'obus, boulets, etc.

COUSERANS (le), pays situé dans les Pyrénées, au milieu de montagnes de difficile accès, près des frontières d'Espagne. Il dépendait autrefois de la ci-devant province de Gascogne, et fait maintenant partie du département de l'Ariége ; St-Lizier en était la capitale.—Il formait avant la révolution un évêché fondé vers 506.

COUSIN (le), petite rivière qui prend sa source au-dessous de Saulieu, *Côte-d'Or*; elle passe à Rouvray, à Avallon, où elle prend le nom de Voisin , et se jette dans la Cure, à la pointe de Givry, *Yonne*, après un cours d'environ 40 k.

COUSIN-LA-ROCHE, vg. *Yonne*, comm. et ✉ d'Avallon.

COUSIN-LE-PONT, vg. *Yonne*, comm. et ✉ d'Avallon.

COUSOLRE, vg. *Nord* (Flandre), arr. et à 21 k. d'Avesnes, cant. de Solre-le-Château, ✉ de Maubeuge. Pop. 1,427 h. ✆. — Aux environs exploitation des carrières de marbre dit de Ste-Anne de France. Nombreux ateliers de marbrerie.—*Foires* le 18 de chaque mois.

COUSSA, vg. *Ariége* (Languedoc), arr., ✉ et à 8 k. de Pamiers, cant. de Varilles. Pop. 252 h.

COUSSAC-BONNEVAL, vg. *H.-Vienne* (Limousin), arr., ✉, cant. et à 11 k. de St-Yrieix. Pop. 2,803 h. — Manufactures de porcelaine. Carrières de kaolin et de pétunsé. Hauts fourneaux. Forges et affineries.

PATRIE du général comte DE BONNEVAL, mort général de l'artillerie turque à Constantinople en 1747.

Foires les 6 mai, 16 août, 7 sept., 22 janv., fév., mars, avril, oct. et déc.

COUSSAN, vg. *Lot-et-Garonne*, comm. et ✉ de Marmande.

COUSSAN, vg. *H.-Pyrénées* (Gascogne), arr., ✉ et à 15 k. de Tarbes, cant. de Pouyastruc. Pop. 200 h.

COUSSAY, vg. *Vienne* (Poitou) , arr. et à 23 k. de Loudun, cant. de Monts-sur-Guesnes, ✉ de Mirebeau. Pop. 560 h.

COUSSAY-LES-BOIS, vg. *Vienne* (Touraine), arr. et à 17 k. de Châtellerault, cant. de Pleumartin, ✉ de la Rochepasay. P. 1,373 h.

COUSSEGREY, vg. *Aube* (Champagne), arr. et à 34 k. de Bar-sur-Seine , cant. et ✉ de Chaource. Pop. 508 h.

COUSSERGUES, vg. *Aveyron* (Rouergue), arr. de Milhau, cant. et ✉ de Laissac. Pop. 1,500 h.

COUSSEY, vg. *Vosges* (Lorraine), arr., ✉ et à 6 k. de Neufchâteau, chef-l. de cant. Cure. Pop. 900 h. TERRAIN jurassique.

COUST, vg. *Cher* (Berry), arr., ✉ et à 9 k. de St-Amand-Montrond, cant. de Charenton. Pop. 663 h.

COUSTAUSSA , vg. *Aude* (Languedoc), arr., ✉ et à 17 k. de Limoux, cant. de Couiza. Pop. 204 h.

COUSTOUGE, vg. *Aude* (Languedoc), arr. et à 32 k. de Narbonne, cant. de Durban, ✉ de Sijean. Pop. 255 h.

COUSTOUGES ou COSTOJA, vg. *Pyrénées-Or.* (Roussillon), arr. et à 34 k. de Ceret, cant. de Pratz-de-Mollo, ✉ de St-Laur-de-

Cerans. Pop. 360 h. Sur une montagne. — On y remarque une église fort ancienne, classée au nombre des monuments historiques ; elle est précédée d'un beau parvis, dont la voûte en cintre surbaissé est construite en grosses pierres de taille. — Indices de mines de cuivre.

COUTANCES, *Constancia, Constancia-Castra, Civitas Constancia*, ville ancienne, *Manche* (Normandie), chef-l. de sous-préfet. (5e arr.) et d'un cant. Cour d'assises du département. Trib. de 1re inst. et de com. Evêché. Grand et petit séminaire. 2 cures. Collège communal. Académie Constantine. ✉. ⌂. Pop. 7,920 h.—TERRAIN cristallisé, syénite.

Autrefois capitale du Cotentin, évêché, parlement de Rouen, intendance de Caen, chef-lieu d'élection, bailliage, présidial et vicomté, siège d'amirauté, maîtrise particulière des eaux et forêts, séminaire, chapitre, 2 couvents.

Coutances est une ville fort ancienne. On croit que Constance Chlore la fit fortifier et lui donna son nom. Il y établit une garnison, et c'est probablement de son époque qu'est l'aqueduc dont on voit encore quelques arches, connues sous le nom des *Piliers*. Quelques antiquaires pensent que Coutances fut le chef-lieu de la *première Flavienne*. Cette ville fut certainement le centre d'un pays riche et puissant, connu encore aujourd'hui sous le nom de Cotentin.

Saint Ereptiole y fonda en 430 le siège épiscopal, et fut le premier évêque de Coutances. Cette ville fut saccagée, et les habitants passés par les armes en 866. Charles le Chauve la céda aux Bretons en 869. Elle fut de nouveau ruinée en 886, et le siège épiscopal transféré d'abord à St-Lô, et ensuite à Rouen vers l'an 888.

Coutances fut le chef-lieu du second canton dans la division du territoire sous Charlemagne. En 943, Hérold, roi de Danemark, chassé de son royaume par son fils Suénon, vint demander un asile à Guillaume, second duc de Normandie. Celui-ci le reçut avec de grands honneurs, et le mit en possession du Cotentin jusqu'à ce qu'il pût reconquérir son royaume. Hérold fixa momentanément sa résidence à Coutances. Cette ville, qui avait pris le parti des Anglais, fut ruinée par les armes de Charles V, en 1378. Reprise en 1431, et pillée par les Anglais, elle fut reconquise en 1449 par l'armée française sous les ordres du duc de Bretagne. En 1465, elle se soumit au duc de Berry, en révolte contre le roi, qui depuis lui confirma le titre de duc de Normandie. Le 31 octobre 1487, Charles VIII passa par Coutances, en revenant de faire ses dévotions au Mont-St-Michel. Les protestants s'emparèrent de cette ville en 1562, et en furent chassés en 1575. Le présidial du Cotentin y fut établi en 1580. Il ne reste que quelques ruines des anciennes fortifications ; mais les environs de la ville offrent un aqueduc romain bien conservé.

Les armes de Coutances sont : *d'azur à trois piliers d'argent mis en pal ; au chef de gueules chargé d'un léopard d'or.*

Cette ville est bâtie sur une colline qui s'étend du nord au sud, à 7 k. de la mer, avec laquelle elle communique par le canal de la Soule. Ses rues, naguère étroites et mal percées, commencent à se redresser. Vue sous tous les aspects, Coutances, dont tous les environs sont on ne peut plus pittoresques, offre un admirable panorama que la peinture ne se lasse pas de reproduire.

A 1 k. de cette ville, sont deux sources d'eaux minérales froides, appelées fontaines du Parc, et situées dans un bois connu sous le nom de Parc à l'Evêque. La première est sur le sommet d'un coteau rapide, près des murs qui forment l'enceinte de ce parc ; la seconde jaillit dans le centre du parc, au bas d'une chaussée qui faisait autrefois la séparation de deux étangs, comblés aujourd'hui. M. Bonté, médecin, conclut de l'analyse qu'il en a faite dans le temps, que ces eaux contiennent du fer, du natrum et de la sélénite.

La CATHÉDRALE, type d'architecture ogivale peut-être unique en Europe, est un monument précieux, élégant et accompli du style de transition ; les deux pyramides élancées qui surmontent le portail servent au loin de point de reconnaissance pour les marins, ainsi que le dôme octogone élevé sur la croisée, dont l'inimitable hardiesse surprit Vauban lui-même.

On remarque encore à Coutances l'intérieur de St-Nicolas, du séminaire diocésain et de l'Hôtel-Dieu ; l'extérieur de St-Pierre ; l'aqueduc, dit des Piliers, fondé par les Romains et restauré au XIIIe siècle ; la prison départementale ; les nouveaux boulevards, etc., etc. Jolie salle de spectacle ; bibliothèque publique de 5,000 vol., éclairée et chauffée le soir depuis la Toussaint jusqu'à Pâques.

BUTS D'EXCURSION : au pont de la Roque ; au manoir et à l'ermitage de St-Gerbold de Gratot ; aux ruines et au havre du château de Régneville ; aux ruines des abbayes de Blanche-Lande et de Hambye ; aux châteaux de la Haye-du-Puits, de Lithenaire, de Stambye, de Mauny, de Gavray ; aux mines de houille du Plessis, etc.

PATRIE du laborieux compilateur DESESSARTS, auteur des *Siècles littéraires de la France*, etc.

INDUSTRIE. *Fabriques* de parchemin, de coutils, siamoises, droguets, mousselines, haute lisse. Ateliers d'œuvres de marbrerie, de taille de cristaux. — *Commerce* considérable de grains, beurre, volailles, œufs, bestiaux, chevaux, fil de lin et de chanvre, laines, plumes, filasse, etc., etc. —*Foires* de 3 jours le 30 sept. et le samedi veille des Rameaux.

A 28 k. O.-S.-O. de St-Lô, 310 k. O.-N.-O. de Paris. Lat. 49° 2' 54", long. 3° 46' 38" O.

L'arrondissement de Coutances est composé de 10 cantons : Bréhal, Cerisy-la-Salle, Coutances, Gavray, la Haye-du-Puits, Lessay, Montmartin-sur-Mer, Périers, St-Malo-de-Lalande, St-Sauveur-Lendelin.

Bibliographie. DE GERVILLE. *Détails sur l'église de Mortain et sur la cathédrale de Coutances* (Mém. de la soc. des antiq. de Normandie, t. I, 1825).

FONTEMS (l'abbé). *Description de l'ancien aqueduc de Coutances* (Mém. de l'acad. des inscriptions et belles-lettres, t. XVI, p. 110).

LE PECQ DE LA CLOTURE. *Note sur les eaux de Coutances* (Collection d'observ. sur les maladies, etc., in-8, 1778).

BISSON (l'abbé). *Almanach historique, ecclésiastique et politique du diocèse de Coutances*, in-16, 1770-84.

PILHON DESPRÉS (l'abbé). *Etrennes coutanciennes*, in-12, 1833-36.

COUTANSOUZE, vg. *Allier* (Bourbonnais), arr. et à 25 k. de Gannat, cant. et ✉ d'Ebreuil. Pop. 540 h.

COUTANT (St-), vg. *Charente* (Saintonge), arr. et à 19 k. de Confolens, cant. et ✉ de St-Claud. Pop. 640 h.

COUTANT (St-), vg. *Deux-Sèvres* (Poitou), arr. et à 13 k. de Melle, cant. et ✉ de Lezay. Pop. 886 h.

COUTANT-LE-GRAND (St-), vg. *Charente-Inf.* (Saintonge), arr. et à 18 k. de Rochefort-sur-Mer, cant. et ✉ de Tonnay-Charente. Pop. 392 h.

COUTANT-LE-PETIT (St-), *Charente-Inf.*, comm. de Villemorin, ✉ d'Auloy.

COUTARNOUX, vg. *Yonne* (Bourgogne), arr. et à 13 k. d'Avallon, cant. de l'Isle-sur-le-Serein, ✉ de Lucy-le-Bois. Pop. 421 h.—Carrières à pierres dures, dont on fait des cuves de la plus grande dimension.

COUTENÇON, vg. *Seine-et-Marne* (Brie), arr. et à 29 k. de Provins, cant. et ✉ de Donnemarie. Pop. 189 h.

COUTENS, vg. *Ariège* (Languedoc), arr. et à 13 k. de Pamiers, cant. et ✉ de Mirepoix. Pop. 262 h.

COUTENS, *Gers*, comm. de Beaumarchés, ✉ de Plaisance.

COUTERNE, bg *Orne* (Normandie), arr. et à 20 k. de Domfront, cant. de la Ferté-Macé. ✉. ⌂. A 235 k. de Paris pour la taxe des lettres. Pop. 1,701 h. —*Fabriques* de toiles, coutils, rubans de fil.—*Commerce* de lin.—Foire le 8 juin.

COUTERNON, vg. *Côte-d'Or* (Bourgogne), arr., cant., ✉ à 9 k. de Dijon. Pop. 467 h. Dans une vaste plaine.—*Fabrique* de produits chimiques.

COUTEUGES, vg. *H.-Loire* (Auvergne), arr. et à 17 k. de Brioude, cant. et ✉ de Paulhaguet. Pop. 331 h.

COUTEVROULT, vg. *Seine-et-Marne* (Brie), arr. et à 12 k. de Meaux, cant. de Crécy, ✉ de Couilly. Pop. 486 h.—Tuilerie.

COUTHENANS, vg. *H.-Saône* (Franche-Comté), arr. de Lure, cant. et ✉ d'Héricourt. Pop. 267 h.

COUTICHES, vg. *Nord* (Flandre), arr. et à 14 k. de Douai, cant. et ✉ d'Orchies. Pop. 2,150 h.

COUTIÈRE, vg. *Deux-Sèvres* (Poitou), arr. et à 13 k. de Parthenay, cant. de Ménigoutte, ✉ de Vautebis. Pop. 331 h.

COUTOUVRE, vg. *Loire* (Forez), arr., ✉ et à 15 k. de Roanne, cant. de Perreux. Pop.

1,690 h. — *Foires* les 9 oct. (3 jours) et 2ᵉ mardi après Pâques.

COUTRAS, *Cutracum*, petite ville, *Gironde* (Guienne), arr. et à 18 k. de Libourne, chef-l. de cant. Cure. ⊠. ⚶. A 534 k. de Paris pour la taxe des lettres. Pop. 3,302 h. — TERRAIN tertiaire moyen.

Cette ville est bâtie au confluent de l'Isle et de la Dronne, qui y font mouvoir plusieurs moulins à farine pour l'approvisionnement de Bordeaux. — Le 28 octobre 1587, il se donna, sous ses murs, une bataille sanglante, entre Henri, roi de Navarre, qui fut depuis Henri IV, et le duc de Joyeuse, général de l'armée de Henri III. Le combat s'engagea sur les huit heures du matin, et, dans l'espace d'une heure, toute l'armée du duc de Joyeuse fut mise en déroute ; ses bagages et son artillerie furent pris ; un très-grand nombre de seigneurs furent tués dans le combat, où le duc de Joyeuse lui-même perdit la vie. Le roi de Navarre montra beaucoup d'humanité envers les vaincus ; mais, au lieu de profiter de sa victoire en poursuivant ses ennemis, il fut déposer aux pieds de la belle Corisandre d'Andouin, sa maîtresse, les vingt-deux drapeaux qu'il leur avait enlevés.

On remarque à Coutras un monument élevé à la gloire du brave Albert, qui enleva aux ennemis le corps du général Marceau, blessé mortellement près d'Altenkirchen.

Foires le dernier mercredi de janv., fév., mars, avril, mai, juin, juillet, août, sept., oct., nov. et déc.

Bibliographie. * Relation de la journée de Coutras (imprimée avec la Vie du cardinal de Joyeuse, in-4, 1679, p. 245).

COUTRETOT, village et commune du dép. d'*Eure-et-Loir* (Perche), arr., cant., ⊠ et à 7 k. de Nogent-le-Rotrou. Pop. 214 h.

COUTTANT, *Nord*, comm. de Hargniès, ⊠ de Bavay.

COUTURE, vg. *Charente* (Angoumois), arr., cant., ⊠ et à 14 k. de Ruffec. P. 728 h.

COUTURE (la), *Cultura*, vg. *Eure* (Normandie), arr. et à 28 k. d'Evreux, cant. de St-André, ⊠ d'Ivry-la-Bataille. Pop. 450 h. — Fabrique importante de flûtes, clarinettes, flageolets, hautbois et autres instruments à vent en bois.

COUTURE, vg. *Eure-et-Loir* (Beauce), arr. et à 32 k. de Vendôme, cant. de Montoire, ⊠ de Poncé. Pop. 909 h. Dans la belle et fertile vallée du Loir.

A 1 k. de Couture on remarque le CHATEAU DE LA POISSONNIÈRE, où est né, en 1524, RONSARD, ce prince des poëtes de son temps, presque toujours inintelligible, mais plein de verve. C'était le père de Ronsard qui avait fait bâtir la Poissonnière. Sous ce poëte, ce château devint le séjour de la volupté et de la licence. Les portes et les fenêtres offrent encore plusieurs inscriptions latines à moitié effacées. Sur la porte de la cave, on lit : *Vide qui ders....* ; ailleurs on trouve cette autre inscription plus apparente : *Voluptati et Gratiis.* Au-dessus de la porte intérieure est un buste défiguré par le temps. Les uns croient y reconnaître Ronsard, d'autres pensent que c'est le buste de sa maîtresse. Près de là coule encore la fontaine de la belle Iris, appelée par corruption dans le pays : *Fontaine de la Bellerie*. A 4 k. du château, dans la forêt de Gatines, est la fontaine de Miracon, encore plus célèbre que la première. — Aux environs, sur un coteau qui borde le Loir, s'élève l'antique château de la RIBAUCHÈRE. Tous ces lieux sont encore pleins du souvenir de Ronsard, dont le tombeau, placé dans l'église de Couture, fut détruit à l'époque de la révolution.

COUTURE, vg. *Maine-et-Loire* (Anjou), arr. et à 28 k. de Saumur, cant. de Gennes, ⊠ de Brissac. Pop. 653 h. — *Foires* les 29 juin, 8 sept., 26 déc. et lundi de Pâques.

COUTURE (la), vg. *Pas-de-Calais* (Artois), arr., cant., ⊠ et à 7 k. de Béthune. Pop. 2,390 h.

COUTURE (la), vg. *Vendée* (Poitou), arr. et à 23 k. de Bourbon-Vendée, cant. et ⊠ de Mareuil. Pop. 274 h.

COUTURE-D'ARGENSON, vg. *Deux-Sèvres* (Poitou), arr. et à 28 k. de Melle, cant. et ⊠ de Chef-Boutonne. Pop. 830 h. — *Foires* le 7 de chaque mois.

COUTURELLE, vg. *Pas-de-Calais* (Artois), arr. et à 25 k. de St-Pol-sur-Ternoise, cant. d'Avesnes-le-Comte, ⊠ de l'Arbret. P. 191 h.

COUTURES, vg. *Dordogne* (Périgord), arr. et à 13 k. de Ribérac, cant. et ⊠ de Verteillac. Pop. 508 h.

COUTURES, vg. *Meurthe* (Lorraine), arr., ⊠ de Château-Salins, et à 8 k. de Vic. Pop. 260 h.

COUTURES, *Seine-et-Marne*, comm. des Ormes, ⊠ de Bray-sur-Seine.

COUTURES, vg. *Tarn-et-Garonne* (Languedoc), arr. et à 17 k. de Castel-Sarrasin, cant. de St-Nicolas-de-la-Grave, ⊠ de Lavit. Pop. 365 h.

COUTURES-SUR-GARONNE, vg. *Lot-et-Garonne* (Agénois), arr. et à 8 k. de Marmande, cant. et ⊠ de Meilhan. P. 1,391 h.

COUTURES-SUR-LE-DROT, vg. *Gironde* (Guienne), arr. et à 9 k. de la Réole, cant. et ⊠ de Monségur. Pop. 212 h.

COUVAINS, vg. *Manche* (Normandie), arr. et à 9 k. de St-Lô, cant. de St-Clair, ⊠ de Cerisy-la-Forêt. Pop. 886 h.

COUVAINS, vg. *Orne* (Normandie), arr. et à 30 k. d'Argentan, cant. de la Ferté-Fresnel, ⊠ de Glos-la-Ferrière. Pop. 468 h.

COUVAY, vg. *Meurthe*, comm. d'Ancerviller, ⊠ de Blamont.

COUVERPUIS, vg. *Meuse* (Lorraine), arr. et à 27 k. de Bar-le-Duc, cant. de Montiers-sur-Saux, ⊠ de Ligny. Pop. 284 h.

COUVERT, vg. *Calvados* (Normandie), arr. et à 10 k. de Bayeux, cant. de Balleroy, ⊠ de Tilly-sur-Seulles. Pop. 320 h.

COUVERTOIRADE (la), vg. *Aveyron* (Rouergue), arr. et à 36 k. de Milhau, cant. et ⊠ de Nant. Pop. 1,028 h.

COUVEY, vg. *Meurthe*, comm. d'Ancerviller, ⊠ de Blamont.

COUVIGNON, vg. *Aube* (Champagne), arr., cant., ⊠ et à 6 k. de Bar-sur-Aube. P. 674 h.

COUVILLE, vg. *Manche* (Normandie), arr., ⊠ et à 12 k. de Cherbourg, cant. d'Octeville. Pop. 677 h.

COUVONGES, vg. *Meuse* (Lorraine), arr., ⊠ et à 11 k. de Bar-le-Duc, cant. de Revigny. Pop. 332 h.

COUVRECHEF, *Calvados*, comm. et ⊠ de Caen.

COUVRELLES, vg. *Aisne* (Picardie), arr. et à 20 k. de Soissons, cant. et ⊠ de Braisne. Pop. 145 h.

COUVRON, vg. *Aisne* (Picardie), arr. et à 15 k. de Laon, cant. de Crécy-sur-Serre. Pop. 817 h.

COUVROT, vg. *Marne* (Champagne), arr., cant., ⊠ et à 5 k. de Vitry-le-François. Pop. 358 h.

COUX, vg. *Ardèche* (Vivarais), arr., cant., et à 3 k. de Privas. Pop. 1,290 h. —On y voit un beau pont hardiment construit sur la nouvelle route de Privas au Pouzin.—Filature de soie.

COUX, vg. *Charente-Inf.* (Saintonge), arr. et à 16 k. de Jonzac, cant. et ⊠ de Montendre. Pop. 815 h.

COUX, vg. *Dordogne* (Périgord), arr. et à 24 k. de Sarlat, cant. de St-Cyprien, ⊠ du Bugue. Pop. 1,439 h.

COUY, vg. *Cher* (Berry), arr. et à 25 k. de Sancerre, cant. et ⊠ de Sancergues. P. 813 h.

COUYÈRE (la), vg. *Ille-et-Vilaine* (Bretagne), arr. et à 55 k. de Redon, cant. et ⊠ de Bain. Pop. 751 h.— *Foire* le 3ᵉ mardi de sept.

COUZE-ST-FRONT, vg. *Dordogne* (Périgord), arr. et à 22 k. de Bergerac, cant. et ⊠ de Lalinde. Pop. 1,001 h.— *Fabriques* de papier.

COUZEIX, ou LIMOGES (Petit-), vg. *H.-Vienne* (Limousin), arr., cant., ⊠ et à 6 k. de Limoges. Pop. 1,395 h.

COUZIERS, *Charente*, comm. de Vars, ⊠ d'Angoulême.

COUZIERS, vg. *Indre-et-Loire* (Touraine), arr., cant., et à 17 k. de Chinon, ⊠ de Montsoreau. Pop. 282 h.

COUZON, vg. *Allier* (Bourbonnais), arr. et à 25 k. de Moulins-sur-Allier, cant. de Lurcy-le-Sauvage, ⊠ du Veurdre. Pop. 540 h.

COUZON, vg. *H.-Marne* (Champagne), arr. et à 29 k. de Langres, cant. et ⊠ de Prauthoy. Pop. 115 h.

COUZON, vg. *Rhône* (Lyonnais), arr. et à 9 k. de Lyon, cant. de Neuville-sur-Saône, ⊠ de Chasselay. Pop. 1,209 h.—Carrières de bonnes pierres à bâtir.

COUZOU, vg. *Lot* (Quercy), arr. et à 21 k. de Gourdon, cant. et ⊠ de Gramat. P. 472 h.

COUZOURS, *Dordogne*. V. COUBJOURS.

COXE, vg. *H.-Garonne* (Armagnac), arr. et à 42 k. de Toulouse, cant. et ⊠ de Cadours. Pop. 722 h.

COYE, vg. *Oise* (Ile-de-France), arr. et à 12 k. de Senlis, cant. de Creil, ⊠ de Luzarches. Pop. 860 h.

Il y avait à Coye un ancien château entouré

de larges fossés, qui faisait partie du domaine de Chantilly, et qui fut concédé en 1787 par M. le prince de Condé, sous condition de le convertir en usine : cette concession est la cause première de l'impulsion que l'industrie a reçue dans cette commune, presque entièrement dépourvue de terres labourables, et qui consiste principalement en fabriques de cordes à puits et de liens en tilleul. Belle filature de coton. Une partie de la population féminine confectionne des dentelles.

Au milieu de la forêt de Chantilly, à peu de distance de Coye et près des étangs de Commelle, on remarque un joli petit édifice gothique flanqué de quatre tourelles, appelé la Loge de Viarmes ou le CHATEAU DE LA REINE BLANCHE. C'est une fabrique du meilleur goût, récemment restaurée, dont la construction date du même temps que la Ste-Chapelle de Paris. On y retrouve cette légèreté, ce fini précieux, cette richesse de détails, ce mélange de hardiesse et de grâce qui caractérisent les constructions faites au retour des croisades.

COYECQUES, vg. *Pas-de-Calais* (Artois), arr. et à 20 k. de St-Omer, cant. et ✉ de Fauquembergues. Pop. 681 h.

COYOLLES, vg. *Aisne* (Picardie), arr. et à 35 k. de Soissons, cant. et ✉ de Villers-Cotterets. Pop. 231 h.

COYRIÈRE, vg. *Jura* (Franche-Comté), arr., ✉ et à 10 k. de St-Claude, cant. des Bouchoux. Pop. 354 h.

COYRON, vg. *Jura* (Franche-Comté), arr. et à 28 k. de St-Claude, cant. et ✉ de Moirans. Pop. 187 h.

COYVILLER, vg. *Meurthe* (Lorraine), arr. et à 17 k. de Nancy, cant. et ✉ de St-Nicolas-du-Port. Pop. 198 h.

COZES, bg *Charente-Inférieure* (Saintonge), arr. et à 26 k. de Saintes, chef-lieu de cant. Cure. Gîte d'étape. ✉. A 502 k. de Paris pour la taxe des lettres. Pop. 1,906 h. — TERRAIN crétacé inférieur. — COMMERCE de grains, vins et fruits. — *Foires* le 1er mercredi de chaque mois.

A peu de distance de Cozes, près de la route de ce bourg à la Rochelle, il existe dans le vaste cour d'un manoir moderne, un vieux chêne qui promet encore par sa vigueur bien des siècles d'existence, si la hache de quelque Vandale ne vient pas l'abattre. Voici les proportions de ce doyen des forêts de France, et probablement de l'Europe : diamètre du tronc au niveau du sol, de 8 à 9 m.; à hauteur d'homme, 6 à 7 m.; à la base des principales branches, 1 à 2 m.; développement général des branches, 38 à 40 m.; hauteur totale, 7 m.; hauteur générale de l'arbre, 20 m.— On a creusé dans le bois mort de l'intérieur du tronc un salon de 3 à 4 m. de diamètre sur 3 m. de hauteur, et on y a ménagé un banc circulaire taillé en plein bois. Dans ce salon, on place au besoin une table ronde où peuvent s'asseoir douze couvives. Enfin une petite fenêtre donnent du jour à cette salle à manger d'un nouveau genre, que décore une tapisserie vivante de fougères, de champignons, de li-

chens et de mucidanées. — Sur une lame de 30 centimètres de bois enlevé du tronc vers le haut de la porte, on a compté 200 couches concentriques annuelles ; d'où il résulte qu'en prenant le rayon horizontal de la circonférence extérieure au centre du chêne, il existerait 1,800 à 2,000 de ces couches, ce qui porterait son existence à près de deux mille ans.

COZZANO, vg. *Corse*, arr., ✉ et à 67 k. d'Ajaccio, cant. de Zicavo. Pop. 883 h.

CRACH, village maritime, *Morbihan* (Bretagne), arr. et à 47 k. de Lorient, cant. et ✉ d'Auray. Pop. 1,708, h. — *Etablissement de la marée*, 3 heures 20 minutes.—Aux environs on voit un beau dolmen bien conservé. — *Commerce* de chevaux. — *Foire* la veille du 2e dimanche de juillet.

CRACHES, vg. *Seine-et-Oise* (Beauce), arr. et à 12 k. de Rambouillet, cant. de Dourdan, ✉ d'Ablis. Pop. 157 h.

CRACHIER, vg. *Isère* (Dauphiné), arr. et à 29 k. de Vienne, cant. de la Verpillière, ✉ de Bourgoin. Pop. 410 h.

CRAINE, vg. *Yonne* (Bourgogne), arr. et à 33 k. d'Auxerre, cant. et ✉ de Coulanges-sur-Yonne. Pop. 826 h.

CRAINCOURT, vg. *Meurthe* (Lorraine), arr. de Château-Salins, à 24 k. de Vic, cant. et ✉ de Delme. Pop. 404 h.

CRAINTILLEUX, vg. *Loire* (Forez), arr. et à 18 k. de Montbrison, cant. de St-Rambert, ✉ de Sury-le-Comtal. Pop. 488 h.

CRAINVILLIERS, vg. *Vosges* (Lorraine), arr. et à 29 k. de Neufchâteau, cant. et ✉ de Bulgnéville. Pop. 564 h.

CRAISSAC, vg. *Lot* (Quercy), arr. et à 15 k. de Cahors, cant. et ✉ de Catus. Pop. 653 h.

CRAMAILLE, vg. *Aisne* (Picardie), arr. et à 30 k. de Soissons, cant. d'Oulchy, ✉ de Fère-en-Tardenois. Pop. 221 h.

CRAMAIN, *Nièvre*, comm. et ✉ de Châtcauneuf-Val-de-Bargis.

CRAMANS, vg. *Jura* (Franche-Comté), arr. et à 16 k. de Poligny, et à 14 k. d'Arbois, cant. de Villers-Farlay, ✉ de Mouchard. Pop. 718 h.

CRAMANT, vg. *Marne* (Champagne), arr. et à 7 k. d'Epernay, cant. et ✉ d'Avize. Pop. 517 h.

CRAMAUX, bg *Tarn* (Languedoc), arr. et à 17 k. d'Albi, cant. de Monestiès. ✉. A 676 k. de Paris pour la taxe des lettres. Pop. 2,143 h. Sur la rive droite du Céou. — Exploitation d'importantes mines de houille. Indice de mine de malachite paraît avoir été exploitée autrefois. Belle verrerie à bouteilles et fabrique de verroterie noire. — *Foires* les 19 janv., 4 déc., mardi après Quasimodo et lundi après le 21 août.

CRAM-CHABAN ou CRAM-LE-PRIEURÉ, vg. *Charente-Inférieure* (Aunis), arr. et à 36 k. de la Rochelle, cant. de Courçon, ✉ de Mauzé. Pop. 753 h.

CRAMÉNIL, *Crassum Mesnilium*, vg.

Orne (Normandie), arr. et à 35 k. d'Argentan, cant. et ✉ de Briouze. Pop. 515 h.

CRAMOISY, vg. *Oise* (Picardie), arr. et à 16 k. de Senlis, cant. et ✉ de Creil. Pop. 275 h. — Cramoisy était autrefois un bourg muré où l'on voyait encore quatre portes en 1750. Il y avait aussi un château fort où Pierre le Hutin, seigneur d'Amont, entretin une garnison pendant les guerres des Anglais. — *Fabrique* de coutellerie.

CRAMONT, vg. *Somme* (Picardie), arr. et à 20 k. d'Abbeville, cant. d'Ailly-le-Haut-Clocher, ✉ de Riquier. Pop. 623 h.

CRAMPAGNAC, vg. *Ariège* (pays de Foix), arr. et à 11 k. de Pamiers, cant. et ✉ de Varilles. Pop. 632 h. — On y remarque une grotte spacieuse, du fond de laquelle sort un ruisseau qui se précipite dans l'Ariège.

CRANCEY, *Cranceium*, vg. *Aube* (Champagne), arr. et à 15 k. de Nogent-sur-Seine, cant. de Romilly, ✉ de Pont-le-Roi. Pop. 489 h.

CRANÇOT, vg. *Jura* (Franche-Comté), arr., ✉ et à 8 k. de Lons-le-Saulnier, cant. de Conliége. Pop. 638 h.

CRANDELAIN, vg. *Aisne* (Picardie), arr. et à 10 k. de Laon, cant. de Craonne, ✉ de Chavignon. Pop. 245 h.

CRANDELLES, vg. *Cantal* (Auvergne), arr., cant., ✉ et à 10 k. d'Aurillac. Pop. 764 h. — Cette commune occupe un pays montagueux, médiocrement productif ; ses habitants ont su se créer d'autres ressources : ils avaient formé, longtemps avant la révolution, une association que son commerce en Espagne avait rendue florissante, et qui, après avoir subi plusieurs crises commerciales, promet de redevenir productive.

CRANGEAC, *Ain*, comm. d'Attignat, ✉ de Bourg-en-Bresse.

CRANNES-EN-CHAMPAGNE, vg. *Sarthe* (Maine), arr. à 22 k. du Mans, cant. de Loué, ✉ de Chemiré-le-Gaudin. Pop. 915 h.

CRANOU, *Finistère*, comm. de Rumengol, du Faou.

CRANS, vg. *Ain* (Bresse), arr. à 36 k. de Trévoux, cant. et ✉ de Chalamont. Pop. 235 h. — *Foires* les 5 juin et 25 nov. (au hameau de Chassagne).

CRANS, vg. *Jura* (Franche-Comté), arr. de Poligny et à 35 k. d'Arbois, cant. des Planches, ✉ de Champagnole. Pop. 298 h.

CRANSAC, bg et établissement d'eaux minérales, *Aveyron* (Rouergue), arr. et à 34 k. de Villefranche-de-Rouergue, cant. et ✉ d'Aubin. Pop. 563 h.

EAUX MINÉRALES DE CRANSAC.

A environ cinq cents pas, et au nord de Cransac, on voit jaillir des sources d'eau minérale qui depuis plus de huit siècles ont rendu Cransac célèbre dans le midi de la France. Ces sources sourdent au pied de montagnes arides, dont quelques-unes jettent des fumées noires d'une odeur désagréable : toutes ne fournissen pas une eau égale en propriétés : aussi les distingue-t-on en eaux minérales anciennes et en eaux minérales nouvelles. Celles-ci ne sont connues que depuis 1811.

Au milieu de la montagne au bas de laquelle naissent les eaux minérales, au centre d'un bois de châtaigniers touffus, on trouve des étuves, espèces de cavernes ténébreuses creusées en pente douce près des feux souterrains des houillères embrasées, au bas desquelles on a pratiqué une niche avec un siège. Ces excavations ont 15 à 16 m. en tous sens. L'air qu'on y respire est extrêmement chaud et chargé de vapeurs sulfureuses. Dans la niche du fond, la température s'élève de +35 à 40° du th. de Réaumur ; aussi les malades qui y demeurent de 20 à 30 minutes sont baignés d'une abondante sueur. Cet établissement, trop peu connu et beaucoup négligé, serait susceptible de grandes et importantes améliorations. Les rhumatismes chroniques les plus invétérés, les douleurs arthritiques des grandes articulations, les névralgies les plus opiniâtres, spécialement les sciatiques rebelles, ont souvent été guéris comme par enchantement après cinq ou six bains d'étuves.

PROPRIÉTÉS MÉDICINALES. Les eaux de Cransac sont apéritives, diurétiques et toniques; leur emploi est surtout avantageux dans les engorgements abdominaux, la chlorose, la suppression des règles, accompagnée d'un état de langueur, les leucorrhées chroniques, les fièvres quartes rebelles, l'atonie de l'estomac, les rhumatismes chroniques, les douleurs anciennes, la paralysie, etc. Elles sont nuisibles aux personnes qui ont la poitrine délicate.

Les eaux de Cransac sont très-fréquentées, mais seulement par les habitants des arrondissements voisins. Il vient dans certaines années jusqu'à trois mille personnes, tant pour boire les eaux que pour faire usage des bains d'étuves.

Non loin de Cransac, dans la direction un peu au delà des étuves, se trouve la montagne brûlante de Fontaynes, ancienne houillère qui a pris feu depuis un assez grand nombre de siècles pour que la tradition en soit perdue.

Bibliographie. DISSÈS (Math.). *Les Vertus et Analyses des eaux minérales de Cransac*, etc., in-12, 1686, 1700.

LEMERY. *Examen de l'eau minérale de Carensac* (Hist. de l'acad. roy. des sciences, 1705, p. 67).

Lettre sur les eaux minérales de Carensac (Nature considérée, t. II, p. 131).

GALLY D'ARTIGUE (J.-Jos.). *Traité nouveau et curieux des eaux minérales de Cransac*, etc., 1732.

MURAT (J.-A.). *Topographie physique et médicale du district de St-Aubin et analyse des eaux minérales de Cransac*, in-f°, 1805.

HENRY (O.). *Analyse chimique des eaux minérales ferro-manganésiennes de Cransac*, in-8, 1840.

CRANTENOY, vg. *Meurthe* (Lorraine), arr. et à 34 k. de Nancy, cant. d'Haroué, ⊠ de Neuviller-sur-Moselle. Pop. 186 h.

CRAON, Credo, Creconium Cratumnum, petite ville, *Mayenne* (Anjou), arr. et à 20 k. de Château-Gontier, chef-l. de cant. Cure. Gîte d'étape. ⊠. ⚒. A 313 k. de Paris pour la taxe des lettres. Pop. 3,857 h. — TERRAIN de transition moyen.

Craon est une ville ancienne que quelques auteurs prétendent être le *Cronium* dont il est question dans Grégoire de Tours. Il paraît plus probable qu'elle doit son origine à une forteresse construite en 846, et défendue d'un côté par l'Oudon et de l'autre par des murs élevés dont il reste encore quelques vestiges. Cette ville devint le siège d'une baronnie dont le seigneur se qualifiait de premier baron d'Anjou ; c'était une place importante, qui a été assiégée plusieurs fois dans les guerres civiles et religieuses : le siège le plus célèbre est celui qu'elle soutint contre le prince de Conti en 1592.

Les armes de Craon sont : *losangé d'azur et de gueules*.

Cette ville est agréablement située sur la rive gauche de l'Oudon ; elle possède un beau château moderne, construit quelque temps avant la révolution de 1789, sur l'emplacement de l'ancienne forteresse. Il se compose d'un bâtiment principal flanqué de deux pavillons détachés, et domine la route de Craon à Laval.

Patrie du célèbre voyageur, orientaliste, philosophe et historien CHASSEBOEUF DE VOLNAY, membre de l'Institut.

Fabriques de grosses étoffes de laine. — *Commerce* important de grains, lin, toiles, fil, etc. — *Foires* les 30 avril, lundi après la Trinité, 27 juillet, 24 nov., lundi après Quasimodo et après la Toussaint.

Bibliographie. *Craon et ses Barons*, in-8, 1836.

CRAON, vg. *Vienne* (Poitou), arr. et à 28 k. de Loudun, cant. de Moncontour, ⊠ de Mirabeau. Pop. 357 h.

CRAONNE, petite ville, *Aisne* (Picardie), arr. et à 20 k. de Laon, chef-l. de cant., ⊠ de Berry-au-Bac. Bureau d'enregistrement à Corbeny. Pop. 1,003 h. — TERRAIN tertiaire inférieur.

Cette ville a donné son nom à une bataille glorieuse pour les armes françaises, qui se donna sur les hauteurs environnantes les 6 et 7 mars 1814, et qui coûta aux ennemis six généraux et 6,000 hommes.

Commerce de bestiaux. — *Foires* le 3 nov. et jeudi de la 2ᵉ semaine de carême.

CRAONNELLE, vg. *Aisne* (Picardie), arr. à 20 k. de Laon, cant. de Craon, ⊠ de Beaurieux. Pop. 445 h.

CRAPEAUMESNIL, vg. *Aisne* (Picardie), arr. et à 32 k. de Compiègne, cant. et ⊠ de Lassigny. Pop. 193 h.

CRAPIN, vg. *Oise*, comm. de Breuil-le-Sec, ⊠ de Clermont.

CRAPONNE, petite ville, *H.-Loire* (Velay), arr. et à 39 k. du Puy, chef-l. de cant. Cure. Gîte d'étape. ⊠. ⚒. A 489 k. de Paris pour la taxe des lettres. Pop. 3,763 h. — TERRAIN cristallisé ou primitif.

Craponne étant une des villes du Velay qui envoyaient un député aux états particuliers du pays. Elle était autrefois entourée de murs, dont il reste encore une tour carrée sous laquelle existe un passage qui servait de porte.

On y trouve une ancienne église que l'on a proposé de classer au nombre des monuments historiques. — *Fabriques* de dentelles et de blondes. — *Foires* les 1ᵉʳ samedi de mai, 21 et 31 oct.

CRAPONNE, vg. *Rhône* (Lyonnais), arr. et à 10 k. de Lyon, cant. et ⊠ de Vaugneray.

CRAPONNE (canal de). Ce canal fut conçu par Adam de Craponne, et exécuté par ses soins et à ses frais, de 1554 à 1559. Il a sa prise d'eau dans la Durance, au rocher de Pie-Beraud, commune de Janson, où la reconnaissance publique a fait graver l'inscription suivante :

CE CANAL OUVERT
EN L'ANNÉE MDLIV,
PAR LES SOINS ET AUX FRAIS
D'ADAM DE CRAPONNE,
LES EAUX DE LA DURANCE,
JUSQU'ALORS L'EFFROI DES CULTIVATEURS,
PORTÈRENT
LA VIE ET LA FERTILITÉ
DANS LES CHAMPS PIERREUX DE LA CRAU.
INTERPRÈTE DE LA
RECONNAISSANCE DES HABITANTS,
CHRISTOPHE DE VILLENEUVE BOURGEMONT,
PRÉFET DES BOUCHES-DU-RHONE,
A CONSACRÉ CE MONUMENT
A LA MÉMOIRE
DU BIENFAITEUR DE CE DÉPARTEMENT,
EN L'ANNÉE M.D.CCC.XVIII.

Le canal de Craponne se divise en deux branches : l'une passe à Pelissane, Lançon, Confoux, et se jette dans la rivière de la Touloubre; elle date de 1567; l'autre, construite en 1554, traverse le faubourg de Salon, le territoire de Grans, et va terminer son cours dans la Touloubre, mais dans un point plus rapproché de l'étang de Berre. Une troisième branche fut creusée en 1567 sur un point de la commune de Lamanou ; elle arrose une partie du territoire d'Eyguières, traverse ensuite la Crau, et, par deux subdivisions nouvelles porte ses eaux, d'un côté dans l'étang d'Olivier près d'Istres, et d'un autre dans l'étang de Berre. En 1581, le canal de Craponne fut élargi, et une nouvelle dérivation partant de Lamanon fut dirigée sur le Rhône à travers la Crau. Cette branche, connue sous le nom d'OEuvre d'Arles, se jette dans le Rhône au-dessous d'Arles, après un cours de 60,000 m. Enfin, de l'OEuvre d'Arles il se détache un bras au-dessous d'Eyguières, qui court droit au sud et va se rendre à l'étang de Berre, près d'Istres. — Le canal de Craponne arrose environ 13,449 hectares de terres, appartenant à dix-huit communes, dont il a triplé la valeur, puisque ces terres, qui sans l'arrosage seraient évaluées à 6,028,765 fr., valent actuellement 17,608,250 fr. ; il met en mouvement 25 moulins à farine. — A la Roque d'Antéron, le canal a environ 8 m. de largeur et 2 m. de profondeur ; sa vitesse moyenne est de 1 m. 50 c. par seconde. La branche de Salon a 3 m. de largeur moyenne, 2 m. de profondeur, et sa vitesse est de 2 m. La branche d'Istres a 2 m. de largeur, 1 m. de profondeur, et sa vitesse est de 1 m. 60 c.— Ces différentes branches du canal fournissent 24 m. cubes d'eau par seconde, dont 14 m. sont absorbés par les irrigations, et 10 m. versés à l'étang de Berre ou au Rhône. Les communes dont le canal de Craponne fertilise le territoire, sont celles de : la Roque-d'Antheron, Charleval, Mallemort, Alleins, Lamanon, Eyguières, Aureille, Arles, Salon, Palissane, Lançon, Granx, Cornillon, Miramas, St-Chamas, Istres.

CRAPONOZ, *Isère*, comm. de Bernin, ✉ de Crolles.

CRAS, vg. *Ain* (Bresse), arr. et à 15 k. de Bourg-en-Bresse, cant. et ✉ de Montrevel. Pop. 1,230 h.

CRAS, vg. *Isère* (Dauphiné), arr. et à 16 k. de St-Marcellin, cant. et ✉ de Tullins. Pop. 468 h.

CRAS, vg. *Lot* (Quercy), arr. et à 19 k. de Cahors, c. de Lauzès, ✉ de Pélacoy. P.986 h.

On remarque aux environs un vaste camp retranché, placé sur le sommet d'une montagne qui se termine à la jonction de la vallée de Guillot et de Gironde. Ce camp à 10,000 m. de circuit ; il est défendu de tous côtés par des rochers escarpés, excepté au nord, où l'on a élevé, sur une longueur de plus de 10 m., des retranchements en pierre et en terre. On a découvert dans l'intérieur, et on découvre encore fréquemment, en labourant la terre, une prodigieuse quantité de tessons de poteries, de fragments d'amphores, et plusieurs débris d'antiquités. Ce lieu paraît donc avoir été occupé par les Romains. La tradition du pays apprend que les Anglais s'y retranchèrent dans le xve siècle, et que c'est une des positions de cette contrée où ils se maintinrent le plus longtemps.

Un des rochers qui bornent le camp présente, vers la moitié de sa hauteur, une caverne dont l'ouverture est traversée par une poutre. Au pied de ce rocher, et au-dessous de la caverne, existent les fondations d'une tour de construction romaine. D'après la tradition, le camp communiquait avec la caverne par une issue aujourd'hui comblée, et par cette caverne avec la tour.

CRASMENIL. V. St-Aignan-de-Crasmenil.

CRAS-PAYELLE (la), *Pas-de-Calais*, comm. de Zutkuergue, ✉ d'Ardres.

CRASTATT, vg. *B.-Rhin* (Alsace), arr. et à 12 k. de Saverne, cant. de Marmoutier, ✉ de Wasselonne. Pop. 350 h.

CRASTES, vg. *Gers* (Armagnac), arr., cant., ✉ et à 16 k. d'Auch. Pop. 704 h.

CRASVILLE, *Crasvilla*, vg. *Eure* (Normandie), arr., cant., ✉ et à 8 k. de Louviers. Pop. 329 h.

CRASVILLE, vg. *Manche* (Normandie), arr. et à 13 k. de Valognes, cant. de Quettehou, ✉ de St-Vaast-de-la-Hougue.P. 588 h.

CRASVILLE-LA-MALET, vg. *Seine-Inf.* (Normandie), arr. et à 22 k. d'Yvetot, cant. et ✉ de Cany. Pop. 482 h.

CRASVILLE-LA-ROCQUEFORT, vg. *Seine-Inf.* (Normandie), arr. et à 25 k. d'Yvetot, cant. de Fontaine-le-Dun, ✉ de Bourg-Dun. Pop. 819 h.

CRAU (la), *Var*, comm. et ✉ d'Hyères.

CRAU (la), vaste plaine triangulaire d'environ 120 k. carrés de superficie, située dans le dép. des *Bouches-du-Rhône*, entre le Rhône et les étangs des Martigues, entre la chaîne des Alpines et la mer.— Cette plaine n'est pas unie comme on le croit communément ; elle offre au contraire une surface très-inégale dans laquelle il y a des creux remplis d'amas d'eau, et même des vallées sèches. La Crau n'a pas sa pente vers le sud, mais vers plusieurs points de l'horizon ; sa partie la plus élevée (à la hauteur d'Istres) est de 33 m. au-dessus du niveau de la mer. Les bords en sont assez bien cultivés, et nourrissent quantité de bestiaux ; mais le centre n'offre qu'un champ immense, couvert de différentes couches de terre roussâtre et brune, mêlée avec une quantité innombrable de cailloux de divers calibres depuis la grosseur d'un pois jusqu'à celle d'une courge.— La plaine de la Crau est extrêmement aride ; il n'y a que des lisières qui soient devenues fertiles par la culture ; les lieux les plus sont couverts de bois et de pâturages ; les vignes y réussissent assez bien, mais leur durée, comme celle de toutes les plantes au bord de la mer, n'est pas longue : en récompense elles produisent en abondance des vins estimés.— Toute la Crau serait encore un désert inhabitable sans le canal de Craponne, qui y favorise puissamment l'agriculture ; une branche de ce canal la traverse, et, au moyen des saignées qu'on y pratique, tout le pays où elles dérivent paraît agréable. Les prairies, les jardins potagers, les vergers, les plants immenses d'oliviers, les champs de blé entourés de mûriers, les arbres de haute futaie qui s'élèvent majestueusement au-dessus, forment un contraste frappant avec la partie aride et déserte de ce champ pierreux. Les pâturages y sont excellents pour la nourriture des brebis.

CRAVANCHE, vg. *H.-Rhin* (Alsace), arr., cant., ✉ et à 2 k. de Belfort. Pop. 146 h.

CRAVANS, vg. *Charente-Inf.* (Saintonge), arr. à 18 k. de Saintes, cant. et ✉ de Gémozac. P. 855 h.—*Foires* les derniers mardis d'avril, de juin et de septembre.

CRAVANT, vg. *Indre-et-Loire* (Touraine), arr., ✉ et à 9 k. de Chinon, cant. de l'Isle-Bouchard. Pop. 846 h.

CRAVANT, vg. *Loiret* (Orléanais), arr. et à 28 k. d'Orléans, cant. et ✉ de Beaugency. Pop. 1,402 h.—*Foire* le 1er lundi de juillet.

CRAVANT, ou *Cravant*, *Crevennium*, *Crapentrum*, petite ville, *Yonne* (Bourgogne), arr. et à 19 k. d'Auxerre, cant. et ✉ de Vermenton. Pop. 1,284 h.—Elle est située au confluent de l'Yonne et de la Cure, dans une contrée fertile en vins estimés.

Cravant était autrefois une place forte dont les Bourguignons s'emparèrent en 1423. Les troupes de Charles VII tentèrent de la reprendre dans la même année ; au moment où ces troupes étaient occupées à en faire le siège, elles furent attaquées par les Anglais, les Ecossais et les Bourguignons.—La bataille s'engagea au pont de Coulanges-la-Vineuse, et les Armagnacs, attaqués sur leurs derrières par les troupes des assiégés, qui avaient fait une sortie, furent vaincus après une longue résistance. Douze cents Écossais périrent ; le sire de Gamaches, Xaintrailles, Jean Stuart et beaucoup d'autres chevaliers furent faits prisonniers. Après cette victoire, qui isolait les Armagnacs du Nord, les Bourguignons et les Anglais entrèrent à Cravant, où ils remercièrent Dieu ensemble, en grande joie et en bon accord.

Les armes de **Cravant** sont : *écartelé d'or et de gueules, à un écusson d'azur, à un caillou d'or sur l'écartelé ; au chef d'azur semé de fleurs de lis d'or.*

Foires les 26 oct., mercredi avant la Chandeleur, mardi avant St-Thomas (déc.).

CRAVENCÈRES-L'HOPITAL, vg. *Gers* (Armagnac), arr. à 38 k. de Condom, cant. de Nogaro, ✉ de Manciet. Pop. 333 h.

CRAVENT, vg. *Seine-et-Oise* (Ile-de-France), arr. et à 20 k. de Mantes, cant. et ✉ de Bonnières. Pop. 238 h.

CRAY, vg. *Saône-et-Loire* (Bourgogne), arr. à 38 k. de Charolles, cant. de la Guiche, ✉ de Joncy. Pop. 268 h.—*Foires* les 28 janv., 3 avril, 7 mai et 14 juin.

CRAYWICK, vg. *Nord* (Flandre), arr. et à 15 k. de Dunkerque, cant. et ✉ de Gravelines. Pop. 293 h.

CRAZ, vg. *Ain* (Bourgogne), arr. et à 34 k. de Nantua, cant. et ✉ de Châtillon-de-Michaille. Pop. 433 h.

CRAZANNES, vg. *Charente-Inf.* (Saintonge), arr. et à 13 k. de Saintes, cant. et ✉ de St-Porchaire. Pop. 679 h.—On y voit un ancien château susceptible d'être classé au nombre des monuments historiques.

CRÉ, vg. *Sarthe* (Anjou), arr., cant., ✉ et à 7 k. de la Flèche. Pop. 1,053 h.

CRÉAC (St-), vg. *Gers* (Armagnac), arr. et à 16 k. de Lectoure, cant. de St-Clar. Pop. 445 h.

CRÉAC (St-), vg. *H.-Pyrénées* (Gascogne), arr. et à 6 k. d'Argelès, cant. et ✉ de Lourdes. Pop. 214 h.

CRÉANCES, bg *Manche* (Normandie), arr. et à 22 k. de Coutances, cant. et ✉ de Lessay. Pop. 2,327 h. — Il est situé à l'embouchure de la rivière d'Ay, qui y forme un petit havre où se font de nombreux chargements de sel provenant des salines environnantes.

CRÉANCEY, vg. *Côte-d'Or* (Bourgogne), arr. à 37 k. de Beaune, cant. et ✉ de Pouilly-en-Montagne. Pop. 829 h. — *Fabrique* de ciment hydraulique.

CRÉANCEY, vg. *H.-Marne* (Champagne), arr. à 24 k. de Chaumont-en-Bassigny, cant. et ✉ de Château-Villain. Pop. 575 h.

CRÉANS, vg. *Sarthe*, comm. de Clermont, ✉ de la Flèche.

CRÉCEY, vg. *Côte-d'Or* (Bourgogne), arr. et à 30 k. de Dijon, cant. et ✉ d'Is-sur-Tille, Pop. 255 h.

CRÈCHE (la), *Nord*, com. et ✉ de Bailleul.

CRÈCHE, vg. *Saône-et-Loire* (Bourgogne), arr., ⊠ et à 8 k. de Mâcon, cant. de la Chapelle-Guinchay. Pop. 1,068 h. — *Fabrique* de poterie de terre. — *Foires* les 3 mai, 10 déc., veille des Rameaux, lundi après la St-Jacques.

CRÈCHE (la), *Deux-Sèvres*, comm. de Breloux, ⊠ de St-Maixent. ○. — *Filature* de laine. — *Foires* le 11 janv. et vendredi de la Passion.

CRÉCHETS, vg. *H.-Pyrénées* (Gascogne), arr. et à 45 k. de Bagnères-de-Bigorre, cant. de Mauléon-Barousse, ⊠ de St-Bertrand. Pop. 184 h.

CRÉCHY, vg. *Allier* (Bourbonnais), arr. et à 20 k. de la Palisse, cant. et ⊠ de Varennes-sur-Allier. Pop. 486 h. — *Exploitation de houille*.

Bibliographie. * *Mine de houille de Créchy*, in-8.

CRÉCY, petite ville, *Seine-et-Marne* (Brie), arr. et à 15 k. de Meaux, chef-l. de cant. Cure. ⊠. A 47 k. de Paris pour la taxe des lettres. Pop. 994 h. — TERRAIN tertiaire inférieur.

Cette ville est très-agréablement située dans un beau vallon, sur la rive droite du Grand-Morin, qui s'y divise en plusieurs bras et partage la ville en trois îlots : on y entre par trois portes et autant de ponts. C'est une ville fort ancienne, qui était jadis fortifiée de doubles remparts flanqués de cinquante tours, dont une partie existe encore, ainsi que de très-bons fossés alimentés par la rivière qui l'environne de toutes parts. Plusieurs de ces tours ont été converties en logements ; les plus remarquables sont : la Tour-Fallot et la Grosse-Tour, dont les murs sont encore dans un état parfait de conservation.

Crécy était anciennement le siège d'une seigneurie étendue, dont les possesseurs portèrent d'abord le titre de vicomte, puis celui de comte. A l'époque des troubles religieux, le château seigneurial était un des plus forts de la contrée.

Fabriques de dentelles et de toiles de coton. Tanneries. — *Commerce* de toiles de ménage qui se fabriquent dans les environs, de fil, grains, bois, chevaux et bestiaux. — *Foires* le 29 sept. (3 jours), vendredi saint et 1er jeudi de mai.

CRÉCY, *Crisiacum*, b *Somme* (Picardie), arr. et à 20 k. d'Abbeville, chef-l. de cant. Cure. ⊠. A 177 k. de Paris pour la taxe des lettres. Pop. 1,640 h. — TERRAIN tertiaire moyen.

Crécy est un lieu fort ancien où les rois de la première race avaient une maison de plaisance au VIIe siècle. Il est célèbre par la bataille à laquelle il a donné son nom, gagnée par Edouard III, roi d'Angleterre, sur les troupes françaises commandées par Philippe de Valois, le 26 août 1346. Quoique plusieurs siècles se soient écoulés depuis l'époque où fut livrée cette sanglante bataille, on n'en éprouve pas moins de peine en contemplant ce théâtre de la guerre où 30,000 Français furent sacrifiés par la faute du duc d'Alençon. Au nombre des grands personnages qui perdirent la vie à la bataille de Crécy, on cite principalement le roi de Bohême, le duc de Lorraine, les comtes d'Alençon, de Flandre, de Nevers, de Blois, d'Harcourt avec ses deux fils, d'Aumale, de Bar, de Sancerre, le seigneur de Thouars, les archevêques de Nîmes et de Sens, le grand prieur de l'hôpital de St-Jean, le comte de Savoie, six comtes d'Allemagne et un nombre infini d'autres seigneurs et hauts barons. Pendant tout le cours de la bataille, Philippe avait persisté à se tenir à portée du trait ; son cheval avait même été tué sous lui. Les sires Jean de Hainaut, de Montmorency, de Beaujeu, d'Aubigny et de Montsault étaient seuls restés autour de lui avec environ soixante cavaliers. Si les Anglais avaient fait un mouvement en avant à la poursuite des fuyards, ils l'auraient pris inévitablement ; mais, étonnés d'avoir remporté la victoire sur une si grande multitude, ils ne bougèrent pas de leur place. Jean de Hainaut, prenant enfin la bride du cheval de Philippe, l'entraîna loin du champ de bataille. Le roi se reposa quelques heures au château de la Roye, puis il en partit à minuit, et au point du jour il entra dans Amiens.

Les Anglais qui voyagent dans le Ponthieu ne manquent jamais de se rendre à Crécy. La vue de cet endroit flatte leur orgueil. On remarque près de l'ancien champ de bataille une croix et un moulin à vent dans lequel on assure qu'Edouard se tenait pendant le combat. Les murs de ce moulin sont couverts de noms d'Anglais qui l'ont visité. Il est en pierre et n'a qu'une seule fenêtre donnant vers le chemin qui conduit à Abbeville.

Les armes de Crécy sont : *d'azur à trois croissants entrelacés d'argent*.

PATRIE du cardinal JEAN LEMOINE.

Fabrique de savon vert. — *Commerce* considérable de bois. — *Foire* de 2 jours le 25 août.

CRÉCY-AU-MONT, vg. *Aisne* (Picardie), arr. et à 35 k. de Laon, cant. et ⊠ de Coucy-le-Château. Pop. 531 h.

CRÉCY-COUVÉ, vg. *Eure-et-Loir* (Beauce), arr., cant., ⊠ et à 11 k. de Dreux. Pop. 250 h.

CRÉCY-SUR-CANNE, vg. *Nièvre* (Nivernais), arr. et à 40 k. de Nevers, cant. et ⊠ de St-Benin-d'Azy. Pop. 108 h.

CRÉCY-SUR-SERRE, bg *Aisne* (Picardie), arr., bur. d'enregist. et à 15 k. de Laon, chef-l. de cant. Cure. ⊠. A 146 k. de Paris pour la taxe des lettres. Pop. 2,034 h. — TERRAIN d'alluvions modernes.

Le fameux Thomas de Marle avait à Crécy-sur-Serre un château fort, qui fut pris et rasé en 1115 par ordre de Louis le Gros. En 1180, une charte de commerce fut accordée par Philippe Auguste au bourg de Crécy. En 1339, il fut presque entièrement ruiné par les Anglais, qui le saccagèrent de nouveau en 1358 et en 1373. La Foucaudière le prit sur les ligueurs en 1589. Il fut pillé dans les guerres de la Fronde en 1648, et brûlé par les Espagnols en 1662. — *Commerce* de chevaux et bestiaux. — *Foires* les 28 oct., lundi de la 3e semaine de carême et dernier lundi de chaque mois.

CRÉDIN, vg. *Morbihan* (Bretagne), arr. et à 33 k. de Ploërmel, cant. et ⊠ de Rohan. Pop. 1,570 h. — *Foires* les 28 juin et 16 septembre.

CRÉGOLS, vg. *Lot* (Quercy), arr. et à 27 k. de Cahors, cant. de St-Géry, ⊠ de Limogne. Pop. 386 h.

CRÉGY, vg. *Seine-et-Marne* (Brie), arr., cant., ⊠ et à 3 k. de Meaux. Pop. 272 h.

CRÉHANGE, ou CRICHINGEN, vg. *Moselle* (Lorraine), arr. et à 35 k. de Metz, cant. et ⊠ de Faulquemont. Pop. 655 h. — Il est situé dans la vallée de la Nied allemande. C'était autrefois une petite ville fortifiée, que l'empereur Mathias érigea en comté en 1617. La maison de Créhange a été très-puissante ; elle a possédé quarante seigneuries et dix-sept châteaux forts qui ont été démantelés dans ces derniers temps. Ce village et ses dépendances a été cédé à la France en 1802, par le traité de Lunéville.

CRÉHEN, vg. *Côtes-du-Nord* (Bretagne), arr. et à 15 k. de Dinan, cant. et ⊠ de Plancoet. Pop. 1,537 h. — *Foire* le 2 nov.

CREIL, *Isère*, comm. de Renage, ⊠ de Rives.

CREIL, *Credilium Bellovacorum*, *Creolium*, petite ville, *Oise* (Picardie), arr. et à 11 k. de Senlis, chef-l. de cant., bur. d'enregist. à Chantilly. Cure. ⊠. A 47 k. de Paris pour la taxe des lettres. Pop. 1,790 h. — TERRAIN tertiaire inférieur.

Creil est un lieu fort ancien où Dagobert Ier avait une maison royale. Au IXe siècle, c'était déjà une ville que les Normands prirent et pillèrent plusieurs fois. Il est probable que son vaste et antique château fut construit à l'époque où l'on cherchait à opposer sur ce point une ligue de forteresses aux invasions de ces dévastateurs. Sous le règne de Jean II, en 1358, le roi de Navarre prit Creil et y plaça une garnison de 1,500 hommes. — En 1434, les Anglais assiégèrent et prirent le château que Charles V avait fait rebâtir et fortifier en 1392. Le 19 mai 1441, Charles VII, accompagné de son fils, vint mettre le siège devant Creil, sous le commandement du connétable de Richemont ; après douze jours de siège, la place capitula. En 1567, les calvinistes, s'étant emparés de Creil, pillèrent les églises. Il fut pris sous la Ligue, en 1588.

La ville de Creil est agréablement située, sur la rive gauche de l'Oise. Le château était bâti dans une petite île, au-dessous du pont de Creil ; il ne reste de cette ancienne forteresse que la base d'une des anciennes tours. Avant la révolution, on montrait encore aux voyageurs une chambre, dont le balcon était fermé par une grille de fer, où le malheureux Charles VI avait été enfermé lors de sa démence. Le clocher de l'église est bien bâti. — Le pont est singulièrement construit ; on y jouit de points de vue très-agréables.

Manufacture de porcelaine. — *Fabrique* considérable de faïence, qui fait vivre neuf cents ouvriers, et dont les produits annuels sont évalués à un million de francs, ⊙ en 1834. Fabrique de toiles peintes. — *Commerce* de grains, farine, charbon de terre, bestiaux, etc. — *Foire* le 2 nov.

CREISSAN, vg. *Hérault* (Languedoc), arr.

et à 19 k. de Béziers, cant. de Capestang, ⊠ de St-Chinian. Pop. 334 h.

CREISSELS, village et ancien château, *Aveyron* (Rouergue), arr., cant., ⊠ et à 2 k. de Millau. Pop. 637 h.—Il est situé dans une contrée pittoresque, sur la rive gauche du Tarn. On y remarque une belle cascade qui tombe de 40 m. de haut, et un rocher de tuf très-curieux, formé de feuilles et de branches d'arbres pétrifiées.—Le château de Creissels était une des plus anciennes places du Rouergue. En 1628, le duc de Rohan, chef des protestants du Languedoc, qui s'était emparé de cette place sept ans auparavant, l'investit de nouveau, et fut forcé d'en abandonner le siège après un assaut acharné où 400 hommes furent mis hors de combat.—Les fortifications de Creissels ont été démolies en 1633; mais le château a toujours conservé, sous les glorieuses cicatrices qui sillonnent ses murs et ses donjons noircis, une attitude noble et sévère qui s'harmonise parfaitement avec le site qui l'entoure. Construit sur un roc élevé, dont la base forme une espèce de grotte, le château de Creissels domine une assez grande étendue de pays. A ses pieds est le bourg; puis au delà s'étendent de riantes prairies, que dominent de riches coteaux baignés par les eaux rapides et mugissantes du Tarn; à l'est et au midi de hautes montagnes bornent l'horizon.

CREISSET, vg. *B.-Alpes* (Provence), arr. et à 26 k. de Digne, cant. et ⊠ de Mézel. Pop. 162 h.

CRÉMAREST, vg. *Pas-de-Calais* (Boulonnais), arr. et à 12 k. de Boulogne-sur-Mer, cant. de Desvres, ⊠ de Samer. Pop. 702 h.

CRÉMEAUX, bg *Loire* (Forez), arr. et à 23 k. de Roanne, cant. et ⊠ de St-Just-en-Chevalet. Pop. 2,701 h.—On trouve sur son territoire, dans le bois Duivon, une source d'eau minérale ferrugineuse qui s'échappe à gros bouillons d'une prairie avec un tel bruit, qu'on l'entend à une distance de plus de quarante pas.—Mine de houille.—*Foires* les 14 avril et 12 sept.

Bibliographie. RICHARD DE LA PRADE. *Analyse et Vertus des eaux minérales du Forez*, in-12, 1778.

CRÉMERY, vg. *Somme* (Picardie), arr. et à 24 k. de Montdidier, cant. et ⊠ de Roye. Pop. 134 h.

CRÉMIEUX, *Cremiacum, Crimiacum*, petite ville, *Isère* (Dauphiné), arr. et à 16 k. de la Tour-du-Pin, chef-l. de cant. Cure. ⊠. A 302 k. de Paris pour la taxe des lettres. Pop. 2,292 h.—TERRAIN jurassique.—C'était autrefois le séjour des anciens dauphins viennois, qui y avaient un château dont il reste encore quelques vestiges. Au mois de juin 855, Louis le Débonnaire, profitant, après avoir été réhabilité à l'assemblée de Thionville, du retour de fortune qui lui avait rendu la couronne impériale, convoqua un grand plaid à Crémieux. Ses fils Pepin et Louis s'y rendirent; mais Lothaire refusa d'y paraître, et ne quitta point l'Italie. Après avoir d'abord confirmé les mesures d'ordre et de police déjà prises l'année précédente à Attigny, on en vint à la grande affaire de cette réunion, qui était un nouveau partage de l'empire. Le partage se fit entre Louis, Pepin et Charles, à l'exclusion absolue du quatrième fils de l'empereur, c'est-à-dire de Lothaire, qui n'y fut même pas nommé. Cet acte, calqué sur celui par lequel Charlemagne avait divisé, en 806, son empire entre ses trois fils, n'en différait que par un article particulier, en vertu duquel Louis se réservait le droit de récompenser, par un surcroît de territoire et de puissance, celui des trois frères qui se montrerait plus pieux, plus soumis que les autres.

Commerce de grosses toiles, de volailles renommées.—Moulins à soie.—*Foires* les 17 et 25 janv., 3 fév., 19 mars, 25 avril, 19 mai, 13 et 24 juin, 15 juillet, 13 août, 7 sept., 4 oct., 7 nov. et 13 déc.

CREMPS, vg. *Lot* (Quercy), arr. et à 17 k. de Cahors, cant. et ⊠ de l'Albenque. Pop. 732 h.—*Foires* les 12 avril, 10 sept., 17 nov. et 30 déc.

CRÉNANS, vg. *Jura* (Franche-Comté), arr. et à 24 k. de St-Claude, cant. et ⊠ de Moirans. Pop. 282 h.

CRENAY-SUR-SUIZE, vg. *H.-Marne* (Champagne), arr., cant., ⊠ et à 12 k. de Chaumont-en-Bassigny. Pop. 398 h.

CRENEY, *Crenaium*, vg. *Aube* (Champagne), arr., cant., ⊠ et à 6 k. de Troyes. Pop. 522 h.

CRENNES, vg. *Mayenne* (Maine), arr. et à 30 k. de Mayenne, cant. et ⊠ de Villaines-la-Juhel. Pop. 436 h.

CRÉON, bg *Gironde* (Guienne), arr. et à 23 k. de Bordeaux, chef-l. de cant. ⊠. A 580 k. de Paris pour la taxe des lettres. Pop. 896 h.—TERRAIN tertiaire inférieur.—*Commerce* de vins.—*Fab.* de poterie de terre.

CRÉON, vg. *Landes* (Gascogne), arr. et à 36 k. de Mont-de-Marsan, cant. et ⊠ de Gabarret. Pop. 692 h.

CRÉOT, vg. *Saône-et-Loire* (Bourgogne), arr. et à 27 k. d'Autun, cant. d'Epinac, ⊠ de Nolay. Pop. 199 h.

CRÉPAN, vg. *Côte-d'Or* (Bourgogne), arr. et à 16 k. de Semur, cant. et ⊠ de Montbard. Pop. 271 h.

CRÉPEY, vg. *Meurthe* (Lorraine), arr. et à 20 k. de Toul, cant. et ⊠ de Colombey. Pop. 976 h.

CRÉPIN (St-), vg. *H.-Alpes* (Dauphiné), arr. et à 21 k. d'Embrun, cant. de Guillestre, ⊠ de Montdauphin. Pop. 1,154 h. Sur la rive droite de la Durance.—*Foires* les 25 avril et 10 sept.

CRÉPIN (St-), vg. *Charente-Inf.* (Saintonge), arr. et à 22 k. de Rochefort-sur-Mer, cant. et ⊠ de Tonnay-Charente. Pop. 486 h.

CRÉPIN (St-), vg. *Dordogne* (Périgord), arr. et à 16 k. de Nontron, cant. de Mareuil, ⊠ de Brantôme. Pop. 903 h.

CRÉPIN (St-), vg. *Dordogne* (Périgord), arr. et à 12 k. de Sarlat, cant. et ⊠ de Saliguac. Pop. 700 h.

CRÉPIN (St-); vg. *Eure*, comm. de l'Orleau, ⊠ de Lyons-la-Forêt.

CRÉPIN-AUX-BOIS (St-), vg. *Oise* (Picardie), arr., ⊠ et à 17 k. de Compiègne, cant. d'Attichy. Pop. 436 h.

CRÉPIN-D'AUBEROCHE (St-), vg. *Dordogne* (Périgord), arr., ⊠ et à 18 k. de Périgueux, cant. de St-Pierre-de-Chignac. ひ.

CRÉPIN-D'IBOUVILLERS (St-), vg. *Oise* (Picardie), arr. et à 22 k. de Beauvais, cant. et ⊠ de Méru. Pop. 650 h.

CRÉPIN-EN-CHAYE (St-), comm. et ⊠ de Soissons.

CRÉPINIÈRE (la), *Eure*, comm. de St-Antonin-de-Sommaire, ⊠ de Rugles.

CRÉPION, vg. *Meuse* (pays Messin), arr. et à 26 k. de Montmédy, cant. et ⊠ de Damvillers. Pop. 183 h.

CRÉPOIL, vg. *Seine-et-Marne*, comm. de Cocherel, ⊠ de Lizy.

CRÉPOL, vg. *Drôme* (Dauphiné), arr. à 30 k. de Valence, cant. et ⊠ de Romans. Pop. 1,078 h.—*Foires* les 30 avril, 24 juin et 7 déc.

CRÉPON, vg. *Calvados* (Normandie), arr. et à 14 k. de Bayeux, cant. de Ryes, ⊠ de Creully. Pop. 463 h.

CRÉPY, vg. *Moselle*, comm. de Peltre, ⊠ de Metz.

CRÉPY, ou *Crespy-en-Valois*, *Crispiacum*, petite ville, *Oise* (Picardie), arr. et à 22 k. de Senlis, chef-l. de cant. Cure. Gîte d'étape. ⊠. A 82 k. de Paris pour la taxe des lettres. Pop. 2,873 h.—TERRAIN tertiaire supérieur.

Autrefois capitale du Valois, diocèse de Senlis, parlement de Paris, intendance de Soissons, chef-lieu d'élection, bailliage, présidial, prévôté, justice royale, châtellenie, gouvernement particulier, deux collégiales, couvent de capucins.

Le moine Helgaud est le premier écrivain qui fasse mention de Crépy. Ce n'était jadis qu'un château, construit à la fin du x° siècle, par Gautier, comte d'Amiens, qui fonda ensuite l'abbaye de St-Arnould. Ce château et cette abbaye donnèrent naissance à la ville de Crépy, qui obtint une charte de commune en 1215, dont le texte se trouve en entier dans l'*Histoire du Valois* par Carlier. Suivant les titres des années 1240, 1276 et 1282, le corps de ville devait être composé d'un maire, de huit jurés, d'un argentier et de douze ou quatorze *hommes jugeants*, qui formaient le tribunal de la commune. Dans la suite et jusqu'à la fin du XIII° siècle, Crépy fut l'une des plus fortes places de cette époque. On y distinguait cinq quartiers : celui du Donjon, celui du Château, le Bourg, la Ville et les Bordes. Les rois de France y avaient un palais ou maison royale.—Les fortifications de Crépy éprouvèrent des dégradations considérables par les guerres des Navarrais et des Anglais. Louis, duc d'Orléans, frère du roi Charles VI, fit rétablir ces fortifications en 1431. La même année, les Anglais et les Bourguignons prirent Crépy, passèrent la garnison au fil de l'épée, pillèrent la ville et en incendièrent une partie ; plus de 1,500 maisons furent détruites. En 1433, Charles VII la fit reprendre par escalade et passer la garnison par les armes. Le duc d'Orléans répara tout ce qui avait échappé à l'incendie : cette restauration fut l'origine de la ville actuelle. L'ancienne ville de Crépy renfermait, dans l'espace actuellement découvert qu'on traverse en allant de Crépy à Duvy, deux vastes châteaux : le palais de Bouville et le château fort ou le donjon ; on y voyait huit beaux hôtels, cinq couvents et cinq églises. En 1588, la ville de Crépy fut prise par les ligueurs. Henri IV la reprit ensuite et fit réparer les fortifications.

De cinq églises, il n'existe plus que celle de St-Denis, dont le chœur est soutenu par deux colonnes, chacune de 66 c. de diamètre : ces colonnes sont regardées comme un chef-d'œuvre d'architecture. Il reste encore de belles ruines de l'église St-Thomas ; le clocher, encore debout, est remarquable par son architecture gothique.

L'ancien château ne présente plus que de vieilles murailles. Les fortifications ont été démolies en grande partie. On y voit encore une des anciennes portes, surmontée de deux tourelles, et la poterne. La ville est environnée d'un cours planté d'arbres, et de promenades agréables. La place publique est vaste. — Bibliothèque publique, 3,000 volumes.

Les armes de Crépy sont : *de gueules au lion d'or*. Alias : *d'or au lion léopardé de sable*.

Commerce considérable de grains, de grosses toiles de ménage fabriquées dans les environs, ainsi que de fil commun connu sous le nom de fil de Crépy. Dans le ci-devant couvent des Ursulines est établie une manufacture de tissus de coton.—*Foires* de 2 jours le 2ᵉ lundi de carême, 1ᵉʳ et 2ᵉ mercredis de juillet, et 3 nov.

CRÉPY, vg. *Pas-de-Calais* (Artois), arr. et à 45 k. de Montreuil-sur-Mer, cant. et ⊠ de Fruges. Pop. 451 h.

CRÉPY − EN − LAONNAIS, petite ville, *Aisne* (Picardie), arr., cant., ⊠ et à 10 k. de Laon. ⌀. Pop. 1,567 h. Dans un territoire fertile en vins de Champagne.

La ville de Crépy fut érigée en commune en 1184, sous le règne de Philippe Auguste. C'était jadis une ville forte, que les Anglais saccagèrent en 1339, et dont ils tentèrent inutilement de s'emparer en 1359. Le duc de Lancastre la ruina en 1373. Les Bourguignons la prirent en 1418 ; mais Pothon et Saintrailles la reprirent en 1419. Le duc de Bourgogne l'assiégea en 1420. Les habitants, après une vigoureuse résistance, furent obligés de capituler. Au mépris de cette capitulation, la ville fut pillée et ses fortifications démantelées à la prière des Laonnais, pour les délivrer des excursions que les troupes du dauphin faisaient de Crépy jusqu'au pied de la montagne de Laon. En 1544, les ministres plénipotentiaires de François Iᵉʳ et de l'empereur Charles-Quint y signèrent un traité de paix, connu sous le nom de paix de Crépy, qui termina la quatrième guerre qu'avait allumée en Europe la rivalité de ces deux monarques. Le ligueur Balagny s'empara de cette ville en 1588 ; mais elle fut reprise le lendemain par le brave la Foucaudière, officier royaliste, qui en fit une place d'armes fort incommode pour Laon, qui tenait alors pour la Ligue. Le duc de Mayenne l'assiégea en 1590. La Foucaudière, qui y commandait, la rendit par capitulation, après avoir employé tous les moyens de résistance qui étaient en son pouvoir. Au mépris de la capitulation, cette place fut saccagée et ses fortifications détruites une seconde fois. En 1649, Crépy fut pillée par les troupes étrangères au service de la France.

Commerce de chevaux et de bestiaux. — *Foires* les 4 juillet, 12 nov., et 1ᵉʳ lundi de chaque mois.

CREQUES, *Pas-de-Calais*, comm. de Mametz, ⊠ d'Aire-sur-la-Lys.

CRÉQUY, *Pas-de-Calais* (Artois), arr. et à 28 k. de Montreuil-sur-Mer, cant. et ⊠ de Fruges. Pop. 1,477 h.

CRÉSANÇAY, vg. *Cher* (Berry), arr. à 16 k. de St-Amand-Montrond, cant. et ⊠ de Châteauneuf-sur-Cher. Pop. 145 h.

CRESANCEY, vg. *H.-Saône* (Franche-Comté), arr., cant., ⊠ et à 9 k. de Gray. P. 429 h.

CRÉSANTIGNES, vg. *Aube* (Champagne). arr. et à 20 k. de Troyes, cant. et ⊠ de Bouilly. Pop. 313 h.

CRÉSILLES, vg. *Meurthe* (Lorraine), arr., cant., ⊠ et à 12 k. de Toul. Pop. 392 h.

CRESPIAN, vg. *Gard* (Languedoc), arr., ⊠ et à 24 k. de Nîmes, cant. de St-Mamert. Pop. 325 h.

CRESPIÈRES, vg. *Seine-et-Oise* (Ile-de-France), arr. à 22 k. de Versailles, cant. de Poissy, ⊠ de Maule. Pop. 706 h.

CRESPIN, vg. *Aveyron* (Rouergue) arr. et à 40 k. de Rodez, cant. de la Salvetat, ⊠ de Sauveterre. Pop. 1,139 h.

CRESPIN (St-), vg. *Calvados* (Normandie), arr. à 16 k. de Lisieux, cant. de Mézidon, ⊠ de Cambremer. Pop. 153 h.

CRESPIN (St-), bg *Maine-et-Loire* (Anjou), arr. et à 20 k. de Beaupréau, cant. et ⊠ de Montfaucon. Pop. 1,087 h.

CRESPIN, vg. *Nord* (Flandre), arr. à 13 k. de Valenciennes, cant. et ⊠ de Condé-sur-l'Escaut. Pop. 1,257 h. — *Fabriques* de chicorée-café, a distillerie.

CRESPIN (St-), vg. *Seine-Inf.* (Normandie), arr. à 17 k. de Dieppe, cant. et ⊠ de Longueville. Pop. 221 h.

CRESPINET, vg. *Tarn* (Languedoc), arr., ⊠ et à 17 k. d'Albi, cant. de Valderiès. Pop. 462 h.

CRESPY, vg. *Aube* (Champagne), arr. et à 24 k. de Bar-sur-Aube, cant. de Soulaines, ⊠ de Brienne. Pop. 248 h.

CRESPY-EN-VALOIS, *Oise*. V. CRÉPY.

CRESSAC, vg. *Charente* (Angoumois), arr. et à 25 k. d'Angoulême, cant. et ⊠ de Blanzac. Pop. 266 h.

CRESSANGES, bg *Allier* (Bourbonnais), arr. et à 22 k. de Moulins-sur-Allier, cant. et ⊠ de Montet. Pop. 1,195 h. — *Foires* les 15 janv., 10 avril, 3 mai et 4 juin.

CRESSAT, vg. *Creuse* (Marche), arr. et à 19 k. de Guéret, cant. d'Ahun, ⊠ de Jarnages. Pop. 1,743 h.

CRESSE (la), vg. *Aveyron* (Rouergue), arr. ⊠ et à 11 k. de Millau, cant. de Peyreleau. Pop. 375 h.

CRESSÉ, vg. *Charente-Inf.* (Saintonge), arr. et à 24 k. de St-Jean-d'Angély, cant. et ⊠ de Matha. Pop. 693 h.

CRESSENSAC, vg. *Lot* (Quercy), arr. et à 39 k. de Gourdon, cant. de Martel. ⊠. ⌀. A 494 k. de Paris pour la taxe des lettres. P. 960 h.— Il est situé dans un territoire abondant en truffes qui jouissent d'une grande réputation. — Exploitation de minerai de fer hydraté, qui alimente le fourneau de Bourzolles. — *Foires* les 5 fév., 12 mai et 7 août.

CRESSENVILLE, *Craissandivilla, Crassenvilla*, vg. *Eure* (Normandie), arr. et à 13 k. des Andelys, cant. d'Ecouis, ⊠ de Fleury-sur-Andelle. Pop. 221 h.

CRESSERONS, vg. *Calvados* (Normandie), arr. et à 13 k. de Caen, cant. de Douvres, ⊠ de la Délivrande. Pop. 603 h.

CRESSEVEUILLE, vg. *Calvados* (Normandie), arr. et à 11 k. de Pont-l'Évêque, cant. de Dives, ⊠ de Dozulé. Pop. 350 h.

CRESSIA, vg. *Jura* (Franche-Comté), arr. et à 17 k. de Lons-le-Saulnier, cant. et ⊠ d'Orgelet. Pop. 909 h.— *Foires* les 2ᵉˢ mardis de mai, juillet et nov.

CRESSIEU, *Ain*, comm. de Chazey-Bons-Cressieu, ⊠ de Belley.

CRESSONNIÈRE (la), vg. *Calvados* (Normandie), arr. et à 17 k. de Lisieux, cant. et ⊠ d'Orbec. Pop. 253 h.

CRESSONSSACQ, vg. *Oise* (Picardie), arr. et à 14 k. de Clermont, cant. et ⊠ de St-Just-en-Chaussée. Pop. 392 h.

CRESSY, vg. *Seine-Inf.* (Normandie), arr. et à 24 k. de Dieppe, cant. et ⊠ de Bellencombre. Pop. 402 h.

CRESSY, vg. *Somme* (Picardie), arr. et à 29 k. de Montdidier, cant. de Roye, ⊠ de Nesle. P. 388 h.

CRESSY - SUR-SOMME, vg. *Saône-et-Loire* (Bourgogne), arr. à 47 k. d'Autun, cant. d'Issy-l'Évêque, ⊠ de Bourbon-Lancy. Pop. 721 h. — *Foire* le 6 oct.

CREST, *Crestum, Crista Arnaldi*, ville commerçante, *Drôme* (Dauphiné), arr. et à 39 k. de Die, chef-l. de cant. Chambre consultat. des manufact. 2 cures. Gîte d'étape. A 535 k. de Paris pour la taxe des lettres. P. 4,948 h. — TERRAIN tertiaire moyen.

Cette ville est bâtie dans une position pittoresque, sur la rive droite de la Drôme, au pied d'un rocher qui a la forme d'une crête de coq, qui paraît avoir déterminé son nom. Elle est dominée par les restes d'un ancien château qui défendait le passage de la Drôme et faisait de Crest une des plus fortes places du Valentinois. Il en reste encore une tour, parfaitement conservée, curieuse par sa forme, son élévation, sa solidité et la hardiesse de sa construction. Cette tour, connue sous le nom de tour de Crest, servait autrefois de prison d'État; elle est maintenant convertie en maison de correction. On voit au-dessous un jardin curieux par son exposition, par ses points de vue, et remarquable par les difficultés qu'il a fallu vaincre pour le créer avec des terres en partie rapportées au milieu des roches presque entièrement composées de coquillages. — Le comte de Montfort assiégea plusieurs fois, sans succès, le château de Crest, dans la guerre des Vaudois. — Sur une des portes de l'église paroissiale, on voit un bas-relief de la tour et de la ville, et, dans l'intérieur de cette même église, une inscription portant la date de 1188, qui constate les libertés et franchises accordées par le comte Aymard de Poitiers à ses gens de Crest.

Biographie. PATRIE du général DIGONNET qui contribua avec Hoche à la pacification de la Vendée.

Du pharmacien en chef des armées LADIBERT.

De l'agronome RIGAUD DE L'ISLE, membre du corps législatif et de la chambre des représentants.

Fabriques de draps, serges, ratines, tissus de coton, couvertures de laine, mouchoirs, boissellerie. Filatures et nombreux moulins à soie. Filatures de coton. Moulins à foulon. Papeteries. Teintureries. Raffineries de sucre de betteraves. Tanneries. Poteries. Tuileries. Fours à chaux. — Commerce de draps, soieries, cotons filés, soie, truffes, etc. Entrepôt d'un grand commerce de truffes. — Foires les 17 janv., 13 fév., 24 juin, 29 et 30 juin, 6 août, 22 sept. et 20 déc.

CREST (le), bg *Puy-de-Dôme* (Auvergne), arr. et à 15 k. de Clermont-Ferrand, cant. et ⊠ de Veyre. Pop. 1,029 h. C'était jadis une ville entourée de fortifications dont il reste encore des traces. — Foire le 14 sept.

CRESTE, vg. *Puy-de-Dôme* (Auvergne), arr. et à 20 k. d'Issoire, cant. et ⊠ de Champeix. Pop. 159 h.

CRESTET (le), vg: *Ardèche* (Vivarais), arr. et à 22 k. de Tournon, cant. et ⊠ de la Mastre. Pop. 601 h.

CRESTET, *Crestetum*, vg. *Vaucluse* (Comtat), arr. et à 29 k. d'Orange, cant. et ⊠ de Vaison. Pop. 530 h.

CRESTOT, vg. *Eure* (Normandie), arr. et à 16 k. de Louviers, cant. et ⊠ du Neufbourg. Pop. 566 h.

CRÊTE (la), vg. *H.-Marne* (Champagne), arr. et à 20 k. de Chaumont-en-Bassigny, cant. et ⊠ d'Andelot. P. 122 h. — Haut fourneau.

CRÉTEIL, *Cristoilum*, grand village, *Seine* (Île-de-France), arr. et à 14 k. de Sceaux, cant. de Charenton-le-Pont. ⊠. A 11 k. de Paris pour la taxe des lettres. Pop. 1,826 h. Il est près de la Marne, sur la grande route de Paris à Provins. — Sous les Mérovingiens c'était une petite ville qui avait un atelier monétaire; on en a la preuve matérielle dans un tiers de sou d'or qui porte son nom. — L'église paroissiale est un ancien édifice surmonté d'une tour placée sur le milieu du portail, qui paraît être du règne de Henri Ier; le chœur est du XIIIe siècle. Cette église est vaste et accompagnée de bas-côtés. On y voit des châsses en bois doré, qui contiennent, dit-on, les reliques des saints Agoard et Aglibert; les vitraux représentent les mêmes saints armés de pied en cap et couverts de fer. — Sur le territoire de Créteil, au hameau du Buisson, Charles VI avait fait bâtir une maison pour sa maîtresse, qu'on appelait *la petite Reine*. Sauval, en parlant de cette *petite Reine*, raconte que Charles VI, dans ses accès de fureur, battait souvent la reine Isabeau de Bavière, son épouse. Pour éviter ces mauvais traitements, Isabeau introduisait à sa place dans le lit conjugal la petite Reine, qui par sa douceur, son humeur enjouée, et surtout sa fraîcheur et sa beauté, plaisait beaucoup au roi et n'en était point battue. La reine de son côté allait tenir compagnie à son beau-frère, le duc d'Orléans, qui, plus galant que Charles, ne s'amusait point à la battre.

PATRIE du jurisconsulte CLÉMENT DE BOISSY.

Exploitation des carrières de pierres de taille. scierie de pierres mue par une machine à vapeur qui fait le travail de cent vingt scieurs. — Filature de laine.

CRÊTES-DE-POIX, h. *Ardennes*. ⊠. A 19 k. de Mézières.

CRÉTON, vg. *Eure* (Normandie), arr. et à 26 k. d'Evreux, cant. et ⊠ de Damville. P. 457 h. — On y voit les ruines d'un château fort qui remonte, dit-on, au XIIe siècle.

CRÉTOT, vg. *Seine-Inf.*, comm. et ⊠ de Godeville.

CRETTEVILLE, *Crotœvilla*, vg. *Manche* (Normandie), arr. et à 37 k. de Coutances, cant. de la Haye-du-Puits, ⊠ de Prétot. P. 607 h.

CREUE, vg. *Meuse* (Lorraine), arr. et à 30 k. de Commercy et à 14 k. de St-Mihiel, cant. et ⊠ de Vigneulles. Pop. 754 h.

CREULLY, *Curleium*, *Credolium*, bg *Calvados* (Normandie), arr. et à 20 k. de Caen, chef-l. de cant. Cure. ⊠. A 240 k. de Paris pour la taxe des lettres. Pop. 1,009 h. — TERRAIN jurassique.

Il est bien bâti sur la rive droite de la Seulles, et domine un vallon fort agréable. Le château de Creully est un monument remarquable de l'architecture du moyen âge. Il était fortifié et susceptible d'une bonne défense.

PATRIE du lieutenant général comte DECAEN.

Fabriques de tulle et de dentelles. — Foires le 1er mardi de chaque mois.

Bibliographie. BEZIERS. *Mémoire sur le bourg et les seigneurs de Creully* (imprimé à la suite d'un mémoire sur le bourg de Condé-sur-Noireau).

CREUSE (la), *Crausia*, *Crosa*, rivière qui prend sa source au Mas-d'Artigues, dans une fontaine du village de Croz, cant. de la Courtine, arr. d'Aubusson, dép. de la *Creuse*; elle passe à Clervaux, Felletin, Aubusson, le Moûtier d'Ahun, la Celle-Dunoise, Fresselines, Crozant, et entre ensuite dans le dép. de l'*Indre*, où elle arrose Argenton, St-Gaultier, le Blanc; elle sort de ce département pour entrer dans celui d'*Indre-et-Loire*, dont elle forme la limite du côté de celui de la *Vienne*, en passant par la Roche-Posay, Izeures, la Guerche, la Haye-Descartes, Balème, la Selle-St-Avant, et se jette dans la Vienne au-dessous du Port-de-Piles, à l'endroit nommé *Bec-des-Eaux*, après un cours d'environ 200 kil.

La Creuse commence à être flottable à Felletin (Creuse), et navigable au port de Lavernière. La longueur de la partie flottable est de 214,712 m. et celle de la partie navigable de 8,400 m. La largeur moyenne de son lit est de 80 m. Cette largeur varie selon qu'elle se trouve plus ou moins resserrée par les coteaux très-rapprochés et escarpés qui la contiennent dans la majeure partie de son cours; d'où il résulte que les crues extraordinaires de cette rivière s'élèvent de 9 m. 74 c. à 11 m. 37 c. de hauteur, tandis que dans les chaleurs de l'été, elle demeurerait presque entièrement à sec, sans les digues des moulins et des gués ou barres naturelles qui s'y sont très-multipliées, et qui retiennent les eaux dans une espèce de stagnation.

CREUSE (la Petite-), rivière qui a tout son cours dans le dép. de la *Creuse*; elle prend sa source près du village de Lairat, passe à Boussac, Genouillat et Fresselines, où elle se jette dans la Creuse, après un cours d'environ 50 k. Cette rivière est flottable à bûches perdues jusqu'à son embouchure, sur une longueur de 44,000 m.

CREUSE (département de la). Le département de la Creuse est formé de la presque totalité de la ci-devant province de la haute Marche, de presque tout le pays de Combrailles, et de quelques communes qui dépendaient des ci-devant provinces du Limousin et du Berry. Il tire son nom de la rivière de Creuse, qui prend sa source dans sa partie méridionale, le traverse dans toute son étendue du sud-est au nord-ouest, et le divise en deux parties presque égales. — Ses bornes sont : au nord, les départements de l'Indre et du Cher; au nord-est, celui du Puy-de-Dôme; à l'est, celui du Puy-de-Dôme; au sud, celui de la Corrèze; à l'ouest, celui de la Haute-Vienne.

Ce département est traversé par plusieurs chaînes de montagnes qui se rattachent aux montagnes d'Auvergne; la plus considérable de ces chaînes est celle de la Gartaupe, qui, se divisant en plusieurs ramifications, pénètre dans le département de la Haute-Vienne. Au centre du département se trouve une autre chaîne de montagnes primitives, schisteuses et granitiques, qui commence aux confins du département de l'Indre, traverse celui de la Creuse du nord-ouest au sud-est, et se termine dans celui du Puy-de-Dôme. Une autre chaîne part encore de ce dernier département, et, s'étendant dans la direction de l'ouest au nord-ouest, sépare les trois départements du Puy-de-Dôme, de la Creuse et de la Corrèze. Cette chaîne non interrompue forme un plateau d'une élévation de plus de 200 m., et conserve une atmosphère constamment froide, souvent même glaciale : généralement ces diverses chaînes de montagnes restent cachées sous les neiges quelques mois de l'année, et le froid y est très-vif. — La surface du département offre peu de plaines de quelque étendue, étant presque partout hérissée de montagnes et d'un grand nombre de collines, dont les groupes, plus élevés et plus nombreux vers la partie du sud et de l'ouest, s'abaissent et diminuent à mesure qu'ils s'avancent vers l'est et le nord. Quelques-uns de ces groupes sont frappés de stérilité ; les autres sont couverts de bois ou ombragés de distance en distance par des masses de châtaigniers. Les vallées et les vallons que forment entre elles les montagnes sont arrosés et rafraîchis par des rivières et des ruisseaux qui coulent presque toujours sur un lit de gravier. En général, malgré que le département ait une teinte sombre et quelquefois un aspect sauvage, les aspérités qu'on y remarque n'ont rien qui affecte l'œil d'une manière désagréable, puisqu'elles présentent au contraire, en divers endroits, de très-beaux sites et des positions pittoresques. Il est peu de départements qui offrent aux paysagistes des masses plus belles et plus variées de perspective et de fraîcheur. — Le sol est généralement pauvre, léger, peu profond et peu fertile, surtout dans la partie méridionale, où il se trouve une assez grande étendue de landes, peu susceptibles de culture ; la partie septentrionale qui avoisine le département de l'Indre, et la partie occidentale qui confine au département de la Haute-Vienne, offrent des terres de meilleure qualité et plus productives ; la partie du nord-est, notamment du canton de Chambon, renferme des terres d'une grande fertilité. Les hauteurs sont presque toujours incultes ; leurs revers sont plantés en taillis ou en châtaigniers ; leurs penchants inférieurs forment des prairies ; la plupart des terres sont entourées de haies vives, le long desquelles sont plantés des arbres de différentes espèces. Enfin, on trouve sur plusieurs points du département des landes immenses, couvertes de bruyères, d'ajoncs, de fougères et de genêts.

La surface totale du département de la Creuse est de 558,341 hectares, répartis ainsi :

Terres labourables. 239,792
Prés. 132,342
Bois. 33,119
Vergers, pépinières et jardins. . . 1,876
Oseraies, aunaies et saussaies. . . »
Étangs, mares, canaux d'irrigation. . 2,582
Landes et bruyères. 120,309
Superficie des propriétés bâties. . . 1,610
Autres cultures. 11,859
   Contenance imposable. . . . 543,489
Routes, chemins, places, rues, etc. . 12,103
Rivières, lacs et ruisseaux. 1,686
Forêts et domaines non productifs. . 994
Cimetières, églises, bâtiments publ. . 69
   Contenance non imposable. . 14,852

On y compte :
49,084 maisons.
969 moulins à eau et à vent.
1 forge et fourneau.
57 fabriques et manufactures.

soit : 50,111 propriétés bâties.

Le nombre des propriétaires est de. 68,443
Celui des parcelles de. 1,064,454

HYDROGRAPHIE. Le département de la Creuse est arrosé par un grand nombre de rivières et de ruisseaux, qui tous y prennent leur source, et qui pour la plupart y ont leur cours entier. Les principales rivières sont : la Creuse, qui a donné son nom au département ; le Cher, le Chavanoux, la Maude, le Thorion, l'Ardour, la Gartempe, l'Abloux, la Petite-Creuse, etc., etc. Aucune de ces rivières ne sont navigables sur le territoire du département ; on fait seulement flotter du bois de chauffage à bûches perdues sur la Creuse, le Thorion et la Petite-Creuse.

COMMUNICATIONS DÉPARTEMENTALES. Le département est traversé par 6 routes royales et 9 routes départementales, dont le parcours dépasse 800,000 m.

MÉTÉOROLOGIE. La température du département est extrêmement variable ; elle est en général froide et humide, ce qui provient de la direction des chaînes de montagnes et de la multiplicité des ruisseaux et des sources. L'air y est vif et très-pur ; mais les changements subits qu'y occasionnent les orages et les pluies sont cause que les étrangers ont quelque peine à s'accoutumer au climat. Le ciel y est souvent nébuleux et chargé de brouillards ; les rosées y sont aussi très-abondantes, même dans les plus grandes chaleurs. Les pluies y sont aussi très-fréquentes, ainsi que les orages. En général, le printemps commence tard, l'été est fort court, l'automne assez beau, l'hiver long et assez rigoureux. — Les vents dominants sont ceux du sud et du nord ; le premier souffle avec impétuosité, surtout vers le solstice d'hiver, et quelques jours avant ou après les équinoxes ; le vent du nord s'élève assez habituellement pendant la pleine lune de mars ; les vents d'ouest et de nord-ouest se font ordinairement sentir pendant l'hiver et au commencement du printemps ; le vent d'est ne souffle que dans l'été et rend toujours le ciel serein.

PRODUCTIONS. L'industrie agricole est en général arriérée dans le département, qui ne produit pas de céréales en assez grande quantité pour la consommation des habitants. Le seigle est la principale production ; viennent ensuite le sarrasin, l'avoine, les pommes de terre et les raves ou navets ronds, qui prospèrent dans toutes les parties du département, où dans certaines contrées ils parviennent à une grosseur considérable. — Presque tous les arbres fruitiers du centre de la France sont cultivés dans le département ; le châtaignier, le noyer et le cerisier sont les plus généralement répandus ; on cite les fruits à pepins du canton de St-Feyre. — Les meilleurs prés excellents aux environs de Guéret, d'Ahun, de Jarnage, de Felletin, d'Auzance, d'Evaux, etc. ; mais nulle part de grandes prairies. Les montagnes abondent en pacages de printemps et d'été, appelés pâturals, pour les bœufs, les vaches, les moutons et les chevaux. — Les races d'animaux domestiques ne sont généralement pas d'une belle qualité ; l'espèce chevaline y a pourtant été améliorée depuis plusieurs années, et fournit des chevaux pour la remonte de la cavalerie. Les ânes et les mulets sont de petite stature. Les bêtes à cornes, qui sont l'objet des soins particuliers des cultivateurs de la Creuse, sont d'une taille moyenne ; ils engraissent facilement, et fournissent en partie à la consommation de la capitale ; on élève aussi un assez grand nombre de bœufs de trait. Les bêtes à laine sont d'une espèce petite, mais saine. Leur chair est bonne, mais leur laine commune. Les porcs forment une branche importante de l'économie rurale ; on les engraisse pour la consommation intérieure et pour l'exportation. — Les abeilles produisent un miel agréable et parfumé. — On trouve dans le département du gibier de toute espèce, sangliers, lièvres, etc.

MINÉRALOGIE. Indices de mines de fer dans plusieurs endroits. Mine d'antimoine dont l'exploitation est suspendue ; indices de plomb argentifère, de cuivre et de manganèse ; exploitation de houille dans plusieurs endroits. Carrières de granit, et pierres de taille fines ; terre à poterie.

SOURCES THERMALES à Évaux, et sources minérales ferrugineuses froides non exploitées dans plusieurs localités.

INDUSTRIE. Manufactures de tapisseries renommées et de tapis de pied. Fabriques de siamoises. Filatures de laine et de coton ; papeteries ; teintureries ; tanneries. — Emigration annuelle d'environ 2,000 ouvriers, pour la plupart maçons, tuiliers, scieurs de long, peigneurs de chanvre et de laine, qui se répandent chaque année dans toute la France, et rapportent en hiver le fruit de leurs épargnes, qui est ordinairement employé à des acquisitions de terres. Sur un nombre de 22,488 ouvriers, dont l'émigration annuelle a été récemment constatée, on comptait : 13,425 maçons ou manœuvres ; 1,982 tailleurs ou scieurs de pierre ; 1,942 charpentiers ; 1,847 scieurs de long ; 944 couvreurs ; 803 peigneurs de chanvre ou de laine ; 802 tuiliers ; 545 paveurs ; 90 maréchaux ; 63 plâtriers, et 45 mineurs. Tous les arrondissements envoient au dehors des maçons et des manœuvres, des tailleurs et des scieurs de pierre : celui d'Aubusson fournit, presque à lui seul, les scieurs de long, les tuiliers, les peigneurs de chanvre ou de laine ; les charpentiers et les couvreurs partent des arrondissements de Boussac et de Guéret ; Boussac a plus de couvreurs, Guéret plus de charpentiers ; Aubusson n'a qu'une commune qui envoie des charpentiers. L'arrondissement de Guéret fournit seul les paveurs, les maréchaux et les mineurs. Les plâtriers viennent des arrondissements de Boussac et d'Aubusson. — Les ouvriers de l'arrondissement d'Aubusson se dirigent plus spécialement vers les départements de la Seine, du Rhône, de la Loire, du Cher, de la Nièvre, de l'Yonne, de la Côte-d'Or, de la Vendée, du Puy-de-Dôme, de la Charente-Inférieure, de Saône-et-Loire, de l'Allier, de la Charente et du Jura ; ceux de l'arrondissement de Bourganeuf, vers les départements de la Seine, du Rhône, de Seine-et-Marne et de la Marne ; ceux de l'arrondissement de Boussac, vers les départements de la Seine, du Cher, de la Nièvre, de l'Allier, du Loiret, de la Saône et de l'Indre; enfin ceux de l'arrondissement de Guéret, vers les départements de la Seine, du Loiret, de Seine-et-Marne, de l'Yonne, du Cher, de la Côte-d'Or, du Rhône, de la Vendée, de la Nièvre, de l'Indre, de l'Allier et de Loiret-Cher. — Il résulte du travail de M. Partouneaux (ancien secrétaire général de la Creuse), dont nous avons extrait ces détails, que le nombre des maîtres dans le département est à celui des ouvriers, comme 1 à 23; que le bénéfice moyen de la campagne d'un maître est de 380 fr., et celui d'un ouvrier de 164; enfin, que 876 maîtres et 21,612 ouvriers ont rapporté dans le département, pour bénéfice de la campagne d'une année, la somme de 3,872,194 fr., qui balance, à une différence près d'environ 140,000 fr., la totalité des impôts du département de la Creuse. Toutes les années ne sont malheureusement pas aussi productives.

Commerce de cuirs, de papiers, de tapisseries et d'objets de consommation locale. Entrepôt de sels que l'on expédie pour les villes voisines.— Commerce de cheveux, que les jeunes filles échangent à des marchands des environs de Vallières contre des fichus, des morceaux d'étoffes, de mousselines, et d'autres objets manufacturés. C'est principalement dans les grandes foires que le commerce de cheveux a le plus d'activité; on voit alors pendre à la porte des perruquiers de grands morceaux d'étoffes de différentes couleurs, des fichus de soie, des châles imprimés, qui sont autant d'enseignes annonçant aux jeunes filles du pays qu'elles peuvent échanger un de leurs plus beaux ornements naturels contre une parure factice.

Foires. 275 foires environ se tiennent dans une quarantaine de communes. On y vend principalement des bœufs et des vaches de trait et d'engrais, des cochons gras et quelques mulets.

Mœurs et usages. L'habitant de la Creuse est intelligent, industriel et propre à la négociation des affaires ; il a du courage, de la patience, de l'activité, le goût du travail et de l'économie. L'habitant de la Creuse est avec un égal succès cultivateur, homme d'affaires, ou bien ouvrier. Le cultivateur, suivant l'étendue de sa propriété, la cultive lui-même ou la fait valoir par colon ou métayer, en se réservant la surveillance de la vente des bestiaux et des autres denrées de son domaine. Son industrie le fait vivre ainsi dans l'aisance sur des fonds qui ne lui rendent qu'un modique fermage ; souvent même il augmente sa fortune ; mais son économie intérieure est alors ce qui y contribue le plus efficacement. Les femmes de la Creuse sont très-laborieuses, économes et frugales ; leurs mœurs sont pures, leur conduite austère. Sages et réservées comme filles, elles se montrent fidèles comme épouses, malgré les absences fréquentes et régulières de leurs maris ; ce ne sont d'ailleurs ni les grâces ni la beauté qui font le mérite des filles de campagne : elles sont recherchées des jeunes gens sur leur réputation de bonnes travailleuses, fortes ouvrières , et soigneuses dans l'intérieur de leur maison.

Division administrative. Le département de la Creuse a pour chef-lieu Guéret, et envoie 4 représentants à la chambre des députés. Il est divisé en 4 arrondissements :

Guéret.	7 cant.	94,137 h.
Aubusson. . . .	10 —	105,763
Bourganeuf. . .	4 —	40,589
Boussac.	4 —	37,890
	25 cant.	278,373 h.

23ᵉ conserv. des forêts (chef-l. Moulins). — 2ᵉ arr. des mines (chef-l. Paris). — 13ᵉ div. milit. (chef-l. Bourges). — Diocèse de Limoges ; école secondaire ecclésiastique à Ajain ; 30 cures , 173 succursales. — Collège communal et école normale primaire à Guéret. — Société d'agricult. à Guéret.

Biographie. Patrie de l'historien Varillas, du jurisconsulte Pardoux Dufrat, du poëte Quinault, du sénateur Cornudet, de l'antiquaire Baraillon, etc., etc.

Bibliographie. *Aperçu statistique du département de la Creuse* (Annales de statistique, liv. xxx, an xi).

Pruchet et Chanlaine. *Statistique du département de la Creuse*, in-4, 1811.
* *Dictionnaire complet, géographique, commercial , statistique et historique du département de la Creuse* (1ʳᵉ liv., in-8, avril , 1844; promis en 16 liv.).

Baraillon (J.-F.). *Recherches sur plusieurs monuments celtiques et romains*, in-8, 1806.
* *De l'émigration des ouvriers de la Creuse*, in-12 , 1827.
* *Album historique et pittoresque de la Creuse*, in-4 (1ʳᵉ liv., avril 1844).
Compte rendu des travaux de la société des sciences naturelles et d'antiquités de la Creuse, in-8.....

V. aussi Marche , Evaux.

CREUSE (la), vg. *H.-Saône* (Franche-Comté), arr. et à 7 k. de Lure, cant. et ✉ de Saulx. Pop. 314 h.

CREUSE, vg. *Somme* (Picardie), arr. ✉ et à 15 k. d'Amiens, cant. de Molliens-Vidame. Pop. 186 h.

CREUTZWALD-LA-CROIX, vg. *Moselle* (pays Messin), arr. et à 50 k. de Thionville, cant. et ✉ de Bouzonville. Pop. 1,947 h.

CREUTZWALD-LA-HOUVRE, *Moselle*, comm. de Creutzwald-la-Croix, ✉ de Bouzonville. — Mines de fer, hauts fourneaux, forges et fonderie. Verrerie de verre blanc pour verres à vitres, gobeleterie et cristaux.

CREUX, vg. *Sarthe*, comm. de St-Denis-d'Orques. On y trouve une source d'eau minérale ferrugineuse.

CREUX-CHEMIN (le), *Seine-et-Oise*, comm. de Chalo-St-Mars, ✉ d'Etampes.

CREUZEFOND, *Saône-et-Loire*, comm. de Curgy, ✉ d'Autun.

CREUZIER-LE-NEUF, vg. *Allier* (Bourbonnais), arr. et à 8 k. de la Palisse, cant. et ✉ de Cusset. Pop. 833 h.

CREUZIER-LE-VIEUX, vg. *Allier* (Bourbonnais), arr. et à 6 k. de la Palisse, cant. et ✉ de Cusset. Pop. 1,382 h.

CREUZOT (le), vg. *Saône-et-Loire* (Bourgogne), arr. et à 23 k. d'Autun, cant. de Montcenis. ✉. A 325 k. de Paris pour la taxe des lettres. Pop. 4,012 h. Forges et fonderie. — L'usine du Creuzot, le plus vaste des établissements de ce genre qui existe en France, se compose de 45 fours au coke, 4 hauts fourneaux activés par une machine soufflante de la force de 100 chevaux, d'une fonderie avec four à réverbère et cubilot; d'une forge anglaise contenant 14 fours à puddler, 4 fours à réchauffer, 6 fours à tôle, 2 gros marteaux, 4 trains de laminoirs cannelés et 3 trains de laminoirs à tôle. Elle renferme, en outre, deux grands et beaux ateliers pour la construction des machines, lesquels livrent annuellement au commerce 30 machines diverses, plus un grand nombre de pièces détachées de mécaniques pour forges, moulins, filatures, etc., etc. Elle est activée par 3 machines à vapeur, dont une de 120 chevaux de puissance. — Les produits fabriqués consistent en 10,000 quint. mét. de fonte moulée de deuxième fusion, 10,000 de fer commun à la houille, 3,000 de fer fin à la houille, 10,000 quint. mét. de rails, 9,000 de tôle commune, et 1,000 de tôle fine. — La valeur totale des matières premières employées annuellement et des produits fabriqués s'élève à près de 1,800,000 fr. Ces divers établissements occupent environ 1,250 ouvriers.

La concession des mines de houille du Creuzot contient 62 k. carrés de surface ; la couche proprement dite n'a encore été suivie par les exploitations que sur une longueur de 1,800 m.; les travaux ont atteint 200 m. de profondeur. La quantité de charbon extraite de ces mines est annuellement d'environ 750,000 hectol. ; elle est toute employée dans l'établissement, et représente une valeur de 525,000 fr. 13 machines à vapeur servent à l'extraction de la houille et à l'épuisement des eaux ; elles ont une force totale de 365 chevaux. L'exploitation occupe plus de 400 ouvriers.

CREUZY, vg. *Loiret* (Orléanais), arr. et à 17 k. d'Orléans, cant. et ✉ d'Artenay. Pop. 253 h.

CREVANS, vg. *H.-Saône* (Franche-Comté), arr. et à 19 k. de Lure, cant. et ✉ de Villersexel. Pop. 306 h.

CRÉVANT, *Indre*, comm. de Montierchaume, ✉ de Châteauroux.

CRÉVANT, vg. *Indre* (Berry), arr. à 11 k. de la Châtre, cant. d'Aigurande, ✉ de St-Sever. Pop. 1,461 h. — Foires les 9 mai et 23 nov.

CRÉVANT, vg. *Puy-de-Dôme* (Auvergne), arr. et à 15 k. de Thiers, cant. de Lezoux, ✉ de Maringues. Pop. 1,236 h.

CRÉVÉCHAMPS, vg. *Meurthe* (Lorraine), arr. et à 26 k. de Nancy, cant. d'Haroué, ✉ de Neuviller-sur-Moselle. Pop. 402 h.

CRÈVECŒUR, bg *Calvados* (Normandie), arr. et à 17 k. de Lisieux, cant. de Mézidon, ✉ de Cambremer. Gîte d'étape. Pop. 348 h. — *Commerce* de volailles renommées.—*Foires* les 8 mai et 3 nov.

CRÈVECŒUR, *Crapicordium*, bg *Nord* (Flandre), arr., ✉ et à 7 k. de Cambrai, cant. de Marcoing. Pop. 2,022 h.
Ce bourg, situé près de la rive droite de l'Escaut, est célèbre par la bataille où Chilpéric II fut défait par Charles Martel, le 21 mars 717. Le nombre des morts fut si considérable, que, jusqu'à la bataille de Fontenay, en 814, on ne trouve rien à comparer à ce massacre. — Il y avait autrefois à Crèvecœur un château qui, si on en juge par ses ruines, a dû être une des plus importantes forteresses du temps. Le comte d'Anjou, frère de saint Louis, le prit en 1253. Louis XI s'en empara et le céda au comte de Charolais par le traité de Conflans du 5 octobre 1465. Crèvecœur fut cédé à la France par la paix de Cateau-Cambresis de l'an 1559. Le général Delmas s'en empara le 29 septembre 1793, après un combat glorieux pour les armes françaises.—*Fabrique* de sucre indigène. Briqueteries et fours à chaux. — Manufacture de glaces coulées (à Vaucelles).—*Foire* le 25 juin.

CRÈVECŒUR, ou **CRÈVECŒUR-LE-GRAND**, bg *Oise* (Picardie), arr. et à 45 k. de Clermont, chef-l. de cant. Cure. ✉. ⚘. A 94 k. de Paris pour la taxe des lettres. Pop. 2,394 h. — Terrain tertiaire supérieur. — On y voit un vaste château construit en briques et flanqué de tourelles, auquel appartiennent un beau parc et de vastes jardins. L'église paroissiale renfermait les tombeaux de l'amiral Bonnivet et de M. Manivillette, qui ont été détruits. — *Fabriques* d'alépine, mousseline de laine et autres étoffes. — Foires les 3 mai, 29 sept. et 11 nov.

CRÈVECŒUR, vg. *Seine-et-Marne* (Brie), arr. et à 20 k. de Coulommiers, cant. de Rozoy-en-Brie, ✉ de Tournan. Pop. 230 h.

CRÈVECŒUR-LE-PETIT, vg. *Oise* (Picardie), arr. et à 25 k. de Clermont, cant. et ✉ de Maignelay. Pop. 171 h.

CREVENEY, vg. *H.-Saône* (Franche-Comté), arr. et à 28 k. de Lure, cant. et ✉ de Saulx. Pop. 164 h.

CRÉVIC, vg. *Meurthe* (Lorraine), arr., cant., et à 10 k. de Lunéville. Pop. 729 h.

CREVOUX, vg. *H.-Alpes* (Dauphiné), arr., cant. ✉ et à 11 k. d'Embrun. Pop. 520 h.

CREYERS, vg. *Drôme* (Dauphiné), arr. et à 25 k. de Die, cant. et ✉ de Châtillon. Pop. 242 h.

CREYS, vg. *Isère* (Dauphiné), arr. et à 25 k. de la Tour-du-Pin, cant. et ✉ de Morestel. Pop. 819 h.

CREYSSAC, vg. *Dordogne* (Périgord), arr. et à 22 k. de Ribérac, cant. de Montagrier, ✉ de Bourdeilles. Pop. 285 h.

CREYSSE, vg. *Lot* (Quercy), arr. et à 33 k. de Gourdon, cant. et ✉ de Martel. Pop. 802 h.

CREYSSELLES, vg. *Ardèche* (Vivarais), arr., cant., ✉ et à 8 k. de Privas. Pop. 535 h.

CREYSSENSAC, vg. *Dordogne* (Périgord), arr., ✉ et à 14 k. de Périgueux, cant. de Vergt. Pop. 409 h.

CRÉZANCY, vg. *Aisne* (Brie), arr., ✉ et à 10 k. de Château-Thierry, cant. de Condé-en-Brie. ⚘. Pop. 543 h.

CRÉZANCY, vg. *Cher* (Berry), arr., cant., ✉ et à 6 k. de Sancerre. Pop. 1,518 h.

CRÉZIÈRES, vg. *Deux-Sèvres* (Poitou), arr. et à 17 k. de Melle, cant. de Brioux, ✉ de Chef-Boutonne. Pop. 194 h.

CRICQ (St-), vg. *Landes* (Gascogne), arr. et à 15 k. de Mont-de-Marsan, cant. et ✉ de Villeneuve. Pop. 690 h.

CRICQ (St-), vg. *Landes* (Gascogne), arr. et à 11 k. de St-Séver, cant. et ✉ de Hagetmau. Pop. 1,119 h.

CRICQ (St-), *Landes*, comm. de Parleboscq, ✉ de Gabarret.

CRICQ-DU-GAVE (St-), vg. *Landes* (Gascogne), arr. et à 28 k. de Dax, cant. et ✉ de Peyrehorade. Pop. 620 h.

CRICQUEVILLE, vg. *Calvados* (Normandie), arr. et à 19 k. de Pont-l'Évêque, cant. de Dives, ✉ de Dozullé. Pop. 225 h.

CRIEL, *Criolium*, *Castrum Caletis*, bg *Seine-Inf.* (Normandie), arr. et à 21 k. de Dieppe, cant. et ✉ d'Eu. Pop. 1,268 h.

CRILLA, vg. *Jura* (Franche-Comté), arr. et à 30 k. de St-Claude, cant. de St-Laurent, ✉ de Clairvaux. Pop. 198 h.

CRILLOIRE (la), *Maine-et-Loire*, comm. d'Yzernay, ✉ de Cholet.

CRILLON, vg. *Oise* (Picardie), arr. et à 18 k. de Beauvais, cant. et ✉ de Songeons. ⚘. Pop. 501 h. — On y voit un ancien château, qui appartient depuis des siècles à la famille de Crillon.

CRILLON, *Credulio*, vg. *Vaucluse* (Comtat), arr. et à 12 k. de Carpentras, cant. et ✉ de Mormoiron. Pop. 646 h.

CRIMOLOIS, vg. *Côte-d'Or* (Bourgogne), arr., cant., ✉ et à 8 k. de Dijon. Pop. 225 h.

CRION, vg. *Meurthe* (Lorraine), arr., cant., ✉ et à 8 k. de Lunéville. Pop. 309 h.

CRIQUE (la), vg. *Seine-Inf.* (Normandie), arr. et à 28 k. de Dieppe, cant. et ✉ de Bellencombre. Pop. 523 h.

CRIQUEBEUF-EN-CAUX, vg. *Seine-Inf.* (Normandie), arr. et à 35 k. du Havre, cant. et ✉ de Fécamp. Pop. 1,827 h.

CRIQUEBEUF-LA-CAMPAGNE, *Criquebodium*, vg. *Eure* (Normandie), arr. et à 13 k. de Louviers, cant. et ✉ du Neubourg. Pop. 372 h. — *Fabriques* de toiles.

CRIQUEBEUF-SUR-SEINE, vg. *Eure* (Normandie), arr. et à 15 k. de Louviers, cant. et ✉ de Pont-de-l'Arche. Pop. 1,212 h. Sur la Seine.

CRIQUETOT - LE - MAUCONDUIT, vg. *Seine-Inf.* (Normandie), arr. et à 28 k. d'Yvetot, cant. et ✉ de Valmont. Pop. 265 h.

CRIQUETOT-LESNEVAL, bg *Seine-Inf.* (Normandie), arr. et à 22 k. du Havre, chef-l. de cant. Cure. ✉. A 198 k. de Paris pour la taxe des lettres. Pop. 1,455 h. — Terrain tertiaire supérieur. — *Foires* les 20 fév., 31 mars, 15 mai, 1er août, 2 nov., 28 déc., le lendemain des Cendres et lundi des Rameaux.
Bibliographie. Cochet (l'abbé). *Histoire communale de Criquetot-Lesneval, etc., rédigée d'après les manuscrits de M. l'abbé Lebret*, in-8, 1840.

CRIQUETOT-SUR-LONGUEVILLE, vg. *Seine-Inf.* (Normandie), arr. et à 17 k. de Dieppe, cant. et ✉ de Longueville. Pop. 334 h.

CRIQUETOT-SUR-OUVILLE. vg. *Seine-Inf.* (Normandie), arr. et à 10 k. d'Yvetot, cant. et ✉ d'Yerville. Pop. 1,057 h.

CRIQUEVILLE, vg. *Calvados* (Normandie), arr. et à 27 k. de Bayeux, cant. et ✉ d'Isigny. Pop. 443 h.

CRIQUIERS, vg. *Seine-Inf.* (Normandie), arr. et à 23 k. de Neufchâtel-en-Bray, cant. et ✉ d'Aumale. Pop. 966 h.

CRISENOY, vg. *Seine-et-Marne* (Gatinais), arr. et à 9 k. de Melun, cant. de Mormant, ✉ de Guignes. Pop. 336 h.

CRISOLLES, vg. *Oise* (Picardie), arr. et à 35 k. de Compiègne, ✉ de Guiscard. Pop. 513 h.

CRISSAY, vg. *Indre-et-Loire* (Touraine), arr. et à 25 k. de Chinon, cant. et ✉ de l'Isle-Bouchard. Pop. 328 h. — On y voit les restes d'un ancien château fort.

CRISSE, vg. *Sarthe* (Maine), arr. et à 31 k. du Mans, cant. et ✉ de Sillé-le-Guillaume. Pop. 1,310 h.

CRISSEY, vg. *Jura* (Franche-Comté), arr., cant., ✉ et à 3 k. de Dôle. Pop. 294 h.

CRISSEY, vg. *Saône-et-Loire* (Bourgogne), arr., cant., ✉ et à 5 k. de Chalon-sur-Saône. Pop. 477 h.

CRISTINACCE, vg. *Corse*, arr. et à 64 k. d'Ajaccio, cant. d'Evisa, ✉ de Vico. Pop. 314 h.

CRISTOT, vg. *Calvados* (Normandie), arr. et à 19 k. de Caen, cant. et ✉ de Tilly-sur-Seulles. Pop. 416 h.

CRITEUIL, vg. *Charente* (Saintonge), arr. et à 22 k. de Cognac, cant. et ✉ de Ségonzac. Pop. 658 h.

CRITOT, vg. *Seine-Inf.* (Normandie), arr. et à 22 k. de Neufchâtel-en-Bray, cant. de St-Saens, ✉ du Fréneau. Pop. 344 h.

CROCE, vg. *Corse*, arr. et à 51 k. de Bastia, cant. et ✉ de la Porta. Pop. 521 h.

CROCHTE, vg. *Nord* (Flandre), arr. et à 16 k. de Dunkerque, cant. et ✉ de Bergues. Pop. 734 h.

CROCIATONUM (lat. 50°, long. 17°). « Ptolémée indique cette ville comme la principale des *Veneli*, ou *Unelli*; et la dénomination y paraît plus correcte que celle de *Crouciaconnum* qu'on trouve dans la Table. Cette position est placée entre *Alauna* et *Augustodurus*. La distance est marquée VII à l'égard d'*Alauna* et XXI à l'égard d'*Augustodurus*. Comme on ne saurait rapporter l'emplacement de *Crociatonum* qu'à Valognes, et que la position d'*Alauna* se retrouve dans les Moutiers d'Alonne, le nombre de distance qui paraît VII dans la Table tient lieu de XII, parce qu'en conséquence d'un espace direct d'environ 12,600 toises, entre Valognes et Alonne, selon la carte du diocèse de Coutances, la mesure itinéraire peut s'estimer d'environ douze lieues gauloises; il n'y a point de défaut pareil à relever dans l'indication qui suit, savoir de *Crociatonum* à la position d'*Augustodurus*, comme on peut voir dans l'article d'*Augustodurus*. Les vestiges d'antiquité, dont on a fait la découverte dans la paroisse d'*Alaume* qui tient à Valognes, dénotent l'emplacement d'une ancienne ville, et, en considérant que la plupart des capitales n'ont changé de nom que pour prendre celui du peuple où elles tenaient le premier rang, on croit pouvoir remarquer que le nom de Valognes ne diffère essentiellement que par la transposition des consonnes du nom de *Veneli*. Combien peut-on citer de dénominations actuelles, qui ne conservent pas une analogie plus marquée avec celles dont elles dérivent, quoique leur altération en diverses manières n'en détruise point l'identité ? Au reste, c'est mal à propos que le terme de *Limen* est ajouté au nom de *Crociatonum* dans le manuscrit palatin de Ptolémée. Ce terme, désignant un port, ne convient pas plus à *Crociatonum* qu'à *Noviomagus* de *Lexovii* ou Lizieux, que le même manuscrit qualifie également de *Limen.* » D'Anville. *Notice de l'ancienne Gaule*, p. 254. V. aussi Walckenaer. *Géogr. des Gaules*, t. I, p. 385.

CROCICCHIA, vg. *Corse*, arr. et à 40 k. de Bastia, cant. de Campile, ✉ de la Porta. Pop. 358 h.

CROCQ, petite ville très-ancienne, *Creuse* (Auvergne), arr. et à 18 k. d'Aubusson, chef-l. de caut. Cure. ✉. A 381 k. de Paris pour la taxe des lettres. Pop. 1,045 h. — **Terrain** cristallisé ou primitif.

Cette ville, située au sommet d'une montagne élevée, n'a jamais été considérable par sa population ni par ses établissements ; puisque sa position et un château assez bien fortifié, qui la défendait, ont dû la faire regarder dans les temps anciens comme une place de guerre importante. La ville proprement dite fut entourée de murailles au commencement du XVᵉ siècle ; elle s'étendait vers le midi, sur le penchant de la montagne, au sommet de laquelle s'élève le château. Dès l'année 1423, les habitants de Crocq avaient obtenu la permission de clore leur ville de murailles, tours et fossés ; et des lettres de Charles VII, de l'année 1426, portent affranchissement de tous subsides pour huit ans, à l'effet de leur donner les moyens de parachever les fortifications, ruinées par le passage des troupes.

En 1592, au commencement du règne de Henri IV, la ville de Crocq fut le berceau d'une insurrection qui s'étendit bientôt dans les provinces voisines, et qu'on ne put réprimer qu'avec des forces considérables, dirigées par d'habiles généraux. Les Croquants furent défaits en 1596 par Chambert ou Chambaut, gouverneur du Limousin, aidé du sieur Albain, gouverneur de la Marche, et du maréchal de Matignon.

En 1771, le chancelier Maupeou fit exiler à Crocq M. Clément Feuillette, l'un des magistrats qui s'étaient le plus signalés par leur opposition aux volontés de la cour. Cet homme respectable passa près de trois années dans cette ville, occupé à y faire exécuter des travaux utiles, auxquels Crocq doit comme une existence nouvelle, et dont la génération actuelle jouit, sans savoir peut-être à qui elle le doit. Il fit ouvrir et achever, à ses frais, la route qui conduit de Felletin à St-Avit d'Auvergne, où elle joint la route de Limoges ; ouvrage qui coûta plus de 30,000 livres à son auteur. La place qu'on voit au milieu de la ville lui doit son existence, et il avait fondé une rente annuelle pour son entretien. Il fit paver les principales rues, construire une halle, planter d'arbres la promenade publique, et établir des marchés extrêmement fréquentés de la vente des bestiaux dans cette partie du département.

L'église paroissiale de Crocq renferme le tombeau de Mᵐᵉ de Mont-Laur, qui s'élève à hauteur d'appui entre une chapelle et le chœur ; il est recouvert par une pierre très-large et très-unie, sur laquelle on ne trouve aucune inscription ni aucun emblème.

Foires les 13 janv., 26 avril, 26 juin, 16 juillet, 18 août, 11 sept., 12 oct., lundi de la Passion, lundi après la Toussaint, 1ᵉʳ lundi de déc.

CROCQ (le), vg. *Oise* (Picardie), arr. et à 42 k. de Clermont, cant. de Crèvecœur, ✉ de Breteuil. Pop. 407 h.

CROCY, vg. *Calvados* (Normandie), arr., ✉ et à 10 k. de Falaise, cant. de Coulibeuf. Pop. 697 h.

CROETTWILLER, ou **Créfern**, vg. *B.-Rhin* (Alsace), arr. et à 14 k. de Wissembourg, cant. et ✉ de Seltz. Pop. 216 h.

CROGIS, *Aisne*, comm. d'Essommes, ✉ de Château-Thierry.

CROIGNON, vg. *Gironde* (Guienne), arr. et à 19 k. de Bordeaux, cant. et ✉ de Créon. Pop. 192 h.

CROISANCE, vg. *H.-Loire* (Auvergne), arr. et à 33 k. du Puy, cant. et ✉ de Saugues. Pop. 250 h.

CROISÉE (la), vg. *Rhône*. ✧. A 14 k. de Villefranche.

CROISELLE, *Nord*, comm. et ✉ de St-Amand-les-Eaux.

CROISETTE (la), *Vosges*, comm. du Val-d'Ajol, ✉ de Plombières.

CROISETTES, vg. *Pas-de-Calais* (Artois), arr., cant., ✉ et à 17 k. de St-Pol-sur-Ternoise. Pop. 539 h.

CROISIC (le), *Crociliacum*, *Corbilum*, jolie petite ville maritime, *Loire-Inf.* (Bretagne), arr. et à 51 k. de Savenay, chef-l. de cant. École d'hydrographie. Syndicat maritime. Bourse de commerce. Cure. ✉. A 480 k. de Paris pour la taxe des lettres. Pop. 2,539 h. — **Terrain** cristallisé ou primitif. — *Établissement de la marée du port*, 3 heures 20 minutes. — Feu de port près du rivage, au nord-nord-ouest de l'église, de 3 m. de hauteur et de 4 k. de portée ; 2ᵉ fanal de 9 m. de hauteur, à 46 m. du premier.

Cette ville est bâtie dans une situation fort agréable, à l'extrémité d'une langue de terre qui s'avance dans l'Océan, sur la rive méridionale d'un petit golfe qui y forme un port excellent : elle est située au milieu de marais salants très-étendus, dont l'exploitation remonte à une époque fort reculée. L'intérieur en est triste, les rues sont mal pavées, et les maisons assez mal bâties. La ville est disposée sur une ligne demi-circulaire, dont les promenades élevées de l'Esprit et de l'Enigo occupent les extrémités ; au centre est l'église paroissiale, édifice très-vaste, surmonté d'un clocher en pierres de taille d'une forme élégante et d'une hauteur extraordinaire ; il sert à diriger les navires qui cherchent l'embouchure de la Loire. Le port est très-riant : c'est une vaste baie, formée par la nature, qui peut contenir 200 navires.

Le Croisic paraît être le *Brivates Portus* de Ptolémée. En 1558, le cardinal de Créqui, évêque de Nantes, y assiégea dix-neuf calvinistes qui s'étaient retirés dans la maison d'un notable bourgeois nommé Guillaume Roi. Pendant toute une journée on battit de quelques centaines de coups de couleverine les murs de cette maison, où les assiégés tinrent bon toute la journée, et d'où ils parvinrent à s'échapper pendant la nuit. La maison de Guillaume Roi s'élève encore aujourd'hui, avec sa façade grise, au-dessus de tous les édifices du Croisic.

Biographie. Patrie du poète **Desforges Maillard**.

Du savant physicien et hydrographe **Bouguer**, choisi en 1736, avec Godin et La Condamine, pour aller à l'équateur déterminer la forme de la terre.

Fabriques de soude de varech. Pêche du hareng, du maquereau et de la sardine. Construction de navires. Cabotage. — *Commerce* de sel, vins, eaux-de-vie, bestiaux, etc. — *Foire* de 8 jours le 22 sept. — Lat. 47° 17′ 43″, long. 4° 30′ 30″ O.

Le Four. En face du Croisic, à 10 ou 12 k. en mer, existe un écueil fameux en naufrages. C'est une base de rochers nommé le Four, dont l'étendue à basse mer est de plus de 4 k. dans la direction du N.-N.-E. au S.-S.-O. ; les parties les plus hautes se découvrent d'environ 2 m. à l'époque des grandes marées. Sur ces rochers on a construit un phare divisé en deux étages : le premier, auquel on monte par une échelle perpendiculaire incrustée dans le mur, est le magasin ; le second, l'appartement des guetteurs ; sur sa plate-forme, autour de la lanterne, règne une galerie de 67 c. de largeur, qui leur sert de promenade. La hauteur totale de la tour est de 18 m. 47 c. La mer monte, dans son maximum, de 6 m. 14 c. En conséquence, le feu, au moment le plus défavorable, est à 12 m. 33 c. de hauteur.

Bibliographie. **Morlent.** *Précis sur Guérande, le Croisic et ses environs*, in-8, 1819.

Richer (Ed.). *Description du Croisic*, in-4, 1823.

Grandpré (Gustave). *Promenade au Croisic*, 3 vol. in-18, 1828.

CAILLO jeune. *Notes sur le Croisic*, in-8, 1842-43.
CROISIÈRE (la), *Seine-et-Marne*, comm. et ⊠ de Souppes. ⌖.
CROISILLE (la), vg. *Eure* (Normandie), arr. et à 18 k. d'Evreux, cant. et ⊠ de Conches. Pop. 154 h.
CROISILLE (la), vg. *H.-Vienne* (Limousin), arr. et à 38 k. de Limoges, cant. de Châteauneuf, ⊠ de St-Germain-les-Belles-Filles. Pop. 2,022 h.
CROISILLES, vg. *Calvados* (Normandie), arr. et à 24 k. de Falaise, cant. et ⊠ d'Harcourt-Thury. Pop. 697 h.
CROISILLES, vg. *Eure-et-Loir* (Beauce), arr. et à 12 k. de Dreux, cant. et ⊠ de Nogent-le-Roi. Pop. 340 h.
CROISILLES, *Corilisum, Croisilla*, vg. *Orne* (Normandie), arr. et à 22 k. d'Argentan, cant. et ⊠ de Gacé. Pop. 453 h.
CROISILLES, vg. *Pas-de-Calais* (Artois), arr., ⊠ et à 13 k. d'Arras, chef-l. de cant. Cure. Pop. 1,366 h.—TERRAIN crétacé supérieur, craie.
CROISMARE, ou HAUDONVILLER, vg. *Meurthe* (Lorraine), arr., cant., ⊠ et à 7 k. de Lunéville. Pop. 942 h.
CROISSANVILLE, *Crussanvilla*, vg. *Calvados* (Normandie), arr. et à 24 k. de Lisieux, cant. de Mézidon. ⊠. A 196 k. de Paris pour la taxe des lettres. Pop. 373 h.—*Fabrique* de dentelles. Filature hydraulique de coton.
CROISSET, *Seine-Inf.* com. de Canteleu, ⊠ de Rouen.
CROISSY, vg. *Oise* (Picardie), arr. et à 52 k. de Clermont, cant. et ⊠ de Crèvecœur. Pop. 323 h.
CROISSY, vg. *Seine-et-Marne* (Ile-de-France), arr. et à 28 k. de Meaux, cant. de Lagny, ⊠ de Torcy. Pop. 282 h.
CROISSY, ou CROISSY-SUR-SEINE, vg. *Seine-et-Oise* (Ile-de-France), arr. et à 12 k. de Versailles, cant. de St-Germain-en-Laye, ⊠ de Chaton. Pop. 533 h.— Il est dans une belle situation, vis-à-vis de la Malmaison, sur la rive droite de la Seine, qui forme en cet endroit une grande île, appelée l'île de la Loge. On y voit plusieurs belles habitations, dont une entre autres est remarquable par la bizarrerie de son architecture. L'association rurale de Naz a formé à Croissy un bel établissement pour le lavage des laines de son magnifique troupeau.
CROISY, vg. *Cher* (Berry), arr. à 35 k. de St-Amand-Montrond, cant. de Néronde, ⊠ de Dun-le-Roi. Pop. 447 h.
CROISY-LA-HAYE, *Cresecium*, vg. *Seine-Inf.* (Normandie), arr. et à 40 k. de Neufchâtel-en-Bray, cant. d'Argueil. ⊠. A 110 k. de Paris pour la taxe des lettres. Pop. 1,056 h.— Filature de coton.
CROISY - SUR - EURE, *Crociacum*, vg. *Eure* (Normandie), arr. et à 18 k. d'Evreux, cant. et ⊠ de Pacy-sur-Eure. Pop. 312 h. — C'était jadis le siège d'une baronnie, avec un château fortifié.
CROIX (Ste-), vg. *Ain* (Dombes), arr. à

25 k. de Trévoux, cant. et ⊠ de Montluel. Pop. 229 h.
CROIX (la), vg. *Aisne* (Brie), arr. et à 20 k. de Château-Thierry, cant. de Neuilly-St-Front, ⊠ d'Oulchy. Pop. 184 h.
CROIX (Ste-), vg. *Aisne* (Picardie), arr. et à 15 k. de Laon, cant. de Craonne, ⊠ de Corbeny. Pop. 401 h.
CROIX (Ste-), ou STE-CROIX-DE-VOLVESTRE, petite ville, *Ariège* (pays de Foix), arr. et à 17 k. de St-Girons, chef-l. de cant., ⊠ de St-Lizier. Pop. 1,886 h.—TERRAIN crétacé inférieur, voisin du terrain jurassique. — Elle est située sur le Volp. On y voit une grotte assez curieuse ; l'église paroissiale et celle d'un ancien couvent de religieuses de l'ordre de Fontevrault méritent aussi d'être remarquées. — *Fabriques* de draps communs. Tuilerie, verrerie, faïencerie.
CROIX (Ste-), vg. *Ariège*, comm. d'Engraviès, ⊠ de Mirepoix.—*Foires* les 1ers fév., avril, juin, oct., et 7 déc.
CROIX (Ste-), vg. *Aveyron* (Rouergue), arr. et à 10 k. de Villefranche-de-Rouergue, cant. et ⊠ de Villeneuve. Pop. 1,461 h. — *Foires* les 4 mai et 14 sept.
CROIX (la), *Côte-d'Or*, comm. d'Ogny, ⊠ de Jaulieu.
CROIX (Ste-), *Côtes-du-Nord*, comm. et ⊠ de Guingamp.
CROIX (Ste-), vg. *Drôme* (Provence), arr., cant., ⊠ et à 8 k. de Die. Pop. 322 h. — Il est bâti au pied d'une montagne très-escarpée, où l'on voit les ruines d'un château fort qui était important par sa position. Ce château passe pour avoir appartenu à Diane de Poitiers, dont il porte encore le nom ; on lui donne aussi celui de château des Grâces. — *Fabriques* d'étoffes de laine.
CROIX (la), ou CROIX-DE-BLÉRÉ, vg. *Indre-et-Loire* (Touraine), arr. et à 25 k. de Tours, cant. et ⊠ de Bléré. ⌖. Pop. 529 h.
CROIX (Ste-), *Landes*, comm. de Carcarès, ⊠ de Tartas.
CROIX (Ste-), vg. *Lot* (Quercy), arr. à 30 k. de Cahors, cant. et ⊠ de Montcuq. Pop. 433 h.
CROIX (Ste-), *Morbihan*, comm. et ⊠ de Josselin.
CROIX, vg. *Nord* (Flandre), arr. et à 29 k. d'Avesnes, cant. et ⊠ de Landrecies. P. 508 h. — Teintureries.
CROIX, vg. *Nord* (Flandre), arr., ⊠ et à 8 k. de Lille, cant. de Roubaix. Pop. 1,574 h.
CROIX, vg. *Pas-de-Calais* (Artois), arr., cant., ⊠ et à 5 k. de St-Pol-sur-Ternoise. Pop. 281 h.
CROIX (la), vg. *H.-Rhin* (Alsace), arr. à 28 k. de Belfort, cant. et ⊠ de Delle. Pop. 350 h.
CROIX (Ste-), vg. *Saône-et-Loire* (Bourgogne), arr., ⊠ et à 7 k. de Louhans, cant. de Montpont. Pop. 1,321 h. — *Foires* les 6 mai et 16 sept.
CROIX (Ste-), vg. *Sarthe* (Maine), arr., cant., ⊠ et à 4 k. du Mans. Pop. 2,166 h.

CROIX (la), *Seine-et-Oise*, comm. de Fontenay-St-Père, ⊠ de Mantes.
CROIX (Ste-), *Tarn*, comm. de Castelnau-de-Lévis, ⊠ d'Albi.
CROIX (la), vg. *H.-Vienne* (Limousin), arr. et à 7 k. de Bellac, cant. et ⊠ du Dorat. Pop. 901 h.
CROIX - STE - ALAUZE, vg. *B.-Alpes* (Provence), arr. et à 22 k. de Forcalquier, cant. et ⊠ de Reillanne. Pop. 233 h.
CROIXANVEC, vg. *Morbihan* (Bretagne), arr., cant., ⊠ et à 12 k. de Pontivy. Pop. 273 h.
CROIX-AU-BAILLY (la), *Somme*. V. ST-QUENTIN-LAMOTTE.—*Fabrique* de serrurerie de bâtiment.
CROIX - AU - BOCAGE (Ste-), *Manche*, comm. de Tourléville-Bocage, ⊠ du Vast.
CROIX-AU-BOST (la), vg. *Creuse*, com. de St-Domet, ⊠ de Chénérailles.
CROIX - AUX - BOIS (la), vg. *Ardennes* (Champagne), arr., cant., ⊠ et à 7 k. de Vouziers. Pop. 438 h.
CROIX - AUX - MINES (Ste-), ou HEILIG-KREUTZ-LEBERTHAL, beau village, *H.-Rhin* (Alsace), arr. et à 37 k. de Colmar, cant. et ⊠ de Ste-Marie-aux-Mines. Pop. 3,625 h.— On y remarque une belle église paroissiale, bâtie en 1768.—*Fabriques* de toiles de coton, de bonneterie. Filatures de laine et de coton. Mines de cuivre et de plomb argentifère.
CROIX-AUX-MINES (la), vg. *Vosges* (Lorraine), arr., ⊠ et à 18 k. de St-Dié, cant. de Fraize. Pop. 1,649 h.
CROIX-AVRANCHIN (la), vg. *Manche* (Normandie), arr. et à 16 k. d'Avranches, cant. et ⊠ de St-James. Pop. 1,004 h.
CROIX-BARS (la), vg. *Aveyron* (Rouergue), arr. et à 60 k. d'Espalion, cant. et ⊠ de Mur-de-Barrez. Pop. 1,880 h.
CROIX-BÉNITE (la), vg. *H.-Garonne* (Languedoc), arr., cant., ⊠ et à 8 k. de Toulouse. Pop. 187 h.
CROIX-BLANCHE (la), *Isère*, comm. de St-Alban, ⊠ de Bourgoin.
CROIX-BLANCHE (la), *Loire-Inf.*, com. d'Héric, ⊠ de Nort.
CROIX-BLANCHE (la), vg. *Lot-et-Garonne* (Agénois), arr. d'Agen, cant. et ⊠ de la Roque-Timbaut. ⌖.—Cette commune portait autrefois le nom de Fauguerolles, qu'elle a changé en celui de la Croix-Blanche par ordonnance royale du 1er janvier 1839.
CROIX - BLANCHE (la), *Saône-et-Loire*, à 13 k. de Mâcon. ⌖.
CROIX - BUISÉE (la), *Indre-et-Loire*, comm. et ⊠ de Vouvray.
CROIX - CHAPEAU, bg *Charente-Inf.* (Aunis), arr. et à 13 k. de la Rochelle, cant. de la Jarrie. ⊠. A 480 k. de Paris pour la taxe des lettres. Pop. 752 h. — *Foire* le 25 mars.
CROIX-COMTESSE (la), vg. *Charente-Inf.* (Saintonge), arr. et à 15 k. de St-Jean-d'Angély, cant. et ⊠ de Loulay. Pop. 370 h.
CROIX - DALLE, vg. *Seine-Inf.* (Nor-

mandie), arr. et à 13 k. de Neufchâtel, cant. et ✉ de Londinières. Pop. 451 h.

CROIX-D'AURAOTE, *H.-Garonne*, com. et ✉ de Toulouse.

CROIX-DE-BERNY (la), vg. *Seine*, com. et ✉ d'Antony. ⚘.

CROIX-DE-BOCQ (la), *Nord*, comm. de Stéenverck, ✉ de Bailleul.

CROIX-DE-BOUYE (la), *Charente*, comm. d'Exideuil, ✉ de Chabanais.

CROIX-DE-CADORLE (Ste-), vg. *Gard* (Languedoc), arr. et à 30 k. du Vigan, cant. et ✉ de la Salle. Pop. 290 h.

CROIX-DE-GAJAN (Ste-), *Ariège*, comm. de Gajan, ✉ de St-Girons.

CROIX-DE-MAREUIL (Ste-), vg. *Dordogne* (Périgord), arr. et à 23 k. de Nontron, cant. et ✉ de Mareuil. Pop. 428 h.

CROIX-DE-MONTFERRAND (Ste-), vg. *Dordogne* (Périgord), arr. et à 26 k. de Bergerac, cant. et ✉ de Beaumont. Pop. 602 h. — Forges et hauts fourneaux.

CROIX-DE-MISSION (la), *Loire*, comm. de Montaud, ✉ de St-Etienne.

CROIX-DE-PAVEZIN (Ste-), *Loire*, com. de Condrieu et Pavezin, ✉ de Condrieu.

CROIX-DE-QUINTILLARGUES (Ste-), vg. *Hérault* (Languedoc), arr. et à 23 k. de Montpellier, cant. et ✉ des Matelles. Pop. 125 h.

CROIX-DE-ROUGE-FER (la), *Ain*, comm. de Messimy-sur-Saône, ✉ de Montmerle.

CROIX-DE-ST-LO (Ste-), vg. *Manche* (Normandie), arr. cant., et à 1 k. de St-Lô. Pop. 763 h.

CROIX-DE-VALLÉE-FRANÇAISE (Ste-), vg. *Lozère* (Languedoc), arr. et à 28 k. de Florac, cant. de Barre, ✉ de Pompidou. Pop. 835 h. — *Foires* les 1er fév., 10 avril, 10 mai, 10 août et 15 nov.

CROIX-DE-VIDALLE, *Var*, comm. et ✉ de Toulon-sur-Mer.

CROIX-DE-VIE, vg. *Vendée* (Poitou), arr. et à 27 k. des Sables, cant. et ✉ de St-Gilles-sur-Vie. Pop. 720 h.

CROIX-DU-MONT (Ste-), vg. *Gironde* (Guienne), arr. et à 39 k. de Bordeaux, cant. et ✉ de Cadillac. Pop. 1,128 h.

CROIX-DU-PERCHE (la), vg. *Eure-et-Loir* (Beauce), arr. et à 19 k. de Nogent-le-Rotrou, cant. de Thiron-Gardais, ✉ de Brou. Pop. 483 h.

CROIX-EN-BRIE (la), bg *Seine-et-Marne* (Brie), arr. et à 19 k. de Provins, cant. et ✉ de Nangis. Pop. 810 h. — Il est bâti dans une riante situation, au milieu d'une contrée fertile, et ne forme pour ainsi dire qu'une seule rue. C'était autrefois une commanderie de l'ordre de Malte. On y remarque l'ancien château de Sossoy, flanqué de quatre tourelles.

CROIX-EN-CHAMPAGNE (la), *Marne* (Champagne), arr., cant. et à 20 k. de Ste-Ménéhould, ✉ de Tilloy. Pop. 157 h.

CROIX-EN-PLAINE (Ste-), ou HEILIG-KREUTZ-AUF-DER-EBENE, vg. *H.-Rhin* (Alsace), arr., cant., et à 9 k. de Colmar. Pop. 1,609 h.

Il doit son origine à un couvent de femmes fondé par Hugues, comte d'Eguisheim. L'empereur Conrad IV le détruisit en 1250. Le comte de Ferrette se rendit maître du château en 1298, et ruina le couvent. Les Armagnacs le prirent en 1444, et saccagèrent les environs.

CROIX-FALGARDE (la), vg. *H.-Garonne* (Languedoc), arr. et à 14 k. de Toulouse, cant. et ✉ de Castanet. Pop. 404 h.

CROIX-FONSOMME, vg. *Aisne* (Picardie), arr. et à 13 k. de St-Quentin, cant. de Bohain, ✉ de Fresnoy-le-Grand. Pop. 455 h. — *Fabrique* de châles.

CROIX-FONTAINE, *Seine-et-Marne*, com. de Seine-Port, ✉ de Melun.

CROIX-GRAND-TONNE (Ste-), vg. *Calvados* (Normandie), arr. et à 11 k. de Caen, cant. de Tilly-sur-Seulles, ✉ de Bretteville-l'Orgueilleuse. Pop. 533 h.

CROIX-HAGUE (Ste-), vg. *Manche* (Normandie), arr. et à 13 k. de Cherbourg, cant. et ✉ de Beaumont. Pop. 655 h.

CROIX-HELLÉAN (la), vg. *Morbihan* (Bretagne), arr. et à 10 k. de Ploërmel, cant. et ✉ de Josselin. Pop. 828 h. — *Foires* les 1ers mardis d'avril, d'août et de décembre.

CROIXILLE (la), vg. *Mayenne* (Maine), arr. et à 30 k. de Laval, cant. de Chailland, ✉ d'Ernée. Pop. 1,339 h.

CROIX-LAURENT (la), vg. *Ille-et-Vilaine* (Bretagne), ⚘ et à 9 k. de Châteaubriant.

CROIX-LE-VERDON (Ste-), vg. *B.-Alpes* (Provence), arr. et à 55 k. de Digne, cant. et ✉ de Riez. Pop. 284 h.

CROIX-MARE, vg. *Seine-Inf.* (Normandie), arr. et à 28 k. de Rouen, cant. de Pouilly, ✉ de Barentin. Pop. 942 h. — *Foires* les 1er mars et 30 juin.

CROIX-MOLIGNAUX, vg. *Somme* (Picardie), arr. et à 15 k. de Péronne, cant. et ✉ du Ham. Pop. 507 h.

CROIX-MORTE (la), *Indre-et-Loire*, com. de Restigny, ✉ de Bourgueil.

CROIX-RAULT, vg. *Somme* (Picardie), arr. et à 32 k. d'Amiens, cant. et ✉ de Poix. Pop. 536 h.

CROIX-ROUSSE (la), *Rhône* (Lyonnais), arr., cant., et à 11 k. de Lyon. P. 18,790 h. — C'est l'un des faubourgs de Lyon, formant une commune séparée, chef-lieu d'un des six cantons dont la ville se compose. — *Fabrique* de liqueurs. Teintureries.

Bibliographie. BUNEL (J.-B.). *Tableau historique, administratif et industriel de la ville de la Croix-Rousse*, in-18, 1842.

CROIX-ST-LEUFROY (la), *Crux sancti Leufredi*, bg *Eure* (Normandie), arr. et à 16 k. de Louviers, cant. et ✉ de Gaillon. Pop. 825 h. — Il doit son origine à saint Leufroy, qui fit bâtir en ce lieu un monastère connu primitivement sous le nom de la Croix-St-Ouen. Au commencement du XIIe siècle, le comte de Meulan fit élever aux environs une forteresse, où Amaury de Montfort organisa un soulèvement de barons normands contre Henri Ier, en 1123. — *Foires* les 15 mai et 15 oct.

CROIX-ST-OUEN (la), vg. *Oise* (Picardie), arr., cant., ✉ et à 10 k. de Compiègne. ⚘.

Pop. 1,149 h. — Ce village est enclavé par la forêt de Compiègne et bordé par l'Oise. Il y avait anciennement une abbaye fondée par Dagobert Ier, que les Anglais détruisirent presque entièrement en 1358.

CROIX-SUR-AIZIER (Ste-), vg. *Eure* (Normandie), arr., ✉ et à 13 k. de Pont-Audemer, cant. de Quillebeuf. Pop. 725 h.

CROIX-SUR-BUCHY (Ste-), vg. *Seine-Inf.* (Normandie), arr. et à 23 k. de Rouen, cant. et ✉ de Buchy. Pop. 702 h. — *Foire* le 14 sept.

CROIX-SUR-MER (Ste-), vg. *Calvados* (Normandie), arr. et à 17 k. de Bayeux, cant. de Ryes, ✉ de Creully. Pop. 269 h.

CROIX-SUR-MEUSE (la), vg. *Meuse* (Lorraine), arr. et à 11 k. de Commercy, cant. et ✉ de St-Mihiel. Pop. 1,141 h.

CROIX-SUR-ORNE (Ste-), vg. *Orne* (Normandie), arr. et à 25 k. d'Argentan, cant. et ✉ de Putanges. Pop. 421 h.

CROIX-VERTE (la), *Maine-et-Loire*, comm., ✉ et faubourg de Saumur. ⚘. V. SAUMUR.

CROIZET, vg. *Loire* (Forez), arr. à 23 k. de Roanne, cant. et ✉ de St-Symphorien-de-Lay. Pop. 603 h.

CROLLES (la), vg. *Isère* (Dauphiné), arr. et à 18 k. de Grenoble, cant. du Touvet, ✉. A 576 k. de Paris pour la taxe des lettres. Pop. 1,600 h. — Filatures de soie. — *Foire* le 11 nov.

CROLLON, vg. *Manche* (Normandie), arr. et à 13 k. d'Avranches, cant. et ✉ de Ducey. Pop. 425 h.

CROMAC, vg. *H.-Vienne* (Limousin), arr. et à 36 k. de Bellac, cant. de St-Sulpice-les-Feuilles, ✉ d'Arnac-la-Poste. Pop. 1,041 h.

CROMARY, vg. *H.-Saône* (Franche-Comté), arr. et à 35 k. de Vesoul, cant. de Rioz, ✉ de Voray. Pop. 396 h. — *Foires* les 25 janv., 15 mai, 11 août et 15 oct.

CRONAT, bg *Saône-et-Loire* (Bourgogne), arr. et à 61 k. de Charolles, cant. et ✉ de Bourbon-Lancy. Pop. 1,380 h. — *Foires* les 16 avril, 12 juin, 23 août, 28 nov., 19 janv. et 16 déc.

CRONCE, vg. *H.-Loire* (Auvergne), arr. et à 26 k. de Brioude, cant. de Pinols, ✉ de la Voûte-Chilhac. Pop. 528 h.

CRONCELS (faubourg), *Aube*, comm. et ✉ de Troyes.

CROPTE (la), vg. *Dordogne* (Périgord), arr. et à 23 k. de Périgueux, cant. et ✉ de Vergt. Pop. 1,168 h.

CROPTE (la), bg *Mayenne* (Maine), arr. et à 24 k. de Laval, cant. et ✉ de Meslay. Pop. 769 h.

CROPUS, vg. *Seine-Inf.* (Normandie), arr. et à 22 k. de Dieppe, cant. et ✉ de Bellencombre. Pop. 308 h.

CROQUELARDIT, *Lot-et-Garonne*, comm. de St-Jean-de-Thurac, ✉ de la Magistère. ⚘.

CROQUOISON, *Somme*, comm. d'Hencourt, ✉ d'Eraines.

CROS (le), *H.-Alpes*, comm. de St-Laurent, ✉ de St-Bonnet.

CROS, vg. *Gard* (Languedoc), arr. et à 30 k. du Vigan, cant. et ✉ de St-Hippolyte. Pop. 968 h. — *Fabrique* d'étoffes de laine.

CROS (le), vg. *Hérault* (Languedoc), arr., ✉ et à 29 k. de Lodève, cant. du Caylar. Pop. 323 h.

CROS, vg. *Puy-de-Dôme* (Auvergne), arr. et à 60 k. d'Issoire, cant. de Latour, ✉ de Tauves. Pop. 784 h.

CROS-DE-GÉORAND (le), vg. *Ardèche* (Languedoc), arr. et à 50 k. de Largentière, cant. et ✉ de Montpezat. Pop. 1,538 h.

CROS-DE-MONTAMAT, vg. *Cantal* (Auvergne), arr. et à 23 k. d'Aurillac, cant. et ✉ de Vic-sur-Cère. Pop. 467 h.

CROS-DE-MONTVERT, vg. *Cantal* (Auvergne), arr. et à 25 k. d'Aurillac, cant. de la Roquebrou, ✉ de Montvert. Pop. 937 h.

CROSE, bg *Creuse* (Marche), arr. et à 15 k. d'Aubusson, cant. et ✉ de Felletin. Pop. 1,104 h. A la source de la Creuse. — Commerce de bestiaux.

CROSET, vg. *Ain* (pays de Gex), arr., cant., ✉ et à 7 k. de Gex. Pop. 663 h. — *Foire* le 26 mars (au hameau d'Avouzon).

CROSEY-LE-GRAND, vg. *Doubs* (Franche-Comté), arr. et à 17 k. de Baume-les-Dames, cant. et ✉ de Clerval. Pop. 402 h.

CROSEY-LE-PETIT, vg. *Doubs* (Franche-Comté), arr. et à 15 k. de Baume-les-Dames, cant. et ✉ de Clerval. Pop. 291 h.

CROSMIÈRES, vg. *Sarthe* (Maine), arr., cant., ✉ et à 9 k. de la Flèche. Pop. 1,231 h.

CROSNES, *Crona*, *Erosna*, vg. *Seine-et-Oise* (Ile-de-France), arr. et à 15 k. de Corbeil, cant. de Boissy-St-Léger, ✉ de Villeneuve-St-Georges. Pop. 295 h. — Ce village est situé dans un petit vallon, sur la rive droite de l'Yères, un peu au-dessus de son confluent avec la Seine. Brulart de Genlis y possédait anciennement un château où séjourna Louis XIII en 1616. Après la révolution du 18 brumaire an VIII, la terre de Crosnes fut donnée à l'abbé Sieyes comme récompense nationale ; mais M. de Crosnes, lieutenant de police, qui en était propriétaire, prouva que ce n'était point une propriété nationale, rentra dans ce domaine, et la ménagerie de Versailles fut donnée à Sieyes. Le château a été démoli.

Biographie. Crosnes est le lieu de naissance du célèbre NICOLAS BOILEAU-DESPRÉAUX, qui y naquit en 1636, de Gilles Boileau, greffier de la grand'chambre du parlement de Paris. Son père avait bien mal démêlé les dispositions et le génie de son fils, car il disait : « C'est un bon garçon, qui n'a pas grand » esprit, et qui ne dira de mal de personne. » Que de pères se sont ainsi trompés sur la vocation de leurs enfants ! L'enfance de ce fameux satirique avait été confiée à une nourrice de campagne, qui l'avait emmené dans son village, où il resta plus de trois ans. Un jour qu'il voulut battre un gros dindon en colère, l'animal furieux s'élança sur lui, le jeta par terre, et, à grands coups de bec, le blessa grièvement où le malheureux Abailard fut puni avec autant d'injustice que de barbarie. Tous les secours de l'art ne purent rendre au jeune Boileau les dons précieux de la nature ; en sorte qu'il se vit presque en naissant hors d'état de pouvoir jamais goûter les plaisirs de l'amour et de l'hymen. Cet accident dut influer sur le moral du législateur du Parnasse français, et l'on a même cru y trouver la cause de son humeur dure et chagrine, de la sévérité de sa poésie et de ses mœurs, du fiel de sa plume, de sa satire contre les femmes, de son aversion pour l'opéra, et de son antipathie contre Quinault, dont l'amour inspira les vers.

CROSSAC, bg *Loire-Inf.* (Bretagne), arr. et à 18 k. de Savenay, cant. et ✉ de Pont-Château. Pop. 1,408 h. — On y remarque un dolmen connu dans le pays sous le nom de pierre de la Barbière.

CROSSES, vg. *Cher* (Berry), arr., ✉ et à 17 k. de Bourges, cant. de Baugy. P. 453 h.

CROSVILLE, vg. *Manche* (Normandie), arr. et à 14 k. de Valognes, cant. et ✉ de St-Sauveur-sur-Douve. Pop. 260 h.

CROSVILLE-LA-VIEILLE, *Crauvilla*, *Crovilla Vetus*, vg. *Eure* (Normandie), arr. et à 20 k. de Louviers, cant. et ✉ du Neubourg. Pop. 487 h. — *Foire* le 29 juin.

CROSVILLE-SUR-SCIE, vg. *Seine-Inf.* (Normandie), arr. et à 12 k. de Dieppe, cant. et ✉ de Longueville. Pop. 268 h.

CROT (le), *Cher*, comm. de St-Georges-sur-Moulon, ✉ de Bourges.

CROTELLES, vg. *Indre-et-Loire* (Touraine), arr. et à 21 k. de Tours, cant. de Château-Renault. Pop. 516 h.

CROTONAY, vg. *Jura* (Franche-Comté), arr. de Poligny, à 22 k. d'Arbois, cant. et ✉ de Champagnole. Pop. 409 h.

CROTH, vg. *Eure* (Normandie), arr. à 30 k. d'Evreux, cant. et ✉ de St-André. P. 375 h.

CROTOY (le), petite ville maritime, *Somme* (Picardie), arr. à 25 k. d'Abbeville, cant. et ✉ de Rue. Bureau de douanes. P. 1,211 h. — Cette ville est située à l'embouchure de la Somme, vis-à-vis de St-Valery. On voit au Crotoy les restes d'un château fort construit par les Anglais en 1369, où l'infortunée Jeanne d'Arc fut enfermée en 1431. — Le Crotoy a donné son nom à un traité entre Louis XI et le duc de Bourgogne, signé le 3 octobre 1471; traité qui ne fut exécuté par aucune des deux parties contractantes.

Les rues du Crotoy sont encombrées de sable. La chasse du ver marin et la pêche occupent presque toute l'année les habitants de ce petit port de mer, où relâchent quelques-uns des bâtiments qui fréquentent la baie de Somme.— Parc aux huîtres. Entrepôt de sel, vin, blés, toiles, huiles, serrurerie, etc.— Lat. 50°12'45'', long. O. 0°44'0''.

Bibliographie. LABOURT. *Recherches archéologiques sur le Crotoy*, broch. in-8, 1840.

CROTTES (les), vg. *H.-Alpes* (Dauphiné), arr., cant., ✉ et à 6 k. d'Embrun. P. 1,459 h. — *Foire* le 27 mars.

CROTTES (les), vg. *Bouches-Du-Rhône*, comm. et ✉ de Marseille.

CROTTES, vg. *Loiret* (Orléanais), arr. et à 16 k. de Pithiviers, cant. d'Outarville, ✉ de Neuville-aux-Bois. Pop. 361 h.

CROTTET, vg. *Ain* (Bourgogne), arr. et à 28 k. de Bourg-en-Bresse, cant. et ✉ de Pont-de-Veyle. Pop. 793 h.

CROUAIS (le), vg. *Ille-et-Vilaine* (Bretagne), arr. et à 17 k. de Montfort-sur-Meu, cant. et ✉ de St-Méen. Pop. 395 h.

CROUAY, vg. *Calvados* (Normandie), arr., ✉ et à 11 k. de Bayeux, cant. de Tréviers. Pop. 606 h.

CROUIN, vg. *Charente* (Angoumois), arr., cant., ✉ et à 2 k. de Cognac. Pop. 366 h.

CROUPET, *Seine-et-Marne*, comm. de Doue, ✉ de Rebais.

CROUPTE (la), *Calvados* (Normandie), arr. et à 20 k. de Lisieux, cant. d'Orbec, ✉ de Fervacques. Pop. 277 h.

CROUTELLE vg. *Vienne* (Poitou), arr., cant., ✉ et à 7 k. de Poitiers. ↻. Pop. 309 h. — *Foire* le 24 août.

CROUTES (les), vg. *Aube* (Champagne), arr. et à 37 k. de Troyes, cant. et ✉ d'Ervy. Pop. 271 h.— *Fabrique* de toiles de lin.

CROUTES, *Gers*, comm. de Lasserrade, ✉ de Plaisance.

CROUTOY, vg. *Oise* (Picardie), arr. et à 18 k. de Compiègne, cant. d'Attichy, ✉ de Couloisy. Pop. 234 h.

CROUTTES, vg. *Aisne* (Brie), arr. et à 20 k. de Château-Thierry, cant. et ✉ de Charly. Pop. 569 h.

CROUTTES, vg. *Orne* (Normandie), arr. et à 27 k. d'Argentan, cant. et ✉ de Vimoutier. Pop. 786 h.— *Fabrique* de toile.

CROUY, *Croviacum*, *Croiciacum*, bg *Aisne* (Picardie), arr., cant., ✉ et à 5 k. de Soissons. Pop. 1,147 h. — C'est un bourg fort ancien où le roi de France avait une maison de plaisance au VI° siècle.

CROUY, vg. *Loir-et-Cher* (Blaisois), arr. et à 24 k. de Blois, cant. de Bracieux, ✉ de St-Dyé-sur-Loir. Pop. 421 h.

CROUY, ou CROUY-EN-OURCQ, petite ville, *Seine-et-Marne* (Brie), arr. et à 25 k. de Meaux, cant. de Lizy, A 65 k. de Paris pour la taxe des lettres. Pop. 1,374 h.— Elle est située dans un joli vallon entouré de bois, sur la rivière d'Ourcq. Il ne reste plus de son ancien château, aujourd'hui converti en ferme, qu'une tour antique qui sert aujourd'hui de prison. L'église paroissiale, fondée en 1550, offre un beau vaisseau ; mais on regrette que le bas côté droit n'ait pas été achevé. La voûte est hardie, et les piliers qui la supportent sont d'une grande délicatesse. Sa construction est romane et remonte au moins au XII° siècle. — *Foires* les 11 juin, 21 sept. et 3° mardi de carême.

CROUY, vg. *Somme* (Picardie), arr. et à 20 k. d'Amiens, cant. et ✉ de Picquigny. Pop. 431 h.

CROUY-EN-THELLE, vg. *Oise* (Picardie), arr. et à 25 k. de Senlis, cant. de Neuilly-en-Thelle, ◻ de Chambly. Pop. 402 h.—*Fabriques* de boutons en soie, poil de chèvre, etc., pour habits.

CROUZEILHES, vg. *B.-Pyrénées* (Béarn), arr. et à 40 k. de Pau, cant. et ◻ de l'Embeye. Pop. 463 h.

CROUZET (le), vg. *Doubs* (Franche-Comté), arr. et à 40 k. de Besançon, cant. d'Amancey, ◻ de Salins. Pop. 221 h.

Sur le territoire de ce village, dans le vallon de Migette, borné par de hautes montagnes boisées, on voit un ruisseau dont les eaux s'épanchent dans un entonnoir naturel au-dessus des rochers de la source du Lison. Dans les grandes eaux, ce ruisseau devient un torrent impétueux, qui se précipite de 125 m. de hauteur dans un précipice dit *le Puits-Bissard*, qui le reçoit tout entier, et le conduit à la source du Lison par un canal souterrain d'environ 100 m. Un frêne d'un feuillage sombre croît au fond de cet entonnoir, dont l'aspect a quelque chose de sinistre.

Il existait autrefois dans l'agreste vallon de Migette une abbaye de chanoinesses, fondée sur la fin du XIIIe siècle, dont une partie des bâtiments est occupée aujourd'hui par une belle manufacture de faïence.

CROUZET (le), vg. *Doubs* (Franche-Comté), arr. et à 32 k. de Pontarlier, cant. et ◻ de Mouthe. Pop. 61 h.

CROUZILLES, vg. *Indre-et-Loire* (Touraine), arr. et à 21 k. de Chinon, cant. et ◻ de l'Isle-Bouchard. Pop. 578 h.— Entre Crouzilles et l'Isle-Bouchard, non loin des bords de la Mouse, vis-à-vis d'une ancienne chapelle dédiée à St-Lazare, on voit un des plus dolmens de la Touraine, composé de sept énormes pierres, et formant un dolmen et un demi-dolmen. La table horizontale a 4 m. 95 c. de longueur, sur 3 m. 50 c. de largeur : elle s'appuie sur les deux pierres hautes de 1 m. 60 c. et longues, celle du S. de 2 m. 80 c., et celle du N.-O. de 2 m. 30 c.—La table inclinée du demi-dolmen a 6 m. 25 c. de longueur, sur une largeur de 4 m. 70 c., et de 70 c. d'épaisseur. Elle est posée, au couchant, sur une pierre-pilier haute de 1 m. 75 c. et large de 3 m. 60 c.

CROUZILLE (la), vg. *Puy-de-Dôme* (Auvergne), arr. et à 55 k. de Riom, cant. et ◻ de Montaigut. Pop. 995 h.

CROUZOL, *Puy-de-Dôme*, comm. de Volvic, ◻ de Riom.

CROZANT, vg. *Creuse* (Marche), arr. et à 31 k. de Guéret, cant. et ◻ de Dun-le-Palleteau. Au confluent de la Sedelle et de la Creuse.

Ce village possède les restes imposants d'un ancien château fort, où l'on aperçoit des traces d'architecture romaine et gothique. Sous les rois d'Aquitaine, le château de Crozant était un manoir royal, qui devint ensuite la propriété des comtes de la Marche, lesquels y faisaient souvent leur résidence. Il est bâti sur le sommet d'une montagne très-escarpée, hérissée de rochers granitiques, et élevée de près de 67 m. au-dessus du niveau des eaux des deux rivières. Plusieurs parties des murs ont 7 m. d'épaisseur. L'entrée était défendue par un pont-levis, qui aboutissait à une vaste cour fermée, d'où l'on passait dans une seconde cour où l'on trouve un puits profond, de forme conique, fait avec beaucoup d'art. Près de ce puits est une tour carrée, haute d'environ 24 m. et bâtie sur le roc ; plus loin sont cinq autres grandes tours, deux carrées et trois rondes, entre lesquelles existaient des édifices qui ne présentent plus que des ruines. L'une des tours est fort belle, et flanquée vers le nord-est d'une autre tour carrée de même hauteur, mais bien moins large et moins épaisse, dans laquelle est pratiqué un escalier fort élégant, par le moyen duquel on pouvait puiser dans la Creuse toute l'eau nécessaire à la consommation des habitants de cette forteresse, qui pouvait contenir une garnison de 10,000 hommes ; plus de 6,000 pouvaient manœuvrer aisément dans l'une des places d'armes. Le château de Crozant passait pour imprenable avant l'invention de la poudre ; il fut démoli en grande partie sous le ministère du cardinal de Richelieu.—Aux environs, mine de cuivre non exploitée.

CROZE, vg. *Drôme* (Dauphiné), arr. et à 25 k. de Valence, cant. et ◻ de Tain. P. 336 h. —*Foire* le lundi après le dimanche de Quasimodo.

CROZET, *Loire*, comm. et ◻ de la Pacaudière.

CROZETS (les), vg. *Jura* (Franche-Comté), arr. et à 18 k. de St-Claude, cant. et ◻ de Moirans. Pop. 267 h.

CROZON, bourg maritime, *Finistère* (Bretagne), arr. et à 30 k. de Châteaulin, chef-l. de cant. Cure. ◻. A 620 k. de Paris pour la taxe des lettres. Pop. 8,858 h. — TERRAIN de transition moyen. — Il est situé sur le bord septentrional de la baie de Douarnenez, où il a un petit port.

On remarque sur la côte de Crozon un grand nombre de grottes de 13 m. de haut sur 26 m. de large ; elles sont profondes, et le jour n'y pénètre que avec peine. Les oiseaux aquatiques, tels que les cormorans, les goëlands et les mauves y habitent. Lorsque les pêcheurs s'en approchent en chaloupe, ils sortent en poussant des cris aigus ; les pêcheurs entrent alors, recherchent leurs nids et saisissent les œufs et les petits. Dans l'hiver et pendant les orages, la mer se précipite dans ces grottes avec fracas et en bouillonnant ; mais dans les jours calmes de l'été, les habitants du pays s'y mettent quelquefois à l'abri de la chaleur. Une des grottes, celle de la pointe de la Chèvre, se nomme en breton *Queo charivari*, la cave du charivari, à cause des cris discordants des oiseaux qui l'habitent. — Le fort Quelern, un des boulevards de Brest, se trouve sur le territoire de Crozon. — *Pêche* de la sardine. — *Foires* les 7 janv., 3 fév., 26 mars, 28 mai, 30 juin, 22 juillet, 11 août, 28 sept. et 9 déc.

CROZON, vg. *Indre* (Berry), arr. et à 14 k. de la Châtre, cant. et ◻ d'Aigurande. Pop. 1,060 h. — Forges et hauts fourneaux.

CRUAS, vg. *Ardèche* (Languedoc), arr. et à 24 k. de Privas, cant. de Rochemaure, ◻ de Chomérac. Pop. 906 h. — Moulins à soie. — *Foires* les 21 avril, 22 juin et 3 déc.

CRUCEY, vg. *Eure-et-Loir* (Perche), arr. et à 23 k. de Dreux, cant. et ◻ de Brezolles. Pop. 405 h.

CRUCIFIX (le), *Lot*, comm. de St-Matré, ◻ de Montcuq.

CRUCILIEU, *Isère*, comm. de St-Chef, ◻ de Bourgoin.

CRUCHAUD, vg. *Saône-et-Loire*, comm. de Bissey-sur-Cruchaud, ◻ de Buxy.

CRUCHERAY, vg. *Loir-et-Cher* (Beauce), arr., ◻ et à 8 k. de Vendôme, cant. de St-Amand. Pop. 433 h.

CRUÉJOULS, vg. *Aveyron* (Rouergue), arr. et à 54 k. de Milhau, cant. et ◻ de Laissac. Pop. 1,072 h.

CRUGEY, *Cruciacum*, vg. *Côte-d'Or* (Bourgogne), arr. et à 30 k. de Beaune, cant. et ◻ de Bligny-sur-Ouche. Pop. 282 h.

CRUGNY, vg. *Marne* (Champagne), arr. et à 23 k. de Reims, cant. et ◻ de Fismes. P. 831 h. — Il est situé dans un fond, sur le ruisseau de Nóron. L'église paroissiale servait autrefois de chapelle à un couvent de templiers, dont la vaste maison est aujourd'hui convertie en ferme.

PATRIE de l'abbé VELLY, auteur de l'histoire de France qui porte son nom.

CRUGUEL, vg. *Morbihan* (Bretagne), arr. et à 18 k. de Ploërmel, cant. et ◻ de Josselin. Pop. 873 h.

CRUIS, *Castrum de Crecio*, vg. *B.-Alpes* (Provence), arr., ◻ et à 21 k. de Forcalquier, cant. de St-Etienne-les-Orgues. Pop. 615 h.

A une petite distance de ce village, et au pied de la montagne, on voit un abime dans lequel les historiens du pays assurent qu'on jetait autrefois les femmes convaincues d'adultère. Quelques personnes prétendent que le fond de cet abime est traversé par une rivière. — *Foires* les 1er mai et 8 oct.

CRULAY, vg. *Orne* (Normandie), arr. et à 28 k. de Mortagne-sur-Huine, cant. de l'Aigle, ◻ de Chandai. Pop. 1,018 h.

CRUPIÈS, vg. *Drôme* (Dauphiné), arr. et à 63 k. de Die, cant. et ◻ de Bourdeaux. Pop. 421 h.

CRUPILLI, vg. *Aisne* (Picardie), arr. et à 14 k. de Vervins, cant. de la Chapelle, ◻ de Guise. Pop. 261 h.

CRUSCADES, vg. *Aude* (Languedoc), arr. et à 20 k. de Narbonne, cant. et ◻ de Lézignan. ⚭. Pop. 264 h.

CRUSINIE (lat. 48°, long. 4°). « On trouve un lieu ainsi nommé dans la Table théodosienne, sur la voie qui conduisait à Besançon : Cabillionne, XIII ; *Ponte Dubis*, XVIIII ; Crusinie, XV ; *Vesontione*. Il faut consulter l'article *Pons Dubis* pour voir que c'est un lieu nommé Pontoux, quoique la distance de

Challon ne soit que de 11 licues et 1/2 gauloises, et non pas de 14 comme le marque la Table. Au delà de Pontoux la trace de la voie est bien connue et passe par des lieux qui en tirent le nom qu'ils portent : Chemin et Belchemin, comme ailleurs on rencontre des Estrées et des Cauchies. Elle s'étend dans cette direction jusqu'auprès de Dôle, où l'on retrouve le Doux vis-à-vis d'un lieu dont le nom de Crissei est fort analogue à celui de *Crusinie* ou *Crissinie*, en se permettant une légère interpolation que les noms de lieu, qui sont fréquemment incorrects dans la Table, peuvent souffrir. On prétend que dans la grande forêt de Chaux, qui est derrière Crissei, on trouve des vestiges de la continuation de cette route, ce qui semble correspondre à de pareils vestiges qui, en partant de Besançon, tendent vers un lieu nommé Oscelle, situé dans un des contours que décrit le cours du Doux. La mesure du chemin entre Pontoux et Crissei fournit 13 lieues 1/2 gauloises et de Crissei à Besançon environ 21 ; ainsi la distance se montre plus petite où l'indication de la Table la veut plus grande, et plus grande au contraire où la Table la veut plus petite. Cependant, tout considéré, je vois que le défaut de la Table ne peut consister que dans la distribution des distances. Elle compte 14, 19 et 15 qui font 48 ; or, ce que nous indique le local de Chalion à Pontoux est 11 1/2, de Pontoux à Crissei 15 1/2, de Crissei à Besançon 21 : donc même somme au total ou 48. Le calcul de 48 lieues gauloises est de 54,432 toises, et ce calcul n'a d'excédant, sur un espace de plus de 52,000 toises en droite ligne, qu'autant qu'il est à présumer d'une mesure itinéraire. Le passage du Doubs, près d'Oscelle, ne regarde pas uniquement la voie qui se rendait à Challon par Crusinie, mais encore une autre branche de voie, qui, quoiqu'elle ne paraisse pas dans les anciens itinéraires, n'en est pas moins une voie romaine dout la direction tend vers le midi. Un chroniqueur de Dijon, inséré dans le t. 1 du *Spicilège*, fait mention du passage de la rivière de Lone, à quelque distance au delà du Doubs, en ces termes : *Super Lupam, rapacissimum fluvium, per quod Romam petentium quondam fuit iter.* » D'Anville, *Notice de l'ancienne Gaule*, p. 255.

CRUSNES, vg. *Moselle* (pays Messin), arr. et à 22 k. de Briey, cant. et ⊠ d'Audun-le-Roman. Pop. 360 h.

CRUVIERS, vg. *Gard* (Languedoc), arr., ⊠ et à 22 k. d'Alais, caut. de Vézenobres. Pop. 277 h.

CRUX-LA-VILLE, vg. *Nièvre* (Nivernais), arr. et à 45 k. de Nevers, cant. et ⊠ de St-Saulge. Pop. 1,997 h. — *Foires* les 8 mars, 27 avril, 27 mai, 25 juin, 31 juillet, 7 sept. et 30 oct.

CRUX-LE-CHATEL, *Nièvre*, comm. de Crux-la-Ville, ⊠ de St-Saulge.

CRUZILLE (la), *Loire*, comm. de St-Jean-Soleymieux, ⊠ de Montbrison.

CRUZILLE, vg. *Saône-et-Loire* (Bourgogne), arr. et à 25 k. de Mâcon, cant. de Luguy, ⊠ de St-Oyen. Pop. 743 h. — *Foires* les 25 fév., 16 juin, 1er déc. et lundi de Pâques.

CRUZILLES, vg. *Ain* (Bourgogne), arr. et à 29 k. de Bourg-en-Bresse, cant. et ⊠ du Pont-de-Veyle. Pop. 591 h.

CRUZY, vg. *Hérault* (Languedoc), arr. et à 32 k. de St-Pons, cant. et ⊠ de St-Chinian. Pop. 1,060 h.

CRUZY, ou CRUZY-LE-CHATEL, petite ville, *Yonne* (Champagne), arr. et à 20 k. de Tonnerre, chef-l. de cant. Cure. ⊠. A 199 k. de Paris pour la taxe des lettres. P. 1,330 h. — TERRAIN jurassique, étage moyen du système oolitique. — On y remarque une très-belle fontaine. — *Commerce* de truffes, et de raves d'une espèce particulière. — *Foires* les 1er mai, 7 sept. et 1er déc.

CRY, vg. *Yonne* (Champagne), arr. et à 29 k. de Tonnerre, cant. d'Ancy-le-Franc, ⊠ de Nuits-sur-Armançon. Pop. 335 h.

CUBAS, vg. *Dordogne*, comm. de Cherveix-Cubas, ⊠ d'Excideuil.

CUBELLES, vg. *H.-Loire* (Velay), arr. et à 36 k. du Puy, cant. et ⊠ de Saugues. Pop. 403 h.

CUBIÈRES, vg. *Aude* (Languedoc), arr. et à 47 k. de Limoux, cant. de Couiza, ⊠ de St-Paul-de-Fenouillet. Pop. 309 h.

CUBIÈRES, vg. *Lozère* (Languedoc), arr. et à 29 k. de Mende, cant. et ⊠ de Blaymard. Pop. 1,098 h. — PATRIE du général de division des armées de la république CHALBOS.

CUBIERRÈTES, vg. *Lozère* (Languedoc), arr. et à 31 k. de Mende, cant. et ⊠ de Blaymard. Pop. 147 h.

CUBILLAC, *Charente-Inf.* V. St-Georges-de-Cubillac.

CUBJAC, bg *Dordogne* (Périgord), arr. et à 22 k. de Périgueux, cant. de Savignac. ⊠. A 491 k. de Paris pour la taxe des lettres. Pop. 1,123 h. Sur la rive droite de la haute Vézère. — *Foires* les 24 fév., 16 août et 27 sept.

CUBLAC, bg *Corrèze* (Limousin), arr. et à 21 k. de Brives, cant. de Larche, ⊠ de Terrasson. Pop. 1,118 h. Sur la Vézère. — TERRAIN carbonifère. — Exploitation de houille.

CUBLIZE, bg *Rhône* (Beaujolais), arr. et à 31 k. de Villefranche-sur-Saône, cant. et ⊠ de Thizy. Pop. 3,096 h. — *Fabriques* de toiles de coton dites du Beaujolais, couvertures, bonneteries en coton, cordes. Filatures de chanvre et de coton. Teintureries. — *Foires* les 11 juin, 16 août, 12 et 21 nov., jeudi gras, samedi après Pâques.

CUBNEZAIS, vg. *Gironde* (Guienne), arr. et à 22 k. de Blaye, cant. de St-Savin, ⊠ de Cavignac. Pop. 690 h. — *Foire* le 12 nov.

CUBRIAL, vg. *Doubs* (Franche-Comté), arr. et à 19 k. de Baume-les-Dames, cant. et ⊠ de Rougemont. Pop. 443 h.

CUBRY-LES-FAVERNEY, vg. *H.-Saône* (Franche-Comté), arr. et à 36 k. de Lure, cant. de Vauvillers, ⊠ de Faverney. Pop. 270 h.

CUBRY-LES-ROUGEMONT, vg. *Doubs* Franche-Comté), arr. et à 19 k. de Baume-les-Dames, cant. et ⊠ de Rougemont. Pop. 427 h.

CUBRY-LES-SOING, vg. *H.-Saône* (Franche-Comté), arr. et à 35 k. de Gray, cant. de Fresnes-St-Mamers, ⊠ de Traves. Pop. 329 h.

CUBZAC, joli village, *Gironde* (Guienne), arr. et à 20 k. de Bordeaux, cant. et ⊠ de St-André-de-Cubzac. ⌣. Pop. 936 h. — Il est bâti dans une situation pittoresque au pied d'un rocher, dont les flancs renferment plusieurs habitations, et dont le sommet est couronné par les ruines d'un ancien château, sur la rive droite de la Dordogne que l'on passe en cet endroit sur un magnifique pont suspendu. — *Établissement de la marée*, 6 heures, 5 minutes.

CUCASSÉ, *Gers*, comm. de Moléon, ⊠ de Cazaubon.

CUCHARMOY, vg. *Seine-et-Marne* (Brie), arr., cant., ⊠ et à 9 k. de Provins. Pop. 319 h.

CUCHERY, vg. *Marne* (Champagne), arr. et à 22 k. de Reims, cant. de Chatillon-sur-Marne, ⊠ de Port-à-Binson. Pop. 511 h.

CUCQ, vg. *Pas-de-Calais* (Picardie), arr., cant., ⊠ et à 15 k. de Montreuil-sur-Mer. Pop. 711 h.

CUCUGNAN, vg. *Aude* (Languedoc), arr. et à 80 k. de Carcassonne, cant. de Tuchan, ⊠ de Davejean. Pop. 301 h.

CUCULLET, *Isère*, comm. de Mont-de-Lans, ⊠ de Bourg-d'Oisans.

CUCURRON, *Cucuro*, petite ville, *Vaucluse* (Provence), arr. et à 15 k. d'Apt, cant. et ⊠ de Cadenet. Pop. 2,082 h.

On voit dans ses environs un rocher de 8 m. de hauteur sur 3 m. de large, entièrement composé de coquillages fossiles, mêlés avec des débris de corps marins. — Éducation des vers à soie. — *Foires* les 25 janv., 21 mai, 8 sept. et 18 déc.

CUDAMARANS, *Aveyron*, comm. d'Estaing, ⊠ d'Espalion.

CUDOS, vg. *Gironde* (Bazadois), arr., cant., ⊠ et à 5 k. de Bazas. Pop. 1,101 h. — *Foires* les 4 juin et 8 août.

CUDOT, vg. *Yonne* (Gatinais), arr. et à 19 k. de Joigny, cant. de St-Julien-du-Sault, ⊠ de Villevallier. Pop. 597 h.

CUEILLE (la), *Vienne*, comm. et ⊠ de Poitiers.

CUELAS, vg. *Gers* (Armagnac), arr. et à 20 k. de Mirande, cant. et ⊠ de Masseube. Pop. 382 h.

CUERS, *Castrum de Corcis*, petite ville, *Var* (Provence), arr. et à 20 k. de Toulon-sur-Mer, chef-l. de cant. Cure. Gite d'étape. ⊠. ⌣. A 844 k. de Paris pour la taxe des lettres. Pop. 4,309 h. — TERRAIN du trias, gris bizarré. — Elle est bâtie au pied d'une colline plantée de vignes, d'oliviers et d'arbres fruitiers : la pureté de son ciel, la douceur de son climat, la fertilité de son sol et la beauté de ses différents sites en font un séjour délicieux. — *Fabriques* d'huiles d'olives. — *Foires* les 1er janv., 1er mars, 25 avril, 1er août et 28 octobre.

CUET, *Ain*, comm. de Montrevel, ✉ de Bourg-en-Bresse.

CUFFIES, vg. *Aisne* (Picardie), arr., cant., ✉ et à 5 k. de Soissons. Pop. 910 h. — Verrerie.

CUFFY, vg. *Cher* (Nivernais), arr. et à 55 k. de St-Amand-Montrond, cant. de la Guerche-sur-l'Aubois, ✉ de Fourchambault. Pop. 1,301 h.

CUGAND, vg. *Vendée* (Poitou), arr. et à 45 k. de Bourbon-Vendée, cant. et ✉ de Montaigu. Pop. 2,190 h. — *Fabriques* de draps. Filature hydraulique de laine. Papeterie.

CUGES, *Cujæ*, bg *Bouches-du-Rhône* (Provence), arr. et à 28 k. de Marseille, cant. d'Aubagne. ✉. ✆. A 806 k. de Paris pour la taxe des lettres. Pop. 1,709 h.

Cuges était autrefois bâti sur la colline de Ste-Croix ; il a été transféré en 1509 à l'endroit où il existe aujourd'hui.

Ce bourg est construit en forme de croix, et traversé par la grande route dans le sens de sa longueur ; les rues en sont étroites et mal pavées. La place publique est ornée d'une fontaine abondante, qui fournit l'eau nécessaire aux besoins des habitants, et sert en outre à l'arrosage d'un grand nombre de jardins.—Carrières de plâtre. Briqueteries et fours à chaux.

CUGNASSE, *Tarn*, comm. de Castelnau-de-Brassac, ✉ de Brassac.

CUGNAUX, vg. *H.-Garonne* (Languedoc), arr., cant., ✉ et à 13 k. de Toulouse. Pop. 854 h.

CUGNEY, vg. *H.-Saône* (Franche-Comté), arr. et à 15 k. de Gray, cant. de Marnay. Pop. 316 h. — *Foires* les 25 mai et 20 janv.

CUGNY, vg. *Aisne* (Picardie), arr. et à 25 k. de Soissons, cant. et ✉ d'Oulchy. Pop. 142 h.

CUGNY, vg. *Aisne* (Picardie), arr. et à 21 k. de St-Quentin, cant. de St-Simon, ✉ de Flavy-le-Martel. Pop. 1,060 h.

CUGUEN, vg. *Ille-et-Vilaine* (Bretagne), arr. et à 38 k. de St-Malo, cant. et ✉ de Combourg. Pop. 1,531 h.

CUGURMONT, vg. *Lot-et-Garonne*, com. de St-Saloy, ✉ de Port-Ste-Marie.

CUGURON, vg. *H.-Garonne* (Languedoc), arr. et à 16 k. de St-Gaudens, cant. et ✉ de Montrejean. Pop. 341 h.

CUHEM, *Pas-de-Calais*, comm. de Fléchin, ✉ d'Aire-sur-la-Lys.

CUHON, vg. *Vienne* (Poitou), arr. et à 28 k. de Poitiers, cant. et ✉ de Mirebeau. Pop. 644 h.

CUI, *Cueium*, *Orne*, comm. d'Occagnes, ✉ d'Argentan.

CUIGNIÈRES, vg. *Oise* (Picardie), arr. et à 10 k. de Clermont, cant. et ✉ de St-Just-en-Chaussée. Pop. 281 h.

CUIGNY, vg. *Oise* (Picardie), arr. et à 23 k. de Beauvais, cant. du Coudray-St-Germer, ✉ de Gournay. Pop. 643 h.

CUILLÉ, vg. *Mayenne* (Maine), arr. et à 40 k. de Château-Gontier, cant. et ✉ de Cossé-le-Vivien. Pop. 1,599 h. — *Foires* les 25 juin, mercredi après Quasimodo et après la St-Martin.

CUINCHY, vg. *Pas-de-Calais* (Artois), arr. et à 10 k. de Béthune, cant. de Cambrin, ✉ de la Bassée. Pop. 702 h.

CUINCY, ou QUINCY-PRÉVOT, vg. *Nord* (Flandre), arr., cant., ✉ et à 2 k. de Douai. Pop. 794 h. Sur l'Escrebieux.—Antoine Blondel, seigneur de Cuincy, avait fondé en ce lieu au XVIe siècle, une société littéraire connue sous le nom de Banc des Muses de Cuincy. Cette société de savants avait coutume de s'assembler au château de Cuincy, sous un plantis de charmes qui existait encore vers la fin du siècle dernier.

CUING, vg. *H.-Garonne* (Armagnac), arr. et à 11 k. de St-Gaudens, cant. et ✉ de Montrejean. Pop. 605 h.

CUINZIER, vg. *Loire* (Forez), arr. et à 23 k. de Roanne, cant. de Belmont, ✉ de Charlieu. Pop. 744 h.

CUIRES, *Rhône*, comm. de Caduire, ✉ de Lyon.

CUIRIEUX, vg. *Aisne* (Picardie), arr. à 20 k. de Laon, cant. et ✉ de Marle. P. 362 h.

CUIRY-HOUSSE, vg. *Aisne* (Picardie), arr. et à 20 k. de Soissons, cant. d'Oulchy, ✉ de Braisne. Pop. 152 h.

CUIRY-LES-CHAUDARDES, vg. *Aisne* (Picardie), arr. et à 35 k. de Laon, cant. de Craonne, ✉ de Beaurieux. Pop. 125 h.

CUIRY-LES-IVIERS, vg. *Aisne* (Picardie), arr. et à 47 k. de Laon, cant. de Rozoy-sur-Serre, ✉ de Brunhamel. Pop. 271 h.

CUIS, vg. *Marne* (Champagne), arr. à 6 k. d'Epernay, cant. et ✉ d'Avize. P. 471 h.

CUISANCE, vg. *Doubs* (Franche-Comté), arr., cant., ✉ et à 8 k. de Baume-les-Dames. Pop. 159 h. — Ce village est situé à la source du Cusancin, dans un délicieux vallon où sont établis les bains d'eaux sulfureuses de Guillon. On y remarque les ruines d'un ancien manoir des batons de Cusance et quelques vestiges d'une célèbre abbaye de bénédictins fondée dans le VIIe siècle. Non loin de là est le gouffre du Puits-Fenoz, dont les débordements causent quelquefois des ravages considérables.—Papeterie.

CUISE-LA-MOTTE, vg. *Oise* (Picardie), arr. et à 16 k. de Compiègne, cant. d'Attichy, ✉ de Coulvisy. Pop. 1,010 h.

CUISEAUX, petite ville, *Saône-et-Loire* (Bourgogne), arr. et à 21 k. de Louhans, chef-l. de cant. Cure. ✉. A 400 k. de Paris pour la taxe des lettres. Pop. 1,667 h. — *Terrain* tertiaire supérieur, voisin du terrain jurassique.

Dans le moyen âge, Cuiseaux était une place forte entourée de murailles flanquées de trente-six tours, dont une partie existe encore. Elle a été le théâtre des guerres les plus sanglantes : sous Louis XI, Craon la brûla en 1477 ; après avoir été rebâtie, elle fut de nouveau incendiée pendant les guerres de religion. La peste la désola en 1584 et 1587.

Cette ville est située au pied de la chaîne du Jura, dans un territoire fertile en assez bons vins.

L'église paroissiale est vaste et d'une construction hardie. Les stalles qui en décorent le chœur datent du XIVe siècle, et sont remarquables par l'originalité des sculptures. Les dossiers sont couverts de figures grotesques et fantastiques. Auprès d'une tête de moine, où l'expression de l'ennui a été saisie avec adresse, on trouve une tête de loup-garou suivi d'une nonne à joues enflées. La décence n'était pas alors d'obligation : des positions bizarres, des nudités ridicules, des priapes, des animaux monstrueux, des saints, sont sculptés pêle-mêle ou séparément. Sur l'un des panneaux, l'artiste a représenté un renard affublé d'une longue robe et d'un capuchon de moine, un chapelet dans une patte, ayant l'autre étendue ; des poules semblent l'écouter avec attention, et se pressent pour l'entendre : elles ne s'aperçoivent pas qu'il en a déjà saisi une dont on voit la tête sous un pli de sa robe.—Aux environs, on remarque la belle fontaine de la Balme, qui sort dessous un roc entouré de charmilles.

PATRIE de GUILLAUME PARADIN, écrivain du XVIe siècle, auteur de la *Chronique de Savoie*, in-f°, 1602, et de plusieurs autres ouvrages estimés.

Commerce d'excellentes poulardes de Bresse qui rivalisent avec celles du Mans. — *Foires* les 2es jeudis de janv., fév., mars, avril, mai, juillet, sept. et déc.

CUISEREY, vg. *Côte-d'Or* (Bourgogne), arr. et à 25 k. de Dijon, cant. et ✉ de Mirebeau-sur-Bèze. Pop. 178 h.

CUISERY, petite ville, *Saône-et-Loire* (Bourgogne), arr. et à 21 k. de Louhans, chef-l. de cant. Cure. ✉. ✆. A 377 k. de Paris pour la taxe des lettres. Pop. 1,758 h. —*Terrain* tertiaire supérieur. — Elle est fort agréablement située au bord de la Seille, qui y est navigable, sur le sommet d'une colline d'où l'on découvre un vaste et beau paysage.

Cuisery était autrefois une place forte, qui fut assiégée par le comte de Savoie en 1357. Les Allemands la prirent en 1477 ; les calvinistes la saccagèrent en 1568. Elle fut encore pillée et saccagée en 1652 par les partisans du duc de Condé, pendant les guerres de la Fronde. On y remarque l'église paroissiale, bel édifice surmonté d'une tour élevée.—*Foires* les 1ers mardis de janv., fév., mars, avril, mai, août, sept., oct., nov. et déc.

CUISIA, vg. *Jura* (Franche-Comté), arr. et à 19 k. de Lons-le-Saulnier, cant. de Beaufort, ✉ de Cousance. Pop. 719 h.

CUISIAT, vg. *Ain* (Bresse), arr. et à 20 k. de Bourg-en-Bresse, cant. et ✉ de Treffort. Pop. 734 h.

CUISINES (les), *Lot*, com. et ✉ de Souillac.

CUISLE, vg. *Marne* (Champagne), arr. et à 26 k. de Reims, cant. de Châtillon-sur-Marne, ✉ de Port-à-Binson. Pop. 196 h.

CUISSAI, vg. *Orne* (Normandie), arr., cant., ✉ et à 8 k. d'Alençon. Pop. 378 h.

CUISSY-GÉNY, vg. *Aisne* (Picardie), arr. et à 20 k. de Laon, cant. de Craonne, ✉ de Beaurieux. Pop. 259 h.

CUISY, vg. *Meuse* (Lorraine), arr. et à 34 k. de Montmédy, cant. de Montfaucon, ⊠ de Varennes-en-Argonne. Pop. 263 h.

CUISY, vg. *Seine-et-Marne* (Brie), arr. et à 13 k. de Meaux, cant. et ⊠ de Dammartin. Pop. 216 h.

CUISY-EN-ALMONT, vg. *Aisne* (Picardie), arr. et à 10 k. de Soissons, cant. et ⊠ de Vic-sur-Aisne. Pop. 390 h.

CULA (la), vg. *Loire* (Poitou), arr. et à 30 k. de St-Etienne, cant. et ⊠ de Rive-de-Gier. Pop. 436 h.

CULAN, *Cullencum*, petite ville, *Cher* (Bourbonnais), arr. et à 24 k. de St-Amand-Montrond, cant. de Châteaumeillant. ⊠. A 287. k. de Paris pour la taxe des lettres. Pop. 1,139 h. Sur la rive gauche de l'Arnon. — Elle est bâtie dans une position agréable, sur le sommet et le penchant d'une montagne que couronnent les ruines du château de Croï, ancienne forteresse féodale que flanquent encore trois grosses tours rondes à machicoulis et à meurtrières. — Exploitation de manganèse. Récolte de châtaignes. — *Foires* les 21 janv., 20 fév., 22 mars, 21 avril, 21 mai, 19 août, 22 juin, 17 sept. et 23 oct.

CULARO postea GRATIANOPOLIS (lat. 46°, long. 24°). « Paul Manuce (*Not. in Cicer.*) et le P. Sirmond (*Not. in Auson.*) ont remarqué que dans la date d'une lettre de Plancus à Cicéron il convenait de lire *Cularone, ex finibus Allobrogum*, au lieu de *Sivaronne*. Le président de Boissieu (*De sept. Delph. miraculis*), qui veut ôter *Cularo* aux Allobroges, et donner cette ville aux *Vocontii*, ne saurait être de même opinion. Ce que M. de Valois cite de Strabon (*Vales.*, p. 164), que deux rivières, *Cuaro* et *Vero* enveloppent une ville, ne peut s'appliquer à *Cularo*. Strabon (lib. IV, p. 185), en cet endroit, parle de rivières entre la Durance et l'Isère. μεταξὺ δὲ τοῦ Δρουεντία καὶ τοῦ Ἰσαρος, non pas de l'Isère même qui passe à *Cularo* ou Grenoble, loin du canton où Strabon se trouve porté en parlant ainsi. Quoique ce passage soit incorrect dans le texte de Strabon, comme Casaubon l'a remarqué, cependant il est aisé de s'apercevoir qu'il y est question d'une ville de *Cavares*, et que le nom qui se lit Κουάρων tient lieu de Καουάρων, comme il est écrit quelques lignes plus haut dans le même texte, et, quant à la ville où cette circonstance peut regarder, je pense que c'est *Arausio* qui paraît avoir tenu le premier rang des *Cavares*, et près de laquelle un bras de la rivière d'Eygues, se partage en plusieurs canaux, avant que de se rendre dans le Rhône sous le nom de Meine. Deux inscriptions qui ont été trouvées à Grenoble font mention des ouvrages de Dioclétien et de Maximien, son collègue à l'empire, pour la sûreté et l'embellissement de cette ville : *Muris Cularonensibus cum interioribus œdificiis*. Les portes de la ville sont appelées *Jovia* et *Herculea*, du surnom de *Jovius* et d'*Herculius*, que ces empereurs avaient affecté de porter. J'ai vu M. de la Bâtie dans l'opinion que l'ancien emplacement de *Cularo* était sur la hauteur, dont le côté droit de l'Isère rase le pied, au lieu que la ville de Grenoble est sur la rive gauche. Cette ville ayant pris le nom de l'empereur Gratien, on voit entre les souscriptions du concile d'Aquilée, tenu en 381, la quinzième année de Gratien, celle de *Dominus episcopus Gratianopolitanus*. Saint Augustin (*De civit. Dei*, lib. XXI, cap. 7) parle de la fontaine qui brûle en disant : *Non longe a Gratianopoli civitate*, et on peut ajouter en passant que la merveille de cette fontaine est attestée par une inscription romaine, qui porte *Vulcano aug. sacrum*. Boissieu rapporte une autre inscription trouvée à Moirenc, dans le voisinage de Grenoble, en ces termes : *Divo Gratiano, tyrannide vindicata Theodosius et Valentinianus Augg. ex voto*, p. Cependant *Cularo* conserve son nom primitif dans la Table théodosienne, où il faut lire *Cularone* au lieu de *Culabone*. Il y a pareillement quelque réforme à faire au même nom dans la Notice de l'empire qui s'explique ainsi : *In Gallia ripensi tribunus, cohortis primæ Flaviæ Sabaudiæ Calarone* pour *Cularone*. Dans la Notice des provinces de la Gaule, c'est le nom de *Civitas Gratianopolitana*, qu'on voit entre les villes de la Viennoise. Cellarius paraît vouloir conclure des termes de la lettre de Plancus, *ex finibus Allobrogum*, qu'à *Cularo* l'Isère devait séparer les Allobroges d'avec les *Vocontii*. Il s'ensuivrait, tom. I, p. 250, que la position actuelle de Grenoble serait hors des limites des Allobroges, si contre tout apparence les *Vocontii* s'étaient étendus jusque-là. » D'Anville. *Notice de l'ancienne Gaule*, p. 258. V. aussi Walckenaer. *Geogr. des Gaules*, p. 137, 263.

CULÈTRE, *Culibra, Culistrum*, vg. *Côte-d'Or* (Bourgogne), arr. et à 25 k. de Beaune, cant. et ⊠ d'Arnay-le-Duc. Pop. 219. — On y voit une fontaine abondante, regardée comme une des sources de l'Arroux.

CULEY, vg. *Meuse* (Lorraine), arr., ⊠ et à 9 k. de Bar-le-Duc, cant. de Ligny. Pop. 438 h.

CULEY-LE-PATRY, *Calleium, Curleium*, vg. *Calvados* (Normandie), arr. et à 29 k. de Falaise, cant. et ⊠ d'Harcourt-Thury. Pop. 547 h.

CULHAT, *Allier*, comm. d'Etroussat, ⊠ de Chantelle.

CULHAT, bg *Puy-de-Dôme* (Auvergne), arr. et à 15 k. de Thiers, cant. et ⊠ de Lezoux. Pop. 1,493 h. — C'était autrefois une commanderie de l'ordre de Malte.

CULIN, vg. *Isère* (Dauphiné), arr. et à 33 k. de Vienne, cant. de St-Jean-de-Bournay, ⊠ de Bourgoin. Pop. 676 h.

CULLES, vg. *Saône-et-Loire* (Bourgogne), arr. et à 24 k. de Châlons-sur-Saône, cant. et ⊠ de Buxy. Pop. 409 h.

CULLEY, *Saône-et-Loire*, comm. de Chissey, ⊠ de St-Gengoux-le-Royal.

CULLY, vg. *Calvados* (Normandie), arr. et à 16 k. de Caen, cant. et ⊠ de Creully. P. 433 h.

CULMONT, vg. *H.-Marne* (Champagne), arr., cant., ⊠ et à 15 k. de Langres. Pop. 380 h.

CULOISON, *Aube*, comm. de Ste-Marie, ⊠ de Troyes.

CULOTS (les), *Marne*, comm. de Corfélix, ⊠ de Montmirail.

CULOZ, vg. *Ain* (Bourgogne), arr. et à 16 k. de Belley, cant. de Seyssel, ⊠. ✍. A 504 k. de Paris pour la taxe des lettres. P. 1,286 h. — *Foire* le 6 juin.

CULT, vg. *H.-Saône* (Franche-Comté), arr. et à 21 k. de Gray, cant. et ⊠ de Marnay. Pop. 273 h.

CULTURE, ou *Cultura*, vg. *Jura* (Franche-Comté), arr., cant., ⊠ et à 13 k. de St-Claude. Pop. 435 h.

CULTURES, vg. *Lozère* (Languedoc), arr., ⊠ et à 6 k. de Marvejols, cant. de Chanac. Pop. 257 h.

CUMIÈRES, vg. *Marne* (Champagne), arr. et à 24 k. de Reims, cant. d'Aï, ⊠ d'Epernay. Pop. 1,060 h.

Cette commune, dont le territoire s'étend sur la rive droite de la Marne, a été formée, en 1790, aux dépens des territoires de Damery et de Hautvillers. Depuis elle est devenue une des communes les plus considérables du canton d'Aï, avantage qu'elle doit principalement à l'excellence de ses vins. Le territoire, en amphithéâtre, ne se compose presque que de vignes, dont la belle exposition, le choix du plant, la bonne culture, lui font obtenir des vins rouges très-estimés, qui s'exportent facilement par la Marne et par les nombreuses voies de communications environnantes. — La superficie du territoire planté en vignes est de 176 hect., du prix de 3,000 à 8,000 fr. l'hect., produisant ensemble annuellement 2,160 pièces de vin, du prix moyen de 80 fr. la pièce. Les vins de Cumières font partie de la première classe des vins rouges de Champagne. — Au-dessus de Cumières, près du bois domanial de St-Médard, on trouve une source incrustante, dont l'eau pétrifie complètement et même assez promptement les morceaux de bois d'une dimension assez grande.

CUMIÈRES, vg. *Meuse* (pays Messin), arr., ⊠ et à 12 k. de Verdun-sur-Meuse, cant. de Charny-sur-Meuse. Pop. 309 h.

CUMIES, vg. *Aude* (Languedoc), arr. et à 15 k. de Castelnaudary, cant. et ⊠ de Salles-sur-l'Hers. Pop. 120 h.

CUMOND, vg. *Dordogne* (Périgord), arr., ⊠ et à 12 k. de Ribérac, cant. de St-Aulaye. Pop. 909 h.

CUMONT, vg. *Tarn-et-Garonne* (Armagnac), arr. et à 36 k. de Castel-Sarrasin, cant. et ⊠ de Beaumont-de-Lomagne. Pop. 332 h.

CUNAC, vg. *Tarn* (Languedoc), arr., ⊠ et à 7 k. d'Albi, cant. de Villefranche. Pop. 534 h.

CUNAULT, *Conolum, Conaldum*, bg *Maine-et-Loire*, comm. de Trèves-Cunault, ⊠ des Rosiers.

Ce village, situé sur la rive gauche de la

Loire, possède un des monuments les plus remarquables du département de Maine-et-Loire; c'est l'église Notre-Dame de Cunault, bâtie par Dagobert dans le VII° siècle. Elle est composée de trois nefs; le plan est presque dans le genre de la décoration théâtrale; sa longueur, y compris une chapelle qui a été démolie, est d'environ 72 m., sa largeur du côté de la porte principale est de 23 m., et à l'endroit où commence le rond-point elle n'est que de 20 m. Plusieurs chapiteaux des colonnes de cette église sont curieux; on en voit un dans la nef à gauche, en entrant, sur lequel on a représenté un combat entre deux Gaulois. — L'église de Cunault a été classée par le ministre de l'intérieur au nombre des monuments historiques. — *Foires* les mardis après l'Ascension, après la St-Jean-Baptiste, après Noël.

CUNCY-LES-VARZY, vg. *Nièvre* (Nivernais), arr. et à 10 k. de Clamecy, cant. et ✉ de Varzy. Pop. 682 h.

CUNÈGES, vg. *Dordogne* (Périgord), arr., ✉ et à 16 k. de Bergerac, cant. de Sigoulès. Pop. 446 h.

CUNEL, vg. *Meuse* (Lorraine), arr. et à 3 k. de Montmédy, cant. de Montfaucon, ✉ de Dun-sur-Meuse. Pop. 265 h. — *Foire* le 29 juillet.

CUNELIÈRES, vg. *H.-Rhin* (Alsace), arr., ✉ et à 12 k. de Belfort, cant. de Fontaine. Pop. 137 h.

CUNFIN, vg. *Aube* (Champagne), arr. et à 25 k. de Bar-sur-Seine, cant. et ✉ d'Essoyes. Pop. 1,211 h. — *Fabrique* considérable de sabots. — *Foire* le 29 juin.

CUNLHAT, petite ville, *Puy-de-Dôme* (Auvergne), arr. à 20 k. d'Ambert, chef-l. de cant. Cure. ✉. A 430 k. de Paris pour la taxe des lettres. Pop. 3,434 h. — *Terrain* cristallisé ou primitif. — On y a trouvé à diverses époques, en creusant à peu de profondeur, des fragments de mosaïques romaines. — *Fabrique* de toiles, étamines, calicots, etc. — *Commerce* de bestiaux. — *Foires* les 25 avril, 20 juillet et 14 sept.

CUON, vg. *Maine-et-Loire* (Anjou), arr., cant., ✉ et à 7 k. de Baugé. Pop. 960 h.

CUPERLY, vg. *Marne* (Champagne), arr., ✉ et à 13 k. de Châlons-sur-Marne, cant. de Suippes. Pop. 329 h. — C'est entre ce village et celui de Cheppes que quelques auteurs pensent qu'Attila fut défait par Aétius, en 451.

CUQ, bg *Lot-et-Garonne* (Agénois), arr. et à 20 k. d'Agen, cant. et ✉ d'Astaffort. Pop. 680 h.

CUQ-LES-VIELMUR, vg. *Tarn* (Languedoc), arr., ✉ et à 15 k. de Castres, cant. de Vielmur. Pop. 901 h.

CUQ-TOULZA, vg. *Tarn* (Languedoc), arr. et à 21 k. de Lavaur, chef-l. de cant., ✉ et bureau d'enregist. de Puylaurens. Pop. 1,136 h. — *Terrain* tertiaire moyen. — Il est agréablement situé, sur une hauteur au pied de laquelle passe le Giron. — *Foire* le 28 oct.

CUQUERON, vg. *B.-Pyrénées* (Béarn), arr. et à 20 k. d'Oloron, cant. et ✉ de Monein. Pop. 356 h.

CURAC, vg. *Charente* (Saintonge), arr. et à 25 k. de Barbezieux, cant. et ✉ de Chalais. Pop. 366 h.

CURBANS, vg. *B.-Alpes* (Provence), arr. et à 40 k. de Sisteron, cant. et ✉ de la Motte-du-Caire. Pop. 558 h.

CURBIGNY, vg. *Saône-et-Loire* (Bourgogne), arr. et à 18 k. de Charolles, cant. et ✉ de la Clayette. Pop. 435 h.

CURBUSSOT, *Gard*, comm. de Redessan, ✉ de Nîmes. ☞.

CURÇAY, vg. *Vienne* (Poitou), arr., ✉ et à 12 k. de Loudun, cant. des Trois-Moutiers. Pop. 660 h. — *Foires* les 24 fév., 18 mai et 3 déc.

CURCHY, vg. *Somme* (Picardie), arr. et à 29 k. de Montdidier, cant. de Roye, ✉ de Nesle. Pop. 276 h.

CURCIAT, vg. *Ain* (Bourgogne), arr. et à 37 k. de Bourg-en-Bresse, cant. et ✉ de St-Trivier-de-Courtes. Pop. 1,356 h.

CURCY, vg. *Calvados* (Normandie), arr. et à 24 k. de Caen, cant. d'Evrecy, ✉ d'Harcourt-Thury. Pop. 711 h.

CURDIN, vg. *Saône-et-Loire* (Bourgogne), arr. et à 39 k. de Charolles, cant. et ✉ de Gueugnon. Pop. 346 h.

CURÉ vg. *Charente-Inf.*, comm. de St-Georges-du-Bois, ✉ de Surgères.

CURE (la), rivière qui prend sa source au sud du village de Gien-sur-Cure, arr. de Château-Chinon (*Nièvre*); elle entre peu après dans le département de l'Yonne, passe à Chatelux, Cure, St-Père, Voutenay, Vermanton, et se jette dans l'Yonne, un peu au-dessus de Cravant, après un cours d'environ 40 k. — La Cure est flottable depuis Montfauche jusqu'à son embouchure, sur une étendue de 78,370 m. La quantité de bois flotté annuellement sur cette rivière s'élève à environ 110 stères; ces bois, destinés à l'approvisionnement de Paris, sont mis en trains entre Arcy et Vermanton, où se trouve établi l'entrepôt général du commerce de cette rivière.

CUREL, vg. *B.-Alpes* (Provence), arr., ✉ et à 29 k. de Sisteron, cant. de Noyers. P. 271 h.

CUREL, vg. *H.-Marne* (Champagne), arr. et à 16 k. de Vassy, cant. de Chevillon, ✉ de Joinville. Pop. 599 h. — *Foires* les 20 fév., 20 juillet et 6 nov.

CUREMONTE, bg *Corrèze* (Limousin), arr. et à 30 k. de Brives, cant. et ✉ de Meyssac. Pop. 1,130 h. — *Foires* les 15 janv., 20 avril, 25 mai et 25 nov.

CURES, vg. *Sarthe* (Maine), arr. à 22 k. du Mans, cant. et ✉ de Conlie. Pop. 745 h.

CUREY, vg. *Manche* (Normandie), arr. et à 19 k. d'Avranches, cant. et ✉ de Pontorson. Pop. 441 h.

CURGIES, vg. *Nord* (Flandre), arr., cant., ✉ et à 6 k. de Valenciennes. Pop. 916 h.

CURGY, vg. *Saône-et-Loire* (Bourgogne), arr., cant., ✉ et à 7 k. d'Autun. P. 1,345 h.

CURIÈRES, vg. *Aveyron* (Rouergue), arr. et à 20 k. d'Espalion, cant. et ✉ de Laguiole. Pop. 1,237 h.

Patrie du comte de Frayssinous, évêque d'Hermopolis, membre de la chambre des pairs et grand maître de l'Université sous la restauration.

CURIOSOLITES (lat. 16°, long. 49°). « César en fait mention en plusieurs endroits de ses Commentaires, et les compte au nombre des cités armoriques ou maritimes. Dans Pline, on lit *Curiosuelites*. Ptolémée ne les a point connues; et la conjecture de M. de Valois que la cité des *Arvii*, dans Ptolémée, peut tenir lieu des *Curiosolites* sous un autre nom, est détruite par la découverte de la situation des *Arvii* dans une partie du Maine. L'emplacement qu'on a donné ci-devant aux *Curiosolites* dans le diocèse de Kimper, appartenait aux *Osismii* et aux *Corisopiti*, comme on peut voir aux articles qui portent ces titres; et on n'aurait pas dû confondre les *Curiosolites* avec les *Corisopiti*. Les vestiges de la ville des *Curiosolites*, dans un lieu dont le nom de Corseult rappelle la dénomination de cette ancienne cité, et qui est situé dans le diocèse de St-Malo, entre Dinan et Lamballe, indiquent le canton de pays qu'occupaient les *Curiosolites*. Quoique les nouveaux évêchés qui ont partagé la Bretagne aient apporté beaucoup de dérangement aux limites des cités d'un temps antérieur, on voit néanmoins en général par la position de la capitale des *Curiosolites* que leur territoire confinait aux *Redonnes*, vers le levant; aux *Veneti*, vers le sud; et que, du côté du nord, sa partie maritime s'étendait jusqu'auprès de St-Brieuc, où un lieu qui se nomme Finiae donne la même indication des limites d'un ancien territoire que le nom de *Fines*, ou Fins, en d'autres endroits de la Gaule. Quelle était la cité limitrophe de ce côté-là? c'est ce qu'il est difficile de déterminer, si on a peine à croire que les *Osismii*, en occupant le fond de la Bretagne, étendaient aussi loin leurs dépendances. » D'Auville, *Notice de l'ancienne Gaule*, p. 258. V. aussi Walckenaer, *Géographie des Gaules*, t. I, p. 381 et II, p. 255.

CURIS, vg. *Rhône* (Lyonnais), arr. et à 12 k. de Lyon, cant. de Neuville-sur-Saône, ✉ de Chasselay. Pop. 523 h.

CUELEY, vg. *Côte-d'Or* (Bourgogne), arr. et à 18 k. de Dijon, cant. et ✉ de Gevrey. Pop. 105 h.

CURLU, vg. *Somme* (Picardie), arr., ✉ et à 10 k. de Péronne, cant. de Combles. P. 477 h.

CURMILIACA (lat. 20°, long. 50°). « L'Itinéraire d'Antonin nous indique ce lieu entre *Samarobriva*, et *Cæsaromogus*, ou Beauvais. La distance est marquée XII à l'égard de *Semarobriva*, et XIII à l'égard de *Cæsaromogus*. C'est donc 25 lieues gauloises entre Amiens et Beauvais. Or la mesure de l'ancienne voie, qui subsiste encore sous le nom de chaussée de Brunehaut, étant prise du centre d'Amiens, et portée au centre de Beauvais, se trouve d'environ 28,300 toises; et le calcul de 25 lieues gauloises, selon l'évaluation de la lieue à 1,134 toises, est de 28,350. Un lieu que l'on rencontre sur cette voie sous le nom de Cormeilles conserve l'ancienne dénomination de *Curmiliaca*. La distance de ce lieu, à l'égard du point pris au centre d'Amiens, est d'environ 15,300 toises, qui renferment 13 lieues et demie gauloises : et, à l'égard du point de Beauvais, la distance étant d'environ 13,000 toises, elle se compare à 11 lieues et demie gauloises. On voit par là que les fractions de lieue se compensent dans cet espace d'Amiens à Beauvais pour que le total de la distance soit de 25 lieues. Mais on remarquera en même temps qu'il faut transposer les nombres de l'Itinéraire, et que le plus fort de ces nombres, savoir XIII, convient mieux entre *Samarobriva* et *Curmiliaca* qu'entre *Curmiliaca* et *Cæsaromagus*; et que le plus faible, qui est XII, doit prendre la place du plus fort entre *Curmiliaca* et *Cæsaromagus*. L'application des itinéraires au local actuel demande quelquefois que cela soit ainsi, et la position dont il s'agit en fournit un exemple qui n'est point équivoque. » D'Anville. *Notice de l'ancienne Gaule*, p. 259.

CURMONT, vg. *H.-Marne* (Champagne), arr. et à 28 k. de Chaumont-en-Bassigny, cant. et ✉ de Juzennecourt. Pop. 70 h.

CURNIER, vg. *Drôme* (Dauphiné), arr., cant., ✉ et à 10 k. de Noyons. Pop. 227 h. — *Foire* le 24 nov.

CURSAN, vg. *Gironde* (Guienne), arr. et à 22 k. de Libourne, cant. de Branne, ✉ de Créon. Pop. 211 h.

CURSIEU, *Loire*, comm. et ✉ de Montbrison.

CURSON, *Drôme*, comm. de Chanos, ✉ de Tain.

CURTAFOND, vg. *Ain* (Bresse), arr. et à 13 k. de Bourg-en-Bresse, cant. de Montrevel, ✉ de Loginseuf. Pop. 707 h.

CURTIL, vg. *Côte-d'Or*, comm. de Bligny-sous-Beaune, ✉ de Beaune.

CURTIL-SOUS-BUFFIÈRES, vg. *Saône-et-Loire* (Bourgogne), arr. et à 28 k. de Mâcon, cant. et ✉ de Cluny. Pop. 313 h.

CURTIL-SOUS-BURNAUD, vg. *Saône-et-Loire* (Bourgogne), arr. et à 38 k. de Mâcon, cant. et ✉ de St-Gengoux-le-Royal. Pop. 520 h.

CURTIL-SUR-SEINE, vg. *Côte-d'Or* (Bourgogne), arr. et à 19 k. de Dijon, cant. et ✉ de St-Seine. Pop. 198 h.

CURTIL-VERGY, vg. *Côte-d'Or* (Bourgogne), arr. et à 21 k. de Dijon, cant. et ✉ de Gevrey. Pop. 132 h. — *Fabrique* de produits chimiques (à Pellerey).

CURTIN, vg. *Isère* (Dauphiné), arr. de la Tour-du-Pin, à 20 k. de Bourgoin, cant. et ✉ de Morestel. Pop. 360 h.

CURTON, *Lot-et-Garonne*. V. MARTIN-DE-CURTON (St-).

CURVALE, vg. *Tarn* (Languedoc), arr. et à 38 k. d'Albi, cant. et ✉ d'Alban. P. 2,457 h. Sur la Rance. — Mines de fer et de plomb.

CURZAY, vg. *Vienne* (Poitou), arr. et à 24 k. de Poitiers, cant. et ✉ de Lusignan. Pop. 921 h. — Il est situé dans une contrée fertile en vins estimés, sur la Vienne. Aux environs on trouve une source intermittente, qui est quelquefois un an ou deux sans couler. — *Foires* les 24 fév., mardi de Pâques et 3 déc.

CURZON, vg. *Vendée* (Poitou), arr. et à 37 k. des Sables, cant. des Moutiers, ✉ d'Avrille. Pop. 758 h.

CUS. V. CUTS.

CUSE ET ADRISANS, vg. *Doubs* (Franche-Comté), arr. et à 14 k. de Baume-les-Dames, cant. et ✉ de Rougemont. Pop. 602 h. — *Foires* les 1ers mardis de mars, de juin, et dernier mardi d'août.

CUSEY, vg. *H.-Marne* (Champagne), arr. et à 32 k. de Langres, cant. et ✉ de Prauthoy. Pop. 484 h.

CUSSAC, vg. *Cantal* (Auvergne), arr., cant., ✉ et à 15 k. de St-Flour. Pop. 694 h.

CUSSAC, vg. *Dordogne* (Périgord), arr. et et à 35 k. de Bergerac, cant. de Cadouin, ✉ de la Linde. Pop. 432 h.

CUSSAC, vg. *Gironde* (Guienne), arr. et à 37 k. de Bordeaux, cant. de Castelnau-de-Médoc, ✉ de Margaux. Pop. 1,044 h. Dans un territoire fertile en excellents vins.

CUSSAC, vg. *H.-Loire* (Velay), arr., ✉ et à 7 k. du Puy, cant. de Solignac-sur-Loire. Pop. 499 h.

CUSSAC, vg. *H.-Vienne* (Limousin), arr., ✉ et à 15 k. de Rochechouart, cant. d'Oradour-sur-Vayres. Pop. 2,007 h. — On y remarque une ancienne église qui a été classée au nombre des monuments historiques. — *Foire* le 24 janvr.

CUSSANGIS, vg. *Aube* (Champagne), arr. et à 24 k. de Bar-sur-Seine, cant. et ✉ de Chaource. Pop. 691 h.

CUSSAY, bg *Indre-et-Loire* (Touraine), arr. et à 23 k. de Loches, cant. de la Haye-des-Cartes, ✉ de Liqueil. Pop. 901 h.

CUSSET, *Cussetum*, petite ville, *Allier* (Bourbonnais), arr. de la Palisse, à 60 k. de Moulins, chef-l. de cant. Trib. de 1re instance de l'arrondissement. Cure. Gîte d'étape. ✉. A 345 k. de Paris pour la taxe des lettres. Pop. 5,138 h. — TERRAIN tertiaire moyen.

Cette ville doit son origine à un monastère de filles fondé en 886. Plus tard elle devint assez importante, et formait en quelque sorte une propriété royale indépendante des grands seigneurs voisins, avec un bailliage royal où étaient portés les cas royaux du Bourbonnais et de l'Auvergne. C'est à Cusset que le Dauphin (qui fut depuis Louis XI) fut forcé de venir implorer le pardon de son père, contre lequel il s'était révolté. — Après la mort de Charles VII, Louis XI la fit entourer de hautes murailles flanquées d'énormes tours, et en fit une des plus fortes places de la contrée ; il ne reste plus de ces fameuses fortifications que quelques ruines de la grosse tour, qui, d'après un historien du XVe siècle, « était une des plus belles et des mieux bâties qui se voient, car au dedans elle est propre à loger un roi ou un prince, et possède, outre cela, plusieurs belles et industrieuses casemates et canonnières. »

La ville de Cusset est bâtie dans une situation agréable, à l'extrémité d'une double vallée assez profonde et très-fertile, formée par les rivières du Sichon et du Jolan. Le voisinage de l'Allier, qui ne passe qu'à une demi-lieue ; une promenade qui va jusqu'à Vichy, en suivant les bords riants du Sichon ; des plantations qui remplacent les remparts, concourent à son agrément. Le terrain des vallées est de bonne qualité, la végétation y est belle et forte, et les coteaux environnants sont presque tous couverts de vignes qui donnent d'assez bons vins.

Les armes de Cusset sont : *de gueules au bras, dextre d'argent sortant d'une nue d'argent ombrée d'azur, tenant une épée à lame d'argent et à garde d'or supportant une couronne française fermée d'or*.

PATRIE d'Alexandre DURANTON, professeur à la faculté de droit de Paris.

Fabriques de couvertures de laine et de coton, ganses, lacets, cardes. Filatures de coton. Belle papeterie. — Schistes ardoisiers, susceptibles d'exploitation. — *Foires* les 19 mars, 26 juin et 30 sept.

CUSSEY-LES-FORGES, vg. *Côte-d'Or* (Bourgogne), arr. et à 40 k. de Dijon, cant. et ✉ de Grancey. Pop. 462 h. — Forges et haut fourneau.

CUSSEY-SUR-LIZON, vg. *Doubs* (Franche-Comté), arr. et à 26 k. de Besançon, cant. et ✉ de Quingey. Pop. 144 h.

CUSSEY-SUR-LOGNON, vg. *Doubs* (Franche-Comté), arr. et à 14 k. de Besançon, cant. de Marchaux, ✉ de Voray. ☿. Pop. 394 h.

CUSSY, vg. *Calvados* (Normandie), arr., cant., ✉ et à 6 k. de Bayeux. Pop. 178 h.

CUSSY, vg. *Nièvre*, comm. de Villapourçon, ✉ de Moulins-en-Gilbert.

CUSSY-EN-MORVANT, vg. *Saône-et-Loire* (Bourgogne), arr. et à 22 k. d'Autun, cant. et ✉ de Lucenay. Pop. 2,035 h. — *Foires* les 11 mars, 15 juin, 15 sept., 15 oct., et 16 déc.

CUSSY-LA-COLONNE, *Cusseium*, vg. *Côte-d'Or* (Bourgogne), arr. et à 19 k. de Beaune, cant. et ✉ de Bligny-sur-Ouche. Pop. 212 h.

Ce village doit son surnom à un monument antique, d'autant plus intéressant qu'il est seul de ce genre en France. C'est une colonne octogone, située à 1 k. du village, au milieu des champs, dans un fond entouré de montagnes de tous côtés nommé Précheraine. Le soubassement est composé de trois assises, dont chacune n'est qu'un bloc dans toute l'épaisseur du monument ; la base forme un carré, dont les angles sont coupés, et qui a une rentrée demi-circulaire sur chacune des faces principales : la corniche dont elle est surmontée est d'un seul morceau. Sur cette base est posée une espèce d'autel octogone, orné de huit figures, représentant un Hercule, un captif, une Minerve casquée, Junon, Jupiter, Ganymède, et Bacchus et une nymphe. Au-dessus s'élève le fût de la colonne ; il est orné, à sa partie inférieure, de rhombes, dans lesquels il y a une rosette comme on en voit à quelques plafonds ; la partie supérieure est décorée d'une sculpture en forme d'écailles. Le haut de la colonne manque ; les parties en sont éparses en divers endroits. Le chapiteau, d'ordre corinthien, se voit au lieu dit la Grange d'Auvernay, où il forme la margelle d'un puits. V. SAINT-ROMAIN. Cette colonne a été restaurée en 1825, par les soins du préfet de la Côte-d'Or.

En rapprochant les opinions des savants sur l'objet et l'origine de ce monument, on est porté à croire qu'il a été élevé pour éterniser le souvenir d'une victoire obtenue dans ce lieu, vers le règne de Dioclétien et de Maximien.

Bibliographie. MOREAU DE MAUTOUR. *Description de la colonne antique de Cussy.* In-8, 1723.

— *Observations sur la colonne de Cussy* (*Mercure*, juin 1726, vol. II, p. 1374-1385).

THOMASSIN. *Lettre en forme de dissertation sur la découverte de la colonne de Cussy*, etc. Broch. in-8, 1725, 1729.

GIRAULT (Cl.-Xav.). *Dissertation sur l'époque et les causes de l'érection de la colonne de Cussy et de sa restauration*, etc. In-8, 1821.

CUSSY-LES-FORGES, vg. *Yonne* (Bourgogne), arr. et à 10 k. d'Avallon, caut. de Guillon, ✉. A 228 k. de Paris pour le taxe des lettres. Pop. 740 h. — *Foires* les 26 janv., 22 avril, 26 juin, 31 août et 10 nov.

CUSSY-SUR-ARROUX OU LE CHATEL, vg. *Côte-d'Or* (Bourgogne), arr. et à 26 k. de Beaune, cant. et ✉ d'Arnay-le-Duc. Pop. 318 h.

CUSTINES, vg. *Meurthe* (Lorraine), arr., cant., ✉ et à 11 k. de Nancy. Pop. 792 h. — Il est situé près du confluent de la Moselle et de la Meurthe. Il y avait autrefois un fort château, bâti au XIIIe siècle par un évêque de Metz, dont il ne reste aucun vestige. — *Fabriques* d'eau-de-vie.

CUSY, vg. *Yonne* (Champagne), arr. et à 19 k. de Tonnerre, cant. et ✉ d'Ancy-le-Franc. Pop. 268 h.

CUTRY, vg. *Aisne* (Picardie), arr. et à 15 k. de Soissons, caut. et ✉ de Vic-sur-Aisne Pop. 207 h.

CUTRY, vg. *Moselle* (pays Messin), arr. et à 40 k. de Briey, caut. et ✉ de Longwy. Pop. 345 h.

CUTS, joli bourg *Oise* (Picardie), arr. et à 32 k. de Compiègne, cant. et ✉ de Noyon. Pop. 1,463 h. — On y voit un château environné d'un beau parc. Au centre du bourg est une belle place publique qui, dans les jours de repos, réunit tout ce qui peut embellir des fêtes de village. — Filature de coton et tissage mécanique de calicot. — *Foire* le 11 nov.

CUTTING, vg. *Meurthe* (Lorraine), arr. de Château-Salins, à 26 k. de Vic, caut. et ✉ de Dieuze. Pop. 474 h.

CUTTOLY, vg. *Corse*, arr. et à 25 k. d'Ajaccio, cant. de Sarrola, ✉ de Bocognano. Pop. 619 h.

CUVE, vg. *H.-Saône* (Franche-Comté), arr. et à 37 k. de Lure, cant. de Vauvillers, ✉ de St-Loup. Pop. 456 h.

CUVERGNON, vg. *Oise* (Picardie), arr. et à 35 k. de Senlis, cant. et ✉ de Betz. Pop. 305 h. — On y voit une église remarquable que l'on a proposé de classer au nombre des monuments historiques.

CUVERVILLE, vg. *Calvados* (Normandie), arr. et à 8 k. de Caen, cant. et ✉ de Troarn. Pop. 150 h.

CUVERVILLE, *Cuervilla, Cuilvertivilla*, vg. *Eure* (Normandie), arr., cant., ✉ et à 6 k. des Andelys. Pop. 300 h.

CUVERVILLE, vg. *Seine-Inf.* (Normandie), arr. et à 22 k. de Dieppe, cant. et ✉ d'Eu. Pop. 486 h.

CUVERVILLE-EN-CAUX, vg. *Seine-Inf.* (Normandie), arr. et à 23 k. du Havre, cant. et ✉ de Criquetot-Lesneval. Pop. 375 h.

CUVES, vg. *Manche* (Normandie), arr. et à 21 k. d'Avranches, cant. et ✉ de Brecey. Pop. 911 h.

CUVES, vg. *H.-Marne* (Champagne), arr. et à 24 k. de Chaumont-en-Bassigny, cant. et ✉ de Clefmont. Pop. 174 h.

CUVIER, vg. *Jura* (Franche-Comté), arr. de Poligny, à 35 k. d'Arbois, cant. et ✉ de Nozeroy. Pop. 403 h.

CUVILLERS, vg. *Nord* (Cambrésis), arr., cant., ✉ et à 4 k. de Cambrai. Pop. 381 h.

CUVILLY, vg. *Oise* (Picardie), arr. et à 24 k. de Compiègne, caut. et ✉ de Ressons, ✉. Pop. 722 h.

CUVRY, vg. *Moselle* (pays Messin), arr., ✉ et à 9 k. de Metz, caut. de Verny. Pop. 288 h.

CUXAC-CABARDÈS, vg. *Aude* (Languedoc), arr. et à 26 k. de Carcassonne, cant. de Saissac, ✉. A 759 k. de Paris pour le taxe des lettres. Pop. 1,188 h. — *Foires* les 22 fév., 8 mai et 17 sept.

CUXAC-SUR-AUDE, vg. *Aude* (Languedoc), arr., ✉ et à 10 k. de Narbonne, cant. de Coursan. Pop. 1,518 h. Sur la rive gauche de l'Aude.

CUY, vg. *Oise* (Picardie), arr. et à 25 k. de Compiègne, caut. et ✉ de Lassigny. P. 360 h. Au pied de la montagne de Cuy.

CUY, vg. *Yonne* (Champagne), arr. et à 8 k. de Sens, cant. et ✉ de Pont-sur-Yonne. Pop. 271 h.

CUY-ST-FIACRE, vg. *Seine-Inf.* (Normandie), arr. et à 40 k. de Neufchâtel-en-Bray, cant. et ✉ de Gournay. Pop. 377 h.

CUZAC, vg. *Lot* (Quercy), arr., cant., ✉ et à 14 k. de Figeac. Pop. 550 h.

CUZANCE, vg. *Lot* (Quercy), arr. et à 33 k. de Gourdon, cant. et ✉ de Martel. P. 1,127 h. — On y voit les ruines d'un vaste et antique château. — *Foires* les 7 juin, 7 sept. et 7 déc.

CUZAY-STE-RADEGONDE, *Cher*, comm. et ✉ de Dun-le-Roi.

CUZIEU, vg. *Ain* (Bresse), arr., ✉ et à 7 k. de Belley, cant. de Virieux-le-Grand. P. 406 h.

CUZIEU, vg. *Loire* (Forez), arr. et à 18 k. de Montbrison, cant. et ✉ de St-Galmier. P. 573 h.

CUZION, vg. *Indre* (Berry), arr. et à 31 k. de la Châtre, cant. d'Eguzon, ✉ d'Argenton-sur-Creuse. Pop. 877 h.

CUZORN, vg. *Lot-et-Garonne* (Agénois), arr. et à 30 k. de Villeneuve-sur-Lot, cant. et ✉ de Fumel. Pop. 1,418 h. — Forges et hauts fourneaux. Papeterie.

CUZOUL (le), *Tarn-et-Garonne*, comm. de Castanet, ✉ de Caylus.

CUZY, vg. *Saône-et-Loire* (Bourgogne), arr. et à 39 k. d'Autun, cant. d'Issy-l'Evêque, ✉ de Luzy. Pop. 407 h.

CY-FERTRÈVE (St-), vg. *Nièvre* (Nivernais), arr. et à 40 k. de Nevers, cant. et ✉ de St-Benin-d'Azy. Pop. 325 h.

CYBARD-DE-MONTMOREAU (St-), vg. *Charente* (Angoumois), arr. et à 24 k. de Barbezieux, cant. et ✉ de Montmoreau. Pop. 464 h. — *Foire* le 29 mai.

CYBARD-LE-PEYRAT (St-), vg. *Charente* (Angoumois), arr. et à 22 k. d'Angoulême, cant. et ✉ de Lavallette. Pop. 301 h.

CYBARDEAUX (St-), bg *Charente* (Angoumois), arr. et à 19 k. d'Angoulême, cant. et ✉ de Rouillac. Pop. 1,588 h. — *Foires* les 13 fév., 13 avril, 13 juin, 13 août, 13 oct. et 13 déc.

CYDELOT, vg. et comm. du dép. de la *Seine-Inf.* (Normandie), cant. de Savilly, arr. et à 23 k. de Rouen. Pop. 140 h.

CYNETICUM LITTUS (lat. 21°, long. 43°). « Dans Festus Aviénus, *In ora maritima*

..... *Post Pyrenæum jugum
Jacent arena littoris Cynetici.*

Comme le pied des Pyrénées est à Collioure, on ne peut mieux appliquer cette grève de *littus Cyneticum* qu'à la plage qui s'étend depuis l'embouchure de Tech jusqu'à la Tet, près de laquelle est le bourg de Canet, à environ un mille et demi du rivage de la mer. Le vers qui suit dans Aviénus :

Easque (arenas) sulcat amnis Roschinus,

concourt à cette détermination, parce que le nom de la Tet, *Telis* dans Méla, est *Ruscino* dans Strabon et dans Ptolémée, c'est-à-dire le même que *Roschinus*, selon qu'il est employé par Aviénus. » D'Anville. *Notice de l'ancienne Gaule*, p. 260.

CYPRESSETA (lat. 23°, long. 45°). « Entre *Avenio*, Avignon, et *Arausio*, Orange, dans l'Itinéraire de Bordeaux à Jérusalem, la distance est marquée V à l'égard d'*Avenio*, et XV à l'égard d'*Arausio*. La première distance conduit indubitablement au pont de Sorgue. Et je suis étonné qu'Honoré Bouche (*Chor. de Prov.*, liv. III, chap. 3) en fasse l'application à la Barthalasse, qui est pour ainsi dire à la porte d'Avignon, et renfermée par un bras du Rhône dans l'île qui porte le nom de Barthalasse. Du pont de Sorgue à Orange, l'espace qui n'est que d'environ 9,000 toises n's'adapte que 12 milles. Ainsi on peut avec sécurité substituer XII à XV dans l'Itinéraire. » D'Anville. *Notice de l'ancienne Gaule*, p. 260.

CYPRIEN (St-), vg. et comm. du dép. de

la *Charente* (Saintonge), cant. de Brossac; arr. et à 32 k. de Barbezieux. Pop. 126 h.

CYPRIEN (St-), vg. *Aveyron* (Rouergue), arr. et à 30 k. de Rodez, cant. de Conques, ✉ de Marcillac. Pop. 1,797 h. — *Foires* les 4 mai, 9 juin, 30 sept. et 12 déc.

CYPRIEN, vg. *Corrèze* (Limousin), arr. et à 23 k. de Brives, cant. d'Ayen, ✉ d'Objat. Pop. 533 h.

CYPRIEN (St-), bg *Dordogne* (Périgord), arr., bur. d'enregist. et à 17 k. de Sarlat, chef-l. de cant. Cure. ✉. A 537 k. de Paris pour la taxe des lettres. Pop. 2,324 h. — TERRAIN crétacé inférieur, grès vert. — Il est situé sur la rive droite de la Dordogne, au pied d'un coteau hérissé de rochers, à l'entrée de la magnifique plaine qui porte son nom.

On trouve près de St-Cyprien une source d'eau minérale, célèbre par ses effets et très-fréquentée. Une analyse faite avec soin en l'an XI, mais qui aurait besoin d'être renouvelée, a fait connaître que l'eau de cette source contient du carbonate de magnésie et du carbonate de chaux en abondance, avec excès d'acide. On fait peu d'usage des eaux de Panassou; mais on emploie beaucoup son limon, qui est composé d'alumine, de chaux et de magnésie. Quatre onces de cette boue desséchée ont donnée :

Silice. . . . . 2 gros 5 grains
Alumine . . . 3 » 29 »
Chaux . . . . 1 » 23 »
Magnésie. . . 1 » 11 »

On trouve peu de sources minérales qui aient une réputation mieux méritée que celle de Panassou : on n'en trouve point qui offrent une situation plus heureuse. Placée sous un beau ciel, au milieu d'une plaine aussi riante que fertile, sur les bords d'une rivière magnifique, et près d'une petite ville agréable (St-Cyprien), où les malades peuvent se procurer tous les objets nécessaires à la vie, la source de Panassou est véritablement on ne peut plus favorablement placée; malheureusement ses alentours sont dépourvus de logements commodes, et les malades qui font usage de ses eaux salutaires sont obligés de se disperser dans les villages voisins, où il ne se trouve que des habitations extrêmement incommodes. — *Foires* les 2 janv., 2 nov. et 2e lundi de chaque mois.

CYPRIEN-ANDRÉZIEUX (St-), vg. *Loire* (Forez), arr. et à 18 k. de Montbrison, cant. de St-Rambert, ✉ de Sury-le-Comtal. Pop. 408 h.

CYPRIEN (St-), vg. *Lot* (Quercy), arr. et à 23 k. de Cahors, cant. et ✉ de Montcuq. P. 730 h.

CYPRIEN (St-), *Pyrénées-Or.* (Roussillon), arr., cant. et à 12 k. de Perpignan, ✉ d'Elne. Pop. 600 h.

CYR (St-), vg. *Ardèche* (Vivarais), arr. et à 28 k. de Tournon, cant. et ✉ d'Annonay. P. 387 h.

CYR (St-), vg. *Indre-et-Loire* (Touraine), arr., cant., ✉ et à 2 k. de Tours. P. 1,620 h. — Tuilerie.

CYR (St-), vg. *Jura* (Franche-Comté), arr. et à 12 k. de Poligny, cant., ✉ et à 8 k. d'Arbois. Pop. 371 h.

CYR (St-), vg. *Manche* (Normandie), arr. et à 4 k. de Valognes, cant. et ✉ de Montebourg. Pop. 333 h.

CYR (St-), vg. *Saône-et-Loire* (Bourgogne), arr. et à 13 k. de Chalon-sur-Saône, cant. et ✉ de Sennecey. Pop. 771 h.

CYR (St-), bg *Seine-et-Marne* (Brie), arr. et à 15 k. de Coulommiers, cant. de Rebais, ✉ de la Ferté-sous-Jouarre. Pop. 1,525 h. — On y voit un ancien château qui faisait partie des domaines du duc de Montmorency. — Blanchisserie de toiles.

CYR (St-), vg. *Seine-et-Oise* (Ile-de-France), arr., cant., ✉ et à 6 k. de Versailles. Pop. 1,718 h.

Pendant longtemps ce village ne fut composé que de quelques maisons de paysans, au milieu desquelles on distinguait le château du seigneur, remplacé aujourd'hui par une chétive auberge sous l'enseigne de l'Écu de France; il y eut aussi un couvent de femmes fondé très-anciennement. Mais St-Cyr acquit une grande importance sous le règne de Louis XIV, lors de l'établissement de cette communauté fameuse dont Mme de Maintenon se déclara la protectrice et l'institutrice. Depuis longtemps elle méditait la fondation d'une vaste retraite pour les filles des nobles sans fortune; elle arrêta ses regards sur St-Cyr, résolut d'y transporter la communauté qu'on voyait auparavant à Noisy, et bientôt tous ses plans furent exécutés. — Cette communauté fut transportée de Noisy à St-Cyr, à cause de la plus grande facilité de s'y procurer de l'eau; Jules-Hardouin Mansard fit tous les plans de la maison; on travailla avec activité à cette construction, qui, commencée le 1er mai 1685, fut terminée le 1er mai de l'année suivante, en état de recevoir les pensionnaires; 2,500 hommes furent occupés à cette construction importante.

La maison de St-Cyr se divise en douze corps de bâtiments principaux qui renferment cinq cours. Le tout forme, avec les jardins et autres dépendances, un polygone de 140,000 m. de surface. Les jardins sont dignes d'attention; on y remarquait jadis seize bassins ou jets d'eau; dans le fond, au nord, était un pavillon destiné aux visites mystérieuses que Louis XIV faisait à Mme de Maintenon. — C'est à St-Cyr, en présence de Mme de Maintenon, et devant toute la cour, que fut représentée, en 1689, par de jeunes pensionnaires, la tragédie d'Esther, où Racine, sous les noms de Vasthi et d'Esther, faisait allusion à Mme de Montespan et à Mme de Maintenon, que la remplaça. Athalie y fut représentée en 1691; mais, comme on s'aperçut que le goût de la représentation détournait les demoiselles de St-Cyr de leurs pieuses occupations, on supprima ce genre de récréation.

La révolution ayant changé la destination de cette maison, on en fit d'abord une succursale des militaires invalides; ensuite le prytanée français y fut établi; maintenant elle est affectée à une école militaire spéciale, créée pour former les officiers de l'armée. — L'admission à l'école n'a lieu que par voie de concours. Il est établi à cet effet un ou plusieurs jurys d'admission dans les divisions militaires. Nul ne peut se présenter au concours s'il ne justifie qu'il est Français ou naturalisé, et qu'il aura plus de seize ans et moins de vingt à l'époque fixée pour l'admission. Les sous-officiers, caporaux ou brigadiers et soldats des corps de l'armée qui ont fait une campagne ou qui comptent au moins un an de service, sont admis au concours jusqu'à l'âge de vingt-cinq ans, pourvu qu'ils n'aient pas accompli cet âge à l'époque de l'ouverture des examens. Chaque année il sort de l'école de St-Cyr environ 140 élèves qui sont promus dans tous les régiments où il y a des vacances.

Bibliographie. MONTALANT - BOUGLEUX. *Souvenirs de l'école impériale militaire de St-Cyr*, in-8, 1839.

CYR (St-), *Tarn*, comm. de Lautrec, ✉ de Castres.

CYR (St-), vg. *Var* (Provence), arr. et à 27 k. de Toulon-sur-Mer, cant. et ✉ du Beausset. Pop. 1,704 h.

CYR (St-), vg. *Vienne* (Poitou), arr. et à 18 k. de Poitiers, cant. de St-Georges-les-Baillargeaux, ✉ de Jaulnay. Pop. 320 h. — *Foire* le 10 août.

CYR (St-), *H.-Vienne* (Poitou), arr., ✉ et à 13 k. de Rochechouart, cant. de St-Laurent-sur-Gorre. Pop. 1,305 h.

CYR AU MONT-D'OR (St-), *Rhône* (Lyonnais), arr., ✉ et à 6 k. de Lyon, cant. de Limonest. Pop. 1,887. — Il est situé au pied du Mont-Cindre, l'une des sommités des montagnes connues sous le nom de Mont-d'Or dont les points culminants sont le Mont-d'Or, le Mont-Cindre et le Mont-Thoux. V. MONT-D'OR. — *Foire* le 23 nov.

CYR-DE-FAVIÈRES (St-), vg. *Loire* (Forez), arr., ✉ et à 12 k. de Roanne, cant. de St-Symphorien-de-Lay. Pop. 655 h.

CYR-DE-SALERNE (St-), vg. *Eure* (Normandie), arr. et à 14 k. de Bernay, cant. et ✉ de Brionne. Pop. 637 h.

CYR-DES-GATS (St-), vg. *Vendée* (Poitou), arr., ✉ et à 13 k. de Fontenay-le-Comte, cant. de l'Hermenault. Pop. 837 h.

CYR-DE-VALORGES (St-), vg. *Loire* (Forez), arr. et à 30 k. de Roanne, cant. de Néronde, ✉ de St-Symphorien-de-Lay. Pop. 904 h. — *Fabrique* de mousselines et de broderies.

CYR-DU-BAILLEUL (St-), vg. *Manche* (Normandie), arr. et à 17 k. de Mortain, cant. et ✉ de Barenton. Pop. 2,354 h.

CYR-DU-DORET (St-), vg. *Charente-Inf.* (Aunis), arr. et à 28 k. de la Rochelle, cant. de Courçon, ✉ de Nuaillé. Pop. 498 h.

CYR-DU-GAULT (St-), vg. *Loir-et-Cher* (Touraine), arr. et à 26 k. de Blois, cant. et ✉ d'Herbault. Pop. 536 h.

CYR-DU-RONCEREY (St-), vg. *Calvados* (Normandie), arr. et à 12 k. de Lisieux, cant. d'Orbec, ✉ de Fervacques. Pop. 393 h.

CYR-DU-VAUDREUIL (St-), vg. *Eure* (Normandie), arr. et à 6 k. de Louviers, cant.

de Pont-de-l'Arche, ⊠ de Notre-Dame-du-Vaudreuil. Pop. 958 h.

CYRE (Ste-), vg. *Aube* (Champagne), arr. et à 20 k. d'Arcis-sur-Aube, cant. et ⊠ de Méry-sur-Seine. Pop. 463 h.

CYR-EN-ARTHIES (St-), vg. *Seine-et-Oise* (Vexin), arr. et à 10 k. de Mantes, cant. de Magny, ⊠ de Bonnières. Pop. 234 h.

CYR-EN-BOURG (St-), bg *Maine-et-Loire* (Anjou), arr., ⊠ et à 10 k. de Saumur, cant. de Montreuil-Bellay. Pop. 811 h.

CYR-EN-PAILLE (St-), vg. *Mayenne* (Maine), arr. et à 32 k. de Mayenne, cant. et ⊠ de Prez-en-Paille. Pop. 1,390 h. Près de ce village, dans un ancien cimetière abandonné, on a trouvé récemment des urnes, des médailles et autres antiquités romaines. — Dans cette même commune sont les ruines du château de la Bouchardière.

CYR-EN-RETZ (St-), *Loire-Inf.*, comm. de Fresnay, ⊠ de Bourgneuf-en-Retz.

CYR-EN-TALMONDAIS (St-), bg *Vendée* (Poitou), arr. et à 34 k. des Sables, cant. des Moutiers, ⊠ d'Avrillé. Pop. 524 h.

Au mois de septembre 1795 les généraux vendéens Charette, Bodereau et Guérin attaquèrent ce bourg, où s'étaient retranchés 400 républicains. Après un combat acharné où le général Guérin perdit la vie, les Vendéens furent défaits et se retirèrent en déroute sur la Roche-sur-Yon. — *Foires* les 15 avril et 10 août.

CYR-EN-VAL (St-), vg. *Loiret* (Orléanais), arr., cant. et à 10 k. d'Orléans, ⊠ d'Olivet. Pop. 875 h.

Le château de la SOURCE, où prend naissance le Loiret, est une dépendance de cette commune.

Les sources du Loiret ont été de tout temps un objet de curiosité : on les distingue en grande source ou abîme, et en petite source ou bouillon. La grande source, placée vis-à-vis des cuisines du château, ne produit qu'un léger frémissement à sa surface; la petite source, située à l'est, occupe à peu près le centre d'un bassin circulaire assez vaste, où commence le lit du Loiret; on en voit facilement le fond,

qui présente la forme d'un entonnoir. Entre les deux sources on remarque un bassin naturel, de forme demi-circulaire, qu'on appelle le gouffre ou le Gèvre, dans lequel vient se perdre la petite rivière de Duis.

CYR-LA-CAMPAGNE (St-), vg. *Eure* (Normandie), arr. et à 18 k. de Louviers, cant. d'Amfreville-la-Campagne, ⊠ d'Elbeuf. Pop. 388 h.

CYR-LA-LANDE (St-), vg. *Deux-Sèvres* (Poitou), arr. et à 35 k. de Bressuire, cant. et ⊠ de Thouars. Pop. 539 h.

CYR-LA-RIVIÈRE (St-), vg. *Seine-et-Oise* (Gatinais), arr., et à 22 k. d'Etampes, cant. de Méréville. Pop. 368 h. Dans une vallée agréable, sur le ru de Climont.

CYR-LA-ROCHE (St-), vg. *Corrèze* (Limousin), arr. et à 21 k. de Brives, cant. de Juillac, ⊠ d'Objat. Pop. 690 h.—L'église paroissiale est un édifice remarquable qui a été classé au nombre des monuments historiques.

CYR-LA-ROSIÈRE (St-), vg. *Orne* (Normandie), arr. et à 27 k. de Mortagne-sur-Huine, cant. de Nocé, ⊠ de Bellême. Pop. 1,223 h.

CYR-LE-CHATOUX (St-), vg. *Rhône* (Beaujolais), arr., cant., ⊠ et à 14 k. de Villefranche-sur-Saône. Pop. 243 h. — Mine de charbon de terre en exploitation. Ancienne carrière de pierre à bâtir.

CYR-LE-GRAVELAIS (St-), bg *Mayenne* (Maine), arr. et à 42 k. de Laval, cant. de Loiron, ⊠ de la Gravelle. Pop. 750 h.

CYR-LES-CHAMPAGNES (St-), vg. *Dordogne* (Périgord), arr. et à 59 k. de Nontron, cant. de Lanouaille, ⊠ d'Excideuil. P. 793 h.

CYR-LES-COLONS (St-), vg. *Yonne* (Bourgogne), arr. à 15 k. d'Auxerre, cant. et ⊠ de Chablis. Pop. 828 h. — *Foires* les 20 fév., 21 août, 10 sept., 28 oct., 20 déc. et lundi après le 16 juin.

CYR-LES-VIGNES (St-), vg. *Loire* (Forez), arr. et à 23 k. de Montbrison, cant. et ⊠ de Feurs. Pop. 990 h.

CYRQ (St-), vg. *Lot-et-Garonne* (Agénois), arr., cant., ⊠ et à 5 k. d'Agen. Pop. 1,939 h.

CYR-SEMBLECY (St-), *Loir-et-Cher*, comm. de la Ferté-St-Aignan, ⊠ de Beaugency.

CYR-SOUS-DOURDAN (St-), vg. *Seine-et-Oise* (Beauce), arr. et à 25 k. de Rambouillet, cant. et ⊠ de Dourdan. Pop. 611 h. Sur la Remarde. — On y voit un beau-château de construction moderne.

CYR-SUR-LE-RHONE (St-), vg. *Rhône* (Lyonnais), arr. et à 29 k. de Lyon, cant. de Ste-Colombe, ⊠ de Vienne. Pop. 195 h.

CYR-SUR-MENTHON (St-), vg. *Ain* (Bresse), arr. et à 21 k. de Bourg-en-Bresse, cant. et ⊠ de Pont-de-Veyle. Pop. 1,341 h.

CYRICE (St-), vg. *H.-Alpes* (Dauphiné), arr. et à 52 k. de Gap, cant. d'Orpières, ⊠ de Serres. Pop. 71 h.

CYS-LA-COMMUNE, vg. *Aisne* (Picardie), arr. et à 25 k. de Soissons, cant. et ⊠ de Braisne. Pop. 222 h.

CYSOING, bg *Nord* (Flandre), arr. et à 15 k. de Lille, chef-l. de cant. ⊠. A 232 k. de Paris pour la taxe des lettres. P. 2,746 h. — TERRAIN tertiaire supérieur.

Ce bourg était autrefois protégé par un château habité par des seigneurs puissants, et décoré d'une riche abbaye. Il essuya de grands dommages à l'époque de la bataille de Bouvines, sous Philippe de Valois. Lors du siège de Tournai par les Anglais, Louis XV était campé à Cysoing et avait son quartier général dans l'abbaye, d'où il partit pour aller à la bataille de Fontenoy, gagnée par les Français le 11 mai 1745. En mémoire de cet événement, les chanoines de Cysoing élevèrent une pyramide qui existe encore dans les beaux jardins de M. Charvet, propriétaire de l'emplacement de l'abbaye. Cette pyramide, construite en pierres bleues du pays, s'élève à la hauteur de 17 m.; elle est ornée de sculptures et d'inscriptions, et mériterait d'être classée au nombre des monuments historiques.

PATRIE du graveur MASQUELIER.

Fabriques de calicots, de sucre indigène. Filatures de coton. Salpêtrière. Tanneries. Moulins à huile. — *Foires* le mardi après l'Ascension et le 2ᵉ jeudi de chaque mois.

D

DABISSE, vg *H.-Alpes*, comm. et ⊠ des Mées.

DABO, ou DASCHBOURG, vg. *Meurthe* (Alsace), arr. et à 20 k. de Sarrebourg, cant. et ⊠ de Phalsbourg. Pop. 2,258 h. — Il est situé au pied des Vosges et au milieu des forêts. On y voit les vestiges de l'ancien château de Dabo, que d'anciennes traditions disent avoir été bâti par le roi Dagobert Iᵉʳ. Ce château a donné son nom à une illustre maison d'Alsace; il fut pris par les Français en 1679,

et démoli par ordre de Louis XIV. Le pape Léon XI naquit au château de Dabo.

Bibliographie. BEAULIEU. *Recherches archéologiques et historiques sur le comté de Daschbourg, aujourd'hui Dabo*, in-8 et grav., 1836.

DACHSTEIN, vg. *B.-Rhin* (Alsace), arr. et à 18 k. de Strasbourg, cant. et ⊠ de Molsheim. Pop. 600 h.

DADONVILLE, vg. *Loiret* (Orléanais), arr., cant. et à 2 k. de Pithiviers. Pop. 704 h.

DADOU, ou L'ADOU, rivière qui prend sa source dans le dép. du *Tarn*; elle passe près de Réalmont, à Montdragon, Graulhet et Briatexte, et se jette dans l'Agout, au-dessus de Lavaur, après un cours de 80 k.

DADOUINS (les), *Jura*, com. de St-Pierre, ⊠ de St-Laurent.

DADY, *Cher*, comm. de Massay, ⊠ de Vierzon.

D'AGLAN, bg *Dordogne* (Périgord), arr. et à 20 k. de Sarlat, cant. et ⊠ de Domme.

DALBADE (la).

Pop. 1,536 h. — *Foires* les 26 juin, 23 juillet, 27 août, 9 sept., 10 oct., 12 nov.; jeudi gras, mercredi de la mi-carême, mercredis après Pâques et après la Pentecôte.

DAGNEUX, vg. *Ain* (Bourgogne), arr. et à 31 k. de Trévoux, cant. et ⊠ de Montluel. Pop. 899 h.

DAGNY, vg. *Seine-et-Marne* (Brie), arr. et à 15 k. de Coulommiers, cant. et ⊠ de la Ferté-Gaucher. Pop. 233 h.

DAGNY-LAMBERCY, vg. *Aisne* (Picardie), arr. et à 45 k. de Laon, cant. et ⊠ de Rozoy-sur-Serre. Pop. 494 h. Sur la Brune.

DAGONE, *Marne*, comm. de Gault, ⊠ de Montmirail.

DAGONVILLE, *Drogonis Villa*, vg. *Meuse* (Lorraine), arr., cant. et à 16 k. de Commercy, et à 20 k. de St-Mihiel, ⊠ de Ligny. Pop. 341 h.

DAGSBOURG, *Meurthe*. V. DABO.

DAGUENIÈRE (la), vg. *Maine-et-Loire* (Anjou), arr. et à 13 k. d'Angers, cant. des Ponts-de-Cé, ⊠ de St-Mathurin. P. 1,183 h. — Il est agréablement situé, au bord et sur la levée de la Loire, qui, en cet endroit, offre de charmants points de vue.

DAGUES, *Lot*, comm. du Bastit, ⊠ de Gramat.

DAHLENHEIM, ou THALHEIM, vg. *B.-Rhin* (Alsace), arr. et à 21 k. de Strasbourg, cant. et ⊠ de Wasselonne. Pop. 739 h.

DAHOUET, *Côtes-du-Nord*, comm. de Pleneuf, ⊠ de Lamballe.

DAIGNAC, vg. *Gironde* (Guienne), arr. et à 20 k. de Libourne, cant. et ⊠ de Branne. Pop. 275 h.

DAIGNAN, vg. *Gers*, comm. d'Aubiet, ⊠ de Gimont.

DAIGNY, vg. *Ardennes* (Champagne), arr., cant., ⊠ et à 5 k. de Sedan. Pop. 540 h. — Filatures hydrauliques de laines. Forges. *Fabriques* de poêles à frire, fléaux de balances. Belle fabrique de tôle à Yoncq.

DAIGUE (la), *Creuse*, comm. de la Courtine, ⊠ de Felletin.

DAILLANCOURT, vg. *H.-Marne* (Champagne), arr. et à 36 k. de Chaumont-en-Bassigny, cant. et ⊠ de Vignory. Pop. 336 h.

DAILLECOURT, vg. *H.-Marne* (Champagne), arr. et à 30 k. de Chaumont-en-Bassigny, cant. et ⊠ de Clefmont. Pop. 283 h.

DAIN-EN-SAULNOIS, vg. *Moselle* (Lorraine), arr. et à 18 k. de Metz, cant. de Pange, ⊠ de Solgne. Pop. 110 h.

DAINVILLE, vg. *Pas-de-Calais* (Artois), arr., cant., ⊠ et à 3 k. d'Arras. Pop. 888 h.

DAINVILLE-AUX-FORGES, vg. *Meuse* (Lorraine), arr. de Commercy, à 58 k. de St-Mihiel, cant. et ⊠ de Gondrecourt. Pop. 789 h. — Forges et haut fourneau.

DAIX, vg. *Côte-d'Or* (Bourgogne), arr., cant., ⊠ et à 5 k. de Dijon. Pop. 252 h.

DAIX (les), *Var*, comm. et ⊠ de Solliès-Pont.

DALBADE (la), *H.-Garonne*, comm. et ⊠ de Toulouse.

DAMAZAN.

DALEM, vg. *Moselle* (pays Messin), arr. et à 43 k. de Thionville, cant. et ⊠ de Bouzonville. Pop. 450 h.

DALES, *Ain*, comm. de Pouillat, ⊠ de Coligny.

DALHAIN, vg. *Meurthe* (Lorraine), arr., cant., ⊠ et à 11 k. de Château-Salins, et à 17 k. de Vic. Pop. 520 h.

DALHUNDEN, vg. *B.-Rhin* (Alsace), arr. et à 32 k. de Strasbourg, cant. et ⊠ de Bischwiller. Pop. 674 h.

DALIBRAY, *Seine-et-Oise*, comm. d'Oinville, ⊠ de Meulan.

DALLET, vg. *Puy-de-Dôme* (Auvergne), arr. et à 20 k. de Clermont-Ferrand, cant. et ⊠ de Pont-du-Château. Pop. 1,245 h. Sur la rive gauche de l'Allier.

PATRIE de l'abbé BANIER, savant antiquaire; de saint ALYRE, 4ᵉ évêque de Clermont.

DALLON, vg. *Aisne* (Picardie), arr., et à 5 k. de St-Quentin, cant. de St-Simon. Pop. 321 h. Sur le canal de St-Quentin. — On y voit une jolie église construite en 1834. — *Commerce* de grains. — *Fabrique* de noir animal. — Éducation des mérinos.

DALMAYRAC, *Tarn-et-Garonne*, com. et ⊠ de Lauzerte.

DALON, *Dordogne*, comm. de St-Trie, ⊠ d'Excideuil.

DALONERIE (la), *Seine-et-Oise*, comm. de Cernay-la-Ville, ⊠ de Chevreuse.

DALOU, vg. *Ariège* (Languedoc), arr. et à 9 k. de Pamiers, cant. et ⊠ de Varilles. Pop. 639 h.

DALSTEIN, vg. *Moselle* (Lorraine), arr. et à 20 k. de Thionville, cant. et ⊠ de Bouzonville. Pop. 679 h.

DAMANIEU, *Gironde*, comm. de Ste-Croix-du-Mont, ⊠ de Cadillac.

DAMARY, *Aisne*, comm. de Juvincourt, ⊠ de Berry-au-Bac.

DAMAS-AUX-BOIS, vg. *Vosges* (Lorraine), arr. et à 30 k. d'Épinal, cant. de Châtel-sur-Moselle, ⊠ de Nomeny. Pop. 863 h.

DAMAS-DEVANT-DOMPAIRE, vg. *Vosges* (Lorraine), arr. et à 17 k. de Mirecourt, cant. et ⊠ de Dompaire. Pop. 756 h.

DAMAZAN, *Damasanum*), jolie petite ville, *Lot-et-Garonne* (Agénois), arr. à 22 k. de Nérac, chef-l. de cant. ⊠. A 634 k. de Paris pour la base des lettres. P. 1,789 h. — Elle est située sur une hauteur près d'une plaine fertile, mais trop souvent exposée aux inondations de la Garonne. C'est une ville propre, bien bâtie, dont la partie centrale offre une jolie place décorée d'une belle fontaine; elle possède d'agréables promenades, d'où l'on jouit d'une vue charmante sur le confluent du Lot et de la Baïse avec la Garonne.

Cette ville passe pour avoir été bâtie par les Anglais, qui l'entourèrent de murailles flanquées de nombreuses tours. L'évêque de Beauvais la prit en 1345; le duc de Derby s'en rendit maître en 1345; le duc de Rohan s'en empara en 1615. — *Foires* les 3 mai, 23 juillet, 14 sept., 22 oct., mercredi des Cendres et mercredi après la Toussaint.

DAMBLAIN. 685

DAMBACH, petite ville, *B.-Rhin* (Alsace), arr., ⊠ et à 9 k. de Schélestat, cant. de Barr. Pop. 3,275 h.

Cette ville s'est formée, en 1340, de la réunion des deux villages Oberkirch et Altenwiller. En 1444, elle eut à soutenir, pendant trois jours, une attaque des Armagnacs, dont le chef, le dauphin Louis, fut blessé au genou par une flèche. Elle fut obligée de capituler, et la plupart des habitants l'abandonnèrent. L'évêque Berthold, seigneur de Dambach, pour la préserver de l'incendie, fit présent au dauphin de deux beaux chevaux. En 1642, les Suédois y furent assiégés par le duc de Lorraine, qui fut contraint de se retirer au bout de quatre jours.

Sur une montagne au-dessus de la ville on voit les ruines du château de Bernstein. Outre les appartements il y avait trois tours, dans la plus élevée desquelles on enfermait d'ordinaire les prisonniers. Une seule est encore debout; elle est carrée et double en profondeur; on monte à son sommet par un escalier de bois fort étroit, assujetti à l'une de ses faces extérieures; il est couronné par un énorme sapin.

— L'évêque Berthold tint ce château en état de siège presque un mois entier. Neuf ans après, Frédéric II en fit la donation à l'église de Strasbourg. A l'entrée de la forêt, en face du château, on entend un écho qui répète très-distinctement plusieurs mots entiers.

Dambach est une ville mal bâtie et mal pavée, où l'on remarque à peine quelques maisons passables. Elle est encore entourée de son ancien mur de fortification, et l'on y entre par trois portes. Les fossés, comme tous les environs, sont plantés de vignes. A l'entrée du chemin qui conduit au château, on trouve la chapelle Saint-Sébastien, où l'on voit un autel en bois, curieux par la délicatesse de ses sculptures. Les ornements et les figures qui le décorent sont d'un fini d'autant plus admirable, qu'on assure que cet œuvre, haut d'environ 5 m., a été simplement taillé au couteau. — *Fabrique* de toile. Vinaigrerie.

DAMBACH, vg. *B.-Rhin* (Alsace), arr. et à 35 k. de Wissembourg, cant. et ⊠ de Niederbronn. Pop. 896 h.

DAMBELIN, vg. *Doubs* (Franche-Comté), arr. et à 22 k. de Montbelliard, cant. et ⊠ de Pont-de-Roide, pop. 555 h. — *Foires* les 1ᵉʳˢ jeudis de janv., mars, mai, juillet, sept. et nov.

DAMBENOIS, vg. *Doubs* (Franche-Comté), arr., ⊠ et à 8 k. de Montbelliard, cant. d'Audincourt. Pop. 217 h.

DAMBENOIT, vg. *H.-Saône* (Franche-Comté), arr. et à 11 k. de Lure, cant. et ⊠ de Luxeuil. Pop. 409 h.

DAMBERG, *Moselle*, comm. de Willervaldt, ⊠ de Sarralbe.

DAMBLAIN, vg. *Vosges* (Lorraine), arr. et à 30 k. de Neufchâteau, cant. de Lamarche, ⊠ de Vrécourt. Pop. 948 h. — *Fabrique* de pointes de Paris. — *Foires* les 29 août, 25 nov., mercredis avant la semaine sainte et avant le 24 juin.

DAMBLAINVILLE, *Damblainvilla*, vg. *Calvados* (Normandie), arr., cant., ✉ et à 6 k. de Falaise. Pop. 416 h. — Filature de laine peignée et cardée pour châles, tissus mérinos, etc.

DAMBRON, vg. *Eure-et-Loir* (Orléanais), arr. et à 42 k. de Châteaudun, cant. d'Orgères ; ✉ d'Artenay. Pop. 241 h.

DAME, *Cher*, comm. de St-Eloy-de-Gy, ✉ de Bourges.

DAME-MARIE, *Aisne*, comm. de Juvincourt, ✉ de Berry-au-Bac.

DAME-MARIE, vg. *Eure* (Normandie), arr. et à 33 k. d'Evreux, cant. et ✉ de Breteuil. Pop. 192 h.

DAME-MARIE, vg. *Indre-et-Loire* (Touraine), arr. à 7 k. de Tours, cant. et ✉ de Château-Renault. Pop. 510 h.

DAME-MARIE, vg. *Orne* (Normandie), arr. et à 23 k. de Mortagne-sur-Huine, cant. et ✉ de Bellême. Pop. 724 h.

DAMELEVIÈRES, vg. *Meurthe* (Lorraine), arr., ✉ et à 11 k. de Lunéville, cant. de Bayon, Pop. 475 h.

DAMERAUCOURT, vg. *Oise* (Picardie), arr. et à 34 k. de Beauvais, cant. et ✉ de Grandvilliers. Pop. 479 h. — On y voyait naguère un château fort curieux, maintenant en ruines, qui offrait, dit Cambry, une véritable miniature des châteaux forts du temps passé. Il était flanqué de quatre tourelles très-élevées ; ses murailles étaient de briques, couronnées de créneaux et de meurtrières de pierre de taille ; elles montaient à 32 m. 43 c. d'élévation. On pénétrait dans les sept étages qui formaient ce château, par un escalier pratiqué dans la tour, à gauche de la façade principale. La tradition a conservé le nom d'un ancien propriétaire de cette bizarre et jolie forteresse, qui se rendit redoutable à toute la contrée : il se nommait Launois, et avait écrit sur la porte de son château : *Craignons Launois, car mieux nous aurons*. Des cachots, qui étaient encore, sous l'administration de Cambry, garnis d'anneaux de fer de 11 c. de diamètre, suspendus à la voûte, où l'on descend par une trappe, annonçaient quel était jadis l'état des prisonniers.

DAMEREY, vg. *Saône-et-Loire* (Bourgogne), arr. et à 13 k. de Chalon-sur-Saône, cant. de Ste-Marie-en-Bresse, ✉ de Verdun-sur-le-Doubs. Pop. 730 h.

DAMERY, DAMERIE, ou DAMERI, *Dameriacum*, petite ville, *Marne* (Champagne), arr., cant., ✉ et à 7 k. d'Epernay. Pop. 1,770 h.

Damery était autrefois une petite place fortifiée, entourée de murs et de fossés dont on voit encore aujourd'hui les traces. Lors des guerres qu'eut à soutenir Thibaut, comte de Champagne, contre les grands vassaux de la couronne, Damery eut le sort de Sezanne et d'Epernay, et fut entièrement saccagé. Tout porte à croire que, sous les Romains, Damery était un lieu important où il se trouvait des thermes et un hôtel des monnaies. Des fouilles, faites au centre de cette ville, en 1829 et 1830, ont mit à découvert des vases en terre cuite dans lesquels se trouvaient plus de 2,000 médailles d'argent, dont plus de 1,500 à l'effigie de Posthume. — Avant la révolution, il y avait une prévôté de l'ordre de St-Augustin, qui jouissait d'un revenu de 6,000 livres.

Cette petite ville est fort agréablement située, à l'entrée d'un joli vallon, dans un territoire fertile en excellents vins rouges, qui rivalisent avec ceux d'Aï. Elle est bâtie sur un monticule dont la Marne baigne le pied, près de la grande route de Paris à Strasbourg, avec laquelle elle communique par un pont jeté sur la Marne, et par une belle levée plantée d'arbres qui traverse une prairie délicieuse. Des hauteurs du Calvaire, on jouit d'une fort belle vue, qui s'étend à environ 25 k. du côté de l'est, et à plus de 40 k. du côté de l'ouest. Une vue non moins belle est celle que l'on a de la ferme du Camois, située à 2 k. S. de Damery ; on y distingue facilement à l'œil nu quinze villes, villages ou hameaux. — L'église paroissiale est un ancien édifice surmonté d'une tour carrée d'environ 50 m. d'élévation. — Les environs de Damery offrent des fossiles curieux, recherchés des conchyologistes.

PATRIE D'ADRIENNE LECOUVREUR, célèbre actrice du Théâtre-Français ; — de H. BARADAT, évêque et comte de Noyon.

Commerce d'excellents vins rouges. — *Foires* le mardi saint, le lundi avant la Pentecôte et le 3 déc.

Bibliographie. * *Atelier monétaire découvert à Damery en 1830* (Chronique de Champagne, p. 221-30).

DAMERY, vg. *Somme* (Picardie), arr. à 18 k. de Montdidier, cant. et ✉ de Roye. Pop. 485 h.

DAME-SAINTE, vg. *Cher* (Berry), arr. et à 25 k. de Bourges, cant. et ✉ de Charost. P. 174 h.

DAMES (les), *Isère*, comm. de St-Maurice-de-l'Exil, ✉ de Péage.

DAMFAL, *H.-Marne*, comm. de Provenchères-sur-Meuse, ✉ de Montigny-le-Roi.

DAMGAN, vg. *Morbihan* (Bretagne), arr. et à 26 k. de Vannes, cant. et ✉ de Muzillac. Pop. 1,399 h.

DAMIANO (St-), vg. *Corse*, arr. à 35 k. de Bastia, cant. et ✉ de la Porta. Pop. 325 h.

DAMIATE, vg. *Tarn* (Languedoc), arr. à 14 k. de Lavaur, cant. et ✉ de St-Paul-Cap-de-Joux. Pop. 1,432 h.

DAMIETTE, *Seine-et-Oise*, comm. de St-Remy-les-Chevreuse, ✉ de Chevreuse.

DAMIGNI, *Damigneium*, vg. *Orne* (Normandie), arr., cant., ✉ et à 3 k. d'Alençon. Pop. 1,206 h.

DAMLOUP, vg. *Meuse* (Lorraine), arr. et à 10 k. de Verdun-sur-Meuse, cant. et ✉ d'Etain. Pop. 346 h.

DAMMARD, vg. *Aisne* (Picardie), arr. et à 30 k. de Château-Thierry, cant. de Neuilly-St-Front, ✉ de la Ferté-Milon. Pop. 352 h.

DAMMARIE, vg. *Eure-et-Loir* (Beauce), arr., cant. et à 11 k. de Chartres, ✉ de St-Loup. Pop. 1,240 h.

DAMMARIE, *Dominium Mariæ*, vg. *Meuse* (Lorraine), arr. et à 22 k. de Bar-le-Duc, cant. de Moutiers-sur-Saux, ✉ de Ligny. Pop. 556 h. Sur la Saux. — Haut fourneau. Fonderie, atelier de construction de modèles, chaudières, conduites pour eau et pour gaz, etc.

DAMMARIE-EN-PUISAYE, bg *Loiret* (Gâtinais), arr. et à 32 k. de Gien, cant. de Briare, ✉ de Bonny. Pop. 394 h.

DAMMARIE-LES-LYS, vg. *Seine-et-Marne* (Hurepoix), arr., cant., ✉ et à 4 k. de Melun. Pop. 894 h. — Il est situé dans une belle situation, sur la rive gauche de la Seine. On y remarquait autrefois la célèbre abbaye du Lys, de l'ordre de Cîteaux, fondée en 1240 par Blanche de Castille, et détruite en partie à l'époque de la révolution. Ce qui en reste forme aujourd'hui une belle maison de campagne où se trouvent les ruines de l'église. Non loin de là est le château de Bel-Ombre, jadis habité par la reine Blanche.

DAMMARIE-SUR-LOING, vg. *Loiret* (Beauce), arr. et à 28 k. de Montargis, cant. et ✉ de Châtillon-sur-Loing. Pop. 628 h.

DAMMART, vg. *Seine-et-Marne* (Brie), arr. à 21 k. de Meaux, cant. et ✉ de Lagny. Pop. 686 h.

DAMMARTIN, vg. *Doubs* (Franche-Comté), arr. et à 11 k. de Baume-les-Dames, cant. et ✉ de Roulans. Pop. 424 h.

DAMMARTIN, vg. *Jura* (Franche-Comté), arr. et à 22 k. de Dôle, cant. de Montmirey-la-Ville, ✉ de Pesmes. Pop. 291 h.

DAMMARTIN, vg. *H.-Marne* (Champagne), arr. et à 30 k. de Langres, cant. et ✉ de Montigny-le-Roi. Pop. 536 h.

DAMMARTIN, ou DAMMARTIN-EN-GOËLE, *Dominium Martini*, *Dammartinum*, jolie petite ville, *Seine-et-Marne* (Brie), arr. à 21 k. de Meaux, chef-l. de cant. Cure. ✉. ☞. A 35 k. de Paris pour la lettre des lettres. Pop. 1,812 h. TERRAIN tertiaire inférieur.

Autrefois comté, diocèse et élection de Meaux, parlement et intendance de Paris.

Cette ville, traversée par la grande route de Paris à Soissons, est située en amphithéâtre sur une montagne d'où l'on jouit d'une vue magnifique, qui s'étend de tous les côtés à 40 ou 50 k. Elle a eu longtemps ses comtes particuliers, dont le plus célèbre fut Antoine de Chabannes, maître d'hôtel de Louis XI.

A la sortie de la ville, près du grand chemin qui conduit à Nanteuil, était bâti le fameux château de Dammartin, dont il est tant parlé dans l'histoire. Ce château, dont l'origine se perd dans la nuit des temps, et que l'on croit avoir été fondé par les Romains, a été démantelé en 1632, lors de la mort et de la confiscation des biens d'Anne de Montmorency, à qui il appartenait. Il était bâti en briques, flanqué de huit énormes tours octogones, et environné de larges fossés ; il a fait place à une plantation d'arbres, qui forme aujourd'hui une promenade des plus agréables.

On remarque à Dammartin l'église collégiale

de Notre-Dame, construite vers 1480, sur les ruines d'une ancienne chapelle, par Antoine de Chabannes, seigneur de Dammartin. Le chœur de cette église, d'une belle construction, est divisé en deux parties dans sa longueur par trois colonnes d'un seul fût, et éclairé par dix fenêtres à compartiments tribolés en cœur. — Au milieu est le tombeau du fondateur, Antoine de Chabannes, représenté en ronde bosse sur une grande pierre, en habit de chevalier, avec un collier en coquilles, un livre dans ses mains et un oiseau à ses pieds. Sur les grandes faces de ce tombeau sont les armes du comte entourées de feuillages gothiques. Sur la tranche de la pierre qui le couvre on lit en lettres gothiques une inscription indiquant qu'Antoine de Chabannes, fondateur de la collégiale et de l'église, est mort le 25 décembre 1488.

Patrie de Pierre Blanchard, libraire et romancier.

Fabriques de blondes et de passementerie. — *Commerce* de grains, vins et bestiaux. — *Foires* les 1er oct., 6 déc., lundi de la Passion et lundi de la Pentecôte. On vend à cette dernière plus de 30,000 moutons. Marchés importants pour les grains, les lundi et le jeudi de chaque semaine.

Bibliographie. Offroy (J.-B.-V.). *Histoire de la ville de Dammartin*, etc., in-12, 1841.

DAMMARTIN, ou DAMMARTIN-EN-PINSERAIS, bg *Seine-et-Oise* (Beauce), arr. et à 13 k. de Mantes, cant. de Houdan, ✉ de Septeuil. Pop. 668 h. — *Commerce* de bestiaux. — *Foires* les 11 nov., jeudi après l'octave de la Fête-Dieu, lundi après la Translation de saint Martin.

DAMMARTIN-SOUS-TIGEAUX, ou DAMMARTIN-EN-BRIE, vg. *Seine-et-Marne* (Brie), arr. et à 15 k. de Coulommiers, cant. de Rozoy-en-Brie, ✉ de Faremoutiers. Pop. 553 h. — Ce bourg, où l'on voit un ancien château, est bâti à mi-côte, près du grand Morin.

DAMNEVILLE, *Damneville*, *Domnevilla*, vg. *Eure* (Normandie), arr., cant., ✉ et à 8 k. de Louviers. Pop. 329 h.

DAROULENS, vg. *Landes* (Gascogne), arr. et à 21 k. de St-Sever, cant. et ✉ d'Aire-sur-l'Adour. Pop. 296 h.

DAMOUSIES, vg. *Nord* (Hainaut), arr. et à 15 k. d'Avesnes, cant. et ✉ de Maubeuge. Pop. 266 h.

DAMOUZY, vg. *Ardennes* (Champagne), arr. et à 5 k. de Mézières, cant., ✉ et à 5 k. de Charleville. Pop. 438 h.

DAMPARIS, vg. *Jura* (Franche-Comté), arr., cant. et ✉ de Dôle. Pop. 744 h.

DAMPCOURT, Aisne, comm. de Marest-Dampcourt, ✉ de Chauny.

DAMPIERRE, petit bourg, *Aube* (Champagne), arr. et à 20 k. d'Arcis-sur-Aube, cant. de Ramerupt, ✉. A 170 k. de Paris pour la taxe des lettres. Pop. 773 h. Sur le ruisseau du Puits.

L'origine de ce bourg remonte à une époque reculée; il en est fait mention pour la première fois dans un titre de l'an 1100; mais bien avant cette époque il y avait à Dampierre une grosse tour de 27 m. d'élévation, et un château fort; cette tour avait dans sa mouvance plus de cinquante fiefs.

Le château de Dampierre fut assiégé et pris en 1420 par le duc de Bourgogne, qui donna la terre à un seigneur de Chavigny, lequel ne la restitua que plusieurs années après. L'époque de la destruction de ce château est inconnue; on sait seulement qu'il n'existait plus au commencement du XVIIIe siècle. Le château actuel a été construit en 1611, par F. Mansard ; c'est un assez beau bâtiment, précédé d'un beau pavillon gothique à trois étages, flanqué de quatre tourelles; les fossés du château baignent les murs de cet édifice, où l'on entrait par un pont-levis.

Le château de Dampierre est environné de promenades charmantes et de belles plantations que baignent les eaux du ruisseau du Puits ; on y jouit d'une vue agréable et fort étendue : à l'est, on voit Margerie et les forêts qui environnent ce bourg ; au nord, apparaissent le mont Aimé et le mont Aoust; à l'ouest, on distingue Arcis et le château de Pont-sur-Seine; au sud-ouest, on découvre la tour de la cathédrale de Troyes ; au sud, l'œil suit une partie du cours de l'Aube ; au sud-est, on aperçoit distinctement le château de Brienne et la montagne de Ste-Germaine, près de Bar-sur-Aube. — A peu de distance, du côté du nord-ouest, existent les restes des fossés de l'ancien château de Bourbon-Dampierre. On communique du château avec les jardins par un pont suspendu en fil de fer, de 18 m. de long sur 1 m. 33 c. de large.

Fabrique de bonneterie en coton. — *Foires* les 28 juin, 28 oct. et 27 déc.

DAMPIERRE, vg. *Calvados* (Normandie), arr. à 24 k. de Vire, cant. d'Aulnay-sur-Odon, ✉ de Mesnil-Auzouf. Pop. 533 h.

DAMPIERRE, vg. *Jura* (Franche-Comté), arr. et à 22 k. de Dôle, chef-l. de cant., ✉ d'Orchamp. Pop. 606 h. — Terrain jurassique. — Haut fourneau.

DAMPIERRE, vg. *Loiret* (Gatinais), arr. et à 11 k. de Gien, cant. et ✉ d'Ouzouer-sur-Loire. Pop. 924 h. — *Foire* le lundi après le premier dimanche de septembre.

DAMPIERRE, vg. *Maine-et-Loire* (Anjou), arr., cant., ✉ à 5 k. de Saumur. Pop. 590 h. — Il est bâti dans une situation agréable, sur la rive gauche de la Loire. C'est dans cet endroit que mourut, en 1482, Marguerite d'Anjou, reine d'Angleterre, que ses grandes qualités, ses malheurs et son courage ont rendue si célèbre.

DAMPIERRE, vg. *H.-Marne* (Champagne), arr., ✉ et à 20 k. de Langres, cant. de Neuilly-l'Évêque. Pop. 729 h.

DAMPIERRE, vg. *Seine-et-Oise* (Ile-de-France), arr. et à 14 k. de Rambouillet, cant. et ✉ de Chevreuse. Pop. 698 h. — On y remarque un vaste et beau château que le cardinal de Lorraine fit augmenter et embellir sur les dessins de J.-H. Mansard. La situation de ce château au fond d'un vallon, ses larges fossés et les eaux qui l'environnent, l'emploi simultané de la brique et de la pierre dont on s'est servi pour sa construction, lui donnent un aspect sévère, qu'on retrouve dans la plupart des édifices du même genre bâtis vers le commencement ou le milieu du XVIe siècle. Le château de Dampierre a été récemment restauré par le duc de Luynes, qui a fait des dépenses considérables pour son embellissement. Plusieurs pièces sont décorées de peintures exécutées par M. Ingre ; dans l'une d'elles, tendues en velours nacarat, on voit une statue en pied de Louis XIII, en argent, d'une bonne exécution. — Le parc, traversé par l'Yvette, est d'une étendue considérable. De vastes pièces d'eau, de belles plantations, de jardins charmants, embellis de jets d'eau, de cascades, de bosquets, de labyrinthes, d'îles ombragées et distribuées avec art, font de cette belle propriété une des plus agréables des alentours.

DAMPIERRE, vg. *Seine-Inf.* (Normandie), arr. et à 16 k. de Dieppe, cant. et ✉ d'Envermeu. Pop. 361 h.

DAMPIERRE, vg. *Seine-Inf.* (Normandie), arr. et à 35 k. de Neufchâtel-en-Bray, cant. et ✉ de Gournay. Pop. 710 h.

DAMPIERRE-AU-CROT, vg. *Cher* (Berry), arr. et à 23 k. de Sancerre, cant. et ✉ de Vailly. Pop. 638 h. — *Foire* le 30 juin.

DAMPIERRE-AU-TEMPLE, vg. *Marne* (Champagne), arr., ✉ et à 11 k. de Châlons-sur-Marne, cant. de Suippes. Pop. 102 h.

DAMPIERRE-EN-BRESSE, vg. *Saône-et-Loire* (Bourgogne), arr. et à 24 k. de Louhans, cant. et ✉ de Pierre. Pop. 640 h.

DAMPIERRE-EN-GRACEY, vg. *Cher* (Berry), arr. et à 25 k. de Bourges, cant. et ✉ de Gracey. Pop. 279 h.

DAMPIERRE-EX-LIGNIÈRES, vg. *Cher* (Berry), arr. et à 37 k. de St-Amand-Mont-rond, cant. et ✉ de Lignières. Pop. 175 h.

DAMPIERRE-EN-MONTAGNE, vg. *Côte-d'Or* (Bourgogne), arr. et à 21 k. de Semur, cant. et ✉ de Vitteaux. Pop. 233 h.

DAMPIERRE-LE-CHATEAU, vg. *Marne* (Champagne), arr. et à 14 k. de Ste-Ménehould, cant. de Dammartin-sur-Yèvre, ✉ de Tilloy. Pop. 256 h. — On y remarque les restes d'un fort ou château très-élevé, entouré de hauts remparts et de profonds fossés.

DAMPIERRE-LES-CONFLANS, vg. *H.-Saône* (Franche-Comté), arr. et à 35 k. de Lure, cant. de Vauvillers, ✉ de St-Loup. Pop. 687 h.

DAMPIERRE-LES-MONTBELLIARD, vg. *Doubs* (Franche-Comté), arr., ✉ et à 8 k. de Montbelliard, cant. de Pont-de-Roide. Pop. 325 h.

DAMPIERRE-LES-MONTBOZON, vg. *H.-Saône* (Franche-Comté), arr. et à 16 k. de Vesoul, cant. et ✉ de Montbozon. Pop. 1,088 h. — *Fabrique* de cardes. — *Foires* les 25 avril, 30 mai et 12 juillet.

DAMPIERRE-OUTRE-BOIS, vg. *Doubs* (Franche-Comté), arr., ✉ et à 11 k. de Montbelliard, cant. d'Audincourt. Pop. 741 h. —

Fabrique de vis à bois, pièces de mécanique et de serrurerie.

DAMPIERRE-SOUS-BROU, vg. *Eure-et-Loir* (Beauce), arr. et à 25 k. de Châteaudun, cant. et ✉ de Brou. Pop. 673 h.

DAMPIERRE-SUR-AUVE, vg. *Marne* (Champagne), arr., cant., ✉ et à 7 k. de Ste-Ménehould. Pop. 69 h.

DAMPIERRE-SUR-AVRE, vg. *Eure-et-Loir* (Beauce), arr. et à 17 k. de Dreux, cant. de Brezolles, ✉ de Nonancourt. Pop. 831 h. — *Fabrique* de poterie de terre. — Papeterie.

DAMPIERRE-SUR-BLÉVY, vg. *Eure-et-Loir* (Beauce), arr. et à 28 k. de Dreux, cant. de Senonches, ✉ de Brezolles. Pop. 283 h. — Forges, fonderie et laminoir.

DAMPIERRE-SUR-BOUHY, vg. *Nièvre* (Nivernais), arr. et à 25 k. de Cosne, cant. et ✉ de St-Amand-en-Puisaye. Pop. 1,335 h.

DAMPIERRE-SUR-BOUTONNE, vg. *Charente-Inf.* (Saintonge), arr. et à 19 k. de St-Jean-d'Angely, cant. et ✉ d'Aulnay. Pop. 661 h. — *Foire* le 11 juin.

DAMPIERRE-SUR-MOIVRE, vg. *Marne* (Champagne), arr., ✉ et à 16 k. de Châlons-sur-Marne, cant. de Marson. Pop. 201 h.

DAMPIERRE-SUR SALON, bg *H.-Saône* (Franche-Comté), arr. et à 16 k. de Gray, chef-l. de cant. Cure. ✉. A 359 k. de Paris pour la taxe des lettres. Pop. 1,548 h. Sur le Salon. — TERRAIN jurassique. — *Foires* les 3 mars, 12 mai, 1er août et 6 déc.

DAMPIERRE-SUR-VENGEANNE, vg. *Côte-d'Or* (Bourgogne), arr. et à 35 k. de Dijon, cant. et ✉ de Fontaine-Française. Pop. 230 h.

DAMPJOUX, vg. *Doubs* (Franche-Comté), arr. et à 18 k. de Montbéliard, cant. de St-Hippolyte. Pop. 151 h.

DAMPLEUX, vg. *Aisne* (Picardie), arr. et à 25 k. de Soissons, cant. et ✉ de Villers-Cotterets. Pop. 256 h.

DAMPLI, *Seine-et-Oise*, comm. de Montalet-le-Bois, ✉ de Meulan.

DAMPNIAC, vg. *Corrèze* (Limousin), arr., cant., ✉ et à 12 k. de Brives. Pop. 1,004 h.

DAMPRICHARD, vg. *Doubs* (Franche-Comté), arr. et à 44 k. de Montbéliard, cant. de Maîche. Pop. 978 h. — *Foires* les 2es jeudis d'avril et d'octobre.

DAMPS (les), vg. *Eure* (Normandie), arr. et à 12 k. de Louviers, cant. et ✉ de Pont-de-l'Arche. Pop. 300 h.

DAMPSMESNIL, vg. *Eure* (Normandie), arr. à 22 k. des Andelys, cant. et ✉ d'Écos. Pop. 322 h.

DAMPVITOUX, vg. *Moselle* (pays Messin), arr. à 30 k. de Metz, cant. et ✉ de Gorze. Pop. 287 h.

DAMRÉMONT, vg. *H.-Marne* (Champagne), arr. à 32 k. de Langres, cant. de Bourbonne. Pop. 779 h.

DAMVAIRES-LES-COLOMBES, vg. *H.-Saône* (Franche-Comté), arr., cant. et à 8 k. de Vesoul, cant. de Noroy-le-Bourg. Pop. 296 h.

DAMVALLEY-ST-PANCRAS, vg. *H.-Saône* (Franche-Comté), arr. et à 39 k. de Lure, cant. et ✉ de Vauvillers. Pop. 99 h.

DAMVILLE, *Damvilla*, *Damvilla*, bg *Eure* (Normandie), arr. et à 21 k. d'Évreux, chef-l. de cant. Cure. ✉. ⚒. A 110 k. de Paris pour la taxe des lettres. Pop. 946 h. — TERRAIN tertiaire moyen.

Damville était autrefois fermé de murs et défendu par un château fort, que Henri II, roi d'Angleterre, assiégea et brûla en 1173 et en 1189. Les ligueurs d'Évreux s'en emparèrent en 1589, et forcèrent les habitants à prendre parti pour l'union. — Ce bourg fut érigé en duché-pairie en 1610. Il est situé dans un territoire fertile, sur l'Iton. — *Foires* le mardi de Pâques, les 24 juin et 25 nov. — Marché tous les mardis.

DAMVILLERS, petite ville, *Meuse* (Luxembourg français), arr. et à 22 k. de Montmédy, chef-l. de cant. Cure. Gîte d'étape. ✉. A 279 k. de Paris pour la taxe des lettres. P. 998 h. — TERRAIN jurassique, étage moyen du système oolitique.

Cette ville était autrefois le siége d'une prévôté conquise sous Louis XIII, et cédée à la France par le traité des Pyrénées. Elle doit son origine aux guerres fréquentes que se faisaient, en 1350, deux seigneurs, possesseurs des châteaux de Murcaux et Castelet, situés sur une montagne qui domine le village de Licey. Ces seigneurs, tyrannisant dans leurs courses le couvent de Dam, bâti dans l'endroit où existe aujourd'hui la ville, déterminèrent les comtes de Chiny à élever près du monastère une citadelle, qui prit le nom de Villers. Le voisinage de cette forteresse ne fit toutefois que retarder la ruine du couvent, dont les frères furent transférés à Meltock, célèbre abbaye située sur la Sarre, au nord de Merzig. Charles V augmenta les fortifications de Damvillers, en 1526; avant cette époque, la ville avait soutenu plusieurs siéges dans la guerre relative aux prétentions du duc de Saxe sur le comté de Chiny, et les Bourguignons s'en étaient alors emparés à diverses reprises. Louis XIV la fit démanteler en 1673. — Cette ville est située dans une belle vallée arrosée par la Tinte.

PATRIE du maréchal de France GÉRARD. Du lieutenant général LOYSON.

Foires les 25 fév., 13 avril, 22 mai, 19 sept. et 19 nov.

Bibliographie. *La réduction de Damvillers et de Pont-de-l'Arche*, in-4, 1650.

DAMVIX, vg. *Vendée* (Poitou), arr., ✉ et à 18 k. de Fontenay-le-Comte, cant. de Maillezais. Pop. 893 h.

DANCÉ, vg. *Loire* (Forez), arr. et à 23 k. de Roanne, cant. et ✉ de St-Germain-Laval. Pop. 337 h.

DANCÉ, *Villa Dancincum*, vg. *Orne* (Perche), arr. et à 26 k. de Mortagne-sur-Huîne, cant. de Nocé, ✉ de Berd'huis. Pop. 757.

DANCEVOIR, bg *H.-Marne* (Champagne), arr. et à 30 k. de Chaumont-en-Bassigny, cant. et ✉ d'Arc-en-Barrois. Pop. 872 h. Sur l'Aube. — *Foires* les 8 mars, 13 mai et 26 sept.

DANCOURT, *Driencuria Castrum*, *Dencuria*, vg. *Seine-Inf.* (Normandie), arr. et à 30 k. de Neufchâtel-en-Bray, cant. de Blangy, ✉ de Foucarmont. Pop. 643 h.

DANCOURT, vg. *Somme* (Picardie), arr. et à 14 k. de Montdidier, cant. et ✉ de Roye. Pop. 137 h.

DANCY, vg. *Eure-et-Loire* (Beauce), arr. et à 14 k. de Châteaudun, cant. et ✉ de Bonneval. Pop. 412 h.

DANDÉSIGNY, vg. *Vienne* (Poitou), arr. et à 20 k. de Loudun, cant. de Mont-sur-Guesnes, ✉ de Mirebeau. Pop. 111 h.

DANESTAL, vg. *Calvados* (Normandie), arr. et à 11 k. de Pont-l'Évêque, cant. de Dives, ✉ de Dozulié. Pop. 410 h.

DANGÉ, bg *Vienne* (Poitou), arr., bureau d'enregist. et à 15 k. de Châtellerault, chef-l. de cant. Cure. ✉ des Ormes. Pop. 798 h. Sur la rive droite de la Vienne. — TERRAIN tertiaire moyen.

DANGEAU, vg. *Eure-et-Loir* (Perche), arr. et à 17 k. de Châteaudun, cant. de Brou, ✉ de Bonneval. Pop. 1,508 h.

DANGERS, vg. *Eure-et-Loir* (Beauce), arr. et à 12 k. de Chartres, cant. et ✉ de Courville. ⚒. Pop. 254 h.

DANGEUL, vg. *Sarthe* (Maine), arr. à 16 k. de Mamers, cant. et ✉ de Marolles-les-Braux. Pop. 1,169 h.

DANGOLSHEIM ou **DANGELSEN**, vg. *B.-Rhin* (Alsace), arr. à 23 k. de Strasbourg, cant. et ✉ de Wasselonne. Pop. 697 h.

DANGU, *Dangutum*, vg. *Eure* (Normandie), arr. et à 25 k. des Andelys, cant. et ✉ de Gisors. Pop. 613 h.

Au milieu du xie siècle, Guillaume le Conquérant tenait à Dangu une garnison. Après sa mort, en 1088, Guillaume, comte d'Évreux, se saisit de la place et en expulsa ceux qui la gardaient. — A la fin de ce siècle, Dangu fut fortifié par Guillaume le Roux, en même temps que Gisors et Neaufles ; le château de cette époque occupait l'éminence sur la rive gauche de l'Epte, et se composait d'un donjon et de deux tours. — Louis le Gros fut venu l'assiéger en 1119, le gouverneur se retira vers Gisors en mettant le feu à la place. Henri II, vers 1160, la releva ; puis, en 1196, Philippe Auguste l'assiégea et la prit. Richard Cœur de Lion se la fit livrer en 1197; enfin le roi de France la reprit. L'un et l'autre y firent des travaux de défense. Vers l'an 1400, Dangu passa par alliance à Jacques de Bourbon, qui abandonna le château de la rive gauche et y fit bâtir une nouvelle forteresse, là où s'élève le beau château moderne. Cette forteresse, après la prise de Gisors se rendit, en 1419, au roi d'Angleterre ; en 1449, elle se soumit promptement à Charles VII.

DANGY, vg. *Manche* (Normandie), arr. et à 14 k. de St-Lô, cant. de Canisy, ✉ de Marigny. Pop. 1,185 h.

DANISY, vg. *Aisne* (Picardie), arr. et à 25 k. de Laon, cant. et ✉ de la Fère. Pop. 390 h.

DANJOUTIN, vg. *H.-Rhin* (Alsace), arr., cant. et à 3 k. de Belfort. Pop. 568 h.

DANLOT, *Vienne*, comm. et ✉ de Vivonne. — Filature de lin à la mécanique.

DANNE, vg. *Meurthe* (pays Messin), arr. et à 21 k. de Sarrebourg, cant. et ✉ de Phalsbourg. Pop. 880 h.

DANNELBOURG, vg. *Meurthe* (pays Messin), arr. et à 16 k. de Sarrebourg, cant. et ✉ de Phalsbourg. Pop. 363 h.

DANNEMARIE, vg. *Doubs* (Franche-Comté), arr. et à 13 k. de Besançon, cant. d'Audeux, ✉ de St-Wit. Pop. 368 h.

DANNEMARIE, vg. *Doubs* (Franche-Comté), arr. et à 16 k. de Montbelliard, cant. de Blamont, ✉ de Pont-de-Roide. Pop. 220 h.

DANNEMARIE ou **DAMMERKIRCH**, bg *H.-Rhin* (Alsace), arr. et à 23 k. de Belfort, chef-l. de cant. Cure. ✉. A 425 k. de Paris pour la taxe des lettres. Pop. 1,214 h. — TERRAIN tertiaire supérieur. — *Fabriques* de cuirs. Teintureries. — *Foires* le 23 avril et le 2ᵉ mardi de chaque mois.

DANNEMARIE, vg. *Seine-et-Oise* (Beauce), arr. et à 31 k. de Mantes, cant. et ✉ de Houdan. Pop. 103 h.

DANNEMOINE, bg *Yonne* (Champagne), arr., cant., ✉ et à 5 k. de Tonnerre, dans une contrée fertile en excellents vins. Pop. 664 h. — *Foires* les 22 janv., 9 mai et 18 sept.

DANNEMOISE, vg. *Seine-et-Oise* (Gatinais), arr. et à 30 k. d'Etampes, cant. de Milly. Pop. 451 h. sur l'Ecole.

DANNES, vg. *Pas-de-Calais* (Boulonnais), arr. et à 16 k. de Boulogne-sur-Mer, cant. et ✉ de Samer. Pop. 350 h.

DANNEVOUX, vg. *Meuse* (Champagne), arr. et à 28 k. de Montmédy, cant. de Montfaucon, ✉ de Varennes-en-Argonne. Pop. 789 h.

DANVOU, vg. *Calvados* (Normandie), arr. et à 22 k. de Vire, cant. et ✉ d'Aulnay-sur-Odon. Pop. 339 h.

DANZÉE, vg. *Loir-et-Cher* (Blaisois), arr. et à 14 k. de Vendôme, cant. de Morée, ✉ de la Ville-aux-Clercs. Pop. 1,154 h.

DAON, bg *Mayenne* (Anjou), arr. et à 10 k. de Château-Gontier, cant. de Bierné. Pop. 1,005 h.

Patrie de l'abbé BERNIER, qui, après avoir pendant longtemps participé aux troubles de la Vendée, accepta de Napoléon l'évêché d'Orléans.

DAOULAS, *Daoulasium*, bg *Finistère* (Bretagne), arr. et à 25 k. de Brest, chef-l. de cant. Cure. Bureau d'enregist. et ✉ de Landerneau. Pop. 501 h. — TERRAIN de transition moyen. — Il est situé à l'embouchure d'une petite rivière qui se jette dans la baie de Châteaulin. On y remarque les ruines d'une abbaye, célèbre dans les chroniques bretonnes, fondée au vIᵉ siècle par un seigneur du Faou, et rééditifiée presque en entier dans le xvᵉ. Parmi les restes précieux de l'édifice primitif qui existent encore, est une façade à pignon avec un portail à trois arcades à plein cintre ; au-dessus sont trois longues fenêtres cintrées, dont celle du milieu surpasse les deux autres en hauteur et est pratiquée entre deux contre-forts. — *Foires* les

1ᵉʳˢ mercredis de janv., mars, mai, juillet, sept. et nov.

DAOURS, vg. *Somme* (Picardie), arr. et à 13 k. d'Amiens, cant. et ✉ de Corbie. Pop. 688 h. — Filature hydraulique de laine. Papeterie. Teinturerie.

DARANTASIA (lat. 46°, long. 25°). « On ne peut rien citer de plus ancien sur cette ville que l'Itinéraire d'Antonin et la Table théodosienne, en y ajoutant la Notice des provinces de la Gaule. L'Itinéraire et la Table en font mention sur une carte qui conduit au passage de l'*Alpis Graia*, ou du petit St-Bernard, entre les positions d'*Obilunum* et d'*Axima*. La distance est également marquée XIII à l'égard du premier de ces lieux, et X à l'égard du second ; et ces indications paraissent convenables à l'emplacement que conserve la capitale de la Tarentaise, qui a pris le nom de Moustier (*Monasterium*), tandis que celui de *Darantasia* s'est étendu à toute la contrée. M. de Valois prend cette ville pour le *Forum Claudii*, que Ptolémée (p. 14) nomme chez les *Centrones* : *Incertum*, dit-il, *quam ob causam* (*urbs Forum Claudii*) *dicta est Darantasia*. Mais les raisons qui peuvent être contraires à cette opinion sont exposées dans l'article *Forum Claudii*. Il est à remarquer que *Darantasia* n'est point qualifiée du titre de *metropolis* dans la Notice des provinces, comme les autres villes qui tiennent la première place en chaque province ; et son évêque ne jouissait point du rang et des droits de métropolitain dans le vᵉ siècle, puisqu'un décret du pape Léon le Grand, confirmé par le pape Symaque, soumet l'Eglise de *Tarantasia* à celle de Vienne, pour terminer la contestation qui était entre les évêques de Vienne et d'Arles sur les sièges relevants de leurs Eglises. » D'Anville. *Notice de l'ancienne Gaule*, p. 261.

DARAZAC, vg. *Corrèze* (Limousin), arr. et à 50 k. de Tulle, cant. de Servières, ✉ de St-Privat. Pop. 719 h.

DARBONNAY, vg. *Jura* (Franche-Comté), arr. et à 16 k. de Lons-le-Saulnier, cant. et ✉ de Sellières. Pop. 295 h.

D'ARBRES, vg. *Ardèche* (Vivarais), arr. et à 15 k. de Privas, cant., et ✉ de Villeneuve-de-Berg. Pop. 750 h.

DARCEY, vg. *Côte-d'or* (Bourgogne), arr. et à 20 k. de Semur, cant. de Flavigny. Pop. 625 h.

DARDENAC, vg. *Gironde* (Guienne), arr. et à 21 k. de Libourne, cant. et ✉ de Branne. Pop. 111 h.

DARDENAY, vg. *H.-Marne* (Champagne), arr. et à 25 k. de Langres, cant. et ✉ de Prauthoy. Pop. 129 h.

DARDEZ, *Dardei*, *Dardeis*, vg. *Eure* (Normandie), arr., cant., ✉ et à 9 k. d'Evreux. Pop. 72 h.

DARDILLY, vg. *Rhône* (Lyonnais), arr., ✉ et à 8 k. de Lyon, cant. de Limonest. Pop. 1,281 h. — Exploitation des carrières de pierres, qui contiennent un grand nombre de fossiles curieux.

DAREIZÉ, vg. *Rhône* (Lyonnais), arr. et

à 25 k. de Villefranche-sur-Saône, cant. et ✉ de Tarare. Pop. 473 h. — *Fabrique* importante d'étoffes de soie.

DARENTIACA (lat. 45°, long. 23°). « Dans l'Itinéraire de Bourdeaux à Jérusalem, ce lieu est placé entre *Augusta* et *Dea Vocontiorum*. La distance est marquée XII à l'égard d'*Augusta*, et XVI à l'égard de *Dea*, ou Die. La somme de ces distances excède l'indication que donne l'Itinéraire d'Antonin entre *Augusta* et *Dea*, qui est XXIII ; et comme on peut voir à l'article *Augusta*, c'est tout ce que le local peut admettre. Le moyen le plus simple de réduire l'Itinéraire de Jérusalem, pour le mettre d'accord avec celui d'Antonin, est de substituer VII à XII dans la distance d'*Augusta* à *Darentiaca*, nonobstant quoi j'avoue que la position qui peut répondre à *Darentiaca* m'est inconnue. » D'Anville. *Notice de l'ancienne Gaule*, p. 262.

DARGIÈS, vg. *Oise* (Picardie), arr. et à 33 k. de Beauvais, cant. et ✉ de Grandvilliers. Pop. 664 h.

DARGNIÈS, vg. *Somme* (Picardie), arr. et à 25 k. d'Abbeville, cant. et ✉ de Gamaches. Pop. 668 h.

DARGOIRE, vg. *Loire* (Forez), arr. et à 33 k. de St-Etienne, cant. et ✉ de Rive-de-Gier. Pop. 213 h.

DARGOUX, *Cher*, comm. et ✉ de Châteaumeillant.

DARIORIGUM, *postea* VENETI (lat. 48°, long. 25°). « On apprend de Ptolémée que le nom de la capitale des *Veneti* était *Dariorigum*. L'emplacement de cette ville ne répondait pas précisément à celui où les Vennes occupe aujourd'hui. Selon D. Lobineau, il veut que *Dariorig* fût situé sur une pointe de terre qui est isolée deux fois par jour au moment de la marée ; et César (*Comment.*, III) attribue en effet une pareille situation aux villes des *Veneti* presque généralement. Cet emplacement serait-il celui d'un terrain que la mer enveloppe ainsi au fond du Morbihan, à une lieue au-dessus de Vennes, et que l'on nomme Durouec ? Et ce nom de Durouec aurait-il quelque rapport à *Dariorig* ? Les Bretons qui parlent leur langue naturelle ou bretonne, nomment la ville de Vennes *Wenet* ou *Guenet*. M. de Valois (p. 592) n'avait pas bien considéré la Table théodosienne, quand il a écrit que dans cette Table la capitale des *Veneti* est appelée du nom de la nation , *vocatur nomine gentis*. Il y reconnaît néanmoins, vers la fin du même article où il traite des *Veneti*, le nom de *Darioritum*. Ce nom, qu'on lit *Dartoritum* dans la Table, avec la figure qu'elle donne aux capitales, représente suffisamment, malgré quelque altération, le *Dariorigum* de Ptolémée. » D'Anville. *Notice de l'ancienne Gaule*, p. 262. V. aussi : *De l'ancienne Dariorigum, capitale des Vénètes*, par le comte de Caylus (Recueil d'antiquités, t. IV, p. 374).

DARMANNES, vg. *H.-Marne* (Champagne), arr., ✉ et à 10 k. de Chaumont-en-Bassigny, cant. d'Andelot. Pop. 319 h.

DARMONT, vg. *Meuse* (Lorraine), arr. et à 25 k. de Verdun-sur-Meuse, cant. et ✉ d'Étain. Pop. 63 h.

DARNAC, vg. *Ariége*, comm. de Serres, ✉ de Foix.

DARNAC, vg. *H.-Vienne* (Limousin), arr. et à 15 k. de Bellac, cant. et ✉ du Dorat. Pop. 2,285 h. — *Fabriques* de poterie et de cuviers.

DARNETAL, *Darnestella*, petite ville industrielle, *Seine-Inf.* (Normandie), arr. et à 4 k. de Rouen, chef-l. de cant. ✉. A 128 k. de Paris pour la taxe des lettres. P. 5,982 h. — TERRAIN tertiaire moyen.

Elle est bâtie dans une charmante situation, au fond d'une vallée étroite, bordée de fabriques et de riches habitations, traversée dans toute sa longueur par la rivière de Robec, et dans sa largeur par celle d'Aubette, qui y font mouvoir une infinité d'usines en tout genre.

Dans la partie la plus élevée de la ville, on remarque l'église de Longpaon, édifice d'une vaste étendue et d'un gothique assez délicat. A l'extrémité opposée est une autre paroisse d'architecture moderne, à l'exception de la tour, qui en est détachée et comme isolée, suivant un usage rare en France, mais commun en Italie. Cette tour, de forme carrée et d'un gothique fort ancien, est couronnée par une galerie ou plate-forme, d'où l'on découvre le vaste panorama des deux vallons pittoresques et frais qui se réunissent à Darnetal. Les toits pressés et les hautes tours de Rouen, la magnifique ceinture d'arbres qui remplace les anciens fossés, terminent au midi l'horizon de ce gracieux paysage, auquel les verdoyantes pelouses de la montagne Ste-Catherine prêtent quelque chose de grandiose et d'alpestre.

Darnetal est célèbre par ses diverses fabriques de draps et d'étoffes de laine, par ses filatures et par ses teintureries en rouge des Indes. Plus de 1,600 ouvriers sont occupés dans ses filatures de laine et de coton. — *Foire* le 29 juin.

Bibliographie. LESGUILLIEZ (A.). *Notice historique, etc., sur la ville de Darnetal*, in-8, 1833.

DARNETS, vg. *Corrèze* (Limousin), arr. et à 27 k. d'Ussel, cant. de Meymac, ✉ d'Egletons. Pop. 890 h.

DARNEY, petite ville, *Vosges* (Lorraine), arr. et à 14 k. de Mirecourt, chef-l. de cant. Cure. ⚒. A 365 k. de Paris pour la taxe des lettres. Pop. 1,880 h. — TERRAIN du trias, très bigarré.

PATRIE de l'abbé NIC.-SYLV. BERNIER, littérateur et fameux théologien.

Fabriques importantes de couverts en fer battu et étamé, de clous, potasse. Tannerie. — *Foires* les 1er fév., 1er avril, 1er juin, 1er août, 1er oct. et 1er déc.

DARNEY-AUX-CHÊNES, vg. *Vosges* (Lorraine), arr. et à 30 k. de Neufchâteau, (cant. et ✉ de Châtenois. Pop. 130 h.

DARNIEULLES, *Darnolium*, vg. *Vosges* (Lorraine), arr., cant., ✉ et à 8 k. d'Épinal. ⚒. Pop. 462 h.

DAROIS, vg. *Côte-d'Or* (Bourgogne), arr., cant., ✉ et à 11 k. de Dijon. Pop. 115 h.

DARVOY, vg. *Loiret* (Orléanais), arr. et à 17 k. d'Orléans, cant. et ✉ de Jargeau. Pop. 897 h. — *Fab.* de noir animal.

DASLE, vg. *Doubs* (Franche-Comté), arr., ✉ et à 8 k. de Montbelliard, cant. d'Audincourt. Pop. 531 h.

DASPICH, *Moselle*, comm. de Florange, ✉ de Thionville. — Moulins à grain d'après les procédés perfectionnés, qui fournissent des farines recherchées.

DAUBAN, *B.-Alpes*, comm. de Banon, ✉ de Forcalquier.

DAUBENSAND, ou NEUDORF, vg. *B.-Rhin* (Alsace), arr. à 30 k. de Schelestadt, cant. et ✉ d'Erstein. Pop. 234 h.

DAUBEUF, *Dalbuth*, *Dalbelium*, vg. *Eure* (Normandie), arr., cant., ✉ et à 10 k. des Andelys. Pop. 436 h.

DAUBEUF-LA-CAMPAGNE, *Dalbetum*, *Dalbodium*, vg. *Eure* (Normandie), arr. et à 12 k. de Louviers, cant. et ✉ du Neubourg. Pop. 427 h.

DAUBEUF-SERVILLE, ou LE SEC, vg. *Seine-Inf.* (Normandie), arr. et à 40 k. du Havre, cant. et ✉ de Goderville. Pop. 634 h.

DAUBÈZE, vg. *Gironde* (Bazadois), arr. et à 17 k. de la Réole, cant. et ✉ de Sauveterre. Pop. 229 h.

DAUBÈZE, vg. *Lot-et-Garonne*, comm. de la Monjoie, ✉ d'Astaffort.

DAUCOURT, vg. *Marne* (Champagne), arr., cant., ✉ et à 6 k. de Ste-Ménehould. Pop. 139 h.

DAUDES, *Aube*, comm. de Montaulin, ✉ de Lusigny.

DAUENDORF, vg. *B.-Rhin* (Alsace), arr. et à 31 k. de Strasbourg, cant. et ✉ d'Haguenau. Pop. 1,354 h.

DAUGE, *Gers*, comm. de Demu, ✉ de Vic-Fézensac.

DAUMAZAN, vg. *Ariége* (pays de Foix), arr. et à 27 k. de Pamiers, cant. et ✉ du Mas-d'Azil. Pop. 165 h. — *Foires* les 10 janv., 2 juin, 25 août, 28 sept., et le lendemain des fêtes de Pâques. — Marché tous les mardis.

DAUMERAY, bg *Maine-et-Loire* (Anjou), arr. et à 29 k. de Baugé, cant. et ✉ de Durtal. Pop. 1,751 h.

DAUMONT, *Moselle*, comm. d'Hatrize, ✉ de Briey.

DAUNÈS (St-), *Lot* (Quercy), arr. et à 25 k. de Cahors, cant. et ✉ de Montcuq. Pop. 569 h.

DAUPHIN, vg. *B.-Alpes* (Provence), arr., cant., ✉ et à 8 k. de Forcalquier. P. 652 h. — *Foires* les 10 fév., 21 juin et 14 nov.

DAUPHIN (fort du), *H.-Alpes*, comm. et ✉ de Briançon.

DAUPHINÉ (le), *Delphinatus*, ancienne, grande et ci-devant province de France, qui forme maintenant les départements de la Drôme, des H.-Alpes et de l'Isère.

Cette province, habitée autrefois par les Allobroges, fit partie de la Viennoise lors de la division de la Gaule en dix-sept provinces romaines. Envahie par les Sarrasins en 734, elle fut délivrée par Charles Martel et réunie à la France. Dans le IXe siècle, elle fit partie du royaume d'Arles, et fut ensuite gouvernée pendant plusieurs siècles par des comtes particuliers. Humbert II, se voyant sans postérité, vendit ses Etats 100,000 florins d'or au prince Philippe, fils puîné du roi Philippe de Valois, en 1343, sous la condition que le fils aîné des rois de France porterait, à perpétuité, le titre de *Dauphin*. — Ce pays, dont Grenoble était la capitale, était un des douze grands gouvernements; il avait un parlement érigé à Grenoble par Louis XI en 1453. Le Dauphiné avait environ 200 k. de long sur 160 de large ; il était borné au nord à l'ouest par le Rhône, à l'est par les Alpes, et au sud par la Provence. Son territoire, entièrement couvert de hautes montagnes où la neige séjourne une partie de l'année, offre de riches vallées, de vastes forêts, quelques plaines peu fertiles et d'excellents pâturages. — Grenoble, Gap, Embrun, Briançon, Vienne et Valence en étaient les principales villes.

Les **armes du Dauphiné** étaient : *écartelé, le 1er et le 4 d'azur à trois fleurs de lis d'or 2 et 1 ; le 2e et le 3e d'or au dauphin vif d'azur.*

Bibliographie. CHAMPIER (Symp.). *Petit Livre du royaume des Allobroges, dit depuis de Bourgogne ou Viennois*, 1529, in-8.

BOISSAT père (Pierre de). *De la prouesse et réputation des anciens Allobroges*, 1602-1603, in-4.

CHORIER (Nicolas). *Etat politique de la province du Dauphiné* (et le supplément), 1671-1672. in-12, 4 vol.

— *Histoire générale du Dauphiné*, in-f°, 2 vol., t. I, 1661 ; t. II, 1672.

— *Histoire abrégée du Dauphiné*, 2 vol. in-12, 1674.

* *Histoire du Dauphiné abrégée pour Mgr le Dauphin*, in-12, 1700.

VALBONNAIS (marquis de). *Mémoires du Dauphiné*, in-f°, 1711.

— *Histoire du Dauphiné et des princes qui ont porté le nom de Dauphin*, 2 vol. in-f°, 1722.

Etat des feux ou portion de feux auxquels chacune des communautés de la province du Dauphiné a été fixée, in-f°, 1706.

LAURENT (P.-M.). *Résumé de l'histoire du Dauphiné*, in-18, 1825.

CHAPPUYS-MONTLAVILLE. *Histoire du Dauphiné*, in-8, 1827.

* *Histoire du Dauphiné, à l'usage des écoles primaires*, in-32, 1838.

* *Abrégé de l'histoire du Dauphiné, par un professeur*, in-32 de 2 f. et demie, 1844.

GAYA. *Histoire généalogique et chronologique des Dauphins de Viennois*, in-12, 1683.

Histoire des Dauphins et Dauphines de France, in-12, 1712.

TRICAUD (l'abbé Anthelme de) * *Histoire des Dauphins français et des princesses qui ont porté en France la qualité de Dauphine*, in-12, 1713.

BOURCHENU (J.-P. Moret de). *Histoire abrégée*

de la donation du Dauphiné, avec la chronologie des princes qui ont porté le nom de Dauphin (jusqu'en 1711), in-12, 1769.

BOISSAT (Pierre). *Remerciement au roi par les annoblis du Dauphiné, où est touché de la dignité de la noblesse selon le droit divin et humain, et de la prouesse et réputation des anciens Allobroges, qui sont à présent le bailliage de Viennois*, in-4, 1603.

ALLARD (Guy). *Le Nobiliaire de Dauphiné, ou Discours historique des familles nobles de Dauphiné, avec le blason de leurs armoiries*, in-12, 1671.

— *Histoire généalogique des maisons de Dauphiné*, 3 vol. in-4, 1672; 4 vol. in-4, 1682.

CHORIER (Nic.). *Le Nobiliaire de Dauphiné*, 4 vol. in-12, 1697.

Armorial du Dauphiné (se trouve à la fin de l'Abrégé de l'histoire de cette province, par Chorier, in-12, 1700).

LE GRAS DU VILLARD (l'abbé Pierre). *Mémoires sur l'état présent du Dauphiné*, 1753, en 5 parties.

FAUJAS DE ST-FOND. *Histoire naturelle de la province du Dauphiné*, in-12, grav. et carte, 1782 (t. I et unique).

VILLARS. *Histoire des plantes du Dauphiné*, 3 tom. en 4 vol. in-4, 1786-89.

BOUTEILLE (Hip.). *Ornithologie du Dauphiné, etc.* (avec M. de Labatie), in-8, 1843.

D.-G. DE GENTON. *Mémoire sur les fossiles du bas Dauphiné, contenant une description des terres, sables, pierres, roches composées, et généralement de toutes les couches qui les renferment*, in-12, 1781.

DUVAIRE. *Mémoires divers d'agriculture du Dauphiné*, in-8.

BARRAS. *Mémoire sur les roches coquillières trouvées dans le Dauphiné*, in-8.

PITOT (J.-J.-A.). *Recherches sur les antiquités dauphinoises*, 2 vol. in-8, 1833.

LEPRINCE (Xavier). *Vues pittoresques du Dauphiné et du Lyonnais, dessinées d'après nature* (avec Jacottet), in-4, 1827.

CASSIEN. *Album du Dauphiné, ou Recueil de dessins représentant les sites les plus pittoresques, les villes, bourgs, etc., du Dauphiné, avec les portraits des personnages les plus illustres de cette ancienne province*. Ouvrage accompagné d'un texte historique et descriptif (avec Debelle), in-4 et 16 planches, 1836.

OLLIVIER (Jules). *Croyances et Traditions surnaturelles du Dauphiné* (France littéraire, t. VIII, p. 5 à 34, et t. IX, p. 287 à 317).

COLOMB DE BATINES (Paul). *Lettre à M. Jules Ollivier (de Valence), membre correspondant de la société royale des antiquaires de France, contenant quelques documents sur l'origine de l'imprimerie en Dauphiné*, in-8, 1835.

MARTIN (J.-Cl.). *Coup d'œil rapide sur le Dauphiné et les exploits de ses héros jusqu'aux temps du chevalier Bayard et du connétable Lesdiguières, avec des notes*, in-8, 1803.

ALLARD (Guy). *Bibliothèque du Dauphiné, contenant les noms de ceux qui se sont distingués par leur savoir, et le dénombrement de leurs ouvrages, depuis douze siècles*, petit in-12, 1680, nouv. édit. in-8, 1797.

COLOMB DE BATINES. *Mélanges biographiques et bibliographiques relatifs à l'histoire littéraire du Dauphiné* (avec Ollivier (Jul.) 3 parties, in-8, 1839.

LAMANON (le chevalier Robert de Paul). *Mémoires lithogéognostiques sur la vallée de Champsaur et la montagne de Drouvierre dans le haut Dauphiné*, in-8, 1784.

OLLIVIER (Jules). *Essai sur l'origine et formation des dialectes vulgaires du Dauphiné, suivi d'une bibliographie raisonnée des patois, par le vicomte Colomb de Batines*, gr. in-8, 1835.

COLOMB DE BATINES. *Bibliographie des patois du Dauphiné*, in-8, 1835.

— *Annuaire bibliographique du Dauphiné*, in-12, 1837.

DAURELLE, *Drôme*, comm. et ✉ de Montélimart.

DAUSSE, vg. *Lot-et-Garonne* (Agénois), arr. et à 18 k. de Villeneuve-sur-Lot, cant. et ✉ de Penne. Pop. 501 h. — Foires les 22 janv., 12 mai, 20 sept. et 22 déc.

DAUX, bg *H.-Garonne* (Armagnac), arr. et à 20 k. de Toulouse, cant. de Grenade-sur-Garonne, ✉ de Lévignac. Pop. 682 h. — Foire le 25 août.

DAUZAT, vg. *Puy-de-Dôme* (Auvergne), arr. et à 15 k. d'Issoire, cant. et ✉ d'Ardes. Pop. 477 h.

DAVANT (le), *Lot-et-Garonne*, comm. de St-Eutrope-de-Born, ✉ de Villeréal.

DAVAYAT, vg. *Puy-de-Dôme* (Auvergne), arr. et à 5 k. de Riom, cant. et ✉ de Combronde. Pop. 604 h.

DAVAYÉ, vg. *Saône-et-Loire* (Bourgogne), arr., cant., ✉ et à 8 k. de Mâcon. Pop. 578 h.

DAVEJEAN, vg. *Aude* (Languedoc), arr. et à 55 k. de Carcassonne, cant. de Mouthoumet. ✉. A 830 k. de Paris pour la taxe des lettres. Pop. 335 h.

DAVENAY, *Saône-et-Loire*, comm. et ✉ de Buxy.

DAVENESCOURT, vg. *Somme* (Picardie), arr., cant., ✉ et à 8 k. de Montdidier. Pop. 929 h. — Le château de cette commune est fort joli. Sous le clocher de l'église, on remarque le mausolée de Jean de Hangest, l'un des otages du roi Jean.

DAVEZIEUX, vg. *Ardèche* (Vivarais), arr. et à 15 k. de Tournon, cant. et ✉ d'Annonay. Pop. 893 h.

DAVIANUM (lat. 45°, long. 24°). « Dans l'Itinéraire de Bordeaux à Jérusalem, la distance de ce lieu à l'égard de *Mons Seleucus*, en s'avançant du côté de *Vapincum*, est marquée VIII, et cette distance s'arrête précisément à Veine, en remontant le long de la rivière de Buèche; et le nom de Veine, quoique altéré, conserve de l'analogie avec l'ancienne dénomination. C'est pour avoir éprouvé cette altération, qui n'est pas récente, que ce lieu est appelé *Venetum* dans les titres du Dauphiné sous la dernière maison qui a possédé cette province. » D'Anville. *Notice de l'ancienne Gaule*, p. 263.

DAVID (Haut et Bas-), *Lot-et-Garonne*, comm. et ✉ de Montflanquin.

DAVIGNAC, vg. *Corrèze* (Limousin), arr. et à 25 k. d'Ussel, cant. et ✉ de Meymac. Pop. 817 h.

DAVRÉES (les), *Côte-d'Or*, comm. de Clamerey, ✉ de la Maison-Neuve.

DAVREY, vg. *Aube* (Champagne), arr. et à 31 k. de Troyes, cant. et ✉ d'Ervy. Pop. 487 h.

DAVRON, vg. *Seine-et-Oise* (Ile-de-France), arr. et à 16 k. de Versailles, cant. de Poissy, ✉ de Maule. Pop. 227 h.

DAX, *Ariège*. V. AX.

DAX (le), *H.-Garonne*, comm. de Graguague, ✉ de Montastruc.

DAX, *Aquæ Augustæ, Tarbellicæ, Tasta Daciorum, Acqs*, ancienne et jolie petite ville, *Landes* (Guienne), chef-l. de sous-préf. et d'un cant. Trib. de 1re inst. Collège comm. Société d'agricult. Cure. Gîte d'étape. Caisse d'épargne. ✉. Pop. 5,842 h. — Terrain tertiaire supérieur, voisin du terrain crétacé inférieur.

Autrefois évêché, vicomté, parlement et intendance de Bordeaux, chef-lieu d'élection, présidial, sénéchaussée, collège, 4 couvents. — L'évêché de Dax avait été érigé au IVe siècle. Lors de l'entière soumission de l'Aquitaine par Messala, sous Auguste, cette ville était la capitale des *Tarbelli*. Pline est le premier qui en parle, sans la nommer d'une manière expresse, lorsqu'en parlant des eaux minérales de la Gaule il mentionne celles qui sont *in Tarbellis Aquitanica gente*. Ptolémée est le premier et même le seul qui nous ait transmis le nom d'*Aquæ Augustæ*. Dans l'Itinéraire d'Antonin on lit *Aquæ Tarbellicæ*, et quatre routes qui se croisent et qui se rattachent à Bordeaux et à des points connus de la Gaule et de l'Espagne, fixent par ses mesures cette position à Acqs, dont le nom vient d'*Aquenses*. Oihenart, auteur basque, conjecture avec assez de vraisemblance que l'Aquitaine entière a tiré son nom de cette ville. Pline, en effet, tire cette dénomination d'un peuple particulier nommé *Aquitani*, et il semble que les *Tarbelli* ont plus que tout autre peuple de l'Aquitaine, le droit de revendiquer cette dénomination d'*Aquitani*. Dans la Notice des provinces de la Gaule, *Civitas Aquensium* est nommée immédiatement après la métropole de la *Novempopulania*. Grégoire de Tours fait mention d'Acqs sous le nom d'*Aquas* ou d'*Aquensem urbem*. Suivant M. Walckenaer, l'analyse des itinéraires démontre, contre le sentiment de Wesseling et d'Anville, que les *Aquæ* qui se trouvent figurées mais non nommées dans la

Table théodosienne, près d'*Elliberre*, doivent se rapporter à *Aquæ Tarbellicæ* ou à Acqs.
— Les Goths s'emparèrent de cette ville lors de la décadence de l'empire romain. Les Francs, à leur tour, en chassèrent les Goths, et en furent eux-mêmes dépossédés par les Vascons ou Gascons. En 910, elle fut prise et saccagée par les Sarrasins. Les Anglais la conquirent au XII° siècle et s'y maintinrent jusqu'au XV°, époque où Charles VII les chassa de la Gascogne.

Les armes de **Dax** sont : *d'azur à la tour crénelée d'argent sur une montagne de sinople, soutenue d'un lion d'or du* 2°, *et une fleur de lis d'or en chef.*

Dax est située dans une plaine fertile, sur la rive gauche de l'Adour, qui la sépare du faubourg de Sablar, avec lequel elle communique par un pont fort élevé ; c'est une ville assez bien percée, généralement bien bâtie, environnée de fossés, et ceinte de remparts de construction romaine, d'où l'on jouit d'une belle vue sur la campagne environnante : elle renferme un château fort, et l'on y entre par trois portes. Ses principaux édifices sont l'ancien palais épiscopal, occupé aujourd'hui par la sous-préfecture et la mairie ; le palais de justice ; la cathédrale, et la prison. Le séjour en est agréable, et l'on peut s'y procurer tout ce qui est nécessaire aux besoins et aux agréments de la vie. Les femmes réunissent à une taille bien prise un physique extrêmement agréable et beaucoup de grâces naturelles.

Biographie. Dax est le lieu de naissance de plusieurs personnages remarquables. Les principaux sont :

L'illustre mathématicien **Borda**, chef d'escadre, auteur de la Théorie des vents et du cercle de réflexion qui porte son nom.

Roger Ducos, député à la convention nationale, membre du directoire, troisième consul, et sénateur.

Le général Ducos, frère du précédent.
Le général baron **Lafitte**.
Le voyageur P. **Labarthe**.
Le littérateur **Lalanne**.
La célèbre danseuse de l'Opéra **Guymard**.
Le naturaliste **Borda d'Oro**.

Le médecin et botaniste **Thore**, auteur de la Flore des Landes.

Fabriques de liqueurs fines. Faïenceries. — Commerce de vins, liqueurs, grains, légumes, oignons rouges de conserve, jambons dits de Bayonne, qui se préparent à Dax et à Tartas ; bois de construction, planches de sapin, matières résineuses, cire, miel, etc. — Dépôt de marchandises qui s'expédient de France en Espagne. — *Foires* le samedi de la dernière semaine de janv., d'avril, d'août, et d'oct. et le 1er samedi de sept.

EAUX MINÉRALES DE DAX.

Dax possède de nombreuses sources d'eaux minérales : on en rencontre presque partout, dans quelque endroit que l'on creuse, de 4 à 10 m. de profondeur. Ces eaux jouissaient d'une grande réputation à l'époque où les Romains étaient maîtres des Gaules ; une voie militaire conduisait de cette ville à Toulouse. Les sources les plus renommées sont au nombre de quatre : 1° la fontaine de Nesle ou fontaine Chaude ; 2° les sources des Fossés ; 3° les sources des Baignots ; 4° les sources Adouriennes.

La fontaine Chaude paraît avoir été connue bien avant la conquête des Gaules, et il est probable que la réputation de cette fontaine a donné l'existence à la ville. Sa chaleur est de 56° de Réaumur, et son évaporation est telle ; que, dans les matinées fraîches, elle forme un brouillard d'une épaisseur extraordinaire, qui enveloppe quelquefois la ville entière. Cette fontaine se trouve dans l'intérieur et presque au centre de la ville. Le bassin qui la reçoit ses abondantes eaux a environ 40 à 50 m. de surface et 82 c. de profondeur ; il est toujours plein d'une eau fumante, inodore, insipide, si chaude qu'on n'y peut tenir la main, et si transparente qu'on distingue dans le milieu l'espèce de jet par lequel elle sort perpendiculairement de terre. Ce bassin, de forme pentagonale, est entouré de portiques et de grilles de fer qui en défendent l'entrée ; il se vide sans discontinuer par six gros robinets.

L'eau de la fontaine Chaude est employée à presque tous les usages domestiques. On a formé récemment, à peu de distance, deux établissements de bains, dont l'un a reçu le nom de Bains de César.

Les sources des fossés de la ville sont extrêmement abondantes ; elles sont à découvert dans le quartier St-Pierre et peu fréquentées.

L'établissement thermal des Baignots est situé à environ 400 pas de Dax, à l'extrémité d'une belle allée d'ormes qui longe le cours de l'Adour. Un vaste corps de logis, destiné aux malades, est séparé des bains et fait face à l'Adour ; il renferme trente appartements commodes dans leur distribution, et d'une élégante simplicité dans leur ameublement. Une galerie couverte règne sur toute la longueur du bâtiment et fait face à l'Adour, rivière en tout temps navigable et presque toujours couverte de bateaux ; une seconde galerie, semblable et parallèle à la première, règne dans toute la longueur de la façade opposée du bâtiment qui regarde le midi.

— La source minérale sourd dans un charmant potager, où l'on trouve des bains et des bains thermales à toutes les températures, depuis 25 jusqu'à 49° du thermomètre de Réaumur. On peut aussi prendre des bains de vapeur et des douches. Les sources Adouriennes se présentent en grand nombre sur le bord de l'Adour. Elles sont très-abondantes ; mais jusqu'à présent on n'en a tiré aucun parti.

Saison des eaux. Les eaux minérales de Dax se prennent pendant toute l'année, mais surtout au printemps. On y trouve dans tous les temps les moyens nécessaires pour assurer le mode d'administration.

Propriétés médicinales. La température élevée des bains fait qu'ils sont employés avec avantage dans les rhumatismes chroniques, les paralysies, les vieilles plaies, les distensions violentes des ligaments articulaires, les contractions de muscles, et dans toute espèce de difficulté de mouvements.

A 52 k. S.-O. de Mont-de-Marsan, 740 k. S.-O. de Paris. Lat. 43° 42′ 19″, long. 3° 23′ 18″ O.

L'arrondissement de Dax est composé de 8 cantons : Castets, Dax, Montfort, Peyrehorade, Pouillon, St-Esprit, St-Vincent-de-Tirosse, Soustons.

Bibliographie. Secondat. *Relation de la fontaine Bouillon à Dax*, etc. (Mém. de Trévoux, sept. 1747, p. 1826).

Dufau. *Essai sur les eaux minérales de Dax*, in-8, 1746.
— *Observations sur les eaux thermales de Dax*, in-12, 1759.

Thore (J.). *Mémoire sur la constitution physique de Dax* (Recueil. de la Soc. de médecine de Paris, t. v).

DEAUVILLE, vg. *Calvados* (Normandie), arr., cant. et à 11 k. de Pont-l'Évêque, ✉ de Touques. Pop. 94 h.

DEAUX, vg. *Gard* (Languedoc), arr., ✉ et à 11 k. d'Alais, cant. de Vezenobre. P. 240 h.

DEA VOCONTIORUM (lat. 45°, long. 24°).
« Cette ville, dont les anciens géographes, Strabon, Mela, Pline, Ptolémée, ne font point mention, se trouve dans l'Itinéraire d'Antonin, dans la Table théodosienne et dans l'Itinéraire de Bordeaux à Jérusalem. On peut recourir à l'article *Augusta* sur ce qui concerne la distance de *Dea Vocontiorum*, à l'égard de ce lieu d'*Augusta*. La distance de *Dea* à *Lucus Augusti* est également marquée XII dans les deux Itinéraires et dans la Table ; et on peut juger qu'elle conduit un peu au delà de Luc dans sa position actuelle, et vers les lacs qui ont couvert l'ancienne ville de *Lucus Augusti*. Une inscription qui porte **col. Dea Avg. Voc.** est citée en plusieurs endroits. M. de Valois paraît persuadé que l'impératrice Livie est la divinité dont elle tient le nom à cette ville. Dans la Notice des provinces de la Gaule, *Civitas Deensium* tient une place dans la Viennoise. Quoique le siège épiscopal ait été confié pendant un temps au même prélat à Valence et à Die, cependant chacun des diocèses de ces villes est demeuré distinct et séparé. » D'Anville. *Notice de l'ancienne Gaule*, p. 263.

DEBATS-RIVIÈRE-D'ORPRA, vg. *Loire* (Forez), arr. et à 24 k. de Montbrison, cant. et ✉ de Boen. Pop. 232 h.

DECALOIRE, *Loire*. V. **Caloire**.

DECAZEVILLE, ou **Lasalle**, petite ville, *Aveyron* (Rouergue), arr. et à 38 k. de Villefranche-de-Rouergue, cant. d'Aubin, ✉. A 653 k. de Paris pour la taxe des lettres. Pop. 4,154 h. — **Terrain** carbonifère, houille.

Cette ville, qui compte aujourd'hui plus de deux cents maisons, et où avant l'année 1830 il n'y avait pas une seule habitation, doit son origine à l'établissement des forges importantes créées par M. Cabrol, ancien élève de l'école polytechnique, dans un lieu presque désert, où il y avait à peine quelques rares domaines, et où végétaient un petit nombre de très-pauvres habitants.

L'établissement de Decazeville, fondé par M. le duc Decaze, et exploité aujourd'hui par une compagnie anonyme, dont le capital social est de 7,200,000 francs, se compose de deux usines distinctes : l'une à la Forésie, commune de Firmy, et l'autre à Decazeville ; elles sont séparées par une distance de 4 k. La Forésie consiste en plusieurs hauts fourneaux et fonderies — L'usine de Decazeville est une des plus importantes de ce genre qui existe en France ; on n'en trouve même pas en Angleterre ni en Belgique construites sur une aussi large échelle, et où tous les ateliers relatifs à la fabrication soient rassemblés avec autant d'art et liés aussi habilement les uns aux autres. En entrant dans l'enceinte, on voit d'abord, au-dessous de nombreux fours à coke qui couronnent le plateau de chargement, huit hauts fourneaux, dont cinq ou six, constamment en activité, absorbent chaque jour le minerai et le combustible par plusieurs milliers de kilos, et vomissent, toutes les douze heures, sous la forme d'un torrent de feu, des quantités considérables de fonte. A deux pas fonctionnent les forges d'affineries ; puis, quelques mètres plus loin, sont les fours à pudler, d'où sortent continuellement des masses de fer incandescent qui vont s'allonger en barres entre les rainures des laminoirs, après avoir été pétries sous un marteau monstrueux. Les ateliers accessoires, les magasins, sont aussi là sous la main ; plusieurs machines à vapeur, dont la force est égale à celle de 7 à 800 chevaux, communiquent à tous les appareils leur mouvement et leur puissance. — Les constructions, qui allient l'élégance et la pureté des formes à des proportions gigantesques, se développent le long d'un vaste bassin en forme de carré long, pouvant recevoir 50,000 m. cubes d'eau pour le jeu des machines. Au dehors des forges, mais toujours sur la même ligne, se trouvent une maison particulière pour l'administration, et une suite de bâtiments habités par soixante ménages d'ouvriers ; ils se composent d'un premier étage et d'un rez-de-chaussée avec une longue galerie à arcades. Enfin, à l'extrémité est l'hôtel du directeur, bâti à l'italienne, ayant vue d'un côté sur les forges et de l'autre sur un grand jardin anglais.
— L'usine de Decazeville réunit aux avantages de cette position celui d'une situation des plus heureuses au centre d'un riche bassin houiller, dont les galeries ou puits d'extraction du combustible sont très-rapprochées des bouches à feu ; à l'intérieur et à l'extérieur des mines sont disposés des chemins de fer pour conduire la houille soit aux fours à coke, soit aux fourneaux et aux forges. Des gîtes de fer nombreux se trouvent autour de l'usine, dans une ceinture dont le plus grand rayon ne s'étend guère au delà de 16 k.

La fabrication de Decazeville peut s'élever annuellement à dix ou douze millions de kilogrammes de fer de tous échantillons, et des rails nécessaires pour l'établissement de 100 à 150 k. de chemins de fer. L'extraction des minerais, l'exploitation de la houille, les transports et les travaux de l'usine ou des ateliers qui en dépendent emploient environ quinze cents ouvriers, dont les salaires répandent dans le pays la vie et l'aisance.

DECEM PAGI (lat. 49°, long. 25°). « Il en est mention dans l'Itinéraire d'Antonin et dans la Table théodosienne sur une route qui faisait la communication de Metz avec Strasbourg ; et on connaît ce lieu pour être Dieuze. La Table divise la distance de *Divodurum*, ou Metz, à *Decem Pagi*, par une station *ad Duodecim*, et le nombre XII, qui répond à la dénomination en partant de *Divodurum*, est répété dans l'intervalle qui succède pour arriver à *Decem Pagi*. Ce compte de 24 entre Metz et Dieuze doit être préféré à l'indication de l'Itinéraire, qui est XX ; car, l'espace actuel peut s'estimer de 27 à 28,000 toises, et le calcul de 24 lieues gauloises est de 27,216 toises. On peut donc assurer que Paul Diacre (*De episcopis Metensibus*) n'est pas exact en marquant la distance dont il s'agit de XXX M. P. Le *Pons Savari* vient à la suite de *Decem Pagi* dans la Table, et la distance marquée X conduit non à Sarbruk, dont la position est fort écartée de la route et trop bas sur la Sare pour s'y rencontrer, mais à Sarbourg. Quoiqu'on puisse juger que la distance soit un peu faible dans la Table, parce que sur le local elle s'estime d'environ 12,000 toises, il n'y aura néanmoins qu'une fraction de lieue de plus ou de moins dans cette comparaison. On trouve le même intervalle de Dieuze à Sarbourg étendu presque au double dans une grande carte de la Lorraine en six feuilles, étant presque égal à 32 minutes de la graduation de latitude appliquée à cette carte, ce qui correspond à 19 lieues gauloises. Il se rencontre ainsi quelquefois que les distances indiquées dans les Itinéraires romains sont plus sûres que les cartes, et fournissent un moyen de les rectifier. » D'Anville. *Notice de l'ancienne Gaule*, p. 263.

DECETIA (lat. 47°, long. 22°). « César en fait mention pour y avoir fait assembler le sénat des *Ædui*, dans les limites desquels cette ville était comprise, quoiqu'elle ne soit point aujourd'hui du diocèse d'Autun, mais de celui de Nevers, qui est un démembrement de l'ancien territoire des *Ædui*. On sait que c'est Decise, renfermée dans une île de la Loire. Quoique son nom soit *Decetia* dans un endroit de l'Itinéraire d'Antonin, il se lit *Deccidæ* dans un autre, *Degena* dans la Table théodosienne. La distance à l'égard de *Nevirnum*, marquée XVI d'une part comme de l'autre, est trop forte, et il serait plus convenable que ce fût XIII, parce que l'intervalle de Decise à Nevers n'est plus que d'environ 14,000 toises. J'observe au contraire que la Table, dans un autre côté marque XIIII entre *Degena* et *Decetia* et *Aquæ Nisineii*, c'est-à-dire Bourbon-l'Anci, ne remplit pas ce que demande l'espace correspondant, qui, étant d'environ 18,000 toises, renferme 16 lieues gauloises, et peut-être jusqu'à 17 en mesure itinéraire. Mais il en résulte qu'entre Nevers et Bourbon-l'Anci, en passant par Decise, le total de distance s'estimera d'environ 30 lieues gauloises, ou autant que l'on en compte dans la Table, quoique par une distribution différente dans les distances particulières. » D'Anville. *Notice de l'ancienne Gaule*, p. 264.

DECHY, vg. *Nord* (Flandre), arr., cant., ✉ et à 4 k. de Douai. Pop. 1,380 h. — Fabrique de sucre indigène.

DECIATES (lat. 44°, long. 25°). « Polybe (*Excerp. legat.*, 134) joint les *Deciates* aux *Oxbii*, et Strabon cite de même les *Deciates* et les *Oxybii* comme des nations liguriennes. On lit dans Pline (lib. IV, p. 202), à la suite d'*Antipolis : regio Deciatium amnis Varus* ; et dans un autre endroit (lib. II, cap. 4 et cap. 5) : *Deciates*, *Oxybii*. Ptolémée place *Antipolis* chez les *Deciatii*. On ne saurait donc douter de leur position en deçà du Var, aux environs d'Antibe. Mela (lib. II, cap. 5) semble citer *Deciatum* comme une ville, en disant : *Nicæa tangit Alpes, tangit oppidum Deciatum, tangit Antipolis*. Dans Etienne de Byzance on trouve pareillement *Decietum* en qualité de ville, quoiqu'il ne paraisse pas convenable d'adjuger cette ville, comme il fait, à l'Italie. Au reste, le lieu qu'elle peut avoir occupé précisément entre Nice et Antibe, selon l'ordre que suit Mela en la citant, nous est inconnu. On peut dire que ces nations, ou plutôt ces communautés particulières, se pressent les unes les autres dans un canton de pays peu étendu. Les *Deciates* ont les *Nerusi* autour de Vence sur les épaules, si l'on peut s'exprimer ainsi ; les *Oxybii* et les *Vidiantii* les resserrent sur les flancs. » D'Anville. *Notice de l'ancienne Gaule*, p. 265. V. aussi Walckenaer. *Géographie des Gaules*, t. 1, p. 183.

DECINES-CHARPIEUX, vg. *Isère* (Dauphiné), arr. et à 28 k. de Vienne, cant. et ✉ de Meyzieux. Pop. 860 h.

DECIZE, *Decetia*, petite et ancienne ville, *Nièvre* (Nivernais), arr. et à 40 k. de Nevers, chef-l. de cant. Cure. Gîte d'étape. ✉. ⚮. A 268 k. de Paris pour la taxe des lettres. Pop. 3,338 h. — Terrain tertiaire moyen.

Autrefois diocèse et élection de Nevers, parlement de Paris, intendance de Moulins, châtellenie.

Decize était autrefois une ville forte. Elle fut assiégée en 1525 par un corps italien aux ordres du comte de Belle-Joyeuse, qui s'en empara et la livra au pillage. Un incendie la consuma presque entièrement en 1529. C'est aujourd'hui une ville agréable et assez bien bâtie sur un plan régulier. Pendant la révolution elle a porté le nom de *Rocher-la-Montagne*.

Les armes de Decize sont : *d'or au lion de sable à la bordure componnée d'argent et de gueules.*

Cette ville est très-avantageusement située pour le commerce, dans une île formée par la Loire, au confluent de l'Aron et à la naissance du canal du Nivernais, qui joint la Loire à l'Yonne à Auxerre. L'île sur laquelle elle est bâtie offre un coup d'œil singulier et pittoresque ; c'est un rocher élevé, dont un des flancs est taillé à pic, et dont le sommet est couronné par un antique château, construit par les ducs de Nevers. Cette île communique avec les deux rives du fleuve par un pont de pierre d'une bonne construction, et par un pont suspendu.

Biographie. Patrie de Gui Coquille, historien du xiie siècle, auteur du savant *Traité des libertés de l'Église gallicane.* — Quelques auteurs indiquent aussi cette ville comme étant le lieu de naissance de St-Just, député à la convention nationale ; mais il est plus probable qu'il est né à Blérancourt (Aisne).

A 2 k. de cette ville on remarque sur la Loire la verrerie de Charbonnière, fondée par MM. Gonnot et Mozer. On y fabrique environ cent milliers de bouteilles par mois, qui s'expédient à Orléans, Nantes et Paris.

On doit aussi visiter à 8 k. de Decize la mine de houille de la Machine. Cette mine présente plusieurs lits de combustibles superposés, inclinés de neuf à quatorze degrés en plongeant au sud-ouest, et se dirigeant sous le cours de la Loire à des profondeurs diverses : sept machines à vapeur sont employées à l'exploitation, dont les produits s'élèvent annuellement à 400,000 hectolitres. La houille se transporte dans des sacs, soit à dos de mulets, soit avec de grands tombereaux nommés bannes, depuis la mine jusqu'au port de Charbonnière, situé sur la rive droite de la Loire, d'où on l'expédie par eau pour Orléans, Paris, etc. La concession de cette mine occupe une surface de 8,010 hectares. On y connaît sept couches différentes de houille, comprenant ensemble une épaisseur de 12 m. 30 c. de charbon, défalcation faite des lits schisteux qui y sont intercalés.

Fabriques de fer-blanc. Forges et hauts fourneaux. — *Commerce* de bois à brûler, charbon de bois, houille, merrain, échalas, cercles, pierres meulières, etc. — *Foires* les 20 fév., 5 avril, 2 mai, 1er juillet, 13 août, 6 sept., 29 oct. et 29 nov.

Bibliographie. F. Girard. *Notice historique sur Decize, ancienne ville du Nivernais,* in-8.

DECIZE, *Decisia*, vg. *Saône-et-Loire* (Bourgogne), arr. et à 34 k. d'Autun, cant. de Couches, ✉ de Nolay. Pop. 637 h.

DECONIHOUT, *Seine-Inf.*, comm. de Jumièges et Mesnil-sous-Jumièges, ✉ de Duclair.

DEDELING, vg. *Meurthe* (pays Messin), arr., cant., ✉ et à 12 k. de Château-Salins, et à 12 k. de Vic. Pop. 148 h.

DEFFOY, *Doubs*, comm. d'Arc-Senans, ✉ de Quingey.

DEGAGNAC, bg *Lot* (Quercy), arr. et à 11 k. de Figeac, cant. de Salviac, ✉ de Gourdon. Pop. 2,013 h. — C'était autrefois une petite ville fortifiée, près de laquelle on voit une grotte qui n'offre rien de remarquable. — *Foires* les 5 janv., 5 avril, 5 juin et 5 oct.

DEGAGNAIZÈS, *Lot*, comm. de Peyrilles, ✉ de Fressinet. — *Foire* le 9 sept.

DEGRÉ, vg. *Sarthe* (Maine), arr. et à 13 k. du Mans, cant. de Conlie, ✉ de Caulans. Pop. 586 h.

DEHAUT, vg. *Sarthe* (Maine), arr. et à 25 k. de Mamers, cant. et ✉ de la Ferté-Bernard. Pop. 636 h.

DEHÉRIES, vg. *Nord* (Cambrésis), arr., ✉ et à 20 k. de Cambrai, cant. de Clary. Pop. 50 h.

DEHLINGEN, vg. *B.-Rhin* (Alsace), arr. et à 35 k. de Saverne, cant. et ✉ de Saarunion. Pop. 745 h. — *Foires* les 25 juillet et 11 nov.

DEINVILLERS, vg. *Vosges* (Lorraine), arr. et à 38 k. d'Épinal, cant. et ✉ de Rambervillers. Pop. 150 h.

DEIZEIX, *H.-Vienne*, comm. de la Roche-l'Abeille, ✉ de St-Yrieix.

DEJAUGOUX, *Loire*, comm. de Sauvain, ✉ de Boen.

DELAINE, vg. *H.-Saône* (Franche-Comté), arr. et à 18 k. de Gray, cant. et ✉ de Dampierre-sur-Salon. Pop. 586 h.

DÉLARD, *Isère*, comm. de St-Jean-de-Moirans, ✉ de Moirans.

DELETTES, vg. *Pas-de-Calais* (Artois), arr. et à 16 k. de St-Omer, cant. de Lumbres, ✉ de Fauquembergue. Pop. 1,072 h.

DÉLINCOURT, vg. *Oise* (Beauvoisis), arr. et à 33 k. de Beauvais, cant. et ✉ de Chaumont-en-Vexin. Pop. 349 h.

DÉLIVRANDE (la), *Calvados*, comm. de Douvres, ✉. A 235 k. de Paris pour la taxe des lettres. V. Douvres, Caen.

DÉLIVRANDE (la), *Calvados*, comm. de Luc-sur-Mer, ✉.

DELLE ou Dattenried, petite ville, *H.-Rhin* (Alsace), arr. et à 20 k. de Belfort, chef-l. de cant. Cure. ♀. A 444 k. de Paris pour la taxe des lettres. Pop. 1,094 h. — Terrain jurassique, étage supérieur du système oolitique.

Cette ville, située sur la rive gauche de la Halle, près des frontières de la Suisse, était autrefois le chef-l. d'une seigneurie dont il est fait mention en 728. Au xiiie siècle, elle passa au comte de Montbéliard, et fut cédée à la France par le traité de Munster. Le château de Delle, situé sur un rocher et surmonté de trois tours, fut dévasté en 1674 par les troupes françaises.

Les armes de Delle sont : *d'or à neuf tiges de joncs étêtés et apointées en pointe de sinople.*

Patrie du général en chef de la république et ministre de la guerre Scharer.

Fabriques de colle forte. Tuilerie. — *Foires* le 2e lundi de chaque mois.

DELME, *ad duodecimum,* bg *Meurthe* (Lorraine), arr. de Château-Salins, à 19 k. de Vic, chef-l. de cant. Cure. ✉. ♀. A 358 k. de Paris pour la taxe des lettres. Pop. 681 h. — Terrain jurassique. — Il est bâti sur le penchant de la côte de Delme, remarquable par son élévation : on y jouit d'une vue enchanteresse sur les bassins de la Nied et de la Seille, et sur le pays Messin. — Carrière de marbre.

DELOUZE, vg. *Meuse* (Lorraine), arr. de Commercy, et à 43 k. de St-Mihiel, cant. ✉ de Gondrecourt. Pop. 281 h.

DÉLUGE (le), vg. *Oise* (Picardie), arr. et à 17 k. de Beauvais, cant. et ✉ de Noailles. Pop. 420 h. — *Fabrique* de dentelles, de bois, d'éventails et de domioterie.

DÉLUGE (le), *Seine-et-Oise*, comm. de Marcoussis, ✉ de Linas.

DELUT, vg. *Meuse* (pays Messin), arr. et à 15 k. de Montmédy, cant. et ✉ de Damvillers. Pop. 354 h.

DELUZ, vg. *Doubs* (Franche-Comté), arr. et à 15 k. de Besançon, cant. et ✉ de Roulans. Pop. 443 h.

DEMANDOLX, vg. *B.-Alpes* (Provence), arr., cant., ✉ et à 9 k. de Castellane. Pop. 354 h.

DEMANGE-AUX-EAUX, vg. *Meuse* (Lorraine), arr. et à 24 k. de Commercy, à 40 k. de St-Mihiel, cant. et ✉ de Gondrecourt. Pop. 890 h. — Filature de coton. Haut fourneau. — *Foire* le 1er mars.

DEMANGEVELLE, vg. *H.-Saône* (Franche-Comté), arr. et à 41 k. de Vesoul, cant. de Jussey, ✉ de Vauvillers. Pop. 792 h. — Nombreuses fabriques de poteries.

DEMEURS, *Nièvre*, comm. d'Urzy, ✉ de Nevers.

DEMIE (la), vg. *H.-Saône* (Franche-Comté), arr., ✉ et à 5 k. de Vesoul, cant. de Noroy-le-Bourg. Pop. 295 h.

DEMIGNY, vg. *Saône-et-Loire* (Bourgogne), arr. et à 17 k. de Chalon-sur-Saône, cant. et ✉ de Chagny. Pop. 1,707 h. Près de la Dheune. — On y voit une des plus belles églises de la contrée, composée d'une nef, d'un chœur terminé en abside, de deux bas côtés, et surmontée d'un haut clocher octogone divisé en six zones, puis que sur les faces de deux fenêtres étroites à plein cintre. Ce bel édifice paraît être une œuvre de la transition du xve au xvie siècle. — *Foires* les 1ers lundis de janv. et d'oct.

DEMOLLE, *Puy-de-Dôme*, comm. de Luzillat, ✉ de Maringues.

DÉMOUVILLE, *Calvados* (Normandie), arr. et à 8 k. de Caen, cant. et ✉ de Troarn. Pop. 509 h.

DEMPTEZIEU, *Isère*, comm. de St-Savin, ✉ de Bourgoin.

DÉMU, vg. *Gers* (Condomois), arr. et à 30 k. de Condom, cant. d'Eauze, ✉ de Vic-Fezensac. Pop. 1,005 h. — *Foires* les 27 janv., 17 mai, 23 août et 14 nov.

DEMUIN, vg. *Somme* (Picardie), arr. et à 22 k. de Montdidier, cant. et ✉ de Moreuil. Pop. 800 h.

DENAIN, *Dononium,* petite ville, *Nord* (Hainaut), arr., ✉ et à 9 k. de Valenciennes, cant. de Bouchain. Pop. 5,144.

Denain doit son origine à une ancienne abbaye, fondée en 764, et sa célébrité à deux batailles mémorables qui se donnèrent sur son territoire : la première entre Baudouin VII, comte de Hainaut, et Robert le Frison, comte de Flandre, qui y fut défait en 1079 ; la seconde en 1712. A cette dernière époque, les alliés, après avoir pris le Quesnoy et bloqué Landrecies, avaient fait de très-grands retranchements à Denain, où ils tenaient douze ou quatorze mille hommes, commandés par milord Albermale. Le 19 juillet, le maréchal de Villars, commandant l'armée française, passa l'Escaut au-dessous de Cambrai, comme s'il eût eu l'intention d'attaquer l'ennemi dans ses lignes, mais ayant un tout autre projet : il partit dans la nuit du 23, arriva au point du jour à Neuville, y jeta quatre ponts, passa l'Escaut, et à une heure après midi attaqua les retranchements d'Albermale qu'il emporta après une vive résistance. Lord Albermale y fut fait prisonnier, ainsi que trois généraux, seize officiers supérieurs, quarante-quatre officiers et deux mille trois cents soldats. Cette victoire, qui sauva la France à cette époque fit perdre aux ennemis tous les avantages qu'ils avaient précédemment remportés. Un obélisque, composé d'une seule pierre de 12 mètres de hauteur, placé à l'angle formé par la grande route et par le chemin qui conduit à Denain, rappelle le souvenir de cette victoire. On lit sur la frise du piédestal :

DENAIN, 1712.

Et au-dessus ces deux vers de Voltaire :

Regardez dans Denain l'audacieux Villars
Disputant le tonnerre à l'aigle des Césars.

Denain est bâti dans une heureuse situation, au milieu des houillères, sur la rive gauche de l'Escaut, qui y est navigable. S'il est un endroit où les résultats de l'industrie aient été subits et frappants, c'est sans contredit dans la commune de Denain, dont les quatre cinquièmes des habitations sont de construction nouvelle. Là où il n'y avait que des terrains en culture, on voit aujourd'hui des rues alignées, des hauts fourneaux, des puits d'extraction pour la houille, des docks et des chemins de fer. En 1826, la population était de 900 h. ; lors de l'avant dernier dénombrement, on comptait 1,100 h. ; le dernier recensement officiel porte 5,144 h. Par suite de l'excédant de ce chiffre, cette commune a été soumise aux droits d'entrée et d'octroi, à compter du 1er janv. 1842. Denain possède un marché très-fréquenté. Un chemin de fer a été établi pour conduire le produit des mines à l'Escaut. — Fabriques de sucre indigène. Forges et hauts fourneaux.

Bibliographie. * Relation de l'affaire de Denain, etc., in-4°, 1712.

DENAINVILLERS, Loiret, comm. de Dadonville, ✉ de Pithiviers.

DENAT, petite ville, Tarn (Languedoc), arr. et à 11 k. d'Albi, cant. et ✉ de Réalmont. Pop. 901 h. Sur la rive droite de l'Adou. — Foires les 15 et 16 janv., 13 mars, 15 mai, 17 août et 24 sept.

DENAZÉ, bg Mayenne (Maine), arr. et à 16 k. de Château-Gontier, cant. et ✉ de Craon. Pop. 407 h.

DENDEVILLE, Calvados, comm. de Fierville-la-Campagne, ✉ de Vimont.

DENÉE, bg Maine-et-Loire (Anjou), arr., ✉ et à 15 k. d'Angers, cant. de Chalonnes. Pop. 1,536 h.

DENESTANVILLE, vg. Seine-Inf. (Normandie), arr. et à 14 k. de Dieppe, cant. et ✉ de Longueville. Pop. 162 h.

DENEUILLE, vg. Allier (Bourbonnais), arr. et à 23 k. de Gannat, cant. et ✉ de Chantelle. Pop. 441 h.

DENEUILLE, vg. Allier (Bourbonnais), arr., cant. et à 16 k. de Montluçon, ✉ de Montmarault. Pop. 626 h.

DENEUVRE, Danubrium, petite ville, Meurthe (Lorraine), arr. et à 28 k. de Lunéville, cant. et ✉ de Bacearat. Pop. 1,009 h. — Elle est située sur une montagne, près de la rive gauche de la Meurthe.

DENÈVRE, vg. H.-Saône (Franche-Comté), arr. et à 17 k. de Gray, cant. et ✉ de Dampierre-sur-Salon. Pop. 201 h.

DÉNEZÉ, vg. Maine-et-Loire (Anjou), arr. et à 22 k. de Baugé, cant. et ✉ de Noyant. Pop. 690 h.

DÉNEZÉ, bg Maine-et-Loire (Anjou), arr. et à 20 k. de Saumur, cant. et ✉ de Doué. Pop. 664 h. — Foire le 24 juin.

DENEZIÈRES, vg. Jura (Franche-Comté), arr. et à 34 k. de St-Claude, cant. de St-Laurent, ✉ de Clairvaux. Pop. 191 h.

DENGUIN, vg. B.-Pyrénées (Béarn), arr. et à 8 k. de Pau, cant. et ✉ de Lescar. Pop. 604 h.

DENICÉ, vg. Rhône (Beaujolais), arr., cant., ✉ et à 6 k. de Villefranche-sur-Saône. Pop. 1,133 h.

DENIER, vg. Pas-de-Calais (Artois), arr. et à 15 k. de St-Pol-sur-Ternoise, cant. d'Avesnes-le-Comte, ✉ de Frévent. Pop. 159 h.

DENIPAIRE, vg. Vosges (Lorraine), arr. et à 13 k. de St-Dié, cant. et ✉ de Senones. Pop. 497 h.

DENIS (St-), joli village, Aude (Languedoc), arr. et à 23 k. de Carcassonne, cant. de Saissac, ✉ de Cuxac-Cabardes. Pop. 735 h. — Forges et martinets. — Papeterie. — Commerce de fourrages.

DENIS (St-), ou ST-DENIS-D'OLÉRON, bg Charente-Inf. (île d'Oléron), arr. et à 32 k. de Marennes, cant. de St-Pierre-d'Oléron. Pop. 1,617 h. — Il est situé à l'extrémité septentrionale de l'île d'Oléron. — Foire le 3 octobre.

DENIS (St-), Eure, comm. et ✉ de Brionne.

DENIS (St-), vg. Gard (Languedoc), arr. et à 24 k. d'Alais, cant. et ✉ de St-Ambroix. Pop. 399 h.

DENIS (St-), Indre, comm. et ✉ de Châteauroux.

DENIS (St-), Indre, comm. et ✉ d'Issoudun.

DENIS (St-), vg. Lozère (Languedoc), arr. et à 31 k. de Mende, cant. de St-Amans, ✉ de Serverette. Pop. 808 h.

DENIS (St-), Dionysiopolis, ancienne et jolie ville, Seine (Ile-de-France), chef-l. de sous-préf. (1er arr.). Trib. de 1re inst. Cure. Gîte d'étape. ✉. Pop. 14,636 h. — TERRAIN tertiaire inférieur.

La ville de St-Denis parait devoir son origine à une chapelle construite vers l'an 240 par une dame chrétienne, pour y déposer les restes de saint Denis, de saint Rustique et de saint Eleuthère, ses compagnons. Cette chapelle fut remplacée par un oratoire où, suivant Grégoire de Tours, Chilpéric fit enterrer un de ses fils, en 580. Dans le VIIe siècle, Dagobert Ier substitua à cet oratoire une magnifique église, près de laquelle se groupèrent quelques habitations, qui peu à peu donnèrent naissance à un village assez considérable ; mais ce ne fut guère qu'à l'époque du ministère de l'abbé Suger que St-Denis fut considéré comme ville.

L'origine de l'abbaye de St-Denis remonte, dit-on, à l'époque du martyre de ce saint ; mais il n'y a rien de certain sur l'époque de sa première fondation. Dagobert Ier agrandit le monastère, le combla de biens, de richesses, et fit décorer magnifiquement l'église, où il fut enterré en 638, et qui depuis cette époque devint le tombeau privilégié des rois. Les successeurs de Dagobert contribuèrent presque tous à enrichir l'abbaye qui devait recevoir leurs cendres. Pepin le Bref fit relever l'église construite ou restaurée par Dagobert, et sur son emplacement il en fut bâtir une autre beaucoup plus vaste, qui ne fut achevée qu'en 775, sous le règne de Charlemagne. Ce monarque y enferma les tombeaux de Charles Martel et de Pepin, qui avaient été élevés en dehors. Les ravages des Normands obligèrent d'entourer l'abbaye de fortifications dont on voit encore quelques traces.

Il ne reste presque rien de l'église reconstruite par Charlemagne. Suger, abbé de St-Denis et régent sous Louis le Jeune, fit élever, de 1130 à 1134, le portail, le vestibule et les tours de l'église actuelle, ainsi que le rond-point et la crypte, ou caveaux semi-souterrains qui contiennent les sépultures. Sous saint Louis, l'abbé Odon fit joindre le rond-point au portail de Suger par la nef, qui ne fut achevée qu'en 1281, sous Philippe le Hardi. Cette nef est beaucoup trop élevée relativement au portail, et se distingue par un style fort différent. L'axe du sanctuaire n'est pas exactement dans la même direction que celui de la nef ; les parties de l'édifice sont aussi plus étroites que la grande nef ; néanmoins le plan est bien disposé, et les chapelles circulaires qui entournent le pourtour produisent un fort bel effet. Les voûtes et toutes les croisées du sanctuaire semblent être du même temps et de la même manière que celle de la nef ; ce qui prouve que l'ouvrage de Suger n'était pas encore achevé à l'époque de sa construction. Le portail et les tours, dont l'une a 56 m. de hauteur, sont d'un style mâle et simple, et présentent le caractère de solidité qui se retrouve dans les édifices construits vers le XIe et le XIIe siècle. La partie inférieure de ce portail est ornée de sculptures d'une composition bizarre, d'une belle exécution. La nef, construite vers la fin du XIIIe siècle, présente des formes légères et élégantes qui caractérisent les constructions de cette époque. Le chœur et le rond-point, élevés de dix-huit marches sur la crypte pratiquée au-dessous de la partie postérieure de cette église, participent de ces différents styles. — Sous le vestibule de l'église est placé le cénotaphe de

Dagobert Ier, réédifié par saint Louis : ce monument est extrêmement curieux, sous le double rapport de l'art et du sujet représenté dans les trois reliefs, qui contiennent la prétendue révélation faite à Ansoalde, ambassadeur de Sicile, par un anachorète, nommé Jean, qui assurait avoir vu Dagobert sur un esquif, entre les mains de démons qui le fustigeaient, et secouru par saint Denis, saint Martin et saint Maurice. Ce monument, qui était à double face, a été séparé en deux parties, dont une forme le cénotaphe de Dagobert, et l'autre celui de Nautil, son épouse. — Dans la chapelle à droite qui précède le chœur, on a placé le mausolée de François Ier, érigé en 1550, d'après les dessins, les uns disent du Primatice, et d'autres de Philibert Delorme. Il est en marbre blanc et composé de seize colonnes ioniques cannelées, de 2 m. de hauteur, qui soutiennent un entablement. Sur les caves ou gisants placés sur la voûte principale de ce monument, sont placées les statues, plus grandes que nature, de François Ier et de Claude de France, sa femme, dans leur état de mort. Ces statues, d'une belle exécution, sont attribuées à Jean Goujon. La voûte, enrichie de bas-reliefs et d'arabesques exécutés par cet habile sculpteur, offrent des génies éteignant le flambeau de la vie ; l'immortalité de l'âme y est ingénieusement exprimée par l'allégorie du Christ vainqueur des ténèbres ; les quatre prophètes de l'Apocalypse entourent ces deux figures. Le bas-relief qui fait le tour du monument représente les batailles de Cérisoles et de Marignan. Au-dessus de l'entablement sont placées, à genoux, les statues en habit de cour de François Ier, de la reine et de leurs trois enfants. — Dans la chapelle à gauche sont les tombeaux de Louis XII et de Henri II : le premier, dont le style indique la renaissance du bon goût, est d'un grand caractère de dessin et offre des détails précieux. Louis XII et Anne de Bretagne sont de l'exécution la plus hardie et d'une effrayante vérité ; les figures des douze apôtres, placées dans les douze arcades ornées d'arabesques qui entourent le cénotaphe, sont remarquables par la beauté de leur attitude et par leur exécution ; le bas-relief représente les triomphes des Français en Italie, la bataille d'Agnadel et l'entrée de Louis XII à Milan ; les statues agenouillées de Louis XII et d'Anne couronnent ce monument. — Le tombeau de Henri II, exécuté par Germain Pilon, sur les dessins de Philibert Delorme, est orné de douze colonnes d'ordre composite, avec leurs pilastres en marbre ; les quatre vertus cardinales en bronze en décorent les angles : Henri II et Catherine sont représentés morts dans le monument, et vivants et agenouillés sur le couronnement.

On descend dans la crypte sépulcrale de St-Denis par deux escaliers latéraux. Les souterrains sont distribués en un grand nombre de petits caveaux ouvrant sur une galerie circulaire, soutenue par de petites arcades portées sur des colonnes, dont les chapiteaux et les bas-reliefs indiquent la manière du style dégénéré à l'époque du Bas-Empire. Ces voûtes renferment les cénotaphes des rois, classés chronologiquement, et consistant pour la plupart dans des statues grossièrement ébauchées et couchées sur une pierre tumulaire. Les premiers tombeaux que l'on rencontre au pied de l'escalier par lequel on descend dans les souterrains sont ceux de Clovis et de Clotilde, de Childebert, et successivement, en faisant le tour jusqu'à la sortie, où se trouvent les Valois. Le caveau du centre était destiné à la famille des Bourbons ; à droite et à gauche sont deux caveaux, dont un est occupé par la sépulture du dernier prince de Condé. Le caveau du milieu de la galerie tournante forme une chapelle expiatoire.

Les tombeaux des souterrains ne contiennent plus aucun des corps qui y avaient été déposés. Le 31 juillet 1793, la convention nationale, sur la proposition de Barrère, rendit un décret portant que « les tombeaux et mausolées des ci-devant rois élevés dans l'église de St-Denis seraient détruits. » Une commission fut nommée pour présider à cette destruction, conjointement avec la commission des monuments, à la tête de laquelle se trouvait M. Lenoir. L'exécution du décret de la convention commença le 6 août 1793. Trois jours suffirent pour démolir cinquante et un tombeaux qui se trouvaient dans le chœur et dans l'église, pour ouvrir cinquante et une sépultures de princes et de rois. La plus grande partie des monuments détruits appartenait aux rois de la première et de la seconde race, et à ceux de la troisième race antérieurs à Charles V. Les ossements tirés des cestombeaux furent jetés pêle-mêle dans deux fosses creusées à la place qu'occupa jusqu'au XVIIIe siècle la tour dite des Valois, monument attenant à la croisée de l'église du côté du septentrion.

Le 12 novembre, on chargea sur des chariots les tombeaux les plus remarquables, ainsi que plusieurs objets précieux enlevés du trésor de l'abbaye de St-Denis, pour les conduire à Paris. Une nombreuse députation, partie avec ces chariots, se présenta au nom de St-Denis (qui avait quitté le nom de Franciade) à la convention nationale : elle portait avec elle différents dons patriotiques, parmi lesquels on remarquait une grande croix en vermeil, la tête de saint Denis, et plusieurs bustes de saints également en vermeil. Après avoir fait l'hommage de cette offrande à l'assemblée, l'orateur se leva et prononça le discours suivant, que nous rapportons pour donner une idée du style de cette époque :

« Citoyens représentants,

Les prêtres ne sont pas ce qu'un vain peuple pense :
Notre crédulité fait toute leur science.

» Tel est le langage que tenait autrefois un auteur dont les écrits ont préparé notre révolution ; les habitants de Franciade viennent vous prouver qu'il n'est étranger ni à leur esprit ni à leur cœur.

» Un miracle, dit-on, fit voyager la tête du saint que nous vous apportons de Montmartre à St-Denis. Un autre miracle plus grand, plus authentique, le miracle de la régénération des opinions, vous amène cette tête à Paris. Une seule différence existe dans cette translation. Le saint, dit la légende, baisait respectueusement sa tête à chaque pose, et nous n'avons point été tentés de baiser cette relique puante. Son voyage ne sera point marqué dans les martyrologes, mais dans les annales de la raison, et sera doublement utile à l'espèce humaine. Ce crâne et les guenilles sacrées qui l'accompagnent vont enfin cesser d'être le ridicule objet de la vénération du peuple, et l'aliment de la superstition, du fanatisme et du mensonge. L'or et l'argent qui les enveloppent vont contribuer à affermir l'empire de la raison et de la liberté. Les trésors amassés depuis plusieurs siècles par l'orgueil des rois, la stupide crédulité des dévots trompés et le charlatanisme des prêtres trompeurs, semblent avoir été réservés par la Providence pour cette glorieuse époque. On dira bientôt des rois, des prêtres et des saints : Ils ont été. Voilà enfin la raison à l'ordre du jour, ou, pour parler le langage mystique, voilà le jugement dernier qui va séparer les bons d'avec les mauvais.

» Vous, jadis les instruments du fanatisme, saints, saintes, bienheureux de toute espèce, montrez-vous enfin patriotes ; levez-vous en masse, marchez au secours de la patrie, partez pour la monnaie...! Et puissions-nous, par votre secours, obtenir dans cette vie le bonheur que vous vous promettiez pour une autre !

» Nous vous apportons, citoyens législateurs, toutes les pourritures qui existaient à Franciade ; mais comme il se trouve des objets désignés par la commission des monuments, comme précieux pour les arts, nous en avons rempli six chariots : vous indiquerez un dépôt provisoire où la commission puisse en faire le triage. »

Pendant tout le temps du gouvernement directorial, l'église de St-Denis resta dans l'abandon le plus absolu. Sous le consulat, on entreprit pour sa restauration des travaux qui furent poussés avec assez d'activité sous l'empire. M. Legrand, architecte des monuments de Paris, fut chargé de la conduite des travaux, dont la direction fut confiée en 1808 à M. Célérier. Cet architecte ayant été nommé membre du conseil des bâtiments civils de Paris en 1813, fut remplacé par M. Debret, qui achève en ce moment les travaux de restauration de cette basilique. Aujourd'hui l'église de St-Denis se trouve dans un état de splendeur beaucoup plus remarquable qu'elle n'était autrefois.

La ville de St-Denis est située dans une belle plaine, sur les rivières de Croud et du Rouillon, près de la rive droite de la Seine, et sur un canal qui fait communiquer cette rivière au canal de l'Ourcq. Elle était autrefois fortifiée et a soutenu plusieurs sièges. Les Orléanais la prirent en 1411, sous le règne de Charles VI, pendant qu'il assiégeait Paris. L'année suivante, elle tomba au pouvoir des Anglais. Les ligueurs et les frondeurs s'en emparèrent également dans les siècles suivants. En 1567, les catholiques et les protestants se livrèrent une bataille sanglante dans la plaine qui avoisine cette ville. Le 1er octobre 1789, le maire de St-Denis fut massacré par suite d'une insurrection causée par la cherté du pain.—En 1814, cette ville fut prise par les armées des puissances étrangères, après une vigoureuse résistance de la part des Français chargés de la défendre.

Les armes de St-Denis sont : *d'azur semé de fleurs de lis d'or, au chef d'argent chargé de ces mots de sable* :

Montjoye Saint-Denis,

Les bâtiments de l'abbaye de St-Denis, élevés sur les dessins de Robert Cotte, sont remarquables par leur construction ; ils forment un double carré. La façade qui regarde la ville est décorée d'un grand fronton orné de sculptures, représentant saint Maur implorant le secours de Dieu pour la guérison d'un enfant déposé à ses pieds par sa mère affligée. Cette maison est aujourd'hui occupée par l'institution des orphelines de la Légion d'honneur.

On remarque encore à St-Denis l'ancien couvent des Carmélites, dont l'enclos forme une belle pépinière ; l'église, d'une belle construction, offre un péristyle en avant-corps, de six colonnes d'ordre ionique, couronné par un fronton orné de sculptures.

Au nord, et près de St-Denis, est un très-beau corps de casernes d'infanterie, précédé de belles plantations.

Biographie. Patrie de Ch. Gaudin, duc de Gaëte, ministre des finances sous l'empire.

De M. de Schonen, membre de la chambre des pairs.

De l'auteur et acteur dramatique Samson.

Industrie. Fabriques de toiles peintes, cardes, plomb laminé, gélatine, salpêtre, soude. Blanchisserie de toiles. Lavoirs de laines. Moulin à pulvériser le bois de teinture. Brasseries. Tanneries. Nombreux moulins à farine pour l'approvisionnement de Paris. Pépinières. Atelier pour construction de machines. — Commerce de farines, vins, vinaigre, bois.—Foires le 1er mercredi, le 1er samedi et le 2e mercredi après la fête de St-Barnabé, le 1er mercredi de nov. et le samedi suivant. Foire considérable du *Landit* le 11 juin, où il se vend plus de 90,000 moutons. Au moyen âge, le Landit se tenait pendant la plus belle saison de l'année, au mois de juin, dans la plaine de St-Denis. Cette foire attirait une foule immense. De nos jours, où l'industrie étale avec profusion les merveilles du luxe, on aurait peine à se figurer une grande foire du moyen âge, telle qu'était celle du Landit. C'était alors une époque de jouissance, de surprise et de vives émotions ; on en attendait le jour avec impatience ; on s'y préparait longtemps à l'avance ; marchands étrangers et bourgeois, écoliers de l'université, baladins, cabaretiers, courtisanes, filous, tous accouraient pêle-mêle à St-Denis, pour prendre leur part de la fête commune. C'est là qu'on mettait au grand jour les produits de l'industrie que de sombres boutiques cachaient tout le reste de l'année, ou qu'on y aurait même cherché inutilement, et qui se fabriquaient ailleurs. Les mères de famille venaient faire acquisition d'ustensiles de ménage, et les écoliers de parchemins. C'est là que les étrangers étalaient orgueilleusement les progrès que les arts mécaniques avaient faits chez eux ; c'était là qu'on réunissait tous les genres de divertissements capables d'émerveiller les bons bourgeois de la capitale ; c'est là qu'on tolérait des amusements, des débauches qu'excluait de la ville la vie simple et monotone de l'année. Le Landit était la fête de toutes les classes de la société ; la foule, qui cherche avant tout de la distraction, s'y amusait à sa manière, et à tout prix. La corruption des villes, transportée à la campagne, y tenait ses orgies ouvertes ; l'argent circulait, et la ruse tendait ses pièges à la simplicité et à l'ignorance.—Après quinze ou dix-huit jours de cette vie tant soit peu carnavalesque, chacun repliait bagages ; marchands, taverniers, baladins, courtisanes, disparaissaient en un clin d'œil, jusqu'à l'année suivante.

A 9 k. de Paris.

L'arrondissement de St-Denis se compose de 4 cantons : St-Denis, Pantin, Nanterre, Neuilly.

Bibliographie. * *La Chronique de saint Denis, pasteur de France*, in-4 gothique, sans date.

* *Les Antiquités et Singularités de l'abbaye de St-Denis, cimetière des rois de France*, in-8, 1575.

Doublet (Jacques). *Histoire de l'abbaye de St-Denis en France, contenant les antiquités d'icelle, les fondations, prérogatives et privilèges, ensemble les tombeaux et épitaphes des rois, reines de France, et autres signalés personnages*, 2 vol. in-4, 1625.

Félibien (dom Michel). *Histoire de l'abbaye royale de St-Denis en France, avec les preuves*, in-f°, 1706.

Leharivel-Durocher (Mme). *Notice historique et chronologique sur l'abbaye de St-Denis, précédée d'une introduction tirée de l'Histoire de l'abbaye, par dom Félibien*, in-18, 1842.

Gilbert (Aut.-P.-Mar.). *Description historique de l'église royale de St-Denis, avec les détails sur la cérémonie de l'inhumation de Louis XVI et Marie-Antoinette, reine de France*, in-12, 1815.

Brosse (Gilbert de la). *Les Tombeaux et Mausolées des rois inhumés dans l'église de St-Denis, depuis le roi Dagobert jusqu'à Louis XIII, avec un abrégé de leurs actions les plus mémorables*, en vers, in-8, 1656.

Hugo (Abel). * *Les Tombeaux de St-Denis, ou Description historique de cette abbaye célèbre*, etc., in-18, 1824.

* *Inventaire et Dénombrement tant des corps saints et tombeaux des rois, qu'autres raretés qui se voient en l'église de St-Denis, hors du trésor*, in-8, 1700 ; in-12, 1705.
* *Recueil sur le trésor de St-Denis, tombeaux*, etc., in-12, 1715.
* *Inventaire du trésor de St-Denis, où sont déclarées toutes les pièces selon l'ordre des armoires*, in-8, 1700 ; in-12, 1703.

Gilbert-Saunier (sieur Duverdier). *Mémoires des reliques qui sont dans le trésor de St-Denis*, in-12, 1665.

* *Le Trésor de l'abbaye royale de St-Denis en France*, in-12, 1768.
* *Les Raretés de l'église de St-Denis*, in-12, 1768.
* *Les Tombeaux de St-Denis*, in-12.

Germain Millot. *Le Trésor sacré, ou Inventaire des saintes reliques qui se trouvent dans le trésor de St-Denis*, in-18....

Quillet (P.-N.). *Passy et ses Environs, ou Recherches historiques, statistiques et littéraires sur Passy, St-Denis*, etc., etc., in-8, 1835.

* *Coup d'œil historique sur la ville de St-Denis et sur la restauration de son église*, par M. B. A. H. et A. M., in-8, 1807.

* *Défense de la ville de St-Denis contre une division de l'armée russe en 1814*, in-8, 1841.

DENIS (St-), vg. *Deux-Sèvres* (Poitou), arr. et à 20 k. de Niort, cant. et ✉ de Champdeniers. Pop. 266 h.

DENIS (St-), vg. *Yonne* (Champagne), arr., cant., ✉ et à 4 k. de Seus. Pop. 134 h.

DENIS-COMBARNAZAT (St-), vg. *Puy-de-Dôme* (Auvergne), arr. et à 23 k. de Riom, cant. et ✉ de Randans. Pop. 673 h.

DENISCOURT (St-), vg. *Oise* (Picardie), arr. et à 30 k. de Beauvais, cant. et ✉ de Sougeons. Pop. 229 h.

DENIS-D'ACLON (St-), vg. *Seine-Inf.* (Normandie), arr. et à 18 k. de Dieppe, cant. d'Offranville, ✉ du Bourg-Dun. Pop. 138 h.

DENIS-D'ANJOU (St-), bg *Mayenne* (Anjou), arr. et à 21 k. de Château-Gontier, cant. de Bierné, ✉ de Sablé. Cure. Pop. 2,720 h. — Foires les 2 mai et 7 sept.

DENIS-D'AUGERON (St-), vg. *Eure* (Normandie), arr. et à 22 k. de Bernay, cant. de Broglie, ✉ de Montreuil-l'Argillé. Pop. 222 h.

DENIS-D'AUTHON (St-), *Eure-et-Loir* (Beauce), arr. et à 11 k. de Nogent-le-Rotrou, cant. et ✉ de Thiron-Gardais. Pop. 1,019 h.

DENIS-DE-BONDEVILLE (St-), *Seine-Inf.*, comm. de Notre-Dame-de-Bondeville, ✉ de Rouen.

DENIS-DE-CABANNES (St-), vg. *Loire* (Forez), arr. et à 23 k. de Roanne, cant. et ✉ de Charlieu. Pop. 1,021 h.

DENIS-DE-GASTINE, bg *Mayenne* (Maine), arr. et à 18 k. de Mayenne, cant. et ✉ d'Ernée. Pop. 3,448 h. — Foires les 11 juin, 14 juillet, 10 oct., 12 nov., 1er jeudi après Pâques, et 1er jeudi de sept.

DENIS-DE-JOUHET (St-), vg. *Indre* (Berry), arr. et à 2 k. de la Châtre, cant. et ✉ d'Aigurande. Pop. 1,902 h.

DENIS-DE-L'HOTEL (St-), *Loiret* (Orléanais), arr. et à 19 k. d'Orléans, cant. de Châteauneuf-sur-Loire, ✉ de Jargeau. Pop. 1,085 h. — Foires les 6 janv., 11 mai et 4 nov.

DENIS-DE-LILLEBONNE (St-), vg. *Seine-Inf.*, comm. et ✉ de Lillebonne.

DENIS-DE-MAILLOC (St-), vg. *Calvados* (Normandie), arr., ⊠ et à 9 k. de Lisieux, cant. d'Orbec. Pop. 619 h.

DENIS-DE-MEZÉ (St-), vg. *Calvados* (Normandie), arr. et à 22 k. de Falaise, cant. d'Harcourt-Thury, ⊠ de Condé-sur-Noireau. Pop. 1,154 h.

DENIS-DE-MORONVAL (St-), vg. *Eure-et-Loir* (Normandie), arr., cant., ⊠ et à 4 k. de Dreux. Pop. 408 h.

DENIS-DE-PALIN (St-), vg. *Cher* (Berry), arr. et à 26 k. de St-Amand-Montrond, cant. et ⊠ de Dun-le-Roi. Pop. 618 h.

DENIS-DE-PILLE (St-), bg *Gironde* (Guienne), arr. et à 18 k. de Libourne, cant. et ⊠ de Guitres. Cure. Pop. 2,543 h. — On y voit une petite église de l'époque romane du XIIᵉ siècle ; elle est en croix grecque et rappelle le plan de St-Front de Périgueux ; mais elle n'est pas voûtée en coupoles. Un clocher cassé s'élève au centre de l'édifice, à l'intersection des nefs. — *Foires* les 3ᵉˢ mercredis de fév., mars, avril.

DENIS-DES-COUDRAIS (St-), vg. *Sarthe* (Perche), arr. et à 29 k. de Mamers, cant. de Tuffé, ⊠ de Bonnétable. Pop. 625 h.

DENIS-DES-IFS (St-), vg. *Orne*, comm. d'Aubry-le-Panthou, ⊠ de Vimoutier.

DENIS-DES-MONTS, *S. Dionysius in Montibus*, vg. *Eure* (Normandie), arr. et à 30 k. de Pont-Audemer, cant. et ⊠ de Bourgthéroulde. Pop. 362 h.

DENIS-DES-MURS (St-), vg. *H.-Vienne* (Limousin), arr. et à 24 k. de Limoges, cant. et ⊠ de St-Léonard. Pop. 730 h.

DENIS-DES-PUITS (St-), vg. *Eure-et-Loir* (Beauce), arr. et à 30 k. de Nogent-le-Rotrou, cant. de la Loupe, ⊠ de Champrond. Pop. 551 h.

DENIS-DE-VAUX (St-), vg. *Saône-et-Loire* (Bourgogne), arr. et à 13 k. de Chalon-sur-Saône, cant. de Givry. Pop. 343 h.

DENIS-DE-VILLENETTE (St-), vg. *Orne* (Normandie), arr. et à 16 k. de Domfront, cant. de Juvigny-sous-Andaine, ⊠ de Couterne. Pop. 603 h.

DENIS-D'HÉRICOURT, *Sancti Malloni*, vg. *Seine-Inf.* (Normandie), arr. et à 11 k. d'Yvetot, cant. d'Ourville, ⊠ de Doudeville. Pop. 645 h.

DENIS-D'ORQUES (St-), vg. *Sarthe* (Maine), arr. et à 42 k. du Mans, cant. de Loué, ⊠ de Coulans. ⚭. Pop. 2,127 h.

DENIS-DU-BÉHÉHAN (St-), vg. *Eure* (Normandie), arr. et à 3 k. d'Evreux, cant. et ⊠ de Breteuil. Pop. 215 h.

DENIS-DU-BOSGUÉRARD, *Boscus Giraldi*, vg. *Eure* (Normandie), arr. et à 31 k. de Pont-Audemer, cant. et ⊠ de Bourgthéroulde. Pop. 669 h.

DENIS-DU-MAINE, vg. *Mayenne* (Maine), arr. et à 21 k. de Laval, cant. et ⊠ de Meslay. Pop. 610 h.

DENIS-DU-PAIRÉ (St-), vg. *Vendée* Poitou), arr. et à 37 k. de Fontenay-le-Comte, cant. et ⊠ de Luçon. Pop. 592 h.

DENIS-DU-TERTRE (St-), *Sarthe*, commune de St-Mars-de-la-Brière, ⊠ de Connerré.

DENIS-EN-VAL (St-), vg. *Loiret* (Orléanais), arr., cant., ⊠ et à 6 k. d'Orléans. Pop. 1,051 h.

DENIS-HORS (St-), vg. *Indre-et-Loire* (Touraine), arr. et à 24 k. de Tours, cant. et ⊠ d'Amboise. Pop. 1,044 h. — Forges et hauts fourneaux.

DENIS-LA-CHEVASSE (St-), vg. *Vendée* (Poitou), arr. et à 17 k. de Bourbon-Vendée, cant. du Poiré-sur-Bourbon, ⊠ de St-Fulgent. Pop. 1,325 h. — *Foire* le 3ᵉ mardi de chaque mois.

DENIS-LE-CEYZERIAT (St-), vg. *Ain* (Bresse), arr., cant., ⊠ et à 3 k. de Bourg-en-Bresse. Pop. 781 h. — *Foires* les 2 mai, 1ᵉʳ août, 10 oct. et 22 déc.

DENIS-LE-CHOSSON (St-), vg. *Ain* (Dombes), arr. et à 46 k. de Belley, cant. et ⊠ d'Ambérieux. ⚭. Pop. 503 h. — *Foires* les 2 mai, 1ᵉʳ août, 10 oct. et 22 déc.

DENIS-LE-FERMENT (St-), vg. *Eure* (Normandie), arr. et à 23 k. des Andelys, cant. et ⊠ de Gisors. Pop. 528 h.

DENIS-LE-GAST (St-), bg *Manche* (Normandie), arr. et à 16 k. de Coutances, cant. et ⊠ de Gavray. Pop. 1,656 h. — En 1430, le château de St-Denis-le-Gast était une forteresse dont s'emparèrent les troupes du roi de France. En 1437, les troupes anglaises, commandées par le sire Thomas Scales, vinrent les y attaquer ; ils en démolirent les fortifications en 1440, parce qu'ils ne pouvaient le garder. — A environ un demi-kilomètre de l'église, en descendant au sud-est vers la rivière de Sienne, on voit encore une grande partie des ruines de cet ancien château fort, qui, jusque dans le XVIIIᵉ siècle, fut habité par ses possesseurs (*Mém. de la soc. des antiq. de Normandie*, t. XI, p. 306).

PATRIE DE ST-ÉVREMOND.

Foires les 10 oct. et 3 nov.

DENIS-LES-PONTS (St-), vg. *Eure-et-Loir* (Beauce), arr., cant., ⊠ et à 2 k. de Châteaudun. Pop. 831 h.

DENIS-LE-THIBOULT (St-), vg. *Seine-Inf.* (Normandie), arr. et à 21 k. de Rouen, cant. de Darnetal, ⊠ de Croisy-la-Haye. Pop. 609 h.

DENIS-LE-VÉTU (St-), vg. *Manche* (Normandie), arr. et à 8 k. de Coutances, cant. de Serisy-la-Salle, ⊠ de Coutances. Pop. 1,434 h.

DENIS-LES-REBAIS (St-), vg. *Seine-et-Marne* (Brie), arr. et à 9 k. de Coulommiers, cant. et ⊠ de Rebais. Pop. 1,024 h.

DENIS-MAISONCELLES (St-), vg. *Calvados* (Normandie), arr. et à 17 k. de Vire, cant. de Bény-Bocage, ⊠ de Mesnil-Auzouf. Pop. 262 h. — *Foire* le 10 oct.

DENIS-PRÈS-CATUS (St-), vg. *Lot* (Quercy), arr. et à 18 k. de Cahors, cant. et ⊠ de Catus. Pop. 417 h.

DENIS-PRÈS-MARTEL (St-), vg. *Lot* (Quercy), arr. et à 41 k. de Figeac, cant. et ⊠ de Martel. Pop. 705 h. — On y voit une assez belle cascade, et un abîme effrayant produit par l'érosion des eaux, sur le chemin de Martel à Vayrac.

DENIS-SUR-COISE (St-), vg. *Loire* (Forez), arr. et à 35 k. de Montbrison, cant. de St-Galmier, ⊠ de Chazelles. Pop. 764 h.

DENIS-SUR-HUINE (St-), vg. *Orne* (Normandie), arr., cant., ⊠ et à 6 k. de Mortagne-sur-Huine. Pop. 307 h.

DENIS-SUR-LOIRE (St-), vg. *Loir-et-Cher* (Blaisois), arr., cant., ⊠ et à 6 k. de Blois. Pop. 509 h.

DENIS-SUR-OUANE (St-), vg. *Yonne* (Champagne), arr. et à 29 k. de Joigny, cant. et ⊠ de Charny. Pop. 396 h.

DENIS-SUR-SARTHON (St-), vg. *Orne* (Normandie), arr., cant., ⊠ et à 15 k. d'Alençon. ⚭. Pop. 1,334 h.

Près de ce village, on voit la butte remarquable de Chaumont, où l'on allait autrefois en pèlerinage, mais où on ne va plus aujourd'hui qu'en promenade le premier dimanche de mai. Cette butte fixe les regards par son isolement, sa forme arrondie et sa hauteur assez considérable pour cette partie de la France (environ 360 mètres). Elle est couverte de bois qui font partie de la forêt d'Écouves, comme la butte fait partie elle-même d'une chaîne de montagnes qui règne du côté du nord. — Haut fourneau, forges et faïencerie. — Marché tous les mardis.

DENIS-SUR-SCIE (St-), vg. *Seine-Inf.* (Normandie), arr. et à 27 k. de Dieppe, cant. et ⊠ de Totes. Pop. 525 h.

DENISY, *Seine-et-Oise*, comm. de St-Mesme, ⊠ de Dourdan.

DENNEBRŒUCQ, vg. *Pas-de-Calais* (Artois), arr. et à 22 k. de St-Omer, cant. et ⊠ de Fauquembergue. Pop. 441 h.

DENNEVILLE, vg. *Manche* (Normandie), arr. et à 37 k. de Coutances, cant. et ⊠ de la Haye-du-Puits. Pop. 758 h.

DENNEVY, vg. *Saône-et-Loire* (Bourgogne), arr. et à 21 k. de Chalon-sur-Saône, cant. de Chagny, du Bourgneuf. P. 1,014 h.

DENNEY, ou DURINGEN, vg. *H.-Rhin* (Alsace), arr., ⊠ et à 6 k. de Belfort, cant. de Fontaine. Pop. 293 h.

DENŒUX (St-), vg. *Pas-de-Calais* (Artois), arr. et ⊠ de Montreuil-sur-Mer, cant. de Campagne-les-Hesdin. Pop. 430 h.

DENONE, *Puy-de-Dôme*, comm. d'Effiat, ⊠ d'Aigueperse.

DENONVILLE, vg. *Eure-et-Loir* (Beauce), arr. et à 25 k. de Chartres, cant. et ⊠ d'Allainville. Pop. 646 h.

DENOUAL, vg. *Côtes-du-Nord* (Bretagne), arr. et à 32 k. de Dinan, cant. et ⊠ de Matignon. Pop. 503 h.

DENTING, vg. *Moselle* (Lorraine), arr. et à 32 k. de Metz, cant. et ⊠ de Boulay. Pop. 398 h.

DÉOLS, ou BOURG-DIEU, *Dolum, vicus Dolensis*, bourg très-ancien, *Indre* (Berry), arr., cant., ⊠ et à 2 k. de Châteauroux. Pop. 2,344 h.

Déols, autrefois ville considérable, passe

pour devoir son origine au proconsul romain Léocalde, qui vivait vers l'an 260; les descendants de ce Léocalde firent bâtir un château où ils fixèrent leur séjour.

Placée dans une presqu'île formée par les eaux de l'Indre et de l'Angolin, presque entourée par les vastes prairies qui s'étendent de l'un et de l'autre côté, cette cité était encore défendue par de vastes fossés. Les princes de Déols y avaient un palais flanqué de tours et environné de fossés particuliers; ils continuèrent d'y résider jusque vers le milieu du x° siècle. Déols était alors la capitale du bas Berry et de la principauté Déoloise, qui s'étendait des rives du Cher à celles de l'Angolin et de la Gartempe. En 1076, cette ville soutint un siége meurtrier. Douze ans après, le quartier Ste-Marie fut incendié. Une partie de la ville fut brûlée sous Louis le Jeune, en 1152. Philippe Auguste l'assiégea en 1187. Au xvi° siècle, durant les guerres de religion, Déols fut pris et repris plusieurs fois par les différents partis.

Le grand nombre de rues de Déols révèle son antique importance, comme l'étendue de son territoire, qui comprenait plus de 1,700 fiefs, atteste l'ancienne puissance de ses seigneurs.—Les habitants de Déols furent affranchis par Guillaume de Chauvigny, par un acte de 1222, à la charge par chaque père de famille de lui payer tous les ans, ou à ses successeurs, vingt sous monnaie de Déols, *viginti solidos Dolensis monetæ.*

Au commencement du x° siècle, Ebron, seigneur de Déols, fonda dans cette ville un monastère de bénédictins, qui devint bientôt et resta longtemps célèbre par ses richesses et par le goût de ses religieux pour les choses mondaines. Après la fondation de Châteauroux par Raoul ou Radulphe le Large, le château de Déols fut abandonné aux moines de l'abbaye, qui le conservèrent jusqu'en 1623, époque où Henri de Bourbon, prince de Condé, obtint du pape Grégoire XV la suppression entière du couvent et de l'abbaye de Déols, dont les droits et les biens furent réunis par Louis XIII au duché de Châteauroux. Par suite de cette suppression, le monastère, que l'on nommait *Monasterium Dolense*, Bourg-Déols, et plus communément Bourg-Dieu, fut anéanti.

L'abbaye, qui était devenue l'une des plus belles et des plus importantes du royaume, n'a point échappé aux désastres qu'ont amenés sur la ville, à toutes les époques, les guerres étrangères ou civiles. Ruinée par les Normands au milieu du x° siècle, elle fut rebâtie en 992. Son église, la plus belle du Berry après la cathédrale de Bourges, ne présentait plus, du temps de la Thaumassière, en 1657, que des ruines magnifiques qui existaient encore en 1830, et qui ont été vendues depuis, et les débris employés comme matériaux de construction. L'un des clochers est seul debout. La route actuelle d'Issoudun occupe l'emplacement du chœur, sous lequel se trouvent des voûtes souterraines qui se prolongent dans une grande étendue, et où l'on remarque des fontaines encaissées dans des bassins de pierre proprement taillés. — Près de la place du Palais se trouve la petite église St-Étienne, renfermant une chapelle où se trouve un autel, derrière lequel un escalier conduit à la crypte étroite qui renferme le tombeau de saint Ludre, dont les sculptures représentent diverses scènes de chasse et n'ont aucun rapport avec les bas-reliefs de la frise, qui paraissent se rapporter aux actes de la vie chrétienne.

Commerce de laines. — *Foires* les 31 mai, 16 août et 29 sept.

DÉPART, vg. *B.-Pyrénées*, comm. et ✉ d'Orthez.

DERBAMONT, vg. *Vosges* (Lorraine), arr. et à 13 k. de Mirecourt, cant. et ✉ de Dompaire. Pop. 486 h.

DERBIÈRES, *Drôme*, comm. de Savasse, ✉ de Montélimart. ⚘.

DERCÉ, vg. *Vienne* (Poitou), arr. et à 13 k. de Loudun, cant. de Mont-sur-Guesnes, ✉ de Loudun. Pop. 469 h.

DERCHIGNY, vg. *Seine-Inf.* (Normandie), arr., ✉ et à 10 k. de Dieppe, cant. d'Offranville. Pop. 434 h.

DERCIE, ou DERCY, *Charente-Inf.*, com. du Gua, ✉ de Saujon.

DERCY, vg. *Aisne* (Picardie), arr. et à 20 k. de Laon, cant. et ✉ de Crécy-sur-Serre. Pop. 870 h.

DERNACUEILLETTE, vg. *Aude* (Languedoc), arr. à 60 k. de Carcassonne, cant. de Montboumet, ✉ de Davejean. Pop. 215 h.

DERNANCOURT, vg. *Somme* (Picardie), arr. à 25 k. de Péronne, cant. et ✉ d'Albert. Pop. 562 h.

DEROUY, *Gers*, comm. de Labarrère, ✉ de Condom.

DERVAL, petite ville, *Loire-Inf.* (Bretagne), arr. à 24 k. de Châteaubriant, chef-l. de cant. Cure. ✉. ⚘. A 374 k. de Paris pour la taxe des lettres. Pop. 2,185 h.—TERRAIN du trias, muschelkalk.

A 2 kilomètres au nord de cette ville existait autrefois un château que l'on regardait comme une des places fortes les plus considérables de la Bretagne. En 1373, ce château appartenait à Robert Knolle, qui y fut assiégé par du Guesclin. Les assiégés, après s'être courageusement défendus pendant quelque temps, capitulèrent, obtinrent un délai, et donnèrent des otages pour gage de leur parole. Le terme expiré, le duc d'Anjou se rendit lui-même devant le château, et envoya un héraut pour sommer la garnison de se rendre. Knolle, qui avait eu le temps de réparer ses fortifications et de se mettre en état de défense, répondit qu'il n'avait consenti que malgré lui au traité, et qu'il ne rendrait la place que par la force des armes. Le duc, informé de la réponse des assiégés, leur fit dire que si, dans l'instant, le château ne lui était pas rendu, il allait faire couper la tête aux otages qu'on lui avait donnés. Knolle répondit que ces menaces ne l'intimidaient point, parce qu'il avait les moyens d'user de représailles. Les otages furent amenés à la vue du château, et eurent la tête tranchée. Knolle, qui avait vu cette exécution, s'en vengea aussitôt, en faisant placer un échafaud sur la fenêtre la plus élevée du château, et en y faisant décoller trois des personnes qu'il retenait prisonnières. Leurs têtes tombèrent dans le fossé...! A ce sanglant spectacle, le duc et le connétable levèrent le siège. En 1390, le château de Derval fut assiégé et pris par les troupes du duc de Mercœur. Enfin, il fut pris pour la dernière fois, en 1593, par les troupes de Henri IV, qui en fit démolir les fortifications. Aujourd'hui, Derval ne conserve plus aucune trace de château, de remparts ni de fortifications. — *Commerce* de bestiaux. — *Foires* les 10 oct. et vendredi après la mi-carême.

DESAIGNES, bg *Ardèche* (Vivarais), arr. et à 34 k. de Tournon, cant. et ✉ de la Mastre. Pop. 3,947 h. — Il est bâti dans une situation pittoresque, dans la profonde vallée de Doux. On y voyait jadis les restes d'un ancien monument connu dans le pays sous le nom de temple de Diane, qui, selon l'opinion de M. Boissy d'Anglas, étaient un des deux temples élevés par Quintus Fabius Maximus, à l'occasion de la victoire qu'il remporta sur Bituitus, chef des Arvernes.

On a découvert récemment dans cette commune des eaux minérales et les débris d'un établissement de bains d'origine romaine, dans lesquels on a trouvé des médailles antiques, dont une de petit bronze du règne de Constance Chlore.

DESANDANS, vg. *Doubs* (Franche-Comté), arr., cant., ✉ et à 14 k. de Montbelliard. Pop. 488 h.

DESBRIÈRES, vg. *Eure*, comm. du Bosc-Renoult, ✉ de Bourgthéroulde.

DESCHAMPS (les), *Saône-et-Loire*, com. de la Chapelle-de-Guinchay, ✉ de Romanèche.

DESCHAUX (le), ou le GRAND-DESCHAUX, vg. *Jura* (Franche-Comté), arr. à 17 k. de Dôle, cant. de Chaussin. ✉. A 378 k. de Paris pour la taxe des lettres. Pop. 1,076 h.

DÉSERT (le), vg. *Calvados* (Normandie), arr., ✉ et à 11 k. de Vire, cant. de Vassy. P. 266 h.

DÉSERT (le), *Isère*, comm. de la Morte, ✉ de Vizille.

DÉSERT (St-), vg. *Saône-et-Loire* (Bourgogne), arr. à 14 k. de Chalon-sur-Saône, cant. et ✉ de Givry. Pop. 1,021 h. — *Foires* les 3 fév., 12 nov. et mardi après la Pentecôte.

DÉSERTINES, vg. *Allier* (Bourbonnais), arr., cant., ✉ et à 2 k. de Montluçon. Pop. 1,161 h.

DÉSERTINES, vg. *Mayenne* (Maine), arr. à 28 k. de Mayenne, cant. de Landivy, ✉ de Fougerolles. Pop. 1,608 h.

DÉSERVILLERS, vg. *Doubs* (Franche-Comté), arr. et à 34 k. de Besançon, cant. d'Amancey, ✉ d'Ornans. Pop. 743 h.

DESGES, vg. *H.-Loire* (Auvergne), arr. et à 37 k. de Brioude, cant. et ✉ de Pinols. P. 483 h.

DESHAYES, *Eure*, comm. de St-Denis-des-Monts, ✉ de Bourgthéroulde.

DÉSIR (St-), vg. *Calvados* (Normandie), arr., cant., ✉ et à 12 k. de Lisieux. Pop. 1,354 h.

DÉSIRAT (St-), vg. *Ardèche* (Vivarais), arr. et à 24 k. de Tournon, cant. de Serrières, ✉ d'Audance. Pop. 904 h.

DÉSIRÉ (St-), vg. *Allier* (Bourbonnais), arr. et à 26 k. de Montluçon, cant. et ✉ d'Huriel. Pop. 899 h. Dans un territoire fertile en châtaignes et en excellents fruits.

DESMONT, vg. *Loiret* (Gâtinais), arr. et à 20 k. de Pithiviers, cant. et ✉ de Puiseaux. Pop. 268 h.

DESNES, vg. *Jura* (Franche-Comté), arr. et à 13 k. de Lons-le-Saulnier, cant. et ✉ de Bletterans. Pop. 650 h.

DESSELING, vg. *Meurthe* (pays Messin), arr. et à 24 k. de Sarrebourg, cant. de Réchicourt-le-Château, ✉ de Bourdonnay. Pop. 363 h.

DESSENHEIM, vg. *H.-Rhin* (Alsace), arr. et à 19 k. de Colmar, cant. et ✉ de Neuf-Brisach. Pop. 902 h.

DESSIA, vg. *Jura* (Franche-Comté), arr. et à 34 k. de Lons-le-Saulnier, cant. de St-Julien, ✉ de St-Amour. Pop. 252 h.

DESSOUBRE (le), petite rivière qui prend sa source près de l'ancien monastère de Consolation, *Doubs*, arr. de Baume ; elle coule dans des gorges très-resserrées, se jette dans le Doubs, à St-Hippolyte, après un cours d'environ 40 k.

DESTORD, vg. *Vosges* (Lorraine), arr. et à 21 k. d'Épinal, cant. et ✉ de Bruyères. Pop. 321 h.

DESTRICH, ou DISTRICH, vg. *Moselle* (Lorraine), arr. et à 50 k. de Sarreguemines, cant. de Gros-Tenquin, ✉ de Morhange. Pop. 468 h.

DESUVIATES (lat. 44°, long. 23°). « Il n'en est mention que dans ce passage de Pline (lib. IV, cap. 4) : *Regio Anatiliorum ; et intus Desuviatium Cavarumque*. Les *Anatilii*, nommés en premier lieu, étaient sur le Rhône près de ses embouchures, et vraisemblablement ils s'étendaient dans la Camargue, comme on peut voir dans l'article qui les concerne. On connaît l'emplacement des *Cavares* au nord de la Durance. Ainsi, en plaçant les *Desuviates* dans les intervalles des *Anatilii* et des *Cavares*, ils doivent avoir été cantonnés au midi de la Durance, dans une partie du diocèse d'Arles, où sont les villes de Ptolémée, qui ne connaît point ce peuple, attribue aux *Salyes*, nation dominante dans cette contrée. Il semble que la division de la Narbonaise seconde d'avec la Viennoise, selon les limites des diocèses d'Aix et d'Arles, indique un détachement du pays de *Salyes*, qui pourrait être attribué à ce que possédaient les *Desuviates* séparément des *Salyes*. » D'Anville. *Notice de l'ancienne Gaule*, p. 266.

DESVRES, petite ville, *Pas-de-Calais* (Boulonais), arr. et à 18 k. de Boulogne-sur-Mer, chef-l. de cant. Cure. ✉. ⚘. Pop. 2,808 h. — TERRAIN crétacé inférieur, voisin du terrain jurassique.

Desvres était autrefois une ville assez considérable, entourée de fortifications et défendue par un château fort. Les Normands la pillèrent dans le IXe siècle. Philippe Auguste la détruisit, ainsi que son château, en 1213 ; les Anglais la ruinèrent en 1346 ; les Bourguignons la dévastèrent en 1543 ; enfin elle souffrit encore horriblement pendant les dissensions civiles de la France.

Desvres n'a plus aujourd'hui que l'apparence d'un bourg assez bien bâti, percé d'une longue rue traversant une vaste place, à laquelle aboutissent plusieurs rues transversales. Sa situation près d'une vaste forêt, dans un territoire arrosé par des sources et des fontaines d'une admirable limpidité, est extrêmement agréable, et offre à l'œil du voyageur des sites les plus pittoresques, remarquables surtout par leur variété. A l'entrée de la forêt est une source d'eau minérale ferrugineuse, à laquelle on attribue les mêmes propriétés qu'aux eaux de Forges.

PATRIE de JEHAN MOLINET, historiographe de la maison de Bourgogne.

Fabriques de grosses draperies, faïence, poterie, pipes de terre. Tanneries. — *Foires* les 3, 4, 5 et 19 oct., mardi après Quasimodo, et mardi qui suit le dimanche après le 24 juin.

DÉTAIN, vg. *Côte-d'Or* (Bourgogne), arr. et à 30 k. de Dijon, cant. et ✉ de Gévrey. Pop. 293 h.

DÉTOURBE (la), *Isère*, comm. de Moydieu, ✉ de Vienne. ⚘. — A 3 k. de ce village, on aperçoit sur la droite, en allant à Grenoble, la TOUR-DE-PINET, remarquable par son antiquité et par sa belle conservation ; elle est environnée par les ruines d'un château construit dans le moyen âge, mais moins ancien que la tour. — Aux environs de la Détourbe se trouvent aussi les ruines du château de Beauvoir.

DÉTROIT (le), vg. *Calvados* (Normandie), arr., cant. et à 12 k. de Falaise, ✉ de Pont-d'Ouilly. Pop. 303 h.

DÉTROIT-BLEU (le), *Aisne*, comm. de Flavy-le-Martel, ✉ de Ham.

DÉTROUSSE (la), *Bouches-du-Rhône*, comm. de Peipin, ✉ de Roquevaire.

DETTEY, vg. *Saône-et-Loire* (Bourgogne), arr. à 26 k. d'Autun, cant. de Mesvres, ✉ de Toulon-sur-Arroux. Pop. 432 h.

DETTWILLER, vg. *B.-Rhin* (Alsace), arr., cant., ✉ et à 8 k. de Saverne. Pop. 2,082 h. — *Fabrique* de toiles, madapolams, chaussons de laine. — Filatures de coton.

DEUIL, *Dyoilum*, vg. *Seine-et-Oise* (Ile-de-France), arr. et à 5 k. de Pontoise, cant. et ✉ de Montmorency. Pop. 1,419 h. — Deuil est un village fort ancien, mentionné dans plusieurs titres du Ve siècle sous le nom de *Dyoilum*.

On y voit une église romane, ancien prieuré de bénédictins, qui offre un grand intérêt sous le rapport archéologique, et qui se recommande par les souvenirs historiques qui s'y rattachent. La nef et les bas côtés datent probablement du Xe ou du XIe siècle ; c'est d'une simplicité et d'une rudesse remarquables. Le chœur et l'abside sont de la plus belle époque du XIIIe siècle. Ce chœur se distingue par une rangée de colonnes accouplées derrière les stalles, d'un beau travail et d'une disposition rare dans la France septentrionale.

Deuil est agréablement situé dans la vallée de Montmorency. Parmi les nombreuses maisons de campagne qui environnent ce village, on cite le château de LA BARRE et d'ORMESSON ; et notamment celui de LA CHEVRETTE, ancienne habitation de Mme d'Épinay, qui se plaisait à y réunir les hommes les plus célèbres du XVIIIe siècle.

DEUILLET, vg. *Aisne* (Picardie), arr. et à 25 k. de Laon, cant. et ✉ de la Fère. P. 219 h.

DEULE (la), petite rivière qui prend sa source dans le département du Pas-de-Calais : ce n'était autrefois qu'un ruisseau, dont on a fait une rivière considérable par le moyen de plusieurs écluses et canaux, pour ouvrir une communication entre Lens, Lille et Douai.

DEULE (canal de la). Ce canal, dont on a terminé la construction en 1690, se dirige de Douai à la Lys, par Lille, le Quesnoy et Deulemont. On donne le nom de canal de la Haute-Deule à la partie comprise entre Douai et Lille, et celui de canal de la Basse-Deule à la partie qui s'étend de Lille à la Lys. Les transports consistent en charbon, grains, cendres de mer, pierres blanches pour faire de la chaux, etc.

DEUSLÉMONT, bg *Nord* (Flandre), arr. et à 17 k. de Lille, cant. de Quesnoy-sur-Seule, ✉ de Comines. Pop. 2,125 h. — *Fabrique* de sucre indigène. Briqueterie.

DEUX-AMANTS (la côte des), *Eure*, comm. d'Amfreville-sous-les-Monts, ✉ de Pont-St-Pierre.

DEUX-CHAISES, vg. *Allier* (Bourbonnais), arr. et à 39 k. de Moulins-sur-Allier, cant. et ✉ de Montet. Pop. 1,173 h.

DEUX-ÉVAILLES, vg. *Mayenne* (Maine), arr. et à 27 k. de Laval, cant. et ✉ de Montsurs. Pop. 533 h.

DEUX-FRÈRES (les), *Duo Gemelli*, *Puy-de-Dôme*, comm. d'Echandely, ✉ de St-Germain-l'Herm.

DEUX-JUMEAUX, vg. *Calvados* (Normandie), arr. et à 23 k. de Bayeux, cant. et ✉ d'Isigny. Pop. 222 h.

DEUX-NOUX, vg. *Meuse* (Lorraine), arr. et à 26 k. de Bar-le-Duc, cant. de Triancourt, ✉ de Beauzée. Pop. 233 h.

DEUX-NOUDS-AUX-BOIS, vg. *Meuse* (Lorraine), arr. de Commercy, à 13 k. de St-Mihiel, cant. et ✉ de Vigneulles. Pop. 359 h. — Papeteries.

DEUX-VIERGES, vg. *Cantal* (Auvergne), arr. et à 30 k. de St-Flour, cant. et ✉ de Chaudesaigues. Pop. 216 h.

DEUX-VILLE, vg. *Meurthe* (Lorraine), arr. et à 16 k. de Lunéville. Pop. 541 h. — *Fabrique* de chaînes d'acier.

DEUX-VILLES (les), vg. *Ardennes* (Champagne), arr. et à 30 k. de Sedan, cant. et ✉ de Carignan. Pop. 492 h.

DEVANT-LES-PONTS, vg. *Moselle* (pays Messin), arr., cant., ✉ et à 3 k. de Metz. Pop. 827 h.

DEVAY, vg. *Nièvre* (Nivernais), arr. et à

50 k. de Nevers, cant. et ✉ de Decize. Pop. 409 h.

DEVECEY, vg. *Doubs* (Franche-Comté), arr. et à 10 k. de Besançon, cant. de Marchaux, ✉ de Voray. Pop. 213 h.

DEVELINE, *Vosges*, comm. d'Anould, ✉ de Corcieux.

DEVESSET, vg. *Ardèche* (Vivarais), arr. et à 44 k. de Tournon, cant. et ✉ de St-Agrève. Pop. 1,412 h. — *Foires* les 9 mai, 22 juin et 1er oct.

DEVET (le), *Loire*, comm. de Montaud, ✉ de St-Etienne.

DEVÈZE, vg. *H.-Pyrénées* (Bigorre), arr. et à 45 k. de Bagnères-de-Bigorre, cant. et ✉ de Castelnau-Magnoac. Pop. 311 h.

DEVIAT, vg. *Charente* (Limousin), arr. et à 15 k. de Barbezieux, cant. et ✉ de Montmoreau. Pop. 420 h. — *Foires* les 11 de chaque mois.

DEVILLAC, vg. *Lot-et-Garonne* (Agénois), arr. et à 29 k. de Villeneuve-sur-Lot, cant. et ✉ de Villeréal. Pop. 377 h.

DEVILLE, vg. *Ardennes* (Champagne), arr. et à 15 k. de Mézières, cant. de Monthermé, ✉ de Charleville. Pop. 927 h.

DÉVILLE-LES-ROUEN, beau village, *Seine-Inf.* (Normandie), arr., ✉ et à 5 k. de Rouen, cant. de Maromme. Pop. 4,061 h. — Il est situé sur la route de Rouen à Dieppe, dans une riche vallée dont on aperçoit la naissance dès la pente de la côte de Malaunay. L'œil se promène avec plaisir dans toute la longueur de cette vallée, arrosée par les eaux abondantes de la rivière de Cailly, qui servent à faire mouvoir les usines de toute espèce. Une immense quantité d'habitations et de longues files de bâtiments destinés aux nombreuses filatures depuis Malaunay, le Houlme, Bondeville, Déville ; le bruit des moulins à papier, de ceux à broyer les bois de teinture et à blé, entretiennent dans ces lieux un mouvement qui les anime et les vivifie ; l'industrie s'y développe en mille manières différentes. Cette belle vallée se continue jusqu'à Bapaume, où elle s'élargit et semble se lier avec celle de la Seine. — *Fabriques* de tissus de toute espèce, de toiles peintes, produits chimiques, plomb laminé. Filatures de coton. Papeteries. Teintureries. Moulins à tan et à broyer les bois de teinture, etc.

DEVISE, vg. *Somme* (Picardie), arr., ✉ et à 10 k. de Péronne, cant. de Ham. Pop. 214 h.

DEVROUSSE, vg. *Saône-et-Loire* (Bourgogne), arr. et à 17 k. de Louhans, cant. et ✉ de St-Germain-du-Bois. Pop. 819 h. — *Foires* les 28 avril et 7 juillet.

DEYCIMONT, vg. *Vosges* (Lorraine), arr. et à 21 k. d'Epinal, cant. et ✉ de Bruyères. Pop. 390 h.

DEYME, vg. *H.-Garonne* (Languedoc), arr. et à 19 k. de Villefranche-de-Lauragais, cant. et ✉ de Montgiscard. Pop. 368 h.

DEYRANÇON, bg. *Deux-Sèvres* (Poitou), arr. et à 23 k. de Niort, cant. et ✉ de Mauzé. Pop. 1,041 h. — On trouve aux environs une fontaine d'eau minérale froide que l'on croit acidule.

DEYVILLERS, vg. *Vosges* (Lorraine), arr., cant., ✉ et à 6 k. d'Epinal. Pop. 639 h.

DEZERT (le), vg. *Manche* (Normandie), arr. et à 12 k. de St-Lô, cant. de St-Jean-de-Daye, ✉ à la Périne. Pop. 860 h.

DÉZÉRY (St-), vg. *Corrèze* (Limousin), arr., cant., ✉ et à 5 k. d'Ussel. Pop. 180 h.

DEZÉRY (St-), vg. *Gard* (Languedoc), arr., ✉ et à 12 k. d'Uzès, cant. de St-Chaptes. Pop. 233 h.

DEZIZE. V. DECIZE.

D'HÉRÉ, *Nièvre*, comm. de Langeron, ✉ de St-Pierre-le-Moutier.

D'HUIS, *Ain*, comm. de Chavannes-sur-Suran, ✉ de Bourg-en-Bresse.

D'HUISON, vg. *Seine-et-Oise* (Gatinais), arr. et à 15 k. d'Etampes, cant. et ✉ de la Ferté-Aleps. Pop. 356 h.

D'HUISY, vg. *Seine-et-Marne* (Brie), arr. et à 26 k. de Meaux, cant. et ✉ de Lizy. Pop. 404 h.

D'HUIZEL, vg. *Aisne* (Picardie), arr. et à 27 k. de Soissons, cant. et ✉ de Braisne. Pop. 275 h.

D'HUIZON, vg. *Loir-et-Cher* (Blaisois), arr. et à 27 k. de Romorantin, cant. de Neung-sur-Beuvron, ✉ de Bracieux. P. 692 h.

DIABLINTES (lat. 49°, long. 18°). « Ils sont cités dans le troisième livre des Commentaires, et si l'on était réduit à ne pouvoir juger de leur position que sur ce qu'on les avait nommés entre les *Moreni* et les *Menapii*, on les écarterait fort loin de leur demeure : on en ferait des Belges, au lieu de les connaître pour des Celtes. Pline (lib. IV, cap. 18) fait mention des *Diablindi* dans la Lionaise, à la suite des *Cariosuelites* et avant les *Redonnes*. En écrivant d'après Ptolémée, le nom de ce peuple est *Diaulitæ*, et il conviendrait mieux de l'écrire *Diablitæ* ; mais ce qui est plus à remarquer dans Ptolémée, c'est le prénom d'*Aulerci* qu'il donne aux *Diablintes*, et qui peut leur avoir été commun avec plusieurs autres peuples. La véritable leçon du nom des *Diablintes* est confirmée par la Notice des provinces de la Gaule, où *Civitas Diablintum* paraît au nombre des cités de la troisième Lionaise. On ne doute plus actuellement de l'emplacement des *Diablintes*, parce que le même nom s'est conservé dans le moyen âge, et que l'on connaît un canton appelé *Condita Diablintica* et des vestiges de la ville des *Diablintes* dans une partie du Maine, comme on peut voir dans l'article qui traite de cette ville en particulier. Sous le nom de *Nœodunum*, M. de Valois, qui estime qu'on doit chercher les *Diablintes*, *in Britannia Armorica*, rejette avec beaucoup de chaleur les raisons alléguées par Sanson pour établir les *Diablintes* dans le Perche : *Quas conjecturas*, dit-il, *nulla ratione verisimili, nulla cujusquam veteris, aut recentioris etiam scriptoris, auctoritate subnixas, ut facile nobis obtrudantur, ita libere rejicere debemus, potiusquam refellere; cum ipsæ, non alieno impulsu sed sua levitate labefactatæ concidant*. En convenant que les arguments de Sanson sur ce sujet ne sont pas d'une grande solidité, j'ose dire que ce géographe pouvait trouver dans l'usage que M. de Valois fait en quelques endroits des positions que les monuments romains donnent dans la Gaule, de quoi combattre un adversaire dont la critique s'exprime avec si peu de ménagements, et qui n'a pas mieux connu l'emplacement des *Diablintes* dont il était question. » D'Anville. *Notice de l'ancienne Gaule*, p. 266. V. aussi *Observations historiques sur les Diablintes*, par l'abbé Lebeuf (Dissert. sur l'histoire, Paris, 1739, p. 163). — *Remarques sur idem*, par l'abbé de la Fosse, in-12, 1740. — *Remarques sur idem*, par Pothier (Journal de Verdun, 1740, p. 332). — *Réponse de l'abbé Lebeuf*, ibid., fév. 1741, p. 108. — *Lettre du même* (Mercure, oct. 1743, p. 218). — *Essais historiques et littéraires sur la ci-devant province du Maine*, par Renouard, in-12, 1811. — Walckenaer, *Géographie des Gaules*, t. I, p. 58, 387.

DIANCEY, vg. *Côte-d'Or* (Bourgogne), arr. et à 50 k. de Beaune, cant. et ✉ de Liernais. Pop. 388 h.

DIANNE-CAPELLE, vg. *Meurthe* (Lorraine), arr., cant., ✉ et à 12 k. de Sarrebourg. Pop. 532 h.

DIANS, vg. *Seine-et-Marne* (Brie), arr., cant. et à 31 k. de Fontainebleau, ✉ de Voulx. Pop. 384 h.

DIARVILLE, vg. *Meurthe* (Lorraine), arr. et à 29 k. de Nancy, cant. d'Haroué, ✉ de Neuviller-sur-Moselle. Pop. 635 h. — *Foires* les 24 mai et 22 oct.

DIBIO (lat. 47°, long. 23°). « On ne connaîtrait Dijon par aucun des moyens de l'âge romain sans deux inscriptions qui font mention des ouvriers en fer qui y étaient établis : *Fabri ferrarii Dibionenses*, ou bien *Dibione consistentes*. Il est vrai, néanmoins, que selon une ancienne tradition, rapportée dans quelques légendes et attestée par Grégoire de Tours, l'empereur Aurélien avait fait de Dijon une forteresse considérable. Quoiqu'une voie romaine qui conduisait de Langres à Chalon, et dont il est dans les articles *Tile* et *Vidubia*, passe à côté de Dijon et dans son parc, où l'on dit qu'il en reste des vestiges, cependant Dijon n'est point cité dans la Table, où cette voie est bien tracée, non pas vraisemblablement que ce fût un lieu trop obscur pour y prendre place, mais parce que la distance des lieux dont je viens de parler avait paru trop peu considérable pour en charger cette Table, en multipliant les positions. Cette omission n'a pas dû empêcher de placer sur la carte, au passage de la même voie, Dibio, dont le nom s'est écrit *Divio* par la suite. » D'Anville. *Notice de l'ancienne Gaule*, p. 267. V. aussi Walckenaer. *Géographie des Gaules*, t. I, p. 418. — *Dissertations sur l'origine de la ville de Dijon*, etc., in-4. 1771. — Millin. *Voyage dans le midi de la France*, t. I, p. 265.

DIBLING, vg. *Moselle* (Lorraine), arr. et

à 10 k. de Sarreguemines, cant. et ⊠ de Forbach. Pop. 695 h.

DICONNE, vg. *Saône-et-Loire* (Bourgogne), arr. et à 19 k. de Louhans, cant. et ⊠ de St-Germain-du-Bois. Pop. 770 h. — *Foires* les 15 juin et 6 sept.

DICI, vg. *Yonne* (Gatinais), arr. et à 24 k. de Joigny, cant. et ⊠ de Charny. Pop. 533 h.

DIDATTIUM (lat. 48°, long. 24°). « Ptolémée fait mention de deux villes chez les *Sequani* ; car, outre *Vesontio*, il nomme *Didattium*, ou, comme on lit dans la version latine, *Dittatium*. C'est même en premier lieu qu'il nomme celle-ci, et ce serait une erreur dans Ptolémée de l'avoir fait par prééminence. Il est vraisemblable qu'il y a été déterminé par une position qu'il croyait antérieure à celle de Besançon, eu égard à sa méthode de suivre l'ordre de la longitude et latitude ; et ce serait un moyen de juger de l'emplacement de *Dittatium*, si les positions, dans la Gaule de Ptolémée, n'étaient pas aussi étrangement déplacées qu'elles le sont. On ne peut former que des conjectures sur un lieu qui n'est connu d'ailleurs par aucune circonstance, et qui est ignoré spécialement dans les itinéraires. Ce dont on ne saurait douter, c'est qu'il a existé une ancienne ville dans les limites des *Sequani*, en tirant vers les Vosges, et à une petite distance de Passavant, vers l'orient. Les vestiges de cette ville ont conservé le nom de Cité, et ce titre se trouve rarement équivoque. On a trouvé sur les lieux des monuments en marbre, des conduits d'eau, on ne peut dire par rapport qu'au temps des Romains ; et il n'y a point trop de témérité à placer le *Didattium* de Ptolémée, puisque jusqu'à présent on ne lui a point connu d'autre emplacement. » D'Auville. *Notice de l'ancienne Gaule*, p. 268. V. aussi Walckenaer. *Géographie des Gaules*, t. I, p. 321. — Girault. *Recherches géographiques sur l'ancienne ville de Dittation*, in-8, 1811. — Dunod. *Découverte de la ville d'Antres*, in-12, 1697.

DIDENHEIM, vg. *H.-Rhin* (Alsace), arr. et à 15 k. d'Altkirch, cant. et ⊠ de Mulhausen. Pop. 1,021 h.

DIDIER (St-), vg. *Allier* (Bourbonnais), arr., ⊠ et à 25 k. de Gannat, cant. d'Escurolles. Pop. 763 h.

DIDIER (St-), vg. *Ardèche* (Languedoc), arr. et à 28 k. de Privas, cant. et ⊠ d'Aubenas. Pop. 353 h. Sur l'Ardèche, passe sur un pont suspendu. — *Foires* les 24 mars, 5 mai, 29 sept. et 18 déc.

DIDIER (St-), vg. *Côte-d'Or* (Bourgogne), arr. et à 25 k. de Semur, cant. et ⊠ de Saulieu. Pop. 880 h.

DIDIER (St-), vg. *Ille-et-Vilaine* (Bretagne), arr. et à 13 k. de Vitré, cant. et ⊠ de Châteaubourg. Pop. 1,104 h.

DIDIER (St-), vg. *Jura* (Franche-Comté), arr., cant., ⊠ et à 6 k. de Lons-le-Saulnier. Pop. 316 h.

DIDIER (St-), vg. *Nièvre* (Nivernais), arr. et à 15 k. de Clamecy, cant. et ⊠ de Tannay. Pop. 162 h.

DIDIER (St-), vg. *Vau* (Comtat), arr., ⊠ et à 7 k. de Carpentras, cant. de Pernes. Pop. 638 h.

DIDIER-AU-MONT-D'OR (St-), vg. *Rhône* (Lyonnais), arr., ⊠ et à 6 k. de Lyon, cant. de Limonest. Pop. 2,011 h.—Carrières de pierres à bâtir.

DIDIER-D'ALLIER (St-), vg. *H.-Loire* (Languedoc), arr. et à 21 k. du Puy, cant. et ⊠ de Cayres. Pop. 234 h.

DIDIER-D'AOSTE (St-), *Isère*, comm. de d'Aoste, ⊠ des Abrets.

DIDIER-D'AUSSIAT (St-), vg. *Ain* (Bresse), arr. et à 18 k. de Bourg-en-Bresse, cant. et ⊠ de Montrevel. Pop. 1,125 h.

DIDIER-DE-BIZONNES (St-), vg. *Isère* (Dauphiné), arr. de la Tour-du-Pin, à 16 k. de Bourgoin, cant. et ⊠ de Grand-Lemps. Pop. 468 h.

DIDIER-DE-CHALARONNES (St-), bg *Ain* (Dombes), arr. et à 32 k. de Trévoux, cant. et ⊠ de Thoissey. Pop. 2,692 h.

DIDIER-DE-CRUSSOL (St-), vg. *Ardèche* (Vivarais), arr. et à 23 k. de Tournon, cant. et ⊠ de St-Péray. Pop. 1,040 h.

DIDIER-DE-FORMANS (St-), vg. *Ain* (Dombes), arr., cant., ⊠ et à 3 k. de Trévoux. Pop. 638 h.

DIDIER-DE-LA-TOUR (St-), *Isère* (Dauphiné), arr., cant., ⊠ de la Tour-du-Pin, à 15 k. de Bourgoin. Pop. 1,450 h.

DIDIER-DES-BOIS (St-), vg. *Eure* (Normandie), arr. et à 13 k. de Louviers, cant. d'Amfreville-la-Campagne, ⊠ d'Elbeuf. P. 569 h.

DIDIER-EN-BRESSE (St-), vg. *Saône-et-Loire* (Bourgogne), arr. et à 21 k. de Chalon-sur-Saône, cant. de Ste-Marie-en-Bresse, ⊠ de Verdun-sur-le-Doubs. Pop. 460 h.

DIDIER-EN-BRIONNAIS (St-), vg. *Saône-et-Loire* (Bourgogne), arr. et à 17 k. de Charolles, cant. et ⊠ de Semur-en-Brionnais. P. 432 h.

DIDIER-EN-DONJON (St-), *Allier* (Bourbonnais), arr. de la Palisse, à 47 k. de Cusset, cant. et ⊠ du Donjon. P. 688 h.

DIDIER-LA-SÉAUVE (St-), petite ville, *H.-Loire* (Languedoc), arr. et à 30 k. d'Yssingeaux, chef-l. de cant. Cure. ⊠. A 492 k. de Paris pour la taxe des lettres. Pop. 3,972 h. —TERRAIN cristallisé ou primitif.

St-Didier était autrefois une ville assez importante, qui avait droit de députation aux états au Velay. L'église paroissiale est un édifice remarquable qui a été classé au nombre des monuments historiques.—*Fabriques* de rubans. Filatures de soie. Papeterie.—*Foires* les 4 mai, 26 juin, 24 août, 24 oct., 18 déc., dernier mardi de janv., mercredi des Cendres, mercredi de la mi-carême et mercredi saint.

DIDIER-SOUS-BEAUJEU (St-), vg. *Rhône* (Beaujolais), arr. et à 25 k. de Villefranche-sur-Saône, cant. et ⊠ de Beaujeu. Pop. 831 h.—C'est un village très-étendu, situé à peu de distance de l'Ardière.

Louver, qui a laissé une histoire manuscrite du Beaujolais, prétend que Michel de Nostradamus, fameux astrologue, a habité longtemps cette commune, et qu'il allait souvent sur la montagne de Tourvéon contempler les astres pour en tirer ses horoscopes.

DIDIER-SOUS-CHARPEY (St-), *Drôme*, comm. de Charpey, ⊠ de Romans.

DIDIER-SUR-ÉCOUVES (St-), vg. *Orne* (Normandie), arr. et à 23 k. d'Alençon, cant. et ⊠ de Carrouges. Pop. 499 h.

DIDIER-SUR-ARROUX (St-), vg. *Saône-et-Loire* (Bourgogne), arr., ⊠ et à 22 k. d'Autun, cant. de St-Léger-sur-Beuvray. Pop. 832 h.—*Foires* les 24 mai et 26 déc.

DIDIER-SUR-DOULON (St-), vg. *H.-Loire* (Auvergne), arr. et à 14 k. de Brioude, cant. et ⊠ de Paulhaguet. Pop. 1,803 h.

DIDIER-SUR-RIVERIE (St-), vg. *Rhône* (Forez), arr. et à 29 k. de Lyon, cant. et ⊠ de Mornant. Pop. 1,324 h.—*Foires* les 3 fév., 29 avril, 30 juillet et 9 nov.

DIDIER-SUR-ROCHEFORT (St-), vg. *Loire* (Lyonnais), arr. et à 37 k. de Montbrison, cant. et ⊠ de Noirétable. Pop. 1,504 h. —*Foires* les 22 fév., 11 juin, 1er sept., 28 oct. et mardi de la Passion.

DIDREFING, *Moselle*, comm. de Holving, ⊠ de Puttelange.

DIE, *Dea Augusta*, *Dea Vocontiorum*, très-ancienne ville, *Drôme* (Dauphiné), chef-l. de sous-préf. et d'un cant. Trib. de 1re inst. Cure. Église consistoriale. Gîte d'étape. Pop. 3,920 h. —TERRAIN jurassique, étage supérieur du système oolitique.

Autrefois parlement et intendance de Grenoble, élection de Montélimart, bailliage, collége, séminaire, gouvernement particulier.

Suivant les écrivains ecclésiastiques, l'évêché de Die fut fondé au IIIe siècle, et réuni à l'évêché de Valence en 1275 ; il en fut séparé de nouveau en 1692. Au moyen âge, l'évêque de Die était propriétaire de sa ville épiscopale, de la bourgade d'Aost et de la moitié de la ville de Crest, avec les droits utiles, les régales, le droit de battre monnaie, etc. Au dernier siècle, l'évêque de Die était encore seigneur de sa ville épiscopale, de 95 villages, de 24 châteaux et de plus de 30 fiefs considérables qui en relevaient.

La fondation de Die remonte à une haute antiquité. Quelques auteurs placent son origine au siècle de la fondation de Marseille. Ce qui paraît certain, c'est qu'elle est l'une des principales villes entre les dix-neuf des Voconces dont parle Pline : elle est mentionnée dans l'Itinéraire d'Antonin et dans la carte de Peutinger. Sous Auguste, Die devint une colonie qui ne tarda pas à acquérir une grande importance : les Romains lui conservèrent ses lois, ses privilèges et le droit précieux de choisir ses magistrats. C'est, après Vienne, la ville du Dauphiné où l'on trouve le plus de restes d'antiquités. Cybèle y avait un temple desservi par les flamines et orné de riches colonnes de granit, dont quelques-unes décorent actuellement l'ancienne église cathédrale. On y trouve quatre tauroboles bien conservés : l'un est enchâssé dans un mur de la maison commune ; un autre dans un mur de la maison de M. Lamorte-Felines; le troisième est dans le jardin de M. Morand, et le quatrième dans la maison Guyon. A quelque distance de la ville sont les restes d'un aqueduc construit à travers des montagnes, qui amenait l'eau de plus de 4 k. On y voit encore une belle mosaïque, des bas-reliefs, des médaillons, des autels antiques et de nombreux tronçons de colonnes de granit. La porte St-Marcel, sur la route de Gap, est un arc de triomphe d'un fort beau dessin, classé au nombre des monuments historiques. Il est flanqué de tours ; la façade intérieure est ornée d'une grosse tête de bœuf dans le milieu, d'une figure de triton et en relief de chaque côté.

Après la chute de l'empire romain, Die passa successivement au pouvoir des Francs, des empereurs d'Allemagne, des comtes et des évêques, qui la possédèrent en souveraineté jusqu'à la réunion du Dauphiné. Ce fut une des villes qui souffrirent le plus des troubles religieux : les protestants la prirent en 1577; après l'avoir abandonnée, ils la reprirent en 1585 et en rasèrent la citadelle. Plus tard, la paix et la liberté de conscience y ramenèrent l'industrie et l'étude des sciences ; une académie protestante y fut fondée, où l'on apprenait jusqu'aux langues orientales ; mais la révocation de l'édit de Nantes lui porta un coup funeste, et diminua de plus de moitié sa population.

Les armes de Die sont : *d'azur à une tour crénelée d'or, sommée de trois tourillons d'or*.

Cette ville, entourée de murailles flanquées de nombreuses tours, est dans une situation pittoresque, au milieu d'une vallée agréable et fertile, entourée de montagnes agrestes, sur la rive droite de la Drôme : son territoire abonde en grains, en fruits de toute espèce, et produit des vins blancs délicieux, connus sous le nom de clairette de Die. On y remarque le bâtiment de l'ancien évêché ; l'église cathédrale, dont le vaisseau a 82 m. de long, sur 24 m. de large, et n'est soutenu par aucun pilier. Aux environs, sur le sommet de la montagne de Solore, on voit une grotte très-étendue, remplie de belles stalactites.

A peu de distance de Die, sur le territoire de Pennes, est une source d'eau minérale préconisée par deux pédants, les sieurs Terrisse et Terrasson, qui ont publié à l'occasion de cette source une série de libelles auprès desquels le langage de Vadius et de Trissotin est un modèle de bon ton et d'urbanité.

Biographie. Die est la patrie de J. Avond, poëte du XVIe siècle, auteur d'un poëme ridicule sur le vœu de virginité.

Ant. Rambaud, dont la vie entière fut consacrée à la défense des intérêts populaires.

L'auteur des *Vies des anciens poëtes provençaux* cite une comtesse de Die, « dame fort sage et vertueuse, de grande beauté et honnête maintien, docte en la poésie et rhythme provençal. »

Industrie. Fabriques de draps. Filatures de coton, moulin à soie. Teintureries. Moulins à foulon. Education des vers à soie. — *Commerce* de soie et d'excellents vins blancs mousseux de son territoire. — *Foires* les 10 août, 29 oct., 2, 11 et 25 nov., 9 et 21 déc.

A 625 k. S.-E. de Paris. Lat. 44° 45′ 31″, long. 3° 2′ 18″ E.

L'arrondissement de Die est composé de 9 cantons : Bourdeaux, la Chapelle-en-Vercors, Châtillon, Crest N., Crest S., Die, Luc-en-Diois, Lamothe-Chalançon, Saillans.

Bibliographie. Aymard du Perrier. *Discours historiques touchant l'estat général des Gaules, et principalement en Dauphiné*, in-8, 1610.

Artaud. *Voyage à Die* (Annales encyclopéd., fév. 1818, p. 175-97).

Martin (J.-Cl.). *Antiquités et Inscriptions de la ville de Die*, in-8, 1818.

* *Essai sur la topographie médicale de la ville de Die*, in-8, 1788.

Benoisot. *Discours véritable d'une fontaine, ornée de merveilleuses propriétés et vertus, trouvé près de Die*, in-4, 1610.

Terrasson (P.). *Description de la fontaine minérale découverte au territoire de la ville de Die*, in-8, 1672.

Terrisse. *Traité sur la nature, les qualités et les vertus de la fontaine découverte au territoire de la ville de Die, au lieu de Pènes*, in-8, 1772.

— *Apologie contre les remarques faites sur le traité de la fontaine de Die*, in-8, 1672.

DIÉ (St-), *Fanum Deodati, Juncturæ Galilæenses*, jolie ville, *Vosges* (Lorraine), chef-l. de sous-préf. (4e arr.) et d'un cant. Trib. de 1re inst. Collége communal. Evêché. Séminaire diocésain. Cure. Gîte d'étape. ⊡. ☿. Pop. 8,509 h. — Terrain de grès rouge.

Autrefois diocèse de Toul, présidial, bailliage, collégiale, couvent de capucins.

Le nom primitif du territoire de cette ville était Vallée-de-Galilée, vallée donnée par Childéric II à Déodatus, évêque de Nevers, qui y bâtit un monastère ; un village se forma à l'entour et prit, de son fondateur, le nom de Dieu-Donné, d'où s'est formé St-Dié. Peu à peu ce village devint d'une ville importante. Dans le XIIIe siècle, les ducs de Lorraine, Ferry IV et Ferry V, auxquels elle appartenait, y firent plusieurs améliorations et l'entourèrent de murs. En 1756, le feu y prit et détruisit un grand nombre de maisons. Cette catastrophe, qui d'abord faillit ruiner St-Dié, lui devint avantageuse en ce que la ville fut reconstruite avec plus de régularité et de meilleur style qu'auparavant. Déjà, en 1554, un accident semblable l'avait dévastée, et, en 1065, les églises Notre-Dame et de la collégiale avaient été détruites par le feu. Lors de son dernier désastre, St-Dié fut rebâti par les soins de Stanislas, qui y fonda des établissements de charité et d'instruction publique, y creusa des canaux, y fit des fontaines, etc. Ces améliorations ont été continuées depuis, et St-Dié est devenu une jolie petite ville, propre, bien bâtie et bien percée. Sa situation est agréable ; elle s'étend sur les bords de la Meurthe, au pied de la montagne d'Ornion. La ville a été longtemps renommée par sa collégiale, qui remontait au VIIe siècle, et fut sécularisée en 954; elle se nomma d'abord l'abbaye de Jointure. Cette abbaye jouissait de privilèges considérables, et n'admettait dans son sein que des nobles de haut parage. Parmi les chefs, qu'on nommait grands prévôts, et qui exerçaient les fonctions épiscopales, elle a compté le pape Léon IX, que l'Eglise reconnaît pour saint ; neuf princes de la maison de Lorraine, et un grand nombre de prélats. — En 1780, on a découvert près de la ville trois sources d'eaux minérales froides : l'une ferrugineuse, l'autre sulfureuse, et la troisième acidule. — St-Dié possède une bibliothèque de 9,500 volumes.

Patrie du célèbre peintre en miniature Augustin.

Fabriques de toiles de coton, siamoises, mouchoirs, potasse. Filature de coton. Aux environs, mines de fer et de cuivre; carrières de marbre de diverses couleurs, papeteries, forges et tréfileries. — *Commerce* de grains, lin, chanvre, bestiaux, quincaillerie, toiles, fers, papiers, planches de sapin, etc. — *Foire* le 2e mardi de chaque mois.

A 55 k. N.-E. d'Epinal, 394 k. E.-S.-E. de Paris. Lat. 48° 17′ 27″, long. 4° 36′ 39″ E.

L'arrondissement de St-Dié est composé de 9 cantons : Brouvelieures, Corcieux, St-Dié, Fraize, Gérardmer, Raon-l'Etape, Saales, Schirmeck, Senones.

Bibliographie. Gravier. *Histoire de la ville épiscopale et de l'arrondissement de St-Dié*, in-8, 1836.

Sommier. *Histoire de l'église de St-Dié*, in-12, 1726.

Nicolas. *Observations sur les eaux de St-Diez*, in-12, 1780.

DIÉ, vg. *Yonne* (Champagne), arr. et à 10 k. de Tonnerre, cant. et ⊠ de Flogny. Pop. 430 h.

DIÉBOLSHEIM, ou Develsen, vg. *B.-Rhin* (Alsace), arr. et à 21 k. de Schelestadt, cant. de Marckolsheim, ⊠ de Benfeld. Pop. 680 h.

DIEDENDORF, vg. *B.-Rhin* (Alsace), arr. et à 35 k. de Saverne, cant. de Drulingen, ⊠ de Saar-Union. Pop. 488 h. — *Fabrique* de produits chimiques.

DIEFFENBACH-HELLIMER, vg. *Moselle* (pays Messin), arr. de Sarreguemines, cant. de Grostenquin, ⊠ de Puttelange.

DIEFFENBACH, vg. *B.-Rhin* (Alsace), arr. et à 11 k. de Schelestadt, cant. et ⊠ de Villé. Pop. 553 h.

DIEFFENBACH, vg. *B.-Rhin* (Alsace), arr. et à 23 k. de Wissembourg, cant. et ⊠ de Woerth-sur-Sauer. Pop. 317 h.

DIEFFENTHAL, vg. *B.-Rhin* (Alsace), arr., cant., ⊠ et à 7 k. de Schelestadt. Pop. 325 h.

DIEFFMATTEN, vg. *H.-Rhin* (Alsace), arr. et à 23 k. de Belfort, cant. et ⊠ de Dannemarie. Pop. 258 h.

DIÉGE (la), petite rivière qui prend sa source au-dessus de Sornat, arr. d'Ussel, *Corrèze*; elle passe à Ussel, et se jette dans la Dordogne, à St-Julien, près de Bort, après un cours d'environ 48 k.

Cette rivière est flottable depuis son confluent avec la Sarsonne jusqu'à son embouchure, sur une étendue de 25,000 m.

DIELETTE, village maritime, *Manche* (Normandie), arr., ✉ et à 25 k. de Cherbourg. — Il est sur l'Océan, où il a un petit port très-utile pour le débouché des denrées du pays. — *Etablissement de la marée*, 6 heures 25 minutes.

DIÈME, vg. *Rhône* (Lyonnais), arr. et à 28 k. de Villefranche-sur-Saône, cant. et ✉ de Tarare. Pop. 444 h. — *Fabriques* de mousselines et d'étoffes de soie.

DIÉMERINGEN, bourg et château, *B.-Rhin* (Alsace), arr. et à 35 k. de Saverne, cant. de Drulingen, ✉ de Saar-Union. Pop. 959 h. Sur l'Eichel. — *Fabriques* de bonneterie. Corderies. Tuileries et briqueteries. Exploitation de mines de fer. — *Foires* les 28 oct., 29 déc., et lundi après la St-Paul.

DIÉMOZ, vg. *Isère* (Dauphiné), arr. et à 19 k. de Vienne, cant. d'Heyrieux, ✉ de la Verpillière. Pop. 783 h. — *Foire* le 26 mars.

DIÉNAY, vg. *Côte-d'Or* (Bourgogne), arr. et à 26 k. de Dijon, cant. et ✉ d'Is-sur-Tille. Pop. 256 h. — Il est situé dans une vallée agréable, près de l'Ignon. Lors de la conquête de la Franche-Comté par Louis XIV, ce monarque coucha à Diénay chez un simple bourgeois, lequel, à l'offre d'annoblissement que lui fit le roi, répondit par un refus, prétextant qu'il avait bien de quoi payer ses tailles. — Forges et haut fourneau.

DIENNE, joli village, *Cantal* (Auvergne), arr., cant., ✉ et à 8 k. de Murat. Pop. 1,390 h. — Il est situé au milieu des montagnes, sur la rive gauche de la Santoire. Le chemin de Bort à Murat traverse dans cette commune, par un trajet d'environ une heure, la haute montagne du Limon, passage fort redouté en hiver : dans les temps de grandes neiges, le voyageur doit faire attention à ne pas perdre de vue les bornes plantées pour servir d'indicateurs; car s'il s'en écartait, il serait en péril de se perdre.

DIENNE, vg. *Nièvre* (Nivernais), arr. et à 40 k. de Nevers, cant. et ✉ de St-Benin-d'Azy. Pop. 340 h.

DIENNÉ, vg. *Vienne* (Poitou), arr. et à 29 k. de Poitiers, cant. de la Ville-Dieu, ✉ de Gençais. Pop. 361 h.

DIENVILLE, bg *Aube* (Champagne), arr. et à 19 k. de Bar-sur-Aube, cant. et ✉ de Brienne. Pop. 1,230 h. — Il est agréablement situé, à une bas d'une colline au pied de laquelle coule l'Aube.

Ce bourg paraît avoir été autrefois beaucoup plus considérable qu'il n'est aujourd'hui : il y a encore une rue, appelée la Grand'Rue, où il ne reste plus que cinq ou six maisons, qui s'étendait jusqu'à la croix d'Ambémont, aux environs de laquelle on a trouvé des vestiges de fondations. C'était une ancienne baronnie, dont le plus ancien seigneur vivait en 1390.

Dienville est assez bien bâti, sur la rivière d'Aube, qu'on y passe sur un pont en pierre de neuf arches. La partie la plus considérable du bourg, celle où se trouvent l'église, la halle et un beau château de construction moderne, est sur la rive droite de la rivière. — L'église est remarquable par le grillage qui sépare le chœur de la nef, et par une haute tour d'où l'on jouit d'une vue fort étendue.

Presque tous les habitants de ce bourg furent passés au fil de l'épée pendant les guerres de la Ligue. En 1814, il fut exposé pendant quatre heures au feu de deux batteries ennemies, placées sur un coteau dominant le pays, et en partie incendié.

Biographie. Patrie du géographe COURTALON, et de COURTALON DELAÎTRE, auteur de la *Topographie du diocèse de Troyes*.

Fabriques de toiles communes. Filatures de coton. Moulin à tan. — *Foires* les 12 janv., 9 sept., 30 oct., 1er lundi de carême, et vendredi avant la Pentecôte.

DIEPPE, vg. *Meuse* (pays Messin), arr. et à 13 k. de Verdun - sur - Meuse, cant. et ✉ d'Etain. Pop. 457 h.

DIEPPE, *Deppa, Dieppa*, grande et belle ville maritime, *Seine-Inf.* (Normandie), chef-l. de sous-préf. (3e arr.) Trib. de 1re inst. et de com. Chamb. de com. Ecole d'hydrographie de 4e classe. Collège communal. Cure. Gîte d'étape. Vice-consulats étrangers. ✉. ⚓. Pop. 16,443 h. — *Etablissement de la marée du port*, 10 heures 40 minutes.

— Trois fanaux attachés à un mât, situé à 10 m. de l'extrémité de la jetée E., signalent de nuit la position de cette jetée, et servent à guider les navires à l'entrée du port, savoir : 1° un feu fixe allumé pendant toute la durée des nuits, de 7 m. de hauteur et de 8 k. de portée; 2° un feu de marée placé au-dessus du feu permanent, et allumé deux heures et demie avant la pleine mer; 3° un second feu de marée intermédiaire aux deux précédents, et allumé deux heures avant la pleine mer. On éteint ce feu intermédiaire au moment de la pleine mer, et deux heures après on éteint le feu supérieur. Ces deux feux ne doivent être allumés qu'autant que l'état de la mer n'interdit pas l'entrée du port. — Feu fixe de marée sur la jetée de l'ouest, de 12 m. de hauteur et de 12 k. de portée. Lat. 49° 56′, long. 1° 15′. — TERRAIN tertiaire supérieur ; alluvions anciennes.

Autrefois diocèse, parlement et intendance de Rouen, élection d'Arques, gouvernement particulier, bailliage, amirauté, justice particulaire, collège, six couvents.

Dieppe n'est pas une ville fort ancienne. Suivant Orderic Vital, c'est dans son port que Guillaume le Conquérant s'embarqua pour l'Angleterre, quand il humilia sous le joug des Normands le front altier des Anglais. Dans l'origine, ce n'était qu'un assemblage de chétives cabanes de pêcheurs, qui s'étaient réunis à l'embouchure de l'Arques pour la commodité de leur profession. Ce n'est qu'en 1195 que cette ville commence à figurer dans l'histoire. Philippe Auguste, dans ses querelles avec Richard Cœur de lion, la détruisit de fond en comble. Sous Charles VII, elle était au pouvoir des Anglais ; mais en 1433 elle fut surprise par une nuit sombre et retomba au pouvoir des Français. Talbot, ayant tenté de la reprendre, fut forcé de renoncer à ce projet après neuf mois de siège. Lors de l'exécrable massacre de la St-Barthélemi, le gouverneur Sigogne eut le courage de rassembler les habitants de toutes les croyances, et, leur ayant communiqué l'ordre de la cour : « Ce mandat, dit-il, ne concerne que les calvinistes rebelles et séditieux, et, j'en rends grâce au ciel, il n'y en a pas parmi vous. » Le tombeau de cet homme de bien se voit encore aujourd'hui dans l'église de St-Remi.

Le 17 juillet 1694, les Anglais bombardèrent cette ville et la réduisirent en cendres : rues, maisons, édifices publics et religieux, tout fut en grande partie ruiné et brûlé. Trois monuments échappèrent seuls au bombardement, le château, l'église St-Jacques et celle de St-Remi.

Les armes de Dieppe sont : *parti d'azur et de gueules à un navire d'or* (alias : *d'argent*) *ancré et les voiles ferlées sur le tout*.

Dieppe est une ville très-avantageusement située pour le commerce, au fond d'un petit golfe, sur la Manche, à l'embouchure de l'Arques grossie des eaux de l'Eaulne et de la Béthune. L'air est pur et favorable à la santé. Les rues sont larges et bien percées ; les maisons sont, pour la plupart, construites en briques, couvertes en tuiles et ornées de balcons. Les eaux y sont abondantes et d'une très-bonne qualité : on y compte 68 fontaines publiques et 216 fontaines particulières. C'est dans la partie de la grande rue qui avoisine le port, et les quais même, que sont bâtis les plus riches hôtels publics et ceux des principaux habitants. A l'ouest de la ville est situé le faubourg de la Barre, et de l'autre côté du bassin, le Pollet, faubourg de Dieppe renfermé dans l'enceinte de cette ville, avec laquelle il communique par un pont de pierre de sept arches, mais dont les habitants, presque tous marins ou pêcheurs, n'ont rien de commun avec le reste des citadins, ni mœurs, ni usages, ni profession, ni langage.

Le port de Dieppe, formé par deux belles jetées, défendu par un château fort et par une bonne citadelle, très profond, il est entouré de quais revêtus de murs en maçonnerie, et peut recevoir 200 bâtiments de 60 à 600 tonneaux, et autant de bateaux pêcheurs.

Le château de Dieppe, qui s'élève de terrasse en terrasse jusque sur la crête de la falaise de l'ouest, est avantageusement assis, muni de hautes murailles, flanqué de tours et de bastions, et domine tout à la fois la vallée, la ville et la mer. C'est un monument d'un plan original, d'un style bizarre, qui offre dans l'élévation de ses tours, dans les profils de ses murailles, dans l'austérité imposante de son entrée, dans sa vue étendue sur la mer, une variété singulière de scènes sévères, qui rappellent tout à la fois des souvenirs d'esclavage et de gloire. Semblable à tant d'autres forteresses élevées par la main des hommes, il a servi indistinctement à les défendre et à les opprimer.

L'église de St-Remi fut fondée en 1522. Elle offre un mélange de l'architecture sarrasine, alors déchue, et du goût antique qui ne refleurissait pas encore. Dans la chapelle de la Vierge est le tombeau de Sigogne, gouverneur de Dieppe à l'époque de la St-Barthélemy. — L'église St-Jacques est plus belle, quoique le caractère de son architecture n'ait guère plus d'unité. Fondée au XIII° siècle, mais bâtie avec lenteur, au milieu des guerres qui désolaient alors la France, elle se ressent des révolutions dont elle fut contemporaine. On y voit de beaux morceaux d'architecture sarrasine. Les sculptures de la chapelle de la Vierge, tant à l'intérieur qu'à l'extérieur, et celles de la façade du trésor, sont remarquables par la ténuité et l'élégance de leur exécution. Sa tour a une ressemblance frappante avec celle de St-Jacques-la-Boucherie de Paris; de sa plate-forme on jouit d'un coup d'œil magnifique, la vue de la mer à Dieppe étant, au témoignage unanime des voyageurs, une des plus belles que les côtes de France puissent offrir. Cette église a été classée au nombre des monuments historiques.

Un établissement de bains de mer a été formé à Dieppe en 1822. Cet établissement est divisé en deux parties distinctes. La première comprend les constructions sur la plage, destinées à recevoir les baigneurs qui s'exposent à la lame. Elles se composent d'une grande galerie de 100 m. de longueur. Au milieu et à chaque extrémité, étaient projetés trois pavillons élégants, renfermant des salons décemment meublés; au pavillon du milieu, on a depuis substitué un arc ouvert. A proximité de ces pavillons, sont disposés des pontons ou escaliers en bois, qui offrent un accès facile sur le sable, où sont disposées de nombreuses tentes. C'est de là que des nageurs exercés conduisent les baigneurs à la mer. Ces constructions offrent un coup d'œil fort agréable. La seconde partie consiste dans l'hôtel, où sont établis un grand nombre de logements particuliers pour les différentes classes d'étrangers qui fréquentent les bains.

En face de la salle de spectacle est le bâtiment des bains chauds. On y trouve des bains chauds et froids d'eau de mer et d'eau douce, des douches et des logements meublés de différents prix.

On remarque encore à Dieppe la bibliothèque publique, contenant 3,000 volumes; le cours Bourbon, les jetées et la plage, promenades très fréquentées par les étrangers. A 2 k. N.-E. de Dieppe, sur le bord de la côte, est la cité de Limmes, plus connue encore sous le nom de Camp de César.

Biographie. Patrie d'ABRAHAM DUQUESNE, l'orgueil de la marine française.

DE BRUZEN DE LA MARTINIÈRE, auteur du Dictionnaire géographique qui porte son nom.
De l'orientaliste RICHARD SIMON.
DE NOEL DE LA MORINIÈRE, auteur d'une Histoire des pêches dans les mers du Nord, et d'un ouvrage sur le département de la Seine-Inférieure.
De JOSEPH LAVALLÉE, auteur d'une description des départements.
De DESCALIERS, de COUDRON et de DULAGUE, hydrographes.
De SERVIN, auteur d'une Histoire de Rouen.
Du brave marin BOUSSARD, qui arracha seize personnes à la fureur des flots dans la nuit du 31 août 1777.

INDUSTRIE. Fabriques de dentelles, de pipes, de tonnellerie, d'ouvrages en corne, en écaille, en os et en ivoire. Raffineries de sucre, corderies, papeteries. Construction de navires. Pêche du hareng, du maquereau et de la morue. Cette pêche rapporte annuellement 12 à 36 mille barils de harengs, 10 à 12 mille barils de maquereaux salés, et à peu près autant de maquereaux frais. — Commerce de vins, eaux-de-vie, vinaigre, sel, clous, fer, acier, meules, etc. Entrepôt d'huîtres fraîches et vertes pour Paris et la Flandre; entrepôt de sel et de denrées coloniales. Commerce d'importation et d'exportation avec différentes contrées de l'Europe. Grand et petit cabotage. — Foires les 16 août et 1er déc.

A 55 k. N. de Rouen, 106 k. N.-E. du Havre, 167 k. N.-O. de Paris.
L'arrondissement de Dieppe est composé de 8 cantons: Bacqueville, Bellencombre, Dieppe, Envermeu, Eu, Longueville, Offranville, Tôtes.

Bibliographie. * Mémoire pour servir à l'histoire de Dieppe, 2 vol. in-12, 1785.
VITET (Louis). Histoire des anciennes villes de France; Recherches sur leur origine, sur leurs monuments, sur le rôle qu'elles ont joué dans les annales de nos provinces (1re série, haute Normandie, Dieppe), 2 vol. in-8, 1833; 2e édition, 2 vol. in-12, 1844.
* Histoire navale, antiquités de Dieppe, mémorable combat livré par les Dieppois aux Flamands l'an 1555, restitution du récit fait par Martin le Mesgissier, et imprimé à Rouen l'an 1557, in-f°, 1834.
* Recueil général des édits, déclarations, lettres patentes et arrêts du conseil d'État, donnés en faveur des habitants de la ville de Dieppe, concernant les privilèges, franchises et exemptions de ladite ville, in-8.
FERET (P.-J.). Notice sur Dieppe, Arques et monuments circonvoisins, in-8, fig., 1824.
— Dieppe en 1826, in-12, 1826.
* Dieppe, ses environs et ses habitants, in-4, 1826.
LICQUET (Théod.). Rouen, son histoire et ses monuments, guide nécessaire pour bien connaître cette capitale de la Normandie; suivi de notices sur Dieppe, Arques et le Château-Gaillard, 3e édition, in-18, 1836.
* Promenades autour de Dieppe, vallée d'Arques, etc., in-18, 1838.
* Souvenirs des bords de Dieppe (Récits en prose d'un voyage à Dieppe), in-32, 1838.
MORLENT (J.). Dieppe et ses environs en 1841, in-18, 1841.
GUILMETH (Auguste). Histoire communale des environs de Dieppe, comprenant les cantons de Longueville, Tôtes, Bacqueville, Offranville, d'Envermeu et Bellencombre, in-8, 1839.
LENORMAND (L.). Notice historique sur l'église St-Jacques de Dieppe (Extrait du rapport annexé aux projets de restauration adoptés par le gouvernement), in-8, 1841.
* Dissertation sur les découvertes faites par les navigateurs dieppois, broch. in-8 (sans date).
* Éloge de la ville de Dieppe (Fragment d'un poème inédit sur l'industrie et le commerce français, etc.), in-8, 1829.
* Collection de Mémoires relatifs au port de Dieppe, in-4.
NEVEU (Édouard). Ode sur l'érection de la statue de Duquesne à Dieppe en 1844, in-8 d'une demi-feuille, 1844.
Dissertation sur le camp de César, appelé cité de Limmes (Mémoires de l'académie royale des inscriptions et belles-lettres, t. x, p. 422).
PASQUIER DE WARDANCHE. Lettre sur l'ancienne cité de Limmes, située près de Dieppe, en haute Normandie (Mém. de Trévoux, août 1751, p. 1906-1909).
DUPLESSIS (Toussaint), bénédictin. Lettre sur la prétendue cité de Limmes, près de Dieppe (Mém. de Trévoux, 1751, p. 2644-2653).
LE CAT. Sur la prétendue cité de Limmes (Mém. de Trévoux, avril 1752).
FERET (P.-J.). Recherches sur le camp de César, ou cité de Limmes, monument voisin de la ville de Dieppe (Mém. de la soc. des antiq. de Normandie, t. III, p. 3).
* Indicateur de Dieppe, par R***, in-8, 1824.
CHAUVET. Le Guide des baigneurs à Dieppe et aux environs, précédé d'un abrégé de l'histoire de Dieppe, in-12, 1838.
* Guide à Dieppe et dans les environs, in-18, 1841.
BURGADE (P.-H.). Almanach indicateur de Dieppe et de l'arrondissement (15,000 adresses) pour 1835, in-18, 1835.
Plan de Dieppe et de ses environs, avec un texte explicatif, in-8, 1827.

DIEPPEDALLE, Seine-Inf., comm. de Canteleu, ⌧ de Rouen.

DIEPPEDALLE, Seine-Inf. V. St-VAAST-DIEPPEDALLE.

DIER (St-), bg Puy-de-Dôme (Auvergne), arr. et à 40 k. de Clermont-Ferrand, chef-l. de cant. ⌧. A 412 k. de Paris pour la taxe des lettres. Pop. 1,717 h. — TERRAIN cristallisé ou primitif. — Foires le jeudi de la Passion, 1er jeudi de mai et 1er jeudi de nov.

89

DIERRE, bg *Indre-et-Loire* (Touraine), arr. et à 22 k. de Tours, cant. et ✉ de Bléré. Pop. 480 h.

DIERREY-ST-JULIEN, vg. *Aube* (Champagne), arr. et à 38 k. de Nogent-sur-Seine, cant. de Marcilly-le-Hayer, ✉ d'Estissac. Pop. 410 h.

DIERREY-ST-PIERRE, vg. *Aube* (Champagne), arr. et à 38 k. de Nogent-sur-Seine, cant. de Marcilly-le-Hayer, ✉ d'Estissac. Pop. 354 h.

DIERRY (St-), vg. *Puy-de-Dôme* (Auvergne), arr. et à 20 k. d'Issoire, cant. et ✉ de Besse. Pop. 867 h. — On remarque au village de Catenge, dépendance de Dierry, le château de Fonteuille, taillé dans le roc.

DIESPACH, *Vosges*, comm. de Plaine, ✉ de Schirmeck.

DIETTWILLER, vg. *H.-Rhin* (Alsace), arr. et à 15 k. d'Altkirch, cant. de Landser, ✉ de Mulhausen. Pop. 512 h.

DIEUDONNÉ, vg. *Oise* (Picardie), arr. et à 32 k. de Senlis, cant. de Neuilly-en-Thelle, ✉ de Chambly. Pop. 532 h.

DIEUE, vg. *Meuse* (pays Messin), arr., cant., ✉ et à 10 k. de Verdun-sur-Meuse. Pop. 905 h. — Filature de coton.

DIEULEFIT, petite ville, *Drôme* (Dauphiné), arr. et à 29 k. de Montélimart, chef-l. de cant. Cure. ✉. A 624 k. de Paris pour la taxe des lettres. Pop. 4,163 h. — Terrain crétacé inférieur, grès vert.

Cette ville, située dans un vallon resserré entre deux montagnes, a été prise et reprise plusieurs fois pendant les guerres de religion, et fut le théâtre de combats sanglants. Elle possède deux sources d'eaux minérales acidules, que l'on emploie avec succès dans diverses maladies. On y voit un temple protestant de construction moderne, remarquable par un élégante simplicité.

A 4 k. N.-E. de la ville se trouve une grotte curieuse, connue sous le nom de Tom-Jones, dans l'intérieur de laquelle est une vaste salle carrée, recouverte d'une voûte majestueuse, dont les murs sont tapissés de stalactites de toute beauté. — *Manufactures* de draps renommés, serges, molletons, flanelles. Filatures de laine, de coton et de soie. Teintureries et faïenceries. — *Commerce de poterie à l'épreuve du feu.* — *Foires* les 3 fév., 3 mars, 23 avril, 6 juin, 14 juillet, 13 août, 9 sept., 21 oct., 20 nov. et 13 déc.
Bibliographie. Mexuret. *Notice sur les eaux de Dieulefit* (Hist. de la ville de Montélimart, t. II, p. 121).

DIEULIDON, vg. *H.-Vienne*, comm. d'Oradour-sur-Glane, ✉ de la Barre.

DIEULIVOL, vg. *Gironde* (Bazadois), arr. et à 17 k. de la Réole, cant. et ✉ de Monségur. Pop. 811 h.

DIEULOUARD, *Dislovardum*, bg *Meurthe* (pays Messin), arr. et à 21 k. de Nancy, cant. et ✉ de Pont-à-Mousson, au pied d'une côte escarpée, sur la rive gauche de la Moselle. Pop. 1,420 h.

Dieulouard est un lieu très-ancien, bâti sur une partie de l'emplacement de l'antique ville de Scarpone, qui, après avoir soutenu deux fois les assauts des Allemands, sous le règne de Valentinien, après avoir résisté à Attila en 451, fut prise et saccagée par les Hongrois en 906. A cette époque Scarpone occupait cinq îles réunies par des ponts. Sur ses ruines le comte Geoffroy fit bâtir un château fort où la comtesse Mathilde, duchesse de Lorraine, arrêta le roi Lothaire, qui voulait s'emparer du Scarponais. Le fils de Godefroy de Bouillon, ayant eu en partage Scarpone et son territoire, le donna en 1101 à l'évêque Haymont et à ses successeurs, qui firent un bourg et un château fort de la partie de la ville de Scarpone qui tenait au rivage, et ils nommèrent ce lieu Dieu-le-wart, c'est-à-dire Dieu-le-garde, d'où par corruption on a formé Dieulouard. Dans la suite Thiébaut II, comte de Bar, vassal de l'évêque de Verdun pour le comte de Mousson, dépendait alors le château de Dieulouard, qu'il n'avait point défendu contre les Messins comme il le devait, irrité de ce que l'évêque son suzerain voulait le en punir, vint ruiner et brûler entièrement Scarpone. Le château de Dieulouard subit également le même sort, d'abord dans une représaille des Messins, qui le reprirent en 1115, après qu'il eut été rétabli; et ensuite en 1122, où Etienne, évêque de Metz, l'assiégea et le réduisit en cendres. Toujours relevé pour l'avantage de son poste et toujours assiégé, le comte de Bar en renversa les murs en 1318, et le reconstruisit de nouveau avec des murs crénelés flanqués de tours casematées. Il subsista ainsi jusqu'au XVII° siècle, depuis lequel il est tombé en décadence; mais ses restes sont encore en partie debout et habités, tandis que Scarpone est devenu un humble village dépendant de la nouvelle commune de Dieulouard.

On remarque encore à Dieulouard une église du moyen âge avec un portail d'architecture moderne d'ordre corinthien. — Une source abondante sort de dessous du château, et une autre s'échappe d'un rocher escarpé pour aller se réunir à la première. — Des fouilles faites sur l'emplacement de Scarpone ont procuré des monuments de la plus haute antiquité, des urnes cinéraires, des bas-reliefs, des statues, des instruments de guerre, et une immense quantité de médailles romaines.

Fabrique de fécule de pomme de terre et de sirop de fécule. — Filature de laine. — *Foire* le 2° lundi de juillet.
Bibliographie. Mansuy. *Notice sur l'ancienne ville de Serpane*, etc., in-8, 1817. Matthieu (C.-L.). *Ruines de Scarpone, l'antique Serpane*, etc., in-8, et pl., 1834.

DIEUPENTALE, vg. *Tarn-et-Garonne* (Languedoc), arr. et à 25 k. de Castel-Sarrasin, cant. et ✉ de Grisolles. Pop. 462 h.

DIEUZE, ou *Duze*, *Decem Pagi*, *Mediomatricorum*, *Meurthe* (Lorraine), arr. de Château-Salins, à 15 k. de Vic, chef-l. de cant. Cure. Collège communal. ✉. ⌘. A 361 k. de Paris pour la taxe des lettres. Pop.

3,964 h. — Terrain jurassique voisin du trias.

Autrefois diocèse de Metz, conseil souverain et intendance de Lorraine, bailliage, gouvernement particulier, 3 couvents.

Cette ville est située près de l'étang de Lindre, sur la rive droite de la Seille. Elle était déjà connue du temps d'Attila sous le nom de *Decem Pagi* (dix villages). Sa position sur la voie militaire de Metz à Strasbourg l'avait fait considérer par les Romains comme un poste important : Cesar en fait mention dans ses Commentaires. Sous les rois de la première race, cette ville servait de magasin. Elle était jadis fortifiée, et fut surprise en 1657 par des aventuriers lorrains, qui s'introduisirent dans la place déguisés en femmes, et s'emparèrent des principaux postes.

Dieuze possède des salines importantes; c'est aujourd'hui le principal siège de l'exploitation de la compagnie qui a le monopole des salines de l'Est. La saline de Dieuze existait déjà en 893; elle appartenait à l'abbaye de St-Maximin de Trèves. Les ducs de Lorraine la possédaient en 1213, et ils la conservèrent jusqu'à la réunion de ce duché à la France; c'est depuis cette époque qu'elle a fait partie de notre domaine national. Toutefois, il paraît qu'elle n'a pris un grand développement que dans les temps modernes.

Fabriques de soude et autres produits chimiques. — *Foires* le 1er de chaque mois.

DIÉVAL, vg. *Pas-de-Calais* (Artois), arr. ✉ et à 12 k. de St-Pol-sur-Ternoise, cant. d'Henchin. Pop. 783 h.

DIFFEMBACH-PUTTELANGE, *Moselle*, comm. et ✉ de Puttelange.

DIGES, bg *Yonne* (Champagne), arr. et à 16 k. d'Auxerre, cant. et ✉ de Toucy. Pop. 1,588 h. — Source d'eau minérale.

DIGNA, vg. *Jura* (Franche-Comté), arr. et à 21 k. de Lons-le-Saulnier, cant. de St-Amour, ✉ de Cousance. Pop. 355 h.

DIGNAC, vg. *Charente* (Angoumois), arr. et à 14 k. d'Angoulême, cant. et ✉ de la Valette. ⌘. Pop. 1,197 h. — *Foires* les 28 janv., mars, avril, mai, juin, juillet et août.

DIGNAC, *Gironde*, comm. de Jau, ✉ de Lesparre.

DIGNE, *Dinia Bodionticorum*, *Diniensium*, petite et très-ancienne ville, chef-lieu du département des Basses-Alpes (3e arrond.) et d'un cant. Trib. de 1re instance et de commerce. Soc. d'agriculture. Collège communal. Evêché. Séminaire diocésain. Gite d'étape. ⌘. Pop. 4,572 h. — Terrain jurassique, placé supérieur du système oolitique.

Autrefois évêché, parlement et intendance d'Aix, sénéchaussée, viguerie, séminaire, collège, 3 couvents.

L'origine de Digne remonte à une haute antiquité; son premier nom était *Dinia*. Elle était la capitale des *Bodiontici*, peuplade celto-lygienne, alliée, et même faisant partie des *Albici*, nation qui avait pour capitale la ville de Riez; mais il ne reste aucun monument qui puisse attester son ancienne existence. Les invasions désastreuses et successives de tant de peuples barbares qui exercèrent tour à tour leurs ravages dans la Provence, pendant la durée de cinq siècles; la présence calamiteuse des Vandales, des Goths, des Lombards, des Sarrasins, etc., qui s'adonnaient aux plus furieux excès, forcèrent les habitants de se réfugier sur une hauteur voisine, où ils formèrent une ville qu'ils entourèrent de murs, dont il reste encore quelques traces. — Digne embrassa de bonne heure le christianisme et fut érigée en évêché en 340. Cette ville s'accrut rapidement et forma deux villes ou parties distinctes : la cité, bâtie autour du mont St-Chârles, qui est la Digne moderne, et le bourg, situé près de la première, où l'on bâtit plus tard une vaste église dont on voit encore les ruines imposantes. Les guerres de religion amenèrent la ruine du bourg; quatre fois les religionnaires le saccagèrent, notamment en 1562 et 1591; la peste de 1629 le dépeupla entièrement, et depuis cette époque il fut totalement abandonné. Ce fléau destructeur affaiblit tellement la population de la ville de Digne, que du nombre de 10,000 habitants auquel s'élevait alors sa population, elle descendit à celui de 1,500, et que depuis elle ne s'est jamais élevée à 3,000.

Les armes de **Digne** sont : *d'azur à une fleur de lis d'or en cœur, une croisette d'argent en chef, et la lettre capitale D de même en pointe.*

La ville de Digne est située au pied des Alpes, sur le torrent de la Bléone, qui y reçoit le Mardaric et le ruisseau des Eaux-Chaudes. Elle s'élève d'une manière pittoresque sur un mamelon que surmonte un roc sur lequel est bâtie l'église, dont le clocher, surmonté d'un dôme en fer, domine toute la ville. Ce roc porte aussi la prison, environnée de fortes murailles. La partie la plus ancienne de cette cité est généralement mal bâtie, les rues en sont étroites, tortueuses et malpropres. La préfecture, le palais de justice, le collége, le séminaire, les casernes et plusieurs autres bâtiments publics sont de construction moderne. Au bas du mamelon qui porte la ville, le boulevard Gassendi, large, bien entretenu, ombragé de beaux platanes, forme une promenade agréable; il est orné d'un château d'eau, et à son extrémité, vers l'ancien bourg, d'une belle fontaine décorée de colonnes. Le cours des Arèts, formé par une terrasse et voisin du boulevard, est aussi orné d'une belle fontaine jaillissante.

On remarque encore à Digne la bibliothèque publique, renfermant 3,000 volumes, la pépinière départementale, etc.

Les environs de Digne sont agréables et pittoresques; la vallée de la Bléone est spacieuse, verdoyante, bordée de jardins, de vergers et de maisons de campagne. A quelques minutes au nord de la ville, sur la route de Barcelonnette, sont les restes de l'ancienne cathédrale, que la tradition fait remonter au règne de Charlemagne : malgré l'état de dévastation où se trouve cet édifice, on aperçoit encore, sur certaine partie des murs extérieurs, des traces de peinture à fresque. Celles placées au-dessus de l'autel des âmes du purgatoire sont remarquables par la bizarrerie de la composition. Le peintre a imaginé de placer sur une ligne les sept péchés capitaux, représentés par des personnages allégoriques. Au-dessus de chacun d'eux, on voit la vertu opposée, exprimée par un buste de saint ou de sainte ; et au-dessous se trouve la peine réservée dans l'enfer à celui qui se livre au péché. Parmi ces peintures, il s'en trouve d'assez singulières. Chaque cadre est surmonté d'un écriteau en patois du pays.

Patrie du général baron Desmichels.
De l'abbé d'Hesmivy d'Auribeau.

Fabriques de cuirs.— *Commerce* de fruits secs et confits, particulièrement de pruneaux et pistaches ; de graines de trèfle et de chanvre ; miel, cire jaune ; laines, toiles, chanvre ; peaux de chevreaux ; coutellerie.

Foires les 30 nov., 23 déc., 1ᵉʳ vendredi et 3ᵉ samedi de janv., fév., mars et avril, lundi après les Cendres, lundi après Quasimodo, lundi après la Fête-Dieu, après la St-Julien et la Toussaint.

EAUX THERMALES DE DIGNE.

A 2 k. de Digne, on trouve, au pied d'une montagne, dans une position agreste, un établissement d'eaux thermales assez fréquenté. Il consiste en un seul corps de logis construit le long d'un rocher auquel il est tout à fait adossé. Cinquante à soixante baigneurs peuvent s'y loger. Les bains sont au nombre de quatre, désignés sous les noms de St-Jean, St-Gilles, Notre-Dame, et des Vertus. Ce dernier, qui est le plus grand, ne peut contenir à la fois que dix ou douze baigneurs. Les étuves, les douches, les bains de St-Jean et de St-Gilles n'ont rien reçu de l'art ; c'est dans le roc que le temps a creusé ces piscines salutaires. Tous ces bains sont alimentés par quatre sources. Une cinquième source, qui jaillit dans une cour, sert à la boisson. Les eaux thermales de Digne sont connues depuis très-longtemps ; Ptolémée et Pline en ont fait mention.

Saison des eaux. Les eaux de Digne se prennent depuis le 1ᵉʳ mai jusqu'au 1ᵉʳ septembre. La nourriture y est bonne et à un prix modéré. Les montagnes environnantes offrent des promenades agréables et pittoresques.

Propriétés médicinales. Les eaux de Digne s'emploient avec le plus grand succès pour la guérison des blessures, des vieilles plaies d'armes à feu, des paralysies anciennes, les rhumatismes chroniques, les affections cutanées, la stérilité. En boisson, elles produisent de bons effets dans les obstructions, les tumeurs scrofuleuses, les vertiges.

Mode d'administration. On boit ces eaux le matin, à la dose de 4 ou 5 verres. Les bains renferment des étuves taillées dans le roc, et des douches ascendantes et descendantes.

A 87 k. S.-S.-E. de Gap, N.-O. de Nice, 744 k. S.-E. de Paris. Long. orient., 3° 54′ 4′′ ; lat., 44° 5′ 18′′.

L'arrondissement de Digne est composé de 9 cantons : Barrême, Digne, la Javie, les Mées, Mézel, Moustiers, Riez, Seyne, Valensole.

Bibliographie. Richard (Sébastien). *Les Bains de Digne en Provence*, 1617, in-8 ; 1619, in-8.
Lautaret (de). *Les Merveilles des bains naturels et des étuves naturelles de la ville de Digne en Provence*, 1620, in-8.
* *Mémoire sur les bains de Digne*, 1702, une feuille in-f°.
* *Eaux de Digne* (Hist. de la société royale de médecine, t. I, p. 336).
Buret. *Notice sur les eaux de Digne* (Journal de médecine militaire, t. II, p. 13).
Valentin. *Notice sur les eaux de Digne* (Journal de médecine, t. xxi, p. 186).
* *Notice sur les eaux de Digne* (Dictionnaire minéralogique et hydrologique de la France, t. I, p. 300).
* *Lettres sur Digne*, in-8, 1843 (Extrait des Annales des Basses-Alpes, 1842, 5ᵉ année).

DIGNE-D'AMONT, vg. *Aude* (Languedoc), arr., cant., ⊠ et à 7 k. de Limoux. P. 304 h.

DIGNE-DAVAL, vg. *Aude* (Languedoc), arr., cant., ⊠ et à 5 k. de Limoux. P. 188 h.

DIGNONVILLE, vg. *Vosges* (Lorraine), arr., cant., ⊠ et à 11 k. d'Épinal. Pop. 334 h.

DIGNY, vg. *Eure-et-Loir* (Beauce), arr. et à 29 k. de Dreux, cant. de Sénonches, ⊠ de Châteauneuf-en-Thymerais. Pop. 1,283 h.

DIGOIN, *Denegontium*, petite ville, *Saône-et-Loire* (Bourgogne), arr. et à 19 k. de Charolles, chef-l. de cant. Gîte d'étape. ⊠. ⚒. A 347 k. de Paris pour la taxe des lettres. Pop. 3,090 h. — Terrain tertiaire moyen.

Cette ville est avantageusement située sur la rive droite de la Loire, à la jonction du canal du Centre.—*Fabriques* de faïence. Construction de bateaux. — *Commerce* de sel. Entrepôt d'une grande partie des vins du Mâconnais et du Châlonnais, ainsi que des autres productions du pays. — *Foires* les 7 janv., 10 juin, 22 juillet, 28 août, 29 nov. et samedi de la Quinquagésime.

DIGOINE, *Saône-et-Loire*, comm. de Palinges, ⊠ de Perrecy.

DIGONS, vg. *H.-Loire* (Auvergne), arr. et à 36 k. de Brioude, cant. et ⊠ de Langeac. Pop. 350 h.

DIGOVILLE, vg. *Manche* (Normandie), arr., ⊠ et à 7 k. de Cherbourg, cant. d'Octeville. Pop. 701 h.

DIGULLEVILLE, vg. *Manche* (Normandie), arr. et à 19 k. de Cherbourg, cant. et ⊠ de Beaumont. Pop. 706 h.

DIJON, *Dibio*, *Divionum*, *Divio*, grande, riche, célèbre et très-belle ville, chef-lieu du département de la *Côte-d'Or* (3ᵉ arr.) et de 3 cantons ; bonne ville n° 25. Cour royale d'où ressortissent les tribunaux des départements de la Côte-d'Or, de la Haute-Marne et de Saône-et-Loire. Trib. de 1ʳᵉ inst. et de comm. Bourse de commerce. Siège de la 8ᵉ conservation des forêts. Chef-l. de la 18ᵉ division militaire. Faculté de droit, des sciences et des lettres. Académie universitaire. Collége royal. École spéciale des beaux-arts. Ecole normale primaire. Ecole secondaire de médecine. Evêché. Séminaire diocésain. Mont-de-piété. Gîte d'étape. Société d'agriculture et d'industrie agricole. Pop. 29,044 h. — TERRAIN jurassique, étage inférieur du système oolitique, voisin du terrain tertiaire supérieur.

Autrefois évêché, parlement, gouvernement particulier, chambre des comptes, cour des aides, chambre du domaine, bailliage, présidial, mairie, hôtel des monnaies, justice consulaire, prévôté générale de maréchaussée, recette générale des finances et des décimes, chambre syndicale, collégiales, commanderie de Malte, 10 couvents, 2 abbayes, collège, académie des sciences, arts et belles-lettres.

Deux inscriptions sont les seuls monuments romains qui nous donnent connaissance de *Dibio*, dont Grégoire de Tours a fait dans le VI° siècle une description si vive et si animée. L'identité entre *Dibio* et Dijon se trouve démontrée par ces inscriptions, trouvées sur les lieux avec un grand nombre d'autres antiquités romaines. Cette position est aussi prouvée par une suite non interrompue de monuments historiques du moyen âge. — Sous Marc Aurèle, cette ville fut entourée de murailles et de trente-trois tours, qui lui donnèrent l'apparence d'une petite ville. Aurélien l'embellit et en augmenta l'étendue, vers l'an 274, et y éleva un temple aux divinités païennes, d'où l'on prétend que cette ville prit le nom de *Dibio*. Les Sarrasins s'en emparèrent et la livrèrent aux flammes en 731; les Normands la saccagèrent en 888. Robert de Vermandois surprit Dijon et l'enleva à Othon en 959; mais elle fut reprise par Lothaire l'année suivante. En 1127, un incendie des plus violents la consuma presque entièrement.

Au XII° siècle, la charte de Soissons, qui paraît avoir joui de la plus grande célébrité, fut portée jusqu'en Bourgogne, et les habitants de Dijon renoncèrent, pour adopter, à leur ancien régime municipal (V. SOISSONS). Ils firent ce changement en 1183, d'accord avec leur comte; mais ils stipulèrent une nouvelle constitution serait mise, pour plus de sûreté, sous la garantie du roi de France. Voici l'acte par lequel Philippe Auguste fit droit à leur demande. — « Au nom de la sainte et indivisible Trinité, ainsi soit-il. Philippe, par la grâce de Dieu, roi des Français, faisons savoir, à tous présents et à venir, que notre fidèle et parent Hugues, duc de Bourgogne, a donné et octroyé à perpétuité à ses hommes de Dijon une commune sur le modèle de celle de Soissons, sauf la liberté qu'ils possédaient auparavant. Que Hugues et son fils Eudes ont juré de maintenir et de conserver inviolablement ladite commune. C'est pourquoi, d'après leur demande et par leur volonté, nous en garantissons le maintien sous la forme susdite, de la manière qui s'ensuit : Si le duc ou l'un de ses héritiers veut dissoudre la commune ou s'écarter de ses règlements, nous l'engagerons de tout notre pouvoir à les observer ; que s'il refuse d'accéder à notre requête, nous prendrons sous notre sauvegarde les personnes et les biens de bourgeois : si une plainte est portée devant nous à cet égard, nous ferons, dans les quarante jours, et d'après le jugement de notre cour, amender le dommage fait à la commune par la violation de sa charte. »

En 1357, Philippe de Rouvres, dernier duc de Bourgogne de la première race, fit commencer la nouvelle enceinte fortifiée de Dijon, telle qu'on la voit aujourd'hui. Les ducs de la seconde race entretinrent ces fortifications et les augmentèrent de seize tours et de plusieurs bastions. Vers le milieu du XV° siècle, Louis XI, pour se maintenir en possession de la Bourgogne, y fit construire un château entouré de fossés et flanqué de quatre tours, qui existe encore en partie. Ce château fut transformé dans le dernier siècle en prison d'Etat, où furent enfermés la duchesse du Maine, le comte de Mirabeau, la chevalière d'Eon, etc., etc., etc. — En 1513, les Suisses vinrent mettre le siège devant Dijon ; cette ville, dépourvue de bonnes fortifications, n'ayant qu'une garnison de 6,000 hommes, et hors d'état de tenir contre les assiégeants, dont l'armée était forte de 40,000 hommes, demanda à capituler ; cette proposition ayant été rejetée, les Suisses commencèrent le feu, auquel il fut riposté vigoureusement. Les murs croulaient de toutes parts, l'ennemi se disposait à donner un assaut général, lorsque de Trémouille, qui commandait la place, hasarda un pourparler, dont le résultat fut un traité, par lequel, au moyen de la concession en Italie du duché de Milan, du comté d'Ast, et de 400,000 écus d'argent, pour lesquels il fut donné quatre otages, les Suisses levèrent le siège.

Les **armes de Dijon** sont : *de gueules au chef mi-parti, au premier d'azur semé de fleurs de lis d'or à une bordure componée d'argent et de gueules ; au deuxième, bandé d'or et d'azur de six pièces et une bordure de gueules.*

La ville de Dijon est située au pied d'une chaîne de montagnes dominées par le Mont-Afrique, dans un bassin agréable et fertile, qui s'étend jusqu'aux montagnes de la Franche-Comté et de la Savoie. Elle est en général très bien bâtie, la plupart des rues sont larges, bien percées, propres et bordées de belles maisons, et de beaux hôtels construits en pierres de taille. Cette ville est de forme ovale, baignée par la rivière d'Ouche, qui passe au midi, et le torrent de Suzon, qui la traverse du nord au sud par un courant pratiqué sous les rues. Elle est ceinte de beaux murs et de remparts bien plantés et bien entretenus : on y entre par cinq portes. — Rien n'égale la beauté des promenades publiques ; il est peu de villes en France dont les dehors soient plus riants, les alentours plus agréables et plus variés. Outre les remparts dont nous venons de parler, et d'où l'on jouit d'une vue délicieuse sur la campagne environnante, on remarque principalement les Chemins-Couverts, jolie promenade à proximité de la ville ; les Allées de la Retraite, belle plantation de tilleuls sur quatre rangs, situées à l'entrée de la ville, près du jardin des plantes ; le Creux d'Enfer, fontaine environnée de belles plantations ; la Fontaine des Suisses, ombragée aussi de beaux arbres plantés en 1811 ; le Cours-Fleury, situé à l'entrée du Suzon dans la ville ; la promenade des Marronniers, près de la porte Guillaume ; la promenade de l'Arquebuse, disposée dans le genre paysager. — Mais la plus vaste et la plus belle de toutes ces promenades, c'est sans contredit le Cours du Parc. Ce Cours a plus d'un kilomètre de longueur, est partagé, à son milieu, par un cercle spacieux ; il aboutit à un grand parc, dessiné et planté par le Nôtre, à l'extrémité duquel passe la rivière d'Ouche.

L'ÉGLISE CATHÉDRALE, dédiée à saint Benigne, occupe l'emplacement d'un ancien temple de Saturne ; elle fut consacrée en 535. L'évêque Isaac rétablit en 870 cette église, qui tombait en ruine. En 1106, elle fut entièrement reconstruite par l'abbé Guillaume : un ancien historien rapporte qu'on y comptait 372 colonnes, 120 fenêtres, 8 tours, 3 grandes portes et 24 entrées. Ce vaste édifice fut écrasé, en 1271, par la chute d'une haute tour qui s'élevait au milieu. Ce fut l'abbé Hugues qui fit reconstruire l'église que l'on voit aujourd'hui, et qui fut achevée en 1291. Elle est remarquable par son étendue, sa légèreté et son exhaussement ; elle a 71 m. de long, 29 m. de large dans les deux nefs, et 28 m. d'élévation. La flèche qui s'élance du comble de l'édifice est un des ouvrages les plus hardis ; sur un diamètre très-resserré, elle porte le coq qui la termine à 100 m. de hauteur. Le portail, ouvrage du X° siècle, représentait autrefois, sur les côtés, huit figures en bas-reliefs, aujourd'hui remplacées par des colonnes en pierres ; il est surmonté d'un bas-relief, exécuté par Bouchardon, représentant le martyre de saint Etienne, qui décorait autrefois le fronton de l'église St-Etienne. L'intérieur renferme de beaux mausolées en marbre, dont les principaux sont ceux des présidents de la Berchère, de Berbisey et de Frémyot, et les grands mausolées de Philippe le Hardi et de Jean sans Peur. — C'est dans cette église que les ducs et les rois venaient prendre possession du duché de Bourgogne, et juraient au pied des autels la conservation des privilèges de l'abbaye, de la province et de la ville.

L'ÉGLISE NOTRE-DAME est un édifice d'un beau gothique, construit de 1252 à 1334 ; elle a 80 m. 67 c. de long, 17 m. 33 c. de large et 12 m. de hauteur. Dans le portail, qui est d'une légèreté extraordinaire, l'architecte a su allier la beauté du style grec à la délicatesse de l'architecture gothique ; sur toute l'étendue du porche, ouvert en triple cintre, il opéra le développement des voûtes, sans l'emploi des contre-forts destinés à empêcher l'écartement. Les massifs de toute la façade n'ont pas plus de 28 c. d'épaisseur, et ils servent de fond à deux péristyles placés l'un au-dessus de l'autre, et offrant chacun dix-sept colonnes d'un seul jet. Sur le côté qui regarde le midi, s'élève le campanile de l'horloge. L'entrée de l'église est précédée d'un vaste porche, qui était jadis orné d'une multitude de statues. Dans l'intérieur, l'œil se repose avec plaisir sur les galeries qui règnent autour de la nef, du chœur et des croisées: rien de si délicat, de si léger, de si svelte que l'abside ou rond-point, décoré d'un superbe groupe de l'Assomption, chef-d'œuvre du sculpteur Dubois. La grande tour qui s'élève sur le milieu de la croisée partage la délicatesse du vaisseau.

L'église St-Michel est une construction du commencement du xvi° siècle, à l'exception des deux tours et de leur dôme, achevés en 1667. Cette église se fait remarquer par son portail, où l'imagination de Hugues Sambin déploya tout le luxe de l'architecture. Sur un socle percé d'un triple cintre, orné de caissons, d'arabesques, de statues et de bas-reliefs, s'élèvent deux tours jumelles, décorées de cinq ordres d'architecture, et surmontées de coupoles octogones, terminées chacune par une boule de bronze doré. Au-dessus de la grande porte est un bas-relief, composé de quarante figures, représentant le jugement dernier. Le vaisseau de cette église a 55 m. 33 c. de long, 20 m. de large et 21 m. 33 c. de hauteur. Dans une chapelle, on remarque le mausolée, en marbre noir et blanc, érigé à la mémoire de Fyot de la Marche.

Le palais des états est un bel édifice surmonté d'une tour majestueuse, commencée en 1367 par Philippe le Hardi, et achevée par Charles le Téméraire. Cette tour, la salle des gardes, une portion des bâtiments du côté du nord et les cuisines, sont tout ce qui reste du palais des ducs de Bourgogne, dont la majeure partie, devint la proie des flammes le 17 février 1502. Ce palais se compose aujourd'hui d'un corps de logis de trois étages, et de deux ailes terminées à leur extrémité par quatre colonnes formant deux beaux péristyles d'ordre toscan; il contient plusieurs vastes salles, dont quelques-unes sont occupées par les archives et par un des plus riches musées que possèdent les départements. La cour qui précède ce palais donne sur la principale et la plus belle place de Dijon, dont elle est séparée par une grille en fer, formée de piques droites entremêlées de faisceaux.

Le palais de justice est un vaste et ancien édifice où l'on remarque la grande salle des pas perdus et la belle salle des audiences publiques, dont le plafond est divisé en plusieurs caissons dorés et décorés de plusieurs ornements.

La salle de spectacle est, après celle de Bordeaux, la plus belle que nous connaissions dans les départements. Sa façade principale, décorée d'un péristyle de huit colonnes d'ordre corinthien, donne sur la place St-Etienne; la masse a 61 m. de longueur sur 22 m. de largeur. L'intérieur offre trois rangs de loges; un grand foyer s'étend sur toute la largeur de l'édifice, au-dessus du péristyle.

Le cabinet d'histoire naturelle occupe le premier étage de l'aile orientale de la cour d'entrée du palais des états; il provient en partie de M. J. de Chamblanc, magistrat très-versé dans les sciences naturelles, qui, le premier, en a formé le noyau; il a été bien augmenté depuis, et forme aujourd'hui un assemblage de plus de 2,500 articles; on y remarque surtout une riche et nombreuse collection de minéraux, madrépores, coquillages, etc., etc.

Le jardin botanique fut fondé en 1772 par M. Legoux de Gerland. Ce magistrat acheta le terrain, fit la dépense du pavillon et du mur de clôture dans lequel il fit incruster des fragments d'antiques. Le 23 juin 1800, les cendres de cet excellent citoyen furent transférées en grande pompe de l'église de la Madeleine, où il avait été inhumé près de ses parents, et déposées au jardin botanique. On lit sur son cénotaphe cette inscription simple:

HONORE LES CENDRES DU FONDATEUR DU JARDIN BOTANIQUE.

Faculté de droit. Sur la demande des états de la province, une université avait été accordée à la ville de Dijon; mais, d'après les observations de celles de Paris et de Besançon, elle fut restreinte à la faculté de droit érigée par lettres patentes du 6 juillet 1722. Depuis 1806, cette nouvelle institution, qui a reçu le titre d'école de droit, occupe, pour les salles d'études, la partie de l'ancien collége qui était destinée aux classes de latin, de théologie, belles-lettres, physique, mathématiques, etc.; plus de trois cents jeunes légistes, l'espoir du barreau français, fréquentent cette école sous des maîtres aussi habiles que profonds dans l'étude des lois romaines et françaises. — La grand'salle de ses exercices publics est ornée de plusieurs tableaux estimés.

Ecole des beaux-arts. L'école gratuite de dessin, ouverte en 1765, d'abord dans une maison de la rue Jeannin, fut tellement fréquentée par les élèves qui y accouraient en foule, que l'on fut bientôt obligé de la transférer dans l'une des ailes du palais, qui est occupée actuellement par une partie du musée, depuis que cette école, sous le titre d'école des beaux-arts, a été transférée de nouveau dans l'église de l'ancien collége des jésuites. Cet utile établissement est dû en partie au zèle patriotique de M. Legoux de Gerland qui décida M. Devosge père à se fixer à Dijon, médita avec lui les moyens de fonder en cette ville une école publique de dessin, employa toutes ses ressources pour l'exécution de ce projet, qu'il réussit enfin à faire adopter par les élus de la province.

On remarque encore à Dijon l'hôtel de la préfecture; l'hôtel de ville; l'hôtel de l'académie; le collége royal; la bibliothèque publique, renfermant 40,000 volumes imprimés et 5 à 600 manuscrits; l'hôpital général; l'hospice Ste-Anne, et plusieurs beaux hôtels, construits à grands frais par les seigneurs qui formaient autrefois la cour des ducs de Bourgogne.

Biographie. Les habitants de Dijon ont beaucoup de franchise, de politesse, d'usage du monde et d'aménité; un tact sûr, un goût épuré, la repartie prompte et heureuse. Ils sont spirituels, aimables, amis du luxe et des plaisirs, et ils ne le sont pas moins de la bienfaisance et des arts; ils sont fiers de leur patrie, et tous leurs efforts sont dirigés vers ce qui peut la rendre plus agréable ou plus illustre. De tous temps, Dijon s'est distingué par son goût pour les sciences et les lettres, l'instruction y est généralement répandue, et c'est, après Paris, la ville de France où il est né le plus grand nombre de personnages distingués dans tous les genres. Les principaux sont:

Philippe le Bon, duc de Bourgogne.

J.-Bénigne Bossuet, historien et célèbre prédicateur.

Langlet de la Villeneuve de Gergy, évêque de Soissons, membre de l'Académie française.

Gab. Cortois de Pressigny, évêque de Besançon.

Fevret de Fontette, auteur de la seconde édition de la Bibliothèque historique de France, commencée par le P. le Long.

Ch. de Boullemier, critique et savant antiquaire.

Od. Godran, président au parlement de Bourgogne, un des bienfaiteurs de la ville de Dijon. Par son testament du 7 février 1584, il institua pour ses héritiers la ville de Dijon et le couvent des jésuites, à la charge de fonder un collége où seraient enseignées gratuitement les langues grecque et latine, les belles-lettres italienne et française, la philosophie morale d'Aristote, l'arithmétique, et même l'écriture et l'agriculture.

Durey de Noinville, président au parlement de Bourgogne, littérateur, membre de l'académie des inscriptions.

Ch. de Brosses, président au parlement, historien, membre de l'académie des inscriptions.

J. Bouhier, savant jurisconsulte, président au parlement de Dijon, membre de l'Académie française.

L'abbé Leblanc, historiographe.

P.-L. Boudot et Fr. Boudot, antiquaires.

Ed. Beguillet, historien de la Bourgogne.

P.-H. Larcher, savant helléniste, membre de l'académie des inscriptions, mort en 1812.

Saumaise, savant critique, mort en 1653.

Ber. de la Monnoye, poète, savant philologue et critique.

J.-M.-B. Clément, littérateur et critique.

M. Bernard, poète du xv° siècle.

Requeleyne de Longepierre, poète.

Aimé Piron, poète en patois bourguignon, qui publia pendant plus de trente années de suite des noëls, qu'on s'arrachait pour les aller chanter le soir aux portes des maisons pendant l'avent, et célébra en vers patois tous les événements de son temps.

Alexis Piron, poète et auteur dramatique.

Jolyot de Crébillon, poète et auteur dramatique, membre de l'Académie française.

A. Bret, poète et auteur dramatique.

J.-Bapt. Radet, fécond auteur dramatique et l'un des régénérateurs du vaudeville français.

M°° Marguerite Ancelot, auteur dramatique.

J.-B.-D. Desprès, auteur dramatique.

Brisebarre, dit Joanny, acteur distingué du Théâtre-Français.

J.-Ph. Rameau, célèbre compositeur de musique.

Balbatre, fameux organiste.

P. de Cazotte, littérateur et romancier, mort sur l'échafaud révolutionnaire, le 25 septembre 1792.

Petitot, littérateur.

Sigaud Lafond, physicien.

Guyton Morveau, savant chimiste, membre de l'assemblée législative, de la convention et de l'Institut.

Navier, ingénieur en chef, membre de l'académie des sciences.

Chaussier, savant professeur de la faculté de médecine.

J.-A. Millot, accoucheur de la reine Marie-Antoinette.

Durande, savant médecin.

N.-P. Adelon, médecin, membre de l'académie de médecine de Paris.

B. Povet, architecte, membre de l'Institut.

Le Muet, architecte.

Marillier, graveur.

Lallemand, peintre.

Jos. Jacotot, auteur du système d'enseignement qui porte son nom.

Hugues Aubriot, prévôt des marchands de Paris.

G. de Saulx Tavannes, qui, pendant la sanglante journée de la Saint-Barthélemy, courait les rues de Paris, criant au peuple : « *Saignez, saignez ; la saignée est aussi bonne au mois d'août qu'en mai.* »

L'abbé Guillaume, qui, « dans une année de famine générale, vendit jusqu'aux croix, couronnes et vases précieux desquels le roi Gontran avait enrichi son église, pour en distribuer le prix aux pauvres. »

Louis Viardot, littérateur et publiciste.

Ch. Briffaut, littérateur, journaliste et auteur dramatique, membre de l'Académie française.

Ant. de Madrolle, écrivain légitimiste.

F. Mauguin, avocat distingué du barreau de Paris, membre de la chambre des députés.

Basire, ex-oratorien, membre de la convention nationale, mort sur l'échafaud révolutionnaire le 15 avril 1794.

P. de Blanchelande, ancien gouverneur de St-Domingue, mort sur l'échafaud révolutionnaire le 20 juillet 1794.

Th. Berlier, membre de la convention nationale et autres législatures, secrétaire du gouvernement provisoire en 1815, mort en 1844.

Séb. le Prêtre de Vauban, l'une des plus belles illustrations du royaume, maréchal de France, membre de l'académie des sciences.

Alb.-R. Roussin, vice-amiral, ancien ministre de la marine, membre de l'Institut et pair de France.

H.-B. Maret, duc de Bassano, ministre des relations extérieures sous l'empire.

Les généraux Charbonnel, Lacotte, comte H.-F. Delaborde, comte Heudelet de Bierre, etc., etc., etc.

Industrie. *Fabriques* de draps, bonneterie, couvertures de laine, vinaigre, moutarde, bougies, chandelle. Filatures de laine, distilleries d'eau-de-vie, blanchisseries de cire. Raffinerie de salpêtre (à Argentières). — *Commerce* de grains, farines, vins, chanvre, laines, cuirs, etc. — *Foires* de 3 jours le 10 mars, de 7 jours les 10 et 24 juin et 10 nov.

A 310 k. S.-E. de Paris. Long. orient. 2° 41' 50'', lat. 47° 19' 25''.

L'arrondissement de Dijon est composé de 14 cantons : Auxonne, Dijon O., Dijon E., Dijon N., Gevrey, Pontailler-sur-Saône, Is-sur-Tille, Genlis, Sombernon, Mirebeau, St-Seine, Selongey, Fontaine-Française, Grancey-en-Montagne.

Bibliographie. Fiot (Claude). *Dissertation sur l'antiquité, la fondation de la ville de Dijon* (imprimée au commencement de son Histoire de l'abbaye de St-Etienne, 1696, in-f°).

Moreau de Mautour (Philibert-Bernard). *Mémoire pour servir à l'histoire de Dijon.*

Ce mémoire forme l'article de la ville de Dijon, dans le t. II du Dictionnaire géographique de Thomas Corneille, 1709, in-f°.

Legoux de Gerlan (Bénigne). *Dissertation sur l'origine de la ville de Dijon, et sur les antiquités découvertes sous les murs bâtis par Aurélien*, in-4, 1771.

Baudot. *Lettre sur l'origine de la ville de Dijon.*

On rapporte communément l'origine de la ville de Dijon, connue dans les anciens auteurs sous le nom de *Castrum Divionense* (et sous celui de *Dibio*, par quelques inscriptions), au temps de l'empereur Aurélien; mais elle doit remonter, selon M. Baudot, jusqu'à Jules César.

* *Journal de ce qui s'est passé au siège du château de Dijon depuis le 26 de novembre jusqu'au 2 de décembre* 1651, in-4.

Dissertation sur la forteresse de Dijon bâtie par Marc Aurèle (Histoire de l'Académie royale des inscriptions et belles-lettres, t. IX, p. 197).

— *Sur le traité de Dijon conclu en* 1513 (Mém., ibid., t. XLI).

* *La Prise du château de Dijon, le 8 décembre, par les troupes du roi commandées par le duc d'Epernon*, 1651, in-4.

* *Ephémérides de Dijon et de la Côte-d'Or,* etc. (1re année, in-18, 1842).

Joly. *Traité de la chambre des comtes de Dijon, son antiquité*, etc., in-f°, 1653.

Registre du parlement de Dijon pendant la Ligue, in-12.

Guiraudet. * *Journal de Dijon et de la préfecture de la Côte-d'Or*, du 30 vendém. an IX au 10 frim. an X, in-4.

Boulier (Philibert). *Recueil de quelques pièces pour servir à l'histoire ecclésiastique et sacrée de la ville de Dijon*, in-8, 1655 ; in-12, 1649.

Manoin. *Histoire ecclésiastique, civile et littéraire du diocèse de Dijon et Langres*, 3 vol. in-12, 1765.

Fiot (Claude). *Histoire de l'église abbatiale et collégiale de St-Etienne de Dijon, avec les preuves et le pouillé des bénéfices dépendant de cette abbaye*, in-f°, 1696.

Gaudrillet (l'abbé). *Histoire de Notre-Dame de Bon-Espoir, dont l'image miraculeuse, qui est dans l'église de Notre-Dame, est en grande vénération dans la ville de Dijon*, in-8, 1733.

Baudot (jeune). * *Observations sur le passage de M. Millin à Dijon, avec des recherches historiques sur les antiquités de cette ville et des environs*, in-12, 1808.

— *Compte rendu des travaux de l'académie des sciences, arts et belles-lettres de Dijon*, ... vol, in-8.

Entrée du roi Charles IX à Dijon (t. 1er du Cérémonial de Godefroy, p. 894 et 897).

Entrée de Sa Majesté Louis XIII dans Dijon l'an 1629 (Mercure français, t. XV, p. 60, 89, 106, 110, 503).

Bredin (Edouard). *Description de la ville de Dijon*, 1574, in-8.

Girault (Cl.-Xavier). * *Les Monuments des arts existant à Dijon*, in-16, 1818.

— *Rapport sur les fouilles exécutées dans l'été de 1819 sur le plateau du mont Auxois, et sur les fouilles exécutées, au mois de juillet 1819, dans la rue des Singes à Dijon*, in-8, 1820.

Jolimont (T. de). *Description historique et critique et Vues pittoresques dessinées d'après nature et lithographiées des monuments les plus remarquables de la ville de Dijon*, 20 pl., in-4, 1830.

* *Notice des objets d'art exposés au musée de Dijon, et Catalogue général de tous ceux qui dépendent de cet établissement*, in-12, 1833.

Fyot de Mimure. * *Notice sur la ville de Dijon, ses environs, et quelques autres villes de l'ancienne Bourgogne, à l'usage des voyageurs qui visitent ces contrées ; avec 32 planches représentant des sites et des monuments,* br. in-8, 1817.

* *Dijon ancien et Dijon moderne*, par C. (Léon), in-8, 1826.

Noellat (J.-B.). *Guide du voyageur et de l'amateur à Dijon, ou Statistique monumentale de la capitale de l'ancienne Bourgogne*, in-18, 1822 ou 1829.

Maillard de Chambure (Ch.). *Dijon ancien et moderne. Recherches historiques tirées des monuments contemporains, la plupart inédits*, in-8, 1840.

Peignot (Etienne-Gabriel). *L'illustre Jacquemart de Dijon ; détails historiques, instructifs et amusants sur ce haut personnage, domicilié en plein air, dans cette charmante ville depuis* 1382; *publiés avec sa permission en 1832, le tout composé de pièces et de morceaux, tant en français vieux et moderne qu'en patois bourguignon*, in-8, 1833.

PRIGNOT (Etienne-Gabriel). " *Histoire d'Hélène Gillet, ou Relation d'un événement extraordinaire et tragique survenu à Dijon dans le XVII*e *siècle; il eût lieu sur l'échafaud* (le 12 mai 1625); *suivie d'une Notice sur des lettres de grâce singulières expédiées au XV*e *siècle, avec notes,* in-8, 1829.
GIRAULT (Claude-Xav.). *Essais historiques et biographiques sur Dijon,* in-12, 1814.
COLLET (Philibert). *Catalogue des plantes les plus considérables qu'on trouve autour de la ville de Dijon,* in-12, 1702.
DIJON, *Somme,* comm. de Morvillers-St-Saturnin, ✉ d'Aumale.
DIJONNAIS, petit pays qui dépendait autrefois de la ci-devant province de Bourgogne, et dont Dijon était la capitale; il est maintenant compris dans le dép. de la *Côte-d'Or,* où il forme une partie des arr. de Beaune et de Dijon.
DILIS (lat. 44°, long. 2:°). « C'est une position, dans l'Itinéraire maritime, entre *Incarus* et *Fossæ Marianæ*. La distance est marquée VIII à l'égard d'*Incarus,* et XX à l'égard de *Fossæ Marianæ*. La première ne s'arrête point au cap nommé Couronne, selon l'opinion de quelques-uns sur *Dilis* , parce que ce cap ne s'éloigne du port de Carri, qui est *Incarrus*, que de 5 milles, l'intervalle n'étant que d'environ 3,600 toises, selon l'échelle d'une carte très-exacte du golfe de Marseille. Pour compléter les 8 milles, il faut, en doublant le cap, courir jusqu'au port nommé Ponteau. Quant à la distance qui conduit aux canaux de Marius, elle est manifestement trop forte, eu égard au local, qui voudrait que les deux dizaines fussent confondues en une seule. » D'Anville. *Notice sur l'ancienne Gaule,* p. 269.
DILLO, ou DILO, *Yonne* (Champagne), arr. et à 19 k. de Joigny, cant. et ✉ de Cerisiers. Pop. 160 h. — Il doit son origine à l'abbaye de Notre-Dame-de-Dilo, fondée par Louis le Gros en 1132.
DILLONVILLIERS, vg. *Eure-et-Loir,* comm. de la Chapelle-d'Aunainville, ✉ d'Auneau.
DIMANCHEVILLE, vg. *Loiret* (Orléanais), arr. et à 15 k. de Pithiviers, cant. et ✉ de Puiseaux. Pop. 138 h.
DIMBSTHAL, vg. *B.-Rhin* (Alsace), arr., ✉ et à 11 k. de Saverne, cant. de Marmoutier. Pop. 327 h.
DIMECHAUX, vg. *Nord* (Flandre), arr. et à 12 k. d'Avesnes, cant. et ✉ de Solre-le-Château. Pop. 262 h.
DIMONT, vg. *Nord* (Flandre), arr. et à 10 k. d'Avesnes, cant. et ✉ de Solre-le-Château. Pop. 422 h.
DINAN, *Dinnanum,* très-ancienne ville, *Côtes-du-Nord* (Bretagne), chef-l. de sous-préf. (3e arr.) et de 2 cant. Trib. de 1re inst. Collège communal. 2 cures. Gîte d'étape. Soc. d'agricult., de commerce et d'industrie. Petit séminaire. ✉. ✇. Pop. 7,533 h.—TERRAIN cristallisé; granit.

Dinan est une ville ancienne dont les historiens ne font connaître ni le fondateur ni l'époque de la fondation. L'on a cru longtemps que c'était l'ancienne capitale des *Diablintes,* dont il est question dans les Commentaires de César; mais il est reconnu aujourd'hui qu'elle est sur le territoire des *Curiosolites,* dont la cité principale était au village de Corseul. La position de Dinan et ses fortifications en ont fait pendant longtemps une place importante, qui fut assiégée, prise et reprise plusieurs fois. Du Guesclin s'en empara en 1373, et Olivier de Clisson en 1379. Du Guesclin la défendit vaillamment contre le duc de Lancastre, qui l'assiégea en 1389. Henri III la livra en 1585 au duc de Mercœur, chef de la Ligue en Bretagne, qui transporta à Dinan le siège du présidial de Rennes et y fit battre monnaie; mais les habitants, fatigués de sa domination, se rendirent en 1598 au maréchal de Brissac.—Les états de la province se sont tenus très-souvent à Dinan.

Les **armes de Dinan** sont : *de gueules au château d'or crénelé, sommé de trois tourillons d'or; au chef d'argent semé d'hermines de sable*.

La ville de Dinan est bâtie dans une situation des plus pittoresques, sur une montagne escarpée, qui s'élève à 60 m. au-dessus de la rive gauche de la Rance, où elle a un port qui communique au moyen du flux avec celui de St-Malo, et où des navires de 70 à 90 tonneaux peuvent entrer à marée haute. Elle est ceinte de murailles autrefois d'une hauteur et d'une largeur extraordinaires, et était jadis défendue par un château fort dont une partie existe encore et sert de prison. Des boulevards bien plantés entourent ces antiques murailles, aujourd'hui couvertes de jardins d'où l'on jouit d'une vue admirable.

Dinan, comme toutes les villes qui remontent à une haute antiquité, est généralement mal bâtie. On y trouve de ces rues tortueuses, sombres et étroites, bordées de maisons en bois, où la vie, privée d'air et de lumière, s'écoule pâle et décolorée. Plusieurs quartiers offrent cependant quelques rues larges et droites, où l'air circule avec facilité, et dont les maisons construites en granit ou blanchies répandent un air d'aisance et de propreté. Dans son enceinte se trouvent quatre places publiques, dont une spacieuse et régulière. A l'extrémité de la rue de l'École, s'élève la porte St-Malo, d'une architecture lourde, et dont le sommet présente des constructions modernes, élevées en 1815. Plus loin est la tour de Jerzual, dont l'ouverture en ogive et d'une vétusté porte à croire qu'elle est une des plus anciennes de la ville. Non loin du château est la porte St-Louis, bâtie en 1620, et la plus moderne des quatre portes de la ville, dont la plus remarquable est la porte de Brest, flanquée de deux tours recouvertes d'un toit aigu.

Une communication facile est ouverte entre St-Malo, Dinan et plusieurs communes qui bordent la Rance, dont l'embouchure est à St-Servan. Les petits bâtiments de cabotage profitent de la marée pour remonter jusqu'à Dinan, et chaque jour partent de cette ville un bateau à vapeur et des barques, qui font dans une même journée le voyage d'aller et retour. Rien n'est plus pittoresque que le paysage qui borde le cours de la Rance.

L'ÉGLISE ST-SAUVEUR est un bel édifice gothique surmonté d'un clocher aux formes pures et élégantes, dont on ne se lasse pas d'admirer la grâce et la légèreté. Le chevet offre de légères galeries à balustrades découpées comme la dentelle, et des pyramides ornées de sculptures délicatement creusées dans le granit.

Dans cette curieuse église de St-Sauveur on voit le monument funèbre où est enfermé le cœur de du Guesclin. Ce monument, tiré des Jacobins, est une simple stèle de marbre noir arrondie à sa partie supérieure, sur laquelle est gravée en caractères gothiques dorés l'inscription suivante :

𝕮𝖎 𝖌𝖎𝖘𝖙 𝖑𝖊 𝖈𝖚𝖊𝖚𝖗 𝖉𝖊
𝕸𝖊𝖘𝖎𝖗𝖊 𝕭𝖊𝖗𝖙𝖗𝖆𝖓𝖉 𝖉𝖊 𝕲𝖚𝖊𝖈𝖆𝖖𝖚𝖎,
𝕰𝖓 𝖘𝖔𝖓 𝖛𝖎𝖛𝖆𝖓𝖙 𝖈𝖔𝖓𝖊́𝖙𝖆𝖇𝖑𝖊 𝖉𝖊 𝕱𝖗𝖆𝖈𝖊,
𝕼𝖚𝖎 𝖙𝖗𝖊𝖘𝖕𝖆𝖘𝖘𝖆 𝖑𝖊 𝕏𝕀𝕀𝕀 𝖏𝖔𝖚𝖗
𝕯𝖊 𝖎𝖚𝖑𝖑𝖊𝖙 𝖑𝖆𝖓 𝖒𝖎𝖑 𝕀𝕀𝕀e 𝕀𝕀𝕀𝕀**
𝕯𝖔𝖓𝖙 𝖘𝖔𝖓 𝖈𝖔𝖗𝖕𝖘 𝖗𝖊𝖕𝖔𝖘𝖊 𝖆𝖛𝖊𝖈
𝕮𝖊𝖚𝖑𝖝 𝖉𝖊𝖘 𝕽𝖔𝖎𝖘 𝖆̀ 𝕾𝖆𝖎𝖓𝖈𝖙 𝕯𝖊𝖓𝖎𝖘
𝖊𝖓 𝕱𝖗𝖆𝖈𝖊.

On remarque encore à Dinan l'église de St-Malo, dont le chœur est admirable; la tour de l'Horloge, qui supporte une flèche pyramidale d'un bel effet; le petit séminaire, et le collège.

Biographie. Patrie de CH. DUCLOS, historiographe de France, membre de l'Académie française.
De dom JAMIN, auteur d'ouvrages de théologie estimés.
Du P. LE HARDI, député à la convention nationale, mort sur l'échafaud révolutionnaire en 1793.

INDUSTRIE. Manufactures de toiles à voiles, de tissus de fil, coton et laine, de flanelles, de souliers de pacotille. Nombreuses tanneries.—*Fabriques* de poterie de terre, de faïence commune, de sucre indigène. Raffineries de sel.—*Commerce* assez actif depuis l'ouverture du canal d'Ille-et-Rance, consistant en bois et planches de toute espèce, grains, graines de lin et de trèfle, beurre, cidre, bestiaux, cuirs, toiles et flanelles dites de Dinan, ardoises, plâtre, pierres meulières, sel, bois du Nord, etc.—*Foires*, dite de Liège de 8 jours le 2e lundi de carême, le jeudi de la mi-carême, dernier lundi de carême, 3e jeudi de mai, 3e jeudi de juillet et 1er jeudi de sept., 2e jeudi de déc.

EAUX MINÉRALES DE DINAN.

A peu de distance de Dinan, dans le fond d'un vallon profond et pittoresque, on trouve entre deux riants coteaux des sources d'eaux minérales froides et ferrugineuses, qui jouissent depuis un temps immémorial d'une réputation justement méritée.

SAISON DES EAUX. On peut faire usage en tout temps des eaux minérales de Dinan, lorsqu'on les boit aux repas, en les coupant avec du vin ; mais les étrangers, pour les prendre sur les lieux, doivent préférer la fin du printemps ou la saison de l'été.

PROPRIÉTÉS MÉDICINALES. Les eaux minérales de Dinan sont ferrugineuses, salines et légèrement gazeuses. Elles ajoutent aux principes qui vivifient nos fluides; elles activent la circulation, et peuvent ainsi s'opposer aux congestions viscérales, rendre plus abondantes, plus régulières, toutes les sécrétions, débarrasser le sang des éléments morbifiques, de la bile, des sérosités, des glaires.

A 70 k. E.-S.-E. de St-Brieuc, 375 k. O. de Paris. Lat. 48° 27′ 16″, long. 4° 22′ 20″ O.

L'arrondissement de Dinan est composé de 10 cantons : Broons, Dinan E., Dinan O., Evran, Jugon, Matignon, Plancoët, Plélan, Ploubalay, St-Jouan-de-l'Ile.

Bibliographie. *Lettre sur quelques monuments de Dinan* (Bulletin monum. de M. de Caumont, t. VI, p. 244).

DUHAMEL (J.). *De la nature des eaux minérales de Dinan*, in-8, 1644.

FANOIX. *Traité de l'eau minérale de la Coninais*, etc., in-12, 1686.

* *Lettre sur la fontaine minérale de Dinan* (Nat. consid., t. VIII, p. 39).

MONNET. *Notice sur les eaux de Dinan* (Nouv. Hydr., in-12, 1772).

CHIFOLIAU. *Essai analytique des eaux minérales de Dinan*, in-12, 1782.

BIGEON. *Eaux minérales de Dinan*, etc. in-8, 1824.

DINARD, *Ille-et-Vilaine*, comm. de St-Enogat. ✉. A 381 k. de Paris.

DINÉAULT, vg. *Finistère* (Bretagne), arr., cant., ✉ et à 6 k. de Châteaulin. P. 1,667 h.

DINGÉ, vg. *Ille-et-Vilaine* (Bretagne), arr. et à 29 k. de Rennes, cant. d'Hédé, ✉ de Combourg. Pop. 1,757 h.

DINGSHEIM, vg. *B.-Rhin* (Alsace), arr. et à 8 k. de Strasbourg, cant. et ✉ de Truchtersheim. Pop. 540 h.

DINIA (lat. 45°, long. 24°). « Pline et Ptolémée font mention de *Dinia* ; mais ils ne s'accordent point sur le nom du peuple auquel ils attribuent cette ville. Pline (lib. III, c. 4), parlant d'après un rôle dressé sous l'empire de Galba, nomme les *Bodiontici*, en ajoutant *quorum oppidum Dinia*. Ce rôle, désigné par le terme de *Formula*, peut donner au témoignage de Pline une autorité que l'on ne connaît point dans Ptolémée, en attribuant la même ville aux *Sentii*. Ceux-ci n'ayant point leur position assurée à *Dinia*, conviendraient peut-être mieux à *Sanitium*, dont le territoire est limitrophe de Digne ; et je m'en explique aussi dans l'article *Sanitium*. Selon la Notice des provinces de la Gaule, *Civitas Diniensium* suit immédiatement la métropole des Alpes maritimes. » D'Anville. *Notice de l'ancienne Gaule*, p. 269. V. aussi Walckenaer. *Géographie des Gaules*, t. II, p. 42.

DINOZE, *Vosges*, comm. d'Arches, ✉ d'Epinal.

DINSAC, vg. *H.-Vienne* (Limousin), arr.

et à 15 k. de Bellac, cant. et ✉ du Dorat. P. 510 h.

DINSHEIM, vg. *H.-Rhin* (Alsace), arr. et à 27 k. de Strasbourg, cant. de Molsheim, ✉ de Mutzig. Pop. 1,203 h.

DINTEVILLE, vg. *H.-Marne* (Champagne), arr. et à 30 k. de Chaumont-en-Bassigny, cant. et ✉ de Châteauvillain. P. 428 h. — Haut fourneau.

DINVILLE, *Seine-et-Marne*, comm. de Villiers-sur-Morin, ✉ de Crécy.

DIO, vg. *Hérault* (Languedoc), arr., ✉ et à 15 k. de Lodève, cant. de Lunas. Pop. 410 h.

DIODURUM (lat. 49°, long. 20°). « Ce lieu est placé dans l'Itinéraire d'Antonin entre *Durocasses*, qui est Dreux, et *Lutetia*, en marquant la distance à l'égard de *Lutetia* XV et à l'égard de *Durocasses* XXII. Je ne vois point d'autre lieu sur cette route auquel on puisse rapporter la position de *Diodurum* que Jouarre, près Pontchartrain. Il y passe un ruisseau, comme le terme de *durum* l'indique, et ce ruisseau contribue à former la petite rivière de Maudre, qui tombe dans la Seine au-dessous de Mantes. La distance, à partir de *Lutetia*, paraît valoir 16 lieues gauloises, et elle ne passe guère 18 en partant de Dreux. Les nombres de l'Itinéraire ne cadreraient pas mieux à quelque autre position que celle de Jouarre ; et il faut bien que ces nombres cèdent à ce que le local détermine de positif. » D'Anville. *Notice de l'ancienne Gaule*, p. 270.

DIOIS (le), contrée du ci-devant bas Dauphiné, dont Die était la chef-lieu. Elle est aujourd'hui comprise dans le dép. de la *Drôme*, arrond. de Die.

DIONAY, vg. *Isère* (Dauphiné), arr., cant., ✉ et à 15 k. de St-Marcellin. Pop. 492 h.

DIONISY (St-), vg. *Gard* (Languedoc), arr. et à 12 k. de Nîmes, cant. de Sommières, ✉ de Calvisson. Pop. 270 h.

DIOLINDUM (lat. 45°, long. 19°). « La Table théodosienne marque ce lieu à la suite d'*Excisum*, et l'indication de la distance est XXI ; ce qui convient à la position de la Linde sur la Dordogne, comme on peut voir à l'article *Trajectus*. La Table ajoute une continuation de voie de *Diolundum* à *Bibona*, ou pour mieux dire *Divona*, la capitale des *Cadurci*. Mais le nombre XXIIII, qui est placé au-dessous de la ligne qui représente cette voie dans la Table, ne remplit pas ce qu'il y a d'espace de la Linde à Cahors. » D'Anville. *Notice de l'ancienne Gaule*, p. 270.

DIONS, vg. *Gard* (Languedoc), arr., ✉ et à 14 k. d'Uzès, cant. de St-Chaptes. P. 700 h.

DIORS, bg *Indre* (Berry), arr., cant., ✉ et à 11 k. de Châteauroux. Pop. 446 h.

DIOU, bg *Allier* (Bourbonnais), arr. et à 38 k. de Moulins-sur-Allier, cant. et ✉ de Dompierre. ☞. Pop. 1,513 h. — Il est situé sur le canal latéral à la Loire, à peu de distance de cette rivière. — Carrière de marbre. — *Foire* le 1er oct.

DIOU, vg. *Indre* (Berry), arr., cant., ✉ et à 11 k. d'Issoudun. Pop. 465 h.

DIRAC, bg *Charente* (Saintonge), arr., cant., ✉ et à 9 k. d'Angoulême. Pop. 984 h. — *Foires* les 25 janv., 25 mars, 25 mai, 25 juillet, 25 sept. et 25 nov.

DIRÉE, *Charente-Inf*., comm. d'Arvert, ✉ de la Tremblade.

DIRINON, vg. *Finistère* (Bretagne), arr. et à 29 k. de Brest, cant. et ✉ de Landerneau. Pop. 1,745 h.

DIRLINSDORFF, vg. *H.-Rhin* (Alsace), arr. et à 20 k. d'Altkirch, cant. et ✉ de Ferrette. Pop. 717 h.

DIRMENACH, vg. *H.-Rhin* (Alsace), arr. et à 25 k. d'Altkirch, cant. et ✉ de Ferrette. Pop. 1,111 h.

DIROL, vg. *Nièvre* (Nivernais), arr. et à 30 k. de Clamecy, cant. et ✉ de Tannay. P. 243 h.

DISANT-DU-BOIS, vg. *Charente-Inf.* (Saintonge), arr. et à 13 k. de Jonzac, cant. et ✉ de Mirambeau. Pop. 319 h.

DISANT-DU-GUA (St-), bg *Charente-Inf.* (Saintonge), arr. et à 23 k. de Jonzac, cant. de St-Génis, ✉ de St-Fort. P. 1,420 h.

DISDIER (St-), vg. *H.-Alpes* (Dauphiné), arr. et à 40 k. de Gap, cant. de St-Etienne-en-Dévoluy, ✉ de Corps. Pop. 570 h. — *Foire* le 14 sept.

DISQUES, vg. *Pas-de-Calais*, comm. de Moringhem-Disques, ✉ de St-Omer.

DISSAIS, vg. *Vendée* (Poitou), arr. et à 25 k. de Bourbon-Vendée, cant. et ✉ de Mareuil. Pop. 227 h.

DISSAIS, vg. *Vienne* (Poitou), arr. et à 16 k. de Poitiers, cant. de St-Georges-les-Baillargeaux, ✉ de Jaulnay. Pop. 1,170 h. — *Foire* le 30 juin.

DISSANGIS, vg. *Yonne* (Bourgogne), arr. et à 15 k. d'Avallon, cant. et ✉ de l'Isle-sur-le-Serein. Pop. 354 h.

DISSAY-SOUS-COURCILLON, vg. *Sarthe* (Maine), arr. et à 42 k. de St-Calais, cant. et ✉ de Château-du-Loir. Pop. 1,477 h.

DISSAY-SOUS-LE-LUDE, bg *Sarthe* (Anjou), arr. et à 24 k. de la Flèche, cant. et ✉ du Lude. Pop. 874 h.

DISSÉ-SOUS-BALLON, vg. *Sarthe* (Anjou), arr. et à 15 k. de Mamers, cant. et ✉ de Marolles-les-Braux. Pop. 402 h.

DISTRÉ, bg *Maine-et-Loire* (Anjou), arr., cant., ✉ et à 5 k. de Saumur. Pop. 734 h.

DISTROFF, vg. *Moselle* (pays Messin), arr., ✉ et à 8 k. de Thionville, cant. de Metzervisse. Pop. 1,058 h.

DIUSSE, vg. *B.-Pyrénées* (Béarn), arr. et à 45 k. de Pau, cant. et ✉ de Garlin. Pop. 368 h.

DIVAJEU, vg. *Drôme* (Dauphiné), arr. et à 39 k. de Die, cant. et ✉ de Crest. P. 499 h. — Moulins à soie.

DIVAL, *Aube*, comm. de Villenauxe.

DIVE (île de la), vg. *Vendée* (Poitou), comm. de St-Michel-en-l'Herm, ✉ de Luçon.

DIVE (la), *Diva*, rivière qui prend sa source à Malnoyer, arr. d'Argentan, *Orne* ; elle passe à Coulibœuf, St-Pierre, Mezidon, Annerai, St-Samson, Dives, et se jette dans la Manche, au-dessous de cette ville, après un cours d'environ 60 k. — La Dive est navigable depuis le confluent de la Vie jusqu'à son embouchure, sur une étendue de 26,000 m. Les objets de transport consistent en cidres, vins, eaux-de-vie, bois, tangues, sables et matériaux à bâtir.

DIVE-DU-MIDI (la), petite rivière qui prend sa source au-dessus du village de Lezay, arr. de Melle, *Deux-Sèvres*; elle passe à Couhé-Vérac, et se jette dans le Bouleur, à Voulon, dép. de la *Vienne*, après un cours d'environ 32 k.

DIVE-DU-NORD (la), petite rivière qui prend sa source près du village de Vouzailles, arr. de Poitiers, *Vienne*; elle passe près de Montcontour, et se jette dans le Thouet, à 6 k. au-dessus de Montreuil, *Maine-et-Loire*, après un cours de 60 k.

DIVES, bourg maritime, *Calvados* (Normandie), arr. et à 21 k. de Pont-l'Evêque, chef-l. de cant. Cure. Gîte d'étape. ⊠. A 220 k. de Paris pour la taxe des lettres. Pop. 518 h. — TERRAIN tertiaire moyen. — Il est dans une situation agréable, à l'embouchure de la Dive dans la Manche. On y voit une ancienne église, qui a été classée au nombre des monuments historiques. — *Etablissement de la marée*, 9 heures 25 minutes.

Dives possède un port presque ignoré aujourd'hui, qui reçut en 1066 la flotte de Guillaume le Bâtard, prête à sortir pour la conquête de l'Angleterre. Cinquante mille hommes plantèrent leurs drapeaux sur le rivage d'où l'œil découvre à peine maintenant quelques barques de pêcheurs, cinglant à l'ouest vers les dunes de Sallenelles, où à l'est vers le petit port de Trouville. — *Commerce* de cidre, harengs et sardines salés, bois de chauffage et de construction. — *Foire* de 3 jours le 9 sept.

DIVES, vg. *Oise* (Picardie), arr. et à 25 k. de Compiègne, cant. et ⊠ de Lassigny. Pop. 407 h.

DIVETTE (la), petite rivière qui prend sa source dans le dép. de la *Manche*; elle passe à Cherbourg, et se jette dans la mer, après un cours d'environ 20 k.

DIVION, vg. *Pas-de-Calais* (Artois), arr. et à 13 k. de Béthune, cant. et ⊠ d'Houdain. Pop. 585 h.

DIVITENSE MUNIMENTUM (lat. 51°, long. 25°). « Cette place romaine n'étant séparée de Cologne que par la largeur du Rhin, dans l'endroit où Deutz est encore existant, j'ai cru devoir lui donner place ici. Rheanus dit avoir trouvé une inscription à Deutz où le nom du lieu était ainsi marqué. Il y avait une milice distinguée par cette dénomination : *Divitenses* et *Tungricani* sont des corps de troupes romaines que cite Ammien Marcellin, dans un poste nommé *Calydona*, dont la position m'est inconnue. Il est aussi mention de *Divitenses* dans la Notice de l'empire. L'ancienne dénomination ayant été altérée, on a dit *Tuitium*, et c'est ainsi qu'écrivait Rupert, abbé d'un monastère en ce lieu, dans le XII° siècle. » D'Anville. *Notice de l'ancienne Gaule*, p. 270. V. aussi Walckenaer. *Géographie des Gaules*, t. I, p. 516.

DIVODURUM, postea MEDIOMATRICI et METTIS (lat. 50°, long. 24°). « *Divodurum*, dans Tacite, *oppidum* est *Mediomatricorum*. C'est la ville que Ptolémée (*Hist.*, lib. I, sect. 63) cite uniquement chez le même peuple. On la trouve sous le même nom dans l'Itinéraire d'Antonin, et on lit, dans la Table théodosienne, *Divoduri Mediomatricorum*. Mais l'usage s'étant introduit de désigner les capitales des cités par le nom de la cité même, cette ville est appelée *Mediomatrici* dans Ammien Marcellin (lib. XV et XVII). Le nom de *Mettis*, sur lequel est formé celui de Metz, était établi au commencement du V° siècle. Dans la Notice des provinces de la Gaule, après la métropole de la première Belgique, qui est Trèves, on trouve *civitas Mediomatricorum Mettis*. On lit *Mettis* en plusieurs endroits de la Notice de l'empire, comme en celui-ci : *Prima (legio Pseudocomitensis) Flavia Mettis*. Et, dans les temps postérieurs, ce nom étant seul en usage, il a fait oublier les précédents. » D'Anville. *Notice de l'ancienne Gaule*, p. 271.

DIVONA, postea CADURCI (lat. 45°, long. 20°). « Le nom de cette ville s'écrivait *Dueona*, selon Ptolémée. On lit *Bivona* pour *Divona* dans la Table théodosienne, où la position est figurée comme celle d'une capitale. Ausone nous donne la même leçon de cette dénomination, et nous apprend la signification qui lui est propre, lorsqu'en parlant d'une fontaine de Bourdeaux, il dit :

Divona, Celtarum lingua, fons addite Divis.

La fontaine de Cahors, qui peut avoir donné à cette ville le nom de *Divona*, est celle des Chartreux ; et je suis persuadé, contre l'opinion de M. de Valois, que, dans cette dénomination composée de deux mots, *Di* ou *Div* et *Von*, ou simplement *On*, c'est le premier de ces mots qui appartient à la divinité, et que le second désigne la fontaine. Selon Cambden (*Britannia*, ed. Janss., p. 7), *Div*, chez les Bretons de la Grande-Bretagne, signifie Dieu, et *wonan*, une fontaine. Nos bas Bretons disent *Doué* et *Eymen*. D'ailleurs le sens rigoureux d'Ausone veut que le mot qui se rapporte à fontaine, dans *Divona*, suive l'autre par addition, *Fons addite Divis*. Le nom qui était ainsi propre à la capitale des *Cadurci* a fait place à celui du peuple dans la Notice des provinces de la Gaule. *Civitas Cadurcorum* est une de celles de l'Aquitaine première. Elle est appelée *Cadurcum* par Grégoire de Tours. M. de Valois a été informé que dans la ville de Cahors il y a un endroit qui est appelé *las Cadurcas*. Ainsi l'ancienne dénomination de *Cadurci* s'y conserve plus purement que dans le nom actuel de Cahors. » D'Anville. *Notice de l'ancienne Gaule*, p. 271.

DIVONNE, vg. *Ain* (pays de Gex), arr., cant., ⊠ et à 8 k. de Gex. Pop. 1,500 h. — *Fabrique* de papier. Forges et martinets. — *Foires* les 3ᵉˢ mardis d'avril et de sept.

DIVY (St-), vg. *Finistère* (Bretagne), arr. et à 15 k. de Brest, cant. et ⊠ de Landerneau. Pop. 608 h.

DIXMONT, bg *Yonne* (Champagne), arr. et à 12 k. de Joigny, cant. et ⊠ de Villeneuve-le-Roi. Pop. 1,526 h. — *Foires* les 20 juin et 8 déc.

DIZIER (St-), vg. *Creuse* (Marche), arr. et à 19 k. d'Aubusson, cant. et ⊠ de Chénérailles. Pop. 608 h.

DIZIER (St-), vg. *Creuse* (Marche), arr. cant., ⊠ et à 9 k. de Bourganeuf. Pop. 2,232 h. — *Foire* le 9 sept.

DIZIER (St-), vg. *Drôme* (Dauphiné), arr. et à 34 k. de Die, cant. et ⊠ de la Motte-Chalançon. Pop. 341 h. — *Foire* le 10 mai.

DIZIER (St-), vg. *Lot-et-Garonne*, comm. de Cavare, ⊠ de Castillonnès.

DIZIER (St-), *Desiderii Fanum*, *Desiderii Oppidum*, jolie ville, *H.-Marne* (Champagne), arr. et à 20 k. de Vassy, chef-l. de cant. Trib. de comm. Collège comm. Cure. Gîte d'étape. ⊠. ⚭. A 209 k. de Paris pour la taxe des lettres. Pop. 5,705 h. — TERRAIN d'alluvions modernes.

Autrefois diocèse et intendance de Châlons, parlement de Paris, élection de Vitry, bailliage royal, gouvernement particulier, 1 abbaye.

La position géographique de cette ville porte à croire qu'elle existait à une époque fort reculée. Il paraît que son nom lui vient d'un saint évêque de Langres, martyrisé par les Vandales dans le V° siècle ; c'était autrefois une place importante et bien fortifiée. En 1544, elle soutint un siége mémorable contre l'empereur Charles-Quint, qui parut devant ses murs le 8 juillet, à la tête d'une armée considérable, composée d'Impériaux, d'Espagnols, de Bavarois, de Saxons et de protestants, commandés par Ferdinand de Gonzague, généralissime, qui avait sous ses ordres le prince d'Orange, le duc Maurice de Saxe, le marquis Albert de Brandebourg, Alvare de Saude, le duc d'Alnès, etc., etc. La ville fut défendue avec vigueur par le comte de Sancerre, qui en était gouverneur, et par le seigneur de la Lande, son adjoint. Le prince d'Orange fut tué sous ses murs, à l'endroit où existe une croix qui rappelle le souvenir de son nom. La ville capitula le 9 août, et la garnison en sortit avec armes et bagages, et les honneurs de la guerre. Sancerre, en arrêtant pendant plus d'un mois l'empereur devant cette place, donna à François Iᵉʳ le temps de rassembler toutes ses forces, et partagea avec les habitants de St-Dizier la gloire d'avoir sauvé sa patrie d'un danger éminent. Le parlement de Paris ordonna à cette occasion une procession solennelle du Palais à Notre-Dame, où l'on chanta un *Te Deum*, pour rendre grâces à Dieu de la brave résistance des *manants* et *habitants* de St-Dizier : tels furent les termes de l'arrêt.

La ville de St-Dizier ne fut rendue à la France qu'à la paix de Crespy. François Iᵉʳ la fit réparer et en releva les fortifications, qui depuis ont été remplacées par d'agréables promenades. Les 27 janvier et 26 mars 1814, il se livra près de cette ville deux combats meurtriers, où les étrangers furent complétement battus par les Français.

Les armes de St-Dizier sont : *d'azur à un château d'argent côtoyé des lettres S et D d'or en chef.* Alias : *d'azur à un château crénelé d'argent, donjonné de 3 pièces de même, posé dans un bateau aussi d'argent.*

Cette ville fut presque entièrement brûlée dans la nuit du 19 au 20 août 1775, par l'imprudence d'un boulanger : l'église paroissiale, le palais, les halles, les magasins, les écoles publiques et plus de quatre-vingts maisons furent en moins de vingt-quatre heures réduits en cendres. C'est aujourd'hui une assez jolie ville, formée de rues larges et bien percées, bordées de maisons bien-bâties ; elle est sur la rive droite de la Marne, qui commence en cet endroit à être navigable. On y remarque un bel hôtel de ville, de construction récente, et les restes de l'ancien château.

Biographie. PATRIE de P. TOUSSAINT NAVIER, médecin très-savant pour son époque.

De P.-F. GRIGNON, connu par la découverte de la ville ou citadelle romaine du Châtelet, située sur les bords de la Marne.

INDUSTRIE. *Fabriques* de toiles de coton, de tonnellerie, seaux de bois qui s'exportent pour Bray, planches de toute espèce. Construction de bateaux. Forges, fonderies de poêles, de plaques de cheminées et autres ouvrages en fonte. — *Commerce* considérable de bois de marine et de charpente, etc., etc. — *Foires* les 3 mai (2 jours), 22 juillet et 25 nov.

DIZIER (St-), ou SANCT-SYOERIGEN, vg. H.-Rhin (Alsace), arr. et à 25 k. de Belfort, cant. et ✉ de Delle. Pop. 610 h.

DIZIER - LES - DOMAINES (St-), vg. Creuse (Marche), arr. de Boussac, à 5 k. de Chambon, cant. et ✉ de Chatelus. Pop. 806 h.

DIZIERS, *Loir-et-Cher*, comm. de Suèvres, ✉ de Mer.

DIZIMIEUX, vg. Isère (Dauphiné), arr. de la Tour-du-Pin, à 11 k. de Bourgoin, cant. et ✉ de Crémieu. Pop. 516 h.

DIZIMIEUX, *Rhône*, comm. de Longes, ✉ de Condrieu.

DIZOCOURT, *Oise*, comm. de Jaux, ✉ de Compiègne.

DIZY, vg. *Marne* (Champagne), arr. et à 22 k. de Reims, cant. d'Aï. Pop. 378 h. Sur la rive droite de la Marne. — Il est assez bien bâti, sur la route d'Epernay à Aï et Louvois, au bas d'un coteau planté de vignes qui donnent d'excellents vins, et à l'embranchement de deux routes qui favorisent l'écoulement des produits de ce précieux vignoble. C'est un village assez ancien, dont l'église est pittoresque; les maisons propres et bien construites. — La superficie du territoire de cette commune planté en vigne est de 126 hect, du prix de 4,000 à 8,000 fr. l'hect., produisant ensemble annuellement 1,200 pièces de vin du prix moyen de 100 fr. la pièce ; les vins blancs de Dizy font partie de la première classe des vins de Champagne. — *Commerce* de vins de Champagne rouges et blancs.

DIZY-LE-GROS, vg. *Aisne* (Picardie), arr. et à 35 k. de Laon, cant. de Rosoy-sur-Serre, ✉ de Montcornet. Pop. 1,572 h. — En 1576, un parti calviniste, sorti de la Champagne, livra aux flammes le bourg de Dizy ; l'église fut brûlée, ainsi que le curé et la plus grande partie des habitants qui s'y étaient réfugiés.

DOAT, *H.-Pyrénées*, comm. de Casteide-Doat, ✉ de Vic-en-Bigorre.

DOAZIT, bg *Landes* (Gascogne), arr. et à 11 k. de St-Sever, cant. de Mugron, ✉ d'Hagetmau. Pop. 1,490 h.

PATRIE de J. DARCET, célèbre chimiste, membre du sénat conservateur et de l'Institut, mort en 1801.

Commerce de vins et de fruits excellents de son territoire.

DOAZON, vg. *B.-Pyrénées* (Béarn), arr., cant. et à 20 k. d'Orthez, ✉ d'Artix. Pop. 383 h.

DOCELLES, vg. *Vosges* (Lorraine), arr. et à 16 k. d'Epinal, cant. et ✉. A 394 k. de Paris pour la taxe des lettres. Pop. 1,163 h. — Nombreuses papeteries. — *Foires* les 4 lundis des Quatre-Temps.

DOCHES, vg. *Aube* (Champagne), arr. et à 13 k. de Troyes, cant. et ✉ de Piney. Pop. 440 h.

DODE (St-), vg. *Gers* (Armagnac), arr. et à 12 k. de Mirande, cant. et ✉ de Miélan. Pop. 883 h.

DŒUIL, vg. *Charente-Inf.* (Saintonge), arr. à 21 k. de St-Jean-d'Angely, cant. et ✉ de Loulay. Pop. 920 h. — *Fabrique* d'eau-de-vie.

DOGNE (la), petite rivière qui prend sa source au Mont-d'Or, *Puy-de-Dôme*, non loin de la Dor, avec laquelle elle se réunit au-dessous du village de Bains ; alors, confondant leurs noms et leurs eaux, elles forment la Dordogne. V. DOR, DORDOGNE.

DOGNEN, vg. *B.-Pyrénées* (Béarn), arr. et à 25 k. d'Orthez, cant. et ✉ de Navarrenx. Pop. 538 h.

DOGNEVILLE, vg. *Vosges* (Lorraine), arr., cant., ✉ et à 6 k. d'Epinal. Pop. 690 h.

DOGNON (le), *Creuse*, comm. de St-Maurice, ✉ de la Souterraine.

DOGNON (le), *H.-Vienne*, comm. de Cognac, ✉ de la Barre.

DOHEM, vg. *Pas-de-Calais* (Artois), arr. et à 14 k. de St-Omer, cant. de Lumbres, ✉ de Fauquembergue. Pop. 701 h.

DOHIS, vg. *Aisne* (Picardie), arr. à 50 k. de Laon, cant. de Rozoy-sur-Serre, ✉ de Brunhamel. Pop. 588 h.

DOIGNIES, vg. *Nord* (Cambrésis), arr., ✉ et 7 k. de Cambrai, cant. de Marcoing. Pop. 818 h. — *Fabrique* de sucre indigène.

DOINGT, vg. *Somme* (Picardie), arr., cant., ✉ et à 3 k. de Péronne. Pop. 980 h.

DOISSAC, vg. *Dordogne* (Périgord), arr. et à 26 k. de Sarlat, cant. et ✉ de Belvès. Pop. 617 h.

DOISSIN, vg. *Isère* (Dauphiné), arr. de la Tour-du-Pin, cant. et ✉ de Virieu.

DOIX, vg. *Vendée* (Poitou), arr., ✉ et à 8 k. de Fontenay-le-Comte, cant. de Maillezais. Pop. 1,567 h.

DOIZIEU, vg. *Loire* (Forez), arr. et à 24 k. de St-Etienne, cant. et ✉ de St-Chamond. Pop. 2,484 h. — *Fabrique* de rubans. Moulins à soie.

DOL, *Dola*, *Dolum*, ville ancienne, *Ille-et-Vilaine* (Bretagne), arr. et à 27 k. de St-Malo, chef-l. de cant. Cure. Gîte d'étape. ✉. ⚓. A 348 k. de Paris pour la taxe des lettres. Pop. 4,018 h. — TERRAIN de transition.

Autrefois comté et évêché, parlement et intendance de Rennes, chef-lieu d'une recette, amirauté, gouvernement particulier, collège. — L'évêché de Dol, fondé vers 559, fut érigé en archevêché en 844, par Nominoë, et replacé en 1199 sous la juridiction du métropolitain de Tours. L'évêque était seigneur et comte de Dol.

La fondation de Dol remonte à une époque très-éloignée. Au commencement du VIᵉ siècle, cette ville était le siège d'un évêché, qu'Hoë le Grand, roi de l'Armorique, fit ériger en archevêché, afin de soustraire les évêques de l'Armorique à la soumission qu'ils devaient au métropolitain de Tours.

Dol était autrefois une place très-forte et l'un des boulevards de la Bretagne contre les attaques des Normands. Elle a été prise et reprise plusieurs fois. Les Normands s'en emparèrent en 994, et la réduisirent en cendres après l'avoir pillée de fond en comble. Cette ville eut des souverains particuliers, qui prirent le titre de comtes ; Rivallon, le premier que l'on connaisse, vivait en 1030. En 1076, Guillaume le Conquérant, dont le duc Hoël V avait refusé de reconnaître la suzeraineté, passa sur le continent pour venir camper devant Dol. Mais Alain Fergent, fils du duc, défendit la place pendant quarante jours, et le roi de France Philippe Iᵉʳ, accouru au secours des Bretons, força le duc de Normandie à lever le siège. Neuf ans après, Guillaume profita de la mort d'Hoël pour reparaître devant la ville avec une nombreuse armée. Cette fois encore Alain le surprit et le força à une honteuse retraite. En 1166, Raoul, baron de Fougères, enleva Dol aux Anglais; mais, vaincu par Henri II dans un combat inégal, et contraint de se réfugier dans la tour de Dol, il fut investi et força à se rendre. Quelques années après, lorsque le roi d'Angleterre eut à se défendre contre ses propres fils, soutenus par le roi de France, il mena ses farouches Brabançons contre la ville de Dol, où s'étaient retirés les chefs des révoltés bretons. Il leur livra des assauts si furieux, qu'elle ouvrit ses portes, et les rebelles se mirent, avec toute la garnison, à la discrétion du vainqueur. En 1587, cette ville fut prise par Gilbert, duc de Montpensier, pour le compte du roi de France, qui en garda la possession. Pendant les troubles de la Ligue, elle fut assiégée plusieurs fois, et vaillamment défendue, à cette même époque, par son évêque, Charles de l'Epinai, qui soutenait le parti royal. En 1758, les Anglais, descendus à Cancale, s'avancèrent jusqu'à Dol, où ils entrèrent sans éprouver de résistance.

En 1793, après la malheureuse expédition de l'armée vendéenne sur Granville, une partie de cette armée se réfugia à Dol, où peu de temps après elle fut assiégée par les républicains. Les royalistes défendirent cette ville avec courage. Après un combat acharné, qui dura plus de quinze heures, l'armée républicaine fut forcée à la retraite, et poursuivie jusqu'à Antrain, où les Vendéens massacrèrent une partie de son arrière-garde.

Les armes de **Dol** sont : *d'argent à huit mouchetures d'hermines de sable, 3, 2 et 3.*

Cette ville est située à l'intersection de plusieurs grandes routes, au milieu de marais desséchés extrêmement fertiles. Elle est bâtie sur une hauteur qui domine la partie des marais qui n'est pas boisée, et s'aperçoit d'assez loin. De vieux murs et de larges fossés, restes de ses anciennes fortifications, l'environnent de toutes parts. Des promenades charmantes ont été établies récemment sur les glacis de ses remparts.

Dol est une ville triste et mal bâtie : la plupart des maisons offrent même une construction bizarre : le premier étage se détache du rez-de-chaussée et s'avance sur la rue, où il forme une saillie de 2 m. à 2 m. 66 c., soutenue par des piliers. Cependant beaucoup de constructions modernes se font remarquer à côté de ces anciens manoirs, et tout porte à croire qu'avant une cinquantaine d'années cette ville présentera un aspect agréable. La Grande-Rue, qui est presque la seule à laquelle on puisse donner ce nom, est spacieuse et bordée de maisons construites sur une ligne assez régulière.

On voit à Dol une maison qui, sauf quelques restaurations, semble être entièrement romane ; c'est probablement la seule maison de ce genre qui existe dans le département. Cette construction est appelée la maison des Palais ou la maison des Plaids. Trois baies placées au premier étage sont indiquées comme les ouvertures par lesquelles on signifiait au peuple les arrêts de la justice ; il y a l'ouverture pour les grands jugements, l'ouverture pour les petits jugements, l'ouverture pour les jugements criminels. Cette maison est romane et ornée ; les appuis des fenêtres sont décorés en dents de scie, les archivoltes sont décorés de zigzags et de quatre feuilles à pétales très-allongés et à calice au centre. Trois figures humaines en mascaron se remarquent encore sur cette façade, où l'on voit trois ouvertures à plein cintre, dont deux parfaitement conservées.

Dol est une ville très-malsaine, à cause des marais qui l'avoisinent. Ces marais, formés par l'envahissement de la mer, sont bordés de l'est à l'ouest par des digues destinées à les défendre contre la fureur des flots : ce sont des jetées de terre fortifiées du côté de la Manche par des enrochements à pierres perdues, et dont la hauteur est en général de 10 m. — Le territoire de cette ville est très-fertile en blé, tabac, chanvre, lin, fruits, et principalement en pommes donnant du cidre délicieux, qui supporte le transport par mer. Les pâturages nourrissent des moutons estimés pour la délicatesse de leur chair.

L'ancienne cathédrale de Dol, une des plus belles églises de la Bretagne, a été classée au nombre des monuments historiques. Elle est très-vaste ; sa nef est élevée, et il y a de la légèreté, de la hardiesse dans l'ensemble de son architecture gothique. Les piliers sont remarquables ; quatre petites colonnes séparées les flanquent et s'élèvent jusqu'à leur sommet. — Indépendamment du porche occidental qui a été supprimé, il y en a deux au sud. Le premier, qui est assez bien conservé, est placé au côté droit de la seconde travée de la nef ; l'entrée est divisée en deux arcades à ogives par un pilier à six pans, semés de cœurs. Les deux côtés intérieurs sont ornés d'une grande ogive, deux fois subdivisée, avec feuillages naturels en relief dans les tympans. Ces ornements se reproduisent sur l'architrave de la porte géminée du fond. Le second porche, surmonté d'une terrasse et de deux clochetons, qui n'a pas moins de 7 m. 80 c. de largeur sur 10 m. 80 c. de profondeur, est une construction ajoutée dans le XVIe siècle à l'extrémité du bras de la croix. — Le chœur se termine carrément par un mur, sur lequel vient butter la voûte. Ce mur est ouvert à sa partie inférieure par deux arcades retombant sur un faisceau de colonnes élevé sur l'axe de l'église, et à sa partie supérieure, par une vaste verrière dont l'ogive principale est divisée par deux autres ogives subdivisées également par deux autres arcs semblables, lesquels se subdivisent encore de la même manière. — Dans le fond de la croisée, côté du nord, on voit le tombeau de l'évêque Thomas Jamey, construit en 1057 par un artiste florentin, et complètement restauré dans le beau style de la renaissance. Il se compose d'un dais porté par quatre colonnes corinthiennes et d'un stylobate quadrangulaire servant de sarcophage, richement sculpté sur les trois faces apparentes, le tout placé dans un enfeu, en forme d'arcade évidée dans le plein du mur, ornée d'arabesques pleins de goût, de la plus délicate exécution et encadrée dans un portail d'ordre composite non moins riche. Les stalles sont un ouvrage du XIVe siècle, digne de fixer l'attention. — La cathédrale de Dol conserve des restes d'architecture militaire ; tout le côté gauche du chœur est crénelé. — Les tours de cet édifice sont très-élevées, et l'une d'elles a vue étendue. L'une d'elles n'a pas été terminée ; elle a au plus 33 m. d'élévation. Cette église est construite avec une grande solidité et bien conservée.

A 1 k. et demi de la ville de Dol, à droite de la route départementale de Hedé à Dol, on voit un monument gaulois, druidique ou romain, auquel on donne dans le pays le nom de Pierre du Champ-dolent.

Commerce de grains, cidre excellent, chanvre, tabac, lin, bestiaux, etc. — Extraction de tourbe. — *Foires* les 23 mars, 6 avril, 18 mai, 29 juin, 27 juillet, 10 août, 20 oct. et 22 déc.

Bibliographie. Manet (l'abbé). *De l'état ancien et de l'état actuel de la baie du Mont-St-Michel et de Cancale, et des marais de Dol*, etc., in-8, 1829.

DOLAINCOURT, vg. *Vosges* (Lorraine), arr. et à 11 k. de Neufchâteau, cant. et ✉ de Châtenois. Pop. 198 h.

DOLANCOURT, *Dolancuria*, vg. *Aube* (Champagne), arr., ✉ et à 9 k. de Bar-sur-Aube, cant. de Vendeuvre. Pop. 264 h. — Il a été le théâtre d'un combat sanglant entre les Français et les troupes étrangères, le 26 février 1814.

DOLAY (St-), vg. *Morbihan* (Bretagne), arr. et à 53 k. de Vannes, cant. et ✉ de la Roche-Bernard. Pop. 2,200 h.

DOLCOURT, vg. *Meurthe* (Lorraine), arr. et à 25 k. de Toul, cant. et ✉ de Colombey. Pop. 256 h.

DOLE, *Dolum, Dola Sequanorum*, jolie ville, *Jura* (Franche-Comté), chef-l. de sous-préf. (1er arr.). Trib. de 1re inst. et de comm. Collège communal. Soc. d'agricult. Cure. Gîte d'étape. ⌧. ⚘. Pop. 10,713 h. — TERRAIN jurassique, étage inférieur du système oolitique.

Autrefois diocèse, parlement et intendance de Besançon, chambre des comptes, aides et finances, grand bailliage et bailliage particulier, recette, collégiale, collège, université, 10 couvents.

Dôle est une ville très-ancienne, ainsi que l'attestent quelques vestiges d'un amphithéâtre, les débris d'un aqueduc, et quelques restes de cette voie magnifique que les Romains avaient construite de Lyon aux rives du Rhin. Dès le XIVe siècle, c'était déjà une ville importante. En 1435, les habitants repoussèrent avec perte le duc de Bourbon, qui, déjà maître de plusieurs places du duché de Bourgogne, s'était présenté sous leurs murs. Fidèles à l'héritière de Charles le Téméraire, ils parvinrent quelque temps à se dérober au joug du fourbe et sanguinaire Louis XI ; mais, en 1479, la ruse fit ce que la force n'avait pu exécuter. D'Amboise introduisit ses soldats dans la ville ; les habitants, surpris, défendirent le terrain pied à pied jusque sur la grande place, où ils aimèrent mieux périr les armes à la main que de se rendre. Voici comment cet événement est consigné dans les registres de la ville de Dôle : « L'an 1479, le 25e jour du mois de mai, heure de midi, fut, par les François et par trahison, prise la ville de Dôle ; la plupart des habitants d'icelle occis et les autres prisonniers ; et en cette heure, y mirent lesdits François le feu, et furent brûlés les églises de Notre-Dame, de St-Georges, les halles, auditoires, maison du conseil et moulins dudit Dôle. La plupart de cette ville exterminée, captive, ne sera vue par ceux qui ci-après liront, comme dessus, et nous certifions sous nos seings manuels ci-mis. » Il n'y eut, à l'époque de cette destruction, que trois édifices conservés : la tour de Vergy, l'église des Cordeliers, qui servit d'asile aux femmes, aux enfants et aux vieillards, et la maison de Jean de Vurry, trésorier des ducs de Bourgogne, dans laquelle d'Amboise était logé.

Pendant plusieurs années, Dôle a subi le joug de l'Espagne avec toute la ci-devant Franche-Comté, dont, malgré sa petitesse, elle fut longtemps la capitale. Charles-Quint en fit augmenter les fortifications en 1530, et depuis cette époque elle a été plusieurs fois le théâtre de la guerre. Le prince de Condé l'assiégea en 1636. Ayant sommé la garnison de se rendre : « Rien ne nous presse, reprend le commandant de place Laverne ; après un an de siège, nous délibérerons sur le parti à prendre. » Condé multiplie les attaques, hasarde les sommations après les plus légers avantages. Sa conduite devint si ridicule, qu'on le somma enfin lui-même de lever le siège. Un trompette vint lui déclarer que, « s'il veut se retirer, les habitants de Dôle lui accorderont six jours francs, afin qu'il puisse s'en aller en sûreté avec son armée ; que si Son Altesse rejette cette offre, elle pourra bien s'en trouver mal. — Et moi, répondit Henri II en colère, je ne recevrai point ceux de Dôle à composition, à moins qu'ils ne me la viennent demander la corde au cou. » Les assiégés poussent l'insulte encore plus loin : ils menacent d'arrêter le prince devant leurs murs aussi longtemps qu'il a demeuré dans le ventre de sa mère, et puis de l'obliger ensuite d'en lever le siège. Condé redouble d'efforts pour ne pas prendre un parti si honteux, auquel il fut cependant contraint après avoir épuisé toutes ses ressources.

Louis XIV s'empara de Dôle en 1668 ; mais il la rendit à l'Espagne au mois de mai suivant, par le traité d'Aix-la-Chapelle. Il reprit cette ville en 1674, et la paix de Nimègue du 17 septembre 1678 l'assura à la France ainsi que la Franche-Comté.

Les armes de Dôle sont : *coupé, le chef d'azur semé de billettes d'or, au lion naissant d'or mouvant de la pointe, qui est de gueules au soleil d'or* ; et pour devise : INSTITUA ET ARMIS.

La ville de Dôle est dans une belle situation, au pied d'un coteau couvert de vignes, sur la croupe et le penchant d'une colline au bas de laquelle passent le Doubs et le canal du Rhône au Rhin. Elle est bien bâtie, assez bien percée, ornée de fontaines publiques, et environnée de charmantes promenades. Les alentours offrent aussi de fort belles maisons construites en pierres de taille, et de beaux jardins.

L'église paroissiale, située sur la place Royale, est un édifice gothique, composé de trois nefs soutenues par d'énormes piliers : le vaisseau est peut-être un peu trop élevé pour la largeur de l'édifice ; on y voit un très beau jeu d'orgues exécuté par Riepp.

On voit sur la place où s'élève cette église un bassin de fontaines assez bien sculpté, que surmonte un piédestal. — Autour de la ville existent trois autres fontaines naturelles ; celle dite fontaine de Gujans, qui sort d'un rocher tapissé d'arbustes et de lierre toujours verts, était autrefois consacrée à Diane.

On remarque encore à Dôle : la tour de Vergy, ancien édifice qui sert aujourd'hui de prison ; le portail de la chapelle de la nouvelle maison d'arrêt, d'une grande pureté de style et d'une noble simplicité ; l'ancien collége des jésuites ; le palais de justice ; le collége ; la bibliothèque publique, contenant 6,000 volumes ; l'école de dessin ; le musée ; l'Hôtel-Dieu ; l'hôpital général ; la salle de spectacle ; le dépôt de mendicité ; le pont sur le Doubs ; le canal ; les charmantes promenades de St-Maurice, du Pasquier, du jardin Philippe. — L'ancien hôtel de ville, monument assez curieux du XVIII° siècle, a été vendu à l'enchère le 17 septembre 1839. — On doit visiter dans les environs la belle forêt de Chaux, percée de superbes avenues ; et à quelque distance, sur les bords de cette forêt, la verrerie de Vieille-Loye.

Biographie. Dôle est le lieu de naissance de :
L'abbé CL.-FR. LAMBERT, historien.
CH.-LOZ. LAUMIER, historien et littérateur.
EVE DE DESMAILLOTS, jacobin, auteur du *Tableau historique des prisons d'État sous le règne de Bonaparte*.
DUSILLET, littérateur.
J.-FR. MIELLE, littérateur.
CL.-FR. MALLET, général de brigade, condamné à mort et fusillé le 29 octobre 1812.
GILBERT-DÉS.-JOS. BACHELU, lieutenant général.
SIMON BERNARD, général du génie, ministre de la guerre.
C.-A. LOMBARD, habile chirurgien, membre de l'Institut, mort en 1811.

Industrie. Fabriques de bonneterie, de boules de bleu, de vinaigre. Tuileries, poteries, brasseries, scierie hydraulique. Forges. Éducation des vers à soie ; culture en grand du mûrier et des fleurs, notamment des roses, tulipes, etc., dont il se fait des envois jusqu'en Russie. — *Commerce* de grains, farines, vins, eau-de-vie, vinaigre, bois, charbon, fer, marbre, et meules de moulin que l'on tire de l'arrondissement. — *Foires* le 2° jeudi de fév., avril, mai, août, oct. et déc., et lundi de la Pentecôte.

À 55 k. de Lons-le-Saulnier, 357 k. S.-E. de Paris. Lat. 47° 5' 52", long. 3° 10' 4" E.

L'arrondissement de Dôle est composé de 9 cantons : Chaumergy, Chaussin, Chemin, Dampierre, Dôle, Gendrey, Montbarrey, Montmirey-le-Château, Rochefort.

Bibliographie. NORMAND (C.-J.). *Dissertation historique et critique sur l'antiquité de la ville de Dôle*, in-12, 1744, 1746.
* *Supplément à la dissertation précédente*, in-12, 1746.
DUNOD (T.-S.). *Lettre sur l'antiquité de la ville de Dôle*, in-12, 1745.
BOIVIN. *Le Siège de la ville de Dôle*, in-4, 1638.
PERSAN. * *Notice sur la ville de Dôle*, in-8, 1806.
DOSILBET (L.). *Le Château de Barberousse à Dôle*, etc., in-8, 1843.
MARQUISET. *Statistique de l'arrondissement de Dôle*, 2 vol. in-8, fig., 1841-42.

DOLE (la), l'une des plus hautes montagnes du Jura, dont l'élévation est de 1,300 m. au-dessus du lac de Genève et de 1,704 m. au-dessus du niveau de l'Océan. L'ascension de cette montagne est on ne peut plus facile, et le voyageur curieux ne doit pas négliger de faire cette excursion : l'on a pour deux petites heures à monter, dont une heure environ à travers une forêt de sapins. La cime de la Dole est longue d'un demi-kilomètre, sa direction est à peu près du nord-ouest au sud-est : au sommet, sa largeur est peu considérable ; au sud et du côté des Alpes, elle est coupée presque à pic ; du côté de la France, la côte forme une courbe allongée. Sur le haut, une crête de rochers forment dans toute la longueur un mur naturel qui offrait quelques interruptions que les bergers ont remplies de pierres, pour empêcher leurs vaches de passer sur le bord qui regarde les Alpes ; ce bord forme une espèce de terrasse de largeur inégale, élevée perpendiculairement au-dessus d'un précipice de plus de 300 m. de profondeur. — On prétend qu'au lever du soleil, par un temps parfaitement clair, on peut, du sommet de la Dole, reconnaître sept différents lacs : le lac de Genève, celui d'Annecy, celui des Rousses, et ceux du Bourget, de Joux, de Morat et de Neufchâtel ; mais le plus ordinairement on n'aperçoit que les trois premiers. Ce que l'on voit bien clairement, et ce qui forme un magnifique coup d'œil de la Dole, c'est la chaîne des Alpes. On en découvre une étendue de près de 400 k., depuis le Dauphiné jusqu'au St-Gothard : au centre de cette chaîne s'élève le Mont-Blanc, dont les cimes neigeuses surpassent toutes les autres cimes, et qui, même à cette distance environ 92 k., paraissent d'une hauteur étonnante. Cette ligne de montagnes s'élève avec audace ; les cieux s'appuient sur son sommet ; elle soutient le firmament ; il n'y a point d'espace au-delà. On ne peut rien voir de plus majestueux que cette chaîne, lorsque le soleil en dore les sommets de ses plus riches couleurs ! On dirait des masses de rubis, d'émeraudes et de topazes, fixées sur un fond quelquefois d'une blancheur éclatante, et quelquefois d'une transparence qui éblouit. Toute cette richesse forme un cordon de hauteur inégale au-dessus de la Savoie. Dans l'intervalle qui sépare les Alpes du Jura, devant le spectateur, au pied du Mont-Blanc, est la Savoie ; le lac Léman, qui la baigne au nord, bleuâtre et serpentant jusqu'à Genève, où les eaux du Rhône, qui la traversent, viennent se joindre à celles de l'Arve. En face, sur l'autre rive du lac, est le riche pays de Vaud ; sur la droite est celui de Gex et les villes de Genève et de Carouge. Les montagnes du Dauphiné bornent la vue de ce côté ; à gauche, les montagnes de la Suisse à côté de la Dole ; au bas de ces monts apparaît la Suisse même, et dans le lointain le lac de Neufchâtel. Le lac Léman s'élargit à mesure que la vue remonte vers le nord-est, et en se recourbant vers les montagnes de la Savoie : cette plaine liquide, bleuâtre et transparente, de 16 k. dans sa plus grande largeur, qui brille comme un vaste miroir, au milieu des plaines fécondes et des montagnes énormes qui l'entourent, contribue d'une manière étonnante à l'embellissement de l'un des points de vue les plus étendus, les plus magnifiques et les plus variés que l'homme puisse se procurer. — Si l'on tourne le dos aux Alpes et au lac de Genève, on a la France devant soi. Dans cet autre demi-cercle, la vue s'étend à 80 k. de rayon, sur les départements de l'Ain et du Jura, derrière lesquels s'élèvent les montagnes des départements de la Côte-d'Or et de Saône-et-Loire.

DOLIGNON, vg. *Aisne* (Picardie), arr. et à 45 k. de Laon, cant. et ⊠ de Rozoy-sur-Serre. Pop. 193 h.

DOLLER (la), petite rivière qui prend sa source au pied du Ballon-d'Alsace, arr. de Belfort, *H.-Rhin*; elle passe à Massevaux, Pont-d'Aspach, et se jette dans l'Ill, au-dessous de Mulhausen, après un cours d'environ 40 k.

DOLLEREN, vg. *H.-Rhin* (Alsace), arr. et à 4 k. de Belfort, cant. et ⊠ de Massevaux. Pop. 714 h.

DOLLON, bg *Sarthe* (Maine), arr. et à 21 k. de St-Calais, cant. de Vibraye, ⊠ de Connerré. Pop. 1,888 h. — *Fabrique* de tissus de crin.

DOLLOT, vg. *Yonne* (Champagne), arr. et à 16 k. de Sens, cant. et ⊠ de Chéroy. Pop. 533 h. — Il est situé dans une contrée riante, sur le penchant d'un coteau, au pied duquel coule l'Orvanne. On y remarque les ruines d'un ancien château fort, flanqué de tourelles, aujourd'hui converti en ferme. Aux environs, dans le bois de la Garenne, on voit les ruines d'un autre château fort, environné de larges et profonds fossés.

DOLMAYRAC, vg. *Lot-et-Garonne* (Agénois), arr. et à 12 k. de Villeneuve-sur-Lot, cant. et ⊠ de Ste-Livrade. Pop. 1,076 h. — *Foires* les 5 fév., 9 mai, 22 juillet et 25 nov.

DOLO, vg. *Côtes-du-Nord* (Bretagne), arr. et à 25 k. de Dinan, cant. et ⊠ de Jugon. Pop. 884 h. — *Foire* le 29 août.

DOLOMIEU, vg. *Isère* (Dauphiné), arr., cant., ⊠ et à 8 k. de la Tour-du-Pin et à 20 k. de Bourgoin. Pop. 3,022 h.

PATRIE du célèbre minéralogiste DOLOMIEU.

DOLUS, vg. *Charente-Inf.* (île d'Oleron), arr. et à 18 k. de Marennes, cant. et ⊠ du Château-d'Oleron. Pop. 2,174 h. — Il est situé à peu près au centre de l'île d'Oleron. — *Commerce* de sel. — *Foires* le 30 nov. et le 1er lundi de déc.

DOLUS, vg. *Indre-et-Loire* (Touraine), arr., cant., ⊠ et à 9 k. de Loches. P. 751 h.

DOLVING, vg. *Meurthe* (Lorraine), arr. et à 6 k. de Sarrebourg, cant. et ⊠ de Fénétrange. Pop. 477 h.

DOMAGNÉ, vg. *Ille-et-Vilaine* (Bretagne), arr. et à 15 k. de Vitré, cant. et ⊠ de Châteaubourg. Pop. 2,131 h.

DOMAIZE, vg. *Puy-de-Dôme* (Auvergne), arr. et à 45 k. de Clermont-Ferrand, cant. et ⊠ de St-Dier. Pop. 1,573 h.

DOMALIN, vg. *Ille-et-Vilaine* (Bretagne), arr. et à 19 k. de Vitré, cant. d'Argentré, ⊠ de la Guerche. Pop. 2,735 h.

DOMANGEVILLE, *Moselle*, comm. de Sansy-sur-Nied, ⊠ de Courcelles-Chaussy.

DOMARIN, vg. *Isère* (Dauphiné), arr. et à 33 k. de Vienne, cant. de la Verpillière, ⊠ de Bourgoin. Pop. 415 h.

DOMART, ou DOMART-LES-PONTHIEU, *Dominium Medardi*, bg *Somme* (Picardie), arr. et à 20 k. de Doullens, chef-l. de cant. Cure. ⊠. A 139 k. de Paris pour la taxe des lettres. Pop. 1,348 h. — TERRAIN crétacé supérieur, voisin du terrain tertiaire supérieur. — Tuilerie. — *Foires* importantes pour la vente des chevaux le 11 nov. et le mardi avant le 23 avril.

DOMART-SUR-LA-LUE, vg. *Somme* (Picardie), arr. et à 23 k. de Moutdidier, cant. et ⊠ de Moreuil. Pop. 674 h. — *Fabrique* de bonneterie en laine.

DOMATS, vg. *Yonne* (Gatinais), arr. et à 19 k. de Sens, cant. et ⊠ de Chéroy. Pop. 705 h. — Il est situé dans une plaine assez fertile, entourée de bois et d'étangs, sur le Béc. On y remarque une petite chapelle, près de laquelle est la fontaine dite de Ste-Claire, dont les eaux passent dans le pays pour avoir la vertu de guérir les maux d'yeux. La source et la chapelle sont l'objet d'un pèlerinage très-fréquenté par ceux des habitants qui n'y voient pas plus loin que leur nez, le 1er et le 2e dimanche de mai.

DOMAZAN, vg. *Gard* (Languedoc), arr. et à 29 k. de Nîmes, cant. d'Aramon, ⊠ de Remoulins. Pop. 500 h.

DOMBASLE, vg. *Meurthe* (Lorraine), arr. et à 18 k. de Nancy, cant. et ⊠ de St-Nicolas-du-Port. ⚘. Pop. 1,139 h. — Il est situé sur la rive gauche du Sanon, près de son embouchure dans la Meurthe. On y voit les restes du château de la Mothe, dont la construction remonte au XIe siècle; un mur de plus de 7 m. de hauteur existe encore.

DOMBASLE, vg. *Meuse* (pays Messin), arr. et à 15 k. de Verdun-sur-Meuse, cant. et ⊠ de Clermont-en-Argonne. ⚘. Pop. 475 h.

DOMBASLE-EN-VOSGES, vg. *Vosges* (Lorraine), arr. et à 23 k. de Mirecourt, cant. et ⊠ de Darney. Pop. 514 h.

DOMBASLE-EN-XAINTOIS, vg. *Vosges* (Lorraine), arr., cant., ⊠ et à 13 k. de Mirecourt. Pop. 284 h.

DOMBES (pays de). C'était autrefois une principauté souveraine, jadis la propriété des ducs de Bourbon, qui en jouirent jusqu'en 1522, époque où Louise de Savoie, mère de François 1er, se la fit adjuger comme ayant succédé aux droits de Marguerite de Bourbon; mais en 1560, Charles IX, par une transaction, restitua à Louis de Bourbon, duc de Montpensier, la propriété de la terre de Dombes, avec tous les droits souverains. Marie de Bourbon Montpensier, duchesse d'Orléans, laissa ses biens à sa fille Anne-Marie-Louise d'Orléans, qui donna entre-vifs, par acte du 2 février 1681, la souveraineté de Dombes au duc du Maine, fils légitimé de Louis XIV, qui la laissa à Louis-Auguste, son fils, auquel succéda Louis-Charles, comte d'Eu, son frère. Celui-ci céda la principauté de Dombes au roi Louis XV en 1762, en échange d'autres terres que ce monarque lui donna en France; et ainsi finit la domination des souverains de Dombes. — Il y avait pour le ressort du pays de Dombes un parlement, qui avait été créé par François 1er en 1523; il siégeait dans la ville capitale de Trévoux. Ce pays était du diocèse de Lyon. Il est aujourd'hui compris dans le département de l'Ain.

DOMBLAIN, vg. *H.-Marne* (Champagne), arr., cant., ⊠ et à 5 k. de Vassy. Pop. 218 h.

DOMBLANS, vg. *Jura* (Franche-Comté), arr. et à 12 k. de Lons-le-Saulnier, cant. et ⊠ de Voiteur. Pop. 589 h.

DOMBRAS, vg. *Meuse* (pays Messin), arr. et à 17 k. de Montmédy, cant. et ⊠ de Damvillers. Pop. 480 h.

DOMBROT, ou BOUZEY, vg. *Vosges* (Lorraine), arr. et à 28 k. de Mirecourt, cant. de Vittel, ⊠ de Contrexeville. Pop. 661 h.

DOMBROT-SUR-VAYRE, vg. *Vosges* (Lorraine), arr. et à 21 k. de Neufchâteau, cant. et ⊠ de Bulgéville. Pop. 530 h.

DOMECY-SUR-CURE, vg. *Yonne* (Bourgogne), arr., ⊠ et à 13 k. d'Avallon, cant. de Vézelay. Pop. 700 h.

DOMECY-SUR-LE-VAULT, vg. *Yonne* (Bourgogne), arr., cant., ⊠ et à 8 k. d'Avallon. Pop. 386 h.

DOMELIERS, vg. *Oise* (Picardie), arr. et à 43 k. de Clermont, cant. et ⊠ de Crèvecœur. Pop. 842 h.

DOMÈNE, bg *Isère* (Dauphiné), arr. et à 11 k. de Grenoble, chef-l. de cant. Cure. ⊠. A 568 k. de Paris pour la taxe des lettres. Pop. 1,554 h. Près de la rive gauche de l'Isère. — TERRAIN d'alluvions modernes, voisin du terrain jurassique. — *Forges*. — *Foires* les 5 fév. et 29 août.

DOMENGEUX, vg. *B.-Pyrénées*, comm. de Corbères-Abère, ⊠ de Lembeye.

DOMÉRAT, vg. *Allier* (Bourbonnais), arr., cant., ⊠ et à 7 k. de Montluçon. Pop. 3,022 h.

DOMÉROT, vg. *Creuse* (Berry), arr. et à 12 k. de Boussac, et à 21 k. de Chambon, cant. de Jarnages, ⊠ de Gouzon. P. 1,095 h.

DOMESSARGUES, vg. *Gard* (Languedoc), arr. et à 23 k. d'Alais, cant. et ⊠ de Lédignan. Pop. 171 h.

DOMET (St-), vg. *Creuse* (Marche), arr. et à 13 k. d'Aubusson, cant. et ⊠ de Bellegarde. Pop. 783 h.

DOMÈVRE, ou DOMÈVRE-EN-HEYS, vg. *Meurthe* (Lorraine), arr. et à 18 k. de Toul, chef-l. de cant., ⊠ et bureau d'enregist. à Noviant-aux-Prés. A 312 k. de Paris pour la taxe des lettres. Pop. 391 h. — TERRAIN jurassique, étage inférieur du système oolitique. — *Fabrique* de calicots. — *Filature* de coton.

DOMÈVRE-SUR-AVIÈRE, vg. *Vosges* (Lorraine), arr., cant., ⊠ et à 7 k. d'Epinal. Pop. 429 h.

DOMÈVRE-SUR-DURBION, vg. *Vosges* (Lorraine), arr. et à 14 k. d'Epinal, cant. de

Châtel-sur-Moselle, ✉ de Nomexy. Pop. 489 h.

DOMÈVRE-SUR-MONTFORT, vg. *Vosges* (Lorraine), arr. et à 10 k. de Mirecourt, cant. de Vittel, ✉ de Remoncourt. P. 197 h.

DOMÈVRE-SUR-VÉZOUSE, bg *Meurthe* (Lorraine), arr. à 35 k. de Lunéville, cant. et ✉ de Blamont. Pop. 1,198 h. Sur la rive gauche de la Vézouse. — On trouve à peu de distance de ce bourg, près d'un petit bois agréable, une source d'eau minérale recouverte d'une voûte, et entretenue avec beaucoup de soin. — *Fabriques* de calicots. Filature de coton. Faïencerie. Tuilerie. Blanchisserie de toiles.

DOMEYRAT, vg. *H.-Loire* (Auvergne), arr. et à 11 k. de Brioude, cant. et ✉ de Paulhaguet. Pop. 735 h. — On y voit un ancien château susceptible d'être classé au nombre des monuments historiques.

DOMEZAIN-BERRAUTE, vg. *B.-Pyrénées* (Béarn), arr. de Mauléon, cant., ✉ et à 7 k. de St-Palais. Pop. 955 h.

DOMFAING, vg. *Vosges* (Lorraine), arr. et à 23 k. de St-Dié, cant. de Brouvelieures, ✉ de Bruyères. Pop. 338 h.

DOMFESSEL, vg. *B.-Rhin* (Alsace), arr. et à 37 k. de Saverne, cant. et ✉ de Saar-Union. Pop. 375 h.

DOMFRONT, vg. *Oise* (Picardie), arr. et à 32 k. de Clermont, cant. et ✉ de Maignelay. Pop. 182 h.

DOMFRONT, *Domefrontium*, *Dominum Frontis*, petite ville, *Orne* (Normandie), chef-l. de sous-préf. (1er arr.) et d'un cant. Tribunal de 1re inst. Collège comm. Cure. Gîte d'étape. ✉. ⚔. Pop. 2,463 h. — TERRAIN de transition moyen.

Autrefois diocèse du Mans, parlement de Paris, intendance d'Alençon, chef-lieu d'élection, bailliage, vicomté, maîtrise particulière, prieuré, collège.

Suivant la tradition, Domfront tire son origine du solitaire Front, qui vint prêcher l'Evangile dans le pays de Passais, et se fixa sur le rocher où la ville était bâtie vers l'an 540. Guillaume Ier, seigneur de Bellesme, fit construire en 1011, sur la cime de ce rocher, un château de forme carrée, défendu par quatre grosses tours, environné de profonds fossés taillés dans le roc, et de gros murs, flanqués de distance en distance par des tours couronnées de parapets, dont les vestiges qui restent peuvent donner une idée. Suivant un procès-verbal de l'état des fortifications, dressé en 1562, la ville était ceinte de vingt-quatre tours : on y entrait par quatre portes, couvertes de bastions; dans l'intérieur on voyait des souterrains d'une grande beauté et plusieurs belles citernes. — En 1048, Geoffroy Martel, comte d'Anjou, assiégea Domfront et s'en rendit maître. Guillaume le Conquérant, duc de Normandie, s'empara de Domfront par ruse. En 1089, Rotrou, comte de Mortagne, tenta, sans succès, de prendre cette ville. En 1091, les habitants de Domfront, lors du gouvernement de Robert de Montgomery, livrèrent leur ville à Henri, jeune fils de Guillaume le Conquérant, qui en augmenta beaucoup les fortifications, en fit sa place d'armes et y résidait souvent. Après l'assassinat d'Arthur, duc de Bretagne, par Jean sans Terre, Philippe Auguste, indigné de ce crime, fit confisquer et réunit à la couronne toutes les propriétés que Jean possédait en France, et fit assiéger Domfront par Rainaud, comte de Boulogne, qui s'en empara. Philippe Auguste assiégea de nouveau Domfront en 1211, prit cette place et la donna en apanage à son second fils, Philippe le Rude, qui la fit fortifier en 1228. Robert, comte d'Artois, prit cette ville en 1341. Philippe de Navarre l'attaqua à la tête d'un corps considérable de troupes, s'en rendit maître pour le compte des Anglais, qui la conservèrent jusqu'en 1360. Le duc de Bourgogne l'assiégea en 1412; la ville se rendit après quelques assauts, mais le château, qui était bien fortifié et bien approvisionné, résista à toutes les attaques. Henri V, roi d'Angleterre, assiégea Domfront en 1417, et prit cette ville par capitulation, le 12 juillet 1418, après une vigoureuse résistance de la part des habitants. Charles de Culant et le sire de Blainville la reprirent en 1450. Les protestants la surprirent, la pillèrent, y mirent le feu et brûlèrent l'église Notre-Dame en 1568.

L'infortuné comte de Montgommery, que Catherine de Médicis poursuivait depuis qu'il avait blessé Henri II, en 1559, fut assiégé dans Domfront, le 9 mars 1574; manquant de tout, et les assiégés se trouvant réduits à 15 ou 16, Montgommery se rendit le 26, et eut la tête tranchée à Paris un mois après.

Les armes de Domfront sont indiquées ainsi dans la partie du manuscrit de d'Hozier concernant les armes de concession : *de gueules à trois tours jointes ensemble avec sa porte ouverte d'or, maçonnées de sable, sur une terrasse de sinople*.

Le pays des environs de Domfront est coupé de forêts, de coteaux, de bruyères et de marais; le sol est en général peu productif, et divisé par une infinité de haies et de fossés plantés d'arbres fruitiers. — La ville est bâtie dans une situation pittoresque, sur un rocher escarpé de forme carrée à pic du côté du couchant, et au bas duquel coule la petite rivière de Varennes. L'intérieur est triste ; les rues sont étroites, tortueuses, escarpées et bordées de maisons mal bâties ; au bas du rocher se trouve l'église Notre-Dame, l'un des plus anciens édifices du département, classé récemment au nombre des monuments historiques. L'air y est pur, mais trop vif pour les poitrines délicates ; l'eau y est rare et de mauvaise qualité.

Fabriques de toiles, coutils, droguets, serges et autres étoffes. — Aux environs, forges, verreries et papeteries. — *Commerce* de toiles. — *Foires* les 1ers lundis de janv., de carême, lundi saint, lundis après Quasimodo, après l'Ascension, après la St-Jean, 1ers lundis d'août, de sept., d'oct., après la Toussaint et 2e lundi de déc.

A 62 k. d'Alençon, 254 k. O. de Paris.

L'arrondissement de Domfront est composé de 8 cantons : Athis, Domfront, la Ferté-Macé, Flers, Juvigny, Messey, Passais, Tinchebray.

Bibliographie. * *Le Siège de Domfront et la Captivité de Montgommery* (imprimé au t. III des Mémoires du règne de Charles IX, in-8, 1578, p. 352).

CAILLEBOTTE. *Essai sur l'histoire et les antiquités de la ville de Domfront*, in-18, 1807, 1811, 1827.

THIBAUT DE CHAMPUSSAIS. *Mémoire historique de la ville de Domfront* (imprimé à la suite d'un mémoire sur le bourg de Creully).

VOYER DE LA TOURNERIE (H.). *Histoire de Domfront*, in-12, 1806.

DOMFRONT-EN-CHAMPAGNE, vg. *Sarthe* (Maine), arr. à 20 k. du Mans, cant. et ✉ de Conlie. ⚔. Pop. 1,480 h.

DOMGERMAIN, vg. *Meurthe* (Lorraine), arr., cant., ✉ et à 6 k. de Toul. Pop. 1,236 h.

DOMINEUC (St-), *Ille-et-Vilaine* (Bretagne), arr. et à 36 k. de St-Malo, cant. de Tinténiac, ✉ d'Hedé. Pop. 1,455 h.

DOMINIPECH, vg. *Lot-et-Garonne*, com. de St-Salvy, ✉ de Clairac.

DOMINOIS, *Oise*, comm. de Salency, ✉ de Noyon.

DOMINOIS, vg. *Somme* (Picardie), arr. et à 30 k. d'Abbeville, cant. de Crécy, ✉ de Bernay. Pop. 458 h.

DOMJEAN, vg. *Manche* (Normandie), arr. et à 18 k. de St-Lô, cant. de Tessy, ✉ de Torigny. Pop. 1,338 h.

DOMJEVIN, vg. *Meurthe* (Lorraine), arr., ✉ et à 19 k. de Lunéville, cant. de Blamont. Pop. 559 h.

DOMJULIEN, vg. *Vosges* (Lorraine), arr. et à 15 k. de Mirecourt, cant. de Vittel, ✉ de Remoncourt. Pop. 275 h.

DOMLÉGER, vg. *Somme* (Picardie), arr. et à 22 k. d'Abbeville, cant. de Crécy, ✉ de St-Riquier. Pop. 375 h.

DOM-LE-MENIL vg. *Ardennes* (Champagne), arr. de Mézières, à 12 k. de Charleville, cant. et ✉ de Flize. Pop. 663 h. — Filature de laine.

DOMLOUP, vg. *Ille-et-Vilaine* (Bretagne), arr. et à 14 k. de Rennes, cant. et ✉ de Château-Giron. Pop. 1,068 h.

DOMMARIE-EULMONT, vg. *Meurthe* (Lorraine), arr. et à 37 k. de Nancy, cant. et ✉ de Vézelize. Pop. 282 h.

DOMMARIEN, vg. *H.-Marne* (Champagne), arr. et à 25 k. de Langres, cant. et ✉ de Prauthoy. Pop. 463 h.

DOMMARTEMONT, vg. *Meurthe* (Lorraine), arr., cant., ✉ et à 4 k. de Nancy. Pop. 201 h.

DOMMARTAIN, vg. *Ain* (Bourgogne), arr. et à 36 k. de Bourg-en-Bresse, cant. de Bagé, ✉ de Mâcon. Pop. 1,066 h.

DOMMARTIN, vg. *Doubs* (Franche-Comté), arr., cant., ✉ et à 6 k. de Pontarlier. Pop. 291 h.

DOMMARTIN, vg. *Nièvre* (Nivernais), arr.,

cant., ✉ et à 10 k. de Château-Chinon. Pop. 454 h.
DOMMARTIN, *Pas-de-Calais*, comm. de Tortefontaine, Mouriez et Raye, ✉ d'Hesdin.
DOMMARTIN, vg. *Rhône* (Lyonnais), arr. et à 15 k. de Lyon, cant. et ✉ de l'Arbresle. Pop. 395 h.
DOMMARTIN, vg. *Somme* (Picardie), arr., ✉ et à 16 k. d'Amiens, cant. de Sains. Pop. 400 h. — Papeterie.
DOMMARTIN - AUX - BOIS, vg. *Vosges* (Lorraine), arr., cant., ✉ et à 15 k. d'Epinal. Pop. 867 h.
DOMMARTIN-LA-CHAUSSÉE, vg. *Meurthe* (Lorraine), arr. et à 42 k. de Toul, cant. et ✉ de Thiaucourt. Pop. 143 h.
DOMMARTIN-LA-MONTAGNE, vg. *Meuse* (Lorraine), arr. et à 24 k. de Verdun-sur-Meuse, cant. de Fresnes-en-Woëvre, ✉ de Manheulles. Pop. 308 h.
DOMMARTIN - LA - PLANCHETTE, vg. *Marne* (Champagne), arr., cant., ✉ et à 6 k. de Ste-Ménehould. Pop. 142 h.
DOMMARTIN-LE-COQ, vg. *Aube* (Champagne), arr. et à 20 k. d'Arcis-sur-Aube, cant. et ✉ de Ramerupt. Pop. 177 h.
DOMMARTIN-LE-FRANC, vg. *H.-Marne* (Champagne), arr., cant., ✉ et à 10 k. de Vassy. Pop. 522 h. Sur la Blaise. — Haut fourneau. — *Fabriques* de poterie, tuyaux, ornements, pièces mécaniques, moulage de première et de deuxième fusion; tour et alésoir; atelier de construction.
DOMMARTIN-LE-ST-PÈRE, vg. *H.-Marne* (Champagne), arr. et à 16 k. de Vassy, cant. et ✉ de Doulevant. ✧. Pop. 746 h. — *Fabrique* de sparterie et autres tissus en bois.
DOMMARTIN-LES-CUISEAUX, vg. *Saône-et-Loire* (Bourgogne), arr. et à 17 k. de Louhans, cant. et ✉ de Cuiseaux. Pop. 1,283 h. — *Foires* les 2 et 11 fév., 2 juin, 25 août et 4 déc.
DOMMARTIN-LES-REMIREMONT, vg. *Vosges* (Lorraine), arr., cant., ✉ et à 20 k. de Remiremont. Pop. 2,425 h.
DOMMARTIN-LES-TOUL, vg. *Meurthe* (Lorraine), arr., cant., ✉ et à 2 k. de Toul. Pop. 554 h.
DOMMARTIN-LES-VALOIS, vg. *Vosges* (Lorraine), arr. et à 7 k. de Mirecourt, cant. et ✉ de Darney. Pop. 82 h.
DOMMARTIN - LES - VILLES, *Vosges*, comm. de Ville-sur-Illon, ✉ de Dompaire.
DOMMARTIN-LETTRÉE, vg. *Marne* (Champagne), arr. et à 25 k. de Vitry-le-François, cant. et ✉ de Sommesous. P. 278 h.
DOMMARTIN-SOUS-AMANCE, vg. *Meurthe* (Lorraine), arr., cant., ✉ et à 9 k. de Nancy. Pop. 123 h.
DOMMARTIN-SOUS-HANS, vg. *Marne* (Champagne), arr., cant., ✉ et à 10 k. de Ste-Ménehould. Pop. 146 h.
DOMMARTIN-SUR-ILLON, *Vosges*, com. de Ville-sur-Illon, ✉ de Dompaire.
DOMMARTIN-SUR-URAINE, vg. *Vosges* (Lorraine), arr. et à 19 k. de Neufchâteau, cant. et ✉ de Châtenois. Pop. 490 h. — *Foires* les 1er fév., 23 avril, 26 juin et 4 oct.

DOMMARTIN-SUR-YÈVRE, vg. *Marne* (Champagne), arr., ✉ et à 18 k. de Ste-Ménehould, chef-l. de cant. Bur. d'enregist. à Givry. Cure. Pop. 271 h. — TERRAIN crétacé supérieur, craie blanche. — Il est situé sur l'Yèvre, au milieu de marais récemment desséchés.
DOMME, petite ville, *Dordogne* (Périgord), arr. et à 12 k. de Sarlat, chef-l. de cant. Cure. ✉. A 543 k. de Paris pour la taxe des lettres. Pop. 1,768 h. — TERRAIN crétacé inférieur, grès vert.
Cette ville, située sur la Dordogne, doit son origine à Philippe le Hardi, qui en fit jeter les fondements en 1282, pour servir de retraite à ses gens de guerre. C'était jadis une place très-forte et beaucoup plus considérable qu'elle ne l'est aujourd'hui, comme il est facile de s'en convaincre par l'intervalle qui la sépare de ses anciennes murailles et de ses fortifications. — Elle est bâtie dans une situation extrêmement remarquable, sur une des collines les plus hautes et les plus escarpées du département. Son extrême élévation, la pente rapide de la montagne sur laquelle elle est construite, et la vue de la Dordogne, qui semble saper ses fondements, lui donnent un aspect des plus pittoresques.
PATRIE du marquis DE MALLEVILLE, membre du conseil des anciens, député et pair de France.
Foires le 1er lundi de chaque mois.
Bibliographie. * Documents historiques sur la ville de Domme, in-8, 1836.
DOMMELY, vg. *Ardennes* (Champagne), arr. et à 17 k. de Réthel, cant. et ✉ de Chaumont-Porcien. Pop. 423 h.
DOMMERVILLE, vg. *Eure-et-Loir* (Beauce), arr. et à 41 k. de Chartres, cant. de Janville, ✉ d'Angerville. Pop. 222 h. — On y voit un beau château de construction moderne.
DOMMERY, vg. *Ardennes* (Champagne), arr. de Mézières, à 20 k. de Charleville, cant. de Signy-l'Abbaye, ✉ de Launoy. Pop. 427 h.
DOMMIERS, vg. *Aisne* (Picardie), arr., ✉ et à 15 k. de Soissons, cant. de Vic-sur-Aisne. Pop. 501 h.
DOMNOM, vg. *Meurthe* (Lorraine), arr. de Château-Salins, à 26 k. de Vic, cant. et ✉ de Dieuze. Pop. 358 h.
DOMONT, *Domuntum*, vg. *Seine-et-Oise* (Ile-de-France), arr. et à 30 k. de Pontoise, cant. d'Ecouen, ✉ de Moisselles. Pop. 871 h.
DOMPAIRE, *Donoparium*, petite ville, *Vosges* (Lorraine), arr. et à 13 k. de Mirecourt, chef-l. de cant. Cure. ✉. A 361 k. de Paris pour la taxe des lettres. Pop. 1,595 h. — TERRAIN du trias, muschelkalk. — C'était autrefois une ville assez considérable, qui fut prise et brûlée par le duc de Bourgogne en 1475. — *Fabriques* de clous, dentelles. Brasserie.
DOMPCEVRIN, vg. *Meuse* (Lorraine), arr. ✉ de Commercy, à 6 k. de St-Mihiel, cant. de Pierrefitte. Pop. 411 h.
DOMPIERRE, vg. *Ain* (Bourgogne), arr. et à 17 k. de Bourg-en-Bresse, cant. et ✉ de Pont-d'Ain. Pop. 893 h.

DOMPIERRE, ou **DOMPIERRE-SUR-BÈBRE**, bg *Allier* (Bourbonnais), arr. et à 32 k. de Moulins-sur-Allier, chef-l. de cant. Cure. ✉. A 320 k. de Paris pour la taxe des lettres. P. 1,638 h. — TERRAIN tertiaire moyen. — Il est assez bien bâti, dans une situation agréable, sur la rive gauche de la Bèbre. — A peu de distance de Dompierre, on remarquait autrefois l'abbaye de Sept-Fonds, l'une des plus célèbres du Bourbonnais. Cette abbaye fut fondée en 1132 par Guichard et Guillaume de Bourbon, seigneurs de Dompierre; elle porta d'abord le nom de Notre-Dame-du-St-Lieu, qu'elle changea pour celui de Sept-Fonds, par allusion aux sept fontaines qui se trouvaient dans son enceinte. La maison conventuelle occupait une grande étendue de terrain, mais n'offrait qu'un amas confus de bâtiment qui entouraient plusieurs cours. Ces bâtiments avaient été construits à différentes époques, à mesure que le nombre des religieux était devenu plus considérable, et sans aucun plan régulier. L'église, dont la façade n'était pas dépourvue d'élégance, était très-longue et très-étroite; le soir elle n'était éclairée que par une seule lampe, ce qui donnait aux cérémonies nocturnes quelque chose d'imposant.
Foires les 21 janv., 22 fév., 26 mars, 5, 12, 19 et 26 mai, 2 et 30 juin, 1er et 25 août, 16 nov., 3 déc.
Bibliographie. DESMARES (T.). *Relation de l'abbaye de Sept - Fonds* (imprimé à la suite de la Description de l'abbaye de la Trappe, in-12, 1683).
DROUET DE MAUPERTUIS (J.). *Histoire de l'abbaye de Sept-Fonts*, in-12, 1702.
DOMPIERRE, ou **DOMPIERRE-SUR-MER**, joli bourg, *Charente-Inf.* (Saintonge), arr., cant., ✉ et à 12 k. de la Rochelle. Pop. 3,608 h. — Il est situé sur le canal de Niort à la Rochelle, dans un riant paysage, et formé de maisons couvertes d'un crépi blanc qui charme la vue et atteste l'aisance et la propreté des habitants. — *Foire* le 1er septembre.
DOMPIERRE, vg. *Doubs* (Franche-Comté), arr., ✉ et à 15 k. de Pontarlier, cant. de Lévier. Pop. 418 h.
DOMPIERRE, vg. *Jura* (Franche-Comté), arr. et à 12 k. de Lons-le-Saulnier, cant. et ✉ d'Orgelet. Pop. 350 h.
DOMPIERRE, ou **DOMPIERRE-AUX-BOIS**, vg. *Meuse* (Lorraine), arr. de Commercy, à 14 k. de St-Mihiel, cant. et ✉ de Vigneulles. Pop. 361 h. — *Fabrique* considérable de vannerie fine et de sabots.
DOMPIERRE, vg. *Nord* (Flandre), arr., cant., ✉ et à 5 k. d'Avesnes. Pop. 1,004 h. — Exploitation de carrières de marbre biche, fond rose, parsemée de brun, et de carrières de pierres de taille.
DOMPIERRE, vg. *Oise* (Picardie), arr. et à 30 k. de Clermont, cant. et ✉ de Maignelay. Pop. 425 h.
DOMPIERRE, vg. *Orne* (Normandie), arr. et à 11 k. de Domfront, cant. de Messey, ✉ de Ferrière-aux-Etangs. Pop. 766 h.
DOMPIERRE, vg. *Somme* (Picardie), arr.

et à 27 k. d'Abbeville, cant. de Crécy, ✉ de Bernay. Pop. 1,063 h. — *Foire* le 18 octobre.

DOMPIERRE, vg. *Somme* (Picardie), arr. et à 11 k. de Péronne, cant. de Chaulne, ✉ d'Estrées-Denicourt. Pop. 652 h.

DOMPIERRE, vg. *Vendée* (Poitou), arr., ✉ et à 8 k. de Bourbon-Vendée, cant. des Essarts. Pop. 1,227 h.

DOMPIERRE, bg *H.-Vienne* (Limousin), arr. et à 23 k. de Bellac, cant. et ✉ de Magnac-Laval. Pop. 1,697 h.

DOMPIERRE, vg. *Vosges* (Lorraine), arr., ✉ et à 15 k. d'Épinal, cant. de Bruyères. Pop. 407 h.

DOMPIERRE-DE-CHALARONNE, vg. *Ain* (Dombes), arr. et à 30 k. de Trévoux, cant. et ✉ de Thoissey. Pop. 310 h.

DOMPIERRE-DU-CHEMIN, vg. *Ille-et-Vilaine* (Bretagne), arr., cant., ✉ et à 11 k. de Fougères. Pop. 555 h.

DOMPIERRE-EN-MORVANT, vg. *Côte-d'Or* (Bourgogne), arr. et à 19 k. de Semur, cant. de Précy-sur-Thil, ✉ de la Maison-Neuve. Pop. 623 h.

DOMPIERRE-LES-ORMES, vg. *Saône-et-Loire* (Bourgogne), arr. et à 32 k. de Mâcon, cant. et ✉ de Matour. Pop. 1,390 h. — *Foires* les 18 janv., 9 fév., avril, 6 mars, 10 mai, 8 juin, 30 juillet, 21 août et nov., 12 sept., 15 oct. et 13 déc.

DOMPIERRE-SOUS-SANVIGNES, vg. *Saône-et-Loire* (Bourgogne), arr. et à 27 k. de Charolles, cant. de Toulon-sur-Arroux, ✉ de Perrecy. Pop. 487 h.

DOMPIERRE-SUR-CHARENTE, bg *Charente-Inf.* (Aunis), arr., ✉ et à 12 k. de Saintes, cant. de Burie. Pop. 795 h. — *Foire* le 1er vendredi de juin.

DOMPIERRE-SUR-HÉRY, vg. *Nièvre* (Nivernais), arr. et à 25 k. de Clamecy, cant. de Brinon-les-Allemands, ✉ de Corbigny. Pop. 338 h.

DOMPIERRE-SUR-NIÈVRE, vg. *Nièvre* (Nivernais), arr. et à 41 k. de Cosne, cant. de Prémery, ✉ de Châteauneuf-Val-de-Bargis. Pop. 639 h.

DOMPNAC, vg. *Ardèche* (Languedoc), arr., ✉ et à 26 k. de Largentière, cant. de Valgorge. Pop. 594 h.

DOMPREL, vg. *Doubs* (Franche-Comté), arr. et à 22 k. de Baume-les-Dames, cant. de Pierrefontaine, ✉ de Landresse. Pop. 323 h.

DOMPRIX, vg. *Moselle* (pays Messin), arr. et à 20 k. de Briey, cant. et ✉ d'Audun-le-Roman. Pop. 192 h.

DOMPROT, *Dommus Protus*, vg. *Marne*, comm. de St-Ouen, ✉ de Vitry-le-François ; est situé dans une vallée profonde, sur une voie romaine. C'est un ancien prieuré de prémontrés. On y voit un château moderne entouré de beaux jardins.

DOMPS, vg. *H.-Vienne* (Limousin), arr. et à 45 k. de Limoges, cant. et ✉ d'Eymoutiers. Pop. 1,732 h.

DOMPTAIL, vg. *Meurthe* (Lorraine), arr. et à 18 k. de Lunéville, cant. de Bayon, ✉ de Neuviller-sur-Moselle.

DOMPTAIL, vg. *Vosges* (Lorraine), arr. et à 40 k. d'Épinal, cant. et ✉ de Rambervillers. Pop. 1,031 h.

DOMPTIN, vg. *Aisne* (Picardie), arr. et à 15 k. de Château-Thierry, cant. et ✉ de Charly. Pop. 479 h.

DOMREMY, vg. *Marne* (Champagne), arr. et à 14 k. de Vitry-le-François, cant. de Thieblemont, ✉ de Perthes. Pop. 124 h.

DOMREMY, vg. *H.-Marne* (Champagne), arr., cant. et à 32 k. de Vassy, cant. de Doulaincourt, ✉ de Joinville. Pop. 315 h.

DOMREMY-AUX-BOIS, vg. *Meuse* (Lorraine), arr., cant. et à 14 k. de Commercy, et à 24 k. de St-Mihiel, ✉ de Ligny. P. 241 h.

DOMREMY-LA-CANNE, vg. *Meuse* (pays Messin), arr. et à 38 k. de Montmédy, cant. et ✉ de Spincourt. Pop. 97 h.

DOMREMY-LA-PUCELLE, vg. *Vosges* (Champagne), arr., ✉ et à 10 k. de Neufchâteau, cant. de Coussey. ✍. Pop. 319 h.

Ce village est bâti à mi-côte, sur le penchant d'une colline, et domine une belle vallée qui s'étend entre la double chaîne des Vosges. Au bas du coteau coule la Meuse, dont les rives gracieuses embellissent un charmant paysage, terminé par l'aspect imposant des montagnes qui ferment l'horizon. Rien n'est plus agréable que ce lieu champêtre, de la hauteur duquel l'œil parcourt à perte de vue l'immense vallée des Vosges. Les maisons du village sont tapissées de rosiers et d'espaliers, dont les rameaux s'élèvent jusqu'aux toits, et forment de la rue principale une riante promenade.

Domremy est célèbre par la naissance de Jeanne d'Arc, qui y reçut le jour en 1412. C'est sur le côté de la principale rue de Domremy, qui se trouve appuyée au chemin public, que fut bâtie il y a près de quatre siècles la modeste habitation de l'humble bergère qui sauva la France du joug des Anglais. Cette chaumière villageoise de Jeanne d'Arc, a été conservée de nos jours par une sorte de miracle, ou plutôt par le respect qu'inspirent le courage et la vertu. Au-dessus de la principale porte d'entrée, une inscription originale atteste à la fois l'identité du lieu et la vénération dont il a toujours été l'objet ; elle porte la date de 1481, première année du règne de Louis XI. — Cette maison, classée par le ministre de l'intérieur au nombre des monuments historiques, a éprouvé des fortunes diverses. Montaigne, passant à Domremy en 1480, y vit « le devant de la maisonnette où Jeanne naquit, toute peinte de ses gestes; mais l'âge en avoit fort corrompu la peinture. » Les habitants du lieu avaient religieusement veillé à ce monument, jusqu'à l'époque de la dernière invasion des étrangers en France. Elle avait été convertie en écurie, quand le gouvernement, vers les premières années de la restauration, l'acheta et la fit restaurer et embellir.

Sur un emplacement tout voisin, et séparé seulement par une petite cour de la maison de l'héroïne, s'élève un nouveau bâtiment destiné à une école d'enseignement primaire pour les jeunes filles de Domremy. En face de ce bâtiment est une place récemment formée, sur laquelle vient d'être érigé un monument à la gloire de la Pucelle d'Orléans.

Ce monument, dont l'inauguration eut lieu le 10 septembre 1820, en présence de 15,000 spectateurs accourus des villes et des campagnes voisines, consiste dans un soubassement d'où jaillit une fontaine composée de quatre pilastres soutenant un fronton d'un goût parfait, avec l'inscription :

A LA MÉMOIRE DE JEANNE D'ARC : MONUMENT VOTÉ PAR LE DÉPARTEMENT DES VOSGES.

Un cippe supporte le buste de Jeanne d'Arc en marbre blanc et de proportion colossale.

Pour honorer la mémoire de Jeanne d'Arc, Charles VII avait exempté la commune de Domremy de toutes sortes d'impositions, et elle a continué de jouir de cette exemption jusqu'à la révolution.

Foire le lundi après le 2e dimanche de sept.

Bibliographie. HALDAT (Abr. de). *Relation de la fête inaugurale célébrée à Domremy, le 10 sept. 1820, en l'honneur de Jeanne d'Arc*, in-8, 1821.

DUPIN (le baron Charles). *Notice sur un monument de Jeanne d'Arc à Domremy*, in-8, 1823.

JOLLOIS. *Notice sur les monuments élevés en France à la mémoire de Jeanne d'Arc*, in-4, 1834.

DOMSURE, vg. *Ain* (Bourgogne), arr. et à 28 k. de Bourg-en-Bresse, cant. de Coligny, ✉ de St-Amour. Pop. 897 h.

DOMTRIEN, vg. *Marne* (Champagne), arr. et à 29 k. de Reims, cant. et ✉ de Beine. Pop. 400 h. — Sur la Py, près de son confluent avec la Suippe.

DOMVALLIER, vg. *Vosges* (Lorraine), arr., cant., ✉ et à 6 k. de Mirecourt. P. 209 h.

DOMVAST, vg. *Somme* (Picardie), arr., ✉ et à 15 k. d'Abbeville, cant. de Nouvion-en-Ponthieu. Pop. 550 h.

DON (le), rivière qui prend sa source à Vérité, arr. de Châteaubriant, *Loire-Inf.* ; elle passe à Jans, Marsac, Guémené, et se jette dans la Vilaine, au-dessous de Brain, après un cours de 80 k. Cette rivière est navigable depuis le moulin du pont de Claies, au-dessous de Guémené, jusqu'à son embouchure. — Les objets de transport consistent en vins, cidres, engrais, bois de chauffage et de construction, etc.

DONAN (St-), vg. *Côtes-du-Nord* (Bretagne), arr., cant., ✉ et à 12 k. de St-Brieuc. Pop. 2,341 h.

DONAT (St-), jolie petite ville, *Drôme* (Dauphiné), arr. à 28 k. de Valence, chef-l. de cant. ✉. A 552 k. de Paris pour la taxe des lettres. Pop. 2,220 h.

Cette ville est assez bien bâtie, et fort agréablement située, près de la rive gauche de l'Herbasse. Elle s'appelait autrefois Jovencim, nom qu'elle devait, dit-on, à un temple consacré à Jupiter. Lors de l'invasion des Sarrasins en 730, Corbus, évêque de Grenoble, forcé de fuir avec son clergé, se réfugia à Jovencim, portant avec lui les reliques de saint Donat ; il fit bâtir une église sous l'invocation de ce saint, qui donna son nom au bourg, forma un chapitre, dota des chanoines, et exerça les fonctions de l'épiscopat. Sous les successeurs de cet évêque, le bourg fut environné de murailles, fermé de portes et défendu par des fortifications. Tant que Grenoble fut au pouvoir des Maures, les évêques de cette ville firent leur principale résidence à St-Donat, qui, même après que les évêques l'eurent quitté, continua à jouir de beaucoup de priviléges. Lorsqu'en 1349 Humbert II réunit ses États à la France, il se réserva le château et la ville de St-Donat.

Patrie d'Augier, célèbre troubadour du XIIe siècle.

Filatures de soie. Tuileries. — *Foires* les 1er et 28 déc., 15 jours après Pâques, la veille de l'Ascension et le 1er lundi de sept.

DONAT (St-), vg. *Puy-de-Dôme* (Auvergne), arr. et à 50 k. d'Issoire, cant. de Latour, ✉ de Tauves. Pop. 1,194 h.

DONAT, vg. *Gard,* comm. de Sabran, ✉ de Bagnols.

DONATIEN (St-), vg. *Loire-Inf.*, comm. et ✉ de Nantes.

DONAZAC, vg. *Aude* (Languedoc), arr. et à 15 k. de Limoux, cant. et ✉ d'Alaignes. Pop. 255 h.

DONCHERY, *Doncherium*, ancienne et jolie petite ville, *Ardennes* (Champagne), arr., canf. et à 5 k. de Sedan. ✉. A 249 k. de Paris pour la taxe des lettres. P. 2,032 h.

Autrefois diocèse de Reims, parlement de Paris, intendance de Châlons, élection de Rethel, bailliage.

Cette ville, ceinte de murailles et généralement bien bâtie, sur la rive droite de la Meuse, faisait autrefois partie du comté de Castrice ; elle fut fortifiée en 1358, durant les troubles de la jacquerie. On y voit encore l'appartement d'où Henri IV écrivit à Gabrielle d'Estrées, après la reddition de Sedan en 1606, qu'il était plus heureux que César, puisqu'il avait vaincu avant d'avoir vu. Louis XIV en fit démolir les fortifications.

Les armes de **Donchery** sont : *de gueules à deux râteaux démanchés d'or en chef, et une lettre capitale D d'argent en pointe.*

Fabriques de ferronnerie, enclumes, étaux, fers laminés. Brasserie et teinturerie. — *Foires* les 1er lundi de juin et 30 nov.

DONCIÈRES, vg. *Vosges* (Lorraine), arr. et à 30 k. d'Épinal, cant. et ✉ de Rambervillers. Pop. 285 h.

DONCOURT, *Moselle,* comm. de Beuveille, ✉ de Longuyon.

DONCOURT-AUX-TEMPLIERS, *Dodonis Curtis,* vg. *Meuse* (Lorraine), arr. et à 29 k. de Verdun-sur-Meuse, cant. de Fresnes-en-Woëvre, ✉ de Manheulles. Pop. 331 h.

DONCOURT-LES-CONFLANS, vg. *Moselle* (Lorraine), arr. et à 15 k. de Briey, cant. de Conflans, ✉ de Mars-la-Tour. Pop. 393 h.

DONCOURT-SUR-MEUSE, vg. *H.-Marne* (Lorraine), arr. et à 40 k. de Chaumont-en-Bassigny, cant. et ✉ de Bourmont. Pop. 240 h.

DONDAS, *Lot-et-Garonne,* comm. de Gaudaille, ✉ de la Roque-Timbault. — *Foires* les 29 janv., 10 mai, 15 juillet et 8 nov.

DONDIN, *Saône-et-Loire,* comm. de Pressy-sur-Dondin, ✉ de St-Bonnet-de-Joux.

DONGES, bg *Loire-Inf.* (Bretagne), arr., ✉ et à 15 k. de Savenay, cant. de St-Nazaire. Pop. 2,700 h. A l'extrémité des immenses marais de son nom.

A 3 k. au nord-est de Donges, près de la route de Guérande à Savenay, se trouve la butte de Cesme, d'où l'on jouit d'un point de vue magnifique. Du sommet de cette butte on découvre six villes et vingt-six paroisses. Le Sillon de Bretagne forme un demi-cercle de l'est à l'ouest. Toute la pente de cette colline s'y développe depuis St-Étienne jusqu'à Pont-Château, Le Calvaire, voisin de cette dernière ville, se montre au loin comme un cordon noirâtre. A vos pieds, d'un côté, sont des collines et des vallons qui descendent à la Loire jusqu'à Donges ; de l'autre sont les immenses marais de Donges. Au midi, une lisière d'arbres borde la Loire, dont le bassin se déploie dans son entier. En face est Paimbœuf ; dans le sud-ouest s'avance la pointe basse de Mindin ; au delà fuit dans l'espace, à une distance de 48 k., la côte occidentale de Noirmoutiers. A l'ouest règne l'arc aplani de l'Océan.

Commerce de grains, vins, bestiaux, et particulièrement de sangsues, dont il s'expédie annuellement en Angleterre pour environ cent mille francs. — *Foire* le lundi après l'Ascension.

Bibliographie. * Note sur le dessèchement du marais de Donges, in-4, 1828. Merot (Ph.). Marais de Donges, mémoire sur la question des plus values et des frais d'entretien, in-8, 1841.

DONJEUX, vg. *H.-Marne* (Champagne), arr. et à 28 k. de Vassy, cant. de Doulaincourt, ✉ de Joinville. Pop. 448 h.

DONJEUX, vg. *Meurthe* (Lorraine), arr. de Château-Salins, à 17 k. de Vic, cant. et ✉ de Delme. Pop. 197 h. — *Fabrique* mécanique de pointes de Paris. Forges et martinets, sur le Rognon.

DONJON (le), petite ville, *Allier* (Bourbonnais), arr. de la Palisse, à 40 k. de Cusset, chef-l. de cant. ✉. A 354 k. de Paris pour la taxe des lettres. Pop. 1,871 h.

Cette ville, située au fond d'un vallon, a porté, pendant la révolution, le nom de Val-Libre.

Fabriques de draps. Tanneries. — *Foires* les 2 et 13 janv., 1er et 22 mars, 5 avril, 2 mai, 24 juin, 18 août, 8 sept. et 7 déc. — Marché les vendredis.

DONNAY, vg. *Calvados* (Normandie), arr. et à 20 k. de Falaise, cant. et ✉ d'Harcourt-Thury. Pop. 298 h.

DONNAZAC, vg. *Tarn* (Languedoc), arr. et à 17 k. de Gaillac, cant. de Castelnau-de-Montmiral, ✉ de Cordes. Pop. 184 h.

DONNELEY, vg. *Meurthe* (Lorraine), arr. de Château-Salins, cant. à 14 k. de Vic, ✉ de Moyenvic. Pop. 808 h. — On a découvert sur le mont Kakelberg, qui domine ce village, des murs souterrains fort étendus et très-solidement construits, une pièce d'argent à l'effigie de Pharamond, une tombe, les ossements d'un homme d'une haute stature, et des armes rongées par la rouille.

DONNEMAIN-ST-MAMERT, vg. *Eure-et-Loir* (Beauce), arr., cant., ✉ et à 5 k. de Châteaudun. Pop. 505 h.

DONNEMARIE, vg. *H.-Marne* (Champagne), arr. et à 23 k. de Chaumont-en-Bassigny, cant. et ✉ de Nogent-le-Roi. P. 346 h.

DONNEMARIE, jolie petite ville, *Seine-et-Marne* (Brie), arr. et à 18 k. de Provins, ch.-l. de cant. ✉. A 75 k. de Paris pour la taxe des lettres. Pop. 1,299 h. — Elle est située dans un beau vallon tapissé de prairies, bordé de collines couvertes de vignes, et traversé par une petite rivière qui sépare la ville du village de Donilly. — L'église paroissiale est un ancien édifice qui mériterait d'être classé au nombre des monuments historiques. Dans l'ancien cimetière de cette commune, on voit les restes d'un cloître du XVIe siècle digne aussi d'une attention toute particulière. — Tanneries, tuileries et fours à chaux. — *Foires* le 1er dimanche de carême et 1er dimanche d'oct.

DONNEMENT, vg. *Aube* (Champagne), arr. et à 28 k. d'Arcis-sur-Aube, cant. et ✉ de Chavanges. Pop. 196 h.

DONNENHEIM, vg. *B.-Rhin* (Alsace), arr. et à 17 k. de Strasbourg, cant. et ✉ de Brumath. Pop. 154 h.

DONNERY, vg. *Loiret* (Orléanais), arr., cant. et à 15 k. d'Orléans, ✉ de Pont-aux-Moines. Pop. 756 h.

DONNEVAL, *Oise,* comm. d'Orrouy, ✉ de Crépy.

DONNEVILLE, petite ville, *H.-Garonne* (Languedoc), arr. et à 16 k. de Villefranche-de-Lauragais, cant. et ✉ de Montgiscard. Pop. 285 h.

DONNEZAC, vg. *Gironde* (Guienne), arr. et à 23 k. de Blaye, cant. de St-Savin, ✉ de Montendre. Pop. 1,136 h.

DONON (le), montagne des Vosges dont l'élévation est de 1,013 m. au-dessus du niveau de la mer. Cette montagne est séparée de toutes celles qui l'entourent. Quoique sa hauteur à peu près égale à celle de plusieurs des ballons des Vosges, loin d'avoir comme eux une cime arrondie et gazonnée, elle est au contraire couronnée de grands rochers presque nus ; la couche la plus élevée offre une grande dalle homogène, dont la surface supérieure est plane. — Cette pierre est à la fois un monument naturel et un monument historique. A des époques antérieures à l'histoire écrite de ces contrées, elle a été vraisemblablement le théâtre de nombreux actes religieux. A côté de ce rocher, on voit des blocs de grès épars, des figures en bas-reliefs de grandeur naturelle, grossièrement sculptées. Quelques personnes les regardent comme les restes d'un temple des druides ; d'autres, comme ceux du tombeau de Pharamond. — De cette terrasse naturelle, plus haute que toutes les montagnes voisines, on aperçoit à la fois la plus grande partie de la Lorraine, de l'Alsace, du grand-duché de Bade et de la chaîne des Vosges : c'est un des plus beaux horizons qui existent en France. — Près du grand Donon se trouvent deux montagnes presque aussi élevées que lui : le petit Donon et le Kohlberg. V. BARR.

DONQUEREL, *Somme*, comm. de Donqueur, ✉ de Flixecourt.

DONQUEUR, *Duroicoregus*, vg. *Somme* (Picardie), arr. et à 17 k. d'Abbeville, cant. d'Ailly-le-Haut-Clocher, ✉ de Flixecourt. Pop. 899 h.

DONTILLY, vg. *Seine-et-Marne* (Brie), arr. et à 19 k. de Provins, cant. et ✉ de Donnemarie. Pop. 940 h. — Il est situé sur une petite rivière qui le sépare de Donnemarie.

DONTREIX, bg *Creuse* (Bourbonnai-), arr. et à 30 k. d'Aubusson, cant. et ✉ d'Auzances. Pop. 2,377 h.

DONVILLE, vg. *Calvados* (Normandie), arr. et à 26 k. de Lisieux, cant. et ✉ de St-Pierre-sur-Dives. Pop. 259 h.

DONVILLE, vg. *Manche* (Normandie), arr. et à 29 k. d'Avranches, cant. et ✉ de Granville. Pop. 907 h.

DONZAC, vg. *Gironde* (Guienne), arr. et à 37 k. de Bordeaux, cant. et ✉ de Cadillac. Pop. 152 h.

DONZAC, vg. *Tarn-et-Garonne* (Languedoc), arr. et à 24 k. de Moissac, cant. d'Auvillars, ✉ de la Magistère. Pop. 857 h. — *Foires* les 5 mars, 24 août et 5 nov.

DONZACQ, bg *Landes* (Gascogne), arr. et à 26 k. de St-Sever, cant. d'Amou, ✉ d'Orthez. Pop. 1,349 h. On y voit une belle fontaine. — Éducation des vers à soie.

DONZENAC, petite ville, *Corrèze* (Limousin), arr. et à 10 k. de Brives, chef-l. de cant. Cure. ⌂. ℣. A 464 k. de Paris pour la taxe des lettres. Pop. 3,253 h. — TERRAIN de trias.

Cette ville est bâtie dans une charmante situation, au sommet d'une colline tapissée de beaucoup de vignes et de quelques prairies, qu'ombragent des noyers, des peupliers et des châtaigniers. Les rues en sont escarpées, tortueuses, étroites, et aussi mal pavées que malpropres. — Commerce de vins. — Aux environs, belles carrières d'ardoises exploitées. — *Foires* les 29 sept., 4 oct., 30 nov., 24 déc. et le 10 de chaque mois.

DONZÈRE, bg *Drôme* (Dauphiné), arr. et à 14 k. de Montélimart, cant. de Pierrelatte. ✉. ℣. A 619 k. de Paris pour la taxe des lettres. Pop. 1,774 h. — TERRAIN d'alluvions modernes.

Il est situé dans un pays fertile en vins estimés, sur la rive gauche du Rhône, et dominé par une élévation considérable, sur le sommet de laquelle on remarque les ruines imposantes de l'ancien château des évêques de Viviers, construit dans le XVe siècle. On jouit, de cet endroit, d'une vue majestueuse sur le cours du Rhône et sur une vaste étendue de plaines riantes et fertiles du département de Vaucluse. — Aux environs, sur le bord du Rhône et au milieu des rochers à pic, se trouve une grotte remarquable par son étendue.

PATRIE de LEBRUN-TOSSA, critique et auteur dramatique.
Commerce de vins. — *Foires* les 8 janv., 19 août, et 5 nov.

DONZIOIS, ou **DONZOIS**, petite contrée du ci-devant Nivernais, qui fait aujourd'hui partie du département de la Nièvre.
Donzy, Entrain et Cosne en étaient les principales villes.

DONZY, *Donziacum*, petite ville, *Nièvre* (Nivernais), arr. et à 20 k. de Cosne, chef-l. de cant. Cure. ✉. ℣. A 198 k. de Paris pour la taxe des lettres. Pop. 3,791 h. — TERRAIN jurassique, étage moyen du système oolitique.

Donzy est une ancienne baronnie du Nivernais, érigée en duché en 1660. Les barons de Donzy s'attirèrent plus d'une fois l'inimitié des rois de France. En 1153, Louis le Jeune enleva à Geoffroy III les châteaux de Cosne et de St-Aignan. Le comte de Nevers, qui le poursuivait en même temps de ses attaques, détruisit de fond en comble, quatre ans après, un autre de ses domaines, Châtel-Censoir. Hervé III, successeur de Geoffroy, eut à lutter successivement contre le comte de Sancerre, Louis le Jeune et le comte de Champagne. Il mit alors sous la protection du roi d'Angleterre son château de St-Aignan et celui de Montmirail, que sa femme lui avait apporté en dot avec les terres d'Alluie, de Broue, d'Autchon et de la Basoche, dans le Perche. Le roi de France, pour tirer vengeance de ce procédé, vint, avec le comte de Nevers, assiéger Donzy, qu'il prit en 1170 et dont il démolit le château.

Cette ville est située sur le Nohain, au confluent du ruisseau de Talvanne. — L'église paroissiale est un édifice remarquable, qui a été classé au nombre des monuments historiques.

Aux environs, on remarque le Bouillon de Chizelles, formé par des sources qui naissent tout à coup pendant les grandes pluies et qui disparaissent au premier beau temps.

Les armes de Donzy sont : *d'azur à trois pommes de pin d'or*, 2 et 1.

Forges et hauts fourneaux. — *Commerce* de bois et de fer. — *Foires* les 22 janv., lundis de Pâques, de Pentecôte, 25 juin, 16 août, 9 sept., 28 oct., 30 nov. et 26 déc.

DONZY (le), *Ager Diniciacensis*, ancien pays du Forez, dont le chef-lieu était Salt-en-Donzy, aujourd'hui du département de la *Loire*.

DONZY-LE-PERTUIS, vg. *Saône-et-Loire* (Bourgogne), arr. et à 20 k. de Mâcon, cant. et ✉ de Cluny. Pop. 325 h.

DONZY-LE-ROYAL, vg. *Saône-et-Loire* (Bourgogne), arr. et à 33 k. de Mâcon, cant. et ✉ de Cluny. Pop. 920 h.

DOR (la), petite rivière qui prend sa source au Mont-Dor, *Puy-de-Dôme*, dans une gorge horrible, nommée la gorge d'Enfer. Elle se précipite d'une hauteur considérable, et forme la belle cascade de la Dor.

Les eaux de cette rivière se réunissent à celles de la Dogne, dans une belle vallée, où elles prennent alors le nom de Dordogne. V. DORDOGNE.

DORANGES, vg. *Puy-de-Dôme* (Auvergne), arr. et à 25 k. d'Ambert, cant. et ✉ d'Arlanc. Pop. 1,048 h.

DORANS, vg. *H.-Rhin* (Alsace), arr., cant., ✉ et à 7 k. de Belfort. Pop. 302 h.

DORAT, vg. *Puy-de-Dôme* (Auvergne), arr., cant., ✉ et à 8 k. de Thiers. Pop. 519 h.

DORAT (le), *Oratorium*, jolie petite ville, *H.-Vienne* (Limousin), arr. et à 13 k. de Bellac, chef-l. de cant. ✉. A 353 k. de Paris pour la taxe des lettres. Cure. Petit séminaire. Pop. 2,439 h. — TERRAIN cristallisé, voisin du terrain jurassique.

Autrefois diocèse, intendance et élection de Limoges, parlement de Paris, sénéchaussée, châtellenie, collégiale.

Le Dorat est une ville ancienne qui possédait un oratoire bâti par Clovis, sur l'emplacement duquel, vers le Xe siècle, on a construit une collégiale. Les Normands la dévastèrent en 886 ; mais les comtes de la Marche la firent rétablir et en augmentèrent les fortifications. Ces comtes avaient au Dorat un château fort, bâti par Albert III, pour se défendre contre les Lusignan, qui lui disputaient la propriété de leur comté. Ce château résista aux forces des Anglais, qui en firent le siège sous le règne de Charles V, sans pouvoir s'en rendre maîtres. Du temps des guerres de religion, les ligueurs s'en emparèrent, mais les royalistes les obligèrent à capituler, et firent raser le château.

Les armes du Dorat sont : *de gueules à deux dés d'argent passés en sautoir*.

Cette ville est entourée de promenades fort agréables ; elle est dans une charmante position, sur la rivière de Sèvre ; on y jouit d'un coup d'œil magnifique, qui embrasse un horizon très-étendu. — L'église de l'ancienne collégiale est un édifice du Xe siècle, très-spacieux, d'un bel effet, mais fort obscur, surtout dans le sanctuaire : il a extérieurement la forme d'une forteresse ; ses murs sont terminés par des tourelles placées de distance en distance, et par des créneaux ; au milieu de la croisée s'élève un dôme surmonté d'un beau clocher, dont la flèche hardie est terminée par une figure d'ange en cuivre doré, orné de deux grandes ailes, et soutenant une croix que le vent fait tourner avec la plus grande facilité, malgré son extrême pesanteur. Au-dessous de l'église se trouve un souterrain assez vaste qu'on appelle la basse église, et qui offre la même disposition. — Dans l'intérieur de l'édifice, on voit un très-grand bénitier en granit, où sont gravées en très-mince relief deux figures de léopard ou de lion du style le plus barbare.

Biographie. Patrie de J. PRÉVOST, auteur dramatique.

P. ROBERT, orientaliste et historien.

Fabriques de poids et mesures métriques, baromètres, etc. — *Foires* le 13 de chaque mois.

DORCEAU, vg. *Orne* (Perche), arr. et à 27 k. de Mortagne-sur-Huine, cant. et ✉ de Rémalard. Pop. 913 h.

DORDIVES, vg. *Loiret* (Gatinais), arr. et à 18 k. de Montargis, cant. de Ferrières, ✉

de Fontenay. Pop. 615 h. Il est situé près de la rive droite du canal de Briare et de la rivière de Loing, que l'on y passe sur un pont ; la rivière de Bez se jette dans le Loing à Dordives. — On remarque dans cette commune une voie romaine qui allait de Sens à Orléans, et les restes d'un ancien pont construit, dit-on, du temps de César.

DORDOGNE (la), *Dordonia*, rivière considérable qui se forme au pied du Mont-Dor, *Puy-de-Dôme*, de la réunion des ruisseaux de la Dor et de la Dogne. A l'endroit où elle prend son nom, elle n'est encore qu'un petit ruisseau ; mais, à mesure qu'elle avance dans la vallée, ses eaux se grossissent de celles de tous les ruisseaux qui affluent des montagnes voisines ; le plus considérable est celui qui porte le nom de Cascade, et qui forme en effet la plus belle cascade de toute l'Auvergne. — La Dordogne passe à Bord, Argentac, Beaulieu, Souillac, St-Cyprien, Bergerac, Foy, Castillon, Libourne et Bourg, au-dessous duquel elle se joint à la Garonne, au bec d'Ambès, où ces deux rivières perdent leur nom pour prendre celui de Gironde.

La Dordogne est flottable depuis Beaulieu (Corrèze) sur une étendue de 169,096 m., et navigable depuis Mayenne (Lot) sur une étendue de 292,628 m. Les principaux objets de transport consistent en vins, huiles, blés, sels, fers fondus ou forgés, bois, merrain, etc. Dans son cours, qui est d'environ 400 k., elle reçoit la Rue, l'Auze, la Maronne, la Cère, l'Azon, la Vezère, l'Isle, et beaucoup de petites rivières et ruisseaux.

DORDOGNE (département de la). Ce département est formé de l'ancienne province du Périgord, d'une petite partie du Limousin et de quelques communes de l'Angoumois et de la Saintonge. Il tire son nom de la principale rivière qui le traverse de l'est à l'ouest dans sa partie méridionale. Ses bornes sont : au nord, le département de la Haute-Vienne ; à l'est, ceux de la Corrèze et du Lot ; au sud, celui de Lot-et-Garonne ; à l'ouest, ceux de la Gironde et de la Charente.

Le territoire du département, un des plus étendus de la France, est entrecoupé par de nombreuses collines et par des hauteurs escarpées, couvertes en partie de vignes et de bois, mais le plus souvent absolument nues, et ne présentant que des rocs ou des terres arides. Sur quelques plateaux on trouve d'immenses bruyères, des champs de genêts, des bois de châtaiguiers ou quelques champs de seigle ; ce sont souvent de vrais déserts où le voyageur parcourt plusieurs kilomètres sans trouver un hameau. Quelquefois cependant on trouve dans l'intérieur de ces montagnes de belles et riches vallées, des coteaux couverts de beaux vignobles ; les bords de l'Isle et de la Dordogne sont extrêmement riants, fertiles et bien cultivés.

L'arrondissement de Nontron est coupé dans tous les sens par une multitude de collines et de petites vallées, qui lui donnent une forme très-irrégulière. Plus de la moitié de sa surface est couverte de bois et de landes. Dans les cantons limitrophes de la Haute-Vienne on trouve plusieurs belles prairies et des étangs poissonneux, qui offrent le double avantage de fournir de l'eau pour l'irrigation des prés, et un mets précieux pour la table. — L'arrondissement de Périgueux est moins montueux que le précédent ; aussi les ruisseaux et les prairies y sont fort rares ; c'est un de ceux où l'on trouve le plus de landes et de bruyères, qui couvrent près des deux tiers de sa surface. A l'exception de cinq ou six cantons, tout le reste du territoire ne produit guère que du seigle en petite quantité, du bois et beaucoup de châtaignes, qui servent au nourrissage et à l'engrais des porcs. — L'arrondissement de Sarlat est le plus montueux du département ; ses plus hautes collines, du côté de Daglan, Domme, Peyrillac, peuvent avoir environ 250 m. d'élévation ; elles sont en général d'une rapidité qu'on ne trouve que dans les plus hautes régions. Celle du Raisse, qu'on ne peut monter à pic, est coupée par la route de Sarlat à Souillac, qui y forme un pas effrayant et très-dangereux. A l'exception des terres qui bordent les deux rives de la Dordogne, le sol de cet arrondissement est généralement très-ingrat. — L'arrondissement de Bergerac n'est pas moins montueux que le précédent, mais ses collines sont moins escarpées. Les plus élevées sont celles qui bordent ou qui avoisinent la Dordogne. A mesure qu'on s'éloigne de cette rivière, surtout en avançant dans l'arrondissement de Périgueux, le pays devient plus plat et plus couvert. Le sol offre trois variétés principales : les parties limitrophes de Périgueux sont pour la plupart très-sablonneuses et couvertes de landes et de châtaigneraies ; celles qui avoisinent le département de Lot-et-Garonne sont grasses et productives en froment ; celles de la plaine de Bergerac et au-dessous abondent en grains et en légumes, et il est de certains cantons où leur fertilité est peu commune. — L'arrondissement de Riberac est montueux comme tout le reste du département, mais moins que les arrondissements de Nontron et de Sarlat ; un tiers du sol est sablonneux et stérile, un autre tiers est gras et productif, et l'autre généralement peu, pierreux et médiocre. Le froment forme la principale culture de cet arrondissement, qui est le plus riche en grains de tout le département ; les bonnes terres le cèdent point à celles de Bergerac, et sont même plus propres au froment. Il n'y a qu'une petite quantité de vignes, et le vin en est peu estimé, parce qu'on est dans l'usage d'élever les pampres sur les arbres, méthode qui amène l'abondance, mais qui est nuisible à la qualité du vin. Du reste, rien n'est plus curieux et plus intéressant que le spectacle de ces vignes, qui se marient au noyer ou à l'ormeau, et couvrent leurs branches d'un riche produit ; rien surtout de plus gai que de voir faire cette récolte et d'entendre les vendangeurs s'animer à l'ouvrage par des chants joyeux.

La contenance totale du département est de 915,275 hectares, divisés ainsi :

Terres labourables	348,292
Prés	78,156
Vignes	89,894
Bois	167,641
Vergers, pépinières et jardins	3,719
Oseraies, aunaies et saussaies	78
Etangs, mares, canaux d'irrigation	579
Landes et bruyères	99,977
Autres cultures	98,531
Superficie des propriétés bâties	4,396
Contenance imposable	891,283
Routes, chemins, places, rues, etc.	18,513
Rivières, lacs et ruisseaux	5,230
Forêts et domaines non productifs	»
Cimetières, églises, bâtiments publics	249
Contenance non imposable	23,992

On y compte :
106,249 maisons.
1,413 moulins à eau et à vent.
59 forges et fourneaux.
430 fabriques et manufactures.

soit : 108,151 propriétés bâties.
Le nombre des propriétaires est de 153,133
Celui des parcelles de 2,062,161

Hydrographie. Il est peu de départements mieux arrosés que celui de la Dordogne, et il en est peu où les eaux soient mieux distribuées ; quatre rivières principales le traversent et y sont navigables : la Dordogne, l'Isle, la Vezère et le Dropt ; 560 ruisseaux l'arrosent et le coupent dans tous les sens. On y trouve aussi un grand nombre d'étangs, généralement très-poissonneux ; plusieurs entretiennent des forges et des usines ; en quelques lieux ils ne sont pas moins utiles à l'économie rurale qu'à l'industrie, en favorisant l'irrigation des prairies. Les montagnes renferment de belles sources d'eau vive, dont les plus remarquables sont celles de Bouzie et de Salibourne : les eaux de cette dernière source bouillonnent et jaillissent à une hauteur prodigieuse, et rien n'égale la transparence de ses eaux.

Communications. Le département est traversé par cinq routes royales, par vingt routes départementales, et par cinquante-neuf chemins vicinaux de grande communication.

Météorologie. La température du département est douce, agréable ; mais elle varie en raison de la configuration du sol, suivant qu'il est plus plat ou plus montueux, plus boisé ou plus découvert. Le froid est plus vif et plus long sur les hauteurs que dans les vallons, et la chaleur est aussi plus ardente dans les cantons nus que sur les lieux couverts. L'hiver et le printemps sont ordinairement pluvieux ; l'été est fort sec, et l'automne très-beau. On a cru remarquer que, depuis une trentaine d'années, la température avait éprouvé de grands changements : le maximum de la chaleur, qui dépassait rarement +26 degrés, s'élève maintenant de +27 à +32 ; et le maximum du froid, qui atteignait au plus bas —4 degrés au-dessous de zéro, descend fréquemment de —10 à —14. Rarement il tombe de la neige, et presque jamais avec assez d'abondance pour couvrir la terre plusieurs jours de suite.—Les vents dominants sont ceux du nord et de l'ouest ; ce dernier est celui qui, dans un espace de temps donné, règne le plus constamment : il souffle souvent seul quinze ou vingt jours de suite. Le climat est plus humide que sec, et les pluies y sont fréquentes. Battu en hiver par les vents et les pluies, le département l'est en été par les orages, qui, fort souvent mêlés d'un déluge de grêle, portent la désolation dans les campagnes.

PRODUCTIONS. Le département de la Dordogne produit des céréales en quantité suffisante pour la consommation des habitants ; on y récolte principalement du seigle, du sarrasin, beaucoup de maïs, et quantité de châtaignes, qui suppléent à l'insuffisance des céréales et servent à la nourriture des troupeaux ; des truffes regardées comme les meilleures de France ; les champignons y sont très-communs et d'excellente qualité ; on y trouve aussi un grand nombre de plantes médicinales et aromatiques. — Ce département renferme des forêts assez étendues, où l'essence de chêne domine, et de nombreuses plantations d'arbres fruitiers, notamment de noyers, qui, sur quelques points, sont cultivés en grand pour la fabrication de l'huile de noix.—Les nombreux et féconds vignobles de la Dordogne produisent annuellement environ 600,000 hectolitres de vin, dont environ moitié est consommée sur les lieux, et le reste livré à l'exportation ou converti en eau-de-vie et en sirop de raisin. Les crus les plus estimés en vins rouges sont ceux de la Terrasse, Pécharmant, les Farcées, Campréal, Ste-Foy-des-Vignes, sur la rive droite de la Dordogne, dans l'arrondissement de Bergerac ; Montbasillac, St-Nessans et Saucé, sur la rive gauche de la Dordogne, dans le même arrondissement, sont renommés pour la qualité des vins blancs qu'ils produisent.— On fait peu d'élèves de chevaux, mais beaucoup d'ânes et de mulets. La race bovine est en général assez chétive ; celle des moutons tend à s'améliorer ; les porcs et les chèvres sont très-multipliés. — Élève en grand de la volaille. Menu gibier. — Bon poisson de rivière et d'étang (truites, brochets, anguilles).

MINÉRALOGIE. Mines de fer de qualité supérieure, qui alimentent dans le département de nombreuses forges, plusieurs hauts fourneaux, et fournissent en outre une grande quantité de minerai aux départements environnants. Sulfate de plomb. Manganèse. Mines de houille et de lignite exploitées. Carrières de marbre, d'albâtre. Pierres de taille, de pierres lithographiques estimées. Grande exploitation de pierres meulières. Magnésie. Cendres fossiles. Ardoise. Pierres à plâtre. Cortine. Argiles. Marne. Bois agatisés. Craie. Terre à foulon, etc.

SOURCES MINÉRALES de la Bachelerie, de Panassou, de Baudicalet, de Lisle.

INDUSTRIE ET COMMERCE. Le département renferme des fabriques de cadis, de serges, d'étamines, de bonneterie, de coutellerie commune, d'eau-de-vie, de liqueurs, d'huile de noix, de nombreuses et belles papeteries, des tanneries importantes, de hauts fourneaux, forges, aciéries, etc.

COMMERCE de vins, eaux-de-vie, huile de noix, bestiaux gras, jambons, pâtés aux truffes et dindes truffées, fers, cuirs, papiers, etc., etc.

FOIRES. 820 foires environ se tiennent dans à peu près 120 communes. On y vend principalement des bœufs, des cochons, des moutons, et quelques marchandises à l'usage des habitants des campagnes. A Lalatière, à Montpazier, à Périgueux et à Bergerac, on vend des chevaux, des mulets et des ânes. Le marché aux cochons de Périgueux passe pour un des plus considérables de France. Terrasson, Thiviers et Brantôme possèdent dans la saison un marché aux truffes.

DIVISION ADMINISTRATIVE. Le département de la Dordogne envoie 7 représentants à la chambre des députés. Il a pour chef-lieu Périgueux, et se divise en 5 arrondissements :

Périgueux.....	9 cant.	105,753 h.
Bergerac.....	13 —	118,304
Nontron.....	8 —	83,889
Riberac.....	7 —	70,974
Sarlat.....	10 —	111,343
	47 cant.	490,263 h.

31ᵉ conserv. des forêts (chef-l. Bordeaux). — 18ᵉ arr. des mines (chef-l. Montpellier). — 20ᵉ div. milit. (chef-l. Périgueux). — Évêché à Périgueux ; séminaire diocésain à Sarlat ; école secondaire ecclésiastique à Bergerac ; 63 cures, 366 succursales ; églises consistoriales à Mont-Caret et à Bergerac ; 10 temples ou maisons de prières. — Collèges communaux à Périgueux, Bergerac et Sarlat.— Société d'agriculture, sciences et arts à Périgueux.

Biographie. Un grand nombre de personnages distingués ont reçu le jour dans le département de la Dordogne. Les principaux sont : les maréchaux de France GONTAUT DE BIRON, père et fils, et DE CAUMONT LA FORCE ; le vertueux évêque de Marseille BELZUNCE ; l'illustre MONTAIGNE ; LA BOETIE ; BRANTÔME ; CYRANO DE BERGERAC ; LA CALPRENÈDE ; LAGRANGE-CHANCEL ; le conventionnel ELIE LACOSTE ; les généraux DAUMESNIL, DUPONT-CHAUMONT, DUPONT DE L'ETANG, FOURNIER-SARLOVÈSE, le maréchal BUGEAUD, etc., etc.

Bibliographie. ARNAULT (F.). *Des antiquités du Périgord*, 1577.
Voyage en Périgord (en vers mêlés de prose), in-12, 1762.
SAUVERCCHE (L.). *Discours sur les célébrités du Périgord, suivi de Notes biographiques et philologiques*, in-18, 1836.
DESSALIES (L.). *Rapport sur les archives de l'ancien comté de Périgord*, in-8, 1842.
* *Précis de statistique du département de la Dordogne* (Annales de statistique, t. v).
PEUCHET et CHANLAIRE. *Statistique de la Dordogne*, in-4, 1809.
AUDIERNE. *Rapport sur les monuments de la Dordogne* (Bulletin de M. de Caumont, t. IV, p. 339).

— *Notice sur les églises du département de la Dordogne* (ibidem, t. I, p. 187).
ALLOU (C.-N.). *Observations sur les mines et usines du département de la Dordogne* (Journal des mines, t. XXXVII, p. 66, 81).
DELFAU (E.). *Annuaire du département de la Dordogne*, in-8, 1803.
V. aussi aux articles PÉRIGORD, ARGENTAT, CADOUIN, ST-LOUIS, PÉRIGUEUX, RIBERAC, SARLAT, SOURZAC.

DORE ou DORÉ (la), rivière qui prend sa source près du village de Doranges, arr. d'Ambert, *Puy-de-Dôme;* elle passe à Marsac, Ambert, Olliergue, Courpières, Puy-Guillaume, et se jette dans l'Allier vis-à-vis de Limoux, après un cours d'environ 80 k.

DORÉ (le), ruisseau qui prend sa source au dép. de la *Nièvre*, et se jette dans l'Aussois, près du moulin de Chauvigny. Il est flottable sur une longueur de 2,200 m. ; la quantité de bois flotté annuellement sur ce ruisseau varie de 5 à 10,000 stères.

DORÉE (la), bg *Mayenne* (Maine), arr. et à 33 k. de Mayenne, cant. de Landivy, ✉ de Fougerolles. Pop. 942 h.

DORE-L'ÉGLISE, bg *Puy-de-Dôme* (Auvergne), arr. et à 20 k. d'Ambert, cant. et ✉ d'Arlane. Pop. 2,085 h. — On trouve aux environs trois sources d'eaux minérales situées au Barsac, au Saut et à Josse.

DORENGT, vg. *Aisne* (Picardie), arr. et à 25 k. de Vervins, cant. du Nouvion, ✉ d'Etreux. Pop. 736 h.

DORLISHEIM, ou DORELSEN, bg *B.-Rhin* (Alsace), arr. et à 21 k. de Strasbourg, cant. et ✉ de Molsheim. Pop. 1,879 h. — Il est situé près de la montagne de Dreispitz, dont l'aspect offre un magnifique point de vue. — L'église paroissiale renferme des bas-reliefs fort anciens qui paraissent avoir appartenu à un établissement romain. — Aux environs on voit plusieurs tumulus, et sur une hauteur, entre Dorlisheim et Girbaden, on aperçoit les restes d'une ancienne fortification.

DORMANS, *Dornamantum, Dormanum*, jolie petite ville, *Marne* (Champagne), arr. et à 24 k. d'Epernay, chef-l. de cant. Cure. Gîte d'étape. ✉. ⚘. A 113 k. de Paris pour la taxe des lettres. Pop. 2,148 h. — TERRAIN tertiaire inférieur.—Elle est fort agréablement située sur la Marne, où elle a un port qui y favorise un grand commerce de bois et de charbon pour l'approvisionnement de Paris.

PATRIE de l'architecte LEDOUX, mort en 1806, dont les barrières de Paris ont assuré la célébrité.

Du lieutenant général vicomte VALLIN.

Fabriques de toiles, d'acide acétique, d'excellente poterie qui résiste au feu. Filatures de coton. Tuileries. — *Foires* les 3ᵉ lundi après Pâques, 23 janv., 19 juin et 29 oct.

DORMELLES, vg. *Seine-et-Marne* (Brie), arr. et à 20 k. de Fontainebleau, cant. de Moret, ✉ de Montereau. Pop. 815 h.— *Foires* les 18 et 19 juin.

DORMILLIOUSE, *H.-Alpes*, comm. de Froissinières, ✉ de Mont-Dauphin. — Ce vilâge est pittoresquement situé dans la vallée de Biaisse; un seul sentier y conduit à travers d'affreux précipices que l'œil du voyageur mesure avec autant d'admiration que de surprise. Vers le milieu de la montagne, la rivière de Biaisse se précipite avec fracas sur la tête des voyageurs; l'arc qu'elle décrit en tombant d'un rocher taillé verticalement, et dont la hauteur est de plus de 400 m., les préserve du danger d'être écrasés par la chute de cette masse d'eau. La rivière qui tombe entre eux et le soleil, faisant le même effet qu'un nuage chargé de pluie, offre perpétuellement à leurs yeux les brillantes couleurs de l'arc-en-ciel. A travers la nappe d'eau qui couvre la montagne, l'œil surpris cherche en vain le chemin qu'on a tenu; il voit la rivière s'abîmer dans le gouffre qu'elle a creusé elle-même par sa chute, sortir en bouillonnant, couverte d'une blanche écume, et fuir rapidement entre des rochers.

DORMOIS, *Pagus Dolomensis* ou *Doleomensis*, petit pays du dép. de la Marne qui s'étendait depuis Cernay-en-Dormois (Marne) jusqu'à Dun, dép. de la Meuse.

DORMOISE (la), petite rivière qui prend sa source près de Tahure, arr. de Ste-Ménehould, *Marne*; elle arrose Ripont, Rouvroy, Cernay, et se jette dans l'Aisne, à l'entrée de cette rivière dans le dép. des Ardennes.

DORMONT, *Eure*, comm. de St-Pierre-de-Bailleul, ⊠ de Gaillon.

DORNACH, ou DORNY, vg. *H.-Rhin* (Alsace), arr. et à 18 k. d'Altkirch, cant. et ⊠ de Mulhausen. Pop. 2,920 h.

DORNAS, vg. *Ardèche* (Languedoc), arr. et à 58 k. de Tournon, cant. et ⊠ du Chaylard. Pop. 879 h. Moulins à soie. — *Foires* les 3 janv. et jeudi après le dimanche de la Passion.

DORNECY, bg *Nièvre* (Nivernais), arr., cant., ⊠ et à 10 k. de Clamecy. Pop. 1,180 h. — *Foires* les 8 fév., 12 mai, 11 sept. et 8 nov.

DORNES, bg *Nièvre* (Nivernais), arr. et à 50 k. de Nevers, chef-l. de cant. ⊠. A 273 k. de Paris pour la taxe des lettres. P. 1,105 h. — TERRAIN tertiaire moyen.

PATRIE de CLAUDE FAUCHET, évêque constitutionnel, l'un des vainqueurs de la Bastille, député du Calvados à la convention nationale, mort sur l'échafaud révolutionnaire le 31 octobre 1793.

Foires les 22 janv., 12 mars, 25 avril, mercredi de la Pentecôte, 16 juin, 25 juillet, 14 sept. et 9 oct.

DORNOT, vg. *Moselle*, comm. d'Ancy-sur-Moselle, ⊠ de Metz.

DORRES, vg. *Pyrénées-Or.* (Roussillon), arr. et à 69 k. de Prades, cant. de Saillagouse, ⊠ de la Tour-de-Carol. Pop. 327 h. Près de la rive droite du Raour. On y trouve une source d'eau thermale sulfureuse dont la température est de 32° R.

DORTAN, bg *Ain* (Bourgogne), arr. et à 43 k. de Nantua, cant. d'Oyonnax. ⊠. A 481 k. de Paris pour la taxe des lettres. Pop. 1,364 h. — Il est situé sur la rive gauche de l'Ain, où il a un port commode qui y favorise commerce assez considérable de bois de sapin pour Lyon. — Construction de bateaux pour Lyon et les canaux. Filature de coton. — *Fabriques* d'ouvrages au tour façon de St-Claude. Nombreuses scieries hydrauliques de planches de sapin. Tanneries. — Aux environs, carrières de pierres lithographiques. — *Foires* les 16 avril, 9 sept. et 12 nov.

DORVILLER, *Moselle*, comm. de Flétrange, ⊠ de Faulquemont.

DOS (St-), vg. *B.-Pyrénées* (Béarn), arr. et à 24 k. d'Orthez, cant. et ⊠ de Salies. Pop. 294 h.

DOSFRAIRES, vg. *Var*, comm. du Broc, ⊠ de Vans.

DOSNON, vg. *Aube* (Champagne), arr., ⊠ et à 14 k. d'Arcis-sur-Aube, cant. de Ramerupt. Pop. 315 h.

DOSSAINVILLE, vg. *Loiret* (Orléanais), arr. et à 9 k. de Pithiviers, cant. de Malesherbes, ⊠ de Sermaises. Pop. 212 h.

DOSSENHEIM, vg. *B.-Rhin* (Alsace), arr., ⊠ et à 8 k. de Saverne, cant. de la Petite-Pierre. Pop. 1,048 h. — L'église paroissiale offre quelques parties de vieux murs qui passent pour être le reste de l'ancien château de Wartenberg.

Vis-à-vis de Dossenheim s'ouvre la vallée de Zinsel, dans laquelle sont les restes de l'antique abbaye de Craufthal, dont la fondation remonte, dit-on, au VIIIᵉ siècle; l'église date de 1619. On remarque dans cet endroit des habitations construites sous les saillies d'énormes rochers qui forment l'angle de deux vallées agrestes.

DOSSENHEIM, vg. *B.-Rhin* (Alsace), arr. et à 16 k. de Strasbourg, cant. et ⊠ de Truchtersheim. Pop. 134 h.

DOUADIC, bg *Indre* (Berry), arr., cant., ⊠ et à 10 k. du Blanc. Pop. 985 h.

DOUAI, *Duacium, Duacum*, grande, belle et très-forte ville, *Nord* (Flandre), chef-l. de sous-préf. (4ᵉ arr.) et de 3 cant. Cour royale d'où ressortissent les départements du Nord et du Pas-de-Calais. Trib. de 1ʳᵉ inst. Société d'agricult., sciences et arts. Société médicale. Académie universitaire. Collége royal. Ecole royale d'artillerie et arsenal de construction. Bourse de comm. 3 cures. Gîte d'étape. ⊠. ✶. Pop. 23,203 h. — TERRAIN carbonifère.

Autrefois siége d'un parlement, gouvernance, subdélégation, bailliage, siége royal, brigade de maréchaussée, gouvernement particulier, université, collége, 2 collégiales, séminaire, 2 abbayes, 7 couvents.

L'origine de Douai se perd dans la nuit des siècles. Sous Jules César, cette ville faisait partie de la Gaule belgique, et était habitée par les *Caluaci*. Dans le IXᵉ siècle, c'était une place importante, entourée de murs, de fossés, et défendue par un bon château. Elle était tellement fortifiée en 870, que les Bénédictins de Broile ne trouvèrent pas d'endroit plus sûr pour se mettre, eux et le corps de saint Amé, leur patron, à l'abri des insultes des Normands, dont cette ville soutint en effet les attaques et rendit les efforts inutiles. Hugues le Grand, comte de Paris, prit Douai en 932, et le donna au comte Roger, qui le céda à Louis d'Outre-mer pour en obtenir sa liberté. Lothaire assiégea Douai et s'en rendit maître en 965. Les comtes de Flandre s'en remirent en possession en 988. Robert le Frison prit cette ville en 1072, et ses successeurs la conservèrent jusqu'en 1102, époque où Robert le Jeune s'en empara. L'empereur Henri V l'assiégea sans succès en 1107. Philippe Auguste la prit après quatre jours de siège, en 1212. Les Français gardèrent cette ville jusqu'en 1302 que les Flamands, vainqueurs à Courtrai, la reprirent. En 1304, Philippe le Bel se présenta devant Douai et l'attaqua avec une extrême vivacité; mais les habitants se défendirent avec courage, et forcèrent le monarque à se retirer, après lui avoir tué beaucoup de monde. En 1479, Louis XI voulut surprendre Douai et ne put y parvenir; l'amiral de Coligny essaya, sans plus de succès, de s'en rendre maître en 1557. Louis XIV prit cette ville par capitulation après quatre jours de tranchée ouverte, le 7 juillet 1667. Les puissances coalisées la reprirent le 29 juin 1710, mais elles ne jouirent pas longtemps de leur conquête: le maréchal de Villars la leur enleva le 10 septembre 1712, après la victoire de Denain.

Douai est dans une situation très-avantageuse pour le commerce, sur la Scarpe, qui communique à l'Escaut, par le canal de la Sensée, avec Valenciennes, Tournai, toute la Belgique et la Hollande, et par divers canaux, avec Cambrai, Lille, St-Omer, Dunkerque et la mer du Nord. Cette ville est entourée de vieilles murailles irrégulières, flanquées de tours rondes, et est généralement bien bâtie; les rues sont bien percées, la place publique est vaste et belle. Les remparts offrent des promenades agréables. — Dans l'endroit le plus élevé de la ville se trouve une source d'eau minérale dont on fait peu d'usage.

La ville de Douai possède une riche et belle bibliothèque, renfermant 27,000 vol., et une précieuse collection de manuscrits où abondent ceux du XIᵉ et du XIIᵉ siècle. On y voit des évangiles et des psautiers plus anciens encore; un entre autres précédé d'un calendrier qui fixe sa date au VIIIᵉ siècle. Ces manuscrits sont presque tous aussi distingués par leur parfaite conservation que par la beauté de l'écriture et des vignettes. — La galerie d'histoire naturelle est réellement grandiose; elle renferme une collection précieuse d'animaux empaillés, un cabinet d'anatomie comparée.

On remarque encore, à Douai le musée de tableaux et d'antiquités; l'arsenal et la fonderie de canons; l'hôtel de ville; la salle de spectacle; les promenades, etc. C'est une ville où l'industrie et les arts sont encouragés; une exposition publique de leurs produits y a lieu tous les deux ans.

Biographie. Douai est le lieu de naissance de:

JEAN DE BOULOGNE, sculpteur célèbre, mort en 1600.

JEAN CAMMELIN, célèbre imprimeur du XVIᵉ siècle.

Arn. Vion, généalogiste et historien.

Ch.-Alex. de Calonne, ministre des finances sous Louis XVI, mort en 1802.

L'abbé Dulaurens, auteur de l'*Arétin moderne*, du *Compère Matthieu*, et d'une multitude d'autres ouvrages dans lesquels on trouve toujours des pensées neuves et hardies, à côté des trivialités les plus basses et au milieu du cynisme le plus dégoûtant.

Mme Desbordes-Valmore, que ses ravissantes poésies, ses *Veillées des Antilles*, et autres nouvelles, ont classée parmi les femmes les plus renommées de notre époque dans la carrière des lettres.

L'architecte L. Lebrun.

L'infortuné Lesurque, condamné à mort et exécuté pour un crime commis par un autre, et dont plus tard il fut reconnu innocent.

L. Victor de Caux, lieutenant général du génie.

Industrie. *Fabriques* de tapisseries de haute lisse, de fil à coudre, fil à dentelles, broderies, dentelles, savon noir, pipes de terre, poterie de grès façon anglaise. Filatures de coton. Amidonneries; brasseries; genièvreries; tanneries et maroquineries; faïenceries et poteries; verrerie à bouteilles; papeterie; huileries; salpêtreries; raffineries de sucre et de sel; blanchisseries de toiles. — Fonderie royale de canons.

Commerce de grains, graines grasses, houblon, vins, eaux-de-vie, huiles, chicorée-café, dentelles, laines, fil, etc. — Entrepôt du commerce de lin avec les autres départements du royaume. — *Foires* le 1er juin (3 jours), du 1er au 15 octobre, et le dernier mercredi de chaque mois.

A 33 k. S. de Lille, 202 k. N.-E. de Paris par St-Quentin et Cambrai. Lat. 50° 22′ 10″, long. 0° 44′ 47″ E.

L'arrondissement de Douai est composé de 6 cantons : Arleux, Douai N., Douai O., Douai S., Marchiennes, Orchies.

Bibliographie. * *Souvenirs à l'usage des habitants de Douai*, suivis de l'*Histoire de cette ville depuis le 1er janvier 1822 jusqu'au 30 novembre 1842*, in-8, 1843.
* *Éphémérides historiques de la ville de Douai*, et *Biographie douaisienne*, 2e éd., in-12, 1828.
* *La Prise de la ville de Douai, le 6 juillet 1667*, in-4.
* *Relation historique des sièges de Douai en 1667, 1710 et 1712*, in-32, 1841.
* *Coutumes et anciens Règlements de la ville et échevinage de Douai*, in-12, 1828.

Brossart. *Inventaire général des chartes, titres et papiers appartenant aux hospices et aux bureaux de bienfaisance de la ville de Douai*, in-8, 1840.
— *Notes historiques sur les hôpitaux et établissements de charité de la ville de Douai*, in-8, 1843.

Pilate. *Notice historique sur l'hôtel de ville et le beffroi de Douai*, br. in-8.

Dancoisne. *Recueil des monnaies, médailles et jetons, pour servir à l'histoire de Douai et de son arrondissement*, 22 pl., in-8, 1836.

Duthilloeul. *Bibliographie douaisienne, ou Catalogue des livres imprimés à Douai depuis 1563 jusqu'à nos jours*, in-8, 1842.
* *Notice historique sur le géant de Douai et sa procession*, in-8, 1840.

Aboville (d'). *Mémoire contenant l'analyse d'une eau colorée qui se trouve dans une fontaine à Douai* (Mémoires de l'académie royale des sciences, savants étrangers, t. IV, p. 470).

Baumé. *Analyse d'une eau minérale singulière qui se trouve à Douai* (ibid., t. I, p. 303).

Demeunynck et Devaux. *Précis historique et statistique des communes de l'arrondissement de Douai* (Annuaire du département du Nord, in-8, 1831).

Dictionnaire des communes du ressort de la cour royale de Douai, in-8, 1842.

DOUAINS, vg. *Eure* (Normandie), arr. et à 28 k. d'Evreux, cant. et ✉ de Vernon. Pop. 460 h.

DOUANNE, vg. *Côtes-du-Nord*, comm. de Plœuc, ✉ de Moncontour.

DOUARNENEZ, *Dorvanena*, petite ville maritime, *Finistère* (Bretagne), arr. et à 25 k. de Quimper, chef-l. de cant. Cure à Plouaré. Gîte d'étape. ✉. À 579 k. de Paris pour la taxe des lettres. P. 3,646 h. — Terrain cristallisé, gneiss. — *Etablissement de la marée*, 3 heures 15 minutes.

Cette ville, située au fond et sur le bord septentrional de la vaste baie de son nom, possède un petit port, où l'on arme annuellement 500 chaloupes pour la pêche de la sardine, dont il se fait un commerce considérable : le produit de cette pêche s'élève quelquefois à 35,000 barils du 75 kilog. pesant, et à 15 ou 16,000 barils d'huile. — Rien de ce qui peut rendre une ville saine, commode, ne se trouve à Douarnenez; mais rien de plus grand, de plus beau que la baie au fond de laquelle elle est bâtie: On compte 24 k. de l'embouchure de la baie à son extrémité la plus enfoncée dans les terres, aux sables de Riz. La plus grande profondeur de cette belle nappe d'eau est de vingt-sept à trente brasses ; la largeur de son embouchure, du bord de la Chèvre à Luguené, est de 10 k. Une suite de rochers, partant de la pointe de la Chèvre, s'approche à près de 4 k. de Luguené: au milieu du chenal on trouve trente brasses de profondeur. Les terres voisines de l'embouchure sont les plus élevées de la côte : elles ont 40 m. de hauteur. Du milieu de la baie, la vue s'étend sur un amphithéâtre dont les hauteurs les plus considérables sont celles de Menés-Cum et de la Motte.— Cette côte, en général, est couverte de petits hameaux, composés de deux, trois ou quatre maisonnettes : on en compte jusqu'à douze cents. Morgat, à 2 k. de Crozon, est formé de vingt maisons et d'une centaine de magasins pour les sardines, habités à des cultivateurs qui pêchent quand ils ont terminé leurs travaux. Comme ces rives sont coupées à pic, il est très-difficile de s'y procurer du goëmon ; aussi les terres qui cernent la baie de Douarnenez sont-elles en général arides, mais néanmoins très-peuplées. La rade pourrait contenir des bâtiments de toute grandeur, ancrés sur un fond de sable; mais on ne peut en sortir que par les vents d'est et de nord-est, et, dans l'hiver, elle n'est pas sûre pour les gros bâtiments.

L'île Tristan, qui a environ 1 k. de circuit, et sur laquelle est établie une batterie de deux canons de douze, n'est qu'à quelques portées de fusil de Douarnenez ; deux gardiens y demeurent en hiver. On y voit une maison et des magasins de sardines, et l'on peut s'y rendre à pied sec quand la marée est basse. Du sommet de l'île on a la vue des rôtes, de la baie des Rivières, de Tréboul et de Poul-David, d'une multitude d'anses, de rochers, de montagnes qui varient d'aspect à chaque pas que l'on fait sur l'île.

L'église de Plouaré, près de Douarnenez, a été construite au XVIe siècle du produit des pêches faites dans la baie de Douarnenez ; c'est un des plus beaux spécimens de l'architecture ogivale en Bretagne ; le clocher, qui était remarquable par son élégance, a été renversé par un ouragan en 1842.

Commerce de sel, vins, merrain, sardines.
— *Foires* les 1ers vendredis de janv., de mars, de mai, de juillet, de sept. et de nov.

DOUATS (les), *Lot-et-Garonne*, comm. et ✉ de Clairac.

DOUAUMONT, vg. *Meuse* (pays Messin), arr., ✉ de Verdun-sur-Meuse, cant. de Charny-sur-Meuse. Pop. 203 h.

DOUAVILLE, *Seine-et-Oise*, comm. de Paray-le-Moinean, ✉ d'Ablis.

DOUAZAC, *Tarn-et-Garonne*, comm. d'Asques, ✉ de Lavit.

DOUBS (le), *Dubis*, *Aldua Dubis*, rivière assez considérable qui prend sa source au pied du mont Rixon, à 2 k. du village de Mouthe, arr. de Pontarlier, dans le département auquel elle a donné son nom. Après s'être grossi de plusieurs ruisseaux, le Doubs forme, à l'extrémité du canton de Morteau, un magnifique réservoir connu sous le nom de lac de Chaillaxon, qui, de ce côté, sépare la France du canton suisse de Neufchâtel. Au-dessous de ce réservoir, le Doubs coule entre des rochers agrestes couronnés de sapins, qui, en se rapprochant à leur extrémité septentrionale, ne laissent plus à la rivière qu'un passage de 12 m. de largeur, par où elle s'élance et se précipite perpendiculairement de 27 m. de hauteur avec un bruit imposant décuplé par les échos ; c'est ce qu'on nomme le saut du Doubs.

Le Doubs passe à Rochejean, l'Abergement, près de Morteau, à St-Hippolyte, l'Ile-sur-le-Doubs, Clerval, Baume-les-Dames, Besançon, Dôle et Verdun, où il se jette dans la Saône. Dans son cours, qui est d'environ 320 k., il reçoit le Dessoubre, la Halle, la Savoureuse, la Loue et un grand nombre de petites rivières.

La pente totale de cette rivière, depuis sa source jusqu'à son confluent avec la Saône, est

SAUT DU DOUBS.

de 776 m. Son lit est tellement tortueux qu'elle parcourt deux fois le département dans sa plus grande longueur, et son développement peut y être évalué à 340,000 m. Le Doubs est navigable sur certains points, et notamment sur ceux où il reçoit *le canal du Rhône au Rhin.* Le flottage sur cette rivière est très-important ; il commence à Morteau, et consiste en bois de chêne merrain, bois et planches de sapin, etc.

DOUBS (département du). Ce département est formé en entier d'une partie de la ci-devant province de Franche-Comté, et tire son nom de la rivière du Doubs qui y coule du midi au sud-ouest, en se dirigeant de l'est au nord, en sorte qu'elle entoure, pour ainsi dire, ce département. Ses limites sont : au nord, le département de la Haute-Saône et du Haut-Rhin; à l'est, la Suisse ; au sud-ouest, le département du Jura, et au nord-ouest, celui de la Haute-Saône.

Le territoire du département du Doubs se compose de hautes montagnes et de coteaux couronnés de forêts, de plaines fertiles, de landes, de rochers et de marais d'une assez grande étendue. Il est traversé par quatre chaînes des monts Jura, disposées en lignes parallèles à la chaîne des Alpes, et présente dans son ensemble un amphithéâtre incliné de l'est à l'ouest sous la forme d'un triangle irrégulier. Les principales sommités de la première chaîne sont : le Mont-d'Or, sur le Noirmont (1,500 m.), et le Suchet, sur la ligne suisse (1,600 m.). Le Mont-d'Or, dont la cime domine toute la contrée, est la montagne que les voyageurs visitent le plus particulièrement : de son sommet la vue embrasse un horizon très-étendu et très-varié ; les vastes pâturages qui le couvrent, les nombreux chalets et les métairies éparses que l'on voit de loin en loin sur les tapis de verdure qui s'étendent sur les revers, et le parfum qu'exhalent les plantes médicinales et odoriférantes qui y croissent en abondance, concourent à rendre l'ascension de cette belle montagne extrêmement agréable, surtout dans le mois de juin. Les laiteries et les fromageries établies sur ses pentes occidentales, alimentées par les belles vaches laitières qui y paissent habituellement, donnent des produits de qualité supérieure, qui s'écoulent en grande partie par le commerce, et se consomment dans l'intérieur du royaume. Du sommet aride du Suchet, on jouit d'un horizon immense, borné par les cimes glacées des Alpes, du Mont-Blanc et du St-Gothard. — Les sommités les plus remarquables de la seconde chaîne sont : le Mont-Champvent et le Laveron. — Les plus hautes cimes du troisième chaînon, sont la côte de Vennes et les Miroirs (996 m.); du sommet de Montmahoux, dont l'élévation n'est que de 820 m., on aperçoit distinctement, à l'est, la chaîne continue des montagnes de la Suisse, dont les sommets, couverts de glaces et de neige, se colorent des derniers rayons du soleil, et se dessinent majestueusement sur l'azur des cieux. — Les plus hautes cimes du quatrième chaînon sont le Mont-Poupet et la Roche-d'Or (872 m.).

Sous le rapport agricole, ce département se divise en trois régions très-distinctes, soumises à l'influence des montagnes, lesquelles en varient la température et les produits. On désigne communément ces trois régions par les noms de haute et moyenne montagne, et de pays bas ou de plaine. La région, dite des hautes montagnes, se compose de vallons compris entre les sommités des deux premières chaînes du Jura qui traversent le département de son extrémité sud-est au canton de Mouthe, jusqu'à St-Hippolyte, au nord-est ; elle comprend l'arrondissement entier de Pontarlier et les cantons de Russey, de Maîche et de St-Hippolyte, arrondissement de Montbéliard. Cette contrée des hautes montagnes, coupée par de vastes forêts de sapins, dont la verdure éternelle contraste avec les neiges et les glaces des longs hivers, est hérissée de monts dont les cimes nues et sans végétation sont le séjour habituel des frimas pendant six mois de l'année ; mais ses aspects variés égalent les beautés naturelles de la Suisse. Les vallées qu'elle renferme sont peu propres à la culture : on n'y recueille presque partout que des grains de printemps ; mais le revers méridional des montagnes offre d'excellents pâturages pour l'entretien des nombreux troupeaux qui alimentent les laiteries et les fromageries. — La moyenne montagne est comprise dans une zone parallèle à la précédente, formée par deux chaînes intérieures du Jura ; elle renferme les cantons d'Amancey, de Vercel, de Pierrefontaine, de Pont-de-Roide, de Blamont, partie du canton d'Ornans, etc. Cette seconde zone est sous une température favorable qui permet la culture du froment ; quelques vignobles occupent même les expositions du midi. On y trouve de belles vallées et des plaines assez étendues ; les montagnes sont en partie couvertes de forêts. — La plaine est formée de terrains compris entre la rivière du Doubs et celle de l'Ognon, qui sépare le département du Doubs de celui de la Haute-Saône ; c'est la partie la plus fertile du département ; toutes les espèces de grains y sont cultivées avec succès. Les coteaux sont couverts de vignobles assez étendus, dont plusieurs produisent de bons vins ordinaires. Cette contrée est aussi la plus peuplée du département ; elle comprend les cinq sixièmes de l'arrondissement de Besançon, et les parties des arrondissements de Baume et de Montbéliard qui avoisinent le Doubs et l'Ognon.

Les vallées qui séparent les chaînons du Jura s'étendent longitudinalement dans le sens des lignes de montagnes du sud-est au nord-est ; elles varient beaucoup dans leur largeur ; celles du Doubs ne présentent souvent qu'une gorge étroite et profonde. On y distingue néanmoins quelques bassins d'une étendue remarquable. De charmants paysages, un grand nombre de villes, de bourgs et de villages bordent la grande route qui longe la rive droite du Doubs depuis Besançon jusqu'à Montbéliard, et offrent une suite non interrompue de sites variés et pittoresques.

La surface du département est de 525,212 hectares, divisés ainsi :

Terres labourables.	191,377
Prés.	74,892
Vignes.	8,011
Bois.	120,646
Vergers, pépinières et jardins.	5,757
Oseraies, aunaies et saussaies.	5
Etangs, mares, canaux d'irrigation.	840
Landes et bruyères.	101,688
Autres cultures.	50
Superficie des propriétés bâties.	1,576
Contenance imposable.	510,042
Routes, chemins, places, rues, etc.	6,859
Rivières, lacs et ruisseaux.	4,220
Forêts et domaines non productifs.	3,952
Cimetières, églises, bâtiments publics.	139
Contenance non imposable.	13,170

On y compte :
47,336 maisons.
433 moulins à eau et à vent.
35 forges et fourneaux.
156 fabriques et manufactures.

soit : 47,980 propriétés bâties.
Le nombre des propriétaires est de 98,603
Celui des parcelles de. 1,287,439.

HYDROGRAPHIE. Dix rivières et plus de cent cinquante ruisseaux, qui font mouvoir quatre cents moulins et un grand nombre d'usines de divers genres, sillonnent en tous sens le département ; et deux mille fontaines au moins fournissent abondamment aux besoins des habitants. Les principales de ces rivières sont : le Doubs, la Loue, l'Ognon, le Dessoubre, le Lison, le Drugeon, le Cosancin, la Lusine, la Savoureuse. Le département est traversé par le canal de jonction du Rhône au Rhin, dont la navigation a commencé en 1833 ; il possède aussi un canal de dérivation de la rivière d'Osselle. Le canal du Rhône au Rhin, depuis l'embouchure du Doubs dans la Saône jusqu'à Mulhouse, présente un développement total de 219,188 m.

COMMUNICATIONS. Le département est traversé par cinq routes royales et par vingt et une routes départementales, dont le développement dépasse 500,000 m.

MÉTÉOROLOGIE. La température du département du Doubs est très-variable, et plus froide que la latitude ne semblerait l'indiquer ; les hivers sont longs et rigoureux. Les limites moyennes extrêmes du thermomètre sont —8° et +25°. Les vents dominants sont les vents de sud-ouest et de nord-est. L'air est pur, mais vif, surtout dans la partie orientale du département, où les neiges séjournent jusqu'aux mois d'avril et de mai, ce qui rend la température variable et la végétation incertaine bien avant dans le printemps. Les montagnes contribuent, avec les vents d'ouest et du nord-ouest, qui sont très-fréquents, à donner des pluies abondantes. Le vent du sud-ouest est ordinairement très-violent, et règne quelquefois plusieurs jours de suite sans pluie ; le vent du nord est moins fréquent ; il procure une atmosphère pure, et contribue à tempérer les chaleurs de l'été.

PRODUCTIONS. Le département produit des céréales de toutes espèces, mais en quantité insuffisante pour la consommation des habitants, du maïs, des pommes de terre, des légumes, du chanvre, du lin, des plantes médicinales. Les vignes produisent annuellement environ 170,000 hectol. de vin, dont une partie s'exporte en Alsace. — Les forêts sont peuplées de beaux arbres, dont les plus multipliés sont le chêne-rouvre, le hêtre, le frêne et le sycomore, qui y acquièrent une hauteur de 30 à 35 m.; les sapins, dont l'élévation dépasse 40 m.; les merisiers, les poiriers et les pommiers sauvages y sont communs; le cognassier, le houx et le genévrier y prennent un grand développement. — Les arbres fruitiers, rares dans la haute montagne et même dans la moyenne, réussissent parfaitement dans la plaine. Le noyer y devient très-beau. Les vignes y sont peuplées de pêchers et de cerisiers. Les vergers renferment un grand nombre d'arbres à fruit, à noyaux et à pepins. — On élève dans le département beaucoup de bêtes à cornes, et notamment des vaches comtoises, dont le lait fournit à des fabriques considérables de fromages façon de Gruyère. On s'occupe aussi de l'élève des chevaux, qui, sans être des chevaux fins, sont cependant d'une race assez précieuse ; ils sont forts et vigoureux, propres à la remonte de la cavalerie légère et des dragons, et surtout excellents pour le trait. — La plupart des rivières et des lacs sont très-poissonneux. On y trouve des truites saumonées rouges, jaunes et blanches ; de fort belles perches, de gros brochets, d'autres poissons, des anguilles, des carpes, etc. Les écrevisses sont extraordinairement abondantes.

MINÉRALOGIE. Indices de mine d'argent, autrefois exploitée sur le flanc du Mont-d'Or. Nombreuses et riches mines de fer, qui cependant ne peuvent suffire à la consommation des hauts fourneaux établis dans le département (sur dix fourneaux, sept tirent tout ou partie du minerai de la Haute-Saône et du Jura). Mine de houille exploitée à Gémonval. Bois fossile en grandes masses. Tourbières. Carrières de gypse strié de la plus belle espèce, de pierres à bâtir, de marbre coquillier. Marnes, argile, terre à foulon, sable quartzeux, spaths calcaires, pétrifications, etc.

SOURCES MINÉRALES à Guillon et à Lusigny.

INDUSTRIE ET COMMERCE. Manufactures d'horlogerie et de fournitures d'horlogerie. Fabriques de draps, droguets, toiles de coton, percales, bonneterie, boissellerie, colle forte, eau de cerises, huile de noix, moutarde, vinaigre. Filatures de coton. Brasseries. Papeteries. Nombreuses tanneries, chamoiseries et mégisseries. Forges, hauts fourneaux, martinets. Tréfileries, sableries, aciéries, et fabriques de faux, limes et outils. — Fabriques d'eau de cerises et d'absinthe. — La fabrication des fromages façon de Gruyère est une des branches intéressantes de l'industrie agricole du département. Les meilleurs fromages et les beurres de qualité supérieure sont ceux fabriqués dans l'arrondissement de Pontarlier. Le nombre des fruitières dépasse 600 ; il y en a dans toutes les communes un peu populeuses. On évalue leur produit moyen annuel à 2,500,000 kilog. de fromages, d'une valeur de 1,650,000 fr., et à 260,000 kilog. de beurre, valant 260,000 fr.

Le commerce consiste en fers forgés, fils de fer, tôles laminées, fers noirs, fers blancs, fonte de fer, etc.; en horlogerie, bonneterie ; en produits des filatures de coton, en produits annuels et toujours croissants des fromageries ; en jeunes sujets de la race chevaline comtoise ; cuirs tannés, bois de sapin, propres aux constructions, et enfin dans l'exportation de quelques excédants de ses produits territoriaux.

FOIRES. Plus de 270 foires se tiennent dans environ 70 communes. Les principaux objets de commerce consistent en bestiaux, chevaux, porcs, fromages façon de Gruyère, beurre, fers, clous, quincaillerie, planches de sapin, bois de charpente, merrain, cuirs, etc. On vend principalement des planches de sapin aux foires de Besançon et de Montbelliard ; des fromages à Besançon, Beurre, Myon, Mouthe, Pontarlier; des cuirs et des peaux à Besançon, Vercel, Pontarlier, Morteau. Besançon fait un grand commerce de fers ; ses quatre plus anciennes foires sont le rendez-vous habituel des maîtres de forges de tout le pays.

DIVISION ADMINISTRATIVE. Le département du Doubs a pour chef-lieu Besançon ; il envoie 5 représentants à la chambre des députés, et est divisé en 4 arrondissements :

Besançon. . . . . 8 cant. 106,041 h.
Baume-les-Dames . 7 — 68,357
Montbelliard . . . . 7 — 61,100
Pontarlier . . . . 5 — 50,738
                 27 cant. 286,336 h.

12e conserv. des forêts (chef-l. Besançon). — 13e arr. des mines (chef-l. St-Etienne). — 6e div. milit. (chef-l. Besançon). — Archevêché et séminaire diocésain à Besançon ; 27 cures, 355 succursales ; église consistoriale à Besançon ; temple d'anabaptistes à Montbelliard. — Académie universitaire, faculté des lettres, collège royal, académie royale des belles-lettres et société d'agriculture à Besançon.

Biographie. Patrie des historiens DUNOD DE CHARNAGE, MILLOT et TOULONGEON; des académiciens SUARD, DROZ, CH. NODIER ; du mathématicien POUILLET, du novateur FOURIER; du philosophe JOUFFROY ; du poète VICTOR HUGO ; des médecins TISSOT et TOURTEL, etc., etc.

Bibliographie. GRAPPIN (Dom.). Almanach historique de Besançon et de la Franche-Comté, in-8, 1785, 1786 (contient une bonne description des villes, bourgs et villages).

PEUCHET et CHANLAIRE. Statistique du département du Doubs, in-4, 1809.

BRY (Jean de). Mémoires statistiques du Doubs, in-f°, an XII.

LAURENT. Annuaires statistiques du Doubs, in-12, 1804-44 (contiennent des notices sur plusieurs localités du Doubs).

GIROD CHANTRANS. Essai sur la géographie physique, le climat et l'histoire naturelle du département du Doubs, 2 vol. in-8, 1810.

GRENIER (Charles). Thèse de géographie botanique du département du Doubs, in-8, 1844.

BAILLY (J.). Essai géologique et physique sur la possibilité d'obtenir des eaux jaillissantes dans le département du Doubs, etc., in-8, 1830.

Voyez aussi aux articles FRANCHE-COMTÉ, BAUME-LES-DAMES, BESANÇON, GUILLON, MANDEURE, MONTBELLIARD, MONTBENOIT, MORTEAU, PONTARLIER, ROCHEJEAN.

DOUBS, vg. *Doubs* (Franche-Comté), arr., cant., ✉ et à 3 k. de Pontarlier. Pop. 380 h.

DOUCELLES, vg. *Sarthe* (Maine), arr. et à 21 k. de Mamers, cant. et ✉ de Beaumont-sur-Sarthe. Pop. 356 h.

DOUCES, vg. *Maine-et-Loire* (Anjou), arr. et à 21 k. de Saumur, cant. et ✉ de Doué. Pop. 870 h.

DOUCEY, vg. *Marne* (Champagne), arr. et à 15 k. de Vitry-le-François, cant. et ✉ de Heiltz-le-Maurupt. Pop. 241 h.

DOUCHAPT, vg. *Dordogne* (Périgord), arr. et à 11 k. de Riberac, cant. de Montagrier, ✉ de St-Apre. Pop. 583 h.

DOUCHY, vg. *Aisne* (Picardie), arr. et à 14 k. de St-Quentin, cant. de Vermand, ✉ de Ham. Pop. 377 h.

DOUCHY, vg. *Loiret* (Gatinais), arr. et à 27 k. de Montargis, cant. et ✉ de Château-Renard. Pop. 1,170 h.

DOUCHY, vg. *Nord* (Flandre), arr. et à 12 k. de Valenciennes, cant. et ✉ de Bouchain. Pop. 1,558 h. Sur la Selle. — Exploitation de houille. La concession de Douchy comprend 34 k. 19 hect., situés sur Mastaing, Rœulx, Bouchain, Neuville, Escaudain, Lourches, Douchy et Houlchain.

DOUCHY-LES-AYETTES, vg. *Pas-de-Calais* (Artois), arr., ✉ et à 13 k. d'Arras, cant. de Croisilles. Pop. 708 h.

DOUCIER, vg. *Jura* (Franche-Comté), arr. et à 20 k. de Lons-le-Saulnier, cant. et ✉ de Clairvaux. Pop. 534 h. — *Fabriques de faux*, de poterie de terre, poêles, toyaux pour la conduite des eaux; mineraie fine. — *Foires* les 16 avril, 16 juin, 16 juillet et 16 sept.

DOUDEAUVILLE, *Dodealvilla*, *Dodavilla*, vg. *Eure* (Normandie), arr. et à 15 k. des Andelys; cant. et ✉ d'Étrépagny. Pop. 304 h.

DOUDEAUVILLE, vg. *Pas-de-Calais* (Boulonnais), arr. et à 22 k. de Boulogne-sur-Mer, cant. et ✉ de Samer. Pop. 673 h.

DOUDEAUVILLE, *Dodonis villa*, vg. *Seine-Inf.* (Normandie), arr. et à 30 k. de Neufchâtel-en-Bray, cant et ✉ de Gournay. Pop. 221 h.

DOUDELAINVILLE, vg. *Somme* (Picardie), arr., ✉ et à 15 k. d'Abbeville, cant. d'Hallencourt. Pop. 524 h.

DOUDEVILLE, *Dodelini villa*, Dode-

villa, bg *Seine-Inf.* (Normandie), arr. et à 12 k. d'Yvetot, chef-l. de cant. Cure. ⌧. ⚯. A 163 k. de Paris pour la taxe des lettres. P. 3,688 h.—Terrain tertiaire moyen.—*Fabriques* de tissus de coton pour meubles et pour pantalons.—*Foires* les 28 fév., lundi de la Trinité, lundi après le 2ᵉ dimanche d'oct., dernier samedi de mars, avril, mai, juin, juillet et sept.

DOUDRAC, vg. *Lot-et-Garonne* (Agénois), arr. et à 34 k. de Villeneuve-sur-Lot, cant. et ⌧ de Villeréal. Pop. 380 h.

DOUÉ, *Theoluadum Palatium, Doadum*, petite ville très-ancienne, *Maine-et-Loire* (Anjou), arr. et à 21 k. de Saumur, chef-l. de cant. Cure. Gîte d'étape. ⌧. ⚯. A 319 k. de Paris pour la taxe des lettres. Pop. 2,590 h.—Terrain cristallisé.

Autrefois diocèse d'Angers, parlement de Paris, intendance de Tours, élection de Saumur. Cette ville est assez bien bâtie, dans une contrée fertile et bien cultivée. Elle possède une superbe fontaine, qui passe pour une des plus belles qu'il y ait en France, tant par son architecture que par l'abondance de ses eaux. Cette fontaine est en forme de cheval, et a 2 m. de circuit sur 41 c. de profondeur. Ses eaux se déchargent dans un bassin qui est à 2 ou 3 m. au-dessous, et qui a 50 m. de long ; à l'extrémité de ce bassin est un pont de pierre, sous lequel passent les eaux, qui servent ensuite à une douzaine de tanneries, font tourner six moulins, et arrosent plusieurs belles prairies. Cet ouvrage, qui serait digne des Romains, a été exécuté sans autre frais que le frais du trésor royal qu'aux frais de F. Foullon.

Dagobert Iᵉʳ, roi de France et comte d'Anjou, faisait ordinairement sa résidence à Doué, lorsqu'il visitait cette province. Il habitait un palais dont on attribue la fondation aux rois d'Aquitaine, et dont il reste encore quelques vestiges. Non loin de là on voit les ruines d'un amphithéâtre qui, par son ancienneté et sa singularité, mérite d'attirer les regards des curieux. Cet amphithéâtre n'a pas été élevé au-dessus du sol, on l'a creusé dans une espèce de roc tendre, formé par un grand banc de pierres coquillières, sur lequel la ville de Doué est placée. L'arène a, dans ses plus grandes dimensions, environ 35 m. de longueur, 28 de largeur, et 7 à 8 de profondeur. Le plan est un polygone irrégulier. Ce qu'il y a de plus remarquable dans la taille de cette roche coquillière est une vaste galerie, destinée à mettre le peuple à couvert lorsque la pluie interrompait les jeux.

Biographie. Patrie de J. Savary, auteur du *Parfait Négociant*.

Du littérateur et publiciste J.-P. Gallais.

Industrie. Exploitation de houille.—*Commerce* de grains, toiles, fers, bestiaux.—*Foires* les lundis des Rameaux, de Quasimodo, des Rogations, après St-Denis, de St-André et après la mi-carême.

DOUE, vg. *Seine-et-Marne* (Brie), arr. et à 10 k. de Coulommiers, cant. et ⌧ de Rebais. P. 1,042 h.—Il est bâti dans une charmante situation, au pied d'une petite montagne, sur le sommet de laquelle est une ancienne église des templiers, remarquable par sa forme et par ses vitraux.—*Foire* le 25 nov.

DOUELLE, vg. *Lot* (Quercy), arr., ⌧ et à 9 k. de Cahors, cant. de Luzech. P. 1,20 h.

DOUET (le), *Loire-Inf.*, comm. de St-Sébastien, ⌧ de Nantes.

DOUET-ARTUS (le), vg. *Orne*, comm. de Heugon, ⌧ du Sap.

DOUHET (le), bg *Charente-Inf.* (Saintonge), arr., cant., ⌧ et à 12 k. de Saintes. Pop. 1,033 h.—A peu de distance du Douhet, on remarque la fontaine de ce nom, qui n'est autre chose qu'une portion de l'aqueduc romain destiné à conduire les eaux à Saintes, aqueduc qui est ici creusé dans le roc, à une hauteur prodigieuse, et voûté à plein cintre. C'est un des plus beaux ouvrages en ce genre ; le fond est occupé par un canal bordé de deux larges trottoirs. Près de là est le château du Douhet, dont le parc est alimenté par les eaux de l'aqueduc.

L'église du Douhet est un très-bel édifice roman-byzantin du xvᵉ siècle.

DOUILLET, vg. *Sarthe* (Maine), arr. et à 37 k. de Mamers, cant. et ⌧ de Fresnay-sur-Sarthe. Pop. 1,220 h.

DOUILLY, vg. *Somme* (Picardie), arr. et à 20 k. de Péronne, cant. et ⌧ de Ham. Pop. 557 h.

DOULAINCOURT, vg. *H.-Marne* (Champagne), arr. et à 35 k. de Vassy, chef-l. de cant., ⌧ de Joinville. Pop. 1,008 h.—Forges.—*Foires* les 1ᵉʳ mars, 21 juin, 5 sept. et 2 nov.

DOULAIZE, vg. *Doubs* (Franche-Comté), arr. et à 29 k. de Besançon, cant. d'Amancey, ⌧ d'Ornans. Pop. 105 h.

DOULÇAY, *Loir-et-Cher*, comm. de Maray, ⌧ de Romorantin.

DOULCHARD (St-), vg. *Cher* (Berry), arr., ⌧ et à 4 k. de Bourges, cant. de Méhun-sur-Yèvre. Pop. 568 h.

DOULCON, vg. *Meuse* (pays Messin), arr. et à 24 k. de Montmédy, cant. et ⌧ de Dun-sur-Meuse. Pop. 251 h.

DOULEVANT, ou DOULEVANT-LE-CHATEAU, bg *H.-Marne* (Champagne), arr. et à 18 k. de Vassy, chef-l. de cant. Cure. Gîte d'étape. A 246 k. de Paris pour la taxe des lettres. Pop. 707 h. Sur la Blaise.—Terrain jurassique, étage supérieur du système oolitique.—Forges et haut fourneau.—*Foires* les 22 fév., 1ᵉʳ samedi de mai et 22 sept.

DOULEVANT-LE-PETIT, vg. *H.-Marne* (Champagne), arr., cant., ⌧ et à 8 k. de Vassy. Pop. 68 h.

DOULEZON, vg. *Gironde* (Condomois), arr. et à 26 k. de Libourne, cant. de Pujols, ⌧ de Castillon. Pop. 443 h.

DOULIEU, *Nord*, comm. et ⌧ d'Estaires.

DOULLENS, *Durlendium, Donencum, Doningium*, petite ville forte, *Somme* (Picardie), chef-l. de sous-préf. (2ᵉ arr.) et d'un cant. Trib. de 1ʳᵉ inst. Cure. Gîte d'étape. ⚯. ⌧. Pop. 4,294 h.—Terrain crétacé inférieur.

Autrefois diocèse et intendance d'Amiens, parlement de Paris, chef-lieu d'élection, bailliage, prévôté royale, gouvernement particulier.

Cette ville, située sur la rive gauche de l'Authie, est défendue par une double citadelle, bâtie sur une éminence, qui en fait une place forte. Son étendue est peu considérable, mais elle offre un aspect assez riant ; les boulevards qui l'entourent offrent d'agréables promenades.

Doullens appartint d'abord aux comtes de Vermandois, et ensuite à ceux de Ponthieu. Charles X fut le dernier prince qui la posséda à ce titre.—On remarque cette formule singulière dans les anciennes chartes : « Donné à Doullens, ville empruntée du roi notre sire, et de messieurs les mayeurs et échevins, etc. »—Les Espagnols, sous la conduite du comte de Fuentès, prirent cette place le 31 juillet 1595, et y commirent des cruautés inouïes. Le baron de Geiswar, colonel aux gardes de l'empereur de Russie, s'en empara en 1814.

L'église St-Martin de Doullens, monument du xvᵉ siècle, est remarquable par la délicatesse et la légèreté de ses piliers.

La citadelle, réparée par Vauban, passe avec raison pour une des plus belles de France ; elle fut construite sous les règnes de Louis XIII et de Louis XIV ; sa superficie est de 50 hectares. Avant la révolution, cette forteresse servait de prison d'État : le duc du Maine, les comtes de Maillebois et de Mailly y furent successivement détenus. On y enferme aujourd'hui les condamnés politiques.

De cette hauteur on jouit du coup d'œil délicieux qu'offre la superbe filature hydraulique de Nouvel-lez-Doullens.—*Commerce* de grains et de bestiaux.

Biographie. Patrie du conventionnel Delecloy.

Du romancier Dinocourt.

De M. Dusevel, historien d'Amiens.

Industrie. Fabriques de tartes renommées dès le xiiiᵉ siècle. Filature hydraulique de coton.—*Commerce* de grains, huile, chanvre, lin, bestiaux. Entrepôt de toiles d'emballage, dont la fabrique est considérable dans l'arrondissement.—*Foires* les 29 sept. et mercredi après le 11 nov.

A 33 k. O.-S.-O. d'Arras, 158 k. N. de Paris.

L'arrondissement de Doullens est composé de 4 cantons : Acheux, Bernaville, Domart, Doullens.

Bibliographie. * *Histoire des villes et doyennes de Doullens et de Vignacourt*, in-12.

Dusevel. *Mémoires sur les anciens monuments de l'arrondissement de Doullens*, in-8.

Daire (L.-P.). *Histoire civile, ecclésiastique et littéraire de la ville et du doyenné de Doullens*, 3 vol. in-12, 1785.

DOULMAYRAC, *Lot-et-Garonne*, comm. de Passage, ⌧ d'Agen.

DOULON, vg. *Loire-Inf.* (Bretagne), arr.,

☒ et à 5 k. de Nantes, cant. de Carquefou. Pop. 1,523 h.— *Foire* le 25 mars.

DOUMY, vg. *B.-Pyrénées* (Béarn), arr. et à 18 k. de Pau, cant. de Thèze, ☒ d'Auriac. Pop. 336 h.

DOURBES (les), vg. *B.-Alpes* (Provence), arr., cant., ☒ et à 9 k. de Digne. Pop. 315 h.

DOURBIE (la), petite rivière qui prend sa source au pied de la montagne de Lesperon, arr. du Vigan (*Gard*); elle passe à St-Jean-de-Bruel, Nant et Millau, où elle se jette dans le Tarn, après un cours de 40 k. Cette rivière est flottable depuis St-Jean-de-Bruel jusqu'à son embouchure. — La chaîne des rochers calcaires qui borde au sud la contrée agreste connue sous le nom de Causse-Noir, et suit la rive droite de la Dourbie jusqu'à son embouchure dans le Tarn, présente un grand nombre de belles grottes, dont la plus remarquable est celle de la Poujade, où l'on voit une multitude de concrétions de formes variées, parmi lesquelles on remarque de grosses colonies d'albâtre gypseux.

DOURBIES, vg. *Gard* (Languedoc), arr. et à 35 k. du Vigan, cant. et ☒ de Trèves. Pop. 1,026 h.

DOURDAIN, vg. *Ille-et-Vilaine* (Bretagne), arr. et à 26 k. de Rennes, cant. et ☒ de Liffré. Pop. 1,040 h.

DOURDAN, *Dordingum*, *Dordingtum*, *Durdanum*, ville ancienne, *Seine-et-Oise* (Hurepoix), arr. et à 22 k. de Rambouillet, chef-l. de cant. Cure. ☒. ⚐. A 51 k. de Paris pour la taxe des lettres. Pop. 2,635 h.— Terrain tertiaire inférieur.

Autrefois diocèse de Chartres, parlement de Paris, intendance d'Orléans, chef-lieu d'élection, prévôté, bailliage, gouvernement particulier.

Cette ville est située près de la forêt de son nom, dans la riante et spacieuse vallée de l'Orge. C'était autrefois une place importante, défendue par un château fort, construit dans le XVᵉ siècle, qui existe encore en partie. Il est composé d'une très-grosse tour et de plusieurs autres tours qui se joignent l'une à l'autre par une courtine flanquée de bastions, bordée de larges et profonds fossés. Dans ces derniers temps, ce château avait été converti en une maison de détention, qui depuis a été transférée à Poissy. On remarque encore à Dourdan l'église paroissiale, monument d'architecture gothique bien conservé; le vaisseau est élégant et majestueux; le portail est surmonté de deux flèches semblables à celles de la cathédrale de Chartres. — M. Auguste Moutié, antiquaire à Rambouillet, a trouvé une inscription historique moulée sur l'ancien clocher de l'horloge qui est dans l'église de Dourdan, et qui fut faite quelque temps après la Ligue.

Au venir des Bourbons, au finir des Valois,
Grande combustion enflamma les François.
Tant il vous sonnay lors de malheureuses heures,
La ville mise à sac, le feu en ce saint lieu,
Maint bourgeois ransonné. O Dourdan, priez Dieu
Qu'à vous à tout jamais je les sonne meilleures.

EN L'AN 1599 THOMAS MOURET M'A FAICT.

Dourdan faisait très-anciennement partie des domaines de la couronne; les rois de France y avaient un palais dans le XIIᵉ siècle. La reine Blanche et la reine Marguerite eurent leur douaire en partie assigné sur Dourdan. Le château, la prévôté et la châtellenie furent donnés en apanage par Philippe le Bel à son frère, comte d'Evreux. Le duc de Bourgogne s'empara de Dourdan de vive force en 1411, mais il rentra au domaine de la couronne en 1472. Avant la révolution il faisait partie des domaines de la maison d'Orléans.

Les armes de Dourdan sont: *d'azur à trois pots de fleurs à deux anses d'or, 2 et 1.*

Patrie du célèbre moraliste La Bruyère, membre de l'Académie française, mort en 1696.

Le château du Marais, dont l'architecture parfaitement régulière rappelle les fabriques italiennes, fait partie de la commune de Dourdan. Il est situé au fond d'une vallée assez large qu'arrose une petite rivière. En face est une grande pièce d'eau de 150 m. de long; du côté du jardin s'étend une vaste pelouse, qui se prolonge jusqu'aux pâturages de la vallée. A droite, le sol s'élève par une pente douce jusqu'au sommet d'un coteau, d'où l'on jouit d'un coup d'œil enchanteur sur une multitude de villages, de châteaux et d'habitations champêtres.

Fabriques de bas de soie et de laine, d'ouvrages en nacre. Filature hydraulique de coton. Blanchisserie.— *Commerce* de blé et de laines. — *Foires* les 23 fév., 10 août et 3ᵉ lundi après le 1ᵉʳ dimanche de sept.

Bibliographie. Lescornay (J. de). *Mémoires de la ville de Dourdan*, in-8, 1608, 1624.

DOURD'HAL, ou Durchd'hal, vg. *Moselle* (pays Messin), arr. et à 44 k. de Sarreguemines, cant. et ☒ de St-Avold. P. 292 h.

DOURDOU (le), petite rivière qui prend sa source dans le dép. du *Tarn*, arr. de Castres; elle entre peu après dans le département de l'Aveyron, passe à Brusque, Pont-de-Camarès, Vabres, et se jette dans le Tarn, en face de Broquiès, après un cours de 50 k.

DOURDOU (le), petite rivière qui prend sa source près du village de Gabriac, arrond. d'Espalion, *Aveyron*; elle passe à Bozouls, Ville-Contal, Conques, où elle se jette dans le Lot, à Grandvabre, après un cours de 50 k.

DOURGES, vg. *Pas-de-Calais* (Artois), arr. et à 35 k. de Béthune, cant. et ☒ de Carvin. Pop. 1,061 h.

DOURGNE, bg. *Tarn* (Languedoc), arr. et à 19 k. de Castres, chef-l. de cant. ☒. ⚐. A 744 k. de Paris pour la taxe des lettres. Pop. 2,250 h. — Terrain tertiaire moyen.

On remarque vis-à-vis de ce bourg un petit temple consacré à St-Estapin, qui attire chaque année, le 6 août, un grand concours de peuple. Non loin est une fontaine dont les eaux passent pour avoir la propriété de guérir plusieurs maladies. — *Fabriques* de grosses étoffes de laine. Carrières de marbre gris et de marbre blanc. — *Foires* les 5 août, 1ᵉʳ déc. et mercredi après Pâques.

DOURIEZ, vg. *Pas-de-Calais* (Artois), arr. et à 18 k. de Montreuil-sur-Mer, cant. de Campagne-les-Hesdin, ☒ de Hesdin. Pop. 587 h. Sur l'Authie. — *Foires* le 23 juin, le 11 nov. et les 1ᵉʳ et 15 de chaque mois.

DOURLERS, vg. *Nord* (Flandre), arr., cant., ☒ et à 7 k. d'Avesnes. Pop. 918 h. — *Fabriques* de clous et de chaînes. Carrière de marbre biche fond rose parsemé de brun, et de marbre noir taché de blanc.

DOURN (le), vg. *Tarn* (Languedoc), arr. et à 33 k. d'Albi, cant. et ☒ de Valence-en-Albigeois. Pop. 404 h.

DOURNAZAC, vg. *H.-Vienne* (Limousin), arr. et à 27 k. de Rochechouart, cant. de St-Matthieu, ☒ de Chalus. Pop. 2,295 h.— Forges et hauts fourneaux.

DOURNES, *Tarn*, comm. de Blanc-Lamotte, ☒ de Puylaurens.

DOURNIN-COMBARNAZAT (St-), *Puy-de-Dôme*. V. Denis-Combarnazat.

DOURNON, vg. *Jura* (Franche-Comté), arr. de Poligny, à 22 k. d'Arbois, cant. et ☒ de Salins. Pop. 245 h.

DOURS, vg. *H.-Pyrénées* (Gascogne), arr., ☒ et à 13 k. de Tarbes, cant. de Pouyastruc. Pop. 272 h.

DOUSSAIS, vg. *Vienne* (Poitou), arr. ☒ et à 23 k. de Châtellerault, cant. de l'Encloître. Pop. 833 h.

DOUSTRE (la), *Dostra*, rivière qui prend sa source à 3 k. d'Egletons, *Corrèze*, et qui se jette dans la Dordogne à 3 k. d'Argental.

DOUVE (la), rivière qui prend sa source au lieu appelé Fontaine-Douve, près du village de Tollevast, arrondissement de Cherbourg, *Manche*; elle passe à St-Sauveur, Pont-l'Abbé de Carentan, puis dans les grèves des Veys, vis-à-vis de Carentan, après un cours de 40 k. Cette rivière est navigable aux époques des marées de vives eaux de pleine et nouvelle lune, depuis St-Sauveur-le-Vicomte jusqu'à son embouchure, sur une étendue de 28,000 m.

DOUVIEUX, *Somme*, comm. de Mouchy-Lagache, ☒ de Ham.

DOUVILLE, vg. *Calvados* (Normandie), arr. et à 15 k. de Pont-l'Évêque, cant. de Dives, ☒ de Dozulé. Pop. 312 h.

DOUVILLE, vg. *Dordogne* (Périgord), arr. et à 23 k. de Bergerac, cant. de Villamblard. ☒. A 496 k. de Paris pour la taxe des lettres. Pop. 1,111 h. — Forges et hauts fourneaux (à Monclar).

DOUVILLE, *Dotonis Villa*, vg. *Eure* (Normandie), arr. et à 15 k. des Andelys, cant. d'Ecouis, ☒ de Pont-St-Pierre. Pop. 375 h. Sur l'Andelle. — *Fabriques* de draps. Filatures de coton et de laine.

DOUVREND, vg. *Seine-Inf.* (Normandie), arr. et à 21 k. de Dieppe, cant. et ☒ d'Envermeu. Pop. 736 h. — *Foire* le 25 juillet.

DOUVRES, vg. *Ain* (Bourgogne), arr. et à 48 k. de Belley, cant. et ☒ d'Ambérieux. Pop. 607.

DOUVRES, ou Douvres-la-Délivrande,

Dubris Viducaşsium, *Dovera*, bg *Calvados* (Normandie), arr. et à 13 k. de Caen, chef-l. de cant., ✉ de la Délivrande. Cure. P. 2,078 h.
— TERRAIN jurassique, étage inférieur du système oolitique.

C'était jadis le chef-lieu d'une des sept baronnies possédées par les évêques de Bayeux. L'église paroissiale appartient à plusieurs époques : la nef est romane, et la tour de transition.

Le hameau de LA DÉLIVRANDE, dépendance de la commune de Douvres, est célèbre par sa chapelle, dont on attribue la fondation à saint Régnobert, qui vivait dans le VIIe siècle. Les Normands l'ayant détruite dans le XIe, elle fut reconstruite en 1050, par Baudouin, seigneur de Devonshire. Cette chapelle, où le roi bigot Louis XI fit ses dévotions en 1473, est le but de pèlerinages très-fréquentés pendant le printemps et l'été. — *Fabrique* de tulle, blondes et dentelles. — *Foires* le 3 lév., le 7 sept. ou le 6 lorsque le 7 est un dimanche.

DOUVRES, *Jura*, comm. de Jeurre, ✉ de Moirans.

DOUVRIN-PRÈS LA-BASSÉE, vg. *Pas-de-Calais* (Artois), arr. et à 17 k. de Béthune, cant. de Cambrin, ✉ de la Bassée. Pop. 1,255 h.

DOUX, vg. *Ardennes* (Champagne), arr., cant., ✉ et à 6 k. de Rethel. Pop. 263 h.

DOUX, vg. *Deux-Sèvres* (Poitou), arr., ✉ et à 25 k. de Parthenay, cant. de Thénezay. Pop. 403 h.

DOUX (le), rivière, *Alduadubis*. — Elle prend sa source près du village de St-Pierre, arrondissement de Tournon, *Ardèche*, passe à Dessaigne, la Mastre, Boncieux, et se jette dans le Rhône un peu au-dessus de Tournon, après un cours de 40 k.

DOUX-MARAIS, vg. chef-l. de la comm. de Ste-Marie-aux-Anglais, *Calvados* (Normandie), arr. à 19 k. de Lisieux, cant. de Mézidon, ✉ de St-Pierre-sur-Dives. P. 71 h.

DOUX-MÉNIL, *Domesnilium*, vg. *Eure*, comm. de Hacqueville, ✉ des Thilliers-en-Vexin.

DOUXNOUX, vg. *Vosges* (Lorraine), arr. et à 9 k. d'Épinal, cant. et ✉ de Xertigny. Pop. 609 h.

DOUY, vg. *Eure-et-Loir* (Beauce), arr. et à 6 k. de Châteaudun, cant. et ✉ de Cloyes. Pop. 441 h.

DOUY-LA-RAMÉE, vg. *Seine-et-Marne* (Brie), arr. et 17 k. de Meaux, cant. de Lizy, ✉ de May-en-Multien. Pop. 238 h.

DOUZAINS, vg. *Lot-et-Garonne* (Languedoc), arr. et à 35 k. de Villeneuve-sur-Lot, cant. et ✉ de Castillonnès. Pop. 688 h.

DOUZAT, vg. *Charente* (Angoumois), arr., ✉ et à 14 k. d'Angoulême, cant. d'Hiersac. Pop. 542 h.

DOUZE (la), rivière qui prend sa source au-dessus du village de Lupiac, arr. de Mirande, *Gers*, elle passe à Manciet, Cazaubon, la Bastide-d'Armagnac, Roquefort et Mont-de-Marsan, où elle se réunit au Midou et prend le nom de Midouze. V. MIDOU, MIDOUZE. —

Cette rivière est flottable depuis Roquefort jusqu'à Mont-de-Marsan, sur une étendue de 26,500 m.

DOUZENS, petite ville, *Aude* (Languedoc), arr. et à 22 k. de Carcassonne, cant. et ✉ de Capendu. Pop. 563 h. — On y voit un beau château moderne, et dans les environs les ruines d'une ancienne commanderie de l'ordre de Malte.

DOUZEVIELLE, *Landes*, comm. de St-Justin, ✉ de Roquefort.

DOUZIÈS, *Dusiacum Treverorum*, *Nord*, comm. et ✉ de Maubeuge. — Scierie de marbre.

DOUZILLAC, vg. *Dordogne* (Périgord), arr. et à 24 k. de Ribérac, cant. et ✉ de Neuvic. Pop. 1,188 h.

DOUZY, *Diziacus*, *Duziacum*, bg *Ardennes* (Champagne), arr., ✉ et à 10 k. de Sedan, cant. de Mouzon. Pop. 1,288 h. Les rois de la première et de la seconde race avaient un palais dans ce village, qui à cette époque avait le titre de ville. Clovis et Charlemagne y ont séjourné. Il y a été tenu deux conciles, en 871 et en 874. La chaussée appelée *Via regia* pour la distinguer de la chaussée romaine, servait alors de communication entre Douzy et Attigny, autre résidence royale. — *Fabriques* de draps. Filatures de laine. Forges où l'on fabrique des fers de tout genre, des instruments aratoires et des ustensiles de guerre. Haut fourneau.

DOVILLE, vg. *Manche* (Normandie), arr. et 33 k. de Coutances, cant. et ✉ de la Haye-du-Puits. Pop. 702 h.

DOYE, vg. *Jura* (Franche-Comté), arr. de Poligny, à 33 k. d'Arbois, cant. et ✉ de Nozeroy. Pop. 264 h.

DOYET, bg *Allier* (Bourbonnais), arr. et à 18 k. de Montluçon, cant. et ✉ de Montmarault. ⚒. Pop. 979 h.

DOZULLÉ, bg *Calvados* (Normandie), arr. et à 19 k. de Pont-l'Évêque, cant. de Dives. Gîte d'étape. ✉. ⚒. A 212 k. de Paris pour la taxe des lettres. Pop. 913 h. — *Foires* le 24 juin, mardi de Pâques, et dernier mardi de juillet. Marchés très-fréquentés.

DRAC (le), *Dracus*, rivière, ou plutôt torrent rapide, qui prend sa source au col des Deux-Courettes, arr. d'Embrun, *H.-Alpes*; il passe à Orcières, St-Bonnet, Corps, Savel, et se jette dans l'Isère, au-dessous de Sassenage, après un cours de 120 k. Il est flottable depuis Cernaux jusqu'à Aubessagne, sur une étendue de 52,500 m.

DRACÉ, vg. *Rhône* (Beaujolais), arr. et à 18 k. de Villefranche-sur-Saône, cant. de Belleville-sur-Saône, ✉ de Romanèche. Pop. 838 h.

DRACHÉ, vg. *Indre-et-Loire* (Touraine), arr. et à 36 k. de Loches, cant. de la Haye-des-Cartes, ✉ de Ste-Maure. Pop. 725 h.

Le menhir des Érables, un des plus remarquables de ce genre, est situé dans la commune de Draché, à 4 k. de Ste-Maure. On le connaît sous le nom de *pierre percée*; sa hauteur est de 4 m., sa largeur moyenne de 1 m. 69 c.; la moindre, prise à sa base, de 1 m. 40 c.; son épaisseur moyenne de 40 c. Vers le milieu de sa hauteur se trouve une ouverture irrégulièrement circulaire, entourée du côté du midi d'une sorte d'arrachement très-grossier.
— Plusieurs pratiques singulières et superstitieuses se rattachent à la pierre percée des Érables : on bruissait qu'on aura fait passer par l'ouverture sera le garant d'une fidélité inviolable à ses serments; quelques brins d'herbe cueillis à sa base, quelques fragments de lichen détachés de sa surface, préservent ceux qui les portent des mauvais esprits, etc., etc.
— Le menhir des Érables est planté au sommet d'un monticule assez élevé : la vue s'étend au loin sur un paysage riche et varié, et glisse avec surprise sur une foule de collines étagées, qui se perdent en lignes bleues sur les bords de la Vienne.

DRACHENBRONN, vg. *B.-Rhin* (Alsace), arr., ✉ et à 9 k. de Wissembourg, cant. de Soultz-sous-Forêts. Pop. 305 h.

DRACY, vg. *Yonne* (Champagne), arr. et à 28 k. d'Auxerre, cant. de Toucy, ✉ de Villiers-St-Benoît. Pop. 700 h.

DRACY-LE-FORT, vg. *Saône-et-Loire* (Bourgogne), arr. et à 8 k. de Chalon-sur-Saône, cant. et ✉ de Givry. Pop. 664 h.

DRACY-LES-COUCHES, vg. *Saône-et-Loire* (Bourgogne), arr. à 30 k. d'Autun, cant. et ✉ de Couches. Pop. 808 h.

DRACY-LES-VITTEAUX, vg. *Côte-d'Or* (Bourgogne), arr. et à 22 k. de Semur, cant. et ✉ de Vitteaux. Pop. 125 h.

DRACY-ST-LOUP, vg. *Saône-et-Loire* (Bourgogne), arr., cant., ✉ et à 8 k. d'Autun. Pop. 628 h.

DRAGEY, *Drageium*, vg. *Manche* (Normandie), arr. et à 13 k. d'Avranches, cant. et ✉ de Sartilly. Pop. 926 h.

DRAGUIGNAN, *Dracœnum*, *Dracœnœ*, jolie ville, chef-l. du dép. du *Var* (Provence) et d'un cant. Trib. de 1re inst. et de comm. Chambre consultative des manufact. Société d'agricult. et de comm. Collège comm. Cure. Gîte d'étape. ✉. ⚒. Pop. 8,388 h. — TERRAIN du trias, muschelkalk.

Autrefois viguerie, diocèse de Fréjus, parlement et intendance d'Aix, sénéchaussée, chapitre, collège, 7 couvents.

Draguignan passe pour avoir été fondée vers le milieu du Ve siècle, par les habitants de Griminum, qui abandonnèrent la hauteur voisine pour venir s'établir au pied de la montagne, où ils bâtirent une ville qu'ils nommèrent d'abord Dragomam, et ensuite Draguignan, qu'ils entourèrent de fortes murailles, et que plus tard ils fortifièrent par une haute et vaste tour, par trois citadelles et par plusieurs bastions. Cette ville s'agrandit, s'embellit de plusieurs édifices, et devint une des plus considérables de la Provence. Les guerres civiles détruisirent les premiers remparts, qui furent reconstruits en 1615, flanqués de tours et, bordés d'un large fossé. Les guerres de religion la désolèrent à plusieurs époques.

Les armes de Draguignan sont : *de gueules au dragon d'argent* (d'Hozier).

La ville de Draguignan est située sous un climat sain et tempéré, au pied de la montagne du Malmont, dans un fertile bassin formé par un amphithéâtre de coteaux entièrement couverts de vignes, d'oliviers, et arrosé par la rivière de Pis ou de Nartubie, dont un canal de dérivation traverse la ville, où il fait mouvoir plusieurs manufactures. Sans être bien bâtie, elle offre d'assez jolies rues et quelques édifices remarquables, entre autres le palais de justice; une prison modèle; la tour de l'horloge, justement admirée des étrangers : elle est carrée et s'élève avec majesté à une hauteur prodigieuse, au-dessus d'un grand rocher taillé à pic, supporté lui-même par un autre rocher plus étendu; l'hôpital, bâti dans une des plus heureuses situations qu'on puisse trouver.

Cette ville est ornée de plusieurs fontaines publiques qui y entretiennent la propreté. Elle possède une bibliothèque publique, fondée par M. Fauchet, premier préfet du Var, composée de 15,000 vol., d'un médaillier et d'un cabinet d'histoire naturelle : on y trouve aussi quelques tableaux originaux de plusieurs artistes célèbres. L'église paroissiale en renferme également plusieurs, notamment un de Vanloo, qui décorait à Paris le grand autel de St-Germain des Prés.

Le jardin de botanique s'élève en amphithéâtre, et forme une promenade variée, agréable, et ombragée par un grand nombre d'arbres exotiques d'une belle venue. Dans la partie la plus élevée sont placées plusieurs caisses d'orangers et des vases contenant des plantes et des arbustes rares : au centre se trouve une place bien ombragée, ornée de statues de marbre et embellie par un jet d'eau. A la suite de cette belle promenade, édifiée par le bon goût du premier préfet du Var, ou entre dans un jardin paysager, touchant à l'esplanade, au bas de laquelle on voit un lavoir immense.

Le bassin de Draguignan, que le comte Chaptal nommait un *grand jardin anglais*, fait l'admiration des étrangers, surtout pendant l'hiver, parce que la verdure et la végétation continuelles des oliviers qui couvrent les amphithéâtres, celles des cyprès, des lauriers et autres arbres qui conservent leurs feuilles et servent d'ornement à une multitude de bastides disséminées dans la campagne, charment agréablement la vue. La plaine offre de jolies promenades sur presque tous les points. Enfin la beauté des alentours et la douceur du climat font de Draguignan un séjour délicieux : aussi la plupart des personnes qui y sont venues pour rétablir leur santé, ont fixé leur demeure. — Au quartier de Foux existe une source très-abondante d'eau minérale salino-sulfureuse, qui fait mouvoir plusieurs usines.

Biographie. PATRIE du conventionnel ISNARD, membre du conseil des cinq cents.

Du comte MURAIRE, premier président de la cour de cassation sous l'empire.

INDUSTRIE. *Fabriques* de savon, grosse draperie, bas, acétate de plomb, poterie commune. Filatures et beau moulinage pour la soie. Distilleries d'eau-de-vie. Tanneries. Teintureries. Nombreux moulins à huile. — *Commerce* considérable d'huile d'olives. — *Foires* le lundi après la Pentecôte, les 10 fév., 1er et 2 sept. et 13 déc.

A 864 k. S.-E. de Paris. Lat. 43° 32′ 18″, long. E. 4° 8′ 23″.

L'arrondissement de Draguignan est composé de 11 cantons : Aups, Callas, Comps, Draguignan, Fayence, Fréjus, Grimaud, Lorgues, le Luc, St-Tropez, Salernes.

DRAHONUS, fleuv. (lat. 50°, long. 25°). « Dans le poëme d'Ausone sur la Moselle, *fluvius Drahonus*, Traun, petite rivière qui reçoit la Moselle, près de Numagen. » D'Anville. *Notice de l'ancienne Gaule*, p. 272.

DRAIN, vg. *Maine-et-Loire* (Anjou), arr. et à 27 k. de Beaupréau, cant. de Champtoceaux, ✉ d'Ancenis. Pop. 1,371 h.

DRAIX, *Draxi*, vg. *B.-Alpes* (Dauphiné), arr., ✉ et à 15 k. de Digne, cant. de la Javie. Pop. 150 h.

DRAIZE, vg. *Ardennes* (Champagne), arr. et à 20 k. de Réthel, cant. et ✉ de Chaumont-Porcien. Pop. 384 h.

DRAMBON, vg. *Côte-d'Or* (Bourgogne), arr. et à 27 k. de Dijon, cant. et ✉ de Pontailler-sur-Saône. Pop. 418 h. — Forges et haut fourneau.

DRAMELAY, vg. *Jura* (Franche-Comté), arr. à 33 k. de Lons-le-Saulnier, cant. et ✉ d'Arinthod. Pop. 227 h.

DRANCY (le Grand-), *Durantiacum*, vg. *Seine* (Ile-de-France), arr. et à 7 k. de St-Denis, cant. de Pantin, ✉ du Bourget. Pop. 308 h.

DRAVEGNY, vg. *Aisne* (Picardie), arr. et à 35 k. de Château-Thierry, cant. et ✉ de Fère-en-Tardenois. Pop. 355 h.

DRAVEIL, *Dravernum*, *Dravellum*, joli village, *Seine-et-Oise* (Ile-de-France), arr. et à 11 k. de Corbeil, cant. de Boissy-St-Léger, ✉ de Villeneuve-St-Georges. Pop. 1,410 h. — Draveil est agréablement situé, à peu de distance de la rive droite de la Seine, près de la forêt de Sénart. Le domaine des Bergeries de Sénart, où est établie une magnanerie modèle, dépend en partie de Draveil. V. ROUVRES.

DRÉE, vg. *Côte-d'Or* (Bourgogne), arr. et à 40 k. de Dijon, cant. et ✉ de Sombernon. Pop. 194 h.

DREI-HAU-SENMULH, *Moselle*, comm. de Bening-les-Rohrbach, ✉ de Rohrbach.

DREMIL-LA-FAGE, vg. *H.-Garonne* (Languedoc), arr., cant., ✉ et à 15 k. de Toulouse. Pop. 466 h.

DRENNEC (le), vg. *Finistère* (Bretagne), arr. et à 20 k. de Brest, cant. de Plabennec, ✉ de Lesneven. Pop. 294 h.

DRESLINCOURT, vg. *Oise* (Picardie), arr. et à 20 k. de Compiègne, cant. et ✉ de Ribecourt. Pop. 569 h. — Aux environs, belle carrière de pierres de taille.

DREUIL-HAMEL, vg. *Somme* (Picardie), arr. et à 22 k. d'Abbeville, cant. d'Allancourt, ✉ d'Airaines. Pop. 484 h.

DREUIL-LES-AMIENS, vg. *Somme* (Picardie), arr., cant., ✉ et à 6 k. d'Amiens. P. 407 h.

DREUIL-LES-MOLLIENS, vg. *Somme* (Picardie), arr. et à 24 k. d'Amiens, cant. de Molliens-Vidame, ✉ de Picquigny. P. 93 h.

DREUILLE, ou DRUILHE, vg. *Ariége* (Languedoc), arr. et à 38 k. de Foix, cant. et ✉ de Lavelanet. Pop. 177 h.

DREUX, *Durocassæ*, *Drocæ*, *Druidum Civitas*, jolie et très-ancienne ville, *Eure-et-Loir* (Beauce), chef-l. de sous-préf. (1er arr.) et d'un cant. Trib. de 1re inst. et de commerce. Collège communal. Cure. Gîte d'étape. ✉ ⚭. Pop. 6,367 h. — TERRAIN crétacé supérieur, craie.

Autrefois comté, diocèse de Chartres, parlement et intendance de Paris, chef-lieu d'élection, bailliage royal, juridiction pour les manufactures, collégiale, 2 couvents.

Dreux est une des plus anciennes villes de France. Son origine est fort incertaine : quelques auteurs la font remonter à un certain Dryus, roi des Gaulois, dont ils pensent qu'elle tire son nom ; mais la véritable étymologie du nom de Dreux est *Durocassis*, d'un peuple appelé *Durocasses*, dont cette ville était la capitale. Dans les capitulaires de Charles le Chauve, au IXe siècle, ce pays est encore nommé *Pagus Ducrassinus*; ce mot éprouva ensuite des variations, on en fit Droces, et enfin Dreux.

L'origine de cette ville est inconnue ; dès l'année 1031 il existait un comté de Dreux, et l'on y battait monnaie avant cette époque. Les Anglais s'emparèrent de la ville de Dreux et l'incendièrent en 1188. En 1562, les catholiques et les calvinistes livrèrent, dans les environs de cette ville, l'une des batailles les plus sanglantes dont l'histoire des guerres civiles ait conservé le souvenir ; c'est dans la plaine qui s'étend entre les rivières de Blaise et d'Eure qu'eut lieu cette fameuse journée de Dreux. L'armée des catholiques était commandée par le connétable de Montmorency ; celle des calvinistes par le prince de Condé et par l'amiral Coligny. Gabriel de Montmorency y laissa la vie, et le prince de Condé fut fait prisonnier.— En 1593, Henri IV prit Dreux d'assaut, après un siège de dix-huit jours, remarquable par l'opiniâtre résistance des assiégés ; la misère avait fait périr une partie des habitants, repoussés également par la garnison et par les assaillants ; Henri IV eut pitié de leur détresse, et leur donna à chacun un écu, avec la liberté de se retirer où ils voudraient. Les murailles ne furent pas relevées, et la ville perdit dès lors son importance politique.

La ville de Dreux est entourée en partie par la Blaise, qui s'y divise en plusieurs bras, et se jette, un peu plus loin, dans l'Eure. Elle est assez bien bâtie, et dominée par un coteau que couronnent les ruines de l'ancienne forteresse des comtes de Dreux. Du côté du nord, on voit les restes d'une énorme tour en briques, sur laquelle on a établi un télégraphe ; c'était, dit-on, le donjon. Dans la première cour se trouvent les ruines d'une chapelle bâtie en 1142, consistant en chapiteaux dont les sculptures sont curieuses. Au milieu des anciennes murailles de cette forteresse, le roi Louis-Philippe Ier, lorsqu'il n'était encore que duc d'Orléans, a fait élever une chapelle dans le style grec, destinée à renfermer les dépouilles mortelles de sa famille. Déjà dans cette chapelle étaient déposées les cendres du duc et de la duchesse de Penthièvre, du comte de Toulouse, de la princesse de Lamballe recueillies, par les soins de la duchesse douairière d'Orléans, mère du roi Louis-Philippe, et placés dans ces caveaux, où repose aussi la dépouille mortelle de cette princesse. — Après 1830, le roi ordonna de continuer les travaux commencés sous la duchesse sa mère. Lorsque la mort enleva aux arts et au pays la princesse Marie, S. M. fit donner une nouvelle extension aux projets de travaux conçus précédemment, et fixa à cinq années le terme de leur exécution. La mort si inattendue du duc d'Orléans fit changer de nouveau ces dispositions d'exécution. Dès lors il fut décidé par le roi, en famille, qu'il y aurait des dispositions nouvelles; des plans furent immédiatement tracés : S. M. ordonna d'en commencer l'exécution de manière à ce que les travaux fussent terminés à l'anniversaire du prince royal. M. Lefranc, architecte du domaine privé du roi, se mit à l'œuvre avec une activité extraordinaire ; il a fait envelopper l'abside par une grande crypte gothique au fond de laquelle est placée la chapelle de la Vierge, surmontée d'un clocher gothique en style du XIIe siècle, de plus de 33 m. d'élévation. Les faces latérales ont été reculées pour donner plus d'extension à la chapelle. Le porche a été démoli et reporté en avant. Deux grandes chapelles ont été pratiquées de chaque côté de la nef. Le tout est orné extérieurement de balustrades gothiques. — Sous une partie de l'église il existait des caveaux qui ont été considérablement agrandis. Ces travaux, joints à la crypte nouvelle, font une vaste et magnifique sépulture.

L'intérieur de la chapelle, d'architecture romane, a été conservé ; mais l'abside, les bras de la croix et la nef ont été ouverts sur les additions nouvelles. Ainsi le lieu destiné à célébrer l'office divin est moderne, et le lieu pour les sépultures ancien. — La crypte et la chapelle de la Vierge, ornées de nombreuses colonnettes gothiques, de voûtes ogives avec de grands et riches pendentifs, sont garnies de magnifiques vitraux de la manufacture royale de Sèvres. Au fond et au-dessus de l'autel de la Vierge, le vitrail représente la Vierge aux Sept-Douleurs. On voit dans les quatre autres vitraux les Vertus théologales et l'Ange gardien ; à droite de la Vierge, la Foi et l'Espérance ; à gauche, la Charité et l'Ange gardien. Dans la crypte sont huit grands vitraux qui représentent la vie de saint Louis. C'est au-dessus de la Vierge aux Sept-Douleurs que l'on a déposé le cercueil du duc d'Orléans. On prépare l'emplacement destiné à recevoir les restes du roi, de la reine, de Mme la duchesse d'Orléans

et de la princesse Adélaïde. Ils seront placés à côté de ceux du prince royal. Les cercueils des autres membres de la famille seront placés autour de l'autel de la Vierge.

La montagne où est située la chapelle domine la ville de Dreux ; des chemins de ronde et des corps de garde l'isolent des habitations et des propriétés particulières. La tour du télégraphe, construite il y a une quinzaine d'années, est à l'extrémité des chemins de ronde, au-dessus de promenades magnifiques. De ce point, l'un des plus élevés de la France, l'on découvre toute la campagne. — Au-dessus des jardins, on a construit un corps de bâtiments pour loger le chapitre de la chapelle royale. On porte à plus de 4 millions les sommes dépensées par le roi dans cette résidence, qui sera bientôt l'une des plus belles de la famille royale, quoique les corps d'habitation soient loin d'être en rapport avec la chapelle, l'un des monuments les plus remarquables entre tous les monuments religieux. Le clocher est d'une élégance et d'une délicatesse exquises.

L'église paroissiale de Dreux, où l'on voit les tombeaux de Philidor, de Metezeau et du général de Senarmont, offre deux genres d'architecture appartenant à des époques différentes ; les colonnes écrasées de la partie basse, ses voûtes et ses arcades en ogive, sont du XIIIe siècle ; mais le clocher et le haut de l'édifice ont été refaits dans le XVIe siècle. C'est aussi de cette dernière époque que date l'hôtel de ville, édifice remarquable, dont une portion a été consacrée récemment à une bibliothèque publique et à un musée où l'on réunira tous les objets curieux qui se recueilleront dans l'arrondissement. Cet édifice offre un mélange de style gothique et d'architecture grecque adopté à l'époque de la renaissance. Dans l'intérieur on voit une voûte et une cheminée curieuse, et dans les greniers une cloche fondue sous Charles IX, représentant sur la frise la procession des Flambards. — L'église et l'hôtel de ville de Dreux ont été classés il y a quelques années au nombre des monuments historiques.

Lorsqu'on sort de la ville pour aller visiter les tombeaux de la famille d'Orléans, on voit à droite, au commencement de la montagne, une plaque de marbre noir placée au-dessus de la porte d'une petite maison, sur laquelle on lit ces mots :

ICI NAQUIT PHILIDOR
LE 27 SEPTEMBRE 1726.

Biographie. Dreux est le lieu de naissance :
De J. ROTROU, poète dramatique du XVIIe siècle, dont on voit le tombeau dans l'église St-Pierre.
De CL. METEZEAU, architecte, auquel on doit une partie de la galerie du vieux Louvre.
De PHILIDOR, compositeur de musique et fameux joueur d'échecs.
De LOISELEUR DES LONGCHAMPS, médecin et célèbre botaniste.
D'ALEX.-L. MARQUIS, médecin et botaniste.

De L. DE MAYNE, jurisconsulte du XVIe siècle.
Du général SENARMONT, mort sous les murs de Cadix.
Du général DE BILLY.
Du général d'artillerie DOGUEREAU.
Industrie. *Fabriques* de serges, tricots, bonneterie en laine. Tanneries. Teintureries. Fonderie de casseroles et vases en fonte. — *Commerce* de bestiaux. — Foires le 1er lundi de juillet (pour les laines), les 1er sept. (8 jours), 9 oct. si c'est un lundi, ou le lundi qui précède le 9, et lundi de la Pentecôte.

A 34 k. N.-N.-O. de Chartres, 81 k. O. de Paris. Lat. 48° 44′ 17″, long. 0° 58′ 51″ O.

L'arrondissement de Dreux est composé de 7 cantons : Anet, Brezolles, Châteauneuf, Dreux, la Ferté-Vidame, Nogent-le-Roi, Senonches.

Bibliographie. THEVET (André). *Discours de la bataille de Dreux*, in-8, 1563.
* *Brief Discours de ce qui est advenu à la bataille donnée près de Dreux, le 19 décembre 1562* (imprimé au t. II des Mémoires de Condé, p. 619).
MARQUIS. *Notice sur quelques antiquités observées à Dreux*, in-8 et pl.
* *Description exacte de l'extérieur et de l'intérieur de la chapelle de Dreux*, in-12, 1843.
Cérémonie des Flambards à Dreux (Mém. de l'acad. celtique, t. IV, p. 458).

DREUX (forêt de). Elle est située arr. et cant. de Dreux, et à environ 10 k. de long sur 7 k. de large.

Sur le bord méridional de cette forêt, on voit les ruines d'une ancienne forteresse que l'on dit avoir été bâtie par le comte Robert, sur les fondements d'un temple druidique (Fermincourt, où était, à ce qu'on présume, le collège sacré des druides, est situé au bas de cette colline). Ce château fort porte le nom de la ROBARDIÈRE ; les caves, encore intactes, sont d'une grande profondeur ; on présume, d'après leur direction, qu'elles communiquent avec les souterrains du château de Dreux. — Le château de la Robardière est le sujet d'un conte généralement répandu dans le pays : on dit que ses ruines sont sous la puissance d'un lutin ou démon qui y garde un trésor immense. Tantôt ce lutin apparaît sous la forme d'un dragon ailé, tantôt sous celle d'un globe lumineux, mais le plus souvent sous la figure d'un homme blanc vêtu de lin. Les bonnes gens des environs, qui s'imaginent avoir vu le lutin, n'en ont cependant nulle frayeur, prétendant qu'il est bon et même obligeant ; il ne devient terrible que contre ceux qui veulent lui ravir son trésor.

DREVANT, petit bourg, *Cher* (Bourbonnais), arr., cant., ☒ et à 3 k. de St-Amand-Montrond. Pop. 188 h

Ce bourg, situé entre le canal du Cher, est un des lieux du département où l'on remarque le plus de débris d'antiquités romaines. Malgré la dégradation que ces ruines ont éprouvée, on y reconnaît parfaitement les restes d'un ancien théâtre, qui pouvait avoir environ 60 m.

de diamètre; les gradins, destinés à recevoir de nombreux spectateurs, étaient en amphithéâtre, construits en briques et pierres, et supportés par des voûtes appuyées sur des piliers épais qui formaient, sous le cirque, quatre rangs de portiques. A l'ouest de cet amphithéâtre, on reconnaît l'emplacement d'une ancienne ville, où l'on a découvert, à différentes époques, des tronçons de colonnes, des débris de statues, des pierres sculptées, des tombeaux, des salles de bains pavées ou revêtues de marbre, et d'autres constructions qui annoncent l'existence d'une cité florissante. — Presque en face de Drevent, de l'autre côté du Cher, on distingue l'emplacement bien distinct d'un camp romain, situé sur une espèce de cap qui s'avance dans le Cher, dont les bords escarpés le garantissaient de toute insulte ; il était fortifié du seul côté de l'est, par un mur d'environ 200 m. de longueur. Dans l'intérieur de ce camp on voit un puits qui était destiné à l'usage des troupes.

DRÉZERY (St-), vg. *Hérault* (Languedoc), arr. et à 21 k. de Montpellier, cant. de Castries, ✉ de Lunel. Pop. 352 h.

DRICOURT, vg. *Ardennes*, comm. de Pauvres, ✉ de Vouziers.

PATRIE du célèbre médecin CORVISART.

DRIENCOURT, vg. *Somme* (Picardie), arr. et à 7 k. de Péronne, cant. et ✉ de Roisel. P. 486 h.

DRIGNAC, vg. *Cantal* (Auvergne), arr., ✉ et à 9 k. de Mauriac, cant. de Pléaux. Pop. 261 h.

DRINGHAM, vg. *Nord* (Flandre), arr. et à 23 k. de Dunkerque, cant. et ✉ de Bourbourg. Pop. 275 h.

DROCOURT, vg. *Pas-de-Calais* (Artois), arr. et à 16 k. d'Arras, cant. de Vimy, ✉ de Lens. Pop. 159 h.

DROCOURT, vg. *Seine-et-Oise* (Normandie), arr., ✉ et à 9 k. de Mantes, cant. de Limay. Pop. 238 h.

DROGNY ou DRECHINGEN, *Moselle*, com. de Piblange, ✉ de Boulay.

DROISY, *Truccia*, vg. *Eure* (Normandie), arr. et à 30 k. d'Evreux, cant. et ✉ de Nonancourt. Pop. 377 h.

DROITEVAL, vg. *Vosges*, com. de Claudon, ✉ de Darney.—Forges et laminoirs.

DROITFONTAINE, vg. *Doubs* (Franche-Comté), arr. et à 33 k. de Montbelliard, cant. de Maîche, ✉ de St-Hippolyte. Pop. 120 h.

DROITURIER, vg. *Allier* (Bourbonnais), arr., cant., ✉ et à 8 k. de La Palisse, à 28 k. de Cusset. ⚜. Pop. 870 h. — Près de ce village, on passe le pont de la Vallée, remarquable par son élévation, qui laisse à peine voir le ruisseau de Blavan, sur lequel il est jeté. Ce pont rappelle le magnifique pont construit en Espagne sur le Mançanarès.—*Foire* le 12 mai.

DROISY, vg. *Aisne* (Picardie), arr. et à 15 k. de Soissons, cant. et ✉ d'Oulchy. Pop. 150 h.

DROM, vg. *Ain* (Bresse), arr., ✉ et à 13 k. de Bourg-en-Bresse, cant. de Ceyzeriat. P. 436 h.

DROME (la), *Druna*, rivière, ou plutôt torrent, qui prend sa source dans les Alpes, non loin du village de Val-Drôme, sur les confins du département des Hautes-Alpes ; elle traverse le département auquel elle donne son nom, passe à Luc-en-Diois, Die, Pontaix, Saillans, Crest, et se jette dans le Rhône, au-dessous du pont de Livron, après un cours d'environ 110 k.

La Drôme roule ses eaux capricieuses dans une vallée dont les divers bassins offrent tour à tour le tableau mouvant des aspects les plus pittoresques et les plus nobles, par le luxe de la végétation, l'élégance et l'harmonie des lignes de l'horizon et des sites les plus sévères, par la rigidité et le déchirement des rochers et des hautes montagnes qui enclosent la vallée. Cette rivière forme dans le bassin de son nom deux lacs séparés par une chaussée naturelle ; elle est flottable depuis Luc jusqu'à son embouchure, sur une étendue de 81,876 m. Elle sert particulièrement au transport des bois provenant des forêts situées sur son cours. Ses principaux affluents sont le Bès, la Rohanne et la Sure.

DROME (la), petite rivière qui prend sa source dans le dép. du *Calvados*, elle passe à Balleroy, Subles, Sully, et se jette dans la Manche, au-dessous de Port-en-Bessin, après un cours d'environ 40 k.

DROME (département de la). Le département de la Drôme est formé d'une portion du bas Dauphiné, comprenant le Valentinois, le Diois, le Tricastin et les Baronnies. Il tire son nom de la rivière de Drôme, qui le traverse du sud-est à l'ouest, le coupe en deux parties presque égales, et se jette dans le Rhône au-dessous de Livron. — Ses limites sont : au nord, le département de l'Isère; à l'est, ce même département et celui des Hautes-Alpes; au sud, ceux des Basses-Alpes et de Vaucluse; à l'ouest, le Rhône, qui le sépare du département de l'Ardèche.

La presque totalité du territoire de ce département est hérissée de montagnes en partie couvertes d'épaisses forêts et sillonnées par une multitude de rivières et de torrents qui y prennent leurs sources. Ces montagnes forment partie de la branche secondaire des Alpes, qui s'étend entre l'Isère et la Durance ; elles présentent, sur la limite des départements de l'Isère, des Hautes et des Basses-Alpes, une masse non interrompue, d'où partent des rameaux qui s'étendent plus ou moins à l'ouest. La hauteur moyenne de ces montagnes est communément de 12 à 1,500 m. au-dessus du niveau de la mer ; les points culminants en sont accessibles, et on n'y voit point de neiges éternelles. Les sommités, au-dessus de la région des bois, ne donnent que des pâturages ; celles du nord sont très-fréquentées en été, par les troupeaux transhumants du département des Bouches-du-Rhône, qui quittent les plaines de la Crau-d'Arles, au moment où la chaleur du climat et la sécheresse du sol les fatigueraient et les empêcheraient de s'y nourrir.

Le sol ne se prête que difficilement aux moyens de grande culture qui économisent les bras ; il est en général maigre, sablonneux, et naturellement peu fertile ; une grande partie même ne serait pas susceptible d'être cultivée sans les canaux d'arrosage, qui sont multipliés presque partout, et dirigés avec beaucoup d'art et d'intelligence. On compte 10,190 hectares de prairies naturelles, dont 4,400, soumis à l'irrigation, donnent toujours deux et même trois coupes annuelles. Dans la partie méridionale du département, on cultive l'olivier, ainsi qu'une grande quantité de mûriers dont les feuilles sont une des plus précieuses productions comme nourriture des vers à soie. La vigne est aussi un objet de culture importante, surtout le long du Rhône et sur les coteaux des arrondissements de Die et de Nyons.

La surface totale du département de la Drôme est de 653,557 hectares, répartis ainsi :

Terres labourables.	259,101
Prés.	17,953
Vignes.	23,986
Bois.	165,176
Vergers, pépinières et jardins. .	996
Oseraies, aunaies et saussaies. . .	2,806
Étangs, mares, canaux d'irrigation. .	166
Landes et bruyères.	143,365
Superficie des propriétés bâties. .	1,457
Autres cultures.	3,009
Contenance imposable.	618,015
Routes, chemins, places, rues, etc. .	9,082
Rivières, lacs et ruisseaux.	14,073
Forêts et domaines non productifs. .	12,318
Cimetières, églises, bâtiments publ. .	69
Contenance non imposable. .	35,542

On y compte :
67,444 maisons.
552 moulins à eau et à vent.
5 forges et fourneaux.
711 fabriques et manufactures.

soit : 68,712 propriétés bâties.
Le nombre des propriétaires est de. 91,364
Celui des parcelles de. 1,020,279

HYDROGRAPHIE. Les principales rivières qui arrosent le département sont : le Rhône, qui le borne à l'ouest, et sur lequel se trouvent cinq ports principaux : St-Vallier, Serres, Tain, Valence et Ancone; l'Isère, qui se jette dans le Rhône et est navigable sur tout son cours dans le département ; la Drôme, qui y a tout son cours; le Roubion ; l'Eygues ; l'Ouvèze ; le Buech. — Il est peu de départements où le débordement des rivières et des torrents soit plus désastreux que dans celui de la Drôme.

COMMUNICATIONS. Le département est traversé par cinq routes royales et par cinq routes départementales.

MÉTÉOROLOGIE. La température présente de nombreuses variétés, suivant l'élévation des sites, la direction des montagnes, des fleuves et des rivières. Le climat est, en général, vif, pur et sain, plutôt froid que tempéré ; les hautes montagnes sont couvertes de neiges pendant la plus grande partie de l'année, et il n'y a guère que la portion longeant le Rhône à l'occident, qui se ressent de la température méridionale sous laquelle le département est situé. Les vents dominants sont ceux du nord et du midi, qui se succèdent alternativement après une durée de quinze à vingt jours ; le vent du nord est froid et sec, celui du midi pluvieux et chaud. Le vent pontias, auquel on donna longtemps une origine fabuleuse, est un vent périodique, extrêmement froid, particulier au territoire de la ville de Nyons, qui souffle ordinairement à certaines heures plus longtemps et plus violemment en hiver qu'en été : dans les grands froids, il ne discontinue presque pas de toute la journée; en été, au contraire, il ne commence que vers neuf heures du soir et est à peine sensible à sept heures du matin. Un autre vent, nommé la vésine (mauvais vent), règne aux Pilles et se fait sentir sur le midi jusqu'au soir. Le vent de soldre prend naissance dans la vallée de la Drôme et suit le cours de cette rivière; quoique froid en toute saison, il est un présage assuré de pluie.

Productions. Le département offre une grande variété de culture et de produits; mais les récoltes annuelles en céréales sont insuffisantes pour la consommation des habitants. On y cultive avec succès le maïs, le sarrasin, les haricots; certaines contrées produisent des truffes noires qui le disputent en saveur à celles du Périgord. On y trouve des noyers en grand nombre, dont l'huile remplace généralement le beurre; les amandiers, des châtaigniers; les oliviers sont très-multipliés. Il y a de belles plantations de mûriers, dont la première feuille sert à la nourriture des vers à soie, et la seconde à la nourriture des bestiaux. Les montagnes produisent beaucoup de plantes rares et curieuses. Les essences qui dominent dans les forêts sont les sapins, le chêne blanc, le hêtre, le chêne à kermès. — Les vignes, dont les produits sont classés parmi les plus estimés de France, donnent annuellement 390,000 hectolitres de vin, dont 150,000 hectolitres sont livrés au commerce d'exportation. Plusieurs vins de la Drôme jouissent d'une juste célébrité ; le vin de l'Hermitage, qu'on récolte près de Tain, ceux de Die, de Donzère, de Saillans, de Châteauneuf, d'Allan, de Montélimart, de Mercurol, sont les plus renommés. — Peu de chevaux et de bêtes à cornes. Beaucoup de mulets servant aux travaux de l'agriculture et aux transports dans les montagnes. Quantité de moutons mérinos et métis. Porcs noirs en grand nombre, dont la chair est estimée. — Éducation soignée des abeilles. — Grand et menu gibier (renards, loups, chamois, bouquetins, castors dans les îles du Rhône, loutres, lièvres, lapins, perdrix rouges et blanches, gelinottes, faisans, aigles, vautours, etc.). — Poissons de rivières et d'étangs (truites, anguilles, écrevisses, lamproies, esturgeons).

Minéralogie. Mines de fer à Châteauneuf-du-Rhône, à la Chapelle-en-Vercors, à Lus-la-Croix-Haute et dans les montagnes de Bouvante. Indices de mine de cuivre à Lus et dans la montagne de Julien-en-Quint ; de plomb à Meuglon, à Baurières, au Buis et à Condorcet.

Mine de houille exploitée à Fay, et plusieurs autres susceptibles d'exploitation dans huit ou dix communes. — Sable propre aux verreries à Dieu-le-Fit et dans la forêt de Saon. — Carrières de craie à Houssas et à Réauville. Nombreuses carrières de plâtre pour engrais et propre aux constructions. Beau cristal de roche à Lus-la-Croix-Haute. Marbre blanc veiné de rouge à Châteauneuf, Albâtre à Combovin et dans le Vercors. Beau granit gris à Tain. Argile noire et rouge à poterie, recherchée. Terre à creusets et réfractaire, etc., etc.

Sources minérales à Aurel, Romeyer, Montélimart, Barcelonne, Dieu-le-Fit, St-Paul-trois-Châteaux, Nyons, Mérindol, Propiac, Mollans, Montbrun. — Sources d'eaux salées à Mollans et à Propiac.

Industrie et commerce. Manufactures de grosses draperies, serges, ratines. Fabriques de bonneterie, toiles peintes, ganterie, soie ouvrée ou en trames, huile de noix et d'olives, eaux-de-vie de marcs. Filatures de coton et de soie. Teintureries. Tanneries et maroquineries. Papeteries. Corderies. Fours à chaux et à plâtre. Hauts fourneaux. Tuileries et briqueteries. — Éducation très-soignée des vers à soie : le département de la Drôme est, avec celui de l'Ardèche, celui où l'on se livre le plus à ce genre d'industrie. Dans les villages, chaque maison a une magnanerie ou local destiné à cet usage : on évalue le produit annuel des cocons à trois millions. — Commerce de vins de la côte du Rhône. eaux-de-vie, huiles, fruits du Midi, miel, cire, soie, poterie, etc.

Foires. 420 foires ou environ se tiennent dans à peu près 140 communes du département. On y vend principalement des bœufs d'engrais et de labourage, des vaches, des moutons, des mulets, des chevaux, des laines en suint, et divers objets d'approvisionnement et de ménage. On vend des huiles aux foires de l'arrondissement de Montélimart ; des soies grèges à celles des arrondissements de Valence et de Montélimart ; des chanvres à celles des arrondissements de Nyons et de Montélimart ; de la bonneterie, des fers et de grandes quantités d'avoine aux foires de l'arrondissement de Valence.

Division administrative. Le département de la Drôme a pour chef-lieu Valence. Il envoie quatre représentants à la chambre des députés, et est divisé en 4 arrondissements :

Valence.	10 cant.	—	144,146 h.
Die.	9 —		66,056
Montélimart.	5 —		65,689
Nyons.	4 —		36,660
	28 cant.		311,551 h.

14e conservation des forêts (chef-l. Grenoble). — 14e arr. des mines (chef-l. St-Étienne). — 7e division militaire (chef-l. Lyon). — Évêché et école secondaire ecclésiastique à Valence ; séminaire diocésain à Romans ; 35 cures, 255 succursales. — Églises consistoriales à Crest, Die, Dieu-le-Fit, la Mothe-Chalençon, Bourg-les-Valence ; 60 temples ou maisons de prière. — Collèges communaux à Montélimart et à Valence ; école modèle protestante à Dieu-le-Fit.

Biographie. Parmi les hommes distingués nés dans le département de la Drôme on cite principalement le mathématicien J. Buter, mort en 1572 ; L. Joubert, médecin de Henri III et du roi de Navarre (depuis Henri IV), auteur du *Traité contre les erreurs populaires*, in-8, 1578; l'infortuné Lally de Tollendal ; l'avocat général Servan ; le jurisconsulte Bérenger ; le savant géologue Faujas de St-Fond ; les conventionnels Julien de la Drôme et Boisset ; Payan, membre de la commune de Paris ; l'abbé Chaliéu, antiquaire; Delacroix, auteur de la *Statistique de la Drôme*; J. Ollivier, auteur d'une *Histoire de Valence* ; Rigaud de Lisle, savant agronome ; les généraux Championnet, St-Cyr-Nugues, Digonnet, etc., etc., etc.

Bibliographie. Collet, préfet. *Observations sur la situation du département de la Drôme*, in-8, an IX.

Peuchet et Chanlaire. *Statistique du département de la Drôme*, in-4, 1809.

Delacroix. *Essai sur la statistique, l'histoire et les antiquités du département de la Drôme*, in-8, 1817. — 2e édition sous le titre de *Statistique de la Drôme*, in-4 et fig., 1835.

Dubois. *Nouvelle Topographie descriptive du département de la Drôme*, in-12 et carte, 1840.

Gras (Scip.). *Statistique minéralogique du département de la Drôme*, etc., in-8, 1835.

Daly. *Essai sur le département de la Drôme*, in-8.

Chalieu (l'abbé). *Mémoires sur les diverses antiquités du département de la Drôme*, in-4, 1811.

Bulletin de la société de statistique, des arts utiles et des sciences naturelles de la Drôme, in-8.

V. aussi aux articles Dauphiné, Chatillon, Die, Dieu-le-Fit, St-Donnat, St-Paul-trois-Chateaux, Montélimart, Nyons, St-Paul-trois-Chateaux, Pierrelatte.

DROMESNIL, vg. Somme (Picardie), arr. et à 38 k. d'Amiens, cant. et ⊠ d'Hornoy. Pop. 398 h.

DROMONT-ST-GENIÈS, *Castrum Dromondi*, B.-Alpes. V. St-Geniès.

DRONNE (la), *Druna*, rivière qui prend sa source dans les étangs de Bressieux-Galot, près du village de Montbrun, arr. de St-Yrieix, H.-Vienne, elle passe à St-Pardoux, Brantôme ; Bourdeille, Ribérac, Aubeterre, St-Aulaye, la Roche-Chalais, Coutras, et se jette dans l'Isle, un peu au-dessous de la Fourchée, après un cours d'environ 120 k. Elle a été rendue récemment navigable par un procédé dû à M. Devannes, depuis la Roche-Chalais jusqu'à Coutras.

DROPT (le), *Drotius, Drogutus*, rivière qui prend sa source au-dessus de Montpazier, arr. de Sarlat, Dordogne ; elle passe à Montpazier, Villeréal, Castillonnès, Eymet, la Sauvetat, Montségur, Gironde, et se jette dans la

Garonne, un peu au-dessous de cette dernière ville, après un cours d'environ 140 k.

Dans son état actuel, le Dropt n'est navigable que depuis Moizés jusqu'à son embouchure; mais une ordonnance du roi, du 11 avril 1821, autorise la confection des travaux nécessaires à la canalisation de cette rivière.

DROSAY, vg. *Seine-Inf.* (Normandie), arr. et à 22 k. d'Yvetot, cant. et ✉ de St-Valéry-en-Caux. Pop. 773 h.

DROSNAY, *Dronaium*, vg. *Marne* (Champagne), arr. et à 19 k. de Vitry-le-François, cant. et ✉ de St-Remy-en-Bouzemont. Pop. 530 h.

DROT (le), vg. *Lot-et-Garonne*, comm. de Parranquet, ✉ de Villeréal.

DROUE, vg. *Eure-et-Loir* (Beauce), arr. et à 25 k. de Chartres, cant. de Maintenon, d'Epernon. Pop. 208 h.

DROUÉ, bg *Loir-et-Cher* (Berry), arr. et à 29 k. de Vendôme, chef-l. de cant., ✉ de la Ville-aux-Clercs. Cure. Pop. 1,021 h. — TERRAIN tertiaire moyen. — *Foires* les mardis après les 24 fév., 27 mars, 9 mai, 6 juin, 18 juillet, 21 sept., 28 oct. et 6 déc.

DROUGES, vg. *Ille-et-Vilaine* (Bretagne), arr. et à 25 k. de Vitré, cant. et ✉ de la Guerche. Pop. 905 h. — On y voit les ruines d'un ancien château construit par Sully.

DROUILLE, vg. *Creuse*, com. de St-Eloy, ✉ de Bourganeuf. ✍.

DROUILLY, vg. *Marne* (Champagne), arr., cant., ✉ et à 7 k. de Vitry-le-François. Pop. 138 h.

DROUPT-ST-BALE, vg. *Aube* (Champagne), arr. et à 2 k. d'Arcis-sur-Aube, cant. et ✉ de Méry-sur-Seine. Pop. 584 h.

DROUPT-STE-MARIE, vg. *Aube* (Champagne), arr. et à 20 k. d'Arcis-sur-Aube, cant. et ✉ de Méry-sur-Seine. Pop. 389 h.

DROUVILLE, vg. *Meurthe* (Lorraine), arr., cant., ✉ et à 14 k. de Lunéville. Pop. 421 h.

DROUVIN-PRÈS-BÉTHUNE, vg. *Pas-de-Calais* (Artois), arr., ✉ et à 5 k. de Béthune, cant. d'Houdain. Pop. 174 h.

DROUX, *Saône-et-Loire*, comm. de Sevrey, ✉ de Chalon-sur-Saône.

DROUX, bg *H.-Vienne* (Limousin), arr. et à 10 k. de Bellac, cant. et ✉ de Magnac-Laval. Pop. 1,476 h.

DROYES, *Droya*, vg. *H.-Marne* (Champagne), arr. et à 23 k. de Vassy, cant. et ✉ de Montiérender. Pop. 1,009 h.

DRUBEC, vg. *Calvados* (Normandie), arr., cant., ✉ et à 6 k. de Pont-l'Évêque. Pop. 249 h.

DRUCAT, vg. *Somme* (Picardie), arr., cant., ✉ et à 5 k. d'Abbeville. Pop. 657 h.

DRUCOURT, *Drocicuria*, vg. *Eure* (Normandie), arr. et à 11 k. de Bernay, cant. et ✉ de Thiberville. Pop. 1,307 h. — *Fabriques* de percales, de rubans de fil et de coton, qui occupent 4,600 ouvriers, disséminés à Drucourt et dans les communes voisines.

DRUDAS, vg. *H.-Garonne* (Armagnac), arr. et à 36 k. de Toulouse, cant. et ✉ de Cadours. Pop. 506 h.

DRUENTIA, fleuv. (lat. 44°, long. 24°). « Strabon (lib. IV, p. 203) parle de la source qui donne naissance à la Durance comme étant très-voisine de celle de la Doria (*Durias*). où il faut néanmoins remarquer une méprise dans laquelle il tombe à l'égard de la *Doria Riparia*, en disant qu'elle coule chez les *Salassi*, ce qui ne convient qu'à la *Doria Baltea*, qui, de sa source dans l'*Alpis Graia*, passe à *Augusta Prætoria*. Un grand lac, λίμνη μεγάλη, renfermé dans les montagnes, selon Strabon, et dont il fait mention immédiatement avant que de parler des sources de la Durance et de la Doria, ne saurait être que celui que je vois représenté dans une carte manuscrite tout autrement que dans les cartes gravées, et qui, recueillant plusieurs torrents qui descendent du Mont-Cenis, forme par son issue une rivière nommée *Cinesella*, laquelle se rend dans la Doria au-dessous de la citadelle de Suze. Casaubon est dans l'erreur quand il dit : *In monte Vesulo originem habere Padum et Duruentiam certum est*. M. de Valois (*Comment. in Str.*, p. 97, col. 2, *Vales*, p. 177) s'en éloigne guère en tirant l'origine de la Durance du Col-de-la-Croix, selon qu'il prétend en être instruit par les cartes, *tabulæ docent*. Mais c'est prendre le Guil, qui traverse la vallée de Queiras, pour la Durance. Il accuse en conséquence Papire-Masson de se tromper, en faisant sortir la Durance du mont Genèvre. C'est néanmoins ce qu'on veut ainsi dans le pays, car près du lieu qui est habité sous le nom de mont Genèvre, deux ruisseaux peu éloignés de leurs sources, et qui, coulant à côté l'un de l'autre, ne sont écartés entre eux que d'environ 500 toises, sont appelés l'un la Durance, l'autre la Doria : et il faut convenir que les choses sont sur ce pied-là depuis longtemps, puisque le témoignage de Strabon rapporté ci-dessus s'y trouve conforme. Il est vrai que ce ruisseau portant le nom de Durance est joint, à environ 1,800 toises du mont Genèvre, par une rivière plus considérable que l'on nomme la Claire, et si l'on veut que ce soit la Durance préférablement au ruisseau de ce nom, en ce cas il faut dire que la Durance sort des montagnes qui bornent la Maurienne du côté du midi, ce qui est fort éloigné des idées du docte Casaubon et de M. de Valois; comme aussi de la source de la Durance, vis-à-vis de celle de Pô, dans Ptolémée. Ce géographe était mieux instruit sur la jonction de la Durance avec le Rhône, qu'il donne au voisinage de celle qu'il donne aux positions d'Avignon et de Tarascon. Les anciens ont parlé de l'impétuosité de la Durance dans son cours : ils ont dit, comme il est vrai, que cette rivière n'est point contenue dans un lit ordinaire. Silius Italicus s'exprime sur ce sujet en très-beaux vers; Ausone en peu de mots : *Sparsis incerta Druentia ripis*, dans le poème sur la Moselle. » D'Anville. *Notice de l'ancienne Gaule*, p. 272.

DRUGEAC, joli village, *Cantal* (Auvergne), arr., cant., ✉ et à 8 k. de Mauriac. Pop. 1,335 h. — Il est situé dans la partie la plus agréable d'un riant vallon. On y voit un ancien château incendié à l'époque de la révolution, et restauré depuis peu, où l'on admire dans la cour un énorme tilleul. — L'église paroissiale offre une voûte gothique assez belle et des vitraux de couleur très-anciens. Deux tilleuls remarquables par leur grosseur et par leur élévation ombragent la place de l'église et lui servent d'ornement.

DRUILLAT, vg. *Ain* (Bourgogne), arr. et à 20 k. de Bourg-en-Bresse, cant. et ✉ de Pont-d'Ain. Pop. 988 h.

DRULHE, vg. *Aveyron* (Rouergue), arr. et à 18 k. de Villefranche-de-Rouergue, cant. et ✉ de Montbazens. Pop. 958 h.

DRULINGEN, petite ville, *B.-Rhin* (Alsace), arr. et à 25 k. de Saverne, chef-l. de cant. ✉. ✍. A 408 k. de Paris pour la taxe des lettres. Pop. 814 h. — TERRAIN du trias. — Brasseries, tuileries, briqueteries. Exploitation de carrières de pierres de taille fort belles et susceptibles de recevoir un beau poli.

DRUNA, fleuv. (lat. 45°, long. 23°). « Ausone nomme cette rivière dans son poème sur la Moselle.

Te Druna, te sparsis incerta Druentia ripis,
Aptniquae coleut fluvii.

La Drôme qui tombe dans le Rhône, au-dessous de Valence. » D'Anville. *Notice de l'ancienne Gaule*, p. 273.

DRUSENHEIM, petite ville, *B.-Rhin* (Alsace), arr. et à 28 k. de Strasbourg, cant. et ✉ de Bischwiller. ✍. Pop. 1,616 h. — Cette ville, bâtie dans une belle situation, au confluent de la Moder et du Rhin, est environnée de fortifications en terre qui ont été renouvelées dans différentes guerres. — *Foire* de 2 jours le lundi après la St-Matthieu.

DRUVAL, vg. *Calvados* (Normandie), arr. et à 15 k. de Pont-l'Évêque, cant. de Cambremer, ✉ de Dozulé. Pop. 213 h.

DRUY, vg. *Nièvre* (Nivernais), arr. et à 30 k. de Nevers, cant. de Decize. Pop. 523 h. — *Foires* les 7 juin et 13 juillet.

DRUYE, bg *Indre-et-Loire* (Touraine), arr. et à 18 k. de Tours, cant. de Montbazon, ✉ d'Azay-le-Rideau. Pop 608 h.

DRUYES-LES-BELLES-FONTAINES, bourg très-ancien, *Yonne* (Bourgogne), arr. et à 34 k. d'Auxerre, cant. de Courson, ✉ de Coulange-sur-Yonne. Pop. 894 h. — Il est situé sur le sommet d'une montagne, au pied de laquelle est une fontaine excellente qui forme, à quelque distance, une petite rivière très-poissonneuse. On prétend qu'il fut nommé Druyes parce qu'il était le séjour des druides, qui avaient un temple dédié au dieu Teutatès sur le haut de la montagne.

On remarque à Druyes une grotte curieuse par les nombreuses congélations qu'elle renferme, et qui, sous différents rapports, est aussi intéressante que les célèbres grottes d'Arcy-sur-Cure. Aux environs il existe un souterrain nommé la Grotte-des-Fées, près duquel sont les ruines d'un ancien édifice où l'on a trouvé une grande quantité de médailles antiques. — *Foires* les 4 fév., 4 mars et 9 oct.

DRY, vg. *Loiret* (Orléanais), arr. et à 19 k. d'Orléans, cant. et ✉ de Cléry. Pop. 812 h.

DUAULT, ou Quélen, vg. *Côtes-du-Nord* (Bretagne), arr. et à 35 k. de Guingamp, cant. et ✉ de Callac. Pop. 2,519 h.

DUBIS fluv. (lat. 48°, long. 23°). « César, faisant mention de la rivière qui passe à Besançon, la nomme *Aldua Dubis* ; et il y a des variantes sur cette dénomination, ce qui a pu contribuer à la faire rejeter comme dépravée par des critiques. M. Dunod (*Hist. de Seq.*, p. 78) juge qu'elle est fondée sur l'union du nom de deux rivières, dont l'une, qu'il nomme Alde, se perd dans le Doux au-dessous de Montbelliard. Les cartes que je consulte donnent à cette rivière, aux environs de Porentru, le nom de Halle ou d'Allen. Si celui qu'allègue M. Dunod n'a point été interpolé pour le rendre plus convenable, il sert d'appui au texte de César, qu'on n'est pas en droit de raturer par la seule raison que la dénomination d'*Aldua Dubis* ne se rencontre point ailleurs. On ne voit en effet que celle de *Dubis* dans Strabon et dans Ptolémée, qui ont connu que cette rivière se joint à l'*Arar* ou la Saône. Strabon s'explique ainsi en deux endroits ; et c'est une méprise de sa part de nommer le *Dubis*, plutôt que l'*Arar*, en parlant de la situation de Lion. » D'Anville. *Notice de l'ancienne Gaule*, p. 274.

DUCEY, de *Manche* (Normandie), arr. et à 9 k. d'Avranches, chef-l. de cant. ✉. ✷. A 325 k. de Paris pour la taxe des lettres. Pop. 1,822 h.—Terrain de transition inférieur.—*Commerce* de graine de trèfle.— *Foires* le 1er mardi de chaque mois, 3e mardi de mai, de juillet et de sept.

DUCLAIR, *Duroclarum*, bg *Seine-Inf.* (Normandie), arr. et à 20 k. de Rouen, chef-l. de cant. Cure. ✉. ✷. A 141 k. de Paris pour la taxe des lettres. Pop. 1,790 h.—Terrain tertiaire supérieur.—*Etablissement de la marée*, 0,35 minutes.

Ce bourg est bâti dans une agréable situation, sur la rive droite de la Seine, près de son confluent avec l'Austreberte. Il consiste dans une ligne de maisons rangées le long d'un beau quai qui borde la Seine, et adossées à des falaises blanchâtres, dont quelques-unes présentent des formes bizarres, et quelquefois des masses imposantes.—Duclair possède un marché important pour le commerce des grains et des volailles. Les aloses et les éperlans que l'on y pêche jouissent d'une grande réputation, parce que le mérite de ces poissons croît à mesure qu'ils sont pris à une plus grande distance de l'embouchure de la Seine. — *Fabriques* de sucre indigène. — *Foires* les 10 oct., mardi de Pâques et mardi de l'octave de la Fête-Dieu.

DUCY-STE-HONORINE, vg. *Calvados*. V. Ste-Honorine-de-Ducy.

DUCY-STE-MARGUERITE, bg *Calvados* (Normandie), arr. et à 23 k. de Caen, cant. de Tilly-sur-Seulles, ✉ de St-Léger. Pop. 262 h.

DUERNE, vg. *Rhône* (Lyonnais), arr. et à 25 k. de Lyon, cant. de St-Symphorien-sur-Coise. ✉. ✷. A 455 k. de Paris pour la taxe des lettres. Pop. 682 h.—Terrain carbonifère.

DUESME, bg *Côte-d'Or* (Bourgogne), arr. et à 32 k. de Châtillon-sur-Seine, cant. et ✉ d'Aignay-le-Duc. Pop. 254 h.

DUFORT, vg. *Gers* (Armagnac), arr. et à 20 k. de Mirande, cant. et ✉ de Miélan. P. 476 h.

DUFROS, *Eure*, comm. de Boisset-le-Châtel, ✉ de Bourgthéroulde.

DUGNY, vg. *Meuse* (pays Messin), arr., cant., ✉ et à 6 k. de Verdun-sur-Meuse. Pop. 880 h.

DUGNY, vg. *Seine* (Ile-de-France), arr., cant. et à 6 k. de St-Denis, ✉ du Bourget. Pop. 592 h. Sur le Crould.—On y remarque plusieurs maisons de campagne fort agréables par leur situation et par leurs dépendances.— *Fabriques* de tulle. Manufacture de cire et de bougie. Moulins à blé.

DUHORT, vg. *Landes* (Gascogne), arr. et à 26 k. de St-Sever, cant. et ✉ d'Aire-sur-l'Adour. Pop. 1,129 h.

DUILHAC, vg. *Aude* (Languedoc), arr. et à 75 k. de Carcassonne, cant. de Tuchan, ✉ de Davejean. Pop. 351 h.

DUISANS, vg. *Pas-de-Calais* (Artois), arr., cant., ✉ et à 6 k. d'Arras. Pop. 688 h.

DULPHEY, *Saône-et-Loire*, comm. de Mancey, ✉ de Sennecey.

DUME, vg. *Landes* (Gascogne), arr., cant., ✉ et à 7 k. de St-Sever. Pop. 250 h.

DUMNISSUS (lat. 50°, long. 26°). « Il en est parlé dans le poëme d'Ausone intitulé *Mosella*, sur la route qu'il décrit en partant du passage de la *Nava*, et qui conduisait à Trèves. Dans la Table théodosienne, qui donne la trace de cette route, on trouve *Dumno* entre *Belgium* et *Bingium*. Mais les nombres de la Table VIII et XVI ne paraissent pas remplir toute l'étendue de l'espace entre le lieu nommé Baldenau, qui est *Belgium* et Bingen ; car je ne saurais l'estimer au-dessous d'environ 27 lieues gauloises en ligne directe, indépendamment de ce que les difficultés d'un pays assez inégal doivent ajouter en mesure itinéraire à cette mesure directe. Ausone nous apprend que le *Dumnissus* était un canton inculte et aride ; car en parlant de la route de la *Nava* pour se rendre sur la Moselle, il s'explique ainsi :

Unde iter ingrediens nemorosa per avia solum,
Et nulla humani spectans vestigia cultus,
Praetereo arentem sitientibus undique terris,
  Dumnissum.

Ayant donc examiné le local sur des cartes très-circonstanciées, je ne vois point, en suivant la trace de la route, d'autre endroit qui convienne à cette description que la traversée d'une grande forêt, qui se nomme Sonnerwald, entre Bingen et Simmeren. Je serais même point surpris,

qu'on trouvât de l'analogie dans la dénomination actuelle avec l'ancienne, parce qu'en glissant sur le D, comme cela est arrivé dans l'altération de beaucoup de noms propres, le D, prononcé DS, est finalement devenu un S. C'est ainsi que de *Tabernæ* on a fait Sabern, de *Tolbiacum* Zulpick, vu le rapport de prononciation entre le T et le D. Quant à la manière de réformer la Table dans les distances, c'est une discussion que je crois superflue. Il peut suffire qu'on soit bien fondé à croire que le lieu convenable au *Dumnus* ou *Dumnissus* entre *Bingium* et *Belgium* doit être plus voisin du premier que du second, nonobstant que le contraire paraisse dans la Table. » D'Anville. *Notice de l'ancienne Gaule*, p. 274.

DUN, vg. *Ariége* (Languedoc), arr. et à 20 k. de Pamiers, cant. et ✉ de Mirepoix. Pop. 1,033 h.—*Foires* les 8 mai et 15 nov.

DUN, vg. *Saône-et-Loire*, comm. de St-Racho, ✉ de la Clayette.

DUNEAU, vg. *Sarthe* (Maine), arr. et à 39 k. de Mamers, cant. de Tuffé, ✉ de Connerré. Pop. 706 h.

DUNES (les), vg. *Nord*, comm. de Laon, ✉ de Gravelines.

DUNES, bg *Tarn-et-Garonne* (Agénois), arr. et à 33 k. de Moissac, cant. d'Auvillars, ✉ de la Magistère. Pop. 1,319 h.—*Foires* les 3 fév., 29 juin, 10 nov.

DUNET, vg. *Indre* (Berry), arr. et à 25 k. du Blanc, cant. et ✉ de St-Benoît-du-Sault. Pop. 422 h.

DUNG, vg. *Doubs* (Franche-Comté), arr., cant., ✉ et à 4 k. de Montbelliard. P. 328 h. —Forges.

DUNIÈRES, vg. *H.-Loire* (Languedoc), arr. et à 20 k. d'Yssengeaux, cant. de Montfaucon. ✉. A 508 k. de Paris pour la taxe des lettres. Pop. 2,461 h. Sur la Dunières.—On remarque aux environs une voie antique qui s'aperçoit de fort loin, et qui, dans la mauvaise saison, est un point de direction pour les voyageurs égarés : elle a été le séjour du marquis d'Espinchal, célèbre par ses aventures et ses facéties.—Une voie romaine, se dirigeant sur Annonay, traversait les Cévennes par le passage du Tracol ; on en voit encore des vestiges dans la commune de Raucoules, et au lieu appelé le Pont-Romain, sur la Dunières.—*Fabriques* d'étoffes de soie et de rubans.

DUNKERQUE, *Duyn Kerche*, *Dunquerca*, grande, belle et forte ville maritime, *Nord* (Flandre), chef-l. de sous-préf. (1er arr.) et de 2 cant. Place de guerre de 2e classe. Trib. de 1re inst. et de comm. Chambre et bourse de commerce. Direction des douanes. Société d'agricult. Collège communal. Ecole d'hydrographie de 3e classe. Syndicat maritime. Consulats étrangers. ✉. ✷. Pop. 27,047 h.—Terrain d'alluvions modernes. — *Etablissement de la marée du port*, 11 heures 25 minutes.—Phare de 1er ordre à éclipses de 1 minute en 1 minute, construit près de la jetée de l'ouest un peu en avant des écluses de chasse, à 58 m. 50 c. d'élévation, 16 k. de portée. Feu de port fixe sur la tête de la jetée de l'ouest, de 7 m. de hauteur et de 8 k. de portée.

Autrefois diocèse d'Ypres, parlement de Paris, intendance de Lille, gouvernement particulier, subdélégation et châtellenie, siége général d'amirauté, collége, 7 couvents.

Dunkerque n'était au viie siècle qu'un hameau, auquel une chapelle, qu'y fit bâtir saint Eloi, donna le nom de Dunkerque, qui, dans l'idiome flamand, signifie église des dunes. Un havre naturel y attira des pêcheurs, et ce lieu devint bientôt assez important pour être entouré d'une muraille en 964 par Baudouin III. En 1299, Philippe le Bel s'empara de Dunkerque ; mais quatre ans après les habitants secouèrent le joug des Français, qui l'assiégèrent sans succès une seconde fois en 1448. Le maréchal de Termes se rendit maître de cette place en 1558, et ses soldats s'y livrèrent au pillage et aux cruautés les plus révoltantes. Les Flamands s'emparèrent à leur tour de cette place, et exercèrent sur les assiégés de terribles représailles. En 1583, les Français prirent encore Dunkerque, qui fut repris la même année par les Espagnols, lesquels agrandirent beaucoup la ville en 1640. Le prince de Condé la reprit en 1646, et les Français durent l'abandonner en 1652. Turenne la prit en 1658, et la remit immédiatement aux Anglais, qui la fortifièrent et y construisirent une citadelle. Ceux-ci la vendirent pour la somme de cinq millions à Louis XIV, qui y entra en 1662, fit creuser le port et augmenter les fortifications par le maréchal de Vauban. Les Anglais en furent remis en possession par la paix d'Utrecht, détruisirent le port, les écluses, les remparts, les forts, et fermèrent le chenal par un batardeau de sable. Le port et les fortifications furent restaurés en 1740 ; mais les traités de paix d'Aix-la-Chapelle et de Paris de 1748 et 1763 stipulèrent la destruction d'un port dont l'Angleterre redoutait le voisinage. Les succès des armes de la France pendant la guerre d'Amérique sauvèrent Dunkerque d'une nouvelle destruction, et son port acquit alors une grande importance commerciale.

Les armes de **Dunkerque** sont : *coupé, le chef d'or au lion passant de sable, la pointe d'argent à un poisson ou dauphin couché d'azur posé en face, crété et oreillé de gueules.*

A l'époque de la révolution, le nom de Dunkerque fut changé en celui de **Dun-Libre.** Le duc d'York attaqua cette place par mer et par terre en 1793. Le port ayant été bloqué, la ville ne tarda pas à être assiégée ; mais les Anglais, ayant été battus complétement à Hondscoote, levèrent le siége de Dunkerque avec tant de précipitation, qu'ils abandonnèrent leur artillerie, leurs bagages et leurs munitions, le 9 septembre.

Les armateurs et les corsaires de Dunkerque firent beaucoup de mal à l'ennemi dans les guerres de Louis XV et de Louis XVI. En 1780, ils prirent six cent trente et un bâtiments anglais. De 1778 à 1784, ils armèrent en course cent quarante-six bâtiments, qui ayant à bord neuf mille hommes d'équipage, firent douze cents prises, évaluées à vingt-quatre millions, indépendamment de dix mille prisonniers, qu'ils débarquèrent, et dont la moitié paya de fortes rançons. Dans la guerre de la révolution, ils se sont signalés par mer et par terre, ont armé plus de cent cinquante corsaires, qui, portant près de huit cents canons et pierriers, et montés par quatre à cinq mille hommes, ont fait près de six mille prisonniers et enlevé un nombre considérable de bâtiments, vendus en Hollande et en Norwége.

Cette ville est dans une situation très-avantageuse pour le commerce, sur le bord de la mer, à la jonction des canaux de Bergues, de Bourbourg et de Furnes. Elle est grande, bien bâtie, propre, bien pavée, avec des trottoirs en dalles ; c'est une des plus jolies villes de France. Les places publiques sont belles, vastes et régulières ; mais elle n'a d'autre eau potable que celle des citernes. Son port est grand, commode, très-fréquenté ; il est précédé d'une rade très-sûre, regardée comme une des plus belles de l'Europe.

On y remarque l'hôtel de ville, construit en 1644 ; la tour du port, sur laquelle est construit le phare qui sert de guide aux vaisseaux ; le Champ de Mars ; la place Jean-Bart, plantée d'arbres et décorée du buste de ce héros, inaugurée en 1806 ; le collége, élevé en 1806 sur l'emplacement de l'antique église des Jésuites ; le bassin de la marine, restauré en 1794, où le gouvernement fit construire des frégates jusqu'en 1818 ; le bassin et l'écluse de chasse, achevés en 1826 ; la bibliothèque publique, renfermant 18,000 volumes ; les salles de spectacle et du concert ; le péristyle de l'église St-Eloi, etc.

Biographie. Dunkerque est la patrie de JEAN-BART.

Du général GUILLEMINOT.

Du contre-amiral VANSTABEL.

Du jurisconsulte M.-L.-J. BOILEAU.

Du compositeur de musique DOURLEN.

INDUSTRIE. *Fabriques* de poterie. Raffineries de sucre, brasseries, distilleries de genièvre, amidonneries, tanneries, savonneries, salineries, corderies, fonderies. Pêche de la morue d'Islande, de Terre-Neuve et du Droguebane, dite pêche du Nord. Il se fait une vente publique du produit de cette pêche, toutes les années, depuis le mois d'avril jusqu'au mois d'octobre. A la même époque, vente publique de la pêche du hareng. — *Commerce* de grains, vins, eaux-de-vie, poisson, charbon de terre, etc. — *Entrepôt général.* — *Parc* de homards et d'huîtres à l'instar d'Ostende. — *Divers canaux,* qui ont de nombreux embranchements, aboutissent à Dunkerque, et mettent ce port de mer en communication avec la Belgique, avec Paris et un grand nombre de villes industrielles de l'intérieur, telles qu'Arras, Lille, Valenciennes, St-Quentin, etc. — *Foires* du 1er au 15 janv., le dimanche le plus près de la St-Jean-Baptiste (10 jours).

A 281 k. de Paris.

L'arrondissement de Dunkerque est composé de 7 cantons : Bergues, Bourbourg, Dunkerque E., Dunkerque O., Gravelines, Hondscoote, Wormhoudt.

Bibliographie. FAULCONNIER (P.). *Description historique de Dunkerque,* 2 vol. in-f°, 1730.

* *Remarques sur la reddition de Dunkerque entre les mains des Anglois en 1658,* in-4, 1658.

BRAY (le chevalier de). *Observations sur le rétablissement de la franchise du port et de la ville de Dunkerque,* in-8, 1815.

* *Enquête sur les travaux à exécuter pour l'amélioration du port de Dunkerque,* in-8, 1834.

CORDIER (M.-J.). *De la navigation du département du Nord, etc., et des travaux du port de Dunkerque,* 2 vol. in-4, 1821-28.

DEMEUNYNCK et DEVAUX. *Précis historique et statistique des communes de l'arrondissement de Dunkerque* (Annuaire du département du Nord, in-8, 1835).

DUNKERQUE (canal de). V. BERGUES (canal de).

DUNKERQUE (canal de) à Bourbourg. V. BOURBOURG (canal de).

DUNKERQUE (canal de) à Furnes. Ce canal, ouvert en 1638, est très-fréquenté pour les relations de la Belgique : sa longueur, depuis Dunkerque jusqu'à la frontière, est de 14,090 m., et, depuis ce dernier point jusqu'à Furnes, de 7,000 m. environ.

DUN-LE-PALLETEAU, bourg très-ancien, *Creuse* (Marche), arr. et à 22 k. de Guéret, chef-l. de cant. ✉. A 344 k. de Paris pour la taxe des lettres. P. 1,421 h. — TERRAIN cristallisé ou primitif.

C'était une forteresse importante dès l'an 506, époque où une armée romaine assiégea et détruisit son château, et fit plus de 3,000 prisonniers. — *Commerce* de bestiaux. — *Foires* le 2e jeudi de janv., de mai, de juin, de sept., de nov. et de déc.

DUN-LE-POELIER, vg. *Indre* (Berry), arr. à 33 k. d'Issoudun, cant. de St-Christophe, ✉ de Graçay. Pop. 1,032 h.

DUN-LE-ROI, ou DUN-SUR-AURON, *Dunum, Curorum Regiodunum*, petite ville, *Cher* (Berry), arr. à 20 k. de St-Amand-Moutrond, chef-l. de cant. Cure. ✉. A 248 k. de Paris pour la taxe des lettres. Pop. 4,097 h. — TERRAIN jurassique, étage inférieur du système oolitique.

Autrefois diocèse, intendance et élection de Bourges, parlement de Paris, collégiale, collége.

Cette ville, aujourd'hui peu considérable, est citée par Robert Gaguin au nombre des cités les plus importantes de l'Aquitaine. Dans le xiie siècle, elle était entourée de murs et défendue par un château fort. En 1521, elle fut prise par les Anglais, qui la pillèrent et en brûlèrent les faubourgs. — Pendant la révolution elle quitta le nom de Dun-le-Roi pour celui de DUN-SUR-AURON.

Au xvᵉ siècle, le château de Dun-le-Roi appartenait au sire de Giac, favori de Charles VII. Le connétable Richemont, qui était jaloux de ce favori, n'était pas d'humeur à se laisser contrarier par un jeune homme qu'il regardait comme sa créature. Il se rapprocha donc de Yolande d'Aragon, qui était lasse de l'insolence du sire de Giac, et ils convinrent ensemble de s'en défaire. Richemont vint trouver le roi à Issoudun, et le soir il se fit apporter les clefs de la ville, parce que, dit-il, il voulait aller le lendemain de grand matin entendre la messe; il y alla en effet. Comme le prêtre montait à l'autel, on vint dire à Richemont que tout était prêt. Sans attendre la fin du service divin, il sortit avec tous ses archers, et fut joint par les sires de la Trémouille et d'Albret. Lorsqu'ils furent réunis, ils montèrent à la maison du sire de Giac, dont ils enfoncèrent la porte. Celui-ci, qui était au lit avec sa femme, demanda d'où venait tout ce bruit; quand on lui dit que c'était le connétable, il s'écria : « Je suis mort. » En effet Richemont l'arracha du lit à l'instant même sans lui permettre de s'habiller; on lui jeta seulement sur ses épaules une robe de chambre, et on le fit monter sur un petit cheval pour le conduire à son château de Dun-le-Roi, où il avait un bailli. Richemont ordonna à cet officier d'instruire immédiatement le procès, de trouver le sire de Giac coupable et de le faire exécuter de suite. Le bailli fit aussitôt mettre de Giac à la torture, et lui arracha ou prétendit lui avoir arraché l'aveu qu'il avait empoisonné sa première femme pour épouser la seconde. Giac offrit inutilement cent mille écus et ses enfants en otage pour racheter sa vie; mais Richemont le fit à l'instant enfermer dans un sac et jeter dans la rivière d'Auron. Sa veuve épousa presque aussitôt le sire de la Trémouille, l'un des meurtriers de Giac.

Les armes de Dun-le-Roi sont : *d'azur au mouton passant d'argent.*

Exploitation de carrières d'excellentes pierres lithographiques (à Guedmond). — *Foires* les 23 janv., 21 déc., samedi avant la mi-carême, avant Ste-Croix, samedi avant la St-Michel, et dernier samedi d'oct.

DUN-LES-PLACES, vg. *Nièvre* (Nivernais), arr. et à 45 k. de Clamecy, cant. et ✉ de Lormes. Pop. 1,838 h.— *Foires* les 28 avril et 5 juillet.

DUN-LIBRE, nom donné pendant la révolution à la ville de Dunkerque.

DUNOIS, *Pagus Dunensis*, petit pays qui dépendait autrefois de la ci-devant province de l'Orléanais, et dont Châteaudun était la capitale. Il est maintenant compris dans le département d'Eure-et-Loir.

DUN-SUR-AURON, *Cher*, nom donné pendant la révolution à la ville de Dun-le-Roi.

DUN-SUR-GRANDY, vg. *Nièvre* (Nivernais), arr. et à 15 k. de Château-Chinon, cant. et ✉ de Châtillon-en-Bazois. Pop. 1,565 h.

DUN-SUR-MEUSE, petite ville, *Meuse* (Lorraine), arr. et à 22 k. de Montmédy, chef-l. de cant. Cure. ✉. ⚜. A 266 k. de Paris pour la taxe des lettres. Pop. 966 h. — TERRAIN jurassique, étage moyen du système oolitique.

Cette ville est fort agréablement située, sur la Meuse; c'était autrefois une place forte, qui a été démantelée en 1633. — *Fabriques* de draps communs, huile, voitures suspendues, allumettes en grand.. Scieries hydrauliques. Blanchisseries de cire. Tanneries. Exploitation des carrières de pierres de taille propres aux grandes constructions. — *Foires* les 4 mars, 17 juillet et 22 nov.

DUNTZENHEIM, vg. *B.-Rhin* (Alsace), arr. et à 13 k. de Saverne, cant. et ✉ d'Hochfelden. Pop. 755 h.

DUODECIMUM (*ad*) (lat. 47°, long. 23°). « Tacite (*Annal.*, III, sect. 45) fait mention d'un lieu *ad duodecimum lapidem* à l'égard d'Autun. Sacrovir, auteur d'une révolte chez les *Ædui*, avait engagé dans son parti les *Sequani*. Silius, qui commande l'armée romaine, fait le dégât sur les terres des *Sequani*, limitrophes des *Ædui*, et marche de suite vers Autun. Sacrovir vient à sa rencontre jusqu'à la douzième colonne. *Silius..... vastat Sequanorum pagos, qui finium extremi, sociique in armis erant. Mox Augustodunum petit , propero agmine...... duodecimum apud lapidem. Sacrovir copiæque ejus, patentibus locis appuere.* En combinant les faits avec la disposition des lieux, on présume que la marche de Silius dut se faire par la route de Challon à Autun, plutôt que par tout autre endroit. C'est la raison sur laquelle je me suis cru fondé à placer ainsi ce *Duodecimum* sur la carte. » D'Anville. *Notice de l'ancienne Gaule*, p. 275.

DUODECIMUM (*ad*) (lat. 49°, long. 23°). « La Table théodosienne indique une station *ad Duodecimum* entre *Divodunum*, ou Metz, et *Decempagi*, ou Dieuze. Voyez l'article *Decempagi.* » D'Anville. *Notice de l'ancienne Gaule*, p. 276.

DUODECIMUM (*ad*) (lat. 52°, long. 24°). « On trouve dans la Table un autre lieu nommé pareillement *Duodecimum* sur la trace d'une route qui, de *Noviomagus*, ou de Nimègue, conduit à *Lugdunum* des *Batavi*, ou Leyde. Je trouve précisément la même position dans celle de Doeden-Werd, sur la rive droite du Wahal. La distance en milles romains, dont l'usage m'a paru propre à la Batavie plutôt que celui de la lieue gauloise, distance à compter de Nimègue, s'accorde avec l'analogie que la dénomination de *Dooden* conserve avec celle de *Duodecimum*. Les cartes où le nom de ce lieu est écrit *Doywert* sont en faute à cet égard. Ainsi, le nombre XVIII qu'on voit dans la Table entre *Noviomagus* et *Duodecimum*, doit être réformé, parce qu'il a été plus aisé de se méprendre sur le chiffre que sur la dénomination même. La Table n'est pas dans le même cas à l'égard du *Duodecimum* qui précède. » D'Anville. *Notice de l'ancienne Gaule*, p. 276.

DUPPIGHEIM, vg. *B.-Rhin* (Alsace), arr.

et à 12 k. de Strasbourg, cant. de Geispolsheim, ✉ de Molsheim. Pop. 1,040 h.

DURAN, vg. *Gers* (Armagnac), arr., caut., ✉ et à 3 k. d'Auch. Pop. 326 h.

DURANCE (la), *Durentia*, rivière qui prend sa source au Mont-Genèvre, arr. de Briançon, *H.-Alpes*; elle passe à Briançon, Largentière, Embrun, Tallard, Sisteron, les Mées, Manosque, Pertuis, Cavaillon, et se jette dans le Rhône, à 8 k. au-dessous d'Avignon, *Vaucluse.* Cette rivière joint à la rapidité d'un torrent la largeur d'un fleuve; ses débordements, assez fréquents, portent souvent la désolation sur ses bords, notamment dans le bassin de Peyrolles et dans quelques cantons voisins de son embouchure dans le Rhône. Le cours total de la Durance est d'environ 300 k.; la pente moyenne est de 2 millimètres 8/10 par mètre, de Cante-Perdrix au confluent du Rhône. La Durance n'est pas navigable; sa pente excessive, l'énorme quantité de graviers qu'elle roule, les dépôts qui en résultent à la cession des crues, et les différences considérables de volume des eaux, lors du bas étiage à celui des débordements, sont des obstacles insurmontables; ils ne sert que pour le flottage des bois de construction qu'on coupe dans les forêts des Alpes, et qui sont conduits à Arles pour être distribués dans les différents ports de la côte. Le lit de la rivière est très-large, mais il ne se remplit que pendant les crues, qui sont fréquentes et peu durables; ce lit, ou plutôt cette vallée, est une véritable Crau; on y voit une immense quantité de galets.

DURANCE, vg. *Lot-et-Garonne* (Condomois), arr. et à 17 k. de Nérac, cant. de Houeilles, ✉ de Lavardac. Pop. 510 h. — *Foires* les 3 janv., 1ᵉʳ mai, 4 août, 22 sept. et 12 nov.

DURANDEAU, *Gironde*, comm. et ✉ de Coutras.

DURANIUS FLUV. (lat. 46°, long. 20°). « Ausone en fait mention dans son poëme intitulé *Mosella*, et Sidoine Apollinaire (carmine 22); le premier en parlant de la montagne d'où sort la Dordogne, et qui se nomme le Mont-d'Or; et l'autre en parlant de la jonction de cette rivière avec la Garonne. Dans les temps postérieurs on a dit *Doronoia*, comme on lit dans Grégoire de Tours, et enfin *Dordonia*. » D'Anville. *Notice de l'ancienne Gaule*, p. 276.

DURANVILLE, *Duranti Villa*, vg. *Eure* (Normandie), arr. et à 9 k. de Bernay, cant. et ✉ de Thiberville. Pop. 308 h.

DURAS, petite ville, *Lot-et-Garonne* (Agénois), arr. et à 28 k. de Marmande, chef-l. de cant. Cure. ✉. A 654 k. de Paris pour la taxe des lettres. Pop. 1,701 h. — TERRAIN tertiaire moyen.

Cette ville est située près de la rive droite du Dropt, dans une contrée fertile en vins, en fruits, et abondante en pâturages. Elle était jadis fortifiée, et fut prise d'assaut par les Anglais en 1424. — *Foires* les 20 janv., 6 mai, 22 juillet, 11 nov., et le dernier lundi de chaque mois.

DURAVEL, petite et ancienne ville, *Lot* (Quercy), arr. et à 39 k. de Cahors, cant. et ✉ de Puy-l'Évêque. Pop. 1,793 h. — TERRAIN jurassique, étage supérieur du système oolitique.

Cette ville est agréablement située, dans une contrée fertile, sur la rive droite du Lot. C'était autrefois une place très-forte où la garnison de Cahors, désespérant de défendre contre les Anglais la vaste enceinte de cette place, se retira sous le règne de Charles V, et y brava avec succès toutes les forces que les ennemis envoyèrent pour l'assiéger. Les Anglais s'en emparèrent dans le XIVe siècle.

Les armes de **Duravel** sont : *de gueules à une couronne fermée d'or; au chef d'azur chargé de trois fleurs de lis d'or.*

L'église paroissiale porte tous les caractères d'une haute antiquité; on y conserve les corps de trois saints, confiés, dit-on, à cette église par Charlemagne, et dont l'exposition, qui a lieu tous les trois ans, attire un grand concours d'étrangers. — *Foires* les 22 mars, 22 avril, 22 juin, 13 oct. et 22 déc.

DURBAN, vg. *Ariège* (pays de Foix), arr. et à 24 k. de Foix, cant. et ✉ de la Bastide-de-Sérou. Pop. 1,160 h.

DURBAN, vg. *Aude* (Languedoc), arr. à 35 k. de Narbonne, chef-l. de cant., ✉ et bureau d'enregist. à Sijean. Pop. 610 h. — TERRAIN du trias, voisin du terrain crétacé inférieur. — Durban donne son nom à un petit bassin houiller exploité d'environ 2,000 m. de longueur sur 1,000 m. de largeur.

DURBAN, vg. *Gers* (Armagnac), arr., cant., ✉ et à 13 k. d'Auch. Pop. 493 h.

DURBANS, vg. *Lot* (Quercy), arr. et à 26 k. de Figeac, cant. de Livernon, ✉ de la Capelle-Marival. Pop. 479 h.

DURCET, vg. *Orne* (Normandie), arr. et à 23 k. de Domfront, cant. et ✉ d'Athis. Pop. 667 h. — *Foires* les 28 fév., dimanche des Rameaux et 27 sept.

DURDAT, bg *Allier* (Bourbonnais), arr. et à 13 k. de Montluçon, cant. de Marcillat, ✉ de Néris. Pop. 1,075 h.

DUREIL, vg. *Sarthe* (Anjou), arr., ✉ et à 20 k. de la Flèche, cant. de Malicorne. Pop. 157 h.

DURENQUE, vg. *Aveyron* (Rouergue), arr. et à 45 k. de Rodez, cant. de Réquista, ✉ de Cassagnes-Bégonhès. Pop. 1,012 h. — *Foires* les 3 fév., 30 avril, 8 juin, 11 nov. et 9 déc.

DURERIE (lat. 48°, long. 16°). « La Table théodosienne indique une voie romaine qui conduisait depuis Nantes jusqu'à l'extrémité de la Bretagne, en aboutissant à la mer : *Portunamnetum* XXIX, *Duretie* XX, *Dartoritum*, etc. Ce qu'on lit ainsi *Dartoritum* dans la Table désigne indubitablement la capitale des *Veneti*, dont le nom est *Dariorigum* dans Ptolémée, et la direction de la voie y conduit précisément dans l'intervalle de Nantes à la ville des *Veneti*; ce que l'on rencontre de plus remarquable est le passage de la Vilaine, et l'indication de 29 lieues gauloises dans la Table nous y fixe en effet. Car, le calcul des 29 lieues de mesure itinéraire étant à peu près 33,000 toises, la ligne directe de Nantes au passage de la Vilaine, près de Rieux, ne vaut guère moins de 32,000 toises. L'ancienne voie de Nantes à Vannes tendait vers Rieux, et ne passait point par la Roche-Bernard comme aujourd'hui. Un ancien chemin, qui paraît l'ouvrage des Romains dans la longueur de plusieurs lieues actuelles, indique cette route. L'usage de la lieue gauloise dans cette partie de la Gaule, et subsistant même jusque dans le XIe siècle, est attesté par un titre de donation à l'abbaye de Landevenec par un prince breton, que je juge être Alain Canhiart, comte de Cornouaille. On lit dans ce titre, rapporté par D. Lobineau : *Vicarria, quæ nominatur Sulse, sita in pago Namnetensi, quinque milliavia ab urbe.* Ce qui est appelé *milliarium*, l'abus que l'on a fait du terme de mille, étant proprement *leuca*, et 5 lieues gauloises faisant 5 à 6,000 toises, c'est ce qu'il y a de distance actuelle et positive entre Nantes et le lieu ici dénommé *Sulse*, lequel est existant sous le nom de Sussé. On sait que la Vilaine tire ce nom des *Vicinonia*, et on n'en trouve point d'autres dans les écrits du moyen âge. Mais je remarque que Ptolémée, en décrivant la côte, indique une rivière à la suite de l'embouchure de la Loire sous le nom de *Herius*, et cette rivière ne saurait être que la Vilaine vers son embouchure, où je vois un endroit nommé Treig-Hier, qui paraît tirer ce nom de *Trajectum Herii*. Or, la Table étant souvent peu correcte dans la manière dont les noms de lieux y sont écrits, je suis persuadé qu'il convient de lire *Durerie* au lieu de *Duretie*, comme il est vrai que dans le nom de *Dartoritum*, rapporté ci-dessus, il y a des lettres qui doivent être remplacées par d'autres, puisque ce nom, connu d'ailleurs, est *Dariorigum*. Dans le nom de *Dur-Erie*, dont la première des deux parties qui le composent, *Dur* ou *Durum*, paraît avoir été propre au langage celtique pour désigner un passage de rivière, il est aisé de reconnaître celui du fleuve *Herius*, auquel on est déjà conduit par la distance en partant de Nantes. Quant à la distance ultérieure, ou du passage de l'*Herius* à *Dariorigum*, comme on peut l'estimer de 22 à 23,000 toises en ligne directe, cet espace se trouve plus que suffisant à une mesure itinéraire de 20 lieues gauloises, selon l'indication de la Table. J'observerai en dernier lieu que, dans un titre de l'abbaye de Redon, en date de l'an 903, le nom de Rieux est *Reus*, et non pas *Rivi*, selon l'usage plus récent; et il y a des rapports de dénomination, moins marqués qu'il n'en paraît entre ce nom de *Reus* et celui d'*Herius*. » D'Anville. *Notice de l'ancienne Gaule*, p. 277.

DURETTE, vg. *Rhône* (Beaujolais), arr. et à 18 k. de Villefranche-sur-Saône, cant. et ✉ de Beaujeu. Pop. 266 h.

DURFORT, *Ardèche*. V. ST-VINCENT-DE-DURFORT.

DURFORT, vg. *Gard* (Languedoc), arr. et à 35 k. du Vigan, cant. et ✉ de Sauve. Pop. 932 h. — *Fabriques* d'étoffes de laine. Exploitation des mines de plomb pour Alquifoux.

DURFORT, vg. *Tarn* (Languedoc), arr. et à 27 k. de Castres, cant. de Dourgne, ✉ de Sorèze. Pop. 549 h. — *Fabriques* de clous. Martinets à cuivre.

DURFORT, vg. *Tarn-et-Garonne* (Quercy), arr. et à 16 k. de Moissac, cant. et ✉ de Lauzerte. Pop. 1,653 h.

DURIANNE, vg. *H.-Loire*, comm. de Chadrac, ✉ du Puy.

DURMIGNAT, vg. *Puy-de-Dôme* (Auvergne), arr. et à 53 k. de Riom, cant. et ✉ de Montaigut. Pop. 502 h.

DURNES, vg. *Doubs* (Franche-Comté), arr. et à 28 k. de Besançon, cant. et ✉ d'Ornans. Pop. 234 h.

DURNINGEN, vg. *B.-Rhin* (Alsace), arr. et à 19 k. de Strasbourg, cant. et ✉ de Truchtersheim. Pop. 510 h.

DURNOMAGUS (lat. 52°, long. 25°). « Dans l'Itinéraire d'Antonin, entre *Colonia Agrippina* et *Novesium*. V. l'article *Buruncus*, dont on ne peut reconnaître la position sans déterminer en même temps celle de *Durnomagus*. » D'Anville. *Notice de l'ancienne Gaule*, p. 277.

DUROCASSES (lat. 49°, long. 20°). « On lit *Durocasis* dans l'Itinéraire d'Antonin, *Durocases* dans une inscription citée par M. Wesseling, *Durocassis* dans la Table théodosienne. De *Durocasses* ou *Durocassæ* on a fait *Drocæ*, et le nom de Dreux en est dérivé. La distance de *Mediolanum Aulercorum* à *Durocasses* est marquée XVII dans l'Itinéraire, et ce qu'il y a d'espace direct entre Dreux et Evreux étant d'environ 18,500 toises, la mesure itinéraire qui doit avoir quelque chose de plus sera jugée peu différente du calcul rigoureux de 17 lieues gauloises, qui se porte à 19,278 toises. On reconnaît le passage de la voie près la rivière d'Aure, au nom que porte l'abbaye de l'Estrée, de *Strata*, aussi bien qu'un autre lieu situé plus haut, appelé Mesnil-sur-l'Estrée : *Locus qui dicitur Strata, distans per unam leucam a nobili et famoso castro de Drocis*, selon les termes d'un acte de Geoffroi, évêque de Chartres. Quant aux positions qui tiennent à *Durocasses* par des voies romaines, on peut voir dans l'article *Diodurum*, la suite que donne l'Itinéraire d'une route qui se termine à *Lutetia*. Pour ce qui est de *Condate*, par lequel la position *Durocasses* communique à *Noviomagus*, capitale des *Lexovii*, il en est parlé dans l'article dont le titre est *Condate*, et qui renferme les divers lieux auxquels ce nom a été commun. La Table marque XIII entre *Durocasses* et une position dont le nom est omis, mais qui est figurée comme une capitale, et qui ne peut point que cette indication ne se rapporte à *Autricum* ou Chartres, quoique la mesure actuelle demande plutôt 15 lieues gauloises que de se borner à 13. » D'Anville. *Notice de l'ancienne Gaule*, p. 278. V. aussi Walckenaer.

Géographie des Gaules, t. I, p. 574, 400.

DURO CATALAUNUM, *postea* CATALAUNI (lat. 49°, long. 23°). « Quoique le nom de cette ville soit employé au pluriel dans l'Itinéraire d'Antonin, comme en effet il est pluriel en celui de *Catalauni*, il y a néanmoins grande apparence que le nom propre et primitif avait une terminaison au singulier, qui n'était pas moins convenable à l'idiome national que dans le nom de *Duro Cortorum* que portait la ville de Reims. Dans la suite on a dit simplement *Catalauni*, comme ce nom parait dans Eutrope, en parlant de la victoire d'Aurélien sur Tétricus : *Superavit Tetricum apud Catalaunos*. Il est dit *Duricortora* dans Strabon. C'est de *Catalauni* est dérivé celui de Châlons qui conserve le pluriel, à la différence d'un autre Châlon, dont le nom *Cabillonum* est au singulier. La distance de Châlons à Reims est marquée dans l'Itinéraire M. P. XXVII, *Leugas* XVIII ; et ces nombres sont entre eux dans une juste proportion, puisqu'il faut un mille et demi pour composer une lieue. L'intervalle de Reims à Châlons, fixé par les opérations sur le local à environ 21,000 toises, surpasse de 5 à 600 toises le calcul de 27 milles romains ou de 18 lieues gauloises, qui ne donnent en rigueur que 20,412 toises : une fraction de lieue négligée peut être la cause de ce défaut. Bergier (*Hist. des Gaules ch.*, liv. III, ch. 39) trouve un vice bien plus considérable dans la distance indiquée par l'Itinéraire, en prétendant qu'il en résulterait 13 lieues et 1/2 françaises, au lieu de 10, parce que la juste valeur du mille romain et de la lieue gauloise ne lui est point connue. » D'Anville. *Notice de l'ancienne Gaule*, p. 279.

DURO CORTORUM, *postea* REMI (lat. 50°, long. 22°). « On trouve le nom de cette ville dans César. Il est écrit *Duricortora* dans Strabon. Ptolémée, nommant la ville principale de chaque peuple, n'a point oublié celle-ci. On ne voit point de ville dans la Gaule où il se rende un plus grand nombre de voies militaires, selon le détail qu'en donnent l'Itinéraire d'Antonin et la Table théodosienne ; son nom propre cessa d'être en usage lorsque les capitales furent la plupart distinguées par le nom du peuple. C'est sous le nom de *Remi* qu'il en est mention dans Ammien Marcellin, dans la Notice de l'empire ; et la date de quelques ordonnances du Code théodosien y est conforme. Il était naturel que la puissance des *Remi*, qui se signalèrent du temps de César par leur attachement aux Romains, rendît la ville de Reims considérable, et que cette ville fut élevée au rang des métropoles dans la Belgique seconde. Elle se distinguait assez par l'étude des lettres pour que Cornelius Fronto (*apud P. Consentium*), rhéteur très-célèbre du temps d'Adrien, ait comparé *Duro Cortorum* à Athènes. » D'Anville. *Notice de l'ancienne Gaule*, p. 280. V. aussi Walckenaer. *Géographie des Gaules*, t. II, p. 250, 327.

DUROICOREGUM (lat. 51°, long. 20°). La Table théodosienne trace la route de *Gesoriacum* ou de *Bononia* à *Samarobriva* ou Amiens, de cette manière : *Bononia* XIIII, *Luttomagi* VII, *Adlullia* XI, *Duroicoregum* XIIII, *Samarobriva*. La somme de ces distances est 46 : et ce qu'il y a d'espace entre Boulogne et Amiens étant déterminé par des opérations à environ 54,000 toises, les 46 lieues gauloises, dont le calcul ne passe guère 52,000 toises, ne suffisent pas à cet espace ; il y a d'autres difficultés par rapport aux distances particulières. On ne saurait appliquer convenablement la position de *Duroicoregum*, en étudiant cette route, qu'à Douriers, au passage de l'Autie : le terme *Durum*, qui est employé dans la dénomination, dénote cette circonstance. Or la distance de Douriers à l'égard d'Amiens est en droite ligne d'environ 29,500 toises, qui contiennent 26 lieues gauloises ; ce qui reste de Douriers à Boulogne, savoir environ 23,500 toises, ne répond qu'à 22 lieues gauloises, quoique la Table en fasse compter 32. En prenant le parti de corriger les nombres de la Table (puisqu'on ne peut les admettre) par la mutation de chiffres la plus facile à pratiquer, on lira VIIII au lieu de XIIII entre *Bononia* et *Luttomagus*, puis VII *Adlullia* sans rien changer, et de là à *Duroicoregum* VI au lieu de XI : total 22 ; ce qui devient convenable au local. En ajoutant ensuite les 26 que donne l'intervalle de *Duroicoregum* à Amiens, le compte se trouve de 48 ; et, vu que le calcul de 48 lieues gauloises est de 54,432 toises, on trouve ainsi ce que l'on demande ; l'espace absolu entre Amiens et Boulogne. Ce n'est pas un choix arbitraire de position qui nous conduit par celle de Douriers ; la trace de la voie romaine est positivement indiquée par les noms de Cauchie et d'Estrée, que portent divers lieux qui se succèdent de distance en distance et sur une même direction. » D'Anville. *Notice de l'ancienne Gaule*, p. 281.

DURONUM (lat. 51°, long. 22°). « On trouve ce lieu dans l'Itinéraire d'Antonin et la Table théodosienne entre *Bagacum* et *Vorbinum*. La distance est marquée XI à l'égard de *Bagacum* dans la Table, XII dans l'Itinéraire entre *Duronum* et *Vorbinum*, dont le nom se lit *Vironum* dans la Table ; l'Itinéraire et la Table sont d'accord à marquer X. C'est dans l'intervalle de *Bagacum* à *Duronum* que le *Locus Quartensis* de la Notice de l'empire se rencontre *ad quartam leucam* précisément. La distance d'environ 12 lieues gauloises, selon l'indication de l'Itinéraire, conduit au passage d'une rivière, et c'est ce que le nom de *Duronum* désigne en effet. Le lieu nommé Estrun-Cauchie, où l'on rencontre cette petite rivière qui sort des bois de la Tiérache, marque en même temps sa situation : *Super stratam, sive calceiam*. La trace de cette chaussée est conservée par des vestiges. Du lieu où se place *Duronum* jusqu'à la position actuelle de Vervins, la distance s'étend à environ 11 lieues gauloises au lieu de 10 ; et on peut voir à l'article *Vorbinum* que la somme des distances sur la route de Bavai à Reims demande un accroissement à peu près pareil. Avant que d'arriver à Vervins, le nom d'un lieu situé au passage de la rivière d'Oise indique encore celui de la route, Estrée-au-Pont. » D'Anville. *Notice de l'ancienne Gaule*, p. 282.

DUROTINCUM (lat. 46°, long. 25°). Ce lieu est placé sur une route que trace la Table théodosienne, et qui partant de Vienne, et passant à *Cularo* ou Grenoble, conduit au passage de l'*Alpis Cottia* ou du mont Genèvre. Je m'explique dans l'article *Catorissium* sur les difficultés qu'on trouve à concilier avec le local les circonstances de cette route ; mais, en plaçant le lieu nommé *Mellosedum* dans la position de celui dont le nom actuel est Mizouin, l'indication qui est X entre *Mellosedum* et *Durotincum* parait atteindre, à un mille près, la position de Villars-d'Arènes, en montant le long de la Romanche, vers le col du Lautaret, dont l'entrée n'est qu'à environ deux milles au delà de Villars-d'Arènes. » D'Anville. *Notice de l'ancienne Gaule*, p. 282.

DURRENBACH, vg. *B.-Rhin* (Alsace), arr. et à 25 k. de Wissembourg, cant. et ✉ de Woerth-sur-Sauer. Pop. 1,112 h.

DURRENENTZEN, vg. *H.-Rhin* (Alsace), arr., ✉ et à 12 k. de Colmar, cant. d'Andolsheim. Pop. 556 h.

DURSTEL, vg. *B.-Rhin* (Alsace), arr. et à 29 k. de Saverne, cant. et ✉ de Drulingen. Pop. 439 h.

DURTAL, *Durestallum*, petite ville, *Maine-et-Loire* (Anjou), arr. et à 18 k. de Baugé, chef-l. de cant. Cure. ✉. ⚘. A 269 k. de Paris pour la taxe des lettres. Pop. 3,452 h. — TERRAIN tertiaire moyen.

Cette ville est agréablement située au bas et sur le penchant d'une colline, sur la rive droite du Loir, qu'on y passe sur un pont en pierres de taille.

En 1040, Foulques Néra construisit dans ce lieu un château fort, dont il ne reste plus aucun vestige ; celui qui existe, commencé sur un plan irrégulier, mais très-vaste, n'a point été achevé. Deux grosses tours, couronnées de créneaux et de mâchicoulis, sont placées aux deux extrémités de la façade qui est du côté de la ville. Le principal corps de bâtiment, qui est du côté du pont, parait avoir été construit vers le milieu du XVIIe siècle. Ce château, placé sur un coteau élevé, au pied duquel coule le Loir, présente un aspect imposant et pittoresque.

PATRIE de GUILLAUME FILASTRE, savant helléniste et docteur en droit, mort cardinal en 1428.

Fabriques de toiles, de poterie de terre. Tuileries et briqueteries. Papeterie. — *Foires* les 1er mardi après Pâques, 3e mardi de juillet, 4es mardis de mai et de nov.

DURTOL, vg. *Puy-de-Dôme* (Auvergne), arr., cant., ✉ et à 5 k. de Clermont-Ferrand. Pop. 414 h.

DURVUS MONS (lat. 48°, long. 25°). « On le connait par une inscription gravée sur le rocher qui a été taillé pour donner passage à une voie romaine. VIA DUCTA PER MONTEM DURVUM. La montagne conserve sa dénomination dans celle de Durvau. C'est un IIVIR COL. HELVET., qui a présidé au travail ; et cette colonie helvétique ne peut être qu'Avanche, dont les dépendances s'étendaient ainsi jusqu'à la frontière des Rauraci. On connait aujourd'hui cette ouverture sous le nom de Pierre-Pertuse, ou de Pierre-Porte. Elle donne entrée du Val-de-St-Imier dans le Munster-Thal, qui est de l'évêché de Basle. » D'Anville. *Notice de l'ancienne Gaule*, p. 283.

DURY, vg. *Aisne* (Artois), arr. et à 17 k. de St-Quentin, cant. de St-Simon, ✉ du Ham.

Pop. 604 h. — Fabrique de sucre indigène.

DURY, vg. *Pas-de-Calais* (Artois), arr., et à 18 k. d'Arras, cant. de Vitry. Pop. 551 h.

DURY, vg. *Somme* (Picardie), arr., ✉ et à 6 k. d'Amiens, cant. de Sains. Pop. 833 h.

DUSSAC, vg. *Dordogne* (Périgord), arr. et à 44 k. de Nontron, cant. de Lanouaille, ✉ d'Exideuil. Pop. 1,016 h. — Forges et hauts fourneaux.

DUTTLENHEIM, ou DITLEN, vg. *B.-Rhin* (Alsace), arr. et à 15 k. de Strasbourg, cant.

de Geispolsheim, ✉ de Molsheim. Pop. 1,366 h. — *Fabrique* de fécule, sagou, sirop de fécule, etc.

DUVY, vg. *Oise* (Picardie), arr. et à 21 k. de Senlis, cant. et ✉ de Crépy. Pop. 270 h.

DYÉ-SUR-LOIRE (St-), vg. *Loir-et-Cher* (Blaisois), arr. et à 15 k. de Blois, cant. de Bracieux. ✉. Pop. 1,280 h. — *Foires* le lundi après Pâques, 24 avril et 1er déc.

DYO, vg. *Saône-et-Loire* (Bourgogne), arr. et à 10 k. de Charolles, cant. et ✉ de la Clayette. Pop. 1,008 h.

E

ÉANCÉ, vg. *Ille-et-Vilaine* (Bretagne), arr. et à 38 k. de Vitré, cant. de la Guerche, ✉ de Martigné-Ferchaud. Pop. 1,033 h. — Il est situé sur une hauteur, près de landes fort étendues.

ÉANNE (St-), vg. *Deux-Sèvres* (Poitou), arr. et à 27 k. de Niort, cant. et ✉ de St-Maixent. Pop. 916 h.

EAUBONNE, *Aquabona*, charmant village, *Seine-et-Oise* (Ile-de-France), arr. et à 17 k. de Pontoise, cant. et ✉ de Montmorency. Pop. 263 h.

Eaubonne est l'un des villages les plus agréables de la vallée de Montmorency. Il est situé au fond d'un vallon, et célèbre par ses bosquets enchanteurs, sous l'ombrage desquels St-Lambert chanta les saisons et écrivit son Catéchisme universel. C'est là que Rousseau passa dans la société de Mme d'Houdetot ces doux moments qu'il a si bien décrits dans ses Confessions. Franklin habita aussi Eaubonne : on y voit encore le chêne qu'il planta en l'honneur de la liberté ; c'est un fort bel arbre qui semble avoir été conservé pour assister à son triomphe.

On remarque aussi à Eaubonne la jolie maison qu'habita St-Lambert. Dans ces derniers temps elle appartenait à Regnault de St-Jean-d'Angely. Cette maison a été bâtie en 1776 par l'architecte Ledoux pour le financier Mézière, qui la destinait à un littérateur.

EAUCOURT, vg. *Pas-de-Calais*, comm. du Sars, ✉ de Bapaume.

EAUCOURT-SUR-SOMME, vg. *Somme* (Picardie), arr., cant., ✉ et à 7 k. d'Abbeville. Pop. 349 h.

EAULNE (l'), *Heldona, Elna*, petite rivière qui prend sa source au-dessus du village de Mortemer, arr. de Neufchâtel, *Seine-Inf.* ; elle passe à Londinière, Envermeu, et se jette dans la Béthune, au-dessous d'Arques, après un cours de 40 k.

EAUNES, vg. *H.-Garonne* (Languedoc), arr., cant., ✉ et à 6 k. de Muret. Pop. 730 h.

EAUPLET, vg. *Seine-Inf.*, comm. et ✉ de Rouen.

EAUX, vg. *Aube*, comm. et ✉ d'Auxon.
EAUX-BONNES (les), *B.-Pyrénées*, comm. d'Aas. ✉. ⊙. A 800 k. de Paris. V. Aas.
EAUX-CHAUDES (les), ou AIGUES-CAUDES, village et établissement thermal, *B.-Pyrénées* (Béarn), comm. de Laruns. ✉. ⊙. A 800 k. de Paris pour la taxe des lettres.

EAUX THERMALES DES EAUX-CHAUDES.

L'établissement thermal des Eaux-Chaudes est situé sur le Gave de Pau, dans la principale gorge de la vallée d'Ossau. Les montagnes qui forment l'entrée de cette gorge sont tellement rapprochées, que les eaux ont eu peine à s'ouvrir un passage, et les ont comme trouées, ce qui a fait nommer ce défilé *Hourat* en langage du pays ; il a fallu l'élargir aux dépens des rochers, qu'on a creusés en forme de galerie à jour pour en rendre le passage praticable ; le chemin, taillé sur le flanc de la montagne, domine des précipices d'une profondeur effrayante : travail énorme et le plus remarquable en ce genre de toute la chaîne des Pyrénées. C'est sous l'administration de M. d'Etigny, intendant d'Auch et de Béarn, que ce passage fut agrandi et transformé en belle route, sur les plans de M. Daripe, directeur de la monnaie de Pau, qui en dirigea les travaux. A l'issue du défilé, dans un petit oratoire consacré à la Vierge, se voient deux inscriptions gravées sur le marbre ; elles consacrent le passage, en cet endroit, de Catherine, sœur de Henri IV, en 1591. M. Bordeu a donné la traduction suivante de ces deux inscriptions :

« Arrête-toi, passant ; admire ce que tu ne vois pas et regarde des choses que tu dois admirer : nous ne sommes que des rochers, et cependant nous parlons ; la nature nous a donné l'être, et la princesse Catherine nous a fait parler ; nous l'avons vue lisant ce que tu lis ; nous avons ouï ce qu'elle plaisait, nous l'avons soutenue. Ne sommes-nous pas heureux, passant, de l'avoir vue, quoique nous n'ayons pas d'yeux ? heureux toi-même de ne l'avoir pas vue ! Nous étions morts, et nous avons été animés ; toi,

voyageur, tu serais devenu pierre. Les Muses ont érigé ce monument à Catherine, princesse des Français-Navarrais, qui passait ici l'an 1591.

» Dieu te garde, passant ! ce que tu vois avait péri, mais la mort l'a fait renaître. Ne te plains pas de la vétusté qui a détruit le monument de la princesse Catherine, car l'injure du temps a été réparée, quand ce marbre a été rétabli par les soins de messire Jean de Gassion, conseiller d'État, président au parlement de Navarre, et intendant général des domaines du roi, de la justice, police et finances dans la Navarre, le Béarn, la Chalosse, le Bigorre et le Vic-Bil, l'an 1646. »

Après le défilé de Hourat, qui a eu pour but de conduire aux Eaux-Chaudes, distant de 2 k., on chemine à travers des masses de poudingues à fond granitique et à ciment calcaire, sur les flancs déchirés de montagnes d'un marbre gris, disposé par masses ou bancs diversement inclinés, dirigés et traversés de veines spathiques. Le Gave, moins resserré qu'auparavant, n'offre sur ses bords ni habitations, ni cultures, et la sévérité des lieux continue jusqu'à l'établissement des bains, où, malgré les difficultés du local, on a construit ou restauré quinze ou vingt maisons le long de la route d'Espagne ; ce sont aujourd'hui des habitations propres et commodes.

Les Eaux-Chaudes, que fréquentent environ deux mille personnes chaque année, offrent diverses sources, qui sourdent en partie du granit, surmonté de bancs calcaire coquillier à peu près horizontaux. L'Esquirette fournit à sept baignoires en marbre ; la Hou deu Rey ou la Fontaine du Roi alimente également sept baignoires, et à une douche de 1 m. 33 c. d'élévation ; ces deux sources sont dans un assez bel édifice en pierre, construit sous l'administration de M. la Chapelle, intendant d'Auch. La fontaine du Clot ou de l'Arresec n'a que deux baignoires ; sa température est moins élevée que les précédentes, qui ont environ 29° de Réaumur ; c'est celle dont on fait le plus d'usage en boissons. Au-dessus de cette source on a gravé l'inscription suivante :

A DAME CATRIN (Catherine) DE FRANCE, SOEUR DU ROI TRÈS-CHRÉTIEN HENRI IV, EN JUIN 1591.

Outre ces sources il y en a une quatrième, qui est froide et porte le nom de Mainvielle.

Ces eaux étaient jadis très à la mode à la cour de Béarn ; on les nommait communément Imprégnadères, les regardant comme douées d'une vertu particulière pour la génération ; toutes les eaux minérales ont à cet égard leurs miracles assez naturels, mais sur lesquels s'est exercée la plaisanterie.

Ce lieu sévère, dont le paysage est aussi borné que peu varié, n'est entouré que d'arides rochers d'un marbre gris compacte, qui recouvre le granit primitif. Ces rochers semblent dérober le ciel à la vue des habitants, et il faut s'élever au-dessus d'eux, sur la trace des chèvres qui vont brouter l'herbe et les arbrisseaux des précipices, pour respirer avec quelque liberté.

En s'élevant vers les hauteurs qui dominent le vallon où se trouvent les eaux minérales, on trouve des aspects et des sites imposants, d'une beauté pittoresque. C'est ainsi qu'on peut aller par un sentier fort roide et impraticable à cheval, à l'ombre impénétrable des hêtres et des sapins, jusqu'au quartier appelé Abes, distant de trois heures de marche ; c'est là que les bergers de la vallée d'Aston mènent paître leurs troupeaux, et que se présente la belle perspective des montagnes d'Abes et de Jave, dont la cime est couverte de neiges éternelles. En quittant les Eaux-Chaudes pour se diriger vers les gorges supérieures, on rencontre à 1 k. une fort jolie cascade. A 4 k. plus loin on trouve l'hôpital de Gabas, station d'employés des curieux ; il est situé dans un vallon étroit et profond, exposé une grande partie de l'année aux froids, aux neiges, aux épais brouillards. Cet hospice fut anciennement construit pour servir d'asile aux voyageurs, ainsi que nous le verrons en parlant d'autres gorges des Pyrénées, à l'imitation des hospices de St-Bernard et du Mont-Cénis dans les Alpes. Les montagnes escarpées qui couronnent l'étroite enceinte de Gabas sont la retraite habituelle des ours qui désolent ce canton.

SAISON DES EAUX. La saison des Eaux-Chaudes commence au mois de juin et se prolonge jusque vers le 15 septembre.

PROPRIÉTÉS MÉDICINALES. Ces eaux s'emploient avec succès dans les rhumatismes chroniques, les paralysies, les engorgements des viscères abdominaux, les dérangements de l'appareil digestif. Elles réussissent aussi dans les vertiges, les migraines, les coliques et les diarrhées chroniques.

MODE D'ADMINISTRATION. On administre ces eaux en bains, demi-bains et douches. En boisson, la dose est de cinq à six verres chaque matin.

Bibliographie. LABAIG. Parallèle des eaux de Bonnes, des Eaux-Chaudes, etc., in-8, 1750.

POUMIER. Notice sur les Eaux-Chaudes (Analyse et Propriétés des eaux des Pyrénées, in-8, 1813, p. 30).

EAUX-MINÉRALES, vg. Ardèche, com. de Rompon, ✉ de la Voulte.

ÉAUZE, Elusa, Civitas Elusatium, vg. Gers (Armagnac), arr. et à 26 k. de Condom, chef-l. de cant. Cure. ✉. A 712 k. de Paris pour la taxe des lettres. Pop. 3,840 h. — TERRAIN tertiaire moyen.

Du temps de César, Eause était une cité importante, nommée Elusa, chef-lieu du pays des Elusates. Plus tard elle fut quelque temps capitale de la Novempopulanie ou troisième Aquitaine ; dans la suite elle devint le chef-lieu du pays d'Ausan, compris dans le bas Armagnac. Au ve siècle, les Goths s'emparèrent de la ville d'Eause, et la ruinèrent. Clovis les en chassa, la ville fut reconstruite, et les Gascons s'y établirent par sa protection et celle de ses successeurs. En 732, les Sarrasins saccagèrent Eause une seconde fois ; elle fut encore saccagée une troisième, au IXe siècle, par les Normands, qui la ruinèrent et en massacrèrent presque toute la population. Ceux de ses habitants échappés au désastre se réfugièrent à Auch, où l'évêché d'Eause fut transféré. Plus tard, la ville d'Eause fut reconstruite près de son ancien site, vaste champ cultivé qui porte encore le nom de la Ciutat (la cité), et qui est parsemé de débris attestant l'importance que dut avoir l'ancienne ville ; on y trouve fréquemment, en labourant la terre, des fragments d'architecture, des monnaies romaines, etc. — Commerce d'eau-de-vie.

Foires les 6 janv., mercredi avant les mercredi des Cendres, 23 mai, 6 août, 8 nov. et 1er lundi de carême.

ÉBANGE, Moselle, comm. de Florange, ✉ de Thionville.

ÉBATI, vg. Côte-d'Or (Bourgogne), arr., cant. et à 13 k. de Beaune, ✉ de Chagny. Pop. 109 h.

EBBLINGHEM, vg. Nord (Flandre), arr., cant., ✉ et à 10 k. de Hazebrouck. P. 717 h.

ÉBÉON, vg. Charente-Inf. (Saintonge), arr., ✉ et à 13 k. de St-Jean-d'Angély, cant. de St-Hilaire. Pop. 113 h. — Foire le 8 oct.

ÉBERBACH-SELTZ, ou NEUDORF, vg. B.-Rhin (Alsace), arr. et à 16 k. de Wissembourg, cant. et ✉ de Seltz. Pop. 244 h.

ÉBERBACH-WOERTH, vg. B.-Rhin (Alsace), arr. et à 30 k. de Wissembourg, cant. et ✉ de Woerth-sur-Sauer. Pop. 560 h.

EBERMUNSTER, grand village, B.-Rhin (Alsace), arr., ✉ et à 9 k. de Schelestadt, cant. de Benfeld. Pop. 919 h. — Ebermunster était autrefois une petite ville, où il y avait une abbaye de bénédictines, fondée en 667, dont les vastes bâtiments sont aujourd'hui une propriété particulière, où est établi un pensionnat dirigé par des ecclésiastiques. La belle église qui y est attenante est surmontée de trois clochers couverts en tuiles vernies, et ressemblant par leur forme à d'élégants minarets. On y entre par un péristyle de trois arcades. La voûte est ornée partout de fresques, dont les plus remarquables sont celles de la coupole et du chœur. Par une bizarrerie qu'on a peine à s'expliquer, c'est que, parmi les saints Pères de l'Église, quelques cartouches représentent plusieurs sujets de mythologie, tels que Persée et Andromède, etc. Sur les bas côtés de l'église règne une galerie toute en pierre, surmontée d'une rampe en bois sculptée à jour. L'escalier de la chaire, sculpté de la même manière, mérite de fixer l'attention. Le chœur, boisé, est garni d'un double rang de stalles dont les panneaux sont ornés de sujets sculptés en bosse. Le long des nefs latérales sont des confessionnaux enclavés dans la muraille, sculptés et dorés tous de la même manière. On montre à la sacristie la chasuble, brodée en bosse d'or, de l'ancien abbé, ainsi qu'un voile de calice faisant partie du même ornement. L'ancienne abbaye était une des plus riches d'Alsace ; elle possédait une grande partie du territoire.

Ebermunster, par sa situation sur l'Ill, qui le traverse, sert de port aux bateaux qui remontent la rivière de Strasbourg à Schelestadt. — Scierie hydraulique.

ÉBERSHEIM, ou EVERSHEIM, vg. B.-Rhin (Alsace), arr., cant., ✉ et à 6 k. de Schelestadt. Pop. 1,694 h.

ÉBERSWILLER, vg. Moselle (pays Messin), arr. et à 25 k. de Thionville, cant. et ✉ de Bouzonville. Pop. 1,100 h.

ÉBLANGE, ou EBLINGEN, vg. Moselle (pays Messin), arr. à 28 k. de Metz, cant. et ✉ de Boulay. Pop. 223 h.

ÉBLE (St-), vg. H.-Loire (Auvergne), arr. et à 26 k. de Brioude, cant. et ✉ de Langeac. Pop. 624 h.

EBOROLACUM (lat. 47°, long. 21°). — Sidoine Apollinaire cite dans une de ses lettres Prædium Eborolacense. Le même lieu est appelé Evrogilum, et cité comme une des quatre maisons royales de l'Aquitaine, par l'auteur de la Vie de Louis le Débonnaire. C'est Ebreul, sur la rivière dont le nom est Sicaula, Sioule, à la hauteur de Gannat. » D'Anville. Notice de l'ancienne Gaule, p. 283.

ÉBOULEAU, vg. Aisne (Picardie), arr. et à 22 k. de Laon, cant. de Sissonne, ✉ de Notre-Dame-de-Liesse. Pop. 347 h.

ÉBOULET, H.-Saône, comm. et ✉ de Champagney.

EBREDUNUM (lat. 47°, long. 25°). « Dans la Notice des provinces de la Gaule on trouve Castrum Ebredunense, comme étant compris dans la grande Sequanaise ; on sait que ce lieu est Iverdun, à l'une des extrémités du lac de Neuchâtel, où il reçoit la rivière d'Orbe. La Table théodosienne marque XVII pour la distance d'Eburodunum ou Ebredunum à Aventicum Helvetiorum. Mais ce qui nous instruit plus précisément sur ce sujet, c'est une colonne milliaire, qui a été trouvée à un mille au delà d'Iverdun à l'égard de la position d'Aventicum, et dont l'inscription au nom de Septime Sévère porte Aventic. E. (Elvetiorum) XXI. Ainsi, comptons sur XX entre Aventicum et Ebredunum ; et, en considérant ce qui est plus convenable au local, je reconnais le mille romain dans cette distance. Pour que l'indication de la Table y ait quelque rapport, il faut que le nombre qui paraît XVII tienne lieu de XIII; et on ne doit point trouver extraordinaire que dans cette indication la lieue gauloise soit employée, lorsqu'une colonne milliaire désigne des milles. C'est une circonstance que j'ai remarquée être commune à plusieurs endroits, comme on peut voir dans l'article *Aventicum* spécialement. Je m'explique en parlant d'*Ariolica* sur ce qui concerne la distance que marque la Table entre ce lieu, qui est Pont-Arlier, et *Ebredunum*. La position d'Iverdun me paraît préférable à celle d'Embrun, nonobstant l'opinion de M. de Valois (Vales., p. 139) et de Cellarius (Cell., t. I, p. 171), pour y rapporter ce qu'on trouve dans la Notice de l'empire : *In provincia Gallia Ripensi, præfectus classis Barcariorum Ebrudini Sapaudiæ*. Car, l'établissement et l'entretien d'une flotte romaine sur le lac de Neufchâtel, qui communique avec le Rhin par l'Aar et au lac Léman par la Vénoge, était bien plus important qu'à Embrun. D'ailleurs comment les Romains auraient-ils fait usage d'une flotte en ce lieu sur la Durance? de laquelle Tite Live (lib. XXI, sect. 32) parle convenablement en disant : *Quum aquæ vim vehat ingentem, non tamen navium patiens est, quia nullis coercitus ripis, pluribus simul, neque iisdem alveis fluens, nova semper vada, novosque gurgites facit.* » D'Anville. *Notice de l'ancienne Gaule*, p. 284.

ÉBREMONT-DE-BON-FOSSÉ (St-), vg. Manche (Normandie), arr., ⊠ et à 7 k. de St-Lô, cant. de Canisy. Pop. 872 h.

ÉBRÉON, vg. *Charente* (Angoumois), arr. et à 17 k. de Ruffec, cant. et ⊠ d'Aigre. P. 526 h.

ÉBREUIL, *Evrogilum, Ebrolium, Ebrelodunum*, petite ville, *Allier* (Bourbonnais), arr. et à 10 k. de Gannat, chef-l. de cant. ⊠. A 352 k. de Paris pour la taxe des lettres. P. 2,395 h.

Ebreuil est une cité ancienne dont parle Sidoine Apollinaire. C'est dans cette ville que l'on place un des quatre palais que Charlemagne avait fixés pour la résidence de son fils Louis, quand il lui donna le royaume d'Aquitaine. Il exigea que Louis passât trois mois chaque année dans chacun de ses palais. Celui d'Ebreuil fut donné, à ce qu'il paraît, en 971, par Lothaire, au monastère de l'ordre de St-Benoît que Louis le Débonnaire y avait fondé en 806. Charles VII s'empara de cette ville en 1440, et y séjourna deux jours, pendant lesquels Jean de Chabannes lui enleva une partie de son artillerie.

Les armes d'Ebreuil sont : *de gueules à la croix écartelée d'argent et d'azur, cantonnée de 4 fleurs d'or*.

Cette ville est située dans une contrée fertile, sur la rive droite de la Sioule, qui y fait mouvoir de superbes moulins à farine.—Commerce de farine.—Nombreux fours à chaux alimentés avec de la houille d'Auvergne.— A Ecbassières, kaolin. — Minerai de fer phosphoreux. — A Nades, antimoine sulfuré. — Foires les 13 fév., 8 avril, 25 mai, 9 août, 2 oct. et 13 nov.

EBRODUNUM (lat. 45°, long. 25°). « Casaubon corrige le texte de Strabon dans une note (édit. Paris, 1620, p. 83) en lisant, ὅτι Ἐβρόδουνον, au lieu de Ἐπιβρόδουνον, par la séparation d'une préposition d'avec le nom propre. M. de Valois veut que ce soit *male* et *falso*, que Strabon (p. 138) ne qualifie *Ebrodunum*, qu'en employant le terme de κώμη, *vicus*. Mais on peut objecter en faveur de l'accusé que, comme on connaît chez les *Caturiges*, dont *Ebrodunum* dépendait, une ville sous le même nom de *Caturiges*, ce qui dénote indubitablement la ville principale, *Ebrodunum* n'a pas toujours été le lieu dominant de ce canton; et que dans l'Itinéraire de Bourdeaux à Jérusalem, dont la date revient à l'an 333, il n'est distingué des lieux appelés *mutationes*, que par le terme de *mansio*, ainsi que *Catoriga*, où la ville des *Caturiges*. Ainsi il est à présumer que ce n'est qu'un peu tard, et après la formation d'une nouvelle province des Alpes maritimes, qu'*Ebrodunum* a prévalu sur toute autre ville du même pays en qualité de métropole. Ce qu'il y a de plus avantageux pour *Ebrodunum*, c'est d'être cité par Ptolémée plutôt qu'un autre lieu, chez les *Caturigides* ou *Caturiges*, qu'il range en Italie, ainsi que plusieurs autres peuples, qui n'appartiennent pas moins à la Gaule. Le P. Hardouin a remarqué que c'est contre le témoignage des manuscrits, que dans les éditions de Pline (lib. III, cap. 20) on lit *Ebrodunții* entre les peuples nommés dans l'inscription du trophée des Alpes, au lieu de *Brodionții*; et de même par la témérité d'Hermolaus Barbarus, dans un autre endroit de Pline (eod. lib., cap. 4) où la leçon antérieure des imprimés comme des manuscrits est *Bodiontici*. Le nom d'*Ebrodunum* est écrit diversement, *Eburodono* dans l'Itinéraire d'Antonin, *Hebruduno* dans celui de Jérusalem, *Eburono* par contraction dans la Table théodosienne. C'est *Ebredunum* communément dans les écrits des temps postérieurs. Les distances qui se rapportent à cette position sont discutées dans l'article concernant la ville des *Caturiges*, d'un côté, et de l'autre dans l'article *Rama*. La flotte romaine, que la Notice de l'empire place à *Ebrudunum Sapaudiæ*, me paraît plus convenable à Iverdun que chez les *Helvetii*, qu'à Embrun, nonobstant que M. de Valois soit d'un avis contraire. C'est avec surprise que je vois dans Cellarius (t. I, p. 247) qu'il applique à *Ebrodunum* ou Embrun la mention qui est faite de *Castrum Ebredunense*, dans la Notice des provinces de la Gaule, *in maxima Sequanorum*. Il faut croire qu'il ne pensait pas en avoir fait cet emploi, quand il veut ailleurs, et comme il convient, que le *Castrum Ebredunense* de la Notice (p. 280) ait sa position chez les *Helvetii*, et soit Iverdun. » D'Anville. *Notice de l'ancienne Gaule*, p. 285.

EBUROBRIGA (lat. 48°, long. 22°). « Il est mention de ce lieu dans l'Itinéraire d'Antonin, et dans la Table théodosienne, entre *Autissiodurum* et *Augustobona*, ou *Tricasses*, Auxerre et Troies. La distance d'*Autissiodurum* est marquée dans l'Itinéraire M. P. XVIII, *Leugas* XII : elle est omise dans la Table. Cette distance convient à la position de St-Florentin, éloignée d'Auxerre de plus de 13,000 toises, à quelques centaines de toises de moins sur le calcul rigoureux de 18 milles romains, ou de 12 lieues gauloises, ce qu'il est convenable d'accorder à une mesure itinéraire sur une mesure directe. D'*Eburobriga* à *Tricasses*, l'Itinéraire marque M. P. XXXIII, *Leugas* XXII, à quoi la Table n'est pas conforme en marquant XVIII. Ce qu'il y a d'espace en droite ligne de St-Florentin jusqu'à un point pris au centre de Troies étant d'environ 22,000 toises, ce qui renferme 19 à 20 lieues gauloises, indépendamment de ce que les détours, que l'on reconnaît dans la route en cet intervalle, doivent ajouter à la mesure itinéraire ; il est évident que l'indication de la Table n'est pas suffisante, et que celle de l'Itinéraire, quoiqu'un peu forte, doit prévaloir. La trace de cette route nous est indiquée par le surnom que porte Villeneuve-au-Chemin. Le nom d'*Eburobriga*, ou *Eburobrica*, comme on lit dans l'Itinéraire, désigne par sa terminaison *briga*, ainsi que le mot *briva*, le passage d'un pont, ce qui place la position de St-Florentin, situé sur la petite rivière d'Armance, qui se joint immédiatement au-dessous à l'Armançon. Ceux qui prennent Brienon pour *Eburobriga* ne font pas attention que Brienon est trop au-dessous de St-Florentin pour ne pas s'écarter de la direction de la voie. Le passage de la rivière de Serain entre Auxerre et St-Florentin est désigné par le nom que porte l'abbaye de Pontigni, dont le terme de la langue romaine qui répond à celui de *briva* dans la langue celtique. » D'Anville. *Notice de l'ancienne Gaule*, p. 286.

EBURONES, ubi postea Tungri (lat. 51°, long. 24°). « César met les *Eburones* au nombre des nations germaniques établies dans le nord de la Gaule, et, quoiqu'ils occupassent des terres en deçà de la Meuse, il leur en attribue encore davantage entre la Meuse et le Rhin : *Quorum* (*Eburonum*) *pars maxima est inter Mosam et Rhenum*. Cette nation paraît avoir payé chèrement le sang d'une légion romaine, qui, ayant été mise en quartier d'hiver d'un pont, ce qui a fait chez les *Eburones*, fut détruite par Ambiorix, qui les commandait. Car on voit dans le sixième livre des Commentaires, que César voulait pousser la vengeance jusqu'au point d'exterminer la nation tout entière. Aussi n'est-il plus mention des *Eburones*, dont les *Tungri* prennent la place, ce qui demande qu'on en fasse un article séparément des *Eburones*. » D'Anville. *Notice de l'ancienne Gaule*, p. 287.

ÉCAILLE (l'), vg. *Ardennes* (Champagne), arr. et à 15 k. de Réthel, cant. d'Asfeld, ⊠ de Tagnon. Pop. 283 h.

ÉCAILLON, vg. *Nord* (Flandre), arr.,

cant., ✉ à 10 k. de Douai. Pop. 669 h.
ÉCAJEUL, *Escajolum, Escajoletum*, vg. *Calvados* (Normandie), arr. et à 9 k. de Lisieux, cant. de Mézidon, ✉ de Croissanville. Pop. 374 h.
ÉCALLES-ALIX, *Scalæ Elicæ*, vg. *Seine-Inf.* (Normandie), arr. et à 31 k. de Rouen, cant. de Pavilly, ✉ d'Yvetot. Pop. 810 h.
ÉCALLES-SUR-BUCHY, vg. *Seine-Inf.* (Normandie), arr. et à 19 k. de Rouen, cant. et ✉ de Buchy. Pop. 124 h.
ÉCAQUELON, bg *Eure* (Normandie), arr. et à 18 k. de Pont-Audemer, cant. et ✉ de Montfort-sur-Rile. Pop. 949 h.
ÉCARDENVILLE, *Ecardenvilla, Ecardanvilla*, vg. *Eure* (Normandie), arr. et à 24 k. de Bernay, cant. et ✉ de Beaumont-le-Roger. Pop. 823 h.
ÉCARDENVILLE-SUR-EURE, vg. *Eure* (Normandie), arr. et à 17 k. de Louviers, cant. et ✉ de Gaillon. Pop. 339 h. Sur l'Eure.
ÉCARDES, vg. *Marne* (Champagne), arr. et à 51 k. d'Epernay, cant. d'Esternay, ✉ de Courgivaux. Pop. 124 h.
ÉCARLATE (l'), *Nord*, comm. de Vieux-Condé, ✉ de Condé-sur-l'Escaut.
ÉCAUSSEVILLE, vg. *Manche* (Normandie), arr. et à 10 k. de Valognes, cant. et ✉ de Montebourg. Pop. 302 h.
ÉCAUVILLE, *Escauvilla*, vg. *Eure* (Normandie), arr. et à 19 k. de Louviers, cant. de Neubourg, ✉ de la Commanderie. P. 169 h.
ECCICA, vg. *Corse*, arr., et à 20 k. d'Ajaccio, cant. de Bastelica. Pop. 561 h.
ECCLES, vg. *Nord* (Flandre), arr. et à 17 k. d'Avesnes, cant. et ✉ de Solre-le-Château. Pop. 480 h.
ÉCHALAS, vg. *Rhône* (Forez), arr. et à 27 k. de Lyon, cant. et ✉ de Givors. Pop. 775 h.—Foires les 28 avril, lundi avant la St-Jean, 18 sept., lundi après la St-Martin, mercredi avant le mardi gras.
ÉCHALLAT, bg *Charente* (Angoumois), arr. et à 17 k. d'Angoulême, cant. d'Hiersac, ✉ de Rouillac. Pop. 843 h.
ÉCHALLON, vg. *Ain* (Bourgogne), arr., ✉ et à 17 k. de Nantua, cant. d'Oyonnax. P. 483 h.—Foires le 26 juillet et le 20 sept.
ÉCHALOT, vg. *Côte-d'Or* (Bourgogne), arr. et à 40 k. de Châtillon-sur-Seine, cant. et ✉ d'Aignay-le-Duc. P. 405 h. A la source du Beuvron.—On y voit quelques vestiges de tours, restes d'un ancien château.
ÉCHALOU, vg. *Orne* (Normandie), arr. et à 22 k. de Domfront, cant. de Messey, ✉ de Flers. Pop. 709 h.
ÉCHAMPEU, vg. *Seine-et-Marne* (Brie), arr. et à 17 k. de Meaux, cant. et ✉ de Lizy. Pop. 179 h.
ÉCHANDELY, vg. *Puy-de-Dôme* (Auvergne), arr. et à 23 k. d'Ambert, cant. et ✉ de St-Germain-l'Herm. Pop. 1,509 h.
ÉCHANNAY, vg. *Côte-d'Or* (Bourgogne), arr. et à 26 k. de Dijon, cant. et ✉ de Sombernon. Pop. 235 h.
ÉCHARCON, *Eschercum*, vg. *Seine-et-Oise* (Ile-de-France), arr., cant. et à 10 k. de Corbeil, ✉ de Mennecy. Pop. 375 h.—Belle papeterie, ⊙ 1834-39-44.
ÉCHARNANT, vg. *Côte-d'Or* (Bourgogne), arr. et à 13 k. de Beaune, cant. et ✉ de Bligny-sur-Ouche. Pop. 79 h.
ÉCHASSIÈRES, vg. *Allier* (Auvergne), arr. et à 25 k. de Gannat, cant. et ✉ d'Ebreuil. Pop. 890 h.—Foire le 9 sept.
ÉCHAUBROGNES, *Deux-Sèvres*. V. ST-HILAIRE-DES-ÉCHAUBROGNES, ST-PIERRE-DES-ÉCHAUBROGNES.
ÉCHAUFFOUR, *Escofoium, Exclafurnum*, bg *Orne* (Normandie), arr. et à 40 k. d'Argentan, cant. du Merlerault, ✉ de Ste-Gauburge. Cure. P. 1,612.—Foire le 8 sept.
ÉCHAUMÉNIL, vg. *Orne*, comm. de St-Pierre-des-Loges, ✉ de St-Gauburge.
ÉCHAVANNE, vg. *H.-Saône* (Franche-Comté), arr., ✉ et à 21 k. de Lure, cant. de Champagney. Pop. 206 h.
ÉCHAY, vg. *Doubs* (Franche-Comté), arr. et à 27 k. de Besançon, cant. de Quingey. Pop. 174 h.
ÉCHEBRUNE, vg. *Charente-Inf.* (Saintonge), arr. et à 26 k. de Saintes, cant. et ✉ de Pons. Pop. 879 h.
ÉCHELETTES (les), vg. *Allier*, comm. de Montolore, ✉ de Varennes-sur-Allier.
ÉCHELLE (l'), vg. *Ardennes* (Champagne), arr. et à 45 k. de Rocroi, cant. de Rumigny, ✉ de Rimogne. Pop. 417 h.
ÉCHELLE (l'), vg. *Seine-et-Marne* (Brie), arr., ✉ et à 8 k. de Provins, cant. de Villiers-St-Georges. Pop. 450 h.
ÉCHELLE (l'), *Somme* (Picardie), arr. et à 13 k. de Montdidier, cant. et ✉ de Roye. Pop. 241 h.
ÉCHELLE (passage de l'). V. ST-SAUVEUR.
ÉCHELLE-LE-FRANC (l'), vg. *Marne* (Champagne), arr. et à 35 k. d'Epernay, cant. et ✉ de Montmirail. Pop. 296 h.
ÉCHELLES (les), bg *Isère*, comm. d'Entre-deux-Guiers. ✉. ❀. A 553 k. de Paris pour la taxe de lettres.—TERRAIN tertiaire supérieur.—Il est situé près des frontières de la Savoie, sur le torrent du Guiers et à l'extrémité du célèbre passage de la Grotte ou des Echelles qui traverse une montagne coupée transversalement du haut en bas, pour le passage de la route; le voyageur parcourt cette gorge artificielle entre deux murs de roc taillés à pic et d'une hauteur prodigieuse, qu'il ne peut mesurer des yeux, mais qu'il devine aisément à l'obscurité qui règne dans toute la longueur du passage. Le passage des Echelles offre un chemin fort beau, assez large pour que deux chaises de poste y puissent passer de front; il a été créé en 1673, par Emmanuel II, duc de Savoie, ainsi que l'atteste l'inscription jointe au monument en marbre qu'on voit au bord et à gauche du chemin, dans une petite retraite pratiquée vers le milieu de la montée. Avant Emmanuel II, la route traversait le sommet de la montagne par une galerie souterraine, dont on voit, à gauche, les deux ouvertures; pour y monter comme pour y descendre, on employait des échelles qui servaient à passer les voyageurs et les bagages, d'où est venu le double nom de la Grotte et des Echelles donné à ce passage, dont le point le plus élevé se trouve à environ 6 ou 700 m. au-dessus du niveau de la mer.
ÉCHEMINES, vg. *Aube* (Champagne), arr. et à 35 k. de Nogent-sur-Seine, cant. de Marcilly-le-Hayer, ✉ des Grès. Pop. 147 h.
ÉCHEMIRÉ, vg. *Maine-et-Loire* (Anjou), arr., cant., ✉ et à 5 k. de Baugé. P. 854 h.—Foire le 8 juin.
ÉCHENANS, vg. *H.-Saône* (Franche-Comté), arr. et à 27 k. de Lure, cant. et ✉ d'Héricourt. Pop. 361 h.
ÉCHENANS-L'ÉTANG, vg. *Doubs* (Franche-Comté), arr., cant., ✉ et à 10 k. de Montbéliard. Pop. 102 h.
ÉCHENAUT (l'), vg. *Nièvre*, comm. de Glux, ✉ de Château-Chinon.
ÉCHENAY, vg. *H.-Marne* (Champagne), arr. et à 34 k. de Vassy, cant. de Poissons, ✉ de Sailly. Pop. 231 h.
ÉCHENEVEX, vg. *Ain* (pays de Gex), arr., cant., ✉ et à 4 k. de Gex. Pop. 454 h.
ÉCHENILLY, vg. *Aube*, comm. de St-André, ✉ de Troyes.
ÉCHENON, vg. *Côte-d'Or* (Bourgogne), arr. et à 45 k. de Beaune, cant. et ✉ de St-Jean-de-Losne. Pop. 716 h.
ÉCHENOZ-LA-MÉLINE, vg. *H.-Saône* (Franche-Comté), arr., cant., ✉ et à 3 k. de Vesoul. Pop. 962 h.—Ce village est situé dans un étroit vallon, terminé au sud-ouest par un rocher dans lequel existe une caverne au fond de laquelle est un trou rempli d'une eau extrêmement limpide, et qui ne s'extravase qu'après les grandes pluies : c'est le trou de la Roche ; lors des crues d'eau, il en produit si abondamment, qu'il fait déborder le ruisseau d'Echenoz, qui inonde le village.
Cette commune offre une seconde grotte bien autrement intéressante pour le géologue et pour le naturaliste ; c'est le trou de la Baume, qui se trouve presque à la sommité du flanc occidental du vallon d'Echenoz, et dont l'intérieur se compose de quatre chambres de plain-pied. M. Thirria, ingénieur des mines du département, a exploré cette grotte en 1827, et y a découvert un grand nombre d'ossements fossiles, gisant dans le sol à une profondeur qui varie de 8 c. à 1 m.; ils sont placés au milieu d'une argile rouge renfermant quelques concrétions calcaires et un grand nombre de cailloux roulés, souvent fort gros, tous composés d'un calcaire lamellaire grisâtre, de même nature que celui qui constitue les parois de la grotte.—Foires les 1er fév., 24 mars, 14 août et 7 déc.
ÉCHENOZ-LE-SEC, vg. *H.-Saône* (Franche-Comté), arr., ✉ et à 11 k. de Vesoul, cant. de Montbozon. Pop. 505 h.
ÉCHERIE, ou ECKIRCH, vg. *H.-Rhin*, comm. et ✉ de Ste-Marie-aux-Mines.
ÉCHEVANNE, vg. *H.-Saône* (Franche-Comté), arr., cant. et à 8 k. de Gray, ✉ de Champagney. Pop. 136 h.
ÉCHEVANNES, vg. *Côte-d'Or* (Bourgo-

gne), arr. et à 26 k. de Dijon, cant. et ⊠ d'Is-sur-Tille. Pop. 142 h.

ÉCHEVANNES, vg. *Doubs* (Franche-Comté), arr. et à 29 k. de Besançon, cant. et ⊠ d'Ornans. Pop. 142 h.

ÉCHEVIS, vg. *Drôme* (Dauphiné), arr. et à 5 k. de Valence, cant. et ⊠ de St-Jean-en-Royans. Pop. 228 h.

ÉCHEVRONNE, vg. *Côte-d'Or* (Bourgogne), arr. et à 19 k. de Beaune, cant. et ⊠ de Nuits. Pop. 400 h.

ÉCHIGEY, vg. *Côte-d'Or* (Bourgogne), arr. et à 20 k. de Dijon, cant. et ⊠ de Genlis. Pop. 185 h.

ÉCHILLAIS, vg. *Charente-Inf.* (Saintonge), arr. et à 22 k. de Marennes, cant. de St-Agnant, ⊠ de Rochefort-sur-Mer. P. 647 h. — On y voit les restes d'une ancienne église d'un aspect fort pittoresque.

ÉCHILLEUSE, vg. *Loiret* (Gatinais), arr. et à 16 k. de Pithiviers, cant. et ⊠ de Puiseaux. Pop. 873 h.

ÉCHINGHEN, vg. *Pas-de-Calais* (Boulonnais), arr., cant., ⊠ et à 4 k. de Boulogne-sur-Mer. Pop. 200 h.

ÉCHIRÉ, bg *Deux-Sèvres* (Poitou), arr., cant., ⊠ et à 8 k. de Niort. Pop. 1,590 h.

On remarque à peu de distance de ce bourg les ruines imposantes du château de Salbar, dont il reste encore plusieurs tours à moitié écroulées. Cette forteresse fut élevée vers le milieu du IXe siècle, par un seigneur nommé Cesbron Chabot, dans le dessein de s'opposer aux incursions des Normands, qui, dans ces temps de barbarie, remontaient la Sèvre, pillaient et dévastaient tout ce qu'ils rencontraient sur les deux rives, et emmenaient en esclavage enfants, femmes et vieillards. Le château de Salbar fut détruit durant les guerres de religion de la fin du XVIe siècle.

La commune d'Échiré possède encore dans ses environs un petit château de peu d'importance par lui-même, mais digne de mémoire à cause d'une femme qui l'a habité, et qui, après avoir, dans ce lieu même, gardé les dindons, a fini par monter presque sur un trône, et par partager une couche royale. Mademoiselle d'Aubigné résida longtemps au château de Mursay, chez sa tante, et souvent elle vint se désaltérer, en remplissant les misérables fonctions dont elle était chargée, au bord d'une fontaine limpide, sur laquelle on a bâti depuis le logis pittoresque de la Guillemeaudrie. Elle était alors bonne protestante; quelques années après elle se fit catholique, et se ligua avec les ennemis de ses anciens coreligionnaires pour les persécuter et les forcer à s'expatrier.

ÉCHIROLLES, vg. *Isère* (Dauphiné), arr., cant. et ⊠ de Grenoble. Pop. 792 h.

ÉCHOUBOULAINS, vg. *Seine-et-Marne*, (Brie), arr. et à 24 k. de Melun, cant. du Châtelet, ⊠ de Montereau. Pop. 530 h.

ÉCHOURGNAC, vg. *Dordogne* (Périgord), arr., ⊠ et à 19 k. de Ribérac, cant. de Montpont. Pop. 710 h. — *Foires* les 3es lundis de janv., d'avril, de juillet et d'oct.

ÉCHUFFLEI, vg. *Orne* (Normandie), arr. et à 19 k. d'Alençon, cant. et ⊠ du Mesle-sur-Sarthe. Pop. 133 h.

ECKARTSWILLER, vg. *B.-Rhin* (Alsace), arr. et à 5 k. de Saverne, cant. et ⊠ de la Petite-Pierre. Pop. 543 h.

ECKARTSWILLER, vg. *B.-Rhin* (Alsace), arr., cant., ⊠ et à 25 k. de Saverne. Pop. 330 h.

ECKBOLSHEIM, vg. *B.-Rhin* (Alsace), arr., ⊠ et à 4 k. de Strasbourg, cant. d'Oberhausbergen. Pop. 1,248 h.

ECKWERSHEIM, vg. *B.-Rhin* (Alsace), arr. et à 11 k. de Strasbourg, cant. et ⊠ de Brumath. Pop. 910 h.

ÉCLAIBES, vg. *Nord* (Flandre), arr. et à 10 k. d'Avesnes, cant. et ⊠ de Maubeuge. Pop. 314 h.

ÉCLANCE, vg. *Aube* (Champagne), arr. et à 11 k. de Bar-sur-Aube, cant. de Soulaines, ⊠ de Ville-sur-Terre. Pop. 259 h.

ÉCLANCES, vg. *Jura* (Franche-Comté), arr. et à 12 k. de Dôle, cant. de Rochefort, ⊠ d'Orchamps. Pop. 458 h.

ÉCLANGEOT, *Jura*, comm. d'Éclans, ⊠ d'Orchamps.

ÉCLARON, bg *H.-Marne* (Champagne), arr. et à 13 k. de Vassy, cant. et ⊠ de St-Dizier. Pop. 1,109 h. Sur la rive droite de la Blaise. — Haut fourneau. — *Foires* les 5 avril et 12 juin.

ÉCLASSAN, vg. *Ardèche* (Vivarais), arr., cant. et à 14 k. de Tournon, ⊠ de St-Vallier. Pop. 957 h.

ÉCLENEUIL, *Cher*, comm. de Venesmes, ⊠ de Châteauneuf-sur-Cher.

ÉCLEUX, vg. *Jura* (Franche-Comté), arr. de Poligny, à 15 k. d'Arbois, cant. de Villers-Farlay, ⊠ de Mouchard. Pop. 496 h.

ÉCLIMEUX, vg. *Pas-de-Calais* (Artois), arr. et à 15 k. de St-Paul-sur-Ternoise, cant. du Parcq, ⊠ de Lesdin. Pop. 264 h.

ÉCLIMONT, *Eure-et-Loir*, comm. de St-Symphorien, ⊠ de Gallardon.

ÉCLOSE, vg. *Isère* (Dauphiné), arr. et à 36 k. de Vienne, cant. de St-Jean-de-Bournay, ⊠ de Bourgoin. Pop. 705 h. — *Foire* le 28 mai.

ÉCLUSE (fort de l'), *Ain*, comm. de Collonges. — C'est une ancienne forteresse située dans un défilé que Jules César décrit dans le passage suivant de ses Commentaires (liv. 1er) : *Angustum et difficile inter montem Juram et flumen Rhodanum, qua vix singuli carri ducerentur. Mons autem altissimus impendebat ut facile perpauci prohibere possent.* A ce tableau, il est impossible de méconnaître ce passage dominé à gauche par le Jura; la route domine elle-même à droite le Rhône, qu'on voit écumer dans un profond encaissement, ou plutôt dans un profond abîme. Au milieu de ce défilé s'élevait suspendu sur le fleuve, adossé à une masse verticale qui soutient une haute terrasse, et resserré entre deux ravins d'une effroyable profondeur, le fort l'Écluse, l'un des plus anciens boulevards de la Savoie. Les Autrichiens l'ont détruit en partie dans l'invasion de 1814. La route le traverse, ne pouvant passer ailleurs: elle y pénètre par un pont-levis et en sort par un autre.

ÉCLUSE (l'), *Nord* (Flandre), arr., ⊠ et à 11 k. de Douai, cant. d'Arleux. P. 1,691 h.

ÉCLUSE (l'), vg. *Pyrénées-Or.*, comm. de Perthus, ⊠ de Céret.

Ce village est très-ancien; c'était jadis un poste militaire cité dans l'histoire sous le nom de *Clausuræ*, et défendu par deux châteaux dont on voit encore les restes. Wamba, roi des Visigoths, s'en empara vers l'an 673.

Près de l'Écluse se trouve le fort BELLEGARDE, place forte de deuxième classe, située au sommet d'une montagne d'un accès difficile, dominant les cols de Perthus et de Panissas, qui servent de communication entre cette partie de la France et l'Espagne-Bellegarde n'était dans le XIVe siècle qu'une tour destinée à défendre le passage de l'Écluse. Les Espagnols la prirent en 1674. Les Français, sous les ordres du maréchal de Schomberg, la reprirent l'année suivante. Louis XIV, après la paix de Nimègue, en 1679, en fit une place régulière composée de cinq bastions, en partie taillés dans le roc, commencée en 1679. Elle fut prise, en 1793, par les Espagnols, après un siège de quarante jours, et reprise, le 18 décembre 1794, par l'armée des Pyrénées-Orientales, commandée par le général Dugommier. 1,100 prisonniers, 70 canons et 40 milliers de poudre furent le résultat de cette journée. — Dans un des bastions de l'enceinte supérieure de la forteresse est un puits creusé dans le roc, de 64 m. de profondeur, recouvert par un souterrain à l'épreuve de la bombe. Le bastion qui fait face à l'Espagne renferme une partie de la dépouille mortelle du général Dugommier, tué le 17 novembre 1794 à la bataille de la Montagne-Noire, au moment où il mettait en déroute les Espagnols.

A l'est de Bellegarde, entre la montagne et les hauteurs que couronnent le fort et la montagne de l'Albère, dans un encaissement où passe la route royale de Perpignan en Espagne, est le col de Perthus, passage fameux où le voyageur contemplait autrefois les monuments des victoires remportées en Espagne par Pompée et César; en vain, pour transmettre leur gloire à la postérité, ces grands généraux avaient pris soin de les ériger sur des montagnes durables de granit, la main de l'homme ou les ravages du temps en ont détruit jusqu'aux moindres vestiges. Le monument élevé par Pompée en cet endroit consistait en un trophée qui portait son nom, avec une inscription contenant ses victoires en Espagne sur Sertorius; on y lisait que, depuis les Alpes jusqu'à l'extrémité de l'Espagne ultérieure, il avait réduit sous son obéissance et sous celle de la république 876 villes. On admira en cette occasion la grandeur d'âme et la modération de Pompée, de n'avoir pas souffert que dans cette inscription on fît mention de Sertorius qu'il venait de vaincre, dont le nom et la valeur au-

-aient relevé l'éclat de ses victoires; mais en même temps on lui reprocha la vanité d'avoir fait placer sa statue sur ce trophée.

Jules César, après avoir soumis en Espagne les lieutenants de Pompée, voulut à son tour faire placer au même endroit un monument de son triomphe; mais, pour ne pas mériter le blâme que s'était attiré Pompée, il se contenta d'élever un autel en pierre, très-simple, mais d'une grandeur extraordinaire.

C'est dans ces mêmes lieux qu'ont été fixées, en 1764, les limites de la France et de l'Espagne, par deux massifs de marbre gris blanc, sur l'un desquels on grava l'inscription suivante :

« L'an 1764, sous le règne de Louis, roi très-chrétien, les limites de la France et de l'Espagne ont été posées au lieu même où étaient établis les trophées de Pompée, d'après les ordres qui ont été donnés par les souverains des deux royaumes au très-illustre et très-puissant seigneur comte de Mailly, lieutenant général des armées du roi et commandant de la province du Roussillon; et au très-illustre et très-puissant seigneur marquis de la Mina, lieutenant général en Espagne et vice-roi de Catalogne. Ce monument fixe la frontière près du pont du Précipice, sur la route d'Espagne et de France, autrefois presque impraticable, et dont le passage a été élargi et nivelé cette année par les soins de MM. de Mailly et de la Mina, pour en perpétuer le souvenir. »

ÉCLUSIER - VAUX, vg. *Somme* (Picardie), arr. et à 14 k. de Péronne, cant. de Bray-sur-Somme, ✉ d'Estrées - Deniécourt. Pop. 235 h.

ÉCLUZELLES, vg. *Eure-et-Loir* (Beauce), arr., cant., ✉ et à 5 k. de Dreux. Pop. 221 h.

ÉCLY, vg. *Ardennes* (Champagne), arr. et à 6 k. de Réthel, cant. et ✉ de Château-Porcien. Pop. 479 h.

ÉCOCHE, vg. *Loire* (Forez), arr. et à 30 k. de Roanne, cant. de Belmont, ✉ de Charlieu. Pop. 1,749 h.

ÉCOIVES, vg. *Pas-de-Calais* (Artois), arr., cant. et à 7 k. de St-Pol-sur-Ternoise, ✉ de Frévent. Pop. 177 h.

ÉCOIVRES, vg. *Pas-de-Calais*, comm. de Mont-St-Eloy, ✉ d'Arras. Pop. 438 h.

ÉCOLE, vg. *Doubs* (Franche-Comté), arr., ✉ à 5 k. de Besançon, cant. d'Audeux. Pop. 170 h.

ÉCOLLE, vg. *Allier*, comm. de Brout-Vernet, ✉ de Gannat.

ÉCOLLEMONT, vg. *Marne* (Champagne), arr. et à 18 k. de Vitry-le-François, cant. et ✉ de St-Remy-en-Bouzemont. Pop. 100 h.

ÉCOMAN, vg. *Loir-et-Cher* (Beauce), arr. et à 38 k. de Blois, cant. d'Ouzouer-le-Marché, ✉ d'Oucques. Pop. 438 h.

ÉCOMMOY, joli bourg, *Sarthe* (Maine), arr. et à 24 k. du Mans, chef-l. de cant. Cure. Gîte d'étape. ✉. ✆. A 235 k. de Paris pour la taxe des lettres. Pop. 3,674 h. — TERRAIN crétacé inférieur, grès vert.

Ce bourg, situé dans une contrée sablonneuse, mais assez fertile, est généralement bien bâti, et consiste en plusieurs rues qui aboutissent à une place dont la halle occupe le centre. L'église paroissiale est un bel édifice gothique, orné d'une statue équestre de saint Martin, et surmonté d'un clocher pyramidal élevé sur une grosse tour carrée. — *Fabriques* de toiles communes. Blanchisseries de fil. Manufactures de faïence, tuileries et four à chaux.

— *Foires* les 1er mardi de janv., 3e mardi de carême, 2e mardi de mai, 3e mardi de juin, 1er mardi d'oct. et dernier mardi de nov.

Bibliographie. LOTTIN (l'abbé). *Verrières peintes de la nouvelle église d'Ecommoy*, in-8 de 2 feuilles et demie et planches, 1842.

ÉCOQUENEAUVILLE, vg. *Manche* (Normandie), arr. et à 20 k. de Valognes, cant. et ✉ de Ste-Mère-Eglise. Pop. 220 h.

ÉCORAN, vg. *Ain*, comm. et ✉ de Collonges.

ÉCORCEI, vg. *Orne* (Perche), arr. et à 25 k. de Mortagne-sur-Huine, cant. et ✉ de l'Aigle. Pop. 460 h.

ÉCORCES (les), vg. *Doubs* (Franche-Comté), arr. et à 4 k. de Montbéliard, cant. et ✉ de Maiche. Pop. 291 h.

ÉCORCHEBEUF, *Seine-Inf.*, com. d'Anneville-sur-la-Seye, ✉ de Longueville.

ÉCORCHES, vg. *Orne* (Normandie), arr. et à 18 k. d'Argentan, cant. et ✉ de Trun. Pop. 502 h.

ÉCORCHEVILLE, vg. *Calvados*, comm. du Breuil, ✉ de Pont-l'Evêque.

ÉCORDAL, vg. *Ardennes* (Champagne), arr. et à 2 k. de Vouziers, cant. de Tourteron, ✉ d'Attigny. Pop. 914 h. — On y voit un ancien château qui appartenait jadis à la maison de Coucy.

ÉCORPAIN, vg. *Sarthe* (Maine), arr., cant., ✉ et à 7 k. de St-Calais. Pop. 694 h. — *Fab.* de couvertures de laine.

ÉCORSAINT, *Côte-d'Or*, comm. de Hauteroche, ✉ de Flavigny.

ÉCOS, *Scoz*, *Scoht-Scausius*, bg *Eure* (Normandie), arr. et à 20 k. des Andelys, chef-l. de cant. Cure. ✉. ✆. A 84 k. de Paris pour la taxe des lettres. Pop. 460 h. — TERRAIN crétacé supérieur, craie. — Briqueteries.

ÉCOT, vg. *Doubs* (Franche-Comté), arr. et à 13 k. de Montbéliard, cant. et ✉ de Pont-de-Roide. Pop. 430 h.

ÉCOT, *H.-Marne* (Champagne), arr. et à 25 k. de Chaumont-en-Bassigny, cant. et ✉ d'Andelot. Pop. 229 h. — Haut fourneau, forges et martinets.

ÉCOTAY-LOLME, vg. *Loire* (Forez), arr., cant. et à 3 k. de Montbrison. Pop. 437 h. — On y voit les restes d'une ancienne abbaye d'un aspect très-pittoresque.

ÉCOTS, vg. *Calvados* (Normandie), arr. et à 24 k. de Lisieux; cant. et ✉ de St-Pierre-sur-Dives. Pop. 281 h.

ÉCOTTES, *Pas-de-Calais*, comm. de Licques, ✉ d'Ardres.

ÉCOUBLAY, *Seine-et-Marne*, comm. et ✉ de Fontenay-Trésigny.

ÉCOUCHÉ, *Scoceium*, petite ville, *Orne* (Normandie), arr. et à 10 k. d'Argentan, chef-l. de cant. Cure. ✉. ✆. A 201 k. de Paris pour la taxe des lettres. Pop. 1,505 h. — TERRAIN jurassique. — Elle est bâtie dans une situation agréable, sur la rive gauche de l'Orne.

Patrie de BELZAIS-COURMÉNIL, membre du conseil des cinq cents, mort préfet du département de l'Aisne.

Fabriques de frocs, siamoises. Filatures de coton. Tanneries et moulins à tan. — *Foires* les 3 et 4 fév., 9 sept., samedi avant la Passion, vendredi après l'Ascension, avant le 4 oct. et avant le 25 nov.

ÉCOUEN, *Sticiniscoam*, *Ideina*, *Escuem*, bg *Seine-et-Oise* (Ile-de-France), arr. et à 32 k. de Pontoise, chef-l. de cant. Cure. ✉. ✆. A 19 k. de Paris pour la taxe des lettres. Pop. 958 h. — TERRAIN tertiaire inférieur.

L'ancienneté de ce bourg est incontestable, mais il serait difficile de dire quelque chose de positif sur son origine; et, jusqu'à sa confiscation sous le règne de Louis XIII, l'histoire d'Ecouen rentre entièrement dans celle de la maison de Montmorency, qui possédait cette seigneurie dès le XIe ou le XIIe siècle. Elle passa ensuite à la maison de Condé. — Quoique bien bâti et bien percé, le bourg n'offre en lui-même rien de remarquable; c'est un passage assez difficile pour la route, à cause de la rapidité des pentes qu'on doit suivre pour y arriver et pour en sortir.

Le château qui domine le bourg au couchant est plus imposant qu'il n'est pittoresque; mais l'œil se repose avec plaisir sur les formes pures, sur des détails pleins de goût et de délicatesse. Il fut bâti sur les dessins de Jean Bullant, sous le règne de François Ier, pour le connétable Anne de Montmorency, et forme un carré parfait de 64 m. de côté, flanqué de quatre pavillons et entouré d'un fossé sec. — La façade du côté de Paris présente un avant-corps décoré des ordres dorique et ionique avec un attique surmonté d'un campanile. On entrait sous une galerie éclairée par un portique formé d'un petit ordre ionique. Cette galerie était ornée de bustes de marbre placés dans des niches, et de plusieurs morceaux de sculpture parfaitement exécutés. Elle conduisait à la chapelle qui est construite à gauche dans un des pavillons. L'état d'abandon dans lequel les princes de Condé laissaient depuis longtemps le château d'Ecouen avait entraîné la ruine d'une partie des bâtiments et particulièrement de la galerie, dont la beauté aurait dû commander tous les soins; mais on aima mieux l'abattre que de dépenser une modique somme de 10,000 fr. à la réparer. Enfin, en 1807, cet édifice ayant été destiné à une institution des orphelines de la Légion d'honneur, M. Peyre, chargé de sa restauration, rétablit cette galerie, mais il en fit un corps de bâtiment divisé suivant les besoins du service auquel il était destiné. La porte d'entrée fut changée et décorée de deux colonnes d'ordre dorique. Une cour à peu près carrée, de 48 m. de long sur 44 de largeur, est formée par les quatre corps de bâtiment qui réunissent les pavillons des angles. La porte du fond, modèle de grâce et d'élégance, est composée d'une arcade et de deux colonnes doriques élevées sur leurs piédestaux et couronnées par un entablement. Les tympans de l'un sont enrichis de deux Renommées sculptées en bas-relief, excellent morceau de Jean Goujon. Les bases des colonnes sont attiques et les chapiteaux ornés d'oves ; les métopes de l'entablement sont enrichies de trophées d'une exécution très-soignée.

Les deux corps de bâtiments latéraux offrent deux avant-corps, qui, bien que présentant quelques ressemblances, ne sont cependant pas symétriques. On trouverait toutefois difficilement une ordonnance d'une plus agréable proportion, d'un style plus correct et d'une exécution aussi parfaite. Le reste du château d'Ecouen, au milieu des plus grandes licences, et même des bizarreries les plus singulières, offre une foule de ces beautés de détails qu'on remarque assez généralement dans les édifices élevés par Bullant, et qui attestent tous que cet habile architecte sut secouer le joug du style gothique dont son siècle n'était point encore affranchi, et qu'on retrouve dans les masses de presque tous les édifices de ce temps. L'autre avant-corps se compose des deux ordres dorique et ionique l'un sur l'autre. Cette décoration, d'un goût pur et sévère, présente un ensemble d'ajustement plus simple, mais plus correct que le premier. — La grande galerie d'Ecouen, originairement pavée en faïence, avait été rétablie vers 1788, sur les dessins de M. Leroi, architecte du prince de Condé. — La petite galerie, dite de Psyché, parce qu'elle était décorée de vitraux peints en camaïeux, représentait, en trente tableaux, l'histoire de l'Amour et de Psyché, d'après les compositions de Raphaël.

La masse du château a pu seule résister aux orages de la révolution ; la plus grande partie des bustes, des tableaux et autres chefs-d'œuvre des arts qu'il renfermait, ont été enlevés, brisés et mutilés. Quoi qu'il en soit, lorsque le gouvernement en ordonna la conservation, plusieurs objets précieux qui y étaient restés furent alors transportés au musée des monuments français qu'on venait d'établir à Paris, dans le cloître des Petits-Augustins, et dont la garde avait été confiée à M. A. Lenoir. Parmi ces objets étaient notamment deux cadres de vitraux de la galerie de Psyché ; les deux grands vitraux de la chapelle dont le Primatice avait donné les dessins.

Après la campagne d'Austerlitz, Napoléon rendit un décret par lequel trois cents jeunes filles, dont les pères, oncles ou frères, membres de la Légion d'honneur, n'auraient point assez de fortune pour leur faire donner une éducation convenable, seraient élevées aux frais de l'Etat. Le château d'Ecouen fut destiné à cet établissement, dont Mme Campan, ancienne femme de chambre de la reine Marie-Antoinette, eut la direction. — La maison d'Ecouen fut entièrement organisée, et par un décret du 29 mars 1809 le titre de protectrice fut donné à la reine de Hollande, et celui de directrice changé en celui de surintendante. Quatre succursales furent établies à St-Denis, à Paris, aux Lôges et aux Barbeaux ; et indépendamment des élèves aux frais de l'Etat, on en admit d'autres, également filles, nièces ou sœurs des membres de la Légion d'honneur, et qui payaient une demi-pension de 500 fr. par an, ou la pension entière de 1,000 fr. — Louis XVIII, lors de sa rentrée en France, en 1814, s'arrêta à Ecouen. Au mois de juillet de la même année, il réunit par ordonnance la maison d'éducation d'Ecouen à celle de St-Denis, et rendit le château à la famille de Condé ; il fait aujourd'hui partie des propriétés du duc d'Aumale.

ÉCOUFLANT, vg. *Maine-et-Loire* (Anjou), arr., cant., ✉ et à 8 k. d'Angers. Pop. 962 h.

ÉCOUIS, *Scodeis, Scohiés, Escoyacum*, joli bourg *Eure* (Normandie), arr. et à 10 k. des Andelys, chef-l. de cant. Cure. Petit séminaire. ✪. ✉ A 94 k. de Paris pour la taxe des lettres. Pop. 923 h. — TERRAIN tertiaire supérieur.

Autrefois baronnie, diocèse, parlement et intendance de Rouen, élection d'Andelys, collégiale.

L'église paroissiale d'Ecouis, remarquable par sa construction, est une ancienne collégiale fondée, en 1310, par Enguerrand de Marigny, surintendant des finances sous Philippe le Bel, qui fut pendu sous le règne suivant, en 1315, au gibet de Montfaucon. Il fut inhumé dans cette église, après avoir été déterré aux Chartreux de Paris. Sans être d'une beauté ou d'une étendue remarquable, cette église, offre quelques particularités dignes d'attention ; c'est d'ailleurs l'une de celles dont la date est la plus certaine. — Toutes les fenêtres de cet édifice sont pointues, fort simples et bien éloignées de cette élégance et de cette richesse d'ornements qu'on admire dans les fenêtres presque contemporaines du chœur de St-Ouen de Rouen ; celles d'Ecouis sont terminées par des rosaces à quatre lobes, excepté aux extrémités, où l'on retrouve les rosaces à six lobes si fréquentes dans les constructions du XIIIe et du XIVe siècle. — Le portail est orné de deux clochers qui, sans être d'une grande élévation, s'aperçoivent de très-loin, ainsi que tout l'édifice, à cause de leur heureuse position au milieu de l'une des plaines les plus vastes et les plus unies que l'on puisse rencontrer. Cette circonstance ajoute tellement à l'effet extérieur du monument, qu'elle trompe le voyageur sur ses véritables dimensions. — Le tombeau d'Enguerrand de Marigny, qui était l'un des plus beaux ornements de cette église, a été complètement détruit pendant la révolution ; mais celui de Jean de Marigny, frère consanguin d'Enguerrand, et successivement évêque de Beauvais, puis archevêque de Rouen, a heureusement échappé à la destruction. Ce monument consiste en une statue de marbre blanc couchée sur une tombe de marbre noir, coiffée d'une mitre, et revêtue d'une chasuble de forme antique.

Foires les 1er vendredi d'avril et 13 sept. — Marchés importants pour la vente des grains et des laines tous les vendredis.

Bibliographie. GUILMETH (A.). *Notices historiques sur la ville d'Evreux, le bourg d'Ecouis*, etc., in-18, 1835.

ÉCOURT-ST-QUENTIN, vg. *Pas-de-Calais* (Artois), arr. et à 22 k. d'Arras, cant. et ✉ de Marquion. Pop. 1,824 h.

ÉCOUST-ST-MEIN, ou ECOUST-LONGATES, vg. *Pas-de-Calais* (Artois), arr. et à 16 k. d'Arras, cant. de Croisilles, ✉ de Bapaume. Pop. 1,008 h.

ÉCOUTE-S'IL-PLEUT, *Seine-Inf.*, com. d'Imbleville, ✉ de Totes.

ÉCOUVIEZ, vg. *Meuse* (pays Messin), arr., cant., ✉ et à 7 k. de Montmédy. Pop. 165 h.

ÉCOUVOTTE (l'), vg. *Doubs* (Franche-Comté), arr. et à 9 k. de Baume-les-Dames, cant. et ✉ de Roulans. Pop. 103 h.

ÉCOYEUX, bg *Charente-Inf.* (Saintonge), arr., ✉ et à 13 k. de Saintes, cant. de Burie. Pop. 1,477 h. — La source de *Fond-Giraud*, que les Romains conduisirent les eaux à Saintes par l'aqueduc du Douhet, appartient à cette commune ; on y trouve aussi les restes de la chaussée romaine, qui conduisait de *Mediolanum* (Saintes) à *Aunedonacum* (Aunay). — Commerce de grains. — Foires les 2es jeudis de fév., mai, août et nov.

ECQUEDECQUE, vg. *Pas-de-Calais* (Artois), arr. et à 20 k. de Béthune, cant. de Norrent-Fontés, ✉ de Lillers. Pop. 340 h.

ECQUÉMICOURT, vg. *Pas-de-Calais* (Artois), arr., et à 18 k. de Montreuil-sur-Mer, cant. de Campagne-les-Hesdin. Pop. 180 h. — On y voit un énorme tilleul dont le pied a plus de 2 m. de diamètre, et dont les branches pourraient abriter sous leur feuillage plus de cinquante cavaliers.

ECQUES, vg. *Pas-de-Calais* (Artois), arr. et à 8 k. de St-Omer, cant. ✉ d'Aire-sur-la-Lys. Pop. 1,287 h.

ECQUETOT, vg. *Eure* (Normandie), arr. et à 15 k. de Louviers, cant. et ✉ du Neubourg. Pop. 412 h.

ECQUEVILLY, ou FRÊNE, vg. *Seine-et-Oise* (Ile-de-France), arr. et à 27 k. de Versailles, cant. ✉ de Meulan. ✪. Pop. 540 h.

ÉCRAINVILLE, vg. *Seine-Inf.* (Normandie), arr. et à 26 k. du Havre, cant. et ✉ de Goderville. Pop. 1,169 h.

ÉCRAMMEVILLE, vg. *Calvados* (Normandie), arr. et à 22 k. de Bayeux, cant. et ✉ de Trévières. Pop. 407 h.

ÉCRENNES (les), vg. *Seine-et-Marne* (Gatinais), arr. et à 16 k. de Melun, cant. et ✉ du Châtelet. Pop. 377 h.

ÉCRETEVILLE-LES-BAONS, vg. *Seine-Inf.* (Normandie). arr., cant., ✉ et à 6 k. d'Yvetot. Pop. 773 h.

ÉCRETTEVILLE-SUR-MER, vg. *Seine-Inf.* (Normandie), arr. et à 30 k. d'Yvetot, cant. et ✉ de Valmont. Pop. 260 h.

ÉCREVEAU (haut et bas), *Aisne*, comm. de Wimy, ✉ d'Hirson.

ÉCRIENNES, vg. *Marne* (Champagne), arr., ✉ et à 9 k. de Vitry-le-François, cant. de Thiéblemont. Pop. 257 h.

ÉCRIGNOLLES, *Eure-et-Loir*, comm. d'Escrosnes, ✉ de Gallardon.

ÉCRILLES, vg. *Jura*, comm. de Plaisia, ✉ d'Orgelet.

ÉCROMAGNY, vg. *H.-Saône* (Franche-Comté), arr. et à 15 k. de Lure, cant. de Mélisey, ✉ de Luxeuil. Pop. 366 h.

ÉCROSNES, vg. *Eure-et-Loir* (Beauce), arr. et à 22 k. de Chartres, cant. de Maintenon, ✉ de Gallardon. Pop. 636 h.

ÉCROUVES, vg. *Meurthe* (Toulois), arr., cant., ✉ et à 5 k. de Toul. Pop. 691 h.

ECTINI (lat. 45°, long. 25°). « Leur nom se lit ainsi dans l'inscription du trophée des Alpes, que Pline (lib. III, cap. 20) nous a transmise. Dans celle de l'arc de Suse, selon qu'elle a été publiée par le marquis Maffei, on trouve le nom d'*Egdiniorum*, qui a trop de rapport à celui d'*Ectini* dans Pline, pour ne pas le regarder comme étant le même, quoique Pline (t. I, p. 282) donne une raison qui sépare l'objet de l'une de ces inscriptions d'avec l'objet de l'autre. Honoré Bouche place les *Ectini* à Anot, qui est près de Glandèves, et on ne voit point sur quel fondement. Je crois voir quelque analogie dans la dénomination avec le nom que porte la Tinea, rivière qui sort des confins de la vallée de Barcelonette pour descendre dans le Var. » D'Anville, *Notice de l'ancienne Gaule*, p. 288.

ECTOT-LAUBER, vg. *Seine-Inf.* (Normandie), arr. et à 15 k. d'Yvetot, cant. et ✉ d'Yerville. Pop. 540 h.

ECTOT-LES-BAONS, vg. *Seine-Inf.* (Normandie), arr., ✉ et à 4 k. d'Yvetot, cant. d'Yerville. Pop. 552 h.

ÉCUBLÉ, vg. *Eure-et-Loir* (Beauce), arr. et à 20 k. de Dreux, cant. et ✉ de Châteauneuf-en-Thymerais. Pop. 473 h. — *Fabriques* de draps et d'étoffes de laine blanche.

ÉCUBLEI, *Orne*. V. MARTIN-D'ECUBLEI (St-), *Scubeleium*.

ÉCUEIL, vg. *Marne* (Champagne), arr., ✉ et à 10 k. de Reims, cant. de Ville-en-Tardenois. Pop. 312 h.

ÉCUÉLIN, vg. *Nord* (Flandre), arr. et à 9 k. d'Avesnes; cant. et ✉ de Berlaimont. P. 145 h.

ÉCUEILLE, bg *Indre* (Berry), arr. et à 40 k. de Châteauroux, chef-l. de cant., bur. d'enregist. à Châtillon. A 236 k. de Paris pour la taxe des lettres. Pop. 1,268 h. — TERRAIN tertiaire moyen. — *Commerce* de grains, laines, fer et bestiaux. — *Foires* les 4 janv., 1ᵉʳ fév., 26 mars, 11 avril, 12 mai, 11 juin, 11 juillet, 1ᵉʳ août, 11 sept., 19 oct., 3 nov. et 14 déc.

ÉCUELLE, *Meurthe*, comm. de Bouxières-aux-Chênes, ✉ de Nancy.

ÉCUELLE, vg. *H.-Saône* (Franche-Comté), arr., ✉ et à 14 k. de Gray, cant. d'Autrey. Pop. 299 h.

ÉCUELLES, vg. *Seine-et-Marne* (Brie), arr. et à 14 k. de Fontainebleau, cant. et ✉ de Moret. Pop. 592 h.

ÉCUELLES-SUR-LE-DOUBS, vg. *Saône-et-Loire* (Bourgogne), arr. et à 28 k. de Chalon-sur-Saône, cant. et ✉ de Verdun-sur-le-Doubs. Pop. 605 h.

ÉCUILLÉ, bg *Maine-et-Loire* (Anjou), arr., ✉ et à 18 k. d'Angers, cant. de Briollay. Pop. 531 h.

ÉCUIRE, *Pas-de-Calais*, comm. de Thiembronne, ✉ de Fauquembergue.

ÉCUIRES, vg. *Pas-de-Calais* (Picardie), arr., cant., ✉ et à 3 k. de Montreuil-sur-Mer. Pop. 777 h. — *Fabrique* de sucre indigène.

ÉGUISSES, vg. *Saône-et-Loire* (Bourgogne), arr. et à 24 k. de Chalon-sur-Saône, cant. et ✉ de Buxy. Pop. 785 h.

ÉCULLEVILLE, vg. *Manche* (Normandie), arr. et à 16 k. de Cherbourg, cant. et ✉ de Beaumont. Pop. 150 h.

ÉCULLY, vg. *Rhône* (Lyonnais), arr., ✉ et à 5 k. de Lyon, cant. de Limonest. Pop. 1,823 h. — On y remarque une fontaine incrustante fort curieuse.

ÉCUQUETOT, *Seine-Inf.*, comm. de Turretot; ✉ de Montivilliers.

ÉCURAS, vg. *Charente* (Angoumois), arr. et à 32 k. d'Angoulême, cant. et ✉ de Montbron. Pop. 1,677 h.

ÉCURAT, vg. *Charente-Inf.* (Saintonge), arr., cant., ✉ et à 1 k. de Saintes. Pop. 413 h.

Le territoire de cette commune possède plusieurs monuments celtiques; il a été le théâtre d'une bataille où Charlemagne défit les Sarrasins, et où saint Louis combattit Henri III d'Angleterre.

L'église de St-Pierre-ès-Liens, encore bien conservée, appartient à l'architecture romane byzantine ; les voussoirs et les chapiteaux des piliers sont couverts de violettes, de rinceaux, de palmettes, de représentations de chiens, d'oiseaux, de têtes humaines, etc. Les modillons sont également des masques de bêtes, d'êtres humains ou de monstres avec des feuillages historiés. L'abside, semi-arrondie et encore bien conservée, date du XIᵉ siècle.

A peu de distance d'Écurat s'élève le *tumulus* de Coutiers, et non loin de là une tombelle dite le *terrier des Fougères*.

ÉCURCEY, vg. *Doubs* (Franche-Comté), arr. et à 16 k. de Montbéliard, cant. de Blamont, ✉ de Pont-de-Roide. Pop. 294 h.

ÉCURE, vg. *Loir-et-Cher*, comm. d'Onzain. ✉. A 191 k. de Paris pour la taxe des lettres. — Il est bâti dans une riante situation, sur la levée et la rive droite de la Loire. On y jouit d'une vue magnifique sur le château de Chaumont, qui s'élève sur la rive gauche du fleuve, et sur le charmant paysage qui l'environne.

ÉCUREY, vg. *Meuse* (Lorraine), arr. et à 19 k. de Montmédy, cant. et ✉ de Damvillers. Pop. 638 h.

ÉCURIE, vg. *Pas-de-Calais* (Artois), arr., cant., ✉ et à 4 k. d'Arras. Pop. 278 h.

ÉCUROLLES, *Eure-et-Loir*, comm. de Charonville, ✉ d'Illiers.

ÉCURY-LE-PETIT, vg. *Marne* (Champagne), arr. et à 16 k. de Châlons-sur-Marne, cant. d'Écury-sur-Coole, ✉ de Jaalons. Pop. 12 h.

ÉCURY-LE-REPOS, vg. *Marne* (Champagne), arr. et à 32 k. de Châlons-sur-Marne, cant. de Vertus, ✉ de Fère-Champenoise. Pop. 161 h.

ÉCURY-SUR-COOLE, joli village, *Marne* (Champagne), arr., ✉, bur. d'enregist. et à 8 k. de Châlons-sur-Marne, chef-l. de cant. Cure. Pop. 326 h. — TERRAIN crétacé supérieur, craie. — Il est bâti dans une agréable situation, sur la Coole. — Papeterie.

ÉCUTIGNY, *Ecustigneium*, vg. *Côte-d'Or* (Bourgogne), arr. et à 20 k. de Beaune, cant. et ✉ de Bligny-sur-Ouche. Pop. 226 h.

ÉCUVILLY, vg. *Oise* (Picardie), arr. et à 37 k. de Compiègne, cant. de Lassigny, ✉ de Guiscard. Pop. 372 h.

EDENATES (lat. 45°, long. 25°). « Ils sont cités dans l'inscription du trophée des Alpes, rapportée par Pline (lib. III, cap. 20). On trouve aussi le nom d'*Adanatium*, sur l'arc de Suse, où sont inscrits les peuples soumis à Cottius ; et il ne paraît pas qu'il y ait de distinction à faire entre *Adanates* et *Edenates*, nonobstant que l'objet des deux inscriptions soit différent. La même observation paraît avoir lieu à l'égard de quelques autres peuples, les *Ectini*, les *Esubiani*. Le nom de *Sedena*, qui est celui de la petite ville de Seine, dans le nord de la Provence, diocèse d'Embrun, aux confins de celui de Digne, nous indique vraisemblablement les *Edenates*. » D'Anville, *Notice de l'ancienne Gaule*, p. 288.

EDERN, vg. *Finistère* (Bretagne), arr. et à 15 k. de Châteaulin, cant. de Pleyben, ✉ de Quimper. Pop. 1,889 h.

ÉDON, vg. *Charente* (Angoumois), arr. et à 24 k. d'Angoulême, cant. et ✉ de Lavallette. Pop. 884 h.

ÉDUTS (les), vg. *Charente-Inf.* (Saintonge), arr. et à 26 k. de St-Jean-d'Angely, cant. et ✉ d'Aulnay. Pop. 156 h.

EECKE, vg. *Nord* (Flandre), arr. et à 9 k. d'Hazebrouck, cant. et ✉ de Steenvoorde. Pop. 1,938 h. — Les environs abondent en excellents pâturages. — *Fabriques* de sabots.

EFFE (l'), petite rivière qui prend sa source dans l'étang de Châtelaudren, *Côtes-du-Nord*, et qui se jette dans le Trieux, au-dessous de Pontrieux, sous les ruines de l'ancien château de Frinaudour.

Le cours de l'Effe est d'environ 20,000 m. ; le flux de la mer se fait sentir dans cette rivière jusqu'à 3,000 m. au-dessus de son embouchure.

EFFANGEAS (les), vg. *Ardèche*. V. ST-ANDRÉ-DES-EFFANGEAS.

EFFIAT, vg. *Puy-de-Dôme* (Bourbonnais), arr. et à 18 k. de Riom, cant. et ✉ d'Aigueperse. Pop. 1,708 h. Dans une plaine fertile.

EFFINCOURT, vg. *H.-Marne* (Champagne), arr. et à 33 k. de Vassy, cant. de Poissons, ✉ de Joinville. Pop. 293 h.

EFFRY, vg. *Aisne* (Picardie), arr. et à

13 k. de Vervins, cant. et ✉ d'Hirson. Pop. 252 h. — *Foire* le 24 de chaque mois.

ÉGALITÉ-SUR-DOUBS, nom donné pendant la révolution au village de ST-WIT.

ÉGALITÉ-SUR-MARNE, nom donné pendant la révolution à la ville de CHATEAU-THIERRY.

ÉGALITÉ-SUR-SAMBRE, nom donné pendant la révolution à Catillon-sur-Sambre.

ÉGAT, vg. *Pyrénées-Or.* (Roussillon), arr. et à 58 k. de Prades, cant. de Saillagouse, ✉ de Montlouis. Pop. 94 h.

ÉGLENY, vg. *Yonne* (Champagne), arr. et à 17 k. d'Auxerre, cant. de Toucy, ✉ de Pourrain. Pop. 527 h.

ÉGLETONS, petite ville, *Corrèze* (Limousin), arr. et à 33 k. de Tulle, chef-l. de cant. Cure. Gîte d'étape. ✉. ⌖. A 493 k. de Paris pour la taxe des lettres. Pop. 1,511 h. — TERRAIN cristallisé ou primitif.

Commerce considérable de grains. — *Foires* les 17 janv., 22 fév., 29 mai, 17 juin, 1er et 20 juillet, 22 août, 30 sept., 6 nov., lundi après la mi-carême, jeudi avant les Rameaux, lundi de Quasimodo, 2e lundi de mai, jeudi après la Pentecôte et 1er lundi de déc.

ÉGLIGNY, vg. *Seine-et-Marne* (Brie), arr. et à 23 k. de Provins, cant. et ✉ de Donnemarie. Pop. 332 h.

ÉGLINGEN, vg. *H.-Rhin* (Alsace), arr., cant., ✉ et à 7 k. d'Altkirch. Pop. 346 h.

ÉGLISE (l'), vg. *Seine-et-Oise*, comm. de Valpuiseaux, ✉ de Géronville.

ÉGLISE (l'), vg. *Seine-Inf.*, comm. de Roger-Ville, ✉ d'Harfleur.

ÉGLISE-AUX-BOIS (l'), vg. *Corrèze* (Limousin), arr. et à 62 k. de Tulle, cant. et ✉ de Treignac. Pop. 326 h.

ÉGLISE-DE-ST-VALÉRY, vg. *Seine-Inf.*, comm. et ✉ de St-Valéry-en-Caux.

ÉGLISE-NEUVE, vg. *Dordogne* (Périgord), arr. et à 13 k. de Périgueux, cant. et ✉ de Vergt. Pop. 308 h.

ÉGLISE-NEUVE-D'ENTRAIGUES, vg. *Puy-de-Dôme* (Auvergne), arr. et à 45 k. d'Issoire, cant. et ✉ de Besse. Pop. 2,130 h. — *Foires* les 18 mai, 11 juillet, 9 et 25 nov.

ÉGLISE-NEUVE-DES-LIARDS, vg. *Puy-de-Dôme* (Auvergne), arr. et à 17 k. d'Issoire, cant. et ✉ de Sauxillanges. P. 590 h.

ÉGLISE-NEUVE-D'ISSAC, vg. *Dordogne* (Périgord), arr. et à 19 k. de Bergerac, cant. de Villamblard, ✉ de Mussidan. Pop. 511 h.

ÉGLISE-NEUVE-PRÈS-BILLOM, bg *Puy-de-Dôme* (Auvergne), arr. et à 30 k. de Clermont-Ferrand, cant. et ✉ de Billom. Pop. 1,619 h.

ÉGLISES-D'ARGENTEUIL (les), bg *Charente-Inf.* (Saintonge), arr., cant., ✉ et à 9 k. de St-Jean-d'Angely. Pop. 823 h.

ÉGLISOLLES, vg. *Puy-de-Dôme* (Auvergne), arr. et à 20 k. d'Ambert, cant. de Viverols, ✉ d'Arlanc. Pop. 1,208 h.

ÉGLIZOTTES (les), vg. *Gironde* (Guienne), arr. et à 27 k. de Libourne, cant. de Coutras, ✉ de la Rochechalais. Pop. 1,059 h.

ÉGLUY, vg. *Drôme* (Dauphiné), arr. et à 22 k. de Die, cant. de Saillans, ✉ de Crest. Pop. 233 h.

ÉGLY, vg. *Seine-et-Oise* (Ile-de-France), arr. et à 26 k. de Corbeil, cant. et ✉ d'Arpajon. Pop. 335 h.

ÉGNIEU, vg. *Rhône*. ⌖. A 52 k. de Bourg.

EGORIGIUM (lat. 51°, long. 25°). « L'Itinéraire d'Antonin et la Table théodosienne font également mention de ce lieu sur une route qui conduit de Trèves à Cologne, et la distance qui est marquée VIII à l'égard de *Marcomagus*, ou du lieu appelé Marmagen, fixe la position d'*Egorigium* à Jonkerad, château sur la rivière de Kill, qui se rend dans la Moselle un peu au-dessous de Trèves. Le détail des lieux et des distances sur cette route, depuis Trèves jusqu'à *Marcomagus*, est exposé dans l'article *Beda*. Quelques vestiges d'antiquités sur le bord de la Kill, vis-à-vis de Jonkerad, ont paru à un professeur allemand (Eberhard Rau) avoir été un cénotaphe, qu'il croit pouvoir attribuer aux petits-fils d'Auguste, Caïus et Lucius. » D'Anville. *Notice de l'ancienne Gaule*, p. 288.

ÉGRÈVE (St-), vg. *Isère* (Dauphiné), arr., cant., ✉ et à 7 k. de Grenoble. P. 1,273 h. — *Foire* le 7 nov.

ÉGREVILLE, bg *Seine-et-Marne* (Gatinais), arr. et à 32 k. de Fontainebleau, cant. de Lorrez-le-Bocage. ✉. A 101 k. de Paris pour la taxe des lettres. Pop. 1,637 h. — *Fabriques* de serges. — *Foires* les 25 janv., 5 juillet, 12 nov., lundi saint, et lundi après le 17 août.

ÉGRISELLES-LE-BOCAGE, vg. *Yonne* (Champagne), arr., cant., ✉ et à 12 k. de Sens. Pop. 1,228 h. — *Foire* le 18 mai.

ÉGRY, vg. *Loiret* (Orléanais), arr. et à 16 k. de Pithiviers, cant. de Beaune-la-Rolande, ✉ de Boynes. Pop. 675 h.

ÉGUELSHARDT, vg. *Moselle* (pays Messin), arr. et à 47 k. de Sarreguemines, cant. et ✉ de Bitche. Pop. 450 h. — Papeterie.

ÉGUENIGUE, vg. *H.-Rhin* (Alsace), arr., ✉ et à 7 k. de Belfort, cant. de Fontaine. Pop. 269 h.

ÉGUILLE (l'), vg. *Charente-Inf.* (Saintonge), arr. et à 25 k. de Marennes, cant. de Royan, ✉ de Saujon. Pop. 771 h.

ÉGUILLE (le fort de l'), *Charente-Inf.*, comm. de Fouras, ✉ de Rochefort-sur-Mer.

ÉGUILLES, *Castrum de Arquilla*, bg *Bouches-du-Rhône* (Provence), arr., cant., ✉ et à 14 k. d'Aix. Pop. 1,970 h.

Ce bourg paraît devoir son origine à un château fort, qui fut pris par Raymond de Montauban en 1357. On a trouvé sur son territoire les ruines d'un temple et de tombeaux de construction romaine. Il est bâti sur une hauteur qui domine, du côté du midi, la vallée de l'Arc; la vue y est admirable, et l'air très-pur sans y être froid. — Distilleries d'eaux-de-vie. Carrières de plâtre. — *Foires* les 28 août et 1er nov.

ÉGUILLEY, vg. *H.-Saône* (Franche-Comté), arr. et à 25 k. de Vesoul, cant. et ✉ de Rioz. Pop. 97 h.

ÉGUILLY, vg. *Aube* (Champagne), arr., ✉ et à 12 k. de Bar-sur-Seine, cant. d'Essoyes. Pop. 368 h.

ÉGUILLY, vg. *Côte-d'Or* (Bourgogne), arr. et à 47 k. de Beaune, cant. et ✉ de Pouilly-en-Montagne. Pop. 252 h. — Il est situé sur le penchant d'un coteau qui domine une vallée agréable. On y voit un château entouré de fossés remplis d'eau vive, dont on fait remonter la construction au IXe siècle.

ÉGUISHEIM, OU **EXEN**, OU **EXHEIM**, petite ville, *H.-Rhin* (Alsace), arr., ✉ et à 6 k. de Colmar, cant. de Soultz. Pop. 2,117 h.

Cette ville, située près de la rive gauche de la Lauch, tire son nom d'un château situé au milieu de son enceinte et dont on fait remonter la construction au VIIIe siècle; il en reste encore une tour hexagone très-remarquable. C'est un château des comtes d'Eguisheim, princes jadis les plus puissants peut-être de toute l'Alsace, et assurément les plus illustres. Cette famille est la souche des maisons impériales d'Allemagne, royales de France et d'Espagne. — On aperçoit d'Eguisheim trois tours immenses qui, du haut d'un mamelon élevé, dominent la ville et la plaine; ce sont les restes du château fort des comtes d'Eguisheim, appelé vulgairement *Drein Exen*. On pense qu'il fut construit par Hugues IV, comte d'Eguisheim, et père du pape Léon IX, qui, dit-on, y est né. — Une des tours qui subsistent encore a 40 m. d'élévation. — Le château a été détruit en 1466 par les habitants de Mulhausen, de Turckheim et de Kayserberg.

Les armes d'Eguisheim sont : *diapré de gueules à un St-Pierre de carnation sur une terrasse de sinople, habillé d'argent, le manteau d'or, tenant de sa main droite une clef de sable, et de sa gauche un livre fermé de même.*

ÉGUZON, vg. *Indre* (Berry), arr. et à 34 k. de La Châtre, chef-l. de cant. Cure. ✉. A 301 k. de Paris pour la taxe des lettres, près de la rive gauche de la Creuse. Pop. 1,507 h. — TERRAIN cristallisé ou primitif. — *Foires* les 22 nov. et 18 déc., mercredi des Cendres et lundi après la mi-carême.

ÉGYPTIENNE (l'), vg. *Eure*, comm. de St-Germain-Village, ✉ de Pont-Audemer.

EHL (le Haut-), ou **EHLY**, vg. *B.-Rhin*, comm. et ✉ de Benfeld.

EHNWYR, vg. *B.-Rhin*, comm. de Muttersholtz, ✉ de Schelestadt.

EHUNS, vg. *H.-Saône* (Franche-Comté), arr. et à 20 k. de Lure, cant. et ✉ de Luxeuil. Pop. 296 h.

EICH, vg. *Moselle*, comm. et ✉ de Sarrable.

EICH-ET-PETIT-EICH, vg. *Meurthe*, comm. de Réding, ✉ de Sarrebourg.

EICHEL, vg. *Ariège* (Comminges), arr., cant., ✉ et à 2 k. de St-Girons. Pop. 432 h. — Papeterie. Carrière de marbre gris.

EICHHOFFEN, vg. *B.-Rhin* (Alsace), arr.

et à 15 k. de Schelestadt, cant. et ⊠ de Bar. Pop. 437 h.

EINCHEVILLE, ou **EINCHEWEILER**, vg. *Moselle* (pays Messin), arr. et à 53 k. de Sarreguemines, cant. et ⊠ de Gros-Tenquin, ⊠ de Faulquemont. Pop. 455 h.

EINVAUX, vg. *Meurthe* (Lorraine), arr. et à 15 k. de Lunéville, cant. de Bayon, ⊠ de Gerbéviller. Pop. 381 h.

EINVILLE, *Audoeni Villa*, bg *Meurthe* (Lorraine), arr., cant., ⊠ et à 7 k. de Lunéville. Pop. 1,200 h. — Il est situé dans un vallon, sur la rive droite du Sanon. C'était autrefois une ville assez importante, qui fut saccagée, incendiée et entièrement ruinée en 1633, 1635 et 1636. Les ducs de Lorraine y avaient un château entouré d'un beau parc qui existe encore.

EIX, vg. *Meuse* (pays Messin), arr. et à 9 k. de Verdun-sur-Meuse, cant. et ⊠ d'Etain. Pop. 475 h.

ÉLAN, bg *Ardennes* (Champagne), arr. et à 15 k. de Mézières, cant. et ⊠ de Flize. Pop. 191 h.

Il y avait à Elan une abbaye d'hommes de l'ordre de Citeaux, fondée en 1148 par Witter, comte de Réthel. Cet édifice, aujourd'hui détruit, était remarquable par la beauté de ses décors, par les bas-reliefs dont le chœur et les chapelles étaient ornés, ainsi que par les tableaux qu'ils renfermaient. L'église de cette maison religieuse était le lieu de sépulture des comtes de Réthel. Tout ce que l'on a pu conserver des tableaux et d'autres ornements a été replacé dans la nouvelle église qui a été récemment reconstruite.

ÉLANCOURT, vg. *Seine-et-Oise* (Beauce), arr. et à 25 k. de Rambouillet, cant. de Chevreuse, ⊠ de Trappes. Pop. 352 h. — C'était autrefois une commanderie de l'ordre de Malte.

ELAVER *FLUVIUS* (lat. 47°, long. 21°). « C'est le nom de l'Allier, dans les *Commentaires* de César. On lit *Elauris* dans Sidoine Apollinaire (lib. VII); et, dans des écrivains postérieurs, *Aleris* et *Alerius*. » D'Anville. *Notice de l'ancienne Gaule*, p. 288.

ELBACH, vg. *H.-Rhin* (Alsace), arr. et à 20 k. de Belfort, cant. et ⊠ de Dannemarie. Pop. 209 h.

ELBEUF, *Elbovium*, *Ellebovium*, ville ancienne, *Seine-Inf.* (Normandie), arr. et à 21 k. de Rouen, chef-l. de cant. Tribunal de commerce. Chambre consultative des manuf. Conseil de prud'hommes Cure. Gîte d'étape. ⊠. ☞. A 126 k. de Paris pour la taxe des lettres. Pop. 14,646 h. (non compris la population ouvrière flottante, qui n'y réside que dans les jours de travail, et qui forme un effectif de 15,000 ouvriers).—TERRAIN crétacé supérieur, craie.

Autrefois duché-pairie.

L'origine d'Elbeuf est peu connue; néanmoins elle devait être déjà considérable en 1338, époque où elle reçut le titre de comté, lequel fut érigé en duché-pairie en 1581. On ignore à quelle époque la fabrication des draps s'est introduite dans cette ville; on est seulement fondé à croire que cette fabrication y est très-ancienne, puisque des titres particuliers du XVIᵉ siècle portent qu'on y comptait alors quatre-vingts fabricants. Les vitraux de l'église St-Jean et St-Etienne attestent aussi l'ancienneté de la fabrique d'Elbeuf; il fallait en effet que l'industrie manufacturière fût cultivée depuis de longues années dans cette ville, pour qu'on en fût arrivé à l'invention des machines que représentent ces vitraux. La réunion des fabricants en communauté date aussi d'assez loin; toutefois, les plus anciens registres de cette communauté ne remontent point au delà de 1690; ils constatent que les produits de la fabrique consistaient alors en draps, droguets et tapisseries, dites *point d'Hongrie*. Depuis bien des années, la fabrication des droguets a été abandonnée : celle des tapisseries s'est soutenue plus longtemps et n'a disparu que vers la fin du siècle dernier. Sous le ministère de Colbert, qui secondait puissamment les essais de l'industrie, la fabrique d'Elbeuf était sur le pied le plus florissant; mais la révocation de l'édit de Nantes vint suspendre le cours de sa prospérité. Beaucoup de fabricants, que l'on persécutait pour leurs opinions religieuses, furent forcés de quitter cette ville, portèrent leur industrie, leurs arts et leurs capitaux à l'étranger, et enlevèrent à la France une foule de bras laborieux dont elle méconnaissait le prix; ce n'est que longtemps après qu'elle se releva du coup fatal porté à son industrie par la révocation funeste de cet édit. La consommation des draps s'étant plus généralement étendue en France, la fabrication devint aussi plus active. On ne pourrait pas néanmoins considérer cette époque comme celle du nouvel accroissement de l'industrie manufacturière à Elbeuf. Elle avait encore tous les caractères de l'enfance, et c'était, en quelque sorte, le fruit des règlements à la protection desquels elle avait dû primitivement une partie de ses succès. Tous les ateliers présentaient une fabrication uniforme; ils ne pouvaient employer que des laines d'Espagne de première qualité; celles de qualités inférieures étaient prohibées, aussi bien que les laines de France et de Portugal. Chaque fabricant se trouvait en outre astreint à mettre un nombre de fils déterminé dans ses chaînes. Aussi remarque-t-on, que, pendant près d'un siècle, où ces règlements furent sévèrement observés, la fabrique resta stationnaire. La vente des produits fabriqués n'avait lieu que par l'intermédiaire des marchands et commissionnaires de Rouen, qui venaient à Elbeuf acheter les draps, et qui, ensuite, les répandaient dans le commerce.

Ce fut vers l'année 1720 seulement que les fabricants d'Elbeuf commencèrent à se créer au dehors des relations directes par les commis voyageurs qu'ils envoyèrent dans les différentes provinces de France et même à l'étranger. Ainsi s'établirent assez promptement de nouveaux débouchés, et l'industrie prit dès lors une extension progressive et une nouvelle direction. Jusque-là, en effet, les draps d'Elbeuf avaient été plus solides qu'élégants et soignés dans leur apprêt. Un habit constituait alors une espèce d'héritage, qui se transmettait d'une génération à l'autre; mais les fabricants qui venaient de se créer de nouvelles relations en Espagne et en Italie, ne tardèrent point à confectionner des draps plus légers et plus appropriés au climat de ces pays. D'un autre côté, la constance des goûts s'altéra peu à peu parmi les consommateurs; les étoffes moins compactes obtinrent une préférence exclusive, que favorisait encore la modicité apparente des prix; et la fabrication, en s'affranchissant de la rigueur des anciens règlements, s'éloigna aussi de son caractère primitif.

Ces changements eurent lieu de 1750 à 1789; mais toutes les opérations de la fabrique se faisaient à la main, et le système mécanique était entièrement inconnu. On comptait 55 fabriques et 12 teintureries, dont 10 en petit teint et 2 en grand teint, qui confectionnaient environ 15,000 pièces de 28 à 30 aunes; enfin, on employait à peu près 12,000 ouvriers, dont 3,000 à l'intérieur et 9,000 à l'extérieur. Les produits s'élevaient à 14 ou 15 millions.

La révolution ayant aboli les corporations et les anciens règlements, l'industrie prit un développement prodigieux; la filature reçut d'importants perfectionnements; on employa avec avantage les laines indigènes, et l'on apprit à tirer un meilleur parti des laines pures d'Espagne.

Depuis 1789, la fabrique d'Elbeuf a présenté des variations très-sensibles et a successivement éprouvé l'effet de diverses circonstances prospères ou défavorables. La réunion de la Belgique à la France, en 1795, fit naître pour elle une concurrence fâcheuse. Les draps de *Verviers* séduisirent les consommateurs par leur finesse, accompagnée du coup d'œil le plus brillant, et allaient devenir l'objet d'une préférence presque exclusive. Pour échapper à la ruine qui les menaçait, les fabricants d'Elbeuf s'empressèrent d'adopter, à l'instar de leurs rivaux, des machines propres à procurer la perfection de la filature et des apprêts.

L'adoption des machines opéra la plus heureuse révolution; les produits remarquables par leur solidité, leur souplesse et la beauté de leur apprêt, rappelèrent les acheteurs, qui s'étaient momentanément éloignés; ils revinrent en foule, et la quantité des draps fabriqués s'accrut de près de moitié.

Voici le tableau de l'industrie en 1814 : 80 fabriques, employant 18,000 ouvriers, dont 8,000 à l'intérieur, et 10,000 à l'extérieur; 13 teintureries; deux dépôts de laines; 120 carderies et leur mulls-jenny de 48 broches; 40 manèges, équivalant à la force de 100 chevaux attelés; 50 laineries mécaniques et 300 tables à tondre; les produits de la fabrication s'élevaient annuellement à 25 ou 30,000 demi-pièces de 36 à 38 aunes, au prix de 20, 25 et 30 francs, représentant une valeur d'environ 25 millions.

Pour apprécier le pas immense fait par l'industrie, il suffira de comparer son état en 1840 avec ce qu'elle était en 1789 et en 1814. On comptait en 1840 200 fabriques; 25 teintureries, faisant à la fois le grand teint et le petit teint; 10 dépôts de laines; 64 maisons de commission en draperies; 60 à 70,000 demi-pièces de drap de 40 aunes, du prix de 15, 20 et 25 francs l'aune, suivant les couleurs, étaient confectionnées. On employait au moins 25,000 ouvriers, dont 15,000 à l'extérieur et 10,000 à l'intérieur; il est à remarquer que ces derniers ayant, pour la plupart, leur domicile au dehors de la ville, dans un rayon de 10 à 12 k., retournent chez eux tous les samedis et reviennent le lundi. On comptait 300 carderies et leurs jenny-mulls de 60 à 120 broches; 45 machines à vapeur, équivalant à la force de 750 chevaux attelés; 15 autres machines à vapeur servant de calorifères; 250 laineries mécaniques; 150 tondeuses grandes et petites; 2 fouleries par machines à vapeur; 15 dégraisseuses mécaniques. La quantité de laine employée s'élevait à trois millions de kilog. Enfin l'élévation des produits annuels représentait une valeur de 40 à 45 millions. — Depuis lors les fabriques d'Elbeuf ont étendu leur domaine en tissant des étoffes à poil dites tartan, des châles, des fantaisies et des nouveautés. Le montant de la valeur des produits fabriqués annuellement dépasse aujourd'hui 50 millions, et, indépendamment de cet accroissement de produits, on a obtenu l'avantage plus précieux encore d'une très-grande amélioration dans les prix et dans les apprêts.

Elbeuf est une ville agréablement située, sur la rive gauche de la Seine, dans une belle vallée bordée au nord par cette rivière, et au midi par une chaîne de montagnes; il est rare de trouver un plus beau site que celui qu'offre la rive gauche de la Seine au-dessous de cette ville manufacturière. L'étendue de cette ville a plus que doublé, et elle s'est beaucoup embellie depuis moins d'une vingtaine d'années; de nouvelles et jolies constructions et de vastes établissements ont remplacé les vieilles maisons et les bicoques; des percements nombreux ont été faits, les quais ont été prolongés, les rues anciennes élargies; un champ de foire magnifique, avec des avenues latérales plantées de marronniers, a été édifié; huit puits artésiens y ont été forés par l'ingénieur Mulot, et l'un de ces puits fournit en abondance de l'eau à six fontaines publiques; enfin, les rues sont éclairées au gaz au moyen de candélabres et de consoles, et quelques-unes même sont bordées de trottoirs.

Elbeuf est en rapport continuel avec Rouen, au moyen de deux bateaux à vapeur qui font le trajet en une heure et demie, et n'est éloigné que de 7 k. du chemin de fer de Paris à Rouen.

Cette ville renferme deux paroisses; St-Étienne et St-Jean-Baptiste. La première se compose d'un chœur, d'une nef et de deux collatéraux; les piliers de séparation sont de forme octogone et surmontés d'une couronne ducale; la voûte du chœur est ornée de culs-de-lampe. Dans la chapelle de la Vierge, située au fond du collatéral gauche, on a pratiqué un faux jour qui produit, sur les ornements dorés environnants, un effet de lumière tout à fait mystérieux. A l'extrémité inférieure de ce même collatéral est un saint sépulcre. Parallèlement à la chapelle de la Vierge, dans le collatéral opposé, est une chapelle surmontée d'une immense couronne. Les vitraux de cette église sont fort beaux. — L'église St-Jean est plus vaste, mais moins ancienne que l'autre; sa distribution est à peu près la même, et les vitraux en sont aussi fort remarquables.

Manufactures renommées de draps de toutes qualités, filatures et tissages mécaniques, soixante pompes à feu, deux usines hydrauliques, usine à gaz, foulons, teintureries et lavoirs de laine, tant sur la Seine que sur le cours d'eau du Puchot, qui parcourt la ville en plusieurs sinuosités.

Commerce considérable de draperies et de laines. — Foires le 10 juillet (3 jours).

Bibliographie. * *Histoire de la ville et du comté d'Elbeuf*, in-8, 1840.

GUILMETH (Aug.). *Histoire de la ville et des environs d'Elbeuf*, in-8, 1843.

—*Lettres à MM. Ed. Delarue et Matthieu Bourdon, fils, maire d'Elbeuf, au sujet de quelques passages de l'histoire de cette ville*, in-8, 1843.

ELBEUF-EN-BRAY, vg. *Seine-Inf.* (Normandie), arr. et à 40 k. de Neufchâtel-en-Bray, cant. et ✉ de Gournay. Pop. 449 h.

ELBEUF-SUR-ANDELLE, vg. *Seine-Inf.* (Normandie), arr. et à 25 k. de Rouen, cant. de Darnétal, ✉ de Croisy-la-Haye. Pop. 280 h.

ÉLENCOURT, vg. *Oise* (Picardie), arr. et à 34 k. de Beauvais, cant. et ✉ de Granvilliers. Pop. 170 h.

ÉLÉTOT, vg. *Seine-Inf.* (Normandie), arr. et à 33 k. d'Yvetot, cant. et ✉ de Valmont. Pop. 983 h.—Cette commune est connue par sa place de la Falaise, qui rappelle une horrible catastrophe. Quelques années avant la révolution, plusieurs jeunes filles d'Elétot qui se promenaient au bas des falaises, furent englouties par l'éboulement d'une masse énorme, qui recouvre encore aujourd'hui leurs restes mortels de plusieurs milliers de mètres cubes de terre, de sables et de gravier, amoncelés sur leurs cadavres. Cette catastrophe a été le sujet d'une plaintive romance sur *les jeunes filles d'Elétot*.

ÉLEU-DIT-LÉAUWETTE, vg. *Pas-de-Calais* (Artois), arr. à 15 k. d'Arras, cant. de Vimy, ✉ de Lens. Pop. 62 h.

ÉLIER (St-), vg. *Eure* (Normandie), arr. et à 18 k. d'Évreux, cant. et ✉ de Conches. Pop. 100 h.

ÉLINCOURT, vg. *Nord* (Flandre), arr., et à 22 k. de Cambrai, cant. de Clary. Pop. 1,539 h.

ÉLINCOURT-STE-MARGUERITE, vg. *Oise* (Picardie), arr. et à 15 k. de Compiègne, cant. de Lassigny, ✉ de Ressons. Pop. 844 h.

—*Foires* les 20 juillet, 25 nov. et 2e mardi de chaque mois.

ÉLINGHEN, *Pas-de-Calais*, comm. de Ferques, ✉ de Marquise.

ÉLIPH (St-), vg. *Eure-et-Loir* (Beauce), arr. et à 22 k. de Nogent-le-Rotrou, cant. et ✉ de la Loupe. Pop. 912 h.

ÉLIX (St-), *H.-Garonne* (Languedoc), arr. et à 26 k. de Muret, cant. de Fousseret, ✉ d'Aurignac. Pop. 412 h.

ÉLIX (St-), vg. *H.-Garonne* (Languedoc), arr. et à 15 k. de St-Gaudens, cant. d'Aurignac, ✉ de Martres. Pop. 308 h.

ÉLIX-D'ASTARAC (St-), vg. *Gers* (Armagnac), arr., cant. et à 12 k. de Lombez, de Simorre. Pop. 412 h.

ÉLIX-THEUX (St-), vg. *Gers* (Armagnac), arr., cant., ✉ et à 12 k. de Mirande. Pop. 400 h.

ÉLIZE, vg. *Marne* (Champagne), arr., cant., ✉ et à 6 k. de Ste-Menehould. Pop. 165 h.

ELLECOURT, vg. *Seine-Inf.* (Normandie), arr. et à 23 k. de Neufchâtel-en-Bray, cant. et ✉ d'Aumale. Pop. 325 h.

ELLESMES, vg. *Nord* (Flandre), arr. et à 23 k. d'Avesnes, cant. et ✉ de Maubeuge P. 448 h.

ELLIANT, vg. *Finistère* (Bretagne), arr. et à 18 k. de Quimper, cant. et ✉ de Rosporden. Pop. 2,922 h.

ELLIER (St-), vg. *Maine-et-Loire* (Anjou), arr. et à 20 k. d'Angers, cant. et ✉ de Brissac. Pop. 302 h.

ELLIER (St-), vg. *Mayenne* (Maine), arr. et à 35 k. de Mayenne, cant. de Landivy, ✉ d'Ernée. Pop. 1,440 h.

ELLIER-LES-BOIS (St-), vg. *Orne* (Normandie), arr. et à 22 k. d'Alençon, cant. et ✉ de Carrouges. Pop. 965 h.

ELLON, vg. *Calvados* (Normandie), arr., ✉ et à 8 k. de Bayeux, cant. de Balleroy. P. 504 h.

ELME (St-) (le fort), *Pyrénées-Or.*, com. de Port-Vendres, ✉ de Collioure.

ELNE, *Illiberis, Elna, Helena, Elena*, petite ville, *Pyrénées-Or.* (Roussillon), arr., cant. et à 14 k. de Perpignan. ✉. A 859 k. de Paris pour la taxe des lettres. P. 2,268 h.

La position d'Elne est démontrée par les mesures de la route romaine qui y passe, et qui se rattache d'une part à *Narbo*, Narbonne, et de l'autre à *Empuria*, Empurias. On ignore l'époque précise de son origine; mais on a des preuves qu'Annibal campa sous ses murs, l'an de Rome 536, avec une armée de 80,000 hommes d'infanterie et 12,000 de cavalerie, et qu'il vint y conférer avec les principaux chefs des Volces Tectosages. Elle devait être très-considérable, si l'on peut juger par ses restes et par les vestiges de monuments qu'on a découverts à différentes époques et dans des espaces éloignés du très-petit nombre de maisons habitées que l'on y voit aujourd'hui. Mais ce n'était déjà plus qu'un village, au temps où écrivait Pomponius Mela. L'empereur Constantin le Grand la releva et y bâtit un château, auquel il donna ainsi qu'à la ville le nom de sa mère

Helena; ce château est aujourd'hui remplacé par le village de la Tour-Bas-Elne. Elne fut érigée en évêché à l'époque où les Français prirent sur les Goths Toulouse et Uzès (évêché qui fut transféré à Perpignan lorsque cette ville eut acquis quelque importance). C'était alors une place assez considérable, divisée en haute et basse ville; c'est dans cette dernière que se trouvait la cathédrale, bâtie vers le vi siècle. Les Normands ruinèrent Elne dans le viii siècle : on y trouve journellement des fragments d'antiquités. Entre autres édifices curieux on y remarque un cloître charmant et plusieurs monuments du Bas-Empire.

L'empereur Constance fut assassiné à Elne, après avoir été vaincu par le tyran Maxence, et il fut inhumé dans cette ville. On conserva longtemps son tombeau, que l'on avait placé dans le cloître de l'église; mais il a été détruit il y a environ soixante-quinze ans, et ses débris dispersés. Ce tombeau était carré, de marbre blanc, orné de sculptures, de bas-reliefs, et d'une cannelure ondée que l'on voyait sur toutes les faces; il n'avait point d'autre inscription que le signe ou monogramme suivant:

que Constantin le Grand avait fait mettre sur le *Labarum*. Ce monogramme a été enclavé dans la maçonnerie du mur du cloître, à côté de la porte de l'église.

En 1285, Philippe le Hardi déclara la guerre au roi d'Aragon, que le pape Martin IV avait excommunié; il s'était emparé de Perpignan et des principaux châteaux que lui livra le roi de Majorque, son allié, où il mit des garnisons françaises, et s'approcha de la ville d'Elne dans le dessein d'en faire de même. Le roi d'Aragon avait mis des troupes dans cette ville; mais elles prirent la fuite aux approches de l'ennemi. Les habitants, qui s'étaient soumis au roi d'Aragon, résolurent néanmoins de se défendre.

Philippe le Hardi mit le siège devant Elne, et le roi de Majorque somma les habitants de lui livrer passage : ils s'y refusèrent, et s'exposèrent vaillamment à tous les dangers d'un siège, pour sauver l'indépendance de leur pays.

« Le lendemain du premier assaut, raconte Guillaume de Nangis, comme les François vouloient revenir au combat, les citoyens d'Elna, qui se sentoient fort affoiblis, envoyèrent des députés au roi de France, pour demander un armistice de trois jours, feignant que, pendant ce temps-là, ils tiendroient conseil pour rendre la ville. Les François ayant suspendu l'assaut, les citoyens allumèrent un feu au clocher de leur principale église, située dans le lieu le plus haut de la ville, espérant que le roi Pierre d'Aragon, qui occupoit les montagnes à peu de distance, le verroit et accourroit à leur aide; mais le roi de France ayant reconnu leur fraude donna l'ordre de renouveler l'assaut, et le légat de la sainte Église romaine donna son absolution aux soldats françois, les avertissant de n'épargner personne, mais de massacrer tous les habitants, comme ennemis de la foi chrétienne, excommuniés et contempteurs des préceptes de la sainte mère Église. Alors les escadrons de cavalerie étant de toutes parts dispersés autour de la ville pour le combat, les piétons et les valets s'approchèrent des murs, et malgré les ennemis, qui se défendoient autant qu'ils pouvoient, ils enfoncèrent les portes et en escaladèrent les murailles. Bientôt tout le reste de l'armée entra dans la ville, égorgeant de toutes parts les ennemis, sans épargner ni l'âge ni le sexe. Le peuple de la ville, rempli de terreur, s'enfuit vers la grande église, se flattant d'y éviter la mort, ou par la force des murailles, ou par la révérence du lieu; mais comme ils avoient méprisé les préceptes de la sainte mère Église et de ses ministres, en secondant un impie condamné par elle, ni la sainteté du lieu ni sa force ne leur furent d'aucun secours; car les François enfoncèrent les portes de l'église et passèrent au fil de l'épée, sans miséricorde, tant les femmes que les hommes, tant les vieillards que les enfants. Un seul écuyer, nommé le Bâtard de Roussillon, étant monté avec quelques autres dans la tour du monastère, obtint la grâce de vivre en se rendant au roi de France. La ville fut ruinée de fond en comble. »

Louis XI possédait en 1474 le comté de Roussillon, par engagement de Jean II, roi d'Aragon, et, au mépris de la trêve qu'il avait conclue avec ce prince, il fit assiéger Elne, qui se rendit à discrétion, le 5 décembre 1474. Don Bernard d'Oms, à qui le roi d'Aragon avait confié le commandement de la ville, fut victime de son dévouement à son souverain : l'astucieux Louis XI, sans respect pour le traité du 17 septembre 1473, portant, article v, *que les commandants des places de Roussillon étaient dispensés de toute obéissance et fidélité au roi de France, afin qu'ils pussent entièrement se livrer à l'exécution du traité*; et l'article viii, que dans l'an, à compter du jour de la ratification du traité, *aucun des deux rois ne pouvoit entrer dans le Roussillon, ni y envoyer des troupes*; Louis XI, disons-nous, s'empara d'Elne, et don Bernard d'Oms paya de sa tête l'observation de son serment au roi d'Aragon. Don Ferdinand, roi de Castille, comme capitaine et lieutenant général du royaume d'Aragon, pour récompenser cet acte de fidélité héroïque, accorda, en mémoire de don Bernard, par un privilège du 1ᵉʳ mars 1475, à don Louis d'Oms, fils de ce guerrier magnanime, les places de lieutenant, de gouverneur général des comtés de Roussillon et de Cerdagne, et d'alcade ou gouverneur de la citadelle de Perpignan, pour être héréditaires dans cette illustre maison, tant qu'il y auroit des sujets habiles pour le remplir, et leur permit de les faire exercer par des lieutenants, pendant leur minorité.

Les sièges qu'Elne a successivement soutenus sous Philippe le Hardi, sous Louis XI et sous Louis XIII, par le prince de Condé, qui la prit le 17 juin 1641, l'ont tour à tour ruinée; mais ce qui acheva de la rendre presque déserte, fut la translation de l'évêque et de son chapitre à Perpignan en 1602. Telles sont les causes que les écrivains en général ont attribuées à la décadence d'Elne; mais il est à croire qu'il n'en fut qu'une seule, c'est le voisinage de Perpignan, dont les avantages de la situation et le concours du commerce vinrent se réunir pour lui disputer la prééminence.

En 1793, le duc d'Ossuna, avec une division espagnole forte de 4,900 hommes, s'empara d'Elne sans éprouver de résistance de la part des Français. Les habitants furent désarmés, et on leur enleva mules, troupeaux, vivres et charrettes, afin qu'ils ne pussent plus ravitailler Bellegarde. La municipalité brûla les décrets de l'assemblée nationale; et, après avoir prêté serment de fidélité au roi d'Espagne, les habitants d'Elne jurèrent de pratiquer la religion catholique et de rétablir l'ancien gouvernement. Peu de temps après, les Espagnols furent chassés de ce poste par le général Dugommier, qui venait de prendre le commandement de l'armée des Pyrénées-Orientales.

Les armes d'Elne sont : *d'azur à une croix haussée et alezée d'argent, accostée en pointe de deux fleurs de lis d'or.* Alias : *d'azur à une étoile de 12 rayons d'or.*

Cette ville est située, partie sur une colline et partie dans une plaine riante et très-fertile, non loin de la rive gauche du Tech, à peu de distance de la mer. C'était autrefois une des plus fortes places de la province du Roussillon; la ville basse était entourée de hautes murailles, avec des tours rondes placées de distance en distance; les fortifications de la ville haute étaient peu régulières : elle avait des remparts, des fossés, des bastions, des demi-lunes, des souterrains...; mais on n'y voit que des masures et des ruines, qui excitent d'autant plus de regrets, qu'il est difficile de trouver une situation plus belle. Les vues de ses remparts sont très-pittoresques; on voit de tous côtés la plaine de Roussillon, une partie de celle de Vallespir, les villes et les villages dont elles sont couvertes, et, dans l'éloignement, les belles montagnes de l'Albère, où l'on aperçoit quelques-unes des tours construites autrefois pour arrêter les incursions des Sarrasins, et qui ont servi à placer des signaux dans nos guerres en Espagne.

L'église d'Elne a été construite dans le milieu du xi siècle; l'évêque Bérenger, à son retour de la terre sainte, en jeta les fondements en 1027, sur le modèle de celle du Saint-Sépulcre de Jérusalem, et elle fut consacrée le 4 des ides de décembre 1058. C'est un vaisseau très-vaste et très-élevé, partagé en trois nefs très-larges, dont la voûte est soutenue par de gros piliers carrés de pierre de taille. Le chœur est placé au milieu de l'église, et remplit une partie de la nef du milieu. Les piliers du cloître, qui a été classé au nombre des monuments historiques, offrent l'histoire de l'Écriture sainte, représentée par des figures assez curieuses.

La façade de cette église présente une masse

colossale sans ornements, mais remarquable par la hardiesse de sa construction, en pierres de taille d'un volume très-considérable. Deux clochers en forme de tours carrées, flanqués à droite et à gauche, surmontent l'édifice; ils renfermaient, avant la révolution, la plus belle sonnerie du Roussillon. L'ensemble de ce monument est imposant et dans une belle position.

Commerce de bestiaux, cordages, draperies, outils aratoires.—*Foire* le 10 sept.

ELNE, vg. *Pas-de-Calais* (Artois), arr., ✉ et à 12 k. de St-Omer, cant. de Lumbres. Pop. 381 h.

ÉLOI (St-), vg. *Ain* (Bresse), arr. et à 30 k. de Trévoux, cant. et ✉ de Meximieux. Pop. 328 h. — *Foire* le lundi après la Fête-Dieu.

ÉLOI (St-), ou ST-ÉLOI-PRÈS-GISORS, *Bacevum inferius subterius*, vg. *Eure* (Normandie), arr. et à 25 k. des Andelys, cant. et ✉ de Gisors. Pop. 384 h.

ÉLOI-DE-FOURQUES (St-), vg. *Eure* (Normandie), arr. et à 25 k. de Bernay, cant. et ✉ de Brionne. Pop. 659 h.

ÉLOIE, vg. *H.-Rhin* (Alsace), arr., ✉ et à 8 k. de Belfort, cant. de Giromagny. P. 170 h.

ÉLOPHE (St-), *Eliphi Fanum*, vg. *Vosges* (Lorraine), arr., ✉ et à 7 k. de Neufchâteau, cant. de Coussey. Pop. 131 h.

ÉLORN (l'), petite rivière qui prend sa source dans le dép. du *Finistère*; elle passe à Séjean, à Landerneau, et se jette dans le bras de mer qui forme le port de cette ville, après un cours de 25 k.

ÉLORY, ou CELHAY, vg. *B.-Pyrénées*, comm. et ✉ de Hasparren.

ÉLOY (St-), vg. *Corrèze* (Limousin), arr. et à 51 k. de Brives, cant. et ✉ de Lubersac. Pop. 329 h.

ÉLOY (St-), *Côtes-du-Nord*, comm. de Plœuc, ✉ de Moncontour.

ÉLOY (St-), *Creuse* (Marche), arr. et à 14 k. de Bourganeuf, cant. et ✉ de Pontarion. Pop. 878 h.

ÉLOY (St-), vg. *Finistère* (Bretagne), arr. et à 35 k. de Brest, cant. de Plougastel-Daoulas, ✉ du Faou. Pop. 418 h. — *Foires* les 25 juin, 11 août et 3 déc.

ÉLOY (St-), vg. *Nièvre* (Nivernais), arr., cant., ✉ et à 10 k. de Nevers. Pop. 677 h.

ÉLOY (St-), vg. *Puy-de-Dôme* (Auvergne), arr. et à 18 k. d'Ambert, cant. et ✉ de St-Amand-Roche-Savine. Pop. 589 h.

ÉLOY (St-), vg. *Puy-de-Dôme* (Auvergne), arr. et à 48 k. de Riom, cant. et ✉ de Montaigut. Pop. 900 h. — Ce village donne son nom à un petit bassin houiller de la vallée de la Bouble, dont la longueur moyenne n'est guère que de 1 k.

ÉLOY-DE-GY (St-), bg *Cher* (Berry), arr., ✉ et à 10 k. de Bourges, cant. de St-Martin-d'Auxigny. Pop. 1,638 h.

ÉLOYES (St-), vg. *Vosges* (Lorraine), arr., cant., ✉ et à 12 k. de Remiremont. Pop. 1,029 h.

ELSAS-ZABERN, vg. *B.-Rhin*. V. SAVERNE.

ELSENHEIM, vg. *B.-Rhin* (Alsace), arr.

et à 14 k. de Schelestadt, cant. et ✉ de Markolsheim. Pop. 742 h.

ELUSA (lat. 44°, long. 18°). « Quoiqu'il soit mention des *Elusates* dans César, le plus ancien monument où l'on trouve *Elusa* est l'Itinéraire de Bordeaux à Jérusalem, dont la date par un consulat qui y est marqué revient à l'an 333. Claudien, qui est postérieur, comme ayant vécu sous les fils de Théodose, parle d'*Elusa* dans son invective contre Ruffin. Dans la Notice des provinces de la Gaule, *civitas Elusatium* tient le rang de métropole. Dans la Novempopulane, on connaît par les souscriptions de plusieurs conciles, que la ville d'*Elusa* a conservé ce rang jusque dans le VIIe siècle. Mais, ayant été ruinée par les Normands dans le VIIIe siècle, l'évêque d'Auch est monté à la dignité de métropolitain, et *Elusa* n'a plus été un siège épiscopal. La ville moderne d'Euse, d'Eause, qu'on croit avoir été construite vers l'an 900, n'est pas précisément dans le même emplacement que l'ancienne, dont les vestiges conservent par distinction le nom de Ciutat. » D'Anville. *Notice de l'ancienne Gaule*, p. 289.

ELUSATES (lat. 44°, long. 18°). « Ils sont nommés dans César (*Comment.*, III) entre les peuples de l'Aquitaine que l'expédition de Crassus son lieutenant réduisit à se soumettre. Pline (lib. IV, cap. 19) les nomme entre les *Ausci* et les *Sotiates*, dont ils étaient en effet limitrophes. Le rang de métropole qu'a tenu leur capitale témoigne que ce peuple doit avoir été un des plus considérables de cette partie de la Gaule. » D'Anville. *Notice de l'ancienne Gaule*, p. 289.

ELUSIO (lat. 44°, long. 20°). « Ce lieu est placé dans l'Itinéraire de Bordeaux à Jérusalem, entre Toulouse et Carcassonne ; et on compte 29 milles en plusieurs distances particulières de Toulouse à *Elusio*, et 33 d'*Elusio* à Carcassonne. Je trouve, en traçant la voie romaine par quelques lieux connus, et la divisant de mille en mille, sur une grande carte du canal du Languedoc, que la position d'*Elusio* tombe aux environs du bassin de Naurouze, qu'on sait être le point de partage des eaux de ce canal. » D'Anville. *Notice de l'ancienne Gaule*, p. 289.

ELVANGE, vg. *Moselle* (pays Messin), arr. et à 33 k. Metz, cant. et ✉ de Faulquemont. Pop. 552 h.

ELVEN, bg *Morbihan* (Bretagne), arr. et à 16 k. de Vannes, chef-l. de cant. Cure. Gîte d'étape. Bur. d'enreg. à Questembert. ✉.A 448 k. de Paris pour la taxe des lettres. Pop. 3,320 h. — TERRAIN de transition.

Le territoire de cette commune renferme plusieurs antiquités celtiques : on y voit un cromlech ou cercle druidique, deux beaux dolmens et plusieurs menhirs. Mais le monument le plus remarquable est, sans contredit, le château d'Elven, situé à 1 k. du bourg d'Elven, et l'un des plus beaux restes d'antiquités du moyen âge que possède la Bretagne. — Entouré vers le nord par des marécages et par quelques plantes aquatiques d'un vert glauque ; borné à l'horizon par un lande aride où végètent çà et là quelques touffes de bruyère et de houx, ce manoir féodal eût certainement inspiré les pinceaux de Salvator Rosa, s'il l'eût connu, tant la couleur en est austère et sombre. — Ce château est mentionné par la plupart des écrivains qui en ont parlé sous le nom de tour d'Elven, comme si la tour était seule et sans aucun accessoire. L'enceinte est à peu près en forme d'ellipse ; ses murs, très-épais, sont revêtus en pierre de taille ; le portail est, suivant l'usage, flanqué de deux tours dont les sommets ont à présent en ruine ; les portes étaient défendues par des ponts-levis et par des herses dont on voit encore les coulisseaux dans l'épaisseur des murailles. En partant du portail, à droite, la muraille va joindre une autre tour encore plus dégradée, et, de celle-ci, va s'unir à la grande tour ou donjon, situé à l'extrémité septentrionale de la place. — Cette tour est bien conservée et d'un aspect imposant. Elle est de forme octogone ; chaque côté a 9 m. 24 c. de large, au rez-de-chaussée, hors d'œuvre. A sa base, dans le fossé qui fait partie d'un marais, elle doit avoir 12 m. sur chaque face, et, de là jusqu'au sol du rez-de-chaussée, de 7 à 8 m. d'élévation. Au-dessus, elle était partagée en cinq étages de 6 m. 66 c. chaque ; ainsi sa hauteur totale est d'environ 40 m. Les murs du rez-de-chaussée ont 5 m. d'épaisseur ; elle diminue à chaque étage, en sorte que dans le haut ils n'ont que 1 m. 29 c. Sur l'épaisseur des murs et sur la voûte d'un grand escalier, à 4 m. au-dessus des créneaux et des mâchicoulis, on monte, par un escalier extérieur, à une espèce de châtelet ou donjon, d'où les vedettes pouvaient voir encore de plus loin que de la galerie du sommet. Les barbacanes, des meurtrières et plusieurs fenêtres à croisées indiquent les différents étages du donjon d'Elven. Une très-grande fenêtre en ogive est celle de la chapelle ménagée dans ses épaisses murailles.

Une autre tour, qui a la forme d'un cylindre aplati d'un côté et semblable à peu près à celle qui sert de poudrière au château de Nantes, est dans la même enceinte que la grande. Elle peut avoir 35 m. de hauteur sur 31 m. de circonférence, non compris le donjon qui la surmonte. On y parvient par un seul escalier en limaçon ; et, si elle n'est pas plus ancienne que la grande, elle a au moins plus souffert des injures du temps.

La tour principale est dans un bel état de conservation, et est capable de braver encore bien des siècles. Les tours et les remparts du château sont couverts d'un lierre séculaire.

Le monument d'Elven présentait une énigme à deviner, savoir : l'époque de sa construction et le nom de celui qui l'a fait bâtir. L'histoire de Bretagne n'en donne aucune notion ; la tradition du pays n'a rien conservé sur ces deux points. Ogée dit seulement « que l'antique château d'Elven appartenait dans le XIIIe siècle aux seigneurs de Rieux ; qu'en 1490 il était au maréchal de ce nom, et que la duchesse Anne le fit démolir avec plusieurs autres appartenant au même seigneur, à qui elle donna

une somme de cent mille écus pour indemnité. »
— A la première inspection, on reconnaît que cet édifice a été construit à l'époque des croisades, parce que les fenêtres des appartements d'habitation sont garnies d'une croisée en pierre. Or cet ornement a été adopté dans l'architecture du moyen âge pour les édifices dont les seigneurs avaient été croisés, fait d'armes qu'ils ne pouvaient mieux publier que par un signe qui parlait visiblement à tous les yeux. Un écusson chargé de trois besants, placé sur le manteau de la cheminée de la grande tour, confirme qu'elle date du temps des croisades, ou qu'elle est postérieure à cette époque.

On peut regarder comme certain que la tour d'Elven a été bâtie par Payen de Malestroit, à la fin du XIIe siècle, après son retour de la croisade, en 1192. M. de Freminville, dans ses Antiquités de la Bretagne, attribue la construction du château d'Elven à Eudon de Malestroit, qui le fit ériger en 1256 sur le plan et le même modèle qu'un château fort qu'il avait pris d'assaut en Palestine où il avait accompagné saint Louis. Dans le XVe siècle, les tours d'Elven étaient une propriété du maréchal de Rieux. En 1490, la duchesse Anne, pour le punir de sa révolte contre elle, fit ruiner ses châteaux d'Ancenis, de Rieux, de Rochefort et d'Elven. C'est depuis cette époque que ce dernier a cessé d'être entretenu, et qu'il ne se défend plus contre les assauts du temps que par la solidité de sa construction.

L'église du bourg d'Elven est dédiée à saint Alban. On remarque l'ornementation délicate des meneaux, sa balustrade découpée à jour, et ses gouttières terminées par des figures fantastiques et monstrueuses. L'intérieur a été consciencieusement recrépi par les soins des marguilliers qui trouvent maintenant leur église beaucoup plus propre. L'ignoble badigeon a englué une foule de jolis détails dus au ciseau capricieux d'un tailleur d'ymaiges du XVe siècle. A côté de la sacristie, on remarque un enfeu surmonté d'un écu armoirié. Au-dessus on distingue à peine ces mots : In mentibus AOTARKYA.

Dans le cimetière, en face le portail sud de l'église, on remarque un ossuaire assez curieux. Il en existe encore en basse Bretagne un assez grand nombre ; on les désigne sous le nom de reliquaires. Celui d'Elven a la forme d'un carré long. C'est une maisonnette en pierre surmontée de deux pignons aigus et percée de neuf ouvertures ogivales. Ces ouvertures sont à hauteur d'appui et fermées par des barreaux de chêne noir semés de larmes d'argent. A chaque angle de ce petit monument est un bénitier grossièrement creusé dans la pierre. La frise porte cette inscription gravée en creux en majuscules romaines :

EXVLTABVNT DOMINO OSSA HVMILIATA.
Psal. L.
1626.

L'archéologue qui veut avoir une idée de ce qu'étaient jadis les fameux charniers des Innocents à Paris, fera bien de visiter l'intérieur du reliquaire d'Elven. Après s'être courbé sous la porte, qui est basse et cintrée, on descend un escalier aux marches rompues et inégales. Le sol jonché de crânes et de tibias est saupoudré d'une poussière humaine assez semblable à la sciure de bois. Une atmosphère de mort vous enveloppe et vous glace, et l'on éprouve un grand soulagement lorsqu'on est sorti. Au milieu de ces débris informes de toute espèce, tristes reliquiæ, on distingue cependant quelques sculptures en bois assez délicates, et une statue de saint Pater, du XVIe siècle.

A TRÉDION, comm. d'Elven, haut fourneau et moulerie. Papeterie. — Foires les 7 fév., 8 mai, 7 juillet, 5 sept., 18 oct. et 9 déc.

ELZANGE, vg. Moselle (pays Messin), arr., ✉ et à 10 k. de Thionville, cant. de Metzervisse. Pop. 419 h.

ÉMAGNY, vg. Doubs (Franche-Comté), arr., ✉ et à 15 k. de Besançon, cant. d'Audeux. Pop. 285 h.

ÉMAINVILLE, vg. Eure, comm. de St-Pierre-la-Garenne, ✉ de Gaillon.

ÉMALLEVILLE, Esmaillevilla, Esmalevilla, vg. Eure (Normandie), arr., cant., ✉ et à 11 k. d'Évreux. Pop. 167 h.

ÉMALLEVILLE, vg. Seine-Inf. V. St-Sauveur-d'Émalleville.

ÉMAN (St-), vg. Eure-et-Loir (Beauce), arr. et à 26 k. de Chartres, cant. et ✉ d'Illiers. Pop. 155 h.

ÉMANCÉ, vg. Seine-et-Oise (Beauce), arr., cant. et à 15 k. de Rambouillet, ✉ d'Épernon. Pop. 336 h.

ÉMANVILLE, Emanvilla, vg. Eure (Normandie), arr. et à 22 k. d'Évreux, cant. de Conches, ✉ de la Commanderie. Pop. 608 h.

ÉMANVILLE, vg. Seine-Inf. (Normandie), arr. et à 23 k. de Rouen, cant. de Pavillon, ✉ de Barentin. Pop. 615 h.

EMBERMÉNIL, vg. Meurthe (Lorraine), arr. et à 19 k. de Lunéville, cant. et ✉ de Blamont. Pop. 398 h. — Carrières de plâtre.

EMBOURIE, vg. Charente (Angoumois), arr. et à 14 k. de Ruffec, cant. et ✉ de Villefagnan. Pop. 324 h.

EMBRES, vg. Aude (Languedoc), arr. et à 4 k. de Narbonne, cant. d'Urban, ✉ de Sijean. Pop. 386 h.

EMBREVILLE, vg. Somme (Picardie), arr. et à 25 k. d'Abbeville, cant. et ✉ de Gamaches. Pop. 525 h.

EMBRUN, Eburodunum Caturigum, ancienne et forte ville, H.-Alpes (Dauphiné), chef-l. de sous-préf. (2e arr.) et d'un cant. Trib. de 1re inst. Collège comm. Cure. Petit séminaire. ✉. ⚒. Pop. 4,373 h. — TERRAIN jurassique, étage supérieur du système oolitique.

Autrefois archevêché, parlement et intendance de Grenoble, élection et recette de Gap, collégiale, 3 couvents. — L'archevêché d'Embrun, établi avant 372, avait pour suffragants les évêques de Digne, Grasse, Vence, Glandèves et Senez. — L'Église d'Embrun, métropolitaine des Alpes maritimes, eut pour apôtre et premier évêque saint Marcellin, mort en 372. Au moyen âge, après la chute du royaume d'Arles, les archevêques se qualifièrent princes d'Embrun, comtes de Guillestre et de Beaufort, chambellans du saint-empire, avec le droit de battre monnaie. Au milieu du XVIIIe siècle, ils étaient encore seigneurs temporels de la ville, et possédaient la justice en partage avec le roi.

Embrun fut une des principales villes des Caturiges ; ils la nommèrent Ebrodunum. Elle devint, sous les Romains, un poste militaire que sa situation rendit très-important. Néron accorda à la ville les privilèges des colonies latines, et Galba, ceux des cités alliées des Romains. Adrien, ayant formé une nouvelle division des Gaules en quatorze provinces, donna à Embrun le titre de métropole des Alpes maritimes. L'empereur Conrad II accorda à ses archevêques des droits régaliens et celui de battre monnaie.

La forte position d'Embrun a souvent exposé cette ville à de grands désastres. Elle fut saccagée tour à tour par les Vandales, les Huns et les Saxons. En 966, les Maures s'en emparèrent, la pillèrent, l'incendièrent et en exterminèrent la population. Elle fut encore pillée et incendiée, en 1573, par les grandes bandes, puis rançonnée par Lesdiguières. Le duc de Savoie la dévasta de nouveau en 1692. — Il s'est tenu à Embrun sept conciles.

Les armes d'Embrun sont : de gueules à la croix pleine d'argent. — Alias : d'azur à la croix d'argent. — Alias : de gueules à la croix d'or.

Cette ville est située sur un plateau qui s'élève au milieu d'une vaste prairie traversée par la Durance. Elle est entourée de remparts, de bastions et d'un fossé assez profond, et défendue du côté de la Durance par un rocher que son escarpement rend inaccessible. Le roc sur lequel elle est située présente de beaux bâtiments et des terrains bien plantés ; il est couronné de plusieurs édifices, au-dessus desquels s'étend la grosse tour de la cathédrale, dont la flèche domine toute la ville. L'intérieur ne répond point à cette apparence grandiose ; les maisons sont assez bien bâties, mais les rues sont irrégulièrement percées, malpropres, sombres, tortueuses ; la seule qui ait une largeur convenable est celle que suit la grande route, encore n'est-elle pas mieux percée que les autres. La place St-Pierre est carrée et assez jolie. — Le rocher, du côté de la Durance, est bordé d'une esplanade plantée d'arbres et munie de parapets ; c'est une promenade agréable d'où l'on jouit de perspectives variées.

La cathédrale est un grand et superbe édifice de style gothique, dont la façade est surmontée d'un clocher à flèche très-élevée ; on y remarque un autel en marbre de Carrare, un orgue élégant, et de beaux vitraux ornés de rosaces et des portraits des douze apôtres. En face de cette église on voit une maison en pierre de taille, où figure un lion dévorant une chèvre, dont la construction paraît remonter à la même époque. Près de là est l'ancien palais archiépiscopal qui répondait à la splendeur de l'église. A peu de distance s'élève la Tour-Brune, qui servit longtemps de prison.

En 1804, et par les soins de M. Ladoucette, dont l'administration comme préfet a laissé dans le pays les plus honorables souvenirs, l'ancien collége et séminaire des jésuites a été transformé en une maison centrale de détention, la première qui ait été établie en France.

Biographie. PATRIX de l'adjudant général AGNEL, député au corps législatif.

Du baron D'ANTHOINE, beau-frère du roi de Suède Bernadotte.

Fabriques de draps, rubans de laine, ratines, couvertures, chapeaux. Filatures de coton. Tanneries. — *Commerce* de fruits excellents, vins, cuirs et bestiaux. — *Foires* les 28 avril, 1er juin, 25 août, 25 oct., 4e lundi de carême (4 jours), et 1er samedi de janv.

A 39 k. E. de Gap, 698 k. S.-E. de Paris. Lat. 44° 34′ 7″, long. 4° 5′ 54″ E.

L'arrondissement d'Embrun est composé de 5 cantons : Chorges, Embrun, Guillestre, Orcières et Savines.

EMBRUNOIS (l'), pays du ci-devant haut Dauphiné dont Embrun était le chef-lieu. Il est aujourd'hui compris dans le département des Hautes-Alpes. Embrun, Guillestre, Chorges et Montdauphin en étaient les principales villes.

EMBRY, vg. *Pas-de-Calais* (Artois), arr. et à 22 k. de Montreuil-sur-Mer, cant. et ✉ de Fruges. Pop. 738 h.

ÉMÉLIOU (Poudrières d'), vg. *Var*, com. et ✉ de Toulon-sur-Mer.

ÉMENILLE (St-), vg. *Nord*, comm. de Millam, ✉ de St-Omer.

ÉMÉRAINVILLE, ou EMERY, vg. *Seine-et-Marne* (Ile-de-France), arr. et à 31 k. de Meaux, cant. de Lagny, ✉ de Torcy. Pop. 236 h.

ÉMERCHICOURT, ou VICOGNETTE, vg. *Nord* (Flandre), arr. et à 25 k. de Valenciennes, cant. et ✉ de Bouchain. Pop. 49 h.

ÉMERINGES, vg. *Rhône* (Beaujolais), arr. et à 25 k. de Villefranche-sur-Saône, cant. de Beaujeu, ✉ de Romanèche. Pop. 390 h.

ÉMEVILLE, vg. *Oise* (Picardie), arr. et à 22 k. de Senlis, cant. de Crépy, ✉ de Villers-Cotterets. Pop. 213 h.

ÉMIÉVILLE, *Emivilla*, vg. *Calvados* (Normandie), arr. et à 13 k. de Caen, cant. et ✉ de Troarn. Pop. 208 h.

ÉMILAND (St-), vg. *Saône-et-Loire* (Bourgogne), arr. et à 16 k. d'Autun, cant. et ✉ de Couches. ♀. Pop. 923 h.

Ce fut dans la plaine de St-Emiland que Julius Sacrovir, s'étant mis à la tête d'un corps d'armée de 40,000 hommes, composé, en grande partie, de la jeunesse éduenne, vint livrer une dernière bataille aux légions de César, et fut vaincu après un combat des plus sanglants. Une épée fort curieuse a été trouvée récemment dans une terre voisine du champ de bataille ; on suppose qu'elle a pu appartenir à Sacrovir ou à quelque chef des Eduens. — *Foires* les 9 avril, 18 mai et 17 juillet.

ÉMILE, nom donné pendant la révolution à la ville de MONTMORENCY.

ÉMILION (St-), *S. Emiliani*, petite ville, *Gironde* (Guienne), arr., cant., ✉ et à 8 k. de Libourne. Pop. 2,722 h.— Elle est située dans une gorge profonde, au milieu d'une contrée fertile en vins fort estimés.

St-Emilion doit son origine à un monastère de l'ordre de St-Benoît, fondé dans ce lieu ; et rendu célèbre par la retraite et les miracles de saint Emilion. Ce monastère, ruiné par les Normands et ensuite par les Sarrasins, fut remplacé par une collégiale qui subsista jusqu'à la révolution de 1789, et qui donna à l'épiscopat des membres distingués.

St-Emilion était autrefois une place entourée de fortifications, dont quelques restes existent encore, ainsi qu'une espèce de donjon quadrilatère, nommé le Château du Roi. On y remarque aussi l'église paroissiale, édifice gothique plein de grâce et de légèreté ; et la façade du palais du cardinal de Canterac. Mais les édifices les plus curieux de cette ville sont : l'Ermitage de St-Emilion, un petit temple monolithe, et une rotonde, dédiés au solitaire qui a donné son nom à la ville.

L'Ermitage est creusé dans le roc, à 7 m. au-dessous de la place publique : on y voit encore le lit, le siége et la table du solitaire ; le tout ménagé dans le roc, ainsi qu'une fontaine remarquable par l'abondance et la limpidité de ses eaux.

Le temple monolithe est également taillé dans le roc : il a 27 m. de long, et 16 m. de large ; l'entrée, qui regarde l'ouest, est décorée d'une arcade gothique, à plusieurs cintres en retraite les uns sous les autres, avec des personnages entre les arcs. Une galerie latérale, bordée de sépulcres, conduit dans la nef, dont la voûte décrit le sommet d'une étroite parabole, et repose sur huit piliers énormes. Des bas-reliefs et diverses sculptures ornent l'entrée et plusieurs autres parties de ce temple.

Non loin de ce monument, à gauche, est la rotonde de St-Emilion, petit temple gothique, d'une admirable légèreté.

Les vins du territoire de St-Emilion sont les plus renommés de l'arrondissement de Libourne. La commune cependant n'en produit presque pas ; mais on comprend sous la dénomination de vins de St-Emilion les vins des communes de St-Martin-de-Mazerat, St-Christophe, St-Laurent, St-Sulpice, Pomerol, St-Georges, Néac, St-Magne, Castillon et Capitourlans.

PATRIE de GUADET, membre de la convention nationale, mort sur l'échafaud révolutionnaire le 16 juillet 1794.

Foires les 2 fév., 22 juillet et 4 sept.

Bibliographie. * *Ermitage antique de St-Emilion* (Mém. de la société des antiq. de France, t. v, pl. LXVIII).

JOUANNET. *Notice sur les antiquités de St-Emilion*, in-8. 1820.

GUADET (J.). *St-Emilion, son château et ses monuments* (ouvrage couronné par l'Institut), in-8, 1841.

EMLINGEN, vg. *H.-Rhin* (Alsace), arr., cant., ✉ et à 4 k. d'Altkirch. Pop. 307 h.

EMMERIN, vg. *Nord* (Flandre), arr. et 5 k. de Lille, cant. et ✉ de Haubourdin. Pop. 1,292 h.

ÉMONDEVILLE, vg. *Manche* (Normandie), arr. et à 12 k. de Valognes, cant. et ✉ de Montebourg. Pop. 530 h.

ÉMOULIÈRE, vg. *H.-Saône* (Franche-Comté), arr. et à 24 k. de Lure, cant. et ✉ de Faucogney. Pop. 1,715 h.

EMPEAUX, vg. *H.-Garonne* (Comminges), arr. et à 22 k. de Muret, cant. et ✉ de St-Lys. Pop. 275 h.

EMPURANY, vg. *Ardèche* (Vivarais), arr. et à 24 k. de Tournon. cant. et ✉ de la Mastre. Pop. 1,715 h.— *Foires* les 10 mai et 4 déc.

EMPURÉ, vg. *Charente* (Angoumois), arr. à 12 k. de Ruffec, cant. et ✉ de Villefagnan. Pop. 350 h.

EMPURY, vg. *Nièvre* (Nivernais), arr. et à 25 k. de Clamecy, cant. et ✉ de Lormes. Pop. 427 h.

ENCAUSSE, village et établissement d'eaux minérales, *H.-Garonne* (Comminges), arr. et à 8 k. de St-Gaudens, cant. et ✉ d'Aspet. Pop. 652 h.

Ce village est situé dans l'une de ces gorges riantes et cultivées que forment, par leurs ondulations, les collines boisées qui de la Garonne s'élèvent progressivement vers la chaîne des Pyrénées et en forment les premiers degrés.

EAUX MINÉRALES D'ENCAUSSE.

On trouve à Encausse deux sources d'eaux thermales désignées sous les noms de grande et petite source, qui peuvent fournir à 340 bains dans l'espace de 24 heures. Ces sources, citées par Strabon et mentionnées dans l'Itinéraire d'Antonin, sont la propriété de la commune.

Le bâtiment, nouvellement construit, est propre et commode. Il contient 18 baignoires en marbre. Les cabinets, spacieux, beaux et parfaitement éclairés, où sont placées les baignoires, sont rangés sur deux lignes parallèles, à droite et à gauche, et séparés par un vaste corridor, pavé en larges dalles. A côté se trouve le chauffoir et un superbe salon.

SAISON DES EAUX. La saison dure depuis le mois de juillet jusqu'à la fin d'octobre. Le nombre des malades varie de 300 à 400 par an. Des salles de bal et de jeu, les promenades charmantes dans les riantes prairies qui entourent le village, offrent aux malades des objets de distraction agréables.

PRIX DU LOGEMENT ET DE LA DÉPENSE JOURNALIÈRE. On trouve à Encausse toutes les commodités nécessaires à la vie, à un prix très-modéré. La dépense journalière peut s'élever à 1 fr. 30 c., et le logement à 50 c.

TARIF DU PRIX DES EAUX, BAINS ET DOUCHES. Boisson par jour. . . . . . 5 c.
Bain 50
Douche. 25

PROPRIÉTÉS MÉDICINALES. Les maladies dans lesquelles on les administre avec le plus de succès, sont les rhumatismes, les coliques bilieuses et néphrétiques, les affections cutanées, mélancoliques, hypocondriaques, hystériques, la leucorrhée, la chlorose et autres maladies des femmes; les obstructions des viscères abdominaux, les fièvres intermittentes, de long cours particulièrement. On les emploie fréquemment avec avantage contre les paralysies.

Les observations recueillies sur les effets généraux de ces eaux ont démontré qu'elles étaient très-efficaces pour ramollir le tissu fibreux. On attribue à cet effet la guérison des personnes atteintes de rhumatismes. Les jeunes personnes frappées d'accidents qu'occasionne une menstruation difficile doivent le retour aisé du cours périodique à l'effet émollient des bains. On voit souvent des fièvres intermittentes quartes, après avoir résisté à tous les remèdes usités en pareil cas, guérir comme par enchantement par le seul usage de l'eau de la grande source en boisson. N'est-ce pas à l'effet purgatif désobstruant qu'on doit attribuer ces cures? n'est-ce pas aussi à l'effet émollient des bains qu'est due l'amélioration de tant d'affections nerveuses, mélancoliques, hypocondriaques, etc.? Le sentiment, le mouvement et les forces sont souvent rétablis par la douche forte sur les membres frappés de paralysie.

MODE D'ADMINISTRATION. On administre les eaux d'Encausse en bains, en douches, et en boisson le matin à jeun. Elles produisent, chez les pituiteux surtout, des selles abondantes.

Bibliographie. GUYON (Louis). *Discours des deux fontaines médicinales du bourg d'Encausse*, in-8, 1595.

GASSEN DE PLANTIN. *Discours et abrégé de la vertu et propriété des eaux d'Encausse*, in-12.

ENCAUSSE, vg. *Gers* (Armagnac), arr. et à 30 k. de Lombez, cant. de Cologne, ✉ de l'Isle-en-Jourdain. Pop. 864 h.

ENCHASTRAYES, vg. *B.-Alpes* (Provence), arr., cant., ✉ et à 5 k. de Barcelonnette. Pop. 780 h.

ENCHENBERG, vg. *Moselle* (pays Messin), arr. et à 28 k. de Sarreguemines, cant. et ✉ de Rorbach. Pop. 1,091 h.

ENCLAVE-DE-LA-MARTINIÈRE (l'), vg. *Deux-Sèvres* (Poitou), arr., cant., ✉ et à 5 k. de Melle. Pop. 543 h.

ENCOURTIECH, vg. *Ariège* (Comminges), arr., cant., ✉ et à 4 k. de St-Girons. Pop. 350 h.

ENDOUFIELLE, vg. *Gers* (Armagnac), arr. et à 13 k. de Lombez, cant. et ✉ de Lille-en-Jourdain. Pop. 870 h.

ENENCOURT-LÉAGE, vg. *Oise* (Picardie), arr. et à 22 k. de Beauvais, cant. de Chaumont-en-Vexin, ✉ de Gisors. Pop. 173 h.

ENENCOURT-LE-SEC, vg. *Oise* (Picardie), arr. et à 22 k. de Beauvais, cant. et ✉ de Chaumont-en-Vexin. Pop. 135 h.

ENFONVELLE, vg. *H.-Marne* (Champagne), arr. et à 55 k. de Langres, cant. et ✉ de Bourbonne. Pop. 586 h.

ENGALIN, vg. *Gers*, comm. et ✉ de Mauvezin.

ENGARREVAQUES, vg. *Tarn* (Languedoc), arr. et à 34 k. de Castres, cant. de Dourgne, ✉ de Sorèze. Pop. 497 h.

ENGENTE, vg. *Aube* (Champagne), arr., cant., ✉ et à 6 k. de Bar-sur-Aube. P. 162 h.

ENGENTHAL, vg. *B.-Rhin* (Alsace), arr. et à 39 k. de Strasbourg, cant. et ✉ de Wasselonne. Pop. 863 h.

ENGENVILLE-MONTVILLE, vg. *Loiret* (Orléanais), arr. et à 7 k. de Pithiviers, cant. de Malesherbes, ✉ de Sermaises. P. 634 h.

ENGHIEN-LES-BAINS, joli village, *Seine-et-Oise* comm. de Deuil et de Soisy, ✉ de Montmorency.

Ce village est dans une situation charmante, sur le bord oriental de l'étang de Montmorency, à une distance égale des jolis villages de Deuil, d'Épinay, de Soisy et de St-Gratien.

EAUX SULFUREUSES D'ENGHIEN.

C'est au village d'Enghien, que l'on confond habituellement avec Montmorency, quoiqu'il en soit éloigné de 2 k., que se trouvent les sources d'eaux sulfureuses, qui ont donné lieu à la construction d'un bel établissement thermal, vaste bâtiment à l'italienne, d'une architecture aussi simple qu'élégante, élevé sous la direction de M. Louis Moreau, architecte. Ce bâtiment renferme les sources et est destiné à recevoir à la fois les personnes auxquelles ces eaux bienfaisantes pourraient être nécessaires, et celles plus nombreuses encore qui, à l'époque de la belle saison, désertent la capitale pour aller chercher à la campagne un air plus pur, et les distractions salutaires qu'elle présente. Tout semble avoir été prévu pour les soins et la commodité des locataires qui peuplent tous les ans cet utile et charmant établissement à l'époque où la nature renaît. Quarante chambres de maître, élégamment meublées, qui toutes ont vue sur les endroits les plus pittoresques de la vallée de Montmorency, sont disposées de la manière la plus commode.

Les bains d'Enghien sont ouverts depuis le 15 juin jusqu'à la fin de septembre. Le beau parc de St-Gratien et le vaste étang de Montmorency forment une magnifique dépendance des établissements sanitaires; ils procurent aux baigneurs des promenades variées au milieu de plantations disposées à l'anglaise sur plus de 500 arpents. Des travaux considérables, exécutés pour l'encaissement de l'étang, ajoutent encore à l'agrément et à la beauté de ce beau pays. Les personnes auxquelles les eaux salutaires d'Enghien sont ordonnées, y trouvent des bains et des douches très-bien tenus, des logements nombreux et commodes, et, d'après les mesures prises récemment, tous les objets de consommation à des prix modérés et au-dessous de ceux de Paris.

Bibliographie. DEYEUX. *Mémoire sur une nouvelle eau minérale sulfureuse découverte dans la vallée de Montmorency en 1766, par le P. Cotte, et analyse de la même eau*, in-4, 1774.

FOURCROY. *Analyse chimique de l'eau sulfureuse d'Enghien*, etc., in-8, 1788.

COTTE (le P.). *Sur les eaux de Montmorency* (Hist. de l'acad. royale des sciences, 1776, p. 38).

* *Analyse de l'eau minérale d'Enghien* (Ann. des mines, t. IX, p. 366).

LE VIEILLARD. *Analyse des eaux de la forêt de Montmorency* (Mém. de l'acad. royale des sciences, savants étrangers, t. IX, p. 673.

BARGINET (A.-P.). *Aperçu topographique et médical sur les eaux minérales sulfureuses d'Enghien*, in-8, 1821.

LONGCHAMP. *Analyse de l'eau minérale sulfureuse d'Enghien, faite par ordre du gouvernement*, in-8, 1826.

HENRY (F.-O.). *Examen critique d'une nouvelle analyse de l'eau d'Enghien faite par M. Longchamp*, in-8, 1826.

PERROCHET. *Essai sur la thérapeutique des eaux minérales d'Enghien, et sur la topographie physico-médicale de la vallée de Montmorency*, in-8, 1839.

REVEILLÉ-PARISSE. *Une Saison aux eaux minérales d'Enghien, considérations hygiéniques et médicales sur cet établissement*, in-18, 1842.

ENGINS, vg. *Isère* (Dauphiné), arr., ✉ et à 17 k. de Grenoble, cant. de Sassenage. Pop. 462 h.

ENGLANCOURT, vg. *Aisne* (Picardie), arr. et à 11 k. de Vervins, cant. de la Capelle, ✉ d'Étreaupont. Pop. 724 h.

ENGLEBELMER, vg. *Somme* (Picardie), arr. et à 25 k. de Doullens, cant. et ✉ d'Acheux. Pop. 695 h.

ENGLEFONTAINE, vg. *Nord* (Flandre), arr. et à 27 k. d'Avesnes, cant. et ✉ du Quesnoy. Pop. 1,696 h. — *Fabriques* considérables de poterie de terre.

ENGLESQUEVILLE, vg. *Calvados* (Normandie), arr. et à 25 k. de Bayeux, cant. et ✉ d'Isigny. Pop. 428 h.

ENGLESQUEVILLE, vg. *Calvados*, arr. et cant. de Pont-l'Évêque. V. ANGLESQUEVILLE.

ENGLESQUEVILLE, *Seine-Inf.*, comm. et ✉ de St-Valéry-en-Caux.

ENGLOS, vg. *Nord* (Flandre), arr. et à 9 k. de Lille, cant. et ✉ d'Haubourdin. P. 341 h.

ENGOMER, vg. *Ariège* (Comminges), arr. et à 8 k. de St-Girons, cant. de Castillon. Pop. 964 h. — Forges à la catalane.

ENGRACE (Ste-), vg. *B.-Pyrénées* (Gascogne), arr. et à 38 k. de Mauléon, et à 51 k. de St-Palais, cant. et ✉ de Tardets. Pop. 1,340 h.

ENGRANVILLE, vg. *Calvados* (Normandie), arr. et à 18 k. de Bayeux, cant. et ✉ de Trevières. Pop. 279 h.

ENGRAVIÈS, vg. *Ariège* (Languedoc), arr. et à 18 k. de Pamiers, cant. et ✉ de Mirepoix. Pop. 201 h.

ENGUILLAUCOURT, *Somme*, comm. de Guillaucourt, ✉ de Lihons-en-Santerre.

ENGUINEGATTE, vg. *Pas-de-Calais* (Artois), arr. et à 20 k. de St-Omer, cant. de Fanquembergue, ✉ d'Aire-sur-la-Lys. Pop. 414 h.

ENGWILLER, vg. *B.-Rhin* (Alsace), arr., ✉ et à 12 k. de Saverne, cant. de Marmoutier. Pop. 290 h.

ENGWILLER, vg. *B.-Rhin* (Alsace), arr. et à 4 k. de Wissembourg, cant. et ✉ de Niederbronn. Pop. 399 h.

ENIMIE (Ste-), petite ville, *Lozère* (Gévaudan), arr. et à 22 k. de Florac, chef-l. de cant. Cure. ✉. A 606 k. de Paris pour la taxe des lettres. Pop. 1,194 h. — TERRAIN jurassique, étage inférieur du système oolitique.

Cette ville est située au milieu de hautes montagnes escarpées, sur la rive droite du Tarn, qui en cet endroit coule entre des rochers à pic. Elle est très-ancienne, et doit son origine à un monastère de religieuses de l'ordre de St-Benoît, qui, d'après une ancienne légende, aurait été fondé, dans le VII° siècle, par la princesse Enimie, fille de Clotaire II, fils de Chilpéric. Cette légende est assez curieuse : elle rapporte qu'Enimie, également belle et vertueuse, avait résolu de se consacrer à Dieu. Son père, voulant la marier, elle pria le Seigneur de la rendre si difforme que personne ne voulût l'épouser. Sa prière fut exaucée, et une lèpre affreuse couvrit son corps et son visage ; quelque temps après, ayant désiré être guérie, il lui fut révélé qu'elle ne trouverait sa guérison que dans les eaux d'une source, la *Burle*, qui se jette dans le Tarn, près du lieu où est aujourd'hui Ste-Enimie. La princesse arriva à cette source après bien des fatigues, et fut guérie; mais toutes les fois qu'elle voulait sortir du vallon, la lèpre lui revenait. Enimie crut que Dieu lui ordonnait de passer ses jours dans cette solitude, et y fonda un monastère dont elle devint l'abbesse ; elle ne quitta plus le cloître que pour aller prier dans une grotte qui existe encore, et sur laquelle on a par la suite bâti une chapelle en son honneur.

Il est difficile de trouver quelque chose de plus sauvage et de plus curieux que le site de Ste-Enimie.

On fait quelquefois, dans les gorges du Tarn, des parties de pêche, et on en rapporte des truites excellentes ; mais quelquefois aussi les paysans des bords du Tarn, jaloux de leur pêche, font pleuvoir des pierres sur les amateurs, et ceux-ci sont obligés d'abandonner leur entreprise. Les gouffres que présentent de distance en distance les torrents de ces montagnes sont comme des garennes où s'entretiennent les truites ; l'espèce, sans cela, en serait bientôt anéantie, soit par les pêcheurs, soit par la violence des eaux, quand les torrents débordés entraînent tout sur leur passage.

ENNEBOURG, *Seine-Inf.* V. BOIS-D'ENNEBOURG (le).

ENNEMAIN, vg. *Somme* (Picardie), arr., ✉ et à 10 k. de Péronne, cant. de Ham. Pop. 457 h. — *Fabrique de sucre indigène.*

ENNEMONT (St-), vg. *Allier* (Bourbonnais), arr., cant., ✉ et à 16 k. de Moulins-sur-Allier. ⚭. Pop. 632 h. — *Foire le 10 août.*

ENNERY, vg. *Moselle* (pays Messin), arr., ✉ et à 35 k. de Metz, cant. de Vigy. P. 569 h.

ENNERY, vg. *Seine-et-Oise* (Vexin), arr., cant., ✉ et à 3 k. de Pontoise. Pop. 586 h.

ENNETIÈRES-EN-WEPPES, vg. *Nord* (Flandre), arr. et à 11 k. de Lille, cant. et ✉ d'Haubourdin. Pop. 1,749 h.

ENNEVELIN, vg. *Nord* (Flandre), arr. et à 13 k. de Lille, cant. et ✉ de Pont-à-Marcq. Pop. 1,703 h.

ENNEZAT, *Enneziacum*, bg *Puy-de-Dôme* (Auvergne), arr., bureau d'enregist. et à 9 k. de Riom, chef-l. de cant. Cure. ✉. A 377 k. de Paris pour la taxe des lettres. Pop. 1,509 h. — TERRAIN d'alluvions modernes.

Ennezat possède une église remarquable, construite vers la fin du XII° siècle, dont le rond-point a été converti, vers le XIV° siècle, en un vaste chœur d'architecture sarrasine, ce qui offre l'alliance bizarre et curieuse de deux genres d'architecture différents, et de deux époques très-distantes l'une de l'autre.

Fabrique de sucre indigène. — Commerce de grains. — Foire le 19 sept.

ENNORDRE, bg *Cher* (Berry), arr. et à 39 k. de Sancerre, cant. de la Chapelle-d'Angillon, ✉ d'Aubigny-Ville. Pop. 785 h.

ÉNOGAT (St-), vg. *Ille-et-Vilaine* (Bretagne), arr. et à 6 k. de St-Malo, cant. de Pleurtuit, ✉ de Dinard. Pop. 205 h. — Il est situé près des sables de la mer et de l'embouchure de la Rance.

ENQUIN, vg. *Pas-de-Calais* (Artois), arr. et à 15 k. de Montreuil-sur-Mer, cant. et ✉ d'Hucqueliers. Pop. 168 h.

ENQUIN, vg. *Pas-de-Calais* (Artois), arr. et à 20 k. de St-Omer, cant. de Fauquembergue, ✉ d'Aire-sur-la-Lys. Pop. 665 h.

ENS, vg. *H.-Pyrénées* (Bigorre), arr. et à 49 k. de Bagnères-de-Bigorre, cant. de Vieille-Aure, ✉ d'Arreau. Pop. 79 h.

ENSCHINGEN, vg. *H.-Rhin* (Alsace), arr., cant., ✉ et à 6 k. d'Altkirch. Pop. 219 h.

ENSIGNÉ, vg. *Deux-Sèvres* (Poitou), arr. et à 18 k. de Melle, cant. et ✉ de Brioux. Pop. 679 h.

ENSISHEIM, ENSHEIM, ou ENSEN, *Ensishemum*, jolie petite ville, *H.-Rhin* (Alsace), arr. et à 25 k. de Colmar, chef-l. de cant. Cure. Maison centrale de détention. ✉. A 496 k. de Paris pour la taxe des lettres. Pop. 3,747 h. —TERRAIN d'alluvions modernes.

Autrefois capitale de la haute Alsace, diocèse de Bâle, siège du conseil supérieur et intendance d'Alsace, avant que cette cour fût transférée à Brisach. Maîtrise des eaux et forêts.

Cette ville est fort agréablement située sur la rive droite de l'Ill, à la jonction du canal de Neufbrisach. C'était autrefois une ville forte, qui fut prise trois fois pendant la guerre de trente ans.

On remarque à Ensisheim l'hôtel de ville, vieux et vaste bâtiment ; l'ancien collège des Jésuites, converti en une maison centrale de détention pour huit départements ; l'église paroissiale, dans laquelle était suspendu autrefois un énorme aérolithe tombé près de la ville en 1492, et transporté au musée de Colmar. — *Fabriques de calicots et de chapeaux de paille.* — *Foires les* 1er mai, 8 juin, 24 août et 25 nov.

Bibliographie. MERKLEIN. *Ensisheim, jadis ville libre impériale*, etc., 2 vol. in-8, 1841.

* *De la prison centrale d'Ensisheim* (feuille du canton de Vaud, n° 183, 1818).

ENTRAGES, vg. *B.-Alpes* (Provence), arr., cant., ✉ et à 9 k. de Digne. Pop. 317 h.

ENTRAIGUES, vg. *Isère* (Dauphiné), arr. et à 52 k. de Grenoble, chef-l. de cant., ✉ et bureau d'enregist. à la Mure. Pop. 635 h.— TERRAIN cristallisé.

ENTRAIGUES, vg. *Puy-de-Dôme* (Auvergne), arr. et à 13 k. de Riom, cant. et ✉ d'Ennezat. Pop. 123 h.

ENTRAIGUES, *Interaquas*, vg. *Vaucluse* (Comtat), arr., cant., ✉ et à 12 k. de Carpentras. Pop. 1,691 h.—*Fabrique de soie. Papeterie.*

ENTRAINS, *Interamnis*, petite ville, *Nièvre* (Nivernais), arr. et à 20 k. de Clamecy, cant. de Varzy. ✉. A 199 k. de Paris pour la taxe des lettres. Pop. 2,232 h. — Elle est située sur le Nohain, qui alimentait autrefois plusieurs étangs aujourd'hui desséchés. — *Foires les* 17 et 18 janv., 27 avril, 21 mai, 13 et 24 juin, 28 août, 24 sept., 9 déc., 2es mercredis de fév., oct., nov., 3e de juillet, 4e de mars et 1er lundi de carême.

Bibliographie. * *La Prise de Clamecy avec celle d'Antrain*, etc., 1617.

ENTRAMES, vg. *Mayenne* (Maine), arr., cant., ✉ et à 8 k. de Laval. Pop. 1,403 h.

Ce village est fort agréablement situé, près de la rive gauche de la Mayenne ; il avait autrefois le titre de baronnie, et possédait un ancien château fort dans lequel Salomon, duc de Bretagne, rendit hommage à Charles le Chauve en 861, et se reconnut vassal du roi de France. — *Papeterie mécanique.*

ENTRANGE, vg. *Moselle*, comm. d'OEutrange, ✉ de Thionville.

ENTRAIGUES, *Interaquæ*, petite ville, *Aveyron* (Rouergue), arr. et à 30 k. d'Espalion, chef-l. de cant. Cure. ✉. A 589 k. de Paris pour la taxe des lettres. Pop. 3,000 h.— TERRAIN cristallisé ou primitif.

Cette ville est bâtie entre trois hautes montagnes, au confluent de la Truyère et du Lot, qui commence en cet endroit à être navigable. C'était autrefois une place très-forte, qui fut prise par Charles VII, lorsqu'il était encore que dauphin.—*Commerce considérable de merrain.—Foires les* 13 janv., 25 avril, 15 mai, 15 juin, 1er août, 15 sept., 18 oct., 15 nov. et mercredi des Cendres.

ENTRECASTEAUX, *Intercastra, Intercastrum*, vg. *Var* (Provence), arr. et à 24 k. de Brignoles, cant. et ✉ de Cotignac. Pop. 2,040 h. — Il est pittoresquement situé entre trois collines, et possède un petit parc bien ombragé et fort agréable.—*Commerce d'huile*

d'olives de qualité supérieure, très-recherchée dans le commerce.
PATRIE du général ESTÈVE.
Foires les 1er juin, 6 août et 4 nov.

ENTRECHAUX, *Intercallis*, vg. *Vaucluse* (Comtat), arr. et à 35 k. d'Orange, cant. et ✉ de Malaucène. Pop. 3,290 h. — On y remarque un petit temple antique, aujourd'hui transformé en chapelle. On y a découvert plusieurs tombeaux fort curieux. — Papeterie. — Foires les 17 janv. et 25 nov.

ENTRE-DEUX-EAUX, vg. *Vosges* (Lorraine), arr., ✉ et à 10 k. de St-Dié, cant. de Fraize. Pop. 750 h.

ENTRE-DEUX-GUIERS, vg. *Isère* (Dauphiné), arr. et à 40 k. de Grenoble, cant. de St-Laurent-du-Pont, ✉ aux Echelles. Pop. 1,717 h. — Foires les 17 janv., mardi de Pâques, mardi de la Pentecôte et 26 juillet.

ENTRE-DEUX-MONTS, vg. *Jura* (Franche-Comté), arr. et à 36 k. de Poligny et à 40 k. d'Arbois, cant. des Planches, ✉ de Foncine-le-Haut. Pop. 320 h.

ENTREPIERRES, *Interpetræ*, vg. *B.-Alpes* (Provence), arr., cant., ✉ et à 6 k. de Sisteron. Pop. 432 h.

ENTRESSEN, vg. *Bouches-du-Rhône*, comm. d'Istres, ✉ de Solon.

ENTREVAUX, *Intervalles*, *Intervallium*, petite ville forte, *B.-Alpes* (Provence), arr. et à 58 k. de Castellane, chef-l. de cant. Cure. Gîte d'étape. ✉. A 862 k. de Paris pour la taxe des lettres. Pop. 1,732 h. — TERRAIN jurassique, étage supérieur du système oolitique.

Cette ville est bâtie en amphithéâtre sur le penchant d'une colline, près de la rive gauche du Var, et défendue par une bonne citadelle. Les rues sont très-escarpées et presque toutes en escalier.

Les armes d'Entrevaux sont : *d'azur à trois montagnes d'or, deux en chef et une en pointe, surmontées chacune d'une fleur de lis d'or.* — Lemau de la Jaisse les a figurées : *d'azur au pont d'or de trois arches, dont les culées reposent contre des montagnes d'argent.*

Lorsque Charles-Quint se disposait à envahir la Provence, un détachement de son armée s'empara d'Entrevaux, qui appartenait au Piémont, incendia la ville, et passa la garnison au fil de l'épée. Plusieurs années après l'évacuation de la Provence par Charles-Quint, une jeune fille d'un courage héroïque réunit secrètement les jeunes paysans des environs, se mit à leur tête, surprit la garnison et la chassa de la ville. Après ce brillant exploit, la jeune héroïne convoque les principaux habitants et leur propose de se mettre sous la protection de la France, ce qui fut adopté par acclamation. Le roi accueillit l'offre de cette ville, qui depuis ce temps fut réunie à la France. — On y voit une ancienne église qui mériterait d'être classée au nombre des monuments historiques.

PATRIE du médecin DELMAS, auteur de *Recherches historiques et médicales sur la fièvre jaune.*

Foires les 29 sept., 28 oct., 1er lundi de mai, 1er lundi d'août, et lundi avant le 30 nov.
Bibliographie. * *Titre primitif concédé en faveur de la communauté, manants et habitants de la ville d'Entrevaux, par Henri, dauphin, en récompense de leurs services et fidélité inviolable*, in-4 de 28 pages, sans date.

ENTREVENNES, *Intervenas*, vg. *B.-Alpes* (Provence), arr. et à 36 k. de Digne, cant. et ✉ des Mées. Pop. 673 h. — Foire le 20 août.

ENTZHEIM, vg. *B.-Rhin* (Alsace), arr., ✉ et à 10 k. de Strasbourg, cant. de Geispolsheim. ☞. Pop. 668 h. — En 1674, le 4 octobre, Turenne remporta, près de ce village, une victoire signalée sur l'armée du duc de Lorraine, quoiqu'elle fût deux fois plus nombreuse que la sienne.

ENVAL, vg. *Puy-de-Dôme*, comm. de St-Hippolyte, ✉ de Riom.

ENVAL, vg. *Puy-de-Dôme*, comm. de Vic-le-Comte, ✉ de Veyre.

ENVAUX (Port d'), vg. *Charente-Inf.*, comm. de St-Saturnin-de-Séchaud, ✉ de St-Porchaire.

ENVEIGT, vg. *Pyrénées-Or.* (Roussillon), arr. et à 68 k. de Prades, cant. de Saillagouse, ✉ de la Tour-de-Carol. Pop. 424 h. — Il est près du Raourt, et renommé par ses excellents pâturages. — Haras.

ENVELAMP, *Isère*, comm. de Chélieu, ✉ de Virieu.

ENVERMEU, bg *Seine-Inf.* (Normandie), arr. et à 15 k. de Dieppe, chef-l. de cant. Cure. ✉. ☞. A 157 k. de Paris pour la taxe des lettres. Pop. 1,407 h. — TERRAIN crétacé supérieur, craie. — Il est situé dans une contrée fertile, sur la rive droite de l'Eaulne. — Commerce considérable de grains, de toiles, laines et bestiaux. — Foires le 1er et le 3e samedi de juillet. — Marché important pour les grains tous les samedis.

ENVRONVILLE, vg. *Seine-Inf.* (Normandie), arr. et à 9 k. d'Yvetot, cant. et ✉ de Fauville. Pop. 575 h.

ÉNY (St-), bg *Manche* (Normandie), arr. et à 30 k. de St-Lô, cant. et ✉ de Carentan. Pop. 1,817 h.

ÉOULX, vg. *B.-Alpes* (Provence), arr., cant., ✉ et à 9 k. de Castellane. Pop. 287 h.

ÉOURES, ou OEURES, ou NÉOURES (les), vg. *Bouches-du-Rhône*, comm. et ✉ de Marseille.

ÉOURRES, vg. *H.-Alpes* (Dauphiné), arr. et à 63 k. de Gap, cant. de Ribiers, ✉ de Laragne. Pop. 567 h.

ÉOUX, vg. *H.-Garonne* (Comminges), arr. et à 25 k. de St-Gaudens, cant. et ✉ d'Aurignac. Pop. 507 h.

ÉPAGNE, vg. *Aube* (Champagne), arr. et à 3 k. de Bar-sur-Aube, cant. et ✉ de Brienne. Pop. 275 h.

ÉPAGNE-ÉPAGNETTE, vg. *Somme* (Picardie), arr., cant., ✉ et à 5 k. d'Abbeville. Pop. 464 h.

ÉPAGNY, vg. *Aisne* (Picardie), arr. et à 15 k. de Soissons, cant. et ✉ de Vic-sur-Aisne. Pop. 464 h.

ÉPAGNY, vg. *Côte-d'Or* (Bourgogne), arr. et à 14 k. de Dijon, cant. et ✉ d'Is-sur-Tille. Pop. 193 h.

ÉPAGNY, vg. *Somme*, comm. de Saulchoy-Epagny, ✉ de Flers.

ÉPAIGNES, ou ESPAGNE, vg. *Eure* (Normandie, arr. et à 12 k. de Pont-Audemer, cant. et ✉ de Cormeilles. Pop. 2,067 h. — Le territoire de cette commune renferme des eaux minérales et des pyrites ferrugineuses.

ÉPAIN (St-), bg *Indre-et-Loire* (Touraine), arr. et à 27 k. de Chinon, cant. et ✉ de Ste-Maure. Pop. 2,044 h. — On y voit le château de MAUGER, ancien marquisat érigé en duché-pairie en 1762 sous le nom de Praslin, en faveur du comte César de Choiseul. Il y avait un chapitre dans ce château avant la révolution. — Foires les 2es lundis de mars, de juin, de sept. et de nov.

EPAMANDUODURUM (lat. 48°, long. 25°). « Il en est mention dans l'Itinéraire d'Antonin et dans la Table théodosienne, sur une route qui, de Besançon, conduit sur le Rhin. L'Itinéraire marque de *Vesontio* à *Volatudurum* XXII, et de *Velatudurum* à *Epamanduodurum* XII. Dans un autre endroit il ne marque que XXXI en une seule distance et sans lieu intermédiaire. On trouve dans la Table *Vesontione* XIII, *Laposagio* XVIII, *Epamanduo*. Ce lieu est connu sous le nom de Mandeure ; et, sur une colonne milliaire, qui a y été déterrée et qui porte le nom de Trajan, on lit *Vesont*. M. P. XXXXIIII, et un pareil nombre doit indiquer des milles plutôt que des lieues, nonobstant que l'usage établi dans la Gaule et la manière même dont on voit ici que la distance est comptée dans les Itinéraires y soient contraires. Ce qu'on peut inférer de là, c'est qu'en quelques extrémités de la Gaule plus voisines de l'Italie et de l'ancienne province romaine que du centre, on se sera conformé dans l'emplacement des colonnes sur les voies militaires, à la mesure romaine des distances, plutôt qu'à la mesure gauloise, sans préjudice de l'usage de celle-ci dans la partie dominante et principale de la Gaule. Les 48 milles marqués sur la colonne d'*Epamanduodurum* répondent à 32 lieues gauloises, ce qui diffère peu du compte des Itinéraires dont les écarts se renferment entre 31 et 34. La ligne aérienne et directe d'un point pris au centre de Besançon jusqu'à Mandeure passe 32,000 toises, et ne paraît valoir ainsi que 28 à 29 lieues gauloises. Mais, quand on considère sur la représentation du local les endroits par lesquels la route pouvait être conduite, on reconnaît que la mesure du chemin était propre à consumer les 32 lieues qui sont indiquées. » D'Anville. *Notice de l'ancienne Gaule*, p. 290.

ÉPANNES, vg. *Deux-Sèvres* (Poitou), arr. et à 15 k. de Niort, cant. de Frontenay, ✉ de Mauré. Pop. 505 h.

ÉPANNEY, *Spanaium*, vg. *Calvados* (Normandie), arr., ✉ et à 7 k. de Falaise, cant. de Coulibeuf. Pop. 712 h.

ÉPARDS (les), vg. *Drôme*, comm. et ✉ de Moras.

ÉPARGES (les), vg. *Meuse* (pays Messin), arr. et à 21 k. de Verdun-sur-Meuse, cant. de Fresnes-en-Woëvre, ✉ de Manheulles. Pop. 380 h.

ÉPARGNES, vg. *Charente-Inf.*(Saintonge), arr. et à 32 k. de Saintes, cant. et ✉ de Cozes. Pop. 1,528 h.

ÉPARRES (les), vg. *Isère* (Dauphiné), arr. de la Tour-du-Pin, cant., ✉ et à 5 k. de Bourgoin. Pop. 1,500 h. — *Foires* les 29 juin, 16 sept. et 15 déc.

ÉPAUMESNIL, vg. *Somme* (Picardie), arr. et à 41 k. d'Amiens, cant. d'Oisemont, ✉ d'Airaines. Pop. 328 h.

ÉPAUX, vg. *Aisne* (Picardie), arr., cant., ✉ et à 10 k. de Château-Thierry. Pop. 733 h.

ÉPEAUTROLLES, vg. *Eure-et-Loir* (Beauce), arr. et à 21 k. de Chartres, cant. et ✉ d'Illiers. Pop. 229 h.

ÉPÉCAMPS, vg. *Somme* (Picardie), arr. et à 15 k. de Doullens, cant. et ✉ de Bernaville. Pop. 63 h.

ÉPÉGARD, *Auppegardum*, vg. *Eure* (Normandie), arr. et à 27 k. de Louviers, cant. et ✉ du Neubourg. Pop. 738 h.

ÉPEHY, vg. *Somme* (Picardie), arr. et à 19 k. de Péronne, cant. et ✉ de Roisel. Pop. 2,061 h. — *Fabrique* de tissus de coton.

ÉPEIGNÉ-LE-BOIS, bg *Indre-et-Loire* (Touraine), arr. et à 39 k. de Tours, cant. et ✉ de Bléré. Pop. 1,071 h.

ÉPEIGNÉ-SUR-DESME, vg. *Indre-et-Loire* (Touraine), arr. et à 34 k. de Tours, cant. et ✉ de Neuvy-le-Roi. Pop. 485 h.

ÉPELUCHE, vg. *Dordogne*, comm. de Combéranche, ✉ de Ribérac.

ÉPENANCOURT, vg. *Somme* (Picardie), arr. et à 15 k. de Péronne, cant. et ✉ de Nesle. Pop. 247 h.

ÉPENÈDE, vg. *Charente* (Angoumois), arr., cant., ✉ et à 10 k. de Confolens. Pop. 507 h.

ÉPENOUSE, vg. *Doubs* (Franche-Comté), arr. à 7 k. de Baume-les-Dames, cant. de Vercel, ✉ de Landresse.

ÉPENOY, vg. *Doubs* (Franche-Comté), arr. et à 27 k. de Baume-les-Dames, cant. de Vercel, ✉ du Valdahon. Pop. 432 h.

ÉPENSE, vg. *Marne* (Champagne), arr., ✉ et à 17 k. de Ste-Ménehould, cant. de Dommartin-sur-Yèvre. Pop. 380 h. — *Fabriques* de faïence et de poterie fine.

ÉPERCIEUX-ST-PAUL, vg. *Loire* (Forez), arr. et à 29 k. de Montbrison, cant. et ✉ de Feurs. Pop. 459 h.

ÉPERCY, vg. *Jura*, comm. de Jeurre, ✉ de Moirans.

ÉPERLECQUES, vg. *Pas-de-Calais* (Artois), arr., ✉ et à 8 k. de St-Omer, cant. d'Ardres. Pop. 1,874 h.

ÉPERNAY, vg. *Côte-d'Or* (Bourgogne), arr. et à 18 k. de Dijon, cant. de Gevrey. Pop. 149 h.

ÉPERNAY, *Sparnacum*, *Aspreniacum*, jolie ville, *Marne* (Champagne), chef-l. de sous-préf. Trib. de 1re inst. et de com. Soc. d'émulation des sciences et des arts. Collége communal. Cure. Gîte d'étape. ✉. ⚔. Pop. 5,978 h. — TERRAIN crétacé supérieur, craie blanche.

Autrefois duché-pairie, diocèse de Reims, parlement de Paris, intendance de Châlons, chef-lieu d'élection, bailliage et justice royale, gouvernement particulier, 1 abbaye.

Epernay est une ville ancienne, dont il est toutefois difficile de fixer l'époque de la fondation. Euloge, riche et puissant Gaulois, la vendit à Remi, évêque de Reims, et à l'église de Reims, moyennant 5,000 livres pesant d'argent. En 445, c'était déjà un endroit considérable, où les seigneurs du lieu avaient un château. Sous le règne de Clovis, Epernay fut cédée aux archevêques de Reims, qui y firent bâtir une forteresse. Childebert s'empara de cette ville en 533, et en fit massacrer les habitants. Frédégonde la prit et la pilla vers 593. Dans le IXe siècle, lors de l'invasion des Normands, Hincmar s'y réfugia avec les trésors de l'archevêché de Reims et le corps de saint Remi. François Ier y fit mettre le feu en 1545, pour empêcher Charles-Quint de s'emparer des approvisionnements qui y étaient rassemblés ; la paix ayant été faite quelque temps après, François Ier fit rebâtir la ville, et accorda aux habitants divers privilèges. — Les calvinistes s'en emparèrent après une vigoureuse défense en 1586. Peu de temps après, le duc de Guise la reprit, et y mit une garnison qui fut chassée par les habitants en 1588. Rosy, lieutenant général de la Ligue, tenta d'abord sans succès de la reprendre, et finit par s'en emparer en 1592. Dans la même année, Henri IV l'assiégea en personne, et la prit par capitulation le 9 août, après une défense désespérée où fut tué le maréchal de Biron. Le prince de Condé y entra le 1er octobre 1615, et son parti la conserva jusqu'en 1619. Sous le ministère de Richelieu, le comte de Soissons s'empara en 1634 d'Epernay, que Louis XIII reprit l'année suivante. En 1642, cette ville fut donnée au duc de Bouillon en échange du comté de Sedan, et, jointe à Château-Thierry, reçut le titre de duché.

Les armes d'**Epernay** sont : *d'azur à trois roses doubles d'argent.*

Cette ville est dans une situation agréable, au débouché d'une riante vallée et au centre des plus riches vignobles de la Champagne, près de la Marne, sur lequel l'on passe sur un pont de sept arches surbaissées, d'une exécution hardie. C'est une ville généralement bien bâtie en pierres, en bois et en briques, propre et bien pavée. Sur une des places est l'église paroissiale, construite de 1828 à 1832, édifice de style italien, simple mais assez spacieux ; les nefs sont divisées par des piliers d'ordre dorique, et ornées de superbes vitraux de couleur représentant l'histoire de l'Ancien et du Nouveau Testament, et celle de la province de Champagne. — Le faubourg de la Folie ou du Commerce, habité par les plus riches négociants en vins de Champagne, est formé de maisons construites avec goût, qu'embellissent de jolis jardins paysagers, et pourvues de caves immenses taillées dans la craie, où sont rangées par treilles des quantités considérables de vins mousseux et non mousseux.

Les coteaux qui avoisinent Epernay produisent les meilleurs vins de la Champagne ; ils sont connus sous le nom de vins de rivière, par opposition aux vins des alentours de Reims, appelés vins de montagne.

Biographie. Patrie du chroniqueur FLODOARD.

Du jésuite LORIQUET, qui s'est chargé de l'indigne tâche de refaire et de tronquer tous les livres classiques, de mutiler les auteurs français, et de reconstruire une nouvelle histoire dans laquelle la société dont il était membre pût insulter à tout ce que les siècles ont produit de véritablement grand.

Fabriques de bonneterie, de poterie de terre renommée qui résiste au feu. Filature hydraulique de laine cardée. Raffineries de sucre. Teintureries. Tanneries, corroieries, mégisseries. — *Commerce* de bouteilles, bouchons, ficelles, fils de fer, vins de Champagne. Port sur la Marne pour l'approvisionnement de Paris en bois de charpente provenant des forêts environnantes ; bois à brûler, charbon ; bateaux pontés pour Paris, Rouen et le Havre, pour l'embarquement des vins qui s'expédient dans toutes les parties du monde. — *Foires* les 22 juillet, 14 sept., samedi avant la Toussaint et samedi de la 3e semaine de carême.

A 33 k. N.-N.-O. de Châlons, 33 k. S. de Reims, 137 k. O. de Paris.

L'arrondissement d'Epernay est composé de 9 cantons : Anglure, Avize, Dormans, Epernay, Esternay, Fère-Champenoise, Montmirail, Montmort, Sézanne.

Bibliographie. * *Discours du siège et prise de la ville d'Epernay*, du 9 août 1592, in-8, 1592.

* *Histoire de la ville d'Epernay*, par H.-M.-G. 2 vol. in-12, 1800.

POTERLET. *Notice historique et statistique des rues et places de la ville d'Epernay*, etc., in-8, 1838.

ÉPERNON, *Espernonium*, *Sparnonum*, petite ville, *Eure-et-Loir* (Beauce), arr. et à 25 k. de Chartres, cant. de Maintenon. ✉. ⚔. A 64 k. de Paris pour la taxe des lettres. Pop. 1,553 h.

Epernon était autrefois une place forte, entourée de murs et ceinte de fossés, à l'exception de la partie septentrionale, qui était défendue par un château fort, construit, à ce que l'on présume, sous le règne de Hugues Capet, et dont les Anglais s'emparèrent sous Charles VI ; ils s'y établirent et s'y défendirent longtemps ; lorsqu'ils en furent chassés, ils le détruisirent en partie. Ce château n'offre aujourd'hui que des ruines d'un aspect assez pittoresque.

Le premier nom d'Epernon fut Autrist. On lisait autrefois sur l'une de ses portes :

Autrist fut jadis mon nom ;
A présent on me nomme Espiercmont.

Sous le titre de baronnie, Epernon avait fait partie du canton d'Evreux. En 1581, Henri III l'avait érigé en duché-pairie en faveur de Noguret. Le duché passa dans la famille de Goth de Rouillac, puis dans la maison d'Antin ; mais alors la pairie était éteinte. Enfin les descendants du maréchal de Noailles étaient, avant la révolution, propriétaires de la terre et de la seigneurie d'Epernon.

Cette ville est dans une charmante situation, au pied et sur le penchant d'une colline qui domine un vallon agréable, sur la petite rivière de Guesle. Elle est assez bien bâtie, et possède un joli château, situé au milieu de fertiles prairies arrosées par plusieurs ruisseaux. L'ensemble de la ville et du paysage environnant offre un beau coup d'œil, lorsqu'on y arrive du côté de Rambouillet. L'une de ses églises, assez mesquine d'ailleurs, a un plafond peint de diverses couleurs, où l'on remarque, chose assez étrange, de nombreux croissants surmontés de cassolettes.

Fabriques de cuirs. Lavoirs de laine. Aux environs belles carrières de grès pour le pavage des routes.—*Commerce* de farines, légumes, chevaux et bestiaux.—*Foires* les 21 déc. (2 jours), dernier mardi de fév. et dernier mardi d'oct.

ÉPERRAIS, *Spereia*, vg. *Orne* (Perche), arr. et à 12 k. de Mortagne-sur-Huine, cant. de Pervenchères, ✉ de Bellême. Pop. 648 h.

ÉPERTUILLY, vg. *Saône-et-Loire* (Bourgogne), arr. et à 26 k. d'Autun, cant. d'Epinac, ✉ de Nolay. Pop. 213 h.

ÉPERVANS, vg. *Saône-et-Loire* (Bourgogne), arr., cant., ✉ et à 5 k. de Chalon-sur-Saône. Pop. 753 h.—*Foires* les 8 avril et 15 sept.

ÉPERVIER (l'), vg. *Saône-et-Loire*, com. de Gigny, ✉ de Sennecey.

ÉPESSES (les), vg. *Vendée* (Poitou), arr. et à 47 k. de Bourbon-Vendée, cant. et ✉ des Herbiers. Pop. 1,438 h.—*Fabrique* de mouchoirs.—*Foire* le 1er vendredi de mai.

ÉPEUGNEY, vg. *Doubs* (Franche-Comté), arr. et à 17 k. de Besançon, cant. de Quingey, ✉ d'Ornans. Pop. 366 h.

EPFIG, bg B.-*Rhin* (Alsace), arr. et à 12 k. de Schelestadt, cant. et ✉ de Barr. P. 2,861 h.—*Fabrique* de rubans. Tuilerie.

ÉPIAIS vg. *Loir-et-Cher* (Beauce), arr. et à 16 k. de Vendôme, cant. de Selommes, ✉ d'Oucques. Pop. 172 h.

ÉPIAIS-LES-LOUVRES, vg. *Seine-et-Oise* (Ile-de-France), arr. et à 15 k. de Pontoise, cant. de Luzarches, ✉ de Louvres. Pop. 132 h.

ÉPIAIS-RUS, vg. *Seine-et-Oise* (Vexin), arr. et à 11 k. de Pontoise, cant. et ✉ de Marines. Pop. 509 h.

ÉPIEDS, vg. *Aisne* (Brie), arr., cant., ✉ et à 10 k. de Château-Thierry. Pop. 458 h.

ÉPIEDS, *Espieria*, *Esperia*, vg. *Eure* (Normandie), arr. et à 27 k. d'Evreux, cant. et ✉ de St-André. Pop. 383 h.—C'est sur une partie du territoire d'Epieds que fut décidée le 14 mars 1590 la bataille d'Ivry. L'aile droite du duc de Mayenne s'appuyait au village d'Epieds et au bois qui en est voisin. Dès que l'artillerie royale eut commencé le feu, trois corps de cavalerie qui formaient cette aile s'en détachèrent et firent un quart de conversion pour charger ; mais, pris aussitôt en flanc, ils allèrent jeter le désordre dans le reste de leur armée. Alors Henri IV, s'élançant, acheva la déroute : le grand choc eut lieu près d'un triège appelé triège de l'Ente, à cause d'un poirier sous lequel le roi, excédé de fatigue, se reposa, et où la tradition du pays dit même qu'il s'endormit. Il y fut rejoint par le gros de son escadron, dont il s'était séparé dans l'ardeur de sa poursuite. Un corps de 1,300 lansquenets fut taillé en pièces près de là.—Dans le siècle dernier, le duc de Penthièvre fit ériger, au point où Henri IV s'était reposé, une pyramide qui fut détruite pendant la révolution. Le 29 octobre 1802, Bonaparte, se rendant à Evreux, vint par Ivry visiter le champ de bataille, dont il parcourut à cheval les diverses positions. Il ordonna l'érection d'une nouvelle pyramide, qui fut inaugurée le 24 octobre 1804 : on l'aperçoit de fort loin environnée d'une belle plantation de tilleuls. V. IVRY.

ÉPIEDS, vg. *Maine-et-Loire* (Anjou), arr. et à 15 k. de Saumur, cant. et ✉ de Montreuil-Bellay. Pop. 677 h.

ÉPIEZ, vg. *Meuse* (Lorraine), arr. de Commercy, à 45 k. de St-Mihiel, cant. et ✉ de Vaucouleurs. Pop. 277 h.

ÉPIEZ, vg. *Moselle* (Lorraine), arr. et à 50 k. de Briey, cant. et ✉ de Longuyon. Pop. 881 h.

ÉPINAC, vg. *Saône-et-Loire* (Bourgogne), arr. et à 18 k. d'Autun, cant. d'Epinac. Cure. Bureau d'enregist. à Couches. ✉. A 325 k. de Paris pour la taxe des lettres. Pop. 2,803 h.—TERRAIN carbonifère.

Ce village est bâti dans une situation agréable, sur une éminence. On y remarque les restes d'un ancien château fort, jadis flanqué de quatre grosses tours.

Le territoire d'Epinac renferme une des plus riches mines de houille du département, à l'extraction de laquelle sont employées deux machines à vapeur de la force de 25 chevaux. Cette mine, située loin de la grande route et des canaux de Bourgogne et du Centre, ne pouvant être exploitée avec avantage, les concessionnaires se sont décidés à établir un chemin de fer de 28 k. de longueur, qui joint à Pont-d'Ouche le canal de Bourgogne. Le bassin houiller, dans lequel se trouve la mine d'Epinac et plusieurs autres exploitations, occupe une étendue d'environ 30,000 hectares, il s'étend de l'ouest à l'est sur une longueur de 37,000 m. La partie qui jusqu'à présent a été trouvée la plus riche est l'extrémité orientale où est située la mine d'Epinac. Les couches de houille y sont au nombre de trois, dont deux sont très-rapprochées. — *Fabrique* de sucre indigène Forges. Verrerie à bouteilles.—*Foires* les 2 mai et 25 nov.

ÉPINAY-LE-COMTE (l'), vg. *Orne* (Normandie), arr., ✉ et à 18 k. de Domfront, cant. de Passais. Pop. 956 h.

ÉPINAL, *Spinalium*, jolie ville (Lorraine), chef-l. du départ. des Vosges (3e arr.) et d'un cant. Trib. de 1re inst. Société d'agricult. Collége communal. Cure. Chambre consult. des manufact. Société d'émulation. ✉. ⚜. Pop. 11,012 h. — TERRAIN du trias, grès bigarré.

Autrefois duché, diocèse de Toul, conseil souverain et intendance de Lorraine, bailliage, gouvernement particulier, maîtrise des eaux et forêts, recette des finances et bois, abbaye et chapitre de chanoinesses nobles, collége.

Théodoric ou Thierry d'Hamelan, évêque de Metz, passe pour le fondateur de la ville d'*Espinaulx* ou de *Spinal*, qui n'avait encore, en 980, que quelques maisons isolées sur les rives de la Moselle. D'après l'opinion commune, cette cité fut pendant longtemps une petite ville libre, dont les habitants se qualifiaient de citadins : la protection des évêques la maintenait contre les entreprises des seigneurs. A leur tour, les prélats voulurent l'asservir ; mais ils furent blâmés et condamnés aux conciles de Bâle et de Vienne. — Epinal était une place forte défendue par un château important. Elle se donna à la France en 1444. Louis XI céda cette ville à Thiébaut de Neufchâtel, maréchal de Bourgogne, que les habitants refusèrent de reconnaître, suppliant le roi, dit Durival dans sa Description de la Lorraine, *s'il voulait les mettre hors sa sainte couronne, de leur donner un autre maître*. Louis XI les releva du serment, et c'est alors qu'ils choisirent Jean d'Anjou, duc de Lorraine, pour les défendre et les protéger. Le maréchal de Bourgogne vint cependant assiéger la ville en 1466 ; mais il se retira à l'approche du marquis de Pont. Le maréchal de la Ferté ne fut pas plus heureux en 1648. Le maréchal de Créqui la prit en 1670, après une vigoureuse résistance, et Louis XIV la fit démanteler.

Les évêques de Metz possédaient à Epinal le droit de monnayage. L'empereur Othon l'avait accordé à Thierry, par une charte datée de l'année 983. En 1299, un nommé Simon d'Epinal prit à ferme pour sa vie durant l'exercice de ce droit de monnayage. Un autre bourgeois du même lieu passa un semblable marché en 1324 ; mais de temps en temps les évêques rentraient dans leur prérogative. Ainsi le dernier acte qui nous signale l'existence d'un hôtel monétaire d'Epinal, et qui date de 1459, prouve qu'il était l'évêque Conrad Bayer qui en percevait les profits. Nous possédons en effet plusieurs deniers marqués aux noms de Thierry II, d'Adelberon et d'autres évêques. Ces deniers ressemblent en tout à ceux de Metz.

Les armes d'Epinal sont : *de sable à cinq chevrons d'argent ; au chef échiqueté de sable et d'argent*. D'Hozier les a figurées : *d'argent à une tour de sable à trois créneaux au contour de laquelle est écrit :* SCEL DES QUATRE GOUVERNEMENTS DE LA VILLE D'EPINAL.

Placée dans une vallée étroite mais très-pittoresque, au pied des derniers versants occidentaux des Vosges, cette ville est dominée par les ruines de son antique château, assis sur un roc escarpé dont la base est baignée par le ruisseau d'Ambrail. Ces ruines sont depuis longtemps converties en un magnifique jardin anglais que la mort de son créateur menace d'un morcellement déplorable. La Moselle, déjà flottable, partage la ville en trois parties : 1° la grande ville, située sur la rive droite; 2° la petite ville, unie à la grande par deux beaux ponts, l'un en pierre construit en 1841; l'autre suspendu, en fer, occupe une île formée par la rivière et un canal de dérivation qui baignait des remparts dont les derniers vestiges viennent de disparaître ; 3° le faubourg, qui longe la rive gauche du canal et où passe la route royale n° 57 de Metz à Besançon.—Épinal est assez bien bâti : ses rues s'élargissent sans cesse et s'embellissent de nouvelles constructions faites avec goût; quoique mal pavées (en cailloux), elles sont propres ; celles de la grande ville sont généralement arrosées d'eau courante ; presque toutes sont pourvues de fontaines aussi abondantes que limpides. Les quais et les promenades qui bordent la Moselle offrent les points de vue les plus riants et les plus variés; les environs sont très-gracieux. Les édifices publics sont dignes en général de leur destination ; la caserne, construite en 1740, bien distribuée, mais reconnue insuffisante pour le logement des chevaux, va recevoir un complément qui en doublera l'étendue ; l'hôtel de préfecture, construction récente et de bon goût, a rendu à sa destination première le vaste et beau bâtiment du collège, bâti par les jésuites et dont la chapelle est un intéressant morceau d'architecture. Le couvent des capucins est devenu l'hôpital principal : ses bâtiments vont être agrandis ; placé sur une éminence à l'extrémité de la ville, entouré de vastes et beaux jardins, il réunit toutes les conditions de salubrité et de bien-être que réclame un établissement de ce genre. L'église paroissiale, fort ancienne, est devenue insuffisante pour la population ; le sol et les constructions, en s'élevant autour d'elle, l'ont rendue froide et sombre ; mais le chœur, d'une époque plus récente que la nef, est remarquable par la pureté de son style gothique.—Épinal possède une salle de spectacle, une bibliothèque publique de 20,000 volumes ; un musée de tableaux, d'antiquités et d'histoire naturelle ; un abattoir ; un hospice d'orphelins ; une école primaire supérieure ; une salle d'asile modèle.

Biographie. Patrie du médecin baron DE MALDIGNY.

DE COSTER ST-VICTOR, l'un des complices de Georges Cadoudal, condamné à mort et exécuté en 1804.

Fabriques. Produits chimiques, couverts étamés, marbrerie, chapellerie, carrosserie, imageries peintes, broderies, etc.—*Commerce* de grains, bestiaux, fers, bois, merrain, planches de sapin, etc.—*Foires* le 1er et le 3e mercredi de chaque mois.

A 70 k. S. de Nancy, 378 k. E.-S.-E. de Paris. Lat. 48° 10' 33", long. 4° 6' 57" E.

L'arrondissement d'Épinal est composé de 6 cantons : Bains, Bruyères, Châtel, Épinal, Rambervillers, Xertigny.

ÉPINANT, vg. *H.-Marne* (Champagne), arr. et à 27 k. de Langres, cant. et ✉ de Montigny-le-Roi. Pop. 249 h.

ÉPINARD (l'), vg. *Creuse*, comm. de Rougnat, ✉ d'Auzances.

ÉPINASSY, vg. *Saône-et-Loire*, comm. de Changy, ✉ de Charolles.

ÉPINAY, *Spine*, vg. *Eure* (Normandie), arr., ✉ et à 15 k. de Bernay, cant. de Beaumesnil. Pop. 564 h.

ÉPINAY, vg. *Seine-Inf.*, comm. de Londinières, ✉ de Neufchâtel-en-Bray.

ÉPINAY, vg. *Seine-Inf.*, comm. de St-Maclou-de-Folleville, ✉ de Totes.

ÉPINAY-CHAMPLATREUX, *Spinogetum*, vg. *Seine-et-Oise* (Ile-de-France), arr. et à 30 k. de Pontoise, cant. et ✉ de Luzarches. Pop. 112 h.

Champlatreux est un village dépendant de la commune d'Épinay : il renferme un des plus beaux châteaux des environs de Paris. Ce château, bâti sur les dessins de Chevotet, est décoré d'un ordre de colonnes doriques, surmonté d'un ordre ionique; l'avant-corps du milieu de la façade du côté du jardin est couronné par un fronton circulaire, dont le tympan représente Diane partant pour la chasse. Le même architecte a dessiné les jardins et bâti la petite église paroissiale. — Le château de Champlatreux est bâti sur une éminence, et domine un vaste et beau paysage ; sa construction noble et régulière, un parc et des jardins d'une belle ordonnance, des dispositions intérieures où le bon goût a présidé, donnent à cette belle habitation un intérêt qui s'accroît par le souvenir du célèbre président Molé, son fondateur. La fontaine et l'abreuvoir, placés sur la route, sont entourés d'arbres plantés par M. de Malesherbes.

ÉPINAY-SOUS-SÉNART, *Spinolium*, *Espinoletum*, vg. *Seine-et-Oise* (Ile-de-France), arr. et à 15 k. de Corbeil, cant. de Boissy-St-Léger, ✉ de Brunoy. Pop. 211 h. Sur la rive gauche de l'Yères.

ÉPINAY-SUR-BURES, vg. *Seine-Inf.*, comm. de St-Vallery-sous-Bures, ✉ de Neufchâtel-en-Bray.

ÉPINAY-SUR-DUCLAIR, vg. *Seine-Inf.* (Normandie), arr. et à 19 k. de Rouen, cant. et ✉ de Duclair. Pop. 348 h.

ÉPINAY-SUR-ODON, (*Espinetum super Odonem*, vg. *Calvados* (Normandie), arr. et à 24 k. de Caen, cant. et ✉ de Villers-Bocage. Pop. 871 h.

ÉPINAY-SUR-ORGE, *Espinolium*, vg. *Seine-et-Oise* (Ile-de-France), arr. et à 15 k. de Corbeil, cant. et ✉ de Longjumeau. Station du chemin de fer de Paris à Orléans. P. 512 h.

De ce village dépend le château d'Épinay, placé dans une belle situation. Au bas d'Épinay, on remarque la petite propriété d'ENGELTHAL, dans la construction de laquelle on a employé différents ornements provenant de l'église de Corbeil, bâtie par la reine Blanche.

ÉPINAY-SUR-SEINE, joli village, *Seine* (Ile-de-France), arr., cant. et à 5 k. de St-Denis. ✉. A 11 k. de Paris. Pop. 1,119 h.

Épinay est un lieu fort ancien où les rois de la première race avaient une maison de plaisance. Frédégaire rapporte que Dagobert, après avoir vaincu les nations voisines, se rendit à Épinay, accompagné de ses deux fils, Sigebert et Clovis, et des grands du royaume. Là, élevé sur un trône d'or ou doré, la couronne en tête, il harangua l'assistance, et finit par faire son testament. Il conjura ses enfants de l'approuver, et ordonna aux évêques de prier Dieu pour lui. Quelques années après il y tomba malade, et, sentant les approches de la mort, il se fit transporter à St-Denis, qu'il avait fondé six ans auparavant, et y mourut.

On voyait à Épinay un arbre fameux au XIIIe siècle. C'était un orme, sous lequel se réunissaient les arbitres chargés de décider les différends qui s'élevaient entre les ducs et l'abbaye. C'était alors l'usage de tenir sous un orme des assemblées d'importance, où l'on discutait et où l'on réglait des différends.

Épinay est bâti dans une belle plaine, sur la rive droite de la Seine, et traversé par la grande route de Paris à Rouen ; il est environné de maisons charmantes qui ont été habitées par plusieurs personnages célèbres, entre autres Fourcroy, Lacépède, Mme de Montmorency-Luxembourg, etc.

Le hameau de LA BRICHE, dépendant d'Épinay, est situé à l'embouchure du canal St-Denis dans la Seine, sur le bord de laquelle il a un port très-fréquenté. Le château de LA BRICHE a appartenu à Gabrielle d'Estrées, et dans ces derniers temps à M. de Sommariva. Dans la chapelle on voit un marbre noir sur lequel on lit cette inscription :

Extrait des dernières volontés d'Élisabeth-Sophie d'Houdetot, née Lalive de Bellegarde, décédée à Paris le 28 janvier 1813.

« J'ordonne que mon cœur soit mis à part et porté dans le tombeau où près du tombeau de mon père et de ma mère, à Épinay. »

PATRIE du maréchal de France MAISON.

Fabrique de sondes, et entreprise de sondages pour puits artésiens, de fers creux étirés (à la Briche), de cordes. Verrerie à bouteilles (à la Briche).

ÉPINAY-STE-BEUVE, vg. *Seine-Inf.*, comm. de Ste-Beuve-en-Rivière, ✉ de Neufchâtel-en-Bray.

ÉPINE (l'), vg. *H.-Alpes* (Dauphiné), arr. et à 49 k. de Gap, cant. et ✉ de Serres. Pop. 600 h. — *Foires* les 20 janv., 4 mai et 17 sept.

ÉPINE (l'), vg. *Aube*, comm. de St-Germain, ✉ de Troyes. Le territoire produit des vins estimés.

ÉPINE (l'), vg. *Charente*, comm. de Gondeville, ✉ de Jarnac.

ÉPINE (l'), ou NOTRE-DAME-DE-L'ÉPINE, vg. *Marne* (Champagne), arr., ✉ et à 8 k.

ÉPINE (l').

de Châlons-sur-Marne, cant. de Marson. Pop. 443 h.

Ce village doit son origine à une magnifique église construite en 1459, et placée sous l'invocation de N.-D.-de-l'Epine. Le portail de cette église est remarquable par trois vestibules qui lui servent d'entrée. De côté et d'autre de chaque vestibule sont de grandes figures représentant des prophètes et des saints de l'Ancien et du Nouveau Testament, parmi lesquels on remarque la figure de David assis et pinçant de la harpe, et celle de sainte Cécile touchant de l'orgue. Sur le trumeau du vestibule de la principale porte d'entrée est placée la statue de la Vierge, tenant son fils Jésus sur ses bras. Au-dessus de ce trumeau est une grande sculpture, représentant en plusieurs images l'histoire de la naissance de Jésus-Christ et celle de la découverte miraculeuse de la statue de la Vierge dans un buisson ardent, à l'endroit même où est bâtie l'église. Sur la travée au-dessus de laquelle sont les sculptures on remarque les sujets de la mort et de la résurrection de Jésus-Christ. Sur la travée du vestibule qui est à la droite du spectateur est une sculpture représentant, en une seule image, le martyre de saint Sébastien. Toutes ces figures sont parfaitement conservées, étant sous les arcades surmontées chacune d'une pyramide assez élégamment construite, dont celle du milieu, qui est la plus haute et la plus large, porte la figure de Jésus-Christ en croix. Ces trois pyramides sont traversées par des galeries en pierre, ouvragées tout à jour, et dans toute cette partie sont diverses figures de bêtes, servant de gouttières aux eaux pluviales, et, en particulier, de deux figures d'homme et de femme, ayant un costume religieux. Plus haut, et au milieu du principal corps de cette masse d'édifice de belle apparence, se présente une grande rose assez bien exécutée, mais sans être pourtant d'un travail recherché. Sur cette grande masse s'élèvent deux tours d'une belle structure, inégales dans leur élévation, et dont le dessin varie dans les formes et dans les ornements. Elles se composent de portiques, de verrières, d'arcades caves ornées de figures en pierre. Au-dessus des galeries de pierre à jour qui traversent la largeur du portail sont de grandes fenêtres ouvragées avec art, mais bouchées ; celles au-dessus sont ouvertes, et c'est par là que le son des cloches s'échappe de la tour où elles sont placées. L'une de ces deux tours se termine par une galerie à jour qui lui sert de couronnement : c'est celle qui fut achevée avec la nef en moins de dix ans. Elle avait une belle flèche en pierre qui fut démolie à la fin du XVIIIe siècle, pour la remplacer par un télégraphe. La tour méridionale, plus haute que celle dont on vient de parler, est surmontée d'une pyramide à jour, se composant de six consoles ou branchages en pierre, bien ouvragés de feuillages, partant du sommet de la tour d'où elles semblent se dérouler, et se réunissant vers leur sommité par un bouquet de pierre sur lequel sont posées la boule et la croix surmontée d'un coq qui en termine toute la hauteur. La partie inférieure, qui sert de base à ces consoles, est recouverte tout autour et entre chaque console d'une sculpture en pierre, travaillée à jour et en forme de calotte ou cassolette, faisant un bel effet. Le principal ornement de la flèche de l'Epine est une couronne royale, marque de la protection du roi Charles VII, à la générosité duquel est dû l'achèvement de l'édifice tel qu'on le voit maintenant. Cette tour, du côté du midi, est flanquée d'une tourelle qui sert d'escalier pour monter jusqu'aux cloches ; sa belle structure ajoute avantageusement à celle de la tour.

L'intérieur de l'église est soutenu par des piliers ou arcs-boutants, entre chacun desquels est une haute verrière, de sorte qu'elle paraît percée à jour de tous les côtés ; elle a la forme d'une croix, et de côté et d'autre de la croisée est un portail avec des tourelles, des roses et des sculptures. Les pyramides des piliers boutants sont d'une délicatesse remarquable, et les figures d'animaux de différentes espèces qui y sont saillantes et servent de gouttières sont sculptées avec goût et avec une variété singulière. — Le premier pilier a pour gouttière une figure d'homme à cheval sur un monstre marin, dont il ouvre avec force l'énorme gueule, qui est la gouttière ; au-dessus de cette sculpture est un singe qui, par ses grimaces, semble vouloir contrefaire celles du monstre. Entre ce pilier et le suivant est une figure de Bacchus, tenant d'une main un broc et de l'autre une tasse. La seconde gouttière est une figure d'homme très-hideuse, ayant la bouche extraordinairement ouverte ; il tient une marotte serrée contre sa poitrine. Entre ce pilier et le suivant est la figure d'un homme tenant sa tête d'une main ; sa bouche, horriblement ouverte, et les yeux qui lui sortent de la tête, le rendent tout à fait épouvantable. La troisième gouttière est celle d'une femme, d'une malicieuse invention, dans l'attitude d'une personne qui fait de l'eau ; cette femme a les épaules et la gorge nues ; elle est vêtue d'un justaucorps ; ses jupes sont relevées jusqu'au-dessus des genoux. Une autre sculpture suit cette gouttière ; c'est un guerrier dont la barbe est fort épaisse ; il tient un long cimeterre. La quatrième gouttière offre, en un seul bloc de pierre, semblable à une chatte, tenant dans ses griffes de devant un enfant par les épaules, qui lui servent d'appui. La cinquième gouttière est un monstre vorace, entièrement nu, tenant dans ses griffes de devant une petite figure d'homme, qui lui sert d'appui : le mal que le monstre lui a fait, ou la peur que la figure d'homme a d'en être dévoré, lui fait faire une grimace horrible. La sixième gouttière est une figure de bête, semblable à une licorne ; au-dessus de ce pilier boutant est sculptée une truie pinçant de la harpe. La sculpture qui est entre ce pilier et le septième suivant est un pourceau. La septième et dernière gouttière du rond-point est une figure de dogue, ayant un collier d'où pend un grand anneau. Les quatre piliers boutants, entre le portail septentrional et la tour, ont des gouttières dont la première seule se fait remarquer : c'est la représentation d'un homme dans une attitude indécente ; d'une main, il soutient sa mâchoire, en faisant une horrible grimace, et de l'autre il empoigne le phallus absolument nu. Les autres figures des piliers boutants, qui lui servent de gouttières, sont toutes des dogues avec leur collier.

La croisée méridionale est flanquée de deux tourelles, servant d'escalier pour monter au faîte de l'édifice ; toute la largeur du pignon est ornée de galeries en pierre tout à jour, mais d'un autre dessin que celles du contour de l'édifice auxquelles elles se réunissent admirablement. La belle pyramide qui termine le pignon est ouvragée à jour, et derrière est encore une autre belle galerie, aussi à jour, qui longe cette partie inférieure sous laquelle est une arcade cave, où est la porte d'entrée. Sur la travée de la porte à deux battants est un bas-relief considérable, représentant en plusieurs images les principales actions de la vie de saint Jean Baptiste. L'entrée de la croisée septentrionale est toute simple et sans arcade ni sculpture ; elle n'a qu'une tourelle, et le pignon qu'elle accompagne n'a aucune forme agréable, ni même correcte. — En entrant dans l'intérieur de cette belle basilique, on est frappé de son élégance. La nef est soutenue par douze piliers réunis par des arcades en forme ogive, au-dessus desquelles, et tout le long, à droite et à gauche, règne une jolie galerie qui se prolonge tout autour du rond-point. Au-dessus de cette galerie, dans la nef, sont, de côté et d'autre, douze hautes et basses verrières blanches qui l'éclairent, sans compter la belle rose du portail. Les voûtes sont faites avec beaucoup d'art et de délicatesse ; celles des ailes ou nefs collatérales sont du même genre ; presque autant de verrières éclairent l'espace qu'elles occupent. Le jubé, qui sépare ou qui coupe en deux la nef d'avec le chœur, est délicatement travaillé, et se compose d'une porte d'entrée au milieu de deux petits autels nus et très-simples, ornés de l'image de la Vierge, aux pieds de laquelle les fidèles déposent leurs vœux et leurs hommages.

Le sanctuaire est pavé en marbre. Le maître-autel est surmonté d'une assomption de la Vierge, sculptée en bois, que couronne un baldaquin élégant. Dans le pourtour du chœur et du sanctuaire il y a, depuis la croisée méridionale jusqu'à celle septentrionale, sept chapelles, dont la forme est singulière ; chacune de ces chapelles se compose de cinq pans de murailles, et est éclairée par trois verrières. On voit dans la troisième, en commençant par la droite, l'histoire de la sépulture de Jésus-Christ, représentée en dix grandes figures de pierre ; dans la quatrième est un fameux pan de vitre qui représente la découverte miraculeuse de la Vierge ; les autres vitres n'offrent plus maintenant que des vestiges presque tous inexplicables.

Bibliographie. POVILLON-PIÉRARD. *Description historique de Notre-Dame-de-l'Epine*, broch. in-8, 1825.

GUÉRIN (L.-F.). *Notre-Dame-de-l'Epine*, broch. in-18, 1840.

ÉPINE, vg. *Nord*, comm. et ✉ de Solre-le-Château.

ÉPINE (l'), vg. *Vendée*, com. et ✉ de Noirmoutiers.

ÉPINE-AUX-BOIS (l'), vg. *Aisne* (Brie), arr. et à 20 k. de Château-Thierry, cant. de Charly, ✉ de Viels-Maisons. Pop. 426 h.

ÉPINE-LES-BRUYÈRES (l'), vg. *Pas-de-Calais* (Picardie), arr., cant., ✉ et à 10 k. de Montreuil-sur-Mer. Pop. 560 h.

ÉPINEAU-LES-VOVES, vg. *Yonne* (Champagne), arr., cant. et à 7 k. de Joigny, ✉ de Bassou. Pop. 475 h.

ÉPINETTE (l'), vg. *Nord*, comm. de Houplines, ✉ d'Armentières.

ÉPINEU-LE-CHEVREUIL, bg *Sarthe* (Maine), arr. et à 27 k. du Mans, cant. de Loué, ✉ de Coulans. Pop. 1,004 h.

ÉPINEUIL, vg. *Cher* (Bourbonnais), arr. et à 21 k. de St-Amand-Montrond, cant. de Saulzais-le-Potier, ✉ de Meaulne. P. 1,001 h. —Foires les 29 juin et 1er août.

ÉPINEUIL, vg. *Yonne* (Champagne), arr., cant., ✉ et à 2 k. de Tonnerre. Pop. 591 h.

ÉPINEUSE, vg. *Oise* (Picardie), arr., cant. et à 11 k. de Clermont, ✉ d'Estrées-St-Denis. Pop. 263 h.

ÉPINEUX-LE-SEGUIN, vg. *Mayenne* (Maine), arr. et à 36 k. de Laval, cant. de Meslay, ✉ de Sablé. Pop. 657 h.

ÉPINIAC, vg. *Ille-et-Vilaine* (Bretagne), arr. et à 33 k. de St-Malo, cant. et ✉ de Dol. Pop. 2,052 h.

On remarque aux environs le vieux château des Ormes, ancienne propriété des évêques de Dol. —Foire le lundi de la Pentecôte.

ÉPINONVILLE, vg. *Meuse* (pays Messin), arr. et à 27 k. de Montmédy, cant. de Montfaucon, ✉ de Varennes-en-Argonne. Pop. 431 h.

ÉPINOUZE, vg. *Drôme*, comm. et ✉ de Moras.

ÉPINOY, vg. *Nord*, comm. de Clairfayts, ✉ de Solre-le-Château.

ÉPINOY, vg. *Pas-de-Calais* (Artois), arr. et à 9 k. d'Arras, cant. de Marquion, ✉ de Cambrai. Pop. 920 h. C'était jadis un comté qui fut érigé en principauté en 1545.

ÉPINOY (l'), *Pas-de-Calais*, comm. de Lépinoy, ✉ de Montreuil-sur-Mer.

ÉPIRY, vg. *Nièvre* (Nivernais), arr. et à 35 k. de Clamecy, cant. et ✉ de Corbigny. Pop. 572 h.

PATRIX du comte ROGER DE BUSSY-RABUTIN, membre de l'Académie française, mort en 1693.

ÉPISY, vg. *Seine-et-Marne* (Brie), arr. et à 12 k. de Fontainebleau, cant. et ✉ de Moret. Pop. 286 h.

ÉPIZON, vg. *H.-Marne* (Champagne),

arr. et à 27 k. de Vassy, cant. de Poissons, ✉ de Sailly. Pop. 413 h.

ÉPLESSIER, vg. *Somme* (Picardie), arr. et à 34 k. d'Amiens, cant. et ✉ de Poix. Pop. 437 h.

ÉPLY, vg. *Meurthe* (Lorraine), arr. et à 32 k. de Nancy, cant. de Nomény, ✉ de Pont-à-Mousson. Pop. 729 h.

ÉPOISSES, *Spinsia, Spissia, Villa Regia*, bg *Côte-d'Or* (Bourgogne), arr., cant. et à 13 k. de Semur. ✉. ✈. A 240 k. de Paris pour la taxe des lettres. Pop. 1,026 h.

C'est un lieu très-ancien, où les rois de France avaient un palais au VIIe siècle.

On y remarque un beau château gothique entouré de fossés, et susceptible encore aujourd'hui d'une bonne défense. — Commerce de grains et de fourrages. — Bel établissement d'agriculture et d'horticulture.

ÉPONE, ou ESPONE, *Spedotenum*, vg. *Seine-et-Oise* (Ile-de-France), arr., cant. et à 10 k. de Mantes. ✉. A 46 k. de Paris pour la taxe des lettres. Station du chemin de fer de Paris à Rouen. Pop. 854 h. — Il est dans une position fort agréable, sur la pente d'une colline et près de la rive gauche de la Seine. — *Fabrique de tuiles*.

ÉPOTHÉMONT, vg. *Aube* (Champagne), arr. et à 23 k. de Bar-sur-Aube, cant. de Soulaines, ✉ de Brienne. Pop. 313 h.

EPOTIUM (lat. 45°, long. 24°). « Dans une inscription trouvée à Ventavon, qui n'est point du lieu du Piémont, comme le dit Spon (*Miscell. erud. antiq.*, p. 164) mais du Dauphiné, diocèse de Gap, sur la droite de la Durance, on lit : *Pagi Epot. Flam. Avg.* La finale de ce nom de lieu, en suppléant à ce que donne l'inscription, peut avoir été conforme à celle qu'on emploie ici : et ce lieu paraît se rapporter à Upois ou Upais, qui est un bourg dans le voisinage de Ventavon, limitrophe des dépendances actuelles de la Provence. » D'Anville. *Notice de l'ancienne Gaule*, p. 291.

ÉPOUVILLE, vg. *Seine-Inf.* (Normandie), arr. et à 16 k. du Havre, cant. et ✉ de Montivilliers. ✈. Pop. 614 h.

ÉPOYE, vg. *Marne* (Champagne), arr. et à 16 k. de Reims, cant. de Beine, ✉ d'Isles-sur-Suippe. Pop. 543 h.

EPPE-SAUVAGE, vg. *Nord* (Flandre), arr. et à 17 k. d'Avesnes, cant. et ✉ de Trélon. Pop. 875 h. — Scierie de marbre.

EPPES, vg. *Aisne* (Picardie), arr., cant., ✉ et à 10 k. de Laon. Pop. 430 h.

EPPEVILLE, vg. *Somme* (Picardie), arr. et à 23 k. de Péronne, cant. et ✉ de Ham. Pop. 474 h.

EPPING, vg. *Moselle* (pays Messin), arr. et à 25 k. de Sarreguemines, cant. de Volmunster, ✉ de Bitche. Pop. 695 h.

ÉPRÉTOT, vg. *Seine-Inf.* (Normandie), arr. et à 18 k. du Havre, cant. et ✉ de St-Romain. Pop. 470 h.

ÉPREVILLE, *Esperavilla, Esprevilla*, vg. *Eure* (Normandie), arr. et à 28 k. de Louviers, cant. et ✉ du Neubourg. P. 666 h.

ÉPREVILLE, vg. *Seine-Inf.* (Normandie),

arr. et à 37 k. du Havre, cant. et ✉ de Fécamp. Pop. 638 h.

ÉPREVILLE-EN-LIEUVIN, vg. *Eure* (Normandie), arr. et à 20 k. de Pont-Audemer, cant. de St-Georges-du-Vièvre, ✉ du Lieurey. Pop. 626 h.

ÉPREVILLE-EN-ROMOIS, *Esprevilla, Sprevilla*, vg. *Eure* (Normandie), arr. et à 25 k. de Pont-Audemer, cant. de Bourgthéroulde, ✉ de Bourg-Achard. Pop. 506 h.

ÉPREVILLE-MARTAINVILLE ou SUR-RY, vg. *Seine-Inf.* (Normandie), arr. et à 16 k. de Rouen, cant. et ✉ de Darnetal. P. 462 h.

ÉPRON, vg. *Calvados* (Normandie), arr., cant., ✉ et à 4 k. de Caen. Pop. 208 h.

EPS-HERBEVAL, vg. *Pas-de-Calais* (Artois), arr., ✉ et à 10 k. de St-Pol-sur-Ternoise, cant. d'Heuchin. Pop. 409 h.

EPTE (l'), *Epta*, petite rivière qui prend sa source près de Forge-les-Eaux, arr. de Neufchâtel (*Seine-Inférieure*) ; elle passe à Gournay, Gisors, et se jette dans la Seine au-dessus de Vernon (*Eure*), après un cours d'environ 80 k.

ÉPUISAY, vg. *Loir-et-Cher* (Beauce), arr. et à 17 k. de Vendôme, cant. de Savigny, ✉ de Mondoubleau. ✈. Pop. 935 h.

EPUSUM (lat. 50°, long. 23°). « Selon la Notice de l'empire, un corps de troupes était placé à *Epuso*, en ajoutant *Belgicæ primæ* ; parce que ce lieu est du territoire des *Treveri*. Dans les plus corrects des manuscrits de l'Itinéraire d'Antonin, on lit *Epoisso* , et la distance, sur la route qui conduit de *Durocortorum*, ou de Reims à Trèves, est marquée *leugas* XXII à l'égard de *Vungus Vicus*, XX à l'égard d'*Orolaunum*. On peut voir dans l'article *Vuncus Vicus* que si la première de ces deux distances à quelque chose de trop, était comparée au local, cet excédant trouve sa place dans un espace antérieur, entre *Durocortorum* et *Vungus*. Quant à la distance du côté d'*Orolaunum* , elle paraît convenable entre Ivois, qui est *Epusum*, et Arlon. Dans les écrits d'un temps postérieur, le nom d'Ivois, ou d'Ipsch, comme disent les Allemands, est *Evosium* ou *Ivosium*. Mais il ne faut pas que celui de Carignan, qu'on a transporté récemment au même lieu, fasse oublier et supprimer dans la géographie l'ancienne dénomination ; et c'est un précepte qu'on ne peut trop recommander d'être observé, à l'égard de tous les lieux qui peuvent être dans le même cas. » D'Auville. *Notice de l'ancienne Gaule*, p. 291.

EPVRE (St-), vg. *Meurthe* (Lorraine), arr. et à 18 k. de Château-Salins et à 29 k. de Vic, cant. et ✉ de Delme. Pop. 205 h.

ÉPY, vg. *Jura* (Franche-Comté), arr. et à 33 k. de Lons-le-Saulnier, cant. de St-Julien, ✉ de St-Amour. Pop. 168 h.

ÉQUAINVILLE, *Esquainvilla*, vg. *Eure* (Normandie), arr. et à 18 k. de Pont-Audemer, cant. et ✉ de Beuzeville. Pop. 450 h.

ÉQUANCOURT, vg. *Somme* (Picardie), arr., ✉ et à 15 k. de Péronne, cant. de Combles. Pop. 881 h.

ÉQUEMANVILLE, vg. *Calvados* (Normandie), arr. et à 13 k. de Pont-l'Evêque, cant. et ✉ d'Honfleur. Pop. 600 h. — *Foire* les 30 et 31 mai.

ÉQUENNES, vg. *Somme* (Picardie), arr. et à 38 k. d'Amiens, cant. et ✉ de Poix. Pop. 387 h.

ÉQUEURDREVILLE, vg. *Manche* (Normandie), arr., ✉ et à 3 k. de Cherbourg, cant. d'Octeville. Pop. 2,171 h.

ÉQUEVILLEY, vg. *H.-Saône* (Franche-Comté), arr. et à 19 k. de Vesoul, cant. de Port-sur-Saône, ✉ de Faverney. Pop. 520 h.

ÉQUEVILLON, vg. *Jura* (Franche-Comté), arr. et à 22 k. de Poligny, et à 25 k. d'Arbois, cant. et ✉ de Champagnole. Pop. 168 h.

ÉQUILLY, vg. *Manche* (Normandie), arr. et à 26 k. de Coutances, cant. de Bréhal, ✉ de Gavray. Pop. 530 h.

ÉQUIQUEVILLE, vg. *Seine-Inf.*, comm. de St-Vaast-d'Equiqueville, ✉ d'Envermeu.

ÉQUIRRES, vg. *Pas-de-Calais* (Artois), arr., ✉ et à 15 k. de St-Pol-sur-Ternoise, cant. d'Heuchin. Pop. 184 h.

ÉRAGNY-SUR-EPTE, vg. *Oise* (Picardie), arr. et à 31 k. de Beauvais, cant. de Chaumont-en-Vexin, ✉ de Gisors. Pop. 563 h.

ÉRAGNY-SUR-OISE, vg. *Seine-et-Oise* (Ile-de-France), arr., cant., ✉ et à 31 k. de Pontoise. Pop. 884 h. Sur l'Oise. — On voit à Neuville, qui en est une dépendance, un joli château dont le parc renferme l'un des plus beaux cèdres du Liban qui soient en France. L'Oise, qui ferme le parc d'un côté, est bordé d'une allée d'ormes de quatre rangs, de la longueur de 1 k., terminée par un pavillon en forme de temple.

ÉRAINES, vg. *Calvados* (Normandie), arr., cant., ✉ et à 3 k. de Falaise. Pop. 302 h.

ÉRAMECOURT, vg. *Somme* (Picardie), arr. et à 40 k. d'Amiens, cant. et ✉ de Poix. Pop. 116 h.

ÉRAVILLE, vg. *Charente* (Angoumois), arr. et à 20 k. de Cognac, cant. et ✉ de Châteauneuf-sur-Charente. Pop. 262 h.

ERBAJOLO, vg. *Corse*, arr., ✉ et à 14 k. de Corté, cant. de Piedicorte-de-Gaggio. Pop. 463 h.

ERBALUNGA, vg. *Corse*, comm. de Brando, ✉ de Bastia.

ERBEVILLER, vg. *Meurthe* (pays Messin), arr. et à 18 k. de Nancy, cant. et ✉ de St-Nicolas-du-Port. Pop. 118 h.

ERBLON (St-), vg. *Ille-et-Vilaine* (Bretagne), arr., cant., ✉ et à 11 k. de Rennes. Pop. 1,264 h.

ERBLON (St-), vg. *Mayenne* (Maine), arr. et à 36 k. de Château-Gontier, cant. de St-Aignan-sur-Roë, ✉ de Pouancé. Pop. 270 h.

ERBRAY, vg. *Loire-Inf.* (Bretagne), arr., ✉ et à 9 k. de Châteaubriant, cant. de St-Julien-de-Vouvantes. Pop. 1,970 h. — *Foire* le lundi avant le 15 août.

ERBRÉE, vg. *Ille-et-Vilaine* (Bretagne), arr., cant., ✉ et à 8 k. de Vitré. Pop. 402 h. — A peu de distance et au nord d'Erbrée se trouve l'étang de Paintourteau, remarquable par l'abondance et la pureté de ses eaux, qui le

font ressembler à un petit lac ; sa circonférence est d'environ 5 k.

ERCE, vg. *Ariège* (Comminges), arr. et à 22 k. de St-Girons, cant. d'Oust, ✉ de Seix. Pop. 3,855 h. Sur la rive gauche de l'Erce. — *Commerce* de beurre excellent, bestiaux, truites renommées. Carrière de marbre blanc statuaire. — Aux environs, forges et mines de fer. — *Foire* le 4 oct.

ERCÉ-EN-LAMÉE, vg. *Ille-et-Vilaine* (Bretagne), arr. et à 5 k. de Redon, cant. et ✉ de Bain. Pop. 3,040 h. Sur la rive gauche de la Bac. — On remarquait autrefois sur son territoire trois châteaux fortifiés : le château de Salles, entièrement détruit ; le château du Plessis, en forme de redoute carrée, dont il ne reste que les douves ; le château de St-Eustache, qui était flanqué de sept grosses tours et défendu par plusieurs ouvrages avancés. Ce dernier château est renommé par une chapelle où viennent en pèlerinage les habitants de 30 à 40 k. à la ronde. — *Foire* le mardi après le 25 oct.

ERCÉ-PRÈS-LIFFRÉ, vg. *Ille-et-Vilaine* (Bretagne), arr. et à 21 k. de Rennes, cant. et ✉ de Liffré. Pop. 1,503 h.

ERCEVILLE, vg. *Loiret* (Orléanais), arr. et à 20 k. de Pithiviers, cant. d'Outarville, ✉ d'Angerville. Pop. 352 h.

ERCHES, vg. *Somme* (Picardie), arr., cant., ✉ et à 13 k. de Montdidier. Pop. 314 h.

ERCHEUX, vg. *Somme* (Picardie), arr. et à 33 k. de Montdidier, cant. de Roye. ✉. Pop. 1,086 h.

ERCHIN, vg. *Nord* (Flandre), arr., ✉ et à 10 k. de Douai, cant. d'Arleux. Pop. 502 h.

ERCHING, vg. *Moselle* (Lorraine), arr. et à 20 k. de Sarreguemines, cant. de Volmünster, ✉ de Rorbach. Pop. 667 h.

ERCOURT, vg. *Somme* (Picardie), arr., ✉ et à 14 k. d'Abbeville, cant. de Moyenneville. Pop. 354 h.

ERCUIS, vg. *Oise* (Picardie), arr. à 25 k. de Senlis, cant. de Neuilly-en-Thelle, ✉ de Chambly. Pop. 616 h. — *Fabrique* de boutons en poil de chèvre.

ERDEVEN, vg. *Morbihan* (Bretagne), arr. et à 32 k. de Lorient, cant. de Beltz, ✉ d'Auray. Pop. 3,002 h. — On remarque aux environs six dolmens bien conservés, supportés les uns par quatre, les autres par cinq ou six piliers.

ERDRE (l'), rivière qui prend sa source à St-Mars-la-Jaille, *Loire-Inf.* ; elle est navigable depuis Nort jusqu'à son embouchure dans la Loire, à Nantes, au moyen d'une chaussée construite à Barbin, près de cette ville, et qui soutient les eaux à la hauteur nécessaire.
Bibliographie. RICHER (Ed.). *Description de l'Erdre depuis Nort jusqu'à Nantes*, in-4, 1820.

ÉRÉAC, vg. *Côtes-du-Nord* (Bretagne), arr. et à 20 k. de Dinan, cant. et ✉ de Broons. Pop. 1,254 h. — *Foire* le 3ᵉ jeudi de sept.

ERGERSHEIM, ou ERYESCHEN, vg. *B.-Rhin* (Alsace), arr. et à 17 k. de Strasbourg, cant. et ✉ de Molsheim. Pop. 854 h.

ERGNIES, vg. *Somme* (Picardie), arr. et à 18 k. d'Abbeville, cant. d'Ailly-le-Haut-Clocher, ✉ de Flixecourt. Pop. 251 h.

ERGNY, vg. *Pas-de-Calais* (Artois), arr. et à 20 k. de Montreuil-sur-Mer, cant. et ✉ d'Hucqueliers. Pop 323 h.

ERGUE (l'), petite rivière qui prend sa source non loin du Caylar, arr. de Lodève, *Hérault* ; elle passe à Lodève, vis-à-vis de Pousols, après un cours d'environ 40 k.

ERGUÉ-ARMEL, vg. *Finistère* (Bretagne), arr., cant., ✉ et à 2 k. de Quimper. Pop. 1,765 h.

ERGUÉ-GABÉRIC, vg. *Finistère* (Bretagne), arr., cant., ✉ et à 6 k. de Quimper. Pop. 2,042 h.

ÉRIEUX (l'), rivière qui prend sa source au nord de St-Agrève, arr. de Tournon, *Ardèche* ; elle passe à St-Agrève, le Chaylard, Beauchâtel, et se jette dans le Rhône, au-dessus de la Voulte, après un cours d'environ 45 k.

ÉRIGNÉ, vg. *Maine-et-Loire*, comm. de Murs, ✉ d'Angers.

ÉRIN, vg. *Pas-de-Calais* (Artois), arr., ✉ et à 15 k. de St-Pol-sur-Ternoise, cant. d'Huchins. Pop. 411 h.

ÉRINGES, vg. *Côte-d'Or* (Bourgogne), arr. et à 22 k. de Semur, cant. et ✉ de Montbard. Pop. 279 h.

ÉRINGHEM, vg. *Nord* (Flandre), arr. et à 23 k. de Dunkerque, cant. et ✉ de Bergues. Pop. 676 h. — On y remarque un tilleul d'une grande dimension, situé à l'intersection de trois communes.

ÉRISEUL, vg. *H.-Marne* (Champagne), arr. et à 17 k. de Langres, cant. d'Auberive, ✉ d'Arc-en-Barrois. Pop. 134 h.

ÉRIZE-LA-BRULÉE, vg. *Meuse* (Lorraine), arr., ✉ et à 14 k. de Bar-le-Duc, cant. de Vavincourt. Pop. 336 h.

ÉRIZE-LA-GRANDE, vg. *Meuse* (Lorraine), arr., ✉ et à 17 k. de Bar-le-Duc, cant. de Vaubécourt. Pop. 316 h.

ÉRIZE-LA-PETITE, vg. *Meuse* (Lorraine), arr., ✉ et à 19 k. de Bar-le-Duc. P. 185 h.

ÉRIZE-ST-DIZIER, vg. *Meuse* (Lorraine), arr., ✉ et à 11 k. de Bar-le-Duc, cant. de Vavaincourt. Pop. 384 h.

ERLENBACH, vg. *B.-Rhin* (Alsace), arr. et à 19 k. de Schelestadt, cant. et ✉ de Villé. Pop. 1,020 h. — *Distillerie* de kirsch-wasser renommée.

ERLON, vg. *Aisne* (Picardie), arr. et à 20 k. de Laon, cant. et ✉ de Marle. Pop. 600 h.

ERLOY, vg. *Aisne* (Picardie), arr. et à 10 k. de Vervins, cant. de la Capelle, ✉ d'Etréaupont. Pop. 713 h.

ERMENONVILLE, *Arnouvilla*, *Ermenovilla*, vg. *Oise* (Ile-de-France), arr. et à 13 k. de Senlis, cant. de Nanteuil-le-Haudouin, ✉ de Dammartin. ⚘. Pop. 455 h.

Ermenonville est connu pour l'une des plus belles habitations des environs de Paris ; ce n'était autrefois qu'un simple château, situé dans un fond entouré de bois, de rochers et de bruyères. Le bon goût de M. Girardin a transformé ce désert affreux en un séjour enchanteur; il a produit, dans un espace de deux à trois cents hectares, des paysages dignes de l'imagination brillante du Poussin. C'est le temple de la nature, c'est l'Arcadie chantée si agréablement par les poëtes.

L'origine du village d'Ermenonville remonte aux premières années du VIIe siècle. Il faisait partie des domaines de l'ancienne famille des Bouteiller de Senlis, descendants de Charlemagne, qui le possédèrent sans interruption jusqu'en 1350, époque où Guillaume IV le Bouteiller vendit le domaine d'Ermenonville à Robert, seigneur de Lorris. — Il y avait anciennement à l'entrée du château une construction avec pont-levis qu'on nommait la Porte du roi Jean.

Dans le XVIe siècle, la famille des Ursins posséda Ermenonville, qui fut vendu vers 1590 à Dominique Devic, moyennant trente-six mille écus. C'est ce capitaine Devic, si estimé de Henri IV pour sa bravoure à la bataille d'Ivry, qui mourut de douleur en traversant la rue dans laquelle le roi avait été assassiné. La seigneurie d'Ermenonville fut érigée en vicomté en sa faveur par lettres patentes de 1603 ; Henri IV y vint souvent visiter son favori, chez lequel il rencontrait Gabrielle d'Estrées ; on montre encore au château l'appartement du bon roi. — Dominique Devic, d'abord archevêque de Corinthe, puis devenu archevêque d'Auch, combla de bienfaits les habitants d'Ermenonville, qui ont encore sa mémoire en vénération ; il fut sacré dans l'église, dont il fit construire le maître-autel ; il y fut aussi inhumé en 1661, à l'âge de soixante-quatorze ans. — La terre d'Ermenonville fut vendue en 1754, à René Hatte, secrétaire des finances et conseiller d'État privé, aïeul maternel du marquis Louis-René de Girardin, entre les mains duquel cette belle propriété passa par substitution. Ce dernier vint en prendre possession en 1763, au retour de la guerre de Hanovre, dont il avait fait les campagnes comme brigadier des armées du roi, quoique âgé de moins de trente ans ; et se voua tout entier, dès ce moment, à l'amélioration et à l'embellissement du parc d'Ermenonville, qui appartient encore à ses descendants. Le château a été rétabli dans son état actuel à la fin du règne de Louis XIII. Il était entouré au midi de hautes murailles, que M. de Girardin fit détruire lorsqu'il donna un cours déterminé à la rivière, en faisant disparaître les eaux stagnantes qui infectaient le pays. Des quatre tours qui accompagnaient les angles du bâtiment, une seule est depuis longtemps tombée et rasée ; les trois autres, anciennement surmontées de clochetons, s'accordant peu avec le reste de l'édifice, furent établies à créneaux en 1816.

L'église, sous l'invocation de saint Martin, est placée à l'ouest et dans la partie élevée du village ; elle présente les deux genres de construction qu'on nomme gothique rayonnant et gothique flamboyant : la porte est une grande ogive surmontée d'une rosace. A l'intérieur, tous les points d'intersection des arceaux sont ornés de pendentifs. La forme de l'édifice est un carré long régulier, orné de bas côtés.

Le parc d'Ermenonville a été si souvent décrit, qu'il serait superflu d'entrer ici dans de grands détails sur les beautés diverses et multipliées qu'il présente aux amateurs des jardins composés. Cependant on fera remarquer, avec M. le comte Alexandre de Laborde, que ce lieu célèbre se distingue des autres jardins paysagistes par une réunion d'effets opposés qu'on trouverait difficilement ailleurs. « Les jardins, dit-il, ont en général un caractère dominant qui provient du mouvement naturel du terrain et de la qualité du sol. Quelque talent qu'on ait employé à les orner et à les embellir, le caractère du pays se montre toujours au milieu des nouveaux travaux. Ermenonville est du petit nombre des exceptions à cette règle. Par une circonstance heureuse et rare, il renferme les sites les plus opposés, les situations les plus variées. Là (le petit parc), une prairie arrosée par une rivière charmante, ornée de bosquets plantés avec goût. Ici (le grand parc), une forêt épaisse, un lac solitaire. Plus loin (le désert), de vastes bruyères, des sables arides, des montagnes boisées et entrecoupées de gorges profondes. Cet ensemble agréable et sauvage à la fois se trouve partagé par un château placé au centre à peu près du parc, et dans l'espace le plus étroit de la vallée. Les eaux qui sortent toutes du côté du midi, après avoir coulé dans le vallon et formé un très-grand lac, viennent tomber devant les fenêtres du château par une chute très-haute ; de là, se répandant dans les fossés et tournant autour du bâtiment, elles commencent la rivière qui orne le côté opposé. On peut donc se figurer dans ce parc deux parties bien distinctes qui doivent être envisagées séparément, et dont la réunion forme un des plus beaux lieux de la France. »

Le parc d'Ermenonville a reçu un grand accroissement de célébrité par la mort et la sépulture de J.-J. Rousseau. On sait que ce philosophe, cédant aux sollicitations de M. de Girardin, vint habiter Ermenonville le 20 mai 1778, et que le 2 juillet suivant il termina son existence à l'âge de 66 ans. Le procès-verbal qui constate son genre de mort est du 3. On rapporte qu'il travailla tard jusqu'au dernier moment. Il fit ouvrir sa fenêtre, le temps était beau, et, tournant les yeux sur les jardins, il proféra des paroles qui prouvaient la situation de son âme, calme et pure comme l'air qu'il respirait, se jetant avec confiance dans le sein de l'éternité. Sa dépouille mortelle fut déposée dans l'île des Peupliers, où M. de Girardin lui fit construire un tombeau, à la place d'un pupitre en pierre qui servait à de petits concerts, et il l'orna de bas-reliefs sculptés par Lesueur. L'inhumation eut lieu le soir, par un beau clair de lune et par le temps le plus calme : le lecteur peut se figurer quelles furent les sensations des témoins de cette scène solennelle en passant dans l'île avec le corps ! — Le 11 octobre 1794, malgré la vive résistance de René de Girardin, les restes mortels de J.-J. Rousseau furent exhumés de l'île des Peupliers, et déposés au Panthéon, en vertu d'un décret de la convention nationale.

Bibliographie. GIRARDIN (le comte Cécile-Stanislas). *Promenades, ou Itinéraire des jardins d'Ermenonville*, in-8, 1788-91, avec 25 principales vues dessinées et gravées par Mérigot fils.

LE TOURNEUR. *Voyage à Ermenonville* (imprimé en tête du 1er volume du Rousseau de Poinçot).

THIÉBAUT DE BERNEAUD (Arsène). *Voyage à l'île des Peupliers*, in-12, 1799.

— *Voyage à Ermenonville, contenant des anecdotes inédites sur J.-J. Rousseau, le plan du jardin et la flore d'Ermenonville*, in-12, 1819 ; 3e édition, in-12, 1826.

* *Voyage à Ermenonville, ou Lettres sur la translation des restes de J.-J. Rousseau au Panthéon*, in-8, sans date.

DAMIN (L.). * *Le Voyage curieux et sentimental, contenant le voyage de Chantilly et Ermenonville*, etc., in-8, an IX, 1801.

LABORDE (le vicomte Alex. de). *Description des nouveaux jardins de la France et des anciens châteaux*, in-f°, fig., 1808.

FAYOLLE. *Description d'Ermenonville en 1810* (Magasin encyclopédique, mars, p. 280 et suiv.).

JOURDAN (F.-L.-J.). * *Voyage à Ermenonville, dédié à ma femme*, etc., in-18, 1813.

* *Voyage à Ermenonville*, poëme en trois chants, suivi de quelques pièces détachées, in-12, 1814.

GENLIS (Stéph. Ducrest, comtesse de). *Voyage à Ermenonville*, in-18, 1818.

* *Voyage d'Ermenonville* (t. III du Recueil des voyages, in-12, 1797).

ERMENONVILLE-LA-GRANDE, vg. Eure-et-Loir (Beauce), arr. et à 15 k. de Chartres, cant. d'Illiers, ⊠ St-Loup. Pop. 429 h.

ERMENONVILLE-LA-PETITE, vg. Eure-et-Loir (Beauce), arr. et à 22 k. de Chartres, cant. et ⊠ d'Illiers. Pop. 280 h.

ERMENOUVILLE, ou ARNOUVILLE, vg. Seine-Inf. (Normandie), arr. et à 22 k. d'Yvetot, cant. de Fontaine-le-Dun, ⊠ St-Valery-en-Caux. Pop. 399 h.

ERME-OUTRE, vg. Aisne (Picardie), arr. et à 25 k. de Laon, cant. du Sissonne, ⊠ de Corbeny. Pop. 1,834 h.

ERMONT, vg. Seine-et-Oise (Normandie), arr. et à 16 k. de Pontoise, cant. de Montmorency, ⊠ de Franconville. Pop. 522 h.

ERNAGINUM (lat. 44°, long. 23°). « Ptolémée en fait mention comme d'une ville des Salyes. Mais, ce qu'on n'a indique la position plus sûrement que par les Tables de Ptolémée, c'est de la rencontrer dans les Itinéraires, quoiqu'ils ne soient pas parfaitement d'accord sur le nombre des milles, à compter d'Arelate. L'Itinéraire de Bordeaux à Jérusalem marque VIII, celui d'Antonin VII, et la Table théodosienne VI seulement. Dans la Table comme dans l'Itinéraire d'Antonin, *Ernaginum* est placé entre *Arelate* et *Glanum*; et la distance, à l'égard de *Glanum*, est plus convenable dans la Table sur le pied de VIII que l'indication de l'Itinéraire à XII. La mesure itinéraire entre St-Remy, qui est *Glanum*, et Arles paraît répondre à peu près à 16 milles romains, en plaçant *Ernaginum* vers le milieu de cette distance. On a lu le nom d'*Ernaginenses* sur un marbre trouvé à St-Gabriel dans les environs d'Arles, du côté qui tend vers St-Remy, et *locus Arnoginensis* est mentionné dans la Vie de saint Césaire d'Arles, citée par Honoré Bouche. » D'Anville, *Notice de l'ancienne Gaule*, p. 292.

ERNECOURT, vg. *Meuse* (Lorraine), arr., cant. et à 14 k. de Commercy et à 13 k. de St-Mihiel, ✉ de Ligny. Pop. 234 h.

ERNÉE, jolie petite ville, *Mayenne* (Maine), arr. et à 33 k. de Mayenne, chef-l. de cant. Cure. Gîte d'étape. ✉. ☞. A 277 k. de Paris pour la taxe des lettres. Pop. 5,489 h. — Terrain de transition inférieur.

Cette ville est très-agréablement située, sur la rivière de son nom. — Elle doit son origine à une chapelle bâtie sur le tombeau d'un missionnaire qui vint prêcher la religion catholique dans cette contrée au VII° siècle. Elle était autrefois défendue par un château fort détruit depuis longtemps, dont les matériaux ont servi à la construction de l'église paroissiale. L'armée vendéenne s'en empara en 1793.

Ernée est une ville bien bâtie, formée de rues larges, droites et bordées de maisons d'une belle apparence. Près de la ville, sur le coteau qui s'élève au-dessus de la rivière, on remarque la façade du château de Panard, édifice moderne d'une belle construction.

Patrie de Fr.-Alex. Aubert de la Chenaye des Bois, littérateur et généalogiste, auteur, entre autres ouvrages, du *Dictionnaire de la noblesse*, 15 vol. in-4, 1770-86.

Fabriques de toiles et de fil écru. Forges et mines de fer dans les environs. — *Commerce* de vins, eaux-de-vie, fil, toiles, etc. — *Foires* les 2 mai, 19 juin, 26 juillet, 24 août, 14 sept., 17 oct. et jeudi de la mi-carême.

ERNÉE (l'), petite rivière qui prend sa source dans le dép. de la *Mayenne*; elle passe à Ernée, Andouillé, et se jette dans la Mayenne, à 4 k. au-dessus de la ville de ce nom, après un cours d'environ 40 k.

ERNEMONT-BOUTAVENT, vg. *Oise* (Picardie), arr. et à 31 k. de Beauvais, cant. et ✉ de Songeons. Pop. 509 h.

ERNEMONT-LA-VILLETTE, vg. *Seine-Inf.* (Normandie), arr. et à 47 k. de Neufchâtel-en-Bray, cant. et ✉ de Tournay. Pop. 281 h.

ERNEMONT-SUR-BUCHY, vg. *Seine-Inf.* (Normandie), arr. et à 19 k. de Rouen, cant. et ✉ de Buchy. Pop. 209 h.

ERNES, vg. *Calvados* (Normandie), arr. et à 15 k. de Falaise, cant. de Coulibeuf, ✉ de St-Pierre-sur-Dives. Pop. 546 h.

ERNESTWILLER, vg. *Moselle* (pays Messin), arr. et à 13 k. de Sarreguemines, cant. de Sarralbe, ✉ de Putelange. Pop. 498 h.

ERNODURUM (lat. 47°, long. 20°). « L'Itinéraire d'Antonin indique ce lieu entre *Argantomagus*, ou Argenton en Berry, et *Avaricum*, Bourges, marquant d'*Argantomagus* à *Ernodurum* XXVII, et d'*Ernodurum* à *Avaricum* XIII. Or ce qu'il y a d'espace absolu entre Argenton et Bourges peut s'estimer d'environ 46,000 toises, et le calcul des 40 lieues gauloises, qui résultent des nombres de l'Itinéraire, savoir: 45,360 toises, ne suffisent pas; je remarque que la Table théodosienne fait compter 42 dans le même intervalle; de sorte qu'un terme moyen entre 40 et 42 dont il résulte environ 46,000 toises paraîtra plus conforme à ce que la trace du chemin peut valoir sur le local. La position d'*Ernodurum* tombe au passage de la rivière d'Arnon, conformément à ce que désigne la dénomination même d'*Ernodurum*. Ce lieu a pris le nom de saint Ambroise, évêque de Cahors, qui y mourut et reçut la sépulture: *In vico Ernotro non longe ab urbe Biturica*, comme M. de Valois (p. 189) dit avoir lu dans la vie manuscrite de ce prélat. On voit bien que le nom d'*Ernotrum* a été formé par la contraction d'*Ernodurum*. La distance de St-Ambroise-sur-Arnon à Bourges, pouvant s'estimer de plus de 14,000 toises en droite ligne, elle convient ainsi à la mesure de 14,742 toises, que forme le calcul de 13 lieues gauloises marquées dans l'Itinéraire. » D'Anville. *Notice de l'ancienne Gaule*, p. 292.

ERNOLSHEIM, vg. *B.-Rhin* (Alsace), arr., cant., et à 7 k. de Saverne, Pop. 666 h.

ERNOLSHEIM, vg. *B.-Rhin* (Alsace), arr. et à 14 k. de Strasbourg, cant. et ✉ de Molsheim. Pop. 702 h.

ERNY-ST-JULIEN, vg. *Pas-de-Calais* (Artois), arr. et à 20 k. de St-Omer, cant. de Fauquembergue, ✉ d'Aire-sur-la-Lys. Pop. 387 h.

ÉROME, vg. *Drôme* (Dauphiné), arr. et à 24 k. de Valence, cant. ✉ de Train. Pop. 1,938 h. — *Fabrique* importante de poterie de terre. Faïenceries. Filatures de soie. Forges. Aciéries. Hauts fourneaux. — *Foire* le 9 mai.

ÉRONE, vg. *Corse*, arr., ✉ et à 12 k. de Corte, cant. de St-Laurent. Pop 85 h.

ÉROUDEVILLE, vg. *Manche* (Normandie), arr. et à 8 k. de Valognes, cant. et ✉ de Montebourg. Pop. 311 h.

ÉROUVAL, vg. *Oise*, comm. de Montjavoult, ✉ de Magny.

ERP, vg. *Ariège* (Comminges), arr., cant. et à 6 k. de St-Girons. Pop. 746 h.

ERQUERY, vg. *Oise* (Picardie), arr., cant., ✉ et à 5 k. de Clermont. Pop. 244 h.

ERQUIÈRES, vg. *Pas-de-Calais* (Artois), arr. et à 20 k. de St-Pol-sur-Ternoise, cant. d'Auxy-le-Château, ✉ de Hesdin. Pop. 220 h.

ERQUINGHEM-LE SEC, vg. *Nord* (Flandre), arr. et à 10 k. de Lille, cant. et ✉ de Haubourdin. Pop. 237 h.

ERQUINGHEM-LYS, vg. *Nord* (Flandre), arr. et à 19 k. de Lille, cant. et ✉ d'Armentières. Pop. 2,059 h. Sur la rive droite de la Lys. — Il était autrefois défendu par un château fort qui fut démantelé par Philippe le Bel. — *Blanchisserie* de toiles. Teinturerie.

ERQUINVILLERS, vg. *Oise* (Picardie), arr. et à 10 k. de Clermont, cant. et ✉ de St-Just-en-Chaussée.

ERQUY, village maritime, *Côtes-du-Nord* (Bretagne), arr. et à 35 k. de St-Brieuc, cant. de Pléneuf, ✉ de Lamballe. Pop. 2,068 h. — Il est situé au bord de l'Océan, où il occupe l'emplacement de l'antique Rheginea, port romain ادis important. — *Établissement de la marée*, 5 heures 40 minutes.

ERR, vg. *Pyrénées-Or.* (Roussillon), arr. et à 58 k. de Prades, cant. de Saillagouse, ✉ de Bourg-Madame. Pop. 714 h. — Il est situé dans la vallée de son nom, et possède une source d'eau minérale ferrugineuse froide. — *Fabriques* de bas de laine tricotés à l'aiguille. — *Commerce* considérable d'exportation en Catalogne en articles de Rouen, Amiens, Mulhausen, etc. Importation de piastres, quadruples, lingots d'or et d'argent, etc.

ERRE, vg. *Nord* (Flandre), arr. et à 19 k. de Douai, cant. et ✉ de Marchiennes. Pop. 957 h.

ERREVET, vg. *H.-Saône* (Franche-Comté), arr. et à 25 k. de Lure, cant. et ✉ de Champagney. Pop. 262 h.

ERROUVILLE, vg. *Moselle* (pays Messin), arr. et à 20 k. de Briey, cant. d'Audun-le-Roman, ✉ de Thionville. Pop. 304 h.

ERSA, vg. *Corse*, arr. à 55 k. de Bastia, cant. et ✉ de Rogliano. Pop. 869 h. — On remarque sur son territoire la tour de Tolari, par où l'on fit passer la méridienne qui servit de base à l'établissement du terrier de la Corse.

ERSTEIN, petite ville, *B.-Rhin* (Alsace), arr. et à 27 k. de Schelestadt, chef-l. de cant. ✉. A 466 k. de Paris pour la taxe des lettres. Cure. Gîte d'étape. Pop. 3,445 h. Sur l'Ill. — Terrain d'alluvions modernes.

Erstein était anciennement fortifié, et existait sous les rois francs, qui y avaient une maison royale. Les empereurs Othon I° et Othon II l'ont habitée, à des époques différentes, de 953 à 979. Il y avait un couvent de religieuses bénédictines, fondé par Hirmingarde, femme de Lothaire. Au XIV° siècle, les Strasbourgeois détruisirent les murs d'Erstein et le fort de Schwanau, situé vers le Rhin à 6 k. de là. En 1797, plusieurs chariots de poudre sautèrent dans cette ville et y détruisirent un grand nombre de maisons. — *Culture* en grand du tabac. Tanneries. Blanchisseries. Tuilerie. — *Foires* le 4° lundi de carême (2 jours), le lundi de la Pentecôte, le 3° lundi d'oct. et le 2° lundi de déc.

ERSTROFF, vg. *Moselle* (pays Messin), arr. et à 35 k. de Sarreguemines, cant. de Gros-Tenquin, ✉ de Faulquemont. P. 567 h. — *Foire* le 25 juin.

ERUBRUS fluv. (lat. 50°, long. 25°). « Dans le poëme d'Ausone sur la Moselle. Petite rivière qui est reçue par la Moselle un peu au-dessous de Trèves, sous le nom de *Rouver*, *Rubera*, dans une charte de Dagobert, rapportée par Bruschius, selon Marquard Fréher. » D'Anville. *Notice de l'ancienne Gaule*, p. 293.

ERVAUVILLE, vg. *Loiret* (Orléanais), arr. et à 24 k. de Montargis, cant. et ✉ de Courtenay. Pop. 548 h.

ERVILLERS, vg. *Pas-de-Calais* (Artois), arr. et à 14 k. d'Arras, cant. de Croisilles, ✉ de Bapaume. ✧. Pop. 768 h.

ERVY, jolie petite ville, *Aube* (Champagne), arr. et à 31 k. de Troyes, chef-l. de cant. Cure. ✉. A 167 k. de Paris pour la taxe des lettres. Pop. 1,711 h. — TERRAIN d'alluvions modernes, voisin du terrain crétacé inférieur.

Autrefois baronnie, bailliage royal, gouvernement particulier.

L'origine de cette ville est inconnue : on sait seulement à n'en pas douter qu'elle existait dès le IIIᵉ siècle ; qu'elle a appartenu à de puissants maîtres, parmi lesquels on cite des comtes de Champagne, des ducs de Nivernois, des rois de France ; qu'elle fut affranchie en 1199 par Thibault III, comte palatin de Champagne (11 ans avant Troyes, qui ne le fut qu'en 1240) ; qu'autrefois elle était construite autour du château, dont la ville actuelle occupe l'emplacement ; enfin qu'elle devait être beaucoup plus considérable que de nos jours, puisque les décès et les naissances étaient annuellement de 120 à 160, tandis qu'aujourd'hui ils ne sont guère que de 50 à 60. — En 1443 cette ville fut assiégée au nom du duc de Bourgogne, et prise par Philippe de Vauldré, gouverneur de l'Auxerrois et Tonnerrois, lequel s'empara l'hiver suivant de plusieurs autres petites places voisines d'Auxerre, qui avaient été prises par le parti de Charles VII.

Les armes d'Ervy sont : *d'azur à un portail d'église d'argent, accompagné de deux tours carrées couvertes, ayant entre elles une lanterne sur le milieu du portail.*

Ervy est située sur le sommet d'une colline qui domine presque à pic, à 40 m. d'élévation, une magnifique prairie située au midi, large d'environ 2 k., et s'étendant, de l'est à l'ouest, depuis St-Florentin jusqu'à Chaource. Des promenades qui aboutissent à cette prairie et des maisons bâties sur le revers méridional de la colline on jouit d'une vue enchanteresse, que l'on étrangers ne se lassent pas d'admirer. Au nord, la vue est moins étendue, mais peut-être plus pittoresque : on découvre de ce côté, où l'horizon est borné par la forêt d'Othe, une infinité de villages placés sur les sommets des tertres qui couvrent le canton. Il est peu de pays qui offrent des variétés de vues aussi agréables.

La ville se compose d'un pâté de maisons assez mal bâties, séparé, par une rue presque circulaire, d'un rang extérieur de maisons beaucoup mieux construites que celles du centre, et ayant leur plus belle façade sur les fossés, dont les douves, plantées de deux rangées d'ormes, servent de promenades. L'Armance,

rivière qui prend sa source à Chaource, arrose le pied de la colline sur laquelle est construite la ville.

Ervy possède un petit hôpital, une église gothique, qui n'a rien de bien remarquable, et une ancienne porte, précédée d'un pont jeté sur les fossés, qui sert aujourd'hui de prison. Au bas de la côte sur laquelle est bâtie la ville, entre le chemin de Davré et la rivière d'Amance, on voit deux tumulus d'égales dimensions entourés de fossés : sur le premier, qui est resté intact, on a établi un calvaire ; l'autre est presque détruit.

PATRIE de M. BAILLOT, ancien député à l'assemblée constituante, auteur d'une traduction estimée de Juvénal.

Fabriques de coutils, treillis, toiles communes, canevas, clous, poteries de terre. Tuileries. Tannerie.—*Foires* les 21 mars, 2 mai, 30 juin, 14 sept. et 1ᵉʳ déc.

ERZANGE, vg. *Moselle* (pays Messin), arr. et à 15 k. de Briey, cant d'Audun-le-Roman, ✉ de Briey. Pop. 231 h.

ESBAREICH, vg. *H.-Pyrénées* (Armagnac), arr. et à 53 k. de Bagnères-de-Bigorre, cant. de Mauléon-Barousse, ✉ de St-Bertrand. Pop. 580 h.

ESBARRES, vg. *Côte-d'Or* (Bourgogne), arr. et à 40 k. de Beaune, cant. et ✉ de St-Jean-de-Losne. Pop. 1,127 h.

ESBLY, vg. *Seine-et-Marne* (Brie), arr. et à 10 k. de Meaux, cant. de Crécy, ✉ de Couilly. Pop. 372 h.

ESBOZ, vg. *H.-Saône* (Franche-Comté), arr. et à 18 k. de Lure, cant. et ✉ de Luxeuil. Pop. 710 h.

ESCABIRODE, vg. *H.-Garonne*, comm. et ✉ d'Aspet.

ESCABIROS, vg. *Gers*, comm. et ✉ de l'Isle-en-Jourdain.

ESCAIRE, vg. *Ariège*, comm. de St-Ibars, ✉ de Saverdun.

ESCAIRE, vg. *H.-Garonne*, comm. de Gaillac-Toulza, ✉ d'Hauterive.

ESCALA, vg. *H.-Pyrénées* (Nébouzan), arr. et à 28 k. de Bagnères-de-Bigorre, cant. et ✉ de la Barthe-de-Neste. Pop. 300 h.

ESCALANS, vg. *Landes* (Gascogne), arr. et à 48 k. de Mont-de-Marsan, cant. et ✉ de Gabarret. P. 667 h. — On y trouve une source d'eau minérale.

ESCALDES-LES-BAINS, vg. *Pyrénées-Or.* (Roussillon), comm. de Villeneuve, ✉ de Mont-Louis.

ESCALE (l'), *Scala*, vg. *B.-Alpes* (Provence), arr., ✉ et à 19 k. de Sisteron, cant. de Volonne. ✧. Près de la rive droite de la Durance, que l'on y passe sur un joli pont suspendu.

ESCALEDIEU (l'), *H.-Pyrénées*, comm. de Bonnemaison, ✉ de Bagnères-de-Bigorre. ✧.

ESCALES, vg. *Aude* (Languedoc), arr. et à 30 k. de Narbonne, cant. et ✉ de Lézignan. Pop. 356 h.

ESCALES, vg. *Pas-de-Calais* (Artois),

arr. et à 23 k. de Boulogne-sur-Mer, cant. de Calais, ✉ de St-Pierre-les-Calais. P. 319 h.

ESCALQUENS, vg. *H.-Garonne* (Languedoc), arr. et à 22 k. de Villefranche-de-Lauraguais, cant. de Montgiscard, ✉ de Baziège. Pop. 536 h.

ESCALUS. V. ST-MICHEL-ESCALUS.

ESCALVENT, vg. *Pas-de-Calais*, comm. et ✉ de St-Venant.

ESCAMES, vg. *Oise* (Picardie), arr. et à 30 k. de Beauvais, cant. et ✉ de Songeons. Pop. 520 h.

ESCAMPS, vg. *Lot* (Quercy), arr. et à 22 k. de Cahors, cant. et ✉ de l'Albenque. P. 437 h. —*Foires* les 24 janv., 13 mai et 8 nov.

ESCAMPS, vg. *Yonne* (Bourgogne), arr. et à 12 k. d'Auxerre, cant. et ✉ de Coulange-la-Vineuse. Pop. 1,080 h.

ESCANACRABE, vg. *H.-Garonne* (Cominges), arr. de St-Gaudens, cant. et ✉ de Boulogne. Pop. 821 h.

ESCANDOULIÈRES, vg. *Aveyron* (Rouergue), arr. et à 28 k. de Rodez, cant. et ✉ de Rignac. Pop. 707 h.

ESCARBOTIN, vg. *Somme*, comm. de Friville-Escarbotin, ✉ d'Eu.

Fabriques de cylindres pour filatures, de serrures et de quincaillerie de toute sorte. Entrepôt des nombreuses fabriques de serrurerie des environs.

ESCARDES. V. ECARDES.

ESCARMIN, vg. *Nord* (Flandre), arr. et à 26 k. de Cambrai, cant. et ✉ de Solesmes. Pop. 1,092 h.

ESCARO, vg. *Pyrénées-Or.* (Roussillon), arr. et à 23 k. de Prades, cant. et ✉ d'Olette. Pop. 359 h.

ESCASSEFORT, vg. *Lot-et-Garonne* (Agénois), arr., et à 18 k. de Marmande, cant. de Seyches. Pop. 758 h. —*Foires* les 13 fév., 13 mai, 12 juillet et 15 sept.

ESCATALENS, vg. *Tarn-et-Garonne* (Languedoc), arr. et à 10 k. de Castel-Sarrasin, cant. et ✉ de Montech. Pop. 1,225 h.—*Foires* les 19 fév., 19 juin et 19 oct.

ESCAUDAIN, vg. *Nord* (Flandre), arr. et à 13 k. de Valenciennes, cant. et ✉ de Bouchain. Pop. 1,661 h. —*Fabrique* de sucre indigène.

ESCAUDES, vg. *Gironde*, comm. et ✉ de Captieux. —*Foire* le 6 oct.

ESCAUDŒUVRES, vg. *Nord* (Flandre), arr., cant., ✉ et à 4 k. de Cambrai. Pop. 1,458 h. Près de la rive droite de l'Escaut.— Il était autrefois défendu par un château fort, qui fut pris et rasé par les Français en 1339. Dans la suite le château fut rebâti, et pris par Jean de Luxembourg en 1427. L'empereur Charles-Quint employa une partie des matériaux de cette forteresse pour bâtir la citadelle de Cambrai, en 1543.

ESCAUFOURT, vg. *Aisne* (Picardie), arr. et à 31 k. de St-Quentin, cant. et ✉ de Bohain. Pop. 485 h.

ESCAUNETS, vg. *H.-Pyrénées* (Bigorre), arr., ✉ et à 10 k. de Bagnères-de-Bigorre, cant. de Lannemezan. Pop. 178 h.

ESCAUNETS, vg. *H.-Pyrénées* (Bigorre), arr. et à 28 k. de Tarbes, cant. d'Ossun, ✉ de Morlaas. Pop. 305 h.

ESCAUPONT, vg. *Nord* (Flandre), arr. et à 8 k. de Valenciennes, cant. et ✉ de Condé-sur-l'Escaut. Pop. 706 h.— Scierie hydraulique de planches,

ESCAUT (l'), *Scaldis*, rivière considérable qui prend sa source dans l'arr. de St-Quentin, dép. de l'*Aisne*, près de l'ancienne abbaye de St-Martin, où on lit sur une pierre l'inscription suivante :

Felix sorte tua Scaldis fons limpidissime !
Qui a sacro scaturiens agro, alluis
Et ditas nobile Belgium, totque claras
Urbes lambens, gravius Theidem intras.

Ce qui, entre plusieurs manières, peut se traduire ainsi :

« Fontaine limpide de l'Escaut, combien ta destinée est heureuse ! à peine échappée de ce vallon que tu as rendu sacré, tu vas baigner et enrichir la noble Belgique ; et fière d'avoir caressé de tes flots tant d'illustres cités, tu épanches ton urne immense dans le sein de Thétis. »

L'Escaut passe au Catelet, à Honnecourt : aux abords de Cambrai, une dérivation nommée *Escautin*, qui elle-même se divise en deux branches, l'une de *Prémy*, l'autre du *Cliquotiau*, traverse la partie occidentale de la ville, et, après avoir alimenté plusieurs usines, se réunit au lit principal en aval du moulin de Selles. Cette rivière, dont la navigation commence en cet endroit, passe ensuite à Houdain, Bouchain, Neuville, Denain, Valenciennes, Fresnes, Condé, Mortagne. Elle entre ensuite dans le royaume des Pays-Bas, où, après avoir arrosé différentes villes, elle va se perdre dans la mer du Nord. Dans son cours, qui est d'environ 400 k., elle reçoit la Sensée, la Selle, la Haine, la Scarpe, la Lys, le Deuder, la Nèthe et quantité d'autres petites rivières.

ESCAZEAUX, vg. *Tarn-et-Garonne* (Languedoc), arr. et à 35 k. de Castel-Sarrasin, cant. et ✉ de Beaumont-de-Lomagne. P. 607 h.

ESCHAMPS, vg. *Côte-d'Or*, comm. de St-Léger-de-Fourches, ✉ de Saulieu.

ESCHAU, vg. *B.-Rhin* (Alsace), arr., ✉ et à 11 k. de Strasbourg, cant. de Geispolzheim. Pop. 1,222 h.

ESCHBACH, vg. *B.-Rhin* (Alsace), arr. et à 32 k. de Wissembourg, cant. et ✉ de Woerth-sur-Sauer. Pop. 796 h.

ESCHBACH, vg. *H.-Rhin* (Alsace), arr. et à 22 k. de Colmar, cant. et ✉ de Munster. Pop. 505 h.

ESCHBOURG, vg. *B.-Rhin* (Alsace), arr. et à 13 k. de Saverne, cant. de la Petite-Pierre, ✉ de Phalsbourg. Pop. 790 h.

ESCHÊNE, ou ZU-DER-EICHEN, vg. *H.-Rhin* (Alsace), arr., cant., ✉ et à 7 k. de Belfort. Pop. 136 h.

ESCHENTZWILLER, vg. *H.-Rhin* (Alsace), arr. et à 17 k. d'Altkirch, cant. d'Habsheim, ✉ de Mulhausen. Pop. 978 h.

ESCHERANGE, vg. *Moselle* (pays Messin), arr., ✉ et à 15 k. de Thionville, cant. de Cattenom. Pop. 557 h.

ESCHES, vg. *Oise* (Vexin), arr. et à 30 k. de Beauvais, cant. et ✉ de Méru. P. 335 h.

ESCHWILLER, vg. *Moselle*, comm. de Volmunster, ✉ de Bitche. ⚜.

ESCHWILLER, vg. *B.-Rhin* (Alsace), arr. et 33 k. de Saverne, cant. et ✉ de Drulingen. Pop. 255 h.

ESCLAGNE, vg. *Ariége* (Languedoc), arr. et à 36 k. de Pamiers, cant. de Mirepoix, ✉ de la Roque. Pop. 162 h.

ESCLAINVILLERS, vg. *Somme* (Picardie), arr. et à 15 k. de Montdidier, cant. d'Ailly-sur-Noye, ✉ de Breteuil (Oise). Pop. 302 h.

ESCLAINES, vg. *Marne* (Champagne), arr., ✉ et à 16 k. de Ste-Ménehould, cant. de Dammartin-sur-Yèvre. Pop. 471 h.

ESCLANÈDES, vg. *Lozère* (Languedoc), arr., ✉ et à 13 k. de Marvejols, cant. de Chanac. Pop. 598 h.

ESCLANGON, *Esclango*, vg. *B.-Alpes* (Provence), arr., ✉ et à 21 k. de Digne, cant. de la Javie. Pop. 109 h.

ESCLASSAN, vg. *Gers* (Armagnac), arr. et à 17 k. de Mirande, cant. et ✉ de Masseube. Pop. 562 h.

ESCLAUZELS (les), vg. *Lot* (Quercy), arr. et à 18 k. de Cahors, cant. de St-Géry, ✉ de Limogne. Pop. 490 h.

ESCLAVELLES, vg. *Seine-Inf.* (Normandie), arr., cant., ✉ et à 5 k. de Neufchâtel-en-Bray. Pop. 580 h.

ESCLAVOLLES, *Esclavolla*, vg. *Marne* (Champagne), arr. et à 63 k. d'Epernay, cant. d'Anglure, ✉ de Pont-le-Roi. P. 181 h.

ESCLES, vg. *Oise* (Picardie), arr. et à 48 k. de Beauvais, cant. de Formerie, ✉ d'Aumale. Pop. 304 h.

ESCLES, vg. *Vosges* (Lorraine), arr. et à 23 k. de Mirecourt, cant. et ✉ de Darney. P. 1,532 h.

ESCLIGNAC, vg. *Gers*, comm. de Moutfort, ✉ de Mauvezin.

ESCLOTTES, vg. *Lot-et-Garonne* (Agénois), arr. et à 28 k. de Marmande, cant. et ✉ de Duras. Pop. 501 h.

ESCOBECQUES, vg. *Nord* (Flandre), arr. et à 11 k. de Lille, cant. et ✉ d'Haubourdin. Pop. 280 h.

ESCOBILLE (Ste-), vg. *Seine-et-Oise* (Beauce), arr. et à 33 k. de Rambouillet, cant. et ✉ de Dourdan. Pop. 388 h.

ESCOEUILLES, vg. *Pas-de-Calais* (Artois), arr. et à 30 k. de St-Omer, cant. de Lumbres, ✉ d'Ardres. Pop. 496 h.

ESCOIRE, vg. *Dordogne* (Périgord), arr. et à 7 k. de Périgueux, cant. de Savignac, ✉ de Cubjac. Pop. 178 h.

ESCOLIVES, vg. *Yonne* (Bourgogne), arr. et à 10 k. d'Auxerre, cant. et ✉ de Coulanges-la-Vineuse. Pop. 450 h.

ESCOMBRES, vg. *Ardennes* (pays Messin), arr., cant. et à 20 k. de Sédan, ✉ de Carignan. Pop. 667 h.

ESCOPONT, *Tarn*. V. SCOPONT.

ESCORAILLES, vg. *Cantal* (Auvergne), arr., ✉ et à 8 k. de Mauriac, cant. de Pléaux. Pop. 240 h.—*Foires* les 3 mai, 11 sept. et 7 oct.

ESCORNEBOEUF, vg. *Gers* (Armagnac), arr. et à 30 k. d'Auch, cant. et ✉ de Gimont. Pop. 850 h.

ECORPAIN, vg. *Eure-et-Loir* (Beauce), arr. et à 13 k. de Dreux, cant. de Brezolles, ✉ de Nonancourt. Pop. 321 h.

Fabriques de draps et étoffes de laine.

ESCOS, vg. *B.-Pyrénées* (Béarn), arr. et à 24 k. d'Orthez, cant. et ✉ de Salies. P. 587 h.

ESCOSSE, vg. *Ariége* (pays de Foix), arr., cant., ✉ et à 5 k. de Pamiers. Pop. 687 h.

ESCOT, vg. *B.-Pyrénées* (Béarn), arr., ✉ et à 13 k. d'Oloron, cant. d'Accous. Pop. 760 h.—Il est situé dans la vallée d'Aspe, sur la rive droite du gave de ce nom.

Près d'Escot sont des eaux minérales fréquentées seulement par de pauvres gens de la vallée et des plaines voisines. L'eau est prise dans un bassin profond par une pompe, que fait aller la roue d'un moulin à eau mue par le gave. Cette eau est tiède, et on est obligé de la faire chauffer dans des chaudières pour lui donner la température convenable. Bordeu assure que de son temps les eaux d'Escot étaient employées pour les poitrines délicates, les obstructions, les fièvres invétérées et les embarras qui en sont la suite.

ESCOTS, vg. *H.-Pyrénées* (Gascogne), arr., ✉ et à 16 k. de Bagnères-de-Bigorre, cant. de Lannemezan. Pop. 341 h.

ESCOU, vg. *B.-Pyrénées* (Béarn), arr., cant., ✉ et à 7 k. d'Oloron. Pop. 480 h.

ESCOUBÈS, vg. *B.-Pyrénées* (Béarn), arr., ✉ et à 19 k. de Pau, cant. de Morlaas. Pop. 390 h.

ESCOUBEZ, vg. *H.-Pyrénées* (Gascogne), arr. d'Argelès, cant., ✉ et à 7 k. de Lourdes. Pop. 201 h.

ESCOUBLAC, bg *Loire-Inf.* (Bretagne), arr. et à 38 k. de Savenay, cant. et ✉ de Guérande. Pop. 1,190 h.

Escoublac est un bourg moderne, bâti en 1779, près de la côte, à 1 k. de l'ancien bourg de ce nom, enseveli sous les sables de l'Océan vers le milieu du XVIIIe siècle. La mer, jetant tous les jours sur ce rivage une grande quantité de sables, a commencé par en amonceler des masses énormes, qui, poussées par le vent, ont fini par gagner le village, que les habitants ont été forcés d'abandonner. Il y a quelques années que l'on voyait encore la flèche du clocher de l'église ; mais elle a fini par subir le sort des habitations ensevelies dont elle indiquait la place.

Foires les 24 mai et 22 août.

ESCOUROUS (lac d'). V. BARÈGES.

ESCOULOUBRE, village et établissement d'eaux minérales, *Aude* (Languedoc), arr. à 77 k. de Limoux, cant. de Roquefort-de-Sault, ✉ d'Axat. Pop. 814 h.

EAUX THERMALES D'ESCOULOUBRE.

Il n'y a guère plus de quarante ans que les eaux d'Escouloubre sont fréquentées ; mais le nombre des malades qui s'y rendent augmente chaque année.

Les sources sont au nombre de trois, situées sur la rive droite de l'Aude. En face, sur la rive gauche, se trouvent les eaux minérales de Carcanières, qui appartiennent au département de l'Ariége.

On désigne les trois sources d'Escouloubre sous les noms de Bain-Fort, Bain-Doux et de fontaine de la Garrigue, appelée aussi las Caoudès. — Le Bain-Fort est situé au niveau de la rivière; le Bain-Doux n'est éloigné du Bain-Fort que de 6 m.; la fontaine de las Caoudès jaillit d'une hauteur de 40 m., en contre-bas du niveau des eaux moyennes de l'Aude, sur le revers occidental d'un nœud de granit qui en forme la paroi, à l'ouest du vallon d'Escouloubre, à 2 k. de ce village, et à 600 m. à l'est du château d'Ussan.

La température du Bain-Fort est de +40° de Réaumur; la source est assez abondante pour que l'on puisse, à volonté, en diriger un filet dans le Bain-Doux, dont on élève par ce moyen la température, qui n'est autrement qu'à +28°; celle de las Caoudès n'est qu'à +26°; elle fournit un volume d'eau très-considérable; le ruisseau qu'elle forme est si rapide, et son embouchure si près de l'Aude, que les eaux semblent y arriver d'un seul jet.

Les eaux de ces trois sources thermales hydrogène-sulfureuses sont claires, limpides, douces au toucher; leur odeur, leur saveur, sont sulfureuses; leur pesanteur spécifique donne, à température égale, le même degré que les eaux de la rivière d'Aude, qui, dans cette partie, ne sont pas bien éloignées de leur source, et coulent encore sur la roche de granit qui compose tout l'encaissement. — Le fond du bassin du Bain-Fort est couvert de débris de granit micacé, à l'état de sable grossier; il s'en dégage des bulles d'un gaz reconnu pour être le gaz acide carbonique. — Le Bain-Doux laisse également échapper des bulles de gaz acide carbonique; son fond est en outre couvert d'une boue noire; dégageant de l'hydrogène sulfuré, et tapissée d'un réseau très-délié de tremelle. C'est à l'état de calme et d'inertie des eaux du Bain-Doux, que l'on doit attribuer la formation de cette boue et de cette tremelle, puisque le Bain-Fort, dont les eaux ont un courant bien décidé, ne présente point de boue, et presque pas de tremelle. C'est aussi par les mêmes causes que la source de las Caoudès n'en offre pas du tout; mais elle fait à son tour une exception singulière parmi les eaux de même nature de ce département et des départements limitrophes.

L'analyse de plus de trente sources minéralisées par le gaz hydrogène sulfuré avait démontré qu'elles tenaient ce gaz dans une proportion d'autant plus forte que leur température était plus élevée. Il n'en est point ainsi de la fontaine de las Caoudès; ses eaux, qui ne sont qu'à une température de +26°, contiennent cependant une aussi grande quantité de ce gaz, que des eaux dont la chaleur est de +40°.

ESCOURCE, vg. *Landes* (Gascogne), arr. et à 61 k. de Mont-de-Marsan, cant. de Sabres, ✉ de Liposthey. Pop. 1,180 h. — Au sein de vastes landes.

On y voit une fontaine placée sous le patronage de saint Roch, qui attire chaque année, le 16 août, un concours prodigieux d'habitants des communes environnantes, dont les uns viennent boire les eaux soi-disant miraculeuses de la fontaine, et les autres faire des emplettes ou se livrer aux amusements champêtres qu'offre le village d'Escource à cette époque. — *Fabriques* d'essence de térébenthine, de matières résineuses et de noir de fumée. — *Foires* les 17 janv., lundi de la Pentecôte et 16 août.

ESCOUSSANS, vg. *Gironde* (Guienne), arr. et à 25 k. de la Réole, cant. de Targon, ✉ de Cadillac. Pop. 321 h.

ESCOUSSENS, vg. *Tarn* (Languedoc), arr., ✉ et à 14 k. de Castres, cant. de la Bruguière. Pop. 1,161 h. — *Foires* les 13 janv., veille des Rameaux, 30 août et 18 oct.

ESCOUT, vg. *B.-Pyrénées* (Béarn), arr., cant., ✉ et à 7 k. d'Oloron. Pop. 534 h.

ESCOUTOUX, vg. *Puy-de-Dôme* (Auvergne), arr., cant., ✉ et à 5 k. de Thiers. Pop. 2,209 h.

ESCOVILLE, vg. *Calvados* (Normandie), arr. et à 11 k. de Caen, cant. de Troarn, ✉ de Ranville. Pop. 358 h. — *Fabrique* de dentelles.

ESCOYÈRES, vg. *H.-Alpes*, comm. d'Arvieux, ✉ de Queyraz.

ESCRAGNOLLES, *Scralegnola, Sclangola*, vg. *Var* (Provence), arr. et à 21 k. de Grasse, cant. de St-Vallier. ✉. A 937 k. de Paris pour la taxe des lettres. Pop. 408 h.

ESCRENNES, vg. *Loiret* (Gatinais), arr., cant., ✉ et à 6 k. de Pithiviers. Pop. 686 h.

ESCRIGNELLES, vg. *Loiret* (Gatinais), arr. et à 15 k. de Gien, cant. et ✉ de Briare. Pop. 191 h.

ESCROUX, vg. *Tarn* (Languedoc), arr. et à 48 k. de Castres, cant. et ✉ de Lacaune. Pop. 539 h.

ESCROZIT, vg. *Cantal*, comm. de Modèles, ✉ de Massiac.

ESCUEILLENS, vg. *Aude* (Languedoc), arr. et à 18 k. de Limoux, cant. et ✉ d'Alaigne. Pop. 335 h.

ESCURA, *Gironde*. V. SEURAC.

ESCURES, vg. *Calvados* (Normandie), arr. et à 18 k. de Falaise, cant. de Coulibeuf, ✉ de St-Pierre-sur-Dives. Pop. 182 h.

ESCURES, vg. *B.-Pyrénées* (Béarn), arr. et à 30 k. de Pau, cant. et ✉ de Lembeye. Pop 273 h.

ESCUROLLES, petite ville, *Allier* (Bourbonnais), arr. et à 10 k. de Gannat, chef-l. de cant. Cure. Pop. 1,189 h. — TERRAIN tertiaire moyen. — *Foire* le 30 juin.

ESERVILLE, vg. *Loiret*, comm. d'Engenville-Montville, ✉ de Sermaises.

ESGLANDES, vg. *Manche*, comm. de Ponthébert, ✉ de la Périne.

ESLETTES, vg. *Seine-Inf.* (Normandie), arr. et à 16 k. de Rouen, cant. de Clères, ✉ de Malaunay. Pop. 495 h.

ESLEY, vg. *Vosges* (Lorraine), arr. et à 18 k. de Mirecourt, cant. et ✉ de Darney. Pop. 490 h.

ESLOURENTIES-D'ABAN, vg. *B.-Pyrénées* (Béarn), arr. et à 20 k. de Pau, cant. et ✉ de Morlaas. Pop. 250 h.

ESLOURENTIES-D'ARRÉ, vg. *B.-Pyrénées* (Béarn), arr., ✉ et à 19 k. de Pau, cant. de Pontacq. Pop. 263 h.

ESMANS, vg. *Seine-et-Marne* (Brie), arr. et à 24 k. de Fontainebleau, cant. et ✉ de Montereau. Pop. 607 h. — Tuileries.

ESMERY-HALLON, vg. *Somme* (Picardie), arr. et à 26 k. de Péronne, cant. et ✉ de Ham. Pop. 1,427 h. — *Foire* le 22 sept.

ESMIES, vg. *Tarn-et-Garonne*, comm. de Montesquieu, ✉ de Moissac.

ESMOULINS, vg. *H.-Saône* (Franche-Comté), arr., cant., ✉ et à 6 k. de Gray. Pop. 174 h.

ESNANDES, bg *Charente-Inf.* (Aunis), arr., cant., ✉ et à 11 k. de la Rochelle. Pop. 734 h. — *Foire* le 1er lundi de mai.

ESNANS, vg. *Doubs* (Franche-Comté), arr., cant., ✉ et à 4 k. de Baume-les-Dames. Pop. 191 h.

ESNES, vg. *Meuse* (pays Messin), arr. et à 16 k. de Verdun-sur-Meuse, cant. et ✉ de Varennes-en-Argonne. ✶. Pop. 677 h.

ESNES, vg. *Nord* (Cambrésis), arr., ✉ et à 11 k. de Cambrai, cant. de Clary. Pop. 1,467 h. — Jadis les seigneurs de ce lieu y possédaient un château fort, dont il existe encore deux tours, une partie des bâtiments et la porte d'entrée. Les Français s'emparèrent de ce château, et furent obligés de le rendre à l'archiduc Maximilien. Près de l'église paroissiale, on voit un tumulus qui domine toute la commune. — *Commerce* de bois.

Bibliographie. LEGLAY (le docteur). *Notice sur le village d'Esnes en Cambrésis, suivie des chartes ou lois octroyées à cette commune et à celle de Valincourt*, in-8, 1835.

ESNOMS, vg. *H.-Marne* (Champagne), arr. et à 27 k. de Langres, cant. et ✉ de Prauthoy. Pop. 535 h.

ESNON, vg. *Yonne* (Champagne), arr. et à 15 k. de Joigny, cant. et ✉ de Brienon. ✶. Pop. 494 h.

ESNOUVEAUX, vg. *H.-Marne* (Champagne), arr. et à 20 k. de Chaumont-en-Bassigny, cant. et ✉ de Nogent-le-Roi. P. 662 h.

ESPAGNAC, vg. *Corrèze* (Limousin), arr., ✉ et à 17 k. de Tulle, cant. de la Roche-Canillac. Pop. 970 h.

ESPAGNAC. V. ISLE-D'ESPAGNAC (l').

ESPALAIS, vg. *Tarn-et-Garonne* (Quercy), arr. et à 17 k. de Moissac, cant. et ✉ de Valence-d'Agen. Pop. 534 h.

ESPALEM, vg. *H.-Loire* (Auvergne), arr. et à 14 k. de Brioude, cant. de Blesle, ✉ de Lempdes. Pop. 715 h.

ESPALION, petite ville, *Aveyron* (Rouergue), chef-l. de sous-préf. (1er arr.) et de cant. Cure. Collége comm. Gîte d'étape. ✉. ✶. Pop. 4,404 h. — TERRAIN du trias.

Autrefois commanderie de Malte en Rouergue, diocèse de Rodez, parlement de Toulouse, intendance du Languedoc, élection de Rodez.

Cette ville est bâtie au milieu d'un vaste bassin embelli par la verdure, les prairies et les vignes : la fertilité de ce bassin, les arbres fruitiers et les noyers qui l'ombragent, la sinueuse rivière du Lot qui l'arrose, les hautes galeries qui le bordent, enfin les deux pics escarpés de Calmont et de Roquelaure, couronnés des ruines de deux forteresses gothiques qui dominent la rive opposée, où elles semblent se menacer l'une comme aux temps féodaux, tout semble avoir été réuni pour former aux alentours d'Espalion le plus délicieux paysage. Une grande rue droite, décorée d'une fontaine, qui aboutit au pont jeté sur le Lot, traverse en entier cette petite ville, dans sa plus grande dimension ; une autre rue parallèle, plus large et moins longue, complète, avec quelques ruelles, la totalité de cette petite ville, où il règne toutefois une assez grande activité.

Fabriques de burats rayés et unis, colle forte façon anglaise. Filatures de laine. Blanchisseries de cire. Tanneries. — *Commerce* de vins, laines, basanes pour reliures; entrepôt de bois pour meubles et de merrain, où s'approvisionne une partie du Languedoc. — *Foires* les 22 janv., 31 août, 11 nov., mardi et mercredi avant les Rameaux, mercredi et jeudi avant la Pentecôte.

A 40 k. E. de Rodez, 573 k. S. de Paris.

L'arrondissement d'Espalion est composé de 9 cantons : Entraigues, Espalion, Estaing, la Guiole, Mur-de-Barrez, St-Amand-des-Copts, St-Chely, Ste-Geneviève, St-Geniez.

ESPALY-ST-MARCEL, vg. *H.-Loire* (Languedoc), arr., cant., ✉ et à 1 k. du Puy. Pop. 1,192 h.

Ce village, situé sur la Borne, où l'on passe en cet endroit sur un pont remarquable, est bâti au pied d'un rocher qui s'élève au bord de l'eau en présentant une agglomération de masses volcaniques, de la forme la plus fantastique. Du côté de la rivière, cette masse coupée à pic se compose de plusieurs étages de prismes et de colonnes basaltiques verticales et régulières, rangées comme des jeux d'orgues, ce qui leur a fait donner le nom d'Orgues d'Espaly.

Sur le point culminant de cette énorme agglomération de basalte gisent les ruines d'un ancien château, célèbre dans l'histoire du Velay par les sièges qu'il a soutenus. En 1197, le château d'Espaly fut donné à l'Eglise du Puy par le seigneur à qui il appartenait. Sur la fin du XIIIe siècle, l'évêque Guillaume de la Roue entreprit de le rebâtir, mais il ne fut achevé que par son successeur. Pendant les troubles qui agitèrent la fin du règne de Charles VI, son fils Charles, chassé du royaume, y avait établi son quartier général ; c'est là qu'il reçut le 25 octobre 1422, à sept heures du soir, la nouvelle de la mort de Charles VI, arrivée cinq jours auparavant. Il en témoigna une douleur profonde, prit le deuil, ordonna les prières des morts, et fit célébrer les obsèques dans la chapelle du château ; mais bientôt il quitta ce deuil et fut salué roi de France par tous les officiers dont il était entouré. Après avoir été reconnu à Espaly sous le nom de Charles VII, il se rendit à Poitiers où il se fit sacrer ; dès lors le château d'Espaly devint son habitation de prédilection. En octobre 1423, il y convoqua tous les grands vassaux de la province, dont il reçut l'hommage et le serment de fidélité ; et au mois de janvier suivant il y réunit les états généraux de Languedoc.

En 1443, l'évêque Jean de Bourbon, fils naturel du comte de Forez, fit d'importantes réparations considérables au château d'Espaly, qu'il rendit un séjour agréable et capable de soutenir un siège. Toutefois, ce château fut pris en 1562 par Blacons, qui y commit de grandes dévastations. Dix ans après cette époque, le capitaine Guyard s'en empara au nom des religionnaires, et brava les efforts des catholiques que commandait Saint-Vidal, qui fut blessé à une ouïssen, Guyard fut assassiné, et le château remis aux assiégeants qui en détruisirent les fortifications et mirent le feu à toutes les maisons qui l'entouraient. Depuis cette époque, Espaly n'a pu se relever, et n'offre qu'un amas de chétives demeures ; mais son site pittoresque mérite d'attirer l'attention du voyageur et les études du savant, qui ne se lassent pas d'y admirer ses énormes prismes de basalte, les plus beaux peut-être de tous ceux de la même nature qui se rencontrent dans le Velay.

ESPANEL, vg. *Tarn-et-Garonne*, comm. de Molières, ✉ de Castelnau-de-Montratier.

ESPANÈS, vg. *H.-Garonne* (Languedoc), arr. et à 21 k. de Villefranche-de-Lauragais, cant. et ✉ de Montgiscard. Pop. 358 h.

ESPAON, vg. *Gers* (Comminges), arr., cant., ✉ et à 7 k. de Lombez. Pop. 412 h.

ESPARON, ou Esparrons, vg. *H.-Garonne* (Comminges), arr. et à 19 k. de St-Gaudens, cant. et ✉ d'Aurignac. Pop. 408 h.

ESPARONS, ou Esparrons, vg. *H.-Alpes* (Dauphiné), arr. et à 35 k. de Gap, cant. de Barcelonnette, ✉ de Ventavon. P. 285 h.

ESPARRON-DE-PALIÈRES, vg. *Var* (Provence), arr. et à 37 k. de Brignoles, cant. et ✉ de Barjols. Pop. 522 h.

ESPARRON-DE-VERDON, vg. *B.-Alpes* (Provence), arr. et à 62 k. de Digne, cant. et ✉ de Riez. Pop. 439 h.

ESPARRON-LA-BATIE, *Sparro*, vg. *B.-Alpes* (Provence), arr. et à 34 k. de Sisteron, cant. de Tursiers, ✉ de la Motte-du-Caire. Pop. 258 h.

ESPARROS, vg. *H.-Pyrénées* (Armagnac), arr. et à 23 k. de Bagnères-en-Bigorre, cant. et ✉ de la Barthe-de-Neste. P. 755 h.

ESPARSAC, vg. *Tarn-et-Garonne* (Languedoc), arr. et à 33 k. de Castel-Sarrasin, cant. et ✉ de Beaumont-de-Lomagne. Pop. 652 h.

ESPARTIGNAC, vg. *Corrèze* (Limousin), arr. et à 30 k. de Tulle, cant. et ✉ d'Uzerche. Pop. 686 h.

ESPAS, vg. *Gers* (Armagnac), arr. et à 34 k. de Condom, cant. de Nogaro, ✉ de Manciet. Pop. 610 h. — *Foires* les 26 juin et 1er oct.

ESPAUBOURG, vg. *Oise* (Picardie), arr. et à 20 k. de Beauvais, cant. du Coudray-St-Germer, ✉ de Gournay. Pop. 355 h.

L'église de ce village possède des fonts baptismaux fort curieux, qui paraissent être du XIIe siècle. Ces fonts, sur lesquels est représenté un personnage jeune et imberbe, tenant en main une sorte d'épée, sont en plomb, et ont la forme d'une cuve cylindrique un peu rétrécie par le bas, dont la hauteur est de 37 c. et la circonférence de 2 m. Toute la surface extérieure est couverte de bas-reliefs très-saillants. On y voit aussi quatorze arcades à plein cintre, dont les archivoltes posent sur des colonnes cylindriques ; sept des niches renferment des rinceaux ; les sept autres, intercalées entre celles-ci, sont occupées par un personnage ayant la main étendue et portant à la gauche une épée ou un sceptre.

On remarque encore dans cette église des vitraux extrêmement beaux et d'une conservation parfaite ; la naissance de l'enfant Jésus en est le principal sujet. Le nouveau-né, couché sur un lit de paille, dans une attitude un peu forcée, est entouré du bœuf, de l'âne et d'un cordelier, qui le réchauffent : le dernier paraît moins s'occuper de l'enfant que la Vierge, dont la figure finie, élégante, paraît due au pinceau d'un grand maître. Ses cheveux, tressés à l'étrusque, sont enveloppés d'un mouchoir ; ses doigts allongés, délicats, sont du fini le plus parfait ; sa tunique, d'un pourpre éclatant, est entourée d'un manteau bleu à larges plis. Au-dessus de la Vierge, une jeune fille porte au nouveau-né une élégante corbeille de fruits : on n'est pas mieux posé, on n'a pas une tournure plus élancée, une physionomie plus douce; elle est vêtue d'une tunique violette. La figure d'une vieille qui se penche pour embrasser l'enfant a toute l'expression que le Poussin aurait pu lui donner.

ESPAYRAC, vg. *Aveyron* (Rouergue), arr. et à 30 k. d'Espalion, cant. et ✉ d'Entraigues. Pop. 770 h.

ESPÈCHE, vg. *H.-Pyrénées* (Nébouzan), arr. et à 20 k. de Bagnères-de-Bigorre, cant. et ✉ de la Barthe-de-Neste. Pop. 345 h.

ESPECHÈDE, vg. *B.-Pyrénées* (Béarn), arr. et à 16 k. de Pau, cant. et ✉ de Morlaas. Pop. 322 h.

ESPÉDAILLAC, vg. *Lot* (Quercy), arr. et à 24 k. de Figeac, cant. de Livernon, ✉ de la Capelle-Marival. Pop. 917 h. — *Foires* les 8 janv., 1er et 28 mai, 16 août et 3 oct.

ESPEILLAC, vg. *Aveyron*, comm. de Montbazens, ✉ de Rignac.

ESPELETTE, bg. *B.-Pyrénées* (Gascogne), arr. et à 18 k. de Bayonne, chef-l. de cant. Bureau d'enregist. de St-Jean-de-Luz, ✉ d'Ustaritz. Cure. Pop. 1,779 h.—Terrain crétacé inférieur, grès vert. — *Commerce* de laines, cire, miel et bestiaux.

ESPELUCHE, vg. *Drôme* (Dauphiné), arr., cant., ✉ et à 9 k. de Montélimart. Pop.

619 h. — *Foires* les 10 fév., 15 sept. et 4 nov.

ESPENAN, vg. *H.-Pyrénées* (Armagnac), arr. et à 43 k. de Baguères-de-Bigorre, cant. et ⊠ de Castelnau-Magnoac. Pop. 141 h.

ESPENEL, vg. *Drôme* (Dauphiné), arr. et à 24 k. de Die, cant. et ⊠ de Saillans. Pop. 321 h.

ESPÉRAUSSES, vg. *Tarn* (Languedoc), arr. et à 34 k. de Castres, cant. et ⊠ de Lacaune. Pop. 1,049 h.

ESPÉRAZA, vg. *Aude* (Languedoc), arr. et à 22 k. de Limoux, cant. de Quillan, ⊠ de Couiza. Pop. 1,393 h. Sur la rive gauche de l'Aude. — Scieries hydrauliques. Tanneries. — *Foires* les 23 janv., 7 mai et 30 sept.

ESPERCE, vg. *H.-Garonne* (Languedoc), arr. et à 21 k. de Muret, cant. de Cintegabelle, ⊠ d'Auterive. Pop. 737 h.

ESPÈRE, vg. *Lot* (Quercy), arr., cant. et à 10 k. de Cahors, ⊠ de Catus. Pop. 443 h.

ESPÉREUSE, vg. *Loir-et-Cher* (Beauce), arr. et à 8 k. de Vendôme, cant. de Morée, ⊠ de la Ville-aux-Clercs. Pop. 135 h.

ESPÉRIÈS, vg. *Gard*, comm. et ⊠ du Vigan.

ESPÉRONS, vg. *Landes* (Gascogne), arr. et à 20 k. de St-Séver, cant. et ⊠ d'Aire-sur-l'Adour. Pop. 233 h.

ESPEROUS, vg. *Landes*, comm. de Parleboscq, ⊠ de Gabarret.

ESPÉS — UNDURAIN, vg. *B.-Pyrénées* (Gascogne), arr., cant., ⊠ et à 4 k. de Mauléon, et à 17 k. de St-Palais. Pop. 300 h. — Il a reçu le surnom d'Undurain en 1842, époque de la réunion à son territoire de celui de cette commune.

ESPESSAS, vg. *Gironde*, comm. d'Aubiet-Espessas, ⊠ de St-André-de-Cubzac.

ESPEZEL, vg. *Aude* (Languedoc), arr. à 50 k. de Limoux, cant. de Beleaire, ⊠ de Quillan. Pop. 746 h. — *Foire* le 22 oct.

ESPIEDS, vg. *Loiret* (Orléanais), arr. à 25 k. d'Orléans, cant. de Meung-sur-Loire, ⊠ d'Ouzouer-le-Marché. Pop. 1,172 h.

ESPIEILH, vg. *H.-Pyrénées* (Bigorre), arr., ⊠ et à 8 k. de Bagnères-en-Bigorre, cant. de Lannemezan. Pop. 132 h.

ESPIENS, vg. *Lot-et-Garonne* (Condomois), arr., cant., ⊠ et à 6 k. de Nérac. Pop. 841 h.

ESPIET, vg. *Gironde* (Guienne), arr. à 19 k. de Libourne, cant. et ⊠ de Branne. Pop. 380 h.

ESPINAS, vg. *Tarn-et-Garonne* (Quercy), arr. à 52 k. de Montauban, cant. et ⊠ de Caylux. Pop. 794 h.

ESPINASSE, vg. *Cantal* (Auvergne), arr. et à 31 k. de St-Flour, cant. et ⊠ de Chaudesaigues. Pop. 568 h.

ESPINASSE, vg. *Puy-de-Dôme* (Auvergne), arr. et à 43 k. de Riom, cant. et ⊠ de St-Gervais. Pop. 1,124 h.

ESPINASSE — VOZELLES, vg. *Allier* (Bourbonnais), arr., ⊠ et à 15 k. de Gannat, cant. d'Escurolles. Pop. 803 h.

ESPINASSES, vg. *H.-Alpes* (Dauphiné),

arr. et à 29 k. d'Embrun, cant. de Chorges, ⊠ de Rémollon. Pop. 471 h. — *Foires* les 1er mars et 5 août.

ESPINCHAL, vg. *Puy-de-Dôme* (Auvergne), arr. et à 38 k. d'Issoire, cant. et ⊠ de Besse. Pop. 405 h.

ESPINOUSE, *Spinosa*, vg. *B.-Alpes* (Provence), arr. et à 21 k. de Digne, cant. de Mézel, ⊠ des Mées. Pop. 174 h.

ESPINS, vg. *Calvados* (Normandie), arr. et à 21 k. de Falaise, cant. et ⊠ d'Harcourt-Thury. Pop. 320 h.

ESPIRA-DE-LA-GLY, vg. *Pyrénées-Or.* (Roussillon), arr. et à 11 k. de Perpignan, cant. et ⊠ de Rivesaltes. Pop. 904 h. — Il est situé dans un territoire fertile en vins d'excellente qualité. On y trouve une source d'eau minérale.

ESPIRA-EN-CONFLANS, vg. *Pyrénées-Or.* (Roussillon), arr. et à 11 k. de Prades, cant. et ⊠ de Vinça. Pop. 336 h.

ESPIRAT, vg. *Puy-de-Dôme* (Auvergne), arr. et à 28 k. de Clermont-Ferrand, cant. de Vertaison, ⊠ de Billom. Pop. 1,100 h.

ESPIUTE, vg. *B.-Pyrénées* (Bigorre), arr. et à 23 k. d'Orthez, cant. et ⊠ de Sauveterre. Pop. 270 h.

ESPLANTAS, vg. *H.-Loire* (Auvergne), arr. et à 48 k. du Puy, cant. et ⊠ de Saugues. Pop. 300 h.

ESPLAS, vg. *Ariège* (pays de Foix), arr. et à 14 k. de Pamiers, cant. et ⊠ de Saverdun. Pop. 296 h.

ESPLAS, vg. *Ariège* (Comminges), arr., cant. et à 20 k. de St-Girons, ⊠ de la Bastide-de-Serou. Pop. 2,045 h.

ESPOEY, vg. *B.-Pyrénées* (Béarn), arr. et à 20 k. de Pau, cant. et ⊠ de Pontacq. Pop. 960 h.

ESPOINTOUR, vg. *Corrèze*, comm. de Soursac, ⊠ d'Egletons.

ESPONDEILHAN, vg. *Hérault* (Languedoc), arr., ⊠ et à 12 k. de Béziers, cant. de Serviau. Pop. 309 h.

ESPONSOUILLE, vg. *Pyrénées - Or.*, comm. et ⊠ de Montlouis.

ESPRELS, vg. *H.-Saône* (Franche-Comté), arr. à 22 k. de Vesoul, cant. de Noroy-le-Bourg, ⊠ de Villersexel. Pop. 1,106 h. — *Foires* les derniers mercredis de janv., mars, juin et oct.

ESPRIT (le St-), petite ville maritime, *Landes* (Gascogne), arr. à 48 k. de Dax, chef-l. de cant. Cure. ⊠. A 786 k. de Paris pour la taxe des lettres. Pop. 7,324 h. — Terrain crétacé inférieur, grès vert.

Cette ville est située à l'extrémité sud-ouest du département, sur la rive droite de l'Adour, qui la sépare de Bayonne, avec laquelle elle communique par un long pont de bois, et dont elle n'est, à proprement parler, qu'un faubourg, tout à fait indépendant cependant, puisqu'il n'appartient pas au même département. Le St-Esprit renferme la citadelle, ouvrage de Vauban, qui commande tout à la fois Bayonne, le port, la campagne et une vaste étendue de mer; on y jouit d'un des aspects les plus pittoresques qu'il soit possible de voir.

La population du St-Esprit est composée en très-grande partie d'israélites chassés d'Espagne et échappés aux supplices de l'inquisition. Repoussés par Bayonne, ils se réfugièrent sur l'autre rive de l'Adour et s'établirent au St-Esprit, qu'ils ont vivifié et contribuent à vivifier encore par leur activité mercantile, dirigée en grande partie vers le courtage; ils sont en général sobres, laborieux, et exercent honorablement toutes les professions utiles; ils concourent à faire fleurir le commerce de Bayonne même. Cette peuplade juive, toute agglomérée au St-Esprit, est presque toute éparse durant le jour dans les rues principales, les carrefours et la place publique, où elle répand la vie et le mouvement. Les juifs du St-Esprit ont trois synagogues : tous les samedis, un rabbin espagnol y vient prêcher en castillan.

ESQUAY-NOTRE-DAME, vg. *Calvados* (Normandie), arr. et à 13 k. de Caen, cant. et ⊠ d'Evrecy. Pop. 781 h.

ESQUAY-SUR-SEULLE, vg. *Calvados* (Normandie), arr., ⊠ et à 7 k. de Bayeux, cant. de Ryes. Pop. 353 h.

ESQUEHÉRIES, vg. *Aisne* (Picardie), arr. et à 25 k. de Vervins, cant. de Nouvion, ⊠ d'Etreux. Pop. 2,340 h. — Fabriques de sabots.

ESQUELBECQ, vg. *Nord* (Flandre), arr. et à 18 k. de Dunkerque, cant. et ⊠ de Wormhoudt. Pop. 1,927 h. Sur l'Iser.

Cette commune possède un château flanqué de neuf tours, portant le millésime de 1610 et offrant, dans sa partie la plus ancienne, des vestiges d'architecture espagnole. Il est surmonté d'un donjon élevé de 45 mètres au-dessus du sol, dont le sommet est couronné par une plateforme en plomb entourée d'une galerie, du haut de laquelle la vue plonge sur une riante vallée. Les tourelles de ce château, où l'on remarque encore des traces de créneaux, les fossés profonds et remplis d'eau qui l'entourent, le pont-levis, la herse, annoncent qu'il fut autrefois un château fort. — Elève en grand des bestiaux. — Commerce de bois. — *Foires* les derniers mercredis d'avril et de juillet.

ESQUENNOYE, vg. *Oise* (Picardie), arr. et à 44 k. de Clermont, cant. et ⊠ de Breteuil. Pop. 1,100 h. — *Fabrique* de bouracan.

ESQUERCHIN, vg. *Nord* (Flandre), arr., cant., ⊠ et à 5 k. de Douai. Pop. 610 h.

ESQUERDES, vg. *Pas-de-Calais* (Artois), arr., ⊠ et à 7 k. de St-Omer, cant. de Lumbres. Pop. 742 h.

ESQUERMES, vg. *Nord* (Flandre), arr., cant., ⊠ et à 3 k. de Lille. Pop. 2,181 h. — *Fabrique* de charbon animal. Belles blanchisseries de toiles et de fil. Filature de coton. Papeterie. Nombreux moulins à huile.

ESQUIBIEN, vg. *Finistère* (Bretagne), arr. et à 38 k. de Quimper, cant. de Pont-Croix, ⊠ d'Audierne. Pop. 1,759 h.

ESQUIÈZE, vg. *H.-Pyrénées* (Gascogne), arr. et à 20 k. d'Argelès, à 31 k. de Lourdes, cant. de Luz, ⊠ de Barèges. P. 235 h.

ESQUILLES, vg. *H.-Garonne* (Languedoc), arr., cant., ✉ et à 21 k. de Villefranche-de-Lauragais. Pop. 180 h.

ESQUIULE, vg. *B.-Pyrénées* (Béarn), arr., ✉ et à 9 k. d'Oloron, cant. de Ste-Marie-d'Oloron. Pop. 1,390 h.

ESSAI, *Essaium*, bg *Orne* (Normandie), arr. et à 22 k. d'Alençon, cant. du Mesle-sur-Sarthe. ✉. A 179 k. de Paris pour la taxe des lettres. Pop. 1,005 h.

Ce bourg occupe l'emplacement de l'ancienne cité des Essueius, qui acquit une grande importance après la conquête des Gaules par Jules César, et qui fut détruite par les Saxons peu de temps avant l'époque où ils fondèrent la ville de Seez. Elle avait un château fortifié où résidaient les ducs d'Alençon une partie de l'année. Les Anglais s'en emparèrent en 1418, et en furent chassés par le duc d'Alençon en 1449.

Le CHATEAU DE MATIGNON, bâti par M. Rœderer avec les matériaux provenant de l'ancien château de Lourai, est une dépendance de cette commune.

PATRIE du lieutenant général VALAZÉ, membre de la chambre des députés, et fils du conventionnel de ce nom.

ESSARDS, bg *Charente* (Angoumois), arr. et à 34 k. de Barbezieux, cant. et ✉ d'Aubeterre. Pop. 774 h.

ESSARDS (les), vg. *Charente-Inf.* (Saintonge), arr. et à 11 k. de Saintes, cant. et ✉ de St-Porchaire. Pop. 683 h.

ESSARDS (les), vg. *Charente-Inf.*, com. de Chaniers, ✉ de Saintes.

ESSARDS (les), vg. *Indre-et-Loire* (Touraine), arr. et à 35 k. de Chinon, cant. et ✉ de Langeais. Pop. 276 h.—*Foire* le 13 sept.

ESSARDS (les), vg. *Jura* (Franche-Comté), arr. et à 24 k. de Dôle, cant. de Chaussin, ✉ du Deschaux. Pop. 13 h.

ESSAROIS, beau village, *Côte-d'Or* (Bourgogne), arr. et à 23 k. de Châtillon-sur-Seine, cant. et ✉ de Recey-sur-Ource. Pop. 480 h. — Ce village est fort agréablement situé sur la Dive, près d'un étang très-poissonneux. Il est généralement bien bâti, et possède une vaste place publique, et un superbe château dont le parc est distribué en jardin paysager de la plus grande beauté.—Hauts fourneaux, fonderie, forges, salinerie à vapeur, moulins à blé et à foulon, huileries. Belles carrières de pierres de taille.

ESSART, vg. *Pas-de-Calais* (Artois), arr., cant., ✉ à 6 k. de Béthune. Pop. 611 h.

ESSART (Grand et Petit-), vg. *Seine-Inf.*, comm. de Petit-Couronne, ✉ de Grand-Couronne.

ESSARTS (les), vg. *Eure* (Normandie), arr. et à 25 k. d'Evreux, cant. et ✉ de Damville. Pop. 427 h.

ESSARTS (les), vg. *Eure*, comm. et ✉ de Brionne.

ESSARTS (les), vg. *Eure* (Normandie), arr. et à 25 k. de Bernay, cant. de Broglie. ✉. Pop. 82 h.

ESSARTS (les), vg. *Loir-et-Cher* (Beauce), arr. et à 30 k. de Vendôme, cant. de Montoire, ✉ de Poncé. Pop. 201 h.

ESSARTS (les), vg. *Oise*, comm. de Cuy, ✉ de Noyon.

ESSARTS (les), vg. *Eure*, com. de Pisenx, ✉ de Montreuil-l'Argillé.

ESSARTS (les), vg. *Maine-et-Loire*, com. de St-Léger-des-Bois, ✉ de St-Georges-sur-Loire.

ESSARTS (les), *Nièvre*, comm. de St-Ouen, ✉ de Decize.

ESSARTS (les), vg. *Seine-Inf.*, comm. d'Ardouval, ✉ des Grandes-Ventes.

ESSARTS (les), vg. *Seine-Inf.*, comm. de Freulleville, ✉ d'Envermeu.

ESSARTS (les), vg. *Seine-Inf.*, comm. de Pommeréval, ✉ des Grandes-Ventes.

ESSARTS (les), petite ville, *Vendée* (Poitou), arr., bureau d'enregist. et à 18 k. de Bourbon-Vendée, chef-l. de cant. ✉. Cure. Gîte d'étape. A 411 k. de Paris pour la taxe des lettres. Pop. 2,390 h.—TERRAIN cristallisé.

Cette ville est mal bâtie, mal pavée, mais les restes de son antique château et le paysage qui, tout autour, se dessine en amphithéâtre sont on ne peut plus pittoresques. Les lierres, les ronces tapissent les vieux pans de murailles où restent encore suspendus les établissements des cheminées; les pierres larges et polies qui servaient de sièges aux deux côtés des fenêtres; les grandes croix de granit qui supportent les vitraux, et tous les restes du principal corps de logis font remonter l'imagination à l'époque où dans ces salles, dans ces tourelles, on devisait de prouesses et d'amour. Cependant, si des masses de plantes grimpantes tapissent aujourd'hui les débris de ces salles où les seigneurs des Vivonne venaient reposer leurs fronts victorieux, il en est autrement des fortifications qui sont encore assez bien conservées. Les ruines du château annoncent une construction du XIIe siècle; l'architecture sarrasine de la vieille tour carrée au pied de laquelle passe la grande route, ainsi que celle de la principale porte d'entrée qui garde encore l'empreinte du pont-levis, ses mâchicoulis et ses hautes murailles décèlent évidemment une construction du XIe siècle. Il paraît qu'au commencement du XIVe siècle la maison de maître n'existait pas encore, ou que du moins elle n'était qu'un simple manoir propre à servir de prison. Les Essarts appartenaient alors à Marguerite de Penthièvre, fille d'Olivier de Clisson, qui choisit ce château pour y renfermer les jeunes ducs de Bretagne, dont elle s'était rendue maîtresse par la plus insigne trahison. Sous la Ligue, Henri IV séjourna au château des Essarts, d'où il partit pour aller combattre le duc de Mercœur. Ce château fut incendié en 1793, après avoir été le théâtre d'un combat sanglant.—*Foire* le 3e mercredi de chaque mois.

ESSARTS - CUÉNOT (les), vg. *Doubs* (Franche-Comté), arr. et à 46 k. de Montbéliard, cant. et ✉ de Maîche. Pop. 107 h.

ESSARTS-LE-ROI (les), vg. *Seine-et-Oise* (Beauce), arr., cant., ✉ et à 10 k. de Rambouillet. Pop. 776 h.

ESSARTS-LES-SÉZANNE (les), vg. *Marne* (Champagne), arr. et à 42 k. d'Epernay, cant. et ✉ d'Esternay. Pop. 435 h.

ESSARTS-LE-VICOMTE (les), vg. *Marne* (Champagne), arr. et à 55 k. d'Epernay, cant. d'Esternay, ✉ de Courgivaux. P. 253 h.

ESSARTS-VARIMPRÉ (les), ou LA BELLOY, *Seine-Inf.* (Normandie), arr. et à 14 k. de Neufchâtel-en-Bray, cant. de Blangy, ✉ de Foucarmont. Pop. 354 h.—Verrerie (à Varimpré).

ESSAVILLY, vg. *Jura* (Franche-Comté), arr. de Poligny, à 39 k. d'Arbois, cant. et ✉ de Nozeroy. Pop. 198 h.

ESSE, vg. *Charente* (Angoumois), arr., cant., ✉ et à 4 k. de Confolens. Pop. 888 h.

On remarque dans cette commune, à l'extrémité d'un champ, près d'un petit village que l'on nomme le Repaire, à peu de distance de la route de Lesterps à Confolens, et sur le bord de celle qui mène à Brigueuil, une pierre brute de forme à peu près pyramidale, ayant 2 m. 60 c. de hauteur verticale, 1 m. 80 c. de largeur à la base, et environ 1 m. d'épaisseur moyenne; la face la plus unie est tournée et légèrement inclinée vers le soleil levant. Cette pierre est d'une espèce de roche granitique très-dure et très-abondante dans le pays, quoiqu'on n'en aperçoive pas une seule dans le lieu où elle est située. D'après la pesanteur spécifique qu'on peut raisonnablement lui supposer, elle offre un poids absolu de plus de 10,000 kilogr.

ESSÉ, vg. *Ille-et-Vilaine* (Bretagne), arr. et à 41 k. de Vitré, cant. de Rhétiers, ✉ de la Guerche. Pop. 1,674 h.

A peu de distance de ce village, au milieu d'un champ qui dépend de la métairie de Rouvray, on voit un des monuments celtiques les plus curieux de la France, qui porte le nom de la Roche-aux-Fées. Il est composé de 43 pierres, dont 34, assez larges et d'une médiocre épaisseur, sont fichées debout en terre, et supportent huit pierres beaucoup plus grosses qui s'appuient sur leur extrémité. La forme de ce monument est à peu près celle d'un carré long, situé du sud-est au nord-ouest, et coupé par une cloison transversale. Sa plus grande longueur est de 19 m.; sa plus grande largeur de 4 m.; sa hauteur au-dessus du sol est aussi de 4 m.

Ce monument paraît avoir été consacré aux cérémonies du culte druidique. Sa situation sur les limites de quatre peuples différents, les Rédones, les Namnètes, les Andes et les Arviens, a fait même supposer qu'il était tout à la fois politique et religieux. La conformité de noms qui s'attache dans toute la Bretagne à ces sortes de monuments, a dû faire penser qu'ils avaient une origine commune. Un antiquaire breton a cru que c'était sur ces rochers que les prêtresses du culte druidique rendaient leurs oracles, et que cette vieille tradition a fait appeler fées ces roches, et par suite Roches-aux-Fées leurs monuments. Une autre observation vient s'ajouter à celle-ci, c'est que l'on rencontre toujours ces restes de la religion druidique aux bords d'une forêt ou d'un bois, dont quelques-uns conservent en langue bretonne le nom de

Bois de la Prêtresse (Cort-Bregen). Le champ qui renferme la Roche-aux-Fées faisait autrefois partie de la forêt du Teil, dont il est encore peu éloigné. On trouve, dans la même forêt, une pierre levée, ou menhir, d'environ 2 m. de hauteur sur une largeur moindre de moitié.

ESSE, vg. *Seine-et-Marne*, comm. de St-Augustin, ✉ de Coulommiers.

ESSEGNEY, vg. *Vosges* (Lorraine), arr. et à 18 k. de Mirecourt, cant. et ✉ de Charmes. Pop. 464 h.

ESSEINTES (les), vg. *Gironde* (Bazadois), arr., cant., ✉ et à 4 k. de la Réole. P. 273 h.

ESSERGENS, vg. *Seine-et-Marne*, com. de Neufmoutier, ✉ de Tocanan.

ESSERT, vg. *H.-Rhin* (Alsace), arr., cant., ✉ et à 5 k. de Belfort. Pop. 711 h.

ESSERT, vg. *Yonne* (Bourgogne), arr. et à 28 k. d'Auxerre, cant. et ✉ de Vermenton. Pop. 207 h.

ESSERTAUX, vg. *Somme* (Picardie), arr. et à 20 k. d'Amiens, cant. de Conti, ✉ de Flers. Pop. 501 h.

ESSERTENNE, vg. *Saône-et-Loire* (Bourgogne), arr. et à 28 k. d'Autun, cant. et ✉ de Couches. Pop. 491 h. — *Foires* les 14 mars, 14 mai, 14 juillet et 15 oct.

ESSERTENNE, vg. *H.-Saône* (Franche-Comté), arr., ✉ et à 13 k. de Gray, cant. d'Autrey. Pop. 648 h.

ESSERTINE - EN - CHATELNEUF, vg. *Loire* (Forez), arr., cant., ✉ et à 9 k. de Montbrison. Pop. 659 h.

ESSERTINE-EN-DONZY, vg. *Loire* (Forez), arr. et à 35 k. de Montbrison, cant. et ✉ de Feurs. Pop. 768 h.

ESSERTINES-BASSES, vg. *Loire*, comm. d'Essertines - en - Châteauneuf, ✉ de Montbrison.

ESSERVAL-COMBE, vg. *Jura* (Franche-Comté), arr. de Poligny, à 36 k. d'Arbois, cant. et ✉ de Nozeroy. P. 85 h.

ESSERVAL-TARTRE, vg. *Jura* (Franche-Comté), arr. de Poligny, à 35 k. d'Arbois, cant. t ✉ de Nozeroy. Pop. 454 h.

ESSEY, vg. *Côte-d'Or* (Bourgogne), arr. et à 43 k. de Beaune, cant. et ✉ de Pouilly-en-Montagne. Pop. 371 h.

ESSEY-LA-COTE, vg. *Meurthe* (Lorraine), arr. et à 23 k. de Lunéville, cant. et ✉ de Gerbeviller. Pop. 264 h.

ESSEY-LES-EAUX, vg. *H.-Marne* (Champagne), arr. et à 25 k. de Chaumont-en-Bassigny, cant. et ✉ de Nogent-le-Roi. Pop. 226 h.

ESSEY-LES-NANCY, vg. *Meurthe* (Lorraine), arr. et à 4 k. de Nancy. P. 676 h. Au pied de la montagne d'Essey. — L'église paroissiale est un ancien édifice situé sur une éminence d'où l'on jouit d'une vue charmante; elle est accompagnée d'une fontaine et de beaucoup de débris de tuiles romaines.

Sur la montagne d'Essey est un beau camp romain, qui occupe un grand plateau en forme de triangle, revêtu de tous côtés de parapets. On y remarque encore des segments de tours, du côté de la porte décumane. Ce camp pouvait contenir facilement deux légions; il ne touchait à la montagne que par l'angle le plus aigu; le parapet dans cette partie est beaucoup plus élevé et accompagné d'une terrasse. Le camp d'Essey est un des plus forts par sa nature : il dominait la plaine de la Meurthe, empêchait l'entrée de la Moselle par cette rivière, et portait son attention même sur la Seille. L'objet des Romains étant de retenir sous le joug les Gaulois qu'ils avaient soumis, et de s'opposer aux incursions des barbares, le camp d'Essey remplissait mieux ce double objet que la situation plane de Nancy, qui dans le système militaire des Romains était défavorable, ce qui paraît être le motif de leur peu de prédilection pour cette ville.

ESSEY-LES-PONTS, vg. *H.-Marne* (Champagne), arr. et à 22 k. de Chaumont-en-Bassigny, cant. et ✉ de Château-Villain. P. 286 h.

ESSEY-MAIZERAIS, vg. *Meurthe* (Lorraine), arr. et à 31 k. de Toul, cant. et ✉ de Thiaucourt. Pop. 842 h. — *Foires* les 7 mai, 1er juin, 1er déc. et jeudi de la Passion.

ESSIA, vg. *Jura* (Franche-Comté), arr. et à 9 k. de Lons-le-Saulnier, cant. et ✉ d'Orgelet. Pop. 177 h.

ESSIGNY-LE-GRAND, vg. *Aisne* (Picardie), arr. et à 9 k. de St-Quentin, cant. de Moy. Pop. 906 h.

ESSIGNY-LE-PETIT, vg. *Aisne* (Picardie), arr., cant., ✉ et à 9 k. de St-Quentin. Pop. 368 h.

ESSINES, vg. *Aisne* (Brie), arr. et à 10 k. de Château-Thierry, cant. de Charly, ✉ de Viels-Maisons. Pop. 353 h.

ESSOMMES, vg. *Aisne* (Brie), arr., cant., ✉ et à 2 k. de Château-Thierry. Pop. 1,983 h. — On y voit une magnifique église du XIIIe siècle, des boiseries et des stalles très-curieuses de la renaissance, la chapelle du sépulcre, un tombeau, la pierre sépulcrale de J. Guyart.

ESSON, vg. *Calvados* (Normandie), arr. à 23 k. de Falaise, cant. et ✉ d'Harcourt-Thiery. Pop. 493 h.

ESSONNE, (l'), rivière qui prend sa source dans l'arrond. de Pithiviers, dép. du *Loiret*; elle passe à Malesherbes, la Ferté-Aleps, et se jette dans la Seine à Corbeil, après un cours d'environ 80 k.

ESSONNES, *Exona*, joli bourg, *Seine-et-Oise* (Ile-de-France), arr., cant. et à 2 k. de Corbeil. ✉. A 30 k. de Paris pour la taxe des lettres. Pop. 3,613 h.

Essonnes est un bourg fort ancien qui subsistait déjà du temps de Clovis, puisque Fortunat, contemporain de Grégoire de Tours, en fait mention dans la vie de saint Germain. L'abbé Lebeuf prétend que ce lieu était un domaine royal, et qu'on y battait monnaie sous les rois de la première race, avec cette légende, *Exona* ou *Axsona fisci*. Au VIe siècle, Clotaire en fit don à l'abbaye de St-Denis ; dans la suite, cette ville devint la propriété des comtes de Corbeil. En 1124, Suger y fonda un prieuré, pour l'entretien duquel il assigna diverses terres et redevances ; mais, vers le milieu du XVIIIe siècle, ce n'était plus une communauté, et il n'y restait qu'une chapelle tombant en ruine.

Aujourd'hui Essonnes est un joli bourg, percé d'une large et assez belle rue, et situé au fond d'un vallon agréable, sur deux bras de la Seine. On y arrive par une courte descente ; on en sort par une montée semblable. La Seine y fait mouvoir un grand nombre d'établissements d'industrie. — Aux environs sont plusieurs maisons de campagne, dont une des plus agréables a été habitée par Bernardin de Saint-Pierre.

PATRIE DE PIERRE D'ESSONNES, prédicateur distingué du XIIIe siècle.

Fabriques de linge de table, de tuyaux en fil sans couture, de broches pour filatures. Manufacture d'indienne. Papeterie. Filature de coton et de laine. Filature mécanique de lin (3,500 broches). Poudrerie royale (au Bouchet).

ESSOYES, bg *Aube* (Bourgogne), arr. et à 15 k. de Bar-sur-Seine, chef-l. de cant. Cure. ✉. A 207 k. de Paris pour la taxe des lettres. Pop. 1,727 h. — TERRAIN jurassique.

PATRIE du mathématicien LEMOINE D'ESSOYES.

Foires les 21 mai, 21 sept. et 21 nov.

ESSULLES, *Oise* (Picardie), arr. et à 17 k. de Clermont, cant. et ✉ de St-Just-en-Chaussée. Pop. 577 h.

ESTABLES (les), vg. *H.-Loire* (Velay), arr. et à 31 k. du Puy, cant. de Fay-le-Froid, ✉ du Monastier. Pop. 1,108 h. — *Foires* les 21 août et 18 oct.

ESTABLES, vg. *Lozère* (Languedoc), arr. et à 21 k. de Mende, cant. de St-Amans, de Serverette. Pop. 634 h. — Il est bâti sur un plateau granitique élevé de 1,550 m. au-dessus du niveau de la mer, nommé le Palais du Roi, sans doute parce qu'on remarque dans le voisinage les ruines d'un ancien château qui a appartenu aux rois d'Aragon.

ESTABLET, vg. *Drôme* (Dauphiné), arr. et à 31 k. de Die, cant. de la Motte-Chalançon. Pop. 237 h. — *Foire* le 25 nov.

ESTADENS, vg. *H.-Garonne* (Comminges), arr. et à 14 k. de St-Gaudens, cant. et ✉ d'Aspet. Pop. 1,483 h.

ESTAGEL, joli bourg, *Pyrénées - Or.* (Roussillon), arr. et à 22 k. de Perpignan, cant. de la Tour-de-France. ✉. A 867 k. de Paris pour la taxe des lettres. ✆. P. 2,237 h.

Estagel est un bourg bien bâti, au milieu d'une contrée couverte de vignes et d'oliviers, sur la rive droite de l'Agly, que l'on y passe sur un pont de pierre. — Ce bourg, aussi agréable par son site, par l'élégance de ses constructions, que par l'aisance dont jouissent ses habitants, ressemble par le mouvement qui y règne et par les belles boutiques qui s'y font remarquer, à une charmante ville.

PATRIE du savant M. ARAGO, directeur de l'Observatoire de Paris, membre de l'Institut et de la chambre des députés.

Fabriques d'huile d'olive. Education en grand des abeilles. Distilleries d'eau-de-vie.

—Exploitation des carrières de marbre gris. —*Commerce* de vins, eau-de-vie, esprits, laines et bestiaux.— *Foire* le 5 janv.

On remarque aux environs d'Estagel l'ermitage de Notre-Dame-des-Prines, situé au sommet d'une montagne aride, où l'on ne parvient que par un chemin taillé dans les rochers. Non loin de là, sur un autre point de la chaîne des Corbières, sont les ruines de l'armitage de Saint-Vincent.

ESTAING, petite ville, *Aveyron* (Rouergue), arr., ⊠, bur. d'enreg. et à 11 k. d'Espalion, chef-l. de cant. Pop. 1,531 h.— Terrain cristallisé.

Cette ville est bâtie dans une position extrêmement pittoresque, sur la rive droite du Lot, au pied des montagnes de la Viadème. Elle occupe un escarpement de rochers, à travers lesquels le Lot passe avec peine, et est dominée par les restes imposants du château des comtes d'Estaing, qui s'élève sur un rocher à pic et contribue à rendre le site d'Estaing tout à fait extraordinaire.— *Fabriques* de toiles et de grosses draperies. — *Commerce* de pois verts.— *Foires* les 2 mai, 25 juin, 20 sept., 9 déc. et 1er jeudi de carême.

ESTAING, vg. *H.-Pyrénées* (Bigorre), arr. et à 20 k. d'Argelès, cant. d'Aucun.

ESTAIRES, ville ancienne, *Nord* (Flandre), arr. et à 19 k. de Hazebrouck, cant. de Merville. Collège communal. ⊠. A 266 k. de Paris pour la taxe des lettres. Pop. 6,825 h.

L'origine de cette ville est inconnue : le pont d'Estaires est le *Minariacum* dont il est parlé dans l'Itinéraire d'Antonin. Vers la fin du XIe siècle, la paroisse d'Estaires était si considérable qu'elle fut divisée en deux parties, séparées par la Lys. Cette ville fut réduite en cendres par les Flamands en 1347, et essuya le même malheur en 1474 et 1577. Elle fut prise par les Espagnols en 1548, et reprise par M. de Villequier après la bataille de Lens. C'est aujourd'hui une ville ouverte, située sur la Lys, qui y est navigable, dont la position, au centre d'une forte population rurale, rend les marchés très-fréquentés dans toutes les saisons de l'année.

Patrie du compositeur de musique Candeille.

Fabriques considérables de toiles et de linge de table. Filature et préparation du lin. Blanchisseries de toiles. Amidonnerie. Clouteries. Construction de bateaux.— *Foires* les 4es jeudis de juillet et d'oct., et le 3e jeudi de chaque mois. Fort marché aux toiles tous les mercredis.

ESTAMPES, vg. *Gers* (Armagnac), arr. et à 18 k. de Mirande, cant. et ⊠ de Miélan. P. 655 h.

ESTAMPON, vg. *Landes*, comm. de Losse, ⊠ de Gabarret.

ESTAMPURES, vg. *H.-Pyrénées* (Armagnac), arr. et à 32 k. de Tarbes, cant. et ⊠ de Trie. Pop. 243 h.

ESTANCARBON, vg. *H.-Garonne* (Comminges), arr., cant., et à 5 k. de St-Gaudens. Pop. 554 h.

ESTANDEUIL, vg. *Puy-de-Dôme* (Auvergne), arr. et à 30 k. de Clermont-Ferrand, cant. et ⊠ de St-Dier. Pop. 998 h.

ESTANG, vg. *Gers* (Armagnac), arr. et à 44 k. de Condom, cant. et ⊠ de Cazaubon. Pop. 1,303 h.— *Foires* les 1er mardi de mars, 30 juin, 4 sept. et 20 nov.

ESTANTENS, vg. *H.-Garonne*, comm. et ⊠ de Muret.

ESTARVIELLE, vg. *H.-Pyrénées* (Gascogne), arr. et à 40 k. de Baguères-de-Bigorre, cant. de Berdères, ⊠ d'Arrau. Pop. 105 h.

ESTAVAR, vg. *Pyrénées-Or.* (Roussillon), arr. et à 60 k. de Prades, cant. de Saillagouse, ⊠ de Montlouis. Pop. 328 h. Exploitation de lignite.

ESTENOS, vg. *H.-Garonne* (Comminges), arr. et à 25 k. de St-Gaudens, cant. et ⊠ de St-Béat. Pop. 378 h.

ESTENSAN, vg. *H.-Pyrénées* (Gascogne), arr. et 47 k. de Bagnères-de-Bigorre, cant. de Vieille-Aure, ⊠ d'Arreau. Pop. 100 h.

ESTÉPHE (St-), bg *Charente* (Angoumois), arr., cant., ⊠ et à 12 k. d'Angoulème, Pop. 855 h.

ESTÉPHE (St-), vg. *Dordogne* (Périgord), arr., cant., ⊠ et à 10 k. de Nontron. P. 1,080 h.

On voit près de ce village un rocher isolé connu sous le nom de Roc Branlant, qui a au moins 12 m. de hauteur sur autant de largeur, et qui se tient en équilibre sur un second rocher qui lui sert de base. La moindre impulsion suffit pour ébranler cette masse énorme et lui donner un mouvement d'oscillation très-régulier.

ESTÉPHE (St-), vg. *Gironde* (Guienne), arr. et à 15 k. de Lesparre, cant. et ⊠ de Pauillac. Pop. 2,220 h. — *Foire* le 7 sept. (6 jours). Cette foire, qui se tient sur le bord de la Garonne, est très-renommée ; on y vend une grande quantité d'oignons, d'œuvres pour les vaisseaux vinaires, laine, mercerie, draperies, vaisselle, etc., etc.

ESTEREL (l'), vg. *Var*, comm. et ⊠ de Fréjus.

ESTÉRENCUBY, vg. *B.-Pyrénées* (Béarn), arr. de Mauléon, cant. et ⊠ de St-Jean-Pied-de-Port.

ESTERNAY, *Esternaium*, bg *Marne* (Champagne), arr. et à 49 k. d'Epernay, ch.-l. de cant. Cure. ⊠. A 104 k. de Paris pour la taxe des lettres. Pop. 1,263 h.— Terrain tertiaire inférieur.

Esternay était jadis une seigneurie qui fut érigée en marquisat en 1721 en faveur du président Michel Larcher. On y voit un ancien château entouré de fossés remplis d'eau vive, qui a été habité par Fabert et par le comte de Caylus. — *Fabriques* de vannerie fine. — Manufacture de porcelaine à Tourneloup, sur le bord de l'ancien étang desséché de la Hazze.— *Foires* les 6 avril, 19 juin, 2 oct. et 21 nov.

ESTERRE, vg. *H.-Pyrénées* (Gascogne), arr. d'Argelès, à 32 k. de Lourdes, cant. de Luz, ⊠ de Barèges. Pop. 307 h.

ESTEUIL, vg. *Gironde*, comm. de St-Germain-d'Esteuil, ⊠ de Lesparre.

ESTÈVE (St-), vg. *B.-Alpes* (Provence), arr., cant., ⊠ et à 21 k. de Digne. P. 132 h.

ESTÈVE (St-), ou St-Etienne, vg. *Pyrénées-Or.* (Roussillon), arr., cant., ⊠ et à 5 k. de Perpignan. Pop. 846 h.

ESTÈVE-JANSON (St-), vg. *Bouches-du-Rhône* (Provence), arr. et à 20 k. d'Aix, cant. et ⊠ de Lembesc. Pop. 90 h.

ESTEVELLE, vg. *Pas-de-Calais* (Artois), arr. et à 25 k. de Béthune, cant. et ⊠ de Lens. Pop. 129 h.

ESTEVEN (St-), vg. *B.-Pyrénées* (Navarre), arr. et à 31 k. de Bayonne, cant. et ⊠ de Hasparren. Pop. 740 h.

ESTÉVILLE, vg. *Seine-Inf.* (Normandie), arr. et à 23 k. de Rouen, cant. de Clères, ⊠ du Fréneau. Pop. 358 h.

ESTEZARGUES, vg. *Gard* (Languedoc), arr. et à 28 k. de Nimes, cant. d'Aramon, ⊠ de Remoulins. Pop. 296 h.

ESTIALESQ, vg. *B.-Pyrénées* (Navarre), arr., ⊠ et à 6 k. d'Oloron, cant. de Lasseube. Pop. 360 h.

ESTIBEAUX, vg. *Landes* (Gascogne), arr., ⊠ et à 17 k. de Dax, cant. de Pouillon. Pop. 387 h.

ESTIGARDE, vg. *Landes* (Gascogne), arr. et à 35 k. de Mont-de-Marsan, cant. et ⊠ de Gabarret. Pop. 307 h.

ESTILLAC, vg. *Lot-et-Garonne* (Agénois), arr., ⊠ et à 7 k. d'Agen, cant. de la Plaine. Pop. 482 h.

ESTIPOUY, vg. *Gers* (Armagnac), arr., et à 4 k. de Mirande, cant. de Montesquieu. Pop. 384 h.

ESTIRAC, vg. *H.-Pyrénées* (Bigorre), arr. et à 31 k. de Tarbes, cant. et ⊠ de Maubourguet. Pop. 199 h.

ESTISSAC, anciennement St-Liébault, bg *Aube* (Champagne), arr. et à 25 k. de Troyes, chef-l. de cant. Cure. ⊠. A 154 k. de Paris pour la taxe des lettres. P. 1,629 h. Sur la Vanne. — Terrain crétacé supérieur, craie.

Jacques Viguier construisit en 1620 la terre d'Estissac, et y fit bâtir un château, qui passa ensuite au chancelier Séguier, en faveur duquel Villemaur fut érigé en duché, dont dépendait Estissac. Quoique simple succursale, ce bourg paraît avoir été habité de préférence à Villemaur, par ses anciens possesseurs. En 1758, il fut érigé en duché en faveur de François de Roye de la Rochefoucauld ; ce seigneur avait fait embellir à grands frais le château, qui a été détruit lors de la première révolution.

Fabriques de bonneterie. Papeteries. — *Foires* les 3 fév., 26 avril, 1er sept., 25 nov. et lundi après la Pentecôte.

ESTISSAC, vg. *Dordogne*. V. St-Jean et St-Hilaire-d'Estissac.

ESTIVALS, vg. *Corrèze* (Limousin), arr., cant. et à 20 k. de Brives, ⊠ de Noailles. Pop. 332 h.

ESTIVAREILLE, vg. *Loire* (Forez), arr. et à 29 k. de Montbrison, cant. et ⊠ de St-Bonnet-le-Château. Pop. 1,565 h.

ESTIVAREILLE, vg. *Allier* (Bourbonnais),

arr., ⊠ et à 12 k. de Montluçon, cant. d'Hérissoa. Pop. 674 h.

ESTIVAUX, vg. *Corrèze* (Limousin), arr. et à 23 k. de Brives, cant. et ⊠ de Vigeois. Pop. 844 h.

ESTIVEAUX, vg. *Saône-et-Loire*, comm. de St-Boil, ⊠ de Buxy.

ESTOHER, vg. *Pyrénées-Or*. (Roussillon), arr. et à 9 k. de Prades., cant. et ⊠ de Vinça. Pop. 560 h. — Il y a sur son territoire une source d'eau minérale froide.

ESTOS, vg. *B.-Pyrénées* (Béarn), arr., cant., ⊠ et à 2 k. d'Oloron. Pop. 155 h.

ESTOUBLON, *Stablonum*, vg. *B.-Alpes*, arr. à 25 k. de Digne, cant. et ⊠ de Mézel. ⚭. Pop. 732 h. — Il est situé dans un territoire fertile en blé, vin, prunes de Brignolles et autres fruits.

Ce village est célèbre dans l'histoire de Provence par la défaite des Saxons. Ces barbares, venus par le mont Genèvre, Embrun, Seyne et Digne, établirent leur camp dans la plaine, entre Estoublon et Mézel. Mommulus, chef des troupes du roi Gontran, les combattit en 576 et les détruisit presque tous.

ESTOUCHES, vg. *Seine-et-Oise* (Gatinais), arr. et à 20 k. d'Etampes, cant. de Méréville, ⊠ d'Angerville. Pop. 177 h.

ESTOUILLY, vg. *Somme* (Picardie) arr. et à 2 k. de Péronne, cant. et ⊠ de Ham. Pop. 192 h.

ESTOURMEL, vg. *Nord* (Cambrésis), arr., ⊠ et à 7 k. de Cambrai, cant. de Carnières. Pop. 637 h.

ESTOUTEVILLE, *Stota Villa*, bg *Seine-Inf*. (Normandie), arr. à 23 k. de Rouen, cant. et ⊠ de Buchy. Pop. 183 h. — Ce bourg, érigé en duché par François Ier, en 1534, a donné son nom à une des plus anciennes et plus considérables familles de la Normandie.

ESTOUY, vg. *Loiret* (Gatinais), arr., cant., ⊠ et à 5 k. de Pithiviers. Pop. 575 h.

ESTRA (l'), vg. *Loire*, comm. de la Tour, ⊠ de St-Etienne.

ESTRABLIN, vg. *Isère* (Dauphiné), arr., cant., ⊠ et à 7 k. de Vienne. Pop. 1,228 h.

C'est à Gemens, sur le territoire de la commune d'Estrablin, que se trouve la naissance des aqueducs romains, restaurés il y a une quinzaine d'années, et qui amènent des eaux aussi saines qu'abondantes dans la ville de Vienne. — *Foire* le 25 mai.

ESTRAMIAC, vg. *Gers* (Armagnac), arr. et à 23 k. de Lectoure, cant. et ⊠ de St-Clar. Pop. 532 h.

ESTREBAY, vg. *Ardennes* (Champagne), arr. et à 20 k. de Rocroi, cant. de Rumigny, ⊠ de Maubert-Fontaine. Pop. 366 h.

ESTRÉE, vg. *Pas-de-Calais* (Boulonnais), arr., ⊠ et à 5 k. de Montreuil-sur-Mer, cant. d'Etaples. Pop. 172 h.

ESTRÉE-BLANCHE, vg. *Pas-de-Calais* (Artois), arr. à 30 k. de Béthune, cant. de Norrent-Fontès, ⊠ d'Aire-sur-la-Lys. Pop. 424 h.

ESTRÉE-WAMIN ou sur-Canche, vg. *Pas-de-Calais* (Artois), arr. et à 15 k. de St-Pol-sur-Ternoise, cant. d'Avesnes-le-Comte, ⊠ de Frévent. Pop. 473 h.

ESTRÉELLES, vg. *Pas-de-Calais* (Boulonnais), arr., ⊠ et à 6 k. de Montreuil-sur-Mer, cant. d'Etaples. Pop. 197 h.

ESTRÉES, vg. *Aisne* (Picardie), arr. et à 14 k. de St-Quentin, cant. et ⊠ du Catelet. Pop. 1,044 h.

ESTRÉES, vg. *Nord* (Flandre), arr., ⊠ et à 8 k. de Douai, cant. d'Arleux. Pop. 979 h.

ESTRÉES, vg. *Somme* (Picardie), arr., ⊠ et à 14 k. d'Amiens, cant. de Sains. Pop. 300 h.

ESTRÉES-CAUCHY, vg. *Pas-de-Calais* (Artois), arr. à 5 k. de Béthune, cant. et ⊠ d'Houdain. Pop. 172 h.

ESTRÉES-DENIÉCOURT, vg. *Somme* (Picardie), arr. et à 13 k. de Péronne, cant. de Chaulnes. ⚭. À 149 k. de Paris pour la taxe des lettres. Pop. 612 h.

ESTRÉES-EN-CHAUSSÉE, vg. *Somme* (Picardie), arr., cant., ⊠ et à 10 k. de Péronne. Pop. 112 h.

ESTRÉES-LES-CRÉCY, vg. *Somme* (Picardie), arr. et à 21 k. d'Abbeville, cant. de Crécy, ⊠ de Bernay. Pop. 928 h.

ESTRÉES-NOTRE-DAME, ou NOTRE-DAME-D'ESTRÉES, vg. *Calvados* (Normandie), arr. et à 20 k. de Pont-l'Evêque, cant. ⊠ de Cambremer. ⚭. Pop. 384 h.

ESTRÉES-ST-DENIS, bg *Oise* (Picardie), arr. et à 16 k. de Compiègne, chef-l. de cant. Cure. ⚭. À 69 k. de Paris pour la taxe des lettres. Pop. 1,308 h. — Terrain tertiaire inférieur. — *Fabriques* considérables de toiles de chanvre et de cordes de tille. Briqueterie. — *Commerce* de chevaux et de vaches flamandes. — *Foires* les 22 avril et 20 oct.

ESTRENNES, vg. *Vosges* (Lorraine), arr. et à 12 k. de Mirecourt, cant. de Vittel, ⊠ de Remoncourt. Pop. 330 h.

ETRETS (les), vg. *Lozère*, comm. de Fontans, ⊠ de Serverette.

ESTREUX (l'), rivière qui prend sa source dans le dép. des *H.-Pyrénées* ; elle passe à Rabastens, où elle reçoit le canal d'Alaric, et se jette dans l'Adour, au-dessous de Maubourguet, après un cours d'environ 45 k.

ESTREUX, vg. *Nord* (Flandre), arr., cant., ⊠ et à 5 k. de Valenciennes. P. 471 h. — *Fab*. de chicorée-café.

ESTRIVERDE (l'), *Loir-et-Cher*. V. le TRÉVARDE.

ESTRUD, vg. *Nord* (Flandre), arr. d'Avesnes, cant. de Solre-le-Château. Pop. 416 h. — Ateliers de marbrerie.

ESTRY, vg. *Calvados* (Normandie), arr. et à 14 k. de Vire, cant. et ⊠ de Vassy. Pop. 870 h.

ESTUSSAN, vg. *Lot-et-Garonne*, comm. et ⊠ de Lavardac.

ESUBIANI (lat. 45°, long. 25°). « Ils sont cités dans l'inscription du trophée des Alpes, à la suite des *Edenates*, que l'on croit avoir occupé le territoire de Seine, sur le bord de la vallée de Barcelonette, et dont le nom est *Sedena*. On croit pareillement voir quelque rapport entre le nom d'*Esubiani* et celui des rivières d'Ubaye et d'Ubayette, dont la jonction se fait au-dessus de Barcelonette, qu'un comte de Provence, issu des comtes de Barcelone, construisit ou restaura sous cette dénomination dans le XIIIe siècle. Il est constant que des noms de rivières ont fait les noms de divers peuples. Les *Esubiani* pourraient bien être confondus avec les *Vesubiani* qui sont inscrits sur l'arc de Suse. Car, quoique Pline (lib. III, cap. 20), en rapportant l'inscription du trophée, fasse distinction des peuples qui y sont dénommés d'avec les *Cottianæ Civitates*, qui semblent reservées à l'arc de Suse : cependant, des noms qu'on lit sur cet arc de Suse, *Adanates, Egdini*, sont trop semblables à ceux d'*Edenates*, d'*Ectini*, de l'inscription du trophée, pour qu'on les sépare comme peuples différents. Je remarque que les *Vesubiani* étaient placés dans l'inscription de Suse près des *Quadiatii*, qui sont les *Quariates* de la vallée de Queiras ; on peut tirer du voisinage de position une nouvelle raison de regarder les *Vesubiani* comme les mêmes qu'*Esubiani*, habitant les bords de l'Ubaye et l'Ubayette. Mais je ne me dissimulerai pas qu'il peut naître une difficulté, de ce qu'on trouvera une parfaite ressemblance entre le nom des *Vesubiani* et celui de *Vesubia*, rivière ou torrent qui tombe dans le Var. L'arc de Suse, dont l'objet spécial est un dénombrement de ce qui compose l'État de Cottius (*civitatum quæ sub eo præfecto fuerunt*), porte le nom de *Vesubiani*, la leçon du nom d'*Esubiani* était celle du trophée des Alpes. On aura peut-être quelque répugnance à croire que le domaine de Cottius s'étendit jusque dans le voisinage de Nice, nonobstant que par la répétition de quelques-uns des mêmes peuples dans l'un et dans l'autre monument, comme je le remarque ci-dessus, il semble qu'Auguste ait concédé à Cottius plusieurs des communautés (car c'est ainsi qu'on peut qualifier ces petits peuples) qui se trouvent dans l'inscription du trophée. Comme cette identité du nom de *Vesubiani* et de *Vesubia* pouvait être remarquée par des personnes curieuses d'approfondir l'ancienne géographie de la Gaule dans le plus grand détail, j'ai cru, pour ne pas paraître avoir manqué d'attention sur ce point particulier, devoir inscrire le nom des *Vesubiani* dans la vallée que *Vesubia* traverse, laissant à la critique la liberté d'opiner selon ce qui sera jugé plus convenable. » D'Anville. *Notice de l'ancienne Gaule*, p. 293. V. aussi Walckenaer. *Géographie des Gaules*, t. II, p. 65.

ESVES-LE-MOUTIER, vg. *Indre-et-Loire* (Touraine), arr. et à 15 k. de Loches, cant. et ⊠ de Ligueil. Pop. 329 h. — On y trouve des fontaines d'eau très-limpide que l'on croit minérales.

ESVRES, vg. *Indre-et-Loire* (Touraine), arr. et à 16 k. de Tours, cant. de Montbazon, ⊠ de Cormery. Pop. 1,820 h. — On voit aux environs, sur le bord de l'Indre, une grotte assez curieuse, connue sous le nom de Cave-Salmon.

ESWARS, ou **EWARS**, vg. *Nord* (Flandre), arr., cant., ✉ et à 7 k. de Cambrai. Pop. 530 h.

ÉTABLEAU, vg. *Indre-et-Loire*, comm. de Pressigny-le-Grand, ✉ de la Haye-Descartes.

ÉTABLES, vg. *Ain* (Bugey), arr. et à 15 k. de Nantua, cant. d'Izernore, ✉ de Cordon. Pop. 436 h.

ÉTABLES, vg. *Ardèche* (Vivarais), arr., cant., ✉ et à 12 k. de Tournon. Pop. 988 h.

ÉTABLES, bg *Côtes-du-Nord* (Bretagne), arr. et à 15 k. de St-Brieuc, chef-l. de cant. Bureau d'enregist. à Lanvollon. Cure. ✉. A 470 k. de Paris pour la taxe des lettres. Pop. 3,088 h. — TERRAIN cristallisé. — Il est situé au bord de la mer, et possède une belle église surmontée d'un clocher d'une forme élégante, terminé par un dôme doré. — Pêche du poisson frais. — *Foires* les 2ᵉ jeudi de fév., 3ᵉ jeudis d'avril et d'oct., et dernier jeudi de juin.

ÉTAGNAT, bg *Charente* (Angoumois), arr. et à 15 k. de Confolens, cant. et ✉ de Chabanais. Pop. 1,444 h. — Mine d'antimoine.

ÉTAIMPUIS, vg. *Seine-Inf.* (Normandie), arr. et à 34 k. de Dieppe, cant. et ✉ de Tôtes. Pop. 607 h.

ÉTAIN, *Fines Verodunorum*, jolie petite ville, *Meuse* (pays Messin), arr. et à 20 k. de Verdun-sur-Meuse, chef-l. de cant. Collége comm. Cure. Gîte d'étape. ⌧. ☿. A 271 k. de Paris pour la taxe des lettres. P. 2,961 h. — TERRAIN jurassique.

Cette ville était autrefois la capitale du vaste plateau de la Woëvre. Dans le vie siècle elle appartenait à l'abbaye de St-Eucher de Trèves, dont les moines, après l'avoir possédée pendant cinq siècles, l'échangèrent en 1221 avec le chapitre de Ste-Marie-Madeleine de Verdun, lequel en fit cession deux années après au duc de Bar. Elle passa en 1697 au duc de Lorraine par le traité de Riswick. C'était autrefois une ville forte, entourée de hautes murailles, où l'on entrait par quatre portes.

Etain est une ville agréable et bien bâtie, sur la rive gauche de l'Ornes, à l'intersection de quatre grandes routes. On y remarque l'hôtel de ville, dont la façade, d'un style assez noble, décore une place spacieuse.

Fabriques de draps, chapeaux. Filatures et tissage de coton. Tanneries. Fours à chaux. — *Commerce* considérable de grains, graines de trèfle et de luzerne, jambons, saucissons, bois, etc. — *Foires* les 10 avril, 13 juin et 18 oct.

Bibliographie. PETIT BARONCOURT. * *Histoire de la ville d'Etain*, in-8, 1835.

ÉTAING, vg. *Pas-de-Calais* (Artois), arr., ✉ et à 18 k. d'Arras, cant. de Vitry. Pop. 694 h.

ÉTAINHUS, vg. *Seine-Inf.* (Normandie), arr. et à 20 k. du Havre, cant. et ✉ de St-Romain. Pop. 442 h.

ÉTAIS, vg. *Côte-d'Or* (Bourgogne), arr. et à 22 k. de Châtillon-sur-Seine, cant. et ✉ de Laignes. Pop. 302 h. — *Foire* le 17 oct.

ÉTAIS, vg. *Yonne* (Bourgogne), arr. et à 43 k. d'Auxerre, cant. et ✉ de Coulange-sur-Yonne. Pop. 1,618 h. — *Foires* les 22 fév., 29 juin et 18 oct.

ÉTALANS, vg. *Doubs* (Franche-Comté), arr. et à 25 k. de Baume-les-Dames, cant. de Vercel, ✉ du Valdahon. ☿. Pop. 930 h.

ÉTALANTE, vg. *Côte-d'Or* (Bourgogne), arr. et à 26 k. de Châtillon-sur-Seine, cant. et ✉ d'Aignay-le-Duc. Pop. 625 h. — Forges.

ÉTALES, vg. *Ardennes* (Champagne), arr., cant. et à 12 k. de Rocroi, ✉ de Maubert-Fontaine. Pop. 201 h.

ÉTALLEVILLE, vg. *Seine-Inf.* (Normandie), arr. et à 15 k. d'Yvetot, cant. et ✉ de Doudeville. Pop. 655 h.

ÉTALON, vg. *Somme* (Picardie), arr. et à 28 k. de Montdidier, cant. de Roye, ✉ de Nesle. Pop. 303 h. — *Fabrique* de sucre indigène.

ÉTALONDES, vg. *Seine-Inf.* (Normandie), arr. et à 26 k. de Dieppe, cant. et ✉ d'Eu. Pop. 347 h.

ÉTAMPES, vg. *Aisne* (Brie), arr., cant., ✉ et à 2 k. de Château-Thierry. Pop. 354 h.

ÉTAMPES, *Stampæ*, ville ancienne, *Seine-et-Oise* (Beauce), chef-l. de sous-préf. (5ᵉ arr.) et d'un cant. Trib. de 1ʳᵉ inst. Collège comm. Société d'agricult. Cure. Gîte d'étape. ⌧. ☿. Station du chemin de fer de Paris à Orléans. Pop. 7,968 h. — TERRAIN tertiaire inférieur.

Autrefois duché, diocèse de Sens, parlement et intendance de Paris, chef-lieu d'élection, bailliage et prévôté royale, gouvernement particulier, 2 collégiales, 6 couvents, commanderie de Malte.

Il est souvent fait mention d'Etampes dans les monuments historiques des rois de la première race. En 604, Clotaire II fut défait dans le voisinage de cette ville par Thierry, son neveu, qui y fit prisonnier Mérovée, et entra en triomphe à Paris peu de temps après. Sous la seconde race, Rollon, à la tête des Normands, pilla et brûla Etampes et les environs. Etampes, sous la troisième race, occupe dans l'histoire une place distinguée. Constance, seconde et méchante épouse du roi Robert, homme faible et dévot, fit bâtir un noble château dans cette ville, présent toujours funeste aux habitants. Robert, qui fonda tant d'églises, érigea l'oratoire du château d'Etampes en collégiale, sous le titre de Ste-Marie. En 1030, il data un diplôme de son palais d'Etampes, ce qui prouve qu'il y séjournait quelquefois. — En 1147, il se tint à Etampes une assemblée des grands du royaume, où on décida que les croisés iraient de Constantinople, et où on fit choix de l'abbé Suger et de Raoul de Vermandois pour gouverner le royaume pendant l'absence de Louis VII; Raoul était chargé du commandement des armées, mais sous l'autorité de Suger, déclaré régent. — Une ordonnance en vingt-neuf articles, qui tient tout à la fois aux droits du monarque, aux privilèges des communes, et à leur police ou administration intérieure, fut rendue à Paris en 1179, pour la ville d'Etampes.

Le château d'Etampes, comme tous les châteaux de cette époque, servit plusieurs fois de prison : jadis habité par des rois, après la mort de Philippe Auguste il ne le fut plus que par des prisonniers. En 1194, il devint la prison du comte de Leicester ; Louis IX ou saint Louis y fit emprisonner Jean Britaut, chevalier, accusé d'avoir fait assassiner le fils de Pierre Dubois, chambellan et secrétaire du roi ; mais il ne tarda pas à le faire relâcher.

Etampes, comme tous les lieux habités de la France, eut sa part des événements qui, pendant le xivᵉ et le xvᵉ siècle, plongèrent ce royaume dans un abîme de calamités. En 1411, cette ville, occupée par les gens de la faction d'Orléans, commandés par Lois de Bosredon, fut assiégée par les Bourguignons. Bosredon rendit la place le 15 décembre, et il lui fut fait grâce de la vie ; mais tous les soldats de la garnison furent égorgés, à l'exception de trente-deux des principaux, qu'on envoya à Paris les mains garrottées derrière le dos : c'est ainsi qu'on entendait la justice au xvᵉ siècle. Toutefois, ce même Bosredon, fameux par ses rapines et amant de la reine Isabeau de Bavière, ne porta pas loin son impunité. Etant allé à Vincennes en 1417, pour y visiter, disait-on, la reine Isabeau de Bavière, il rencontra sur son chemin le roi Charles VI ; sans s'arrêter, sans mettre pied à terre, il se borna à le saluer. Piqué de cette conduite, et instruit des intrigues amoureuses du chevalier, le roi le fit saisir par le prévôt de Paris, et, après quelques interrogatoires, on le jeta dans la Seine, enfermé dans un sac, sur lequel était cette inscription : *Laissez passer la justice du roi*.

Etampes fut pris en 1562, et occupé par les troupes allemandes que le prince de Condé avait attirées en France. Les protestants reprirent cette ville en 1567. Les troupes de la Ligue s'en emparèrent en 1589 ; mais Henri III, l'ayant reprise peu de temps après, fit décapiter les magistrats ainsi que le baron de St-Germain, qui s'y était jeté avec les troupes et la commandait. En 1590, Henri IV s'empara d'Etampes et du château, dont il fit raser les fortifications. Pendant les troubles de la Fronde, Turenne entreprit sans succès le siège de cette ville, qu'il fut obligé de lever le 27 mai 1662 pour se rapprocher de Paris. Depuis cette époque, l'histoire laisse Etampes dans une heureuse obscurité, dont elle fut tirée en 1792 par un attroupement séditieux composé d'environ 800 hommes des environs, qui fondirent sur le marché de cette ville, y taxèrent arbitrairement le prix du blé, et en achetèrent d'après cette taxe. Henri Simoneau, maire d'Etampes, s'opposa de tout son pouvoir à cette violence. Voyant ses remontrances inutiles et ses ordres méprisés, il annonça qu'il allait faire proclamer la loi martiale ; à ces mots, les séditieux se précipitèrent sur le magistrat et le percent de plusieurs coups de baïonnettes. Avant d'expirer, il dit à ses assassins : *Ma vie est à vous, vous pouvez me tuer ; mais je ne manque-*

rai pas à mon devoir : *la loi me le défend.* — Instruite de cet attentat, l'assemblée nationale, dans sa séance du 18 mars, décréta qu'il serait élevé sur la place du marché d'Etampes une pyramide triangulaire sur laquelle seraient inscrites les dernières paroles de ce maire courageux, victime de son devoir ; que son action et sa mort seraient représentées sur un bas-relief ; qu'on déposerait son écharpe et ce bas-relief au Panthéon, et que, le 3 juin suivant, une fête serait célébrée à Paris pour honorer sa mémoire ; elle le fut en effet avec une magnificence extraordinaire ; mais la fin glorieuse du courageux maire d'Etampes est à peu près oubliée, et l'on cherche en vain dans cette ville le monument que lui avait décrété l'assemblée nationale.

Les armes d'Etampes sont : *de gueules à trois tours crénelées d'or, accotées ensemble et finissant en cul-de-lampe ; celle du milieu, plus haute et plus basse que les deux autres, est chargée dans son milieu d'un écusson écartelé, le 1er et le 4 d'azur à une fleur de lis d'or, le 2 et le 3 de gueules à une tour crénelée d'or.*

La ville d'Etampes est située dans une vallée assez fertile, sur deux petites rivières dont les eaux se réunissent plus bas à celles de la Juine, qui prend, près de Maurigny, le nom de rivière d'Etampes ; ces rivières font mouvoir plus de quarante moulins : elles ne gèlent jamais, et, dans les plus grandes sécheresses, leurs eaux ne cessent d'être abondantes. C'est une ville assez bien bâtie, bien percée et environnée de promenades plantées d'arbres de la plus belle venue, bordées de courants d'eaux vives, qui ajoutent à l'agrément de ses alentours. Il ne reste plus de l'ancien château bâti par le roi Robert et démantelé par Henri IV, qu'une tour appelée la tour de *Guinette*, dont le plan extraordinaire se compose de quatre sections de cercle qui, dans leur élévation, présentent les formes de quatre tours rondes, réunies et engagées les unes dans les autres. L'intérieur offre un plan circulaire : l'espace qui se trouve entre le plan intérieur et celui des quatre portions de tours qui se voient à l'extérieur, est occupé par quelques pièces et dégagements qui sont éclairés par de petites fenêtres.

L'ÉGLISE NOTRE-DAME est un ancien édifice qui vient d'être classé au nombre des monuments historiques. Sa construction paraît être du XIIIe siècle. On y voit des statues longues et roides qui ressemblent parfaitement à celles de Notre-Dame de Chartres. Le portail offre des créneaux et un grand mur lisse ; il n'a rien de remarquable. A côté méridional de l'édifice est une chapelle basse et obscure, dont la voûte est chargée de peintures d'un goût barbare ; c'était autrefois une synagogue, convertie en collège de chanoines sous Philippe II. La flèche qui surmonte cette église est très-remarquable par sa construction.

L'ÉGLISE ST-BASILE, fondée par le roi Robert, porte l'empreinte de diverses sortes d'architecture et conserve des traces de sa première fondation. Le portail est en style roman ; on a enlevé récemment le plâtre dont il était revêtu, et l'on a mis à jour une suite de colonnettes et de chapiteaux pleins d'élégance, et une scène entière du jugement dernier. Au milieu de cette scène est le pèsement des âmes ; l'archange saint Michel tient des balances où il pèse chaque âme séparément ; les âmes qu'il trouve trop légères sont rejetées loin de lui et saisies par des monstres qui s'en emparent et les jettent dans l'abîme infernal. Les âmes pesantes, au contraire, vont au paradis. Ce bas-relief, assez grossier, est de la fin du XIe siècle.

L'ÉGLISE DE ST-GILLES paraît fort ancienne, et son ancienneté est sa seule prérogative. Ses voûtes à plein cintre, et ses arcades ornées de zigzags, annoncent que sa construction remonte au Xe ou au XIe siècle.

L'ÉGLISE DE ST-MARTIN, fameuse par les querelles de ses chanoines avec l'abbé de Maurigny, offre une belle construction ; le sanctuaire est élevé ; des galeries, placées entre les arcades du rond-point et les grandes fenêtres, donnent beaucoup d'élégance à cette partie de l'édifice.

On trouve dans la ville d'Etampes quelques maisons dont la construction date de l'époque de la renaissance des arts. Il en est une surtout qui fut, dit-on, bâtie et habitée par Diane de Poitiers, ou plutôt par Anne de Pisseleu, maîtresse de François Ier et duchesse d'Etampes. Cette maison, en partie détruite, offre de gracieux détails d'architecture et de sculpture. Les chambranles des portes et des croisées, ainsi que les corniches sont enrichis d'arabesques et de figurines délicatement exécutées. Le dessus de porte de la chapelle est orné d'un bas-relief représentant la descente du Saint-Esprit.

L'HÔTEL DE VILLE est un ancien édifice à tourelles, dont plusieurs sont bien conservées.

Un édifice d'une grande utilité publique est le grenier de réserve, bâti récemment. Ce bâtiment a trois étages, et peut contenir 14,000 quintaux métriques de blé.

La vallée d'Etampes offre un des plus beaux paysages de la France par sa fraîcheur et sa variété. — Au bout de la plaine des Sablons, au milieu des prés, on voit les restes d'un vieux bâtiment, qui porte le nom de tour de Brunehaut, mais qui est beaucoup plus ancienne que cette reine ; sous ses ruines, on a découvert des fragments de vases, des médailles impériales, une figure de Priape, et d'autres antiquités romaines. Sur l'emplacement de cet ancien édifice, M. Ch. Viart en a fait élever un nouveau, qui présente, sous des formes pittoresques, une forteresse isolée. — Sur les bords de la rivière de la Louette, près de la porte de Chaufour, on rencontre des fossiles en forme de tuyaux de différentes longueurs et de différents diamètres, que l'on désigne vulgairement sous le nom de pétrifications d'Etampes.

Biographie. Patrie du botaniste GUETTARD, mort en 1786.

Du sculpteur LEGENDRE.

D'ANT. GUÉNÉE, auteur de : *Lettres de quelques jésuites portugais à M. de Voltaire.*

D'ET.-GEOFFROY DE ST-HILAIRE, célèbre naturaliste, membre de l'Institut et de la chambre des députés, auteur de : *Histoire naturelle des mammifères*, et d'un grand nombre d'autres savants ouvrages.

De son fils ISIDORE-GEOFFROY DE ST-HILAIRE, naturaliste distingué.

Du lieutenant général DUVERGER.

De JACQUES SIMONEAU, maire d'Etampes, massacré par la populace, le 3 mars 1792, dans l'exercice de ses fonctions.

INDUSTRIE. *Fabriques* de bonneterie en laine drapée et en coton. Education des abeilles. Exploitation considérable de grès pour le pavage de Paris. Etampes est le centre actif d'un grand commerce de grains, et surtout d'une fabrication considérable de farines de froment pour l'approvisionnement de la capitale. Chaque samedi, les fermiers de la Beauce et du Gatinais amènent au marché d'Etampes les échantillons des grains à vendre, certains d'y trouver un débouché facile et constant. Les moulins qui s'approvisionnent sur ce marché sont très-nombreux et comprennent tant ceux de la ville même que ceux des vallées à 10 ou 12 k. à la ronde. Dans l'état actuel des choses, les moulins comptent environ cent dix paires de petites meules, dites à l'anglaise, et quarante à quarante-cinq paires de meules à la française. La consommation moyenne n'est pas moindre de 3,000 hectolitres de blé par jour, dont environ les trois quarts se vendent sur le marché d'Etampes. — *Foires* les 21 juin, 2 et 29 sept. et 15 nov.

A 54 k. S. de Versailles, 52 k. S. de Paris. L'arrondissement d'Etampes est composé de 4 cantons : Etampes, la Ferté-Aleps, Méreville, Milly.

Bibliographie. FLEUREAU (Basile). *Les Antiquités de la ville d'Etampes, avec l'histoire de l'abbaye de Morigny, et plusieurs remarques considérables qui regardent l'histoire de France,* in-4, 1683.

* *Discours de ce qui s'est passé en la ville d'Etampes et ès environs, depuis le 23 octobre jusqu'au 5 décembre 1587*, in-8, 1588.

MONTROND (Maxime de). *Essais historiques sur la ville d'Etampes,* etc., in-8, 1836.

GUETTARD. *Mémoire sur les tourbières de Villeroy, dans lequel on fait voir qu'il serait utile à la Beauce qu'on en ouvrît dans les environs d'Etampes*, in-... 1791.

VIART (le vicomte de). *Description du parc de Brunehaut,* in-12, 1827.

ÉTAMPES, vg. *Somme*, comm. et ⌂ de Corbie.

ÉTAMPES, vg. *Tarn*, comm. de Cuq-Toulza, ⌂ de Puylaurens.

ÉTANCHE (l'), vg. *Vosges* (Lorraine), arr., cant. et à 5 k. de Neufchâteau, ⌂ de Chatenois. Pop. 66 h. — Grande exploitation agricole. Scierie hydraulique.

ÉTANG, vg. *Saône-et-Loire* (Bourgogne), arr., ⌂ et à 15 k. d'Autun, cant. de St-Léger-sous-Beuvray. Pop. 1,144 h. — *Foires* les 29 et 30 sept.

ÉTANG (l'), vg. *Puy-de-Dôme*, comm. de Nohanent, ⊠ de Clermont-Ferrand.

ÉTANG-DE-CONORE (l'), vg. *H.-Vienne*, comm. de Peyrillac, ⊠ de Nieul.

ÉTANG-LA-VILLE (l'), vg. *Seine-et-Oise* (Ile-de-France), arr. et à 10 k. de Versailles, cant. de Marly-le-Roi, ⊠ de St-Germain-en-Laye. Pop. 416 h. — Il est situé dans une belle vallée entourée par la forêt de Marly.

ÉTANG - VERGY (l'), vg. *Côte - d'Or* (Bourgogne), arr. et à 22 k. de Dijon, cant. et ⊠ de Gevrey. Pop. 274 h.

ÉTANGÉ, vg. *Loir-et-Cher*, comm. de Savigny, ⊠ de St-Calais.

ÉTANGS (les), vg. *Moselle* (pays Messin), arr. et à 15 k. de Metz, cant. de Vigy, ⊠ de Courcelles-Chaussy. ☞. Pop. 390 h.

ÉTANGS (canal des). Ce canal est tracé au milieu des étangs peu profonds qui longent les côtes de la mer Méditerranée, depuis l'étang de Mauguio jusqu'à celui de Thau; sur toute l'étendue de son cours, qui est de 28,300 m., on ne rencontre que la seule petite ville de Frontignan.

ETANNA (lat. 46°, long. 24°). « C'est ainsi qu'on lit dans la Table théodosienne, sur une route qui part d'un lieu nommé *Augustum*, et qui se rend à Genève par un autre lieu nommé *Condate*. La distance est marquée XII à l'égard d'*Augustum*, et XXI à l'égard de *Condate*. Ces indications conviennent à la position d'Ienne, dans laquelle on reconnaît indubitablement *Etanna*, lorsqu'en suivant la Table on part du lieu qui conserve le nom d'*Augustum* dans celui d'Aoste, et qu'on pousse au delà d'Ienne sur la même route, jusqu'à l'entrée de la rivière de Sier dans le Rhône, où le *Condate* trouve l'emplacement que désigne sa dénomination: bien entendu qu'on applique le mille à des espaces qui sont compris dans la province romaine. J'ai quelque notion que le nom d'Ienne est *Eiauna* plutôt qu'*Etanna* dans les écrits du moyen âge; mais, faute de les avoir présents pour en produire des citations, il faut que je m'en tienne à la leçon que donne la Table. » D'Anville. *Notice de l'ancienne Gaule*, p. 294.

ÉTAPLES, *Stapulæ*, petite ville maritime, *Pas-de-Calais* (Boulonnais), arr. et à 15 k. de Montreuil-sur-Mer, chef-l. de cant. Cure. Gîte d'étape. ⊠. A 211 k. de Paris pour la taxe des lettres. Pop. 1,984 h. — TERRAIN d'alluvions modernes. — Etablissement de la marée, 10 heures 45 minutes. — La baie d'Etaples est signalée par trois feux fixes, savoir: feu de Coronel, côte nord de l'embouchure de la Canche; hauteur 10 m., portée 8 k.; lat. 50° 34', long. 0° 46'; et deux feux du Touquet, côte sud de l'embouchure de la Canche, à 16 m. de distance l'un de l'autre; hauteur 16 m., portée 8 k.; lat. 50° 32', long. 0° 43'.

Cette ville, bâtie sur le bord de la Canche et à son embouchure dans la Manche, est très-ancienne. Quelques auteurs pensent qu'elle occupe l'emplacement de *Portus Itius*, où César s'embarqua pour passer dans la Grande-Bretagne; d'autres prétendent qu'elle portait le nom de *Quantavicus*, et avait un port assez vaste pour contenir en station une forte division de la flotte romaine.

Sous les rois de la seconde race, Etaples avait déjà une certaine célébrité par son commerce. Les Normands le pillèrent en 842. Vers la fin du XVe siècle, il paraît que c'était une cité importante, puisqu'elle fut choisie pour la conclusion du traité de paix signé en 1492 entre Henri VII, roi d'Angleterre, et le roi de France Charles VIII; traité par lequel ce dernier consentit à acheter la paix par un sacrifice d'argent s'élevant à 745,000 écus d'or, payables dans la ville de Calais, à raison de 50,000 écus par année.

— Il ne reste plus de son ancienne splendeur que quelques maisons d'assez belle apparence, un grand nombre d'habitations de pêcheurs, rassemblées autour d'une grande place déserte, et quelques ruines d'un château fort bâti en 1160.

Les armes d'**Etaples** sont: *d'azur à trois coquilles d'or, deux et un, à un lambel d'or en chef de trois pendants, arrondi par le haut et chargés chacun d'un tourteau de gueules.*

PATRIE de JACQUES FABRI, un des plus savants personnages du XVe siècle, et l'un des plus célèbres apôtres de la réforme.

Pêche du poisson frais, du hareng et du maquereau. Brasserie. — Commerce de vin et d'eau-de-vie. Entrepôt de sel. — Foires les 30 juin et 6 déc.

ÉTAULE, vg. *Côte-d'Or* (Bourgogne), arr., cant., ⊠ et à 13 k. de Dijon. Pop. 298 h. — On remarque sur son territoire la belle fontaine de Jouvence, située dans une combe riante, et très-fréquentée dans la belle saison par les habitants de Dijon, notamment le lendemain de la Pentecôte.

ÉTAULE, vg. *Yonne* (Bourgogne), arr., cant., ⊠ et à 4 k. d'Avallon. Pop. 429 h.

ÉTAULES, vg. *Charente-Inf.* (Saintonge), arr. et à 12 k. de Marennes, cant. et ⊠ de la Tremblade. Pop. 858 h. — Commerce d'huitres et de sel.

ÉTAULES, vg. *Saône-et-Loire*, comm. de Mellecey, ⊠ du Bourgneuf.

ÉTAULIERS, charmant village, *Gironde* (Guienne), arr. et à 13 k. de Blaye, cant. de St-Ciers-la-Lande, ⊠ de St-Aubin. ☞. Pop. 687 h. — Il est formé de maisons propres, blanches, bien bâties, et entourée d'un joli bois. — Commerce de grosse draperie, tonnellerie, grains et bestiaux. Marché tous les mardis. — Foires les 1er mars, 23 juillet, 29 sept., 28 déc. et 2e mardi de tous les autres mois.

ÉTAVAUX, *Stavellæ*, vg. *Calvados*, com. de St-André-de-Fontenay, ⊠ de Mai-sur-Orne.

ÉTAVES, vg. *Aisne* (Picardie), arr. et à 17 k. de St-Quentin, cant. et ⊠ de Bohain. Pep. 1,412 h. — Culture du houblon.

ÉTAVIGNY, vg. *Oise* (Picardie), arr. et à 37 k. de Senlis, cant. et ⊠ de Betz. P. 192 h.

ETCHARRY, vg. *B.-Pyrénées* (Gascogne), arr. de Mauléon, cant., ⊠ et à 10 k. de St-Palais. Pop. 321 h.

ETCHEBAR, vg. *B.-Pyrénées* (Béarn), arr. de Mauléon, à 35 k. de St-Palais, cant. et ⊠ de Tardets. Pop. 253 h.

ÉTEAU (l'), vg. *Yonne*, comm. de Monéteau, ⊠ d'Auxerre.

ÉTEIGNÈRES, vg. *Ardennes* (Champagne), arr. et à 12 k. de Rocroi, cant. de Signyle-Petit, ⊠ de Maubert-Fontaine. P. 835 h.

ÉTELFAY, vg. *Somme* (Picardie), arr., cant., ⊠ et à 4 k. de Montdidier. Pop. 442 h.

ÉTELON (l'), vg. *Allier* (Bourbonnais), arr. et à 45 k. de Montluçon, cant. de Cérilly, ⊠ de Meaulne. Pop. 378 h.

ÉTEMBES, ou WELSCH-STEINBACH, vg. *H.-Rhin* (Alsace), arr. et à 17 k. de Belfort, cant. de Fontaine, ⊠ de la Chapelle-sous-Rougemont. Pop. 337 h.

ÉTERNOZ, vg. *Doubs* (Franche-Comté), arr. et à 35 k. de Besançon, cant. d'Amancey, ⊠ d'Ornans. Pop. 481 h. — Il est bâti au fond d'un vallon étroit, bordé de coteaux couverts de sombres forêts et traversé par un ruisseau qui, resserré au-dessous du village par des rochers sur lesquels on a construit un moulin, se précipite perpendiculairement de 40 m. de hauteur sur plusieurs bancs de rochers d'un aspect sévère. Le tableau qu'offre cette chute d'eau est on ne peut plus pittoresque. — *Foire* le 12 août.

ÉTERPIGNY, vg. *Pas-de-Calais* (Artois), arr., ⊠ et à 5 k. d'Arras, cant. de Vitry. Pop. 275 h.

ÉTERPIGNY, vg. *Somme* (Picardie), arr., cant., ⊠ et à 18 k. de Péronne. Pop. 337 h.

On remarque à Eterpigny la maison dite des templiers, percée de fenêtres en ogive de la première époque. A l'angle de cette maison s'élève une pyramide en pierre, à quatre pans. La salle inférieure de cette pyramide était décorée d'un pavé en mosaïque dont il reste encore quelques traces. A la porte de la maison est un grès sculpté d'une croix qui a pu marquer la sépulture d'un templier. Une petite chapelle est voisine de la pyramide.

ÉTERVILLE, vg. *Calvados* (Normandie), arr., ⊠ et à 7 k. de Caen, cant. d'Evrecy. P. 266 h.

ÉTEVAUX, vg. *Côte-d'Or* (Bourgogne), arr. et à 23 k. de Dijon, cant. et ⊠ de Pontailler-sur-Saône. Pop. 337 h.

ETH, vg. *Nord* (Flandre), arr. et à 31 k. d'Avesnes, cant. et ⊠ du Quesnoy. P. 314 h.

ÉTIENNE (St-), *B.-Alpes*. V. ETIENNE-LES-ORGUES (St-).

ÉTIENNE (St-), *Eure*, comm. et ⊠ de Conches.

ÉTIENNE (St-), vg. *Landes*, comm. de Frèche, ⊠ de Mont-de-Marsan.

ÉTIENNE (St-), vg. *Landes*, comm. de St-Esprit, ⊠ de Bayonne.

ÉTIENNE (St-), ville manufacturière et très-commerçante, *Loire* (Forez), chef-l. de sous-préf. (3e arr.) et de 2 cant. Trib. de 1re inst. et de commerce. Chambre consult. des manuf. Conseil des prud'hommes. Collège communal. Ecole des mineurs. 2 cures. Gîte d'étape. ⊠. ☞. Pop. 48,554 h. — TERRAIN carbonifère, houille.

Autrefois diocèse et intendance de Lyon,

parlement de Paris, chef-lieu d'élection, bailliage, sénéchaussée.

Si l'on en croit l'abbé de Soleysel et le P. Fodéré, l'origine de St-Etienne remonte aux Romains, qui seraient venus habiter, 56 ans avant l'ère chrétienne, l'étroite vallée où cette ville est assise aujourd'hui : ils la nommèrent *Forum*, d'où est dérivé celui de Furens qu'elle a porté jusqu'au xie siècle, époque où l'église fut dédiée à saint Etienne, dont la ville prit le nom. Labiénus, lieutenant de César, y avait cantonné une légion de vétérans, et les Romains y firent élever un temple à Jupiter. C'était dans cette ville que se fabriquaient les armes et les ustensiles de guerre dont ils avaient besoin.

Durant plusieurs siècles, St-Etienne ne fut qu'un bourg, que Charles VII fit entourer de murs, en 1444, pour le garantir d'une surprise des Anglais. Depuis cette époque, cette ville a pris un grand accroissement, et le nombre de ses habitants s'est considérablement augmenté, notamment depuis vingt-cinq à trente ans. Sa population, suivant Robert de Hesseln, était en 1771 de 20,000 habitants; en 1804 de 25,000, suivant le dictionnaire de Prud'homme; M. Duplessy la porte à 26,000 en y comprenant les annexes, dans sa Statistique du département de la Loire, publiée en 1818 ; en 1837, elle était de 33,064 ; le dernier recensement la porte à 48,554, non compris la population agglomérée des communes qui la touchent et l'environnent, et cette population tend encore à s'accroître. Il est même probable que St-Etienne deviendra un jour une ville de second ordre, avantage qu'elle devra à la prodigieuse activité de ses habitants, à ses nombreuses manufactures, qui chaque jour augmentent en nombre et en étendue, et surtout à l'abondance de ses mines de houille, qui furent la source primitive de sa prospérité, et en seront toujours le soutien.

Les armes de St-Etienne sont : *d'azur à deux palmes de sinople posées en sautoir, cantonnées d'une couronne d'or close en chef, et de trois croisettes d'argent pierrées d'or, deux en chef et une en pointe.*

Pendant la période révolutionnaire, le nom de St-Etienne fut changé en celui de : ARME-VILLE.

St-Etienne est située entre les chemins de fer qui conduisent d'un côté à la Loire et à Roanne, et de l'autre au Rhône et à Lyon, et dont le développement est de 140 k., sur un ruisseau nommé le Furens, qui, dans un cours de 12 k., fait mouvoir plus de cent usines pour le fer, le moulinage des soies, la fabrication des lacets, etc.—La vieille ville est mal bâtie; mais la ville neuve a des constructions d'une grande magnificence, de vastes places, des rues larges et bien percées. On admire surtout la grande ligne formée par la route de Paris à Marseille, qui coupe la ville en deux, et a près de 6 k. d'étendue en ligne droite.

St-Etienne, ville toute récente, a peu de monuments remarquables ; une seule de ses églises mérite de fixer l'attention par son antiquité, qui remonte au xie siècle. On peut citer encore l'hôtel de ville, assez vaste construction où se trouve un commencement de musée et de bibliothèque. L'étranger regrette de n'y trouver qu'une salle de spectacle, peu digne d'une si grande population.

Biographie. St-Etienne est le lieu de naissance :

Du célèbre graveur en médailles GALLE, membre de l'Institut.

Du savant FAURIEL, membre de l'Institut.

Du graveur en médailles DUMAREST.

De l'antiquaire SIAUVE.

De l'ingénieur mécanicien POIDEBAR.

Du célèbre mais non impartial critique, JULES JANIN.

INDUSTRIE ET COMMERCE. La proximité des mines de houille a favorisé à St-Etienne l'établissement d'un nombre considérable de manufactures d'armes et de quincaillerie, et d'une multitude de fabriques de toute espèce ; mais, ce qui fait surtout l'importance de cette ville, c'est sa fabrique de rubans, la première de l'univers, pour la beauté et la richesse des produits, qui s'élèvent annuellement à plus de 40 millions.

La quincaillerie occupe 6 à 7,000 ouvriers, fournissant annuellement pour 4,500,000 fr. à 5 millions de produits. Environ 500 ouvriers sont occupés dans les ateliers de serrurerie, dont les produits s'élèvent à environ 500,000 fr. La fabrication des limes occupe 140 à 150 ouvriers, et livre au commerce pour près de 200,000 fr. de produits. — On peut évaluer à 30,000 le nombre de fusils ou de paires de pistolets du mode régulier que St-Etienne peut fournir annuellement en temps de paix. La quantité des armes de commerce fabriquées dans cette ville est très-considérable ; mais cette industrie a nécessairement des alternatives de prospérité et de stagnation suivant la paix ou la guerre. Le prix des armes commerciales de la fabrique de St-Etienne varie beaucoup. En 1786, on donnait des pistolets à 3 liv. 10 s., et des fusils de chasse à 7 liv. Le prix d'aujourd'hui sont comparativement plus élevés, et St-Etienne doit lutter contre Liége, qui lui fait une concurrence redoutable, en ce qu'elle donne à meilleur marché des armes qui paraissent plus belles, mais qui sont moins solides. Depuis 1834 les commandes du gouvernement ayant considérablement diminué, beaucoup d'ouvriers ont repris le travail des armes de commerce, et cette fabrication est en voie de prospérité. Il sort annuellement de St-Etienne 30,000 fusils de chasse et 1,500 paires de pistolets, dont la valeur est estimée 1,430,000 fr. — On évalue à 400,000 kilogr. le poids des soies employées à la fabrication des rubans de St-Etienne, à 23,400 le nombre des métiers occupés, savoir : 18,000 de basse lisse, 400 de haute lisse, 5000 à la borne, dont la plus grande partie a adopté la mécanique à Jacquart. La fabrication des lacets occupe 15 à 1,800 métiers, fabriquant environ 130,000 aunes de lacets par jour.

L'industrie houillère est la plus ancienne de St-Etienne. C'est à la houille que cette ville dut l'extension donnée à ses ateliers de ferronnerie, de clouterie, d'armes de chasse et de guerre; on peut donc la regarder comme le premier aliment de son industrie, la première cause de sa splendeur. Les mines houillères de cette ville sont comprises dans l'un des huit grands bassins de la France, et dans le plus important de tous, soit par la richesse, soit par la qualité de ses produits. On évalue la quantité de houille exportée annuellement à 500,000 tonnes.

A ces principaux objets d'industrie il faut encore ajouter les produits des importantes forges et hauts fourneaux de Terre-Noire, des fabriques de faux, de clous de toute espèce, d'acier cémenté, de lames de scie, fleurets, outils, enclumes, étaux et grosses pièces de forges pour la marine et la construction, des fabriques de padoux et de velours, des teintureries, des tanneries, etc., etc.

Commerce très-considérable de quincaillerie, armes de toute sorte, soie, houille, fer, acier, rubans de soie, et autres articles de ses nombreuses manufactures. — *Foires* les 25 avril, 25 juin, 9 sept. et 21 déc.

A 57 k. S.-S.-O. de Lyon, 40 k. de Montbrison, 464 k. S.-S.-E. de Paris.

L'arrondissement de St-Etienne est composé de 9 cantons : Bourg-Argental, le Chambon, St-Chamond, St-Etienne E., St-Etienne O., St-Genest-Malifaux, St-Héand, Pélussin, Rive-de-Gier.

Bibliographie. HEDDE (Isid.). *St-Etienne ancien et moderne*, in-8, 1843.

SMITH. *Coup d'œil sur l'arrondissement de St-Etienne*, in-8, 1828.

* *Sur les mines de St-Etienne et de Rive-de-Gier* (Ann. des voyages, t. III, 1831).

JANIN (Jules). *Lettre sur la bibliothèque de St-Etienne*, in-8 d'une feuille, 1843.

Bulletin de la société industrielle d'agriculture, arts et commerce de l'arrondissem. de St-Etienne, 12 vol. in-8, 1822-1843.

ÉTIENNE (St-), vg. *Lot-et-Garonne*, comm. et ✉ de Tonneins.

ÉTIENNE (St-), vg. *Oise* (Picardie), arr. à 20 k. de Compiègne, cant. d'Attichy, ✉ de Couloisy. Pop. 377 h.

ÉTIENNE (St-), vg. *Pas-de-Calais* (Boulonnais), arr., ✉ à 6 k. de Boulogne-sur-Mer, cant. de Samer. Pop. 575 h. — Il est situé sur un mont élevé, dont le sommet est surmonté d'une église qui domine la belle vallée de la Lianne : de ce point, on découvre toute la plaine d'Outreau, la rade, le port et la ville de Boulogne.

ÉTIENNE (St-), vg. *Puy-de-Dôme* (Auvergne), arr. et ✉ de Riom, cant. et ✉ de Pont-au-Mur. Pop. 567 h.

ÉTIENNE (St-), vg. *Vosges* (Lorraine), arr., cant., ✉ à 4 k. de Remiremont. Pop. 1,422 h. — On y voit une belle cascade, dite le Saut-de-Miraumont, formée par un ruisseau peu considérable, qui tombe de près de 30 m. d'élévation perpendiculaire.

ÉTIENNE-A-ARNE (St-), vg. *Ardennes* (Champagne), arr. et à 20 k. de Vouziers, cant. et ✉ de Machault. Pop. 716 h.

ÉTIENNE-AU-TEMPLE (St-), vg. *Marne* (Champagne), arr., cant., ⊠ et à 9 k. de Châlons-sur-Marne. Pop. 300 h.

ÉTIENNE-AU-CLOS (St-), vg. *Corrèze* (Limousin), arr., cant., ⊠ et à 16 k. d'Ussel. Pop. 954 h. — *Foires* les 11 juin et 11 oct.

ÉTIENNE-CANTALÈS (St-), vg. *Cantal*, comm. de St-Girons, ⊠ de Montvert.

ÉTIENNE-CHOMEIL (St-), vg. *Cantal* (Auvergne), arr. et à 28 k. de Mauriac, cant. et ⊠ de Riom-ès-Montagne. Pop. 1,264 h.

ÉTIENNE-D'ALBAGNAN (St-), vg. *Hérault* (Languedoc), arr. et à 11 k. de St-Pons, cant. et ⊠ d'Olargues. Pop. 660 h.

ÉTIENNE-D'AVANÇON (St-), vg. *H.-Alpes* (Dauphiné), arr., ⊠ et à 13 k. de Gap, cant. de la Bâtie-Neuve. Pop. 309 h. Au pied d'une montagne. — L'église paroissiale occupe l'emplacement d'un ancien fort détruit par Victor-Amédée en 1692.

Le hameau de NOTRE-DAME-DE-LAUS est une dépendance de cette commune. Il est situé sur une petite éminence, au revers des montagnes de Préval et Prémorel, et consiste en quelques maisons groupées à l'entour d'un monastère et d'une petite chapelle où des paroisses entières des villages environnants viennent en procession le jour de la Pentecôte : c'est un spectacle curieux de voir ces pèlerins suivre les sinuosités des sentiers, avec des costumes différents, les insignes de leur confrérie, priant et chantant.

ÉTIENNE-DE-BAIGORRY (St-), vg. *B.-Pyrénées* (Gascogne), arr. et à 40 k. de Mauléon, chef-l. de cant., ⊠ et bureau d'enregist. de St-Jean-Pied-de-Port. Cure. Pop. 3,266 h. — TERRAIN du trias, grès bigarré. — C'est le chef-lieu du pays de Baigorry, belle vallée arrosée par la Nive et par plusieurs torrents. La commune occupe dans cette vallée près de 12 k. d'étendue, et se compose de maisons divisées par groupes, de forges, de cabanes, de granges, disséminées çà et là, et situées depuis les plateaux jusqu'au bord du torrent d'Hourepeteea.

Il y avait autrefois dans cette commune beaucoup de familles de Cagots. Avant la révolution de 1789, dans l'église paroissiale un coin et un bénitier distincts et séparés pour les gens de cette caste; ils ne pouvaient se présenter à l'offrande avec les autres ; l'officiant allait à la place qui leur était réservée pour leur donner la paix et en recevoir l'offrande.

La vallée de Baigorry possède des mines de fer spathique, et une mine de cuivre dont l'exploitation remonte à une haute antiquité, à en juger par quelques médailles qui y ont été trouvées, et sur lesquelles on lit les noms des triumvirs Octave, Antoine et Lépide. — Forges et fonderies.

PATRIE du lieutenant général HARISPE.

ÉTIENNE-DE-BOULOGNE (St-), vg. *Ardèche* (Languedoc), arr. et à 16 k. de Privas, cant. et ⊠ d'Aubénas. Pop. 1,054 h. — *Foires* les 15 janv., 19 avril, 23 mai et 26 déc.

ÉTIENNE-DE-BRILLOUET (St-), vg. *Vendée* (Poitou), arr. et à 17 k. de Fontenay-le-Comte, cant. et ⊠ de Ste-Hermine. Pop. 536 h.

ÉTIENNE-DE-CARLAT (St-), vg. *Cantal* (Auvergne), arr. et à 15 k. d'Aurillac, cant. et ⊠ de Vic-sur-Cère. Pop. 460 h.

ÉTIENNE-DE-CHALARONNE (St-), vg. *Ain* (Dombes), arr. et à 30 k. de Trévoux, cant. et ⊠ de Thoissey. Pop. 1,615 h.

ÉTIENNE-DE-CHIGNY (St-), vg. *Indre-et-Loire* (Touraine), arr., cant. N., ⊠ et à 14 k. de Tours. Pop. 990 h.

ÉTIENNE-DE-CIERNAT (St-), vg. *Allier*, comm. de Montaigu-le-Blin et de St-Gérandle-Puy, ⊠ de St-Gérand-le-Puy.

ÉTIENNE-DE-CORCOUÉ (St-), bg *Loire-Inf.* (Bretagne), arr. et à 29 k. de Nantes, cant. et ⊠ de Legé. Pop. 1,302 h. — Il est situé dans un territoire fertile et bien cultivé, sur la Logne.

ÉTIENNE-DE-CROSSEY (St-), vg. *Isère* (Dauphiné), arr. et à 28 k. de Grenoble, cant. et ⊠ de Voiron. Pop. 1,696 h.

ÉTIENNE-DE-DROUX (St-), *Dordogne*. V. ST-ESTÈPHE.

ÉTIENNE-DE-FLORAC (St-), vg. *Tarn*, comm. et ⊠ de Puylaurens.

ÉTIENNE-DE-FONTBELLON (St-), vg. *Ardèche* (Languedoc), arr. et à 30 k. de Privas, cant. et ⊠ d'Aubénas. Pop. 1,507 h.

ÉTIENNE-DE-FOUGÈRES (St-), vg. *Lot-et-Garonne* (Agénois), arr. et à 14 k. de Villeneuve-sur-Lot, cant. et ⊠ de Monclar. Pop. 658 h.

ÉTIENNE-DE-FURSAC (St-), vg. *Creuse* (Marche), arr. et à 27 k. de Guéret, cant. de Grandbourg, ⊠ de la Souterraine. Pop. 1,945 h. — On y remarque l'église paroissiale, et l'église de la commanderie de Paulhac, près de laquelle est une petite chapelle de la fin du XVe siècle.

ÉTIENNE-DE-GOURGAS (St-), joli village, *Hérault* (Languedoc), arr., cant., ⊠ et à 8 k. de Lodève. Pop. 573 h. — Il est bâti dans une position charmante, au pied des montagnes. On y admire un cirque calcaire qui porte, dans le pays, le nom de la Fin-du-Monde ; il est bordé de rochers très-élevés dont les pitons tiennent suspendus les aires de l'orfraie et de l'épervier, et dont le pied est percé en grottes correspondantes. Les cascades que ces grottes laissent échapper vont, en bondissant, arroser des prairies qui forment le fond du cirque, taillé en carreaux d'échiquier de différentes hauteurs, pour la facilité de l'arrosage. Un des sites les plus curieux et des plus intéressants de l'arrondissement de Lodève, qui en offre de si variés et de si pittoresques.

ÉTIENNE-DE-LISSE (St-), vg. *Gironde* (Guienne), arr. et à 13 k. de Libourne, cant. et ⊠ de Castillon. Pop. 436 h.

ÉTIENNE-DE-LIVRON (St-), vg. *Tarn-et-Garonne*. V. ST-ESTÈPHE.

ÉTIENNE-DE-LOLM (St-), vg. *Gard* (Languedoc), arr., ⊠ et à 14 k. d'Alais, cant. de Vézenobre. Pop. 220 h.

ÉTIENNE-DE-LONDRES (St-), vg. *Lot-et-Garonne*, comm. de Londres, ⊠ de Marmande.

ÉTIENNE-DE-LUGDARÈS (St-), vg. *Ardèche* (Languedoc), arr. et à 39 k. de Largentière, chef-l. de cant., ⊠ de Langogne. Cure. Bureau d'enregist. à Thueyts. P. 1,892 h. — TERRAIN cristallisé ou primitif. — *Foires* les 18 et 28 avril, 10 mai, 10 juin, 10 sept., 15 oct. et 20 nov. — Exploitation de kaolin.

ÉTIENNE-DE-MARSAN (St-), vg. *Hérault*, comm. de Camplong, ⊠ de Bédarieux.

ÉTIENNE-DE-MAURS (St-), vg. *Cantal* (Auvergne), arr. et à 40 k. d'Aurillac, cant. et ⊠ de Maurs. Pop. 753 h.

ÉTIENNE-DE-MER-MORTE (St-), vg. *Loire-Inf.* (Bretagne), arr. et à 38 k. de Nantes, cant. et ⊠ de Machecoul. P. 1,084 h.

ÉTIENNE-DE-MONT-LUC (St-), bg *Loire-Inf.* (Bretagne), arr., ⊠ et à 16 k. de Savenay, chef-l. de cant. Cure. Pop. 4,540 h. — TERRAIN cristallisé ou primitif.

Ce bourg, situé au pied d'un coteau, est environné de belles prairies et de marais desséchés extrêmement fertiles. On remarque aux environs les ruines de l'ancien château dit des Bonnes-Dames. — *Foires* les 14 août et 12 nov.

ÉTIENNE-DE-PUY-COURBIER (St-), vg. *Dordogne* (Périgord), arr. et à 22 k. de Ribérac, cant. et ⊠ de Mussidan. Pop. 277 h.

ÉTIENNE-DE-ST-GEOIRS (St-), vg. *Isère* (Dauphiné), arr. et à 23 k. de St-Marcellin, chef-l. de cant. Cure. ⊠ de la Côte-St-André. P. 2,051 h. Sur le Doleur. — TERRAIN tertiaire supérieur.

ÉTIENNE-DE-SERRES (St-), vg. *Ardèche* (Languedoc), arr. et à 15 k. de Privas, cant. et ⊠ de St-Pierreville. Pop. 1,006 h.

ÉTIENNE-DES-GUÉRETS (St-), vg. *Loir-et-Cher* (Touraine), arr. et à 22 k. de Blois, cant. et ⊠ d'Herbault. Pop. 210 h.

ÉTIENNE-DES-LANDES (St-), vg. *Dordogne* (Périgord), arr. et à 35 k. de Sarlat, cant. et ⊠ de Villefranche-de-Belvès. Pop. 82 h. — *Foire* le 4 août.

ÉTIENNE-DES-SORTS (St-), vg. *Gard* (Languedoc), arr. et à 30 k. d'Uzès, cant. et ⊠ de Bagnols. Pop. 633 h.

ÉTIENNE-DE-TARABUSET (St-), *Tarn*, comm. de Paulin, ⊠ d'Alban.

ÉTIENNE-DE-TULMONT (St-), vg. *Tarn-et-Garonne* (Languedoc), arr., ⊠ et à 11 k. de Montauban, cant. de Nègrepelisse. Pop. 861 h.

ÉTIENNE-DE-VALOUX (St-), vg. *Ardèche* (Languedoc), arr. et à 24 k. de Tournon, cant. de Serrières, ⊠ d'Andance. Pop. 325 h.

ÉTIENNE-DE-VIAURESQUES (St-), vg. *Aveyron*, comm. de Ségur, ⊠ de Pont-de-Salars.

ÉTIENNE-DE-VICQ (St-), vg. *Allier* (Bourbonnais), arr., cant. et ⊠ de la Palisse, à 12 k. de Cusset. Pop. 611 h.

ÉTIENNE-DE-VILLERÉAL (St-), vg. *Lot-et-Garonne* (Agénois), arr. et à 29 k. de Villeneuve-sur-Lot, cant. et ⊠ de Villeréal. Pop. 636 h.

ÉTIENNE-DE-VIONAN (St-), *Tarn*, comm. et ✉ de l'Isle-d'Albi.

ÉTIENNE-D'ORTHE (St-), vg. *Landes* (Gascogne), arr. et à 20 k. de Dax, cant. et ✉ de Peyrehorade. Pop. 779 h.

ÉTIENNE-DU-BOIS (St-), vg. *Ain* (Bourgogne), arr., ✉ et à 10 k. de Bourg-en-Bresse, cant. de Treffort. ⚘. Pop. 1,646 h.—*Foires* les 22 fév., 31 mai, 5 nov. et 29 déc.

ÉTIENNE-DU-BOIS (St-), vg. *Vendée* (Poitou), arr. et à 40 k. des Sables, cant. et ✉ de Palluau. Pop. 2,795 h.

ÉTIENNE-DU-GRÈS (St-), vg. *Bouches-du-Rhône*, comm. et ✉ de Tarascon-sur-Rhône.

ÉTIENNE-DU-GUÉ-DE-L'ILE (St-), vg. *Côtes-du-Nord* (Bretagne), arr., ✉ et à 14 k. de Loudéac, cant. de la Chaise. Pop. 685 h.

ÉTIENNE-DU-ROUVRAY (St-), vg. *Seine-Inf.* (Normandie), arr., ✉ et à 7 k. de Rouen, cant. de Grand-Couronne. P. 1,483 h. Près de la rive gauche de la Seine.—Carrières de pierres de taille.

ÉTIENNE-DU-VALDONNÈS (St-), vg. *Lozère* (Languedoc), arr., cant., ✉ et à 10 k. de Mende. Pop. 1,179 h. — *Fabriques* de serges et étoffes pour doublures. — *Foires* les 1er mars, 17 mai et 14 oct.

ÉTIENNE-DU-VAUVRAY (St-), vg. *Eure* (Normandie), arr., cant. et à 6 k. de Louviers, ✉ de Notre-Dame-du-Vaudreuil, près de la rive droite de l'Eure. Pop. 487 h. Bibliographie. BONNIN (T.). *Notice sur un tombeau celtique découvert en décembre 1842 à St-Etienne-du-Vauvray*, in-8 d'une feuille, 1843.

ÉTIENNE-DU-VIGAN (St-), vg. *H.-Loire* (Languedoc), arr. et à 35 k. du Puy, cant. et ✉ de Pradelles. Pop. 425 h.

ÉTIENNE-EN-BRESSE (St-), vg. *Saône-et-Loire* (Bourgogne), arr. et à 16 k. de Louhans, cant. de Montret. ⚘. P. 1,094 h. — *Foires* les 6 mai et 1er mardi de sept.

ÉTIENNE-EN-COGLES (St-), vg. *Ille-et-Vilaine* (Bretagne), arr. et à 11 k. de Fougères, cant. et ✉ de St-Brice-en-Cogles. Pop. 1,775 h.

ÉTIENNE-EN-DÉVOLUY (St-), vg. *H.-Alpes* (Dauphiné), arr. et à 40 k. de Gap, chef-l. de cant., ✉ de Corps. Bur. d'enregist. à St-Bonnet. Cure. Pop. 730 h.—TERRAIN crétacé inférieur, feuilles gris vert.—*Foire* le 8 sept. Le Dévoluy est un pays parsemé de vallons, de ravins, et environné de montagnes escarpées. Le sol, généralement pierreux, est en quelques endroits plus léger que fort, plus sablonneux que compacte, couvert de pierres plates et de cailloux. L'hiver dans cette contrée dure sept à huit mois, et, dans les plus grandes chaleurs, le thermomètre monte rarement à +15° R. Toutefois, ce climat si dur, ce dernier asile que l'espèce humaine puisse habiter, est, dans la belle saison, par la pureté de son air et l'excellence de ses plantes, la terre promise des moutons d'Arles, qui y arrivent annuellement au nombre de 40 à 50,000.

Sur les confins du territoire de St-Etienne, à droite du torrent de la Soulaise, se trouve une caverne renfermant d'horribles cavités, dont l'entrée étroite est perpendiculaire, et qui donne naissance à un fleuve d'eau, jaillissant avec impétuosité lorsque le vent appelé la Lombarde règne avec violence pendant une dizaine de jours.

ÉTIENNE (extra) (St-), vg. *Indre-et-Loire* (Touraine), arr., cant. et ✉ de Tours. Pop. 1,378 h.

ÉTIENNE-LA-CIGOGNE (St-), vg. *Deux-Sèvres* (Poitou), arr. et à 25 k. de Niort, cant. et ✉ de Beauvoir-sur-Niort. P. 305 h.

ÉTIENNE-LA-GENESTE (St-), vg. *Corrèze* (Limousin), arr. et à 14 k. d'Ussel, cant. et ✉ de Neuvic. Pop. 310 h.

ÉTIENNE-LALLIER (St-), vg. *Eure* (Normandie), arr. et à 11 k. de Pont-Audemer, cant. de St-Georges-du-Vièvre, ✉ de Lieurey. Pop. 1,247 h.

ÉTIENNE-LANTABAT (St-), vg. *B.-Pyrénées*, comm. de Lantabat, ✉ de St-Palais.

ÉTIENNE-LARDEYROL (St-), vg. *H.-Loire* (Velay), arr., ✉ et à 13 k. du Puy, cant. de St-Julien-Chapteuil. Pop. 1,166 h.

ÉTIENNE-LA-THILLAYE (St-), vg. *Calvados* (Normandie), arr., cant., ✉ et à 5 k. de Pont-l'Évêque. Pop. 659 h.

ÉTIENNE-LA-VARENNE (St-), vg. *Rhône* (Beaujolais), arr. et à 12 k. de Villefranche-sur-Saône, cant. et ✉ de Belleville-sur-Saône. Pop. 1,614 h.

ÉTIENNE-LE-COMTE (St-), vg. *Lot*, com. et ✉ de Souillac.

ÉTIENNE-LE-MOLARD (St-), vg. *Loire* (Forez), arr. et à 16 k. de Montbrison, cant. et ✉ de Boën. Pop. 608 h. A peu de distance de ce village on remarque l'important château de Labatie, qui conserve encore les restes de son ancienne splendeur, et mérite d'être visité par les amateurs d'anciens monuments. Il est bâti sur la rive gauche du Lignon, au milieu d'un bois qui en laisse à peine entrevoir les tours gothiques. La plupart des objets précieux que renfermait ce château ont été dispersés; mais on y remarque encore une statue de Bacchus de taille héroïque, en marbre de Carrare, d'une belle exécution. Les murs sont ornés de panneaux en marqueterie du plus précieux travail, représentant les traits de l'histoire sainte. Le tableau de l'autel de la chapelle est d'une exécution remarquable, et l'autel lui-même, en marbre noir, est décoré de deux beaux bas-reliefs, représentant, l'un, David renversant Goliath, et l'autre, le sacrifice de Noé au sortir de l'arche. Labatie offre un séjour pittoresque; c'était la demeure ordinaire de la famille d'Urphé, et c'est là qu'Honoré d'Urphé écrivit son Astrée.

ÉTIENNE-LES-ORGUES (St-), vg. *B.-Alpes* (Provence), arr., ✉ et à 15 k. de Forcalquier, chef-l. de cant. Cure. Pop. 1,208 h. —TERRAIN tertiaire moyen, voisin du tertiaire crétacé inférieur. — *Foires* les 2 janv., 3 août et 6 sept.

ÉTIENNE-LE-VIEUX (St-), vg. *Seine-Inf.*, comm. d'Auzonville-Lesneval, ✉ d'Yerville.

ÉTIENNE-PRÈS-ALLÈGRE (St-), vg. *H.-Loire* (Auvergne), arr. et à 22 k. de Brionde, cant. ✉ de Paulhaguet. P. 298 h.

ÉTIENNE-SOULE (St-), vg. *B.-Pyrénées*, comm. de Sauguis.

ÉTIENNE-SOUS-BAILLEUL (St-), vg. *Eure* (Normandie), arr. et à 26 k. de Louviers, cant. de Gaillon, ✉ de Vernon. Pop. 252 h.

ÉTIENNE-SOUS-BARBUISE (St-), vg. *Aube* (Champagne), arr., cant., ✉ et à 6 k. d'Arcis-sur-Aube. Pop. 153 h.

ÉTIENNE-SUR-BLESLE (St-), vg. *H.-Loire* (Auvergne), arr. et à 24 k. de Brioude, cant. et ✉ de Blesle. Pop. 393 h.

ÉTIENNE-SUR-MASSIAC (St-), vg. *Cantal*, comm. de St-Flour, ✉ de Massiac.

ÉTIENNE-SUR-REYSSOUSE (St-), vg. *Ain* (Bourgogne), arr. et à 32 k. de Bourg-en-Bresse, cant. et ✉ de Pont-de-Vaux. Pop. 918 h.

ÉTIENNE-SUR-SARTHE (St-) vg. *Orne*, comm. de St-Aubin-de-Courteraie, ✉ de Moulins-la-Marche.

ÉTIENNE-SUR-SUIPPE (St-), vg. *Marne* (Champagne), arr. et à 16 k. de Reims, cant. de Bourgogne, ✉ d'Isles-sur-Suippe. P. 394 h. près la rive droite de la Suippe.

ÉTIENNE-SUR-USSON (St-), vg. *Puy-de-Dôme* (Auvergne), arr. et à 16 k. d'Issoire, cant. de Sauxillanges, ✉ de Vernet-la-Varenne. Pop. 1,143 h.

ÉTIENNE-VALLÉE-FRANÇAISE (St-), vg. *Lozère* (Languedoc), arr. et à 37 k. de Florac, cant. de St-Germain-de-Calberte, ✉ de St-Jean-du-Gard. Pop. 1,900 h. — *Foires* les 30 avril, 16 août, 29 sept. et 15 déc.

ÉTIENVILLE, vg. *Manche* (Normandie), arr. et à 15 k. de Valogne, cant. et ✉ de St-Sauveur-sur-Douve. Pop. 567 h.

ÉTIGNY, vg. *Yonne* (Champagne), arr., cant., ✉ et à 8 k. de Sens. Pop. 434 h. Sur la rive gauche de l'Yonne. Il est célèbre par les conférences qui précédèrent le traité de paix conclu entre Catherine de Médicis et le duc d'Alençon, en 1576; traité qui accordait aux protestants le libre exercice de la religion réformée. Voici en substance les principales dispositions de ce traité de paix. On accorda, sans aucunes bornes ni restrictions, le libre exercice de la religion prétendue réformée, alors prétexte ordinaire de toutes les guerres (c'est dans le traité d'Etigny qu'on donna pour la première fois la qualification de religion prétendue réformée au calvinisme). Paris et sa banlieue furent seuls exceptés, ainsi que les endroits où se trouverait la cour. On permit aux églises réformées d'assembler leurs synodes, à condition qu'ils seraient soumis à l'inspection d'un commissaire royal. Les calvinistes devaient être admis à tous les emplois, charges ou dignités de l'Etat, et participer aux grâces de la cour. On établissait pour eux des chambres mi-parties dans les huit parlements. On leur accordait de plus huit villes de sûreté dans le Midi, où ils étaient plus nombreux et plus puissants, à condition que les chefs s'engageraient à les rendre dans six ans. Enfin, pour réhabiliter la mémoire de Lamôle, du comte de Coconnas, de l'amiral de Coligny, de Briequemault, Cavagnes et Montbrun, on cassa tous les arrêts rendus contre eux, ainsi que contre l'infortuné Montgommery, qui avait eu le malheur de blesser Henri II dans un tournois, et à qui Catherine de Médicis, sa veuve, avait fait trancher la tête vingt ans après.

ÉTILLEUX (les), vg. *Eure-et-Loir* (Beauce), arr., ✉ et à 10 k. de Nogent-le-Rotrou, cant. d'Authon. Pop. 428 h.

ÉTINEHEM, vg. *Somme* (Picardie), arr. et à 23 k. de Péronne, cant. de Bray-sur-Somme, ✉ d'Albert. Pop. 676 h.

ÉTIOLLES, *Aviolæ*, vg. *Seine-et-Oise* (Ile-de-France), arr., cant., ✉ et à 3 k. de Corbeil. Pop. 382 h. — Il est dans une situation agréable, entre la Seine et la forêt de Sénard. On y voit, entre autres maisons de plaisance, deux châteaux, dont l'un a appartenu à M. Lenormand, mari de Mme de Pompadour, homme bienfaisant, qui employait une partie de son immense fortune au soulagement des indigents; l'autre a été habité par Colardeau, qui y a composé une partie de ses poésies.

ÉTION, vg. *Ardennes* (Champagne), arr. de Mézières, cant., ✉ et à 3 k. de Charleville. Pop. 358 h.

ÉTIVAL, vg. *Jura* (Franche-Comté), arr. et à 22 k. de St-Claude, cant. et ✉ de Moirans. Pop. 559 h.

ÉTIVAL, vg. *Vosges* (Lorraine), arr. et à 14 k. de St-Dié, cant. et ✉ de Raon-l'Etape. Pop. 1,814 h. — On y voit une église remarquable, qui a été classée au nombre des monuments historiques.

ÉTIVAL-LÈS-LE-MANS, vg. *Sarthe* (Maine), arr. et à 12 k. du Mans, cant. de la Suze, ✉ de Chemiré-le-Gaudin. Pop. 867 h.

ÉTIVEY, vg. *Yonne* (Bourgogne), arr. et à 26 k. de Tonnerre, cant. et ✉ de Noyers. Pop. 640 h.

ÉTOBON, vg. *H.-Saône* (Franche-Comté), arr. et à 17 k. de Lure, cant. et ✉ de Héricourt. Pop. 715 h.

ÉTOGES, vg. *Marne* (Champagne), arr. et à 21 k. d'Epernay, cant. de Montmort. ✉. ❀. A 119 k. de Paris pour la taxe des lettres. Pop. 650 h. — *Foires* les 2es lundis de janv., avril, juillet et oct.

ÉTOILE, vg. *H.-Alpes* (Dauphiné), arr. et à 53 k. de Gap, cant. d'Orpierre, ✉ de Serres. Pop. 168 h.

ÉTOILE (l'), vg. *Bouches-du-Rhône*, comm. et ✉ de Roquevaire.

ÉTOILE, bg *Drôme* (Dauphiné), arr., cant. et à 13 k. de Valence. ✉. A 570 k. de Paris pour la taxe des lettres. Pop. 3,056 h. — *Foires* les 3 et 4 fév., 28 avril et 22 nov.

L'origine de ce bourg est inconnue; on sait seulement que c'était une des meilleures places du Valentinois pendant les guerres de la féodalité et les troubles religieux, qui fut prise et reprise plusieurs fois. Il y avait un château que Louis XI habita pendant le long séjour qu'il fit en Dauphiné. A la mort de ce prince, devenu roi de France, la noblesse de ces contrées s'y rassembla pour tâcher de ressaisir le pouvoir féodal dont elle avait été dépouillée. Le gouverneur de la province fit assiéger le château, dont la reddition ruina entièrement le parti féodal. Sous François Ier et Henri II, Diane de Poitiers fit restaurer et embellir cette habitation, qui devint une de ses retraites favorites; on sait qu'elle avait coutume d'ajouter à son titre de duchesse de Valentinois, celui de dame d'Etoile. Une fabrique de soie et des moulins occupent aujourd'hui l'emplacement de ce château.

Le bourg de l'Etoile est bâti sur le penchant d'un coteau et entouré de murailles en partie démolies. De la MAISON DES TROIS-CROIX, dépendance de cette commune, on jouit d'une vue magnifique. Au hameau de la PAILLASSE, ❀, on voit une belle colonne milliaire, posée en 147, sous le règne d'Antonin le Pieux.

ÉTOILE (l'), vg. *Jura* (Franche-Comté), arr., cant., ✉ et à 2 k. de Lons-le-Saulnier. Pop. 665 h.

ÉTOILE (l'), vg. *Pas-de-Calais*, comm. d'Oye, ✉ de Gravelines.

ÉTOILE (l'), vg. *Seine*, comm. de Neuilly-sur-Seine, ✉ des Ternes.

ÉTOILE (l'), vg. *Somme* (Picardie), arr. et à 30 k. d'Amiens, cant. de Picquigny, ✉ de Flixecourt. Gîte d'étape. Pop. 869 h.

Les Romains y avaient fait construire une forteresse pour protéger le commerce maritime qui de leur temps avait lieu sur la Somme, et pour percevoir des droits sur les barques qui remontaient la rivière. — Aux environs on remarque un camp romain très-bien conservé. — Filatures de laine. Moulin à pulvériser les bois de teinture, sur la Somme. On voit aussi dans cette commune des usines importantes, appelées *les Moulins bleus*.

ÉTON, vg. *Meuse* (pays Messin), arr., et à 39 k. de Montmédy, cant. et ✉ de Spincourt. Pop. 426 h.

ÉTOQUIES (les), vg. *Nord*, comm. et ✉ de Landrecies.

ÉTORMAY, vg. *Côte-d'Or* (Bourgogne), arr. et à 39 k. de Châtillon-sur-Seine, cant. et ✉ de Baigneux-les-Juifs. Pop. 183 h.

ÉTOUARS, vg. *Dordogne* (Périgord), arr., ✉ et à 11 k. de Nontron, cant. de Bussière-Badil. Pop. 527 h. — Forges et feuderie.

ÉTOURVY, vg. *Aube* (Champagne), arr. et à 28 k. de Bar-sur-Seine, cant. et ✉ de Chaource. Pop. 631 h.

ÉTOUTTEVILLE, *Estotevilla*, vg. *Seine-Inf.* (Normandie), arr., ✉ et à 8 k. d'Yvetot, cant. d'Yerville. Pop. 1,096 h.

ÉTOUVANS, vg. *Doubs* (Franche-Comté), arr., ✉ et à 11 k. de Montbelliard, cant. d'Audincourt. Pop. 303 h.

ÉTOUVELLES, vg. *Aisne* (Picardie), arr., cant., ✉ et à 6 k. de Laon. Pop. 217 h.

ÉTOUVY, *Ituvium*, vg. *Calvados* (Normandie), arr., ✉ et à 7 k. de Vire, cant. de Bény-Bocage. Pop. 201 h. — *Foire* le 28 oct.

ÉTOUX (les), *Rhône*, comm., ✉ et près de Beaujeu.

ÉTOUY, vg. *Oise*, comm. et ✉ de Clermont-Oise.

ÉTRABONNE, vg. *Doubs* (Franche-Comté), arr. et à 25 k. de Besançon, cant. d'Audeux, ✉ de St-Wit. Pop. 293 h.

ÉTRACHES (les), vg. *Doubs*, comm. et ✉ de Pontarlier.

ÉTRAN, vg. *Seine-Inf.*, comm. de St-Martin-Eglise, ✉ de Dieppe.

ÉTRAPPE, vg. *Doubs* (Franche-Comté), arr. et à 24 k. de Baume-les-Dames, cant. et ✉ de l'Isle-sur-le-Doubs. Pop. 171 h.

ÉTRAY, vg. *Doubs* (Franche-Comté), arr. et à 29 k. de Baume-les-Dames, cant. de Vercel, ✉ du Valdahon. Pop. 223 h.

ÉTRAYE, vg. *Meuse* (pays Messin), arr. et à 28 k. de Montmédy, cant. et ✉ de Damvillers. Pop. 212 h.

ÉTRÉAUPONT, bg *Aisne* (Picardie), arr. et à 8 k. de Vervins, cant. de la Capelle. ✉. A 175 k. de Paris pour la taxe des lettres. Pop. 1,744 h. — Il est agréablement situé au confluent de l'Oise et du Thon. — Fabriques de vannerie. — *Foire* le 13 de chaque mois.

ÉTREBŒUF-NEUVILLE, vg. *Somme* (Picardie), arr. et à 18 k. d'Abbeville, cant. et ✉ de St-Valéry-sur-Somme. Pop. 354 h.

ÉTRÉCHET, vg. *Indre* (Berry), arr., ✉ et à 8 k. de Châteauroux, cant. d'Ardentes-St-Vincent. Pop. 478 h.

ÉTRÉCHY, bg *Cher* (Berry), arr. et à 21 k. de Sancerre, cant. et ✉ de Saucergues. Pop. 972 h.

ÉTRÉCHY, vg. *Marne* (Champagne), arr. et à 35 k. de Châlons-sur-Marne, cant. et ✉ de Vertus. Pop. 181 h.

ÉTRÉCHY, *Stripiniacum*, bg *Seine-et-Oise* (Gatinais), arr., cant. et à 8 k. d'Etampes. Station du chemin de fer de Paris à Orléans. ✉. ❀. A 44 k. de Paris pour la taxe des lettres. Pop. 1,236 h. — Il est situé sur la grande route, près de la rive gauche de la Juine. A peu de distance de ce bourg, dans un vallon sauvage entouré de bois, on trouve les ruines du ROUSSAY, ancien château fort, flanqué de hautes tours et environné de profonds fossés. — Marché tous les jeudis.

ÉTRÉE, vg. *Yonne*, comm. de Magny, ✉ d'Avallon.

ÉTRÉES-LA-CAMPAGNE, vg. *Calvados* (Normandie), arr. et à 15 k. de Falaise, cant. de Bretteville-sur-Laize, ✉ de Langannerie. Pop. 374 h.

ÉTRÉHAM, *Hesperia Ripensis Viducassium*, bg *Calvados* (Normandie), arr., ✉ et à 12 k. de Bayeux, cant. de Trévières. Pop. 290 h.

ÉTRÉHEM, vg. *Pas-de-Calais*, comm. de Leulinghem, ✉ de St-Omer.

ÉTREILLERS, vg. *Aisne* (Picardie), arr., ✉ et à 10 k. de St-Quentin, cant. de Vermand. Pop. 1,311 h.

ÉTRÉJUST, vg. *Somme* (Picardie), arr. et à 39 k. d'Amiens, cant. d'Oisemont, ⊠ d'Airaines. Pop. 216 h.

ÉTRELLES, vg. *Aube* (Champagne), arr. et à 23 k. d'Arcis-sur-Aube, cant. et ⊠ de Méry-sur-Seine. Pop. 286 h.

ÉTRELLES, vg. *Ille-et-Vilaine* (Bretagne), arr., ⊠ et à 8 k. de Vitré, cant. d'Argentré. Pop. 1,603 h.

ÉTRELLES, ou ÉTRELLES-LA-MONTAGNE, vg. *H.-Saône* (Franche-Comté), arr. et à 23 k. de Gray, cant. et ⊠ de Gy. Pop. 250 h.

ÉTRÉPAGNY, ou ESTREPAGNY, *Esterpiniacum*, *Estrepeigniacum*, bg *Eure* (Normandie), arr. et à 20 k. des Andelys, chef-l. de cant. Bureau d'enregist. à Gisors. Cure. ⊠. ℣. A 81 k. de Paris pour la taxe des lettres. Pop. 1,508 h. — TERRAIN tertiaire moyen.

Au VIIe siècle, c'était un manoir des rois de la première race qui fut habité par Dagobert Ier, Clovis II et Batilde, mère de Clotaire III. En 1149, Henri II d'Angleterrre releva le château, dont il fut dépossédé par le roi de France, mais qu'il reprit et brûla en 1151. Le duc de Mayenne campa en 1589 près d'Etrepagny, dont les habitants embrassèrent le parti de la Ligue. Le château fut saccagé en 1656 par des recrues qu'on y avait enfermées par ordre du gouverneur de la province.

Etrepagny était autrefois fermé de murailles. Quelques auteurs y font naitre le célèbre auteur comique PICARD ; mais il parait certain que le spirituel auteur de *la Petite Ville* est né à Paris.

Fabriques de tricots de laine. Filatures de coton. Aux environs, nombreuses fabriques de dentelles. — *Commerce* de grains, chanvre et dentelles. — *Foires* le 1er mardi après St-Gervais et après St-Michel.

ÉTRÉPIGNEY, vg. *Jura* (Franche-Comté), arr. et à 19 k. de Dôle, cant. de Dampierre, ⊠ d'Orchamps. Pop. 831 h.

ÉTRÉPIGNY, vg. *Ardennes* (Champagne), arr. de Mézières, à 10 k. de Charleville, cant. et ⊠ de Flize. Pop. 273 h.

J. MESLIER, incrédule célèbre, était curé d'Etrépigny. On lui attribue l'ouvrage ayant pour titre : *Testament de J. Meslier*, publié pour la première fois par Voltaire en 1762.

ÉTRÉPILLY, vg. *Aisne* (Brie), arr., cant., ⊠ et à 8 k. de Château-Thierry. Pop. 143 h.

ÉTRÉPILLY, vg. *Seine-et-Marne* (Brie), arr. et à 12 k. de Meaux, cant. et ⊠ de Lizy. Pop. 671 h.

ÉTRÉPY, vg. *Marne* (Champagne), arr., ⊠ et à 18 k. de Vitry-le-François, cant. de Thiéblemont. Pop. 306 h.

ÉTRETAT, village maritime, *Seine-Inf.* (Normandie), arr. à 24 k. du Havre, cant. et ⊠ de Criquetot-Lesnevel. Pop. 1,514 h. — *Etablissement de la marée*, 10 heures 10 minutes.

Ce village est situé sur la Manche, à l'est du cap d'Antifer, près de la baie d'échouage qui porte son nom, au débouché d'un vallon dont le sol est au-dessous du niveau de la marée haute. Il n'est défendu contre les flots que par une digue naturelle formée par des cailloux et par des débris de la côte successivement amoncelés par les vagues.

Rien n'est plus pittoresque que la situation d'Etretat, dans une vallée verdoyante, au sein des roches sombres et déchirées qui bordent, à droite et à gauche, l'extrémité de la digue ; mais c'est surtout du côté du nord-ouest que le village offre l'aspect le plus singulier. La falaise qui ferme la vallée du côté du Havre y montre ses flancs escarpés ; et , en suivant de gauche à droite le prolongement de la hauteur opposée, l'œil rencontre la roche appelée l'Aiguille d'Etretat, à cause de sa forme élancée et de son isolement de tout autre point d'appui que son étroite base. L'Aiguille d'Etretat n'a pas moins de 67 m. de hauteur. Les oiseaux de la mer bâtissent leurs nids sur son sommet, et durant tout le jour leur troupe fugitive voltige à l'entour. Un peu en deçà, entre l'Aiguille et la côte , un autre déchirement de la roche forme avec la falaise une espèce de portique en ogive de l'aspect le plus bizarre. Dans la haute mer, les vagues occupent l'espace entre la base du pilastre de ce portique et la roche où sa voussure naturelle est appuyée ; mais , à la marée basse , on pénètre par ce passage le long de la grève, qui n'est elle-même à découvert que quelques instants.

La rade d'Etretat est d'un excellent fond, et la baie en général peut passer pour la meilleure de la côte, considérée comme baie d'échouage, étant à l'abri des vents qui soufflent de l'ouest au nord-ouest en passant par le sud. La sûreté de cette baie, la profondeur de ses eaux, même en basse mer, le niveau du vallon qui règne du nord-ouest au sud-est, et se continue sur une longueur considérable, plusieurs mètres au-dessous du niveau des hautes mers , avaient fait concevoir le projet de faire d'Etretat un grand port de marine militaire ; mais divers obstacles n'ont pas permis jusqu'à ce moment qu'on s'occupât sérieusement de ce projet. C'est cependant le seul point des côtes entre Cherbourg et Boulogne, où l'on pouvait établir un port capable de recevoir en tout temps plusieurs vaisseaux de ligne, et dont la sortie serait facile presque par tous les vents.

Etretat possède un fort beau parc aux huîtres, pratiqué dans le roc même ; on les y apporte de la baie de Cancale, et elles y acquièrent en peu de temps, par le mélange des eaux douces qui s'échappent du milieu des cailloux du rivage et viennent se marier aux eaux salées de la mer, une qualité supérieure à celles des autres huîtres de la côte. On y équipe des barques pour la pêche du hareng et du poisson frais.

L'ÉGLISE NOTRE-DAME d'Etretat est un monument qui reproduit en petit la remarquable église abbatiale de Fécamp, et l'on croit y reconnaître la main des artistes qui ont élevé ce grand édifice. De riches ornements et de petites statues de l'époque romaine décorent le portail. A l'extérieur, une corniche de corbeaux historiés couronne tout l'édifice. Au dedans, à l'arcade du crucifix, on voit deux bas-reliefs, dont l'un porte des arbres et l'autre des animaux qui ressemblent à des vaches, à des génisses. — La tradition attribue la fondation de cette église à une femme nommée Olive, qui en se baignant avait failli être surprise par les Sarrasins.

Dans l'enclos du presbytère, situé au bord de la mer, existe une ancienne chapelle en partie détruite, nommée la chapelle de St-Valléry ; c'est, avec la crypte de St-Gervais de Rouen, le plus ancien monument religieux du diocèse ; on en place la construction entre le VIIIe et le Xe siècle.

Bibliographie. COCHET (l'abbé). *L'Etretat souterrain, fouilles de 1842-43*, in-8 et 3 planches, 1843.

ÉTREUX, vg. *Aisne* (Picardie), arr. et à 37 k. de Vervins, cant. de Wassigny. ⊠. ℣. A 166 k. de Paris pour la taxe des lettres. Pop. 1,719 h. — *Foires* les 12 mai et 12 oct.

ÉTREVAL, vg. *Meurthe* (Lorraine), arr. et à 33 k. de Nancy, cant. et ⊠ de Vezelize. Pop. 192 h.

ÉTREVILLE, *Estruville*, *Estruvilla*, vg. *Eure* (Normandie), arr., ⊠ et à 13 k. de Pont-Audemer, cant. de Routot. Pop. 1,075 h.

ÉTREZ, vg. *Ain* (Bresse), arr. et à 21 k. de Bourg-en-Bresse, cant. et ⊠ de Montrevel. Pop. 505 h.

ÉTRIAC, vg. *Charente* (Angoumois), arr. et à 19 k. d'Angoulême, cant. et ⊠ de Blanzac. Pop. 338 h.

ÉTRICHÉ, bg *Maine-et-Loire* (Anjou), arr. et à 34 k. de Baugé, cant. de Durtal, ⊠ de Chateauneuf-sur-Sarthe. Pop. 1,208 h.

ÉTRICOURT, vg. *Somme*, comm. de Manancourt, ⊠ de Péronne.

ÉTRIGÉ, vg. *Orne*, comm. de St-Denis-de-Villenette et Sept-Forges, ⊠ de Villersexel.

ÉTRIGNY, vg. *Saône-et-Loire* (Bourgogne), arr. et à 25 k. de Chalon-sur-Saône, cant. et de Sennecey. Pop. 1,336 h.

ÉTROCHEY, vg. *Côte-d'Or* (Bourgogne), arr., cant., ⊠ et à 6 k. de Châtillon-sur-Seine. Pop. 207 h.

ÉTRŒUNGT, vg. *Nord* (Flandre), arr., cant. et à 7 k. d'Avesnes. Cure. ⊠. A 188 k. de Paris pour la taxe des lettres. P. 2,183 h. — Filature de coton. Exploitation des carrières de pierre. Tanneries. — *Commerce* de boissellerie, bestiaux , arbres fruitiers, etc. — *Foires* les 12 nov. (3 jours) et le 1er jeudi de chaque mois.

ÉTROITE - FONTAINE, vg. *H.-Saône* (Franche-Comté), arr. et à 15 k. de Lure, cant. et ⊠ de Villersexel. Pop. 125 h.

ÉTROUSSAT, vg. *Allier* (Bourbonnais), arr. et à 2 k. de Gannat, cant. et ⊠ de Chantelle. Pop. 1,260 h. Dans un territoire fertile en vins de bonne qualité.

ÉTROYES, vg. *Saône-et-Loire*, comm. de Touches, ⊠ du Bourgneuf.

ÉTRUM, vg. *Nord* (Flandre), arr., cant., ⊠ et à 12 k. de Cambrai. Pop. 579 h.

ÉTRUN, vg. *Pas-de-Calais* (Artois), arr., cant., ⊠ et à 6 k. d'Arras. Pop. 251 h.

ETSAUT, vg. *B.-Pyrénées* (Béarn), arr.

SEINE INFÉRIEURE.

EU

et à 36 k. d'Oloron, cant. d'Accous, ⊠ de Bedous. Pop. 438 h.

ETTENDORF, vg. *B.-Rhin* (Alsace); arr. et à 20 k. de Saverne, cant. et ⊠ d'Hochfelden. Pop. 876 h.

ETTING, vg. *Moselle* (pays Messin), arr. et à 18 k. de Sarreguemines, cant. et ⊠ de Rorbach. Pop. 569 h.

ÉTUEFFONT-BAS, ou NIEDER-STAUFFEN, vg. *H.-Rhin* (Alsace), arr., ⊠ et à 12 k. de Belfort, cant. de Giromagny. Pop. 289 h.

ÉTUEFFONT-HAUT, ou OBER-STAUFFEN, vg. *H.-Rhin* (Alsace), arr., ⊠ et à 13 k. de Belfort, cant. de Giromagny. Pop. 813 h.

ÉTUPES, vg. *Doubs* (Franche-Comté), arr., ⊠ et à 6 k. de Montbelliard, cant. d'Audencourt. Pop. 745 h. — Manufacture importante de vis à bois, qui occupe trois cents ouvriers.

ÉTURQUERAYE, vg. *Eure* (Normandie), arr. et à 15 k. de Pont-Audemer, cant. de Routot, ⊠ de Bourgachard. Pop. 405 h.

ÉTUSSON, vg. *Deux-Sèvres* (Poitou), arr. et à 19 k. de Bressuire, cant. et ⊠ d'Argenton-Château. Pop. 461 h.

ÉTUZ, vg. *H.-Saône* (Franche-Comté), arr. et à 33 k. de Gray, cant. de Marnay, ⊠ de Gy. Pop. 358 h. — On y voit une fontaine remarquable par l'abondance et la limpidité de ses eaux.

ETZLING, vg. *Moselle*, comm. de Kerback, ⊠ de Forbach.

EU, *Aucum, Euga, Alga Castrum*; ville ancienne, *Seine-Inf.* (Normandie), chef-l. de cant., arr. et à 28 k. de Dieppe. Trib. de com. Collège communal. Cure. Gîte d'étape. ⊠. ♉. A 166 k. de Paris pour la taxe des lettres. Pop. 3,977 h. — TERRAIN crétacé supérieur, craie.

Autrefois comté et pairie, diocèse, parlement et intendance de Rouen, chef-lieu d'élection, gouvernement de place, bailliage, maîtrise particulière, mairie, amirauté, abbaye, ordre de St-Augustin, prieuré de chanoines réguliers, collège, couvents de capucins et d'ursulines.

L'origine de cette ville se perd dans la nuit des siècles. Elle est antérieure aux premiers temps de la monarchie française. Deux monuments, attribués aux Romains et conservés jusqu'à nos jours, prouvent incontestablement que c'était une place importante. Le premier est un chemin militaire qui conduit d'Amiens jusqu'à cette ville; l'autre est une ancienne porte de ville, accompagnée de deux grosses tours, à laquelle on a toujours donné le nom de porte d'Empire. Ces anciens monuments, et particulièrement le chemin militaire, démontrent que du temps des Romains la ville d'Eu et celle du Tréport, qui en est peu éloignée, étaient les lieux les plus considérables et le port de mer le plus fameux qu'il y eût alors sur toute la côte depuis Boulogne jusqu'à l'embouchure de la Seine, St-Valery n'étant qu'un désert au VIIe siècle, et le port de Dieppe n'ayant commencé à se former qu'en 1080. Vers 956, Richard Ier donna le titre de comté d'Eu à Guillaume son fils naturel.

En 1475, Louis XI, sur un bruit que le roi d'Angleterre devait faire une descente en Normandie, s'emparer de la ville d'Eu, et y passer l'hiver, donna l'ordre de la réduire en cendres ainsi que la forteresse, ordre qui fut exécuté le 18 juillet de la même année; le château et la ville entière furent complétement réduits en cendres, à l'exception des églises. Cette ville n'a jamais pu se relever de ses ruines : fugitifs de leur terre natale, ses infortunés habitants cherchèrent un asile dans les places voisines; les immunités qui lui furent accordées depuis n'ont rien opéré pour lui rendre son premier état. Plusieurs villes des environs, telles que Dieppe, St-Valery et Abbeville, profitèrent de ce désastre pour augmenter leur commerce, et rien ne s'y opposa. — Le duc de Mayenne s'empara de cette ville en 1589.

La commune d'Eu fut établie par deux chartes de 1149 et 1151, octroyées par le comte Jean, à l'instar de la charte de St-Quentin.

Les armes de la commune d'Eu sont: *d'argent au lion* (alias : *au léopard*) *passant de gueules*. — Les armes du mayeur étaient : *de sable à l'aigle éployé d'argent*.

Le comté d'Eu, érigé en 996, devint à cette époque le partage de Geoffroy, fils naturel de Richard Ier, duc de Normandie, dont la postérité le posséda jusqu'en 1227, en y joignant les seigneuries d'Arques, de Drieucourt (appelé depuis de Neufchâtel) et de Mortemer, que Philippe Auguste acquit en 1219. La maison de Brienne le tint ensuite jusqu'au supplice de Raoul de Brienne, connétable de France, décapité à Paris en 1350. A cette époque, il fut donné à la maison d'Artois, et fut érigé par Charles VII en comté-pairie, en 1458. Il passa ensuite par héritage dans la maison de Clèves, et fut érigé en duché en 1539. En 1570, Catherine de Clèves le porta à son mari Henri de Guise, qui fut assassiné aux états de Blois. Charles de Lorraine en prit possession à la mort de sa mère, en 1633. Henri de Lorraine, son fils, le vendit en 1660 pour la somme de 2,500,000 à Marie-Louise d'Orléans, connue sous le nom de mademoiselle de Montpensier; qui en fit don en 1682 au duc du Maine, fils adultérin de Louis XIV, pour obtenir la liberté de Lauzun. Deux ans plus tard, Louis XIV rendit en faveur du duc du Maine le titre de pairie au comté d'Eu. A la mort des enfants du duc du Maine, leur héritage échut au duc de Penthièvre, dont la fille et unique héritière porta le comté dans la famille d'Orléans.

La situation du château d'Eu est admirable : du côté des jardins, il domine une vallée riante arrosée par la Bresle; à gauche on voit des allées magnifiques, des hêtres séculaires; devant la façade s'étend un parterre orné de statues et de fleurs. Du haut de la terrasse on aperçoit la mer, qui se termine à l'horizon.

Ce château occupe l'emplacement d'une forteresse construite par Rollon, qui y entretenait une nombreuse garnison. Au commencement du XIe siècle, Guillaume d'Exmes ajouta à cette forteresse des constructions considérables, afin de pouvoir l'habiter avec sa famille, et fit élever dans l'enceinte du château l'église originairement collégiale d'Eu et l'abbaye du même nom. Guillaume le Conquérant prit ce château d'assaut en 1049, et le livra au pillage. Robert Guiscard, comte d'Eu, en étant devenu propriétaire, l'agrandit et l'embellit tellement, qu'il devint une habitation royale de premier rang, où fut célébré le mariage de Guillaume le Bâtard avec Mathilde de Flandre. Lors de l'incendie qui consuma la ville d'Eu en 1475, le vieux château d'Eu, qui joua pendant plus de cinq siècles un rôle important, fut entièrement anéanti. Le château actuel fut commencé en 1581 par ordre du duc de Guise, surnommé le Balafré; ce n'était qu'une aile du projet principal, sur laquelle avait été construite perpendiculairement l'aile qui formait le fond de la cour du côté de la vallée de la Bresle, et qui a été détruite en 1806. Mademoiselle de Montpensier fit travailler au château d'Eu, en étendant le terrain, qu'elle fit clore d'une vaste muraille, planta de belles allées, et fit bâtir dans cet enclos un petit château qui a été détruit sous l'empire; son nom, ses chiffres, son image, sont partout au château d'Eu; on y conserve religieusement un exemplaire de ses Mémoires, tout entier de sa main; l'écran de son cabinet, les coussins qu'elle a brodés elle-même, les petits tableaux où elle a mis des inscriptions d'une orthographe si étrange. A sa mort le comté d'Eu échut par succession au duc de Penthièvre, qui fit réparer et meubler le château d'une manière convenable. Sa fille, la duchesse d'Orléans, mère du roi Louis-Philippe, ayant été dépouillée de tous ses biens par décret du 4 octobre 1793, le château d'Eu fut séquestré, et son mobilier saisi et vendu à l'encan. Après avoir été transformé en hôpital militaire en 1795, il fut affecté avec ses dépendances à l'habitation du titulaire de la sénatorerie de Rouen. Plus tard, le château d'Eu fut désigné pour devenir un palais impérial et réuni à la couronne. Les événements de 1814 firent rentrer cette propriété dans le domaine de la duchesse douairière d'Orléans, fille et unique héritière du duc de Penthièvre. Le duc d'Orléans, aujourd'hui roi, visita le château en 1821; et, charmé de la situation de cette belle résidence, en fit commencer la restauration. Aujourd'hui l'ancienne demeure des ducs de Guise, dont l'étendue totale, y compris le parc, est d'environ 35, hectares, paraît être encore ce qu'elle était jadis, une habitation princière où le grandiose est réuni au confortable. Les appartements renferment une des collections de portraits historiques les plus complètes et les plus précieuses qui existent en Europe. — Le château contient 60 appartements de maîtres, 250 logements de suite, des écuries pour 130 chevaux et des remises pour 60 voitures.

La beauté du château d'Eu et les riches collections qui le décorent y attirent tous les ans une foule de visiteurs, les uns viennent y chercher les traces de Rollon et de Guillaume le Conquérant; d'autres, des souvenirs des Guise, de la spirituelle princesse de Conti, de la belle duchesse de Nevers, de mademoiselle de Montpensier, du bienfaisant duc de Penthièvre;

d'autres enfin aiment à y retrouver les souvenirs de la visite que la gracieuse souveraine de la Grande-Bretagne vint y faire au roi Louis-Philippe en 1843.

L'église paroissiale est un bel édifice gothique décoré de magnifiques vitraux ; la chapelle souterraine renferme les tombeaux élevés à la mémoire des comtes d'Eu et de la maison d'Artois. Dans l'église du collège, ancienne collégiale fondée en 1622, on voit les mausolées du duc de Guise le Balafré et de la duchesse Catherine de Clèves, son épouse ; autour de ces mausolées sont quatre petites statues de marbre représentant la Prudence, la Force, la Foi et la Charité. — La cathédrale et l'église du collège ont été classées au nombre des monuments historiques.

Biographie. Eu est la patrie de FRANÇOIS et de MICHEL AUGUIER, célèbres sculpteurs.

INDUSTRIE. *Fabriques* de toiles de ménage et de toiles à voiles, de serges, d'huile de lin, de savon vert, de serrurerie et de quincaillerie. Filatures de coton et de laine ; verrerie ; papeterie. Corderie pour la marine. — *Commerce* de grains, toiles, chanvre, lins, laines, fils, bois de hêtre et de chêne. Les bois s'emploient à faire du bois de construction pour les bâtiments et pour la marine, ou à faire du merrain, des cercles, des lattes, des sabots, des pelles, des écuelles, des manches et toutes sortes d'ouvrages. Les marchandises s'exportent par le port du Tréport ; on les charge sur la Somme pour la Picardie et la Champagne, et sur la Seine pour la Normandie et l'Ile-de-France. — *Foires* les 24 juin, 10 août et 1er mercredi de chaque mois. — *Marchés* les lundi, mercredi et samedi.

Bibliographie. * *La Prise et Reddition de la ville d'Eu par le duc de Mayenne*, in-8, 1589.

CAPPERON. *Essai historique sur l'antiquité du comté d'Eu* (Mém. de Trévoux, mai 1716, p. 999-1014).

MOULINET DES THUILLERIES (l'abbé du). *Objections contre l'Essai historique sur l'antiquité du comté d'Eu* (ibid., septembre 1716).

— *Défense de l'étymologie que feu M. Huet, évêque d'Avranches, a donnée du nom de la ville d'Eu* (Mercure, juin 1722, p. 31, 46).

FROLAND. *Mémoire concernant le comté-pairie d'Eu*, in-4, 1729.

ESTANCELIN. *Histoire des comtes d'Eu*, in-8, 1828.

CAPPERON. *Remarques sur l'histoire naturelle, l'histoire civile et ecclésiastique du comté d'Eu* (Mercure, juillet et août 1730).

— *Mémoires historiques sur les personnes originaires du comté d'Eu qui se sont distinguées par leurs vertus, par leur science, par leur valeur, etc.* (Mercure, avril 1730, et mai 1731).

ESTANCELIN (L.). *Mémoire sur les antiquités de la ville d'Eu et de son territoire* (Mém. de la soc. des antiq. de Normandie, t. II, 1825).

FONTAINE (P.-F.-L.). *Le Château d'Eu*, in-4...

VATOUT (J.). *Le Château d'Eu, notices historiques*, 3 vol. in-8, 1837.

— *Souvenirs des résidences royales*, t. III (*Château d'Eu*), in-8, 1839.

ESTANCELIN (J.). *Le Château d'Eu*, in-8, 1840

VATOUT (J.). *Le Château d'Eu illustré depuis son origine jusqu'au voyage de S. M. Victoria, reine d'Angleterre*, par Joseph Skelton, in-f° et grav. 1844-45.

* *Indicateur de la galerie des portraits, tableaux et bustes qui composent la collection du roi au château d'Eu*, in-12, 1836.

CAPPERON. *Lettres au sujet de deux anciens tableaux découverts en la ville d'Eu* (Mercure, mai 1722).

LENŒUF (Désiré). *Eu et le Tréport, guide du voyageur dans ces deux villes*, in-18, 1839, 1842.

EUFFIGNEIX, vg. *H.-Marne* (Champagne), arr., cant., ✉ et à 8 k. de Chaumont-en-Bassigny. Pop. 278 h.

EUGÈNE (St-), vg. *Aisne* (Picardie), arr. et à 15 k. de Château-Thierry, cant. et ✉ de Condé-en-Brie. Pop. 262 h.

EUGÈNE (St-), vg. *Calvados* (Normandie), arr., ✉ et à 9 k. de Pont-l'Evêque, cant. de Cambremer. Pop. 139 h.

EUGÈNE (St-), vg. *Charente-Inf.* (Saintonge), arr. et à 15 k. de Jonzac, cant. et ✉ d'Archiac. Pop. 579 h.

EUGÈNE (St-), vg. *Saône-et-Loire* (Bourgogne), arr. et à 29 k. d'Autun, cant. de Mesvres, ✉ de Toulon-sur-Arroux. Pop. 670 h.

EUGÉNIE (Ste-), vg. *Côtes-du-Nord*, comm. de Corseul, ✉ de Plancoët.

EUGÉNIE (Ste-), vg. *Orne*, comm. d'Aubry-en-Exmes, ✉ de Trun.

EUGIENNE (Ste-), vg. *Manche* (Normandie), arr. et à 9 k. d'Avranches, cant. et ✉ de Brecey. Pop. 163 h.

EUILLY, vg. *Ardennes* (Champagne), arr. et à 20 k. de Sedan, cant. et ✉ de Mouzon. Pop. 368 h.

EULALIE (Ste-), vg. *Ardèche* (Languedoc), arr. et à 47 k. de Largentière, cant. et ✉ de Burzet. Pop. 628 h. — *Foires* les 10 mai, 19 août et 27 sept.

EULALIE (Ste-), vg. *Aude* (Languedoc), arr. et à 13 k. de Carcassonne, cant. et ✉ d'Alzonne. Pop. 420 h.

EULALIE (Ste-), bg *Aveyron* (Rouergue), arr. et à 30 k. de St-Affrique, cant. de Cornu, ✉ de la Cavalerie. Pop. 1,015 h. — C'était autrefois le chef-lieu d'une des plus riches commanderies de l'ordre de Malte. — *Foires* les 4 mai et 3 sept.

EULALIE (Ste-), vg. *Cantal* (Auvergne), arr. et à 13 k. de Mauriac, cant. de Pléaux, ✉ de St-Martin-Valmeroux. Pop. 780 h.

EULALIE (Ste-), vg. *Drôme* (Dauphiné), arr. et à 44 k. de Valence, cant. et ✉ de St-Jean-en-Royans. Pop. 300 h.

EULALIE (Ste-), vg. *Landes* (Gascogne), arr. et à 82 k. de Mont-de-Marsan, cant. de Parentis-en-Borne, ✉ de Liposthey. P. 475 h.

EULALIE (Ste-), vg. *Landes*, comm. et ✉ de St-Sever.

EULALIE (Ste-), vg. *Lot* (Quercy), arr. et à 16 k. de Figeac, cant. de Livernon, ✉ de la Capelle-Marival. Pop. 459 h.

EULALIE (Ste-), vg. *Lozère* (Languedoc), arr. et à 38 k. de Marvejols, cant. et ✉ de Serverette. Pop. 248 h.

EULALIE-D'AMBARÈS (Ste-), vg. *Gironde* (Guienne), arr. et à 13 k. de Bordeaux, cant. et ✉ de Carbon-Blanc. Pop. 781 h. — *Foire* le 3 fév.

EULALIE-D'ANS (Ste-), vg. *Dordogne* (Périgord), arr. et à 30 k. de Périgueux, cant. et ✉ d'Hautefort. Pop. 962 h.

EULALIE-DE-MONTRAVEL (Ste-), *Dordogne*, comm. de St-Antoine-le-Breuil, ✉ de St-Foy.

On trouve à peu de distance de ce village, situé sur la rive droite de la Dordogne, les ruines de l'ancienne ville de Montravel, qui fut prise d'assaut par le maréchal d'Elbeuf sur le duc de Laforce, chef des réformés, et détruite de fond en comble en 1622, après que Bergerac eut été pris et démantelé par Louis XIII. Montravel, qui était dans son temps une place importante et très-forte, n'offre plus que les restes d'un château délabré, des fossés comblés et des murailles renversées, dont un hameau a pris la place.

Non loin de Montravel, au lieu appelé le Pas de Rauzans, près de la Dordogne, on voit la tombe du célèbre général anglais Talbot, tué à la bataille de Castillon, dans la plaine de Cole, sur le territoire de Montravel. Près de là sont encore les restes du camp où l'armée anglaise était retranchée.

EULALIE-DE-PUYGUILHEM, vg. *Dordogne* (Périgord), arr. et à 24 k. de Bergerac, cant. et ✉ d'Eymet. Pop. 231 h.

EULALIE-DE-RIVE-D'OLT (Ste-), vg. *Aveyron*, comm. de Pierrefiche, ✉ de St-Geniez. — *Foires* les 10 mai, 20 juin, 19 sept. et 6 déc.

EULIEN (St-), vg. *Marne* (Champagne), arr. et à 24 k. de Vitry-le-François, cant de Thiéblemont, ✉ de Perthes. Pop. 131 h.

EULMONT, vg. *Meurthe* (Lorraine), arr., cant., ✉ et à 9 k. de Nancy. Pop. 562 h. Sur un coteau élevé.

Au pied du coteau coule une source d'eau minérale ferrugineuse froide, qui jouissait autrefois d'une certaine réputation. L'eau de cette source est enfermée dans un bassin en maçonnerie et en pierre de taille, dont la figure est un polygone régulier, de 1 m. et demi de long sur 66 c. de large. — Cette eau contient du fer en si grande quantité, qu'elle teint en couleur de rouille les terres et les pierres qui forment le lit du ruisseau dans lequel elle coule.

Bibliographie. * *Notice sur les eaux minérales d'Eulmont* (Dictionnaire minéralogique de la France, t. I, p. 315).

EUP, vg. *H.-Garonne* (Comminges), arr. et à 32 k. de St-Gaudens, cant. et ✉ de St-Béat. Pop. 380 h.

EUPHÉMIE (Ste-), vg. *Ain* (Dombes), arr.

cant., ⊠ et à 6 k. de Trévoux. Pop. 433 h.
EUPHÉMIE (Ste-), vg. *Drôme* (Dauphiné), arr. et à 43 k. de Nyons, cant. et ⊠ du Buis. Pop. 360 h.
EUPHRAISE (Ste-), vg. *Marne* (Champagne), arr. et à 13 k. de Reims, cant. et ⊠ de Ville-en-Tardenois. Pop. 261 h.
EUPHRONE (St-), vg. *Côte-d'Or* (Bourgogne) arr., cant., ⊠ et à 4 k. de Semur. Pop. 298 h.
EURIEL (St-), *Côtes-du-Nord*, comm. de Trédias, ⊠ de Broons.
EURE (l'), *Autura, Audura*, rivière qui prend sa source dans le dép. de l'*Orne*, arr. de Mortagne, entre Neuilly et la Lande. Elle entre dans le département d'Eure-et-Loir, au-dessous de Senonches, coule du nord-ouest au sud, passe à Pontgouin, Courville, St-Georges, Fontenay, Thivars, Vert, d'où, se dirigeant du sud au nord, elle traverse Chartres, St-Piat, Mévoisins, Maintenon, Lormaye, Nogent-le-Roi, Villemeux, Charpont, Ecluselles, Cherizy, Montreuil, sert de limites aux départements de l'Eure et d'Eure-et-Loir, continue son cours par Saussay, Yvry, Pacy, Louviers, et se jette dans la Seine aux Damps, près de Pont-de-l'Arche, après un cours d'environ 150 k.

L'Eure est navigable depuis St-Georges jusqu'à son embouchure, sur une longueur de 92,232 m. Les objets de transport consistent surtout en sel, bois de chauffage et de construction, destinés particulièrement pour Rouen. Ses affluents sont : la Loupe, l'Oisème, la Voise, la Blaise, l'Avre, la Vesgre et l'Iton.

La navigation de l'Eure avait anciennement lieu jusqu'à Fermaincourt, près de Dreux. Elle a même existé un certain temps jusqu'à Nogent-le-Roi, et il ne s'agissait plus que de la porter jusqu'à Chartres. La plupart des travaux faits pour y parvenir existent encore ; il ne s'agirait que de les rétablir. Le chemin de halage, formé des terrains acquis par l'État, n'existait que d'un côté de la rivière ; il avait 3 m. 66 c. de large. Peut-être eût-il été plus à propos d'acquérir les terrains des deux rives, afin d'y établir le halage des deux côtés de la rivière ; ce qui aurait beaucoup facilité la navigation, et procuré (en exhaussant ces halages en forme de digues latérales) un encaissement à la rivière d'Eure, qui est naturellement maigre, et dont le lit, peu profond, est trop large dans certains endroits et trop étroit dans d'autres. — Toutes les portes marinières, depuis Chartres jusqu'à la Seine, subsistent encore, quoique fort endommagées : elles ont toutes les dimensions convenables pour la navigation. On en compte cinquante-cinq tant en maçonnerie qu'en bois ; celles qui se trouvent entre Chartres et Nogent-le-Roi sont en maçonnerie et en assez bon état. Au-dessous de Nogent jusqu'à la Seine, elles sont presque toutes en bois : il y a en outre quatre écluses à sec, à Maintenon et au-dessous, qui peuvent être facilement réparées. En 1808, on a ouvert, près de la ville de Louviers, et à travers les prairies de la Viletta, un petit canal de dérivation de la rivière d'Eure, et l'on a construit sur ce canal une écluse de 5 m. de largeur. Ces travaux ont eu pour objet de faire disparaître les difficultés que la navigation de la rivière éprouvait en cet endroit.

EURE (département de l'). Ce département est formé d'une partie du pays de la Campagne, du Vexin normand, du Roumois, du pays d'Ouche et du Lieuvin, qui dépendait autrefois de la haute Normandie. Il tire son nom de la rivière d'Eure, qui le limite depuis St-Georges jusqu'à Bueil, et qui en traverse ensuite la partie orientale du sud au nord, pour aller se joindre à la Seine au-dessous de Léry. — Ses bornes sont : au nord, le département de la Seine-Inférieure ; à l'est, ceux de l'Oise et de Seine-et-Oise ; au sud, ceux d'Eure-et-Loir et de l'Orne ; et à l'ouest, celui du Calvados.

Le territoire de ce département offre un pays de plaines, divisé en six plateaux distincts par les rivières qui le traversent pour arriver à la Seine. — A l'est, l'arrondissement des Andelys, séparé par ce fleuve du reste du département, forme un plateau presque enclavé par les deux vallées où coule l'Epte à l'est, et l'Andelle à l'ouest : ce plateau est divisé en deux régions naturelles, le Vexin normand, pays de grande culture, et la forêt de Lyons. — A la gauche de la Seine se prolonge, bordée par l'Eure jusqu'à son confluent, l'extrémité d'un plateau étroit qui vient du département de Seine-et-Oise. — Entre l'Eure et l'Iton, qui communiquent ensemble à Verneuil et se réunissent aux Planches, il y a un troisième plateau, divisé en deux régions, la plaine St-André, riche en céréales, et la petite portion du Perche, qui dépend de l'Eure. — Entre l'Iton, l'Eure, la Seine et la Rille se trouve un quatrième plateau, dont la partie septentrionale comprend le Roumois, que bornent, au sud, une suite de vallons qui courent entre Montfort et Elbeuf ; au delà de ces vallons commence la plaine du Neubourg, qui rencontre, au midi, la partie du pays d'Ouche, dépendant de l'arrondissement d'Evreux. Le pays d'Ouche comprend aussi dans l'Eure l'extrémité d'un cinquième plateau entre la Rille et la Charentonne. — A gauche de la Charentonne et de la Rille s'étend la plaine fertile du Lieuvin, limitée à l'ouest par les petites vallées dont les rivières descendent à la Touque. De cette disposition il résulte que les rivières qui traversent le département coulent du sud au nord sur la rive gauche de la Seine, tandis que leur direction est nord et sud-ouest dans l'arrondissement des Andelys, situé sur la rive droite.

La surface des plateaux est en général peu accidentée ; quelques rares collines s'y distinguent à peine à l'horizon ; mais les vallées sont profondes et leurs flancs rapides. Cette surface est très-variée : sur tous les points elle offre des champs cultivés, des enclos, de belles forêts, des coteaux, des rivières, des marais, et, au nord, du côté de l'embouchure de la Seine, une certaine étendue de côtes. Une culture florissante de céréales donne aux plaines de l'Eure un aspect riche, mais monotone ; les pommiers et les poiriers bordent les routes, que leurs fleurs, d'un blanc rosé, rendent très-agréables au printemps.

Dans les vallées, des eaux claires et vives serpentent au milieu de riches prairies qu'entretient un système d'irrigation assez bien entendu, mais qui a besoin de perfectionnement. Ces vallées offrent des points de vue pittoresques, surtout là où de vieilles tours ruinées s'élèvent parmi les bois, sur les points culminants de leurs déclivités. Dans la vallée de l'Eure, la culture rurale des légumes s'étend de jour en jour ; cette culture occupe aussi les terrains légers de la vallée de la Seine. Dans l'arrondissement de Pont-Audemer, il y a des herbages qui égalent ceux du pays d'Auge, où l'on engraisse les plus beaux bœufs de toute la France, dont la majeure partie est conduite aux marchés de Poissy pour l'approvisionnement de Paris. A ces diverses productions on doit encore ajouter la vigne, dont la culture ne s'avance pas au delà des vallées de la Seine et de l'Eure, mais qui remonte celles de l'Iton jusqu'à Evreux, et de l'Avre jusqu'à Nonancourt.

Dans ce département, les fermes forment des enclos plus ou moins vastes, suivant la quantité de terres à cultiver ; elles contiennent ordinairement depuis deux jusqu'à huit et dix hectares. Chaque bâtiment est distinct et occupe un emplacement séparé ; mais les corps de ferme, c'est-à-dire les maisons, les granges, les pressoirs, les écuries, les étables et bergeries, réunis dans un enclos particulier, sont bâtis en bois, couverts en tuiles, et le plus souvent en chaume. L'étendue des terres attachées à chaque ferme est depuis 20 jusqu'à 150 hectares. L'enclos des fermes est formé de haies vives très-fortes, mêlées d'arbres forestiers, la plupart étêtés, tels que chênes, ormes, frênes, érables, qu'on ébranche tous les quatre ou cinq ans. Dans les arrondissements de Louviers, d'Evreux et des Andelys, la majeure partie des clos est entourée de murs de bauge, couverts de chaume ; le long des forêts, ces clos sont formés de bruyères. Les habitations rurales n'ont qu'un rez-de-chaussée ; elles sont construites en bois et terre, et couvertes en chaume : placées ordinairement dans des lieux bas, elles sont humides et mal aérées ; à l'intérieur, elles annoncent la propreté ; à l'extérieur, elles sont décorées de vignes et d'arbustes.

La contenance totale du département est de 582,127 hectares, divisés ainsi :

Terres labourables	358,863
Prés	23,210
Vignes	1,677
Bois	111,045
Vergers, pépinières et jardins	34,732
Oseraies, aunaies et saussaies	233
Étangs, mares, canaux d'irrigation	495
Landes et bruyères	18,806
Autres cultures	2
Superficie des propriétés bâties	3,309
Contenance imposable	552,372
Routes, chemins, places, rues, etc.	12,314
Rivières, lacs et ruisseaux	2,897
Forêts et domaines non productifs	14,249
Cimetières, églises, bâtiments publics	295
Contenance non imposable	29,755

788   EURE (département de l').   EURE (département de l').   EURE (département de l').

On y compte :
112,085 maisons.
698 moulins à eau et à vent.
25 forges et fourneaux.
727 fabriques et manufactures.

soit : 113,535 propriétés bâties.
Le nombre des propriétaires est de. 181,670
Celui des parcelles de. 1,438,356

HYDROGRAPHIE. Les principales rivières qui arrosent le département sont : la Seine, qui le traverse d'abord en partie du sud-est au nord-ouest, qui lui sert de limite au nord, et qui se dirige ensuite de l'est à l'ouest, vers son embouchure ; la longueur de son développement est de 66 k. — L'Eure, qui coule du sud au nord, se grossit de l'Avre et de l'Iton, et se jette dans la Seine au Dams. — La Risle, qui coule du sud au nord, et se jette dans la Seine à la Roque.—L'Epte, qui se dirige d'abord du nord au sud, puis au sud-ouest, et forme la limite entre le département de l'Eure et ceux de l'Oise et de Seine-et-Oise.—L'Andelle, qui coule du nord-est au sud-ouest. — La Seine et l'Eure sont navigables sur tout leur cours dans le département ; la Risle l'est depuis Montfort. Les rivières flottables sont le Rouloir, l'Iton inférieur, l'Andelle, la Lieure et le Fouillebec.

COMMUNICATIONS. Le département est traversé par 12 routes royales, par 26 routes départementales, et par 47 chemins vicinaux de grande communication.

MÉTÉOROLOGIE. Le climat est en général variable et humide, mais sain et tempéré. Les vents dominants sont ceux du sud-ouest, du nord-ouest et du nord, ainsi que le prouve l'inclinaison habituelle des arbres fruitiers des plaines. Les brouillards y sont fréquents ; les pluies tombent communément pendant 93 à 100 jours, et la quantité d'eau qu'elles répandent sur le sol a été évaluée à 54 c.

PRODUCTIONS. Le département produit des céréales de toute espèce, en quantité suffisante pour la consommation des habitants ; des légumes secs, du chanvre, du lin de belle qualité ; jardinages, foins, pommes et poires à cidre, noix, gaude, chardon à bonnetier.—Les vignes produisent, année commune, 60,000 hectol. de vin, assez agréable au goût, mais acerbe et dénué de qualité. — Belles pépinières. Récolte annuelle de 1,350,000 hectol. de cidre. — Les essences dominantes dans les forêts sont le chêne, le hêtre, le charme, le bouleau, etc. Dans les campagnes et les enclos, on voit le prunier, le pommier, le poirier, le cerisier, etc. — Bêtes fauves et menu gibier. — Poisson d'eau douce (truites, anguilles, écrevisses). — Education en grand de la volaille. — Vaches, mulets, ânes, bêtes à laine, porcs de la grosse espèce. Belle race de chevaux, notamment dans les arrondissements de Bernay et de Pont-Audemer. — On pêche dans les rivières le brochet, le barbeau, la carpe, la truite, la perche, la tanche, l'anguille et l'écrevisse. Pêché de l'ablette pour la fabrication de l'essence de perles.

MINÉRALOGIE. Minerai de fer abondant,

exploité à ciel ouvert et par veines peu étendues. Ce minerai alimente onze hauts fourneaux, neuf fonderies et neuf forges. Carrières de pierres de taille, de pierres meulières et de grès à paver ; terre à foulon et à faïence, etc.

SOURCES MINÉRALES à Bréteuil, Houdeville, Vieux-Conches, St-Germain, le Bec, Beaumont-le-Roger.

INDUSTRIE. Manufactures considérables de draps fins et autres. Fabriques de toiles de fil et de coton, siamoises, coutils, rubans de fil et de coton, rouennerie, toiles peintes, bonneterie en coton, couvertures et tapis de laine, instruments à vent, peignes de corne et de buis, colle forte ; ouvrages en paille, quincaillerie ; manufactures importantes d'épingles et de pointes de Paris, etc.— Hauts fourneaux, forges (les forges de la vallée d'Andelle sont belles et importantes) ; fenderies, clouteries ; magnifique fonderie et batterie de cuivre (à Romilly). — Nombreuses filatures de coton, de laine et de lin. Verreries. Belles papeteries. Teintureries. Moulins à foulon, scieries de marbre. Raffineries de sucre. Blanchisseries de toiles. Tanneries nombreuses et renommées. Corroieries façon anglaise, etc.

COMMERCE de grains, farines, légumes secs, graines fourragères, cidre, poiré, bestiaux, chevaux normands, laines, chanvre, lin, draperie, étoffes de laine et de coton, bonneterie, papiers, cuirs, fer, épingles, cuivre, clous, etc.

FOIRES. 175 foires environ se tiennent dans 67 communes. On vend principalement des chevaux, des vaches pour élèves et herbages, des grains, des clous, de la quincaillerie, des fils, des lins, des toiles, etc., dans les arrondissements de Bernay et de Pont-Audemer ; des arbres fruitiers et autres aux foires de Louviers et de Pont-de-l'Arche ; des fourrages à Conches ; des cuirs et de la vannerie pour vendanges à Ivry-la-Bataille ; du chanvre, des cercles pour futailles à Verneuil ; des épingles à Rugles ; des laines au Bourg-Théroulde, au Neubourg, à St-Pierre-de-Corneilles. La foire de Bernay, de la 5e semaine de carême, est renommée pour la vente des chevaux de prix ; celles de Notaincourt pour la vente des moutons ; celle de Verneuil, du 9 octobre, pour la vente d'une quantité immense d'oignons qu'on exporte au loin.

DIVISION ADMINISTRATIVE. Le département de l'Eure a pour chef-lieu Evreux. Il envoie 7 représentants à la chambre des députés, et est divisé en 5 arrondissements :

Evreux. . . . . 11 cant. 123,256 h.
Les Andelys. . . 6 — 63,348
Bernay . . . . 6 — 80,388
Louviers . . . 5 — 69,240
Pont-Audemer . . 8 — 87,548

36 cant. 423,780 h.

2e conserv. des forêts (chef-l. Rouen). — 4e arr. des mines (chef-l. Abbeville). — 14e div. milit. (chef-l. Rouen). — Etêclié, séminaire diocésain, école secondaire ecclésiastique à Evreux ; 37 cures, 506 succursales. — Collèges communaux à Evreux, Bernay, Gisors,

Vernon. Ecole normale primaire à Evreux. — Société d'agriculture, sciences, arts et belles lettres à Evreux.

Biographie. Parmi les hommes marquants nés dans le département, on cite principalement : ALEXANDRE, dit de PARIS, poëte du XIIe siècle ; le célèbre peintre le POUSSIN ; l'historien, poëte et jurisconsulte GAUCHER DE STE-MARTHE ; les hellénistes MOREL et TURNÈBE ; le poëte CHAULIEU ; le versificateur BENSERADE ; l'instituteur des sourds-muets PAULMIER ; les conventionnels BUZOT, LACROIX, MASSIEU, DUROY, J.-B. et TH. ROBERT LINDET ; l'honorable DUPONT DE L'EURE ; les savants HIPP. PASSY, ANT. PASSY, AUG. LEPRÉVOST, etc., etc.

Bibliographie. MASSON DE ST-AMAND (A.-Cl.). *Mémoire statistique du département de l'Eure*, in-fº, an XIII.

TOUQUET. *Description statistique du département de l'Eure* (Ann. de statistique, t. XII, p. 55).

PEUCHET et CHANLAIRE. *Statistique de l'Eure*, in-4, 1809.

PASSY (Antoine). *Notice géologique sur le département de l'Eure* (Recueil de la soc. d'agriculture de l'Eure, t. III, 1832).

BROUARD. *Catalogue des plantes du département de l'Eure*, in-12, 1820.

BÉGÉ (Ach.). *Statistique agricole du département de l'Eure*, in-4, 1840.

LEPRÉVOST (Auguste). *Dictionnaire des communes, hameaux, écarts, châteaux, fermes, etc., du département de l'Eure*, in-12, 1837.

— *Liste par ordre alphabétique des communes, des hameaux, écarts, fermes, chapelles et autres lieux habités ou bâtis quelconques, portant un nom particulier, du département de l'Eure*, in-12, 1835.

— *Dictionnaire des anciens noms de lieux du département de l'Eure*, in-12, 1840.

GADEBLED (L.-L.). *Dictionnaire topographique, statistique et historique du département de l'Eure*, in-12, 1840.

GUILMETH (A.). *Chroniques de l'Eure*, in-8, 1835-36.

REVER. *Voyage des élèves du pensionnat de l'école centrale de l'Eure dans la partie occidentale de ce département*, in-8, 1802.

LEPRÉVOST (Auguste). *Mémoire sur quelques monuments du département de l'Eure*, in-4, 1829.

— *Notice historique et archéologique sur le département de l'Eure*, in-12, 1832.

GUILMETH (A.). *Examen critique du Mémoire de M. Aug. Leprévost sur quelques monuments du département de l'Eure*, etc., in-8, 1834.

GADEBLED (L.-L.). *Histoire du département de l'Eure, à l'usage des écoles primaires*, in-18, 1843 ; 2e édit., in-18, 1844.

GUILMETH (A.). *Histoire communale de l'arrondissement de Pont-Audemer*, in-8, 1832.

LA ROCHEFOUCAULD-LIANCOURT (marquis G.-

F. de). *Notice historique sur l'arrondissement des Andelys,* in-8, 1813.
CANEL (M.-A.). *Statistique de l'arrondissement de Pont-Audemer,* in-8, 1832.
— *Essai historique, archéologique et statistique sur l'arrondissement de Pont-Audemer,* 2 vol. in-8 et atlas in-4, 1833-1834.
DUTENS (J.-M.). *Description topographique de l'arrondissement communal de Louviers,* etc., in-8, 1818.
LEPRÉVOST (Aug.). *Pouillé du diocèse de Lisieux,* in-4, 1844.
Bulletin de l'académie ébroïcienne, 2 vol. in-8, 1833-37.
Recueil des travaux de la société libre d'agriculture, sciences, arts et belles-lettres du département de l'Eure, 1re série, 3 vol. in-8.

V. aussi à la fin des articles NORMANDIE, ANDELYS, ST-ANDRÉ, BEC-HELLOUIN, BERTROUVILLE, BOURNEVILLE, BRIONNE, CONCHES, STE-CROIX-SUR-AIZIER, ECOUIS, ST-ETIENNE-DE-VOUVRAY, EVREUX, GAILLON, GISORS, ILLIERS, IVRY, LOUVIERS, LE NEUBOURG, PONT-AUDEMER, PONT-DE-L'ARCHE, QUATRE-MARRE, QUILLEBEUF, ROMILLY-SUR-ANDELLE, VERNEUIL, VERNON.

EURE-ET-LOIR (département d'). Ce département est formé d'une partie de l'Orléanais, de la Beauce et du Perche; il dépendait jadis des généralités d'Orléans, d'Alençon et de Paris, et des diocèses de Chartres, d'Orléans et de Blois. Il tire son nom des deux principales rivières qui le traversent, savoir: l'Eure dans sa partie septentrionale, en prenant sa direction de l'ouest à l'est, et remontant vers le nord; et le Loir, dans sa partie méridionale, en se dirigeant du nord au sud. Ses bornes sont: au nord, les départements de l'Eure et de Seine-et-Oise; au sud, ceux de Loir-et-Cher et du Loiret; à l'ouest, ceux de l'Orne et de la Sarthe, et à l'est, ceux de Seine-et-Oise et du Loiret.

Une grande partie du département d'Eure-et-Loir présente à l'œil de vastes plaines où, en général, la pente du terrain est peu sensible; le reste offre un sol plus exhaussé, entrecoupé de vallées et de coteaux. Les points les plus élevés sont: Châteaudun, Beaumont-le-Chartif, le Tremblay-le-Vicomte, St-Laurent-de-la-Gatine, et Bailleau-l'Évêque; Prunay-le-Gillon, au milieu des plaines vers le sud-est, se trouve aussi fort élevé; la ville de Chartres, qui ne l'est guère moins, est à 159 m. 78 cent. au-dessus du niveau de la mer. — Les couches superficielles du sol, plus ou moins épaisses, sont communément composées de terre argileuse, grisâtre, jaunâtre et noirâtre, mêlée de sable, mais en petite quantité. Dans certains cantons ce sont des terres argileuses et graveleuses; dans d'autres on ne trouve qu'une faible portion de terre franche, mêlée de beaucoup de fragments grossiers de silex; ailleurs on rencontre des terres calcaires, mêlées d'argile et de sable. Enfin il y a quelques cantons où les terres sont sablonneuses, arides et manquant de fonds. De toutes les terres végétales, les meilleures sont les argileuses mêlées de sable, et que l'on appelle terres franches ou terres fortes; après celles-ci viennent les terres calcaires, mêlées d'argile et de sable, appelées terres blanches ou légères. Ces deux espèces, surtout la première, sont les plus généralement répandues dans le département. Les coteaux, peu communs dans ce qu'on appelle la Beauce et très-multipliés dans la partie du ci-devant Perche, sont revêtus à l'extérieur de quelques pouces de terre végétale; mais le noyau est formé tantôt de marne et de silex, tantôt de sable rougeâtre et de silex, ou de grison.

Ce département, l'un des plus agricoles et des mieux cultivés de la France, présente, sur la presque totalité de son étendue, un sol fertile et abondant en céréales de toute espèce. Il se compose de plaines immenses, qui, lorsqu'elles sont couvertes de récoltes et agitées par le vent, représentent assez l'image des ondulations de la mer; ses collines, peu élevées, sont assez généralement couvertes de bois ou de vignes; quelques bruyères incultes, quelques landes, jetées çà et là et comme par hasard, ne servent qu'à faire ressortir encore davantage les immenses progrès de l'agriculture. De nombreuses prairies artificielles, des prés fertiles sur les bords des rivières, et notamment sur les rives de l'Eure et du Loir, viennent compléter ce tableau, le plus vivant de l'industrie agricole.

Dans les communes qui font partie de l'ancien Perche, ou qui avoisinent la Normandie et le Maine, à la culture des céréales vient se joindre encore celle des pommiers, qui fournissent un cidre plus léger que celui de la première de ces provinces, mais qui n'en est que plus sain et plus agréable. Là chaque héritage est entouré d'une double haie, cerné par un rang d'arbres qui y sont quelquefois plantés en quinconce; alors le champ s'appelle un verger; presque toujours il est clos par une porte faite avec des branches d'arbre et nommée dans le pays échalier, de sa ressemblance avec une échelle. La récolte des blés, comme la vendange des pommes, est pour chaque métairie le signal du plaisir, et, dans leur grosse joie, Percherons et Beaucerons témoignent au jour de la *grosse gerbe* le bonheur qu'ils éprouvent de voir leur existence et leurs engagements encore assurés pour une année.

L'arrondissement de Chartres, presque entièrement formé de l'ancien pays chartrain, contient les terres labourables les plus fertiles, et fournit les blés les plus estimés. Les rives de l'Eure sont garnies de nombreuses usines, qui les convertissent en farine et alimentent la halle de Paris. Le marché de Chartres, qui se tient le samedi de chaque semaine, est, comme marché de blés, l'un des plus forts de France. — Le marché le plus important de l'arrondissement de Chartres, après celui du chef-lieu, est celui de Gallardon; tous les autres n'ont qu'une importance relative. — L'arrondissement de Châteaudun se compose en grande partie de plaines très-fertiles. Trois de ses cantons, ceux du chef-lieu, de Bonneval et d'Orgères, produisent du froment de première qualité, et les rives du Loir sont couvertes d'usines magnifiques qui alimentent aussi la halle de Paris. — Le premier des marchés pour le blé est celui de Châteaudun; pour le gibier et la volaille, celui de Courtalin, petite ville qui doit son existence et sa prospérité à la constante sollicitude de l'illustre maison de Montmorency; pour les bestiaux, et notamment les veaux, celui de Brou, qui est presque un petit Poissy. — L'arrondissement de Dreux est de tout le département d'Eure-et-Loir le plus industriel et le plus commerçant. Plus rapproché qu'aucun autre de la Normandie, il doit cet avantage à l'influence de cette province, qu'on peut, avec tant de raison, appeler le Manchester de la France. — Le dernier de tous les arrondissements du département d'Eure-et-Loir, pour la population et l'industrie, soit agricole, soit manufacturière, est celui de Nogent-le-Rotrou. Formé presque intégralement de l'ancien Perche, son territoire, resserré entre les plaines fertiles de la Beauce et les vallées commerçantes de la Normandie, est moins fertile que celui des autres arrondissements. Cependant cet arrondissement, qui contient beaucoup de prairies, s'occupe avec succès de l'amélioration de la race croisée des chevaux, connus dans le commerce sous le nom de percherons; il n'en est point de plus propres au service de la poste et des voitures publiques. Les foires principales où se vendent ces chevaux se tiennent à Chassant, hameau du canton d'Anthon, près de la Croix-du-Perche, et à la Bazoche-au-Perche-Gouet. Cet arrondissement est de tous ceux du département d'Eure-et-Loir le plus couvert et le plus boisé; chaque morceau de terre y est entouré de haies, fermé par des échaliers, et très-souvent planté d'arbres.

Presque tous les villages et hameaux de la Beauce sont construits en bauge, couverts en chaume, à cause de la rareté de la tuile. Ils sont éloignés les uns des autres, mais on les aperçoit de fort loin. Ceux du Perche sont plus communément bâtis en terre et en pierre, couverts en tuiles ou en bardeaux, quelquefois en bruyères. Les villages sont aussi fort éloignés les uns des autres, et très-peu peuplés: on en rencontre, pour ainsi dire, à chaque pas. A la vérité ils ne sont souvent composés que de quelques maisons, d'une ferme, d'un simple bordage, et quelquefois des plus chétives bicoques. Ces habitations isolées, et placées tantôt au milieu d'un verger, tantôt sur le bord d'une verte prairie, souvent sur le revers d'une colline, quelquefois au fond d'un vallon où serpente une eau claire et limpide; ces rustiques manoirs, qu'on n'aperçoit qu'à travers les arbres, les bois et les haies, offrent au printemps les tableaux les plus piquants, les plus pittoresques par la variété des nuances, l'éclat et la fraîcheur des épaisses feuilles, des touffes de fleurs qui les accompagnent et les environnent de toutes parts. Aussi n'abandonne-t-on qu'à regret ces contrées fleuries et ombragées, pour traverser les monotones et ennuyeuses plaines de la Beauce, privées d'eau et de mouvement, où le voyageur, sans cesse exposé à l'ardeur du soleil, trouve à peine un ormeau, un buisson, à l'ombre duquel il puisse se reposer.

La surface du département est de 548,300 hectares, divisés ainsi :

Terres labourables.	435,277
Prés.	22,581
Vignes.	5,101
Bois.	49,426
Vergers, pépinières et jardins.	5,982
Oseraies, aunaies et saussaies.	793
Etangs, mares, canaux d'irrigation.	696
Landes et bruyères.	5,625
Autres cultures.	31
Superficie des propriétés bâties.	3,185
Contenance imposable.	528,699
Routes, chemins, places, rues, etc.	11,856
Rivières, lacs et ruisseaux.	776
Forêts et domaines non productifs.	6,790
Cimetières, églises, bâtiments publics.	178
Contenance non imposable.	19,601

On y compte :
71,393 maisons.
706 moulins à eau et à vent.
5 forges et fourneaux.
326 fabriques et manufactures.

soit : 72,630 propriétés bâties.
Le nombre des propriétaires est de 144,494
Celui des parcelles de 1,366,974

HYDROGRAPHIE. La seule rivière un peu considérable qui traverse la partie septentrionale du département est l'Eure, qui s'y grossit de l'Avre, de la Blaise et de la Vesgre : la Conie, le Loir et l'Huisne, qui reçoivent un grand nombre de ruisseaux, l'arrosent au sud-ouest ; la partie du sud-est est presque entièrement privée de cours d'eau.

COMMUNICATIONS. Le département est traversé par 8 routes royales et par 7 routes départementales.

MÉTÉOROLOGIE. Le climat de ce département est doux et tempéré, et l'air y est presque partout vif et pur ; en automne seulement, les communes rurales sont annuellement envahies par des fièvres intermittentes, dont la cause peut généralement être attribuée aux eaux stagnantes qui séjournent dans chaque village, et pour ainsi dire dans chaque métairie. La température y est peu sujette à des variations brusques et fréquentes, comme dans les lieux qui avoisinent la mer ; les hivers y sont généralement secs et froids, et les étés rarement d'une chaleur insupportable.—Les pluies ne tombent pas régulièrement, mais elles sont assez fréquentes ; le nombre moyen des jours de pluie est de 120 à 150 dans l'espace d'une année ; celui des jours de brouillard est de 20 à 40 ; celui des jours de neige, de 8 à 20 ; celui des jours de grêle, de 4 à 12. — Les vents dominants sont ceux de l'ouest et de l'est ; le vent d'est est de beaucoup le plus doux de tous ; le vent du sud est presque toujours le signal de la pluie ou des orages, comme celui du nord indique presque toujours le froid. Quelquefois le vent de l'ouest y souffle avec une telle violence, qu'il amène des oiseaux maritimes jusqu'au milieu des plaines de la Beauce. Les paysans appellent ce vent le vent de galerne, comme ils nomment solaire le vent du midi.

PRODUCTIONS. Le département produit des céréales de toute espèce et en grande abondance, qui forment la principale branche de commerce du département, et dont une grande partie est convertie en farine pour l'approvisionnement de Paris (la Beauce seule exporte, année commune, 1,200,000 hectol. de blé). Légumes secs, oignons, excellents navets, gaude, garance, chardon à bonnetier, lin, chanvre. Belles prairies naturelles dans les vallées de la Blaise, de l'Avre, de l'Yère, que l'on est dans l'usage d'arroser au moyen d'une infinité de canaux d'irrigation pratiqués avec beaucoup d'art. Prairies artificielles très - multipliées. Beaucoup de fruits à cidre dans le Perche, où les chemins, les haies, les pièces de terre, sont plantés d'arbres fruitiers : presque tous les propriétaires de cette partie du département récoltent suffisamment de quoi faire leur provision de cidre (la récolte annuelle est évaluée à 175,000 hectol.). — Les vignes produisent, année moyenne, 200,000 hectol. de vins médiocres, qui se consomment dans le pays.—Les essences qui dominent dans les forêts sont le chêne et le bouleau.— Elèves de chevaux dans le Perche. Quantité de bêtes à cornes. Nombreux troupeaux de moutons. Beaucoup de porcs. Education assez soignée des abeilles dans la Beauce. Elève en grand de la volaille. — Gibier très-abondant (lièvres, lapins, perdrix rouges et grises, pluviers, vanneaux, etc.). — Bon poisson de rivière (carpes, brochets, truites, écrevisses).

MINÉRALOGIE. Minerai de fer exploité à Senonches, à Digny, à Torsay, à Boissy-le-Sec et dans quelques autres endroits. Carrières de pierres de taille à Berchères, Praville, Vert ; de pierre tendre très-blanche à Marboué, Montigny-Ganelon ; de grès très-dur à Barjouville, Gellainville, Nogent-le-Phaye, Sours, Morancez ; de très-beaux poudingues à Ymeray, Levainville, Gué-de-Vaise ; de beaux grès blancs et gris aux environs d'Epernon ; de grès pyrameux près de Thiron ; de gypse à Dammemarie, à Theuville. Belles pétrifications aux environs de Dreux, de Courville, de Villebon, de Champrond, de Montlandon, de la Loupe, etc. Marne très-abondante à Senonches, à Fermaincourt, à Fouville, à Breuil, près de Dreux, et dans beaucoup d'autres communes. Argile à briques et à poterie aux environs de Chartres, de Nogent-le-Phaye, dans des fermes d'Orchevilliers, etc. La tourbe est exploitée dans les communes de Senonches, de Béville-le-Comte, de la Loupe, d'Anet, de Saussay, d'Oulins et de Rouvres.

SOURCES MINÉRALES près de Chartres et dans le parc de la Ferté-Vidame.

INDUSTRIE ET COMMERCE. Le département d'Eure-et-Loir, essentiellement agricole, n'offre pas beaucoup de manufactures ; mais il s'y trouve un grand nombre de moulins à farine et autres usines, plusieurs forges, fonderies, hauts fourneaux. On y compte plus de 400 moulins à eau à farine, dont beaucoup sont à deux roues, et 284 moulins à vent, aussi à farine ; des moulins à tan, à foulon, à papier ; des filatures de coton ; des usines pour la fonte et la fabrication du fer ; des moulins à trèfle et à cidre. Des fabriques d'étamines existent depuis longtemps à Nogent-le-Rotrou, à Authon, à la Bazoche-Gouet, à Souancé, à Charbonnière, à St-Lubin-des-Cinq-Fonts et autres communes de l'arrondissement de Nogent ; celles de Nogent sont l'unique branche d'industrie de cette ville et des environs. On fabrique à Illiers et à Pont - Gouin, arrondissement communal de Chartres, et à Brou, arrondissement de Châteaudun, des serges blanches sur étain. La commune de Mainterne, canton de Brezolles, arrondissement de Dreux, offre une fabrique de belle flanelle blanche, qui consomme par an dix milliers de laine. Il se fait aussi des flanelles et des frocs à St-Lubin-des-Joncherets, mais d'une qualité très-commune. Il n'est guère de communes où il ne se trouve des fabricants de toiles ; mais les tisserands sont plus multipliés dans les arrondissements de Dreux et de Nogent-le-Rotrou, que dans les deux autres.

On fabrique aussi dans le département, et notamment dans l'arrondissement de Dreux, des couvertures de laine en belle qualité et en qualité commune, particulièrement dans les communes de Laons, d'Escorpain, de Boulay-Thierry, de Puiseux, etc. La fabrique de Laons surtout est des plus considérables. Une partie de ces couvertures est achetée par des marchands auvergnats ; le reste se vend à Dreux, à Chartres, à Paris, à Rouen, à Orléans, et aux foires de Guibray et de Caen. Quelques fabriques de couvertures communes sont encore établies à Châteaudun et dans divers autres endroits.

Il existe depuis longtemps à Chartres et dans différents cantons de cet arrondissement, notamment dans ceux d'Auneau, de Janville, d'Orgères et de Voves, une fabrique assez considérable de bonneterie, qui consomme une grande partie des laines du cru du pays. On y emploie aussi des laines d'Espagne, du Levant, d'Italie et d'Allemagne. Le même arrondissement a quelques fabriques de bas de laine à l'aiguille, de gants, de chaussettes et de chaussons. On y fait des bonnets gasquets, façon de Tunis, espèce de calotte tricotée avec les laines de Beauce ou avec les laines d'Espagne ; les fabricants les livrent en écru à Orléans, où ils sont apprêtés et teints en rouge imitant l'écarlate, et en d'autres couleurs.

Les grains sont la principale branche de commerce du département d'Eure-et-Loir ; la majeure partie des blés qui s'y récoltent est achetée pour l'approvisionnement de Paris ; on en exporte aussi à Orléans. Après le commerce des grains, celui des laines est le plus important ; il s'en fait des achats considérables pour les fabriques d'Orléans, de Beauvais, de Bernay, d'Amiens, de Verneuil, de Montoire, St-

Calais, Montdoubleau, Château-Regnault, et quelques autres villes et bourgs des départements d'Indre-et-Loire, de Loir-et-Cher et de la Sarthe; le reste se consomme dans le pays.

— Les serges fines et communes, les serges drapées, les droguets, les étamines, les couvertures, les bonnets gasquets, les bas, gants, chaussettes et chaussons de laine à l'aiguille, les produits des tanneries et des papeteries, sont aussi des objets d'exportation assez considérables pour le département, qui reçoit en échange des vins, des eaux-de-vie, des bois, des fûts, des laines fines, des draps fins et communs, des épiceries, des denrées coloniales, etc., etc.

FOIRES. Plus de 100 foires se tiennent dans environ 35 communes du département. On y fait un commerce considérable de chevaux, moutons, porcs, mercerie et quincaillerie; il se vend beaucoup de laines aux foires de Châteaudun, Illiers, la Bazoche-Gouet, Chartres; de moutons à celles de Chartres et d'Auneau; de porcs à celles d'Epernon; de chevaux à celles de Courtalin, où l'on distribue des primes pour les plus beaux élevés (le 25 novembre); de filasse à celles d'Auneau. On cite celles de Brezolles pour la volaille, de la Loupe pour les chèvres, du Puiset pour les échalotes. La foire de la St-André, à Chartres, est un terme de payement pour les marchands et les fermiers.

MŒURS ET USAGES. Les habitants d'Eure-et-Loir forment deux classes tout à fait distinctes, différant entre elles par les mœurs, les usages et les coutumes. L'homme du pays de plaine, connu sous le nom de Beauceron, ne ressemble point à celui du pays couvert, connu sous celui de Percheron.

Le sexe, dans les campagnes, est, pour ainsi dire, sans attraits; les femmes sont usées de bonne heure par le travail, et, à trente ans, il en est peu qui n'en portent les marques les moins équivoques. Dans les villes, notamment à Châteaudun et à Dreux, les femmes sont jolies, d'une fraîcheur peu commune; dans la première de ces villes surtout, celles qui appartiennent à la classe intermédiaire ont un mélange de coquetterie, de grâce et de bizarrerie dans leur parure, quelquefois très-riche, qui rappelle les femmes du pays de Caux. Leur bonnet surtout est remarquable par sa forme svelte et élégante, qui fait ressortir les avantages de leur physionomie. Les paysannes de la Beauce sont habillées et coiffées avec les étoffes les plus nouvelles et les plus recherchées; elles portent les ornements les plus brillants et les plus luxueux, mais sans goût et sans grâce; leur coiffure est basse et aplatie, leur taille courte, épaisse et élevée forcément. Les Percheronnes sont, au contraire, vêtues, d'une manière plus svelte, de déshabillés faits avec de l'étoffe grossière, qui leur donnent à leur coiffure, qui ressemble assez à une mitre d'évêque avec ses barbes, le nom de cornette, et à leurs tabliers le nom de devantière, et elles recouvrent tout leur costume d'une couverture de laine bleue placée en écharpe, et d'une coiffe en indienne appelée thérèse. Le costume des Beauceronnes n'a rien de bien remarquable.

Celui des hommes du Perche consiste en un habit, une veste et une culotte de drap bleu grossier, un gilet blanc avec des guêtres blanches montant jusqu'aux genoux, un grand chapeau de forme ronde; les uns et les autres portent habituellement la blouse et les sabots grossiers, qui distinguent essentiellement les habitants des villes de ceux des campagnes. — Les habitants d'Eure-et-Loir respectent la sainteté des nœuds conjugaux; les femmes, excellentes mères, épouses fidèles, s'occupent avec activité des soins intérieurs du ménage, tandis que leurs maris, péniblement attachés aux soins de la culture, travaillent sans cesse à augmenter le bien-être de leur famille. Ils sont laborieux, avares et d'une grande frugalité; ils aiment l'ordre, et, soit apathie, soit sagesse, ils se sont distingués, dans les temps de trouble et de révolution, par une grande modération; ils sont néanmoins jaloux de leurs droits, et ne négligent aucune occasion de les faire valoir. — Les habitants des campagnes sont superstitieux: un fer rouge, qu'ils appellent clef de Saint-Pierre, et qu'ils appliquent sur la tête de leurs chiens, les préserve de la rage ou les en guérit radicalement; un morceau de charbon, dérobé au feu de la St-Jean d'été, éloigne les malheurs de la famille; jeté dans les puits et dans les fontaines, il empêche les eaux de devenir malfaisantes; quelques joubarbes plantées aux planchers des chaumières, y servent de paratonnerre, etc., etc. Saint Marcon, de Chavny, qui guérit les écrouelles, vaut au curé un revenu annuel de 800 francs, à 10 centimes par évangile; saint Evroult guérit les enfants; saint Gilles, de Monlegupe, de la peur, etc.

DIVISION ADMINISTRATIVE. Le département d'Eure-et-Loir a pour chef-lieu Chartres. Il envoie 4 représentants à la chambre des députés, et est divisé en 4 arrondissements:

Chartres	8 cant.	106,570 h.
Châteaudun	5 —	62,618
Dreux	7 —	70,845
Nogent-le-Rotrou	4 —	46,335
	24 cant.	286,368 h.

1re conserv. des forêts. — 1er arr. des mines (chef-l. Paris). — 1re div. milit. (chef-l. Paris).
— Evêché et séminaire diocésain à Chartres; 24 cures, 332 succursales. Eglise réformée, relevant de l'Eglise consistoriale d'Orléans, à Marsanceux. — Collèges communaux à Chartres, Châteaudun et Nogent-le-Rotrou. Ecole normale primaire à Chartres. Société d'agriculture à Chartres.

Biographie. Plusieurs hommes marquants sont originaires du départ. d'Eure-et-Loir; les principaux sont: les poëtes MATTH. REGNIER, ROTROU, REMI BELLEAU et PHIL. DESPORTES; P. NICOLLE, écrivain distingué de Port-Royal; MICH. et ANDRÉ FÉLIBIEN; les conventionnels PÉTHION DE VILLENEUVE, BRISSOT, CHASLES, LACROIX DE FRAINVILLE, BOUTROUE, SERGENT; l'illustre général en chef MARCEAU; le général d'artillerie DOGUEREAU; le général SÉNARMONT; le courageux et savant jurisconsulte CHAUVEAU-LAGARDE; M. ISAMBERT, membre de la chambre des députés; l'académicien DUSSAULX; le poëte COLLARDEAU; l'auteur dramatique COLLIN-D'HARLEVILLE; le chansonnier PANARD; le compositeur de musique et fameux joueur d'échecs PHILIDOR; le botaniste LOISELEUR DE LONGCHAMPS; le peintre PRÉVOT, inventeur des panoramas, etc., etc.

Bibliographie. PEUCHET et CHANLAIRE. *Statistique d'Eure-et-Loir*, in-4, 1811.

DOUBLET DE BOISTHIBAULT (F.-J.). *Topographie du département d'Eure-et-Loir* (Annuaire d'Eure-et-Loir, in-12, 1827).

— *Statistique du département d'Eure-et-Loir* (forme une des livraisons de la France, Description géographique, etc., par Loriol, in-8, 1835).

DUNAND (J.). *Géographie du département d'Eure-et-Loir*, etc. (avec CHRÉTIEN), in-18, 1840.

OZERAY. *Histoire générale, civile et religieuse de la cité des Carnutes et du pays Chartrain, vulgairement appelé la Beauce*, etc., in-8, 1834.

LEJEUNE (H.-F.-A.). *Description de plusieurs monuments celtiques qui existent sur les bords du Loir, depuis Illiers jusqu'à Châteaudun*, etc. (Mém. de la société des antiq., t. I, p. 2-27).

COCHIN. *Monuments celtiques existant dans le département d'Eure-et-Loir* (ibidem, t. I, p. 28).

PARIS (de). *Notice des vestiges de monuments du culte druidique, département d'Eure-et-Loir*, etc. (ibidem, t. I, p. 310).

LEJEUNE (H.-F.-A.). *Annales historiques du département d'Eure-et-Loir, et en particulier de la ville de Chartres, depuis 1789*, in-f°.

DENIS LAGARDE. *Résumé de l'histoire de l'Ile-de-France, de l'Orléanais et du pays Chartrain*, in-18, 1826.

FRÉMINVILLE (de). *Mémoires sur les monuments du moyen âge du pays Chartrain* (Mém. de la soc. royale des antiq. de France, t. II, p. 134; t. IV, p. 179).

DOUBLET (Nas.-N.-D.). *Pouillé du diocèse de Chartres*, in-8, 1738.

LIRON (dom J.). *Bibliothèque chartraine, ou le Traité des auteurs et des hommes illustres de l'ancien diocèse de Chartres* (imprimée dans la Bibliothèque générale des auteurs de France, in-4, 1719).

GALOT (Alph.). *Album pittoresque du département d'Eure-et-Loir*, 1833-34.

Annuaires d'Eure-et-Loir, in-12, an XIII, XIV, 1807-8-9-19-20-27.

Voyez aussi à la fin des articles ORLÉANAIS, ANET, AULNEAU, BRÉTIGNY, CHARTRES, CHATEAUDUN, DREUX, NOGENT-LE-ROTROU, OISONVILLE, LE PUISET, VILLEBON.

EURRE, ou URR., vg. Drôme (Dauphiné), arr. et à 43 k. de Die, cant. et ⊠ de Crest. Pop. 1,020 h. Dans la vallée de la Drôme. C'est un lieu fort ancien, qui occupe l'emplacement de l'ancien *Horrea*, où les Romains avaient établi un de leurs principaux magasins de subsistance. Il est entouré de murailles et généralement mal bâti. — Education des vers à soie. — *Foires* les 15 avril et 17 nov.

EURVILLE, vg. *H.-Marne* (Champagne), arr. et à 15 k. de Vassy, cant. de Chevillon, ✉ de St-Dizier. Pop. 674 h. — Forges, fonderies et martinets.

EUSÈBE, vg. *Seine-Inf.* (Normandie), arr. et à 26 k. de Dieppe, cant. et ✉ de Totes. Pop. 383 h.

EUS, vg. *Pyrénées-Or.* (Roussillon), arr., cant., ✉ et à 5 k. de Prades. Pop. 663 h.

EUSÈBE (St-), vg. *H.-Alpes* (Dauphiné), arr. et à 21 k. de Gap, cant. et ✉ de St-Bonnet. Pop. 556 h.

EUSÈBE (St-), vg. *Saône-et-Loire* (Bourgogne), arr. et à 34 k. de Chalon-sur-Saône, cant. de Mont-St-Vincent, ✉ de Blanzy. Pop. 1,756 h. — *Foires* les 9 mars, 17 mai, 29 août, 16 oct. et 16 déc.

EUSOYE (Ste-), vg. *Oise* (Picardie), arr. et à 33 k. de Clermont, cant. de Froissy, ✉ de Breteuil. Pop. 461 h.

EUSTACHE-LA-FORÊT (St-), vg. *Seine-Inf.* (Normandie), arr. et à 29 k. du Havre, cant. de St-Romain, ✉ de Bolbec. P. 701 h.

EUTREVERGNES, vg. *Tarn*, comm. de Castelnau-de-Brassac, ✉ de Brassac.

EUTROPE (St-), vg. *Charente* (Angoumois), arr. et à 22 k. de Barbézieux, cant. et ✉ de Montmoreau. Pop. 292 h. — *Foire* le 23 avril.

EUTROPE (St-), *Finistère*, comm. de Plougonven, ✉ du Ponthou.

EUTROPE-DE-BORN (St-), vg. *Lot-et-Garonne* (Agénois), arr. et à 23 k. de Villeneuve-sur-Lot, cant. et ✉ de Villeréal. Pop. 1,862 h.

EUVERSY (l'), *Jura*, comm. des Bouchoux, ✉ de St-Claude.

EUVEZIN, vg. *Meurthe* (Lorraine), arr. et à 31 k. de Toul, cant. et ✉ de Thiaucourt. Pop. 404 h.

EUVILLE, vg. *Meuse* (Lorraine), arr., cant., ✉ de Commercy, à 19 k. de St-Mihiel. Pop. 633 h. — Filature de coton. Exploitation de carrières d'excellentes pierres de taille.

EUZET, vg. *Gard* (Languedoc), arr., ✉ et à 16 k. d'Alais, cant. de Vézenobres. P. 339 h.

A peu de distance de ce village, au milieu d'une plaine environnée de collines agrestes, on trouve une source d'eau minérale sulfureuse, qui sort d'un creux d'environ 1 m. de profondeur. En s'approchant à quinze pas de cette fontaine, on est fortement frappé d'une odeur de soufre ; l'eau est insipide et d'un goût très-prononcé d'hydrogène sulfuré. Les médecins de Montpellier et d'Uzès l'ordonnent dans les fièvres intermittentes, les vieilles dyssenteries, etc. Les buveurs, ne trouvant à Euzet que très-peu de logements propres et commodes, s'établissent ordinairement dans les villages de St-Jean-de-Ceyrargues et de St-Hippolyte, qui en sont peu éloignés. — *Foire* le 3ᵉ mardi d'août.

Bibliographie. LEFÈVRE. *Notice sur les eaux minérales d'Euzet* (Hist. de l'acad. royale des sciences, 1750, p. 50).

Notice sur les eaux d'Euzet (Dictionn. minéralogique de la France, t. II, p. 519).

BONIFACE. *Analyse des eaux minérales de St-Laurent d'Ieuzet*, in-12, 1779.

* *Examen des eaux minérales de Pomaret* (près d'Euzet) (Recueil de la société royale des sciences de Montpellier du 8 mai 1749).

SÉRANE. *Observation sur l'analyse de l'eau de St-Jean de Seirargues* (près d'Euzet), in-12, 1734.

DURAND. *Avis concernant le rapport fait en présence des eaux de St-Jean de Seirargues* (près d'Euzet).

ÉVAILLÉ, vg. *Sarthe* (Maine), arr., cant., ✉ et à 10 k. de St-Calais. Pop. 825 h. — On y voit une église du style roman, dont les colonnes, à chapiteaux à palmes et à feuillages variés, supportent des arcades à plein cintre.

ÉVANGE, vg. *Moselle*, comm. de Breistroff-la-Grande, ✉ de Sierck.

ÉVANS, vg. *Jura* (Franche-Comté), arr. et à 27 k. de Dôle, cant. de Dampierre, ✉ de St-Wit. Pop. 570 h.

ÉVARRAS (les), vg. *H.-Alpes*, comm. du Noyer, ✉ de St-Bonnet.

ÉVARZEC (St-), vg. *Finistère* (Bretagne), arr., ✉ et à 10 k. de Quimper, cant. de Fouesnant. Pop. 1,039 h.

ÉVAUX, *Evahonium*, petite et très-ancienne ville, *Creuse* (Auvergne), arr. et à 34 k. d'Aubusson, chef-l. de cant. ✉. ⚖. A 341 k. de Paris pour la taxe des lettres. Pop. 2,698 h.

Cette ville, ancienne capitale du pays de Combrailles, est située près des limites des départements de l'Allier et du Puy-de-Dôme. Elle est bâtie sur un plateau sec et stérile de sa nature, de 300 m. d'élévation, mais qui doit sa fécondité à une culture soignée. Le pays est coupé de bois, de ravins et de petites rivières ; l'air y est sain, quoique la température y soit froide. On y remarque une ancienne église et des restes de thermes antiques qui ont été classés au nombre des monuments historiques. — La meilleure société, fruit de l'aisance, compose cette petite ville, qui est encore entourée de murs, fermée de portes, et à qui il ne manque, pour devenir célèbre comme jadis, qu'un regard du gouvernement. Quoique chef-lieu de canton et siège d'une justice de paix, elle est déchue de sa splendeur, et pour ainsi dire déshéritée. On trouve à peu de distance une mine d'antimoine dont l'exploitation est abandonnée, et qui serait utile de reprendre.

Les armes d'Évaux sont : *de sable à trois chevrons d'or, et une étoile de même en pointe.*

Fabriques de cuirs et de pelleteries. — *Commerce* de grains, grosses toiles, chanvre et bestiaux. — *Foires* les 22 fév., 22 avril, 22 juillet et 18 nov.

EAUX THERMALES D'ÉVAUX.

A 1 k. N. d'Évaux, et à plus de 200 m. au-dessus du niveau de la ville, on trouve dans un vallon peu spacieux, borné à l'ouest par une chaîne de montagnes, un établissement d'eaux thermales alimenté par plusieurs sources dont la découverte paraît remonter à la plus haute antiquité. La forme de quelques bains, les matériaux qui les composent, le ciment qui les lie, un reste de voie romaine d'Évaux à Felletin, passant par la Chaussade, et plusieurs monuments romains découverts à diverses époques, dans des fouilles faites aux alentours, tout annonce que la construction de ces thermes appartient à une époque célèbre de l'ère romaine.

Les sources, au nombre de quinze, coulant la plupart de l'est à l'ouest, et paraissant avoir une origine commune, sont disséminées dans deux bassins et trois bâtiments, qui forment l'établissement thermal, composé de trois bâtiments formant un triangle, renfermant chacun huit baignoires creusées dans le roc, ce qui forme vingt-quatre bains disponibles par heure. Les deux sources nommées le puits de César, offrent chacune +48° de Réaumur ; celles nommées fontaine du Grand-Puits, fontaine des Cornets supérieurs et des Cornets inférieurs, offrent depuis +40 à +44° de température. Les troisièmes, appelées fontaines des Bâtiments, offrent depuis +36 jusqu'à +40°. Une petite fontaine isolée des autres, appelée la Petite-Fontaine, n'offre que +24°.

SAISON DES EAUX. Les eaux d'Évaux sont fréquentées pendant deux saisons, depuis le 30 mai jusqu'à la fin de juin, et depuis juillet jusqu'à la fin de septembre.

PRIX DU LOGEMENT ET DE LA DÉPENSE JOURNALIÈRE. Le prix du logement, y compris bains et douches et la nourriture, est au plus de 5 fr. et au moins de 2 fr.

TARIF DU PRIX DES EAUX, BAINS ET DOUCHES. Les eaux se boivent gratis ; les bains sont payés de 30 à 60 c. Les douches se payent 10 c.

PROPRIÉTÉS MÉDICINALES. Les rhumatismes fibreux ou musculaires, les vieux ulcères, les engorgements articulaires indolents, les tumeurs scrofuleuses, les paralysies indépendantes des dispositions apoplectiques, toutes les maladies cutanées, les chloroses, les gastrites, entérites chroniques, sont les maladies qui, soumises à l'action de ces eaux, sont la plupart du temps guéries.

Bibliographie. GOUGNON (A.). *Dissertation sur les eaux minérales d'Évaux* (thèse), 1810.

ÉVAUX, vg. *Vosges* (Lorraine), arr. et à 14 k. de Mirecourt, cant. et ✉ de Charmes. Pop. 348 h.

ÉVAUX, vg. *Meuse*, comm. de St-Joire, ✉ de Ligny.

ÈVE, vg. *Oise* (Picardie), arr. et à 15 k. de Senlis, cant. de Nanteuil-le-Haudouin, ✉ de Dammartin. Pop. 341 h.

ÉVECQUEMONT, vg. *Seine-et-Oise* (Beauce), arr. et à 35 k. de Versailles, cant. de Meulan, ✉ de Vaux. Pop. 354 h.

ÉVELLE, vg. *Côte-d'Or*, comm. de Beaubigny, ✉ de Nolay.

ÉVENDORFF, vg. *Moselle*, comm. de Kirschnaumen, ✉ de Sierck.

ÉVENOS, *Evenæ*, vg. *Var* (Provence),

arr. et à 13 k. de Toulon-sur-Mer, cant. et ✉ d'Ollioules. Pop. 715 h. — Il est bâti sur une hauteur dont le sommet est couronné par une tour. — *Fabriques de poix et de charbon.*

ÉVERGNICOURT, vg. *Aisne* (Picardie), arr. et à 35 k. de Laon, cant. et ✉ de Neufchâtel. Pop.✝436 h.

ÉVERLY, vg. *Seine-et-Marne* (Brie), arr. et à 13 k. de Provins, cant. et ✉ de Braysur-Seine. Pop. 514 h. — *Foire* le 3ᵉ dimanche de mai.

ÉVETTE, vg. *H.-Rhin* (Alsace), arr., et à 8 k. de Belfort, cant. de Giromagny. Pop. 503 h.

ÉVEUX, vg. *Rhône* (Lyonnais), arr. à 19 k. de Lyon, cant. et ✉ de l'Arbresle. Pop. 301 h.

ÉVIGNY, vg. *Ardennes* (Champagne), arr., cant., ✉ et à 5 k. de Mézières, à 5 k. de Charleville. Pop. 271 h.

ÉVILLERS, vg. *Doubs* (Franche-Comté), arr. et à 17 k. de Pontarlier, cant. et ✉ de Lévier. Pop. 501 h.

ÉVIN-MALMAISON, vg. *Pas-de-Calais* (Artois), arr. et à 40 k. de Béthune, cant. et ✉ de Carvin. Pop. 375 h.

ÉVISA, bg *Corse*, arr. et à 67 k. d'Ajaccio, chef-l. de cant., ✉ de Vico. Pop. 159 h. — TERRAIN cristallisé. — A peu distance on remarque les ruines de la chapelle de St-Cyprien, construite de blocs de granit. — *Fabriques de toiles de lin.*

ÉVOGES, vg. *Ain* (Bourgogne), arr. et à 34 k. de Belley, cant. et ✉ de St-Rambert. Pop. 582 h.

ÉVOL, vg. *Pyrénées-Or.*, comm. et ✉ d'Olette.

ÉVRAN, bg *Côtes-du-Nord* (Bretagne), arr., bureau d'enregist. et à 10 k. de Dinan, chef-l. de cant. Cure. ✉. A 396 k. de Paris pour la taxe des lettres. Pop. 4,163 h. — TERRAIN de transition inférieur. — Il est situé sur le canal d'Ille-et-Rance. C'est la patrie du célèbre BEAUMANOIR qui vainquit les Anglais au combat des Trente, en 1351. — Entre Evran et Bécherel se trouve la lande où fut conclu, le 12 juillet 1363, un traité entre Charles de Blois et Jean de Montfort, pour partager la Bretagne, traité qui fut rompu peu de temps après. — *Foire* le 22 juillet.

ÉVRANGE, vg. *Moselle* (pays Messin), arr. et à 20 k. de Thionville, cant. de Cattenom, de Fontay. Pop. 260 h.

ÉVRE, vg. *Meuse* (Lorraine), arr. et à 26 k. de Bar-le-Duc, cant. de Triaucourt, ✉ de Beauzée. Pop. 355 h.

ÉVRE (l'), rivière qui prend sa source audessus du May, arr. de Beaupréau, dép. de *Maine-et-Loire*; elle passe au May, à Beaupréau, à Montrevault, et se jette dans la Loire, au-dessous de St-Florent-le-Vieil, après un cours d'environ 40 k.

ÉVRECY, *Ebriciacum*, *Ebrecium*, bg *Calvados* (Normandie), arr. et à 16 k. de Caen, chef-l. de cant. Cure. ✉. A 236 k. de Paris pour la taxe des lettres. Pop. 781 h. — TERRAIN jurassique.

Evrecy possédait jadis un des principaux monastères du diocèse, fondé vers le VIIᵉ siècle. Edouard III, roi d'Angleterre, incendia ce bourg en 1346. Un autre incendie le consuma presque entièrement en 1811; mais il fut reconstruit par la munificence de l'empereur Napoléon. — *Foire* le 7 sept.

ÉVREUX, *Eburovicum*, *Ebroïcorum*, *Ebroïcæ*, *Ebroas*, ville ancienne, chef-l. du dép. de l'*Eure* (Normandie), chef-l. du 4ᵉ arr. et de 2 cant. Trib. de 1ʳᵉ inst. et de commerce. Chambre consult. des manuf. Société centrale d'agricult., sciences, arts et belles-lettres. Evêché, grand et petit séminaire. Collège communal. Ecole normale primaire. Gîte d'étape. Caisse d'épargne. ✉. ⚒. P. 11,706 h. — TERRAIN crétacé supérieur, craie.

Autrefois évêché et comté pairie, parlement et intendance de Rouen, chef-lieu d'élection, bailliage, maîtrise particulière, gouvernement particulier. — L'évêché d'Evreux fut fondé du IVᵉ au Vᵉ siècle, par saint Thaurin. L'évêque, en qualité de baron de Broville, étendait sa juridiction sur le faubourg d'Evreux, nommé St-Gilles. Tous ses vassaux, reconnus par une petite crosse brodée sur leurs manches, étaient exempts de péage par toute la France.

Evreux occupe l'emplacement du *Castellum Aulerci*, poste militaire construit au milieu des marais de l'Iton pour protéger *Mediolanum Aulercorum*, capitale des *Eburoviques*, dont l'emplacement est occupé aujourd'hui par le Vieil-Evreux. Les mesures que fournissent l'Itinéraire d'Antonin et la Table de Peutinger donnent un concours de routes qui se rattachent à *Autricum*, Chartres, *Julia Bona*, Lilebonne, *Rotomagus*, Rouen, et *Breviodurum*, Pont-Autou, qui toutes déterminent invariablement *Mediolanum* à Evreux; ce qui porte à croire que le nom de *Mediolanum* est donné indifféremment, et au *Castellum Aulerci*, et à l'ancienne capitale des *Eburoviques*. — Après la ruine du Vieil-Evreux, au Vᵉ siècle, les habitants cherchèrent un refuge près de la forteresse, et élevèrent des remparts dont l'enceinte étroite a conservé le nom de petite Cité; une autre enceinte, appelée au moyen âge le Bourg, fut ensuite ajoutée vers le nord et l'ouest, puis des faubourgs s'étendirent aux alentours de la Cité.

Cette ville fut l'une de celles que les Romains conservèrent le plus longtemps; mais enfin Clovis s'en empara. Saint Thaurin et saint Landulphe furent ses premiers évêques. Vers 892, le chef des Normands, Rollon, qui assiégeait Paris, quitta cette place avec une nombreuse armée et vint investir Evreux, qu'il prit et saccagea, et d'où il enleva un grand butin. Lothaire le ruina en 962. — En 990, Evreux eut ses comtes particuliers. Guillaume, l'un d'eux, étant mort sans enfants en 1118, ce comté passa dans la maison de Montfort; mais le roi d'Angleterre, ennemi de cette famille, s'en empara et refusa de le rendre. Montfort, aidé des comtes d'Anjou et de Flandre, vint mettre le siège devant Evreux, qui lui fut livré par trahison en 1118. Entré dans la ville, ses troupes égorgèrent la garnison du roi d'Angleterre et pillèrent les maisons et les églises. L'année suivante, cette ville fut brûlée par les Anglais, à l'exception du château, dont ils ne purent se rendre maîtres. En 1193, tandis que Richard Cœur de lion se couvrait de lauriers en Palestine, son frère, Jean sans Terre, qui s'était emparé d'une partie de ses Etats, céda à Philippe Auguste, moyennant mille marcs d'argent, les villes de Verneuil et d'Evreux, pour être réunies à la couronne de France. Cependant Richard, étant parvenu à briser ses fers, débarqua à Sandwich en 1194. A cette époque Philippe Auguste assiégeait Verneuil qui n'avait pas voulu se soumettre. Il avait donné à Jean sans Terre la possession d'Evreux, et ne s'était réservé que le château, où il avait mis garnison; mais l'infâme Jean, sans doute pour se ménager un raccommodement avec Richard, invita à un grand festin les officiers français restés dans Evreux, ainsi que les douze chevaliers chargés de la garde du château, et les fit impitoyablement massacrer pendant qu'ils étaient à table. Leurs têtes, au nombre de trois cents, furent placées au bout d'une pique, promenées en triomphe par les rues de la ville, et ensuite attachées à des poteaux sur les plus hautes tours des remparts. A cette horrible nouvelle, Philippe, enflammé de rage, quitte le siège de Verneuil, marche sur Evreux, tombe comme la foudre sur cette malheureuse ville, y met le feu, et en fait massacrer les habitants de tout âge et de tout sexe. — Evreux fut de nouveau réduit en cendres par le même Philippe, en 1199. Cette ville fut assiégée et incendiée en grande partie en 1336, et de nouveau assiégée et prise en 1378. Pendant les guerres entre la France et l'Angleterre, elle fut occupée par les Anglais en 1418, reprise par Charles VII en 1428, puis tour à tour occupée par les Anglais et par les Français, enfin reprise en 1441 par Robert de Floques. Cette ville fut encore assiégée et prise par le maréchal de Biron, quelque temps avant la bataille d'Ivry. Sous la Fronde, elle fut assiégée par les troupes royales. C'est à Evreux que François Iᵉʳ fit, en 1540, un petit essai de l'inquisition que Paul III l'engageait à établir en France; mais les habitants s'unirent au reste de la Normandie pour repousser cet exécrable tribunal.

Les armes d'Evreux sont : *d'azur à trois fleurs de lis d'or, 2 et 1, à la bande componnée d'argent et de gueules brochant sur le tout.*

A l'époque de la première révolution, Evreux, comme toutes les villes de France, se montra favorable aux réformes reconnues dès longtemps nécessaires. Buzot, homme remarquable par ses talents et plus encore par ses mœurs sévères et son caractère indépendant, fut chargé de la représenter aux états généraux et ensuite à la convention. Quand le parti de la montagne triompha au 31 mai, Buzot fut proscrit, avec plusieurs autres de ses collègues, et plus tard mis hors la loi. Ces proscrits se réfugièrent dans les départements de

'Eure et du Calvados, à Caen et à Evreux, où ils espéraient pouvoir réunir autour d'eux une majorité de Français, et établir un gouvernement capable d'anéantir le régime de la terreur. Le 4 juin 1793, le conseil général adjoignit deux membres de chaque administration de district, pour défendre la convention, dominée par la commune de Paris ; des corps armés du Calvados et d'Ille-et-Vilaine arrivèrent à Evreux pour soutenir les insurgés. Cependant la convention rassembla des troupes, et se disposait à employer toute sa sévérité contre la ville d'Evreux ; mais la défection de Puisaye et le canon tiré à Brécourt ayant désabusé les bourgeois, ils abandonnèrent leurs chefs et rentrèrent à Evreux, où ils rétractèrent toutes les adhésions données aux différents arrêtés du conseil général.

Evreux est situé dans une jolie vallée fermée de coteaux au nord et au sud, et arrosée par la rivière d'Iton, qui se partage en trois bras avant de baigner de ses eaux vives et transparentes les différents quartiers de la ville. De tous côtés, Evreux est environné de jardins, de vignes, de prairies, qui en rendent les dehors très-agréables. — L'enceinte du ve siècle est encore en grande partie dessinée par d'épaisses murailles et par des restes de profonds fossés. Sur une éminence qui domine au nord la vallée, une tranchée profonde indique encore un ancien poste d'observation. Le château, qui avait dans la cité une enceinte à part, avait été remplacé en 1652 par une habitation à l'usage des ducs de Bouillon ; il est aujourd'hui affecté à l'hôtel de ville. C'est sur l'emplacement de l'ancien donjon que s'élève la tour de l'Horloge.

L'ÉGLISE CATHÉDRALE est l'édifice le plus remarquable d'Evreux. Cette église, construite avec beaucoup d'art, existait, disent les historiens, longtemps avant que Rollon pénétrât en Normandie. Reconstruite vers 1030, incendiée en 1119 et rebâtie par Henri Ier, elle offre, dans les deux travées de la nef les plus voisines du transept, des restes de constructions du xie siècle ; seize piliers romans séparent la nef et le chœur d'avec les chapelles et les bas côtés. Sa forme est celle d'une croix, dans le milieu de laquelle, c'est-à-dire entre le chœur, la nef et les bras de la croisée, s'élève une espèce de dôme octogone, bâti en pierres de taille, et soutenu par quatre piliers. Ce dernier ouvrage a été construit aux frais de Louis XI, par l'entremise et par les soins du cardinal la Balue, lorsqu'il était évêque d'Evreux. Au-dessus de ce dôme est un clocher fort haut, d'un ouvrage délié et en même temps solide, couvert de plomb, tout percé à jour, et terminé en forme de pyramide. Le portail du nord mérite de fixer l'attention par la richesse et la délicatesse de son architecture, ainsi que les vitraux, qui offrent des détails curieux. Les vitraux de la chapelle de la Vierge, des rosaces des deux transepts, ceux du chœur, quelques-uns de la nef et des chapelles des bas côtés, offrent des peintures pleines d'intérêt sous le rapport de l'art et de l'histoire.

L'ABBAYE DE ST-THAURIN, fondée vers 660 sur le tombeau de l'évêque de ce nom, détruite par les Normands, rebâtie de 996 à 1026 par Richard II, duc de Normandie, ravagée de nouveau et de nouveau relevée, porte dans ses ruines la date des différents âges de l'art jusqu'à la renaissance. C'est dans la branche de la croix au midi, du côté extérieur, qu'il faut chercher les vestiges des premières constructions. Dans un petit abside et une portion du transept méridional, on remarque un précieux débris d'architecture byzantine du xe au xie siècle. On voit encore, à l'extérieur de ce même transept, plusieurs arcades romanes séparées par un fût mauresque, et remplies de mosaïques d'un ciment rouge et bleu, disposées en losanges. Cette église, à conservé la châsse de saint Taurin, monument d'un travail très-précieux, exécuté dans le xiiie siècle. Les vitraux du chœur présentent plusieurs tableaux épisodiques de la vie de ce saint. Une partie du cloître, qui date de la renaissance, est aussi fort remarquable.

On remarque encore à Evreux la tour de l'Horloge, monument élégant et hardi, surmonté d'une pyramide couverte en plomb d'une grande légèreté ; la bibliothèque publique, contenant 8,000 volumes ; le jardin botanique ; la préfecture ; l'évêché ; les prisons ; le parc ; les promenades.

A 2 k. d'Evreux était la magnifique résidence de Navarre, construite par le duc de Bouillon, sur l'emplacement d'une maison de plaisance de la reine Jeanne de Navarre, et où se tint en 1789 une réunion de la noblesse du bailliage d'Evreux. — En 1810, l'impératrice Joséphine, ayant reçu ce domaine de Napoléon après son divorce, y résida pendant deux ans. — Le château a été démoli en 1836, les plantations abattues ; les bassins comblés ; le principal cours d'eau appliqué à des usines, et les terrains mis en culture ; il ne reste en ce moment qu'une partie du dôme sous le nom de petit château, qui fut construit en 1749 pour recevoir une visite de Louis XV.

Biographie. Evreux est le lieu de naissance de :

GUILLAUME D'EVREUX, compositeur de musique et littérateur du xiie siècle.
CHARLES LE MAUVAIS, roi de Navarre.
SIMON VIGOR, archevêque de Narbonne, théologien et controversiste.
P. DELANGLE, évêque de Boulogne.
PH. LE BRASSEUR, auteur d'une Histoire du comté d'Evreux.
F. BUZOT, membre distingué de l'assemblée constituante et de la convention nationale, mis hors la loi par décret du 9 thermidor an 1er (28 juillet 1793) ; il évita l'effet de ce jugement, mais il fut trouvé assassiné dans un champ du département de la Gironde. On voyait naguère à Evreux les débris de sa maison, démolie en 1793 par ordre de la convention.
Du lieut. général TURREAU DE GARAMBOUVILLE, ambassadeur aux Etats-Unis en 1804.
De l'acteur CHÉRON, qui fit longtemps les délices des habitués de l'Opéra-Comique.

INDUSTRIE. *Fabriques* de coutils façon de Bruxelles, bonneterie, étoffes de laine, vinaigre, etc. Filatures de coton. Tanneries. — *Commerce* de grains, eau-de-vie, cidre, poiré, huile de lin, draps, toiles, cuirs, etc. Centre du commerce d'épiceries du département. — *Foires* les 27 fév., 26 avril, jeudi de la Pentecôte, 16 juillet, 11 août (8 jours). — Marché les mardis et samedis.

A 104 k. O. de Paris. Long. occidentale 1° 10′ 56″, lat. 48° 55′ 30″.

L'arrondissement d'Evreux est composé de 11 cantons : Breteuil, Conches, Damville, Evreux N., Evreux S., Nonancourt, Pacy, Rugles, St-André, Verneuil, Vernon.

Bibliographie. *Dissertation sur l'ancien nom de la ville d'Evreux* (Mémoires de l'académie des inscriptions, t. xix., p. 509.
BONAMI. *Conjectures sur la position de Mediolanum* (ibid., t. xxviii, p. 463, 474.
LE BRASSEUR. *Histoire civile et ecclésiastique du comté d'Evreux*, etc., in-4, 1722.
MASSON DE ST-AMAND (A.-Cl.). *Essais historiques et anecdotiques sur l'ancien comté et la ville d'Evreux*, in-8, 1813. — *Suite des Essais sur Evreux*, in-8, 1815.
GUILMETH (A.). *Notice historique sur la ville d'Evreux*, etc., in-8, 1835.
BONIN. *Analectes historiques sur Evreux* (Recueil de la soc. d'agricult. de l'Eure, 1839).
— *Inscriptions du Vieil-Evreux*, in-4, 1840.
REVER (F.). *Lettre sur des figurines découvertes dans la forêt d'Evreux*, etc., in-8, 1827.
— *Mémoire sur les ruines du Vieil-Evreux*, in-8 et pl., 1827.
* *Ancienne et Singulière Dévotion de la ville d'Evreux* (dite cérémonie de saint Vital) (Variétés hist., t. iii, p. 360).
* *Lettre écrite d'Evreux sur une singulière cérémonie de cette ville* (Mercure, avril 1726).
LE PRÉVOST (Aug.). *Mémoire sur la châsse de saint Thaurin* (Mém. de la soc. des antiq. de Normandie, t. iv et v, p. 293).
AVANNES (d'). *Esquisses sur Navarre*, in-8, 1841.

ÉVREUX (le Vieil-). V. VIEIL-EVREUX.
ÉVRICOURT, vg. *Oise* (Picardie), arr. à 25 k. de Compiègne, cant. et ✉ de Lassigny. Pop. 215 h.
ÉVRIQUET, vg. *Morbihan* (Bretagne), arr. à 19 k. de Ploermel, cant. de la Trinité, ✉ de Mauron. Pop. 324 h.
ÉVRIL, *Aisne*, comm. de St-Agnan, ✉ de Château-Thierry.
ÉVRON, *Ebronium*, petite ville, *Mayenne* (Maine), arr. à 33 k. de Laval, chef-l. de cant. Cure. ⊠. ✆. A 252 k. de Paris pour la taxe des lettres ; Pop. 4,130 h. — TERRAIN tertiaire moyen.

Evron est une ville fort ancienne, qui doit son origine à une abbaye de bénédictins fondée dans le viie siècle par Hadouin, comte du Mans. Les majestueux bâtiments de ce monastère existent encore en entier ; ils sont affectés à une institution de sœurs, où l'on forme des élèves, destinées à être réparties dans toutes les communes du département, pour concourir, sous la direction des bureaux de bienfaisance, à la distribution des secours et à l'instruction des enfants pauvres. — L'église conventuelle est une des plus belles de la contrée.

Cette ville, quoique éloignée des grandes routes, presque inabordable en hiver à cause des boues qui en encombrent les avenues et des eaux qui les inondent, est cependant très-commerçante. Elle possède une jolie halle, où il se tient toutes les semaines un marché considérable et bien approvisionné en grains, volailles, gibier et autres produits de son territoire, regardé comme un des plus riches du département.

Près de l'église est la chapelle dite de St-Crespin, ancienne dépendance de l'abbaye d'Evron, monument remarquable d'architecture romane.

Fabriques de toiles, linge de table. — *Commerce* de grains, toiles, laines, vins et eaux-de-vie. — *Foires* le 4e jeudi de carême, jeudi de la semaine de Quasimodo, 1er jeudi de juillet et 28 oct.

Bibliographie. GIRAULT (l'abbé). *Notice sur Évron, son abbaye et ses monuments*, in-8, 1838, 1840.

ÉVROULT (St-), vg. *Seine-et-Oise*, com. et ⊠ de St-Chéron.

ÉVROULT-DE-MONTFORT (St-), vg. *Orne* (Normandie), arr. et à 27 k. d'Argentan, cant. et ⊠ de Gacé. Pop. 903 h.

ÉVROULT-NOTRE-DAME-DU-BOIS (St-), bg *Orne* (Normandie), arr. et à 40 k. d'Argentan, cant. et ⊠ de la Ferté-Fresnel. Pop. 879 h. Près de la Charentonne.

On remarquait autrefois sur le territoire de cette commune l'abbaye de St-Evroult, fondée ou au moins rétablie en 560. Cette abbaye, ruinée et rebâtie à différentes époques, fut le berceau d'Orderic Vital et de plusieurs savants distingués. Près de ses murs se trouve une fontaine minérale ferrugineuse froide, autrefois très-renommée. — Forges et mines de fer.

Bibliographie. TERRÉDE. *Examen des eaux minérales des environs de l'Aigle* (chap. VII), in-12, 1776.

ÉVRUNES, vg. *Vendée* (Poitou), arr. et à 50 k. de Bourbon-Vendée, cant. et ⊠ de Mortagne-sur-Sèvre. Pop. 708 h.

ÉVRY, vg. *Yonne* (Champagne), arr. et à 8 k. de Sens, cant. et ⊠ de Pont-sur-Yonne. Pop. 242 h.

ÉVRY-LES-CHATEAUX, vg. *Seine-et-Marne* (Brie), arr. et à 18 k. de Melun, cant. et ⊠ de Brie-Comte-Robert. Pop. 636 h.

ÉVRY-SUR-SEINE, *Ayvreum, Avriacum*, vg. *Seine-et-Oise* (Ile-de-France), arr., cant., ⊠ et à 5 k. de Corbeil. Pop. 600 h. — Station du chemin de fer de Paris à Corbeil.

Ce village est fort agréablement situé, sur la rive gauche de la Seine. L'église paroissiale, bâtie dans une belle position, ne se distinguait que par son ancienneté, lorsqu'il y a quelques années Rossini lui donna une célébrité de quelques moments. Le divin *maestro* y fit entendre une messe en musique, qu'il avait composée exprès pour la sainteté du lieu. Il y chanta et y tint le piano. Des artistes de l'Opéra et des Italiens, le tant regretté Nourrit, Bordogni, Levasseur, et trois célèbres *donne*, la belle Mme Merlin et sa fille, et Mme Gide, lui prêtèrent le secours de leur voix. La pauvre petite église d'Evry n'avait sans doute jamais retenti, et ne résonnera probablement plus à l'avenir de l'éclat d'aussi célestes accords.

Le château de PETIT-BOURG, ancienne propriété du duc d'Antin, qui eut pour hôtes Mme de Montespan, Louis XIV, Louis XV, Louis XVI, est une dépendance de la commune d'Evry. A l'époque de la révolution, il fut vendu comme bien national et acheté par le fermier des jeux Perrin. En 1827, il devint la propriété de M. Aguado, qui s'en dégoûta lorsqu'il fut obligé de céder une portion du parc pour le passage du chemin de fer; on y a établi récemment une colonie agricole en faveur de jeunes garçons pauvres. — En 1814, le château de Petit-Bourg fut habité par le prince de Schwartzenberg, qui y établit son quartier général; c'est là que le maréchal Ney et le duc de Vicence vinrent traiter de l'abdication que se consomma à Fontainebleau.

EXAVE, vg. *H.-Pyrénées*, comm. d'Ossès, ⊠ de St-Jean-Pied-de-Port.

EXCIDEUIL, petite et ancienne ville, *Dordogne* (Périgord), arr. à 37 k. de Périgueux, chef-l. de cant. Cure. ⊠. A 451 k. de Paris pour la taxe des lettres. Pop. 1,907 h. — TERRAIN jurassique, étage inférieur du système oolitique.

Cette ville est bien bâtie et fort agréablement située, sur la Loue. Elle était autrefois défendue par un château fort dont il reste encore deux belles tours carrées. — Excideuil fut érigé en marquisat en faveur de Talleyrand, prince de Chalais. Cette ville renfermait, avant la révolution, un monastère où l'on voyait les tombeaux des ducs de Bretagne, vicomtes de Limoges et comtes de Périgord.

PATRIX de GEOFFROY, savant chronologiste du XIIe siècle.

Du maréchal BUGEAUD, duc d'Isly et gouverneur général de l'Algérie, membre de la chambre des députés.

Aux environs, mines de fer, forges, fonderies, faïenceries, tanneries et autres usines. — *Foires* les 17 janv., 1ers jeudis de mars, d'août, de sept., d'oct., de nov., et 2e jeudi de juillet.

EXCISUM (lat. 45°, long. 19°). « Dans l'Itinéraire d'Antonin et dans la Table, la distance est également marquée XIII en partant d'*Aginnum*, et cette position regarde Villeneuve-d'Agénois, qui a succédé à un lieu plus ancien, dont le monastère est appelé *Exscieum* dans les titres de l'abbaye de Moissac, aujourd'hui Notre-Dame d'Eisses. Le calcul des 13 lieues gauloises, allant à 14,740 toises, est peut-être un peu fort, quoiqu'il se rapporte à une mesure itinéraire; parce que l'espace en ligne directe ne peut s'estimer que de 13 à 14,000 toises, et que la réduction d'environ une lieue sur 13, dans un pays assez uni, n'a pas lieu communément. » D'Anville. *Notice de l'ancienne Gaule*, p. 295.

EXERMONT, vg. *Ardennes* (Champagne), arr. et à 27 k. de Vouziers, cant. et ⊠ de Grandpré. Pop. 358 h.

EXIDEUIL, vg. *Charente* (Angoumois), arr. et à 15 k. de Confolens, cant. et ⊠ de Chabanais. Pop. 1,480 h.

EXINCOURT, vg. *Doubs* (Franche-Comté), arr., ⊠ et à 4 k. de Montbelliard, cant. d'Audincourt. Pop. 321 h.

EXIREUIL, vg. *Deux-Sèvres* (Poitou), arr. et à 25 k. de Niort, cant. et ⊠ de St-Maixent. Pop. 989 h.

EXMES, *Oximum, Ossismum*, bg *Orne* (Normandie), arr. et à 18 k. d'Argentan, chef-l. de cant. Cure. ⊠. A 178 k. de Paris pour la taxe des lettres. Pop. 753 h. — TERRAIN jurassique, étage moyen du système oolitique.

Cette ville, située sur la rive droite et à peu de distance des sources de la Dive, était autrefois le chef-lieu de l'Hyémois, pays assez étendu, qui fut plus tard érigé en comté. Quelques auteurs placent en cet endroit la cité des Oximiens dont parle César dans ses Commentaires (liv. III, chap. 11), que d'autres écrivains ont cru retrouver dans le Finistère. Quoi qu'il en soit, Exmes était, au IIIe siècle, une place importante que renversèrent les Saxons; Henri Ier, roi d'Angleterre et duc de Normandie, la prit en 1113 et la rétablit. Gilbert de Claire la prit et la brûla en 1136. Geoffroy Plantagenet s'en empara en 1143. Philippe Auguste la prit sur Jean sans Terre en 1204. Charles V, roi d'Angleterre, s'en rendit maître en 1370. Enfin Dunois la prit sur les Anglais, qu'il chassa du pays en 1449. — On voit encore les ruines de l'ancien château d'Exmes, regardé par quelques antiquaires comme un ouvrage romain. — Tanneries.

Bibliographie. *Note sur la position d'un établissement romain qui a précédé la ville d'Exmes* (Mém. de la soc. des antiq. de Normandie, t. x, p. 554).

EXOUDUN, vg. *Deux-Sèvres* (Poitou), arr. à 13 de Melle, cant. et ⊠ de la Mothe-Ste-Héraye. Pop. 1,763 h.

EXPIREMONT, vg. *Charente-Inf.* (Saintonge), arr. à 16 k. de Jonzac, cant. et ⊠ de Montendre. Pop. 308 h.

EXUPER (St-), H.-Garonne, comm. de Cintegabelle, ⊠ d'Hauterive.

EXUPÉRY (St-), vg. *Corrèze* (Limousin), arr., cant., ⊠ et à 7 k. d'Ussel. Pop. 1,505 h. — On y trouve une source d'eaux thermales. *Foires* les 15 janv., 17 mars, 23 avril, 17 mai, 23 juin, 14 août, 4 et 20 nov.

EXUPÉRY (St-), vg. *Gironde* (Bazadois), arr., cant. et à 8 k. de la Réole, ⊠ de Caudrot. Pop. 213 h.

EYBÈNES, vg. *Dordogne*, comm. d'Eyvignes, ⊠ de Sarlat.

EYBENS, vg. *Isère* (Dauphiné), arr., cant., ✉ et à 6 k. de Grenoble. Pop. 815 h.—*Foires* les 1ᵉʳ avril et 6 juin.

EYBOULEUF, vg. *H.-Vienne* (Limousin), arr. et à 20 k. de Limoges, cant. et ✉ de St-Léonard. Pop. 385 h. — Papeterie.

EYBURIE, vg. *Corrèze* (Limousin), arr. et à 46 k. de Tulle, cant. et ✉ d'Uzerche. Pop. 1,452 h.

EYDOCHE, vg. *Isère* (Dauphiné), arr. de la Tour-du-Pin, à 18 k. de Bourgoin, cant. du Grand-Lemps, ✉ de Champier. Pop. 768 h.

EYGALAYES, vg. *Drôme* (Provence), arr. et à 66 k. de Nyons, cant. et ✉ de Sederon. Pop. 478 h.

EYGALIÈRES, *Castrum de Aquilis*, vg. *Bouches-du-Rhône* (Provence), arr. d'Arles-sur-le-Rhône et à 26 k. de Tarascon, cant. et ✉ d'Orgon. Pop. 2,748 h. — Il est bâti sur une colline isolée, dont le sommet est occupé par les ruines d'un château jadis très-fort, où l'on voit un puits comblé, taillé dans le roc. On trouve sur son territoire des tombeaux, des débris de poteries, un grand nombre de médailles impériales, et les restes d'un aqueduc où circule encore une eau très-claire. Les habitants du pays sont persuadés que ce canal conduisait à Arles les eaux de la fontaine de Vaucluse. — Carrière de marbre.

EYGALIERS, vg. *Drôme* (Dauphiné), arr. et à 28 k. de Nyons, cant. et ✉ du Buis. Pop. 146 h.

EYGAUX (les), vg. *Vaucluse*, comm. de Sarrians, ✉ de Carpentras.

EYGLIERS, vg. *H.-Alpes* (Dauphiné), arr. et à 19 k. d'Embrun, cant. de Guillestre, ✉ de Mont-Dauphin. Pop. 755 h.

EYGUIANS, vg. *H.-Alpes* (Dauphiné), arr. et à 39 k. de Gap, cant. de Larague, ✉ de Serres. Pop. 133 h.

EYGUIÈRES, *Aquaria*, bg *Bouches-du-Rhône* (Provence), arr. d'Arles-sur-Rhône, à 40 k. de Tarascon, chef-l. de cant., ✉ et bureau d'enregist. d'Orgon. Cure. Pop. 2,920 h. — Terrain d'alluvions modernes. — Il est situé dans un territoire fertile en excellentes olives, près du canal de Craponne, et formé de maisons d'une ancienne construction.

Patrie du littérateur EMERIC.

Fabriques de grosses draperies. — *Commerce* de vins, soie, huile. — *Foires* les 8 mai, 17 juin et 25 nov.

EYGUN, vg. *B.-Pyrénées*, comm. de Cette-Eygun, ✉ de Redons.

EYGURANDE, bg *Corrèze* (Limousin), arr., ✉, bur. d'enregist. et à 24 k. d'Ussel, chef-l. de cant. Cure. Pop. 983 h. — Terrain cristallisé ou primitif.

Foires les 16 janv., 27 avril, 18 mai, 2 juin, 10 juillet, 8 août, 7 et 24 sept., 24 oct. et 24 nov., 16 déc., samedi avant le mardi gras et vendredi avant la semaine sainte.

EYGURANDE, vg. *Dordogne* (Périgord), arr. et à 32 k. de Ribérac, cant. et ✉ de Montpont. Pop. 624 h.

EYHARCE, vg. *B.-Pyrénées*, comm. d'Ossès, ✉ de St-Jean-Pied-de-Port.

EYJEAUX, vg. *H.-Vienne* (Limousin), arr. et à 14 k. de Limoges, cant. et ✉ de Pierre-Buffière. Pop. 840 h.

EYLIAC, vg. *Dordogne* (Périgord), arr., ✉ à 14 k. de Périgueux, cant. de St-Pierre-de-Chignac. Pop. 988 h.

EYMERITS (les), vg. *Gironde*, comm. de St-Denis-de-Pille, ✉ de Libourne.

EYMET, petite ville, *Dordogne* (Périgord), arr. et à 26 k. de Bergerac, chef-l. de cant. Cure. Gîte d'étape. ✉. A 546 k. de Paris pour la taxe des lettres. Pop. 1,821 h. — Terrain tertiaire moyen.

Elle est située dans une plaine fertile, sur la rive gauche du Dropt. C'était autrefois une place importante dont il est souvent fait mention dans les guerres de la Ligue ; les restes de ses fortifications, son château et son hôtel de ville annoncent qu'elle fut jadis considérable.

Patrie du compositeur de musique LEMOYNE.

Fabriques de rouennerie, calicots, indiennes. Teintureries.—*Foires* les 20 mai (2 jours), 26 juillet, 17 sept., 25 nov. (3 jours), le jour des Cendres et jeudi saint.

EYMEUX, vg. *Drôme* (Dauphiné), arr. à 32 k. de Valence, cant. de Bourg-du-Péage, ✉ de St-Lattier. Pop. 793 h. — *Foires* les 3 mai et 28 oct.

EYMOUTIERS, vg. *Charente* (Angoumois), arr. et à 31 k. d'Angoulême, cant. et ✉ de Montbron. Pop. 663 h.

EYMOUTIERS, petite ville, *H.-Vienne* (Limousin), arr. et à 44 k. de Limoges, chef-l. de cant. Cure. ✉. A 457 k. de Paris pour la taxe des lettres. Pop. 3,491 h. — Terrain primitif, gneiss.—Elle est située dans un vallon sauvage mais très-pittoresque, sur la Vienne. On y remarque une magnifique église romane et ogivale, ornée de plus de 200 m. de vitraux peints. — *Foires* les 3 mai et 2 nov.

EYNE, vg. *Pyrénées-Or.* (Roussillon), arr. et à 50 k. de Prades, cant. de Saillagouse, ✉ de Montlouis. Pop. 264 h.

EYNESSE, vg. *Gironde* (Guienne), arr. et à 4 k. de Libourne, c. et ✉ de Ste-Foy. P. 700 h.

EYRAGUES, vg. *Bouches-du-Rhône* (Provence), arr. d'Arles-sur-Rhône, à 17 k. de Tarascon, cant. de Château-Renard, ✉ de St-Remy (seigneurie). Pop. 2,920 h. — Il est situé dans une belle plaine, sur le Réal, entouré de remparts, et formé de rues régulières, bordées de maisons d'assez belle apparence.

Commerce de soie et d'excellents vins blancs de son territoire.

EYRANS, vg. *Gironde* (Guienne), arr., ✉ et à 9 k. de Blaye, cant. de St-Giers-la-Lande. Pop. 576 h.

EYREN, vg. *Corrèze* (Limousin), arr. et à 22 k. de Tulle, cant. de Corrèze, ✉ d'Egletons. Pop. 664 h.

EYRENVILLE, vg. *Dordogne* (Périgord), arr. et à 22 k. de Bergerac, cant. et ✉ d'Issigeac. Pop. 554 h.

EYRES, vg. *Landes* (Gascogne), arr., cant., ✉ et à 5 k. de St-Sever. Pop. 473 h.

EYRES, vg. *Landes*, comm. d'Orthez, ✉ de Mont-de-Marsan.

EYROLES, vg. *Drôme* (Dauphiné), arr., cant., ✉ et à 16 k. de Nyons. Pop. 89 h.

EYSIES (les), *Dordogne*, comm. de Tayac, ✉ du Bugue.

EYSINES, vg. *Gironde* (Guienne), arr. et à 8 k. de Bordeaux, cant. et ✉ de Blanquefort. Pop. 2,520 h. — *Foire* le 20 mai.

EYSSE, vg. *Lot-et-Garonne*, comm. et ✉ de Villeneuve-sur-Lot. — Il doit son origine à une abbaye de bénédictins, fondée sur les débris de la colonie romaine d'Excisum, et convertie en une maison de détention pour onze départements.

EYSSON, vg. *Doubs* (Franche-Comté), arr. et à 20 k. de Baume-les-Dames, cant. de Vercel, ✉ du Valdahon. Pop. 180 h.

EYSUS, vg. *B.-Pyrénées* (Béarn), arr., cant., ✉ et à 8 k. d'Oloron. Pop. 927 h.

EYVIGNES, vg. *Dordogne* (Périgord), arr. et à 16 k. de Sarlat, cant. et ✉ de Salignac. Pop. 684 h.

EYVIRAT, vg. *Dordogne* (Périgord), arr. et à 19 k. de Périgueux, cant. et ✉ de Brantôme. Pop. 576 h.

EYWILLER, vg. *B.-Rhin* (Alsace), arr. et à 30 k. de Saverne, cant. et ✉ de Drulingen. Pop. 489 h.

EYZAHUT, vg. *Drôme* (Dauphiné), arr. et à 19 k. de Montélimart, cant. et ✉ de Dieule-Fit. Pop. 242 h.

EYZERAC, vg. *Dordogne* (Périgord), arr. et à 31 k. de Nontron, cant. et ✉ de Thiviers. Pop. 557 h.

EYZIN-PINET, vg. *Isère* (Dauphiné), arr., cant., ✉ et à 12 k. de Vienne. Pop. 1,753 h. — *Foire* le 5 juin.

ÉZANVILLE, vg. *Seine-et-Oise* (Ile-de-France), arr. et à 3 k. de Pontoise, cant. et ✉ d'Ecouen. Pop. 195 h.

ÉZARVILLE-LAVENANT, vg. *Seine-et-Oise*, comm. de Roinvilliers, ✉ d'Etampes.

ÉZERVILLE-SUR-SAMSON, vg. *Loiret*, comm. d'Engenville-Montville.

ÉZY, *Esiacum*, bg *Eure* (Normandie), arr. et à 31 k. d'Evreux, cant. de St-André, ✉ d'Ivry-la-Bataille. Pop. 870 h. Sur l'Eure. — Il est situé dans un territoire fertile en vins, pour la conservation desquels on a construit, sur le penchant d'un coteau, de nombreuses caves qui figurent de loin une sorte de village. La pointe d'une éminence isolée, en forme de redoute, située à peu de distance, semble avoir été utée position militaire.

De cette commune dépend la ferme de St-Germain-de-la-Truite, ancien prieuré construit sur une fontaine au point le plus élevé de la côte. La grotte de cette fontaine renferme une statue grossièrement taillée dans le roc, qui paraît remonter aux premiers temps du christianisme.

FIN DU PREMIER VOLUME.

FAUTES A CORRIGER,

ADDITIONS ET CHANGEMENTS SURVENUS PENDANT L'IMPRESSION.

Page 4, col. 1, lig. 33, VOSTEL : *lisez* VASTEL.
36   3   18, Collège comm. : *lisez* collège royal.
69   3   27, AUDRAND : *lisez* ANDRAUD.
113   3   31, MESSE : *lisez* MELLE.
116   1   11, PATRIE du général ABRIAL : *lisez* du comte Jos. ABRIAL, pair de France.
120   3   46, *ajoutez* : PATRIE du conventionnel GAMON.
124   2   33, GUILL. MACHAN : *lisez* GUILL. MACHAU.
137   3   56, On engraise : *lisez* engraisse.
144   1   7, ARGENTAL, vg. Loire. N'est plus commune ; réuni à Bourg-Argental et à Versanne.
158   2   61, *ajoutez* : PATRIE du conventionnel MILHAUD, général de division sous l'empire.
158   2   61, *effacez* : PATRIE du conventionnel MILHAUD.
175   3   16, du maréchal d'ORNANS : *lisez* ORNANO.
194   1   58, MASSION : *lisez* MASSIOU.
197   2   8, le général de division BELZONS : *lisez* DELZONS.
204   2   37, LAIZIER : *lisez* LAIZER.
206   1   1, *lisez* : Foire le jour des Cendres, au lieu de 1er mercredi de mars.
211   3   62, au lieu de Pop. 3,130 h. : *lisez* 1,054 h.
225   3   11, au lieu des foires indiquées : *lisez* Foires les 1ers mercredis de mars, de mai, de sept. et de nov.
254   3   53, *effacez* : pair de France, membre de l'Institut.
272   2   41, le capitaine de vaisseau BERGERET : *lisez* de l'amiral BERGERET.
272   2   35, *effacez* : du lieutenant général HARISPE, *et ajoutez* : du comte de CABARRUS, ministre det finances en Espagne sous Ferdinand VII es sous Joseph Bonaparte, mort en 1810.
310   3   29, *ajoutez* : Les armes du Berry étaient : *d'azur semé de fleurs de lis d'or, à la bordure engrêlée de gueules.*
318   3   17, Coulanges : *lisez* Coolonges.
324   3   13, PATRIE du marquis J.-B. : *lisez* PATRIE de Jean-Joseph LABORDE.
324   3   18, *effacez* : Essai sur la musique ancienne et moderne, 4 vol. in-4, 1780.
325   2   10, *ajoutez* : BIÈVRE, vg. Aisne, arr., cant., ⊠ et à 10 k. de Laon. Pop. 300 h.
325   2   50, *ajoutez* : PATRIE de HONORÉ RIQUETTI, comte DE MIRABEAU, député du tiers état aux états généraux de 1789, puis à l'assemblée constituante dont il fut l'un des plus grands orateurs, membre du département de Paris, mort le 2 avril 1791.
328   2   10, BRIEUX : *lisez* BIRIEUX.
355   2   59, *effacez* : M. DUFAURE, ancien ministre (qui est né à Saintes).
355   3   55, *après* JAUBERT : *effacez* ancien ministre, membre de la chambre des députés, *et ajoutez* : ancien gouverneur de la banque de France.
355   3   63, NOUSOUTY : *lisez* NANSOUTY.
372   2   32, Maine : *lisez* Marne.
374   2   31, Pop. 3,700 h.
375   1   30, BERGER DE LIVREY : *lisez* BERGEY DE XIVREY.
375   2   36, THÉVIN : *lisez* THÉRIN.

Page 384, col. 1, lig. 58, BARADIN : *lisez* PARADIN.
384   3   19, LOBBEY : *lisez* LABBEY.
398   3   58, avant jeudi de nov. : *mettez* 28 mai et...
399   3   27, Châtillon-sur-Serre : *lisez* Châtillon-sur-Sèvre.
422   2   43, pasion : passion.
423   2   16, Ckampagne : *lisez* Champagne.
441   2   24, Conserans : *lisez* Couserans.
452   2   5, *effacez* : du maréchal MORTIER (qui est né au Cateau).
461   2   57, Cuigarbres : *lisez* Cinq-Arbres.
461   2   57, *effacez* : le géomètre ROLLE (né dans le Puy-de-Dôme).
493   2   39, *Foires* : *ajoutez* le 2e samedi de chaque mois, et supprimez toutes les autres.
493   3   47, *effacez* com. d'Orcet *et ajoutez* : (Auvergne), arr. de Clermont, cant et ⊠ de Vayres.
523   1   34, *ajoutez* : du conventionnel GOURDAN, membre du conseil des cinq cents, d'où il fut honorablement exclu pour son opposition au 18 brumaire.
535   3   34, Maréchal de SAUZAC : *lisez* SANZAC.
537   1   59, MASSION : *lisez* MASSIOU.
548   1   56, *ajoutez* : cette ville a porté pendant la révolution le nom de CHINON-LA-MONTAGNE.
556   2   47, Châteaui-Vllain : *lisez* Château-Villain.
568   3   28, CHAMPAGNAT : *lisez* CHAVAGNAT.
576   2   58, *ajoutez* : de Mme DE MIREBEL (née Leczinska), célèbre peintre en miniature.
594   1   39, au lieu de Foires le 28 juin : *mettez* le dernier samedi de juin.
680   2   62, *ajoutez* : CURIANUM PROMONTORIUM (lat. 17°, long. 45°). « C'est Ptolémée qui l'indique entre l'embouchure d'une rivière qu'il nomme *Sigmanus* et la Garonne. Or, il n'y a de pointe de terre qui soit remarquable dans toute la longueur de la côte, depuis l'Adour jusqu'à la Garonne, que celle qu'on nomme le cap Ferret, qui n'est même une pointe que parce qu'elle se trouve resserrée entre la mer et le bassin d'Arcachon, sans avoir de saillie qui excède sensiblement le gissement général du rivage. Voyez au surplus l'article *Sigmanus Fluvius.* » D'Anville. *Notice de l'ancienne Gaule*, p. 258.
680   3   43, *ajoutez* : PELLETIER DE SOUZY. *Découverte des ruines de l'ancienne ville des Curiosolites* (Hist. de l'ac. des belles-lettres, t. 1, p. 294-98); *Extrait d'une lettre au sujet des antiquités de Corseult* (Mercure, juillet 1743, p. 1500-5; Mém. de l'ac. des inscript., t. 1, p. 294); *Supplément de l'antiquité expliquée par* MONTFAUCON, t. 1, lib. 8, cap. 6; *Observations sur le pays du Maine* (dans les Dissertations sur l'Eglise de Paris, t. 1, p. 190).
721   2   29, *ajoutez* : PATRIE de l'amiral HALGAN.

FIN DES ERRATA.